KB274639

2026 K리그 연감 1983-2025

# K LEAGUE Annual Report 2026

(사) 한국프로축구연맹

# 차 례 •



## Section 1 • 구단별 2025 기록포인트



## Section 2 • 2025 시즌 기록



## Section 3 • K리그1 통산기록

# 연 감 을 보 기 전 에 알 아 두 어 야 할 축 구 기 록 용 어

## 축구장 규격 규정

| | |
|---|---|
| 형태 | 직사각형 |
| 길이 | 최소 90m(100야드) ~ 최대 120m(130야드) |
| 너비 | 최소 45m(50야드) ~ 최대 90m(100야드) |
| 길이(국제경기 기준) | 최소 100m(110야드) ~ 최대 110m(120야드) |
| 너비(국제경기 기준) | 최소 64m(70야드) ~ 최대 75m(80야드) |
| 골대 높이 | 2.44m(8피트) |

## 축구장 약어 표시

| | |
|---|---|
| E.L | 엔드라인(End Line) |
| C.KL | 코너킥 왼쪽 지점 |
| PAL EL | 페널티 에어리어 왼쪽 엔드라인 부근 |
| GAL EL | 골 에어리어 왼쪽 엔드라인 부근 |
| GAL 내 EL | 골 에어리어 왼쪽 안 엔드라인 부근 |
| GAR 내 EL | 골 에어리어 오른쪽 안 엔드라인 부근 |
| GAR EL | 골 에어리어 오른쪽 엔드라인 부근 |
| PAR EL | 페널티 에어리어 오른쪽 엔드라인 부근 |
| C.KR | 코너킥 오른쪽 지점 |
| PAL CK | 페널티 에어리어 왼쪽 코너킥 지점 부근 |
| PAR CK | 페널티 에어리어 오른쪽 코너킥 지점 부근 |
| GAL 내 | 골 에어리어 왼쪽 안 |
| GA 정면 내 | 골 에어리어 정면 안 |
| GAR 내 | 골 에어리어 오른쪽 안 |
| PAL | 페널티 에어리어 왼쪽 |
| PAR | 페널티 에어리어 오른쪽 |
| PAL TL | 페널티 에어리어 왼쪽 터치라인 부근 |
| GAL | 골 에어리어 왼쪽 |
| GA 정면 | 골 에어리어 정면 |
| GAR | 골 에어리어 오른쪽 |
| PAR TR | 페널티 에어리어 오른쪽 터치라인 부근 |
| TL | 터치라인(Touch Line) |
| PAL 내 | 페널티 에어리어 왼쪽 안 |
| PA 정면 내 | 페널티 에어리어 정면 안 |
| PAR 내 | 페널티 에어리어 오른쪽 안 |
| PAL | 페널티 에어리어 왼쪽 |
| PA 정면 | 페널티 에어리어 정면 |
| PAR | 페널티 에어리어 오른쪽 |
| AKL | 아크서클 왼쪽 |
| AK 정면 | 아크서클 정면 |
| AKR | 아크서클 오른쪽 |
| MFL TL | 미드필드 왼쪽 터치라인 부근 |
| MFR TL | 미드필드 오른쪽 터치라인 부근 |
| MFL | 미드필드 왼쪽 |
| MF 정면 | 미드필드 정면 |
| MFR | 미드필드 오른쪽 |
| HLL | 하프라인(Half Live) 왼쪽 |
| HL 정면 | 하프라인 정면 |
| HLR | 하프라인 오른쪽 |
| 자기 측 MFL | 자기 측 미드필드 왼쪽 |
| 자기 측 MF 정면 | 자기 측 미드필드 정면 |
| 자기 측 MFR | 자기 측 미드필드 오른쪽 |

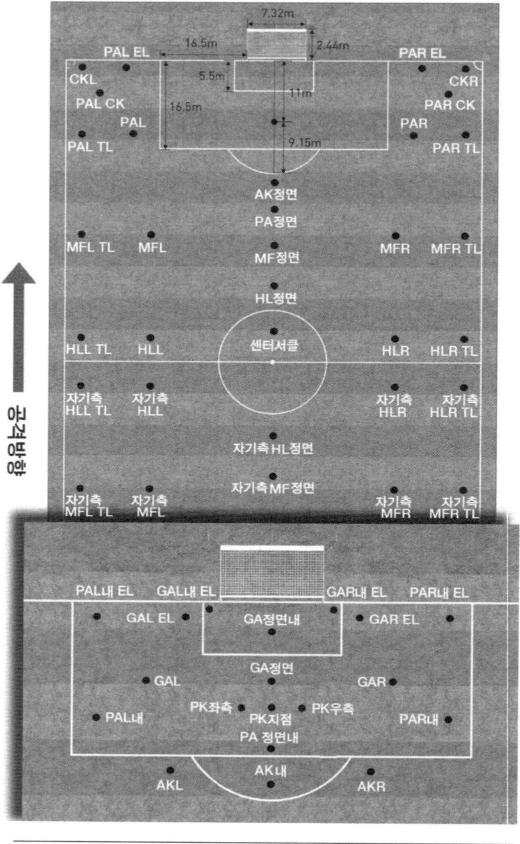


## 경기 기록 용어

| | | |
|---|---|---|
| 1. 패스 종류 | ↷ | 머리 높이 이상의 패스 |
| | → | 무릎에서 가슴 높이 정도의 패스 |
| | ~ | 땅볼 패스 |
| 2. 기타 약어 | B | 공이 골대의 가로축(Cross Bar)에 맞을 때 |
| | H | 헤딩 패스나 슈팅 / Half time |
| | L | 좌측(Left) |
| | P | 공이 골대의 세로축(Post)에 맞을 때 |
| | R | 우측(Right) |
| | AK | 아크서클(Arc Circle) |
| | CK | 코너킥(Corner Kicks) |
| | FO | 모든 종류의 파울 |
| | GA | 골 에어리어(Goal Area) |
| | GK | 골키퍼 / 골킥(Goal Kick) |
| | MF | 미드필더 / 미드필드(Midfield) |
| | OS | 오프사이드(Offside) |
| | PA | 페널티 에어리어(Penalty Area) |
| | PK | 페널티킥(Penalty Kick) |
| | PSO | 승부차기(Penalty Shoot-Out) |
| | GL | 득점(Goal) |
| | AS | 도움(Assist) |
| | ST | 슈팅(Shoot) |
| | FK | 프리킥(Free Kick) |

K리그1

K리그2

감독상
**거스 포옛** 전북 현대 모터스

감독상
인천 유나이티드 **윤정환**

MVP
**이동경** 울산 HD FC

MVP
인천 유나이티드 **제르소**

영플레이어상
**이승원** 강원FC

영플레이어상
인천 유나이티드 **박승호**

# 2025년 K리그 일지

1월
- 권오갑 제13대 한국프로축구연맹 총재 추대
- 한국프로축구연맹 - K리그 구단 - 대학 산학협력 프로그램 '2025 THE K리그 11' 성료
- GROUND.N 스토브리그 in 제주 개최
- 2024 K리그 테크니컬 리포트 발간

2월
- 2025시즌 K리그 공인구, 아디다스 '커넥스트 25 프로' 채택
- 2024 - 25 ACL 참가 K리그 4개팀 미디어데이 개최
- K리그어시스트, 'K리그 선수 대상 법률 교육' 개시
- K리그 - 하나은행, 타이틀 스폰서 계약 4년 연장 합의
- K리그 개막 미디어데이 개최
- K리그 '2024 사회공헌활동 백서' 발간
- K리그 - 틱톡, 파트너십 체결
- K리그 - 브레이크앤컴퍼니, 파트너십 체결
- 'K리그 퓨처스 어린이 축구교실' 성료
- 화성FC, K리그2 참가

3월
- 'K리그 틱톡 크루' 모집
- '단 한 명의 에스코트 키드' 캠페인 2024 앤어워드 그랑프리 수상
- K리그, FedEx(페덱스)와 3년 연속 협업 진행
- 한국프로축구연맹, '2025 조선일보 사회공헌대상' 체육진흥 부문 대상 수상
- 정기등록 선수 마감, 총 990명 등록

4월
- 2025년도 한국프로축구연맹 통합축구단 발대식 성료
- K리그, 영남 지역 산불 피해 복구 성금 기부
- K리그어시스트, 푸르메재단에 K리그 트레이딩 카드 기부
- K리그 - 무신사 - 산리오코리아, 'K리그 × 산리오캐릭터즈 팝업스토어' 운영
- K리그어시스트 - 풋볼컬쳐, 달력 판매 수익금 전액 유소년 축구 지원 기부
- K리그어시스트 - 페덱스, FC안양과 함께 '엑시트캠페인' 개최

5월
- 'K리그 - EA SPORTS FC FUTURES 축구 페스티벌' 개최
- K리그 - 브레이크앤컴퍼니, 기부경매 캠페인 'K리그 One of One' 진행
- K리그1 91경기 만에 누적 유료관중 100만 명 돌파
- 경기장 사고 예방을 위한 안전점검 매뉴얼 배포
- 'K리그 데이 인 재팬 인터내셔널 뷰잉 파티' 개최

6월
- 'K리그 온 더 로드' 이벤트 개최
- 'K리그 명예의 전당' 선수 부문 헌액자 후보 20인 발표
- K리그 - 넥슨, 'eK리그 서포터즈컵 2025' 개최
- '단 한 명의 에스코트 키드' 캠페인 2025 뉴욕 페스티벌 파이널리스트 입상
- K리그 - 하나금융그룹, '모두가 하나 되는 K리그 한·미 스포츠 교류 프로그램' 성료

7월
- 제2회 'K리그 명예의 전당' 헌액자 발표
- '2025 GROUND.N K리그 유스 챔피언십' 개막
- 'K리그 - 주토피아 팝업스토어' 운영
- '2025시즌 K리그 공식 트레이딩 카드' 출시
- '부루마불 K리그 에디션', '도블 K리그' 보드게임 2종 출시
- '2025 쿠팡플레이 시리즈' 팀 K리그 대 뉴캐슬 경기 진행
- 김해, 용인, 파주 3개 시 K리그 가입 신청서 제출
- K리그 추가등록 기간 마감, 총 109명 등록
- 'eK리그 서포터즈컵 2025' 결선 개최

8월
- 팀 K리그 선수단 애장품 기부 경매 진행
- K리그, 세븐일레븐과 '슛! 시리즈' 출시
- K리그 - HD현대일렉트릭, 공식 에너지 파트너십 체결

9월
- 2025-26 ACL 참가 K리그 4개팀 미디어데이' 개최
- 'K리그 테크니컬 디렉터 세미나' 개최
- '2025 K리그 퀸컵(K - WIN CUP)' 개최
- K리그, '월드풋볼서밋 홍콩 2025'에서 해외 사업 전략 발표
- '제2회 K리그 명예의전당 헌액식' 개최
- 제8회 생명나눔주간 기념 '2025 K리그 생명나눔 캠페인' 성료
- '2025 K리그 주요 현안 공청회' 개최
- K리그 - HD현대일렉트릭, '119 히어로즈 풋볼 데이' 성료
- K리그 - 부산아이파크, 'K리그 퓨처스 축구 페스티벌' 개최
- K리그어시스트, 유소년 부상예방 위한 '메디컬 어시스트' 출범
- K리그어시스트, '2025 K리그 PlayONE Cup' 개최
- K리그어시스트, '2025 K리그 드림 어시스트 한마음 운동회' 성료

10월
- 'K리그 - 주토피아 앙코르 팝업스토어' 개최
- K리그1, 2 합계 유료관중 300만 명 돌파
- 하나은행 K리그1 2025 파이널라운드 미디어데이 개최
- K리그 - 본앤메이드, K리그 유소년 지원 업무협약 체결
- K리그, '히든 K리그' 보드게임 대회 개최
- K리그어시스트, 은퇴선수 진로 설계 돕는 '넥스트플레이' 출범
- K리그 - HD현대일렉트릭, 베트남 하노이서 'HD Football Day × K League' 성료
- 'K리그 인터내셔널 유스컵 인천 2025' 개막
- 'K리그 - 주토피아 미니 팝업스토어' 화성FC 홈경기서 개최

11월
- K리그 - 하나금융그룹, 시각장애인 위한 국내 최초 'AI 음성중계' 시범 운영
- K리그 - FC안양, 'K리그 퓨처스 축구 페스티벌' 개최
- K리그 아시안 유스 챔피언십 제주 2025 개막
- K리그어시스트, 유소년 부상예방교육 '메디컬 어시스트 위크' 실시
- K리그 - 서울시립대, K리그 경기 데이터 활용 '온라인 AI 경진대회' 개최
- K리그 - 한국조폐공사, 한정판 K리그 기념 메달 출시
- K리그어시스트 - 페덱스, '엑시트 캠페인' CSR필름페스티벌 산업통상자원부 장관상 수상

12월
- 한국프로축구연맹 - 용인FC - 파주프런티어FC 봉사활동 성료
- '단 한 명의 에스코트 키드' 캠페인, 클리오스포츠어워드, 대한민국 광고대상 수상
- K리그어시스트, 은퇴 선수 커리어 전환 프로그램 '넥스트 플레이' 수료식 개최
- K리그 '2025 K리그 의무세미나' 개최
- K리그, 2026시즌 캐치프레이즈 공모전 개최
- K리그 연말 특별행사 'K리그 추가시간' 개최
- 2025 K리그 구단별 연봉 현황 발표
- 2025 K리그 입장 수입 및 객단가 발표

# Section 1

## 구단별 2025 기록포인트

전북 현대 모터스
대전 하나 시티즌
김천 상무
포항 스틸러스
강원FC
FC서울
광주FC
FC안양
울산 HD FC
수원FC
제주 SK FC
대구FC

인천 유나이티드
수원 삼성 블루윙즈
부천FC 1995
서울 이랜드 FC
성남FC
전남 드래곤즈
김포FC
부산 아이파크
충남 아산 FC
화성FC
경남FC
충북 청주 FC
천안 시티 FC
안산 그리너스

# 전북 현대 모터스

**창단년도_** 1994년
**전화_** 063-273-1763~5
**팩스_** 063-273-1762
**홈페이지_** https://hyundai-motorsfc.com/
**유튜브_** https://www.youtube.com/@Jeonbuk1994
**인스타그램_** https://www.instagram.com/jeonbuk1994/
**틱톡_** https://www.tiktok.com/@jeonbuk_1994
**페이스북_** https://www.facebook.com/jeonbuk1994
**주소_** 우 54809 전라북도 전주시 기린대로 1055
1055, Girin-daero, Deokjin-gu, Jeonju-si, Jeollabuk-do, KOREA 54809

## 연혁

1994 전북 다이노스 축구단 창단
1995 95 아디다스컵 4위 / 95 하이트배 코리안리그 7위
1996 96 아디다스컵 7위 / 96 라피도컵 프로축구대회 5위
96 프로축구 페어플레이상 수상
1997 구단명칭(전북 현대 다이노스 축구단) 및 심볼마크 변경
97 아디다스컵 9위 / 97 라피도컵 프로축구대회 6위
97 프로스펙스컵 9위 / 97 프로축구 공격상 수상
1998 98 아디다스코리아컵 B조 4위(B조 최다득점)
98 필립모리스코리아컵 7위 / 98 현대컵 K-리그 6위
1999 구단 CI 변경(엠블럼 제작 및 마스코트 변경)
제47회 대통령배 축구대회 준우승(2군)
현대자동차 직영 체제로 전환
새 경영진 체제 출범: 정몽구 구단주, 이용훈 단장(4대) 취임
99 대한화재컵 B조 3위(최다득점)
99 바이코리아컵 K-리그 7위 / 99 아디다스컵 5위
제4회 삼보컴퓨터 FA컵 준우승
2000 구단 명칭(전북 현대 다이노스 → 전북 현대 모터스) 및 엠블럼 변경
2000 대한화재컵 A조 3위 / 2000 삼성 디지털 K-리그 4위
제5회 서울은행 FA컵 우승
2001 제3회 2001 포스데이타 수퍼컵 준우승
2001 아디다스컵 B조 2위 / 중국 친선경기
독일 브레멘 친선경기 / 2001 포스코 K-리그 9위
제6회 서울은행 FA컵 3위
2002 제12회 아시안컵 위너스컵 준우승
아디다스컵 2002 A조 4위 / 2002 삼성 파브 K-리그 7위
제7회 서울 - 하나은행 FA컵 4위
2003 삼성 하우젠 K-리그 2003 5위 / 제8회 하나은행 FA컵 우승
2004 AFC 챔피언스리그 4강(총 10전 6승 1무 3패)
제5회 2004 K-리그 수퍼컵 우승
삼성 하우젠 K-리그 2004 전기 2위 / 삼성 하우젠컵 2004 3위
삼성 하우젠 K-리그 후기 12위(정규리그 통합 5위)
제9회 하나은행 FA컵 8강
2005 통영컵 국제프로축구대회(총 3전 1승 2패)
삼성 하우젠 K-리그 2005 전기 11위 / 삼성 하우젠컵 2005 12위
중국 노능태산 친선경기(총 1전 1패)
삼성 하우젠 K-리그 후기 12위(정규리그 통합 12위)
제10회 하나은행 FA컵 우승
2006 구단 엠블럼 변경
AFC 챔피언스리그 우승(총 12전 7승 1무 4패)
삼성 하우젠컵 2006 6위
삼성 하우젠 K-리그 2006 전기 7위, 후기 13위(통합 11위)
제11회 하나은행 FA컵 8강
FIFA 클럽월드컵: 클럽 아메리카전(멕시코)
2007 삼성 하우젠컵 2007 6위 / 제12회 하나은행 FA컵 16강
AFC 챔피언스리그 8강 / 삼성 하우젠 K-리그 8위
2008 삼성 하우젠컵 2008 B조 1위
제13회 하나은행 FA컵 8강 / 삼성 하우젠 K-리그 2008 4위
2009 피스컵 코리아 2009 B조 3위
2009 K-리그 정규 1위 / K-리그 챔피언십 우승
2010 쏘나타 K리그 정규 3위, 플레이오프 3위
포스코컵 2010(A조 1위) 준우승
AFC 챔피언스리그 2010(F조 2위) 8강
2011 현대오일뱅크 K리그 정규 1위 / 챔피언십 우승
AFC 챔피언스리그 2011 준우승
2012 현대오일뱅크 K리그 2012 준우승
제17회 하나은행 FA컵 8강
AFC 챔피언스리그 2012 H조 3위
2013 구단 CI 변경(엠블럼 및 캐릭터 변경)
현대오일뱅크 K리그 클래식 2013 3위
제18회 하나은행 FA컵 준우승
AFC 챔피언스리그 2013 16강
2014 현대오일뱅크 K리그 클래식 2014 우승
제19회 하나은행 FA컵 4강 / AFC 챔피언스리그 2014 16강
2015 현대오일뱅크 K리그 클래식 2015 우승
제20회 KEB하나은행 FA컵 16강
AFC 챔피언스리그 2015 8강
2016 현대오일뱅크 K리그 클래식 2016 준우승
제21회 KEB하나은행 FA컵 8강 / AFC 챔피언스리그 2016 우승
2016 FIFA 클럽월드컵 5위
2017 KEB하나은행 K리그 클래식 2017 우승
2018 KEB하나은행 K리그1 2018 우승
2019 하나원큐 K리그1 2019 우승
2020 하나원큐 K리그1 2020 우승 / 제25회 하나은행 FA컵 2020 우승
2021 하나원큐 K리그1 2021 우승
2022 하나원큐 K리그1 2022 준우승 / AFC 챔피언스리그 2022 4강
제27회 하나원큐 FA컵 우승
2023 하나원큐 K리그1 2023 4위 / 제28회 하나원큐 FA컵 준우승
2024 AFC 챔피언스리그 TWO 16강 진출
2025 하나원큐 K리그1 2025 우승
2025 하나은행 코리아컵 우승

## 2025년 선수명단

대표이사_ 정유석 단장_ 이도현 감독_ 거스 포옛
수석코치_ 마우리시오 타리코 코치_ 정조국 골키퍼 코치_ 황희훈 피지컬 코치_ 파나요티스
스카우터_ 김민수 · 노종건 의무트레이너_ 지우반 · 김병선 · 이규열 · 노상근 전력분석관_ 디에고 포옛 · 이선구 · 박준완 선수단 매니저_ 임진영

| 포지션 | 선수명 | | 생년월일 | 출신교 | 키(cm) / 몸무게(kg) |
|---|---|---|---|---|---|
| GK | 김정훈 | 金禎勳 | 2001.04.20 | 영생고 | 189 / 78 |
| | 공시현 | 孔視炫 | 2005.02.23 | 영생고 | 192 / 85 |
| | 송범근 | 宋範根 | 1997.10.15 | 고려대 | 194 / 88 |
| | 전지완 | 田志玩 | 2004.05.14 | 영생고 | 189 / 81 |
| DF | 이한결 | 李汗結 | 2007.07.19 | 영생고 | 188 / 76 |
| | 김영빈 | 金榮彬 | 1991.09.20 | 광주대 | 184 / 79 |
| | 최철순 | 崔喆淳 | 1987.02.08 | 충북대 | 171 / 69 |
| | 연제운 | 延濟運 | 1994.08.28 | 선문대 | 184 / 75 |
| | 홍정호 | 洪正好 | 1989.08.12 | 조선대 | 187 / 84 |
| | 김태환 | 金太煥 | 1989.07.24 | 울산대 | 178 / 75 |
| | 최우진 | 崔禹進 | 2004.07.18 | 진위고 | 175 / 66 |
| | 김태현 | 金泰賢 | 1996.12.19 | 용인대 | 172 / 71 |
| | 서정혁 | 徐正赫 | 2006.03.09 | 영생고 | 178 / 70 |
| | 박규민 | 朴奎旻 | 2001.06.08 | 광주대 | 180 / 71 |
| | 이준호 | 李俊護 | 2002.09.28 | 중앙대 | 188 / 86 |
| | 황승준 | 黃承俊 | 2005.08.03 | 용인대 | 180 / 72 |
| | 이재준 | 李在俊 | 2006.10.23 | 덕영고 | 178 / 72 |
| | 황정구 | 黃政求 | 2005.07.22 | 동명대 | 189 / 81 |
| | 김수형 | 金秀亨 | 2007.06.25 | 영생고 | 183 / 79 |
| MF | 박진섭 | 朴鎭燮 | 1995.10.23 | 전주공고 | 183 / 80 |
| | 이영재 | 李英才 | 1994.09.13 | 용인대 | 177 / 69 |
| | 이승우 | 李廷秀 | 1998.01.06 | 서울대동초 | 170 / 64 |
| | 김진규 | 金鎭圭 | 1997.02.24 | 개성고 | 177 / 70 |
| | 전진우 | 全晋旴 | 1999.09.09 | 매탄고 | 181 / 71 |
| | 진태호 | 陳泰浩 | 2006.01.20 | 영생고 | 170 / 60 |
| | 한석진 | 韓碩辰 | 2007.12.19 | 영생고 | 177 / 72 |
| | 권창훈 | 權昶勳 | 1994.06.30 | 매탄고 | 174 / 68 |
| | 강상윤 | 姜尙潤 | 2004.05.31 | 영생고 | 171 / 64 |
| | 한국영 | 韓國榮 | 1990.04.19 | 강릉문성고 | 183 / 76 |
| | 츄마시 | Patrick Twumasi | 1994.05.09 | *가나 | 176 / 67 |
| | 감보아 | Joao Pedro da Costa Gamboa | 1996.08.31 | *포르투갈 | 187 / 80 |
| | 장남웅 | 張南雄 | 2004.02.09 | 상지대 | 184 / 80 |
| | 이규동 | 李奎東 | 2004.01.24 | 영생고 | 178 / 70 |
| | 김민재 | 金旻載 | 2004.06.07 | 한남대 | 179 / 75 |
| | 윤현석 | 尹賢碩 | 2003.11.08 | 홍익대 | 178 / 71 |
| FW | 티아고 | Pereira da Silva Tiago | 1993.10.28 | *브라질 | 190 / 86 |
| | 송민규 | 松旻揆 | 1999.09.12 | 충주상고 | 179 / 72 |
| | 콤파뇨 | Andrea Compagno | 1996.04.22 | *이탈리아 | 195 / 84 |
| | 박재용 | 朴才用 | 2000.03.13 | 인천대 | 191 / 87 |
| | 김창훈 | 金昌勳 | 2004.01.23 | 영생고 | 173 / 71 |
| | 성진영 | 成鎭煐 | 2003.05.21 | 영생고 | 181 / 78 |
| | 엄승민 | 嚴承民 | 2003.05.02 | 영생고 | 181 / 78 |
| | 정상운 | 鄭詳澐 | 2003.04.03 | 상지대 | 190 / 80 |
| | 강현종 | 姜賢宗 | 2004.01.13 | 용인대 | 185 / 75 |

## 2025년 개인기록_ K리그1

| 위치 | 배번 | 경기번호 | 05 | 11 | 13 | 24 | 30 | 36 | 39 | 47 | 54 | 55 |
|---|---|---|---|---|---|---|---|---|---|---|---|---|
| | | 날 짜 | 02.16 | 02.23 | 03.01 | 03.09 | 03.16 | 03.30 | 04.05 | 04.13 | 04.20 | 04.26 |
| | | 홈/원정 | 홈 | 홈 | 원정 | 홈 | 홈 | 원정 | 원정 | 홈 | 홈 | 원정 |
| | | 장 소 | 전주W | 전주W | 문수 | 전주W | 전주W | 안양 | 대전W | 전주W | 전주W | 수원 |
| | | 상 대 | 김천 | 광주 | 울산 | 강원 | 포항 | 안양 | 대전 | 제주 | 대구 | 수원FC |
| | | 결 과 | 승 | 무 | 패 | 패 | 무 | 승 | 승 | 무 | 승 | 승 |
| | | 점 수 | 2 : 1 | 2 : 2 | 0 : 1 | 0 : 1 | 2 : 2 | 1 : 0 | 2 : 0 | 1 : 1 | 3 : 1 | 2 : 1 |
| | | 승 점 | 3 | 4 | 4 | 4 | 5 | 8 | 11 | 12 | 15 | 18 |
| | | 슈팅수 | 16 : 11 | 13 : 4 | 7 : 11 | 9 : 5 | 9 : 13 | 8 : 10 | 9 : 8 | 10 : 13 | 18 : 9 | 7 : 10 |
| GK | 31 | 송 범 근 | ○ 0/0 | ○ 0/0 | ○ 0/0 | ○ 0/0 C | ○ 0/0 | ○ 0/0 C | ○ 0/0 | ○ 0/0 | ○ 0/0 | ○ 0/0 |
| DF | 2 | 김 영 빈 | ○ 0/0 | ○ 0/0 | ○ 0/0 | | △ 0/0 | △ 0/0 | ○ 0/0 | ▽ 0/0 | ○ 0/0 | ▽ 0/0 |
| | 3 | 최 우 진 | ▽ 0/0 | ▽ 0/0 | ○ 0/0 | ○ 0/0 | △ 0/0 | △ 0/0 | | | | |
| | 4 | 박 진 섭 | ○ 1/0 C | ○ 0/0 | ○ 0/0 C | ○ 0/0 | ○ 0/0 | ○ 0/0 | ○ 0/0 | ○ 0/0 | ○ 0/0 | ▽ 0/0 C |
| | 23 | 김 태 환 | ○ 0/0 | ○ 0/0 | ○ 0/0 | ○ 0/0 | ○ 0/0 | ○ 0/0 | ○ 0/0 | ○ 0/0 | ○ 0/0 | ○ 0/0 |
| | 25 | 최 철 순 | △ 0/0 | | | | | | | | | |
| | 26 | 홍 정 호 | | | | | | △ 0/0 | ○ 0/0 | ○ 0/1 | ○ 0/0 C | ○ 0/0 |
| | 44 | 김 하 준 | | | | | | | | | | |
| | 77 | 김 태 현 | | △ 0/0 | | | ▽ 0/1 | ▽ 0/0 C | ○ 0/0 | ○ 0/0 | ○ 0/1 | ○ 0/0 |
| | 94 | 안 현 범 | | | | △ 0/0 | | | | | | |
| | 94 | 연 제 운 | △ 0/0 | | | ○ 0/0 | ○ 0/0 | ○ 0/0 | △ 0/0 | | △ 0/0 | △ 0/0 |
| MF | 5 | 감 보 아 | | | | | | | | | | |
| | 6 | 맹 성 웅 | | | | | | | | | | |
| | 8 | 한 국 영 | ○ 0/0 | ○ 0/0 | ▽ 0/0 C | ▽ 0/0 | ○ 0/0 S | | | △ 0/0 | | △ 0/0 |
| | 13 | 강 상 윤 | | △ 0/0 | △ 0/0 | △ 0/0 | ○ 0/0 | ▽ 0/0 | ○ 0/1 | ▽ 0/0 | ▽ 0/0 | ▽ 0/0 |
| | 17 | 진 태 호 | | | | | | | | | △ 0/0 | △ 0/1 |
| | 19 | 보 아 텡 | | | | ▽ 0/0 | △ 0/0 | ○ 0/0 C | | △ 0/0 | | |
| | 22 | 권 창 훈 | △ 0/0 | △ 0/0 | △ 0/0 | | | △ 0/0 | | | | |
| | 28 | 이 영 재 | ○ 0/0 | ○ 0/0 | ▽ 0/0 | △ 0/0 | ▽ 0/0 | ▽ 0/0 | | | △ 0/0 | △ 0/0 |
| | 97 | 김 진 규 | | | △ 0/0 | △ 0/0 | △ 0/0 | | ▽ 0/0 | ▽ 0/0 | ▽ 0/1 | ○ 1/0 |
| FW | 7 | 이 동 준 | | | | | | | | | | |
| | 9 | 티 아 고 | △ 0/0 | | | | | | △ 0/1 | △ 0/0 | △ 0/0 C | |
| | 10 | 송 민 규 | ▽ 0/0 | ▽ 0/1 | ▽ 0/0 | ▽ 0/0 | | | △ 0/0 | ▽ 0/0 | ▽ 0/0 | ▽ 0/0 |
| | 11 | 이 승 우 | ▽ 0/0 | ▽ 0/0 | ▽ 0/0 C | ▽ 0/0 | | | | △ 0/0 | △ 0/0 | |
| | 14 | 전 진 우 | ▽ 1/0 C | ◈ 0/0 | △ 0/0 | △ 0/0 | ▽ 1/0 C | ○ 0/0 | ▽ 1/0 | ○ 0/0 | ▽ 2/0 | ○ 1/0 C |
| | 16 | 박 재 용 | | | △ 0/0 | ○ 0/0 | ▽ 1/0 | ▽ 0/0 | | | | △ 0/0 |
| | 21 | 츄 마 시 | | | | | | | | | | |
| | 40 | 전 병 관 | △ 0/1 C | ○ 0/1 | ▽ 0/0 | ▽ 0/0 | ▽ 0/0 | ▽ 0/0 | △ 1/0 | | | |
| | 76 | 에르난데스 | | | | | △ 0/0 | | ▽ 0/0 C | | | |
| | 96 | 콤 파 뇨 | ▽ 0/0 | ○ 2/0 C | ○ 0/0 | | | △ 1/0 | ▽ 0/0 C | ○ 1/0 C | ▽ 1/0 | ▽ 0/0 |

선수자료 : 득점/도움 ○ = 선발출전 △ = 교체 IN ▽ = 교체 OUT ◈ = 교체 IN/OUT C = 경고 S = 퇴장

| 위치 | 배번 | 경기번호 | 65 | 69 | 78 | 79 | 85 | 93 | 98 | 103 | 110 | 117 |
|---|---|---|---|---|---|---|---|---|---|---|---|---|
| | | 날 짜 | 05.03 | 05.06 | 05.11 | 05.17 | 05.23 | 05.27 | 05.31 | 06.13 | 06.17 | 06.21 |
| | | 홈/원정 | 원정 | 홈 | 원정 | 홈 | 원정 | 원정 | 홈 | 원정 | 홈 | 홈 |
| | | 장 소 | 서울W | 전주W | 광주W | 전주W | 제주W | 대구전 | 전주W | 춘천 | 전주W | 전주W |
| | | 상 대 | 서울 | 대전 | 광주 | 안양 | 제주 | 대구 | 울산 | 강원 | 수원FC | 서울 |
| | | 결 과 | 승 | 무 | 승 | 승 | 무 | 승 | 승 | 승 | 승 | 무 |
| | | 점 수 | 1 : 0 | 1 : 1 | 1 : 0 | 2 : 0 | 0 : 0 | 4 : 0 | 3 : 1 | 3 : 0 | 3 : 2 | 1 : 1 |
| | | 승 점 | 21 | 22 | 25 | 28 | 29 | 32 | 35 | 38 | 41 | 42 |
| | | 슈팅수 | 3 : 21 | 13 : 7 | 5 : 16 | 10 : 16 | 9 : 7 | 16 : 13 | 9 : 9 | 12 : 13 | 9 : 10 | 8 : 10 |
| GK | 31 | 송 범 근 | ○ 0/0 | ○ 0/0 | ○ 0/0 | ○ 0/0 | ○ 0/0 | ○ 0/0 | ○ 0/0 | ○ 0/0 C | ○ 0/0 | ○ 0/0 |
| DF | 2 | 김 영 빈 | ○ 0/0 | ○ 0/0 | ○ 0/0 C | ○ 0/0 C | ○ 0/0 C | | ○ 0/0 | ○ 0/0 | ○ 0/0 | ○ 0/0 |
| | 3 | 최 우 진 | | | | | | | | | | |
| | 4 | 박 진 섭 | ○ 0/0 C | ○ 0/0 | ○ 0/0 | ○ 0/0 | ○ 0/0 | ○ 0/0 | ○ 1/0 | ○ 0/0 C | | ○ 0/0 |
| | 23 | 김 태 환 | ○ 0/1 | ○ 0/0 | ○ 0/0 | ○ 0/0 | ○ 0/0 C | ○ 0/0 | ○ 0/0 | ○ 0/0 | ▽ 0/0 | |
| | 25 | 최 철 순 | | | | | | | | | | |
| | 26 | 홍 정 호 | ○ 0/0 | ○ 0/0 | ○ 0/0 | ○ 0/0 | ○ 0/0 C | ○ 0/0 | ▽ 0/0 C | ▽ 0/0 | ○ 0/0 | ○ 0/0 |
| | 44 | 김 하 준 | | | | | | | | | | ○ 0/0 |
| | 77 | 김 태 현 | ○ 0/0 | ○ 0/0 | ○ 0/0 | ○ 0/0 | ○ 0/0 | ○ 0/0 | ○ 0/0 | ○ 0/0 | ○ 0/0 | ○ 0/0 |
| | 94 | 안 현 범 | | | | | | | | | | |
| | 94 | 연 제 운 | △ 0/0 | | △ 0/0 | △ 0/0 | | ○ 0/0 | △ 0/0 | △ 0/0 | | |
| MF | 5 | 감 보 아 | | | | | | | | | | |
| | 6 | 맹 성 웅 | | | | | | | | | | |
| | 8 | 한 국 영 | △ 0/0 C | △ 0/0 | | | | △ 0/0 | | | | |
| | 13 | 강 상 윤 | ▽ 0/0 | ○ 0/0 | ▽ 0/0 | ○ 0/0 | ○ 0/0 | ▽ 0/1 | ▽ 0/0 | ▽ 0/0 C | ○ 0/1 C | ○ 0/0 |
| | 17 | 진 태 호 | △ 0/0 | | △ 0/0 | | | △ 0/0 | | △ 0/0 | | |
| | 19 | 보 아 텡 | | | | | | | | | ▽ 0/0 | |
| | 22 | 권 창 훈 | | | △ 0/0 | | | | △ 0/0 | △ 0/0 | △ 0/0 | △ 0/0 |
| | 28 | 이 영 재 | △ 0/0 | △ 0/0 | △ 0/0 | △ 0/0 | △ 0/0 | △ 1/0 | △ 0/0 | △ 0/0 | △ 0/0 | △ 0/0 |
| | 97 | 김 진 규 | ▽ 0/0 | ▽ 0/0 | ▽ 0/0 | ▽ 0/1 | ▽ 0/0 C | ▽ 0/0 | ▽ 0/0 | ▽ 0/0 | ▽ 1/0 | ▽ 0/0 |
| FW | 7 | 이 동 준 | | | | | | | | | | |
| | 9 | 티 아 고 | △ 0/0 C | △ 0/1 | △ 0/0 | △ 0/0 | ▽ 0/0 C | ▽ 1/0 | ○ 1/0 C | ○ 2/0 | ○ 0/0 | ▽ 0/0 |
| | 10 | 송 민 규 | ▽ 1/0 | ▽ 0/0 | ▽ 0/0 | ▽ 0/1 | ○ 0/0 | ▽ 0/0 | ▽ 1/0 | ▽ 0/0 | ▽ 0/0 | ▽ 1/0 |
| | 11 | 이 승 우 | | | | △ 0/0 | | △ 0/0 | △ 0/1 | △ 0/0 | △ 0/0 | ▽ 0/0 |
| | 14 | 전 진 우 | ▽ 0/0 | ▽ 1/0 | ▽ 1/0 | ▽ 2/0 | ○ 0/0 C | ▽ 1/1 | ○ 0/0 | ▽ 1/1 | ○ 0/0 C | |
| | 16 | 박 재 용 | | | | | △ 0/0 | △ 0/0 | | | | |
| | 21 | 츄 마 시 | | | | | | | | | | △ 0/0 |
| | 40 | 전 병 관 | | | | | | | | | | |
| | 76 | 에르난데스 | | △ 0/0 | | | | | | | | |
| | 96 | 콤 파 뇨 | ▽ 0/0 | ▽ 0/0 | ▽ 0/0 | ▽ 0/0 | | | | | △ 1/0 | △ 0/0 |

| 위치 | 배번 | 경기번호 | 121 | 130 | 138 | 141 | 146 | 153 | 161 | 163 | 171 | 175 |
|---|---|---|---|---|---|---|---|---|---|---|---|---|
| | | 날 짜 | 06.27 | 07.19 | 07.23 | 07.26 | 08.08 | 08.16 | 08.24 | 08.30 | 09.13 | 09.20 |
| | | 홈/원정 | 원정 | 원정 | 홈 | 원정 | 홈 | 홈 | 원정 | 원정 | 홈 | 홈 |
| | | 장 소 | 김천 | 포항 | 전주W | 광주W | 전주W | 전주W | 포항 | 문수 | 전주W | 전주W |
| | | 상 대 | 김천 | 포항 | 강원 | 광주 | 안양 | 대구 | 포항 | 울산 | 대전 | 김천 |
| | | 결 과 | 승 | 승 | 승 | 승 | 승 | 승 | 패 | 승 | 승 | 패 |
| | | 점 수 | 2 : 1 | 3 : 2 | 2 : 0 | 2 : 1 | 2 : 1 | 3 : 0 | 1 : 3 | 2 : 0 | 1 : 0 | 1 : 2 |
| | | 승 점 | 45 | 48 | 51 | 54 | 57 | 60 | 60 | 63 | 66 | 66 |
| | | 슈팅수 | 12 : 15 | 12 : 15 | 18 : 5 | 6 : 9 | 20 : 14 | 11 : 15 | 5 : 6 | 14 : 12 | 12 : 14 | 12 : 16 |
| GK | 31 | 송범근 | ○ 0/0 | ○ 0/0 | ○ 0/0 | ○ 0/0 | ○ 0/0 | ○ 0/0 | ○ 0/0 | ○ 0/0 | ○ 0/0 C | ○ 0/0 |
| DF | 2 | 김영빈 | ○ 0/0 | ○ 0/0 | ○ 0/0 | ○ 0/0 C | ○ 0/1 C | | ○ 0/0 C | ○ 0/0 | ○ 0/0 | ○ 0/0 |
| | 3 | 최우진 | | | | | | | | | △ 0/0 | ▽ 0/0 C |
| | 4 | 박진섭 | ○ 0/0 C | ○ 0/0 | ○ 0/0 | ○ 0/0 C | ○ 1/0 | ○ 0/1 | ○ 0/0 | ○ 0/0 C | | ○ 0/0 C |
| | 23 | 김태환 | △ 0/0 | ○ 0/0 C | ▽ 0/0 C | ○ 0/0 | ○ 0/0 | ○ 0/0 | ○ 0/0 | ○ 0/0 | ○ 0/0 | ○ 0/0 C |
| | 25 | 최철순 | ▽ 0/0 | | | | | ○ 0/0 | | | | |
| | 26 | 홍정호 | ○ 0/0 | ○ 0/0 | ▽ 0/0 | ▽ 0/0 | ○ 0/0 | | ▽ 0/0 | ○ 0/0 | ▽ 0/0 | ▽ 0/0 |
| | 44 | 김하준 | | | | | | | | | | |
| | 77 | 김태현 | ○ 0/0 | ○ 0/0 | ○ 0/0 | ○ 0/0 | ▽ 0/0 | | ▽ 0/0 C | ○ 0/1 C | ○ 0/0 C | |
| | 94 | 안현범 | | | | | | | | | | |
| | 94 | 연제운 | | | | △ 0/0 C | | ▽ 0/0 C | | | | |
| MF | 5 | 감보아 | | | △ 0/0 C | △ 0/0 | | ○ 0/0 C | △ 0/0 | △ 0/0 | ○ 0/0 C | △ 0/0 |
| | 6 | 맹성웅 | | | | | | | | | | |
| | 8 | 한국영 | | | | | | △ 0/0 | | △ 0/0 | △ 0/0 | |
| | 13 | 강상윤 | ○ 0/0 | ▽ 0/0 | ○ 0/1 | ○ 0/0 | ○ 0/0 | ○ 0/0 | ○ 0/0 | | | |
| | 17 | 진태호 | △ 0/0 | △ 0/0 | △ 0/0 | △ 0/0 | | △ 0/0 | △ 0/0 | | | |
| | 19 | 보아텡 | | | | | | | | | | |
| | 22 | 권창훈 | △ 0/0 | △ 0/1 | △ 0/0 | △ 0/1 | △ 0/0 | △ 0/0 | △ 0/0 | △ 0/0 | △ 0/0 | △ 0/0 |
| | 28 | 이영재 | | △ 0/0 | △ 0/0 | | △ 0/0 | △ 0/1 | | ▽ 1/0 | ▽ 0/0 | ▽ 0/0 |
| | 97 | 김진규 | ▽ 0/0 | ▽ 0/0 | ▽ 1/0 | ▽ 1/0 | ▽ 0/0 | ▽ 0/1 | ▽ 0/0 | ▽ 0/1 C | ○ 0/0 | ○ 1/0 |
| FW | 7 | 이동준 | | | | | | | | | | |
| | 9 | 티아고 | △ 0/0 | △ 1/1 C | | △ 1/0 | △ 0/0 | △ 0/0 | ○ 1/0 C | ▽ 0/0 | ▽ 0/0 | △ 0/1 |
| | 10 | 송민규 | ▽ 0/0 | ▽ 0/0 C | ▽ 0/0 | ▽ 0/0 | ▽ 0/0 | ▽ 0/0 | ▽ 0/0 | ▽ 0/0 | ▽ 0/0 | ▽ 0/0 |
| | 11 | 이승우 | △ 0/0 | △ 1/0 C | △ 0/0 | | △ 1/0 | | △ 0/0 | △ 0/0 | △ 0/0 C | |
| | 14 | 전진우 | ▽ 0/0 | ▽ 0/0 C | ▽ 0/0 | ▽ 0/0 | ○ 0/0 | ▽ 1/0 | ▽ 0/0 | ▽ 1/0 C | ▽ 0/0 | ○ 0/0 |
| | 16 | 박재용 | | | | | | | | | | △ 0/0 |
| | 21 | 츄마시 | | | | | | | | | | △ 0/0 C |
| | 40 | 전병관 | | | | | | | | | | |
| | 76 | 에르난데스 | | | | | | | | | | |
| | 96 | 콤파뇨 | ▽ 2/0 | ▽ 0/0 | ○ 1/0 | ▽ 0/0 | ▽ 0/0 | ▽ 2/0 | △ 0/0 | △ 0/0 | △ 1/0 | ▽ 0/0 |

선수자료 : 득점/도움 ○ = 선발출전 △ = 교체 IN ▽ = 교체 OUT ◆ = 교체 IN/OUT C = 경고 S = 퇴장

| 위치 | 배번 | 경기번호 | 184 | 187 | 196 | 199 | 205 | 214 | 221 | 226 | | |
|---|---|---|---|---|---|---|---|---|---|---|---|---|
| | | 날 짜 | 09.27 | 10.03 | 10.18 | 10.25 | 11.01 | 11.08 | 11.22 | 11.30 | | |
| | | 홈/원정 | 원정 | 원정 | 홈 | 홈 | 원정 | 홈 | 원정 | 홈 | | |
| | | 장 소 | 서울W | 제주W | 전주W | 전주W | 강릉 | 전주W | 포항 | 전주W | | |
| | | 상 대 | 서울 | 제주 | 수원FC | 김천 | 강원 | 대전 | 포항 | 서울 | | |
| | | 결 과 | 무 | 무 | 승 | 패 | 무 | 승 | 무 | 승 | | |
| | | 점 수 | 1 : 1 | 1 : 1 | 2 : 0 | 2 : 3 | 0 : 0 | 3 : 1 | 0 : 0 | 2 : 1 | | |
| | | 승 점 | 67 | 68 | 71 | 71 | 72 | 75 | 76 | 79 | | |
| | | 슈팅수 | 7 : 20 | 9 : 18 | 7 : 21 | 10 : 11 | 5 : 6 | 12 : 14 | 5 : 9 | 11 : 25 | | |
| GK | 31 | 송 범 근 | ○ 0/0 | ○ 0/0 | ○ 0/0 | ○ 0/0 | ○ 0/0 | ○ 0/0 | ○ 0/0 | ○ 0/0 | | |
| DF | 2 | 김 영 빈 | ▽ 0/0 | | | | | | | | | |
| | 3 | 최 우 진 | | | △ 0/0 | | △ 0/0 C | △ 0/1 | | △ 0/0 | | |
| | 4 | 박 진 섭 | ○ 0/0 | ○ 0/0 | ○ 0/0 | ○ 0/0 | ○ 0/0 | ○ 0/1 | ○ 0/0 | | | |
| | 23 | 김 태 환 | ○ 0/0 C | | ○ 0/1 | ○ 0/0 C | ○ 0/0 | ○ 0/0 C | ○ 0/0 | | | |
| | 25 | 최 철 순 | ○ 0/0 | ○ 0/0 | ▽ 0/0 | ▽ 0/0 | | ▽ 0/0 | | ▽ 0/0 | | |
| | 26 | 홍 정 호 | ○ 0/0 | ○ 0/0 | ○ 0/0 | ○ 0/0 | ○ 0/0 | ○ 0/0 C | | ○ 0/0 | | |
| | 44 | 김 하 준 | | | | | | | | | | |
| | 77 | 김 태 현 | | | | | ▽ 0/0 C | | ○ 0/0 | ○ 0/0 C | | |
| | 94 | 안 현 범 | | | | | | | | | | |
| | 94 | 연 제 운 | △ 0/0 | ○ 0/0 | ▽ 0/0 | | | | ○ 0/0 | ○ 0/0 | | |
| MF | 5 | 감 보 아 | △ 0/0 | △ 0/0 | △ 0/0 | ○ 0/0 | ▽ 0/0 | △ 0/0 | | | | |
| | 6 | 맹 성 웅 | | | | | △ 0/0 C | ▽ 0/0 | ○ 0/0 | ○ 0/0 | | |
| | 8 | 한 국 영 | △ 0/0 | △ 0/0 | △ 0/0 C | | | | | | | |
| | 13 | 강 상 윤 | ▽ 0/0 | ▽ 0/0 | ○ 0/0 | ○ 0/0 | ▽ 0/0 | ▽ 0/0 | ▽ 0/0 | ○ 0/0 | | |
| | 17 | 진 태 호 | | | | | | | | | | |
| | 19 | 보 아 텡 | | | | | | | | | | |
| | 22 | 권 창 훈 | | ▽ 0/1 | △ 0/0 | △ 0/0 | | | △ 0/0 | | | |
| | 28 | 이 영 재 | ◈ 0/0 | △ 0/0 | | △ 0/0 | △ 0/0 | △ 0/0 | △ 0/0 | ▽ 0/0 | | |
| | 97 | 김 진 규 | ○ 0/1 | ▽ 0/0 | ○ 0/0 | ▽ 0/1 | ○ 0/0 | ○ 0/0 | ▽ 0/0 | △ 0/0 | | |
| FW | 7 | 이 동 준 | | | | | △ 0/0 | △ 1/0 | ○ 0/0 | ▽ 1/0 | | |
| | 9 | 티 아 고 | △ 0/0 C | ○ 1/0 | △ 1/0 | ▽ 0/0 | ○ 0/0 C | | ▽ 0/0 | △ 0/1 | | |
| | 10 | 송 민 규 | ▽ 1/0 C | ▽ 0/0 | ▽ 0/0 C | △ 0/0 | ▽ 0/0 | ▽ 1/0 | | ▽ 0/0 | | |
| | 11 | 이 승 우 | | ▽ 0/0 C | ▽ 0/0 | ▽ 1/0 C | | △ 1/0 C | △ 0/0 | △ 0/0 | | |
| | 14 | 전 진 우 | ▽ 0/0 | △ 0/0 C | | ○ 1/0 | ▽ 0/0 | ▽ 0/0 | ▽ 0/0 | △ 1/0 C | | |
| | 16 | 박 재 용 | | △ 0/0 | | △ 0/0 | | ○ 0/0 C | △ 0/0 | ▽ 0/0 | | |
| | 21 | 츄 마 시 | △ 0/0 | | | | △ 0/0 | | | | | |
| | 40 | 전 병 관 | | | | | | | | | | |
| | 76 | 에르난데스 | | | | | | | | | | |
| | 96 | 콤 파 뇨 | ▽ 0/0 | | ▽ 1/0 | | | | | | | |
| | | | | | | | | | | | | |

# 대전 하나 시티즌

**창단년도_** 1997년
**전화_** 042-824-2002
**팩스_** 042-824-7048
**홈페이지_** https://www.dhcfc.kr/
**유튜브_** https://www.youtube.com/@daejeonhanacitizen
**인스타그램_** https://www.instagram.com/daejeon_hana/
**카카오톡채널_** https://pf.kakao.com/_pceqC
**페이스북_** https://www.facebook.com/dhcfc.kr
**주소_** 우 34148 대전광역시 유성구 월드컵대로 32(노은동) 대전월드컵 경기장 서관 3층
3F, West Gate, Daejeon World Cup Stadium, 32, World Cup-daero(Noeun-dong), Yuseong-gu, Daejeon, KOREA 34148

## 연혁

1996 (주)대전프로축구 창설
1997 대전 시티즌 프로축구단 창설
97 라피도컵 프로축구대회 7위
97 아디다스컵 페어플레이팀 수상
97 라피도컵 '올해의 페어플레이' 팀 수상
1998 98 현대컵 K-리그 9위
1999 99 바이코리아컵 K-리그 8위
2000 2000 삼성 디지털 K-리그 8위
2001 2001 포스코 K-리그 10위
제6회 서울은행 FA컵 우승
2002 2002 삼성 파브 K-리그 10위
제7회 하나-서울은행 FA컵 4강
2003 AFC 챔피언스리그 본선진출
삼성 하우젠 K-리그 6위
제8회 하나은행 FA컵 8강
2004 삼성 하우젠 K-리그 2004 통합 11위(전기 11위, 후기 11위)
삼성 하우젠컵 2004 준우승
제9회 하나은행 FA컵 4강
2005 삼성 하우젠컵 2005 10위
삼성 하우젠 K-리그 2005 10위
삼성 하우젠 K-리그 2005 전기 8위, 후기 7위
1차 시민주 공모
2006 2차 시민주 공모
삼성 하우젠 K-리그 2006 전기 3위, 후기 12위
삼성 하우젠컵 2006 4위 (B조 5위)
2007 삼성 하우젠컵 2007 10위 (B조 5위)
삼성 하우젠 K-리그 6위 (6강 진출)
2008 삼성 하우젠컵 2008년 B조 4위
삼성 하우젠 K-리그 13위
2009 2009 K-리그 9위
피스컵 A조 5위
제14회 하나은행 FA컵 4강
제14회 하나은행 FA컵 페어플레이팀 수상
2010 쏘나타 K리그 2010 13위
포스코컵 2010 C조 5위
2011 현대오일뱅크 K리그 2011 15위
러시앤캐시컵 2011 A조 6위
2012 현대오일뱅크 K리그 2012 13위
2013 현대오일뱅크 K리그 클래식 2013 14위
2014 현대오일뱅크 K리그 챌린지 2014 우승
2015 현대오일뱅크 K리그 클래식 2015 12위
2016 현대오일뱅크 K리그 챌린지 2016 7위
2017 KEB하나은행 K리그 챌린지 2017 10위
2018 KEB하나은행 K리그2 2018 4위
2019 하나원큐 K리그2 2019 9위
2020 하나금융그룹 인수, 기업구단 전환
'대전하나시티즌'으로 팀명 변경
하나원큐 K리그2 2020 4위
2021 하나원큐 K리그2 2021 2위
2022 하나원큐 K리그2 2022 2위, K리그1 승격
2023 하나원큐 K리그1 2023 8위
2024 하나은행 K리그1 2024 8위

## 2025년 선수명단

대표이사_ 정태희 단장_ 김원택 감독_ 황선홍
수석코치_ 명재용 코치_ 요시다 타츠마 · 배효성 · 김창수 골키퍼 코치_ 김일진 피지컬 코치_ 박성균 · 홍덕기
테크니컬 디렉터_ 이종민 의무트레이너_ 장호석 · 엄동환 · 권순민 · 김진목 전력분석관_ 문세종 · 여성혁 선수단 매니저_ 조현준

| 포지션 | 선수명 | | 생년월일 | 출신교 | 키(cm) / 몸무게(kg) |
|---|---|---|---|---|---|
| GK | 정 산 | 鄭山 | 1989.02.10 | 경희대 | 191 / 86 |
| | 이창근 | 李昌根 | 1993.08.30 | 동래고 | 186 / 75 |
| | 이준서 | 李俊敍 | 1998.03.07 | 오산고 | 185 / 82 |
| | 이경태 | 李京泰 | 1995.03.02 | 개성고 | 192 / 82 |
| | 김민수 | 金民秀 | 2005.07.08 | 여주중 | 194 / 86 |
| DF | 안 톤 | Anton Krivotsyuk | 1998.08.20 | *아제르바이잔 / 우크라이나 | 186 / 76 |
| | 오재석 | 吳宰碩 | 1990.01.04 | 경희대 | 178 / 76 |
| | 강윤성 | 姜允盛 | 1997.07.01 | 대구공고 | 172 / 65 |
| | 김문환 | 金紋奐 | 1995.08.01 | 중앙대 | 173 / 64 |
| | 여승원 | 余承原 | 2000.05.05 | 명지대 | 179 / 72 |
| | 김민우 | 金旻佑 | 2002.03.16 | 동북고 | 185 / 78 |
| | 이명재 | 李明載 | 1993.11.04 | 홍익대 | 182 / 68 |
| | 서영재 | 徐永在 | 1995.05.23 | 한양대 | 182 / 71 |
| | 김민덕 | 金民悳 | 1996.07.08 | 성균관대 | 183 / 78 |
| | 김진야 | 金鎭冶 | 1998.06.30 | 대건고 | 174 / 66 |
| | 조현우 | 趙晛佑 | 2005.01.01 | 한남대 | 187 / 78 |
| | 하창래 | 河昌來 | 1994.10.16 | 중앙대 | 188 / 82 |
| | 박규현 | 朴規現 | 2001.04.14 | 현대고 | 181 / 71 |
| | 이정택 | 李政宅 | 1998.05.23 | 상지대 | 183 / 75 |
| | 박진성 | 朴進成 | 2001.05.15 | 연세대 | 178 / 76 |
| | 임종은 | 林宗垠 | 1990.06.18 | 현대고 | 192 / 88 |
| MF | 정진우 | 貞進友 | 2004.09.24 | 진위고 | 188 / 79 |
| | 김한서 | 金漢書 | 2003.02.14 | 충남기공 | 174 / 67 |
| | 임은수 | 林恩水 | 1996.04.01 | 동국대 | 181 / 70 |
| | 이준규 | | 2003.08.04 | 충남기공 | 171 / 63 |
| | 밥 신 | Pereira Bobsin | 2000.01.12 | *브라질 | 183 / 78 |
| | 김현욱 | 金賢旭 | 1995.06.22 | 한양대 | 160 / 61 |
| | 김봉수 | 金奉首 | 1999.12.26 | 대구공고 | 181 / 74 |
| | 에르난데스 | Hernandes Rodriues da Silva | 1999.09.02 | *브라질 | 183 / 75 |
| | 이순민 | 李淳敏 | 1994.05.22 | 영남대 | 178 / 73 |
| | 이현식 | 李炫植 | 1996.03.21 | 용인대 | 175 / 64 |
| | 김준범 | 金俊範 | 1998.01.14 | 연세대 | 176 / 74 |
| FW | 서진수 | 西進水 | 2000.10.18 | 제주U-18 | 183 / 71 |
| | 구 텍 | Vladislavs Gutkovskis | 1995.04.02 | *라트비아 | 187 / 87 |
| | 정우빈 | 鄭優斌 | 2001.05.08 | 중앙대 | 175 / 64 |
| | 마 사 | Masatoshi Ishida | 1995.05.04 | *일본 | 180 / 78 |
| | 최건주 | 崔建柱 | 1999.06.26 | 건국대 | 175 / 64 |
| | 주민규 | 周敏圭 | 1990.04.13 | 한양대 | 183 / 79 |
| | 유강현 | 柳康鉉 | 1996.04.27 | 서해고 | 186 / 78 |
| | 김승대 | 金承大 | 1991.04.01 | 영남대 | 175 / 64 |
| | 정재희 | 鄭在熙 | 1994.04.28 | 상지대 | 174 / 70 |
| | 주앙 빅토르 | Joao Victor Lima Ferreira | 1999.02.25 | *브라질 | 176 / 75 |
| | 김현오 | | 2007.09.12 | 충남기공 | 183 / 76 |

## 2025년 개인기록 _ K리그1

| 위치 | 배번 | 경기번호 | 01 | 10 | 16 | 20 | 25 | 33 | 108 | 39 | 44 | 50 |
|---|---|---|---|---|---|---|---|---|---|---|---|---|
| | | 날 짜 | 02.15 | 02.23 | 03.02 | 03.08 | 03.15 | 03.29 | 04.01 | 04.05 | 04.12 | 04.19 |
| | | 홈/원정 | 원정 | 홈 | 홈 | 원정 | 원정 | 홈 | 원정 | 홈 | 원정 | 원정 |
| | | 장 소 | 포항 | 대전W | 대전W | 대구전 | 제주W | 대전W | 문수 | 대전W | 서울W | 김천 |
| | | 상 대 | 포항 | 울산 | 수원FC | 대구 | 제주 | 광주 | 울산 | 전북 | 서울 | 김천 |
| | | 결 과 | 승 | 패 | 승 | 승 | 승 | 무 | 승 | 패 | 무 | 승 |
| | | 점 수 | 3 : 0 | 0 : 2 | 1 : 0 | 2 : 1 | 3 : 1 | 1 : 1 | 3 : 2 | 0 : 2 | 2 : 2 | 2 : 0 |
| | | 승 점 | 3 | 3 | 6 | 9 | 12 | 13 | 16 | 16 | 17 | 20 |
| | | 슈팅수 | 6 : 15 | 8 : 15 | 15 : 6 | 7 : 16 | 11 : 12 | 8 : 8 | 6 : 17 | 8 : 9 | 7 : 18 | 10 : 10 |
| GK | 1 | 이창근 | ○ 0/0 | ○ 0/0 | ○ 0/0 | ○ 0/0 | ○ 0/0 | ○ 0/0 | ○ 0/0 C | ○ 0/0 | ○ 0/0 | ○ 0/0 C |
| | 25 | 이준서 | | | | | | | | | | |
| | 40 | 이경태 | | | | | | | | | | |
| DF | 2 | 박규현 | ○ 0/0 | ▽ 0/0 C | ▽ 0/0 | ○ 0/1 CC | | | ▽ 0/0 | ▽ 0/0 | ○ 0/0 | ○ 0/0 |
| | 3 | 하창래 | | | ▽ 0/0 | ○ 0/0 | ○ 0/0 | ○ 0/0 | | ○ 0/0 | ○ 0/0 | ○ 0/0 |
| | 5 | 임종은 | | | △ 0/0 | △ 0/0 | | | ○ 0/0 | ○ 0/0 | | |
| | 6 | 강윤성 | ○ 0/0 C | ○ 0/0 | ○ 0/0 | ○ 0/0 | ○ 0/0 | ○ 0/1 | ○ 0/0 | ○ 0/0 | ○ 0/0 | ▽ 0/0 |
| | 16 | 이명재 | | | | | | | | | | |
| | 22 | 오재석 | | △ 0/0 | | ▽ 0/0 C | ○ 0/0 | | △ 0/0 | | | ▽ 0/1 |
| | 26 | 김민덕 | | | | | | | | | | |
| | 28 | 아론 | △ 0/0 | | | | | | | | | |
| | 33 | 김문환 | | | | | | | | | | △ 0/0 |
| | 48 | 김현우 | ○ 0/0 | ○ 0/0 | △ 0/0 | △ 0/0 | | | | | | |
| | 50 | 박진성 | | | | | ▽ 0/0 | ○ 0/0 | | | | |
| | 72 | 김진야 | | | | | | | | | | |
| | 98 | 안톤 | ▽ 0/0 | ○ 0/0 | ○ 0/0 | ○ 0/0 C | ○ 0/0 | ○ 0/0 | ○ 0/0 | | ○ 0/0 | ○ 0/0 |
| MF | 8 | 밥신 | ○ 0/0 | ○ 0/0 | ○ 0/0 C | ○ 0/0 C | ○ 0/0 | ○ 0/0 C | | ○ 0/0 | ○ 0/0 | ○ 0/0 |
| | 14 | 김준범 | | | △ 0/0 | △ 0/0 | △ 0/0 | ▽ 0/0 C | ○ 0/0 | ▽ 0/0 | △ 0/0 | ▽ 1/0 |
| | 30 | 김봉수 | | | | | | | | | | |
| | 44 | 이순민 | ○ 0/0 | ▽ 0/0 | | | | | | | | |
| | 52 | 임덕근 | | | | | | | ○ 0/0 | ▽ 0/0 | ▽ 0/0 | |
| | 66 | 김한서 | | | | | | | | | | |
| | 70 | 김현욱 | △ 0/0 | △ 0/0 | ○ 0/0 | | △ 0/1 | ▽ 0/0 | ▽ 1/0 | △ 0/0 | ▽ 0/1 | △ 0/0 |
| | 71 | 켈빈 | ▽ 0/0 | | | | | | | | | ▽ 0/0 |
| | 73 | 이준규 | | | △ 0/0 | | △ 1/0 | △ 0/0 | △ 0/0 | △ 0/0 | △ 0/0 | △ 0/0 |
| | 77 | 윤도영 | | | ▽ 0/0 | ▽ 0/0 | ▽ 0/0 | ▽ 0/0 | ▽ 0/1 | ▽ 0/0 | ▽ 0/0 | ▽ 0/0 |
| FW | 7 | 마사 | ▽ 0/1 | ▽ 0/0 | ▽ 0/0 | ▽ 0/0 | ▽ 0/1 | ▽ 0/0 | | | | |
| | 9 | 구텍 | △ 0/0 | △ 0/0 | | | △ 0/0 | △ 0/0 | ▽ 0/0 C | △ 0/0 | ▽ 2/0 | |
| | 10 | 주민규 | ▽ 2/0 | ○ 0/0 | ○ 1/0 | ○ 1/1 | ▽ 1/0 | △ 0/0 | △ 1/0 C | ○ 0/0 | △ 0/0 | ○ 1/0 |
| | 12 | 김승대 | | | | | | | | | | |
| | 17 | 최건주 | ▽ 1/0 C | ▽ 0/0 | ▽ 0/0 | ▽ 1/0 | ▽ 0/0 | ▽ 0/0 | | | | |
| | 19 | 서진수 | | | | | | | | | | |
| | 19 | 신상은 | | ▽ 0/0 | | | | | ▽ 1/0 | ▽ 0/0 | ▽ 0/0 | △ 0/0 |
| | 27 | 정재희 | △ 0/1 | △ 0/0 | △ 0/0 | △ 0/0 | △ 1/0 | △ 0/0 | △ 0/1 | △ 0/0 | △ 0/0 | |
| | 29 | 유강현 | | | | | | | | | | |
| | 47 | 김인균 | △ 0/0 C | △ 0/0 | | | | △ 1/0 | △ 0/0 C | △ 0/0 | △ 0/0 | △ 0/0 |
| | 76 | 에르난데스 | | | | | | | | | | |
| | 77 | 주앙빅토르 | | | | | | | | | | |
| | 90 | 김현오 | | | | | | | | | | |

선수자료 : 득점/도움 ○ = 선발출전 △ = 교체 IN ▽ = 교체 OUT ◆ = 교체 IN/OUT C = 경고 S = 퇴장

| 위치 | 배번 | 경기번호 | 60 | 63 | 69 | 74 | 84 | 89 | 92 | 99 | 113 | 120 |
|---|---|---|---|---|---|---|---|---|---|---|---|---|
| | | 날 짜 | 04.27 | 05.03 | 05.06 | 05.10 | 05.18 | 05.24 | 05.27 | 05.31 | 06.18 | 06.22 |
| | | 홈/원정 | 홈 | 홈 | 원정 | 홈 | 원정 | 홈 | 홈 | 원정 | 홈 | 원정 |
| | | 장 소 | 대전W | 대전W | 전주W | 대전W | 수원 | 대전W | 대전W | 안양 | 대전W | 광주W |
| | | 상 대 | 강원 | 안양 | 전북 | 서울 | 수원FC | 대구 | 포항 | 안양 | 김천 | 광주 |
| | | 결 과 | 승 | 승 | 무 | 무 | 패 | 승 | 패 | 무 | 무 | 무 |
| | | 점 수 | 1 : 0 | 2 : 1 | 1 : 1 | 0 : 0 | 0 : 3 | 2 : 1 | 1 : 3 | 1 : 1 | 0 : 0 | 2 : 2 |
| | | 승 점 | 23 | 26 | 27 | 28 | 28 | 31 | 31 | 32 | 33 | 34 |
| | | 슈팅수 | 8 : 1 | 12 : 19 | 7 : 13 | 1 : 23 | 6 : 30 | 9 : 9 | 15 : 10 | 9 : 11 | 11 : 14 | 9 : 10 |
| GK | 1 | 이 창 근 | ○ 0/0 | ○ 0/0 | ○ 0/0 | ○ 0/0 | ○ 0/0 | ○ 0/0 C | ○ 0/0 | ○ 0/0 | ○ 0/0 | ○ 0/0 |
| | 25 | 이 준 서 | | | | | | | | | | |
| | 40 | 이 경 태 | | | | | | | | | | |
| DF | 2 | 박 규 현 | ▽ 0/0 | ▽ 0/0 C | ○ 0/0 | | | | | ▽ 0/0 | ▽ 0/0 | |
| | 3 | 하 창 래 | ○ 0/0 | | | ○ 0/0 | ○ 0/0 C | ○ 0/0 | ○ 0/0 | | ○ 0/0 | ○ 0/0 C |
| | 5 | 임 종 은 | | ○ 0/0 | ○ 0/1 | | ○ 0/0 | △ 0/0 | | ○ 0/0 | ▽ 0/0 | |
| | 6 | 강 윤 성 | ○ 0/0 | ○ 0/0 CC | | ○ 0/0 | | △ 0/0 | ○ 0/0 | ○ 0/0 C | | ○ 0/0 |
| | 16 | 이 명 재 | | | | | | | | | | |
| | 22 | 오 재 석 | △ 0/0 | | ○ 0/0 | △ 0/0 | ○ 0/0 | ○ 0/0 | ▽ 0/0 | | ○ 0/0 | |
| | 26 | 김 민 덕 | | | | | | | | | | |
| | 28 | 아 론 | | | | | | | | | | |
| | 33 | 김 문 환 | ○ 0/0 | ▽ 0/1 | | ○ 0/0 C | | | | ○ 0/0 | △ 0/0 | △ 0/0 |
| | 48 | 김 현 우 | | | △ 0/0 | ○ 0/0 | | ○ 0/0 | ○ 0/0 | ○ 0/0 | | |
| | 50 | 박 진 성 | | △ 0/0 | | ▽ 0/0 | ○ 0/0 | ○ 0/0 C | ○ 0/1 | | | |
| | 72 | 김 진 야 | | | | | | | | | | ▽ 0/0 |
| | 98 | 안 톤 | ○ 0/0 | ○ 0/0 | ▽ 0/0 | | | | | | △ 0/0 | ○ 0/0 |
| MF | 8 | 밥 신 | ○ 0/0 | ○ 1/0 | ○ 0/0 | △ 0/0 | | | | | | △ 0/0 |
| | 14 | 김 준 범 | ▽ 0/0 | | ○ 0/0 | ▽ 0/0 | ▽ 0/0 | ▽ 0/0 | ▽ 0/0 | ○ 0/0 | | |
| | 30 | 김 봉 수 | | | | | | | | | ○ 0/0 | ○ 0/0 |
| | 44 | 이 순 민 | | | | | ▽ 0/0 | ○ 0/0 | ○ 0/0 | △ 0/0 | ○ 0/0 CC | |
| | 52 | 임 덕 근 | | | | | | | | | | |
| | 66 | 김 한 서 | | | | | | | | | | ▽ 0/0 |
| | 70 | 김 현 욱 | △ 0/1 | ○ 0/0 | ▽ 0/0 C | ○ 0/0 | ▽ 0/0 | △ 0/0 C | △ 0/0 | | | ▽ 0/0 |
| | 71 | 켈 빈 | ▽ 0/0 | ▽ 0/0 | △ 0/0 | | △ 0/0 | △ 0/1 | △ 0/0 | ◈ 0/0 | | |
| | 73 | 이 준 규 | △ 0/0 | △ 0/0 | △ 0/0 | | △ 0/0 | △ 0/0 | △ 0/0 C | △ 0/0 | ▽ 0/0 | ▽ 0/0 |
| | 77 | 윤 도 영 | ▽ 0/0 | | | ▽ 0/0 | ▽ 0/0 | | | | ▽ 0/0 | |
| FW | 7 | 마 사 | | | | | △ 0/0 | ▽ 0/0 | | ▽ 1/0 | △ 0/0 | |
| | 9 | 구 텍 | △ 0/0 | △ 0/0 | ▽ 0/0 | △ 0/0 | △ 0/0 | | △ 0/0 | △ 0/0 | | ○ 2/0 |
| | 10 | 주 민 규 | ▽ 1/0 | ▽ 0/0 | △ 0/0 | ▽ 0/0 | ○ 0/0 | ▽ 1/0 | ▽ 1/0 | ○ 0/0 | ○ 0/0 | △ 0/0 |
| | 12 | 김 승 대 | | | | | | | | | | |
| | 17 | 최 건 주 | | | ▽ 0/0 | ○ 0/0 C | ▽ 0/0 | ▽ 1/0 | ▽ 0/0 | ▽ 0/0 | | ▽ 0/0 |
| | 19 | 서 진 수 | | | | | | | | | ▽ 0/0 | |
| | 19 | 신 상 은 | | △ 0/0 | | | | | | | | |
| | 27 | 정 재 희 | | | | | | | △ 0/0 | △ 0/0 | △ 0/0 | △ 0/0 |
| | 29 | 유 강 현 | | | | | | | | | | |
| | 47 | 김 인 균 | △ 0/0 | △ 0/0 | △ 1/0 | △ 0/0 C | △ 0/0 | | | | | |
| | 76 | 에르난데스 | | | | | | | | | △ 0/0 | △ 0/2 |
| | 77 | 주앙빅토르 | | | | | | | | | | |
| | 90 | 김 현 오 | | ▽ 1/0 | ▽ 0/0 | | | ▽ 0/0 | ▽ 0/0 | ▽ 0/0 | | |

| 위치 | 배번 | 경기번호 | 122 | 129 | 136 | 143 | 150 | 156 | 162 | 168 | 171 | 176 |
|---|---|---|---|---|---|---|---|---|---|---|---|---|
| | | 날 짜 | 06.27 | 07.19 | 07.23 | 07.27 | 08.10 | 08.17 | 08.24 | 08.31 | 09.13 | 09.20 |
| | | 홈/원정 | 홈 | 원정 | 원정 | 홈 | 홈 | 원정 | 원정 | 홈 | 원정 | 홈 |
| | | 장 소 | 대전W | 강릉 | 문수 | 대전W | 대전W | 광주W | 안양 | 대전W | 전주W | 대전W |
| | | 상 대 | 제주 | 강원 | 울산 | 서울 | 수원FC | 광주 | 안양 | 김천 | 전북 | 대구 |
| | | 결 과 | 무 | 무 | 승 | 패 | 승 | 패 | 패 | 승 | 패 | 승 |
| | | 점 수 | 1 : 1 | 2 : 2 | 2 : 1 | 0 : 1 | 3 : 2 | 0 : 2 | 2 : 3 | 2 : 1 | 0 : 1 | 3 : 2 |
| | | 승 점 | 35 | 36 | 39 | 39 | 42 | 42 | 42 | 45 | 45 | 48 |
| | | 슈팅수 | 12 : 19 | 9 : 12 | 16 : 14 | 5 : 14 | 12 : 11 | 6 : 5 | 12 : 21 | 24 : 11 | 14 : 12 | 9 : 25 |
| GK | 1 | 이 창 근 | ○ 0/0 C | ○ 0/0 | ○ 0/0 | ○ 0/0 | ▽ 0/0 | | | | | |
| | 25 | 이 준 서 | | | | | | ○ 0/0 | ○ 0/0 | ○ 0/0 | ○ 0/0 | ○ 0/0 |
| | 40 | 이 경 태 | | | | | △ 0/0 | | | | | |
| DF | 2 | 박 규 현 | | | | | | | | | | |
| | 3 | 하 창 래 | △ 0/0 | | | | | | ○ 0/0 CC | | ○ 0/0 C | ○ 0/0 |
| | 5 | 임 종 은 | ▽ 0/0 | △ 0/0 | | | | | △ 0/0 | | | |
| | 6 | 강 윤 성 | ○ 0/0 | | | | ○ 0/0 | ▽ 0/0 | | | ▽ 0/0 | △ 0/0 |
| | 16 | 이 명 재 | | ○ 0/0 | ○ 1/0 | ○ 0/0 | ○ 0/1 | ○ 0/0 | ○ 0/1 | ○ 0/0 | △ 0/0 | ○ 0/0 |
| | 22 | 오 재 석 | | | | | | | | | | |
| | 26 | 김 민 덕 | | ○ 0/0 | ○ 0/0 | ○ 0/0 | ○ 0/0 C | ○ 0/0 | | ○ 0/0 | ○ 0/0 | |
| | 28 | 아 론 | | | | | | | | | | |
| | 33 | 김 문 환 | ○ 0/0 | ○ 0/0 | ○ 0/0 | ▽ 0/0 | | △ 0/0 C | ○ 0/0 | ○ 0/0 | △ 0/0 | ○ 0/0 |
| | 48 | 김 현 우 | | | | | | | | | | |
| | 50 | 박 진 성 | | | | | | | | | | |
| | 72 | 김 진 야 | | | | △ 0/0 | | | | | ▽ 0/0 C | |
| | 98 | 안 톤 | ○ 0/0 | ○ 0/0 | ○ 0/0 C | ○ 0/0 | ○ 0/0 | ○ 0/0 | ○ 0/0 | ○ 1/0 C | | ○ 0/0 |
| MF | 8 | 밥 신 | | | | | | | | | | |
| | 14 | 김 준 범 | △ 0/0 | | △ 1/0 | | ○ 1/1 C | ▽ 0/0 | △ 0/0 | △ 0/0 | | |
| | 30 | 김 봉 수 | ○ 0/0 C | ○ 0/0 | ○ 0/0 | ○ 0/0 | ○ 0/0 | ○ 0/0 | ▽ 0/0 | ▽ 0/0 | ○ 0/0 | ▽ 0/1 |
| | 44 | 이 순 민 | | △ 0/0 | ○ 0/0 | ○ 0/0 C | △ 0/0 | △ 0/0 C | △ 0/0 | ○ 0/1 | ○ 0/0 | ○ 0/0 |
| | 52 | 임 덕 근 | | | | | | | | | | |
| | 66 | 김 한 서 | ▽ 0/0 | ▽ 0/0 | ▽ 0/0 | ▽ 0/0 | ▽ 0/0 | ▽ 0/0 | ▽ 0/0 | △ 0/0 | △ 0/0 | △ 0/0 |
| | 70 | 김 현 욱 | | ▽ 1/0 | △ 0/0 | △ 0/0 | △ 0/0 | △ 0/0 | △ 0/0 | △ 0/0 | | |
| | 71 | 켈 빈 | | | | | | | | | | |
| | 73 | 이 준 규 | △ 0/0 | | | | | △ 0/0 | △ 0/0 | | | |
| | 77 | 윤 도 영 | | | | | | | | | | |
| FW | 7 | 마 사 | ▽ 0/0 | | | | △ 0/0 C | | ▽ 0/0 | ▽ 0/0 | ▽ 0/0 C | ▽ 1/0 |
| | 9 | 구 텍 | ○ 0/0 S | | | △ 0/0 | | | | | | △ 0/0 |
| | 10 | 주 민 규 | △ 0/0 | ▽ 0/1 | △ 0/0 | △ 0/0 | ○ 1/0 | ○ 0/0 | | △ 0/0 C | △ 0/0 | ▽ 2/0 |
| | 12 | 김 승 대 | | | | | | | | | | |
| | 17 | 최 건 주 | | | | | ▽ 1/0 | ▽ 0/0 | | | | |
| | 19 | 서 진 수 | ▽ 0/0 | ▽ 0/0 | ▽ 0/0 | ▽ 0/0 | ▽ 0/0 C | ▽ 0/0 | | ▽ 0/0 | ▽ 0/0 | ▽ 0/0 |
| | 19 | 신 상 은 | | | | | | | | | | |
| | 27 | 정 재 희 | ▽ 1/0 | △ 0/0 | △ 0/0 | △ 0/0 | | | ▽ 0/0 | △ 0/0 | | △ 0/0 |
| | 29 | 유 강 현 | | △ 0/0 | ▽ 0/1 | ▽ 0/0 | | | ○ 1/0 | ▽ 0/0 | ▽ 0/0 | |
| | 47 | 김 인 균 | | | | | | | | | | |
| | 76 | 에르난데스 | △ 0/0 | ▽ 1/0 | ◆ 0/0 | | | | | | △ 0/0 | △ 0/0 |
| | 77 | 주앙빅토르 | | | | | | △ 0/0 | ▽ 1/0 | ▽ 1/0 | ○ 0/0 | ▽ 0/1 |
| | 90 | 김 현 오 | | △ 0/0 | ▽ 0/0 | ▽ 0/0 | | | | | | |

선수자료 : 득점/도움 ○ = 선발출전 △ = 교체 IN ▽ = 교체 OUT ◆ = 교체 IN/OUT C = 경고 S = 퇴장

| 위치 | 배번 | 경기번호 | 181 | 190 | 195 | 204 | 206 | 214 | 219 | 227 | | |
|---|---|---|---|---|---|---|---|---|---|---|---|---|
| | | 날 짜 | 09.27 | 10.05 | 10.18 | 10.26 | 11.01 | 11.08 | 11.22 | 11.30 | | |
| | | 홈/원정 | 원정 | 원정 | 홈 | 홈 | 홈 | 원정 | 홈 | 원정 | | |
| | | 장 소 | 강릉 | 포항 | 대전W | 대전W | 대전W | 전주W | 대전W | 김천 | | |
| | | 상 대 | 강원 | 포항 | 제주 | 포항 | 서울 | 전북 | 강원 | 김천 | | |
| | | 결 과 | 무 | 승 | 승 | 승 | 승 | 패 | 무 | 승 | | |
| | | 점 수 | 0 : 0 | 3 : 1 | 3 : 1 | 2 : 0 | 3 : 1 | 1 : 3 | 1 : 1 | 3 : 0 | | |
| | | 승 점 | 49 | 52 | 55 | 58 | 61 | 61 | 62 | 65 | | |
| | | 슈팅수 | 14 : 7 | 5 : 9 | 15 : 19 | 11 : 15 | 17 : 6 | 14 : 12 | 9 : 13 | 9 : 18 | | |
| GK | 1 | 이창근 | | | | | | | ○ 0/0 | ○ 0/0 | | |
| | 25 | 이준서 | ○ 0/0 | ○ 0/0 | ○ 0/0 | ○ 0/0 | ○ 0/0 | ○ 0/0 | | | | |
| | 40 | 이경태 | | | | | | | | | | |
| DF | 2 | 박규현 | | | | | | | | | | |
| | 3 | 하창래 | ○ 0/0 | ○ 0/0 C | ○ 0/0 C | | ○ 0/0 | ○ 0/0 | ○ 0/0 C | | | |
| | 5 | 임종은 | | | | | | | | | | |
| | 6 | 강윤성 | | | △ 0/0 | | | | ○ 1/0 | ○ 0/0 | | |
| | 16 | 이명재 | ○ 0/0 | ○ 0/0 | ○ 0/0 | ○ 1/0 | ○ 0/1 | ○ 0/0 | | | | |
| | 22 | 오재석 | | | | | | | | | | |
| | 26 | 김민덕 | | △ 0/0 C | ○ 0/0 | ○ 0/0 C | | | ○ 0/0 C | ○ 0/0 | | |
| | 28 | 아 론 | | | | | | | | | | |
| | 33 | 김문환 | ○ 0/0 | ○ 0/1 C | ○ 0/0 | ○ 0/0 | ○ 0/0 | ○ 0/0 C | ○ 0/0 | ▽ 0/0 | | |
| | 48 | 김현우 | | | | | | | | | | |
| | 50 | 박진성 | | | | | | | | | | |
| | 72 | 김진야 | | | | | | | | △ 0/0 | | |
| | 98 | 안 톤 | ○ 0/0 | ○ 0/0 C | | ○ 0/0 | ○ 1/1 | ○ 0/0 | △ 0/0 | ○ 0/0 | | |
| MF | 8 | 밥 신 | | | | | | | | | | |
| | 14 | 김준범 | | | | | | △ 0/0 | △ 0/0 | △ 0/0 | | |
| | 30 | 김봉수 | ○ 0/0 | ▽ 0/0 | ○ 0/0 | ○ 0/0 | ○ 0/0 C | ○ 0/0 | ○ 0/0 | ○ 0/1 | | |
| | 44 | 이순민 | ○ 0/0 | ○ 0/0 | ○ 0/0 | ○ 0/0 | ○ 0/0 | ○ 0/0 | ○ 0/0 | ○ 0/0 C | | |
| | 52 | 임덕근 | | | | | | | | | | |
| | 66 | 김한서 | | △ 0/0 | | | | | | △ 0/0 | | |
| | 70 | 김현욱 | △ 0/0 C | | △ 0/0 C | | | | | | | |
| | 71 | 켈 빈 | | | | | | | | | | |
| | 73 | 이준규 | | | | | | | | | | |
| | 77 | 윤도영 | | | | | | | | | | |
| FW | 7 | 마 사 | ▽ 0/0 | ▽ 2/0 | ▽ 1/1 | ▽ 0/0 | ▽ 1/0 C | ▽ 0/0 | ▽ 0/0 | ▽ 0/1 | | |
| | 9 | 구 텍 | | | | | | | | | | |
| | 10 | 주민규 | ▽ 0/0 | ▽ 0/0 C | ▽ 0/1 | ▽ 1/0 | ▽ 0/0 | | | | | |
| | 12 | 김승대 | △ 0/0 | | △ 0/0 | △ 0/0 | △ 0/0 | | | | | |
| | 17 | 최건주 | | | | | | | | | | |
| | 19 | 서진수 | | △ 0/0 | | △ 0/0 | △ 0/0 | △ 0/0 | △ 0/0 | ▽ 2/1 | | |
| | 19 | 신상은 | | | | | | | | | | |
| | 27 | 정재희 | △ 0/0 | △ 0/0 | | | | △ 0/0 | | △ 0/0 | | |
| | 29 | 유강현 | △ 0/0 | △ 0/0 | | △ 0/0 | △ 1/0 | ▽ 0/0 C | ▽ 0/0 | | | |
| | 47 | 김인균 | | | | | | | | | | |
| | 76 | 에르난데스 | ▽ 0/0 | ▽ 1/0 | △ 1/0 | △ 0/0 | △ 0/0 | △ 1/0 C | △ 0/1 | ▽ 0/0 | | |
| | 77 | 주앙빅토르 | ▽ 0/0 | ▽ 0/1 | ▽ 1/0 | ▽ 0/0 | ▽ 0/0 | ▽ 0/0 | ▽ 0/0 | △ 1/0 C | | |
| | 90 | 김현오 | | | ▽ 0/0 | ▽ 0/0 | ▽ 0/0 | ▽ 0/0 | ▽ 0/0 | ▽ 0/0 | | |

# 김천 상무

**창단년도_** 2021년
**전화_** 054-434-6666
**팩스_** 054-434-6611
**홈페이지_** https://www.gimcheonfc.com
**유튜브_** https://www.youtube.com/@gimcheonfc
**인스타그램_** https://www.instagram.com/gimcheonfc
**페이스북_** https://www.facebook.com/gimcheonsangmu
**주소_** 우 39524 경상북도 김천시 운동장길 1 김천종합운동장
1, Undongjang-gil, Gimcheon-si, Gyeongsangbuk-do, KOREA 39524

## 연혁

2020 유치의향서 한국프로축구연맹 제출
상무프로축구단 유치 시민 공청회 개최
김천시 ↔ 국군체육부대 연고지 협약 체결
김천상무프로축구단 창단 발표 (김충섭 김천시장)
사단법인 김천시민프로축구단 설립
창단 승인 (한국프로축구연맹 이사회)
배낙호 대표이사, 이흥실 단장 선임 및 사무국 구성
구단명 김천상무FC, 엠블럼, 슬로건 'Happy 김천 Together 상무' 공개

2021 초대 김태완 감독 선임
U18 경북미용예술고, U15 김천문성중 창단
유니폼, 마스코트 '슈웅' 공개 및 출범식 진행
16경기 연속 무패 팀최다 기록 수립
김천 1기 · 2기 전역 기념식 진행
구성윤 · 박지수 · 정승현 · 조규성 국가대표 발탁
권혁규 · 김주성 · 박지민 · 서진수 · 오현규 U23 국가대표 발탁
하나원큐 K리그2 2021 우승
하나원큐 K리그2 2021 최다득점
하나원큐 K리그1 2022 직행 승격
K리그2 대상 감독상 김태완 감독 수상
K리그2 대상 BEST11 구성윤(GK), 정승현(DF) 수상

2022 승격 기념 경기장 새단장(가변석 출입구 게이트 전면도로 외)
김천시 교육지원청 업무 협조 MOU 체결
창단 첫 K리그1 홈경기(VS 포항스틸러스)
울진 산불피해 이재민 성금 전달(홈경기 유료관중 입장수익)
2022 2차 K리그1 팬 프렌들리 클럽상 3위 수상
김천 3기 전역(정승현 외 12명)
김천 4기 전역기념식 진행(문지환 외 10명), 창단 이후 최다 관중 기록
권창훈 2022 FIFA 카타르 월드컵 출전 국가대표 명단 발탁

2023 경기장 LED조명 교체, 엠블럼 포토존 설치, 슈웅이네(MD샵), 라커룸 래핑
권창훈 국가대표 발탁
U18 이시헌 U17 대표팀 2023년 3차 국내훈련 명단 포함
K리그2 최초 마스코트 반장선거 부반장 당선
김천 5기 전역기념식 진행(강윤성, 권창훈, 김지현, 이영재)
김준홍 · 이영준 2023 FIFA U20 월드컵 출전(4강)
제2대 정정용 감독 선임
2023 1차 K리그2 팬 프렌들리 클럽상1위 수상
원두재 국가대표 발탁
홈 7경기 연속 최다 승리 기록 수립(17R 안산전~28R 충남아산전)
조영욱 역대 K리그2 타이기록 달성(7경기 연속골)
김천 5기 전역(강윤성, 권창훈, 김지현, 이영재)
조영욱 항저우 아시안게임 남자 축구대표팀 최종명단 포함
U18 김정훈, 심연원 U18대표팀 2023년 국내훈련 명단 포함
U12 유소년팀 창단 첫 승(화랑대기/ VS.대전화정초 7:1)
김천상무 공식 맥주 'GIMCHEON 2021' 출시
김준홍 국가대표 발탁
강현묵 · 김준홍 AFC U23 아시안컵 예선 참가 명단 포함
구단 최초 해트트릭 달성(FC안양전, 정치인)
창단 이후 단일 경기 최다득점 승리(10월 22일/ 7득점)
신송훈 올림픽 대표팀 해외친선경기 명단 포함
하나원큐 K리그2 2023 우승
2023 K리그2 팬 프렌들리 클럽상 종합상 수상
김천6기 전역(김륜성 외 10명)

2024 강현묵 · 이영준 · 조현택 WAFF U-23 챔피언십 대표팀 발탁(3월)
이영준 · 조현택 U-23 대표팀 발탁(4월)
박승욱(5월), 이동경(8월) 김봉수(11월) 국가대표 발탁
정정용 감독 6월 'flex 이달의 감독상' 수상
김천 7기 전역 기념식 진행(7월 14일)
2024 K리그 U18 챔피언십 준우승
김대원 K리그 통산 40골-40도움 기록 달성(8월 25일)
임윤호 U16 대표팀 발탁(11월)
하나은행 K리그1 2024 3위(구단 역대 최고 순위)
K리그1 대상 BEST 11 이동경, 박승욱 수상 / 페어플레이상 수상
이동경 동아스포츠대상 올해의 선수상(축구 부문)

2025 김동헌 · 박승욱 · 이동경 · 조현택(3월) / 김동헌 · 박승욱 · 조현택(5월) / 이동경 · 이승원(6월) / 이동경(7월) 대표팀 발탁
이승원 · 최예훈(3월) / 문현호 · 이승원 · 이찬욱 · 최예훈(5월) / 김주찬 · 문현호 · 이승원 · 최예훈(6월) / 이승원 · 문현호 · 최예훈(8월) / 김주찬 · 문현호 · 이승원 · 이찬욱 · 최예훈(10월) / 문현호(11월) U-22 대표팀 소집
김천 8기 전역 기념식 진행(6월 1일/ 7월 1일)
김천 9기 전역 기념식 진행 (10월 5일)
하나은행 K리그1 2025 3위
K리그1 대상 페어플레이상 수상

## 2025년 선수명단

대표이사 _ 이재하　감독_ 정정용
수석코치_ 성한수　코치_ 이문선　골키퍼코치_ 서동명　피지컬코치_ 심정현　의무트레이너_ 김영효 · 지성진
전력분석관_ 송석화 · 노연호　선수단 매니저_ 한재희

| 포지션 | 선수명 | | 생년월일 | 출신교 | 키 / 몸무게 | 전 소속팀 |
|---|---|---|---|---|---|---|
| GK | 백 종 범 | 白 種 範 | 2001.01.21 | 오산고 | 190 / 82 | 서울 |
| | 문 현 호 | 文 炫 浩 | 2003.05.13 | 매탄고 | 193 / 82 | 울산 |
| DF | 이 정 택 | 李 政 宅 | 1998.05.23 | 상지대 | 183 / 75 | 대전 |
| | 이 찬 욱 | 異 燦 煜 | 2003.02.03 | 진주고 | 186 / 79 | 경남 |
| | 김 태 환 | 金 泰 煥 | 2000.03.25 | 매탄고 | 179 / 73 | 제주 |
| | 박 철 우 | 朴 哲 佑 | 1997.10.21 | 국제사이버대 | 176 / 68 | 수원 |
| | 김 민 규 | 金 旻 奎 | 1998.04.01 | 풍생고 | 188 / 77 | 서울E |
| | 김 현 우 | 金 炫 佑 | 1999.03.07 | 현대고 | 183 / 70 | 대전 |
| | 박 진 성 | 朴 進 成 | 2001.05.15 | 연세대 | 178 / 76 | 대전 |
| | 민 경 현 | 閔 景 現 | 2001.12.16 | 용인대 | 174 / 68 | 인천 |
| MF | 이 수 빈 | 李 秀 彬 | 2000.05.07 | 포항제철고 | 180 / 70 | 전북 |
| | 임 덕 근 | 林 德 近 | 2000.02.25 | 천안제일고 | 183 / 77 | 대전 |
| | 박 태 준 | 朴 泰 濬 | 1999.01.19 | 풍생고 | 175 / 74 | 광주 |
| | 김 이 석 | 金 利 錫 | 1998.06.19 | 수원대 | 180 / 74 | 강원 |
| | 박 세 진 | 朴 世 眞 | 2004.03.19 | 태성고 | 171 / 67 | 대구 |
| FW | 전 병 관 | 全 炳 關 | 2002.11.10 | 덕영고 | 178 / 63 | 전북 |
| | 고 재 현 | 高 在 賢 | 1999.03.05 | 대륜고 | 180 / 67 | 대구 |
| | 김 인 균 | 金 仁 均 | 1998.07.23 | 청주대 | 175 / 67 | 대전 |
| | 김 주 찬 | 金 主 贊 | 2004.03.29 | 수원고 | 177 / 72 | 수원 |
| | 이 건 희 | 李 建 喜 | 1998.02.17 | 한양대 | 186 / 78 | 광주 |

## 2025년 개인기록_ K리그1

| 위치 | 배번 | 경기번호 | 05 | 07 | 18 | 21 | 29 | 35 | 38 | 43 | 50 | 59 |
|---|---|---|---|---|---|---|---|---|---|---|---|---|
| | | 날 짜 | 02.16 | 02.22 | 03.03 | 03.08 | 03.16 | 03.30 | 04.05 | 04.12 | 04.19 | 04.27 |
| | | 홈/원정 | 원정 | 원정 | 원정 | 원정 | 홈 | 홈 | 홈 | 원정 | 홈 | 홈 |
| | | 장 소 | 전주W | 제주W | 서울W | 안양 | 김천 | 김천 | 김천 | 수원 | 김천 | 김천 |
| | | 상 대 | 전북 | 제주 | 서울 | 안양 | 광주 | 강원 | 대구 | 수원FC | 대전 | 울산 |
| | | 결 과 | 패 | 승 | 무 | 승 | 무 | 승 | 승 | 패 | 패 | 승 |
| | | 점 수 | 1 : 2 | 3 : 2 | 0 : 0 | 3 : 1 | 0 : 0 | 1 : 0 | 2 : 0 | 2 : 3 | 0 : 2 | 2 : 0 |
| | | 승 점 | 0 | 3 | 4 | 7 | 8 | 11 | 14 | 14 | 14 | 17 |
| | | 슈팅수 | 11 : 16 | 14 : 7 | 2 : 10 | 20 : 12 | 14 : 10 | 15 : 7 | 12 : 8 | 12 : 13 | 10 : 10 | 16 : 14 |
| GK | 31 | 이 주 현 | | | | | | | | | | |
| | 31 | 백 종 범 | | | | | | | | | | |
| | 41 | 문 현 호 | | | | | | | | | | |
| | 81 | 김 태 훈 | | | | | | | | | | |
| | 97 | 김 동 헌 | ○ 0/0 | ○ 0/0 | ○ 0/0 | ○ 0/0 | ○ 0/0 | ○ 0/0 | ○ 0/0 | ○ 0/0 | ○ 0/0 | ○ 0/0 |
| DF | 2 | 조 현 택 | ▽ 0/0 | △ 0/0 C | △ 0/0 | △ 0/1 | △ 0/0 | ○ 0/0 | ▽ 0/0 | △ 0/0 | ▽ 0/0 | △ 0/0 |
| | 14 | 박 승 욱 | ○ 0/0 | ○ 0/0 | ○ 0/0 | ○ 0/0 | ○ 0/0 | | △ 0/0 | ○ 0/0 C | ○ 0/0 | ○ 0/0 |
| | 20 | 김 강 산 | | | | | | | | | | |
| | 22 | 최 예 훈 | △ 0/0 | ▽ 0/0 | ▽ 0/0 | ▽ 0/0 | ▽ 0/0 | | | ▽ 0/0 | | ▽ 0/0 |
| | 24 | 홍 욱 현 | | | | | | △ 0/0 | △ 0/0 | | △ 0/0 | |
| | 26 | 김 민 덕 | | | | | | ○ 0/0 | ○ 0/0 C | ▽ 0/0 | ○ 0/0 | |
| | 26 | 박 찬 용 | ○ 0/0 | ○ 0/0 | ○ 0/0 | ○ 0/0 | ○ 0/0 | ○ 0/0 | ○ 0/0 | ○ 0/0 | ○ 0/0 | ○ 0/0 |
| | 33 | 박 대 원 | | | | | | | △ 0/0 | | | |
| | 34 | 박 철 우 | | | | | | | | | | |
| | 35 | 이 정 택 | | | | | | | | | | |
| | 36 | 김 태 환 | | | | | | | | | | |
| | 38 | 이 찬 욱 | | | | | | | | | | |
| | 46 | 김 민 규 | | | | | | | | | | |
| | 48 | 김 현 우 | | | | | | | | | | |
| | 49 | 민 경 현 | | | | | | | | | | |
| | 50 | 박 진 성 | | | | | | | | | | |
| | 63 | 박 수 일 | ○ 0/0 | ○ 0/0 C | ○ 0/0 | ○ 0/1 | ○ 0/0 | ○ 0/0 | ▽ 0/0 | △ 0/0 | △ 0/0 | ○ 0/0 |
| | 97 | 오 인 표 | | | | | | | | | | |
| MF | 4 | 서 민 우 | ○ 0/0 | ▽ 0/0 C | ○ 0/0 | ▽ 0/0 | ▽ 0/0 | ▽ 0/0 C | ○ 0/0 | ○ 0/0 | ▽ 0/0 | ○ 0/0 |
| | 6 | 맹 성 웅 | | | | | | | | | | |
| | 10 | 이 동 경 | ○ 0/1 | ○ 1/0 C | ▽ 0/0 | ○ 1/0 | ○ 0/0 | △ 1/0 | ○ 0/2 | ▽ 1/0 | ▽ 0/0 | ▽ 0/0 |
| | 28 | 이 승 원 | ▽ 0/0 | △ 0/0 | △ 0/0 | △ 0/0 | △ 0/0 | ▽ 0/0 | ▽ 0/0 | △ 0/0 | ▽ 0/0 | △ 0/0 |
| | 30 | 김 봉 수 | ▽ 0/0 | ○ 0/0 | ○ 0/0 | ○ 0/1 | ○ 0/0 | ○ 0/0 | ○ 0/0 | ○ 0/0 | ○ 0/0 | ○ 0/1 |
| | 43 | 박 세 진 | | | | | | | | | | |
| | 44 | 이 수 빈 | | | | | | | | | | |
| | 45 | 김 이 석 | | | | | | | | | | |
| | 51 | 박 태 준 | | | | | | | | | | |
| | 96 | 이 현 식 | | | | | | | | | | |
| FW | 7 | 김 대 원 | △ 0/0 | △ 0/0 | △ 0/0 | | △ 0/0 | △ 0/0 | △ 0/0 | | | △ 0/0 |
| | 7 | 이 동 준 | △ 0/0 | △ 0/0 | ▽ 0/0 C | △ 0/0 | △ 0/0 | △ 0/0 | | △ 1/0 | △ 0/0 | △ 0/0 |
| | 9 | 김 경 준 | | | | | | | △ 0/0 | | | |
| | 16 | 원 기 종 | △ 0/0 | △ 1/0 | △ 0/0 C | △ 0/0 | | | | | | |
| | 19 | 박 상 혁 | △ 0/0 | ▽ 1/0 | ▽ 0/0 | △ 0/0 | △ 0/0 | △ 0/0 | | △ 0/0 | △ 0/0 | △ 1/0 |
| | 29 | 유 강 현 | ▽ 1/0 | | | ▽ 1/0 | ▽ 0/0 | ▽ 0/1 | ▽ 1/0 | ▽ 0/1 | ○ 0/0 S | ▽ 1/0 |
| | 37 | 김 주 찬 | | | | | | | | | | |
| | 39 | 이 건 희 | | | | | | | | | | |
| | 40 | 전 병 관 | | | | | | | | | | |
| | 42 | 모 재 현 | | ▽ 0/0 | △ 0/0 | ▽ 0/0 | ▽ 0/0 | ▽ 0/0 | | ▽ 0/0 | △ 0/0 | ▽ 0/0 |
| | 42 | 고 재 현 | | | | | | | | | | |
| | 47 | 김 인 균 | | | | | | | | | | |
| | 55 | 김 찬 | | | | | | | | | | |
| | 77 | 김 승 섭 | ▽ 0/0 | ▽ 0/0 | ▽ 0/0 | ▽ 1/0 | ▽ 0/0 | ▽ 0/0 | ▽ 1/0 | ○ 0/0 | ▽ 0/0 | ▽ 0/0 |

선수자료 : 득점/도움 ○ = 선발출전 △ = 교체 IN ▽ = 교체 OUT ◈ = 교체 IN/OUT C = 경고 S = 퇴장

| 위치 | 배번 | 경기번호 | 62 | 67 | 77 | 81 | 88 | 94 | 100 | 105 | 113 | 118 |
|---|---|---|---|---|---|---|---|---|---|---|---|---|
| | | 날 짜 | 05.02 | 05.05 | 05.11 | 05.17 | 05.24 | 05.28 | 06.01 | 06.14 | 06.18 | 06.22 |
| | | 홈/원정 | 원정 | 원정 | 원정 | 홈 | 원정 | 홈 | 홈 | 홈 | 원정 | 홈 |
| | | 장 소 | 포항 | 광주W | 춘천 | 김천 | 문수 | 김천 | 김천 | 김천 | 대전W | 김천 |
| | | 상 대 | 포항 | 광주 | 강원 | 제주 | 울산 | 서울 | 수원FC | 포항 | 대전 | 안양 |
| | | 결 과 | 승 | 패 | 승 | 무 | 패 | 패 | 무 | 승 | 무 | 승 |
| | | 점 수 | 2 : 1 | 0 : 1 | 4 : 0 | 1 : 1 | 2 : 3 | 0 : 1 | 1 : 1 | 1 : 0 | 0 : 0 | 1 : 0 |
| | | 승 점 | 20 | 20 | 23 | 24 | 24 | 24 | 25 | 28 | 29 | 32 |
| | | 슈팅수 | 10 : 6 | 8 : 1 | 19 : 7 | 13 : 7 | 11 : 16 | 11 : 9 | 7 : 10 | 12 : 7 | 14 : 11 | 16 : 7 |
| GK | 31 | 이 주 현 | | | | | | | | ○ 0/0 C | ○ 0/0 | ○ 0/0 |
| | 31 | 백 종 범 | | | | | | | | | | |
| | 41 | 문 현 호 | | | | | | | | | | |
| | 81 | 김 태 훈 | | | | | | | | | | |
| | 97 | 김 동 헌 | ○ 0/0 C | ○ 0/0 | ○ 0/0 C | ○ 0/0 | ○ 0/0 | ○ 0/0 | ○ 0/0 | | | |
| DF | 2 | 조 현 택 | ○ 0/1 | △ 0/0 | ○ 1/0 | ▽ 0/0 | △ 0/0 | △ 0/0 | ○ 0/0 | ○ 0/0 | | |
| | 14 | 박 승 욱 | ○ 0/0 C | ○ 0/0 | ○ 0/0 | ○ 0/0 | ○ 0/0 | ○ 0/0 | ○ 0/0 | | | |
| | 20 | 김 강 산 | | | | △ 0/0 | | ▽ 0/0 C | ○ 0/0 | ○ 0/0 | ○ 0/0 | ○ 0/0 |
| | 22 | 최 예 훈 | | ▽ 0/0 | | | ▽ 0/0 | ▽ 0/0 | △ 0/0 | | ▽ 0/0 | |
| | 24 | 홍 욱 현 | △ 0/0 | | △ 0/0 | △ 0/0 | | | | | | |
| | 26 | 김 민 덕 | | ▽ 0/0 C | | | △ 0/0 | | | ▽ 0/0 | | |
| | 26 | 박 찬 용 | ○ 0/0 | △ 0/0 | ○ 0/0 | ○ 0/0 | ○ 0/1 | ○ 0/0 | ○ 0/0 | ○ 0/0 | ○ 0/0 | ○ 0/0 |
| | 33 | 박 대 원 | △ 0/0 | | | | | △ 0/0 | | | | ▽ 0/0 |
| | 34 | 박 철 우 | | | | | | | | | △ 0/0 | △ 0/0 |
| | 35 | 이 정 택 | | | | | | | | | | |
| | 36 | 김 태 환 | | | | | | | | | | |
| | 38 | 이 찬 욱 | | | | | | | | | | |
| | 46 | 김 민 규 | | | | | | | | | | |
| | 48 | 김 현 우 | | | | | | | | | | |
| | 49 | 민 경 현 | | | | | | | | | | |
| | 50 | 박 진 성 | | | | | | | | | | |
| | 63 | 박 수 일 | ▽ 0/0 | ○ 0/0 | ○ 0/0 | ○ 0/0 | ○ 1/0 | | | | | |
| | 97 | 오 인 표 | | | | | | | | △ 0/0 | ▽ 0/0 | ○ 0/0 |
| MF | 4 | 서 민 우 | | ○ 0/0 | | ○ 0/0 C | ▽ 0/0 | ○ 0/0 | ▽ 0/0 | | | |
| | 6 | 맹 성 웅 | △ 0/0 | | | | | | △ 0/0 | ○ 0/0 | ○ 0/0 C | ○ 0/0 |
| | 10 | 이 동 경 | ○ 0/0 | △ 0/0 | ▽ 0/0 | ▽ 1/0 | ○ 1/0 | ○ 0/0 | ▽ 0/1 | ▽ 0/0 | ○ 0/0 | ▽ 0/0 |
| | 28 | 이 승 원 | ▽ 0/0 | ▽ 0/0 | ▽ 0/2 | ○ 0/0 | △ 0/0 C | △ 0/0 | ○ 0/0 C | ▽ 0/1 | ○ 0/0 | ○ 1/0 |
| | 30 | 김 봉 수 | ○ 0/0 | ○ 0/0 | ○ 0/0 | | ○ 0/0 | ○ 0/0 | | | | |
| | 43 | 박 세 진 | | | | | | | | △ 0/0 | | △ 0/0 |
| | 44 | 이 수 빈 | | | | | | | | | | |
| | 45 | 김 이 석 | | | | | | | | | | |
| | 51 | 박 태 준 | | | | | | | | | | |
| | 96 | 이 현 식 | | | | | | | | | | |
| FW | 7 | 김 대 원 | ▽ 0/0 | △ 0/0 | △ 0/0 | △ 0/0 | | | | | | |
| | 7 | 이 동 준 | △ 0/1 | ▽ 0/0 | △ 1/0 | △ 0/0 | △ 0/0 | △ 0/0 | ▽ 0/0 | ▽ 1/0 | | |
| | 9 | 김 경 준 | | △ 0/0 | | | | | △ 0/0 | | △ 0/0 | |
| | 16 | 원 기 종 | | | △ 0/0 | | | | △ 0/0 | △ 0/0 | ▽ 0/0 | ▽ 0/0 |
| | 19 | 박 상 혁 | △ 2/0 | ▽ 0/0 | △ 1/1 | △ 0/0 | △ 0/0 C | △ 0/0 | △ 1/0 C | △ 0/0 | ▽ 0/0 | △ 0/0 |
| | 29 | 유 강 현 | ▽ 0/0 | | ▽ 0/0 C | ▽ 0/0 | ▽ 0/0 | ▽ 0/0 | ▽ 0/0 | ▽ 0/0 | | ▽ 0/0 |
| | 37 | 김 주 찬 | | | | | | | | | | |
| | 39 | 이 건 희 | | | | | | | | | | |
| | 40 | 전 병 관 | | | | | | | | △ 0/0 | △ 0/0 | △ 0/0 |
| | 42 | 모 재 현 | ▽ 0/0 | | ▽ 1/0 | ▽ 0/0 C | ▽ 0/0 | ▽ 0/0 | | | | |
| | 42 | 고 재 현 | | | | | | | | | △ 0/0 | △ 0/0 |
| | 47 | 김 인 균 | | | | | | | | | | |
| | 55 | 김 찬 | | △ 0/0 | | | | | | | △ 0/0 | |
| | 77 | 김 승 섭 | | ▽ 0/0 | ▽ 0/0 | ▽ 0/1 | ▽ 0/0 | ▽ 0/0 | ▽ 0/0 | ○ 0/0 | ▽ 0/0 | ▽ 0/0 |

| 위치 | 배번 | 경기번호 | 121 | 128 | 134 | 139 | 148 | 155 | 157 | 168 | 173 | 175 |
|---|---|---|---|---|---|---|---|---|---|---|---|---|
| | | 날 짜 | 06.27 | 07.18 | 07.22 | 07.26 | 08.09 | 08.17 | 08.23 | 08.31 | 09.14 | 09.20 |
| | | 홈/원정 | 홈 | 원정 | 원정 | 홈 | 원정 | 홈 | 홈 | 원정 | 홈 | 원정 |
| | | 장 소 | 김천 | 대구전 | 광주W | 김천 | 강릉 | 김천 | 김천 | 대전W | 김천 | 전주W |
| | | 상 대 | 전북 | 대구 | 광주 | 제주 | 강원 | 서울 | 수원FC | 대전 | 대구 | 전북 |
| | | 결 과 | 패 | 승 | 무 | 승 | 무 | 승 | 승 | 패 | 패 | 승 |
| | | 점 수 | 1 : 2 | 3 : 2 | 1 : 1 | 3 : 1 | 0 : 0 | 6 : 2 | 3 : 2 | 1 : 2 | 1 : 2 | 2 : 1 |
| | | 승 점 | 32 | 35 | 36 | 39 | 40 | 43 | 46 | 46 | 46 | 49 |
| | | 슈팅수 | 15 : 12 | 14 : 12 | 9 : 4 | 18 : 6 | 8 : 8 | 13 : 19 | 14 : 14 | 11 : 24 | 11 : 10 | 16 : 12 |
| GK | 31 | 이 주 현 | ○ 0/0 | ○ 0/0 | ○ 0/0 | ○ 0/0 C | ○ 0/0 | ○ 0/0 | ○ 0/0 | ○ 0/0 | | ○ 0/0 |
| | 31 | 백 종 범 | | | | | | | | | | |
| | 41 | 문 현 호 | | | | | | | | | | |
| | 81 | 김 태 훈 | | | | | | | | | ○ 0/0 | |
| | 97 | 김 동 헌 | | | | | | | | | | |
| DF | 2 | 조 현 택 | | | | | | | | | | |
| | 14 | 박 승 욱 | | | | | | | | | | |
| | 20 | 김 강 산 | ○ 0/0 C | ○ 1/0 | ○ 0/0 | ○ 1/0 | ○ 0/0 | ○ 0/0 | ○ 0/0 | ○ 0/0 | ○ 0/0 | ○ 0/0 C |
| | 22 | 최 예 훈 | | | | | ▽ 0/0 | ▽ 0/0 | ▽ 0/0 | ▽ 0/0 | ▽ 0/0 | △ 0/0 |
| | 24 | 홍 욱 현 | | | | | | | | | | |
| | 26 | 김 민 덕 | | | | | | | | | | |
| | 26 | 박 찬 용 | ○ 0/0 | | | | △ 0/0 | △ 0/0 | ○ 0/0 | ▽ 0/0 | ○ 0/0 | ○ 0/0 |
| | 33 | 박 대 원 | ▽ 0/0 C | △ 0/0 | ▽ 0/0 | | △ 0/0 C | △ 0/0 | △ 0/0 | △ 0/0 | | |
| | 34 | 박 철 우 | | ○ 0/0 C | △ 0/0 C | ○ 0/0 | | | | | △ 0/0 | ○ 0/0 |
| | 35 | 이 정 택 | △ 0/0 | ○ 0/0 | ○ 0/0 | ○ 0/0 | ○ 0/0 | ○ 0/0 | △ 0/0 | △ 0/0 | ○ 0/0 | ▽ 0/0 |
| | 36 | 김 태 환 | | | | | | | | | | |
| | 38 | 이 찬 욱 | | | | | | | | | | |
| | 46 | 김 민 규 | | | | | | | | | | |
| | 48 | 김 현 우 | | | | | | | | | | |
| | 49 | 민 경 현 | | | | | | | | | ▽ 0/0 | △ 0/0 |
| | 50 | 박 진 성 | | | | | | | | | | |
| | 63 | 박 수 일 | | | | | | | | | | |
| | 97 | 오 인 표 | ▽ 0/0 | ▽ 0/1 | ○ 0/0 | ▽ 0/0 | ○ 0/0 C | ▽ 0/0 | ▽ 0/0 | ○ 0/0 | | |
| MF | 4 | 서 민 우 | | | | | | | | | | |
| | 6 | 맹 성 웅 | ○ 0/0 | ○ 0/0 | ▽ 0/0 | ▽ 0/0 | ▽ 0/0 C | ○ 1/1 | ▽ 0/0 | ○ 0/0 | ▽ 0/0 C | ▽ 0/0 |
| | 10 | 이 동 경 | ▽ 0/0 | ▽ 0/0 | △ 1/0 | ▽ 0/1 | ○ 0/0 | ○ 1/1 | ○ 1/1 | ○ 0/0 | △ 1/0 | ○ 0/1 |
| | 28 | 이 승 원 | ○ 0/0 | ▽ 0/0 C | ○ 0/0 | ▽ 0/0 | ○ 0/0 C | ○ 0/2 | ○ 0/1 C | | △ 0/0 | ○ 0/0 C |
| | 30 | 김 봉 수 | | | | | | | | | | |
| | 43 | 박 세 진 | △ 0/0 | △ 0/0 | △ 0/0 | △ 0/0 | | | | △ 0/0 | | |
| | 44 | 이 수 빈 | | | | | | | | | | |
| | 45 | 김 이 석 | | | | △ 1/0 | △ 0/0 | | △ 0/0 | ▽ 0/0 C | △ 0/0 | |
| | 51 | 박 태 준 | | | | | | | | | ○ 0/0 C | △ 0/0 C |
| | 96 | 이 현 식 | | △ 0/0 | | | | | | | | |
| FW | 7 | 김 대 원 | | | | | | | | | | |
| | 7 | 이 동 준 | | ▽ 0/1 | ▽ 0/0 | ▽ 0/0 | ▽ 0/0 | △ 1/0 C | △ 0/0 | ▽ 0/0 | ▽ 0/0 C | ▽ 0/0 |
| | 9 | 김 경 준 | △ 0/0 | | | | △ 0/0 | | | △ 0/0 | | |
| | 16 | 원 기 종 | △ 1/0 | △ 1/0 | ○ 0/0 | △ 0/0 | | ▽ 1/0 | ▽ 0/0 | ▽ 0/0 | △ 0/0 | △ 0/0 C |
| | 19 | 박 상 혁 | △ 0/0 C | ○ 1/0 | ▽ 0/0 | ○ 1/0 | ▽ 0/0 C | ▽ 0/0 | ▽ 1/0 | △ 0/0 | ○ 0/0 | ▽ 1/1 |
| | 29 | 유 강 현 | ▽ 0/0 | | | | | | | | | |
| | 37 | 김 주 찬 | | | | | | | | | | |
| | 39 | 이 건 희 | | | | | | | | | | |
| | 40 | 전 병 관 | ▽ 0/0 | △ 0/1 | △ 0/0 | △ 0/0 | △ 0/0 | | | | | |
| | 42 | 모 재 현 | | | | | | | | | | |
| | 42 | 고 재 현 | | | △ 0/0 | △ 0/0 | | △ 0/0 C | | | | △ 0/0 |
| | 47 | 김 인 균 | | | | | | | | | | |
| | 55 | 김 찬 | | | | | | △ 1/0 | △ 0/0 | | | |
| | 77 | 김 승 섭 | ○ 0/0 | ▽ 0/0 | ▽ 0/1 C | ○ 0/0 | ▽ 0/0 | ▽ 1/0 | ○ 1/1 | ○ 1/0 | ▽ 0/0 | ▽ 1/0 |

선수자료 : 득점/도움 ○ = 선발출전 △ = 교체 IN ▽ = 교체 OUT ◈ = 교체 IN/OUT C = 경고 S = 퇴장

| 위치 | 배번 | 경기번호 | 182 | 189 | 198 | 199 | 207 | 213 | 218 | 227 | | |
|---|---|---|---|---|---|---|---|---|---|---|---|---|
| | | 날 짜 | 09.27 | 10.05 | 10.18 | 10.25 | 11.01 | 11.08 | 11.22 | 11.30 | | |
| | | 홈/원정 | 홈 | 홈 | 원정 | 원정 | 홈 | 홈 | 원정 | 홈 | | |
| | | 장 소 | 김천 | 김천 | 안양 | 전주W | 김천 | 김천 | 서울W | 김천 | | |
| | | 상 대 | 포항 | 울산 | 안양 | 전북 | 포항 | 강원 | 서울 | 대전 | | |
| | | 결 과 | 승 | 승 | 패 | 승 | 패 | 패 | 승 | 패 | | |
| | | 점 수 | 2 : 0 | 3 : 0 | 1 : 4 | 3 : 2 | 0 : 1 | 0 : 1 | 3 : 1 | 0 : 3 | | |
| | | 승 점 | 52 | 55 | 55 | 58 | 58 | 58 | 61 | 61 | | |
| | | 슈팅수 | 14 : 4 | 18 : 8 | 16 : 13 | 11 : 10 | 7 : 10 | 13 : 8 | 11 : 10 | 18 : 9 | | |
| GK | 31 | 이 주 현 | ○ 0/0 | | | ○ 0/0 | | | | | | |
| | 31 | 백 종 범 | | | | | ○ 0/0 | | ○ 0/0 | | | |
| | 41 | 문 현 호 | | | | | | ○ 0/0 | | ○ 0/0 | | |
| | 81 | 김 태 훈 | | ○ 0/0 | ○ 0/0 | | | | | | | |
| | 97 | 김 동 헌 | | | | | | | | | | |
| DF | 2 | 조 현 택 | | | | | | | | | | |
| | 14 | 박 승 욱 | | | | | | | | | | |
| | 20 | 김 강 산 | ○ 0/0 | ○ 0/0 | ○ 0/0 | | | | | | | |
| | 22 | 최 예 훈 | △ 0/0 | ▽ 0/0 | △ 0/0 | | | | | | | |
| | 24 | 홍 욱 현 | | | | | | | | | | |
| | 26 | 김 민 덕 | | | | | | | | | | |
| | 26 | 박 찬 용 | ○ 0/0 | ○ 0/0 | ○ 0/0 | | | | | | | |
| | 33 | 박 대 원 | | | | | | | | | | |
| | 34 | 박 철 우 | ▽ 0/0 | △ 0/0 | ▽ 0/0 | ▽ 0/0 | ○ 0/0 | ○ 0/0 | ○ 0/0 | ○ 0/0 | | |
| | 35 | 이 정 택 | ○ 0/0 | ○ 0/0 | ▽ 0/0 C | ○ 0/0 | ○ 0/0 | ○ 0/0 | ○ 0/0 | ○ 0/0 | | |
| | 36 | 김 태 환 | | | | △ 0/0 | ▽ 0/0 | ○ 0/0 | ▽ 0/0 | ▽ 0/0 | | |
| | 38 | 이 찬 욱 | | | | ▽ 0/0 | ▽ 0/0 C | ○ 0/0 | △ 0/0 | △ 0/0 | | |
| | 46 | 김 민 규 | | | | ▽ 0/0 | ○ 0/0 | ▽ 0/0 | ▽ 0/0 | ▽ 0/0 | | |
| | 48 | 김 현 우 | | | | △ 0/0 | | △ 0/0 | | | | |
| | 49 | 민 경 현 | | | | | △ 0/0 | △ 0/0 | △ 0/0 | △ 0/0 | | |
| | 50 | 박 진 성 | | | | △ 0/0 | | | △ 0/0 | △ 0/0 | | |
| | 63 | 박 수 일 | | | | | | | | | | |
| | 97 | 오 인 표 | | | △ 0/0 | ▽ 0/0 | | | | | | |
| MF | 4 | 서 민 우 | | | | | | | | | | |
| | 6 | 맹 성 웅 | ○ 0/1 | ○ 0/0 | ○ 0/0 | | | | | | | |
| | 10 | 이 동 경 | ▽ 1/1 | ▽ 1/2 | ○ 0/0 | ○ 1/0 | | | | | | |
| | 28 | 이 승 원 | ▽ 0/0 | ▽ 0/0 | ▽ 0/0 | | | | | | | |
| | 30 | 김 봉 수 | | | | | | | | | | |
| | 43 | 박 세 진 | △ 0/0 | △ 0/0 | | △ 0/0 | △ 0/0 | ▽ 0/0 | ○ 1/0 | ○ 0/0 | | |
| | 44 | 이 수 빈 | | | | | △ 0/0 | △ 0/0 | ▽ 0/0 | ▽ 0/0 | | |
| | 45 | 김 이 석 | | | | | △ 0/0 | | | | | |
| | 51 | 박 태 준 | | △ 0/1 | △ 0/0 C | ○ 0/0 | ▽ 0/0 C | ○ 0/0 | ○ 1/1 | ○ 0/0 | | |
| | 96 | 이 현 식 | | | | | | | | | | |
| FW | 7 | 김 대 원 | | | | | | | | | | |
| | 7 | 이 동 준 | ▽ 0/0 | ▽ 1/0 | ▽ 0/0 | | | | | | | |
| | 9 | 김 경 준 | | | | | | | | | | |
| | 16 | 원 기 종 | △ 1/0 | △ 0/0 | △ 1/0 | | | | | | | |
| | 19 | 박 상 혁 | ▽ 0/0 | ▽ 0/0 | ○ 0/0 | ○ 0/0 | | | | | | |
| | 29 | 유 강 현 | | | | | | | | | | |
| | 37 | 김 주 찬 | | △ 0/0 | | | ▽ 0/0 | ▽ 0/0 | ▽ 1/0 | ▽ 0/0 | | |
| | 39 | 이 건 희 | △ 0/0 | | | | ○ 0/0 | ▽ 0/0 | ○ 0/1 | ▽ 0/0 | | |
| | 40 | 전 병 관 | | | | ▽ 0/0 | ▽ 0/0 | △ 0/0 | △ 0/1 | △ 0/0 | | |
| | 42 | 모 재 현 | | | | | | | | | | |
| | 42 | 고 재 현 | △ 0/0 | | | △ 0/0 | ○ 0/0 | ▽ 0/0 | ▽ 0/0 | ○ 0/0 | | |
| | 47 | 김 인 균 | | | △ 0/0 | | △ 0/0 | △ 0/0 | △ 0/0 | △ 0/0 | | |
| | 55 | 김 찬 | | | | | | | | | | |
| | 77 | 김 승 섭 | ○ 0/0 | ○ 1/0 | ▽ 0/0 | ○ 0/0 | | | | | | |

# 포 항 스 틸 러 스

**창단년도_** 1973년
**전화_** 054-282-2002
**팩스_** 054-282-9500
**홈페이지_** https://www.steelers.kr
**유튜브_** https://www.youtube.com/@fc.pohangsteelers
**인스타그램_** https://www.instagram.com/fc.pohangsteelers/
**페이스북_** https://www.facebook.com/fcpohangsteelers
**주소_** 우 37751 경상북도 포항시 북구 중흥로 231 동양빌딩 7층
7F Dongyang Bld., 231 Jungheung-ro, Buk-gu, Pohang-si, Gyeongbuk, KOREA 37751

## 연혁

1973 실업축구단 창단 한홍기 1대 감독 취임
1974 제22회 대통령배 전국축구대회 우승
1975 제12회 전국실업축구연맹전 춘계 우승
1977 제14회 전국실업축구연맹전 준우승
제32회 전국축구선수권대회 준우승
1978 제2회 실업축구회장배 준우승
1979 제3회 실업축구회장배 우승
1981 제18회 전국실업축구연맹전 추계 우승
1982 코리언리그(제19회 전국실업축구연맹전) 우승
1983 수퍼리그 참가
1984 프로축구단 전환
1985 최은택 2대 감독 취임 팀명 변경(돌핀스 → 아톰즈)
85 축구대제전 수퍼리그 준우승
신인선수상 수상자(이흥실) 배출
1986 86 축구대제전 우승
1987 이회택 3대 감독 취임
87 한국프로축구대회 준우승
1988 88 한국프로축구대회 우승
1990 국내최초 축구전용구장 준공(11월 1일)
1992 국내 최초 프로팀 통산 200승 달성(8월 26일 vs 천안일화)
92 한국프로축구대회 우승
1993 허정무 4대 감독 취임 93 아디다스컵 우승
1995 ㈜포항프로축구 법인 출범(5월 29일)
95 하이트배 코리안리그 준우승
1996 박성화 5대 감독 취임
제1회 FA컵 우승 96 아디다스컵 준우승
1997 팀명 변경(아톰즈 → 스틸러스)
96-97 Asian Club Championship 우승
97 Asian Super Cup 준우승 97 프로스펙스컵 준우승
1998 97-98 Asian Club Championship 우승(2연패)
98 Asian Super Cup 준우승
신인선수상 수상자(이동국) 배출
2001 최순호 6대 감독 취임 클럽하우스 준공
제6회 서울은행 FA컵 준우승
2002 제7회 하나-서울은행 FA컵 준우승
2003 사명 변경 ㈜포항프로축구 → ㈜포항스틸러스
산하 유소년 육성시스템 구축
2004 삼성하우젠 K-리그 2004 준우승
신인선수상 배출(문민귀)
2005 파리아스 7대 감독 취임
국내 최초 팀 통산 1,000호골 달성(이정호)
팀 통산 300승 달성(10월 23일 vs 광주상무)
A3 Nissan Champions Cup 2005 준우승
2007 삼성하우젠 K-리그 2007 우승
제12회 하나은행 FA컵 준우승
2008 제13회 하나은행 FA컵 우승
2009 AFC Champions League 2009 우승
피스컵 코리아 2009 우승
FIFA Club Worldcup 3위
AFC 선정 2009 올해의 아시아 최고 클럽
2010 레모스 8대 감독 취임 홍콩구정컵 국제축구대회 우승
2011 황선홍 9대 감독 취임
2012 팀 통산 400승 달성(3월 25일 vs 상주상무)
제17회 하나은행 FA컵 우승
신인선수상 수상자(이명주) 배출
2013 구단 창단 40주년
K리그 최초 명예의전당 신설, 초대 헌액자 13인 선정
제18회 하나은행 FA컵 우승(2연패)
현대오일뱅크 K리그 클래식 2013 우승
영플레이어상 수상자(고무열) 배출(2년 연속)
2014 영플레이어상 수상자(김승대) 배출(3년 연속)
그린스타디움상 수상
2015 그린스타디움상 수상(2년 연속)
2016 최진철 10대 감독 취임
최순호 11대 감독 취임 그린스타디움상 수상(3년 연속)
2017 팀 통산 500승 달성(9월 20일 vs 강원FC)
도움상 수상자 배출(손준호) 그린스타디움상 수상(4년 연속)
2018 전 경기 전 시간 출전상 수상자(강현무, 김승대) 배출
2019 김기동 12대 감독 취임
국내 최초 풋볼퍼포먼스센터 오픈(4월 29일)
2020 포항스틸야드 개장 30주년
K리그 최초 3위팀 감독상 수상자(김기동) 배출
도움상(강상우), 영플레이어상(송민규), 전 경기 전 시간 출전상(강현무) 수상자 배출
2021 AFC Champions League 2021 준우승
공로상 수상자 배출(오범석)
2022 K리그1 베스트11 배출(신진호)
2023 제28회 하나원큐 FA컵 우승 하나원큐 K리그1 2024 준우승
K리그1 베스트11 배출(제카, 오베르단, 그랜트, 완델손)
K리그1 도움상(백성동), 전 경기 전 시간 출전상(황인재) 배출
2024 박태하 13대 감독 취임
2024 하나은행 코리아컵 우승
2025 홈경기 평균관중 1만 명 돌파(10,248명, 유료관중집계 이래 최초)

## 2025년 선수명단

대표이사_ 이철호  단장_ 이종하  감독_ 박태하
수석코치_ 김성재  코치_ 김치곤 · 이규용  골키퍼코치_ 김이섭  피지컬코치_ 바우지니 · 하파엘
스카우터_ 황재원  의무트레이너_ 이종규 · 변종근 · 강동훈  전력분석관_ 서현규 · 김송겸  통역_ 안현준  선수단 매니저_ 정석빈

| 포지션 | 선수명 | | 생년월일 | 출신교 | 키(cm) / 몸무게(kg) |
|---|---|---|---|---|---|
| GK | 윤 평 국 | 尹 平 國 | 1992.02.08 | 인천대 | 189 / 85 |
| | 황 인 재 | 黃 仁 載 | 1994.04.22 | 남부대 | 187 / 73 |
| | 홍 성 민 | 洪 性 民 | 2006.09.29 | 포항제철고 | 183 / 76 |
| | 권 능 | 權 能 | 2005.10.13 | 보인고 | 188 / 76 |
| | 어 정 원 | 漁 禎 元 | 1999.07.08 | 동국대 | 175 / 68 |
| | 이 동 희 | 李 東 熙 | 2000.02.07 | 호남대 | 186 / 83 |
| DF | 전 민 광 | 全 珉 洸 | 1993.01.17 | 중원대 | 187 / 73 |
| | 아스프로 | Jonathan Aspropotamitis | 1996.06.07 | *오스트레일리아 | 188 / 76 |
| | 강 민 준 | 姜 玟 準 | 2003.04.08 | 고려대 | 172 / 67 |
| | 박 승 욱 | 朴 乘 煜 | 1997.05.07 | 동의대 | 184 / 78 |
| | 신 광 훈 | 申 光 勳 | 1987.03.18 | 포항제철공고 | 178 / 73 |
| | 이 동 협 | 李 洞 協 | 2003.03.12 | 광운대 | 174 / 68 |
| | 한 현 서 | 韓 現 舒 | 2004.01.02 | 동명대 | 186 / 76 |
| | 차 준 영 | 車 準 營 | 2004.05.10 | 중원대 | 188 / 80 |
| | 박 찬 용 | 朴 璨 溶 | 1996.01.27 | 대구대 | 188 / 80 |
| | 조 성 욱 | 趙 成 昱 | 1995.03.22 | 단국대 | 188 / 84 |
| | 이 창 우 | 李 昌 宇 | 2006.02.15 | 보인고 | 178 / 70 |
| MF | 완 델 손 | Wanderson Carvalho de Oliveira | 1989.03.31 | *브라질 | 172 / 62 |
| | 김 종 우 | 金 鍾 佑 | 1993.10.01 | 선문대 | 181 / 70 |
| | 오베르단 | Oberdan Alionco de Lima | 1995.07.30 | *브라질 | 175 / 69 |
| | 홍 지 우 | 洪 志 玗 | 2003.04.17 | 동명대 | 181 / 74 |
| | 박 수 빈 | 朴 秀 彬 | 2005.08.27 | 포항제철고 | 176 / 69 |
| | 김 준 호 | 金 俊 鎬 | 2002.12.11 | 포항제철고 | 182 / 70 |
| | 기 성 용 | 奇 誠 庸 | 1989.01.24 | 금호고 | 189 / 77 |
| | 황 서 웅 | 黃 庶 雄 | 2005.01.22 | 포항제철고 | 175 / 67 |
| | 김 동 진 | 金 東 辰 | 2003.07.30 | 한남대 | 180 / 71 |
| | 김 동 민 | 金 瞳 珉 | 2005.02.22 | 포항제철고 | 171 / 70 |
| | 김 인 성 | 金 仁 成 | 1989.09.09 | 성균관대 | 180 / 77 |
| FW | 조 르 지 | Jorge Luiz Barbosa Teixeira | 1999.06.21 | *브라질 | 192 / 90 |
| | 백 성 동 | 白 星 東 | 1991.08.13 | 연세대 | 171 / 66 |
| | 주 닝 요 | Paulo Afonso Rocha Junior | 1997.11.05 | *브라질 | 172 / 64 |
| | 조 재 훈 | 趙 宰 焄 | 2003.06.29 | 덕영고 | 178 / 65 |
| | 이 규 민 | 李 圭 愍 | 2005.09.28 | 진위고 | 178 / 67 |
| | 강 현 제 | 姜 鉉 齊 | 2002.08.31 | 상지대 | 183 / 75 |
| | 이 호 재 | 李 昊 宰 | 2000.10.14 | 고려대 | 191 / 85 |
| | 안 재 준 | 安 在 俊 | 2001.04.03 | 현대고 | 185 / 80 |
| | 백 승 원 | 白 承 原 | 2006.02.15 | 포항제철고 | 172 / 67 |
| | 이 헌 재 | 李 憲 宰 | 2006.03.23 | 중대부고 | 175 / 66 |
| | 조 상 혁 | 趙 上 赫 | 2004.01.23 | 아주대 | 189 / 88 |

## 2025년 개인기록_ K리그1

| 위치 | 배번 | 경기번호 | 01 | 12 | 14 | 30 | 23 | 32 | 40 | 45 | 53 | 58 |
|---|---|---|---|---|---|---|---|---|---|---|---|---|
| | | 날 짜 | 02.15 | 02.23 | 03.01 | 03.16 | 03.22 | 03.29 | 04.05 | 04.12 | 04.20 | 04.27 |
| | | 홈/원정 | 홈 | 원정 | 홈 | 원정 | 원정 | 홈 | 원정 | 홈 | 원정 | 홈 |
| | | 장 소 | 포항 | 춘천 | 포항 | 전주W | 광주W | 포항 | 수원 | 포항 | 제주W | 포항 |
| | | 상 대 | 대전 | 강원 | 대구 | 전북 | 광주 | 울산 | 수원FC | 안양 | 제주 | 서울 |
| | | 결 과 | 패 | 패 | 무 | 무 | 승 | 승 | 무 | 승 | 패 | 승 |
| | | 점 수 | 0 : 3 | 1 : 2 | 0 : 0 | 2 : 2 | 3 : 2 | 1 : 0 | 1 : 1 | 2 : 1 | 0 : 2 | 1 : 0 |
| | | 승 점 | 0 | 0 | 1 | 2 | 5 | 8 | 9 | 12 | 12 | 15 |
| | | 슈팅수 | 15 : 6 | 5 : 14 | 11 : 7 | 13 : 9 | 10 : 8 | 7 : 6 | 13 : 17 | 10 : 4 | 11 : 14 | 6 : 13 |
| GK | 1 | 윤 평 국 | ○ 0/0 | | | | | | | | | |
| | 21 | 황 인 재 | | ○ 0/0 | ○ 0/0 | ○ 0/0 | ○ 0/0 | ○ 0/0 | ○ 0/0 | ○ 0/0 | ○ 0/0 | ○ 0/0 |
| | 80 | 홍 성 민 | | | | | | | | | | |
| DF | 2 | 어 정 원 | △ 0/0 | | | | ○ 0/0 C | ○ 0/0 | ▽ 0/0 | | △ 0/0 | △ 0/0 |
| | 3 | 이 동 희 | ○ 0/0 | ○ 0/0 | ○ 0/0 C | | | | | | | |
| | 3 | 이 규 백 | | △ 0/0 | | | | | | | | |
| | 4 | 전 민 광 | ○ 0/0 | ○ 0/0 | ○ 0/0 | ○ 0/0 | ○ 0/0 | ○ 0/0 | ○ 0/0 | ○ 0/0 | ○ 0/0 | ○ 0/0 |
| | 5 | 아스프로 | | | | ○ 0/0 | | | | | | |
| | 13 | 강 민 준 | | | | △ 0/0 | ○ 0/0 | ○ 0/0 | ○ 0/0 | ○ 0/1 | ○ 0/0 | ○ 0/0 |
| | 14 | 박 승 욱 | | | | | | | | | | |
| | 17 | 신 광 훈 | ▽ 0/0 | ○ 0/0 | ○ 0/0 | ▽ 0/0 | | ○ 0/0 | ▽ 0/0 | ▽ 0/0 C | ▽ 0/0 | ▽ 0/0 |
| | 23 | 이 동 협 | | | | | | | | | | |
| | 24 | 한 현 서 | | | | | ○ 0/0 | ○ 0/0 C | ○ 0/0 | ○ 0/0 | ○ 0/0 | ○ 0/0 |
| | 26 | 박 찬 용 | | | | | | | | | | |
| | 26 | 이 태 석 | ○ 0/0 | ○ 0/1 C | ○ 0/0 | ○ 1/0 | | △ 0/0 | ○ 0/0 | ○ 0/0 | ○ 0/0 | ○ 0/0 C |
| | 33 | 조 성 욱 | | | | | | | | | | △ 0/0 |
| | 66 | 이 창 우 | | | | △ 0/0 | ▽ 0/0 | | | | | |
| | 77 | 완 델 손 | ○ 0/0 | △ 0/0 | | | | | | | | |
| MF | 6 | 김 종 우 | ○ 0/0 | △ 0/0 | △ 0/0 | ▽ 0/0 | △ 0/0 C | | ▽ 0/0 | | | |
| | 8 | 오베르단 | ○ 0/0 | ○ 0/0 C | ○ 0/0 C | ○ 0/0 | ○ 1/0 | ○ 0/0 | ○ 1/0 C | ○ 0/0 | ○ 0/0 | ○ 1/0 |
| | 12 | 조 재 훈 | | | ▽ 0/0 | ▽ 0/0 | | | | | | |
| | 18 | 한 찬 희 | | ▽ 0/0 | ▽ 0/0 | ▽ 0/1 | | | △ 0/0 C | △ 0/0 | | |
| | 22 | 홍 지 우 | | | | | | | | | | |
| | 40 | 기 성 용 | | | | | | | | | | |
| | 44 | 이 헌 재 | | | | | | △ 0/0 | | | | |
| | 70 | 황 서 웅 | | | | | | | | | | |
| | 88 | 김 동 진 | | | | | ▽ 0/1 | | | | | |
| FW | 7 | 김 인 성 | △ 0/0 | ▽ 0/0 | △ 0/0 | ▽ 0/0 | ▽ 0/0 | ▽ 0/0 | | △ 0/0 | △ 0/0 | △ 0/0 |
| | 9 | 조 르 지 | △ 0/0 | △ 0/0 | △ 0/0 | △ 0/0 C | ▽ 0/0 | △ 0/0 | | △ 0/0 C | △ 0/0 | ▽ 0/1 |
| | 10 | 백 성 동 | | ▽ 0/0 | △ 0/0 | | △ 0/0 | | | △ 0/0 | ▽ 0/0 | ▽ 0/0 |
| | 11 | 주 닝 요 | ▽ 0/0 | | ▽ 0/0 | | | | ▽ 0/1 | ▽ 0/0 | ▽ 0/0 | ▽ 0/0 |
| | 15 | 이 규 민 | | | | | | | | | | |
| | 18 | 강 현 제 | | △ 0/0 | | △ 0/1 | △ 1/0 | △ 0/0 | △ 0/0 | ▽ 0/0 | △ 0/0 | |
| | 19 | 이 호 재 | ▽ 0/0 | ▽ 1/0 | ○ 0/0 | ○ 0/0 | ○ 1/0 | ▽ 1/0 | ○ 0/0 | ▽ 1/0 | ▽ 0/0 | ▽ 0/0 |
| | 20 | 안 재 준 | ▽ 0/0 | | | | | | | | | |
| | 27 | 박 수 빈 | | | | | | | | | | |
| | 37 | 홍 윤 상 | ◆ 0/0 | ▽ 0/0 C | ▽ 0/0 | | | ▽ 0/0 | △ 0/0 | ▽ 0/0 | ▽ 0/0 | △ 0/0 C |
| | 99 | 조 상 혁 | △ 0/0 | | | △ 1/0 | △ 0/0 | ▽ 0/0 | △ 0/0 | △ 1/0 | △ 0/0 | △ 0/0 |

선수자료 : 득점/도움 ○ = 선발출전 △ = 교체 IN ▽ = 교체 OUT ◆ = 교체 IN/OUT C = 경고 S = 퇴장

| 위치 | 배번 | 경기번호 | 62 | 68 | 73 | 82 | 86 | 92 | 101 | 105 | 111 | 116 |
|---|---|---|---|---|---|---|---|---|---|---|---|---|
| | | 날 짜 | 05.02 | 05.05 | 05.10 | 05.18 | 05.23 | 05.27 | 06.01 | 06.14 | 06.17 | 06.21 |
| | | 홈/원정 | 홈 | 원정 | 홈 | 홈 | 원정 | 원정 | 홈 | 원정 | 원정 | 홈 |
| | | 장 소 | 포항 | 문수 | 포항 | 포항 | 안양 | 대전W | 포항 | 김천 | 대구전 | 포항 |
| | | 상 대 | 김천 | 울산 | 수원FC | 광주 | 안양 | 대전 | 강원 | 김천 | 대구 | 제주 |
| | | 결 과 | 패 | 무 | 승 | 패 | 승 | 승 | 승 | 패 | 무 | 승 |
| | | 점 수 | 1 : 2 | 1 : 1 | 2 : 0 | 0 : 1 | 2 : 0 | 3 : 1 | 2 : 1 | 0 : 1 | 1 : 1 | 2 : 1 |
| | | 승 점 | 15 | 16 | 19 | 19 | 22 | 25 | 28 | 28 | 29 | 32 |
| | | 슈팅수 | 6 : 10 | 10 : 14 | 8 : 4 | 10 : 8 | 9 : 5 | 10 : 15 | 6 : 6 | 7 : 12 | 10 : 12 | 14 : 7 |
| GK | 1 | 윤평국 | | | | | | | | | | |
| | 21 | 황인재 | ○ 0/0 | ○ 0/0 | ○ 0/0 | ○ 0/0 | ○ 0/0 | ○ 0/0 | ○ 0/0 | ○ 0/0 | ○ 0/0 | ○ 0/0 |
| | 80 | 홍성민 | | | | | | | | | | |
| DF | 2 | 어정원 | ○ 0/0 | ○ 0/0 | ○ 0/0 | ▽ 0/0 | ○ 1/0 | ○ 0/0 | ▽ 0/0 | ○ 0/0 | ○ 0/0 C | ○ 0/0 |
| | 3 | 이동희 | | | | | | | | | | △ 0/0 |
| | 3 | 이규백 | | | | | | | | | | |
| | 4 | 전민광 | ○ 0/0 | ○ 0/0 | ○ 0/0 C | ○ 0/0 C | ○ 0/0 | ○ 0/0 | ○ 0/0 | ○ 0/0 | ○ 0/0 | ○ 0/0 |
| | 5 | 아스프로 | | ○ 0/0 | △ 0/0 | | | | △ 0/0 | | ○ 0/0 | |
| | 13 | 강민준 | | | △ 0/0 | | △ 0/0 | △ 0/0 | △ 0/0 | ▽ 0/0 | | |
| | 14 | 박승욱 | | | | | | | | | | ○ 0/0 C |
| | 17 | 신광훈 | ▽ 0/0 | △ 0/0 | △ 0/0 | ○ 0/0 | ○ 0/0 | ▽ 0/0 C | ▽ 0/0 | ▽ 0/0 | △ 0/0 | ▽ 0/0 |
| | 23 | 이동협 | | | | | △ 0/0 | | | | | |
| | 24 | 한현서 | ○ 0/1 | | ○ 0/0 | ○ 0/0 | ○ 0/0 | ○ 0/0 | ○ 0/0 | ○ 0/0 | ▽ 0/0 | |
| | 26 | 박찬용 | | | | | | | | | | |
| | 26 | 이태석 | ○ 0/0 | ○ 0/0 | ▽ 0/0 C | ○ 0/0 C | ○ 0/0 | ○ 0/1 | ○ 0/0 | △ 0/0 | ○ 0/0 | ○ 0/0 C |
| | 33 | 조성욱 | | ▽ 0/0 | | | | | | | | |
| | 66 | 이창우 | △ 0/0 | ▽ 0/1 | | | | | | | | |
| | 77 | 완델손 | | | | | | | | | | |
| MF | 6 | 김종우 | | | | | | | | | | |
| | 8 | 오베르단 | ○ 1/0 | ○ 1/0 | ▽ 0/0 | | ▽ 0/0 | ○ 0/0 | ○ 0/0 | ○ 0/0 | ○ 1/0 | ○ 0/0 |
| | 12 | 조재훈 | | | | | | | | | | △ 0/0 |
| | 18 | 한찬희 | △ 0/0 | △ 0/0 | △ 0/0 | △ 0/0 | | | | | | |
| | 22 | 홍지우 | | | | | | | | | | |
| | 40 | 기성용 | | | | | | | | | | |
| | 44 | 이헌재 | | | | | | | | △ 0/0 | | |
| | 70 | 황서웅 | ▽ 0/0 | | | △ 0/0 | △ 0/0 C | △ 0/0 | △ 0/0 | △ 0/0 | ▽ 0/0 | △ 0/0 |
| | 88 | 김동진 | | ▽ 0/0 | ▽ 0/0 | ▽ 0/0 | ▽ 0/0 | ▽ 0/0 | ▽ 0/0 | ▽ 0/0 | | ▽ 0/0 |
| FW | 7 | 김인성 | △ 0/0 | | ▽ 0/0 | △ 0/0 | △ 1/0 | △ 1/0 | ▽ 0/2 | △ 0/0 | ▽ 0/0 C | △ 1/0 |
| | 9 | 조르지 | △ 0/0 | ▽ 0/0 | △ 0/0 | ○ 0/0 C | ▽ 0/1 | ▽ 1/1 | ○ 1/0 | ○ 0/0 | ○ 0/0 | ▽ 1/0 |
| | 10 | 백성동 | | | | | | | | | | |
| | 11 | 주닝요 | ▽ 0/0 C | △ 0/0 | | ▽ 0/0 | ▽ 0/0 | ▽ 0/0 | | ▽ 0/0 | △ 0/0 | ▽ 0/0 |
| | 15 | 이규민 | | | | | | | △ 0/0 | | | |
| | 18 | 강현제 | | △ 0/0 | ▽ 0/0 | △ 0/0 | | | | | | |
| | 19 | 이호재 | ▽ 0/0 | | ○ 2/0 | ○ 0/0 | ▽ 0/1 | ▽ 1/0 | △ 1/0 C | ▽ 0/0 | ▽ 0/0 | ▽ 0/0 |
| | 20 | 안재준 | | | | | | | | | | |
| | 27 | 박수빈 | | | | | | | | | | |
| | 37 | 홍윤상 | ▽ 0/0 | ▽ 0/0 | ○ 0/0 | | | △ 0/0 | ▽ 0/0 | △ 0/0 | △ 0/0 | |
| | 99 | 조상혁 | △ 0/0 | △ 0/0 | | ▽ 0/0 | △ 0/0 | △ 0/0 | | | △ 0/0 | △ 0/1 |

| 위치 | 배번 | 경기번호 | 126 | 130 | 133 | 144 | 149 | 152 | 161 | 167 | 170 | 180 |
|---|---|---|---|---|---|---|---|---|---|---|---|---|
| | | 날 짜 | 06.29 | 07.19 | 07.22 | 07.27 | 08.10 | 08.15 | 08.24 | 08.31 | 09.13 | 09.21 |
| | | 홈/원정 | 원정 | 홈 | 홈 | 원정 | 홈 | 원정 | 홈 | 원정 | 홈 | 홈 |
| | | 장 소 | 서울W | 포항 | 포항 | 대구전 | 포항 | 안양 | 포항 | 강릉 | 포항 | 포항 |
| | | 상 대 | 서울 | 전북 | 수원FC | 대구 | 광주 | 안양 | 전북 | 강원 | 울산 | 제주 |
| | | 결 과 | 패 | 패 | 패 | 승 | 승 | 승 | 승 | 패 | 무 | 승 |
| | | 점 수 | 1 : 4 | 2 : 3 | 1 : 5 | 1 : 0 | 1 : 0 | 1 : 0 | 3 : 1 | 0 : 1 | 1 : 1 | 1 : 0 |
| | | 승 점 | 32 | 32 | 32 | 35 | 38 | 41 | 44 | 44 | 45 | 48 |
| | | 슈팅수 | 5 : 19 | 15 : 12 | 7 : 14 | 8 : 5 | 10 : 1 | 4 : 8 | 6 : 5 | 3 : 8 | 9 : 5 | 11 : 4 |
| GK | 1 | 윤 평 국 | | | | | | | | | | |
| | 21 | 황 인 재 | ○ 0/0 | | | ○ 0/0 | ○ 0/0 C | ○ 0/0 | ○ 0/0 | ○ 0/0 | ○ 0/0 | ○ 0/0 |
| | 80 | 홍 성 민 | | ○ 0/0 | ○ 0/0 | | | | | | | |
| DF | 2 | 어 정 원 | ○ 0/0 | ○ 0/0 C | ▽ 0/0 | ▽ 0/0 | ○ 0/0 | ▽ 0/0 | ○ 0/1 | ○ 0/0 | ○ 0/0 | ○ 0/0 |
| | 3 | 이 동 희 | △ 1/0 | ○ 0/0 C | △ 0/0 | ○ 0/0 | △ 0/0 | △ 0/0 | △ 0/0 | ▽ 0/0 | | △ 0/0 |
| | 3 | 이 규 백 | | | | | | | | | | |
| | 4 | 전 민 광 | ○ 0/0 | ▽ 0/0 | ○ 0/0 C | ○ 0/0 | ○ 0/0 | ○ 0/0 | ○ 0/0 | ○ 0/0 | ○ 0/0 | ○ 0/0 |
| | 5 | 아스프로 | | | | | | | | | | |
| | 13 | 강 민 준 | △ 0/0 | ▽ 0/0 | | ▽ 0/0 | ○ 0/0 | ▽ 0/0 C | ▽ 0/0 | ▽ 0/0 C | ▽ 0/0 | △ 0/0 |
| | 14 | 박 승 욱 | ○ 0/0 | △ 0/0 | ○ 0/0 | ○ 0/0 | ○ 0/0 | ○ 0/0 | ○ 1/0 | ○ 0/0 | ○ 0/0 | ▽ 0/0 |
| | 17 | 신 광 훈 | ▽ 0/0 | ▽ 0/1 | ▽ 0/0 | △ 0/0 | ▽ 0/0 | ▽ 0/0 | ▽ 0/0 | △ 0/0 | ○ 0/0 C | ▽ 0/0 C |
| | 23 | 이 동 협 | | | | | | | △ 0/0 | | | |
| | 24 | 한 현 서 | ▽ 0/0 | △ 0/0 | | | | △ 0/0 | | | | |
| | 26 | 박 찬 용 | | | | | | | | | | |
| | 26 | 이 태 석 | | △ 0/0 | ○ 0/0 | △ 0/0 | | | | | | |
| | 33 | 조 성 욱 | | | | | | | | | | |
| | 66 | 이 창 우 | | | △ 0/0 | △ 0/0 | △ 0/0 C | | | | | |
| | 77 | 완 델 손 | | | | | | | | | | |
| MF | 6 | 김 종 우 | | | | | | | | △ 0/0 | △ 0/0 | △ 0/0 |
| | 8 | 오베르단 | ○ 0/0 S | | | ○ 0/0 | ○ 0/0 | ○ 0/0 | ○ 0/0 | ○ 0/0 | ○ 0/0 C | ○ 0/0 |
| | 12 | 조 재 훈 | | | | | | | | | | |
| | 18 | 한 찬 희 | | | | | | | | | | |
| | 22 | 홍 지 우 | | | | | | | | | | |
| | 40 | 기 성 용 | | ▽ 0/0 | ▽ 0/0 | ▽ 0/0 | ▽ 0/0 | | △ 0/0 | ▽ 0/0 | ▽ 0/1 | ▽ 0/0 |
| | 44 | 이 헌 재 | | | | | | | | | | |
| | 70 | 황 서 웅 | △ 0/0 | △ 0/0 | | | | | | | | |
| | 88 | 김 동 진 | ▽ 0/1 | ▽ 0/0 | ○ 0/0 S | | | ○ 0/0 C | ▽ 0/0 | | | |
| FW | 7 | 김 인 성 | △ 0/0 | △ 0/0 | △ 0/0 | △ 0/0 | | △ 0/0 | △ 0/0 C | △ 0/0 | △ 0/0 | △ 0/0 |
| | 9 | 조 르 지 | ○ 0/0 | ○ 0/0 | ○ 0/0 | ▽ 0/0 | ▽ 0/1 | ○ 0/1 | ○ 2/0 | ○ 0/0 | ○ 0/0 | ○ 0/0 |
| | 10 | 백 성 동 | | | | | | | | | | |
| | 11 | 주 닝 요 | ▽ 0/0 | | | | △ 0/0 | △ 0/0 | ▽ 0/1 C | ▽ 0/0 | △ 0/0 | ○ 0/0 |
| | 15 | 이 규 민 | | | | | | | | | | |
| | 18 | 강 현 제 | | | | | △ 0/0 | △ 0/0 | | △ 0/0 | | |
| | 19 | 이 호 재 | ▽ 0/0 | ○ 1/0 | ▽ 0/0 | △ 1/0 C | ▽ 0/0 | ▽ 1/0 C | | | ▽ 1/0 | ▽ 1/0 |
| | 20 | 안 재 준 | △ 0/0 | | △ 0/0 | | △ 0/0 | | | | | |
| | 27 | 박 수 빈 | | | | | | | | | | |
| | 37 | 홍 윤 상 | | ○ 1/1 | ▽ 1/0 | ○ 0/0 | ▽ 1/0 | ▽ 0/0 | ▽ 0/0 | ▽ 0/0 | ▽ 0/0 | ▽ 0/1 |
| | 99 | 조 상 혁 | | | △ 0/0 | ▽ 0/0 | | | △ 0/0 | △ 0/0 | △ 0/0 | △ 0/0 |

선수자료 : 득점/도움 ○ = 선발출전 △ = 교체 IN ▽ = 교체 OUT ◆ = 교체 IN/OUT C = 경고 S = 퇴장

| 위치 | 배번 | 경기번호 | 182 | 190 | 194 | 204 | 207 | 215 | 221 | 228 | | |
|---|---|---|---|---|---|---|---|---|---|---|---|---|
| | | 날 짜 | 09.27 | 10.05 | 10.18 | 10.26 | 11.01 | 11.09 | 11.22 | 11.30 | | |
| | | 홈/원정 | 원정 | 홈 | 원정 | 원정 | 원정 | 홈 | 홈 | 원정 | | |
| | | 장 소 | 김천 | 포항 | 서울W | 대전W | 김천 | 포항 | 포항 | 강릉 | | |
| | | 상 대 | 김천 | 대전 | 서울 | 대전 | 김천 | 서울 | 전북 | 강원 | | |
| | | 결 과 | 패 | 패 | 승 | 패 | 승 | 무 | 무 | 패 | | |
| | | 점 수 | 0 : 2 | 1 : 3 | 2 : 1 | 0 : 2 | 1 : 0 | 0 : 0 | 0 : 0 | 0 : 1 | | |
| | | 승 점 | 48 | 48 | 51 | 51 | 54 | 55 | 56 | 56 | | |
| | | 슈팅수 | 4 : 14 | 9 : 5 | 7 : 7 | 15 : 11 | 10 : 7 | 8 : 9 | 9 : 5 | 5 : 12 | | |
| GK | 1 | 윤 평 국 | | ○ 0/0 | | | | | | ○ 0/0 | | |
| | 21 | 황 인 재 | ○ 0/0 | | ○ 0/0 | ○ 0/0 | ○ 0/0 | ○ 0/0 | ○ 0/0 | | | |
| | 80 | 홍 성 민 | | | | | | | | | | |
| DF | 2 | 어 정 원 | ○ 0/0 | ○ 0/0 | ○ 0/0 | ○ 0/0 C | ▽ 0/0 | ○ 0/0 | ○ 0/0 | △ 0/0 | | |
| | 3 | 이 동 희 | ○ 0/0 S | | | | | | | | | |
| | 3 | 이 규 백 | | | | | | | | | | |
| | 4 | 전 민 광 | ○ 0/0 | ○ 0/0 | ○ 0/0 | ○ 0/0 C | ○ 0/0 | | △ 0/0 | ○ 0/0 | | |
| | 5 | 아스프로 | | | | | | | | | | |
| | 13 | 강 민 준 | △ 0/0 | ○ 0/0 C | △ 0/1 | △ 0/0 | | ○ 0/0 | | ○ 0/0 C | | |
| | 14 | 박 승 욱 | | ▽ 0/0 | ○ 0/0 | ○ 0/0 C | ○ 0/0 | ○ 0/0 | ○ 0/0 | ▽ 0/0 | | |
| | 17 | 신 광 훈 | ▽ 0/0 C | | ○ 0/0 C | ▽ 0/0 C | △ 0/0 | ○ 0/0 | ○ 0/0 | △ 0/0 | | |
| | 23 | 이 동 협 | | | | | | | | ▽ 0/0 | | |
| | 24 | 한 현 서 | △ 0/0 | △ 0/0 | | | △ 0/0 | | ▽ 0/0 | | | |
| | 26 | 박 찬 용 | | | | | ○ 0/0 | ○ 0/0 | ○ 0/0 | ○ 0/0 C | | |
| | 26 | 이 태 석 | | | | | | | | | | |
| | 33 | 조 성 욱 | | | | | | | | | | |
| | 66 | 이 창 우 | | | ▽ 0/0 | ▽ 0/0 | ▽ 0/0 | | ▽ 0/0 | | | |
| | 77 | 완 델 손 | | | | | | | | | | |
| MF | 6 | 김 종 우 | | △ 0/0 | | △ 0/0 | △ 0/0 | ▽ 0/0 | | | | |
| | 8 | 오베르단 | ○ 0/0 | ○ 0/0 | ○ 0/0 C | | ○ 0/0 | | | | | |
| | 12 | 조 재 훈 | | | | | | | | | | |
| | 18 | 한 찬 희 | | | | | | | | | | |
| | 22 | 홍 지 우 | | | | | | | | ▽ 0/0 | | |
| | 40 | 기 성 용 | △ 0/0 | ▽ 0/0 | ▽ 0/1 | ▽ 0/0 C | ▽ 0/0 | ▽ 0/0 | ○ 0/0 | △ 0/0 | | |
| | 44 | 이 헌 재 | | | | | | | | | | |
| | 70 | 황 서 웅 | | | | △ 0/0 | | △ 0/0 | | | | |
| | 88 | 김 동 진 | ▽ 0/0 | △ 0/0 | △ 0/0 | ▽ 0/0 | | △ 0/0 | | ○ 0/0 | | |
| FW | 7 | 김 인 성 | △ 0/0 | ◆ 0/0 | △ 0/0 | △ 0/0 | | | △ 0/0 | ▽ 0/0 | | |
| | 9 | 조 르 지 | ○ 0/0 | ▽ 0/0 | ▽ 0/0 | ○ 0/0 | △ 0/0 | ○ 0/0 | ○ 0/0 | | | |
| | 10 | 백 성 동 | | | | | ▽ 0/0 | | | ▽ 0/0 | | |
| | 11 | 주 닝 요 | ▽ 0/0 | ○ 0/0 | △ 1/0 C | ○ 0/0 | △ 1/0 | △ 0/0 | ○ 0/0 C | | | |
| | 15 | 이 규 민 | | | | | | | | | | |
| | 18 | 강 현 제 | | | | | | | | | | |
| | 19 | 이 호 재 | ▽ 0/0 C | ○ 1/0 | ▽ 1/0 C | | ○ 0/0 | ○ 0/0 | ▽ 0/0 | ○ 0/0 | | |
| | 20 | 안 재 준 | | | △ 0/0 | | | | | △ 0/0 | | |
| | 27 | 박 수 빈 | | | | | | | | △ 0/0 | | |
| | 37 | 홍 윤 상 | ▽ 0/0 | ▽ 0/0 | ▽ 0/0 | ▽ 0/0 | ▽ 0/0 | ▽ 0/0 | | | | |
| | 99 | 조 상 혁 | △ 0/0 | △ 0/0 | | △ 0/0 | | | △ 0/0 | | | |

# 강 원 FC

**창단년도_** 2008년

**홈페이지_** www.gangwon-fc.com

**유튜브_** https://www.youtube.com/@gangwonfc2008

**인스타그램_** https://www.instagram.com/gangwon_fc

**페이스북_** https://www.facebook.com/gangwonfc

**춘천사무국_** 우 24239 강원도 춘천시 스포츠타운길 124 1층 강원FC 사무국(124, Sports town-gil, Chuncheon-si, Gangwon-do, KOREA 24239), **전화** 033-254-2853 **팩스** 033-252-2854

**강릉사무국_** 우 25611 강원도 강릉시 남부로 222 강남축구공원 내 강원FC사무국(222, Nambu-ro, Gangneung-si, Gangwon-do, KOREA 25611) **전화_** 033-655-6652 / 033-655-6653 **팩스_** 033-655-6660

## 연혁

2008 강원도민프로축구단 창단추진 발표, 창단준비팀 구성
강원도민프로축구단 창단준비위원회 발족
강원도민프로축구단 발기인 총회, 김병두 초대 대표이사 취임
(주)강원도민프로축구단 법인 설립
도민주 공모 한국프로축구연맹 창단승인
제4차 이사회 - 신임 김원동 대표이사 취임
초대 최순호 감독 선임 창단식 및 엠블럼 공개

2009 김영후 조모컵 2009 한일올스타전 선발
2009 K-리그 홈경기 20만 관중(관중동원 3위) 돌파
2009 K-리그 13위
제5회 대한민국 스포츠산업대상 프로스포츠 부문 최우수 마케팅상 대상 수상
2009 K-리그 대상 김영후 신인선수상, 페어플레이상, 서포터스 나르샤 공로상 수상
김원동 대표이사 2009 대한축구협회 특별공헌상 수상

2010 캐치프레이즈 '무한비상' 확정
선수단 숙소 '오렌지하우스' 개관
유소년클럽 창단 소나타 K리그 2010 12위
2010 K리그 대상 페어플레이상 수상

2011 캐치프레이즈 '강원천하' 확정
김상호 감독 선임 마스코트 '강웅이' 탄생
남종현 대표이사 취임 U-15 및 U-18 유스팀 창단
R리그 정성민 득점왕 수상
현대오일뱅크 K리그 2011 16위

2012 캐치프레이즈 'stand up! 2012!!' 확정
오재석 2012 런던올림픽 최종멤버 선발
김학범 감독 선임
김은중 K리그 통산 8번째 400경기 출전
현대오일뱅크 K리그 2012 14위

2013 캐치프레이즈 '투혼 2013' 확정
임은주 대표이사 취임 김용갑 감독 선임
현대오일뱅크 K리그 클래식 2013 12위

2014 캐치프레이즈 'Power of Belief 2014 Born again GWFC' 확정
알툴 감독 선임
현대오일뱅크 K리그 챌린지 2014 4위

2015 캐치프레이즈 'Power of GangwonFC 2015' 확정
최윤겸 감독 선임 현대오일뱅크 K리그 챌린지 2015 7위

2016 조태룡 대표이사 취임
K리그 클래식(1부리그) 승격(현대오일뱅크 K리그 챌린지 2016 3위)
제2차 플러스스타디움상 수상
세계 최초 스키점프장의 축구장 활용

2017 2017년 팀 창단 후 최초 상위 스플릿 진출
도 · 시민구단 최초 K리그 클래식(1부리그) 승격 첫해 스플릿A 진출
KEB하나은행 K리그 클래식 2017 6위
세계 최초 프로축구단 스키점프대 홈 경기장 사용
(평창 동계올림픽 알펜시아 스타디움)
국내 프로스포츠 최초 암호화폐 거래소 '코인원' 서브스폰서 계약
K리그 구단 역대 한 시즌 최다 '소규모 스폰서' 173개 업체 계약

2018 조태룡 대표이사 사임 한원석 대표이사(직무대행) 취임
KEB하나은행 K리그1 2018 8위
코인원 2년 연속 스폰서 계약 체결
파마누코, 광동제약 스폰서 계약 체결
강원혈액원, 2군사령부 MOU 체결

2019 박종완 대표이사 취임
원주 의료기기 메디컬 스폰서 MOU 체결
하나원큐 K리그1 2019 6위 김지현 영플레이어상 수상

2020 하나원큐 K리그1 2020 7위

2021 이영표 대표이사 취임 김동현 올림픽대표팀 발탁
제26회 하나은행 FA컵 준결승 진출(구단 최초 준결승 진출)
최용수 감독 선임 하나원큐 K리그1 2021 11위

2022 휠라 용품 스폰서 계약 체결
하나원큐 K리그1 2022 6위, 파이널라운드 A그룹 진출
김대원 K리그1 베스트11, 양현준 K리그1 영플레이어상 수상
K리그 페어플레이상 수상

2023 김병지 대표이사 선임 윤정환 감독 선임
K리그 페어플레이상 수상 K리그 3차 클럽상 그린스타디움상 수상

2024 하나은행 K리그1 2024 준우승, K리그1 최다득점(62)
구단 역대 K리그1 최다승점(64) · 최다승(19) · 최다득점
윤정환 K리그1 감독상, 양민혁 K리그1 영플레이어상 수상
양민혁 · 황문기 · 이상헌 K리그1 베스트11 수상
K리그 2차 그린스타디움상, 2차 플러스스타디움상, 3차 그린스타디움상

2025 정경호 감독 선임 이승원 2025 K리그1 영플레이어상 수상
2025 K리그1 3차 클럽상 그린스타디움상
2025 하나은행 코리아컵 페어플레이상

## 2025년 선수명단

대표이사_ 김병지 단장_ 김태주 감독_ 정경호
수석코치_ 박용호 코치_ 최효진 · 송창호 · 오범석 골키퍼코치_ 전상욱 · 김민식 피지컬코치_ 장석민 · 변주원 전술코치_ 장영훈 스카우터 _ 김상균 · 허범산 · 이진행 의무트레이너_ 김범수 · 이강훈 · 손용관 정비관리사_ 유형준 전력분석관_ 김주영 통역_ 김승현 선수단 매니저_ 김찬우 · 길효성

| 포지션 | 선수명 | | 생년월일 | 출신교 | 키(cm) / 몸무게(kg) |
|---|---|---|---|---|---|
| GK | 이광연 | 李光淵 | 1999.09.11 | 인천대 | 184 / 83 |
| | 박청효 | 朴青孝 | 1990.02.13 | 연세대 | 190 / 78 |
| | 김유성 | 金有性 | 2005.11.16 | 중대부고 | 189 / 80 |
| | 조민규 | 趙玟奎 | 2003.04.30 | 상지대 | 193 / 87 |
| | 홍진혁 | 洪鎭赫 | 2004.03.16 | 용인대 | 187 / 74 |
| DF | 신민하 | 辛岷夏 | 2005.09.15 | 용인시축구센터U18 | 186 / 77 |
| | 송준석 | 宋俊錫 | 2001.02.06 | 청주대 | 171 / 67 |
| | 조현태 | 趙炫泰 | 2004.10.27 | 강릉제일고 | 187 / 75 |
| | 강투지 | Marko Tući | 1998.12.04 | *몬테네그로 | 190 / 83 |
| | 브루노 | Bruno de Oliveira Souza | 1996.06.09 | *브라질 | 187 / 80 |
| | 이기혁 | 李氣赫 | 2000.07.07 | 울산대 | 184 / 72 |
| | 박호영 | 朴祜永 | 1999.04.07 | 개성고 | 198 / 95 |
| | 정승빈 | 鄭丞彬 | 2006.07.03 | 화성시U18 | 197 / 88 |
| | 박수환 | 朴秀桓 | 2006.04.27 | 용인시축구센터U18 | 185 / 82 |
| | 강준혁 | 姜俊赫 | 1999.10.20 | 연세대 | 177 / 70 |
| | 홍 철 | 洪喆 | 1990.09.17 | 단국대 | 176 / 70 |
| | 윤일록 | 尹日錄 | 1992.03.07 | 진주고 | 178 / 65 |
| | 최정훈 | 崔晶助 | 1999.03.09 | 매탄고 | 178 / 72 |
| MF | 김동현 | 金東賢 | 1997.06.11 | 중앙대 | 182 / 72 |
| | 김대우 | 金大禹 | 2000.12.02 | 숭실대 | 179 / 80 |
| | 김강국 | 金康國 | 1997.01.07 | 인천대 | 181 / 70 |
| | 김이석 | 金利錫 | 1998.06.19 | 수원대 | 180 / 74 |
| | 서민우 | 徐敏佑 | 1998.03.12 | 영남대 | 183 / 75 |
| | 구본철 | 具本哲 | 1999.10.11 | 단국대 | 173 / 73 |
| | 이유현 | 李裕賢 | 1997.02.08 | 단국대 | 179 / 74 |
| | 황은총 | 黃恩聰 | 2006.01.10 | 신평고 | 177 / 65 |
| | 김태환 | 金泰煥 | 2006.05.29 | 영등포공고 | 178 / 68 |
| | 강윤구 | 姜玧求 | 2002.04.08 | 경기골클럽 | 177 / 73 |
| | 원희도 | 元喜度 | 2005.08.01 | 진위고 | 187 / 71 |
| | 이승원 | 李承元 | 2003.03.06 | 단국대 | 176 / 73 |
| FW | 이상헌 | 李尙憲 | 1998.02.26 | 현대고 | 178 / 67 |
| | 김민준 | 金旻俊 | 2000.02.12 | 현대고 | 183 / 74 |
| | 김도현 | 金到炫 | 2004.05.12 | 현대고 | 179 / 70 |
| | 최병찬 | 崔炳贊 | 1996.04.04 | 홍익대 | 178 / 74 |
| | 이지호 | 李志鎬 | 2002.04.16 | 고려대 | 184 / 78 |
| | 유병헌 | 朴相英 | 2006.02.01 | 매탄고 | 175 / 72 |
| | 김경민 | 金烱珉 | 1997.01.22 | 전주대 | 186 / 81 |
| | 김형진 | 金亨眞 | 2006.11.19 | 강릉제일고 | 174 / 70 |
| | 진준서 | 陳俊諝 | 2005.02.01 | 인천대 | 182 / 72 |
| | 조진혁 | 趙進革 | 2000.08.10 | 단국대 | 180 / 73 |
| | 성기완 | 成善完 | 2004.01.01 | 아주대 | 176 / 70 |
| | 정인증 | 鄭引證 | 2004.07.06 | 송호대 | 173 / 70 |
| | 김건희 | 金健熙 | 1995.02.22 | 고려대 | 187 / 82 |
| | 모재현 | 牟在現 | 1996.09.24 | 광주대 | 184 / 80 |
| | 김대원 | 金大元 | 1997.02.10 | 보인고 | 171 / 65 |
| | 김신진 | 金信珍 | 2001.07.13 | 선문대 | 186 / 80 |
| | 박상혁 | 朴相赫 | 2002.06.13 | 태성고 | 187 / 76 |
| | 가브리엘 | Vitor Gabriel Claudino Rego Ferreira | 2000.01.20 | *브라질 | 187 / 76 |
| | 마리오 | Mario Ćuže | 1999.04.24 | *크로아티아 | 188 / 80 |

## 2025년 개인기록 _ K리그1

| 위치 | 배번 | 경기번호 | 06 | 12 | 17 | 24 | 26 | 35 | 41 | 46 | 49 | 60 |
|---|---|---|---|---|---|---|---|---|---|---|---|---|
| | | 날 짜 | 02.16 | 02.23 | 03.02 | 03.09 | 03.15 | 03.30 | 04.06 | 04.13 | 04.19 | 04.27 |
| | | 홈/원정 | 원정 | 홈 | 홈 | 원정 | 홈 | 원정 | 원정 | 홈 | 원정 | 원정 |
| | | 장 소 | 대구전 | 춘천 | 춘천 | 전주W | 춘천 | 김천 | 안양 | 춘천 | 문수 | 대전W |
| | | 상 대 | 대구 | 포항 | 제주 | 전북 | 서울 | 김천 | 안양 | 광주 | 울산 | 대전 |
| | | 결 과 | 패 | 승 | 무 | 승 | 패 | 패 | 패 | 승 | 승 | 패 |
| | | 점 수 | 1 : 2 | 2 : 1 | 0 : 0 | 1 : 0 | 0 : 1 | 0 : 1 | 0 : 2 | 1 : 0 | 2 : 1 | 0 : 1 |
| | | 승 점 | 0 | 3 | 4 | 7 | 7 | 7 | 7 | 10 | 13 | 13 |
| | | 슈팅수 | 8 : 19 | 14 : 5 | 6 : 11 | 5 : 9 | 5 : 11 | 7 : 15 | 10 : 16 | 12 : 5 | 6 : 17 | 1 : 8 |
| GK | 1 | 이 광 연 | ○ 0/0 | ○ 0/0 | ○ 0/0 | ○ 0/0 | ○ 0/0 | ○ 0/0 | ○ 0/0 | ○ 0/0 | ○ 0/0 C | ○ 0/0 |
| | 21 | 박 청 효 | | | | | | | | | | |
| DF | 13 | 이 기 혁 | ○ 0/0 | ○ 0/0 | ○ 0/0 | ○ 0/0 | ○ 0/0 | ○ 0/0 | ○ 0/0 | ○ 0/0 C | ○ 0/0 | ○ 0/0 C |
| | 20 | 조 현 태 | | | | | | | | | | |
| | 23 | 강 투 지 | ○ 0/0 | ○ 0/0 | ○ 0/0 | ○ 0/0 | ○ 0/0 C | | ○ 0/0 | ○ 0/0 C | ○ 0/0 C | ○ 0/0 |
| | 24 | 박 호 영 | | | | | | | △ 0/0 | | | |
| | 33 | 홍 철 | ▽ 0/0 | △ 0/0 | | △ 0/0 | | ○ 0/0 | | | △ 0/0 | |
| | 34 | 송 준 석 | | | | | △ 0/0 | | △ 0/0 | | | |
| | 47 | 신 민 하 | | | △ 0/0 | ○ 0/0 | ○ 0/0 | ○ 0/0 | ○ 0/0 | ○ 0/0 | ○ 1/0 | ○ 0/0 |
| | 99 | 강 준 혁 | ○ 0/0 C | ○ 0/0 | ○ 0/0 | ○ 0/0 | ▽ 0/0 | ▽ 0/0 | ○ 0/0 | △ 0/0 | △ 0/0 | |
| MF | 4 | 서 민 우 | | | | | | | | | | |
| | 6 | 김 동 현 | ▽ 0/0 | ▽ 0/1 | ▽ 0/0 | ○ 0/0 | ○ 0/0 | △ 0/0 | ▽ 0/0 | | | |
| | 8 | 강 윤 구 | | | | | | | | | | |
| | 14 | 김 대 우 | | | | | | | | ○ 0/0 C | ○ 0/0 | ○ 0/0 |
| | 18 | 김 강 국 | △ 0/0 | ▽ 0/0 | ○ 0/0 | | | ○ 0/0 | ○ 0/0 | ○ 0/0 | ○ 1/1 | ▽ 0/0 C |
| | 26 | 김 민 준 | ○ 0/0 | | | | | | | | | △ 0/0 |
| | 28 | 이 승 원 | | | | | | | | | | |
| | 35 | 김 태 환 | | | | | △ 0/0 | | | | | |
| | 45 | 김 이 석 | | △ 0/0 | △ 0/0 | | | ▽ 0/0 | | | | |
| | 70 | 구 본 철 | | | | | | | ▽ 0/0 | ○ 0/0 | ▽ 0/0 | ▽ 0/0 |
| | 77 | 최 한 솔 | △ 0/0 C | ▽ 0/0 | ▽ 0/0 C | | | | | | | △ 0/0 |
| | 97 | 이 유 현 | ▽ 0/0 | ○ 0/0 | ○ 0/0 | ○ 0/0 | ▽ 0/0 | | | ○ 0/1 C | ○ 0/0 | ○ 0/0 C |
| FW | 7 | 김 대 원 | | | | | | | | | | |
| | 9 | 코바체비치 | | △ 0/0 | △ 0/0 C | ▽ 0/0 | | △ 0/0 | △ 0/0 | △ 0/0 | △ 0/0 | |
| | 10 | 가브리엘 | ○ 1/0 | ○ 0/0 | ▽ 0/0 | △ 0/1 | △ 0/0 C | ▽ 0/0 | ○ 0/0 | ◆ 0/0 | | △ 0/0 |
| | 11 | 마 리 오 | △ 0/0 | | | | △ 0/0 | | | | | |
| | 15 | 진 준 서 | △ 0/0 | | ▽ 0/0 | | | | | | | |
| | 16 | 김 건 희 | | | | | | | | | | |
| | 17 | 조 진 혁 | | | | | | △ 0/0 | | | | |
| | 19 | 박 상 혁 | | | | | | | | | | |
| | 22 | 이 상 헌 | ▽ 0/0 | ▽ 0/0 C | ▽ 0/0 | ▽ 0/0 | ▽ 0/0 | ▽ 0/0 | ▽ 0/0 C | ▽ 0/0 | ▽ 0/0 | △ 0/0 |
| | 27 | 김 도 현 | | | | | | △ 0/0 | | | | |
| | 39 | 이 지 호 | ▽ 0/1 | ○ 2/0 | △ 0/0 | ▽ 0/0 | ○ 0/0 | ○ 0/0 | △ 0/0 | | △ 0/0 C | ▽ 0/0 |
| | 42 | 모 재 현 | | | | | | | | | | |
| | 45 | 호마리우 | | | | | | △ 0/0 | | | | |
| | 73 | 윤 일 록 | △ 0/0 | | | ▽ 0/0 | ▽ 0/0 | | | | | |
| | 79 | 김 경 민 | | △ 0/0 | | △ 1/0 | △ 0/0 | ▽ 0/0 | ▽ 0/0 | ○ 0/0 C | ▽ 0/0 | ○ 0/0 S |
| | 90 | 김 신 진 | | | | | | | | | | |
| | 96 | 최 병 찬 | | | △ 0/0 | △ 0/0 | ▽ 0/0 | | | ▽ 1/0 C | ▽ 0/0 | ▽ 0/0 |

선수자료 : 득점/도움 ○ = 선발출전 △ = 교체 IN ▽ = 교체 OUT ◆ = 교체 IN/OUT C = 경고 S = 퇴장

| 위치 | 배번 | 경기번호 | 66 | 70 | 77 | 80 | 90 | 95 | 101 | 103 | 109 | 115 |
|---|---|---|---|---|---|---|---|---|---|---|---|---|
| | | 날 짜 | 05.03 | 05.06 | 05.11 | 05.17 | 05.25 | 05.28 | 06.01 | 06.13 | 06.17 | 06.21 |
| | | 홈/원정 | 홈 | 원정 | 홈 | 홈 | 원정 | 홈 | 원정 | 홈 | 원정 | 홈 |
| | | 장 소 | 춘천 | 제주W | 춘천 | 춘천 | 광주W | 춘천 | 포항 | 춘천 | 서울W | 강릉 |
| | | 상 대 | 수원FC | 제주 | 김천 | 울산 | 광주 | 안양 | 포항 | 전북 | 서울 | 대구 |
| | | 결 과 | 무 | 승 | 패 | 무 | 승 | 패 | 패 | 패 | 무 | 승 |
| | | 점 수 | 0 : 0 | 3 : 0 | 0 : 4 | 1 : 1 | 1 : 0 | 1 : 3 | 1 : 2 | 0 : 3 | 1 : 1 | 3 : 0 |
| | | 승 점 | 14 | 17 | 17 | 18 | 21 | 21 | 21 | 21 | 22 | 25 |
| | | 슈팅수 | 12 : 11 | 5 : 14 | 7 : 19 | 9 : 2 | 3 : 5 | 11 : 9 | 6 : 6 | 13 : 12 | 11 : 14 | 13 : 7 |
| GK | 1 | 이 광 연 | ○ 0/0 | ○ 0/0 | ○ 0/0 | ○ 0/0 C | ○ 0/0 | ○ 0/0 | ○ 0/0 | ○ 0/0 | | |
| | 21 | 박 청 효 | | | | | | | | | ○ 0/0 | ○ 0/0 |
| DF | 13 | 이 기 혁 | ○ 0/0 | ▽ 0/1 | ○ 0/0 | ○ 0/0 | ○ 0/0 | △ 0/0 | ○ 0/0 | ○ 0/0 | ○ 0/0 C | △ 0/0 |
| | 20 | 조 현 태 | | | | | | | | | | |
| | 23 | 강 투 지 | | | △ 0/0 | ○ 0/0 | ○ 0/0 | ○ 0/0 | ○ 0/0 | ○ 0/0 C | ○ 0/0 | ○ 0/0 |
| | 24 | 박 호 영 | | △ 0/0 | | △ 0/0 | | △ 0/0 | △ 0/0 C | | | |
| | 33 | 홍 철 | ○ 0/0 | ○ 0/0 C | ▽ 0/0 | ▽ 0/0 | △ 0/0 C | ○ 0/0 | | ▽ 0/0 | | |
| | 34 | 송 준 석 | ○ 0/0 | ○ 0/0 C | ○ 0/0 | | | | ▽ 0/0 | △ 0/0 | ○ 0/0 | ▽ 0/0 C |
| | 47 | 신 민 하 | ○ 0/0 | ○ 0/0 | ○ 0/0 | ○ 0/0 | ○ 0/0 | ▽ 0/0 | ○ 0/0 | | ○ 0/0 C | ○ 0/0 |
| | 99 | 강 준 혁 | | | | | | | | | | |
| MF | 4 | 서 민 우 | | | | | | | | | | ▽ 0/0 |
| | 6 | 김 동 현 | △ 0/0 | ▽ 0/0 | △ 0/0 | △ 0/0 | ○ 1/0 C | ▽ 0/0 | ▽ 0/0 | ○ 0/0 | ▽ 0/0 | ○ 0/1 |
| | 8 | 강 윤 구 | | | | | | | | | | |
| | 14 | 김 대 우 | ○ 0/0 | ○ 0/0 | ○ 0/0 | ▽ 0/0 | ▽ 0/0 C | ○ 0/0 | △ 0/0 | ○ 0/0 | | △ 0/0 |
| | 18 | 김 강 국 | ▽ 0/0 | △ 0/0 C | ▽ 0/0 | ○ 0/0 | △ 0/0 C | | ▽ 0/0 | | △ 0/0 | |
| | 26 | 김 민 준 | △ 0/0 | ▽ 0/0 | ▽ 0/0 | | | △ 0/1 | ▽ 0/0 | ▽ 0/0 | ▽ 0/0 | |
| | 28 | 이 승 원 | | | | | | | | | | |
| | 35 | 김 태 환 | | | | | | | | | | |
| | 45 | 김 이 석 | | | | | | | | | | |
| | 70 | 구 본 철 | ▽ 0/0 | ▽ 0/0 | | ▽ 0/0 | ▽ 0/0 | ▽ 0/0 | | | | |
| | 77 | 최 한 솔 | | | | | | | △ 0/0 | | | |
| | 97 | 이 유 현 | | | | | ○ 0/0 | ○ 0/0 C | ○ 0/0 | ○ 0/0 | ○ 0/0 | ○ 0/0 |
| FW | 7 | 김 대 원 | | | | | | | | | | ○ 0/1 |
| | 9 | 코바체비치 | ○ 0/0 | ▽ 1/0 | ▽ 0/0 | | ▽ 0/0 | △ 0/0 | | | | |
| | 10 | 가브리엘 | | | △ 0/0 | | △ 0/0 | ○ 1/0 | ○ 1/0 | ○ 0/0 C | ▽ 0/0 | ▽ 0/0 |
| | 11 | 마 리 오 | | | | | | | | | | |
| | 15 | 진 준 서 | | | | | | | | | | |
| | 16 | 김 건 희 | | | | | | | | △ 0/0 | △ 0/0 | △ 1/0 |
| | 17 | 조 진 혁 | ▽ 0/0 | △ 1/0 | | △ 1/0 C | | | | | | |
| | 19 | 박 상 혁 | | | | | | | | | | |
| | 22 | 이 상 헌 | ▽ 0/0 | ○ 0/0 C | ○ 0/0 | △ 0/1 | | | △ 0/0 | △ 0/0 | ▽ 1/0 | ○ 1/0 |
| | 27 | 김 도 현 | | △ 0/0 | △ 0/0 | △ 0/0 | △ 0/0 | △ 0/0 | △ 0/0 | ▽ 0/0 | △ 0/0 | |
| | 39 | 이 지 호 | △ 0/0 | △ 1/1 | ○ 0/0 | ○ 0/0 | △ 0/0 | ▽ 0/0 | | ▽ 0/0 | ▽ 0/1 | |
| | 42 | 모 재 현 | | | | | | | | | △ 0/0 | ○ 1/1 |
| | 45 | 호마리우 | | | | | | | | | | |
| | 73 | 윤 일 록 | | | | | | | | | | |
| | 79 | 김 경 민 | | | ◈ 0/0 | ▽ 0/0 | ▽ 0/0 | ▽ 0/0 | | △ 0/0 | △ 0/0 | |
| | 90 | 김 신 진 | | | | | | | | | | |
| | 96 | 최 병 찬 | △ 0/0 | | | ▽ 0/0 | ▽ 0/0 | | ▽ 0/0 | | | |

| 위치 | 배번 | 경기번호 | 123 | 129 | 138 | 142 | 148 | 151 | 158 | 167 | 169 | 178 |
|---|---|---|---|---|---|---|---|---|---|---|---|---|
| | | 날 짜 | 06.28 | 07.19 | 07.23 | 07.27 | 08.09 | 08.15 | 08.23 | 08.31 | 09.13 | 09.21 |
| | | 홈/원정 | 원정 | 홈 | 원정 | 홈 | 홈 | 원정 | 원정 | 홈 | 홈 | 원정 |
| | | 장 소 | 수원 | 강릉 | 전주W | 강릉 | 강릉 | 제주W | 광주W | 강릉 | 강릉 | 수원 |
| | | 상 대 | 수원FC | 대전 | 전북 | 울산 | 김천 | 제주 | 광주 | 포항 | 서울 | 수원FC |
| | | 결 과 | 승 | 무 | 패 | 무 | 무 | 무 | 승 | 승 | 승 | 패 |
| | | 점 수 | 2 : 1 | 2 : 2 | 0 : 2 | 2 : 2 | 0 : 0 | 0 : 0 | 1 : 0 | 1 : 0 | 3 : 2 | 0 : 1 |
| | | 승 점 | 28 | 29 | 29 | 30 | 31 | 32 | 35 | 38 | 41 | 41 |
| | | 슈팅수 | 9 : 21 | 12 : 9 | 5 : 18 | 13 : 10 | 8 : 8 | 13 : 6 | 6 : 5 | 8 : 3 | 9 : 8 | 14 : 8 |
| GK | 1 | 이 광 연 | △ 0/1 | | | | | | | | | |
| | 21 | 박 청 효 | ▽ 0/0 | ○ 0/0 | ○ 0/0 | ○ 0/0 | ○ 0/0 | ○ 0/0 | ○ 0/0 | ○ 0/0 | ○ 0/0 | ○ 0/0 |
| DF | 13 | 이 기 혁 | | | | | | | △ 0/0 | △ 0/0 C | ○ 0/0 | ▽ 0/0 C |
| | 20 | 조 현 태 | | | | | | | | △ 0/0 | | |
| | 23 | 강 투 지 | ▽ 0/0 | ○ 0/0 | ○ 0/0 | ○ 0/0 | ○ 0/0 | | ○ 0/0 | ▽ 0/0 | ○ 0/0 | ○ 0/0 |
| | 24 | 박 호 영 | | △ 0/1 | △ 0/0 | △ 0/0 | △ 0/0 C | ○ 0/0 C | △ 0/0 | ▽ 0/0 | △ 0/0 | △ 0/0 |
| | 33 | 홍 철 | △ 0/0 | | | △ 1/0 | | ▽ 0/0 | | | | △ 0/0 |
| | 34 | 송 준 석 | ○ 0/1 C | ○ 0/0 | ○ 0/0 C | ○ 0/0 | ○ 0/0 C | | ▽ 0/0 C | ○ 0/0 | ○ 0/0 | ▽ 0/0 C |
| | 47 | 신 민 하 | ○ 0/0 | ○ 0/0 | ▽ 0/0 C | ▽ 0/0 | ○ 0/0 | ○ 0/0 | ○ 0/0 C | ○ 0/1 | | |
| | 99 | 강 준 혁 | | | | | | ▽ 0/0 | ▽ 0/1 | ○ 0/0 | ○ 0/0 | ▽ 0/0 |
| MF | 4 | 서 민 우 | ○ 0/0 | ▽ 0/0 | | ○ 0/0 C | ○ 0/0 C | | ○ 0/0 C | ○ 0/0 | ▽ 0/0 | ○ 0/0 |
| | 6 | 김 동 현 | ▽ 0/0 | ○ 0/0 | ○ 0/0 | ▽ 0/0 | ▽ 0/0 | | | | | |
| | 8 | 강 윤 구 | | | | | | △ 0/0 | △ 0/0 | | ◈ 0/0 | |
| | 14 | 김 대 우 | | | ○ 0/0 S | | | ◈ 0/0 | | | | |
| | 18 | 김 강 국 | | △ 0/0 | △ 0/0 | | △ 0/0 C | ○ 0/0 | | | △ 0/0 | |
| | 26 | 김 민 준 | | | | | | | | | | |
| | 28 | 이 승 원 | | | | | | | | | | |
| | 35 | 김 태 환 | | | | | | | | | | |
| | 45 | 김 이 석 | | | | | | | | | | |
| | 70 | 구 본 철 | | | | | | | | △ 0/0 | | ▽ 0/0 |
| | 77 | 최 한 솔 | △ 0/0 | | | | | | | | | |
| | 97 | 이 유 현 | ○ 0/0 | ▽ 0/0 | | ○ 0/0 | ○ 0/0 | ○ 0/0 | ○ 0/0 | ▽ 0/0 | ○ 1/0 | ○ 0/0 |
| FW | 7 | 김 대 원 | ○ 1/0 CC | | ○ 0/0 | ○ 1/0 | ○ 0/0 | ○ 0/0 C | ○ 0/0 | ▽ 0/0 | ▽ 0/1 C | ○ 0/0 |
| | 9 | 코바체비치 | | | | | | | | | | |
| | 10 | 가브리엘 | ▽ 1/0 | ▽ 0/0 | ▽ 0/0 | ▽ 0/0 | ▽ 0/0 | ▽ 0/0 C | | △ 0/0 C | △ 0/0 | △ 0/0 |
| | 11 | 마 리 오 | | | | | | | | | | |
| | 15 | 진 준 서 | | | | | | | | | | |
| | 16 | 김 건 희 | △ 0/0 | △ 1/0 | △ 0/0 | ○ 0/0 | △ 0/0 | ○ 0/0 C | ▽ 0/0 | ▽ 0/0 | ▽ 1/0 | ○ 0/0 |
| | 17 | 조 진 혁 | | △ 0/0 | | | | | | | | |
| | 19 | 박 상 혁 | | | | | | | | | | |
| | 22 | 이 상 헌 | ○ 0/0 | ▽ 0/0 C | ▽ 0/0 | | ▽ 0/0 | △ 0/0 | | | ▽ 1/0 | ◈ 0/0 |
| | 27 | 김 도 현 | △ 0/0 | △ 0/0 | △ 0/0 | | △ 0/0 C | △ 0/0 | △ 0/0 | △ 0/0 | △ 0/0 | △ 0/0 |
| | 39 | 이 지 호 | | ▽ 0/0 | △ 0/0 | △ 0/0 | ▽ 0/0 | ▽ 0/0 | ▽ 1/0 | | | |
| | 42 | 모 재 현 | ▽ 0/0 | ○ 1/0 | ▽ 0/0 | ▽ 0/1 | | △ 0/0 C | ▽ 0/0 | ○ 1/0 | ○ 0/0 | ○ 0/0 |
| | 45 | 호마리우 | | | | | | | | | | |
| | 73 | 윤 일 록 | | | ▽ 0/0 | | | | | | | |
| | 79 | 김 경 민 | | | | | | | | | | |
| | 90 | 김 신 진 | | | | △ 0/0 | ◈ 0/0 | | △ 0/0 | | | |
| | 96 | 최 병 찬 | | | | | | | | | | |

선수자료 : 득점/도움 ○ = 선발출전 △ = 교체 IN ▽ = 교체 OUT ◈ = 교체 IN/OUT C = 경고 S = 퇴장

| 위치 | 배번 | 경기번호 | 181 | 191 | 197 | 203 | 205 | 213 | 219 | 228 | | |
|---|---|---|---|---|---|---|---|---|---|---|---|---|
| | | 날 짜 | 09.27 | 10.05 | 10.18 | 10.26 | 11.01 | 11.08 | 11.22 | 11.30 | | |
| | | 홈/원정 | 홈 | 홈 | 원정 | 원정 | 홈 | 원정 | 원정 | 홈 | | |
| | | 장 소 | 강릉 | 강릉 | 대구전 | 서울W | 강릉 | 김천 | 대전W | 강릉 | | |
| | | 상 대 | 대전 | 안양 | 대구 | 서울 | 전북 | 김천 | 대전 | 포항 | | |
| | | 결 과 | 무 | 무 | 무 | 패 | 무 | 승 | 무 | 승 | | |
| | | 점 수 | 0 : 0 | 1 : 1 | 2 : 2 | 2 : 4 | 0 : 0 | 1 : 0 | 1 : 1 | 1 : 0 | | |
| | | 승 점 | 42 | 43 | 44 | 44 | 45 | 48 | 49 | 52 | | |
| | | 슈팅수 | 7 : 14 | 10 : 5 | 10 : 9 | 9 : 18 | 6 : 5 | 8 : 13 | 13 : 9 | 12 : 5 | | |
| GK | 1 | 이 광 연 | | | | | ○ 0/0 | | | | | |
| | 21 | 박 청 효 | ○ 0/0 | ○ 0/0 | ○ 0/0 | ○ 0/0 | | ○ 0/0 | ○ 0/0 | ○ 0/0 C | | |
| DF | 13 | 이 기 혁 | | ▽ 0/0 | △ 0/0 | ◈ 0/0 | ○ 0/0 | ○ 0/0 | ○ 0/0 | ▽ 0/0 C | | |
| | 20 | 조 현 태 | | | | | ▽ 0/0 | | | △ 0/0 | | |
| | 23 | 강 투 지 | ○ 0/0 | ○ 0/0 | ○ 0/0 | ○ 0/0 | | ○ 0/0 C | | | | |
| | 24 | 박 호 영 | ○ 0/0 C | ○ 0/0 | △ 0/0 | | ○ 0/0 | | ▽ 0/0 | ○ 0/0 | | |
| | 33 | 홍 철 | △ 0/0 | △ 0/0 | | ▽ 0/0 | ▽ 0/0 | | | △ 0/0 C | | |
| | 34 | 송 준 석 | ▽ 0/0 | ▽ 0/0 | ▽ 0/0 C | | △ 0/0 C | ○ 0/0 | ○ 0/0 C | | | |
| | 47 | 신 민 하 | | | ○ 0/0 | ○ 0/0 | | | △ 0/0 | ○ 0/0 | | |
| | 99 | 강 준 혁 | ○ 0/0 | ○ 0/0 | ○ 0/0 | ○ 0/0 | △ 0/0 | △ 0/0 | ○ 0/0 | ▽ 0/0 | | |
| MF | 4 | 서 민 우 | ○ 0/0 | ▽ 0/0 C | ○ 1/0 | ○ 0/0 | △ 0/0 | ▽ 0/0 | | ○ 0/0 | | |
| | 6 | 김 동 현 | | | | | | | | | | |
| | 8 | 강 윤 구 | | | | | | | △ 0/0 | △ 0/1 | | |
| | 14 | 김 대 우 | | | | △ 0/0 | ▽ 0/0 | | △ 0/0 | | | |
| | 18 | 김 강 국 | | △ 0/0 | ○ 0/0 C | | ▽ 0/0 | △ 0/0 | ▽ 0/0 | | | |
| | 26 | 김 민 준 | | | | | | | | | | |
| | 28 | 이 승 원 | | | | | | △ 0/0 | ▽ 0/0 | ○ 0/0 | | |
| | 35 | 김 태 환 | | | | | | | | | | |
| | 45 | 김 이 석 | | | | | | | | | | |
| | 70 | 구 본 철 | △ 0/0 | | | △ 0/0 | | | △ 0/0 | | | |
| | 77 | 최 한 솔 | | | | | | | | | | |
| | 97 | 이 유 현 | ○ 0/0 | ○ 0/0 | | ▽ 0/0 | △ 0/0 | ▽ 0/0 | ▽ 0/0 | | | |
| FW | 7 | 김 대 원 | ▽ 0/0 | ▽ 0/0 | ▽ 0/0 | ○ 0/1 | △ 0/0 | ▽ 0/0 | ○ 0/0 | ▽ 0/0 | | |
| | 9 | 코바체비치 | | | | | | | | | | |
| | 10 | 가브리엘 | | △ 0/0 | △ 0/0 C | | | | | | | |
| | 11 | 마 리 오 | | | | | | | | | | |
| | 15 | 진 준 서 | | | | | | | | | | |
| | 16 | 김 건 희 | ○ 0/0 | ○ 1/0 | ▽ 0/0 C | ▽ 1/0 | | △ 0/0 | ▽ 0/0 | ▽ 0/0 | | |
| | 17 | 조 진 혁 | | | | | | | | | | |
| | 19 | 박 상 혁 | | | | | ○ 0/0 | ○ 1/0 | △ 1/0 | △ 0/0 | | |
| | 22 | 이 상 헌 | ▽ 0/0 | | ▽ 1/0 | ▽ 0/0 | ○ 0/0 | ▽ 0/1 | | | | |
| | 27 | 김 도 현 | △ 0/0 | | △ 0/0 | △ 0/0 | ▽ 0/0 C | ▽ 0/0 C | | ▽ 0/0 | | |
| | 39 | 이 지 호 | ▽ 0/0 | △ 0/0 | ◈ 0/0 C | | | △ 0/0 | | | | |
| | 42 | 모 재 현 | △ 0/0 | ○ 0/1 | ○ 0/1 | ○ 1/0 | ○ 0/0 | ○ 0/0 | ○ 0/1 | ○ 1/0 | | |
| | 45 | 호마리우 | | | | | | | | | | |
| | 73 | 윤 일 록 | | | | △ 0/0 | | | | △ 0/0 | | |
| | 79 | 김 경 민 | | | | | | | | | | |
| | 90 | 김 신 진 | | | | | | | | | | |
| | 96 | 최 병 찬 | | | | | | | | | | |

# FC 서 울

**창단년도_** 1983년
**전화_** 02-306-5050 **팩스_** 02-306-1620
**홈페이지_** https://www.fcseoul.com
**유튜브_** https://www.youtube.com/@FCSEOUL
**인스타그램_** https://www.instagram.com/fcseoul
**페이스북_** https://www.facebook.com/fcseoul
**주소_** 우 03932 서울특별시 마포구 월드컵로 240
서울월드컵경기장 내
Seoul World Cup Stadium, 240, World Cup-ro, Mapo-gu, Seoul, KOREA 03932

## 연혁

1983 럭키금성황소축구단 창단 제1대 구자경 구단주 취임
1985 85 축구대제전 수퍼리그 우승
1986 86 축구대제전 준우승
1987 제1회 윈풀라이컵 준우승
1988 제6회 홍콩 구정컵 3위 제43회 전국축구선수권대회 우승
1989 89 한국프로축구대회 준우승
1990 90 한국프로축구대회 우승 서울 연고지 이전
1991 구단명칭 'LG치타스'로 변경(마스코트: 황소 → 치타)
제2대 구본무 구단주 취임
1992 92 아디다스컵 준우승
1993 93 한국프로축구대회 준우승
1994 94 아디다스컵 준우승
1996 안양 연고지 이전(구단명칭 '안양LG치타스'로 변경)
1997 제2회 FA컵 3위
1998 제3대 허창수 구단주 취임 제3회 삼보체인지업 FA컵 우승
1999 99 아디다스컵 준우승 99 티켓링크 수퍼컵 준우승
2000 2000 삼성 디지털 K-리그 우승
2001 2001 포스데이타 수퍼컵 우승2001 포스코 K-리그 준우승
2002 2001-02 아시안 클럽 챔피언십 준우승
2004 서울 연고지 복귀(구단명칭 'FC서울'로 변경)
2005 보카 주니어스 친선경기
K리그 단일 시즌 최다 관중 신기록 수립(458,605명)
문화관광부 제정 제1회 스포츠산업대상 수상
2006 삼성 하우젠컵 2006 우승 FC 도쿄 친선경기
2007 삼성 하우젠컵 2007 준우승
프로스포츠 단일 경기 최다 관중 기록 수립(55,397명)
맨체스터 유나이티드 친선경기, FC 도쿄 친선경기
2008 삼성 하우젠 K-리그 2008 준우승
LA 갤럭시 친선경기
2009 AFC 챔피언스리그 2009 8강 맨체스터 유나이티드 친선경기
2010 쏘나타 K리그 2010 우승 포스코컵 2010 우승
프로스포츠 단일 경기 최다 관중 신기록 수립(60,747명)
K리그 단일 시즌 최다 총관중 신기록(546,397명)
K리그 최다 홈 18연승 타이기록 수립
2011 AFC 챔피언스리그 2011 8강
구단 최다 7연승 신기록 수립
K리그 최초 2시즌 연속 50만 총관중 달성
2012 현대오일뱅크 K리그 2012 우승
K리그 단일 정규리그 최다 승점 신기록 수립(96점)
K리그 단일 정규리그 최다 승수 신기록 수립(29승)
K리그 3시즌 연속 최다 총관중 달성
2013 AFC 챔피언스리그 2013 준우승
K리그 통산 400승 달성
2014 제19회 하나은행 FA컵 준우승
AFC 챔피언스리그 2014 4강
K리그 최초 2년 연속 AFC 챔피언스리그 4강 진출
AFC 클럽랭킹 K리그 1위(아시아 2위)
K리그 역대 최다 관중 1~10위 석권
(7/12 對수원 46,549명 입장/K리그 역대 최다 관중 9위 기록)
바이엘 04 레버쿠젠 친선경기
2015 제20회 KEB하나은행 FA컵 우승
AFC 클럽랭킹 K리그 1위(아시아 4위)
K리그 최초 6년 연속 30만 관중 돌파
구단 통산 1,500호 골 달성(K리그 기준)
2016 현대오일뱅크 K리그 클래식 2016 우승
제21회 KEB하나은행 FA컵 준우승
2016 AFC 챔피언스리그 4강
K리그 단일 경기 최다 관중 기록 9위 달성(6월 18일 47,899명)
K리그 최초 7년 연속 30만 관중 돌파
2017 K리그 최초 8년 연속 30만 관중 돌파(310,061명)
2019 K리그 30만 관중 돌파(관중수 1위 324,162명)
K리그 관중 입장수익 1위, 관중 1인당 입장수익 1위
2021 K리그 2021 유소년 클럽상 수상
2022 제27회 하나원큐 FA컵 준우승
K리그1 2022 풀 스타디움상 수상
K리그1 2022 유소년 클럽상 수상
2023 대한민국 프로스포츠 역대 최다 평균 관중 기록(22,633명)
K리그 최초 40만 관중 돌파(430,029명)
K리그1 풀 스타디움상 수상
K리그1 플러스 스타디움상 수상
K리그1 유소년 클럽상 수상
2024 프로스포츠 역대 최다 평균 관중 기록 (27,838명)
K리그 최초 50만 관중 돌파(501,091명)
K리그 공로상 수상
K리그1 플러스 스타디움상 수상
K리그1 풀 스타디움상 수상
2025 K리그1 풀 스타디움상 수상
K리그1 팬 프렌들리상 수상

## 2025년 선수명단

대표이사_ 여은주 단장_ 유성한 감독_ 김기동
수석코치_ 김대건 코치_ 이광재 · 오승범 골키퍼코치_ 박호진 피지컬코치_ Brilhante Junior Wanderley
통역_ 기지용 · 문대화 전력강화실장_ 박혁순 의무트레이너_ 박성률 · 서성태 · 김하진 · 문지원 전력분석관_ 장상욱 선수단 매니저_ 윤민수

| 포지션 | 선수명 | | 생년월일 | 출신교 | 키(cm) / 몸무게(kg) |
|---|---|---|---|---|---|
| GK | 강현무 | 姜賢茂 | 1995.03.13 | 포항제철고 | 185 / 80 |
| | 윤기욱 | 尹基旭 | 2006.10.10 | 오산고 | 190 / 90 |
| | 임준섭 | 林俊燮 | 2003.08.22 | 제주제일고 | 194 / 80 |
| | 최철원 | 崔喆原 | 1994.07.23 | 광주대 | 194 / 87 |
| DF | 김지원 | 金志元 | 2004.02.12 | 오산고 | 190 / 83 |
| | 김진수 | 金珍洙 | 1992.06.13 | 신갈고 | 177 / 68 |
| | 김현덕 | 金賢德 | 2004.11.05 | 보인고 | 190 / 78 |
| | 박성훈 | 朴聲勳 | 2003.01.27 | 오산고 | 183 / 72 |
| | 박수일 | 朴秀日 | 1996.02.22 | 안동고 | 178 / 68 |
| | 배현서 | 裵炫瑞 | 2005.02.16 | 오산고 | 170 / 65 |
| | 야잔 | Yazan Al-Arab | 1996.01.31 | *요르단 | 188 / 90 |
| | 이상민 | 李相珉 | 1998.01.01 | 숭실대 | 188 / 82 |
| | 이한도 | 李韓道 | 1994.03.16 | 용인대 | 185 / 80 |
| | 정태욱 | 鄭泰旭 | 1997.05.16 | 제주제일고 | 195 / 92 |
| | 조영광 | 趙榮光 | 2004.03.11 | 보인고 | 173 / 68 |
| | 최준 | 崔俊 | 1999.04.17 | 연세대 | 177 / 72 |
| | 최준영 | 崔準榮 | 2005.07.16 | 오산고 | 184 / 84 |
| MF | 루카스 | Lucas Rodrigues da Silva | 1999.08.27 | *브라질 | 182 / 74 |
| | 류재문 | 柳在文 | 1993.11.08 | 영남대 | 184 / 72 |
| | 린가드 | Jesse Ellis Lingard | 1992.12.15 | *잉글랜드 | 179 / 72 |
| | 문선민 | 文宣民 | 1992.06.09 | 장훈고 | 172 / 68 |
| | 민지훈 | 閔智塤 | 2005.03.31 | 오산고 | 165 / 57 |
| | 박장한결 | 朴張한결 | 2004.02.15 | 보인고 | 178 / 72 |
| | 바또 | Gbato Seloh Samuel | 2006.08.01 | 오산고 | 174 / 77 |
| | 안데르손 | Anderson Oliveira | 1998.07.16 | *브라질 | 170 / 69 |
| | 이승모 | 李勝模 | 1998.03.30 | 포항제철고 | 186 / 75 |
| | 정승원 | 鄭承原 | 1997.02.27 | 안동고 | 173 / 68 |
| | 허동민 | 許洞民 | 2004.03.09 | 중앙대 | 183 / 74 |
| | 황도윤 | 黃度尹 | 2003.04.09 | 고려대 | 176 / 73 |
| FW | 둑스 | Marko Dugandžić | 1994.04.07 | *크로아티아 | 190 / 80 |
| | 손승범 | 孫承範 | 2004.05.04 | 오산고 | 180 / 65 |
| | 정한민 | 鄭翰旻 | 2001.01.08 | 오산고 | 183 / 78 |
| | 조영욱 | 曺永旭 | 1999.02.05 | 고려대 | 178 / 73 |
| | 천성훈 | 千成薰 | 2000.09.21 | 대건고 | 191 / 84 |
| | 클리말라 | Patryk Klimala | 1998.08.05 | *폴란드 | 183 / 76 |

## 2025년 개인기록_ K리그1

| 위치 | 배번 | 경기번호 | 02 | 08 | 18 | 19 | 26 | 31 | 37 | 44 | 52 | 58 |
|---|---|---|---|---|---|---|---|---|---|---|---|---|
| | | 날 짜 | 02.15 | 02.22 | 03.03 | 03.08 | 03.15 | 03.29 | 04.05 | 04.12 | 04.19 | 04.27 |
| | | 홈/원정 | 원정 | 홈 | 홈 | 원정 | 원정 | 홈 | 원정 | 홈 | 홈 | 원정 |
| | | 장 소 | 제주W | 서울W | 서울W | 수원 | 춘천 | 서울W | 문수 | 서울W | 서울W | 포항 |
| | | 상 대 | 제주 | 안양 | 김천 | 수원FC | 강원 | 대구 | 울산 | 대전 | 광주 | 포항 |
| | | 결 과 | 패 | 승 | 무 | 무 | 승 | 승 | 무 | 무 | 패 | 패 |
| | | 점 수 | 0 : 2 | 2 : 1 | 0 : 0 | 0 : 0 | 1 : 0 | 3 : 2 | 0 : 0 | 2 : 2 | 1 : 2 | 0 : 1 |
| | | 승 점 | 0 | 3 | 4 | 5 | 8 | 11 | 12 | 13 | 13 | 13 |
| | | 슈팅수 | 8 : 8 | 14 : 5 | 10 : 2 | 10 : 10 | 11 : 5 | 23 : 7 | 10 : 10 | 18 : 7 | 24 : 7 | 13 : 6 |
| GK | 21 | 최 철 원 | | | | | | | | | | |
| | 31 | 강 현 무 | ○ 0/0 | ○ 0/0 | ○ 0/0 | ○ 0/0 | ○ 0/0 | ○ 0/0 | ○ 0/0 | ○ 0/0 | ○ 0/0 | ○ 0/0 |
| DF | 5 | 야 잔 | ○ 0/0 | ○ 0/1 | ○ 0/0 | ○ 0/0 | ○ 0/0 | ○ 0/0 | ○ 0/0 | ○ 0/0 | ○ 0/0 | ○ 0/0 C |
| | 15 | 김 현 덕 | | | | | | | | | | |
| | 16 | 최 준 | ▽ 0/0 | ○ 0/0 | ○ 0/0 | ○ 0/0 | ○ 0/0 | ○ 0/0 | ○ 0/0 | ○ 0/0 | ○ 0/0 | ○ 0/0 |
| | 18 | 정 태 욱 | | | | | | | | | | |
| | 20 | 이 한 도 | | | | | △ 0/0 | | | | | |
| | 22 | 김 진 수 | ○ 0/0 | ○ 0/0 C | ○ 0/0 | ○ 0/0 | ○ 0/0 | ○ 0/0 | ○ 0/0 | ○ 0/1 C | ○ 0/0 | ○ 0/0 C |
| | 30 | 김 주 성 | ○ 0/0 | ○ 0/0 | ○ 0/0 C | ○ 0/0 | ▽ 0/0 | ○ 0/0 C | ○ 0/0 | ○ 0/0 | ○ 0/0 | ○ 0/0 |
| | 40 | 박 성 훈 | | | | | | | | | | |
| | 63 | 박 수 일 | | | | | | | | | | |
| | 72 | 김 진 야 | | | △ 0/0 | | | | | | △ 0/0 | △ 0/0 |
| | 72 | 이 시 영 | △ 0/0 C | | | | | | | | | |
| MF | 7 | 정 승 원 | ○ 0/0 | ○ 0/1 | ○ 0/0 | ○ 0/0 | ○ 0/0 | ○ 1/1 C | ○ 0/0 | ▽ 0/0 | | |
| | 8 | 이 승 모 | △ 0/0 | ○ 0/0 | ▽ 0/0 | △ 0/0 | ○ 0/0 C | △ 0/0 | ▽ 0/0 | △ 0/0 | ▽ 0/0 | ▽ 0/0 |
| | 29 | 류 재 문 | | | | | | | | | | |
| | 40 | 기 성 용 | ▽ 0/0 | ○ 0/0 | △ 0/0 | ○ 0/0 | △ 0/0 | ○ 0/0 | △ 0/0 | ▽ 0/0 | | |
| | 41 | 황 도 윤 | △ 0/0 | | ▽ 0/0 | | ▽ 0/1 | ▽ 0/0 | ▽ 0/0 | ○ 0/0 | ○ 0/0 | ○ 0/0 |
| | 88 | 박장한결 | | | | | | | | | | |
| FW | 9 | 조 영 욱 | ▽ 0/0 | ▽ 0/0 | ▽ 0/0 | ▽ 0/0 | ○ 1/0 | ▽ 0/0 | △ 0/0 | ▽ 0/0 | ▽ 0/0 | ▽ 0/0 |
| | 10 | 린 가 드 | ○ 0/0 | ○ 1/0 | ▽ 0/0 | ▽ 0/0 | ▽ 0/0 C | ▽ 1/0 | ▽ 0/0 | ○ 1/0 | ○ 1/0 C | ▽ 0/0 C |
| | 11 | 천 성 훈 | | | | | | | | | | |
| | 14 | 손 승 범 | | ▽ 0/0 | ▽ 0/0 C | | | | | | | |
| | 19 | 강 주 혁 | | | | | | | | | ▽ 0/0 | △ 0/0 |
| | 27 | 문 선 민 | ▽ 0/0 | △ 0/0 | △ 0/0 | △ 0/0 | △ 0/0 | △ 1/0 | △ 0/0 | △ 1/1 | △ 0/0 | △ 0/0 |
| | 28 | 바 또 | | | | ▽ 0/0 | | | | | | |
| | 30 | 강 성 진 | △ 0/0 | | | △ 0/0 | | | △ 0/0 | | | △ 0/0 |
| | 32 | 클리말라 | | | | | | | | | | |
| | 37 | 정 한 민 | | | | | | | | | | |
| | 44 | 윌 리 안 | | | | △ 0/0 | △ 0/0 | △ 0/1 | ▽ 0/0 C | △ 0/0 | △ 0/0 | ▽ 0/0 |
| | 45 | 둑 스 | | | △ 0/0 | | | △ 0/0 | ▽ 0/0 | △ 0/0 | △ 0/0 | △ 0/0 |
| | 70 | 안데르손 | | | | | | | | | | |
| | 77 | 루 카 스 | ▽ 0/0 | △ 1/0 | △ 0/0 | ▽ 0/0 | ▽ 0/0 | ▽ 0/0 | △ 0/0 | ▽ 0/0 | ▽ 0/0 | ▽ 0/0 |
| | 90 | 김 신 진 | △ 0/0 | | | | | | | | | |

선수자료 : 득점 / 도움 ○ = 선발출전 △ = 교체 IN ▽ = 교체 OUT ◆ = 교체 IN / OUT C = 경고 S = 퇴장

| 위치 | 배번 | 경기번호 | 65 | 71 | 74 | 83 | 87 | 94 | 97 | 104 | 109 | 117 |
|---|---|---|---|---|---|---|---|---|---|---|---|---|
| | | 날 짜 | 05.03 | 05.06 | 05.10 | 05.18 | 05.24 | 05.28 | 05.31 | 06.13 | 06.17 | 06.21 |
| | | 홈/원정 | 홈 | 원정 | 원정 | 원정 | 홈 | 원정 | 홈 | 원정 | 홈 | 원정 |
| | | 장 소 | 서울W | 안양 | 대전W | 대구전 | 서울W | 김천 | 서울W | 광주W | 서울W | 전주W |
| | | 상 대 | 전북 | 안양 | 대전 | 대구 | 수원FC | 김천 | 제주 | 광주 | 강원 | 전북 |
| | | 결 과 | 패 | 무 | 무 | 승 | 무 | 승 | 패 | 승 | 무 | 무 |
| | | 점 수 | 0 : 1 | 1 : 1 | 0 : 0 | 1 : 0 | 1 : 1 | 1 : 0 | 1 : 3 | 3 : 1 | 1 : 1 | 1 : 1 |
| | | 승 점 | 13 | 14 | 15 | 18 | 19 | 22 | 22 | 25 | 26 | 27 |
| | | 슈팅수 | 21 : 3 | 12 : 6 | 23 : 1 | 16 : 6 | 17 : 7 | 9 : 11 | 24 : 7 | 10 : 8 | 14 : 11 | 10 : 8 |
| GK | 21 | 최철원 | | | | | | | | | | △ 0/0 |
| | 31 | 강현무 | ○ 0/0 | ○ 0/0 | ○ 0/0 | ○ 0/0 C | ○ 0/0 | ○ 0/0 | ○ 0/0 | ○ 0/0 | ○ 0/0 | ▽ 0/0 |
| DF | 5 | 야잔 | ○ 0/0 | ○ 0/0 C | ○ 0/0 | ○ 0/0 | ○ 0/0 | ○ 0/0 | ○ 1/0 | | ○ 0/0 | ○ 0/0 |
| | 15 | 김현덕 | | | | | | | | △ 0/0 | | |
| | 16 | 최준 | ○ 0/0 | ○ 0/0 C | ○ 0/0 | ▽ 0/0 | ○ 0/1 C | ○ 0/0 C | ○ 0/0 | ○ 0/0 | ○ 0/0 C | ○ 0/0 |
| | 18 | 정태욱 | | | | | | | | | | |
| | 20 | 이한도 | | | | | | | | | | |
| | 22 | 김진수 | ○ 0/0 | ○ 0/0 | ○ 0/0 C | ○ 0/0 | ○ 0/0 | ○ 0/0 | ○ 0/0 | ○ 0/1 | ○ 0/0 | ○ 0/0 |
| | 30 | 김주성 | ○ 0/0 C | ○ 0/0 | ○ 0/0 | ○ 0/0 | ○ 0/0 | ○ 0/0 | ○ 0/0 | ▽ 0/0 | △ 0/0 | ○ 0/0 |
| | 40 | 박성훈 | | | | △ 0/0 | | | | ○ 0/0 C | ▽ 0/0 | |
| | 63 | 박수일 | | | | | | | | ○ 0/0 | ○ 0/0 | |
| | 72 | 김진야 | | △ 0/0 | | | | △ 0/0 | | | | |
| | 72 | 이시영 | | | | | | | | | | |
| MF | 7 | 정승원 | | ▽ 0/0 | ○ 0/0 | ○ 0/0 C | ○ 0/0 | ○ 0/0 | ○ 0/0 | ○ 1/1 | ○ 0/0 | ○ 0/0 |
| | 8 | 이승모 | △ 0/0 | | | | | | △ 0/0 | △ 0/0 | ▽ 0/0 | △ 0/0 |
| | 29 | 류재문 | ▽ 0/0 | ○ 0/0 C | ▽ 0/0 C | ○ 0/0 | ○ 0/0 | △ 0/0 | ▽ 0/0 | | | ○ 1/0 |
| | 40 | 기성용 | | | | | | | | | | |
| | 41 | 황도윤 | ○ 0/0 | ▽ 0/0 | ○ 0/0 | ▽ 0/0 | ○ 0/0 C | ▽ 0/0 | ▽ 0/0 | ▽ 0/0 | | ▽ 0/0 |
| | 88 | 박장한결 | | | | | | | | | | |
| FW | 9 | 조영욱 | ▽ 0/0 | ▽ 0/0 | △ 0/0 | △ 0/0 | △ 0/0 | △ 0/0 | | △ 0/0 | △ 0/0 | |
| | 10 | 린가드 | ○ 0/0 | △ 0/1 | ▽ 0/0 | ▽ 0/0 | ▽ 0/0 C | ▽ 0/0 | ○ 0/0 | △ 0/0 | ▽ 0/0 | ▽ 0/1 |
| | 11 | 천성훈 | | | | | | | | | | |
| | 14 | 손승범 | | | | | | | | | | ▽ 0/0 |
| | 19 | 강주혁 | | | | | | | | | | |
| | 27 | 문선민 | △ 0/0 | △ 1/0 | ○ 0/0 | ○ 0/0 | △ 0/0 | ▽ 0/0 | △ 0/0 | △ 1/0 | △ 1/0 | △ 0/0 |
| | 28 | 바또 | | | △ 0/0 | | | | | | | |
| | 30 | 강성진 | ▽ 0/0 | | | | | | | | | |
| | 32 | 클리말라 | | | | | | | | | △ 0/1 | △ 0/0 |
| | 37 | 정한민 | | ▽ 0/0 | ▽ 0/0 | △ 0/0 | | ▽ 0/0 | | ▽ 0/0 | | △ 0/0 |
| | 44 | 윌리안 | | | | | | | | | | |
| | 45 | 둑스 | △ 0/0 | △ 0/0 | | ▽ 1/0 | ○ 0/0 | △ 0/0 | ○ 0/0 | ▽ 1/0 | ○ 0/0 | ▽ 0/0 |
| | 70 | 안데르손 | | | | | | | | | | |
| | 77 | 루카스 | ○ 0/0 | ○ 0/0 | △ 0/0 | △ 0/0 | ▽ 1/0 | ○ 1/0 | ○ 0/1 | ▽ 0/0 | ▽ 0/0 | |
| | 90 | 김신진 | | | | | | | | | | |

| 위치 | 배번 | 경기번호 | 126 | 132 | 137 | 143 | 145 | 155 | 160 | 166 | 169 | 179 |
|---|---|---|---|---|---|---|---|---|---|---|---|---|
| | | 날 짜 | 06.29 | 07.20 | 07.23 | 07.27 | 08.08 | 08.17 | 08.24 | 08.31 | 09.13 | 09.21 |
| | | 홈/원정 | 홈 | 홈 | 원정 | 원정 | 홈 | 원정 | 홈 | 홈 | 원정 | 홈 |
| | | 장 소 | 서울W | 서울W | 제주W | 대전W | 서울W | 김천 | 서울W | 서울W | 강릉 | 서울W |
| | | 상 대 | 포항 | 울산 | 제주 | 대전 | 대구 | 김천 | 울산 | 안양 | 강원 | 광주 |
| | | 결 과 | 승 | 승 | 패 | 승 | 무 | 패 | 승 | 패 | 패 | 승 |
| | | 점 수 | 4 : 1 | 1 : 0 | 2 : 3 | 1 : 0 | 2 : 2 | 2 : 6 | 3 : 2 | 1 : 2 | 2 : 3 | 3 : 0 |
| | | 승 점 | 30 | 33 | 33 | 36 | 37 | 37 | 40 | 40 | 40 | 43 |
| | | 슈팅수 | 19 : 5 | 6 : 8 | 8 : 16 | 14 : 5 | 13 : 13 | 19 : 13 | 7 : 13 | 18 : 9 | 8 : 9 | 15 : 7 |
| GK | 21 | 최철원 | | | | | | | ○ 0/0 | ○ 0/0 | ○ 0/0 | ○ 0/0 C |
| | 31 | 강현무 | ○ 0/0 | ○ 0/0 | ○ 0/0 | ○ 0/0 | ○ 0/0 | ○ 0/0 | | | | |
| DF | 5 | 야잔 | ○ 0/0 | ○ 0/0 | ○ 0/0 | ○ 0/0 | ○ 0/0 | ○ 0/0 | ○ 0/0 | ○ 0/0 | ○ 0/0 | ▽ 0/0 |
| | 15 | 김현덕 | | | | | | | | | | |
| | 16 | 최준 | | ○ 0/0 | ○ 0/0 C | | △ 0/0 | △ 0/0 | ○ 1/0 | ○ 0/0 | ▽ 0/0 | |
| | 18 | 정태욱 | | | | | ○ 0/0 C | ○ 0/0 | | | | |
| | 20 | 이한도 | | | | | | | | | ○ 0/0 | ○ 0/0 |
| | 22 | 김진수 | ○ 0/0 | ○ 0/0 C | | ○ 0/0 | ○ 1/1 | ○ 0/0 | ○ 0/2 | ○ 0/0 | ○ 1/1 | ○ 0/1 |
| | 30 | 김주성 | ○ 0/0 C | ○ 0/0 C | | ○ 0/0 | | | | | | |
| | 40 | 박성훈 | | | ○ 1/0 C | | | | ○ 0/0 | ○ 0/0 | | △ 0/0 |
| | 63 | 박수일 | ○ 0/0 | | ○ 0/1 | ○ 0/0 | ○ 0/0 C | ○ 0/0 C | | | △ 0/0 | ○ 0/0 |
| | 72 | 김진야 | | | | | | | | | | |
| | 72 | 이시영 | | | | | | | | | | |
| MF | 7 | 정승원 | ▽ 0/0 | ○ 0/0 | ○ 0/0 | ○ 0/0 | ▽ 0/0 | | | △ 0/0 C | ▽ 0/0 | ○ 0/0 |
| | 8 | 이승모 | △ 0/0 | △ 0/0 | △ 0/0 | △ 0/0 | △ 0/0 | ▽ 0/0 C | ▽ 0/0 | ▽ 0/0 | △ 0/0 | ▽ 1/0 |
| | 29 | 류재문 | ○ 0/1 | △ 0/0 | | | | | △ 0/0 | △ 0/0 | ○ 0/0 C | ○ 0/0 |
| | 40 | 기성용 | | | | | | | | | | |
| | 41 | 황도윤 | ▽ 0/1 | ▽ 0/1 | ▽ 0/1 | ▽ 0/0 | ▽ 0/0 | ▽ 0/0 | ▽ 1/0 | ▽ 0/0 | ▽ 0/0 | △ 0/0 |
| | 88 | 박장한결 | | | | | | △ 0/0 | △ 0/0 | | | |
| FW | 9 | 조영욱 | | | ▽ 1/0 | ▽ 0/0 | ○ 0/0 | ▽ 1/0 | ○ 1/0 | ▽ 0/0 C | ▽ 1/1 | ▽ 0/1 |
| | 10 | 린가드 | ▽ 1/1 | ▽ 1/0 | △ 0/0 | ▽ 1/0 | ▽ 0/0 | ▽ 0/0 C | | ▽ 0/0 C | ▽ 0/0 | |
| | 11 | 천성훈 | | | | | | | △ 0/0 | △ 0/0 | △ 0/0 | △ 0/0 |
| | 14 | 손승범 | △ 0/0 C | | | | | | △ 0/0 | | | |
| | 19 | 강주혁 | | | | | | △ 0/0 | | | | |
| | 27 | 문선민 | △ 0/0 | ▽ 0/0 | △ 0/0 | △ 0/0 C | | | | △ 0/0 | △ 0/0 | △ 1/0 |
| | 28 | 바또 | | | | | | | | | | |
| | 30 | 강성진 | | | | | | | | | | |
| | 32 | 클리말라 | △ 1/0 | ▽ 0/0 | | | | | | | | |
| | 37 | 정한민 | △ 0/0 | △ 0/0 | ▽ 0/0 | △ 0/0 | △ 0/0 | △ 0/0 | △ 0/0 | | | |
| | 44 | 윌리안 | | | | | | | | | | |
| | 45 | 둑스 | ▽ 1/0 C | △ 0/0 | ▽ 0/0 | △ 0/0 C | △ 0/0 | △ 0/0 | ▽ 0/0 C | ▽ 0/0 | △ 0/0 C | ▽ 1/0 C |
| | 70 | 안데르손 | | ○ 0/0 | △ 0/0 | ○ 0/0 C | ○ 0/0 | ○ 1/0 | ▽ 0/1 C | ○ 0/0 | ○ 0/0 C | ○ 0/0 |
| | 77 | 루카스 | ▽ 1/0 | | ▽ 0/0 | ▽ 0/0 | ▽ 1/0 | ▽ 0/0 | ▽ 0/0 | △ 0/0 | | |
| | 90 | 김신진 | | | △ 0/0 | | | | | | | |

선수자료 : 득점/도움 ○ = 선발출전 △ = 교체 IN ▽ = 교체 OUT ◈ = 교체 IN/OUT C = 경고 S = 퇴장

| 위치 | 배번 | 경기번호 | 184 | 192 | 194 | 203 | 206 | 215 | 218 | 226 | | |
|---|---|---|---|---|---|---|---|---|---|---|---|---|
| | | 날 짜 | 09.27 | 10.05 | 10.18 | 10.26 | 11.01 | 11.09 | 11.22 | 11.30 | | |
| | | 홈/원정 | 홈 | 원정 | 홈 | 홈 | 원정 | 원정 | 홈 | 원정 | | |
| | | 장 소 | 서울W | 수원 | 서울W | 서울W | 대전W | 포항 | 서울W | 전주W | | |
| | | 상 대 | 전북 | 수원FC | 포항 | 강원 | 대전 | 포항 | 김천 | 전북 | | |
| | | 결 과 | 무 | 무 | 패 | 승 | 패 | 무 | 패 | 패 | | |
| | | 점 수 | 1 : 1 | 1 : 1 | 1 : 2 | 4 : 2 | 1 : 3 | 0 : 0 | 1 : 3 | 1 : 2 | | |
| | | 승 점 | 44 | 45 | 45 | 48 | 48 | 49 | 49 | 49 | | |
| | | 슈팅수 | 20 : 7 | 10 : 17 | 7 : 7 | 18 : 9 | 6 : 17 | 9 : 8 | 10 : 11 | 25 : 11 | | |
| GK | 21 | 최 철 원 | ○ 0/0 | ○ 0/0 | ○ 0/0 | | | | | △ 0/0 | | |
| | 31 | 강 현 무 | | | | ○ 0/0 | ○ 0/0 | ○ 0/0 | ○ 0/0 | ▽ 0/0 | | |
| DF | 5 | 야 잔 | | | | ○ 0/0 | ○ 0/0 | ○ 0/0 | ○ 0/0 | ▽ 0/0 | | |
| | 15 | 김 현 덕 | | | | | | | | | | |
| | 16 | 최 준 | | △ 0/0 | | ○ 0/0 | ○ 0/0 | ○ 0/0 | ○ 0/0 CC | | | |
| | 18 | 정 태 욱 | | | | | | | | | | |
| | 20 | 이 한 도 | ○ 0/0 | ○ 0/0 | ○ 0/0 C | | ▽ 0/0 | | | | | |
| | 22 | 김 진 수 | ○ 0/0 | ▽ 0/0 | ○ 0/0 | ○ 0/1 | ○ 0/0 | ○ 0/0 | ○ 0/0 | ○ 0/0 | | |
| | 30 | 김 주 성 | | | | | | | | | | |
| | 40 | 박 성 훈 | ○ 0/0 | ○ 0/0 | ○ 0/0 | ○ 0/0 C | △ 0/0 | ○ 0/0 | ○ 0/0 | ○ 0/0 | | |
| | 63 | 박 수 일 | ○ 0/0 | ○ 0/0 | ○ 0/0 | ▽ 0/0 | ▽ 0/0 | ○ 0/0 | ▽ 0/0 | ○ 1/0 | | |
| | 72 | 김 진 야 | | | | | | | | | | |
| | 72 | 이 시 영 | | | | | | | | | | |
| MF | 7 | 정 승 원 | ▽ 0/0 | ▽ 0/1 | ▽ 0/0 | ▽ 0/0 | ▽ 0/0 | △ 0/0 | ▽ 0/1 | ▽ 0/0 | | |
| | 8 | 이 승 모 | ○ 0/0 C | ▽ 0/0 | ▽ 0/0 | ▽ 0/0 | △ 0/0 | △ 0/0 | ▽ 0/0 | ○ 0/0 | | |
| | 29 | 류 재 문 | ▽ 0/0 | ○ 0/0 | ○ 0/0 | △ 1/0 | △ 0/0 | ▽ 0/0 | | | | |
| | 40 | 기 성 용 | | | | | | | | | | |
| | 41 | 황 도 윤 | △ 0/0 | △ 0/0 | △ 0/0 | △ 0/0 | ▽ 0/0 C | | △ 0/0 | ○ 0/0 | | |
| | 88 | 박장한결 | | | | | | | | | | |
| FW | 9 | 조 영 욱 | ▽ 0/0 | ▽ 1/0 | ○ 1/0 | ▽ 0/0 | ○ 0/0 | ▽ 0/0 | ▽ 0/0 | △ 0/0 | | |
| | 10 | 린 가 드 | ▽ 0/0 | | ▽ 0/0 C | △ 2/0 C | | ○ 0/0 | ○ 1/0 | ○ 0/1 C | | |
| | 11 | 천 성 훈 | △ 0/0 | △ 0/0 | | △ 1/0 | | | △ 0/0 | △ 0/0 | | |
| | 14 | 손 승 범 | | | | | | | | | | |
| | 19 | 강 주 혁 | | | | | | | | | | |
| | 27 | 문 선 민 | △ 0/0 | △ 0/0 | △ 0/0 | △ 0/2 | ○ 0/0 | ▽ 0/0 | △ 0/0 | △ 0/0 | | |
| | 28 | 바 또 | | | | | | | | | | |
| | 30 | 강 성 진 | | | | | | | | | | |
| | 32 | 클리말라 | | | | | | | | | | |
| | 37 | 정 한 민 | | | | | | | | | | |
| | 44 | 윌 리 안 | | | | | | | | | | |
| | 45 | 둑 스 | | ▽ 0/0 | △ 0/0 | ▽ 0/0 | △ 0/0 | △ 0/0 | △ 0/0 | ▽ 0/0 | | |
| | 70 | 안데르손 | ○ 0/0 | ○ 0/0 | △ 0/1 C | ○ 0/0 | △ 0/0 | ○ 0/0 | ○ 0/0 | △ 0/0 | | |
| | 77 | 루 카 스 | △ 0/0 | △ 0/0 | ▽ 0/0 | | ▽ 0/0 | | | ▽ 0/0 | | |
| | 90 | 김 신 진 | | | | | | | | | | |
| | | | | | | | | | | | | |

# 광 주 FC

**창단년도_** 2010년
**전화_** 062-373-7733
**팩스_** 062-371-7734
**홈페이지_** https://www.gwangjufc.com/
**블로그_** https://blog.naver.com/gjfc2011
**유튜브_** https://www.youtube.com/@Gwangju_FC
**인스타그램_** https://www.instagram.com/gwangju_fc/
**페이스북_** https://www.facebook.com/gjfc2010/
**주소_** 우 62048 광주광역시 서구 금화로 240(풍암동) 축구전용구장 2층
2F, Gwangju Football Stadium, 240, Geumhwa-ro, Seo-gu, Gwangju, KOREA 62048

## 연혁

2010 광주시민프로축구단 창단 발표
범시민 창단준비위원회 발족(606명)
㈜광주시민프로축구단 법인 설립
시민주 제1, 2차 공모(19,068명 참여)
구단 엠블럼 CI 공개

2011 현대오일뱅크 K리그 2011 11위
K리그 통산 시민구단 창단 시즌 최다승 기록_9승
박기동, 이승기 대한민국 축구 국가대표팀 발탁

2012 현대오일뱅크 K리그 2012 15위
U-18 14회 백운기 전국고등학교 축구대회 우승
U-15 금석배 전국학생 축구대회 저학년부 우승

2013 현대오일뱅크 K리그 챌린지 2013 3위

2014 현대오일뱅크 K리그 챌린지 2014 4위
승강 플레이오프 통합스코어 4 : 2 승리(Vs 경남FC)
K리그 클래식 승격 확정
U-18 2014 아디다스 올인 K리그 주니어 우승

2015 현대오일뱅크 K리그 클래식 2015 10위
승격팀 최초 잔류 · 팀 창단 최다승 달성(10승)

2016 현대오일뱅크 K리그 클래식 2016 8위(역대 최고 순위)
승격팀 최초 2년 연속 잔류 · 팀 창단 최다승 신기록(11승)
정조국 2016 K리그 대상 3관왕(MVP, 최다득점상, 베스트11)
U-18 제18회 백운기 전국고교축구대회 우승
U-15 2016 예산사과기 전국중등축구대회 우승 (저학년부)
U-12 2016 화랑대기 전국 유소년 축구대회 우승

2017 2017 KEB 하나은행 K리그 클래식 정규리그 12위
제22회 KEB 하나은행 FA컵 8강 (최고성적)
U-18 제19회 백운기 전국고교축구대회 우승

2018 2018 KEB 하나은행 K리그2 정규리그 5위 - 준플레이오프
나상호 K리그2 대상 3관왕 (MVP, 최다득점상, 베스트11 FW부문)
나상호 대한민국 축구 국가대표팀 발탁
나상호 아시안게임 금메달
U-18 제73회 전국고교선수권대회 우승

2019 하나원큐 K리그2 2019 우승, K리그1 승격
광주 축구전용구장 및 연습구장 개장
구단 통산 100승 달성 · 창단 첫 6연승 달성
K리그2 최다무패 신기록(19경기)
풀-플러스스타디움상 수상_13~24R
펠리페 K리그2 대상 최다득점상 수상(19골)
U-18 2019 K리그 유스 챔피언십 우승
U-18 2019 전국고등리그 왕중왕전 우승
U-18 2019 광주광역시협회장기 우승
U-12 제48회 전국소년체전 지역예선 우승
U-12 2019 광주광역시협회장기 우승
U-12 2019 전국 초등 축구리그 우승_ 광주 지역

2020 하나원큐 K리그1 2020 6위_역대 최고 성적
창단 첫 파이널A 진출 및 1부리그 최다 무패(7경기, 2승 5무)
펠리페 광주FC 소속 통산 최다득점 기록 갱신(66경기 38골)
엄원상 대한민국 축구 국가대표팀 발탁
제25회 KEB하나은행 FA컵 16강
U-18 2020 K리그 주니어 B조(남부권역) 우승
제41회 대한축구협회장배 3위

2021 하나원큐 K리그1 2021 12위
광주축구전용구장 첫 승(7라운드 vs인천)
이한도, 구단 첫 수비수 주간 MVP 수상(11R)
엄지성 · 엄원상, 이달의 영플레이어상 수상(8, 10월)
창단 첫 포항스틸러스전 승리(36R)

2022 하나원큐 K리그2 2022 우승(통산 2회), K리그1 승격
K리그2 역대 최단 기간 우승(4경기)
K리그2 홈 최다연승(10연승 / 20R vs안양)
K리그2 최다승-최다승점 신기록(25승-86점)
2022 K리그 대상 시상식 9관왕(감독상, MVP, 영플레이어상, 베스트11 6명)
엄지성 대한민국 축구 국가대표팀 발탁_데뷔전-데뷔골
이정효 감독, 이달의 감독상 2회 수상(4월, 9월)
허율 구단 통산 500호 골 득점(8R vs경남)
2022 K리그2 최다 관중 입장(5,861명 / 43R vs경남)
플러스스타디움상 수상_31R~44R

2023 구단 역대 1부리그 최다승-최다승점 달성(16승-59점)
창단 이후 최고 순위 달성(3위) 및 창단 첫 ACLE 진출
관중 실집계 이후 최다 관중 달성(86,090명)
광주축구전용구장 개장 이래 단일 경기 최다 관중 달성(7,357명)
정호연, 항저우 아시안게임 대표팀 발탁
하나원큐 K리그1 2023 베스트11 MF 부분 수상(이순민)
하나원큐 K리그1 2023 영플레이어상 수상(정호연)

2024 광주축구전용구장 개장 이래 단일 경기 최다 관중 달성(8,091명)
관중 실집계 이후 최다 관중 달성(98,244명)
단일 시즌 구단 역대 최다 경기매진 기록(4회)
구단 최초 코리아컵 준결승 진출
창단 첫 ACLE 경기 7 : 3 대승(9월 17일 對요코하마 F.마리노스) 및
창단 이후 단일 경기 최다 득점(7득점)
구단 최초 준프로 선수 콜업 및 K리그1 최연소 출전 기록 달성(김윤호)

2025 유료관중 집계 후 구단 역대 최다 유료 관중 달성(9,544명/ 24R VS 전북)
K리그 시도민구단 최초 아시아 챔피언스리그 8강 진출
구단 최초 코리아컵 준우승 달성
안영규 구단 역대 최다 출장자 달성(188경기 / 32R VS 대구)

## 2025년 선수명단

대표이사_ 노동일　단장_ 이현　감독_ 이정효
수석코치_ 마철준　코치_ 조용태　골키퍼코치_ 신정환　피지컬코치_ 김경도　스카우터 · 테크니컬 디렉터_ 장기봉　주치의_ 이준영
의무트레이너_ 신용섭 · 김민식 · 고한슬 · 양재혁　분석코치_ 박원교　전력분석관_ 육태훈　통역_ 최혁순　장비담당관_ 오동영　선수단 매니저_ 전충휘

| 포지션 | 선수명 | | 생년월일 | 출신교 | 키(cm) / 몸무게(kg) |
|---|---|---|---|---|---|
| GK | 김경민 | 金耿民 | 1991.11.01 | 한양대 | 190 / 78 |
| | 노희동 | 盧熙東 | 2002.06.03 | 경북미용예술고 | 192 / 88 |
| | 김태준 | 金泰準 | 2001.07.08 | 청주대 | 185 / 80 |
| | 김동화 | 金東華 | 2003.05.07 | 선문대 | 185 / 82 |
| DF | 조성권 | 趙誠權 | 2001.02.24 | 울산대 | 182 / 75 |
| | 이민기 | 李旼氣 | 1993.05.19 | 전주대 | 175 / 71 |
| | 안영규 | 安泳奎 | 1989.12.04 | 울산대 | 185 / 79 |
| | 변준수 | 卞俊殊 | 2001.11.30 | 한양대 | 188 / 86 |
| | 김진호 | 金進晧 | 2000.01.21 | 광운대 | 178 / 75 |
| | 김한길 | 金한길 | 1995.06.21 | 아주대 | 178 / 65 |
| | 진시우 | 晋詩友 | 2002.08.05 | 연세대 | 190 / 80 |
| | 곽성훈 | 郭成勳 | 2006.06.18 | 매탄고 | 190 / 82 |
| | 민상기 | 閔尙基 | 1991.08.27 | 매탄고 | 184 / 77 |
| | 심상민 | 沈相旼 | 1993.05.21 | 중앙대 | 172 / 70 |
| MF | 이강현 | 李剛玹 | 1998.07.31 | 호남대 | 181 / 77 |
| | 최경록 | 崔慶綠 | 1995.03.15 | 아주대 | 175 / 71 |
| | 오후성 | 吳厚性 | 1999.08.25 | 현풍고 | 173 / 64 |
| | 문민서 | 文敏瑞 | 2004.02.18 | 단국대 | 180 / 73 |
| | 유제호 | 劉帝頀 | 2000.08.15 | 동국대 | 178 / 68 |
| | 강희수 | 姜熙水 | 2003.02.25 | 선문대 | 176 / 68 |
| | 주세종 | 朱世鐘 | 1990.10.30 | 건국대 | 176 / 72 |
| | 홍용준 | 洪勇浚 | 2003.03.26 | 명지대 | 173 / 67 |
| | 권성윤 | 權成尹 | 2001.03.30 | 오산고 | 174 / 65 |
| FW | 정지훈 | 鄭支訓 | 2004.04.09 | 유성생명과학고 | 175 / 65 |
| | 하승운 | 河勝云 | 1998.05.04 | 연세대 | 177 / 74 |
| | 안혁주 | 安奕柱 | 2004.09.03 | 고려대 | 175 / 69 |
| | 신창무 | 申昶武 | 1992.09.17 | 우석대 | 170 / 67 |
| | 김윤호 | 金允鎬 | 2007.05.13 | 금호고 | 188 / 78 |
| | 박정인 | 朴正仁 | 2000.10.27 | 현대고 | 178 / 70 |
| | 박인혁 | 朴仁赫 | 1995.12.29 | 경희대 | 187 / 80 |
| | 헤이스 | Isnairo Reis Silva Morais | 1993.01.06 | *브라질 | 175 / 75 |
| | 프리드욘슨 | Hólmbert Aron Briem Friðjónsson | 1993.04.19 | *아이슬란드 | 196 / 86 |

## 2025년 개인기록_ K리그1

| 위치 | 배번 | 경기번호 | 03 | 11 | 15 | 29 | 23 | 33 | 42 | 56 | 46 | 52 |
|---|---|---|---|---|---|---|---|---|---|---|---|---|
| | | 날 짜 | 02.15 | 02.23 | 03.01 | 03.16 | 03.22 | 03.29 | 04.06 | 04.09 | 04.13 | 04.19 |
| | | 홈/원정 | 홈 | 원정 | 홈 | 원정 | 홈 | 원정 | 홈 | 홈 | 원정 | 원정 |
| | | 장 소 | 광주W | 전주W | 광주W | 김천 | 광주W | 대전W | 광주W | 광주W | 춘천 | 서울W |
| | | 상 대 | 수원FC | 전북 | 안양 | 김천 | 포항 | 대전 | 제주 | 대구 | 강원 | 서울 |
| | | 결 과 | 무 | 무 | 승 | 무 | 패 | 무 | 승 | 승 | 패 | 승 |
| | | 점 수 | 0 : 0 | 2 : 2 | 2 : 1 | 0 : 0 | 2 : 3 | 1 : 1 | 1 : 0 | 2 : 1 | 0 : 1 | 2 : 1 |
| | | 승 점 | 3 | 10 | 3 | 7 | 7 | 7 | 6 | 3 | 4 | 2 |
| | | 슈팅수 | 7 : 5 | 4 : 13 | 7 : 6 | 10 : 14 | 8 : 10 | 8 : 8 | 9 : 3 | 6 : 10 | 5 : 12 | 7 : 24 |
| GK | 1 | 김 경 민 | ○ 0/0 | ○ 0/0 | ○ 0/0 | ○ 0/0 | ○ 0/0 | ○ 0/0 | ○ 0/0 | ○ 0/0 | ○ 0/0 | ○ 0/0 C |
| | 12 | 노 희 동 | | | | | | | | | | |
| | 31 | 김 동 화 | | | | | | | | | | |
| DF | 2 | 조 성 권 | | ○ 0/0 | | ○ 0/0 | ▽ 1/0 | ○ 0/0 C | ▽ 0/0 | ○ 0/0 C | ○ 0/0 | ○ 0/0 |
| | 3 | 이 민 기 | ○ 0/0 | ▽ 0/0 | ○ 0/0 C | | ▽ 0/0 C | | | | | |
| | 3 | 브 루 노 | | | | △ 0/0 | △ 0/0 C | ▽ 0/0 | ▽ 0/0 | ○ 0/0 | △ 0/0 C | ▽ 0/0 C |
| | 5 | 변 준 수 | | ○ 0/1 C | ○ 0/0 | | | △ 0/0 | △ 0/1 | ○ 0/0 C | ○ 0/0 | ○ 0/0 |
| | 6 | 안 영 규 | ○ 0/0 | | ▽ 0/0 | ○ 0/0 | ○ 0/1 | ○ 0/0 | ○ 0/0 | | ▽ 0/0 | ◆ 0/0 |
| | 20 | 진 시 우 | | | | | | | | | | |
| | 22 | 김 한 길 | ▽ 0/0 | △ 0/0 | | ▽ 0/0 | | ▽ 0/0 C | △ 0/0 | △ 0/0 | | △ 0/0 C |
| | 23 | 김 진 호 | ○ 0/0 | △ 0/0 | ○ 0/0 | ○ 0/0 C | ○ 0/0 | ○ 0/0 C | ○ 0/0 | ○ 0/0 | ○ 0/0 | ○ 0/0 C |
| | 39 | 민 상 기 | ○ 0/0 | ○ 0/0 | △ 0/0 | | | | | | | |
| | 94 | 심 상 민 | | | | | | | | | | |
| MF | 8 | 이 강 현 | ▽ 0/0 | ▽ 0/0 | ▽ 0/0 | | ▽ 0/0 C | | ▽ 0/0 | △ 0/0 | △ 0/0 | ▽ 0/0 |
| | 10 | 최 경 록 | | | | △ 0/0 | ▽ 0/0 C | ▽ 0/0 | △ 0/0 | ▽ 0/1 | ▽ 0/0 | △ 0/0 |
| | 14 | 유 제 호 | | | | | | | | | | |
| | 17 | 헤 이 스 | ○ 0/0 | ○ 0/0 | ○ 0/0 | ○ 0/0 | ○ 1/0 | ○ 1/0 | ○ 1/0 | ▽ 0/0 | ○ 0/0 C | ○ 1/0 |
| | 21 | 강 희 수 | △ 0/0 | △ 0/0 C | △ 0/0 | △ 0/0 | △ 0/0 | △ 0/0 | △ 0/0 | ▽ 1/0 | ▽ 0/0 | ▽ 0/0 C |
| | 42 | 황 재 환 | △ 0/0 | | | | | | | | | |
| | 51 | 박 태 준 | △ 0/0 | ○ 0/0 | △ 0/0 C | ○ 0/0 | ○ 0/0 | ○ 0/1 | ○ 0/0 | △ 0/0 | ○ 0/0 C | ○ 1/0 |
| | 77 | 오 후 성 | △ 0/0 | △ 1/0 | △ 0/1 | | ▽ 0/0 | △ 0/0 | ▽ 0/0 | ○ 1/0 | ▽ 0/0 | ○ 0/0 C |
| | 80 | 주 세 종 | | | △ 0/0 | △ 0/0 | △ 0/0 | ▽ 0/0 | | ▽ 0/0 | | |
| | 88 | 문 민 서 | ▽ 0/0 | ▽ 0/0 | ▽ 0/0 | ▽ 0/0 | | ▽ 0/0 | ▽ 0/0 C | △ 0/0 | | △ 0/0 |
| | 99 | 홍 용 준 | | | | | | | | | | |
| FW | 7 | 아 사 니 | △ 0/0 | ▽ 1/0 | ○ 2/0 | ▽ 0/0 | | △ 0/0 | ○ 0/0 | ▽ 0/0 | ○ 0/0 | △ 0/0 C |
| | 11 | 가브리엘 | | | | | | | | | △ 0/0 | ▽ 0/0 |
| | 11 | 프리드욘슨 | | | | | | | | | | |
| | 13 | 박 정 인 | ▽ 0/0 | △ 0/0 | | △ 0/0 | △ 0/0 | | | | | |
| | 16 | 정 지 훈 | | | | | | | | | | |
| | 18 | 박 인 혁 | ▽ 0/0 | ▽ 0/0 | ▽ 0/0 | ▽ 0/0 | ▽ 0/0 | △ 0/0 | | △ 0/0 C | △ 0/0 | |
| | 27 | 권 성 윤 | | | | | | | | | | |
| | 30 | 안 혁 주 | | | | | | | | | | |
| | 40 | 신 창 무 | | | ▽ 0/0 | ▽ 0/0 | △ 0/0 | | | | | |
| | 43 | 김 윤 호 | | | | | | | | | | |
| | 70 | 하 승 운 | | | | | △ 0/0 C | | △ 0/0 | | | |
| | | | | | | | | | | | | |

선수자료 : 득점/도움 ○ = 선발출전 △ = 교체 IN ▽ = 교체 OUT ◆ = 교체 IN/OUT C = 경고 S = 퇴장

| 위치 | 배번 | 경기번호 | 61 | 67 | 78 | 82 | 90 | 96 | 102 | 104 | 112 | 120 |
|---|---|---|---|---|---|---|---|---|---|---|---|---|
| | | 날 짜 | 05.02 | 05.05 | 05.11 | 05.18 | 05.25 | 05.28 | 06.01 | 06.13 | 06.18 | 06.22 |
| | | 홈/원정 | 원정 | 홈 | 홈 | 원정 | 홈 | 홈 | 원정 | 홈 | 원정 | 홈 |
| | | 장 소 | 문수 | 광주W | 광주W | 포항 | 광주W | 광주W | 대구전 | 광주W | 제주W | 광주W |
| | | 상 대 | 울산 | 김천 | 전북 | 포항 | 강원 | 울산 | 대구 | 서울 | 제주 | 대전 |
| | | 결 과 | 패 | 승 | 패 | 승 | 패 | 무 | 무 | 패 | 승 | 무 |
| | | 점 수 | 0 : 3 | 1 : 0 | 0 : 1 | 1 : 0 | 0 : 1 | 1 : 1 | 1 : 1 | 1 : 3 | 1 : 0 | 2 : 2 |
| | | 승 점 | 5 | 5 | 6 | 5 | 6 | 6 | 6 | 7 | 6 | 6 |
| | | 슈팅수 | 7 : 13 | 1 : 8 | 16 : 5 | 8 : 10 | 5 : 3 | 20 : 7 | 10 : 10 | 8 : 10 | 7 : 10 | 10 : 9 |
| GK | 1 | 김경민 | ○ 0/0 | ○ 0/0 | ○ 0/0 | ○ 0/0 | ○ 0/0 | ○ 0/0 | ▽ 0/0 | | | |
| | 12 | 노희동 | | | | | | | △ 0/0 | | ○ 0/0 | ○ 0/0 |
| | 31 | 김동화 | | | | | | | | ○ 0/0 | | |
| DF | 2 | 조성권 | ▽ 0/0 | △ 0/0 | ▽ 0/0 | ○ 0/0 C | ○ 0/0 C | ○ 0/0 C | | | ▽ 0/0 | ○ 0/0 |
| | 3 | 이민기 | | | | | | △ 0/0 | | | | |
| | 3 | 브루노 | | | | | | | | | | |
| | 5 | 변준수 | ○ 0/0 | ○ 0/0 | ○ 0/0 | ○ 0/0 | ○ 0/0 | ▽ 1/0 C | ○ 0/0 | ○ 0/0 | ○ 0/0 | ○ 0/0 |
| | 6 | 안영규 | ○ 0/0 C | | | | | | ▽ 0/0 | | | |
| | 20 | 진시우 | | △ 0/0 | | ○ 0/0 | ○ 0/0 | ○ 0/0 | ○ 0/0 | ○ 0/0 C | △ 0/0 | △ 0/0 |
| | 22 | 김한길 | ○ 0/0 | | | △ 0/0 | ○ 0/0 | ▽ 0/0 | ○ 0/0 C | ○ 0/0 | △ 0/0 | ▽ 0/0 |
| | 23 | 김진호 | | ○ 0/0 C | ○ 0/0 | ▽ 0/0 | | | | | | |
| | 39 | 민상기 | | ▽ 0/0 | ○ 0/0 | | | | | ▽ 0/0 | ○ 0/0 | ○ 0/0 |
| | 94 | 심상민 | | | | | | | | △ 0/0 | ▽ 0/0 | |
| MF | 8 | 이강현 | △ 0/0 | ▽ 0/0 | △ 0/0 | ▽ 0/0 | ▽ 0/0 | ▽ 0/1 | △ 0/0 C | ▽ 0/0 | ○ 0/0 CC | |
| | 10 | 최경록 | | ▽ 0/0 | ▽ 0/0 | △ 0/1 | ▽ 0/0 | △ 0/0 | | ○ 0/0 | ○ 0/1 | ○ 0/0 |
| | 14 | 유제호 | | | | | | | | | | |
| | 17 | 헤이스 | | ○ 0/0 | ○ 0/0 | ○ 0/0 | ○ 0/0 | ○ 0/0 | ○ 0/0 | ○ 1/0 | ○ 0/0 | ○ 0/1 |
| | 21 | 강희수 | ▽ 0/0 C | | | | | | | | | |
| | 42 | 황재환 | △ 0/0 | | | | | | | | | |
| | 51 | 박태준 | | ○ 0/0 | ○ 0/0 C | ○ 0/0 | ○ 0/0 | ○ 0/0 | | | | |
| | 77 | 오후성 | △ 0/0 | ○ 1/0 | ▽ 0/0 | △ 0/0 | △ 0/0 | △ 0/0 | △ 0/0 | ▽ 0/0 | △ 0/0 | △ 0/0 |
| | 80 | 주세종 | ▽ 0/0 C | △ 0/0 | | | △ 0/0 | | ▽ 0/0 | △ 0/0 | | ▽ 0/0 |
| | 88 | 문민서 | ○ 0/0 | ▽ 0/0 | ▽ 0/0 | △ 0/0 | ▽ 0/0 | △ 0/0 | ▽ 0/0 | | | |
| | 99 | 홍용준 | | | | | | | | ▽ 0/0 | | ◈ 0/0 |
| FW | 7 | 아사니 | | △ 0/0 | ○ 0/0 | ▽ 0/0 | △ 0/0 | ○ 0/0 | ○ 1/0 | | ○ 0/0 C | ○ 1/1 |
| | 11 | 가브리엘 | ▽ 0/0 | | △ 0/0 | ▽ 0/0 | △ 0/0 | ▽ 0/0 | △ 0/0 | | | |
| | 11 | 프리드욘슨 | | | | | | | | | | |
| | 13 | 박정인 | △ 0/0 | | | | | | | △ 0/0 | | |
| | 16 | 정지훈 | △ 0/0 | | | ▽ 0/0 C | ▽ 0/0 | ▽ 0/0 | ▽ 0/0 C | △ 0/0 | ▽ 1/0 | ▽ 0/0 C |
| | 18 | 박인혁 | ▽ 0/0 | △ 0/0 | △ 0/0 | △ 1/0 | ◈ 0/0 C | △ 0/0 | ▽ 0/0 | ▽ 0/0 | △ 0/0 | △ 1/0 |
| | 27 | 권성윤 | | | | | | | △ 0/0 | | | |
| | 30 | 안혁주 | | | | | | | | | | |
| | 40 | 신창무 | | | | | | | △ 0/0 | △ 0/0 | ▽ 0/0 | ▽ 0/0 |
| | 43 | 김윤호 | | | | | | | | | | △ 0/0 |
| | 70 | 하승운 | ○ 0/0 | ▽ 0/0 | △ 0/0 | | | | | | | |
| | | | | | | | | | | | | |

| 위치 | 배번 | 경기번호 | 124 | 127 | 134 | 141 | 149 | 156 | 158 | 165 | 174 | 179 |
|---|---|---|---|---|---|---|---|---|---|---|---|---|
| | | 날 짜 | 06.28 | 07.18 | 07.22 | 07.26 | 08.10 | 08.17 | 08.23 | 08.30 | 09.14 | 09.21 |
| | | 홈/원정 | 원정 | 원정 | 홈 | 홈 | 원정 | 홈 | 홈 | 원정 | 원정 | 원정 |
| | | 장 소 | 안양 | 수원 | 광주W | 광주W | 포항 | 광주W | 광주W | 제주W | 수원 | 서울W |
| | | 상 대 | 안양 | 수원FC | 김천 | 전북 | 포항 | 대전 | 강원 | 제주 | 수원FC | 서울 |
| | | 결 과 | 승 | 패 | 무 | 패 | 패 | 승 | 패 | 승 | 승 | 패 |
| | | 점 수 | 2 : 1 | 1 : 2 | 1 : 1 | 1 : 2 | 0 : 1 | 2 : 0 | 0 : 1 | 1 : 0 | 4 : 2 | 0 : 3 |
| | | 승 점 | 5 | 5 | 5 | 5 | 7 | 6 | 6 | 6 | 5 | 6 |
| | | 슈팅수 | 16 : 8 | 10 : 10 | 4 : 9 | 9 : 6 | 1 : 10 | 5 : 6 | 5 : 6 | 11 : 12 | 11 : 13 | 7 : 15 |
| GK | 1 | 김 경 민 | | ○ 0/0 | ○ 0/0 C | ○ 0/0 | ○ 0/0 | ○ 0/0 | ○ 0/0 | ○ 0/0 | ○ 0/0 | ○ 0/0 |
| | 12 | 노 희 동 | ○ 0/0 | | | | | | | | | |
| | 31 | 김 동 화 | | | | | | | | | | |
| DF | 2 | 조 성 권 | ○ 0/0 C | ○ 0/0 | ○ 0/0 | ○ 0/0 | ○ 0/0 | ○ 0/0 | ○ 0/0 | ○ 0/0 | △ 1/0 | △ 0/0 |
| | 3 | 이 민 기 | | | | | | | | | | |
| | 3 | 브 루 노 | | | | | | | | | | |
| | 5 | 변 준 수 | ○ 0/0 | △ 0/0 | ○ 0/0 | ○ 0/0 | ○ 0/0 C | ○ 0/0 C | | ○ 0/0 | ○ 1/0 | ○ 0/0 C |
| | 6 | 안 영 규 | | | | | | | | △ 0/0 | △ 0/0 | |
| | 20 | 진 시 우 | ○ 0/0 | ○ 0/0 C | | ▽ 0/0 | △ 0/0 | ○ 0/0 C | ○ 0/0 CC | | ○ 0/0 | ○ 0/0 |
| | 22 | 김 한 길 | △ 0/0 | △ 0/0 | △ 0/0 | | | | | | | |
| | 23 | 김 진 호 | | | | | | | | | | |
| | 39 | 민 상 기 | ▽ 0/0 | ▽ 0/0 | ○ 0/0 | △ 0/0 | ○ 0/0 | | ▽ 0/0 | | | |
| | 94 | 심 상 민 | | ▽ 0/0 | ▽ 0/0 | ▽ 0/0 | ○ 0/0 | ▽ 0/0 | ○ 0/0 C | ○ 0/0 | ▽ 0/0 | ○ 0/0 |
| MF | 8 | 이 강 현 | ▽ 0/0 | ▽ 0/0 C | △ 0/0 | ▽ 0/0 | ▽ 0/0 C | △ 0/0 | △ 0/0 | | ▽ 0/0 | |
| | 10 | 최 경 록 | ○ 0/0 | ○ 0/0 | ○ 0/1 | ○ 0/0 C | ▽ 0/0 | ○ 0/0 | ○ 0/0 | ○ 0/0 | ○ 0/0 | ▽ 0/0 |
| | 14 | 유 제 호 | | | ▽ 0/0 C | | △ 0/0 | △ 0/0 | ▽ 0/0 | △ 0/0 | △ 0/0 | ▽ 0/0 |
| | 17 | 헤 이 스 | ○ 0/0 | ○ 0/0 | ○ 0/0 | ○ 0/0 | ○ 0/0 C | ○ 2/0 | ○ 0/0 | ○ 0/0 | ○ 1/0 | ○ 0/0 |
| | 21 | 강 희 수 | | | | | | | | | | |
| | 42 | 황 재 환 | | | | | | | | | | |
| | 51 | 박 태 준 | | | | | | | | | | |
| | 77 | 오 후 성 | △ 0/0 | △ 0/0 | △ 0/0 | △ 0/0 | ▽ 0/0 | △ 0/1 | △ 0/0 | ▽ 0/0 | ○ 0/1 | ○ 0/0 |
| | 80 | 주 세 종 | △ 0/0 | △ 0/0 | | △ 0/0 | | ▽ 0/0 | ▽ 0/0 C | ▽ 0/0 | | △ 0/0 |
| | 88 | 문 민 서 | | △ 0/0 | | △ 0/0 | △ 0/0 | | △ 0/0 | △ 0/0 | ▽ 0/0 | △ 0/0 |
| | 99 | 홍 용 준 | | | | | | | | | | |
| FW | 7 | 아 사 니 | ▽ 1/1 | ○ 1/0 | ▽ 1/0 | ○ 0/0 | | ▽ 0/0 | | | | |
| | 11 | 가브리엘 | | | | | | | | | | |
| | 11 | 프리드욘슨 | | | | | △ 0/0 | | △ 0/0 | △ 0/0 | | △ 0/0 |
| | 13 | 박 정 인 | | | | | | | | | | |
| | 16 | 정 지 훈 | ▽ 0/0 | ▽ 0/0 | ▽ 0/0 | ▽ 0/0 | ▽ 0/0 | ▽ 0/0 | ▽ 0/0 | ▽ 0/0 C | △ 0/0 | ▽ 0/0 |
| | 18 | 박 인 혁 | △ 0/0 | | ▽ 0/0 | | | | | △ 1/0 C | ▽ 0/0 | △ 0/0 |
| | 27 | 권 성 윤 | | | | | | | | | | |
| | 30 | 안 혁 주 | △ 0/0 | | △ 0/0 | | | △ 0/0 | | | | |
| | 40 | 신 창 무 | ▽ 1/1 | ▽ 0/0 | △ 0/0 | ▽ 0/0 C | ▽ 0/0 | ▽ 0/0 | ▽ 0/0 | ▽ 0/0 C | △ 0/2 C | ▽ 0/0 |
| | 43 | 김 윤 호 | | | | | | | | | | |
| | 70 | 하 승 운 | | | | △ 1/0 | △ 0/0 | △ 0/0 | △ 0/0 C | ▽ 0/0 | ▽ 0/0 | ▽ 0/0 |
| | | | | | | | | | | | | |

선수자료 : 득점/도움 ○ = 선발출전 △ = 교체 IN ▽ = 교체 OUT ◆ = 교체 IN/OUT C = 경고 S = 퇴장

| 위치 | 배번 | 경기번호 | 186 | 188 | 193 | 200 | 209 | 212 | 220 | 224 | | |
|---|---|---|---|---|---|---|---|---|---|---|---|---|
| | | 날 짜 | 09.28 | 10.04 | 10.18 | 10.25 | 11.02 | 11.08 | 11.22 | 11.30 | | |
| | | 홈/원정 | 원정 | 홈 | 원정 | 홈 | 홈 | 원정 | 홈 | 원정 | | |
| | | 장 소 | 안양 | 광주W | 문수 | 광주W | 광주W | 대구전 | 광주W | 수원 | | |
| | | 상 대 | 안양 | 대구 | 울산 | 안양 | 제주 | 대구 | 울산 | 수원FC | | |
| | | 결 과 | 무 | 패 | 패 | 승 | 승 | 패 | 승 | 승 | | |
| | | 점 수 | 0 : 0 | 2 : 3 | 0 : 2 | 1 : 0 | 2 : 0 | 0 : 1 | 2 : 0 | 1 : 0 | | |
| | | 승 점 | 6 | 6 | 8 | 2 | 1 | 2 | 1 | 1 | | |
| | | 슈팅수 | 9 : 5 | 9 : 10 | 13 : 12 | 8 : 11 | 4 : 11 | 3 : 12 | 7 : 6 | 11 : 18 | | |
| GK | 1 | 김 경 민 | ○ 0/0 | ○ 0/0 | ○ 0/0 | ○ 0/0 C | ○ 0/0 | ○ 0/0 | ○ 0/0 | | | |
| | 12 | 노 희 동 | | | | | | | | ○ 0/0 C | | |
| | 31 | 김 동 화 | | | | | | | | | | |
| DF | 2 | 조 성 권 | ○ 0/0 | ○ 0/0 | ○ 0/0 | ○ 0/0 | ○ 0/1 | ○ 0/0 | ○ 0/0 | ○ 0/0 | | |
| | 3 | 이 민 기 | △ 0/0 | △ 0/0 | △ 0/0 | △ 0/0 | ▽ 0/0 | | | | | |
| | 3 | 브 루 노 | | | | | | | | | | |
| | 5 | 변 준 수 | ○ 0/0 | ○ 0/0 | ○ 0/0 C | ○ 0/0 | ○ 0/0 | ○ 0/0 | ○ 0/0 | | | |
| | 6 | 안 영 규 | | △ 0/0 | △ 0/0 | | △ 0/0 | | | ▽ 0/0 | | |
| | 20 | 진 시 우 | ○ 0/0 | ○ 0/0 CC | | ○ 0/0 | ○ 0/0 | ○ 0/0 | ○ 0/0 | ○ 0/0 | | |
| | 22 | 김 한 길 | | | | | | | | | | |
| | 23 | 김 진 호 | | | | | | | | | | |
| | 39 | 민 상 기 | | | | | | △ 0/0 | | △ 0/0 | | |
| | 94 | 심 상 민 | ▽ 0/0 | ▽ 0/0 | ▽ 0/0 | ▽ 0/0 | △ 0/0 | ▽ 0/0 | ○ 0/0 | △ 0/0 | | |
| MF | 8 | 이 강 현 | ▽ 0/0 | ▽ 0/0 | ▽ 0/0 | ○ 0/0 | ○ 0/0 | △ 0/0 | △ 0/0 | ○ 0/0 | | |
| | 10 | 최 경 록 | ▽ 0/0 | ▽ 0/0 | ▽ 0/0 | ▽ 0/0 | | ▽ 0/0 | △ 1/0 | ▽ 0/0 | | |
| | 14 | 유 제 호 | △ 0/0 | △ 0/0 | ▽ 0/0 | △ 0/0 | ▽ 0/0 C | ○ 0/0 | ▽ 0/0 | △ 0/0 | | |
| | 17 | 헤 이 스 | ○ 0/0 | ○ 1/0 | ○ 0/0 | ○ 0/0 | ○ 0/1 | ○ 0/0 | ○ 0/0 | △ 1/0 | | |
| | 21 | 강 희 수 | | | | | | | | | | |
| | 42 | 황 재 환 | | | | | | | | | | |
| | 51 | 박 태 준 | | | | | | | | | | |
| | 77 | 오 후 성 | △ 0/0 | ○ 1/0 | ○ 0/0 | | | | | ○ 0/0 | | |
| | 80 | 주 세 종 | △ 0/0 | | | | | ▽ 0/0 | ▽ 0/0 | | | |
| | 88 | 문 민 서 | ▽ 0/0 | ▽ 0/0 | △ 0/0 C | △ 0/0 | △ 0/0 | ▽ 0/0 | △ 0/0 | ▽ 0/0 | | |
| | 99 | 홍 용 준 | | | | | | | | | | |
| FW | 7 | 아 사 니 | | | | | | | | | | |
| | 11 | 가브리엘 | | | | | | | | | | |
| | 11 | 프리드욘슨 | | | △ 0/0 | △ 0/0 | △ 1/0 | △ 0/0 | ▽ 1/0 | | | |
| | 13 | 박 정 인 | | | | | | | | | | |
| | 16 | 정 지 훈 | △ 0/0 | ▽ 0/0 | ▽ 0/0 | ▽ 0/1 | ▽ 0/0 | | | | | |
| | 18 | 박 인 혁 | ○ 0/0 C | △ 0/0 | | ▽ 1/0 | ▽ 0/0 | | △ 0/0 | ○ 0/0 C | | |
| | 27 | 권 성 윤 | | | | | | | | ▽ 0/0 | | |
| | 30 | 안 혁 주 | | | | | | ▽ 0/0 | ▽ 0/1 | ▽ 0/0 | | |
| | 40 | 신 창 무 | | | △ 0/0 | ▽ 0/0 | ▽ 1/0 | △ 0/0 | ▽ 0/0 | △ 0/0 | | |
| | 43 | 김 윤 호 | | | | | | | | | | |
| | 70 | 하 승 운 | ▽ 0/0 | △ 0/0 | ○ 0/0 C | △ 0/0 | △ 0/0 | △ 0/0 | △ 0/1 | | | |
| | | | | | | | | | | | | |

# FC 안양

**창단년도_** 2013년
**전화_** 031-476-3377
**팩스_** 031-476-2020
**홈페이지_** https://www.fc-anyang.com
**유튜브_** https://www.youtube.com/@fc_anyang
**인스타그램_** https://www.instagram.com/fc_anyang
**페이스북_** https://www.facebook.com/FCAnyangOfficial
**주소_** 우 13918 경기도 안양시 동안구 평촌대로 389
389, Pyeongchon-daero, Dongan-gu, Anyang-si, Gyeonggi-do, KOREA 13918

## 연혁

2012 창단 및 지원 조례안 가결
프로축구연맹 리그 참가 승인
재단법인 설립 승인
초대 이우형 감독 취임
구단명 확정

2013 초대 오근영 단장 취임
프로축구단 창단식
현대오일뱅크 K리그 챌린지 2013 5위(12승 9무 14패)
K리그 대상 챌린지 베스트11(MF 최진수) 선정

2014 현대오일뱅크 K리그 챌린지 2014 5위(15승 6무 15패)
K리그 대상 사랑나눔상 수상
K리그 대상 챌린지 베스트11(MF 최진수) 선정
제2대 이필운 구단주, 박영조 단장 취임

2015 현대오일뱅크 K리그 챌린지 2015 6위(13승 15무 12패)
K리그 대상 챌린지 베스트11(MF 고경민) 선정
제3대 이강호 단장 취임 / 제4대 김기용 단장 취임

2016 현대오일뱅크 K리그 챌린지 2016 9위(11승 13무 16패)
제5대 송기찬 단장 취임

2017 제6대 임은주 단장 취임(2월 20일)
제4대 고정운 감독 취임(11월 9일)
K리그 챌린지 7위(10승 9무 17패)
3차 풀스타디움 클럽 선정(한국프로축구연맹)
3차 플러스스타디움 클럽 선정(한국프로축구연맹)

2018 KEB하나은행 K리그2 2018 6위(12승 8무 16패)
제5대 김형열 감독 취임(11월 29일)
제7대 장철혁 단장 취임(12월 14일)

2019 하나원큐 K리그2 2019 3위(15승 10무 11패)
1차 풀스타디움 클럽 선정(한국프로축구연맹)
1차 플러스스타디움 클럽 선정(한국프로축구연맹)
K리그2 베스트11(FW 조규성, DF 김상원, MF 알렉스) 선정

2020 하나원큐 K리그2 2020 9위(6승 7무 14패)
제6대 이우형 감독 취임(12월 4일)

2021 하나원큐 K리그2 2021 3위(17승 11무 9패)
K리그2 베스트11(DF 주현우, MF 김경중, FW 조나탄) 선정
K리그2 도움상(DF 주현우) 수상

2022 하나원큐 K리그2 2022 3위(19승 12무 9패)
구단 최초 K리그 승강플레이오프 진출
K리그2 도움상(FW 아코스티) 수상

2023 하나원큐 K리그2 2023 6위(15승 9무 12패)
제8대 신경호 단장 취임(1월 27일)
제7대 유병훈 감독 취임(12월 7일)

2024 하나은행 K리그2 1위(18승 9무 9패): 구단 창단 첫 승격
K리그2 베스트11: 김다솔, 김동진, 이창용, 이태희, 김정현, 마테우스 선정
K리그2 MVP(마테우스), 감독상(유병훈 감독) 수상
2024 1차 플러스 스타디움 상 선정
2024 3차 팬프렌들리 상 선정
2024 종합 팬프렌들리 상 선정

2025 구단 통산 K리그 600호 골(5월 28일, 마테우스 vs 강원FC)
2025 1차 플러스 스타디움 상 선정
제9대 이우형 단장 취임(7월 25일)
구단 창단 첫 K리그1 잔류(11월 8일, vs 제주SK)

### 2025년 선수명단

구단주_ 최대호 단장_ 이우형 감독 _ 유병훈
수석코치_ 김연건 코치_ 조현재 골키퍼코치_ 최익형 피지컬코치 _ 김형록 스카우터 _ 정준연 의무트레이너_ 서준석 · 황희석 · 신영재
전력분석관_ 김성주 · 정효인 선수단 매니저_ 노상래 통역_ 전준형 장비관리사_ 주종환 실장_ 조해원

| 포지션 | 선수명 | | 생년월일 | 출신교 | 키(cm) / 몸무게(kg) |
|---|---|---|---|---|---|
| GK | 이윤오 | 李潤旿 | 1999.03.23 | 중동고 | 190 / 89 |
| | 김태훈 | 金兌勳 | 1997.04.24 | 영남대 | 187 / 77 |
| | 김성동 | 金成桐 | 2002.02.23 | 호원대 | 191 / 80 |
| | 김다솔 | 金다솔 | 1989.01.04 | 연세대 | 188 / 80 |
| DF | 황병근 | 黃秉根 | 1994.06.14 | 국제사이버대 | 193 / 93 |
| | 김민호 | 金民鎬 | 2003.01.09 | 대구예술대 | 173 / 68 |
| | 김지훈 | 金志訓 | 2004.10.14 | 아주대 | 188 / 90 |
| | 이창용 | 李昌勇 | 1990.08.27 | 용인대 | 180 / 76 |
| | 김영찬 | 金營撰 | 1993.09.04 | 고려대 | 189 / 84 |
| | 박종현 | 朴終泫 | 2000.11.24 | 숭실대 | 185 / 75 |
| | 강지훈 | 姜志勳 | 1997.01.06 | 용인대 | 177 / 64 |
| | 이상용 | 李相龍 | 1994.03.19 | 전주대 | 180 / 71 |
| | 김동진 | 金東珍 | 1992.12.28 | 아주대 | 177 / 74 |
| | 이태희 | 李台熙 | 1992.06.16 | 숭실대 | 183 / 75 |
| | 권경원 | 權敬源 | 1992.01.31 | 동아대 | 188 / 83 |
| | 토마스 | Thomas Oude Kotte | 1996.03.20 | *네덜란드 | 184 / 77 |
| | 임승겸 | 林承謙 | 1995.04.26 | 고려대 | 184 / 74 |
| | 전보민 | 田甫珉 | 2000.05.10 | 제주국제대 | 177 / 67 |
| MF | 마테우스 | Matheus Oliveira Santos | 1997.09.28 | *브라질 | 173 / 68 |
| | 김정현 | 金楨鉉 | 1993.06.01 | 중동고 | 186 / 80 |
| | 한가람 | 韓가람 | 1998.02.09 | 브레멘대 | 177 / 73 |
| | 이민수 | 李泯洙 | 1992.01.11 | 한남대 | 180 / 74 |
| | 최규현 | 崔規賢 | 2000.09.19 | 숭실대 | 177 / 72 |
| | 문성우 | 文誠友 | 2003.05.15 | 명지대 | 183 / 74 |
| | 주현우 | 朱眩旰 | 1990.09.12 | 동신대 | 173 / 67 |
| | 에두아르도 | Eduardo Jacinto de Biasi | 1997.01.09 | *브라질 | 176 / 74 |
| | 김보경 | 金甫炅 | 1989.10.06 | 홍익대 | 176 / 72 |
| | 임민혁 | 林旼赫 | 1997.03.05 | 수원공고 | 168 / 64 |
| | 리영직 | 李栄直 | 1991.02.08 | 오사카상업대학 | 187 / 75 |
| FW | 모따 | Bruno Rodrigues Mota | 1996.02.10 | *브라질 | 194 / 94 |
| | 야고 | Yago Cesar da Silva | 1997.05.26 | *브라질 | 170 / 65 |
| | 최성범 | 崔聖範 | 2001.12.24 | 성균관대 | 173 / 68 |
| | 박정훈 | 朴鄭訓 | 2004.08.21 | 중앙대 | 181 / 77 |
| | 김운 | 金雲 | 1994.11.15 | 건국대 | 180 / 75 |
| | 장정우 | 張晶雨 | 2004.11.09 | 대구대 | 177 / 72 |
| | 유키치 | Ivan Jukić | 1996.06.21 | *보스니아 헤르체고비나 | 176 / 69 |
| | 채현우 | 蔡現宇 | 2004.08.19 | 상지대 | 178 / 74 |
| | 이동현 | 李東炫 | 2005.10.05 | 상문고 | 194 / 85 |

## 2025년 개인기록_ K리그1

| 위치 | 배번 | 경기번호 | 04 | 08 | 15 | 21 | 27 | 36 | 41 | 45 | 51 | 114 |
|---|---|---|---|---|---|---|---|---|---|---|---|---|
| | | 날 짜 | 02.16 | 02.22 | 03.01 | 03.08 | 03.15 | 03.30 | 04.06 | 04.12 | 04.19 | 04.23 |
| | | 홈/원정 | 원정 | 원정 | 원정 | 홈 | 원정 | 홈 | 홈 | 원정 | 홈 | 홈 |
| | | 장 소 | 문수 | 서울W | 광주W | 안양 | 대구전 | 안양 | 안양 | 포항 | 안양 | 안양 |
| | | 상 대 | 울산 | 서울 | 광주 | 김천 | 대구 | 전북 | 강원 | 포항 | 수원FC | 울산 |
| | | 결 과 | 승 | 패 | 패 | 패 | 승 | 패 | 승 | 패 | 승 | 패 |
| | | 점 수 | 1 : 0 | 1 : 2 | 1 : 2 | 1 : 3 | 1 : 0 | 0 : 1 | 2 : 0 | 1 : 2 | 3 : 1 | 0 : 1 |
| | | 승 점 | 3 | 3 | 3 | 3 | 6 | 6 | 9 | 9 | 12 | 12 |
| | | 슈팅수 | 7 : 15 | 5 : 14 | 6 : 7 | 12 : 20 | 12 : 17 | 10 : 8 | 16 : 10 | 4 : 10 | 13 : 14 | 15 : 15 |
| GK | 1 | 이 윤 오 | | | | | | | | | | |
| | 31 | 김 다 솔 | ○ 0/0 | ○ 0/0 | ○ 0/0 | ○ 0/0 | ○ 0/0 | ○ 0/0 S | | | ○ 0/0 | ○ 0/0 |
| | 41 | 황 병 근 | | | | | | | ○ 0/0 | ○ 0/0 | | |
| DF | 2 | 김 민 호 | | | | | | | | | | |
| | 3 | 김 지 훈 | △ 0/0 | | | △ 0/0 | | | △ 0/0 | △ 0/0 | | |
| | 4 | 이 창 용 | ○ 0/0 | ○ 0/0 | ○ 0/0 | ○ 0/0 | ○ 0/0 | ○ 0/0 | ○ 0/0 C | △ 0/0 | ○ 0/0 | ○ 0/0 |
| | 5 | 김 영 찬 | | | | | ○ 0/0 | ○ 0/0 | | ▽ 0/0 C | | ○ 0/0 |
| | 6 | 박 종 현 | | | | | | | ○ 0/0 | ○ 0/0 C | | |
| | 8 | 리 영 직 | △ 0/0 | ○ 0/0 C | ○ 0/0 | ○ 0/0 | △ 0/0 | | ○ 0/0 | △ 0/0 | ○ 0/0 | ▽ 0/0 C |
| | 20 | 이 상 용 | | | | | | | | | | |
| | 22 | 김 동 진 | ○ 0/0 | ○ 0/0 | ○ 0/0 | ▽ 0/0 | | | | | | |
| | 27 | 권 경 원 | | | | | | | | | | |
| | 32 | 이 태 희 | ○ 0/0 | ○ 0/0 | ○ 0/1 | ○ 0/0 | ○ 0/0 C | ○ 0/0 | ○ 0/0 | ○ 0/0 | ○ 0/0 | |
| | 55 | 토 마 스 | ○ 0/0 | ○ 0/0 | ○ 0/0 | ○ 0/0 | △ 0/0 C | ○ 0/0 | ○ 1/0 | ○ 0/0 C | ○ 0/0 | ○ 0/0 |
| | 77 | 임 승 겸 | | | | | | | | | | |
| | 99 | 주 현 우 | | | | | | | ▽ 0/0 | | | |
| MF | 7 | 마테우스 | ▽ 0/0 | ▽ 0/0 | △ 0/0 | ▽ 1/0 | ▽ 0/0 | △ 0/0 | ▽ 0/0 | ○ 0/0 | ▽ 1/0 C | △ 0/0 C |
| | 8 | 김 정 현 | ○ 0/0 | ▽ 0/0 C | ○ 0/0 C | ▽ 0/0 | ○ 0/0 C | ○ 0/0 | △ 0/0 | ○ 0/0 C | ▽ 0/0 | |
| | 13 | 한 가 람 | ▽ 0/0 | △ 0/0 | | | | | | | | |
| | 14 | 이 민 수 | | | | | | | | | △ 0/0 | |
| | 16 | 최 규 현 | | | | | ○ 0/0 | △ 0/0 | △ 1/0 | ▽ 0/0 | | △ 0/0 |
| | 17 | 강 지 훈 | ▽ 0/0 | ▽ 0/0 | ◈ 0/0 | △ 0/0 | ▽ 0/0 C | ▽ 0/0 | | ▽ 0/0 | ○ 0/0 | ○ 0/0 |
| | 21 | 에두아르도 | △ 0/0 | △ 0/0 | ▽ 0/0 | △ 0/0 | ▽ 0/0 | ▽ 0/0 | ▽ 0/0 | △ 0/0 | △ 0/0 C | ○ 0/0 |
| | 23 | 장 정 우 | | | | | | | | | | |
| | 24 | 김 보 경 | | | | △ 0/0 | | △ 0/0 | | | | ▽ 0/0 |
| | 26 | 임 민 혁 | | | | | | | | | | |
| FW | 9 | 모 따 | ○ 1/0 | ○ 0/0 | ○ 1/0 | ○ 0/1 C | ○ 0/0 C | ○ 0/0 | △ 0/0 | ▽ 1/0 | ▽ 1/1 | △ 0/0 C |
| | 10 | 야 고 | △ 0/1 | △ 0/0 | △ 0/0 | ▽ 0/0 | △ 0/0 | | △ 0/0 | | ▽ 1/0 | ▽ 0/0 |
| | 11 | 최 성 범 | ◈ 0/0 | △ 1/0 | ▽ 0/0 | △ 0/0 C | △ 0/0 | ▽ 0/0 | | | △ 0/0 | △ 0/0 |
| | 15 | 박 정 훈 | | | | | | | | | △ 0/0 | ▽ 0/0 |
| | 19 | 김 운 | | | △ 0/0 | | | △ 0/0 | ▽ 0/0 | △ 0/0 | △ 0/0 | ▽ 0/0 C |
| | 28 | 문 성 우 | | | | | | | | | | |
| | 70 | 유 키 치 | | | | | | | | | | |
| | 71 | 채 현 우 | ▽ 0/0 | ▽ 0/0 | ▽ 0/0 | ▽ 0/0 | ▽ 1/0 | ▽ 0/0 | ▽ 0/0 | ▽ 0/0 C | ▽ 0/0 | △ 0/0 |
| | | | | | | | | | | | | |

선수자료 : 득점/도움 ○ = 선발출전 △ = 교체 IN ▽ = 교체 OUT ◈ = 교체 IN/OUT C = 경고 S = 퇴장

| 위치 | 배번 | 경기번호 | 57 | 63 | 71 | 75 | 79 | 86 | 95 | 99 | 106 | 118 |
|---|---|---|---|---|---|---|---|---|---|---|---|---|
| | | 날 짜 | 04.26 | 05.03 | 05.06 | 05.10 | 05.17 | 05.23 | 05.28 | 05.31 | 06.14 | 06.22 |
| | | 홈/원정 | 홈 | 원정 | 홈 | 홈 | 원정 | 홈 | 원정 | 홈 | 원정 | 원정 |
| | | 장 소 | 안양 | 대전W | 안양 | 안양 | 전주W | 안양 | 춘천 | 안양 | 수원 | 김천 |
| | | 상 대 | 제주 | 대전 | 서울 | 대구 | 전북 | 포항 | 강원 | 대전 | 수원FC | 김천 |
| | | 결 과 | 승 | 패 | 무 | 무 | 패 | 패 | 승 | 무 | 승 | 패 |
| | | 점 수 | 2 : 1 | 1 : 2 | 1 : 1 | 2 : 2 | 0 : 2 | 0 : 2 | 3 : 1 | 1 : 1 | 2 : 1 | 0 : 1 |
| | | 승 점 | 15 | 15 | 16 | 17 | 17 | 17 | 20 | 21 | 24 | 24 |
| | | 슈팅수 | 9 : 16 | 19 : 12 | 6 : 12 | 14 : 9 | 16 : 10 | 5 : 9 | 9 : 11 | 11 : 9 | 13 : 12 | 7 : 16 |
| GK | 1 | 이 윤 오 | | | | | | | | | | |
| | 31 | 김 다 솔 | ○ 0/0 | ○ 0/0 | ▽ 0/0 | | ○ 0/0 | ○ 0/0 | ○ 0/0 C | ○ 0/0 | ○ 0/0 | ○ 0/0 |
| | 41 | 황 병 근 | | | △ 0/0 | ○ 0/0 | | | | | | |
| DF | 2 | 김 민 호 | | | | | | | | | | |
| | 3 | 김 지 훈 | ▽ 0/0 C | | | △ 0/0 | | | △ 0/0 | | | |
| | 4 | 이 창 용 | △ 0/0 | ○ 0/0 | ○ 0/0 C | ○ 0/0 | ○ 0/0 | ○ 0/0 | ○ 0/0 | ○ 0/0 | ○ 0/0 | ○ 0/0 |
| | 5 | 김 영 찬 | ○ 0/0 | | ○ 0/0 C | ○ 0/0 | ▽ 0/0 | | ○ 0/0 | ○ 0/0 | ○ 0/0 C | ○ 0/0 |
| | 6 | 박 종 현 | ○ 0/0 | △ 0/0 | △ 0/0 | | △ 0/0 | △ 0/0 | ▽ 0/0 | ▽ 0/0 C | | |
| | 8 | 리 영 직 | | ▽ 0/0 | | △ 0/0 | | ○ 0/0 | | | △ 0/0 | ▽ 0/0 |
| | 20 | 이 상 용 | | | | | | | | | | |
| | 22 | 김 동 진 | | | | | | | | | △ 0/0 C | ▽ 0/0 C |
| | 27 | 권 경 원 | | | | | | | | | | |
| | 32 | 이 태 희 | ○ 0/0 | ○ 0/0 C | ○ 0/0 | ▽ 0/0 | ○ 0/0 | ○ 0/0 C | ○ 0/0 C | ○ 0/0 | ○ 0/0 | ○ 0/0 |
| | 55 | 토 마 스 | △ 0/0 C | ○ 0/0 C | ○ 0/1 | ○ 0/0 | ○ 0/0 | ○ 0/0 | ○ 0/0 | ○ 0/0 | ○ 0/0 | ○ 0/0 |
| | 77 | 임 승 겸 | | | | | | | | | | |
| | 99 | 주 현 우 | ▽ 0/0 | ▽ 0/0 | | | | | ○ 0/0 | ▽ 0/0 | ▽ 0/0 | |
| MF | 7 | 마테우스 | ▽ 0/0 | ▽ 0/0 | ○ 1/0 C | ▽ 0/0 | ○ 0/0 | ○ 0/0 | ▽ 2/0 | △ 1/0 | ▽ 0/1 | ○ 0/0 |
| | 8 | 김 정 현 | ○ 0/0 | ○ 0/0 | ○ 0/0 | ▽ 0/0 | ▽ 0/0 | | | | ○ 0/0 C | |
| | 13 | 한 가 람 | | | | | | | | | | |
| | 14 | 이 민 수 | | | | | △ 0/0 | | △ 0/0 | | | △ 0/0 |
| | 16 | 최 규 현 | ○ 1/0 | △ 0/0 | △ 0/0 | ○ 0/0 | ▽ 0/0 | △ 0/0 | | ▽ 0/0 | | |
| | 17 | 강 지 훈 | | | ▽ 0/0 | △ 0/0 | ▽ 0/0 | ▽ 0/0 | | △ 0/0 C | | |
| | 21 | 에두아르도 | | | ○ 0/0 | | | ▽ 0/0 | △ 0/0 | ▽ 0/0 | ▽ 0/0 | |
| | 23 | 장 정 우 | | | | | | | | | | |
| | 24 | 김 보 경 | | ▽ 0/0 | | △ 0/0 | △ 0/0 | | ▽ 0/0 | | | ▽ 0/0 |
| | 26 | 임 민 혁 | | | | | | | | | | |
| FW | 9 | 모 따 | ▽ 1/0 | ○ 0/0 | △ 0/0 | ○ 1/0 | ○ 0/0 C | ▽ 0/0 | △ 1/0 | ○ 0/0 | ▽ 2/0 | ▽ 0/0 |
| | 10 | 야 고 | △ 0/1 | △ 0/0 | | ▽ 0/1 | △ 0/0 | △ 0/0 | △ 0/1 | △ 0/0 | △ 0/1 | △ 0/0 |
| | 11 | 최 성 범 | | △ 0/1 | | | | △ 0/0 | | | | △ 0/0 |
| | 15 | 박 정 훈 | △ 0/0 | ▽ 0/0 | | | | | | ▽ 0/0 | | |
| | 19 | 김 운 | △ 0/0 | | ▽ 0/0 | △ 0/0 | | △ 0/0 | ▽ 0/0 | △ 0/0 | △ 0/0 | △ 0/0 |
| | 28 | 문 성 우 | | | | | △ 0/0 | ▽ 0/0 | ▽ 0/1 C | | ▽ 0/0 | ▽ 0/0 |
| | 70 | 유 키 치 | | | | | | | | | | |
| | 71 | 채 현 우 | ▽ 0/0 | △ 1/0 | ▽ 0/0 | ▽ 0/0 | ▽ 0/0 | ▽ 0/0 | | △ 0/0 | △ 0/0 C | △ 0/0 |
| | | | | | | | | | | | | |

| 위치 | 배번 | 경기번호 | 124 | 131 | 135 | 140 | 146 | 152 | 162 | 166 | 172 | 177 |
|---|---|---|---|---|---|---|---|---|---|---|---|---|
| | | 날 짜 | 06.28 | 07.19 | 07.22 | 07.26 | 08.08 | 08.15 | 08.24 | 08.31 | 09.14 | 09.21 |
| | | 홈/원정 | 홈 | 원정 | 홈 | 원정 | 원정 | 홈 | 홈 | 원정 | 홈 | 원정 |
| | | 장 소 | 안양 | 제주W | 안양 | 수원 | 전주W | 안양 | 안양 | 서울W | 안양 | 문수 |
| | | 상 대 | 광주 | 제주 | 대구 | 수원FC | 전북 | 포항 | 대전 | 서울 | 제주 | 울산 |
| | | 결 과 | 패 | 패 | 승 | 패 | 패 | 패 | 승 | 승 | 승 | 무 |
| | | 점 수 | 1 : 2 | 0 : 2 | 4 : 0 | 1 : 2 | 1 : 2 | 0 : 1 | 3 : 2 | 2 : 1 | 2 : 1 | 0 : 0 |
| | | 승 점 | 24 | 24 | 27 | 27 | 27 | 27 | 30 | 33 | 36 | 37 |
| | | 슈팅수 | 8 : 16 | 4 : 13 | 15 : 10 | 15 : 16 | 14 : 20 | 8 : 4 | 21 : 12 | 9 : 18 | 20 : 8 | 13 : 7 |
| GK | 1 | 이윤오 | | | | | | | | | | |
| | 31 | 김다솔 | ○ 0/0 | ○ 0/0 | ○ 0/0 | ○ 0/0 | ○ 0/0 | ○ 0/0 | ○ 0/0 | ○ 0/0 C | ○ 0/0 | ○ 0/0 |
| | 41 | 황병근 | | | | | | | | | | |
| DF | 2 | 김민호 | | | | | | | | | | |
| | 3 | 김지훈 | | | | | | | | | | |
| | 4 | 이창용 | ○ 0/0 | ○ 0/0 | △ 0/0 | ○ 0/0 | ○ 0/0 | ○ 0/0 | | ○ 0/0 | ○ 0/0 | ○ 0/0 |
| | 5 | 김영찬 | ○ 0/0 | ○ 0/0 | ○ 0/0 | | | | ○ 0/0 C | | △ 0/0 | ○ 0/0 |
| | 6 | 박종현 | | | | | | | | | | |
| | 8 | 리영직 | | | | | | | | | | |
| | 20 | 이상용 | | | | | | | | | | |
| | 22 | 김동진 | ○ 0/1 | ○ 0/0 | ○ 0/1 | ○ 0/0 | ○ 0/0 | ○ 0/0 | ○ 0/0 C | ○ 0/0 | ○ 0/0 | ○ 0/0 |
| | 27 | 권경원 | | | ○ 0/0 | ○ 0/0 | ○ 0/0 | ○ 0/0 C | ○ 0/0 | ○ 0/0 C | ○ 0/0 C | |
| | 32 | 이태희 | ○ 0/0 | ○ 0/0 | ○ 0/0 | △ 0/0 | ○ 0/0 | ○ 0/0 | ○ 0/0 | ○ 0/0 C | | |
| | 55 | 토마스 | ○ 0/0 | △ 0/0 | ○ 0/0 C | | ○ 1/0 | ○ 0/0 | ○ 0/0 | ○ 1/0 C | ○ 0/1 | ○ 0/0 |
| | 77 | 임승겸 | | | | | | | | | | |
| | 99 | 주현우 | | | | | | | | | | |
| MF | 7 | 마테우스 | ○ 0/0 S | | | ▽ 1/0 | ○ 0/0 | ○ 0/0 | △ 2/0 | ▽ 0/1 | ▽ 0/0 | △ 0/0 |
| | 8 | 김정현 | ▽ 0/0 | ▽ 0/0 C | ▽ 0/0 | ○ 0/0 C | ▽ 0/0 | ▽ 0/0 | △ 0/0 | ▽ 0/0 C | | ▽ 0/0 |
| | 13 | 한가람 | △ 0/0 | | | | | | ▽ 0/0 | △ 0/0 | ▽ 0/0 | △ 0/0 C |
| | 14 | 이민수 | | | | | | | | | | |
| | 16 | 최규현 | | | △ 0/0 | ▽ 0/0 C | | | | | △ 0/0 C | |
| | 17 | 강지훈 | | △ 0/0 | | ▽ 0/0 | | | | | ○ 0/0 | ○ 0/0 |
| | 21 | 에두아르도 | | ▽ 0/0 | | | | | | | | ▽ 0/0 |
| | 23 | 장정우 | | | | | | | | | | |
| | 24 | 김보경 | | △ 0/0 | ▽ 1/0 | △ 0/0 | | | ▽ 0/0 | △ 0/0 | △ 0/0 | |
| | 26 | 임민혁 | △ 0/0 | ▽ 0/0 | | △ 0/0 | △ 0/0 | △ 0/0 | | | | |
| FW | 9 | 모따 | ▽ 0/0 | ○ 0/0 | △ 1/0 | △ 0/0 | ▽ 0/0 | ▽ 0/0 | ▽ 0/1 | △ 1/0 C | | ▽ 0/0 C |
| | 10 | 야고 | ▽ 0/0 | △ 0/0 | ▽ 1/0 | ○ 0/0 | △ 0/1 | △ 0/0 | ▽ 1/0 | △ 0/0 | ▽ 1/0 | ▽ 0/0 |
| | 11 | 최성범 | | | △ 1/0 C | | ▽ 0/0 | ▽ 0/0 | | | | |
| | 15 | 박정훈 | △ 0/0 | ▽ 0/0 | | | | | △ 0/0 | | △ 0/0 | |
| | 19 | 김운 | △ 0/0 | △ 0/0 C | ▽ 0/0 | ▽ 0/0 | △ 0/0 | △ 0/0 | △ 0/0 | ▽ 0/0 C | ▽ 0/0 | △ 0/0 |
| | 28 | 문성우 | | | ▽ 0/0 | ▽ 0/0 | ◈ 0/0 | ◈ 0/0 | ▽ 0/0 | △ 0/0 | ▽ 0/0 | ▽ 0/0 |
| | 70 | 유키치 | | | | | △ 0/0 | △ 0/0 C | △ 0/1 | ▽ 0/0 | △ 1/0 | △ 0/0 |
| | 71 | 채현우 | ▽ 1/0 | ▽ 0/0 | △ 0/0 | △ 0/0 | ▽ 0/0 | ▽ 0/0 | | ▽ 0/0 | | △ 0/0 C |
| | | | | | | | | | | | | |

선수자료 : 득점/도움 ○ = 선발출전 △ = 교체 IN ▽ = 교체 OUT ◈ = 교체 IN/OUT C = 경고 S = 퇴장

| 위치 | 배번 | 경기번호 | 186 | 191 | 198 | 200 | 208 | 211 | 217 | 223 | | |
|---|---|---|---|---|---|---|---|---|---|---|---|---|
| | | 날 짜 | 09.28 | 10.05 | 10.18 | 10.25 | 11.01 | 11.08 | 11.22 | 11.30 | | |
| | | 홈/원정 | 홈 | 원정 | 홈 | 원정 | 홈 | 원정 | 홈 | 원정 | | |
| | | 장 소 | 안양 | 강릉 | 안양 | 광주W | 안양 | 제주W | 안양 | 대구전 | | |
| | | 상 대 | 광주 | 강원 | 김천 | 광주 | 울산 | 제주 | 수원FC | 대구 | | |
| | | 결 과 | 무 | 무 | 승 | 패 | 승 | 승 | 패 | 무 | | |
| | | 점 수 | 0 : 0 | 1 : 1 | 4 : 1 | 0 : 1 | 3 : 1 | 2 : 1 | 0 : 1 | 2 : 2 | | |
| | | 승 점 | 38 | 39 | 42 | 42 | 45 | 48 | 48 | 49 | | |
| | | 슈팅수 | 5 : 9 | 5 : 10 | 13 : 16 | 11 : 8 | 19 : 8 | 7 : 16 | 15 : 9 | 6 : 21 | | |
| GK | 1 | 이 윤 오 | | | | | | | | △ 0/0 | | |
| | 31 | 김 다 솔 | ○ 0/0 | ○ 0/0 | ○ 0/0 | ○ 0/0 | ○ 0/0 | ○ 0/0 C | ○ 0/0 | ▽ 0/0 | | |
| | 41 | 황 병 근 | | | | | | | | | | |
| DF | 2 | 김 민 호 | | | | | | | ▽ 0/0 | | | |
| | 3 | 김 지 훈 | | | | △ 0/0 | | | | | | |
| | 4 | 이 창 용 | ○ 0/0 | ○ 0/0 | ▽ 0/0 | ○ 0/0 C | ▽ 1/0 | ○ 0/0 | ▽ 0/0 | ○ 1/0 C | | |
| | 5 | 김 영 찬 | ▽ 0/0 | △ 0/0 | △ 0/0 | | △ 0/0 | | △ 0/0 | ○ 0/0 | | |
| | 6 | 박 종 현 | | | | | | | | | | |
| | 8 | 리 영 직 | | | | | | | | | | |
| | 20 | 이 상 용 | △ 0/0 | | △ 0/0 | | | | | | | |
| | 22 | 김 동 진 | ○ 0/0 | ○ 0/0 | ▽ 0/2 | ○ 0/0 | ○ 0/1 | ○ 0/0 | ○ 0/0 | ○ 0/0 C | | |
| | 27 | 권 경 원 | | | ○ 0/0 | ○ 0/0 | ▽ 0/0 | ○ 0/0 | ○ 0/0 | | | |
| | 32 | 이 태 희 | | | ○ 0/0 | ▽ 0/0 C | ○ 0/0 | ▽ 0/0 | ○ 0/0 | | | |
| | 55 | 토 마 스 | ○ 0/0 | ○ 0/0 | ○ 0/0 | ○ 0/0 | ○ 0/0 | ○ 0/0 | ○ 0/0 | ○ 0/0 | | |
| | 77 | 임 승 겸 | | | | | | | | △ 0/0 | | |
| | 99 | 주 현 우 | | ▽ 0/0 | | | | | | | | |
| MF | 7 | 마테우스 | ▽ 0/0 C | ○ 0/0 C | | ▽ 0/0 | ○ 0/2 | ▽ 0/1 | ▽ 0/0 | ▽ 1/0 | | |
| | 8 | 김 정 현 | | ▽ 0/0 | | | | | △ 0/0 | | | |
| | 13 | 한 가 람 | | ▽ 0/0 | ○ 1/0 | | ▽ 0/0 | ○ 0/0 | ▽ 0/0 | | | |
| | 14 | 이 민 수 | △ 0/0 | | | ◈ 0/0 | △ 0/0 | | | | | |
| | 16 | 최 규 현 | | △ 0/0 | | ▽ 0/0 | △ 0/0 C | | | ○ 0/0 | | |
| | 17 | 강 지 훈 | ▽ 0/0 | | | ○ 0/0 C | | △ 0/0 | | ○ 0/0 C | | |
| | 21 | 에두아르도 | ○ 0/0 C | | | | | | | | | |
| | 23 | 장 정 우 | | | | | | | | △ 0/0 | | |
| | 24 | 김 보 경 | | △ 1/0 | ▽ 0/0 | △ 0/0 | | △ 0/0 | △ 0/0 | | | |
| | 26 | 임 민 혁 | | | △ 0/0 | | | | | | | |
| FW | 9 | 모 따 | ○ 0/0 | △ 0/0 | ○ 2/0 | ○ 0/0 | ○ 1/0 | ▽ 0/1 | ○ 0/0 | △ 0/0 | | |
| | 10 | 야 고 | △ 0/0 | ▽ 0/0 | | | | △ 0/0 | △ 0/0 | | | |
| | 11 | 최 성 범 | △ 0/0 | | ▽ 0/1 C | △ 0/0 | ▽ 0/0 | | | △ 0/0 | | |
| | 15 | 박 정 훈 | | ▽ 0/0 | | | | | | | | |
| | 19 | 김 운 | △ 0/0 | ○ 0/0 | △ 0/0 | | | △ 0/0 | | ▽ 0/0 C | | |
| | 28 | 문 성 우 | ▽ 0/0 | △ 0/0 | ▽ 1/0 | | ▽ 0/0 | △ 0/0 | △ 0/0 | | | |
| | 70 | 유 키 치 | | | | △ 0/0 | △ 0/0 | ▽ 2/0 | ▽ 0/0 | ▽ 0/0 | | |
| | 71 | 채 현 우 | ▽ 0/0 | | △ 0/0 | ▽ 0/0 C | △ 1/0 | ▽ 0/0 | | ▽ 0/0 | | |
| | | | | | | | | | | | | |

# 울산 HD FC

**창단년도_** 1983년
**전화_** 052-209-7000 **숙소전화_** 052-209-7114
**팩스_** 052-202-6145
**홈페이지_** www.uhfc.tv
**유튜브_** https://www.youtube.com/user/ULSANHYUNDAI
**인스타그램_** https://www.instagram.com/uhdfc_1983/
**페이스북_** https://www.facebook.com/ulsanfc
**주소_** 우 44018 울산광역시 동구 봉수로 507(서부동) 현대스포츠클럽
Hyundai Sports Club, 507, Bongsuro(Seobu-dong), Dong-gu, Ulsan, KOREA 44018

## 연혁

1983 12월 6일 현대 호랑이 축구단 창단(인천/경기 연고)
1984 84 축구대제전 수퍼리그 종합 3위
1985 85 축구대제전 수퍼리그 종합 4위
1986 86 프로축구선수권대회 우승 86 축구대제전 종합 3위
1987 강원도로 연고지 이전 87 한국프로축구대회 4위
1988 88 한국프로축구대회 2위
1989 89 한국프로축구대회 6위
1990 울산광역시로 연고지 이전 90 한국프로축구대회 5위
1991 91 한국프로축구대회 2위
1992 92 한국프로축구대회 3위 92 아디다스컵 5위
1993 93 한국프로축구대회 3위 93 아디다스컵 2위
1994 94 하이트배 코리안리그 4위 94 아디다스컵 5위
1995 95 하이트배 코리안리그 3위(전기 2위, 후기 3위)
95 아디다스컵 우승
1996 96 라피도컵 프로축구대회 통합우승(전기 우승, 후기 9위)
96 아디다스컵 4위, 아시안컵 위너스컵 3위
1997 97 라피도컵 프로축구대회 전기리그 우승
97 아디다스컵 3위, 97 프로스펙스컵 A조 4위
1998 모기업 현대자동차에서 현대중공업으로 이전
98 아디다스코리아컵 우승 98 필립모리스코리아컵 8위
98 현대컵 K-리그 준우승 제3회 삼보체인지업 FA컵 준우승
1999 99 바이코리아컵 K-리그 6위 99 대한화재컵 3위
99 아디다스컵 8강 제4회 삼보컴퓨터 FA컵 3위
2000 2000 삼성 디지털 K-리그 10위
2000 대한화재컵 B조 3위 2000 아디다스컵 8강 6위
2001 2001 포스코 K-리그 6위 아디다스컵 2001 B조 4위
2002 2002 삼성 파브 K-리그 준우승 아디다스컵 2002 준우승
2003 삼성 하우젠 K-리그 2003 준우승 제8회 하나은행 FA컵 3위
2004 삼성 하우젠 K-리그 2004 통합순위 1위(전기 3위, 후기 3위)
삼성 하우젠컵 2004 5위
2005 삼성 하우젠 K-리그 2005 우승(전기 3위, 후기 3위)
삼성 하우젠컵 2005 준우승
2006 제7회 삼성 하우젠 수퍼컵 2006 우승(3월 4일)
A3 챔피언스컵 2006 우승 AFC 챔피언스리그 공동 3위
2007 삼성 하우젠컵 2007 우승
삼성 하우젠 K-리그 2007 정규리그 4위
2008 법인설립 (주)울산 현대 축구단
'울산 현대 호랑이 축구단'에서 '울산 현대 축구단'으로 구단명칭 변경
삼성 하우젠컵 2008 B조 3위
삼성 하우젠 K-리그 2008 플레이오프 최종 3위(정규리그 4위)
2009 '(주)울산 현대 축구단'에서 '(주)현대중공업 스포츠'로 법인 변경
2009 K-리그 8위
2010 쏘나타 K리그 2010 플레이오프 최종 5위(정규리그 4위)
2011 러시앤캐시컵 2011 우승 현대오일뱅크 K리그 2011 6위
현대오일뱅크 K리그 2011 챔피언십 준우승
K리그 통산 최초 400승 달성(7월 16일 강원전)
2012 현대오일뱅크 K리그 2012 5위
김호곤 감독 통산 100승 달성(8월 8일 성남일화전, 탄천종합운동장)
AFC 챔피언스리그 2012 우승 / MVP(이근호)
AFC 올해의 클럽상 / 올해의 감독상(김호곤) / 올해의 선수상(이근호)
FIFA 클럽 월드컵 6위
2013 현대오일뱅크 K리그 클래식 2013 준우승
2014 현대오일뱅크 K리그 클래식 2014 6위
2015 현대오일뱅크 K리그 클래식 2015 7위
K리그 유소년 클럽상
2016 현대오일뱅크 K리그 클래식 2016 4위
2017 제22회 KEB하나은행 FA컵 우승
KEB하나은행 K리그 2017 4위
K리그 통산 최초 500승 달성 (7월 19일 강원전)
대한민국 스포츠산업대상 우수프로스포츠단상 (장관상)
2018 제23회 KEB하나은행 FA컵 준우승 / K리그 유소년 클럽상
2019 하나원큐 K리그1 2019 준우승
2020 AFC 챔피언스리그 2020 우승 하나원큐 K리그1 2020 준우승
제25회 하나은행 FA컵 준우승
2021 하나원큐 K리그1 2021 준우승
하나원큐 K리그1 팬 프렌들리상 수상
2022 하나원큐 K리그1 2022 우승
K리그 통산 최초 600승 달성 (8월 21일 김천전)
2023 하나원큐 K리그1 2023 우승, 창단 첫 2연패
창단 첫 유료관중 30만 달성
'울산 HD FC'으로 구단 명칭 변경, 엠블럼 변경
홍명보 감독 K리그 최단기간 50승 달성
2024 하나은행 K리그1 2024 우승, 창단 첫 3연패
창단 첫 유료관중 35만 달성, 2년 연속 30만 관중 돌파
2025 FIFA 클럽 월드컵 진출
조현우 K리그1 MVP / 조현우, 이명재, 고승범, 김기희 K리그1 베스트 11
하나은행 K리그1 2024 팬 프렌들리 클럽상 수상
2025 프로축구단 최초 난지형 잔디 활착 완료
국제축구연맹(FIFA) 클럽 월드컵 2025 출전
하나은행 K리그1 대상 MVP 수상 (이동경)
하나은행 K리그1 유소년 클럽상 수상 (2년 연속)
제21회 대한민국 스포츠산업대상 대통령상 수상

## 2025년 선수명단

대표이사_ 김광국 감독_ 노상래
코치_ 박주영 · 고요한 · 양민혁 골키퍼 코치_ 김용대 피지컬 코치 _ 우정하 · 박강토
의무트레이너 _ 이인철 · 정성덕 · 박영훈 · 이동훈 전력분석관 _ 이창근 · 김태훈 선수단 매니저_ 김수홍

| 포지션 | 선수명 | | 생년월일 | 출신교 | 키(cm) / 몸무게(kg) |
|---|---|---|---|---|---|
| GK | 조현우 | 趙賢祐 | 1991.09.25 | 선문대 | 189 / 75 |
| | 문정인 | 文正仁 | 1998.03.16 | 현대고 | 194 / 82 |
| | 류성민 | 柳成旻 | 2004.01.03 | 중앙대 | 188 / 82 |
| | 김세형 | 金世亨 | 2007.01.24 | 현대고 | 182 / 78 |
| DF | 김영권 | 金英權 | 1990.02.27 | 전주대 | 186 / 83 |
| | 강상우 | 姜祥佑 | 1993.10.07 | 경희대 | 174 / 69 |
| | 트로야크 | Milosz Trojak | 1994.05.05 | *폴란드 | 191 / 90 |
| | 정승현 | 鄭昇炫 | 1994.04.03 | 연세대 | 189 / 92 |
| | 윤종규 | 尹鍾奎 | 1998.03.20 | 신갈고 | 174 / 72 |
| | 이재익 | 李宰翼 | 1999.05.21 | 보인고 | 185 / 80 |
| | 박민서 | 朴閔敍 | 2000.09.15 | 현풍고 | 176 / 70 |
| | 조현택 | 趙賢澤 | 2001.08.02 | 신갈고 | 183 / 79 |
| | 서명관 | 徐名寬 | 2002.11.23 | 아주대 | 186 / 78 |
| | 최석현 | 崔錫鉉 | 2003.01.13 | 단국대 | 188 / 83 |
| MF | 이청용 | 李靑龍 | 1988.07.02 | 도봉중 | 180 / 67 |
| | 정우영 | 鄭又榮 | 1989.12.14 | 경희대 | 187 / 80 |
| | 김민혁 | 金玟赫 | 1992.08.16 | 광운대 | 187 / 82 |
| | 루빅손 | Gustav Erik Ludwigson | 1993.10.20 | *스웨덴 | 178 / 74 |
| | 고승범 | 高承範 | 1994.04.24 | 경희대 | 173 / 68 |
| | 보야니치 | Darijan Bojanić | 1994.12.28 | *스웨덴 | 181 / 76.4 |
| | 이진현 | 李鎭鉉 | 1997.08.26 | 성균관대 | 173 / 68 |
| | 이동경 | 李東炅 | 1997.09.20 | 홍익대 | 172 / 68 |
| | 이희균 | 李熙均 | 1998.04.29 | 단국대 | 171 / 62 |
| | 엄원상 | 嚴元相 | 1999.01.06 | 아주대 | 171 / 63 |
| | 라카바 | Matías Lacava | 2002.10.24 | *베네수엘라 | 169 / 73 |
| | 윤재석 | 尹宰碩 | 2003.10.22 | 중앙대 | 175 / 62 |
| | 백인우 | 白仁佑 | 2006.11.29 | 덕영고 | 180 / 76 |
| FW | 말컹 | Marcos Vinicius da Amaral Alves | 1994.06.17 | *브라질 | 196 / 111 |
| | 에릭 | Erick Samuel Corrêa Farias | 1997.01.03 | *브라질 | 172 / 82 |
| | 허율 | 許栗 | 2001.04.12 | 금호고 | 194 / 90 |

## 2025년 개인기록_ K리그1

| 위치 | 배번 | 경기번호 | 04 | 10 | 13 | 22 | 28 | 32 | 108 | 37 | 48 | 49 |
|---|---|---|---|---|---|---|---|---|---|---|---|---|
| | | 날 짜 | 02.16 | 02.23 | 03.01 | 03.09 | 03.16 | 03.29 | 04.01 | 04.05 | 04.13 | 04.19 |
| | | 홈/원정 | 홈 | 원정 | 홈 | 홈 | 원정 | 원정 | 홈 | 홈 | 원정 | 홈 |
| | | 장 소 | 문수 | 대전W | 문수 | 문수 | 수원 | 포항 | 문수 | 문수 | 대구전 | 문수 |
| | | 상 대 | 안양 | 대전 | 전북 | 제주 | 수원FC | 포항 | 대전 | 서울 | 대구 | 강원 |
| | | 결 과 | 패 | 승 | 승 | 승 | 무 | 패 | 패 | 무 | 승 | 패 |
| | | 점 수 | 0 : 1 | 2 : 0 | 1 : 0 | 2 : 0 | 1 : 1 | 0 : 1 | 2 : 3 | 0 : 0 | 1 : 0 | 1 : 2 |
| | | 승 점 | 0 | 3 | 6 | 9 | 10 | 10 | 10 | 11 | 14 | 14 |
| | | 슈팅수 | 15 : 7 | 15 : 8 | 11 : 7 | 18 : 10 | 20 : 6 | 6 : 7 | 17 : 6 | 10 : 10 | 13 : 14 | 17 : 6 |
| GK | 21 | 조현우 | | | | ○ 0/0 | ○ 0/0 | ○ 0/0 | ○ 0/0 | ○ 0/0 | ○ 0/0 | |
| | 23 | 문정인 | ○ 0/0 | ○ 0/0 | ○ 0/0 | | | | | | | ○ 0/0 |
| DF | 2 | 조현택 | | | | | | | | | | |
| | 3 | 강민우 | | | | | | | | | △ 0/0 | △ 0/0 |
| | 4 | 서명관 | ○ 0/0 | ○ 0/0 | ○ 0/0 C | ○ 0/0 | ○ 0/0 C | ○ 0/0 | ▽ 0/0 | | | |
| | 13 | 강상우 | ○ 0/0 | ○ 0/0 | ○ 0/0 | ○ 0/0 | | ○ 0/0 | | ○ 0/0 C | ○ 1/0 | ▽ 0/0 |
| | 15 | 정승현 | | | | | | | | | | |
| | 19 | 김영권 | ○ 0/0 | ○ 0/0 | ○ 0/0 | ○ 0/0 | ○ 0/0 | ○ 0/0 | △ 0/0 C | ○ 0/0 | ○ 0/0 | ○ 0/0 |
| | 24 | 윤종규 | ○ 0/0 | ▽ 0/0 | ▽ 0/0 C | ○ 0/0 | ○ 0/0 | △ 0/0 | ○ 0/0 | | | ▽ 0/0 C |
| | 26 | 박민서 | | | | | ○ 0/0 | | ○ 1/0 | ○ 0/0 | ▽ 0/0 | |
| | 28 | 이재익 | | △ 0/0 | △ 0/0 | | | | ▽ 0/0 | | | |
| | 66 | 트로야크 | | | | | | | | | | |
| | 90 | 황석호 | | | | | | | | | | |
| | 96 | 최석현 | | △ 0/0 | △ 0/0 | △ 0/0 C | | ▽ 0/0 | △ 0/0 | ○ 0/0 | ○ 0/0 | ▽ 0/0 |
| MF | 5 | 정우영 | | | | | ▽ 0/0 | | | | △ 0/0 | |
| | 6 | 보야니치 | | ▽ 0/2 | ▽ 1/0 | ▽ 0/0 | | | | | | |
| | 7 | 고승범 | | | | | ○ 0/0 | ○ 0/0 | ○ 0/1 | ○ 0/0 | ○ 0/0 | ○ 0/0 |
| | 10 | 이동경 | | | | | | | | | | |
| | 11 | 엄원상 | △ 0/0 | ○ 0/0 | ▽ 0/0 | ▽ 0/1 | ○ 0/0 | ▽ 0/0 | △ 0/0 | ▽ 0/0 | △ 0/0 | ○ 0/0 |
| | 14 | 이진현 | ▽ 0/0 | | | ▽ 0/1 C | | | ○ 0/0 | ○ 0/0 C | ▽ 0/0 | ○ 0/0 |
| | 16 | 이희균 | ○ 0/0 | △ 0/0 | △ 0/0 | △ 0/0 | △ 0/0 C | △ 0/0 | ▽ 1/1 | ▽ 0/0 | ▽ 0/0 | △ 0/0 |
| | 17 | 루빅손 | △ 0/0 | △ 0/0 | △ 0/1 | △ 0/0 | △ 0/1 | ▽ 0/0 | △ 0/0 | △ 0/0 | △ 0/0 | △ 0/0 |
| | 22 | 김민혁 | ▽ 0/0 | ▽ 0/0 C | ○ 0/0 C | △ 0/0 C | | ▽ 0/0 | | | | |
| | 27 | 이청용 | ▽ 0/0 | △ 0/0 | △ 0/0 | | | △ 0/0 | | ▽ 0/0 | △ 0/1 | △ 0/0 |
| | 30 | 윤재석 | ▽ 0/0 | ▽ 1/0 | ▽ 0/0 | ▽ 0/0 | ▽ 0/0 | △ 0/0 | ▽ 0/0 | | | |
| | 36 | 라카바 | △ 0/0 | ▽ 0/0 C | ▽ 0/0 | ▽ 0/0 C | ▽ 0/0 | | ○ 0/0 | △ 0/0 | ▽ 0/0 | ▽ 0/0 |
| | 72 | 백인우 | | | | | | | | | | |
| | 97 | 에 릭 | | | | | △ 1/0 | ○ 0/0 | ▽ 0/0 | △ 0/0 | | ○ 1/0 |
| FW | 9 | 말 컹 | | | | | | | | | | |
| | 18 | 허 율 | ○ 0/0 | ○ 1/0 | ○ 0/0 C | ○ 2/0 | ○ 0/0 | ▽ 0/0 | △ 0/0 | ▽ 0/0 | ○ 0/0 | △ 0/0 |
| | 27 | 장시영 | | | | △ 0/0 | | | | △ 0/0 | | |
| | 99 | 야 고 | △ 0/0 | | | | | △ 0/0 | | | ▽ 0/0 | ▽ 0/0 |

선수자료 : 득점/도움 ○ = 선발출전 △ = 교체 IN ▽ = 교체 OUT ◈ = 교체 IN/OUT C = 경고 S = 퇴장

| 위치 | 배번 | 경기번호 | 114 | 59 | 61 | 68 | 76 | 80 | 88 | 96 | 98 | 125 |
|---|---|---|---|---|---|---|---|---|---|---|---|---|
| | | 날 짜 | 04.23 | 04.27 | 05.02 | 05.05 | 05.11 | 05.17 | 05.24 | 05.28 | 05.31 | 07.12 |
| | | 홈/원정 | 원정 | 원정 | 홈 | 홈 | 원정 | 원정 | 홈 | 원정 | 원정 | 홈 |
| | | 장 소 | 안양 | 김천 | 문수 | 문수 | 제주W | 춘천 | 문수 | 광주W | 전주W | 문수 |
| | | 상 대 | 안양 | 김천 | 광주 | 포항 | 제주 | 강원 | 김천 | 광주 | 전북 | 대구 |
| | | 결 과 | 승 | 패 | 승 | 무 | 승 | 무 | 승 | 무 | 패 | 무 |
| | | 점 수 | 1 : 0 | 0 : 2 | 3 : 0 | 1 : 1 | 2 : 1 | 1 : 1 | 3 : 2 | 1 : 1 | 1 : 3 | 2 : 2 |
| | | 승 점 | 17 | 17 | 20 | 21 | 24 | 25 | 28 | 29 | 29 | 30 |
| | | 슈팅수 | 15 : 15 | 14 : 16 | 13 : 7 | 14 : 10 | 15 : 17 | 2 : 9 | 16 : 11 | 7 : 20 | 9 : 9 | 25 : 8 |
| GK | 21 | 조 현 우 | ○ 0/0 | ○ 0/0 | ○ 0/0 | ○ 0/0 | ○ 0/0 | ○ 0/0 | ○ 0/0 | ○ 0/0 | ○ 0/0 | |
| | 23 | 문 정 인 | | | | | | | | | | ○ 0/0 |
| DF | 2 | 조 현 택 | | | | | | | | | | |
| | 3 | 강 민 우 | ○ 0/0 C | ▽ 0/0 | | ○ 0/0 | | △ 0/0 | | | | |
| | 4 | 서 명 관 | | | | | △ 0/0 | ○ 1/0 | ○ 0/0 | ○ 0/0 | ○ 0/0 | |
| | 13 | 강 상 우 | ○ 0/0 | ▽ 0/0 | ▽ 0/1 C | | ○ 0/0 C | ○ 0/0 | ▽ 0/0 | ○ 0/0 | △ 0/0 | △ 0/0 |
| | 15 | 정 승 현 | | | | | | | | | | |
| | 19 | 김 영 권 | ○ 0/0 | ○ 0/0 C | ○ 0/0 | ○ 0/0 | ○ 0/1 | ○ 0/0 | ○ 0/0 | △ 0/0 | ○ 0/0 | ○ 0/0 |
| | 24 | 윤 종 규 | | | | ○ 0/0 | | | | | | |
| | 26 | 박 민 서 | | | | ▽ 0/0 C | | | △ 0/1 | ▽ 0/0 C | | ○ 0/0 |
| | 28 | 이 재 익 | △ 0/0 | △ 0/0 | | | | | | | | ▽ 0/0 |
| | 66 | 트로야크 | | | | | | | | | | ○ 0/0 |
| | 90 | 황 석 호 | | | ○ 0/0 | | ○ 0/0 | | | ▽ 0/0 | | |
| | 96 | 최 석 현 | | | △ 0/0 | | △ 0/0 | | △ 0/0 | △ 0/0 | ▽ 0/0 | |
| MF | 5 | 정 우 영 | ▽ 0/0 | ▽ 0/0 | ▽ 0/0 | | ▽ 0/0 C | ○ 0/1 | ▽ 0/0 | | ○ 0/0 C | △ 0/0 |
| | 6 | 보야니치 | | | △ 0/0 | ○ 1/0 | ○ 0/0 | ▽ 0/0 | ○ 0/0 | △ 0/0 | ○ 0/0 | ▽ 0/0 |
| | 7 | 고 승 범 | ○ 0/0 C | ○ 0/0 | ▽ 0/0 | ○ 0/0 | ▽ 0/1 C | ▽ 0/0 C | ○ 0/0 C | | ▽ 0/0 | ○ 0/0 |
| | 10 | 이 동 경 | | | | | | | | | | |
| | 11 | 엄 원 상 | | △ 0/0 | △ 0/0 | △ 0/0 | △ 0/0 | △ 0/0 | △ 1/1 | △ 0/0 | ▽ 0/1 | |
| | 14 | 이 진 현 | ▽ 0/0 | ▽ 0/0 | ○ 0/0 | △ 0/0 | | △ 0/0 | | ○ 0/0 | △ 0/0 | ▽ 1/0 |
| | 16 | 이 희 균 | △ 0/0 | △ 0/0 | △ 0/0 | ▽ 0/0 | | | | ▽ 0/0 | | △ 0/0 |
| | 17 | 루 빅 손 | ○ 0/0 | ○ 0/0 | ○ 0/0 | △ 0/0 | ○ 1/0 | ○ 0/0 | ▽ 0/0 | | ○ 0/0 | ○ 0/0 |
| | 22 | 김 민 혁 | △ 0/0 | △ 0/0 | | | △ 0/0 CC | | | ▽ 0/0 C | | |
| | 27 | 이 청 용 | ▽ 0/0 | ○ 0/0 | ▽ 1/0 | ▽ 0/0 | ▽ 0/0 | ▽ 0/0 | ▽ 0/0 | | ▽ 1/0 | △ 0/0 |
| | 30 | 윤 재 석 | ▽ 0/0 | ▽ 0/0 | ▽ 0/0 | ▽ 0/0 C | ▽ 0/0 | ▽ 0/0 C | ▽ 0/0 | ▽ 0/0 | △ 0/0 | ▽ 0/0 |
| | 36 | 라 카 바 | △ 0/0 | △ 0/0 | △ 1/1 | △ 0/0 | △ 0/0 | △ 0/0 C | △ 0/0 | ○ 0/0 | △ 0/0 | |
| | 72 | 백 인 우 | | | | | | | | | | |
| | 97 | 에 릭 | ▽ 1/0 | ○ 0/0 C | ○ 1/0 | △ 0/0 | ▽ 1/0 | ▽ 0/0 C | ○ 2/0 | △ 1/0 | ▽ 0/0 | ○ 0/0 |
| FW | 9 | 말 컹 | | | | | | | | | | |
| | 18 | 허 율 | △ 0/0 | | | ▽ 0/0 | | △ 0/0 C | △ 0/0 | ○ 0/1 C | | |
| | 27 | 장 시 영 | | | | | | | | | | |
| | 99 | 야 고 | | | | | | | | | △ 0/0 | |

| 위치 | 배번 | 경기번호 | 132 | 136 | 142 | 119 | 147 | 154 | 160 | 163 | 170 | 177 |
|---|---|---|---|---|---|---|---|---|---|---|---|---|
| | | 날 짜 | 07.20 | 07.23 | 07.27 | 08.02 | 08.09 | 08.16 | 08.24 | 08.30 | 09.13 | 09.21 |
| | | 홈/원정 | 원정 | 홈 | 원정 | 홈 | 홈 | 원정 | 원정 | 홈 | 원정 | 홈 |
| | | 장 소 | 서울W | 문수 | 강릉 | 문수 | 문수 | 수원 | 서울W | 문수 | 포항 | 문수 |
| | | 상 대 | 서울 | 대전 | 강원 | 수원FC | 제주 | 수원FC | 서울 | 전북 | 포항 | 안양 |
| | | 결 과 | 패 | 패 | 무 | 패 | 승 | 패 | 패 | 패 | 무 | 무 |
| | | 점 수 | 0 : 1 | 1 : 2 | 2 : 2 | 2 : 3 | 1 : 0 | 2 : 4 | 2 : 3 | 0 : 2 | 1 : 1 | 0 : 0 |
| | | 승 점 | 30 | 30 | 31 | 31 | 34 | 34 | 34 | 34 | 35 | 36 |
| | | 슈팅수 | 8 : 6 | 14 : 16 | 10 : 13 | 15 : 16 | 20 : 5 | 20 : 18 | 13 : 7 | 12 : 14 | 5 : 9 | 7 : 13 |
| GK | 21 | 조 현 우 | ○ 0/0 | ○ 0/0 | ○ 0/0 C | ○ 0/0 | ○ 0/0 | ○ 0/0 | ○ 0/0 | ○ 0/0 | ○ 0/0 | ○ 0/0 |
| | 23 | 문 정 인 | | | | | | | | | | |
| DF | 2 | 조 현 택 | ▽ 0/0 | | | ▽ 1/0 | ▽ 0/0 | △ 0/0 | ○ 0/1 | ○ 0/0 | ▽ 0/0 | |
| | 3 | 강 민 우 | | | | | | | | | | |
| | 4 | 서 명 관 | ○ 0/0 C | ○ 0/0 | ○ 0/0 | △ 0/0 | △ 0/0 | ○ 0/0 | ○ 0/0 | | | |
| | 13 | 강 상 우 | △ 0/0 | ▽ 0/0 | ○ 0/0 | ○ 0/0 | △ 0/0 | △ 0/0 | △ 0/1 | ○ 0/0 | ○ 0/0 | ▽ 0/0 |
| | 15 | 정 승 현 | | | | ▽ 0/0 | ▽ 0/0 | | | ○ 0/0 C | ○ 0/0 C | ○ 0/0 |
| | 19 | 김 영 권 | ○ 0/0 C | ○ 0/0 | ▽ 0/0 | ○ 0/0 | | ▽ 0/0 | ▽ 0/0 | ▽ 0/0 | ○ 0/0 C | ○ 0/0 |
| | 24 | 윤 종 규 | | | | | | | | | | |
| | 26 | 박 민 서 | | ▽ 0/0 | | | | | | | | |
| | 28 | 이 재 익 | △ 0/0 C | ○ 0/0 C | ○ 0/0 C | | ○ 0/0 | △ 0/0 | | ○ 0/0 | | |
| | 66 | 트로야크 | ▽ 0/0 | | | | ○ 0/0 | ○ 0/0 | | | ○ 0/0 | ○ 0/0 C |
| | 90 | 황 석 호 | | | | | | | | | | |
| | 96 | 최 석 현 | | △ 0/0 | △ 0/0 C | △ 0/0 | ▽ 0/0 | ▽ 0/0 | △ 0/0 C | | | △ 0/0 |
| MF | 5 | 정 우 영 | | △ 0/0 | | | | | | △ 0/0 | | |
| | 6 | 보야니치 | ▽ 0/0 | ▽ 0/0 | ▽ 0/1 | ○ 0/0 | | ○ 0/0 | △ 0/0 | △ 0/0 | △ 0/0 | △ 0/0 |
| | 7 | 고 승 범 | ▽ 0/0 C | | ○ 0/0 | ○ 1/1 | ○ 0/0 | ○ 0/0 | ○ 1/0 C | ▽ 0/0 C | ▽ 0/0 | ○ 0/0 |
| | 10 | 이 동 경 | | | | | | | | | | |
| | 11 | 엄 원 상 | | △ 0/0 | △ 0/0 | | | | | | △ 0/0 | △ 0/0 |
| | 14 | 이 진 현 | ○ 0/0 | ○ 0/0 | ▽ 0/0 | | ○ 0/0 | △ 0/0 | ○ 0/0 | △ 0/0 | ○ 0/1 | ▽ 0/0 |
| | 16 | 이 희 균 | | | | | | | △ 0/0 | ▽ 0/0 C | △ 0/0 | △ 0/0 C |
| | 17 | 루 빅 손 | ○ 0/0 | ○ 0/1 | ○ 0/0 | ▽ 0/0 | △ 1/0 | ○ 1/0 | ○ 0/0 | ○ 0/0 | △ 0/0 | ○ 0/0 C |
| | 22 | 김 민 혁 | | | △ 0/0 | ▽ 0/0 C | | | ▽ 0/0 | | | |
| | 27 | 이 청 용 | | | | △ 0/0 | △ 0/0 | ▽ 0/0 | | | | |
| | 30 | 윤 재 석 | ▽ 0/0 | | | ▽ 0/0 | ▽ 0/0 | ▽ 0/0 | ▽ 0/0 | △ 0/0 C | ▽ 0/0 | |
| | 36 | 라 카 바 | △ 0/0 | △ 0/0 | △ 0/1 | △ 0/0 | | | ◈ 0/0 | | | |
| | 72 | 백 인 우 | △ 0/0 | ▽ 0/0 | ▽ 0/0 | | | | | | | ▽ 0/0 |
| | 97 | 에 릭 | ○ 0/0 | ▽ 1/0 | ▽ 0/0 | ○ 0/0 | ○ 0/0 | △ 0/0 | ○ 1/0 | ▽ 0/0 | ▽ 0/0 | ▽ 0/0 |
| FW | 9 | 말 컹 | △ 0/0 | △ 0/0 | △ 2/0 | △ 0/0 | ▽ 0/0 | ▽ 1/0 | | ▽ 0/0 | | |
| | 18 | 허 율 | | | | | △ 0/0 | | ▽ 0/0 | △ 0/0 | ○ 1/0 | ○ 0/0 |
| | 27 | 장 시 영 | | | | | | | | | | |
| | 99 | 야 고 | | | | | | | | | | |
| | | | | | | | | | | | | |

선수자료 : 득점/도움 ○ = 선발출전 △ = 교체 IN ▽ = 교체 OUT ◈ = 교체 IN/OUT C = 경고 S = 퇴장

| 위치 | 배번 | 경기번호 | 183 | 189 | 193 | 202 | 208 | 216 | 220 | 225 | | |
|---|---|---|---|---|---|---|---|---|---|---|---|---|
| | | 날 짜 | 09.27 | 10.05 | 10.18 | 10.26 | 11.01 | 11.09 | 11.22 | 11.30 | | |
| | | 홈/원정 | 원정 | 원정 | 홈 | 홈 | 원정 | 홈 | 원정 | 홈 | | |
| | | 장 소 | 대구전 | 김천 | 문수 | 문수 | 안양 | 문수 | 광주W | 문수 | | |
| | | 상 대 | 대구 | 김천 | 광주 | 대구 | 안양 | 수원FC | 광주 | 제주 | | |
| | | 결 과 | 무 | 패 | 승 | 무 | 패 | 승 | 패 | 패 | | |
| | | 점 수 | 1 : 1 | 0 : 3 | 2 : 0 | 1 : 1 | 1 : 3 | 1 : 0 | 0 : 2 | 0 : 1 | | |
| | | 승 점 | 37 | 37 | 40 | 41 | 41 | 44 | 44 | 44 | | |
| | | 슈팅수 | 9 : 15 | 8 : 18 | 12 : 13 | 15 : 6 | 8 : 19 | 9 : 16 | 6 : 7 | 11 : 5 | | |
| GK | 21 | 조 현 우 | ○ 0/0 | ○ 0/0 | ○ 0/0 C | ○ 0/0 | ○ 0/0 | ○ 0/0 | ○ 0/0 | ○ 0/0 | | |
| | 23 | 문 정 인 | | | | | | | | | | |
| DF | 2 | 조 현 택 | | | | | △ 0/0 | ▽ 0/0 | ○ 0/0 | ▽ 0/0 | | |
| | 3 | 강 민 우 | | | | | | | | | | |
| | 4 | 서 명 관 | | | | ○ 0/0 C | | △ 0/0 | | | | |
| | 13 | 강 상 우 | ▽ 0/0 | △ 0/0 C | ○ 0/0 | ○ 0/0 | ▽ 0/0 C | | | | | |
| | 15 | 정 승 현 | ○ 0/0 C | ○ 0/0 | ○ 0/0 | ○ 0/0 | ○ 0/0 C | ○ 0/0 | ○ 0/0 | ○ 0/0 | | |
| | 19 | 김 영 권 | ○ 0/0 | ○ 0/0 | ○ 0/0 | | ○ 0/0 | ○ 0/0 | ○ 0/0 | ○ 0/0 | | |
| | 24 | 윤 종 규 | | | | | | ▽ 0/0 | ○ 0/0 | ○ 0/0 C | | |
| | 26 | 박 민 서 | ▽ 0/0 C | ○ 0/0 | ○ 0/0 | ○ 0/0 | ▽ 0/0 C | △ 0/0 | | △ 0/0 | | |
| | 28 | 이 재 익 | | | | | | | | | | |
| | 66 | 트로야크 | ○ 0/0 | | | | △ 0/0 | △ 0/0 | △ 0/0 | △ 0/0 | | |
| | 90 | 황 석 호 | | | | | | | | | | |
| | 96 | 최 석 현 | △ 0/0 | ▽ 0/0 | | | △ 0/0 | | | | | |
| MF | 5 | 정 우 영 | | | ▽ 0/0 | ▽ 0/0 | | ▽ 0/0 C | ▽ 0/0 | ▽ 0/0 | | |
| | 6 | 보야니치 | ▽ 0/0 | ○ 0/0 | △ 0/0 | △ 0/0 | ▽ 0/0 | | | △ 0/0 | | |
| | 7 | 고 승 범 | ○ 0/0 C | | ○ 0/0 | ○ 0/0 | ○ 1/0 | | | ○ 0/0 | | |
| | 10 | 이 동 경 | | | | | ○ 0/1 | ○ 0/0 | | | | |
| | 11 | 엄 원 상 | △ 0/1 | △ 0/0 | △ 0/0 | △ 0/1 | △ 0/0 | △ 0/0 | △ 0/0 | ◈ 0/0 | | |
| | 14 | 이 진 현 | △ 0/0 | ○ 0/0 | △ 0/0 | | | | | | | |
| | 16 | 이 희 균 | △ 0/0 | △ 0/0 | △ 0/0 | | ▽ 0/0 | | △ 0/0 | △ 0/0 | | |
| | 17 | 루 빅 손 | △ 0/0 | ▽ 0/0 | ▽ 1/0 | ▽ 0/0 | | ○ 1/0 | ○ 0/0 | ○ 0/0 C | | |
| | 22 | 김 민 혁 | | | | △ 0/0 | ○ 0/0 CC | | ▽ 0/0 | | | |
| | 27 | 이 청 용 | | | △ 1/0 C | △ 1/0 | | △ 0/1 | △ 0/0 | △ 0/0 | | |
| | 30 | 윤 재 석 | | △ 0/0 | ▽ 0/0 | ▽ 0/0 | | ▽ 0/0 | ▽ 0/0 | ▽ 0/0 | | |
| | 36 | 라 카 바 | | ▽ 0/0 | | | | | | | | |
| | 72 | 백 인 우 | ▽ 1/0 | ○ 0/0 | ▽ 0/0 | ▽ 0/0 | ▽ 0/0 | ▽ 0/0 | ▽ 0/0 | ▽ 0/0 | | |
| | 97 | 에 릭 | ▽ 0/0 | | ▽ 0/0 C | ▽ 0/0 | | | | | | |
| FW | 9 | 말 컹 | | | | | △ 0/0 | | △ 0/0 | | | |
| | 18 | 허 율 | ○ 0/0 | ▽ 0/0 | | △ 0/0 | | ○ 0/0 C | ▽ 0/0 | ▽ 0/0 C | | |
| | 27 | 장 시 영 | | | | | | | | | | |
| | 99 | 야 고 | | | | | | | | | | |

# 수 원 FC

**창단년도_** 2003년
**전화_** 031-228-4521~3
**팩스_** 031-228-4458
**홈페이지_** https://www.suwonfc.com
**유튜브_** https://www.youtube.com/@TheSuwonFC
**인스타그램_** https://www.instagram.com/suwonfc/
**페이스북_** https://www.facebook.com/suwonfc2003
**주소_** 우 16308 경기도 수원시 장안구 경수대로 893 수원종합운동장 내
Suwon Sports Complex, 893, Gyeongsu-daero, Jangan-gu, Suwon-si, Gyeonggi-do, KOREA 16308

## 연혁

2003 수원시청축구단 창단
제49회 경기도체육대회 우승
인터막스 K2 전기리그 6위
인터막스 K2 후기리그 3위
제8회 하나은행 FA컵 16강

2004 제52회 대통령배 전국축구대회 16강
제50회 경기도체육대회 우승
현대자동차 K2 전기리그 5위
2004 K2 선수권대회 준우승
제9회 하나은행 FA컵 16강
현대자동차 K2 후기리그 3위

2005 제53회 대통령배 전국축구대회 16강
제51회 경기도체육대회 우승
국민은행 K2 전기리그 우승
생명과학기업 STC 2005 K2 선수권대회 우승
국민은행 K2 챔피언결정전 준우승 / 후기리그 5위

2006 제54회 대통령배 전국축구대회 8강
제52회 경기도체육대회 우승
STC내셔널리그 전기리그 6위
제87회 전국체육대회 축구 준우승
STC내셔널리그 후기리그 3위

2007 제55회 대통령배 전국축구대회 우승
제53회 경기도체육대회 우승
KB국민은행 내셔널리그 전기리그 4위
한국수력원자력 2007내셔널축구 선수권대회 우승
제88회 전국체육대회 축구 준우승
KB국민은행 내셔널리그 챔피언결정전 준우승
KB국민은행 내셔널리그 후기리그 우승

2008 제56회 대통령배 전국축구대회 16강
제54회 경기도 체육대회 우승
KB국민은행 내셔널리그 전기리그 3위
KB국민은행 내셔널리그 챔피언결정전 준우승
KB국민은행 내셔널리그 후기리그 우승

2009 교보생명 내셔널리그 통합1위 / 후기리그 준우승

2010 제56회 경기도 체육대회 축구 준우승
대한생명 내셔널리그 통합우승 / 후기리그 준우승

2011 제57회 경기도 체육대회 축구 우승
제92회 전국체육대회 일반부 우승

2012 우리은행 2012 내셔널축구선수권대회 우승
프로축구 2부 리그 참가 확정

2013 현대오일뱅크 K리그 챌린지 참가
제18회 하나은행 FA컵 8강 진출(챌린지팀 중 유일)
현대오일뱅크 K리그 챌린지 4위

2014 제19회 하나은행 FA컵 16강 진출
현대오일뱅크 K리그 챌린지 정규리그 6위

2015 제4대 김춘호 이사장 취임
현대오일뱅크 K리그 챌린지 2위(K리그 클래식 승격)

2016 현대오일뱅크 K리그 클래식 12위

2017 캐치프레이즈 'RISE AGAIN' 선정
김대의 감독 선임
KEB하나은행 K리그 챌린지 2017 6위

2018 KEB하나은행 K리그2 2018 7위

2019 하나원큐 K리그2 2019 8위

2020 김도균 감독 선임
하나원큐 K리그2 2020 2위(K리그1 승격)

2021 하나원큐 K리그1 2020 스플릿A 진출, 4위

2022 김도균 감독 재계약
하나원큐 K리그1 2022 7위

2023 최순호 단장 선임
하나원큐 K리그1 2023 11위

2024 김은중 감독 선임
하나은행 K리그1 2024 5위
구단 통산 K리그 역대 최다승점 기록

2025 하나은행 K리그1 2025 10위

## 2025년 선수명단

대표이사 _ 강문식　단장_ 최순호　감독 _ 김은중
수석코치_ 김태민　코치_ 이상돈 · 양동현　골키퍼코치_ 김호준　피지컬코치 _ 이거성
스카우터_ 김영근　의무트레이너_ 김정원 · 황건하 · 임재영 · 최정호　전력분석관_ 채봉주　선수단 매니저_ 이누리

| 포지션 | 선수명 | | 생년월일 | 출신교 | 키(cm) / 몸무게(kg) |
|---|---|---|---|---|---|
| GK | 황재윤 | 黃在閏 | 2003.03.18 | 고려대 | 187 / 83 |
| | 안준수 | 安俊洙 | 1998.01.28 | 동국대 | 187 / 75 |
| | 백승민 | 白承民 | 2003.04.15 | 숭실대 | 187 / 78 |
| | 주호연 | 朱淏淵 | 2003.01.23 | 제주국제대 | 189 / 80 |
| | 문정우 | 文頂于 | 2007.03.03 | 삼일공고 | 192 / 82 |
| DF | 이　용 | 李鎔 | 1986.12.24 | 중앙대 | 180 / 74 |
| | 김태한 | 金台翰 | 1996.02.24 | 한양대 | 184 / 76 |
| | 이현용 | 李弦容 | 2003.12.29 | 홍익대 | 188 / 87 |
| | 최규백 | 崔圭伯 | 1994.01.23 | 대구대 | 188 / 80 |
| | 황인택 | 黃仁澤 | 2003.04.01 | 매탄고 | 183 / 74 |
| | 이지솔 | 李志率 | 1999.07.09 | 언남고 | 185 / 80 |
| | 장영우 | 張永祐 | 2002.08.21 | 보인고 | 178 / 75 |
| | 김대현 | 金垈泫 | 2002.06.01 | 중앙대 | 187 / 85 |
| | 김재성 | 金哉成 | 1999.07.15 | 동국대 | 180 / 76 |
| | 김은겸 | 金恩謙 | 2004.04.14 | 광운대 | 177 / 68 |
| | 이택근 | 李宅根 | 2001.12.15 | 용인대 | 176 / 67 |
| | 한상규 | 韓相規 | 2005.08.05 | 수원공고 | 191 / 83 |
| | 신일연 | 申一然 | 2005.07.17 | 신평고 | 174 / 57 |
| | 이시영 | 李時榮 | 1997.04.21 | 전주대 | 172 / 70 |
| | 안현범 | 安鉉範 | 1994.12.21 | 동국대 | 178 / 72 |
| MF | 이재원 | 李在元 | 1997.02.21 | 경희대 | 173 / 66 |
| | 노경호 | 盧京鎬 | 2000.07.05 | 조선대 | 172 / 70 |
| | 윤빛가람 | 尹빛가람 | 1990.05.07 | 부산외국어대 | 178 / 75 |
| | 안드리고 | Andrigo Oliveira de Araújo | 1995.02.27 | *브라질 | 173 / 70 |
| | 조준현 | 趙潤鎬 | 2004.02.04 | 숭실대 | 182 / 75 |
| | 한찬희 | 韓贊熙 | 1997.03.17 | 광양제철고 | 181 / 78 |
| | 서재민 | 徐在民 | 1997.12.04 | 연세대 | 171 / 67 |
| | 권도영 | 權徒煐 | 2003.03.05 | 한양대 | 185 / 80 |
| | 권기현 | 權奇賢 | 2004.05.14 | 제주한라대 | 172 / 64 |
| | 장윤호 | 張潤鎬 | 1996.08.25 | 전주영생고 | 178 / 68 |
| | 이요셉 | 李요셉 | 2000.03.28 | 전주대 | 177 / 70 |
| | 이윤건 | 李尹建 | 2005.02.27 | 제주제일고 | 176 / 68 |
| | 김도윤 | 金度潤 | 2005.05.18 | 수원FC U-18 | 171 / 62 |
| | 김원형 | 金原形 | 2005.03.21 | 장훈고 | 172 / 63 |
| | 이시명 | 李恃銘 | 2006.06.21 | 신평고 | 185 / 77 |
| | 염도현 | 廉到玹 | 2006.05.08 | 진위고 | 180 / 70 |
| | 루　안 | Luan Dias da Silva | 1997.07.31 | *브라질 | 181 / 75 |
| FW | 싸　박 | Pablo David Sabbag Daccarett | 1997.06.11 | *시리아 / 콜롬비아 | 190 / 88 |
| | 이준석 | 李俊石 | 2000.04.07 | 대건고 | 180 / 75 |
| | 박용희 | 朴鏞熹 | 2002.03.29 | 홍익대 | 180 / 73 |
| | 정승배 | 丁升培 | 2003.11.09 | 한남대 | 172 / 70 |
| | 강민성 | 姜旻成 | 2005.03.22 | 삼일공고 | 180 / 75 |
| | 최치웅 | 崔治雄 | 2001.07.24 | 숭실대 | 191 / 78 |
| | 이대광 | 李大光 | 2003.02.23 | 광운대 | 182 / 77 |
| | 윌리안 | Willyan da Silva Barbosa | 1994.02.17 | *브라질 | 170 / 69 |
| | 양우진 | 梁優珍 | 2006.11.29 | 안양공고 | 171 / 56 |
| | 최　산 | 崔山 | 2006.05.15 | 수원공고 | 181 / 70 |
| | 백　경 | 白卿 | 2007.04.12 | 삼일공고 | 184 / 67 |
| | 김경민 | 金烱珉 | 1997.01.22 | 전주대 | 185 / 78 |

## 2025년 개인기록_ K리그1

| 위치 | 배번 | 경기번호 | 03 | 09 | 16 | 19 | 28 | 34 | 40 | 43 | 51 | 55 |
|---|---|---|---|---|---|---|---|---|---|---|---|---|
| | | 날 짜 | 02.15 | 02.22 | 03.02 | 03.08 | 03.16 | 03.30 | 04.05 | 04.12 | 04.19 | 04.26 |
| | | 홈/원정 | 원정 | 원정 | 원정 | 홈 | 홈 | 원정 | 홈 | 홈 | 원정 | 홈 |
| | | 장 소 | 광주W | 대구전 | 대전W | 수원 | 수원 | 제주W | 수원 | 수원 | 안양 | 수원 |
| | | 상 대 | 광주 | 대구 | 대전 | 서울 | 울산 | 제주 | 포항 | 김천 | 안양 | 전북 |
| | | 결 과 | 무 | 패 | 패 | 무 | 무 | 패 | 무 | 승 | 패 | 패 |
| | | 점 수 | 0 : 0 | 1 : 3 | 0 : 1 | 0 : 0 | 1 : 1 | 0 : 1 | 1 : 1 | 3 : 2 | 1 : 3 | 1 : 2 |
| | | 승 점 | 1 | 1 | 1 | 2 | 3 | 3 | 4 | 7 | 7 | 7 |
| | | 슈팅수 | 5 : 7 | 5 : 20 | 6 : 15 | 10 : 10 | 6 : 20 | 7 : 9 | 17 : 13 | 13 : 12 | 14 : 13 | 10 : 7 |
| GK | 1 | 황재윤 | | | | | | | | | | |
| | 23 | 안준수 | ○ 0/0 | ○ 0/0 C | ○ 0/0 | ○ 0/0 | ○ 0/0 | ○ 0/0 C | ○ 0/0 | ○ 0/0 | ○ 0/0 | ○ 0/0 |
| DF | 2 | 이 용 | ○ 0/0 | ○ 0/0 | ○ 0/0 | ○ 0/0 | ○ 0/0 | ○ 0/0 | | | ▽ 0/0 | |
| | 4 | 김태한 | ○ 0/0 | | | | | △ 0/0 | ○ 0/0 | ○ 0/0 | ○ 0/0 | ○ 0/0 |
| | 5 | 이현용 | | △ 0/0 | ○ 0/0 | ○ 0/0 | ○ 0/0 | | ○ 0/0 | ○ 1/0 C | ○ 0/0 | ○ 0/0 |
| | 6 | 최규백 | ○ 0/0 | ○ 0/0 | | | | ▽ 0/0 | | | | |
| | 13 | 황인택 | | | | △ 0/0 | | △ 0/0 | △ 0/0 | | | |
| | 20 | 이지솔 | | ▽ 0/0 | ○ 0/0 | ○ 0/0 | ○ 0/0 | ○ 0/0 C | ○ 0/0 C | ○ 0/0 | ○ 0/0 | ○ 0/0 |
| | 22 | 장영우 | | | | | | | | | | |
| | 28 | 김재성 | | | ○ 0/0 | ▽ 0/0 | ▽ 0/0 | △ 0/0 | | △ 0/0 | △ 0/0 | ▽ 0/0 |
| | 33 | 이택근 | | | | | | | △ 0/0 | ▽ 0/0 | | △ 1/0 |
| | 34 | 박철우 | | ○ 0/0 | ○ 0/0 | ▽ 0/0 | △ 0/0 | | | | | |
| | 71 | 김주엽 | ▽ 0/0 | ▽ 0/0 | ▽ 0/0 | | | | | | | △ 0/0 |
| | 72 | 이시영 | | | | | | | | | | |
| | 94 | 안현범 | | | | | | | | | | |
| | 99 | 아반다 | △ 0/0 | | | | | | ▽ 0/1 | ▽ 0/0 | △ 0/0 | |
| MF | 7 | 이재원 | ○ 0/0 | | | △ 0/0 | ○ 0/0 C | ○ 0/0 | ○ 0/0 | ▽ 0/0 | ▽ 0/0 | ○ 0/0 C |
| | 8 | 노경호 | ○ 0/0 C | ○ 0/0 C | | | △ 0/0 | | △ 0/0 | △ 0/0 | | △ 0/0 |
| | 14 | 윤빛가람 | △ 0/0 | ○ 0/0 | ○ 0/0 | ○ 0/0 C | | | ○ 0/0 | ○ 1/0 | ○ 0/0 | |
| | 15 | 안드리고 | | | | | | | | | | |
| | 16 | 조준현 | | | | | | | | | | |
| | 18 | 한찬희 | | | | | | | | | | |
| | 21 | 서재민 | ▽ 0/0 | ▽ 0/0 | | | ▽ 0/0 | ▽ 0/0 | ▽ 0/0 | △ 0/0 | ▽ 0/0 | ▽ 0/0 |
| | 25 | 권도영 | | | | | | ▽ 0/0 | | | | |
| | 34 | 장윤호 | | ▽ 0/0 | | △ 0/0 | △ 0/0 | | | | | |
| | 40 | 김도윤 | | | | | | | | | | |
| | 97 | 루 안 | | | △ 0/0 | ▽ 0/0 | ▽ 1/0 C | ○ 0/0 | ▽ 0/0 | ▽ 0/0 | ▽ 0/0 | ▽ 0/0 C |
| FW | 9 | 싸 박 | △ 0/0 | △ 0/0 | ▽ 0/0 | | | △ 0/0 | ▽ 1/0 | ○ 1/0 | ○ 1/0 | ○ 0/0 |
| | 10 | 지동원 | ▽ 0/0 | △ 0/1 | △ 0/0 | ▽ 0/0 | ○ 0/0 | ▽ 0/0 | | | | |
| | 11 | 이준석 | | | △ 0/0 | △ 0/0 | | | △ 0/0 | | | ▽ 0/0 |
| | 17 | 박용희 | | △ 0/0 | ◆ 0/0 | ▽ 0/0 | ▽ 0/0 | ▽ 0/0 | | | | |
| | 19 | 정승배 | | | | | | | | | △ 0/0 | |
| | 30 | 최치웅 | | | | | | | | | | |
| | 44 | 윌리안 | | | | | | | | | | |
| | 47 | 최 산 | ▽ 0/0 | ▽ 0/0 | | | | | | | | |
| | 70 | 안데르손 | ○ 0/0 | △ 1/0 | ○ 0/0 | ○ 0/0 | ○ 0/1 | ○ 0/0 | ○ 0/0 | ○ 0/2 | ○ 0/0 | ○ 0/0 |
| | 77 | 오프키르 | △ 0/0 | | ▽ 0/0 | △ 0/0 | △ 0/0 | △ 0/0 C | | △ 0/0 | △ 0/0 | △ 0/0 |
| | 79 | 김경민 | | | | | | | | | | |

선수자료 : 득점/도움 ○ = 선발출전 △ = 교체 IN ▽ = 교체 OUT ◆ = 교체 IN/OUT C = 경고 S = 퇴장

| 위치 | 배번 | 경기번호 | 66 | 72 | 73 | 84 | 87 | 91 | 100 | 106 | 110 | 123 |
|---|---|---|---|---|---|---|---|---|---|---|---|---|
| | | 날 짜 | 05.03 | 05.06 | 05.10 | 05.18 | 05.24 | 05.27 | 06.01 | 06.14 | 06.17 | 06.28 |
| | | 홈/원정 | 원정 | 홈 | 원정 | 홈 | 원정 | 홈 | 원정 | 홈 | 원정 | 홈 |
| | | 장 소 | 춘천 | 수원 | 포항 | 수원 | 서울W | 수원 | 김천 | 수원 | 전주W | 수원 |
| | | 상 대 | 강원 | 대구 | 포항 | 대전 | 서울 | 제주 | 김천 | 안양 | 전북 | 강원 |
| | | 결 과 | 무 | 승 | 패 | 승 | 무 | 패 | 무 | 패 | 패 | 패 |
| | | 점 수 | 0 : 0 | 2 : 1 | 0 : 2 | 3 : 0 | 1 : 1 | 0 : 1 | 1 : 1 | 1 : 2 | 2 : 3 | 1 : 2 |
| | | 승 점 | 8 | 11 | 11 | 14 | 15 | 15 | 16 | 16 | 16 | 16 |
| | | 슈팅수 | 11 : 12 | 14 : 9 | 4 : 8 | 30 : 6 | 7 : 17 | 9 : 9 | 10 : 7 | 12 : 13 | 10 : 9 | 21 : 9 |
| GK | 1 | 황 재 윤 | | | | | | | | | | |
| | 23 | 안 준 수 | ○ 0/0 | ○ 0/0 C | ○ 0/0 | ○ 0/0 | ○ 0/0 | ○ 0/0 | ○ 0/0 | ○ 0/0 | ○ 0/0 C | ○ 0/0 C |
| DF | 2 | 이 용 | | | | | | | | | | |
| | 4 | 김 태 한 | ○ 0/0 C | ○ 0/0 | | ○ 0/0 | ○ 0/0 | ○ 0/0 | ○ 0/0 | ▽ 0/0 | ○ 0/0 | ○ 0/0 |
| | 5 | 이 현 용 | ○ 0/0 | ○ 0/0 | ○ 0/0 | | ○ 0/0 | ○ 0/0 | ○ 0/0 | ○ 0/0 | △ 0/0 | △ 0/0 |
| | 6 | 최 규 백 | ○ 0/0 | ○ 0/0 | ○ 0/0 C | ○ 1/0 | ○ 0/0 | ○ 0/0 | ○ 0/0 | ○ 0/0 | ○ 0/0 | ○ 0/0 |
| | 13 | 황 인 택 | | | | | | | ▽ 0/0 | | △ 0/0 | |
| | 20 | 이 지 솔 | | △ 0/0 | ○ 0/0 | ○ 0/0 | | | | △ 0/0 | ○ 0/0 | ▽ 0/0 |
| | 22 | 장 영 우 | △ 0/0 | △ 0/0 | ▽ 0/0 | | | ▽ 0/0 | | | | ▽ 0/0 |
| | 28 | 김 재 성 | ▽ 0/0 | △ 0/0 | △ 0/0 | △ 0/0 | | | △ 0/0 | △ 0/0 | | |
| | 33 | 이 택 근 | ▽ 0/0 | ▽ 0/0 | ▽ 0/0 | △ 0/1 | △ 0/0 | △ 0/0 | △ 0/0 | △ 0/0 | | |
| | 34 | 박 철 우 | | | | | | | | | | |
| | 71 | 김 주 엽 | | | | △ 0/0 | ▽ 0/0 | | | | | |
| | 72 | 이 시 영 | | | | | | | | | | |
| | 94 | 안 현 범 | | | | | | | | | | △ 0/0 |
| | 99 | 아 반 다 | ▽ 0/0 | | | | | | | | | |
| MF | 7 | 이 재 원 | ○ 0/0 | ○ 0/0 | ▽ 0/0 | ▽ 0/0 | ○ 0/0 | △ 0/0 | ▽ 0/0 | ▽ 0/0 | ▽ 0/0 C | ▽ 0/0 |
| | 8 | 노 경 호 | | ○ 0/0 | ▽ 0/0 | ▽ 0/0 C | ○ 0/0 C | ▽ 0/0 | ▽ 0/0 | ○ 1/0 | ○ 0/0 | |
| | 14 | 윤빛가람 | | | | | | | | | | |
| | 15 | 안드리고 | | | | | | | | | | |
| | 16 | 조 준 현 | | | | | | | | | | |
| | 18 | 한 찬 희 | | | | | | | | | | |
| | 21 | 서 재 민 | △ 0/0 | ▽ 0/0 | △ 0/0 | ▽ 0/0 | ▽ 0/0 | | | ▽ 0/0 | ▽ 0/0 | △ 0/0 |
| | 25 | 권 도 영 | | | | | | | | | | |
| | 34 | 장 윤 호 | | | | | ▽ 0/1 | ▽ 0/0 C | | | △ 0/0 | ▽ 0/0 |
| | 40 | 김 도 윤 | | | | ▽ 0/0 | ▽ 0/0 | ▽ 0/0 | △ 0/0 | | ▽ 1/0 | ▽ 0/0 |
| | 97 | 루 안 | ○ 0/0 | ▽ 0/0 C | ▽ 0/0 | ○ 0/0 | △ 0/0 C | ○ 0/0 | ○ 0/0 | ○ 0/0 | ▽ 0/0 | ○ 1/0 |
| FW | 9 | 싸 박 | ○ 0/0 C | ▽ 1/0 C | ○ 0/0 | ▽ 0/0 C | | △ 0/0 | ▽ 0/0 | ▽ 0/0 | ▽ 1/1 | ○ 0/0 |
| | 10 | 지 동 원 | ◈ 0/0 | | | | | | | | | △ 0/0 |
| | 11 | 이 준 석 | | | | | | | | | | |
| | 17 | 박 용 희 | | △ 0/0 | △ 0/0 | | △ 0/0 | △ 0/0 | ▽ 0/0 | ▽ 0/0 | | |
| | 19 | 정 승 배 | | △ 0/0 | △ 0/0 | △ 0/0 | | △ 0/0 | △ 1/0 | △ 0/0 | △ 0/0 | △ 0/0 |
| | 30 | 최 치 웅 | | | △ 0/0 | △ 0/0 | △ 0/0 C | ▽ 0/0 | △ 0/0 | △ 0/0 | △ 0/0 | |
| | 44 | 윌 리 안 | | | | | | | | | | |
| | 47 | 최 산 | | | | | | | | | | |
| | 70 | 안데르손 | ○ 0/0 | ▽ 1/0 | ○ 0/0 | ○ 2/1 | △ 1/0 | ○ 0/0 | ○ 0/1 | ○ 0/0 | ○ 0/0 | ○ 0/1 |
| | 77 | 오프키르 | △ 0/0 | | | | ▽ 0/0 | | | | | |
| | 79 | 김 경 민 | | | | | | | | | | |

| 위치 | 배번 | 경기번호 | 127 | 133 | 140 | 119 | 150 | 154 | 157 | 164 | 174 | 178 |
|---|---|---|---|---|---|---|---|---|---|---|---|---|
| | | 날 짜 | 07.18 | 07.22 | 07.26 | 08.02 | 08.10 | 08.16 | 08.23 | 08.30 | 09.14 | 09.21 |
| | | 홈/원정 | 홈 | 원정 | 홈 | 원정 | 원정 | 홈 | 원정 | 원정 | 홈 | 홈 |
| | | 장 소 | 수원 | 포항 | 수원 | 문수 | 대전W | 수원 | 김천 | 대구전 | 수원 | 수원 |
| | | 상 대 | 광주 | 포항 | 안양 | 울산 | 대전 | 울산 | 김천 | 대구 | 광주 | 강원 |
| | | 결 과 | 승 | 승 | 승 | 승 | 패 | 승 | 패 | 패 | 패 | 승 |
| | | 점 수 | 2 : 1 | 5 : 1 | 2 : 1 | 3 : 2 | 2 : 3 | 4 : 2 | 2 : 3 | 1 : 3 | 2 : 4 | 1 : 0 |
| | | 승 점 | 19 | 22 | 25 | 28 | 28 | 31 | 31 | 31 | 31 | 34 |
| | | 슈팅수 | 10 : 10 | 14 : 7 | 16 : 15 | 16 : 15 | 11 : 12 | 18 : 20 | 14 : 14 | 7 : 11 | 13 : 11 | 8 : 14 |
| GK | 1 | 황재윤 | ○ 0/0 | | | | | ○ 0/0 C | ○ 0/0 | | | ○ 0/0 C |
| | 23 | 안준수 | | ○ 0/0 | ○ 0/0 | ○ 0/0 | ○ 0/0 | | | ○ 0/0 | ○ 0/0 | |
| DF | 2 | 이 용 | ▽ 0/0 | | ○ 0/0 | ▽ 0/0 | ○ 0/1 | ○ 0/0 | ▽ 0/0 | ▽ 0/0 C | ○ 0/0 | ○ 0/0 |
| | 4 | 김태한 | | ○ 0/0 | | ○ 0/0 C | ○ 0/0 | ○ 0/0 | ○ 0/0 | ○ 0/0 | ○ 0/0 | ○ 0/0 |
| | 5 | 이현용 | △ 0/0 | ○ 0/0 | ▽ 0/0 | | | | △ 0/0 | △ 0/0 | | ○ 0/0 |
| | 6 | 최규백 | ○ 0/0 | △ 0/0 | ○ 0/1 | △ 0/0 | △ 0/0 | ○ 0/0 | ○ 0/0 | | ○ 0/0 | △ 0/0 |
| | 13 | 황인택 | | | | | | | | | | |
| | 20 | 이지솔 | ○ 0/0 C | ▽ 1/0 | △ 0/0 | ○ 0/0 | ▽ 0/0 C | | | ○ 0/0 C | | |
| | 22 | 장영우 | | | | | | | | | | |
| | 28 | 김재성 | | | | | | | | | | |
| | 33 | 이택근 | | | | | | | | | | |
| | 34 | 박철우 | | | | | | | | | | |
| | 71 | 김주엽 | | | | | | | | | | |
| | 72 | 이시영 | ▽ 0/0 | | ○ 0/0 | ○ 0/0 | ○ 0/0 C | △ 0/0 | △ 0/1 | ○ 0/0 | ▽ 0/0 | ○ 0/0 |
| | 94 | 안현범 | ▽ 0/0 | △ 1/1 | ▽ 0/0 | △ 0/0 C | ▽ 0/0 | △ 0/0 | △ 0/0 | △ 0/0 | ▽ 0/0 | △ 0/0 |
| | 99 | 아반다 | | | | | | | | | | |
| MF | 7 | 이재원 | ○ 0/0 | ▽ 0/0 | ○ 0/0 | ○ 0/0 | ▽ 0/0 C | ○ 0/0 | ○ 0/0 | ○ 0/0 | ○ 0/0 C | |
| | 8 | 노경호 | | | | | | △ 1/0 | △ 0/0 | ▽ 0/0 | △ 0/0 | ▽ 0/0 |
| | 14 | 윤빛가람 | | | | | | | | | | |
| | 15 | 안드리고 | △ 0/0 | ▽ 0/1 | △ 0/0 | ▽ 0/1 | △ 0/0 | ▽ 0/0 C | ▽ 0/0 | ▽ 0/0 | △ 0/0 | ▽ 0/0 |
| | 16 | 조준현 | | | | | | | | | | △ 0/0 |
| | 18 | 한찬희 | ▽ 0/0 | ○ 0/0 | △ 0/0 | ▽ 0/0 | ▽ 0/0 | ○ 0/0 | ▽ 0/0 | ▽ 0/0 | ▽ 0/0 | ○ 0/0 |
| | 21 | 서재민 | △ 0/1 | ○ 0/0 | | | | ▽ 0/0 | ▽ 0/0 | | △ 0/0 | |
| | 25 | 권도영 | | | | | | | | | | |
| | 34 | 장윤호 | | | | | | | | △ 0/0 | | |
| | 40 | 김도윤 | | | | ▽ 0/0 | ▽ 0/0 | | | | | △ 0/0 |
| | 97 | 루 안 | ○ 0/0 | △ 0/0 | ○ 0/0 | △ 0/0 | ○ 1/0 | ▽ 0/0 | ○ 1/0 | ○ 0/0 | ○ 0/0 | ▽ 0/0 |
| FW | 9 | 싸 박 | △ 0/0 | ▽ 1/0 | ○ 1/0 C | ○ 2/0 | ○ 1/0 | ○ 2/1 | ○ 0/0 C | | ○ 1/0 | ▽ 0/0 |
| | 10 | 지동원 | ▽ 0/0 | △ 0/0 | ▽ 0/0 | | | | | | | |
| | 11 | 이준석 | | | | | | | | | | |
| | 17 | 박용희 | | | | | | | | | | |
| | 19 | 정승배 | | ▽ 0/0 | | △ 0/0 | △ 0/0 | | | | ▽ 0/0 | |
| | 30 | 최치웅 | | | | | | | | △ 0/0 | | △ 0/0 |
| | 44 | 윌리안 | ○ 1/0 C | △ 2/0 | ▽ 1/0 | △ 1/0 | △ 0/1 C | ▽ 1/1 | △ 1/0 | ▽ 1/0 | | |
| | 47 | 최 산 | | | | | | | | | | |
| | 70 | 안데르손 | | | | | | | | | | |
| | 77 | 오프키르 | | | | | | | | | | |
| | 79 | 김경민 | △ 0/0 | ○ 0/0 | △ 0/0 | ▽ 0/0 | △ 0/0 | △ 0/0 | ▽ 0/1 | △ 0/0 | △ 0/0 | ▽ 0/0 |

선수자료 : 득점/도움 ○ = 선발출전 △ = 교체 IN ▽ = 교체 OUT ◈ = 교체 IN/OUT C = 경고 S = 퇴장

| 위치 | 배번 | 경기번호 | 185 | 192 | 196 | 201 | 210 | 216 | 217 | 224 | PO 02 | PO 04 |
|---|---|---|---|---|---|---|---|---|---|---|---|---|
| | | 날 짜 | 09.28 | 10.05 | 10.18 | 10.25 | 11.02 | 11.09 | 11.22 | 11.30 | 12.05 | 12.08 |
| | | 홈/원정 | 원정 | 홈 | 원정 | 홈 | 홈 | 원정 | 원정 | 홈 | 원정 | 홈 |
| | | 장 소 | 제주W | 수원 | 전주W | 수원 | 수원 | 문수 | 안양 | 수원 | 부천 | 수원 |
| | | 상 대 | 제주 | 서울 | 전북 | 제주 | 대구 | 울산 | 안양 | 광주 | 부천 | 부천 |
| | | 결 과 | 승 | 무 | 패 | 패 | 무 | 패 | 승 | 패 | 패 | 패 |
| | | 점 수 | 4 : 3 | 1 : 1 | 0 : 2 | 1 : 2 | 1 : 1 | 0 : 1 | 1 : 0 | 0 : 1 | 0 : 1 | 2 : 3 |
| | | 승 점 | 37 | 38 | 38 | 38 | 39 | 39 | 42 | 42 | 0 | 0 |
| | | 슈팅수 | 22 : 9 | 17 : 10 | 21 : 7 | 9 : 11 | 14 : 8 | 16 : 9 | 9 : 15 | 18 : 11 | 14 : 9 | 19 : 11 |
| GK | 1 | 황재윤 | ○ 0/0 | ○ 0/0 | ○ 0/0 | ▽ 0/0 | | | | | | ○ 0/0 |
| | 23 | 안준수 | | | | △ 0/0 | ○ 0/0 | ○ 0/0 | ○ 0/0 C | ○ 0/0 | ○ 0/0 | |
| DF | 2 | 이 용 | ○ 0/0 | | | | ○ 0/0 | ▽ 0/0 C | | | | ○ 0/0 |
| | 4 | 김태한 | △ 0/0 | ○ 0/0 C | ○ 0/0 C | ○ 0/1 C | | | △ 0/0 C | △ 0/0 | ○ 0/0 | ▽ 0/0 |
| | 5 | 이현용 | ▽ 0/0 | ○ 0/0 C | △ 0/0 | ○ 0/0 | ○ 0/0 C | ○ 0/0 | ○ 0/0 C | ○ 0/0 | ○ 0/0 | ○ 0/0 C |
| | 6 | 최규백 | ○ 0/0 | ▽ 0/0 | | | ○ 0/0 C | ○ 0/0 | ○ 0/0 | ○ 0/0 | | △ 0/0 |
| | 13 | 황인택 | | | ▽ 0/0 | | | △ 0/0 | ▽ 0/0 C | ▽ 0/0 | ▽ 0/0 | |
| | 20 | 이지솔 | | △ 0/0 | ○ 0/0 | ○ 0/0 | △ 0/0 C | | | | | |
| | 22 | 장영우 | | △ 0/0 | | | | | | | △ 0/0 | |
| | 28 | 김재성 | | | | | | | | | | |
| | 33 | 이택근 | | | | | | | | | | |
| | 34 | 박철우 | | | | | | | | | | |
| | 71 | 김주엽 | | | | | | | | | | |
| | 72 | 이시영 | ○ 0/0 | ▽ 0/0 | ▽ 0/0 | ○ 0/0 C | △ 0/0 | ○ 0/0 | ○ 0/0 | ▽ 0/0 | ○ 0/0 | ○ 0/0 |
| | 94 | 안현범 | △ 0/1 | △ 0/0 | △ 0/0 | △ 0/0 | △ 0/0 | ▽ 0/0 | △ 0/0 | | △ 0/0 | ▽ 0/0 |
| | 99 | 아반다 | | | | | | | | | | |
| MF | 7 | 이재원 | ○ 1/0 | ○ 0/0 | ○ 0/0 C | ▽ 0/0 | ○ 0/0 | ○ 0/0 | ○ 1/0 | ▽ 0/0 | ▽ 0/0 C | △ 0/0 |
| | 8 | 노경호 | | | ▽ 0/0 | | △ 0/0 | | ▽ 0/0 | ▽ 0/0 | ▽ 0/0 | |
| | 14 | 윤빛가람 | | | △ 0/0 | △ 0/0 | ▽ 0/0 | △ 0/0 | | | △ 0/0 | ○ 0/0 |
| | 15 | 안드리고 | ▽ 0/1 | △ 0/0 | △ 0/0 | | | △ 0/0 | △ 0/0 | △ 0/0 | ▽ 0/0 | △ 0/0 |
| | 16 | 조준현 | △ 0/0 C | ▽ 0/0 | | ◈ 0/0 | | | | | | |
| | 18 | 한찬희 | ▽ 0/0 | ▽ 0/0 | ▽ 0/0 | ▽ 0/0 | ▽ 0/0 | ▽ 0/0 | ○ 0/0 C | △ 0/0 | ○ 0/0 C | ▽ 0/0 |
| | 21 | 서재민 | | ▽ 0/0 | △ 0/0 | | ▽ 0/0 | | | | | |
| | 25 | 권도영 | | | | | | | | | | |
| | 34 | 장윤호 | | | | | | | | | | |
| | 40 | 김도윤 | △ 0/0 | | | ▽ 0/0 | | | | | | |
| | 97 | 루 안 | ▽ 0/0 | ○ 1/0 | ○ 0/0 | ○ 0/0 | ○ 0/0 | ○ 0/0 C | | ○ 0/0 | △ 0/0 | ○ 0/0 |
| FW | 9 | 싸 박 | ○ 2/0 | ○ 0/0 | ○ 0/0 | ○ 1/0 | ○ 1/0 | ○ 0/0 C | ▽ 0/0 | ○ 0/0 | ▽ 0/0 | △ 1/0 C |
| | 10 | 지동원 | | | | | | | | | | |
| | 11 | 이준석 | | | | | | | △ 0/0 | △ 0/0 | | |
| | 17 | 박용희 | | | | | | | | | | |
| | 19 | 정승배 | | | | △ 0/0 | | | | | | |
| | 30 | 최치웅 | △ 1/0 | | | △ 0/0 | | | △ 0/0 | △ 0/0 | | △ 1/0 |
| | 44 | 윌리안 | | | | | | △ 0/0 | ▽ 0/0 | ○ 0/0 | ○ 0/0 | ▽ 0/0 |
| | 47 | 최 산 | | | | | | | | | | |
| | 70 | 안데르손 | | | | | | | | | | |
| | 77 | 오프키르 | | | | | | | | | | |
| | 79 | 김경민 | | | | | | | | | △ 0/0 | ▽ 0/0 |

# 제주 SK FC

**창단년도**_ 1982년
**전화**_ 064-738-0934~6
**팩스**_ 064-738-0600
**홈페이지**_ https://www.jejuskfc.com/
**유튜브**_ https://www.youtube.com/@OfficialJejuSKFC
**인스타그램**_ https://www.instagram.com/jejuunitedfc/
**틱톡**_ https://www.tiktok.com/@jejuunitedfootballclub
**주소**_ 우 63558 제주특별자치도 서귀포시 일주서로 166-31(강정동)
166-31, Iljuseo-ro(Gangjeong-dong), Seogwipo-si, Jeju-do, KOREA 63558

## 연혁

1982 유공 코끼리 축구단 창단(프로축구단 제2호)
초대 최종현 구단주, 조규향 단장 취임, 초대 이종환 감독 취임
1983 프로축구 원년 구단으로 리그 참가(연고지: 서울, 인천, 경기)
83 수퍼리그 3위
1984 84 축구대제전 수퍼리그 전반기 우승
84 축구대제전 수퍼리그 챔피언결정전 준우승
1985 제2대 김정남 감독 취임
제1회 일본 국제평화기원 축구대회 우승
1989 89 한국프로축구대회 우승
1990 2군 창설(함흥철 감독, 조윤환 코치 취임)
제21회 태국 킹스컵 축구대회 3위
90 한국프로축구 2군리그 준우승
인천, 경기 → 서울 연고지 이전 (12월)
1992 제2대 이계원 단장 취임　제3대 박성화 감독 취임
1993 제2대 김항덕 구단주 취임
1994 94 아디다스컵 우승　94 하이트배 코리안리그 준우승
제4대 니폼니시 감독(러시아) 취임
1996 서울 → 부천 연고지 이전 (1월)
유공 코끼리 → 부천 유공 구단명칭 변경
96 아디다스컵 우승
1997 부천 유공 → 부천 SK 구단명칭 변경(10월)
1998 98 아디다스컵 코리아컵 준우승
98 필립모리스코리아컵 준우승
제5대 조윤환 감독 취임
1999 제3대 강성길 단장 취임
99 바이코리아컵 K-리그 3위
2000 2000 대한화재컵 우승　2000 삼성 디지털 K-리그 준우승
2001 제6대 최윤겸 감독 취임
2002 제7대 트나즈 트르판 감독(터키) 취임
2003 제8대 하재훈 감독 취임
2004 제9대 정해성 감독 취임　제9회 하나은행 FA컵 준우승
2005 제4대 정순기 단장 취임
제3대 신헌철 SK(주) 대표이사 구단주 취임
2006 부천 → 제주 연고지 이전
부천 SK → 제주 유나이티드 FC 구단명칭 변경
2007 제주 유나이티드 FC 클럽하우스 준공
2008 제10대 알툴 감독 취임
제주유나이티드에프씨 주식회사로 독립법인 전환
2009 제1대 변명기 대표이사 취임　제11대 박경훈 감독 취임
코리안 풋볼 드림매치 2009 연변FC 초청경기
2010 제4대 구자영 구단주 취임　쏘나타 K리그 2010 준우승
제15회 하나은행 FA컵 공동 3위 및 페어플레이상 수상
K리그 대상 감독상(박경훈), MVP(김은중), 'FAN'tastic Player(구자철), 도움상(구자철), 베스트11(홍정호, 구자철, 김은중) 수상
2011 AFC 챔피언스리그 2011 조별예선 3위
2012 축구단 창단 30주년　제17회 하나은행 FA컵 페어플레이상 수상
2013 팬 프렌들리 클럽 수상
2014 제2대 장석수 대표이사 취임
대한민국 스포츠산업대상 대통령표창 수상(프로구단 최초)
2015 제5대 정철길 구단주 취임　제12대 조성환 감독 취임
제6대 김준 구단주 취임　K리그 대상 베스트11 선정(송진형)
2016 현대오일뱅크 K리그 클래식 2016 3위
K리그 대상 페어플레이상 수상, 베스트11(정운), 영플레이어상(안현범), 사랑나눔상(이근호) 수상
2017 KEB하나은행 K리그 클래식 2018 2위
K리그 어워즈 '팬 프렌들리 클럽상' 수상
K리그 대상 베스트11 선정(이창민, 오반석)
2018 제3대 안승희 대표이사 취임
오반석, 2018 러시아 월드컵 대표팀 발탁
정태욱, 2018 자카르타-팔렘방 아시안게임 대표팀 발탁
2019 제15대 최윤겸 감독 취임　제24회 KEB하나은행 FA컵 16강
2020 제16대 남기일 감독 취임　제4대 한중길 대표이사 취임
제5대 김현희 단장 취임　하나원큐 K리그2 2020 우승, K리그1 승격
제25회 하나은행 FA컵 16강
2021 하나원큐 K리그1 2021 FINAL A 진출
강윤성, 2021도쿄올림픽 대표팀 발탁
K리그 대상 득점상 및 베스트11 선정(주민규)
2022 하나원큐 K리그1 2022 5위　제27회 하나원큐 FA컵 4라운드
K리그 대상 그린 위너스상 수상, 베스트11 선정(주민규)
2023 제5대 구창용 대표이사 취임
K리그 역대 5번째 팀 통산 500승
제28회 하나원큐 FA컵 6라운드/ 페어플레이상 수상
제17대 김학범 감독 취임
2024 제7대 오종훈 구단주 취임
하나은행 코리아컵 4강　제8대 김종화 구단주 취임(11.01)
사회적기업 성장 활성화 고용노동부장관상
K리그 대상 K리그 올해의 세리머니상(여홍규)
2025 제주유나이티드FC → 제주SK FC 구단명/엠블럼 변경
제18대 김정수 감독 취임
제21회 대한민국 스포츠산업대상 우수프로구단상 (장관 표창)

## 2025년 선수명단

대표이사_ 구창용　감독_ 김정수
코치_ 이상호·조병국·조재철　골키퍼코치_ 차상광　피지컬코치_ 장다솔　스카우터_ 김동영·신현호
의무트레이너_ 윤재영·박순호·하태준　전력분석관_ 이준석·한창운　선수단 매니저_ 김동건

| 포지션 | 성명 | 한자명 | 생년월일 | 출신교 | 키(cm) / 몸무게(kg) |
|---|---|---|---|---|---|
| GK | 김 동 준 | 金 承 奎 | 1994.12.19 | 연세대 | 189 / 85 |
| | 안 찬 기 | 安 燦 基 | 1998.04.06 | 인천대 | 187 / 80 |
| | 조 성 빈 | 趙 盛 濱 | 2001.01.05 | 아주대 | 193 / 86 |
| | 주 승 민 | 朱 昇 珉 | 2006.06.13 | 제주U18 | 190 / 82 |
| DF | 김 재 우 | 金 載 雨 | 1998.02.06 | 영등포공고 | 187 / 84 |
| | 장 민 규 | 張 敏 圭 | 1999.03.06 | 한양대 | 185 / 79 |
| | 송 주 훈 | 宋 株 熏 | 1994.01.13 | 광명공고 | 190 / 83 |
| | 정　운 | 鄭 澐 | 1989.06.30 | 명지대 | 180 / 76 |
| | 안 태 현 | 宋 株 熏 | 1994.01.13 | 광명공고 | 190 / 83 |
| | 임 창 우 | 任 倉 佑 | 1992.02.13 | 현대고 | 184 / 79 |
| | 임 채 민 | 林 采 玟 | 1990.11.18 | 영남대 | 188 / 82 |
| | 조 인 정 | 趙 仁 貞 | 2005.11.08 | 신평고 | 184 / 75 |
| | 김 지 운 | 金 志 運 | 2006.03.08 | 평택진위FC | 175 / 65 |
| | 김 륜 성 | 金 侖 成 | 2002.06.04 | 포항제철고 | 179 / 70 |
| MF | 이 탈 로 | Italo Moreira Barcelos | 1997.08.03 | *브라질 | 190 / 78 |
| | 김 정 민 | 金 正 緡 | 1999.11.13 | 금호고 | 182 / 80 |
| | 이 창 민 | 李 昌 珉 | 1994.01.20 | 중앙대 | 179 / 77 |
| | 남 태 희 | 南 泰 熙 | 1991.07.03 | 현대고 | 175 / 73 |
| | 오 재 혁 | 吳 宰 奕 | 2002.06.21 | 포항제철고 | 174 / 69 |
| | 김 재 민 | 金 宰 民 | 2003.03.19 | 성균관대 | 179 / 71 |
| | 김 준 하 | 金 俊 夏 | 2005.12.02 | 숭실대 | 177 / 66 |
| | 김 진 호 | 金 珍 鎬 | 2006.02.28 | 제주U18 | 177 / 65 |
| | 권 순 호 | 權 順 護 | 2003.03.13 | 광주대 | 178 / 72 |
| FW | 티 아 고 | Tiago Alves Sales de Lima | 1993.01.12 | *브라질 | 182 / 72 |
| | 유리 조나탄 | Yuri Jonathan Vitor Coelho | 1998.06.12 | *브라질 | 185 / 78 |
| | 에반드로 | Evandro da Silva | 1997.01.14 | *브라질 | 176 / 65 |
| | 페드링요 | Pedro Antonio Pimentel Ferreira | 2002.02.20 | *브라질 | 165 / 66 |
| | 데 닐 손 | Valdenilson da Paz Araujo | 2000.09.23 | *브라질 | 171 / 70 |
| | 유 인 수 | 兪 仁 秀 | 1994.12.28 | 광운대 | 178 / 70 |
| | 신 상 은 | 申 相 垠 | 1999.08.20 | 성균관대 | 183 / 76 |
| | 최 병 욱 | 崔 炳 旭 | 2005.04.11 | 숭실대 | 177 / 70 |
| | 강 민 재 | 姜 旻 宰 | 2003.05.14 | 연세대 | 184 / 80 |
| | 지 상 욱 | 池 祥 旭 | 2003.01.13 | 용인대 | 182 / 72 |
| | 김 승 섭 | 金 承 燮 | 1996.11.01 | 경희대 | 177 / 65 |

## 2025년 개인기록 _ K리그1

| 위치 | 배번 | 경기번호 | 02 | 07 | 17 | 22 | 25 | 34 | 42 | 47 | 53 | 57 |
|---|---|---|---|---|---|---|---|---|---|---|---|---|
| | | 날 짜 | 02.15 | 02.22 | 03.02 | 03.09 | 03.15 | 03.30 | 04.06 | 04.13 | 04.20 | 04.26 |
| | | 홈/원정 | 홈 | 홈 | 원정 | 원정 | 홈 | 홈 | 원정 | 원정 | 홈 | 원정 |
| | | 장 소 | 제주W | 제주W | 춘천 | 문수 | 제주W | 제주W | 광주W | 전주W | 제주W | 안양 |
| | | 상 대 | 서울 | 김천 | 강원 | 울산 | 대전 | 수원FC | 광주 | 전북 | 포항 | 안양 |
| | | 결 과 | 승 | 패 | 무 | 패 | 패 | 승 | 패 | 무 | 승 | 패 |
| | | 점 수 | 2 : 0 | 2 : 3 | 0 : 0 | 0 : 2 | 1 : 3 | 1 : 0 | 0 : 1 | 1 : 1 | 2 : 0 | 1 : 2 |
| | | 승 점 | 3 | 3 | 4 | 4 | 4 | 7 | 7 | 8 | 11 | 11 |
| | | 슈팅수 | 8 : 8 | 7 : 14 | 11 : 6 | 10 : 18 | 12 : 11 | 9 : 7 | 3 : 9 | 13 : 10 | 14 : 11 | 16 : 9 |
| GK | 1 | 김 동 준 | ○ 0/0 | ○ 0/0 | | | | ○ 0/0 | ○ 0/0 | ○ 0/0 | ○ 0/0 | ○ 0/0 |
| | 21 | 안 찬 기 | | | ○ 0/0 | ○ 0/0 | ○ 0/0 | | | | | |
| DF | 2 | 김 재 우 | | | △ 0/0 | △ 0/0 | | | | △ 0/0 | △ 0/0 | |
| | 3 | 장 민 규 | △ 0/0 | △ 0/0 | ○ 0/0 | ○ 0/0 | | ○ 0/0 C | ○ 0/0 | △ 0/0 | △ 0/1 | ○ 0/0 |
| | 4 | 송 주 훈 | ○ 0/0 | ○ 0/0 C | ○ 0/0 | ▽ 0/0 | ○ 0/0 | ○ 0/0 | ○ 0/0 | ○ 0/0 | ▽ 0/0 | |
| | 13 | 정 운 | | | | | | | | | | |
| | 17 | 유 인 수 | ○ 0/0 | ○ 1/0 | ○ 0/0 | ▽ 0/0 | ○ 0/0 | ○ 0/0 | ▽ 0/0 | ○ 1/0 | ▽ 0/1 C | △ 0/0 |
| | 22 | 안 태 현 | ○ 0/1 | ○ 0/0 | ○ 0/0 | | | | ○ 0/0 C | ○ 0/0 | ▽ 0/0 | ▽ 0/0 C |
| | 23 | 임 창 우 | | | ▽ 0/0 | | ○ 0/0 | | | | | △ 0/0 |
| | 26 | 임 채 민 | ▽ 0/0 | ○ 0/0 S | | | ○ 0/0 | △ 0/0 | | ○ 0/0 C | ○ 0/0 C | ○ 0/0 |
| | 36 | 김 태 환 | | ◆ 0/0 | | ○ 0/0 | | | | | | |
| | 40 | 김 륜 성 | ▽ 0/0 | ▽ 0/0 | | ○ 0/0 | | ○ 0/1 | ○ 0/0 | ○ 0/0 | ○ 0/0 | ▽ 0/0 |
| MF | 5 | 이 탈 로 | ○ 0/0 | ○ 0/0 | ▽ 0/0 | ▽ 0/0 C | △ 0/0 | △ 0/0 | | ▽ 0/0 | △ 0/0 | ▽ 0/0 |
| | 6 | 김 정 민 | | | | | | | | | | |
| | 8 | 이 창 민 | | | | | ▽ 0/0 | ▽ 0/0 | ○ 0/0 | ▽ 0/0 | ○ 0/0 | ○ 0/0 |
| | 10 | 남 태 희 | ▽ 0/0 | ▽ 0/1 C | △ 0/0 | ○ 0/0 | ○ 0/0 | ▽ 0/0 | ○ 0/0 | ○ 0/1 | ○ 1/0 C | ○ 0/0 |
| | 18 | 오 재 혁 | △ 0/0 | | ▽ 0/0 | △ 0/0 | | | △ 0/0 | ◆ 0/0 C | | △ 0/0 |
| | 27 | 김 준 하 | ▽ 1/0 | ▽ 0/0 | ▽ 0/0 | ▽ 0/0 | ▽ 0/0 | ▽ 1/0 | ▽ 0/0 | △ 0/0 | ▽ 1/0 C | ▽ 0/1 |
| | 28 | 김 건 웅 | ○ 0/0 | ○ 0/0 | ○ 0/0 | ○ 0/0 | ▽ 0/0 C | ○ 0/0 | ▽ 0/0 | | ▽ 0/0 | |
| | 30 | 김 진 호 | | | | | △ 0/0 | | | | | |
| FW | 7 | 티 아 고 | | | | | | | | | | |
| | 9 | 유리조나탄 | | △ 0/0 | △ 0/0 | | △ 0/0 | ▽ 0/0 | | ▽ 0/0 | ○ 0/0 | ○ 1/0 |
| | 11 | 에반드로 | | | | | △ 0/0 | | ▽ 0/0 | | | |
| | 14 | 페드링요 | | | | | | | | | | |
| | 15 | 데 닐 손 | | | | | | | △ 0/0 | | | △ 0/0 |
| | 19 | 서 진 수 | △ 0/0 | △ 0/0 | △ 0/0 | △ 0/0 | ▽ 1/0 | ▽ 0/0 | | | | ▽ 0/0 |
| | 19 | 신 상 은 | | | | | | | | | | |
| | 24 | 최 병 욱 | △ 0/0 | △ 0/0 | △ 0/0 | △ 0/0 | | △ 0/0 | | ▽ 0/0 | △ 0/0 | △ 0/0 |
| | 33 | 지 상 욱 | | | | | | | | | | |
| | 37 | 권 순 호 | | | | | | | | | | |
| | 39 | 이 건 희 | △ 1/0 | ▽ 1/1 C | ▽ 0/0 | △ 0/0 | ▽ 0/0 | △ 0/0 C | | | | |
| | 50 | 박 동 진 | ▽ 0/0 | | | ▽ 0/0 | | | △ 0/0 C | △ 0/0 | △ 0/0 | |
| | 77 | 김 승 섭 | | | | | | | | | | |
| | 77 | 김 주 공 | | | | | △ 0/0 | △ 0/0 | △ 0/0 | | | |

선수자료 : 득점/도움 ○ = 선발출전 △ = 교체 IN ▽ = 교체 OUT ◆ = 교체 IN/OUT C = 경고 S = 퇴장

| 위치 | 배번 | 경기번호 | 64 | 70 | 76 | 81 | 85 | 91 | 97 | 107 | 112 | 116 |
|---|---|---|---|---|---|---|---|---|---|---|---|---|
| | | 날 짜 | 05.03 | 05.06 | 05.11 | 05.17 | 05.23 | 05.27 | 05.31 | 06.14 | 06.18 | 06.21 |
| | | 홈/원정 | 원정 | 홈 | 홈 | 원정 | 홈 | 원정 | 원정 | 홈 | 홈 | 원정 |
| | | 장 소 | 대구전 | 제주W | 제주W | 김천 | 제주W | 수원 | 서울W | 제주W | 제주W | 포항 |
| | | 상 대 | 대구 | 강원 | 울산 | 김천 | 전북 | 수원FC | 서울 | 대구 | 광주 | 포항 |
| | | 결 과 | 패 | 패 | 패 | 무 | 무 | 승 | 승 | 승 | 패 | 패 |
| | | 점 수 | 1 : 3 | 0 : 3 | 1 : 2 | 1 : 1 | 0 : 0 | 1 : 0 | 3 : 1 | 2 : 1 | 0 : 1 | 1 : 2 |
| | | 승 점 | 11 | 11 | 11 | 12 | 13 | 16 | 19 | 22 | 22 | 22 |
| | | 슈팅수 | 12 : 15 | 14 : 5 | 17 : 15 | 7 : 13 | 7 : 9 | 9 : 9 | 7 : 24 | 12 : 7 | 10 : 7 | 7 : 14 |
| GK | 1 | 김 동 준 | ○ 0/0 | ○ 0/0 | ○ 0/0 | ○ 0/0 | ○ 0/0 | ○ 0/0 | ▽ 0/0 | ○ 0/0 | ○ 0/0 | ○ 0/0 |
| | 21 | 안 찬 기 | | | | | | | △ 0/0 | | | |
| DF | 2 | 김 재 우 | | | | | | △ 0/0 | | | | |
| | 3 | 장 민 규 | ○ 0/0 | △ 0/0 | ○ 0/0 | ○ 0/0 | △ 0/0 | ○ 0/0 | △ 0/0 | △ 0/0 | | ○ 0/0 |
| | 4 | 송 주 훈 | ▽ 0/0 | ○ 0/0 | ○ 0/0 | ○ 0/0 | ○ 0/0 | ○ 0/0 | ○ 0/0 | ○ 0/1 | ○ 0/0 | ○ 0/0 |
| | 13 | 정 운 | | | | | | | | | | ▽ 0/0 C |
| | 17 | 유 인 수 | ▽ 0/0 | ○ 0/0 | ▽ 0/0 | △ 0/0 | ○ 0/0 | △ 0/0 | ○ 2/0 | ○ 0/0 C | ▽ 0/0 | |
| | 22 | 안 태 현 | △ 0/0 | ○ 0/0 | ▽ 0/0 | ○ 0/0 | △ 0/0 | ○ 0/0 | ○ 0/1 | ○ 0/0 | ▽ 0/0 | |
| | 23 | 임 창 우 | ○ 0/1 | ▽ 0/0 | △ 0/0 | | ▽ 0/0 C | | | | △ 0/0 C | ○ 0/0 |
| | 26 | 임 채 민 | △ 0/0 | ○ 0/0 | ▽ 0/0 | | ○ 0/0 | | ○ 0/0 C | ○ 0/0 | ○ 0/0 | △ 0/0 C |
| | 36 | 김 태 환 | | | | | | | | | | |
| | 40 | 김 륜 성 | ○ 0/0 CC | | ○ 0/0 | ○ 0/0 | ▽ 0/0 C | ○ 0/0 | ▽ 0/0 | ▽ 0/0 | ○ 0/0 C | ○ 0/1 |
| MF | 5 | 이 탈 로 | | △ 0/0 | ○ 0/0 | ○ 0/0 | ○ 0/0 | ○ 1/0 C | ○ 0/0 C | ○ 0/0 C | ○ 0/0 | ○ 0/0 |
| | 6 | 김 정 민 | | | | | | | | | | |
| | 8 | 이 창 민 | ○ 0/0 | ▽ 0/0 C | ▽ 0/1 | △ 0/0 | ○ 0/0 | ▽ 0/1 | ▽ 1/0 | ○ 0/0 | ○ 0/0 | △ 0/0 |
| | 10 | 남 태 희 | ○ 0/0 | ▽ 0/0 | △ 0/0 | ▽ 0/0 | ▽ 0/0 | △ 0/0 | ○ 0/2 C | ▽ 0/0 | ○ 0/0 | △ 1/0 C |
| | 18 | 오 재 혁 | △ 0/0 | ▽ 0/0 | | △ 0/0 | △ 0/0 | ▽ 0/0 | △ 0/0 | △ 0/0 | △ 0/0 | |
| | 27 | 김 준 하 | ▽ 0/0 | △ 0/0 | ▽ 0/0 | ▽ 0/0 | | ▽ 0/0 | ▽ 0/0 | △ 0/0 | ▽ 0/0 | ▽ 0/0 |
| | 28 | 김 건 웅 | ▽ 0/0 | | | ▽ 0/0 | | | △ 0/0 | | | ▽ 0/0 |
| | 30 | 김 진 호 | | | | △ 0/0 | ▽ 0/0 | | | ▽ 0/0 | | |
| FW | 7 | 티 아 고 | | | | | | | | | | |
| | 9 | 유리조나탄 | △ 1/0 | ○ 0/0 | ○ 1/0 | △ 1/0 | ○ 0/0 C | △ 0/0 C | | △ 1/0 | △ 0/0 C | △ 0/0 |
| | 11 | 에반드로 | | | | | | | | ▽ 0/0 | ▽ 0/0 | |
| | 14 | 페드링요 | | | | | | | | | | |
| | 15 | 데 닐 손 | | △ 0/0 | | | | | | ◈ 1/0 | ◈ 0/0 | △ 0/0 |
| | 19 | 서 진 수 | | | | ▽ 0/0 | | | | | | |
| | 19 | 신 상 은 | | | | | | | | | | |
| | 24 | 최 병 욱 | △ 0/0 | ▽ 0/0 | △ 0/0 | | △ 0/0 | △ 0/0 | △ 0/0 | | △ 0/0 | ▽ 0/0 |
| | 33 | 지 상 욱 | | | | | | | | | | |
| | 37 | 권 순 호 | | | | | | | | | | |
| | 39 | 이 건 희 | | | | | | | | | | |
| | 50 | 박 동 진 | ▽ 0/0 | | △ 0/0 | ▽ 0/0 | | ▽ 0/0 C | | | | ▽ 0/0 |
| | 77 | 김 승 섭 | | | | | | | | | | |
| | 77 | 김 주 공 | | △ 0/0 | △ 0/0 | | | ▽ 0/0 C | ▽ 0/0 | | | |

| 위치 | 배번 | 경기번호 | 122 | 131 | 137 | 139 | 147 | 151 | 159 | 165 | 172 | 180 |
|---|---|---|---|---|---|---|---|---|---|---|---|---|
| | | 날 짜 | 06.27 | 07.19 | 07.23 | 07.26 | 08.09 | 08.15 | 08.23 | 08.30 | 09.14 | 09.21 |
| | | 홈/원정 | 원정 | 홈 | 홈 | 원정 | 원정 | 홈 | 원정 | 홈 | 원정 | 원정 |
| | | 장 소 | 대전W | 제주W | 제주W | 김천 | 문수 | 제주W | 대구전 | 제주W | 안양 | 포항 |
| | | 상 대 | 대전 | 안양 | 서울 | 김천 | 울산 | 강원 | 대구 | 광주 | 안양 | 포항 |
| | | 결 과 | 무 | 승 | 승 | 패 | 패 | 무 | 무 | 패 | 패 | 패 |
| | | 점 수 | 1 : 1 | 2 : 0 | 3 : 2 | 1 : 3 | 0 : 1 | 0 : 0 | 2 : 2 | 0 : 1 | 1 : 2 | 0 : 1 |
| | | 승 점 | 23 | 26 | 29 | 29 | 29 | 30 | 31 | 31 | 31 | 31 |
| | | 슈팅수 | 19 : 12 | 13 : 4 | 16 : 8 | 6 : 18 | 5 : 20 | 6 : 13 | 12 : 18 | 12 : 11 | 8 : 20 | 4 : 11 |
| GK | 1 | 김 동 준 | ○ 0/0 | ○ 0/0 | ○ 0/0 | ○ 0/0 | ○ 0/0 | ○ 0/0 C | ○ 0/0 | ○ 0/0 | ○ 0/0 | ○ 0/0 |
| | 21 | 안 찬 기 | | | | | | | | | | |
| DF | 2 | 김 재 우 | | | | | | | | | △ 0/0 | △ 0/0 |
| | 3 | 장 민 규 | △ 0/0 | △ 0/0 | △ 0/0 | ○ 0/0 C | ○ 0/0 C | △ 0/0 | △ 0/0 | △ 0/0 | △ 0/0 | △ 0/0 |
| | 4 | 송 주 훈 | ○ 0/0 | ○ 0/0 | ○ 0/0 | ○ 0/0 | ○ 0/0 C | ○ 0/0 | ○ 0/0 | ○ 0/0 | ○ 1/0 C | ○ 0/0 |
| | 13 | 정 운 | | △ 0/0 | | | | △ 0/0 | △ 0/0 | | △ 0/0 | ▽ 0/0 |
| | 17 | 유 인 수 | ○ 0/0 | ○ 0/0 | ○ 0/0 | ▽ 0/0 | ○ 0/0 | ▽ 0/0 | | ○ 0/0 | ○ 0/0 S | |
| | 22 | 안 태 현 | ○ 0/0 | | ▽ 0/0 | | | | | | | |
| | 23 | 임 창 우 | | ▽ 0/0 | △ 1/0 C | ○ 0/0 | ▽ 0/0 C | ○ 0/0 | ○ 0/0 | ○ 0/0 | ▽ 0/0 | ○ 0/0 |
| | 26 | 임 채 민 | ○ 0/0 | ○ 0/0 | ○ 0/0 | △ 0/0 | ○ 0/0 | ○ 0/0 | ○ 0/0 | ○ 0/0 | ○ 0/0 | ▽ 0/0 |
| | 36 | 김 태 환 | | | | | | | | | | |
| | 40 | 김 륜 성 | ▽ 0/0 | ▽ 0/0 | ▽ 0/0 C | △ 0/0 | ▽ 0/0 | ▽ 0/0 | ○ 1/1 | ▽ 0/0 | ▽ 0/0 | ○ 0/0 |
| MF | 5 | 이 탈 로 | ▽ 0/0 | ○ 0/0 | ○ 0/0 | ○ 0/0 C | | ○ 0/0 | ○ 0/0 | ○ 0/0 | ○ 0/0 C | ○ 0/0 |
| | 6 | 김 정 민 | | | | | | | | | | |
| | 8 | 이 창 민 | ○ 0/0 | ▽ 0/0 | ▽ 1/1 | ▽ 0/0 | ○ 0/0 | ▽ 0/0 | ▽ 0/0 | ▽ 0/0 | ○ 0/0 | ○ 0/0 C |
| | 10 | 남 태 희 | ○ 1/0 | ▽ 0/0 C | | ○ 0/0 | ▽ 0/0 | ▽ 0/0 | ▽ 0/0 | ○ 0/0 | ○ 0/0 | △ 0/0 |
| | 18 | 오 재 혁 | ▽ 0/0 | △ 1/0 | ▽ 0/0 | △ 0/0 | △ 0/0 | △ 0/0 | ▽ 0/0 | ▽ 0/0 | ▽ 0/1 | ▽ 0/0 |
| | 27 | 김 준 하 | ▽ 0/0 | △ 0/0 C | ▽ 0/0 | ▽ 0/0 | ▽ 0/0 C | ○ 0/0 CC | ▽ 0/0 | ▽ 0/0 | | |
| | 28 | 김 건 웅 | | | | | | | | | | |
| | 30 | 김 진 호 | | | | | | | | | | |
| FW | 7 | 티 아 고 | | | △ 0/0 | ▽ 0/0 | △ 0/0 | | | | | △ 0/0 |
| | 9 | 유리조나탄 | △ 0/0 | ○ 1/0 C | ○ 1/0 | ▽ 0/0 | ○ 0/0 | ▽ 0/0 | △ 1/0 | △ 0/0 C | | ▽ 0/0 |
| | 11 | 에반드로 | | | | | | | ▽ 0/0 | | | |
| | 14 | 페드링요 | | △ 0/2 | △ 0/0 | △ 0/0 | △ 0/0 | | △ 0/0 | △ 0/0 | ▽ 0/0 | ▽ 0/0 |
| | 15 | 데 닐 손 | △ 0/0 | | | | | △ 0/0 | | | | |
| | 19 | 서 진 수 | | | | | | | | | | |
| | 19 | 신 상 은 | ◆ 0/0 | | | | | | | | ◆ 0/0 | △ 0/0 |
| | 24 | 최 병 욱 | △ 0/0 | ▽ 0/0 | △ 0/1 C | △ 0/0 | △ 0/0 | △ 0/0 | △ 0/0 C | △ 0/0 | | |
| | 33 | 지 상 욱 | | | | | | | | | | |
| | 37 | 권 순 호 | | | | | | | | | △ 0/0 | |
| | 39 | 이 건 희 | | | | | | | | | | |
| | 50 | 박 동 진 | | | | | | | | | | |
| | 77 | 김 승 섭 | | | | | | | | | | |
| | 77 | 김 주 공 | | | | | | | | | | |
| | | | | | | | | | | | | |

선수자료 : 득점/도움 ○ = 선발출전 △ = 교체 IN ▽ = 교체 OUT ◆ = 교체 IN/OUT C = 경고 S = 퇴장

| 위치 | 배번 | 경기번호 | 185 | 187 | 195 | 201 | 209 | 211 | 222 | 225 | PO 01 | PO 03 |
|---|---|---|---|---|---|---|---|---|---|---|---|---|
| | | 날 짜 | 09.28 | 10.03 | 10.18 | 10.25 | 11.02 | 11.08 | 11.23 | 11.30 | 12.03 | 12.07 |
| | | 홈/원정 | 홈 | 홈 | 원정 | 원정 | 원정 | 홈 | 홈 | 원정 | 원정 | 홈 |
| | | 장 소 | 제주W | 제주W | 대전W | 수원 | 광주W | 제주W | 제주W | 문수 | 수원W | 제주W |
| | | 상 대 | 수원FC | 전북 | 대전 | 수원FC | 광주 | 안양 | 대구 | 울산 | 수원 | 수원 |
| | | 결 과 | 패 | 무 | 패 | 승 | 패 | 패 | 무 | 승 | 승 | 승 |
| | | 점 수 | 3 : 4 | 1 : 1 | 1 : 3 | 2 : 1 | 0 : 2 | 1 : 2 | 1 : 1 | 1 : 0 | 1 : 0 | 2 : 0 |
| | | 승 점 | 31 | 32 | 32 | 35 | 35 | 35 | 36 | 39 | 3 | 6 |
| | | 슈팅수 | 9 : 22 | 18 : 9 | 19 : 15 | 11 : 9 | 11 : 4 | 16 : 7 | 8 : 16 | 5 : 11 | 5 : 17 | 14 : 7 |
| GK | 1 | 김 동 준 | ○ 0/0 C | | | | | ○ 0/0 | ○ 0/0 | ○ 0/0 | ○ 0/0 | ○ 0/0 |
| | 21 | 안 찬 기 | | ○ 0/0 | ○ 0/0 | ○ 0/0 | ○ 0/0 | | | | | |
| DF | 2 | 김 재 우 | △ 0/0 | | | △ 0/0 | | | | | | |
| | 3 | 장 민 규 | △ 0/0 | ○ 0/0 | ▽ 0/0 | △ 0/0 | △ 0/0 | | △ 0/0 | △ 0/0 | △ 0/0 | △ 0/0 |
| | 4 | 송 주 훈 | ○ 0/0 S | | | ○ 0/0 | ○ 0/0 | ○ 0/0 | ○ 0/0 | ▽ 0/0 | ○ 0/0 | ○ 0/0 |
| | 13 | 정 운 | ▽ 0/0 | △ 0/0 | △ 0/0 | | △ 0/0 | | △ 0/0 | | | |
| | 17 | 유 인 수 | | ▽ 0/0 | ○ 0/0 | ○ 0/0 | ○ 0/0 | △ 0/0 | ▽ 0/0 | ▽ 0/0 | △ 0/0 | △ 0/0 C |
| | 22 | 안 태 현 | △ 0/0 CC | | ▽ 0/0 | △ 0/0 | ▽ 0/0 | △ 0/0 C | △ 0/0 | ○ 0/0 | | |
| | 23 | 임 창 우 | ▽ 0/1 | ○ 0/0 | ○ 0/0 | ▽ 0/0 | | ▽ 0/0 | ▽ 0/0 C | | ▽ 0/0 | ▽ 0/0 |
| | 26 | 임 채 민 | ○ 0/0 | ○ 0/0 | ○ 0/0 | ○ 0/0 | ○ 0/0 | ○ 0/0 | ○ 0/0 | ○ 0/0 | ○ 0/0 | ○ 0/0 |
| | 36 | 김 태 환 | | | | | | | | | | |
| | 40 | 김 륜 성 | ○ 0/0 | ▽ 0/0 | ○ 0/0 C | ○ 0/0 | ▽ 0/0 | ○ 0/1 | ▽ 0/1 | ○ 0/0 | ○ 0/0 C | ○ 0/0 |
| MF | 5 | 이 탈 로 | ○ 0/0 | ○ 0/0 | | | | | ○ 0/0 | ○ 0/0 C | ○ 0/0 C | ○ 1/0 |
| | 6 | 김 정 민 | △ 0/0 | △ 0/0 | △ 0/0 | | | △ 0/0 | ▽ 0/0 | | | |
| | 8 | 이 창 민 | ▽ 0/0 C | | | ○ 0/0 | ○ 0/0 C | ○ 0/0 C | | ○ 0/0 C | ▽ 0/0 | ▽ 0/0 |
| | 10 | 남 태 희 | ▽ 1/0 | ○ 1/0 | ○ 1/0 | ○ 0/0 | ○ 0/0 C | ○ 0/0 | ○ 0/0 | ▽ 0/0 | ○ 0/0 | ○ 0/0 |
| | 18 | 오 재 혁 | ▽ 0/0 | ▽ 0/0 | ▽ 0/1 | ▽ 0/1 | ▽ 0/0 | ▽ 0/0 | | △ 0/0 | △ 0/0 | △ 0/0 |
| | 27 | 김 준 하 | | | | | ▽ 0/0 | ▽ 0/0 | ▽ 0/0 | ▽ 0/0 | ▽ 0/0 | ▽ 0/1 |
| | 28 | 김 건 웅 | | | | | | | | | | |
| | 30 | 김 진 호 | | ▽ 0/0 | ▽ 0/0 | | | | | | | |
| FW | 7 | 티 아 고 | | | | | | | | | | |
| | 9 | 유리조나탄 | ○ 1/0 | ○ 0/0 | ○ 0/0 | ▽ 2/0 C | ○ 0/0 | ○ 1/0 C | ○ 1/0 | ▽ 0/0 C | ▽ 1/0 | ▽ 0/1 C |
| | 11 | 에반드로 | | | | | | | | | | |
| | 14 | 페드링요 | | △ 0/0 | | | | | | | | |
| | 15 | 데 닐 손 | | | | | | | | | | |
| | 19 | 서 진 수 | | | | | | | | | | |
| | 19 | 신 상 은 | △ 1/0 | ◆ 0/0 | △ 0/0 | ◆ 0/0 | △ 0/0 | △ 0/0 | | △ 0/1 | △ 0/0 C | △ 0/0 |
| | 24 | 최 병 욱 | | | △ 0/0 C | △ 0/0 S | | | △ 0/0 | △ 0/0 | △ 0/0 C | △ 0/0 C |
| | 33 | 지 상 욱 | | △ 0/0 | | | | | | | | |
| | 37 | 권 순 호 | | | | ▽ 0/0 | | | | | | |
| | 39 | 이 건 희 | | | | | | | | | | |
| | 50 | 박 동 진 | | | | | | | | | | |
| | 77 | 김 승 섭 | | | | | △ 0/0 | ▽ 0/0 | △ 0/0 | △ 1/0 | ▽ 0/0 | ▽ 1/0 |
| | 77 | 김 주 공 | | | | | | | | | | |

# 대 구 FC

**창단년도_** 2002년
**전화_** 053-222-3600
**팩스_** 053-222-3601
**홈페이지_** https://www.daegufc.co.kr
**유튜브_** https://www.youtube.com/@FCDAEGUFC
**인스타그램_** https://www.instagram.com/daegufc.co.kr/
**페이스북_** https://www.facebook.com/daegufc2002
**주소_** 우 41594 대구광역시 북구 고성로 191 DGB대구은행파크 2층 대구FC 사무실
DGB Daegubank Park, 191, Goseong-ro, Buk-gu, Daegu, KOREA 41594

## 연혁

2002 발기인 총회
(주)대구시민프로축구단 창립총회
노희찬 대표이사 취임 초대 박종환 감독 취임
1차 시민주 공모 대구FC로 구단명칭 결정
한국프로축구연맹 창단 인가 승인

2003 초대단장 이대섭 선임 2차 시민주 공모
엠블럼 및 유니폼 선정 대구FC 창단식

2004 주주동산 건립

2005 대구스포츠기념관 개관

2006 대구FC 통영컵 우승
제2기 이인중 대표이사 취임 제2기 최종준 단장 취임
김범일(대구광역시 시장) 구단주 취임
제3기 최종준 대표이사 취임 제2대 변병주 감독 취임

2007 유소년 클럽 창단
'삼성 하우젠 K-리그 대상' 페어플레이팀상 수상

2008 대구FC U-18클럽 창단(현풍고)
대구FC U-15 청소년 축구대회 개최

2009 제3기 박종선 단장 취임 제4기 박종선 대표이사 취임
대구FC 유소년축구센터 개관 제3대 이영진 감독 취임

2010 포스코컵 2010 C조 2위(8강 진출)

2011 제4기 김재하 단장 취임 제5기 김재하 대표이사 취임
U-18 제52회 청룡기 전국고교축구대회 우승(현풍고등학교)
대구FC U-15클럽 창단(율원중학교)
제4대 모아시르 페레이라(브라질) 감독 취임

2012 제5대 당성증 감독 취임
2012년 제1차(1R~15R) 플러스스타디움상 수상
U-18 대구시 축구협회장기 우승(현풍고)

2013 제6대 백종철 감독 취임
교육기부 인증기관 선정(교육과학기술부)
2013년 제2차 팬 프렌들리 클럽 수상 (프로축구연맹)
공로상: 사랑나눔상 수상(프로축구연맹)

2014 제7대 최덕주 감독 취임
U-18 문체부장관기 준우승(현풍고)
제5기 조광래 단장 취임 제6기 조광래 대표이사 취임

2015 제8대 이영진 감독 취임
제1차 풀스타디움상, 플러스스타디움상, 그린스타디움상 수상
U-10(신흥초) 화랑대기 전국 유소년 축구대회 우승
U-15(율원중) 무학기 전국 중학교 축구대회 우승
제3차 풀스타디움상, 플러스스타디움상

2016 K리그 챌린지 한 경기 최다 관중 기록 경신(4.10 경남전 / 23,015명)
제1차 K리그 챌린지 풀스타디움 · 플러스스타디움 · 그린스타디움상 수상
대구FC 유소년 축구센터 개관 K리그 클래식 승격
제3차 K리그 챌린지 풀스타디움 · 플러스스타디움상 수상
U-12(신흥초), U-15(율원중), U-18(현풍고) 제35회 대구광역시 협회장기 우승
제9대 손현준 감독 취임

2017 제1차 플러스스타디움상 수상
제10대 안드레 감독 취임(역대 최초 K리그 선수 출신 감독)

2018 제23회 KEB하나은행 FA컵 우승 창단 첫 ACL 진출권 획득
창단 이후 최다 점수 차(8점) 승리[2018.08.08 VS 양평FC]

2019 마스코트 공습도치 리카 탄생(2019.01.30)
DGB대구은행파크 개장(2019.03.09)
2019 AFC 챔피언스리그 조별예선 3위
제15회 대한민국 스포츠산업대상 우수프로스포츠단 부문 장관상
2019 하나원큐 K리그 대상 시상식 플러스스타디움상 수상
2019 하나원큐 K리그 대상 시상식 팬 프렌들리 클럽상 수상
하나원큐 K리그 2019 제1, 2, 3차 팬 프렌들리 클럽상 수상
하나원큐 K리그 2019 제1차 플러스스타디움상, 2차 그린스타디움상 수상
2019시즌 매진 총 9회 기록

2020 하나원큐 K리그 2020 제1, 2, 3차 팬 프렌들리 클럽상 수상
2020 하나원큐 K리그 대상 시상식 팬 프렌들리 클럽상 수상
제11대 이병근 감독 취임(2020.11)

2021 하나원큐 K리그1 2021 3위(역대 최고 순위 경신)
2021 하나은행 FA컵 준우승 2021 AFC 챔피언스리그 16강 진출
대구FC U-18팀(현풍고) 2021 K리그 U-18 챔피언십 우승
하나원큐 K리그1 2021 그린스타디움상 수상
제12대 가마 감독 취임(2021.12)

2022 2022 AFC 챔피언스리그 16강 진출
제27회 하나원큐 FA컵 4강
하나원큐 K리그1 2022 제2차 플러스스타디움상 수상
K4리그 페어플레이상 수상 제13대 최원권 감독 취임(2022.11)

2023 대구FC B, 프로 B팀 최초 K3리그 승격
대구FC B, K4리그 '페어플레이 상' 수상
대구FC U-18 2023 춘계 전국고등축구대회 우승 (현풍고)

2024 제14대 박창현 감독 취임(4월)
단일 시즌 구단 역대 최다 경기 매진 기록(13회)
단일 시즌 구단 역대 최다 유료 관중 기록

2025 제15대 김병수 감독 취임 하나은행 K리그1 2025 12위
제6대 장영복 단장 취임(2025.12)

## 2025년 선수명단

대표이사(단장)_ 조광래　감독_ 김병수
수석코치_ 주승진　코치_ 박원재 · 정선호　골키퍼코치_ 이용발　피지컬코치_ 김성현
물리치료사_ 노현욱　의무트레이너_ 박해승 · 이대균　전력분석관_ 박준철　선수단 매니저_ 김경한

| 포지션 | 선수명 | | 생년월일 | 출신교 | 신장(cm)/체중(kg) |
|---|---|---|---|---|---|
| GK | 최영은 | 崔永恩 | 1995.09.26 | 성균관대 | 189 / 78 |
| | 오승훈 | 吳承訓 | 1988.06.30 | 호남대 | 192 / 75 |
| | 한태희 | 韓太熙 | 2004.07.05 | 장훈고 | 196 / 90 |
| | 박상영 | 朴相英 | 2005.09.17 | 현풍고 | 188 / 78 |
| | 박만호 | 朴滿祜 | 2004.02.28 | 울산대 | 184 / 77 |
| DF | 정우재 | 鄭宇宰 | 1992.06.28 | 예원예술대 | 179 / 70 |
| | 카이오 | Caio Marcelo Pinheiro da Silva | 1998.03.14 | *브라질 | 191 / 88 |
| | 홍정운 | 洪正雲 | 1994.11.29 | 명지대 | 187 / 76 |
| | 김진혁 | 金鎭爀 | 1993.06.03 | 숭실대 | 187 / 78 |
| | 이원우 | 李源友 | 2003.03.16 | 장훈고 | 191 / 80 |
| | 김강산 | 金江山 | 1998.09.15 | 대구대 | 184 / 78 |
| | 장성원 | 張成源 | 1997.06.17 | 한남대 | 175 / 70 |
| | 정헌택 | 鄭軒宅 | 2002.07.31 | 선문대 | 177 / 68 |
| | 박재현 | 朴栽玄 | 2003.09.16 | 계명고 | 177 / 69 |
| | 심연원 | 沈蓮源 | 2005.08.02 | 경북미용예술고 | 184 / 70 |
| | 윤태민 | 尹太民 | 2004.10.13 | 장훈고 | 187 / 80 |
| | 이제욱 | 李濟旭 | 2006.07.21 | 동래고 | 190 / 83 |
| | 이 림 | 李林 | 2003.08.12 | 울산대 | 180 / 72 |
| | 박진영 | 朴鎭營 | 2002.05.13 | 홍익대 | 186 / 84 |
| | 정윤서 | 鄭潤書 | 2004.11.13 | 동북고 | 193 / 83 |
| | 김현준 | 金賢準 | 2002.07.15 | 대구예술대 | 183 / 78 |
| | 성권석 | 成權晳 | 2006.01.09 | 현풍고 | 170 / 65 |
| | 우주성 | 禹周成 | 1993.06.08 | 중앙대 | 183 / 75 |
| | 조진우 | 趙進優 | 1999.11.17 | 인천남고 | 189 / 81 |
| | 유지운 | 有地運 | 2004.07.22 | 현풍고 | 172 / 68 |
| MF | 손승민 | 孫承敏 | 2005.05.09 | 영등포공고 | 175 / 68 |
| | 이진용 | 李珍鎔 | 2001.05.01 | 현풍고 | 180 / 73 |
| | 한종무 | 韓宗武 | 2003.05.02 | 제주U18 | 180 / 67 |
| | 권광덕 | 權廣德 | 2005.01.28 | 현풍고 | 180 / 74 |
| | 김정현 | 金貞現 | 2000.06.09 | 한양대 | 176 / 68 |
| | 정현철 | 鄭鉉哲 | 1993.04.26 | 동국대 | 189 / 76 |
| FW | 이용래 | 李容來 | 1986.04.17 | 고려대 | 175 / 71 |
| | 카를로스 | Carlos Eduardo Bacila Jatoba | 1995.09.15 | *브라질 | 184 / 80 |
| | 지오바니 | Geovani Reis Nascimento Junior | 2001.05.15 | *브라질 | 179 / 73 |
| | 에드가 | Edgar Bruno da Silva | 1987.01.03 | *브라질 | 191 / 87 |
| | 라마스 | Pavan Lamas Bruno Jose | 1994.04.13 | *브라질 | 178 / 78 |
| | 세징야 | César Fernando Silva Melo | 1989.11.29 | *브라질 | 177 / 74 |
| | 권태영 | 權泰永 | 2002.06.05 | 홍익대 | 180 / 72 |
| | 전용준 | 全勇俊 | 2003.07.16 | 진위고 | 180 / 69 |
| | 정재상 | 丁在相 | 2004.05.25 | 단국대 | 187 / 84 |
| | 박대훈 | 朴大勳 | 1996.03.30 | 서남대 | 178 / 74 |
| | 한서진 | 韓瑞珍 | 2005.03.10 | 서해고 | 178 / 69 |
| | 오세이 | Isaac Osei | 2005.09.13 | 안산국제비지니스고 | 176 / 73 |
| | 정치인 | 鄭治仁 | 1997.08.21 | 대구공고 | 182 / 71 |
| | 김민준 | 金民俊 | 2006.07.05 | 현풍고 | 188 / 81 |
| | 정은우 | 鄭恩宇 | 2003.04.22 | 거창FC | 172 / 63 |
| | 김민영 | 金珉瑩 | 2000.02.07 | Ryutsu keizai Univ. | 178 / 67 |
| | 김주공 | 金周孔 | 1996.04.23 | 전주대 | 180 / 66 |

## 2025년 개인기록 _ K리그1

| 위치 | 배번 | 경기번호 | 06 | 09 | 14 | 20 | 27 | 31 | 38 | 56 | 48 | 54 |
|---|---|---|---|---|---|---|---|---|---|---|---|---|
| | | 날 짜 | 02.16 | 02.22 | 03.01 | 03.08 | 03.15 | 03.29 | 04.05 | 04.09 | 04.13 | 04.20 |
| | | 홈/원정 | 홈 | 홈 | 원정 | 홈 | 홈 | 원정 | 원정 | 원정 | 홈 | 원정 |
| | | 장 소 | 대구전 | 대구전 | 포항 | 대구전 | 대구전 | 서울W | 김천 | 광주W | 대구전 | 전주W |
| | | 상 대 | 강원 | 수원FC | 포항 | 대전 | 안양 | 서울 | 김천 | 광주 | 울산 | 전북 |
| | | 결 과 | 승 | 승 | 무 | 패 | 패 | 패 | 패 | 패 | 패 | 패 |
| | | 점 수 | 2 : 1 | 3 : 1 | 0 : 0 | 1 : 2 | 0 : 1 | 2 : 3 | 0 : 2 | 1 : 2 | 0 : 1 | 1 : 3 |
| | | 승 점 | 3 | 6 | 7 | 7 | 7 | 7 | 7 | 7 | 7 | 7 |
| | | 슈팅수 | 19 : 8 | 20 : 5 | 7 : 11 | 16 : 7 | 17 : 12 | 7 : 23 | 8 : 12 | 10 : 6 | 14 : 13 | 9 : 18 |
| GK | 21 | 오승훈 | ○ 0/0 | ○ 0/0 | ○ 0/0 C | ○ 0/0 | ○ 0/0 | ○ 0/0 C | ○ 0/0 | ○ 0/0 | | |
| | 31 | 한태희 | | | | | | | | | ○ 0/0 | ○ 0/0 |
| | 51 | 박만호 | | | | | | | | | | |
| DF | 2 | 황재원 | ○ 0/0 | ○ 0/0 | ○ 0/0 | ○ 0/0 | ○ 0/0 | ○ 0/0 | ○ 0/0 | ○ 0/0 | ○ 0/0 | ○ 0/0 |
| | 3 | 정우재 | ▽ 0/0 | ▽ 0/0 | ▽ 0/0 | | | ▽ 0/0 | ○ 0/0 | ○ 0/0 | ▽ 0/0 | ○ 0/0 |
| | 4 | 카이오 | ○ 0/0 | ○ 1/0 | ○ 0/0 C | ○ 0/0 | ○ 0/0 C | ○ 0/0 | ○ 0/0 | ○ 0/0 | ○ 0/0 | ○ 0/1 |
| | 6 | 홍정운 | | | | | | | | | | |
| | 7 | 김진혁 | | | | | △ 0/0 | △ 0/0 | | △ 0/0 | ○ 0/0 | ▽ 0/0 |
| | 15 | 이원우 | | | | | | | | | | |
| | 20 | 김강산 | | | | | | | | | | |
| | 22 | 장성원 | △ 0/0 | △ 0/0 | △ 0/0 | ▽ 0/0 | ▽ 0/0 | ◈ 0/0 | | | | |
| | 27 | 정헌택 | | | | | | | | | | |
| | 29 | 박재현 | △ 0/0 | | | △ 0/0 | △ 0/0 | △ 0/0 | | | △ 0/0 | |
| | 38 | 이림 | | | | | | | | | | |
| | 40 | 박진영 | ○ 0/0 | ○ 0/0 | ○ 0/0 | ○ 0/0 | ○ 0/0 | ▽ 0/1 | ○ 0/0 | ○ 0/0 C | ○ 0/0 | ▽ 0/0 |
| | 45 | 김현준 | | | | | | | | | | |
| | 55 | 우주성 | | | | | | | | | | |
| | 66 | 조진우 | | | | | | | | | | |
| | 70 | 유지운 | | | | | | | | | | |
| MF | 5 | 요시노 | ▽ 0/0 | ○ 0/0 | ▽ 0/0 | ▽ 0/0 | ▽ 0/0 C | ○ 1/0 C | ▽ 0/0 | △ 0/0 | ▽ 0/0 | ○ 0/0 |
| | 26 | 이진용 | | | | | | | | | | |
| | 30 | 한종무 | ▽ 0/0 | ▽ 0/0 C | ▽ 0/0 | △ 0/0 | ▽ 0/0 | ○ 0/0 | ○ 0/0 C | ▽ 0/0 | △ 0/0 | △ 0/0 |
| | 40 | 이찬동 | △ 0/0 | | △ 0/0 C | △ 0/1 | | | | △ 0/0 | △ 0/0 | △ 0/0 |
| | 43 | 박세진 | | ▽ 0/0 | ▽ 0/0 | | ▽ 0/0 | | | | | |
| | 44 | 김정현 | | | | | | | △ 0/0 | ▽ 0/0 C | ▽ 0/0 | △ 0/0 |
| | 47 | 정현철 | | | | | | | | | | |
| | 74 | 이용래 | | △ 0/0 | | | | | | ▽ 0/0 | | ▽ 0/0 |
| | 88 | 카를로스 | | | | | | | | | | |
| FW | 5 | 지오바니 | | | | | | | | | | |
| | 9 | 에드가 | △ 0/0 | △ 0/0 | △ 0/0 C | △ 0/0 | △ 0/0 | | △ 0/0 | | ▽ 0/0 | ▽ 0/0 |
| | 10 | 라마스 | ○ 1/0 | ▽ 1/1 C | ○ 0/0 | ○ 1/0 | ○ 0/0 | ○ 0/0 | ▽ 0/0 | △ 0/0 | ○ 0/0 | ▽ 0/0 |
| | 11 | 세징야 | ○ 1/1 | ○ 0/0 | ○ 0/0 C | ○ 0/0 C | ○ 0/0 | ○ 0/0 | ○ 0/0 | △ 1/0 | | |
| | 13 | 권태영 | | △ 0/0 | △ 0/0 | ▽ 0/0 | | △ 0/0 | △ 0/0 | | | |
| | 16 | 전용준 | | | | | | | | | | |
| | 18 | 정재상 | ▽ 0/0 | ▽ 0/0 | ▽ 0/0 | ▽ 0/0 | ▽ 0/0 | ▽ 0/0 | | | | △ 1/0 |
| | 19 | 박대훈 | | | | △ 0/0 | △ 0/0 | ▽ 0/0 | ▽ 0/0 | ▽ 0/0 | △ 0/0 | △ 0/0 |
| | 32 | 정치인 | ▽ 0/0 | | | | | △ 1/0 C | △ 0/0 | ○ 0/0 | ▽ 0/0 | ○ 0/0 |
| | 33 | 김민준 | | | | | | | ▽ 0/0 | ▽ 0/0 | △ 0/0 | |
| | 42 | 고재현 | △ 0/0 | △ 0/0 | △ 0/0 | ▽ 0/0 | △ 0/0 | | | | | |
| | 77 | 김주공 | | | | | | | | | | |

선수자료 : 득점/도움 ○ = 선발출전 △ = 교체 IN ▽ = 교체 OUT ◈ = 교체 IN/OUT C = 경고 S = 퇴장

| 위치 | 배번 | 경기번호 | 64 | 72 | 75 | 83 | 89 | 93 | 102 | 107 | 111 | 115 |
|---|---|---|---|---|---|---|---|---|---|---|---|---|
| | | 날 짜 | 05.03 | 05.06 | 05.10 | 05.18 | 05.24 | 05.27 | 06.01 | 06.14 | 06.17 | 06.21 |
| | | 홈/원정 | 홈 | 원정 | 원정 | 홈 | 원정 | 홈 | 홈 | 원정 | 홈 | 원정 |
| | | 장 소 | 대구전 | 수원 | 안양 | 대구전 | 대전W | 대구전 | 대구전 | 제주W | 대구전 | 강릉 |
| | | 상 대 | 제주 | 수원FC | 안양 | 서울 | 대전 | 전북 | 광주 | 제주 | 포항 | 강원 |
| | | 결 과 | 승 | 패 | 무 | 패 | 패 | 패 | 무 | 패 | 무 | 패 |
| | | 점 수 | 3 : 1 | 1 : 2 | 2 : 2 | 0 : 1 | 1 : 2 | 0 : 4 | 1 : 1 | 1 : 2 | 1 : 1 | 0 : 3 |
| | | 승 점 | 10 | 10 | 11 | 11 | 11 | 11 | 12 | 12 | 13 | 13 |
| | | 슈팅수 | 15 : 12 | 9 : 14 | 9 : 14 | 6 : 16 | 9 : 9 | 13 : 16 | 10 : 10 | 7 : 12 | 12 : 10 | 7 : 13 |
| GK | 21 | 오 승 훈 | | | | | | | ○ 0/0 | ○ 0/0 | ○ 0/0 | ○ 0/0 |
| | 31 | 한 태 희 | ○ 0/0 | ○ 0/0 | ○ 0/0 | ○ 0/0 | | | | | | |
| | 51 | 박 만 호 | | | | | ○ 0/0 | ○ 0/0 | | | | |
| DF | 2 | 황 재 원 | ○ 0/0 | ○ 0/1 C | ○ 0/0 | ○ 0/0 | ○ 0/0 | ○ 0/0 | ○ 0/0 | ○ 0/0 | ○ 0/0 | ○ 0/0 |
| | 3 | 정 우 재 | | | | | | | | | △ 0/0 | △ 0/0 |
| | 4 | 카 이 오 | ○ 0/0 | ○ 1/0 | ○ 1/0 | ○ 0/0 | ○ 0/0 | ○ 0/0 | ○ 0/0 | ○ 0/0 | ○ 0/0 | ○ 0/0 |
| | 6 | 홍 정 운 | | | | | | | | | ○ 0/0 | ▽ 0/0 C |
| | 7 | 김 진 혁 | | | | | | | | | | |
| | 15 | 이 원 우 | ○ 0/0 C | ○ 0/0 | △ 0/0 | | ○ 0/0 | ○ 0/0 | △ 0/0 | △ 0/0 | | ▽ 0/0 |
| | 20 | 김 강 산 | | | | | | | | | | |
| | 22 | 장 성 원 | ○ 0/0 | ○ 0/0 | ○ 0/0 | ○ 0/0 | △ 0/0 | ▽ 0/0 | ○ 0/0 | ▽ 0/0 | ○ 0/1 | |
| | 27 | 정 헌 택 | | | | | | | | | | |
| | 29 | 박 재 현 | | △ 0/0 | | | ▽ 0/0 | | | | | |
| | 38 | 이 림 | | | | | ○ 0/0 | ▽ 0/0 | ▽ 0/0 | | | |
| | 40 | 박 진 영 | | | ○ 0/0 | ○ 0/0 | △ 0/0 | | | ▽ 0/0 | ▽ 0/0 C | ○ 0/0 |
| | 45 | 김 현 준 | ○ 0/1 C | ○ 0/0 | ○ 0/0 | ▽ 0/0 | ○ 1/0 | ○ 0/0 | ▽ 0/0 | ○ 0/0 | | |
| | 55 | 우 주 성 | | | | | | | | | | |
| | 66 | 조 진 우 | | | | | | | | | | |
| | 70 | 유 지 운 | | | | | | | | | | |
| MF | 5 | 요 시 노 | ○ 1/0 | ▽ 0/0 | ▽ 0/0 C | ▽ 0/0 C | △ 0/0 | ▽ 0/0 | | | | |
| | 26 | 이 진 용 | | | | | | | | | △ 0/0 | △ 0/0 |
| | 30 | 한 종 무 | △ 0/0 | △ 0/0 | ▽ 0/0 | △ 0/0 | ▽ 0/0 | ▽ 0/0 | ○ 0/0 | ▽ 0/1 | ▽ 0/0 | ▽ 0/0 |
| | 40 | 이 찬 동 | △ 0/0 | | ▽ 0/0 | ▽ 0/0 C | | ○ 0/0 | ○ 0/0 | △ 0/0 C | | |
| | 43 | 박 세 진 | | | | | | | | | | |
| | 44 | 김 정 현 | ▽ 0/0 | ▽ 0/0 | △ 0/0 C | △ 0/0 | ▽ 0/1 C | | | | | |
| | 47 | 정 현 철 | | | | | | | | | ▽ 0/0 | |
| | 74 | 이 용 래 | | | | | | | | △ 0/0 | | |
| | 88 | 카를로스 | | | | | | | | | | |
| FW | 5 | 지오바니 | | | | | | | | | | |
| | 9 | 에 드 가 | △ 1/0 | △ 0/0 | ○ 1/0 C | ○ 0/0 | | △ 0/0 | ○ 0/0 | ○ 0/0 | △ 1/0 | ○ 0/0 |
| | 10 | 라 마 스 | | | | △ 0/0 | ▽ 0/0 C | △ 0/0 | ○ 1/0 | ○ 0/0 | △ 0/0 | ○ 0/0 |
| | 11 | 세 징 야 | ▽ 0/2 | | | | | | | | | |
| | 13 | 권 태 영 | | | △ 0/1 | | | △ 0/0 | △ 0/0 | △ 0/0 | △ 0/0 C | ▽ 0/0 |
| | 16 | 전 용 준 | | △ 0/0 | | △ 0/0 | | | | | | |
| | 18 | 정 재 상 | ▽ 0/0 | ▽ 0/0 | | △ 0/0 | △ 0/0 | ▽ 0/0 | △ 0/0 | △ 0/0 | ▽ 0/0 | △ 0/0 |
| | 19 | 박 대 훈 | △ 0/0 | △ 0/0 | ▽ 0/0 | ▽ 0/0 | ▽ 0/0 | | | | | |
| | 32 | 정 치 인 | ▽ 1/0 | ▽ 0/0 | △ 0/0 | ▽ 0/0 C | △ 0/0 | △ 0/0 | ▽ 0/0 C | ▽ 0/0 | ▽ 0/0 | △ 0/0 |
| | 33 | 김 민 준 | | ▽ 0/0 | | | | △ 0/0 | | | | |
| | 42 | 고 재 현 | | | | | | | | | | |
| | 77 | 김 주 공 | | | | | | | | ▽ 1/0 | ○ 0/0 | ○ 0/0 |
| | | | | | | | | | | | | |

| 위치 | 배번 | 경기번호 | 125 | 128 | 135 | 144 | 145 | 153 | 159 | 164 | 173 | 176 |
|---|---|---|---|---|---|---|---|---|---|---|---|---|
| | | 날 짜 | 07.12 | 07.18 | 07.22 | 07.27 | 08.08 | 08.16 | 08.23 | 08.30 | 09.14 | 09.20 |
| | | 홈/원정 | 원정 | 홈 | 원정 | 홈 | 원정 | 원정 | 홈 | 홈 | 원정 | 원정 |
| | | 장 소 | 문수 | 대구전 | 안양 | 대구전 | 서울W | 전주W | 대구전 | 대구전 | 김천 | 대전W |
| | | 상 대 | 울산 | 김천 | 안양 | 포항 | 서울 | 전북 | 제주 | 수원FC | 김천 | 대전 |
| | | 결 과 | 무 | 패 | 패 | 패 | 무 | 패 | 무 | 승 | 승 | 패 |
| | | 점 수 | 2 : 2 | 2 : 3 | 0 : 4 | 0 : 1 | 2 : 2 | 0 : 3 | 2 : 2 | 3 : 1 | 2 : 1 | 2 : 3 |
| | | 승 점 | 14 | 14 | 14 | 14 | 15 | 15 | 16 | 19 | 22 | 22 |
| | | 슈팅수 | 8 : 25 | 12 : 14 | 10 : 15 | 5 : 8 | 13 : 13 | 15 : 11 | 18 : 12 | 11 : 7 | 10 : 11 | 25 : 9 |
| GK | 21 | 오승훈 | ○ 0/0 C | ○ 0/0 | ○ 0/0 | ○ 0/0 | ○ 0/0 | | | | | |
| | 31 | 한태희 | | | | | | ○ 0/0 | ○ 0/0 | ○ 0/0 | ○ 0/0 | ○ 0/0 |
| | 51 | 박만호 | | | | | | | | | | |
| DF | 2 | 황재원 | | | | △ 0/0 | ○ 0/0 | ○ 0/0 | ○ 0/0 | ▽ 0/0 | ○ 0/0 | ○ 0/0 |
| | 3 | 정우재 | ○ 0/0 | ▽ 0/0 | ▽ 0/0 | ○ 0/0 | ○ 0/0 | ○ 0/0 | | | | |
| | 4 | 카이오 | ▽ 0/0 | ○ 0/0 C | ○ 0/0 S | | | | | ○ 1/0 | ○ 1/0 | ○ 0/0 |
| | 6 | 홍정운 | ○ 0/0 | ▽ 0/0 | | | | | | | | |
| | 7 | 김진혁 | | | △ 0/0 | ○ 0/0 C | ○ 0/0 C | ○ 0/0 | | | | |
| | 15 | 이원우 | △ 0/0 | △ 0/0 | | | | | | | | |
| | 20 | 김강산 | | | | | | | | | | |
| | 22 | 장성원 | ▽ 0/0 | ○ 0/0 | | | | | ○ 0/0 | ○ 0/0 | ○ 1/0 | ▽ 0/0 C |
| | 27 | 정현택 | | | | | | | | △ 0/0 | △ 0/0 | |
| | 29 | 박재현 | | | | | | | | | | |
| | 38 | 이 림 | | | △ 0/0 | ▽ 0/0 | △ 0/0 | | | | | |
| | 40 | 박진영 | | | | | | | | | | |
| | 45 | 김현준 | | | ▽ 0/0 | | | | ○ 0/0 | ◆ 0/0 | △ 0/0 | △ 1/0 |
| | 55 | 우주성 | ○ 0/0 | ○ 0/0 C | ○ 0/0 | ○ 0/0 | ○ 0/0 | ○ 0/0 | ○ 0/0 | ○ 0/0 | ○ 0/0 | ○ 0/0 |
| | 66 | 조진우 | △ 0/0 C | △ 0/0 | △ 0/0 | ○ 0/0 C | | | | | △ 0/0 | |
| | 70 | 유지운 | | | | | | | | | | △ 0/0 |
| MF | 5 | 요시노 | | | | | | | | | | |
| | 26 | 이진용 | | | △ 0/0 | | | ▽ 0/0 | △ 0/0 C | | | |
| | 30 | 한종무 | ▽ 0/0 C | ▽ 0/1 | ▽ 0/0 | | | | | △ 0/0 | | |
| | 40 | 이찬동 | | | | | | | | | | |
| | 43 | 박세진 | | | | | | | | | | |
| | 44 | 김정현 | ○ 0/0 C | ○ 0/0 | ○ 0/0 | ▽ 0/0 | ▽ 0/0 C | | ▽ 0/0 | ○ 0/0 C | ▽ 0/0 | ○ 0/0 |
| | 47 | 정현철 | | | | | | | | | | |
| | 74 | 이용래 | △ 0/0 | △ 0/0 | | △ 0/0 | △ 0/0 | △ 0/0 | ▽ 0/0 | ▽ 0/0 | ▽ 0/0 | ▽ 0/0 |
| | 88 | 카를로스 | ▽ 0/0 | ▽ 0/0 | ▽ 0/0 | | ▽ 0/0 C | ▽ 0/0 | △ 0/0 | | | |
| FW | 5 | 지오바니 | △ 0/0 | | ▽ 0/0 | | | ▽ 0/0 | △ 0/0 | | | |
| | 9 | 에드가 | | △ 0/0 | △ 0/0 | △ 0/0 | | △ 0/0 | | △ 0/0 | △ 0/0 | △ 1/1 |
| | 10 | 라마스 | △ 0/0 | △ 0/0 | | ○ 0/0 | △ 0/0 | △ 0/0 | △ 0/0 | | | △ 0/0 |
| | 11 | 세징야 | ○ 2/0 | ○ 1/0 | ○ 0/0 | ○ 0/0 | ○ 1/1 | ○ 0/0 | ○ 1/0 C | ○ 0/2 | ○ 0/2 | ○ 0/1 |
| | 13 | 권태영 | | | | | △ 0/0 | | | | | |
| | 16 | 전용준 | | | | | | | | | | |
| | 18 | 정재상 | | | | △ 0/0 | ▽ 0/1 | △ 0/0 | ▽ 0/0 | ▽ 0/0 | ▽ 0/0 | ▽ 0/0 |
| | 19 | 박대훈 | | | | | △ 0/0 | △ 0/0 | △ 0/0 | △ 2/0 | △ 0/0 | △ 0/0 |
| | 32 | 정치인 | | | | ▽ 0/0 | ▽ 1/0 | ▽ 0/0 | ▽ 0/1 | ▽ 0/0 | ▽ 0/0 | ▽ 0/0 |
| | 33 | 김민준 | | | | | | | | | | |
| | 42 | 고재현 | | | | | | | | | | |
| | 77 | 김주공 | ▽ 0/1 | ▽ 1/0 | ○ 0/0 | ▽ 0/0 | ▽ 0/0 | ▽ 0/0 | ▽ 0/0 | ○ 0/0 | ▽ 0/0 | ▽ 0/0 |

선수자료 : 득점/도움 ○ = 선발출전 △ = 교체 IN ▽ = 교체 OUT ◆ = 교체 IN/OUT C = 경고 S = 퇴장

| 위치 | 배번 | 경기번호 | 183 | 188 | 197 | 202 | 210 | 212 | 222 | 223 | | |
|---|---|---|---|---|---|---|---|---|---|---|---|---|
| | | 날 짜 | 09.27 | 10.04 | 10.18 | 10.26 | 11.02 | 11.08 | 11.23 | 11.30 | | |
| | | 홈/원정 | 홈 | 원정 | 홈 | 원정 | 원정 | 홈 | 원정 | 홈 | | |
| | | 장 소 | 대구전 | 광주W | 대구전 | 문수 | 수원 | 대구전 | 제주W | 대구전 | | |
| | | 상 대 | 울산 | 광주 | 강원 | 울산 | 수원FC | 광주 | 제주 | 안양 | | |
| | | 결 과 | 무 | 승 | 무 | 무 | 무 | 승 | 무 | 무 | | |
| | | 점 수 | 1 : 1 | 3 : 2 | 2 : 2 | 1 : 1 | 1 : 1 | 1 : 0 | 1 : 1 | 2 : 2 | | |
| | | 승 점 | 23 | 26 | 27 | 28 | 29 | 32 | 33 | 34 | | |
| | | 슈팅수 | 15 : 9 | 10 : 9 | 9 : 10 | 6 : 15 | 8 : 14 | 12 : 3 | 16 : 8 | 21 : 6 | | |
| GK | 21 | 오 승 훈 | | | | | | | | | | |
| | 31 | 한 태 희 | ○ 0/0 | ○ 0/0 | ○ 0/0 C | ○ 0/0 | ○ 0/0 | ○ 0/0 | ○ 0/0 | ○ 0/0 | | |
| | 51 | 박 만 호 | | | | | | | | | | |
| DF | 2 | 황 재 원 | ○ 0/0 C | ○ 0/0 | ○ 0/0 C | ○ 0/0 | ○ 0/0 | ○ 0/0 | ○ 0/1 | ○ 0/0 C | | |
| | 3 | 정 우 재 | | | | | | | | | | |
| | 4 | 카 이 오 | ○ 0/0 | ○ 0/0 | ○ 0/0 | ○ 0/1 | ○ 0/0 S | | | △ 0/0 | | |
| | 6 | 홍 정 운 | ▽ 0/0 C | ◆ 0/0 | | △ 0/0 | | △ 0/0 | | | | |
| | 7 | 김 진 혁 | | | | | | | | | | |
| | 15 | 이 원 우 | | | | | | | | | | |
| | 20 | 김 강 산 | | | | | ○ 0/0 | ▽ 0/0 | ○ 0/0 | ○ 0/0 | | |
| | 22 | 장 성 원 | | | | | | | | | | |
| | 27 | 정 헌 택 | ▽ 0/0 C | ○ 0/0 C | ○ 0/0 | ▽ 0/0 | △ 0/0 | ○ 0/1 | ○ 0/0 C | ▽ 0/0 | | |
| | 29 | 박 재 현 | | | | | | | | | | |
| | 38 | 이 림 | | | | ▽ 0/0 | | | △ 0/0 | △ 0/0 | | |
| | 40 | 박 진 영 | | | | | | | | | | |
| | 45 | 김 현 준 | △ 0/0 | △ 0/0 | △ 0/0 | △ 0/0 | ▽ 0/0 | ▽ 1/0 | ▽ 0/0 | ○ 0/0 | | |
| | 55 | 우 주 성 | ○ 0/0 | ○ 0/0 | ○ 0/0 | ○ 0/0 | ○ 0/0 | ○ 0/0 | ○ 0/0 | ○ 0/0 | | |
| | 66 | 조 진 우 | | | | | | | | | | |
| | 70 | 유 지 운 | | | | | △ 0/0 | | | | | |
| MF | 5 | 요 시 노 | | | | | | | | | | |
| | 26 | 이 진 용 | | | | △ 0/0 | | | △ 0/0 | | | |
| | 30 | 한 종 무 | | | ▽ 0/0 | | | | | | | |
| | 40 | 이 찬 동 | | | | | | | | | | |
| | 43 | 박 세 진 | | | | | | | | | | |
| | 44 | 김 정 현 | ○ 0/0 | ○ 0/0 | ○ 0/0 | ○ 0/0 | ○ 0/0 | ○ 0/0 | ○ 0/0 | ○ 0/0 | | |
| | 47 | 정 현 철 | | | | | | | | | | |
| | 74 | 이 용 래 | △ 0/0 | | | | | | | | | |
| | 88 | 카를로스 | | | | ▽ 0/0 | | △ 0/0 | | | | |
| FW | 5 | 지오바니 | △ 0/0 | △ 0/0 | △ 0/0 | | ▽ 0/0 | ▽ 0/0 | ▽ 1/0 | ▽ 1/0 | | |
| | 9 | 에 드 가 | △ 0/0 | △ 0/0 C | △ 1/0 | | △ 1/0 | △ 0/0 C | △ 0/0 | △ 0/1 | | |
| | 10 | 라 마 스 | ▽ 0/1 | ▽ 0/0 | ▽ 0/0 | △ 0/0 | | △ 0/0 | △ 0/0 | △ 0/0 | | |
| | 11 | 세 징 야 | ○ 1/0 | ○ 2/1 | ○ 1/1 | ○ 0/0 | ○ 0/1 | | | △ 1/0 | | |
| | 13 | 권 태 영 | | | | | | | | | | |
| | 16 | 전 용 준 | | | | | | | | | | |
| | 18 | 정 재 상 | | ▽ 1/0 | | | | ▽ 0/0 | | | | |
| | 19 | 박 대 훈 | ▽ 0/0 | △ 0/0 | ▽ 0/0 | △ 0/0 | | △ 0/0 | ▽ 0/0 | ▽ 0/0 | | |
| | 32 | 정 치 인 | △ 0/0 | ▽ 0/0 | ▽ 0/0 | ▽ 0/0 | ▽ 0/0 | ▽ 0/0 | ▽ 0/0 | ▽ 0/0 | | |
| | 33 | 김 민 준 | | | △ 0/0 C | | | | | | | |
| | 42 | 고 재 현 | | | | | | | | | | |
| | 77 | 김 주 공 | ▽ 0/0 | ▽ 0/0 | | ▽ 1/0 | ○ 0/0 | ○ 0/0 | ○ 0/0 | ▽ 0/0 | | |
| | | | | | | | | | | | | |

# 인천 유나이티드

**창단년도**_ 2003년
**전화**_ 032-880-5500
**팩스**_ 032-423-1509
**홈페이지**_ https://www.incheonutd.com
**유튜브**_ http://bit.ly/2uNrVwy
**인스타그램**_ https://www.instagram.com/incheonutd/
**카카오톡채널**_ https://pf.kakao.com/_PCkKM
**페이스북**_ https://www.facebook.com/incheonutd2003
**주소**_ 우 22328 인천광역시 중구 참외전로 246
(도원동 7-1) 인천축구전용경기장 내 3층
Incheon Football Stadium, 246, Chamoejeon-ro(7-1, Dowon-dong), Jung-gu, Incheon, KOREA 22328

## 연혁

2003 인천시민프로축구단 창단발표(안상수 인천광역시장)
안종복 단장 임용 한국프로축구연맹 창단 승인
베르너 로란트 초대감독 선임
2004 캐치프레이즈 'Blue Hearts 2004', 캐릭터 '유티' 확정
창단식 및 일본 감바 오사카 초청경기(문학경기장)
2005 캐치프레이즈 '푸른물결 2005' 확정 장외룡 감독 취임
삼성 하우젠 K-리그 2005 정규리그 통합 1위(전기 2위, 후기 4위)로 플레이오프 진출, 삼성 하우젠 K-리그 2005 준우승
삼성 하우젠 K-리그 2005 관중 1위(총 316,591명, 평균 24,353명)
장외룡 감독 삼성 하우젠 K-리그 대상, 올해의 감독상 수상
삼성 하우젠 K-리그 2005 베스트11 DF 부문 수상(임중용)
인천유나이티드 서포터즈 삼성 하우젠 K-리그 대상 공로상 수상
2006 프로축구 최초의 23억여 원 경영흑자 달성
캐치프레이즈 '시민속으로(into the community)' 확정
인천유나이티드 소재 다큐멘터리 영화 〈비상〉 개봉
인천유나이티드 U-12팀 창단
삼성 하우젠 K-리그 2006 통합 13위(전기 10위, 후기 6위)
제11회 하나은행 FA컵 3위
2007 안종복 사장 취임, 7억여 원 경영흑자 달성
캐치프레이즈 'My Pride My United' 확정
장외룡 감독 잉글랜드 프리미어리그 유학, 박이천 감독대행 취임
제12회 하나은행 FA컵 3위
2008 3년 연속 경영흑자 달성 '인천축구전용경기장' 착공
인천유나이티드 U-18 대건고 창단
2009 일리야 페트코비치 감독 선임 2009 K-리그 5위(플레이오프 진출)
피스컵 코리아 A조 2위(플레이오프 진출)
인천유나이티드 U-15 광성중 창단
2010 허정무 감독 선임 2010 K리그 득점왕 수상(유병수)
2011 조건도 대표이사 취임
2012 인천축구전용경기장 준공 및 개막전(2012년 3월 11일 VS 수원)
조동암 대표이사 취임, 김봉길 감독 취임
현대오일뱅크 K리그 2012 B그룹 1위(통합 9위)
현대오일뱅크 K리그 2012 베스트11 DF 부문 수상(정인환)
19경기 연속 무패 팀최다 기록 수립
2013 현대 오일뱅크 K리그 클래식 상위스플릿 진출 및 최종 7위
캐치프레이즈 '인천축구지대본' 확정
U-18 대건고 제94회 전국체육대회 준우승
2014 캐치프레이즈 '승리, 그 이상의 감동' 확정
김광석 대표이사 취임
2014년도 2차(13~25R) 그린스타디움상 수상
2015 김도훈 감독 선임, 정의석 단장 취임
캐치프레이즈 'Play, Together!' 확정
현대오일뱅크 K리그 클래식 2015 B그룹 2위(통합 8위)
2015 제20회 KEB하나은행 FA컵 준우승
U-18 대건고 2015 아디다스 K리그 주니어 A조 전, 후기 통합 우승
U-18 대건고 2015 대교눈높이 전국고등축구리그 왕중왕전 준우승
U-15 광성중 2015 대교눈높이 전국중등축구리그 왕중왕전 우승
현대오일뱅크 K리그 클래식 2015 베스트11 DF 부문 수상(요니치)
2016 박영복 대표이사 취임, 김석현 단장 취임
캐치프레이즈 '우리는 인천' 확정
U-15 광성중 '제45회 전국소년체육대회' 우승
U-18 대건고 '2016 K리그 U17, U18 챔피언십' 동반 준우승
U-18 대건고 '2016 아디다스 K리그 주니어 A조 후기리그' 준우승
2016년도 1차(1~12R) 그린스타디움상 수상
현대오일뱅크 K리그 클래식 2016 베스트11 DF 부문 수상(요니치)
2017 이기형 감독 선임 정병일 대표이사 취임
강인덕 대표이사 취임
2018 욘 안데르센 감독 선임 U-12, U-15 광성중 주말리그 우승
U-18 대건고 대한축구협회장배 및 전반기 왕중왕전 준우승
구단 최초 월드컵 국가대표 배출(문선민)
KEB하나은행 K리그 1 2018 베스트11 MF부문 수상(아길라르)
전달수 대표이사 취임
2019 캐치프레이즈 '인천축구시대' 사용 유상철 감독 선임
U-15 광성중 소년체전 우승, K리그 주니어 A조 준우승
U-18 대건고 문체부장관배 및 전국체전 우승
2020 임완섭 감독 선임 조성환 감독 선임
U-18 대건고 문체부장관배 및 전국체전 준우승
인천유나이티드 소재 다큐멘터리 영화 〈비상 2020〉 제작
무고사 선수 'EA스포츠 이달의 선수상' 9월 수상
2021 스페셜올림픽 K리그 유니파이드컵 첫 번째 승리자(B조 1위) 수상
멤버십 제도 최초 도입
2022 구단 창단 첫 ACL(아시아챔피언스리그) 진출(하나원큐 K리그1 4위)
구단 창단 첫 축구센터(인천 연수구 선학동 부지) 준공
인천유나이티드 서포터즈 올해의 인천인 대상 단체부문 수상
무고사 선수 'EA스포츠 이달의 선수상' 2~3월, 4월 수상
하나원큐 K리그1 2022 파이널 A 진출(최종 순위 4위)
창단 첫 아시아 챔피언스리그(ACL) 진출
2023 하나원큐 K리그1 2023 파이널 A 진출(최종 순위 5위)
창단 첫 아시아 챔피언스리그(ACL) 참가(G조 3위, 4승 2패)
'하나원큐 K리그1 2023' 베스트 11 MF 부문 수상(제르소)
2024 무고사 선수 하나은행 K리그1 2024 득점왕 수상
박승호 '세븐셀렉트 3월의 영플레이어상' 수상
김건희 '세븐셀렉트 9월의 영플레이어상' 수상
2025 하나은행 K리그2 2025 우승
하나은행 K리그2 2025 감독상(윤정환), MVP(제르소), 영플레이어상(박승호), 최다득점상(무고사) 수상
K리그2 베스트11(민성준, 이주용, 김건희, 제르소, 이명주, 무고사) 수상
전 경기 전 시간 출전상(김건희) 수상

## 2025년 선수명단

대표이사_ 조건도　감독_ 윤정환
수석코치_ 이호　코치_ 이별·정혁　골키퍼코치_ 권찬수　피지컬코치_ 정문호　의무트레이너_ 김정훈·피민혁
물리치료사_ 최재혁　전력분석관_ 김용신　선수단 매니저_ 이상민

| 포지션 | 선수명 | | 생년월일 | 출신교 | 키(cm) / 몸무게(kg) |
|---|---|---|---|---|---|
| GK | 민성준 | 閔盛俊 | 1999.07.22 | 고려대 | 188 / 84 |
| | 황성민 | 黃聖珉 | 1991.06.23 | 한남대 | 188 / 83 |
| | 이범수 | 李範守 | 1990.12.10 | 경희대 | 190 / 85 |
| | 이상헌 | 李相弦 | 2006.07.19 | 통진고 | 188 / 82 |
| | 이태희 | 李太熙 | 1995.04.26 | 대건고 | 188 / 84 |
| | 김동헌 | 金東憲 | 1997.03.03 | 용인대 | 186 / 85 |
| DF | 이상기 | 李相基 | 1996.05.07 | 영남대 | 180 / 79 |
| | 김건희 | 金建熙 | 2002.09.16 | 장안대 | 192 / 86 |
| | 최승구 | 崔勝究 | 2005.09.28 | 진위고 | 174 / 71 |
| | 임형진 | 任形進 | 2001.07.23 | 동국대 | 190 / 85 |
| | 델브리지 | Harrison Andrew Delbridge | 1992.03.15 | *오스트레일리아 | 193 / 90 |
| | 박경섭 | 朴京燮 | 2004.07.02 | 선문대 | 188 / 83 |
| | 강윤구 | 姜潤求 | 1993.02.08 | 장훈고-동아대 | 167 / 67 |
| | 이주용 | 李周勇 | 1992.09.26 | 동아대 | 180 / 78 |
| | 김명순 | 金明淳 | 2000.07.17 | 광주대 | 177 / 76 |
| MF | 이명주 | 李明周 | 1990.04.24 | 포철공고 | 176 / 74 |
| | 문지환 | 文智煥 | 1994.07.26 | 단국대 | 184 / 77 |
| | 김도혁 | 金鍍爀 | 1992.02.08 | 연세대 | 173 / 71 |
| | 신진호 | 申嗔浩 | 1988.09.07 | 영남대 | 177 / 73 |
| | 이가람 | 李가람 | 2005.08.06 | 대건고 | 173 / 73 |
| | 강도욱 | 姜度旭 | 2005.03.28 | 부평고 | 174 / 73 |
| | 김건웅 | 金健雄 | 1997.08.29 | 현대고 | 185 / 83 |
| | 김현서 | 金峴誓 | 2004.03.25 | 진위고 | 174 / 66 |
| | 정원진 | 鄭願眞 | 1994.08.10 | 영남대 | 176 / 67 |
| FW | 무고사 | Stefan Mugosa | 1992.02.26 | *몬테네그로 | 188 / 81 |
| | 이동률 | 李東律 | 2000.06.09 | 제주방송통신고 | 174 / 70 |
| | 제르소 | Gerso Fernandes | 1991.02.23 | *포르투갈 | 172 / 62 |
| | 바로우 | Modou Barrow | 1992.10.13 | *스웨덴 | 178 / 72 |
| | 김성민 | 金聖旻 | 2000.07.03 | 용인대 | 171 / 69 |
| | 백민규 | 白敏珪 | 2005.11.20 | 진위고 | 184 / 75 |
| | 김민석 | 金珉碩 | 2002.09.05 | 대건고 | 180 / 73 |
| | 성힘찬 | 成힘찬 | 2006.09.09 | 대건고 | 180 / 75 |
| | 김보섭 | 金甫燮 | 1998.01.10 | 대건고 | 183 / 75 |
| | 강민성 | 姜珉成 | 2003.04.10 | 인천대 | 182 / 78 |
| | 서동한 | 徐東漢 | 2001.03.23 | 매탄고 | 173 / 66 |
| | 박승호 | 朴昇浩 | 2003.09.01 | 단국대 | 179 / 75 |
| | 쇼타 | Saijo Shota / 西条翔太 | 2006.02.01 | *일본 | 192 / 85 |
| | 박호민 | 朴鎬緡 | 2001.10.09 | 고려대 | 191 / 86 |

## 2025년 개인기록 _ K리그2

| 위치 | 배번 | 경기번호 | 01 | 08 | 21 | 22 | 32 | 37 | 47 | 50 | 60 | 66 |
|---|---|---|---|---|---|---|---|---|---|---|---|---|
| | | 날 짜 | 02.22 | 03.01 | 03.09 | 03.15 | 03.29 | 04.05 | 04.13 | 04.19 | 04.26 | 05.04 |
| | | 홈/원정 | 홈 | 홈 | 원정 | 홈 | 홈 | 원정 | 홈 | 홈 | 원정 | 홈 |
| | | 장 소 | 인천 | 인천 | 탄천 | 인천 | 인천 | 화성 | 인천 | 인천 | 부천 | 인천 |
| | | 상 대 | 경남 | 수원 | 성남 | 서울E | 부산 | 화성 | 충북청주 | 천안 | 부천 | 김포 |
| | | 결 과 | 승 | 승 | 패 | 승 | 무 | 승 | 승 | 승 | 승 | 승 |
| | | 점 수 | 2 : 0 | 2 : 0 | 1 : 2 | 1 : 0 | 1 : 1 | 1 : 0 | 2 : 1 | 3 : 0 | 3 : 1 | 3 : 0 |
| | | 승 점 | 3 | 6 | 6 | 9 | 10 | 13 | 16 | 19 | 22 | 25 |
| | | 슈팅수 | 22 : 5 | 9 : 6 | 6 : 8 | 13 : 4 | 11 : 7 | 7 : 6 | 16 : 11 | 9 : 12 | 7 : 12 | 13 : 9 |
| GK | 1 | 민 성 준 | ○ 0/0 | ○ 0/0 | ○ 0/0 | ○ 0/0 | ○ 0/0 | ○ 0/0 C | ○ 0/0 | ○ 0/0 | ○ 0/0 | ○ 0/0 |
| | 25 | 이 범 수 | | | | | | | | | | |
| | 97 | 김 동 헌 | | | | | | | | | | |
| DF | 3 | 이 상 기 | | | | | | | | | | |
| | 4 | 김 건 희 | ○ 0/1 | ○ 0/0 | ○ 0/0 | ○ 0/0 | ○ 0/0 | ○ 0/0 | ○ 0/0 | ○ 0/0 | ○ 0/0 | ○ 0/0 |
| | 13 | 최 승 구 | ▽ 0/0 C | ▽ 0/0 | ▽ 0/0 | ▽ 0/0 | ▽ 0/0 | △ 0/0 | ▽ 0/0 | △ 0/0 | △ 0/0 | |
| | 15 | 임 형 진 | | | | | | △ 0/0 | | | | |
| | 20 | 델브리지 | | ◈ 0/0 | | | | | △ 0/0 | | | |
| | 23 | 박 경 섭 | ○ 0/0 | ○ 0/0 | ○ 0/0 | ○ 0/0 C | ○ 0/0 | ▽ 0/0 | ▽ 0/0 C | ○ 0/0 | ○ 0/0 | ○ 1/0 |
| | 26 | 강 윤 구 | | | | | | | | | | |
| | 32 | 이 주 용 | ○ 0/0 | ○ 0/0 C | ○ 0/1 | ○ 0/0 C | ○ 0/0 | ○ 0/0 | ○ 0/0 | ○ 0/0 | ○ 0/0 | ○ 0/1 |
| | 39 | 김 명 순 | | | | △ 0/0 C | △ 0/0 | ▽ 0/0 | △ 0/1 | ▽ 0/1 | ▽ 0/0 | ▽ 0/0 |
| | 49 | 민 경 현 | △ 0/0 | △ 0/0 | △ 0/0 C | ▽ 0/0 | ○ 0/0 | ○ 0/0 S | | | ○ 0/0 | ▽ 0/0 |
| | 88 | 김 세 훈 | | | △ 0/0 C | | | | | | | |
| MF | 5 | 이 명 주 | ○ 0/0 | ○ 0/0 C | ○ 0/0 | ○ 0/0 | ▽ 0/0 | | ○ 0/0 | ○ 0/0 | ▽ 1/0 | ▽ 0/0 |
| | 6 | 문 지 환 | △ 0/0 | ○ 0/0 S | | | | ▽ 0/0 | ▽ 0/0 | ○ 0/0 | △ 0/0 | △ 0/0 |
| | 7 | 김 도 혁 | ▽ 0/0 | △ 0/0 | ▽ 0/0 | | | | | | | |
| | 8 | 신 진 호 | | | | △ 0/0 | △ 0/0 | △ 0/0 | △ 0/0 | △ 0/0 | | △ 0/0 |
| | 28 | 김 건 웅 | | | | | | | | | | |
| | 88 | 정 원 진 | | | | | | | | | | |
| FW | 9 | 무 고 사 | ○ 1/0 C | ○ 1/1 | ○ 0/0 | ○ 1/0 | △ 1/0 | ○ 0/0 | ○ 1/0 | ▽ 2/0 | ▽ 1/1 | ○ 1/0 C |
| | 10 | 이 동 률 | △ 0/0 | | △ 0/0 | △ 0/0 | ▽ 0/0 | ▽ 1/0 | △ 1/0 | △ 1/0 | △ 0/0 | |
| | 11 | 제 르 소 | ▽ 0/0 | ▽ 0/0 | ▽ 1/0 C | ▽ 0/0 | ○ 0/0 | ◈ 0/0 | ○ 0/0 | ▽ 0/1 | ○ 0/2 | ○ 0/0 |
| | 14 | 바 로 우 | △ 0/1 | △ 0/0 | △ 0/0 | △ 0/0 | △ 0/0 C | ○ 0/0 | ▽ 0/0 | ▽ 0/0 | △ 0/0 | ▽ 0/0 |
| | 17 | 김 성 민 | △ 1/0 | △ 1/0 | △ 0/0 | ▽ 0/0 | | | | | | △ 0/0 |
| | 18 | 백 민 규 | | | | | | | | | | |
| | 19 | 김 민 석 | | | | | △ 0/0 | △ 0/0 | △ 0/0 | △ 0/0 | ▽ 0/0 C | △ 1/0 |
| | 22 | 성 힘 찬 | | | | | | | | | | |
| | 27 | 김 보 섭 | ▽ 0/0 | ▽ 0/1 | ▽ 0/0 C | ▽ 0/0 | ▽ 0/0 | | | | | |
| | 30 | 서 동 한 | | | | | | | | | | |
| | 77 | 박 승 호 | ▽ 0/0 | ▽ 0/0 | ▽ 0/0 | △ 0/0 | ▽ 0/0 | ○ 0/0 | ▽ 0/0 | ▽ 0/0 | ▽ 1/0 | ▽ 0/0 |
| | 94 | 쇼 타 | | | | | | | | | | |
| | 99 | 박 호 민 | | | | | | | | △ 0/0 | △ 0/0 | △ 0/0 |
| | | | | | | | | | | | | |

선수자료 : 득점/도움 ○ = 선발출전 △ = 교체 IN ▽ = 교체 OUT ◈ = 교체 IN/OUT C = 경고 S = 퇴장

| 위치 | 배번 | 경기번호 | 73 | 82 | 90 | 98 | 104 | 112 | 113 | 126 | 128 | 138 |
|---|---|---|---|---|---|---|---|---|---|---|---|---|
| | | 날 짜 | 05.10 | 05.18 | 05.25 | 06.01 | 06.08 | 06.15 | 06.21 | 06.29 | 07.05 | 07.13 |
| | | 홈/원정 | 원정 | 원정 | 홈 | 원정 | 홈 | 원정 | 홈 | 원정 | 원정 | 홈 |
| | | 장 소 | 아산 | 안산 | 인천 | 천안 | 인천 | 수원W | 인천 | 김포 | 광양 | 인천 |
| | | 상 대 | 충남아산 | 안산 | 전남 | 천안 | 부천 | 수원 | 화성 | 김포 | 전남 | 충남아산 |
| | | 결 과 | 승 | 승 | 승 | 무 | 승 | 승 | 승 | 무 | 패 | 승 |
| | | 점 수 | 3 : 0 | 2 : 0 | 2 : 0 | 3 : 3 | 1 : 0 | 2 : 1 | 2 : 0 | 1 : 1 | 1 : 2 | 2 : 1 |
| | | 승 점 | 28 | 31 | 34 | 35 | 38 | 41 | 44 | 45 | 45 | 48 |
| | | 슈팅수 | 7 : 6 | 8 : 7 | 23 : 4 | 9 : 9 | 11 : 4 | 5 : 19 | 8 : 6 | 10 : 7 | 12 : 5 | 16 : 5 |
| GK | 1 | 민성준 | ○ 0/0 | ○ 0/0 | ○ 0/0 | ○ 0/0 | ○ 0/0 | ○ 0/0 | ○ 0/0 | | ○ 0/0 | ○ 0/0 |
| | 25 | 이범수 | | | | | | | | | | |
| | 97 | 김동헌 | | | | | | | | ○ 0/0 | | |
| DF | 3 | 이상기 | | | | | △ 0/0 | △ 0/0 | △ 0/0 | △ 0/0 | △ 0/0 | ○ 0/0 |
| | 4 | 김건희 | ○ 0/0 | ○ 0/0 | ○ 0/0 | ○ 0/0 | ○ 0/0 C | ○ 0/0 | ○ 0/0 | ○ 0/0 | ○ 0/1 | ○ 0/0 |
| | 13 | 최승구 | | | | | | | ▽ 0/0 | △ 0/0 | | ▽ 0/0 |
| | 15 | 임형진 | | | | | | | | | | ▽ 0/0 |
| | 20 | 델브리지 | | △ 0/0 | | △ 0/0 | △ 0/0 | | | | | |
| | 23 | 박경섭 | ○ 0/0 | ▽ 0/0 | ○ 0/0 C | ▽ 0/0 C | ▽ 0/0 | ○ 0/0 | ○ 0/0 | ○ 0/0 | ○ 0/0 | |
| | 26 | 강윤구 | | | | | | | | | | |
| | 32 | 이주용 | ○ 0/0 | ○ 0/0 | ○ 0/0 | ○ 0/0 C | ○ 0/0 | ○ 0/0 | ○ 0/0 | ○ 0/0 | ▽ 0/0 | |
| | 39 | 김명순 | ▽ 0/0 | ▽ 0/0 | ▽ 0/0 | ○ 0/0 | ▽ 0/0 | ▽ 0/0 C | ▽ 0/0 | ▽ 0/0 | ▽ 0/0 | ○ 0/0 |
| | 49 | 민경현 | ○ 0/0 | ○ 0/0 | ○ 0/0 | ○ 0/0 | | | | | | |
| | 88 | 김세훈 | | | | | | | | | | |
| MF | 5 | 이명주 | ▽ 0/1 | ○ 0/0 | ▽ 0/0 | ▽ 0/0 | ○ 0/0 C | ○ 0/0 | | ▽ 0/0 | ▽ 0/0 | ○ 0/0 C |
| | 6 | 문지환 | △ 0/0 | △ 0/0 | △ 0/0 | △ 0/0 | ○ 0/0 C | ○ 0/0 | ○ 0/0 C | ○ 1/0 | | |
| | 7 | 김도혁 | | | | | | | | | | |
| | 8 | 신진호 | △ 0/0 | △ 0/0 | △ 0/0 | △ 0/0 | △ 0/0 | △ 0/0 | △ 0/0 | | △ 0/0 | ▽ 0/0 |
| | 28 | 김건웅 | | | | | | | | | ○ 0/0 C | △ 0/0 |
| | 88 | 정원진 | | | | | | | | | | △ 0/0 |
| FW | 9 | 무고사 | ○ 0/1 | ○ 1/0 | ○ 2/0 | ○ 1/0 | △ 0/0 | ▽ 0/0 | ▽ 1/0 | ○ 0/0 | ○ 0/0 | △ 1/0 |
| | 10 | 이동률 | | | | | | | | | | |
| | 11 | 제르소 | ▽ 2/0 | ▽ 0/1 | ▽ 0/0 | ▽ 1/0 | ○ 1/0 | ▽ 0/1 | ▽ 1/1 | ▽ 0/0 | ○ 0/0 | ○ 0/1 |
| | 14 | 바로우 | ▽ 1/1 | ▽ 0/0 | ▽ 0/0 | ▽ 0/0 | ▽ 0/0 | ▽ 0/1 | ▽ 0/0 | | ▽ 0/0 | ▽ 1/0 |
| | 17 | 김성민 | △ 0/0 | △ 0/0 | △ 0/0 | △ 0/0 C | | △ 0/0 | △ 0/0 | △ 0/0 | △ 0/0 | |
| | 18 | 백민규 | | | | | | | | | | |
| | 19 | 김민석 | △ 0/0 | △ 0/0 | △ 0/0 | △ 0/0 | | | | △ 0/0 | | △ 0/0 |
| | 22 | 성힘찬 | | | | | | | | | | |
| | 27 | 김보섭 | | | | | △ 0/0 | △ 0/0 C | △ 0/0 | ▽ 0/0 | △ 0/0 | |
| | 30 | 서동한 | | | | | | | | | | |
| | 77 | 박승호 | ▽ 0/0 C | ▽ 1/0 | ▽ 0/0 | ▽ 0/0 C | ▽ 0/0 | ▽ 2/0 | ○ 0/0 | ▽ 0/0 | ▽ 1/0 | ▽ 0/0 |
| | 94 | 쇼타 | | | | | | | | | | |
| | 99 | 박호민 | △ 0/0 | | △ 0/0 | | ▽ 0/0 | △ 0/0 C | △ 0/0 | △ 0/0 | △ 0/0 | △ 0/0 |

| 위치 | 배번 | 경기번호 | 147 | 152 | 156 | 163 | 171 | 180 | 183 | 195 | 200 | 206 |
|---|---|---|---|---|---|---|---|---|---|---|---|---|
| | | 날 짜 | 07.20 | 07.27 | 08.02 | 08.09 | 08.16 | 08.24 | 08.30 | 09.07 | 09.13 | 09.20 |
| | | 홈/원정 | 원정 | 홈 | 원정 | 원정 | 홈 | 원정 | 홈 | 원정 | 원정 | 홈 |
| | | 장 소 | 창원C | 인천 | 목동 | 구덕 | 인천 | 청주 | 인천 | 부천 | 천안 | 인천 |
| | | 상 대 | 경남 | 안산 | 서울E | 부산 | 성남 | 충북청주 | 충남아산 | 부천 | 천안 | 김포 |
| | | 결 과 | 승 | 승 | 무 | 승 | 패 | 승 | 무 | 패 | 승 | 패 |
| | | 점 수 | 2 : 0 | 4 : 2 | 0 : 0 | 2 : 0 | 1 : 2 | 4 : 0 | 1 : 1 | 0 : 1 | 4 : 3 | 1 : 2 |
| | | 승 점 | 51 | 54 | 55 | 58 | 58 | 61 | 62 | 62 | 65 | 65 |
| | | 슈팅수 | 8 : 10 | 11 : 8 | 1 : 9 | 4 : 15 | 8 : 8 | 13 : 10 | 12 : 5 | 7 : 4 | 13 : 18 | 20 : 9 |
| GK | 1 | 민 성 준 | ○ 0/0 | ○ 0/0 | | | | ○ 0/0 C | ○ 0/0 | ○ 0/0 | ○ 0/0 | ○ 0/0 |
| | 25 | 이 범 수 | | | | | | | | | | |
| | 97 | 김 동 헌 | | | ○ 0/0 | ○ 0/0 | ○ 0/0 | | | | | |
| DF | 3 | 이 상 기 | ○ 0/0 C | | | | △ 0/0 | △ 0/0 | | | △ 0/0 | ○ 0/0 |
| | 4 | 김 건 희 | ○ 0/0 | ○ 0/0 | ○ 0/0 | ○ 0/0 | ○ 0/0 | ○ 0/0 | ○ 0/0 | ○ 0/0 | ○ 0/0 | ○ 0/0 |
| | 13 | 최 승 구 | △ 0/1 | ○ 0/0 | ▽ 0/0 | ○ 0/0 | ▽ 0/0 C | | △ 0/0 | | | |
| | 15 | 임 형 진 | | | | | | | | | | △ 0/0 |
| | 20 | 델브리지 | | | ○ 0/0 | ○ 0/0 | ○ 0/0 | △ 0/0 | | △ 0/0 | | ▽ 0/0 |
| | 23 | 박 경 섭 | | | | | | | | | | |
| | 26 | 강 윤 구 | | | | | | | | | | |
| | 32 | 이 주 용 | | ○ 0/0 | ○ 0/0 | ○ 0/0 | ○ 0/0 | ○ 0/0 | ○ 0/1 | ○ 0/0 | ○ 0/1 | ○ 0/0 |
| | 39 | 김 명 순 | ○ 0/0 | ○ 0/1 | ▽ 0/0 | | | ▽ 0/0 | ○ 0/0 | ▽ 0/0 | ▽ 0/0 | |
| | 49 | 민 경 현 | | | | | | | | | | |
| | 88 | 김 세 훈 | | | | | | | | | | |
| MF | 5 | 이 명 주 | ○ 0/0 | ○ 0/0 C | ▽ 0/0 | ▽ 0/0 | ○ 0/0 | ○ 0/0 | ○ 1/0 | ○ 0/0 | ○ 0/0 C | |
| | 6 | 문 지 환 | | | | | | | | | | |
| | 7 | 김 도 혁 | | | | | | | | △ 0/0 | △ 0/0 | |
| | 8 | 신 진 호 | △ 1/0 | ▽ 1/1 | ▽ 0/0 | △ 1/0 | △ 0/0 | △ 0/1 | △ 0/0 | ▽ 0/0 C | ▽ 1/1 | △ 0/0 |
| | 28 | 김 건 웅 | ○ 0/0 | ○ 0/0 | △ 0/0 | △ 0/0 | △ 0/0 | ▽ 0/0 | ○ 0/0 | ○ 0/0 | ○ 0/0 | ○ 0/0 |
| | 88 | 정 원 진 | ▽ 0/0 | △ 0/0 | △ 0/0 | | △ 1/0 C | ○ 0/0 | ▽ 0/0 | ▽ 0/0 | ▽ 0/0 | ▽ 0/0 |
| FW | 9 | 무 고 사 | ▽ 0/0 | △ 1/0 | | △ 0/0 | ○ 0/0 | △ 0/0 | △ 0/0 | | △ 1/0 | ○ 1/0 |
| | 10 | 이 동 률 | | | | | | | | | | |
| | 11 | 제 르 소 | ▽ 0/0 C | ▽ 2/0 | ○ 0/0 | ▽ 0/1 | ▽ 0/0 | ▽ 2/1 | ▽ 0/0 | ○ 0/0 | ▽ 0/1 | ▽ 0/0 |
| | 14 | 바 로 우 | ▽ 0/0 | △ 0/0 C | ▽ 0/0 | ▽ 0/0 | | | △ 0/0 | ▽ 0/0 | ○ 0/0 | ▽ 0/0 |
| | 17 | 김 성 민 | △ 0/0 | △ 0/0 | △ 0/0 | ○ 0/0 | ▽ 0/0 | | △ 0/0 | △ 0/0 | △ 0/0 | △ 0/0 C |
| | 18 | 백 민 규 | | | | | | ▽ 0/0 | ▽ 0/0 | | | |
| | 19 | 김 민 석 | △ 0/0 | ▽ 0/0 | △ 0/0 | △ 0/0 | ▽ 0/0 | △ 0/0 | | △ 0/0 | | |
| | 22 | 성 힘 찬 | | | | | | | | | | |
| | 27 | 김 보 섭 | | | △ 0/0 | △ 0/1 | △ 0/1 | | | △ 0/0 | | △ 0/0 |
| | 30 | 서 동 한 | | | | | | | | | | |
| | 77 | 박 승 호 | ▽ 0/0 | ▽ 0/0 | ▽ 0/0 | ▽ 1/0 | ▽ 0/0 | ○ 1/1 | ▽ 0/0 | | △ 0/0 | ▽ 0/0 |
| | 94 | 쇼 타 | | | | | | | | | | |
| | 99 | 박 호 민 | △ 1/0 | | △ 0/0 | ▽ 0/0 | | ▽ 1/0 | ▽ 0/0 | ▽ 0/0 C | ▽ 2/0 | △ 0/0 |
| | | | | | | | | | | | | |

선수자료 : 득점/도움 ○ = 선발출전 △ = 교체 IN ▽ = 교체 OUT ◈ = 교체 IN/OUT C = 경고 S = 퇴장

| 위치 | 배번 | 경기번호 | 217 | 222 | 227 | 237 | 239 | 251 | 257 | 260 | 268 | |
|---|---|---|---|---|---|---|---|---|---|---|---|---|
| | | 날 짜 | 09.28 | 10.04 | 10.08 | 10.12 | 10.19 | 10.26 | 11.02 | 11.08 | 11.23 | |
| | | 홈/원정 | 원정 | 원정 | 홈 | 원정 | 원정 | 홈 | 홈 | 원정 | 홈 | |
| | | 장 소 | 목동 | 화성 | 인천 | 탄천 | 안산 | 인천 | 인천 | 광양 | 인천 | |
| | | 상 대 | 서울E | 화성 | 수원 | 성남 | 안산 | 경남 | 부산 | 전남 | 충북청주 | |
| | | 결 과 | 무 | 승 | 무 | 무 | 승 | 승 | 무 | 패 | 패 | |
| | | 점 수 | 0 : 0 | 1 : 0 | 1 : 1 | 2 : 2 | 1 : 0 | 3 : 0 | 0 : 0 | 1 : 2 | 0 : 1 | |
| | | 승 점 | 66 | 69 | 70 | 71 | 74 | 77 | 78 | 78 | 78 | |
| | | 슈팅수 | 13 : 6 | 5 : 10 | 8 : 12 | 5 : 9 | 4 : 6 | 6 : 4 | 3 : 13 | 9 : 15 | 21 : 7 | |
| GK | 1 | 민 성 준 | ○ 0/0 | ○ 0/0 C | ○ 0/0 | ○ 0/0 C | | | | | ○ 0/0 | |
| | 25 | 이 범 수 | | | | | | | ○ 0/0 | | | |
| | 97 | 김 동 헌 | | | | | ○ 0/0 | ○ 0/0 | | ○ 0/0 | | |
| DF | 3 | 이 상 기 | ○ 0/0 C | ▽ 0/0 | △ 0/0 | | △ 0/0 C | | | ○ 0/0 | | |
| | 4 | 김 건 희 | ○ 0/0 | ○ 0/0 | ○ 0/0 C | ○ 1/0 | ○ 0/0 | ○ 0/0 | ○ 0/0 C | ○ 0/0 | ○ 0/0 | |
| | 13 | 최 승 구 | | | | | ▽ 0/0 | ○ 0/0 | ○ 0/0 | △ 0/0 | ○ 0/0 C | |
| | 15 | 임 형 진 | | | | | | | | | ▽ 0/0 | |
| | 20 | 델브리지 | | △ 0/0 | △ 0/0 | | | △ 0/0 | △ 0/0 C | ○ 0/0 | | |
| | 23 | 박 경 섭 | | | | | | | | | | |
| | 26 | 강 윤 구 | △ 0/0 | | △ 0/0 | △ 0/0 | | | | ○ 0/0 | | |
| | 32 | 이 주 용 | ○ 0/0 C | ○ 0/0 | ○ 0/0 | ○ 0/1 | ○ 0/0 | ○ 0/0 | ○ 0/0 C | | ○ 0/0 C | |
| | 39 | 김 명 순 | | | | | | | | | △ 0/0 | |
| | 49 | 민 경 현 | | | | | | | | | | |
| | 88 | 김 세 훈 | | | | | | | | | | |
| MF | 5 | 이 명 주 | ○ 0/0 | ○ 0/0 | ○ 0/1 | ○ 0/0 | ○ 0/0 | ▽ 0/1 | ○ 0/0 C | | | |
| | 6 | 문 지 환 | | | | | | | | | | |
| | 7 | 김 도 혁 | | | | △ 0/0 | | | | ▽ 0/0 | | |
| | 8 | 신 진 호 | | △ 0/0 | ▽ 0/0 | △ 0/0 | ▽ 0/1 | △ 0/0 | ▽ 0/0 | | △ 0/0 | |
| | 28 | 김 건 웅 | ○ 0/0 C | ○ 0/0 | ○ 0/0 | ○ 0/0 | ○ 0/0 | ○ 0/0 | ▽ 0/0 | | ○ 0/0 C | |
| | 88 | 정 원 진 | ▽ 0/0 | ▽ 0/0 | ▽ 0/0 | ▽ 0/0 C | ○ 0/0 | ○ 0/0 | ○ 0/0 | ○ 0/0 | ▽ 0/0 | |
| FW | 9 | 무 고 사 | ▽ 0/0 | | △ 1/0 | △ 0/0 | △ 0/0 | ▽ 1/0 | △ 0/0 | | ▽ 0/0 | |
| | 10 | 이 동 률 | | | | | | | | | △ 0/0 | |
| | 11 | 제 르 소 | | ▽ 0/0 | ○ 0/0 C | ▽ 0/0 | ○ 1/0 C | ▽ 1/0 | △ 0/0 | | ○ 0/0 | |
| | 14 | 바 로 우 | ▽ 0/0 | ▽ 0/0 | ▽ 0/0 | △ 0/0 | △ 0/0 | ▽ 1/0 | △ 0/0 | | ▽ 0/0 | |
| | 17 | 김 성 민 | △ 0/0 | △ 0/0 | ▽ 0/0 | ○ 0/0 C | ▽ 0/0 | △ 0/0 | ▽ 0/0 | △ 0/0 | △ 0/0 | |
| | 18 | 백 민 규 | | | | | | | ▽ 0/0 | | | |
| | 19 | 김 민 석 | △ 0/0 | △ 0/0 | | ▽ 0/0 | | | | ▽ 0/0 | | |
| | 22 | 성 힘 찬 | | | | | | | | ▽ 0/0 | | |
| | 27 | 김 보 섭 | ▽ 0/0 C | △ 0/0 C | △ 0/0 | | | △ 0/0 | | △ 0/1 | | |
| | 30 | 서 동 한 | | | | | | | | ▽ 0/0 | | |
| | 77 | 박 승 호 | ○ 0/0 | ○ 1/0 | ▽ 0/0 | ▽ 1/0 | ○ 0/0 | ▽ 0/0 | ▽ 0/0 | △ 0/0 | ▽ 0/0 | |
| | 94 | 쇼 타 | | | | | | | | ▽ 0/0 | | |
| | 99 | 박 호 민 | △ 0/0 | ▽ 0/0 | | ▽ 0/0 | | △ 0/0 | △ 0/0 | △ 1/0 | △ 0/0 | |
| | | | | | | | | | | | | |

# 수 원 삼 성 블 루 윙 즈

**창단년도_** 1995년
**전화_** 031-247-2002
**팩스_** 031-257-0766
**홈페이지_** https://www.bluewings.kr
**유튜브_** https://www.youtube.com/@suwonsamsungfc
**인스타그램_** https://www.instagram.com/SuwonSamsungfc
**주소_** 우 16230 경기도 수원시 팔달구 월드컵로 310(우만동) 수원월드컵경기장 4층
4F, Suwon World Cup Stadium, 310, World cup-ro(Uman-dong), Paldal-gu, Suwon-si, Gyeonggi-do, KOREA 16230

## 연혁

| | |
|---|---|
| 1995 | 수원 삼성 블루윙즈 축구단 창단식 |
| | 제1대 윤성규 단장 취임 |
| 1996 | 라피도컵 프로축구대회 후기리그 우승 |
| 1998 | 제2대 허영호 단장 취임 |
| | 98 현대컵 K-리그 우승 |
| 1999 | 시즌 전관왕 달성 |
| | 제1회 99 티켓링크 수퍼컵 우승 |
| | 대한화재컵 우승 |
| | 아디다스컵 우승 |
| | 99 K-리그 우승 |
| 2000 | 제2회 2000 티켓링크 수퍼컵 우승 |
| | 2000 아디다스컵 우승 |
| 2001 | 아디다스컵 2001 우승 |
| | 제20회 아시안 클럽 챔피언십 우승 |
| | 제7회 아시안 슈퍼컵 우승 |
| | K리그 사상 최단기간 100승 달성(3.31) |
| 2002 | 제21회 아시안 클럽 챔피언십 우승 |
| | 제8회 아시안 슈퍼컵 우승 |
| | 제7회 서울 - 하나은행 FA컵 우승 |
| 2004 | 제3대 안기헌 단장 취임, 차범근 감독 취임 |
| | 삼성 하우젠 K-리그 2004 후기 우승 |
| | 삼성 하우젠 K-리그 2004 우승 |
| 2005 | A3 챔피언스컵 우승 |
| | 제6회 K-리그 수퍼컵 2005 우승 |
| | 삼성 하우젠컵 2005 우승 |
| 2006 | 삼성 하우젠 K-리그 2006 후기 우승 |
| | 제11회 하나은행 FA컵 준우승 |
| 2007 | K리그 사상 최단기간 200승 달성(3.17) |
| | K리그 사상 최단기간 총관중 400만 기록(234경기) |
| 2008 | 삼성 하우젠컵 2008 우승 |
| | 삼성 하우젠 K리그 2008 우승 |
| 2009 | 제14회 하나은행 FA컵 우승 |
| 2010 | 윤성효 감독 취임 |
| | 제15회 하나은행 FA컵 우승 |
| 2011 | 제4대 오근영 단장 취임 |
| | 수원월드컵경기장 첫 만석(10.3 서울전, 44,537명) |
| 2012 | 제5대 이석명 단장 취임(6.1) |
| | 수원월드컵경기장 최다 관중 경신(4.1 서울전 45,192명) |
| | K리그 최초 30경기 홈 연속득점(6.27 전남전, 3 : 2 승) |
| | K리그 최단기간 300승 달성(10.3 서울전, 1 : 0 승) |
| | K리그 연고도시 최초 600만 관중 달성(11.25 부산전, 2 : 1 승) |
| 2013 | 서정원 감독 취임 |
| | 풀스타디움상 수상 |
| 2014 | 박찬형 대표이사 취임 |
| | 구단 통산 1000호골 기록(4.1 포항전 고차원) |
| | 풀스타디움상, 팬프렌들리 클럽상 수상 |
| 2015 | 현대오일뱅크 K리그 클래식 2015 준우승 |
| | K리그 페어플레이상 수상 |
| 2016 | 김준식 대표이사, 제6대 박창수 단장 취임 |
| | 제21회 KEB하나은행 FA컵 우승 |
| | 이임생 감독 취임 |
| 2018 | 박찬형 대표이사 취임 |
| 2019 | 제7대 오동석 단장 취임 |
| | 제24회 KEB하나은행 FA컵 우승 |
| 2020 | 박건하 감독 취임 |
| | 이준 대표이사 취임 |
| 2021 | K리그 그린위너스상 수상 |
| 2022 | 이병근 감독 취임(제7대) |
| | 빅버드 700골 달성 |
| 2023 | 김병수 감독 취임(제8대) |
| | K리그 그린위너스상 · 사랑나눔상 수상 |
| 2024 | 강우영 대표이사 취임 |
| | 박경훈 단장 취임 |
| | 염기훈 감독 취임(제9대) |
| | 변성환 감독 취임(제10대) |
| 2025 | 빅버드 500경기 |

## 2025년 선수명단

대표이사_ 강우영　단장_ 박경훈　감독_ 변성환
코치_ 김도용 · 이상용 · 이하라 마사미　골키퍼코치_ 조민혁　피지컬코치_ 박성준 · 남대휘
전력분석관_ 이제윤 · 홍석영　의무트레이너_ 최주영 · 김정우 · 강한울 · 윤희민　선수단 매니저_ 이강혁

| 포지션 | 선수명 | | 생년월일 | 출신교 | 키(cm) / 몸무게(kg) |
|---|---|---|---|---|---|
| GK | 김민준 | 金旻雋 | 2000.01.09 | 보인고 | 187 / 84 |
| | 김정훈 | 金廷勳 | 2004.09.08 | 고려대 | 188 / 83 |
| | 양형모 | 梁馨模 | 1991.07.16 | 충북대 | 186 / 82 |
| | 이경준 | 理敬浚 | 2006.01.27 | 매탄고 | 190 / 89 |
| DF | 장석환 | 張碩桓 | 2004.10.11 | 덕영고 | 178 / 70 |
| | 고종현 | 高種現 | 2006.04.11 | 매탄고 | 193 / 84 |
| | 레오 | Leonardo de Andrade Silva | 1998.04.18 | *브라질 | 191 / 81 |
| | 한호강 | 韓浩康 | 1993.09.18 | 조선대(일본) | 186 / 80 |
| | 권완규 | 權完規 | 1991.11.20 | 성균관대 | 183 / 85 |
| | 최지묵 | 崔祗默 | 1998.10.09 | 울산대 | 178 / 70 |
| | 이건희 | 李建熙 | 2005.03.11 | 매탄고 | 176 / 72 |
| | 조윤성 | 趙允晟 | 1999.01.12 | 청주대 | 185 / 81 |
| | 이기제 | 李基濟 | 1991.07.09 | 동국대 | 174 / 72 |
| | 손호준 | 孫昊儁 | 2002.07.03 | 매탄고 | 175 / 67 |
| | 정동윤 | 鄭東潤 | 1994.04.03 | 성균관대 | 173 / 72 |
| | 박대원 | 朴大元 | 1998.02.25 | 고려대 | 178 / 76 |
| | 황석호 | 黃錫鎬 | 1989.06.27 | 대구대 | 183 / 81 |
| | 김민우 | 金敃友 | 1990.02.25 | 연세대 | 173 / 72 |
| MF | 최영준 | 崔榮峻 | 1991.12.15 | 건국대 | 180 / 78 |
| | 강현묵 | 姜鉉默 | 2001.03.28 | 매탄고 | 175 / 71 |
| | 홍원진 | 洪元辰 | 2000.04.04 | 상지대 | 184 / 80 |
| | 박우진 | 朴祐辰 | 2003.04.16 | 경희대 | 183 / 79 |
| | 임현섭 | 林賢燮 | 2006.01.16 | 매탄고 | 185 / 77 |
| | 이민혁 | 李民赫 | 2002.01.19 | 연세대 | 180 / 72 |
| | 김상준 | 金相駿 | 2001.10.01 | 매탄고 | 184 / 79 |
| | 이규성 | 李奎成 | 1994.05.10 | 홍익대 | 173 / 68 |
| | 김성주 | 金成柱 | 2006.08.02 | 매탄고 | 171 / 63 |
| | 박지원 | 朴祉原 | 2000.11.01 | 선문대 | 166 / 65 |
| FW | 김현 | 金玄 | 1993.05.03 | 원광대 | 192 / 88 |
| | 일류첸코 | Stanislav Iljutcenko | 1990.08.13 | *독일 / 러시아 | 188 / 89 |
| | 파울리뇨 | Paulo Henrique do Pilar Silva | 1996.06.24 | *브라질 | 170 / 68 |
| | 이흔렬 | 李欣烈 | 2003.04.07 | 서울대 | 179 / 68 |
| | 이상민 | 李尙珉 | 2004.06.29 | 매탄고 | 175 / 73 |
| | 강성진 | 姜成進 | 2003.03.26 | 오산고 | 180 / 74 |
| | 세라핌 | Matheus Bonadiman Serafim | 1998.05.14 | *브라질 | 178 / 79 |
| | 김지호 | 金志鎬 | 2003.01.28 | 고려대 | 173 / 68 |
| | 브루노 실바 | Garcia Bruno da Silva Costa | 2000.03.28 | *브라질 | 176 / 80 |
| | 김지현 | 金址泫 | 1996.07.22 | 한라대 | 184 / 82 |

## 2025년 개인기록 _ K리그2

| 위치 | 배번 | 경기번호 | 04 | 08 | 19 | 25 | 30 | 39 | 45 | 52 | 61 | 67 |
|---|---|---|---|---|---|---|---|---|---|---|---|---|
| | | 날 짜 | 02.22 | 03.01 | 03.09 | 03.15 | 03.29 | 04.06 | 04.12 | 04.19 | 04.27 | 05.04 |
| | | 홈/원정 | 원정 | 원정 | 원정 | 홈 | 홈 | 홈 | 원정 | 홈 | 홈 | 원정 |
| | | 장 소 | 안산 | 인천 | 목동 | 수원W | 수원W | 수원W | 부천 | 수원W | 수원W | 청주 |
| | | 상 대 | 안산 | 인천 | 서울E | 충남아산 | 전남 | 경남 | 부천 | 화성 | 성남 | 충북청주 |
| | | 결 과 | 승 | 패 | 패 | 무 | 승 | 승 | 무 | 승 | 승 | 무 |
| | | 점 수 | 1 : 0 | 0 : 2 | 2 : 4 | 0 : 0 | 2 : 1 | 4 : 0 | 1 : 1 | 3 : 1 | 3 : 2 | 3 : 3 |
| | | 승 점 | 3 | 3 | 3 | 4 | 7 | 10 | 11 | 14 | 17 | 18 |
| | | 슈팅수 | 26 : 7 | 6 : 9 | 14 : 14 | 7 : 11 | 15 : 12 | 17 : 10 | 13 : 12 | 15 : 10 | 14 : 12 | 14 : 15 |
| GK | 1 | 김 민 준 | | ○ 0/0 | | | | | | | | |
| | 13 | 김 정 훈 | | | ○ 0/0 | ○ 0/0 | | | | | | |
| | 21 | 양 형 모 | ○ 0/0 | | | | ○ 0/0 | ○ 0/0 | ○ 0/0 | ○ 0/0 | ○ 0/0 | ○ 0/0 |
| DF | 2 | 장 석 환 | | | | | | | | | | |
| | 3 | 고 종 현 | | | | △ 0/0 | ▽ 0/0 | ○ 0/0 | ○ 0/0 | ▽ 0/0 | | ▽ 0/0 |
| | 4 | 레 오 | ○ 0/0 | ○ 0/0 | ▽ 0/0 | | | | | | | |
| | 5 | 한 호 강 | ○ 0/0 | △ 0/0 | ○ 0/0 | ○ 0/0 | △ 0/0 | △ 0/0 | | | | |
| | 12 | 권 완 규 | | ○ 0/0 CC | | ▽ 0/0 | ○ 0/0 | ○ 0/0 | ○ 0/0 | ○ 0/0 | ○ 0/0 | ○ 1/0 |
| | 18 | 최 지 묵 | | | △ 0/0 | ▽ 0/0 | | | | | | |
| | 19 | 이 건 희 | | | | | ○ 0/0 | ○ 0/0 | ○ 0/0 | ○ 0/1 | ○ 0/0 | ▽ 0/2 |
| | 20 | 조 윤 성 | | | | | | | | △ 0/0 | ○ 0/0 | △ 0/0 |
| | 23 | 이 기 제 | ○ 0/0 | ○ 0/0 S | | | ○ 0/0 | ○ 0/0 | ○ 0/0 | ○ 0/1 | ○ 0/0 | ○ 0/0 |
| | 27 | 손 호 준 | | | | | | | | | | |
| | 32 | 정 동 윤 | ○ 0/0 | ○ 0/0 | ○ 0/0 C | ○ 0/0 C | | | △ 0/0 C | | | △ 0/0 |
| | 90 | 황 석 호 | | | | | | | | | | |
| | 99 | 김 민 우 | | | | | | | | | | |
| MF | 6 | 최 영 준 | ○ 0/0 | ▽ 0/0 C | ▽ 0/0 C | ○ 0/0 | ○ 0/0 | ▽ 0/0 | ▽ 0/0 | ○ 0/0 | ▽ 0/0 | ▽ 0/0 |
| | 10 | 강 현 묵 | ▽ 0/0 | ▽ 0/0 | ▽ 1/0 | ▽ 0/0 | | | | | | |
| | 14 | 홍 원 진 | △ 0/0 | △ 0/0 | △ 0/0 | △ 0/0 | ▽ 0/0 | ○ 0/0 | ▽ 0/0 | | △ 0/0 | |
| | 15 | 박 우 진 | | | | | | | | | | |
| | 17 | 이 민 혁 | ▽ 0/0 | ▽ 0/0 | ○ 0/1 C | ▽ 0/0 | | | | | △ 0/0 | △ 0/0 C |
| | 22 | 김 상 준 | | | △ 0/0 C | | | | △ 0/0 | | | |
| | 24 | 이 규 성 | | | | | △ 0/0 | △ 0/0 | △ 0/0 C | ○ 0/0 | ○ 1/0 | ○ 0/1 |
| FW | 7 | 김 현 | △ 0/0 | | | | | | | △ 0/0 | △ 0/0 | △ 0/0 |
| | 9 | 일류첸코 | △ 0/0 | △ 0/0 | ○ 1/0 | ○ 0/0 | ▽ 1/0 | ▽ 1/1 | ▽ 0/0 | ▽ 1/0 | ▽ 1/0 C | ○ 1/0 |
| | 11 | 파울리뇨 | | | △ 0/0 | △ 0/0 | ○ 1/0 | ▽ 2/1 | ○ 0/0 | ○ 0/0 | | |
| | 29 | 이 상 민 | △ 0/0 | △ 0/0 C | ▽ 0/0 | △ 0/0 | | | | | | |
| | 30 | 강 성 진 | | | | | | | | | | |
| | 37 | 김 주 찬 | △ 0/0 | ▽ 0/0 | | | | | | | | |
| | 47 | 박 승 수 | | | | | △ 0/0 | △ 0/0 | △ 0/0 | △ 0/0 | △ 0/0 | △ 0/0 |
| | 70 | 세 라 핌 | ▽ 0/0 | ○ 0/0 | ▽ 0/0 C | ▽ 0/0 | ▽ 0/0 C | ▽ 0/0 | ▽ 1/0 | ▽ 1/0 | ▽ 0/0 | ▽ 0/0 |
| | 71 | 김 지 호 | | | | | ▽ 0/0 | △ 0/0 | | | | |
| | 74 | 브루노실바 | ▽ 0/0 | △ 0/0 | ○ 0/1 C | ○ 0/0 | △ 0/0 | ▽ 1/0 | ▽ 0/0 | ▽ 1/1 | ○ 0/1 | ○ 0/0 C |
| | 77 | 김 지 현 | ▽ 1/0 | ▽ 0/0 | △ 0/0 | △ 0/0 | △ 0/0 | △ 0/0 | △ 0/0 | △ 0/0 | ▽ 1/0 | ▽ 1/0 C |
| | 91 | 박 지 원 | | | | | | | | | | |

선수자료 : 득점/도움 ○ = 선발출전 △ = 교체 IN ▽ = 교체 OUT ◆ = 교체 IN/OUT C = 경고 S = 퇴장

| 위치 | 배번 | 경기번호 | 77 | 81 | 91 | 97 | 100 | 112 | 119 | 124 | 127 | 136 |
|---|---|---|---|---|---|---|---|---|---|---|---|---|
| | | 날 짜 | 05.11 | 05.17 | 05.25 | 06.01 | 06.06 | 06.15 | 06.22 | 06.29 | 07.05 | 07.12 |
| | | 홈/원정 | 홈 | 원정 | 홈 | 홈 | 원정 | 홈 | 원정 | 홈 | 원정 | 홈 |
| | | 장 소 | 수원W | 구덕 | 수원W | 수원W | 탄천 | 수원W | 창원C | 수원W | 아산 | 수원W |
| | | 상 대 | 천안 | 부산 | 김포 | 부천 | 성남 | 인천 | 경남 | 부산 | 충남아산 | 충북청주 |
| | | 결 과 | 승 | 승 | 무 | 승 | 승 | 패 | 승 | 무 | 승 | 승 |
| | | 점 수 | 2 : 0 | 4 : 1 | 1 : 1 | 4 : 1 | 2 : 1 | 1 : 2 | 3 : 1 | 1 : 1 | 3 : 2 | 1 : 0 |
| | | 승 점 | 21 | 24 | 25 | 28 | 31 | 31 | 34 | 35 | 38 | 41 |
| | | 슈팅수 | 20 : 12 | 12 : 11 | 13 : 12 | 14 : 17 | 11 : 10 | 19 : 5 | 11 : 8 | 14 : 20 | 14 : 16 | 9 : 8 |
| GK | 1 | 김 민 준 | | | | | | | | | | |
| | 13 | 김 정 훈 | | | | | | | | | | |
| | 21 | 양 형 모 | ○ 0/0 | ○ 0/0 | ○ 0/0 | ○ 0/0 | ○ 0/0 | ○ 0/0 | ○ 0/0 | ○ 0/0 | ○ 0/0 | ○ 0/0 |
| DF | 2 | 장 석 환 | | | | | | △ 0/0 | | | | |
| | 3 | 고 종 현 | ○ 0/0 | ○ 0/0 | ○ 0/0 | △ 0/0 | | | | △ 0/0 | | |
| | 4 | 레 오 | △ 0/0 | △ 0/0 | | ○ 0/0 | ○ 0/0 | ○ 0/0 | ○ 0/0 | ○ 0/0 | | ○ 0/0 |
| | 5 | 한 호 강 | | | | | | | | | | |
| | 12 | 권 완 규 | ▽ 0/0 | ○ 0/0 | ○ 0/0 | ○ 0/0 | ▽ 0/0 | | | | ○ 0/0 | |
| | 18 | 최 지 묵 | | | | | | | | | | |
| | 19 | 이 건 희 | ○ 0/0 | ○ 1/0 | ○ 0/0 | △ 0/0 | ○ 0/0 C | | ○ 0/0 | ○ 0/0 | △ 0/0 | ▽ 0/0 |
| | 20 | 조 윤 성 | | | | | | | | | | |
| | 23 | 이 기 제 | ○ 1/0 C | ○ 1/0 | ▽ 0/1 | ○ 0/1 | ○ 1/0 | ▽ 0/0 | ○ 0/1 | ○ 0/0 | ○ 0/0 | ○ 0/0 |
| | 27 | 손 호 준 | | | | | | | | | | |
| | 32 | 정 동 윤 | | △ 0/1 C | △ 0/0 | ▽ 0/0 C | | ○ 0/0 | △ 0/0 C | | ▽ 0/0 | △ 0/0 |
| | 90 | 황 석 호 | | | | | △ 0/0 | ○ 0/0 | ○ 0/0 | ○ 0/0 | ○ 0/0 | ○ 0/0 |
| | 99 | 김 민 우 | | | | | | | | | | |
| MF | 6 | 최 영 준 | △ 0/0 | ▽ 0/0 | ▽ 0/0 C | ▽ 0/0 | ▽ 0/0 | ▽ 0/0 | | ▽ 1/0 | | △ 0/0 C |
| | 10 | 강 현 묵 | | | | △ 0/0 | △ 0/0 | | △ 0/0 | △ 0/0 | △ 0/0 | △ 0/0 |
| | 14 | 홍 원 진 | | △ 0/0 | | | | | ▽ 0/0 | | △ 0/0 C | |
| | 15 | 박 우 진 | | | | | | | | | | |
| | 17 | 이 민 혁 | ○ 0/1 | ▽ 0/1 | △ 0/0 | △ 0/0 | △ 0/0 C | △ 0/0 | ▽ 0/0 | △ 0/0 | ▽ 1/0 | ▽ 0/0 |
| | 22 | 김 상 준 | | | | | | | | | | |
| | 24 | 이 규 성 | ○ 0/0 | | ○ 0/0 | ○ 0/0 C | ○ 0/0 | ○ 0/0 | △ 0/0 | ○ 0/0 | ○ 0/0 | ○ 0/0 |
| FW | 7 | 김 현 | △ 0/0 | | △ 0/0 | | | △ 0/0 | △ 0/0 | △ 0/0 | | |
| | 9 | 일류첸코 | ▽ 1/0 | ○ 0/1 C | ▽ 0/0 | △ 1/0 | ▽ 0/0 | ▽ 0/0 | ▽ 1/0 | ▽ 0/0 | ○ 0/1 | ○ 0/1 |
| | 11 | 파울리뇨 | △ 0/0 | △ 0/0 | △ 0/0 | ○ 0/0 | ○ 1/0 | ○ 0/0 C | ▽ 0/0 | ▽ 0/0 | ▽ 0/0 | △ 1/0 C |
| | 29 | 이 상 민 | | | | | | | | | | |
| | 30 | 강 성 진 | | | | | | | | | | |
| | 37 | 김 주 찬 | | | | | | | | | | |
| | 47 | 박 승 수 | ▽ 0/0 | ▽ 0/0 | ▽ 0/0 | | △ 0/0 | | | | | △ 0/0 |
| | 70 | 세 라 핌 | ▽ 0/0 | ▽ 1/0 | ○ 1/0 | ▽ 1/0 | ▽ 0/0 | ▽ 0/0 | ○ 0/1 | ▽ 0/0 C | ▽ 1/0 | ▽ 0/0 |
| | 71 | 김 지 호 | △ 0/0 | △ 0/0 | △ 0/0 | ▽ 0/0 | | ▽ 0/0 | △ 0/0 | | ▽ 0/1 | |
| | 74 | 브루노실바 | | | | | △ 0/0 | △ 0/0 | | △ 0/0 | △ 1/0 | ▽ 0/0 |
| | 77 | 김 지 현 | ▽ 0/0 | ▽ 1/0 C | ▽ 0/0 | ▽ 1/1 | ▽ 0/0 | △ 1/0 | ▽ 1/0 | ▽ 0/0 | △ 0/0 C | ▽ 0/0 |
| | 91 | 박 지 원 | | | | | | | | | | |

| 위치 | 배번 | 경기번호 | 141 | 153 | 161 | 164 | 172 | 182 | 184 | 190 | 199 | 204 |
|---|---|---|---|---|---|---|---|---|---|---|---|---|
| | | 날 짜 | 07.19 | 07.27 | 08.02 | 08.09 | 08.16 | 08.24 | 08.30 | 09.06 | 09.13 | 09.20 |
| | | 홈/원정 | 원정 | 홈 | 원정 | 홈 | 원정 | 원정 | 홈 | 원정 | 원정 | 홈 |
| | | 장 소 | 광양 | 수원W | 천안 | 수원W | 김포 | 화성 | 수원W | 구덕 | 목동 | 수원W |
| | | 상 대 | 전남 | 서울E | 천안 | 안산 | 김포 | 화성 | 성남 | 부산 | 서울E | 경남 |
| | | 결 과 | 승 | 패 | 승 | 승 | 패 | 무 | 무 | 패 | 승 | 패 |
| | | 점 수 | 4 : 3 | 0 : 2 | 2 : 1 | 3 : 1 | 1 : 3 | 1 : 1 | 2 : 2 | 0 : 1 | 1 : 0 | 1 : 2 |
| | | 승 점 | 44 | 44 | 47 | 50 | 50 | 51 | 52 | 52 | 55 | 55 |
| | | 슈팅수 | 9 : 18 | 15 : 5 | 18 : 18 | 10 : 12 | 14 : 8 | 15 : 8 | 11 : 10 | 7 : 13 | 8 : 13 | 18 : 14 |
| GK | 1 | 김 민 준 | | | ○ 0/0 C | ○ 0/0 | | | | | | |
| | 13 | 김 정 훈 | | | | | | | | | | |
| | 21 | 양 형 모 | ○ 0/0 | ○ 0/0 | | | ○ 0/0 | ○ 0/0 | ○ 0/0 | ○ 0/0 | ○ 0/0 C | ○ 0/0 |
| DF | 2 | 장 석 환 | △ 0/0 | | | | | △ 0/0 | | | ○ 0/0 | ○ 0/0 |
| | 3 | 고 종 현 | | | | | | | | | | |
| | 4 | 레 오 | ○ 0/0 | ○ 0/0 | ○ 0/0 | ○ 1/0 | ○ 0/0 | ○ 0/0 | ○ 0/0 C | ○ 0/0 | ○ 0/0 | ○ 0/0 C |
| | 5 | 한 호 강 | | | | | | | | ○ 0/0 S | | |
| | 12 | 권 완 규 | ○ 0/0 | | ○ 0/0 | ○ 0/0 | | | | | | |
| | 18 | 최 지 묵 | | | | | | | | | | |
| | 19 | 이 건 희 | ○ 0/0 | ▽ 0/0 | ○ 0/0 | ○ 0/0 | △ 0/0 | ○ 0/0 | ○ 0/0 | ○ 0/0 C | | |
| | 20 | 조 윤 성 | | | | | | ○ 0/0 | ○ 0/0 S | | | |
| | 23 | 이 기 제 | ▽ 0/0 | ▽ 0/0 | ○ 0/0 | ○ 0/0 | ▽ 0/0 | | ▽ 0/0 | ▽ 0/0 | | |
| | 27 | 손 호 준 | | | | | | | | | | |
| | 32 | 정 동 윤 | | △ 0/0 | | | ▽ 0/0 | | | | ○ 0/0 | ▽ 0/0 C |
| | 90 | 황 석 호 | △ 0/0 | ○ 0/0 | △ 0/0 | | ○ 0/0 | | | △ 0/0 | ○ 0/0 | ▽ 0/0 |
| | 99 | 김 민 우 | | △ 0/0 | △ 0/0 C | △ 0/1 | △ 0/0 | ▽ 0/0 | △ 0/1 | △ 0/0 | ▽ 0/0 | ▽ 0/0 |
| MF | 6 | 최 영 준 | ▽ 0/0 | ▽ 0/0 | △ 0/0 | ▽ 0/0 | ▽ 0/0 | △ 0/0 | △ 0/0 C | | △ 0/0 | |
| | 10 | 강 현 묵 | △ 0/0 | ▽ 0/0 | | △ 0/0 | △ 0/0 | △ 0/0 | | △ 0/0 | | |
| | 14 | 홍 원 진 | | | | | | ▽ 0/0 | ○ 1/0 | ▽ 0/0 | ▽ 0/0 | ○ 0/0 |
| | 15 | 박 우 진 | | | | | | △ 0/0 | | | | |
| | 17 | 이 민 혁 | △ 0/0 | △ 0/0 | ▽ 0/0 | ▽ 0/0 C | △ 0/0 | ▽ 0/0 | △ 0/0 C | | ○ 0/0 C | ▽ 0/0 |
| | 22 | 김 상 준 | | | △ 0/0 | △ 0/0 | ▽ 0/0 | | | △ 0/0 | | |
| | 24 | 이 규 성 | ○ 0/0 C | ○ 0/0 | ○ 0/0 | △ 0/0 | ○ 0/0 | ▽ 0/0 | ▽ 0/0 | ▽ 0/0 | | △ 0/1 |
| FW | 7 | 김 현 | | | | | | | △ 0/1 | △ 0/0 | △ 0/0 | △ 0/0 |
| | 9 | 일류첸코 | ○ 0/1 C | | | ○ 2/0 C | | | ○ 0/0 | ○ 0/0 | ▽ 1/0 | ○ 0/0 |
| | 11 | 파울리뇨 | ▽ 1/0 | ○ 0/0 | ▽ 0/0 | | | | ▽ 0/0 | ▽ 0/0 | ▽ 0/0 | △ 0/0 |
| | 29 | 이 상 민 | | | | | | | | | | |
| | 30 | 강 성 진 | | △ 0/0 | △ 0/0 | △ 0/0 | ▽ 0/0 | △ 0/0 | △ 1/0 | | △ 0/0 | △ 0/0 |
| | 37 | 김 주 찬 | | | | | | | | | | |
| | 47 | 박 승 수 | | | | | | | | | | |
| | 70 | 세 라 핌 | ▽ 0/0 | ▽ 0/0 | ▽ 1/0 | ▽ 0/1 | △ 0/0 | ○ 1/0 | ▽ 0/0 | ○ 0/0 | ▽ 0/0 | ○ 1/0 |
| | 71 | 김 지 호 | | | | | | | | | | |
| | 74 | 브루노실바 | | | | | | | | | | |
| | 77 | 김 지 현 | ▽ 2/2 | ○ 0/0 | ▽ 0/0 | ▽ 0/0 | ○ 1/0 | ○ 0/0 | ▽ 0/0 | ▽ 0/0 | △ 0/0 | ▽ 0/0 |
| | 91 | 박 지 원 | △ 1/0 | △ 0/0 | ▽ 1/0 C | ▽ 0/1 | ○ 0/0 | ▽ 0/0 C | | | △ 0/0 | △ 0/0 |

선수자료 : 득점/도움 ○ = 선발출전 △ = 교체 IN ▽ = 교체 OUT ◈ = 교체 IN/OUT C = 경고 S = 퇴장

| 경기번호 | 212 | 219 | 227 | 234 | 245 | 246 | 254 | 265 | 269 | PO 01 | PO 03 |
|---|---|---|---|---|---|---|---|---|---|---|---|
| 날 짜 | 09.27 | 10.04 | 10.08 | 10.12 | 10.19 | 10.25 | 11.01 | 11.09 | 11.23 | 12.03 | 12.07 |
| 홈/원정 | 원정 | 홈 | 원정 | 홈 | 원정 | 홈 | 홈 | 원정 | 홈 | 홈 | 원정 |
| 장 소 | 아산 | 수원W | 인천 | 수원W | 화성 | 수원W | 수원W | 안산 | 수원W | 수원W | 제주W |
| 상 대 | 충남아산 | 부천 | 인천 | 천안 | 화성 | 전남 | 충북청주 | 안산 | 김포 | 제주 | 제주 |
| 결 과 | 승 | 무 | 무 | 승 | 승 | 무 | 승 | 무 | 무 | 패 | 패 |
| 점 수 | 3 : 1 | 2 : 2 | 1 : 1 | 5 : 0 | 3 : 2 | 2 : 2 | 2 : 0 | 1 : 1 | 1 : 1 | 0 : 1 | 0 : 2 |
| 승 점 | 58 | 59 | 60 | 63 | 66 | 67 | 70 | 71 | 72 | 0 | 0 |
| 슈팅수 | 13 : 14 | 17 : 12 | 12 : 8 | 22 : 6 | 16 : 14 | 17 : 14 | 12 : 12 | 11 : 13 | 7 : 16 | 17 : 5 | 7 : 14 |
| 김 민 준 | ○ 0/0 | ○ 0/0 | ○ 0/0 | | | | | ○ 0/0 | ○ 0/0 | ○ 0/0 C | ○ 0/0 |
| 김 정 훈 | | | | | | | | | | | |
| 양 형 모 | | | | ○ 0/0 | ○ 0/0 | ○ 0/0 C | ○ 0/0 | | | | |
| 장 석 환 | | | ○ 0/0 | | △ 0/0 | △ 0/0 | | | | △ 0/0 | △ 0/0 |
| 고 종 현 | | | | | | | | | △ 0/0 | | |
| 레 오 | ○ 0/0 C | ▽ 0/0 | | ○ 0/0 | ○ 1/0 | ○ 0/0 | ○ 0/0 | ○ 0/0 | ○ 0/0 | ▽ 0/0 C | ○ 0/0 |
| 한 호 강 | ○ 0/0 | ○ 0/0 | ○ 0/0 | ○ 0/0 | ○ 0/0 | ○ 0/0 | ○ 0/0 | ○ 0/0 | | | |
| 권 완 규 | | | | | | | | | ▽ 0/0 | ○ 0/0 | ○ 0/0 |
| 최 지 묵 | | | | | | | | | | | |
| 이 건 희 | | | | | ○ 0/0 C | ○ 0/0 C | △ 0/0 | | ○ 0/0 | ○ 0/0 | ○ 0/0 |
| 조 윤 성 | | | ▽ 0/0 | | | | | | | | |
| 이 기 제 | ○ 0/0 | ○ 0/0 | ▽ 0/0 | ○ 0/1 | ○ 0/1 | ▽ 0/1 | ○ 0/0 | ○ 0/0 | ○ 0/0 | ○ 0/0 | ○ 0/0 S |
| 손 호 준 | | | | ○ 0/0 | | | | | | | |
| 정 동 윤 | ○ 0/0 | ○ 0/1 | ○ 0/0 C | | | | ▽ 0/0 | ○ 0/0 | | | |
| 황 석 호 | | | | | | | | | | | |
| 김 민 우 | | △ 0/0 | | △ 0/0 | | | | | △ 0/0 | | |
| 최 영 준 | △ 0/0 | | △ 0/0 | △ 0/0 | | △ 0/0 | △ 0/0 | ▽ 0/0 | | | |
| 강 현 묵 | | | | | | | | | | | |
| 홍 원 진 | ○ 0/0 C | ○ 0/0 | ○ 0/0 | ○ 1/1 | ○ 0/0 | ○ 0/0 | ○ 0/0 | ○ 0/0 C | ○ 0/0 | ○ 0/0 | ▽ 0/0 |
| 박 우 진 | | | | | | | | | | | |
| 이 민 혁 | △ 0/0 | △ 0/0 | △ 1/0 | △ 0/0 | △ 0/0 | △ 0/0 | | | △ 0/0 | ○ 0/0 | △ 0/0 |
| 김 상 준 | | | | | | | | | | | |
| 이 규 성 | ▽ 0/2 | ○ 0/0 | ▽ 0/0 | ▽ 0/0 | ▽ 0/0 | ▽ 0/0 | ▽ 0/0 | △ 0/0 | ▽ 0/0 | | ▽ 0/0 |
| 김 현 | △ 1/0 | ▽ 0/0 | △ 0/0 | △ 1/0 | △ 1/0 | △ 0/0 | ▽ 0/0 | △ 0/0 | | △ 0/0 C | △ 0/0 |
| 일류첸코 | ▽ 0/0 | △ 1/0 | ○ 0/0 | ▽ 0/0 | ▽ 0/0 | ▽ 0/1 | △ 0/0 | ▽ 0/0 | ▽ 0/0 | ▽ 0/0 | ▽ 0/0 |
| 파울리뇨 | ▽ 0/0 | ▽ 0/0 | ▽ 0/0 | ▽ 1/1 | ▽ 0/0 | ▽ 0/0 | △ 0/0 | ▽ 1/0 | △ 0/0 | △ 0/0 | ▽ 0/0 |
| 이 상 민 | | | | | | | | | | | |
| 강 성 진 | △ 0/0 | ▽ 0/0 | | △ 0/0 | | | ▽ 0/0 | ▽ 0/0 C | | | |
| 김 주 찬 | | | | | | | | | | | |
| 박 승 수 | | | | | | | | | | | |
| 세 라 핌 | ▽ 1/0 | △ 0/1 | ○ 0/0 | ▽ 1/1 | ▽ 1/0 | ▽ 0/0 | | | △ 1/0 | ○ 0/0 | ○ 0/0 |
| 김 지 호 | | | | | | | | | | | |
| 브루노실바 | | | | | △ 0/0 | △ 0/0 | △ 1/0 | ○ 0/1 | ▽ 0/0 | ▽ 0/0 | △ 0/0 C |
| 김 지 현 | ▽ 0/0 | △ 0/0 S | | | △ 0/0 | △ 1/0 | ▽ 1/1 | △ 0/0 | ○ 0/1 | ▽ 0/0 | △ 0/0 |
| 박 지 원 | △ 1/0 | ▽ 1/0 | △ 0/0 | ▽ 1/0 | ▽ 0/0 | ▽ 1/0 | ○ 0/0 | △ 0/0 | ▽ 0/0 | △ 0/0 | ▽ 0/0 |

# 부천 FC 1995

**창단년도**_ 2007년
**전화**_ 032-655-1995
**팩스**_ 032-655-1996
**홈페이지**_ https://www.bfc1995.com
**유튜브**_ https://www.youtube.com/@BFC_1995
**인스타그램**_ https://www.instagram.com/bucheonfc1995/
**페이스북**_ https://www.facebook.com/BUCHEONFC
**주소**_ 우 14655 경기도 부천시 원미구 소사로 482(춘의동 8)
482, Sosa-ro, Wonmi-gu, Bucheon-si, Gyounggi-do, KOREA 14655

## 연혁

2006 새로운 부천축구클럽 창단 시민모임 발족
2007 부천시와 연고지 협약 부천FC1995 창단
2008 2008 DAUM K3리그 13위(7승 7무 15패)
부천FC vs 부천OB 사랑의 자선경기
2009 AFC Wimbledon과 협약 2009 DAUM K3리그 4위(17승 9무 6패)
FC United of Manchester와 월드풋볼드림매치 개최
2010 (주)부천에프씨1995 법인설립(대표이사 정해춘)
2010 제15회 하나은행 FA컵 참가
2010 DAUM K3리그 7위(14승 4무 7패)
2011 전국체전 도대표 선발전(결승)
2011 챌린저스리그 컵대회 3위
DAUM 챌린저스리그 2011 A조 3위(8승 5무 9패)
2012 2012 DAUM 챌린저스리그 B조 5위(12승 5무 8패)
부천시민프로축구단으로서 시의회 지원 조례안 가결
한국프로축구연맹 가입 승인
2013 프로축구단으로 데뷔
현대오일뱅크 K리그 챌린지 2013 7위(8승 9무 18패)
유소년팀(U-18, U-15, U-12) 창단
2014 현대오일뱅크 K리그 챌린지 2014 10위(6승 9무 21패)
2015 K리그 최초 CGV 브랜드관 오픈(CGV부천역점 부천FC관)
뒤셀도르프 U-23과 아프리카 어린이를 위한 솔라등 기부 자선경기
현대오일뱅크 K리그 챌린지 2015 5위(15승 10무 15패)
2016 부천FC 사회적 협동조합 설립
복합 팬서비스 공간 레드바코드 오픈
K리그 챌린지 최초 FA컵 4강 진출
현대오일뱅크 K리그 챌린지 2016 3위(19승 10무 11패) 플레이오프 진출
2016시즌 K리그 챌린지 3차 팬 프렌들리 클럽 수상
2017 2017시즌 챌린지 1차 팬 프렌들리 클럽상 수상
KEB하나은행 K리그 챌린지 2017 5위(15승 7무 14패)
2018 K리그2 최초 개막 5연승 기록
K리그2 1차/2차 그린스타디움 수상(부천도시공사)
KEB하나은행 K리그2 2018 8위(11승 6무 19패)
2019 구단 창단 200번째 홈경기 달성
2019 아디다스 K리그 주니어 U-15 A조 우승
2019 K리그 사랑나눔상 수상
K리그2 리그 마지막 5경기 5연승 기록
하나원큐 K리그2 2019 4위(14승 10무 13패), 플레이오프 진출
2020 구단 프로통산 100번째 승리 달성
부천FC1995 U-18 2020 춘계고등연맹전 우승
부천FC1995 U-15 2020 K리그 주니어 A조 2년 연속 우승
하나원큐 K리그2 2020 8위(7승 5무 15패)
2021 K리그 통산 100승 달성
하나원큐 K리그2 2021 10위(9승 10무 17패)
세이브더칠드런 협약 및 아동권리 강화 캠페인 진행
지역 발달장애인 축구단 '복사골FC' 지원 협약 체결
2022 구단 프로통산 홈 200득점 달성 구단 통산 500경기 달성
구단 홈경기 최다 무패 기록 달성(11경기)
K리그 통산 400번째 득점 달성
구단 역사상 세 번째 플레이오프 진출
하나원큐 K리그2 2022 5위(17승 10무 14패)
조현택 K리그2 BEST 11 수상
2023 구단 통산 원정 100승 달성 구단 프로 통산 홈 200경기 달성
구단 최초 전 좌석 매진(6,103명) 달성(07.01. vs 김천상무)
구단 통산 200승 달성 구단 프로 통산 400경기 달성
구단 통산 홈 100승 달성 K리그 통산 홈 200경기 달성
K리그 통산 400경기 달성
안재준 구단 프로 통산 최초 해트트릭 기록
구단 역사상 네 번째 플레이오프 진출
하나원큐 K리그2 2023 5위(16승 10무 11패)
안재준 구단 최초 K리그2 영플레이어상 수상
2023시즌 K리그2 3차 팬프렌들리 클럽상 수상
2023 K리그 사랑나눔상 수상
2024 구단 프로 통산 500득점 달성(05.12. vs 전남, 득점자 : 루페타)
구단 통산 홈 400번째 득점 달성(08.18. vs 서울E, 득점자 바사니)
닐손주니어, 구단 최초 부천소속 200경기출전 달성(08.24.vs충남아산)
구단 통산 600경기 달성(09.25. vs성남)
구단 통산 홈 300경기(10.05. vs충북청주)
구단 K리그 통산 500득점 달성(10.19. vs수원삼성, 득점자 바사니)
구단 통산 800득점 달성(11.09. vs부산, 득점자 이의형)
하나은행 K리그2 2024 8위(12승 13무 11패)
구단 최초 단일시즌 홈 관중 6만 명 달성(68,265명)
2025 K리그 통산 150승 달성
프로 통산 홈 300득점 달성(05.17. vs화성 (득점자 : 몬타뇨))
몬타뇨 구단 최초 외국인선수 해트트릭 기록(07.20. vs충남아산)
프로 통산 500경기 달성(09.20. vs서울E)
프로 통산 600득점 달성(10.08. vs성남 (상대자책골)
이영민 감독 구단 통산 200경기 지휘 기록 달성(10.12. vs부산)
하나은행 K리그2 2025 3위(19승 10무 10패)
단일 시즌 최다 득점 기록 경신(71득점), 최다승 기록 경신 (25승)
구단 최초 K리그1 승격

## 2025년 선수명단

대표이사_ 정해춘 단장_ 김성남 감독_ 이영민
수석코치_ 마현욱 코치_ 고경민 골키퍼코치_ 김지운 피지컬코치_ 박효준
스카우터_ 조범석 의무트레이너_ 최환석 · 유호준 · 장우혁 전력분석관_ 김두연 통역_ 강샛별 선수단 매니저_ 조용훈

| 포지션 | 선수명 | | 생년월일 | 출신교 | 키(cm) / 몸무게(kg) |
|---|---|---|---|---|---|
| GK | 김 형 근 | 金 亨 根 | 1994.01.06 | 영남대 | 188 / 78 |
| | 김 현 엽 | 金 鉉 曄 | 2001.08.22 | 명지대 | 187 / 82 |
| | 설 현 빈 | 楔 賢 彬 | 2001.08.07 | 울산대 | 188 / 80 |
| | 이 주 현 | 李 周 賢 | 1998.12.06 | 중앙대 | 188 / 78 |
| DF | 김 원 준 | 金 元 儁 | 2004.07.04 | 동아대 | 188 / 78 |
| | 남 현 욱 | 南 炫 旭 | 2004.02.23 | 경기경영고 | 186 / 77 |
| | 박 재 우 | 朴 宰 佑 | 1998.03.06 | 성균관대 | 174 / 69 |
| | 박 형 진 | 朴 亨 鎭 | 1990.06.24 | 고려대 | 182 / 75 |
| | 백 동 규 | 白 棟 圭 | 1991.05.30 | 동아대 | 184 / 71 |
| | 유 승 현 | 兪 勝 峴 | 2003.06.04 | 덕영고 | 173 / 64 |
| | 이 상 혁 | 李 常 赫 | 2001.01.06 | 단국대 | 185 / 76 |
| | 이 예 찬 | 李 叡 燦 | 2005.05.23 | 영등포공고 | 185 / 80 |
| | 이 재 원 | 李 在 原 | 2002.05.05 | 울산대 | 183 / 75 |
| | 전 인 규 | 全 寅 圭 | 1993.11.14 | 남부대 | 183 / 83 |
| | 티아깅요 | Thiago Nascimento dos Santos | 2000.01.04 | *브라질 | 170 / 63 |
| | 홍 성 욱 | 洪 成 旭 | 2002.09.17 | 부경고 | 187 / 77 |
| MF | 강 재 우 | 姜 在 禹 | 2000.05.30 | 고려대 | 180 / 72 |
| | 김 동 현 | 金 東 現 | 2002.12.15 | 광운대 | 176 / 73 |
| | 박 현 빈 | 朴 賢 賓 | 2003.05.19 | 대건고 | 177 / 72 |
| | 성 신 | 成 信 | 2005.01.13 | 광운대 | 174 / 68 |
| | 정 호 진 | 鄭 好 軫 | 1999.08.06 | 고려대 | 183 / 72 |
| | 조 수 철 | 趙 秀 哲 | 1990.10.30 | 우석대 | 180 / 71 |
| | 최 원 철 | 崔 源 哲 | 1995.05.26 | 용인대 | 178 / 72 |
| | 최 재 영 | 崔 載 瑩 | 1998.03.18 | 중앙대 | 181 / 73 |
| | 카 즈 | 高橋一輝 | 1996.10.06 | *일본 | 178 / 73 |
| | 홍 기 욱 | 洪 倚 郁 | 2004.05.20 | 아주대 | 177 / 72 |
| FW | 갈 레 고 | Jefferson Fernando Isidio | 1997.04.04 | *브라질 | 177 / 71 |
| | 공 민 현 | 孔 敏 懸 | 1990.01.19 | 청주대 | 182 / 70 |
| | 김 규 민 | 金 奎 敏 | 2003.03.15 | 경기경영고 | 173 / 60 |
| | 김 보 용 | 金 甫 容 | 1997.07.15 | 숭실대 | 177 / 77 |
| | 몬 타 노 | John Fraki Montaño Sinisterra | 1997.05.07 | *콜롬비아 | 184 / 79 |
| | 바 사 니 | Rodrigo Bassani da Cruz | 1997.10.17 | *브라질 | 177 / 80 |
| | 박 창 준 | 朴 彰 俊 | 1996.12.23 | 학성고 | 178 / 67 |
| | 이 의 형 | 李 宜 炯 | 1998.03.03 | 단국대 | 183 / 72 |
| | 이 충 현 | 李 忠 炫 | 2007.09.12 | 경기경영고 | 177 / 69 |
| | 장 시 영 | 張 時 榮 | 2002.03.31 | 현대고 | 174 / 69 |
| | 한 지 호 | 韓 志 皓 | 1988.12.15 | 홍익대 | 180 / 74 |

## 2025년 개인기록_ K리그2

| 위치 | 배번 | 경기번호 | 07 | 13 | 15 | 28 | 33 | 40 | 45 | 53 | 60 | 65 |
|---|---|---|---|---|---|---|---|---|---|---|---|---|
| | | 날 짜 | 02.23 | 03.02 | 03.08 | 03.16 | 03.30 | 04.06 | 04.12 | 04.19 | 04.26 | 05.04 |
| | | 홈/원정 | 홈 | 원정 | 홈 | 홈 | 원정 | 원정 | 홈 | 원정 | 홈 | 홈 |
| | | 장 소 | 부천 | 천안 | 부천 | 부천 | 목동 | 김포 | 부천 | 탄천 | 부천 | 부천 |
| | | 상 대 | 충북청주 | 천안 | 부산 | 안산 | 서울E | 김포 | 수원 | 성남 | 인천 | 전남 |
| | | 결 과 | 승 | 승 | 패 | 승 | 패 | 승 | 무 | 무 | 패 | 무 |
| | | 점 수 | 3 : 1 | 2 : 1 | 0 : 2 | 3 : 1 | 2 : 3 | 2 : 1 | 1 : 1 | 0 : 0 | 1 : 3 | 2 : 2 |
| | | 승 점 | 3 | 6 | 6 | 9 | 9 | 12 | 13 | 14 | 14 | 15 |
| | | 슈팅수 | 17 : 13 | 16 : 10 | 9 : 8 | 19 : 11 | 9 : 15 | 13 : 6 | 12 : 13 | 10 : 8 | 12 : 7 | 9 : 16 |
| GK | 1 | 김 형 근 | ○ 0/0 | ○ 0/0 | ○ 0/0 | ○ 0/0 | ○ 0/0 | ○ 0/0 | ○ 0/0 | ○ 0/0 | ○ 0/0 | ○ 0/0 |
| | 21 | 김 현 엽 | | | | | | | | | | |
| DF | 2 | 이 예 찬 | | | | | | | | | | ○ 0/0 S |
| | 3 | 남 현 욱 | | | | | | | | | | |
| | 5 | 이 상 혁 | ○ 0/0 C | ○ 0/0 | ○ 0/0 | ○ 0/0 | ○ 0/0 | | | | | |
| | 7 | 티아깅요 | ○ 0/0 C | ▽ 0/0 | ▽ 0/0 | △ 0/0 | | ▽ 0/0 | ○ 0/0 | ▽ 0/0 | ○ 0/0 | ○ 0/0 |
| | 13 | 박 형 진 | | | | △ 0/0 | △ 0/1 | ○ 0/0 | | △ 0/0 C | △ 0/0 | |
| | 15 | 이 재 원 | ○ 0/0 | ○ 0/0 | ○ 0/0 | ▽ 0/0 C | ▽ 0/0 | | | | | |
| | 20 | 홍 성 욱 | ○ 0/0 | ○ 1/0 C | ○ 0/0 | ○ 0/0 | ○ 0/0 | △ 0/0 | | | ○ 0/0 | △ 0/0 |
| | 29 | 백 동 규 | | | | | | | | | | |
| | 30 | 전 인 규 | | | | | | ○ 0/0 | ○ 0/0 | ○ 0/0 C | ▽ 0/0 | |
| | 55 | 구 자 룡 | | | | △ 0/0 | | ○ 0/0 C | ○ 0/0 | ○ 0/0 C | ○ 0/0 | ○ 0/0 |
| | 61 | 김 원 준 | | | | | | | | | | |
| | 66 | 유 승 현 | | △ 0/0 | | | ▽ 0/0 | | | | | |
| MF | 4 | 최 원 철 | △ 0/0 | ▽ 0/0 | △ 0/0 | △ 0/0 | | | | △ 0/0 | ▽ 0/0 | ○ 0/0 |
| | 6 | 정 호 진 | | | | | | △ 0/0 | ○ 0/0 | ○ 0/0 C | | ○ 0/0 |
| | 14 | 최 재 영 | | | | | △ 0/0 | ▽ 0/0 C | △ 0/0 | | △ 0/0 | △ 0/0 |
| | 16 | 박 현 빈 | ○ 0/0 | ○ 0/0 | ○ 0/0 | ○ 0/0 C | ○ 0/0 C | ▽ 0/0 C | ○ 0/0 C | ○ 0/0 | ○ 0/0 C | |
| | 23 | 카 즈 | ▽ 0/0 | △ 0/0 | ▽ 0/0 | ▽ 0/0 C | ▽ 0/0 | △ 0/0 C | ▽ 0/0 | ▽ 0/0 | | △ 0/0 |
| | 24 | 김 동 현 | | | | | | | | | | ▽ 0/0 |
| | 48 | 성 신 | | | | | | △ 0/0 | | | | |
| FW | 9 | 몬 타 뇨 | ▽ 0/0 | ▽ 0/0 | ▽ 0/0 | ▽ 1/0 | ▽ 0/0 | △ 0/0 | △ 1/0 | △ 0/0 | ▽ 0/0 | ▽ 0/0 |
| | 10 | 바 사 니 | ○ 0/0 | ▽ 0/1 | ○ 0/0 | ○ 0/0 | △ 1/0 | ○ 1/0 | ○ 0/0 | ▽ 0/0 C | △ 0/0 C | ▽ 1/0 C |
| | 11 | 박 창 준 | ○ 0/1 | ○ 0/0 | ○ 0/0 | ▽ 1/0 | △ 0/0 | ▽ 0/0 | △ 0/0 | △ 0/0 | ○ 1/0 | ▽ 0/1 |
| | 17 | 김 규 민 | | | △ 0/0 | ▽ 0/0 | ○ 0/0 | | ▽ 0/0 | ▽ 0/0 | ▽ 0/0 | △ 0/0 |
| | 18 | 이 의 형 | ▽ 2/0 | △ 0/0 | | | | | | △ 0/0 | ▽ 0/0 | △ 0/0 |
| | 22 | 한 지 호 | | | ▽ 0/0 | | ▽ 0/0 | | | | | |
| | 27 | 장 시 영 | | | | | | | | | | |
| | 41 | 갈 레 고 | △ 0/0 | ○ 1/0 | △ 0/0 | ○ 1/0 | ○ 1/0 | ○ 1/0 C | ○ 0/1 | ○ 0/0 C | △ 0/0 | ▽ 1/0 |
| | 77 | 이 충 현 | | | | | | | | | | |
| | 99 | 공 민 현 | △ 1/0 | △ 0/0 | △ 0/0 | △ 0/0 | △ 0/0 | ▽ 0/0 | ▽ 0/0 | ▽ 0/0 | △ 0/0 | |

선수자료 : 득점/도움 ○ = 선발출전 △ = 교체 IN ▽ = 교체 OUT ◈ = 교체 IN/OUT C = 경고 S = 퇴장

| 경기번호 | 72 | 79 | 89 | 97 | 104 | 107 | 115 | 121 | 132 | 139 | 145 |
|---|---|---|---|---|---|---|---|---|---|---|---|
| 날 짜 | 05.10 | 05.17 | 05.25 | 06.01 | 06.08 | 06.14 | 06.21 | 06.28 | 07.06 | 07.13 | 07.20 |
| 홈/원정 | 원정 | 홈 | 원정 | 원정 | 원정 | 홈 | 원정 | 홈 | 원정 | 홈 | 홈 |
| 장 소 | 창원C | 부천 | 아산 | 수원W | 인천 | 부천 | 안산 | 부천 | 화성 | 부천 | 부천 |
| 상 대 | 경남 | 화성 | 충남아산 | 수원 | 인천 | 서울E | 안산 | 경남 | 화성 | 김포 | 충남아산 |
| 결 과 | 승 | 승 | 무 | 패 | 패 | 승 | 승 | 승 | 승 | 무 | 승 |
| 점 수 | 3 : 0 | 1 : 0 | 2 : 2 | 1 : 4 | 0 : 1 | 3 : 1 | 1 : 0 | 2 : 0 | 1 : 0 | 1 : 1 | 5 : 3 |
| 승 점 | 18 | 21 | 22 | 22 | 22 | 25 | 28 | 31 | 34 | 35 | 38 |
| 슈팅수 | 9 : 10 | 11 : 5 | 19 : 17 | 17 : 14 | 4 : 11 | 16 : 10 | 9 : 10 | 22 : 8 | 12 : 8 | 6 : 11 | 14 : 14 |
| 김 형 근 | ○ 0/0 C | ○ 0/0 | ○ 0/0 | ○ 0/0 | ○ 0/0 | ○ 0/0 C | ○ 0/0 | ○ 0/0 | ○ 0/0 C | ○ 0/0 | ○ 0/0 |
| 김 현 엽 | | | | | | | | | | | |
| 이 예 찬 | | | | | | | | | | | |
| 남 현 욱 | | | | | | | | | | | |
| 이 상 혁 | ○ 0/0 C | ○ 0/0 | ○ 0/0 | ▽ 1/0 | ▽ 0/0 | ○ 0/0 | ○ 0/0 | ○ 0/0 C | △ 0/0 | ○ 0/0 | ○ 0/0 C |
| 티아깅요 | ▽ 0/0 | ▽ 0/0 | ○ 1/0 | ○ 0/0 C | ○ 0/0 | ▽ 0/0 C | ○ 0/0 | ▽ 0/0 | ○ 0/0 | ▽ 0/0 | ○ 0/0 C |
| 박 형 진 | | | △ 0/0 | △ 0/0 | | | | | | | |
| 이 재 원 | △ 0/0 | △ 0/0 | ○ 0/0 | ○ 0/0 | ○ 0/0 | ○ 0/0 | △ 0/0 | | | | |
| 홍 성 욱 | ○ 0/0 | ○ 0/0 | | ○ 0/0 | ○ 0/0 | ○ 0/0 | ○ 0/0 | ○ 0/0 | ▽ 0/0 C | | |
| 백 동 규 | | | | | | | ▽ 0/0 C | ○ 0/0 | ○ 0/0 | ○ 0/0 | ○ 0/0 |
| 전 인 규 | | | ○ 0/0 | | | | | | | | |
| 구 자 룡 | ○ 0/0 | | | | | | | | | | |
| 김 원 준 | | | | | | | | | | | |
| 유 승 현 | | △ 0/0 | | ▽ 0/0 | | △ 0/0 | | | | | |
| 최 원 철 | ▽ 1/0 | ▽ 0/0 | | | △ 0/0 | | △ 0/0 | △ 0/0 | ▽ 0/0 | | △ 0/0 |
| 정 호 진 | | ▽ 0/0 C | | | ▽ 0/0 | △ 0/0 | | | ○ 0/0 C | ○ 0/0 | ○ 0/0 |
| 최 재 영 | | △ 0/0 | ▽ 0/0 | | | △ 0/0 | | △ 0/0 | | △ 0/0 | ▽ 0/0 |
| 박 현 빈 | ○ 0/0 | ▽ 0/0 | ▽ 0/0 | ○ 0/0 | ○ 0/0 | ▽ 1/0 | ▽ 0/0 | ▽ 0/0 | ○ 0/0 | ○ 0/1 | ▽ 0/0 |
| 카 즈 | △ 0/0 | △ 0/0 | △ 0/0 | ▽ 0/0 | ▽ 0/0 | ○ 0/0 | ▽ 0/0 | ▽ 0/1 | △ 0/0 | ▽ 0/0 | △ 0/0 C |
| 김 동 현 | △ 0/0 | △ 0/0 | △ 0/0 | △ 0/0 | △ 0/0 | △ 0/0 | △ 0/0 | | | △ 0/0 | △ 0/0 |
| 성 신 | | | | | | | | | | | |
| 몬 타 뇨 | ▽ 0/0 | ○ 1/0 | ▽ 1/1 | ▽ 0/0 | ▽ 0/0 | ▽ 0/0 C | △ 0/0 C | ▽ 0/0 | ▽ 0/0 | △ 0/0 | ▽ 3/0 |
| 바 사 니 | ▽ 1/0 | ▽ 0/0 C | ○ 0/1 | ○ 0/1 | ○ 0/0 C | | ○ 0/0 C | ○ 1/0 | ○ 0/0 C | ▽ 1/0 | ▽ 1/1 |
| 박 창 준 | ○ 0/0 | ○ 0/0 | ▽ 0/0 | ○ 0/0 | △ 0/0 | ▽ 2/1 C | ▽ 0/0 | ○ 1/0 | ▽ 0/0 | △ 0/0 C | ▽ 1/0 |
| 김 규 민 | △ 0/0 | | ▽ 0/0 | | | | △ 1/0 | △ 0/0 | △ 0/0 | △ 0/0 | △ 0/0 |
| 이 의 형 | | | △ 0/0 | △ 0/0 | ▽ 0/0 C | △ 0/0 | | △ 0/0 | △ 0/0 S | | |
| 한 지 호 | | | | | | | | | | | |
| 장 시 영 | | | | | | ▽ 0/0 C | ▽ 0/0 | ▽ 0/0 | ▽ 0/0 | ▽ 0/0 | |
| 갈 레 고 | ▽ 0/0 | ○ 0/0 | | | △ 0/0 C | ▽ 0/0 C | ○ 0/0 | △ 0/0 | △ 0/0 | ○ 0/0 | ○ 0/2 |
| 이 충 현 | | | | | | | | | | | |
| 공 민 현 | △ 0/0 C | | △ 0/0 | △ 0/0 | △ 0/0 | △ 0/0 | | | | ▽ 0/0 | △ 0/0 |
| | | | | | | | | | | | |

| 위치 | 배번 | 경기번호 | 148 | 155 | 168 | 169 | 177 | 187 | 195 | 197 | 205 | 211 |
|---|---|---|---|---|---|---|---|---|---|---|---|---|
| | | 날 짜 | 07.26 | 08.02 | 08.10 | 08.15 | 08.23 | 08.31 | 09.07 | 09.13 | 09.20 | 09.27 |
| | | 홈/원정 | 원정 | 홈 | 원정 | 원정 | 홈 | 원정 | 홈 | 원정 | 홈 | 원정 |
| | | 장 소 | 구덕 | 부천 | 청주 | 광양 | 부천 | 창원C | 부천 | 아산 | 부천 | 팔마 |
| | | 상 대 | 부산 | 성남 | 충북청주 | 전남 | 천안 | 경남 | 인천 | 충남아산 | 서울E | 전남 |
| | | 결 과 | 패 | 패 | 승 | 패 | 무 | 승 | 승 | 패 | 무 | 패 |
| | | 점 수 | 2 : 4 | 2 : 3 | 1 : 0 | 1 : 2 | 0 : 0 | 2 : 1 | 1 : 0 | 0 : 3 | 2 : 2 | 2 : 3 |
| | | 승 점 | 38 | 38 | 41 | 41 | 42 | 45 | 48 | 48 | 49 | 49 |
| | | 슈팅수 | 10 : 12 | 11 : 12 | 8 : 12 | 5 : 8 | 24 : 6 | 13 : 14 | 4 : 7 | 5 : 18 | 11 : 6 | 6 : 8 |
| GK | 1 | 김 형 근 | ○ 0/0 | ○ 0/0 | ○ 0/0 | ○ 0/0 | ○ 0/0 | ○ 0/0 C | ○ 0/0 | ○ 0/0 | ○ 0/0 | ○ 0/0 |
| | 21 | 김 현 엽 | | | | | | | | | | |
| DF | 2 | 이 예 찬 | | | ▽ 0/0 | | | | | | | |
| | 3 | 남 현 욱 | | | | | | | | | | |
| | 5 | 이 상 혁 | ○ 0/0 | ○ 0/0 | | | △ 0/0 | △ 0/0 | △ 0/0 | △ 0/0 C | | |
| | 7 | 티아깅요 | ○ 0/0 | ○ 0/0 | ○ 0/0 | ▽ 0/0 | ○ 0/0 | ○ 0/0 C | | △ 0/0 | ○ 0/0 | ▽ 0/0 |
| | 13 | 박 형 진 | | | | | | | | | | |
| | 15 | 이 재 원 | | ▽ 0/0 | | | | | ▽ 0/0 | ▽ 0/0 C | | |
| | 20 | 홍 성 욱 | | | | ▽ 0/0 | ○ 0/0 | ○ 0/0 | ○ 0/0 | ○ 0/0 | | |
| | 29 | 백 동 규 | ○ 0/0 | ○ 0/0 | ○ 0/0 | ○ 0/0 | ▽ 0/0 | ○ 0/0 | ○ 0/0 | ○ 0/0 C | ○ 0/0 | ○ 0/0 |
| | 30 | 전 인 규 | | | △ 0/0 | △ 0/0 | | | | | ▽ 0/0 | ○ 0/0 C |
| | 55 | 구 자 룡 | | | | | | | | | | |
| | 61 | 김 원 준 | | | | | | | | | | |
| | 66 | 유 승 현 | | △ 0/0 | △ 0/0 | △ 0/0 C | | | | | | |
| MF | 4 | 최 원 철 | | | △ 0/0 | △ 0/1 | ○ 0/0 C | ▽ 0/1 C | ▽ 0/0 | ▽ 0/0 | △ 0/0 | ▽ 0/0 |
| | 6 | 정 호 진 | ▽ 0/0 | △ 0/0 | ○ 0/0 | ○ 0/0 | ○ 0/0 | ▽ 0/0 | △ 0/0 | | ▽ 0/0 | ○ 0/0 |
| | 14 | 최 재 영 | ▽ 0/0 | ▽ 0/0 | | | | | △ 0/0 | | △ 0/0 | △ 0/0 |
| | 16 | 박 현 빈 | △ 0/0 | ○ 0/0 C | ▽ 0/0 C | ○ 0/0 | ▽ 0/0 | ○ 0/0 C | | △ 0/0 C | ○ 0/0 | ▽ 0/0 |
| | 23 | 카 즈 | △ 0/0 | △ 0/0 | ○ 0/0 C | ▽ 0/0 C | | △ 0/0 | ○ 0/0 | ○ 0/0 | ▽ 0/0 | △ 0/0 |
| | 24 | 김 동 현 | △ 1/0 | ▽ 0/0 | △ 0/0 | △ 0/0 | △ 0/0 | △ 0/0 | △ 0/0 | ▽ 0/0 | △ 0/1 | △ 0/0 |
| | 48 | 성 신 | ▽ 0/0 | | ▽ 0/0 | | | | | | | |
| FW | 9 | 몬 타 뇨 | ○ 1/1 | ▽ 0/0 | ○ 1/0 | △ 0/0 | ▽ 0/0 | ▽ 0/0 | ○ 0/0 C | ○ 0/0 | ○ 1/0 C | ▽ 1/0 |
| | 10 | 바 사 니 | ○ 0/0 | ○ 2/0 C | | ○ 1/0 | ○ 0/0 | ○ 1/0 C | ▽ 0/1 | ○ 0/0 | ○ 1/0 | ○ 0/0 C |
| | 11 | 박 창 준 | ▽ 0/0 C | △ 0/0 | | | ▽ 0/0 | ▽ 1/0 | ▽ 1/0 | | ▽ 0/0 | ▽ 0/0 |
| | 17 | 김 규 민 | △ 0/0 | ▽ 0/0 | ▽ 0/0 | ○ 0/0 | ▽ 0/0 | ▽ 0/0 | ○ 0/0 | ▽ 0/0 | △ 0/0 | △ 0/0 |
| | 18 | 이 의 형 | △ 0/0 | △ 0/0 | ▽ 0/0 C | ▽ 0/0 | | △ 0/0 | | | | |
| | 22 | 한 지 호 | | | | | | | △ 0/0 | △ 0/0 | | |
| | 27 | 장 시 영 | | | | | △ 0/0 | △ 0/0 | ▽ 0/0 | ▽ 0/0 | ▽ 0/0 | ○ 0/0 |
| | 41 | 갈 레 고 | ▽ 0/0 | | | | △ 0/0 | | | | | |
| | 77 | 이 충 현 | | | | | | | | | | |
| | 99 | 공 민 현 | | | △ 0/0 | ▽ 0/0 | △ 0/0 | | | △ 0/0 | △ 0/0 | △ 0/0 |

선수자료 : 득점/도움 ○ = 선발출전 △ = 교체 IN ▽ = 교체 OUT ◈ = 교체 IN/OUT C = 경고 S = 퇴장

| 경기번호 | 219 | 230 | 236 | 244 | 250 | 255 | 266 | 270 | 275 | PO 02 | PO 04 |
|---|---|---|---|---|---|---|---|---|---|---|---|
| 날 짜 | 10.04 | 10.08 | 10.12 | 10.19 | 10.25 | 11.01 | 11.09 | 11.23 | 11.30 | 12.05 | 12.08 |
| 홈/원정 | 원정 | 홈 | 원정 | 홈 | 원정 | 홈 | 원정 | 홈 | 홈 | 홈 | 원정 |
| 장 소 | 수원W | 부천 | 구덕 | 부천 | 청주 | 부천 | 김포 | 부천 | 부천 | 부천 | 수원 |
| 상 대 | 수원 | 성남 | 부산 | 천안 | 충북청주 | 안산 | 김포 | 화성 | 성남 | 수원FC | 수원FC |
| 결 과 | 무 | 승 | 승 | 승 | 무 | 승 | 승 | 무 | 무 | 승 | 승 |
| 점 수 | 2 : 2 | 1 : 0 | 2 : 1 | 2 : 1 | 0 : 0 | 2 : 0 | 1 : 0 | 0 : 0 | 0 : 0 | 1 : 0 | 3 : 2 |
| 승 점 | 50 | 53 | 56 | 59 | 60 | 63 | 66 | 67 | 0 | 3 | 6 |
| 슈팅수 | 12 : 17 | 7 : 10 | 4 : 17 | 15 : 7 | 11 : 7 | 8 : 10 | 9 : 14 | 2 : 16 | 7 : 9 | 9 : 14 | 11 : 19 |
| 김 형 근 | ○ 0/0 | ○ 0/0 | ○ 0/0 | ○ 0/0 | ○ 0/0 | ○ 0/0 | ○ 0/0 |  | ○ 0/0 | ○ 0/0 | ○ 0/0 |
| 김 현 엽 |  |  |  |  |  |  |  | ○ 0/0 |  |  |  |
| 이 예 찬 |  |  |  |  |  |  |  | △ 0/0 |  |  |  |
| 남 현 욱 |  |  |  |  |  |  |  | △ 0/0 C |  |  |  |
| 이 상 혁 | ○ 0/0 | ○ 0/0 | ○ 0/0 | ○ 0/1 | ○ 0/0 |  |  | ○ 0/0 | △ 0/0 | △ 0/0 | △ 0/0 |
| 티아깅요 | ○ 0/0 | ○ 0/0 | ○ 0/0 | ▽ 0/1 | ▽ 0/0 | △ 0/0 | △ 0/0 C | ○ 0/0 | △ 0/0 | ▽ 0/0 |  |
| 박 형 진 |  |  |  |  |  |  |  |  |  |  |  |
| 이 재 원 |  | ○ 0/0 | △ 0/0 |  |  |  |  | ○ 0/0 S |  |  |  |
| 홍 성 욱 |  | ○ 0/0 | ○ 0/0 | ○ 0/0 C | ○ 0/0 C | ○ 1/0 | ○ 0/0 C |  | ○ 0/0 C | ○ 0/0 | ○ 0/0 C |
| 백 동 규 | ○ 0/0 |  | ○ 0/0 | △ 0/0 |  | ○ 0/0 | ○ 0/0 |  | ○ 0/0 | ○ 0/0 | ○ 0/0 |
| 전 인 규 |  |  |  |  |  |  |  |  |  |  |  |
| 구 자 룡 |  |  |  |  |  |  |  |  |  |  |  |
| 김 원 준 |  |  |  |  |  |  |  | ▽ 0/0 |  |  |  |
| 유 승 현 |  |  |  |  |  |  |  | ○ 0/0 |  |  |  |
| 최 원 철 | △ 0/0 |  | ▽ 0/0 |  |  |  |  | ○ 0/0 |  |  |  |
| 정 호 진 | ○ 0/0 C | △ 0/0 C |  | ○ 0/0 | ○ 0/0 | ○ 0/0 | ○ 0/0 |  | ○ 0/0 | ○ 0/0 | ○ 0/0 |
| 최 재 영 | △ 0/0 | △ 0/0 | △ 0/0 |  | ▽ 0/0 | △ 0/0 C |  | ▽ 0/0 | ▽ 0/0 | △ 0/0 | △ 0/0 |
| 박 현 빈 | ▽ 0/0 | ▽ 0/0 | ▽ 0/0 | ○ 0/0 S |  |  | ○ 0/0 |  | △ 0/0 | ▽ 0/0 C | ▽ 0/0 C |
| 카 즈 | ▽ 1/0 C | ○ 0/0 | △ 0/0 C | ○ 0/0 | ○ 0/0 | ○ 0/0 | ○ 0/0 |  | ○ 0/0 | ○ 0/0 C | ○ 0/0 |
| 김 동 현 | △ 0/0 |  |  |  |  |  |  | ▽ 0/0 |  |  |  |
| 성 신 |  |  |  |  | △ 0/0 | ▽ 1/0 |  | △ 0/0 |  |  |  |
| 몬 타 뇨 | ▽ 1/0 | △ 0/0 S |  |  | △ 0/0 | ○ 0/0 | ▽ 0/0 |  | ▽ 0/0 | △ 0/0 | ▽ 0/0 |
| 바 사 니 |  | ▽ 0/0 | ▽ 1/0 | ▽ 0/0 | ○ 0/0 | ▽ 0/1 | ○ 1/0 |  | ▽ 0/0 | ▽ 1/0 | ▽ 1/1 |
| 박 창 준 | ▽ 0/1 | △ 0/0 | △ 1/1 C | ▽ 0/0 | ▽ 0/0 | △ 0/0 | △ 0/0 |  | ▽ 0/0 | ▽ 0/0 | △ 0/0 |
| 김 규 민 | △ 0/0 | ▽ 0/0 C |  | △ 0/0 | ○ 0/0 | ○ 0/0 | ○ 0/0 C |  | ▽ 0/0 | △ 0/0 | ▽ 1/0 |
| 이 의 형 |  | ▽ 0/0 | ▽ 0/0 | ▽ 2/0 | ▽ 0/0 | △ 0/0 | △ 0/0 | ▽ 0/0 C | △ 0/0 | ▽ 0/0 | △ 0/0 |
| 한 지 호 | ▽ 0/1 | ▽ 0/0 C | ▽ 0/0 | △ 0/0 |  |  |  | ▽ 0/0 |  |  | △ 0/0 C |
| 장 시 영 | ○ 0/0 | △ 0/0 | ○ 0/0 | ○ 0/0 | △ 0/0 | ▽ 0/0 | ▽ 0/0 |  | ○ 0/0 | ○ 0/0 | ○ 0/0 C |
| 갈 레 고 |  |  |  | △ 0/0 | △ 0/0 | ▽ 0/1 | ▽ 0/0 C |  | △ 0/0 | △ 0/0 | ▽ 1/0 |
| 이 충 현 |  |  |  |  |  |  |  | △ 0/0 |  |  |  |
| 공 민 현 | △ 0/0 |  | △ 0/0 C |  |  |  |  | △ 0/0 |  |  |  |

# 서울 이랜드 FC

**창단년도_** 2014년
**전화_** 02-3431-5470
**팩스_** 02-3431-5480
**홈페이지_** https://www.seoulelandfc.com
**유튜브_** https://www.youtube.com/@seouleland
**인스타그램_** https://www.instagram.com/seouleland/
**페이스북_** https://www.facebook.com/SeoulEland/
**주소_** 우 07990 서울특별시 양천구 안양천로 939 목동종합운동장 GATE 10(서울 이랜드 FC 사무국)
939, Anyangcheon-ro, Yangcheon-gu, Seoul, KOREA 07990

## 연혁

2014 창단 의향서 제출(4월)
제1대 박상균 대표이사 취임
제1대 김태완 단장 취임(4월)
서울시와 프로축구연고협약 체결
초대감독 '마틴 레니' 선임(7월)
프로축구연맹 이사회 축구단 가입 승인(8월)
팀명칭 '서울 이랜드 FC' 확정(8월)

2015 공식 엠블럼 발표(2월)
창단 유니폼 발표(2월)
K리그 챌린지 참가
K리그2 1차 팬 프렌들리 클럽상 수상(6월)
K리그2 2차 팬 프렌들리 클럽상 수상(9월)
K리그2 2차 풀스타디움 클럽상 수상(9월)
유소년 팀 창단(11월)
K리그2 3차 팬 프렌들리 클럽상 수상(12월)
현대오일뱅크 K리그 챌린지 2015 4위

2016 제2대 박건하 감독 취임(6월)
K리그2 1차 팬 프렌들리 클럽상 수상(6월)
제2대 한만진 대표이사 취임(12월)

2017 제3대 김병수 감독 취임(1월)
창단 100경기(부산아이파크전)
U15팀 금강대기 준우승
제4대 인창수 감독 취임(12월)
제3대 김현수 대표이사 취임(12월)

2018 제5대 김현수 감독 취임(12월)
서울특별시장 '나눔의 가치' 표창 수상(12월)
제2대 박공원 단장 취임(12월)

2019 제4대 장동우 대표이사 취임(2월)
K리그2 2차 팬 프렌들리 클럽상 수상(8월)
U18팀 제40회 대한축구협회장배 전국대회 4강(6월)
송파구청장 '나눔의 가치' 표창 수상(10월)
제6대 정정용 감독 취임(11월)

2020 창단 200경기(제주유나이티드전)(7월)
K리그2 3차 팬 프렌들리 클럽상 수상(11월)

2021 창단 첫 개막전 승리 (부산아이파크전)(2월)
U18팀 2021 K리그 유스챔피언십 8강(8월)
제26회 하나은행 FA컵 3R 첫 서울더비 승리
U18 K리그 유스챔피언십 8강 진출

2022 홈구장 '목동종합운동장' 이전(1월)
제5대 김병권 대표이사 취임(1월)
서울특별시 양천구청 MOU 체결
구단 최초 대한민국 국가대표팀 발탁_ 이재익(3월)
K리그2 2차 그린스타디움상 수상(8월)
2022 스페셜올림픽 코리아 K리그 통합축구 UNIFIED CUP 첫 번째 승리자 수상(10월)
K리그2 3차 그린 스타디움상 수상(10월)
제7대 박충균 감독 취임(11월)

2023 2023 하나원큐 FA컵 16강
서울특별시강서양천교육지원청 MOU 체결
K리그2 2차 그린 스타디움상 수상(9월)
구단 최다관중 달성(7,266명)
2023 K리그2 총관중 1위 달성
K리그2 3차 그린 스타디움상 수상(11월)
8대 김도균 감독 선임(12월)

2024 2024 GROUND.N K리그 U15 챔피언십 4강 진출 (8월)
K리그2 2차 팬 프렌들리 클럽상 수상(9월)
이너스데이 팬미팅 개최(10월)
서재민 2024 K리그2 영플레이어상 수상(11월)
창단 첫 승강 플레이오프 진출(11월)
구단 역대 최다 관중 13,205명 기록(12월)

2025 한국프로스포츠협회 프로구단 통합 서비스 지원사업 수행(5월)
K리그2 1차(6월), 2차(9월) 팬 프렌들리 클럽상 수상
K리그2 3차 팬 프렌들리 클럽상 및 시즌 종합상 수상(11월)
에울레르 2025 K리그2 도움왕, 베스트일레븐 수상(12월)
제21회 대한민국스포츠산업대상 우수프로스포츠단상 수상(12월)

## 2025년 선수명단

대표이사_ 김병권 사무국장_ 채승목 감독_ 김도균
코치_ 안성남 골키퍼코치_ 권순형 피지컬코치_ 서영균
스카우터_ 곽진서 의무트레이너_ 강훈 · 김영현 · 오재명 전력분석관_ 최용욱 · 조성준 선수단 매니저_ 임성한

| 포지션 | 선수명 | | 생년월일 | 출신교 | 키(cm) / 몸무게(kg) |
|---|---|---|---|---|---|
| GK | 구성윤 | 具聖潤 | 1994.06.27 | 재현고 | 197 / 95 |
| | 김민호 | 金珉浩 | 2000.01.26 | 보인고 | 192 / 86 |
| | 노동건 | 盧東健 | 1991.10.04 | 고려대 | 190 / 89 |
| | 엄예훈 | 嚴叡勳 | 2002.09.23 | 보인고 | 192 / 84 |
| DF | 강민재 | 姜旻材 | 2002.08.26 | 성균관대 | 186 / 83 |
| | 곽윤호 | 郭胤豪 | 1995.09.30 | 우석대 | 185 / 84 |
| | 김오규 | 金吾奎 | 1989.06.20 | 가톨릭관동대 | 181 / 76 |
| | 김주환 | 金周煥 | 2001.02.17 | 포항제철고 | 177 / 75 |
| | 김하준 | 金河寯 | 2002.07.17 | 칼빈대 | 188 / 78 |
| | 김현우 | 金炫佑 | 2006.07.27 | 영등포공고 | 182 / 73 |
| | 배서준 | 裵瑞峻 | 2003.12.11 | 진위고 | 173 / 67 |
| | 배진우 | 裵辰祐 | 2002.01.23 | 제주국제대 | 184 / 75 |
| | 손혁찬 | 孫赫燦 | 2004.06.16 | 용인대 | 175 / 70 |
| | 아론 | Aaron Robert Calver | 1996.01.12 | *오스트레일리아 | 186 / 76 |
| | 오스마르 | Osmar Ibáñez Barba | 1988.06.05 | *스페인 | 191 / 92 |
| | 오인표 | 吳仁標 | 1997.03.18 | 성균관대 | 177 / 63 |
| | 차승현 | 車昇賢 | 2000.02.26 | 연세대 | 174 / 70 |
| | 채광훈 | 蔡光勳 | 1993.08.17 | 상지대 | 173 / 72 |
| MF | 김영욱 | 金泳旭 | 1991.04.29 | 광양제철고 | 177 / 72 |
| | 박창환 | 朴昌煥 | 2001.11.21 | 숭실고 | 176 / 68 |
| | 백지웅 | 白智雄 | 2004.08.29 | 제주국제대 | 188 / 77 |
| | 서재민 | 徐材珉 | 2003.09.16 | 오산고 | 178 / 74 |
| | 서진석 | 徐鎭石 | 2004.05.04 | 수원공고 | 179 / 75 |
| | 윤석주 | 尹碩珠 | 2002.02.25 | 포항제철고 | 178 / 74 |
| FW | 가브리엘 | Gabriel dos Santos Francisco | 1999.03.16 | *브라질 | 185 / 77 |
| | 김강호 | 金鋼浩 | 2002.09.28 | 동국대 | 181 / 75 |
| | 박경배 | 朴敬拜 | 2001.02.15 | 강릉제일고 | 182 / 74 |
| | 변경준 | 邊勁竣 | 2002.04.08 | 김포통진고 | 182 / 74 |
| | 아이데일 | John Warwick Iredale | 1999.08.01 | *오스트레일리아 | 188 / 86 |
| | 에울레르 | Elosman Euller Silva Cavalcanti | 1995.01.04 | *브라질 | 175 / 74 |
| | 이주혁 | 李柱赫 | 2004.06.06 | 선문대 | 176 / 70 |
| | 정재민 | 政載民 | 2001.10.28 | 성균관대 | 191 / 85 |
| | 조상준 | 趙相俊 | 1999.07.11 | 제주국제대 | 177 / 69 |
| | 허용준 | 許榕埈 | 1993.01.08 | 고려대 | 185 / 77 |

## 2025년 개인기록_ K리그2

| 위치 | 배번 | 경기번호 | 06 | 09 | 19 | 22 | 33 | 36 | 48 | 51 | 57 | 64 |
|---|---|---|---|---|---|---|---|---|---|---|---|---|
| | | 날 짜 | 02.23 | 03.01 | 03.09 | 03.15 | 03.30 | 04.05 | 04.13 | 04.19 | 04.26 | 05.04 |
| | | 홈/원정 | 홈 | 홈 | 홈 | 원정 | 홈 | 홈 | 원정 | 홈 | 홈 | 원정 |
| | | 장 소 | 목동 | 목동 | 목동 | 인천 | 목동 | 목동 | 구덕 | 목동 | 목동 | 탄천 |
| | | 상 대 | 충남아산 | 전남 | 수원 | 인천 | 부천 | 천안 | 부산 | 충북청주 | 경남 | 성남 |
| | | 결 과 | 승 | 무 | 승 | 패 | 승 | 승 | 무 | 패 | 승 | 승 |
| | | 점 수 | 2 : 1 | 1 : 1 | 4 : 2 | 0 : 1 | 3 : 2 | 3 : 0 | 2 : 2 | 0 : 2 | 2 : 1 | 2 : 1 |
| | | 승 점 | 3 | 4 | 7 | 7 | 10 | 13 | 14 | 14 | 17 | 20 |
| | | 슈팅수 | 12 : 6 | 12 : 8 | 14 : 14 | 4 : 13 | 15 : 9 | 10 : 10 | 14 : 14 | 15 : 9 | 8 : 8 | 13 : 6 |
| GK | 1 | 노 동 건 | ○ 0/0 | ○ 0/0 | ○ 0/0 | ○ 0/0 | ○ 0/0 C | ○ 0/0 | ○ 0/0 | ○ 0/0 | ○ 0/0 | ○ 0/0 |
| | 21 | 김 민 호 | | | | | | | | | | |
| | 25 | 구 성 윤 | | | | | | | | | | |
| DF | 4 | 곽 윤 호 | | | ○ 0/0 C | ▽ 0/0 | | | △ 0/0 | | △ 0/0 | ○ 0/0 |
| | 6 | 채 광 훈 | ○ 0/0 | ▽ 0/0 | △ 0/0 | | ▽ 0/0 | ▽ 0/0 | | | △ 0/0 | △ 0/1 |
| | 13 | 차 승 현 | | | ▽ 0/0 | ▽ 0/0 | △ 0/0 | △ 0/0 | ○ 0/0 C | ○ 0/0 | | |
| | 19 | 김 주 환 | | △ 0/0 | | △ 0/0 | | | | | | |
| | 20 | 김 오 규 | ▽ 0/0 | ○ 0/0 | ○ 0/0 | ○ 0/0 | ○ 0/0 | ○ 0/0 | ○ 0/0 | ○ 0/0 | ○ 0/0 | ○ 0/0 |
| | 23 | 배 서 준 | | | | | | | | | | |
| | 24 | 신 성 학 | | | ▽ 0/0 | ▽ 0/0 | | | | | | |
| | 28 | 아 론 | | | | | | | | | | |
| | 29 | 김 현 우 | | | | | | | | △ 0/0 | ▽ 0/1 | ▽ 0/0 |
| | 33 | 손 혁 찬 | | ▽ 0/0 | | | | | | | | |
| | 44 | 김 하 준 | | | | | | | | | | |
| | 46 | 김 민 규 | △ 0/0 | △ 0/0 | ○ 0/0 | △ 0/0 | ○ 0/0 C | ▽ 0/0 | | | | △ 0/0 |
| | 55 | 강 민 재 | | | | | | | | | | |
| | 77 | 배 진 우 | ○ 0/0 | ○ 0/0 | ▽ 0/0 C | ○ 0/0 | ○ 0/0 | ○ 0/0 | ○ 0/0 C | ▽ 0/0 | ○ 0/0 | ○ 0/0 C |
| | 97 | 오 인 표 | | | | | | | | | | |
| MF | 5 | 오스마르 | ○ 0/0 C | ▽ 0/0 | | | △ 0/0 | △ 0/0 C | ○ 0/0 | ○ 0/0 | ○ 0/0 | ○ 0/0 |
| | 8 | 윤 석 주 | | | | △ 0/0 | | | | | ▽ 0/0 | |
| | 14 | 김 영 욱 | | | | | | | | | | |
| | 15 | 서 재 민 | ○ 0/0 | ○ 0/0 | ○ 0/0 | ○ 0/0 | ▽ 0/0 C | ▽ 0/0 | ▽ 0/0 | ▽ 0/0 C | | |
| | 30 | 박 창 환 | ○ 0/0 | ○ 0/0 C | ○ 1/0 | ○ 0/0 | ○ 1/0 C | ○ 0/0 | ○ 1/0 | ▽ 0/0 | | |
| | 66 | 백 지 웅 | | | | | ○ 1/1 | ○ 0/0 | ○ 0/0 | ○ 0/0 C | ○ 0/0 | ▽ 0/0 |
| | 88 | 서 진 석 | | | | | | | | △ 0/0 | △ 0/0 | △ 0/0 C |
| FW | 7 | 에울레르 | ○ 1/1 | △ 0/1 | ▽ 0/0 | ○ 0/0 C | ▽ 1/1 | ○ 2/0 | ▽ 0/1 | ○ 0/0 | ▽ 0/0 | ▽ 1/0 |
| | 9 | 아이데일 | ▽ 0/0 | ▽ 1/0 | △ 1/0 | ▽ 0/0 | ▽ 0/0 C | ▽ 1/1 | ▽ 0/0 | ▽ 0/0 | ○ 2/0 | ○ 0/0 |
| | 10 | 이 탈 로 | △ 0/0 | | ▽ 1/1 | △ 0/0 | | △ 0/0 | △ 0/0 | | | |
| | 10 | 까리우스 | | | | | | | | | | |
| | 14 | 페드링요 | ▽ 0/0 | ○ 0/0 | △ 1/0 | ▽ 0/0 | △ 0/0 | △ 0/0 | | △ 0/0 | ▽ 0/0 | ▽ 0/0 |
| | 16 | 변 경 준 | ▽ 1/0 | ▽ 0/0 | △ 0/0 | △ 0/0 | △ 0/0 | △ 0/1 | ▽ 1/0 | △ 0/0 | ▽ 0/0 | △ 0/0 |
| | 17 | 김 강 호 | | | | | | | | | | |
| | 18 | 정 재 민 | △ 0/0 C | △ 0/0 | | | | | △ 0/0 | △ 0/0 | △ 0/1 | △ 1/0 |
| | 26 | 박 경 배 | △ 0/0 | | | | ▽ 0/0 | ▽ 0/0 | △ 0/0 C | | △ 0/0 | |
| | 47 | 이 주 혁 | | | | | | | | | | |
| | 70 | 허 용 준 | | | | | △ 0/0 | | | | | ▽ 0/0 |
| | 90 | 가브리엘 | | | | | | | | | | |
| | 99 | 조 상 준 | | △ 0/0 C | △ 0/0 | | | | | ▽ 0/0 | | |

선수자료 : 득점/도움 ○ = 선발출전 △ = 교체 IN ▽ = 교체 OUT ◆ = 교체 IN/OUT C = 경고 S = 퇴장

| 위치 | 배번 | 경기번호 | 74 | 84 | 85 | 93 | 102 | 107 | 114 | 120 | 129 | 140 |
|---|---|---|---|---|---|---|---|---|---|---|---|---|
| | | 날 짜 | 05.10 | 05.18 | 05.24 | 05.31 | 06.07 | 06.14 | 06.21 | 06.28 | 07.05 | 07.13 |
| | | 홈/원정 | 홈 | 원정 | 원정 | 홈 | 원정 | 원정 | 원정 | 원정 | 원정 | 원정 |
| | | 장 소 | 목동 | 김포 | 화성 | 목동 | 광양 | 부천 | 천안 | 아산 | 청주 | 안산 |
| | | 상 대 | 안산 | 김포 | 화성 | 부산 | 전남 | 부천 | 천안 | 충남아산 | 충북청주 | 안산 |
| | | 결 과 | 무 | 승 | 승 | 패 | 무 | 패 | 패 | 무 | 패 | 무 |
| | | 점 수 | 1 : 1 | 2 : 1 | 1 : 0 | 1 : 4 | 1 : 1 | 1 : 3 | 2 : 4 | 1 : 1 | 1 : 2 | 2 : 2 |
| | | 승 점 | 21 | 24 | 27 | 27 | 28 | 28 | 28 | 29 | 29 | 30 |
| | | 슈팅수 | 11 : 10 | 8 : 7 | 6 : 17 | 8 : 5 | 10 : 7 | 10 : 16 | 17 : 12 | 10 : 7 | 10 : 12 | 13 : 5 |
| GK | 1 | 노 동 건 | ○ 0/0 | ○ 0/0 | ○ 0/0 | ○ 0/0 | ○ 0/0 | ○ 0/0 | ○ 0/0 | | | ○ 0/0 |
| | 21 | 김 민 호 | | | | | | | | ○ 0/0 | ○ 0/0 | |
| | 25 | 구 성 윤 | | | | | | | | | | |
| DF | 4 | 곽 윤 호 | △ 0/0 | ▽ 0/0 C | ▽ 0/0 | | ▽ 0/0 | ○ 0/0 | ○ 0/0 | ○ 0/0 | ○ 0/0 | ○ 0/0 |
| | 6 | 채 광 훈 | ▽ 0/1 | △ 0/0 | △ 0/0 | ▽ 0/0 | ○ 0/0 | ▽ 0/0 | △ 0/0 | | | ○ 0/0 |
| | 13 | 차 승 현 | △ 0/0 | | ▽ 0/0 | | △ 0/0 | △ 0/0 | △ 0/0 | △ 0/1 | △ 0/0 C | △ 0/0 |
| | 19 | 김 주 환 | | ▽ 0/0 | | | | | ▽ 0/0 C | ▽ 0/0 | ▽ 0/0 | |
| | 20 | 김 오 규 | | ○ 0/0 C | ○ 0/0 | ○ 0/0 | ○ 0/0 C | ○ 0/0 | ○ 0/0 C | ○ 0/0 | ○ 0/0 | △ 0/0 |
| | 23 | 배 서 준 | | | | | ▽ 0/0 | | △ 0/0 | ▽ 0/0 | ▽ 0/0 | △ 0/0 |
| | 24 | 신 성 학 | | | | | | | | | | |
| | 28 | 아 론 | | | | | | | | | | |
| | 29 | 김 현 우 | | | | | | | ▽ 0/0 | | | |
| | 33 | 손 혁 찬 | | | | | | | | | | |
| | 44 | 김 하 준 | | | | | | | | | | |
| | 46 | 김 민 규 | ○ 0/0 | △ 0/0 C | △ 0/0 | △ 0/0 | | | | | | |
| | 55 | 강 민 재 | | | | | | | | | △ 0/0 | |
| | 77 | 배 진 우 | ○ 0/0 | ○ 0/0 | ○ 0/0 | ○ 0/0 | ▽ 0/1 C | ○ 0/0 C | | ○ 0/0 | ○ 0/0 | ▽ 0/0 |
| | 97 | 오 인 표 | | | | | | | | | | |
| MF | 5 | 오스마르 | ○ 1/0 | ○ 0/0 | △ 0/0 | ▽ 0/0 | △ 0/0 | △ 0/0 | ○ 0/0 | ○ 0/0 | ▽ 0/0 | ▽ 0/0 C |
| | 8 | 윤 석 주 | | | | | ○ 0/0 | ▽ 0/0 | ▽ 0/0 | | | |
| | 14 | 김 영 욱 | | | | | | | | △ 0/0 C | △ 0/0 | |
| | 15 | 서 재 민 | ▽ 0/0 C | ▽ 0/0 C | ○ 0/0 | ○ 0/0 C | | ◈ 0/0 | | | | |
| | 30 | 박 창 환 | | | | | | | | | | |
| | 66 | 백 지 웅 | ○ 0/0 | ○ 0/0 C | ○ 0/0 | ○ 0/0 | ○ 0/0 | ○ 0/0 | ▽ 0/0 C | ○ 0/0 | ○ 0/0 | ○ 0/0 |
| | 88 | 서 진 석 | △ 0/0 C | △ 0/0 | △ 0/0 | ▽ 0/0 | | △ 0/0 | | | | ○ 0/0 |
| FW | 7 | 에울레르 | ▽ 0/0 | ▽ 1/0 | ▽ 0/0 | ▽ 0/0 C | △ 1/0 | ▽ 0/1 | ○ 0/2 C | ▽ 0/0 | ▽ 0/1 | △ 0/1 |
| | 9 | 아이데일 | | ○ 1/0 | ○ 0/0 | ○ 1/0 | ○ 0/0 | ○ 0/0 | | △ 1/0 | ○ 0/0 | ○ 1/0 |
| | 10 | 이 탈 로 | | | | | | | | | | |
| | 10 | 까리우스 | | | | | | | | | △ 0/0 | |
| | 14 | 페드링요 | △ 0/0 | ▽ 0/0 | ▽ 1/0 | △ 0/1 C | ▽ 0/0 | △ 0/0 | ▽ 0/0 | ▽ 0/0 | | |
| | 16 | 변 경 준 | △ 0/0 | △ 0/0 | ▽ 0/0 | △ 0/0 | ▽ 0/0 | ▽ 0/0 C | △ 0/0 | △ 0/0 | | |
| | 17 | 김 강 호 | | | | | | | | | | ▽ 0/0 |
| | 18 | 정 재 민 | ○ 0/0 | | | △ 0/0 | △ 0/0 | ▽ 1/0 | ○ 2/0 | ▽ 0/0 | ▽ 1/0 | △ 0/1 |
| | 26 | 박 경 배 | ▽ 0/0 | | | △ 0/0 | | | | | | |
| | 47 | 이 주 혁 | | | | | | | | | | ▽ 1/0 |
| | 70 | 허 용 준 | ▽ 0/0 | △ 0/1 C | △ 0/0 | ▽ 0/0 | △ 0/0 | △ 0/0 C | △ 0/0 | △ 0/0 C | △ 0/0 | ▽ 0/0 |
| | 90 | 가브리엘 | | | | | | | | | | |
| | 99 | 조 상 준 | | | | | | | | | | |

| 위치 | 배번 | 경기번호 | 143 | 153 | 156 | 166 | 174 | 178 | 189 | 191 | 199 | 205 |
|---|---|---|---|---|---|---|---|---|---|---|---|---|
| | | 날 짜 | 07.19 | 07.27 | 08.02 | 08.10 | 08.16 | 08.23 | 08.31 | 09.06 | 09.13 | 09.20 |
| | | 홈/원정 | 홈 | 원정 | 홈 | 홈 | 원정 | 홈 | 원정 | 원정 | 홈 | 원정 |
| | | 장 소 | 목동 | 수원W | 목동 | 목동 | 창원C | 목동 | 천안 | 광양 | 목동 | 부천 |
| | | 상 대 | 성남 | 수원 | 인천 | 화성 | 경남 | 김포 | 천안 | 전남 | 수원 | 부천 |
| | | 결 과 | 패 | 승 | 무 | 무 | 무 | 무 | 승 | 승 | 패 | 무 |
| | | 점 수 | 0 : 1 | 2 : 0 | 0 : 0 | 0 : 0 | 1 : 1 | 1 : 1 | 5 : 2 | 2 : 1 | 0 : 1 | 2 : 2 |
| | | 승 점 | 30 | 33 | 34 | 35 | 36 | 37 | 40 | 43 | 43 | 44 |
| | | 슈팅수 | 12 : 4 | 5 : 15 | 9 : 1 | 7 : 7 | 14 : 5 | 9 : 8 | 14 : 9 | 5 : 12 | 13 : 8 | 6 : 11 |
| GK | 1 | 노동건 | | | | | | | | | | |
| | 21 | 김민호 | | | | | | | | | | |
| | 25 | 구성윤 | ○ 0/0 | ○ 0/0 C | ○ 0/0 | ○ 0/0 | ○ 0/0 | ○ 0/0 | ○ 0/0 | ○ 0/0 | ○ 0/0 | ○ 0/0 |
| DF | 4 | 곽윤호 | ○ 0/0 | ○ 0/0 | ▽ 0/0 | ▽ 0/0 C | ▽ 0/0 C | ○ 0/0 | △ 0/0 | △ 0/0 | ○ 0/0 | ○ 0/0 |
| | 6 | 채광훈 | △ 0/0 | △ 0/0 | △ 0/0 | | | ▽ 0/0 | △ 0/0 | ○ 0/0 | △ 0/0 | △ 0/0 |
| | 13 | 차승현 | ▽ 0/0 | | | | | △ 0/0 | | | | |
| | 19 | 김주환 | | ▽ 0/0 | ▽ 0/0 | ▽ 0/0 | ▽ 0/0 C | | ▽ 0/0 | △ 0/0 | ▽ 0/0 | △ 0/0 |
| | 20 | 김오규 | ▽ 0/0 | △ 0/0 | △ 0/0 C | △ 0/0 | △ 0/0 | △ 0/0 | ○ 0/0 | ○ 1/0 | ○ 0/0 | ○ 0/0 C |
| | 23 | 배서준 | △ 0/0 | ▽ 0/0 | ▽ 0/0 | ○ 0/0 | ○ 0/0 | ○ 0/0 C | ○ 0/1 C | ▽ 0/0 | ▽ 0/0 | |
| | 24 | 신성학 | | | | | | | | | | |
| | 28 | 아론 | | | | | | | ▽ 0/0 | | | |
| | 29 | 김현우 | | | | | | | | | | |
| | 33 | 손혁찬 | | | | | | | | | | |
| | 44 | 김하준 | ▽ 0/0 | ○ 0/0 | ○ 0/0 | ○ 0/0 | ○ 1/0 | ▽ 0/0 | | ○ 0/0 C | ○ 0/0 C | ○ 0/0 C |
| | 46 | 김민규 | | | | | | | | | | |
| | 55 | 강민재 | | | | | | | | | | |
| | 77 | 배진우 | △ 0/0 | | △ 0/0 | △ 0/0 | △ 0/0 | | | | | ▽ 0/0 C |
| | 97 | 오인표 | | | | | | | | | | |
| MF | 5 | 오스마르 | △ 0/0 | ○ 0/0 | ○ 0/0 | ○ 0/0 | ○ 0/0 | ○ 1/0 | ▽ 0/0 | ○ 0/0 | △ 0/0 | △ 0/0 |
| | 8 | 윤석주 | | | | | | | | △ 0/0 | ▽ 0/0 | |
| | 14 | 김영욱 | | | | | | | | | | |
| | 15 | 서재민 | ○ 0/0 | ○ 0/1 C | ○ 0/0 | ○ 0/0 | ○ 0/0 | ▽ 0/0 | ○ 1/1 | | ○ 0/0 | ○ 0/0 |
| | 30 | 박창환 | | | △ 0/0 | ○ 0/0 | ▽ 0/0 C | ○ 0/0 C | ○ 0/0 | ○ 0/0 C | | ○ 0/0 CC |
| | 66 | 백지웅 | ○ 0/0 C | ▽ 0/0 | ▽ 0/0 | | ○ 0/1 | △ 0/0 | △ 0/0 | △ 0/0 | ○ 0/0 | ○ 0/0 C |
| | 88 | 서진석 | ○ 0/0 | △ 0/0 | | ◈ 0/0 | | | | ▽ 0/0 | | ▽ 1/0 |
| FW | 7 | 에울레르 | ▽ 0/0 | ▽ 0/0 C | △ 0/0 | ▽ 0/0 C | | ▽ 0/0 C | ▽ 2/0 | ▽ 1/1 | ▽ 0/0 | ◈ 1/0 C |
| | 9 | 아이데일 | ○ 0/0 | △ 0/0 | ▽ 0/0 | ▽ 0/0 | | | | | | |
| | 10 | 이탈로 | | | | | | | | | | |
| | 10 | 까리우스 | | | | | | | | | | |
| | 14 | 페드링요 | | | | | | | | | | |
| | 16 | 변경준 | | | | | △ 0/0 | △ 0/0 CC | | △ 0/0 | △ 0/0 C | △ 0/0 |
| | 17 | 김강호 | | | | | | | | | | |
| | 18 | 정재민 | △ 0/0 | ○ 1/0 | ○ 0/0 | △ 0/0 | △ 0/0 | | ○ 1/1 | ▽ 0/0 | ▽ 0/0 | |
| | 26 | 박경배 | | △ 0/0 | | △ 0/0 | | | △ 0/0 | | | |
| | 47 | 이주혁 | ▽ 0/0 | | ▽ 0/0 | | △ 0/0 | △ 0/0 | △ 1/0 | ▽ 0/0 C | △ 0/0 | ▽ 0/0 |
| | 70 | 허용준 | | | | | ▽ 0/0 C | ▽ 0/0 | | | | ▽ 0/0 |
| | 90 | 가브리엘 | | ▽ 1/0 | △ 0/0 | ○ 0/0 | ▽ 0/0 | ○ 0/0 | ▽ 0/0 | | | |
| | 99 | 조상준 | | | | | | | | | △ 0/0 | |

선수자료 : 득점/도움 ○ = 선발출전 △ = 교체 IN ▽ = 교체 OUT ◈ = 교체 IN/OUT C = 경고 S = 퇴장

| 위치 | 배번 | 경기번호 | 217 | 218 | 225 | 232 | 240 | 252 | 253 | 264 | 271 | 274 |
|---|---|---|---|---|---|---|---|---|---|---|---|---|
| | | 날 짜 | 09.28 | 10.03 | 10.07 | 10.11 | 10.19 | 10.26 | 11.01 | 11.09 | 11.23 | 11.27 |
| | | 홈/원정 | 홈 | 원정 | 홈 | 원정 | 홈 | 홈 | 원정 | 원정 | 홈 | 홈 |
| | | 장 소 | 목동 | 탄천 | 목동 | 김포 | 목동 | 목동 | 창원C | 청주 | 목동 | 목동 |
| | | 상 대 | 인천 | 성남 | 화성 | 김포 | 부산 | 충남아산 | 경남 | 충북청주 | 안산 | 성남 |
| | | 결 과 | 무 | 승 | 무 | 승 | 승 | 승 | 무 | 승 | 승 | 패 |
| | | 점 수 | 0 : 0 | 2 : 0 | 1 : 1 | 1 : 0 | 3 : 0 | 4 : 1 | 0 : 0 | 2 : 0 | 6 : 0 | 0 : 1 |
| | | 승 점 | 45 | 48 | 49 | 52 | 55 | 58 | 59 | 62 | 65 | 0 |
| | | 슈팅수 | 6 : 13 | 12 : 8 | 10 : 5 | 11 : 8 | 11 : 11 | 14 : 9 | 16 : 2 | 13 : 8 | 23 : 6 | 7 : 4 |
| GK | 1 | 노 동 건 | | | | | | | | | | |
| | 21 | 김 민 호 | | | | | | | | | | |
| | 25 | 구 성 윤 | ○ 0/0 | ○ 0/0 | ○ 0/0 | ○ 0/0 | ○ 0/0 | ○ 0/0 | ○ 0/0 | ○ 0/0 | ○ 0/0 | ○ 0/0 |
| DF | 4 | 곽 윤 호 | ○ 0/0 | ○ 0/0 | ○ 0/0 | ▽ 0/0 | | | | | | |
| | 6 | 채 광 훈 | △ 0/0 | ▽ 0/0 | ▽ 0/0 | ○ 0/0 | ○ 0/1 | ○ 0/0 | ○ 0/0 C | ▽ 0/0 | | △ 0/0 |
| | 13 | 차 승 현 | | △ 0/0 | △ 0/0 | | △ 1/0 | △ 0/0 | | | | |
| | 19 | 김 주 환 | ▽ 0/0 | | | | ▽ 0/0 | ▽ 0/1 | ▽ 0/0 | ▽ 0/0 | ○ 0/1 | ▽ 0/0 |
| | 20 | 김 오 규 | | ○ 0/0 | △ 0/0 | ○ 0/0 | ○ 0/0 | ○ 0/0 | ○ 0/0 C | ○ 0/0 | ○ 1/0 C | ○ 0/0 |
| | 23 | 배 서 준 | ▽ 0/0 | | | ▽ 0/0 C | | | | | | |
| | 24 | 신 성 학 | | | | | | | | | | |
| | 28 | 아 론 | △ 0/0 | | ▽ 0/0 | | | | | | | |
| | 29 | 김 현 우 | | | | | | | | | | |
| | 33 | 손 혁 찬 | | | | | | | | | | |
| | 44 | 김 하 준 | ○ 0/0 | ○ 0/0 C | ○ 0/0 | △ 0/0 | ○ 0/0 | ○ 0/0 | ○ 0/0 | ○ 0/0 | ▽ 1/0 | ○ 0/0 C |
| | 46 | 김 민 규 | | | | | | | | | | |
| | 55 | 강 민 재 | | | | | | | | | △ 0/0 | |
| | 77 | 배 진 우 | | | | △ 0/0 | | | | △ 0/0 | | |
| | 97 | 오 인 표 | | | | | | | △ 0/0 | △ 0/0 | ○ 0/0 | ○ 0/0 |
| MF | 5 | 오스마르 | ○ 0/0 | ▽ 0/0 | | ○ 0/0 | △ 0/0 | △ 0/0 | ○ 0/0 | ▽ 0/0 | ○ 1/1 | ○ 0/0 |
| | 8 | 윤 석 주 | △ 0/0 | | | | | | | | | |
| | 14 | 김 영 욱 | | | | | | | | | | |
| | 15 | 서 재 민 | ○ 0/0 | △ 0/0 | ○ 0/0 | ▽ 0/0 | ○ 1/0 | ▽ 0/0 | ▽ 0/0 | ○ 0/0 | ▽ 0/0 | ▽ 0/0 |
| | 30 | 박 창 환 | | ○ 0/0 C | ○ 0/0 | ○ 0/0 | ○ 0/1 | ○ 2/0 | ○ 0/0 | ○ 1/0 | ▽ 0/0 C | ○ 0/0 |
| | 66 | 백 지 웅 | | ○ 0/0 | ○ 0/0 | △ 0/0 | ▽ 0/0 | ○ 0/0 | △ 0/0 | △ 0/1 | △ 0/1 | △ 0/0 |
| | 88 | 서 진 석 | ▽ 0/0 | | ▽ 0/0 | | | | ▽ 0/0 | | △ 0/0 | |
| FW | 7 | 에울레르 | ○ 0/0 | ▽ 0/0 | △ 0/0 | ○ 0/0 | ▽ 0/0 | ▽ 0/1 C | | ○ 0/0 C | ▽ 1/0 | ▽ 0/0 |
| | 9 | 아이데일 | | | | ▽ 0/0 | ▽ 0/0 | ▽ 0/0 | ▽ 0/0 | | ▽ 1/0 | ▽ 0/0 |
| | 10 | 이 탈 로 | | | | | | | | | | |
| | 10 | 까리우스 | | | | | | | | | | |
| | 14 | 페드링요 | | | | | | | | | | |
| | 16 | 변 경 준 | △ 0/0 C | △ 1/0 | △ 0/0 | △ 1/0 | △ 0/0 | △ 2/1 | △ 0/0 | △ 0/1 | △ 1/0 | △ 0/0 C |
| | 17 | 김 강 호 | | | | | | | | | | |
| | 18 | 정 재 민 | | ▽ 0/0 | | | △ 1/1 C | △ 0/0 | △ 0/0 | ▽ 0/0 | △ 0/0 | △ 0/0 |
| | 26 | 박 경 배 | △ 0/0 | ▽ 0/0 | ▽ 0/0 | | | | | | | |
| | 47 | 이 주 혁 | ▽ 0/0 | △ 0/0 | | | △ 0/0 | △ 0/0 | △ 0/0 | | ○ 0/0 | ▽ 0/0 |
| | 70 | 허 용 준 | ▽ 0/0 | △ 1/1 | ▽ 0/0 | △ 0/0 | | | | △ 1/0 | | |
| | 90 | 가브리엘 | | | △ 0/0 | ▽ 0/0 | ▽ 0/0 | ▽ 0/0 | ▽ 0/0 | ▽ 0/0 C | | △ 0/0 |
| | 99 | 조 상 준 | | | | | | | | | | |

# 성 남 FC

**창단년도_** 1989년
**전화_** 031-709-4133 **팩스_** 031-709-4443
**홈페이지_** https://www.seongnamfc.com
**유튜브_** https://www.youtube.com/@SeongnamFC
**인스타그램_** https://www.instagram.com/sfc.seongnam
**카카오톡채널_** https://pf.kakao.com/_UxfHjC
**페이스북_** https://www.facebook.com/SFC.Seongnam
**주소_** 우 13553 경기도 성남시 분당구 분당수서로 489(정자동) 성남축구센터 3층
3F, Seongnam Football Center, 489, Bundangsuseo-ro, Bundang-gu, Seongnam-si, Gyeonggi-do, KOREA 13553

## 연혁

1988 일화프로축구단 창단 인가(9월 20일)
(주) 통일스포츠 설립(10월 28일)
1989 창단식(3월 18일) 89 한국프로축구대회 5위
1992 92 아디다스컵 우승 92 한국프로축구대회 준우승
1993 92 한국프로축구대회 우승
1994 94 하이트배 코리안리그 우승
1995 95 하이트배 코리안리그 챔피언결정전 우승
제15회 아시안 클럽 챔피언십 우승
95 하이트배 코리안리그 전기 우승
1996 제11회 아프로-아시안 클럽 챔피언십 우승, 그랜드슬램 달성
제2회 아시안 슈퍼컵 우승
연고지 이전(3월 27일, 서울 강북 → 충남 천안)
96 AFC 선정 최우수클럽상 수상
1997 제16회 아시안 클럽 챔피언십 준우승
제2회 FA컵 준우승
1999 제4회 삼보컴퓨터 FA컵 우승
제47회 대통령배 전국축구대회 우승(2군)
연고지 이전(12월 27일, 충남 천안 → 경기 성남)
2000 제2회 2000 티켓링크 수퍼컵 준우승
대한화재컵 3위 아디다스컵 축구대회 준우승
삼성 디지털 K-리그 3위 제5회 서울은행 FA컵 3위
2001 2001 포스코 K-리그 우승 2군리그 우승
아디다스컵 축구대회 3위 제6회 서울은행 FA컵 8강
2002 삼성 파브 K-리그 우승 아디다스컵 우승
제3회 2001 포스데이타 수퍼컵 우승
제7회 서울-하나은행 FA컵 3위
2003 삼성 하우젠 K-리그 우승 2군리그 우승(중부)
2004 삼성 하우젠컵 2004 우승 A3 챔피언스컵 우승
AFC 챔피언스리그 준우승 제5회 2004 K-리그 수퍼컵 준우승
2군리그 준우승
2005 삼성 하우젠 K-리그 2005 후기리그 우승
2006 삼성 하우젠 K-리그 2006 우승(전기 1위 / 후기 9위)
삼성 하우젠컵 2006 준우승
2007 삼성 하우젠 K-리그 2007 준우승(정규리그 1위)
2008 삼성 하우젠 K-리그 2008 5위(정규리그 3위)
2009 2009 K-리그 준우승(정규리그 4위)
제14회 하나은행 FA컵 준우승 2군리그 준우승
2010 AFC 챔피언스리그 2010 우승 FIFA클럽월드컵 4강
쏘나타 K리그 2010 4위(정규리그 5위)
AFC '올해의 클럽' 수상
2011 제16회 하나은행 FA컵 우승 R리그 A조 1위
2012 홍콩 아시안챌린지컵 우승 2012 피스컵수원 준우승
2013 현대오일뱅크 K리그 클래식 2013 8위
성남시민프로축구단 창단발표
성남시와 통일그룹 간 양해각서 체결
시민구단 지원조례 제정
성남일화천마프로축구단 인수계약서 체결
초대 박종환 감독 취임, 초대 신문선 대표이사 취임
2014 구단명칭 법원 등기 이전 완료, 엠블럼 및 마스코트 확정
창단식 개최 제2대 김학범 감독 취임
제19회 하나은행 FA컵 우승
현대오일뱅크 K리그 클래식 2014 9위
2015 제2대 곽선우 대표이사 취임
시민구단 최초 AFC 챔피언스리그 16강 진출
김학범 감독 K리그 통산 100승 달성
현대오일뱅크 K리그 클래식 2015 5위
2016 제3대 이석훈 대표이사 취임
2016 K리그 '팬 프렌들리 클럽상' 수상
2017 제3대 박경훈 감독 취임
KEB하나은행 K리그 챌린지 2017 4위
K리그 챌린지 풀스타디움상, 팬 프렌들리 클럽상 수상
2018 제4대 남기일 감독 취임 제4대 윤기천 대표이사 취임
K리그2 풀스타디움상 수상
2019 K리그1 승격(2018 K리그2 2위)
제4회 스포츠마케팅어워드 프로스포츠 구단 부문 본상
2019 제5대 이재하 대표이사 취임 하나원큐 K리그1 2019 9위
2019 K리그 사랑나눔상 수상
제5회 스포츠마케팅어워드 프로스포츠 구단 부문 대상
2020 제5대 김남일 감독 취임 하나원큐 K리그1 2020 10위
하나원큐 K리그1 페어플레이상 수상
2021 제6대 박창훈 대표이사 취임 성남FC 클럽하우스 준공
하나원큐 K리그1 2021 10위
2022 하나원큐 K리그1 2022 12위 제6대 이기형 감독 취임
2023 제7대 김영하 대표이사 취임 하나원큐 K리그2 2023 9위
2024 제 7대 최철우 감독 취임 제 8대 전경준 감독 취임
하나은행 K리그2 2024 13위 2024 K리그 사랑나눔상 수상
2025 제8대 장원재 대표이사 취임 2025 K리그 사랑나눔상 수상
하나은행 K리그2 2025 5위

## 2025년 선수명단

대표이사_ 장원재 단장_ 김해운 감독_ 전경준
수석코치_ 한동훈 골키퍼코치_ 한동진 코치_ 조동건 피지컬코치_ 황지환 · 이재진
의무팀장_ 김진욱 의무트레이너_ 강창용 전력분석관_ 백송화 · 정유찬 통역_ 정우정 선수단 매니저_ 김민재

| 포지션 | 선수명 | | 생년월일 | 출신교 | 키(cm) / 몸무게(kg) |
|---|---|---|---|---|---|
| GK | 유상훈 | 柳相勳 | 1989.05.25 | 홍익대 | 195 / 84 |
| | 안재민 | 安材民 | 2005.02.10 | 선문대 | 186 / 80 |
| | 양한빈 | 梁韓彬 | 1991.08.30 | 백암고 | 195 / 90 |
| | 정명제 | 鄭明題 | 2002.06.30 | 풍생고 | 192 / 80 |
| | 박지민 | 朴志旼 | 2000.10.25 | 매탄고 | 188 / 85 |
| DF | 최서준 | 崔舒儁 | 2007.02.22 | 풍생고 | 189 / 77 |
| | 강의빈 | 姜義彬 | 1998.04.01 | 광운대 | 188 / 86 |
| | 베니시오 | Venício Tomás Ferreiras dos Santos Fernandes | 1994.03.13 | *브라질 | 183 / 83 |
| | 양시후 | 梁時侯 | 2000.04.04 | 단국대 | 185 / 80 |
| | 신재원 | 申在源 | 1998.09.16 | 고려대 | 183 / 75 |
| | 황석기 | 黃淅記 | 2005.02.26 | 매탄고 | 178 / 65 |
| | 김훈민 | 金訓民 | 2001.03.01 | 숭실대 | 173 / 69 |
| | 이상민 | 李相旻 | 1999.08.30 | 중앙대 | 182 / 77 |
| | 정승용 | 鄭昇勇 | 1991.03.25 | 동북고 | 182 / 83 |
| | 유민준 | 柳玟準 | 2006.03.21 | 풍생고 | 190 / 80 |
| | 양태양 | 梁太陽 | 2004.04.08 | 신평고 | 180 / 70 |
| | 김주원 | 金俊洙 | 1991.07.29 | 영남대 | 185 / 83 |
| | 유 선 | 愉善 | 2004.07.24 | 신평고 | 187 / 77 |
| | 박광일 | 朴光一 | 1991.02.10 | 연세대 | 175 / 69 |
| | 이지훈 | 李知勳 | 1994.03.24 | 울산대 | 176 / 74 |
| MF | 박상혁 | 朴相赫 | 1998.04.20 | 고려대 | 165 / 63 |
| | 홍창범 | 洪昌汎 | 1998.10.22 | 성균관대 | 168 / 66 |
| | 프레이타스 | Elionay Freitas da Sliva | 1997.05.23 | *브라질 | 185 / 72 |
| | 장영기 | 張榮基 | 2003.03.04 | 풍생고 | 177 / 67 |
| | 류준선 | 柳俊善 | 2003.09.25 | 성균관대 | 178 / 69 |
| | 박병규 | 朴炳奎 | 2004.10.28 | 경희대 | 182 / 77 |
| | 박수빈 | 朴秀彬 | 1999.09.22 | 광운대 | 181 / 74 |
| | 이재욱 | 李在昱 | 2001.03.09 | 용인대 | 170 / 65 |
| | 사무엘 | Samuel Naum Andrade Leão | 2000.08.12 | *브라질 | 178 / 67 |
| FW | 이정빈 | 李正斌 | 1995.01.11 | 인천대 | 174 / 63 |
| | 후이즈 | Leonardo Acevedo Ruiz | 1996.04.18 | *포르투갈 | 187 / 75 |
| | 김정환 | 金定奐 | 1997.01.04 | 신갈고 | 175 / 65 |
| | 김범수 | 金範洙 | 2000.04.08 | 서울방송고 | 172 / 63 |
| | 유주안 | 柳宙岸 | 1998.10.01 | 매탄고 | 177 / 70 |
| | 박현빈 | 朴현빈 | 2004.06.05 | 장훈고 | 168 / 65 |
| | 이준상 | 李俊尙 | 2003.11.19 | 단국대 | 181 / 74 |
| | 하정우 | 河定佑 | 2005.11.08 | 대동세무고 | 191 / 87 |
| | 레안드로 | Leandro Joaquim Ribeiro | 1995.01.13 | *브라질 | 178 / 75 |
| | 진성욱 | 陳成昱 | 1993.12.16 | 대건고 | 183 / 82 |
| | 홍현승 | 洪誠杓 | 1999.03.13 | 한남대 | 180 / 75 |

## 2025년 개인기록 _ K리그2

| 위치 | 배번 | 경기번호 | 05 | 14 | 21 | 24 | 35 | 42 | 46 | 53 | 61 | 64 |
|---|---|---|---|---|---|---|---|---|---|---|---|---|
| | | 날 짜 | 02.23 | 03.03 | 03.09 | 03.15 | 03.30 | 04.06 | 04.12 | 04.19 | 04.27 | 05.04 |
| | | 홈/원정 | 홈 | 홈 | 홈 | 원정 | 원정 | 홈 | 원정 | 홈 | 원정 | 홈 |
| | | 장 소 | 탄천 | 탄천 | 탄천 | 김포 | 아산 | 탄천 | 창원C | 탄천 | 수원W | 탄천 |
| | | 상 대 | 화성 | 충북청주 | 인천 | 김포 | 충남아산 | 안산 | 경남 | 부천 | 수원 | 서울E |
| | | 결 과 | 승 | 무 | 승 | 무 | 무 | 승 | 승 | 무 | 패 | 패 |
| | | 점 수 | 2 : 0 | 1 : 1 | 2 : 1 | 0 : 0 | 1 : 1 | 1 : 0 | 1 : 0 | 0 : 0 | 2 : 3 | 1 : 2 |
| | | 승 점 | 3 | 4 | 7 | 8 | 9 | 12 | 15 | 16 | 16 | 16 |
| | | 슈팅수 | 7 : 8 | 17 : 15 | 8 : 6 | 7 : 11 | 7 : 14 | 7 : 6 | 7 : 15 | 8 : 10 | 12 : 14 | 6 : 13 |
| GK | 1 | 유상훈 | ○ 0/0 | ○ 0/0 | | | | | | | | ○ 0/0 |
| | 13 | 안재민 | | | | | | | | | △ 0/0 | |
| | 21 | 양한빈 | | | | | | | | | | |
| | 34 | 박지민 | | | ○ 0/0 | ○ 0/0 | ○ 0/0 | ○ 0/0 | ○ 0/0 | ○ 0/0 | ▽ 0/0 | |
| DF | 3 | 강의빈 | | | | | ○ 0/0 C | ○ 0/0 C | ○ 0/0 | ○ 0/0 | ○ 0/0 | ▽ 0/0 |
| | 4 | 베니시오 | ○ 0/0 | ○ 0/0 | ○ 0/0 C | ○ 0/0 | ○ 0/0 C | ○ 0/0 | ○ 0/0 | ○ 0/0 C | ○ 0/0 S | |
| | 5 | 양시후 | | | | | | | | | △ 0/0 | ○ 0/0 |
| | 7 | 신재원 | ○ 0/1 | ○ 0/0 | ○ 0/0 | ▽ 0/0 C | ○ 0/0 C | ▽ 0/0 | ○ 0/0 | ○ 0/0 | ○ 0/0 | ○ 0/0 |
| | 20 | 이상민 | | | | | | | | | | |
| | 22 | 정승용 | ▽ 0/0 | ▽ 0/1 | ○ 0/0 | ○ 0/0 | ○ 0/0 | ○ 0/0 | ○ 0/0 C | ○ 0/0 | ○ 0/0 C | ○ 0/0 C |
| | 33 | 조성욱 | | | | △ 0/0 | | | | | | |
| | 66 | 김주원 | ○ 0/0 | ○ 0/0 | ○ 0/0 | ▽ 0/0 | | | | | | △ 0/0 |
| | 91 | 박광일 | △ 0/0 | | | | | ▽ 0/0 | | | | △ 0/0 |
| MF | 2 | 박상혁 | | | | | | | | | | |
| | 6 | 홍창범 | △ 1/0 | ▽ 0/0 | ○ 0/0 | ▽ 0/0 | | | | | | |
| | 15 | 장영기 | ▽ 0/0 | | | | | | | | | △ 0/0 |
| | 16 | 류준선 | | △ 0/0 | | | ○ 0/0 | ▽ 0/0 C | ▽ 0/0 | ▽ 0/0 | ○ 0/0 | ○ 0/0 |
| | 30 | 박병규 | △ 0/0 | | | ▽ 0/0 C | | △ 0/0 | | | | |
| | 33 | 박수빈 | ○ 0/0 | ▽ 0/0 | ○ 0/0 C | ○ 0/0 | ○ 0/0 CC | | ○ 0/0 | ○ 0/0 | ○ 0/0 C | ○ 0/0 C |
| | 47 | 양태양 | | | | | | △ 0/0 | | | | |
| | 68 | 이재욱 | | | | | | | | | | |
| | 74 | 사무엘 | ▽ 0/0 | ○ 0/0 C | ○ 0/0 | ○ 0/0 | ○ 0/1 | ○ 0/0 | ○ 0/0 | ○ 0/0 C | ○ 0/1 | |
| | 88 | 정원진 | | △ 0/0 | | △ 0/0 | △ 0/0 | △ 0/0 | | | | ▽ 0/0 |
| | 88 | 국관우 | △ 0/0 | | | △ 0/0 | | | | | | |
| FW | 8 | 이정빈 | ▽ 0/1 | ▽ 0/0 | ▽ 1/0 | | | | △ 0/0 | △ 0/0 C | △ 0/0 | |
| | 9 | 후이즈 | ○ 1/0 | ○ 1/0 C | ○ 0/1 | ○ 0/0 C | ○ 0/0 | ○ 0/0 C | ○ 1/0 | ○ 0/0 | ○ 2/0 | ○ 1/0 |
| | 11 | 김정환 | △ 0/0 | △ 0/0 | △ 0/0 | △ 0/0 | ▽ 0/0 | | | | | |
| | 14 | 프레이타스 | | | | | | | | | | |
| | 18 | 김범수 | | | | | ▽ 1/0 | ▽ 1/0 C | ▽ 0/0 | ▽ 0/0 | ▽ 0/0 | ▽ 0/0 |
| | 23 | 유주안 | | | | | | | | | | |
| | 27 | 이준상 | | ▽ 0/0 | ▽ 0/0 | | | △ 0/0 | △ 0/0 | ▽ 0/0 | | ▽ 0/0 |
| | 37 | 하정우 | | △ 0/0 | | △ 0/0 | | | | | | |
| | 70 | 레안드로 | | | | | | | | | | |
| | 91 | 박지원 | ▽ 0/0 | △ 0/0 | △ 1/0 | ▽ 0/0 C | △ 0/0 | ▽ 0/0 | ▽ 0/0 | △ 0/0 | ▽ 0/1 | △ 0/0 |
| | 93 | 진성욱 | | | | | | △ 0/0 | △ 0/0 | △ 0/0 | ◆ 0/0 | |
| | 99 | 홍현승 | | | | | | | | | | |

선수자료 : 득점/도움 ○ = 선발출전 △ = 교체 IN ▽ = 교체 OUT ◆ = 교체 IN/OUT C = 경고 S = 퇴장

| 위치 | 배번 | 경기번호 | 75 | 80 | 87 | 95 | 100 | 108 | 116 | 123 | 131 | 135 |
|---|---|---|---|---|---|---|---|---|---|---|---|---|
| | | 날 짜 | 05.11 | 05.17 | 05.24 | 05.31 | 06.06 | 06.14 | 06.21 | 06.28 | 07.06 | 07.12 |
| | | 홈/원정 | 원정 | 원정 | 홈 | 원정 | 홈 | 원정 | 홈 | 원정 | 홈 | 원정 |
| | | 장 소 | 광양 | 천안 | 탄천 | 안산 | 탄천 | 청주 | 탄천 | 화성 | 탄천 | 구덕 |
| | | 상 대 | 전남 | 천안 | 부산 | 안산 | 수원 | 충북청주 | 충남아산 | 화성 | 천안 | 부산 |
| | | 결 과 | 패 | 무 | 무 | 패 | 패 | 승 | 패 | 패 | 무 | 무 |
| | | 점 수 | 1 : 2 | 1 : 1 | 0 : 0 | 0 : 1 | 1 : 2 | 1 : 0 | 0 : 2 | 0 : 1 | 0 : 0 | 0 : 0 |
| | | 승 점 | 16 | 17 | 18 | 18 | 18 | 21 | 21 | 21 | 22 | 23 |
| | | 슈팅수 | 6 : 5 | 15 : 8 | 17 : 8 | 11 : 9 | 10 : 11 | 13 : 9 | 9 : 11 | 8 : 5 | 8 : 4 | 6 : 11 |
| GK | 1 | 유 상 훈 | ○ 0/0 | ○ 0/0 | ○ 0/0 | ○ 0/0 | | | | | | |
| | 13 | 안 재 민 | | | | | | | | | | |
| | 21 | 양 한 빈 | | | | | ○ 0/0 | ○ 0/0 | ○ 0/0 | ○ 0/0 | ○ 0/0 | ○ 0/0 |
| | 34 | 박 지 민 | | | | | | | | | | |
| DF | 3 | 강 의 빈 | | | | | △ 0/0 | | | | | |
| | 4 | 베니시오 | | ○ 0/0 | ○ 0/0 | ○ 0/0 | ○ 0/0 | ○ 0/0 | ○ 0/0 C | ○ 0/0 C | | ○ 0/0 |
| | 5 | 양 시 후 | ○ 0/0 | △ 0/0 | | | | | | | | |
| | 7 | 신 재 원 | ○ 0/0 | ○ 0/0 C | ○ 0/0 | ○ 0/0 | ○ 0/0 | ○ 0/1 | ○ 0/0 | ○ 0/0 | ○ 0/0 | ○ 0/0 |
| | 20 | 이 상 민 | | | | | | | | | ○ 0/0 | ○ 0/0 |
| | 22 | 정 승 용 | ○ 0/0 | ○ 0/0 | ○ 0/0 | ○ 0/0 | ○ 0/0 | ○ 0/0 | ○ 0/0 | ○ 0/0 | ▽ 0/0 | ○ 0/0 |
| | 33 | 조 성 욱 | | | | | | | | | | |
| | 66 | 김 주 원 | ○ 0/0 | ○ 0/0 | ○ 0/0 | ○ 0/0 | ○ 0/0 | ○ 0/0 | ○ 0/0 | ○ 0/0 | ○ 0/0 C | |
| | 91 | 박 광 일 | | | | | | | △ 0/0 | △ 0/0 C | △ 0/0 | |
| MF | 2 | 박 상 혁 | | | | | | | | | | |
| | 6 | 홍 창 범 | △ 0/0 | △ 0/0 | △ 0/0 | △ 0/0 C | ▽ 0/0 | △ 0/0 | ▽ 0/0 | △ 0/0 | ▽ 0/0 | ▽ 0/0 |
| | 15 | 장 영 기 | △ 0/0 | | | | | | | | | |
| | 16 | 류 준 선 | ▽ 0/0 | ▽ 0/0 | ▽ 0/0 | ▽ 0/0 | ◈ 0/0 | △ 0/0 | △ 0/0 | ▽ 0/0 | △ 0/0 | △ 0/0 |
| | 30 | 박 병 규 | | | | △ 0/0 | | △ 0/0 C | | △ 0/0 | | |
| | 33 | 박 수 빈 | ○ 0/0 | ○ 0/0 | ○ 0/0 | ○ 0/0 | ○ 0/0 | ○ 0/0 | ○ 0/0 | ▽ 0/0 | ○ 0/0 | ○ 0/0 C |
| | 47 | 양 태 양 | | | | | | | | | | |
| | 68 | 이 재 욱 | | | | | ▽ 0/0 | ▽ 0/0 | ▽ 0/0 | ▽ 0/0 | | |
| | 74 | 사 무 엘 | | | | | | | | △ 0/0 | ▽ 0/0 | △ 0/0 |
| | 88 | 정 원 진 | ▽ 0/0 | ▽ 0/1 | ○ 0/0 | ○ 0/0 | △ 0/0 | ▽ 0/0 | | | | |
| | 88 | 국 관 우 | | | | | | | | | | |
| FW | 8 | 이 정 빈 | | | | | | | | | | ▽ 0/0 |
| | 9 | 후 이 즈 | ○ 1/0 C | ○ 0/0 | ○ 0/0 C | | ○ 1/0 | ○ 1/0 | ○ 0/0 | ○ 0/0 | ○ 0/0 | ○ 0/0 |
| | 11 | 김 정 환 | | | | | | | | | | |
| | 14 | 프레이타스 | | | | | | | | | △ 0/0 C | ▽ 0/0 |
| | 18 | 김 범 수 | ▽ 0/0 | ○ 0/0 | ○ 0/0 | ▽ 0/0 | △ 0/0 | ▽ 0/0 | △ 0/0 | ▽ 0/0 | △ 0/0 | △ 0/0 C |
| | 23 | 유 주 안 | | | | | | | | | | |
| | 27 | 이 준 상 | △ 0/1 | | | △ 0/0 | ▽ 0/0 | ▽ 0/0 | ▽ 0/0 | △ 0/0 | ▽ 0/0 | ▽ 0/0 C |
| | 37 | 하 정 우 | △ 0/0 | | | ○ 0/0 C | | | | | | |
| | 70 | 레안드로 | | | | | | | | | △ 0/0 | △ 0/0 |
| | 91 | 박 지 원 | ▽ 0/0 | ○ 1/0 | ○ 0/0 | ▽ 0/0 | ○ 0/0 | △ 0/0 | ▽ 0/0 | ▽ 0/0 | ▽ 0/0 | |
| | 93 | 진 성 욱 | | | | | | | | | | |
| | 99 | 홍 현 승 | | | | | | | △ 0/0 | | | |

| 위치 | 배번 | 경기번호 | 143 | 154 | 155 | 165 | 171 | 179 | 184 | 193 | 202 | 207 |
|---|---|---|---|---|---|---|---|---|---|---|---|---|
| | | 날 짜 | 07.19 | 07.27 | 08.02 | 08.09 | 08.16 | 08.23 | 08.30 | 09.06 | 09.14 | 09.20 |
| | | 홈/원정 | 원정 | 홈 | 원정 | 홈 | 원정 | 홈 | 원정 | 홈 | 원정 | 홈 |
| | | 장 소 | 목동 | 탄천 | 부천 | 탄천 | 인천 | 탄천 | 수원W | 탄천 | 청주 | 탄천 |
| | | 상 대 | 서울E | 전남 | 부천 | 김포 | 인천 | 경남 | 수원 | 안산 | 충북청주 | 충남아산 |
| | | 결 과 | 승 | 무 | 승 | 무 | 승 | 승 | 무 | 승 | 승 | 승 |
| | | 점 수 | 1 : 0 | 2 : 2 | 3 : 2 | 0 : 0 | 2 : 1 | 2 : 1 | 2 : 2 | 4 : 0 | 1 : 0 | 3 : 0 |
| | | 승 점 | 26 | 27 | 30 | 31 | 34 | 37 | 38 | 41 | 44 | 47 |
| | | 슈팅수 | 4 : 12 | 10 : 10 | 12 : 11 | 11 : 12 | 8 : 8 | 11 : 9 | 10 : 11 | 19 : 10 | 4 : 12 | 3 : 11 |
| GK | 1 | 유 상 훈 | | | | | | | | | | |
| | 13 | 안 재 민 | | | | | | | | | | |
| | 21 | 양 한 빈 | ○ 0/0 | ○ 0/0 | ○ 0/0 C | ○ 0/0 | ○ 0/0 | ○ 0/0 | ○ 0/0 C | ○ 0/0 | ○ 0/0 | ○ 0/0 |
| | 34 | 박 지 민 | | | | | | | | | | |
| DF | 3 | 강 의 빈 | | | | | △ 0/0 | △ 0/0 | | | | △ 0/0 |
| | 4 | 베니시오 | ○ 0/0 | | ○ 0/0 | ○ 0/0 | ○ 0/0 C | ○ 0/0 C | ○ 0/0 | ○ 1/0 | ○ 0/0 | ▽ 0/0 |
| | 5 | 양 시 후 | | | | | | | | | | |
| | 7 | 신 재 원 | ○ 0/1 | ▽ 0/1 | ○ 0/1 | ○ 0/0 | ○ 0/0 | ○ 0/1 | ○ 0/0 | ○ 0/2 | ▽ 0/0 | ○ 0/0 |
| | 20 | 이 상 민 | ○ 0/0 | ○ 0/0 | △ 0/0 | ○ 0/0 C | ▽ 0/0 | ○ 0/0 C | ○ 0/0 C | ○ 0/0 | ○ 0/0 | ○ 0/0 |
| | 22 | 정 승 용 | ○ 0/0 | △ 0/0 | ○ 0/0 | ○ 0/0 C | ○ 0/0 | ▽ 0/0 C | | ○ 0/0 | ○ 0/0 | ○ 0/0 |
| | 33 | 조 성 욱 | | | | | | | | | | |
| | 66 | 김 주 원 | | ○ 0/0 | ▽ 0/0 | | | | | | | |
| | 91 | 박 광 일 | | | | | | | △ 0/0 C | △ 0/0 | △ 0/0 | |
| MF | 2 | 박 상 혁 | | | | △ 0/0 | △ 0/0 | ▽ 0/0 | △ 0/0 CC | | △ 0/0 | ▽ 0/0 |
| | 6 | 홍 창 범 | ○ 0/0 | ▽ 0/0 | | | | | | | | |
| | 15 | 장 영 기 | | | | | | | | | | |
| | 16 | 류 준 선 | | △ 0/0 | | | △ 0/0 | | △ 1/0 | ▽ 1/0 | ▽ 0/0 | ▽ 0/0 |
| | 30 | 박 병 규 | | | ▽ 0/0 | | | △ 0/0 | | △ 0/0 | | △ 0/0 |
| | 33 | 박 수 빈 | △ 0/0 | ○ 0/0 | ▽ 1/0 | ○ 0/0 | ▽ 0/0 | ▽ 0/0 | ○ 0/0 C | | ○ 0/0 | ○ 0/0 |
| | 47 | 양 태 양 | | | | | | | | △ 0/0 | ▽ 0/0 | |
| | 68 | 이 재 욱 | | △ 0/0 | △ 0/0 | | | △ 0/0 | ▽ 0/0 | △ 0/0 | △ 0/0 | |
| | 74 | 사 무 엘 | ○ 0/0 | ○ 0/0 | ○ 0/0 | ○ 0/0 | △ 0/0 | ▽ 0/0 | △ 0/0 | ○ 0/0 | ○ 0/0 | △ 0/0 |
| | 88 | 정 원 진 | | | | | | | | | | |
| | 88 | 국 관 우 | | | | | | | | | | |
| FW | 8 | 이 정 빈 | ▽ 1/0 | ▽ 0/0 | △ 1/0 | ▽ 0/0 | ▽ 1/0 C | △ 0/0 | ▽ 0/0 C | △ 0/0 | ▽ 0/0 | △ 1/0 |
| | 9 | 후 이 즈 | ○ 0/0 | ○ 1/0 | ○ 0/1 | ○ 0/0 | ○ 0/0 | ○ 2/0 | ○ 0/0 | ▽ 1/0 | ○ 1/0 | ○ 1/0 |
| | 11 | 김 정 환 | | | △ 0/0 | | △ 0/0 | | △ 0/1 C | ▽ 1/0 | ◆ 0/0 | ▽ 0/0 |
| | 14 | 프레이타스 | ▽ 0/0 | ▽ 1/0 | ▽ 1/0 C | ▽ 0/0 C | ○ 1/0 C | △ 0/0 | ▽ 0/0 | ▽ 0/0 C | | ▽ 0/0 |
| | 18 | 김 범 수 | △ 0/0 | △ 0/0 | | △ 0/0 | | | | ▽ 0/0 | △ 0/0 | |
| | 23 | 유 주 안 | | | | | | | | | | |
| | 27 | 이 준 상 | ▽ 0/0 | ▽ 0/0 | ▽ 0/0 C | ▽ 0/0 | ▽ 0/0 | ▽ 0/0 | ▽ 1/0 | | | |
| | 37 | 하 정 우 | | | | | | | | | | |
| | 70 | 레안드로 | △ 0/0 | △ 0/0 | △ 0/1 | △ 0/0 | ▽ 0/1 | ○ 0/0 | ▽ 0/0 | | | △ 0/1 |
| | 91 | 박 지 원 | | | | | | | | | | |
| | 93 | 진 성 욱 | | | | | | | | | | |
| | 99 | 홍 현 승 | | | | | | | | | | |

선수자료 : 득점/도움 ○ = 선발출전 △ = 교체 IN ▽ = 교체 OUT ◆ = 교체 IN/OUT C = 경고 S = 퇴장

| 경기번호 | 216 | 218 | 230 | 237 | 242 | 247 | 258 | 263 | 273 | 274 | 275 |
|---|---|---|---|---|---|---|---|---|---|---|---|
| 날 짜 | 09.28 | 10.03 | 10.08 | 10.12 | 10.19 | 10.25 | 11.02 | 11.08 | 11.23 | 11.27 | 11.30 |
| 홈/원정 | 원정 | 홈 | 원정 | 홈 | 원정 | 홈 | 원정 | 원정 | 홈 | 원정 | 원정 |
| 장 소 | 김포 | 탄천 | 부천 | 탄천 | 창원C | 탄천 | 광양 | 천안 | 탄천 | 목동 | 부천 |
| 상 대 | 김포 | 서울E | 부천 | 인천 | 경남 | 화성 | 전남 | 천안 | 부산 | 서울E | 부천 |
| 결 과 | 무 | 패 | 패 | 무 | 승 | 승 | 승 | 승 | 승 | 승 | 무 |
| 점 수 | 0 : 0 | 0 : 2 | 0 : 1 | 2 : 2 | 1 : 0 | 1 : 0 | 2 : 0 | 3 : 1 | 2 : 1 | 1 : 0 | 0 : 0 |
| 승 점 | 48 | 48 | 48 | 49 | 52 | 55 | 58 | 61 | 64 | 0 | 0 |
| 슈팅수 | 13 : 13 | 8 : 12 | 10 : 7 | 9 : 5 | 12 : 9 | 7 : 8 | 12 : 8 | 17 : 8 | 12 : 6 | 4 : 7 | 9 : 7 |
| 유 상 훈 | | | | | | | | | | | |
| 안 재 민 | | | | | | | | | | | |
| 양 한 빈 | ○ 0/0 | ○ 0/0 | ○ 0/0 | ○ 0/0 C | ○ 0/0 | ○ 0/0 | ○ 0/0 | ○ 0/0 | ○ 0/0 | ○ 0/0 C | ○ 0/0 |
| 박 지 민 | | | | | | | | | | | |
| 강 의 빈 | △ 0/0 | | | ○ 0/0 | | ○ 0/0 | | | | | |
| 베니시오 | ○ 0/0 | ○ 0/0 | ○ 0/0 | ○ 0/0 S | | | ○ 1/0 | ○ 0/0 C | | ○ 0/0 | ○ 0/0 |
| 양 시 후 | | | | | | | | | | | |
| 신 재 원 | ○ 0/0 | ○ 0/0 C | ○ 0/0 C | | ○ 0/0 | ○ 0/0 C | ○ 0/1 | ○ 0/0 | ○ 0/0 | ▽ 0/1 | |
| 이 상 민 | ▽ 0/0 | ○ 0/0 C | ○ 0/0 | | | ▽ 0/0 | ▽ 0/0 | ○ 0/0 | ○ 0/0 | ▽ 0/0 | ○ 0/0 |
| 정 승 용 | ○ 0/0 | ○ 0/0 | ○ 0/0 C | ○ 0/0 | ○ 0/0 | ○ 1/0 | ○ 0/0 | ○ 0/0 | ○ 0/0 | ○ 0/0 | ○ 0/0 |
| 조 성 욱 | | | | | | | | | | | |
| 김 주 원 | | | | △ 0/0 | ○ 0/0 | | △ 0/0 | | ○ 0/0 | △ 0/0 | |
| 박 광 일 | | △ 0/0 C | △ 0/0 | ▽ 0/1 | | | | | | | |
| 박 상 혁 | △ 0/0 | | △ 0/0 | | | △ 0/0 | △ 0/0 | ▽ 1/0 | △ 0/0 | △ 0/0 C | △ 0/0 |
| 홍 창 범 | | | | | | | | | | | |
| 장 영 기 | | | | | | | | | | | |
| 류 준 선 | ▽ 0/0 | ▽ 0/0 | △ 0/0 | ▽ 0/0 | ▽ 0/0 | △ 0/0 | ▽ 0/0 | ▽ 0/0 | △ 0/0 | △ 0/0 | ▽ 0/0 |
| 박 병 규 | △ 0/0 | ▽ 0/0 | | △ 0/0 | | | | | | ▽ 0/0 | |
| 박 수 빈 | △ 0/0 | ○ 0/0 | ▽ 0/0 | ▽ 0/0 | △ 0/0 | ▽ 0/0 | ○ 0/0 C | ▽ 0/0 | △ 0/0 C | ○ 0/0 | ○ 0/0 |
| 양 태 양 | | | | | △ 0/0 | ▽ 0/0 | △ 0/0 | | | | |
| 이 재 욱 | | ▽ 0/0 | | | ▽ 0/0 | | | | | | △ 0/0 |
| 사 무 엘 | ▽ 0/0 | △ 0/0 | ○ 0/0 C | | ○ 0/0 | △ 0/0 | △ 0/0 | △ 0/0 | ▽ 0/0 C | | ▽ 0/0 |
| 정 원 진 | | | | | | | | | | | |
| 국 관 우 | | | | | | | | | | | |
| 이 정 빈 | ▽ 0/0 | △ 0/0 | ▽ 0/0 | △ 1/1 | ▽ 0/0 | ▽ 0/0 C | ▽ 0/0 | △ 1/0 | ▽ 0/1 | ▽ 0/0 | △ 0/0 |
| 후 이 즈 | ○ 0/0 | ○ 0/0 | △ 0/0 C | ○ 0/0 | ○ 1/0 | ○ 0/0 | ○ 1/0 C | ○ 0/0 | ○ 0/0 | ○ 1/0 C | |
| 김 정 환 | ▽ 0/0 | ◈ 0/0 | ▽ 0/0 | ▽ 0/0 | ▽ 0/0 | △ 0/0 | ▽ 0/0 | ▽ 0/0 | ▽ 1/0 | ▽ 0/0 C | ▽ 0/0 |
| 프레이타스 | ○ 0/0 | ▽ 0/0 | ▽ 0/0 C | ▽ 0/0 | ○ 0/0 | ○ 0/0 | ▽ 0/0 | ▽ 1/0 | ▽ 0/0 | ○ 0/0 | ○ 0/0 C |
| 김 범 수 | | | | △ 1/0 C | △ 0/0 | △ 0/0 | | △ 0/0 | | | △ 0/0 |
| 유 주 안 | | | | △ 0/0 | | | | | △ 0/0 | △ 0/0 | ▽ 0/0 |
| 이 준 상 | | | | | | | | | | | |
| 하 정 우 | | | ▽ 0/0 C | | | | | △ 0/0 | ▽ 0/0 | | △ 0/0 |
| 레안드로 | △ 0/0 | △ 0/0 | △ 0/0 | ○ 0/0 | △ 0/0 | ▽ 0/0 | △ 0/0 | △ 0/0 | △ 0/0 | △ 0/0 | ▽ 0/0 |
| 박 지 원 | | | | | | | | | | | |
| 진 성 욱 | | | | | | | | | | | |
| 홍 현 승 | | | | | | | | | | | |

# 전남 드래곤즈

**창단년도_** 1994년
**전화_** 061-815-0114 **팩스_** 061-815-0119
**홈페이지_** https://www.dragons.co.kr
**인스타그램_** https://www.instagram.com/jeonnamdragons_fc/
**페이스북_** https://www.facebook.com/dragonsfc/
**유튜브_** https://www.youtube.com/c/JeonnamFC
**주소_** 우 57801 전라남도 광양시 희망길 12-14 제철회관 1층
1F, 12-14, Huimang-gil, Gwangyang-si, Jeonnam, KOREA 57801

## 연혁

1994 (주)전남 프로축구 설립(11월 1일)
전남 드래곤즈 프로축구단 창단(12월 16일)
(사장: 한경식, 단장: 서정복, 감독: 정병탁)
1995 95 하이트배 코리안리그 전기 6위, 후기 5위
1996 제2대 단장(조병옥), 제2대 감독(허정무) 취임
96 라피도컵 프로축구대회 전기 6위, 후기 6위
1997 제2대 사장(박종태), 제3대 단장(김영석) 취임
97 아디다스컵 준우승, 페어플레이상
97 라피도컵 프로축구대회 준우승
제2회 FA컵 우승, 페어플레이상
1998 제3회 삼보체인지 FA컵 3위 제3대 감독(이회택) 취임
1999 제3대 사장(한경식) 취임 프로축구 올해의 페어플레이팀
제9회 아시안컵 위너스컵 준우승 바이코리아컵 K-리그 3위
2000 대한화재컵 준우승 아디다스컵 공동 3위
2001 2001 포스코 K-리그 8위
제4대 사장(김문순), 제4대 단장(서정복) 취임
2002 삼성 파브 K-리그 5위
2003 삼성 하우젠 K-리그 4위
제8회 하나은행 FA컵 준우승, 페어플레이상
대한민국 최초 클럽시스템 도입
광양제철중 전국대회 2관왕
광양제철남초 동원컵 왕중왕전 우승
2004 제4대 감독(이장수) 취임 제1회 통영컵 대회 우승
제5대 사장(박성주), 단장(김종대) 취임
삼성 하우젠 K-리그 3위
2005 제5대 감독(허정무) 취임 삼성 하우젠 K-리그 11위
창단멤버 김태영 통산 250경기 출전 뒤 은퇴 (11/6)
제10회 하나은행 FA컵 3위
2006 제6대 사장(공윤찬) 취임
삼성 하우젠 K-리그 6위 제11회 하나은행 FA컵 우승
올해의 프로축구대상 특별상 팀 통산 500득점 달성
2007 제7대 사장(이건수) 취임
제12회 하나은행 FA컵 우승(사상 최초 2연패)
삼성 하우젠 K-리그 10위 AFC 챔피언스리그 출전
2008 제6대 단장(김영훈), 제6대 감독(박항서) 취임
AFC 챔피언스리그 출전
삼성 하우젠 K-리그 9위 삼성 하우젠컵 준우승
2009 2009 K-리그 4위
2010 쏘나타 K리그 10위 2010 하나은행 FA컵 3위
제7대 감독(정해성) 취임
2011 제8대 사장(유종호) 취임 현대오일뱅크 K리그 2011 7위
팀 통산 200승 달성 팀 통산 700골 달성(지동원)
유스 출신 지동원 잉글랜드 프리미어리그 선더랜드 이적
2012 제8대 감독(하석주) 취임 감사나눔운동 시작
현대오일뱅크 K리그 2012 11위
2013 유스 출신 윤석영 잉글랜드 프리미어리그 QPR 이적
제9대 사장(박세연) 취임
현대오일뱅크 K리그 클래식 2013 10위
팀 통산 800호골 달성(임경현)
2014 현대오일뱅크 K리그 클래식 2014 7위
제9대 감독(노상래) 취임
2015 현대오일뱅크 K리그 클래식 2015 9위
제20회 KEB하나은행 FA컵 4강 광양제철고 전국대회 2관왕
(K리그 U-18 챔피언십 우승, 백운기 전구고교축구대회 우승)
광양제철중 제51회 춘계중등연맹전 우승
2016 현대오일뱅크 K리그 클래식 2016 5위
K리그 대상 사회공헌상 수상
광양제철중 추계중등축구연맹전 우승
2017 KEB하나은행 K리그 클래식 2017 10위
유스 출신 한찬희, 이유현 U-20 월드컵 16강
제10대 사장(신승재) 취임 U-15 대한축구협회장배 우승
U-15 무학기 우승
2018 제12대 감독(유상철) 취임
KEB하나은행 K리그 어워즈 2018 사랑나눔상 수상
팀 통산 1000호골 달성(유고비치)
KEB하나은행 K리그1 2018 12위
2019 제11대 사장(조청명), 제13대 감독(파비아노 수아레즈) 취임
하나원큐 K리그2 2019 6위 제14대 감독(전경준) 취임
2020 하나원큐 K리그 대상 2020 그린스타디움상 수상
팀 통산 1100호골 달성(쥴리안) 팀 통산 300승 달성
2021 제12대 사장(이광수) 취임
하나원큐 K리그2 2021 제1, 2차 그린스타디움상
하나원큐 K리그2 2021 준PO (4위)
제26회 2021 하나은행 FA컵 우승
2022 제7대 단장(최동균) 취임 제15대 감독(이장관) 취임
하나원큐 K리그2 2022 11위
2023 구단 통산 1,200호 골 달성(K리그 기준/발디비아)
K리그2 MVP 수상(FW 발디비아), BEST11 선정(FW 발디비아)
하나원큐 K리그2 2023 7위
2024 하나은행 K리그2 2024 4위 / 다득점 2위(63득점)
K리그2 2024 플레이오프 진출 K리그2 베스트11 선정(발디비아)
2025 제16대 감독(김현석) 취임 하나은행 K리그2 2025 6위
제14대 사장(송종찬) 취임
K리그2 1차 플러스 스타디움 상 수상
K리그2 BEST 11 선정(MF 발디비아)

## 2025년 선수명단

대표이사_ 김규홍　감독_ 김현석
수석코치_ 인창수　코치_ 송한복·김종영　골키퍼코치_ 김시훈　피지컬코치_ 신용재
스카우터_ 김현배　의무트레이너_ 최민기·임승현·노경욱　전력분석관_ 김정현　선수단 매니저_ 김세준

| 포지션 | 성명 | | 생년월일 | 출신교 | 키(cm) / 몸무게(kg) |
|---|---|---|---|---|---|
| GK | 강정묵 | 姜定默 | 1996.03.21 | 단국대 | 188 / 82 |
| | 최봉진 | 崔鳳珍 | 1992.04.06 | 중앙대 | 193 / 88 |
| | 성윤수 | 成玧受 | 2003.03.15 | 여의도고 | 187 / 88 |
| DF | 고태원 | 高兌沅 | 1993.05.10 | 호남대 | 187 / 80 |
| | 김경재 | 金徑栽 | 1993.07.24 | 아주대 | 183 / 73 |
| | 유지하 | 柳知荷 | 1999.06.01 | 요코하마 F.마리노스U18 | 187 / 83 |
| | 구현준 | 具賢俊 | 1993.12.13 | 동래고 | 182 / 70 |
| | 김주엽 | 金柱爗 | 2000.04.05 | 보인고 | 180 / 76 |
| | 김용환 | 金容奐 | 1993.05.25 | 숭실대 | 175 / 67 |
| | 민준영 | 閔竣渶 | 1996.07.27 | 동국대 | 170 / 66 |
| | 김예성 | 金譽聲 | 1996.10.21 | 광주대 | 172 / 69 |
| | 최정원 | 崔定原 | 1995.08.16 | 건국대 | 185 / 84 |
| | 장순혁 | 張淳赫 | 1993.04.16 | 중원대 | 188 / 78 |
| | 홍석현 | 洪錫鉉 | 2002.02.21 | 선문대 | 184 / 76 |
| | 노동건 | 盧同建 | 1999.04.15 | 동의대 | 185 / 78 |
| | 안재민 | 安在民 | 2003.01.23 | 동국대 | 177 / 72 |
| MF | 김범진 | 金汎珍 | 1997.02.19 | 한양대 | 170 / 70 |
| | 윤민호 | 尹珉皓 | 1999.10.17 | 현대고 | 170 / 64 |
| | 최한솔 | 崔한솔 | 1997.03.16 | 영남대 | 187 / 81 |
| | 양지산 | 梁智勳 | 1999.05.05 | 연세대 | 175 / 70 |
| | 전유상 | 全有上 | 2004.01.11 | 경신고 | 178 / 70 |
| | 박상준 | 朴上俊 | 2003.11.19 | 울산대 | 181 / 73 |
| | 정태인 | 鄭泰仁 | 2005.05.02 | 중앙대 | 187 / 76 |
| | 알베르띠 | José Alberti Loyarte | 1997.03.29 | *우루과이 | 172 / 67 |
| | 호　난 | Ronan David Jerônimo | 1995.04.22 | *브라질 | 195 / 80 |
| FW | 노건우 | 盧建宇 | 2000.12.10 | 용인대 | 170 / 64 |
| | 임찬울 | 任찬울 | 1994.07.14 | 한양대 | 176 / 71 |
| | 하　남 | 河男 | 1998.12.07 | 남부대 | 185 / 75 |
| | 김도윤 | 金도윤 | 1998.03.21 | 중랑U18 | 184 / 80 |
| | 발디비아 | Wanderson Ferreira de Oliveira | 1994.10.04 | *브라질 | 177 / 70 |
| | 정지용 | 鄭智鏞 | 1998.12.15 | 동국대 | 179 / 69 |
| | 정강민 | 鄭康玟 | 2004.12.18 | 진위고 | 174 / 70 |
| | 손건호 | 孫乾浩 | 2006.08.25 | 광양제철고 | 172 / 63 |
| | 윤영석 | 尹英石 | 2004.06.28 | 동명대 | 174 / 69 |
| | 르　본 | Keelan Herman Lebon | 1997.07.04 | *프랑스 | 173 / 70 |
| | 추상훈 | 秋相熏 | 2000.02.03 | 조선대 | 170 / 70 |

## 2025년 개인기록 _ K리그2

| 위치 | 배번 | | 02 | 09 | 18 | 27 | 30 | 38 | 44 | 55 | 62 | 65 |
|---|---|---|---|---|---|---|---|---|---|---|---|---|
| | | 경기번호 | 02 | 09 | 18 | 27 | 30 | 38 | 44 | 55 | 62 | 65 |
| | | 날 짜 | 02.22 | 03.01 | 03.08 | 03.16 | 03.29 | 04.05 | 04.12 | 04.20 | 04.27 | 05.04 |
| | | 홈/원정 | 원정 | 원정 | 원정 | 원정 | 원정 | 원정 | 원정 | 원정 | 원정 | 원정 |
| | | 장 소 | 천안 | 목동 | 안산 | 창원C | 수원W | 구덕 | 화성 | 아산 | 김포 | 부천 |
| | | 상 대 | 천안 | 서울E | 안산 | 경남 | 수원 | 부산 | 화성 | 충남아산 | 김포 | 부천 |
| | | 결 과 | 승 | 무 | 승 | 무 | 패 | 승 | 승 | 무 | 승 | 무 |
| | | 점 수 | 2 : 0 | 1 : 1 | 1 : 0 | 2 : 2 | 1 : 2 | 1 : 0 | 2 : 1 | 0 : 0 | 1 : 0 | 2 : 2 |
| | | 승 점 | 3 | 4 | 7 | 8 | 8 | 11 | 14 | 15 | 18 | 19 |
| | | 슈팅수 | 18 : 8 | 8 : 12 | 2 : 9 | 10 : 4 | 12 : 15 | 11 : 12 | 8 : 8 | 7 : 18 | 4 : 16 | 16 : 9 |
| GK | 1 | 최봉진 | ▽ 0/0 | ▽ 0/0 | ▽ 0/0 | ▽ 0/0 | ○ 0/0 | ○ 0/0 C | ○ 0/0 | ○ 0/0 | ○ 0/0 | ○ 0/0 |
| | 21 | 이 준 | | | | | | | | | | |
| | 33 | 성윤수 | △ 0/0 | △ 0/0 | △ 0/0 | △ 0/0 | | | | | | |
| | 96 | 강정묵 | | | | | | | | | | |
| DF | 2 | 유지하 | ○ 0/0 | ○ 0/0 C | ○ 1/0 | ○ 0/0 | ▽ 0/0 | | | ○ 0/0 | ○ 0/0 | ▽ 0/0 |
| | 3 | 김예성 | ○ 0/1 | ○ 0/0 | ○ 0/0 | ○ 0/0 | ○ 0/1 C | ○ 0/0 | ○ 0/0 | ○ 0/0 | ○ 0/0 | ○ 0/0 |
| | 4 | 구현준 | | | | △ 0/0 | △ 0/0 | ▽ 0/0 | ○ 0/0 | | ▽ 0/0 C | ▽ 0/0 |
| | 5 | 고태원 | | △ 0/0 | | | | △ 0/0 | | △ 0/0 | | ○ 0/0 |
| | 12 | 민준영 | | | | | | | | | | |
| | 13 | 김용환 | ○ 1/0 | ○ 0/0 | ○ 0/0 C | ▽ 0/0 | ▽ 0/0 | ▽ 0/0 | ▽ 0/0 | ▽ 0/0 | ▽ 0/0 | ▽ 0/0 |
| | 20 | 장순혁 | | | | | | | | | | |
| | 23 | 김경재 | ○ 0/0 | ○ 0/0 | ○ 0/0 | ○ 0/0 C | ○ 0/0 C | ○ 0/0 | ○ 0/0 | ○ 0/0 | ○ 0/0 | |
| | 36 | 안재민 | | | | | △ 0/0 | △ 0/0 | △ 0/0 | △ 0/0 C | △ 0/0 | △ 0/0 |
| | 38 | 홍석현 | ○ 0/0 | ▽ 0/0 | ▽ 0/0 | | | | ○ 0/0 C | ▽ 0/0 | △ 0/0 | △ 0/0 |
| | 44 | 노동건 | | | △ 0/1 | ○ 0/0 | ○ 0/0 | ○ 0/0 | | | | |
| | 71 | 김주엽 | | | | | | | | | | |
| | 95 | 최정원 | | | | | | | | | | |
| MF | 6 | 양지산 | | | | | | | | | | |
| | 14 | 윤민호 | ▽ 0/0 | ▽ 0/0 | △ 0/0 | ○ 0/0 C | ▽ 0/0 C | ○ 0/0 | ▽ 0/0 | ○ 0/0 | ▽ 0/0 | ○ 0/0 |
| | 16 | 알베르띠 | ○ 0/0 | ○ 0/0 | ○ 0/0 C | ○ 0/1 | ○ 0/0 | ○ 0/0 | ○ 1/0 | ○ 0/0 | ○ 0/0 | ▽ 0/0 |
| | 24 | 박상준 | | | | | | | | | | |
| | 42 | 박태용 | △ 0/0 | △ 0/0 | ▽ 0/0 | | △ 0/0 | △ 0/0 | △ 0/0 | | | |
| | 77 | 최한솔 | | | | | | | | | | |
| FW | 7 | 임찬울 | | | | | | | | | △ 0/0 | △ 0/0 |
| | 8 | 노건우 | | △ 0/0 | | △ 0/0 | △ 0/0 | | | | | |
| | 9 | 하 남 | ▽ 0/1 | ▽ 1/0 | ▽ 0/0 | ▽ 2/0 | ▽ 0/0 | △ 0/0 | △ 0/0 | △ 0/0 C | | |
| | 10 | 발디비아 | ○ 0/0 | ○ 0/0 | ○ 0/0 | | | | △ 0/0 | △ 0/0 | | |
| | 11 | 정지용 | | | | ▽ 0/0 | ○ 0/0 | ▽ 0/0 | ▽ 0/0 | ▽ 0/0 | ○ 1/0 C | ○ 1/0 C |
| | 17 | 김도윤 | ◆ 0/0 | | | △ 0/0 | △ 0/0 | ▽ 1/0 | | △ 0/0 | △ 0/0 | △ 0/1 |
| | 19 | 호 난 | △ 0/0 | △ 0/0 | △ 0/0 | | | | ▽ 1/0 | ▽ 0/0 C | ▽ 0/0 | ○ 1/0 |
| | 27 | 유경민 | | | | | | | | | | |
| | 47 | 손건호 | | | | | | | | | | |
| | 50 | 르 본 | | | | | | | | | | |
| | 70 | 레안드로 | △ 0/0 | | △ 0/0 | △ 0/0 | | △ 0/0 | △ 0/0 | | △ 0/0 | △ 0/0 |
| | 99 | 정강민 | ▽ 1/0 | ▽ 0/0 | ▽ 0/0 | ▽ 0/1 | ▽ 1/0 | ▽ 0/0 | ▽ 0/0 | ▽ 0/0 | ▽ 0/0 | ▽ 0/0 |

선수자료 : 득점/도움 ○ = 선발출전 △ = 교체 IN ▽ = 교체 OUT ◆ = 교체 IN/OUT C = 경고 S = 퇴장

| 위치 | 배번 | 경기번호 | 75 | 83 | 90 | 92 | 102 | 109 | 117 | 125 | 128 | 134 |
|---|---|---|---|---|---|---|---|---|---|---|---|---|
| | | 날 짜 | 05.11 | 05.18 | 05.25 | 05.31 | 06.07 | 06.15 | 06.22 | 06.29 | 07.05 | 07.12 |
| | | 홈/원정 | 홈 | 홈 | 원정 | 홈 | 홈 | 홈 | 홈 | 원정 | 홈 | 홈 |
| | | 장 소 | 광양 | 광양 | 인천 | 광양 | 광양 | 광양 | 광양 | 청주 | 광양 | 광양 |
| | | 상 대 | 성남 | 충북청주 | 인천 | 화성 | 서울E | 부산 | 김포 | 충북청주 | 인천 | 경남 |
| | | 결 과 | 승 | 승 | 패 | 승 | 무 | 패 | 무 | 무 | 승 | 승 |
| | | 점 수 | 2 : 1 | 4 : 1 | 0 : 2 | 3 : 2 | 1 : 1 | 0 : 1 | 0 : 0 | 2 : 2 | 2 : 1 | 1 : 0 |
| | | 승 점 | 22 | 25 | 25 | 28 | 29 | 29 | 30 | 31 | 34 | 37 |
| | | 슈팅수 | 5 : 6 | 17 : 12 | 4 : 23 | 12 : 9 | 7 : 10 | 16 : 11 | 7 : 2 | 9 : 12 | 5 : 12 | 11 : 3 |
| GK | 1 | 최 봉 진 | ○ 0/0 | ○ 0/0 | ○ 0/0 | ○ 0/0 | ○ 0/0 | ○ 0/0 | ○ 0/0 | | ○ 0/0 | ○ 0/0 |
| | 21 | 이 준 | | | | | | | | | | |
| | 33 | 성 윤 수 | | | | | | | | ○ 0/0 | | |
| | 96 | 강 정 묵 | | | | | | | | | | |
| DF | 2 | 유 지 하 | ○ 0/0 | ○ 0/0 | ○ 0/0 | ○ 0/0 | ○ 0/0 | ○ 0/0 | ○ 0/0 | ○ 0/0 | ▽ 0/0 C | ○ 0/0 |
| | 3 | 김 예 성 | ○ 0/0 | ○ 1/1 | ○ 0/0 | ○ 0/0 | ○ 0/0 | ○ 0/0 | △ 0/0 | ○ 0/0 C | ○ 0/0 | ▽ 0/0 |
| | 4 | 구 현 준 | ▽ 0/0 | ▽ 0/0 | ○ 0/0 S | | | ○ 0/0 | | | | |
| | 5 | 고 태 원 | ○ 0/0 | ○ 0/0 | ○ 0/0 | ○ 0/0 | ○ 0/0 | ○ 0/0 | ○ 0/0 | ○ 1/0 C | ○ 0/0 | ○ 0/0 |
| | 12 | 민 준 영 | | | | △ 0/0 | △ 0/0 | | ▽ 0/0 | | | |
| | 13 | 김 용 환 | ○ 0/0 | ▽ 0/0 | ▽ 0/0 | | | | | ▽ 0/0 C | | |
| | 20 | 장 순 혁 | | | | | | | | | | |
| | 23 | 김 경 재 | | | | | | | | | | |
| | 36 | 안 재 민 | △ 0/0 | △ 0/0 | △ 0/0 | ○ 0/0 | ▽ 0/0 | △ 0/0 | △ 0/0 | △ 0/0 C | △ 0/0 | △ 0/0 |
| | 38 | 홍 석 현 | △ 0/0 | | | | | | | | | |
| | 44 | 노 동 건 | | | | | | | | ▽ 0/0 | △ 0/0 | |
| | 71 | 김 주 엽 | | | | | ◈ 0/0 | ▽ 0/0 | ▽ 0/0 | | ▽ 0/0 | ○ 0/0 |
| | 95 | 최 정 원 | | △ 0/0 | △ 0/0 | ○ 0/0 | ○ 0/0 | | ○ 0/0 | △ 0/0 | ○ 0/0 | ○ 0/0 |
| MF | 6 | 양 지 산 | | | | ◈ 0/0 | | △ 0/0 | △ 0/0 C | △ 0/0 | | |
| | 14 | 윤 민 호 | ▽ 0/0 | ▽ 0/0 | ▽ 0/0 | ▽ 0/0 C | △ 0/0 | ▽ 0/0 | ▽ 0/0 | △ 0/0 | | △ 0/0 C |
| | 16 | 알베르띠 | ○ 1/1 | ○ 0/0 | ○ 0/0 | ○ 0/1 | ○ 0/0 | ○ 0/0 | ○ 0/0 C | ○ 0/1 | ○ 1/0 | ○ 0/1 |
| | 24 | 박 상 준 | | | | | | | | | ▽ 0/0 | ▽ 0/0 |
| | 42 | 박 태 용 | △ 0/0 | | △ 0/0 | △ 0/0 | ▽ 0/0 | △ 0/0 | | | | |
| | 77 | 최 한 솔 | | | | | | | | | △ 0/0 | △ 0/0 |
| FW | 7 | 임 찬 울 | △ 0/0 | △ 0/0 | ▽ 0/0 | | | | | | ▽ 0/1 | ▽ 1/0 |
| | 8 | 노 건 우 | | | | | | | | ▽ 0/0 | | |
| | 9 | 하 남 | | | | | | | △ 0/0 | △ 1/0 | ▽ 0/0 | ▽ 0/0 |
| | 10 | 발디비아 | | ○ 1/1 | | ▽ 1/1 | ▽ 1/0 | ○ 0/0 C | ○ 0/0 | ○ 0/1 | ○ 0/1 | ▽ 0/0 |
| | 11 | 정 지 용 | ▽ 0/0 | | | △ 0/0 | △ 0/0 | ◈ 0/0 | △ 0/0 | ▽ 0/0 | △ 1/0 | △ 0/0 C |
| | 17 | 김 도 윤 | △ 0/0 | △ 2/0 | △ 0/0 | △ 1/0 | △ 0/0 C | ▽ 0/0 | ▽ 0/0 | ▽ 0/0 | | |
| | 19 | 호 난 | ▽ 1/0 | ▽ 0/0 | ▽ 0/0 | ▽ 1/1 | ○ 0/1 | △ 0/0 | | | | |
| | 27 | 유 경 민 | | | | | ▽ 0/0 | | | | | |
| | 47 | 손 건 호 | | | | | | ▽ 0/0 | ▽ 0/0 | | | |
| | 50 | 르 본 | | | | | | | | | △ 0/0 | △ 0/0 |
| | 70 | 레안드로 | | △ 0/1 | △ 0/0 | | | | | | | |
| | 99 | 정 강 민 | ▽ 0/0 | ▽ 0/0 | ▽ 0/0 | ▽ 0/0 | | | | | | |

| 위치 | 배번 | 경기번호 | 141 | 154 | 157 | 167 | 169 | 176 | 186 | 191 | 201 | 210 |
|---|---|---|---|---|---|---|---|---|---|---|---|---|
| | | 날 짜 | 07.19 | 07.27 | 08.02 | 08.10 | 08.15 | 08.23 | 08.30 | 09.06 | 09.14 | 09.21 |
| | | 홈/원정 | 홈 | 원정 | 홈 | 홈 | 홈 | 홈 | 원정 | 홈 | 홈 | 원정 |
| | | 장 소 | 광양 | 탄천 | 광양 | 광양 | 광양 | 광양 | 김포 | 광양 | 광양 | 구덕 |
| | | 상 대 | 수원 | 성남 | 충남아산 | 천안 | 부천 | 안산 | 김포 | 서울E | 화성 | 부산 |
| | | 결 과 | 패 | 무 | 무 | 패 | 승 | 승 | 패 | 패 | 패 | 무 |
| | | 점 수 | 3 : 4 | 2 : 2 | 2 : 2 | 3 : 4 | 2 : 1 | 2 : 0 | 0 : 2 | 1 : 2 | 1 : 2 | 1 : 1 |
| | | 승 점 | 37 | 38 | 39 | 39 | 42 | 45 | 45 | 45 | 45 | 46 |
| | | 슈팅수 | 18 : 9 | 10 : 10 | 7 : 8 | 17 : 7 | 8 : 5 | 11 : 7 | 5 : 14 | 12 : 5 | 13 : 10 | 4 : 8 |
| GK | 1 | 최 봉 진 | ○ 0/0 | | | ○ 0/0 | ○ 0/0 | ○ 0/0 | ○ 0/0 | | ○ 0/0 | ○ 0/0 |
| | 21 | 이 준 | | | | | | | | ○ 0/0 | | |
| | 33 | 성 윤 수 | | | | | | | | | | |
| | 96 | 강 정 묵 | | ○ 0/0 | ○ 0/0 | | | | | | | |
| DF | 2 | 유 지 하 | ▽ 0/0 | ○ 0/0 | | ▽ 0/0 | ○ 0/0 | | ▽ 0/0 | | | ○ 0/0 |
| | 3 | 김 예 성 | ○ 0/0 | ○ 0/0 | ▽ 0/0 | | ▽ 0/0 | ○ 0/0 | ○ 0/0 | ○ 0/0 | ▽ 0/0 | ○ 0/0 |
| | 4 | 구 현 준 | | | | | | | △ 0/0 | △ 0/0 | △ 1/0 | |
| | 5 | 고 태 원 | ○ 0/0 | ▽ 0/0 C | ○ 0/0 | | ○ 0/0 | ○ 0/0 | ○ 0/0 | ○ 0/0 C | | |
| | 12 | 민 준 영 | | ▽ 0/0 | △ 0/1 | ▽ 0/0 | ○ 0/0 | ○ 0/0 C | ▽ 0/0 C | | | |
| | 13 | 김 용 환 | | | ○ 0/0 | ○ 0/0 | | | | | ▽ 0/0 C | ▽ 0/0 |
| | 20 | 장 순 혁 | | | △ 0/0 | △ 0/0 C | | | | | | |
| | 23 | 김 경 재 | | △ 0/0 | ▽ 0/0 | ○ 0/0 | ○ 0/0 | ○ 0/0 | | ▽ 0/1 | | ○ 0/0 |
| | 36 | 안 재 민 | △ 0/0 | △ 0/0 C | | | | | | | △ 0/0 | △ 0/0 |
| | 38 | 홍 석 현 | | | | | | △ 0/0 | ○ 0/0 | ○ 0/0 | ○ 0/0 | |
| | 44 | 노 동 건 | ▽ 0/0 | | | | | ▽ 0/0 | | | | |
| | 71 | 김 주 엽 | ▽ 0/0 | | | | | | | ▽ 0/0 | | |
| | 95 | 최 정 원 | | ○ 0/0 | ○ 0/0 | ○ 0/0 | | | | | ○ 0/0 | ○ 0/0 |
| MF | 6 | 양 지 산 | | | | | | | | | | △ 0/0 |
| | 14 | 윤 민 호 | △ 0/0 | ▽ 0/0 | | | △ 0/0 | | | ▽ 1/0 | △ 0/0 C | |
| | 16 | 알베르띠 | ○ 0/1 | ○ 0/0 | ○ 0/0 | ○ 0/0 | | ○ 0/0 | ○ 0/0 | △ 0/0 | ○ 0/0 | ○ 0/0 C |
| | 24 | 박 상 준 | ▽ 0/0 | | △ 0/0 | ▽ 0/0 | ○ 0/0 | ▽ 0/0 | △ 0/0 | △ 0/0 | ▽ 0/0 | ▽ 0/0 |
| | 42 | 박 태 용 | | | | | | | | | | |
| | 77 | 최 한 솔 | △ 0/0 | △ 0/0 | ▽ 0/0 | △ 0/0 | ▽ 0/0 | △ 0/0 | ○ 0/0 C | ○ 0/0 | ○ 0/0 | △ 0/0 |
| FW | 7 | 임 찬 울 | ▽ 0/0 | ▽ 0/0 | | | △ 0/0 | | | | ▽ 0/0 | |
| | 8 | 노 건 우 | | | | | | | | | | |
| | 9 | 하 남 | ○ 2/0 | ○ 0/0 C | | ▽ 0/0 | ▽ 0/0 | ▽ 0/0 | ▽ 0/0 | △ 0/0 | ▽ 0/0 | △ 0/0 |
| | 10 | 발디비아 | ○ 1/1 | △ 1/0 | ○ 1/1 | ○ 3/0 | ▽ 0/0 | ○ 1/0 | ▽ 0/0 | ○ 0/0 | ○ 0/0 | ▽ 0/1 |
| | 11 | 정 지 용 | △ 0/0 C | | △ 1/0 | △ 0/1 | ▽ 0/0 | ◆ 0/0 | △ 0/0 | ▽ 0/0 C | | △ 0/0 |
| | 17 | 김 도 윤 | | | | | | | | | | |
| | 19 | 호 난 | | | ▽ 0/0 | △ 0/1 | △ 2/0 | △ 0/1 | △ 0/0 C | ▽ 0/0 | △ 0/0 | ▽ 1/0 |
| | 27 | 유 경 민 | | | | | | | | | | |
| | 47 | 손 건 호 | | | | | | | | | | |
| | 50 | 르 본 | △ 0/0 | △ 1/0 | △ 0/0 | △ 0/0 | △ 0/1 | ▽ 1/0 | △ 0/0 | △ 0/0 | △ 0/0 | ▽ 0/0 |
| | 70 | 레안드로 | | | | | | | | | | |
| | 99 | 정 강 민 | | ▽ 0/0 | ▽ 0/0 | ▽ 0/0 | △ 0/0 | △ 0/0 | ▽ 0/0 | | | |

선수자료 : 득점/도움 ○ = 선발출전 △ = 교체 IN ▽ = 교체 OUT ◆ = 교체 IN/OUT C = 경고 S = 퇴장

| 위치 | 배번 | 경기번호 | 211 | 223 | 229 | 235 | 243 | 246 | 258 | 260 | 267 | |
|---|---|---|---|---|---|---|---|---|---|---|---|---|
| | | 날 짜 | 09.27 | 10.05 | 10.08 | 10.12 | 10.19 | 10.25 | 11.02 | 11.08 | 11.23 | |
| | | 홈/원정 | 홈 | 홈 | 원정 | 홈 | 원정 | 원정 | 홈 | 홈 | 원정 | |
| | | 장 소 | 팔마 | 광양 | 창원C | 광양 | 청주 | 수원W | 광양 | 광양 | 아산 | |
| | | 상 대 | 부천 | 천안 | 경남 | 안산 | 충북청주 | 수원 | 성남 | 인천 | 충남아산 | |
| | | 결 과 | 승 | 승 | 승 | 패 | 승 | 무 | 패 | 승 | 패 | |
| | | 점 수 | 3 : 2 | 4 : 1 | 3 : 2 | 0 : 1 | 3 : 0 | 2 : 2 | 0 : 2 | 2 : 1 | 1 : 2 | |
| | | 승 점 | 49 | 52 | 55 | 55 | 58 | 59 | 59 | 62 | 62 | |
| | | 슈팅수 | 8 : 6 | 19 : 7 | 16 : 6 | 18 : 4 | 7 : 14 | 14 : 17 | 8 : 12 | 15 : 9 | 9 : 17 | |
| GK | 1 | 최 봉 진 | ○ 0/0 | ○ 0/0 | ○ 0/0 | ○ 0/0 | ○ 0/0 | ○ 0/0 | ○ 0/0 | | ○ 0/0 | |
| | 21 | 이 준 | | | | | | | | ○ 0/0 | | |
| | 33 | 성 윤 수 | | | | | | | | | | |
| | 96 | 강 정 묵 | | | | | | | | | | |
| DF | 2 | 유 지 하 | ○ 0/0 C | ○ 0/0 C | ○ 0/0 | ○ 0/0 | ○ 0/0 | ○ 0/0 | ▽ 0/0 | | | |
| | 3 | 김 예 성 | ○ 0/0 | ○ 0/0 | ○ 0/0 | ○ 0/0 | ○ 0/0 | | | ○ 0/0 | ○ 0/0 | |
| | 4 | 구 현 준 | △ 0/0 | △ 0/0 | | | ▽ 0/0 | ○ 0/0 | ○ 0/0 | ▽ 0/0 | △ 0/0 | |
| | 5 | 고 태 원 | | | | | | | | | ▽ 0/0 | |
| | 12 | 민 준 영 | | | ▽ 0/0 | | | | | | | |
| | 13 | 김 용 환 | ▽ 0/0 | ▽ 0/0 | | ▽ 0/0 C | ○ 0/0 | ▽ 0/0 | ▽ 0/0 | ▽ 0/0 C | | |
| | 20 | 장 순 혁 | | | | | △ 0/0 | △ 0/0 | △ 0/0 | △ 0/0 C | △ 0/0 C | |
| | 23 | 김 경 재 | ▽ 0/0 | ▽ 0/0 | ▽ 0/0 | ▽ 0/0 | | | | | | |
| | 36 | 안 재 민 | △ 0/0 | | △ 0/0 | △ 0/0 C | | ▽ 0/0 | ▽ 0/0 | △ 0/0 | ▽ 1/0 | |
| | 38 | 홍 석 현 | | | | | | | | ▽ 0/0 | ○ 0/0 | |
| | 44 | 노 동 건 | | | | | | | | | | |
| | 71 | 김 주 엽 | | | | | | △ 0/0 C | △ 0/0 | | | |
| | 95 | 최 정 원 | ○ 0/0 | ▽ 0/0 | ○ 0/0 | ○ 0/0 | | | | △ 0/0 | | |
| MF | 6 | 양 지 산 | | | | | | | | | | |
| | 14 | 윤 민 호 | △ 0/0 C | △ 0/0 | ▽ 0/0 | △ 0/0 C | ▽ 0/1 | ▽ 0/0 | ▽ 0/0 C | | ▽ 0/0 | |
| | 16 | 알베르띠 | ○ 0/0 | ○ 0/0 | ○ 0/1 | ○ 0/0 | ○ 0/1 | ○ 0/0 C | ○ 0/0 | ○ 0/0 | ○ 0/0 C | |
| | 24 | 박 상 준 | ▽ 0/1 C | ▽ 0/0 | △ 0/0 | ▽ 0/0 C | △ 0/0 | △ 0/0 | △ 0/0 | ○ 0/0 | △ 0/0 C | |
| | 42 | 박 태 용 | | | | | | | | | | |
| | 77 | 최 한 솔 | | △ 0/0 | △ 0/0 | △ 0/0 | ○ 0/0 | ○ 0/0 | ○ 0/0 C | ○ 0/0 | ○ 0/0 | |
| FW | 7 | 임 찬 울 | | | | | | | | | | |
| | 8 | 노 건 우 | | | | | | | | | | |
| | 9 | 하 남 | △ 0/0 | | | | ▽ 1/0 C | ▽ 1/0 | △ 0/0 | ▽ 0/0 | ▽ 0/0 | |
| | 10 | 발디비아 | ○ 1/0 | ○ 1/2 | ○ 2/0 | ○ 0/0 | ▽ 0/0 | ▽ 0/0 | ○ 0/0 | ○ 2/0 | ○ 0/0 | |
| | 11 | 정 지 용 | △ 0/1 | △ 1/0 | △ 0/1 | △ 0/0 | △ 1/0 | △ 0/1 C | △ 0/0 | △ 0/0 | | |
| | 17 | 김 도 윤 | | | △ 0/0 | △ 0/0 | | | | | △ 0/0 C | |
| | 19 | 호 난 | ▽ 2/0 | ○ 1/1 | ▽ 1/0 | ▽ 0/0 | △ 0/1 | △ 1/0 | ▽ 0/0 C | △ 0/0 | | |
| | 27 | 유 경 민 | | | | | | | | | | |
| | 47 | 손 건 호 | | | | | | | | | | |
| | 50 | 르 본 | ▽ 0/0 | ▽ 0/0 | | ▽ 0/0 | △ 0/0 | ▽ 0/0 | ○ 0/0 | ▽ 0/0 C | △ 0/0 | |
| | 70 | 레안드로 | | | | | | | | | | |
| | 99 | 정 강 민 | | △ 1/0 | ▽ 0/0 | | ▽ 1/0 | △ 0/0 | | | ▽ 0/0 | |

# 김 포 FC

**창단년도**_ 2013년

**전화**_ 031-997-9527

**팩스**_ 031-986-5517

**홈페이지**_ https://gimpofc.com/

**유튜브**_ https://www.youtube.com/@fc-gimpofc9572

**인스타그램**_ https://www.instagram.com/gimpofc_official/

**페이스북**_ https://www.facebook.com/gimpofootballclub

**주소**_ 우 10068 경기도 김포시 김포한강3로 385 솔터축구장
385, Gimpohangang 3-ro, Gimposi, Gyeonggi-do, KOREA, 10068

## 연혁

2013 김포시민축구단 창단
제1대 유종완 감독 취임
챌린저스리그 6위

2014 제2대 안종관 감독 취임
제3대 김승기 감독 취임
K3챌린저스리그 15위

2015 K3리그 2위
제20회 KEB하나은행 FA컵 32강 진출

2016 K3리그 2위

2017 K3리그 어드밴스 5위

2018 제4대 오종렬 감독 취임
K3리그 어드밴스 4위
제23회 KEB하나은행 FA컵 32강 진출

2019 K3리그 어드밴스 3위
제24회 KEB하나은행 FA컵 32강 진출

2020 발기인총회 및 창립이사회 개최
법인설립 허가 신청서류 제출
법인설립 허가
제5대 고정운 감독 취임
제1대 서영길 대표이사 취임
K3리그 8위

2021 재단법인 김포FC 출범
한국프로축구연맹 가입 신청
K3 정규리그 2위
대한축구협회 K3 챔피언십 우승
U18 선수단 창단

2022 한국프로축구연맹 가입 승인
K리그2 진출 시즌 개막전 프로데뷔 첫 승
하나원큐 K리그2 2022 8위(10승 11무 19패)
U12, 15 선수단 창단

2023 하나원큐 K리그2 2023 3위(K리그 승강플레이오프 진출)
제2대 홍경호 대표이사 취임

2024 하나은행 K리그2 2024 7위
제1대 권일 단장 취임

2025 하나은행 K리그2 2025 7위

## 2025년 선수명단

대표이사_ 홍경호　단장_ 권일　감독_ 고정운
수석코치_ 서동원　코치_ 조한범　골키퍼코치_ 정성진　피지컬코치_ 손동민
전력강화실장_ 강철　_ 트레이너_ 박상현　물리치료사_ 호원일　전력분석관_ 류제성　선수단 매니저_ 정경영　장비관리사_ 김현동, 구교훈

| 포지션 | 선수명 | | 생년월일 | 출신교 | 키(cm) / 몸무게(kg) |
|---|---|---|---|---|---|
| GK | 손정현 | 孫政玄 | 1991.11.25 | 광주대 | 191 / 87 |
| | 윤보상 | 尹普相 | 1993.09.09 | 울산대 | 185 / 91 |
| | 조주영 | 曺周永 | 2003.08.03 | 송호대 | 193 / 85 |
| DF | 김종민 | 金種民 | 2001.04.13 | 보인고 | 191 / 85 |
| | 박경록 | 朴景祿 | 1994.09.30 | 동아대 | 185 / 80 |
| | 이인재 | 李仁在 | 1992.05.13 | 단국대 | 187 / 78 |
| | 이찬형 | 李撰炯 | 2004.07.23 | 중경고 | 188 / 81 |
| | 김지훈 | 金志勳 | 2000.06.26 | 충남기계공고 | 175 / 60 |
| | 김동민 | 金東玟 | 1994.08.16 | 인천대 | 174 / 69 |
| | 김민식 | 金民植 | 1998.03.18 | 복정고 | 174 / 68 |
| | 김민호 | 金珉浩 | 1997.06.11 | 매탄고 | 188 / 85 |
| | 김민우 | 金旻佑 | 2002.03.16 | 동북고 | 185 / 80 |
| | 최선규 | 崔善圭 | 2001.03.28 | 중앙대 | 175 / 67 |
| | 장부성 | 張富成 | 2004.06.07 | 덕영고 | 173 / 66 |
| | 채프먼 | Connor Chapman Edward | 1994.10.31 | *오스트레일리아 | 188 / 83 |
| MF | 이환희 | 李奐希 | 2002.09.14 | 아주대 | 170 / 68 |
| | 천지현 | 千治鉉 | 1999.07.02 | 개성고 | 172 / 60 |
| | 이상민 | 李尙旻 | 1995.05.02 | 보인고 | 174 / 69 |
| | 최재훈 | 崔宰熏 | 1995.11.20 | 중앙대 | 176 / 71 |
| | 이강연 | 李康衍 | 1991.01.26 | 세종대 | 181 / 75 |
| | 정우빈 | 鄭友彬 | 2001.05.08 | 태성고 | 175 / 64 |
| | 조관우 | 趙寬祜 | 2002.04.23 | 동북고 | 176 / 68 |
| | 연응빈 | 延應彬 | 2003.04.10 | 충남기계공고 | 187 / 75 |
| | 디자우마 | Djalma Celestino Evaristo | 2000.06.29 | *브라질 | 174 / 70 |
| FW | 이현규 | 李顯圭 | 2002.10.09 | 신갈고 | 178 / 70 |
| | 류지민 | 柳智旻 | 2004.04.07 | 동북고 | 181 / 72 |
| | 제갈재민 | 諸葛在珉 | 2000.08.12 | 제천제일고 | 178 / 74 |
| | 안창민 | 安倉民 | 2001.06.28 | 부평고 | 189 / 81 |
| | 윤재운 | 尹在運 | 2002.04.01 | 태성고 | 177 / 77 |
| | 조성준 | 趙聖俊 | 1990.11.27 | 청주대 | 176 / 72 |
| | 김영준 | 金映俊 | 2000.05.02 | 매탄고 | 184 / 80 |
| | 김경준 | 金京俊 | 1996.10.01 | 신갈고 | 178 / 75 |
| | 김　결 | 金결 | 2005.01.14 | 경기항공고 | 188 / 81 |
| | 박동진 | 朴東眞 | 1994.12.10 | 강릉문성고 | 182 / 78 |
| | 루이스 | Luis Fabian Mina Zapata | 1993.08.10 | *콜롬비아 | 180 / 78 |
| | 플라나 | Leonard Arben Pllana | 1996.08.26 | *스웨덴 | 183 / 83 |

## 2025년 개인기록_ K리그2

| 위치 | 배번 | 경기번호 | 03 | 10 | 17 | 24 | 34 | 40 | 43 | 56 | 62 | 66 |
|---|---|---|---|---|---|---|---|---|---|---|---|---|
| | | 날 짜 | 02.22 | 03.01 | 03.08 | 03.15 | 03.30 | 04.06 | 04.12 | 04.20 | 04.27 | 05.04 |
| | | 홈/원정 | 원정 | 원정 | 홈 | 홈 | 원정 | 홈 | 홈 | 원정 | 홈 | 원정 |
| | | 장 소 | 구덕 | 안산 | 김포 | 김포 | 천안 | 김포 | 김포 | 창원C | 김포 | 인천 |
| | | 상 대 | 부산 | 안산 | 충북청주 | 성남 | 천안 | 부천 | 충남아산 | 경남 | 전남 | 인천 |
| | | 결 과 | 무 | 승 | 패 | 무 | 승 | 패 | 무 | 패 | 패 | 패 |
| | | 점 수 | 0 : 0 | 2 : 0 | 2 : 3 | 0 : 0 | 2 : 0 | 1 : 2 | 1 : 1 | 1 : 2 | 0 : 1 | 0 : 3 |
| | | 승 점 | 1 | 4 | 4 | 5 | 8 | 8 | 9 | 9 | 9 | 9 |
| | | 슈팅수 | 8 : 8 | 12 : 12 | 17 : 9 | 11 : 7 | 17 : 6 | 6 : 13 | 16 : 6 | 8 : 13 | 16 : 4 | 9 : 13 |
| GK | 21 | 윤 보 상 | | | | | | | | | | ○ 0/0 |
| | 31 | 손 정 현 | ○ 0/0 | ○ 0/0 | ○ 0/0 | ○ 0/0 | ○ 0/0 | ○ 0/0 | ○ 0/0 | ○ 0/0 | ○ 0/0 | |
| DF | 2 | 김 종 민 | | | | | | | | ▽ 0/0 | | |
| | 3 | 박 경 록 | ○ 0/0 | ▽ 0/0 | ▽ 0/0 | ○ 0/0 | ▽ 0/0 | ▽ 0/0 | | | | ○ 0/0 |
| | 4 | 이 인 재 | ▽ 0/0 | | | | | | | | | |
| | 5 | 이 찬 형 | △ 0/0 | ○ 0/0 | ○ 0/0 | ○ 0/0 | ○ 0/0 | ○ 0/0 | ▽ 0/0 | ○ 0/0 | ○ 0/0 | ▽ 0/0 C |
| | 6 | 김 지 훈 | ○ 0/0 | ○ 0/0 | ▽ 1/0 | ○ 0/0 | ▽ 0/0 | ▽ 0/0 | ○ 0/0 | ○ 0/0 | ○ 0/0 C | ○ 0/0 |
| | 13 | 이 종 현 | △ 0/0 | ▽ 0/0 | ▽ 0/0 | | △ 0/0 | △ 0/0 | △ 0/0 | △ 0/0 | | |
| | 20 | 김 민 호 | | | △ 0/0 | | △ 0/0 | △ 0/0 | ○ 0/0 | △ 0/0 | ○ 0/0 C | |
| | 29 | 김 민 우 | | | | | | | | | | |
| | 32 | 장 부 성 | | △ 0/0 | | | | | | | | |
| | 37 | 홍 시 후 | | | | | | | | | | |
| | 77 | 채 프 먼 | ○ 0/0 | ○ 0/0 C | ○ 0/0 | ○ 0/0 | ○ 0/0 | ○ 0/0 | ○ 0/0 | ○ 0/0 CC | | ○ 0/0 C |
| | 97 | 김 동 민 | | | | | | | | | | |
| | 98 | 김 민 식 | ○ 0/0 C | ○ 0/0 | ○ 0/0 | ○ 0/0 | ○ 0/0 C | ○ 0/0 | ○ 0/0 | ▽ 0/0 | ○ 0/0 | ○ 0/0 |
| MF | 7 | 이 상 민 | ▽ 0/0 | | △ 0/0 | ○ 0/0 | ▽ 0/0 | △ 0/0 | | | | △ 0/0 |
| | 8 | 디자우마 | △ 0/0 | ○ 0/0 C | ▽ 0/0 | ○ 0/0 | ○ 0/0 | ○ 0/0 | ▽ 0/0 | ○ 0/0 | ▽ 0/0 | △ 0/0 |
| | 23 | 최 재 훈 | ▽ 0/0 | ◆ 0/0 | ▽ 0/0 | | | | | | ○ 0/0 | ▽ 0/0 C |
| | 25 | 정 우 빈 | | | | | | | | | | |
| | 26 | 이 강 연 | | | | | | ▽ 0/0 | ▽ 0/0 C | ▽ 0/0 | | |
| | 33 | 연 응 빈 | | | | | | | | | | |
| | 72 | 천 지 현 | △ 0/0 | ▽ 0/0 C | | | △ 0/0 | | △ 0/0 | △ 0/0 | △ 0/0 | ○ 0/0 |
| FW | 9 | 김 경 준 | | | | | | | | | | |
| | 10 | 플 라 나 | ▽ 0/0 | △ 0/1 | △ 1/0 | △ 0/0 | △ 0/0 C | △ 0/0 | △ 1/0 | ▽ 0/1 | ▽ 0/0 | △ 0/0 |
| | 11 | 윤 재 운 | | | | △ 0/0 | | | | | | |
| | 17 | 제갈재민 | | | | | | | | | △ 0/0 | △ 0/0 |
| | 24 | 루 이 스 | ○ 0/0 | ○ 2/0 | ○ 0/0 | ▽ 0/0 | ○ 1/0 | ○ 1/0 | ○ 0/0 | ○ 0/0 | ○ 0/0 | ▽ 0/0 |
| | 42 | 안 창 민 | △ 0/0 | △ 0/0 | △ 0/0 | △ 0/0 | | △ 0/0 | △ 0/0 C | | ○ 0/0 | |
| | 47 | 조 성 준 | | △ 0/0 | | ▽ 0/0 | ▽ 0/0 | ▽ 0/0 | ▽ 0/0 | △ 0/0 | | ▽ 0/0 |
| | 50 | 박 동 진 | | | | | | | | | | |
| | 83 | 브 루 노 | ▽ 0/0 C | ▽ 0/0 | ○ 0/1 | ▽ 0/0 | ▽ 0/1 | | ▽ 0/0 | △ 0/0 | △ 0/0 | △ 0/0 C |
| | 99 | 김 결 | | | △ 0/0 | | △ 1/0 | ▽ 0/0 | △ 0/1 | ▽ 1/0 | ▽ 0/0 | ▽ 0/0 |

선수자료 : 득점/도움 ○ = 선발출전 △ = 교체 IN ▽ = 교체 OUT ◆ = 교체 IN/OUT C = 경고 S = 퇴장

| 위치 | 배번 | 경기번호 | 71 | 84 | 91 | 96 | 105 | 111 | 117 | 126 | 133 | 139 |
|---|---|---|---|---|---|---|---|---|---|---|---|---|
| | | 날 짜 | 05.10 | 05.18 | 05.25 | 06.01 | 06.08 | 06.15 | 06.22 | 06.29 | 07.06 | 07.13 |
| | | 홈/원정 | 홈 | 홈 | 원정 | 원정 | 홈 | 홈 | 원정 | 홈 | 홈 | 원정 |
| | | 장 소 | 김포 | 김포 | 수원W | 아산 | 김포 | 김포 | 광양 | 김포 | 김포 | 부천 |
| | | 상 대 | 화성 | 서울E | 수원 | 충남아산 | 천안 | 경남 | 전남 | 인천 | 부산 | 부천 |
| | | 결 과 | 승 | 패 | 무 | 패 | 승 | 승 | 무 | 무 | 승 | 무 |
| | | 점 수 | 1 : 0 | 1 : 2 | 1 : 1 | 0 : 2 | 1 : 0 | 3 : 0 | 0 : 0 | 1 : 1 | 3 : 0 | 1 : 1 |
| | | 승 점 | 12 | 12 | 13 | 13 | 16 | 19 | 20 | 21 | 24 | 25 |
| | | 슈팅수 | 11 : 2 | 7 : 8 | 12 : 13 | 9 : 9 | 13 : 3 | 19 : 7 | 2 : 7 | 7 : 10 | 9 : 6 | 11 : 6 |
| GK | 21 | 윤 보 상 | | | | | | | | | ○ 0/0 | |
| | 31 | 손 정 현 | ○ 0/0 | ○ 0/0 C | ○ 0/0 C | ○ 0/0 | ○ 0/0 | ○ 0/0 | ○ 0/0 | ○ 0/0 | | ○ 0/0 |
| DF | 2 | 김 종 민 | | | | | | | | | | |
| | 3 | 박 경 록 | ○ 0/0 | ○ 0/0 | ○ 0/0 | ○ 0/0 | ○ 0/0 | | | ○ 0/0 C | | |
| | 4 | 이 인 재 | | | | | | | | | | |
| | 5 | 이 찬 형 | ○ 0/0 | ▽ 0/0 | ○ 0/0 C | ○ 0/0 | | ○ 0/0 | ○ 0/0 | ▽ 0/0 | ○ 0/0 | ○ 0/0 |
| | 6 | 김 지 훈 | △ 0/0 | ○ 0/0 | ▽ 0/1 | | △ 0/0 | △ 0/0 | △ 0/0 | △ 0/0 | △ 0/1 | |
| | 13 | 이 종 현 | ▽ 0/0 | | | | | | | | | |
| | 20 | 김 민 호 | | △ 0/0 | ○ 0/0 | ○ 0/0 C | | | | △ 0/0 | | |
| | 29 | 김 민 우 | | | | | | | | | | △ 0/0 |
| | 32 | 장 부 성 | | | | | | | | | △ 0/0 | |
| | 37 | 홍 시 후 | | | | | | | | | ▽ 0/0 | |
| | 77 | 채 프 먼 | ○ 0/0 C | ○ 0/0 CC | | △ 0/0 | ○ 0/0 | ○ 0/0 | ○ 0/0 | ○ 0/0 C | ○ 0/0 | ○ 1/0 C |
| | 97 | 김 동 민 | | | | | ○ 0/0 | ○ 0/0 | ○ 0/0 | | ○ 0/0 | ○ 0/0 |
| | 98 | 김 민 식 | ○ 0/0 | | | | | | | | | |
| MF | 7 | 이 상 민 | | △ 0/0 | △ 0/0 | ▽ 0/0 | ○ 0/0 | ○ 0/0 | ○ 0/0 | ▽ 0/0 | ○ 0/0 | ○ 0/0 |
| | 8 | 디자우마 | △ 0/0 | ▽ 0/0 | △ 0/0 | △ 0/0 | ○ 0/0 C | ▽ 2/0 C | ○ 0/0 | ▽ 0/0 | △ 0/0 | ▽ 0/0 |
| | 23 | 최 재 훈 | ○ 0/0 | ○ 1/0 C | ○ 0/0 | ▽ 0/0 | | ▽ 0/1 C | ▽ 0/0 C | ○ 0/0 | ○ 1/0 | ○ 0/0 |
| | 25 | 정 우 빈 | | | | | | | | | | ▽ 0/0 |
| | 26 | 이 강 연 | | | | | | | | | | |
| | 33 | 연 응 빈 | | | | | △ 0/0 | △ 0/0 | △ 0/0 | | | |
| | 72 | 천 지 현 | ▽ 1/0 | | ▽ 0/0 | ▽ 0/0 | ▽ 0/0 | ▽ 0/0 | ▽ 0/0 C | △ 0/0 | ▽ 0/0 C | △ 0/0 |
| FW | 9 | 김 경 준 | | | | | | | | | | |
| | 10 | 플 라 나 | ▽ 0/0 | ▽ 0/0 | ▽ 0/0 | ▽ 0/0 | ▽ 0/0 | ▽ 1/1 | ○ 0/0 | | | |
| | 11 | 윤 재 운 | | ○ 0/0 | ○ 0/0 | ○ 0/0 | ▽ 0/1 | ○ 0/0 | ▽ 0/0 | ○ 0/0 | ▽ 0/0 | ○ 0/0 |
| | 17 | 제갈재민 | | △ 0/0 | | | △ 0/0 | | ◈ 0/0 C | △ 0/0 | ▽ 0/1 C | ▽ 0/0 |
| | 24 | 루 이 스 | ○ 0/0 | △ 0/0 | ▽ 1/0 | ○ 0/0 | ○ 1/0 | ▽ 0/0 | ▽ 0/0 | ○ 0/0 | △ 2/0 | △ 0/0 |
| | 42 | 안 창 민 | | ▽ 0/1 | △ 0/0 | ▽ 0/0 | ▽ 0/0 | △ 0/0 | | | | |
| | 47 | 조 성 준 | △ 0/0 | ▽ 0/0 | △ 0/0 | △ 0/0 | △ 0/0 | △ 0/0 | △ 0/0 | ▽ 1/0 | | |
| | 50 | 박 동 진 | | | | | | | | ▽ 0/0 C | △ 0/1 | △ 0/0 |
| | 83 | 브 루 노 | ▽ 0/0 | | △ 0/0 | △ 0/0 | | | | | | |
| | 99 | 김 결 | △ 0/0 | △ 0/0 | ▽ 0/0 | △ 0/0 | | △ 0/0 | △ 0/0 C | △ 0/0 | ▽ 0/0 | ▽ 0/0 |

| 위치 | 배번 | 경기번호 | 142 | 150 | 158 | 165 | 172 | 178 | 186 | 194 | 198 | 206 |
|---|---|---|---|---|---|---|---|---|---|---|---|---|
| | | 날 짜 | 07.19 | 07.26 | 08.02 | 08.09 | 08.16 | 08.23 | 08.30 | 09.07 | 09.13 | 09.20 |
| | | 홈/원정 | 홈 | 원정 | 원정 | 원정 | 홈 | 원정 | 홈 | 홈 | 원정 | 원정 |
| | | 장 소 | 김포 | 청주 | 화성 | 탄천 | 김포 | 목동 | 김포 | 김포 | 창원C | 인천 |
| | | 상 대 | 안산 | 충북청주 | 화성 | 성남 | 수원 | 서울E | 전남 | 천안 | 경남 | 인천 |
| | | 결 과 | 무 | 승 | 승 | 무 | 승 | 무 | 승 | 패 | 승 | 승 |
| | | 점 수 | 2 : 2 | 3 : 0 | 1 : 0 | 0 : 0 | 3 : 1 | 1 : 1 | 2 : 0 | 1 : 3 | 2 : 0 | 2 : 1 |
| | | 승 점 | 26 | 29 | 32 | 33 | 36 | 37 | 40 | 40 | 43 | 46 |
| | | 슈팅수 | 15 : 10 | 11 : 11 | 10 : 6 | 12 : 11 | 8 : 14 | 8 : 9 | 14 : 5 | 11 : 15 | 9 : 9 | 9 : 20 |
| GK | 21 | 윤 보 상 | | | ○ 0/0 | ○ 0/0 | ○ 0/0 | ○ 0/0 | ○ 0/0 | ○ 0/0 | | |
| | 31 | 손 정 현 | ○ 0/0 | ○ 0/0 C | | | | | | | ○ 0/0 | ○ 0/0 |
| DF | 2 | 김 종 민 | | | | | △ 0/0 | | △ 0/0 C | △ 0/0 | | △ 0/0 |
| | 3 | 박 경 록 | ▽ 0/0 | | △ 0/0 | | ○ 1/1 | ○ 0/0 | ○ 0/1 C | ○ 0/0 | ○ 1/0 | ○ 0/0 C |
| | 4 | 이 인 재 | | | | | | | | | | |
| | 5 | 이 찬 형 | ○ 0/0 | ○ 0/0 | ○ 0/0 | ○ 0/0 | ▽ 0/0 | ○ 0/0 C | ○ 0/0 | ○ 0/0 | ○ 0/0 | ▽ 0/0 |
| | 6 | 김 지 훈 | △ 0/0 C | ▽ 0/0 | ▽ 0/0 | | △ 0/0 | △ 0/0 | | △ 0/0 | | |
| | 13 | 이 종 현 | | | | | | | | | | |
| | 20 | 김 민 호 | | | | | | | | | | |
| | 29 | 김 민 우 | △ 0/0 C | △ 1/0 | ▽ 0/0 | △ 0/0 | △ 0/0 | ▽ 0/0 | △ 0/0 C | △ 0/0 | △ 1/0 C | △ 0/0 |
| | 32 | 장 부 성 | | | ▽ 0/0 | ▽ 0/0 | ○ 0/1 | ○ 0/0 | ○ 0/0 | ○ 0/0 | ▽ 0/0 | |
| | 37 | 홍 시 후 | | | | | | | | | △ 0/0 | |
| | 77 | 채 프 먼 | | ○ 0/0 | ○ 0/0 | ○ 0/0 C | ○ 0/0 | ○ 0/0 | ▽ 0/0 | | ○ 0/0 C | ○ 0/0 |
| | 97 | 김 동 민 | ○ 0/0 | ○ 0/0 | ○ 0/0 | ○ 0/0 | | | | | | |
| | 98 | 김 민 식 | | △ 0/0 | △ 0/0 | △ 0/0 | | | | | | ▽ 0/0 |
| MF | 7 | 이 상 민 | ○ 0/0 | | △ 0/0 | △ 0/0 | ▽ 0/1 | ▽ 0/0 | ○ 0/1 | ▽ 0/0 | △ 0/1 | ○ 0/0 |
| | 8 | 디자우마 | ○ 0/1 C | ○ 1/0 C | | ○ 0/0 | ▽ 1/0 C | | | | | △ 0/0 |
| | 23 | 최 재 훈 | ▽ 0/0 | ▽ 0/0 C | | ▽ 0/0 | ○ 0/0 | ○ 0/0 | ○ 0/0 | ○ 0/0 | ○ 0/0 | ○ 0/0 C |
| | 25 | 정 우 빈 | △ 0/0 | ▽ 0/0 | | | | | | | | |
| | 26 | 이 강 연 | | | | | | | ▽ 1/0 | ▽ 0/0 | ▽ 0/0 | |
| | 33 | 연 응 빈 | | | | | | | | | | |
| | 72 | 천 지 현 | | | ▽ 1/0 C | | | △ 0/0 C | | ▽ 0/0 | | |
| FW | 9 | 김 경 준 | | | | | | | | | | |
| | 10 | 플 라 나 | | △ 0/0 | △ 0/0 | △ 0/0 | △ 0/0 C | △ 1/0 | ▽ 0/0 | ▽ 0/0 | △ 0/0 | ▽ 0/0 |
| | 11 | 윤 재 운 | ○ 0/0 | ○ 0/0 C | △ 0/0 C | ▽ 0/0 | | | | | ○ 0/0 | ○ 0/1 |
| | 17 | 제갈재민 | ▽ 0/0 | ▽ 0/0 | ○ 0/0 | ▽ 0/0 | | | | △ 1/0 | ▽ 0/0 | △ 0/0 |
| | 24 | 루 이 스 | ▽ 1/0 | △ 0/0 | ▽ 0/0 C | ○ 0/0 | ○ 1/0 C | ○ 0/1 | ○ 1/0 | ○ 0/0 | | |
| | 42 | 안 창 민 | △ 0/0 | | | | △ 0/0 | | | | | |
| | 47 | 조 성 준 | | | | △ 0/0 | ▽ 0/0 | ▽ 0/0 | △ 0/0 | △ 0/0 | ▽ 0/0 | ▽ 0/0 C |
| | 50 | 박 동 진 | ▽ 1/0 | △ 1/1 | ○ 0/0 | ▽ 0/0 C | ▽ 0/0 | ▽ 0/0 | △ 0/0 C | ▽ 0/0 | ▽ 0/0 | ▽ 2/0 |
| | 83 | 브 루 노 | | | | | | | | | | |
| | 99 | 김 결 | △ 0/0 | ▽ 0/0 | | | | △ 0/0 | ▽ 0/0 | | △ 0/1 | △ 0/0 |

선수자료 : 득점/도움 ○ = 선발출전 △ = 교체 IN ▽ = 교체 OUT ◆ = 교체 IN/OUT C = 경고 S = 퇴장

| 위치 | 배번 | 경기번호 | 216 | 220 | 226 | 232 | 241 | 249 | 256 | 266 | 269 | |
|---|---|---|---|---|---|---|---|---|---|---|---|---|
| | | 날 짜 | 09.28 | 10.04 | 10.07 | 10.11 | 10.19 | 10.25 | 11.01 | 11.09 | 11.23 | |
| | | 홈/원정 | 홈 | 홈 | 원정 | 홈 | 원정 | 원정 | 홈 | 홈 | 원정 | |
| | | 장 소 | 김포 | 김포 | 청주 | 김포 | 아산 | 구덕 | 김포 | 김포 | 수원W | |
| | | 상 대 | 성남 | 안산 | 충북청주 | 서울E | 충남아산 | 부산 | 화성 | 부천 | 수원 | |
| | | 결 과 | 무 | 무 | 승 | 패 | 패 | 패 | 승 | 패 | 무 | |
| | | 점 수 | 0 : 0 | 1 : 1 | 2 : 0 | 0 : 1 | 0 : 1 | 1 : 4 | 5 : 1 | 0 : 1 | 1 : 1 | |
| | | 승 점 | 47 | 48 | 51 | 51 | 51 | 51 | 54 | 54 | 55 | |
| | | 슈팅수 | 13 : 13 | 7 : 8 | 12 : 9 | 8 : 11 | 5 : 11 | 9 : 12 | 19 : 13 | 14 : 9 | 16 : 7 | |
| GK | 21 | 윤 보 상 | | | | △ 0/0 | | | ○ 0/0 | ○ 0/0 | | |
| | 31 | 손 정 현 | ○ 0/0 | ○ 0/0 | ○ 0/0 | ▽ 0/0 | ○ 0/0 | ○ 0/0 C | | | ○ 0/0 | |
| DF | 2 | 김 종 민 | | | △ 0/0 | | | | | △ 0/0 | | |
| | 3 | 박 경 록 | ○ 0/0 | ▽ 0/0 | | | | ▽ 0/0 | ○ 0/0 C | ▽ 0/0 | ○ 0/0 | |
| | 4 | 이 인 재 | | | | | | | | | | |
| | 5 | 이 찬 형 | | △ 0/0 | ○ 0/0 | ○ 0/0 | ○ 0/0 | △ 0/0 | ○ 0/0 | ○ 0/0 C | ○ 0/0 C | |
| | 6 | 김 지 훈 | | | | | | | | △ 0/0 | △ 0/0 | |
| | 13 | 이 종 현 | | | | | | | | | | |
| | 20 | 김 민 호 | | | | | | | | | | |
| | 29 | 김 민 우 | △ 0/0 | ○ 0/0 C | | | ▽ 0/0 | ○ 0/0 | ○ 0/1 C | | ○ 1/0 | |
| | 32 | 장 부 성 | ○ 0/0 C | ▽ 0/0 | | | | | ○ 0/1 | ▽ 0/0 | ○ 0/0 | |
| | 37 | 홍 시 후 | △ 0/0 | ◈ 0/0 | △ 0/0 | △ 0/0 | △ 0/0 | | | | | |
| | 77 | 채 프 먼 | ○ 0/0 | ○ 0/0 | ○ 0/0 | ○ 0/0 | ○ 0/0 | ▽ 0/0 C | | | | |
| | 97 | 김 동 민 | ○ 0/0 | ○ 0/0 | ▽ 0/0 | ○ 0/0 | ○ 0/0 | ○ 0/0 C | ○ 0/0 | ○ 0/0 C | ○ 0/0 | |
| | 98 | 김 민 식 | △ 0/0 | | ○ 0/0 | ○ 0/0 | ○ 0/0 | ○ 0/0 | △ 0/0 | △ 0/0 | | |
| MF | 7 | 이 상 민 | △ 0/0 | △ 0/0 | △ 0/0 | △ 0/0 | | | △ 0/0 | ○ 0/0 | ○ 0/0 C | |
| | 8 | 디자우마 | ○ 0/0 | ○ 0/0 | ○ 0/0 | ○ 0/0 | ○ 0/0 | ○ 0/0 | ○ 1/0 C | ○ 0/0 | ○ 0/0 C | |
| | 23 | 최 재 훈 | ▽ 0/0 | | ○ 0/0 | ○ 0/0 | ▽ 0/0 | △ 0/0 | ▽ 0/0 C | | | |
| | 25 | 정 우 빈 | | | | | | | | | | |
| | 26 | 이 강 연 | | | | | | | | | | |
| | 33 | 연 응 빈 | | | | | | | | | | |
| | 72 | 천 지 현 | | | | | | ▽ 0/0 | | | | |
| FW | 9 | 김 경 준 | | | | | | | ▽ 0/0 | ▽ 0/0 | ▽ 0/0 | |
| | 10 | 플 라 나 | ▽ 0/0 | ▽ 0/0 | ▽ 0/1 | ▽ 0/0 | △ 0/0 | △ 1/0 | ◈ 0/0 C | | | |
| | 11 | 윤 재 운 | ▽ 0/0 | ○ 0/0 | ▽ 1/0 | ▽ 0/0 | ▽ 0/0 | ○ 0/0 | ▽ 0/0 | ▽ 0/0 | ▽ 0/1 | |
| | 17 | 제갈재민 | | △ 0/0 | △ 0/0 | △ 0/0 | | | △ 0/0 | | | |
| | 24 | 루 이 스 | | | | | △ 0/0 | ▽ 0/0 | ▽ 3/0 | ○ 0/0 C | ○ 0/0 | |
| | 42 | 안 창 민 | | △ 0/0 | | | | △ 0/0 | △ 1/0 | △ 0/0 | | |
| | 47 | 조 성 준 | ▽ 0/0 | ▽ 0/0 | ▽ 0/1 | ▽ 0/0 | ▽ 0/0 | △ 0/0 | | △ 0/0 | | |
| | 50 | 박 동 진 | ▽ 0/0 | ○ 1/0 C | ▽ 1/0 | ▽ 0/0 | ○ 0/0 S | | | ▽ 0/0 C | | |
| | 83 | 브 루 노 | | | | | | | | | | |
| | 99 | 김 결 | △ 0/0 | | △ 0/0 | △ 0/0 | △ 0/0 | ▽ 0/0 C | | | △ 0/0 | |

# 부산 아이파크

**창단년도_** 1983년
**전화_** 051-941-1100
**팩스_** 051-941-6715
**홈페이지_** https://www.busanipark.com
**유튜브_** https://www.youtube.com/@_BusanIPARKFC
**인스타그램_** https://www.instagram.com/busaniparkfc/
**페이스북_** https://www.facebook.com/busaniparkfc
**주소_** 우 46703 부산광역시 강서구 체육공원로 43(대저1동, 강서체육공원)
43, Cheyukgongwon-ro, Gangseo-gu, Busan, KOREA 46703

## 연혁

1983 대우 로얄즈 프로축구단 창단(전신)
1984 84 축구대제전 수퍼리그 종합우승
1986 제5회 아시안 클럽 챔피언십 우승
프로선수권대회 준우승
1987 제1회 아프로 - 아시안 클럽 챔피언십 우승
87 한국프로축구대회 종합우승
1989 전국축구선수권대회(왕중왕전) 우승
1990 전국축구선수권대회(왕중왕전) 우승
1991 91 한국프로축구대회 종합우승
1997 97 아디다스컵 우승
97 라피도컵 프로축구대회 우승
97 프로스펙스컵 우승
1998 98 필립모리스코리아컵 우승
1999 99 바이코리아컵 K-리그 준우승
2000 구단 인수(현대산업개발)
부산 아이콘스 프로축구단 재창단
제5회 서울은행 FA컵 3위
2001 아디다스컵 2001 준우승
2003 부산 아이콘스 클럽하우스 완공
주식회사 부산 아이콘스 독립 법인 출범
2004 삼성 하우젠 K-리그 2004 통합 7위
제9회 하나은행 FA컵 우승
2005 구단명 부산 아이파크, 사명 아이파크스포츠㈜ 변경
삼성 하우젠 K-리그 2005 전기리그 우승
AFC 챔피언스리그 4강 진출
삼성 하우젠 K-리그 2005 공동 3위
2006 삼성 하우젠 K-리그 2006 전기 6위 / 후기 8위
2007 삼성 하우젠 K-리그 2007 13위
2008 삼성 하우젠컵 2008 6강 진출
삼성 하우젠 K리그 2008 12위
2009 2009 K리그 12위
피스컵 코리아 2009 2위
2010 쏘나타 K-리그 2010 8위
제15회 하나은행 FA컵 준우승
2011 러시앤캐시컵 2011 준우승
현대오일뱅크 K리그 2011 정규 5위 / 챔피언십 6위
2012 현대오일뱅크 K리그 2012 그룹A(상위 스플릿), 7위
2013 현대오일뱅크 K리그 클래식 2013 그룹A(상위 스플릿), 6위
2014 현대오일뱅크 K리그 클래식 2014 그룹B 8위
2015 현대오일뱅크 K리그 클래식 2015 11위, K리그 챌린지 강등
2016 현대오일뱅크 K리그 챌린지 2016 5위
2017 KEB하나은행 K리그 챌린지 2017 2위
제22회 KEB하나은행 FA컵 준우승
2018 KEB하나은행 K리그2 2018 3위
2019 하나원큐 K리그2 2019 2위, K리그1 승격
2020 하나원큐 K리그1 2020 12위, K리그2 강등
2021 하나원큐 K리그2 2021 5위
2022 하나원큐 K리그2 2022 10위
2023 하나원큐 K리그2 2023 2위
2024 하나은행 K리그2 2024 5위
2025 하나은행 K리그2 2025 8위

## 2025년 선수명단

대표이사_ 강민구　감독_ 조성환
수석코치_ 오장은　코치_ 비일환 · 권한진　골키퍼코치_ 양동원　피지컬코치_ 오지우　스카우터 _ 김한윤 · 이승현
의무팀장_ 황근우　의무트레이너_ 김진석 · 오세훈　전력분석관_ 전택수 · 김종민　선수단 매니저_ 김민석　장비담당관_ 정국성

| 포지션 | 선수명 | | 생년월일 | 출신교 | 키(cm) / 몸무게(kg) |
|---|---|---|---|---|---|
| GK | 구상민 | 具相珉 | 1991.10.31 | 동의대 | 186 / 85 |
| | 박대한 | 朴大翰 | 1996.04.19 | 인천대 | 184 / 78 |
| | 이승규 | 李承揆 | 1992.07.27 | 선문대 | 193 / 85 |
| | 김유래 | 金裕來 | 2006.11.17 | 개성고 | 189 / 76 |
| DF | 이동훈 | 李東勳 | 2005.06.19 | 보인고 | 175 / 70 |
| | 오반석 | 吳反錫 | 1988.05.20 | 건국대 | 190 / 80 |
| | 정호근 | 鄭虎根 | 1999.03.17 | 안동과학대 | 190 / 85 |
| | 리영직 | 李栄直 | 1991.02.08 | *북한 | 189 / 75 |
| | 전성진 | 田聖眞 | 2001.07.19 | 현대고 | 176 / 70 |
| | 이현규 | 李弦奎 | 2002.07.31 | 숭실대 | 168 / 67 |
| | 조위제 | 趙偉濟 | 2001.08.25 | 용인대 | 189 / 82 |
| | 최예훈 | 崔豫勳 | 2003.08.19 | 보인고 | 180 / 73 |
| | 박창우 | 朴昶佑 | 2003.03.01 | 전주영생고 | 178 / 64 |
| | 홍욱현 | 洪旭賢 | 2004.01.06 | 개성고 | 188 / 74 |
| | 김희승 | 金熹承 | 2003.01.19 | 천안제일고 | 184 / 81 |
| | 홍재석 | 洪在石 | 2003.07.03 | 전주대 | 188 / 80 |
| | 김동욱 | 金東郁 | 2003.02.12 | 현대고 | 184 / 75 |
| | 김진래 | 金進來 | 1997.05.01 | 매탄고 | 182 / 72 |
| | 장호익 | 張鎬翼 | 1993.12.04 | 호남대 | 173 / 62 |
| | 김세훈 | 金勢勳 | 2004.01.20 | 인천대건고 | 178 / 68 |
| MF | 전승민 | 田昇閔 | 2000.12.15 | 용인대 | 174 / 69 |
| | 이동수 | 李東洙 | 1994.06.03 | 관동대 | 187 / 76 |
| | 사비에르 | Antonio Xavier Rodrigues Neto | 2001.02.13 | *브라질 | 175 / 64 |
| | 페신 | Jefferson Gabriel Nascimento Brito | 1999.01.04 | *브라질 | 175 / 65 |
| | 조민호 | 曺旻湖 | 2004.04.10 | 개성고 | 175 / 68 |
| | 이현준 | 李玹準 | 2004.04.23 | 개성고 | 188 / 74 |
| | 손휘 | 孫輝 | 2004.04.03 | 천안제일고 | 173 / 65 |
| | 이수아 | 李秀峨 | 2005.05.28 | 한남대 | 178 / 71 |
| FW | 곤잘로 | Gonzalo Schnorr Fornari | 1999.12.09 | *브라질 | 201 / 90 |
| | 빌레로 | Paul Breitner Villero Arevalo | 1998.10.07 | *콜롬비아 | 169 / 62 |
| | 김민기 | 金旻記 | 2004.01.31 | 한남대 | 187 / 80 |
| | 김현민 | 金賢潤 | 2006.07.30 | 영등포공고 | 177 / 71 |
| | 최기윤 | 崔起綸 | 2002.04.09 | 개성고 | 175 / 64 |
| | 윤민호 | 尹旼顥 | 1995.12.06 | 전주대 | 178 / 78 |
| | 백가온 | 白가온 | 2006.01.23 | 보인고 | 183 / 71 |
| | 김찬 | 金澯 | 2000.04.25 | 포항제철고 | 189 / 83 |

## 2025년 개인기록 _ K리그2

| 위치 | 배번 | 경기번호 | 03 | 12 | 15 | 26 | 32 | 38 | 48 | 54 | 63 | 69 |
|---|---|---|---|---|---|---|---|---|---|---|---|---|
| | | 날 짜 | 02.22 | 03.02 | 03.08 | 03.16 | 03.29 | 04.05 | 04.13 | 04.20 | 04.27 | 05.04 |
| | | 홈/원정 | 홈 | 홈 | 원정 | 홈 | 원정 | 홈 | 홈 | 원정 | 홈 | 홈 |
| | | 장 소 | 구덕 | 구덕 | 부천 | 구덕 | 인천 | 구덕 | 구덕 | 안산 | 구덕 | 구덕 |
| | | 상 대 | 김포 | 경남 | 부천 | 천안 | 인천 | 전남 | 서울E | 안산 | 화성 | 충남아산 |
| | | 결 과 | 무 | 패 | 승 | 승 | 무 | 패 | 무 | 승 | 승 | 승 |
| | | 점 수 | 0 : 0 | 0 : 1 | 2 : 0 | 2 : 1 | 1 : 1 | 0 : 1 | 2 : 2 | 3 : 1 | 3 : 2 | 2 : 0 |
| | | 승 점 | 1 | 1 | 4 | 7 | 8 | 8 | 9 | 12 | 15 | 18 |
| | | 슈팅수 | 8 : 8 | 8 : 10 | 8 : 9 | 12 : 1 | 7 : 11 | 12 : 11 | 14 : 14 | 11 : 13 | 12 : 10 | 7 : 5 |
| GK | 1 | 구 상 민 | ○ 0/0 | ○ 0/0 | ○ 0/0 | ○ 0/0 | ○ 0/0 | ○ 0/0 | ○ 0/0 | ○ 0/0 | ○ 0/0 | ○ 0/0 |
| | 21 | 박 대 한 | | | | | | | | | | |
| DF | 3 | 오 반 석 | | | | | △ 0/0 | △ 0/0 | ○ 0/0 | △ 0/0 | △ 0/0 | ○ 0/0 |
| | 4 | 정 호 근 | ▽ 0/0 | ○ 0/0 C | ▽ 0/0 | | | | | | | |
| | 8 | 리 영 직 | | | | | | | | | | |
| | 17 | 전 성 진 | △ 0/0 | ▽ 0/0 | ○ 0/0 | ▽ 0/0 | ○ 0/0 | ○ 0/0 | ○ 1/0 C | ○ 0/0 C | ○ 0/0 | ▽ 0/0 |
| | 18 | 이 현 규 | | | | | | | | | △ 0/0 | |
| | 20 | 조 위 제 | ○ 0/0 | ▽ 0/0 | | ○ 0/0 | ○ 0/0 | ○ 0/0 | ▽ 0/0 | ○ 0/0 | ○ 0/0 | ○ 0/0 C |
| | 22 | 최 예 훈 | | | | | | | | | | |
| | 23 | 박 창 우 | ○ 0/0 | ○ 0/0 | ○ 0/1 | ▽ 0/0 | ○ 0/0 | ○ 0/0 | ▽ 0/0 | | | ○ 0/0 |
| | 24 | 홍 욱 현 | | | | | | | | | | |
| | 33 | 홍 재 석 | | | △ 0/0 | △ 0/0 | | ▽ 0/0 | △ 0/0 | ▽ 0/0 | ○ 0/0 | |
| | 37 | 김 동 욱 | | | | | | | | | | |
| | 63 | 김 진 래 | ○ 0/0 C | △ 0/0 | | △ 0/0 | | | | | | △ 0/0 |
| | 77 | 장 호 익 | ○ 0/0 | ○ 0/0 | ○ 0/0 | ○ 0/0 | ▽ 0/0 | | ○ 1/0 | ○ 0/0 | ▽ 0/0 C | ○ 0/0 |
| | 88 | 김 세 훈 | | | | | | | | | | |
| MF | 5 | 전 승 민 | | | | | | | △ 0/1 | ▽ 0/1 | ▽ 0/0 | △ 0/0 |
| | 6 | 이 동 수 | △ 0/0 | △ 0/0 | ○ 0/0 | ○ 0/0 | ○ 0/0 | ○ 0/0 | ○ 0/0 | ○ 0/0 | ○ 0/0 S | |
| | 7 | 사비에르 | ▽ 0/0 | ○ 0/0 | ▽ 0/0 C | ○ 0/0 | ○ 1/0 C | | | ▽ 1/0 C | ○ 0/0 | ○ 0/0 |
| | 10 | 페 신 | ▽ 0/0 | △ 0/0 | ▽ 1/0 | ▽ 1/0 | △ 0/0 | ▽ 0/0 | △ 0/0 | ○ 1/0 | ▽ 2/0 | ▽ 0/0 |
| | 19 | 조 민 호 | | | | | | | | | | |
| | 26 | 임 민 혁 | ○ 0/0 | ○ 0/0 C | ○ 0/0 | ▽ 0/0 | ▽ 0/0 C | ▽ 0/0 | ▽ 0/0 | △ 0/0 | | ▽ 0/0 |
| | 30 | 김 희 승 | | | | | | | | | | |
| | 42 | 이 현 준 | | | | | | ▽ 0/0 | ◈ 0/0 | | | |
| | 47 | 손 휘 | | | △ 0/0 | △ 0/0 | △ 0/0 | △ 0/0 | | | | |
| | 66 | 이 수 아 | | | | | | | | | | |
| FW | 9 | 곤 잘 로 | ○ 0/0 | ▽ 0/0 | ▽ 0/1 C | △ 1/0 | △ 0/0 | ○ 0/0 C | ○ 0/0 | ▽ 1/1 | ▽ 1/0 | ▽ 0/0 |
| | 11 | 빌 레 로 | ○ 0/0 | △ 0/0 | ▽ 1/0 | ○ 0/1 | ○ 0/0 | ○ 0/0 | ○ 0/0 | ▽ 0/1 | ▽ 0/2 | ▽ 1/1 C |
| | 27 | 김 현 민 | | ▽ 0/0 | | | | | | △ 0/0 | △ 0/0 | △ 0/0 |
| | 29 | 최 기 윤 | | | | | | | | | | |
| | 32 | 윤 민 호 | | △ 0/0 | △ 0/0 | | | | | △ 0/0 | △ 0/0 | |
| | 45 | 백 가 온 | | | △ 0/0 | ▽ 0/0 | ▽ 0/0 | △ 0/0 | ▽ 0/0 | | | △ 0/0 |
| | 55 | 김 찬 | | | | | | | | | | |
| | 99 | 손 석 용 | △ 0/0 | ▽ 0/0 | △ 0/0 C | △ 0/0 | ▽ 0/0 | △ 0/0 | △ 0/0 | △ 0/0 | △ 0/0 | △ 1/0 |

선수자료 : 득점/도움 ○ = 선발출전 △ = 교체 IN ▽ = 교체 OUT ◈ = 교체 IN/OUT C = 경고 S = 퇴장

| 위치 | 배번 | 경기번호 | 76 | 81 | 87 | 93 | 101 | 109 | 118 | 124 | 133 | 135 |
|---|---|---|---|---|---|---|---|---|---|---|---|---|
| | | 날 짜 | 05.11 | 05.17 | 05.24 | 05.31 | 06.07 | 06.15 | 06.22 | 06.29 | 07.06 | 07.12 |
| | | 홈/원정 | 원정 | 홈 | 원정 | 원정 | 홈 | 원정 | 홈 | 원정 | 원정 | 홈 |
| | | 장 소 | 청주 | 구덕 | 탄천 | 목동 | 구덕 | 광양 | 구덕 | 수원W | 김포 | 구덕 |
| | | 상 대 | 충북청주 | 수원 | 성남 | 서울E | 안산 | 전남 | 충북청주 | 수원 | 김포 | 성남 |
| | | 결 과 | 승 | 패 | 무 | 승 | 패 | 승 | 무 | 무 | 패 | 무 |
| | | 점 수 | 2 : 0 | 1 : 4 | 0 : 0 | 4 : 1 | 0 : 2 | 1 : 0 | 2 : 2 | 1 : 1 | 0 : 3 | 0 : 0 |
| | | 승 점 | 21 | 21 | 22 | 25 | 25 | 28 | 29 | 30 | 30 | 31 |
| | | 슈팅수 | 11 : 9 | 11 : 12 | 8 : 17 | 5 : 8 | 12 : 4 | 11 : 16 | 12 : 6 | 20 : 14 | 6 : 9 | 11 : 6 |
| GK | 1 | 구 상 민 | | ○ 0/0 | ○ 0/0 | ○ 0/0 | ○ 0/0 | ○ 0/0 | ○ 0/0 | ○ 0/0 C | ○ 0/0 | ○ 0/0 |
| | 21 | 박 대 한 | ○ 0/0 | | | | | | | | | |
| DF | 3 | 오 반 석 | ▽ 0/0 | | | ○ 0/0 | ▽ 0/0 | ○ 0/0 C | | | ▽ 0/0 | |
| | 4 | 정 호 근 | | | | | | | | | | |
| | 8 | 리 영 직 | | | | | | | | ▽ 0/0 | ▽ 0/0 | |
| | 17 | 전 성 진 | △ 0/0 | ▽ 0/0 | △ 0/0 | | △ 0/0 | ▽ 0/0 | ○ 0/0 | ○ 0/0 | ▽ 0/0 C | ▽ 0/0 |
| | 18 | 이 현 규 | ▽ 0/0 | | | △ 0/0 | ▽ 0/0 | | | | | |
| | 20 | 조 위 제 | ○ 0/0 | ○ 0/0 | ○ 0/0 | ○ 0/0 | ○ 0/0 | ○ 0/0 C | ○ 0/0 C | ○ 0/0 | ○ 0/0 | ○ 0/0 |
| | 22 | 최 예 훈 | | | | | | | | | | |
| | 23 | 박 창 우 | | ▽ 0/0 | ▽ 0/0 | ▽ 0/1 | | | | | | ○ 0/0 |
| | 24 | 홍 욱 현 | | | | | | ▽ 0/0 | ○ 1/0 | ○ 0/0 | | ▽ 0/0 |
| | 33 | 홍 재 석 | | | | △ 0/0 | △ 0/0 | △ 0/0 | △ 0/0 | | | |
| | 37 | 김 동 욱 | △ 0/0 | | | | | | | | | |
| | 63 | 김 진 래 | ○ 0/0 C | △ 0/0 | ▽ 0/0 | ▽ 0/0 C | ▽ 0/0 | | | △ 0/0 | △ 0/0 | |
| | 77 | 장 호 익 | ○ 0/0 | ○ 0/0 C | ○ 0/0 | ▽ 0/0 | ○ 0/0 | ○ 0/0 | ○ 0/0 | ○ 0/0 | ○ 0/0 | ○ 0/0 |
| | 88 | 김 세 훈 | | | | | | | △ 0/0 | ▽ 0/0 | ○ 0/0 | △ 0/0 |
| MF | 5 | 전 승 민 | | △ 0/0 | △ 0/0 | | △ 0/0 | | | | | ▽ 0/0 |
| | 6 | 이 동 수 | | ▽ 0/0 | ○ 0/0 | ○ 0/0 | ○ 0/0 | ○ 0/1 C | ▽ 0/0 | ▽ 0/0 | ○ 0/0 C | ○ 0/0 |
| | 7 | 사비에르 | ○ 0/0 | ○ 0/0 C | ○ 0/0 C | | | | | | | |
| | 10 | 페 신 | | | ▽ 0/0 | ○ 1/1 | ○ 0/0 | ▽ 1/0 | ○ 1/0 | ○ 0/0 | ▽ 0/0 | ○ 0/0 |
| | 19 | 조 민 호 | | | | | | | | | | |
| | 26 | 임 민 혁 | ○ 0/0 | ▽ 0/0 | ▽ 0/0 | ▽ 0/0 C | ▽ 0/0 | ▽ 0/0 | ▽ 0/0 | | | |
| | 30 | 김 희 승 | | | | | | | | | | |
| | 42 | 이 현 준 | | | | | | | | | | |
| | 47 | 손 휘 | | | | △ 0/0 | | △ 0/0 C | △ 0/0 | △ 0/1 C | △ 0/0 | |
| | 66 | 이 수 아 | | | | △ 0/0 C | | | | | | △ 0/0 |
| FW | 9 | 곤 잘 로 | △ 2/0 | ○ 0/0 | ○ 0/0 C | | ○ 0/0 | ▽ 0/0 | ▽ 0/0 | △ 1/0 | ▽ 0/0 | △ 0/0 |
| | 11 | 빌 레 로 | △ 0/1 C | ○ 0/0 | ○ 0/0 | ▽ 1/0 | ▽ 0/0 | ○ 0/0 C | ▽ 0/0 | △ 0/0 | ○ 0/0 C | △ 0/0 |
| | 27 | 김 현 민 | △ 0/0 | △ 0/0 | △ 0/0 | △ 0/0 | | △ 0/0 | ▽ 0/0 | | △ 0/0 | △ 0/0 |
| | 29 | 최 기 윤 | | | | | | | | △ 0/0 | △ 0/0 C | |
| | 32 | 윤 민 호 | ▽ 0/0 | | | | △ 0/0 | | | | | |
| | 45 | 백 가 온 | ▽ 0/0 C | △ 0/0 | △ 0/0 | ○ 2/2 C | | △ 0/0 | △ 0/0 | ▽ 0/0 | △ 0/0 | ▽ 0/0 |
| | 55 | 김 찬 | | | | | | | | | | |
| | 99 | 손 석 용 | ▽ 0/0 | ○ 1/0 S | | | △ 0/0 | △ 0/0 | △ 0/0 | ▽ 0/0 | | ▽ 0/0 |
| | | | | | | | | | | | | |

| 위치 | 배번 | 경기번호 | 144 | 148 | 160 | 163 | 175 | 181 | 188 | 190 | 203 | 210 |
|---|---|---|---|---|---|---|---|---|---|---|---|---|
| | | 날 짜 | 07.19 | 07.26 | 08.02 | 08.09 | 08.17 | 08.24 | 08.30 | 09.06 | 09.14 | 09.21 |
| | | 홈/원정 | 원정 | 홈 | 원정 | 홈 | 원정 | 원정 | 홈 | 홈 | 원정 | 홈 |
| | | 장 소 | 화성 | 구덕 | 창원C | 구덕 | 천안 | 아산 | 구덕 | 구덕 | 안산 | 구덕 |
| | | 상 대 | 화성 | 부천 | 경남 | 인천 | 천안 | 충남아산 | 충북청주 | 수원 | 안산 | 전남 |
| | | 결 과 | 패 | 승 | 패 | 패 | 승 | 승 | 무 | 승 | 승 | 무 |
| | | 점 수 | 0 : 1 | 4 : 2 | 0 : 1 | 0 : 2 | 1 : 0 | 1 : 0 | 2 : 2 | 1 : 0 | 3 : 2 | 1 : 1 |
| | | 승 점 | 31 | 34 | 34 | 34 | 37 | 40 | 41 | 44 | 47 | 48 |
| | | 슈팅수 | 11 : 7 | 12 : 10 | 15 : 2 | 15 : 4 | 3 : 7 | 9 : 8 | 11 : 9 | 13 : 7 | 9 : 7 | 8 : 4 |
| GK | 1 | 구 상 민 | | ○ 0/0 | ○ 0/0 | ○ 0/0 | ○ 0/0 | ○ 0/0 | ○ 0/0 | ○ 0/0 C | ○ 0/0 | ○ 0/0 |
| | 21 | 박 대 한 | ○ 0/0 | | | | | | | | | |
| DF | 3 | 오 반 석 | | | | | ▽ 0/0 | ▽ 0/0 | ○ 1/0 | ▽ 0/0 | △ 0/0 | ○ 0/0 |
| | 4 | 정 호 근 | | | | | | | △ 0/0 | △ 0/0 C | | |
| | 8 | 리 영 직 | | | | | | | | | | |
| | 17 | 전 성 진 | ○ 0/0 | ○ 0/0 | ▽ 0/0 C | ○ 0/0 | ○ 1/0 | ▽ 0/0 | ▽ 0/1 | ▽ 0/0 | | ▽ 0/0 C |
| | 18 | 이 현 규 | | | | | | | | | | |
| | 20 | 조 위 제 | ○ 0/0 C | ○ 0/0 | ○ 0/0 | ○ 0/0 | ○ 0/0 | ○ 0/0 C | | ○ 0/0 | ▽ 0/0 | ○ 0/0 |
| | 22 | 최 예 훈 | | | | | | | | | | |
| | 23 | 박 창 우 | | | | △ 0/0 | | | ▽ 0/0 | ○ 0/0 | ○ 0/0 C | △ 0/0 |
| | 24 | 홍 욱 현 | ○ 0/0 | ▽ 0/0 C | ▽ 0/0 | ▽ 0/0 C | | △ 0/0 | ○ 0/0 | | ○ 0/0 | |
| | 33 | 홍 재 석 | △ 0/0 | △ 0/0 | | | △ 0/0 | | | | | |
| | 37 | 김 동 욱 | | | △ 0/0 | | △ 0/0 | △ 0/0 | △ 0/0 | △ 0/0 | ○ 0/0 | △ 0/0 |
| | 63 | 김 진 래 | | | | | | | | | | |
| | 77 | 장 호 익 | ○ 0/0 C | ○ 0/0 | ○ 0/0 | ○ 0/0 | ○ 0/0 | ○ 0/0 | ○ 0/0 | ○ 0/0 | ○ 0/0 | ○ 0/0 |
| | 88 | 김 세 훈 | ▽ 0/0 | ▽ 0/0 | ○ 0/0 | ▽ 0/0 | ▽ 0/0 | ○ 0/0 | | | △ 0/0 | ▽ 0/0 |
| MF | 5 | 전 승 민 | ▽ 0/0 | | | | | | | | | |
| | 6 | 이 동 수 | ○ 0/0 | ○ 0/0 | ○ 0/0 | ▽ 0/0 | ○ 0/0 | ○ 0/0 | ○ 1/0 | ○ 0/0 C | ▽ 0/0 | ▽ 0/0 |
| | 7 | 사비에르 | | | ▽ 0/0 | ▽ 0/0 | ▽ 0/0 | ▽ 0/0 | ▽ 0/0 C | ▽ 0/0 | ○ 1/0 | ○ 0/0 |
| | 10 | 페 신 | △ 0/0 | ▽ 1/0 | ▽ 0/0 | ○ 0/0 | ▽ 0/1 | ▽ 0/0 | ▽ 0/1 | ▽ 1/0 | △ 0/0 | ○ 0/0 |
| | 19 | 조 민 호 | ◆ 0/0 | | △ 0/0 | △ 0/0 | | | | | | |
| | 26 | 임 민 혁 | | | | | | | | | | |
| | 30 | 김 희 승 | | | | | | | | | | |
| | 42 | 이 현 준 | | △ 0/0 | | | | | △ 0/0 | | | |
| | 47 | 손 휘 | | | | | | | △ 0/0 | △ 0/0 | △ 0/0 | △ 0/0 |
| | 66 | 이 수 아 | △ 0/0 | ▽ 0/0 | △ 0/0 | △ 0/0 | △ 0/0 | △ 0/0 | | | | |
| FW | 9 | 곤 잘 로 | ○ 0/0 | ▽ 0/1 | ○ 0/0 | △ 0/0 C | ▽ 0/0 | ▽ 1/0 | ▽ 0/0 | △ 0/0 | △ 0/0 | ▽ 0/0 |
| | 11 | 빌 레 로 | | ○ 2/0 C | | ○ 0/0 C | ○ 0/0 | ○ 0/0 | ○ 0/0 | ○ 0/0 | ▽ 0/1 | ▽ 0/0 |
| | 27 | 김 현 민 | ▽ 0/0 | △ 0/0 | ▽ 0/0 | | | △ 0/0 | | | | |
| | 29 | 최 기 윤 | ▽ 0/0 | △ 0/0 | △ 0/0 | △ 0/0 | △ 0/0 | △ 0/0 | △ 0/0 | △ 0/0 | ▽ 1/0 | △ 0/0 |
| | 32 | 윤 민 호 | | | | | | | | ▽ 0/0 | ▽ 1/0 | △ 0/0 |
| | 45 | 백 가 온 | | △ 1/1 | △ 0/0 | ▽ 0/0 | △ 0/0 | | | | | |
| | 55 | 김 찬 | | | | | | | | | | |
| | 99 | 손 석 용 | △ 0/0 | | | | | | | | | |
| | | | | | | | | | | | | |

선수자료 : 득점/도움 ○ = 선발출전 △ = 교체 IN ▽ = 교체 OUT ◆ = 교체 IN/OUT C = 경고 S = 퇴장

| 위치 | 배번 | 경기번호 | 215 | 224 | 228 | 236 | 240 | 249 | 257 | 262 | 273 | |
|---|---|---|---|---|---|---|---|---|---|---|---|---|
| | | 날 짜 | 09.28 | 10.05 | 10.08 | 10.12 | 10.19 | 10.25 | 11.02 | 11.08 | 11.23 | |
| | | 홈/원정 | 원정 | 홈 | 원정 | 홈 | 원정 | 홈 | 원정 | 홈 | 원정 | |
| | | 장 소 | 화성 | 구덕 | 천안 | 구덕 | 목동 | 구덕 | 인천 | 구덕 | 탄천 | |
| | | 상 대 | 화성 | 경남 | 천안 | 부천 | 서울E | 김포 | 인천 | 충남아산 | 성남 | |
| | | 결 과 | 무 | 무 | 무 | 패 | 패 | 승 | 무 | 패 | 패 | |
| | | 점 수 | 1 : 1 | 1 : 1 | 0 : 0 | 1 : 2 | 0 : 3 | 4 : 1 | 0 : 0 | 0 : 3 | 1 : 2 | |
| | | 승 점 | 49 | 50 | 51 | 51 | 51 | 54 | 55 | 55 | 55 | |
| | | 슈팅수 | 17 : 4 | 17 : 3 | 12 : 6 | 17 : 4 | 11 : 11 | 12 : 9 | 13 : 3 | 5 : 9 | 6 : 12 | |
| GK | 1 | 구상민 | ○ 0/0 | ○ 0/0 | ○ 0/0 | ○ 0/0 | ○ 0/0 | ○ 0/0 | ○ 0/0 | ○ 0/0 | ○ 0/0 | |
| | 21 | 박대한 | | | | | | | | | | |
| DF | 3 | 오반석 | | ▽ 0/0 | | ▽ 0/0 | ▽ 0/0 | △ 0/0 | | ○ 0/0 | | |
| | 4 | 정호근 | | | | | | | | ▽ 0/0 | | |
| | 8 | 리영직 | | | | | | | | | | |
| | 17 | 전성진 | | ○ 0/0 | ○ 0/0 C | ▽ 0/0 | ○ 0/0 | ▽ 1/1 | ▽ 0/0 | ▽ 0/0 | △ 0/0 | |
| | 18 | 이현규 | | | | | | | | | | |
| | 20 | 조위제 | ○ 0/0 | ○ 0/0 | ○ 0/0 | ○ 0/0 | ○ 0/0 C | ○ 1/0 C | ○ 0/0 C | | ○ 0/0 C | |
| | 22 | 최예훈 | | | | | | | △ 0/0 | | ○ 0/0 C | |
| | 23 | 박창우 | ▽ 0/0 C | ▽ 0/0 | ○ 0/0 | ▽ 0/0 | | | | | ▽ 0/0 | |
| | 24 | 홍욱현 | ○ 0/0 | | ○ 0/0 | | | | | | | |
| | 33 | 홍재석 | | | | | | | | | | |
| | 37 | 김동욱 | ○ 0/0 | △ 0/0 | | △ 0/0 | △ 0/0 | △ 0/0 | △ 0/0 | △ 0/0 | ▽ 0/0 | |
| | 63 | 김진래 | | | | | | | | | | |
| | 77 | 장호익 | ○ 0/0 | ○ 0/0 | ○ 0/0 | ○ 0/0 C | ○ 0/0 | ○ 0/0 | ○ 0/0 C | | ○ 0/0 | |
| | 88 | 김세훈 | △ 0/0 | △ 0/0 | | △ 0/0 | ▽ 0/0 C | ▽ 0/1 | ○ 0/0 | ○ 0/0 | △ 0/0 | |
| MF | 5 | 전승민 | | | | | | | | | | |
| | 6 | 이동수 | ▽ 0/0 | ○ 0/0 | ▽ 0/0 | ▽ 0/0 | ▽ 0/0 C | ○ 0/0 | ▽ 0/0 | ▽ 0/0 C | | |
| | 7 | 사비에르 | ○ 0/0 C | ▽ 0/0 | ○ 0/0 | ○ 0/0 | ○ 0/0 | ○ 0/0 | ○ 0/0 | ○ 0/0 | ○ 0/0 S | |
| | 10 | 페신 | | ○ 1/0 | ▽ 0/0 | ○ 1/0 | ○ 0/0 | △ 0/0 | △ 0/0 | ○ 0/0 | | |
| | 19 | 조민호 | | | | | | | | | | |
| | 26 | 임민혁 | | | | | | | | | | |
| | 30 | 김희승 | | | | | | ○ 0/0 | ○ 0/0 C | ○ 0/0 | ○ 0/1 | |
| | 42 | 이현준 | | | | | | | | | | |
| | 47 | 손휘 | △ 0/0 | △ 0/0 | △ 0/0 C | | ◈ 0/0 | | | | △ 0/0 | |
| | 66 | 이수아 | | | | | | | | | | |
| FW | 9 | 곤잘로 | △ 0/0 | ▽ 0/0 | △ 0/0 | ○ 0/0 | △ 0/0 | △ 0/0 | △ 0/0 | △ 0/0 | | |
| | 11 | 빌레로 | ○ 0/0 | △ 0/0 | ○ 0/0 | ○ 0/0 | ○ 0/0 | △ 1/0 | △ 0/0 | ○ 0/0 | | |
| | 27 | 김현민 | | | | | △ 0/0 | ▽ 0/0 | ▽ 0/0 | △ 0/0 | ▽ 0/0 | |
| | 29 | 최기윤 | ○ 0/0 | ▽ 0/0 | △ 0/0 | △ 0/0 | △ 0/0 | ▽ 0/0 | ▽ 0/0 | △ 0/0 | ▽ 1/0 | |
| | 32 | 윤민호 | ▽ 1/0 | △ 0/0 | ▽ 0/0 | △ 0/0 | ▽ 0/0 | ▽ 1/0 | ▽ 0/0 | ▽ 0/0 | △ 0/0 | |
| | 45 | 백가온 | | | | | | | | | △ 0/0 | |
| | 55 | 김찬 | | | | | | | | | ▽ 0/0 | |
| | 99 | 손석용 | | | | | | | | | | |

# 충남 아산 FC

**창단년도_** 2020년
**전화_** 041-533-2017 **팩스_** 041-544-2017
**홈페이지_** https://www.asanfc.com
**유튜브_** https://www.youtube.com/@CAFC2020
**인스타그램_** https://www.instagram.com/asanfc2020
**페이스북_** https://www.facebook.com/CAFC2020
**주소_** 우 31580 충청남도 아산시 남부로 370-24 이순신종합운동장 내
Yi Sun-Sin Sports Complex, 370-24, Nambu-ro, Asan-si, Chungcheongnam-do, KOREA 31580

## 연혁

2019 창단준비위원회 발족
팀 공식 명칭 충남 아산 프로축구단 확정, 엠블럼 발표
2020 하나원큐 K리그2 2020 10위
2021 하나원큐 K리그2 2021 8위(11승 8무 17패)
하나원큐 K리그2 2021 사랑나눔상 수상
하나원큐 K리그2 2021 영플레이어상 수상자 배출(김인균)
사회공헌활동 204회 달성
2022 전혜자 대표이사, 박성관 단장 취임
하나원큐 K리그2 2022 6위(13승 13무 14패)
하나원큐 K리그2 2022 득점상 & 베스트11 수상자 배출(유강현)
2023 이준일 대표이사 선임
팀 통산 100호골 달성(정성호)
박동혁 감독 K리그 통산 200경기 지휘
하나원큐 K리그2 2023 10위(12승 6무 18패)
2024 제2대 김현석 감독 부임
하나은행 K리그2 2024 준우승: 창단 이후 최고 순위 기록
사상 첫 승강 플레이오프 진출
팀 통산 200호골 달성(데니손)
하나은행 K리그2 2024 2위(17승 9무 10패)
하나은행 K리그2 2024 베스트11 수상자 배출(주닝요)
2025 제3대 배성재 감독 부임
하나은행 K리그2 2025 9위(13승 14무 12패)

## 2025년 선수명단

대표이사_ 이준일 단장_ 박성관 감독_ 배성재
수석코치_ 조진수 코치_ 김종국 골키퍼코치_ 이정래 스포츠사이언티스트_ 최지현 전력강화부장_ 이재현 스카우터_ 유동규
의무트레이너_ 엄성현 · 정성령 · 오윤 통역_ 이영로 · 황준호 장비관리사_ 한민웅 전력분석관_ 고대희 선수단 매니저_ 최진수

| 포지션 | 선수명 | | 생년월일 | 출신교 | 키(cm) / 몸무게(kg) |
|---|---|---|---|---|---|
| GK | 김진영 | 金眞英 | 1992.03.02 | 건국대 | 195 / 89 |
| | 신송훈 | 申松勳 | 2002.11.07 | 금호고 | 180 / 80 |
| | 주현성 | 朱賢城 | 1999.03.31 | 상문고 | 184 / 79 |
| DF | 김민혁 | 金敏爀 | 1992.02.27 | 숭실대 | 187 / 73 |
| | 김수안 | 金秀岸 | 1993.06.10 | 부경고 | 193 / 88 |
| | 김영남 | 金榮男 | 1991.03.24 | 풍생고 | 178 / 78 |
| | 김주성 | 金珠成 | 2002.05.22 | 용운고 | 177 / 74 |
| | 박병현 | 朴炳玹 | 1993.03.28 | 상지대 | 184 / 82 |
| | 박세진 | 朴世晋 | 1995.12.15 | 대구공고 | 177 / 68 |
| | 박영재 | 朴永宰 | 2001.06.11 | 중원대 | 180 / 68 |
| | 박종민 | 朴種敏 | 1995.03.02 | 명지대 | 183 / 81 |
| | 변준영 | 邊埈暎 | 2001.05.16 | 여의도고 | 188 / 83 |
| | 양승욱 | 梁承煜 | 2006.02.01 | 화성FC U18 | 185 / 83 |
| | 이은범 | 李殷汎 | 1996.01.30 | 숭실고 | 183 / 75 |
| | 이학민 | 李學玟 | 1991.03.11 | 상지대 | 175 / 70 |
| | 장준영 | 張竣營 | 1993.02.04 | 용인대 | 184 / 78 |
| | 정도진 | 鄭檮辰 | 2002.07.16 | 광주대 | 186 / 75 |
| | 정이서 | 鄭伊棲 | 2003.03.24 | 유성생명과학고 | 186 / 75 |
| | 최보경 | 崔普慶 | 1988.04.12 | 동국대 | 184 / 79 |
| | 최현웅 | 崔賢雄 | 2003.10.09 | 한미음고 | 188 / 87 |
| | 최희원 | 崔熙願 | 1999.05.11 | 중앙대 | 185 / 78 |
| | 한정수 | 韓政洙 | 2002.09.07 | 김천대 | 177 / 73 |
| MF | 김정현 | 金呈泫 | 2004.06.29 | 천안제일고 | 183 / 76 |
| | 김종국 | 金鐘局 | 1989.01.08 | 서귀포고 | 180 / 74 |
| | 김종석 | 金綜錫 | 1995.01.11 | 상지대 | 185 / 80 |
| | 박세직 | 朴世直 | 1989.05.25 | 한양대 | 178 / 79 |
| | 손준호 | 孫準浩 | 1992.05.12 | 영남대 | 176 / 69 |
| | 여현준 | 呂賢俊 | 2005.05.13 | 충남아산 U18 | 175 / 72 |
| | 이민혁 | 李敏赫 | 2006.06.20 | 보인고 | 178 / 67 |
| | 이유민 | 李蹂愍 | 2005.03.04 | 신평고 | 175 / 68 |
| | 정마호 | 鄭櫯豪 | 2005.01.14 | 신평고 | 190 / 78 |
| | 정세준 | 鄭世準 | 2002.06.27 | 전주대 | 174 / 72 |
| | 정재윤 | 鄭載潤 | 2002.05.07 | 경신고 | 180 / 77 |
| | 최치원 | 崔致遠 | 1993.06.11 | 부경고 | 178 / 75 |
| | 황재환 | 黃載桓 | 2021.04.12 | 현대고 | 170 / 60 |
| FW | 강민규 | 姜玟圭 | 1998.09.07 | 경기대 | 185 / 80 |
| | 김성현 | 金城賢 | 2004.11.17 | 전주대 | 187 / 80 |
| | 김승호 | 金昇浩 | 1998.10.01 | 서정대 | 176 / 71 |
| | 김종민 | 金宗旻 | 1992.08.11 | 장훈고 | 188 / 81 |
| | 김택근 | 金宅根 | 2004.01.25 | 강릉중앙고 | 175 / 67 |
| | 데니손 | José Denisson Silva dos Santos | 1997.11.29 | *브라질 | 173 / 76 |
| | 멘데스 | Alan Kevin Mendez Olivera | 1996.01.10 | *우루과이 | 170 / 70 |
| | 세미르 | Semir Smajlagić | 1998.09.18 | *보스니아 헤르체고비나 | 192 / 82 |
| | 송승민 | 宋承珉 | 1992.01.11 | 경희고 | 186 / 77 |
| | 아 담 | Carl Adam Bergmark Wiberg | 1997.05.07 | *스웨덴 | 184 / 78 |
| | 유동규 | 柳東奎 | 1995.05.25 | 대신고 | 180 / 73 |
| | 은고이 | Charles Lokoli Ngoy | 1997.03.02 | *오스트레일리아 | 188 / 95 |
| | 이연우 | 李演旴 | 2006.04.29 | 광명시민 U18 | 178 / 70 |
| | 조주영 | 曺主煐 | 1994.02.04 | 아주대 | 186 / 85 |
| | 최성진 | 崔成眞 | 2002.06.24 | 광양제철고 | 192 / 85 |

## 2025년 개인기록_ K리그2

| 위치 | 배번 | 경기번호 | 06 | 11 | 20 | 25 | 35 | 41 | 43 | 55 | 59 | 69 |
|---|---|---|---|---|---|---|---|---|---|---|---|---|
| | | 날 짜 | 02.23 | 03.02 | 03.09 | 03.15 | 03.30 | 04.06 | 04.12 | 04.20 | 04.26 | 05.04 |
| | | 홈/원정 | 원정 | 원정 | 원정 | 원정 | 홈 | 홈 | 원정 | 홈 | 홈 | 원정 |
| | | 장 소 | 목동 | 화성 | 천안 | 수원W | 아산 | 아산 | 김포 | 아산 | 아산 | 구덕 |
| | | 상 대 | 서울E | 화성 | 천안 | 수원 | 성남 | 충북청주 | 김포 | 전남 | 안산 | 부산 |
| | | 결 과 | 패 | 무 | 패 | 무 | 무 | 승 | 무 | 무 | 승 | 패 |
| | | 점 수 | 1 : 2 | 1 : 1 | 0 : 1 | 0 : 0 | 1 : 1 | 3 : 1 | 1 : 1 | 0 : 0 | 3 : 0 | 0 : 2 |
| | | 승 점 | 0 | 1 | 1 | 2 | 3 | 6 | 7 | 8 | 11 | 11 |
| | | 슈팅수 | 6 : 12 | 14 : 11 | 12 : 3 | 11 : 7 | 14 : 7 | 11 : 8 | 6 : 16 | 18 : 7 | 14 : 13 | 5 : 7 |
| GK | 18 | 신 송 훈 | ○ 0/0 | ○ 0/0 | ○ 0/0 | ○ 0/0 | ○ 0/0 | ○ 0/0 | ○ 0/0 | ○ 0/0 | ○ 0/0 | ○ 0/0 |
| | 21 | 김 진 영 | | | | | | | | | | |
| DF | 3 | 백 인 환 | | | | | | | | | | |
| | 4 | 장 준 영 | | ▽ 0/0 | ○ 0/0 | ▽ 0/0 | | | | | | |
| | 5 | 변 준 영 | | | | | | △ 0/0 | | | | |
| | 6 | 최 희 원 | | | | | | | | | △ 0/0 | ○ 0/0 C |
| | 12 | 최 성 진 | | | | | | | | | | |
| | 13 | 김 영 남 | | ○ 0/0 C | ○ 0/0 | ○ 0/0 | | | | | | |
| | 14 | 이 학 민 | ○ 0/0 C | ○ 0/1 | ▽ 0/0 C | | | | ○ 0/0 | ▽ 0/0 | ▽ 0/0 | ▽ 0/0 |
| | 17 | 김 주 성 | △ 0/0 | △ 0/0 | ▽ 0/0 | ○ 0/0 | ○ 0/0 | ○ 0/0 | △ 0/0 | △ 0/0 | △ 0/0 | ▽ 0/0 |
| | 25 | 박 종 민 | △ 0/0 | △ 0/0 | △ 0/0 | ○ 0/0 | ○ 0/0 | ○ 0/0 | ○ 0/0 | ○ 0/0 | ○ 0/0 | |
| | 40 | 최 보 경 | | | | | | | | | | |
| | 47 | 이 은 범 | ○ 0/0 C | ○ 0/0 | ○ 0/0 | ○ 0/0 | ○ 0/0 | ○ 0/0 | ○ 0/0 | ○ 0/0 C | ○ 0/0 | ○ 0/0 |
| | 76 | 이 호 인 | | | | | | | | | | |
| | 88 | 박 병 현 | ▽ 0/0 C | | | | | | | | | |
| | 92 | 김 민 혁 | | | | | | | | | | |
| MF | 8 | 최 치 원 | | | | | | | △ 0/0 | | | |
| | 10 | 김 종 석 | △ 0/0 | | ○ 0/0 | | | ▽ 0/0 | | | | |
| | 22 | 김 승 호 | ▽ 0/0 | ▽ 0/0 | ○ 0/0 | ○ 0/0 C | ○ 0/1 | ○ 0/0 C | ○ 0/0 | ○ 0/0 | ○ 0/1 | ○ 0/0 |
| | 24 | 박 세 직 | ▽ 0/0 | △ 0/0 | | ○ 0/0 | ▽ 0/0 | | | | | |
| | 26 | 여 현 준 | | | | | | | | | | |
| | 27 | 정 세 준 | | | | | | | | | | △ 0/0 |
| | 28 | 손 준 호 | △ 0/1 | ▽ 0/0 | ▽ 0/0 | ○ 0/0 C | ▽ 0/0 | | | ▽ 0/0 | ○ 1/0 C | ○ 0/0 C |
| | 33 | 이 민 혁 | ▽ 0/0 | ▽ 0/0 | | ▽ 0/0 | | | | | | |
| | 38 | 김 정 현 | ▽ 0/0 | ○ 1/0 | △ 0/0 | | △ 0/0 | △ 0/0 | ▽ 0/0 | △ 0/0 | △ 0/0 | ▽ 0/0 |
| | 42 | 황 재 환 | | | | | | | | | | |
| | 77 | 정 마 호 | | | | | ○ 0/0 | ○ 0/0 | ▽ 0/0 C | ○ 0/0 | ▽ 0/0 | |
| FW | 7 | 데 니 손 | ○ 0/0 | △ 0/0 | △ 0/0 C | △ 0/0 | ▽ 0/0 | △ 0/0 | △ 1/0 | △ 0/0 | △ 0/0 | △ 0/0 |
| | 9 | 김 종 민 | ○ 1/0 | ○ 0/0 | ▽ 0/0 | | △ 0/0 | △ 0/0 | △ 0/0 | △ 0/0 | ○ 0/1 | ○ 0/0 |
| | 11 | 아 담 | | | △ 0/0 | | | ▽ 2/1 | ▽ 0/0 | ▽ 0/0 | | |
| | 15 | 김 택 근 | | | ▽ 0/0 | | | | | | | |
| | 16 | 송 승 민 | | | | | | | | | | |
| | 19 | 유 동 규 | | | | | | | | | | △ 0/0 |
| | 20 | 조 주 영 | ○ 0/0 | | | △ 0/0 | ○ 0/0 | ▽ 0/0 | ○ 0/0 | ○ 0/0 | ○ 0/0 | ▽ 0/0 |
| | 39 | 김 성 현 | | | | | | | | | | |
| | 44 | 이 연 우 | | | | | | | | | | △ 0/0 |
| | 45 | 미 사 키 | | | | | △ 1/0 | ▽ 0/1 | ▽ 0/0 | | ◆ 0/0 | △ 0/0 |
| | 72 | 한 교 원 | | | | | △ 0/0 | △ 0/0 | | ▽ 0/0 | ▽ 2/0 | ▽ 0/0 |
| | 74 | 박 시 후 | | | | | | | | | | |
| | 97 | 은 고 이 | | | | | | | | | | |
| | 98 | 강 민 규 | △ 0/0 | ○ 0/0 | △ 0/0 | ○ 0/0 | ▽ 0/0 | ▽ 1/1 | ○ 0/0 C | ○ 0/0 | ▽ 0/0 | |

선수자료 : 득점/도움 ○ = 선발출전 △ = 교체 IN ▽ = 교체 OUT ◆ = 교체 IN/OUT C = 경고 S = 퇴장

| 위치 | 배번 | 경기번호 | 73 | 78 | 89 | 96 | 99 | 106 | 116 | 120 | 127 | 138 |
|---|---|---|---|---|---|---|---|---|---|---|---|---|
| | | 날 짜 | 05.10 | 05.17 | 05.25 | 06.01 | 06.06 | 06.14 | 06.21 | 06.28 | 07.05 | 07.13 |
| | | 홈/원정 | 홈 | 원정 | 홈 | 홈 | 원정 | 홈 | 원정 | 홈 | 홈 | 원정 |
| | | 장 소 | 아산 | 창원C | 아산 | 아산 | 청주 | 아산 | 탄천 | 아산 | 아산 | 인천 |
| | | 상 대 | 인천 | 경남 | 부천 | 김포 | 충북청주 | 천안 | 성남 | 서울E | 수원 | 인천 |
| | | 결 과 | 패 | 승 | 무 | 승 | 승 | 패 | 승 | 무 | 패 | 패 |
| | | 점 수 | 0 : 3 | 3 : 1 | 2 : 2 | 2 : 0 | 2 : 0 | 0 : 1 | 2 : 0 | 1 : 1 | 2 : 3 | 1 : 2 |
| | | 승 점 | 11 | 14 | 15 | 18 | 21 | 21 | 24 | 25 | 25 | 25 |
| | | 슈팅수 | 6 : 7 | 11 : 23 | 17 : 19 | 9 : 9 | 13 : 7 | 15 : 8 | 11 : 9 | 7 : 10 | 16 : 14 | 5 : 16 |
| GK | 18 | 신 송 훈 | ○ 0/0 | ○ 0/0 | ○ 0/0 | ○ 0/0 | ○ 0/0 | ○ 0/0 | ○ 0/0 | ○ 0/0 | ○ 0/0 | ○ 0/0 |
| | 21 | 김 진 영 | | | | | | | | | | |
| DF | 3 | 백 인 환 | | | | | | | △ 0/0 | | △ 0/0 | |
| | 4 | 장 준 영 | | | | | | | | | | |
| | 5 | 변 준 영 | | ○ 1/0 | ○ 0/0 | ○ 0/0 | ○ 0/0 | ○ 0/0 | ○ 0/0 | ○ 0/0 | ○ 0/0 | ○ 0/0 C |
| | 6 | 최 희 원 | ○ 0/0 | | | | | | | | ○ 0/0 | ○ 0/0 |
| | 12 | 최 성 진 | | | | | | | | | | |
| | 13 | 김 영 남 | | | | | ○ 0/0 | ○ 0/0 | ○ 0/0 C | ○ 0/0 | ○ 0/0 | |
| | 14 | 이 학 민 | ▽ 0/0 | △ 0/0 | | ○ 0/0 | ○ 0/0 | ▽ 0/0 | ○ 1/0 | ○ 0/0 | ▽ 0/0 | ○ 0/0 C |
| | 17 | 김 주 성 | △ 0/0 C | ▽ 0/0 | ○ 0/0 | | △ 0/0 | △ 0/0 | | | | |
| | 25 | 박 종 민 | ○ 0/0 | ○ 0/0 C | ○ 0/1 | ○ 1/0 | ▽ 0/0 C | ○ 0/0 | ▽ 0/0 C | ○ 0/0 | ○ 0/0 C | ○ 0/0 C |
| | 40 | 최 보 경 | | | | | | | | | | |
| | 47 | 이 은 범 | ○ 0/0 | ○ 0/0 | ○ 0/0 | ○ 0/1 | | | | | | |
| | 76 | 이 호 인 | | | | | | | | | | |
| | 88 | 박 병 현 | | | | | | | | | | |
| | 92 | 김 민 혁 | | | | | | | | | | |
| MF | 8 | 최 치 원 | | | △ 0/0 | △ 0/0 | △ 0/0 | | | | | △ 0/0 |
| | 10 | 김 종 석 | | | | | | | | | △ 0/0 | ▽ 1/0 |
| | 22 | 김 승 호 | ○ 0/0 | ○ 0/3 | ○ 0/0 | ○ 0/0 | ○ 0/0 | ○ 0/0 | ○ 0/0 | ○ 0/0 | ○ 0/0 | ○ 0/0 |
| | 24 | 박 세 직 | | | ▽ 0/0 | | | | | | | |
| | 26 | 여 현 준 | | | | | | | | | | |
| | 27 | 정 세 준 | ▽ 0/0 C | | | | | | | | | |
| | 28 | 손 준 호 | △ 0/0 | ○ 0/0 CC | | ▽ 0/0 | ▽ 0/0 | ○ 0/0 | ○ 0/0 | ○ 0/0 | ▽ 0/2 | ○ 0/0 C |
| | 33 | 이 민 혁 | | | | | | | | | | |
| | 38 | 김 정 현 | ▽ 0/0 C | | | | | ▽ 0/0 | | | | |
| | 42 | 황 재 환 | | | | | | | | | | |
| | 77 | 정 마 호 | ▽ 0/0 | ○ 0/0 C | ○ 0/0 | ○ 0/0 | | △ 0/0 C | ○ 0/0 | ○ 0/0 | ▽ 0/0 | ○ 0/0 |
| FW | 7 | 데 니 손 | △ 0/0 | ▽ 1/0 | ○ 0/0 | ▽ 0/0 | ▽ 0/0 | △ 0/0 | ▽ 0/1 | ▽ 1/0 | △ 0/0 | ○ 0/0 C |
| | 9 | 김 종 민 | ○ 0/0 C | ○ 0/0 | ○ 2/0 | ▽ 1/0 | ○ 1/0 | ○ 0/0 | ▽ 0/0 | ▽ 0/0 | ○ 2/0 C | △ 0/0 |
| | 11 | 아 담 | | | | | | | △ 0/0 C | △ 0/0 | ▽ 0/0 | |
| | 15 | 김 택 근 | | | | | | | | | | |
| | 16 | 송 승 민 | | △ 0/0 | △ 0/0 | | | | | | | |
| | 19 | 유 동 규 | ▽ 0/0 | | | | △ 0/0 | | | | | |
| | 20 | 조 주 영 | △ 0/0 | | | △ 0/0 | ○ 0/0 | ▽ 0/0 | | | | |
| | 39 | 김 성 현 | | | | | | | | | | |
| | 44 | 이 연 우 | | | | △ 0/0 | | | | | | |
| | 45 | 미 사 키 | △ 0/0 | ▽ 0/0 | | △ 0/0 | △ 0/0 | △ 0/0 C | △ 0/1 | △ 0/0 C | | |
| | 72 | 한 교 원 | | △ 1/0 | ▽ 0/1 | ▽ 0/0 | ▽ 1/1 | ▽ 0/0 | ▽ 0/0 | ▽ 0/1 | △ 0/0 | ▽ 0/0 |
| | 74 | 박 시 후 | | | | | | | | | | |
| | 97 | 은 고 이 | | | | | | | | | | |
| | 98 | 강 민 규 | | | | | | | △ 1/0 | △ 0/0 | | |

| 위치 | 배번 | 경기번호 | 145 | 151 | 157 | 162 | 170 | 181 | 183 | 196 | 197 | 207 |
|---|---|---|---|---|---|---|---|---|---|---|---|---|
| | | 날 짜 | 07.20 | 07.26 | 08.02 | 08.09 | 08.15 | 08.24 | 08.30 | 09.07 | 09.13 | 09.20 |
| | | 홈/원정 | 원정 | 홈 | 원정 | 홈 | 원정 | 홈 | 원정 | 원정 | 홈 | 원정 |
| | | 장 소 | 부천 | 아산 | 광양 | 아산 | 안산 | 아산 | 인천 | 화성 | 아산 | 탄천 |
| | | 상 대 | 부천 | 화성 | 전남 | 경남 | 안산 | 부산 | 인천 | 화성 | 부천 | 성남 |
| | | 결 과 | 패 | 무 | 무 | 무 | 승 | 패 | 무 | 무 | 승 | 패 |
| | | 점 수 | 3 : 5 | 1 : 1 | 2 : 2 | 2 : 2 | 2 : 0 | 0 : 1 | 1 : 1 | 1 : 1 | 3 : 0 | 0 : 3 |
| | | 승 점 | 25 | 26 | 27 | 28 | 31 | 31 | 32 | 33 | 36 | 36 |
| | | 슈팅수 | 14 : 14 | 11 : 5 | 8 : 7 | 14 : 6 | 8 : 9 | 8 : 9 | 5 : 12 | 8 : 15 | 18 : 5 | 11 : 3 |
| GK | 18 | 신 송 훈 | | ○ 0/0 | ○ 0/0 | ○ 0/0 | ○ 0/0 | ○ 0/0 | ○ 0/0 | ○ 0/0 | ○ 0/0 | ○ 0/0 |
| | 21 | 김 진 영 | ○ 0/0 | | | | | | | | | |
| DF | 3 | 백 인 환 | ▽ 0/0 | | △ 0/0 C | | ▽ 0/0 | ▽ 0/0 | | | | |
| | 4 | 장 준 영 | | | | | ○ 0/0 | ○ 0/0 | △ 0/0 | | | |
| | 5 | 변 준 영 | ○ 0/0 | ○ 0/1 | | | | | | | | |
| | 6 | 최 희 원 | ○ 0/0 C | | △ 0/0 | | △ 0/0 | △ 0/0 | ○ 0/0 | ○ 0/0 | | △ 0/0 |
| | 12 | 최 성 진 | | | | | | | | △ 0/0 | ○ 0/0 | ▽ 0/0 |
| | 13 | 김 영 남 | | ○ 0/0 | ▽ 0/0 | ○ 0/0 | | | | | ○ 0/0 C | ○ 0/0 |
| | 14 | 이 학 민 | ○ 0/0 | △ 0/0 | ○ 0/0 | ▽ 1/0 | ○ 0/1 | ▽ 0/0 | △ 0/0 | △ 0/0 | ▽ 0/0 | ○ 0/0 |
| | 17 | 김 주 성 | | ▽ 0/0 | | | | | | | △ 0/0 | △ 0/0 |
| | 25 | 박 종 민 | | ○ 0/0 | ▽ 0/0 | ○ 0/0 CC | | △ 0/0 | ○ 0/0 C | ○ 0/0 C | ○ 0/0 | ▽ 0/0 C |
| | 40 | 최 보 경 | | | | | △ 0/0 | | | | | |
| | 47 | 이 은 범 | | | | | | | | | | |
| | 76 | 이 호 인 | | | ○ 0/0 | △ 0/0 C | ○ 0/0 | ○ 0/0 | ○ 0/0 | ○ 0/1 C | ○ 0/0 C | ○ 0/0 |
| | 88 | 박 병 현 | | | | | | | | | | |
| | 92 | 김 민 혁 | | | | | | | ▽ 0/0 C | ○ 0/0 | | |
| MF | 8 | 최 치 원 | | | | | | | | | △ 0/0 | △ 0/0 |
| | 10 | 김 종 석 | △ 0/0 | ▽ 0/0 | ▽ 0/0 | | | | ○ 0/0 | △ 0/0 | ▽ 1/0 C | ▽ 0/0 |
| | 22 | 김 승 호 | ○ 1/0 | ○ 0/0 | ○ 0/0 | ▽ 0/0 | ○ 0/0 | ▽ 0/0 | ○ 0/0 | ○ 0/0 | △ 0/0 | △ 0/0 |
| | 24 | 박 세 직 | | | | ▽ 0/0 | ▽ 0/0 C | ○ 0/0 | △ 0/0 | ▽ 0/0 | △ 0/0 | |
| | 26 | 여 현 준 | | | | △ 0/0 | | | | | | |
| | 27 | 정 세 준 | | | | △ 0/0 | | | ▽ 0/0 | | | |
| | 28 | 손 준 호 | ○ 0/0 C | | ○ 0/1 | ○ 0/0 | ○ 1/0 | ○ 0/0 C | ▽ 0/1 | ○ 0/0 | ▽ 0/0 | ○ 0/0 |
| | 33 | 이 민 혁 | | | | | | | | | | |
| | 38 | 김 정 현 | | △ 0/0 | | | | | | | | |
| | 42 | 황 재 환 | ▽ 0/0 | | | | | | | | | |
| | 77 | 정 마 호 | ▽ 1/0 | ○ 0/0 | ○ 1/0 | ▽ 0/0 | | | | | | |
| FW | 7 | 데 니 손 | ▽ 1/1 | ▽ 0/0 | | △ 0/0 | | △ 0/0 | | ▽ 0/0 | ▽ 1/1 | ▽ 0/0 |
| | 9 | 김 종 민 | ▽ 0/0 | △ 0/0 | ▽ 0/0 | ○ 0/0 | △ 0/1 | ◆ 0/0 C | | | | |
| | 11 | 아 담 | | △ 0/0 | | | | | | | | |
| | 15 | 김 택 근 | | | | | | | | | | |
| | 16 | 송 승 민 | | | ▽ 0/0 | | | | | | | |
| | 19 | 유 동 규 | △ 0/0 | △ 0/0 | | | | | | | | |
| | 20 | 조 주 영 | | | | ○ 0/0 | ▽ 0/0 | ○ 0/0 | | | | |
| | 39 | 김 성 현 | | | | | ▽ 0/0 | ▽ 0/0 | | △ 0/0 | ▽ 0/0 | ▽ 0/0 |
| | 44 | 이 연 우 | | | | | | | | | | |
| | 45 | 미 사 키 | | | | | | | | | | |
| | 72 | 한 교 원 | △ 0/1 | ▽ 1/0 | △ 1/0 | ▽ 0/1 | △ 0/0 | △ 0/0 | ▽ 1/0 | ▽ 0/0 | △ 0/1 | △ 0/0 |
| | 74 | 박 시 후 | △ 0/0 | | | | | | △ 0/0 | | | |
| | 97 | 은 고 이 | △ 0/1 | ▽ 0/0 | △ 0/0 | △ 1/0 C | ▽ 1/0 | ○ 0/0 | ▽ 0/0 | ▽ 1/0 | ○ 1/0 | ○ 0/0 |
| | 98 | 강 민 규 | | | △ 0/0 | | △ 0/0 | | △ 0/0 C | | | |

선수자료 : 득점/도움 ○ = 선발출전 △ = 교체 IN ▽ = 교체 OUT ◆ = 교체 IN/OUT C = 경고 S = 퇴장

| 위치 | 배번 | 경기번호 | 212 | 221 | 231 | 238 | 241 | 252 | 259 | 262 | 267 | |
|---|---|---|---|---|---|---|---|---|---|---|---|---|
| | | 날 짜 | 09.27 | 10.04 | 10.08 | 10.12 | 10.19 | 10.26 | 11.02 | 11.08 | 11.23 | |
| | | 홈/원정 | 홈 | 홈 | 원정 | 홈 | 홈 | 원정 | 홈 | 원정 | 홈 | |
| | | 장 소 | 아산 | 아산 | 안산 | 아산 | 아산 | 목동 | 아산 | 구덕 | 아산 | |
| | | 상 대 | 수원 | 충북청주 | 안산 | 경남 | 김포 | 서울E | 천안 | 부산 | 전남 | |
| | | 결 과 | 패 | 무 | 승 | 승 | 승 | 패 | 무 | 승 | 승 | |
| | | 점 수 | 1 : 3 | 0 : 0 | 1 : 0 | 1 : 0 | 1 : 0 | 1 : 4 | 1 : 1 | 3 : 0 | 2 : 1 | |
| | | 승 점 | 36 | 37 | 40 | 43 | 46 | 46 | 47 | 50 | 53 | |
| | | 슈팅수 | 14 : 13 | 12 : 10 | 7 : 14 | 15 : 8 | 11 : 5 | 9 : 14 | 13 : 8 | 9 : 5 | 17 : 9 | |
| GK | 18 | 신 송 훈 | ○ 0/0 | ○ 0/0 | ○ 0/0 | ○ 0/0 C | ○ 0/0 | ○ 0/0 | ○ 0/0 | | | |
| | 21 | 김 진 영 | | | | | | | | ○ 0/0 | ○ 0/0 | |
| DF | 3 | 백 인 환 | | | | | | | | | | |
| | 4 | 장 준 영 | | ▽ 0/0 | | ○ 0/0 | ▽ 0/0 | | | | | |
| | 5 | 변 준 영 | | | ○ 0/0 C | ○ 0/0 | ○ 0/0 | ▽ 0/0 | ○ 0/0 | ○ 0/0 | ○ 0/0 C | |
| | 6 | 최 희 원 | ○ 0/0 | △ 0/0 C | | | | ○ 0/0 | | | | |
| | 12 | 최 성 진 | | | | | | | | | | |
| | 13 | 김 영 남 | ○ 0/0 | ○ 0/0 | ○ 0/0 | | | | | | | |
| | 14 | 이 학 민 | ○ 1/0 | ▽ 0/0 | | ▽ 0/0 | ▽ 0/0 | △ 0/0 | ▽ 0/0 | ○ 0/0 | ▽ 0/1 | |
| | 17 | 김 주 성 | ▽ 0/0 C | △ 0/0 | ○ 0/0 | △ 0/0 | △ 0/0 | ▽ 0/1 | △ 0/0 | △ 0/0 | △ 0/0 | |
| | 25 | 박 종 민 | | ○ 0/0 | ○ 0/0 | ○ 0/0 | ○ 0/0 | ○ 0/0 | ○ 0/0 | ▽ 0/0 | ○ 0/0 | |
| | 40 | 최 보 경 | | | | | | | | | | |
| | 47 | 이 은 범 | | | | | | | | | | |
| | 76 | 이 호 인 | ○ 0/0 | ○ 0/0 | ○ 0/0 | ○ 0/0 | ○ 0/0 C | ○ 0/0 | ○ 0/0 | ○ 0/0 | ○ 0/0 | |
| | 88 | 박 병 현 | | | | | | | | | | |
| | 92 | 김 민 혁 | | | | | | | ▽ 0/0 | ▽ 0/0 C | ○ 0/0 | |
| MF | 8 | 최 치 원 | △ 0/0 | | | | | | | | | |
| | 10 | 김 종 석 | ▽ 0/1 | ▽ 0/0 | △ 0/0 | △ 0/0 | △ 0/0 | ▽ 0/0 | △ 0/0 | | | |
| | 22 | 김 승 호 | ▽ 0/0 C | △ 0/0 | ○ 0/0 | ○ 0/0 | ▽ 0/0 C | ▽ 0/0 | ▽ 0/0 | ▽ 0/0 C | | |
| | 24 | 박 세 직 | △ 0/0 | | △ 0/0 | | | | | △ 0/0 | △ 0/0 | |
| | 26 | 여 현 준 | | | | | | | | | | |
| | 27 | 정 세 준 | △ 0/0 | | | | | | | | | |
| | 28 | 손 준 호 | ▽ 0/0 | ○ 0/0 | ▽ 0/0 | ○ 0/0 | ○ 0/0 | ○ 0/0 | ○ 0/0 | ○ 0/1 | ○ 0/0 | |
| | 33 | 이 민 혁 | | | | | | | | | | |
| | 38 | 김 정 현 | | | | | △ 0/0 | △ 0/0 | △ 0/0 | △ 0/0 | ▽ 0/0 | |
| | 42 | 황 재 환 | | | | | | | | | | |
| | 77 | 정 마 호 | | | | | | | | | | |
| FW | 7 | 데 니 손 | △ 0/0 | ▽ 0/0 | ▽ 0/0 | | △ 0/0 | △ 0/0 | △ 0/0 | ▽ 0/0 | △ 1/0 | |
| | 9 | 김 종 민 | | | | | | | | | | |
| | 11 | 아 담 | | △ 0/0 | △ 0/0 | △ 0/0 | △ 1/0 | △ 0/0 | △ 0/0 | △ 1/0 | △ 0/0 C | |
| | 15 | 김 택 근 | | | | | | | | | | |
| | 16 | 송 승 민 | | | | | | | | | | |
| | 19 | 유 동 규 | | | | | | | | | | |
| | 20 | 조 주 영 | | | | | | | | | | |
| | 39 | 김 성 현 | ▽ 0/0 | | ▽ 0/0 | | | | | | | |
| | 44 | 이 연 우 | | | | | | | | | | |
| | 45 | 미 사 키 | | | | | | | | | | |
| | 72 | 한 교 원 | △ 0/0 | ▽ 0/0 | △ 0/0 | ▽ 0/0 | ▽ 0/0 | △ 1/0 | ▽ 0/0 | △ 0/0 | ▽ 0/0 | |
| | 74 | 박 시 후 | | △ 0/0 | | ▽ 0/0 | ▽ 0/0 | ▽ 0/0 | ▽ 1/0 | ▽ 1/0 | ▽ 0/0 | |
| | 97 | 은 고 이 | ○ 0/0 | ○ 0/0 | ▽ 1/0 | ○ 1/0 | ○ 0/0 | ○ 0/0 | ○ 0/0 | ○ 1/1 | ○ 1/0 | |
| | 98 | 강 민 규 | | | | | | | | | | |

# 화 성 FC

**창단년도_** 2013년
**전화_** 031-366-4048 **팩스_** 031-366-4274
**홈페이지_** https://www.hwaseongfc.com/
**블로그_** https://blog.naver.com/hwaseongfc_
**유튜브_** https://www.youtube.com/@fc_hwaseong
**인스타그램_** https://www.instagram.com/hwaseongfc_official
**카카오톡채널_** https://www.facebook.com/hwaseongfc
**페이스북_** https://www.facebook.com/hwaseongfc
**주소_** 우 18588 경기도 화성시 향남읍 향남로470 화성종합경기타운
470, Hyangnam-ro, Hyangnam-eup, Hwaseong-si, Gyeonggi-do, KOREA 18588

## 연혁

2013 화성FC 창단(01.23)
초대 감독 김종부 취임
2014 Daum K3 CHALLENGERS 2014 우승
2015 2015 KEB 하나은행 FA CUP 16강 진출
2016 2대 감독 이도영 취임
2017 3대 감독 김성남 취임
2019 4대 감독 김학철 취임
2019 K3리그 ADVANCED 우승
2019 KEB 하나은행 FA CUP 4강 진출
2020 통합 K3리그 참가
2020 K3리그 상위스플릿
2021 재단법인 출범
'Play Together(사회공헌상)' 수상
2022 5대 감독 강철 취임
'뉴미디어인기상' 수상
2023 2023 K3리그 우승
최다관중상 수상
'뉴미디어인기상' 수상
'페어플레이상' 수상
2024 6대 감독 주승진 취임
2024 K3리그 준우승
최다관중상 수상
2025 7대 감독 차두리 취임
2025 K리그2 참가

## 2025년 선수명단

대표이사(대행)_ 신현주 사무국장_ 박공원 감독_ 차두리
수석코치_ 윤현필 코치_ 최현태 코치_ 이인성 골키퍼코치_ 유현욱 피지컬코치_ 정훈기
통역_ 이백한 의무트레이너_ 임경민 · 육제현 차량매니저_ 윤명옥 키트매니저_ 손세진 전력분석관_ 김진훈 선수단 매니저_ 양재모 · 우경락

| 포지션 | 선수명 | | 생년월일 | 출신교 | 키(cm) / 몸무게(kg) |
|---|---|---|---|---|---|
| GK | 강 성 국 | 姜 成 國 | 2005.03.11 | 예일고 | 185 / 76 |
| | 김 기 훈 | 金 技 訓 | 2002.11.14 | 중앙대 | 186 / 84 |
| | 김 승 건 | 金 昇 建 | 1999.02.08 | 예원예술대 | 189 / 82 |
| | 이 기 현 | 李 起 現 | 1993.12.16 | 동국대 | 192 / 84 |
| DF | 김 대 환 | 金 大 奐 | 2004.10.19 | 제주재일고부설방송통신고 | 175 / 75 |
| | 김 신 리 | 金 信 利 | 2002.06.26 | 동경한국학교 | 174 / 68 |
| | 김 준 영 | 金 俊 煐 | 2004.05.31 | 조선대 | 178 / 70 |
| | 박 준 서 | 朴 俊 晳 | 2004.04.26 | 충남기계공고 | 183 / 73 |
| | 보이노비치 | Aleksandar Vojnović | 1996.10.03 | *보스니아 헤르체고비나 | 192 / 81 |
| | 연 제 민 | 涎 濟 民 | 1993.05.28 | 메탄고 | 187 / 82 |
| | 우 제 욱 | 禹 濟 旭 | 1994.05.04 | 부경대 | 185 / 80 |
| | 임 창 석 | 林 昶 錫 | 1999.12.07 | 김천대 | 174 / 69 |
| | 조 동 재 | 趙 東 宰 | 2003.05.16 | 덕영고 | 180 / 74 |
| | 조 영 진 | 曺 瀅 璡 | 1996.05.09 | 광명공고 | 174 / 69 |
| | 차 오 연 | 車 五 硏 | 1998.04.15 | 한양대 | 186 / 86 |
| | 함 선 우 | 咸 宣 宇 | 2005.01.28 | 신평고 | 190 / 84 |
| MF | 데메트리우스 | Demethryus Maciel Areias Nacimento | 1999.04.05 | *브라질 | 172 / 68 |
| | 리 마 | Dimitri Lima Souza | 2000.05.15 | *브라질 | 175 / 73 |
| | 박 재 성 | 朴 宰 成 | 2003.02.28 | 상지대 | 184 / 78 |
| | 박 창 호 | 朴 槍 豪 | 2000.05.05 | 영남대 | 180 / 72 |
| | 백 승 우 | 白 承 禹 | 1999.04.27 | 연세대 | 168 / 68 |
| | 안 지 만 | 安 知 萬 | 2003.01.11 | 오산고 | 178 /65 |
| | 이 은 재 | 李 恩 宰 | 2003.03.13 | 진위고 | 177 / 71 |
| | 전 성 진 | 全 成 進 | 2003.03.21 | 대구예술대 | 180 / 69 |
| | 정 병 희 | 鄭 秉 熙 | 2004.01.10 | 용인대 | 174 / 68 |
| | 최 명 희 | 崔 明 姬 | 1990.09.04 | 동국대 | 177 / 76 |
| | 최 준 혁 | 崔 峻 赫 | 1994.09.05 | 단국대 | 187 / 84 |
| FW | 김 병 오 | 金 炳 旿 | 1988.06.26 | 성균관대 | 182 / 84 |
| | 루 단 | Luan Costa de Carvalho | 1997.02.02 | *브라질 | 187 / 80 |
| | 박 주 영 | 朴 主 英 | 2003.04.23 | 영등포공고 | 186 / 75 |
| | 알 듈 | Arthur de Moura | 2000.08.22 | *브라질 | 187 / 78 |
| | 여 홍 규 | 呂 弘 圭 | 2002.05.25 | 순복음총신대 | 171 / 65 |
| | 유 병 수 | 兪 炳 守 | 1988.03.26 | 홍익대 | 182 / 85 |
| | 이 지 한 | 李 知 翰 | 2003.01.08 | 보인고 | 182 / 71 |
| | 조 웅 기 | 趙 雄 紀 | 2005.03.21 | 조선대 | 182 / 74 |

## 2025년 개인기록_ K리그2

| 위치 | 배번 | 경기번호 | 05 | 11 | 16 | 23 | 29 | 37 | 44 | 52 | 63 | 70 |
|---|---|---|---|---|---|---|---|---|---|---|---|---|
| | | 날 짜 | 02.23 | 03.02 | 03.08 | 03.15 | 03.29 | 04.05 | 04.12 | 04.19 | 04.27 | 05.04 |
| | | 홈/원정 | 원정 | 홈 | 홈 | 홈 | 원정 | 홈 | 홈 | 원정 | 원정 | 홈 |
| | | 장 소 | 탄천 | 화성 | 화성 | 화성 | 안산 | 화성 | 화성 | 수원W | 구덕 | 화성 |
| | | 상 대 | 성남 | 충남아산 | 경남 | 충북청주 | 안산 | 인천 | 전남 | 수원 | 부산 | 천안 |
| | | 결 과 | 패 | 무 | 무 | 승 | 무 | 패 | 패 | 패 | 패 | 승 |
| | | 점 수 | 0 : 2 | 1 : 1 | 1 : 1 | 2 : 1 | 3 : 3 | 0 : 1 | 1 : 2 | 1 : 3 | 2 : 3 | 2 : 1 |
| | | 승 점 | 0 | 1 | 2 | 5 | 6 | 6 | 6 | 6 | 6 | 9 |
| | | 슈팅수 | 8 : 7 | 11 : 14 | 9 : 12 | 11 : 14 | 11 : 14 | 6 : 7 | 8 : 8 | 10 : 15 | 10 : 12 | 8 : 11 |
| GK | 1 | 김 승 건 | ○ 0/0 | ○ 0/0 | ○ 0/0 | ○ 0/0 | | | | ○ 0/0 | ○ 0/0 | ○ 0/0 |
| | 13 | 이 기 현 | | | | | ○ 0/0 C | ○ 0/0 | ○ 0/0 | | | |
| | 18 | 김 기 훈 | | | | | | | | | | |
| DF | 2 | 김 대 환 | | | | | ○ 1/0 | △ 0/0 | ○ 0/0 | ○ 0/1 C | ○ 0/0 | ○ 0/0 C |
| | 3 | 조 동 재 | | | | | | ○ 0/0 | ▽ 0/0 | ▽ 0/0 | △ 0/0 | △ 0/0 |
| | 4 | 연 제 민 | ○ 0/0 | ○ 0/0 | ○ 0/0 | ○ 0/0 | ○ 0/0 | | ▽ 0/0 | ◈ 0/0 | | |
| | 5 | 우 제 욱 | ○ 0/0 | ○ 0/0 | ○ 0/0 | ○ 0/0 | ○ 0/0 | | △ 0/0 | △ 0/0 | ○ 0/0 | |
| | 15 | 보이노비치 | | | | | ○ 0/0 | ○ 0/0 | ○ 1/0 | ○ 0/0 | ○ 0/0 | ▽ 0/0 |
| | 17 | 임 창 석 | ▽ 0/0 | ○ 0/0 | ○ 0/0 | | △ 0/0 | | | | | △ 0/0 |
| | 20 | 박 준 서 | | ○ 0/0 | ○ 0/0 | ○ 0/0 C | ▽ 0/0 C | ○ 0/0 | △ 0/0 | ○ 1/0 | ▽ 0/1 | ▽ 0/0 |
| | 25 | 김 신 리 | ○ 0/0 C | ▽ 0/0 | ○ 0/0 | ▽ 0/0 | | ▽ 0/0 C | | ▽ 0/0 | △ 0/0 | △ 0/0 |
| | 29 | 김 준 영 | | | | | | | | | | |
| | 33 | 조 영 진 | ○ 0/0 | | | ▽ 0/0 | | | △ 0/0 | | | |
| | 44 | 함 선 우 | | | | △ 0/0 | | ○ 0/0 | ○ 0/0 | ○ 0/0 | ○ 0/1 | ○ 0/1 |
| MF | 6 | 최 준 혁 | | | | △ 0/0 | | | | | | ○ 0/0 S |
| | 8 | 전 성 진 | ○ 0/0 C | ▽ 0/0 | △ 0/0 | ▽ 0/0 | △ 0/1 | △ 0/0 | ○ 0/1 | △ 0/0 | ○ 0/0 | ○ 0/0 |
| | 14 | 이 은 재 | | | | | | | | | | |
| | 16 | 최 명 희 | ○ 0/0 | ○ 0/0 C | ○ 0/0 | ○ 0/0 | ○ 0/0 | ○ 0/0 | ○ 0/0 | ○ 0/0 | ▽ 0/0 | ○ 0/0 C |
| | 22 | 안 지 만 | | △ 0/0 C | △ 0/0 | | | | | | | |
| | 26 | 박 창 호 | | | | | | | | | | |
| | 27 | 백 승 우 | ▽ 0/0 | ○ 1/0 | ▽ 1/0 | ○ 0/0 | ▽ 0/0 | ▽ 0/0 | ▽ 0/0 | △ 0/0 | ▽ 0/0 | ▽ 0/1 |
| | 47 | 박 재 성 | | | | | | | | | | |
| | 53 | 리 마 | △ 0/0 | △ 0/1 | ▽ 0/0 | △ 1/0 | △ 0/0 | △ 0/0 | ▽ 0/0 | △ 0/0 | △ 0/0 | △ 0/0 |
| | 99 | 데메트리우스 | | | | | | | | | | |
| FW | 7 | 알 뚤 | | △ 0/0 | △ 0/1 | △ 0/0 | △ 1/0 | △ 0/0 | △ 0/0 | ○ 0/0 | ○ 1/0 | ▽ 1/0 |
| | 9 | 박 주 영 | | | | | ○ 0/0 | ▽ 0/0 | △ 0/0 | ▽ 0/0 | ▽ 1/0 | △ 0/0 |
| | 10 | 루 안 | ○ 0/0 C | | | | | △ 0/0 | | | △ 0/0 C | ▽ 1/0 C |
| | 11 | 이 승 재 | | ▽ 0/0 | ▽ 0/0 | △ 0/0 | ▽ 0/0 | ▽ 0/0 | | | | |
| | 11 | 여 홍 규 | △ 0/0 | △ 0/0 | △ 0/0 | ▽ 0/0 C | | | | | | |
| | 19 | 유 병 수 | | | | | | | | | | |
| | 31 | 도 미 닉 | ○ 0/0 | ▽ 0/0 | ▽ 0/0 | ▽ 0/1 | ▽ 0/0 | ▽ 0/0 | ▽ 0/0 | ▽ 0/0 | | |
| | 41 | 김 병 오 | | | | | | | | | | |
| | 77 | 이 지 한 | | | | | | | | | | |
| | | | | | | | | | | | | |

선수자료 : 득점/도움 ○ = 선발출전 △ = 교체 IN ▽ = 교체 OUT ◈ = 교체 IN/OUT C = 경고 S = 퇴장

| 위치 | 배번 | 경기번호 | 71 | 79 | 85 | 92 | 103 | 110 | 113 | 123 | 132 | 137 |
|---|---|---|---|---|---|---|---|---|---|---|---|---|
| | | 날 짜 | 05.10 | 05.17 | 05.24 | 05.31 | 06.07 | 06.15 | 06.21 | 06.28 | 07.06 | 07.12 |
| | | 홈/원정 | 원정 | 원정 | 홈 | 원정 | 원정 | 홈 | 원정 | 홈 | 홈 | 원정 |
| | | 장 소 | 김포 | 부천 | 화성 | 광양 | 창원C | 화성 | 인천 | 화성 | 화성 | 천안 |
| | | 상 대 | 김포 | 부천 | 서울E | 전남 | 경남 | 안산 | 인천 | 성남 | 부천 | 천안 |
| | | 결 과 | 패 | 패 | 패 | 패 | 승 | 무 | 패 | 승 | 패 | 승 |
| | | 점 수 | 0 : 1 | 0 : 1 | 0 : 1 | 2 : 3 | 1 : 0 | 0 : 0 | 0 : 2 | 1 : 0 | 0 : 1 | 3 : 2 |
| | | 승 점 | 9 | 9 | 9 | 9 | 12 | 13 | 13 | 16 | 16 | 19 |
| | | 슈팅수 | 2 : 11 | 5 : 11 | 17 : 6 | 9 : 12 | 5 : 8 | 2 : 6 | 6 : 8 | 5 : 8 | 8 : 12 | 7 : 15 |
| GK | 1 | 김승건 | ○ 0/0 | ○ 0/0 | ○ 0/0 | ○ 0/0 | ○ 0/0 | ○ 0/0 | ○ 0/0 | ○ 0/0 | ○ 0/0 | ○ 0/0 C |
| | 13 | 이기현 | | | | | | | | | | |
| | 18 | 김기훈 | | | | | | | | | | |
| DF | 2 | 김대환 | ○ 0/0 C | ○ 0/0 | △ 0/0 | ○ 0/0 | ○ 0/0 C | ○ 0/0 | ○ 0/0 | ○ 0/0 | ○ 0/0 | ▽ 0/0 |
| | 3 | 조동재 | ▽ 0/0 | ○ 0/0 C | ○ 0/0 C | ○ 1/0 | ▽ 0/0 C | ○ 0/0 | ○ 0/0 C | ○ 0/0 C | | ○ 0/0 |
| | 4 | 연제민 | | | | | | | | | ▽ 0/0 | |
| | 5 | 우제욱 | △ 0/0 C | △ 0/0 | △ 0/0 | △ 0/0 | △ 0/0 | △ 0/0 | △ 0/0 | △ 1/0 | | △ 0/0 |
| | 15 | 보이노비치 | | | ○ 0/0 | ○ 0/0 | ○ 0/0 | ○ 0/0 | ○ 0/0 C | ○ 0/0 | ○ 0/0 | ○ 0/0 |
| | 17 | 임창석 | ○ 0/0 | ○ 0/0 | ▽ 0/0 | ▽ 0/0 | ○ 1/0 | ▽ 0/0 | ▽ 0/0 | ▽ 0/0 | △ 0/0 | ○ 0/0 |
| | 20 | 박준서 | ○ 0/0 | ○ 0/0 | ○ 0/0 | △ 0/0 | △ 0/0 | △ 0/0 | △ 0/0 | △ 0/0 | ○ 0/0 | △ 0/0 |
| | 25 | 김신리 | △ 0/0 | | | | | | | | | |
| | 29 | 김준영 | | | | | | | | | | |
| | 33 | 조영진 | | | | | | | | | | |
| | 44 | 함선우 | ○ 0/0 | ○ 0/0 C | ○ 0/0 | ○ 0/0 | ○ 0/0 | ○ 0/0 | ○ 0/0 | ○ 0/0 | ○ 0/0 | ○ 1/0 |
| MF | 6 | 최준혁 | | | ▽ 0/0 | ○ 0/0 C | ○ 0/0 C | ○ 0/0 C | ▽ 0/0 C | ▽ 0/0 | ▽ 0/0 | ▽ 1/0 |
| | 8 | 전성진 | ○ 0/0 | ○ 0/0 | ▽ 0/0 | ▽ 0/0 | ▽ 0/0 C | ▽ 0/0 | △ 0/0 | △ 0/0 | ○ 0/0 | ▽ 0/0 |
| | 14 | 이은재 | | | | | | | | | | |
| | 16 | 최명희 | ▽ 0/0 | ▽ 0/0 | △ 0/0 | △ 0/0 | △ 0/0 | △ 0/0 | ○ 0/0 | ○ 0/0 C | △ 0/0 | ○ 1/0 C |
| | 22 | 안지만 | | | | | | | | | | |
| | 26 | 박창호 | | ▽ 0/0 | △ 0/0 | | | | | | | |
| | 27 | 백승우 | ▽ 0/0 | △ 0/0 | ▽ 0/0 | ▽ 1/0 | ▽ 0/0 | △ 0/0 | △ 0/0 | | △ 0/0 | |
| | 47 | 박재성 | | | | | | | | △ 0/0 C | ▽ 0/0 | △ 0/0 C |
| | 53 | 리마 | △ 0/0 | △ 0/0 | △ 0/0 | △ 0/0 | △ 0/0 | ▽ 0/0 | ▽ 0/0 | ▽ 0/0 | | △ 0/0 |
| | 99 | 데메트리우스 | | | | | | | | | | |
| FW | 7 | 알뚤 | ▽ 0/0 | ◈ 0/0 | | | | | | | | |
| | 9 | 박주영 | △ 0/0 | | | | △ 0/0 | △ 0/0 | ▽ 0/0 | △ 0/1 | ▽ 0/0 | ▽ 0/2 |
| | 10 | 루안 | ▽ 0/0 | ○ 0/0 | ▽ 0/0 | ▽ 0/1 | ▽ 0/1 | ▽ 0/0 | △ 0/0 C | ▽ 0/0 | △ 0/0 | |
| | 11 | 이승재 | | | | | | | | | | |
| | 11 | 여홍규 | △ 0/0 | | | △ 0/0 | | | | | ▽ 0/0 | △ 0/0 |
| | 19 | 유병수 | | | | | | | | | | |
| | 31 | 도미닉 | | ▽ 0/0 | ○ 0/0 | ▽ 0/0 | | | | | | |
| | 41 | 김병오 | | | | | ▽ 0/0 C | ▽ 0/0 | ▽ 0/0 | ▽ 0/0 | △ 0/0 | ▽ 0/0 |
| | 77 | 이지한 | | | | | | | | | | |
| | | | | | | | | | | | | |

| 위치 | 배번 | 경기번호 | 144 | 151 | 158 | 166 | 173 | 182 | 185 | 196 | 201 | 209 |
|---|---|---|---|---|---|---|---|---|---|---|---|---|
| | | 날 짜 | 07.19 | 07.26 | 08.02 | 08.10 | 08.16 | 08.24 | 08.30 | 09.07 | 09.14 | 09.21 |
| | | 홈/원정 | 홈 | 원정 | 홈 | 원정 | 원정 | 홈 | 원정 | 홈 | 원정 | 원정 |
| | | 장 소 | 화성 | 아산 | 화성 | 목동 | 청주 | 화성 | 안산 | 화성 | 광양 | 천안 |
| | | 상 대 | 부산 | 충남아산 | 김포 | 서울E | 충북청주 | 수원 | 안산 | 충남아산 | 전남 | 천안 |
| | | 결 과 | 승 | 무 | 패 | 무 | 무 | 무 | 승 | 무 | 승 | 무 |
| | | 점 수 | 1 : 0 | 1 : 1 | 0 : 1 | 0 : 0 | 1 : 1 | 1 : 1 | 1 : 0 | 1 : 1 | 2 : 1 | 2 : 2 |
| | | 승 점 | 22 | 23 | 23 | 24 | 25 | 26 | 29 | 30 | 33 | 34 |
| | | 슈팅수 | 7 : 11 | 5 : 11 | 6 : 10 | 7 : 7 | 9 : 11 | 8 : 15 | 5 : 14 | 15 : 8 | 10 : 13 | 10 : 11 |
| GK | 1 | 김 승 건 | ○ 0/0 | ○ 0/0 C | ○ 0/0 | | ○ 0/0 | ○ 0/0 | ○ 0/0 | ○ 0/0 | ○ 0/0 | ○ 0/0 |
| | 13 | 이 기 현 | | | | ○ 0/0 | | | | | | |
| | 18 | 김 기 훈 | | | | | | | | | | |
| DF | 2 | 김 대 환 | ○ 0/0 | ○ 0/0 C | | ○ 0/0 C | ○ 0/0 C | ○ 0/0 | ○ 0/0 | ○ 0/0 C | | |
| | 3 | 조 동 재 | ○ 0/0 | ▽ 0/0 | ○ 0/0 | ○ 0/0 | ▽ 0/0 | △ 0/0 | △ 0/0 | ○ 0/0 | ○ 0/0 | ○ 0/0 |
| | 4 | 연 제 민 | | △ 0/0 | | ▽ 0/0 | ▽ 0/0 | ○ 0/0 | ▽ 0/0 | ○ 0/0 | ○ 0/0 C | △ 0/0 S |
| | 5 | 우 제 욱 | | | △ 0/0 C | △ 0/0 | | ▽ 0/0 C | △ 0/0 | △ 0/0 | △ 0/0 C | ○ 1/0 C |
| | 15 | 보이노비치 | ○ 0/0 | ○ 0/0 | ○ 0/0 | | ▽ 0/0 | ○ 0/0 | ○ 0/0 | ○ 0/0 C | ○ 0/0 C | ○ 0/1 |
| | 17 | 임 창 석 | ▽ 0/0 | | ○ 0/0 | ○ 0/0 | ○ 1/0 | ○ 0/0 | ▽ 0/0 | ○ 0/0 | ○ 0/0 | ○ 1/0 |
| | 20 | 박 준 서 | △ 0/0 | ○ 0/0 | ▽ 0/0 | ○ 0/0 | ○ 0/0 C | △ 0/0 C | △ 0/0 C | | △ 0/0 | ▽ 0/0 |
| | 25 | 김 신 리 | | | | | | | | | | |
| | 29 | 김 준 영 | | | △ 0/0 | | | | | | ▽ 0/0 | ▽ 0/0 |
| | 33 | 조 영 진 | | | | | | | | | | |
| | 44 | 함 선 우 | ○ 0/0 | ○ 0/0 C | ○ 0/0 | | △ 0/0 | ▽ 0/0 | ○ 0/0 | | | |
| MF | 6 | 최 준 혁 | ○ 0/0 | ○ 0/0 | ○ 0/0 | ▽ 0/0 | ○ 0/0 | ▽ 1/0 | ▽ 0/0 | ▽ 0/0 C | | ▽ 0/0 C |
| | 8 | 전 성 진 | ▽ 0/0 | ▽ 0/0 | △ 0/0 | ▽ 0/0 | ▽ 0/0 | ○ 0/1 | ▽ 0/0 C | ▽ 0/0 C | ▽ 0/0 | ▽ 0/1 |
| | 14 | 이 은 재 | | | | | | | | | | |
| | 16 | 최 명 희 | ○ 0/0 | △ 0/0 | ▽ 0/0 | △ 0/0 | △ 0/0 C | | △ 0/0 | ○ 0/0 | ○ 0/0 | △ 0/0 |
| | 22 | 안 지 만 | | | | | | | | | | |
| | 26 | 박 창 호 | | | | | | | | | | △ 0/0 |
| | 27 | 백 승 우 | | | | △ 0/0 | △ 0/0 | △ 0/0 | | △ 0/0 | | |
| | 47 | 박 재 성 | △ 0/0 | ▽ 0/0 | △ 0/0 | △ 0/0 | △ 0/0 | △ 0/0 | △ 0/0 | △ 0/0 | △ 0/0 | △ 0/0 |
| | 53 | 리 마 | | ▽ 0/0 | | | | | | △ 0/0 | ▽ 0/0 | |
| | 99 | 데메트리우스 | | △ 0/0 | ▽ 0/0 | ○ 0/0 | ▽ 0/0 | ▽ 0/0 | ○ 1/0 | ▽ 0/0 | ○ 0/1 C | ○ 0/0 |
| FW | 7 | 알 뚤 | △ 0/0 | | | △ 0/0 | △ 0/0 | △ 0/0 | ▽ 0/0 | | △ 1/0 | △ 0/0 |
| | 9 | 박 주 영 | ▽ 1/0 | ▽ 0/0 | ▽ 0/0 | ▽ 0/0 | ○ 0/1 | | | | | |
| | 10 | 루 안 | | | | | | | | | | |
| | 11 | 이 승 재 | | | | | | | | | | |
| | 11 | 여 홍 규 | △ 0/0 C | △ 0/0 | △ 0/0 | | | | | | | |
| | 19 | 유 병 수 | | | | | | | | | | |
| | 31 | 도 미 닉 | | | | | | | | | | |
| | 41 | 김 병 오 | ▽ 0/0 C | △ 1/0 C | ▽ 0/0 | ▽ 0/0 C | | ▽ 0/0 | ○ 0/0 | ▽ 1/0 | ▽ 1/0 | ▽ 0/0 |
| | 77 | 이 지 한 | | | | | | | | | | |
| | | | | | | | | | | | | |

선수자료 : 득점/도움 ○ = 선발출전 △ = 교체 IN ▽ = 교체 OUT ◆ = 교체 IN/OUT C = 경고 S = 퇴장

| 위치 | 배번 | 경기번호 | 215 | 222 | 225 | 233 | 245 | 247 | 256 | 261 | 270 | |
|---|---|---|---|---|---|---|---|---|---|---|---|---|
| | | 날 짜 | 09.28 | 10.04 | 10.07 | 10.11 | 10.19 | 10.25 | 11.01 | 11.08 | 11.23 | |
| | | 홈/원정 | 홈 | 홈 | 원정 | 홈 | 홈 | 원정 | 원정 | 홈 | 원정 | |
| | | 장 소 | 화성 | 화성 | 목동 | 화성 | 화성 | 탄천 | 김포 | 화성 | 부천 | |
| | | 상 대 | 부산 | 인천 | 서울E | 충북청주 | 수원 | 성남 | 김포 | 경남 | 부천 | |
| | | 결 과 | 무 | 패 | 무 | 승 | 패 | 패 | 패 | 패 | 무 | |
| | | 점 수 | 1 : 1 | 0 : 1 | 1 : 1 | 1 : 0 | 2 : 3 | 0 : 1 | 1 : 5 | 0 : 1 | 0 : 0 | |
| | | 승 점 | 35 | 35 | 36 | 39 | 39 | 39 | 39 | 39 | 40 | |
| | | 슈팅수 | 4 : 17 | 10 : 5 | 5 : 10 | 13 : 7 | 14 : 16 | 8 : 7 | 13 : 19 | 8 : 9 | 16 : 2 | |
| GK | 1 | 김 승 건 | ○ 0/1 | ○ 0/0 | | ○ 0/0 | ○ 0/0 | | ○ 0/0 | ○ 0/0 | ○ 0/0 | |
| | 13 | 이 기 현 | | | ○ 0/0 | | | | | | | |
| | 18 | 김 기 훈 | | | | | | ○ 0/0 | | | | |
| DF | 2 | 김 대 환 | | | △ 0/0 | △ 0/0 | ○ 0/1 | ○ 0/0 | ○ 0/0 | ○ 0/0 | ○ 0/0 C | |
| | 3 | 조 동 재 | ○ 0/0 | ▽ 0/0 | △ 0/0 | ○ 0/0 | ○ 0/0 | ○ 0/0 C | ○ 0/0 | ○ 0/0 | ○ 0/0 | |
| | 4 | 연 제 민 | | | ▽ 0/0 | ▽ 0/0 C | | | | | | |
| | 5 | 우 제 욱 | | ▽ 0/0 | ▽ 0/0 | △ 0/0 | △ 0/0 C | △ 0/0 | ○ 0/0 | △ 0/0 C | △ 0/0 | |
| | 15 | 보이노비치 | ○ 0/0 | ○ 0/0 | ○ 0/0 | ○ 0/0 | ○ 0/1 | ○ 0/0 | ○ 0/0 | ○ 0/0 | ○ 0/0 | |
| | 17 | 임 창 석 | ○ 0/0 | ○ 0/0 | ○ 0/0 | ○ 1/0 | ▽ 1/0 | ○ 0/0 | △ 0/0 | ▽ 0/0 | | |
| | 20 | 박 준 서 | ○ 0/0 C | ○ 0/0 | ○ 0/0 | △ 0/0 | ○ 0/0 | ○ 0/0 | ○ 0/0 | △ 0/0 | | |
| | 25 | 김 신 리 | | | | | | | | | | |
| | 29 | 김 준 영 | ▽ 0/0 | ○ 0/0 | ▽ 0/0 | ▽ 0/0 | | | ▽ 0/0 | △ 0/0 C | ○ 0/0 | |
| | 33 | 조 영 진 | | | | | | | | | | |
| | 44 | 함 선 우 | | | | | △ 0/0 C | | | ○ 0/0 S | | |
| MF | 6 | 최 준 혁 | ○ 0/0 C | ○ 0/0 C | | | ▽ 0/0 | ○ 0/0 | ○ 0/0 | ○ 0/0 | ○ 0/0 | |
| | 8 | 전 성 진 | ▽ 0/0 | △ 0/0 | ○ 0/0 | ▽ 0/0 | △ 0/0 | △ 0/0 | △ 0/0 | ○ 0/0 | ○ 0/0 | |
| | 14 | 이 은 재 | △ 0/0 | | | | | | | | △ 0/0 | |
| | 16 | 최 명 희 | △ 0/0 | ▽ 0/0 C | ▽ 0/0 | ○ 0/0 | ○ 0/0 | △ 0/0 | ▽ 0/0 | ○ 0/0 | ○ 0/0 | |
| | 22 | 안 지 만 | | △ 0/0 | | | | ▽ 0/0 C | | | | |
| | 26 | 박 창 호 | △ 0/0 | △ 0/0 | △ 0/0 | △ 0/0 | | | | | | |
| | 27 | 백 승 우 | | | | | | | △ 1/0 | | ▽ 0/0 | |
| | 47 | 박 재 성 | ◈ 0/0 | | | | | | | | | |
| | 53 | 리 마 | | | | △ 0/0 | ▽ 0/0 | ▽ 0/0 | ▽ 0/0 | | | |
| | 99 | 데메트리우스 | ▽ 0/0 | ▽ 0/0 | ○ 1/0 | ○ 0/0 | ○ 0/0 | ▽ 0/0 C | ▽ 0/0 | | | |
| FW | 7 | 알 뚤 | ○ 1/0 | △ 0/0 | ▽ 0/0 | ▽ 0/0 | △ 1/0 | ▽ 0/0 | △ 0/0 | ▽ 0/0 | ▽ 0/0 | |
| | 9 | 박 주 영 | | | | | | | | | | |
| | 10 | 루 안 | | | | | | | | | | |
| | 11 | 이 승 재 | | | | | | | | | | |
| | 11 | 여 홍 규 | △ 0/0 C | | | | | | | | | |
| | 19 | 유 병 수 | | △ 0/0 | | | | △ 0/0 | | | △ 0/0 | |
| | 31 | 도 미 닉 | | | | | | | | | | |
| | 41 | 김 병 오 | ▽ 0/0 | ▽ 0/0 | △ 0/0 | ▽ 0/0 | ▽ 0/0 C | | | ▽ 0/0 C | ▽ 0/0 | |
| | 77 | 이 지 한 | | | △ 0/0 | | | | | | | |
| | | | | | | | | | | | | |

# 경남 FC

**창단년도**_ 2006년
**전화**_ 055-283-2020
**팩스**_ 055-283-2992
**홈페이지**_ https://www.gyeongnamfc.com
**유튜브**_ https://www.youtube.com/@gyeongnam_fc
**인스타그램**_ https://www.instagram.com/gyeongnamfc
**페이스북**_ https://www.facebook.com/GyeongnamFC
**주소**_ 우 51460 경상남도 창원시 성산구 비음로 97
창원축구센터
1F Changwon Football Center, 97, Bieum-ro (Sapajeong-dong), Seongsan-gu, Changwon-si, Gyeongsangnam-do, KOREA 51460

## 연혁

2005 발기인 총회 및 이사회 개최(대표이사 박창식 취임)
법인설립 등기
법인설립 신고 및 사업자 등록
제1차 공개 선수선발 테스트 실시
구단 홈페이지 및 주주관리 시스템 운영
(주)STX와 메인스폰서 계약
구단CI 공모작 발표(명칭, 엠블럼, 캐릭터)
도민주 공모 실시
제2차 공개 선수선발 테스트 실시
경남FC 창단 만장일치 승인(한국프로축구연맹 이사회)

2006 제1대 김태호 구단주 취임
창단식(창원경륜경기장)
K-리그 데뷔

2007 제2대 대표이사 전형두 취임
삼성 하우젠 K-리그 2006 6강 플레이오프 진출, 종합 4위
제3대 김영조 대표이사 취임
제4대 김영만 대표이사 취임

2008 제13회 하나은행 FA컵 준우승

2010 새 엠블럼 및 유니폼 발표
제2대 김두관 구단주 취임
제5대 전형두 대표이사 취임

2011 사무국 이전 및 메가스토어 오픈

2012 제6대 권영민 대표이사 취임
제17회 하나은행 FA컵 준우승
제3대 홍준표 구단주 취임

2013 제7대 안종복 대표이사 취임
대우조선해양과 메인스폰서 계약
플러스스타디움상, 팬 프렌들리 상 수상
현대오일뱅크 K리그 2013 대상 플러스스타디움상 수상
현대오일뱅크 K리그 대상 팬 프렌들리 클럽상 수상

2014 경남FC vs 아인트호벤(박지성 선수 은퇴) 경기 개최

2015 제8대 김형동 대표이사 취임
제9대 박치근 대표이사 취임

2016 제10대 조기호 대표이사 취임

2017 KEB하나은행 K리그 챌린지 2017 우승
2018 시즌 K리그1(클래식) 승격

2018 제4대 김경수 구단주 취임
KEB하나은행 K리그1 2018 준우승
플러스스타디움상

2019 구단 최초 아시아 챔피언스 리그 본선 진출
2020 시즌 K리그2 강등

2020 제11대 박진관 대표이사 취임
하나원큐 K리그2 베스트11 수상(백성동)

2021 재단법인 경남FC 유소년재단 설립

2022 제5대 박완수 구단주 취임
하나원큐 K리그2 베스트11 수상(티아고)

2023 제12대 지현철 대표이사 취임
하나원큐 K리그2 플레이오프 진출

2024 제9대 박동혁 감독 취임
제10대 이을용 감독 취임(11월)

2025 제13대 이흥실 대표이사 취임

## 2025년 선수명단

대표이사_ 이흥실　단장_ 진정원　감독대행_ 김필종

코치_ 박종진 · 이삭　골키퍼코치_ 백민철　피지컬코치_ 최준혁　전력강화실장_ 김진우

의무트레이너_ 김도완 · 정저헌 · 임창성　전력분석관_ 이용제 · 윤수빈　통역관_ 박형준　선수단 매니저_ 정지현

| 포지션 | 선수명 | | 생년월일 | 출신교 | 키(cm)/ 몸무게(kg) |
|---|---|---|---|---|---|
| GK | 고동민 | 高東民 | 1999.01.12 | 대륜고 | 189 / 83 |
| | 안호진 | 安虎眞 | 2003.01.13 | 의정부FC U18 | 188 / 82 |
| | 신준서 | 申峻抒 | 2007.12.06 | 경남FC U18 | 187 / 78 |
| | 류원우 | 柳垣宇 | 1990.08.05 | 광양제철고 | 186 / 96 |
| | 최필수 | 崔弼守 | 1991.06.20 | 성균관대 | 190 / 83 |
| DF | 박재환 | 朴財喚 | 2000.10.11 | 오산고 | 191 / 89 |
| | 한용수 | 韓龍洙 | 1990.05.05 | 한양대 | 183 / 88 |
| | 김형진 | 金炯進 | 1993.12.20 | 배재대 | 187 / 77 |
| | 이준재 | 李準宰 | 2003.07.14 | 경남FC U18 | 179 / 72 |
| | 신승민 | 申昇珉 | 2003.05.26 | 고려대 | 178 / 71 |
| | 박원재 | 朴元在 | 1994.05.07 | 중앙대 | 175 / 70 |
| | 김선호 | 金善鎬 | 2001.03.29 | 포항 U18 | 178 / 80 |
| | 이민기 | 李旼紀 | 2001.01.06 | 한양대 | 184 / 70 |
| | 이규백 | 李圭白 | 2004.02.10 | 포항 U18 | 185 / 83 |
| | 전민수 | 全珉秀 | 2005.09.22 | 선문대 | 170 / 63 |
| | 천정욱 | 天貞郁 | 2003.02.24 | 중원대 | 172 / 62 |
| MF | 김영재 | 金英材 | 2003.02.12 | 건국대 | 180 / 72 |
| | 이시헌 | 李始憲 | 1998.05.04 | 중앙대 | 177 / 69 |
| | 김형원 | 金亨願 | 1999.02.22 | 연세대 | 190 / 81 |
| | 박준혁 | 朴俊奕 | 2002.09.17 | 아주대 | 181 / 70 |
| | 헤　난 | Renan Carvalho Areias | 1998.01.19 | *브라질 | 174 / 72 |
| | 한석종 | 韓石種 | 1992.07.19 | 통진고 | 184 / 78 |
| | 김하민 | 金하민 | 2003.08.26 | 선문대 | 173 / 70 |
| | 브루노 코스타 | Bruno Xavier Almeida Costa | 1997.04.19 | *포르투갈 | 174 / 68 |
| | 박태용 | 朴泰用 | 2001.04.05 | 전남 U18 | 182 / 75 |
| | 이찬동 | 李燦東 | 1993.01.10 | 인천대 | 183 / 80 |
| FW | 송시우 | 宋治雨 | 1993.08.28 | 단국대 | 174 / 75 |
| | 도동현 | 都東顯 | 1993.11.19 | 경희대 | 172 / 71 |
| | 박민서 | 朴珉緖 | 1998.06.30 | 호남대 | 182 / 76 |
| | 정충근 | 鄭充根 | 1995.03.01 | FC낭트 B | 180 / 79 |
| | 조영광 | 趙營光 | 2003.03.28 | 동국대 | 173 / 67 |
| | 이종언 | 李鍾言 | 2001.05.08 | 명지대 | 180 / 76 |
| | 이태응 | 李泰應 | 2003.05.10 | 김해대 | 173 / 67 |
| | 박기현 | 朴基賢 | 2004.04.10 | 강원FC U18 | 171 / 66 |
| | 카　릴 | Leonardo Kalil Abdala | 1996.04.10 | *브라질 | 184 / 83 |
| | 원기종 | 元基鍾 | 1996.01.06 | 건국대 | 178 / 76 |
| | 이중민 | 李重珉 | 1999.11.03 | 건국대 | 187 / 84 |
| | 권기표 | 權奇杓 | 1997.06.26 | 광주대 | 175/ 73 |
| | 마세도 | Rúben Daniel Fonseca Macedo | 1996.03.09 | *포르투갈 | 171 / 69 |
| | 단레이 | Danrlei Medeiros Moreira | 1995.11.21 | *브라질 | 185 / 80 |

## 2025년 개인기록_ K리그2

| 위치 | 배번 | 경기번호 | 01 | 12 | 16 | 27 | 31 | 39 | 46 | 56 | 57 | 68 |
|---|---|---|---|---|---|---|---|---|---|---|---|---|
| | | 날 짜 | 02.22 | 03.02 | 03.08 | 03.16 | 03.29 | 04.06 | 04.12 | 04.20 | 04.26 | 05.04 |
| | | 홈/원정 | 원정 | 원정 | 원정 | 홈 | 홈 | 원정 | 홈 | 홈 | 원정 | 원정 |
| | | 장 소 | 인천 | 구덕 | 화성 | 창원C | 창원C | 수원W | 창원C | 창원C | 목동 | 안산 |
| | | 상 대 | 인천 | 부산 | 화성 | 전남 | 충북청주 | 수원 | 성남 | 김포 | 서울E | 안산 |
| | | 결 과 | 패 | 승 | 무 | 무 | 승 | 패 | 패 | 승 | 패 | 패 |
| | | 점 수 | 0 : 2 | 1 : 0 | 1 : 1 | 2 : 2 | 3 : 0 | 0 : 4 | 0 : 1 | 2 : 1 | 1 : 2 | 0 : 1 |
| | | 승 점 | 0 | 3 | 4 | 5 | 8 | 8 | 8 | 11 | 11 | 11 |
| | | 슈팅수 | 5 : 22 | 10 : 8 | 12 : 9 | 4 : 10 | 20 : 7 | 10 : 17 | 15 : 7 | 13 : 8 | 8 : 8 | 7 : 8 |
| GK | 1 | 고동민 | | | △ 0/0 | | | | | | | |
| | 51 | 류원우 | ○ 0/0 C | ○ 0/0 | ▽ 0/0 | ○ 0/0 | ○ 0/0 | ○ 0/0 | ○ 0/0 | ○ 0/0 | ○ 0/0 | ○ 0/0 |
| | 91 | 최필수 | | | | | | | | | | |
| DF | 2 | 박재환 | ○ 0/0 | ○ 0/0 | ○ 0/0 | ○ 0/0 | ○ 0/0 | ○ 0/0 | ○ 0/0 C | ○ 0/0 | ○ 0/0 | ○ 0/0 |
| | 3 | 이규백 | | | | ○ 0/0 | | | | | △ 0/0 | |
| | 4 | 한용수 | | | | | | | | | | |
| | 5 | 김형진 | | ▽ 0/0 | | | | △ 0/0 | | ○ 0/0 | ○ 0/0 | ○ 0/0 |
| | 14 | 전민수 | | | | | | | | | | |
| | 17 | 이준재 | ▽ 0/0 | ○ 0/0 | ▽ 0/0 C | ○ 0/0 | ○ 0/0 | ○ 0/0 | ○ 0/0 | ▽ 0/0 C | △ 0/0 | ▽ 0/0 |
| | 18 | 신승민 | | | | | | | | | | |
| | 30 | 천정욱 | | | | | | | | | | |
| | 33 | 박원재 | △ 0/0 | ○ 0/0 | △ 0/0 | ○ 0/0 | ○ 0/0 | | ○ 0/0 | ○ 0/0 | ○ 0/0 | |
| | 37 | 김선호 | ○ 0/0 | | ○ 0/0 C | △ 0/0 | △ 0/0 | ▽ 0/0 | | | | ▽ 0/0 |
| | 55 | 우주성 | ○ 0/0 | △ 0/0 C | ○ 0/0 | | ○ 0/0 | ○ 0/0 | ○ 0/0 | △ 0/0 | ○ 0/0 | △ 0/0 |
| | 66 | 이민기 | | | | | | | | | | |
| MF | 6 | 박한빈 | | ▽ 0/0 | ▽ 0/0 | | | | | | | |
| | 10 | 브루노코스타 | | | | | | | | | | |
| | 16 | 이강희 | ○ 0/0 C | ○ 0/0 | ○ 0/0 | ○ 0/0 | ○ 1/0 C | ○ 0/0 C | ○ 0/0 C | ○ 0/0 | ○ 1/0 C | |
| | 21 | 이시헌 | | | ▽ 0/0 | | | | ▽ 0/0 | ▽ 0/0 | ▽ 0/1 | ▽ 0/0 |
| | 22 | 김형원 | | | | | | | | | | |
| | 24 | 조영광 | ▽ 0/0 | ▽ 0/0 | | ▽ 0/0 | △ 0/0 | △ 0/0 | ▽ 0/0 | △ 0/0 | △ 0/0 | |
| | 40 | 이찬동 | | | | | | | | | | |
| | 42 | 박태용 | | | | | | | | | | |
| | 63 | 한석종 | | | | | | △ 0/0 | △ 0/0 | △ 0/0 | ▽ 0/0 | ○ 0/0 |
| | 77 | 김하민 | | | | | | | | | | |
| | 88 | 헤난 | ○ 0/0 C | ○ 0/0 | ○ 0/0 | ▽ 0/0 | ▽ 0/0 | ▽ 0/0 | ▽ 0/0 | ▽ 1/0 | | △ 0/0 |
| FW | 7 | 송시우 | △ 0/0 | | | ▽ 0/0 | | | | | | |
| | 8 | 도동현 | | △ 1/0 | △ 1/0 | △ 0/1 | ▽ 0/0 | ▽ 0/0 | △ 0/0 | △ 0/0 | △ 0/0 | ○ 0/0 |
| | 9 | 카릴 | ○ 0/0 | ▽ 0/0 | △ 0/0 | ▽ 0/0 | ▽ 0/0 | | ▽ 0/0 | | | △ 0/0 |
| | 10 | 마테우스 | | | | △ 0/0 | | | | | | |
| | 11 | 박민서 | △ 0/0 | △ 0/0 | △ 0/1 | ▽ 0/0 | △ 0/0 | △ 0/0 | △ 0/0 | ○ 0/0 C | ▽ 0/0 | △ 0/0 |
| | 14 | 설현진 | | | | | ▽ 1/0 | ▽ 0/0 | | | | |
| | 16 | 원기종 | | | | | | | | | | |
| | 19 | 정충근 | ▽ 0/0 | ▽ 0/0 | ▽ 0/0 | | | △ 0/0 | | △ 0/0 | ▽ 0/0 | ▽ 0/0 |
| | 20 | 마세도 | | | | | | | | | | |
| | 25 | 이종언 | | | | | | | | | | △ 0/0 |
| | 29 | 박기현 | | △ 0/1 | △ 0/0 | △ 1/0 C | △ 0/0 | | △ 0/0 | ▽ 0/1 | ▽ 0/0 C | ○ 0/0 |
| | 70 | 폰세카 | ▽ 0/0 | | | | ▽ 0/1 | ▽ 0/0 | ▽ 0/0 | | | |
| | 89 | 단레이 | | | | | | | | | | |
| | 90 | 이중민 | △ 0/0 | △ 0/0 | ▽ 0/0 | △ 0/0 | △ 1/0 | ○ 0/0 | △ 0/0 | ▽ 1/0 | △ 0/0 | ▽ 0/0 |

선수자료 : 득점/도움 ○ = 선발출전 △ = 교체 IN ▽ = 교체 OUT ◆ = 교체 IN/OUT C = 경고 S = 퇴장

| 위치 | 배번 | 경기번호 | 72 | 78 | 88 | 94 | 103 | 111 | 119 | 121 | 130 | 134 |
|---|---|---|---|---|---|---|---|---|---|---|---|---|
| | | 날 짜 | 05.10 | 05.17 | 05.24 | 05.31 | 06.07 | 06.15 | 06.22 | 06.28 | 07.05 | 07.12 |
| | | 홈/원정 | 홈 | 홈 | 홈 | 원정 | 홈 | 원정 | 홈 | 원정 | 홈 | 원정 |
| | | 장 소 | 창원C | 창원C | 창원C | 청주 | 창원C | 김포 | 창원C | 부천 | 창원C | 광양 |
| | | 상 대 | 부천 | 충남아산 | 천안 | 충북청주 | 화성 | 김포 | 수원 | 부천 | 안산 | 전남 |
| | | 결 과 | 패 | 패 | 승 | 승 | 패 | 패 | 패 | 패 | 무 | 패 |
| | | 점 수 | 0 : 3 | 1 : 3 | 3 : 1 | 2 : 1 | 0 : 1 | 0 : 3 | 1 : 3 | 0 : 2 | 1 : 1 | 0 : 1 |
| | | 승 점 | 11 | 11 | 14 | 17 | 17 | 17 | 17 | 17 | 18 | 18 |
| | | 슈팅수 | 10 : 9 | 23 : 11 | 14 : 11 | 7 : 9 | 8 : 5 | 7 : 19 | 8 : 11 | 8 : 22 | 13 : 6 | 3 : 11 |
| GK | 1 | 고동민 | | | | | | | | | | |
| | 51 | 류원우 | ○ 0/0 | ○ 0/0 C | | | | | | | | |
| | 91 | 최필수 | | | ○ 0/0 | ○ 0/0 | ○ 0/0 | ○ 0/0 | ○ 0/0 | ○ 0/0 | ○ 0/0 | ○ 0/0 |
| DF | 2 | 박재환 | ○ 0/0 | ▽ 0/0 | ○ 0/0 | ○ 0/0 | ▽ 0/0 | △ 0/0 | ○ 0/0 | ○ 0/0 | | ○ 0/0 |
| | 3 | 이규백 | | | △ 0/0 | | △ 0/0 | | | ○ 0/0 | | ▽ 0/0 C |
| | 4 | 한용수 | | | | | | | | | | |
| | 5 | 김형진 | ▽ 0/0 | | | | | ○ 0/0 | ○ 0/0 | | ○ 0/0 | △ 0/0 |
| | 14 | 전민수 | | | | | | | △ 0/0 | | | |
| | 17 | 이준재 | △ 0/0 | ○ 0/0 | | ○ 0/0 | ○ 0/0 | △ 0/0 C | △ 0/0 | | ○ 0/0 | |
| | 18 | 신승민 | | | | | | | | ○ 0/0 C | △ 0/0 | |
| | 30 | 천정욱 | | | | | | | | | | △ 0/0 |
| | 33 | 박원재 | ○ 0/0 C | ○ 0/0 | ○ 0/0 | ○ 0/0 C | ○ 0/0 | ▽ 0/0 | ▽ 0/0 | ○ 0/0 | | ▽ 0/0 |
| | 37 | 김선호 | | | ▽ 0/0 | | | ▽ 0/0 | | | | |
| | 55 | 우주성 | ▽ 0/0 | ○ 0/0 | ○ 0/0 C | ○ 0/1 C | ○ 0/0 | ○ 0/0 CC | | △ 0/0 | ○ 0/0 | |
| | 66 | 이민기 | | | | | | | ▽ 0/0 | | ▽ 0/0 | ○ 0/0 |
| MF | 6 | 박한빈 | | | | | | | | | | |
| | 10 | 브루노코스타 | | | | | | | | | ○ 1/0 | ○ 0/0 |
| | 16 | 이강희 | ○ 0/0 | ○ 0/0 | ○ 0/2 | ○ 0/0 | ○ 0/0 | ○ 0/0 C | | | | |
| | 21 | 이시헌 | ▽ 0/0 | ▽ 0/0 | ▽ 0/0 | ▽ 0/0 C | ▽ 0/0 | ▽ 0/0 | | ▽ 0/0 | | |
| | 22 | 김형원 | △ 0/0 C | △ 0/0 | | | | | △ 0/0 C | | | |
| | 24 | 조영광 | △ 0/0 | | | | ▽ 0/0 | △ 0/0 | △ 0/0 | △ 0/0 | | |
| | 40 | 이찬동 | | | | | | | | | | ▽ 0/0 |
| | 42 | 박태용 | | | | | | | | ○ 0/0 | ▽ 0/0 | ▽ 0/0 |
| | 63 | 한석종 | | | △ 0/0 | △ 0/0 | | | ▽ 0/0 C | △ 0/0 | ▽ 0/0 | |
| | 77 | 김하민 | | | | | | | ○ 0/0 | ▽ 0/0 | △ 0/0 C | |
| | 88 | 헤난 | ○ 0/0 | ▽ 0/0 | ▽ 1/0 C | ▽ 0/0 | ▽ 0/0 C | ○ 0/0 | | | ▽ 0/0 C | △ 0/0 |
| FW | 7 | 송시우 | | △ 0/0 | △ 0/0 C | △ 0/0 | △ 0/0 | △ 0/0 | | | △ 0/0 C | |
| | 8 | 도동현 | | ▽ 0/0 | | △ 0/0 C | △ 0/0 | | ▽ 0/0 | | | |
| | 9 | 카릴 | △ 0/0 | ▽ 0/0 | ▽ 1/1 | ▽ 1/0 | ○ 0/0 C | ▽ 0/0 | ○ 0/0 | ▽ 0/0 | ○ 0/0 | |
| | 10 | 마테우스 | | | | | | | | | | |
| | 11 | 박민서 | ▽ 0/0 | △ 0/0 | △ 0/0 | △ 1/0 | △ 0/0 | ▽ 0/0 | △ 0/0 | △ 0/0 C | △ 0/0 | ○ 0/0 |
| | 14 | 설현진 | | | | | | | | | | |
| | 16 | 원기종 | | | | | | | | | | |
| | 19 | 정충근 | | | | ▽ 0/0 | | | ▽ 0/0 | | | |
| | 20 | 마세도 | | | | | | | | | ▽ 0/0 | |
| | 25 | 이종언 | △ 0/0 | ○ 1/0 | ○ 1/0 | | | | | ▽ 0/0 C | | ▽ 0/0 |
| | 29 | 박기현 | ▽ 0/0 | △ 0/0 | ▽ 0/0 | ▽ 0/0 | ▽ 0/0 | ○ 0/0 C | ○ 0/0 | ▽ 0/0 | △ 0/0 C | △ 0/0 |
| | 70 | 폰세카 | | | | | | | | | | |
| | 89 | 단레이 | | | | | | | | | | ○ 0/0 |
| | 90 | 이중민 | ○ 0/0 C | △ 0/1 | △ 0/0 | △ 0/0 | △ 0/0 | △ 0/0 | | △ 0/0 | | △ 0/0 C |

| 위치 | 배번 | 경기번호 | 147 | 149 | 160 | 162 | 174 | 179 | 187 | 192 | 198 | 204 |
|---|---|---|---|---|---|---|---|---|---|---|---|---|
| | | 날 짜 | 07.20 | 07.26 | 08.02 | 08.09 | 08.16 | 08.23 | 08.31 | 09.06 | 09.13 | 09.20 |
| | | 홈/원정 | 홈 | 원정 | 홈 | 원정 | 홈 | 원정 | 홈 | 원정 | 홈 | 원정 |
| | | 장 소 | 창원C | 천안 | 창원C | 아산 | 창원C | 탄천 | 창원C | 청주 | 창원C | 수원W |
| | | 상 대 | 인천 | 천안 | 부산 | 충남아산 | 서울E | 성남 | 부천 | 충북청주 | 김포 | 수원 |
| | | 결 과 | 패 | 패 | 승 | 무 | 무 | 패 | 패 | 승 | 패 | 승 |
| | | 점 수 | 0 : 2 | 0 : 4 | 1 : 0 | 2 : 2 | 1 : 1 | 1 : 2 | 1 : 2 | 1 : 0 | 0 : 2 | 2 : 1 |
| | | 승 점 | 18 | 18 | 21 | 22 | 23 | 23 | 23 | 26 | 26 | 29 |
| | | 슈팅수 | 10 : 8 | 8 : 21 | 2 : 15 | 6 : 14 | 5 : 14 | 9 : 11 | 14 : 13 | 12 : 8 | 9 : 9 | 14 : 18 |
| GK | 1 | 고동민 | | | | | | | | | | |
| | 51 | 류원우 | | | | | | | ○ 0/0 | ○ 0/0 | ○ 0/0 | |
| | 91 | 최필수 | ○ 0/0 | ○ 0/0 | ○ 0/0 | ○ 0/0 C | ○ 0/0 | ○ 0/0 | | | | ○ 0/0 C |
| DF | 2 | 박재환 | | △ 0/0 | ○ 0/0 | ○ 0/0 | ○ 0/1 | ○ 0/0 | ○ 0/0 | ○ 0/0 | ○ 0/0 | ○ 0/0 |
| | 3 | 이규백 | ○ 0/0 | ▽ 0/0 | | | | △ 0/0 | | | | |
| | 4 | 한용수 | | | | | | | | | ○ 0/0 | ○ 0/0 |
| | 5 | 김형진 | ○ 0/0 | ○ 0/0 | ○ 0/0 | ○ 1/0 C | ○ 0/0 | ○ 0/0 | ○ 0/0 | ○ 0/0 C | ▽ 0/0 | |
| | 14 | 전민수 | △ 0/0 | | | | | | | | | |
| | 17 | 이준재 | | | ▽ 0/0 | ▽ 0/0 | ▽ 0/0 | ▽ 0/0 | ○ 0/0 | ▽ 0/0 | ▽ 0/0 | |
| | 18 | 신승민 | | | △ 0/0 | △ 0/0 | | | | | | |
| | 30 | 천정욱 | | | | | | | | | | |
| | 33 | 박원재 | △ 0/0 | △ 0/0 | △ 0/0 | △ 0/0 | △ 0/0 | △ 0/0 | | △ 0/0 | | △ 0/0 |
| | 37 | 김선호 | | | ▽ 0/0 | ▽ 0/0 | ○ 0/0 | ○ 0/0 | ○ 0/0 C | ○ 0/0 | ○ 0/0 | ▽ 0/0 C |
| | 55 | 우주성 | | | | | | | | | | |
| | 66 | 이민기 | ▽ 0/0 | ○ 0/0 C | | | | | | | | |
| MF | 6 | 박한빈 | | | | | | | | | | |
| | 10 | 브루노코스타 | ○ 0/0 | ▽ 0/0 | ○ 0/0 C | ○ 0/0 S | | | ○ 1/0 | ○ 0/1 | ○ 0/0 | ○ 0/0 C |
| | 16 | 이강희 | | | | | | | | | | |
| | 21 | 이시헌 | | | | | △ 0/0 | △ 0/0 C | | | | |
| | 22 | 김형원 | | | | | | | △ 0/0 | △ 0/0 | △ 0/0 | △ 0/1 |
| | 24 | 조영광 | | | | | | | | | | |
| | 40 | 이찬동 | ○ 0/0 C | ○ 0/0 | ○ 0/0 | ○ 0/0 | ○ 0/0 | ○ 0/0 C | ▽ 0/0 | ○ 1/0 C | ▽ 0/0 | ○ 0/0 |
| | 42 | 박태용 | △ 0/0 C | △ 0/0 | | ▽ 0/0 | ▽ 0/0 | ▽ 1/0 | ▽ 0/0 C | | | |
| | 63 | 한석종 | | | △ 0/0 | △ 0/0 | △ 0/0 | | | | ▽ 0/0 | |
| | 77 | 김하민 | ▽ 0/0 | ▽ 0/0 | | | △ 0/0 | △ 0/0 | △ 0/0 | △ 0/0 | | △ 0/0 |
| | 88 | 헤난 | ▽ 0/0 | ▽ 0/0 | ○ 0/0 | | ▽ 0/0 | ▽ 0/0 C | | ▽ 0/0 | △ 0/0 | ○ 0/0 C |
| FW | 7 | 송시우 | | | | | | | | | | |
| | 8 | 도동현 | | | | | | | △ 0/0 | △ 0/0 | | |
| | 9 | 카릴 | △ 0/0 | △ 0/0 C | | | | | △ 0/0 | △ 0/0 | ▽ 0/0 | ▽ 0/0 |
| | 10 | 마테우스 | | | | | | | | | | |
| | 11 | 박민서 | ▽ 0/0 | ○ 0/0 | ▽ 0/0 | ○ 1/0 | ▽ 0/0 | ○ 0/0 C | △ 0/0 | ▽ 0/0 | △ 0/0 | ▽ 1/0 C |
| | 14 | 설현진 | | | | | | | | | | |
| | 16 | 원기종 | | | | | | | | | | |
| | 19 | 정충근 | | | | △ 0/0 | △ 1/0 | △ 0/0 | ▽ 0/0 | | ○ 0/0 | △ 0/0 |
| | 20 | 마세도 | △ 0/0 | △ 0/0 | △ 0/0 | ▽ 0/1 C | ○ 0/0 | ▽ 0/0 | ▽ 0/0 | ▽ 0/0 | △ 0/0 | ▽ 0/0 |
| | 25 | 이종언 | | | ○ 0/0 | △ 0/0 | | | | | | |
| | 29 | 박기현 | ▽ 0/0 | ▽ 0/0 | | | | | | | △ 0/0 | ▽ 0/0 |
| | 70 | 폰세카 | | | | | | | | | | |
| | 89 | 단레이 | ○ 0/0 | ○ 0/0 | | | | | | | | △ 1/0 C |
| | 90 | 이중민 | | | ▽ 1/0 C | ▽ 0/0 | ▽ 0/0 | ▽ 0/1 | ▽ 0/0 | ▽ 0/0 | | |

선수자료 : 득점/도움 ○ = 선발출전 △ = 교체 IN ▽ = 교체 OUT ◆ = 교체 IN/OUT C = 경고 S = 퇴장

| 위치 | 배번 | 경기번호 | 214 | 224 | 229 | 238 | 242 | 251 | 253 | 261 | 272 | |
|---|---|---|---|---|---|---|---|---|---|---|---|---|
| | | 날 짜 | 09.28 | 10.05 | 10.08 | 10.12 | 10.19 | 10.26 | 11.01 | 11.08 | 11.23 | |
| | | 홈/원정 | 홈 | 원정 | 홈 | 원정 | 홈 | 원정 | 홈 | 원정 | 홈 | |
| | | 장 소 | 창원C | 구덕 | 창원C | 아산 | 창원C | 인천 | 창원C | 화성 | 창원C | |
| | | 상 대 | 안산 | 부산 | 전남 | 충남아산 | 성남 | 인천 | 서울E | 화성 | 천안 | |
| | | 결 과 | 승 | 무 | 패 | 패 | 패 | 패 | 무 | 승 | 승 | |
| | | 점 수 | 1 : 0 | 1 : 1 | 2 : 3 | 0 : 1 | 0 : 1 | 0 : 3 | 0 : 0 | 1 : 0 | 2 : 0 | |
| | | 승 점 | 32 | 33 | 33 | 33 | 33 | 33 | 34 | 37 | 40 | |
| | | 슈팅수 | 11 : 7 | 3 : 17 | 6 : 16 | 8 : 15 | 9 : 12 | 4 : 6 | 2 : 16 | 9 : 8 | 12 : 13 | |
| GK | 1 | 고동민 | | | | | | | | | | |
| | 51 | 류원우 | | | | | | | ○ 0/0 | ○ 0/0 | ○ 0/0 | |
| | 91 | 최필수 | ○ 0/0 | ○ 0/0 | ○ 0/0 | ○ 0/0 | ○ 0/0 | ○ 0/0 | | | | |
| DF | 2 | 박재환 | ○ 1/0 | ○ 1/0 C | ○ 0/0 C | ○ 0/0 | ○ 0/0 | ○ 0/0 | | ○ 0/0 | ○ 0/0 | |
| | 3 | 이규백 | | | | | | | | | | |
| | 4 | 한용수 | ○ 0/0 | ○ 0/0 | ○ 0/0 | ▽ 0/0 | ○ 0/0 | ○ 0/0 | ○ 0/0 | | ○ 0/0 | |
| | 5 | 김형진 | △ 0/0 | ○ 0/0 | ○ 0/0 C | △ 0/0 C | △ 0/0 | ○ 0/0 | | △ 0/0 | | |
| | 14 | 전민수 | | | | | | | | | | |
| | 17 | 이준재 | | ▽ 0/0 | | | | | | | | |
| | 18 | 신승민 | | | | | | | | ▽ 0/0 | | |
| | 30 | 천정욱 | | | | | | | | | | |
| | 33 | 박원재 | | | ○ 0/0 | △ 0/0 | ▽ 0/0 | | △ 0/0 | ○ 0/0 | ○ 1/0 | |
| | 37 | 김선호 | ○ 0/0 | ○ 0/0 | ▽ 0/0 | ▽ 0/0 | △ 0/0 | ○ 0/0 | ○ 0/0 | | | |
| | 55 | 우주성 | | | | | | | | | | |
| | 66 | 이민기 | | | | | ▽ 0/0 C | | | | | |
| MF | 6 | 박한빈 | | | | | | | | | | |
| | 10 | 브루노코스타 | ▽ 0/0 | ○ 0/1 | ○ 0/0 | ○ 0/0 | | | ○ 0/0 | ○ 0/1 | ▽ 0/0 | |
| | 16 | 이강희 | | | | | | | | | | |
| | 21 | 이시헌 | | | | | | | | △ 0/0 | △ 0/0 | |
| | 22 | 김형원 | △ 0/0 | △ 0/0 | △ 0/0 | | ▽ 0/0 | △ 0/0 | ○ 0/0 | ▽ 0/0 | | |
| | 24 | 조영광 | | | | ▽ 0/0 | ▽ 0/0 | △ 0/0 | | | ▽ 1/0 | |
| | 40 | 이찬동 | ○ 0/0 C | ▽ 0/0 C | | ○ 0/0 | ○ 0/0 | ▽ 0/0 | ○ 0/0 C | ○ 0/0 C | ○ 0/0 C | |
| | 42 | 박태용 | | | | | △ 0/0 | | ▽ 0/0 | ▽ 0/0 | | |
| | 63 | 한석종 | △ 0/0 | | | | | △ 0/0 | | | △ 0/0 | |
| | 77 | 김하민 | △ 0/0 | | △ 0/0 | | ○ 0/0 C | ▽ 0/0 C | △ 0/0 | △ 0/0 | | |
| | 88 | 헤 난 | ▽ 0/0 | △ 0/0 | ▽ 0/0 | ○ 0/0 | ▽ 0/0 C | ▽ 0/0 | | | | |
| FW | 7 | 송시우 | | | | | | | | | | |
| | 8 | 도동현 | | | | | | | | | | |
| | 9 | 카 릴 | ▽ 0/0 C | ▽ 0/0 C | △ 0/0 | ▽ 0/0 | | ▽ 0/0 | | | △ 0/0 | |
| | 10 | 마테우스 | | | | | | | | | | |
| | 11 | 박민서 | ▽ 0/0 | △ 0/0 | ▽ 0/0 | △ 0/0 | △ 0/0 | △ 0/0 | △ 0/0 | △ 0/0 | △ 0/0 | |
| | 14 | 설현진 | | | | | | | | | | |
| | 16 | 원기종 | | | | | | | ○ 0/0 | ○ 1/0 C | ○ 0/0 | |
| | 19 | 정충근 | △ 0/0 | △ 0/0 | △ 0/0 | △ 0/0 | | | | △ 0/0 | | |
| | 20 | 마세도 | ▽ 0/0 | ▽ 0/0 | | | | △ 0/0 | ▽ 0/0 | | | |
| | 25 | 이종언 | | | | | ▽ 0/0 | | | ▽ 0/0 | ▽ 0/0 | |
| | 29 | 박기현 | ▽ 0/0 | ▽ 0/0 | ▽ 0/0 | ▽ 0/0 C | | ○ 0/0 | ▽ 0/0 | | ▽ 0/0 C | |
| | 70 | 폰세카 | | | | | | | | | | |
| | 89 | 단레이 | △ 0/1 | △ 0/0 | △ 1/0 | ○ 0/0 | △ 0/0 | ▽ 0/0 | ▽ 0/0 | | ▽ 0/0 | |
| | 90 | 이중민 | | | ▽ 1/0 | △ 0/0 | △ 0/0 | | △ 0/0 | ▽ 0/0 | △ 0/0 | |

# 충북 청주 FC

**창단년도_** 2022년

**전화_** 043-234-0731 **팩스_** 043-233-0732

**홈페이지_** https://www.chfc.kr

**유튜브_** https://www.youtube.com/@chfc_2023

**인스타그램_** https://www.instagram.com/chfc_2023/

**카카오톡채널_** https://pf.kakao.com/_Xdxfsd

**페이스북_** https://www.facebook.com/chfc2023

**주소_** 우 28374 충청북도 청주시 흥덕구 가포산로 124 (2층)
124, Gaposan-ro, Heungdeok-gu, Cheongju-si, Chungcheongbuk-do, KOREA 28374

## 연혁

2002 '청주솔베이지축구단' 창단

2007 2007 코니그린컵 전국대회 일반부 우승

2009 '청주직지FC'로 구단명 변경
K3리그 공식참가

2014 '충북청주FC'로 구단명 변경

2015 '청주FC'로 구단명 변경

2019 '청주시티FC'와 통합
법인명: 청주에프씨사회적협동조합

2022 (주)충북청주프로축구단 법인설립 허가
최윤겸 감독 취임
한국프로축구연맹 가입신청 및 승인

2023 '충북청주프로축구단' 창단식
하나원큐 K리그2 진출
하나원큐 K리그2 프로데뷔 첫경기 승
2023 하나은행 FA컵 3R 진출
U12 선수단 창단
최윤겸 감독 이달의 감독상 수상(8월)
하나원큐 K리그2 2023 14경기 연속무패기록 달성
하나원큐 K리그2 2023 8위(13승 13무 10패)

2024 코리아컵 16강 진출
하나은행 K리그 2024 대상 공로상 수상

2025 제2대 권오규 감독 취임
제3대 김길식 감독 취임(7월)
구단 통산 100경기 달성(7.26 vs김포)

## 2025년 선수명단

대표이사_ 김현주 단장(대행)_ 류창성 감독_ 김길식
수석코치_ 최상현 코치_ 김제환 · 김병석 골키퍼코치_ 박준상 피지컬코치_ 김연준 의무트레이너 _ 한승희 · 김지혁 · 안건우
통역_ 안현진 전력분석관_ 김서기 선수단 매니저_ 배현호 장비담당관_ 이충환 안전실장_ 조강희

| 포지션 | 선수명 | | 생년월일 | 출신교 | 키(cm) / 몸무게(kg) |
|---|---|---|---|---|---|
| GK | 이승환 | 李承煥 | 2003.04.05 | 포항제철고 | 187 / 78 |
| | 정진욱 | 鄭鎭旭 | 1997.05.28 | 중앙대 | 188 / 86 |
| | 조수혁 | 趙秀赫 | 1987.03.18 | 건국대 | 188 / 83 |
| DF | 김승우 | 金承優 | 1998.03.25 | 연세대 | 184 / 70 |
| | 김윤환 | 金允煥 | 2006.07.14 | 신평고 | 187 / 77 |
| | 박건우 | 朴建佑 | 2001.08.09 | 고려대 | 171 / 70 |
| | 반데아벌트 | Johannes Daniel Maria van der Avert | 2000.05.11 | *네덜란드 | 186 / 74 |
| | 윤석영 | 尹錫榮 | 1990.02.13 | 광양제철고 | 182 / 79 |
| | 이강한 | 李강한 | 2000.04.07 | 가톨릭관동대 | 175 / 71 |
| | 임준영 | 林俊永 | 2005.11.14 | 경북미용예술고 | 177 / 63 |
| | 전현병 | 全炫丙 | 2000.05.07 | 연세대 | 188 / 83 |
| | 정성우 | 鄭成宇 | 2003.12.08 | 선문대 | 189 / 81 |
| | 허승찬 | 許承燦 | 2003.03.26 | 선문대 | 185 / 77 |
| | 홍준호 | 洪俊浩 | 1993.10.11 | 전주대 | 192 / 90 |
| MF | 김선민 | 金善民 | 1991.12.12 | 예원예술대 | 167 / 65 |
| | 김영환 | 金榮煥 | 2002.03.23 | 인천대 | 180 / 74 |
| | 문승민 | 文勝敏 | 2003.01.20 | 전주대 | 180 / 69 |
| | 송진규 | 宋鎭圭 | 1997.07.12 | 중앙대 | 176 / 72 |
| | 여봉훈 | 呂鳳勳 | 1994.03.12 | 광주대 | 178 / 70 |
| | 이동원 | 李東元 | 2002.10.30 | 선문대 | 182 / 75 |
| | 이지승 | 李志承 | 1999.01.11 | 호남대 | 181 / 74 |
| | 최강민 | 崔康民 | 2002.04.24 | 대구예술대 | 176 / 68 |
| | 최성근 | 崔成根 | 1991.07.28 | 고려대 | 181 / 70 |
| FW | 서재원 | 徐宰源 | 2003.06.18 | 신평고 | 179 / 70 |
| | 송창석 | 宋昌錫 | 2000.06.12 | 용인대 | 183 / 75 |
| | 양영빈 | 楊榮彬 | 2006.02.07 | 거창중앙고 | 179 / 74 |
| | 이승재 | 李承宰 | 1998.02.06 | 홍익대 | 183 / 76 |
| | 이원준 | 李元俊 | 2003.08.13 | 청주대 | 181 / 73 |
| | 이창훈 | 李昌勳 | 1995.11.16 | 수원대 | 187 / 80 |
| | 이형경 | 李亨慶 | 1998.05.11 | 성균관대 | 195 / 88 |
| | 지언학 | 池彦學 | 1994.03.22 | 부경고 | 177 / 77 |
| | 페드로 | Pedro Vitor Ferreira da Silva | 1998.03.20 | *브라질 | 173 / 71 |
| | 홍석준 | 洪錫俊 | 2004.06.02 | 청주대 | 175 / 70 |

## 2025년 개인기록 _ K리그2

| 위치 | 배번 | 경기번호 | 07 | 14 | 17 | 23 | 31 | 41 | 47 | 51 | 58 | 67 |
|---|---|---|---|---|---|---|---|---|---|---|---|---|
| | | 날 짜 | 02.23 | 03.03 | 03.08 | 03.15 | 03.29 | 04.06 | 04.13 | 04.19 | 04.26 | 05.04 |
| | | 홈/원정 | 원정 | 원정 | 원정 | 원정 | 원정 | 원정 | 원정 | 원정 | 원정 | 홈 |
| | | 장 소 | 부천 | 탄천 | 김포 | 화성 | 창원C | 아산 | 인천 | 목동 | 천안 | 청주 |
| | | 상 대 | 부천 | 성남 | 김포 | 화성 | 경남 | 충남아산 | 인천 | 서울E | 천안 | 수원 |
| | | 결 과 | 패 | 무 | 승 | 패 | 패 | 패 | 패 | 승 | 승 | 무 |
| | | 점 수 | 1 : 3 | 1 : 1 | 3 : 2 | 1 : 2 | 0 : 3 | 1 : 3 | 1 : 2 | 2 : 0 | 1 : 0 | 3 : 3 |
| | | 승 점 | 0 | 1 | 4 | 4 | 4 | 4 | 4 | 7 | 10 | 11 |
| | | 슈팅수 | 13 : 17 | 15 : 17 | 9 : 17 | 14 : 11 | 7 : 20 | 8 : 11 | 11 : 16 | 9 : 15 | 7 : 15 | 15 : 14 |
| GK | 1 | 조 수 혁 | ○ 0/0 | | △ 0/0 C | | | | | | | |
| | 18 | 정 진 욱 | | | | | | | | | | |
| | 23 | 이 승 환 | | ○ 0/0 | ▽ 0/0 | ○ 0/0 | ○ 0/0 | ○ 0/0 | ○ 0/0 | ○ 0/0 C | ○ 0/0 | ○ 0/0 |
| DF | 3 | 전 현 병 | | △ 0/0 | △ 0/0 | △ 0/0 | △ 0/0 | ▽ 0/0 | ○ 0/0 | ○ 1/0 | ○ 0/0 C | ▽ 0/0 |
| | 4 | 반데아벨트 | ○ 0/0 | | | | | | | | | |
| | 6 | 박 건 우 | | | | | | | | | | |
| | 15 | 홍 준 호 | ▽ 0/0 | | | | ○ 0/0 | ○ 0/0 | ▽ 0/0 C | ▽ 0/0 | ○ 0/0 | ○ 0/0 |
| | 20 | 김 승 우 | | ▽ 0/0 | | | | | | | | |
| | 36 | 윤 석 영 | | | | | | | △ 0/0 | △ 0/0 | △ 0/0 | △ 0/0 |
| | 39 | 임 준 영 | | | | | | | | | | |
| | 50 | 정 성 우 | | ▽ 0/0 | ○ 0/0 | ▽ 0/0 | ▽ 0/0 C | △ 0/0 | | △ 0/0 | | |
| | 66 | 이 강 한 | ▽ 0/0 | | ○ 0/0 | ▽ 0/0 | ○ 0/0 | ○ 0/0 C | ○ 0/0 C | ○ 0/0 | ○ 0/0 | ○ 0/0 |
| | 70 | 최 강 민 | | | | | | | | | | |
| | 77 | 김 윤 환 | | | | | | | | | | |
| | 88 | 여 승 원 | ○ 0/0 C | ○ 0/0 | ▽ 0/1 C | ○ 0/0 | ▽ 0/0 | △ 1/0 | ○ 0/1 | ▽ 0/1 | ▽ 0/0 | ○ 0/0 C |
| MF | 5 | 김 선 민 | ○ 0/0 | ○ 1/0 | ○ 0/0 | ○ 0/0 | ○ 0/0 | ○ 0/0 | ○ 0/0 C | ○ 0/0 C | ○ 0/0 | ○ 0/0 C |
| | 8 | 송 진 규 | | | ▽ 1/0 | ▽ 0/0 | | | | | | |
| | 13 | 김 영 환 | △ 0/0 C | △ 0/0 | ○ 0/1 | ○ 0/0 | | | ○ 0/0 | ○ 0/0 | ○ 0/0 | ○ 0/0 |
| | 16 | 문 승 민 | | | | | △ 0/0 | | △ 0/0 | | | |
| | 24 | 허 승 찬 | | | | | ▽ 0/0 | ▽ 0/0 | | | | |
| | 25 | 최 성 근 | | | | | | | | | | |
| | 28 | 이 지 승 | ▽ 0/0 | | | | | | | | | |
| | 33 | 여 봉 훈 | | | | | | | | | | |
| | 71 | 이 동 원 | | | △ 0/0 C | △ 0/0 | | △ 0/0 | | △ 0/0 | △ 0/0 | |
| FW | 2 | 서 재 원 | ▽ 0/0 | | △ 0/0 | △ 0/0 | ▽ 0/0 | ▽ 0/0 | | ▽ 0/0 | ▽ 0/0 | ▽ 0/0 |
| | 7 | 마테우징요 | | △ 0/0 | | | | △ 0/0 | | △ 0/0 | △ 0/0 | |
| | 10 | 페 드 로 | △ 0/0 | ○ 0/0 C | ▽ 0/0 | ▽ 0/0 | ▽ 0/0 | | ▽ 0/0 | ▽ 1/0 | ○ 0/1 | ○ 1/1 |
| | 11 | 이 승 재 | | | | | | | | | | |
| | 17 | 홍 석 준 | | | | | | | | | | |
| | 21 | 송 창 석 | | △ 0/0 | ▽ 1/0 | ▽ 0/0 | ○ 0/0 | ▽ 0/0 C | △ 0/0 | | | |
| | 22 | 이 원 준 | | | | | | | | | | |
| | 27 | 지 언 학 | △ 0/0 | ○ 0/0 | | △ 0/0 | △ 0/0 C | ▽ 0/0 | △ 0/0 | | | |
| | 41 | 김 병 오 | ○ 0/0 | ▽ 0/1 | | | | | ▽ 0/0 | ▽ 0/0 | | △ 0/0 |
| | 88 | 양 영 빈 | ▽ 0/0 | | | | △ 0/0 | | | | | |
| | 90 | 가브리엘 | ○ 1/0 | ○ 0/0 | ○ 1/1 | ○ 1/0 | ○ 0/0 | ○ 0/0 | ▽ 1/0 | △ 0/0 C | ▽ 1/0 | ○ 1/0 |
| | 98 | 이 형 경 | △ 0/1 | ▽ 0/0 | △ 0/0 | △ 0/0 | | △ 0/0 | | | | |
| | 99 | 이 창 훈 | △ 0/0 | ○ 0/0 C | ○ 0/0 | ○ 0/0 | △ 0/0 C | ○ 0/0 | ○ 0/0 | ○ 0/0 | ○ 0/0 | ○ 1/0 |

선수자료 : 득점/도움 ○ = 선발출전 △ = 교체 IN ▽ = 교체 OUT ◆ = 교체 IN/OUT C = 경고 S = 퇴장

| 위치 | 배번 | 경기번호 | 76 | 83 | 86 | 94 | 99 | 108 | 118 | 125 | 129 | 136 |
|---|---|---|---|---|---|---|---|---|---|---|---|---|
| | | 날 짜 | 05.11 | 05.18 | 05.24 | 05.31 | 06.06 | 06.14 | 06.22 | 06.29 | 07.05 | 07.12 |
| | | 홈/원정 | 홈 | 원정 | 홈 | 홈 | 홈 | 홈 | 원정 | 홈 | 홈 | 원정 |
| | | 장 소 | 청주 | 광양 | 청주 | 청주 | 청주 | 청주 | 구덕 | 청주 | 청주 | 수원W |
| | | 상 대 | 부산 | 전남 | 안산 | 경남 | 충남아산 | 성남 | 부산 | 전남 | 서울E | 수원 |
| | | 결 과 | 패 | 패 | 무 | 패 | 패 | 패 | 무 | 무 | 승 | 패 |
| | | 점 수 | 0 : 2 | 1 : 4 | 0 : 0 | 1 : 2 | 0 : 2 | 0 : 1 | 2 : 2 | 2 : 2 | 2 : 1 | 0 : 1 |
| | | 승 점 | 11 | 11 | 12 | 12 | 12 | 12 | 13 | 14 | 17 | 17 |
| | | 슈팅수 | 9 : 11 | 12 : 17 | 11 : 10 | 9 : 7 | 7 : 13 | 9 : 13 | 6 : 12 | 12 : 9 | 12 : 10 | 8 : 9 |
| GK | 1 | 조 수 혁 | | | | | | | | ○ 0/0 | | |
| | 18 | 정 진 욱 | | | | | | | ○ 0/0 | | ○ 0/0 | |
| | 23 | 이 승 환 | ○ 0/0 | ○ 0/0 | ○ 0/0 | ○ 0/0 | ○ 0/0 | ○ 0/0 | | | | ○ 0/0 C |
| DF | 3 | 전 현 병 | | | | | | | | | | |
| | 4 | 반데아벌트 | | | | | | | ▽ 0/0 C | ○ 0/0 | ▽ 0/0 | ▽ 0/0 |
| | 6 | 박 건 우 | | | | | | | ○ 0/0 | ○ 0/0 | ▽ 0/0 | |
| | 15 | 홍 준 호 | ○ 0/0 | ○ 0/0 | ○ 0/0 | ○ 0/0 | ○ 0/0 C | | | | | |
| | 20 | 김 승 우 | | | | | | | | | | |
| | 36 | 윤 석 영 | ▽ 0/0 | | | | | | △ 0/0 | △ 0/0 | | |
| | 39 | 임 준 영 | | △ 0/0 | ○ 0/0 | ○ 0/0 C | ○ 0/0 C | | ○ 0/0 C | ○ 0/0 C | ○ 0/0 | ○ 0/0 C |
| | 50 | 정 성 우 | △ 0/0 | ▽ 0/0 | | | | △ 0/0 | | | | |
| | 66 | 이 강 한 | ○ 0/0 | ○ 0/0 | ○ 0/0 | ▽ 0/0 | ▽ 0/0 | △ 0/0 | | | △ 0/0 | ○ 0/0 |
| | 70 | 최 강 민 | | | | | ▽ 0/0 | ○ 0/0 | ▽ 0/0 | ○ 1/0 | ○ 0/0 | ○ 0/0 |
| | 77 | 김 윤 환 | | | | | | | | | | |
| | 88 | 여 승 원 | ▽ 0/0 C | ○ 1/0 | ▽ 0/0 | ▽ 0/0 | | | | | | |
| MF | 5 | 김 선 민 | ○ 0/0 | ○ 0/0 | ○ 0/0 | ○ 0/0 | ○ 0/0 | ○ 0/0 | ○ 0/0 | ○ 0/0 | ○ 0/0 | ○ 0/0 |
| | 8 | 송 진 규 | △ 0/0 | | | ▽ 0/1 | ▽ 0/0 | ▽ 0/0 | | | | |
| | 13 | 김 영 환 | ▽ 0/0 | ▽ 0/0 | ○ 0/0 S | | | ▽ 0/0 | ○ 1/0 | ○ 0/0 | ○ 1/0 | ▽ 0/0 |
| | 16 | 문 승 민 | | | | ▽ 0/0 C | ○ 0/0 | △ 0/0 | | | | |
| | 24 | 허 승 찬 | | | | | | ○ 0/0 C | ○ 0/0 | ○ 0/0 | ○ 0/0 | ○ 0/0 |
| | 25 | 최 성 근 | | | | | | | | | | △ 0/0 |
| | 28 | 이 지 승 | △ 0/0 | △ 0/0 | | △ 0/0 | | | | | | |
| | 33 | 여 봉 훈 | | | | | | | | | | |
| | 71 | 이 동 원 | | | △ 0/0 | △ 0/0 | △ 0/0 | ▽ 0/0 | ▽ 0/0 | ▽ 0/0 | △ 0/0 | △ 0/0 |
| FW | 2 | 서 재 원 | ▽ 0/0 | | | | | | | △ 0/0 | ▽ 0/0 | △ 0/0 |
| | 7 | 마테우징요 | △ 0/0 | | ▽ 0/0 | | | | | | | |
| | 10 | 페 드 로 | ▽ 0/0 | ▽ 0/0 | ▽ 0/0 | ▽ 0/0 | ▽ 0/0 | △ 0/0 | △ 1/0 | ◆ 0/0 | ▽ 1/0 | ▽ 0/0 C |
| | 11 | 이 승 재 | | | | | | ▽ 0/0 | ▽ 0/0 | ▽ 0/0 | △ 0/0 | △ 0/0 |
| | 17 | 홍 석 준 | | | | | △ 0/0 | ▽ 0/0 | ▽ 0/0 | ▽ 1/0 | △ 0/0 | ▽ 0/0 |
| | 21 | 송 창 석 | | | △ 0/0 | △ 0/0 | △ 0/0 | | △ 0/0 | | | |
| | 22 | 이 원 준 | | | | | | | | | | |
| | 27 | 지 언 학 | | | | △ 0/0 | △ 0/0 | ○ 0/0 | | | | |
| | 41 | 김 병 오 | △ 0/0 C | ○ 0/0 | | | | | | | | |
| | 88 | 양 영 빈 | | | | | | | | | | |
| | 90 | 가브리엘 | ○ 0/0 C | ○ 0/0 | ○ 0/0 | ○ 1/0 C | ○ 0/0 | △ 0/0 | △ 0/0 C | ◆ 0/0 | ▽ 0/2 | ▽ 0/0 |
| | 98 | 이 형 경 | | △ 0/0 | △ 0/0 | △ 0/0 | | | | | | |
| | 99 | 이 창 훈 | ○ 0/0 | ○ 0/0 | ○ 0/0 | ○ 0/0 | ○ 0/0 | ○ 0/0 C | △ 0/0 | △ 0/0 | △ 0/0 | △ 0/0 C |

| 위치 | 배번 | 경기번호 | 146 | 150 | 159 | 168 | 173 | 180 | 188 | 192 | 202 | 208 |
|---|---|---|---|---|---|---|---|---|---|---|---|---|
| | | 날 짜 | 07.20 | 07.26 | 08.02 | 08.10 | 08.16 | 08.24 | 08.30 | 09.06 | 09.14 | 09.21 |
| | | 홈/원정 | 홈 | 홈 | 원정 | 홈 | 홈 | 홈 | 원정 | 홈 | 홈 | 원정 |
| | | 장 소 | 청주 | 청주 | 안산 | 청주 | 청주 | 청주 | 구덕 | 청주 | 청주 | 안산 |
| | | 상 대 | 천안 | 김포 | 안산 | 부천 | 화성 | 인천 | 부산 | 경남 | 성남 | 안산 |
| | | 결 과 | 승 | 패 | 승 | 패 | 무 | 패 | 무 | 패 | 패 | 무 |
| | | 점 수 | 2 : 1 | 0 : 3 | 2 : 1 | 0 : 1 | 1 : 1 | 0 : 4 | 2 : 2 | 0 : 1 | 0 : 1 | 0 : 0 |
| | | 승 점 | 20 | 20 | 23 | 23 | 24 | 24 | 25 | 25 | 25 | 26 |
| | | 슈팅수 | 8 : 10 | 11 : 11 | 7 : 10 | 12 : 8 | 11 : 9 | 10 : 13 | 9 : 11 | 8 : 12 | 12 : 4 | 2 : 11 |
| GK | 1 | 조 수 혁 | | | | | | | ○ 0/0 | ○ 0/0 | | |
| | 18 | 정 진 욱 | | | ○ 0/0 C | ○ 0/0 | | | | | ○ 0/0 | ○ 0/0 |
| | 23 | 이 승 환 | ○ 0/0 | ○ 0/0 | | | ○ 0/0 C | ○ 0/0 | | | | |
| DF | 3 | 전 현 병 | | | | | | | | | | |
| | 4 | 반데아벌트 | ○ 0/0 | ○ 0/0 | ○ 0/0 | ○ 0/0 | ▽ 0/0 | ○ 0/0 | △ 0/0 | ○ 0/0 | | ▽ 0/0 C |
| | 6 | 박 건 우 | | | | | | | | | | |
| | 15 | 홍 준 호 | | | | | | | ○ 1/0 C | ○ 0/0 | ○ 0/0 | ○ 0/0 |
| | 20 | 김 승 우 | | | | | | | | | | |
| | 36 | 윤 석 영 | ○ 0/0 | ○ 0/0 | ▽ 0/0 | ▽ 0/0 | ○ 0/0 | ▽ 0/0 | △ 0/0 | ○ 0/0 | ○ 0/0 | ○ 0/0 |
| | 39 | 임 준 영 | | △ 0/0 | ○ 0/0 | ▽ 0/0 C | ○ 0/0 | ▽ 0/0 | ▽ 0/0 | | | |
| | 50 | 정 성 우 | | | | | | | | | | |
| | 66 | 이 강 한 | ○ 0/1 C | ▽ 0/0 | △ 0/0 | △ 0/0 | ▽ 1/0 | ○ 0/0 | ▽ 0/0 | ▽ 0/0 | ▽ 0/0 | ○ 0/0 C |
| | 70 | 최 강 민 | ○ 0/0 | ○ 0/0 | ○ 0/1 | ○ 0/0 | ○ 0/1 | ○ 0/0 | ○ 0/1 C | ○ 0/0 | ○ 0/0 | ○ 0/0 |
| | 77 | 김 윤 환 | | | | | | | | | | |
| | 88 | 여 승 원 | | | | | | | | | | |
| MF | 5 | 김 선 민 | ○ 0/0 C | ○ 0/0 | ○ 0/0 | ○ 0/0 | ○ 0/0 | ○ 0/0 | ○ 0/0 | ○ 0/0 | ○ 0/0 | ○ 0/0 |
| | 8 | 송 진 규 | | | | | | | | | | |
| | 13 | 김 영 환 | ▽ 0/1 | ○ 0/0 | ▽ 1/0 | ○ 0/0 | ○ 0/0 | | | ▽ 0/0 | ○ 0/0 | ▽ 0/0 |
| | 16 | 문 승 민 | | | | | | | △ 0/0 | △ 0/0 | ▽ 0/0 | ◆ 0/0 C |
| | 24 | 허 승 찬 | ○ 0/0 | ○ 0/0 | ○ 0/0 | ○ 0/0 | ○ 0/0 | ▽ 0/0 | | | | |
| | 25 | 최 성 근 | △ 0/0 | | ○ 0/0 CC | | ▽ 0/0 | △ 0/0 | | | | |
| | 28 | 이 지 승 | | | △ 0/0 | ▽ 0/0 | | ○ 0/0 | ▽ 0/0 | | | △ 0/0 |
| | 33 | 여 봉 훈 | | | | | | | | △ 0/0 C | △ 0/0 C | |
| | 71 | 이 동 원 | △ 0/0 C | △ 0/0 | | | | | | | | △ 0/0 |
| FW | 2 | 서 재 원 | △ 0/0 | △ 0/0 | ▽ 0/0 | △ 0/0 | △ 0/0 | △ 0/0 | △ 0/0 | △ 0/0 | △ 0/0 | △ 0/0 |
| | 7 | 마테우징요 | | | | | | | | | | |
| | 10 | 페 드 로 | ▽ 0/0 | ▽ 0/0 | ◆ 0/0 | ▽ 0/0 | ▽ 0/0 | ▽ 0/0 | ○ 0/0 | ▽ 0/0 | △ 0/0 | ▽ 0/0 C |
| | 11 | 이 승 재 | ▽ 1/0 | ▽ 0/0 | △ 1/0 | | | △ 0/0 | ▽ 1/0 | ▽ 0/0 | △ 0/0 | ▽ 0/0 |
| | 17 | 홍 석 준 | | ▽ 0/0 | | △ 0/0 | △ 0/0 | △ 0/0 | △ 0/0 C | ▽ 0/0 | ▽ 0/0 C | △ 0/0 |
| | 21 | 송 창 석 | | △ 0/0 | | | | | | △ 0/0 | | |
| | 22 | 이 원 준 | | | | | | | | | | |
| | 27 | 지 언 학 | | | ▽ 0/1 | ▽ 0/0 | | ▽ 0/0 | ▽ 0/0 | | | |
| | 41 | 김 병 오 | | | | | | | | | | |
| | 88 | 양 영 빈 | | | | | | | | | | |
| | 90 | 가 브 리 엘 | ▽ 1/0 | | | | | | | | | |
| | 98 | 이 형 경 | | | | △ 0/0 | △ 0/0 C | | | | ▽ 0/0 | |
| | 99 | 이 창 훈 | △ 0/0 | | △ 0/0 | △ 0/0 | △ 0/0 | △ 0/0 | ○ 0/0 | △ 0/0 | ○ 0/0 | ○ 0/0 |

선수자료 : 득점/도움 ○ = 선발출전 △ = 교체 IN ▽ = 교체 OUT ◆ = 교체 IN/OUT C = 경고 S = 퇴장

| 위치 | 배번 | 경기번호 | 213 | 221 | 226 | 233 | 243 | 250 | 254 | 264 | 268 | |
|---|---|---|---|---|---|---|---|---|---|---|---|---|
| | | 날 짜 | 09.27 | 10.04 | 10.07 | 10.11 | 10.19 | 10.25 | 11.01 | 11.09 | 11.23 | |
| | | 홈/원정 | 홈 | 원정 | 홈 | 원정 | 홈 | 홈 | 원정 | 홈 | 원정 | |
| | | 장 소 | 청주 | 아산 | 청주 | 화성 | 청주 | 청주 | 수원W | 청주 | 인천 | |
| | | 상 대 | 천안 | 충남아산 | 김포 | 화성 | 전남 | 부천 | 수원 | 서울E | 인천 | |
| | | 결 과 | 패 | 무 | 패 | 패 | 패 | 무 | 패 | 패 | 승 | |
| | | 점 수 | 0 : 1 | 0 : 0 | 0 : 2 | 0 : 1 | 0 : 3 | 0 : 0 | 0 : 2 | 0 : 2 | 1 : 0 | |
| | | 승 점 | 26 | 27 | 27 | 27 | 27 | 28 | 28 | 28 | 31 | |
| | | 슈팅수 | 9 : 4 | 10 : 12 | 9 : 12 | 7 : 13 | 14 : 7 | 7 : 11 | 12 : 12 | 8 : 13 | 7 : 21 | |
| GK | 1 | 조 수 혁 | | | | | | | | | | |
| | 18 | 정 진 욱 | ○ 0/0 | ○ 0/0 | ○ 0/0 | ○ 0/0 | ○ 0/0 | | | ○ 0/0 | ○ 0/0 C | |
| | 23 | 이 승 환 | | | | | | ○ 0/0 | ○ 0/0 | | | |
| DF | 3 | 전 현 병 | | | | | | | | | | |
| | 4 | 반데아벌트 | | | △ 0/0 C | ○ 0/0 | | ○ 0/0 | ▽ 0/0 | ▽ 0/0 | | |
| | 6 | 박 건 우 | | | | △ 0/0 C | △ 0/0 | ▽ 0/0 | ○ 0/0 | ○ 0/0 | ▽ 0/0 | |
| | 15 | 홍 준 호 | ○ 0/0 | ○ 0/0 | ○ 0/0 C | ○ 0/0 | ○ 0/0 | | | | | |
| | 20 | 김 승 우 | | | | | | | | | | |
| | 36 | 윤 석 영 | ○ 0/0 | △ 0/0 | △ 0/0 | | ○ 0/0 | ▽ 0/0 C | ○ 0/0 | ▽ 0/0 | ○ 0/0 | |
| | 39 | 임 준 영 | | | | | | △ 0/0 | | | | |
| | 50 | 정 성 우 | △ 0/0 | | | | | | | △ 0/0 | | |
| | 66 | 이 강 한 | ▽ 0/0 | ○ 0/0 | ○ 0/0 | ○ 0/0 | ▽ 0/0 | △ 0/0 | ○ 0/0 | ▽ 0/0 | △ 0/0 | |
| | 70 | 최 강 민 | ○ 0/0 | ▽ 0/0 | ▽ 0/0 | ▽ 0/0 | ▽ 0/0 | ○ 0/0 | ▽ 0/0 | ○ 0/0 C | ○ 0/0 | |
| | 77 | 김 윤 환 | | | | | | | | | △ 0/0 | |
| | 88 | 여 승 원 | | | | | | | | | | |
| MF | 5 | 김 선 민 | ○ 0/0 | ○ 0/0 | ○ 0/0 | ○ 0/0 | ○ 0/0 | ○ 0/0 | ○ 0/0 | ○ 0/0 | ○ 0/0 | |
| | 8 | 송 진 규 | | | | | | | | △ 0/0 | | |
| | 13 | 김 영 환 | ○ 0/0 | ▽ 0/0 | ○ 0/0 | ▽ 0/0 | △ 0/0 | ○ 0/0 | ▽ 0/0 | ▽ 0/0 | ▽ 0/0 | |
| | 16 | 문 승 민 | | | ▽ 0/0 | △ 0/0 | ▽ 0/0 | ▽ 0/0 C | △ 0/0 | | | |
| | 24 | 허 승 찬 | | | | △ 0/0 | | ○ 0/0 | ○ 0/0 | ○ 0/0 | ○ 0/0 | |
| | 25 | 최 성 근 | | △ 0/0 | | | | | | | ▽ 0/0 | |
| | 28 | 이 지 승 | △ 0/0 | △ 0/0 | △ 0/0 | | | ◈ 0/0 | △ 0/0 | △ 0/0 | △ 0/0 | |
| | 33 | 여 봉 훈 | | | | | | | | | △ 0/0 | |
| | 71 | 이 동 원 | ▽ 0/0 | △ 0/0 | | | | | | △ 0/0 | | |
| FW | 2 | 서 재 원 | | ▽ 0/0 | ▽ 0/0 | △ 0/0 | △ 0/0 | △ 0/0 | ▽ 0/0 | ▽ 0/0 C | △ 0/0 | |
| | 7 | 마테우징요 | | | | | | | | | | |
| | 10 | 페 드 로 | △ 0/0 | ○ 0/0 | ▽ 0/0 | ▽ 0/0 | ▽ 0/0 | | △ 0/0 | | | |
| | 11 | 이 승 재 | ▽ 0/0 C | ▽ 0/0 | △ 0/0 | △ 0/0 | △ 0/0 | △ 0/0 | △ 0/0 | △ 0/0 | | |
| | 17 | 홍 석 준 | ◈ 0/0 | △ 0/0 | △ 0/0 | | | | | | | |
| | 21 | 송 창 석 | | | | ▽ 0/0 C | ▽ 0/0 C | | | | ▽ 1/0 | |
| | 22 | 이 원 준 | △ 0/0 | | | | | ▽ 0/0 | | | | |
| | 27 | 지 언 학 | | | | | | | | | ▽ 0/0 | |
| | 41 | 김 병 오 | | | | | | | | | | |
| | 88 | 양 영 빈 | ▽ 0/0 | ▽ 0/0 C | ▽ 0/0 | ▽ 0/0 | ○ 0/0 | | | | | |
| | 90 | 가브리엘 | | | | | | | | | | |
| | 98 | 이 형 경 | | | | | △ 0/0 | | | | | |
| | 99 | 이 창 훈 | ○ 0/0 | ○ 0/0 | ○ 0/0 | ○ 0/0 | ○ 0/0 | ○ 0/0 | ○ 0/0 | ○ 0/0 | ○ 0/0 C | |

# 천 안 시 티 FC

**창단년도_** 2008년
**전화_** 041-576-6667
**팩스_** 041-521-3939
**홈페이지_** https://www.cheonancityfc.kr/
**유튜브_** https://www.youtube.com/@CheonanCityFC
**인스타그램_** https://www.instagram.com/cheonancityfc/
**페이스북_** https://www.facebook.com/CheonanCityFC
**주소_** 우 31136 충청남도 천안시 축구센터로(성정동) 150 천안축구센터 1층 (재)천안시민프로축구단 사무국
150, Chukgu center-ro, Seobuk-gu, Cheonan-si, Chungcheongnam-do, KOREA 31136

## 연혁

2007 재)천안시축구단 법인설립
내셔널리그(한국실업축구연맹) 가입
2008 제1대 장기문 감독 취임
(재)천안시축구단 창단
KB국민은행 2008 내셔널리그(전기) 7위
KB국민은행 2008 내셔널리그(후기) 11위
2009 제2대 하재훈 감독 취임
제57회 대통령배 전국 축구선수권대회 준우승
제90회 전국체육대회 3위
교보생명 2009 내셔널리그(전기) 10위
교보생명 2009 내셔널리그(후기) 10위
2010 제91회 전국체육대회 우승
대한생명 2010 내셔널리그(전기) 7위
대한생명 2010 내셔널리그(후기) 4위
2011 삼성생명 2011 내셔널리그 9위
2012 제3대 김태수 감독 취임
신한은행 2012 내셔널리그 13위
2013 내셔널 축구선수권대회 준우승
신한은행 2013 내셔널리그 10위
2014 제4대 당성증 감독 취임
제19회 하나은행 FA컵 16강
삼성생명 2014 내셔널리그 7위
2015 제20회 KEB하나은행 FA컵 16강
제96회 전국체육대회 3위
인천국제공항 2015 내셔널리그 8위
2016 제97회 전국체육대회 우승
인천국제공항 2016 내셔널리그 5위
2017 내셔널 축구선수권대회 준우승
2017 내셔널리그 3위
2018 제23회 KEB하나은행 FA컵 16강
내셔널 축구선수권대회 3위
2018 내셔널리그 3위
2019 KEB 하나은행 FA컵 16강
제100회 전국체육대회 8강
2019 내셔널리그 2위
2020 제5대 김태영 감독 취임
2020 K3리그 11위
2021 2021 K3리그 챔피언십 준우승
2021 K3리그 1위
2022 제103회 전국체육대회 준우승
2022 K3리그 10위
2023 제6대 박남열 감독 취임
K리그2 진출
제7대 김태완 감독 취임(12월)
2024 하나은행 K리그2 2024 9위
2025 하나은행 K리그2 2025 13위

## 2025년 선수명단

대표이사(대행)_ 김석필　단장_ 강명원　감독(대행)_ 조성용
수석코치_ 김치우　코치_ 서주항　골키퍼코치_ 정성윤　피지컬코치_ 권보성
스카우터_ 이정열　의무트레이너_ 고영재 · 오윤석 · 김민준 · 김민섭　전력분석관_ 김민혁 · 황민규　선수단 매니저_ 김래오

| 포지션 | 성명 | | 생년월일 | 출신교 | 키(cm) / 몸무게(kg) |
|---|---|---|---|---|---|
| GK | 박 주 원 | 朴 柱 元 | 1990.10.19 | 홍익대 | 192 / 82 |
| | 김 정 환 | 金 正 煥 | 2004.07.21 | 진주고 | 182 / 76 |
| | 제 종 현 | 諸 鐘 炫 | 1991.12.06 | 숭실대 | 192 / 89 |
| | 허 자 웅 | 許 仔 雄 | 1998.05.12 | 청주대 | 185 / 80 |
| DF | 강 영 훈 | 姜 泳 焄 | 1998.09.28 | 광주대 | 187 / 83 |
| | 구 대 영 | 具 大 榮 | 1992.05.09 | 홍익대 | 178 / 78 |
| | 김 서 진 | 金 徐 進 | 2005.01.07 | 아주대 | 182 / 72 |
| | 김 영 선 | 金 榮 鮮 | 2003.05.01 | 영남대 | 177 / 71 |
| | 마 상 훈 | 馬 相 訓 | 1991.07.25 | 순천고 | 183 / 82 |
| | 문 건 호 | 文 建 浩 | 2004.06.16 | 영생고 | 185 / 76 |
| | 박 준 강 | 朴 峻 江 | 1991.06.06 | 상지대 | 174 / 68 |
| | 신 한 결 | 愼 한 결 | 2001.11.13 | 대구청구고 | 175 / 72 |
| | 어 은 결 | 魚 은 결 | 2006.11.10 | 천안공고 | 183 / 76 |
| | 유 은 상 | 劉 銀 相 | 2003.02.03 | 아주대 | 190 / 83 |
| | 이 상 명 | 李 相 命 | 2003.04.23 | 경기항공고 | 181 / 79 |
| | 이 웅 희 | 李 雄 熙 | 1988.07.18 | 배재대 | 184 / 83 |
| | 이 해 담 | 李 海 談 | 2005.03.22 | 장안대 | 185 / 78 |
| | 최 진 웅 | 崔 鎭 雄 | 2004.12.23 | 광주대 | 186 / 80 |
| | 한 재 훈 | 韓 載 訓 | 2004.01.25 | 천안제일고 | 174 / 66 |
| MF | 김 성 준 | 金 聖 埈 | 1988.04.08 | 홍익대 | 175 / 72 |
| | 김 원 식 | 金 元 植 | 1991.11.05 | 동북고 | 186 / 80 |
| | 명 준 재 | 明 俊 在 | 1994.07.02 | 고려대 | 175 / 75 |
| | 미 사 키 | Sato Misaki / 佐 藤 岬 | 1998.09.11 | *일본 | 182 / 67 |
| | 신 형 민 | 辛 炯 旼 | 1986.07.18 | 홍익대 | 182 / 76 |
| | 양 준 영 | 梁 峻 榮 | 2002.10.24 | 광운대 | 174 / 69 |
| | 이 광 진 | 李 廣 鎭 | 1991.07.23 | 동북고 | 178 / 70 |
| | 이 종 성 | 李 宗 成 | 1992.08.05 | 매탄고 | 187 / 74 |
| | 진 의 준 | 陳 義 準 | 2003.04.21 | 연세대 | 173 / 68 |
| | 하 재 민 | 河 材 旼 | 2002.07.21 | 연세대 | 186 / 83 |
| FW | 구 종 욱 | 具 鍾 旭 | 1996.01.31 | 광주대 | 172 / 66 |
| | 브 루 노 | Bruno Pereira de Albuquerque | 1994.07.20 | *브라질 | 190 / 83 |
| | 이 상 준 | 李 常 俊 | 1999.10.14 | 개성고 | 171 / 63 |
| | 이 예 찬 | 李 예 찬 | 1996.05.01 | 대신고 | 170 / 68 |
| | 이 정 협 | 李 廷 協 | 1991.06.24 | 숭실대 | 185 / 80 |
| | 이 지 훈 | 李 知 勳 | 2002.03.02 | 영생고 | 177 / 71 |
| | 정 석 화 | 鄭 錫 華 | 1991.05.17 | 고려대 | 168 / 60 |
| | 정 유 찬 | 鄭 有 燦 | 2004.07.07 | 숭실대 | 185 / 72 |
| | 툰 가 라 | Aboubacar Ibrahima Toungara | 1994.11.15 | *말리 | 178 / 70 |

## 2025년 개인기록 _ K리그2

| 위치 | 배번 | 경기번호 | 02 | 13 | 20 | 26 | 34 | 36 | 49 | 50 | 58 | 70 |
|---|---|---|---|---|---|---|---|---|---|---|---|---|
| | | 날 짜 | 02.22 | 03.02 | 03.09 | 03.16 | 03.30 | 04.05 | 04.13 | 04.19 | 04.26 | 05.04 |
| | | 홈/원정 | 홈 | 홈 | 홈 | 원정 | 홈 | 원정 | 홈 | 원정 | 홈 | 원정 |
| | | 장 소 | 천안 | 천안 | 천안 | 구덕 | 천안 | 목동 | 천안 | 인천 | 천안 | 화성 |
| | | 상 대 | 전남 | 부천 | 충남아산 | 부산 | 김포 | 서울E | 안산 | 인천 | 충북청주 | 화성 |
| | | 결 과 | 패 | 패 | 승 | 패 | 패 | 패 | 패 | 패 | 패 | 패 |
| | | 점 수 | 0 : 2 | 1 : 2 | 1 : 0 | 1 : 2 | 0 : 2 | 0 : 3 | 0 : 1 | 0 : 3 | 0 : 1 | 1 : 2 |
| | | 승 점 | 0 | 0 | 3 | 3 | 3 | 3 | 3 | 3 | 3 | 3 |
| | | 슈팅수 | 8 : 18 | 10 : 16 | 3 : 12 | 1 : 12 | 6 : 17 | 10 : 10 | 9 : 8 | 12 : 9 | 15 : 7 | 11 : 8 |
| GK | 1 | 박주원 | ○ 0/0 | ○ 0/0 | ○ 0/0 | ○ 0/0 | ○ 0/0 | ○ 0/0 | ○ 0/0 | ○ 0/0 | | ○ 0/0 |
| | 21 | 제종현 | | | | | | | | | ○ 0/0 | |
| | 31 | 허자웅 | | | | | | | | | | |
| DF | 2 | 신한결 | | | | | | | | | | |
| | 3 | 이웅희 | ○ 0/0 S | | | ○ 1/0 | ○ 0/0 | ▽ 0/0 | | | ○ 0/0 | |
| | 4 | 강영훈 | ○ 0/0 | ○ 1/0 | ○ 0/0 C | ○ 0/0 | ○ 0/0 | ○ 0/0 | ○ 0/0 | ○ 0/0 | ▽ 0/0 | |
| | 5 | 최진웅 | △ 0/0 | | | | | △ 0/0 | △ 0/0 | | △ 0/0 | ○ 0/0 |
| | 13 | 김서진 | | ○ 0/0 | ○ 0/1 | ▽ 0/0 | ○ 0/0 C | ○ 0/0 | ▽ 0/0 | ▽ 0/0 | | △ 0/0 |
| | 20 | 하재민 | | | | | | | | ▽ 0/0 | | |
| | 24 | 이상명 | | ○ 0/1 | ○ 0/0 | △ 0/0 | | | ○ 0/0 | ○ 0/0 C | △ 0/0 | ○ 0/0 |
| | 25 | 마상훈 | | | | | | | | | | |
| | 26 | 김영선 | ○ 0/0 | | | | | | ○ 0/0 | △ 0/0 | | |
| | 29 | 유은상 | | | | | | | | | | |
| | 35 | 김성주 | | | | | | | | | | |
| | 37 | 박준강 | | | | | | | | | | |
| | 90 | 구대영 | | △ 0/0 | ○ 0/0 | ○ 0/0 C | ○ 0/0 | ○ 0/0 | | | | |
| MF | 6 | 이종성 | ○ 0/0 | ○ 0/0 C | ○ 0/0 | ○ 0/0 | ▽ 0/0 | ◈ 0/0 C | ○ 0/0 | | ○ 0/0 | ○ 0/1 |
| | 8 | 이광진 | | ▽ 0/0 C | ▽ 0/0 | ○ 0/0 | | | | △ 0/0 | ○ 0/0 | ▽ 0/0 |
| | 10 | 툰가라 | | △ 0/0 | △ 1/0 | △ 0/0 | △ 0/0 | ○ 0/0 | ○ 0/0 | ○ 0/0 | ○ 0/0 | ○ 0/0 |
| | 15 | 김원식 | ○ 0/0 | | △ 0/0 | | | | | ○ 0/0 | | |
| | 16 | 김성준 | △ 0/0 | △ 0/0 | △ 0/0 | △ 0/0 | △ 0/0 | ▽ 0/0 | | | | |
| | 19 | 진의준 | | | | | | | | | ▽ 0/0 | |
| | 22 | 양준영 | | | | | | | | | ○ 0/0 | ▽ 0/0 |
| | 23 | 이풍범 | | ▽ 0/0 | | | | | | ▽ 0/0 | | |
| | 32 | 신형민 | | | | | ○ 0/0 C | ○ 0/0 | | △ 0/0 | | |
| | 33 | 손정민 | | | | | | | | | | |
| | 91 | 펠리페 | | | ▽ 0/0 | ▽ 0/1 | ▽ 0/0 | ▽ 0/0 C | ▽ 0/0 | | | |
| FW | 7 | 이상준 | ▽ 0/0 | ▽ 0/0 C | △ 0/0 | △ 0/0 C | ▽ 0/0 C | ▽ 0/0 | △ 0/0 | △ 0/0 | | △ 0/0 |
| | 9 | 파브레 | | △ 0/0 | ▽ 0/0 | ▽ 0/0 | | | | △ 0/0 | △ 0/0 | |
| | 11 | 이지훈 | ○ 0/0 | △ 0/0 S | | | △ 0/0 | △ 0/0 | ○ 0/0 | ○ 0/0 | △ 0/0 | ▽ 0/0 |
| | 14 | 구종욱 | ▽ 0/0 C | ○ 0/0 | ▽ 0/0 C | ▽ 0/0 C | ▽ 0/0 | △ 0/0 | ▽ 0/0 | ▽ 0/0 | ▽ 0/0 | ○ 1/0 |
| | 17 | 명준재 | ▽ 0/0 C | | △ 0/0 C | △ 0/0 | | | | | △ 0/0 | ○ 0/0 |
| | 18 | 이정협 | ○ 0/0 | ▽ 0/0 | | | | ○ 0/0 | ○ 0/0 | ▽ 0/0 | ▽ 0/0 | △ 0/0 |
| | 30 | 문건호 | △ 0/0 | ▽ 0/0 | | | ○ 0/0 S | | | | | |
| | 34 | 이예찬 | | | | | | | | | ▽ 0/0 | ○ 0/0 |
| | 45 | 미사키 | | | | | | | | | | |
| | 47 | 우정연 | | | | | | | | | | |
| | 83 | 브루노 | | | | | | | | | | |
| | 88 | 정석화 | | | | | △ 0/0 | △ 0/0 | △ 0/0 | | | |
| | 99 | 김륜도 | | | ▽ 0/0 | ▽ 0/0 | | | | | | |

선수자료 : 득점/도움 ○ = 선발출전 △ = 교체 IN ▽ = 교체 OUT ◈ = 교체 IN/OUT C = 경고 S = 퇴장

| 위치 | 배번 | 경기번호 | 77 | 80 | 88 | 98 | 105 | 106 | 114 | 122 | 131 | 137 |
|---|---|---|---|---|---|---|---|---|---|---|---|---|
| | | 날 짜 | 05.11 | 05.17 | 05.24 | 06.01 | 06.08 | 06.14 | 06.21 | 06.28 | 07.06 | 07.12 |
| | | 홈/원정 | 원정 | 홈 | 원정 | 홈 | 원정 | 원정 | 홈 | 원정 | 원정 | 홈 |
| | | 장 소 | 수원W | 천안 | 창원C | 천안 | 김포 | 아산 | 천안 | 안산 | 탄천 | 천안 |
| | | 상 대 | 수원 | 성남 | 경남 | 인천 | 김포 | 충남아산 | 서울E | 안산 | 성남 | 화성 |
| | | 결 과 | 패 | 무 | 패 | 무 | 패 | 승 | 승 | 무 | 무 | 패 |
| | | 점 수 | 0 : 2 | 1 : 1 | 1 : 3 | 3 : 3 | 0 : 1 | 1 : 0 | 4 : 2 | 0 : 0 | 0 : 0 | 2 : 3 |
| | | 승 점 | 3 | 4 | 4 | 5 | 5 | 8 | 11 | 12 | 13 | 13 |
| | | 슈팅수 | 12 : 20 | 8 : 15 | 11 : 14 | 9 : 9 | 3 : 13 | 8 : 15 | 12 : 17 | 11 : 11 | 4 : 8 | 15 : 7 |
| GK | 1 | 박 주 원 | ○ 0/0 | ○ 0/0 | ○ 0/0 | ○ 0/0 | ▽ 0/0 | | | | | |
| | 21 | 제 종 현 | | | | | | | | | | |
| | 31 | 허 자 웅 | | | | | △ 0/0 | ○ 0/0 | ○ 0/0 | ○ 0/0 | ○ 0/0 C | ○ 0/0 |
| DF | 2 | 신 한 결 | | | | ▽ 0/0 | | | | | | |
| | 3 | 이 웅 희 | ○ 0/0 | ○ 0/0 | ○ 0/0 | ○ 0/0 | ○ 0/0 | ○ 0/1 | ○ 0/0 C | ○ 0/0 | ○ 0/0 | ○ 0/0 |
| | 4 | 강 영 훈 | ○ 0/0 | | | | | | ▽ 0/0 | ▽ 0/0 | ○ 0/0 | ○ 0/0 C |
| | 5 | 최 진 웅 | | ▽ 0/0 | ○ 0/1 | △ 0/0 | | ○ 0/0 C | △ 0/0 | △ 0/0 | | |
| | 13 | 김 서 진 | ○ 0/0 | ○ 0/0 | ○ 0/0 | △ 0/0 | | | | | △ 0/0 | |
| | 20 | 하 재 민 | | | | | | | | | | |
| | 24 | 이 상 명 | ○ 0/0 | △ 0/0 | | ▽ 0/0 C | ○ 0/0 | ○ 0/0 | ○ 0/0 | ○ 0/0 | ▽ 0/0 | ○ 0/0 C |
| | 25 | 마 상 훈 | | | | ○ 0/0 | ○ 0/0 | ○ 0/0 | ○ 0/0 | ○ 0/0 | ○ 0/0 C | ▽ 0/0 |
| | 26 | 김 영 선 | △ 0/0 | ○ 0/0 | | ○ 0/1 C | ○ 0/0 | ○ 0/0 | ○ 0/2 | ○ 0/0 | ○ 0/0 | △ 0/0 |
| | 29 | 유 은 상 | | | | | | | | | | |
| | 35 | 김 성 주 | | | | | | | | | | |
| | 37 | 박 준 강 | | | | | | | | | | |
| | 90 | 구 대 영 | | | | | | | | | | |
| MF | 6 | 이 종 성 | | ▽ 0/0 | △ 0/0 | ▽ 0/0 C | △ 0/0 C | △ 0/0 | △ 0/0 C | | | △ 0/0 |
| | 8 | 이 광 진 | ▽ 0/0 | △ 0/0 C | | | | △ 0/0 | | △ 0/0 | ○ 0/0 | △ 0/0 |
| | 10 | 툰 가 라 | △ 0/0 | ○ 1/0 | ○ 0/0 | △ 0/0 | ○ 0/0 | ▽ 0/0 C | ▽ 0/0 | ○ 0/0 C | ○ 0/0 C | ○ 1/0 C |
| | 15 | 김 원 식 | | | | | | | | | | |
| | 16 | 김 성 준 | | | | | ▽ 0/0 | ▽ 0/0 | ▽ 1/1 | ▽ 0/0 | ▽ 0/0 | ○ 1/1 |
| | 19 | 진 의 준 | | | | | | | | | | |
| | 22 | 양 준 영 | △ 0/0 | ▽ 0/0 | | | | | | | | |
| | 23 | 이 풍 범 | | | ▽ 0/0 | ○ 0/0 | | | | | | |
| | 32 | 신 형 민 | ○ 0/0 | △ 0/0 | ▽ 0/0 | | | | | | | |
| | 33 | 손 정 민 | | | | | | | | △ 0/0 C | | |
| | 91 | 펠 리 페 | | | △ 0/0 C | ○ 0/2 | ○ 0/0 | ▽ 0/0 | ○ 1/0 C | ▽ 0/0 | △ 0/0 | ▽ 0/0 C |
| FW | 7 | 이 상 준 | △ 0/0 | ▽ 0/0 | △ 0/0 | ▽ 0/0 | | △ 1/0 | △ 1/0 | △ 0/0 | △ 0/0 | △ 0/0 |
| | 9 | 파 브 레 | | | | | | | | | | |
| | 11 | 이 지 훈 | ▽ 0/0 | △ 0/0 | | | △ 0/0 | ▽ 0/0 | △ 0/0 | | △ 0/0 | ▽ 0/0 |
| | 14 | 구 종 욱 | ▽ 0/0 | ○ 0/0 | ▽ 0/0 | | ▽ 0/0 | | | | ▽ 0/0 | △ 0/0 |
| | 17 | 명 준 재 | ▽ 0/0 | | ▽ 1/0 | △ 0/0 | △ 0/0 | △ 0/0 | ▽ 0/0 | ▽ 0/0 | | |
| | 18 | 이 정 협 | ▽ 0/0 | | | △ 2/0 C | △ 0/0 | △ 0/0 | △ 1/0 | △ 0/0 | | |
| | 30 | 문 건 호 | △ 0/0 | ▽ 0/0 C | ○ 0/0 | | | | | | ▽ 0/0 | ▽ 0/0 |
| | 34 | 이 예 찬 | | | ○ 0/0 CC | | ▽ 0/0 | | | | | |
| | 45 | 미 사 키 | | | | | | | | | | ▽ 0/0 |
| | 47 | 우 정 연 | | △ 0/0 | △ 0/0 | ▽ 1/0 | ▽ 0/0 | ▽ 0/0 | ▽ 0/0 | ▽ 0/0 | | |
| | 83 | 브 루 노 | | | | | | | | | | |
| | 88 | 정 석 화 | | | | | | | | | | |
| | 99 | 김 륜 도 | | | | | | | | | | |

| 위치 | 배번 | 경기번호 | 146 | 149 | 161 | 167 | 175 | 177 | 189 | 194 | 200 | 209 |
|---|---|---|---|---|---|---|---|---|---|---|---|---|
| | | 날 짜 | 07.20 | 07.26 | 08.02 | 08.10 | 08.17 | 08.23 | 08.31 | 09.07 | 09.13 | 09.21 |
| | | 홈/원정 | 원정 | 홈 | 홈 | 원정 | 홈 | 원정 | 홈 | 원정 | 홈 | 홈 |
| | | 장 소 | 청주 | 천안 | 천안 | 광양 | 천안 | 부천 | 천안 | 김포 | 천안 | 천안 |
| | | 상 대 | 충북청주 | 경남 | 수원 | 전남 | 부산 | 부천 | 서울E | 김포 | 인천 | 화성 |
| | | 결 과 | 패 | 승 | 패 | 승 | 패 | 무 | 패 | 승 | 패 | 무 |
| | | 점 수 | 1 : 2 | 4 : 0 | 1 : 2 | 4 : 3 | 0 : 1 | 0 : 0 | 2 : 5 | 3 : 1 | 3 : 4 | 2 : 2 |
| | | 승 점 | 13 | 16 | 16 | 19 | 19 | 20 | 20 | 23 | 23 | 24 |
| | | 슈팅수 | 10 : 8 | 21 : 8 | 18 : 18 | 7 : 17 | 7 : 3 | 6 : 24 | 9 : 14 | 15 : 11 | 18 : 13 | 11 : 10 |
| GK | 1 | 박 주 원 | | | | | | | | | | |
| | 21 | 제 종 현 | | | | | | | | | | ○ 0/0 |
| | 31 | 허 자 웅 | ○ 0/0 | ○ 0/0 | ○ 0/0 | ○ 0/0 | ○ 0/0 | ○ 0/0 | ○ 0/0 | ○ 0/0 C | ○ 0/0 | |
| DF | 2 | 신 한 결 | | | | | | | | | | |
| | 3 | 이 웅 희 | ○ 0/0 | △ 0/0 | △ 0/0 C | ○ 0/0 | ○ 0/0 C | ○ 0/0 | ▽ 0/0 | △ 0/0 | | |
| | 4 | 강 영 훈 | ○ 0/1 C | | | | | ○ 0/0 | ○ 0/0 | ○ 0/0 C | ○ 0/0 | ○ 0/0 |
| | 5 | 최 진 웅 | | ○ 1/0 | ○ 0/0 | ○ 0/0 | ▽ 0/0 | | | | | |
| | 13 | 김 서 진 | | ▽ 0/1 | ▽ 0/0 | | | | ▽ 0/0 | | | |
| | 20 | 하 재 민 | | | | | | | | ▽ 0/0 | ▽ 0/0 | |
| | 24 | 이 상 명 | ○ 0/0 | ○ 0/0 | ○ 0/0 | ○ 0/0 | ○ 0/0 C | ○ 0/0 C | | ○ 0/1 | ○ 0/0 | ○ 0/0 C |
| | 25 | 마 상 훈 | | | | | | | | ○ 0/0 | ▽ 0/0 | ○ 0/0 |
| | 26 | 김 영 선 | ▽ 0/0 | | | | | | △ 0/1 | ○ 0/1 | ○ 0/0 | ○ 0/0 |
| | 29 | 유 은 상 | | | | | | | | | | |
| | 35 | 김 성 주 | | ○ 0/1 | ○ 0/0 | ○ 0/0 | ○ 0/0 | ○ 0/0 | ○ 0/0 | ○ 0/0 C | ▽ 0/0 | △ 0/0 |
| | 37 | 박 준 강 | | | | | | | | | △ 0/0 | |
| | 90 | 구 대 영 | △ 0/0 | ▽ 0/0 | ▽ 0/0 | △ 0/0 | ○ 0/0 | ▽ 0/0 | | | | |
| MF | 6 | 이 종 성 | △ 0/0 | △ 0/0 C | ▽ 0/0 | △ 0/0 | | △ 0/0 | △ 0/0 | | | △ 1/0 |
| | 8 | 이 광 진 | ▽ 0/0 C | ▽ 0/0 C | ○ 0/0 CC | | △ 0/0 C | | ○ 0/0 | △ 0/0 | △ 0/1 | ▽ 0/0 |
| | 10 | 툰 가 라 | ○ 1/0 C | | ○ 0/0 | ▽ 0/1 | ○ 0/0 | | ○ 1/0 C | ▽ 2/0 | ○ 1/0 | ○ 0/0 |
| | 15 | 김 원 식 | | | | | | | | | | |
| | 16 | 김 성 준 | ▽ 0/0 | ○ 0/0 | △ 0/0 C | ○ 2/1 C | △ 0/0 | ▽ 0/0 C | ▽ 0/0 | ▽ 0/0 | ▽ 0/0 | |
| | 19 | 진 의 준 | | | | | | | | | | |
| | 22 | 양 준 영 | | | | △ 0/0 | ▽ 0/0 | | | | | |
| | 23 | 이 풍 범 | | | | | | | | | | |
| | 32 | 신 형 민 | | | | ▽ 0/0 | ▽ 0/0 | ○ 0/0 | △ 0/0 | | | ▽ 0/0 C |
| | 33 | 손 정 민 | | | | | | | | | | |
| | 91 | 펠 리 페 | ▽ 0/0 | | | | | | | | | |
| FW | 7 | 이 상 준 | △ 0/0 C | △ 2/0 | △ 0/0 | △ 1/0 | △ 0/0 | △ 0/0 | | | △ 0/0 | ▽ 1/0 |
| | 9 | 파 브 레 | | | | | | | | | | |
| | 11 | 이 지 훈 | △ 0/0 C | ▽ 1/0 | | | | ▽ 0/0 | △ 0/0 | ▽ 1/0 | ▽ 0/0 | △ 0/0 |
| | 14 | 구 종 욱 | △ 0/0 | | | | | △ 0/0 | ▽ 0/0 | | | |
| | 17 | 명 준 재 | ▽ 0/0 | | | | | | | | | |
| | 18 | 이 정 협 | | △ 0/0 | △ 0/0 | ▽ 0/0 | ▽ 0/0 | △ 0/0 | △ 1/0 | ▽ 0/0 | ▽ 0/0 | ▽ 0/0 |
| | 30 | 문 건 호 | | | | | | ▽ 0/0 | | | | |
| | 34 | 이 예 찬 | | | | | | | | | | ▽ 0/1 |
| | 45 | 미 사 키 | ○ 0/0 | ○ 0/0 | ▽ 0/0 | ▽ 0/0 | △ 0/0 | △ 0/0 | ○ 0/0 | △ 0/0 | △ 0/0 | |
| | 47 | 우 정 연 | | ▽ 0/1 | ▽ 0/0 | ▽ 0/0 | ▽ 0/0 | ▽ 0/0 | ▽ 0/0 | | | |
| | 83 | 브 루 노 | | △ 0/0 | △ 1/0 | △ 1/0 | △ 0/0 | | | △ 0/0 | △ 2/0 | △ 0/0 |
| | 88 | 정 석 화 | | | | | | | | △ 0/0 | △ 0/0 | △ 0/0 |
| | 99 | 김 륜 도 | | | | | | | | | | |

선수자료 : 득점/도움 ○ = 선발출전 △ = 교체 IN ▽ = 교체 OUT ◆ = 교체 IN/OUT C = 경고 S = 퇴장

| 위치 | 배번 | 경기번호 | 213 | 223 | 228 | 234 | 244 | 248 | 259 | 263 | 272 | |
|---|---|---|---|---|---|---|---|---|---|---|---|---|
| | | 날 짜 | 09.27 | 10.05 | 10.08 | 10.12 | 10.19 | 10.25 | 11.02 | 11.08 | 11.23 | |
| | | 홈/원정 | 원정 | 원정 | 홈 | 원정 | 원정 | 홈 | 원정 | 홈 | 원정 | |
| | | 장 소 | 청주 | 광양 | 천안 | 수원W | 부천 | 천안 | 아산 | 천안 | 창원C | |
| | | 상 대 | 충북청주 | 전남 | 부산 | 수원 | 부천 | 안산 | 충남아산 | 성남 | 경남 | |
| | | 결 과 | 승 | 패 | 무 | 패 | 패 | 무 | 무 | 패 | 패 | |
| | | 점 수 | 1 : 0 | 1 : 4 | 0 : 0 | 0 : 5 | 1 : 2 | 0 : 0 | 1 : 1 | 1 : 3 | 0 : 2 | |
| | | 승 점 | 27 | 27 | 28 | 28 | 28 | 29 | 30 | 30 | 30 | |
| | | 슈팅수 | 4 : 9 | 7 : 19 | 6 : 12 | 6 : 22 | 7 : 15 | 7 : 8 | 8 : 13 | 8 : 17 | 13 : 12 | |
| GK | 1 | 박 주 원 | | | | | | | | | | |
| | 21 | 제 종 현 | | | | | | | | | | |
| | 31 | 허 자 웅 | ○ 0/0 | ○ 0/0 | ○ 0/0 | ○ 0/0 | ○ 0/0 | ○ 0/0 | ○ 0/0 | ○ 0/0 | ○ 0/0 | |
| DF | 2 | 신 한 결 | | | | | | | | | | |
| | 3 | 이 웅 희 | | | | △ 0/0 | ○ 0/0 | ○ 0/0 | ○ 0/0 | ▽ 0/0 | △ 0/0 C | |
| | 4 | 강 영 훈 | ○ 0/0 C | | ○ 0/0 | ○ 0/0 C | ○ 0/0 C | ○ 0/0 | ○ 0/0 | ○ 0/0 | | |
| | 5 | 최 진 웅 | | △ 0/0 | | | | ○ 0/0 | | | ▽ 0/0 | |
| | 13 | 김 서 진 | | | ▽ 0/0 C | ▽ 0/0 | | | | | | |
| | 20 | 하 재 민 | △ 0/0 | | | | | | | | | |
| | 24 | 이 상 명 | ○ 0/0 | ○ 0/0 | ○ 0/0 | ○ 0/0 | ○ 0/0 | | ○ 0/0 | ▽ 0/0 | ○ 0/0 | |
| | 25 | 마 상 훈 | ○ 0/0 C | | | | | | ○ 0/0 | ○ 0/0 | ▽ 0/0 | |
| | 26 | 김 영 선 | ○ 0/0 | ○ 0/0 | ▽ 0/0 C | △ 0/0 | ▽ 0/0 | | | △ 0/0 | ▽ 0/0 | |
| | 29 | 유 은 상 | | | △ 0/0 | | △ 0/0 | △ 0/0 | | | | |
| | 35 | 김 성 주 | △ 0/0 | ○ 0/1 | ○ 0/0 | ○ 0/0 | | ○ 0/0 | △ 0/0 | △ 0/0 | △ 0/0 | |
| | 37 | 박 준 강 | | | △ 0/0 | ▽ 0/0 | | | | | | |
| | 90 | 구 대 영 | | | | | | | | | | |
| MF | 6 | 이 종 성 | ▽ 0/0 | ▽ 0/0 | ○ 0/0 C | ○ 0/0 | △ 0/0 | ▽ 0/0 C | | △ 0/0 | ▽ 0/0 | |
| | 8 | 이 광 진 | ○ 0/0 | ○ 0/0 | ○ 0/0 | ▽ 0/0 | ○ 0/0 | △ 0/0 | △ 0/0 | | | |
| | 10 | 툰 가 라 | ▽ 0/0 | | | | ▽ 0/0 | △ 0/0 | ○ 0/0 | ▽ 0/0 | ○ 0/0 | |
| | 15 | 김 원 식 | | ▽ 0/0 C | | | | | | | | |
| | 16 | 김 성 준 | | | | △ 0/0 | ▽ 0/0 | ▽ 0/0 | ▽ 1/0 | ▽ 0/0 C | △ 0/0 | |
| | 19 | 진 의 준 | | △ 0/0 | | | | | ▽ 0/0 | ○ 0/0 | ○ 0/0 C | |
| | 22 | 양 준 영 | | | | | | | | | | |
| | 23 | 이 풍 범 | | | | | | | | | | |
| | 32 | 신 형 민 | | | | | | | | | | |
| | 33 | 손 정 민 | | | | | | | | | | |
| | 91 | 펠 리 페 | | | | | | | | | | |
| FW | 7 | 이 상 준 | △ 1/0 | △ 0/0 | ▽ 0/0 C | | △ 0/0 | ▽ 0/0 | △ 0/0 | △ 0/0 | △ 0/0 S | |
| | 9 | 파 브 레 | | | | | | | | | | |
| | 11 | 이 지 훈 | | | △ 0/0 | ○ 0/0 | | △ 0/0 C | | | | |
| | 14 | 구 종 욱 | ▽ 0/0 | ▽ 0/0 | △ 0/0 | ▽ 0/0 | ▽ 1/0 | ▽ 0/0 | ▽ 0/0 | ▽ 0/0 | ▽ 0/0 | |
| | 17 | 명 준 재 | | | ▽ 0/0 | △ 0/0 | | | | | | |
| | 18 | 이 정 협 | ▽ 0/1 | ▽ 1/0 | ▽ 0/0 | ▽ 0/0 | △ 0/0 | ▽ 0/0 | ▽ 0/0 | | △ 0/0 | |
| | 30 | 문 건 호 | | | | | | | | | | |
| | 34 | 이 예 찬 | ▽ 0/0 | ○ 0/0 C | | | ○ 0/0 | ○ 0/0 | ▽ 0/0 | ○ 0/0 C | ○ 0/0 | |
| | 45 | 미 사 키 | | ▽ 0/0 | | | △ 0/0 | | | | | |
| | 47 | 우 정 연 | | | | | | | | | | |
| | 83 | 브 루 노 | △ 0/0 | △ 0/0 | △ 0/0 | △ 0/0 | ▽ 0/1 | △ 0/0 | △ 0/0 C | ○ 1/0 | ○ 0/0 C | |
| | 88 | 정 석 화 | △ 0/0 | △ 0/0 | | | | | △ 0/0 | △ 0/0 | | |
| | 99 | 김 륜 도 | | | | | | | | | | |

# 안 산 그 리 너 스

**창단년도_** 2017년
**전화_** 031-480-2002
**팩스_** 031-480-2055
**홈페이지_** https://greenersfc.com
**유튜브_** https://www.youtube.com/@ansangreenersfc
**인스타그램_** https://www.instagram.com/ansan_greeners_fc/
**카카오톡채널_** https://pf.kakao.com/_liYgj
**틱톡_** https://www.tiktok.com/@ansan_greeners_fc
**주소_** 우 15396 경기도 안산시 단원구 화랑로 260 와스타디움 3층
3F, Wa stadium, 260, Hwarang-ro, Danwon-gu, Ansan-si, Gyeonggi-do, KOREA 15396

## 연혁

2016 안산시 시민프로축구단 창단 발표
창단추진준비위원회 발족
팀명칭 공모
초대 이흥실 감독 선임
'안산 그리너스 FC' 팀명칭 확정

2017 구단 엠블럼 공개
테이블석 시즌권 완판
창단식 개최
창단 첫 홈경기 승리(vs 대전 2:1승)
2017시즌 1차 '플러스스타디움상' 수상
2017시즌 2차 '풀스타디움상' 수상
사회공헌활동 230회 달성
KEB하나은행 K리그 챌린지 2017 9위(7승 12무 17패)
K리그 대상 시상식 '플러스스타디움상', '사랑나눔상' 수상
KEB하나은행 K리그 챌린지 최다도움상 MF 장혁진 수상

2018 샘 오취리, 안산 그리너스 FC 다문화 홍보대사 위촉
2018시즌 1차 '풀스타디움상' 수상
제2대 이종걸 단장 취임
2018시즌 2차 '팬 프렌들리 상' 수상
제2대 임완섭 감독 취임
사회공헌활동 341회 달성
KEB하나은행 K리그2 2018 9위(10승 9무 17패)
K리그 대상 시상식 '사랑나눔상', '그린스타디움상' 수상
스포츠마케팅어워드 프로스포츠 구단 부문 본상 수상

2019 제2대 김호석 대표이사 취임
이태성, 안산 그리너스 FC 홍보대사 위촉
2019시즌 1차 '그린스타디움상' 수상
2019시즌 2차 '그린스타디움상' 수상
K리그 대상 시상식 '그린스타디움상' 수상
K리그 대상 'K리그2 전 경기 전 시간 출전상(이인재) 수상
'스포츠마케팅어워드' 프로스포츠 구단 부문 본상 수상
사회공헌활동 381회 달성
하나원큐 K리그2 2019 5위(14승 8무 14패)
2019시즌 3차 '그린스타디움상', '풀스타디움상',
'플러스스타디움상' 수상
제3대 김길식 감독 취임

2020 제4대 김복식 단장 취임
2020시즌 2차 '그린스타디움상' 수상
K리그 대상 시상식 '사랑나눔상' 수상
하나원큐 K리그2 2020 7위(7승 7무 13패)
사회공헌활동 139회 달성

2021 제5대 김진형 단장 취임
하나원큐 K리그2 2021 7위(11승 10무 15패)
사회공헌활동 100회 달성
제4대 조민국 감독 취임

2022 하나원큐 K리그2 2022 9위(8승 13무 19패)
제5대 임종헌 감독 취임
제3대 이종걸 대표이사 취임
제6대 김길식 단장 취임

2023 제6대 임관식 감독 취임
하나원큐 K리그2 2023 12위(6승 7무 23패)

2024 제5대 안익수 대표이사 취임
제7대 이관우 감독 취임
제7대 김정택 단장 취임
하나은행 K리그2 2024 11위(9승 10무 17패)

2025 제8대 최문식 감독 취임
하나은행 K리그2 2025 14위(5승 12무 22패)

## 2025년 선수명단

단장_ 김정택　감독_ 최문식
수석코치_ 홍성요　코치_ 한병용 · 양상민　골키퍼코치_ 고재윤　피지컬코치_ 김남혁
스카우터_ 이광호　의무트레이너_ 윤찬희 · 추준식　전력분석관_ 서정민　선수단 매니저_ 박우혁　통역_ 최현석

| 포지션 | 선수명 | | 생년월일 | 출신교 | 키(cm) / 몸무게(kg) |
|---|---|---|---|---|---|
| GK | 이 승 빈 | 李 承 豳 | 1990.05.27 | 숭실대 | 184 / 80 |
| | 조 성 훈 | 趙 晟 訓 | 1998.04.21 | 숭실대 | 189 / 85 |
| | 김 종 혁 | 金 鍾 赫 | 2002.06.14 | 가톨릭관동대 | 187 / 80 |
| DF | 이 규 빈 | 李 圭 彬 | 2000.05.30 | 동국대 | 175 / 70 |
| | 이 풍 연 | 李 豊 衍 | 2000.05.04 | 숭실대 | 190 / 88 |
| | 장 민 준 | 張 珉 浚 | 2002.07.11 | 상지대 | 186 / 80 |
| | 안 재 준 | 安 在 俊 | 2003.01.23 | 선문대 | 179 / 74 |
| | 정 용 희 | 鄭 用 熙 | 2002.05.10 | 용인대 | 183 / 78 |
| | 박 시 화 | 朴 時 華 | 2004.04.13 | 영생고 | 175 / 67 |
| | 김 요 셉 | 金 요 셉 | 2006.12.19 | 삽교고 | 179 / 70 |
| | 이 서 진 | 李 瑞 眞 | 2006.01.20 | 장훈고 | 190 / 87 |
| | 에　두 | Eduardo Henrique Silverio | 2002.07.19 | *브라질 | 192 / 93 |
| | 박 정 우 | 朴 正 雨 | 2006.05.04 | 태성고 | 175 / 70 |
| MF | 김 현 태 | 金 炫 兌 | 1994.11.14 | 영남대 | 186 / 78 |
| | 손 준 석 | 孫 準 釋 | 2000.11.26 | 동원과학기술대 | 180 / 74 |
| | 라　파 | Bruno Felipe Serbena Lapa | 1997.05.10 | *브라질 | 175 / 70 |
| | 양 세 영 | 梁 世 英 | 2002.10.03 | 용인대 | 168 / 56 |
| | 이 찬 우 | 李 璨 雨 | 2004.11.30 | 진위고 | 184 / 90 |
| | 조 지 훈 | 趙 志 焄 | 1990.05.29 | 연세대 | 191 / 85 |
| | 임 지 민 | 林 志 敏 | 2002.05.13 | 인천대 | 173 / 70 |
| | 심 태 웅 | 沈 泰 雄 | 2004.11.04 | 용호고 | 178 / 70 |
| | 서 명 식 | 徐 名 植 | 2006.06.02 | 일동고 | 177 / 67 |
| | 장 동 혁 | 張 東 赫 | 1999.08.28 | 연세대 | 182 / 74 |
| | 배 수 민 | 裵 洙 珉 | 2002.03.21 | 청주대 | 183 / 75 |
| FW | 사라이바 | Felipe Saraiva de Souza Silva | 1998.03.09 | *브라질 | 173 / 73 |
| | 박 형 우 | 朴 炯 愚 | 2004.09.13 | 천안제일고 | 173 / 65 |
| | 김 건 오 | 金 建 旿 | 2001.08.13 | 연세대 | 167 / 68 |
| | 류 승 완 | 柳 昇 完 | 2003.04.27 | 전주대 | 170 / 64 |
| | 정 성 호 | 丁 星 豪 | 2001.07.06 | 용인대 | 188 / 88 |
| | 박 채 준 | 朴 採 浚 | 2003.05.26 | 영생고 | 173 / 70 |
| | 강 수 일 | 姜 修 一 | 1987.07.15 | 상지대 | 184 / 74 |
| | 송 태 성 | 宋 泰 星 | 2000.09.18 | 가톨릭관동대 | 168 / 64 |
| | 이 지 성 | 李 知 成 | 1999.05.05 | 용인대 | 177 / 72 |
| | 제페르손 | Jefferson Ferreira de Souza | 2001.11.16 | *브라질 | 182 / 74 |
| | 김 우 빈 | 金 禹 頻 | 2003.03.08 | 전주대 | 186 / 82 |

## 2025년 개인기록_ K리그2

| 위치 | 배번 | 경기번호 | 04 | 10 | 18 | 28 | 29 | 42 | 49 | 54 | 59 | 68 |
|---|---|---|---|---|---|---|---|---|---|---|---|---|
| | | 날 짜 | 02.22 | 03.01 | 03.08 | 03.16 | 03.29 | 04.06 | 04.13 | 04.20 | 04.26 | 05.04 |
| | | 홈/원정 | 홈 | 홈 | 홈 | 원정 | 홈 | 원정 | 원정 | 홈 | 원정 | 홈 |
| | | 장 소 | 안산 | 안산 | 안산 | 부천 | 안산 | 탄천 | 천안 | 안산 | 아산 | 안산 |
| | | 상 대 | 수원 | 김포 | 전남 | 부천 | 화성 | 성남 | 천안 | 부산 | 충남아산 | 경남 |
| | | 결 과 | 패 | 패 | 패 | 패 | 무 | 패 | 승 | 패 | 패 | 승 |
| | | 점 수 | 0 : 1 | 0 : 2 | 0 : 1 | 1 : 3 | 3 : 3 | 0 : 1 | 1 : 0 | 1 : 3 | 0 : 3 | 1 : 0 |
| | | 승 점 | 0 | 0 | 0 | 0 | 1 | 1 | 4 | 4 | 4 | 7 |
| | | 슈팅수 | 7 : 26 | 12 : 12 | 9 : 2 | 11 : 19 | 14 : 11 | 6 : 7 | 8 : 9 | 13 : 11 | 13 : 14 | 8 : 7 |
| GK | 1 | 이 승 빈 | ○ 0/0 | ○ 0/0 | ○ 0/0 | ○ 0/0 | ▽ 0/0 | | | | | ○ 0/0 C |
| | 21 | 조 성 훈 | | | | | △ 0/0 | ○ 0/0 | ○ 0/0 | ○ 0/0 | ○ 0/0 | |
| | 31 | 김 종 혁 | | | | | | | | | | |
| DF | 3 | 이 풍 연 | ○ 0/0 | ○ 0/0 | ○ 0/0 | ○ 0/0 | ○ 0/1 | △ 0/0 | | | △ 0/0 | |
| | 4 | 장 민 준 | | | ▽ 0/0 | ○ 1/0 | ○ 0/0 C | ○ 0/0 | ▽ 0/0 | ○ 0/0 C | ○ 0/0 | ○ 0/0 |
| | 13 | 김 리 관 | | | | ◈ 0/0 | | | | | | |
| | 14 | 안 재 준 | | | | | | | | | | |
| | 16 | 정 용 희 | ▽ 0/0 | ○ 0/0 | △ 0/0 | | △ 0/0 | △ 0/0 | △ 0/0 | △ 0/0 | ○ 0/0 | △ 0/0 |
| | 22 | 박 시 화 | ○ 0/0 C | ○ 0/0 | ○ 0/0 | ○ 0/0 | ▽ 0/0 | ▽ 0/0 | ○ 1/0 | ▽ 0/0 | | ▽ 0/0 |
| | 26 | 임 지 민 | | | | | △ 0/0 | | | △ 0/0 | ○ 0/0 C | ○ 0/0 |
| | 33 | 에 두 | | | | | | | | | | |
| MF | 6 | 김 현 태 | △ 0/0 | △ 0/0 | ○ 0/0 | ○ 0/0 | ○ 3/0 | ○ 0/0 | ○ 0/0 | ○ 1/0 | ▽ 0/0 | ○ 0/0 |
| | 7 | 손 준 석 | ○ 0/0 | ○ 0/0 | ○ 0/0 C | ○ 0/1 CC | | ○ 0/0 | ○ 0/0 C | ○ 0/0 C | ○ 0/0 | ○ 0/0 |
| | 8 | 라 파 | ○ 0/0 | ▽ 0/0 | △ 0/0 | △ 0/0 | ○ 0/0 | ▽ 0/0 | ○ 0/0 | ▽ 0/0 | △ 0/0 | △ 0/0 |
| | 19 | 양 세 영 | | △ 0/0 | ▽ 0/0 C | ▽ 0/0 | ▽ 0/0 | ▽ 0/0 | △ 0/0 | | | |
| | 25 | 조 지 훈 | ○ 0/0 C | ○ 0/0 C | ○ 0/0 | ○ 0/0 | ○ 0/1 | ○ 0/0 | ○ 0/0 | ○ 0/0 | ○ 0/0 | ○ 0/0 |
| | 35 | 서 명 식 | | | △ 0/0 | | | | | ▽ 0/0 | | |
| | 39 | 장 동 혁 | | | | | | | | | | |
| | 66 | 배 수 민 | △ 0/0 | | | | | ○ 0/0 | ○ 0/0 | ○ 0/0 | ▽ 0/0 | ○ 0/0 |
| FW | 2 | 이 규 빈 | | | | | | | | | △ 0/0 | △ 0/0 |
| | 9 | 루 안 | △ 0/0 | △ 0/0 | △ 0/0 | △ 0/0 | ▽ 0/0 | | | | | |
| | 10 | 사라이바 | ▽ 0/0 | ▽ 0/0 | | | ▽ 0/1 | ▽ 0/0 | ▽ 0/0 C | △ 0/0 | | |
| | 11 | 박 형 우 | ▽ 0/0 | ▽ 0/0 | △ 0/0 | △ 0/0 | | | | | | |
| | 13 | 김 건 오 | | | | | | | | | | |
| | 17 | 류 승 완 | △ 0/0 | △ 0/0 | ▽ 0/0 | ▽ 0/0 | △ 0/0 | △ 0/0 | ▽ 0/0 C | △ 0/0 | ▽ 0/0 | △ 0/0 |
| | 18 | 정 성 호 | ▽ 0/0 | ▽ 0/0 | ▽ 0/0 | ▽ 0/0 | △ 0/0 | ▽ 0/0 | | | ▽ 0/0 | |
| | 27 | 박 채 준 | △ 0/0 | △ 0/0 | ▽ 0/0 | ▽ 0/0 | ○ 0/0 | △ 0/0 | △ 0/0 | ▽ 0/0 | △ 0/0 | |
| | 28 | 강 수 일 | | | | | | △ 0/0 | △ 0/0 | △ 0/0 | △ 0/0 | |
| | 36 | 송 태 성 | | | | | | | ▽ 0/1 | ▽ 0/0 | | ▽ 0/0 |
| | 37 | 박 정 우 | | | | | | | | | | |
| | 38 | 이 지 성 | | | | | | | | | | ▽ 0/0 |
| | 77 | 제페르손 | | | | | | | | | | |
| | 99 | 김 우 빈 | ▽ 0/0 | ▽ 0/0 | | △ 0/0 | | | | | ▽ 0/0 | ▽ 0/0 |
| | | | | | | | | | | | | |

선수자료 : 득점/도움 ○ = 선발출전 △ = 교체 IN ▽ = 교체 OUT ◈ = 교체 IN/OUT C = 경고 S = 퇴장

| 위치 | 배번 | 경기번호 | 74 | 82 | 86 | 95 | 101 | 110 | 115 | 122 | 130 | 140 |
|---|---|---|---|---|---|---|---|---|---|---|---|---|
| | | 날 짜 | 05.10 | 05.18 | 05.24 | 05.31 | 06.07 | 06.15 | 06.21 | 06.28 | 07.05 | 07.13 |
| | | 홈/원정 | 원정 | 홈 | 원정 | 홈 | 원정 | 원정 | 홈 | 홈 | 원정 | 홈 |
| | | 장 소 | 목동 | 안산 | 청주 | 안산 | 구덕 | 화성 | 안산 | 안산 | 창원C | 안산 |
| | | 상 대 | 서울E | 인천 | 충북청주 | 성남 | 부산 | 화성 | 부천 | 천안 | 경남 | 서울E |
| | | 결 과 | 무 | 패 | 무 | 승 | 승 | 무 | 패 | 무 | 무 | 무 |
| | | 점 수 | 1 : 1 | 0 : 2 | 0 : 0 | 1 : 0 | 2 : 0 | 0 : 0 | 0 : 1 | 0 : 0 | 1 : 1 | 2 : 2 |
| | | 승 점 | 8 | 8 | 9 | 12 | 15 | 16 | 16 | 17 | 18 | 19 |
| | | 슈팅수 | 10 : 11 | 7 : 8 | 10 : 11 | 9 : 11 | 4 : 12 | 6 : 2 | 10 : 9 | 11 : 11 | 6 : 13 | 5 : 13 |
| GK | 1 | 이 승 빈 | ○ 0/0 | ○ 0/0 | ○ 0/0 | ○ 0/0 | ○ 0/0 | ○ 0/0 | ○ 0/0 | ○ 0/0 | ○ 0/0 | ○ 0/0 |
| | 21 | 조 성 훈 | | | | | | | | | | |
| | 31 | 김 종 혁 | | | | | | | | | | |
| DF | 3 | 이 풍 연 | | △ 0/0 | | | | | | | | |
| | 4 | 장 민 준 | ○ 0/0 C | ○ 0/0 | ○ 0/0 C | ○ 0/0 | ▽ 1/0 | ○ 0/0 | ▽ 0/0 | | ○ 0/0 | ○ 0/0 |
| | 13 | 김 리 관 | | | | | | | | | | |
| | 14 | 안 재 준 | | | | | | | | | | |
| | 16 | 정 용 희 | △ 0/0 | △ 0/0 | △ 0/0 | △ 0/0 | △ 0/0 | | | △ 0/0 | △ 0/0 | |
| | 22 | 박 시 화 | ○ 0/0 | ○ 0/0 | ○ 0/0 | ▽ 0/0 | ○ 0/0 | ○ 0/0 | ○ 0/0 | ○ 0/0 | ▽ 0/0 | |
| | 26 | 임 지 민 | ○ 0/0 | ▽ 0/0 | ○ 0/0 | ○ 0/0 C | ○ 0/0 | ○ 0/0 | ○ 0/0 | ▽ 0/0 | | |
| | 33 | 에 두 | | | | | | | △ 0/0 | ○ 0/0 | ○ 0/0 | ○ 0/0 |
| MF | 6 | 김 현 태 | ○ 0/0 | ○ 0/0 | ○ 0/0 | ○ 0/0 | ○ 0/0 | ○ 0/0 | ○ 0/0 | ○ 0/0 | ○ 0/0 | ○ 1/0 |
| | 7 | 손 준 석 | ○ 0/0 | ○ 0/0 | ○ 0/0 | ○ 0/1 | ○ 0/0 C | ○ 0/0 | ○ 0/0 | ○ 0/0 | ○ 0/0 C | |
| | 8 | 라 파 | △ 0/0 | △ 0/0 | △ 0/0 | △ 0/0 | △ 0/0 | △ 0/0 | △ 0/0 | △ 0/0 | △ 0/0 | ○ 0/0 |
| | 19 | 양 세 영 | | | | | | | | | ○ 0/0 | |
| | 25 | 조 지 훈 | ○ 0/0 C | ○ 0/0 | ○ 0/0 | ○ 0/0 | ○ 0/1 | ○ 0/0 C | ○ 0/0 | ○ 0/0 C | | ○ 0/0 |
| | 35 | 서 명 식 | | △ 0/0 | △ 0/0 | | | | | △ 0/0 | | |
| | 39 | 장 동 혁 | | | | | | | | | | |
| | 66 | 배 수 민 | ○ 0/0 | ▽ 0/0 | ○ 0/0 | ▽ 0/0 | ○ 0/0 | ○ 0/0 | ○ 0/0 | ▽ 0/0 | ○ 0/0 | ○ 0/0 |
| FW | 2 | 이 규 빈 | | △ 0/0 | | | | | | | | |
| | 9 | 루 안 | | | | | | | | | | |
| | 10 | 사라이바 | | | | | △ 0/1 | △ 0/0 | △ 0/0 | △ 0/0 | △ 0/0 | △ 1/1 |
| | 11 | 박 형 우 | ◈ 0/0 | | | △ 0/0 | | | | | | |
| | 13 | 김 건 오 | | | | | | | | | ▽ 0/0 | ▽ 0/0 |
| | 17 | 류 승 완 | ▽ 0/0 | | ▽ 0/0 | ▽ 1/0 | ▽ 0/0 | | | | | ▽ 0/0 |
| | 18 | 정 성 호 | △ 0/0 | | | | | | | | | |
| | 27 | 박 채 준 | | | ◈ 0/0 | △ 0/0 | ◈ 0/0 C | ▽ 0/0 | ▽ 0/0 | ▽ 0/0 | | |
| | 28 | 강 수 일 | | | | | | | | | | |
| | 36 | 송 태 성 | ▽ 0/0 C | ▽ 0/0 | ▽ 0/0 | ▽ 0/0 | ▽ 0/0 | ▽ 0/0 | ▽ 0/0 | ▽ 0/0 | ▽ 0/1 | ○ 0/0 |
| | 37 | 박 정 우 | | | | | △ 1/0 | ◈ 0/0 C | | | | |
| | 38 | 이 지 성 | | ▽ 0/0 C | | | | | | | | |
| | 77 | 제페르손 | | | | | | △ 0/0 | △ 0/0 | △ 0/0 | △ 0/0 | ○ 0/0 |
| | 99 | 김 우 빈 | ▽ 0/0 | ▽ 0/0 | ▽ 0/0 | ▽ 0/0 | ▽ 0/0 | ▽ 0/0 C | ▽ 0/0 | ▽ 0/0 | ▽ 1/0 | △ 0/0 |

| 위치 | 배번 | 경기번호 | 142 | 152 | 159 | 164 | 170 | 176 | 185 | 193 | 203 | 208 |
|---|---|---|---|---|---|---|---|---|---|---|---|---|
| | | 날 짜 | 07.19 | 07.27 | 08.02 | 08.09 | 08.15 | 08.23 | 08.30 | 09.06 | 09.14 | 09.21 |
| | | 홈/원정 | 원정 | 원정 | 홈 | 원정 | 홈 | 원정 | 홈 | 원정 | 홈 | 홈 |
| | | 장 소 | 김포 | 인천 | 안산 | 수원W | 안산 | 광양 | 안산 | 탄천 | 안산 | 안산 |
| | | 상 대 | 김포 | 인천 | 충북청주 | 수원 | 충남아산 | 전남 | 화성 | 성남 | 부산 | 충북청주 |
| | | 결 과 | 무 | 패 | 패 | 패 | 패 | 패 | 패 | 패 | 패 | 무 |
| | | 점 수 | 2 : 2 | 2 : 4 | 1 : 2 | 1 : 3 | 0 : 2 | 0 : 2 | 0 : 1 | 0 : 4 | 2 : 3 | 0 : 0 |
| | | 승 점 | 20 | 20 | 20 | 20 | 20 | 20 | 20 | 20 | 20 | 21 |
| | | 슈팅수 | 10 : 15 | 8 : 11 | 10 : 7 | 12 : 10 | 9 : 8 | 7 : 11 | 14 : 5 | 10 : 19 | 7 : 9 | 11 : 2 |
| GK | 1 | 이 승 빈 | ○ 0/0 | ○ 0/0 | ○ 0/0 | ○ 0/0 | ○ 0/0 | ○ 0/0 | ○ 0/0 | ○ 0/0 | ○ 0/0 | ○ 0/0 |
| | 21 | 조 성 훈 | | | | | | | | | | |
| | 31 | 김 종 혁 | | | | | | | | | | |
| DF | 3 | 이 풍 연 | | | | | | | | | | |
| | 4 | 장 민 준 | ○ 0/0 | ○ 0/0 | ○ 0/0 C | | ○ 0/0 | ○ 0/0 | ○ 0/0 C | ○ 0/0 C | ○ 0/0 | ▽ 0/0 |
| | 13 | 김 리 관 | | | | | | | | | | |
| | 14 | 안 재 준 | | | | | | | | | | |
| | 16 | 정 용 희 | | | | | | | △ 0/0 | △ 0/0 | △ 0/0 | ▽ 0/0 |
| | 22 | 박 시 화 | | ▽ 0/0 | ▽ 0/0 | ○ 0/0 C | ○ 0/0 | ○ 0/0 | ▽ 0/0 | ○ 0/0 | ▽ 0/0 | △ 0/0 |
| | 26 | 임 지 민 | | | | | △ 0/0 | ○ 0/0 | ○ 0/0 | ▽ 0/0 | ○ 0/0 | △ 0/0 |
| | 33 | 에 두 | △ 0/0 | ▽ 0/0 | | ▽ 0/0 | ▽ 0/0 | △ 0/0 | | | △ 1/0 | △ 0/0 |
| MF | 6 | 김 현 태 | ○ 0/0 | ○ 0/0 C | ○ 0/0 | ○ 0/0 | ○ 0/0 | ○ 0/0 | ○ 0/0 | ▽ 0/0 | ○ 0/0 | ○ 0/0 |
| | 7 | 손 준 석 | ○ 0/1 | ○ 0/0 | ▽ 0/0 | ▽ 0/0 | | | | | ▽ 0/0 | ▽ 0/0 |
| | 8 | 라 파 | ▽ 0/0 | △ 0/0 | △ 0/0 | | △ 0/0 | △ 0/0 | | | △ 0/0 | ○ 0/0 |
| | 19 | 양 세 영 | | | | △ 0/0 C | ▽ 0/0 C | ▽ 0/0 | ▽ 0/0 | ▽ 0/0 | | |
| | 25 | 조 지 훈 | ○ 0/0 C | ○ 0/0 C | ○ 0/0 | ○ 0/0 C | | ○ 0/0 | ○ 0/0 | ○ 0/0 | ○ 1/0 | ○ 0/0 |
| | 35 | 서 명 식 | ▽ 0/0 | | △ 0/0 | | | | | | | |
| | 39 | 장 동 혁 | | | | | | | | | | |
| | 66 | 배 수 민 | ▽ 0/0 | △ 0/0 | ▽ 0/0 | ▽ 0/0 | ▽ 0/0 | ▽ 0/0 | △ 0/0 | △ 0/0 C | ▽ 0/0 | ▽ 0/0 |
| FW | 2 | 이 규 빈 | | | | | | | | | | |
| | 9 | 루 안 | | | | | | | | | | |
| | 10 | 사라이바 | △ 0/1 | △ 0/0 | △ 0/0 | ○ 0/0 | △ 0/0 | △ 0/0 | ▽ 0/0 | ▽ 0/0 | △ 0/0 | ○ 0/0 |
| | 11 | 박 형 우 | | | | | ▽ 0/0 | | | | | |
| | 13 | 김 건 오 | ○ 0/0 | ▽ 1/0 | ▽ 0/0 C | ○ 0/1 | ○ 0/0 | ▽ 0/0 | ○ 0/0 | ○ 0/0 | ▽ 0/0 | △ 0/0 |
| | 17 | 류 승 완 | △ 0/0 | ▽ 0/0 | ▽ 0/0 | △ 0/0 | | △ 0/0 | △ 0/0 | △ 0/0 C | | |
| | 18 | 정 성 호 | | | | △ 0/0 C | △ 0/0 | | | △ 0/0 | | |
| | 27 | 박 채 준 | | | | △ 1/0 | △ 0/0 | ▽ 0/0 C | ▽ 0/0 | ▽ 0/0 | ▽ 0/0 | |
| | 28 | 강 수 일 | | | | | | | △ 0/0 | | △ 0/0 | △ 0/0 |
| | 36 | 송 태 성 | ▽ 0/0 | ▽ 0/1 C | ○ 0/0 C | ▽ 0/0 | ○ 0/0 | | | | | |
| | 37 | 박 정 우 | △ 0/0 | △ 0/0 C | △ 0/0 | | | △ 0/0 | | | | |
| | 38 | 이 지 성 | | | △ 0/0 | | | | | | | |
| | 77 | 제페르손 | ○ 2/0 | ○ 1/0 | ○ 1/0 C | ▽ 0/0 | ▽ 0/0 | | △ 0/0 | ○ 0/0 | ○ 0/0 | ○ 0/0 |
| | 99 | 김 우 빈 | ◆ 0/0 | △ 0/0 | | △ 0/0 | | ▽ 0/0 | ▽ 0/0 C | △ 0/0 | | ▽ 0/0 |
| | | | | | | | | | | | | |

선수자료 : 득점/도움 ○ = 선발출전 △ = 교체 IN ▽ = 교체 OUT ◆ = 교체 IN/OUT C = 경고 S = 퇴장

| 위치 | 배번 | 경기번호 | 214 | 220 | 231 | 235 | 239 | 248 | 255 | 265 | 271 | |
|---|---|---|---|---|---|---|---|---|---|---|---|---|
| | | 날 짜 | 09.28 | 10.04 | 10.08 | 10.12 | 10.19 | 10.25 | 11.01 | 11.09 | 11.23 | |
| | | 홈/원정 | 원정 | 원정 | 홈 | 원정 | 홈 | 원정 | 원정 | 홈 | 원정 | |
| | | 장 소 | 창원C | 김포 | 안산 | 광양 | 안산 | 천안 | 부천 | 안산 | 목동 | |
| | | 상 대 | 경남 | 김포 | 충남아산 | 전남 | 인천 | 천안 | 부천 | 수원 | 서울E | |
| | | 결 과 | 패 | 무 | 패 | 승 | 패 | 무 | 패 | 무 | 패 | |
| | | 점 수 | 0 : 1 | 1 : 1 | 0 : 1 | 1 : 0 | 0 : 1 | 0 : 0 | 0 : 2 | 1 : 1 | 0 : 6 | |
| | | 승 점 | 21 | 22 | 22 | 25 | 25 | 26 | 26 | 27 | 27 | |
| | | 슈팅수 | 7 : 11 | 8 : 7 | 14 : 7 | 4 : 18 | 6 : 4 | 8 : 7 | 10 : 8 | 13 : 11 | 6 : 23 | |
| GK | 1 | 이 승 빈 | ○ 0/0 | ○ 0/0 | ○ 0/0 | ▽ 0/0 | ○ 0/0 | ○ 0/0 | ○ 0/0 | | | |
| | 21 | 조 성 훈 | | | | △ 0/0 | | | | ▽ 0/0 | ○ 0/0 | |
| | 31 | 김 종 혁 | | | | | | | | △ 0/0 | | |
| DF | 3 | 이 풍 연 | | | | | | | | | | |
| | 4 | 장 민 준 | ▽ 0/0 | ○ 0/0 | ○ 0/0 | ▽ 0/0 | ○ 0/0 | ○ 0/0 | ○ 0/0 | ○ 0/0 C | | |
| | 13 | 김 리 관 | | | | | | | | | | |
| | 14 | 안 재 준 | | | △ 0/0 | ▽ 0/0 | | | | | | |
| | 16 | 정 용 희 | ○ 0/0 | ○ 0/0 C | | △ 0/0 | ○ 0/0 | ○ 0/0 | ○ 0/0 | ○ 0/0 | ○ 0/0 | |
| | 22 | 박 시 화 | ▽ 0/0 | | | | | | | | △ 0/0 | |
| | 26 | 임 지 민 | ◆ 0/0 | | | | | | | | | |
| | 33 | 에 두 | △ 0/0 | | | △ 0/0 | | ○ 0/0 C | △ 0/0 | △ 0/0 | ○ 0/0 | |
| MF | 6 | 김 현 태 | ○ 0/0 C | ○ 0/0 | ○ 0/0 | ○ 0/0 | | | | | | |
| | 7 | 손 준 석 | ▽ 0/0 | ▽ 0/0 | | | △ 0/0 C | △ 0/0 C | ▽ 0/0 | ▽ 0/0 | ○ 0/0 | |
| | 8 | 라 파 | ○ 0/0 | ▽ 1/0 C | ○ 0/0 | ○ 0/0 | ○ 0/0 C | ○ 0/0 | ▽ 0/0 | △ 0/0 | △ 0/0 | |
| | 19 | 양 세 영 | | ▽ 0/0 | ○ 0/0 | ○ 0/0 | ○ 0/0 | ▽ 0/0 | △ 0/0 | △ 0/0 | ▽ 0/0 | |
| | 25 | 조 지 훈 | ○ 0/0 | ○ 0/0 | ○ 0/0 | ○ 0/0 C | ○ 0/0 C | | ○ 0/0 | ○ 0/0 | ○ 0/0 | |
| | 35 | 서 명 식 | | | △ 0/0 | ▽ 0/0 | ▽ 0/0 | △ 0/0 | | ▽ 0/0 | △ 0/0 | |
| | 39 | 장 동 혁 | | △ 0/0 | | | | | | | | |
| | 66 | 배 수 민 | △ 0/0 C | | △ 0/0 C | | | | | | | |
| FW | 2 | 이 규 빈 | | | | | | | | | | |
| | 9 | 루 안 | | | | | | | | | | |
| | 10 | 사라이바 | ○ 0/0 | △ 0/0 | △ 0/0 | △ 0/0 C | △ 0/0 | ▽ 0/0 | ○ 0/0 | △ 0/0 | ▽ 0/0 | |
| | 11 | 박 형 우 | | | | | | | | △ 0/0 | | |
| | 13 | 김 건 오 | △ 0/0 | △ 0/0 C | ▽ 0/0 | ○ 0/0 | ▽ 0/0 | ▽ 0/0 | ○ 0/0 C | ○ 1/0 | ▽ 0/0 C | |
| | 17 | 류 승 완 | △ 0/0 | △ 0/0 | ▽ 0/0 | △ 0/0 C | ○ 0/0 C | ○ 0/0 | ○ 0/0 | ○ 0/0 | ○ 0/0 | |
| | 18 | 정 성 호 | | | | | | | | | | |
| | 27 | 박 채 준 | | ▽ 0/0 | ▽ 0/0 | | △ 0/0 | △ 0/0 C | △ 0/0 C | | | |
| | 28 | 강 수 일 | △ 0/0 | | | | | | | ▽ 0/0 | | |
| | 36 | 송 태 성 | | ○ 0/0 | ▽ 0/0 | ▽ 0/0 | ▽ 0/0 | ○ 0/0 | ○ 0/0 | ▽ 0/0 | ▽ 0/0 | |
| | 37 | 박 정 우 | | | | | | | | | | |
| | 38 | 이 지 성 | | | | | | | | | | |
| | 77 | 제페르손 | ▽ 0/0 C | △ 0/0 | △ 0/0 | ○ 0/0 C | ▽ 0/0 | ▽ 0/0 | | | ○ 0/0 | |
| | 99 | 김 우 빈 | ▽ 0/0 C | ▽ 0/0 | ▽ 0/0 | | △ 0/0 | △ 0/0 | ▽ 0/0 | ▽ 0/0 | △ 0/0 | |

# Section 2

## 2025 시즌 기록

2025년 구단별 유료 관중 현황
K리그1 | K리그2 | 플레이오프

2025년 전 경기 전 시간 출전자

2025년 심판배정 기록
K리그1 | K리그2 | 플레이오프

하나원큐 K리그1 2025 경기일정표

2025년 K리그1 팀별 연속 승패 · 득실점 기록
전북 | 대전 | 김천 | 포항 | 강원 | 서울 | 광주 | 안양 | 울산 | 수원FC | 제주 | 대구

2025년 K리그1 팀 간 경기 기록

2025년 K리그1 최종 순위 및 팀별 경기기록, 승률

2025년 K리그1 팀별 개인 기록
전북 | 대전 | 김천 | 포항 | 강원 | 서울 | 광주 | 안양 | 울산 | 수원FC | 제주 | 대구

2025년 K리그1 득점 순위

2025년 K리그1 도움 순위

2025년 K리그1 골키퍼 실점 기록

하나원큐 K리그2 2025 경기일정표

2025년 K리그2 팀별 연속 승패 · 득실점 기록
인천 | 수원 | 부천 | 서울E | 성남 | 전남 | 김포 | 부산 | 충남아산 | 화성 | 경남 | 충북청주 | 천안 | 안산

2025년 K리그2 팀 간 경기 기록

2025년 K리그2 최종 순위 및 팀별 경기기록, 승률

2025년 K리그2 팀별 개인 기록
인천 | 수원 | 부천 | 서울E | 성남 | 전남 | 김포 | 부산 | 충남아산 | 화성 | 경남 | 충북청주 | 천안 | 안산

2025년 K리그2 득점 순위

2025년 K리그2 도움 순위

2025년 K리그2 골키퍼 실점 기록

2025년 K리그 플레이오프 경기일정표

2025년 K리그 플레이오프 팀 간 경기 기록

2025년 K리그 플레이오프 팀별 개인 기록
수원FC | 제주 | 수원 | 부천 | 서울E | 성남

2025년 K리그 플레이오프 선수 득점 기록

2025년 K리그 플레이오프 선수 도움 기록

2025년 K리그 플레이오프 골키퍼 실점 기록

## 2025년 구단별 유료 관중 현황

K리그1

| 구단 | 총관중 | 원정팀 관중 | 경기수 | 평균 관중 |
|---|---|---|---|---|
| 서 울 | 440,516 | 44,364 | 19 | 23,185 |
| 전 북 | 368,505 | 20,503 | 20 | 18,425 |
| 울 산 | 274,844 | 21,753 | 19 | 14,465 |
| 대 전 | 201,775 | 24,321 | 19 | 10,620 |
| 대 구 | 188,905 | 9,509 | 18 | 10,495 |
| 포 항 | 194,713 | 12,308 | 19 | 10,248 |
| 안 양 | 144,246 | 13,536 | 19 | 7,592 |
| 제 주 | 128,759 | 12,716 | 18 | 7,153 |
| 강 원 | 134,489 | 10,922 | 19 | 7,078 |
| 수원FC | 88,708 | 20,762 | 19 | 4,669 |
| 광 주 | 79,417 | 13,993 | 19 | 4,180 |
| 김 천 | 53,680 | 17,050 | 20 | 2,684 |
| 합 계 | 2,298,557 | 221,737 | 228 | 10,081 |

K리그2

| 구단 | 총관중 | 원정팀 관중 | 경기수 | 평균 관중 |
|---|---|---|---|---|
| 수 원 | 240,967 | 11,014 | 20 | 12,048 |
| 인 천 | 193,302 | 10,421 | 19 | 10,174 |
| 전 남 | 86,547 | 4,819 | 20 | 4,327 |
| 서울E | 75,594 | 14,442 | 19 | 3,979 |
| 부 천 | 68,677 | 13,135 | 19 | 3,615 |
| 부 산 | 65,606 | 8,992 | 20 | 3,280 |
| 성 남 | 58,410 | 10,099 | 19 | 3,074 |
| 충남아산 | 60,668 | 11,695 | 20 | 3,033 |
| 김 포 | 58,903 | 8,048 | 20 | 2,945 |
| 안 산 | 54,880 | 18,781 | 19 | 2,888 |
| 경 남 | 55,396 | 4,110 | 20 | 2,770 |
| 화 성 | 52,509 | 15,148 | 19 | 2,764 |
| 천 안 | 52,212 | 10,014 | 19 | 2,748 |
| 충북청주 | 53,799 | 5,878 | 20 | 2,690 |
| 합 계 | 1,177,470 | 146,596 | 273 | 4,313 |

플레이오프

| 구단 | 총관중 | 원정팀 관중 | 경기수 | 평균 관중 |
|---|---|---|---|---|
| 제 주 | 18,912 | 4,297 | 1 | 18,912 |
| 수 원 | 18,715 | 750 | 1 | 18,715 |
| 부 천 | 10,524 | 1,567 | 2 | 5,262 |
| 수원FC | 4,180 | 1,262 | 1 | 4,180 |
| 서울E | 4,147 | 746 | 1 | 4,147 |
| 합 계 | 56,478 | 8,622 | 6 | 9,413 |

## 2025년 전 경기 전 시간 출전자

| 구분 | 출전 내용 | 선수명 | 소속 | 출전수 | 교체수 |
|---|---|---|---|---|---|
| K리그1 | 전 경기 · 전 시간 | 송 범 근 | 전 북 | 38 | 0 |
| K리그2 | 전 경기 · 전 시간 | 김 선 민 | 충북청주 | 39 | 0 |
| | | 김 건 희 | 인 천 | 39 | 0 |
| | 전 경기 | 전 성 진 | 화 성 | 39 | 28 |
| | | 박 민 서 | 경 남 | 39 | 34 |

## 2025년 심판배정 기록

K리그1

| 성명 | 주심 | 대기심 | VAR | 부심 |
|---|---|---|---|---|
| 고 형 진 | 26 | 0 | 1 | 19 |
| 김 종 혁 | 26 | 0 | 0 | 10 |
| 송 민 석 | 23 | 0 | 1 | 17 |
| 신 용 준 | 20 | 0 | 3 | 11 |
| 이 동 준 | 20 | 0 | 1 | 18 |
| 김 대 용 | 19 | 0 | 1 | 17 |
| 김 우 성 | 17 | 0 | 1 | 13 |
| 설 태 환 | 16 | 0 | 7 | 19 |
| 김 용 우 | 16 | 0 | 2 | 20 |
| 박 병 진 | 15 | 0 | 2 | 17 |
| 채 상 협 | 14 | 0 | 0 | 8 |
| 최 광 호 | 8 | 0 | 6 | 9 |
| 김 희 곤 | 4 | 0 | 5 | 5 |
| 정 동 식 | 3 | 0 | 13 | 0 |
| 정 회 수 | 1 | 0 | 22 | 3 |
| 김 지 욱 | 0 | 40 | 0 | 15 |
| 김 계 용 | 0 | 38 | 0 | 11 |
| 구 은 석 | 0 | 38 | 0 | 2 |
| 송 봉 근 | 0 | 37 | 0 | 13 |
| 장 종 필 | 0 | 37 | 0 | 10 |
| 윤 재 열 | 0 | 36 | 0 | 9 |
| 곽 승 순 | 0 | 36 | 0 | 6 |
| 홍 석 찬 | 0 | 36 | 0 | 5 |
| 박 균 용 | 0 | 35 | 0 | 7 |
| 박 상 준 | 0 | 34 | 0 | 8 |
| 설 귀 선 | 0 | 34 | 0 | 2 |
| 방 기 열 | 0 | 33 | 0 | 10 |
| 성 주 경 | 0 | 6 | 0 | 2 |
| 이 영 운 | 0 | 5 | 0 | 0 |
| 주 현 민 | 0 | 3 | 0 | 10 |
| 이 병 주 | 0 | 3 | 0 | 0 |
| 김 태 형 | 0 | 1 | 0 | 15 |
| 김 종 희 | 0 | 1 | 0 | 12 |
| 천 진 희 | 0 | 1 | 0 | 7 |
| 신 재 환 | 0 | 1 | 0 | 4 |
| 박 남 수 | 0 | 1 | 0 | 0 |
| 오 현 진 | 0 | 0 | 19 | 0 |
| 김 재 홍 | 0 | 0 | 18 | 2 |
| 고 민 국 | 0 | 0 | 16 | 2 |
| 안 재 훈 | 0 | 0 | 11 | 2 |
| 박 정 호 | 0 | 0 | 10 | 4 |
| 박 진 호 | 0 | 0 | 10 | 3 |
| 박 종 명 | 0 | 0 | 10 | 2 |
| 이 경 순 | 0 | 0 | 10 | 2 |
| 박 세 진 | 0 | 0 | 9 | 12 |
| 조 지 음 | 0 | 0 | 9 | 9 |
| 최 규 현 | 0 | 0 | 9 | 5 |
| 원 명 희 | 0 | 0 | 9 | 1 |
| 오 현 정 | 0 | 0 | 8 | 11 |
| 최 승 환 | 0 | 0 | 8 | 3 |

| 최철준 | 0 | 0 | 4 | 15 |
|---|---|---|---|---|
| 최현재 | 0 | 0 | 3 | 11 |
| 이슬기 | 0 | 0 | 0 | 16 |
| 김수현 | 0 | 0 | 0 | 9 |
| 김현진 | 0 | 0 | 0 | 6 |
| 이화평 | 0 | 0 | 0 | 4 |
| 김유정 | 0 | 0 | 0 | 3 |

K리그2

| 성명 | 주심 | 대기심 | VAR | 부심 |
|---|---|---|---|---|
| 정동식 | 18 | 0 | 15 | 0 |
| 고민국 | 17 | 0 | 14 | 2 |
| 정회수 | 16 | 0 | 16 | 4 |
| 오현진 | 16 | 0 | 21 | 0 |
| 최철준 | 14 | 0 | 5 | 22 |
| 박진호 | 14 | 0 | 13 | 3 |
| 원명희 | 13 | 0 | 30 | 2 |
| 박정호 | 13 | 0 | 28 | 0 |
| 김희곤 | 12 | 0 | 1 | 24 |
| 박종명 | 12 | 0 | 7 | 16 |
| 최규현 | 12 | 0 | 12 | 15 |
| 조지음 | 12 | 0 | 9 | 12 |
| 박세진 | 12 | 0 | 12 | 9 |
| 오현정 | 12 | 0 | 2 | 8 |
| 최현재 | 11 | 0 | 4 | 10 |
| 김재홍 | 11 | 0 | 13 | 2 |
| 최승환 | 10 | 0 | 17 | 3 |
| 이경순 | 10 | 0 | 21 | 1 |
| 안재훈 | 9 | 0 | 18 | 11 |
| 김용우 | 5 | 0 | 1 | 16 |
| 송민석 | 4 | 0 | 0 | 17 |
| 설태환 | 4 | 0 | 1 | 14 |
| 최광호 | 4 | 0 | 6 | 8 |
| 김대용 | 3 | 0 | 1 | 14 |
| 김종혁 | 2 | 0 | 0 | 16 |
| 김우성 | 2 | 0 | 0 | 13 |
| 채상협 | 2 | 0 | 0 | 12 |
| 신용준 | 2 | 0 | 1 | 11 |
| 박병진 | 1 | 0 | 1 | 4 |
| 박남수 | 0 | 32 | 0 | 0 |
| 김종희 | 0 | 30 | 0 | 17 |
| 주현민 | 0 | 30 | 0 | 17 |
| 이화평 | 0 | 30 | 0 | 5 |
| 김유영 | 0 | 30 | 0 | 0 |
| 이병주 | 0 | 30 | 0 | 0 |
| 이영운 | 0 | 30 | 0 | 0 |
| 김태형 | 0 | 29 | 0 | 16 |
| 김태원 | 0 | 29 | 0 | 0 |
| 류시홍 | 0 | 29 | 0 | 0 |
| 황보진현 | 0 | 29 | 0 | 0 |
| 김수현 | 0 | 28 | 0 | 16 |
| 김현진 | 0 | 28 | 0 | 7 |
| 이상길 | 0 | 28 | 0 | 0 |
| 장민호 | 0 | 28 | 0 | 0 |
| 신재환 | 0 | 27 | 0 | 20 |
| 성주경 | 0 | 26 | 0 | 16 |
| 천진희 | 0 | 25 | 0 | 15 |
| 이현모 | 0 | 24 | 0 | 1 |
| 장종필 | 0 | 2 | 0 | 8 |
| 박균용 | 0 | 2 | 0 | 6 |
| 송봉근 | 0 | 0 | 0 | 16 |
| 고형진 | 0 | 0 | 0 | 14 |
| 이동준 | 0 | 0 | 1 | 13 |
| 곽승순 | 0 | 0 | 0 | 12 |
| 김계용 | 0 | 0 | 0 | 12 |
| 김지욱 | 0 | 0 | 0 | 10 |
| 박상준 | 0 | 0 | 0 | 9 |
| 이슬기 | 0 | 0 | 0 | 9 |
| 구은석 | 0 | 0 | 0 | 8 |
| 설귀선 | 0 | 0 | 0 | 8 |
| 윤재열 | 0 | 0 | 0 | 8 |
| 방기열 | 0 | 0 | 0 | 7 |
| 홍석찬 | 0 | 0 | 0 | 6 |
| 김유정 | 0 | 0 | 0 | 1 |
| 임정수 | 0 | 0 | 2 | 0 |
| 최일우 | 0 | 0 | 1 | 0 |

플레이오프

| 성명 | 주심 | 대기심 | VAR | 부심 |
|---|---|---|---|---|
| 박진호 | 0 | 0 | 2 | 0 |
| 김희곤 | 0 | 0 | 1 | 0 |
| 박정호 | 0 | 0 | 1 | 0 |
| 원명희 | 0 | 0 | 1 | 0 |
| 최광호 | 0 | 0 | 1 | 0 |
| 신재환 | 0 | 0 | 0 | 2 |
| 김대용 | 0 | 0 | 0 | 1 |
| 김현진 | 0 | 0 | 0 | 1 |
| 박종명 | 0 | 0 | 0 | 1 |
| 송봉근 | 0 | 0 | 0 | 1 |
| 오현정 | 0 | 0 | 0 | 1 |
| 이슬기 | 0 | 0 | 0 | 1 |
| 최규현 | 0 | 0 | 0 | 1 |

## 하나은행 K리그1 2025 경기일정표

| 라운드 | 경기번호 | 대회구분 | 경기일자 | 경기시간 | 홈팀 | 결과 | 원정팀 | 경기장소 | 관중수 |
|---|---|---|---|---|---|---|---|---|---|
| 1 | 1 | 일반 | 02.15 | 13:00 | 포항 | 0:3 | 대전 | 포항 | 10,519 |
| 1 | 2 | 일반 | 02.15 | 15:30 | 제주 | 2:0 | 서울 | 제주W | 11,049 |
| 1 | 3 | 일반 | 02.15 | 16:30 | 광주 | 0:0 | 수원FC | 광주W | 4,690 |
| 1 | 4 | 일반 | 02.16 | 14:00 | 울산 | 0:1 | 안양 | 문수 | 18,718 |
| 1 | 5 | 일반 | 02.16 | 16:30 | 전북 | 2:1 | 김천 | 전주W | 19,619 |
| 1 | 6 | 일반 | 02.16 | 16:30 | 대구 | 2:1 | 강원 | 대구전 | 12,240 |
| 2 | 7 | 일반 | 02.22 | 14:00 | 제주 | 2:3 | 김천 | 제주W | 5,733 |
| 2 | 8 | 일반 | 02.22 | 16:30 | 서울 | 2:1 | 안양 | 서울W | 41,415 |
| 2 | 9 | 일반 | 02.22 | 16:30 | 대구 | 3:1 | 수원FC | 대구전 | 12,098 |
| 2 | 10 | 일반 | 02.23 | 14:00 | 대전 | 0:2 | 울산 | 대전W | 19,628 |
| 2 | 11 | 일반 | 02.23 | 16:30 | 전북 | 2:2 | 광주 | 전주W | 15,393 |
| 2 | 12 | 일반 | 02.23 | 16:30 | 강원 | 2:1 | 포항 | 춘천 | 6,539 |
| 3 | 13 | 일반 | 03.01 | 14:00 | 울산 | 1:0 | 전북 | 문수 | 26,317 |
| 3 | 14 | 일반 | 03.01 | 16:30 | 포항 | 0:0 | 대구 | 포항 | 11,207 |
| 3 | 15 | 일반 | 03.01 | 16:30 | 광주 | 2:1 | 안양 | 광주W | 3,319 |
| 3 | 16 | 일반 | 03.02 | 14:00 | 대전 | 1:0 | 수원FC | 대전W | 7,220 |
| 3 | 17 | 일반 | 03.02 | 16:30 | 강원 | 0:0 | 제주 | 춘천 | 5,009 |
| 3 | 18 | 일반 | 03.03 | 14:00 | 서울 | 0:0 | 김천 | 서울W | 24,889 |
| 4 | 19 | 일반 | 03.08 | 14:00 | 수원FC | 0:0 | 서울 | 수원 | 8,661 |
| 4 | 20 | 일반 | 03.08 | 16:30 | 대구 | 1:2 | 대전 | 대구전 | 12,168 |
| 4 | 21 | 일반 | 03.08 | 16:30 | 안양 | 1:3 | 김천 | 안양 | 13,579 |
| 4 | 22 | 일반 | 03.09 | 14:00 | 울산 | 2:0 | 제주 | 문수 | 16,749 |
| 4 | 24 | 일반 | 03.09 | 16:30 | 전북 | 0:1 | 강원 | 전주W | 14,090 |
| 5 | 25 | 일반 | 03.15 | 14:00 | 제주 | 1:3 | 대전 | 제주W | 4,651 |
| 5 | 26 | 일반 | 03.15 | 16:30 | 강원 | 0:1 | 서울 | 춘천 | 10,231 |
| 5 | 27 | 일반 | 03.15 | 16:30 | 대구 | 0:1 | 안양 | 대구전 | 12,183 |
| 5 | 28 | 일반 | 03.16 | 14:00 | 수원FC | 1:1 | 울산 | 수원 | 5,557 |
| 5 | 29 | 일반 | 03.16 | 16:30 | 김천 | 0:0 | 광주 | 김천 | 3,193 |
| 5 | 30 | 일반 | 03.16 | 16:30 | 전북 | 2:2 | 포항 | 전주W | 10,442 |
| 4 | 23 | 일반 | 03.22 | 16:30 | 광주 | 2:3 | 포항 | 광주W | 4,544 |
| 6 | 31 | 일반 | 03.29 | 14:00 | 서울 | 3:2 | 대구 | 서울W | 25,258 |
| 6 | 32 | 일반 | 03.29 | 16:30 | 포항 | 1:0 | 울산 | 포항 | 12,565 |
| 6 | 33 | 일반 | 03.29 | 16:30 | 대전 | 1:1 | 광주 | 대전W | 11,469 |
| 6 | 34 | 일반 | 03.30 | 14:00 | 제주 | 1:0 | 수원FC | 제주W | 10,778 |
| 6 | 35 | 일반 | 03.30 | 16:30 | 김천 | 1:0 | 강원 | 김천 | 2,026 |
| 6 | 36 | 일반 | 03.30 | 16:30 | 안양 | 0:1 | 전북 | 안양 | 10,031 |
| 18 | 108 | 일반 | 04.01 | 19:30 | 울산 | 2:3 | 대전 | 문수 | 6,902 |
| 7 | 37 | 일반 | 04.05 | 14:00 | 울산 | 0:0 | 서울 | 문수 | 20,358 |
| 7 | 38 | 일반 | 04.05 | 16:30 | 김천 | 2:0 | 대구 | 김천 | 3,740 |
| 7 | 39 | 일반 | 04.05 | 16:30 | 대전 | 0:2 | 전북 | 대전W | 14,622 |
| 7 | 40 | 일반 | 04.05 | 19:00 | 수원FC | 1:1 | 포항 | 수원 | 2,924 |
| 7 | 41 | 일반 | 04.06 | 16:30 | 안양 | 2:0 | 강원 | 안양 | 8,127 |
| 7 | 42 | 일반 | 04.06 | 16:30 | 광주 | 1:0 | 제주 | 광주W | 3,858 |
| 10 | 56 | 일반 | 04.09 | 19:30 | 광주 | 2:1 | 대구 | 광주W | 1,983 |
| 8 | 43 | 일반 | 04.12 | 14:00 | 수원FC | 3:2 | 김천 | 수원 | 2,066 |
| 8 | 44 | 일반 | 04.12 | 16:30 | 서울 | 2:2 | 대전 | 서울W | 20,284 |
| 8 | 45 | 일반 | 04.12 | 16:30 | 포항 | 2:1 | 안양 | 포항 | 8,354 |
| 8 | 46 | 일반 | 04.13 | 14:00 | 강원 | 1:0 | 광주 | 춘천 | 5,080 |
| 8 | 47 | 일반 | 04.13 | 16:30 | 전북 | 1:1 | 제주 | 전주W | 10,958 |
| 8 | 48 | 일반 | 04.13 | 16:30 | 대구 | 0:1 | 울산 | 대구전 | 12,218 |
| 9 | 49 | 일반 | 04.19 | 14:00 | 울산 | 1:2 | 강원 | 문수 | 13,536 |
| 9 | 50 | 일반 | 04.19 | 16:30 | 김천 | 0:2 | 대전 | 김천 | 2,789 |
| 9 | 51 | 일반 | 04.19 | 16:30 | 안양 | 3:1 | 수원FC | 안양 | 4,508 |
| 9 | 52 | 일반 | 04.19 | 19:00 | 서울 | 1:2 | 광주 | 서울W | 19,234 |
| 9 | 53 | 일반 | 04.20 | 16:30 | 제주 | 2:0 | 포항 | 제주W | 5,531 |
| 9 | 54 | 일반 | 04.20 | 16:30 | 전북 | 3:1 | 대구 | 전주W | 12,897 |
| 19 | 114 | 일반 | 04.23 | 19:30 | 안양 | 0:1 | 울산 | 안양 | 5,592 |
| 10 | 55 | 일반 | 04.26 | 14:00 | 수원FC | 1:2 | 전북 | 수원 | 7,131 |
| 10 | 57 | 일반 | 04.26 | 16:30 | 안양 | 2:1 | 제주 | 안양 | 5,939 |
| 10 | 58 | 일반 | 04.27 | 14:00 | 포항 | 1:0 | 서울 | 포항 | 10,984 |
| 10 | 59 | 일반 | 04.27 | 16:30 | 김천 | 2:0 | 울산 | 김천 | 3,300 |
| 10 | 60 | 일반 | 04.27 | 16:30 | 대전 | 1:0 | 강원 | 대전W | 9,412 |
| 11 | 61 | 일반 | 05.02 | 19:30 | 울산 | 3:0 | 광주 | 문수 | 9,659 |
| 11 | 62 | 일반 | 05.02 | 19:30 | 포항 | 1:2 | 김천 | 포항 | 7,405 |
| 11 | 63 | 일반 | 05.03 | 16:30 | 대전 | 2:1 | 안양 | 대전W | 12,570 |
| 11 | 64 | 일반 | 05.03 | 16:30 | 대구 | 3:1 | 제주 | 대구전 | 11,325 |
| 11 | 65 | 일반 | 05.03 | 19:00 | 서울 | 0:1 | 전북 | 서울W | 48,008 |
| 11 | 66 | 일반 | 05.03 | 19:00 | 강원 | 0:0 | 수원FC | 춘천 | 5,105 |
| 12 | 67 | 일반 | 05.05 | 16:30 | 광주 | 1:0 | 김천 | 광주W | 6,238 |
| 12 | 68 | 일반 | 05.05 | 16:30 | 울산 | 1:1 | 포항 | 문수 | 23,442 |
| 12 | 69 | 일반 | 05.06 | 14:00 | 전북 | 1:1 | 대전 | 전주W | 24,338 |
| 12 | 70 | 일반 | 05.06 | 16:30 | 제주 | 0:3 | 강원 | 제주W | 11,017 |
| 12 | 71 | 일반 | 05.06 | 19:00 | 안양 | 1:1 | 서울 | 안양 | 10,103 |
| 12 | 72 | 일반 | 05.06 | 19:00 | 수원FC | 2:1 | 대구 | 수원 | 3,114 |
| 13 | 73 | 일반 | 05.10 | 16:30 | 포항 | 2:0 | 수원FC | 포항 | 8,811 |
| 13 | 74 | 일반 | 05.10 | 19:00 | 대전 | 0:0 | 서울 | 대전W | 13,706 |

| 라운드 | 경기번호 | 대회구분 | 경기일자 | 경기시간 | 홈팀 | 결과 | 원정팀 | 경기장소 | 관중수 |
|---|---|---|---|---|---|---|---|---|---|
| 13 | 75 | 일반 | 05.10 | 19:00 | 안양 | 2 : 2 | 대구 | 안양 | 6,365 |
| 13 | 76 | 일반 | 05.11 | 16:30 | 제주 | 1 : 2 | 울산 | 제주W | 8,012 |
| 13 | 77 | 일반 | 05.11 | 19:00 | 강원 | 0 : 4 | 김천 | 춘천 | 3,628 |
| 13 | 78 | 일반 | 05.11 | 19:00 | 광주 | 0 : 1 | 전북 | 광주W | 8,444 |
| 14 | 79 | 일반 | 05.17 | 16:30 | 전북 | 2 : 0 | 안양 | 전주W | 21,021 |
| 14 | 80 | 일반 | 05.17 | 19:00 | 강원 | 1 : 1 | 울산 | 춘천 | 6,920 |
| 14 | 81 | 일반 | 05.17 | 19:00 | 김천 | 1 : 1 | 제주 | 김천 | 1,771 |
| 14 | 82 | 일반 | 05.18 | 16:30 | 포항 | 0 : 1 | 광주 | 포항 | 9,819 |
| 14 | 83 | 일반 | 05.18 | 16:30 | 대구 | 0 : 1 | 서울 | 대구전 | 11,699 |
| 14 | 84 | 일반 | 05.18 | 19:00 | 수원FC | 3 : 0 | 대전 | 수원 | 3,579 |
| 15 | 85 | 일반 | 05.23 | 19:30 | 제주 | 0 : 0 | 전북 | 제주W | 6,224 |
| 15 | 86 | 일반 | 05.23 | 19:30 | 안양 | 0 : 2 | 포항 | 안양 | 6,124 |
| 15 | 87 | 일반 | 05.24 | 16:30 | 서울 | 1 : 1 | 수원FC | 서울W | 25,578 |
| 15 | 88 | 일반 | 05.24 | 19:00 | 울산 | 3 : 2 | 김천 | 문수 | 16,012 |
| 15 | 89 | 일반 | 05.24 | 19:00 | 대전 | 2 : 1 | 대구 | 대전W | 10,417 |
| 15 | 90 | 일반 | 05.25 | 16:30 | 광주 | 0 : 1 | 강원 | 광주W | 4,554 |
| 16 | 91 | 일반 | 05.27 | 19:30 | 수원FC | 0 : 1 | 제주 | 수원 | 1,884 |
| 16 | 92 | 일반 | 05.27 | 19:30 | 대전 | 1 : 3 | 포항 | 대전W | 5,833 |
| 16 | 93 | 일반 | 05.27 | 19:30 | 대구 | 0 : 4 | 전북 | 대구전 | 7,994 |
| 16 | 94 | 일반 | 05.28 | 19:30 | 김천 | 0 : 1 | 서울 | 김천 | 2,040 |
| 16 | 95 | 일반 | 05.28 | 19:30 | 강원 | 1 : 3 | 안양 | 춘천 | 3,135 |
| 16 | 96 | 일반 | 05.28 | 19:30 | 광주 | 1 : 1 | 울산 | 광주W | 2,933 |
| 17 | 97 | 일반 | 05.31 | 19:00 | 서울 | 1 : 3 | 제주 | 서울W | 24,270 |
| 17 | 98 | 일반 | 05.31 | 19:00 | 전북 | 3 : 1 | 울산 | 전주W | 31,830 |
| 17 | 99 | 일반 | 05.31 | 19:00 | 안양 | 1 : 1 | 대전 | 안양 | 8,752 |
| 17 | 100 | 일반 | 06.01 | 19:00 | 김천 | 1 : 1 | 수원FC | 김천 | 1,533 |
| 17 | 101 | 일반 | 06.01 | 19:00 | 포항 | 2 : 1 | 강원 | 포항 | 8,944 |
| 17 | 102 | 일반 | 06.01 | 19:00 | 대구 | 1 : 1 | 광주 | 대구전 | 11,111 |
| 18 | 103 | 일반 | 06.13 | 19:30 | 강원 | 0 : 3 | 전북 | 춘천 | 6,219 |
| 18 | 104 | 일반 | 06.13 | 19:30 | 광주 | 1 : 3 | 서울 | 광주W | 2,746 |
| 18 | 105 | 일반 | 06.14 | 19:00 | 김천 | 1 : 0 | 포항 | 김천 | 2,681 |
| 18 | 106 | 일반 | 06.14 | 19:00 | 수원FC | 1 : 2 | 안양 | 수원 | 7,524 |
| 18 | 107 | 일반 | 06.14 | 19:00 | 제주 | 2 : 1 | 대구 | 제주W | 6,542 |
| 19 | 109 | 일반 | 06.17 | 19:30 | 서울 | 1 : 1 | 강원 | 서울W | 15,290 |
| 19 | 110 | 일반 | 06.17 | 19:30 | 전북 | 3 : 2 | 수원FC | 전주W | 11,355 |
| 19 | 111 | 일반 | 06.17 | 19:30 | 대구 | 1 : 1 | 포항 | 대구전 | 9,384 |
| 19 | 112 | 일반 | 06.18 | 19:30 | 제주 | 0 : 1 | 광주 | 제주W | 5,307 |
| 19 | 113 | 일반 | 06.18 | 19:30 | 대전 | 0 : 0 | 김천 | 대전W | 5,016 |
| 20 | 115 | 일반 | 06.21 | 19:00 | 강원 | 3 : 0 | 대구 | 강릉 | 9,256 |

| 라운드 | 경기번호 | 대회구분 | 경기일자 | 경기시간 | 홈팀 | 결과 | 원정팀 | 경기장소 | 관중수 |
|---|---|---|---|---|---|---|---|---|---|
| 20 | 116 | 일반 | 06.21 | 19:00 | 포항 | 2 : 1 | 제주 | 포항 | 6,204 |
| 20 | 117 | 일반 | 06.21 | 19:00 | 전북 | 1 : 1 | 서울 | 전주W | 22,862 |
| 20 | 118 | 일반 | 06.22 | 19:00 | 김천 | 1 : 0 | 안양 | 김천 | 1,774 |
| 20 | 120 | 일반 | 06.22 | 19:00 | 광주 | 2 : 2 | 대전 | 광주W | 3,055 |
| 21 | 121 | 일반 | 06.27 | 19:30 | 김천 | 1 : 2 | 전북 | 김천 | 3,840 |
| 21 | 122 | 일반 | 06.27 | 19:30 | 대전 | 1 : 1 | 제주 | 대전W | 7,097 |
| 21 | 123 | 일반 | 06.28 | 19:00 | 수원FC | 1 : 2 | 강원 | 수원 | 3,401 |
| 21 | 124 | 일반 | 06.28 | 19:00 | 안양 | 1 : 2 | 광주 | 안양 | 7,253 |
| 21 | 126 | 일반 | 06.29 | 19:00 | 서울 | 4 : 1 | 포항 | 서울W | 20,036 |
| 21 | 125 | 일반 | 07.12 | 19:00 | 울산 | 2 : 2 | 대구 | 문수 | 14,555 |
| 22 | 127 | 일반 | 07.18 | 19:30 | 수원FC | 2 : 1 | 광주 | 수원 | 2,036 |
| 22 | 128 | 일반 | 07.18 | 19:30 | 대구 | 2 : 3 | 김천 | 대구전 | 8,562 |
| 22 | 129 | 일반 | 07.19 | 19:00 | 강원 | 2 : 2 | 대전 | 강릉 | 10,207 |
| 22 | 130 | 일반 | 07.19 | 19:00 | 포항 | 2 : 3 | 전북 | 포항 | 13,973 |
| 22 | 131 | 일반 | 07.19 | 19:00 | 제주 | 2 : 0 | 안양 | 제주W | 7,120 |
| 22 | 132 | 일반 | 07.20 | 19:00 | 서울 | 1 : 0 | 울산 | 서울W | 24,047 |
| 23 | 133 | 일반 | 07.22 | 19:30 | 포항 | 1 : 5 | 수원FC | 포항 | 8,260 |
| 23 | 134 | 일반 | 07.22 | 19:30 | 광주 | 1 : 1 | 김천 | 광주W | 1,710 |
| 23 | 135 | 일반 | 07.22 | 19:30 | 안양 | 4 : 0 | 대구 | 안양 | 5,368 |
| 23 | 136 | 일반 | 07.23 | 19:30 | 울산 | 1 : 2 | 대전 | 문수 | 8,127 |
| 23 | 137 | 일반 | 07.23 | 19:30 | 제주 | 3 : 2 | 서울 | 제주W | 7,084 |
| 23 | 138 | 일반 | 07.23 | 19:30 | 전북 | 2 : 0 | 강원 | 전주W | 13,795 |
| 24 | 139 | 일반 | 07.26 | 19:00 | 김천 | 3 : 1 | 제주 | 김천 | 1,922 |
| 24 | 140 | 일반 | 07.26 | 19:00 | 수원FC | 2 : 1 | 안양 | 수원 | 8,027 |
| 24 | 141 | 일반 | 07.26 | 19:00 | 광주 | 1 : 2 | 전북 | 광주W | 9,544 |
| 24 | 142 | 일반 | 07.27 | 19:00 | 강원 | 2 : 2 | 울산 | 강릉 | 9,144 |
| 24 | 143 | 일반 | 07.27 | 19:00 | 대전 | 0 : 1 | 서울 | 대전W | 11,029 |
| 24 | 144 | 일반 | 07.27 | 19:00 | 대구 | 0 : 1 | 포항 | 대구전 | 10,153 |
| 20 | 119 | 일반 | 08.02 | 19:00 | 울산 | 2 : 3 | 수원FC | 문수 | 10,197 |
| 25 | 145 | 일반 | 08.08 | 19:30 | 서울 | 2 : 2 | 대구 | 서울W | 15,778 |
| 25 | 146 | 일반 | 08.08 | 19:30 | 전북 | 2 : 1 | 안양 | 전주W | 21,346 |
| 25 | 147 | 일반 | 08.09 | 19:30 | 울산 | 1 : 0 | 제주 | 문수 | 10,510 |
| 25 | 148 | 일반 | 08.09 | 19:30 | 강원 | 0 : 0 | 김천 | 강릉 | 9,415 |
| 25 | 149 | 일반 | 08.10 | 19:00 | 포항 | 1 : 0 | 광주 | 포항 | 10,020 |
| 25 | 150 | 일반 | 08.10 | 19:00 | 대전 | 3 : 2 | 수원FC | 대전W | 9,022 |
| 26 | 151 | 일반 | 08.15 | 19:00 | 제주 | 0 : 0 | 강원 | 제주W | 8,093 |
| 26 | 152 | 일반 | 08.15 | 19:00 | 안양 | 0 : 1 | 포항 | 안양 | 8,122 |
| 26 | 153 | 일반 | 08.16 | 19:00 | 전북 | 3 : 0 | 대구 | 전주W | 23,460 |
| 26 | 154 | 일반 | 08.16 | 20:00 | 수원FC | 4 : 2 | 울산 | 수원 | 5,702 |

| 라운드 | 경기번호 | 대회구분 | 경기일자 | 경기시간 | 홈팀 | 결과 | 원정팀 | 경기장소 | 관중수 |
|---|---|---|---|---|---|---|---|---|---|
| 26 | 155 | 일반 | 08.17 | 19:00 | 김천 | 6 : 2 | 서울 | 김천 | 2,667 |
| 26 | 156 | 일반 | 08.17 | 19:00 | 광주 | 2 : 0 | 대전 | 광주W | 3,278 |
| 27 | 157 | 일반 | 08.23 | 19:00 | 김천 | 3 : 2 | 수원FC | 김천 | 2,303 |
| 27 | 158 | 일반 | 08.23 | 19:30 | 광주 | 0 : 1 | 강원 | 광주W | 3,044 |
| 27 | 159 | 일반 | 08.23 | 19:00 | 대구 | 2 : 2 | 제주 | 대구전 | 7,586 |
| 27 | 160 | 일반 | 08.24 | 19:00 | 서울 | 3 : 2 | 울산 | 서울W | 20,737 |
| 27 | 161 | 일반 | 08.24 | 19:00 | 포항 | 3 : 1 | 전북 | 포항 | 11,582 |
| 27 | 162 | 일반 | 08.24 | 19:00 | 안양 | 3 : 2 | 대전 | 안양 | 6,317 |
| 28 | 163 | 일반 | 08.30 | 19:00 | 울산 | 0 : 2 | 전북 | 문수 | 23,294 |
| 28 | 164 | 일반 | 08.30 | 19:00 | 대구 | 3 : 1 | 수원FC | 대구전 | 7,324 |
| 28 | 165 | 일반 | 08.30 | 19:00 | 제주 | 0 : 1 | 광주 | 제주W | 6,967 |
| 28 | 166 | 일반 | 08.31 | 19:00 | 서울 | 1 : 2 | 안양 | 서울W | 20,027 |
| 28 | 167 | 일반 | 08.31 | 19:00 | 강원 | 1 : 0 | 포항 | 강릉 | 8,505 |
| 28 | 168 | 일반 | 08.31 | 19:00 | 대전 | 2 : 1 | 김천 | 대전W | 6,534 |
| 29 | 169 | 일반 | 09.13 | 19:00 | 강원 | 3 : 2 | 서울 | 강릉 | 7,572 |
| 29 | 170 | 일반 | 09.13 | 19:00 | 포항 | 1 : 1 | 울산 | 포항 | 14,166 |
| 29 | 171 | 일반 | 09.13 | 19:00 | 전북 | 1 : 0 | 대전 | 전주W | 22,588 |
| 29 | 172 | 일반 | 09.14 | 19:00 | 안양 | 2 : 1 | 제주 | 안양 | 7,412 |
| 29 | 173 | 일반 | 09.14 | 19:00 | 김천 | 1 : 2 | 대구 | 김천 | 3,872 |
| 29 | 174 | 일반 | 09.14 | 19:00 | 수원FC | 2 : 4 | 광주 | 수원 | 3,354 |
| 30 | 175 | 일반 | 09.20 | 16:30 | 전북 | 1 : 2 | 김천 | 전주W | 17,212 |
| 30 | 176 | 일반 | 09.20 | 19:00 | 대전 | 3 : 2 | 대구 | 대전W | 21,045 |
| 30 | 177 | 일반 | 09.21 | 16:30 | 울산 | 0 : 0 | 안양 | 문수 | 13,201 |
| 30 | 178 | 일반 | 09.21 | 16:30 | 수원FC | 1 : 0 | 강원 | 수원 | 4,005 |
| 30 | 179 | 일반 | 09.21 | 19:00 | 서울 | 3 : 0 | 광주 | 서울W | 15,221 |
| 30 | 180 | 일반 | 09.21 | 19:00 | 포항 | 1 : 0 | 제주 | 포항 | 9,014 |
| 31 | 181 | 일반 | 09.27 | 14:00 | 강원 | 0 : 0 | 대전 | 강릉 | 7,112 |
| 31 | 182 | 일반 | 09.27 | 16:30 | 김천 | 2 : 0 | 포항 | 김천 | 3,634 |
| 31 | 183 | 일반 | 09.27 | 16:30 | 대구 | 1 : 1 | 울산 | 대구전 | 10,601 |
| 31 | 184 | 일반 | 09.27 | 19:00 | 서울 | 1 : 1 | 전북 | 서울W | 31,348 |
| 31 | 185 | 일반 | 09.28 | 16:30 | 제주 | 3 : 4 | 수원FC | 제주W | 5,142 |
| 31 | 186 | 일반 | 09.28 | 16:30 | 안양 | 0 : 0 | 광주 | 안양 | 7,435 |
| 32 | 187 | 일반 | 10.03 | 14:00 | 제주 | 1 : 1 | 전북 | 제주W | 6,102 |
| 32 | 188 | 일반 | 10.04 | 14:00 | 광주 | 2 : 3 | 대구 | 광주W | 6,731 |
| 32 | 189 | 일반 | 10.05 | 14:00 | 김천 | 3 : 0 | 울산 | 김천 | 4,239 |
| 32 | 190 | 일반 | 10.05 | 14:00 | 포항 | 1 : 3 | 대전 | 포항 | 11,821 |
| 32 | 191 | 일반 | 10.05 | 16:30 | 강원 | 1 : 1 | 안양 | 강릉 | 8,464 |
| 32 | 192 | 일반 | 10.05 | 16:30 | 수원FC | 1 : 1 | 서울 | 수원 | 7,304 |
| 33 | 193 | 일반 | 10.18 | 14:00 | 울산 | 2 : 0 | 광주 | 문수 | 10,294 |
| 33 | 194 | 일반 | 10.18 | 14:00 | 서울 | 1 : 2 | 포항 | 서울W | 23,672 |
| 33 | 195 | 일반 | 10.18 | 14:00 | 대전 | 3 : 1 | 제주 | 대전W | 10,425 |
| 33 | 196 | 일반 | 10.18 | 14:00 | 전북 | 2 : 0 | 수원FC | 전주W | 21,899 |
| 33 | 197 | 일반 | 10.18 | 14:00 | 대구 | 2 : 2 | 강원 | 대구전 | 10,795 |
| 33 | 198 | 일반 | 10.8 | 14:00 | 안양 | 4 : 1 | 김천 | 안양 | 7,178 |
| 34 | 199 | 파이널A | 10.25 | 14:00 | 전북 | 2 : 3 | 김천 | 전주W | 8,498 |
| 34 | 200 | 파이널B | 10.25 | 14:00 | 광주 | 1 : 0 | 안양 | 광주W | 2,228 |
| 34 | 201 | 파이널B | 10.25 | 16:30 | 수원FC | 1 : 2 | 제주 | 수원 | 2,510 |
| 34 | 202 | 파이널B | 10.26 | 14:00 | 울산 | 1 : 1 | 대구 | 문수 | 10,858 |
| 34 | 203 | 파이널A | 10.26 | 14:00 | 서울 | 4 : 2 | 강원 | 서울W | 12,177 |
| 34 | 204 | 파이널A | 10.26 | 16:30 | 대전 | 2 : 0 | 포항 | 대전W | 8,275 |
| 35 | 205 | 파이널A | 11.01 | 14:00 | 강원 | 0 : 0 | 전북 | 강릉 | 6,424 |
| 35 | 206 | 파이널A | 11.01 | 14:00 | 대전 | 3 : 1 | 서울 | 대전W | 9,353 |
| 35 | 207 | 파이널A | 11.01 | 16:30 | 김천 | 0 : 1 | 포항 | 김천 | 2,147 |
| 35 | 208 | 파이널B | 11.01 | 16:30 | 안양 | 3 : 1 | 울산 | 안양 | 8,206 |
| 35 | 209 | 파이널B | 11.02 | 14:00 | 광주 | 2 : 0 | 제주 | 광주W | 2,485 |
| 35 | 210 | 파이널B | 11.02 | 16:30 | 수원FC | 1 : 1 | 대구 | 수원 | 3,865 |
| 36 | 211 | 파이널B | 11.08 | 14:00 | 제주 | 1 : 2 | 안양 | 제주W | 4,161 |
| 36 | 212 | 파이널B | 11.08 | 14:00 | 대구 | 1 : 0 | 광주 | 대구전 | 9,372 |
| 36 | 213 | 파이널A | 11.08 | 16:30 | 김천 | 0 : 1 | 강원 | 김천 | 1,405 |
| 36 | 214 | 파이널A | 11.08 | 16:30 | 전북 | 3 : 1 | 대전 | 전주W | 23,160 |
| 36 | 215 | 파이널A | 11.09 | 14:00 | 포항 | 0 : 0 | 서울 | 포항 | 10,493 |
| 36 | 216 | 파이널B | 11.09 | 16:30 | 울산 | 1 : 0 | 수원FC | 문수 | 10,187 |
| 37 | 217 | 파이널B | 11.22 | 14:00 | 안양 | 0 : 1 | 수원FC | 안양 | 7,835 |
| 37 | 218 | 파이널A | 11.22 | 14:00 | 서울 | 1 : 3 | 김천 | 서울W | 13,247 |
| 37 | 219 | 파이널A | 11.22 | 14:00 | 대전 | 1 : 1 | 강원 | 대전W | 9,102 |
| 37 | 220 | 파이널B | 11.22 | 16:30 | 광주 | 2 : 0 | 울산 | 광주W | 4,033 |
| 37 | 221 | 파이널A | 11.22 | 16:30 | 포항 | 0 : 0 | 전북 | 포항 | 10,572 |
| 37 | 222 | 파이널B | 11.23 | 14:00 | 제주 | 1 : 1 | 대구 | 제주W | 9,246 |
| 38 | 223 | 파이널B | 11.30 | 14:00 | 대구 | 2 : 2 | 안양 | 대구전 | 12,092 |
| 38 | 224 | 파이널B | 11.30 | 14:00 | 수원FC | 0 : 1 | 광주 | 수원 | 6,064 |
| 38 | 225 | 파이널B | 11.30 | 14:00 | 울산 | 0 : 1 | 제주 | 문수 | 11,928 |
| 38 | 226 | 파이널A | 11.30 | 16:30 | 전북 | 2 : 1 | 서울 | 전주W | 21,742 |
| 38 | 227 | 파이널A | 11.30 | 16:30 | 김천 | 0 : 3 | 대전 | 김천 | 2,804 |
| 38 | 228 | 파이널A | 11.30 | 16:30 | 강원 | 1 : 0 | 포항 | 강릉 | 6,524 |

## 2025년 K리그1 팀별 연속 승패 · 득실점 기록 | 전북

| 일자 | 상대 | 홈/원정 | 승 | 무 | 패 | 득점 | 실점 | 연속기록 승 | 연속기록 무 | 연속기록 패 | 연속기록 득점 | 연속기록 실점 | 연속기록 무득점 | 연속기록 무실점 |
|---|---|---|---|---|---|---|---|---|---|---|---|---|---|---|
| 02.16 | 김천 | 홈 | ▲ | | | 2 | 1 | | | | | | | |
| 02.23 | 광주 | 홈 | | ■ | | 2 | 2 | | | | | | | |
| 03.01 | 울산 | 원정 | | | ▼ | 0 | 1 | | | | | | | |
| 03.09 | 강원 | 홈 | | | ▼ | 0 | 1 | | | | | | | |
| 03.16 | 포항 | 홈 | | ■ | | 2 | 2 | | | | | | | |
| 03.30 | 안양 | 원정 | ▲ | | | 1 | 0 | | | | | | | |
| 04.05 | 대전 | 원정 | ▲ | | | 2 | 0 | | | | | | | |
| 04.13 | 제주 | 홈 | | ■ | | 1 | 1 | | | | | | | |
| 04.20 | 대구 | 홈 | ▲ | | | 3 | 1 | | | | | | | |
| 04.26 | 수원FC | 원정 | ▲ | | | 2 | 1 | | | | | | | |
| 05.03 | 서울 | 원정 | ▲ | | | 1 | 0 | | | | | | | |
| 05.06 | 대전 | 홈 | | ■ | | 1 | 1 | | | | | | | |
| 05.11 | 광주 | 원정 | ▲ | | | 1 | 0 | | | | | | | |
| 05.17 | 안양 | 홈 | ▲ | | | 2 | 0 | | | | | | | |
| 05.23 | 제주 | 원정 | | ■ | | 0 | 0 | | | | | | | |
| 05.27 | 대구 | 원정 | ▲ | | | 4 | 0 | | | | | | | |
| 05.31 | 울산 | 홈 | ▲ | | | 3 | 1 | | | | | | | |
| 06.13 | 강원 | 원정 | ▲ | | | 3 | 0 | | | | | | | |
| 06.17 | 수원FC | 홈 | ▲ | | | 3 | 2 | | | | | | | |
| 06.21 | 서울 | 홈 | | ■ | | 1 | 1 | | | | | | | |
| 06.27 | 김천 | 원정 | ▲ | | | 2 | 1 | | | | | | | |
| 07.19 | 포항 | 원정 | ▲ | | | 3 | 2 | | | | | | | |
| 07.23 | 강원 | 홈 | ▲ | | | 2 | 0 | | | | | | | |
| 07.26 | 광주 | 원정 | ▲ | | | 2 | 1 | | | | | | | |
| 08.08 | 안양 | 홈 | ▲ | | | 2 | 1 | | | | | | | |
| 08.16 | 대구 | 홈 | ▲ | | | 3 | 0 | | | | | | | |
| 08.24 | 포항 | 원정 | | | ▼ | 1 | 3 | | | | | | | |
| 08.30 | 울산 | 원정 | ▲ | | | 2 | 0 | | | | | | | |
| 09.13 | 대전 | 홈 | ▲ | | | 1 | 0 | | | | | | | |
| 09.20 | 김천 | 홈 | | | ▼ | 1 | 2 | | | | | | | |
| 09.27 | 서울 | 원정 | | ■ | | 1 | 1 | | | | | | | |
| 10.03 | 제주 | 원정 | | ■ | | 1 | 1 | | | | | | | |
| 10.18 | 수원FC | 홈 | ▲ | | | 2 | 0 | | | | | | | |
| 10.25 | 김천 | 홈 | | | ▼ | 2 | 3 | | | | | | | |
| 11.01 | 강원 | 원정 | | ■ | | 0 | 0 | | | | | | | |
| 11.08 | 대전 | 홈 | ▲ | | | 3 | 1 | | | | | | | |
| 11.22 | 포항 | 원정 | | ■ | | 0 | 0 | | | | | | | |
| 11.30 | 서울 | 홈 | ▲ | | | 2 | 1 | | | | | | | |

## 2025년 K리그1 팀별 연속 승패 · 득실점 기록 | 대전

| 일자 | 상대 | 홈/원정 | 승 | 무 | 패 | 득점 | 실점 | 연속기록 승 | 연속기록 무 | 연속기록 패 | 연속기록 득점 | 연속기록 실점 | 연속기록 무득점 | 연속기록 무실점 |
|---|---|---|---|---|---|---|---|---|---|---|---|---|---|---|
| 02.15 | 포항 | 원정 | ▲ | | | 3 | 0 | | | | | | | |
| 02.23 | 울산 | 홈 | | | ▼ | 0 | 2 | | | | | | | |
| 03.02 | 수원FC | 홈 | ▲ | | | 1 | 0 | | | | | | | |
| 03.08 | 대구 | 원정 | ▲ | | | 2 | 1 | | | | | | | |
| 03.15 | 제주 | 원정 | ▲ | | | 3 | 1 | | | | | | | |
| 03.29 | 광주 | 홈 | | ■ | | 1 | 1 | | | | | | | |
| 04.01 | 울산 | 원정 | ▲ | | | 3 | 2 | | | | | | | |
| 04.05 | 전북 | 홈 | | | ▼ | 0 | 2 | | | | | | | |
| 04.12 | 서울 | 원정 | | ■ | | 2 | 2 | | | | | | | |
| 04.19 | 김천 | 원정 | ▲ | | | 2 | 0 | | | | | | | |
| 04.27 | 강원 | 홈 | ▲ | | | 1 | 0 | | | | | | | |
| 05.03 | 안양 | 홈 | ▲ | | | 2 | 1 | | | | | | | |
| 05.06 | 전북 | 원정 | | ■ | | 1 | 1 | | | | | | | |
| 05.10 | 서울 | 홈 | | ■ | | 0 | 0 | | | | | | | |
| 05.18 | 수원FC | 원정 | | | ▼ | 0 | 3 | | | | | | | |
| 05.24 | 대구 | 홈 | ▲ | | | 2 | 1 | | | | | | | |
| 05.27 | 포항 | 홈 | | | ▼ | 1 | 3 | | | | | | | |
| 05.31 | 안양 | 원정 | | ■ | | 1 | 1 | | | | | | | |
| 06.18 | 김천 | 홈 | | ■ | | 0 | 0 | | | | | | | |
| 06.22 | 광주 | 원정 | | ■ | | 2 | 2 | | | | | | | |
| 06.27 | 제주 | 홈 | | ■ | | 1 | 1 | | | | | | | |
| 07.19 | 강원 | 원정 | | ■ | | 2 | 2 | | | | | | | |
| 07.23 | 울산 | 원정 | ▲ | | | 2 | 1 | | | | | | | |
| 07.27 | 서울 | 홈 | | | ▼ | 0 | 1 | | | | | | | |
| 08.10 | 수원FC | 홈 | ▲ | | | 3 | 2 | | | | | | | |
| 08.17 | 광주 | 원정 | | | ▼ | 0 | 2 | | | | | | | |
| 08.24 | 안양 | 원정 | | | ▼ | 2 | 3 | | | | | | | |
| 08.31 | 김천 | 홈 | ▲ | | | 2 | 1 | | | | | | | |
| 09.13 | 전북 | 원정 | | | ▼ | 0 | 1 | | | | | | | |
| 09.20 | 대구 | 홈 | ▲ | | | 3 | 2 | | | | | | | |
| 09.27 | 강원 | 원정 | | ■ | | 0 | 0 | | | | | | | |
| 10.05 | 포항 | 원정 | ▲ | | | 3 | 1 | | | | | | | |
| 10.18 | 제주 | 홈 | ▲ | | | 3 | 1 | | | | | | | |
| 10.26 | 포항 | 홈 | ▲ | | | 2 | 0 | | | | | | | |
| 11.01 | 서울 | 홈 | ▲ | | | 3 | 1 | | | | | | | |
| 11.08 | 전북 | 원정 | | | ▼ | 1 | 3 | | | | | | | |
| 11.22 | 강원 | 홈 | | ■ | | 1 | 1 | | | | | | | |
| 11.30 | 김천 | 원정 | ▲ | | | 3 | 0 | | | | | | | |

## 2025년 K리그1 팀별 연속 승패 · 득실점 기록 | 김천

| 일자 | 상대 | 홈/원정 | 승 | 무 | 패 | 득점 | 실점 | 연속기록 | | | | | | |
|---|---|---|---|---|---|---|---|---|---|---|---|---|---|---|
| | | | | | | | | 승 | 무 | 패 | 득점 | 실점 | 무득점 | 무실점 |
| 02.16 | 전북 | 원정 | | | ▼ | 1 | 2 | | | | | | | |
| 02.22 | 제주 | 원정 | ▲ | | | 3 | 2 | | | | | | | |
| 03.03 | 서울 | 원정 | | ■ | | 0 | 0 | | | | | | | |
| 03.08 | 안양 | 원정 | ▲ | | | 3 | 1 | | | | | | | |
| 03.16 | 광주 | 홈 | | ■ | | 0 | 0 | | | | | | | |
| 03.30 | 강원 | 홈 | ▲ | | | 1 | 0 | | | | | | | |
| 04.05 | 대구 | 홈 | ▲ | | | 2 | 0 | | | | | | | |
| 04.12 | 수원FC | 원정 | | | ▼ | 2 | 3 | | | | | | | |
| 04.19 | 대전 | 홈 | | | ▼ | 0 | 2 | | | | | | | |
| 04.27 | 울산 | 홈 | ▲ | | | 2 | 0 | | | | | | | |
| 05.02 | 포항 | 원정 | ▲ | | | 2 | 1 | | | | | | | |
| 05.05 | 광주 | 원정 | | | ▼ | 0 | 1 | | | | | | | |
| 05.11 | 강원 | 원정 | ▲ | | | 4 | 0 | | | | | | | |
| 05.17 | 제주 | 홈 | | ■ | | 1 | 1 | | | | | | | |
| 05.24 | 울산 | 원정 | | | ▼ | 2 | 3 | | | | | | | |
| 05.28 | 서울 | 홈 | | | ▼ | 0 | 1 | | | | | | | |
| 06.01 | 수원FC | 홈 | | ■ | | 1 | 1 | | | | | | | |
| 06.14 | 포항 | 홈 | ▲ | | | 1 | 0 | | | | | | | |
| 06.18 | 대전 | 원정 | | ■ | | 0 | 0 | | | | | | | |
| 06.22 | 안양 | 홈 | ▲ | | | 1 | 0 | | | | | | | |
| 06.27 | 전북 | 홈 | | | ▼ | 1 | 2 | | | | | | | |
| 07.18 | 대구 | 원정 | ▲ | | | 3 | 2 | | | | | | | |
| 07.22 | 광주 | 원정 | | ■ | | 1 | 1 | | | | | | | |
| 07.26 | 제주 | 홈 | ▲ | | | 3 | 1 | | | | | | | |
| 08.09 | 강원 | 원정 | | ■ | | 0 | 0 | | | | | | | |
| 08.17 | 서울 | 홈 | ▲ | | | 6 | 2 | | | | | | | |
| 08.23 | 수원FC | 홈 | ▲ | | | 3 | 2 | | | | | | | |
| 08.31 | 대전 | 원정 | | | ▼ | 1 | 2 | | | | | | | |
| 09.14 | 대구 | 홈 | | | ▼ | 1 | 2 | | | | | | | |
| 09.20 | 전북 | 원정 | ▲ | | | 2 | 1 | | | | | | | |
| 09.27 | 포항 | 홈 | ▲ | | | 2 | 0 | | | | | | | |
| 10.05 | 울산 | 홈 | ▲ | | | 3 | 0 | | | | | | | |
| 10.18 | 안양 | 원정 | | | ▼ | 1 | 4 | | | | | | | |
| 10.25 | 전북 | 원정 | ▲ | | | 3 | 2 | | | | | | | |
| 11.01 | 포항 | 홈 | | | ▼ | 0 | 1 | | | | | | | |
| 11.08 | 강원 | 홈 | | | ▼ | 0 | 1 | | | | | | | |
| 11.22 | 서울 | 원정 | ▲ | | | 3 | 1 | | | | | | | |
| 11.30 | 대전 | 홈 | | | ▼ | 0 | 3 | | | | | | | |

## 2025년 K리그1 팀별 연속 승패 · 득실점 기록 | 포항

| 일자 | 상대 | 홈/원정 | 승 | 무 | 패 | 득점 | 실점 | 연속기록 | | | | | | |
|---|---|---|---|---|---|---|---|---|---|---|---|---|---|---|
| | | | | | | | | 승 | 무 | 패 | 득점 | 실점 | 무득점 | 무실점 |
| 02.15 | 대전 | 홈 | | | ▼ | 0 | 3 | | | | | | | |
| 02.23 | 강원 | 원정 | | | ▼ | 1 | 2 | | | | | | | |
| 03.01 | 대구 | 홈 | | ■ | | 0 | 0 | | | | | | | |
| 03.16 | 전북 | 원정 | | ■ | | 2 | 2 | | | | | | | |
| 03.22 | 광주 | 원정 | ▲ | | | 3 | 2 | | | | | | | |
| 03.29 | 울산 | 홈 | ▲ | | | 1 | 0 | | | | | | | |
| 04.05 | 수원FC | 원정 | | ■ | | 1 | 1 | | | | | | | |
| 04.12 | 안양 | 홈 | ▲ | | | 2 | 1 | | | | | | | |
| 04.20 | 제주 | 원정 | | | ▼ | 0 | 2 | | | | | | | |
| 04.27 | 서울 | 홈 | ▲ | | | 1 | 0 | | | | | | | |
| 05.02 | 김천 | 홈 | | | ▼ | 1 | 2 | | | | | | | |
| 05.05 | 울산 | 원정 | | ■ | | 1 | 1 | | | | | | | |
| 05.10 | 수원FC | 홈 | ▲ | | | 2 | 0 | | | | | | | |
| 05.18 | 광주 | 홈 | | | ▼ | 0 | 1 | | | | | | | |
| 05.23 | 안양 | 원정 | ▲ | | | 2 | 0 | | | | | | | |
| 05.27 | 대전 | 원정 | ▲ | | | 3 | 1 | | | | | | | |
| 06.01 | 강원 | 홈 | ▲ | | | 2 | 1 | | | | | | | |
| 06.14 | 김천 | 원정 | | | ▼ | 0 | 1 | | | | | | | |
| 06.17 | 대구 | 원정 | | ■ | | 1 | 1 | | | | | | | |
| 06.21 | 제주 | 홈 | ▲ | | | 2 | 1 | | | | | | | |
| 06.29 | 서울 | 원정 | | | ▼ | 1 | 4 | | | | | | | |
| 07.19 | 전북 | 홈 | | | ▼ | 2 | 3 | | | | | | | |
| 07.22 | 수원FC | 홈 | | | ▼ | 1 | 5 | | | | | | | |
| 07.27 | 대구 | 원정 | ▲ | | | 1 | 0 | | | | | | | |
| 08.10 | 광주 | 홈 | ▲ | | | 1 | 0 | | | | | | | |
| 08.15 | 안양 | 원정 | ▲ | | | 1 | 0 | | | | | | | |
| 08.24 | 전북 | 홈 | ▲ | | | 3 | 1 | | | | | | | |
| 08.31 | 강원 | 원정 | | | ▼ | 0 | 1 | | | | | | | |
| 09.13 | 울산 | 홈 | | ■ | | 1 | 1 | | | | | | | |
| 09.21 | 제주 | 홈 | ▲ | | | 1 | 0 | | | | | | | |
| 09.27 | 김천 | 원정 | | | ▼ | 0 | 2 | | | | | | | |
| 10.05 | 대전 | 홈 | | | ▼ | 1 | 3 | | | | | | | |
| 10.18 | 서울 | 원정 | ▲ | | | 2 | 1 | | | | | | | |
| 10.26 | 대전 | 원정 | | | ▼ | 0 | 2 | | | | | | | |
| 11.01 | 김천 | 원정 | ▲ | | | 1 | 0 | | | | | | | |
| 11.09 | 서울 | 홈 | | ■ | | 0 | 0 | | | | | | | |
| 11.22 | 전북 | 홈 | | ■ | | 0 | 0 | | | | | | | |
| 11.30 | 강원 | 원정 | | | ▼ | 0 | 1 | | | | | | | |

## 2025년 K리그1 팀별 연속 승패 · 득실점 기록 | 강원

| 일자 | 상대 | 홈/원정 | 승 | 무 | 패 | 득점 | 실점 | 연속기록 | | | | | | |
|---|---|---|---|---|---|---|---|---|---|---|---|---|---|---|
| | | | | | | | | 승 | 무 | 패 | 득점 | 실점 | 무득점 | 무실점 |
| 02.16 | 대구 | 원정 | | | ▼ | 1 | 2 | | | | | | | |
| 02.23 | 포항 | 홈 | ▲ | | | 2 | 1 | | | | | | | |
| 03.02 | 제주 | 홈 | | ■ | | 0 | 0 | | | | | | | |
| 03.09 | 전북 | 원정 | ▲ | | | 1 | 0 | | | | | | | |
| 03.15 | 서울 | 홈 | | | ▼ | 0 | 1 | | | | | | | |
| 03.30 | 김천 | 원정 | | | ▼ | 0 | 1 | | | | | | | |
| 04.06 | 안양 | 원정 | | | ▼ | 0 | 2 | | | | | | | |
| 04.13 | 광주 | 홈 | ▲ | | | 1 | 0 | | | | | | | |
| 04.19 | 울산 | 원정 | ▲ | | | 2 | 1 | | | | | | | |
| 04.27 | 대전 | 원정 | | | ▼ | 0 | 1 | | | | | | | |
| 05.03 | 수원FC | 홈 | | ■ | | 0 | 0 | | | | | | | |
| 05.06 | 제주 | 원정 | ▲ | | | 3 | 0 | | | | | | | |
| 05.11 | 김천 | 홈 | | | ▼ | 0 | 4 | | | | | | | |
| 05.17 | 울산 | 홈 | | ■ | | 1 | 1 | | | | | | | |
| 05.25 | 광주 | 원정 | ▲ | | | 1 | 0 | | | | | | | |
| 05.28 | 안양 | 홈 | | | ▼ | 1 | 3 | | | | | | | |
| 06.01 | 포항 | 원정 | | | ▼ | 1 | 2 | | | | | | | |
| 06.13 | 전북 | 홈 | | | ▼ | 0 | 3 | | | | | | | |
| 06.17 | 서울 | 원정 | | ■ | | 1 | 1 | | | | | | | |
| 06.21 | 대구 | 홈 | ▲ | | | 3 | 0 | | | | | | | |
| 06.28 | 수원FC | 원정 | ▲ | | | 2 | 1 | | | | | | | |
| 07.19 | 대전 | 홈 | | ■ | | 2 | 2 | | | | | | | |
| 07.23 | 전북 | 원정 | | | ▼ | 0 | 2 | | | | | | | |
| 07.27 | 울산 | 홈 | | ■ | | 2 | 2 | | | | | | | |
| 08.09 | 김천 | 홈 | | ■ | | 0 | 0 | | | | | | | |
| 08.15 | 제주 | 원정 | | ■ | | 0 | 0 | | | | | | | |
| 08.23 | 광주 | 원정 | ▲ | | | 1 | 0 | | | | | | | |
| 08.31 | 포항 | 홈 | ▲ | | | 1 | 0 | | | | | | | |
| 09.13 | 서울 | 홈 | ▲ | | | 3 | 2 | | | | | | | |
| 09.21 | 수원FC | 원정 | | | ▼ | 0 | 1 | | | | | | | |
| 09.27 | 대전 | 홈 | | ■ | | 0 | 0 | | | | | | | |
| 10.05 | 안양 | 홈 | | ■ | | 1 | 1 | | | | | | | |
| 10.18 | 대구 | 원정 | | ■ | | 2 | 2 | | | | | | | |
| 10.26 | 서울 | 원정 | | | ▼ | 2 | 4 | | | | | | | |
| 11.01 | 전북 | 홈 | | ■ | | 0 | 0 | | | | | | | |
| 11.08 | 김천 | 원정 | ▲ | | | 1 | 0 | | | | | | | |
| 11.22 | 대전 | 원정 | | ■ | | 1 | 1 | | | | | | | |
| 11.30 | 포항 | 홈 | ▲ | | | 1 | 0 | | | | | | | |

## 2025년 K리그1 팀별 연속 승패 · 득실점 기록 | 서울

| 일자 | 상대 | 홈/원정 | 승 | 무 | 패 | 득점 | 실점 | 연속기록 | | | | | | |
|---|---|---|---|---|---|---|---|---|---|---|---|---|---|---|
| | | | | | | | | 승 | 무 | 패 | 득점 | 실점 | 무득점 | 무실점 |
| 02.15 | 제주 | 원정 | | | ▼ | 0 | 2 | | | | | | | |
| 02.22 | 안양 | 홈 | ▲ | | | 2 | 1 | | | | | | | |
| 03.03 | 김천 | 홈 | | ■ | | 0 | 0 | | | | | | | |
| 03.08 | 수원FC | 원정 | | ■ | | 0 | 0 | | | | | | | |
| 03.15 | 강원 | 원정 | ▲ | | | 1 | 0 | | | | | | | |
| 03.29 | 대구 | 홈 | ▲ | | | 3 | 2 | | | | | | | |
| 04.05 | 울산 | 원정 | | ■ | | 0 | 0 | | | | | | | |
| 04.12 | 대전 | 홈 | | ■ | | 2 | 2 | | | | | | | |
| 04.19 | 광주 | 홈 | | | ▼ | 1 | 2 | | | | | | | |
| 04.27 | 포항 | 원정 | | | ▼ | 0 | 1 | | | | | | | |
| 05.03 | 전북 | 홈 | | | ▼ | 0 | 1 | | | | | | | |
| 05.06 | 안양 | 원정 | | ■ | | 1 | 1 | | | | | | | |
| 05.10 | 대전 | 원정 | | ■ | | 0 | 0 | | | | | | | |
| 05.18 | 대구 | 원정 | ▲ | | | 1 | 0 | | | | | | | |
| 05.24 | 수원FC | 홈 | | ■ | | 1 | 1 | | | | | | | |
| 05.28 | 김천 | 원정 | ▲ | | | 1 | 0 | | | | | | | |
| 05.31 | 제주 | 홈 | | | ▼ | 1 | 3 | | | | | | | |
| 06.13 | 광주 | 원정 | ▲ | | | 3 | 1 | | | | | | | |
| 06.17 | 강원 | 홈 | | ■ | | 1 | 1 | | | | | | | |
| 06.21 | 전북 | 원정 | | ■ | | 1 | 1 | | | | | | | |
| 06.29 | 포항 | 홈 | ▲ | | | 4 | 1 | | | | | | | |
| 07.20 | 울산 | 홈 | ▲ | | | 1 | 0 | | | | | | | |
| 07.23 | 제주 | 원정 | | | ▼ | 2 | 3 | | | | | | | |
| 07.27 | 대전 | 원정 | ▲ | | | 1 | 0 | | | | | | | |
| 08.08 | 대구 | 홈 | | ■ | | 2 | 2 | | | | | | | |
| 08.17 | 김천 | 원정 | | | ▼ | 2 | 6 | | | | | | | |
| 08.24 | 울산 | 홈 | ▲ | | | 3 | 2 | | | | | | | |
| 08.31 | 안양 | 홈 | | | ▼ | 1 | 2 | | | | | | | |
| 09.13 | 강원 | 원정 | | | ▼ | 2 | 3 | | | | | | | |
| 09.21 | 광주 | 홈 | ▲ | | | 3 | 0 | | | | | | | |
| 09.27 | 전북 | 홈 | | ■ | | 1 | 1 | | | | | | | |
| 10.05 | 수원FC | 원정 | | ■ | | 1 | 1 | | | | | | | |
| 10.18 | 포항 | 홈 | | | ▼ | 1 | 2 | | | | | | | |
| 10.26 | 강원 | 홈 | ▲ | | | 4 | 2 | | | | | | | |
| 11.01 | 대전 | 원정 | | | ▼ | 1 | 3 | | | | | | | |
| 11.09 | 포항 | 원정 | | ■ | | 0 | 0 | | | | | | | |
| 11.22 | 김천 | 홈 | | | ▼ | 1 | 3 | | | | | | | |
| 11.30 | 전북 | 원정 | | | ▼ | 1 | 2 | | | | | | | |

## 2025년 K리그1 팀별 연속 승패 · 득실점 기록 | 광주

| 일자 | 상대 | 홈/원정 | 승 | 무 | 패 | 득점 | 실점 | 연속기록 승 | 무 | 패 | 득점 | 실점 | 무득점 | 무실점 |
|---|---|---|---|---|---|---|---|---|---|---|---|---|---|---|
| 02.15 | 수원FC | 홈 | | ■ | | 0 | 0 | | | | | | | |
| 02.23 | 전북 | 원정 | | ■ | | 2 | 2 | | | | | | | |
| 03.01 | 안양 | 홈 | ▲ | | | 2 | 1 | | | | | | | |
| 03.16 | 김천 | 원정 | | ■ | | 0 | 0 | | | | | | | |
| 03.22 | 포항 | 홈 | | | ▼ | 2 | 3 | | | | | | | |
| 03.29 | 대전 | 원정 | | ■ | | 1 | 1 | | | | | | | |
| 04.06 | 제주 | 홈 | ▲ | | | 1 | 0 | | | | | | | |
| 04.09 | 대구 | 홈 | ▲ | | | 2 | 1 | | | | | | | |
| 04.13 | 강원 | 원정 | | | ▼ | 0 | 1 | | | | | | | |
| 04.19 | 서울 | 원정 | ▲ | | | 2 | 1 | | | | | | | |
| 05.02 | 울산 | 원정 | | | ▼ | 0 | 3 | | | | | | | |
| 05.05 | 김천 | 홈 | ▲ | | | 1 | 0 | | | | | | | |
| 05.11 | 전북 | 홈 | | | ▼ | 0 | 1 | | | | | | | |
| 05.18 | 포항 | 원정 | ▲ | | | 1 | 0 | | | | | | | |
| 05.25 | 강원 | 홈 | | | ▼ | 0 | 1 | | | | | | | |
| 05.28 | 울산 | 홈 | | ■ | | 1 | 1 | | | | | | | |
| 06.01 | 대구 | 원정 | | ■ | | 1 | 1 | | | | | | | |
| 06.13 | 서울 | 홈 | | | ▼ | 1 | 3 | | | | | | | |
| 06.18 | 제주 | 원정 | ▲ | | | 1 | 0 | | | | | | | |
| 06.22 | 대전 | 홈 | | ■ | | 2 | 2 | | | | | | | |
| 06.28 | 안양 | 원정 | ▲ | | | 2 | 1 | | | | | | | |
| 07.18 | 수원FC | 원정 | | | ▼ | 1 | 2 | | | | | | | |
| 07.22 | 김천 | 홈 | | ■ | | 1 | 1 | | | | | | | |
| 07.26 | 전북 | 홈 | | | ▼ | 1 | 2 | | | | | | | |
| 08.10 | 포항 | 원정 | | | ▼ | 0 | 1 | | | | | | | |
| 08.17 | 대전 | 홈 | ▲ | | | 2 | 0 | | | | | | | |
| 08.23 | 강원 | 홈 | | | ▼ | 0 | 1 | | | | | | | |
| 08.30 | 제주 | 원정 | ▲ | | | 1 | 0 | | | | | | | |
| 09.14 | 수원FC | 원정 | ▲ | | | 4 | 2 | | | | | | | |
| 09.21 | 서울 | 원정 | | | ▼ | 0 | 3 | | | | | | | |
| 09.28 | 안양 | 원정 | | ■ | | 0 | 0 | | | | | | | |
| 10.04 | 대구 | 홈 | | | ▼ | 2 | 3 | | | | | | | |
| 10.18 | 울산 | 원정 | | | ▼ | 0 | 2 | | | | | | | |
| 10.25 | 안양 | 홈 | ▲ | | | 1 | 0 | | | | | | | |
| 11.02 | 제주 | 홈 | ▲ | | | 2 | 0 | | | | | | | |
| 11.08 | 대구 | 원정 | | | ▼ | 0 | 1 | | | | | | | |
| 11.22 | 울산 | 홈 | ▲ | | | 2 | 0 | | | | | | | |
| 11.30 | 수원FC | 원정 | ▲ | | | 1 | 0 | | | | | | | |

## 2025년 K리그1 팀별 연속 승패 · 득실점 기록 | 안양

| 일자 | 상대 | 홈/원정 | 승 | 무 | 패 | 득점 | 실점 | 연속기록 승 | 무 | 패 | 득점 | 실점 | 무득점 | 무실점 |
|---|---|---|---|---|---|---|---|---|---|---|---|---|---|---|
| 02.16 | 울산 | 원정 | ▲ | | | 1 | 0 | | | | | | | |
| 02.22 | 서울 | 원정 | | | ▼ | 1 | 2 | | | | | | | |
| 03.01 | 광주 | 원정 | | | ▼ | 1 | 2 | | | | | | | |
| 03.08 | 김천 | 홈 | | | ▼ | 1 | 3 | | | | | | | |
| 03.15 | 대구 | 원정 | ▲ | | | 1 | 0 | | | | | | | |
| 03.30 | 전북 | 홈 | | | ▼ | 0 | 1 | | | | | | | |
| 04.06 | 강원 | 홈 | ▲ | | | 2 | 0 | | | | | | | |
| 04.12 | 포항 | 원정 | | | ▼ | 1 | 2 | | | | | | | |
| 04.19 | 수원FC | 홈 | ▲ | | | 3 | 1 | | | | | | | |
| 04.23 | 울산 | 홈 | | | ▼ | 0 | 1 | | | | | | | |
| 04.26 | 제주 | 홈 | ▲ | | | 2 | 1 | | | | | | | |
| 05.03 | 대전 | 원정 | | | ▼ | 1 | 2 | | | | | | | |
| 05.06 | 서울 | 홈 | | ■ | | 1 | 1 | | | | | | | |
| 05.10 | 대구 | 홈 | | ■ | | 2 | 2 | | | | | | | |
| 05.17 | 전북 | 원정 | | | ▼ | 0 | 2 | | | | | | | |
| 05.23 | 포항 | 홈 | | | ▼ | 0 | 2 | | | | | | | |
| 05.28 | 강원 | 원정 | ▲ | | | 3 | 1 | | | | | | | |
| 05.31 | 대전 | 홈 | | ■ | | 1 | 1 | | | | | | | |
| 06.14 | 수원FC | 원정 | ▲ | | | 2 | 1 | | | | | | | |
| 06.22 | 김천 | 원정 | | | ▼ | 0 | 1 | | | | | | | |
| 06.28 | 광주 | 홈 | | | ▼ | 1 | 2 | | | | | | | |
| 07.19 | 제주 | 원정 | | | ▼ | 0 | 2 | | | | | | | |
| 07.22 | 대구 | 홈 | ▲ | | | 4 | 0 | | | | | | | |
| 07.26 | 수원FC | 원정 | | | ▼ | 1 | 2 | | | | | | | |
| 08.08 | 전북 | 원정 | | | ▼ | 1 | 2 | | | | | | | |
| 08.15 | 포항 | 홈 | | | ▼ | 0 | 1 | | | | | | | |
| 08.24 | 대전 | 홈 | ▲ | | | 3 | 2 | | | | | | | |
| 08.31 | 서울 | 원정 | ▲ | | | 2 | 1 | | | | | | | |
| 09.14 | 제주 | 홈 | ▲ | | | 2 | 1 | | | | | | | |
| 09.21 | 울산 | 원정 | | ■ | | 0 | 0 | | | | | | | |
| 09.28 | 광주 | 홈 | | ■ | | 0 | 0 | | | | | | | |
| 10.05 | 강원 | 원정 | | ■ | | 1 | 1 | | | | | | | |
| 10.18 | 김천 | 홈 | ▲ | | | 4 | 1 | | | | | | | |
| 10.25 | 광주 | 원정 | | | ▼ | 0 | 1 | | | | | | | |
| 11.01 | 울산 | 홈 | ▲ | | | 3 | 1 | | | | | | | |
| 11.08 | 제주 | 원정 | ▲ | | | 2 | 1 | | | | | | | |
| 11.22 | 수원FC | 홈 | | | ▼ | 0 | 1 | | | | | | | |
| 11.30 | 대구 | 원정 | | ■ | | 2 | 2 | | | | | | | |

## 2025년 K리그1 팀별 연속 승패 · 득실점 기록 | 울산

| 일자 | 상대 | 홈/원정 | 승 | 무 | 패 | 득점 | 실점 | 연속기록 | | | | | | |
|---|---|---|---|---|---|---|---|---|---|---|---|---|---|---|
| | | | | | | | | 승 | 무 | 패 | 득점 | 실점 | 무득점 | 무실점 |
| 02.16 | 안양 | 홈 | | | ▼ | 0 | 1 | | | | | | | |
| 02.23 | 대전 | 원정 | ▲ | | | 2 | 0 | | | | | | | |
| 03.01 | 전북 | 홈 | ▲ | | | 1 | 0 | | | | | | | |
| 03.09 | 제주 | 홈 | ▲ | | | 2 | 0 | | | | | | | |
| 03.16 | 수원FC | 원정 | | ■ | | 1 | 1 | | | | | | | |
| 03.29 | 포항 | 원정 | | | ▼ | 0 | 1 | | | | | | | |
| 04.01 | 대전 | 홈 | | | ▼ | 2 | 3 | | | | | | | |
| 04.05 | 서울 | 홈 | | ■ | | 0 | 0 | | | | | | | |
| 04.13 | 대구 | 원정 | ▲ | | | 1 | 0 | | | | | | | |
| 04.19 | 강원 | 홈 | | | ▼ | 1 | 2 | | | | | | | |
| 04.23 | 안양 | 원정 | ▲ | | | 1 | 0 | | | | | | | |
| 04.27 | 김천 | 원정 | | | ▼ | 0 | 2 | | | | | | | |
| 05.02 | 광주 | 홈 | ▲ | | | 3 | 0 | | | | | | | |
| 05.05 | 포항 | 홈 | | ■ | | 1 | 1 | | | | | | | |
| 05.11 | 제주 | 원정 | ▲ | | | 2 | 1 | | | | | | | |
| 05.17 | 강원 | 원정 | | ■ | | 1 | 1 | | | | | | | |
| 05.24 | 김천 | 홈 | ▲ | | | 3 | 2 | | | | | | | |
| 05.28 | 광주 | 원정 | | ■ | | 1 | 1 | | | | | | | |
| 05.31 | 전북 | 원정 | | | ▼ | 1 | 3 | | | | | | | |
| 07.12 | 대구 | 홈 | | ■ | | 2 | 2 | | | | | | | |
| 07.20 | 서울 | 원정 | | | ▼ | 0 | 1 | | | | | | | |
| 07.23 | 대전 | 홈 | | | ▼ | 1 | 2 | | | | | | | |
| 07.27 | 강원 | 원정 | | ■ | | 2 | 2 | | | | | | | |
| 08.02 | 수원FC | 홈 | | | ▼ | 2 | 3 | | | | | | | |
| 08.09 | 제주 | 홈 | ▲ | | | 1 | 0 | | | | | | | |
| 08.16 | 수원FC | 원정 | | | ▼ | 2 | 4 | | | | | | | |
| 08.24 | 서울 | 원정 | | | ▼ | 2 | 3 | | | | | | | |
| 08.30 | 전북 | 홈 | | | ▼ | 0 | 2 | | | | | | | |
| 09.13 | 포항 | 원정 | | ■ | | 1 | 1 | | | | | | | |
| 09.21 | 안양 | 홈 | | ■ | | 0 | 0 | | | | | | | |
| 09.27 | 대구 | 원정 | | ■ | | 1 | 1 | | | | | | | |
| 10.05 | 김천 | 원정 | | | ▼ | 0 | 3 | | | | | | | |
| 10.18 | 광주 | 홈 | ▲ | | | 2 | 0 | | | | | | | |
| 10.26 | 대구 | 홈 | | ■ | | 1 | 1 | | | | | | | |
| 11.01 | 안양 | 원정 | | | ▼ | 1 | 3 | | | | | | | |
| 11.09 | 수원FC | 홈 | ▲ | | | 1 | 0 | | | | | | | |
| 11.22 | 광주 | 원정 | | | ▼ | 0 | 2 | | | | | | | |
| 11.30 | 제주 | 홈 | | | ▼ | 0 | 1 | | | | | | | |

## 2025년 K리그1 팀별 연속 승패 · 득실점 기록 | 수원FC

| 일자 | 상대 | 홈/원정 | 승 | 무 | 패 | 득점 | 실점 | 연속기록 | | | | | | |
|---|---|---|---|---|---|---|---|---|---|---|---|---|---|---|
| | | | | | | | | 승 | 무 | 패 | 득점 | 실점 | 무득점 | 무실점 |
| 02.15 | 광주 | 원정 | | ■ | | 0 | 0 | | | | | | | |
| 02.22 | 대구 | 원정 | | | ▼ | 1 | 3 | | | | | | | |
| 03.02 | 대전 | 원정 | | | ▼ | 0 | 1 | | | | | | | |
| 03.08 | 서울 | 홈 | | ■ | | 0 | 0 | | | | | | | |
| 03.16 | 울산 | 홈 | | ■ | | 1 | 1 | | | | | | | |
| 03.30 | 제주 | 원정 | | | ▼ | 0 | 1 | | | | | | | |
| 04.05 | 포항 | 홈 | | ■ | | 1 | 1 | | | | | | | |
| 04.12 | 김천 | 홈 | ▲ | | | 3 | 2 | | | | | | | |
| 04.19 | 안양 | 원정 | | | ▼ | 1 | 3 | | | | | | | |
| 04.26 | 전북 | 홈 | | | ▼ | 1 | 2 | | | | | | | |
| 05.03 | 강원 | 원정 | | ■ | | 0 | 0 | | | | | | | |
| 05.06 | 대구 | 홈 | ▲ | | | 2 | 1 | | | | | | | |
| 05.10 | 포항 | 원정 | | | ▼ | 0 | 2 | | | | | | | |
| 05.18 | 대전 | 홈 | ▲ | | | 3 | 0 | | | | | | | |
| 05.24 | 서울 | 원정 | | ■ | | 1 | 1 | | | | | | | |
| 05.27 | 제주 | 홈 | | | ▼ | 0 | 1 | | | | | | | |
| 06.01 | 김천 | 원정 | | ■ | | 1 | 1 | | | | | | | |
| 06.14 | 안양 | 홈 | | | ▼ | 1 | 2 | | | | | | | |
| 06.17 | 전북 | 원정 | | | ▼ | 2 | 3 | | | | | | | |
| 06.28 | 강원 | 홈 | | | ▼ | 1 | 2 | | | | | | | |
| 07.18 | 광주 | 홈 | ▲ | | | 2 | 1 | | | | | | | |
| 07.22 | 포항 | 원정 | ▲ | | | 5 | 1 | | | | | | | |
| 07.26 | 안양 | 홈 | ▲ | | | 2 | 1 | | | | | | | |
| 08.02 | 울산 | 원정 | ▲ | | | 3 | 2 | | | | | | | |
| 08.10 | 대전 | 원정 | | | ▼ | 2 | 3 | | | | | | | |
| 08.16 | 울산 | 홈 | ▲ | | | 4 | 2 | | | | | | | |
| 08.23 | 김천 | 원정 | | | ▼ | 2 | 3 | | | | | | | |
| 08.30 | 대구 | 원정 | | | ▼ | 1 | 3 | | | | | | | |
| 09.14 | 광주 | 홈 | | | ▼ | 2 | 4 | | | | | | | |
| 09.21 | 강원 | 홈 | ▲ | | | 1 | 0 | | | | | | | |
| 09.28 | 제주 | 원정 | ▲ | | | 4 | 3 | | | | | | | |
| 10.05 | 서울 | 홈 | | ■ | | 1 | 1 | | | | | | | |
| 10.18 | 전북 | 원정 | | | ▼ | 0 | 2 | | | | | | | |
| 10.25 | 제주 | 홈 | | | ▼ | 1 | 2 | | | | | | | |
| 11.02 | 대구 | 홈 | | ■ | | 1 | 1 | | | | | | | |
| 11.09 | 울산 | 원정 | | | ▼ | 0 | 1 | | | | | | | |
| 11.22 | 안양 | 원정 | ▲ | | | 1 | 0 | | | | | | | |
| 11.30 | 광주 | 홈 | | | ▼ | 0 | 1 | | | | | | | |
| 12.05 | 부천 | 원정 | | | ▼ | 0 | 1 | | | | | | | |
| 12.08 | 부천 | 홈 | | | ▼ | 2 | 3 | | | | | | | |

: 승강 플레이오프

## 2025년 K리그1 팀별 연속 승패 · 득실점 기록 | 제주

| 일자 | 상대 | 홈/원정 | 승 | 무 | 패 | 득점 | 실점 | 연속기록 승 | 무 | 패 | 득점 | 실점 | 무득점 | 무실점 |
|---|---|---|---|---|---|---|---|---|---|---|---|---|---|---|
| 02.15 | 서울 | 홈 | ▲ | | | 2 | 0 | | | | | | | |
| 02.22 | 김천 | 홈 | | | ▼ | 2 | 3 | | | | | | | |
| 03.02 | 강원 | 원정 | | ■ | | 0 | 0 | | | | | | | |
| 03.09 | 울산 | 원정 | | | ▼ | 0 | 2 | | | | | | | |
| 03.15 | 대전 | 홈 | | | ▼ | 1 | 3 | | | | | | | |
| 03.30 | 수원FC | 홈 | ▲ | | | 1 | 0 | | | | | | | |
| 04.06 | 광주 | 원정 | | | ▼ | 0 | 1 | | | | | | | |
| 04.13 | 전북 | 원정 | | ■ | | 1 | 1 | | | | | | | |
| 04.20 | 포항 | 홈 | ▲ | | | 2 | 0 | | | | | | | |
| 04.26 | 안양 | 원정 | | | ▼ | 1 | 2 | | | | | | | |
| 05.03 | 대구 | 원정 | | | ▼ | 1 | 3 | | | | | | | |
| 05.06 | 강원 | 홈 | | | ▼ | 0 | 3 | | | | | | | |
| 05.11 | 울산 | 홈 | | | ▼ | 1 | 2 | | | | | | | |
| 05.17 | 김천 | 원정 | | ■ | | 1 | 1 | | | | | | | |
| 05.23 | 전북 | 홈 | | ■ | | 0 | 0 | | | | | | | |
| 05.27 | 수원FC | 원정 | ▲ | | | 1 | 0 | | | | | | | |
| 05.31 | 서울 | 원정 | ▲ | | | 3 | 1 | | | | | | | |
| 06.14 | 대구 | 홈 | ▲ | | | 2 | 1 | | | | | | | |
| 06.18 | 광주 | 홈 | | | ▼ | 0 | 1 | | | | | | | |
| 06.21 | 포항 | 원정 | | | ▼ | 1 | 2 | | | | | | | |
| 06.27 | 대전 | 원정 | | ■ | | 1 | 1 | | | | | | | |
| 07.19 | 안양 | 홈 | ▲ | | | 2 | 0 | | | | | | | |
| 07.23 | 서울 | 홈 | ▲ | | | 3 | 2 | | | | | | | |
| 07.26 | 김천 | 원정 | | | ▼ | 1 | 3 | | | | | | | |
| 08.09 | 울산 | 원정 | | | ▼ | 0 | 1 | | | | | | | |
| 08.15 | 강원 | 홈 | | ■ | | 0 | 0 | | | | | | | |
| 08.23 | 대구 | 원정 | | ■ | | 2 | 2 | | | | | | | |
| 08.30 | 광주 | 홈 | | | ▼ | 0 | 1 | | | | | | | |
| 09.14 | 안양 | 원정 | | | ▼ | 1 | 2 | | | | | | | |
| 09.21 | 포항 | 원정 | | | ▼ | 0 | 1 | | | | | | | |
| 09.28 | 수원FC | 홈 | | | ▼ | 3 | 4 | | | | | | | |
| 10.03 | 전북 | 홈 | | ■ | | 1 | 1 | | | | | | | |
| 10.18 | 대전 | 원정 | | | ▼ | 1 | 3 | | | | | | | |
| 10.25 | 수원FC | 원정 | ▲ | | | 2 | 1 | | | | | | | |
| 11.02 | 광주 | 원정 | | | ▼ | 0 | 2 | | | | | | | |
| 11.08 | 안양 | 홈 | | | ▼ | 1 | 2 | | | | | | | |
| 11.23 | 대구 | 홈 | | ■ | | 1 | 1 | | | | | | | |
| 11.30 | 울산 | 원정 | ▲ | | | 1 | 0 | | | | | | | |
| 12.03 | 수원 | 원정 | ▲ | | | 1 | 0 | | | | | | | |
| 12.07 | 수원 | 홈 | ▲ | | | 2 | 0 | | | | | | | |

: 승강 플레이오프

## 2025년 K리그1 팀별 연속 승패 · 득실점 기록 | 대구

| 일자 | 상대 | 홈/원정 | 승 | 무 | 패 | 득점 | 실점 | 연속기록 승 | 무 | 패 | 득점 | 실점 | 무득점 | 무실점 |
|---|---|---|---|---|---|---|---|---|---|---|---|---|---|---|
| 02.16 | 강원 | 홈 | ▲ | | | 2 | 1 | | | | | | | |
| 02.22 | 수원FC | 홈 | ▲ | | | 3 | 1 | | | | | | | |
| 03.01 | 포항 | 원정 | | ■ | | 0 | 0 | | | | | | | |
| 03.08 | 대전 | 홈 | | | ▼ | 1 | 2 | | | | | | | |
| 03.15 | 안양 | 홈 | | | ▼ | 0 | 1 | | | | | | | |
| 03.29 | 서울 | 원정 | | | ▼ | 2 | 3 | | | | | | | |
| 04.05 | 김천 | 원정 | | | ▼ | 0 | 2 | | | | | | | |
| 04.09 | 광주 | 원정 | | | ▼ | 1 | 2 | | | | | | | |
| 04.13 | 울산 | 홈 | | | ▼ | 0 | 1 | | | | | | | |
| 04.20 | 전북 | 원정 | | | ▼ | 1 | 3 | | | | | | | |
| 05.03 | 제주 | 홈 | ▲ | | | 3 | 1 | | | | | | | |
| 05.06 | 수원FC | 원정 | | | ▼ | 1 | 2 | | | | | | | |
| 05.10 | 안양 | 원정 | | ■ | | 2 | 2 | | | | | | | |
| 05.18 | 서울 | 홈 | | | ▼ | 0 | 1 | | | | | | | |
| 05.24 | 대전 | 원정 | | | ▼ | 1 | 2 | | | | | | | |
| 05.27 | 전북 | 홈 | | | ▼ | 0 | 4 | | | | | | | |
| 06.01 | 광주 | 홈 | | ■ | | 1 | 1 | | | | | | | |
| 06.14 | 제주 | 원정 | | | ▼ | 1 | 2 | | | | | | | |
| 06.17 | 포항 | 홈 | | ■ | | 1 | 1 | | | | | | | |
| 06.21 | 강원 | 원정 | | | ▼ | 0 | 3 | | | | | | | |
| 07.12 | 울산 | 원정 | | ■ | | 2 | 2 | | | | | | | |
| 07.18 | 김천 | 홈 | | | ▼ | 2 | 3 | | | | | | | |
| 07.22 | 안양 | 원정 | | | ▼ | 0 | 4 | | | | | | | |
| 07.27 | 포항 | 홈 | | | ▼ | 0 | 1 | | | | | | | |
| 08.08 | 서울 | 원정 | | ■ | | 2 | 2 | | | | | | | |
| 08.16 | 전북 | 원정 | | | ▼ | 0 | 3 | | | | | | | |
| 08.23 | 제주 | 홈 | | ■ | | 2 | 2 | | | | | | | |
| 08.30 | 수원FC | 홈 | ▲ | | | 3 | 1 | | | | | | | |
| 09.14 | 김천 | 원정 | ▲ | | | 2 | 1 | | | | | | | |
| 09.20 | 대전 | 원정 | | | ▼ | 2 | 3 | | | | | | | |
| 09.27 | 울산 | 홈 | | ■ | | 1 | 1 | | | | | | | |
| 10.04 | 광주 | 원정 | ▲ | | | 3 | 2 | | | | | | | |
| 10.18 | 강원 | 홈 | | ■ | | 2 | 2 | | | | | | | |
| 10.26 | 울산 | 원정 | | ■ | | 1 | 1 | | | | | | | |
| 11.02 | 수원FC | 원정 | | ■ | | 1 | 1 | | | | | | | |
| 11.08 | 광주 | 홈 | ▲ | | | 1 | 0 | | | | | | | |
| 11.23 | 제주 | 원정 | | ■ | | 1 | 1 | | | | | | | |
| 11.30 | 안양 | 홈 | | ■ | | 2 | 2 | | | | | | | |

## 2025년 K리그1 팀 간 경기 기록

| 팀명 | 승점 | 상대팀 | 승 | 무 | 패 | 득점 | 실점 | 득실 | 도움 | 경고 | 퇴장 |
|---|---|---|---|---|---|---|---|---|---|---|---|
| 전북 | 79 | 합계 | 23 | 10 | 5 | 64 | 32 | 32 | 37 | 85 | 1 |
| | 7 | 강원 | 2 | 1 | 1 | 5 | 1 | 4 | 2 | 10 | 0 |
| | 7 | 광주 | 2 | 1 | 0 | 5 | 3 | 2 | 3 | 5 | 0 |
| | 6 | 김천 | 2 | 0 | 2 | 7 | 7 | 0 | 3 | 10 | 0 |
| | 9 | 대구 | 3 | 0 | 0 | 10 | 1 | 9 | 7 | 4 | 0 |
| | 10 | 대전 | 3 | 1 | 0 | 7 | 2 | 5 | 5 | 10 | 0 |
| | 8 | 서울 | 2 | 2 | 0 | 5 | 3 | 2 | 3 | 8 | 0 |
| | 9 | 수원FC | 3 | 0 | 0 | 7 | 3 | 4 | 3 | 6 | 0 |
| | 9 | 안양 | 3 | 0 | 0 | 5 | 1 | 4 | 3 | 5 | 0 |
| | 6 | 울산 | 2 | 0 | 1 | 5 | 2 | 3 | 3 | 9 | 0 |
| | 3 | 제주 | 0 | 3 | 0 | 2 | 2 | 0 | 2 | 9 | 0 |
| | 5 | 포항 | 1 | 2 | 1 | 6 | 7 | -1 | 3 | 9 | 1 |

| 팀명 | 승점 | 상대팀 | 승 | 무 | 패 | 득점 | 실점 | 득실 | 도움 | 경고 | 퇴장 |
|---|---|---|---|---|---|---|---|---|---|---|---|
| 대전 | 65 | 합계 | 18 | 11 | 9 | 58 | 46 | 12 | 36 | 68 | 1 |
| | 6 | 강원 | 1 | 3 | 0 | 4 | 3 | 1 | 3 | 3 | 0 |
| | 2 | 광주 | 0 | 2 | 1 | 3 | 5 | -2 | 3 | 5 | 0 |
| | 10 | 김천 | 3 | 1 | 0 | 7 | 1 | 6 | 5 | 7 | 0 |
| | 9 | 대구 | 3 | 0 | 0 | 7 | 4 | 3 | 5 | 8 | 0 |
| | 5 | 서울 | 1 | 2 | 1 | 5 | 4 | 1 | 3 | 6 | 0 |
| | 6 | 수원FC | 2 | 0 | 1 | 4 | 5 | -1 | 2 | 6 | 0 |
| | 4 | 안양 | 1 | 1 | 1 | 5 | 5 | 0 | 2 | 6 | 0 |
| | 6 | 울산 | 2 | 0 | 1 | 5 | 5 | 0 | 3 | 6 | 0 |
| | 1 | 전북 | 0 | 1 | 3 | 2 | 7 | -5 | 1 | 7 | 0 |
| | 7 | 제주 | 2 | 1 | 0 | 7 | 3 | 4 | 4 | 4 | 1 |
| | 9 | 포항 | 3 | 0 | 1 | 9 | 4 | 5 | 5 | 10 | 0 |

| 팀명 | 승점 | 상대팀 | 승 | 무 | 패 | 득점 | 실점 | 득실 | 도움 | 경고 | 퇴장 |
|---|---|---|---|---|---|---|---|---|---|---|---|
| 김천 | 61 | 합계 | 18 | 7 | 13 | 59 | 45 | 14 | 40 | 51 | 1 |
| | 7 | 강원 | 2 | 1 | 1 | 5 | 1 | 4 | 4 | 8 | 0 |
| | 2 | 광주 | 0 | 2 | 1 | 1 | 2 | -1 | 1 | 3 | 0 |
| | 6 | 대구 | 2 | 0 | 1 | 6 | 4 | 2 | 5 | 6 | 0 |
| | 1 | 대전 | 0 | 1 | 3 | 1 | 7 | -6 | 0 | 2 | 1 |
| | 7 | 서울 | 2 | 1 | 1 | 9 | 4 | 5 | 7 | 5 | 0 |
| | 4 | 수원FC | 1 | 1 | 1 | 6 | 6 | 0 | 5 | 4 | 0 |
| | 6 | 안양 | 2 | 0 | 1 | 5 | 5 | 0 | 3 | 2 | 0 |
| | 6 | 울산 | 2 | 0 | 1 | 7 | 3 | 4 | 5 | 2 | 0 |
| | 6 | 전북 | 2 | 0 | 2 | 7 | 7 | 0 | 3 | 7 | 0 |
| | 7 | 제주 | 2 | 1 | 0 | 7 | 4 | 3 | 2 | 7 | 0 |
| | 9 | 포항 | 3 | 0 | 1 | 5 | 2 | 3 | 5 | 5 | 0 |

| 팀명 | 승점 | 상대팀 | 승 | 무 | 패 | 득점 | 실점 | 득실 | 도움 | 경고 | 퇴장 |
|---|---|---|---|---|---|---|---|---|---|---|---|
| 포항 | 56 | 합계 | 16 | 8 | 14 | 41 | 46 | -5 | 27 | 58 | 3 |
| | 3 | 강원 | 1 | 0 | 3 | 3 | 5 | -2 | 3 | 7 | 0 |
| | 6 | 광주 | 2 | 0 | 1 | 4 | 3 | 1 | 2 | 7 | 0 |
| | 3 | 김천 | 1 | 0 | 3 | 2 | 5 | -3 | 1 | 3 | 1 |
| | 5 | 대구 | 1 | 2 | 0 | 2 | 1 | 1 | 0 | 5 | 0 |
| | 3 | 대전 | 1 | 0 | 3 | 4 | 9 | -5 | 2 | 7 | 0 |
| | 7 | 서울 | 2 | 1 | 1 | 4 | 5 | -1 | 4 | 6 | 1 |
| | 4 | 수원FC | 1 | 1 | 1 | 4 | 6 | -2 | 1 | 5 | 1 |
| | 9 | 안양 | 3 | 0 | 0 | 5 | 1 | 4 | 4 | 6 | 0 |
| | 5 | 울산 | 1 | 2 | 0 | 3 | 2 | 1 | 2 | 3 | 0 |
| | 5 | 전북 | 1 | 2 | 1 | 7 | 6 | 1 | 6 | 6 | 0 |
| | 6 | 제주 | 2 | 0 | 1 | 3 | 3 | 0 | 2 | 3 | 0 |

| 팀명 | 승점 | 상대팀 | 승 | 무 | 패 | 득점 | 실점 | 득실 | 도움 | 경고 | 퇴장 |
|---|---|---|---|---|---|---|---|---|---|---|---|
| 강원 | 52 | 합계 | 13 | 13 | 12 | 37 | 41 | -4 | 26 | 77 | 2 |
| | 9 | 광주 | 3 | 0 | 0 | 3 | 0 | 3 | 2 | 13 | 0 |
| | 4 | 김천 | 1 | 1 | 2 | 1 | 5 | -4 | 1 | 7 | 0 |
| | 4 | 대구 | 1 | 1 | 1 | 6 | 4 | 2 | 5 | 8 | 0 |
| | 3 | 대전 | 0 | 3 | 1 | 3 | 4 | -1 | 2 | 6 | 1 |
| | 4 | 서울 | 1 | 1 | 2 | 6 | 8 | -2 | 3 | 5 | 0 |
| | 4 | 수원FC | 1 | 1 | 1 | 2 | 2 | 0 | 2 | 5 | 0 |
| | 1 | 안양 | 0 | 1 | 2 | 2 | 6 | -4 | 2 | 3 | 0 |
| | 5 | 울산 | 1 | 2 | 0 | 5 | 4 | 1 | 3 | 6 | 0 |
| | 4 | 전북 | 1 | 1 | 2 | 1 | 5 | -4 | 1 | 6 | 1 |
| | 5 | 제주 | 1 | 2 | 0 | 3 | 0 | 3 | 2 | 11 | 0 |
| | 9 | 포항 | 3 | 0 | 1 | 5 | 3 | 2 | 3 | 7 | 0 |

| 팀명 | 승점 | 상대팀 | 승 | 무 | 패 | 득점 | 실점 | 득실 | 도움 | 경고 | 퇴장 |
|---|---|---|---|---|---|---|---|---|---|---|---|
| 서울 | 49 | 합계 | 12 | 13 | 13 | 50 | 52 | -2 | 35 | 63 | 0 |
| | 7 | 강원 | 2 | 1 | 1 | 8 | 6 | 2 | 7 | 8 | 0 |
| | 6 | 광주 | 2 | 0 | 1 | 7 | 3 | 4 | 4 | 4 | 0 |
| | 4 | 김천 | 1 | 1 | 2 | 4 | 9 | -5 | 1 | 8 | 0 |
| | 7 | 대구 | 2 | 1 | 0 | 6 | 4 | 2 | 3 | 6 | 0 |
| | 5 | 대전 | 1 | 2 | 1 | 4 | 5 | -1 | 2 | 7 | 0 |
| | 3 | 수원FC | 0 | 3 | 0 | 2 | 2 | 0 | 2 | 3 | 0 |
| | 4 | 안양 | 1 | 1 | 1 | 4 | 4 | 0 | 3 | 7 | 0 |
| | 7 | 울산 | 2 | 1 | 0 | 4 | 2 | 2 | 4 | 5 | 0 |
| | 2 | 전북 | 0 | 2 | 2 | 3 | 5 | -2 | 2 | 3 | 0 |
| | 0 | 제주 | 0 | 0 | 3 | 3 | 8 | -5 | 3 | 3 | 0 |
| | 4 | 포항 | 1 | 1 | 2 | 5 | 4 | 1 | 4 | 9 | 0 |

| 팀명 | 승점 | 상대팀 | 승 | 무 | 패 | 득점 | 실점 | 득실 | 도움 | 경고 | 퇴장 |
|---|---|---|---|---|---|---|---|---|---|---|---|
| 광주 | 54 | 합계 | 15 | 9 | 14 | 40 | 41 | -1 | 23 | 78 | 0 |
| | 0 | 강원 | 0 | 0 | 3 | 0 | 3 | -3 | 0 | 10 | 0 |
| | 5 | 김천 | 1 | 2 | 0 | 2 | 1 | 1 | 1 | 4 | 0 |
| | 4 | 대구 | 1 | 1 | 2 | 5 | 6 | -1 | 1 | 8 | 0 |
| | 5 | 대전 | 1 | 2 | 0 | 5 | 3 | 2 | 4 | 6 | 0 |
| | 3 | 서울 | 1 | 0 | 2 | 3 | 7 | -4 | 0 | 9 | 0 |
| | 7 | 수원FC | 2 | 1 | 1 | 6 | 4 | 2 | 3 | 5 | 0 |
| | 10 | 안양 | 3 | 1 | 0 | 5 | 2 | 3 | 4 | 5 | 0 |
| | 4 | 울산 | 1 | 1 | 2 | 3 | 6 | -3 | 3 | 8 | 0 |
| | 1 | 전북 | 0 | 1 | 2 | 3 | 5 | -2 | 1 | 5 | 0 |
| | 12 | 제주 | 4 | 0 | 0 | 5 | 0 | 5 | 4 | 8 | 0 |
| | 3 | 포항 | 1 | 0 | 2 | 3 | 4 | -1 | 2 | 10 | 0 |

| 팀명 | 승점 | 상대팀 | 승 | 무 | 패 | 득점 | 실점 | 득실 | 도움 | 경고 | 퇴장 |
|---|---|---|---|---|---|---|---|---|---|---|---|
| 안양 | 49 | 합계 | 14 | 7 | 17 | 49 | 47 | 2 | 27 | 77 | 3 |
| | 7 | 강원 | 2 | 1 | 0 | 6 | 2 | 4 | 2 | 5 | 0 |
| | 1 | 광주 | 0 | 1 | 3 | 2 | 5 | -3 | 2 | 7 | 1 |
| | 3 | 김천 | 1 | 0 | 2 | 5 | 5 | 0 | 4 | 4 | 0 |
| | 8 | 대구 | 2 | 2 | 0 | 9 | 4 | 5 | 2 | 11 | 0 |
| | 4 | 대전 | 1 | 1 | 1 | 5 | 5 | 0 | 3 | 6 | 0 |
| | 4 | 서울 | 1 | 1 | 1 | 4 | 4 | 0 | 2 | 12 | 0 |
| | 6 | 수원FC | 2 | 0 | 2 | 6 | 5 | 1 | 3 | 8 | 0 |
| | 7 | 울산 | 2 | 1 | 1 | 4 | 2 | 2 | 4 | 8 | 0 |
| | 0 | 전북 | 0 | 0 | 3 | 1 | 5 | -4 | 1 | 1 | 1 |
| | 9 | 제주 | 3 | 0 | 1 | 6 | 5 | 1 | 4 | 7 | 0 |
| | 0 | 포항 | 0 | 0 | 3 | 1 | 5 | -4 | 0 | 8 | 1 |

| 팀명 | 승점 | 상대팀 | 승 | 무 | 패 | 득점 | 실점 | 득실 | 도움 | 경고 | 퇴장 |
|---|---|---|---|---|---|---|---|---|---|---|---|
| 울산 | 44 | 합계 | 11 | 11 | 16 | 42 | 50 | -8 | 29 | 76 | 0 |
| | 2 | 강원 | 0 | 2 | 1 | 4 | 5 | -1 | 3 | 9 | 0 |
| | 7 | 광주 | 2 | 1 | 1 | 6 | 3 | 3 | 3 | 7 | 0 |
| | 3 | 김천 | 1 | 0 | 2 | 3 | 7 | -4 | 2 | 4 | 0 |
| | 6 | 대구 | 1 | 3 | 0 | 5 | 4 | 1 | 3 | 4 | 0 |
| | 3 | 대전 | 1 | 0 | 2 | 5 | 5 | 0 | 5 | 4 | 0 |
| | 1 | 서울 | 0 | 1 | 2 | 2 | 4 | -2 | 2 | 8 | 0 |
| | 4 | 수원FC | 1 | 1 | 2 | 6 | 8 | -2 | 3 | 5 | 0 |
| | 4 | 안양 | 1 | 1 | 2 | 2 | 4 | -2 | 1 | 10 | 0 |
| | 3 | 전북 | 1 | 0 | 2 | 2 | 5 | -3 | 2 | 9 | 0 |
| | 9 | 제주 | 3 | 0 | 1 | 5 | 2 | 3 | 4 | 12 | 0 |
| | 2 | 포항 | 0 | 2 | 1 | 2 | 3 | -1 | 1 | 4 | 0 |

| 팀명 | 승점 | 상대팀 | 승 | 무 | 패 | 득점 | 실점 | 득실 | 도움 | 경고 | 퇴장 |
|---|---|---|---|---|---|---|---|---|---|---|---|
| 수원FC | 42 | 합계 | 11 | 9 | 18 | 51 | 58 | -7 | 26 | 62 | 0 |
| | 4 | 강원 | 1 | 1 | 1 | 2 | 2 | 0 | 1 | 4 | 0 |
| | 4 | 광주 | 1 | 1 | 2 | 4 | 6 | -2 | 1 | 4 | 0 |
| | 4 | 김천 | 1 | 1 | 1 | 6 | 6 | 0 | 5 | 2 | 0 |
| | 4 | 대구 | 1 | 1 | 2 | 5 | 8 | -3 | 2 | 10 | 0 |
| | 3 | 대전 | 1 | 0 | 2 | 5 | 4 | 1 | 4 | 6 | 0 |
| | 3 | 서울 | 0 | 3 | 0 | 2 | 2 | 0 | 1 | 6 | 0 |
| | 6 | 안양 | 2 | 0 | 2 | 5 | 6 | -1 | 1 | 6 | 0 |
| | 7 | 울산 | 2 | 1 | 1 | 8 | 6 | 2 | 4 | 9 | 0 |
| | 0 | 전북 | 0 | 0 | 3 | 3 | 7 | -4 | 1 | 6 | 0 |
| | 3 | 제주 | 1 | 0 | 3 | 5 | 7 | -2 | 3 | 7 | 0 |
| | 4 | 포항 | 1 | 1 | 1 | 6 | 4 | 2 | 3 | 2 | 0 |

| 팀명 | 승점 | 상대팀 | 승 | 무 | 패 | 득점 | 실점 | 득실 | 도움 | 경고 | 퇴장 |
|---|---|---|---|---|---|---|---|---|---|---|---|
| 제주 | 39 | 합계 | 10 | 9 | 19 | 40 | 53 | -13 | 28 | 74 | 6 |
| | 2 | 강원 | 0 | 2 | 1 | 0 | 3 | -3 | 0 | 4 | 0 |
| | 0 | 광주 | 0 | 0 | 4 | 0 | 5 | -5 | 0 | 8 | 0 |
| | 1 | 김천 | 0 | 1 | 2 | 4 | 7 | -3 | 2 | 5 | 1 |
| | 5 | 대구 | 1 | 2 | 1 | 6 | 7 | -1 | 4 | 6 | 0 |
| | 1 | 대전 | 0 | 1 | 2 | 3 | 7 | -4 | 1 | 3 | 0 |
| | 9 | 서울 | 3 | 0 | 0 | 8 | 3 | 5 | 6 | 6 | 0 |
| | 9 | 수원FC | 3 | 0 | 1 | 7 | 5 | 2 | 4 | 12 | 4 |
| | 3 | 안양 | 1 | 0 | 3 | 5 | 6 | -1 | 5 | 9 | 1 |
| | 3 | 울산 | 1 | 0 | 3 | 2 | 5 | -3 | 2 | 8 | 0 |
| | 3 | 전북 | 0 | 3 | 0 | 2 | 2 | 0 | 1 | 5 | 0 |
| | 3 | 포항 | 1 | 0 | 2 | 3 | 3 | 0 | 3 | 8 | 0 |

| 팀명 | 승점 | 상대팀 | 승 | 무 | 패 | 득점 | 실점 | 득실 | 도움 | 경고 | 퇴장 |
|---|---|---|---|---|---|---|---|---|---|---|---|
| 대구 | 34 | 합계 | 7 | 13 | 18 | 47 | 67 | -20 | 32 | 58 | 2 |
| | 4 | 강원 | 1 | 1 | 1 | 4 | 6 | -2 | 2 | 4 | 0 |
| | 7 | 광주 | 2 | 1 | 1 | 6 | 5 | 1 | 2 | 6 | 0 |
| | 3 | 김천 | 1 | 0 | 2 | 4 | 6 | -2 | 3 | 3 | 0 |
| | 0 | 대전 | 0 | 0 | 3 | 4 | 7 | -3 | 4 | 4 | 0 |
| | 1 | 서울 | 0 | 1 | 2 | 4 | 6 | -2 | 3 | 9 | 0 |
| | 7 | 수원FC | 2 | 1 | 1 | 8 | 5 | 3 | 5 | 4 | 1 |
| | 2 | 안양 | 0 | 2 | 2 | 4 | 9 | -5 | 2 | 6 | 1 |
| | 3 | 울산 | 0 | 3 | 1 | 4 | 5 | -1 | 3 | 7 | 0 |
| | 0 | 전북 | 0 | 0 | 3 | 1 | 10 | -9 | 1 | 0 | 0 |
| | 5 | 제주 | 1 | 2 | 1 | 7 | 6 | 1 | 6 | 6 | 0 |
| | 2 | 포항 | 0 | 2 | 1 | 1 | 2 | -1 | 1 | 9 | 0 |

## 2025년 K리그1 최종 순위 및 팀별 경기기록, 승률

| 구분 | 파이널 A | | | | | | 파이널 B | | | | | |
|---|---|---|---|---|---|---|---|---|---|---|---|---|
| 순위 | 1 | 2 | 3 | 4 | 5 | 6 | 7 | 8 | 9 | 10 | 11 | 12 |
| 구단 | 전북 | 대전 | 김천 | 포항 | 강원 | 서울 | 광주 | 안양 | 울산 | 수원FC | 제주 | 대구 |
| 승점 | 79 | 65 | 61 | 56 | 52 | 49 | 54 | 49 | 44 | 42 | 39 | 34 |
| 승 | 23 | 18 | 18 | 16 | 13 | 12 | 15 | 14 | 11 | 11 | 10 | 7 |
| 무 | 10 | 11 | 7 | 8 | 13 | 13 | 9 | 7 | 11 | 9 | 9 | 13 |
| 패 | 5 | 9 | 13 | 14 | 12 | 13 | 14 | 17 | 16 | 18 | 19 | 18 |
| 득 | 64 | 58 | 59 | 41 | 37 | 50 | 40 | 49 | 42 | 51 | 40 | 47 |
| 실 | 32 | 46 | 45 | 46 | 41 | 52 | 41 | 47 | 50 | 58 | 53 | 67 |
| 차 | 32 | 12 | 14 | -5 | -4 | -2 | -1 | 2 | -8 | -7 | -13 | -20 |
| 승률 | 73.7 | 61.8 | 56.6 | 52.6 | 51.3 | 48.7 | 51.3 | 46.1 | 43.4 | 40.8 | 38.2 | 35.5 |

| 구분 | 전북 홈 | 전북 원정 | 대전 홈 | 대전 원정 | 김천 홈 | 김천 원정 | 포항 홈 | 포항 원정 | 강원 홈 | 강원 원정 | 서울 홈 | 서울 원정 |
|---|---|---|---|---|---|---|---|---|---|---|---|---|
| 승 | 12 | 11 | 10 | 8 | 10 | 8 | 9 | 7 | 6 | 7 | 7 | 5 |
| 무 | 5 | 5 | 5 | 6 | 3 | 4 | 4 | 4 | 9 | 4 | 6 | 7 |
| 패 | 3 | 2 | 4 | 5 | 7 | 6 | 6 | 8 | 4 | 8 | 6 | 7 |
| 득 | 38 | 26 | 26 | 32 | 28 | 31 | 21 | 20 | 18 | 19 | 32 | 18 |
| 실 | 21 | 11 | 20 | 26 | 19 | 26 | 22 | 24 | 20 | 21 | 28 | 24 |
| 차 | 17 | 15 | 6 | 6 | 9 | 5 | -1 | -4 | -2 | -2 | 4 | -6 |
| 승률 | 72.5 | 75.0 | 65.8 | 57.9 | 57.5 | 55.6 | 57.9 | 47.4 | 55.3 | 47.4 | 52.6 | 44.7 |

| 구분 | 광주 홈 | 광주 원정 | 안양 홈 | 안양 원정 | 울산 홈 | 울산 원정 | 수원FC 홈 | 수원FC 원정 | 제주 홈 | 제주 원정 | 대구 홈 | 대구 원정 |
|---|---|---|---|---|---|---|---|---|---|---|---|---|
| 승 | 8 | 7 | 8 | 6 | 7 | 4 | 7 | 4 | 6 | 4 | 5 | 2 |
| 무 | 4 | 5 | 4 | 3 | 5 | 6 | 5 | 4 | 4 | 5 | 6 | 7 |
| 패 | 7 | 7 | 7 | 10 | 7 | 9 | 7 | 11 | 8 | 11 | 7 | 11 |
| 득 | 23 | 17 | 29 | 20 | 23 | 19 | 27 | 24 | 22 | 18 | 24 | 23 |
| 실 | 20 | 21 | 22 | 25 | 20 | 30 | 25 | 33 | 24 | 29 | 26 | 41 |
| 차 | 3 | -4 | 7 | -5 | 3 | -11 | 2 | -9 | -2 | -11 | -2 | -18 |
| 승률 | 52.6 | 50.0 | 52.6 | 39.5 | 50.0 | 36.8 | 50.0 | 31.6 | 44.4 | 32.5 | 44.4 | 27.5 |

## 2025년 K리그1 팀별 개인 기록 | 전북

| 선수명 | 출전 | 교체 | 득점 | 도움 | 코너킥 | 파울 | 파울득 | 오프사이드 | 슈팅 | 유효슈팅 | 경고 | 퇴장 | 실점 | 자책 |
|---|---|---|---|---|---|---|---|---|---|---|---|---|---|---|
| 감보아 | 13 | 10 | 0 | 0 | 0 | 9 | 3 | 0 | 1 | 0 | 3 | 0 | 0 | 0 |
| 강상윤 | 34 | 18 | 0 | 4 | 1 | 44 | 30 | 2 | 15 | 5 | 2 | 0 | 0 | 0 |
| 권창훈 | 23 | 23 | 0 | 3 | 12 | 6 | 6 | 0 | 9 | 1 | 0 | 0 | 0 | 0 |
| 김영빈 | 28 | 5 | 0 | 1 | 0 | 22 | 11 | 1 | 3 | 0 | 6 | 0 | 0 | 0 |
| 김진규 | 35 | 28 | 5 | 6 | 93 | 27 | 8 | 0 | 40 | 19 | 2 | 0 | 0 | 0 |
| 김태현 | 28 | 6 | 0 | 3 | 0 | 24 | 51 | 1 | 17 | 7 | 6 | 0 | 0 | 0 |
| 김태환 | 35 | 3 | 0 | 2 | 1 | 38 | 10 | 0 | 1 | 1 | 7 | 0 | 0 | 0 |
| 김하준 | 1 | 0 | 0 | 0 | 0 | 1 | 0 | 0 | 0 | 0 | 0 | 0 | 0 | 0 |
| 맹성웅 | 4 | 2 | 0 | 0 | 0 | 10 | 6 | 0 | 1 | 0 | 1 | 0 | 0 | 0 |
| 박재용 | 13 | 11 | 1 | 0 | 0 | 5 | 4 | 2 | 9 | 6 | 1 | 0 | 0 | 0 |
| 박진섭 | 35 | 1 | 3 | 2 | 0 | 47 | 29 | 2 | 18 | 7 | 9 | 0 | 0 | 0 |
| 보아텡 | 5 | 4 | 0 | 0 | 0 | 4 | 1 | 0 | 0 | 0 | 1 | 0 | 0 | 0 |
| 송민규 | 35 | 34 | 5 | 2 | 2 | 17 | 38 | 4 | 36 | 22 | 3 | 0 | 0 | 0 |
| 송범근 | 38 | 0 | 0 | 0 | 0 | 1 | 3 | 0 | 0 | 0 | 4 | 0 | 32 | 1 |
| 안현범 | 1 | 1 | 0 | 0 | 0 | 1 | 0 | 0 | 0 | 0 | 0 | 0 | 0 | 0 |
| 에르난데스 | 3 | 3 | 0 | 0 | 0 | 2 | 1 | 0 | 2 | 0 | 1 | 0 | 0 | 0 |
| 연제운 | 20 | 13 | 0 | 0 | 0 | 12 | 3 | 0 | 2 | 0 | 2 | 0 | 0 | 1 |
| 이동준 | 4 | 3 | 2 | 0 | 0 | 5 | 3 | 2 | 5 | 4 | 0 | 0 | 0 | 0 |
| 이승우 | 25 | 25 | 4 | 1 | 5 | 25 | 13 | 2 | 25 | 13 | 6 | 0 | 0 | 0 |
| 이영재 | 32 | 31 | 2 | 1 | 48 | 9 | 18 | 0 | 25 | 11 | 0 | 0 | 0 | 0 |
| 전병관 | 7 | 6 | 1 | 2 | 0 | 8 | 3 | 1 | 9 | 5 | 1 | 0 | 0 | 0 |
| 전진우 | 36 | 28 | 16 | 2 | 0 | 29 | 58 | 14 | 67 | 34 | 9 | 0 | 0 | 0 |
| 진태호 | 12 | 12 | 0 | 1 | 0 | 1 | 0 | 0 | 0 | 0 | 0 | 0 | 0 | 0 |
| 최우진 | 12 | 10 | 0 | 1 | 4 | 7 | 3 | 0 | 1 | 0 | 2 | 0 | 0 | 0 |
| 최철순 | 9 | 6 | 0 | 0 | 0 | 5 | 11 | 0 | 1 | 0 | 0 | 0 | 0 | 0 |
| 츄마시 | 4 | 4 | 0 | 0 | 0 | 3 | 2 | 0 | 2 | 0 | 1 | 0 | 0 | 0 |
| 콤파뇨 | 26 | 22 | 13 | 0 | 0 | 34 | 48 | 3 | 47 | 28 | 3 | 0 | 0 | 0 |
| 티아고 | 30 | 24 | 9 | 5 | 0 | 33 | 15 | 12 | 40 | 23 | 8 | 0 | 0 | 1 |
| 한국영 | 16 | 13 | 0 | 0 | 0 | 11 | 7 | 0 | 3 | 0 | 3 | 1 | 0 | 0 |
| 홍정호 | 31 | 8 | 0 | 1 | 0 | 10 | 6 | 0 | 9 | 5 | 4 | 0 | 0 | 0 |

## 2025년 K리그1 팀별 개인 기록 | 대전

| 선수명 | 출전 | 교체 | 득점 | 도움 | 코너킥 | 파울 | 파울득 | 오프사이드 | 슈팅 | 유효슈팅 | 경고 | 퇴장 | 실점 | 자책 |
|---|---|---|---|---|---|---|---|---|---|---|---|---|---|---|
| 강윤성 | 25 | 6 | 1 | 1 | 0 | 32 | 20 | 0 | 9 | 1 | 4 | 0 | 0 | 0 |
| 구텍 | 18 | 16 | 4 | 0 | 0 | 9 | 12 | 1 | 15 | 7 | 1 | 1 | 0 | 0 |
| 김문환 | 24 | 8 | 0 | 2 | 0 | 10 | 17 | 1 | 6 | 4 | 4 | 0 | 0 | 0 |
| 김민덕 | 12 | 1 | 0 | 0 | 0 | 7 | 2 | 0 | 1 | 0 | 4 | 0 | 0 | 0 |
| 김봉수 | 20 | 4 | 0 | 2 | 0 | 16 | 19 | 0 | 11 | 7 | 2 | 0 | 0 | 0 |
| 김승대 | 4 | 4 | 0 | 0 | 0 | 2 | 0 | 2 | 0 | 0 | 0 | 0 | 0 | 0 |
| 김인균 | 12 | 12 | 2 | 0 | 4 | 5 | 3 | 1 | 10 | 6 | 3 | 0 | 0 | 0 |
| 김준범 | 24 | 20 | 3 | 1 | 3 | 25 | 8 | 1 | 13 | 9 | 2 | 0 | 0 | 0 |
| 김진야 | 4 | 4 | 0 | 0 | 0 | 4 | 3 | 0 | 0 | 0 | 1 | 0 | 0 | 0 |
| 김한서 | 13 | 13 | 0 | 0 | 1 | 5 | 5 | 0 | 2 | 0 | 0 | 0 | 0 | 0 |
| 김현오 | 14 | 14 | 1 | 0 | 0 | 12 | 3 | 0 | 4 | 3 | 0 | 0 | 0 | 0 |
| 김현우 | 9 | 3 | 0 | 0 | 0 | 6 | 5 | 0 | 1 | 1 | 0 | 0 | 0 | 0 |
| 김현욱 | 26 | 23 | 2 | 3 | 32 | 15 | 23 | 2 | 22 | 14 | 4 | 0 | 0 | 0 |
| 마사 | 24 | 24 | 6 | 4 | 8 | 25 | 17 | 1 | 38 | 19 | 3 | 0 | 0 | 0 |
| 박규현 | 13 | 8 | 0 | 1 | 2 | 13 | 7 | 0 | 5 | 0 | 4 | 0 | 0 | 0 |
| 박진성 | 7 | 3 | 0 | 1 | 2 | 4 | 2 | 0 | 2 | 1 | 1 | 0 | 0 | 0 |
| 밥신 | 14 | 2 | 1 | 0 | 2 | 13 | 4 | 0 | 7 | 3 | 3 | 0 | 0 | 0 |
| 서진수 | 16 | 16 | 2 | 1 | 5 | 11 | 17 | 0 | 24 | 8 | 1 | 0 | 0 | 0 |
| 신상은 | 6 | 6 | 1 | 0 | 0 | 2 | 8 | 2 | 5 | 3 | 0 | 0 | 0 | 0 |
| 아론 | 1 | 1 | 0 | 0 | 0 | 1 | 0 | 0 | 0 | 0 | 0 | 0 | 0 | 0 |
| 안톤 | 30 | 4 | 2 | 1 | 0 | 21 | 16 | 1 | 9 | 3 | 4 | 0 | 0 | 0 |
| 에르난데스 | 15 | 16 | 4 | 3 | 1 | 9 | 13 | 0 | 31 | 14 | 1 | 0 | 0 | 0 |
| 오재석 | 12 | 7 | 0 | 1 | 0 | 3 | 4 | 0 | 0 | 0 | 1 | 0 | 0 | 0 |
| 유강현 | 12 | 11 | 2 | 1 | 0 | 9 | 6 | 1 | 9 | 4 | 1 | 0 | 0 | 0 |
| 윤도영 | 12 | 12 | 0 | 1 | 5 | 19 | 13 | 1 | 5 | 2 | 0 | 0 | 0 | 0 |
| 이경태 | 1 | 1 | 0 | 0 | 0 | 0 | 1 | 0 | 0 | 0 | 0 | 0 | 2 | 0 |
| 이명재 | 15 | 1 | 2 | 3 | 37 | 5 | 8 | 1 | 13 | 8 | 0 | 0 | 0 | 0 |
| 이순민 | 24 | 7 | 0 | 1 | 0 | 41 | 20 | 0 | 10 | 1 | 5 | 0 | 0 | 0 |
| 이준규 | 19 | 19 | 1 | 0 | 1 | 6 | 6 | 0 | 5 | 4 | 1 | 0 | 0 | 0 |
| 이준서 | 11 | 0 | 0 | 0 | 0 | 0 | 2 | 0 | 0 | 0 | 0 | 0 | 15 | 0 |
| 이창근 | 27 | 1 | 0 | 0 | 0 | 0 | 6 | 0 | 0 | 0 | 4 | 0 | 29 | 0 |
| 임덕근 | 3 | 2 | 0 | 0 | 0 | 0 | 2 | 0 | 2 | 0 | 0 | 0 | 0 | 0 |
| 임종은 | 13 | 7 | 0 | 1 | 0 | 3 | 4 | 0 | 4 | 1 | 0 | 0 | 0 | 0 |
| 정재희 | 24 | 24 | 2 | 2 | 24 | 1 | 2 | 1 | 25 | 10 | 0 | 0 | 0 | 0 |
| 주민규 | 34 | 24 | 14 | 3 | 0 | 30 | 42 | 16 | 49 | 33 | 3 | 0 | 0 | 0 |
| 주앙빅토르 | 13 | 12 | 4 | 2 | 12 | 10 | 7 | 0 | 20 | 9 | 1 | 0 | 0 | 0 |
| 최건주 | 15 | 14 | 4 | 0 | 0 | 15 | 11 | 0 | 10 | 6 | 2 | 0 | 0 | 0 |
| 켈빈 | 9 | 10 | 0 | 1 | 8 | 1 | 10 | 1 | 10 | 8 | 0 | 0 | 0 | 0 |
| 하창래 | 24 | 2 | 0 | 0 | 0 | 20 | 13 | 3 | 9 | 4 | 8 | 0 | 0 | 1 |

## 2025년 K리그1 팀별 개인 기록 | 김천

| 선수명 | 출전 | 교체 | 득점 | 도움 | 코너킥 | 파울 | 파울득 | 오프사이드 | 슈팅 | 유효슈팅 | 경고 | 퇴장 | 실점 | 자책 |
|---|---|---|---|---|---|---|---|---|---|---|---|---|---|---|
| 고재현 | 12 | 10 | 0 | 0 | 0 | 8 | 12 | 1 | 12 | 1 | 1 | 0 | 0 | 0 |
| 김강산 | 19 | 2 | 2 | 0 | 0 | 25 | 14 | 0 | 7 | 5 | 3 | 0 | 0 | 1 |
| 김경준 | 7 | 7 | 0 | 0 | 0 | 4 | 2 | 0 | 8 | 1 | 0 | 0 | 0 | 0 |
| 김대원 | 11 | 11 | 0 | 0 | 10 | 2 | 1 | 1 | 12 | 4 | 0 | 0 | 0 | 0 |
| 김동헌 | 17 | 0 | 0 | 0 | 0 | 0 | 6 | 0 | 0 | 0 | 2 | 0 | 18 | 0 |
| 김민규 | 5 | 4 | 0 | 0 | 0 | 3 | 2 | 0 | 1 | 0 | 0 | 0 | 0 | 0 |
| 김민덕 | 7 | 4 | 0 | 0 | 0 | 9 | 1 | 0 | 2 | 1 | 2 | 0 | 0 | 0 |
| 김봉수 | 15 | 1 | 0 | 2 | 0 | 8 | 12 | 0 | 0 | 0 | 0 | 0 | 0 | 0 |
| 김승섭 | 33 | 24 | 7 | 3 | 0 | 11 | 24 | 12 | 77 | 41 | 1 | 0 | 0 | 0 |
| 김이석 | 6 | 6 | 1 | 0 | 1 | 7 | 1 | 0 | 4 | 1 | 1 | 0 | 0 | 0 |
| 김인균 | 5 | 5 | 0 | 0 | 0 | 3 | 1 | 0 | 8 | 5 | 0 | 0 | 0 | 0 |
| 김주찬 | 5 | 5 | 1 | 0 | 0 | 2 | 3 | 1 | 3 | 2 | 0 | 0 | 0 | 0 |
| 김 찬 | 4 | 4 | 1 | 0 | 0 | 0 | 1 | 0 | 2 | 1 | 0 | 0 | 0 | 0 |
| 김태환 | 5 | 4 | 0 | 0 | 0 | 2 | 5 | 0 | 2 | 1 | 0 | 0 | 0 | 0 |
| 김태훈 | 3 | 0 | 0 | 0 | 0 | 0 | 0 | 0 | 0 | 0 | 0 | 0 | 6 | 0 |
| 김현우 | 2 | 2 | 0 | 0 | 0 | 0 | 0 | 0 | 0 | 0 | 0 | 0 | 0 | 0 |
| 맹성웅 | 18 | 8 | 1 | 2 | 0 | 24 | 16 | 0 | 11 | 4 | 3 | 0 | 0 | 0 |
| 모재현 | 13 | 13 | 1 | 0 | 0 | 14 | 8 | 4 | 18 | 8 | 1 | 0 | 0 | 0 |
| 문현호 | 2 | 0 | 0 | 0 | 0 | 0 | 0 | 0 | 0 | 0 | 0 | 0 | 4 | 0 |
| 민경현 | 6 | 6 | 0 | 0 | 0 | 0 | 1 | 0 | 4 | 0 | 0 | 0 | 0 | 0 |
| 박대원 | 11 | 11 | 0 | 0 | 0 | 11 | 3 | 0 | 2 | 2 | 2 | 0 | 0 | 0 |
| 박상혁 | 33 | 28 | 10 | 2 | 0 | 39 | 24 | 9 | 37 | 17 | 4 | 0 | 0 | 0 |
| 박세진 | 14 | 12 | 1 | 0 | 0 | 3 | 2 | 2 | 3 | 1 | 0 | 0 | 0 | 0 |
| 박수일 | 15 | 4 | 1 | 1 | 1 | 5 | 10 | 0 | 6 | 4 | 1 | 0 | 0 | 0 |
| 박승욱 | 16 | 1 | 0 | 0 | 0 | 11 | 6 | 1 | 3 | 2 | 2 | 0 | 0 | 0 |
| 박진성 | 3 | 3 | 0 | 0 | 0 | 0 | 0 | 0 | 0 | 0 | 0 | 0 | 0 | 0 |
| 박찬용 | 30 | 4 | 0 | 1 | 0 | 15 | 8 | 3 | 15 | 2 | 0 | 0 | 0 | 0 |
| 박철우 | 15 | 8 | 0 | 0 | 5 | 18 | 13 | 1 | 7 | 1 | 2 | 0 | 0 | 0 |
| 박태준 | 9 | 4 | 1 | 2 | 17 | 12 | 12 | 0 | 6 | 3 | 4 | 0 | 0 | 0 |
| 백종범 | 2 | 0 | 0 | 0 | 0 | 0 | 0 | 0 | 0 | 0 | 0 | 0 | 2 | 0 |
| 서민우 | 15 | 7 | 0 | 0 | 2 | 23 | 6 | 1 | 12 | 3 | 3 | 0 | 0 | 0 |
| 오인표 | 13 | 9 | 0 | 1 | 0 | 6 | 1 | 0 | 5 | 1 | 1 | 0 | 0 | 0 |
| 원기종 | 21 | 20 | 6 | 0 | 0 | 3 | 11 | 2 | 16 | 11 | 2 | 0 | 0 | 0 |
| 유강현 | 17 | 16 | 4 | 2 | 0 | 29 | 7 | 3 | 26 | 13 | 1 | 1 | 0 | 0 |
| 이건희 | 5 | 3 | 0 | 1 | 0 | 0 | 5 | 2 | 9 | 2 | 0 | 0 | 0 | 0 |
| 이동경 | 34 | 18 | 13 | 11 | 145 | 29 | 12 | 3 | 108 | 50 | 1 | 0 | 0 | 0 |
| 이동준 | 29 | 29 | 5 | 2 | 0 | 23 | 21 | 4 | 29 | 18 | 3 | 0 | 0 | 0 |
| 이수빈 | 4 | 4 | 0 | 0 | 1 | 2 | 1 | 0 | 1 | 0 | 0 | 0 | 0 | 0 |
| 이승원 | 32 | 22 | 1 | 6 | 17 | 21 | 23 | 2 | 7 | 1 | 6 | 0 | 0 | 0 |
| 이정택 | 18 | 5 | 0 | 0 | 0 | 14 | 4 | 0 | 0 | 0 | 1 | 0 | 0 | 0 |
| 이주현 | 14 | 0 | 0 | 0 | 0 | 0 | 2 | 0 | 0 | 0 | 2 | 0 | 15 | 0 |
| 이찬욱 | 5 | 4 | 0 | 0 | 0 | 2 | 8 | 0 | 2 | 0 | 1 | 0 | 0 | 0 |
| 이현식 | 1 | 1 | 0 | 0 | 0 | 1 | 0 | 0 | 0 | 0 | 0 | 0 | 0 | 0 |
| 전병관 | 13 | 13 | 0 | 2 | 0 | 14 | 6 | 4 | 11 | 7 | 0 | 0 | 0 | 0 |
| 조현택 | 18 | 13 | 1 | 2 | 1 | 16 | 14 | 1 | 8 | 4 | 1 | 0 | 0 | 0 |
| 최예훈 | 21 | 21 | 0 | 0 | 2 | 9 | 3 | 0 | 0 | 0 | 0 | 0 | 0 | 0 |
| 홍욱현 | 6 | 6 | 0 | 0 | 0 | 5 | 0 | 0 | 0 | 0 | 0 | 0 | 0 | 0 |

## 2025년 K리그1 팀별 개인 기록 | 포항

| 선수명 | 출전 | 교체 | 득점 | 도움 | 코너킥 | 파울 | 파울득 | 오프사이드 | 슈팅 | 유효슈팅 | 경고 | 퇴장 | 실점 | 자책 |
|---|---|---|---|---|---|---|---|---|---|---|---|---|---|---|
| 강민준 | 27 | 17 | 0 | 2 | 0 | 15 | 19 | 0 | 4 | 1 | 4 | 0 | 0 | 0 |
| 강현제 | 13 | 13 | 1 | 1 | 0 | 2 | 3 | 1 | 8 | 3 | 0 | 0 | 0 | 0 |
| 기성용 | 16 | 15 | 0 | 2 | 34 | 5 | 9 | 0 | 8 | 3 | 1 | 0 | 0 | 0 |
| 김동진 | 20 | 17 | 0 | 2 | 16 | 16 | 11 | 0 | 10 | 5 | 1 | 1 | 0 | 0 |
| 김인성 | 33 | 34 | 3 | 2 | 0 | 12 | 16 | 5 | 18 | 11 | 2 | 0 | 0 | 0 |
| 김종우 | 13 | 12 | 0 | 0 | 4 | 6 | 14 | 1 | 5 | 4 | 1 | 0 | 0 | 0 |
| 박수빈 | 1 | 1 | 0 | 0 | 0 | 0 | 0 | 0 | 0 | 0 | 0 | 0 | 0 | 0 |
| 박승욱 | 18 | 4 | 1 | 0 | 0 | 15 | 6 | 1 | 5 | 1 | 2 | 0 | 0 | 0 |
| 박찬용 | 4 | 0 | 0 | 0 | 0 | 3 | 1 | 0 | 3 | 1 | 1 | 0 | 0 | 0 |
| 백성동 | 8 | 8 | 0 | 0 | 3 | 3 | 2 | 0 | 1 | 1 | 0 | 0 | 0 | 0 |
| 신광훈 | 36 | 27 | 0 | 1 | 0 | 28 | 22 | 0 | 4 | 1 | 7 | 0 | 0 | 0 |
| 아스프로 | 5 | 2 | 0 | 0 | 0 | 1 | 4 | 0 | 1 | 1 | 0 | 0 | 0 | 0 |
| 안재준 | 6 | 6 | 0 | 0 | 0 | 0 | 0 | 1 | 2 | 0 | 0 | 0 | 0 | 0 |
| 어정원 | 34 | 11 | 1 | 1 | 10 | 35 | 42 | 3 | 11 | 7 | 4 | 0 | 0 | 0 |
| 오베르단 | 31 | 2 | 6 | 0 | 5 | 33 | 48 | 5 | 24 | 17 | 5 | 1 | 0 | 0 |
| 완델손 | 2 | 1 | 0 | 0 | 0 | 0 | 2 | 0 | 5 | 3 | 0 | 0 | 0 | 0 |
| 윤평국 | 3 | 0 | 0 | 0 | 0 | 0 | 0 | 0 | 0 | 0 | 0 | 0 | 7 | 0 |
| 이규민 | 1 | 1 | 0 | 0 | 0 | 0 | 0 | 0 | 0 | 0 | 0 | 0 | 0 | 0 |
| 이규백 | 1 | 1 | 0 | 0 | 0 | 2 | 0 | 0 | 0 | 0 | 0 | 0 | 0 | 0 |
| 이동협 | 3 | 3 | 0 | 0 | 0 | 2 | 1 | 0 | 0 | 0 | 0 | 0 | 0 | 0 |
| 이동희 | 14 | 8 | 1 | 0 | 0 | 10 | 3 | 0 | 2 | 1 | 2 | 1 | 0 | 0 |
| 이창우 | 11 | 11 | 0 | 1 | 5 | 8 | 9 | 1 | 3 | 1 | 1 | 0 | 0 | 0 |
| 이태석 | 22 | 5 | 1 | 2 | 56 | 15 | 9 | 2 | 10 | 5 | 5 | 0 | 0 | 0 |
| 이헌재 | 2 | 2 | 0 | 0 | 0 | 0 | 0 | 0 | 0 | 0 | 0 | 0 | 0 | 0 |
| 이호재 | 34 | 23 | 15 | 1 | 1 | 26 | 50 | 17 | 68 | 41 | 5 | 0 | 0 | 1 |
| 전민광 | 37 | 2 | 0 | 0 | 0 | 38 | 34 | 1 | 4 | 1 | 4 | 0 | 0 | 0 |
| 조르지 | 36 | 20 | 5 | 5 | 0 | 54 | 36 | 10 | 60 | 31 | 3 | 0 | 0 | 0 |
| 조상혁 | 25 | 25 | 2 | 1 | 0 | 20 | 9 | 1 | 9 | 2 | 0 | 0 | 0 | 0 |
| 조성욱 | 2 | 2 | 0 | 0 | 0 | 0 | 0 | 0 | 0 | 0 | 0 | 0 | 0 | 0 |
| 조재훈 | 3 | 3 | 0 | 0 | 0 | 3 | 1 | 0 | 1 | 1 | 0 | 0 | 0 | 0 |
| 주닝요 | 28 | 24 | 2 | 2 | 28 | 31 | 43 | 4 | 42 | 19 | 4 | 0 | 0 | 0 |
| 한찬희 | 9 | 9 | 0 | 1 | 1 | 7 | 3 | 0 | 8 | 2 | 1 | 0 | 0 | 0 |
| 한현서 | 21 | 8 | 0 | 1 | 0 | 11 | 15 | 0 | 1 | 0 | 1 | 0 | 0 | 0 |
| 홍성민 | 2 | 0 | 0 | 0 | 0 | 0 | 0 | 0 | 0 | 0 | 0 | 0 | 8 | 0 |
| 홍윤상 | 30 | 28 | 3 | 2 | 2 | 30 | 17 | 4 | 17 | 10 | 2 | 0 | 0 | 0 |
| 홍지우 | 1 | 1 | 0 | 0 | 0 | 1 | 0 | 0 | 0 | 0 | 0 | 0 | 0 | 0 |
| 황서웅 | 12 | 12 | 0 | 0 | 1 | 4 | 1 | 0 | 2 | 0 | 1 | 0 | 0 | 0 |
| 황인재 | 33 | 0 | 0 | 0 | 0 | 0 | 3 | 0 | 0 | 0 | 1 | 0 | 31 | 0 |

## 2025년 K리그1 팀별 개인 기록 | 강원

| 선수명 | 출전 | 교체 | 득점 | 도움 | 코너킥 | 파울 | 파울득 | 오프사이드 | 슈팅 | 유효슈팅 | 경고 | 퇴장 | 실점 | 자책 |
|---|---|---|---|---|---|---|---|---|---|---|---|---|---|---|
| 가브리엘 | 27 | 22 | 4 | 1 | 0 | 22 | 38 | 7 | 34 | 14 | 5 | 0 | 0 | 0 |
| 강윤구 | 5 | 6 | 0 | 1 | 0 | 5 | 3 | 0 | 1 | 0 | 0 | 0 | 0 | 0 |
| 강준혁 | 22 | 10 | 0 | 1 | 0 | 7 | 18 | 0 | 11 | 3 | 1 | 0 | 0 | 0 |
| 강투지 | 31 | 3 | 0 | 0 | 0 | 20 | 5 | 1 | 8 | 2 | 5 | 0 | 0 | 1 |
| 구본철 | 14 | 13 | 0 | 0 | 0 | 10 | 10 | 0 | 5 | 4 | 0 | 0 | 0 | 0 |
| 김강국 | 25 | 17 | 1 | 1 | 41 | 17 | 14 | 1 | 7 | 5 | 5 | 0 | 0 | 0 |
| 김건희 | 20 | 15 | 5 | 0 | 0 | 22 | 25 | 4 | 27 | 16 | 2 | 0 | 0 | 0 |
| 김경민 | 14 | 13 | 1 | 0 | 0 | 7 | 9 | 6 | 9 | 5 | 1 | 1 | 0 | 0 |
| 김대우 | 17 | 9 | 0 | 0 | 0 | 18 | 16 | 0 | 6 | 4 | 2 | 1 | 0 | 0 |
| 김대원 | 18 | 8 | 2 | 3 | 68 | 11 | 11 | 2 | 38 | 16 | 4 | 0 | 0 | 0 |
| 김도현 | 24 | 24 | 0 | 0 | 0 | 10 | 16 | 0 | 7 | 2 | 3 | 0 | 0 | 0 |
| 김동현 | 22 | 15 | 1 | 2 | 12 | 20 | 13 | 0 | 12 | 5 | 1 | 0 | 0 | 0 |
| 김민준 | 9 | 8 | 0 | 1 | 10 | 6 | 7 | 1 | 3 | 0 | 0 | 0 | 0 | 0 |
| 김신진 | 3 | 4 | 0 | 0 | 0 | 0 | 1 | 1 | 1 | 1 | 0 | 0 | 0 | 0 |
| 김이석 | 3 | 3 | 0 | 0 | 0 | 0 | 3 | 0 | 2 | 0 | 0 | 0 | 0 | 0 |
| 김태환 | 1 | 1 | 0 | 0 | 0 | 0 | 0 | 0 | 0 | 0 | 0 | 0 | 0 | 0 |
| 마리오 | 2 | 2 | 0 | 0 | 0 | 0 | 0 | 0 | 1 | 0 | 0 | 0 | 0 | 0 |
| 모재현 | 19 | 7 | 5 | 5 | 0 | 27 | 22 | 6 | 20 | 15 | 1 | 0 | 0 | 0 |
| 박상혁 | 4 | 2 | 2 | 0 | 0 | 8 | 6 | 5 | 7 | 6 | 0 | 0 | 0 | 0 |
| 박청효 | 19 | 1 | 0 | 0 | 0 | 1 | 1 | 0 | 0 | 0 | 1 | 0 | 19 | 0 |
| 박호영 | 20 | 15 | 0 | 1 | 0 | 7 | 7 | 0 | 3 | 0 | 4 | 0 | 0 | 0 |
| 서민우 | 16 | 6 | 1 | 0 | 0 | 16 | 6 | 1 | 6 | 3 | 4 | 0 | 0 | 0 |
| 송준석 | 24 | 11 | 0 | 1 | 1 | 29 | 25 | 1 | 14 | 5 | 10 | 0 | 0 | 0 |
| 신민하 | 29 | 5 | 1 | 1 | 0 | 14 | 10 | 0 | 11 | 7 | 3 | 0 | 0 | 0 |
| 윤일록 | 6 | 6 | 0 | 0 | 0 | 6 | 0 | 0 | 1 | 0 | 0 | 0 | 0 | 0 |
| 이광연 | 20 | 1 | 0 | 1 | 0 | 1 | 1 | 0 | 0 | 0 | 2 | 0 | 22 | 0 |
| 이기혁 | 31 | 11 | 0 | 1 | 14 | 39 | 41 | 1 | 5 | 2 | 6 | 0 | 0 | 0 |
| 이상헌 | 30 | 26 | 4 | 2 | 1 | 23 | 11 | 3 | 30 | 14 | 4 | 0 | 0 | 0 |
| 이승원 | 3 | 2 | 0 | 0 | 1 | 2 | 2 | 0 | 3 | 0 | 0 | 0 | 0 | 0 |
| 이유현 | 29 | 8 | 1 | 1 | 0 | 26 | 15 | 0 | 18 | 10 | 3 | 0 | 0 | 0 |
| 이지호 | 27 | 23 | 4 | 3 | 0 | 20 | 27 | 5 | 22 | 15 | 2 | 0 | 0 | 0 |
| 조진혁 | 5 | 5 | 2 | 0 | 0 | 2 | 6 | 2 | 3 | 3 | 1 | 0 | 0 | 0 |
| 조현태 | 3 | 3 | 0 | 0 | 0 | 2 | 0 | 0 | 1 | 1 | 0 | 0 | 0 | 0 |
| 진준서 | 2 | 2 | 0 | 0 | 0 | 0 | 0 | 1 | 0 | 0 | 0 | 0 | 0 | 0 |
| 최병찬 | 10 | 10 | 1 | 0 | 0 | 10 | 2 | 1 | 5 | 3 | 1 | 0 | 0 | 0 |
| 최한솔 | 6 | 6 | 0 | 0 | 0 | 6 | 3 | 0 | 0 | 0 | 2 | 0 | 0 | 0 |
| 코바체비치 | 12 | 11 | 1 | 0 | 0 | 14 | 14 | 2 | 9 | 3 | 1 | 0 | 0 | 0 |
| 호마리우 | 1 | 1 | 0 | 0 | 0 | 0 | 1 | 0 | 0 | 0 | 0 | 0 | 0 | 0 |
| 홍 철 | 21 | 17 | 1 | 0 | 16 | 8 | 12 | 0 | 6 | 2 | 3 | 0 | 0 | 0 |

## 2025년 K리그1 팀별 개인 기록 | 서울

| 선수명 | 출전 | 교체 | 득점 | 도움 | 코너킥 | 파울 | 파울득 | 오프사이드 | 슈팅 | 유효슈팅 | 경고 | 퇴장 | 실점 | 자책 |
|---|---|---|---|---|---|---|---|---|---|---|---|---|---|---|
| 강성진 | 5 | 5 | 0 | 0 | 0 | 0 | 1 | 0 | 2 | 0 | 0 | 0 | 0 | 0 |
| 강주혁 | 3 | 3 | 0 | 0 | 0 | 2 | 1 | 0 | 1 | 0 | 0 | 0 | 0 | 0 |
| 강현무 | 31 | 2 | 0 | 0 | 0 | 0 | 4 | 0 | 0 | 0 | 1 | 0 | 40 | 0 |
| 기성용 | 8 | 5 | 0 | 0 | 3 | 2 | 1 | 1 | 3 | 0 | 0 | 0 | 0 | 0 |
| 김신진 | 2 | 2 | 0 | 0 | 0 | 0 | 0 | 1 | 0 | 0 | 0 | 0 | 0 | 0 |
| 김주성 | 23 | 3 | 0 | 0 | 0 | 14 | 13 | 0 | 7 | 4 | 5 | 0 | 0 | 0 |
| 김진수 | 37 | 1 | 2 | 8 | 70 | 32 | 41 | 4 | 30 | 14 | 5 | 0 | 0 | 0 |
| 김진야 | 5 | 5 | 0 | 0 | 0 | 0 | 0 | 0 | 1 | 0 | 0 | 0 | 0 | 0 |
| 김현덕 | 1 | 1 | 0 | 0 | 0 | 0 | 0 | 0 | 0 | 0 | 0 | 0 | 0 | 0 |
| 둑 스 | 32 | 29 | 4 | 0 | 0 | 37 | 14 | 1 | 37 | 20 | 5 | 0 | 0 | 0 |
| 루카스 | 31 | 27 | 5 | 1 | 1 | 30 | 28 | 1 | 50 | 26 | 0 | 0 | 0 | 0 |
| 류재문 | 20 | 11 | 2 | 1 | 0 | 16 | 4 | 0 | 9 | 6 | 3 | 0 | 0 | 0 |
| 린가드 | 34 | 25 | 10 | 4 | 119 | 36 | 33 | 7 | 89 | 44 | 9 | 0 | 0 | 0 |
| 문선민 | 35 | 32 | 6 | 3 | 1 | 12 | 36 | 3 | 43 | 29 | 1 | 0 | 0 | 0 |
| 바 또 | 2 | 2 | 0 | 0 | 0 | 1 | 0 | 0 | 0 | 0 | 0 | 0 | 0 | 0 |
| 박성훈 | 15 | 4 | 1 | 0 | 0 | 11 | 10 | 0 | 4 | 2 | 3 | 0 | 0 | 0 |
| 박수일 | 17 | 4 | 1 | 1 | 0 | 7 | 11 | 1 | 10 | 3 | 2 | 0 | 0 | 0 |
| 박장한결 | 2 | 2 | 0 | 0 | 0 | 0 | 2 | 0 | 0 | 0 | 0 | 0 | 0 | 0 |
| 손승범 | 5 | 5 | 0 | 0 | 0 | 3 | 3 | 1 | 2 | 1 | 2 | 0 | 0 | 0 |
| 안데르손 | 17 | 5 | 1 | 2 | 7 | 18 | 32 | 1 | 23 | 8 | 4 | 0 | 0 | 0 |
| 야 잔 | 34 | 2 | 1 | 1 | 0 | 18 | 5 | 0 | 28 | 5 | 2 | 0 | 0 | 0 |
| 윌리안 | 7 | 7 | 0 | 1 | 1 | 5 | 2 | 1 | 2 | 0 | 1 | 0 | 0 | 0 |
| 이승모 | 33 | 29 | 1 | 0 | 0 | 20 | 11 | 2 | 29 | 10 | 3 | 0 | 0 | 0 |
| 이시영 | 1 | 1 | 0 | 0 | 0 | 1 | 0 | 0 | 0 | 0 | 1 | 0 | 0 | 0 |
| 이한도 | 7 | 2 | 0 | 0 | 0 | 4 | 7 | 0 | 5 | 1 | 1 | 0 | 0 | 0 |
| 정승원 | 33 | 14 | 2 | 5 | 13 | 23 | 44 | 6 | 57 | 16 | 3 | 0 | 0 | 0 |
| 정태욱 | 2 | 0 | 0 | 0 | 0 | 1 | 2 | 0 | 1 | 0 | 1 | 0 | 0 | 0 |
| 정한민 | 13 | 13 | 0 | 0 | 0 | 3 | 1 | 2 | 6 | 2 | 0 | 0 | 0 | 0 |
| 조영욱 | 34 | 29 | 7 | 2 | 0 | 10 | 27 | 5 | 42 | 22 | 1 | 0 | 0 | 0 |
| 천성훈 | 9 | 9 | 1 | 0 | 0 | 1 | 0 | 2 | 3 | 2 | 0 | 0 | 0 | 0 |
| 최 준 | 32 | 6 | 1 | 1 | 0 | 42 | 25 | 2 | 18 | 6 | 7 | 0 | 0 | 0 |
| 최철원 | 9 | 2 | 0 | 0 | 0 | 0 | 1 | 0 | 0 | 0 | 1 | 0 | 12 | 0 |
| 클리말라 | 4 | 4 | 1 | 1 | 0 | 3 | 3 | 1 | 3 | 1 | 0 | 0 | 0 | 0 |
| 황도윤 | 34 | 27 | 1 | 4 | 0 | 23 | 21 | 0 | 24 | 10 | 2 | 0 | 0 | 0 |

## 2025년 K리그1 팀별 개인 기록 | 광주

| 선수명 | 출전 | 교체 | 득점 | 도움 | 코너킥 | 파울 | 파울득 | 오프사이드 | 슈팅 | 유효슈팅 | 경고 | 퇴장 | 실점 | 자책 |
|---|---|---|---|---|---|---|---|---|---|---|---|---|---|---|
| 가브리엘 | 8 | 8 | 0 | 0 | 0 | 7 | 12 | 2 | 3 | 3 | 0 | 0 | 0 | 0 |
| 강희수 | 11 | 11 | 1 | 0 | 0 | 8 | 5 | 0 | 4 | 2 | 3 | 0 | 0 | 0 |
| 권성윤 | 2 | 2 | 0 | 0 | 0 | 2 | 3 | 0 | 1 | 0 | 0 | 0 | 0 | 0 |
| 김경민 | 33 | 1 | 0 | 0 | 0 | 0 | 4 | 0 | 0 | 0 | 3 | 0 | 34 | 1 |
| 김동화 | 1 | 0 | 0 | 0 | 0 | 0 | 0 | 0 | 0 | 0 | 0 | 0 | 3 | 0 |
| 김윤호 | 1 | 1 | 0 | 0 | 0 | 1 | 0 | 0 | 0 | 0 | 0 | 0 | 0 | 0 |
| 김진호 | 13 | 2 | 0 | 0 | 0 | 10 | 23 | 0 | 3 | 2 | 4 | 0 | 0 | 0 |
| 김한길 | 18 | 14 | 0 | 0 | 0 | 13 | 15 | 0 | 5 | 0 | 3 | 0 | 0 | 0 |
| 노희동 | 5 | 1 | 0 | 0 | 0 | 0 | 1 | 0 | 0 | 0 | 1 | 0 | 4 | 0 |
| 문민서 | 30 | 29 | 0 | 0 | 2 | 12 | 7 | 0 | 12 | 8 | 2 | 0 | 0 | 0 |
| 민상기 | 16 | 9 | 0 | 0 | 0 | 11 | 7 | 1 | 0 | 0 | 0 | 0 | 0 | 0 |
| 박인혁 | 29 | 28 | 4 | 0 | 1 | 33 | 20 | 14 | 30 | 12 | 5 | 0 | 0 | 1 |
| 박정인 | 6 | 6 | 0 | 0 | 0 | 3 | 1 | 0 | 1 | 0 | 0 | 0 | 0 | 0 |
| 박태준 | 15 | 3 | 1 | 1 | 26 | 10 | 31 | 0 | 12 | 5 | 3 | 0 | 0 | 0 |
| 변준수 | 33 | 4 | 2 | 2 | 0 | 30 | 38 | 2 | 12 | 7 | 7 | 0 | 0 | 0 |
| 브루노 | 7 | 6 | 0 | 0 | 0 | 6 | 2 | 0 | 2 | 1 | 3 | 0 | 0 | 0 |
| 신창무 | 23 | 23 | 2 | 3 | 18 | 28 | 21 | 3 | 19 | 13 | 3 | 0 | 0 | 0 |
| 심상민 | 19 | 14 | 0 | 0 | 0 | 12 | 24 | 0 | 1 | 0 | 1 | 0 | 0 | 0 |
| 아사니 | 22 | 12 | 8 | 2 | 4 | 11 | 39 | 8 | 39 | 21 | 2 | 0 | 0 | 0 |
| 안영규 | 16 | 11 | 0 | 1 | 0 | 11 | 2 | 0 | 4 | 2 | 1 | 0 | 0 | 0 |
| 안혁주 | 6 | 6 | 0 | 1 | 3 | 3 | 0 | 1 | 1 | 1 | 0 | 0 | 0 | 0 |
| 오후성 | 33 | 25 | 4 | 3 | 0 | 10 | 27 | 2 | 22 | 12 | 1 | 0 | 0 | 0 |
| 유제호 | 15 | 14 | 0 | 0 | 0 | 5 | 7 | 0 | 6 | 3 | 2 | 0 | 0 | 0 |
| 이강현 | 33 | 29 | 0 | 1 | 0 | 31 | 12 | 1 | 13 | 5 | 6 | 0 | 0 | 0 |
| 이민기 | 10 | 8 | 0 | 0 | 0 | 1 | 6 | 1 | 0 | 0 | 2 | 0 | 0 | 0 |
| 정지훈 | 23 | 23 | 1 | 1 | 0 | 9 | 18 | 2 | 10 | 5 | 4 | 0 | 0 | 0 |
| 조성권 | 34 | 8 | 2 | 1 | 0 | 35 | 26 | 1 | 8 | 2 | 6 | 0 | 0 | 0 |
| 주세종 | 21 | 21 | 0 | 0 | 24 | 6 | 6 | 1 | 3 | 0 | 2 | 0 | 0 | 0 |
| 진시우 | 23 | 5 | 0 | 0 | 0 | 20 | 7 | 0 | 4 | 2 | 7 | 0 | 0 | 0 |
| 최경록 | 32 | 21 | 1 | 4 | 64 | 18 | 17 | 2 | 20 | 8 | 2 | 0 | 0 | 0 |
| 프리드욘슨 | 9 | 9 | 2 | 0 | 0 | 6 | 2 | 0 | 7 | 5 | 0 | 0 | 0 | 0 |
| 하승운 | 19 | 17 | 1 | 1 | 1 | 8 | 2 | 1 | 4 | 3 | 3 | 0 | 0 | 0 |
| 헤이스 | 37 | 2 | 10 | 2 | 9 | 28 | 70 | 15 | 59 | 41 | 2 | 0 | 0 | 0 |
| 홍용준 | 2 | 3 | 0 | 0 | 0 | 2 | 0 | 0 | 0 | 0 | 0 | 0 | 0 | 0 |
| 황재환 | 2 | 2 | 0 | 0 | 0 | 0 | 2 | 0 | 1 | 1 | 0 | 0 | 0 | 0 |

## 2025년 K리그1 팀별 개인 기록 | 안양

| 선수명 | 출전 | 교체 | 득점 | 도움 | 코너킥 | 파울 | 파울득 | 오프사이드 | 슈팅 | 유효슈팅 | 경고 | 퇴장 | 실점 | 자책 |
|---|---|---|---|---|---|---|---|---|---|---|---|---|---|---|
| 강지훈 | 22 | 17 | 0 | 0 | 10 | 18 | 5 | 1 | 7 | 4 | 4 | 0 | 0 | 0 |
| 권경원 | 12 | 1 | 0 | 0 | 0 | 6 | 9 | 1 | 8 | 3 | 3 | 1 | 0 | 1 |
| 김다솔 | 35 | 2 | 0 | 0 | 0 | 2 | 9 | 0 | 0 | 0 | 3 | 1 | 42 | 0 |
| 김동진 | 24 | 4 | 0 | 5 | 21 | 28 | 20 | 2 | 5 | 1 | 4 | 0 | 0 | 0 |
| 김민호 | 1 | 1 | 0 | 0 | 0 | 1 | 2 | 0 | 0 | 0 | 0 | 0 | 0 | 0 |
| 김보경 | 19 | 19 | 2 | 0 | 18 | 10 | 14 | 0 | 11 | 6 | 0 | 0 | 0 | 0 |
| 김영찬 | 24 | 8 | 0 | 0 | 0 | 20 | 9 | 1 | 7 | 2 | 4 | 0 | 0 | 0 |
| 김 운 | 29 | 28 | 0 | 0 | 0 | 22 | 12 | 1 | 18 | 9 | 4 | 0 | 0 | 0 |
| 김정현 | 26 | 16 | 0 | 0 | 0 | 39 | 15 | 1 | 11 | 1 | 8 | 0 | 0 | 0 |
| 김지훈 | 8 | 8 | 0 | 0 | 0 | 2 | 1 | 0 | 0 | 0 | 1 | 0 | 0 | 0 |
| 리영직 | 14 | 8 | 0 | 0 | 0 | 10 | 4 | 1 | 5 | 2 | 2 | 0 | 0 | 0 |
| 마테우스 | 35 | 25 | 10 | 5 | 78 | 6 | 31 | 3 | 85 | 52 | 5 | 1 | 0 | 0 |
| 모 따 | 37 | 21 | 14 | 4 | 0 | 44 | 51 | 27 | 74 | 44 | 6 | 0 | 0 | 0 |
| 문성우 | 19 | 21 | 1 | 1 | 0 | 16 | 14 | 1 | 14 | 5 | 1 | 0 | 0 | 0 |
| 박정훈 | 10 | 10 | 0 | 0 | 0 | 2 | 5 | 0 | 3 | 1 | 0 | 0 | 0 | 0 |
| 박종현 | 9 | 6 | 0 | 0 | 0 | 7 | 1 | 0 | 1 | 0 | 2 | 0 | 0 | 0 |
| 야 고 | 31 | 30 | 4 | 6 | 10 | 7 | 14 | 5 | 44 | 26 | 0 | 0 | 0 | 0 |
| 에두아르도 | 18 | 15 | 0 | 0 | 4 | 25 | 19 | 2 | 15 | 9 | 2 | 0 | 0 | 0 |
| 유키치 | 11 | 11 | 3 | 1 | 6 | 10 | 1 | 2 | 22 | 19 | 1 | 0 | 0 | 0 |
| 이민수 | 7 | 8 | 0 | 0 | 0 | 2 | 2 | 0 | 2 | 2 | 0 | 0 | 0 | 0 |
| 이상용 | 2 | 2 | 0 | 0 | 0 | 1 | 0 | 0 | 0 | 0 | 0 | 0 | 0 | 0 |
| 이윤오 | 1 | 1 | 0 | 0 | 0 | 0 | 0 | 0 | 0 | 0 | 0 | 0 | 1 | 0 |
| 이창용 | 37 | 6 | 2 | 0 | 0 | 25 | 20 | 1 | 8 | 4 | 4 | 0 | 0 | 0 |
| 이태희 | 32 | 4 | 0 | 1 | 1 | 38 | 29 | 1 | 4 | 1 | 6 | 0 | 0 | 0 |
| 임민혁 | 6 | 6 | 0 | 0 | 2 | 1 | 1 | 0 | 1 | 1 | 0 | 0 | 0 | 0 |
| 임승겸 | 1 | 1 | 0 | 0 | 0 | 0 | 0 | 0 | 0 | 0 | 0 | 0 | 0 | 0 |
| 장정우 | 1 | 1 | 0 | 0 | 0 | 0 | 0 | 0 | 0 | 0 | 0 | 0 | 0 | 0 |
| 주현우 | 7 | 6 | 0 | 0 | 8 | 5 | 2 | 0 | 0 | 0 | 0 | 0 | 0 | 0 |
| 채현우 | 33 | 33 | 4 | 0 | 2 | 24 | 30 | 1 | 35 | 18 | 4 | 0 | 0 | 0 |
| 최규현 | 19 | 15 | 2 | 0 | 1 | 16 | 14 | 2 | 6 | 4 | 3 | 0 | 0 | 0 |
| 최성범 | 19 | 20 | 2 | 2 | 0 | 11 | 6 | 2 | 9 | 6 | 3 | 0 | 0 | 0 |
| 토마스 | 37 | 3 | 3 | 2 | 0 | 26 | 9 | 0 | 18 | 12 | 6 | 0 | 0 | 0 |
| 한가람 | 12 | 10 | 1 | 0 | 0 | 4 | 6 | 1 | 4 | 2 | 1 | 0 | 0 | 0 |
| 황병근 | 4 | 1 | 0 | 0 | 0 | 0 | 0 | 0 | 0 | 0 | 0 | 0 | 4 | 0 |

### 2025년 K리그1 팀별 개인 기록 | 울산

| 선수명 | 출전 | 교체 | 득점 | 도움 | 코너킥 | 파울 | 파울득 | 오프사이드 | 슈팅 | 유효슈팅 | 경고 | 퇴장 | 실점 | 자책 |
|---|---|---|---|---|---|---|---|---|---|---|---|---|---|---|
| 강민우 | 6 | 4 | 0 | 0 | 0 | 2 | 2 | 0 | 0 | 0 | 1 | 0 | 0 | 0 |
| 강상우 | 32 | 15 | 1 | 2 | 0 | 34 | 35 | 3 | 22 | 12 | 5 | 0 | 0 | 0 |
| 고승범 | 29 | 7 | 3 | 3 | 36 | 39 | 31 | 1 | 31 | 19 | 8 | 0 | 0 | 0 |
| 김민혁 | 15 | 13 | 0 | 0 | 0 | 17 | 7 | 2 | 3 | 2 | 9 | 0 | 0 | 0 |
| 김영권 | 36 | 6 | 0 | 1 | 0 | 16 | 21 | 1 | 8 | 3 | 4 | 0 | 0 | 0 |
| 라카바 | 24 | 23 | 1 | 2 | 5 | 19 | 24 | 1 | 27 | 14 | 3 | 0 | 0 | 0 |
| 루빅손 | 36 | 19 | 5 | 3 | 0 | 22 | 13 | 10 | 41 | 22 | 2 | 0 | 0 | 0 |
| 말 컹 | 9 | 9 | 3 | 0 | 0 | 6 | 9 | 1 | 18 | 12 | 0 | 0 | 0 | 0 |
| 문정인 | 5 | 0 | 0 | 0 | 0 | 0 | 1 | 0 | 0 | 0 | 0 | 0 | 5 | 0 |
| 박민서 | 16 | 9 | 1 | 1 | 17 | 18 | 12 | 4 | 16 | 8 | 4 | 0 | 0 | 0 |
| 백인우 | 12 | 11 | 1 | 0 | 0 | 11 | 5 | 0 | 9 | 4 | 0 | 0 | 0 | 0 |
| 보야니치 | 26 | 19 | 2 | 3 | 53 | 13 | 13 | 0 | 14 | 7 | 0 | 0 | 0 | 0 |
| 서명관 | 21 | 5 | 1 | 0 | 0 | 23 | 14 | 0 | 13 | 4 | 4 | 0 | 0 | 0 |
| 야 고 | 5 | 5 | 0 | 0 | 0 | 1 | 1 | 1 | 8 | 5 | 0 | 0 | 0 | 0 |
| 엄원상 | 30 | 28 | 1 | 5 | 0 | 6 | 26 | 10 | 33 | 20 | 0 | 0 | 0 | 0 |
| 에 릭 | 28 | 18 | 10 | 0 | 3 | 14 | 23 | 3 | 58 | 32 | 3 | 0 | 0 | 0 |
| 윤재석 | 30 | 30 | 1 | 0 | 0 | 17 | 21 | 3 | 23 | 14 | 3 | 0 | 0 | 0 |
| 윤종규 | 12 | 5 | 0 | 0 | 0 | 12 | 10 | 0 | 10 | 6 | 3 | 0 | 0 | 0 |
| 이동경 | 2 | 0 | 0 | 1 | 7 | 3 | 1 | 0 | 7 | 5 | 0 | 0 | 0 | 0 |
| 이재익 | 12 | 8 | 0 | 0 | 0 | 11 | 1 | 0 | 6 | 3 | 3 | 0 | 0 | 0 |
| 이진현 | 26 | 15 | 1 | 2 | 53 | 16 | 37 | 2 | 29 | 17 | 2 | 0 | 0 | 0 |
| 이청용 | 24 | 23 | 4 | 2 | 10 | 8 | 19 | 3 | 16 | 11 | 1 | 0 | 0 | 0 |
| 이희균 | 26 | 25 | 1 | 1 | 4 | 8 | 16 | 0 | 13 | 6 | 3 | 0 | 0 | 0 |
| 장시영 | 2 | 2 | 0 | 0 | 0 | 0 | 0 | 0 | 0 | 0 | 0 | 0 | 0 | 0 |
| 정승현 | 13 | 2 | 0 | 0 | 0 | 17 | 8 | 0 | 7 | 4 | 4 | 0 | 0 | 0 |
| 정우영 | 17 | 15 | 0 | 1 | 25 | 17 | 8 | 0 | 9 | 2 | 3 | 0 | 0 | 0 |
| 조현우 | 33 | 0 | 0 | 0 | 0 | 0 | 6 | 0 | 0 | 0 | 2 | 0 | 45 | 0 |
| 조현택 | 11 | 8 | 1 | 1 | 2 | 5 | 15 | 0 | 6 | 5 | 0 | 0 | 0 | 0 |
| 최석현 | 23 | 21 | 0 | 0 | 0 | 4 | 7 | 0 | 8 | 4 | 3 | 0 | 0 | 0 |
| 트로야크 | 11 | 5 | 0 | 0 | 0 | 11 | 5 | 1 | 7 | 2 | 1 | 0 | 0 | 0 |
| 허 율 | 26 | 15 | 4 | 1 | 0 | 54 | 15 | 9 | 31 | 12 | 5 | 0 | 0 | 0 |
| 황석호 | 3 | 1 | 0 | 0 | 0 | 5 | 0 | 0 | 1 | 1 | 0 | 0 | 0 | 0 |

### 2025년 K리그1 팀별 개인 기록 | 수원FC

| 선수명 | 출전 | 교체 | 득점 | 도움 | 코너킥 | 파울 | 파울득 | 오프사이드 | 슈팅 | 유효슈팅 | 경고 | 퇴장 | 실점 | 자책 |
|---|---|---|---|---|---|---|---|---|---|---|---|---|---|---|
| 권도영 | 1 | 1 | 0 | 0 | 0 | 1 | 0 | 0 | 0 | 0 | 0 | 0 | 0 | 0 |
| 김경민 | 18 | 17 | 0 | 2 | 0 | 8 | 6 | 1 | 15 | 8 | 0 | 0 | 0 | 0 |
| 김도윤 | 11 | 11 | 1 | 0 | 2 | 6 | 9 | 0 | 3 | 2 | 0 | 0 | 0 | 0 |
| 김재성 | 13 | 12 | 0 | 0 | 0 | 12 | 9 | 0 | 4 | 0 | 0 | 0 | 0 | 0 |
| 김주엽 | 6 | 6 | 0 | 0 | 0 | 4 | 4 | 1 | 4 | 3 | 0 | 0 | 0 | 0 |
| 김태한 | 29 | 5 | 0 | 1 | 0 | 25 | 18 | 3 | 5 | 3 | 6 | 0 | 0 | 1 |
| 노경호 | 23 | 17 | 2 | 0 | 1 | 29 | 21 | 2 | 15 | 7 | 4 | 0 | 0 | 0 |
| 루 안 | 35 | 16 | 5 | 0 | 84 | 31 | 85 | 2 | 63 | 31 | 5 | 0 | 0 | 0 |
| 박용희 | 11 | 12 | 0 | 0 | 0 | 3 | 7 | 0 | 5 | 3 | 0 | 0 | 0 | 0 |
| 박철우 | 4 | 2 | 0 | 0 | 0 | 1 | 2 | 0 | 2 | 1 | 0 | 0 | 0 | 0 |
| 서재민 | 24 | 23 | 0 | 1 | 0 | 16 | 7 | 4 | 4 | 3 | 0 | 0 | 0 | 0 |
| 싸 박 | 34 | 15 | 17 | 2 | 1 | 44 | 39 | 17 | 98 | 60 | 6 | 0 | 0 | 0 |
| 아반다 | 5 | 5 | 0 | 1 | 1 | 2 | 1 | 1 | 3 | 1 | 0 | 0 | 0 | 0 |
| 안데르손 | 20 | 3 | 5 | 6 | 7 | 12 | 33 | 0 | 47 | 25 | 0 | 0 | 0 | 0 |
| 안드리고 | 16 | 16 | 0 | 3 | 20 | 12 | 6 | 2 | 22 | 11 | 1 | 0 | 0 | 0 |
| 안준수 | 31 | 1 | 0 | 0 | 0 | 1 | 5 | 0 | 0 | 0 | 6 | 0 | 44 | 1 |
| 안현범 | 18 | 18 | 1 | 2 | 0 | 11 | 6 | 5 | 15 | 10 | 1 | 0 | 0 | 0 |
| 오프키르 | 10 | 10 | 0 | 0 | 0 | 2 | 5 | 0 | 7 | 3 | 1 | 0 | 0 | 0 |
| 윌리안 | 11 | 9 | 8 | 2 | 9 | 11 | 17 | 7 | 22 | 15 | 2 | 0 | 0 | 0 |
| 윤빛가람 | 11 | 5 | 1 | 0 | 21 | 7 | 9 | 0 | 18 | 9 | 1 | 0 | 0 | 0 |
| 이시영 | 17 | 8 | 0 | 1 | 0 | 11 | 10 | 2 | 7 | 4 | 2 | 0 | 0 | 0 |
| 이 용 | 19 | 6 | 0 | 1 | 0 | 7 | 7 | 0 | 1 | 0 | 2 | 0 | 0 | 1 |
| 이재원 | 35 | 14 | 2 | 0 | 0 | 38 | 38 | 2 | 26 | 10 | 6 | 0 | 0 | 0 |
| 이준석 | 6 | 6 | 0 | 0 | 0 | 5 | 1 | 1 | 6 | 5 | 0 | 0 | 0 | 0 |
| 이지솔 | 25 | 9 | 1 | 0 | 0 | 14 | 23 | 0 | 10 | 5 | 6 | 0 | 0 | 0 |
| 이택근 | 11 | 11 | 1 | 1 | 0 | 6 | 7 | 1 | 5 | 3 | 0 | 0 | 0 | 0 |
| 이현용 | 31 | 9 | 1 | 0 | 0 | 23 | 10 | 0 | 12 | 7 | 4 | 0 | 0 | 0 |
| 장영우 | 6 | 6 | 0 | 0 | 0 | 4 | 1 | 0 | 1 | 0 | 0 | 0 | 0 | 0 |
| 장윤호 | 8 | 8 | 0 | 1 | 5 | 10 | 6 | 0 | 1 | 0 | 1 | 0 | 0 | 0 |
| 정승배 | 14 | 14 | 1 | 0 | 4 | 1 | 4 | 0 | 6 | 3 | 0 | 0 | 0 | 0 |
| 조준현 | 4 | 5 | 0 | 0 | 0 | 3 | 4 | 0 | 1 | 0 | 1 | 0 | 0 | 0 |
| 지동원 | 11 | 11 | 0 | 1 | 0 | 8 | 5 | 4 | 8 | 2 | 0 | 0 | 0 | 0 |
| 최규백 | 28 | 6 | 1 | 1 | 0 | 19 | 18 | 0 | 7 | 4 | 2 | 0 | 0 | 0 |
| 최 산 | 2 | 2 | 0 | 0 | 0 | 3 | 0 | 2 | 0 | 0 | 0 | 0 | 0 | 0 |
| 최치웅 | 13 | 13 | 1 | 0 | 0 | 6 | 0 | 2 | 4 | 3 | 1 | 0 | 0 | 0 |
| 한찬희 | 18 | 14 | 0 | 0 | 0 | 11 | 1 | 0 | 26 | 9 | 1 | 0 | 0 | 0 |
| 황인택 | 9 | 9 | 0 | 0 | 0 | 4 | 2 | 1 | 1 | 1 | 1 | 0 | 0 | 0 |
| 황재윤 | 8 | 1 | 0 | 0 | 0 | 0 | 3 | 0 | 0 | 0 | 2 | 0 | 14 | 0 |

## 2025년 K리그1 팀별 개인 기록 | 제주

| 선수명 | 출전 | 교체 | 득점 | 도움 | 코너킥 | 파울 | 파울득 | 오프사이드 | 슈팅 | 유효슈팅 | 경고 | 퇴장 | 실점 | 자책 |
|---|---|---|---|---|---|---|---|---|---|---|---|---|---|---|
| 권순호 | 2 | 2 | 0 | 0 | 0 | 0 | 1 | 0 | 1 | 0 | 0 | 0 | 0 | 0 |
| 김건웅 | 12 | 7 | 0 | 0 | 0 | 15 | 2 | 0 | 8 | 3 | 1 | 0 | 0 | 0 |
| 김동준 | 31 | 1 | 0 | 0 | 0 | 0 | 4 | 0 | 0 | 0 | 2 | 1 | 41 | 0 |
| 김륜성 | 35 | 17 | 1 | 5 | 21 | 36 | 41 | 4 | 10 | 6 | 6 | 0 | 0 | 0 |
| 김승섭 | 4 | 4 | 1 | 0 | 0 | 1 | 0 | 1 | 5 | 1 | 0 | 0 | 0 | 0 |
| 김재우 | 9 | 9 | 0 | 0 | 0 | 0 | 0 | 1 | 0 | 0 | 0 | 0 | 0 | 0 |
| 김정민 | 5 | 5 | 0 | 0 | 0 | 5 | 1 | 0 | 1 | 1 | 0 | 0 | 0 | 0 |
| 김주공 | 7 | 7 | 0 | 0 | 0 | 2 | 8 | 0 | 1 | 0 | 1 | 0 | 0 | 0 |
| 김준하 | 31 | 30 | 3 | 1 | 3 | 25 | 19 | 10 | 22 | 11 | 5 | 0 | 0 | 0 |
| 김진호 | 6 | 6 | 0 | 0 | 0 | 9 | 5 | 0 | 2 | 0 | 0 | 0 | 0 | 0 |
| 김태환 | 2 | 2 | 0 | 0 | 0 | 0 | 1 | 0 | 3 | 0 | 0 | 0 | 0 | 0 |
| 남태희 | 37 | 18 | 6 | 4 | 58 | 23 | 39 | 3 | 55 | 29 | 6 | 0 | 0 | 0 |
| 데닐손 | 8 | 10 | 1 | 0 | 1 | 3 | 3 | 1 | 9 | 6 | 0 | 0 | 0 | 0 |
| 박동진 | 10 | 10 | 0 | 0 | 0 | 7 | 3 | 1 | 10 | 5 | 2 | 0 | 0 | 0 |
| 서진수 | 8 | 8 | 1 | 0 | 0 | 6 | 6 | 1 | 4 | 2 | 0 | 0 | 0 | 0 |
| 송주훈 | 35 | 4 | 1 | 1 | 0 | 21 | 22 | 2 | 7 | 2 | 3 | 1 | 0 | 0 |
| 신상은 | 10 | 14 | 1 | 1 | 0 | 3 | 3 | 5 | 12 | 7 | 0 | 0 | 0 | 0 |
| 안찬기 | 8 | 1 | 0 | 0 | 0 | 1 | 1 | 0 | 0 | 0 | 1 | 0 | 12 | 0 |
| 안태현 | 25 | 13 | 0 | 2 | 0 | 20 | 22 | 0 | 7 | 1 | 5 | 0 | 0 | 0 |
| 에반드로 | 5 | 5 | 0 | 0 | 1 | 7 | 5 | 1 | 4 | 1 | 0 | 0 | 0 | 0 |
| 오재혁 | 31 | 32 | 1 | 3 | 3 | 26 | 16 | 0 | 16 | 11 | 1 | 0 | 0 | 0 |
| 유리조나탄 | 33 | 19 | 13 | 0 | 0 | 42 | 23 | 15 | 68 | 41 | 8 | 0 | 0 | 1 |
| 유인수 | 34 | 15 | 4 | 1 | 1 | 24 | 44 | 9 | 39 | 17 | 2 | 1 | 0 | 0 |
| 이건희 | 6 | 6 | 2 | 1 | 0 | 13 | 7 | 3 | 5 | 3 | 2 | 0 | 0 | 0 |
| 이창민 | 31 | 16 | 2 | 3 | 53 | 27 | 13 | 0 | 52 | 24 | 6 | 1 | 0 | 0 |
| 이탈로 | 31 | 9 | 1 | 0 | 0 | 31 | 45 | 0 | 14 | 4 | 7 | 0 | 0 | 0 |
| 임창우 | 24 | 14 | 1 | 2 | 0 | 19 | 19 | 3 | 10 | 5 | 5 | 0 | 0 | 0 |
| 임채민 | 33 | 7 | 0 | 0 | 0 | 22 | 30 | 1 | 11 | 5 | 4 | 1 | 0 | 0 |
| 장민규 | 35 | 22 | 0 | 1 | 0 | 19 | 7 | 0 | 6 | 2 | 3 | 0 | 0 | 0 |
| 정 운 | 11 | 11 | 0 | 0 | 0 | 6 | 3 | 1 | 0 | 0 | 1 | 0 | 0 | 0 |
| 지상욱 | 1 | 1 | 0 | 0 | 0 | 0 | 0 | 0 | 1 | 1 | 0 | 0 | 0 | 0 |
| 최병욱 | 28 | 28 | 0 | 1 | 0 | 14 | 18 | 2 | 9 | 2 | 3 | 1 | 0 | 0 |
| 티아고 | 4 | 4 | 0 | 0 | 3 | 1 | 4 | 0 | 9 | 4 | 0 | 0 | 0 | 0 |
| 페드링요 | 9 | 9 | 0 | 2 | 3 | 2 | 6 | 0 | 2 | 0 | 0 | 0 | 0 | 0 |

## 2025년 K리그1 팀별 개인 기록 | 대구

| 선수명 | 출전 | 교체 | 득점 | 도움 | 코너킥 | 파울 | 파울득 | 오프사이드 | 슈팅 | 유효슈팅 | 경고 | 퇴장 | 실점 | 자책 |
|---|---|---|---|---|---|---|---|---|---|---|---|---|---|---|
| 고재현 | 5 | 5 | 0 | 0 | 0 | 1 | 1 | 0 | 6 | 1 | 0 | 0 | 0 | 0 |
| 권태영 | 12 | 12 | 0 | 1 | 0 | 8 | 3 | 0 | 7 | 3 | 1 | 0 | 0 | 0 |
| 김강산 | 4 | 1 | 0 | 0 | 0 | 1 | 4 | 0 | 5 | 2 | 0 | 0 | 0 | 0 |
| 김민준 | 6 | 6 | 0 | 0 | 0 | 8 | 3 | 0 | 4 | 1 | 1 | 0 | 0 | 0 |
| 김정현 | 26 | 13 | 0 | 1 | 19 | 45 | 13 | 0 | 15 | 3 | 6 | 0 | 0 | 0 |
| 김주공 | 20 | 13 | 3 | 1 | 0 | 7 | 29 | 2 | 31 | 14 | 0 | 0 | 0 | 0 |
| 김진혁 | 9 | 5 | 0 | 0 | 0 | 5 | 6 | 0 | 4 | 2 | 2 | 0 | 0 | 0 |
| 김현준 | 21 | 14 | 3 | 1 | 0 | 8 | 5 | 1 | 8 | 4 | 1 | 0 | 0 | 0 |
| 라마스 | 31 | 21 | 4 | 2 | 41 | 23 | 13 | 1 | 76 | 26 | 2 | 0 | 0 | 0 |
| 박대훈 | 25 | 25 | 2 | 0 | 1 | 13 | 10 | 3 | 25 | 17 | 0 | 0 | 0 | 0 |
| 박만호 | 2 | 0 | 0 | 0 | 0 | 0 | 0 | 0 | 0 | 0 | 0 | 0 | 6 | 0 |
| 박세진 | 3 | 3 | 0 | 0 | 0 | 1 | 2 | 0 | 0 | 0 | 0 | 0 | 0 | 0 |
| 박재현 | 7 | 7 | 0 | 0 | 0 | 3 | 0 | 0 | 4 | 1 | 0 | 0 | 0 | 0 |
| 박진영 | 16 | 5 | 0 | 1 | 0 | 7 | 8 | 0 | 1 | 1 | 2 | 0 | 0 | 0 |
| 세징야 | 25 | 3 | 12 | 12 | 90 | 24 | 64 | 9 | 78 | 29 | 3 | 0 | 0 | 0 |
| 에드가 | 31 | 26 | 6 | 2 | 0 | 28 | 32 | 11 | 37 | 17 | 4 | 0 | 0 | 1 |
| 오승훈 | 17 | 0 | 0 | 0 | 0 | 1 | 5 | 0 | 0 | 0 | 3 | 0 | 31 | 0 |
| 요시노 | 16 | 12 | 2 | 0 | 0 | 16 | 8 | 1 | 9 | 6 | 4 | 0 | 0 | 0 |
| 우주성 | 18 | 0 | 0 | 0 | 0 | 9 | 20 | 0 | 10 | 2 | 1 | 0 | 0 | 1 |
| 유지운 | 2 | 2 | 0 | 0 | 0 | 0 | 0 | 0 | 0 | 0 | 0 | 0 | 0 | 0 |
| 이 림 | 9 | 8 | 0 | 0 | 0 | 2 | 4 | 0 | 2 | 0 | 0 | 0 | 0 | 0 |
| 이용래 | 14 | 14 | 0 | 0 | 0 | 4 | 3 | 0 | 2 | 1 | 0 | 0 | 0 | 0 |
| 이원우 | 10 | 6 | 0 | 0 | 0 | 4 | 1 | 0 | 1 | 0 | 1 | 0 | 0 | 0 |
| 이진용 | 7 | 7 | 0 | 0 | 0 | 5 | 4 | 0 | 2 | 1 | 1 | 0 | 0 | 0 |
| 이찬동 | 12 | 10 | 0 | 1 | 0 | 9 | 12 | 0 | 4 | 0 | 3 | 0 | 0 | 0 |
| 장성원 | 21 | 12 | 1 | 1 | 0 | 10 | 23 | 1 | 9 | 4 | 1 | 0 | 0 | 0 |
| 전용준 | 2 | 2 | 0 | 0 | 0 | 1 | 1 | 0 | 0 | 0 | 0 | 0 | 0 | 0 |
| 정우재 | 16 | 9 | 0 | 0 | 0 | 6 | 9 | 0 | 4 | 0 | 0 | 0 | 0 | 0 |
| 정재상 | 25 | 25 | 2 | 1 | 0 | 20 | 13 | 5 | 21 | 9 | 0 | 0 | 0 | 0 |
| 정치인 | 31 | 29 | 3 | 1 | 0 | 26 | 23 | 11 | 27 | 12 | 3 | 0 | 0 | 0 |
| 정헌택 | 10 | 6 | 0 | 1 | 0 | 11 | 6 | 0 | 3 | 0 | 3 | 0 | 0 | 0 |
| 정현철 | 1 | 1 | 0 | 0 | 0 | 1 | 1 | 0 | 0 | 0 | 0 | 0 | 0 | 0 |
| 조진우 | 5 | 4 | 0 | 0 | 0 | 1 | 0 | 0 | 0 | 0 | 2 | 0 | 0 | 0 |
| 지오바니 | 11 | 11 | 2 | 0 | 3 | 13 | 16 | 0 | 17 | 6 | 0 | 0 | 0 | 0 |
| 카를로스 | 8 | 8 | 0 | 0 | 0 | 4 | 6 | 0 | 1 | 1 | 1 | 0 | 0 | 0 |
| 카이오 | 32 | 2 | 5 | 2 | 0 | 24 | 23 | 0 | 15 | 11 | 3 | 2 | 0 | 0 |
| 한종무 | 25 | 22 | 0 | 2 | 0 | 6 | 24 | 3 | 8 | 2 | 3 | 0 | 0 | 0 |
| 한태희 | 19 | 0 | 0 | 0 | 0 | 1 | 6 | 0 | 0 | 0 | 1 | 0 | 30 | 0 |
| 홍정운 | 8 | 7 | 0 | 0 | 0 | 7 | 3 | 0 | 0 | 0 | 2 | 0 | 0 | 0 |
| 황재원 | 35 | 2 | 0 | 2 | 17 | 28 | 29 | 0 | 12 | 4 | 4 | 0 | 0 | 1 |

## 2025년 K리그1 득점 순위

| 순위 | 선수명 | 소속 | 경기수 | 득점수 | 경기당 득점률 | 교체수 | 출전 시간 |
|---|---|---|---|---|---|---|---|
| 1 | 싸박 | 수원FC | 34 | 17 | 50.0 | 15 | 2,984 |
| 2 | 전진우 | 전북 | 36 | 16 | 44.4 | 28 | 2,963 |
| 3 | 이호재 | 포항 | 34 | 15 | 44.1 | 23 | 2,978 |
| 4 | 주민규 | 대전 | 34 | 14 | 41.2 | 24 | 2,568 |
| 5 | 모따 | 안양 | 37 | 14 | 37.8 | 21 | 2,946 |
| 6 | 콤파뇨 | 전북 | 26 | 13 | 50.0 | 22 | 1,681 |
| 7 | 유리조나탄 | 제주 | 33 | 13 | 39.4 | 19 | 2,420 |
| 8 | 이동경 | 울산 | 36 | 13 | 36.1 | 18 | 3,212 |
| 9 | 세징야 | 대구 | 25 | 12 | 48.0 | 3 | 2,485 |
| 10 | 박상혁 | 강원 | 37 | 12 | 32.4 | 30 | 2,273 |
| 11 | 에릭 | 울산 | 28 | 10 | 35.7 | 18 | 2,206 |
| 12 | 린가드 | 서울 | 34 | 10 | 29.4 | 25 | 2,785 |
| 13 | 마테우스 | 안양 | 35 | 10 | 28.6 | 25 | 2,837 |
| 14 | 헤이스 | 광주 | 37 | 10 | 27.0 | 2 | 3,700 |
| 15 | 티아고 | 전북 | 30 | 9 | 30.0 | 24 | 1,753 |
| 16 | 윌리안 | 수원FC | 18 | 8 | 44.4 | 16 | 959 |
| 17 | 아사니 | 광주 | 22 | 8 | 36.4 | 12 | 1,831 |
| 18 | 김승섭 | 제주 | 37 | 8 | 21.6 | 28 | 2,950 |
| 19 | 이동준 | 전북 | 33 | 7 | 21.2 | 32 | 1,670 |
| 20 | 조영욱 | 서울 | 34 | 7 | 20.6 | 29 | 2,328 |
| 21 | 원기종 | 김천 | 21 | 6 | 28.6 | 20 | 747 |
| 22 | 마사 | 대전 | 24 | 6 | 25.0 | 24 | 1,650 |
| 23 | 유강현 | 대전 | 29 | 6 | 20.7 | 27 | 1,609 |
| 24 | 에드가 | 대구 | 31 | 6 | 19.4 | 26 | 1,589 |
| 25 | 오베르단 | 포항 | 31 | 6 | 19.4 | 2 | 2,977 |
| 26 | 모재현 | 강원 | 32 | 6 | 18.8 | 20 | 2,470 |
| 27 | 문선민 | 서울 | 35 | 6 | 17.1 | 32 | 1,881 |
| 28 | 남태희 | 제주 | 37 | 6 | 16.2 | 18 | 3,276 |
| 29 | 안데르손 | 서울 | 37 | 6 | 16.2 | 8 | 3,471 |
| 30 | 김건희 | 강원 | 20 | 5 | 25.0 | 15 | 1,317 |
| 31 | 루카스 | 서울 | 31 | 5 | 16.1 | 27 | 2,045 |
| 32 | 카이오 | 대구 | 32 | 5 | 15.6 | 2 | 3,148 |
| 33 | 송민규 | 전북 | 35 | 5 | 14.3 | 34 | 2,448 |
| 34 | 김진규 | 전북 | 35 | 5 | 14.3 | 28 | 2,609 |
| 35 | 루안 | 수원FC | 35 | 5 | 14.3 | 16 | 3,059 |
| 36 | 루빅손 | 울산 | 36 | 5 | 13.9 | 19 | 2,740 |
| 37 | 조르지 | 포항 | 36 | 5 | 13.9 | 20 | 2,898 |
| 38 | 주앙빅토르 | 대전 | 13 | 4 | 30.8 | 12 | 1,022 |
| 39 | 최건주 | 대전 | 15 | 4 | 26.7 | 14 | 1,003 |
| 40 | 구텍 | 대전 | 18 | 4 | 22.2 | 16 | 630 |
| 41 | 에르난데스 | 대전 | 18 | 4 | 22.2 | 19 | 1,119 |
| 42 | 이청용 | 울산 | 24 | 4 | 16.7 | 23 | 1,313 |
| 43 | 이승우 | 전북 | 25 | 4 | 16.0 | 25 | 1,033 |
| 44 | 허율 | 울산 | 26 | 4 | 15.4 | 15 | 1,798 |
| 45 | 가브리엘 | 강원 | 27 | 4 | 14.8 | 22 | 1,569 |
| 46 | 이지호 | 강원 | 27 | 4 | 14.8 | 23 | 1,723 |
| 47 | 박인혁 | 광주 | 29 | 4 | 13.8 | 28 | 1,589 |
| 48 | 이상헌 | 강원 | 30 | 4 | 13.3 | 26 | 2,113 |
| 49 | 야고 | 안양 | 31 | 4 | 12.9 | 30 | 1,657 |
| 50 | 라마스 | 대구 | 31 | 4 | 12.9 | 21 | 2,071 |
| 51 | 둑스 | 서울 | 32 | 4 | 12.5 | 29 | 1,522 |
| 52 | 채현우 | 안양 | 33 | 4 | 12.1 | 33 | 1,677 |
| 53 | 오후성 | 광주 | 33 | 4 | 12.1 | 25 | 2,212 |
| 54 | 유인수 | 제주 | 34 | 4 | 11.8 | 15 | 2,833 |
| 55 | 말컹 | 울산 | 9 | 3 | 33.3 | 9 | 492 |
| 56 | 유키치 | 안양 | 11 | 3 | 27.3 | 11 | 537 |
| 57 | 김현준 | 대구 | 21 | 3 | 14.3 | 14 | 1,663 |
| 58 | 서진수 | 대전 | 24 | 3 | 12.5 | 24 | 1,300 |
| 59 | 김준범 | 대전 | 24 | 3 | 12.5 | 20 | 1,404 |
| 60 | 김주공 | 대구 | 27 | 3 | 11.1 | 20 | 2,023 |
| 61 | 고승범 | 울산 | 29 | 3 | 10.3 | 7 | 2,812 |
| 62 | 홍윤상 | 포항 | 30 | 3 | 10.0 | 28 | 1,846 |
| 63 | 김준하 | 제주 | 31 | 3 | 9.7 | 30 | 1,615 |
| 64 | 정치인 | 대구 | 31 | 3 | 9.7 | 29 | 2,044 |
| 65 | 김인성 | 포항 | 33 | 3 | 9.1 | 34 | 1,400 |
| 66 | 박진섭 | 전북 | 35 | 3 | 8.6 | 1 | 3,503 |
| 67 | 토마스 | 안양 | 37 | 3 | 8.1 | 3 | 3,533 |
| 68 | 조진혁 | 강원 | 5 | 2 | 40.0 | 5 | 226 |
| 69 | 프리드욘슨 | 광주 | 9 | 2 | 22.2 | 9 | 325 |
| 70 | 지오바니 | 대구 | 11 | 2 | 18.2 | 11 | 620 |
| 71 | 이건희 | 김천 | 11 | 2 | 18.2 | 9 | 702 |
| 72 | 이명재 | 대전 | 15 | 2 | 13.3 | 1 | 1,464 |
| 73 | 신상은 | 제주 | 16 | 2 | 12.5 | 20 | 639 |
| 74 | 요시노 | 대구 | 16 | 2 | 12.5 | 12 | 1,206 |
| 75 | 김인균 | 김천 | 17 | 2 | 11.8 | 17 | 623 |
| 76 | 최성범 | 안양 | 19 | 2 | 10.5 | 20 | 813 |
| 77 | 김보경 | 안양 | 19 | 2 | 10.5 | 19 | 848 |
| 78 | 최규현 | 안양 | 19 | 2 | 10.5 | 15 | 1,073 |
| 79 | 류재문 | 서울 | 20 | 2 | 10.0 | 11 | 1,384 |
| 80 | 신창무 | 광주 | 23 | 2 | 8.7 | 23 | 1,366 |
| 81 | 노경호 | 수원FC | 23 | 2 | 8.7 | 17.0 | 1,427 |
| 82 | 김강산 | 대구 | 23 | 2 | 8.7 | 3.0 | 2,265 |
| 83 | 정재희 | 대전 | 24 | 2 | 8.3 | 24 | 1,089 |
| 84 | 박태준 | 김천 | 24 | 2 | 8.3 | 7 | 2,037 |
| 85 | 조상혁 | 포항 | 25 | 2 | 8.0 | 25 | 802 |
| 86 | 박대훈 | 대구 | 25 | 2 | 8.0 | 25 | 1,194 |
| 87 | 정재상 | 대구 | 25 | 2 | 8.0 | 25 | 1,206 |
| 88 | 김현욱 | 대전 | 26 | 2 | 7.7 | 23 | 1,503 |
| 89 | 보야니치 | 울산 | 26 | 2 | 7.7 | 19 | 1,834 |
| 90 | 주닝요 | 포항 | 28 | 2 | 7.1 | 24 | 1,717 |
| 91 | 김대원 | 강원 | 29 | 2 | 6.9 | 19 | 2,006 |
| 92 | 조현택 | 울산 | 29 | 2 | 6.9 | 21 | 2,171 |
| 93 | 안톤 | 대전 | 30 | 2 | 6.7 | 4 | 2,823 |
| 94 | 이창민 | 제주 | 31 | 2 | 6.5 | 16 | 2,717 |
| 95 | 이영재 | 전북 | 32 | 2 | 6.3 | 31 | 1,435 |
| 96 | 박수일 | 서울 | 32 | 2 | 6.3 | 8 | 2,874 |
| 97 | 정승원 | 서울 | 33 | 2 | 6.1 | 14 | 2,701 |
| 98 | 변준수 | 광주 | 33 | 2 | 6.1 | 4 | 3,170 |
| 99 | 조성권 | 광주 | 34 | 2 | 5.9 | 8 | 3,206 |
| 100 | 이재원 | 수원FC | 35 | 2 | 5.7 | 14 | 3,268 |

| 순위 | 선수명 | 소속 | 경기수 | 득점수 | 경기당 득점률 | 교체수 | 출전 시간 |
|---|---|---|---|---|---|---|---|
| 101 | 이 창 용 | 안양 | 37 | 2 | 5.4 | 6 | 3,452 |
| 102 | 김 진 수 | 서울 | 37 | 2 | 5.4 | 1 | 3,730 |
| 103 | 김 찬 | 김천 | 4 | 1 | 25.0 | 4 | 66 |
| 104 | 클리말라 | 서울 | 4 | 1 | 25.0 | 4 | 178 |
| 105 | 김 주 찬 | 김천 | 5 | 1 | 20.0 | 5 | 241 |
| 106 | 데 닐 손 | 제주 | 8 | 1 | 12.5 | 10 | 234 |
| 107 | 천 성 훈 | 서울 | 9 | 1 | 11.1 | 9 | 137 |
| 108 | 김 이 석 | 김천 | 9 | 1 | 11.1 | 9 | 328 |
| 109 | 최 병 찬 | 강원 | 10 | 1 | 10.0 | 10 | 472 |
| 110 | 강 희 수 | 광주 | 11 | 1 | 9.1 | 11 | 306 |
| 111 | 김 도 윤 | 수원FC | 11 | 1 | 9.1 | 11 | 399 |
| 112 | 이 택 근 | 수원FC | 11 | 1 | 9.1 | 11 | 484 |
| 113 | 윤빛가람 | 수원FC | 11 | 1 | 9.1 | 5 | 818 |
| 114 | 코바체비치 | 강원 | 12 | 1 | 8.3 | 11 | 501 |
| 115 | 백 인 우 | 울산 | 12 | 1 | 8.3 | 11 | 522 |
| 116 | 한 가 람 | 안양 | 12 | 1 | 8.3 | 10 | 689 |
| 117 | 최 치 웅 | 수원FC | 13 | 1 | 7.7 | 13 | 284 |
| 118 | 강 현 제 | 포항 | 13 | 1 | 7.7 | 13 | 424 |
| 119 | 박 재 용 | 전북 | 13 | 1 | 7.7 | 11 | 524 |
| 120 | 정 승 배 | 수원FC | 14 | 1 | 7.1 | 14 | 324 |
| 121 | 김 현 오 | 대전 | 14 | 1 | 7.1 | 14 | 386 |
| 122 | 이 동 희 | 포항 | 14 | 1 | 7.1 | 8 | 837 |
| 123 | 밥 신 | 대전 | 14 | 1 | 7.1 | 2 | 1,322 |
| 124 | 박 성 훈 | 서울 | 15 | 1 | 6.7 | 4 | 1,185 |
| 125 | 박 민 서 | 울산 | 16 | 1 | 6.3 | 9 | 1,257 |
| 126 | 박 세 진 | 김천 | 17 | 1 | 5.9 | 15 | 580 |
| 127 | 이 준 규 | 대전 | 19 | 1 | 5.3 | 19 | 305 |
| 128 | 안 현 범 | 수원FC | 19 | 1 | 5.3 | 19 | 902 |
| 129 | 문 성 우 | 안양 | 19 | 1 | 5.3 | 21 | 1,018 |
| 130 | 하 승 운 | 광주 | 19 | 1 | 5.3 | 17 | 1,066 |
| 131 | 전 병 관 | 김천 | 20 | 1 | 5.0 | 19 | 1,050 |
| 132 | 홍 철 | 강원 | 21 | 1 | 4.8 | 17 | 1,029 |
| 133 | 장 성 원 | 대구 | 21 | 1 | 4.8 | 12 | 1,668 |
| 134 | 서 명 관 | 울산 | 21 | 1 | 4.8 | 5 | 1,796 |
| 135 | 김 동 현 | 강원 | 22 | 1 | 4.5 | 15 | 1,543 |
| 136 | 맹 성 웅 | 전북 | 22 | 1 | 4.5 | 10 | 1,819 |
| 137 | 이 태 석 | 포항 | 22 | 1 | 4.5 | 5 | 1,957 |
| 138 | 정 지 훈 | 광주 | 23 | 1 | 4.3 | 23 | 1,073 |
| 139 | 라 카 바 | 울산 | 24 | 1 | 4.2 | 23 | 1,160 |
| 140 | 임 창 우 | 제주 | 24 | 1 | 4.2 | 14 | 1,977 |
| 141 | 김 강 국 | 강원 | 25 | 1 | 4.0 | 17 | 1,645 |
| 142 | 이 지 솔 | 수원FC | 25 | 1 | 4.0 | 9 | 2,129 |
| 143 | 강 윤 성 | 대전 | 25 | 1 | 4.0 | 6 | 2,195 |
| 144 | 이 희 균 | 울산 | 26 | 1 | 3.8 | 25 | 1,058 |
| 145 | 이 진 현 | 울산 | 26 | 1 | 3.8 | 15 | 1,871 |
| 146 | 최 규 백 | 수원FC | 28 | 1 | 3.6 | 6 | 2,456 |
| 147 | 신 민 하 | 강원 | 29 | 1 | 3.4 | 5 | 2,625 |
| 148 | 이 유 현 | 강원 | 29 | 1 | 3.4 | 8 | 2,663 |
| 149 | 윤 재 석 | 울산 | 30 | 1 | 3.3 | 30 | 1,192 |
| 150 | 엄 원 상 | 울산 | 30 | 1 | 3.3 | 28 | 1,882 |
| 151 | 오 재 혁 | 제주 | 31 | 1 | 3.2 | 32 | 1,590 |
| 152 | 이 현 용 | 수원FC | 31 | 1 | 3.2 | 9 | 2,483 |
| 153 | 이 탈 로 | 제주 | 31 | 1 | 3.2 | 9 | 2,729 |
| 154 | 서 민 우 | 강원 | 31 | 1 | 3.2 | 13 | 2,899 |
| 155 | 김 경 민 | 수원FC | 32 | 1 | 3.1 | 30 | 1,850 |
| 156 | 최 경 록 | 광주 | 32 | 1 | 3.1 | 21 | 2,512 |
| 157 | 강 상 우 | 울산 | 32 | 1 | 3.1 | 15 | 2,583 |
| 158 | 최 준 | 서울 | 32 | 1 | 3.1 | 6 | 2,938 |
| 159 | 이 승 모 | 서울 | 33 | 1 | 3.0 | 29 | 1,765 |
| 160 | 황 도 윤 | 서울 | 34 | 1 | 2.9 | 27 | 2,419 |
| 161 | 어 정 원 | 포항 | 34 | 1 | 2.9 | 11 | 3,034 |
| 162 | 박 승 욱 | 포항 | 34 | 1 | 2.9 | 5 | 3,245 |
| 163 | 야 잔 | 서울 | 34 | 1 | 2.9 | 2 | 3,427 |
| 164 | 이 승 원 | 강원 | 35 | 1 | 2.9 | 24 | 2,303 |
| 165 | 김 륜 성 | 제주 | 35 | 1 | 2.9 | 17 | 3,122 |
| 166 | 송 주 훈 | 제주 | 35 | 1 | 2.9 | 4 | 3,425 |

## 2025년 K리그1 도움 순위

| 순위 | 선수명 | 소속 | 경기수 | 도움수 | 경기당 도움률 | 교체수 | 출전 시간 |
|---|---|---|---|---|---|---|---|
| 1 | 세 징 야 | 대구 | 25 | 12 | 48.0 | 3 | 2,485 |
| 2 | 이 동 경 | 울산 | 36 | 12 | 33.3 | 18 | 3,212 |
| 3 | 안데르손 | 서울 | 37 | 8 | 21.6 | 8 | 3,471 |
| 4 | 김 진 수 | 서울 | 37 | 8 | 21.6 | 1 | 3,730 |
| 5 | 야 고 | 안양 | 31 | 6 | 19.4 | 30 | 1,657 |
| 6 | 이 승 원 | 강원 | 35 | 6 | 17.1 | 24 | 2,303 |
| 7 | 김 진 규 | 전북 | 35 | 6 | 17.1 | 28 | 2,609 |
| 8 | 김 동 진 | 안양 | 24 | 5 | 20.8 | 4 | 2,338 |
| 9 | 티 아 고 | 전북 | 30 | 5 | 16.7 | 24 | 1,753 |
| 10 | 엄 원 상 | 울산 | 30 | 5 | 16.7 | 28 | 1,882 |
| 11 | 모 재 현 | 강원 | 32 | 5 | 15.6 | 20 | 2,470 |
| 12 | 정 승 원 | 서울 | 33 | 5 | 15.2 | 14 | 2,701 |
| 13 | 마테우스 | 안양 | 35 | 5 | 14.3 | 25 | 2,837 |
| 14 | 김 륜 성 | 제주 | 35 | 5 | 14.3 | 17 | 3,122 |
| 15 | 조 르 지 | 포항 | 36 | 5 | 13.9 | 20 | 2,898 |
| 16 | 전 병 관 | 김천 | 20 | 4 | 20.0 | 19 | 1,050 |
| 17 | 마 사 | 대전 | 24 | 4 | 16.7 | 24 | 1,650 |
| 18 | 최 경 록 | 광주 | 32 | 4 | 12.5 | 21 | 2,512 |
| 19 | 황 도 윤 | 서울 | 34 | 4 | 11.8 | 27 | 2,419 |
| 20 | 린 가 드 | 서울 | 34 | 4 | 11.8 | 25 | 2,785 |
| 21 | 강 상 윤 | 전북 | 34 | 4 | 11.8 | 18 | 2,850 |
| 22 | 김 봉 수 | 대전 | 35 | 4 | 11.4 | 5 | 3,491 |
| 23 | 모 따 | 안양 | 37 | 4 | 10.8 | 21 | 2,946 |
| 24 | 남 태 희 | 제주 | 37 | 4 | 10.8 | 18 | 3,276 |
| 25 | 이 명 재 | 대전 | 15 | 3 | 20.0 | 1 | 1,464 |
| 26 | 안드리고 | 수원FC | 16 | 3 | 18.8 | 16 | 876 |
| 27 | 윌 리 안 | 수원FC | 18 | 3 | 16.7 | 16 | 959 |
| 28 | 에르난데스 | 대전 | 18 | 3 | 16.7 | 19 | 1,119 |
| 29 | 권 창 훈 | 전북 | 23 | 3 | 13.0 | 23 | 728 |
| 30 | 신 창 무 | 광주 | 23 | 3 | 13.0 | 23 | 1,366 |
| 31 | 박 태 준 | 김천 | 24 | 3 | 12.5 | 7 | 2,037 |
| 32 | 김 현 욱 | 대전 | 26 | 3 | 11.5 | 23 | 1,503 |
| 33 | 보야니치 | 울산 | 26 | 3 | 11.5 | 19 | 1,834 |

| 순위 | 선수명 | 소속 | 경기수 | 도움수 | 경기당 도움률 | 교체수 | 출전 시간 |
|---|---|---|---|---|---|---|---|
| 34 | 이지호 | 강원 | 27 | 3 | 11.1 | 23 | 1,723 |
| 35 | 김태현 | 전북 | 28 | 3 | 10.7 | 6 | 2,701 |
| 36 | 유강현 | 대전 | 29 | 3 | 10.3 | 27 | 1,609 |
| 37 | 김대원 | 강원 | 29 | 3 | 10.3 | 19 | 2,006 |
| 38 | 조현택 | 울산 | 29 | 3 | 10.3 | 21 | 2,171 |
| 39 | 고승범 | 울산 | 29 | 3 | 10.3 | 7 | 2,812 |
| 40 | 오재혁 | 제주 | 31 | 3 | 9.7 | 32 | 1,590 |
| 41 | 이창민 | 제주 | 31 | 3 | 9.7 | 16 | 2,717 |
| 42 | 오후성 | 광주 | 33 | 3 | 9.1 | 25 | 2,212 |
| 43 | 주민규 | 대전 | 34 | 3 | 8.8 | 24 | 2,568 |
| 44 | 문선민 | 서울 | 35 | 3 | 8.6 | 32 | 1,881 |
| 45 | 루빅손 | 울산 | 36 | 3 | 8.3 | 19 | 2,740 |
| 46 | 김승섭 | 제주 | 37 | 3 | 8.1 | 28 | 2,950 |
| 47 | 페드링요 | 제주 | 9 | 2 | 22.2 | 9 | 252 |
| 48 | 이건희 | 김천 | 11 | 2 | 18.2 | 9 | 702 |
| 49 | 주앙빅토르 | 대전 | 13 | 2 | 15.4 | 12 | 1,022 |
| 50 | 최성범 | 안양 | 19 | 2 | 10.5 | 20 | 813 |
| 51 | 안현범 | 수원FC | 19 | 2 | 10.5 | 19 | 902 |
| 52 | 김동진 | 포항 | 20 | 2 | 10.0 | 17 | 1,371 |
| 53 | 김동현 | 강원 | 22 | 2 | 9.1 | 15 | 1,543 |
| 54 | 맹성웅 | 전북 | 22 | 2 | 9.1 | 10 | 1,819 |
| 55 | 아사니 | 광주 | 22 | 2 | 9.1 | 12 | 1,831 |
| 56 | 이태석 | 포항 | 22 | 2 | 9.1 | 5 | 1,957 |
| 57 | 정재희 | 대전 | 24 | 2 | 8.3 | 24 | 1,089 |
| 58 | 라카바 | 울산 | 24 | 2 | 8.3 | 23 | 1,160 |
| 59 | 이청용 | 울산 | 24 | 2 | 8.3 | 23 | 1,313 |
| 60 | 기성용 | 포항 | 24 | 2 | 8.3 | 20 | 1,718 |
| 61 | 임창우 | 제주 | 24 | 2 | 8.3 | 14 | 1,977 |
| 62 | 김문환 | 대전 | 24 | 2 | 8.3 | 8 | 2,054 |
| 63 | 한종무 | 대구 | 25 | 2 | 8.0 | 22 | 1,512 |
| 64 | 안태현 | 제주 | 25 | 2 | 8.0 | 13 | 1,841 |
| 65 | 이진현 | 울산 | 26 | 2 | 7.7 | 15 | 1,871 |
| 66 | 강민준 | 포항 | 27 | 2 | 7.4 | 17 | 1,770 |
| 67 | 주닝요 | 포항 | 28 | 2 | 7.1 | 24 | 1,717 |
| 68 | 홍윤상 | 포항 | 30 | 2 | 6.7 | 28 | 1,846 |
| 69 | 이상헌 | 강원 | 30 | 2 | 6.7 | 26 | 2,113 |
| 70 | 에드가 | 대구 | 31 | 2 | 6.5 | 26 | 1,589 |
| 71 | 라마스 | 대구 | 31 | 2 | 6.5 | 21 | 2,071 |
| 72 | 김경민 | 수원FC | 32 | 2 | 6.3 | 30 | 1,850 |
| 73 | 강상우 | 울산 | 32 | 2 | 6.3 | 15 | 2,583 |
| 74 | 박수일 | 서울 | 32 | 2 | 6.3 | 8 | 2,874 |
| 75 | 카이오 | 대구 | 32 | 2 | 6.3 | 2 | 3,148 |
| 76 | 김인성 | 포항 | 33 | 2 | 6.1 | 34 | 1,400 |
| 77 | 이동준 | 전북 | 33 | 2 | 6.1 | 32 | 1,670 |
| 78 | 변준수 | 광주 | 33 | 2 | 6.1 | 4 | 3,170 |
| 79 | 조영욱 | 서울 | 34 | 2 | 5.9 | 29 | 2,328 |
| 80 | 싸박 | 수원FC | 34 | 2 | 5.9 | 15 | 2,984 |
| 81 | 송민규 | 전북 | 35 | 2 | 5.7 | 34 | 2,448 |
| 82 | 김태환 | 전북 | 35 | 2 | 5.7 | 3 | 3,406 |
| 83 | 황재원 | 대구 | 35 | 2 | 5.7 | 2 | 3,484 |
| 84 | 박진섭 | 전북 | 35 | 2 | 5.7 | 1 | 3,503 |
| 85 | 전진우 | 전북 | 36 | 2 | 5.6 | 28 | 2,963 |
| 86 | 박상혁 | 강원 | 37 | 2 | 5.4 | 30 | 2,273 |
| 87 | 토마스 | 안양 | 37 | 2 | 5.4 | 3 | 3,533 |
| 88 | 헤이스 | 광주 | 37 | 2 | 5.4 | 2 | 3,700 |
| 89 | 클리말라 | 서울 | 4 | 1 | 25.0 | 4 | 178 |
| 90 | 강윤구 | 강원 | 5 | 1 | 20.0 | 6 | 160 |
| 91 | 아반다 | 수원FC | 5 | 1 | 20.0 | 5 | 189 |
| 92 | 안혁주 | 광주 | 6 | 1 | 16.7 | 6 | 166 |
| 93 | 장윤호 | 수원FC | 8 | 1 | 12.5 | 8 | 382 |
| 94 | 김민준 | 강원 | 9 | 1 | 11.1 | 8 | 485 |
| 95 | 켈빈 | 대전 | 9 | 1 | 11.1 | 10 | 518 |
| 96 | 박진성 | 김천 | 10 | 1 | 10.0 | 6 | 640 |
| 97 | 정헌택 | 대구 | 10 | 1 | 10.0 | 6 | 720 |
| 98 | 이택근 | 수원FC | 11 | 1 | 9.1 | 11 | 484 |
| 99 | 이창우 | 포항 | 11 | 1 | 9.1 | 11 | 491 |
| 100 | 지동원 | 수원FC | 11 | 1 | 9.1 | 11 | 506 |
| 101 | 유키치 | 안양 | 11 | 1 | 9.1 | 11 | 537 |
| 102 | 진태호 | 전북 | 12 | 1 | 8.3 | 12 | 150 |
| 103 | 권태영 | 대구 | 12 | 1 | 8.3 | 12 | 381 |
| 104 | 최우진 | 전북 | 12 | 1 | 8.3 | 10 | 529 |
| 105 | 이찬동 | 대구 | 12 | 1 | 8.3 | 10 | 600 |
| 106 | 윤도영 | 대전 | 12 | 1 | 8.3 | 12 | 625 |
| 107 | 오재석 | 대전 | 12 | 1 | 8.3 | 7 | 818 |
| 108 | 강현제 | 포항 | 13 | 1 | 7.7 | 13 | 424 |
| 109 | 임종은 | 대전 | 13 | 1 | 7.7 | 7 | 829 |
| 110 | 오인표 | 김천 | 13 | 1 | 7.7 | 9 | 966 |
| 111 | 박규현 | 대전 | 13 | 1 | 7.7 | 8 | 1,066 |
| 112 | 신상은 | 제주 | 16 | 1 | 6.3 | 20 | 639 |
| 113 | 안영규 | 광주 | 16 | 1 | 6.3 | 11 | 962 |
| 114 | 박민서 | 울산 | 16 | 1 | 6.3 | 9 | 1,257 |
| 115 | 박진영 | 대구 | 16 | 1 | 6.3 | 5 | 1,424 |
| 116 | 정우영 | 울산 | 17 | 1 | 5.9 | 15 | 1,125 |
| 117 | 이시영 | 수원FC | 18 | 1 | 5.6 | 9 | 1,549 |
| 118 | 문성우 | 안양 | 19 | 1 | 5.3 | 21 | 1,018 |
| 119 | 하승운 | 광주 | 19 | 1 | 5.3 | 17 | 1,066 |
| 120 | 이용 | 수원FC | 19 | 1 | 5.3 | 6 | 1,835 |
| 121 | 박호영 | 강원 | 20 | 1 | 5.0 | 15 | 1,031 |
| 122 | 류재문 | 서울 | 20 | 1 | 5.0 | 11 | 1,384 |
| 123 | 이광연 | 강원 | 20 | 1 | 5.0 | 1 | 1,919 |
| 124 | 한현서 | 포항 | 21 | 1 | 4.8 | 8 | 1,647 |
| 125 | 김현준 | 대구 | 21 | 1 | 4.8 | 14 | 1,663 |
| 126 | 장성원 | 대구 | 21 | 1 | 4.8 | 12 | 1,668 |
| 127 | 강준혁 | 강원 | 22 | 1 | 4.5 | 10 | 1,790 |
| 128 | 정지훈 | 광주 | 23 | 1 | 4.3 | 23 | 1,073 |
| 129 | 서진수 | 대전 | 24 | 1 | 4.2 | 24 | 1,300 |
| 130 | 김준범 | 대전 | 24 | 1 | 4.2 | 20 | 1,404 |
| 131 | 서재민 | 수원FC | 24 | 1 | 4.2 | 23 | 1,507 |
| 132 | 송준석 | 강원 | 24 | 1 | 4.2 | 11 | 2,031 |
| 133 | 이순민 | 대전 | 24 | 1 | 4.2 | 7 | 2,080 |
| 134 | 조상혁 | 포항 | 25 | 1 | 4.0 | 25 | 802 |
| 135 | 이승우 | 전북 | 25 | 1 | 4.0 | 25 | 1,033 |

| 순위 | 선수명 | 소속 | 경기수 | 도움수 | 경기당 도움률 | 교체수 | 출전 시간 |
|---|---|---|---|---|---|---|---|
| 136 | 정재상 | 대구 | 25 | 1 | 4.0 | 25 | 1,206 |
| 137 | 김강국 | 강원 | 25 | 1 | 4.0 | 17 | 1,645 |
| 138 | 강윤성 | 대전 | 25 | 1 | 4.0 | 6 | 2,195 |
| 139 | 이희균 | 울산 | 26 | 1 | 3.8 | 25 | 1,058 |
| 140 | 허율 | 울산 | 26 | 1 | 3.8 | 15 | 1,798 |
| 141 | 김정현 | 대구 | 26 | 1 | 3.8 | 13 | 2,276 |
| 142 | 가브리엘 | 강원 | 27 | 1 | 3.7 | 22 | 1,569 |
| 143 | 한찬희 | 수원FC | 27 | 1 | 3.7 | 23 | 1,846 |
| 144 | 김주공 | 대구 | 27 | 1 | 3.7 | 20 | 2,023 |
| 145 | 최병욱 | 제주 | 28 | 1 | 3.6 | 28 | 927 |
| 146 | 최규백 | 수원FC | 28 | 1 | 3.6 | 6 | 2,456 |
| 147 | 김영빈 | 전북 | 28 | 1 | 3.6 | 5 | 2,630 |
| 148 | 신민하 | 강원 | 29 | 1 | 3.4 | 5 | 2,625 |
| 149 | 이유현 | 강원 | 29 | 1 | 3.4 | 8 | 2,663 |
| 150 | 김태한 | 수원FC | 29 | 1 | 3.4 | 5 | 2,702 |
| 151 | 안톤 | 대전 | 30 | 1 | 3.3 | 4 | 2,823 |
| 152 | 김준하 | 제주 | 31 | 1 | 3.2 | 30 | 1,615 |
| 153 | 정치인 | 대구 | 31 | 1 | 3.2 | 29 | 2,044 |
| 154 | 루카스 | 서울 | 31 | 1 | 3.2 | 27 | 2,045 |
| 155 | 이기혁 | 강원 | 31 | 1 | 3.2 | 11 | 2,652 |
| 156 | 홍정호 | 전북 | 31 | 1 | 3.2 | 8 | 2,866 |
| 157 | 이영재 | 전북 | 32 | 1 | 3.1 | 31 | 1,435 |
| 158 | 최준 | 서울 | 32 | 1 | 3.1 | 6 | 2,938 |
| 159 | 이태희 | 안양 | 32 | 1 | 3.1 | 4 | 3,147 |
| 160 | 이강현 | 광주 | 33 | 1 | 3.0 | 29 | 2,199 |
| 161 | 유인수 | 제주 | 34 | 1 | 2.9 | 15 | 2,833 |
| 162 | 이호재 | 포항 | 34 | 1 | 2.9 | 23 | 2,978 |
| 163 | 어정원 | 포항 | 34 | 1 | 2.9 | 11 | 3,034 |
| 164 | 박찬용 | 포항 | 34 | 1 | 2.9 | 4 | 3,168 |
| 165 | 조성권 | 광주 | 34 | 1 | 2.9 | 8 | 3,206 |
| 166 | 야잔 | 서울 | 34 | 1 | 2.9 | 2 | 3,427 |
| 167 | 장민규 | 제주 | 35 | 1 | 2.9 | 22 | 1,954 |
| 168 | 송주훈 | 제주 | 35 | 1 | 2.9 | 4 | 3,425 |
| 169 | 신광훈 | 포항 | 36 | 1 | 2.8 | 27 | 2,496 |
| 170 | 김영권 | 울산 | 36 | 1 | 2.8 | 6 | 3,436 |

## 2025년 K리그1 골키퍼 실점 기록

| 선수명 | 소속 | 팀당 총경기수 | 출전 경기수 | 실점 | 1경기당 실점률 |
|---|---|---|---|---|---|
| 노희동 | 광주 | 38 | 4 | 3 | 0.75 |
| 송범근 | 전북 | 38 | 38 | 32 | 0.84 |
| 황인재 | 포항 | 38 | 33 | 31 | 0.94 |
| 백종범 | 김천 | 38 | 2 | 2 | 1.00 |
| 문정인 | 울산 | 38 | 5 | 5 | 1.00 |
| 박청효 | 강원 | 38 | 19 | 19 | 1.00 |
| 김경민 | 광주 | 38 | 33 | 34 | 1.03 |
| 김동헌 | 김천 | 38 | 17 | 18 | 1.06 |
| 이주현 | 김천 | 38 | 14 | 15 | 1.07 |
| 이창근 | 대전 | 38 | 27 | 29 | 1.07 |
| 이광연 | 강원 | 38 | 19 | 22 | 1.16 |
| 김다솔 | 안양 | 38 | 35 | 42 | 1.20 |
| 강현무 | 서울 | 38 | 31 | 40 | 1.29 |
| 김동준 | 제주 | 38 | 31 | 41 | 1.32 |
| 황병근 | 안양 | 38 | 3 | 4 | 1.33 |
| 이준서 | 대전 | 38 | 11 | 15 | 1.36 |
| 조현우 | 울산 | 38 | 33 | 45 | 1.36 |
| 안준수 | 수원FC | 38 | 30 | 44 | 1.47 |
| 최철원 | 서울 | 38 | 7 | 11 | 1.57 |
| 한태희 | 대구 | 38 | 19 | 30 | 1.58 |
| 안찬기 | 제주 | 38 | 7 | 12 | 1.71 |
| 황재윤 | 수원FC | 38 | 8 | 14 | 1.75 |
| 오승훈 | 대구 | 38 | 17 | 31 | 1.82 |
| 문현호 | 김천 | 38 | 2 | 4 | 2.00 |
| 김태훈 | 김천 | 38 | 3 | 6 | 2.00 |
| 윤평국 | 포항 | 38 | 3 | 7 | 2.33 |
| 김동화 | 광주 | 38 | 1 | 3 | 3.00 |
| 박만호 | 대구 | 38 | 2 | 6 | 3.00 |

## 하나은행 K리그2 2025 경기일정표



| 라운드 | 경기번호 | 대회구분 | 경기일자 | 경기시간 | 홈팀 | 결과 | 원정팀 | 경기장소 | 관중수 |
|---|---|---|---|---|---|---|---|---|---|
| 1 | 1 | 일반 | 02.22 | 14:00 | 인천 | 2 : 0 | 경남 | 인천 | 9,363 |
| 1 | 2 | 일반 | 02.22 | 14:00 | 천안 | 0 : 2 | 전남 | 천안 | 2,764 |
| 1 | 3 | 일반 | 02.22 | 16:30 | 부산 | 0 : 0 | 김포 | 구덕 | 4,101 |
| 1 | 4 | 일반 | 02.22 | 16:30 | 안산 | 0 : 1 | 수원 | 안산 | 10,956 |
| 1 | 5 | 일반 | 02.23 | 14:00 | 성남 | 2 : 0 | 화성 | 탄천 | 3,314 |
| 1 | 6 | 일반 | 02.23 | 16:30 | 서울E | 2 : 1 | 충남아산 | 목동 | 3,592 |
| 1 | 7 | 일반 | 02.23 | 16:30 | 부천 | 3 : 1 | 충북청주 | 부천 | 3,590 |
| 2 | 8 | 일반 | 03.01 | 14:00 | 인천 | 2 : 0 | 수원 | 인천 | 18,173 |
| 2 | 9 | 일반 | 03.01 | 16:30 | 서울E | 1 : 1 | 전남 | 목동 | 2,554 |
| 2 | 10 | 일반 | 03.01 | 16:30 | 안산 | 0 : 2 | 김포 | 안산 | 1,444 |
| 2 | 11 | 일반 | 03.02 | 14:00 | 화성 | 1 : 1 | 충남아산 | 화성 | 3,731 |
| 2 | 12 | 일반 | 03.02 | 14:00 | 부산 | 0 : 1 | 경남 | 구덕 | 2,610 |
| 2 | 13 | 일반 | 03.02 | 16:30 | 천안 | 1 : 2 | 부천 | 천안 | 1,198 |
| 2 | 14 | 일반 | 03.03 | 14:00 | 성남 | 1 : 1 | 충북청주 | 탄천 | 2,015 |
| 3 | 15 | 일반 | 03.08 | 14:00 | 부천 | 0 : 2 | 부산 | 부천 | 3,277 |
| 3 | 16 | 일반 | 03.08 | 14:00 | 화성 | 1 : 1 | 경남 | 화성 | 1,425 |
| 3 | 17 | 일반 | 03.08 | 16:30 | 김포 | 2 : 3 | 충북청주 | 김포 | 4,017 |
| 3 | 18 | 일반 | 03.08 | 16:30 | 안산 | 0 : 1 | 전남 | 안산 | 1,447 |
| 3 | 19 | 일반 | 03.09 | 14:00 | 서울E | 4 : 2 | 수원 | 목동 | 9,644 |
| 3 | 20 | 일반 | 03.09 | 14:00 | 천안 | 1 : 0 | 충남아산 | 천안 | 3,163 |
| 3 | 21 | 일반 | 03.09 | 16:30 | 성남 | 2 : 1 | 인천 | 탄천 | 4,891 |
| 4 | 22 | 일반 | 03.15 | 14:00 | 인천 | 1 : 0 | 서울E | 인천 | 9,695 |
| 4 | 23 | 일반 | 03.15 | 14:00 | 화성 | 2 : 1 | 충북청주 | 화성 | 1,735 |
| 4 | 24 | 일반 | 03.15 | 16:30 | 김포 | 0 : 0 | 성남 | 김포 | 3,126 |
| 4 | 25 | 일반 | 03.15 | 16:30 | 수원 | 0 : 0 | 충남아산 | 수원W | 14,099 |
| 4 | 26 | 일반 | 03.16 | 14:00 | 부산 | 2 : 1 | 천안 | 구덕 | 1,812 |
| 4 | 27 | 일반 | 03.16 | 14:00 | 경남 | 2 : 2 | 전남 | 창원C | 5,969 |
| 4 | 28 | 일반 | 03.16 | 16:30 | 부천 | 3 : 1 | 안산 | 부천 | 2,462 |
| 5 | 29 | 일반 | 03.29 | 14:00 | 안산 | 3 : 3 | 화성 | 안산 | 1,768 |
| 5 | 30 | 일반 | 03.29 | 14:00 | 수원 | 2 : 1 | 전남 | 수원W | 9,692 |
| 5 | 31 | 일반 | 03.29 | 16:30 | 경남 | 3 : 0 | 충북청주 | 창원C | 2,696 |
| 5 | 32 | 일반 | 03.29 | 16:30 | 인천 | 1 : 1 | 부산 | 인천 | 8,507 |
| 5 | 33 | 일반 | 03.30 | 14:00 | 서울E | 3 : 2 | 부천 | 목동 | 3,140 |
| 5 | 34 | 일반 | 03.30 | 14:00 | 천안 | 0 : 2 | 김포 | 천안 | 1,283 |
| 5 | 35 | 일반 | 03.30 | 16:30 | 충남아산 | 1 : 1 | 성남 | 아산 | 6,519 |
| 6 | 36 | 일반 | 04.05 | 14:00 | 서울E | 3 : 0 | 천안 | 목동 | 2,136 |
| 6 | 37 | 일반 | 04.05 | 14:00 | 화성 | 0 : 1 | 인천 | 화성 | 2,279 |
| 6 | 38 | 일반 | 04.05 | 16:30 | 부산 | 0 : 1 | 전남 | 구덕 | 2,081 |
| 6 | 39 | 일반 | 04.06 | 14:00 | 수원 | 4 : 0 | 경남 | 수원W | 11,343 |
| 6 | 40 | 일반 | 04.06 | 14:00 | 김포 | 1 : 2 | 부천 | 김포 | 3,176 |
| 6 | 41 | 일반 | 04.06 | 16:30 | 충남아산 | 3 : 1 | 충북청주 | 아산 | 3,871 |
| 6 | 42 | 일반 | 04.06 | 16:30 | 성남 | 1 : 0 | 안산 | 탄천 | 2,291 |
| 7 | 43 | 일반 | 04.12 | 14:00 | 김포 | 1 : 1 | 충남아산 | 김포 | 1,494 |
| 7 | 44 | 일반 | 04.12 | 14:00 | 화성 | 1 : 2 | 전남 | 화성 | 1,036 |
| 7 | 45 | 일반 | 04.12 | 16:30 | 부천 | 1 : 1 | 수원 | 부천 | 5,936 |
| 7 | 46 | 일반 | 04.12 | 16:30 | 경남 | 0 : 1 | 성남 | 창원C | 2,162 |
| 7 | 47 | 일반 | 04.13 | 14:00 | 인천 | 2 : 1 | 충북청주 | 인천 | 5,542 |
| 7 | 48 | 일반 | 04.13 | 16:30 | 부산 | 2 : 2 | 서울E | 구덕 | 2,321 |
| 7 | 49 | 일반 | 04.13 | 16:30 | 천안 | 0 : 1 | 안산 | 천안 | 1,021 |
| 8 | 50 | 일반 | 04.19 | 14:00 | 인천 | 3 : 0 | 천안 | 인천 | 4,637 |
| 8 | 51 | 일반 | 04.19 | 14:00 | 서울E | 0 : 2 | 충북청주 | 목동 | 1,888 |
| 8 | 52 | 일반 | 04.19 | 16:30 | 수원 | 3 : 1 | 화성 | 수원W | 9,238 |
| 8 | 53 | 일반 | 04.19 | 16:30 | 성남 | 0 : 0 | 부천 | 탄천 | 2,223 |
| 8 | 54 | 일반 | 04.20 | 14:00 | 안산 | 1 : 3 | 부산 | 안산 | 2,424 |
| 8 | 55 | 일반 | 04.20 | 16:30 | 충남아산 | 0 : 0 | 전남 | 아산 | 3,131 |
| 8 | 56 | 일반 | 04.20 | 16:30 | 경남 | 2 : 1 | 김포 | 창원C | 2,318 |
| 9 | 57 | 일반 | 04.26 | 14:00 | 서울E | 2 : 1 | 경남 | 목동 | 3,383 |
| 9 | 58 | 일반 | 04.26 | 14:00 | 천안 | 0 : 1 | 충북청주 | 천안 | 1,411 |
| 9 | 59 | 일반 | 04.26 | 16:30 | 충남아산 | 3 : 0 | 안산 | 아산 | 2,043 |
| 9 | 60 | 일반 | 04.26 | 16:30 | 부천 | 1 : 3 | 인천 | 부천 | 7,561 |
| 9 | 61 | 일반 | 04.27 | 14:00 | 수원 | 3 : 2 | 성남 | 수원W | 13,948 |
| 9 | 62 | 일반 | 04.27 | 14:00 | 김포 | 0 : 1 | 전남 | 김포 | 3,279 |
| 9 | 63 | 일반 | 04.27 | 16:30 | 부산 | 3 : 2 | 화성 | 구덕 | 2,769 |
| 10 | 64 | 일반 | 05.04 | 14:00 | 성남 | 1 : 2 | 서울E | 탄천 | 3,421 |
| 10 | 65 | 일반 | 05.04 | 14:00 | 부천 | 2 : 2 | 전남 | 부천 | 2,698 |
| 10 | 66 | 일반 | 05.04 | 16:30 | 인천 | 3 : 0 | 김포 | 인천 | 11,792 |
| 10 | 67 | 일반 | 05.04 | 16:30 | 충북청주 | 3 : 3 | 수원 | 청주 | 10,149 |
| 10 | 68 | 일반 | 05.04 | 16:30 | 안산 | 1 : 0 | 경남 | 안산 | 1,864 |
| 10 | 69 | 일반 | 05.04 | 19:00 | 부산 | 2 : 0 | 충남아산 | 구덕 | 3,240 |
| 10 | 70 | 일반 | 05.04 | 19:00 | 화성 | 2 : 1 | 천안 | 화성 | 1,712 |
| 11 | 71 | 일반 | 05.10 | 16:30 | 김포 | 1 : 0 | 화성 | 김포 | 2,022 |
| 11 | 72 | 일반 | 05.10 | 16:30 | 경남 | 0 : 3 | 부천 | 창원C | 2,604 |
| 11 | 73 | 일반 | 05.10 | 19:00 | 충남아산 | 0 : 3 | 인천 | 아산 | 4,204 |
| 11 | 74 | 일반 | 05.10 | 19:00 | 서울E | 1 : 1 | 안산 | 목동 | 2,408 |
| 11 | 75 | 일반 | 05.11 | 16:30 | 전남 | 2 : 1 | 성남 | 광양 | 7,975 |
| 11 | 76 | 일반 | 05.11 | 16:30 | 충북청주 | 0 : 2 | 부산 | 청주 | 2,321 |
| 11 | 77 | 일반 | 05.11 | 19:00 | 수원 | 2 : 0 | 천안 | 수원W | 10,664 |
| 12 | 78 | 일반 | 05.17 | 16:30 | 경남 | 1 : 3 | 충남아산 | 창원C | 2,610 |
| 12 | 79 | 일반 | 05.17 | 16:30 | 부천 | 1 : 0 | 화성 | 부천 | 2,891 |
| 12 | 80 | 일반 | 05.17 | 19:00 | 천안 | 1 : 1 | 성남 | 천안 | 2,470 |
| 12 | 81 | 일반 | 05.17 | 19:00 | 부산 | 1 : 4 | 수원 | 구덕 | 8,529 |
| 12 | 82 | 일반 | 05.18 | 16:30 | 안산 | 0 : 2 | 인천 | 안산 | 6,282 |
| 12 | 83 | 일반 | 05.18 | 16:30 | 전남 | 4 : 1 | 충북청주 | 광양 | 4,378 |
| 12 | 84 | 일반 | 05.18 | 19:00 | 김포 | 1 : 2 | 서울E | 김포 | 2,265 |
| 13 | 85 | 일반 | 05.24 | 16:30 | 화성 | 0 : 1 | 서울E | 화성 | 2,120 |
| 13 | 86 | 일반 | 05.24 | 16:30 | 충북청주 | 0 : 0 | 안산 | 청주 | 1,539 |
| 13 | 87 | 일반 | 05.24 | 19:00 | 성남 | 0 : 0 | 부산 | 탄천 | 3,108 |
| 13 | 88 | 일반 | 05.24 | 19:00 | 경남 | 3 : 1 | 천안 | 창원C | 2,434 |
| 13 | 89 | 일반 | 05.25 | 16:30 | 충남아산 | 2 : 2 | 부천 | 아산 | 2,461 |
| 13 | 90 | 일반 | 05.25 | 16:30 | 인천 | 2 : 0 | 전남 | 인천 | 12,052 |
| 13 | 91 | 일반 | 05.25 | 19:00 | 수원 | 1 : 1 | 김포 | 수원W | 12,396 |
| 14 | 92 | 일반 | 05.31 | 16:30 | 전남 | 3 : 2 | 화성 | 광양 | 3,784 |

| 라운드 | 경기번호 | 대회구분 | 경기일자 | 경기시간 | 홈팀 | 결과 | 원정팀 | 경기장소 | 관중수 |
|---|---|---|---|---|---|---|---|---|---|
| 14 | 93 | 일반 | 05.31 | 16:30 | 서울E | 1 : 4 | 부산 | 목동 | 4,482 |
| 14 | 94 | 일반 | 05.31 | 19:00 | 충북청주 | 1 : 2 | 경남 | 청주 | 1,863 |
| 14 | 95 | 일반 | 05.31 | 19:00 | 안산 | 1 : 0 | 성남 | 안산 | 2,548 |
| 14 | 96 | 일반 | 06.01 | 16:30 | 충남아산 | 2 : 0 | 김포 | 아산 | 2,149 |
| 14 | 97 | 일반 | 06.01 | 19:00 | 수원 | 4 : 1 | 부천 | 수원W | 12,264 |
| 14 | 98 | 일반 | 06.01 | 19:00 | 천안 | 3 : 3 | 인천 | 천안 | 4,032 |
| 15 | 99 | 일반 | 06.06 | 19:00 | 충북청주 | 0 : 2 | 충남아산 | 청주 | 2,793 |
| 15 | 100 | 일반 | 06.06 | 19:00 | 성남 | 1 : 2 | 수원 | 탄천 | 8,843 |
| 15 | 101 | 일반 | 06.07 | 19:00 | 부산 | 0 : 2 | 안산 | 구덕 | 4,132 |
| 15 | 102 | 일반 | 06.07 | 19:00 | 전남 | 1 : 1 | 서울E | 광양 | 6,946 |
| 15 | 103 | 일반 | 06.07 | 19:00 | 경남 | 0 : 1 | 화성 | 창원C | 3,053 |
| 15 | 104 | 일반 | 06.08 | 19:00 | 인천 | 1 : 0 | 부천 | 인천 | 11,007 |
| 15 | 105 | 일반 | 06.08 | 19:00 | 김포 | 1 : 0 | 천안 | 김포 | 2,053 |
| 16 | 106 | 일반 | 06.14 | 19:00 | 충남아산 | 0 : 1 | 천안 | 아산 | 2,340 |
| 16 | 107 | 일반 | 06.14 | 19:00 | 부천 | 3 : 1 | 서울E | 부천 | 3,440 |
| 16 | 108 | 일반 | 06.14 | 19:00 | 충북청주 | 0 : 1 | 성남 | 청주 | 1,806 |
| 16 | 109 | 일반 | 06.15 | 19:00 | 전남 | 0 : 1 | 부산 | 광양 | 2,387 |
| 16 | 110 | 일반 | 06.15 | 19:00 | 화성 | 0 : 0 | 안산 | 화성 | 1,259 |
| 16 | 111 | 일반 | 06.15 | 19:00 | 김포 | 3 : 0 | 경남 | 김포 | 1,762 |
| 16 | 112 | 일반 | 06.15 | 19:00 | 수원 | 1 : 2 | 인천 | 수원W | 22,625 |
| 17 | 113 | 일반 | 06.21 | 19:00 | 인천 | 2 : 0 | 화성 | 인천 | 9,245 |
| 17 | 114 | 일반 | 06.21 | 19:00 | 천안 | 4 : 2 | 서울E | 천안 | 2,777 |
| 17 | 115 | 일반 | 06.21 | 19:00 | 안산 | 0 : 1 | 부천 | 안산 | 1,950 |
| 17 | 116 | 일반 | 06.21 | 19:00 | 성남 | 0 : 2 | 충남아산 | 탄천 | 2,487 |
| 17 | 117 | 일반 | 06.22 | 19:00 | 전남 | 0 : 0 | 김포 | 광양 | 2,662 |
| 17 | 118 | 일반 | 06.22 | 19:00 | 부산 | 2 : 2 | 충북청주 | 구덕 | 2,673 |
| 17 | 119 | 일반 | 06.22 | 19:00 | 경남 | 1 : 3 | 수원 | 창원C | 4,329 |
| 18 | 120 | 일반 | 06.28 | 19:00 | 충남아산 | 1 : 1 | 서울E | 아산 | 1,784 |
| 18 | 121 | 일반 | 06.28 | 19:00 | 부천 | 2 : 0 | 경남 | 부천 | 2,429 |
| 18 | 122 | 일반 | 06.28 | 19:00 | 안산 | 0 : 0 | 천안 | 안산 | 1,854 |
| 18 | 123 | 일반 | 06.28 | 19:00 | 화성 | 1 : 0 | 성남 | 화성 | 1,519 |
| 18 | 124 | 일반 | 06.29 | 19:00 | 수원 | 1 : 1 | 부산 | 수원W | 11,467 |
| 18 | 125 | 일반 | 06.29 | 19:00 | 충북청주 | 2 : 2 | 전남 | 청주 | 1,550 |
| 18 | 126 | 일반 | 06.29 | 19:00 | 김포 | 1 : 1 | 인천 | 김포 | 5,298 |
| 19 | 127 | 일반 | 07.05 | 19:00 | 충남아산 | 2 : 3 | 수원 | 아산 | 7,382 |
| 19 | 128 | 일반 | 07.05 | 19:00 | 전남 | 2 : 1 | 인천 | 광양 | 5,149 |
| 19 | 129 | 일반 | 07.05 | 19:00 | 충북청주 | 2 : 1 | 서울E | 청주 | 1,659 |
| 19 | 130 | 일반 | 07.05 | 19:00 | 경남 | 1 : 1 | 안산 | 창원C | 2,157 |
| 19 | 131 | 일반 | 07.06 | 19:00 | 성남 | 0 : 0 | 천안 | 탄천 | 1,979 |
| 19 | 132 | 일반 | 07.06 | 19:00 | 화성 | 0 : 1 | 부천 | 화성 | 2,013 |
| 19 | 133 | 일반 | 07.06 | 19:00 | 김포 | 3 : 0 | 부산 | 김포 | 1,821 |
| 20 | 134 | 일반 | 07.12 | 19:00 | 전남 | 1 : 0 | 경남 | 광양 | 2,851 |
| 20 | 135 | 일반 | 07.12 | 19:00 | 부산 | 0 : 0 | 성남 | 구덕 | 2,606 |
| 20 | 136 | 일반 | 07.12 | 19:00 | 수원 | 1 : 0 | 충북청주 | 수원W | 12,769 |
| 20 | 137 | 일반 | 07.12 | 19:00 | 천안 | 2 : 3 | 화성 | 천안 | 2,218 |
| 20 | 138 | 일반 | 07.13 | 19:00 | 인천 | 2 : 1 | 충남아산 | 인천 | 9,326 |

| 라운드 | 경기번호 | 대회구분 | 경기일자 | 경기시간 | 홈팀 | 결과 | 원정팀 | 경기장소 | 관중수 |
|---|---|---|---|---|---|---|---|---|---|
| 20 | 139 | 일반 | 07.13 | 19:00 | 부천 | 1 : 1 | 김포 | 부천 | 2,544 |
| 20 | 140 | 일반 | 07.13 | 19:00 | 안산 | 2 : 2 | 서울E | 안산 | 1,743 |
| 21 | 141 | 일반 | 07.19 | 19:00 | 전남 | 3 : 4 | 수원 | 광양 | 5,945 |
| 21 | 142 | 일반 | 07.19 | 19:00 | 김포 | 2 : 2 | 안산 | 김포 | 2,779 |
| 21 | 143 | 일반 | 07.19 | 19:00 | 서울E | 0 : 1 | 성남 | 목동 | 2,690 |
| 21 | 144 | 일반 | 07.19 | 19:00 | 화성 | 1 : 0 | 부산 | 화성 | 1,293 |
| 21 | 145 | 일반 | 07.20 | 19:00 | 부천 | 5 : 3 | 충남아산 | 부천 | 2,297 |
| 21 | 146 | 일반 | 07.20 | 19:00 | 충북청주 | 2 : 1 | 천안 | 청주 | 1,939 |
| 21 | 147 | 일반 | 07.20 | 19:00 | 경남 | 0 : 2 | 인천 | 창원C | 3,214 |
| 22 | 148 | 일반 | 07.26 | 19:00 | 부산 | 4 : 2 | 부천 | 구덕 | 2,032 |
| 22 | 149 | 일반 | 07.26 | 19:00 | 천안 | 4 : 0 | 경남 | 천안 | 1,598 |
| 22 | 150 | 일반 | 07.26 | 19:00 | 충북청주 | 0 : 3 | 김포 | 청주 | 1,196 |
| 22 | 151 | 일반 | 07.26 | 19:00 | 충남아산 | 1 : 1 | 화성 | 아산 | 1,539 |
| 22 | 152 | 일반 | 07.27 | 19:00 | 인천 | 4 : 2 | 안산 | 인천 | 7,392 |
| 22 | 153 | 일반 | 07.27 | 19:00 | 수원 | 0 : 2 | 서울E | 수원W | 11,929 |
| 22 | 154 | 일반 | 07.27 | 19:00 | 성남 | 2 : 2 | 전남 | 탄천 | 1,587 |
| 23 | 155 | 일반 | 08.02 | 19:00 | 부천 | 2 : 3 | 성남 | 부천 | 2,405 |
| 23 | 156 | 일반 | 08.02 | 19:00 | 서울E | 0 : 0 | 인천 | 목동 | 6,612 |
| 23 | 157 | 일반 | 08.02 | 19:00 | 전남 | 2 : 2 | 충남아산 | 광양 | 3,036 |
| 23 | 158 | 일반 | 08.02 | 19:00 | 화성 | 0 : 1 | 김포 | 화성 | 1,522 |
| 23 | 159 | 일반 | 08.02 | 19:00 | 안산 | 1 : 2 | 충북청주 | 안산 | 1,403 |
| 23 | 160 | 일반 | 08.02 | 19:00 | 경남 | 1 : 0 | 부산 | 창원C | 2,089 |
| 23 | 161 | 일반 | 08.02 | 19:00 | 천안 | 1 : 2 | 수원 | 천안 | 9,970 |
| 24 | 162 | 일반 | 08.09 | 19:00 | 충남아산 | 2 : 2 | 경남 | 아산 | 1,211 |
| 24 | 163 | 일반 | 08.09 | 19:00 | 부산 | 0 : 2 | 인천 | 구덕 | 3,852 |
| 24 | 164 | 일반 | 08.09 | 19:00 | 수원 | 3 : 1 | 안산 | 수원W | 11,348 |
| 24 | 165 | 일반 | 08.09 | 20:00 | 성남 | 0 : 0 | 김포 | 탄천 | 1,939 |
| 24 | 166 | 일반 | 08.10 | 19:00 | 서울E | 0 : 0 | 화성 | 목동 | 2,607 |
| 24 | 167 | 일반 | 08.10 | 19:00 | 전남 | 3 : 4 | 천안 | 광양 | 2,439 |
| 24 | 168 | 일반 | 08.10 | 19:30 | 충북청주 | 0 : 1 | 부천 | 청주 | 2,425 |
| 25 | 169 | 일반 | 08.15 | 19:00 | 전남 | 2 : 1 | 부천 | 광양 | 3,266 |
| 25 | 170 | 일반 | 08.15 | 19:00 | 안산 | 0 : 2 | 충남아산 | 안산 | 1,598 |
| 25 | 171 | 일반 | 08.16 | 20:00 | 인천 | 1 : 2 | 성남 | 인천 | 9,352 |
| 25 | 172 | 일반 | 08.16 | 19:00 | 김포 | 3 : 1 | 수원 | 김포 | 6,275 |
| 25 | 173 | 일반 | 08.16 | 19:00 | 충북청주 | 1 : 1 | 화성 | 청주 | 1,517 |
| 25 | 174 | 일반 | 08.16 | 19:30 | 경남 | 1 : 1 | 서울E | 창원C | 2,391 |
| 25 | 175 | 일반 | 08.17 | 19:00 | 천안 | 0 : 1 | 부산 | 천안 | 3,087 |
| 26 | 176 | 일반 | 08.23 | 19:00 | 전남 | 2 : 0 | 안산 | 광양 | 3,121 |
| 26 | 177 | 일반 | 08.23 | 19:30 | 부천 | 0 : 0 | 천안 | 부천 | 2,671 |
| 26 | 178 | 일반 | 08.23 | 19:00 | 서울E | 1 : 1 | 김포 | 목동 | 2,710 |
| 26 | 179 | 일반 | 08.23 | 19:00 | 성남 | 2 : 1 | 경남 | 탄천 | 2,119 |
| 26 | 180 | 일반 | 08.24 | 19:00 | 충북청주 | 0 : 4 | 인천 | 청주 | 3,076 |
| 26 | 181 | 일반 | 08.24 | 19:00 | 충남아산 | 0 : 1 | 부산 | 아산 | 1,621 |
| 26 | 182 | 일반 | 08.24 | 19:00 | 화성 | 1 : 1 | 수원 | 화성 | 9,307 |
| 27 | 183 | 일반 | 08.30 | 19:00 | 인천 | 1 : 1 | 충남아산 | 인천 | 8,441 |
| 27 | 184 | 일반 | 08.30 | 19:00 | 수원 | 2 : 2 | 성남 | 수원W | 13,736 |

| 라운드 | 경기번호 | 대회구분 | 경기일자 | 경기시간 | 홈팀 | 결과 | 원정팀 | 경기장소 | 관중수 |
|---|---|---|---|---|---|---|---|---|---|
| 27 | 185 | 일반 | 08.30 | 19:00 | 안산 | 0 : 1 | 화성 | 안산 | 2,013 |
| 27 | 186 | 일반 | 08.30 | 19:00 | 김포 | 2 : 0 | 전남 | 김포 | 3,005 |
| 27 | 188 | 일반 | 08.30 | 19:00 | 부산 | 2 : 2 | 충북청주 | 구덕 | 2,559 |
| 27 | 187 | 일반 | 08.31 | 19:00 | 경남 | 1 : 2 | 부천 | 창원C | 2,083 |
| 27 | 189 | 일반 | 08.31 | 19:00 | 천안 | 2 : 5 | 서울E | 천안 | 2,813 |
| 28 | 190 | 일반 | 09.06 | 19:00 | 부산 | 1 : 0 | 수원 | 구덕 | 9,819 |
| 28 | 191 | 일반 | 09.06 | 19:00 | 전남 | 1 : 2 | 서울E | 광양 | 3,106 |
| 28 | 192 | 일반 | 09.06 | 19:00 | 충북청주 | 0 : 1 | 경남 | 청주 | 1,875 |
| 28 | 193 | 일반 | 09.06 | 19:00 | 성남 | 4 : 0 | 안산 | 탄천 | 1,671 |
| 28 | 194 | 일반 | 09.07 | 19:00 | 김포 | 1 : 3 | 천안 | 김포 | 2,383 |
| 28 | 195 | 일반 | 09.07 | 19:00 | 부천 | 1 : 0 | 인천 | 부천 | 6,569 |
| 28 | 196 | 일반 | 09.07 | 19:00 | 화성 | 1 : 1 | 충남아산 | 화성 | 1,916 |
| 29 | 197 | 일반 | 09.13 | 16:30 | 충남아산 | 3 : 0 | 부천 | 아산 | 1,751 |
| 29 | 198 | 일반 | 09.13 | 19:00 | 경남 | 0 : 2 | 김포 | 창원C | 2,411 |
| 29 | 199 | 일반 | 09.13 | 19:00 | 서울E | 0 : 1 | 수원 | 목동 | 8,299 |
| 29 | 200 | 일반 | 09.13 | 19:00 | 천안 | 3 : 4 | 인천 | 천안 | 3,850 |
| 29 | 201 | 일반 | 09.14 | 19:00 | 전남 | 1 : 2 | 화성 | 광양 | 3,154 |
| 29 | 202 | 일반 | 09.14 | 19:00 | 충북청주 | 0 : 1 | 성남 | 청주 | 6,862 |
| 29 | 203 | 일반 | 09.14 | 19:00 | 안산 | 2 : 3 | 부산 | 안산 | 1,430 |
| 30 | 204 | 일반 | 09.20 | 16:30 | 수원 | 1 : 2 | 경남 | 수원W | 11,318 |
| 30 | 205 | 일반 | 09.20 | 16:30 | 부천 | 2 : 2 | 서울E | 부천 | 3,033 |
| 30 | 206 | 일반 | 09.20 | 19:00 | 인천 | 1 : 2 | 김포 | 인천 | 10,328 |
| 30 | 207 | 일반 | 09.20 | 19:30 | 성남 | 3 : 0 | 충남아산 | 탄천 | 2,183 |
| 30 | 208 | 일반 | 09.21 | 16:30 | 안산 | 0 : 0 | 충북청주 | 안산 | 1,933 |
| 30 | 209 | 일반 | 09.21 | 16:30 | 천안 | 2 : 2 | 화성 | 천안 | 1,851 |
| 30 | 210 | 일반 | 09.21 | 19:30 | 부산 | 1 : 1 | 전남 | 구덕 | 2,045 |
| 31 | 211 | 일반 | 09.27 | 14:30 | 전남 | 3 : 2 | 부천 | 팔마 | 8,589 |
| 31 | 212 | 일반 | 09.27 | 16:30 | 충남아산 | 1 : 3 | 수원 | 아산 | 6,604 |
| 31 | 213 | 일반 | 09.27 | 19:30 | 충북청주 | 0 : 1 | 천안 | 청주 | 1,768 |
| 31 | 214 | 일반 | 09.28 | 16:30 | 경남 | 1 : 0 | 안산 | 창원C | 2,375 |
| 31 | 215 | 일반 | 09.28 | 16:30 | 화성 | 1 : 1 | 부산 | 화성 | 2,019 |
| 31 | 216 | 일반 | 09.28 | 19:00 | 김포 | 0 : 0 | 성남 | 김포 | 2,730 |
| 31 | 217 | 일반 | 09.28 | 19:00 | 서울E | 0 : 0 | 인천 | 목동 | 6,226 |
| 32 | 218 | 일반 | 10.03 | 14:00 | 성남 | 0 : 2 | 서울E | 탄천 | 2,781 |
| 32 | 219 | 일반 | 10.04 | 14:00 | 수원 | 2 : 2 | 부천 | 수원W | 13,065 |
| 32 | 220 | 일반 | 10.04 | 14:00 | 김포 | 1 : 1 | 안산 | 김포 | 3,283 |
| 32 | 221 | 일반 | 10.04 | 16:30 | 충남아산 | 0 : 0 | 충북청주 | 아산 | 1,206 |
| 32 | 222 | 일반 | 10.04 | 16:30 | 화성 | 0 : 1 | 인천 | 화성 | 3,374 |
| 32 | 223 | 일반 | 10.05 | 14:00 | 전남 | 4 : 1 | 천안 | 광양 | 2,913 |
| 32 | 224 | 일반 | 10.05 | 16:30 | 부산 | 1 : 1 | 경남 | 구덕 | 2,326 |
| 33 | 225 | 일반 | 10.07 | 14:00 | 서울E | 1 : 1 | 화성 | 목동 | 2,344 |
| 33 | 226 | 일반 | 10.07 | 16:30 | 충북청주 | 0 : 2 | 김포 | 청주 | 1,255 |
| 33 | 227 | 일반 | 10.08 | 14:00 | 인천 | 1 : 1 | 수원 | 인천 | 18,134 |
| 33 | 228 | 일반 | 10.08 | 14:00 | 천안 | 0 : 0 | 부산 | 천안 | 2,004 |
| 33 | 229 | 일반 | 10.08 | 14:00 | 경남 | 2 : 3 | 전남 | 창원C | 2,981 |
| 33 | 230 | 일반 | 10.08 | 16:30 | 부천 | 1 : 0 | 성남 | 부천 | 4,233 |
| 33 | 231 | 일반 | 10.08 | 16:30 | 안산 | 0 : 1 | 충남아산 | 안산 | 1,610 |
| 34 | 232 | 일반 | 10.11 | 14:00 | 김포 | 0 : 1 | 서울E | 김포 | 2,135 |
| 34 | 233 | 일반 | 10.11 | 16:30 | 화성 | 1 : 0 | 충북청주 | 화성 | 1,761 |
| 34 | 234 | 일반 | 10.12 | 14:00 | 수원 | 5 : 0 | 천안 | 수원W | 10,036 |
| 34 | 235 | 일반 | 10.12 | 14:00 | 전남 | 0 : 1 | 안산 | 광양 | 4,239 |
| 34 | 236 | 일반 | 10.12 | 14:00 | 부산 | 1 : 2 | 부천 | 구덕 | 2,054 |
| 34 | 237 | 일반 | 10.12 | 16:30 | 성남 | 2 : 2 | 인천 | 탄천 | 4,384 |
| 34 | 238 | 일반 | 10.12 | 16:30 | 충남아산 | 1 : 0 | 경남 | 아산 | 1,705 |
| 35 | 239 | 일반 | 10.19 | 14:00 | 안산 | 0 : 1 | 인천 | 안산 | 3,950 |
| 35 | 240 | 일반 | 10.19 | 14:00 | 서울E | 3 : 0 | 부산 | 목동 | 2,859 |
| 35 | 241 | 일반 | 10.19 | 14:00 | 충남아산 | 1 : 0 | 김포 | 아산 | 1,912 |
| 35 | 242 | 일반 | 10.19 | 14:00 | 경남 | 0 : 1 | 성남 | 창원C | 2,232 |
| 35 | 243 | 일반 | 10.19 | 16:30 | 충북청주 | 0 : 3 | 전남 | 청주 | 1,687 |
| 35 | 244 | 일반 | 10.19 | 16:30 | 부천 | 2 : 1 | 천안 | 부천 | 3,897 |
| 35 | 245 | 일반 | 10.19 | 16:30 | 화성 | 2 : 3 | 수원 | 화성 | 8,871 |
| 36 | 246 | 일반 | 10.25 | 14:00 | 수원 | 2 : 2 | 전남 | 수원W | 11,740 |
| 36 | 247 | 일반 | 10.25 | 14:00 | 성남 | 1 : 0 | 화성 | 탄천 | 3,471 |
| 36 | 248 | 일반 | 10.25 | 16:30 | 천안 | 0 : 0 | 안산 | 천안 | 1,811 |
| 36 | 249 | 일반 | 10.25 | 16:30 | 부산 | 4 : 1 | 김포 | 구덕 | 1,932 |
| 36 | 250 | 일반 | 10.25 | 16:30 | 충북청주 | 0 : 0 | 부천 | 청주 | 1,113 |
| 36 | 251 | 일반 | 10.26 | 14:00 | 인천 | 3 : 0 | 경남 | 인천 | 11,156 |
| 36 | 252 | 일반 | 10.26 | 16:30 | 서울E | 4 : 1 | 충남아산 | 목동 | 2,809 |
| 37 | 253 | 일반 | 11.01 | 14:00 | 경남 | 0 : 0 | 서울E | 창원C | 2,281 |
| 37 | 254 | 일반 | 11.01 | 14:00 | 수원 | 2 : 0 | 충북청주 | 수원W | 9,012 |
| 37 | 255 | 일반 | 11.01 | 16:30 | 부천 | 2 : 0 | 안산 | 부천 | 3,522 |
| 37 | 256 | 일반 | 11.01 | 16:30 | 김포 | 5 : 1 | 화성 | 김포 | 2,632 |
| 37 | 257 | 일반 | 11.02 | 14:00 | 인천 | 0 : 0 | 부산 | 인천 | 7,058 |
| 37 | 258 | 일반 | 11.02 | 14:00 | 전남 | 0 : 2 | 성남 | 광양 | 4,828 |
| 37 | 259 | 일반 | 11.02 | 16:30 | 충남아산 | 1 : 1 | 천안 | 아산 | 2,772 |
| 38 | 260 | 일반 | 11.08 | 14:00 | 전남 | 2 : 1 | 인천 | 광양 | 5,779 |
| 38 | 261 | 일반 | 11.08 | 14:00 | 화성 | 0 : 1 | 경남 | 화성 | 3,617 |
| 38 | 262 | 일반 | 11.08 | 16:30 | 부산 | 0 : 3 | 충남아산 | 구덕 | 2,113 |
| 38 | 263 | 일반 | 11.08 | 16:30 | 천안 | 1 : 3 | 성남 | 천안 | 2,891 |
| 38 | 264 | 일반 | 11.09 | 14:00 | 충북청주 | 0 : 2 | 서울E | 청주 | 5,406 |
| 38 | 265 | 일반 | 11.09 | 14:00 | 안산 | 1 : 1 | 수원 | 안산 | 6,663 |
| 38 | 266 | 일반 | 11.09 | 16:30 | 김포 | 0 : 1 | 부천 | 김포 | 3,368 |
| 39 | 267 | 일반 | 11.23 | 14:00 | 충남아산 | 2 : 1 | 전남 | 아산 | 4,463 |
| 39 | 268 | 일반 | 11.23 | 14:00 | 인천 | 0 : 1 | 충북청주 | 인천 | 12,102 |
| 39 | 269 | 일반 | 11.23 | 14:00 | 수원 | 1 : 1 | 김포 | 수원W | 8,278 |
| 39 | 270 | 일반 | 11.23 | 14:00 | 부천 | 0 : 0 | 화성 | 부천 | 3,222 |
| 39 | 271 | 일반 | 11.23 | 14:00 | 서울E | 6 : 0 | 안산 | 목동 | 5,211 |
| 39 | 272 | 일반 | 11.23 | 14:00 | 경남 | 2 : 0 | 천안 | 창원C | 3,007 |
| 39 | 273 | 일반 | 11.23 | 14:00 | 성남 | 2 : 1 | 부산 | 탄천 | 3,703 |
| 40 | 274 | 준PO | 11.27 | 19:00 | 서울E | 0 : 1 | 성남 | 목동 | 4,147 |
| 41 | 275 | PO | 11.30 | 14:00 | 부천 | 0 : 0 | 성남 | 부천 | 6,171 |

## 2025년 K리그2 팀별 연속 승패 · 득실점 기록 | 인천

| 일자 | 상대 | 홈/원정 | 승 | 무 | 패 | 득점 | 실점 | 연속기록 | | | | | | |
|---|---|---|---|---|---|---|---|---|---|---|---|---|---|---|
| | | | | | | | | 승 | 무 | 패 | 득점 | 실점 | 무득점 | 무실점 |
| 02.22 | 경남 | 홈 | ▲ | | | 2 | 0 | | | | | | | |
| 03.01 | 수원 | 홈 | ▲ | | | 2 | 0 | | | | | | | |
| 03.09 | 성남 | 원정 | | | ▼ | 1 | 2 | | | | | | | |
| 03.15 | 서울E | 홈 | ▲ | | | 1 | 0 | | | | | | | |
| 03.29 | 부산 | 홈 | | ■ | | 1 | 1 | | | | | | | |
| 04.05 | 화성 | 원정 | ▲ | | | 1 | 0 | | | | | | | |
| 04.13 | 충북청주 | 홈 | ▲ | | | 2 | 1 | | | | | | | |
| 04.19 | 천안 | 홈 | ▲ | | | 3 | 0 | | | | | | | |
| 04.26 | 부천 | 원정 | ▲ | | | 3 | 1 | | | | | | | |
| 05.04 | 김포 | 홈 | ▲ | | | 3 | 0 | | | | | | | |
| 05.10 | 충남아산 | 원정 | ▲ | | | 3 | 0 | | | | | | | |
| 05.18 | 안산 | 원정 | ▲ | | | 2 | 0 | | | | | | | |
| 05.25 | 전남 | 홈 | ▲ | | | 2 | 0 | | | | | | | |
| 06.01 | 천안 | 원정 | | ■ | | 3 | 3 | | | | | | | |
| 06.08 | 부천 | 홈 | ▲ | | | 1 | 0 | | | | | | | |
| 06.15 | 수원 | 원정 | ▲ | | | 2 | 1 | | | | | | | |
| 06.21 | 화성 | 홈 | ▲ | | | 2 | 0 | | | | | | | |
| 06.29 | 김포 | 원정 | | ■ | | 1 | 1 | | | | | | | |
| 07.05 | 전남 | 원정 | | | ▼ | 1 | 2 | | | | | | | |
| 07.13 | 충남아산 | 홈 | ▲ | | | 2 | 1 | | | | | | | |
| 07.20 | 경남 | 원정 | ▲ | | | 2 | 0 | | | | | | | |
| 07.27 | 안산 | 홈 | ▲ | | | 4 | 2 | | | | | | | |
| 08.02 | 서울E | 원정 | | ■ | | 0 | 0 | | | | | | | |
| 08.09 | 부산 | 원정 | ▲ | | | 2 | 0 | | | | | | | |
| 08.16 | 성남 | 홈 | | | ▼ | 1 | 2 | | | | | | | |
| 08.24 | 충북청주 | 원정 | ▲ | | | 4 | 0 | | | | | | | |
| 08.30 | 충남아산 | 홈 | | ■ | | 1 | 1 | | | | | | | |
| 09.07 | 부천 | 원정 | | | ▼ | 0 | 1 | | | | | | | |
| 09.13 | 천안 | 원정 | ▲ | | | 4 | 3 | | | | | | | |
| 09.20 | 김포 | 홈 | | | ▼ | 1 | 2 | | | | | | | |
| 09.28 | 서울E | 원정 | | ■ | | 0 | 0 | | | | | | | |
| 10.04 | 화성 | 원정 | ▲ | | | 1 | 0 | | | | | | | |
| 10.08 | 수원 | 홈 | | ■ | | 1 | 1 | | | | | | | |
| 10.12 | 성남 | 원정 | | ■ | | 2 | 2 | | | | | | | |
| 10.19 | 안산 | 원정 | ▲ | | | 1 | 0 | | | | | | | |
| 10.26 | 경남 | 홈 | ▲ | | | 3 | 0 | | | | | | | |
| 11.02 | 부산 | 홈 | | ■ | | 0 | 0 | | | | | | | |
| 11.08 | 전남 | 원정 | | | ▼ | 1 | 2 | | | | | | | |
| 11.23 | 충북청주 | 홈 | | | ▼ | 0 | 1 | | | | | | | |

: 플레이오프

## 2025년 K리그2 팀별 연속 승패 · 득실점 기록 | 수원

| 일자 | 상대 | 홈/원정 | 승 | 무 | 패 | 득점 | 실점 | 연속기록 | | | | | | |
|---|---|---|---|---|---|---|---|---|---|---|---|---|---|---|
| | | | | | | | | 승 | 무 | 패 | 득점 | 실점 | 무득점 | 무실점 |
| 02.22 | 안산 | 원정 | ▲ | | | 1 | | | | | | | | |
| 03.01 | 인천 | 원정 | | | ▼ | 0 | | | | | | | | |
| 03.09 | 서울E | 원정 | | | ▼ | 2 | | | | | | | | |
| 03.15 | 충남아산 | 홈 | | ■ | | 0 | | | | | | | | |
| 03.29 | 전남 | 홈 | ▲ | | | 2 | | | | | | | | |
| 04.06 | 경남 | 홈 | ▲ | | | 4 | | | | | | | | |
| 04.12 | 부천 | 원정 | | ■ | | 1 | | | | | | | | |
| 04.19 | 화성 | 홈 | ▲ | | | 3 | | | | | | | | |
| 04.27 | 성남 | 홈 | ▲ | | | 3 | | | | | | | | |
| 05.04 | 충북청주 | 원정 | | ■ | | 3 | | | | | | | | |
| 05.11 | 천안 | 홈 | ▲ | | | 2 | | | | | | | | |
| 05.17 | 부산 | 원정 | ▲ | | | 4 | | | | | | | | |
| 05.25 | 김포 | 홈 | | ■ | | 1 | | | | | | | | |
| 06.01 | 부천 | 홈 | ▲ | | | 4 | | | | | | | | |
| 06.06 | 성남 | 원정 | ▲ | | | 2 | | | | | | | | |
| 06.15 | 인천 | 홈 | | | ▼ | 1 | | | | | | | | |
| 06.22 | 경남 | 원정 | ▲ | | | 3 | | | | | | | | |
| 06.29 | 부산 | 홈 | | ■ | | 1 | | | | | | | | |
| 07.05 | 충남아산 | 원정 | ▲ | | | 3 | | | | | | | | |
| 07.12 | 충북청주 | 홈 | ▲ | | | 1 | | | | | | | | |
| 07.19 | 전남 | 원정 | ▲ | | | 4 | | | | | | | | |
| 07.27 | 서울E | 홈 | | | ▼ | 0 | | | | | | | | |
| 08.02 | 천안 | 원정 | ▲ | | | 2 | | | | | | | | |
| 08.09 | 안산 | 홈 | ▲ | | | 3 | | | | | | | | |
| 08.16 | 김포 | 원정 | | | ▼ | 1 | | | | | | | | |
| 08.24 | 화성 | 원정 | | ■ | | 1 | | | | | | | | |
| 08.30 | 성남 | 홈 | | ■ | | 2 | | | | | | | | |
| 09.06 | 부산 | 원정 | | | ▼ | 0 | | | | | | | | |
| 09.13 | 서울E | 원정 | ▲ | | | 1 | | | | | | | | |
| 09.20 | 경남 | 홈 | | | ▼ | 1 | | | | | | | | |
| 09.27 | 충남아산 | 원정 | ▲ | | | 3 | | | | | | | | |
| 10.04 | 부천 | 홈 | | ■ | | 2 | | | | | | | | |
| 10.08 | 인천 | 원정 | | ■ | | 1 | | | | | | | | |
| 10.12 | 천안 | 홈 | ▲ | | | 5 | | | | | | | | |
| 10.19 | 화성 | 원정 | ▲ | | | 3 | | | | | | | | |
| 10.25 | 전남 | 홈 | | ■ | | 2 | | | | | | | | |
| 11.01 | 충북청주 | 홈 | ▲ | | | 2 | | | | | | | | |
| 11.09 | 안산 | 원정 | | ■ | | 1 | | | | | | | | |
| 11.23 | 김포 | 홈 | | ■ | | 1 | | | | | | | | |
| 12.03 | 제주 | 홈 | | | ▼ | 0 | 1 | | | | | | | |
| 12.07 | 제주 | 원정 | | | ▼ | 0 | 2 | | | | | | | |

## 2025년 K리그2 팀별 연속 승패 · 득실점 기록 | 부천

| 일자 | 상대 | 홈/원정 | 승 | 무 | 패 | 득점 | 실점 | 연속기록 승 | 연속기록 무 | 연속기록 패 | 연속기록 득점 | 연속기록 실점 | 연속기록 무득점 | 연속기록 무실점 |
|---|---|---|---|---|---|---|---|---|---|---|---|---|---|---|
| 02.23 | 충북청주 | 홈 | ▲ | | | 3 | 1 | | | | | | | |
| 03.02 | 천안 | 원정 | ▲ | | | 2 | 1 | | | | | | | |
| 03.08 | 부산 | 홈 | | | ▼ | 0 | 2 | | | | | | | |
| 03.16 | 안산 | 홈 | ▲ | | | 3 | 1 | | | | | | | |
| 03.30 | 서울E | 원정 | | | ▼ | 2 | 3 | | | | | | | |
| 04.06 | 김포 | 원정 | ▲ | | | 2 | 1 | | | | | | | |
| 04.12 | 수원 | 홈 | | ■ | | 1 | 1 | | | | | | | |
| 04.19 | 성남 | 원정 | | ■ | | 0 | 0 | | | | | | | |
| 04.26 | 인천 | 홈 | | | ▼ | 1 | 3 | | | | | | | |
| 05.04 | 전남 | 홈 | | ■ | | 2 | 2 | | | | | | | |
| 05.10 | 경남 | 원정 | ▲ | | | 3 | 0 | | | | | | | |
| 05.17 | 화성 | 홈 | ▲ | | | 1 | 0 | | | | | | | |
| 05.25 | 충남아산 | 원정 | | ■ | | 2 | 2 | | | | | | | |
| 06.01 | 수원 | 원정 | | | ▼ | 1 | 4 | | | | | | | |
| 06.08 | 인천 | 원정 | | | ▼ | 0 | 1 | | | | | | | |
| 06.14 | 서울E | 홈 | ▲ | | | 3 | 1 | | | | | | | |
| 06.21 | 안산 | 원정 | ▲ | | | 1 | 0 | | | | | | | |
| 06.28 | 경남 | 홈 | ▲ | | | 2 | 0 | | | | | | | |
| 07.06 | 화성 | 원정 | ▲ | | | 1 | 0 | | | | | | | |
| 07.13 | 김포 | 홈 | | ■ | | 1 | 1 | | | | | | | |
| 07.20 | 충남아산 | 홈 | ▲ | | | 5 | 3 | | | | | | | |
| 07.26 | 부산 | 원정 | | | ▼ | 2 | 4 | | | | | | | |
| 08.02 | 성남 | 홈 | | | ▼ | 2 | 3 | | | | | | | |
| 08.10 | 충북청주 | 원정 | ▲ | | | 1 | 0 | | | | | | | |
| 08.15 | 전남 | 원정 | | | ▼ | 1 | 2 | | | | | | | |
| 08.23 | 천안 | 홈 | | ■ | | 0 | 0 | | | | | | | |
| 08.31 | 경남 | 원정 | ▲ | | | 2 | 1 | | | | | | | |
| 09.07 | 인천 | 홈 | ▲ | | | 1 | 0 | | | | | | | |
| 09.13 | 충남아산 | 원정 | | | ▼ | 0 | 3 | | | | | | | |
| 09.20 | 서울E | 홈 | | ■ | | 2 | 2 | | | | | | | |
| 09.27 | 전남 | 원정 | | | ▼ | 2 | 3 | | | | | | | |
| 10.04 | 수원 | 원정 | | ■ | | 2 | 2 | | | | | | | |
| 10.08 | 성남 | 홈 | ▲ | | | 1 | 0 | | | | | | | |
| 10.12 | 부산 | 원정 | ▲ | | | 2 | 1 | | | | | | | |
| 10.19 | 천안 | 홈 | ▲ | | | 2 | 1 | | | | | | | |
| 10.25 | 충북청주 | 원정 | | ■ | | 0 | 0 | | | | | | | |
| 11.01 | 안산 | 홈 | ▲ | | | 2 | 0 | | | | | | | |
| 11.09 | 김포 | 원정 | ▲ | | | 1 | 0 | | | | | | | |
| 11.23 | 화성 | 홈 | | ■ | | 0 | 0 | | | | | | | |
| 11.30 | 성남 | 홈 | | ■ | | 0 | 0 | | | | | | | |
| 12.05 | 수원FC | 홈 | ▲ | | | 1 | 0 | | | | | | | |
| 12.08 | 수원FC | 원정 | ▲ | | | 3 | 2 | | | | | | | |

## 2025년 K리그2 팀별 연속 승패 · 득실점 기록 | 서울E

| 일자 | 상대 | 홈/원정 | 승 | 무 | 패 | 득점 | 실점 | 연속기록 승 | 연속기록 무 | 연속기록 패 | 연속기록 득점 | 연속기록 실점 | 연속기록 무득점 | 연속기록 무실점 |
|---|---|---|---|---|---|---|---|---|---|---|---|---|---|---|
| 02.23 | 충남아산 | 홈 | ▲ | | | 2 | 1 | | | | | | | |
| 03.01 | 전남 | 홈 | | ■ | | 1 | 1 | | | | | | | |
| 03.09 | 수원 | 홈 | ▲ | | | 4 | 2 | | | | | | | |
| 03.15 | 인천 | 원정 | | | ▼ | 0 | 1 | | | | | | | |
| 03.30 | 부천 | 홈 | ▲ | | | 3 | 2 | | | | | | | |
| 04.05 | 천안 | 홈 | ▲ | | | 3 | 0 | | | | | | | |
| 04.13 | 부산 | 원정 | | ■ | | 2 | 2 | | | | | | | |
| 04.19 | 충북청주 | 홈 | | | ▼ | 0 | 2 | | | | | | | |
| 04.26 | 경남 | 홈 | ▲ | | | 2 | 1 | | | | | | | |
| 05.04 | 성남 | 원정 | ▲ | | | 2 | 1 | | | | | | | |
| 05.10 | 안산 | 홈 | | ■ | | 1 | 1 | | | | | | | |
| 05.18 | 김포 | 원정 | ▲ | | | 2 | 1 | | | | | | | |
| 05.24 | 화성 | 원정 | ▲ | | | 1 | 0 | | | | | | | |
| 05.31 | 부산 | 홈 | | | ▼ | 1 | 4 | | | | | | | |
| 06.07 | 전남 | 원정 | | ■ | | 1 | 1 | | | | | | | |
| 06.14 | 부천 | 원정 | | | ▼ | 1 | 3 | | | | | | | |
| 06.21 | 천안 | 원정 | | | ▼ | 2 | 4 | | | | | | | |
| 06.28 | 충남아산 | 원정 | | ■ | | 1 | 1 | | | | | | | |
| 07.05 | 충북청주 | 원정 | | | ▼ | 1 | 2 | | | | | | | |
| 07.13 | 안산 | 원정 | | ■ | | 2 | 2 | | | | | | | |
| 07.19 | 성남 | 홈 | | | ▼ | 0 | 1 | | | | | | | |
| 07.27 | 수원 | 원정 | ▲ | | | 2 | 0 | | | | | | | |
| 08.02 | 인천 | 홈 | | ■ | | 0 | 0 | | | | | | | |
| 08.10 | 화성 | 홈 | | ■ | | 0 | 0 | | | | | | | |
| 08.16 | 경남 | 원정 | | ■ | | 1 | 1 | | | | | | | |
| 08.23 | 김포 | 홈 | | ■ | | 1 | 1 | | | | | | | |
| 08.31 | 천안 | 원정 | ▲ | | | 5 | 2 | | | | | | | |
| 09.06 | 전남 | 원정 | ▲ | | | 2 | 1 | | | | | | | |
| 09.13 | 수원 | 홈 | | | ▼ | 0 | 1 | | | | | | | |
| 09.20 | 부천 | 원정 | | ■ | | 2 | 2 | | | | | | | |
| 09.28 | 인천 | 홈 | | ■ | | 0 | 0 | | | | | | | |
| 10.03 | 성남 | 원정 | ▲ | | | 2 | 0 | | | | | | | |
| 10.07 | 화성 | 홈 | | ■ | | 1 | 1 | | | | | | | |
| 10.11 | 김포 | 원정 | ▲ | | | 1 | 0 | | | | | | | |
| 10.19 | 부산 | 홈 | ▲ | | | 3 | 0 | | | | | | | |
| 10.26 | 충남아산 | 홈 | ▲ | | | 4 | 1 | | | | | | | |
| 11.01 | 경남 | 원정 | | ■ | | 0 | 0 | | | | | | | |
| 11.09 | 충북청주 | 원정 | ▲ | | | 2 | 0 | | | | | | | |
| 11.23 | 안산 | 홈 | ▲ | | | 6 | 0 | | | | | | | |
| 11.27 | 성남 | 홈 | | | ▼ | 0 | 1 | | | | | | | |

## 2025년 K리그2 팀별 연속 승패 · 득실점 기록 | 성남

| 일자 | 상대 | 홈/원정 | 승 | 무 | 패 | 득점 | 실점 | 연속기록 | | | | | | |
|---|---|---|---|---|---|---|---|---|---|---|---|---|---|---|
| | | | | | | | | 승 | 무 | 패 | 득점 | 실점 | 무득점 | 무실점 |
| 02.23 | 화성 | 홈 | ▲ | | | 2 | 0 | | | | | | | |
| 03.03 | 충북청주 | 홈 | | ■ | | 1 | 1 | | | | | | | |
| 03.09 | 인천 | 홈 | ▲ | | | 2 | 1 | | | | | | | |
| 03.15 | 김포 | 원정 | | ■ | | 0 | 0 | | | | | | | |
| 03.30 | 충남아산 | 원정 | | ■ | | 1 | 1 | | | | | | | |
| 04.06 | 안산 | 홈 | ▲ | | | 1 | 0 | | | | | | | |
| 04.12 | 경남 | 원정 | ▲ | | | 1 | 0 | | | | | | | |
| 04.19 | 부천 | 홈 | | ■ | | 0 | 0 | | | | | | | |
| 04.27 | 수원 | 원정 | | | ▼ | 2 | 3 | | | | | | | |
| 05.04 | 서울E | 홈 | | | ▼ | 1 | 2 | | | | | | | |
| 05.11 | 전남 | 원정 | | | ▼ | 1 | 2 | | | | | | | |
| 05.17 | 천안 | 원정 | | ■ | | 1 | 1 | | | | | | | |
| 05.24 | 부산 | 홈 | | ■ | | 0 | 0 | | | | | | | |
| 05.31 | 안산 | 원정 | | | ▼ | 0 | 1 | | | | | | | |
| 06.06 | 수원 | 홈 | | | ▼ | 1 | 2 | | | | | | | |
| 06.14 | 충북청주 | 원정 | ▲ | | | 1 | 0 | | | | | | | |
| 06.21 | 충남아산 | 홈 | | | ▼ | 0 | 2 | | | | | | | |
| 06.28 | 화성 | 원정 | | | ▼ | 0 | 1 | | | | | | | |
| 07.06 | 천안 | 홈 | | ■ | | 0 | 0 | | | | | | | |
| 07.12 | 부산 | 원정 | | ■ | | 0 | 0 | | | | | | | |
| 07.19 | 서울E | 원정 | ▲ | | | 1 | 0 | | | | | | | |
| 07.27 | 전남 | 홈 | | ■ | | 2 | 2 | | | | | | | |
| 08.02 | 부천 | 원정 | ▲ | | | 3 | 2 | | | | | | | |
| 08.09 | 김포 | 홈 | | ■ | | 0 | 0 | | | | | | | |
| 08.16 | 인천 | 원정 | ▲ | | | 2 | 1 | | | | | | | |
| 08.23 | 경남 | 홈 | ▲ | | | 2 | 1 | | | | | | | |
| 08.30 | 수원 | 원정 | | ■ | | 2 | 2 | | | | | | | |
| 09.06 | 안산 | 홈 | ▲ | | | 4 | 0 | | | | | | | |
| 09.14 | 충북청주 | 원정 | ▲ | | | 1 | 0 | | | | | | | |
| 09.20 | 충남아산 | 홈 | ▲ | | | 3 | 0 | | | | | | | |
| 09.28 | 김포 | 원정 | | ■ | | 0 | 0 | | | | | | | |
| 10.03 | 서울E | 홈 | | | ▼ | 0 | 2 | | | | | | | |
| 10.08 | 부천 | 원정 | | | ▼ | 0 | 1 | | | | | | | |
| 10.12 | 인천 | 홈 | | ■ | | 2 | 2 | | | | | | | |
| 10.19 | 경남 | 원정 | ▲ | | | 1 | 0 | | | | | | | |
| 10.25 | 화성 | 홈 | ▲ | | | 1 | 0 | | | | | | | |
| 11.02 | 전남 | 원정 | ▲ | | | 2 | 0 | | | | | | | |
| 11.08 | 천안 | 원정 | ▲ | | | 3 | 1 | | | | | | | |
| 11.23 | 부산 | 홈 | ▲ | | | 2 | 1 | | | | | | | |
| 11.27 | 서울E | 원정 | ▲ | | | 1 | 0 | | | | | | | |
| 11.30 | 부천 | 원정 | | ■ | | 0 | 0 | | | | | | | |

## 2025년 K리그2 팀별 연속 승패 · 득실점 기록 | 전남

| 일자 | 상대 | 홈/원정 | 승 | 무 | 패 | 득점 | 실점 | 연속기록 | | | | | | |
|---|---|---|---|---|---|---|---|---|---|---|---|---|---|---|
| | | | | | | | | 승 | 무 | 패 | 득점 | 실점 | 무득점 | 무실점 |
| 02.22 | 천안 | 원정 | ▲ | | | 2 | 0 | | | | | | | |
| 03.01 | 서울E | 원정 | | ■ | | 1 | 1 | | | | | | | |
| 03.08 | 안산 | 원정 | ▲ | | | 1 | 0 | | | | | | | |
| 03.16 | 경남 | 원정 | | ■ | | 2 | 2 | | | | | | | |
| 03.29 | 수원 | 원정 | | | ▼ | 1 | 2 | | | | | | | |
| 04.05 | 부산 | 원정 | ▲ | | | 1 | 0 | | | | | | | |
| 04.12 | 화성 | 원정 | ▲ | | | 2 | 1 | | | | | | | |
| 04.20 | 충남아산 | 원정 | | ■ | | 0 | 0 | | | | | | | |
| 04.27 | 김포 | 원정 | ▲ | | | 1 | 0 | | | | | | | |
| 05.04 | 부천 | 원정 | | ■ | | 2 | 2 | | | | | | | |
| 05.11 | 성남 | 홈 | ▲ | | | 2 | 1 | | | | | | | |
| 05.18 | 충북청주 | 홈 | ▲ | | | 4 | 1 | | | | | | | |
| 05.25 | 인천 | 원정 | | | ▼ | 0 | 2 | | | | | | | |
| 05.31 | 화성 | 홈 | ▲ | | | 3 | 2 | | | | | | | |
| 06.07 | 서울E | 홈 | | ■ | | 1 | 1 | | | | | | | |
| 06.15 | 부산 | 홈 | | | ▼ | 0 | 1 | | | | | | | |
| 06.22 | 김포 | 홈 | | ■ | | 0 | 0 | | | | | | | |
| 06.29 | 충북청주 | 원정 | | ■ | | 2 | 2 | | | | | | | |
| 07.05 | 인천 | 홈 | ▲ | | | 2 | 1 | | | | | | | |
| 07.12 | 경남 | 홈 | ▲ | | | 1 | 0 | | | | | | | |
| 07.19 | 수원 | 홈 | | | ▼ | 3 | 4 | | | | | | | |
| 07.27 | 성남 | 원정 | | ■ | | 2 | 2 | | | | | | | |
| 08.02 | 충남아산 | 홈 | | ■ | | 2 | 2 | | | | | | | |
| 08.10 | 천안 | 홈 | | | ▼ | 3 | 4 | | | | | | | |
| 08.15 | 부천 | 홈 | ▲ | | | 2 | 1 | | | | | | | |
| 08.23 | 안산 | 홈 | ▲ | | | 2 | 0 | | | | | | | |
| 08.30 | 김포 | 원정 | | | ▼ | 0 | 2 | | | | | | | |
| 09.06 | 서울E | 홈 | | | ▼ | 1 | 2 | | | ▣ | | | | |
| 09.14 | 화성 | 홈 | | | ▼ | 1 | 2 | | | | | | | |
| 09.21 | 부산 | 원정 | | ■ | | 1 | 1 | | | | | | | |
| 09.27 | 부천 | 홈 | ▲ | | | 3 | 2 | | | | | | | |
| 10.05 | 천안 | 홈 | ▲ | | | 4 | 1 | | | | | | | |
| 10.08 | 경남 | 원정 | ▲ | | | 3 | 2 | | | | | | | |
| 10.12 | 안산 | 홈 | | | ▼ | 0 | 1 | | | | | | | |
| 10.19 | 충북청주 | 원정 | ▲ | | | 3 | 0 | | | | | | | |
| 10.25 | 수원 | 원정 | | ■ | | 2 | 2 | | | | | | | |
| 11.02 | 성남 | 홈 | | | ▼ | 0 | 2 | | | | | | | |
| 11.08 | 인천 | 홈 | ▲ | | | 2 | 1 | | | | | | | |
| 11.23 | 충남아산 | 원정 | | | ▼ | 1 | 2 | | | | | | | |

▢ : 플레이오프

## 2025년 K리그2 팀별 연속 승패 · 득실점 기록 | 김포

| 일자 | 상대 | 홈/원정 | 승 | 무 | 패 | 득점 | 실점 | 연속기록 | | | | | | |
|---|---|---|---|---|---|---|---|---|---|---|---|---|---|---|
| | | | | | | | | 승 | 무 | 패 | 득점 | 실점 | 무득점 | 무실점 |
| 02.22 | 부산 | 원정 | | ■ | | 0 | 0 | | | | | | | |
| 03.01 | 안산 | 원정 | ▲ | | | 2 | 0 | | | | | | | |
| 03.08 | 충북청주 | 홈 | | | ▼ | 2 | 3 | | | | | | | |
| 03.15 | 성남 | 홈 | | ■ | | 0 | 0 | | | | | | | |
| 03.30 | 천안 | 원정 | ▲ | | | 2 | 0 | | | | | | | |
| 04.06 | 부천 | 홈 | | | ▼ | 1 | 2 | | | | | | | |
| 04.12 | 충남아산 | 홈 | | ■ | | 1 | 1 | | | | | | | |
| 04.20 | 경남 | 원정 | | | ▼ | 1 | 2 | | | | | | | |
| 04.27 | 전남 | 홈 | | | ▼ | 0 | 1 | | | | | | | |
| 05.04 | 인천 | 원정 | | | ▼ | 0 | 3 | | | | | | | |
| 05.10 | 화성 | 홈 | ▲ | | | 1 | 0 | | | | | | | |
| 05.18 | 서울E | 홈 | | | ▼ | 1 | 2 | | | | | | | |
| 05.25 | 수원 | 원정 | | ■ | | 1 | 1 | | | | | | | |
| 06.01 | 충남아산 | 원정 | | | ▼ | 0 | 2 | | | | | | | |
| 06.08 | 천안 | 홈 | ▲ | | | 1 | 0 | | | | | | | |
| 06.15 | 경남 | 홈 | ▲ | | | 3 | 0 | | | | | | | |
| 06.22 | 전남 | 원정 | | ■ | | 0 | 0 | | | | | | | |
| 06.29 | 인천 | 홈 | | ■ | | 1 | 1 | | | | | | | |
| 07.06 | 부산 | 홈 | ▲ | | | 3 | 0 | | | | | | | |
| 07.13 | 부천 | 원정 | | ■ | | 1 | 1 | | | | | | | |
| 07.19 | 안산 | 홈 | | ■ | | 2 | 2 | | | | | | | |
| 07.26 | 충북청주 | 원정 | ▲ | | | 3 | 0 | | | | | | | |
| 08.02 | 화성 | 원정 | ▲ | | | 1 | 0 | | | | | | | |
| 08.09 | 성남 | 원정 | | ■ | | 0 | 0 | | | | | | | |
| 08.16 | 수원 | 홈 | ▲ | | | 3 | 1 | | | | | | | |
| 08.23 | 서울E | 원정 | | ■ | | 1 | 1 | | | | | | | |
| 08.30 | 전남 | 홈 | ▲ | | | 2 | 0 | | | | | | | |
| 09.07 | 천안 | 홈 | | | ▼ | 1 | 3 | | | | | | | |
| 09.13 | 경남 | 원정 | ▲ | | | 2 | 0 | | | | | | | |
| 09.20 | 인천 | 원정 | ▲ | | | 2 | 1 | | | | | | | |
| 09.28 | 성남 | 홈 | | ■ | | 0 | 0 | | | | | | | |
| 10.04 | 안산 | 홈 | | ■ | | 1 | 1 | | | | | | | |
| 10.07 | 충북청주 | 원정 | ▲ | | | 2 | 0 | | | | | | | |
| 10.11 | 서울E | 홈 | | | ▼ | 0 | 1 | | | | | | | |
| 10.19 | 충남아산 | 원정 | | | ▼ | 0 | 1 | | | | | | | |
| 10.25 | 부산 | 원정 | | | ▼ | 1 | 4 | | | | | | | |
| 11.01 | 화성 | 홈 | ▲ | | | 5 | 1 | | | | | | | |
| 11.09 | 부천 | 홈 | | | ▼ | 0 | 1 | | | | | | | |
| 11.23 | 수원 | 원정 | | ■ | | 1 | 1 | | | | | | | |

## 2025년 K리그2 팀별 연속 승패 · 득실점 기록 | 부산

| 일자 | 상대 | 홈/원정 | 승 | 무 | 패 | 득점 | 실점 | 연속기록 | | | | | | |
|---|---|---|---|---|---|---|---|---|---|---|---|---|---|---|
| | | | | | | | | 승 | 무 | 패 | 득점 | 실점 | 무득점 | 무실점 |
| 02.22 | 김포 | 홈 | | ■ | | 0 | 0 | | | | | | | |
| 03.02 | 경남 | 홈 | | | ▼ | 0 | 1 | | | | | | | |
| 03.08 | 부천 | 원정 | ▲ | | | 2 | 0 | | | | | | | |
| 03.16 | 천안 | 홈 | ▲ | | | 2 | 1 | | | | | | | |
| 03.29 | 인천 | 원정 | | ■ | | 1 | 1 | | | | | | | |
| 04.05 | 전남 | 홈 | | | ▼ | 0 | 1 | | | | | | | |
| 04.13 | 서울E | 홈 | | ■ | | 2 | 2 | | | | | | | |
| 04.20 | 안산 | 원정 | ▲ | | | 3 | 1 | | | | | | | |
| 04.27 | 화성 | 홈 | ▲ | | | 3 | 2 | | | | | | | |
| 05.04 | 충남아산 | 홈 | ▲ | | | 2 | 0 | | | | | | | |
| 05.11 | 충북청주 | 원정 | ▲ | | | 2 | 0 | | | | | | | |
| 05.17 | 수원 | 홈 | | | ▼ | 1 | 4 | | | | | | | |
| 05.24 | 성남 | 원정 | | ■ | | 0 | 0 | | | | | | | |
| 05.31 | 서울E | 원정 | ▲ | | | 4 | 1 | | | | | | | |
| 06.07 | 안산 | 홈 | | | ▼ | 0 | 2 | | | | | | | |
| 06.15 | 전남 | 원정 | ▲ | | | 1 | 0 | | | | | | | |
| 06.22 | 충북청주 | 홈 | | ■ | | 2 | 2 | | | | | | | |
| 06.29 | 수원 | 원정 | | ■ | | 1 | 1 | | | | | | | |
| 07.06 | 김포 | 원정 | | | ▼ | 0 | 3 | | | | | | | |
| 07.12 | 성남 | 홈 | | ■ | | 0 | 0 | | | | | | | |
| 07.19 | 화성 | 원정 | | | ▼ | 0 | 1 | | | | | | | |
| 07.26 | 부천 | 홈 | ▲ | | | 4 | 2 | | | | | | | |
| 08.02 | 경남 | 원정 | | | ▼ | 0 | 1 | | | | | | | |
| 08.09 | 인천 | 홈 | | | ▼ | 0 | 2 | | | | | | | |
| 08.17 | 천안 | 원정 | ▲ | | | 1 | 0 | | | | | | | |
| 08.24 | 충남아산 | 원정 | ▲ | | | 1 | 0 | | | | | | | |
| 08.30 | 충북청주 | 홈 | | ■ | | 2 | 2 | | | | | | | |
| 09.06 | 수원 | 홈 | ▲ | | | 1 | 0 | | | | | | | |
| 09.14 | 안산 | 원정 | ▲ | | | 3 | 2 | | | | | | | |
| 09.21 | 전남 | 홈 | | ■ | | 1 | 1 | | | | | | | |
| 09.28 | 화성 | 원정 | | ■ | | 1 | 1 | | | | | | | |
| 10.05 | 경남 | 홈 | | ■ | | 1 | 1 | | | | | | | |
| 10.08 | 천안 | 원정 | | ■ | | 0 | 0 | | | | | | | |
| 10.12 | 부천 | 홈 | | | ▼ | 1 | 2 | | | | | | | |
| 10.19 | 서울E | 원정 | | | ▼ | 0 | 3 | | | | | | | |
| 10.25 | 김포 | 홈 | ▲ | | | 4 | 1 | | | | | | | |
| 11.02 | 인천 | 원정 | | ■ | | 0 | 0 | | | | | | | |
| 11.08 | 충남아산 | 홈 | | | ▼ | 0 | 3 | | | | | | | |
| 11.23 | 성남 | 원정 | | | ▼ | 1 | 2 | | | | | | | |

## 2025년 K리그2 팀별 연속 승패 · 득실점 기록 | 충남아산

| 일자 | 상대 | 홈/원정 | 승 | 무 | 패 | 득점 | 실점 | 연속기록 | | | | | | |
|---|---|---|---|---|---|---|---|---|---|---|---|---|---|---|
| | | | | | | | | 승 | 무 | 패 | 득점 | 실점 | 무득점 | 무실점 |
| 02.23 | 서울E | 원정 | | | ▼ | 1 | 2 | | | | | | | |
| 03.02 | 화성 | 원정 | | ■ | | 1 | 1 | | | | | | | |
| 03.09 | 천안 | 원정 | | | ▼ | 0 | 1 | | | | | | | |
| 03.15 | 수원 | 원정 | | ■ | | 0 | 0 | | | | | | | |
| 03.30 | 성남 | 홈 | | ■ | | 1 | 1 | | | | | | | |
| 04.06 | 충북청주 | 홈 | ▲ | | | 3 | 1 | | | | | | | |
| 04.12 | 김포 | 원정 | | ■ | | 1 | 1 | | | | | | | |
| 04.20 | 전남 | 홈 | | ■ | | 0 | 0 | | | | | | | |
| 04.26 | 안산 | 홈 | ▲ | | | 3 | 0 | | | | | | | |
| 05.04 | 부산 | 원정 | | | ▼ | 0 | 2 | | | | | | | |
| 05.10 | 인천 | 홈 | | | ▼ | 0 | 3 | | | | | | | |
| 05.17 | 경남 | 원정 | ▲ | | | 3 | 1 | | | | | | | |
| 05.25 | 부천 | 홈 | | ■ | | 2 | 2 | | | | | | | |
| 06.01 | 김포 | 홈 | ▲ | | | 2 | 0 | | | | | | | |
| 06.06 | 충북청주 | 원정 | ▲ | | | 2 | 0 | | | | | | | |
| 06.14 | 천안 | 홈 | | | ▼ | 0 | 1 | | | | | | | |
| 06.21 | 성남 | 원정 | ▲ | | | 2 | 0 | | | | | | | |
| 06.28 | 서울E | 홈 | | ■ | | 1 | 1 | | | | | | | |
| 07.05 | 수원 | 홈 | | | ▼ | 2 | 3 | | | | | | | |
| 07.13 | 인천 | 원정 | | | ▼ | 1 | 2 | | | | | | | |
| 07.20 | 부천 | 원정 | | | ▼ | 3 | 5 | | | | | | | |
| 07.26 | 화성 | 홈 | | ■ | | 1 | 1 | | | | | | | |
| 08.02 | 전남 | 원정 | | ■ | | 2 | 2 | | | | | | | |
| 08.09 | 경남 | 홈 | | ■ | | 2 | 2 | | | | | | | |
| 08.15 | 안산 | 원정 | ▲ | | | 2 | 0 | | | | | | | |
| 08.24 | 부산 | 홈 | | | ▼ | 0 | 1 | | | | | | | |
| 08.30 | 인천 | 원정 | | ■ | | 1 | 1 | | | | | | | |
| 09.07 | 화성 | 원정 | | ■ | | 1 | 1 | | | | | | | |
| 09.13 | 부천 | 홈 | ▲ | | | 3 | 0 | | | | | | | |
| 09.20 | 성남 | 원정 | | | ▼ | 0 | 3 | | | | | | | |
| 09.27 | 수원 | 홈 | | | ▼ | 1 | 3 | | | | | | | |
| 10.04 | 충북청주 | 홈 | | ■ | | 0 | 0 | | | | | | | |
| 10.08 | 안산 | 원정 | ▲ | | | 1 | 0 | | | | | | | |
| 10.12 | 경남 | 홈 | ▲ | | | 1 | 0 | | | | | | | |
| 10.19 | 김포 | 홈 | ▲ | | | 1 | 0 | | | | | | | |
| 10.26 | 서울E | 원정 | | | ▼ | 1 | 4 | | | | | | | |
| 11.02 | 천안 | 홈 | | ■ | | 1 | 1 | | | | | | | |
| 11.08 | 부산 | 원정 | ▲ | | | 3 | 0 | | | | | | | |
| 11.23 | 전남 | 홈 | ▲ | | | 2 | 1 | | | | | | | |

## 2025년 K리그2 팀별 연속 승패 · 득실점 기록 | 화성

| 일자 | 상대 | 홈/원정 | 승 | 무 | 패 | 득점 | 실점 | 연속기록 | | | | | | |
|---|---|---|---|---|---|---|---|---|---|---|---|---|---|---|
| | | | | | | | | 승 | 무 | 패 | 득점 | 실점 | 무득점 | 무실점 |
| 02.23 | 성남 | 원정 | | | ▼ | 0 | 2 | | | | | | | |
| 03.02 | 충남아산 | 홈 | | ■ | | 1 | 1 | | | | | | | |
| 03.08 | 경남 | 홈 | | ■ | | 1 | 1 | | | | | | | |
| 03.15 | 충북청주 | 홈 | ▲ | | | 2 | 1 | | | | | | | |
| 03.29 | 안산 | 원정 | | ■ | | 3 | 3 | | | | | | | |
| 04.05 | 인천 | 홈 | | | ▼ | 0 | 1 | | | | | | | |
| 04.12 | 전남 | 홈 | | | ▼ | 1 | 2 | | | | | | | |
| 04.19 | 수원 | 원정 | | | ▼ | 1 | 3 | | | | | | | |
| 04.27 | 부산 | 원정 | | | ▼ | 2 | 3 | | | | | | | |
| 05.04 | 천안 | 홈 | ▲ | | | 2 | 1 | | | | | | | |
| 05.10 | 김포 | 원정 | | | ▼ | 0 | 1 | | | | | | | |
| 05.17 | 부천 | 원정 | | | ▼ | 0 | 1 | | | | | | | |
| 05.24 | 서울E | 홈 | | | ▼ | 0 | 1 | | | | | | | |
| 05.31 | 전남 | 원정 | | | ▼ | 2 | 3 | | | | | | | |
| 06.07 | 경남 | 원정 | ▲ | | | 1 | 0 | | | | | | | |
| 06.15 | 안산 | 홈 | | ■ | | 0 | 0 | | | | | | | |
| 06.21 | 인천 | 원정 | | | ▼ | 0 | 2 | | | | | | | |
| 06.28 | 성남 | 홈 | ▲ | | | 1 | 0 | | | | | | | |
| 07.06 | 부천 | 홈 | | | ▼ | 0 | 1 | | | | | | | |
| 07.12 | 천안 | 원정 | ▲ | | | 3 | 2 | | | | | | | |
| 07.19 | 부산 | 홈 | ▲ | | | 1 | 0 | | | | | | | |
| 07.26 | 충남아산 | 원정 | | ■ | | 1 | 1 | | | | | | | |
| 08.02 | 김포 | 홈 | | | ▼ | 0 | 1 | | | | | | | |
| 08.10 | 서울E | 원정 | | ■ | | 0 | 0 | | | | | | | |
| 08.16 | 충북청주 | 원정 | | ■ | | 1 | 1 | | | | | | | |
| 08.24 | 수원 | 홈 | | ■ | | 1 | 1 | | | | | | | |
| 08.30 | 안산 | 원정 | ▲ | | | 1 | 0 | | | | | | | |
| 09.07 | 충남아산 | 홈 | | ■ | | 1 | 1 | | | | | | | |
| 09.14 | 전남 | 원정 | ▲ | | | 2 | 1 | | | | | | | |
| 09.21 | 천안 | 원정 | | ■ | | 2 | 2 | | | | | | | |
| 09.28 | 부산 | 홈 | | ■ | | 1 | 1 | | | | | | | |
| 10.04 | 인천 | 홈 | | | ▼ | 0 | 1 | | | | | | | |
| 10.07 | 서울E | 원정 | | ■ | | 1 | 1 | | | | | | | |
| 10.11 | 충북청주 | 홈 | ▲ | | | 1 | 0 | | | | | | | |
| 10.19 | 수원 | 홈 | | | ▼ | 2 | 3 | | | | | | | |
| 10.25 | 성남 | 원정 | | | ▼ | 0 | 1 | | | | | | | |
| 11.01 | 김포 | 원정 | | | ▼ | 1 | 5 | | | | | | | |
| 11.08 | 경남 | 홈 | | | ▼ | 0 | 1 | | | | | | | |
| 11.23 | 부천 | 원정 | | ■ | | 0 | 0 | | | | | | | |

## 2025년 K리그2 팀별 연속 승패 · 득실점 기록 | 경남

| 일자 | 상대 | 홈/원정 | 승 | 구 | 패 | 득점 | 실점 | 연속기록 승 | 무 | 패 | 득점 | 실점 | 무득점 | 무실점 |
|---|---|---|---|---|---|---|---|---|---|---|---|---|---|---|
| 02.22 | 인천 | 원정 | | | ▼ | 0 | 2 | | | | | | | |
| 03.02 | 부산 | 원정 | ▲ | | | 1 | 0 | | | | | | | |
| 03.08 | 화성 | 원정 | | ■ | | 1 | 1 | | | | | | | |
| 03.16 | 전남 | 홈 | | ■ | | 2 | 2 | | | | | | | |
| 03.29 | 충북청주 | 홈 | ▲ | | | 3 | 0 | | | | | | | |
| 04.06 | 수원 | 원정 | | | ▼ | 0 | 4 | | | | | | | |
| 04.12 | 성남 | 홈 | | | ▼ | 0 | 1 | | | | | | | |
| 04.20 | 김포 | 홈 | ▲ | | | 2 | 1 | | | | | | | |
| 04.26 | 서울E | 원정 | | | ▼ | 1 | 2 | | | | | | | |
| 05.04 | 안산 | 원정 | | | ▼ | 0 | 1 | | | | | | | |
| 05.10 | 부천 | 홈 | | | ▼ | 0 | 3 | | | | | | | |
| 05.17 | 충남아산 | 홈 | | | ▼ | 1 | 3 | | | | | | | |
| 05.24 | 천안 | 홈 | ▲ | | | 3 | 1 | | | | | | | |
| 05.31 | 충북청주 | 원정 | ▲ | | | 2 | 1 | | | | | | | |
| 06.07 | 화성 | 홈 | | | ▼ | 0 | 1 | | | | | | | |
| 06.15 | 김포 | 원정 | | | ▼ | 0 | 3 | | | | | | | |
| 06.22 | 수원 | 홈 | | | ▼ | 1 | 3 | | | | | | | |
| 06.28 | 부천 | 원정 | | | ▼ | 0 | 2 | | | | | | | |
| 07.05 | 안산 | 홈 | | ■ | | 1 | 1 | | | | | | | |
| 07.12 | 전남 | 원정 | | | ▼ | 0 | 1 | | | | | | | |
| 07.20 | 인천 | 홈 | | | ▼ | 0 | 2 | | | | | | | |
| 07.26 | 천안 | 원정 | | | ▼ | 0 | 4 | | | | | | | |
| 08.02 | 부산 | 홈 | ▲ | | | 1 | 0 | | | | | | | |
| 08.09 | 충남아산 | 원정 | | ■ | | 2 | 2 | | | | | | | |
| 08.16 | 서울E | 홈 | | ■ | | 1 | 1 | | | | | | | |
| 08.23 | 성남 | 원정 | | | ▼ | 1 | 2 | | | | | | | |
| 08.31 | 부천 | 홈 | | | ▼ | 1 | 2 | | | | | | | |
| 09.06 | 충북청주 | 원정 | ▲ | | | 1 | 0 | | | | | | | |
| 09.13 | 김포 | 홈 | | | ▼ | 0 | 2 | | | | | | | |
| 09.20 | 수원 | 원정 | ▲ | | | 2 | 1 | | | | | | | |
| 09.28 | 안산 | 홈 | ▲ | | | 1 | 0 | | | | | | | |
| 10.05 | 부산 | 원정 | | ■ | | 1 | 1 | | | | | | | |
| 10.08 | 전남 | 홈 | | | ▼ | 2 | 3 | | | | | | | |
| 10.12 | 충남아산 | 원정 | | | ▼ | 0 | 1 | | | | | | | |
| 10.19 | 성남 | 홈 | | | ▼ | 0 | 1 | | | | | | | |
| 10.26 | 인천 | 원정 | | | ▼ | 0 | 3 | | | | | | | |
| 11.01 | 서울E | 홈 | | ■ | | 0 | 0 | | | | | | | |
| 11.08 | 화성 | 원정 | ▲ | | | 1 | 0 | | | | | | | |
| 11.23 | 천안 | 홈 | ▲ | | | 2 | 0 | | | | | | | |

## 2025년 K리그2 팀별 연속 승패 · 득실점 기록 | 충북청주

| 일자 | 상대 | 홈/원정 | 승 | 무 | 패 | 득점 | 실점 | 연속기록 승 | 무 | 패 | 득점 | 실점 | 무득점 | 무실점 |
|---|---|---|---|---|---|---|---|---|---|---|---|---|---|---|
| 02.23 | 부천 | 원정 | | | ▼ | | | | | | | | | |
| 03.03 | 성남 | 원정 | | ■ | | | | | | | | | | |
| 03.08 | 김포 | 원정 | ▲ | | | | | | | | | | | |
| 03.15 | 화성 | 원정 | | | ▼ | | | | | | | | | |
| 03.29 | 경남 | 원정 | | | ▼ | | | | | | | | | |
| 04.06 | 충남아산 | 원정 | | | ▼ | | | | | | | | | |
| 04.13 | 인천 | 원정 | | | ▼ | | | | | | | | | |
| 04.19 | 서울E | 원정 | ▲ | | | | | | | | | | | |
| 04.26 | 천안 | 원정 | ▲ | | | | | | | | | | | |
| 05.04 | 수원 | 홈 | | ■ | | | | | | | | | | |
| 05.11 | 부산 | 홈 | | | ▼ | | | | | | | | | |
| 05.18 | 전남 | 원정 | | | ▼ | | | | | | | | | |
| 05.24 | 안산 | 홈 | | ■ | | | | | | | | | | |
| 05.31 | 경남 | 홈 | | | ▼ | | | | | | | | | |
| 06.06 | 충남아산 | 홈 | | | ▼ | | | | | | | | | |
| 06.14 | 성남 | 홈 | | | ▼ | | | | | | | | | |
| 06.22 | 부산 | 원정 | | ■ | | | | | | | | | | |
| 06.29 | 전남 | 홈 | | ■ | | | | | | | | | | |
| 07.05 | 서울E | 홈 | ▲ | | | | | | | | | | | |
| 07.12 | 수원 | 원정 | | | ▼ | | | | | | | | | |
| 07.20 | 천안 | 홈 | ▲ | | | | | | | | | | | |
| 07.26 | 김포 | 홈 | | | ▼ | | | | | | | | | |
| 08.02 | 안산 | 원정 | ▲ | | | | | | | | | | | |
| 08.10 | 부천 | 홈 | | | ▼ | | | | | | | | | |
| 08.16 | 화성 | 홈 | | ■ | | | | | | | | | | |
| 08.24 | 인천 | 홈 | | | ▼ | | | | | | | | | |
| 08.30 | 부산 | 원정 | | ■ | | | | | | | | | | |
| 09.06 | 경남 | 홈 | | | ▼ | | | | | | | | | |
| 09.14 | 성남 | 홈 | | | ▼ | | | | | | | | | |
| 09.21 | 안산 | 원정 | | ■ | | | | | | | | | | |
| 09.27 | 천안 | 홈 | | | ▼ | | | | | | | | | |
| 10.04 | 충남아산 | 원정 | | ■ | | | | | | | | | | |
| 10.07 | 김포 | 홈 | | | ▼ | | | | | | | | | |
| 10.11 | 화성 | 원정 | | | ▼ | | | | | | | | | |
| 10.19 | 전남 | 홈 | | | ▼ | | | | | | | | | |
| 10.25 | 부천 | 홈 | | ■ | | | | | | | | | | |
| 11.01 | 수원 | 원정 | | | ▼ | | | | | | | | | |
| 11.09 | 서울E | 홈 | | | ▼ | | | | | | | | | |
| 11.23 | 인천 | 원정 | ▲ | | | | | | | | | | | |

## 2025년 K리그2 팀별 연속 승패 · 득실점 기록 | 천안

| 일자 | 상대 | 홈/원정 | 승 | 무 | 패 | 득점 | 실점 | 연속기록 승 | 무 | 패 | 득점 | 실점 | 무득점 | 무실점 |
|---|---|---|---|---|---|---|---|---|---|---|---|---|---|---|
| 02.22 | 전남 | 홈 | | | ▼ | 0 | 2 | | | | | | | |
| 03.02 | 부천 | 홈 | | | ▼ | 1 | 2 | | | | | | | |
| 03.09 | 충남아산 | 홈 | ▲ | | | 1 | 0 | | | | | | | |
| 03.16 | 부산 | 원정 | | | ▼ | 1 | 2 | | | | | | | |
| 03.30 | 김포 | 홈 | | | ▼ | 0 | 2 | | | | | | | |
| 04.05 | 서울E | 원정 | | | ▼ | 0 | 3 | | | | | | | |
| 04.13 | 안산 | 홈 | | | ▼ | 0 | 1 | | | | | | | |
| 04.19 | 인천 | 원정 | | | ▼ | 0 | 3 | | | | | | | |
| 04.26 | 충북청주 | 홈 | | | ▼ | 0 | 1 | | | | | | | |
| 05.04 | 화성 | 원정 | | | ▼ | 1 | 2 | | | | | | | |
| 05.11 | 수원 | 원정 | | | ▼ | 0 | 2 | | | | | | | |
| 05.17 | 성남 | 홈 | | ■ | | 1 | 1 | | | | | | | |
| 05.24 | 경남 | 원정 | | | ▼ | 1 | 3 | | | | | | | |
| 06.01 | 인천 | 홈 | | ■ | | 3 | 3 | | | | | | | |
| 06.08 | 김포 | 원정 | | | ▼ | 0 | 1 | | | | | | | |
| 06.14 | 충남아산 | 원정 | ▲ | | | 1 | 0 | | | | | | | |
| 06.21 | 서울E | 홈 | ▲ | | | 4 | 2 | | | | | | | |
| 06.28 | 안산 | 원정 | | ■ | | 0 | 0 | | | | | | | |
| 07.06 | 성남 | 원정 | | ■ | | 0 | 0 | | | | | | | |
| 07.12 | 화성 | 홈 | | | ▼ | 2 | 3 | | | | | | | |
| 07.20 | 충북청주 | 원정 | | | ▼ | 1 | 2 | | | | | | | |
| 07.26 | 경남 | 홈 | ▲ | | | 4 | 0 | | | | | | | |
| 08.02 | 수원 | 홈 | | | ▼ | 1 | 2 | | | | | | | |
| 08.10 | 전남 | 원정 | ▲ | | | 4 | 3 | | | | | | | |
| 08.17 | 부산 | 홈 | | | ▼ | 0 | 1 | | | | | | | |
| 08.23 | 부천 | 원정 | | ■ | | 0 | 0 | | | | | | | |
| 08.31 | 서울E | 홈 | | | ▼ | 2 | 5 | | | | | | | |
| 09.07 | 김포 | 원정 | ▲ | | | 3 | 1 | | | | | | | |
| 09.13 | 인천 | 홈 | | | ▼ | 3 | 4 | | | | | | | |
| 09.21 | 화성 | 홈 | | ■ | | 2 | 2 | | | | | | | |
| 09.27 | 충북청주 | 원정 | ▲ | | | 1 | 0 | | | | | | | |
| 10.05 | 전남 | 원정 | | | ▼ | 1 | 4 | | | | | | | |
| 10.08 | 부산 | 홈 | | ■ | | 0 | 0 | | | | | | | |
| 10.12 | 수원 | 원정 | | | ▼ | 0 | 5 | | | | | | | |
| 10.19 | 부천 | 원정 | | | ▼ | 1 | 2 | | | | | | | |
| 10.25 | 안산 | 홈 | | ■ | | 0 | 0 | | | | | | | |
| 11.02 | 충남아산 | 원정 | | ■ | | 1 | 1 | | | | | | | |
| 11.08 | 성남 | 홈 | | | ▼ | 1 | 3 | | | | | | | |
| 11.23 | 경남 | 원정 | | | ▼ | 0 | 2 | | | | | | | |

## 2025년 K리그2 팀별 연속 승패 · 득실점 기록 | 안산

| 일자 | 상대 | 홈/원정 | 승 | 무 | 패 | 득점 | 실점 | 연속기록 승 | 무 | 패 | 득점 | 실점 | 무득점 | 무실점 |
|---|---|---|---|---|---|---|---|---|---|---|---|---|---|---|
| 02.22 | 수원 | 홈 | | | ▼ | 0 | 1 | | | | | | | |
| 03.01 | 김포 | 홈 | | | ▼ | 0 | 2 | | | | | | | |
| 03.08 | 전남 | 홈 | | | ▼ | 0 | 1 | | | | | | | |
| 03.16 | 부천 | 원정 | | | ▼ | 1 | 3 | | | | | | | |
| 03.29 | 화성 | 홈 | | ■ | | 3 | 3 | | | | | | | |
| 04.06 | 성남 | 원정 | | | ▼ | 0 | 1 | | | | | | | |
| 04.13 | 천안 | 원정 | ▲ | | | 1 | 0 | | | | | | | |
| 04.20 | 부산 | 홈 | | | ▼ | 1 | 3 | | | | | | | |
| 04.26 | 충남아산 | 원정 | | | ▼ | 0 | 3 | | | | | | | |
| 05.04 | 경남 | 홈 | ▲ | | | 1 | 0 | | | | | | | |
| 05.10 | 서울E | 원정 | | ■ | | 1 | 1 | | | | | | | |
| 05.18 | 인천 | 홈 | | | ▼ | 0 | 2 | | | | | | | |
| 05.24 | 충북청주 | 원정 | | ■ | | 0 | 0 | | | | | | | |
| 05.31 | 성남 | 홈 | ▲ | | | 1 | 0 | | | | | | | |
| 06.07 | 부산 | 원정 | ▲ | | | 2 | 0 | | | | | | | |
| 06.15 | 화성 | 원정 | | ■ | | 0 | 0 | | | | | | | |
| 06.21 | 부천 | 홈 | | | ▼ | 0 | 1 | | | | | | | |
| 06.28 | 천안 | 홈 | | ■ | | 0 | 0 | | | | | | | |
| 07.05 | 경남 | 원정 | | ■ | | 1 | 1 | | | | | | | |
| 07.13 | 서울E | 홈 | | ■ | | 2 | 2 | | | | | | | |
| 07.19 | 김포 | 원정 | | ■ | | 2 | 2 | | | | | | | |
| 07.27 | 인천 | 원정 | | | ▼ | 2 | 4 | | | | | | | |
| 08.02 | 충북청주 | 홈 | | | ▼ | 1 | 2 | | | | | | | |
| 08.09 | 수원 | 원정 | | | ▼ | 1 | 3 | | | | | | | |
| 08.15 | 충남아산 | 홈 | | | ▼ | 0 | 2 | | | | | | | |
| 08.23 | 전남 | 원정 | | | ▼ | 0 | 2 | | | | | | | |
| 08.30 | 화성 | 홈 | | | ▼ | 0 | 1 | | | | | | | |
| 09.06 | 성남 | 원정 | | | ▼ | 0 | 4 | | | | | | | |
| 09.14 | 부산 | 홈 | | | ▼ | 2 | 3 | | | | | | | |
| 09.21 | 충북청주 | 홈 | | ■ | | 0 | 0 | | | | | | | |
| 09.28 | 경남 | 원정 | | | ▼ | 0 | 1 | | | | | | | |
| 10.04 | 김포 | 원정 | | ■ | | 1 | 1 | | | | | | | |
| 10.08 | 충남아산 | 홈 | | | ▼ | 0 | 1 | | | | | | | |
| 10.12 | 전남 | 원정 | ▲ | | | 1 | 0 | | | | | | | |
| 10.19 | 인천 | 홈 | | | ▼ | 0 | 1 | | | | | | | |
| 10.25 | 천안 | 원정 | | ■ | | 0 | 0 | | | | | | | |
| 11.01 | 부천 | 원정 | | | ▼ | 0 | 2 | | | | | | | |
| 11.09 | 수원 | 홈 | | ■ | | 1 | 1 | | | | | | | |
| 11.23 | 서울E | 원정 | | | ▼ | 0 | 6 | | | | | | | |

## 2025년 K리그2 팀 간 경기 기록

| 팀명 | 승점 | 상대팀 | 승 | 무 | 패 | 득점 | 실점 | 득실 | 도움 | 경고 | 퇴장 |
|---|---|---|---|---|---|---|---|---|---|---|---|
| 인천 | 78 | 합계 | 23 | 9 | 7 | 66 | 30 | 36 | 39 | 62 | 2 |
| | 9 | 경남 | 3 | 0 | 0 | 7 | 0 | 7 | 4 | 4 | 0 |
| | 4 | 김포 | 1 | 1 | 1 | 5 | 3 | 2 | 1 | 2 | 0 |
| | 5 | 부산 | 1 | 2 | 0 | 3 | 1 | 2 | 2 | 5 | 0 |
| | 6 | 부천 | 2 | 0 | 1 | 4 | 2 | 2 | 3 | 6 | 0 |
| | 5 | 서울E | 1 | 2 | 0 | 1 | 0 | 1 | 0 | 7 | 0 |
| | 1 | 성남 | 0 | 1 | 2 | 4 | 6 | -2 | 3 | 9 | 0 |
| | 7 | 수원 | 2 | 1 | 0 | 5 | 2 | 3 | 5 | 7 | 1 |
| | 9 | 안산 | 3 | 0 | 0 | 7 | 2 | 5 | 4 | 4 | 0 |
| | 3 | 전남 | 1 | 0 | 2 | 4 | 4 | 0 | 2 | 2 | 0 |
| | 7 | 천안 | 2 | 1 | 0 | 10 | 6 | 4 | 5 | 5 | 0 |
| | 7 | 충남아산 | 2 | 1 | 0 | 6 | 2 | 4 | 5 | 2 | 0 |
| | 6 | 충북청주 | 2 | 0 | 1 | 6 | 2 | 4 | 4 | 5 | 0 |
| | 9 | 화성 | 3 | 0 | 0 | 4 | 0 | 4 | 1 | 4 | 1 |

| 팀명 | 승점 | 상대팀 | 승 | 무 | 패 | 득점 | 실점 | 득실 | 도움 | 경고 | 퇴장 |
|---|---|---|---|---|---|---|---|---|---|---|---|
| 수원 | 72 | 합계 | 20 | 12 | 7 | 76 | 50 | 26 | 46 | 58 | 6 |
| | 6 | 경남 | 2 | 0 | 1 | 8 | 3 | 5 | 5 | 3 | 0 |
| | 2 | 김포 | 0 | 2 | 1 | 3 | 5 | -2 | 2 | 1 | 0 |
| | 4 | 부산 | 1 | 1 | 1 | 5 | 3 | 2 | 3 | 5 | 1 |
| | 5 | 부천 | 1 | 2 | 0 | 7 | 4 | 3 | 4 | 4 | 1 |
| | 3 | 서울E | 1 | 0 | 2 | 3 | 6 | -3 | 2 | 8 | 0 |
| | 7 | 성남 | 2 | 1 | 0 | 7 | 5 | 2 | 3 | 6 | 1 |
| | 7 | 안산 | 2 | 1 | 0 | 5 | 2 | 3 | 4 | 4 | 1 |
| | 1 | 인천 | 0 | 1 | 2 | 2 | 5 | -3 | 0 | 6 | 1 |
| | 7 | 전남 | 2 | 1 | 0 | 8 | 6 | 2 | 5 | 5 | 1 |
| | 9 | 천안 | 3 | 0 | 0 | 9 | 1 | 8 | 5 | 4 | 0 |
| | 7 | 충남아산 | 2 | 1 | 0 | 6 | 3 | 3 | 4 | 5 | 0 |
| | 7 | 충북청주 | 2 | 1 | 0 | 6 | 3 | 3 | 5 | 5 | 0 |
| | 7 | 화성 | 2 | 1 | 0 | 7 | 4 | 3 | 4 | 2 | 0 |

| 팀명 | 승점 | 상대팀 | 승 | 무 | 패 | 득점 | 실점 | 득실 | 도움 | 경고 | 퇴장 |
|---|---|---|---|---|---|---|---|---|---|---|---|
| 부천 | 67 | 합계 | 19 | 10 | 10 | 59 | 49 | 10 | 26 | 88 | 5 |
| | 9 | 경남 | 3 | 0 | 0 | 7 | 1 | 6 | 2 | 9 | 0 |
| | 7 | 김포 | 2 | 1 | 0 | 4 | 2 | 2 | 1 | 10 | 0 |
| | 3 | 부산 | 1 | 0 | 2 | 4 | 7 | -3 | 2 | 4 | 0 |
| | 4 | 서울E | 1 | 1 | 1 | 7 | 6 | 1 | 3 | 8 | 0 |
| | 4 | 성남 | 1 | 1 | 1 | 3 | 3 | 0 | 0 | 11 | 1 |
| | 2 | 수원 | 0 | 2 | 1 | 4 | 7 | -3 | 4 | 4 | 0 |
| | 9 | 안산 | 3 | 0 | 0 | 6 | 1 | 5 | 2 | 7 | 0 |
| | 3 | 인천 | 1 | 0 | 2 | 2 | 4 | -2 | 1 | 6 | 0 |
| | 1 | 전남 | 0 | 1 | 2 | 5 | 7 | -2 | 2 | 5 | 1 |
| | 7 | 천안 | 2 | 1 | 0 | 4 | 2 | 2 | 3 | 3 | 1 |
| | 4 | 충남아산 | 1 | 1 | 1 | 7 | 8 | -1 | 5 | 7 | 0 |
| | 7 | 충북청주 | 2 | 1 | 0 | 4 | 1 | 3 | 1 | 6 | 0 |
| | 7 | 화성 | 2 | 1 | 0 | 2 | 0 | 2 | 0 | 8 | 2 |

| 팀명 | 승점 | 상대팀 | 승 | 무 | 패 | 득점 | 실점 | 득실 | 도움 | 경고 | 퇴장 |
|---|---|---|---|---|---|---|---|---|---|---|---|
| 서울E | 65 | 합계 | 17 | 14 | 8 | 64 | 43 | 21 | 40 | 85 | 0 |
| | 5 | 경남 | 1 | 2 | 0 | 3 | 2 | 1 | 3 | 6 | 0 |
| | 7 | 김포 | 2 | 1 | 0 | 4 | 2 | 2 | 1 | 12 | 0 |
| | 4 | 부산 | 1 | 1 | 1 | 6 | 6 | 0 | 5 | 7 | 0 |
| | 4 | 부천 | 1 | 1 | 1 | 6 | 7 | -1 | 3 | 15 | 0 |
| | 6 | 성남 | 2 | 0 | 1 | 4 | 2 | 2 | 2 | 5 | 0 |
| | 6 | 수원 | 2 | 0 | 1 | 6 | 3 | 3 | 2 | 7 | 0 |
| | 5 | 안산 | 1 | 2 | 0 | 9 | 3 | 6 | 6 | 5 | 0 |
| | 2 | 인천 | 0 | 2 | 1 | 0 | 1 | -1 | 0 | 3 | 0 |
| | 5 | 전남 | 1 | 2 | 0 | 4 | 3 | 1 | 3 | 7 | 0 |
| | 6 | 천안 | 2 | 0 | 1 | 10 | 6 | 4 | 7 | 6 | 0 |
| | 7 | 충남아산 | 2 | 1 | 0 | 7 | 3 | 4 | 5 | 5 | 0 |
| | 3 | 충북청주 | 1 | 0 | 2 | 3 | 4 | -1 | 3 | 5 | 0 |
| | 5 | 화성 | 1 | 2 | 0 | 2 | 1 | 1 | 0 | 2 | 0 |

| 팀명 | 승점 | 상대팀 | 승 | 무 | 패 | 득점 | 실점 | 득실 | 도움 | 경고 | 퇴장 |
|---|---|---|---|---|---|---|---|---|---|---|---|
| 성남 | 64 | 합계 | 17 | 13 | 9 | 46 | 32 | 14 | 25 | 78 | 2 |
| | 9 | 경남 | 3 | 0 | 0 | 4 | 1 | 3 | 1 | 4 | 0 |
| | 3 | 김포 | 0 | 3 | 0 | 0 | 0 | 0 | 0 | 7 | 0 |
| | 5 | 부산 | 1 | 2 | 0 | 2 | 1 | 1 | 1 | 6 | 0 |
| | 4 | 부천 | 1 | 1 | 1 | 3 | 3 | 0 | 3 | 12 | 0 |
| | 3 | 서울E | 1 | 0 | 2 | 2 | 4 | -2 | 1 | 5 | 0 |
| | 1 | 수원 | 0 | 1 | 2 | 5 | 7 | -2 | 3 | 10 | 1 |
| | 6 | 안산 | 2 | 0 | 1 | 5 | 1 | 4 | 2 | 7 | 0 |
| | 7 | 인천 | 2 | 1 | 0 | 6 | 4 | 2 | 4 | 7 | 1 |
| | 4 | 전남 | 1 | 1 | 1 | 5 | 4 | 1 | 3 | 3 | 0 |
| | 5 | 천안 | 1 | 2 | 0 | 4 | 2 | 2 | 1 | 4 | 0 |
| | 4 | 충남아산 | 1 | 1 | 1 | 4 | 3 | 1 | 2 | 6 | 0 |
| | 7 | 충북청주 | 2 | 1 | 0 | 3 | 1 | 2 | 2 | 3 | 0 |
| | 6 | 화성 | 2 | 0 | 1 | 3 | 1 | 2 | 2 | 4 | 0 |

| 팀명 | 승점 | 상대팀 | 승 | 무 | 패 | 득점 | 실점 | 득실 | 도움 | 경고 | 퇴장 |
|---|---|---|---|---|---|---|---|---|---|---|---|
| 전남 | 62 | 합계 | 17 | 11 | 11 | 63 | 52 | 11 | 41 | 64 | 1 |
| | 7 | 경남 | 2 | 1 | 0 | 6 | 4 | 2 | 5 | 4 | 0 |
| | 4 | 김포 | 1 | 1 | 1 | 1 | 2 | -1 | 0 | 7 | 0 |
| | 4 | 부산 | 1 | 1 | 1 | 2 | 2 | 0 | 1 | 3 | 0 |
| | 7 | 부천 | 2 | 1 | 0 | 7 | 5 | 2 | 4 | 4 | 0 |
| | 2 | 서울E | 0 | 2 | 1 | 3 | 4 | -1 | 2 | 4 | 0 |
| | 4 | 성남 | 1 | 1 | 1 | 4 | 5 | -1 | 1 | 6 | 0 |
| | 1 | 수원 | 0 | 1 | 2 | 6 | 8 | -2 | 4 | 7 | 0 |
| | 6 | 안산 | 2 | 0 | 1 | 3 | 1 | 2 | 2 | 7 | 0 |
| | 6 | 인천 | 2 | 0 | 1 | 4 | 4 | 0 | 2 | 4 | 1 |
| | 6 | 천안 | 2 | 0 | 1 | 9 | 5 | 4 | 7 | 2 | 0 |
| | 2 | 충남아산 | 0 | 2 | 1 | 3 | 4 | -1 | 2 | 7 | 0 |
| | 7 | 충북청주 | 2 | 1 | 0 | 9 | 3 | 6 | 8 | 5 | 0 |
| | 6 | 화성 | 2 | 0 | 1 | 6 | 5 | 1 | 3 | 4 | 0 |

| 팀명 | 승점 | 상대팀 | 승 | 무 | 패 | 득점 | 실점 | 득실 | 도움 | 경고 | 퇴장 |
|---|---|---|---|---|---|---|---|---|---|---|---|
| 김포 | 55 | 합계 | 14 | 13 | 12 | 48 | 37 | 11 | 29 | 83 | 1 |
| | 6 | 경남 | 2 | 0 | 1 | 6 | 2 | 4 | 5 | 6 | 0 |
| | 4 | 부산 | 1 | 1 | 1 | 4 | 4 | 0 | 3 | 8 | 0 |
| | 1 | 부천 | 0 | 1 | 2 | 2 | 4 | -2 | 0 | 5 | 0 |
| | 1 | 서울E | 0 | 1 | 2 | 2 | 4 | -2 | 2 | 6 | 0 |
| | 3 | 성남 | 0 | 3 | 0 | 0 | 0 | 0 | 0 | 3 | 0 |
| | 5 | 수원 | 1 | 2 | 0 | 5 | 3 | 2 | 5 | 8 | 0 |
| | 5 | 안산 | 1 | 2 | 0 | 5 | 3 | 2 | 2 | 8 | 0 |
| | 4 | 인천 | 1 | 1 | 1 | 3 | 5 | -2 | 1 | 10 | 0 |
| | 4 | 전남 | 1 | 1 | 1 | 2 | 1 | 1 | 2 | 10 | 0 |
| | 6 | 천안 | 2 | 0 | 1 | 4 | 3 | 1 | 2 | 3 | 0 |
| | 1 | 충남아산 | 0 | 1 | 2 | 1 | 4 | -3 | 1 | 3 | 1 |
| | 6 | 충북청주 | 2 | 0 | 1 | 7 | 3 | 4 | 4 | 4 | 0 |
| | 9 | 화성 | 3 | 0 | 0 | 7 | 1 | 6 | 2 | 9 | 0 |

| 팀명 | 승점 | 상대팀 | 승 | 무 | 패 | 득점 | 실점 | 득실 | 도움 | 경고 | 퇴장 |
|---|---|---|---|---|---|---|---|---|---|---|---|
| 부산 | 55 | 합계 | 14 | 13 | 12 | 47 | 46 | 1 | 26 | 68 | 4 |
| | 1 | 경남 | 0 | 1 | 2 | 1 | 3 | -2 | 0 | 3 | 0 |
| | 4 | 김포 | 1 | 1 | 1 | 4 | 4 | 0 | 2 | 6 | 0 |
| | 6 | 부천 | 2 | 0 | 1 | 7 | 4 | 3 | 4 | 6 | 0 |
| | 4 | 서울E | 1 | 1 | 1 | 6 | 6 | 0 | 5 | 8 | 0 |
| | 2 | 성남 | 0 | 2 | 1 | 1 | 2 | -1 | 1 | 4 | 1 |
| | 4 | 수원 | 1 | 1 | 1 | 3 | 5 | -2 | 1 | 7 | 1 |
| | 6 | 안산 | 2 | 0 | 1 | 6 | 5 | 1 | 4 | 3 | 0 |
| | 2 | 인천 | 0 | 2 | 1 | 1 | 3 | -2 | 0 | 8 | 1 |
| | 4 | 전남 | 1 | 1 | 1 | 2 | 2 | 0 | 1 | 7 | 0 |
| | 7 | 천안 | 2 | 1 | 0 | 3 | 1 | 2 | 2 | 2 | 0 |
| | 6 | 충남아산 | 2 | 0 | 1 | 3 | 3 | 0 | 1 | 4 | 0 |
| | 5 | 충북청주 | 1 | 2 | 0 | 6 | 4 | 2 | 3 | 5 | 0 |
| | 4 | 화성 | 1 | 1 | 1 | 4 | 4 | 0 | 2 | 5 | 1 |

| 팀명 | 승점 | 상대팀 | 승 | 무 | 패 | 득점 | 실점 | 득실 | 도움 | 경고 | 퇴장 |
|---|---|---|---|---|---|---|---|---|---|---|---|
| 충남아산 | 53 | 합계 | 13 | 14 | 12 | 51 | 47 | 4 | 37 | 67 | 0 |
| | 7 | 경남 | 2 | 1 | 0 | 6 | 3 | 3 | 4 | 9 | 0 |
| | 7 | 김포 | 2 | 1 | 0 | 4 | 1 | 3 | 1 | 4 | 0 |
| | 3 | 부산 | 1 | 0 | 2 | 3 | 3 | 0 | 2 | 6 | 0 |
| | 4 | 부천 | 1 | 1 | 1 | 8 | 7 | 1 | 7 | 5 | 0 |
| | 1 | 서울E | 0 | 1 | 2 | 3 | 7 | -4 | 3 | 4 | 0 |
| | 4 | 성남 | 1 | 1 | 1 | 3 | 4 | -1 | 3 | 4 | 0 |
| | 1 | 수원 | 0 | 1 | 2 | 3 | 6 | -3 | 3 | 6 | 0 |
| | 9 | 안산 | 3 | 0 | 0 | 6 | 0 | 6 | 4 | 3 | 0 |
| | 1 | 인천 | 0 | 1 | 2 | 2 | 6 | -4 | 1 | 12 | 0 |
| | 5 | 전남 | 1 | 2 | 0 | 4 | 3 | 1 | 2 | 4 | 0 |
| | 1 | 천안 | 0 | 1 | 2 | 1 | 3 | -2 | 0 | 4 | 0 |
| | 7 | 충북청주 | 2 | 1 | 0 | 5 | 1 | 4 | 4 | 3 | 0 |
| | 3 | 화성 | 0 | 3 | 0 | 3 | 3 | 0 | 3 | 3 | 0 |

| 팀명 | 승점 | 상대팀 | 승 | 무 | 패 | 득점 | 실점 | 득실 | 도움 | 경고 | 퇴장 |
|---|---|---|---|---|---|---|---|---|---|---|---|
| 화성 | 40 | 합계 | 9 | 13 | 17 | 36 | 50 | -14 | 23 | 79 | 3 |
| | 4 | 경남 | 1 | 1 | 1 | 2 | 2 | 0 | 2 | 8 | 1 |
| | 0 | 김포 | 0 | 0 | 3 | 1 | 7 | -6 | 0 | 3 | 0 |
| | 4 | 부산 | 1 | 1 | 1 | 4 | 4 | 0 | 3 | 6 | 0 |
| | 1 | 부천 | 0 | 1 | 2 | 0 | 2 | -2 | 0 | 3 | 0 |
| | 2 | 서울E | 0 | 2 | 1 | 1 | 2 | -1 | 0 | 3 | 0 |
| | 3 | 성남 | 1 | 0 | 2 | 1 | 3 | -2 | 1 | 9 | 0 |
| | 1 | 수원 | 0 | 1 | 2 | 4 | 7 | -3 | 4 | 6 | 0 |
| | 5 | 안산 | 1 | 2 | 0 | 4 | 3 | 1 | 1 | 5 | 0 |
| | 0 | 인천 | 0 | 0 | 3 | 0 | 4 | -4 | 0 | 7 | 0 |
| | 3 | 전남 | 1 | 0 | 2 | 5 | 6 | -1 | 3 | 5 | 0 |
| | 7 | 천안 | 2 | 1 | 0 | 7 | 5 | 2 | 6 | 8 | 2 |
| | 3 | 충남아산 | 0 | 3 | 0 | 3 | 3 | 0 | 1 | 10 | 0 |
| | 7 | 충북청주 | 2 | 1 | 0 | 4 | 2 | 2 | 2 | 6 | 0 |

| 팀명 | 승점 | 상대팀 | 승 | 무 | 패 | 득점 | 실점 | 득실 | 도움 | 경고 | 퇴장 |
|---|---|---|---|---|---|---|---|---|---|---|---|
| 경남 | 40 | 합계 | 11 | 7 | 21 | 34 | 58 | -24 | 19 | 85 | 1 |
| | 3 | 김포 | 1 | 0 | 2 | 2 | 6 | -4 | 1 | 7 | 0 |
| | 7 | 부산 | 2 | 1 | 0 | 3 | 1 | 2 | 2 | 6 | 0 |
| | 0 | 부천 | 0 | 0 | 3 | 1 | 7 | -6 | 0 | 8 | 0 |
| | 2 | 서울E | 0 | 2 | 1 | 2 | 3 | -1 | 2 | 3 | 0 |
| | 0 | 성남 | 0 | 0 | 3 | 1 | 4 | -3 | 1 | 9 | 0 |
| | 3 | 수원 | 1 | 0 | 2 | 3 | 8 | -5 | 1 | 9 | 0 |
| | 4 | 안산 | 1 | 1 | 1 | 2 | 2 | 0 | 1 | 6 | 0 |
| | 0 | 인천 | 0 | 0 | 3 | 0 | 7 | -7 | 0 | 6 | 0 |
| | 1 | 전남 | 0 | 1 | 2 | 4 | 6 | -2 | 1 | 5 | 0 |
| | 6 | 천안 | 2 | 0 | 1 | 5 | 5 | 0 | 3 | 7 | 0 |
| | 1 | 충남아산 | 0 | 1 | 2 | 3 | 6 | -3 | 2 | 6 | 1 |
| | 9 | 충북청주 | 3 | 0 | 0 | 6 | 1 | 5 | 3 | 7 | 0 |
| | 4 | 화성 | 1 | 1 | 1 | 2 | 2 | 0 | 2 | 6 | 0 |

| 팀명 | 승점 | 상대팀 | 승 | 무 | 패 | 득점 | 실점 | 득실 | 도움 | 경고 | 퇴장 |
|---|---|---|---|---|---|---|---|---|---|---|---|
| 충북청주 | 31 | 합계 | 7 | 10 | 22 | 30 | 62 | -32 | 18 | 71 | 1 |
| | 0 | 경남 | 0 | 0 | 3 | 1 | 6 | -5 | 1 | 7 | 0 |
| | 3 | 김포 | 1 | 0 | 2 | 3 | 7 | -4 | 3 | 5 | 0 |
| | 2 | 부산 | 0 | 2 | 1 | 4 | 6 | -2 | 1 | 9 | 0 |
| | 1 | 부천 | 0 | 1 | 2 | 1 | 4 | -3 | 1 | 5 | 0 |
| | 6 | 서울E | 2 | 0 | 1 | 4 | 3 | 1 | 3 | 5 | 0 |
| | 1 | 성남 | 0 | 1 | 2 | 1 | 3 | -2 | 1 | 6 | 0 |
| | 1 | 수원 | 0 | 1 | 2 | 3 | 6 | -3 | 1 | 6 | 0 |
| | 5 | 안산 | 1 | 2 | 0 | 2 | 1 | 1 | 2 | 7 | 1 |
| | 3 | 인천 | 1 | 0 | 2 | 2 | 6 | -4 | 1 | 5 | 0 |
| | 1 | 전남 | 0 | 1 | 2 | 3 | 9 | -6 | 0 | 2 | 0 |
| | 6 | 천안 | 2 | 0 | 1 | 3 | 2 | 1 | 3 | 5 | 0 |
| | 1 | 충남아산 | 0 | 1 | 2 | 1 | 5 | -4 | 0 | 5 | 0 |
| | 1 | 화성 | 0 | 1 | 2 | 2 | 4 | -2 | 1 | 4 | 0 |

| 팀명 | 승점 | 상대팀 | 승 | 무 | 패 | 득점 | 실점 | 득실 | 도움 | 경고 | 퇴장 |
|---|---|---|---|---|---|---|---|---|---|---|---|
| 천안 | 30 | 합계 | 7 | 9 | 23 | 41 | 70 | -29 | 27 | 82 | 6 |
| | 3 | 경남 | 1 | 0 | 2 | 5 | 5 | 0 | 4 | 8 | 2 |
| | 3 | 김포 | 1 | 0 | 2 | 3 | 4 | -1 | 2 | 7 | 1 |
| | 1 | 부산 | 0 | 1 | 2 | 1 | 3 | -2 | 1 | 10 | 0 |
| | 1 | 부천 | 0 | 1 | 2 | 2 | 4 | -2 | 2 | 6 | 1 |
| | 3 | 서울E | 1 | 0 | 2 | 6 | 10 | -4 | 4 | 6 | 0 |
| | 2 | 성남 | 0 | 2 | 1 | 2 | 4 | -2 | 0 | 7 | 0 |
| | 0 | 수원 | 0 | 0 | 3 | 1 | 9 | -8 | 0 | 5 | 0 |
| | 2 | 안산 | 0 | 2 | 1 | 0 | 1 | -1 | 0 | 4 | 0 |
| | 1 | 인천 | 0 | 1 | 2 | 6 | 10 | -4 | 4 | 5 | 0 |
| | 3 | 전남 | 1 | 0 | 2 | 5 | 9 | -4 | 3 | 5 | 2 |
| | 7 | 충남아산 | 2 | 1 | 0 | 3 | 1 | 2 | 2 | 6 | 0 |
| | 3 | 충북청주 | 1 | 0 | 2 | 2 | 3 | -1 | 2 | 7 | 0 |
| | 1 | 화성 | 0 | 1 | 2 | 5 | 7 | -2 | 3 | 6 | 0 |

| 팀명 | 승점 | 상대팀 | 승 | 무 | 패 | 득점 | 실점 | 득실 | 도움 | 경고 | 퇴장 |
|---|---|---|---|---|---|---|---|---|---|---|---|
| 안산 | 27 | 합계 | 5 | 12 | 22 | 25 | 60 | -35 | 14 | 71 | 0 |
| | 4 | 경남 | 1 | 1 | 1 | 2 | 2 | 0 | 1 | 6 | 0 |
| | 2 | 김포 | 0 | 2 | 1 | 3 | 5 | -2 | 2 | 5 | 0 |
| | 3 | 부산 | 1 | 0 | 2 | 5 | 6 | -1 | 2 | 4 | 0 |
| | 0 | 부천 | 0 | 0 | 3 | 1 | 6 | -5 | 1 | 4 | 0 |
| | 2 | 서울E | 0 | 2 | 1 | 3 | 9 | -6 | 1 | 4 | 0 |
| | 3 | 성남 | 1 | 0 | 2 | 1 | 5 | -4 | 1 | 4 | 0 |
| | 1 | 수원 | 0 | 1 | 2 | 2 | 5 | -3 | 1 | 7 | 0 |
| | 0 | 인천 | 0 | 0 | 3 | 2 | 7 | -5 | 1 | 9 | 0 |
| | 3 | 전남 | 1 | 0 | 2 | 1 | 3 | -2 | 0 | 7 | 0 |
| | 5 | 천안 | 1 | 2 | 0 | 1 | 0 | 1 | 1 | 7 | 0 |
| | 0 | 충남아산 | 0 | 0 | 3 | 0 | 6 | -6 | 0 | 3 | 0 |
| | 2 | 충북청주 | 0 | 2 | 1 | 1 | 2 | -1 | 0 | 5 | 0 |
| | 2 | 화성 | 0 | 2 | 1 | 3 | 4 | -1 | 3 | 6 | 0 |



## 2025년 K리그2 최종 순위 및 팀별 경기기록, 승률

| 구분 | 승격 | | 승강PO | | 플레이오프 | | | | | | | | | | | | | | | | | | | | | | | |
|---|---|---|---|---|---|---|---|---|---|---|---|---|---|---|---|---|---|---|---|---|---|---|---|---|---|---|---|---|
| 순위 | 1 | | 2 | | 3 | | 4 | | 5 | | 6 | | 7 | | 8 | | 9 | | 10 | | 11 | | 12 | | 13 | | 14 | |
| 구단 | 인천 | | 수원 | | 부천 | | 서울E | | 성남 | | 전남 | | 김포 | | 부산 | | 충남아산 | | 화성 | | 경남 | | 충북청주 | | 천안 | | 안산 | |
| 승점 | 78 | | 72 | | 67 | | 65 | | 64 | | 62 | | 55 | | 55 | | 53 | | 40 | | 40 | | 31 | | 30 | | 27 | |
| 승 | 23 | | 20 | | 19 | | 17 | | 17 | | 17 | | 14 | | 14 | | 13 | | 9 | | 11 | | 7 | | 7 | | 5 | |
| 무 | 9 | | 12 | | 10 | | 14 | | 13 | | 11 | | 13 | | 13 | | 14 | | 13 | | 7 | | 10 | | 9 | | 12 | |
| 패 | 7 | | 7 | | 10 | | 8 | | 9 | | 11 | | 12 | | 12 | | 12 | | 17 | | 21 | | 22 | | 23 | | 22 | |
| 득 | 66 | | 76 | | 59 | | 64 | | 46 | | 63 | | 48 | | 47 | | 51 | | 36 | | 34 | | 30 | | 41 | | 25 | |
| 실 | 30 | | 50 | | 49 | | 43 | | 32 | | 52 | | 37 | | 46 | | 47 | | 50 | | 58 | | 62 | | 70 | | 60 | |
| 차 | 36 | | 26 | | 10 | | 21 | | 14 | | 11 | | 11 | | 1 | | 4 | | -14 | | -24 | | -32 | | -29 | | -35 | |
| 승률 | 70.5 | | 66.7 | | 61.5 | | 61.5 | | 60.3 | | 57.7 | | 52.6 | | 52.6 | | 51.3 | | 39.7 | | 37.2 | | 30.8 | | 29.5 | | 28.2 | |
| 구분 | 홈 | 원정 | 홈 | 원정 | 홈 | 원정 | 홈 | 원정 | 홈 | 원정 | 홈 | 원정 | 홈 | 원정 | 홈 | 원정 | 홈 | 원정 | 홈 | 원정 | 홈 | 원정 | 홈 | 원정 | 홈 | 원정 | 홈 | 원정 |
| 승 | 12 | 11 | 10 | 10 | 10 | 9 | 8 | 9 | 8 | 9 | 10 | 7 | 7 | 7 | 6 | 8 | 7 | 6 | 5 | 4 | 6 | 5 | 2 | 5 | 3 | 4 | 2 | 3 |
| 무 | 4 | 5 | 7 | 5 | 6 | 4 | 7 | 7 | 7 | 6 | 3 | 8 | 6 | 7 | 7 | 6 | 8 | 6 | 6 | 7 | 4 | 3 | 5 | 5 | 5 | 4 | 5 | 7 |
| 패 | 3 | 4 | 3 | 4 | 3 | 7 | 4 | 4 | 4 | 5 | 7 | 4 | 7 | 5 | 7 | 5 | 5 | 7 | 8 | 9 | 10 | 11 | 13 | 9 | 11 | 12 | 12 | 10 |
| 득 | 32 | 34 | 40 | 36 | 32 | 27 | 32 | 32 | 24 | 22 | 36 | 27 | 28 | 20 | 26 | 21 | 26 | 25 | 15 | 21 | 21 | 13 | 11 | 19 | 25 | 16 | 12 | 13 |
| 실 | 12 | 18 | 21 | 29 | 21 | 28 | 19 | 24 | 16 | 16 | 29 | 23 | 20 | 17 | 29 | 17 | 21 | 26 | 18 | 32 | 27 | 31 | 33 | 29 | 34 | 36 | 26 | 34 |
| 차 | 20 | 16 | 19 | 7 | 11 | -1 | 13 | 8 | 8 | 6 | 7 | 4 | 8 | 3 | -3 | 4 | 5 | -1 | -3 | -11 | -6 | -18 | -22 | -10 | -9 | -20 | -14 | -21 |
| 승률 | 73.7 | 67.5 | 67.5 | 65.8 | 68.4 | 55.0 | 60.5 | 62.5 | 60.5 | 60.0 | 57.5 | 57.9 | 50.0 | 55.3 | 47.5 | 57.9 | 55.0 | 47.4 | 42.1 | 37.5 | 40.0 | 34.2 | 22.5 | 39.5 | 28.9 | 30.0 | 23.7 | 32.5 |

## 2025년 K리그2 팀별 개인 기록 | 인천

| 선수명 | 출전 | 교체 | 득점 | 도움 | 코너킥 | 파울 | 파울득 | 오프사이드 | 슈팅 | 유효슈팅 | 경고 | 퇴장 | 실점 | 자책 |
|---|---|---|---|---|---|---|---|---|---|---|---|---|---|---|
| 강윤구 | 4 | 3 | 0 | 0 | 0 | 1 | 0 | 0 | 0 | 0 | 0 | 0 | 0 | 0 |
| 김건웅 | 20 | 6 | 0 | 0 | 0 | 12 | 6 | 0 | 3 | 3 | 3 | 0 | 0 | 0 |
| 김건희 | 39 | 0 | 1 | 2 | 0 | 23 | 7 | 1 | 16 | 7 | 3 | 0 | 0 | 0 |
| 김도혁 | 7 | 7 | 0 | 0 | 1 | 2 | 1 | 0 | 1 | 0 | 0 | 0 | 0 | 0 |
| 김동헌 | 7 | 0 | 0 | 0 | 0 | 0 | 2 | 0 | 0 | 0 | 0 | 0 | 5 | 0 |
| 김명순 | 25 | 20 | 0 | 3 | 0 | 21 | 15 | 1 | 6 | 1 | 2 | 0 | 0 | 0 |
| 김민석 | 23 | 23 | 1 | 0 | 0 | 7 | 3 | 0 | 5 | 3 | 1 | 0 | 0 | 0 |
| 김보섭 | 20 | 20 | 0 | 4 | 0 | 17 | 11 | 2 | 11 | 6 | 4 | 0 | 0 | 0 |
| 김성민 | 31 | 29 | 2 | 0 | 0 | 14 | 20 | 2 | 7 | 2 | 3 | 0 | 0 | 0 |
| 김세훈 | 1 | 1 | 0 | 0 | 2 | 1 | 0 | 0 | 0 | 0 | 1 | 0 | 0 | 0 |
| 델브리지 | 16 | 13 | 0 | 0 | 0 | 8 | 1 | 1 | 2 | 1 | 1 | 0 | 0 | 0 |
| 무고사 | 35 | 20 | 20 | 3 | 0 | 14 | 27 | 5 | 95 | 58 | 2 | 0 | 0 | 0 |
| 문지환 | 15 | 9 | 1 | 0 | 0 | 9 | 17 | 0 | 4 | 3 | 2 | 1 | 0 | 0 |
| 민경현 | 12 | 5 | 0 | 0 | 0 | 9 | 9 | 0 | 9 | 4 | 1 | 1 | 0 | 0 |
| 민성준 | 31 | 0 | 0 | 0 | 0 | 0 | 4 | 0 | 0 | 0 | 4 | 0 | 25 | 0 |
| 바로우 | 35 | 33 | 3 | 3 | 3 | 10 | 26 | 16 | 14 | 9 | 2 | 0 | 0 | 0 |
| 박경섭 | 19 | 5 | 1 | 0 | 0 | 7 | 14 | 2 | 7 | 2 | 4 | 0 | 0 | 0 |
| 박승호 | 38 | 32 | 9 | 1 | 0 | 40 | 47 | 3 | 56 | 30 | 2 | 0 | 0 | 0 |
| 박호민 | 26 | 26 | 5 | 0 | 0 | 26 | 10 | 1 | 18 | 10 | 2 | 0 | 0 | 0 |
| 백민규 | 3 | 3 | 0 | 0 | 0 | 3 | 7 | 1 | 3 | 3 | 0 | 0 | 0 | 0 |
| 서동한 | 1 | 1 | 0 | 0 | 0 | 0 | 1 | 0 | 2 | 1 | 0 | 0 | 0 | 0 |
| 성힘찬 | 1 | 1 | 0 | 0 | 0 | 0 | 1 | 0 | 0 | 0 | 0 | 0 | 0 | 0 |
| 쇼 타 | 1 | 1 | 0 | 0 | 0 | 1 | 0 | 0 | 2 | 1 | 0 | 0 | 0 | 0 |
| 신진호 | 32 | 32 | 4 | 4 | 32 | 24 | 12 | 3 | 9 | 7 | 1 | 0 | 0 | 0 |
| 이동률 | 9 | 9 | 3 | 0 | 1 | 2 | 4 | 2 | 11 | 10 | 0 | 0 | 0 | 0 |
| 이명주 | 34 | 11 | 2 | 3 | 13 | 41 | 32 | 0 | 15 | 9 | 6 | 0 | 0 | 0 |
| 이범수 | 1 | 0 | 0 | 0 | 0 | 0 | 1 | 0 | 0 | 0 | 0 | 0 | 0 | 0 |
| 이상기 | 16 | 11 | 0 | 0 | 0 | 12 | 6 | 1 | 1 | 0 | 3 | 0 | 0 | 0 |
| 이주용 | 36 | 1 | 0 | 5 | 67 | 38 | 16 | 1 | 14 | 3 | 6 | 0 | 0 | 0 |
| 임형진 | 4 | 4 | 0 | 0 | 0 | 1 | 0 | 0 | 1 | 0 | 0 | 0 | 0 | 0 |
| 정원진 | 19 | 14 | 1 | 0 | 18 | 15 | 12 | 0 | 26 | 13 | 2 | 0 | 0 | 0 |
| 제르소 | 37 | 26 | 12 | 10 | 8 | 38 | 53 | 11 | 51 | 37 | 4 | 0 | 0 | 0 |
| 최승구 | 23 | 18 | 0 | 1 | 0 | 14 | 17 | 0 | 4 | 1 | 3 | 0 | 0 | 0 |

## 2025년 K리그2 팀별 개인 기록 | 수원

| 선수명 | 출전 | 교체 | 득점 | 도움 | 코너킥 | 파울 | 파울득 | 오프사이드 | 슈팅 | 유효슈팅 | 경고 | 퇴장 | 실점 | 자책 |
|---|---|---|---|---|---|---|---|---|---|---|---|---|---|---|
| 강성진 | 13 | 13 | 1 | 0 | 4 | 6 | 6 | 3 | 11 | 5 | 1 | 0 | 0 | 0 |
| 강현묵 | 16 | 16 | 1 | 0 | 6 | 7 | 3 | 1 | 9 | 6 | 0 | 0 | 0 | 0 |
| 고종현 | 12 | 7 | 0 | 0 | 0 | 3 | 1 | 0 | 3 | 1 | 0 | 0 | 0 | 0 |
| 권완규 | 18 | 4 | 1 | 0 | 0 | 12 | 5 | 1 | 7 | 3 | 2 | 0 | 0 | 0 |
| 김민우 | 12 | 12 | 0 | 2 | 20 | 4 | 2 | 3 | 5 | 3 | 1 | 0 | 0 | 0 |
| 김민준 | 8 | 0 | 0 | 0 | 0 | 0 | 2 | 0 | 0 | 0 | 1 | 0 | 10 | 0 |
| 김상준 | 6 | 6 | 0 | 0 | 0 | 1 | 1 | 0 | 2 | 1 | 1 | 0 | 0 | 0 |
| 김정훈 | 2 | 0 | 0 | 0 | 0 | 0 | 0 | 0 | 0 | 0 | 0 | 0 | 4 | 0 |
| 김주찬 | 2 | 2 | 0 | 0 | 2 | 0 | 0 | 0 | 2 | 2 | 0 | 0 | 0 | 0 |
| 김지현 | 37 | 33 | 12 | 5 | 0 | 17 | 36 | 6 | 59 | 35 | 3 | 1 | 0 | 0 |
| 김지호 | 9 | 9 | 0 | 1 | 0 | 1 | 4 | 2 | 2 | 0 | 0 | 0 | 0 | 0 |
| 김 현 | 21 | 21 | 3 | 1 | 0 | 3 | 8 | 1 | 28 | 17 | 0 | 0 | 0 | 0 |
| 레 오 | 29 | 4 | 2 | 0 | 0 | 26 | 7 | 1 | 11 | 5 | 3 | 0 | 0 | 0 |
| 박승수 | 11 | 11 | 0 | 0 | 0 | 8 | 13 | 0 | 11 | 7 | 0 | 0 | 0 | 0 |
| 박우진 | 1 | 1 | 0 | 0 | 0 | 0 | 0 | 0 | 0 | 0 | 0 | 0 | 0 | 0 |
| 박지원 | 17 | 15 | 6 | 1 | 1 | 11 | 13 | 4 | 17 | 10 | 2 | 0 | 0 | 0 |
| 브루노실바 | 20 | 15 | 4 | 4 | 2 | 19 | 23 | 7 | 32 | 24 | 2 | 0 | 0 | 0 |
| 세라핌 | 37 | 30 | 13 | 4 | 0 | 19 | 62 | 10 | 71 | 44 | 3 | 0 | 0 | 0 |
| 손호준 | 1 | 0 | 0 | 0 | 0 | 1 | 0 | 0 | 0 | 0 | 0 | 0 | 0 | 0 |
| 양형모 | 29 | 0 | 0 | 0 | 0 | 0 | 4 | 0 | 0 | 0 | 2 | 0 | 36 | 0 |
| 이건희 | 27 | 7 | 1 | 3 | 0 | 26 | 10 | 1 | 12 | 5 | 4 | 0 | 0 | 0 |
| 이규성 | 33 | 17 | 1 | 4 | 54 | 16 | 42 | 0 | 18 | 11 | 3 | 0 | 0 | 0 |
| 이기제 | 34 | 9 | 3 | 7 | 80 | 15 | 8 | 2 | 31 | 18 | 1 | 1 | 0 | 0 |
| 이민혁 | 32 | 29 | 2 | 3 | 1 | 25 | 20 | 1 | 20 | 12 | 6 | 0 | 0 | 0 |
| 이상민 | 4 | 4 | 0 | 0 | 1 | 6 | 3 | 0 | 0 | 0 | 1 | 0 | 0 | 0 |
| 일류첸코 | 35 | 23 | 13 | 6 | 0 | 22 | 23 | 16 | 68 | 41 | 4 | 2 | 0 | 0 |
| 장석환 | 8 | 5 | 0 | 0 | 0 | 3 | 1 | 0 | 0 | 0 | 0 | 0 | 0 | 0 |
| 정동윤 | 22 | 12 | 0 | 2 | 2 | 21 | 22 | 1 | 6 | 5 | 8 | 0 | 0 | 0 |
| 조윤성 | 6 | 3 | 0 | 0 | 0 | 3 | 6 | 1 | 2 | 0 | 0 | 1 | 0 | 0 |
| 최영준 | 32 | 28 | 1 | 0 | 1 | 26 | 32 | 0 | 9 | 4 | 5 | 0 | 0 | 0 |
| 최지묵 | 2 | 2 | 0 | 0 | 5 | 0 | 0 | 0 | 0 | 0 | 0 | 0 | 0 | 0 |
| 파울리뇨 | 32 | 25 | 8 | 2 | 26 | 30 | 40 | 11 | 70 | 42 | 2 | 0 | 0 | 0 |
| 한호강 | 15 | 3 | 0 | 0 | 0 | 13 | 2 | 1 | 0 | 0 | 0 | 1 | 0 | 0 |
| 홍원진 | 25 | 13 | 2 | 1 | 0 | 36 | 12 | 2 | 23 | 10 | 3 | 0 | 0 | 0 |
| 황석호 | 13 | 5 | 0 | 0 | 0 | 4 | 3 | 0 | 1 | 1 | 0 | 0 | 0 | 1 |

## 2025년 K리그2 팀별 개인 기록 | 부천

| 선수명 | 출전 | 교체 | 득점 | 도움 | 코너킥 | 파울 | 파울득 | 오프사이드 | 슈팅 | 유효슈팅 | 경고 | 퇴장 | 실점 | 자책 |
|---|---|---|---|---|---|---|---|---|---|---|---|---|---|---|
| 갈레고 | 25 | 15 | 5 | 4 | 7 | 22 | 27 | 8 | 64 | 30 | 5 | 0 | 0 | 0 |
| 공민현 | 25 | 25 | 1 | 0 | 0 | 18 | 6 | 0 | 6 | 2 | 2 | 0 | 0 | 0 |
| 구자룡 | 7 | 1 | 0 | 0 | 0 | 6 | 8 | 0 | 4 | 1 | 2 | 0 | 0 | 0 |
| 김규민 | 30 | 24 | 1 | 0 | 3 | 19 | 29 | 1 | 16 | 8 | 2 | 0 | 0 | 0 |
| 김동현 | 22 | 22 | 1 | 1 | 1 | 5 | 7 | 1 | 9 | 4 | 0 | 0 | 0 | 0 |
| 김원준 | 1 | 1 | 0 | 0 | 0 | 1 | 0 | 0 | 0 | 0 | 0 | 0 | 0 | 0 |
| 김현엽 | 1 | 0 | 0 | 0 | 0 | 0 | 0 | 0 | 0 | 0 | 0 | 0 | 0 | 0 |
| 김형근 | 38 | 0 | 0 | 0 | 0 | 1 | 5 | 0 | 0 | 0 | 4 | 0 | 49 | 0 |
| 남현욱 | 1 | 1 | 0 | 0 | 0 | 1 | 0 | 0 | 0 | 0 | 1 | 0 | 0 | 0 |
| 몬타뇨 | 36 | 29 | 12 | 2 | 1 | 37 | 28 | 16 | 77 | 52 | 4 | 1 | 0 | 0 |
| 바사니 | 35 | 14 | 14 | 6 | 135 | 25 | 59 | 4 | 93 | 61 | 10 | 0 | 0 | 0 |
| 박창준 | 35 | 27 | 9 | 5 | 5 | 18 | 47 | 2 | 22 | 17 | 4 | 0 | 0 | 0 |
| 박현빈 | 34 | 15 | 1 | 1 | 0 | 70 | 67 | 1 | 37 | 15 | 9 | 1 | 0 | 0 |
| 박형진 | 7 | 6 | 0 | 1 | 3 | 1 | 1 | 0 | 2 | 1 | 1 | 0 | 0 | 0 |
| 백동규 | 20 | 3 | 0 | 0 | 0 | 27 | 5 | 0 | 4 | 2 | 2 | 0 | 0 | 0 |
| 성 신 | 6 | 6 | 1 | 0 | 0 | 3 | 7 | 0 | 3 | 1 | 0 | 0 | 0 | 0 |
| 유승현 | 9 | 8 | 0 | 0 | 0 | 5 | 5 | 0 | 2 | 1 | 1 | 0 | 0 | 0 |
| 이상혁 | 28 | 7 | 1 | 1 | 0 | 23 | 18 | 0 | 11 | 5 | 5 | 0 | 0 | 0 |
| 이예찬 | 3 | 2 | 0 | 0 | 0 | 3 | 1 | 0 | 0 | 0 | 0 | 1 | 0 | 0 |
| 이의형 | 23 | 23 | 4 | 0 | 0 | 10 | 11 | 1 | 19 | 10 | 3 | 1 | 0 | 0 |
| 이재원 | 18 | 9 | 0 | 0 | 0 | 14 | 13 | 0 | 3 | 1 | 2 | 1 | 0 | 1 |
| 이충현 | 1 | 1 | 0 | 0 | 0 | 0 | 2 | 0 | 0 | 0 | 0 | 0 | 0 | 0 |
| 장시영 | 18 | 14 | 0 | 0 | 1 | 5 | 8 | 1 | 5 | 2 | 1 | 0 | 0 | 0 |
| 전인규 | 9 | 4 | 0 | 0 | 0 | 9 | 6 | 0 | 2 | 1 | 2 | 0 | 0 | 0 |
| 정호진 | 25 | 10 | 0 | 0 | 0 | 25 | 23 | 0 | 1 | 1 | 5 | 0 | 0 | 0 |
| 최원철 | 25 | 22 | 1 | 2 | 0 | 9 | 5 | 0 | 7 | 5 | 2 | 0 | 0 | 0 |
| 최재영 | 22 | 22 | 0 | 0 | 0 | 17 | 14 | 1 | 5 | 3 | 2 | 0 | 0 | 0 |
| 카 즈 | 36 | 27 | 1 | 1 | 12 | 39 | 18 | 1 | 6 | 1 | 7 | 0 | 0 | 0 |
| 티아깅요 | 37 | 17 | 1 | 1 | 2 | 23 | 28 | 4 | 26 | 14 | 6 | 0 | 0 | 0 |
| 한지호 | 9 | 9 | 0 | 1 | 5 | 6 | 4 | 3 | 1 | 1 | 1 | 0 | 0 | 0 |
| 홍성욱 | 27 | 4 | 2 | 0 | 0 | 22 | 12 | 0 | 5 | 3 | 5 | 0 | 0 | 0 |

## 2025년 K리그2 팀별 개인 기록 | 서울E

| 선수명 | 출전 | 교체 | 득점 | 도움 | 코너킥 | 파울 | 파울득 | 오프사이드 | 슈팅 | 유효슈팅 | 경고 | 퇴장 | 실점 | 자책 |
|---|---|---|---|---|---|---|---|---|---|---|---|---|---|---|
| 가브리엘 | 12 | 10 | 1 | 0 | 0 | 10 | 14 | 6 | 17 | 11 | 1 | 0 | 0 | 0 |
| 강민재 | 2 | 2 | 0 | 0 | 0 | 0 | 0 | 0 | 0 | 0 | 0 | 0 | 0 | 0 |
| 곽윤호 | 28 | 13 | 0 | 0 | 0 | 23 | 28 | 0 | 1 | 0 | 4 | 0 | 0 | 0 |
| 구성윤 | 19 | 0 | 0 | 0 | 0 | 0 | 3 | 0 | 0 | 0 | 1 | 0 | 11 | 0 |
| 김강호 | 1 | 1 | 0 | 0 | 0 | 2 | 1 | 0 | 0 | 0 | 0 | 0 | 0 | 0 |
| 김민규 | 11 | 8 | 0 | 0 | 0 | 6 | 1 | 0 | 2 | 1 | 2 | 0 | 0 | 0 |
| 김민호 | 2 | 0 | 0 | 0 | 0 | 0 | 0 | 0 | 0 | 0 | 0 | 0 | 3 | 0 |
| 김영욱 | 2 | 2 | 0 | 0 | 0 | 4 | 2 | 0 | 1 | 0 | 1 | 0 | 0 | 0 |
| 김오규 | 37 | 9 | 2 | 0 | 0 | 25 | 16 | 1 | 10 | 5 | 7 | 0 | 0 | 0 |
| 김주환 | 20 | 19 | 0 | 2 | 0 | 16 | 16 | 1 | 6 | 1 | 2 | 0 | 0 | 0 |
| 김하준 | 18 | 4 | 2 | 0 | 0 | 19 | 7 | 0 | 5 | 4 | 4 | 0 | 0 | 0 |
| 김현우 | 4 | 4 | 0 | 1 | 0 | 5 | 0 | 0 | 0 | 0 | 0 | 0 | 0 | 0 |
| 까리우스 | 1 | 1 | 0 | 0 | 0 | 0 | 2 | 0 | 0 | 0 | 0 | 0 | 0 | 0 |
| 노동건 | 18 | 0 | 0 | 0 | 0 | 0 | 0 | 0 | 0 | 0 | 1 | 0 | 29 | 0 |
| 박경배 | 13 | 13 | 0 | 0 | 0 | 12 | 5 | 0 | 4 | 3 | 1 | 0 | 0 | 0 |
| 박창환 | 23 | 4 | 6 | 1 | 6 | 53 | 17 | 2 | 29 | 14 | 9 | 0 | 0 | 0 |
| 배서준 | 16 | 12 | 0 | 1 | 13 | 8 | 8 | 1 | 7 | 6 | 3 | 0 | 0 | 0 |
| 배진우 | 26 | 11 | 0 | 1 | 0 | 40 | 12 | 1 | 4 | 2 | 6 | 0 | 0 | 0 |
| 백지웅 | 33 | 12 | 1 | 4 | 0 | 38 | 22 | 6 | 24 | 13 | 5 | 0 | 0 | 0 |
| 변경준 | 32 | 32 | 7 | 3 | 0 | 21 | 23 | 11 | 36 | 26 | 5 | 0 | 0 | 0 |
| 서재민 | 31 | 14 | 2 | 2 | 1 | 45 | 26 | 0 | 13 | 8 | 6 | 0 | 0 | 0 |
| 서진석 | 18 | 17 | 1 | 0 | 6 | 10 | 5 | 0 | 7 | 4 | 2 | 0 | 0 | 0 |
| 손혁찬 | 1 | 1 | 0 | 0 | 0 | 0 | 0 | 0 | 0 | 0 | 0 | 0 | 0 | 0 |
| 신성학 | 2 | 2 | 0 | 0 | 0 | 2 | 0 | 0 | 0 | 0 | 0 | 0 | 0 | 0 |
| 아 론 | 3 | 3 | 0 | 0 | 0 | 3 | 0 | 0 | 1 | 0 | 0 | 0 | 0 | 0 |
| 아이데일 | 27 | 17 | 10 | 1 | 0 | 18 | 26 | 13 | 62 | 40 | 1 | 0 | 0 | 0 |
| 에울레르 | 37 | 30 | 12 | 11 | 69 | 44 | 57 | 4 | 83 | 51 | 9 | 0 | 0 | 0 |
| 오스마르 | 36 | 17 | 3 | 1 | 0 | 21 | 8 | 0 | 22 | 9 | 3 | 0 | 0 | 1 |
| 오인표 | 3 | 2 | 0 | 0 | 3 | 0 | 2 | 0 | 0 | 0 | 0 | 0 | 0 | 0 |
| 윤석주 | 8 | 7 | 0 | 0 | 0 | 12 | 3 | 0 | 1 | 0 | 0 | 0 | 0 | 0 |
| 이주혁 | 15 | 14 | 2 | 0 | 0 | 10 | 9 | 3 | 7 | 4 | 1 | 0 | 0 | 0 |
| 이탈로 | 5 | 5 | 1 | 1 | 0 | 2 | 3 | 0 | 2 | 2 | 0 | 0 | 0 | 0 |
| 정재민 | 28 | 23 | 8 | 4 | 0 | 15 | 17 | 3 | 29 | 21 | 2 | 0 | 0 | 0 |
| 조상준 | 4 | 4 | 0 | 0 | 0 | 3 | 4 | 1 | 1 | 0 | 1 | 0 | 0 | 0 |
| 차승현 | 20 | 18 | 1 | 1 | 1 | 2 | 6 | 0 | 2 | 1 | 2 | 0 | 0 | 0 |
| 채광훈 | 31 | 23 | 0 | 3 | 50 | 17 | 23 | 2 | 9 | 4 | 1 | 0 | 0 | 0 |
| 페드링요 | 17 | 16 | 2 | 1 | 14 | 8 | 34 | 3 | 23 | 15 | 1 | 0 | 0 | 0 |
| 허용준 | 20 | 20 | 2 | 2 | 3 | 15 | 13 | 4 | 22 | 13 | 4 | 0 | 0 | 0 |

## 2025년 K리그2 팀별 개인 기록 | 성남

| 선수명 | 출전 | 교체 | 득점 | 도움 | 코너킥 | 파울 | 파울득 | 오프사이드 | 슈팅 | 유효슈팅 | 경고 | 퇴장 | 실점 | 자책 |
|---|---|---|---|---|---|---|---|---|---|---|---|---|---|---|
| 강의빈 | 13 | 6 | 0 | 0 | 0 | 6 | 1 | 0 | 2 | 0 | 2 | 0 | 0 | 0 |
| 국관우 | 2 | 2 | 0 | 0 | 0 | 0 | 1 | 0 | 0 | 0 | 0 | 0 | 0 | 0 |
| 김범수 | 25 | 23 | 3 | 0 | 26 | 19 | 18 | 4 | 18 | 11 | 3 | 0 | 0 | 0 |
| 김정환 | 20 | 22 | 2 | 1 | 0 | 11 | 7 | 2 | 9 | 6 | 1 | 0 | 0 | 0 |
| 김주원 | 20 | 5 | 0 | 0 | 0 | 18 | 14 | 1 | 3 | 1 | 1 | 0 | 0 | 0 |
| 레안드로 | 19 | 17 | 0 | 3 | 2 | 5 | 27 | 3 | 9 | 6 | 0 | 0 | 0 | 0 |
| 류준선 | 32 | 30 | 2 | 0 | 0 | 16 | 35 | 1 | 18 | 12 | 1 | 0 | 0 | 0 |
| 박광일 | 12 | 12 | 0 | 1 | 8 | 4 | 1 | 0 | 1 | 0 | 3 | 0 | 0 | 0 |
| 박병규 | 13 | 13 | 0 | 0 | 0 | 6 | 4 | 0 | 2 | 1 | 2 | 0 | 0 | 0 |
| 박상혁 | 12 | 12 | 1 | 0 | 0 | 6 | 10 | 2 | 8 | 5 | 2 | 0 | 0 | 0 |
| 박수빈 | 37 | 13 | 1 | 0 | 0 | 31 | 33 | 0 | 26 | 10 | 9 | 0 | 0 | 0 |
| 박지민 | 7 | 1 | 0 | 0 | 0 | 0 | 2 | 0 | 0 | 0 | 0 | 0 | 4 | 0 |
| 박지원 | 19 | 16 | 2 | 1 | 0 | 9 | 17 | 6 | 19 | 10 | 1 | 0 | 0 | 0 |
| 베니시오 | 32 | 1 | 2 | 0 | 0 | 35 | 21 | 1 | 20 | 10 | 8 | 2 | 0 | 0 |
| 사무엘 | 30 | 14 | 0 | 2 | 0 | 26 | 47 | 0 | 7 | 4 | 4 | 0 | 0 | 0 |
| 신재원 | 38 | 4 | 0 | 9 | 98 | 22 | 27 | 2 | 27 | 15 | 6 | 0 | 0 | 0 |
| 안재민 | 1 | 1 | 0 | 0 | 0 | 0 | 0 | 0 | 0 | 0 | 0 | 0 | 0 | 0 |
| 양시후 | 4 | 2 | 0 | 0 | 0 | 2 | 0 | 0 | 1 | 0 | 0 | 0 | 0 | 0 |
| 양태양 | 6 | 6 | 0 | 0 | 0 | 2 | 1 | 0 | 1 | 0 | 0 | 0 | 0 | 0 |
| 양한빈 | 25 | 0 | 0 | 0 | 0 | 1 | 7 | 0 | 0 | 0 | 3 | 0 | 20 | 0 |
| 유상훈 | 7 | 0 | 0 | 0 | 0 | 0 | 0 | 0 | 0 | 0 | 0 | 0 | 7 | 0 |
| 유주안 | 2 | 2 | 0 | 0 | 0 | 0 | 3 | 0 | 0 | 0 | 0 | 0 | 0 | 0 |
| 이상민 | 19 | 5 | 0 | 0 | 0 | 7 | 11 | 1 | 8 | 4 | 4 | 0 | 0 | 1 |
| 이재욱 | 12 | 12 | 0 | 0 | 0 | 4 | 12 | 0 | 4 | 3 | 0 | 0 | 0 | 0 |
| 이정빈 | 26 | 26 | 7 | 3 | 0 | 17 | 27 | 9 | 44 | 20 | 4 | 0 | 0 | 0 |
| 이준상 | 21 | 21 | 1 | 1 | 0 | 3 | 13 | 3 | 11 | 5 | 2 | 0 | 0 | 0 |
| 장영기 | 3 | 3 | 0 | 0 | 0 | 1 | 1 | 0 | 2 | 1 | 0 | 0 | 0 | 0 |
| 정승용 | 38 | 5 | 1 | 1 | 41 | 34 | 43 | 1 | 13 | 3 | 6 | 0 | 0 | 0 |
| 정원진 | 11 | 9 | 0 | 1 | 2 | 3 | 3 | 0 | 6 | 2 | 0 | 0 | 0 | 0 |
| 조성욱 | 1 | 1 | 0 | 0 | 0 | 0 | 0 | 0 | 0 | 0 | 0 | 0 | 0 | 0 |
| 진성욱 | 4 | 5 | 0 | 0 | 0 | 6 | 1 | 2 | 4 | 2 | 0 | 0 | 0 | 0 |
| 프레이타스 | 20 | 16 | 4 | 0 | 0 | 27 | 17 | 0 | 16 | 9 | 6 | 0 | 0 | 0 |
| 하정우 | 7 | 6 | 0 | 0 | 0 | 3 | 3 | 1 | 7 | 3 | 2 | 0 | 0 | 0 |
| 홍창범 | 16 | 14 | 1 | 0 | 9 | 14 | 21 | 0 | 13 | 9 | 1 | 0 | 0 | 0 |
| 홍현승 | 1 | 1 | 0 | 0 | 0 | 0 | 0 | 0 | 0 | 0 | 0 | 0 | 0 | 0 |
| 후이즈 | 38 | 2 | 17 | 2 | 0 | 68 | 41 | 11 | 82 | 52 | 7 | 0 | 0 | 0 |

## 2025년 K리그2 팀별 개인 기록 | 전남

| 선수명 | 출전 | 교체 | 득점 | 도움 | 코너킥 | 파울 | 파울득 | 오프사이드 | 슈팅 | 유효슈팅 | 경고 | 퇴장 | 실점 | 자책 |
|---|---|---|---|---|---|---|---|---|---|---|---|---|---|---|
| 강정묵 | 2 | 0 | 0 | 0 | 0 | 0 | 0 | 0 | 0 | 0 | 0 | 0 | 4 | 0 |
| 고태원 | 22 | 5 | 1 | 0 | 0 | 26 | 13 | 0 | 4 | 2 | 3 | 0 | 0 | 0 |
| 구현준 | 20 | 15 | 1 | 0 | 0 | 11 | 6 | 1 | 5 | 2 | 1 | 1 | 0 | 0 |
| 김경재 | 20 | 7 | 0 | 1 | 0 | 18 | 7 | 1 | 1 | 0 | 2 | 0 | 0 | 2 |
| 김도윤 | 18 | 19 | 4 | 1 | 0 | 9 | 15 | 4 | 19 | 9 | 2 | 0 | 0 | 0 |
| 김예성 | 36 | 5 | 1 | 3 | 0 | 20 | 23 | 2 | 10 | 1 | 2 | 0 | 0 | 1 |
| 김용환 | 25 | 18 | 1 | 0 | 0 | 21 | 25 | 2 | 10 | 4 | 5 | 0 | 0 | 0 |
| 김주엽 | 9 | 9 | 0 | 0 | 0 | 10 | 3 | 0 | 5 | 2 | 1 | 0 | 0 | 0 |
| 노건우 | 4 | 4 | 0 | 0 | 0 | 1 | 0 | 0 | 1 | 1 | 0 | 0 | 0 | 0 |
| 노동건 | 8 | 5 | 0 | 1 | 0 | 7 | 2 | 1 | 2 | 2 | 0 | 0 | 0 | 0 |
| 레안드로 | 9 | 9 | 0 | 1 | 0 | 0 | 1 | 0 | 2 | 2 | 0 | 0 | 0 | 0 |
| 르 본 | 20 | 19 | 2 | 1 | 0 | 2 | 21 | 2 | 12 | 7 | 1 | 0 | 0 | 0 |
| 민준영 | 10 | 8 | 0 | 1 | 1 | 9 | 7 | 0 | 7 | 0 | 2 | 0 | 0 | 0 |
| 박상준 | 20 | 18 | 0 | 1 | 0 | 14 | 10 | 0 | 9 | 4 | 3 | 0 | 0 | 0 |
| 박태용 | 11 | 11 | 0 | 0 | 0 | 4 | 6 | 0 | 1 | 0 | 0 | 0 | 0 | 0 |
| 발디비아 | 32 | 11 | 16 | 9 | 103 | 8 | 32 | 3 | 72 | 44 | 1 | 0 | 0 | 0 |
| 성윤수 | 5 | 4 | 0 | 0 | 0 | 0 | 0 | 0 | 0 | 0 | 0 | 0 | 2 | 0 |
| 손건호 | 2 | 2 | 0 | 0 | 0 | 0 | 1 | 0 | 1 | 0 | 0 | 0 | 0 | 0 |
| 안재민 | 27 | 26 | 1 | 0 | 0 | 13 | 13 | 1 | 8 | 5 | 4 | 0 | 0 | 0 |
| 알베르띠 | 38 | 2 | 3 | 8 | 48 | 23 | 29 | 0 | 34 | 15 | 5 | 0 | 0 | 0 |
| 양지산 | 5 | 6 | 0 | 0 | 0 | 2 | 3 | 0 | 3 | 1 | 1 | 0 | 0 | 0 |
| 유경민 | 1 | 1 | 0 | 0 | 0 | 1 | 0 | 0 | 0 | 0 | 0 | 0 | 0 | 0 |
| 유지하 | 31 | 7 | 1 | 0 | 0 | 28 | 20 | 1 | 10 | 3 | 4 | 0 | 0 | 0 |
| 윤민호 | 32 | 28 | 1 | 1 | 1 | 33 | 27 | 0 | 21 | 7 | 8 | 0 | 0 | 0 |
| 이 준 | 2 | 0 | 0 | 0 | 0 | 0 | 0 | 0 | 0 | 0 | 0 | 0 | 3 | 0 |
| 임찬울 | 11 | 11 | 1 | 1 | 5 | 1 | 3 | 0 | 8 | 4 | 0 | 0 | 0 | 0 |
| 장순혁 | 7 | 7 | 0 | 0 | 0 | 6 | 1 | 0 | 0 | 0 | 3 | 0 | 0 | 0 |
| 정강민 | 25 | 25 | 4 | 1 | 0 | 11 | 14 | 7 | 11 | 8 | 0 | 0 | 0 | 0 |
| 정지용 | 31 | 30 | 6 | 4 | 0 | 36 | 31 | 6 | 37 | 22 | 6 | 0 | 0 | 0 |
| 최봉진 | 34 | 4 | 0 | 0 | 0 | 0 | 5 | 0 | 0 | 0 | 1 | 0 | 43 | 0 |
| 최정원 | 18 | 5 | 0 | 0 | 0 | 11 | 9 | 1 | 3 | 1 | 0 | 0 | 0 | 1 |
| 최한솔 | 20 | 12 | 0 | 0 | 0 | 11 | 13 | 0 | 13 | 5 | 2 | 0 | 0 | 0 |
| 하 남 | 27 | 25 | 8 | 1 | 0 | 24 | 19 | 10 | 37 | 19 | 3 | 0 | 0 | 0 |
| 호 난 | 29 | 26 | 12 | 6 | 0 | 13 | 21 | 5 | 60 | 33 | 3 | 0 | 0 | 0 |
| 홍석현 | 14 | 8 | 0 | 0 | 0 | 12 | 7 | 0 | 2 | 0 | 1 | 0 | 0 | 0 |

## 2025년 K리그2 팀별 개인 기록 | 김포

| 선수명 | 출전 | 교체 | 득점 | 도움 | 코너킥 | 파울 | 파울득 | 오프사이드 | 슈팅 | 유효슈팅 | 경고 | 퇴장 | 실점 | 자책 |
|---|---|---|---|---|---|---|---|---|---|---|---|---|---|---|
| 김 결 | 28 | 28 | 2 | 2 | 0 | 13 | 14 | 6 | 11 | 5 | 2 | 0 | 0 | 0 |
| 김경준 | 3 | 3 | 0 | 0 | 0 | 2 | 2 | 0 | 7 | 6 | 0 | 0 | 0 | 0 |
| 김동민 | 18 | 1 | 0 | 0 | 0 | 23 | 6 | 0 | 7 | 3 | 2 | 0 | 0 | 0 |
| 김민식 | 22 | 8 | 0 | 0 | 15 | 15 | 10 | 0 | 15 | 5 | 2 | 0 | 0 | 0 |
| 김민우 | 17 | 13 | 3 | 1 | 26 | 17 | 12 | 0 | 17 | 10 | 5 | 0 | 0 | 0 |
| 김민호 | 10 | 6 | 0 | 0 | 0 | 7 | 3 | 0 | 0 | 0 | 2 | 0 | 0 | 0 |
| 김종민 | 7 | 7 | 0 | 0 | 0 | 3 | 1 | 0 | 2 | 1 | 1 | 0 | 0 | 0 |
| 김지훈 | 26 | 18 | 1 | 2 | 4 | 10 | 16 | 1 | 8 | 6 | 2 | 0 | 0 | 0 |
| 디자우마 | 34 | 15 | 5 | 1 | 0 | 51 | 57 | 1 | 41 | 25 | 8 | 0 | 0 | 0 |
| 루이스 | 33 | 14 | 14 | 1 | 0 | 38 | 48 | 13 | 102 | 61 | 3 | 0 | 0 | 0 |
| 박경록 | 27 | 9 | 2 | 2 | 0 | 12 | 9 | 1 | 5 | 3 | 4 | 0 | 0 | 0 |
| 박동진 | 19 | 16 | 6 | 2 | 0 | 22 | 19 | 1 | 31 | 18 | 5 | 1 | 0 | 0 |
| 브루노 | 12 | 11 | 0 | 2 | 0 | 11 | 6 | 2 | 12 | 1 | 2 | 0 | 0 | 0 |
| 손정현 | 29 | 1 | 0 | 0 | 0 | 1 | 6 | 0 | 0 | 0 | 4 | 0 | 26 | 0 |
| 안창민 | 18 | 17 | 1 | 1 | 0 | 14 | 8 | 0 | 17 | 11 | 1 | 0 | 0 | 0 |
| 연응빈 | 3 | 3 | 0 | 0 | 6 | 0 | 0 | 0 | 0 | 0 | 0 | 0 | 0 | 0 |
| 윤보상 | 11 | 1 | 0 | 0 | 0 | 0 | 3 | 0 | 0 | 0 | 0 | 0 | 11 | 0 |
| 윤재운 | 25 | 13 | 1 | 3 | 1 | 14 | 37 | 1 | 10 | 4 | 2 | 0 | 0 | 0 |
| 이강연 | 6 | 6 | 1 | 0 | 2 | 8 | 3 | 0 | 2 | 1 | 1 | 0 | 0 | 0 |
| 이상민 | 31 | 20 | 0 | 3 | 23 | 30 | 33 | 0 | 5 | 4 | 1 | 0 | 0 | 0 |
| 이인재 | 1 | 1 | 0 | 0 | 0 | 0 | 0 | 0 | 0 | 0 | 0 | 0 | 0 | 0 |
| 이종현 | 8 | 8 | 0 | 0 | 1 | 5 | 4 | 0 | 2 | 1 | 0 | 0 | 0 | 0 |
| 이찬형 | 37 | 9 | 0 | 0 | 0 | 31 | 18 | 0 | 20 | 7 | 5 | 0 | 0 | 0 |
| 장부성 | 14 | 7 | 0 | 2 | 6 | 11 | 10 | 0 | 3 | 1 | 1 | 0 | 0 | 0 |
| 정우빈 | 3 | 3 | 0 | 0 | 0 | 3 | 1 | 2 | 2 | 0 | 0 | 0 | 0 | 0 |
| 제갈재민 | 19 | 19 | 1 | 1 | 0 | 13 | 17 | 2 | 20 | 10 | 2 | 0 | 0 | 0 |
| 조성준 | 29 | 29 | 1 | 1 | 6 | 9 | 13 | 5 | 11 | 4 | 1 | 0 | 0 | 0 |
| 채프먼 | 32 | 3 | 1 | 0 | 0 | 29 | 7 | 0 | 5 | 3 | 12 | 0 | 0 | 0 |
| 천지현 | 20 | 19 | 2 | 0 | 20 | 19 | 16 | 0 | 13 | 6 | 5 | 0 | 0 | 0 |
| 최재훈 | 29 | 15 | 2 | 1 | 0 | 44 | 28 | 3 | 20 | 13 | 7 | 0 | 0 | 0 |
| 플라나 | 33 | 33 | 5 | 4 | 51 | 34 | 19 | 5 | 40 | 24 | 3 | 0 | 0 | 0 |
| 홍시후 | 7 | 8 | 0 | 0 | 0 | 1 | 0 | 0 | 2 | 1 | 0 | 0 | 0 | 0 |

## 2025년 K리그2 팀별 개인 기록 | 부산

| 선수명 | 출전 | 교체 | 득점 | 도움 | 코너킥 | 파울 | 파울득 | 오프사이드 | 슈팅 | 유효슈팅 | 경고 | 퇴장 | 실점 | 자책 |
|---|---|---|---|---|---|---|---|---|---|---|---|---|---|---|
| 곤잘로 | 37 | 28 | 7 | 3 | 0 | 39 | 45 | 17 | 81 | 38 | 4 | 0 | 0 | 0 |
| 구상민 | 37 | 0 | 0 | 0 | 0 | 0 | 12 | 0 | 0 | 0 | 2 | 0 | 45 | 0 |
| 김동욱 | 16 | 14 | 0 | 0 | 7 | 5 | 2 | 0 | 2 | 1 | 0 | 0 | 0 | 0 |
| 김세훈 | 20 | 15 | 0 | 1 | 20 | 9 | 12 | 2 | 12 | 7 | 1 | 0 | 0 | 0 |
| 김진래 | 11 | 9 | 0 | 0 | 3 | 8 | 5 | 0 | 2 | 0 | 3 | 0 | 0 | 0 |
| 김 찬 | 1 | 1 | 0 | 0 | 0 | 1 | 1 | 0 | 4 | 2 | 0 | 0 | 0 | 0 |
| 김현민 | 21 | 21 | 0 | 0 | 4 | 5 | 17 | 0 | 10 | 3 | 0 | 0 | 0 | 0 |
| 김희승 | 4 | 0 | 0 | 1 | 0 | 7 | 4 | 0 | 1 | 1 | 1 | 0 | 0 | 0 |
| 리영직 | 2 | 2 | 0 | 0 | 0 | 1 | 2 | 0 | 1 | 1 | 0 | 0 | 0 | 0 |
| 박대한 | 2 | 0 | 0 | 0 | 0 | 0 | 0 | 0 | 0 | 0 | 0 | 0 | 1 | 0 |
| 박창우 | 22 | 12 | 0 | 2 | 1 | 24 | 11 | 2 | 7 | 0 | 2 | 0 | 0 | 0 |
| 백가온 | 20 | 19 | 3 | 3 | 0 | 14 | 11 | 5 | 9 | 6 | 2 | 0 | 0 | 0 |
| 빌레로 | 36 | 16 | 6 | 7 | 47 | 49 | 32 | 4 | 72 | 42 | 6 | 0 | 0 | 0 |
| 사비에르 | 28 | 10 | 3 | 0 | 0 | 49 | 44 | 0 | 21 | 5 | 7 | 2 | 0 | 0 |
| 손석용 | 18 | 17 | 2 | 0 | 0 | 9 | 3 | 6 | 16 | 8 | 1 | 1 | 0 | 0 |
| 손 휘 | 18 | 19 | 0 | 1 | 9 | 6 | 4 | 0 | 6 | 2 | 3 | 0 | 0 | 0 |
| 오반석 | 22 | 15 | 1 | 0 | 0 | 7 | 10 | 0 | 5 | 3 | 1 | 0 | 0 | 0 |
| 윤민호 | 18 | 18 | 3 | 0 | 0 | 20 | 18 | 1 | 20 | 14 | 0 | 0 | 0 | 0 |
| 이동수 | 36 | 14 | 1 | 1 | 0 | 36 | 12 | 0 | 22 | 9 | 5 | 1 | 0 | 0 |
| 이수아 | 8 | 8 | 0 | 0 | 2 | 1 | 2 | 0 | 1 | 0 | 1 | 0 | 0 | 0 |
| 이현규 | 4 | 4 | 0 | 0 | 0 | 4 | 0 | 0 | 0 | 0 | 0 | 0 | 0 | 0 |
| 이현준 | 4 | 5 | 0 | 0 | 0 | 5 | 2 | 0 | 3 | 1 | 0 | 0 | 0 | 0 |
| 임민혁 | 16 | 12 | 0 | 0 | 45 | 14 | 9 | 0 | 4 | 1 | 3 | 0 | 0 | 0 |
| 장호익 | 37 | 3 | 1 | 0 | 0 | 33 | 47 | 0 | 13 | 4 | 5 | 0 | 0 | 0 |
| 전성진 | 36 | 21 | 3 | 2 | 8 | 27 | 24 | 2 | 14 | 8 | 6 | 0 | 0 | 0 |
| 전승민 | 9 | 9 | 0 | 2 | 7 | 2 | 0 | 0 | 2 | 1 | 0 | 0 | 0 | 0 |
| 정호근 | 6 | 5 | 0 | 0 | 0 | 7 | 3 | 0 | 1 | 0 | 2 | 0 | 0 | 0 |
| 조민호 | 3 | 4 | 0 | 0 | 0 | 0 | 1 | 0 | 1 | 1 | 0 | 0 | 0 | 0 |
| 조위제 | 36 | 3 | 1 | 0 | 0 | 37 | 26 | 0 | 18 | 11 | 9 | 0 | 0 | 1 |
| 최기윤 | 21 | 20 | 2 | 0 | 2 | 7 | 15 | 1 | 14 | 6 | 1 | 0 | 0 | 0 |
| 최예훈 | 2 | 1 | 0 | 0 | 0 | 2 | 1 | 0 | 0 | 0 | 1 | 0 | 0 | 0 |
| 페 신 | 35 | 23 | 12 | 3 | 39 | 17 | 18 | 2 | 56 | 35 | 0 | 0 | 0 | 0 |
| 홍욱현 | 13 | 6 | 1 | 0 | 0 | 18 | 8 | 0 | 4 | 3 | 2 | 0 | 0 | 0 |
| 홍재석 | 13 | 12 | 0 | 0 | 0 | 3 | 2 | 1 | 0 | 0 | 0 | 0 | 0 | 0 |

## 2025년 K리그2 팀별 개인 기록 | 충남아산

| 선수명 | 출전 | 교체 | 득점 | 도움 | 코너킥 | 파울 | 파울득 | 오프사이드 | 슈팅 | 유효슈팅 | 경고 | 퇴장 | 실점 | 자책 |
|---|---|---|---|---|---|---|---|---|---|---|---|---|---|---|
| 강민규 | 14 | 10 | 2 | 1 | 0 | 6 | 8 | 1 | 15 | 8 | 2 | 0 | 0 | 0 |
| 김민혁 | 5 | 3 | 0 | 0 | 0 | 4 | 2 | 0 | 1 | 0 | 2 | 0 | 0 | 0 |
| 김성현 | 7 | 7 | 0 | 0 | 0 | 2 | 5 | 1 | 5 | 1 | 0 | 0 | 0 | 0 |
| 김승호 | 38 | 12 | 1 | 5 | 82 | 15 | 38 | 1 | 33 | 15 | 5 | 0 | 0 | 0 |
| 김영남 | 16 | 1 | 0 | 0 | 0 | 10 | 10 | 0 | 6 | 2 | 3 | 0 | 0 | 0 |
| 김정현 | 17 | 16 | 1 | 0 | 0 | 11 | 11 | 0 | 9 | 5 | 1 | 0 | 0 | 0 |
| 김종민 | 25 | 15 | 7 | 2 | 0 | 27 | 19 | 9 | 40 | 23 | 3 | 0 | 0 | 0 |
| 김종석 | 19 | 17 | 2 | 1 | 3 | 17 | 10 | 0 | 28 | 12 | 1 | 0 | 0 | 0 |
| 김주성 | 27 | 22 | 0 | 1 | 0 | 20 | 9 | 5 | 3 | 2 | 2 | 0 | 0 | 0 |
| 김진영 | 3 | 0 | 0 | 0 | 0 | 1 | 0 | 0 | 0 | 0 | 0 | 0 | 6 | 0 |
| 김택근 | 1 | 1 | 0 | 0 | 0 | 0 | 0 | 0 | 0 | 0 | 0 | 0 | 0 | 0 |
| 데니손 | 35 | 32 | 6 | 3 | 0 | 19 | 32 | 2 | 58 | 41 | 2 | 0 | 0 | 0 |
| 미사키 | 12 | 13 | 1 | 2 | 0 | 11 | 14 | 0 | 6 | 4 | 2 | 0 | 0 | 0 |
| 박병현 | 1 | 1 | 0 | 0 | 0 | 3 | 0 | 0 | 0 | 0 | 1 | 0 | 0 | 0 |
| 박세직 | 15 | 13 | 0 | 0 | 7 | 8 | 13 | 0 | 3 | 0 | 1 | 0 | 0 | 0 |
| 박시후 | 9 | 9 | 2 | 0 | 0 | 5 | 6 | 1 | 16 | 9 | 0 | 0 | 0 | 0 |
| 박종민 | 35 | 9 | 1 | 1 | 0 | 48 | 46 | 1 | 24 | 9 | 10 | 0 | 0 | 0 |
| 백인환 | 6 | 6 | 0 | 0 | 0 | 1 | 0 | 0 | 0 | 0 | 1 | 0 | 0 | 0 |
| 변준영 | 19 | 2 | 1 | 1 | 0 | 17 | 10 | 0 | 5 | 4 | 3 | 0 | 0 | 0 |
| 손준호 | 35 | 13 | 2 | 6 | 114 | 74 | 50 | 0 | 24 | 10 | 8 | 0 | 0 | 1 |
| 송승민 | 3 | 3 | 0 | 0 | 0 | 0 | 2 | 1 | 1 | 0 | 0 | 0 | 0 | 0 |
| 신송훈 | 36 | 0 | 0 | 0 | 0 | 0 | 6 | 0 | 1 | 0 | 1 | 0 | 41 | 0 |
| 아　담 | 16 | 16 | 4 | 1 | 0 | 10 | 6 | 2 | 16 | 9 | 2 | 0 | 0 | 0 |
| 여현준 | 1 | 1 | 0 | 0 | 0 | 0 | 0 | 0 | 1 | 1 | 0 | 0 | 0 | 0 |
| 유동규 | 5 | 5 | 0 | 0 | 0 | 1 | 5 | 0 | 1 | 0 | 0 | 0 | 0 | 0 |
| 은고이 | 19 | 8 | 8 | 2 | 0 | 18 | 30 | 10 | 42 | 25 | 1 | 0 | 0 | 0 |
| 이민혁 | 3 | 3 | 0 | 0 | 0 | 2 | 0 | 0 | 0 | 0 | 0 | 0 | 0 | 0 |
| 이연우 | 2 | 2 | 0 | 0 | 0 | 0 | 0 | 0 | 0 | 0 | 0 | 0 | 0 | 0 |
| 이은범 | 14 | 0 | 0 | 1 | 0 | 10 | 8 | 0 | 5 | 2 | 2 | 0 | 0 | 0 |
| 이학민 | 34 | 20 | 3 | 3 | 0 | 23 | 29 | 3 | 20 | 11 | 3 | 0 | 0 | 0 |
| 이호인 | 17 | 1 | 0 | 1 | 0 | 11 | 10 | 0 | 1 | 0 | 4 | 0 | 0 | 0 |
| 장준영 | 9 | 5 | 0 | 0 | 0 | 5 | 7 | 0 | 4 | 3 | 0 | 0 | 0 | 0 |
| 정마호 | 18 | 7 | 2 | 0 | 0 | 12 | 14 | 0 | 6 | 3 | 3 | 0 | 0 | 0 |
| 정세준 | 5 | 5 | 0 | 0 | 0 | 7 | 2 | 0 | 0 | 0 | 1 | 0 | 0 | 0 |
| 조주영 | 15 | 7 | 0 | 0 | 0 | 10 | 5 | 1 | 6 | 3 | 0 | 0 | 0 | 0 |
| 최보경 | 1 | 1 | 0 | 0 | 0 | 0 | 0 | 0 | 0 | 0 | 0 | 0 | 0 | 0 |
| 최성진 | 3 | 2 | 0 | 0 | 0 | 4 | 3 | 0 | 1 | 0 | 0 | 0 | 0 | 0 |
| 최치원 | 8 | 8 | 0 | 0 | 0 | 0 | 4 | 0 | 3 | 0 | 0 | 0 | 0 | 0 |
| 최희원 | 15 | 6 | 0 | 0 | 0 | 11 | 7 | 0 | 0 | 0 | 3 | 0 | 0 | 0 |
| 한교원 | 33 | 33 | 8 | 6 | 0 | 20 | 22 | 10 | 48 | 32 | 0 | 0 | 0 | 0 |
| 황재환 | 1 | 1 | 0 | 0 | 0 | 0 | 0 | 0 | 1 | 1 | 0 | 0 | 0 | 0 |

## 2025년 K리그2 팀별 개인 기록 | 화성

| 선수명 | 출전 | 교체 | 득점 | 도움 | 코너킥 | 파울 | 파울득 | 오프사이드 | 슈팅 | 유효슈팅 | 경고 | 퇴장 | 실점 | 자책 |
|---|---|---|---|---|---|---|---|---|---|---|---|---|---|---|
| 김기훈 | 1 | 0 | 0 | 0 | 0 | 0 | 0 | 0 | 0 | 0 | 0 | 0 | 1 | 0 |
| 김대환 | 30 | 5 | 1 | 2 | 29 | 31 | 32 | 0 | 25 | 7 | 9 | 0 | 0 | 0 |
| 김병오 | 22 | 21 | 3 | 0 | 0 | 23 | 12 | 9 | 19 | 10 | 6 | 0 | 0 | 0 |
| 김승건 | 33 | 0 | 0 | 1 | 0 | 2 | 7 | 0 | 0 | 0 | 2 | 0 | 42 | 0 |
| 김신리 | 9 | 7 | 0 | 0 | 0 | 13 | 6 | 0 | 2 | 0 | 2 | 0 | 0 | 0 |
| 김준영 | 10 | 8 | 0 | 0 | 0 | 7 | 11 | 3 | 4 | 1 | 1 | 0 | 0 | 0 |
| 데메트리우스 | 16 | 9 | 2 | 1 | 31 | 11 | 21 | 0 | 24 | 12 | 2 | 0 | 0 | 0 |
| 도미닉 | 11 | 9 | 0 | 1 | 0 | 17 | 7 | 3 | 22 | 10 | 0 | 0 | 0 | 0 |
| 루　안 | 13 | 11 | 1 | 2 | 0 | 13 | 11 | 2 | 10 | 7 | 4 | 0 | 0 | 0 |
| 리　마 | 26 | 26 | 1 | 1 | 9 | 14 | 13 | 0 | 15 | 7 | 0 | 0 | 0 | 0 |
| 박재성 | 14 | 15 | 0 | 0 | 0 | 12 | 4 | 0 | 0 | 0 | 2 | 0 | 0 | 0 |
| 박주영 | 18 | 16 | 2 | 4 | 0 | 9 | 9 | 2 | 4 | 4 | 0 | 0 | 0 | 0 |
| 박준서 | 36 | 18 | 1 | 1 | 0 | 35 | 24 | 3 | 9 | 5 | 6 | 0 | 0 | 0 |
| 박창호 | 7 | 7 | 0 | 0 | 0 | 6 | 7 | 0 | 0 | 0 | 0 | 0 | 0 | 0 |
| 백승우 | 24 | 22 | 4 | 1 | 7 | 7 | 35 | 3 | 24 | 13 | 0 | 0 | 0 | 0 |
| 보이노비치 | 32 | 2 | 1 | 2 | 0 | 22 | 15 | 0 | 14 | 8 | 3 | 0 | 0 | 1 |
| 안지만 | 4 | 4 | 0 | 0 | 0 | 6 | 2 | 0 | 0 | 0 | 2 | 0 | 0 | 0 |
| 알　뚤 | 27 | 25 | 6 | 1 | 0 | 15 | 19 | 10 | 40 | 25 | 0 | 0 | 0 | 0 |
| 여홍규 | 12 | 12 | 0 | 0 | 0 | 10 | 2 | 4 | 3 | 3 | 3 | 0 | 0 | 0 |
| 연제민 | 18 | 11 | 0 | 0 | 0 | 12 | 7 | 1 | 2 | 0 | 2 | 1 | 0 | 0 |
| 우제욱 | 32 | 24 | 2 | 0 | 0 | 21 | 21 | 5 | 24 | 14 | 7 | 0 | 0 | 0 |
| 유병수 | 3 | 3 | 0 | 0 | 0 | 3 | 0 | 0 | 2 | 1 | 0 | 0 | 0 | 0 |
| 이기현 | 5 | 0 | 0 | 0 | 0 | 0 | 0 | 0 | 0 | 0 | 1 | 0 | 7 | 0 |
| 이승재 | 5 | 5 | 0 | 0 | 0 | 6 | 5 | 2 | 1 | 0 | 0 | 0 | 0 | 0 |
| 이은재 | 2 | 2 | 0 | 0 | 0 | 0 | 0 | 0 | 0 | 0 | 0 | 0 | 0 | 0 |
| 이지한 | 1 | 1 | 0 | 0 | 0 | 0 | 0 | 0 | 0 | 0 | 0 | 0 | 0 | 0 |
| 임창석 | 32 | 14 | 5 | 0 | 0 | 14 | 33 | 1 | 21 | 13 | 0 | 0 | 0 | 0 |
| 전성진 | 39 | 28 | 0 | 4 | 64 | 36 | 20 | 0 | 24 | 6 | 4 | 0 | 0 | 0 |
| 조동재 | 33 | 12 | 1 | 0 | 0 | 24 | 20 | 2 | 7 | 2 | 6 | 0 | 0 | 0 |
| 조영진 | 3 | 2 | 0 | 0 | 0 | 0 | 0 | 1 | 0 | 0 | 0 | 0 | 0 | 0 |
| 최명희 | 38 | 19 | 1 | 0 | 22 | 32 | 14 | 4 | 19 | 11 | 6 | 0 | 0 | 0 |
| 최준혁 | 26 | 12 | 2 | 0 | 0 | 40 | 32 | 0 | 12 | 5 | 8 | 1 | 0 | 0 |
| 함선우 | 24 | 4 | 1 | 2 | 0 | 30 | 9 | 2 | 4 | 3 | 3 | 1 | 0 | 1 |

## 2025년 K리그2 팀별 개인 기록 | 경남

| 선수명 | 출전 | 교체 | 득점 | 도움 | 코너킥 | 파울 | 파울득 | 오프사이드 | 슈팅 | 유효슈팅 | 경고 | 퇴장 | 실점 | 자책 |
|---|---|---|---|---|---|---|---|---|---|---|---|---|---|---|
| 고동민 | 1 | 1 | 0 | 0 | 0 | 0 | 0 | 0 | 0 | 0 | 0 | 0 | 1 | 0 |
| 김선호 | 23 | 12 | 0 | 0 | 2 | 23 | 13 | 0 | 7 | 2 | 3 | 0 | 0 | 0 |
| 김하민 | 16 | 14 | 0 | 0 | 14 | 11 | 8 | 2 | 4 | 0 | 3 | 0 | 0 | 0 |
| 김형원 | 14 | 13 | 0 | 1 | 0 | 9 | 5 | 1 | 2 | 0 | 2 | 0 | 0 | 0 |
| 김형진 | 26 | 9 | 1 | 0 | 0 | 21 | 9 | 1 | 8 | 4 | 4 | 0 | 0 | 1 |
| 단레이 | 12 | 8 | 2 | 1 | 0 | 6 | 20 | 3 | 13 | 8 | 1 | 0 | 0 | 0 |
| 도동현 | 15 | 14 | 2 | 1 | 26 | 11 | 6 | 2 | 17 | 9 | 1 | 0 | 0 | 0 |
| 루원우 | 18 | 1 | 0 | 0 | 0 | 0 | 5 | 0 | 0 | 0 | 2 | 0 | 23 | 1 |
| 마세도 | 15 | 14 | 0 | 1 | 4 | 16 | 24 | 2 | 18 | 9 | 1 | 0 | 0 | 0 |
| 마테우스 | 1 | 1 | 0 | 0 | 0 | 0 | 0 | 0 | 0 | 0 | 0 | 0 | 0 | 0 |
| 박기현 | 29 | 25 | 1 | 2 | 6 | 18 | 16 | 3 | 20 | 7 | 6 | 0 | 0 | 0 |
| 박민서 | 39 | 34 | 3 | 1 | 0 | 29 | 48 | 14 | 45 | 21 | 4 | 0 | 0 | 0 |
| 박원재 | 31 | 16 | 1 | 0 | 0 | 18 | 10 | 0 | 11 | 3 | 2 | 0 | 0 | 0 |
| 박재환 | 36 | 4 | 2 | 1 | 0 | 24 | 6 | 2 | 8 | 5 | 3 | 0 | 0 | 0 |
| 박태용 | 12 | 11 | 1 | 0 | 0 | 7 | 7 | 0 | 6 | 2 | 2 | 0 | 0 | 0 |
| 박한빈 | 2 | 2 | 0 | 0 | 0 | 0 | 3 | 0 | 3 | 0 | 0 | 0 | 0 | 0 |
| 브루노코스타 | 17 | 3 | 2 | 3 | 46 | 12 | 31 | 0 | 18 | 11 | 2 | 1 | 0 | 0 |
| 설현진 | 2 | 2 | 1 | 0 | 0 | 1 | 1 | 0 | 1 | 1 | 0 | 0 | 0 | 0 |
| 승시우 | 8 | 8 | 0 | 0 | 2 | 8 | 6 | 0 | 3 | 2 | 2 | 0 | 0 | 0 |
| 신승민 | 5 | 4 | 0 | 0 | 2 | 2 | 0 | 0 | 0 | 0 | 1 | 0 | 0 | 0 |
| 우주성 | 17 | 5 | 0 | 1 | 0 | 9 | 14 | 0 | 14 | 7 | 5 | 0 | 0 | 0 |
| 원기종 | 3 | 0 | 1 | 0 | 0 | 1 | 5 | 2 | 7 | 2 | 1 | 0 | 0 | 0 |
| 이강희 | 15 | 0 | 2 | 2 | 0 | 24 | 24 | 2 | 19 | 8 | 6 | 0 | 0 | 0 |
| 이규백 | 9 | 6 | 0 | 0 | 0 | 8 | 0 | 0 | 0 | 0 | 1 | 0 | 0 | 0 |
| 이민기 | 6 | 4 | 0 | 0 | 0 | 3 | 6 | 0 | 0 | 0 | 2 | 0 | 0 | 0 |
| 이시헌 | 16 | 16 | 0 | 1 | 29 | 12 | 13 | 1 | 15 | 8 | 2 | 0 | 0 | 0 |
| 이종언 | 11 | 8 | 2 | 0 | 1 | 10 | 11 | 0 | 9 | 6 | 1 | 0 | 0 | 0 |
| 이준재 | 25 | 15 | 0 | 0 | 1 | 9 | 7 | 0 | 7 | 3 | 3 | 0 | 0 | 1 |
| 이중민 | 30 | 28 | 4 | 2 | 0 | 19 | 14 | 6 | 26 | 13 | 3 | 0 | 0 | 0 |
| 이찬동 | 19 | 5 | 1 | 0 | 0 | 33 | 20 | 0 | 8 | 4 | 8 | 0 | 0 | 0 |
| 전민수 | 2 | 2 | 0 | 0 | 0 | 0 | 1 | 0 | 0 | 0 | 0 | 0 | 0 | 0 |
| 정충근 | 20 | 19 | 1 | 0 | 0 | 7 | 10 | 0 | 9 | 5 | 0 | 0 | 0 | 0 |
| 조영광 | 17 | 17 | 1 | 0 | 10 | 14 | 7 | 0 | 5 | 2 | 0 | 0 | 0 | 0 |
| 천정욱 | 1 | 1 | 0 | 0 | 0 | 0 | 1 | 0 | 0 | 0 | 0 | 0 | 0 | 0 |
| 최필수 | 21 | 0 | 0 | 0 | 0 | 0 | 2 | 0 | 0 | 0 | 2 | 0 | 34 | 0 |
| 카릴 | 28 | 24 | 2 | 1 | 1 | 22 | 18 | 0 | 29 | 17 | 4 | 0 | 0 | 0 |
| 폰세카 | 4 | 4 | 0 | 1 | 0 | 1 | 3 | 0 | 2 | 2 | 0 | 0 | 0 | 0 |
| 한석종 | 17 | 16 | 0 | 0 | 0 | 10 | 8 | 0 | 0 | 0 | 1 | 0 | 0 | 0 |
| 한용수 | 10 | 1 | 0 | 0 | 0 | 5 | 9 | 0 | 2 | 0 | 0 | 0 | 0 | 0 |
| 헤난 | 31 | 23 | 2 | 0 | 1 | 38 | 11 | 2 | 22 | 9 | 7 | 0 | 0 | 0 |

## 2025년 K리그2 팀별 개인 기록 | 충북청주

| 선수명 | 출전 | 교체 | 득점 | 도움 | 코너킥 | 파울 | 파울득 | 오프사이드 | 슈팅 | 유효슈팅 | 경고 | 퇴장 | 실점 | 자책 |
|---|---|---|---|---|---|---|---|---|---|---|---|---|---|---|
| 가브리엘 | 21 | 10 | 8 | 3 | 0 | 32 | 23 | 7 | 47 | 20 | 4 | 0 | 0 | 0 |
| 김병오 | 7 | 5 | 0 | 1 | 0 | 12 | 6 | 1 | 2 | 1 | 1 | 0 | 0 | 0 |
| 김선민 | 39 | 0 | 1 | 0 | 0 | 67 | 24 | 1 | 34 | 9 | 4 | 0 | 0 | 0 |
| 김승우 | 1 | 1 | 0 | 0 | 0 | 0 | 0 | 0 | 2 | 0 | 0 | 0 | 0 | 0 |
| 김영환 | 33 | 16 | 3 | 2 | 0 | 34 | 69 | 0 | 39 | 15 | 1 | 1 | 0 | 0 |
| 김윤환 | 1 | 1 | 0 | 0 | 0 | 0 | 0 | 0 | 0 | 0 | 0 | 0 | 0 | 0 |
| 마테우징요 | 6 | 6 | 0 | 0 | 2 | 4 | 3 | 0 | 2 | 1 | 0 | 0 | 0 | 0 |
| 문승민 | 14 | 14 | 0 | 0 | 1 | 12 | 4 | 0 | 1 | 1 | 3 | 0 | 0 | 0 |
| 박건우 | 9 | 5 | 0 | 0 | 2 | 10 | 10 | 0 | 3 | 3 | 1 | 0 | 0 | 0 |
| 반데아벌트 | 19 | 9 | 0 | 0 | 0 | 11 | 2 | 0 | 1 | 0 | 3 | 0 | 0 | 0 |
| 서재원 | 30 | 30 | 0 | 0 | 0 | 18 | 24 | 0 | 22 | 8 | 1 | 0 | 0 | 0 |
| 송진규 | 7 | 7 | 1 | 1 | 9 | 2 | 7 | 0 | 5 | 1 | 0 | 0 | 0 | 0 |
| 송창석 | 15 | 14 | 2 | 0 | 0 | 14 | 16 | 3 | 14 | 6 | 3 | 0 | 0 | 0 |
| 양영빈 | 7 | 6 | 0 | 0 | 0 | 12 | 4 | 1 | 3 | 0 | 1 | 0 | 0 | 0 |
| 여봉훈 | 3 | 3 | 0 | 0 | 0 | 5 | 0 | 0 | 1 | 1 | 2 | 0 | 0 | 0 |
| 여승원 | 14 | 8 | 2 | 3 | 32 | 9 | 2 | 1 | 8 | 5 | 4 | 0 | 0 | 0 |
| 윤석영 | 25 | 15 | 0 | 0 | 21 | 13 | 7 | 0 | 3 | 1 | 1 | 0 | 0 | 0 |
| 이강한 | 36 | 18 | 1 | 1 | 0 | 43 | 27 | 3 | 21 | 11 | 4 | 0 | 0 | 0 |
| 이동원 | 19 | 19 | 0 | 0 | 0 | 11 | 17 | 1 | 11 | 6 | 2 | 0 | 0 | 0 |
| 이승재 | 21 | 21 | 3 | 0 | 0 | 9 | 21 | 9 | 24 | 13 | 1 | 0 | 0 | 0 |
| 이승환 | 22 | 1 | 0 | 0 | 0 | 0 | 8 | 0 | 0 | 0 | 3 | 0 | 39 | 0 |
| 이원준 | 2 | 2 | 0 | 0 | 0 | 2 | 1 | 0 | 0 | 0 | 0 | 0 | 0 | 0 |
| 이지승 | 16 | 16 | 0 | 0 | 0 | 9 | 3 | 0 | 5 | 2 | 0 | 0 | 0 | 0 |
| 이창훈 | 38 | 12 | 1 | 0 | 0 | 20 | 41 | 6 | 11 | 5 | 5 | 0 | 0 | 0 |
| 이형경 | 12 | 12 | 0 | 1 | 0 | 4 | 7 | 2 | 9 | 4 | 1 | 0 | 0 | 0 |
| 임준영 | 15 | 6 | 0 | 0 | 0 | 11 | 4 | 1 | 1 | 0 | 6 | 0 | 0 | 0 |
| 전현병 | 9 | 6 | 1 | 0 | 0 | 8 | 5 | 0 | 1 | 1 | 1 | 0 | 0 | 1 |
| 정성우 | 11 | 10 | 0 | 0 | 0 | 4 | 3 | 0 | 1 | 0 | 1 | 0 | 0 | 0 |
| 정진욱 | 13 | 0 | 0 | 0 | 0 | 0 | 3 | 0 | 0 | 0 | 2 | 0 | 15 | 0 |
| 조수혁 | 5 | 1 | 0 | 0 | 0 | 0 | 0 | 0 | 0 | 0 | 1 | 0 | 8 | 0 |
| 지언학 | 14 | 12 | 0 | 1 | 3 | 7 | 6 | 2 | 3 | 1 | 1 | 0 | 0 | 0 |
| 최강민 | 25 | 7 | 1 | 3 | 65 | 14 | 31 | 1 | 26 | 9 | 2 | 0 | 0 | 0 |
| 최성근 | 7 | 6 | 0 | 0 | 0 | 6 | 4 | 0 | 2 | 0 | 2 | 0 | 0 | 0 |
| 페드로 | 35 | 32 | 4 | 2 | 11 | 24 | 46 | 8 | 60 | 26 | 3 | 0 | 0 | 0 |
| 허승찬 | 18 | 4 | 0 | 0 | 0 | 6 | 13 | 0 | 4 | 3 | 1 | 0 | 0 | 0 |
| 홍석준 | 17 | 18 | 1 | 0 | 0 | 23 | 9 | 0 | 3 | 1 | 2 | 0 | 0 | 0 |
| 홍준호 | 21 | 3 | 1 | 0 | 0 | 22 | 6 | 1 | 7 | 3 | 4 | 0 | 0 | 0 |

## 2025년 K리그2 팀별 개인 기록 | 천안

| 선수명 | 출전 | 교체 | 득점 | 도움 | 코너킥 | 파울 | 파울득 | 오프사이드 | 슈팅 | 유효슈팅 | 경고 | 퇴장 | 실점 | 자책 |
|---|---|---|---|---|---|---|---|---|---|---|---|---|---|---|
| 강영훈 | 27 | 3 | 1 | 1 | 0 | 19 | 17 | 0 | 9 | 2 | 7 | 0 | 0 | 0 |
| 구대영 | 11 | 6 | 0 | 0 | 0 | 5 | 7 | 0 | 3 | 0 | 1 | 0 | 0 | 0 |
| 구종욱 | 28 | 25 | 2 | 0 | 16 | 18 | 41 | 1 | 17 | 9 | 3 | 0 | 0 | 0 |
| 김륜도 | 2 | 2 | 0 | 0 | 0 | 2 | 0 | 0 | 0 | 0 | 0 | 0 | 0 | 0 |
| 김서진 | 18 | 11 | 0 | 2 | 3 | 18 | 14 | 1 | 3 | 0 | 2 | 0 | 0 | 0 |
| 김성주 | 17 | 6 | 0 | 2 | 0 | 8 | 11 | 1 | 2 | 1 | 1 | 0 | 0 | 0 |
| 김성준 | 27 | 24 | 5 | 3 | 28 | 18 | 9 | 1 | 16 | 10 | 4 | 0 | 0 | 0 |
| 김영선 | 24 | 10 | 0 | 5 | 6 | 20 | 13 | 1 | 14 | 4 | 2 | 0 | 0 | 0 |
| 김원식 | 4 | 2 | 0 | 0 | 0 | 4 | 3 | 0 | 1 | 0 | 1 | 0 | 0 | 0 |
| 마상훈 | 14 | 3 | 0 | 0 | 0 | 12 | 12 | 2 | 2 | 0 | 2 | 0 | 0 | 1 |
| 명준재 | 15 | 14 | 1 | 0 | 10 | 7 | 15 | 2 | 7 | 3 | 2 | 0 | 0 | 0 |
| 문건호 | 9 | 7 | 0 | 0 | 0 | 6 | 5 | 0 | 7 | 3 | 1 | 1 | 0 | 0 |
| 미사키 | 12 | 9 | 0 | 0 | 0 | 9 | 11 | 1 | 13 | 7 | 0 | 0 | 0 | 0 |
| 박주원 | 14 | 1 | 0 | 0 | 0 | 0 | 2 | 0 | 0 | 0 | 0 | 0 | 27 | 0 |
| 박준강 | 3 | 3 | 0 | 0 | 0 | 1 | 1 | 0 | 1 | 0 | 0 | 0 | 0 | 0 |
| 브루노 | 16 | 14 | 5 | 1 | 0 | 9 | 10 | 2 | 28 | 16 | 2 | 0 | 0 | 0 |
| 손정민 | 1 | 1 | 0 | 0 | 1 | 1 | 0 | 0 | 0 | 0 | 1 | 0 | 0 | 0 |
| 신한결 | 1 | 1 | 0 | 0 | 0 | 1 | 0 | 0 | 0 | 0 | 0 | 0 | 0 | 0 |
| 신형민 | 11 | 7 | 0 | 0 | 1 | 11 | 5 | 0 | 1 | 0 | 2 | 0 | 0 | 0 |
| 양준영 | 6 | 5 | 0 | 0 | 8 | 0 | 0 | 1 | 2 | 1 | 0 | 0 | 0 | 0 |
| 우정연 | 13 | 13 | 1 | 1 | 1 | 7 | 8 | 1 | 6 | 3 | 0 | 0 | 0 | 0 |
| 유은상 | 3 | 3 | 0 | 0 | 0 | 0 | 0 | 0 | 0 | 0 | 0 | 0 | 0 | 0 |
| 이광진 | 27 | 18 | 0 | 1 | 36 | 40 | 18 | 1 | 8 | 4 | 7 | 0 | 0 | 0 |
| 이상명 | 33 | 6 | 0 | 2 | 0 | 42 | 24 | 0 | 4 | 2 | 6 | 0 | 0 | 0 |
| 이상준 | 34 | 34 | 7 | 0 | 1 | 17 | 16 | 11 | 31 | 17 | 5 | 1 | 0 | 0 |
| 이예찬 | 12 | 5 | 0 | 1 | 0 | 15 | 15 | 0 | 6 | 2 | 4 | 1 | 0 | 0 |
| 이웅희 | 29 | 8 | 1 | 1 | 0 | 12 | 32 | 0 | 9 | 5 | 4 | 1 | 0 | 0 |
| 이정협 | 30 | 27 | 5 | 1 | 0 | 9 | 23 | 8 | 30 | 15 | 1 | 0 | 0 | 0 |
| 이종성 | 31 | 23 | 1 | 1 | 3 | 40 | 25 | 1 | 13 | 4 | 8 | 0 | 0 | 0 |
| 이지훈 | 25 | 21 | 2 | 0 | 2 | 30 | 32 | 4 | 25 | 13 | 2 | 1 | 0 | 0 |
| 이풍범 | 4 | 3 | 0 | 0 | 1 | 1 | 9 | 0 | 7 | 1 | 0 | 0 | 0 | 0 |
| 정석화 | 10 | 10 | 0 | 0 | 2 | 6 | 5 | 0 | 2 | 1 | 0 | 0 | 0 | 0 |
| 제종현 | 2 | 0 | 0 | 0 | 0 | 0 | 0 | 0 | 0 | 0 | 0 | 0 | 3 | 0 |
| 진의준 | 5 | 3 | 0 | 0 | 8 | 5 | 1 | 1 | 2 | 1 | 1 | 1 | 0 | 0 |
| 최진웅 | 18 | 11 | 1 | 1 | 0 | 12 | 4 | 1 | 3 | 2 | 1 | 0 | 0 | 0 |
| 툰가라 | 33 | 14 | 8 | 1 | 0 | 49 | 56 | 9 | 80 | 38 | 6 | 0 | 0 | 0 |
| 파브레 | 5 | 5 | 0 | 0 | 0 | 4 | 3 | 1 | 2 | 1 | 0 | 0 | 0 | 0 |
| 펠리페 | 14 | 11 | 1 | 3 | 15 | 12 | 7 | 1 | 9 | 3 | 4 | 0 | 0 | 0 |
| 하재민 | 4 | 4 | 0 | 0 | 0 | 1 | 4 | 0 | 3 | 2 | 0 | 0 | 0 | 0 |
| 허자웅 | 24 | 1 | 0 | 0 | 0 | 0 | 3 | 0 | 0 | 0 | 2 | 0 | 40 | 0 |

## 2025년 K리그2 팀별 개인 기록 | 안산

| 선수명 | 출전 | 교체 | 득점 | 도움 | 코너킥 | 파울 | 파울득 | 오프사이드 | 슈팅 | 유효슈팅 | 경고 | 퇴장 | 실점 | 자책 |
|---|---|---|---|---|---|---|---|---|---|---|---|---|---|---|
| 강수일 | 9 | 9 | 0 | 0 | 0 | 1 | 6 | 1 | 3 | 2 | 0 | 0 | 0 | 0 |
| 김건오 | 21 | 13 | 2 | 1 | 1 | 23 | 37 | 3 | 14 | 6 | 4 | 0 | 0 | 0 |
| 김리관 | 1 | 2 | 0 | 0 | 1 | 0 | 0 | 0 | 0 | 0 | 0 | 0 | 0 | 0 |
| 김우빈 | 30 | 31 | 1 | 0 | 0 | 42 | 22 | 6 | 18 | 8 | 3 | 0 | 0 | 0 |
| 김종혁 | 1 | 1 | 0 | 0 | 0 | 0 | 0 | 0 | 0 | 0 | 0 | 0 | 0 | 0 |
| 김현태 | 34 | 4 | 5 | 0 | 0 | 21 | 15 | 1 | 28 | 17 | 2 | 0 | 0 | 0 |
| 라 파 | 36 | 26 | 1 | 0 | 30 | 21 | 24 | 0 | 24 | 11 | 2 | 0 | 0 | 0 |
| 루 안 | 5 | 5 | 0 | 0 | 0 | 2 | 3 | 0 | 1 | 1 | 0 | 0 | 0 | 0 |
| 류승완 | 31 | 26 | 1 | 0 | 1 | 12 | 14 | 2 | 17 | 10 | 4 | 0 | 0 | 0 |
| 박시화 | 29 | 13 | 1 | 0 | 1 | 16 | 39 | 4 | 10 | 4 | 2 | 0 | 0 | 0 |
| 박정우 | 6 | 7 | 1 | 0 | 0 | 3 | 0 | 0 | 1 | 1 | 2 | 0 | 0 | 0 |
| 박채준 | 26 | 27 | 1 | 0 | 0 | 11 | 16 | 2 | 12 | 8 | 4 | 0 | 0 | 0 |
| 박형우 | 8 | 9 | 0 | 0 | 1 | 1 | 2 | 0 | 7 | 4 | 0 | 0 | 0 | 0 |
| 배수민 | 28 | 16 | 0 | 0 | 0 | 29 | 18 | 1 | 14 | 5 | 3 | 0 | 0 | 0 |
| 사라이바 | 31 | 27 | 1 | 4 | 23 | 19 | 55 | 8 | 55 | 34 | 2 | 0 | 0 | 0 |
| 서명식 | 13 | 13 | 0 | 0 | 0 | 3 | 2 | 0 | 5 | 1 | 0 | 0 | 0 | 0 |
| 손준석 | 31 | 10 | 0 | 3 | 36 | 32 | 65 | 0 | 32 | 19 | 9 | 0 | 0 | 0 |
| 송태성 | 26 | 20 | 0 | 3 | 0 | 15 | 15 | 3 | 14 | 4 | 3 | 0 | 0 | 0 |
| 안재준 | 2 | 2 | 0 | 0 | 0 | 0 | 0 | 0 | 0 | 0 | 0 | 0 | 0 | 0 |
| 양세영 | 20 | 16 | 0 | 0 | 16 | 16 | 8 | 2 | 10 | 5 | 3 | 0 | 0 | 0 |
| 에 두 | 17 | 12 | 1 | 0 | 0 | 8 | 8 | 2 | 5 | 2 | 1 | 0 | 0 | 0 |
| 이규빈 | 3 | 3 | 0 | 0 | 0 | 2 | 1 | 0 | 3 | 2 | 0 | 0 | 0 | 0 |
| 이승빈 | 33 | 2 | 0 | 0 | 0 | 0 | 9 | 0 | 0 | 0 | 1 | 0 | 45 | 0 |
| 이지성 | 3 | 3 | 0 | 0 | 0 | 1 | 1 | 0 | 0 | 0 | 1 | 0 | 0 | 0 |
| 이풍연 | 8 | 3 | 0 | 1 | 0 | 8 | 4 | 0 | 1 | 0 | 0 | 0 | 0 | 1 |
| 임지민 | 19 | 9 | 0 | 0 | 0 | 11 | 15 | 0 | 11 | 2 | 2 | 0 | 0 | 0 |
| 장동혁 | 1 | 1 | 0 | 0 | 0 | 0 | 0 | 0 | 0 | 0 | 0 | 0 | 0 | 0 |
| 장민준 | 34 | 7 | 2 | 0 | 0 | 38 | 5 | 0 | 13 | 8 | 8 | 0 | 0 | 0 |
| 정성호 | 11 | 11 | 0 | 0 | 0 | 7 | 5 | 1 | 5 | 3 | 1 | 0 | 0 | 0 |
| 정용희 | 28 | 19 | 0 | 0 | 1 | 16 | 13 | 1 | 6 | 3 | 1 | 0 | 0 | 0 |
| 제페르손 | 21 | 12 | 4 | 0 | 0 | 19 | 23 | 12 | 26 | 15 | 3 | 0 | 0 | 0 |
| 조성훈 | 8 | 3 | 0 | 0 | 0 | 1 | 2 | 0 | 0 | 0 | 0 | 0 | 15 | 0 |
| 조지훈 | 36 | 0 | 1 | 2 | 5 | 11 | 20 | 0 | 18 | 4 | 10 | 0 | 0 | 0 |

## 2025년 K리그2 득점 순위

| 순위 | 선수명 | 소속 | 경기수 | 득점수 | 경기당 득점률 | 교체수 | 출전 시간 |
|---|---|---|---|---|---|---|---|
| 1 | 무고사 | 인천 | 35 | 20 | 57.1 | 20 | 2,599 |
| 2 | 후이즈 | 성남 | 38 | 17 | 44.7 | 2 | 3,802 |
| 3 | 발디비아 | 전남 | 32 | 16 | 50.0 | 11 | 2,950 |
| 4 | 루이스 | 김포 | 33 | 14 | 42.4 | 14 | 2,925 |
| 5 | 바사니 | 부천 | 35 | 14 | 40.0 | 14 | 3,305 |
| 6 | 일류첸코 | 수원 | 35 | 13 | 37.1 | 23 | 2,815 |
| 7 | 세라핌 | 수원 | 37 | 13 | 35.1 | 30 | 2,832 |
| 8 | 호난 | 전남 | 29 | 12 | 41.4 | 26 | 1,679 |
| 9 | 페신 | 부산 | 35 | 12 | 34.3 | 23 | 2,737 |
| 10 | 몬타뇨 | 부천 | 36 | 12 | 33.3 | 29 | 2,604 |
| 11 | 김지현 | 수원 | 37 | 12 | 32.4 | 33 | 2,483 |
| 12 | 에울레르 | 서울E | 37 | 12 | 32.4 | 30 | 2,825 |
| 13 | 제르소 | 인천 | 37 | 12 | 32.4 | 26 | 3,262 |
| 14 | 아이데일 | 서울E | 27 | 10 | 37.0 | 17 | 1,997 |
| 15 | 가브리엘 | 서울E | 33 | 9 | 27.3 | 20 | 2,443 |
| 16 | 박창준 | 부천 | 35 | 9 | 25.7 | 27 | 2,482 |
| 17 | 박승호 | 인천 | 38 | 9 | 23.7 | 32 | 2,970 |
| 18 | 은고이 | 충남아산 | 19 | 8 | 42.1 | 8 | 1,601 |
| 19 | 하남 | 전남 | 27 | 8 | 29.6 | 25 | 1,539 |
| 20 | 정재민 | 서울E | 28 | 8 | 28.6 | 23 | 1,507 |
| 21 | 파울리뇨 | 수원 | 32 | 8 | 25.0 | 25 | 2,191 |
| 22 | 한교원 | 충남아산 | 33 | 8 | 24.2 | 33 | 2,042 |
| 23 | 툰가라 | 천안 | 33 | 8 | 24.2 | 14 | 2,947 |
| 24 | 박지원 | 수원 | 36 | 8 | 22.2 | 31 | 2,507 |
| 25 | 김종민 | 충남아산 | 25 | 7 | 28.0 | 15 | 1,691 |
| 26 | 이정빈 | 성남 | 26 | 7 | 26.9 | 26 | 1,629 |
| 27 | 변경준 | 서울E | 32 | 7 | 21.9 | 32 | 1,635 |
| 28 | 이상준 | 천안 | 34 | 7 | 20.6 | 34 | 1,710 |
| 29 | 곤잘로 | 부산 | 37 | 7 | 18.9 | 28 | 2,335 |
| 30 | 박동진 | 김포 | 19 | 6 | 31.6 | 16 | 1,377 |
| 31 | 박창환 | 서울E | 23 | 6 | 26.1 | 4 | 2,196 |
| 32 | 알뚤 | 화성 | 27 | 6 | 22.2 | 25 | 1,480 |
| 33 | 정지용 | 전남 | 31 | 6 | 19.4 | 30 | 1,702 |
| 34 | 데니손 | 충남아산 | 35 | 6 | 17.1 | 32 | 2,041 |
| 35 | 빌레로 | 부산 | 36 | 6 | 16.7 | 16 | 3,144 |
| 36 | 갈레고 | 부천 | 25 | 5 | 20.0 | 15 | 1,767 |
| 37 | 박호민 | 인천 | 26 | 5 | 19.2 | 26 | 892 |
| 38 | 김성준 | 천안 | 27 | 5 | 18.5 | 24 | 1,744 |
| 39 | 브루노 | 천안 | 28 | 5 | 17.9 | 25 | 1,354 |
| 40 | 이정협 | 천안 | 30 | 5 | 16.7 | 27 | 1,856 |
| 41 | 임창석 | 화성 | 32 | 5 | 15.6 | 14 | 2,674 |
| 42 | 플라나 | 김포 | 33 | 5 | 15.2 | 33 | 1,837 |
| 43 | 디자우마 | 김포 | 34 | 5 | 14.7 | 15 | 2,714 |
| 44 | 김현태 | 안산 | 34 | 5 | 14.7 | 4 | 3,198 |
| 45 | 아담 | 충남아산 | 16 | 4 | 25.0 | 16 | 621 |
| 46 | 김도윤 | 전남 | 18 | 4 | 22.2 | 19 | 594 |
| 47 | 브루노실바 | 수원 | 20 | 4 | 20.0 | 15 | 1,377 |
| 48 | 프레이타스 | 성남 | 20 | 4 | 20.0 | 16 | 1,501 |
| 49 | 제페르손 | 안산 | 21 | 4 | 19.0 | 12 | 1,544 |
| 50 | 이의형 | 부천 | 23 | 4 | 17.4 | 23 | 1,002 |
| 51 | 백승우 | 화성 | 24 | 4 | 16.7 | 22 | 1,278 |
| 52 | 정강민 | 전남 | 25 | 4 | 16.0 | 25 | 1,271 |
| 53 | 이중민 | 경남 | 30 | 4 | 13.3 | 28 | 1,412 |
| 54 | 신진호 | 인천 | 32 | 4 | 12.5 | 32 | 1,159 |
| 55 | 페드로 | 충북청주 | 35 | 4 | 11.4 | 32 | 2,374 |
| 56 | 이동률 | 인천 | 9 | 3 | 33.3 | 9 | 229 |
| 57 | 김민우 | 김포 | 17 | 3 | 17.6 | 13 | 987 |
| 58 | 윤민호 | 부산 | 18 | 3 | 16.7 | 18 | 836 |
| 59 | 백가온 | 부산 | 20 | 3 | 15.0 | 19 | 1076 |
| 60 | 김현 | 수원 | 21 | 3 | 14.3 | 21 | 569 |
| 61 | 김범수 | 성남 | 25 | 3 | 12.0 | 23 | 1,418 |
| 62 | 이승재 | 충북청주 | 26 | 3 | 11.5 | 26 | 1,458 |
| 63 | 사비에르 | 부산 | 28 | 3 | 10.7 | 10 | 2,561 |
| 64 | 김병오 | 화성 | 29 | 3 | 10.3 | 26 | 1,982 |
| 65 | 김영환 | 충북청주 | 33 | 3 | 9.1 | 16 | 2,947 |
| 66 | 이학민 | 충남아산 | 34 | 3 | 8.8 | 20 | 2,762 |
| 67 | 이기제 | 수원 | 34 | 3 | 8.8 | 9 | 3,180 |
| 68 | 바로우 | 인천 | 35 | 3 | 8.6 | 33 | 2,215 |
| 69 | 오스마르 | 서울E | 36 | 3 | 8.3 | 17 | 2,626 |
| 70 | 전성진 | 부산 | 36 | 3 | 8.3 | 21 | 2,998 |
| 71 | 알베르띠 | 전남 | 38 | 3 | 7.9 | 2 | 3,757 |
| 72 | 박민서 | 경남 | 39 | 3 | 7.7 | 34 | 2,298 |
| 73 | 박시후 | 충남아산 | 9 | 2 | 22.2 | 9 | 399 |
| 74 | 이종언 | 경남 | 11 | 2 | 18.2 | 8 | 691 |
| 75 | 단레이 | 경남 | 12 | 2 | 16.7 | 8 | 853 |
| 76 | 강민규 | 충남아산 | 14 | 2 | 14.3 | 10 | 847 |
| 77 | 여승원 | 충북청주 | 14 | 2 | 14.3 | 8 | 1151 |
| 78 | 도동현 | 경남 | 15 | 2 | 13.3 | 14 | 616 |
| 79 | 이주혁 | 서울E | 15 | 2 | 13.3 | 14 | 630 |
| 80 | 송창석 | 충북청주 | 15 | 2 | 13.3 | 14 | 741 |
| 81 | 이강희 | 경남 | 15 | 2 | 13.3 | 0 | 1,494 |
| 82 | 데메트리우스 | 화성 | 16 | 2 | 12.5 | 9 | 1,371 |
| 83 | 페드링요 | 서울E | 17 | 2 | 11.8 | 16 | 985 |
| 84 | 브루노코스타 | 경남 | 17 | 2 | 11.8 | 3 | 1,585 |
| 85 | 손석용 | 부산 | 18 | 2 | 11.1 | 17 | 532 |
| 86 | 박주영 | 화성 | 18 | 2 | 11.1 | 16 | 1,149 |
| 87 | 정마호 | 충남아산 | 18 | 2 | 11.1 | 7 | 1,449 |
| 88 | 김하준 | 서울E | 18 | 2 | 11.1 | 4 | 1,649 |
| 89 | 김종석 | 충남아산 | 19 | 2 | 10.5 | 17 | 1,024 |
| 90 | 허용준 | 서울E | 20 | 2 | 10.0 | 20 | 994 |
| 91 | 천지현 | 김포 | 20 | 2 | 10.0 | 19 | 1,035 |
| 92 | 르본 | 전남 | 20 | 2 | 10.0 | 19 | 1,084 |
| 93 | 김정환 | 성남 | 20 | 2 | 10.0 | 22 | 1,220 |
| 94 | 최기윤 | 부산 | 21 | 2 | 9.5 | 20 | 776 |
| 95 | 김건오 | 안산 | 21 | 2 | 9.5 | 13 | 1,623 |
| 96 | 이지훈 | 천안 | 25 | 2 | 8.0 | 21 | 1,422 |

| 순위 | 선수명 | 소속 | 경기수 | 득점수 | 경기당 득점률 | 교체수 | 출전 시간 |
|---|---|---|---|---|---|---|---|
| 97 | 홍원진 | 수원 | 25 | 2 | 8.0 | 13 | 1,863 |
| 98 | 최준혁 | 화성 | 26 | 2 | 7.7 | 12 | 2,254 |
| 99 | 박경록 | 김포 | 27 | 2 | 7.4 | 9 | 2,390 |
| 100 | 홍성욱 | 부천 | 27 | 2 | 7.4 | 4 | 2,538 |
| 101 | 김결 | 김포 | 28 | 2 | 7.1 | 28 | 1,089 |
| 102 | 카릴 | 경남 | 28 | 2 | 7.1 | 24 | 1,692 |
| 103 | 구종욱 | 천안 | 28 | 2 | 7.1 | 25 | 1,765 |
| 104 | 최재훈 | 김포 | 29 | 2 | 6.9 | 15 | 2,549 |
| 105 | 레오 | 수원 | 29 | 2 | 6.9 | 4 | 2,710 |
| 106 | 김성민 | 인천 | 31 | 2 | 6.5 | 29 | 1,056 |
| 107 | 헤난 | 경남 | 31 | 2 | 6.5 | 23 | 2,357 |
| 108 | 서재민 | 서울E | 31 | 2 | 6.5 | 14 | 2,669 |
| 109 | 류준선 | 성남 | 32 | 2 | 6.3 | 30 | 1,519 |
| 110 | 우제욱 | 화성 | 32 | 2 | 6.3 | 24 | 1,553 |
| 111 | 이민혁 | 수원 | 32 | 2 | 6.3 | 29 | 1,764 |
| 112 | 베니시오 | 성남 | 32 | 2 | 6.3 | 1 | 3,157 |
| 113 | 장민준 | 안산 | 34 | 2 | 5.9 | 7 | 3,226 |
| 114 | 이명주 | 인천 | 34 | 2 | 5.9 | 11 | 3,229 |
| 115 | 손준호 | 충남아산 | 35 | 2 | 5.7 | 13 | 3,145 |
| 116 | 박재환 | 경남 | 36 | 2 | 5.6 | 4 | 3,364 |
| 117 | 김오규 | 서울E | 37 | 2 | 5.4 | 9 | 3,191 |
| 118 | 설현진 | 경남 | 2 | 1 | 50.0 | 2 | 87 |
| 119 | 원기종 | 경남 | 3 | 1 | 33.3 | 0 | 310 |
| 120 | 이탈로 | 서울E | 5 | 1 | 20.0 | 5 | 174 |
| 121 | 박정우 | 안산 | 6 | 1 | 16.7 | 7 | 85 |
| 122 | 성신 | 부천 | 6 | 1 | 16.7 | 6 | 200 |
| 123 | 이강연 | 김포 | 6 | 1 | 16.7 | 6 | 380 |
| 124 | 송진규 | 충북청주 | 7 | 1 | 14.3 | 7 | 401 |
| 125 | 전현병 | 충북청주 | 9 | 1 | 11.1 | 6 | 458 |
| 126 | 임찬울 | 전남 | 11 | 1 | 9.1 | 11 | 562 |
| 127 | 박상혁 | 성남 | 12 | 1 | 8.3 | 12 | 399 |
| 128 | 강성진 | 수원 | 13 | 1 | 7.7 | 13 | 468 |
| 129 | 우정연 | 천안 | 13 | 1 | 7.7 | 13 | 679 |
| 130 | 루안 | 화성 | 13 | 1 | 7.7 | 11 | 883 |
| 131 | 홍욱현 | 부산 | 13 | 1 | 7.7 | 6 | 1,072 |
| 132 | 펠리페 | 천안 | 14 | 1 | 7.1 | 11 | 967 |
| 133 | 명준재 | 천안 | 15 | 1 | 6.7 | 14 | 610 |
| 134 | 문지환 | 인천 | 15 | 1 | 6.7 | 9 | 799 |
| 135 | 강현묵 | 수원 | 16 | 1 | 6.3 | 16 | 548 |
| 136 | 홍창범 | 성남 | 16 | 1 | 6.3 | 14 | 1,102 |
| 137 | 김정현 | 충남아산 | 17 | 1 | 5.9 | 16 | 620 |
| 138 | 조영광 | 경남 | 17 | 1 | 5.9 | 17 | 715 |
| 139 | 홍석준 | 충북청주 | 17 | 1 | 5.9 | 18 | 784 |
| 140 | 에두 | 안산 | 17 | 1 | 5.9 | 12 | 827 |
| 141 | 안창민 | 김포 | 18 | 1 | 5.6 | 17 | 593 |
| 142 | 서진석 | 서울E | 18 | 1 | 5.6 | 17 | 750 |
| 143 | 최진웅 | 천안 | 18 | 1 | 5.6 | 11 | 1,143 |
| 144 | 권완규 | 수원 | 18 | 1 | 5.6 | 4 | 1,698 |
| 145 | 제갈재민 | 김포 | 19 | 1 | 5.3 | 19 | 811 |

| 순위 | 선수명 | 소속 | 경기수 | 득점수 | 경기당 득점률 | 교체수 | 출전 시간 |
|---|---|---|---|---|---|---|---|
| 146 | 이찬동 | 경남 | 19 | 1 | 5.3 | 5 | 1,750 |
| 147 | 변준영 | 충남아산 | 19 | 1 | 5.3 | 2 | 1,794 |
| 148 | 박경섭 | 인천 | 19 | 1 | 5.3 | 5 | 1,798 |
| 149 | 차승현 | 서울E | 20 | 1 | 5.0 | 18 | 783 |
| 150 | 정충근 | 경남 | 20 | 1 | 5.0 | 19 | 939 |
| 151 | 구현준 | 전남 | 20 | 1 | 5.0 | 15 | 1,275 |
| 152 | 이준상 | 성남 | 21 | 1 | 4.8 | 21 | 921 |
| 153 | 홍준호 | 충북청주 | 21 | 1 | 4.8 | 3 | 2,022 |
| 154 | 김동현 | 부천 | 22 | 1 | 4.5 | 22 | 707 |
| 155 | 오반석 | 부산 | 22 | 1 | 4.5 | 15 | 1,554 |
| 156 | 고태원 | 전남 | 22 | 1 | 4.5 | 5 | 1,904 |
| 157 | 김민석 | 인천 | 23 | 1 | 4.3 | 23 | 652 |
| 158 | 박태용 | 경남 | 23 | 1 | 4.3 | 22 | 1,042 |
| 159 | 미사키 | 천안 | 24 | 1 | 4.2 | 22 | 1,141 |
| 160 | 함선우 | 화성 | 24 | 1 | 4.2 | 4 | 2,090 |
| 161 | 공민현 | 부천 | 25 | 1 | 4.0 | 25 | 752 |
| 162 | 최원철 | 부천 | 25 | 1 | 4.0 | 22 | 1,281 |
| 163 | 김용환 | 전남 | 25 | 1 | 4.0 | 18 | 1,982 |
| 164 | 윤재운 | 김포 | 25 | 1 | 4.0 | 13 | 2,048 |
| 165 | 최강민 | 충북청주 | 25 | 1 | 4.0 | 7 | 2,344 |
| 166 | 리마 | 화성 | 26 | 1 | 3.8 | 26 | 1,027 |
| 167 | 박채준 | 안산 | 26 | 1 | 3.8 | 27 | 1,250 |
| 168 | 김지훈 | 김포 | 26 | 1 | 3.8 | 18 | 1,696 |
| 169 | 김형진 | 경남 | 26 | 1 | 3.8 | 9 | 1,911 |
| 170 | 안재민 | 전남 | 27 | 1 | 3.7 | 26 | 1,123 |
| 171 | 이건희 | 수원 | 27 | 1 | 3.7 | 7 | 2,406 |
| 172 | 강영훈 | 천안 | 27 | 1 | 3.7 | 3 | 2,670 |
| 173 | 이상혁 | 부천 | 28 | 1 | 3.6 | 7 | 2,419 |
| 174 | 조성준 | 김포 | 29 | 1 | 3.4 | 29 | 1,426 |
| 175 | 박기현 | 경남 | 29 | 1 | 3.4 | 25 | 1,942 |
| 176 | 박시화 | 안산 | 29 | 1 | 3.4 | 13 | 2,459 |
| 177 | 이웅희 | 천안 | 29 | 1 | 3.4 | 8 | 2,465 |
| 178 | 김우빈 | 안산 | 30 | 1 | 3.3 | 31 | 1,726 |
| 179 | 김규민 | 부천 | 30 | 1 | 3.3 | 24 | 1,788 |
| 180 | 정원진 | 인천 | 30 | 1 | 3.3 | 23 | 1,935 |
| 181 | 김대환 | 화성 | 30 | 1 | 3.3 | 5 | 2,763 |
| 182 | 류승완 | 안산 | 31 | 1 | 3.2 | 26 | 1,671 |
| 183 | 사라이바 | 안산 | 31 | 1 | 3.2 | 27 | 1,790 |
| 184 | 이종성 | 천안 | 31 | 1 | 3.2 | 23 | 1,942 |
| 185 | 박원재 | 경남 | 31 | 1 | 3.2 | 16 | 2,236 |
| 186 | 유지하 | 전남 | 31 | 1 | 3.2 | 7 | 2,882 |
| 187 | 최영준 | 수원 | 32 | 1 | 3.1 | 28 | 1,731 |
| 188 | 윤민호 | 전남 | 32 | 1 | 3.1 | 28 | 2,186 |
| 189 | 채프먼 | 김포 | 32 | 1 | 3.1 | 3 | 2,945 |
| 190 | 보이노비치 | 화성 | 32 | 1 | 3.1 | 2 | 3,208 |
| 191 | 백지웅 | 서울E | 33 | 1 | 3.0 | 12 | 2,673 |
| 192 | 조동재 | 화성 | 33 | 1 | 3.0 | 12 | 2,686 |
| 193 | 이규성 | 수원 | 33 | 1 | 3.0 | 17 | 2,715 |
| 194 | 박현빈 | 부천 | 34 | 1 | 2.9 | 15 | 3,145 |

| 순위 | 선수명 | 소속 | 경기수 | 득점수 | 경기당 득점률 | 교체수 | 출전 시간 |
|---|---|---|---|---|---|---|---|
| 195 | 박 종 민 | 충남아산 | 35 | 1 | 2.9 | 9 | 3,021 |
| 196 | 라 파 | 안산 | 36 | 1 | 2.8 | 26 | 1,944 |
| 197 | 카 즈 | 부천 | 36 | 1 | 2.8 | 27 | 2,377 |
| 198 | 박 준 서 | 화성 | 36 | 1 | 2.8 | 18 | 2,566 |
| 199 | 이 강 한 | 충북청주 | 36 | 1 | 2.8 | 18 | 2,940 |
| 200 | 이 동 수 | 부산 | 36 | 1 | 2.8 | 14 | 3,160 |
| 201 | 김 예 성 | 전남 | 36 | 1 | 2.8 | 5 | 3,495 |
| 202 | 조 지 훈 | 안산 | 36 | 1 | 2.8 | 0 | 3,564 |
| 203 | 조 위 제 | 부산 | 36 | 1 | 2.8 | 3 | 3,566 |
| 204 | 티아깅요 | 부천 | 37 | 1 | 2.7 | 17 | 3,128 |
| 205 | 박 수 빈 | 성남 | 37 | 1 | 2.7 | 13 | 3,322 |
| 206 | 장 호 익 | 부산 | 37 | 1 | 2.7 | 3 | 3,700 |
| 207 | 최 명 희 | 화성 | 38 | 1 | 2.6 | 19 | 2,809 |
| 208 | 이 창 훈 | 충북청주 | 38 | 1 | 2.6 | 12 | 2,829 |

## 2025년 K리그2 도움 순위

| 순위 | 선수명 | 소속 | 경기수 | 도움수 | 경기당 도움률 | 교체수 | 출전 시간 |
|---|---|---|---|---|---|---|---|
| 1 | 에울레르 | 서울E | 37 | 11 | 29.7 | 30 | 2,825 |
| 2 | 제 르 소 | 인천 | 37 | 10 | 27 | 26 | 3,262 |
| 3 | 발디비아 | 전남 | 32 | 9 | 28.1 | 11 | 2,950 |
| 4 | 신 재 원 | 성남 | 38 | 9 | 23.7 | 4 | 3,791 |
| 5 | 알베르띠 | 전남 | 38 | 8 | 21.1 | 2 | 3,757 |
| 6 | 이 기 제 | 수원 | 34 | 7 | 20.6 | 9 | 3,180 |
| 7 | 빌 레 로 | 부산 | 36 | 7 | 19.4 | 16 | 3,144 |
| 8 | 호 난 | 전남 | 29 | 6 | 20.7 | 26 | 1,679 |
| 9 | 한 교 원 | 충남아산 | 33 | 6 | 18.2 | 33 | 2,042 |
| 10 | 일류첸코 | 수원 | 35 | 6 | 17.1 | 23 | 2,815 |
| 11 | 손 준 호 | 충남아산 | 35 | 6 | 17.1 | 13 | 3,145 |
| 12 | 바 사 니 | 부천 | 35 | 6 | 17.1 | 14 | 3,305 |
| 13 | 김 영 선 | 천안 | 24 | 5 | 20.8 | 10 | 1,921 |
| 14 | 박 창 준 | 부천 | 35 | 5 | 14.3 | 27 | 2,482 |
| 15 | 이 주 용 | 인천 | 36 | 5 | 13.9 | 1 | 3,608 |
| 16 | 김 지 현 | 수원 | 37 | 5 | 13.5 | 33 | 2,483 |
| 17 | 김 승 호 | 충남아산 | 38 | 5 | 13.2 | 12 | 3,351 |
| 18 | 박 주 영 | 화성 | 18 | 4 | 22.2 | 16 | 1,149 |
| 19 | 김 보 섭 | 인천 | 20 | 4 | 20.0 | 20 | 969 |
| 20 | 브루노실바 | 수원 | 20 | 4 | 20.0 | 15 | 1,377 |
| 21 | 갈 레 고 | 부천 | 25 | 4 | 16.0 | 15 | 1,767 |
| 22 | 레안드로 | 성남 | 28 | 4 | 14.3 | 26 | 1,324 |
| 23 | 정 재 민 | 서울E | 28 | 4 | 14.3 | 23 | 1,507 |
| 24 | 정 지 용 | 전남 | 31 | 4 | 12.9 | 30 | 1,702 |
| 25 | 사라이바 | 안산 | 31 | 4 | 12.9 | 27 | 1,790 |
| 26 | 신 진 호 | 인천 | 32 | 4 | 12.5 | 32 | 1,159 |
| 27 | 플 라 나 | 김포 | 33 | 4 | 12.1 | 33 | 1,837 |
| 28 | 백 지 웅 | 서울E | 33 | 4 | 12.1 | 12 | 2,673 |
| 29 | 이 규 성 | 수원 | 33 | 4 | 12.1 | 17 | 2,715 |
| 30 | 세 라 핌 | 수원 | 37 | 4 | 10.8 | 30 | 2,832 |
| 31 | 전 성 진 | 화성 | 39 | 4 | 10.3 | 28 | 2,765 |
| 32 | 펠 리 페 | 천안 | 14 | 3 | 21.4 | 11 | 967 |
| 33 | 여 승 원 | 충북청주 | 14 | 3 | 21.4 | 8 | 1,151 |
| 34 | 브루노코스타 | 경남 | 17 | 3 | 17.6 | 3 | 1,585 |
| 35 | 백 가 온 | 부산 | 20 | 3 | 15.0 | 19 | 1,076 |
| 36 | 김 명 순 | 인천 | 25 | 3 | 12.0 | 20 | 1,829 |
| 37 | 윤 재 운 | 김포 | 25 | 3 | 12.0 | 13 | 2,048 |
| 38 | 최 강 민 | 충북청주 | 25 | 3 | 12.0 | 7 | 2,344 |
| 39 | 이 정 빈 | 성남 | 26 | 3 | 11.5 | 26 | 1,629 |
| 40 | 송 태 성 | 안산 | 26 | 3 | 11.5 | 20 | 2,042 |
| 41 | 김 성 준 | 천안 | 27 | 3 | 11.1 | 24 | 1,744 |
| 42 | 이 건 희 | 수원 | 27 | 3 | 11.1 | 7 | 2,406 |
| 43 | 브 루 노 | 천안 | 28 | 3 | 10.7 | 25 | 1,354 |
| 44 | 채 광 훈 | 서울E | 31 | 3 | 9.7 | 23 | 1,897 |
| 45 | 이 상 민 | 김포 | 31 | 3 | 9.7 | 20 | 2,044 |
| 46 | 손 준 석 | 안산 | 31 | 3 | 9.7 | 10 | 2,695 |
| 47 | 변 경 준 | 서울E | 32 | 3 | 9.4 | 32 | 1,635 |
| 48 | 이 민 혁 | 수원 | 32 | 3 | 9.4 | 29 | 1,764 |
| 49 | 가브리엘 | 서울E | 33 | 3 | 9.1 | 20 | 2,443 |
| 50 | 이 학 민 | 충남아산 | 34 | 3 | 8.8 | 20 | 2,762 |
| 51 | 이 명 주 | 인천 | 34 | 3 | 8.8 | 11 | 3,229 |
| 52 | 데 니 손 | 충남아산 | 35 | 3 | 8.6 | 32 | 2,041 |
| 53 | 바 로 우 | 인천 | 35 | 3 | 8.6 | 33 | 2,215 |
| 54 | 무 고 사 | 인천 | 35 | 3 | 8.6 | 20 | 2,599 |
| 55 | 페 신 | 부산 | 35 | 3 | 8.6 | 23 | 2,737 |
| 56 | 김 예 성 | 전남 | 36 | 3 | 8.3 | 5 | 3,495 |
| 57 | 곤 잘 로 | 부산 | 37 | 3 | 8.1 | 28 | 2,335 |
| 58 | 전 승 민 | 부산 | 9 | 2 | 22.2 | 9 | 342 |
| 59 | 김 민 우 | 수원 | 12 | 2 | 16.7 | 12 | 434 |
| 60 | 루 안 | 화성 | 13 | 2 | 15.4 | 11 | 883 |
| 61 | 장 부 성 | 김포 | 14 | 2 | 14.3 | 7 | 1,037 |
| 62 | 이 강 희 | 경남 | 15 | 2 | 13.3 | 0 | 1,494 |
| 63 | 김 성 주 | 천안 | 17 | 2 | 11.8 | 6 | 1,316 |
| 64 | 김 서 진 | 천안 | 18 | 2 | 11.1 | 11 | 1,319 |
| 65 | 박 동 진 | 김포 | 19 | 2 | 10.5 | 16 | 1,377 |
| 66 | 은 고 이 | 충남아산 | 19 | 2 | 10.5 | 8 | 1,601 |
| 67 | 허 용 준 | 서울E | 20 | 2 | 10.0 | 20 | 994 |
| 68 | 김 주 환 | 서울E | 20 | 2 | 10.0 | 19 | 1,358 |
| 69 | 정 동 윤 | 수원 | 22 | 2 | 9.1 | 12 | 1,535 |
| 70 | 박 창 우 | 부산 | 22 | 2 | 9.1 | 12 | 1,782 |
| 71 | 미 사 키 | 천안 | 24 | 2 | 8.3 | 22 | 1,141 |
| 72 | 함 선 우 | 화성 | 24 | 2 | 8.3 | 4 | 2,090 |
| 73 | 최 원 철 | 부천 | 25 | 2 | 8.0 | 22 | 1,281 |
| 74 | 김 종 민 | 충남아산 | 25 | 2 | 8.0 | 15 | 1,691 |
| 75 | 김 지 훈 | 김포 | 26 | 2 | 7.7 | 18 | 1,696 |
| 76 | 박 경 록 | 김포 | 27 | 2 | 7.4 | 9 | 2,390 |
| 77 | 김 결 | 김포 | 28 | 2 | 7.1 | 28 | 1,089 |
| 78 | 박 기 현 | 경남 | 29 | 2 | 6.9 | 25 | 1,942 |
| 79 | 이 중 민 | 경남 | 30 | 2 | 6.7 | 28 | 1,412 |
| 80 | 사 무 엘 | 성남 | 30 | 2 | 6.7 | 14 | 2,210 |

| 순위 | 선수명 | 소속 | 경기수 | 도움수 | 경기당 도움률 | 교체수 | 출전 시간 |
|---|---|---|---|---|---|---|---|
| 81 | 김대환 | 화성 | 30 | 2 | 6.7 | 5 | 2,763 |
| 82 | 서재민 | 서울E | 31 | 2 | 6.5 | 14 | 2,669 |
| 83 | 파울리뇨 | 수원 | 32 | 2 | 6.3 | 25 | 2,191 |
| 84 | 보이노비치 | 화성 | 32 | 2 | 6.3 | 2 | 3,208 |
| 85 | 김영환 | 충북청주 | 33 | 2 | 6.1 | 16 | 2,947 |
| 86 | 이상명 | 천안 | 33 | 2 | 6.1 | 6 | 3,050 |
| 87 | 페드로 | 충북청주 | 35 | 2 | 5.7 | 32 | 2,374 |
| 88 | 박지원 | 수원 | 36 | 2 | 5.6 | 31 | 2,507 |
| 89 | 몬타뇨 | 부천 | 36 | 2 | 5.6 | 29 | 2,604 |
| 90 | 전성진 | 부산 | 36 | 2 | 5.6 | 21 | 2,998 |
| 91 | 조지훈 | 안산 | 36 | 2 | 5.6 | 0 | 3,564 |
| 92 | 후이즈 | 성남 | 38 | 2 | 5.3 | 2 | 3,802 |
| 93 | 김건희 | 인천 | 39 | 2 | 5.1 | 0 | 3,945 |
| 94 | 김현우 | 서울E | 4 | 1 | 25.0 | 4 | 170 |
| 95 | 폰세카 | 경남 | 4 | 1 | 25.0 | 4 | 210 |
| 96 | 김희승 | 부산 | 4 | 1 | 25.0 | 0 | 400 |
| 97 | 이탈로 | 서울E | 5 | 1 | 20.0 | 5 | 174 |
| 98 | 박형진 | 부천 | 7 | 1 | 14.3 | 6 | 182 |
| 99 | 송진규 | 충북청주 | 7 | 1 | 14.3 | 7 | 401 |
| 100 | 이풍연 | 안산 | 8 | 1 | 12.5 | 3 | 556 |
| 101 | 노동건 | 전남 | 8 | 1 | 12.5 | 5 | 600 |
| 102 | 김지호 | 수원 | 9 | 1 | 11.1 | 9 | 217 |
| 103 | 한지호 | 부천 | 9 | 1 | 11.1 | 9 | 360 |
| 104 | 민준영 | 전남 | 10 | 1 | 10.0 | 8 | 553 |
| 105 | 임찬울 | 전남 | 11 | 1 | 9.1 | 11 | 562 |
| 106 | 도미닉 | 화성 | 11 | 1 | 9.1 | 9 | 799 |
| 107 | 이형경 | 충북청주 | 12 | 1 | 8.3 | 12 | 312 |
| 108 | 박광일 | 성남 | 12 | 1 | 8.3 | 12 | 364 |
| 109 | 단레이 | 경남 | 12 | 1 | 8.3 | 8 | 853 |
| 110 | 이예찬 | 천안 | 12 | 1 | 8.3 | 5 | 1,038 |
| 111 | 우정연 | 천안 | 13 | 1 | 7.7 | 13 | 679 |
| 112 | 김형원 | 경남 | 14 | 1 | 7.1 | 13 | 488 |
| 113 | 지언학 | 충북청주 | 14 | 1 | 7.1 | 12 | 741 |
| 114 | 강민규 | 충남아산 | 14 | 1 | 7.1 | 10 | 847 |
| 115 | 이은범 | 충남아산 | 14 | 1 | 7.1 | 0 | 1,377 |
| 116 | 도동현 | 경남 | 15 | 1 | 6.7 | 14 | 616 |
| 117 | 마세도 | 경남 | 15 | 1 | 6.7 | 14 | 806 |
| 118 | 아담 | 충남아산 | 16 | 1 | 6.3 | 16 | 621 |
| 119 | 이시헌 | 경남 | 16 | 1 | 6.3 | 16 | 782 |
| 120 | 배서준 | 서울E | 16 | 1 | 6.3 | 12 | 1,047 |
| 121 | 데메트리우스 | 화성 | 16 | 1 | 6.3 | 9 | 1,371 |
| 122 | 페드링요 | 서울E | 17 | 1 | 5.9 | 16 | 985 |
| 123 | 김민우 | 김포 | 17 | 1 | 5.9 | 13 | 987 |
| 124 | 우주성 | 경남 | 17 | 1 | 5.9 | 5 | 1,407 |
| 125 | 이호인 | 충남아산 | 17 | 1 | 5.9 | 1 | 1,611 |
| 126 | 손휘 | 부산 | 18 | 1 | 5.6 | 19 | 340 |
| 127 | 안창민 | 김포 | 18 | 1 | 5.6 | 17 | 593 |
| 128 | 김도윤 | 전남 | 18 | 1 | 5.6 | 19 | 594 |
| 129 | 최진웅 | 천안 | 18 | 1 | 5.6 | 11 | 1,143 |
| 130 | 제갈재민 | 김포 | 19 | 1 | 5.3 | 19 | 811 |
| 131 | 김종석 | 충남아산 | 19 | 1 | 5.3 | 17 | 1,024 |
| 132 | 변준영 | 충남아산 | 19 | 1 | 5.3 | 2 | 1,794 |
| 133 | 차승현 | 서울E | 20 | 1 | 5.0 | 18 | 783 |
| 134 | 박상준 | 전남 | 20 | 1 | 5.0 | 18 | 942 |
| 135 | 르본 | 전남 | 20 | 1 | 5.0 | 19 | 1,084 |
| 136 | 김정환 | 성남 | 20 | 1 | 5.0 | 22 | 1,220 |
| 137 | 김경재 | 전남 | 20 | 1 | 5.0 | 7 | 1,763 |
| 138 | 김현 | 수원 | 21 | 1 | 4.8 | 21 | 569 |
| 139 | 이준상 | 성남 | 21 | 1 | 4.8 | 21 | 921 |
| 140 | 김세훈 | 부산 | 21 | 1 | 4.8 | 16 | 1,349 |
| 141 | 김건오 | 안산 | 21 | 1 | 4.8 | 13 | 1,623 |
| 142 | 김동현 | 부천 | 22 | 1 | 4.5 | 22 | 707 |
| 143 | 최승구 | 인천 | 23 | 1 | 4.3 | 18 | 1,436 |
| 144 | 박창환 | 서울E | 23 | 1 | 4.3 | 4 | 2,196 |
| 145 | 백승우 | 화성 | 24 | 1 | 4.2 | 22 | 1,278 |
| 146 | 정강민 | 전남 | 25 | 1 | 4.0 | 25 | 1,271 |
| 147 | 홍원진 | 수원 | 25 | 1 | 4.0 | 13 | 1,863 |
| 148 | 리마 | 화성 | 26 | 1 | 3.8 | 26 | 1,027 |
| 149 | 배진우 | 서울E | 26 | 1 | 3.8 | 11 | 2,165 |
| 150 | 김주성 | 충남아산 | 27 | 1 | 3.7 | 22 | 1,185 |
| 151 | 알뚤 | 화성 | 27 | 1 | 3.7 | 25 | 1,480 |
| 152 | 하남 | 전남 | 27 | 1 | 3.7 | 25 | 1,539 |
| 153 | 이광진 | 천안 | 27 | 1 | 3.7 | 18 | 1,814 |
| 154 | 아이데일 | 서울E | 27 | 1 | 3.7 | 17 | 1,997 |
| 155 | 강영훈 | 천안 | 27 | 1 | 3.7 | 3 | 2,670 |
| 156 | 카릴 | 경남 | 28 | 1 | 3.6 | 24 | 1,692 |
| 157 | 이상혁 | 부천 | 28 | 1 | 3.6 | 7 | 2,419 |
| 158 | 조성준 | 김포 | 29 | 1 | 3.4 | 29 | 1,426 |
| 159 | 김병오 | 화성 | 29 | 1 | 3.4 | 26 | 1,982 |
| 160 | 이웅희 | 천안 | 29 | 1 | 3.4 | 8 | 2,465 |
| 161 | 최재훈 | 김포 | 29 | 1 | 3.4 | 15 | 2,549 |
| 162 | 이정협 | 천안 | 30 | 1 | 3.3 | 27 | 1,856 |
| 163 | 정원진 | 인천 | 30 | 1 | 3.3 | 23 | 1,935 |
| 164 | 이종성 | 천안 | 31 | 1 | 3.2 | 23 | 1,942 |
| 165 | 윤민호 | 전남 | 32 | 1 | 3.1 | 28 | 2,186 |
| 166 | 루이스 | 김포 | 33 | 1 | 3.0 | 14 | 2,925 |
| 167 | 툰가라 | 천안 | 33 | 1 | 3.0 | 14 | 2,947 |
| 168 | 김승건 | 화성 | 33 | 1 | 3.0 | 0 | 3,331 |
| 169 | 디자우마 | 김포 | 34 | 1 | 2.9 | 15 | 2,714 |
| 170 | 박현빈 | 부천 | 34 | 1 | 2.9 | 15 | 3,145 |
| 171 | 박종민 | 충남아산 | 35 | 1 | 2.9 | 9 | 3,021 |
| 172 | 카즈 | 부천 | 36 | 1 | 2.8 | 27 | 2,377 |
| 173 | 박준서 | 화성 | 36 | 1 | 2.8 | 18 | 2,566 |
| 174 | 오스마르 | 서울E | 36 | 1 | 2.8 | 17 | 2,626 |
| 175 | 이강한 | 충북청주 | 36 | 1 | 2.8 | 18 | 2,940 |
| 176 | 이동수 | 부산 | 36 | 1 | 2.8 | 14 | 3,160 |
| 177 | 박재환 | 경남 | 36 | 1 | 2.8 | 4 | 3,364 |
| 178 | 티아깅요 | 부천 | 37 | 1 | 2.7 | 17 | 3,128 |

| 순위 | 선수명 | 소속 | 경기수 | 도움수 | 경기당 도움률 | 교체수 | 출전 시간 |
|---|---|---|---|---|---|---|---|
| 179 | 박 승 호 | 인천 | 38 | 1 | 2.6 | 32 | 2,970 |
| 180 | 정 승 용 | 성남 | 38 | 1 | 2.6 | 5 | 3,714 |
| 181 | 박 민 서 | 경남 | 39 | 1 | 2.6 | 34 | 2,298 |

## 2025년 K리그2 골키퍼 실점 기록

| 선수명 | 소속 | 팀당 총경기수 | 출전 경기수 | 실점 | 1경기당 실점 |
|---|---|---|---|---|---|
| 이 범 수 | 인천 | 39 | 1 | 0 | 0.00 |
| 김 현 엽 | 부천 | 39 | 1 | 0 | 0.00 |
| 박 대 한 | 부산 | 39 | 2 | 1 | 0.50 |
| 박 지 민 | 성남 | 39 | 7 | 4 | 0.57 |
| 구 성 윤 | 서울E | 39 | 19 | 11 | 0.58 |
| 김 동 헌 | 인천 | 39 | 7 | 5 | 0.71 |
| 양 한 빈 | 성남 | 39 | 25 | 20 | 0.80 |
| 민 성 준 | 인천 | 39 | 31 | 25 | 0.81 |
| 손 정 현 | 김포 | 39 | 29 | 26 | 0.90 |
| 김 기 훈 | 화성 | 39 | 1 | 1 | 1.00 |
| 유 상 훈 | 성남 | 39 | 7 | 7 | 1.00 |
| 윤 보 상 | 김포 | 39 | 10 | 10 | 1.00 |
| 신 송 훈 | 충남아산 | 39 | 36 | 41 | 1.14 |
| 정 진 욱 | 충북청주 | 39 | 13 | 15 | 1.15 |
| 구 상 민 | 부산 | 39 | 37 | 45 | 1.22 |
| 양 형 모 | 수원 | 39 | 29 | 36 | 1.24 |
| 김 민 준 | 수원 | 39 | 8 | 10 | 1.25 |
| 최 봉 진 | 전남 | 39 | 34 | 43 | 1.26 |
| 김 승 건 | 화성 | 39 | 33 | 42 | 1.27 |
| 류 원 우 | 경남 | 39 | 18 | 23 | 1.28 |
| 김 형 근 | 부천 | 39 | 38 | 49 | 1.29 |
| 이 승 빈 | 안산 | 39 | 33 | 45 | 1.36 |
| 이 기 현 | 화성 | 39 | 5 | 7 | 1.40 |
| 제 종 현 | 천안 | 39 | 2 | 3 | 1.50 |
| 김 민 호 | 서울E | 39 | 2 | 3 | 1.50 |
| 이 준 | 전남 | 39 | 2 | 3 | 1.50 |
| 노 동 건 | 서울E | 39 | 18 | 29 | 1.61 |
| 최 필 수 | 경남 | 39 | 21 | 34 | 1.62 |
| 허 자 웅 | 천안 | 39 | 23 | 40 | 1.74 |
| 이 승 환 | 충북청주 | 39 | 22 | 39 | 1.77 |
| 박 주 원 | 천안 | 39 | 14 | 27 | 1.93 |
| 성 윤 수 | 전남 | 39 | 1 | 2 | 2.0 |
| 강 정 묵 | 전남 | 39 | 2 | 4 | 2.0 |
| 김 정 훈 | 수원 | 39 | 2 | 4 | 2.0 |
| 김 진 영 | 충남아산 | 39 | 3 | 6 | 2.0 |
| 조 수 혁 | 충북청주 | 39 | 4 | 8 | 2.0 |
| 조 성 훈 | 안산 | 39 | 6 | 14 | 2.33 |

## 2025년 K리그 플레이오프 경기일정표

| 구분 | 날짜 | 시간 | 홈팀 | 결과 | 원정팀 | 장소 | 관중수 |
|---|---|---|---|---|---|---|---|
| 준PO | 11.27 | 19:00 | 서울E | 0 : 1 | 성남 | 목동 | 4,147 |
| PO | 11.30 | 14:00 | 부천 | 0 : 0 | 성남 | 부천 | 6,171 |
| 승강PO | 12.03 | 19:00 | 수원 | 0 : 1 | 제주 | 수원W | 18,715 |
| 승강PO | 12.05 | 19:00 | 부천 | 1 : 0 | 수원FC | 부천 | 4,353 |
| 승강PO | 12.07 | 14:00 | 제주 | 2 : 0 | 수원 | 제주W | 18,912 |
| 승강PO | 12.08 | 19:00 | 수원FC | 2 : 3 | 부천 | 수원 | 4,180 |

## 2025년 K리그 플레이오프 팀 간 경기 기록

| 팀명 | 승점 | 상대팀 | 승 | 무 | 패 | 득점 | 실점 | 득실 | 도움 | 경고 | 퇴장 |
|---|---|---|---|---|---|---|---|---|---|---|---|
| 수원FC | 0 | 합계 | 0 | 0 | 2 | 2 | 4 | -2 | 0 | 4 | 0 |
| | 0 | 부천 | 0 | 0 | 2 | 2 | 4 | -2 | 0 | 4 | 0 |
| 제주 | 6 | 합계 | 2 | 0 | 0 | 3 | 0 | 3 | 2 | 7 | 0 |
| | 6 | 수원 | 2 | 0 | 0 | 3 | 0 | 3 | 2 | 7 | 0 |
| 수원 | 0 | 합계 | 0 | 0 | 2 | 0 | 3 | -3 | 0 | 4 | 1 |
| | 0 | 제주 | 0 | 0 | 2 | 0 | 3 | -3 | 0 | 4 | 1 |
| 부천 | 6 | 합계 | 2 | 1 | 0 | 4 | 2 | 2 | 1 | 7 | 0 |
| | 0 | 성남 | 0 | 1 | 0 | 0 | 0 | 0 | 0 | 1 | 0 |
| | 6 | 수원FC | 2 | 0 | 0 | 4 | 2 | 2 | 1 | 6 | 0 |
| 서울E | 0 | 합계 | 0 | 0 | 1 | 0 | 1 | -1 | 0 | 2 | 0 |
| | 0 | 성남 | 0 | 0 | 1 | 0 | 1 | -1 | 0 | 2 | 0 |
| 성남 | 0 | 합계 | 1 | 1 | 0 | 1 | 0 | 1 | 1 | 5 | 0 |
| | 0 | 부천 | 0 | 1 | 0 | 0 | 0 | 0 | 0 | 1 | 0 |
| | 0 | 서울E | 1 | 0 | 0 | 1 | 0 | 1 | 1 | 4 | 0 |

## 2025년 K리그 플레이오프 팀별 개인 기록 | 수원FC

| 선수명 | 출전 | 교체 | 득점 | 도움 | 코너킥 | 파울 | 파울득 | 오프사이드 | 슈팅 | 유효슈팅 | 경고 | 퇴장 | 실점 | 자책 |
|---|---|---|---|---|---|---|---|---|---|---|---|---|---|---|
| 김경민 | 2 | 2 | 0 | 0 | 0 | 0 | 0 | 0 | 3 | 2 | 0 | 0 | 0 | 0 |
| 김태한 | 2 | 1 | 0 | 0 | 0 | 0 | 2 | 0 | 0 | 0 | 0 | 0 | 0 | 0 |
| 노경호 | 1 | 1 | 0 | 0 | 0 | 3 | 0 | 0 | 2 | 1 | 0 | 0 | 0 | 0 |
| 루 안 | 2 | 1 | 0 | 0 | 2 | 1 | 2 | 0 | 8 | 3 | 0 | 0 | 0 | 0 |
| 싸 박 | 2 | 2 | 1 | 0 | 0 | 2 | 1 | 0 | 6 | 3 | 1 | 0 | 0 | 0 |
| 안드리고 | 2 | 2 | 0 | 0 | 0 | 1 | 0 | 0 | 3 | 3 | 0 | 0 | 0 | 0 |
| 안준수 | 1 | 0 | 0 | 0 | 0 | 0 | 0 | 0 | 0 | 0 | 0 | 0 | 1 | 0 |
| 안현범 | 2 | 2 | 0 | 0 | 0 | 0 | 2 | 1 | 2 | 1 | 0 | 0 | 0 | 0 |
| 윌리안 | 2 | 1 | 0 | 0 | 11 | 1 | 4 | 0 | 1 | 1 | 0 | 0 | 0 | 0 |
| 윤빛가람 | 2 | 1 | 0 | 0 | 0 | 2 | 1 | 0 | 1 | 0 | 0 | 0 | 0 | 0 |
| 이시영 | 2 | 0 | 0 | 0 | 0 | 0 | 2 | 0 | 0 | 0 | 0 | 0 | 0 | 0 |
| 이 용 | 1 | 0 | 0 | 0 | 0 | 1 | 0 | 0 | 0 | 0 | 0 | 0 | 0 | 0 |
| 이재원 | 2 | 2 | 0 | 0 | 0 | 2 | 0 | 0 | 0 | 0 | 1 | 0 | 0 | 0 |
| 이현용 | 2 | 0 | 0 | 0 | 0 | 1 | 0 | 0 | 1 | 1 | 1 | 0 | 0 | 0 |
| 장영우 | 1 | 1 | 0 | 0 | 0 | 1 | 0 | 0 | 1 | 0 | 0 | 0 | 0 | 0 |
| 최규백 | 1 | 1 | 0 | 0 | 0 | 0 | 0 | 0 | 1 | 1 | 0 | 0 | 0 | 0 |
| 최치웅 | 1 | 1 | 1 | 0 | 0 | 1 | 0 | 0 | 2 | 2 | 0 | 0 | 0 | 0 |
| 한찬희 | 2 | 1 | 0 | 0 | 0 | 1 | 1 | 0 | 2 | 2 | 1 | 0 | 0 | 0 |
| 황인택 | 1 | 1 | 0 | 0 | 0 | 1 | 0 | 0 | 0 | 0 | 0 | 0 | 0 | 0 |
| 황재윤 | 1 | 0 | 0 | 0 | 0 | 0 | 0 | 0 | 0 | 0 | 0 | 0 | 3 | 0 |

## 2025년 K리그 플레이오프 팀별 개인 기록 | 제주

| 선수명 | 출전 | 교체 | 득점 | 도움 | 코너킥 | 파울 | 파울득 | 오프사이드 | 슈팅 | 유효슈팅 | 경고 | 퇴장 | 실점 | 자책 |
|---|---|---|---|---|---|---|---|---|---|---|---|---|---|---|
| 김동준 | 2 | 0 | 0 | 0 | 0 | 0 | 0 | 0 | 0 | 0 | 0 | 0 | 0 | 0 |
| 김륜성 | 2 | 0 | 0 | 0 | 1 | 4 | 0 | 0 | 1 | 0 | 1 | 0 | 0 | 0 |
| 김승섭 | 2 | 2 | 1 | 0 | 0 | 2 | 0 | 0 | 2 | 1 | 0 | 0 | 0 | 0 |
| 김준하 | 2 | 2 | 0 | 1 | 0 | 5 | 2 | 0 | 1 | 0 | 0 | 0 | 0 | 0 |
| 남태희 | 2 | 0 | 0 | 0 | 6 | 1 | 3 | 0 | 5 | 3 | 0 | 0 | 0 | 0 |
| 송주훈 | 2 | 0 | 0 | 0 | 0 | 0 | 1 | 0 | 0 | 0 | 0 | 0 | 0 | 0 |
| 신상은 | 2 | 2 | 0 | 0 | 0 | 3 | 0 | 1 | 0 | 0 | 1 | 0 | 0 | 0 |
| 안찬기 | 0 | 0 | 0 | 0 | 0 | 0 | 0 | 0 | 0 | 0 | 0 | 0 | 0 | 0 |
| 오재혁 | 2 | 2 | 0 | 0 | 0 | 0 | 0 | 0 | 0 | 0 | 0 | 0 | 0 | 0 |
| 유리조나탄 | 2 | 2 | 1 | 1 | 0 | 4 | 2 | 1 | 2 | 1 | 1 | 0 | 0 | 0 |
| 유인수 | 2 | 2 | 0 | 0 | 0 | 3 | 3 | 0 | 0 | 0 | 1 | 0 | 0 | 0 |
| 이창민 | 2 | 2 | 0 | 0 | 0 | 1 | 1 | 0 | 3 | 0 | 0 | 0 | 0 | 0 |
| 이탈로 | 2 | 0 | 1 | 0 | 0 | 4 | 4 | 0 | 2 | 1 | 1 | 0 | 0 | 0 |
| 임창우 | 2 | 2 | 0 | 0 | 0 | 2 | 2 | 0 | 1 | 1 | 0 | 0 | 0 | 0 |
| 임채민 | 2 | 0 | 0 | 0 | 0 | 4 | 2 | 0 | 0 | 0 | 0 | 0 | 0 | 0 |
| 장민규 | 2 | 2 | 0 | 0 | 0 | 0 | 0 | 0 | 0 | 0 | 0 | 0 | 0 | 0 |
| 정 운 | 0 | 0 | 0 | 0 | 0 | 0 | 0 | 0 | 0 | 0 | 0 | 0 | 0 | 0 |
| 최병욱 | 2 | 2 | 0 | 0 | 0 | 3 | 0 | 0 | 2 | 2 | 2 | 0 | 0 | 0 |

## 2025년 K리그 플레이오프 팀별 개인 기록 | 수원

| 선수명 | 출전 | 교체 | 득점 | 도움 | 코너킥 | 파울 | 파울득 | 오프사이드 | 슈팅 | 유효슈팅 | 경고 | 퇴장 | 실점 | 자책 |
|---|---|---|---|---|---|---|---|---|---|---|---|---|---|---|
| 고종현 | 0 | 0 | 0 | 0 | 0 | 0 | 0 | 0 | 0 | 0 | 0 | 0 | 0 | 0 |
| 권완규 | 2 | 0 | 0 | 0 | 0 | 0 | 1 | 0 | 2 | 0 | 0 | 0 | 0 | 0 |
| 김민준 | 2 | 0 | 0 | 0 | 0 | 1 | 1 | 0 | 0 | 0 | 1 | 0 | 3 | 0 |
| 김정훈 | 0 | 0 | 0 | 0 | 0 | 0 | 0 | 0 | 0 | 0 | 0 | 0 | 0 | 0 |
| 김지현 | 2 | 2 | 0 | 0 | 0 | 2 | 2 | 0 | 1 | 0 | 0 | 0 | 0 | 0 |
| 김 현 | 2 | 2 | 0 | 0 | 0 | 2 | 0 | 0 | 1 | 1 | 1 | 0 | 0 | 0 |
| 레 오 | 2 | 1 | 0 | 0 | 0 | 2 | 1 | 0 | 1 | 0 | 1 | 0 | 0 | 0 |
| 박지원 | 2 | 2 | 0 | 0 | 0 | 0 | 0 | 0 | 2 | 1 | 0 | 0 | 0 | 0 |
| 브루노실바 | 2 | 2 | 0 | 0 | 0 | 4 | 2 | 0 | 2 | 0 | 1 | 0 | 0 | 0 |
| 세라핌 | 2 | 0 | 0 | 0 | 0 | 1 | 8 | 0 | 6 | 4 | 0 | 0 | 0 | 0 |
| 이건희 | 2 | 0 | 0 | 0 | 0 | 0 | 2 | 0 | 0 | 0 | 0 | 0 | 0 | 0 |
| 이규성 | 1 | 1 | 0 | 0 | 0 | 1 | 2 | 0 | 0 | 0 | 0 | 0 | 0 | 0 |
| 이기제 | 2 | 0 | 0 | 0 | 14 | 2 | 1 | 0 | 1 | 1 | 0 | 1 | 0 | 0 |
| 이민혁 | 2 | 1 | 0 | 0 | 0 | 2 | 3 | 0 | 5 | 4 | 0 | 0 | 0 | 0 |
| 일류첸코 | 2 | 2 | 0 | 0 | 0 | 1 | 2 | 0 | 2 | 1 | 0 | 0 | 0 | 0 |
| 장석환 | 2 | 2 | 0 | 0 | 0 | 0 | 6 | 1 | 0 | 0 | 0 | 0 | 0 | 0 |
| 최영준 | 0 | 0 | 0 | 0 | 0 | 0 | 0 | 0 | 0 | 0 | 0 | 0 | 0 | 0 |
| 파울리뇨 | 2 | 2 | 0 | 0 | 0 | 1 | 3 | 0 | 1 | 0 | 0 | 0 | 0 | 0 |
| 홍원진 | 2 | 1 | 0 | 0 | 0 | 4 | 0 | 0 | 0 | 0 | 0 | 0 | 0 | 0 |

## 2025년 K리그 플레이오프 팀별 개인 기록 | 부천

| 선수명 | 출전 | 교체 | 득점 | 도움 | 코너킥 | 파울 | 파울득 | 오프사이드 | 슈팅 | 유효슈팅 | 경고 | 퇴장 | 실점 | 자책 |
|---|---|---|---|---|---|---|---|---|---|---|---|---|---|---|
| 갈레고 | 3 | 3 | 1 | 0 | 1 | 1 | 4 | 1 | 8 | 3 | 0 | 0 | 0 | 0 |
| 김규민 | 3 | 3 | 1 | 0 | 0 | 1 | 2 | 0 | 1 | 1 | 0 | 0 | 0 | 0 |
| 김현엽 | 0 | 0 | 0 | 0 | 0 | 0 | 0 | 0 | 0 | 0 | 0 | 0 | 0 | 0 |
| 김형근 | 3 | 0 | 0 | 0 | 0 | 0 | 0 | 0 | 0 | 0 | 0 | 0 | 2 | 0 |
| 몬타뇨 | 3 | 3 | 0 | 0 | 0 | 2 | 0 | 0 | 4 | 3 | 0 | 0 | 0 | 0 |
| 바사니 | 3 | 3 | 2 | 1 | 2 | 0 | 5 | 0 | 6 | 5 | 0 | 0 | 0 | 0 |
| 박창준 | 3 | 3 | 0 | 0 | 1 | 3 | 2 | 0 | 1 | 0 | 0 | 0 | 0 | 0 |
| 박현빈 | 3 | 3 | 0 | 0 | 0 | 4 | 4 | 0 | 3 | 0 | 2 | 0 | 0 | 0 |
| 백동규 | 3 | 0 | 0 | 0 | 0 | 3 | 0 | 0 | 0 | 0 | 0 | 0 | 0 | 0 |
| 이상혁 | 3 | 3 | 0 | 0 | 0 | 0 | 0 | 0 | 0 | 0 | 0 | 0 | 0 | 0 |
| 이의형 | 3 | 3 | 0 | 0 | 0 | 1 | 0 | 1 | 1 | 1 | 0 | 0 | 0 | 0 |
| 장시영 | 3 | 0 | 0 | 0 | 0 | 1 | 2 | 0 | 1 | 1 | 1 | 0 | 0 | 0 |
| 정호진 | 3 | 0 | 0 | 0 | 0 | 1 | 1 | 1 | 0 | 0 | 0 | 0 | 0 | 0 |
| 최원철 | 0 | 0 | 0 | 0 | 0 | 0 | 0 | 0 | 0 | 0 | 0 | 0 | 0 | 0 |
| 최재영 | 3 | 3 | 0 | 0 | 0 | 3 | 0 | 0 | 1 | 0 | 0 | 0 | 0 | 0 |
| 카 즈 | 3 | 0 | 0 | 0 | 0 | 5 | 1 | 0 | 0 | 0 | 1 | 0 | 0 | 0 |
| 티아깅요 | 2 | 2 | 0 | 0 | 0 | 1 | 1 | 1 | 1 | 1 | 0 | 0 | 0 | 0 |
| 한지호 | 1 | 1 | 0 | 0 | 2 | 1 | 0 | 0 | 0 | 0 | 1 | 0 | 0 | 0 |
| 홍성욱 | 3 | 0 | 0 | 0 | 0 | 1 | 1 | 0 | 0 | 0 | 2 | 0 | 0 | 0 |

## 2025년 K리그 플레이오프 팀별 개인 기록 | 서울E

| 선수명 | 출전 | 교체 | 득점 | 도움 | 코너킥 | 파울 | 파울득 | 오프사이드 | 슈팅 | 유효슈팅 | 경고 | 퇴장 | 실점 | 자책 |
|---|---|---|---|---|---|---|---|---|---|---|---|---|---|---|
| 가브리엘 | 1 | 1 | 0 | 0 | 0 | 1 | 0 | 0 | 0 | 0 | 0 | 0 | 0 | 0 |
| 강민재 | 0 | 0 | 0 | 0 | 0 | 0 | 0 | 0 | 0 | 0 | 0 | 0 | 0 | 0 |
| 구성윤 | 1 | 0 | 0 | 0 | 0 | 0 | 0 | 0 | 0 | 0 | 0 | 0 | 1 | 0 |
| 김민호 | 0 | 0 | 0 | 0 | 0 | 0 | 0 | 0 | 0 | 0 | 0 | 0 | 0 | 0 |
| 김오규 | 1 | 0 | 0 | 0 | 0 | 0 | 1 | 0 | 1 | 0 | 0 | 0 | 0 | 0 |
| 김주환 | 1 | 1 | 0 | 0 | 0 | 1 | 0 | 0 | 0 | 0 | 0 | 0 | 0 | 0 |
| 김하준 | 1 | 0 | 0 | 0 | 0 | 0 | 0 | 0 | 0 | 0 | 1 | 0 | 0 | 0 |
| 박창환 | 1 | 0 | 0 | 0 | 0 | 4 | 1 | 0 | 1 | 1 | 0 | 0 | 0 | 0 |
| 백지웅 | 1 | 1 | 0 | 0 | 0 | 0 | 0 | 0 | 0 | 0 | 0 | 0 | 0 | 0 |
| 변경준 | 1 | 1 | 0 | 0 | 0 | 2 | 0 | 0 | 1 | 1 | 1 | 0 | 0 | 0 |
| 서재민 | 1 | 1 | 0 | 0 | 0 | 1 | 0 | 0 | 0 | 0 | 0 | 0 | 0 | 0 |
| 아이데일 | 1 | 1 | 0 | 0 | 0 | 0 | 0 | 0 | 1 | 0 | 0 | 0 | 0 | 0 |
| 에울레르 | 1 | 1 | 0 | 0 | 4 | 0 | 2 | 0 | 2 | 1 | 0 | 0 | 0 | 0 |
| 오스마르 | 1 | 0 | 0 | 0 | 0 | 0 | 0 | 0 | 0 | 0 | 0 | 0 | 0 | 0 |
| 오인표 | 1 | 0 | 0 | 0 | 0 | 0 | 1 | 0 | 1 | 0 | 0 | 0 | 0 | 0 |
| 이주혁 | 1 | 1 | 0 | 0 | 0 | 0 | 1 | 0 | 0 | 0 | 0 | 0 | 0 | 0 |
| 정재민 | 1 | 1 | 0 | 0 | 0 | 2 | 0 | 0 | 0 | 0 | 0 | 0 | 0 | 0 |
| 채광훈 | 1 | 1 | 0 | 0 | 0 | 0 | 0 | 0 | 0 | 0 | 0 | 0 | 0 | 0 |
|  |  |  |  |  |  |  |  |  |  |  |  |  |  |  |

## 2025년 K리그 플레이오프 팀별 개인 기록 | 성남

| 선수명 | 출전 | 교체 | 득점 | 도움 | 코너킥 | 파울 | 파울득 | 오프사이드 | 슈팅 | 유효슈팅 | 경고 | 퇴장 | 실점 | 자책 |
|---|---|---|---|---|---|---|---|---|---|---|---|---|---|---|
| 김범수 | 1 | 1 | 0 | 0 | 0 | 1 | 1 | 1 | 0 | 0 | 0 | 0 | 0 | 0 |
| 김정환 | 2 | 2 | 0 | 0 | 0 | 2 | 1 | 1 | 0 | 0 | 1 | 0 | 0 | 0 |
| 김주원 | 1 | 1 | 0 | 0 | 0 | 0 | 0 | 0 | 0 | 0 | 0 | 0 | 0 | 0 |
| 레안드로 | 2 | 2 | 0 | 0 | 0 | 0 | 5 | 1 | 2 | 1 | 0 | 0 | 0 | 0 |
| 류준선 | 2 | 2 | 0 | 0 | 0 | 0 | 2 | 0 | 0 | 0 | 0 | 0 | 0 | 0 |
| 박병규 | 1 | 1 | 0 | 0 | 0 | 0 | 1 | 0 | 0 | 0 | 0 | 0 | 0 | 0 |
| 박상혁 | 2 | 2 | 0 | 0 | 1 | 1 | 0 | 0 | 2 | 0 | 1 | 0 | 0 | 0 |
| 박수빈 | 2 | 0 | 0 | 0 | 0 | 1 | 2 | 1 | 3 | 0 | 0 | 0 | 0 | 0 |
| 박지민 | 0 | 0 | 0 | 0 | 0 | 0 | 0 | 0 | 0 | 0 | 0 | 0 | 0 | 0 |
| 베니시오 | 2 | 0 | 0 | 0 | 0 | 0 | 0 | 0 | 0 | 0 | 0 | 0 | 0 | 0 |
| 사무엘 | 1 | 1 | 0 | 0 | 0 | 0 | 1 | 0 | 0 | 0 | 0 | 0 | 0 | 0 |
| 신재원 | 1 | 1 | 0 | [illegible] | 3 | 1 | 0 | 1 | 1 | 0 | 0 | 0 | 0 | 0 |
| 양한빈 | 2 | 0 | 0 | 0 | 0 | 0 | 0 | 0 | 0 | 0 | 1 | 0 | 0 | 0 |
| 유주안 | 2 | 2 | 0 | 0 | 0 | 0 | 1 | 0 | 1 | 0 | 0 | 0 | 0 | 0 |
| 이상민 | 2 | 1 | 0 | 0 | 0 | 1 | 4 | 0 | 1 | 1 | 0 | 0 | 0 | 0 |
| 이재욱 | 1 | 1 | 0 | 0 | 0 | 0 | 1 | 0 | 0 | 0 | 0 | 0 | 0 | 0 |
| 이정빈 | 2 | 2 | 0 | 0 | 2 | 1 | 1 | 0 | 2 | 1 | 0 | 0 | 0 | 0 |
| 정승용 | 2 | 0 | 0 | 0 | 2 | 4 | 0 | 0 | 0 | 0 | 0 | 0 | 0 | 0 |
| 프레이타스 | 2 | 0 | 0 | 0 | 0 | 1 | 1 | 0 | 0 | 0 | 1 | 0 | 0 | 0 |
| 하정우 | 1 | 1 | 0 | 0 | 0 | 0 | 0 | 0 | 0 | 0 | 0 | 0 | 0 | 0 |
| 후이즈 | 1 | 0 | 1 | 0 | 0 | 0 | 1 | 0 | 1 | 1 | 1 | 0 | 0 | 0 |

## 2025년 K리그 플레이오프 선수 득점 기록

| 선수명 | 소속 | 경기수 | 득점수 | 경기당 득점률 | 교체수 | 출전시간 |
|---|---|---|---|---|---|---|
| 바사니 | 부천 | 3 | 2 | 66.7 | 3 | 270 |
| 최치웅 | 수원FC | 1 | 1 | 100.0 | 1 | 40 |
| 후이즈 | 성남 | 1 | 1 | 100.0 | 0 | 100 |
| 싸박 | 수원FC | 2 | 1 | 50.0 | 2 | 131 |
| 유리 조나탄 | 제주 | 2 | 1 | 50.0 | 2 | 163 |
| 김승섭 | 제주 | 2 | 1 | 50.0 | 2 | 169 |
| 이탈로 | 제주 | 2 | 1 | 50.0 | 0 | 212 |
| 갈레고 | 부천 | 3 | 1 | 33.3 | 3 | 140 |
| 김규민 | 부천 | 3 | 1 | 33.3 | 3 | 188 |

## 2025년 K리그 플레이오프 선수 도움 기록

| 선수명 | 소속 | 경기수 | 도움수 | 경기당 도움률 | 교체수 | 출전시간 |
|---|---|---|---|---|---|---|
| 신재원 | 성남 | 1 | 1 | 100.0 | 1 | 90 |
| 김준하 | 제주 | 2 | 1 | 50.0 | 2 | 101 |
| 유리 조나탄 | 제주 | 2 | 1 | 50.0 | 2 | 163 |
| 바사니 | 부천 | 3 | 1 | 33.3 | 3 | 270 |

## 2025년 K리그 플레이오프 골키퍼 실점 기록

| 선수명 | 소속 | 총경기수 | 출전경기수 | 실점 | 경기당 실점 |
|---|---|---|---|---|---|
| 김동준 | 제주 | 2 | 2 | 0 | 0.00 |
| 양한빈 | 성남 | 2 | 2 | 0 | 0.00 |
| 김형근 | 부천 | 3 | 3 | 2 | 0.67 |
| 구성윤 | 서울E | 1 | 1 | 1 | 1.00 |
| 안준수 | 수원FC | 2 | 1 | 1 | 1.00 |
| 김민준 | 수원 | 2 | 2 | 3 | 1.50 |
| 황재윤 | 수원FC | 2 | 1 | 3 | 3.00 |

# Section 3

## K리그1 통산기록

* K리그1 : 한국프로축구연맹이 주관한 1부 정규리그 대회(1983~)

## K리그1 통산 팀 간 경기기록

| 팀명 | 상대팀 | 승 | 무 | 패 | 득점 | 실점 | 도움 | 경고 | 퇴장 |
|---|---|---|---|---|---|---|---|---|---|
| 울 산 | 합 계 | 557 | 383 | 372 | 1,754 | 1,430 | 1,203 | 1,991 | 59 |
| | 강 원 | 28 | 7 | 5 | 75 | 37 | 54 | 75 | 1 |
| | 경 남 | 17 | 7 | 4 | 46 | 22 | 36 | 45 | 1 |
| | 광주상무 | 11 | 5 | 2 | 28 | 11 | 23 | 29 | 0 |
| | 광 주 | 18 | 7 | 6 | 39 | 21 | 26 | 48 | 0 |
| | 국민은행 | 4 | 0 | 0 | 14 | 3 | 11 | 0 | 0 |
| | 김 천 | 5 | 3 | 2 | 14 | 13 | 11 | 15 | 0 |
| | 대 구 | 32 | 16 | 7 | 92 | 47 | 59 | 103 | 1 |
| | 대 전 | 26 | 15 | 12 | 88 | 49 | 64 | 83 | 1 |
| | 부 산 | 39 | 41 | 45 | 129 | 136 | 88 | 171 | 11 |
| | 상 무 | 2 | 1 | 0 | 4 | 1 | 2 | 0 | 0 |
| | 상 주 | 15 | 4 | 4 | 54 | 28 | 35 | 24 | 0 |
| | 성 남 | 41 | 29 | 37 | 121 | 114 | 82 | 139 | 4 |
| | 수 원 | 36 | 20 | 25 | 113 | 105 | 85 | 137 | 4 |
| | 수원FC | 14 | 3 | 4 | 43 | 27 | 25 | 28 | 2 |
| | 인 천 | 24 | 20 | 13 | 83 | 61 | 55 | 95 | 3 |
| | 전 남 | 29 | 19 | 17 | 78 | 63 | 50 | 126 | 4 |
| | 버팔로 | 2 | 2 | 1 | 7 | 5 | 6 | 8 | 0 |
| | 전 북 | 36 | 24 | 36 | 117 | 127 | 75 | 178 | 3 |
| | 제 주 | 59 | 50 | 45 | 190 | 164 | 132 | 209 | 9 |
| | 포 항 | 51 | 49 | 58 | 194 | 199 | 134 | 240 | 5 |
| | 한일은행 | 5 | 5 | 1 | 16 | 8 | 14 | 9 | 0 |
| | 할렐루야 | 4 | 2 | 1 | 13 | 7 | 10 | 1 | 0 |
| | 서 울 | 58 | 53 | 45 | 194 | 178 | 125 | 218 | 10 |
| | 안 양 | 1 | 1 | 2 | 2 | 4 | 1 | 10 | 0 |

| 팀명 | 상대팀 | 승 | 무 | 패 | 득점 | 실점 | 도움 | 경고 | 퇴장 |
|---|---|---|---|---|---|---|---|---|---|
| 포 항 | 합 계 | 546 | 388 | 394 | 1,825 | 1,555 | 1,260 | 2,028 | 53 |
| | 강 원 | 20 | 11 | 10 | 69 | 39 | 49 | 71 | 1 |
| | 경 남 | 18 | 5 | 5 | 50 | 28 | 36 | 53 | 0 |
| | 광주상무 | 14 | 4 | 0 | 32 | 13 | 20 | 34 | 0 |
| | 광 주 | 20 | 8 | 4 | 53 | 28 | 36 | 57 | 4 |
| | 국민은행 | 4 | 1 | 3 | 14 | 9 | 11 | 5 | 0 |
| | 김 천 | 2 | 2 | 7 | 8 | 17 | 5 | 14 | 1 |
| | 대 구 | 22 | 20 | 12 | 79 | 61 | 57 | 94 | 3 |
| | 대 전 | 28 | 15 | 10 | 78 | 48 | 56 | 83 | 2 |
| | 부 산 | 43 | 42 | 43 | 151 | 151 | 104 | 164 | 3 |
| | 상 무 | 2 | 1 | 0 | 4 | 2 | 3 | 3 | 0 |
| | 상 주 | 13 | 2 | 8 | 44 | 35 | 35 | 46 | 1 |
| | 성 남 | 52 | 28 | 30 | 153 | 119 | 112 | 150 | 2 |
| | 수 원 | 27 | 31 | 23 | 92 | 85 | 56 | 139 | 5 |
| | 수원FC | 8 | 4 | 8 | 27 | 25 | 15 | 32 | 1 |
| | 울 산 | 58 | 49 | 51 | 199 | 194 | 146 | 230 | 8 |
| | 인 천 | 27 | 17 | 15 | 87 | 62 | 52 | 109 | 2 |
| | 전 남 | 26 | 19 | 19 | 87 | 74 | 58 | 126 | 4 |
| | 버팔로 | 3 | 2 | 0 | 9 | 4 | 7 | 3 | 1 |
| | 전 북 | 33 | 24 | 38 | 126 | 132 | 81 | 174 | 4 |
| | 제 주 | 58 | 45 | 52 | 209 | 203 | 147 | 199 | 4 |
| | 한일은행 | 5 | 4 | 2 | 12 | 8 | 7 | 3 | 0 |
| | 할렐루야 | 5 | 3 | 3 | 15 | 11 | 8 | 6 | 0 |
| | 서 울 | 55 | 51 | 51 | 222 | 206 | 155 | 227 | 7 |
| | 안 양 | 3 | 0 | 0 | 5 | 1 | 4 | 6 | 0 |

| 팀명 | 상대팀 | 승 | 무 | 패 | 득점 | 실점 | 도움 | 경고 | 퇴장 |
|---|---|---|---|---|---|---|---|---|---|
| 서 울 | 합 계 | 503 | 401 | 408 | 1,774 | 1,577 | 1,177 | 2,016 | 53 |
| | 강 원 | 21 | 12 | 11 | 71 | 52 | 48 | 73 | 3 |
| | 경 남 | 12 | 9 | 6 | 37 | 27 | 29 | 58 | 0 |
| | 광주상무 | 10 | 4 | 4 | 25 | 12 | 13 | 22 | 0 |
| | 광 주 | 17 | 4 | 7 | 52 | 34 | 33 | 44 | 0 |
| | 국민은행 | 2 | 2 | 0 | 6 | 2 | 4 | 0 | 0 |
| | 김 천 | 5 | 4 | 3 | 18 | 17 | 14 | 14 | 0 |
| | 대 구 | 22 | 17 | 14 | 80 | 60 | 48 | 84 | 4 |
| | 대 전 | 21 | 19 | 14 | 76 | 63 | 45 | 85 | 1 |
| | 부 산 | 42 | 43 | 40 | 156 | 149 | 100 | 145 | 8 |
| | 상 무 | 1 | 2 | 0 | 3 | 2 | 3 | 1 | 0 |
| | 상 주 | 12 | 4 | 7 | 38 | 27 | 29 | 38 | 0 |
| | 성 남 | 37 | 38 | 36 | 136 | 137 | 95 | 181 | 5 |
| | 수 원 | 36 | 18 | 29 | 98 | 102 | 62 | 194 | 1 |
| | 수원FC | 14 | 6 | 1 | 47 | 17 | 30 | 26 | 0 |
| | 울 산 | 45 | 53 | 58 | 178 | 194 | 125 | 232 | 8 |
| | 인 천 | 24 | 18 | 15 | 81 | 55 | 55 | 96 | 4 |
| | 전 남 | 30 | 19 | 16 | 97 | 70 | 59 | 116 | 3 |
| | 버팔로 | 5 | 0 | 0 | 14 | 4 | 10 | 4 | 0 |
| | 전 북 | 28 | 26 | 39 | 119 | 134 | 73 | 166 | 3 |
| | 제 주 | 56 | 49 | 47 | 197 | 177 | 129 | 193 | 6 |
| | 포 항 | 51 | 51 | 55 | 206 | 222 | 142 | 226 | 7 |
| | 한일은행 | 8 | 1 | 2 | 26 | 9 | 20 | 7 | 0 |
| | 할렐루야 | 3 | 1 | 3 | 9 | 7 | 8 | 4 | 0 |
| | 안 양 | 1 | 1 | 1 | 4 | 4 | 3 | 7 | 0 |

| 팀명 | 상대팀 | 승 | 무 | 패 | 득점 | 실점 | 도움 | 경고 | 퇴장 |
|---|---|---|---|---|---|---|---|---|---|
| 제 주 | 합 계 | 437 | 386 | 478 | 1,621 | 1,646 | 1,067 | 1,956 | 57 |
| | 강 원 | 11 | 13 | 15 | 58 | 59 | 35 | 58 | 1 |
| | 경 남 | 9 | 13 | 9 | 37 | 37 | 19 | 50 | 1 |
| | 광주상무 | 9 | 4 | 5 | 19 | 11 | 13 | 29 | 1 |
| | 광 주 | 8 | 7 | 12 | 26 | 30 | 15 | 47 | 1 |
| | 국민은행 | 5 | 1 | 2 | 13 | 7 | 8 | 4 | 0 |
| | 김 천 | 3 | 1 | 5 | 10 | 16 | 4 | 21 | 1 |
| | 대 구 | 20 | 17 | 16 | 75 | 60 | 43 | 89 | 0 |
| | 대 전 | 24 | 13 | 19 | 78 | 61 | 55 | 99 | 2 |
| | 부 산 | 46 | 40 | 38 | 137 | 121 | 95 | 167 | 3 |
| | 상 무 | 1 | 1 | 1 | 4 | 2 | 3 | 2 | 0 |
| | 상 주 | 8 | 6 | 7 | 40 | 35 | 24 | 24 | 0 |
| | 성 남 | 28 | 40 | 41 | 135 | 156 | 87 | 163 | 10 |
| | 수 원 | 24 | 13 | 43 | 94 | 131 | 59 | 146 | 4 |
| | 수원FC | 9 | 5 | 7 | 34 | 29 | 20 | 48 | 5 |
| | 울 산 | 45 | 50 | 59 | 164 | 190 | 107 | 206 | 4 |
| | 인 천 | 18 | 18 | 17 | 54 | 54 | 37 | 84 | 3 |
| | 전 남 | 34 | 18 | 14 | 103 | 69 | 76 | 114 | 5 |
| | 버팔로 | 5 | 0 | 0 | 13 | 4 | 8 | 4 | 1 |
| | 전 북 | 22 | 23 | 46 | 105 | 137 | 63 | 175 | 3 |
| | 포 항 | 52 | 45 | 58 | 203 | 209 | 139 | 192 | 5 |
| | 한일은행 | 4 | 4 | 3 | 15 | 9 | 11 | 6 | 0 |
| | 할렐루야 | 4 | 5 | 2 | 22 | 16 | 15 | 4 | 0 |
| | 서 울 | 47 | 49 | 56 | 177 | 197 | 126 | 215 | 6 |
| | 안 양 | 1 | 0 | 3 | 5 | 6 | 5 | 9 | 1 |

| 팀명 | 상대팀 | 승 | 무 | 패 | 득점 | 실점 | 도움 | 경고 | 퇴장 |
|---|---|---|---|---|---|---|---|---|---|
| 전 북 | 합 계 | 459 | 261 | 267 | 1,545 | 1,142 | 1,014 | 1,895 | 39 |
| | 강 원 | 23 | 5 | 12 | 74 | 52 | 51 | 86 | 2 |
| | 경 남 | 16 | 6 | 6 | 62 | 33 | 38 | 58 | 2 |
| | 광주상무 | 10 | 5 | 3 | 27 | 17 | 18 | 30 | 0 |
| | 광 주 | 20 | 7 | 3 | 63 | 26 | 41 | 63 | 1 |
| | 김 천 | 3 | 3 | 4 | 12 | 16 | 7 | 12 | 1 |
| | 대 구 | 34 | 10 | 11 | 106 | 58 | 64 | 100 | 0 |
| | 대 전 | 21 | 19 | 14 | 78 | 64 | 53 | 93 | 2 |
| | 부 산 | 31 | 14 | 15 | 94 | 64 | 67 | 90 | 3 |

| 팀명 | 상대팀 | 승 | 무 | 패 | 득점 | 실점 | 도움 | 경고 | 퇴장 |
|---|---|---|---|---|---|---|---|---|---|
| | 상 주 | 17 | 4 | 2 | 54 | 16 | 42 | 38 | 3 |
| | 성 남 | 28 | 18 | 23 | 97 | 85 | 58 | 140 | 3 |
| | 수 원 | 33 | 23 | 26 | 135 | 105 | 83 | 166 | 3 |
| | 수원FC | 11 | 4 | 4 | 35 | 20 | 18 | 36 | 2 |
| | 울 산 | 36 | 24 | 36 | 127 | 117 | 92 | 175 | 4 |
| | 인 천 | 24 | 22 | 11 | 79 | 52 | 54 | 120 | 1 |
| | 전 남 | 26 | 24 | 14 | 94 | 66 | 59 | 130 | 2 |
| | 제 주 | 46 | 23 | 22 | 137 | 105 | 94 | 173 | 2 |
| | 포 항 | 38 | 24 | 33 | 132 | 126 | 83 | 194 | 5 |
| | 서 울 | 39 | 26 | 28 | 134 | 119 | 89 | 186 | 3 |
| | 안 양 | 3 | 0 | 0 | 5 | 1 | 3 | 5 | 0 |
| 팀명 | 상대팀 | 승 | 무 | 패 | 득점 | 실점 | 도움 | 경고 | 퇴장 |
| 성 남 | 합 계 | 364 | 298 | 335 | 1,261 | 1,196 | 826 | 1,629 | 45 |
| | 강 원 | 10 | 4 | 13 | 32 | 34 | 21 | 56 | 2 |
| | 경 남 | 13 | 5 | 8 | 40 | 31 | 18 | 51 | 1 |
| | 광주상무 | 11 | 3 | 4 | 29 | 17 | 21 | 21 | 1 |
| | 광 주 | 8 | 5 | 6 | 24 | 22 | 15 | 42 | 1 |
| | 김 천 | 0 | 2 | 2 | 3 | 9 | 1 | 3 | 0 |
| | 대 구 | 15 | 12 | 13 | 55 | 47 | 35 | 72 | 0 |
| | 대 전 | 29 | 11 | 7 | 84 | 44 | 65 | 87 | 3 |
| | 부 산 | 35 | 32 | 30 | 123 | 110 | 91 | 126 | 7 |
| | 상 주 | 8 | 7 | 4 | 26 | 17 | 14 | 24 | 0 |
| | 수 원 | 21 | 22 | 26 | 87 | 99 | 50 | 132 | 1 |
| | 수원FC | 4 | 2 | 5 | 19 | 21 | 10 | 16 | 1 |
| | 울 산 | 37 | 29 | 41 | 114 | 121 | 84 | 163 | 5 |
| | 인 천 | 16 | 18 | 13 | 53 | 42 | 31 | 85 | 2 |
| | 전 남 | 23 | 21 | 18 | 67 | 57 | 45 | 116 | 3 |
| | 버팔로 | 4 | 1 | 0 | 8 | 4 | 4 | 6 | 0 |
| | 전 북 | 23 | 18 | 28 | 85 | 97 | 57 | 126 | 4 |
| | 제 주 | 41 | 40 | 28 | 156 | 135 | 98 | 152 | 4 |
| | 포 항 | 30 | 28 | 52 | 119 | 153 | 75 | 172 | 6 |
| | 서 울 | 36 | 38 | 37 | 137 | 136 | 91 | 179 | 4 |
| 팀명 | 상대팀 | 승 | 무 | 패 | 득점 | 실점 | 도움 | 경고 | 퇴장 |
| 수 원 | 합 계 | 371 | 239 | 273 | 1,235 | 1,050 | 776 | 1,591 | 33 |
| | 강 원 | 17 | 10 | 6 | 59 | 41 | 43 | 63 | 2 |
| | 경 남 | 12 | 10 | 7 | 39 | 29 | 24 | 38 | 2 |
| | 광주상무 | 11 | 4 | 3 | 25 | 11 | 17 | 16 | 1 |
| | 광 주 | 10 | 6 | 6 | 31 | 25 | 22 | 38 | 0 |
| | 김 천 | 2 | 2 | 0 | 6 | 3 | 5 | 3 | 0 |
| | 대 구 | 23 | 12 | 11 | 60 | 41 | 38 | 92 | 1 |
| | 대 전 | 23 | 12 | 12 | 76 | 49 | 47 | 90 | 1 |
| | 부 산 | 30 | 15 | 12 | 85 | 59 | 43 | 100 | 3 |
| | 상 주 | 11 | 7 | 4 | 32 | 18 | 15 | 36 | 0 |
| | 성 남 | 26 | 22 | 21 | 99 | 87 | 66 | 119 | 1 |
| | 수원FC | 6 | 1 | 9 | 22 | 30 | 13 | 23 | 1 |
| | 울 산 | 25 | 20 | 36 | 105 | 113 | 54 | 147 | 2 |
| | 인 천 | 27 | 17 | 10 | 82 | 57 | 53 | 112 | 1 |
| | 전 남 | 27 | 16 | 16 | 91 | 68 | 52 | 87 | 3 |
| | 전 북 | 26 | 23 | 33 | 105 | 135 | 69 | 167 | 6 |
| | 제 주 | 43 | 13 | 24 | 131 | 94 | 93 | 123 | 5 |
| | 포 항 | 23 | 31 | 27 | 85 | 92 | 56 | 154 | 0 |
| | 서 울 | 29 | 18 | 36 | 102 | 98 | 66 | 183 | 4 |
| 팀명 | 상대팀 | 승 | 무 | 패 | 득점 | 실점 | 도움 | 경고 | 퇴장 |
| 부 산 | 합 계 | 323 | 303 | 360 | 1,148 | 1,224 | 717 | 1,653 | 51 |
| | 강 원 | 5 | 5 | 3 | 18 | 14 | 12 | 29 | 0 |
| | 경 남 | 7 | 3 | 12 | 25 | 28 | 19 | 49 | 2 |
| | 광주상무 | 8 | 4 | 6 | 23 | 18 | 19 | 24 | 1 |
| | 광 주 | 2 | 4 | 4 | 10 | 12 | 6 | 18 | 1 |
| | 국민은행 | 6 | 2 | 0 | 18 | 6 | 11 | 3 | 0 |
| | 대 구 | 8 | 7 | 11 | 33 | 46 | 16 | 47 | 1 |
| | 대 전 | 23 | 10 | 11 | 65 | 45 | 43 | 80 | 1 |
| | 상 무 | 1 | 0 | 2 | 5 | 6 | 4 | 0 | 0 |
| | 상 주 | 3 | 5 | 2 | 13 | 14 | 9 | 17 | 2 |
| | 성 남 | 30 | 32 | 35 | 110 | 123 | 74 | 180 | 2 |
| | 수 원 | 12 | 15 | 30 | 59 | 85 | 34 | 107 | 4 |
| | 울 산 | 45 | 41 | 39 | 136 | 129 | 98 | 203 | 13 |
| | 인 천 | 6 | 16 | 11 | 29 | 39 | 15 | 61 | 0 |
| | 전 남 | 17 | 14 | 25 | 73 | 91 | 49 | 124 | 4 |
| | 버팔로 | 3 | 0 | 2 | 11 | 9 | 8 | 8 | 0 |
| | 전 북 | 15 | 14 | 31 | 64 | 94 | 38 | 121 | 1 |
| | 제 주 | 38 | 40 | 46 | 121 | 137 | 67 | 189 | 4 |
| | 포 항 | 43 | 42 | 43 | 151 | 151 | 91 | 179 | 5 |
| | 한일은행 | 8 | 1 | 2 | 22 | 11 | 17 | 5 | 0 |
| | 할렐루야 | 3 | 5 | 3 | 13 | 10 | 7 | 9 | 1 |
| | 서 울 | 40 | 43 | 42 | 149 | 156 | 80 | 200 | 9 |
| 팀명 | 상대팀 | 승 | 무 | 패 | 득점 | 실점 | 도움 | 경고 | 퇴장 |
| 잔 남 | 합 계 | 232 | 225 | 275 | 8,68 | 9,58 | 561 | 1,287 | 30 |
| | 강 원 | 7 | 9 | 5 | 32 | 32 | 22 | 46 | 0 |
| | 경 남 | 12 | 6 | 7 | 36 | 34 | 27 | 50 | 0 |
| | 광주상무 | 10 | 5 | 3 | 23 | 14 | 14 | 31 | 0 |
| | 광 주 | 4 | 5 | 8 | 21 | 27 | 12 | 32 | 1 |
| | 대 구 | 13 | 11 | 12 | 55 | 52 | 39 | 67 | 5 |
| | 대 전 | 23 | 14 | 11 | 69 | 46 | 42 | 70 | 1 |
| | 부 산 | 25 | 14 | 17 | 91 | 73 | 61 | 83 | 1 |
| | 상 주 | 12 | 4 | 6 | 32 | 22 | 19 | 22 | 1 |
| | 성 남 | 18 | 21 | 23 | 57 | 67 | 32 | 112 | 3 |
| | 수 원 | 16 | 16 | 27 | 68 | 91 | 45 | 105 | 3 |
| | 수원FC | 1 | 2 | 0 | 2 | 1 | 2 | 6 | 0 |
| | 울 산 | 17 | 19 | 29 | 63 | 78 | 35 | 124 | 2 |
| | 인 천 | 11 | 19 | 11 | 40 | 40 | 26 | 91 | 3 |
| | 전 북 | 14 | 24 | 26 | 66 | 94 | 52 | 110 | 3 |
| | 제 주 | 14 | 18 | 34 | 69 | 103 | 44 | 94 | 2 |
| | 포 항 | 19 | 19 | 26 | 74 | 87 | 43 | 129 | 1 |
| | 서 울 | 16 | 19 | 30 | 70 | 97 | 46 | 115 | 4 |
| 팀명 | 상대팀 | 승 | 무 | 패 | 득점 | 실점 | 도움 | 경고 | 퇴장 |
| 인 천 | 합 계 | 208 | 246 | 247 | 761 | 868 | 469 | 1,296 | 33 |
| | 강 원 | 14 | 7 | 18 | 49 | 60 | 35 | 66 | 3 |
| | 경 남 | 4 | 14 | 9 | 28 | 32 | 19 | 58 | 0 |
| | 광주상무 | 6 | 4 | 4 | 17 | 13 | 10 | 21 | 0 |
| | 광 주 | 10 | 15 | 7 | 35 | 34 | 15 | 52 | 2 |
| | 김 천 | 2 | 2 | 2 | 5 | 6 | 3 | 11 | 0 |
| | 대 구 | 18 | 20 | 11 | 63 | 59 | 38 | 94 | 4 |
| | 대 전 | 23 | 5 | 5 | 51 | 25 | 28 | 80 | 2 |
| | 부 산 | 11 | 16 | 6 | 39 | 29 | 26 | 61 | 1 |
| | 상 주 | 11 | 7 | 9 | 31 | 29 | 22 | 33 | 1 |
| | 성 남 | 13 | 18 | 16 | 42 | 53 | 28 | 85 | 1 |
| | 수 원 | 10 | 17 | 27 | 57 | 82 | 31 | 118 | 5 |
| | 수원FC | 4 | 7 | 5 | 20 | 22 | 13 | 24 | 0 |
| | 울 산 | 13 | 20 | 24 | 61 | 83 | 40 | 97 | 1 |
| | 전 남 | 11 | 19 | 11 | 40 | 40 | 21 | 83 | 2 |
| | 전 북 | 11 | 22 | 24 | 52 | 79 | 37 | 127 | 0 |
| | 제 주 | 17 | 18 | 18 | 54 | 54 | 27 | 84 | 2 |
| | 포 항 | 15 | 17 | 27 | 62 | 87 | 36 | 100 | 6 |
| | 서 울 | 15 | 18 | 24 | 55 | 81 | 40 | 102 | 3 |
| 팀명 | 상대팀 | 승 | 무 | 패 | 득점 | 실점 | 도움 | 경고 | 퇴장 |
| 대 구 | 합 계 | 186 | 207 | 276 | 797 | 975 | 514 | 1,354 | 31 |

| 팀명 | 상대팀 | 승 | 무 | 패 | 득점 | 실점 | 도움 | 경고 | 퇴장 |
|---|---|---|---|---|---|---|---|---|---|
| | 강원 | 16 | 13 | 13 | 50 | 50 | 35 | 82 | 2 |
| | 경남 | 3 | 5 | 16 | 23 | 51 | 16 | 54 | 2 |
| | 광주상무 | 12 | 2 | 4 | 32 | 19 | 20 | 37 | 0 |
| | 광주 | 11 | 8 | 9 | 45 | 42 | 24 | 57 | 0 |
| | 김천 | 3 | 3 | 4 | 10 | 11 | 6 | 14 | 0 |
| | 대전 | 9 | 15 | 14 | 44 | 50 | 31 | 81 | 1 |
| | 부산 | 11 | 7 | 8 | 46 | 33 | 30 | 63 | 2 |
| | 상주 | 8 | 8 | 4 | 27 | 20 | 15 | 35 | 1 |
| | 성남 | 13 | 12 | 15 | 47 | 55 | 31 | 75 | 1 |
| | 수원 | 11 | 12 | 23 | 41 | 60 | 25 | 101 | 6 |
| | 수원FC | 6 | 9 | 3 | 31 | 25 | 22 | 26 | 2 |
| | 울산 | 7 | 16 | 32 | 47 | 92 | 26 | 87 | 2 |
| | 인천 | 11 | 20 | 18 | 59 | 63 | 37 | 103 | 0 |
| | 전남 | 12 | 11 | 13 | 52 | 55 | 36 | 81 | 3 |
| | 전북 | 11 | 10 | 34 | 58 | 106 | 37 | 108 | 1 |
| | 제주 | 16 | 17 | 20 | 60 | 75 | 38 | 108 | 3 |
| | 포항 | 12 | 20 | 22 | 61 | 79 | 42 | 112 | 3 |
| | 서울 | 14 | 17 | 22 | 60 | 80 | 41 | 124 | 1 |
| | 안양 | 0 | 2 | 2 | 4 | 9 | 2 | 6 | 1 |
| 팀명 | 상대팀 | 승 | 무 | 패 | 득점 | 실점 | 도움 | 경고 | 퇴장 |
| 대전 | 합계 | 165 | 189 | 280 | 678 | 925 | 428 | 1,219 | 24 |
| | 강원 | 10 | 10 | 5 | 40 | 34 | 27 | 49 | 0 |
| | 경남 | 3 | 8 | 7 | 15 | 31 | 10 | 37 | 0 |
| | 광주상무 | 6 | 8 | 4 | 24 | 17 | 10 | 27 | 0 |
| | 광주 | 6 | 8 | 6 | 20 | 23 | 16 | 47 | 0 |
| | 김천 | 3 | 3 | 1 | 9 | 5 | 6 | 9 | 0 |
| | 대구 | 14 | 15 | 9 | 50 | 44 | 31 | 103 | 2 |
| | 부산 | 11 | 10 | 23 | 45 | 65 | 29 | 83 | 1 |
| | 상주 | 3 | 2 | 1 | 9 | 6 | 5 | 10 | 0 |
| | 성남 | 7 | 11 | 29 | 44 | 84 | 29 | 80 | 2 |
| | 수원 | 12 | 12 | 23 | 49 | 76 | 33 | 98 | 3 |
| | 수원FC | 4 | 1 | 5 | 12 | 17 | 7 | 15 | 1 |
| | 울산 | 12 | 15 | 26 | 49 | 88 | 25 | 95 | 2 |
| | 인천 | 5 | 5 | 23 | 25 | 51 | 15 | 67 | 1 |
| | 전남 | 11 | 14 | 23 | 46 | 69 | 32 | 106 | 4 |
| | 전북 | 14 | 19 | 21 | 64 | 78 | 45 | 106 | 2 |
| | 제주 | 19 | 13 | 24 | 61 | 78 | 35 | 80 | 2 |
| | 포항 | 10 | 15 | 28 | 48 | 78 | 27 | 98 | 1 |
| | 서울 | 14 | 19 | 21 | 63 | 76 | 44 | 103 | 3 |
| | 안양 | 1 | 1 | 1 | 5 | 5 | 2 | 6 | 0 |
| 팀명 | 상대팀 | 승 | 무 | 패 | 득점 | 실점 | 도움 | 경고 | 퇴장 |
| 강원 | 합계 | 150 | 129 | 220 | 612 | 749 | 382 | 853 | 11 |
| | 경남 | 7 | 4 | 7 | 19 | 22 | 14 | 28 | 0 |
| | 광주상무 | 1 | 1 | 2 | 4 | 6 | 3 | 4 | 0 |
| | 광주 | 8 | 10 | 6 | 29 | 27 | 15 | 53 | 0 |
| | 김천 | 4 | 1 | 6 | 9 | 14 | 6 | 19 | 0 |
| | 대구 | 13 | 13 | 16 | 50 | 50 | 32 | 73 | 0 |
| | 대전 | 5 | 10 | 10 | 34 | 40 | 21 | 46 | 1 |
| | 부산 | 3 | 5 | 5 | 14 | 18 | 10 | 21 | 1 |
| | 상주 | 9 | 2 | 7 | 25 | 22 | 14 | 25 | 0 |
| | 성남 | 13 | 4 | 10 | 34 | 32 | 19 | 44 | 0 |
| | 수원 | 6 | 10 | 17 | 41 | 59 | 23 | 61 | 1 |
| | 수원FC | 5 | 4 | 8 | 20 | 25 | 14 | 28 | 0 |
| | 울산 | 5 | 7 | 28 | 37 | 75 | 24 | 41 | 2 |
| | 인천 | 18 | 7 | 14 | 60 | 49 | 41 | 72 | 1 |
| | 전남 | 5 | 9 | 7 | 32 | 32 | 17 | 44 | 1 |
| | 전북 | 12 | 5 | 23 | 52 | 74 | 32 | 78 | 1 |
| | 제주 | 15 | 13 | 11 | 59 | 58 | 41 | 77 | 2 |
| | 포항 | 10 | 11 | 20 | 39 | 69 | 24 | 65 | 1 |
| | 서울 | 11 | 12 | 21 | 52 | 71 | 30 | 71 | 0 |
| | 안양 | 0 | 1 | 2 | 2 | 6 | 2 | 3 | 0 |
| 팀명 | 상대팀 | 승 | 무 | 패 | 득점 | 실점 | 도움 | 경고 | 퇴장 |
| 경남 | 합계 | 118 | 102 | 140 | 442 | 481 | 272 | 657 | 12 |
| | 강원 | 7 | 4 | 7 | 22 | 19 | 17 | 31 | 2 |
| | 광주상무 | 5 | 4 | 1 | 12 | 6 | 9 | 17 | 0 |
| | 광주 | 4 | 0 | 0 | 6 | 1 | 5 | 7 | 0 |
| | 대구 | 16 | 5 | 3 | 51 | 23 | 27 | 47 | 2 |
| | 대전 | 7 | 8 | 3 | 31 | 15 | 18 | 37 | 0 |
| | 부산 | 12 | 3 | 7 | 28 | 25 | 22 | 47 | 1 |
| | 상주 | 6 | 3 | 6 | 19 | 17 | 11 | 25 | 1 |
| | 성남 | 8 | 5 | 13 | 31 | 40 | 18 | 44 | 0 |
| | 수원 | 7 | 10 | 12 | 29 | 39 | 17 | 45 | 0 |
| | 울산 | 4 | 7 | 17 | 22 | 46 | 18 | 45 | 0 |
| | 인천 | 9 | 14 | 4 | 32 | 28 | 15 | 41 | 2 |
| | 전남 | 7 | 6 | 12 | 34 | 36 | 20 | 50 | 1 |
| | 전북 | 6 | 6 | 16 | 33 | 62 | 22 | 56 | 1 |
| | 제주 | 9 | 13 | 9 | 37 | 37 | 19 | 59 | 1 |
| | 포항 | 5 | 5 | 18 | 28 | 50 | 16 | 57 | 0 |
| | 서울 | 6 | 9 | 12 | 27 | 37 | 18 | 49 | 1 |
| 팀명 | 상대팀 | 승 | 무 | 패 | 득점 | 실점 | 도움 | 경고 | 퇴장 |
| 광주 | 합계 | 107 | 100 | 160 | 401 | 485 | 245 | 733 | 11 |
| | 강원 | 6 | 10 | 8 | 27 | 29 | 13 | 58 | 0 |
| | 경남 | 0 | 0 | 4 | 1 | 6 | 1 | 12 | 0 |
| | 김천 | 2 | 2 | 2 | 5 | 5 | 2 | 8 | 1 |
| | 대구 | 9 | 8 | 11 | 42 | 45 | 23 | 57 | 2 |
| | 대전 | 6 | 8 | 6 | 23 | 20 | 18 | 41 | 1 |
| | 부산 | 4 | 4 | 2 | 12 | 10 | 11 | 21 | 0 |
| | 상주 | 8 | 1 | 7 | 16 | 11 | 8 | 26 | 1 |
| | 성남 | 6 | 5 | 8 | 22 | 24 | 12 | 39 | 0 |
| | 수원 | 6 | 6 | 10 | 25 | 31 | 14 | 50 | 1 |
| | 수원FC | 10 | 2 | 5 | 23 | 13 | 15 | 26 | 0 |
| | 울산 | 6 | 7 | 18 | 21 | 39 | 12 | 56 | 1 |
| | 인천 | 7 | 15 | 10 | 34 | 35 | 21 | 58 | 1 |
| | 전남 | 8 | 5 | 4 | 27 | 21 | 22 | 36 | 0 |
| | 전북 | 3 | 7 | 20 | 26 | 63 | 18 | 56 | 1 |
| | 제주 | 12 | 7 | 8 | 30 | 26 | 21 | 45 | 0 |
| | 포항 | 4 | 8 | 20 | 28 | 53 | 16 | 82 | 2 |
| | 서울 | 7 | 4 | 17 | 34 | 52 | 14 | 57 | 0 |
| | 안양 | 3 | 1 | 0 | 5 | 2 | 4 | 5 | 0 |
| 팀명 | 상대팀 | 승 | 무 | 패 | 득점 | 실점 | 도움 | 경고 | 퇴장 |
| 상주 | 합계 | 80 | 67 | 144 | 323 | 461 | 205 | 485 | 13 |
| | 강원 | 7 | 2 | 9 | 22 | 25 | 13 | 26 | 1 |
| | 경남 | 6 | 3 | 6 | 17 | 19 | 12 | 32 | 1 |
| | 광주 | 7 | 1 | 8 | 11 | 16 | 9 | 27 | 0 |
| | 대구 | 4 | 8 | 8 | 20 | 27 | 15 | 30 | 0 |
| | 대전 | 1 | 2 | 3 | 6 | 9 | 4 | 5 | 0 |
| | 부산 | 2 | 5 | 3 | 14 | 13 | 8 | 18 | 1 |
| | 성남 | 4 | 7 | 8 | 17 | 26 | 10 | 28 | 1 |
| | 수원 | 4 | 7 | 11 | 18 | 32 | 12 | 35 | 2 |
| | 수원FC | 2 | 1 | 0 | 6 | 1 | 3 | 5 | 0 |
| | 울산 | 4 | 4 | 15 | 28 | 54 | 18 | 36 | 0 |
| | 인천 | 9 | 7 | 11 | 29 | 31 | 18 | 47 | 1 |
| | 전남 | 6 | 4 | 12 | 22 | 32 | 12 | 33 | 0 |
| | 전북 | 2 | 4 | 17 | 16 | 54 | 13 | 40 | 2 |
| | 제주 | 7 | 6 | 8 | 35 | 40 | 19 | 40 | 0 |
| | 포항 | 8 | 2 | 13 | 35 | 44 | 21 | 43 | 1 |

| 팀명 | 상대팀 | 승 | 무 | 패 | 득점 | 실점 | 도움 | 경고 | 퇴장 |
|---|---|---|---|---|---|---|---|---|---|
| | 서울 | 7 | 4 | 12 | 27 | 38 | 18 | 40 | 3 |

| 팀명 | 상대팀 | 승 | 무 | 패 | 득점 | 실점 | 도움 | 경고 | 퇴장 |
|---|---|---|---|---|---|---|---|---|---|
| 수원FC | 합계 | 71 | 53 | 104 | 298 | 369 | 194 | 390 | 9 |
| | 강원 | 8 | 4 | 5 | 25 | 20 | 16 | 26 | 1 |
| | 광주 | 5 | 2 | 10 | 13 | 23 | 7 | 30 | 1 |
| | 김천 | 5 | 2 | 4 | 20 | 22 | 15 | 17 | 0 |
| | 대구 | 3 | 9 | 6 | 25 | 31 | 15 | 26 | 1 |
| | 대전 | 5 | 1 | 4 | 17 | 12 | 14 | 19 | 0 |
| | 상주 | 0 | 1 | 2 | 1 | 6 | 1 | 8 | 0 |
| | 성남 | 5 | 2 | 4 | 21 | 19 | 12 | 21 | 1 |
| | 수원 | 9 | 1 | 6 | 30 | 22 | 20 | 28 | 0 |
| | 울산 | 4 | 3 | 14 | 27 | 43 | 20 | 38 | 1 |
| | 인천 | 5 | 7 | 4 | 22 | 20 | 16 | 28 | 1 |
| | 전남 | 0 | 2 | 1 | 1 | 2 | 1 | 7 | 0 |
| | 전북 | 4 | 4 | 11 | 20 | 35 | 11 | 37 | 0 |
| | 제주 | 7 | 5 | 9 | 29 | 34 | 17 | 41 | 1 |
| | 포항 | 8 | 4 | 8 | 25 | 27 | 16 | 32 | 2 |
| | 서울 | 1 | 6 | 14 | 17 | 47 | 12 | 26 | 0 |
| | 안양 | 2 | 0 | 2 | 5 | 6 | 1 | 6 | 0 |

| 팀명 | 상대팀 | 승 | 무 | 패 | 득점 | 실점 | 도움 | 경고 | 퇴장 |
|---|---|---|---|---|---|---|---|---|---|
| 광주상무 | 합계 | 45 | 57 | 124 | 185 | 320 | 122 | 358 | 5 |
| | 강원 | 2 | 1 | 1 | 6 | 4 | 2 | 9 | 0 |
| | 경남 | 1 | 4 | 5 | 6 | 12 | 5 | 18 | 0 |
| | 대구 | 4 | 2 | 12 | 19 | 32 | 12 | 28 | 0 |
| | 대전 | 4 | 8 | 6 | 17 | 24 | 11 | 27 | 0 |
| | 부산 | 6 | 4 | 8 | 18 | 23 | 14 | 31 | 1 |
| | 성남 | 4 | 3 | 11 | 17 | 29 | 14 | 37 | 0 |
| | 수원 | 3 | 4 | 11 | 11 | 25 | 5 | 24 | 1 |
| | 울산 | 2 | 5 | 11 | 11 | 28 | 7 | 27 | 0 |
| | 인천 | 4 | 4 | 6 | 13 | 17 | 11 | 21 | 1 |
| | 전남 | 3 | 5 | 10 | 14 | 23 | 11 | 25 | 0 |
| | 전북 | 3 | 5 | 10 | 17 | 27 | 9 | 33 | 0 |
| | 제주 | 5 | 4 | 9 | 11 | 19 | 6 | 26 | 2 |
| | 포항 | 0 | 4 | 14 | 13 | 32 | 7 | 25 | 0 |
| | 서울 | 4 | 4 | 10 | 12 | 25 | 8 | 27 | 0 |

| 팀명 | 상대팀 | 승 | 무 | 패 | 득점 | 실점 | 도움 | 경고 | 퇴장 |
|---|---|---|---|---|---|---|---|---|---|
| 김천 | 합계 | 44 | 30 | 40 | 159 | 134 | 97 | 167 | 2 |
| | 강원 | 6 | 1 | 4 | 14 | 9 | 7 | 17 | 0 |
| | 광주 | 2 | 2 | 2 | 5 | 5 | 4 | 8 | 1 |
| | 대구 | 4 | 3 | 3 | 11 | 10 | 9 | 14 | 0 |
| | 대전 | 1 | 3 | 3 | 5 | 9 | 3 | 8 | 1 |
| | 성남 | 2 | 2 | 0 | 9 | 3 | 8 | 8 | 0 |
| | 수원 | 0 | 2 | 2 | 3 | 6 | 0 | 11 | 0 |
| | 수원FC | 4 | 2 | 5 | 22 | 20 | 12 | 23 | 0 |
| | 울산 | 2 | 3 | 5 | 13 | 14 | 8 | 11 | 0 |
| | 인천 | 2 | 2 | 2 | 6 | 5 | 3 | 9 | 0 |
| | 전북 | 4 | 3 | 3 | 16 | 12 | 9 | 15 | 0 |
| | 제주 | 5 | 1 | 3 | 16 | 10 | 4 | 17 | 0 |
| | 포항 | 7 | 2 | 2 | 17 | 8 | 12 | 14 | 0 |
| | 서울 | 3 | 4 | 5 | 17 | 18 | 15 | 10 | 0 |
| | 안양 | 2 | 0 | 1 | 5 | 5 | 3 | 2 | 0 |

| 팀명 | 상대팀 | 승 | 무 | 패 | 득점 | 실점 | 도움 | 경고 | 퇴장 |
|---|---|---|---|---|---|---|---|---|---|
| 할렐루야 | 합계 | 19 | 24 | 22 | 77 | 85 | 57 | 33 | 2 |
| | 국민은행 | 6 | 2 | 0 | 17 | 4 | 9 | 1 | 0 |
| | 부산 | 3 | 5 | 3 | 10 | 13 | 8 | 8 | 0 |
| | 상무 | 1 | 0 | 2 | 5 | 4 | 3 | 2 | 0 |
| | 울산 | 1 | 2 | 4 | 7 | 13 | 6 | 3 | 0 |
| | 제주 | 2 | 5 | 4 | 16 | 22 | 10 | 9 | 1 |
| | 포항 | 3 | 3 | 5 | 11 | 15 | 11 | 3 | 1 |
| | 한일은행 | 0 | 6 | 1 | 4 | 5 | 3 | 3 | 0 |
| | 서울 | 3 | 1 | 3 | 7 | 9 | 7 | 4 | 0 |

| 팀명 | 상대팀 | 승 | 무 | 패 | 득점 | 실점 | 도움 | 경고 | 퇴장 |
|---|---|---|---|---|---|---|---|---|---|
| 한일은행 | 합계 | 12 | 25 | 32 | 61 | 108 | 45 | 40 | 0 |
| | 국민은행 | 1 | 2 | 1 | 6 | 7 | 4 | 2 | 0 |
| | 부산 | 2 | 1 | 8 | 11 | 22 | 7 | 10 | 0 |
| | 상무 | 0 | 2 | 1 | 5 | 6 | 4 | 1 | 0 |
| | 울산 | 1 | 5 | 5 | 8 | 16 | 4 | 7 | 0 |
| | 제주 | 3 | 4 | 4 | 9 | 15 | 8 | 6 | 0 |
| | 포항 | 2 | 4 | 5 | 8 | 12 | 8 | 4 | 0 |
| | 할렐루야 | 1 | 6 | 0 | 5 | 4 | 3 | 2 | 0 |
| | 서울 | 2 | 1 | 8 | 9 | 26 | 7 | 8 | 0 |

| 팀명 | 상대팀 | 승 | 무 | 패 | 득점 | 실점 | 도움 | 경고 | 퇴장 |
|---|---|---|---|---|---|---|---|---|---|
| 안양 | 합계 | 14 | 7 | 17 | 49 | 47 | 27 | 77 | 3 |
| | 강원 | 2 | 1 | 0 | 6 | 2 | 2 | 5 | 0 |
| | 광주 | 0 | 1 | 3 | 2 | 5 | 2 | 7 | 1 |
| | 김천 | 1 | 0 | 2 | 5 | 5 | 4 | 4 | 0 |
| | 대구 | 2 | 2 | 0 | 9 | 4 | 2 | 11 | 0 |
| | 대전 | 1 | 1 | 1 | 5 | 5 | 3 | 6 | 0 |
| | 수원FC | 2 | 0 | 2 | 6 | 5 | 3 | 8 | 0 |
| | 울산 | 2 | 1 | 1 | 4 | 2 | 4 | 8 | 0 |
| | 전북 | 0 | 0 | 3 | 1 | 5 | 1 | 1 | 1 |
| | 제주 | 3 | 0 | 1 | 6 | 5 | 4 | 7 | 0 |
| | 포항 | 0 | 0 | 3 | 1 | 5 | 0 | 8 | 1 |
| | 서울 | 1 | 1 | 1 | 4 | 4 | 2 | 12 | 0 |

| 팀명 | 상대팀 | 승 | 무 | 패 | 득점 | 실점 | 도움 | 경고 | 퇴장 |
|---|---|---|---|---|---|---|---|---|---|
| 국민은행 | 합계 | 6 | 10 | 28 | 38 | 88 | 25 | 24 | 2 |
| | 부산 | 0 | 2 | 6 | 6 | 18 | 2 | 3 | 0 |
| | 울산 | 0 | 0 | 4 | 3 | 14 | 3 | 1 | 0 |
| | 제주 | 2 | 1 | 5 | 7 | 13 | 4 | 8 | 1 |
| | 포항 | 3 | 1 | 4 | 9 | 14 | 6 | 4 | 0 |
| | 한일은행 | 1 | 2 | 1 | 7 | 6 | 5 | 3 | 0 |
| | 할렐루야 | 0 | 2 | 6 | 4 | 17 | 3 | 3 | 1 |
| | 서울 | 0 | 2 | 2 | 2 | 6 | 2 | 2 | 0 |

| 팀명 | 상대팀 | 승 | 무 | 패 | 득점 | 실점 | 도움 | 경고 | 퇴장 |
|---|---|---|---|---|---|---|---|---|---|
| 상무 | 합계 | 6 | 7 | 8 | 23 | 30 | 19 | 11 | 0 |
| | 부산 | 2 | 0 | 1 | 6 | 5 | 6 | 1 | 0 |
| | 울산 | 0 | 1 | 2 | 1 | 4 | 0 | 4 | 0 |
| | 제주 | 1 | 1 | 1 | 2 | 4 | 1 | 0 | 0 |
| | 포항 | 0 | 1 | 2 | 2 | 4 | 2 | 3 | 0 |
| | 한일은행 | 1 | 2 | 0 | 6 | 5 | 6 | 1 | 0 |
| | 할렐루야 | 2 | 0 | 1 | 4 | 5 | 2 | 0 | 0 |
| | 서울 | 0 | 2 | 1 | 2 | 3 | 2 | 2 | 0 |

| 팀명 | 상대팀 | 승 | 무 | 패 | 득점 | 실점 | 도움 | 경고 | 퇴장 |
|---|---|---|---|---|---|---|---|---|---|
| 전북버팔로 | 합계 | 3 | 5 | 22 | 30 | 62 | 20 | 40 | 2 |
| | 부산 | 2 | 0 | 3 | 9 | 11 | 6 | 9 | 0 |
| | 성남 | 0 | 1 | 4 | 4 | 8 | 3 | 9 | 0 |
| | 울산 | 1 | 2 | 2 | 5 | 7 | 4 | 9 | 0 |
| | 제주 | 0 | 0 | 5 | 4 | 13 | 1 | 6 | 1 |
| | 포항 | 0 | 2 | 3 | 4 | 9 | 3 | 3 | 1 |
| | 서울 | 0 | 0 | 5 | 4 | 14 | 3 | 4 | 0 |

## K리그1 통산 팀 최다 / 최소 기록

| 구분 | 기록 | 구단명 | 구분 | 기록 | 구단명 |
|---|---|---|---|---|---|
| 최다승리 | 557 | 울산 | 최소승리 | 3 | 버팔로 |
| 최다패전 | 478 | 제주 | 최소패전 | 8 | 상무 |

| 최다무승부 | 401 | 서 울 | 최소무승부 | 5 | 버팔로 |
|---|---|---|---|---|---|
| 최다득점 | 1,825 | 포 항 | 최소득점 | 23 | 상 무 |
| 최다실점 | 1,646 | 제 주 | 최소실점 | 30 | 상 무 |
| 최다도움 | 1,260 | 포 항 | 최소도움 | 19 | 상 무 |
| 최다경고 | 2,028 | 포 항 | 최소경고 | 11 | 상 무 |
| 최다퇴장 | 59 | 울 산 | 최소퇴장 | 0 | 상무, 한일은행 |

## K리그1 통산 팀 최다 연속 기록

| 기록구분 | 기록 | 구단명(기간) |
|---|---|---|
| 연속 승 | 11 | 수원 (2008.03.29 ~ 2008.07.05) |
| 연속 무승부 | 9 | 전남 (2006.03.18 ~ 2006.04.29) |
| 연속 패 | 14 | 상주 (2012.09.16 ~ 2012.12.01) |
| 연속 득점 | 35 | 전북 (2009.06.20 ~ 2010.08.22) |
| 연속 무득점 | 15 | 상주 (2012.08.26 ~ 2012.12.01) |
| 연속 무승 | 25 | 상주 (2012.08.08 ~ 2014.04.05) |
| 연속 무패 | 33 | 전북 (2016.03.12 ~ 2016.10.02) |
| 연속 실점 | 32 | 대구 (2025.03.08 ~ 2025.11.02) |
| 연속 무실점 | 8 | 성남 (1993.04.10 ~ 1993.05.29)<br>전북 (2014.10.01 ~ 2014.11.15) |

## K리그1 통산 선수 출전 순위

| 순위 | 선수명 | 최종 K리그1 소속팀 | 출전 |
|---|---|---|---|
| 1 | 김 병 지 | 전 남 | 586 |
| 2 | 이 동 국 | 전 북 | 506 |
| 3 | 김 태 환 | 전 북 | 443 |
| 3 | 신 광 훈 | 포 항 | 433 |
| 5 | 김 광 석 | 인 천 | 428 |
| 6 | 윤빛가람 | 수원FC | 420 |
| 7 | 최 은 성 | 전 북 | 419 |
| 8 | 김 용 대 | 울 산 | 418 |
| 9 | 홍 철 | 강 원 | 405 |
| 10 | 염 기 훈 | 수 원 | 392 |

## K리그1 통산 선수 득점 순위

| 순위 | 선수명 | 최종K1소속팀 | 득점 | 경기수 | 경기당득점 |
|---|---|---|---|---|---|
| 1 | 이동국 | 전북 | 213 | 506 | 0.42 |
| 2 | 데 얀 | 대구 | 184 | 351 | 0.52 |
| 3 | 김신욱 | 전북 | 116 | 327 | 0.35 |
| 4 | 주민규 | 대전 | 106 | 245 | 0.43 |
| 5 | 세징야 | 대구 | 100 | 251 | 0.40 |

## K리그1 통산 선수 도움 순위

| 순위 | 선수명 | 최종K1소속팀 | 도움 | 경기수 | 경기당도움 |
|---|---|---|---|---|---|
| 1 | 염기훈 | 수원 | 92 | 392 | 0.23 |
| 2 | 이동국 | 전북 | 74 | 506 | 0.15 |
| 3 | 세징야 | 대구 | 70 | 251 | 0.28 |
| 4 | 몰리나 | 서울 | 68 | 197 | 0.35 |
| 5 | 김태환 | 전북 | 57 | 443 | 0.13 |

## K리그1 통산 선수 공격포인트 순위

| 순위 | 선수명 | 최종K1소속팀 | 공격포인트 | 경기수 | 경기당공격P |
|---|---|---|---|---|---|
| 1 | 이동국 | 전북 | 287 | 506 | 0.57 |
| 2 | 데 얀 | 대구 | 227 | 351 | 0.65 |
| 3 | 세징야 | 대구 | 170 | 251 | 0.68 |
| 4 | 염기훈 | 수원 | 152 | 392 | 0.39 |
| 5 | 김신욱 | 전북 | 146 | 327 | 0.45 |

## K리그1 통산 골키퍼 무실점 순위

| 순위 | 선수명 | 최종K1소속팀 | 무실점 경기수 | 경기수 | 경기당무실점 |
|---|---|---|---|---|---|
| 1 | 김병지 | 전남 | 185 | 582 | 0.32 |
| 2 | 김용대 | 울산 | 123 | 413 | 0.30 |
| 3 | 최은성 | 전북 | 119 | 410 | 0.29 |
| 4 | 신화용 | 수원 | 107 | 299 | 0.36 |
| 5 | 이운재 | 전남 | 105 | 318 | 0.33 |

## K리그1 통산 선수 연속 득점 순위

| 순위 | 선수명 | 당시 소속팀 | 연속경기수 | 비고 |
|---|---|---|---|---|
| 1 | 황선홍 | 포항 | 8 | 1995.08.19 ~ 1995.10.04 |
| | 김도훈 | 전북 | 8 | 2000.06.17 ~ 2000.07.16 |
| 2 | 윤상철 | LG | 7 | 1994.10.22 ~ 1995.05.07 |
| | 몰리나 | 성남 | 7 | 2009.10.03 ~ 2010.03.14 |
| | 이동국 | 전북 | 7 | 2013.05.11 ~ 2013.07.13 |

## K리그1 통산 선수 연속 도움 순위

| 순위 | 선수명 | 당시 소속팀 | 연속경기수 | 비고 |
|---|---|---|---|---|
| 1 | 라 데 | 포항 | 6 | 1996.07.28 ~ 1996.09.04 |
| 2 | 몰리나 | 서울 | 5 | 2012.04.29 ~ 2012.05.28 |

## K리그1 통산 선수 연속 공격포인트 순위

| 순위 | 선수명 | 당시 소속팀 | 연속경기수 | 비고 |
|---|---|---|---|---|
| 1 | 이명주 | 서울 | 11 | 2014.03.15 ~ 2017.07.02 |
| 2 | 까보레 | 경남 | 9 | 2007.08.15 ~ 2007.10.06 |
| 3 | 김용세 | 유공 | 8 | 1986.10.15 ~ 1986.11.09 |
| | 윤상철 | LG | 8 | 1994.10.22 ~ 1995.05.10 |
| | 황선홍 | 포항 | 8 | 1995.08.19 ~ 1995.10.04 |
| | 김도훈 | 전북 | 8 | 2000.06.17 ~ 2000.07.16 |
| | 김대의 | 성남 | 8 | 2002.08.18 ~ 2002.09.18 |
| | 두 두 | 성남 | 8 | 2008.05.03 ~ 2008.07.20 |
| | 에닝요 | 전북 | 8 | 2012.04.27 ~ 2012.06.27 |
| | 조나탄 | 수원 | 8 | 2016.08.28 ~ 2016.10.30 |
| | 윌리안 | 수원FC | 8 | 2025.07.18. ~ 2025.08.30 |

## K리그1 통산 골키퍼 연속 무실점 경기 순위

| 순위 | 선수명 | 당시 소속팀 | 연속경기수 | 비고 |
|---|---|---|---|---|
| 1 | 신의손 | 일화[성남] | 8 | 2018.03.31 ~ 2018.04.29 |
| 2 | 송범근 | 포항 | 7 | 2014.07.05 ~ 2014.08.09 |
| 3 | 신의손 | 일화[성남] | 6 | 2014.10.01 ~ 2014.11.15 |
| | 김지혁 | 울산 | 6 | 2006.04.30 ~ 2006.08.30 |
| | 정성룡 | 수원 | 6 | 2011.10.03 ~ 2012.03.17 |
| | 신화용 | 포항 | 6 | 2014.07.05 ~ 2014.08.09 |

Section 4

# K리그2 통산 기록

K리그2 통산 팀 간 경기기록
K리그2 통산 팀 최다 / 최소 기록
K리그2 통산 팀 최다 연속 기록
K리그2 통산 선수 출전 순위
K리그2 통산 선수 득점 순위
K리그2 통산 선수 도움 순위
K리그2 통산 선수 공격포인트 순위
K리그2 통산 골키퍼 무실점 순위
K리그2 통산 선수 연속 득점 순위
K리그2 통산 선수 연속 도움 순위
K리그2 통산 선수 연속 공격포인트 순위
K리그2 통산 골키퍼 연속 무실점 경기 순위

* K리그2 : 한국프로축구연맹이 주관한 2부 정규리그 대회(2013~)

## K리그2 통산 팀 간 경기기록

| 팀명 | 상대팀 | 승 | 무 | 패 | 득점 | 실점 | 도움 | 경고 | 퇴장 |
|---|---|---|---|---|---|---|---|---|---|
| 부천 | 합계 | 168 | 117 | 188 | 557 | 600 | 329 | 851 | 23 |
| | 강원 | 6 | 2 | 4 | 18 | 16 | 9 | 20 | 2 |
| | 경남 | 15 | 4 | 13 | 49 | 40 | 23 | 61 | 0 |
| | 고양 | 9 | 4 | 4 | 27 | 17 | 17 | 34 | 0 |
| | 광주 | 5 | 5 | 11 | 20 | 27 | 12 | 38 | 1 |
| | 김천 | 0 | 1 | 6 | 2 | 14 | 2 | 6 | 0 |
| | 김포 | 7 | 4 | 2 | 14 | 7 | 6 | 29 | 0 |
| | 대구 | 2 | 4 | 6 | 7 | 13 | 2 | 19 | 1 |
| | 대전 | 12 | 6 | 13 | 32 | 37 | 18 | 56 | 2 |
| | 부산 | 11 | 10 | 12 | 35 | 41 | 20 | 62 | 3 |
| | 상주 | 2 | 2 | 5 | 10 | 14 | 6 | 17 | 0 |
| | 서울E | 13 | 9 | 18 | 42 | 63 | 29 | 68 | 1 |
| | 성남 | 7 | 4 | 6 | 21 | 19 | 12 | 31 | 1 |
| | 수원 | 1 | 3 | 2 | 6 | 11 | 5 | 9 | 0 |
| | 수원FC | 11 | 6 | 11 | 42 | 37 | 19 | 50 | 3 |
| | 아산 | 3 | 3 | 6 | 16 | 16 | 12 | 21 | 0 |
| | 안산 | 16 | 6 | 10 | 47 | 39 | 28 | 58 | 0 |
| | 안산무 | 4 | 4 | 9 | 19 | 28 | 14 | 30 | 0 |
| | 인천 | 1 | 0 | 2 | 2 | 4 | 1 | 6 | 0 |
| | 전남 | 6 | 7 | 11 | 34 | 38 | 19 | 38 | 3 |
| | 제주 | 0 | 0 | 3 | 0 | 7 | 0 | 5 | 0 |
| | 천안 | 4 | 3 | 2 | 12 | 9 | 9 | 7 | 1 |
| | 충남아산 | 9 | 7 | 4 | 24 | 17 | 14 | 39 | 2 |
| | 충북청주 | 3 | 5 | 1 | 8 | 5 | 5 | 13 | 0 |
| | 충주 | 7 | 3 | 7 | 15 | 18 | 12 | 38 | 0 |
| | 화성 | 2 | 1 | 0 | 2 | 0 | 0 | 8 | 2 |
| | 안양 | 12 | 14 | 20 | 53 | 63 | 35 | 88 | 1 |

| 팀명 | 상대팀 | 승 | 무 | 패 | 득점 | 실점 | 도움 | 경고 | 퇴장 |
|---|---|---|---|---|---|---|---|---|---|
| 안양 | 합계 | 163 | 118 | 153 | 578 | 569 | 372 | 790 | 18 |
| | 강원 | 2 | 4 | 6 | 8 | 20 | 3 | 37 | 1 |
| | 경남 | 7 | 7 | 15 | 30 | 42 | 20 | 44 | 2 |
| | 고양 | 8 | 4 | 5 | 21 | 15 | 16 | 30 | 0 |
| | 광주 | 5 | 7 | 9 | 28 | 37 | 15 | 40 | 0 |
| | 김천 | 2 | 4 | 1 | 9 | 8 | 8 | 15 | 1 |
| | 김포 | 5 | 2 | 3 | 10 | 9 | 8 | 18 | 1 |
| | 대구 | 4 | 6 | 2 | 19 | 16 | 13 | 25 | 0 |
| | 대전 | 8 | 12 | 11 | 40 | 47 | 27 | 47 | 3 |
| | 부산 | 10 | 7 | 13 | 42 | 48 | 28 | 58 | 2 |
| | 부천 | 20 | 14 | 12 | 63 | 53 | 46 | 87 | 1 |
| | 상주 | 3 | 1 | 5 | 13 | 21 | 7 | 16 | 0 |
| | 서울E | 20 | 9 | 8 | 55 | 37 | 28 | 60 | 2 |
| | 성남 | 4 | 5 | 5 | 16 | 17 | 13 | 21 | 0 |
| | 수원 | 0 | 0 | 3 | 2 | 6 | 1 | 3 | 0 |
| | 수원FC | 7 | 6 | 15 | 32 | 47 | 19 | 52 | 1 |
| | 아산 | 4 | 1 | 7 | 16 | 20 | 13 | 31 | 0 |
| | 안산 | 14 | 7 | 8 | 44 | 32 | 23 | 61 | 1 |
| | 안산무 | 6 | 3 | 8 | 24 | 20 | 14 | 35 | 0 |
| | 전남 | 10 | 6 | 5 | 29 | 22 | 18 | 26 | 2 |
| | 제주 | 0 | 0 | 3 | 3 | 9 | 1 | 5 | 0 |
| | 천안 | 4 | 2 | 0 | 12 | 3 | 7 | 5 | 0 |
| | 충남아산 | 9 | 5 | 3 | 26 | 15 | 18 | 34 | 1 |
| | 충북청주 | 3 | 1 | 2 | 8 | 5 | 7 | 13 | 0 |
| | 충주 | 8 | 5 | 4 | 28 | 20 | 19 | 27 | 0 |

| 팀명 | 상대팀 | 승 | 무 | 패 | 득점 | 실점 | 도움 | 경고 | 퇴장 |
|---|---|---|---|---|---|---|---|---|---|
| 부산 | 합계 | 141 | 94 | 100 | 461 | 379 | 299 | 589 | 17 |
| | 강원 | 3 | 1 | 0 | 5 | 2 | 4 | 10 | 0 |
| | 경남 | 8 | 6 | 11 | 30 | 31 | 21 | 50 | 2 |
| | 고양 | 4 | 0 | 0 | 6 | 0 | 6 | 7 | 0 |
| | 광주 | 1 | 6 | 5 | 12 | 19 | 7 | 26 | 2 |
| | 김천 | 3 | 1 | 3 | 10 | 13 | 6 | 9 | 0 |
| | 김포 | 3 | 4 | 6 | 9 | 13 | 7 | 23 | 0 |
| | 대구 | 1 | 0 | 3 | 2 | 7 | 2 | 8 | 0 |
| | 대전 | 11 | 6 | 7 | 42 | 32 | 31 | 44 | 1 |
| | 부천 | 12 | 10 | 11 | 41 | 35 | 26 | 40 | 0 |
| | 서울E | 16 | 8 | 9 | 59 | 45 | 39 | 47 | 1 |
| | 성남 | 7 | 6 | 4 | 22 | 14 | 15 | 27 | 2 |
| | 수원 | 3 | 2 | 1 | 6 | 6 | 2 | 14 | 1 |
| | 수원FC | 5 | 4 | 3 | 16 | 11 | 10 | 20 | 1 |
| | 아산 | 6 | 4 | 2 | 19 | 13 | 11 | 26 | 0 |
| | 안산 | 16 | 7 | 6 | 48 | 24 | 30 | 51 | 2 |
| | 안산무 | 2 | 1 | 1 | 8 | 4 | 6 | 12 | 0 |
| | 인천 | 0 | 2 | 1 | 1 | 3 | 0 | 8 | 1 |
| | 전남 | 7 | 6 | 8 | 17 | 22 | 9 | 40 | 1 |
| | 천안 | 6 | 2 | 1 | 16 | 10 | 10 | 10 | 0 |
| | 충남아산 | 9 | 3 | 5 | 24 | 18 | 16 | 33 | 1 |
| | 충북청주 | 1 | 6 | 2 | 9 | 10 | 6 | 9 | 0 |
| | 충주 | 3 | 1 | 0 | 7 | 1 | 3 | 9 | 0 |
| | 화성 | 1 | 1 | 1 | 4 | 4 | 2 | 5 | 1 |
| | 안양 | 13 | 7 | 10 | 48 | 42 | 30 | 61 | 1 |

| 팀명 | 상대팀 | 승 | 무 | 패 | 득점 | 실점 | 도움 | 경고 | 퇴장 |
|---|---|---|---|---|---|---|---|---|---|
| 서울E | 합계 | 129 | 117 | 156 | 512 | 529 | 327 | 741 | 18 |
| | 강원 | 0 | 3 | 5 | 10 | 17 | 6 | 21 | 0 |
| | 경남 | 13 | 10 | 9 | 39 | 36 | 30 | 50 | 1 |
| | 고양 | 4 | 3 | 1 | 15 | 7 | 11 | 13 | 0 |
| | 광주 | 0 | 3 | 9 | 8 | 28 | 6 | 24 | 2 |
| | 김천 | 1 | 1 | 5 | 5 | 11 | 3 | 14 | 0 |
| | 김포 | 6 | 4 | 3 | 22 | 13 | 9 | 33 | 0 |
| | 대구 | 1 | 4 | 3 | 6 | 10 | 6 | 14 | 0 |
| | 대전 | 9 | 7 | 11 | 29 | 30 | 23 | 56 | 3 |
| | 부산 | 9 | 8 | 16 | 45 | 59 | 32 | 50 | 1 |
| | 부천 | 18 | 9 | 13 | 63 | 42 | 34 | 82 | 1 |
| | 상주 | 1 | 1 | 2 | 6 | 7 | 5 | 8 | 0 |
| | 성남 | 7 | 6 | 4 | 23 | 18 | 13 | 32 | 0 |
| | 수원 | 5 | 0 | 1 | 13 | 5 | 7 | 16 | 0 |
| | 수원FC | 5 | 5 | 9 | 20 | 27 | 16 | 28 | 2 |
| | 아산 | 1 | 3 | 8 | 9 | 25 | 6 | 32 | 0 |
| | 안산 | 14 | 11 | 7 | 51 | 34 | 36 | 60 | 3 |
| | 안산무 | 2 | 4 | 2 | 8 | 8 | 7 | 16 | 0 |
| | 인천 | 0 | 2 | 1 | 0 | 1 | 0 | 3 | 0 |
| | 전남 | 4 | 13 | 7 | 23 | 33 | 14 | 43 | 2 |
| | 제주 | 0 | 1 | 2 | 4 | 6 | 1 | 9 | 1 |
| | 천안 | 5 | 1 | 3 | 23 | 15 | 13 | 19 | 0 |
| | 충남아산 | 5 | 5 | 10 | 21 | 21 | 12 | 30 | 1 |
| | 충북청주 | 4 | 1 | 4 | 13 | 13 | 8 | 17 | 0 |
| | 충주 | 6 | 1 | 1 | 17 | 7 | 13 | 11 | 0 |
| | 화성 | 1 | 2 | 0 | 2 | 1 | 0 | 2 | 0 |
| | 안양 | 8 | 9 | 20 | 37 | 55 | 16 | 58 | 1 |

| 팀명 | 상대팀 | 승 | 무 | 패 | 득점 | 실점 | 도움 | 경고 | 퇴장 |
|---|---|---|---|---|---|---|---|---|---|
| 경남 | 합계 | 121 | 87 | 122 | 433 | 442 | 289 | 599 | 16 |
| | 강원 | 3 | 5 | 0 | 6 | 2 | 6 | 11 | 0 |
| | 고양 | 5 | 1 | 2 | 16 | 7 | 12 | 17 | 0 |
| | 광주 | 1 | 1 | 2 | 7 | 9 | 4 | 12 | 0 |
| | 김천 | 2 | 2 | 3 | 8 | 9 | 5 | 9 | 0 |

| | | | | | | | | | |
|---|---|---|---|---|---|---|---|---|---|
| | 김포 | 5 | 4 | 4 | 18 | 16 | 13 | 25 | 0 |
| | 대구 | 2 | 1 | 5 | 6 | 12 | 6 | 15 | 2 |
| | 대전 | 8 | 3 | 8 | 32 | 36 | 20 | 38 | 3 |
| | 부산 | 11 | 6 | 8 | 31 | 30 | 22 | 45 | 0 |
| | 부천 | 13 | 4 | 15 | 40 | 49 | 23 | 64 | 4 |
| | 상주 | 1 | 0 | 3 | 4 | 8 | 1 | 10 | 0 |
| | 서울E | 9 | 10 | 13 | 36 | 39 | 25 | 49 | 0 |
| | 성남 | 5 | 3 | 5 | 21 | 16 | 18 | 28 | 1 |
| | 수원 | 1 | 3 | 2 | 5 | 10 | 2 | 17 | 0 |
| | 수원FC | 2 | 3 | 6 | 13 | 18 | 9 | 25 | 0 |
| | 아산 | 3 | 1 | 0 | 8 | 4 | 7 | 9 | 0 |
| | 안산 | 12 | 7 | 5 | 40 | 29 | 28 | 38 | 2 |
| | 안산무 | 1 | 2 | 5 | 4 | 13 | 3 | 12 | 0 |
| | 인천 | 0 | 0 | 3 | 0 | 7 | 0 | 6 | 0 |
| | 전남 | 3 | 8 | 9 | 25 | 29 | 12 | 30 | 2 |
| | 제주 | 0 | 2 | 1 | 4 | 5 | 2 | 9 | 0 |
| | 천안 | 4 | 3 | 2 | 17 | 17 | 10 | 15 | 0 |
| | 충남아산 | 5 | 5 | 10 | 23 | 32 | 13 | 34 | 2 |
| | 충북청주 | 4 | 4 | 1 | 12 | 6 | 7 | 14 | 0 |
| | 충주 | 5 | 1 | 2 | 13 | 7 | 12 | 12 | 0 |
| | 화성 | 1 | 1 | 1 | 2 | 2 | 2 | 6 | 0 |
| | 안양 | 15 | 7 | 7 | 42 | 30 | 27 | 49 | 0 |

| 팀명 | 상대팀 | 승 | 무 | 패 | 득점 | 실점 | 도움 | 경고 | 퇴장 |
|---|---|---|---|---|---|---|---|---|---|
| 대전 | 합계 | 113 | 74 | 100 | 398 | 367 | 261 | 559 | 9 |
| | 강원 | 5 | 1 | 2 | 13 | 7 | 10 | 15 | 0 |
| | 경남 | 8 | 3 | 8 | 36 | 32 | 24 | 43 | 0 |
| | 고양 | 5 | 3 | 0 | 13 | 4 | 8 | 11 | 0 |
| | 광주 | 5 | 5 | 6 | 17 | 14 | 13 | 39 | 1 |
| | 김천 | 0 | 1 | 3 | 4 | 9 | 2 | 8 | 0 |
| | 김포 | 2 | 2 | 0 | 10 | 6 | 4 | 9 | 0 |
| | 대구 | 2 | 2 | 4 | 6 | 9 | 5 | 14 | 0 |
| | 부산 | 7 | 6 | 11 | 32 | 42 | 24 | 50 | 2 |
| | 부천 | 13 | 6 | 12 | 37 | 32 | 21 | 66 | 1 |
| | 서울E | 11 | 7 | 9 | 30 | 29 | 22 | 54 | 0 |
| | 성남 | 0 | 2 | 6 | 6 | 16 | 6 | 17 | 0 |
| | 수원FC | 7 | 2 | 10 | 31 | 39 | 19 | 42 | 0 |
| | 아산 | 4 | 3 | 5 | 12 | 14 | 9 | 23 | 1 |
| | 안산 | 11 | 7 | 5 | 31 | 20 | 19 | 46 | 1 |
| | 안산무 | 2 | 2 | 4 | 10 | 11 | 7 | 5 | 0 |
| | 전남 | 8 | 4 | 3 | 22 | 16 | 13 | 23 | 0 |
| | 제주 | 2 | 0 | 1 | 5 | 5 | 3 | 6 | 0 |
| | 충남아산 | 5 | 3 | 3 | 19 | 16 | 11 | 20 | 2 |
| | 충주 | 5 | 3 | 0 | 17 | 6 | 12 | 8 | 0 |
| | 안양 | 11 | 12 | 8 | 47 | 40 | 29 | 60 | 1 |

| 팀명 | 상대팀 | 승 | 무 | 패 | 득점 | 실점 | 도움 | 경고 | 퇴장 |
|---|---|---|---|---|---|---|---|---|---|
| 전남 | 합계 | 89 | 78 | 83 | 338 | 321 | 217 | 438 | 10 |
| | 경남 | 9 | 8 | 3 | 29 | 25 | 17 | 33 | 1 |
| | 광주 | 1 | 3 | 4 | 8 | 12 | 6 | 15 | 0 |
| | 김천 | 3 | 2 | 2 | 10 | 10 | 6 | 13 | 1 |
| | 김포 | 4 | 3 | 6 | 16 | 18 | 9 | 20 | 1 |
| | 대전 | 3 | 4 | 8 | 16 | 22 | 9 | 23 | 2 |
| | 부산 | 8 | 6 | 7 | 22 | 17 | 18 | 26 | 0 |
| | 부천 | 11 | 7 | 6 | 38 | 34 | 26 | 50 | 0 |
| | 서울E | 7 | 13 | 4 | 33 | 23 | 21 | 38 | 0 |
| | 성남 | 4 | 3 | 2 | 12 | 10 | 7 | 13 | 1 |
| | 수원 | 0 | 2 | 4 | 9 | 16 | 6 | 12 | 1 |
| | 수원FC | 2 | 3 | 2 | 14 | 14 | 9 | 23 | 0 |

| | | | | | | | | | |
|---|---|---|---|---|---|---|---|---|---|
| | 아산 | 1 | 1 | 2 | 3 | 5 | 1 | 11 | 1 |
| | 안산 | 10 | 6 | 8 | 38 | 29 | 25 | 46 | 1 |
| | 인천 | 2 | 0 | 1 | 4 | 4 | 2 | 4 | 1 |
| | 제주 | 1 | 1 | 1 | 2 | 3 | 2 | 7 | 0 |
| | 천안 | 5 | 0 | 4 | 16 | 12 | 14 | 10 | 0 |
| | 충남아산 | 6 | 8 | 6 | 20 | 25 | 14 | 39 | 0 |
| | 충북청주 | 5 | 2 | 2 | 20 | 8 | 14 | 11 | 0 |
| | 화성 | 2 | 0 | 1 | 6 | 5 | 3 | 4 | 0 |
| | 안양 | 5 | 6 | 10 | 22 | 29 | 8 | 40 | 0 |

| 팀명 | 상대팀 | 승 | 무 | 패 | 득점 | 실점 | 도움 | 경고 | 퇴장 |
|---|---|---|---|---|---|---|---|---|---|
| 수원FC | 합계 | 95 | 59 | 92 | 341 | 331 | 210 | 497 | 7 |
| | 강원 | 2 | 2 | 4 | 10 | 13 | 9 | 19 | 0 |
| | 경남 | 6 | 3 | 2 | 18 | 13 | 12 | 18 | 0 |
| | 고양 | 4 | 6 | 3 | 15 | 12 | 7 | 31 | 2 |
| | 광주 | 4 | 3 | 10 | 15 | 28 | 10 | 30 | 1 |
| | 대구 | 3 | 3 | 2 | 13 | 12 | 12 | 17 | 0 |
| | 대전 | 10 | 2 | 7 | 39 | 31 | 21 | 27 | 0 |
| | 부산 | 3 | 4 | 5 | 11 | 16 | 4 | 25 | 0 |
| | 부천 | 11 | 6 | 11 | 37 | 42 | 30 | 64 | 1 |
| | 상주 | 2 | 4 | 3 | 10 | 11 | 6 | 20 | 0 |
| | 서울E | 9 | 5 | 5 | 27 | 20 | 15 | 35 | 0 |
| | 성남 | 1 | 2 | 5 | 3 | 11 | 0 | 18 | 0 |
| | 아산 | 2 | 2 | 8 | 9 | 17 | 6 | 36 | 0 |
| | 안산 | 7 | 2 | 6 | 22 | 21 | 16 | 30 | 2 |
| | 안산무 | 5 | 1 | 7 | 20 | 21 | 13 | 28 | 0 |
| | 전남 | 2 | 3 | 2 | 14 | 14 | 6 | 13 | 0 |
| | 제주 | 0 | 1 | 2 | 1 | 4 | 1 | 6 | 0 |
| | 충남아산 | 2 | 1 | 0 | 8 | 1 | 6 | 4 | 0 |
| | 충주 | 7 | 3 | 3 | 22 | 12 | 14 | 16 | 0 |
| | 안양 | 15 | 6 | 7 | 47 | 32 | 22 | 60 | 1 |

| 팀명 | 상대팀 | 승 | 무 | 패 | 득점 | 실점 | 도움 | 경고 | 퇴장 |
|---|---|---|---|---|---|---|---|---|---|
| 안산 | 합계 | 77 | 88 | 157 | 318 | 471 | 193 | 570 | 18 |
| | 경남 | 5 | 7 | 12 | 29 | 40 | 14 | 43 | 1 |
| | 광주 | 3 | 3 | 6 | 8 | 17 | 3 | 22 | 1 |
| | 김천 | 0 | 1 | 6 | 8 | 19 | 8 | 17 | 0 |
| | 김포 | 3 | 5 | 5 | 16 | 16 | 9 | 23 | 0 |
| | 대전 | 5 | 7 | 11 | 20 | 31 | 17 | 40 | 4 |
| | 부산 | 6 | 7 | 16 | 24 | 48 | 15 | 42 | 2 |
| | 부천 | 10 | 6 | 16 | 39 | 47 | 24 | 62 | 3 |
| | 서울E | 7 | 11 | 14 | 34 | 51 | 22 | 54 | 1 |
| | 성남 | 4 | 5 | 8 | 12 | 19 | 7 | 35 | 1 |
| | 수원 | 0 | 2 | 4 | 4 | 9 | 1 | 9 | 2 |
| | 수원FC | 6 | 2 | 7 | 21 | 22 | 13 | 25 | 0 |
| | 아산 | 2 | 3 | 7 | 6 | 13 | 4 | 23 | 0 |
| | 인천 | 0 | 0 | 3 | 2 | 7 | 1 | 9 | 0 |
| | 전남 | 8 | 6 | 10 | 29 | 38 | 16 | 38 | 2 |
| | 제주 | 0 | 1 | 2 | 3 | 6 | 1 | 6 | 0 |
| | 천안 | 3 | 5 | 1 | 10 | 8 | 6 | 21 | 0 |
| | 충남아산 | 6 | 5 | 9 | 13 | 20 | 9 | 34 | 0 |
| | 충북청주 | 1 | 3 | 5 | 5 | 12 | 3 | 13 | 0 |
| | 화성 | 0 | 2 | 1 | 3 | 4 | 3 | 6 | 0 |
| | 안양 | 8 | 7 | 14 | 32 | 44 | 17 | 48 | 1 |

| 팀명 | 상대팀 | 승 | 무 | 패 | 득점 | 실점 | 도움 | 경고 | 퇴장 |
|---|---|---|---|---|---|---|---|---|---|
| 광주 | 합계 | 86 | 53 | 44 | 273 | 193 | 172 | 329 | 7 |
| | 강원 | 2 | 1 | 1 | 8 | 5 | 6 | 4 | 1 |
| | 경남 | 2 | 1 | 1 | 9 | 7 | 8 | 5 | 0 |
| | 고양 | 3 | 3 | 3 | 11 | 13 | 6 | 14 | 0 |

| 팀명 | 상대팀 | 승 | 무 | 패 | 득점 | 실점 | 도움 | 경고 | 퇴장 |
|---|---|---|---|---|---|---|---|---|---|
| | 김포 | 2 | 1 | 1 | 5 | 4 | 3 | 10 | 0 |
| | 대구 | 2 | 1 | 1 | 5 | 4 | 5 | 9 | 0 |
| | 대전 | 6 | 5 | 5 | 14 | 17 | 10 | 24 | 1 |
| | 부산 | 5 | 6 | 1 | 19 | 12 | 14 | 28 | 0 |
| | 부천 | 11 | 5 | 5 | 27 | 20 | 16 | 40 | 0 |
| | 상주 | 1 | 0 | 4 | 5 | 10 | 4 | 8 | 0 |
| | 서울E | 9 | 3 | 0 | 28 | 8 | 15 | 19 | 0 |
| | 성남 | 1 | 2 | 1 | 6 | 6 | 4 | 4 | 0 |
| | 수원FC | 10 | 3 | 4 | 28 | 15 | 18 | 31 | 1 |
| | 아산 | 4 | 3 | 1 | 13 | 6 | 6 | 13 | 0 |
| | 안산 | 6 | 3 | 3 | 17 | 8 | 11 | 25 | 2 |
| | 안산무궁 | 3 | 1 | 5 | 11 | 13 | 7 | 19 | 1 |
| | 전남 | 4 | 3 | 1 | 12 | 8 | 8 | 16 | 1 |
| | 충남아산 | 3 | 1 | 0 | 7 | 3 | 3 | 8 | 0 |
| | 충주 | 3 | 4 | 2 | 11 | 6 | 6 | 14 | 0 |
| | 안양 | 9 | 7 | 5 | 37 | 28 | 22 | 38 | 0 |

| 팀명 | 상대팀 | 승 | 무 | 패 | 득점 | 실점 | 도움 | 경고 | 퇴장 |
|---|---|---|---|---|---|---|---|---|---|
| 충남아산 | 합계 | 71 | 57 | 86 | 247 | 262 | 155 | 368 | 10 |
| | 경남 | 10 | 5 | 5 | 32 | 23 | 17 | 31 | 2 |
| | 광주 | 0 | 1 | 3 | 3 | 7 | 0 | 11 | 0 |
| | 김천 | 0 | 0 | 7 | 6 | 18 | 2 | 10 | 0 |
| | 김포 | 4 | 3 | 6 | 15 | 15 | 8 | 21 | 1 |
| | 대전 | 3 | 3 | 5 | 16 | 19 | 9 | 16 | 1 |
| | 부산 | 5 | 3 | 9 | 18 | 24 | 12 | 27 | 0 |
| | 부천 | 4 | 7 | 9 | 17 | 24 | 9 | 38 | 2 |
| | 서울E | 10 | 5 | 5 | 21 | 21 | 16 | 35 | 0 |
| | 성남 | 4 | 3 | 2 | 13 | 9 | 13 | 11 | 1 |
| | 수원 | 1 | 1 | 4 | 6 | 10 | 5 | 11 | 0 |
| | 수원FC | 0 | 1 | 2 | 1 | 8 | 0 | 7 | 0 |
| | 안산 | 9 | 5 | 6 | 20 | 13 | 11 | 38 | 2 |
| | 인천 | 0 | 1 | 2 | 2 | 6 | 1 | 12 | 0 |
| | 전남 | 6 | 8 | 6 | 25 | 20 | 17 | 25 | 0 |
| | 제주 | 0 | 0 | 3 | 1 | 5 | 1 | 3 | 0 |
| | 천안 | 5 | 2 | 2 | 10 | 5 | 8 | 17 | 1 |
| | 충북청주 | 7 | 1 | 1 | 23 | 6 | 16 | 10 | 0 |
| | 화성 | 0 | 3 | 0 | 3 | 3 | 3 | 3 | 0 |
| | 안양 | 3 | 5 | 9 | 15 | 26 | 7 | 42 | 0 |

| 팀명 | 상대팀 | 승 | 무 | 패 | 득점 | 실점 | 도움 | 경고 | 퇴장 |
|---|---|---|---|---|---|---|---|---|---|
| 성남 | 합계 | 64 | 60 | 59 | 210 | 214 | 117 | 327 | 7 |
| | 경남 | 5 | 3 | 5 | 16 | 21 | 8 | 23 | 0 |
| | 광주 | 1 | 2 | 1 | 6 | 6 | 5 | 6 | 0 |
| | 김천 | 1 | 1 | 1 | 3 | 6 | 2 | 7 | 0 |
| | 김포 | 1 | 6 | 2 | 6 | 8 | 4 | 22 | 0 |
| | 대전 | 6 | 2 | 0 | 16 | 6 | 9 | 9 | 0 |
| | 부산 | 4 | 6 | 7 | 14 | 22 | 6 | 31 | 1 |
| | 부천 | 6 | 4 | 7 | 19 | 21 | 10 | 32 | 1 |
| | 서울E | 4 | 6 | 7 | 18 | 23 | 10 | 32 | 0 |
| | 수원 | 1 | 1 | 4 | 8 | 13 | 5 | 14 | 1 |
| | 수원FC | 5 | 2 | 1 | 11 | 3 | 7 | 10 | 0 |
| | 아산 | 4 | 2 | 2 | 9 | 7 | 3 | 17 | 0 |
| | 안산 | 8 | 5 | 4 | 19 | 12 | 9 | 27 | 0 |
| | 인천 | 2 | 1 | 0 | 6 | 4 | 4 | 7 | 1 |
| | 전남 | 2 | 3 | 4 | 10 | 12 | 8 | 13 | 0 |
| | 천안 | 2 | 4 | 3 | 11 | 12 | 4 | 13 | 1 |
| | 충남아산 | 2 | 3 | 4 | 9 | 13 | 5 | 13 | 0 |
| | 충북청주 | 3 | 4 | 2 | 9 | 8 | 6 | 16 | 0 |
| | 화성 | 2 | 0 | 1 | 3 | 1 | 2 | 4 | 0 |
| | 안양 | 5 | 5 | 4 | 17 | 16 | 10 | 31 | 2 |

| 팀명 | 상대팀 | 승 | 무 | 패 | 득점 | 실점 | 도움 | 경고 | 퇴장 |
|---|---|---|---|---|---|---|---|---|---|
| 안산무궁화 | 합계 | 66 | 37 | 48 | 206 | 198 | 126 | 361 | 8 |
| | 강원 | 4 | 1 | 7 | 11 | 19 | 5 | 35 | 0 |
| | 경남 | 5 | 2 | 1 | 13 | 4 | 9 | 14 | 0 |
| | 고양 | 8 | 6 | 3 | 28 | 13 | 21 | 40 | 1 |
| | 광주 | 5 | 1 | 3 | 13 | 11 | 9 | 24 | 2 |
| | 대구 | 5 | 4 | 3 | 18 | 17 | 12 | 20 | 1 |
| | 대전 | 4 | 2 | 2 | 11 | 10 | 8 | 14 | 1 |
| | 부산 | 1 | 1 | 2 | 4 | 8 | 1 | 8 | 0 |
| | 부천 | 9 | 4 | 4 | 28 | 19 | 17 | 53 | 1 |
| | 상주 | 1 | 2 | 6 | 7 | 20 | 5 | 30 | 0 |
| | 서울E | 2 | 4 | 2 | 8 | 8 | 3 | 11 | 1 |
| | 수원FC | 7 | 1 | 5 | 21 | 20 | 11 | 32 | 1 |
| | 충주 | 7 | 6 | 4 | 24 | 25 | 14 | 32 | 0 |
| | 안양 | 8 | 3 | 6 | 20 | 24 | 11 | 48 | 0 |

| 팀명 | 상대팀 | 승 | 무 | 패 | 득점 | 실점 | 도움 | 경고 | 퇴장 |
|---|---|---|---|---|---|---|---|---|---|
| 김포 | 합계 | 54 | 48 | 49 | 170 | 168 | 110 | 291 | 7 |
| | 경남 | 4 | 4 | 5 | 16 | 18 | 11 | 24 | 0 |
| | 광주 | 1 | 1 | 2 | 4 | 5 | 3 | 12 | 0 |
| | 김천 | 2 | 0 | 1 | 4 | 3 | 3 | 1 | 0 |
| | 대전 | 0 | 2 | 2 | 6 | 10 | 4 | 9 | 1 |
| | 부산 | 6 | 4 | 3 | 13 | 9 | 9 | 25 | 0 |
| | 부천 | 2 | 4 | 7 | 7 | 14 | 4 | 22 | 1 |
| | 서울E | 3 | 4 | 6 | 13 | 22 | 8 | 29 | 2 |
| | 성남 | 2 | 6 | 1 | 8 | 6 | 5 | 17 | 0 |
| | 수원 | 1 | 4 | 1 | 7 | 6 | 7 | 9 | 0 |
| | 안산 | 5 | 5 | 3 | 16 | 16 | 10 | 30 | 0 |
| | 인천 | 1 | 1 | 1 | 3 | 5 | 1 | 10 | 0 |
| | 전남 | 6 | 3 | 4 | 18 | 16 | 16 | 29 | 0 |
| | 천안 | 6 | 2 | 1 | 14 | 5 | 6 | 10 | 0 |
| | 충남아산 | 6 | 3 | 4 | 15 | 15 | 8 | 27 | 2 |
| | 충북청주 | 3 | 3 | 3 | 10 | 7 | 7 | 16 | 1 |
| | 화성 | 3 | 0 | 0 | 7 | 1 | 2 | 9 | 0 |
| | 안양 | 3 | 2 | 5 | 9 | 10 | 6 | 12 | 0 |

| 팀명 | 상대팀 | 승 | 무 | 패 | 득점 | 실점 | 도움 | 경고 | 퇴장 |
|---|---|---|---|---|---|---|---|---|---|
| 대구 | 합계 | 50 | 34 | 32 | 170 | 130 | 105 | 226 | 1 |
| | 강원 | 6 | 2 | 4 | 20 | 16 | 11 | 24 | 0 |
| | 경남 | 5 | 1 | 2 | 12 | 6 | 9 | 10 | 0 |
| | 고양 | 6 | 2 | 4 | 21 | 16 | 11 | 19 | 0 |
| | 광주 | 1 | 1 | 2 | 4 | 5 | 0 | 6 | 0 |
| | 대전 | 4 | 2 | 2 | 9 | 6 | 6 | 16 | 0 |
| | 부산 | 3 | 0 | 1 | 7 | 2 | 4 | 11 | 0 |
| | 부천 | 6 | 4 | 2 | 13 | 7 | 10 | 26 | 1 |
| | 상주 | 2 | 1 | 1 | 10 | 5 | 6 | 10 | 0 |
| | 서울E | 3 | 4 | 1 | 10 | 6 | 8 | 6 | 0 |
| | 수원FC | 2 | 3 | 3 | 12 | 13 | 5 | 22 | 0 |
| | 안산무 | 3 | 4 | 5 | 17 | 18 | 10 | 25 | 0 |
| | 충주 | 7 | 4 | 1 | 19 | 11 | 11 | 18 | 0 |
| | 안양 | 2 | 6 | 4 | 16 | 19 | 14 | 33 | 0 |

| 팀명 | 상대팀 | 승 | 무 | 패 | 득점 | 실점 | 도움 | 경고 | 퇴장 |
|---|---|---|---|---|---|---|---|---|---|
| 강원 | 합계 | 48 | 27 | 41 | 162 | 139 | 96 | 238 | 7 |
| | 경남 | 0 | 5 | 3 | 2 | 6 | 1 | 11 | 0 |
| | 고양 | 6 | 3 | 3 | 16 | 9 | 11 | 23 | 1 |
| | 광주 | 1 | 1 | 2 | 5 | 8 | 4 | 4 | 1 |
| | 대구 | 4 | 2 | 6 | 16 | 20 | 10 | 23 | 0 |
| | 대전 | 2 | 1 | 5 | 7 | 13 | 5 | 15 | 1 |
| | 부산 | 0 | 1 | 3 | 2 | 5 | 1 | 9 | 0 |
| | 부천 | 4 | 2 | 6 | 16 | 18 | 10 | 35 | 1 |

| 팀명 | 상대팀 | 승 | 무 | 패 | 득점 | 실점 | 도움 | 경고 | 퇴장 |
|---|---|---|---|---|---|---|---|---|---|
| | 상주 | 1 | 0 | 3 | 5 | 7 | 1 | 9 | 0 |
| | 서울E | 5 | 3 | 0 | 17 | 10 | 10 | 16 | 0 |
| | 수원FC | 4 | 2 | 2 | 13 | 10 | 10 | 24 | 0 |
| | 안산무 | 7 | 1 | 4 | 19 | 11 | 8 | 24 | 1 |
| | 충주 | 8 | 2 | 2 | 24 | 14 | 15 | 18 | 0 |
| | 안양 | 6 | 4 | 2 | 20 | 8 | 10 | 27 | 2 |

| 팀명 | 상대팀 | 승 | 무 | 패 | 득점 | 실점 | 도움 | 경고 | 퇴장 |
|---|---|---|---|---|---|---|---|---|---|
| 아산 | 합계 | 48 | 26 | 34 | 140 | 120 | 90 | 217 | 4 |
| | 경남 | 0 | 1 | 3 | 4 | 8 | 1 | 5 | 0 |
| | 광주 | 1 | 3 | 4 | 6 | 13 | 5 | 17 | 1 |
| | 대전 | 5 | 3 | 4 | 14 | 12 | 12 | 27 | 1 |
| | 부산 | 2 | 4 | 6 | 13 | 19 | 7 | 30 | 1 |
| | 부천 | 6 | 3 | 3 | 16 | 16 | 7 | 22 | 0 |
| | 서울E | 8 | 3 | 1 | 25 | 9 | 15 | 19 | 0 |
| | 성남 | 2 | 2 | 4 | 7 | 9 | 6 | 26 | 0 |
| | 수원FC | 8 | 2 | 2 | 17 | 9 | 12 | 24 | 1 |
| | 안산 | 7 | 3 | 2 | 13 | 6 | 8 | 19 | 0 |
| | 전남 | 2 | 1 | 1 | 5 | 3 | 4 | 4 | 0 |
| | 안양 | 7 | 1 | 4 | 20 | 16 | 13 | 24 | 0 |

| 팀명 | 상대팀 | 승 | 무 | 패 | 득점 | 실점 | 도움 | 경고 | 퇴장 |
|---|---|---|---|---|---|---|---|---|---|
| 고양 | 합계 | 36 | 45 | 70 | 146 | 231 | 77 | 308 | 7 |
| | 강원 | 3 | 3 | 6 | 9 | 16 | 4 | 29 | 0 |
| | 경남 | 2 | 1 | 5 | 7 | 16 | 5 | 17 | 1 |
| | 광주 | 3 | 3 | 3 | 13 | 11 | 6 | 19 | 0 |
| | 대구 | 4 | 2 | 6 | 16 | 21 | 4 | 28 | 1 |
| | 대전 | 0 | 3 | 5 | 4 | 13 | 2 | 15 | 1 |
| | 부산 | 0 | 0 | 4 | 0 | 6 | 0 | 11 | 1 |
| | 부천 | 4 | 4 | 9 | 17 | 27 | 8 | 39 | 0 |
| | 상주 | 1 | 2 | 6 | 6 | 20 | 1 | 8 | 1 |
| | 서울E | 1 | 3 | 4 | 7 | 15 | 4 | 19 | 0 |
| | 수원FC | 3 | 6 | 4 | 12 | 15 | 6 | 27 | 0 |
| | 안산무 | 3 | 6 | 8 | 13 | 28 | 9 | 22 | 0 |
| | 충주 | 7 | 8 | 2 | 27 | 22 | 21 | 32 | 2 |
| | 안양 | 5 | 4 | 8 | 15 | 21 | 7 | 42 | 0 |

| 팀명 | 상대팀 | 승 | 무 | 패 | 득점 | 실점 | 도움 | 경고 | 퇴장 |
|---|---|---|---|---|---|---|---|---|---|
| 상주 | 합계 | 43 | 15 | 17 | 142 | 88 | 92 | 127 | 3 |
| | 강원 | 3 | 0 | 1 | 7 | 5 | 5 | 6 | 0 |
| | 경남 | 3 | 0 | 1 | 8 | 4 | 6 | 0 | 0 |
| | 고양 | 6 | 2 | 1 | 20 | 6 | 16 | 17 | 0 |
| | 광주 | 4 | 0 | 1 | 10 | 5 | 6 | 12 | 1 |
| | 대구 | 1 | 1 | 2 | 5 | 10 | 1 | 12 | 0 |
| | 부천 | 5 | 2 | 2 | 14 | 10 | 6 | 17 | 1 |
| | 서울E | 2 | 1 | 1 | 7 | 6 | 6 | 6 | 0 |
| | 수원FC | 3 | 4 | 2 | 11 | 10 | 6 | 18 | 0 |
| | 안산무 | 6 | 2 | 1 | 20 | 7 | 15 | 12 | 0 |
| | 충주 | 5 | 2 | 2 | 19 | 12 | 13 | 10 | 0 |
| | 안양 | 5 | 1 | 3 | 21 | 13 | 12 | 17 | 1 |

| 팀명 | 상대팀 | 승 | 무 | 패 | 득점 | 실점 | 도움 | 경고 | 퇴장 |
|---|---|---|---|---|---|---|---|---|---|
| 김천 | 합계 | 42 | 16 | 14 | 131 | 71 | 80 | 116 | 1 |
| | 경남 | 3 | 2 | 2 | 9 | 8 | 7 | 11 | 0 |
| | 김포 | 1 | 0 | 2 | 3 | 4 | 2 | 4 | 0 |
| | 대전 | 3 | 1 | 0 | 9 | 4 | 7 | 8 | 0 |
| | 부산 | 3 | 1 | 3 | 13 | 10 | 8 | 8 | 0 |
| | 부천 | 6 | 1 | 0 | 14 | 2 | 13 | 11 | 0 |
| | 서울E | 5 | 1 | 1 | 11 | 5 | 6 | 8 | 0 |
| | 성남 | 1 | 1 | 1 | 6 | 3 | 4 | 2 | 0 |
| | 안산 | 6 | 1 | 0 | 19 | 8 | 6 | 17 | 0 |
| | 전남 | 2 | 2 | 3 | 10 | 10 | 5 | 14 | 1 |

| 팀명 | 상대팀 | 승 | 무 | 패 | 득점 | 실점 | 도움 | 경고 | 퇴장 |
|---|---|---|---|---|---|---|---|---|---|
| | 천안 | 3 | 0 | 0 | 9 | 2 | 6 | 4 | 0 |
| | 충남아산 | 7 | 0 | 0 | 18 | 6 | 11 | 12 | 0 |
| | 충북청주 | 1 | 2 | 0 | 2 | 0 | 0 | 6 | 0 |
| | 안양 | 1 | 4 | 2 | 8 | 9 | 5 | 11 | 0 |

| 팀명 | 상대팀 | 승 | 무 | 패 | 득점 | 실점 | 도움 | 경고 | 퇴장 |
|---|---|---|---|---|---|---|---|---|---|
| 충주 | 합계 | 30 | 43 | 78 | 161 | 243 | 103 | 273 | 1 |
| | 강원 | 2 | 2 | 8 | 14 | 24 | 7 | 21 | 0 |
| | 경남 | 2 | 1 | 5 | 7 | 13 | 2 | 11 | 0 |
| | 고양 | 2 | 8 | 7 | 22 | 27 | 15 | 30 | 0 |
| | 광주 | 2 | 4 | 3 | 6 | 11 | 3 | 19 | 1 |
| | 대구 | 1 | 4 | 7 | 11 | 19 | 9 | 18 | 0 |
| | 대전 | 0 | 3 | 5 | 6 | 17 | 4 | 11 | 0 |
| | 부산 | 0 | 1 | 3 | 1 | 7 | 1 | 7 | 0 |
| | 부천 | 7 | 3 | 7 | 18 | 15 | 15 | 44 | 0 |
| | 상주 | 2 | 2 | 5 | 12 | 19 | 8 | 19 | 0 |
| | 서울E | 1 | 1 | 6 | 7 | 17 | 3 | 14 | 0 |
| | 수원FC | 3 | 3 | 7 | 12 | 22 | 7 | 23 | 0 |
| | 안산무 | 4 | 6 | 7 | 25 | 24 | 16 | 24 | 0 |
| | 안양 | 4 | 5 | 8 | 20 | 28 | 13 | 32 | 0 |

| 팀명 | 상대팀 | 승 | 무 | 패 | 득점 | 실점 | 도움 | 경고 | 퇴장 |
|---|---|---|---|---|---|---|---|---|---|
| 수원 | (계) | 35 | 23 | 17 | 122 | 85 | 81 | 108 | 10 |
| | 경남 | 2 | 3 | 1 | 10 | 5 | 7 | 5 | 0 |
| | 김포 | 1 | 4 | 1 | 6 | 7 | 4 | 6 | 0 |
| | 부산 | 1 | 2 | 3 | 6 | 6 | 4 | 8 | 1 |
| | 부천 | 2 | 3 | 1 | 11 | 6 | 6 | 5 | 2 |
| | 서울E | 1 | 0 | 5 | 5 | 13 | 4 | 10 | 0 |
| | 성남 | 4 | 1 | 1 | 13 | 8 | 9 | 15 | 1 |
| | 안산 | 4 | 2 | 0 | 9 | 4 | 8 | 14 | 1 |
| | 인천 | 0 | 1 | 2 | 2 | 5 | 0 | 6 | 1 |
| | 전남 | 4 | 2 | 0 | 16 | 9 | 9 | 10 | 1 |
| | 천안 | 4 | 0 | 2 | 12 | 5 | 7 | 7 | 1 |
| | 충남아산 | 4 | 1 | 1 | 10 | 6 | 7 | 7 | 2 |
| | 충북청주 | 3 | 3 | 0 | 9 | 5 | 7 | 9 | 0 |
| | 화성 | 2 | 1 | 0 | 7 | 4 | 4 | 2 | 0 |
| | 안양 | 3 | 0 | 0 | 6 | 2 | 5 | 4 | 0 |

| 팀명 | 상대팀 | 승 | 무 | 패 | 득점 | 실점 | 도움 | 경고 | 퇴장 |
|---|---|---|---|---|---|---|---|---|---|
| 충북청주 | 합계 | 21 | 29 | 22 | 69 | 84 | 50 | 143 | 2 |
| | 경남 | 1 | 4 | 1 | 5 | 6 | 4 | 10 | 0 |
| | 김천 | 0 | 2 | 1 | 0 | 2 | 0 | 4 | 0 |
| | 김포 | 2 | 3 | 1 | 4 | 3 | 3 | 14 | 0 |
| | 부산 | 2 | 4 | 0 | 6 | 3 | 6 | 12 | 0 |
| | 부천 | 1 | 4 | 1 | 4 | 4 | 3 | 14 | 0 |
| | 서울E | 2 | 1 | 3 | 9 | 10 | 5 | 8 | 1 |
| | 성남 | 2 | 3 | 1 | 7 | 6 | 4 | 10 | 0 |
| | 수원 | 0 | 2 | 1 | 2 | 3 | 2 | 9 | 0 |
| | 안산 | 4 | 1 | 1 | 10 | 4 | 9 | 15 | 0 |
| | 전남 | 2 | 1 | 3 | 5 | 11 | 3 | 9 | 1 |
| | 천안 | 2 | 3 | 1 | 7 | 6 | 5 | 13 | 0 |
| | 충남아산 | 1 | 0 | 5 | 5 | 18 | 3 | 14 | 0 |
| | 안양 | 2 | 1 | 3 | 5 | 8 | 3 | 11 | 0 |

| 팀명 | 상대팀 | 승 | 무 | 패 | 득점 | 실점 | 도움 | 경고 | 퇴장 |
|---|---|---|---|---|---|---|---|---|---|
| 천안 | 합계 | 16 | 20 | 36 | 81 | 119 | 55 | 127 | 7 |
| | 경남 | 1 | 3 | 2 | 12 | 12 | 8 | 11 | 0 |
| | 김천 | 0 | 0 | 3 | 2 | 9 | 2 | 8 | 0 |
| | 김포 | 0 | 2 | 4 | 2 | 10 | 2 | 15 | 1 |
| | 부산 | 1 | 1 | 4 | 9 | 13 | 8 | 14 | 0 |
| | 부천 | 2 | 2 | 2 | 7 | 8 | 3 | 12 | 0 |
| | 서울E | 2 | 1 | 3 | 9 | 13 | 5 | 11 | 1 |

| 팀명 | 상대팀 | 승 | 무 | 패 | 득점 | 실점 | 도움 | 경고 | 퇴장 |
|---|---|---|---|---|---|---|---|---|---|
| | 성남 | 3 | 2 | 1 | 10 | 7 | 8 | 11 | 0 |
| | 수원 | 2 | 0 | 1 | 4 | 3 | 4 | 4 | 0 |
| | 안산 | 1 | 3 | 2 | 8 | 9 | 3 | 10 | 0 |
| | 전남 | 3 | 0 | 3 | 7 | 7 | 5 | 4 | 1 |
| | 충남아산 | 0 | 1 | 5 | 2 | 9 | 1 | 7 | 2 |
| | 충북청주 | 1 | 3 | 2 | 6 | 7 | 3 | 10 | 2 |
| | 안양 | 0 | 2 | 4 | 3 | 12 | 3 | 10 | 0 |

| 팀명 | 상대팀 | 승 | 무 | 패 | 득점 | 실점 | 도움 | 경고 | 퇴장 |
|---|---|---|---|---|---|---|---|---|---|
| 인천 | 합계 | 23 | 9 | 7 | 66 | 30 | 39 | 62 | 2 |
| | 경남 | 3 | 0 | 0 | 7 | 0 | 4 | 4 | 0 |
| | 김포 | 1 | 1 | 1 | 5 | 3 | 1 | 2 | 0 |
| | 부산 | 1 | 2 | 0 | 3 | 1 | 2 | 5 | 0 |
| | 부천 | 2 | 0 | 1 | 4 | 2 | 3 | 6 | 0 |
| | 서울E | 1 | 2 | 0 | 1 | 0 | 0 | 7 | 0 |
| | 성남 | 0 | 1 | 2 | 4 | 6 | 3 | 9 | 0 |
| | 수원 | 2 | 1 | 0 | 5 | 2 | 5 | 7 | 1 |
| | 안산 | 3 | 0 | 0 | 7 | 2 | 4 | 4 | 0 |
| | 전남 | 1 | 0 | 2 | 4 | 4 | 2 | 2 | 0 |
| | 천안 | 2 | 1 | 0 | 10 | 6 | 5 | 5 | 0 |
| | 충남아산 | 2 | 1 | 0 | 6 | 2 | 5 | 2 | 0 |
| | 충북청주 | 2 | 0 | 1 | 6 | 2 | 4 | 5 | 0 |
| | 화성 | 3 | 0 | 0 | 4 | 0 | 1 | 4 | 1 |

| 팀명 | 상대팀 | 승 | 무 | 패 | 득점 | 실점 | 도움 | 경고 | 퇴장 |
|---|---|---|---|---|---|---|---|---|---|
| 제주 | 합계 | 18 | 6 | 3 | 50 | 23 | 34 | 54 | 1 |
| | 경남 | 1 | 2 | 0 | 5 | 4 | 5 | 5 | 0 |
| | 대전 | 1 | 0 | 2 | 5 | 5 | 4 | 3 | 1 |
| | 부천 | 3 | 0 | 0 | 7 | 0 | 5 | 6 | 0 |
| | 서울E | 2 | 1 | 0 | 6 | 4 | 3 | 11 | 0 |
| | 수원FC | 2 | 1 | 0 | 4 | 1 | 4 | 6 | 0 |
| | 안산 | 2 | 1 | 0 | 6 | 3 | 4 | 3 | 0 |
| | 전남 | 1 | 1 | 1 | 3 | 2 | 1 | 5 | 0 |
| | 충남아산 | 3 | 0 | 0 | 5 | 1 | 2 | 5 | 0 |
| | 안양 | 3 | 0 | 0 | 9 | 3 | 6 | 10 | 0 |

| 팀명 | 상대팀 | 승 | 무 | 패 | 득점 | 실점 | 도움 | 경고 | 퇴장 |
|---|---|---|---|---|---|---|---|---|---|
| 화성 | 합계 | 9 | 13 | 17 | 36 | 50 | 23 | 79 | 3 |
| | 경남 | 1 | 1 | 1 | 2 | 2 | 2 | 8 | 1 |
| | 김포 | 0 | 0 | 3 | 1 | 7 | 0 | 3 | 0 |
| | 부산 | 1 | 1 | 1 | 4 | 4 | 3 | 6 | 0 |
| | 부천 | 0 | 1 | 2 | 0 | 2 | 0 | 3 | 0 |
| | 서울E | 0 | 2 | 1 | 1 | 2 | 0 | 3 | 0 |
| | 성남 | 1 | 0 | 2 | 1 | 3 | 1 | 9 | 0 |
| | 수원 | 0 | 1 | 2 | 4 | 7 | 4 | 6 | 0 |
| | 안산 | 1 | 2 | 0 | 4 | 3 | 1 | 5 | 0 |
| | 인천 | 0 | 0 | 3 | 0 | 4 | 0 | 7 | 0 |
| | 전남 | 1 | 0 | 2 | 5 | 6 | 3 | 5 | 0 |
| | 천안 | 2 | 1 | 0 | 7 | 5 | 6 | 8 | 2 |
| | 충남아산 | 0 | 3 | 0 | 3 | 3 | 1 | 10 | 0 |
| | 충북청주 | 2 | 1 | 0 | 4 | 2 | 2 | 6 | 0 |

## K리그2 통산 팀 최다 / 최소 기록

| 구분 | 기록 | 구단명 | 구분 | 기록 | 구단명 |
|---|---|---|---|---|---|
| 최다승리 | 168 | 부천 | 최소승리 | 9 | 화성 |
| 최다패전 | 188 | 부천 | 최소패전 | 3 | 제주 |
| 최다무승부 | 118 | 안양 | 최소무승부 | 6 | 제주 |
| 최다득점 | 578 | 안양 | 최소득점 | 36 | 화성 |
| 최다실점 | 600 | 부천 | 최소실점 | 23 | 제주 |
| 최다도움 | 372 | 안양 | 최소도움 | 23 | 화성 |
| 최다경고 | 851 | 부천 | 최소경고 | 54 | 제주 |
| 최다퇴장 | 23 | 부천 | 최소퇴장 | 1 | 김천, 대구, 제주, 충주 |

## K리그2 통산 팀 최다 연속 기록

| 기록구분 | 기록 | 구단명 (기간) |
|---|---|---|
| 연속 승 | 11 | 상주 (2013.09.01 ~ 2013.11.10) |
| 연속 무승부 | 6 | 전남 (2022.06.08 ~ 2022.07.06) |
| 연속 패 | 9 | 안산 (2018.06.30 ~ 2018.08.26)<br>서울E (2019.05.20 ~ 2019.07.21)<br>안산 (2023.05.14 ~ 2023.07.19) |
| 연속 득점 | 31 | 대구 (2014.09.14 ~ 2015.07.11) |
| 연속 무득점 | 11 | 충북청주 (2025.09.06 ~ 2025.11.09) |
| 연속 무승 | 25 | 고양 (2016.05.08 ~ 2016.09.25) |
| 연속 무패 | 22 | 광주 (2018.10.28 ~ 2019.07.14) |
| 연속 실점 | 21 | 성남 (2024.06.15 ~ 2024.11.09) |
| 연속 무실점 | 6 | 상주 (2013.09.01 ~ 2013.10.05)<br>성남 (2017.05.07 ~ 2017.06.12)<br>부산 (2023.08.29 ~ 2023.10.07) |

## K리그2 통산 선수 출전 순위

| 순위 | 선수명 | 최종 K리그2 소속팀 | 출전 |
|---|---|---|---|
| 1 | 장혁진 | 충북청주 | 304 |
| 2 | 공민현 | 부천 | 279 |
| 3 | 닐손주니어 | 부천 | 271 |
| 4 | 김륜도 | 천안 | 270 |
| 5 | 고경민 | 경남 | 247 |
| 6 | 한지호 | 부천 | 246 |
| 7 | 이학민 | 충남아산 | 242 |
| 8 | 최재훈 | 김포 | 235 |
| 9 | 김동진 | 안양 | 225 |
| 10 | 김형진 | 경남 | 223 |

## K리그2 통산 선수 득점 순위

| 순위 | 선수명 | 최종K2소속팀 | 득점 | 경기수 | 경기당득점 |
|---|---|---|---|---|---|
| 1 | 고경민 | 경남 | 74 | 247 | 0.30 |
| 2 | 알렉스 | 서울E | 64 | 152 | 0.42 |
| 3 | 안병준 | 수원FC | 55 | 102 | 0.54 |
| 4 | 주민규 | 제주 | 52 | 145 | 0.36 |
| 5 | 공민현 | 부천 | 51 | 279 | 0.18 |

## K리그2 통산 선수 도움 순위

| 순위 | 선수명 | 최종K2소속팀 | 도움 | 경기수 | 경기당도움 |
|---|---|---|---|---|---|
| 1 | 장혁진 | 충북청주 | 53 | 304 | 0.17 |
| 2 | 문기한 | 부천 | 41 | 211 | 0.19 |
| 3 | 발디비아 | 전남 | 28 | 101 | 0.28 |
| 4 | 임창균 | 전남 | 27 | 157 | 0.17 |
| 5 | 권용현 | 안양 | 27 | 160 | 0.17 |

### K리그2 통산 선수 공격포인트 순위

| 순위 | 선수명 | 최종K2소속팀 | 공격포인트 | 경기수 | 경기당공격P |
|---|---|---|---|---|---|
| 1 | 고경민 | 경남 | 94 | 247 | 0.38 |
| 2 | 알렉스 | 서울E | 77 | 152 | 0.51 |
| 3 | 공민현 | 부천 | 72 | 279 | 0.28 |
| 4 | 발디비아 | 전남 | 70 | 101 | 0.69 |
| 5 | 장혁진 | 충북청주 | 68 | 304 | 0.22 |

### K리그2 통산 골키퍼 무실점 순위

| 순위 | 선수명 | 최종 K2소속팀 | 무실점 경기수 | 경기수 | 경기당무실점 |
|---|---|---|---|---|---|
| 1 | 구상민 | 부산 | 67 | 182 | 0.37 |
| 2 | 손정현 | 김포 | 58 | 184 | 0.32 |
| 3 | 김영광 | 성남 | 57 | 196 | 0.29 |
| 4 | 류원우 | 경남 | 52 | 161 | 0.32 |
| 5 | 박배종 | 수원FC | 47 | 143 | 0.33 |
|  | 박주원 | 천안 | 47 | 147 | 0.32 |

### K리그2 통산 선수 연속 득점 순위

| 순위 | 선수명 | 당시 소속팀 | 연속경기수 | 비고 |
|---|---|---|---|---|
| 1 | 주민규 | 서울E | 7 | 2015.05.10 ~ 2015.06.10 |
|  | 김동찬 | 대전 | 7 | 2016.04.17 ~ 2016.05.25 |
|  | 이정협 | 부산 | 7 | 2017.03.04 ~ 2017.04.22 |
|  | 조영욱 | 김천 | 7 | 2023.06.10 ~ 2023.07.23 |
| 5 | 아드리아노 | 대전 | 6 | 2014.03.22 ~ 2014.04.27 |
|  | 안병준 | 부산 | 6 | 2021.05.10 ~ 2021.06.20 |
|  | 안병준 | 부산 | 6 | 2021.08.28 ~ 2021.10.03 |

### K리그2 통산 선수 연속 도움 순위

| 순위 | 선수명 | 당시 소속팀 | 연속경기수 | 비고 |
|---|---|---|---|---|
| 1 | 김 현 | 수원 | 4 | 2024.04.14 ~ 2024.05.05 |
|  | 발레로 | 부산 | 4 | 2025.04.20. ~ 2025.05.11 |

### K리그2 통산 선수 연속 공격포인트 순위

| 순위 | 선수명 | 당시 소속팀 | 연속경기수 | 비고 |
|---|---|---|---|---|
| 1 | 이근호 | 상주 | 9 | 2013.04.13 ~ 2013.08.04 |
| 2 | 주민규 | 서울E | 8 | 2015.05.02 ~ 2015.06.10 |
|  | 무고사 | 인천 | 8 | 2025.04.13 ~ 2025.06.01 |
| 4 | 김동찬 | 대전 | 7 | 2016.04.17 ~ 2016.05.25 |
|  | 파울로 | 대구 | 7 | 2016.05.29 ~ 2016.07.02 |
|  | 이정협 | 부산 | 7 | 2017.03.04 ~ 2017.04.22 |
|  | 조영욱 | 김천 | 7 | 2023.06.10 ~ 2023.07.23 |

### K리그2 통산 골키퍼 연속 무실점 경기 순위

| 순위 | 선수명 | 당시 소속팀 | 연속경기수 | 비고 |
|---|---|---|---|---|
| 1 | 김호준 | 상주 | 6 | 2013.09.01 ~ 2013.10.05 |
|  | 구상민 | 부산 | 6 | 2023.08.29 ~ 2023.10.07 |
| 3 | 김선규 | 대전 | 5 | 2014.05.18 ~ 2014.06.16 |
|  | 김영광 | 서울E | 5 | 2016.10.08 ~ 2016.10.30 |
|  | 김다솔 | 수원FC | 5 | 2018.07.30 ~ 2018.08.25 |
|  | 박배종 | 수원FC | 5 | 2020.09.14 ~ 2020.10.10 |
|  | 신송훈 | 충남아산 | 5 | 2024.08.02 ~ 2024.07.01 |

# Section 5

## K리그 플레이오프 통산기록

* 플레이오프 : 한국프로축구연맹이 주관한 플레이오프 대회(1984~)
〉 챔피언결정전, 4강PO, 6강PO, 승강PO, K리그2PO

## K리그 플레이오프 통산 팀 간 경기기록

| 팀명 | 상대팀 | 승 | 무 | 패 | 득점 | 실점 | 도움 | 경고 | 퇴장 |
|---|---|---|---|---|---|---|---|---|---|
| 포항 | 합계 | 7 | 8 | 5 | 19 | 16 | 12 | 36 | 1 |
| | 경남 | 0 | 1 | 0 | 1 | 1 | 0 | 3 | 0 |
| | 성남 | 2 | 2 | 2 | 8 | 7 | 4 | 15 | 1 |
| | 수원 | 1 | 2 | 1 | 1 | 1 | 1 | 2 | 0 |
| | 울산 | 3 | 1 | 2 | 7 | 6 | 6 | 11 | 0 |
| | 전남 | 0 | 1 | 0 | 0 | 0 | 0 | 3 | 0 |
| | 서울 | 1 | 1 | 0 | 2 | 1 | 1 | 2 | 0 |

| 팀명 | 상대팀 | 승 | 무 | 패 | 득점 | 실점 | 도움 | 경고 | 퇴장 |
|---|---|---|---|---|---|---|---|---|---|
| 부산 | 합계 | 10 | 4 | 10 | 23 | 23 | 13 | 53 | 0 |
| | 강원 | 0 | 0 | 1 | 0 | 1 | 0 | 3 | 0 |
| | 경남 | 1 | 1 | 0 | 2 | 0 | 1 | 3 | 0 |
| | 대전 | 1 | 0 | 0 | 3 | 0 | 2 | 1 | 0 |
| | 상주 | 1 | 0 | 1 | 1 | 1 | 0 | 4 | 0 |
| | 수원 | 0 | 0 | 3 | 2 | 5 | 2 | 13 | 0 |
| | 수원FC | 1 | 0 | 3 | 4 | 9 | 2 | 12 | 0 |
| | 아산 | 1 | 0 | 0 | 3 | 0 | 1 | 2 | 0 |
| | 인천 | 0 | 0 | 1 | 0 | 2 | 0 | 1 | 0 |
| | 전남 | 1 | 1 | 0 | 1 | 0 | 1 | 3 | 0 |
| | 제주 | 3 | 1 | 0 | 4 | 1 | 2 | 3 | 0 |
| | 서울 | 0 | 1 | 1 | 2 | 4 | 2 | 5 | 0 |
| | 안양 | 1 | 0 | 0 | 1 | 0 | 0 | 3 | 0 |

| 팀명 | 상대팀 | 승 | 무 | 패 | 득점 | 실점 | 도움 | 경고 | 퇴장 |
|---|---|---|---|---|---|---|---|---|---|
| 수원 | 합계 | 9 | 6 | 4 | 17 | 13 | 8 | 44 | 1 |
| | 부산 | 3 | 0 | 0 | 5 | 2 | 3 | 7 | 0 |
| | 성남 | 0 | 0 | 2 | 1 | 3 | 1 | 3 | 0 |
| | 울산 | 2 | 2 | 1 | 4 | 4 | 1 | 19 | 1 |
| | 전남 | 1 | 0 | 0 | 1 | 0 | 1 | 3 | 0 |
| | 포항 | 1 | 2 | 1 | 1 | 1 | 0 | 4 | 0 |
| | 서울 | 1 | 1 | 0 | 3 | 2 | 0 | 4 | 0 |
| | 안양 | 1 | 1 | 0 | 2 | 1 | 2 | 4 | 0 |

| 팀명 | 상대팀 | 승 | 무 | 패 | 득점 | 실점 | 도움 | 경고 | 퇴장 |
|---|---|---|---|---|---|---|---|---|---|
| 울산 | 합계 | 8 | 3 | 10 | 29 | 27 | 18 | 48 | 1 |
| | 대전 | 1 | 0 | 0 | 2 | 0 | 2 | 2 | 1 |
| | 성남 | 1 | 0 | 1 | 3 | 4 | 3 | 4 | 0 |
| | 수원 | 1 | 2 | 2 | 4 | 4 | 2 | 15 | 0 |
| | 인천 | 1 | 0 | 1 | 6 | 3 | 3 | 4 | 0 |
| | 전북 | 1 | 0 | 2 | 3 | 4 | 2 | 7 | 0 |
| | 포항 | 2 | 1 | 3 | 6 | 7 | 3 | 10 | 0 |
| | 서울 | 1 | 0 | 1 | 5 | 5 | 3 | 6 | 0 |

| 팀명 | 상대팀 | 승 | 무 | 패 | 득점 | 실점 | 도움 | 경고 | 퇴장 |
|---|---|---|---|---|---|---|---|---|---|
| 제주 | 합계 | 3 | 3 | 6 | 14 | 18 | 12 | 18 | 2 |
| | 부산 | 0 | 1 | 3 | 1 | 4 | 1 | 4 | 0 |
| | 성남 | 1 | 0 | 1 | 5 | 4 | 5 | 3 | 1 |
| | 전북 | 2 | 0 | 0 | 3 | 1 | 3 | 2 | 0 |
| | 서울 | 0 | 2 | 2 | 5 | 9 | 3 | 9 | 1 |

| 팀명 | 상대팀 | 승 | 무 | 패 | 득점 | 실점 | 도움 | 경고 | 퇴장 |
|---|---|---|---|---|---|---|---|---|---|
| 성남 | 합계 | 9 | 7 | 8 | 25 | 26 | 16 | 69 | 2 |
| | 강원 | 0 | 2 | 0 | 1 | 1 | 0 | 8 | 0 |
| | 부천 | 0 | 1 | 0 | 0 | 0 | 0 | 1 | 0 |
| | 서울E | 1 | 0 | 0 | 1 | 0 | 1 | 4 | 0 |
| | 수원 | 2 | 0 | 0 | 3 | 1 | 2 | 4 | 0 |
| | 아산 | 0 | 0 | 1 | 0 | 1 | 0 | 2 | 0 |
| | 울산 | 1 | 0 | 1 | 4 | 3 | 3 | 7 | 0 |
| | 인천 | 0 | 1 | 0 | 1 | 1 | 1 | 6 | 1 |
| | 전남 | 1 | 0 | 0 | 1 | 0 | 1 | 3 | 0 |
| | 전북 | 0 | 1 | 3 | 2 | 6 | 0 | 12 | 0 |
| | 제주 | 1 | 0 | 1 | 4 | 5 | 3 | 4 | 0 |
| | 포항 | 2 | 2 | 2 | 7 | 8 | 4 | 15 | 1 |
| | 서울 | 1 | 0 | 0 | 1 | 0 | 1 | 3 | 0 |

| 팀명 | 상대팀 | 승 | 무 | 패 | 득점 | 실점 | 도움 | 경고 | 퇴장 |
|---|---|---|---|---|---|---|---|---|---|
| 강원 | 합계 | 5 | 3 | 3 | 12 | 10 | 8 | 29 | 0 |
| | 광주 | 0 | 0 | 1 | 0 | 1 | 0 | 0 | 0 |
| | 김포 | 1 | 1 | 0 | 2 | 1 | 1 | 5 | 0 |
| | 대전 | 1 | 0 | 1 | 4 | 2 | 2 | 6 | 0 |
| | 부산 | 1 | 0 | 0 | 1 | 0 | 1 | 3 | 0 |
| | 부천 | 1 | 0 | 0 | 2 | 1 | 1 | 4 | 0 |
| | 상주 | 1 | 0 | 1 | 2 | 4 | 2 | 5 | 0 |
| | 성남 | 0 | 2 | 0 | 1 | 1 | 1 | 6 | 0 |

| 팀명 | 상대팀 | 승 | 무 | 패 | 득점 | 실점 | 도움 | 경고 | 퇴장 |
|---|---|---|---|---|---|---|---|---|---|
| 대전 | 합계 | 5 | 2 | 3 | 13 | 12 | 10 | 18 | 0 |
| | 강원 | 1 | 0 | 1 | 2 | 4 | 2 | 2 | 0 |
| | 경남 | 0 | 1 | 0 | 1 | 1 | 1 | 2 | 0 |
| | 광주 | 1 | 0 | 0 | 1 | 0 | 1 | 2 | 0 |
| | 김천 | 2 | 0 | 0 | 6 | 1 | 3 | 6 | 0 |
| | 부산 | 0 | 0 | 1 | 0 | 3 | 0 | 0 | 0 |
| | 울산 | 0 | 0 | 1 | 0 | 2 | 0 | 3 | 0 |
| | 전남 | 0 | 1 | 0 | 0 | 0 | 0 | 2 | 0 |
| | 안양 | 1 | 0 | 0 | 3 | 1 | 3 | 1 | 0 |

| 팀명 | 상대팀 | 승 | 무 | 패 | 득점 | 실점 | 도움 | 경고 | 퇴장 |
|---|---|---|---|---|---|---|---|---|---|
| 서울 | 합계 | 4 | 6 | 4 | 22 | 19 | 17 | 32 | 0 |
| | 부산 | 1 | 1 | 0 | 4 | 2 | 4 | 3 | 0 |
| | 성남 | 0 | 0 | 1 | 0 | 1 | 0 | 5 | 0 |
| | 수원 | 0 | 1 | 1 | 2 | 3 | 1 | 3 | 0 |
| | 울산 | 1 | 0 | 1 | 5 | 5 | 4 | 3 | 0 |
| | 전남 | 0 | 1 | 0 | 1 | 1 | 1 | 5 | 0 |
| | 제주 | 2 | 2 | 0 | 9 | 5 | 6 | 8 | 0 |
| | 포항 | 0 | 1 | 1 | 1 | 2 | 1 | 5 | 0 |

| 팀명 | 상대팀 | 승 | 무 | 패 | 득점 | 실점 | 도움 | 경고 | 퇴장 |
|---|---|---|---|---|---|---|---|---|---|
| 전북 | 합계 | 8 | 1 | 3 | 17 | 10 | 9 | 36 | 1 |
| | 경남 | 1 | 0 | 0 | 2 | 0 | 1 | 4 | 0 |
| | 서울E | 2 | 0 | 0 | 4 | 2 | 4 | 4 | 1 |
| | 성남 | 3 | 1 | 0 | 6 | 2 | 3 | 13 | 0 |
| | 울산 | 2 | 0 | 1 | 4 | 3 | 0 | 10 | 0 |
| | 제주 | 0 | 0 | 2 | 1 | 3 | 1 | 5 | 0 |

| 팀명 | 상대팀 | 승 | 무 | 패 | 득점 | 실점 | 도움 | 경고 | 퇴장 |
|---|---|---|---|---|---|---|---|---|---|
| 부천 | 합계 | 2 | 3 | 2 | 8 | 8 | 4 | 11 | 1 |
| | 강원 | 0 | 0 | 1 | 1 | 2 | 1 | 1 | 1 |
| | 경남 | 0 | 1 | 1 | 2 | 3 | 1 | 3 | 0 |
| | 성남 | 0 | 1 | 0 | 0 | 0 | 0 | 1 | 0 |
| | 수원FC | 2 | 0 | 0 | 4 | 2 | 1 | 6 | 0 |
| | 안양 | 0 | 1 | 0 | 1 | 1 | 1 | 0 | 0 |

| 팀명 | 상대팀 | 승 | 무 | 패 | 득점 | 실점 | 도움 | 경고 | 퇴장 |
|---|---|---|---|---|---|---|---|---|---|
| 인천 | 합계 | 2 | 1 | 1 | 6 | 7 | 4 | 12 | 0 |
| | 부산 | 1 | 0 | 0 | 2 | 0 | 1 | 2 | 0 |
| | 성남 | 0 | 1 | 0 | 1 | 1 | 1 | 5 | 0 |
| | 울산 | 1 | 0 | 1 | 3 | 6 | 2 | 5 | 0 |

| 팀명 | 상대팀 | 승 | 무 | 패 | 득점 | 실점 | 도움 | 경고 | 퇴장 |
|---|---|---|---|---|---|---|---|---|---|
| 광주 | 합계 | 3 | 1 | 1 | 8 | 3 | 6 | 7 | 0 |
| | 강원 | 1 | 0 | 0 | 1 | 0 | 1 | 2 | 0 |
| | 경남 | 1 | 1 | 0 | 4 | 2 | 2 | 2 | 0 |

| 팀명 | 상대팀 | 승 | 무 | 패 | 득점 | 실점 | 도움 | 경고 | 퇴장 |
|---|---|---|---|---|---|---|---|---|---|
| | 대전 | 0 | 0 | 1 | 0 | 1 | 0 | 1 | 0 |
| | 안산무 | 1 | 0 | 0 | 3 | 0 | 3 | 2 | 0 |

| 팀명 | 상대팀 | 승 | 무 | 패 | 득점 | 실점 | 도움 | 경고 | 퇴장 |
|---|---|---|---|---|---|---|---|---|---|
| 상주 | 합계 | 2 | 0 | 2 | 5 | 3 | 2 | 5 | 0 |
| | 강원 | 1 | 0 | 1 | 4 | 2 | 2 | 1 | 0 |
| | 부산 | 1 | 0 | 1 | 1 | 1 | 0 | 4 | 0 |

| 팀명 | 상대팀 | 승 | 무 | 패 | 득점 | 실점 | 도움 | 경고 | 퇴장 |
|---|---|---|---|---|---|---|---|---|---|
| 충남아산 | 합계 | 1 | 0 | 1 | 5 | 6 | 4 | 5 | 1 |
| | 대구 | 1 | 0 | 1 | 5 | 6 | 4 | 5 | 1 |

| 팀명 | 상대팀 | 승 | 무 | 패 | 득점 | 실점 | 도움 | 경고 | 퇴장 |
|---|---|---|---|---|---|---|---|---|---|
| 경남 | 합계 | 1 | 7 | 4 | 9 | 15 | 6 | 30 | 1 |
| | 광주 | 0 | 1 | 1 | 2 | 4 | 2 | 5 | 0 |
| | 김포 | 0 | 0 | 1 | 1 | 2 | 0 | 1 | 1 |
| | 대전 | 0 | 1 | 0 | 1 | 1 | 1 | 3 | 0 |
| | 부산 | 0 | 1 | 1 | 0 | 2 | 0 | 5 | 0 |
| | 부천 | 1 | 1 | 0 | 3 | 2 | 2 | 4 | 0 |
| | 수원FC | 0 | 1 | 0 | 1 | 1 | 0 | 5 | 0 |
| | 전북 | 0 | 0 | 1 | 0 | 2 | 0 | 2 | 0 |
| | 포항 | 0 | 1 | 0 | 1 | 1 | 1 | 3 | 0 |
| | 안양 | 0 | 1 | 0 | 0 | 0 | 0 | 2 | 0 |

| 팀명 | 상대팀 | 승 | 무 | 패 | 득점 | 실점 | 도움 | 경고 | 퇴장 |
|---|---|---|---|---|---|---|---|---|---|
| 김포 | 합계 | 1 | 1 | 1 | 3 | 3 | 1 | 5 | 1 |
| | 강원 | 0 | 1 | 1 | 1 | 2 | 0 | 3 | 1 |
| | 경남 | 1 | 0 | 0 | 2 | 1 | 1 | 2 | 0 |

| 팀명 | 상대팀 | 승 | 무 | 패 | 득점 | 실점 | 도움 | 경고 | 퇴장 |
|---|---|---|---|---|---|---|---|---|---|
| 안양 | 합계 | 0 | 3 | 3 | 3 | 7 | 1 | 14 | 0 |
| | 경남 | 0 | 1 | 0 | 0 | 0 | 0 | 1 | 0 |
| | 대전 | 0 | 0 | 1 | 1 | 3 | 0 | 4 | 0 |
| | 부산 | 0 | 0 | 1 | 0 | 1 | 0 | 3 | 0 |
| | 부천 | 0 | 1 | 0 | 1 | 1 | 0 | 3 | 0 |
| | 수원 | 0 | 1 | 1 | 1 | 2 | 1 | 3 | 0 |

| 팀명 | 상대팀 | 승 | 무 | 패 | 득점 | 실점 | 도움 | 경고 | 퇴장 |
|---|---|---|---|---|---|---|---|---|---|
| 수원FC | 합계 | 4 | 2 | 3 | 17 | 13 | 7 | 19 | 1 |
| | 경남 | 0 | 1 | 0 | 1 | 1 | 0 | 1 | 0 |
| | 대구 | 1 | 0 | 0 | 2 | 1 | 1 | 2 | 0 |
| | 부산 | 3 | 0 | 1 | 9 | 4 | 5 | 11 | 1 |
| | 부천 | 0 | 0 | 2 | 2 | 4 | 0 | 4 | 0 |
| | 서울E | 0 | 1 | 0 | 3 | 3 | 1 | 1 | 0 |

| 팀명 | 상대팀 | 승 | 무 | 패 | 득점 | 실점 | 도움 | 경고 | 퇴장 |
|---|---|---|---|---|---|---|---|---|---|
| 대구 | 합계 | 1 | 0 | 2 | 7 | 7 | 5 | 14 | 0 |
| | 수원FC | 0 | 0 | 1 | 1 | 2 | 1 | 6 | 0 |
| | 충남아산 | 1 | 0 | 1 | 6 | 5 | 4 | 8 | 0 |

| 팀명 | 상대팀 | 승 | 무 | 패 | 득점 | 실점 | 도움 | 경고 | 퇴장 |
|---|---|---|---|---|---|---|---|---|---|
| 아산 | 합계 | 1 | 0 | 1 | 1 | 3 | 1 | 4 | 1 |
| | 부산 | 0 | 0 | 1 | 0 | 3 | 0 | 4 | 1 |
| | 성남 | 1 | 0 | 0 | 1 | 0 | 1 | 0 | 0 |

| 팀명 | 상대팀 | 승 | 무 | 패 | 득점 | 실점 | 도움 | 경고 | 퇴장 |
|---|---|---|---|---|---|---|---|---|---|
| 서울E | 합계 | 0 | 2 | 3 | 7 | 10 | 5 | 7 | 1 |
| | 성남 | 0 | 0 | 1 | 0 | 1 | 0 | 2 | 0 |
| | 수원FC | 0 | 1 | 0 | 3 | 3 | 2 | 1 | 0 |
| | 전남 | 0 | 1 | 0 | 2 | 2 | 1 | 0 | 0 |
| | 전북 | 0 | 0 | 2 | 2 | 4 | 2 | 4 | 1 |

| 팀명 | 상대팀 | 승 | 무 | 패 | 득점 | 실점 | 도움 | 경고 | 퇴장 |
|---|---|---|---|---|---|---|---|---|---|
| 전남 | 합계 | 0 | 5 | 3 | 3 | 6 | 2 | 18 | 1 |
| | 대전 | 0 | 1 | 0 | 0 | 0 | 0 | 3 | 0 |
| | 부산 | 0 | 1 | 1 | 0 | 1 | 0 | 3 | 1 |
| | 서울E | 0 | 1 | 0 | 2 | 2 | 1 | 0 | 0 |
| | 성남 | 0 | 0 | 1 | 0 | 1 | 0 | 2 | 0 |
| | 수원 | 0 | 0 | 1 | 0 | 1 | 0 | 2 | 0 |
| | 포항 | 0 | 1 | 0 | 0 | 0 | 0 | 5 | 0 |
| | 서울 | 0 | 1 | 0 | 1 | 1 | 1 | 3 | 0 |

| 팀명 | 상대팀 | 승 | 무 | 패 | 득점 | 실점 | 도움 | 경고 | 퇴장 |
|---|---|---|---|---|---|---|---|---|---|
| 안산무궁화 | 합계 | 0 | 0 | 1 | 0 | 3 | 0 | 5 | 0 |
| | 광주 | 0 | 0 | 1 | 0 | 3 | 0 | 5 | 0 |

| 팀명 | 상대팀 | 승 | 무 | 패 | 득점 | 실점 | 도움 | 경고 | 퇴장 |
|---|---|---|---|---|---|---|---|---|---|
| 김천 | 합계 | 0 | 0 | 2 | 1 | 6 | 1 | 3 | 0 |
| | 대전 | 0 | 0 | 2 | 1 | 6 | 1 | 3 | 0 |

## K리그 플레이오프 통산 선수 출전 순위

| 순위 | 선수명 | 최종 PO 당시 소속팀 | 출전 |
|---|---|---|---|
| 1 | 우성용 | 울산 | 17 |
| | 김기동 | 포항 | 17 |
| 3 | 정성룡 | 수원 | 16 |
| 4 | 김치우 | 부산 | 15 |
| 5 | 이호 | 상주 | 15 |

## K리그 플레이오프 통산 선수 득점 순위

| 순위 | 선수명 | 최종 PO 소속팀 | 득점 | 경기수 | 경기당득점 |
|---|---|---|---|---|---|
| 1 | 에닝요 | 전북 | 6 | 7 | 0.86 |
| 2 | 라돈치치 | 성남 | 5 | 9 | 0.56 |
| | 호물로 | 부산 | 5 | 9 | 0.56 |
| 4 | 정조국 | 서울 | 4 | 6 | 0.67 |

## K리그 플레이오프 통산 선수 도움 순위

| 순위 | 선수명 | 최종 PO 소속팀 | 도움 | 경기수 | 경기당도움 |
|---|---|---|---|---|---|
| 1 | 이천수 | 울산 | 4 | 3 | 1.33 |
| 2 | 고정운 | 포항 | 4 | 5 | 0.80 |
| 3 | 우성용 | 울산 | 3 | 17 | 0.18 |

## K리그 플레이오프 통산 선수 공격포인트 순위

| 순위 | 선수명 | 최종 PO 소속팀 | 공격포인트 | 경기수 | 경기당공격P |
|---|---|---|---|---|---|
| 1 | 이천수 | 울산 | 7 | 3 | 2.33 |
| | 에닝요 | 전북 | 7 | 7 | 1.00 |
| | 호물로 | 부산 | 7 | 9 | 0.78 |
| 4 | 라돈치치 | 성남 | 6 | 9 | 0.67 |
| 5 | 우성용 | 울산 | 6 | 17 | 0.35 |

## K리그 플레이오프 통산 골키퍼 무실점 순위

| 순위 | 선수명 | 최종 PO 소속팀 | 무실점 경기수 | 경기수 | 경기당무실점 |
|---|---|---|---|---|---|
| 1 | 정성룡 | 수원 | 6 | 15 | 0.40 |
| 2 | 김동준 | 제주 | 5 | 8 | 0.63 |
| 3 | 이운재 | 수원 | 5 | 10 | 0.50 |
| 4 | 김형근 | 부천 | 4 | 5 | 0.80 |
| | 김병지 | 경남 | 4 | 11 | 0.36 |

# Section 6

## K리그 리그컵 통산기록



* 리그컵 : 한국프로축구연맹이 주관한 리그컵 대회(1986~2011)
〉정규리그 외 한국프로축구연맹에 가입된 팀들이 참가하는 컵대회

## K리그 리그컵 통산 팀 간 경기기록

| 팀명 | 상대팀 | 승 | 무 | 패 | 득점 | 실점 | 도움 | 경고 | 퇴장 |
|---|---|---|---|---|---|---|---|---|---|
| 울산 | 합계 | 96 | 53 | 55 | 290 | 224 | 192 | 334 | 9 |
| | 강원 | 1 | 0 | 0 | 2 | 1 | 1 | 1 | 0 |
| | 경남 | 2 | 0 | 0 | 6 | 3 | 4 | 4 | 1 |
| | 광주상무 | 4 | 1 | 1 | 7 | 2 | 3 | 11 | 0 |
| | 광주 | 1 | 0 | 0 | 2 | 1 | 1 | 2 | 0 |
| | 대구 | 4 | 2 | 1 | 11 | 6 | 6 | 11 | 0 |
| | 대전 | 8 | 4 | 3 | 23 | 17 | 17 | 30 | 0 |
| | 부산 | 15 | 5 | 8 | 43 | 33 | 30 | 41 | 2 |
| | 상주 | 1 | 0 | 0 | 2 | 1 | 2 | 3 | 0 |
| | 성남 | 6 | 8 | 7 | 29 | 31 | 16 | 35 | 2 |
| | 수원 | 3 | 4 | 3 | 7 | 10 | 6 | 25 | 0 |
| | 인천 | 3 | 1 | 1 | 7 | 5 | 5 | 11 | 0 |
| | 전남 | 6 | 4 | 6 | 23 | 23 | 15 | 28 | 1 |
| | 버팔로 | 1 | 0 | 0 | 3 | 0 | 1 | 2 | 0 |
| | 전북 | 7 | 6 | 6 | 30 | 26 | 18 | 35 | 2 |
| | 제주 | 13 | 5 | 7 | 34 | 23 | 24 | 37 | 0 |
| | 포항 | 10 | 6 | 5 | 26 | 16 | 19 | 29 | 1 |
| | 서울 | 11 | 7 | 7 | 35 | 26 | 24 | 29 | 0 |

| 팀명 | 상대팀 | 승 | 무 | 패 | 득점 | 실점 | 도움 | 경고 | 퇴장 |
|---|---|---|---|---|---|---|---|---|---|
| 부산 | 합계 | 84 | 52 | 75 | 250 | 253 | 144 | 382 | 15 |
| | 강원 | 1 | 0 | 0 | 2 | 0 | 1 | 1 | 0 |
| | 경남 | 3 | 1 | 2 | 6 | 4 | 4 | 19 | 1 |
| | 광주상무 | 0 | 3 | 3 | 2 | 6 | 2 | 5 | 0 |
| | 광주 | 1 | 0 | 0 | 1 | 0 | 1 | 3 | 0 |
| | 대구 | 2 | 1 | 1 | 11 | 7 | 10 | 12 | 1 |
| | 대전 | 14 | 1 | 5 | 37 | 24 | 24 | 32 | 0 |
| | 상주 | 1 | 0 | 0 | 2 | 1 | 2 | 2 | 0 |
| | 성남 | 5 | 6 | 7 | 16 | 19 | 5 | 25 | 1 |
| | 수원 | 5 | 8 | 9 | 22 | 33 | 16 | 54 | 1 |
| | 울산 | 8 | 5 | 15 | 33 | 43 | 15 | 51 | 2 |
| | 인천 | 3 | 2 | 1 | 4 | 2 | 2 | 17 | 0 |
| | 전남 | 7 | 2 | 6 | 19 | 18 | 12 | 25 | 3 |
| | 버팔로 | 0 | 0 | 1 | 2 | 3 | 1 | 2 | 0 |
| | 전북 | 6 | 3 | 2 | 16 | 12 | 10 | 23 | 1 |
| | 제주 | 10 | 10 | 4 | 29 | 25 | 12 | 34 | 0 |
| | 포항 | 12 | 5 | 7 | 30 | 26 | 17 | 47 | 2 |
| | 서울 | 6 | 5 | 12 | 18 | 30 | 10 | 30 | 3 |

| 팀명 | 상대팀 | 승 | 무 | 패 | 득점 | 실점 | 도움 | 경고 | 퇴장 |
|---|---|---|---|---|---|---|---|---|---|
| 성남 | 합계 | 71 | 55 | 53 | 222 | 198 | 145 | 293 | 6 |
| | 강원 | 1 | 0 | 0 | 2 | 0 | 1 | 3 | 0 |
| | 경남 | 1 | 1 | 0 | 3 | 1 | 2 | 1 | 0 |
| | 광주상무 | 2 | 2 | 2 | 5 | 4 | 3 | 5 | 1 |
| | 대구 | 4 | 2 | 1 | 13 | 8 | 9 | 10 | 0 |
| | 대전 | 10 | 2 | 1 | 17 | 7 | 13 | 18 | 0 |
| | 부산 | 7 | 6 | 5 | 19 | 16 | 13 | 22 | 0 |
| | 수원 | 3 | 5 | 7 | 17 | 24 | 9 | 28 | 1 |
| | 울산 | 7 | 8 | 6 | 31 | 29 | 19 | 43 | 0 |
| | 인천 | 3 | 2 | 0 | 8 | 4 | 5 | 10 | 0 |
| | 전남 | 8 | 5 | 3 | 19 | 12 | 9 | 40 | 0 |
| | 버팔로 | 0 | 0 | 1 | 0 | 1 | 0 | 2 | 1 |
| | 전북 | 6 | 3 | 6 | 21 | 23 | 15 | 24 | 1 |
| | 제주 | 4 | 7 | 8 | 23 | 24 | 13 | 24 | 1 |
| | 포항 | 5 | 6 | 8 | 14 | 21 | 12 | 33 | 1 |
| | 서울 | 10 | 6 | 5 | 30 | 24 | 22 | 30 | 0 |

| 팀명 | 상대팀 | 승 | 무 | 패 | 득점 | 실점 | 도움 | 경고 | 퇴장 |
|---|---|---|---|---|---|---|---|---|---|
| 제주 | 합계 | 74 | 51 | 69 | 234 | 232 | 145 | 303 | 8 |
| | 경남 | 1 | 2 | 2 | 5 | 7 | 4 | 12 | 0 |
| | 광주상무 | 4 | 1 | 0 | 10 | 3 | 6 | 7 | 0 |
| | 대구 | 1 | 2 | 2 | 5 | 7 | 1 | 8 | 0 |
| | 대전 | 5 | 1 | 5 | 13 | 14 | 7 | 16 | 1 |
| | 부산 | 4 | 10 | 10 | 25 | 29 | 14 | 35 | 1 |
| | 성남 | 8 | 7 | 4 | 24 | 23 | 16 | 28 | 1 |
| | 수원 | 6 | 6 | 6 | 22 | 24 | 13 | 39 | 0 |
| | 울산 | 7 | 5 | 13 | 23 | 34 | 12 | 42 | 0 |
| | 인천 | 4 | 2 | 1 | 8 | 2 | 3 | 14 | 0 |
| | 전남 | 6 | 2 | 2 | 20 | 15 | 13 | 10 | 2 |
| | 버팔로 | 1 | 0 | 0 | 3 | 1 | 3 | 0 | 0 |
| | 전북 | 7 | 3 | 8 | 19 | 22 | 13 | 30 | 1 |
| | 포항 | 12 | 4 | 9 | 31 | 25 | 24 | 35 | 0 |
| | 서울 | 8 | 6 | 7 | 26 | 26 | 16 | 27 | 2 |

| 팀명 | 상대팀 | 승 | 무 | 패 | 득점 | 실점 | 도움 | 경고 | 퇴장 |
|---|---|---|---|---|---|---|---|---|---|
| 서울 | 합계 | 73 | 58 | 68 | 254 | 242 | 168 | 379 | 8 |
| | 경남 | 2 | 2 | 2 | 4 | 4 | 4 | 10 | 0 |
| | 광주상무 | 5 | 1 | 0 | 13 | 2 | 6 | 11 | 0 |
| | 대구 | 0 | 2 | 2 | 3 | 5 | 3 | 6 | 0 |
| | 대전 | 6 | 3 | 3 | 17 | 12 | 13 | 21 | 0 |
| | 부산 | 12 | 5 | 6 | 30 | 18 | 19 | 38 | 1 |
| | 성남 | 5 | 6 | 10 | 24 | 30 | 17 | 46 | 2 |
| | 수원 | 6 | 6 | 6 | 27 | 27 | 16 | 42 | 0 |
| | 울산 | 7 | 7 | 11 | 26 | 35 | 17 | 35 | 1 |
| | 인천 | 2 | 4 | 2 | 7 | 6 | 7 | 22 | 1 |
| | 전남 | 7 | 5 | 4 | 21 | 17 | 11 | 36 | 0 |
| | 버팔로 | 1 | 0 | 0 | 3 | 1 | 2 | 0 | 0 |
| | 전북 | 6 | 5 | 4 | 26 | 24 | 15 | 31 | 0 |
| | 제주 | 7 | 6 | 8 | 26 | 26 | 19 | 31 | 1 |
| | 포항 | 7 | 6 | 10 | 27 | 35 | 19 | 50 | 2 |

| 팀명 | 상대팀 | 승 | 무 | 패 | 득점 | 실점 | 도움 | 경고 | 퇴장 |
|---|---|---|---|---|---|---|---|---|---|
| 수원 | 합계 | 69 | 45 | 45 | 226 | 179 | 145 | 308 | 14 |
| | 강원 | 1 | 0 | 0 | 2 | 0 | 2 | 3 | 0 |
| | 경남 | 2 | 2 | 2 | 9 | 8 | 8 | 15 | 0 |
| | 광주상무 | 4 | 0 | 1 | 8 | 2 | 6 | 9 | 0 |
| | 대구 | 2 | 1 | 0 | 7 | 5 | 5 | 8 | 0 |
| | 대전 | 6 | 6 | 1 | 17 | 6 | 12 | 20 | 0 |
| | 부산 | 9 | 8 | 5 | 33 | 22 | 24 | 43 | 4 |
| | 성남 | 7 | 5 | 3 | 24 | 17 | 14 | 32 | 0 |
| | 울산 | 3 | 4 | 3 | 10 | 7 | 6 | 19 | 1 |
| | 인천 | 3 | 2 | 0 | 6 | 1 | 3 | 5 | 0 |
| | 전남 | 5 | 1 | 5 | 16 | 18 | 7 | 23 | 0 |
| | 전북 | 5 | 2 | 5 | 14 | 17 | 9 | 24 | 2 |
| | 제주 | 6 | 6 | 6 | 24 | 22 | 17 | 29 | 1 |
| | 포항 | 10 | 2 | 8 | 29 | 27 | 17 | 36 | 4 |
| | 서울 | 6 | 6 | 6 | 27 | 27 | 15 | 42 | 2 |

| 팀명 | 상대팀 | 승 | 무 | 패 | 득점 | 실점 | 도움 | 경고 | 퇴장 |
|---|---|---|---|---|---|---|---|---|---|
| 포항 | 합계 | 72 | 49 | 71 | 230 | 218 | 162 | 317 | 5 |
| | 경남 | 1 | 0 | 1 | 2 | 3 | 0 | 2 | 0 |
| | 광주상무 | 2 | 0 | 1 | 5 | 4 | 2 | 6 | 0 |
| | 대구 | 3 | 2 | 2 | 11 | 9 | 8 | 17 | 1 |
| | 대전 | 4 | 4 | 1 | 14 | 8 | 11 | 12 | 0 |
| | 부산 | 7 | 5 | 12 | 26 | 30 | 18 | 37 | 0 |
| | 성남 | 8 | 6 | 5 | 21 | 14 | 14 | 30 | 0 |

| 팀명 | 상대팀 | 승 | 무 | 패 | 득점 | 실점 | 도움 | 경고 | 퇴장 |
|---|---|---|---|---|---|---|---|---|---|
| | 수원 | 8 | 2 | 10 | 27 | 29 | 19 | 43 | 1 |
| | 울산 | 5 | 6 | 10 | 16 | 26 | 12 | 28 | 1 |
| | 인천 | 2 | 4 | 1 | 12 | 9 | 10 | 10 | 0 |
| | 전남 | 5 | 5 | 4 | 13 | 13 | 10 | 25 | 0 |
| | 버팔로 | 1 | 0 | 0 | 4 | 1 | 3 | 1 | 0 |
| | 전북 | 7 | 5 | 5 | 19 | 14 | 13 | 28 | 1 |
| | 제주 | 9 | 4 | 12 | 25 | 31 | 17 | 40 | 0 |
| | 서울 | 10 | 6 | 7 | 35 | 27 | 25 | 38 | 1 |

| 팀명 | 상대팀 | 승 | 무 | 패 | 득점 | 실점 | 도움 | 경고 | 퇴장 |
|---|---|---|---|---|---|---|---|---|---|
| 전북 | 합계 | 52 | 39 | 63 | 196 | 202 | 125 | 325 | 9 |
| | 강원 | 1 | 0 | 0 | 4 | 1 | 3 | 6 | 0 |
| | 경남 | 2 | 1 | 1 | 6 | 5 | 5 | 5 | 0 |
| | 광주상무 | 3 | 2 | 1 | 9 | 4 | 7 | 7 | 0 |
| | 대구 | 2 | 3 | 2 | 10 | 8 | 6 | 17 | 1 |
| | 대전 | 2 | 2 | 5 | 7 | 12 | 5 | 17 | 0 |
| | 부산 | 2 | 3 | 6 | 12 | 16 | 6 | 14 | 1 |
| | 성남 | 6 | 3 | 6 | 23 | 21 | 19 | 34 | 1 |
| | 수원 | 5 | 2 | 5 | 17 | 14 | 13 | 33 | 1 |
| | 울산 | 6 | 6 | 7 | 26 | 30 | 15 | 47 | 2 |
| | 인천 | 0 | 1 | 4 | 3 | 10 | 2 | 14 | 0 |
| | 전남 | 6 | 3 | 6 | 19 | 17 | 9 | 33 | 1 |
| | 제주 | 8 | 3 | 7 | 22 | 19 | 13 | 37 | 2 |
| | 포항 | 5 | 5 | 7 | 14 | 19 | 9 | 33 | 0 |
| | 서울 | 4 | 5 | 6 | 24 | 26 | 13 | 28 | 0 |

| 팀명 | 상대팀 | 승 | 무 | 패 | 득점 | 실점 | 도움 | 경고 | 퇴장 |
|---|---|---|---|---|---|---|---|---|---|
| 전남 | 합계 | 47 | 34 | 62 | 167 | 179 | 108 | 276 | 7 |
| | 강원 | 2 | 1 | 0 | 5 | 1 | 4 | 6 | 0 |
| | 경남 | 0 | 0 | 2 | 0 | 2 | 0 | 4 | 0 |
| | 광주상무 | 2 | 1 | 0 | 4 | 0 | 2 | 3 | 0 |
| | 광주 | 1 | 0 | 0 | 2 | 0 | 2 | 3 | 0 |
| | 대구 | 2 | 1 | 1 | 9 | 8 | 8 | 15 | 0 |
| | 대전 | 2 | 3 | 6 | 8 | 11 | 6 | 20 | 0 |
| | 부산 | 6 | 2 | 7 | 18 | 19 | 9 | 27 | 1 |
| | 상주 | 1 | 0 | 0 | 1 | 0 | 0 | 3 | 0 |
| | 성남 | 3 | 5 | 8 | 12 | 19 | 10 | 42 | 1 |
| | 수원 | 5 | 1 | 5 | 18 | 16 | 12 | 23 | 1 |
| | 울산 | 6 | 4 | 6 | 23 | 23 | 16 | 31 | 0 |
| | 인천 | 1 | 1 | 3 | 5 | 7 | 3 | 11 | 1 |
| | 전북 | 6 | 3 | 6 | 17 | 19 | 9 | 26 | 1 |
| | 제주 | 2 | 2 | 6 | 15 | 20 | 8 | 19 | 2 |
| | 포항 | 4 | 5 | 5 | 13 | 13 | 7 | 20 | 0 |
| | 서울 | 4 | 5 | 7 | 17 | 21 | 12 | 23 | 0 |

| 팀명 | 상대팀 | 승 | 무 | 패 | 득점 | 실점 | 도움 | 경고 | 퇴장 |
|---|---|---|---|---|---|---|---|---|---|
| 대전 | 합계 | 40 | 35 | 64 | 141 | 183 | 82 | 238 | 6 |
| | 강원 | 0 | 0 | 1 | 0 | 3 | 0 | 3 | 1 |
| | 경남 | 1 | 2 | 1 | 4 | 6 | 3 | 5 | 0 |
| | 광주상무 | 4 | 2 | 1 | 6 | 3 | 2 | 8 | 0 |
| | 대구 | 3 | 3 | 2 | 14 | 10 | 10 | 20 | 1 |
| | 부산 | 5 | 1 | 14 | 24 | 37 | 16 | 33 | 2 |
| | 성남 | 1 | 2 | 10 | 7 | 17 | 4 | 25 | 1 |
| | 수원 | 1 | 6 | 6 | 6 | 17 | 4 | 22 | 0 |
| | 울산 | 3 | 4 | 8 | 17 | 23 | 9 | 28 | 0 |
| | 인천 | 2 | 2 | 2 | 6 | 8 | 2 | 13 | 0 |
| | 전남 | 6 | 3 | 2 | 11 | 8 | 6 | 14 | 0 |
| | 전북 | 5 | 2 | 2 | 12 | 7 | 8 | 14 | 0 |
| | 제주 | 5 | 1 | 5 | 14 | 13 | 9 | 20 | 0 |
| | 포항 | 1 | 4 | 4 | 8 | 14 | 3 | 11 | 1 |
| | 서울 | 3 | 3 | 6 | 12 | 17 | 6 | 22 | 0 |

| 팀명 | 상대팀 | 승 | 무 | 패 | 득점 | 실점 | 도움 | 경고 | 퇴장 |
|---|---|---|---|---|---|---|---|---|---|
| 대구 | 합계 | 20 | 25 | 27 | 99 | 116 | 57 | 141 | 3 |
| | 강원 | 1 | 0 | 0 | 2 | 1 | 1 | 3 | 0 |
| | 경남 | 1 | 0 | 1 | 2 | 2 | 1 | 4 | 0 |
| | 광주상무 | 2 | 3 | 0 | 10 | 6 | 6 | 6 | 0 |
| | 대전 | 2 | 3 | 3 | 10 | 14 | 7 | 13 | 1 |
| | 부산 | 1 | 1 | 2 | 7 | 11 | 4 | 5 | 0 |
| | 성남 | 1 | 2 | 4 | 8 | 13 | 3 | 13 | 0 |
| | 수원 | 0 | 1 | 2 | 5 | 7 | 1 | 5 | 0 |
| | 울산 | 1 | 2 | 4 | 6 | 11 | 3 | 18 | 2 |
| | 인천 | 2 | 3 | 3 | 12 | 13 | 8 | 17 | 0 |
| | 전남 | 1 | 1 | 2 | 8 | 9 | 4 | 4 | 0 |
| | 전북 | 2 | 3 | 2 | 8 | 10 | 7 | 19 | 0 |
| | 제주 | 2 | 2 | 1 | 7 | 5 | 5 | 10 | 0 |
| | 포항 | 2 | 2 | 3 | 9 | 11 | 5 | 14 | 0 |
| | 서울 | 2 | 2 | 0 | 5 | 3 | 2 | 10 | 0 |

| 팀명 | 상대팀 | 승 | 무 | 패 | 득점 | 실점 | 도움 | 경고 | 퇴장 |
|---|---|---|---|---|---|---|---|---|---|
| 인천 | 합계 | 21 | 25 | 29 | 78 | 90 | 46 | 169 | 4 |
| | 강원 | 1 | 0 | 0 | 3 | 2 | 3 | 4 | 0 |
| | 경남 | 1 | 1 | 2 | 5 | 6 | 4 | 8 | 0 |
| | 광주상무 | 1 | 0 | 2 | 3 | 4 | 1 | 3 | 0 |
| | 대구 | 3 | 3 | 2 | 13 | 12 | 9 | 25 | 0 |
| | 대전 | 2 | 2 | 2 | 8 | 6 | 5 | 11 | 1 |
| | 부산 | 1 | 2 | 3 | 2 | 4 | 0 | 11 | 0 |
| | 성남 | 0 | 2 | 3 | 4 | 8 | 3 | 12 | 0 |
| | 수원 | 0 | 2 | 3 | 1 | 6 | 0 | 11 | 0 |
| | 울산 | 1 | 1 | 3 | 5 | 7 | 3 | 10 | 0 |
| | 전남 | 3 | 1 | 1 | 7 | 5 | 4 | 12 | 2 |
| | 전북 | 4 | 1 | 0 | 10 | 3 | 7 | 9 | 0 |
| | 제주 | 1 | 2 | 4 | 2 | 8 | 1 | 15 | 0 |
| | 포항 | 1 | 4 | 2 | 9 | 12 | 3 | 18 | 0 |
| | 서울 | 2 | 4 | 2 | 6 | 7 | 3 | 20 | 1 |

| 팀명 | 상대팀 | 승 | 무 | 패 | 득점 | 실점 | 도움 | 경고 | 퇴장 |
|---|---|---|---|---|---|---|---|---|---|
| 경남 | 합계 | 19 | 12 | 19 | 55 | 56 | 33 | 115 | 2 |
| | 강원 | 1 | 0 | 0 | 2 | 1 | 2 | 2 | 0 |
| | 광주상무 | 2 | 0 | 2 | 2 | 3 | 0 | 3 | 0 |
| | 대구 | 1 | 0 | 1 | 2 | 2 | 2 | 4 | 0 |
| | 대전 | 1 | 2 | 1 | 6 | 4 | 4 | 9 | 1 |
| | 부산 | 2 | 1 | 3 | 4 | 6 | 2 | 8 | 0 |
| | 성남 | 0 | 1 | 1 | 1 | 3 | 0 | 3 | 0 |
| | 수원 | 2 | 2 | 2 | 8 | 9 | 5 | 19 | 0 |
| | 울산 | 0 | 0 | 2 | 3 | 6 | 2 | 3 | 1 |
| | 인천 | 2 | 1 | 1 | 6 | 5 | 4 | 8 | 0 |
| | 전남 | 2 | 0 | 0 | 2 | 0 | 2 | 9 | 0 |
| | 전북 | 1 | 1 | 2 | 5 | 6 | 3 | 11 | 0 |
| | 제주 | 2 | 2 | 1 | 7 | 5 | 3 | 15 | 0 |
| | 포항 | 1 | 0 | 1 | 3 | 2 | 2 | 7 | 0 |
| | 서울 | 2 | 2 | 2 | 4 | 4 | 2 | 14 | 0 |

| 팀명 | 상대팀 | 승 | 무 | 패 | 득점 | 실점 | 도움 | 경고 | 퇴장 |
|---|---|---|---|---|---|---|---|---|---|
| 광주상무 | 합계 | 14 | 16 | 35 | 43 | 84 | 27 | 90 | 2 |
| | 경남 | 2 | 0 | 2 | 3 | 2 | 3 | 6 | 0 |
| | 대구 | 0 | 3 | 2 | 6 | 10 | 6 | 6 | 0 |
| | 대전 | 1 | 2 | 4 | 3 | 6 | 2 | 14 | 0 |
| | 부산 | 3 | 3 | 0 | 6 | 2 | 4 | 7 | 0 |
| | 성남 | 2 | 2 | 2 | 4 | 5 | 3 | 8 | 0 |
| | 수원 | 1 | 0 | 4 | 2 | 8 | 1 | 13 | 1 |

| 팀명 | 상대팀 | 승 | 무 | 패 | 득점 | 실점 | 도움 | 경고 | 퇴장 |
|---|---|---|---|---|---|---|---|---|---|
| | 울산 | 1 | 1 | 4 | 2 | 7 | 0 | 8 | 0 |
| | 인천 | 2 | 0 | 1 | 4 | 3 | 2 | 2 | 0 |
| | 전남 | 0 | 1 | 2 | 0 | 4 | 0 | 5 | 0 |
| | 전북 | 1 | 2 | 3 | 4 | 9 | 2 | 2 | 0 |
| | 제주 | 0 | 1 | 4 | 3 | 10 | 1 | 6 | 1 |
| | 포항 | 1 | 0 | 2 | 4 | 5 | 2 | 2 | 0 |
| | 서울 | 0 | 1 | 5 | 2 | 13 | 1 | 11 | 0 |

| 팀명 | 상대팀 | 승 | 무 | 패 | 득점 | 실점 | 도움 | 경고 | 퇴장 |
|---|---|---|---|---|---|---|---|---|---|
| 강원 | 합계 | 2 | 1 | 11 | 16 | 26 | 12 | 11 | 0 |
| | 경남 | 0 | 0 | 1 | 1 | 2 | 0 | 0 | 0 |
| | 광주 | 1 | 0 | 0 | 5 | 0 | 5 | 1 | 0 |
| | 대구 | 0 | 0 | 1 | 1 | 2 | 1 | 0 | 0 |
| | 대전 | 1 | 0 | 0 | 3 | 0 | 3 | 1 | 0 |
| | 부산 | 0 | 0 | 1 | 0 | 2 | 0 | 0 | 0 |
| | 상주 | 0 | 0 | 1 | 1 | 2 | 1 | 2 | 0 |
| | 성남 | 0 | 0 | 1 | 0 | 2 | 0 | 0 | 0 |
| | 수원 | 0 | 0 | 1 | 0 | 2 | 0 | 0 | 0 |
| | 울산 | 0 | 0 | 1 | 1 | 2 | 1 | 2 | 0 |
| | 인천 | 0 | 0 | 1 | 2 | 3 | 1 | 1 | 0 |
| | 전남 | 0 | 1 | 2 | 1 | 5 | 0 | 3 | 0 |
| | 전북 | 0 | 0 | 1 | 1 | 4 | 0 | 1 | 0 |

| 팀명 | 상대팀 | 승 | 무 | 패 | 득점 | 실점 | 도움 | 경고 | 퇴장 |
|---|---|---|---|---|---|---|---|---|---|
| 전북 버팔로 | 합계 | 2 | 0 | 4 | 7 | 15 | 5 | 9 | 1 |
| | 부산 | 1 | 0 | 0 | 3 | 2 | 1 | 3 | 0 |
| | 성남 | 1 | 0 | 0 | 1 | 0 | 1 | 2 | 0 |
| | 울산 | 0 | 0 | 1 | 0 | 3 | 0 | 1 | 0 |
| | 제주 | 0 | 0 | 1 | 1 | 3 | 1 | 0 | 0 |
| | 포항 | 0 | 0 | 1 | 1 | 4 | 1 | 1 | 0 |
| | 서울 | 0 | 0 | 1 | 1 | 3 | 1 | 2 | 1 |

| 팀명 | 상대팀 | 승 | 무 | 패 | 득점 | 실점 | 도움 | 경고 | 퇴장 |
|---|---|---|---|---|---|---|---|---|---|
| 상주 | 합계 | 1 | 0 | 4 | 6 | 9 | 5 | 12 | 0 |
| | 강원 | 1 | 0 | 0 | 2 | 1 | 2 | 3 | 0 |
| | 광주 | 0 | 0 | 1 | 2 | 3 | 1 | 0 | 0 |
| | 부산 | 0 | 0 | 1 | 1 | 2 | 1 | 2 | 0 |
| | 울산 | 0 | 0 | 1 | 1 | 2 | 1 | 4 | 0 |
| | 전남 | 0 | 0 | 1 | 0 | 1 | 0 | 3 | 0 |

| 팀명 | 상대팀 | 승 | 무 | 패 | 득점 | 실점 | 도움 | 경고 | 퇴장 |
|---|---|---|---|---|---|---|---|---|---|
| 광주 | 합계 | 1 | 0 | 4 | 4 | 12 | 3 | 11 | 0 |
| | 강원 | 0 | 0 | 1 | 0 | 5 | 0 | 1 | 0 |
| | 부산 | 0 | 0 | 1 | 0 | 1 | 0 | 3 | 0 |
| | 상주 | 1 | 0 | 0 | 3 | 2 | 2 | 3 | 0 |
| | 울산 | 0 | 0 | 1 | 1 | 2 | 1 | 3 | 0 |
| | 전남 | 0 | 0 | 1 | 0 | 2 | 0 | 1 | 0 |

## K리그 리그컵 통산 선수 출전 순위

| 순위 | 선수명 | 최종 리그컵 소속팀 | 출전 |
|---|---|---|---|
| 1 | 김 기 동 | 포항 | 117 |
| 2 | 우 성 용 | 인천 | 113 |
| 3 | 이 장 관 | 인천 | 112 |
| | 최 은 성 | 대전 | 112 |
| 5 | 김 병 지 | 경남 | 111 |

## K리그 리그컵 통산 선수 득점 순위

| 순위 | 선수명 | 최종 컵 소속팀 | 득점 | 경기수 | 경기당득점 |
|---|---|---|---|---|---|
| 1 | 김현석 | 울산 | 31 | 79 | 0.39 |
| 2 | 샤 샤 | 성남 | 30 | 66 | 0.45 |
| 3 | 김도훈 | 성남 | 29 | 63 | 0.46 |
| 4 | 이원식 | 서울 | 27 | 73 | 0.37 |
| 5 | 김은중 | 제주 | 27 | 86 | 0.31 |

## K리그 리그컵 통산 선수 도움 순위

| 순위 | 선수명 | 최종 컵 소속팀 | 도움 | 경기수 | 경기당도움 |
|---|---|---|---|---|---|
| 1 | 신태용 | 성남 | 19 | 107 | 0.18 |
| 2 | 윤정환 | 전북 | 18 | 63 | 0.29 |
| 3 | 데니스 | 수원 | 16 | 72 | 0.22 |
| 4 | 마니치 | 인천 | 13 | 72 | 0.18 |
| 5 | 김은중 | 제주 | 13 | 86 | 0.15 |

## K리그 리그컵 통산 선수 공격포인트 순위

| 순위 | 선수명 | 최종 컵 소속팀 | 공격포인트 | 경기수 | 경기당공격P |
|---|---|---|---|---|---|
| 1 | 신태용 | 성남 | 43 | 107 | 0.40 |
| 2 | 김현석 | 울산 | 42 | 79 | 0.53 |
| 3 | 김은중 | 제주 | 40 | 86 | 0.47 |
| 4 | 샤 샤 | 성남 | 37 | 66 | 0.56 |
| 5 | 마니치 | 인천 | 36 | 72 | 0.50 |

## K리그 리그컵 통산 골키퍼 무실점 순위

| 순위 | 선수명 | 최종 컵 소속팀 | 무실점 경기수 | 경기수 | 경기당무실점 |
|---|---|---|---|---|---|
| 1 | 김병지 | 경남 | 40 | 108 | 0.37 |
| 2 | 최은성 | 대전 | 33 | 108 | 0.31 |
| 3 | 이운재 | 전남 | 30 | 79 | 0.38 |
| 4 | 신의손 | 서울 | 26 | 69 | 0.38 |
| 5 | 조준호 | 제주 | 21 | 69 | 0.30 |

# Section 7

## 프로축구 역대 통산기록

프로축구 통산 팀 간 경기 기록
프로축구 통산 팀 최다 기록
프로축구 통산 팀 최다 연승
프로축구 통산 팀 최다 연패
프로축구 통산 팀 최다 연속 무승
프로축구 통산 팀 최다 연속 무패
프로축구 통산 팀 최다 연속 무승부
프로축구 통산 팀 최다 연속 득점
프로축구 통산 팀 최다 연속 실점
프로축구 통산 팀 최다 연속 무득점
프로축구 통산 팀 최다 연속 무실점
프로축구 통산 팀 300승 · 400승 · 500승 · 600승 기록
프로축구 통산 선수 출전 순위
프로축구 통산 선수 득점 순위
프로축구 통산 선수 도움 순위
프로축구 통산 선수 공격포인트 순위
프로축구 통산 선수 경고 순위
프로축구 통산 골키퍼 무실점 순위
프로축구 통산 선수 연속 득점 순위
프로축구 통산 선수 연속 도움 순위
프로축구 통산 선수 연속 공격포인트 순위
프로축구 통산 골키퍼 연속 무실점 경기 순위
프로축구 통산 선수 연속 무교체 순위
프로축구 통산 최단시간 골 순위
역대 시즌별 최다 득점 기록
역대 시즌별 최다 도움 기록
역대 득점 해트트릭 기록
역대 도움 해트트릭 기록
역대 자책골 기록
역대 단일 시즌 득점 · 도움 10-10 기록
역대 대회별 전 경기, 전 시간 출전자
역대 감독별 승 · 무 · 패 기록
역대 선수별 경기기록

## 프로축구 통산 팀 간 경기 기록

| 팀 | 상대 | K리그1 | | | K리그2 | | | 플레이오프 | | | 리그컵 | | | 통산 | | |
|---|---|---|---|---|---|---|---|---|---|---|---|---|---|---|---|---|
| | | 승 | 무 | 패 | 승 | 무 | 패 | 승 | 무 | 패 | 승 | 무 | 패 | 승 | 무 | 패 |
| 울산 | 합계 | 557 | 383 | 372 | 0 | 0 | 0 | 8 | 3 | 10 | 96 | 53 | 55 | 661 | 439 | 437 |
| | 강원 | 28 | 7 | 5 | 0 | 0 | 0 | 0 | 0 | 0 | 1 | 0 | 0 | 29 | 7 | 5 |
| | 경남 | 17 | 7 | 4 | 0 | 0 | 0 | 0 | 0 | 0 | 2 | 0 | 0 | 19 | 7 | 4 |
| | 광주상무 | 11 | 5 | 2 | 0 | 0 | 0 | 0 | 0 | 0 | 4 | 1 | 1 | 15 | 6 | 3 |
| | 광주 | 18 | 7 | 6 | 0 | 0 | 0 | 0 | 0 | 0 | 1 | 0 | 0 | 19 | 7 | 6 |
| | 국민은행 | 4 | 0 | 0 | 0 | 0 | 0 | 0 | 0 | 0 | 0 | 0 | 0 | 4 | 0 | 0 |
| | 김천 | 5 | 3 | 2 | 0 | 0 | 0 | 0 | 0 | 0 | 0 | 0 | 0 | 5 | 3 | 2 |
| | 대구 | 32 | 16 | 7 | 0 | 0 | 0 | 0 | 0 | 0 | 4 | 2 | 1 | 36 | 18 | 8 |
| | 대전 | 26 | 15 | 12 | 0 | 0 | 0 | 1 | 0 | 0 | 8 | 4 | 3 | 35 | 19 | 15 |
| | 부산 | 39 | 41 | 45 | 0 | 0 | 0 | 0 | 0 | 0 | 15 | 5 | 8 | 54 | 46 | 53 |
| | 상무 | 2 | 1 | 0 | 0 | 0 | 0 | 0 | 0 | 0 | 0 | 0 | 0 | 2 | 1 | 0 |
| | 상주 | 15 | 4 | 4 | 0 | 0 | 0 | 0 | 0 | 0 | 1 | 0 | 0 | 16 | 4 | 4 |
| | 성남 | 41 | 29 | 37 | 0 | 0 | 0 | 1 | 0 | 1 | 6 | 8 | 7 | 48 | 37 | 45 |
| | 수원 | 36 | 20 | 25 | 0 | 0 | 0 | 1 | 2 | 2 | 3 | 4 | 3 | 40 | 26 | 30 |
| | 수원FC | 14 | 3 | 4 | 0 | 0 | 0 | 0 | 0 | 0 | 0 | 0 | 0 | 14 | 3 | 4 |
| | 인천 | 24 | 20 | 13 | 0 | 0 | 0 | 1 | 0 | 1 | 3 | 1 | 1 | 28 | 21 | 15 |
| | 전남 | 29 | 19 | 17 | 0 | 0 | 0 | 0 | 0 | 0 | 6 | 4 | 6 | 35 | 23 | 23 |
| | 버팔로 | 2 | 2 | 1 | 0 | 0 | 0 | 0 | 0 | 0 | 1 | 0 | 0 | 3 | 2 | 1 |
| | 전북 | 36 | 24 | 36 | 0 | 0 | 0 | 1 | 0 | 2 | 7 | 6 | 6 | 44 | 30 | 44 |
| | 제주 | 59 | 50 | 45 | 0 | 0 | 0 | 0 | 0 | 0 | 13 | 5 | 7 | 72 | 55 | 52 |
| | 포항 | 51 | 49 | 58 | 0 | 0 | 0 | 2 | 1 | 3 | 10 | 6 | 5 | 63 | 56 | 66 |
| | 한일은행 | 5 | 5 | 1 | 0 | 0 | 0 | 0 | 0 | 0 | 0 | 0 | 0 | 5 | 5 | 1 |
| | 할렐루야 | 4 | 2 | 1 | 0 | 0 | 0 | 0 | 0 | 0 | 0 | 0 | 0 | 4 | 2 | 1 |
| | 서울 | 58 | 53 | 45 | 0 | 0 | 0 | 1 | 0 | 1 | 11 | 7 | 7 | 70 | 60 | 53 |
| | 안양 | 1 | 1 | 2 | 0 | 0 | 0 | 0 | 0 | 0 | 0 | 0 | 0 | 1 | 1 | 2 |

| 팀 | 상대 | K리그1 | | | K리그2 | | | 플레이오프 | | | 리그컵 | | | 통산 | | |
|---|---|---|---|---|---|---|---|---|---|---|---|---|---|---|---|---|
| | | 승 | 무 | 패 | 승 | 무 | 패 | 승 | 무 | 패 | 승 | 무 | 패 | 승 | 무 | 패 |
| 포항 | 합계 | 546 | 388 | 394 | 0 | 0 | 0 | 7 | 8 | 5 | 72 | 49 | 71 | 625 | 445 | 470 |
| | 강원 | 20 | 11 | 10 | 0 | 0 | 0 | 0 | 0 | 0 | 0 | 0 | 0 | 20 | 11 | 10 |
| | 경남 | 18 | 5 | 5 | 0 | 0 | 0 | 0 | 1 | 0 | 1 | 0 | 1 | 19 | 6 | 6 |
| | 광주상무 | 14 | 4 | 0 | 0 | 0 | 0 | 0 | 0 | 0 | 2 | 0 | 1 | 16 | 4 | 1 |
| | 광주 | 20 | 8 | 4 | 0 | 0 | 0 | 0 | 0 | 0 | 0 | 0 | 0 | 20 | 8 | 4 |
| | 국민은행 | 4 | 1 | 3 | 0 | 0 | 0 | 0 | 0 | 0 | 0 | 0 | 0 | 4 | 1 | 3 |
| | 김천 | 2 | 2 | 7 | 0 | 0 | 0 | 0 | 0 | 0 | 0 | 0 | 0 | 2 | 2 | 7 |
| | 대구 | 22 | 20 | 12 | 0 | 0 | 0 | 0 | 0 | 0 | 3 | 2 | 2 | 25 | 22 | 14 |
| | 대전 | 28 | 15 | 10 | 0 | 0 | 0 | 0 | 0 | 0 | 4 | 4 | 1 | 32 | 19 | 11 |
| | 부산 | 43 | 42 | 43 | 0 | 0 | 0 | 0 | 0 | 0 | 7 | 5 | 12 | 50 | 47 | 55 |
| | 상무 | 2 | 1 | 0 | 0 | 0 | 0 | 0 | 0 | 0 | 0 | 0 | 0 | 2 | 1 | 0 |
| | 상주 | 13 | 2 | 8 | 0 | 0 | 0 | 0 | 0 | 0 | 0 | 0 | 0 | 13 | 2 | 8 |
| | 성남 | 52 | 28 | 30 | 0 | 0 | 0 | 2 | 2 | 2 | 8 | 6 | 5 | 62 | 36 | 37 |
| | 수원 | 27 | 31 | 23 | 0 | 0 | 0 | 1 | 2 | 1 | 8 | 2 | 10 | 36 | 35 | 34 |
| | 수원FC | 8 | 4 | 8 | 0 | 0 | 0 | 0 | 0 | 0 | 0 | 0 | 0 | 8 | 4 | 8 |
| | 울산 | 58 | 49 | 51 | 0 | 0 | 0 | 3 | 1 | 2 | 5 | 6 | 10 | 66 | 56 | 63 |
| | 인천 | 27 | 17 | 15 | 0 | 0 | 0 | 0 | 0 | 0 | 2 | 4 | 1 | 29 | 21 | 16 |
| | 전남 | 26 | 19 | 19 | 0 | 0 | 0 | 0 | 1 | 0 | 5 | 5 | 4 | 31 | 25 | 23 |
| | 버팔로 | 3 | 2 | 0 | 0 | 0 | 0 | 0 | 0 | 0 | 1 | 0 | 0 | 4 | 2 | 0 |
| | 전북 | 33 | 24 | 38 | 0 | 0 | 0 | 0 | 0 | 0 | 7 | 5 | 5 | 40 | 29 | 43 |
| | 제주 | 58 | 45 | 52 | 0 | 0 | 0 | 0 | 0 | 0 | 9 | 4 | 12 | 67 | 49 | 64 |
| | 한일은행 | 5 | 4 | 2 | 0 | 0 | 0 | 0 | 0 | 0 | 0 | 0 | 0 | 5 | 4 | 2 |
| | 할렐루야 | 5 | 3 | 3 | 0 | 0 | 0 | 0 | 0 | 0 | 0 | 0 | 0 | 5 | 3 | 3 |
| | 서울 | 55 | 51 | 51 | 0 | 0 | 0 | 1 | 1 | 0 | 10 | 6 | 7 | 66 | 58 | 58 |
| | 안양 | 3 | 0 | 0 | 0 | 0 | 0 | 0 | 0 | 0 | 0 | 0 | 0 | 3 | 0 | 0 |

| 팀 | 상대 | K리그1 | | | K리그2 | | | 플레이오프 | | | 리그컵 | | | 통산 | | |
|---|---|---|---|---|---|---|---|---|---|---|---|---|---|---|---|---|
| | | 승 | 무 | 패 | 승 | 무 | 패 | 승 | 무 | 패 | 승 | 무 | 패 | 승 | 무 | 패 |
| 서울 | 합계 | 503 | 401 | 408 | 0 | 0 | 0 | 4 | 6 | 4 | 73 | 58 | 68 | 580 | 465 | 480 |

| 팀 | 상대 | K리그1 승 | K리그1 무 | K리그1 패 | K리그2 승 | K리그2 무 | K리그2 패 | 플레이오프 승 | 플레이오프 무 | 플레이오프 패 | 리그컵 승 | 리그컵 무 | 리그컵 패 | 통산 승 | 통산 무 | 통산 패 |
|---|---|---|---|---|---|---|---|---|---|---|---|---|---|---|---|---|
| | 강원 | 21 | 12 | 11 | 0 | 0 | 0 | 0 | 0 | 0 | 0 | 0 | 0 | 21 | 12 | 11 |
| | 경남 | 12 | 9 | 6 | 0 | 0 | 0 | 0 | 0 | 0 | 2 | 2 | 2 | 14 | 11 | 8 |
| | 광주상무 | 10 | 4 | 4 | 0 | 0 | 0 | 0 | 0 | 0 | 5 | 1 | 0 | 15 | 5 | 4 |
| | 광주 | 17 | 4 | 7 | 0 | 0 | 0 | 0 | 0 | 0 | 0 | 0 | 0 | 17 | 4 | 7 |
| | 국민은행 | 2 | 2 | 0 | 0 | 0 | 0 | 0 | 0 | 0 | 0 | 0 | 0 | 2 | 2 | 0 |
| | 김천 | 5 | 4 | 3 | 0 | 0 | 0 | 0 | 0 | 0 | 0 | 0 | 0 | 5 | 4 | 3 |
| | 대구 | 22 | 17 | 14 | 0 | 0 | 0 | 0 | 0 | 0 | 0 | 2 | 2 | 22 | 19 | 16 |
| | 대전 | 21 | 19 | 14 | 0 | 0 | 0 | 0 | 0 | 0 | 6 | 3 | 3 | 27 | 22 | 17 |
| | 부산 | 42 | 43 | 40 | 0 | 0 | 0 | 1 | 1 | 0 | 12 | 5 | 6 | 55 | 49 | 46 |
| | 상무 | 1 | 2 | 0 | 0 | 0 | 0 | 0 | 0 | 0 | 0 | 0 | 0 | 1 | 2 | 0 |
| | 상주 | 12 | 4 | 7 | 0 | 0 | 0 | 0 | 0 | 0 | 0 | 0 | 0 | 12 | 4 | 7 |
| | 성남 | 37 | 38 | 36 | 0 | 0 | 0 | 0 | 0 | 1 | 5 | 6 | 10 | 42 | 44 | 47 |
| | 수원 | 36 | 18 | 29 | 0 | 0 | 0 | 0 | 1 | 1 | 6 | 6 | 6 | 42 | 25 | 36 |
| | 수원FC | 14 | 6 | 1 | 0 | 0 | 0 | 0 | 0 | 0 | 0 | 0 | 0 | 14 | 6 | 1 |
| | 울산 | 45 | 53 | 58 | 0 | 0 | 0 | 1 | 0 | 1 | 7 | 7 | 11 | 53 | 60 | 70 |
| | 인천 | 24 | 18 | 15 | 0 | 0 | 0 | 0 | 0 | 0 | 2 | 4 | 2 | 26 | 22 | 17 |
| | 전남 | 30 | 19 | 16 | 0 | 0 | 0 | 0 | 1 | 0 | 7 | 5 | 4 | 37 | 25 | 20 |
| | 버팔로 | 5 | 0 | 0 | 0 | 0 | 0 | 0 | 0 | 0 | 1 | 0 | 0 | 6 | 0 | 0 |
| | 전북 | 28 | 26 | 39 | 0 | 0 | 0 | 0 | 0 | 0 | 6 | 5 | 4 | 34 | 31 | 43 |
| | 제주 | 56 | 49 | 47 | 0 | 0 | 0 | 2 | 2 | 0 | 7 | 6 | 8 | 65 | 57 | 55 |
| | 포항 | 51 | 51 | 55 | 0 | 0 | 0 | 0 | 1 | 1 | 7 | 6 | 10 | 58 | 58 | 66 |
| | 한일은행 | 8 | 1 | 2 | 0 | 0 | 0 | 0 | 0 | 0 | 0 | 0 | 0 | 8 | 1 | 2 |
| | 할렐루야 | 3 | 1 | 3 | 0 | 0 | 0 | 0 | 0 | 0 | 0 | 0 | 0 | 3 | 1 | 3 |
| | 안양 | 1 | 1 | 1 | 0 | 0 | 0 | 0 | 0 | 0 | 0 | 0 | 0 | 1 | 1 | 1 |

| 팀 | 상대 | K리그1 | | | K리그2 | | | 플레이오프 | | | 리그컵 | | | 통산 | | |
|---|---|---|---|---|---|---|---|---|---|---|---|---|---|---|---|---|
| | | 승 | 무 | 패 | 승 | 무 | 패 | 승 | 무 | 패 | 승 | 무 | 패 | 승 | 무 | 패 |
| 부산 | 합계 | 323 | 303 | 360 | 141 | 94 | 100 | 10 | 4 | 10 | 84 | 52 | 75 | 558 | 453 | 545 |
| | 강원 | 5 | 5 | 3 | 3 | 1 | 0 | 0 | 0 | 1 | 1 | 0 | 0 | 9 | 6 | 4 |
| | 경남 | 7 | 3 | 12 | 8 | 6 | 11 | 1 | 1 | 0 | 3 | 1 | 2 | 19 | 11 | 25 |
| | 고양 | 0 | 0 | 0 | 4 | 0 | 0 | 0 | 0 | 0 | 0 | 0 | 0 | 4 | 0 | 0 |
| | 광주상무 | 8 | 4 | 6 | 0 | 0 | 0 | 0 | 0 | 0 | 0 | 3 | 3 | 8 | 7 | 9 |
| | 광주 | 2 | 4 | 4 | 1 | 6 | 5 | 0 | 0 | 0 | 1 | 0 | 0 | 4 | 10 | 9 |
| | 국민은행 | 6 | 2 | 0 | 0 | 0 | 0 | 0 | 0 | 0 | 0 | 0 | 0 | 6 | 2 | 0 |
| | 김천 | 0 | 0 | 0 | 3 | 1 | 3 | 0 | 0 | 0 | 0 | 0 | 0 | 3 | 1 | 3 |
| | 김포 | 0 | 0 | 0 | 3 | 4 | 6 | 0 | 0 | 0 | 0 | 0 | 0 | 3 | 4 | 6 |
| | 대구 | 8 | 7 | 11 | 1 | 0 | 3 | 0 | 0 | 0 | 2 | 1 | 1 | 11 | 8 | 15 |
| | 대전 | 23 | 10 | 11 | 11 | 6 | 7 | 1 | 0 | 0 | 14 | 1 | 5 | 49 | 17 | 23 |
| | 부천 | 0 | 0 | 0 | 12 | 10 | 11 | 0 | 0 | 0 | 0 | 0 | 0 | 12 | 10 | 11 |
| | 상무 | 1 | 0 | 2 | 0 | 0 | 0 | 0 | 0 | 0 | 0 | 0 | 0 | 1 | 0 | 2 |
| | 상주 | 3 | 5 | 2 | 0 | 0 | 0 | 1 | 0 | 1 | 1 | 0 | 0 | 5 | 5 | 3 |
| | 서울E | 0 | 0 | 0 | 16 | 8 | 9 | 0 | 0 | 0 | 0 | 0 | 0 | 16 | 8 | 9 |
| | 성남 | 30 | 32 | 35 | 7 | 6 | 4 | 0 | 0 | 0 | 5 | 6 | 7 | 42 | 44 | 46 |
| | 수원 | 12 | 15 | 30 | 3 | 2 | 1 | 0 | 0 | 3 | 5 | 8 | 9 | 20 | 25 | 43 |
| | 수원FC | 0 | 0 | 0 | 5 | 4 | 3 | 1 | 0 | 3 | 0 | 0 | 0 | 6 | 4 | 6 |
| | 아산 | 0 | 0 | 0 | 6 | 4 | 2 | 1 | 0 | 0 | 0 | 0 | 0 | 7 | 4 | 2 |
| | 안산 | 0 | 0 | 0 | 16 | 7 | 6 | 0 | 0 | 0 | 0 | 0 | 0 | 16 | 7 | 6 |
| | 안산무궁 | 0 | 0 | 0 | 2 | 1 | 1 | 0 | 0 | 0 | 0 | 0 | 0 | 2 | 1 | 1 |
| | 울산 | 45 | 41 | 39 | 0 | 0 | 0 | 0 | 0 | 0 | 8 | 5 | 15 | 53 | 46 | 54 |
| | 인천 | 6 | 16 | 11 | 0 | 2 | 1 | 0 | 0 | 1 | 3 | 2 | 1 | 9 | 20 | 14 |
| | 전남 | 17 | 14 | 25 | 7 | 6 | 8 | 1 | 1 | 0 | 7 | 2 | 6 | 32 | 23 | 39 |
| | 버팔로 | 3 | 0 | 2 | 0 | 0 | 0 | 0 | 0 | 0 | 0 | 0 | 1 | 3 | 0 | 3 |
| | 전북 | 15 | 14 | 31 | 0 | 0 | 0 | 0 | 0 | 0 | 6 | 3 | 2 | 21 | 17 | 33 |
| | 제주 | 38 | 40 | 46 | 0 | 0 | 0 | 3 | 1 | 0 | 10 | 10 | 4 | 51 | 51 | 50 |
| | 천안 | 0 | 0 | 0 | 6 | 2 | 1 | 0 | 0 | 0 | 0 | 0 | 0 | 6 | 2 | 1 |
| | 충남아산 | 0 | 0 | 0 | 9 | 3 | 5 | 0 | 0 | 0 | 0 | 0 | 0 | 9 | 3 | 5 |
| | 충북청주 | 0 | 0 | 0 | 1 | 6 | 2 | 0 | 0 | 0 | 0 | 0 | 0 | 1 | 6 | 2 |
| | 충주 | 0 | 0 | 0 | 3 | 1 | 0 | 0 | 0 | 0 | 0 | 0 | 0 | 3 | 1 | 0 |
| | 포항 | 43 | 42 | 43 | 0 | 0 | 0 | 0 | 0 | 0 | 12 | 5 | 7 | 55 | 47 | 50 |

| 팀 | 상대 | K리그1 승 | K리그1 무 | K리그1 패 | K리그2 승 | K리그2 무 | K리그2 패 | 플레이오프 승 | 플레이오프 무 | 플레이오프 패 | 리그컵 승 | 리그컵 무 | 리그컵 패 | 통산 승 | 통산 무 | 통산 패 |
|---|---|---|---|---|---|---|---|---|---|---|---|---|---|---|---|---|
| | 한일은행 | 8 | 1 | 2 | 0 | 0 | 0 | 0 | 0 | 0 | 0 | 0 | 0 | 8 | 1 | 2 |
| | 할렐루야 | 3 | 5 | 3 | 0 | 0 | 0 | 0 | 0 | 0 | 0 | 0 | 0 | 3 | 5 | 3 |
| | 서 울 | 0 | 0 | 0 | 1 | 1 | 1 | 0 | 0 | 0 | 0 | 0 | 0 | 1 | 1 | 1 |
| | 안 양 | 40 | 43 | 42 | 0 | 0 | 0 | 0 | 1 | 1 | 6 | 5 | 12 | 46 | 49 | 55 |

| 팀 | 상대 | K리그1 | | | K리그2 | | | 플레이오프 | | | 리그컵 | | | 통산 | | |
|---|---|---|---|---|---|---|---|---|---|---|---|---|---|---|---|---|
| | | 승 | 무 | 패 | 승 | 무 | 패 | 승 | 무 | 패 | 승 | 무 | 패 | 승 | 무 | 패 |
| 제 주 | 합 계 | 437 | 386 | 478 | 18 | 6 | 3 | 5 | 3 | 6 | 74 | 51 | 69 | 534 | 446 | 556 |
| | 강 원 | 11 | 13 | 15 | 0 | 0 | 0 | 0 | 0 | 0 | 0 | 0 | 0 | 11 | 13 | 15 |
| | 경 남 | 9 | 13 | 9 | 1 | 2 | 0 | 0 | 0 | 0 | 1 | 2 | 2 | 11 | 17 | 11 |
| | 광주상무 | 9 | 4 | 5 | 0 | 0 | 0 | 0 | 0 | 0 | 4 | 1 | 0 | 13 | 5 | 5 |
| | 광 주 | 8 | 7 | 12 | 0 | 0 | 0 | 0 | 0 | 0 | 0 | 0 | 0 | 8 | 7 | 12 |
| | 국민은행 | 5 | 1 | 2 | 0 | 0 | 0 | 0 | 0 | 0 | 0 | 0 | 0 | 5 | 1 | 2 |
| | 김 천 | 3 | 1 | 5 | 0 | 0 | 0 | 0 | 0 | 0 | 0 | 0 | 0 | 3 | 1 | 5 |
| | 대 구 | 20 | 17 | 16 | 0 | 0 | 0 | 0 | 0 | 0 | 1 | 2 | 2 | 21 | 19 | 18 |
| | 대 전 | 24 | 13 | 19 | 1 | 0 | 2 | 0 | 0 | 0 | 5 | 1 | 5 | 30 | 14 | 26 |
| | 부 산 | 46 | 40 | 38 | 0 | 0 | 0 | 0 | 1 | 3 | 4 | 10 | 10 | 50 | 51 | 51 |
| | 부 천 | 0 | 0 | 0 | 3 | 0 | 0 | 0 | 0 | 0 | 0 | 0 | 0 | 3 | 0 | 0 |
| | 상 무 | 1 | 1 | 1 | 0 | 0 | 0 | 0 | 0 | 0 | 0 | 0 | 0 | 1 | 1 | 1 |
| | 상 주 | 8 | 6 | 7 | 0 | 0 | 0 | 0 | 0 | 0 | 0 | 0 | 0 | 8 | 6 | 7 |
| | 서울E | 0 | 0 | 0 | 2 | 1 | 0 | 0 | 0 | 0 | 0 | 0 | 0 | 2 | 1 | 0 |
| | 성 남 | 28 | 40 | 41 | 0 | 0 | 0 | 1 | 0 | 1 | 8 | 7 | 4 | 37 | 47 | 46 |
| | 수 원 | 24 | 13 | 43 | 0 | 0 | 0 | 2 | 0 | 0 | 6 | 6 | 6 | 32 | 19 | 49 |
| | 수원FC | 9 | 5 | 7 | 2 | 1 | 0 | 0 | 0 | 0 | 0 | 0 | 0 | 11 | 6 | 7 |
| | 안 산 | 0 | 0 | 0 | 2 | 1 | 0 | 0 | 0 | 0 | 0 | 0 | 0 | 2 | 1 | 0 |
| | 울 산 | 45 | 50 | 59 | 0 | 0 | 0 | 0 | 0 | 0 | 7 | 5 | 13 | 52 | 55 | 72 |
| | 인 천 | 18 | 18 | 17 | 0 | 0 | 0 | 0 | 0 | 0 | 4 | 2 | 1 | 22 | 20 | 18 |
| | 전 남 | 34 | 18 | 14 | 1 | 1 | 1 | 0 | 0 | 0 | 6 | 2 | 2 | 41 | 21 | 17 |
| | 버팔로 | 5 | 0 | 0 | 0 | 0 | 0 | 0 | 0 | 0 | 1 | 0 | 0 | 6 | 0 | 0 |
| | 전 북 | 22 | 23 | 46 | 0 | 0 | 0 | 2 | 0 | 0 | 7 | 3 | 8 | 31 | 26 | 54 |
| | 충남아산 | 0 | 0 | 0 | 3 | 0 | 0 | 0 | 0 | 0 | 0 | 0 | 0 | 3 | 0 | 0 |
| | 포 항 | 52 | 45 | 58 | 0 | 0 | 0 | 0 | 0 | 0 | 12 | 4 | 9 | 64 | 49 | 67 |
| | 한일은행 | 4 | 4 | 3 | 0 | 0 | 0 | 0 | 0 | 0 | 0 | 0 | 0 | 4 | 4 | 3 |
| | 할렐루야 | 4 | 5 | 2 | 0 | 0 | 0 | 0 | 0 | 0 | 0 | 0 | 0 | 4 | 5 | 2 |
| | 서 울 | 47 | 49 | 56 | 0 | 0 | 0 | 0 | 2 | 2 | 8 | 6 | 7 | 55 | 57 | 65 |
| | 안 양 | 1 | 0 | 3 | 3 | 0 | 0 | 0 | 0 | 0 | 0 | 0 | 0 | 4 | 0 | 3 |

| 팀 | 상대 | K리그1 | | | K리그2 | | | 플레이오프 | | | 리그컵 | | | 통산 | | |
|---|---|---|---|---|---|---|---|---|---|---|---|---|---|---|---|---|
| | | 승 | 무 | 패 | 승 | 무 | 패 | 승 | 무 | 패 | 승 | 무 | 패 | 승 | 무 | 패 |
| 성 남 | 합 계 | 364 | 298 | 335 | 64 | 60 | 59 | 9 | 7 | 8 | 71 | 55 | 53 | 508 | 420 | 455 |
| | 강 원 | 10 | 4 | 13 | 0 | 0 | 0 | 0 | 2 | 0 | 1 | 0 | 0 | 11 | 6 | 13 |
| | 경 남 | 13 | 5 | 8 | 5 | 3 | 5 | 0 | 0 | 0 | 1 | 1 | 0 | 19 | 9 | 13 |
| | 광주상무 | 11 | 3 | 4 | 0 | 0 | 0 | 0 | 0 | 0 | 2 | 2 | 2 | 13 | 5 | 6 |
| | 광 주 | 8 | 5 | 6 | 1 | 2 | 1 | 0 | 0 | 0 | 0 | 0 | 0 | 9 | 7 | 7 |
| | 김 천 | 0 | 2 | 2 | 1 | 1 | 1 | 0 | 0 | 0 | 0 | 0 | 0 | 1 | 3 | 3 |
| | 김 포 | 0 | 0 | 0 | 1 | 6 | 2 | 0 | 0 | 0 | 0 | 0 | 0 | 1 | 6 | 2 |
| | 대 구 | 15 | 12 | 13 | 0 | 0 | 0 | 0 | 0 | 0 | 4 | 2 | 1 | 19 | 14 | 14 |
| | 대 전 | 29 | 11 | 7 | 6 | 2 | 0 | 0 | 0 | 0 | 10 | 2 | 1 | 45 | 15 | 8 |
| | 부 산 | 35 | 32 | 30 | 4 | 6 | 7 | 0 | 0 | 0 | 7 | 6 | 5 | 46 | 44 | 42 |
| | 부 천 | 0 | 0 | 0 | 6 | 4 | 7 | 0 | 1 | 0 | 0 | 0 | 0 | 6 | 5 | 7 |
| | 상 주 | 8 | 7 | 4 | 0 | 0 | 0 | 0 | 0 | 0 | 0 | 0 | 0 | 8 | 7 | 4 |
| | 서울E | 0 | 0 | 0 | 4 | 6 | 7 | 1 | 0 | 0 | 0 | 0 | 0 | 5 | 6 | 7 |
| | 수 원 | 21 | 22 | 26 | 1 | 1 | 4 | 2 | 0 | 0 | 3 | 5 | 7 | 27 | 28 | 37 |
| | 수원FC | 4 | 2 | 5 | 5 | 2 | 1 | 0 | 0 | 0 | 0 | 0 | 0 | 9 | 4 | 6 |
| | 아 산 | 0 | 0 | 0 | 4 | 2 | 2 | 0 | 0 | 1 | 0 | 0 | 0 | 4 | 2 | 3 |
| | 안 산 | 0 | 0 | 0 | 8 | 5 | 4 | 0 | 0 | 0 | 0 | 0 | 0 | 8 | 5 | 4 |
| | 울 산 | 37 | 29 | 41 | 0 | 0 | 0 | 1 | 0 | 1 | 7 | 8 | 6 | 45 | 37 | 48 |
| | 인 천 | 16 | 18 | 13 | 2 | 1 | 0 | 0 | 1 | 0 | 3 | 2 | 0 | 21 | 22 | 13 |
| | 전 남 | 23 | 21 | 18 | 2 | 3 | 4 | 1 | 0 | 0 | 8 | 5 | 3 | 34 | 29 | 25 |
| | 버팔로 | 4 | 1 | 0 | 0 | 0 | 0 | 0 | 0 | 0 | 0 | 0 | 1 | 4 | 1 | 1 |

Section 7 역대 통산 기록

| 팀 | 상대 | K리그1 승 | K리그1 무 | K리그1 패 | K리그2 승 | K리그2 무 | K리그2 패 | 플레이오프 승 | 플레이오프 무 | 플레이오프 패 | 리그컵 승 | 리그컵 무 | 리그컵 패 | 통산 승 | 통산 무 | 통산 패 |
|---|---|---|---|---|---|---|---|---|---|---|---|---|---|---|---|---|
| | 전 북 | 23 | 18 | 28 | 0 | 0 | 0 | 0 | 1 | 3 | 6 | 3 | 6 | 29 | 22 | 37 |
| | 제 주 | 41 | 40 | 28 | 0 | 0 | 0 | 1 | 0 | 1 | 4 | 7 | 8 | 46 | 47 | 37 |
| | 천 안 | 0 | 0 | 0 | 2 | 4 | 3 | 0 | 0 | 0 | 0 | 0 | 0 | 2 | 4 | 3 |
| | 충남아산 | 0 | 0 | 0 | 2 | 3 | 4 | 0 | 0 | 0 | 0 | 0 | 0 | 2 | 3 | 4 |
| | 충북청주 | 0 | 0 | 0 | 3 | 4 | 2 | 0 | 0 | 0 | 0 | 0 | 0 | 3 | 4 | 2 |
| | 포 항 | 30 | 28 | 52 | 0 | 0 | 0 | 2 | 2 | 2 | 5 | 6 | 8 | 37 | 36 | 62 |
| | 화 성 | 0 | 0 | 0 | 2 | 0 | 1 | 0 | 0 | 0 | 0 | 0 | 0 | 2 | 0 | 1 |
| | 서 울 | 36 | 38 | 37 | 0 | 0 | 0 | 1 | 0 | 0 | 10 | 6 | 5 | 47 | 44 | 42 |
| | 안 양 | 0 | 0 | 0 | 5 | 5 | 4 | 0 | 0 | 0 | 0 | 0 | 0 | 5 | 5 | 4 |

| 팀 | 상대 | K리그1 | | | K리그2 | | | 플레이오프 | | | 리그컵 | | | 통산 | | |
|---|---|---|---|---|---|---|---|---|---|---|---|---|---|---|---|---|
| | | 승 | 무 | 패 | 승 | 무 | 패 | 승 | 무 | 패 | 승 | 무 | 패 | 승 | 무 | 패 |
| 전 북 | 합 계 | 459 | 261 | 267 | 0 | 0 | 0 | 8 | 1 | 3 | 52 | 39 | 63 | 519 | 301 | 333 |
| | 강 원 | 23 | 5 | 12 | 0 | 0 | 0 | 0 | 0 | 0 | 1 | 0 | 0 | 24 | 5 | 12 |
| | 경 남 | 16 | 6 | 6 | 0 | 0 | 0 | 1 | 0 | 0 | 2 | 1 | 1 | 19 | 7 | 7 |
| | 광주상무 | 10 | 5 | 3 | 0 | 0 | 0 | 0 | 0 | 0 | 3 | 2 | 1 | 13 | 7 | 4 |
| | 광 주 | 20 | 7 | 3 | 0 | 0 | 0 | 0 | 0 | 0 | 0 | 0 | 0 | 20 | 7 | 3 |
| | 김 천 | 3 | 3 | 4 | 0 | 0 | 0 | 0 | 0 | 0 | 0 | 0 | 0 | 3 | 3 | 4 |
| | 대 구 | 34 | 10 | 11 | 0 | 0 | 0 | 0 | 0 | 0 | 2 | 3 | 2 | 36 | 13 | 13 |
| | 대 전 | 21 | 19 | 14 | 0 | 0 | 0 | 0 | 0 | 0 | 2 | 2 | 5 | 23 | 21 | 19 |
| | 부 산 | 31 | 14 | 15 | 0 | 0 | 0 | 0 | 0 | 0 | 2 | 3 | 6 | 33 | 17 | 21 |
| | 상 주 | 17 | 4 | 2 | 0 | 0 | 0 | 0 | 0 | 0 | 0 | 0 | 0 | 17 | 4 | 2 |
| | 서울E | 0 | 0 | 0 | 0 | 0 | 0 | 2 | 0 | 0 | 0 | 0 | 0 | 2 | 0 | 0 |
| | 성 남 | 28 | 18 | 23 | 0 | 0 | 0 | 3 | 1 | 0 | 6 | 3 | 6 | 37 | 22 | 29 |
| | 수 원 | 33 | 23 | 26 | 0 | 0 | 0 | 0 | 0 | 0 | 5 | 2 | 5 | 38 | 25 | 31 |
| | 수원FC | 11 | 4 | 4 | 0 | 0 | 0 | 0 | 0 | 0 | 0 | 0 | 0 | 11 | 4 | 4 |
| | 울 산 | 36 | 24 | 36 | 0 | 0 | 0 | 2 | 0 | 1 | 6 | 6 | 7 | 44 | 30 | 44 |
| | 인 천 | 24 | 22 | 11 | 0 | 0 | 0 | 0 | 0 | 0 | 0 | 1 | 4 | 24 | 23 | 15 |
| | 전 남 | 26 | 24 | 14 | 0 | 0 | 0 | 0 | 0 | 0 | 6 | 3 | 6 | 32 | 27 | 20 |
| | 제 주 | 46 | 23 | 22 | 0 | 0 | 0 | 0 | 0 | 2 | 8 | 3 | 7 | 54 | 26 | 31 |
| | 포 항 | 38 | 24 | 33 | 0 | 0 | 0 | 0 | 0 | 0 | 5 | 5 | 7 | 43 | 29 | 40 |
| | 서 울 | 39 | 26 | 28 | 0 | 0 | 0 | 0 | 0 | 0 | 4 | 5 | 6 | 43 | 31 | 34 |
| | 안 양 | 3 | 0 | 0 | 0 | 0 | 0 | 0 | 0 | 0 | 0 | 0 | 0 | 3 | 0 | 0 |

| 팀 | 상대 | K리그1 | | | K리그2 | | | 플레이오프 | | | 리그컵 | | | 통산 | | |
|---|---|---|---|---|---|---|---|---|---|---|---|---|---|---|---|---|
| | | 승 | 무 | 패 | 승 | 무 | 패 | 승 | 무 | 패 | 승 | 무 | 패 | 승 | 무 | 패 |
| 수 원 | 합 계 | 371 | 239 | 273 | 35 | 23 | 17 | 9 | 6 | 6 | 69 | 45 | 45 | 484 | 313 | 341 |
| | 강 원 | 17 | 10 | 6 | 0 | 0 | 0 | 0 | 0 | 0 | 1 | 0 | 0 | 18 | 10 | 6 |
| | 경 남 | 12 | 10 | 7 | 2 | 3 | 1 | 0 | 0 | 0 | 2 | 2 | 2 | 16 | 15 | 10 |
| | 광주상무 | 11 | 4 | 3 | 0 | 0 | 0 | 0 | 0 | 0 | 4 | 0 | 1 | 15 | 4 | 4 |
| | 광 주 | 10 | 6 | 6 | 0 | 0 | 0 | 0 | 0 | 0 | 0 | 0 | 0 | 10 | 6 | 6 |
| | 김 천 | 2 | 2 | 0 | 0 | 0 | 0 | 0 | 0 | 0 | 0 | 0 | 0 | 2 | 2 | 0 |
| | 김 포 | 0 | 0 | 0 | 1 | 4 | 1 | 0 | 0 | 0 | 0 | 0 | 0 | 1 | 4 | 1 |
| | 대 구 | 23 | 12 | 11 | 0 | 0 | 0 | 0 | 0 | 0 | 2 | 1 | 0 | 25 | 13 | 11 |
| | 대 전 | 23 | 12 | 12 | 0 | 0 | 0 | 0 | 0 | 0 | 6 | 6 | 1 | 29 | 18 | 13 |
| | 부 산 | 30 | 15 | 12 | 1 | 2 | 3 | 3 | 0 | 0 | 9 | 8 | 5 | 43 | 25 | 20 |
| | 부 천 | 0 | 0 | 0 | 2 | 3 | 1 | 0 | 0 | 0 | 0 | 0 | 0 | 2 | 3 | 1 |
| | 상 주 | 11 | 7 | 4 | 0 | 0 | 0 | 0 | 0 | 0 | 0 | 0 | 0 | 11 | 7 | 4 |
| | 서울E | 0 | 0 | 0 | 1 | 0 | 5 | 0 | 0 | 0 | 0 | 0 | 0 | 1 | 0 | 5 |
| | 성 남 | 26 | 22 | 21 | 4 | 1 | 1 | 0 | 0 | 2 | 7 | 5 | 3 | 37 | 28 | 27 |
| | 수원FC | 6 | 1 | 9 | 0 | 0 | 0 | 0 | 0 | 0 | 0 | 0 | 0 | 6 | 1 | 9 |
| | 안 산 | 0 | 0 | 0 | 4 | 2 | 0 | 0 | 0 | 0 | 0 | 0 | 0 | 4 | 2 | 0 |
| | 울 산 | 25 | 20 | 36 | 0 | 0 | 0 | 2 | 2 | 1 | 3 | 4 | 3 | 30 | 26 | 40 |
| | 인 천 | 27 | 17 | 10 | 0 | 1 | 2 | 0 | 0 | 0 | 3 | 2 | 0 | 30 | 20 | 12 |
| | 전 남 | 27 | 16 | 16 | 4 | 2 | 0 | 1 | 0 | 0 | 5 | 1 | 5 | 37 | 19 | 21 |
| | 전 북 | 26 | 23 | 33 | 0 | 0 | 0 | 0 | 0 | 0 | 5 | 2 | 5 | 31 | 25 | 38 |
| | 제 주 | 43 | 13 | 24 | 0 | 0 | 0 | 0 | 0 | 2 | 6 | 6 | 6 | 49 | 19 | 32 |
| | 천 안 | 0 | 0 | 0 | 4 | 0 | 2 | 0 | 0 | 0 | 0 | 0 | 0 | 4 | 0 | 2 |
| | 충남아산 | 0 | 0 | 0 | 4 | 1 | 1 | 0 | 0 | 0 | 0 | 0 | 0 | 4 | 1 | 1 |
| | 충북청주 | 0 | 0 | 0 | 3 | 3 | 0 | 0 | 0 | 0 | 0 | 0 | 0 | 3 | 3 | 0 |

| 팀 | 상대 | K리그1 | | | K리그2 | | | 플레이오프 | | | 리그컵 | | | 통산 | | |
|---|---|---|---|---|---|---|---|---|---|---|---|---|---|---|---|---|
| | 포항 | 23 | 31 | 27 | 0 | 0 | 0 | 1 | 2 | 1 | 10 | 2 | 8 | 34 | 35 | 36 |
| | 화성 | 0 | 0 | 0 | 2 | 1 | 0 | 0 | 0 | 0 | 0 | 0 | 0 | 2 | 1 | 0 |
| | 서울 | 29 | 18 | 36 | 0 | 0 | 0 | 1 | 1 | 0 | 6 | 6 | 6 | 36 | 25 | 42 |
| | 안양 | 0 | 0 | 0 | 3 | 0 | 0 | 1 | 1 | 0 | 0 | 0 | 0 | 4 | 1 | 0 |

| 팀 | 상대 | K리그1 | | | K리그2 | | | 플레이오프 | | | 리그컵 | | | 통산 | | |
|---|---|---|---|---|---|---|---|---|---|---|---|---|---|---|---|---|
| | | 승 | 무 | 패 | 승 | 무 | 패 | 승 | 무 | 패 | 승 | 무 | 패 | 승 | 무 | 패 |
| 전남 | 합계 | 232 | 225 | 275 | 89 | 78 | 83 | 0 | 5 | 3 | 47 | 34 | 62 | 368 | 342 | 423 |
| | 강원 | 7 | 9 | 5 | 0 | 0 | 0 | 0 | 0 | 0 | 2 | 1 | 0 | 9 | 10 | 5 |
| | 경남 | 12 | 6 | 7 | 9 | 8 | 3 | 0 | 0 | 0 | 0 | 0 | 2 | 21 | 14 | 12 |
| | 광주상무 | 10 | 5 | 3 | 0 | 0 | 0 | 0 | 0 | 0 | 2 | 1 | 0 | 12 | 6 | 3 |
| | 광주 | 4 | 5 | 8 | 1 | 3 | 4 | 0 | 0 | 0 | 1 | 0 | 0 | 6 | 8 | 12 |
| | 김천 | 0 | 0 | 0 | 3 | 2 | 2 | 0 | 0 | 0 | 0 | 0 | 0 | 3 | 2 | 2 |
| | 김포 | 0 | 0 | 0 | 4 | 3 | 6 | 0 | 0 | 0 | 0 | 0 | 0 | 4 | 3 | 6 |
| | 대구 | 13 | 11 | 12 | 0 | 0 | 0 | 0 | 0 | 0 | 2 | 1 | 1 | 15 | 12 | 13 |
| | 대전 | 23 | 14 | 11 | 3 | 4 | 8 | 0 | 1 | 0 | 2 | 3 | 6 | 28 | 22 | 25 |
| | 부산 | 25 | 14 | 17 | 8 | 6 | 7 | 0 | 1 | 1 | 6 | 2 | 7 | 39 | 23 | 32 |
| | 부천 | 0 | 0 | 0 | 11 | 7 | 6 | 0 | 0 | 0 | 0 | 0 | 0 | 11 | 7 | 6 |
| | 상주 | 12 | 4 | 6 | 0 | 0 | 0 | 0 | 0 | 0 | 1 | 0 | 0 | 13 | 4 | 6 |
| | 서울E | 0 | 0 | 0 | 7 | 13 | 4 | 0 | 1 | 0 | 0 | 0 | 0 | 7 | 14 | 4 |
| | 성남 | 18 | 21 | 23 | 4 | 3 | 2 | 0 | 0 | 1 | 3 | 5 | 8 | 25 | 29 | 34 |
| | 수원 | 16 | 16 | 27 | 0 | 2 | 4 | 0 | 0 | 1 | 5 | 1 | 5 | 21 | 19 | 37 |
| | 수원FC | 1 | 2 | 0 | 2 | 3 | 2 | 0 | 0 | 0 | 0 | 0 | 0 | 3 | 5 | 2 |
| | 아산 | 0 | 0 | 0 | 1 | 1 | 2 | 0 | 0 | 0 | 0 | 0 | 0 | 1 | 1 | 2 |
| | 안산 | 0 | 0 | 0 | 10 | 6 | 8 | 0 | 0 | 0 | 0 | 0 | 0 | 10 | 6 | 8 |
| | 울산 | 17 | 19 | 29 | 0 | 0 | 0 | 0 | 0 | 0 | 6 | 4 | 6 | 23 | 23 | 35 |
| | 인천 | 11 | 19 | 11 | 2 | 0 | 1 | 0 | 0 | 0 | 1 | 1 | 3 | 14 | 20 | 15 |
| | 전북 | 14 | 24 | 26 | 0 | 0 | 0 | 0 | 0 | 0 | 6 | 3 | 6 | 20 | 27 | 32 |
| | 제주 | 14 | 18 | 34 | 1 | 1 | 1 | 0 | 0 | 0 | 2 | 2 | 6 | 17 | 21 | 41 |
| | 천안 | 0 | 0 | 0 | 5 | 0 | 4 | 0 | 0 | 0 | 0 | 0 | 0 | 5 | 0 | 4 |
| | 충남아산 | 0 | 0 | 0 | 6 | 8 | 6 | 0 | 0 | 0 | 0 | 0 | 0 | 6 | 8 | 6 |
| | 충북청주 | 0 | 0 | 0 | 5 | 2 | 2 | 0 | 0 | 0 | 0 | 0 | 0 | 5 | 2 | 2 |
| | 포항 | 19 | 19 | 26 | 0 | 0 | 0 | 0 | 1 | 0 | 4 | 5 | 5 | 23 | 25 | 31 |
| | 화성 | 0 | 0 | 0 | 2 | 0 | 1 | 0 | 0 | 0 | 0 | 0 | 0 | 2 | 0 | 1 |
| | 서울 | 16 | 19 | 30 | 0 | 0 | 0 | 0 | 1 | 0 | 4 | 5 | 7 | 20 | 25 | 37 |
| | 안양 | 0 | 0 | 0 | 5 | 6 | 10 | 0 | 0 | 0 | 0 | 0 | 0 | 5 | 6 | 10 |

| 팀 | 상대 | K리그1 | | | K리그2 | | | 플레이오프 | | | 리그컵 | | | 통산 | | |
|---|---|---|---|---|---|---|---|---|---|---|---|---|---|---|---|---|
| | | 승 | 무 | 패 | 승 | 무 | 패 | 승 | 무 | 패 | 승 | 무 | 패 | 승 | 무 | 패 |
| 대전 | 합계 | 165 | 189 | 280 | 113 | 74 | 100 | 5 | 2 | 3 | 40 | 35 | 64 | 323 | 300 | 447 |
| | 강원 | 10 | 10 | 5 | 5 | 1 | 2 | 1 | 0 | 1 | 0 | 0 | 1 | 16 | 11 | 9 |
| | 경남 | 3 | 8 | 7 | 8 | 3 | 8 | 0 | 1 | 0 | 1 | 2 | 1 | 12 | 14 | 16 |
| | 고양 | 0 | 0 | 0 | 5 | 3 | 0 | 0 | 0 | 0 | 0 | 0 | 0 | 5 | 3 | 0 |
| | 광주상무 | 6 | 8 | 4 | 0 | 0 | 0 | 0 | 0 | 0 | 4 | 2 | 1 | 10 | 10 | 5 |
| | 광주 | 6 | 8 | 6 | 5 | 5 | 6 | 1 | 0 | 0 | 0 | 0 | 0 | 12 | 13 | 12 |
| | 김천 | 3 | 3 | 1 | 0 | 1 | 3 | 2 | 0 | 0 | 0 | 0 | 0 | 5 | 4 | 4 |
| | 김포 | 0 | 0 | 0 | 2 | 2 | 0 | 0 | 0 | 0 | 0 | 0 | 0 | 2 | 2 | 0 |
| | 대구 | 14 | 15 | 9 | 2 | 2 | 4 | 0 | 0 | 0 | 3 | 3 | 2 | 19 | 20 | 15 |
| | 부산 | 11 | 10 | 23 | 7 | 6 | 11 | 0 | 0 | 1 | 5 | 1 | 14 | 23 | 17 | 49 |
| | 부천 | 0 | 0 | 0 | 13 | 6 | 12 | 0 | 0 | 0 | 0 | 0 | 0 | 13 | 6 | 12 |
| | 상주 | 3 | 2 | 1 | 0 | 0 | 0 | 0 | 0 | 0 | 0 | 0 | 0 | 3 | 2 | 1 |
| | 서울E | 0 | 0 | 0 | 11 | 7 | 9 | 0 | 0 | 0 | 0 | 0 | 0 | 11 | 7 | 9 |
| | 성남 | 7 | 11 | 29 | 0 | 2 | 6 | 0 | 0 | 0 | 1 | 2 | 10 | 8 | 15 | 45 |
| | 수원 | 12 | 12 | 23 | 0 | 0 | 0 | 0 | 0 | 0 | 1 | 6 | 6 | 13 | 18 | 29 |
| | 수원FC | 4 | 1 | 5 | 7 | 2 | 10 | 0 | 0 | 0 | 0 | 0 | 0 | 11 | 3 | 15 |
| | 아산 | 0 | 0 | 0 | 4 | 3 | 5 | 0 | 0 | 0 | 0 | 0 | 0 | 4 | 3 | 5 |
| | 안산 | 0 | 0 | 0 | 11 | 7 | 5 | 0 | 0 | 0 | 0 | 0 | 0 | 11 | 7 | 5 |
| | 안산무궁 | 0 | 0 | 0 | 2 | 2 | 4 | 0 | 0 | 0 | 0 | 0 | 0 | 2 | 2 | 4 |
| | 울산 | 12 | 15 | 26 | 0 | 0 | 0 | 0 | 0 | 1 | 3 | 4 | 8 | 15 | 19 | 35 |
| | 인천 | 5 | 5 | 23 | 0 | 0 | 0 | 0 | 0 | 0 | 2 | 2 | 2 | 7 | 7 | 25 |

| | | | | | | | | | | | | | | | | |
|---|---|---|---|---|---|---|---|---|---|---|---|---|---|---|---|---|
| | 전남 | 11 | 14 | 23 | 8 | 4 | 3 | 0 | 1 | 0 | 6 | 3 | 2 | 25 | 22 | 28 |
| | 전북 | 14 | 19 | 21 | 0 | 0 | 0 | 0 | 0 | 0 | 5 | 2 | 2 | 19 | 21 | 23 |
| | 제주 | 19 | 13 | 24 | 2 | 0 | 1 | 0 | 0 | 0 | 5 | 1 | 5 | 26 | 14 | 30 |
| | 충남아산 | 0 | 0 | 0 | 5 | 3 | 3 | 0 | 0 | 0 | 0 | 0 | 0 | 5 | 3 | 3 |
| | 충주 | 0 | 0 | 0 | 5 | 3 | 0 | 0 | 0 | 0 | 0 | 0 | 0 | 5 | 3 | 0 |
| | 포항 | 10 | 15 | 28 | 0 | 0 | 0 | 0 | 0 | 0 | 1 | 4 | 4 | 11 | 19 | 32 |
| | 서울 | 14 | 19 | 21 | 0 | 0 | 0 | 0 | 0 | 0 | 3 | 3 | 6 | 17 | 22 | 27 |
| | 안양 | 1 | 1 | 1 | 11 | 12 | 8 | 1 | 0 | 0 | 0 | 0 | 0 | 13 | 13 | 9 |

| 팀 | 상대 | K리그1 | | | K리그2 | | | 플레이오프 | | | 리그컵 | | | 통산 | | |
|---|---|---|---|---|---|---|---|---|---|---|---|---|---|---|---|---|
| | | 승 | 무 | 패 | 승 | 무 | 패 | 승 | 무 | 패 | 승 | 무 | 패 | 승 | 무 | 패 |
| 인천 | 합계 | 208 | 246 | 247 | 23 | 9 | 7 | 2 | 1 | 1 | 21 | 25 | 29 | 254 | 281 | 284 |
| | 강원 | 14 | 7 | 18 | 0 | 0 | 0 | 0 | 0 | 0 | 1 | 0 | 0 | 15 | 7 | 18 |
| | 경남 | 4 | 14 | 9 | 3 | 0 | 0 | 0 | 0 | 0 | 1 | 1 | 2 | 8 | 15 | 11 |
| | 고양 | 6 | 4 | 4 | 0 | 0 | 0 | 0 | 0 | 0 | 1 | 0 | 2 | 7 | 4 | 6 |
| | 광주상무 | 10 | 15 | 7 | 0 | 0 | 0 | 0 | 0 | 0 | 0 | 0 | 0 | 10 | 15 | 7 |
| | 광주 | 2 | 2 | 2 | 0 | 0 | 0 | 0 | 0 | 0 | 0 | 0 | 0 | 2 | 2 | 2 |
| | 김천 | 0 | 0 | 0 | 1 | 1 | 1 | 0 | 0 | 0 | 0 | 0 | 0 | 1 | 1 | 1 |
| | 대구 | 18 | 20 | 11 | 0 | 0 | 0 | 0 | 0 | 0 | 3 | 3 | 2 | 21 | 23 | 13 |
| | 대전 | 23 | 5 | 5 | 0 | 0 | 0 | 0 | 0 | 0 | 2 | 2 | 2 | 25 | 7 | 7 |
| | 부산 | 11 | 16 | 6 | 1 | 2 | 0 | 1 | 0 | 0 | 1 | 2 | 3 | 14 | 20 | 9 |
| | 부천 | 0 | 0 | 0 | 2 | 0 | 1 | 0 | 0 | 0 | 0 | 0 | 0 | 2 | 0 | 1 |
| | 상주 | 11 | 7 | 9 | 0 | 0 | 0 | 0 | 0 | 0 | 0 | 0 | 0 | 11 | 7 | 9 |
| | 서울E | 0 | 0 | 0 | 1 | 2 | 0 | 0 | 0 | 0 | 0 | 0 | 0 | 1 | 2 | 0 |
| | 성남 | 13 | 18 | 16 | 0 | 1 | 2 | 0 | 1 | 0 | 0 | 2 | 3 | 13 | 22 | 21 |
| | 수원 | 10 | 17 | 27 | 2 | 1 | 0 | 0 | 0 | 0 | 0 | 2 | 3 | 12 | 20 | 30 |
| | 수원FC | 4 | 7 | 5 | 0 | 0 | 0 | 0 | 0 | 0 | 0 | 0 | 0 | 4 | 7 | 5 |
| | 안산무궁 | 0 | 0 | 0 | 3 | 0 | 0 | 0 | 0 | 0 | 0 | 0 | 0 | 3 | 0 | 0 |
| | 울산 | 13 | 20 | 24 | 0 | 0 | 0 | 1 | 0 | 1 | 1 | 1 | 3 | 15 | 21 | 28 |
| | 전남 | 11 | 19 | 11 | 1 | 0 | 2 | 0 | 0 | 0 | 3 | 1 | 1 | 15 | 20 | 14 |
| | 전북 | 11 | 22 | 24 | 0 | 0 | 0 | 0 | 0 | 0 | 4 | 1 | 0 | 15 | 23 | 24 |
| | 제주 | 17 | 18 | 18 | 0 | 0 | 0 | 0 | 0 | 0 | 1 | 2 | 4 | 18 | 20 | 22 |
| | 충남아산 | 0 | 0 | 0 | 2 | 1 | 0 | 0 | 0 | 0 | 0 | 0 | 0 | 2 | 1 | 0 |
| | 충주 | 0 | 0 | 0 | 2 | 1 | 0 | 0 | 0 | 0 | 0 | 0 | 0 | 2 | 1 | 0 |
| | 포항 | 0 | 0 | 0 | 2 | 0 | 1 | 0 | 0 | 0 | 0 | 0 | 0 | 2 | 0 | 1 |
| | 서울 | 15 | 17 | 27 | 0 | 0 | 0 | 0 | 0 | 0 | 1 | 4 | 2 | 16 | 21 | 29 |
| | 안양 | 0 | 0 | 0 | 3 | 0 | 0 | 0 | 0 | 0 | 0 | 0 | 0 | 3 | 0 | 0 |

| 팀 | 상대 | K리그1 | | | K리그2 | | | 플레이오프 | | | 리그컵 | | | 통산 | | |
|---|---|---|---|---|---|---|---|---|---|---|---|---|---|---|---|---|
| | | 승 | 무 | 패 | 승 | 무 | 패 | 승 | 무 | 패 | 승 | 무 | 패 | 승 | 무 | 패 |
| 대구 | 합계 | 186 | 207 | 276 | 50 | 34 | 32 | 1 | 0 | 2 | 20 | 25 | 27 | 257 | 266 | 337 |
| | 강원 | 16 | 13 | 13 | 6 | 2 | 4 | 0 | 0 | 0 | 1 | 0 | 0 | 23 | 15 | 17 |
| | 경남 | 3 | 5 | 16 | 5 | 1 | 2 | 0 | 0 | 0 | 1 | 0 | 1 | 9 | 6 | 19 |
| | 광주상무 | 0 | 0 | 0 | 6 | 2 | 4 | 0 | 0 | 0 | 0 | 0 | 0 | 6 | 2 | 4 |
| | 광주 | 12 | 2 | 4 | 0 | 0 | 0 | 0 | 0 | 0 | 2 | 3 | 0 | 14 | 5 | 4 |
| | 김천 | 11 | 8 | 9 | 1 | 1 | 2 | 0 | 0 | 0 | 0 | 0 | 0 | 12 | 9 | 11 |
| | 대전 | 3 | 3 | 4 | 0 | 0 | 0 | 0 | 0 | 0 | 0 | 0 | 0 | 3 | 3 | 4 |
| | 부산 | 9 | 15 | 14 | 4 | 2 | 2 | 0 | 0 | 0 | 2 | 3 | 3 | 15 | 20 | 19 |
| | 상주 | 11 | 7 | 8 | 3 | 0 | 1 | 0 | 0 | 0 | 1 | 1 | 2 | 15 | 8 | 11 |
| | 성남 | 0 | 0 | 0 | 6 | 4 | 2 | 0 | 0 | 0 | 0 | 0 | 0 | 6 | 4 | 2 |
| | 수원 | 8 | 8 | 4 | 2 | 1 | 1 | 0 | 0 | 0 | 0 | 0 | 0 | 10 | 9 | 5 |
| | 수원FC | 0 | 0 | 0 | 3 | 4 | 1 | 0 | 0 | 0 | 0 | 0 | 0 | 3 | 4 | 1 |
| | 울산 | 13 | 12 | 15 | 0 | 0 | 0 | 0 | 0 | 0 | 1 | 2 | 4 | 14 | 14 | 19 |
| | 인천 | 11 | 12 | 23 | 0 | 0 | 0 | 0 | 0 | 0 | 0 | 1 | 2 | 11 | 13 | 25 |
| | 전남 | 6 | 9 | 3 | 2 | 3 | 3 | 0 | 0 | 1 | 0 | 0 | 0 | 8 | 12 | 7 |
| | 전북 | 0 | 0 | 0 | 3 | 4 | 5 | 0 | 0 | 0 | 0 | 0 | 0 | 3 | 4 | 5 |
| | 제주 | 7 | 16 | 32 | 0 | 0 | 0 | 0 | 0 | 0 | 1 | 2 | 4 | 8 | 18 | 36 |
| | 포항 | 11 | 20 | 18 | 0 | 0 | 0 | 0 | 0 | 0 | 2 | 3 | 3 | 13 | 23 | 21 |
| | 서울 | 12 | 11 | 13 | 0 | 0 | 0 | 0 | 0 | 0 | 1 | 1 | 2 | 13 | 12 | 15 |
| | 안양 | 11 | 10 | 34 | 0 | 0 | 0 | 0 | 0 | 0 | 2 | 3 | 2 | 13 | 13 | 36 |

| 팀 | 상대 | K리그1 | | | K리그2 | | | 플레이오프 | | | 리그컵 | | | 통산 | | |
|---|---|---|---|---|---|---|---|---|---|---|---|---|---|---|---|---|
| | | 승 | 무 | 패 | 승 | 무 | 패 | 승 | 무 | 패 | 승 | 무 | 패 | 승 | 무 | 패 |
| 경 남 | 합 계 | 118 | 102 | 140 | 121 | 87 | 122 | 1 | 7 | 4 | 19 | 12 | 19 | 259 | 208 | 285 |
| | 강 원 | 7 | 4 | 7 | 3 | 5 | 0 | 0 | 0 | 0 | 1 | 0 | 0 | 11 | 9 | 7 |
| | 고 양 | 0 | 0 | 0 | 5 | 1 | 2 | 0 | 0 | 0 | 0 | 0 | 0 | 5 | 1 | 2 |
| | 광주상무 | 5 | 4 | 1 | 0 | 0 | 0 | 0 | 0 | 0 | 2 | 0 | 2 | 7 | 4 | 3 |
| | 광 주 | 4 | 0 | 0 | 1 | 1 | 2 | 0 | 1 | 1 | 0 | 0 | 0 | 5 | 2 | 3 |
| | 김 천 | 0 | 0 | 0 | 2 | 2 | 3 | 0 | 0 | 0 | 0 | 0 | 0 | 2 | 2 | 3 |
| | 김 포 | 0 | 0 | 0 | 5 | 4 | 4 | 0 | 0 | 1 | 0 | 0 | 0 | 5 | 4 | 5 |
| | 대 구 | 16 | 5 | 3 | 2 | 1 | 5 | 0 | 0 | 0 | 1 | 0 | 1 | 19 | 6 | 9 |
| | 대 전 | 7 | 8 | 3 | 8 | 3 | 8 | 0 | 1 | 0 | 1 | 2 | 1 | 16 | 14 | 12 |
| | 부 산 | 12 | 3 | 7 | 11 | 6 | 8 | 0 | 1 | 1 | 2 | 1 | 3 | 25 | 11 | 19 |
| | 부 천 | 0 | 0 | 0 | 13 | 4 | 15 | 1 | 1 | 0 | 0 | 0 | 0 | 14 | 5 | 15 |
| | 상 주 | 6 | 3 | 6 | 1 | 0 | 3 | 0 | 0 | 0 | 0 | 0 | 0 | 7 | 3 | 9 |
| | 서울E | 0 | 0 | 0 | 9 | 10 | 13 | 0 | 0 | 0 | 0 | 0 | 0 | 9 | 10 | 13 |
| | 성 남 | 8 | 5 | 13 | 5 | 3 | 5 | 0 | 0 | 0 | 0 | 1 | 1 | 13 | 9 | 19 |
| | 수 원 | 7 | 10 | 12 | 1 | 3 | 2 | 0 | 0 | 0 | 2 | 2 | 2 | 10 | 15 | 16 |
| | 수원FC | 0 | 0 | 0 | 2 | 3 | 6 | 0 | 1 | 0 | 0 | 0 | 0 | 2 | 4 | 6 |
| | 아 산 | 0 | 0 | 0 | 3 | 1 | 0 | 0 | 0 | 0 | 0 | 0 | 0 | 3 | 1 | 0 |
| | 안 산 | 0 | 0 | 0 | 12 | 7 | 5 | 0 | 0 | 0 | 0 | 0 | 0 | 12 | 7 | 5 |
| | 안산무궁 | 0 | 0 | 0 | 1 | 2 | 5 | 0 | 0 | 0 | 0 | 0 | 0 | 1 | 2 | 5 |
| | 울 산 | 4 | 7 | 17 | 0 | 0 | 0 | 0 | 0 | 0 | 0 | 0 | 2 | 4 | 7 | 19 |
| | 인 천 | 9 | 14 | 4 | 0 | 0 | 3 | 0 | 0 | 0 | 2 | 1 | 1 | 11 | 15 | 8 |
| | 전 남 | 7 | 6 | 12 | 3 | 8 | 9 | 0 | 0 | 0 | 2 | 0 | 0 | 12 | 14 | 21 |
| | 전 북 | 6 | 6 | 16 | 0 | 0 | 0 | 0 | 0 | 1 | 1 | 1 | 2 | 7 | 7 | 19 |
| | 제 주 | 9 | 13 | 9 | 0 | 2 | 1 | 0 | 0 | 0 | 2 | 2 | 1 | 11 | 17 | 11 |
| | 천 안 | 0 | 0 | 0 | 4 | 3 | 2 | 0 | 0 | 0 | 0 | 0 | 0 | 4 | 3 | 2 |
| | 충남아산 | 0 | 0 | 0 | 5 | 5 | 10 | 0 | 0 | 0 | 0 | 0 | 0 | 5 | 5 | 10 |
| | 충북청주 | 0 | 0 | 0 | 4 | 4 | 1 | 0 | 0 | 0 | 0 | 0 | 0 | 4 | 4 | 1 |
| | 충 주 | 0 | 0 | 0 | 5 | 1 | 2 | 0 | 0 | 0 | 0 | 0 | 0 | 5 | 1 | 2 |
| | 포 항 | 5 | 5 | 18 | 0 | 0 | 0 | 0 | 1 | 0 | 1 | 0 | 1 | 6 | 6 | 19 |
| | 화 성 | 0 | 0 | 0 | 1 | 1 | 1 | 0 | 0 | 0 | 0 | 0 | 0 | 1 | 1 | 1 |
| | 서 울 | 6 | 9 | 12 | 0 | 0 | 0 | 0 | 0 | 0 | 2 | 2 | 2 | 8 | 11 | 14 |
| | 안 양 | 0 | 0 | 0 | 15 | 7 | 7 | 0 | 1 | 0 | 0 | 0 | 0 | 15 | 8 | 7 |

| 팀 | 상대 | K리그1 | | | K리그2 | | | 플레이오프 | | | 리그컵 | | | 통산 | | |
|---|---|---|---|---|---|---|---|---|---|---|---|---|---|---|---|---|
| | | 승 | 무 | 패 | 승 | 무 | 패 | 승 | 무 | 패 | 승 | 무 | 패 | 승 | 무 | 패 |
| 강 원 | 합 계 | 150 | 129 | 220 | 48 | 27 | 41 | 5 | 3 | 3 | 2 | 1 | 11 | 205 | 160 | 275 |
| | 경 남 | 7 | 4 | 7 | 0 | 5 | 3 | 0 | 0 | 0 | 0 | 0 | 1 | 7 | 9 | 11 |
| | 고 양 | 0 | 0 | 0 | 6 | 3 | 3 | 0 | 0 | 0 | 0 | 0 | 0 | 6 | 3 | 3 |
| | 광주상무 | 1 | 1 | 2 | 0 | 0 | 0 | 0 | 0 | 0 | 0 | 0 | 0 | 1 | 1 | 2 |
| | 광 주 | 8 | 10 | 6 | 1 | 1 | 2 | 0 | 0 | 1 | 1 | 0 | 0 | 10 | 11 | 9 |
| | 김 천 | 4 | 1 | 6 | 0 | 0 | 0 | 0 | 0 | 0 | 0 | 0 | 0 | 4 | 1 | 6 |
| | 김 포 | 0 | 0 | 0 | 0 | 0 | 0 | 1 | 1 | 0 | 0 | 0 | 0 | 1 | 1 | 0 |
| | 대 구 | 13 | 13 | 16 | 4 | 2 | 6 | 0 | 0 | 0 | 0 | 0 | 1 | 17 | 15 | 23 |
| | 대 전 | 5 | 10 | 10 | 2 | 1 | 5 | 1 | 0 | 1 | 1 | 0 | 0 | 9 | 11 | 16 |
| | 부 산 | 3 | 5 | 5 | 0 | 1 | 3 | 1 | 0 | 0 | 0 | 0 | 1 | 4 | 6 | 9 |
| | 부 천 | 0 | 0 | 0 | 4 | 2 | 6 | 1 | 0 | 0 | 0 | 0 | 0 | 5 | 2 | 6 |
| | 상 주 | 9 | 2 | 7 | 1 | 0 | 3 | 1 | 0 | 1 | 0 | 0 | 1 | 11 | 2 | 12 |
| | 서울E | 0 | 0 | 0 | 5 | 3 | 0 | 0 | 0 | 0 | 0 | 0 | 0 | 5 | 3 | 0 |
| | 성 남 | 13 | 4 | 10 | 0 | 0 | 0 | 0 | 2 | 0 | 0 | 0 | 1 | 13 | 6 | 11 |
| | 수 원 | 6 | 10 | 17 | 0 | 0 | 0 | 0 | 0 | 0 | 0 | 0 | 1 | 6 | 10 | 18 |
| | 수원FC | 5 | 4 | 8 | 4 | 2 | 2 | 0 | 0 | 0 | 0 | 0 | 0 | 9 | 6 | 10 |
| | 안산무궁 | 0 | 0 | 0 | 7 | 1 | 4 | 0 | 0 | 0 | 0 | 0 | 0 | 7 | 1 | 4 |
| | 울 산 | 5 | 7 | 28 | 0 | 0 | 0 | 0 | 0 | 0 | 0 | 0 | 1 | 5 | 7 | 29 |
| | 인 천 | 18 | 7 | 14 | 0 | 0 | 0 | 0 | 0 | 0 | 0 | 0 | 1 | 18 | 7 | 15 |
| | 전 남 | 5 | 9 | 7 | 0 | 0 | 0 | 0 | 0 | 0 | 0 | 1 | 2 | 5 | 10 | 9 |
| | 전 북 | 12 | 5 | 23 | 0 | 0 | 0 | 0 | 0 | 0 | 0 | 0 | 1 | 12 | 5 | 24 |
| | 제 주 | 15 | 13 | 11 | 0 | 0 | 0 | 0 | 0 | 0 | 0 | 0 | 0 | 15 | 13 | 11 |

| 팀 | 상대 | K리그1 | | | K리그2 | | | 플레이오프 | | | 리그컵 | | | 통산 | | |
|---|---|---|---|---|---|---|---|---|---|---|---|---|---|---|---|---|
| | | 승 | 무 | 패 | 승 | 무 | 패 | 승 | 무 | 패 | 승 | 무 | 패 | 승 | 무 | 패 |
| | 충주 | 0 | 0 | 0 | 8 | 2 | 2 | 0 | 0 | 0 | 0 | 0 | 0 | 8 | 2 | 2 |
| | 포항 | 10 | 11 | 20 | 0 | 0 | 0 | 0 | 0 | 0 | 0 | 0 | 0 | 10 | 11 | 20 |
| | 서울 | 11 | 12 | 21 | 0 | 0 | 0 | 0 | 0 | 0 | 0 | 0 | 0 | 11 | 12 | 21 |
| | 안양 | 0 | 1 | 2 | 6 | 4 | 2 | 0 | 0 | 0 | 0 | 0 | 0 | 6 | 5 | 4 |
| **팀** | **상대** | **K리그1** | | | **K리그2** | | | **플레이오프** | | | **리그컵** | | | **통산** | | |
| | | 승 | 무 | 패 | 승 | 무 | 패 | 승 | 무 | 패 | 승 | 무 | 패 | 승 | 무 | 패 |
| 광주 | 합계 | 107 | 100 | 160 | 86 | 53 | 44 | 3 | 1 | 1 | 1 | 0 | 4 | 197 | 154 | 209 |
| | 강원 | 6 | 10 | 8 | 2 | 1 | 1 | 1 | 0 | 0 | 0 | 0 | 1 | 9 | 11 | 10 |
| | 경남 | 0 | 0 | 4 | 2 | 1 | 1 | 1 | 1 | 0 | 0 | 0 | 0 | 3 | 2 | 5 |
| | 고양 | 0 | 0 | 0 | 3 | 3 | 3 | 0 | 0 | 0 | 0 | 0 | 0 | 3 | 3 | 3 |
| | 김천 | 2 | 2 | 2 | 0 | 0 | 0 | 0 | 0 | 0 | 0 | 0 | 0 | 2 | 2 | 2 |
| | 김포 | 0 | 0 | 0 | 2 | 1 | 1 | 0 | 0 | 0 | 0 | 0 | 0 | 2 | 1 | 1 |
| | 대구 | 9 | 8 | 11 | 2 | 1 | 1 | 0 | 0 | 0 | 0 | 0 | 0 | 11 | 9 | 12 |
| | 대전 | 6 | 8 | 6 | 6 | 5 | 5 | 0 | 0 | 1 | 0 | 0 | 0 | 12 | 13 | 12 |
| | 부산 | 4 | 4 | 2 | 5 | 6 | 1 | 0 | 0 | 0 | 0 | 0 | 1 | 9 | 10 | 4 |
| | 부천 | 0 | 0 | 0 | 11 | 5 | 5 | 0 | 0 | 0 | 0 | 0 | 0 | 11 | 5 | 5 |
| | 상주 | 8 | 1 | 7 | 1 | 0 | 4 | 0 | 0 | 0 | 1 | 0 | 0 | 10 | 1 | 11 |
| | 서울E | 0 | 0 | 0 | 9 | 3 | 0 | 0 | 0 | 0 | 0 | 0 | 0 | 9 | 3 | 0 |
| | 성남 | 6 | 5 | 8 | 1 | 2 | 1 | 0 | 0 | 0 | 0 | 0 | 0 | 7 | 7 | 9 |
| | 수원 | 6 | 6 | 10 | 0 | 0 | 0 | 0 | 0 | 0 | 0 | 0 | 0 | 6 | 6 | 10 |
| | 수원FC | 10 | 2 | 5 | 10 | 3 | 4 | 0 | 0 | 0 | 0 | 0 | 0 | 20 | 5 | 9 |
| | 아산 | 0 | 0 | 0 | 4 | 3 | 1 | 0 | 0 | 0 | 0 | 0 | 0 | 4 | 3 | 1 |
| | 안산 | 0 | 0 | 0 | 6 | 3 | 3 | 0 | 0 | 0 | 0 | 0 | 0 | 6 | 3 | 3 |
| | 안산무궁 | 0 | 0 | 0 | 3 | 1 | 5 | 1 | 0 | 0 | 0 | 0 | 0 | 4 | 1 | 5 |
| | 울산 | 6 | 7 | 18 | 0 | 0 | 0 | 0 | 0 | 0 | 0 | 0 | 1 | 6 | 7 | 19 |
| | 인천 | 7 | 15 | 10 | 0 | 0 | 0 | 0 | 0 | 0 | 0 | 0 | 0 | 7 | 15 | 10 |
| | 전남 | 8 | 5 | 4 | 4 | 3 | 1 | 0 | 0 | 0 | 0 | 0 | 1 | 12 | 8 | 6 |
| | 전북 | 3 | 7 | 20 | 0 | 0 | 0 | 0 | 0 | 0 | 0 | 0 | 0 | 3 | 7 | 20 |
| | 제주 | 12 | 7 | 8 | 0 | 0 | 0 | 0 | 0 | 0 | 0 | 0 | 0 | 12 | 7 | 8 |
| | 충남아산 | 0 | 0 | 0 | 3 | 1 | 0 | 0 | 0 | 0 | 0 | 0 | 0 | 3 | 1 | 0 |
| | 충주 | 0 | 0 | 0 | 3 | 4 | 2 | 0 | 0 | 0 | 0 | 0 | 0 | 3 | 4 | 2 |
| | 포항 | 4 | 8 | 20 | 0 | 0 | 0 | 0 | 0 | 0 | 0 | 0 | 0 | 4 | 8 | 20 |
| | 서울 | 7 | 4 | 17 | 0 | 0 | 0 | 0 | 0 | 0 | 0 | 0 | 0 | 7 | 4 | 17 |
| | 안양 | 3 | 1 | 0 | 9 | 7 | 5 | 0 | 0 | 0 | 0 | 0 | 0 | 12 | 8 | 5 |
| **팀** | **상대** | **K리그1** | | | **K리그2** | | | **플레이오프** | | | **리그컵** | | | **통산** | | |
| | | 승 | 무 | 패 | 승 | 무 | 패 | 승 | 무 | 패 | 승 | 무 | 패 | 승 | 무 | 패 |
| 안양 | 합계 | 14 | 7 | 17 | 163 | 118 | 153 | 0 | 3 | 3 | 0 | 0 | 0 | 177 | 128 | 173 |
| | 강원 | 2 | 1 | 0 | 2 | 4 | 6 | 0 | 0 | 0 | 0 | 0 | 0 | 4 | 5 | 6 |
| | 경남 | 0 | 0 | 0 | 7 | 7 | 15 | 0 | 1 | 0 | 0 | 0 | 0 | 7 | 8 | 15 |
| | 고양 | 0 | 0 | 0 | 8 | 4 | 5 | 0 | 0 | 0 | 0 | 0 | 0 | 8 | 4 | 5 |
| | 광주 | 0 | 1 | 3 | 5 | 7 | 9 | 0 | 0 | 0 | 0 | 0 | 0 | 5 | 8 | 12 |
| | 김천 | 1 | 0 | 2 | 2 | 4 | 1 | 0 | 0 | 0 | 0 | 0 | 0 | 3 | 4 | 3 |
| | 김포 | 0 | 0 | 0 | 5 | 2 | 3 | 0 | 0 | 0 | 0 | 0 | 0 | 5 | 2 | 3 |
| | 대구 | 2 | 2 | 0 | 4 | 6 | 2 | 0 | 0 | 0 | 0 | 0 | 0 | 6 | 8 | 2 |
| | 대전 | 1 | 1 | 1 | 8 | 12 | 11 | 0 | 0 | 1 | 0 | 0 | 0 | 9 | 13 | 13 |
| | 부산 | 0 | 0 | 0 | 10 | 7 | 13 | 0 | 0 | 1 | 0 | 0 | 0 | 10 | 7 | 14 |
| | 부천 | 0 | 0 | 0 | 20 | 14 | 12 | 0 | 1 | 0 | 0 | 0 | 0 | 20 | 15 | 12 |
| | 상주 | 0 | 0 | 0 | 3 | 1 | 5 | 0 | 0 | 0 | 0 | 0 | 0 | 3 | 1 | 5 |
| | 서울E | 0 | 0 | 0 | 20 | 9 | 8 | 0 | 0 | 0 | 0 | 0 | 0 | 20 | 9 | 8 |
| | 성남 | 0 | 0 | 0 | 4 | 5 | 5 | 0 | 0 | 0 | 0 | 0 | 0 | 4 | 5 | 5 |
| | 수원 | 0 | 0 | 0 | 0 | 0 | 3 | 0 | 1 | 1 | 0 | 0 | 0 | 0 | 1 | 4 |
| | 수원FC | 2 | 0 | 2 | 7 | 6 | 15 | 0 | 0 | 0 | 0 | 0 | 0 | 9 | 6 | 17 |
| | 아산 | 0 | 0 | 0 | 4 | 1 | 7 | 0 | 0 | 0 | 0 | 0 | 0 | 4 | 1 | 7 |
| | 안산 | 0 | 0 | 0 | 14 | 7 | 8 | 0 | 0 | 0 | 0 | 0 | 0 | 14 | 7 | 8 |
| | 안산무 | 0 | 0 | 0 | 6 | 3 | 8 | 0 | 0 | 0 | 0 | 0 | 0 | 6 | 3 | 8 |
| | 울산 | 2 | 1 | 1 | 0 | 0 | 0 | 0 | 0 | 0 | 0 | 0 | 0 | 2 | 1 | 1 |
| | 전남 | 0 | 0 | 0 | 10 | 6 | 5 | 0 | 0 | 0 | 0 | 0 | 0 | 10 | 6 | 5 |
| | 전북 | 0 | 0 | 3 | 0 | 0 | 0 | 0 | 0 | 0 | 0 | 0 | 0 | 0 | 0 | 3 |

| 팀 | 상대 | K리그1 | | | K리그2 | | | 플레이오프 | | | 리그컵 | | | 통산 | | |
|---|---|---|---|---|---|---|---|---|---|---|---|---|---|---|---|---|
| | | 승 | 무 | 패 | 승 | 무 | 패 | 승 | 무 | 패 | 승 | 무 | 패 | 승 | 무 | 패 |
| | 제 주 | 3 | 0 | 1 | 0 | 0 | 3 | 0 | 0 | 0 | 0 | 0 | 0 | 3 | 0 | 4 |
| | 천 안 | 0 | 0 | 0 | 4 | 2 | 0 | 0 | 0 | 0 | 0 | 0 | 0 | 4 | 2 | 0 |
| | 충남아산 | 0 | 0 | 0 | 9 | 5 | 3 | 0 | 0 | 0 | 0 | 0 | 0 | 9 | 5 | 3 |
| | 충북청주 | 0 | 0 | 0 | 3 | 1 | 2 | 0 | 0 | 0 | 0 | 0 | 0 | 3 | 1 | 2 |
| | 충 주 | 0 | 0 | 0 | 8 | 5 | 4 | 0 | 0 | 0 | 0 | 0 | 0 | 8 | 5 | 4 |
| | 포 항 | 0 | 0 | 3 | 0 | 0 | 0 | 0 | 0 | 0 | 0 | 0 | 0 | 0 | 0 | 3 |
| | 서 울 | 1 | 1 | 1 | 0 | 0 | 0 | 0 | 0 | 0 | 0 | 0 | 0 | 1 | 1 | 1 |

| 팀 | 상대 | K리그1 | | | K리그2 | | | 플레이오프 | | | 리그컵 | | | 통산 | | |
|---|---|---|---|---|---|---|---|---|---|---|---|---|---|---|---|---|
| | | 승 | 무 | 패 | 승 | 무 | 패 | 승 | 무 | 패 | 승 | 무 | 패 | 승 | 무 | 패 |
| 부 천 | 합 계 | 0 | 0 | 0 | 168 | 117 | 188 | 2 | 3 | 2 | 0 | 0 | 0 | 170 | 120 | 190 |
| | 강 원 | 0 | 0 | 0 | 6 | 2 | 4 | 0 | 0 | 1 | 0 | 0 | 0 | 6 | 2 | 5 |
| | 경 남 | 0 | 0 | 0 | 15 | 4 | 13 | 0 | 1 | 1 | 0 | 0 | 0 | 15 | 5 | 14 |
| | 고 양 | 0 | 0 | 0 | 9 | 4 | 4 | 0 | 0 | 0 | 0 | 0 | 0 | 9 | 4 | 4 |
| | 광 주 | 0 | 0 | 0 | 5 | 5 | 11 | 0 | 0 | 0 | 0 | 0 | 0 | 5 | 5 | 11 |
| | 김 천 | 0 | 0 | 0 | 0 | 1 | 6 | 0 | 0 | 0 | 0 | 0 | 0 | 0 | 1 | 6 |
| | 김 포 | 0 | 0 | 0 | 7 | 4 | 2 | 0 | 0 | 0 | 0 | 0 | 0 | 7 | 4 | 2 |
| | 대 구 | 0 | 0 | 0 | 2 | 4 | 6 | 0 | 0 | 0 | 0 | 0 | 0 | 2 | 4 | 6 |
| | 대 전 | 0 | 0 | 0 | 12 | 6 | 13 | 0 | 0 | 0 | 0 | 0 | 0 | 12 | 6 | 13 |
| | 부 산 | 0 | 0 | 0 | 11 | 10 | 12 | 0 | 0 | 0 | 0 | 0 | 0 | 11 | 10 | 12 |
| | 상 주 | 0 | 0 | 0 | 2 | 2 | 5 | 0 | 0 | 0 | 0 | 0 | 0 | 2 | 2 | 5 |
| | 서울E | 0 | 0 | 0 | 13 | 9 | 18 | 0 | 0 | 0 | 0 | 0 | 0 | 13 | 9 | 18 |
| | 성 남 | 0 | 0 | 0 | 7 | 4 | 6 | 0 | 1 | 0 | 0 | 0 | 0 | 7 | 5 | 6 |
| | 수 원 | 0 | 0 | 0 | 1 | 3 | 2 | 0 | 0 | 0 | 0 | 0 | 0 | 1 | 3 | 2 |
| | 수원FC | 0 | 0 | 0 | 11 | 6 | 11 | 2 | 0 | 0 | 0 | 0 | 0 | 13 | 6 | 11 |
| | 아 산 | 0 | 0 | 0 | 3 | 3 | 6 | 0 | 0 | 0 | 0 | 0 | 0 | 3 | 3 | 6 |
| | 안 산 | 0 | 0 | 0 | 16 | 6 | 10 | 0 | 0 | 0 | 0 | 0 | 0 | 16 | 6 | 10 |
| | 안산무 | 0 | 0 | 0 | 4 | 4 | 9 | 0 | 0 | 0 | 0 | 0 | 0 | 4 | 4 | 9 |
| | 인 천 | 0 | 0 | 0 | 1 | 0 | 2 | 0 | 0 | 0 | 0 | 0 | 0 | 1 | 0 | 2 |
| | 전 남 | 0 | 0 | 0 | 6 | 7 | 11 | 0 | 0 | 0 | 0 | 0 | 0 | 6 | 7 | 11 |
| | 제 주 | 0 | 0 | 0 | 0 | 0 | 3 | 0 | 0 | 0 | 0 | 0 | 0 | 0 | 0 | 3 |
| | 천 안 | 0 | 0 | 0 | 4 | 3 | 2 | 0 | 0 | 0 | 0 | 0 | 0 | 4 | 3 | 2 |
| | 충남아산 | 0 | 0 | 0 | 9 | 7 | 4 | 0 | 0 | 0 | 0 | 0 | 0 | 9 | 7 | 4 |
| | 충북청주 | 0 | 0 | 0 | 3 | 5 | 1 | 0 | 0 | 0 | 0 | 0 | 0 | 3 | 5 | 1 |
| | 충 주 | 0 | 0 | 0 | 7 | 3 | 7 | 0 | 0 | 0 | 0 | 0 | 0 | 7 | 3 | 7 |
| | 화 성 | 0 | 0 | 0 | 2 | 1 | 0 | 0 | 0 | 0 | 0 | 0 | 0 | 2 | 1 | 0 |
| | 안 양 | 0 | 0 | 0 | 12 | 14 | 20 | 0 | 1 | 0 | 0 | 0 | 0 | 12 | 15 | 20 |

| 팀 | 상대 | K리그1 | | | K리그2 | | | 플레이오프 | | | 리그컵 | | | 통산 | | |
|---|---|---|---|---|---|---|---|---|---|---|---|---|---|---|---|---|
| | | 승 | 무 | 패 | 승 | 무 | 패 | 승 | 무 | 패 | 승 | 무 | 패 | 승 | 무 | 패 |
| 수원FC | 합 계 | 71 | 53 | 104 | 95 | 59 | 92 | 4 | 2 | 3 | 0 | 0 | 0 | 170 | 114 | 199 |
| | 강 원 | 8 | 4 | 5 | 2 | 2 | 4 | 0 | 0 | 0 | 0 | 0 | 0 | 10 | 6 | 9 |
| | 경 남 | 0 | 0 | 0 | 6 | 3 | 2 | 0 | 1 | 0 | 0 | 0 | 0 | 6 | 4 | 2 |
| | 고 양 | 0 | 0 | 0 | 4 | 6 | 3 | 0 | 0 | 0 | 0 | 0 | 0 | 4 | 6 | 3 |
| | 광 주 | 5 | 2 | 10 | 4 | 3 | 10 | 0 | 0 | 0 | 0 | 0 | 0 | 9 | 5 | 20 |
| | 김 천 | 5 | 2 | 4 | 0 | 0 | 0 | 0 | 0 | 0 | 0 | 0 | 0 | 5 | 2 | 4 |
| | 대 구 | 3 | 9 | 6 | 3 | 3 | 2 | 1 | 0 | 0 | 0 | 0 | 0 | 7 | 12 | 8 |
| | 대 전 | 5 | 1 | 4 | 10 | 2 | 7 | 0 | 0 | 0 | 0 | 0 | 0 | 15 | 3 | 11 |
| | 부 산 | 0 | 0 | 0 | 3 | 4 | 5 | 3 | 0 | 1 | 0 | 0 | 0 | 6 | 4 | 6 |
| | 부 천 | 0 | 0 | 0 | 11 | 6 | 11 | 0 | 0 | 2 | 0 | 0 | 0 | 11 | 6 | 13 |
| | 상 주 | 0 | 1 | 2 | 2 | 4 | 3 | 0 | 0 | 0 | 0 | 0 | 0 | 2 | 5 | 5 |
| | 서울E | 0 | 0 | 0 | 9 | 5 | 5 | 0 | 1 | 0 | 0 | 0 | 0 | 9 | 6 | 5 |
| | 성 남 | 5 | 2 | 4 | 1 | 2 | 5 | 0 | 0 | 0 | 0 | 0 | 0 | 6 | 4 | 9 |
| | 수 원 | 9 | 1 | 6 | 0 | 0 | 0 | 0 | 0 | 0 | 0 | 0 | 0 | 9 | 1 | 6 |
| | 아 산 | 0 | 0 | 0 | 2 | 2 | 8 | 0 | 0 | 0 | 0 | 0 | 0 | 2 | 2 | 8 |
| | 안 산 | 0 | 0 | 0 | 7 | 2 | 6 | 0 | 0 | 0 | 0 | 0 | 0 | 7 | 2 | 6 |
| | 안산무 | 0 | 0 | 0 | 5 | 1 | 7 | 0 | 0 | 0 | 0 | 0 | 0 | 5 | 1 | 7 |
| | 울 산 | 4 | 3 | 14 | 0 | 0 | 0 | 0 | 0 | 0 | 0 | 0 | 0 | 4 | 3 | 14 |
| | 인 천 | 5 | 7 | 4 | 0 | 0 | 0 | 0 | 0 | 0 | 0 | 0 | 0 | 5 | 7 | 4 |
| | 전 남 | 0 | 2 | 1 | 2 | 3 | 2 | 0 | 0 | 0 | 0 | 0 | 0 | 2 | 5 | 3 |

| 팀 | 상대 | K리그1 승 | K리그1 무 | K리그1 패 | K리그2 승 | K리그2 무 | K리그2 패 | 플레이오프 승 | 플레이오프 무 | 플레이오프 패 | 리그컵 승 | 리그컵 무 | 리그컵 패 | 통산 승 | 통산 무 | 통산 패 |
|---|---|---|---|---|---|---|---|---|---|---|---|---|---|---|---|---|
| | 전북 | 4 | 4 | 11 | 0 | 0 | 0 | 0 | 0 | 0 | 0 | 0 | 0 | 4 | 4 | 11 |
| | 제주 | 7 | 5 | 9 | 0 | 1 | 2 | 0 | 0 | 0 | 0 | 0 | 0 | 7 | 6 | 11 |
| | 충남아산 | 0 | 0 | 0 | 2 | 1 | 0 | 0 | 0 | 0 | 0 | 0 | 0 | 2 | 1 | 0 |
| | 충주 | 0 | 0 | 0 | 7 | 3 | 3 | 0 | 0 | 0 | 0 | 0 | 0 | 7 | 3 | 3 |
| | 포항 | 8 | 4 | 8 | 0 | 0 | 0 | 0 | 0 | 0 | 0 | 0 | 0 | 8 | 4 | 8 |
| | 서울 | 1 | 6 | 14 | 0 | 0 | 0 | 0 | 0 | 0 | 0 | 0 | 0 | 1 | 6 | 14 |
| | 안양 | 2 | 0 | 2 | 15 | 6 | 7 | 0 | 0 | 0 | 0 | 0 | 0 | 17 | 6 | 9 |

| 팀 | 상대 | K리그1 | | | K리그2 | | | 플레이오프 | | | 리그컵 | | | 통산 | | |
|---|---|---|---|---|---|---|---|---|---|---|---|---|---|---|---|---|
| | | 승 | 무 | 패 | 승 | 무 | 패 | 승 | 무 | 패 | 승 | 무 | 패 | 승 | 무 | 패 |
| 서울E | 합계 | 0 | 0 | 0 | 129 | 117 | 156 | 0 | 2 | 3 | 0 | 0 | 0 | 129 | 119 | 159 |
| | 강원 | 0 | 0 | 0 | 0 | 3 | 5 | 0 | 0 | 0 | 0 | 0 | 0 | 0 | 3 | 5 |
| | 경남 | 0 | 0 | 0 | 13 | 10 | 9 | 0 | 0 | 0 | 0 | 0 | 0 | 13 | 10 | 9 |
| | 고양 | 0 | 0 | 0 | 4 | 3 | 1 | 0 | 0 | 0 | 0 | 0 | 0 | 4 | 3 | 1 |
| | 광주 | 0 | 0 | 0 | 0 | 3 | 9 | 0 | 0 | 0 | 0 | 0 | 0 | 0 | 3 | 9 |
| | 김천 | 0 | 0 | 0 | 1 | 1 | 5 | 0 | 0 | 0 | 0 | 0 | 0 | 1 | 1 | 5 |
| | 김포 | 0 | 0 | 0 | 6 | 4 | 3 | 0 | 0 | 0 | 0 | 0 | 0 | 6 | 4 | 3 |
| | 대구 | 0 | 0 | 0 | 1 | 4 | 3 | 0 | 0 | 0 | 0 | 0 | 0 | 1 | 4 | 3 |
| | 대전 | 0 | 0 | 0 | 9 | 7 | 11 | 0 | 0 | 0 | 0 | 0 | 0 | 9 | 7 | 11 |
| | 부산 | 0 | 0 | 0 | 9 | 8 | 16 | 0 | 0 | 0 | 0 | 0 | 0 | 9 | 8 | 16 |
| | 부천 | 0 | 0 | 0 | 18 | 9 | 13 | 0 | 0 | 0 | 0 | 0 | 0 | 18 | 9 | 13 |
| | 상주 | 0 | 0 | 0 | 1 | 1 | 2 | 0 | 0 | 0 | 0 | 0 | 0 | 1 | 1 | 2 |
| | 성남 | 0 | 0 | 0 | 7 | 6 | 4 | 0 | 0 | 1 | 0 | 0 | 0 | 7 | 6 | 5 |
| | 수원 | 0 | 0 | 0 | 5 | 0 | 1 | 0 | 0 | 0 | 0 | 0 | 0 | 5 | 0 | 1 |
| | 수원FC | 0 | 0 | 0 | 5 | 5 | 9 | 0 | 1 | 0 | 0 | 0 | 0 | 5 | 6 | 9 |
| | 아산 | 0 | 0 | 0 | 1 | 3 | 8 | 0 | 0 | 0 | 0 | 0 | 0 | 1 | 3 | 8 |
| | 안산 | 0 | 0 | 0 | 14 | 11 | 7 | 0 | 0 | 0 | 0 | 0 | 0 | 14 | 11 | 7 |
| | 안산무 | 0 | 0 | 0 | 2 | 4 | 2 | 0 | 0 | 0 | 0 | 0 | 0 | 2 | 4 | 2 |
| | 인천 | 0 | 0 | 0 | 0 | 2 | 1 | 0 | 0 | 0 | 0 | 0 | 0 | 0 | 2 | 1 |
| | 전남 | 0 | 0 | 0 | 4 | 13 | 7 | 0 | 1 | 0 | 0 | 0 | 0 | 4 | 14 | 7 |
| | 전북 | 0 | 0 | 0 | 0 | 0 | 0 | 0 | 0 | 2 | 0 | 0 | 0 | 0 | 0 | 2 |
| | 제주 | 0 | 0 | 0 | 0 | 1 | 2 | 0 | 0 | 0 | 0 | 0 | 0 | 0 | 1 | 2 |
| | 천안 | 0 | 0 | 0 | 5 | 1 | 3 | 0 | 0 | 0 | 0 | 0 | 0 | 5 | 1 | 3 |
| | 충남아산 | 0 | 0 | 0 | 5 | 5 | 10 | 0 | 0 | 0 | 0 | 0 | 0 | 5 | 5 | 10 |
| | 충북청주 | 0 | 0 | 0 | 4 | 1 | 4 | 0 | 0 | 0 | 0 | 0 | 0 | 4 | 1 | 4 |
| | 충주 | 0 | 0 | 0 | 6 | 1 | 1 | 0 | 0 | 0 | 0 | 0 | 0 | 6 | 1 | 1 |
| | 화성 | 0 | 0 | 0 | 1 | 2 | 0 | 0 | 0 | 0 | 0 | 0 | 0 | 1 | 2 | 0 |
| | 안양 | 0 | 0 | 0 | 8 | 9 | 20 | 0 | 0 | 0 | 0 | 0 | 0 | 8 | 9 | 20 |

| 팀 | 상대 | K리그1 | | | K리그2 | | | 플레이오프 | | | 리그컵 | | | 통산 | | |
|---|---|---|---|---|---|---|---|---|---|---|---|---|---|---|---|---|
| | | 승 | 무 | 패 | 승 | 무 | 패 | 승 | 무 | 패 | 승 | 무 | 패 | 승 | 무 | 패 |
| 상주 | 합계 | 80 | 67 | 144 | 43 | 15 | 17 | 2 | 0 | 2 | 1 | 0 | 4 | 126 | 82 | 167 |
| | 강원 | 7 | 2 | 9 | 3 | 0 | 1 | 1 | 0 | 1 | 1 | 0 | 0 | 12 | 2 | 11 |
| | 경남 | 6 | 3 | 6 | 3 | 0 | 1 | 0 | 0 | 0 | 0 | 0 | 0 | 9 | 3 | 7 |
| | 고양 | 0 | 0 | 0 | 6 | 2 | 1 | 0 | 0 | 0 | 0 | 0 | 0 | 6 | 2 | 1 |
| | 광주 | 7 | 1 | 8 | 4 | 0 | 1 | 0 | 0 | 0 | 0 | 0 | 1 | 11 | 1 | 10 |
| | 대구 | 4 | 8 | 8 | 1 | 1 | 2 | 0 | 0 | 0 | 0 | 0 | 0 | 5 | 9 | 10 |
| | 대전 | 1 | 2 | 3 | 0 | 0 | 0 | 0 | 0 | 0 | 0 | 0 | 0 | 1 | 2 | 3 |
| | 부산 | 2 | 5 | 3 | 0 | 0 | 0 | 1 | 0 | 1 | 0 | 0 | 1 | 3 | 5 | 5 |
| | 부천 | 0 | 0 | 0 | 5 | 2 | 2 | 0 | 0 | 0 | 0 | 0 | 0 | 5 | 2 | 2 |
| | 서울E | 0 | 0 | 0 | 2 | 1 | 1 | 0 | 0 | 0 | 0 | 0 | 0 | 2 | 1 | 1 |
| | 성남 | 4 | 7 | 8 | 0 | 0 | 0 | 0 | 0 | 0 | 0 | 0 | 0 | 4 | 7 | 8 |
| | 수원 | 4 | 7 | 11 | 0 | 0 | 0 | 0 | 0 | 0 | 0 | 0 | 0 | 4 | 7 | 11 |
| | 수원FC | 2 | 1 | 0 | 3 | 4 | 2 | 0 | 0 | 0 | 0 | 0 | 0 | 5 | 5 | 2 |
| | 안산무 | 0 | 0 | 0 | 6 | 2 | 1 | 0 | 0 | 0 | 0 | 0 | 0 | 6 | 2 | 1 |
| | 울산 | 4 | 4 | 15 | 0 | 0 | 0 | 0 | 0 | 0 | 0 | 0 | 1 | 4 | 4 | 16 |
| | 인천 | 9 | 7 | 11 | 0 | 0 | 0 | 0 | 0 | 0 | 0 | 0 | 0 | 9 | 7 | 11 |
| | 전남 | 6 | 4 | 12 | 0 | 0 | 0 | 0 | 0 | 0 | 0 | 0 | 1 | 6 | 4 | 13 |
| | 전북 | 2 | 4 | 17 | 0 | 0 | 0 | 0 | 0 | 0 | 0 | 0 | 0 | 2 | 4 | 17 |
| | 제주 | 7 | 6 | 8 | 0 | 0 | 0 | 0 | 0 | 0 | 0 | 0 | 0 | 7 | 6 | 8 |

| 팀 | 상대 | K리그1 승 | K리그1 무 | K리그1 패 | K리그2 승 | K리그2 무 | K리그2 패 | 플레이오프 승 | 플레이오프 무 | 플레이오프 패 | 리그컵 승 | 리그컵 무 | 리그컵 패 | 통산 승 | 통산 무 | 통산 패 |
|---|---|---|---|---|---|---|---|---|---|---|---|---|---|---|---|---|
| | 충주 | 0 | 0 | 0 | 5 | 2 | 2 | 0 | 0 | 0 | 0 | 0 | 0 | 5 | 2 | 2 |
| | 포항 | 8 | 2 | 13 | 0 | 0 | 0 | 0 | 0 | 0 | 0 | 0 | 0 | 8 | 2 | 13 |
| | 서울 | 7 | 4 | 12 | 0 | 0 | 0 | 0 | 0 | 0 | 0 | 0 | 0 | 7 | 4 | 12 |
| | 안양 | 0 | 0 | 0 | 5 | 1 | 3 | 0 | 0 | 0 | 0 | 0 | 0 | 5 | 1 | 3 |

| 팀 | 상대 | K리그1 | | | K리그2 | | | 플레이오프 | | | 리그컵 | | | 통산 | | |
|---|---|---|---|---|---|---|---|---|---|---|---|---|---|---|---|---|
| | | 승 | 무 | 패 | 승 | 무 | 패 | 승 | 무 | 패 | 승 | 무 | 패 | 승 | 무 | 패 |
| 안산 | 합계 | 0 | 0 | 0 | 77 | 88 | 157 | 0 | 0 | 0 | 0 | 0 | 0 | 77 | 88 | 157 |
| | 경남 | 0 | 0 | 0 | 5 | 7 | 12 | 0 | 0 | 0 | 0 | 0 | 0 | 5 | 7 | 12 |
| | 광주 | 0 | 0 | 0 | 3 | 3 | 6 | 0 | 0 | 0 | 0 | 0 | 0 | 3 | 3 | 6 |
| | 김천 | 0 | 0 | 0 | 0 | 1 | 6 | 0 | 0 | 0 | 0 | 0 | 0 | 0 | 1 | 6 |
| | 김포 | 0 | 0 | 0 | 3 | 5 | 5 | 0 | 0 | 0 | 0 | 0 | 0 | 3 | 5 | 5 |
| | 대전 | 0 | 0 | 0 | 5 | 7 | 11 | 0 | 0 | 0 | 0 | 0 | 0 | 5 | 7 | 11 |
| | 부산 | 0 | 0 | 0 | 6 | 7 | 16 | 0 | 0 | 0 | 0 | 0 | 0 | 6 | 7 | 16 |
| | 부천 | 0 | 0 | 0 | 10 | 6 | 16 | 0 | 0 | 0 | 0 | 0 | 0 | 10 | 6 | 16 |
| | 서울E | 0 | 0 | 0 | 7 | 11 | 14 | 0 | 0 | 0 | 0 | 0 | 0 | 7 | 11 | 14 |
| | 성남 | 0 | 0 | 0 | 4 | 5 | 8 | 0 | 0 | 0 | 0 | 0 | 0 | 4 | 5 | 8 |
| | 수원 | 0 | 0 | 0 | 0 | 2 | 4 | 0 | 0 | 0 | 0 | 0 | 0 | 0 | 2 | 4 |
| | 수원FC | 0 | 0 | 0 | 6 | 2 | 7 | 0 | 0 | 0 | 0 | 0 | 0 | 6 | 2 | 7 |
| | 아산 | 0 | 0 | 0 | 2 | 3 | 7 | 0 | 0 | 0 | 0 | 0 | 0 | 2 | 3 | 7 |
| | 전남 | 0 | 0 | 0 | 0 | 0 | 3 | 0 | 0 | 0 | 0 | 0 | 0 | 0 | 0 | 3 |
| | 제주 | 0 | 0 | 0 | 8 | 6 | 10 | 0 | 0 | 0 | 0 | 0 | 0 | 8 | 6 | 10 |
| | 천안 | 0 | 0 | 0 | 0 | 1 | 2 | 0 | 0 | 0 | 0 | 0 | 0 | 0 | 1 | 2 |
| | 충남아산 | 0 | 0 | 0 | 3 | 5 | 1 | 0 | 0 | 0 | 0 | 0 | 0 | 3 | 5 | 1 |
| | 충북청주 | 0 | 0 | 0 | 6 | 5 | 9 | 0 | 0 | 0 | 0 | 0 | 0 | 6 | 5 | 9 |
| | 화성 | 0 | 0 | 0 | 1 | 3 | 5 | 0 | 0 | 0 | 0 | 0 | 0 | 1 | 3 | 5 |
| | 안양 | 0 | 0 | 0 | 0 | 2 | 1 | 0 | 0 | 0 | 0 | 0 | 0 | 0 | 2 | 1 |

| 팀 | 상대 | K리그1 | | | K리그2 | | | 플레이오프 | | | 리그컵 | | | 통산 | | |
|---|---|---|---|---|---|---|---|---|---|---|---|---|---|---|---|---|
| | | 승 | 무 | 패 | 승 | 무 | 패 | 승 | 무 | 패 | 승 | 무 | 패 | 승 | 무 | 패 |
| 김천 | 합계 | 44 | 30 | 40 | 42 | 16 | 14 | 0 | 0 | 2 | 0 | 0 | 0 | 86 | 46 | 56 |
| | 강원 | 6 | 1 | 4 | 0 | 0 | 0 | 0 | 0 | 0 | 0 | 0 | 0 | 6 | 1 | 4 |
| | 경남 | 0 | 0 | 0 | 3 | 2 | 2 | 0 | 0 | 0 | 0 | 0 | 0 | 3 | 2 | 2 |
| | 광주 | 2 | 2 | 2 | 0 | 0 | 0 | 0 | 0 | 0 | 0 | 0 | 0 | 2 | 2 | 2 |
| | 김포 | 0 | 0 | 0 | 1 | 0 | 2 | 0 | 0 | 0 | 0 | 0 | 0 | 1 | 0 | 2 |
| | 대구 | 4 | 3 | 3 | 0 | 0 | 0 | 0 | 0 | 0 | 0 | 0 | 0 | 4 | 3 | 3 |
| | 대전 | 1 | 3 | 3 | 3 | 1 | 0 | 0 | 0 | 2 | 0 | 0 | 0 | 4 | 4 | 5 |
| | 부산 | 0 | 0 | 0 | 3 | 1 | 3 | 0 | 0 | 0 | 0 | 0 | 0 | 3 | 1 | 3 |
| | 부천 | 0 | 0 | 0 | 6 | 1 | 0 | 0 | 0 | 0 | 0 | 0 | 0 | 6 | 1 | 0 |
| | 서울E | 0 | 0 | 0 | 5 | 1 | 1 | 0 | 0 | 0 | 0 | 0 | 0 | 5 | 1 | 1 |
| | 성남 | 2 | 2 | 0 | 1 | 1 | 1 | 0 | 0 | 0 | 0 | 0 | 0 | 3 | 3 | 1 |
| | 수원 | 0 | 2 | 2 | 0 | 0 | 0 | 0 | 0 | 0 | 0 | 0 | 0 | 0 | 2 | 2 |
| | 수원FC | 4 | 2 | 5 | 0 | 0 | 0 | 0 | 0 | 0 | 0 | 0 | 0 | 4 | 2 | 5 |
| | 안산 | 0 | 0 | 0 | 6 | 1 | 0 | 0 | 0 | 0 | 0 | 0 | 0 | 6 | 1 | 0 |
| | 울산 | 2 | 3 | 5 | 0 | 0 | 0 | 0 | 0 | 0 | 0 | 0 | 0 | 2 | 3 | 5 |
| | 인천 | 2 | 2 | 2 | 0 | 0 | 0 | 0 | 0 | 0 | 0 | 0 | 0 | 2 | 2 | 2 |
| | 전남 | 0 | 0 | 0 | 2 | 2 | 3 | 0 | 0 | 0 | 0 | 0 | 0 | 2 | 2 | 3 |
| | 전북 | 4 | 3 | 3 | 0 | 0 | 0 | 0 | 0 | 0 | 0 | 0 | 0 | 4 | 3 | 3 |
| | 제주 | 5 | 1 | 3 | 0 | 0 | 0 | 0 | 0 | 0 | 0 | 0 | 0 | 5 | 1 | 3 |
| | 천안 | 0 | 0 | 0 | 3 | 0 | 0 | 0 | 0 | 0 | 0 | 0 | 0 | 3 | 0 | 0 |
| | 충남아산 | 0 | 0 | 0 | 7 | 0 | 0 | 0 | 0 | 0 | 0 | 0 | 0 | 7 | 0 | 0 |
| | 충북청주 | 0 | 0 | 0 | 1 | 2 | 0 | 0 | 0 | 0 | 0 | 0 | 0 | 1 | 2 | 0 |
| | 포항 | 7 | 2 | 2 | 0 | 0 | 0 | 0 | 0 | 0 | 0 | 0 | 0 | 7 | 2 | 2 |
| | 서울 | 3 | 4 | 5 | 0 | 0 | 0 | 0 | 0 | 0 | 0 | 0 | 0 | 3 | 4 | 5 |
| | 안양 | 2 | 0 | 1 | 1 | 4 | 2 | 0 | 0 | 0 | 0 | 0 | 0 | 3 | 4 | 3 |

| 팀 | 상대 | K리그1 | | | K리그2 | | | 플레이오프 | | | 리그컵 | | | 통산 | | |
|---|---|---|---|---|---|---|---|---|---|---|---|---|---|---|---|---|
| | | 승 | 무 | 패 | 승 | 무 | 패 | 승 | 무 | 패 | 승 | 무 | 패 | 승 | 무 | 패 |
| 충남아산 | 합계 | 0 | 0 | 0 | 71 | 57 | 86 | 1 | 0 | 1 | 0 | 0 | 0 | 72 | 57 | 87 |
| | 경남 | 0 | 0 | 0 | 10 | 5 | 5 | 0 | 0 | 0 | 0 | 0 | 0 | 10 | 5 | 5 |
| | 광주 | 0 | 0 | 0 | 0 | 1 | 3 | 0 | 0 | 0 | 0 | 0 | 0 | 0 | 1 | 3 |

| 팀 | 상대 | K리그1 | | | K리그2 | | | 플레이오프 | | | 리그컵 | | | 통산 | | |
|---|---|---|---|---|---|---|---|---|---|---|---|---|---|---|---|---|
| | | 승 | 무 | 패 | 승 | 무 | 패 | 승 | 무 | 패 | 승 | 무 | 패 | 승 | 무 | 패 |
| | 김천 | 0 | 0 | 0 | 0 | 0 | 7 | 0 | 0 | 0 | 0 | 0 | 0 | 0 | 0 | 7 |
| | 김포 | 0 | 0 | 0 | 4 | 3 | 6 | 0 | 0 | 0 | 0 | 0 | 0 | 4 | 3 | 6 |
| | 대구 | 0 | 0 | 0 | 0 | 0 | 0 | 1 | 0 | 1 | 0 | 0 | 0 | 1 | 0 | 1 |
| | 대전 | 0 | 0 | 0 | 3 | 3 | 5 | 0 | 0 | 0 | 0 | 0 | 0 | 3 | 3 | 5 |
| | 부산 | 0 | 0 | 0 | 5 | 3 | 9 | 0 | 0 | 0 | 0 | 0 | 0 | 5 | 3 | 9 |
| | 부천 | 0 | 0 | 0 | 4 | 7 | 9 | 0 | 0 | 0 | 0 | 0 | 0 | 4 | 7 | 9 |
| | 서울E | 0 | 0 | 0 | 10 | 5 | 5 | 0 | 0 | 0 | 0 | 0 | 0 | 10 | 5 | 5 |
| | 성남 | 0 | 0 | 0 | 4 | 3 | 2 | 0 | 0 | 0 | 0 | 0 | 0 | 4 | 3 | 2 |
| | 수원 | 0 | 0 | 0 | 1 | 1 | 4 | 0 | 0 | 0 | 0 | 0 | 0 | 1 | 1 | 4 |
| | 수원FC | 0 | 0 | 0 | 0 | 1 | 2 | 0 | 0 | 0 | 0 | 0 | 0 | 0 | 1 | 2 |
| | 안산 | 0 | 0 | 0 | 9 | 5 | 6 | 0 | 0 | 0 | 0 | 0 | 0 | 9 | 5 | 6 |
| | 인천 | 0 | 0 | 0 | 0 | 1 | 2 | 0 | 0 | 0 | 0 | 0 | 0 | 0 | 1 | 2 |
| | 전남 | 0 | 0 | 0 | 6 | 8 | 6 | 0 | 0 | 0 | 0 | 0 | 0 | 6 | 8 | 6 |
| | 제주 | 0 | 0 | 0 | 0 | 0 | 3 | 0 | 0 | 0 | 0 | 0 | 0 | 0 | 0 | 3 |
| | 천안 | 0 | 0 | 0 | 5 | 2 | 2 | 0 | 0 | 0 | 0 | 0 | 0 | 5 | 2 | 2 |
| | 충북청주 | 0 | 0 | 0 | 7 | 1 | 1 | 0 | 0 | 0 | 0 | 0 | 0 | 7 | 1 | 1 |
| | 화성 | 0 | 0 | 0 | 0 | 3 | 0 | 0 | 0 | 0 | 0 | 0 | 0 | 0 | 3 | 0 |
| | 안양 | 0 | 0 | 0 | 3 | 5 | 9 | 0 | 0 | 0 | 0 | 0 | 0 | 3 | 5 | 9 |

| 팀 | 상대 | K리그1 | | | K리그2 | | | 플레이오프 | | | 리그컵 | | | 통산 | | |
|---|---|---|---|---|---|---|---|---|---|---|---|---|---|---|---|---|
| | | 승 | 무 | 패 | 승 | 무 | 패 | 승 | 무 | 패 | 승 | 무 | 패 | 승 | 무 | 패 |
| 광주상무 | 합계 | 45 | 57 | 124 | 0 | 0 | 0 | 0 | 0 | 0 | 14 | 16 | 35 | 59 | 73 | 159 |
| | 강원 | 2 | 1 | 1 | 0 | 0 | 0 | 0 | 0 | 0 | 0 | 0 | 0 | 2 | 1 | 1 |
| | 경남 | 1 | 4 | 5 | 0 | 0 | 0 | 0 | 0 | 0 | 2 | 0 | 2 | 3 | 4 | 7 |
| | 대구 | 4 | 2 | 12 | 0 | 0 | 0 | 0 | 0 | 0 | 0 | 3 | 2 | 4 | 5 | 14 |
| | 대전 | 4 | 8 | 6 | 0 | 0 | 0 | 0 | 0 | 0 | 1 | 2 | 4 | 5 | 10 | 10 |
| | 부산 | 6 | 4 | 8 | 0 | 0 | 0 | 0 | 0 | 0 | 3 | 3 | 0 | 9 | 7 | 8 |
| | 성남 | 4 | 3 | 11 | 0 | 0 | 0 | 0 | 0 | 0 | 2 | 2 | 2 | 6 | 5 | 13 |
| | 수원 | 3 | 4 | 11 | 0 | 0 | 0 | 0 | 0 | 0 | 1 | 0 | 4 | 4 | 4 | 15 |
| | 울산 | 2 | 5 | 11 | 0 | 0 | 0 | 0 | 0 | 0 | 1 | 1 | 4 | 3 | 6 | 15 |
| | 인천 | 4 | 4 | 6 | 0 | 0 | 0 | 0 | 0 | 0 | 2 | 0 | 1 | 6 | 4 | 7 |
| | 전남 | 3 | 5 | 10 | 0 | 0 | 0 | 0 | 0 | 0 | 0 | 1 | 2 | 3 | 6 | 12 |
| | 전북 | 3 | 5 | 10 | 0 | 0 | 0 | 0 | 0 | 0 | 1 | 2 | 3 | 4 | 7 | 13 |
| | 제주 | 5 | 4 | 9 | 0 | 0 | 0 | 0 | 0 | 0 | 0 | 1 | 4 | 5 | 5 | 13 |
| | 포항 | 0 | 4 | 14 | 0 | 0 | 0 | 0 | 0 | 0 | 1 | 0 | 2 | 1 | 4 | 16 |
| | 서울 | 4 | 4 | 10 | 0 | 0 | 0 | 0 | 0 | 0 | 0 | 1 | 5 | 4 | 5 | 15 |

| 팀 | 상대 | K리그1 | | | K리그2 | | | 플레이오프 | | | 리그컵 | | | 통산 | | |
|---|---|---|---|---|---|---|---|---|---|---|---|---|---|---|---|---|
| | | 승 | 무 | 패 | 승 | 무 | 패 | 승 | 무 | 패 | 승 | 무 | 패 | 승 | 무 | 패 |
| 안산무궁화 | 합계 | 0 | 0 | 0 | 66 | 37 | 48 | 0 | 0 | 1 | 0 | 0 | 0 | 66 | 37 | 49 |
| | 강원 | 0 | 0 | 0 | 4 | 1 | 7 | 0 | 0 | 0 | 0 | 0 | 0 | 4 | 1 | 7 |
| | 경남 | 0 | 0 | 0 | 5 | 2 | 1 | 0 | 0 | 0 | 0 | 0 | 0 | 5 | 2 | 1 |
| | 고양 | 0 | 0 | 0 | 8 | 6 | 3 | 0 | 0 | 0 | 0 | 0 | 0 | 8 | 6 | 3 |
| | 광주 | 0 | 0 | 0 | 5 | 1 | 3 | 0 | 0 | 1 | 0 | 0 | 0 | 5 | 1 | 4 |
| | 대구 | 0 | 0 | 0 | 5 | 4 | 3 | 0 | 0 | 0 | 0 | 0 | 0 | 5 | 4 | 3 |
| | 대전 | 0 | 0 | 0 | 4 | 2 | 2 | 0 | 0 | 0 | 0 | 0 | 0 | 4 | 2 | 2 |
| | 부산 | 0 | 0 | 0 | 1 | 1 | 2 | 0 | 0 | 0 | 0 | 0 | 0 | 1 | 1 | 2 |
| | 부천 | 0 | 0 | 0 | 9 | 4 | 4 | 0 | 0 | 0 | 0 | 0 | 0 | 9 | 4 | 4 |
| | 상주 | 0 | 0 | 0 | 1 | 2 | 6 | 0 | 0 | 0 | 0 | 0 | 0 | 1 | 2 | 6 |
| | 서울E | 0 | 0 | 0 | 2 | 4 | 2 | 0 | 0 | 0 | 0 | 0 | 0 | 2 | 4 | 2 |
| | 수원FC | 0 | 0 | 0 | 7 | 1 | 5 | 0 | 0 | 0 | 0 | 0 | 0 | 7 | 1 | 5 |
| | 충주 | 0 | 0 | 0 | 7 | 6 | 4 | 0 | 0 | 0 | 0 | 0 | 0 | 7 | 6 | 4 |
| | 안양 | 0 | 0 | 0 | 8 | 3 | 6 | 0 | 0 | 0 | 0 | 0 | 0 | 8 | 3 | 6 |

| 팀 | 상대 | K리그1 | | | K리그2 | | | 플레이오프 | | | 리그컵 | | | 통산 | | |
|---|---|---|---|---|---|---|---|---|---|---|---|---|---|---|---|---|
| | | 승 | 무 | 패 | 승 | 무 | 패 | 승 | 무 | 패 | 승 | 무 | 패 | 승 | 무 | 패 |
| 김포 | 합계 | 0 | 0 | 0 | 54 | 48 | 49 | 1 | 1 | 1 | 0 | 0 | 0 | 55 | 49 | 50 |
| | 강원 | 0 | 0 | 0 | 0 | 0 | 0 | 0 | 1 | 1 | 0 | 0 | 0 | 0 | 1 | 1 |
| | 경남 | 0 | 0 | 0 | 4 | 4 | 5 | 1 | 0 | 0 | 0 | 0 | 0 | 5 | 4 | 5 |
| | 광주 | 0 | 0 | 0 | 1 | 1 | 2 | 0 | 0 | 0 | 0 | 0 | 0 | 1 | 1 | 2 |
| | 김천 | 0 | 0 | 0 | 2 | 0 | 1 | 0 | 0 | 0 | 0 | 0 | 0 | 2 | 0 | 1 |

| 팀 | 상대 | K리그1 승 | K리그1 무 | K리그1 패 | K리그2 승 | K리그2 무 | K리그2 패 | 플레이오프 승 | 플레이오프 무 | 플레이오프 패 | 리그컵 승 | 리그컵 무 | 리그컵 패 | 통산 승 | 통산 무 | 통산 패 |
|---|---|---|---|---|---|---|---|---|---|---|---|---|---|---|---|---|
| | 대전 | 0 | 0 | 0 | 0 | 2 | 2 | 0 | 0 | 0 | 0 | 0 | 0 | 0 | 2 | 2 |
| | 부산 | 0 | 0 | 0 | 6 | 4 | 3 | 0 | 0 | 0 | 0 | 0 | 0 | 6 | 4 | 3 |
| | 부천 | 0 | 0 | 0 | 2 | 4 | 7 | 0 | 0 | 0 | 0 | 0 | 0 | 2 | 4 | 7 |
| | 서울E | 0 | 0 | 0 | 3 | 4 | 6 | 0 | 0 | 0 | 0 | 0 | 0 | 3 | 4 | 6 |
| | 성남 | 0 | 0 | 0 | 2 | 6 | 1 | 0 | 0 | 0 | 0 | 0 | 0 | 2 | 6 | 1 |
| | 수원 | 0 | 0 | 0 | 1 | 4 | 1 | 0 | 0 | 0 | 0 | 0 | 0 | 1 | 4 | 1 |
| | 안산 | 0 | 0 | 0 | 5 | 5 | 3 | 0 | 0 | 0 | 0 | 0 | 0 | 5 | 5 | 3 |
| | 인천 | 0 | 0 | 0 | 1 | 1 | 1 | 0 | 0 | 0 | 0 | 0 | 0 | 1 | 1 | 1 |
| | 전남 | 0 | 0 | 0 | 6 | 3 | 4 | 0 | 0 | 0 | 0 | 0 | 0 | 6 | 3 | 4 |
| | 천안 | 0 | 0 | 0 | 6 | 2 | 1 | 0 | 0 | 0 | 0 | 0 | 0 | 6 | 2 | 1 |
| | 충남아산 | 0 | 0 | 0 | 6 | 3 | 4 | 0 | 0 | 0 | 0 | 0 | 0 | 6 | 3 | 4 |
| | 충북청주 | 0 | 0 | 0 | 3 | 3 | 3 | 0 | 0 | 0 | 0 | 0 | 0 | 3 | 3 | 3 |
| | 화성 | 0 | 0 | 0 | 3 | 0 | 0 | 0 | 0 | 0 | 0 | 0 | 0 | 3 | 0 | 0 |

| 팀 | 상대 | K리그1 | | | K리그2 | | | 플레이오프 | | | 리그컵 | | | 통산 | | |
|---|---|---|---|---|---|---|---|---|---|---|---|---|---|---|---|---|
| | | 승 | 무 | 패 | 승 | 무 | 패 | 승 | 무 | 패 | 승 | 무 | 패 | 승 | 무 | 패 |
| 아산 | 합계 | 0 | 0 | 0 | 48 | 26 | 34 | 1 | 0 | 1 | 0 | 0 | 0 | 49 | 26 | 35 |
| | 경남 | 0 | 0 | 0 | 0 | 1 | 3 | 0 | 0 | 0 | 0 | 0 | 0 | 0 | 1 | 3 |
| | 광주 | 0 | 0 | 0 | 1 | 3 | 4 | 0 | 0 | 0 | 0 | 0 | 0 | 1 | 3 | 4 |
| | 대전 | 0 | 0 | 0 | 5 | 3 | 4 | 0 | 0 | 0 | 0 | 0 | 0 | 5 | 3 | 4 |
| | 부산 | 0 | 0 | 0 | 2 | 4 | 6 | 0 | 0 | 1 | 0 | 0 | 0 | 2 | 4 | 7 |
| | 부천 | 0 | 0 | 0 | 6 | 3 | 3 | 0 | 0 | 0 | 0 | 0 | 0 | 6 | 3 | 3 |
| | 서울E | 0 | 0 | 0 | 8 | 3 | 1 | 0 | 0 | 0 | 0 | 0 | 0 | 8 | 3 | 1 |
| | 성남 | 0 | 0 | 0 | 2 | 2 | 4 | 1 | 0 | 0 | 0 | 0 | 0 | 3 | 2 | 4 |
| | 수원FC | 0 | 0 | 0 | 8 | 2 | 2 | 0 | 0 | 0 | 0 | 0 | 0 | 8 | 2 | 2 |
| | 안산 | 0 | 0 | 0 | 7 | 3 | 2 | 0 | 0 | 0 | 0 | 0 | 0 | 7 | 3 | 2 |
| | 전남 | 0 | 0 | 0 | 2 | 1 | 1 | 0 | 0 | 0 | 0 | 0 | 0 | 2 | 1 | 1 |
| | 안양 | 0 | 0 | 0 | 7 | 1 | 4 | 0 | 0 | 0 | 0 | 0 | 0 | 7 | 1 | 4 |

| 팀 | 상대 | K리그1 | | | K리그2 | | | 플레이오프 | | | 리그컵 | | | 통산 | | |
|---|---|---|---|---|---|---|---|---|---|---|---|---|---|---|---|---|
| | | 승 | 무 | 패 | 승 | 무 | 패 | 승 | 무 | 패 | 승 | 무 | 패 | 승 | 무 | 패 |
| 고양 | 합계 | 0 | 0 | 0 | 36 | 45 | 70 | 0 | 0 | 0 | 0 | 0 | 0 | 36 | 45 | 70 |
| | 강원 | 0 | 0 | 0 | 3 | 3 | 6 | 0 | 0 | 0 | 0 | 0 | 0 | 3 | 3 | 6 |
| | 경남 | 0 | 0 | 0 | 2 | 1 | 5 | 0 | 0 | 0 | 0 | 0 | 0 | 2 | 1 | 5 |
| | 광주 | 0 | 0 | 0 | 3 | 3 | 3 | 0 | 0 | 0 | 0 | 0 | 0 | 3 | 3 | 3 |
| | 대구 | 0 | 0 | 0 | 4 | 2 | 6 | 0 | 0 | 0 | 0 | 0 | 0 | 4 | 2 | 6 |
| | 대전 | 0 | 0 | 0 | 0 | 3 | 5 | 0 | 0 | 0 | 0 | 0 | 0 | 0 | 3 | 5 |
| | 부산 | 0 | 0 | 0 | 0 | 0 | 4 | 0 | 0 | 0 | 0 | 0 | 0 | 0 | 0 | 4 |
| | 부천 | 0 | 0 | 0 | 4 | 4 | 9 | 0 | 0 | 0 | 0 | 0 | 0 | 4 | 4 | 9 |
| | 상주 | 0 | 0 | 0 | 1 | 2 | 6 | 0 | 0 | 0 | 0 | 0 | 0 | 1 | 2 | 6 |
| | 서울E | 0 | 0 | 0 | 1 | 3 | 4 | 0 | 0 | 0 | 0 | 0 | 0 | 1 | 3 | 4 |
| | 수원FC | 0 | 0 | 0 | 3 | 6 | 4 | 0 | 0 | 0 | 0 | 0 | 0 | 3 | 6 | 4 |
| | 안산무궁 | 0 | 0 | 0 | 3 | 6 | 8 | 0 | 0 | 0 | 0 | 0 | 0 | 3 | 6 | 8 |
| | 충주 | 0 | 0 | 0 | 7 | 8 | 2 | 0 | 0 | 0 | 0 | 0 | 0 | 7 | 8 | 2 |
| | 안양 | 0 | 0 | 0 | 5 | 4 | 8 | 0 | 0 | 0 | 0 | 0 | 0 | 5 | 4 | 8 |

| 팀 | 상대 | K리그1 | | | K리그2 | | | 플레이오프 | | | 리그컵 | | | 통산 | | |
|---|---|---|---|---|---|---|---|---|---|---|---|---|---|---|---|---|
| | | 승 | 무 | 패 | 승 | 무 | 패 | 승 | 무 | 패 | 승 | 무 | 패 | 승 | 무 | 패 |
| 충주 | 합계 | 0 | 0 | 0 | 30 | 43 | 78 | 0 | 0 | 0 | 0 | 0 | 0 | 30 | 43 | 78 |
| | 강원 | 0 | 0 | 0 | 2 | 2 | 8 | 0 | 0 | 0 | 0 | 0 | 0 | 2 | 2 | 8 |
| | 경남 | 0 | 0 | 0 | 2 | 1 | 5 | 0 | 0 | 0 | 0 | 0 | 0 | 2 | 1 | 5 |
| | 고양 | 0 | 0 | 0 | 2 | 8 | 7 | 0 | 0 | 0 | 0 | 0 | 0 | 2 | 8 | 7 |
| | 광주 | 0 | 0 | 0 | 2 | 4 | 3 | 0 | 0 | 0 | 0 | 0 | 0 | 2 | 4 | 3 |
| | 대구 | 0 | 0 | 0 | 1 | 4 | 7 | 0 | 0 | 0 | 0 | 0 | 0 | 1 | 4 | 7 |
| | 대전 | 0 | 0 | 0 | 0 | 3 | 5 | 0 | 0 | 0 | 0 | 0 | 0 | 0 | 3 | 5 |
| | 부산 | 0 | 0 | 0 | 0 | 1 | 3 | 0 | 0 | 0 | 0 | 0 | 0 | 0 | 1 | 3 |
| | 부천 | 0 | 0 | 0 | 7 | 3 | 7 | 0 | 0 | 0 | 0 | 0 | 0 | 7 | 3 | 7 |
| | 상주 | 0 | 0 | 0 | 2 | 2 | 5 | 0 | 0 | 0 | 0 | 0 | 0 | 2 | 2 | 5 |
| | 서울E | 0 | 0 | 0 | 1 | 1 | 6 | 0 | 0 | 0 | 0 | 0 | 0 | 1 | 1 | 6 |
| | 수원FC | 0 | 0 | 0 | 3 | 3 | 7 | 0 | 0 | 0 | 0 | 0 | 0 | 3 | 3 | 7 |
| | 안산무궁 | 0 | 0 | 0 | 4 | 6 | 7 | 0 | 0 | 0 | 0 | 0 | 0 | 4 | 6 | 7 |

| 팀 | 상대 | K리그1 | | | K리그2 | | | 플레이오프 | | | 리그컵 | | | 통산 | | |
|---|---|---|---|---|---|---|---|---|---|---|---|---|---|---|---|---|
| | 안양 | 0 | 0 | 0 | 4 | 5 | 8 | 0 | 0 | 0 | 0 | 0 | 0 | 4 | 5 | 8 |

| 팀 | 상대 | K리그1 | | | K리그2 | | | 플레이오프 | | | 리그컵 | | | 통산 | | |
|---|---|---|---|---|---|---|---|---|---|---|---|---|---|---|---|---|
| | | 승 | 무 | 패 | 승 | 무 | 패 | 승 | 무 | 패 | 승 | 무 | 패 | 승 | 무 | 패 |
| 충북 청주 | 합계 | 0 | 0 | 0 | 28 | 39 | 44 | 0 | 0 | 0 | 0 | 0 | 0 | 28 | 39 | 44 |
| | 경남 | 0 | 0 | 0 | 1 | 4 | 4 | 0 | 0 | 0 | 0 | 0 | 0 | 1 | 4 | 4 |
| | 김천 | 0 | 0 | 0 | 0 | 2 | 1 | 0 | 0 | 0 | 0 | 0 | 0 | 0 | 2 | 1 |
| | 김포 | 0 | 0 | 0 | 3 | 3 | 3 | 0 | 0 | 0 | 0 | 0 | 0 | 3 | 3 | 3 |
| | 부산 | 0 | 0 | 0 | 2 | 6 | 1 | 0 | 0 | 0 | 0 | 0 | 0 | 2 | 6 | 1 |
| | 부천 | 0 | 0 | 0 | 1 | 5 | 3 | 0 | 0 | 0 | 0 | 0 | 0 | 1 | 5 | 3 |
| | 서울E | 0 | 0 | 0 | 4 | 1 | 4 | 0 | 0 | 0 | 0 | 0 | 0 | 4 | 1 | 4 |
| | 성남 | 0 | 0 | 0 | 2 | 4 | 3 | 0 | 0 | 0 | 0 | 0 | 0 | 2 | 4 | 3 |
| | 수원 | 0 | 0 | 0 | 0 | 3 | 3 | 0 | 0 | 0 | 0 | 0 | 0 | 0 | 3 | 3 |
| | 안산 | 0 | 0 | 0 | 5 | 3 | 1 | 0 | 0 | 0 | 0 | 0 | 0 | 5 | 3 | 1 |
| | 인천 | 0 | 0 | 0 | 1 | 0 | 2 | 0 | 0 | 0 | 0 | 0 | 0 | 1 | 0 | 2 |
| | 전남 | 0 | 0 | 0 | 2 | 2 | 5 | 0 | 0 | 0 | 0 | 0 | 0 | 2 | 2 | 5 |
| | 천안 | 0 | 0 | 0 | 4 | 3 | 2 | 0 | 0 | 0 | 0 | 0 | 0 | 4 | 3 | 2 |
| | 충남아산 | 0 | 0 | 0 | 1 | 1 | 7 | 0 | 0 | 0 | 0 | 0 | 0 | 1 | 1 | 7 |
| | 화성 | 0 | 0 | 0 | 0 | 1 | 2 | 0 | 0 | 0 | 0 | 0 | 0 | 0 | 1 | 2 |
| | 안양 | 0 | 0 | 0 | 2 | 1 | 3 | 0 | 0 | 0 | 0 | 0 | 0 | 2 | 1 | 3 |

| 팀 | 상대 | K리그1 | | | K리그2 | | | 플레이오프 | | | 리그컵 | | | 통산 | | |
|---|---|---|---|---|---|---|---|---|---|---|---|---|---|---|---|---|
| | | 승 | 무 | 패 | 승 | 무 | 패 | 승 | 무 | 패 | 승 | 무 | 패 | 승 | 무 | 패 |
| 천안 | 합계 | 0 | 0 | 0 | 23 | 29 | 59 | 0 | 0 | 0 | 0 | 0 | 0 | 23 | 29 | 59 |
| | 경남 | 0 | 0 | 0 | 2 | 3 | 4 | 0 | 0 | 0 | 0 | 0 | 0 | 2 | 3 | 4 |
| | 김천 | 0 | 0 | 0 | 0 | 0 | 3 | 0 | 0 | 0 | 0 | 0 | 0 | 0 | 0 | 3 |
| | 김포 | 0 | 0 | 0 | 1 | 2 | 6 | 0 | 0 | 0 | 0 | 0 | 0 | 1 | 2 | 6 |
| | 부산 | 0 | 0 | 0 | 1 | 2 | 6 | 0 | 0 | 0 | 0 | 0 | 0 | 1 | 2 | 6 |
| | 부천 | 0 | 0 | 0 | 2 | 3 | 4 | 0 | 0 | 0 | 0 | 0 | 0 | 2 | 3 | 4 |
| | 서울E | 0 | 0 | 0 | 3 | 1 | 5 | 0 | 0 | 0 | 0 | 0 | 0 | 3 | 1 | 5 |
| | 성남 | 0 | 0 | 0 | 3 | 4 | 2 | 0 | 0 | 0 | 0 | 0 | 0 | 3 | 4 | 2 |
| | 수원 | 0 | 0 | 0 | 2 | 0 | 4 | 0 | 0 | 0 | 0 | 0 | 0 | 2 | 0 | 4 |
| | 안산 | 0 | 0 | 0 | 1 | 5 | 3 | 0 | 0 | 0 | 0 | 0 | 0 | 1 | 5 | 3 |
| | 인천 | 0 | 0 | 0 | 0 | 1 | 2 | 0 | 0 | 0 | 0 | 0 | 0 | 0 | 1 | 2 |
| | 전남 | 0 | 0 | 0 | 4 | 0 | 5 | 0 | 0 | 0 | 0 | 0 | 0 | 4 | 0 | 5 |
| | 충남아산 | 0 | 0 | 0 | 2 | 2 | 5 | 0 | 0 | 0 | 0 | 0 | 0 | 2 | 2 | 5 |
| | 충북청주 | 0 | 0 | 0 | 2 | 3 | 4 | 0 | 0 | 0 | 0 | 0 | 0 | 2 | 3 | 4 |
| | 화성 | 0 | 0 | 0 | 0 | 1 | 2 | 0 | 0 | 0 | 0 | 0 | 0 | 0 | 1 | 2 |
| | 안양 | 0 | 0 | 0 | 0 | 2 | 4 | 0 | 0 | 0 | 0 | 0 | 0 | 0 | 2 | 4 |

| 팀 | 상대 | K리그1 | | | K리그2 | | | 플레이오프 | | | 리그컵 | | | 통산 | | |
|---|---|---|---|---|---|---|---|---|---|---|---|---|---|---|---|---|
| | | 승 | 무 | 패 | 승 | 무 | 패 | 승 | 무 | 패 | 승 | 무 | 패 | 승 | 무 | 패 |
| 할렐루야 | 합계 | 19 | 24 | 22 | 0 | 0 | 0 | 0 | 0 | 0 | 0 | 0 | 0 | 19 | 24 | 22 |
| | 국민은행 | 6 | 2 | 0 | 0 | 0 | 0 | 0 | 0 | 0 | 0 | 0 | 0 | 6 | 2 | 0 |
| | 부산 | 3 | 5 | 3 | 0 | 0 | 0 | 0 | 0 | 0 | 0 | 0 | 0 | 3 | 5 | 3 |
| | 상무 | 1 | 0 | 2 | 0 | 0 | 0 | 0 | 0 | 0 | 0 | 0 | 0 | 1 | 0 | 2 |
| | 울산 | 1 | 2 | 4 | 0 | 0 | 0 | 0 | 0 | 0 | 0 | 0 | 0 | 1 | 2 | 4 |
| | 제주 | 2 | 5 | 4 | 0 | 0 | 0 | 0 | 0 | 0 | 0 | 0 | 0 | 2 | 5 | 4 |
| | 포항 | 3 | 3 | 5 | 0 | 0 | 0 | 0 | 0 | 0 | 0 | 0 | 0 | 3 | 3 | 5 |
| | 한일은행 | 0 | 6 | 1 | 0 | 0 | 0 | 0 | 0 | 0 | 0 | 0 | 0 | 0 | 6 | 1 |
| | 서울 | 3 | 1 | 3 | 0 | 0 | 0 | 0 | 0 | 0 | 0 | 0 | 0 | 3 | 1 | 3 |

| 팀 | 상대 | K리그1 | | | K리그2 | | | 플레이오프 | | | 리그컵 | | | 통산 | | |
|---|---|---|---|---|---|---|---|---|---|---|---|---|---|---|---|---|
| | | 승 | 무 | 패 | 승 | 무 | 패 | 승 | 무 | 패 | 승 | 무 | 패 | 승 | 무 | 패 |
| 한일 은행 | 합계 | 12 | 25 | 32 | 0 | 0 | 0 | 0 | 0 | 0 | 0 | 0 | 0 | 12 | 25 | 32 |
| | 국민은행 | 1 | 2 | 1 | 0 | 0 | 0 | 0 | 0 | 0 | 0 | 0 | 0 | 1 | 2 | 1 |
| | 부산 | 2 | 1 | 8 | 0 | 0 | 0 | 0 | 0 | 0 | 0 | 0 | 0 | 2 | 1 | 8 |
| | 상무 | 0 | 2 | 1 | 0 | 0 | 0 | 0 | 0 | 0 | 0 | 0 | 0 | 0 | 2 | 1 |
| | 울산 | 1 | 5 | 5 | 0 | 0 | 0 | 0 | 0 | 0 | 0 | 0 | 0 | 1 | 5 | 5 |
| | 제주 | 3 | 4 | 4 | 0 | 0 | 0 | 0 | 0 | 0 | 0 | 0 | 0 | 3 | 4 | 4 |
| | 포항 | 2 | 4 | 5 | 0 | 0 | 0 | 0 | 0 | 0 | 0 | 0 | 0 | 2 | 4 | 5 |
| | 할렐루야 | 1 | 6 | 0 | 0 | 0 | 0 | 0 | 0 | 0 | 0 | 0 | 0 | 1 | 6 | 0 |

| 팀 | 상대 | 승 | 무 | 패 | 승 | 무 | 패 | 승 | 무 | 패 | 승 | 무 | 패 | 승 | 무 | 패 |
|---|---|---|---|---|---|---|---|---|---|---|---|---|---|---|---|---|
| | 서울 | 2 | 1 | 8 | 0 | 0 | 0 | 0 | 0 | 0 | 0 | 0 | 0 | 2 | 1 | 8 |

| 팀 | 상대 | K리그1 | | | K리그2 | | | 플레이오프 | | | 리그컵 | | | 통산 | | |
|---|---|---|---|---|---|---|---|---|---|---|---|---|---|---|---|---|
| | | 승 | 무 | 패 | 승 | 무 | 패 | 승 | 무 | 패 | 승 | 무 | 패 | 승 | 무 | 패 |
| 화성 | 합계 | 0 | 0 | 0 | 9 | 13 | 17 | 0 | 0 | 0 | 0 | 0 | 0 | 9 | 13 | 17 |
| | 경남 | 0 | 0 | 0 | 1 | 1 | 1 | 0 | 0 | 0 | 0 | 0 | 0 | 1 | 1 | 1 |
| | 김포 | 0 | 0 | 0 | 0 | 0 | 3 | 0 | 0 | 0 | 0 | 0 | 0 | 0 | 0 | 3 |
| | 부산 | 0 | 0 | 0 | 1 | 1 | 1 | 0 | 0 | 0 | 0 | 0 | 0 | 1 | 1 | 1 |
| | 부천 | 0 | 0 | 0 | 0 | 1 | 2 | 0 | 0 | 0 | 0 | 0 | 0 | 0 | 1 | 2 |
| | 서울E | 0 | 0 | 0 | 0 | 2 | 1 | 0 | 0 | 0 | 0 | 0 | 0 | 0 | 2 | 1 |
| | 성남 | 0 | 0 | 0 | 1 | 0 | 2 | 0 | 0 | 0 | 0 | 0 | 0 | 1 | 0 | 2 |
| | 수원 | 0 | 0 | 0 | 0 | 1 | 2 | 0 | 0 | 0 | 0 | 0 | 0 | 0 | 1 | 2 |
| | 안산 | 0 | 0 | 0 | 1 | 2 | 0 | 0 | 0 | 0 | 0 | 0 | 0 | 1 | 2 | 0 |
| | 인천 | 0 | 0 | 0 | 0 | 0 | 3 | 0 | 0 | 0 | 0 | 0 | 0 | 0 | 0 | 3 |
| | 전남 | 0 | 0 | 0 | 1 | 0 | 2 | 0 | 0 | 0 | 0 | 0 | 0 | 1 | 0 | 2 |
| | 천안 | 0 | 0 | 0 | 2 | 1 | 0 | 0 | 0 | 0 | 0 | 0 | 0 | 2 | 1 | 0 |
| | 충남아산 | 0 | 0 | 0 | 0 | 3 | 0 | 0 | 0 | 0 | 0 | 0 | 0 | 0 | 3 | 0 |
| | 충북청주 | 0 | 0 | 0 | 2 | 1 | 0 | 0 | 0 | 0 | 0 | 0 | 0 | 2 | 1 | 0 |

| 팀 | 상대 | K리그1 | | | K리그2 | | | 플레이오프 | | | 리그컵 | | | 통산 | | |
|---|---|---|---|---|---|---|---|---|---|---|---|---|---|---|---|---|
| | | 승 | 무 | 패 | 승 | 무 | 패 | 승 | 무 | 패 | 승 | 무 | 패 | 승 | 무 | 패 |
| 국민은행 | 합계 | 6 | 10 | 28 | 0 | 0 | 0 | 0 | 0 | 0 | 0 | 0 | 0 | 6 | 10 | 28 |
| | 부산 | 0 | 2 | 6 | 0 | 0 | 0 | 0 | 0 | 0 | 0 | 0 | 0 | 0 | 2 | 6 |
| | 울산 | 0 | 0 | 4 | 0 | 0 | 0 | 0 | 0 | 0 | 0 | 0 | 0 | 0 | 0 | 4 |
| | 제주 | 2 | 1 | 5 | 0 | 0 | 0 | 0 | 0 | 0 | 0 | 0 | 0 | 2 | 1 | 5 |
| | 포항 | 3 | 1 | 4 | 0 | 0 | 0 | 0 | 0 | 0 | 0 | 0 | 0 | 3 | 1 | 4 |
| | 한일은행 | 1 | 2 | 1 | 0 | 0 | 0 | 0 | 0 | 0 | 0 | 0 | 0 | 1 | 2 | 1 |
| | 할렐루야 | 0 | 2 | 6 | 0 | 0 | 0 | 0 | 0 | 0 | 0 | 0 | 0 | 0 | 2 | 6 |
| | 서울 | 0 | 2 | 2 | 0 | 0 | 0 | 0 | 0 | 0 | 0 | 0 | 0 | 0 | 2 | 2 |

| 팀 | 상대 | K리그1 | | | K리그2 | | | 플레이오프 | | | 리그컵 | | | 통산 | | |
|---|---|---|---|---|---|---|---|---|---|---|---|---|---|---|---|---|
| | | 승 | 무 | 패 | 승 | 무 | 패 | 승 | 무 | 패 | 승 | 무 | 패 | 승 | 무 | 패 |
| 전북버팔로 | 합계 | 3 | 5 | 22 | 0 | 0 | 0 | 0 | 0 | 0 | 2 | 0 | 4 | 5 | 5 | 26 |
| | 부산 | 2 | 0 | 3 | 0 | 0 | 0 | 0 | 0 | 0 | 1 | 0 | 0 | 3 | 0 | 3 |
| | 성남 | 0 | 1 | 4 | 0 | 0 | 0 | 0 | 0 | 0 | 1 | 0 | 0 | 1 | 1 | 4 |
| | 울산 | 1 | 2 | 2 | 0 | 0 | 0 | 0 | 0 | 0 | 0 | 0 | 1 | 1 | 2 | 3 |
| | 제주 | 0 | 0 | 5 | 0 | 0 | 0 | 0 | 0 | 0 | 0 | 0 | 1 | 0 | 0 | 6 |
| | 포항 | 0 | 2 | 3 | 0 | 0 | 0 | 0 | 0 | 0 | 0 | 0 | 1 | 0 | 2 | 4 |
| | 서울 | 0 | 0 | 5 | 0 | 0 | 0 | 0 | 0 | 0 | 0 | 0 | 1 | 0 | 0 | 6 |

| 팀 | 상대 | K리그1 | | | K리그2 | | | 플레이오프 | | | 리그컵 | | | 통산 | | |
|---|---|---|---|---|---|---|---|---|---|---|---|---|---|---|---|---|
| | | 승 | 무 | 패 | 승 | 무 | 패 | 승 | 무 | 패 | 승 | 무 | 패 | 승 | 무 | 패 |
| 상무 | 합계 | 6 | 7 | 8 | 0 | 0 | 0 | 0 | 0 | 0 | 0 | 0 | 0 | 6 | 7 | 8 |
| | 부산 | 2 | 0 | 1 | 0 | 0 | 0 | 0 | 0 | 0 | 0 | 0 | 0 | 2 | 0 | 1 |
| | 울산 | 0 | 1 | 2 | 0 | 0 | 0 | 0 | 0 | 0 | 0 | 0 | 0 | 0 | 1 | 2 |
| | 제주 | 1 | 1 | 1 | 0 | 0 | 0 | 0 | 0 | 0 | 0 | 0 | 0 | 1 | 1 | 1 |
| | 포항 | 0 | 1 | 2 | 0 | 0 | 0 | 0 | 0 | 0 | 0 | 0 | 0 | 0 | 1 | 2 |
| | 한일은행 | 1 | 2 | 0 | 0 | 0 | 0 | 0 | 0 | 0 | 0 | 0 | 0 | 1 | 2 | 0 |
| | 할렐루야 | 2 | 0 | 1 | 0 | 0 | 0 | 0 | 0 | 0 | 0 | 0 | 0 | 2 | 0 | 1 |
| | 서울 | 0 | 2 | 1 | 0 | 0 | 0 | 0 | 0 | 0 | 0 | 0 | 0 | 0 | 2 | 1 |

### 프로축구 통산 팀 최다 기록

| 구분 | 기록 | 구단명 |
|---|---|---|
| 승리 | 650 | 울산 |
| 패전 | 537 | 제주 |
| 무승부 | 452 | 서울 |
| 득점 | 2,033 | 포항 |
| 실점 | 1,866 | 제주 |
| 도움 | 1,407 | 포항 |
| 경고 | 2,609 | 부산 |
| 퇴장 | 79 | 부산 |

### 프로축구 통산 팀 최다 연승

| 순위 | 통산 | K1 | K2 | PO | 리그컵 | 팀명 | 기록 기간 |
|---|---|---|---|---|---|---|---|
| 1 | 11경기 | 0 | 11 | 0 | 0 | 상주 | 2013.09.01 ~ 2013.11.10 |
| 2 | 9경기 | 9 | 0 | 0 | 0 | 울산 | 2002.10.19 ~ 2003.03.23 |
| | | 9 | 0 | 0 | 0 | 성남일화 | 2002.11.10 ~ 2003.04.30 |
| | | 9 | 0 | 0 | 0 | 전북 | 2014.10.01 ~ 2014.11.22 |
| | | 9 | 0 | 0 | 0 | 전북 | 2018.03.18 ~ 2018.05.02 |

## 프로축구 통산 팀 최다 연패

| 순위 | 통산 | K1 | K2 | PO | 리그컵 | 팀명 | 기록 기간 |
|---|---|---|---|---|---|---|---|
| 1 | 14경기 | 14 | 0 | 0 | 0 | 상주* | 2012.09.16 ~ 2012.12.01 |
| 2 | 10경기 | 10 | 0 | 0 | 0 | 전북버팔로 | 1994.09.10 ~ 1994.11.12 |
| 3 | 9경기 | 0 | 9 | 0 | 0 | 안산 | 2018.06.30 ~ 2018.08.26 |
| | | 0 | 9 | 0 | 0 | 서울E | 2019.05.20 ~ 2019.07.21 |
| | | 0 | 9 | 0 | 0 | 안산 | 2023.05.14 ~ 2023.07.19 |

* 2012년 상주 기권으로 인한 14경기 연패

## 프로축구 통산 팀 최다 연속 무승

| 순위 | 통산 | K1 | K2 | PO | 리그컵 | 팀명 | 기록 기간 |
|---|---|---|---|---|---|---|---|
| 1 | 25경기 | 0 | 25 | 0 | 0 | 고 양 | 2016.05.08 ~ 2016.09.25 |
| 2 | 23경기 | 15 | 0 | 0 | 8 | 광주상무 | 2008.04.30 ~ 2008.10.18 |
| 3 | 22경기 | 14 | 0 | 0 | 8 | 대 전 | 1997.05.07 ~ 1997.10.12 |
| | | 22 | 0 | 0 | 0 | 부천SK(제주) | 2002.11.17 ~ 2003.07.12 |
| | | 21 | 0 | 1 | 0 | 부 산 | 2005.07.06 ~ 2006.04.05 |

## 프로축구 통산 팀 최다 연속 무패

| 순위 | 통산 | K1 | K2 | PO | 리그컵 | 팀명 | 기록 기간 |
|---|---|---|---|---|---|---|---|
| 1 | 33경기 | 33 | 0 | 0 | 0 | 전 북 | 2016.03.12 ~ 2016.10.02 |
| 2 | 22경기 | 22 | 0 | 0 | 0 | 전 북 | 2014.09.06 ~ 2015.04.18 |
| | | 6 | 16 | 0 | 0 | 제 주 | 2020.08.01 ~ 2021.03.20 |
| | | 22 | 0 | 0 | 0 | 전 북 | 2025.03.16 ~ 2025.08.16 |
| 4 | 21경기 | 21 | 0 | 0 | 0 | 대우(부산) | 1991.05.08 ~ 1991.08.31 |
| | | 13 | 0 | 0 | 8 | 전 남 | 1997.05.10 ~ 1997.09.27 |

## 프로축구 통산 팀 최다 연속 무승부

| 순위 | 통산 | K1 | K2 | PO | 리그컵 | 팀명 | 기록 기간 |
|---|---|---|---|---|---|---|---|
| 1 | 10경기 | 6 | 0 | 0 | 4 | 안양LG(서울) | 1997.05.10 ~ 1997.07.13 |
| 2 | 9경기 | 7 | 0 | 0 | 2 | 일화(성남) | 1992.05.09 ~ 1992.06.20 |
| | | 9 | 0 | 0 | 0 | 전 남 | 2006.03.18 ~ 2006.04.29 |
| 4 | 7경기 | 4 | 0 | 0 | 3 | 전 남 | 1997.05.18 ~ 1997.07.09 |
| | | 1 | 0 | 0 | 6 | 대 구 | 2004.08.01 ~ 2004.08.29 |
| | | 0 | 0 | 0 | 7 | 포 항 | 2005.03.16 ~ 2005.04.27 |

## 프로축구 통산 팀 최다 연속 득점

| 순위 | 통산 | K1 | K2 | PO | 리그컵 | 팀명 | 기록 기간 |
|---|---|---|---|---|---|---|---|
| 1 | 31경기 | 31 | 0 | 0 | 0 | 럭키금성(서울) | 1989.09.23 ~ 1990.09.01 |
| | 31경기 | 0 | 31 | 0 | 0 | 대 구 | 2014.09.14 ~ 2015.07.11 |
| 3 | 26경기 | 23 | 0 | 2 | 1 | 수 원 | 2011.07.02 ~ 2012.04.14 |
| | 26경기 | 26 | 0 | 0 | 0 | 전 북 | 2013.03.03 ~ 2013.09.01 |
| 5 | 25경기 | 24 | 0 | 0 | 1 | 안양LG(서울) | 2000.04.29 ~ 2000.09.30 |
| | 25경기 | 0 | 25 | 0 | 0 | 제 주 | 2020.05.23 ~ 2020.11.07 |

## 프로축구 통산 팀 최다 연속 실점

| 순위 | 통산 | K1 | K2 | PO | 리그컵 | 팀명 | 기록 기간 |
|---|---|---|---|---|---|---|---|
| 1 | 32경기 | 32 | 0 | 0 | 0 | 대 구 | 2025.03.08 ~ 2025.11.02 |
| 2 | 27경기 | 26 | 0 | 1 | 0 | 부 산 | 2005.07.06 ~ 2006.05.05 |
| 3 | 24경기 | 22 | 0 | 0 | 2 | 강 원 | 2009.04.26 ~ 2009.10.24 |
| 4 | 23경기 | 23 | 0 | 0 | 0 | 천안일화(성남) | 1996.07.04 ~ 1996.10.30 |
| 5 | 22경기 | 21 | 0 | 0 | 1 | 전 북 | 2005.05.08 ~ 2005.10.23 |
| | | 17 | 0 | 0 | 5 | 대 구 | 2010.04.11 ~ 2010.10.03 |

## 프로축구 통산 팀 최다 연속 무득점

| 순위 | 연속기록 | 팀명 | 기록 기간 |
|---|---|---|---|
| 1 | 15경기 | 상 주 | 2012.08.26 ~ 2012.12.01 |
| 2 | 11경기 | 충북청주 | 2025.09.06 ~ 2025.11.09 |
| 3 | 9경기 | 인 천 | 2014.03.15 ~ 2014.04.27 |
| 4 | 7경기 | 대 전 | 2008.10.19 ~ 2009.03.14 |
| | | 인 천 | 2019.04.03 ~ 2019.05.11 |
| | | 부 천 | 2020.08.22 ~ 2020.09.26 |
| | | 충남아산 | 2020.10.11 ~ 2021.03.06 |
| | | 부 천 | 2021.04.04 ~ 2021.05.08 |
| | | 서울E | 2021.05.29 ~ 2021.07.05 |
| | | 부 산 | 2022.07.06 ~ 2022.08.07 |

* 2012년 상주 14경기 연속 기권패(2012.09.16~2012.12.01)

## 프로축구 통산 팀 최다 연속 무실점

| 순위 | 연속기록 | 팀명 | 기록 기간 |
|---|---|---|---|
| 1 | 8경기 | 성 남 | 1993.04.10 ~ 1993.05.29 |
| | | 전 북 | 2014.10.01 ~ 2014.11.15 |
| 3 | 7경기 | 수 원 | 2008.03.19 ~ 2008.04.20 |
| | | 전 북 | 2018.03.31 ~ 2018.04.29 |
| 5 | 6경기 | 부 산 | 1987.04.04 ~ 1987.04.19 |
| | | 성 남 | 1993.08.14 ~ 1993.09.08 |
| | | 성 남 | 2008.07.12 ~ 2008.08.30 |
| | | 상 주 | 2013.09.01 ~ 2013.10.05 |
| | | 성 남 | 2017.05.07 ~ 2017.06.12 |
| | | 부 산 | 2023.08.29 ~ 2023.10.07 |

* 2012년 상주 14경기 연속 기권패(2012.09.16~2012.12.01)

## 프로축구 통산 팀 300승 · 400승 · 500승 · 600승 기록

| 구분 | 구단명 | 일자 | 경기수 | 기록 달성 경기 |
|---|---|---|---|---|
| 300승 | 울 산 | 2005.09.11 | 772경기 | 대구 : 울산 |
| | 포 항 | 2005.10.05 | 794경기 | 포항 : 부산 |
| | 부 산 | 2006.07.15 | 821경기 | 전남 : 부산 |
| | 서 울 | 2008.08.30 | 880경기 | 서울 : 광주상무 |
| | 제 주 | 2009.04.22 | 914경기 | 제주 : 광주상무 |
| | 성남일화(성남) | 2009.04.26 | 758경기 | 성남 : 제주 |
| | 수 원 | 2012.09.23 | 640경기 | 수원 : 제주 |
| | 전북 | 2015.04.18 | 751경기 | 전북 : 제주 |
| | 전남 | 2020.10.18 | 940경기 | 수원FC : 전남 |
| | 대 전 | 2024.09.01 | 1,023경기 | 대전 : 광주 |
| 400승 | 울 산 | 2011.07.13 | 992경기 | 울산 : 부산 |
| | 포 항 | 2011-10.30 | 1,012경기 | 성남 : 포항 |
| | 서 울 | 2013.06.01 | 1,053경기 | 서울 : 전남 |
| | 부 산 | 2014-11.08 | 1,138경기 | 부산 : 인천 |
| | 제 주 | 2016.04.17 | 1,171경기 | 울산 : 제주 |
| | 성남 | 2016.05.05 | 1,025경기 | 울산 : 성남 |
| | 수 원 | 2019.05.12 | 891경기 | 제주 : 수원 |
| | 전북 | 2019.08.16 | 922경기 | 전북 : 울산 |

| | | | | |
|---|---|---|---|---|
| 500승 | 울산 | 2017.07.15 | 1,227경기 | 울산 : 광주 |
| | 포항 | 2017.08.02 | 1,233경기 | 포항 : 광주 |
| | 서울 | 2019.05.28 | 1,284경기 | 서울 : 성남 |
| | 부산 | 2022.05.09 | 1,415경기 | 부산 : 충남아산 |
| | 제주 | 2023.04.26 | 1,429경기 | 광주 : 제주 |
| | 전북 | 2025.04.20 | 1,124경기 | 전북 : 대구 |
| | 성남 | 2025.09.06 | 1,370경기 | 성남 : 안산 |
| 600승 | 울산 | 2022.08.13 | 1,411경기 | 울산 : 대구 |
| | 포항 | 2024.04.13 | 1,471경기 | 서울 : 포항 |

## 프로축구 통산 선수 출전 순위

| 순위 | 선수명 | 최종소속 | 통산 | K1 | K2 | PO | 리그컵 |
|---|---|---|---|---|---|---|---|
| 1 | 김병지 | 전남 | 708 | 586 | 0 | 11 | 111 |
| 2 | 김영광 | 성남 | 605 | 352 | 199 | 12 | 42 |
| 3 | 이동국 | 전북 | 548 | 506 | 0 | 8 | 34 |
| 4 | 최은성 | 전북 | 532 | 419 | 0 | 1 | 112 |
| 5 | 김기동 | 포항 | 501 | 367 | 0 | 17 | 117 |
| 6 | 신광훈 | 포항 | 500 | 433 | 43 | 3 | 21 |
| 7 | 김용대 | 울산 | 460 | 418 | 0 | 10 | 32 |
| 8 | 김상식 | 전북 | 458 | 365 | 0 | 13 | 80 |
| 9 | 최철순 | 전북 | 457 | 388 | 29 | 11 | 29 |
| 10 | 강민수 | 인천 | 456 | 389 | 27 | 5 | 35 |

## 프로축구 통산 선수 득점 순위

| 순위 | 선수명 | 최종소속 | 통산 | K1 | K2 | PO | 리그컵 |
|---|---|---|---|---|---|---|---|
| 1 | 이동국 | 전북 | 228 | 213 | 0 | 1 | 14 |
| 2 | 데 얀 | 대구 | 198 | 184 | 0 | 3 | 11 |
| 3 | 주민규 | 대전 | 158 | 106 | 52 | 0 | 0 |
| 4 | 김신욱 | 전북 | 132 | 116 | 0 | 2 | 14 |
| 5 | 김은중 | 대전 | 123 | 92 | 3 | 1 | 27 |

## 프로축구 통산 선수 도움 순위

| 순위 | 선수명 | 최종소속 | 통산 | K1 | K2 | PO | 리그컵 |
|---|---|---|---|---|---|---|---|
| 1 | 염기훈 | 수원 | 110 | 92 | 11 | 1 | 6 |
| 2 | 세징야 | 대구 | 78 | 70 | 8 | 0 | 0 |
| 3 | 이동국 | 전북 | 77 | 74 | 0 | 0 | 3 |
| 4 | 몰리나 | 서울 | 69 | 68 | 0 | 0 | 1 |
| | 신태용 | 성남일화 | 69 | 49 | 0 | 1 | 19 |

## 프로축구 통산 선수 공격포인트 순위

| 순위 | 선수명 | 최종소속 | 통산 | K1 | K2 | PO | 리그컵 |
|---|---|---|---|---|---|---|---|
| 1 | 이동국 | 전북 | 305 | 287 | 0 | 1 | 17 |
| 2 | 데 얀 | 대구 | 246 | 227 | 0 | 3 | 16 |
| 3 | 주민규 | 대전 | 200 | 134 | 66 | 0 | 0 |
| 4 | 세징야 | 대구 | 192 | 170 | 19 | 3 | 0 |
| 5 | 염기훈 | 수원 | 187 | 152 | 18 | 3 | 14 |

## 프로축구 통산 선수 경고 순위

| 순위 | 선수명 | 최종소속 | 통산 | K1 | K2 | PO | 리그컵 |
|---|---|---|---|---|---|---|---|
| 1 | 김한윤 | 성남일화 | 143 | 114 | 0 | 3 | 26 |
| 2 | 신광훈 | 포항 | 125 | 108 | 10 | 1 | 6 |
| 3 | 오범석 | 포항 | 102 | 73 | 19 | 1 | 9 |
| 4 | 강민수 | 인천 | 96 | 79 | 5 | 1 | 11 |
| 5 | 양상민 | 수원 | 95 | 66 | 19 | 0 | 10 |

## 프로축구 통산 골키퍼 무실점 순위

| 순위 | 선수명 | 최종소속 | 통산 | K1 | K2 | PO | 리그컵 |
|---|---|---|---|---|---|---|---|
| 1 | 김병지 | 전남 | 229 | 185 | 0 | 4 | 40 |
| 2 | 김영광 | 성남 | 175 | 103 | 57 | 1 | 14 |
| 3 | 최은성 | 전북 | 152 | 119 | 0 | 0 | 33 |
| 4 | 이운재 | 전남 | 140 | 105 | 0 | 5 | 30 |
| 5 | 조현우 | 울산 | 137 | 103 | 34 | 0 | 0 |

## 프로축구 통산 선수 연속 득점 순위

| 순위 | 선수명 | 소속팀 | 연속 | K1 | K2 | PO | 컵 | 기간 |
|---|---|---|---|---|---|---|---|---|
| 1 | 황선홍 | 포항 | 8경기 | 8 | 0 | 0 | 0 | 1995.08.19 ~ 1995.10.04 |
| | 김도훈 | 전북 | 8경기 | 8 | 0 | 0 | 0 | 2000.06.17 ~ 2000.07.16 |
| 3 | 안정환 | 부산 | 7경기 | 6 | 0 | 0 | 1 | 1999.07.24 ~ 1999.09.04 |
| | 이동국 | 전북 | 7경기 | 7 | 0 | 0 | 0 | 2013.05.11 ~ 2013.07.13 |
| | 주민규 | 서울E | 7경기 | 0 | 7 | 0 | 0 | 2015.05.10 ~ 2015.06.10 |
| | 김동찬 | 대전 | 7경기 | 0 | 7 | 0 | 0 | 2016.04.17 ~ 2016.05.25 |
| | 조나탄 | 수원 | 7경기 | 7 | 0 | 0 | 0 | 2016.09.10 ~ 2016.10.30 |
| | 이정협 | 부산 | 7경기 | 0 | 7 | 0 | 0 | 2017.03.04 ~ 2017.04.22 |
| | 주민규 | 상주 | 7경기 | 7 | 0 | 0 | 0 | 2017.08.12 ~ 2017.09.30 |
| | 조영욱 | 김천 | 7경기 | 0 | 7 | 0 | 0 | 2023.06.10 ~ 2023.07.23 |

## 프로축구 통산 선수 연속 도움 순위

| 순위 | 선수명 | 소속팀 | 연속 | K1 | K2 | PO | 컵 | 기간 |
|---|---|---|---|---|---|---|---|---|
| 1 | 라 데 | 포항 | 6경기 | 6 | 0 | 0 | 0 | 1996.07.28 ~ 1996.09.04 |
| 2 | 고정운 | 천안 | 5경기 | 1 | 0 | 3 | 1 | 1985.10.25 ~ 1996.04.04 |
| | 몰리나 | 서울 | 5경기 | 5 | 0 | 0 | 0 | 2012.04.29 ~ 2012.05.28 |
| 4 | 김용세 등 24명 | | 4경기 | | | | | |

## 프로축구 통산 선수 연속 공격포인트 순위

| 순위 | 선수명 | 소속팀 | 연속 | K1 | K2 | PO | 리그컵 | 기간 |
|---|---|---|---|---|---|---|---|---|
| 1 | 이명주 | 서울 | 11경기 | 11 | 0 | 0 | 0 | 2014.03.15 ~ 2014.05.10 |
| 2 | 마니치 | 부산 | 9경기 | 5 | 0 | 0 | 4 | 1997.09.07 ~ 1997.10.19 |
| | 까보레 | 경남 | 9경기 | 9 | 0 | 0 | 0 | 2007.08.15 ~ 2007.10.06 |
| | 에닝요 | 대구 | 9경기 | 6 | 0 | 0 | 3 | 2008.07.12 ~ 2008.09.28 |
| | 이근호 | 상주 | 9경기 | 0 | 9 | 0 | 0 | 2013.04.13 ~ 2013.08.04 |

## 프로축구 통산 골키퍼 연속 무실점 경기 순위

| 순위 | 선수명 | 소속팀 | 연속 | K1 | K2 | PO | 컵 | 기간 |
|---|---|---|---|---|---|---|---|---|
| 1 | 신의손 | 일화성남 | 8경기 | 8 | 0 | 0 | 0 | 1993.04.10 ~ 1993.05.29 |
| 2 | 이운재 | 수원 | 7경기 | 4 | 0 | 0 | 3 | 2008.03.19 ~ 2008.04.20 |
| | 송범근 | 전북 | 7경기 | 7 | 0 | 0 | 0 | 2018.03.31 ~ 2018.04.29 |
| 4 | 신의손 | 일화성남 | 6경기 | 6 | 0 | 0 | 0 | 1993.08.14 ~ 1993.09.08 |
| | 김대환 | 수원 | 6경기 | 3 | 0 | 0 | 3 | 2004.08.04 ~ 2004.10.31 |
| | 김호준 | 상주 | 6경기 | 0 | 6 | 0 | 0 | 2013.09.01 ~ 2013.10.05 |
| | 신화용 | 포항 | 6경기 | 6 | 0 | 0 | 0 | 2014.07.05 ~ 2014.08.09 |
| | 구상민 | 부산 | 6경기 | 0 | 6 | 0 | 0 | 2023.08.29 ~ 2023.10.07 |

## 프로축구 통산 선수 연속 무교체 순위

| 순위 | 선수명 | 소속팀 | 연속 | K1 | K2 | PO | 컵 | 기간 |
|---|---|---|---|---|---|---|---|---|
| 1 | 김병지 | 서울 | 156 | 102 | 0 | 4 | 50 | 2004.04.03 ~ 2008.04.26 |
| 2 | 이용발 | 전북 | 151 | 108 | 0 | 7 | 36 | 1999.03.31 ~ 2002.11.17 |
| | 김영광 | 서울E | 151 | 0 | 150 | 1 | 0 | 2015.08.22 ~ 2019.08.24 |
| 4 | 신의손 | 일화 | 150 | 117 | 0 | 3 | 30 | 1992.03.28 ~ 1995.11.18 |
| 5 | 이문영 | 유공 | 133 | 125 | 0 | 0 | 8 | 1987.03.29 ~ 1992.11.21 |

## 프로축구 통산 최단시간 골 순위

| 순위 | 경기일자 | 대회구분 | 시간 | 선수 | 소속 |
|---|---|---|---|---|---|
| 1 | 2025.04.26 | K리그2 | 전반 00:10 | 박승호 | 인천 |
| 2 | 2007.05.23 | 리그컵 | 전반 00:11 | 방승환 | 인천 |
| | 2023.05.05 | K리그1 | 전반 00:11 | 구스타보 | 전북 |
| 4 | 2025.08.24 | K리그1 | 전반 00:12 | 조르지 | 포항 |
| 5 | 2023.09.30 | K리그1 | 전반 00:15 | 고재현 | 대구 |

## 역대 시즌별 최다 득점 기록

| 연도 | 대회명 | 득점(경기수) | 선수명(소속팀) |
|---|---|---|---|
| 83 | 수퍼리그 | 9(14) | 박윤기(유공) |
| 84 | 축구대제전 수퍼리그 | 16(28) | 백종철(현대) |
| 85 | 축구대제전 수퍼리그 | 12(21) | 피아퐁(럭금), 김용세(유공) |
| 86 | 축구대제전 | 10(19) | 정해원(대우) |
| | 프로축구선수권대회 | 9(15) | 함현기(현대) |
| 87 | 한국프로축구대회 | 15(30) | 최상국(포철) |
| 88 | 한국프로축구대회 | 12(23) | 이기근(포철) |
| 89 | 한국프로축구대회 | 20(39) | 조긍연(포철) |
| 90 | 한국프로축구대회 | 12(30) | 윤상철(럭금) |
| 91 | 한국프로축구대회 | 16(37) | 이기근(포철) |
| 92 | 한국프로축구대회 | 10(30) | 임근재(LG) |
| | 아디다스컵 | 5(6) | 노수진(유공) |
| 93 | 한국프로축구대회 | 10(23) | 차상해(포철) |
| | 아디다스컵 | 3(5) | 임근재(LG), 강재훈(현대) |
| | | 3(2) | 최문식(포철) |
| 94 | 하이트배 코리안리그 | 21(28) | 윤상철(LG) |
| | 아디다스컵 | 4(6) | 라데(포철) |
| 95 | 하이트배 코리안리그 | 15(26) | 노상래(전남) |
| | 아디다스컵 | 6(7) | 김현석(현대) |
| 96 | 라피도컵 프로축구대회 | 18(24) | 신태용(천안) |
| | 아디다스컵 | 5(8) | 세르게이(부천SK) |
| | | 5(6) | 이원식(부천SK) |
| 97 | 라피도컵 프로축구대회 | 9(17) | 김현석(울산) |
| | 아디다스컵 | 8(9) | 서정원(안양LG) |
| | 프로스펙스컵 | 6(7) | 마니치(부산) |
| 98 | 현대컵 K-리그 | 14(20) | 유상철(울산) |
| | 필립모리스코리아컵 | 7(9) | 김종건(울산) |
| | 아디다스코리아컵 | 11(10) | 김현석(울산) |
| 99 | 바이코리아컵 K-리그 | 18(26) | 샤샤(수원) |
| | 대한화재컵 | 6(9) | 안정환(부산) |
| | | 6(8) | 김종건(울산) |
| | 아디다스컵 | 3(3) | 데니스(수원) |
| 00 | 삼성 디지털 K-리그 | 12(20) | 김도훈(전북) |
| | 대한화재컵 | 6(10) | 이원식(부천SK) |
| | 아디다스컵 | 2(3) | 서정원(수원), 김현수(성남일화), |
| | | 2(2) | 이상윤(성남일화), 고종수(수원), 왕정현(안양LG) |
| 01 | 포스코 K-리그 | 13(22) | 산드로(수원) |
| | 아디다스컵 | 7(9) | 김도훈(전북) |
| 02 | 삼성 파브 K-리그 | 14(27) | 에드밀손(전북) |
| | 아디다스컵 | 10(11) | 샤샤(성남일화) |
| 03 | 삼성 하우젠 K-리그 | 28(40) | 김도훈(성남일화) |
| 04 | 삼성 하우젠 K-리그 | 14(22) | 모따(전남) |
| | 삼성 하우젠컵 | 7(7) | 카르로스(울산) |
| 05 | 삼성 하우젠 K-리그 | 13(17) | 마차도(울산) |
| | 삼성 하우젠컵 | 7(12) | 산드로(대구) |
| 06 | 삼성 하우젠 K-리그 | 16(28) | 우성용(성남일화) |
| | 삼성 하우젠컵 | 8(13) | 최성국(울산) |
| 07 | 삼성 하우젠 K-리그 | 18(26) | 까보레(경남) |
| | 삼성 하우젠컵 | 7(9) | 루이지뉴(대구) |
| 08 | 삼성 하우젠 K-리그 | 16(27) | 두두(성남일화) |
| | 삼성 하우젠컵 | 9(8) | 에닝요(대구) |
| 09 | K-리그 | 21(29) | 이동국(전북) |
| | 피스컵 코리아 | 4(5) | 유창현(포항), 노병준(포항) |
| 10 | 쏘나타 K리그 | 22(28) | 유병수(인천) |
| | 포스코컵 | 6(7) | 데얀(서울) |
| 11 | 현대오일뱅크 K리그 | 24(30) | 데얀(서울) |
| | 러시앤캐시컵 | 11(8) | 김신욱(울산) |
| 12 | 현대오일뱅크 K리그 | 31(42) | 데얀(서울) |
| 13 | 현대오일뱅크 K리그 클래식 | 19(29) | 데얀(서울) |
| | | 19(36) | 김신욱(울산) |
| | 현대오일뱅크 K리그 챌린지 | 15(25) | 이근호(상주) |
| | | 15(29) | 이상협(상주) |
| | | 15(32) | 알렉스(고양) |
| 14 | 현대오일뱅크 K리그 클래식 | 14(35) | 산토스(수원) |
| | 현대오일뱅크 K리그 챌린지 | 27(32) | 아드리아노(대전) |
| 15 | 현대오일뱅크 K리그 클래식 | 18(38) | 김신욱(울산) |
| | 현대오일뱅크 K리그 챌린지 | 26(39) | 조나탄(대구) |
| 16 | 현대오일뱅크 K리그 클래식 | 20(31) | 정조국(광주) |
| | 현대오일뱅크 K리그 챌린지 | 20(39) | 김동찬(대전) |
| 17 | KEB하나은행 K리그 클래식 | 22(29) | 조나탄(수원) |
| | KEB하나은행 K리그 챌린지 | 22(32) | 말컹(경남) |
| 18 | KEB하나은행 K리그1 | 26(31) | 말컹(경남) |
| | KEB하나은행 K리그2 | 16(31) | 나상호(광주) |
| 19 | 하나원큐 K리그1 | 20(33) | 타가트(수원) |
| | 하나원큐 K리그2 | 19(27) | 펠리페(광주) |
| 20 | 하나원큐 K리그1 | 26(27) | 주니오(울산) |
| | 하나원큐 K리그2 | 21(26) | 안병준(수원FC) |
| 21 | 하나원큐 K리그1 | 22(34) | 주민규(제주) |
| | 하나원큐 K리그2 | 23(34) | 안병준(부산) |

| 연도 | 대회명 | 득점(경기수) | 선수명(소속팀) |
|---|---|---|---|
| 22 | 하나원큐 K리그1 | 17(31) | 조규성(전북) |
| | 하나원큐 K리그2 | 19(37) | 티아고(경남) |
| 23 | 하나원큐 K리그1 | 17(36) | 주민규(울산) |
| | | 17(36) | 티아고(대전) |
| | 하나원큐 K리그2 | 17(35) | 루이스(김포) |
| 24 | 하나은행 K리그1 | 15(38) | 무고사(인천) |
| | 하나은행 K리그2 | 16(35) | 모따(천안) |
| 25 | 하나은행 K리그1 | 17(34) | 싸박(수원FC) |
| | 하나은행 K리그2 | 20(35) | 무고사(인천) |

## 역대 시즌별 최다 도움 기록

| 연도 | 대회명 | 도움(경기수) | 선수명(소속팀) |
|---|---|---|---|
| 83 | 수퍼리그 | 6(15) | 박창선(할렐루야) |
| 84 | 축구대제전 수퍼리그 | 9(27) | 렌스베르겐(현대) |
| 85 | 축구대제전 수퍼리그 | 6(21) | 피아퐁(럭키금성) |
| 86 | 축구대제전 | 8(15) | 강득수(럭키금성) |
| | 프로축구선수권대회 | 4(12) | 전영수(현대) |
| | | 4(14) | 여범규(대우) |
| | | 4(16) | 신동철(유공) |
| 87 | 한국프로축구대회 | 8(30) | 최상국(포항) |
| 88 | 한국프로축구대회 | 5(15) | 김종부(포항) |
| | | 5(23) | 함현기(현대), 황보관(유공), 강득수(럭키금성) |
| 89 | 한국프로축구대회 | 11(39) | 이흥실(포항) |
| 90 | 한국프로축구대회 | 7(29) | 송주석(현대) |
| 91 | 한국프로축구대회 | 8(29) | 김준현(유공) |
| 92 | 한국프로축구대회 | 8(25) | 신동철(유공) |
| | 아디다스컵 | 3 (6) | 이기근(포항) |
| | | 3 (7) | 이인재(LG) |
| 93 | 한국프로축구대회 | 8(27) | 윤상철(LG) |
| | 아디다스컵 | 2 (5) | 루벤(대우) 外 3명 |
| 94 | 하이트배 코리안리그 | 10(21) | 고정운(일화) |
| | 아디다스컵 | 4 (5) | 조정현(유공) |
| 95 | 하이트배 코리안리그 | 7(26) | 아미르(대우) |
| | 아디다스컵 | 3 (5) | 윤정환(유공) |
| | | 3 (6) | 아미르(대우) |
| 96 | 라피도컵 프로축구대회 | 14(32) | 라데(포항) |
| | 아디다스컵 | 3 (7) | 윤정환(부천SK) |
| | | 3 (8) | 윤정춘(부천SK) |
| 97 | 라피도컵 프로축구대회 | 5(10) | 이성남(수원) |
| | | 5(14) | 정정수(울산) |
| | | 5(16) | 신홍기(울산) |
| | 아디다스컵 | 4 (8) | 고종수(수원) |
| | | 4 (9) | 김범수(전북), 박건하(수원), 김현석(울산) |
| | 프로스펙스컵 | 5 (7) | 올레그(안양LG) |
| 98 | 현대컵 K-리그 | 9(19) | 정정수(울산) |
| | 필립모리스코리아컵 | 4 (8) | 윤정환(부천SK) |
| | 아디다스코리아컵 | 3 (9) | 장철민(울산), 강준호(안양LG) |
| 99 | 바이코리아컵 K-리그 | 8(25) | 변재섭(전북) |
| | 대한화재컵 | 4 (8) | 서혁수(전북), 조성환(부천SK) |
| | 아디다스컵 | 3 (3) | 이성남(수원) |
| 00 | 삼성 디지털 K-리그 | 10(29) | 안드레(안양LG) |
| | 대한화재컵 | 4 (9) | 전경준(부천SK) |
| | 아디다스컵 | 4(10) | 최문식(전남) |
| | | 4 (3) | 이성남(수원) |
| 01 | 포스코 K-리그 | 10(23) | 우르모브(부산) |
| | 아디다스컵 | 5(11) | 마니치(부산) |
| 02 | 삼성 파브 K-리그 | 9(18) | 이천수(울산) |
| | | 9(27) | 김대의(성남일화) |
| | 아디다스컵 | 4 (9) | 안드레(안양LG) |
| | | 4(11) | 샤샤(성남일화) |
| 03 | 삼성 하우젠 K-리그 | 14(39) | 에드밀손(전북) |
| 04 | 삼성 하우젠 K-리그 | 6(18) | 홍순학(대구) |
| | 삼성 하우젠컵 | 5(11) | 따바레즈(포항) |
| 05 | 삼성 하우젠 K-리그 | 9 | 히칼도(서울) |
| | 삼성 하우젠컵 | 5 | 세자르(전북), 히칼도(서울) |
| 06 | 삼성 하우젠 K-리그 | 8(24) | 슈바(대전) |
| | 삼성 하우젠컵 | 5 (9) | 두두(성남일화) |
| 07 | 삼성 하우젠 K-리그 | 11(23) | 따바레즈(포항) |
| | 삼성 하우젠컵 | 5 (8) | 이청용(서울) |
| 08 | 삼성 하우젠 K-리그 | 6(14) | 브라질리아(울산) |
| | 삼성 하우젠컵 | 9 (3) | 변성환(제주) |
| 09 | K-리그 | 12(30) | 루이스(전북) |
| | 피스컵 코리아 | 3 (4) | 조찬호(포항), 이슬기(대구), 오장은(울산) |
| 10 | 쏘나타 K리그 | 11(26) | 구자철(제주) |
| | 포스코컵 | 4 (5) | 장남석(대구) |
| 11 | 현대오일뱅크 K리그 | 15(29) | 이동국(전북) |
| | 러시앤캐시컵 | 4 (6) | 최재수(울산) |
| 12 | 현대오일뱅크 K리그 | 19(41) | 몰리나(서울) |
| 13 | 현대오일뱅크 K리그 클래식 | 13(35) | 몰리나(서울) |
| | 현대오일뱅크 K리그 챌린지 | 11(21) | 염기훈(경찰) |
| 14 | 현대오일뱅크 K리그 클래식 | 10(26) | 이승기(전북) |
| | | 10(35) | 레오나르도(전북) |
| | 현대오일뱅크 K리그 챌린지 | 9(33) | 최진호(강원) |
| | | 9(36) | 권용현(수원FC) |
| 15 | 현대오일뱅크 K리그 클래식 | 17(35) | 염기훈(수원) |
| | 현대오일뱅크 K리그 챌린지 | 12(39) | 김재성(서울E) |
| 16 | 현대오일뱅크 K리그 클래식 | 15(34) | 염기훈(수원) |
| | 현대오일뱅크 K리그 챌린지 | 10(27) | 이호석(경남) |
| 17 | KEB하나은행 K리그 클래식 | 14(35) | 손준호(포항) |
| | KEB하나은행 K리그 챌린지 | 13(33) | 장혁진(안산) |
| 18 | KEB하나은행 K리그1 | 11(25) | 세징야(대구) |
| | KEB하나은행 K리그2 | 9(32) | 박수일(대전), 호물로(부산) |
| 19 | 하나원큐 K리그1 | 10(32) | 문선민(전북) |
| | | 10(35) | 세징야(대구) |
| | 하나원큐 K리그2 | 10(29) | 정재희(전남) |
| 20 | 하나원큐 K리그1 | 12(26) | 강상우(포항) |
| | 하나원큐 K리그2 | 7(23) | 김영욱(제주) |
| 21 | 하나원큐 K리그1 | 10(32) | 김보경(전북) |
| | | 10(36) | 무릴로(수원FC) |
| | 하나원큐 K리그2 | 8(37) | 주현우(안양) |
| 22 | 하나원큐 K리그1 | 14(35) | 이기제(수원) |
| | 하나원큐 K리그2 | 11(33) | 아코스티(안양) |
| 23 | 하나원큐 K리그1 | 8(26) | 백성동(포항) |

| 연도 | 대회명 | 도움(경기수) | 선수명(소속팀) |
|---|---|---|---|
| | 하나원큐 K리그2 | 14(36) | 발디비아(전남) |
| 24 | 하나은행 K리그1 | 13(38) | 안데르손(수원FC) |
| | 하나은행 K리그2 | 11(36) | 마테우스(안양) |
| 25 | 하나은행 K리그1 | 12(25) | 세징야(대구) |
| | 하나은행 K리그2 | 11(37) | 에울레르(서울E) |

## 역대 득점 해트트릭 기록

| 번호 | 경기일자 | 선수명 | 소속 | 대회구분 | 득점 | 도움 | 공격P |
|---|---|---|---|---|---|---|---|
| 1 | 1983.08.25 | 김 희 철 | 포철 | K리그1 | 3 | 0 | 3 |
| 2 | 1983.09.22 | 박 윤 기 | 유공 | K리그1 | 3 | 0 | 3 |
| 3 | 1984.07.22 | 정 해 원 | 대우 | K리그1 | 3 | 1 | 4 |
| 4 | 1984.07.28 | 이 태 호 | 대우 | K리그1 | 3 | 0 | 3 |
| 5 | 1984.08.26 | 백 종 철 | 현대 | K리그1 | 3 | 0 | 3 |
| 6 | 1986.10.19 | 정 해 원 | 대우 | K리그1 | 3 | 0 | 3 |
| 7 | 1986.10.22 | 정 해 원 | 대우 | K리그1 | 3 | 0 | 3 |
| 8 | 1987.07.27 | 이 태 호 | 대우 | K리그1 | 3 | 0 | 3 |
| 9 | 1988.06.04 | 조 긍 연 | 포철 | K리그1 | 3 | 0 | 3 |
| 10 | 1989.05.20 | 조 긍 연 | 포철 | K리그1 | 3 | 0 | 3 |
| 11 | 1989.10.21 | 조 긍 연 | 포철 | K리그1 | 3 | 0 | 3 |
| 12 | 1992.06.13 | 임 근 재 | LG | K리그1 | 3 | 0 | 3 |
| 13 | 1993.07.07 | 차 상 해 | 포철 | K리그1 | 3 | 0 | 3 |
| 14 | 1993.08.25 | 윤 상 철 | LG | K리그1 | 3 | 0 | 3 |
| 15 | 1993.09.28 | 강 재 순 | 현대 | K리그1 | 3 | 0 | 3 |
| 16 | 1993.11.06 | 최 문 식 | 포철 | 리그컵 | 3 | 0 | 3 |
| 17 | 1994.07.23 | 이 상 윤 | 일화 | K리그1 | 3 | 2 | 5 |
| 18 | 1994.07.30 | 라 데 | 포철 | K리그1 | 4 | 0 | 4 |
| 19 | 1994.08.27 | 김 상 훈 | LG | K리그1 | 3 | 0 | 3 |
| 20 | 1994.10.22 | 황 보 관 | 유공 | K리그1 | 3 | 0 | 3 |
| 21 | 1994.11.05 | 윤 상 철 | LG | K리그1 | 3 | 0 | 3 |
| 22 | 1994.11.05 | 라 데 | 포철 | K리그1 | 4 | 0 | 4 |
| 23 | 1994.05.25 | 윤 상 철 | LG | 리그컵 | 3 | 0 | 3 |
| 24 | 1994.06.01 | 라 데 | 포철 | 리그컵 | 3 | 1 | 4 |
| 25 | 1995.08.30 | 노 상 래 | 전남 | K리그1 | 3 | 0 | 3 |
| 26 | 1995.09.06 | 황 선 홍 | 포항 | K리그1 | 3 | 0 | 3 |
| 27 | 1996.06.22 | 조 셉 | 부천유공 | K리그1 | 3 | 0 | 3 |
| 28 | 1996.08.18 | 신 태 용 | 천안일화 | K리그1 | 3 | 1 | 4 |
| 29 | 1996.08.22 | 신 태 용 | 천안일화 | K리그1 | 3 | 0 | 3 |
| 30 | 1996.08.25 | 조 정 현 | 부천유공 | K리그1 | 3 | 0 | 3 |
| 31 | 1996.08.25 | 홍 명 보 | 포항 | K리그1 | 3 | 0 | 3 |
| 32 | 1996.09.12 | 세르게이 | 부천유공 | K리그1 | 3 | 0 | 3 |
| 33 | 1996.11.02 | 세르게이 | 부천유공 | K리그1 | 3 | 1 | 4 |
| 34 | 1996.04.07 | 김 도 훈 | 전북 | 리그컵 | 3 | 0 | 3 |
| 35 | 1996.04.24 | 세르게이 | 부천유공 | 리그컵 | 3 | 0 | 3 |
| 36 | 1997.09.27 | 김 현 석 | 울산 | K리그1 | 3 | 0 | 3 |
| 37 | 1997.04.12 | 윤 정 춘 | 부천SK | 리그컵 | 3 | 2 | 5 |
| 38 | 1997.04.16 | 이 원 식 | 부천SK | 리그컵 | 3 | 0 | 3 |
| 39 | 1998.07.25 | 최 진 철 | 전북 | K리그1 | 3 | 0 | 3 |
| 40 | 1998.08.26 | 유 상 철 | 울산 | K리그1 | 3 | 0 | 3 |
| 41 | 1998.09.26 | 샤 샤 | 수원 | K리그1 | 3 | 0 | 3 |
| 42 | 1998.05.23 | 김 종 건 | 울산 | 리그컵 | 3 | 0 | 3 |
| 43 | 1998.03.31 | 김 현 석 | 울산 | 리그컵 | 4 | 0 | 4 |
| 44 | 1998.04.22 | 제 용 삼 | 안양LG | 리그컵 | 3 | 0 | 3 |
| 45 | 1999.06.23 | 안 정 환 | 부산 | K리그1 | 3 | 0 | 3 |
| 46 | 1999.07.28 | 이 성 재 | 부천SK | K리그1 | 3 | 0 | 3 |
| 47 | 1999.08.18 | 최 용 수 | 안양LG | K리그1 | 3 | 0 | 3 |
| 48 | 1999.08.18 | 고 정 운 | 포항 | K리그1 | 3 | 0 | 3 |
| 49 | 1999.08.21 | 샤 샤 | 수원 | K리그1 | 4 | 1 | 5 |
| 50 | 1999.08.25 | 김 종 건 | 울산 | K리그1 | 3 | 0 | 3 |
| 51 | 1999.10.13 | 샤 샤 | 수원 | K리그1 | 3 | 0 | 3 |
| 52 | 2000.06.21 | 김 도 훈 | 전북 | K리그1 | 3 | 0 | 3 |
| 53 | 2000.08.19 | 왕 정 현 | 안양LG | K리그1 | 3 | 0 | 3 |
| 54 | 2000.08.30 | 데 니 스 | 수원 | K리그1 | 3 | 0 | 3 |
| 55 | 2000.09.03 | 이 상 윤 | 성남일화 | K리그1 | 3 | 0 | 3 |
| 56 | 2000.10.11 | 데 니 스 | 수원 | K리그1 | 3 | 1 | 4 |
| 57 | 2000.10.11 | 산드로C | 수원 | K리그1 | 3 | 0 | 3 |
| 58 | 2001.06.24 | 샤 샤 | 성남일화 | K리그1 | 3 | 0 | 3 |
| 59 | 2001.06.27 | 코 난 | 포항 | K리그1 | 3 | 0 | 3 |
| 60 | 2001.07.11 | 샤 샤 | 성남일화 | K리그1 | 3 | 0 | 3 |
| 61 | 2001.09.09 | 산드로C | 수원 | K리그1 | 3 | 0 | 3 |
| 62 | 2001.09.26 | 박 정 환 | 안양LG | K리그1 | 3 | 0 | 3 |
| 63 | 2002.11.17 | 서 정 원 | 수원 | K리그1 | 3 | 0 | 3 |
| 64 | 2002.11.17 | 유 상 철 | 울산 | K리그1 | 4 | 0 | 4 |
| 65 | 2002.03.17 | 샤 샤 | 성남일화 | 리그컵 | 5 | 0 | 5 |
| 66 | 2002.04.10 | 뚜 따 | 안양LG | 리그컵 | 3 | 0 | 3 |
| 67 | 2003.03.26 | 마 그 노 | 전북 | K리그1 | 3 | 0 | 3 |
| 68 | 2003.05.04 | 이 동 국 | 광주상무 | K리그1 | 3 | 0 | 3 |
| 69 | 2003.08.06 | 김 도 훈 | 성남일화 | K리그1 | 3 | 0 | 3 |
| 70 | 2003.09.03 | 이따마르 | 전남 | K리그1 | 3 | 0 | 3 |
| 71 | 2003.10.05 | 김 도 훈 | 성남일화 | K리그1 | 3 | 0 | 3 |
| 72 | 2003.11.09 | 김 도 훈 | 성남일화 | K리그1 | 3 | 0 | 3 |
| 73 | 2003.11.16 | 도 도 | 울산 | K리그1 | 4 | 0 | 4 |
| 74 | 2004.04.10 | 훼 이 종 | 대구 | K리그1 | 3 | 0 | 3 |
| 75 | 2004.06.13 | 나 드 손 | 수원 | K리그1 | 3 | 0 | 3 |
| 76 | 2004.11.20 | 우 성 용 | 포항 | K리그1 | 3 | 0 | 3 |
| 77 | 2004.08.04 | 제 칼 로 | 울산 | 리그컵 | 3 | 0 | 3 |
| 78 | 2004.08.21 | 코 난 | 포항 | 리그컵 | 3 | 0 | 3 |
| 79 | 2005.05.15 | 네 아 가 | 전남 | K리그1 | 3 | 0 | 3 |
| 80 | 2005.05.18 | 박 주 영 | 서울 | K리그1 | 3 | 0 | 3 |
| 81 | 2005.05.29 | 산 드 로 | 대구 | K리그1 | 3 | 1 | 4 |
| 82 | 2005.07.03 | 남 기 일 | 성남일화 | K리그1 | 3 | 0 | 3 |
| 83 | 2005.07.10 | 박 주 영 | 서울 | K리그1 | 3 | 0 | 3 |
| 84 | 2005.08.31 | 김 도 훈 | 성남일화 | K리그1 | 3 | 1 | 4 |
| 85 | 2005.11.27 | 이 천 수 | 울산 | 플레이오프 | 3 | 1 | 4 |
| 86 | 2005.03.06 | 노 나 또 | 서울 | 리그컵 | 3 | 0 | 3 |
| 87 | 2005.05.05 | 나 드 손 | 수원 | 리그컵 | 3 | 0 | 3 |
| 88 | 2006.09.23 | 오 장 은 | 대구 | K리그1 | 3 | 0 | 3 |

| 번호 | 경기일자 | 선수명 | 소속 | 대회구분 | 득점 | 도움 | 공격P |
|---|---|---|---|---|---|---|---|
| 89 | 2007.05.20 | 스테보 | 전북 | K리그1 | 3 | 1 | 4 |
| 90 | 2007.09.22 | 데닐손 | 대전 | K리그1 | 3 | 1 | 4 |
| 91 | 2007.03.14 | 안정환 | 수원 | 리그컵 | 3 | 0 | 3 |
| 92 | 2007.03.21 | 박주영 | 서울 | 리그컵 | 3 | 0 | 3 |
| 93 | 2008.04.27 | 라돈치치 | 인천 | K리그1 | 3 | 1 | 4 |
| 94 | 2008.05.24 | 호물로 | 제주 | K리그1 | 3 | 0 | 3 |
| 95 | 2008.07.05 | 데얀 | 서울 | K리그1 | 3 | 0 | 3 |
| 96 | 2008.08.27 | 에닝요 | 대구 | 리그컵 | 3 | 0 | 3 |
| 97 | 2009.04.04 | 최태욱 | 전북 | K리그1 | 3 | 0 | 3 |
| 98 | 2009.05.02 | 이동국 | 전북 | K리그1 | 3 | 0 | 3 |
| 99 | 2009.07.04 | 이동국 | 전북 | K리그1 | 3 | 0 | 3 |
| 100 | 2009.08.26 | 노병준 | 포항 | 리그컵 | 3 | 1 | 4 |
| 101 | 2010.03.20 | 모따 | 포항 | K리그1 | 3 | 1 | 4 |
| 102 | 2010.03.28 | 김영후 | 강원 | K리그1 | 3 | 0 | 3 |
| 103 | 2010.04.18 | 유병수 | 인천 | K리그1 | 4 | 0 | 4 |
| 104 | 2010.05.05 | 데얀 | 서울 | K리그1 | 3 | 1 | 4 |
| 105 | 2010.08.14 | 몰리나 | 성남일화 | K리그1 | 3 | 0 | 3 |
| 106 | 2010.08.29 | 한상운 | 부산 | K리그1 | 3 | 1 | 4 |
| 107 | 2010.10.02 | 오르티고사 | 울산 | K리그1 | 3 | 0 | 3 |
| 108 | 2010.10.09 | 유병수 | 인천 | K리그1 | 3 | 0 | 3 |
| 109 | 2011.05.08 | 데얀 | 서울 | K리그1 | 3 | 0 | 3 |
| 110 | 2011.06.18 | 염기훈 | 수원 | K리그1 | 3 | 0 | 3 |
| 111 | 2011.08.06 | 김동찬 | 전북 | K리그1 | 3 | 0 | 3 |
| 112 | 2011.08.21 | 이동국 | 전북 | K리그1 | 3 | 0 | 3 |
| 113 | 2011.08.27 | 몰리나 | 서울 | K리그1 | 3 | 3 | 6 |
| 114 | 2011.09.24 | 데얀 | 서울 | K리그1 | 3 | 0 | 3 |
| 115 | 2011.10.30 | 하대성 | 서울 | K리그1 | 3 | 0 | 3 |
| 116 | 2011.07.06 | 김신욱 | 울산 | 리그컵 | 4 | 0 | 4 |
| 117 | 2012.03.16 | 이근호 | 울산 | K리그1 | 3 | 0 | 3 |
| 118 | 2012.04.22 | 에벨톤 | 성남일화 | K리그1 | 3 | 0 | 3 |
| 119 | 2012.05.13 | 자일 | 제주 | K리그1 | 3 | 1 | 4 |
| 120 | 2012.06.24 | 이동국 | 전북 | K리그1 | 3 | 0 | 3 |
| 121 | 2012.07.11 | 웨슬리 | 강원 | K리그1 | 3 | 0 | 3 |
| 122 | 2012.07.21 | 서동현 | 제주 | K리그1 | 3 | 2 | 5 |
| 123 | 2012.08.04 | 까이끼 | 경남 | K리그1 | 3 | 0 | 3 |
| 124 | 2012.08.22 | 김신욱 | 울산 | K리그1 | 3 | 0 | 3 |
| 125 | 2012.10.07 | 지쿠 | 강원 | K리그1 | 3 | 0 | 3 |
| 126 | 2012.10.07 | 케빈 | 대전 | K리그1 | 3 | 2 | 5 |
| 127 | 2012.11.29 | 조찬호 | 포항 | K리그1 | 3 | 0 | 3 |
| 128 | 2013.04.20 | 정대세 | 수원 | K리그1 | 3 | 0 | 3 |
| 129 | 2013.05.26 | 페드로 | 제주 | K리그1 | 3 | 0 | 3 |
| 130 | 2013.07.06 | 페드로 | 제주 | K리그1 | 3 | 0 | 3 |
| 131 | 2013.07.31 | 조찬호 | 포항 | K리그1 | 3 | 0 | 3 |
| 132 | 2013.08.03 | 임상협 | 부산 | K리그1 | 3 | 0 | 3 |
| 133 | 2013.10.30 | 김형범 | 경남 | K리그1 | 3 | 0 | 3 |
| 134 | 2013.11.20 | 데얀 | 서울 | K리그1 | 3 | 0 | 3 |
| 135 | 2013.11.30 | 김동기 | 강원 | K리그1 | 3 | 0 | 3 |
| 136 | 2013.09.29 | 정성민 | 충주 | K리그2 | 3 | 0 | 3 |

| 번호 | 경기일자 | 선수명 | 소속 | 대회구분 | 득점 | 도움 | 공격P |
|---|---|---|---|---|---|---|---|
| 137 | 2014.09.06 | 박수창 | 제주 | K리그1 | 4 | 1 | 5 |
| 138 | 2014.03.29 | 이재권 | 안산경찰 | K리그2 | 3 | 0 | 3 |
| 139 | 2014.05.14 | 최요셉 | 강원 | K리그2 | 3 | 0 | 3 |
| 140 | 2014.05.25 | 최요셉 | 강원 | K리그2 | 3 | 2 | 5 |
| 141 | 2014.06.15 | 조엘손 | 강원 | K리그2 | 3 | 0 | 3 |
| 142 | 2014.07.13 | 아드리아노 | 대전 | K리그2 | 3 | 1 | 4 |
| 143 | 2014.09.17 | 최요셉 | 강원 | K리그2 | 3 | 1 | 4 |
| 144 | 2014.11.02 | 조나탄 | 대구 | K리그2 | 4 | 0 | 4 |
| 145 | 2015.04.04 | 김두현 | 성남 | K리그1 | 3 | 1 | 4 |
| 146 | 2015.09.09 | 로페즈 | 제주 | K리그1 | 3 | 0 | 3 |
| 147 | 2015.10.04 | 산토스 | 수원 | K리그1 | 3 | 0 | 3 |
| 148 | 2015.10.25 | 코바 | 울산 | K리그1 | 3 | 0 | 3 |
| 149 | 2015.11.07 | 윤주태 | 서울 | K리그1 | 4 | 0 | 4 |
| 150 | 2015.06.03 | 주민규 | 서울E | K리그2 | 3 | 0 | 3 |
| 151 | 2015.06.03 | 이정협 | 상주 | K리그2 | 3 | 0 | 3 |
| 152 | 2015.09.23 | 조나탄 | 대구 | K리그2 | 3 | 0 | 3 |
| 153 | 2015.10.03 | 타라바이 | 서울E | K리그2 | 3 | 0 | 3 |
| 154 | 2015.11.22 | 조석재 | 충주 | K리그2 | 3 | 1 | 4 |
| 155 | 2016.10.29 | 로페즈 | 전북 | K리그1 | 3 | 0 | 3 |
| 156 | 2016.07.31 | 정성민 | 안산무궁 | K리그2 | 3 | 0 | 3 |
| 157 | 2016.08.13 | 고경민 | 부산 | K리그2 | 3 | 0 | 3 |
| 158 | 2016.09.07 | 크리스찬 | 경남 | K리그2 | 4 | 1 | 5 |
| 159 | 2016.10.15 | 하파엘 | 충주 | K리그2 | 4 | 1 | 5 |
| 160 | 2017.05.07 | 자일 | 전남 | K리그1 | 3 | 0 | 3 |
| 161 | 2017.07.15 | 페체신 | 전남 | K리그1 | 3 | 0 | 3 |
| 162 | 2017.07.19 | 데얀 | 서울 | K리그1 | 3 | 0 | 3 |
| 163 | 2017.07.19 | 조나탄 | 수원 | K리그1 | 3 | 0 | 3 |
| 164 | 2017.09.10 | 이승기 | 전북 | K리그1 | 3 | 0 | 3 |
| 165 | 2017.10.08 | 주니오 | 대구 | K리그1 | 3 | 0 | 3 |
| 166 | 2017.10.15 | 마쎄도 | 광주 | K리그1 | 3 | 0 | 3 |
| 167 | 2017.07.23 | 김동찬 | 성남 | K리그2 | 3 | 0 | 3 |
| 168 | 2017.08.23 | 최오백 | 서울E | K리그2 | 3 | 0 | 3 |
| 169 | 2017.09.03 | 고경민 | 부산 | K리그2 | 3 | 0 | 3 |
| 170 | 2017.09.17 | 김현 | 아산 | K리그2 | 3 | 0 | 3 |
| 171 | 2018.03.04 | 말컹 | 경남 | K리그1 | 3 | 0 | 3 |
| 172 | 2018.04.21 | 제리치 | 강원 | K리그1 | 3 | 0 | 3 |
| 173 | 2018.05.02 | 마그노 | 제주 | K리그1 | 3 | 0 | 3 |
| 174 | 2018.08.15 | 이석현 | 포항 | K리그1 | 3 | 0 | 3 |
| 175 | 2018.08.18 | 말컹 | 경남 | K리그1 | 3 | 0 | 3 |
| 176 | 2018.08.19 | 제리치 | 강원 | K리그1 | 4 | 0 | 4 |
| 177 | 2018.07.29 | 고경민 | 부산 | K리그2 | 3 | 0 | 3 |
| 178 | 2019.06.23 | 완델손 | 포항 | K리그1 | 3 | 0 | 3 |
| 179 | 2019.06.23 | 조재완 | 강원 | K리그1 | 3 | 1 | 4 |
| 180 | 2019.07.10 | 윤일록 | 제주 | K리그1 | 3 | 0 | 3 |
| 181 | 2019.07.10 | 문선민 | 전북 | K리그1 | 3 | 0 | 3 |
| 182 | 2019.08.17 | 타가트 | 수원 | K리그1 | 3 | 0 | 3 |
| 183 | 2019.08.25 | 완델손 | 포항 | K리그1 | 3 | 2 | 5 |
| 184 | 2019.09.01 | 무고사 | 인천 | K리그1 | 3 | 0 | 3 |

| 번호 | 경기일자 | 선수명 | 소속 | 대회구분 | 득점 | 도움 | 공격P |
|---|---|---|---|---|---|---|---|
| 185 | 2019.03.10 | 펠 리 페 | 광 주 | K리그2 | 3 | 0 | 3 |
| 186 | 2019.03.16 | 고 무 열 | 아 산 | K리그2 | 3 | 0 | 3 |
| 187 | 2019.03.30 | 호 물 로 | 부 산 | K리그2 | 3 | 0 | 3 |
| 188 | 2019.07.21 | 고 무 열 | 아 산 | K리그2 | 3 | 0 | 3 |
| 189 | 2019.08.31 | 노보트니 | 부 산 | K리그2 | 3 | 0 | 3 |
| 190 | 2020.07.04 | 주 니 오 | 울 산 | K리그1 | 3 | 0 | 3 |
| 191 | 2020.09.06 | 무 고 사 | 인 천 | K리그1 | 3 | 0 | 3 |
| 192 | 2020.09.20 | 팔로세비치 | 포 항 | K리그1 | 3 | 0 | 3 |
| 193 | 2020.09.26 | 타 가 트 | 수 원 | K리그1 | 3 | 0 | 3 |
| 194 | 2020.09.27 | 무 고 사 | 인 천 | K리그1 | 3 | 1 | 4 |
| 195 | 2020.09.27 | 일류첸코 | 포 항 | K리그1 | 3 | 0 | 3 |
| 196 | 2020.09.27 | 고 경 민 | 경 남 | K리그2 | 3 | 0 | 3 |
| 197 | 2021.05.18 | 임 상 협 | 포 항 | K리그1 | 3 | 0 | 3 |
| 198 | 2021.06.06 | 구스타보 | 전 북 | K리그1 | 4 | 0 | 4 |
| 199 | 2021.07.25 | 라 스 | 수원FC | K리그1 | 4 | 1 | 5 |
| 200 | 2021.05.24 | 박 인 혁 | 대 전 | K리그2 | 3 | 0 | 3 |
| 201 | 2021.06.05 | 발로텔리 | 전 남 | K리그2 | 3 | 0 | 3 |
| 202 | 2021.06.12 | 알렉산드로 | 충남아산 | K리그2 | 3 | 0 | 3 |
| 203 | 2021.06.13 | 안 병 준 | 부 산 | K리그2 | 3 | 0 | 3 |
| 204 | 2021.08.08 | 김 륜 도 | 안 산 | K리그2 | 3 | 0 | 3 |
| 205 | 2021.10.10 | 마 사 | 대 전 | K리그2 | 3 | 0 | 3 |
| 206 | 2022.05.08 | 주 민 규 | 제 주 | K리그1 | 3 | 0 | 3 |
| 207 | 2022.06.22 | 무 고 사 | 인 천 | K리그1 | 3 | 0 | 3 |
| 208 | 2022.03.26 | 마 사 | 대 전 | K리그2 | 3 | 0 | 3 |
| 209 | 2022.06.04 | 에르난데스 | 경 남 | K리그2 | 3 | 0 | 3 |
| 210 | 2022.08.16 | 안드리고 | 안 양 | K리그2 | 3 | 0 | 3 |
| 211 | 2023.03.18 | 아 사 니 | 광 주 | K리그1 | 3 | 0 | 3 |
| 212 | 2023.08.20 | 티 아 고 | 대 전 | K리그1 | 3 | 0 | 3 |
| 213 | 2023.08.30 | 루 이 스 | 김 포 | K리그2 | 3 | 0 | 3 |
| 214 | 2023.09.23 | 정 치 인 | 김 천 | K리그2 | 3 | 0 | 3 |
| 215 | 2023.10.22 | 최 병 찬 | 김 천 | K리그2 | 3 | 0 | 3 |
| 216 | 2023.11.26 | 안 재 준 | 부 천 | K리그2 | 3 | 0 | 3 |
| 217 | 2024.04.21 | 야 고 | 강 원 | K리그1 | 3 | 0 | 3 |
| 218 | 2024.05.01 | 정 재 희 | 포 항 | K리그1 | 3 | 0 | 3 |
| 219 | 2024.03.09 | 김 찬 | 부 산 | K리그2 | 3 | 0 | 3 |
| 220 | 2024.05.05 | 아라불리 | 경 남 | K리그2 | 3 | 0 | 3 |
| 221 | 2024.09.01 | 루 이 스 | 김 포 | K리그2 | 4 | 0 | 4 |
| 222 | 2024.09.29 | 페 신 | 부 산 | K리그2 | 3 | 0 | 3 |
| 223 | 2025.03.29 | 김 현 태 | 안 산 | K리그2 | 3 | 0 | 3 |
| 224 | 2025.07.20 | 몬 타 뇨 | 부 천 | K리그2 | 3 | 0 | 3 |
| 225 | 2025.08.10 | 발디비아 | 전 남 | K리그2 | 3 | 0 | 3 |
| 226 | 2025.11.01 | 루 이 스 | 김 포 | K리그2 | 3 | 0 | 3 |

※ 단일 라운드 2회 해트트릭:
1996.08.25 조정현(부천SK), 홍명보(포항): 부천SK vs 천안 / 전북 vs 포항
2002.11.17 유상철(울산), 서정원(수원): 울산 vs 부산 / 부천SK vs 수원

※ 단일 경기 양 팀 선수 동시 해트트릭:
1994.11.05 윤상철(LG), 라데(포철): LG vs 포철
2012.10.07 케빈(대전), 지쿠(강원): 대전 vs 강원
2019.06.23 조재완(강원), 완델손(포항) : 강원 vs 포항

※ 단일 경기 한 팀 선수 동시 해트트릭:
2000. 10.11 데니스(수원), 산드로C(수원): 전남 vs 수원

※ 단일 경기 한 팀 선수 득점 - 도움 해트트릭
2005.07.10 박주영(서울 / 득점), 히칼도(서울 / 도움): 서울 vs 포항

※ 단일 경기 한 선수 득점 - 도움 해트트릭
2011.08.27 몰리나(서울): 서울 vs 강원

※ 단일 시즌 개인 최다 해트트릭(3회):
라데(포항,1994), 세르게이(부천SK,1996), 김도훈(성남일화, 2003)
최진호(강원, 2014/K리그2)

※ 단일 경기 한 팀 선수 득점 - 도움 해트트릭:
산토스(수원/득점), 염기훈(수원/도움): 광주 vs 수원 15.10.04

※ 한 라운드 해트트릭 3회 기록: 2020.09.26~27 K리그1 23라운드
타가트(수원), 무고사(인천), 일류첸코(포항)

## 역대 도움 해트트릭 기록

| 번호 | 경기일자 | 선수명 | 소속 | 대회구분 | 득점 | 도움 | 공격P |
|---|---|---|---|---|---|---|---|
| 1 | 1983.07.02 | 김 창 호 | 유 공 | K리그1 | 0 | 3 | 3 |
| 2 | 1984.06.17 | 노 인 호 | 현 대 | K리그1 | 0 | 3 | 3 |
| 3 | 1984.11.03 | 김 한 봉 | 현 대 | K리그1 | 1 | 3 | 4 |
| 4 | 1986.10.12 | 강 득 수 | 럭키금성 | K리그1 | 0 | 3 | 3 |
| 5 | 1991.05.11 | 강 득 수 | 현 대 | K리그1 | 0 | 3 | 3 |
| 6 | 1991.09.11 | 이 영 진 | LG | K리그1 | 0 | 3 | 3 |
| 7 | 1993.09.28 | 김 종 건 | 현 대 | K리그1 | 1 | 3 | 4 |
| 8 | 1993.10.16 | 김 호 영 | 일 화 | K리그1 | 0 | 3 | 3 |
| 9 | 1996.06.19 | 신 홍 기 | 울 산 | K리그1 | 0 | 3 | 3 |
| 10 | 1997.08.23 | 샤 샤 | 부 산 | K리그1 | 0 | 3 | 3 |
| 11 | 1997.08.13 | 올 레 그 | 안양LG | 리그컵 | 0 | 3 | 3 |
| 12 | 1998.08.26 | 정 정 수 | 울 산 | K리그1 | 0 | 3 | 3 |
| 13 | 2000.10.15 | 데 니 스 | 수 원 | 리그컵 | 0 | 3 | 3 |
| 14 | 2001.06.27 | 박 태 하 | 포 항 | K리그1 | 0 | 3 | 3 |
| 15 | 2002.11.17 | 이 천 수 | 울 산 | K리그1 | 0 | 3 | 3 |
| 16 | 2003.03.26 | 에드밀손 | 전 북 | K리그1 | 0 | 3 | 3 |
| 17 | 2003.05.11 | 김 도 훈 | 성남일화 | K리그1 | 0 | 3 | 3 |
| 18 | 2003.09.03 | 마 리 우 | 안양LG | K리그1 | 0 | 3 | 3 |
| 19 | 2005.07.10 | 히 칼 도 | 서 울 | K리그1 | 0 | 3 | 3 |
| 20 | 2005.08.28 | 김 도 훈 | 성 남 | K리그1 | 2 | 3 | 5 |
| 21 | 2005.05.05 | 세 자 르 | 전 북 | 리그컵 | 0 | 3 | 3 |
| 22 | 2006.03.25 | 최 원 권 | 서 울 | K리그1 | 0 | 3 | 3 |
| 23 | 2007.04.04 | 이 현 승 | 전 북 | 리그컵 | 0 | 3 | 3 |
| 24 | 2008.07.19 | 이 근 호 | 대 구 | K리그1 | 0 | 3 | 3 |
| 25 | 2009.03.07 | 이 청 용 | 서 울 | K리그1 | 0 | 3 | 3 |
| 26 | 2009.07.22 | 오 장 은 | 울 산 | 리그컵 | 0 | 3 | 3 |
| 27 | 2010.04.04 | 데 얀 | 서 울 | K리그1 | 0 | 3 | 3 |
| 28 | 2010.09.10 | 김 영 후 | 강 원 | K리그1 | 0 | 3 | 3 |
| 29 | 2011.04.16 | 이 동 국 | 전 북 | K리그1 | 1 | 3 | 4 |
| 30 | 2011.06.18 | 모 따 | 포 항 | K리그1 | 1 | 3 | 4 |
| 31 | 2011.08.27 | 몰 리 나 | 서 울 | K리그1 | 3 | 3 | 6 |
| 32 | 2012.06.23 | 이 승 기 | 광 주 | K리그1 | 0 | 3 | 3 |
| 33 | 2013.04.20 | 홍 철 | 수 원 | K리그1 | 0 | 3 | 3 |
| 34 | 2013.06.06 | 유 수 현 | 수원FC | K리그2 | 0 | 3 | 3 |
| 35 | 2013.09.08 | 알 렉 스 | 고 양 | K리그2 | 1 | 3 | 4 |
| 36 | 2015.06.17 | 홍 철 | 수 원 | K리그1 | 0 | 3 | 3 |

| 번호 | 경기일자 | 선수명 | 소속 | 대회구분 | 득점 | 도움 | 공격P |
|---|---|---|---|---|---|---|---|
| 37 | 2015.10.04 | 염기훈 | 수원 | K리그1 | 0 | 3 | 3 |
| 38 | 2015.11.11 | 자파 | 수원FC | K리그2 | 1 | 3 | 4 |
| 39 | 2016.07.31 | 염기훈 | 수원 | K리그1 | 0 | 3 | 3 |
| 40 | 2016.10.29 | 레오나르도 | 전북 | K리그1 | 0 | 3 | 3 |
| 41 | 2016.09.07 | 이호석 | 경남 | K리그2 | 1 | 4 | 5 |
| 42 | 2017.10.22 | 이재성 | 전북 | K리그1 | 0 | 3 | 3 |
| 43 | 2018.09.15 | 한교원 | 전북 | K리그1 | 1 | 3 | 4 |
| 44 | 2019.07.09 | 정승용 | 강원 | K리그1 | 0 | 3 | 3 |
| 45 | 2019.07.10 | 서진수 | 제주 | K리그1 | 0 | 3 | 3 |
| 46 | 2019.08.17 | 장혁진 | 안산 | K리그2 | 0 | 3 | 3 |
| 47 | 2020.07.04 | 김인성 | 울산 | K리그1 | 0 | 3 | 3 |
| 48 | 2022.08.14 | 김주공 | 제주 | K리그1 | 0 | 3 | 3 |
| 49 | 2022.09.03 | 신진호 | 포항 | K리그1 | 1 | 3 | 4 |
| 50 | 2022.05.09 | 손석용 | 김포 | K리그2 | 0 | 3 | 3 |
| 51 | 2022.08.21 | 아코스티 | 안양 | K리그2 | 0 | 3 | 3 |
| 52 | 2023.08.20 | 전병관 | 대전 | K리그1 | 0 | 3 | 3 |
| 53 | 2023.05.14 | 장혁진 | 충북청주 | K리그2 | 0 | 3 | 3 |
| 54 | 2024.06.15 | 이상헌 | 강원 | K리그1 | 0 | 3 | 3 |
| 55 | 2024.06.25 | 주닝요 | 충남아산 | K리그2 | 1 | 3 | 4 |
| 56 | 2025.05.17 | 김승호 | 충남아산 | K리그2 | 0 | 3 | 3 |

※ 단일 경기 한 팀 선수 득점 - 도움 해트트릭:
2015.10.04 산토스(수원/득점), 염기훈(수원/도움): 광주 vs 수원

## 역대 자책골 기록

| 경기일자 | 선수명 | 소속 | 상대팀 | 경기구분 | | 시간 |
|---|---|---|---|---|---|---|
| 1983.06.25 | 강신우 | 대우 | 유공 | 원정 | K리그1 | 후반 44 |
| 1983.09.10 | 김형남 | 포철 | 유공 | 원정 | K리그1 | 후반 10 |
| 1984.05.12 | 김광훈 | 럭키금성 | 대우 | 원정 | K리그1 | 후반 16 |
| 1984.06.28 | 문영서 | 할렐루야 | 대우 | 원정 | K리그1 | 후반 40 |
| 1984.06.28 | 김경식 | 한일은행 | 럭키금성 | 홈 | K리그1 | 후반 30 |
| 1984.06.30 | 주영만 | 국민은행 | 럭키금성 | 홈 | K리그1 | 후반 29 |
| 1984.08.17 | 김경식 | 한일은행 | 현대 | 홈 | K리그1 | 전반 19 |
| 1984.11.04 | 정태영 | 럭키금성 | 대우 | 원정 | K리그1 | 후반 8 |
| 1985.07.02 | 이돈철 | 현대 | 럭키금성 | 원정 | K리그1 | 후반 44 |
| 1986.03.23 | 김흥권 | 현대 | 유공 | 홈 | K리그1 | 전반 34 |
| 1986.10.26 | 박연혁 | 유공 | 현대 | 원정 | K리그1 | 전반 13 |
| 1986.07.06 | 박경훈 | 포철 | 현대 | 홈 | 리그컵 | 전반 41 |
| 1986.09.11 | 손형선 | 대우 | 현대 | 홈 | 리그컵 | 후반 4 |
| 1986.09.14 | 이재희 | 대우 | 럭키금성 | 원정 | 리그컵 | 전반 38 |
| 1987.04.11 | 조영증 | 럭키금성 | 대우 | 원정 | K리그1 | 전반 15 |
| 1987.08.17 | 김문경 | 현대 | 포철 | 원정 | K리그1 | 전반 40 |
| 1987.09.20 | 남기영 | 포철 | 현대 | 원정 | K리그1 | 후반 13 |
| 1988.04.02 | 강태식 | 포철 | 럭키금성 | 홈 | K리그1 | 후반 45 |
| 1988.07.10 | 정종수 | 유공 | 포철 | 홈 | K리그1 | 전반 17 |
| 1989.04.16 | 이화열 | 포철 | 럭키금성 | 원정 | K리그1 | 후반 23 |
| 1989.10.25 | 공문배 | 포철 | 유공 | 홈 | K리그1 | 전반 31 |
| 1990.04.08 | 이영진 | 럭키금성 | 현대 | 원정 | K리그1 | 후반 18 |
| 1990.04.22 | 안익수 | 일화 | 유공 | 원정 | K리그1 | 후반 23 |
| 1991.05.04 | 하성준 | 일화 | 유공 | 원정 | K리그1 | 후반 39 |
| 1991.06.22 | 최윤겸 | 유공 | 현대 | 홈 | K리그1 | 전반 45 |
| 1991.09.07 | 박현용 | 대우 | LG | 원정 | K리그1 | 후반 33 |
| 1991.09.14 | 권형정 | 포철 | 현대 | 원정 | K리그1 | 전반 14 |
| 1992.11.07 | 조민국 | LG | 현대 | 원정 | K리그1 | 후반 10 |
| 1992.09.30 | 이재일 | 현대 | 포철 | 원정 | 리그컵 | 전반 35 |
| 1992.11.25 | 이종화 | 일화 | LG | 원정 | 리그컵 | 후반 13 |
| 1993.05.08 | 김삼수 | LG | 현대 | 홈 | K리그1 | 전반 30 |
| 1993.07.07 | 차석준 | 유공 | 일화 | 원정 | K리그1 | 후반 40 |
| 1993.08.14 | 알미르 | 대우 | LG | 홈 | K리그1 | 후반 26 |
| 1994.08.13 | 조덕제 | 대우 | 일화 | 원정 | K리그1 | 후반 27 |
| 1994.08.27 | 정인호 | 유공 | 현대 | 홈 | K리그1 | 후반 43 |
| 1994.09.10 | 최영희 | 대우 | 일화 | 홈 | K리그1 | 후반 27 |
| 1994.09.24 | 김판근 | LG | 현대 | 홈 | K리그1 | 후반 26 |
| 1994.11.09 | 이종화 | 일화 | 유공 | 홈 | K리그1 | 전반 9 |
| 1994.05.21 | 유동관 | 포철 | LG | 홈 | 리그컵 | 전반 21 |
| 1995.06.21 | 김경래 | 전북 | 포항 | 홈 | K리그1 | 전반 7 |
| 1995.08.30 | 정인호 | 유공 | 포항 | 원정 | K리그1 | 후반 22 |
| 1995.08.30 | 이영진 | 일화 | 전북 | 홈 | K리그1 | 전반 26 |
| 1995.03.25 | 손종찬 | 유공 | LG | 홈 | 리그컵 | 전반 38 |
| 1996.05.12 | 박광현 | 천안일화 | 포항 | 홈 | K리그1 | 전반 40 |
| 1996.05.15 | 정영호 | 전남 | 안양LG | 원정 | K리그1 | 후반 36 |
| 1996.06.29 | 하상수 | 부산 | 부천유공 | 홈 | K리그1 | 전반 44 |
| 1996.07.06 | 이민성 | 부산 | 전남 | 홈 | K리그1 | 후반 28 |
| 1996.04.18 | 신성환 | 수원 | 제주 | 홈 | 리그컵 | 후반 31 |
| 1997.05.10 | 신성환 | 수원 | 울산 | 원정 | K리그1 | 전반 45 |
| 1997.07.12 | 최영일 | 부산 | 포항 | 홈 | K리그1 | 후반 38 |
| 1997.07.13 | 무탐바 | 안양LG | 천안일화 | 홈 | K리그1 | 후반 38 |
| 1997.04.12 | 김주성 | 부산 | 수원 | 원정 | 리그컵 | 후반 16 |
| 1997.07.23 | 마시엘 | 전남 | 안양LG | 홈 | 리그컵 | 후반 21 |
| 1997.09.24 | 김현수 | 전남 | 울산 | 원정 | 리그컵 | 후반 43 |
| 1998.07.25 | 김태영 | 전남 | 안양LG | 홈 | K리그1 | 전반 43 |
| 1998.08.01 | 신성환 | 수원 | 성남일화 | 원정 | K리그1 | 전반 3 |
| 1998.08.19 | 김재형 | 부산 | 안양LG | 홈 | K리그1 | 전반 21 |
| 1998.08.29 | 무탐바 | 안양LG | 전북 | 원정 | K리그1 | 후반 43 |
| 1998.09.23 | 이영상 | 포항 | 부천SK | 홈 | K리그1 | 후반 47 |
| 1998.10.14 | 보리스 | 부천SK | 수원 | 홈 | K리그1 | 전반 19 |
| 1998.06.06 | 김봉현 | 전북 | 부천SK | 홈 | 리그컵 | 전반 30 |
| 1999.06.27 | 유동우 | 대전 | 수원 | 홈 | K리그1 | 후반 13 |
| 1999.07.03 | 호제리오 | 전북 | 울산 | 원정 | K리그1 | 후반 25 |
| 1999.07.07 | 이임생 | 부천SK | 전남 | 홈 | K리그1 | 전반 35 |
| 1999.07.17 | 김학철 | 안양LG | 전남 | 원정 | K리그1 | 후반 14 |
| 1999.07.28 | 장민석 | 전북 | 부천SK | 원정 | K리그1 | 전반 36 |
| 1999.08.18 | 이경춘 | 전북 | 안양LG | 원정 | K리그1 | 후반 15 |
| 1999.08.25 | 이기형 | 수원 | 포항 | 홈 | K리그1 | 전반 29 |
| 1999.10.09 | 김영철 | 천안일화 | 대전 | 홈 | K리그1 | ERROR |
| 1999.10.31 | 손현준 | 부산 | 수원 | 원정 | 플레이오프 | 후반 36 |
| 2000.05.17 | 이정효 | 부산 | 포항 | 홈 | K리그1 | 후반 33 |
| 2000.10.07 | 최진철 | 전북 | 성남일화 | 홈 | K리그1 | 전반 13 |
| 2000.10.01 | 호제리오 | 전북 | 포항 | 홈 | K리그1 | 전반 29 |
| 2000.03.19 | 이창엽 | 대전 | 부산 | 홈 | 리그컵 | 후반 5 |
| 2001.08.01 | 이창원 | 전남 | 부천SK | 홈 | K리그1 | 후반 16 |
| 2001.09.08 | 박종문 | 전남 | 울산 | 원정 | K리그1 | 후반 24 |
| 2001.09.26 | 이싸빅 | 포항 | 울산 | 원정 | K리그1 | 후반 52 |
| 2001.05.05 | 졸리 | 수원 | 전북 | 홈 | 리그컵 | 후반 8 |

| 경기일자 | 선수명 | 소속 | 상대팀 | 경기구분 | | 시간 |
|---|---|---|---|---|---|---|
| 2002.07.28 | 김현수 | 성남일화 | 수원 | 원정 | K리그1 | 후반 16 |
| 2002.08.28 | 심재원 | 부산 | 전북 | 홈 | K리그1 | 전반 38 |
| 2002.11.06 | 왕정현 | 안양LG | 대전 | 원정 | K리그1 | 후반 13 |
| 2002.04.06 | 이임생 | 부천SK | 전북 | 원정 | 리그컵 | 전반 33 |
| 2002.04.27 | 윤희준 | 부산 | 울산 | 원정 | 리그컵 | 전반 28 |
| 2003.04.30 | 윤원철 | 부천SK | 대구 | 홈 | K리그1 | 전반 8 |
| 2003.05.21 | 김치곤 | 안양LG | 광주상무 | 원정 | K리그1 | 전반 3 |
| 2003.05.21 | 박준홍 | 광주상무 | 안양LG | 홈 | K리그1 | 후반 32 |
| 2003.09.07 | 조병국 | 수원 | 부산 | 원정 | K리그1 | 전반 42 |
| 2003.09.24 | 유경렬 | 울산 | 성남일화 | 홈 | K리그1 | 전반 42 |
| 2003.09.24 | 보리스 | 부천SK | 안양LG | 원정 | K리그1 | 전반 26 |
| 2003.10.05 | 김치곤 | 안양LG | 성남일화 | 원정 | K리그1 | 후반 2 |
| 2003.11.09 | 이응제 | 전북 | 부산 | 원정 | K리그1 | 후반 22 |
| 2004.04.10 | 곽희주 | 수원 | 전북 | 원정 | K리그1 | 전반 24 |
| 2004.04.17 | 이싸빅 | 성남일화 | 인천 | 원정 | K리그1 | 후반 10 |
| 2004.04.17 | 쏘우자 | 서울 | 부천SK | 원정 | K리그1 | 전반 13 |
| 2004.04.24 | 조병국 | 수원 | 성남일화 | 원정 | K리그1 | 전반 34 |
| 2004.05.08 | 이싸빅 | 성남일화 | 포항 | 홈 | K리그1 | 전반 20 |
| 2004.09.11 | 강 용 | 포항 | 서울 | 홈 | K리그1 | 전반 6 |
| 2004.07.11 | 성한수 | 전남 | 전북 | 원정 | 리그컵 | 전반 27 |
| 2004.07.18 | 한정국 | 대전 | 부산 | 홈 | 리그컵 | 전반 22 |
| 2004.07.25 | 김현수 | 전북 | 성남일화 | 원정 | 리그컵 | 전반 25 |
| 2005.08.24 | 이창원 | 전남 | 제주 | 홈 | K리그1 | 전반 47 |
| 2005.08.31 | 유경렬 | 울산 | 제주 | 홈 | K리그1 | 후반 14 |
| 2005.10.16 | 마 토 | 수원 | 전북 | 홈 | K리그1 | 후반 0 |
| 2005.10.30 | 박재홍 | 전남 | 전북 | 원정 | K리그1 | 후반 35 |
| 2005.11.09 | 장경진 | 인천 | 광주상무 | 홈 | K리그1 | 후반 18 |
| 2005.04.13 | 윤희준 | 부산 | 제주 | 원정 | 리그컵 | 전반 45 |
| 2005.05.01 | 산토스 | 포항 | 부산 | 원정 | 리그컵 | 전반 10 |
| 2005.05.05 | 이상호 | 제주 | 포항 | 원정 | 리그컵 | 전반 8 |
| 2005.05.08 | 김한윤 | 제주 | 전남 | 홈 | 리그컵 | 전반 38 |
| 2006.04.01 | 박규선 | 울산 | 수원 | 홈 | K리그1 | 후반 34 |
| 2006.05.10 | 전광환 | 전북 | 수원 | 원정 | K리그1 | 후반 37 |
| 2006.05.10 | 김광석 | 광주상무 | 대구 | 원정 | K리그1 | 전반 45 |
| 2006.08.30 | 이장관 | 부산 | 대구 | 홈 | K리그1 | 후반 11 |
| 2006.09.09 | 김영선 | 전북 | 인천 | 홈 | K리그1 | 후반 8 |
| 2006.09.23 | 이동원 | 전남 | 부산 | 홈 | K리그1 | 후반 1 |
| 2006.09.30 | 조성환 | 포항 | 인천 | 원정 | K리그1 | 후반 18 |
| 2006.09.30 | 이민성 | 서울 | 대구 | 원정 | K리그1 | 전반 16 |
| 2006.10.04 | 유경렬 | 울산 | 서울 | 원정 | K리그1 | 전반 18 |
| 2006.05.27 | 마 토 | 수원 | 인천 | 원정 | 리그컵 | 후반 42 |
| 2006.07.26 | 김시운 | 포항 | 울산 | 홈 | 리그컵 | 전반 21 |
| 2007.03.10 | 니콜라 | 제주 | 성남일화 | 홈 | K리그1 | 후반 7 |
| 2007.05.05 | 김동규 | 광주상무 | 수원 | 홈 | K리그1 | 전반 42 |
| 2007.05.05 | 김진규 | 전남 | 포항 | 홈 | K리그1 | 전반 36 |
| 2007.08.15 | 이준기 | 전남 | 인천 | 원정 | K리그1 | 후반 40 |
| 2007.08.18 | 심재원 | 부산 | 포항 | 홈 | K리그1 | 후반 30 |
| 2007.08.29 | 김성근 | 포항 | 서울 | 원정 | K리그1 | 전반 12 |
| 2007.08.29 | 황재원 | 포항 | 서울 | 원정 | K리그1 | 전반 22 |
| 2007.09.01 | 조네스 | 포항 | 대구 | 원정 | K리그1 | 전반 21 |
| 2007.09.02 | 배효성 | 부산 | 전북 | 원정 | K리그1 | 후반 40 |
| 2008.05.03 | 김영철 | 성남일화 | 포항 | 홈 | K리그1 | 후반 26 |

| 경기일자 | 선수명 | 소속 | 상대팀 | 경기구분 | | 시간 |
|---|---|---|---|---|---|---|
| 2008.05.25 | 이상일 | 전남 | 대구 | 홈 | K리그1 | 전반 45 |
| 2008.07.12 | 진경선 | 대구 | 경남 | 홈 | K리그1 | 전반 38 |
| 2008.08.23 | 강선규 | 대전 | 전남 | 홈 | K리그1 | 후반 42 |
| 2008.08.24 | 김명중 | 광주상무 | 부산 | 홈 | K리그1 | 전반 32 |
| 2008.09.13 | 현영민 | 울산 | 수원 | 홈 | K리그1 | 후반 7 |
| 2008.09.20 | 안지호 | 인천 | 대구 | 홈 | K리그1 | 전반 15 |
| 2008.10.25 | 알렉산더 | 전북 | 인천 | 홈 | K리그1 | 후반 28 |
| 2008.11.01 | 김민오 | 울산 | 경남 | 원정 | K리그1 | 후반 25 |
| 2008.11.02 | 송한복 | 광주상무 | 인천 | 홈 | K리그1 | 전반 43 |
| 2008.11.09 | 김태영 | 부산 | 울산 | 원정 | K리그1 | 전반 17 |
| 2008.06.25 | 아 디 | 서울 | 경남 | 홈 | 리그컵 | 전반 43 |
| 2008.04.16 | 김영철 | 성남일화 | 전북 | 원정 | 리그컵 | 전반 5 |
| 2008.06.25 | 김주환 | 대구 | 성남일화 | 원정 | 리그컵 | 전반 23 |
| 2008.07.02 | 강민수 | 전북 | 울산 | 원정 | 리그컵 | 전반 2 |
| 2009.05.09 | 김정겸 | 포항 | 제주 | 홈 | K리그1 | 후반 7 |
| 2009.06.20 | 챠 디 | 인천 | 포항 | 홈 | K리그1 | 전반 47 |
| 2009.07.12 | 김주영 | 경남 | 성남일화 | 원정 | K리그1 | 후반 12 |
| 2009.07.12 | 김한섭 | 대전 | 강원 | 홈 | K리그1 | 전반 2 |
| 2009.09.06 | 김승현 | 전남 | 경남 | 원정 | K리그1 | 전반 38 |
| 2009.09.06 | 이원재 | 울산 | 부산 | 홈 | K리그1 | 후반 47 |
| 2009.09.20 | 이우진 | 부산 | 전북 | 원정 | K리그1 | 전반 1 |
| 2009.10.02 | 곽태휘 | 전남 | 전북 | 원정 | K리그1 | 후반 27 |
| 2009.10.24 | 황선필 | 광주상무 | 포항 | 홈 | K리그1 | 후반 25 |
| 2009.11.01 | 이범영 | 부산 | 인천 | 홈 | K리그1 | 전반 48 |
| 2009.05.27 | 김형호 | 전남 | 강원 | 원정 | 리그컵 | 후반 7 |
| 2009.05.27 | 김상식 | 전북 | 제주 | 원정 | 리그컵 | 후반 5 |
| 2010.03.06 | 이요한 | 전북 | 제주 | 원정 | K리그1 | 전반 7 |
| 2010.04.11 | 안지호 | 인천 | 부산 | 원정 | K리그1 | 후반 32 |
| 2010.04.18 | 김인호 | 제주 | 수원 | 홈 | K리그1 | 후반 39 |
| 2010.08.07 | 안재준 | 인천 | 수원 | 홈 | K리그1 | 전반 37 |
| 2010.08.15 | 양승원 | 대구 | 포항 | 홈 | K리그1 | 후반 48 |
| 2010.08.22 | 신광훈 | 포항 | 인천 | 홈 | K리그1 | 후반 24 |
| 2010.08.28 | 김진규 | 서울 | 수원 | 원정 | K리그1 | 전반 3 |
| 2010.09.04 | 모 따 | 수원 | 강원 | 원정 | K리그1 | 후반 46 |
| 2010.09.04 | 안지호 | 인천 | 부산 | 홈 | K리그1 | 후반 27 |
| 2010.09.01 | 김형일 | 포항 | 서울 | 홈 | K리그1 | 후반 46 |
| 2010.10.30 | 유지노 | 전남 | 전북 | 원정 | K리그1 | 전반 10 |
| 2010.11.03 | 김종수 | 경남 | 포항 | 원정 | K리그1 | 전반 11 |
| 2010.07.28 | 심우연 | 전북 | 경남 | 홈 | 리그컵 | 후반 36 |
| 2010.07.28 | 김진규 | 서울 | 수원 | 홈 | 리그컵 | 후반 17 |
| 2011.03.12 | 황진기 | 대전 | 서울 | 홈 | K리그1 | 전반 34 |
| 2011.03.20 | 백종환 | 강원 | 제주 | 원정 | K리그1 | 후반 22 |
| 2011.04.24 | 김성환 | 성남일화 | 제주 | 원정 | K리그1 | 후반 29 |
| 2011.04.24 | 이용기 | 경남 | 수원 | 원정 | K리그1 | 후반 20 |
| 2011.04.30 | 이용기 | 경남 | 성남일화 | 홈 | K리그1 | 전반 12 |
| 2011.05.08 | 박용호 | 서울 | 상주 | 원정 | K리그1 | 전반 18 |
| 2011.05.21 | 김도엽 | 경남 | 상주 | 홈 | K리그1 | 후반 36 |
| 2011.05.21 | 김한윤 | 부산 | 수원 | 원정 | K리그1 | 후반 19 |
| 2011.06.11 | 윤시호 | 대구 | 대전 | 홈 | K리그1 | 후반 12 |
| 2011.06.11 | 이원영 | 부산 | 강원 | 원정 | K리그1 | 전반 41 |
| 2011.06.18 | 김인호 | 제주 | 전북 | 원정 | K리그1 | 후반 37 |
| 2011.07.09 | 유경렬 | 대구 | 부산 | 홈 | K리그1 | 후반 15 |

| 경기일자 | 선수명 | 소속 | 상대팀 | 경기구분 | | 시간 |
|---|---|---|---|---|---|---|
| 2011.07.10 | 사 샤 | 성남일화 | 인천 | 홈 | K리그1 | 후반 1 |
| 2011.07.10 | 배효성 | 인천 | 성남일화 | 원정 | K리그1 | 후반 11 |
| 2011.07.16 | 김수범 | 광주 | 전북 | 홈 | K리그1 | 후반 17 |
| 2011.07.24 | 정호정 | 성남일화 | 전북 | 원정 | K리그1 | 전반 15 |
| 2011.08.06 | 이동원 | 부산 | 포항 | 원정 | K리그1 | 전반 15 |
| 2011.03.16 | 강민수 | 울산 | 부산 | 홈 | 리그컵 | 후반 18 |
| 2012.03.10 | 김창수 | 부산 | 제주 | 홈 | K리그1 | 후반 13 |
| 2012.04.11 | 김기희 | 대구 | 경남 | 홈 | K리그1 | 전반 45 |
| 2012.05.13 | 황순민 | 대구 | 부산 | 원정 | K리그1 | 후반 48 |
| 2012.05.13 | 유종현 | 광주 | 수원 | 원정 | K리그1 | 후반 17 |
| 2012.06.17 | 송진형 | 제주 | 수원 | 원정 | K리그1 | 전반 24 |
| 2012.06.24 | 고슬기 | 울산 | 서울 | 원정 | K리그1 | 전반 39 |
| 2012.06.30 | 한그루 | 대전 | 부산 | 원정 | K리그1 | 전반 3 |
| 2012.07.01 | 양상민 | 수원 | 포항 | 원정 | K리그1 | 전반 9 |
| 2012.10.06 | 에 델 | 부산 | 수원 | 홈 | K리그1 | 전반 33 |
| 2012.10.27 | 마르케스 | 제주 | 부산 | 홈 | K리그1 | 전반 45 |
| 2012.11.18 | 마다스치 | 제주 | 부산 | 원정 | K리그1 | 후반 30 |
| 2012.11.21 | 이명주 | 포항 | 부산 | 원정 | K리그1 | 전반 5 |
| 2013.03.09 | 박진포 | 성남일화 | 제주 | 원정 | K리그1 | 전반 43 |
| 2013.04.06 | 보스나 | 수원 | 대구 | 홈 | K리그1 | 전반 43 |
| 2013.04.07 | 윤영선 | 성남일화 | 부산 | 원정 | K리그1 | 후반 26 |
| 2013.04.13 | 이윤표 | 인천 | 대구 | 원정 | K리그1 | 후반 28 |
| 2013.04.28 | 아 디 | 서울 | 강원 | 홈 | K리그1 | 전반 38 |
| 2013.05.18 | 신광훈 | 포항 | 울산 | 홈 | K리그1 | 전반 24 |
| 2013.06.23 | 이우진 | 대전 | 경남 | 원정 | K리그1 | 전반 2 |
| 2013.07.03 | 최은성 | 전북 | 성남일화 | 홈 | K리그1 | 후반 34 |
| 2013.07.03 | 이웅희 | 대전 | 수원 | 원정 | K리그1 | 전반 24 |
| 2013.09.01 | 최우재 | 강원 | 울산 | 홈 | K리그1 | 전반 32 |
| 2013.09.28 | 윤영선 | 성남일화 | 경남 | 원정 | K리그1 | 전반 29 |
| 2013.10.05 | 곽광선 | 수원 | 포항 | 원정 | K리그1 | 전반 0 |
| 2013.10.09 | 이 용 | 제주 | 강원 | 홈 | K리그1 | 후반 24 |
| 2013.10.20 | 황도연 | 제주 | 대전 | 홈 | K리그1 | 후반 34 |
| 2013.11.10 | 김평래 | 성남일화 | 제주 | 원정 | K리그1 | 전반 19 |
| 2013.05.12 | 방대종 | 상주 | 부천 | 원정 | K리그2 | 후반 9 |
| 2013.05.13 | 백성우 | 안양 | 광주 | 원정 | K리그2 | 후반 47 |
| 2013.07.06 | 김동우 | 경찰 | 수원FC | 원정 | K리그2 | 후반 12 |
| 2013.07.13 | 윤성우 | 고양 | 경찰 | 홈 | K리그2 | 전반 16 |
| 2013.07.13 | 김태준 | 고양 | 경찰 | 홈 | K리그2 | 전반 40 |
| 2013.08.25 | 유 현 | 경찰 | 상주 | 원정 | K리그2 | 후반 31 |
| 2013.09.09 | 가솔현 | 안양 | 경찰 | 홈 | K리그2 | 후반 36 |
| 2013.11.30 | 송민규 | 경찰 | 안양 | 원정 | K리그2 | 후반 38 |
| 2014.03.09 | 이 용 | 제주 | 수원 | 홈 | K리그1 | 후반 24 |
| 2014.03.16 | 우주성 | 경남 | 울산 | 원정 | K리그1 | 후반 25 |
| 2014.03.16 | 이 용 | 제주 | 전남 | 원정 | K리그1 | 후반 17 |
| 2014.03.29 | 최철순 | 상주 | 포항 | 원정 | K리그1 | 전반 37 |
| 2014.04.26 | 스레텐 | 경남 | 전북 | 원정 | K리그1 | 전반 28 |
| 2014.04.26 | 알렉스 | 제주 | 부산 | 홈 | K리그1 | 전반 12 |
| 2014.05.04 | 이경렬 | 부산 | 경남 | 홈 | K리그1 | 후반 23 |
| 2014.05.10 | 이근호 | 상주 | 수원 | 홈 | K리그1 | 후반 49 |
| 2014.09.10 | 김근환 | 울산 | 수원 | 원정 | K리그1 | 전반 28 |
| 2014.11.01 | 이재원 | 울산 | 수원 | 홈 | K리그1 | 후반 11 |
| 2014.04.27 | 양상민 | 안산경찰 | 광주 | 원정 | K리그2 | 전반 27 |
| 2014.05.24 | 이준희 | 대구 | 안양 | 원정 | K리그2 | 전반 42 |
| 2014.06.21 | 장원석 | 대전 | 대구 | 원정 | K리그2 | 전반 40 |
| 2014.07.05 | 임선영 | 광주 | 고양 | 원정 | K리그2 | 후반 23 |
| 2014.07.26 | 허재원 | 대구 | 안양 | 홈 | K리그2 | 전반 39 |
| 2014.11.01 | 마철준 | 광주 | 안산경찰 | 원정 | K리그2 | 후반 17 |
| 2014.12.03 | 스레텐 | 경남 | 광주 | 원정 | 플레이오프 | 후반 40 |
| 2015.03.07 | 정준연 | 광주 | 인천 | 원정 | K리그1 | 후반 46 |
| 2015.03.07 | 김대중 | 인천 | 광주 | 홈 | K리그1 | 전반 32 |
| 2015.03.21 | 제종현 | 광주 | 부산 | 원정 | K리그1 | 전반 23 |
| 2015.04.05 | 정준연 | 광주 | 울산 | 원정 | K리그1 | 전반 15 |
| 2015.04.12 | 김기희 | 전북 | 광주 | 원정 | K리그1 | 후반 45 |
| 2015.05.16 | 김동철 | 전남 | 서울 | 원정 | K리그1 | 전반 31 |
| 2015.05.17 | 요니치 | 인천 | 부산 | 원정 | K리그1 | 전반 12 |
| 2015.06.03 | 양준아 | 제주 | 성남 | 홈 | K리그1 | 전반 31 |
| 2015.06.07 | 양상민 | 수원 | 광주 | 홈 | K리그1 | 후반 33 |
| 2015.07.08 | 오반석 | 제주 | 포항 | 원정 | K리그1 | 후반 24 |
| 2015.07.11 | 강준우 | 제주 | 전북 | 홈 | K리그1 | 후반 45 |
| 2015.08.12 | 유지훈 | 부산 | 전북 | 원정 | K리그1 | 후반 40 |
| 2015.09.12 | 김태윤 | 성남 | 포항 | 원정 | K리그1 | 후반 30 |
| 2015.05.16 | 노형구 | 충주 | 서울E | 원정 | K리그2 | 후반 8 |
| 2015.08.02 | 진창수 | 고양 | 상주 | 홈 | K리그2 | 전반 20 |
| 2015.09.13 | 김재웅 | 수원FC | 안양 | 원정 | K리그2 | 후반 29 |
| 2015.10.11 | 서명식 | 강원 | 부천 | 원정 | K리그2 | 후반 22 |
| 2015.10.26 | 배일환 | 상주 | 고양 | 홈 | K리그2 | 후반 32 |
| 2015.11.01 | 김원균 | 강원 | 고양 | 원정 | K리그2 | 후반 14 |
| 2015.11.25 | 김영광 | 서울E | 수원FC | 원정 | 플레이오프 | 후반 10 |
| 2016.05.07 | 블라단 | 수원FC | 제주 | 홈 | K리그1 | 전반 32 |
| 2016.05.21 | 이웅희 | 상주 | 성남 | 홈 | K리그1 | 후반 12 |
| 2016.05.29 | 오스마르 | 서울 | 전남 | 홈 | K리그1 | 전반 10 |
| 2016.06.15 | 김용대 | 울산 | 전남 | 원정 | K리그1 | 전반 3 |
| 2016.06.15 | 민상기 | 수원 | 전북 | 원정 | K리그1 | 전반 37 |
| 2016.06.15 | 홍준호 | 광주 | 서울 | 원정 | K리그1 | 후반 10 |
| 2016.06.15 | 황의조 | 성남 | 포항 | 원정 | K리그1 | 전반 12 |
| 2016.06.18 | 백동규 | 제주 | 포항 | 홈 | K리그1 | 후반 49 |
| 2016.06.29 | 유상훈 | 서울 | 성남 | 홈 | K리그1 | 후반 8 |
| 2016.07.02 | 정동호 | 울산 | 수원 | 홈 | K리그1 | 전반 10 |
| 2016.07.16 | 김보경 | 전북 | 제주 | 원정 | K리그1 | 후반 18 |
| 2016.07.17 | 김태수 | 인천 | 서울 | 홈 | K리그1 | 전반 26 |
| 2016.08.17 | 박준혁 | 성남 | 광주 | 홈 | K리그1 | 후반 8 |
| 2016.09.10 | 신광훈 | 포항 | 수원FC | 홈 | K리그1 | 후반 41 |
| 2016.10.02 | 임하람 | 수원FC | 수원 | 원정 | K리그1 | 전반 45 |
| 2016.10.02 | 김용대 | 울산 | 인천 | 홈 | K리그1 | 전반 3 |
| 2016.11.02 | 요니치 | 인천 | 수원 | 원정 | K리그1 | 전반 5 |
| 2016.11.02 | 연제운 | 성남 | 수원FC | 홈 | K리그1 | 후반 37 |
| 2016.11.06 | 최효진 | 전남 | 울산 | 홈 | K리그1 | 전반 22 |
| 2016.04.09 | 김영남 | 부천 | 서울E | 홈 | K리그2 | 전반 24 |
| 2016.05.05 | 박주원 | 대전 | 안양 | 원정 | K리그2 | 후반 16 |
| 2016.06.08 | 윤성열 | 서울E | 충주 | 원정 | K리그2 | 전반 18 |
| 2016.08.20 | 안지호 | 강원 | 부천 | 홈 | K리그2 | 전반 44 |
| 2016.10.30 | 지구민 | 고양 | 부천 | 원정 | K리그2 | 후반 29 |
| 2017.04.09 | 김용환 | 인천 | 포항 | 원정 | K리그1 | 후반 33 |
| 2017.04.22 | 부노자 | 인천 | 서울 | 원정 | K리그1 | 전반 44 |

| 경기일자 | 선수명 | 소속 | 상대팀 | 경기구분 | | 시간 |
|---|---|---|---|---|---|---|
| 2017.06.24 | 이한도 | 광주 | 전남 | 홈 | K리그1 | 전반 30 |
| 2017.06.25 | 조원희 | 수원 | 강원 | 홈 | K리그1 | 후반 44 |
| 2017.07.12 | 이호승 | 전남 | 강원 | 원정 | K리그1 | 후반 3 |
| 2017.07.22 | 본 즈 | 광주 | 전남 | 홈 | K리그1 | 후반 39 |
| 2017.08.02 | 배슬기 | 포항 | 광주 | 홈 | K리그1 | 전반 23 |
| 2017.08.02 | 채프먼 | 인천 | 전북 | 홈 | K리그1 | 전반 18 |
| 2017.08.06 | 이광선 | 상주 | 강원 | 홈 | K리그1 | 후반 35 |
| 2017.08.12 | 곽광선 | 수원 | 서울 | 홈 | K리그1 | 후반 16 |
| 2017.09.20 | 이한도 | 광주 | 서울 | 홈 | K리그1 | 전반 41 |
| 2017.09.30 | 하창래 | 인천 | 대구 | 원정 | K리그1 | 전반 3 |
| 2017.10.15 | 이영재 | 울산 | 수원 | 원정 | K리그1 | 전반 21 |
| 2017.10.14 | 채프먼 | 인천 | 포항 | 원정 | K리그1 | 전반 6 |
| 2017.10.21 | 고태원 | 전남 | 포항 | 홈 | K리그1 | 후반 32 |
| 2017.11.18 | 박동진 | 광주 | 포항 | 홈 | K리그1 | 후반 38 |
| 2017.04.01 | 박한수 | 안산 | 부천 | 홈 | K리그2 | 후반 36 |
| 2017.04.16 | 이범수 | 경남 | 성남 | 원정 | K리그2 | 후반 15 |
| 2017.04.22 | 김진규 | 대전 | 부산 | 홈 | K리그2 | 전반 15 |
| 2017.05.20 | 닐손주니어 | 부천 | 아산 | 홈 | K리그2 | 전반 10 |
| 2017.05.21 | 송주호 | 안산 | 안양 | 원정 | K리그2 | 후반 25 |
| 2017.05.27 | 권태안 | 안양 | 경남 | 홈 | K리그2 | 전반 40 |
| 2017.08.19 | 권태안 | 안양 | 성남 | 홈 | K리그2 | 전반 39 |
| 2017.10.01 | 이준희 | 경남 | 안산 | 원정 | K리그2 | 후반 49 |
| 2017.10.21 | 김형록 | 경남 | 아산 | 원정 | K리그2 | 후반 2 |
| 2018.03.11 | 이웅희 | 서울 | 강원 | 홈 | K리그1 | 후반 5 |
| 2018.04.07 | 박종진 | 인천 | 전남 | 홈 | K리그1 | 전반 30 |
| 2018.04.11 | 맥고완 | 강원 | 수원 | 홈 | K리그1 | 후반 5 |
| 2018.04.14 | 이윤표 | 인천 | 제주 | 원정 | K리그1 | 전반 19 |
| 2018.04.15 | 한희훈 | 대구 | 강원 | 홈 | K리그1 | 후반 30 |
| 2018.04.21 | 김진혁 | 대구 | 서울 | 원정 | K리그1 | 후반 35 |
| 2018.04.25 | 무고사 | 인천 | 울산 | 원정 | K리그1 | 전반 21 |
| 2018.05.20 | 곽태휘 | 서울 | 전북 | 홈 | K리그1 | 후반 36 |
| 2018.07.11 | 이정빈 | 인천 | 강원 | 홈 | K리그1 | 후반 24 |
| 2018.08.04 | 권한진 | 제주 | 서울 | 원정 | K리그1 | 전반 34 |
| 2018.08.22 | 양한빈 | 서울 | 포항 | 홈 | K리그1 | 전반 13 |
| 2018.09.01 | 김민우 | 상주 | 전남 | 홈 | K리그1 | 후반 33 |
| 2018.09.02 | 김은선 | 수원 | 대구 | 원정 | K리그1 | 전반 7 |
| 2018.09.29 | 이범영 | 강원 | 전북 | 원정 | K리그1 | 후반 31 |
| 2018.10.28 | 부노자 | 인천 | 대구 | 홈 | K리그1 | 전반 16 |
| 2018.11.03 | 이광선 | 제주 | 경남 | 홈 | K리그1 | 전반 19 |
| 2018.12.02 | 김현훈 | 경남 | 전북 | 원정 | K리그1 | 전반 13 |
| 2018.03.11 | 코 네 | 안산 | 대전 | 홈 | K리그2 | 후반 7 |
| 2018.04.07 | 민상기 | 아산 | 부천 | 홈 | K리그2 | 후반 32 |
| 2018.04.14 | 전수현 | 안양 | 서울E | 원정 | K리그2 | 전반 18 |
| 2018.05.06 | 연제운 | 성남 | 수원FC | 홈 | K리그2 | 전반 30 |
| 2018.08.05 | 송주호 | 안산 | 안양 | 원정 | K리그2 | 후반 47 |
| 2018.09.22 | 김재현 | 서울E | 부천 | 홈 | K리그2 | 전반 35 |
| 2018.10.13 | 이재안 | 수원FC | 대전 | 홈 | K리그2 | 전반 32 |
| 2018.10.13 | 장순혁 | 부천 | 안양 | 홈 | K리그2 | 전반 31 |
| 2018.10.21 | 안지호 | 서울E | 안양 | 홈 | K리그2 | 전반 36 |
| 2018.10.27 | 안성빈 | 서울E | 아산 | 홈 | K리그2 | 전반 14 |
| 2018.11.11 | 윤준성 | 대전 | 안양 | 홈 | K리그2 | 후반 11 |
| 2019.03.17 | 전민광 | 포항 | 경남 | 홈 | K리그1 | 후반 38 |

| 경기일자 | 선수명 | 소속 | 상대팀 | 경기구분 | | 시간 |
|---|---|---|---|---|---|---|
| 2019.03.30 | 김경재 | 상주 | 서울 | 원정 | K리그1 | 전반 42 |
| 2019.04.02 | 곽태휘 | 경남 | 전북 | 홈 | K리그1 | 전반 19 |
| 2019.04.27 | 이동희 | 제주 | 상주 | 홈 | K리그1 | 후반 11 |
| 2019.05.18 | 바그닝요 | 수원 | 울산 | 홈 | K리그1 | 후반 9 |
| 2019.06.15 | 김우석 | 대구 | 강원 | 홈 | K리그1 | 전반 1 |
| 2019.07.31 | 마그노 | 제주 | 전북 | 원정 | K리그1 | 전반 26 |
| 2019.08.11 | 조현우 | 대구 | 울산 | 원정 | K리그1 | 전반 22 |
| 2019.08.16 | 윤영선 | 울산 | 전북 | 원정 | K리그1 | 후반 4 |
| 2019.08.17 | 민상기 | 수원 | 강원 | 원정 | K리그1 | 후반 14 |
| 2019.09.21 | 김동준 | 성남 | 제주 | 원정 | K리그1 | 전반 42 |
| 2019.10.27 | 김원일 | 제주 | 경남 | 원정 | K리그1 | 후반 33 |
| 2019.03.02 | 김문환 | 부산 | 안양 | 홈 | K리그2 | 후반 6 |
| 2019.04.07 | 김진환 | 광주 | 안양 | 홈 | K리그2 | 전반 31 |
| 2019.05.04 | 황인재 | 안산 | 아산 | 원정 | K리그2 | 후반 38 |
| 2019.05.25 | 김영광 | 서울E | 안양 | 원정 | K리그2 | 전반 47 |
| 2019.05.27 | 이인재 | 안산 | 부천 | 홈 | K리그2 | 후반 3 |
| 2019.06.01 | 김경민 | 전남 | 안산 | 홈 | K리그2 | 전반 21 |
| 2019.06.24 | 박배종 | 수원FC | 광주 | 홈 | K리그2 | 후반 19 |
| 2019.06.29 | 이병욱 | 서울E | 안산 | 원정 | K리그2 | 전반 7 |
| 2019.07.20 | 김명준 | 부산 | 부천 | 홈 | K리그2 | 후반 47 |
| 2019.08.12 | 황인재 | 안산 | 아산 | 홈 | K리그2 | 후반 4 |
| 2019.09.01 | 곽광선 | 전남 | 수원FC | 원정 | K리그2 | 후반 2 |
| 2020.05.30 | 이한도 | 광주 | 울산 | 홈 | K리그1 | 전반 21 |
| 2020.06.14 | 박주영 | 서울 | 대구 | 원정 | K리그1 | 전반 40 |
| 2020.06.14 | 정현철 | 서울 | 대구 | 원정 | K리그1 | 후반 19 |
| 2020.06.27 | 박준강 | 부산 | 성남 | 홈 | K리그1 | 전반 8 |
| 2020.07.25 | 김진혁 | 상주 | 울산 | 홈 | K리그1 | 후반 13 |
| 2020.08.02 | 한석종 | 상주 | 강원 | 원정 | K리그1 | 전반 20 |
| 2020.09.05 | 도스톤벡 | 부산 | 서울 | 원정 | K리그1 | 전반 24 |
| 2020.09.12 | 김재우 | 대구 | 울산 | 원정 | K리그1 | 후반 1 |
| 2020.09.12 | 여 름 | 광주 | 전북 | 홈 | K리그1 | 전반 25 |
| 2020.09.13 | 조성진 | 수원 | 서울 | 원정 | K리그1 | 전반 6 |
| 2020.10.17 | 김재우 | 대구 | 상주 | 원정 | K리그1 | 전반 34 |
| 2020.05.30 | 윤경보 | 대전 | 경남 | 원정 | K리그2 | 후반 44 |
| 2020.06.21 | 유종현 | 안양 | 수원FC | 원정 | K리그2 | 전반 16 |
| 2020.07.04 | 김민호 | 안산 | 전남 | 원정 | K리그2 | 후반 28 |
| 2020.07.04 | 김성현 | 서울E | 수원FC | 홈 | K리그2 | 후반 9 |
| 2020.08.08 | 룩 | 경남 | 대전 | 원정 | K리그2 | 전반 20 |
| 2020.08.30 | 감한솔 | 부천 | 충남아산 | 홈 | K리그2 | 전반 40 |
| 2020.09.19 | 박요한 | 안양 | 전남 | 홈 | K리그2 | 전반 27 |
| 2020.10.03 | 정민기 | 안양 | 제주 | 원정 | K리그2 | 후반 10 |
| 2020.10.18 | 박찬용 | 전남 | 수원FC | 원정 | K리그2 | 전반 0 |
| 2020.10.18 | 이지훈 | 수원FC | 전남 | 홈 | K리그2 | 전반 9 |
| 2021.02.27 | 김원균 | 서울 | 전북 | 원정 | K리그1 | 후반 30 |
| 2021.03.07 | 정동호 | 수원FC | 서울 | 원정 | K리그1 | 전반 27 |
| 2021.03.13 | 한희훈 | 광주 | 전북 | 홈 | K리그1 | 후반 43 |
| 2021.03.21 | 이승모 | 포항 | 성남 | 원정 | K리그1 | 전반 35 |
| 2021.04.11 | 장호익 | 수원 | 제주 | 원정 | K리그1 | 후반 33 |
| 2021.04.30 | 홍준호 | 서울 | 성남 | 홈 | K리그1 | 후반 12 |
| 2021.05.01 | 박지수 | 수원FC | 대구 | 홈 | K리그1 | 전반 38 |
| 2021.09.05 | 홍정호 | 전북 | 서울 | 원정 | K리그1 | 후반 23 |
| 2021.05.22 | 홍성욱 | 제주 | 성남 | 홈 | K리그1 | 전반 26 |

| 경기일자 | 선수명 | 소속 | 상대팀 | 경기구분 | | 시간 |
|---|---|---|---|---|---|---|
| 2021.05.30 | 김수범 | 강원 | 대구 | 원정 | K리그1 | 전반 43 |
| 2021.07.20 | 김동우 | 수원FC | 수원 | 원정 | K리그1 | 후반 24 |
| 2021.07.21 | 이한도 | 광주 | 강원 | 홈 | K리그1 | 후반 33 |
| 2021.10.24 | 김태환 | 울산 | 성남 | 원정 | K리그1 | 후반 26 |
| 2021.10.24 | 그랜트 | 포항 | 인천 | 홈 | K리그1 | 후반 29 |
| 2021.09.21 | 김영빈 | 강원 | 수원 | 원정 | K리그1 | 후반 6 |
| 2021.09.21 | 구자룡 | 전북 | 광주 | 원정 | K리그1 | 후반 34 |
| 2021.09.22 | 박수일 | 성남 | 수원FC | 원정 | K리그1 | 후반 49 |
| 2021.09.25 | 조성훈 | 포항 | 제주 | 홈 | K리그1 | 전반 37 |
| 2021.11.03 | 알렉스 | 광주 | 서울 | 홈 | K리그1 | 후반 19 |
| 2021.11.07 | 이 준 | 포항 | 광주 | 홈 | K리그1 | 전반 47 |
| 2021.11.21 | 윤일록 | 울산 | 제주 | 홈 | K리그1 | 후반 29 |
| 2021.04.04 | 은나마니 | 전남 | 대전 | 홈 | K리그2 | 후반 36 |
| 2021.06.06 | 김선우 | 안산 | 김천 | 원정 | K리그2 | 후반 32 |
| 2021.06.12 | 한용수 | 충남아산 | 대전 | 홈 | K리그2 | 후반 3 |
| 2021.07.17 | 연제민 | 안산 | 부산 | 원정 | K리그2 | 후반 40 |
| 2021.08.15 | 우주성 | 김천 | 충남아산 | 원정 | K리그2 | 후반 19 |
| 2021.08.21 | 강수일 | 안산 | 충남아산 | 홈 | K리그2 | 전반 16 |
| 2021.08.29 | 박찬용 | 전남 | 김천 | 홈 | K리그2 | 후반 15 |
| 2021.09.18 | 김정현 | 부산 | 안양 | 홈 | K리그2 | 후반 23 |
| 2021.09.26 | 구성윤 | 김천 | 대전 | 홈 | K리그2 | 전반 17 |
| 2021.12.12 | 이지솔 | 대전 | 강원 | 원정 | 플레이오프 | 전반 26 |
| 2022.02.26 | 기성용 | 서울 | 인천 | 원정 | K리그1 | 전반 18 |
| 2022.04.03 | 신재원 | 수원FC | 성남 | 홈 | K리그1 | 전반 46 |
| 2022.05.08 | 김명순 | 제주 | 김천 | 홈 | K리그1 | 후반 48 |
| 2022.05.15 | 김오규 | 제주 | 수원FC | 원정 | K리그1 | 전반 30 |
| 2022.05.18 | 김민혁 | 성남 | 수원FC | 홈 | K리그1 | 후반 39 |
| 2022.05.22 | 곽윤호 | 수원FC | 전북 | 홈 | K리그1 | 후반 26 |
| 2022.06.17 | 윤평국 | 포항 | 강원 | 홈 | K리그1 | 전반 43 |
| 2022.07.05 | 김오규 | 제주 | 김천 | 원정 | K리그1 | 후반 35 |
| 2022.08.07 | 델브리지 | 인천 | 대구 | 원정 | K리그1 | 전반 9 |
| 2022.09.03 | 임상협 | 포항 | 대구 | 홈 | K리그1 | 후반 23 |
| 2022.09.06 | 서민우 | 강원 | 김천 | 홈 | K리그1 | 전반 42 |
| 2022.09.18 | 곽광선 | 성남 | 포항 | 홈 | K리그1 | 후반 32 |
| 2022.10.03 | 곽광선 | 성남 | 수원 | 홈 | K리그1 | 후반 9 |
| 2022.04.09 | 임은수 | 대전 | 서울E | 홈 | K리그2 | 전반 44 |
| 2022.04.18 | 김현훈 | 광주 | 안양 | 원정 | K리그2 | 전반 34 |
| 2022.06.08 | 이후권 | 전남 | 서울E | 원정 | K리그2 | 전반 23 |
| 2022.06.04 | 이재명 | 경남 | 김포 | 홈 | K리그2 | 후반 46 |
| 2022.06.11 | 백동규 | 안양 | 광주 | 원정 | K리그2 | 전반 46 |
| 2022.07.10 | 장순혁 | 전남 | 충남아산 | 원정 | K리그2 | 후반 48 |
| 2022.08.08 | 이준재 | 경남 | 안양 | 홈 | K리그2 | 후반 3 |
| 2022.08.22 | 이은범 | 충남아산 | 안산 | 원정 | K리그2 | 후반 22 |
| 2022.08.31 | 김영찬 | 경남 | 충남아산 | 원정 | K리그2 | 전반 29 |
| 2022.09.10 | 이재성 | 충남아산 | 대전 | 원정 | K리그2 | 전반 8 |
| 2023.03.11 | 세라토 | 대구 | 강원 | 원정 | K리그1 | 전반 24 |
| 2023.03.18 | 김봉수 | 제주 | 서울 | 홈 | K리그1 | 후반 21 |
| 2023.04.01 | 오스마르 | 서울 | 대전 | 원정 | K리그1 | 전반 14 |
| 2023.05.06 | 하창래 | 포항 | 제주 | 원정 | K리그1 | 후반 3 |
| 2023.05.28 | 김민덕 | 대전 | 울산 | 원정 | K리그1 | 전반 20 |
| 2023.06.03 | 오베르단 | 포항 | 광주 | 원정 | K리그1 | 전반 25 |
| 2023.06.11 | 정태욱 | 전북 | 강원 | 원정 | K리그1 | 후반 1 |
| 2023.07.01 | 임채민 | 제주 | 전북 | 원정 | K리그1 | 전반 9 |
| 2023.07.01 | 조진우 | 대구 | 수원 | 홈 | K리그1 | 후반 9 |
| 2023.07.08 | 우고 고메스 | 수원FC | 인천 | 홈 | K리그1 | 후반 1 |
| 2023.08.19 | 오승훈 | 대구 | 서울 | 원정 | K리그1 | 전반 8 |
| 2023.04.02 | 최희원 | 전남 | 천안 | 원정 | K리그2 | 후반 30 |
| 2023.04.18 | 김정현 | 안양 | 경남 | 원정 | K리그2 | 후반 44 |
| 2023.04.18 | 백동규 | 안양 | 경남 | 원정 | K리그2 | 후반 21 |
| 2023.05.03 | 글레이손 | 경남 | 서울E | 홈 | K리그2 | 전반 19 |
| 2023.05.20 | 이재원 | 천안 | 충남아산 | 홈 | K리그2 | 전반 44 |
| 2023.06.03 | 이석규 | 천안 | 경남 | 홈 | K리그2 | 전반 15 |
| 2023.06.24 | 이광준 | 천안 | 김천 | 원정 | K리그2 | 전반 39 |
| 2023.07.03 | 최희원 | 전남 | 서울E | 홈 | K리그2 | 전반 14 |
| 2023.07.15 | 신원호 | 천안 | 충북청주 | 홈 | K리그2 | 후반 51 |
| 2023.08.06 | 이강희 | 경남 | 서울E | 원정 | K리그2 | 후반 42 |
| 2023.09.24 | 김영찬 | 경남 | 부천 | 원정 | K리그2 | 후반 39 |
| 2023.10.07 | 김정민 | 안양 | 김포 | 원정 | K리그2 | 후반 46 |
| 2024.03.30 | 이정택 | 대전 | 인천 | 원정 | K리그1 | 후반 1 |
| 2024.04.06 | 박승욱 | 김천 | 광주 | 홈 | K리그1 | 전반 6 |
| 2024.05.01 | 이탈로 | 제주 | 광주 | 홈 | K리그1 | 후반 6 |
| 2024.05.19 | 최 준 | 서울 | 대구 | 홈 | K리그1 | 후반 11 |
| 2024.05.25 | 이태석 | 서울 | 포항 | 원정 | K리그1 | 전반 4 |
| 2024.06.15 | 이동희 | 포항 | 대전 | 홈 | K리그1 | 전반 14 |
| 2024.06.16 | 이태석 | 서울 | 울산 | 원정 | K리그1 | 전반 42 |
| 2024.07.07 | 김진호 | 광주 | 강원 | 원정 | K리그1 | 후반 36 |
| 2024.07.09 | 김동헌 | 김천 | 수원FC | 홈 | K리그1 | 전반 9 |
| 2024.07.09 | 장영우 | 수원FC | 김천 | 원정 | K리그1 | 후반 8 |
| 2024.07.14 | 가브리엘 | 광주 | 인천 | 홈 | K리그1 | 후반 37 |
| 2024.07.20 | 정 운 | 제주 | 강원 | 원정 | K리그1 | 전반 13 |
| 2024.08.09 | 김영빈 | 강원 | 김천 | 원정 | K리그1 | 전반 35 |
| 2024.08.10 | 고명석 | 대구 | 울산 | 원정 | K리그1 | 전반 30 |
| 2024.08.18 | 강투지 | 강원 | 광주 | 홈 | K리그1 | 전반 21 |
| 2024.08.25 | 박승욱 | 김천 | 대전 | 홈 | K리그1 | 후반 25 |
| 2024.09.01 | 손준호 | 수원FC | 강원 | 원정 | K리그1 | 전반 3 |
| 2024.09.22 | 강투지 | 강원 | 포항 | 원정 | K리그1 | 전반 5 |
| 2024.10.06 | 임채민 | 제주 | 대전 | 홈 | K리그1 | 전반 34 |
| 2024.11.24 | 임채민 | 제주 | 대전 | 원정 | K리그1 | 전반 44 |
| 2024.04.10 | 유지하 | 전남 | 수원 | 원정 | K리그2 | 전반 3 |
| 2024.04.13 | 박종현 | 안양 | 부산 | 원정 | K리그2 | 후반 33 |
| 2024.04.14 | 정한철 | 김포 | 수원 | 원정 | K리그2 | 후반 55 |
| 2024.05.04 | 김승호 | 충남아산 | 안양 | 홈 | K리그2 | 후반 33 |
| 2024.05.06 | 마상훈 | 천안 | 안산 | 홈 | K리그2 | 후반 18 |
| 2024.05.18 | 양형모 | 수원 | 부천 | 홈 | K리그2 | 후반 31 |
| 2024.05.19 | 이강희 | 경남 | 김포 | 홈 | K리그2 | 후반 36 |
| 2024.06.22 | 단레이 | 안양 | 서울E | 홈 | K리그2 | 전반 45 |
| 2024.06.26 | 이준석 | 서울E | 안산 | 홈 | K리그2 | 후반 39 |
| 2024.06.30 | 김형근 | 부천 | 안양 | 홈 | K리그2 | 후반 11 |
| 2024.07.21 | 윤보상 | 서울E | 천안 | 홈 | K리그2 | 후반 5 |
| 2024.08.26 | 이승빈 | 안산 | 천안 | 원정 | K리그2 | 후반 2 |
| 2025.02.22 | 이 용 | 수원FC | 대구 | 원정 | K리그1 | 후반 7 |
| 2025.03.15 | 전현병 | 충북청주 | 화성 | 원정 | K리그2 | 후반 32 |
| 2025.03.16 | 김경재 | 전남 | 경남 | 원정 | K리그2 | 후반 10 |
| 2025.03.29 | 이풍연 | 안산 | 화성 | 홈 | K리그2 | 전반 29 |

| 경기일자 | 선수명 | 소속 | 상대팀 | 경기구분 | | 시간 |
|---|---|---|---|---|---|---|
| 2025.05.04 | 이준재 | 경남 | 안산 | 원정 | K리그2 | 후반 16 |
| 2025.05.10 | 류원우 | 경남 | 부천 | 홈 | K리그2 | 전반 37 |
| 2025.05.10 | 오스마르 | 서울E | 안산 | 홈 | K리그2 | 후반 35 |
| 2025.05.10 | 에드가 | 대구 | 안양 | 원정 | K리그1 | 후반 46 |
| 2025.05.27 | 황재원 | 대구 | 전북 | 홈 | K리그1 | 전반 16 |
| 2025.06.01 | 마상훈 | 천안 | 인천 | 홈 | K리그2 | 전반 22 |
| 2025.06.01 | 이재원 | 부천 | 수원 | 원정 | K리그2 | 후반 23 |
| 2025.06.17 | 김태한 | 수원FC | 전북 | 원정 | K리그1 | 후반 43 |
| 2025.06.22 | 김형진 | 경남 | 수원 | 홈 | K리그2 | 후반 10 |
| 2025.06.22 | 황석호 | 수원 | 경남 | 원정 | K리그2 | 후반 14 |
| 2025.07.06 | 함선우 | 화성 | 부천 | 홈 | K리그2 | 후반 17 |
| 2025.07.12 | 우주성 | 대구 | 울산 | 원정 | K리그1 | 후반 33 |
| 2025.07.18 | 김경민 | 광주 | 수원FC | 원정 | K리그1 | 후반 44 |
| 2025.07.19 | 이호재 | 포항 | 전북 | 홈 | K리그1 | 후반 48 |
| 2025.07.26 | 김강산 | 김천 | 제주 | 홈 | K리그1 | 후반 31 |
| 2025.08.23 | 유리조나탄 | 제주 | 대구 | 원정 | K리그1 | 후반 5 |
| 2025.08.31 | 권경원 | 안양 | 서울 | 원정 | K리그1 | 후반 2 |
| 2025.09.14 | 안준수 | 수원FC | 광주 | 홈 | K리그1 | 전반 8 |
| 2025.09.14 | 박인혁 | 광주 | 수원FC | 원정 | K리그1 | 전반 40 |
| 2025.09.20 | 손준호 | 충남아산 | 성남 | 원정 | K리그2 | 전반 39 |
| 2025.09.21 | 김예성 | 전남 | 부산 | 원정 | K리그2 | 전반 11 |
| 2025.09.21 | 강투지 | 강원 | 수원FC | 원정 | K리그1 | 후반 1 |
| 2025.09.27 | 김경재 | 전남 | 부천 | 홈 | K리그2 | 후반 21 |
| 2025.09.27 | 연제운 | 전북 | 서울 | 원정 | K리그1 | 후반 50 |
| 2025.10.07 | 보이노비치 | 화성 | 서울E | 원정 | K리그2 | 전반 12 |
| 2025.10.08 | 이상민 | 성남 | 부천 | 원정 | K리그2 | 전반 44 |
| 2025.10.12 | 최정원 | 전남 | 안산 | 홈 | K리그2 | 전반 1 |
| 2025.10.25 | 티아고 | 전북 | 김천 | 홈 | K리그1 | 전반 26 |
| 2025.10.25 | 송범근 | 전북 | 김천 | 홈 | K리그1 | 후반 3 |
| 2025.11.01 | 하창래 | 대전 | 서울 | 홈 | K리그1 | 후반 8 |
| 2025.11.23 | 조위제 | 부산 | 성남 | 원정 | K리그2 | 후반 35 |

## 역대 단일 시즌 득점 · 도움 10-10 기록

| 선수명 | 구단 | 출전-득점-도움 | 연도 | 기록달성 | 비고 |
|---|---|---|---|---|---|
| 라데 | 포항 | 39-13-16 | 1996 | 28경기째 | |
| 비탈리 | 수원 | 36-10-10 | 1999 | 35경기째 | |
| 최용수 | 안양LG | 34-14-10 | 2000 | 33경기째 | |
| 김대의 | 성남일화 | 38-17-12 | 2002 | 26경기째 | |
| 에드밀손 | 전북 | 39-17-14 | 2003 | 32경기째 | |
| 김도훈 | 성남일화 | 40-28-13 | 2003 | 37경기째 | |
| 에닝요 | 전북 | 28-10-12 | 2009 | 28경기째 | |
| 데얀 | 서울 | 35-19-10 | 2010 | 28경기째(10.09) | |
| 김은중 | 제주 | 34-17-11 | 2010 | 32경기째(10.31) | |
| 루시오 | 경남 | 32-15-10 | 2010 | 31경기째(11.07) | |
| 에닝요 | 전북 | 33-18-10 | 2010 | 31경기째(11.20) | 2년연속 |
| 이동국 | 전북 | 29-16-15 | 2011 | 20경기째(08.06) | |
| 몰리나 | 서울 | 29-10-12 | 2011 | 27경기째(10.23) | |
| 몰리나 | 서울 | 41-19-10 | 2012 | 22경기째(07.28) | 2년연속 |
| 에닝요 | 전북 | 38-15-13 | 2012 | 26경기째(08.23) | |
| 산토스 | 제주 | 35-14-11 | 2012 | 31경기째(11.18) | |
| 루시오 | 광주 | 32-13-10 | 2013 | 32경기째(11.10) | |
| 로페즈 | 제주 | 33-11-11 | 2015 | 30경기째(10.04) | |
| 정원진 | 경남 | 34-10-10 | 2017 | 34경기째(10.29) | |
| 호물로 | 부산 | 38-11-10 | 2018 | 38경기째(12.09) | |
| 세징야 | 대구 | 35-15-10 | 2019 | 34경기째 (11.23) | |
| 문선민 | 전북 | 32-10-10 | 2019 | 29경기째 (10.20) | |
| 김대원 | 강원 | 37-12-13 | 2022 | 27경기째((08.27) | |
| 발디비아 | 전남 | 36-14-14 | 2023 | 29경기째(09.17) | |
| 에울레르 | 서울E | 38-12-11 | 2025 | 27경기째(09.06) | |
| 제르소 | 인천 | 37-12-10 | 2025 | 29경기째(09.13) | |
| 세징야 | 대구 | 25-12-12 | 2025 | 21경기째(10.04) | |
| 이동경 | 김천 | 36-13-12 | 2025 | 32경기째(10.05) | |

## 역대 대회별 전 경기, 전 시간 출전자

| 연도 | 시즌 | 경기수 | 전 경기 전 시간 | 전 경기 |
|---|---|---|---|---|
| 83 | 수퍼리그 | 16 | 최기봉, 이강조(이상 유공), 유태목(대우), 김성부(포철) | 최종덕, 홍성호, 박상인, 오석재, 이강석(이상 할렐루야), 김용세(유공), 이춘석(대우), 최상국(포항제철) |
| 84 | 축구대제전 수퍼리그 | 28 | 최기봉, 오연교(이상 유공), 김평석(현대), 조병득(할렐루야), 박창선(대우) | 신문선, 김용세(이상 유공), 조영증(럭키금성), 백종철(현대), 박상인(할렐루야), 이재희(대우) |
| 85 | 축구대제전 수퍼리그 | 21 | 최강희, 김문경(이상 현대), 전차식(포항제철), 김현태, 강득수(이상 럭키금성), 김풍주(대우) 최영희(한일은행), 황정현(할렐루야) | 한문배, 이상래, 피아퐁(이상 럭키금성), 신문선(유공), 김영세(유공) 박상인(할렐루야), 신제경(상무), 김대흠(상무), 최태진(대우), 조성규(한일은행), 이흥실(포항제철) |
| 86 | 축구대제전 | 20 | 박노봉(대우) | 민진홍(유공), 함현기(현대), 윤성효(한일은행) |
| | 프로축구선수권대회 | 16 | 최기봉(유공) | 민진홍, 신동철(이상 유공), 권오손, 구상범, 박항서, 이상래(이상 럭키금성) |
| 87 | 한국프로축구대회 | 32 | 최기봉(유공) | |
| 88 | 한국프로축구대회 | 24 | 이문영(유공) | 이광종(유공), 김문경(현대) |
| 89 | 한국프로축구대회 | 40 | 임종헌(일화), 강재순(현대) | |
| 90 | 한국프로축구대회 | 30 | | 윤상철(럭키금성) |
| 91 | 한국프로축구대회 | 40 | | 고정운(일화) |
| 92 | 한국프로축구대회 | 30 | 사리체프(일화), 정종선(현대) | 신홍기(현대), 임근재(LG) |
| | 아디다스컵 | 10 | 사리체프(일화), 정용환(대우) | |

| 연도 | 시즌 | 경기수 | 전 경기 전 시간 | 전 경기 |
|---|---|---|---|---|
| 93 | 한국프로축구대회 | 30 | 사리체프(일화), 최영일(현대) | 이광종(유공) |
| | 아디다스컵 | 5 | 사리체프(일화) | |
| 94 | 하이트배 코리안리그 | 30 | 사리체프(일화), 이명열(포항제철) | |
| | 아디다스컵 | 6 | 사리체프(일화) 外 다수 | |
| 95 | 하이트배 코리안리그 | 28 | 사샤(유공) | |
| | 아디다스컵 | 7 | 사샤(유공) 外 다수 | |
| 96 | 라피도컵 프로축구대회 | 32 | | 라데(포항) |
| | 아디다스컵 | 8 | 공문배(포항) 外 다수 | 박태하(포항) 外 다수 |
| 97 | 라피도컵 프로축구대회 | 18 | 김봉현(전북), 최은성(대전) | 황연석(천안) |
| | 아디다스컵 | 9 | 아보라(천안) 外 다수 | 정성천(대전) 外 다수 |
| | 프로스펙스컵 | 11 | 김이섭(포항) | |
| 98 | 현대컵 K-리그 | 22 | 김병지(울산) | 이문석(울산) 外 다수 |
| | 필립모리스코리아컵 | 9 | 박태하(포항) 外 다수 | 무탐바(안양LG) 外 다수 |
| | 아디다스코리아컵 | 11 | 김상훈(울산) 外 다수 | 김기동(부천SK) 外 다수 |
| 99 | 바이코리아컵 K-리그 | 32~27 | 이용발(부천SK) | 이원식(부천SK), 김정혁(전남), 김현석(울산), 황승주(울산) |
| | 대한화재컵 | 8~11 | 김봉현(전북) 外 다수 | 김기동(부천SK) 外 다수 |
| | 아디다스컵 | 1~4 | 곽경근(부천SK) 外 다수 | 공오균(대전) 外 다수 |
| 00 | 삼성 디지털 K-리그 | 32~27 | 이용발(부천SK), 조성환(부천SK) | 박남열(성남일화), 신홍기(수원), 안드레(안양LG), 세자르(전남), 김종천(포항) |
| | 대한화재컵 | 8~11 | 이용발(부천SK), 조성환(부천SK) 外 다수 | 신의손(안양LG) 外 다수 |
| | 아디다스컵 | 1~4 | 이용발(부천SK), 조성환(부천SK) 外 다수 | 김대환(수원) 外 다수 |
| 01 | 포스코 K-리그 | 27 | 김기동(부천SK), 이용발(부천SK), 신의손(안양LG) | 남기일(부천SK), 신태용(성남일화), 이기형(수원) |
| | 아디다스컵 | 8~11 | 심재원(부산), 산드로(수원) 外 다수 | 하리(부산), 윤희준(부산) 外 다수 |
| 02 | 삼성파브 K-리그 | 27 | 김기동(부천SK), 이용발(부천SK), 박종문(전남) | 이영수(전남), 김대의(성남일화), 이병근(수원), 에드밀손(전북), 추운기(전북) |
| | 아디다스컵 | 8~11 | 신태용(성남일화), 서정원(수원) 外 다수 | 김현수(성남일화), 신의손(안양LG) 外 다수 |
| 03 | 삼성 하우젠 K-리그 | 44 | | 마그노(전북), 도도(울산) |
| 04 | 삼성 하우젠 K-리그 | 24~27 | 김병지(포항), 유경렬(울산), 서동명(울산), 조준호(부천SK), 윤희준(부산) | 김은중(서울) |
| | 삼성 하우젠컵 | 12 | 김병지(포항), 곽희주(수원), 이용발(전북), 조준호(부천SK), 한태유(서울), 이반, 박우현(이상 성남일화) | 최성용(수원), 임중용(인천), 김기형(부천SK), 손대호(수원), 김경량(전북) 外 다수 |
| 05 | 삼성 하우젠 K-리그 | 24~27 | 김병지(포항), 조준호(부천SK), 임중용(인천) | 산드로(대구), 김기동(포항) |
| | 삼성 하우젠컵 | 12 | 김병지(포항), 조준호(부천SK), 김성근(포항), 산토스(포항), 주승진(대전), 김영철, 배효성(이상 성남일화), 송정현(대구), 산드로(대구), 전재호(인천) | 현영민(울산) 外 다수 |
| 06 | 삼성 하우젠 K-리그 | 26~29 | 김병지(서울), 최은성(대전), 이정래(경남) | 장학영, 박진섭(이상 성남일화), 박종진(대구), 루시아노(경남) |
| | 삼성 하우젠컵 | 13 | 배효성(부산), 장학영(성남일화), 김병지(서울), 최은성(대전), 이정래(경남) | 박동혁(울산), 이종민(울산), 김치우(인천), 박용호(광주상무), 이정수(수원), 최성국(울산), 장남석(대구), 이승현(부산), 우성용(성남일화), 박재현(인천), 최영훈(전북), 주광윤(전남) |
| 07 | 삼성 하우젠 K-리그 | 31~26 | 김용대, 장학영, 김영철(이상 성남일화), 염동균(전남), 김병지(서울) | 데얀(인천), 산드로(전남), 송정현(전남), 김상록(인천) |
| | 삼성 하우젠컵 | 10~12 | 김병지(서울), 김현수(대구) 外 다수 | 아디(서울), 데닐손(대전), 박성호(부산) |
| 08 | 삼성 하우젠 K-리그 | 28~26 | 이운재(수원), 정성룡(포항), 백민철(대구) | 데얀(서울), 두두(성남일화), 이근호(대구), 라돈치치(인천), 김영빈(인천) |
| | 삼성 하우젠컵 | 10~12 | 백민철(대구) | 서동현(수원), 김상식, 박진섭, 장학영(이상 성남일화), 김영삼(울산), 현영민(울산), 이승렬(서울), 조형익(대구) |
| 09 | K-리그 | 28~30 | 김영광(울산) | 김상식(전북), 루이스(전북), 윤준하(강원) |
| | 피스컵 코리아 | 2~10 | 조병국, 이호(이상 성남일화), 신형민(포항), 백민철(대구) 外 다수 | 박희도(부산), 장학영(성남), 구자철(제주) 外 다수 |

| 연도 | 시즌 | 경기수 | 전 경기 전 시간 | 전 경기 |
|---|---|---|---|---|
| 10 | 쏘나타 K리그 | 28~31 | 김호준(제주), 김용대(서울), 정성룡(성남일화), 김병지(경남), 백민철(대구) | 김영후(강원), 유병수(인천) |
| | 포스코컵 | 4~7 | 김용대(서울) 外 다수 | 아디(서울) 外 다수 |
| 11 | 현대오일뱅크 K리그 | 30~35 | 박호진(광주), 김병지(경남), 이운재(전남) 外 다수 | 김신욱(울산) 外 다수 |
| | 러시앤캐시컵 | 1~8 | 윤시호(대구), 조동건(성남일화), 박준혁(대구) 外 다수 | 고슬기(울산), 김신욱(울산) 外 다수 |
| 12 | 현대오일뱅크 K리그 | 44 | 김용대(서울) | 자일(제주), 한지호(부산) |
| 13 | 현대오일뱅크 K리그 클래식 | 38 | 권정혁(인천) | 전상욱(성남일화), 김치곤(울산) |
| 14 | 현대오일뱅크 K리그 클래식 | 38 | 김병지(전남) | |
| | 현대오일뱅크 K리그 챌린지 | 36 | | 권용현(수원FC) |
| 15 | 현대오일뱅크 K리그 클래식 | 38 | 신화용(포항), 오스마르(서울) | 김신욱(울산) |
| | 현대오일뱅크 K리그 챌린지 | 41 | | 조현우(대구) |
| 16 | 현대오일뱅크 K리그 클래식 | 38 | | 송승민(광주) |
| | 현대오일뱅크 K리그 챌린지 | 40 | 김한빈(충주) | |
| 17 | KEB하나은행 K리그 클래식 | 38 | | 송승민(광주). 오르샤(울산), 염기훈(수원) |
| | KEB하나은행 K리그 챌린지 | 36 | 김영광(서울E) | 안태현(부천) |
| 18 | KEB하나은행 K리그1 | 38 | 김승대(포항), 강현무(포항) | |
| | KEB하나은행 K리그2 | 36 | 김영광(서울E) | |
| 19 | 하나원큐 K리그1 | 38 | 송범근(전북), 한국영(강원) | 연제운(성남), 조현우(대구), 완델손(포항) |
| | 하나원큐 K리그2 | 36~37 | 이인재(안산) | 박진섭(안산), 이동준(부산) |
| 20 | 하나원큐 K리그1 | 27 | 조현우(울산), 강현무(포항), 송범근(전북) | 정태욱(대구), 김민우(수원), 김광석(포항), 송민규(포항), 주니오(울산), 김대원(대구), |
| | 하나원큐 K리그2 | 27~29 | | |
| 21 | 하나원큐 K리그1 | 38 | 조현우(울산), 김영광(성남) | 이기제(수원), 정우재(제주) |
| | 하나원큐 K리그2 | 36~37 | | 주현우(안양) |
| 22 | 하나원큐 K리그1 | 38 | | 정승용(강원), 팔로세비치(서울), 서민우(강원) |
| | 하나원큐 K리그2 | 40~41 | 정민기(안양) | |
| 23 | 하나원큐 K리그1 | 38 | 황인재(포항), 이창근(대전) | 김영빈(강원), 김진혁(대구), 김주성(서울), 두현석(광주), 나상호(서울) |
| | 하나원큐 K리그2 | 36~38 | 구상민(부산) | 김강국(충남아산), 닐손주니어(부천) 이상민(서울E), 송홍민((경남), 박민서(경남), 발디비아(전남), 플라나(전남), 주현우(안양) |
| 24 | 하나은행 K리그1 | 38 | 조현우(울산) | 완델손(포항), 김봉수(김천), 안데르손(수원FC), 무고사(인천), 정승원(수원FC), 양민혁(강원), 서진수(제주) |
| | 하나은행 K리그2 | 36~38 | | 라마스(부산), 이태희(안양), 임민혁(부산), 마테우스(안양), 주닝요(충남아산), 변경준(서울E) |
| 25 | 하나은행 K리그1 | 38 | 송범근(전북) | |
| | 하나은행 K리그2 | 39 | 김선민(충북청주), 김건희(인천) | 전성진(화성), 박민서(경남) |



## 역대 감독별 승 · 무 · 패 기록

K1: K리그1(승강제 이전 포함) . K2: K리그2 . PO: K리그 플레이오프, 컵: K리그 리그컵

| 감독명 | 리그 | 구단명 | 재임년도 | 승 | 무 | 패 | 비고 |
|---|---|---|---|---|---|---|---|
| 가 마 | | 통산 | | 5 | 12 | 10 | |
| | K1 | 대구 | 2022 | 5 | 12 | 10 | ~2022.08.14 |
| 강 철 | | 통산 | | 0 | 0 | 1 | |
| | K2 | 대전 | 2020 | 0 | 0 | 1 | 2020.09.09~09.17 |
| 고 재 욱 | | 통산 | | 155 | 135 | 127 | |
| | K1 | 럭키금성 | 1988 | 6 | 11 | 7 | |
| | K1 | 럭키금성 | 1989 | 15 | 17 | 8 | |
| | K1 | 럭키금성 | 1990 | 14 | 11 | 5 | |
| | K1 | LG | 1991 | 9 | 15 | 16 | |
| | K1 | LG | 1992 | 8 | 13 | 9 | |
| | 컵 | LG | 1992 | 4 | 4 | 4 | |
| | K1 | LG | 1993 | 10 | 11 | 9 | |
| | 컵 | LG | 1993 | 1 | 1 | 3 | |
| | 컵 | 현대 | 1995 | 5 | 2 | 0 | |

| 감독명 | 리그 | 구단명 | 재임년도 | 승 | 무 | 패 | 비고 |
|---|---|---|---|---|---|---|---|
| | K1 | 현대 | 1995 | 11 | 12 | 5 | |
| | 컵 | 울산 | 1996 | 3 | 2 | 3 | |
| | K1 | 울산 | 1996 | 16 | 3 | 13 | |
| | PO | 울산 | 1996 | 1 | 0 | 1 | |
| | 컵 | 울산 | 1997 | 5 | 7 | 5 | |
| | K1 | 울산 | 1997 | 8 | 6 | 4 | |
| | 컵 | 울산 | 1998 | 10 | 4 | 6 | |
| | K1 | 울산 | 1998 | 9 | 5 | 4 | |
| | PO | 울산 | 1998 | 1 | 1 | 2 | |
| | 컵 | 울산 | 1999 | 5 | 3 | 2 | |
| | K1 | 울산 | 1999 | 10 | 3 | 14 | |
| | 컵 | 울산 | 2000 | 4 | 1 | 3 | ~2000.06.13 |
| | K1 | 울산 | 2000 | 0 | 3 | 4 | ~2000.06.13 |
| 고 정 운 | | 통산 | | 67 | 57 | 66 | |

| 감독명 | 리그 | 구단명 | 재임년도 | 승 | 무 | 패 | 비고 |
|---|---|---|---|---|---|---|---|
| | K2 | 안양 | 2018 | 12 | 8 | 16 | |
| | K2 | 김포 | 2022 | 10 | 11 | 19 | |
| | K2 | 김포 | 2023 | 16 | 12 | 8 | |
| | PO | 김포 | 2023 | 1 | 1 | 1 | |
| | K2 | 김포 | 2024 | 14 | 12 | 10 | |
| | K2 | 김포 | 2025 | 14 | 13 | 12 | |
| 고종수 | | 통산 | | 19 | 11 | 20 | |
| | PO | 대전 | 2018 | 1 | 0 | 1 | |
| | K2 | 대전 | 2018 | 15 | 8 | 13 | |
| | K2 | 대전 | 2019 | 3 | 3 | 6 | ~2019.05.20 |
| 곽경근 | | 통산 | | 8 | 9 | 18 | |
| | K2 | 부천 | 2013 | 8 | 9 | 18 | |
| 구상범 | | 통산 | | 1 | 4 | 6 | |
| | K1 | 성남 | 2016 | 1 | 2 | 6 | 2016.09.13~ |
| | PO | 성남 | 2016 | 0 | 2 | 0 | 2016.09.13~ |
| 권오규 | | 통산 | | 1 | 1 | 4 | |
| | K2 | 충북청주 | 2024 | 1 | 1 | 4 | 2024.10.04~ |
| 권우경 | | 통산 | | 1 | 5 | 2 | |
| | K2 | 경남 | 2024 | 1 | 5 | 2 | 2024.09.20~ |
| 귀네슈 | | 통산 | | 51 | 37 | 22 | |
| | K1 | 서울 | 2007 | 8 | 13 | 5 | |
| | 컵 | 서울 | 2007 | 6 | 4 | 2 | |
| | 컵 | 서울 | 2008 | 4 | 2 | 4 | |
| | PO | 서울 | 2008 | 1 | 1 | 1 | |
| | K1 | 서울 | 2008 | 15 | 9 | 2 | |
| | K1 | 서울 | 2009 | 16 | 5 | 7 | ~2009.11.25 |
| | 컵 | 서울 | 2009 | 1 | 2 | 1 | ~2009.11.25 |
| | PO | 서울 | 2009 | 0 | 1 | 0 | ~2009.11.25 |
| 김귀화 | | 통산 | | 5 | 5 | 5 | |
| | K1 | 경남 | 2010 | 5 | 5 | 4 | 2010.08.01~11.29 |
| | PO | 경남 | 2010 | 0 | 0 | 1 | 2010.08.01~11.29 |
| 김기동 | | 통산 | | 101 | 73 | 73 | |
| | K1 | 포항 | 2019 | 14 | 7 | 9 | 2019.04.23~ |
| | K1 | 포항 | 2020 | 15 | 5 | 7 | |
| | K1 | 포항 | 2021 | 12 | 10 | 16 | |
| | K1 | 포항 | 2022 | 16 | 12 | 10 | |
| | K1 | 포항 | 2023 | 16 | 16 | 6 | |
| | K1 | 서울 | 2024 | 16 | 10 | 12 | |
| | K1 | 서울 | 2025 | 12 | 13 | 13 | |
| 김기복 | | 통산 | | 40 | 31 | 107 | |
| | K1 | 버팔로 | 1994 | 3 | 5 | 22 | |
| | 컵 | 버팔로 | 1994 | 2 | 0 | 4 | |
| | K1 | 대전 | 1997 | 3 | 7 | 8 | |
| | 컵 | 대전 | 1997 | 1 | 5 | 11 | |
| | K1 | 대전 | 1998 | 5 | 2 | 11 | |
| | 컵 | 대전 | 1998 | 6 | 1 | 10 | |
| | 컵 | 대전 | 1999 | 3 | 0 | 6 | |
| | K1 | 대전 | 1999 | 9 | 1 | 17 | |
| | K1 | 대전 | 2000 | 7 | 6 | 14 | |
| | 컵 | 대전 | 2000 | 1 | 4 | 4 | |
| 김길식 | | 통산 | | 17 | 22 | 36 | |
| | K2 | 안산 | 2020 | 7 | 7 | 13 | |
| | K2 | 안산 | 2021 | 7 | 10 | 12 | ~2021.09.15 |
| | K2 | 충북청주 | 2025 | 3 | 5 | 11 | 2025.07.15~ |
| 김남일 | | 통산 | | 22 | 24 | 46 | |
| | K1 | 성남 | 2020 | 7 | 7 | 13 | |
| | K1 | 성남 | 2021 | 11 | 11 | 16 | |
| | K1 | 성남 | 2022 | 4 | 6 | 17 | ~2022.08.24 |
| 김대식 | | 통산 | | 1 | 0 | 4 | |
| | K2 | 부천 | 2018 | 1 | 0 | 4 | 2018.10.08~ |
| 김대의 | | 통산 | | 25 | 13 | 34 | |
| | K2 | 수원FC | 2017 | 2 | 0 | 0 | 2017.10.20~ |
| | K2 | 수원FC | 2018 | 13 | 3 | 20 | |
| | K2 | 수원FC | 2019 | 10 | 10 | 14 | ~2019.10.29 |
| 김도균 | | 통산 | | 87 | 53 | 83 | |
| | K2 | 수원FC | 2020 | 17 | 3 | 7 | |
| | PO | 수원FC | 2020 | 0 | 1 | 0 | |
| | K1 | 수원FC | 2021 | 14 | 9 | 15 | |
| | K1 | 수원FC | 2022 | 13 | 9 | 16 | |
| | K1 | 수원FC | 2023 | 8 | 9 | 21 | |
| | PO | 수원FC | 2023 | 1 | 0 | 1 | |
| | PO | 서울E | 2024 | 0 | 1 | 2 | |
| | K2 | 서울E | 2024 | 17 | 7 | 12 | |
| | K2 | 서울E | 2025 | 17 | 14 | 8 | |
| | PO | 서울E | 2025 | 0 | 0 | 1 | |
| 김도훈 | | 통산 | | 92 | 60 | 55 | |
| | K1 | 인천 | 2015 | 13 | 12 | 13 | 2015.01.03~ |
| | K1 | 인천 | 2016 | 5 | 9 | 14 | ~2016.08.31 |
| | K1 | 울산 | 2017 | 17 | 11 | 10 | |
| | K1 | 울산 | 2018 | 17 | 12 | 9 | |
| | K1 | 울산 | 2019 | 23 | 10 | 5 | |
| | K1 | 울산 | 2020 | 17 | 6 | 4 | ~2020.12.23 |
| 김두현 | | 통산 | | 14 | 9 | 11 | |
| | K1 | 전북 | 2023 | 5 | 2 | 1 | 2023.05.04~06.22 |
| | PO | 전북 | 2024 | 2 | 0 | 0 | 2024.05.27~ |
| | K1 | 전북 | 2024 | 7 | 7 | 10 | 2024.05.27~ |
| 김병수 | | 통산 | | 53 | 60 | 82 | |
| | K2 | 서울E | 2017 | 7 | 14 | 15 | 2017.01.09~ |
| | K1 | 강원 | 2018 | 5 | 4 | 7 | 2018.08.13~ |
| | K1 | 강원 | 2019 | 14 | 8 | 16 | |
| | K1 | 강원 | 2020 | 9 | 7 | 11 | |
| | K1 | 강원 | 2021 | 9 | 11 | 15 | ~2021.11.03 |
| | K1 | 수원 | 2023 | 5 | 5 | 11 | 2023.05.04~09.27 |
| | K1 | 대구 | 2025 | 4 | 11 | 7 | 2025.05.28~ |
| 김봉길 | | 통산 | | 36 | 44 | 38 | |
| | K1 | 인천 | 2010 | 0 | 0 | 5 | 2010.06.09~08.22 |
| | K1 | 인천 | 2012 | 16 | 14 | 7 | 2012.04.12~ |
| | K1 | 인천 | 2012 | 16 | 14 | 7 | 2012.04.12~ |
| | K1 | 인천 | 2013 | 12 | 14 | 12 | |
| | K1 | 인천 | 2014 | 8 | 16 | 14 | ~2014.12.19 |
| 김상식 | | 통산 | | 46 | 21 | 19 | |
| | K1 | 전북 | 2021 | 22 | 10 | 6 | |
| | K1 | 전북 | 2022 | 21 | 10 | 7 | |
| | K1 | 전북 | 2023 | 3 | 1 | 6 | ~2023.05.04 |
| 김상호 | | 통산 | | 8 | 8 | 32 | |
| | 컵 | 강원 | 2011 | 0 | 0 | 3 | 2011.04.08~ |
| | K1 | 강원 | 2011 | 3 | 6 | 17 | 2011.04.08~ |
| | K1 | 강원 | 2012 | 5 | 2 | 12 | ~2012.07.01 |
| 김성재 | | 통산 | | 0 | 0 | 1 | |
| | K1 | 서울 | 2016 | 0 | 0 | 1 | 2016.06.23~06.26 |
| 김영민 | | 통산 | | 0 | 0 | 1 | |
| | K1 | 대전 | 2015 | 0 | 0 | 1 | 2015.05.21~05.31 |
| 김은중 | | 통산 | | 26 | 17 | 35 | |
| | K1 | 수원FC | 2024 | 15 | 8 | 15 | |
| | K1 | 수원FC | 2025 | 11 | 9 | 18 | |
| | PO | 수원FC | 2025 | 0 | 0 | 2 | |
| 김인수 | | 통산 | | 3 | 1 | 1 | |
| | K1 | 제주 | 2016 | 3 | 1 | 1 | 2016.10.15~11.07 |
| 김인완 | | 통산 | | 7 | 10 | 28 | |
| | K1 | 대전 | 2013 | 2 | 9 | 19 | ~2013.10.02 |
| | K1 | 전남 | 2018 | 5 | 1 | 9 | 2018.08.16~ |
| 김정남 | | 통산 | | 210 | 168 | 159 | |
| | K1 | 유공 | 1985 | 3 | 1 | 3 | 1985.07.22~ |
| | 컵 | 유공 | 1986 | 4 | 7 | 5 | |
| | K1 | 유공 | 1986 | 7 | 5 | 8 | |
| | K1 | 유공 | 1987 | 9 | 9 | 14 | |
| | K1 | 유공 | 1988 | 8 | 8 | 8 | |
| | K1 | 유공 | 1989 | 17 | 15 | 8 | |
| | K1 | 유공 | 1990 | 8 | 12 | 10 | |
| | K1 | 유공 | 1991 | 10 | 17 | 13 | |

| 감독명 | 리그 | 구단명 | 재임년도 | 승 | 무 | 패 | 비고 |
|---|---|---|---|---|---|---|---|
| | K1 | 유공 | 1992 | 1 | 0 | 6 | ~1992.05.12 |
| | 컵 | 울산 | 2000 | 1 | 0 | 1 | 2000.08.22~ |
| | K1 | 울산 | 2000 | 2 | 3 | 3 | 2000.08.22~ |
| | 컵 | 울산 | 2001 | 3 | 0 | 5 | |
| | K1 | 울산 | 2001 | 10 | 6 | 11 | |
| | 컵 | 울산 | 2002 | 5 | 3 | 3 | |
| | K1 | 울산 | 2002 | 13 | 8 | 6 | |
| | K1 | 울산 | 2003 | 20 | 13 | 11 | |
| | 컵 | 울산 | 2004 | 4 | 5 | 3 | |
| | K1 | 울산 | 2004 | 11 | 8 | 5 | |
| | PO | 울산 | 2004 | 0 | 0 | 1 | |
| | 컵 | 울산 | 2005 | 6 | 5 | 1 | |
| | K1 | 울산 | 2005 | 13 | 4 | 7 | |
| | PO | 울산 | 2005 | 2 | 0 | 1 | |
| | 컵 | 울산 | 2006 | 6 | 3 | 4 | |
| | K1 | 울산 | 2006 | 8 | 11 | 7 | |
| | 컵 | 울산 | 2007 | 7 | 4 | 1 | |
| | K1 | 울산 | 2007 | 12 | 9 | 5 | |
| | PO | 울산 | 2007 | 1 | 0 | 1 | |
| | 컵 | 울산 | 2008 | 4 | 4 | 2 | ~2008.12.25 |
| | K1 | 울산 | 2008 | 14 | 7 | 5 | ~2008.12.25 |
| | PO | 울산 | 2008 | 1 | 1 | 1 | ~2008.12.25 |
| 김정수 | | 통산 | | 13 | 2 | 3 | |
| | K1 | 제주 | 2025 | 5 | 2 | 3 | 2025.09.29~ |
| | PO | 제주 | 2025 | 8 | 0 | 0 | 2025.09.29~ |
| 김정우 | | 통산 | | 0 | 0 | 1 | |
| | K2 | 안산 | 2023 | 0 | 0 | 1 | 2023.06.23~06.28 |
| 김종부 | | 통산 | | 66 | 40 | 48 | |
| | K2 | 경남 | 2016 | 18 | 6 | 16 | |
| | K2 | 경남 | 2017 | 24 | 7 | 5 | |
| | K1 | 경남 | 2018 | 18 | 11 | 9 | |
| | PO | 경남 | 2019 | 0 | 1 | 1 | ~2019.12.25 |
| | K1 | 경남 | 2019 | 6 | 15 | 17 | ~2019.12.25 |
| 김종필 | | 통산 | | 30 | 41 | 59 | |
| | K2 | 충주 | 2013 | 4 | 5 | 9 | 2013.07.22~ |
| | K2 | 충주 | 2014 | 6 | 16 | 14 | |
| | K2 | 충주 | 2015 | 10 | 11 | 19 | |
| | K2 | 안양 | 2017 | 10 | 9 | 17 | |
| 김종현 | | 통산 | | 2 | 4 | 4 | |
| | K2 | 대전 | 2017 | 2 | 4 | 4 | 2017.08.31~ |
| 김진규 | | 통산 | | 4 | 4 | 3 | |
| | K1 | 서울 | 2023 | 4 | 4 | 3 | 2023.08.22~ |
| 김태수 | | 통산 | | 5 | 6 | 6 | |
| | K1 | 부산 | 1996 | 5 | 6 | 6 | 1996.07.22~ |
| 김태완 | | 통산 | | 94 | 74 | 125 | |
| | K1 | 상주 | 2011 | 2 | 2 | 9 | 2011.07.14~12.28 |
| | K1 | 상주 | 2017 | 8 | 11 | 19 | |
| | PO | 상주 | 2017 | 1 | 0 | 1 | |
| | K1 | 상주 | 2018 | 10 | 10 | 18 | |
| | K1 | 상주 | 2019 | 16 | 7 | 15 | |
| | K1 | 상주 | 2020 | 13 | 5 | 9 | |
| | K2 | 김천 | 2021 | 20 | 11 | 5 | |
| | K1 | 김천 | 2022 | 8 | 14 | 16 | |
| | PO | 김천 | 2022 | 0 | 0 | 2 | |
| | K2 | 천안 | 2024 | 11 | 10 | 15 | |
| | K2 | 천안 | 2025 | 5 | 4 | 16 | ~2025.08.22 |
| 김판곤 | | 통산 | | 27 | 17 | 26 | |
| | K1 | 부산 | 2006 | 4 | 1 | 2 | 2006.04.04~08.22 |
| | 컵 | 부산 | 2006 | 4 | 2 | 7 | 2006.04.04~08.22 |
| | K1 | 부산 | 2007 | 2 | 4 | 7 | 2007.08.07~ |
| | K1 | 울산 | 2024 | 9 | 3 | 1 | 2024.08.01~ |
| | K1 | 울산 | 2025 | 8 | 7 | 9 | ~2025.08.05 |
| 김필종 | | 통산 | | 4 | 2 | 5 | |
| | K2 | 경남 | 2025 | 4 | 2 | 5 | 2025.09.12~11.30 |
| 김학범 | | 통산 | | 141 | 95 | 121 | |

| 감독명 | 리그 | 구단명 | 재임년도 | 승 | 무 | 패 | 비고 |
|---|---|---|---|---|---|---|---|
| | PO | 성남일화 | 2005 | 0 | 0 | 1 | 2005.01.05~ |
| | 컵 | 성남일화 | 2005 | 3 | 5 | 4 | 2005.01.05~ |
| | K1 | 성남일화 | 2005 | 12 | 7 | 5 | 2005.01.05~ |
| | 컵 | 성남일화 | 2006 | 6 | 4 | 3 | |
| | K1 | 성남일화 | 2006 | 14 | 7 | 5 | |
| | PO | 성남일화 | 2006 | 3 | 0 | 0 | |
| | 컵 | 성남일화 | 2007 | 0 | 0 | 1 | |
| | K1 | 성남일화 | 2007 | 16 | 7 | 3 | |
| | PO | 성남일화 | 2007 | 0 | 0 | 2 | |
| | 컵 | 성남일화 | 2008 | 6 | 1 | 4 | |
| | PO | 성남일화 | 2008 | 0 | 0 | 1 | |
| | K1 | 성남일화 | 2008 | 15 | 6 | 5 | |
| | K1 | 강원 | 2012 | 9 | 5 | 11 | 2012.07.09~ |
| | K1 | 강원 | 2013 | 2 | 9 | 11 | ~2013.08.10 |
| | K1 | 성남 | 2014 | 5 | 5 | 5 | 2014.09.05~ |
| | K1 | 성남 | 2015 | 15 | 15 | 8 | |
| | K1 | 성남 | 2016 | 10 | 8 | 11 | ~2016.09.12 |
| | K1 | 광주 | 2017 | 2 | 5 | 6 | 2017.08.16~11.18 |
| | K1 | 제주 | 2024 | 15 | 4 | 19 | |
| | K1 | 제주 | 2025 | 8 | 7 | 16 | ~2025.09.29 |
| 김해운 | | 통산 | | 0 | 3 | 0 | |
| | K2 | 성남 | 2024 | 0 | 3 | 0 | 2024.08.06~08.31 |
| 김현석 | | 통산 | | 35 | 20 | 22 | |
| | K2 | 충남아산 | 2024 | 17 | 9 | 10 | |
| | PO | 충남아산 | 2024 | 1 | 0 | 1 | |
| | K2 | 전남 | 2025 | 17 | 11 | 11 | |
| 김현수 | | 통산 | | 1 | 5 | 6 | |
| | K2 | 서울E | 2019 | 1 | 5 | 6 | ~2019.05.22 |
| 김현준 | | 통산 | | 0 | 1 | 0 | |
| | K1 | 강원 | 2021 | 0 | 1 | 0 | 2021.11.06~11.15 |
| 김형렬 | | 통산 | | 2 | 1 | 4 | |
| | K1 | 전북 | 2005 | 2 | 1 | 4 | 2005.06.13~07.10 |
| 김형열 | | 통산 | | 21 | 18 | 26 | |
| | PO | 안양 | 2019 | 0 | 1 | 1 | |
| | K2 | 안양 | 2019 | 15 | 10 | 11 | |
| | K2 | 안양 | 2020 | 6 | 7 | 14 | ~2020.11.25 |
| 김 호 | | 통산 | | 208 | 154 | 181 | |
| | K1 | 한일은행 | 1984 | 5 | 11 | 12 | |
| | K1 | 한일은행 | 1985 | 3 | 10 | 8 | |
| | K1 | 한일은행 | 1986 | 4 | 4 | 12 | |
| | K1 | 현대 | 1988 | 10 | 5 | 9 | |
| | K1 | 현대 | 1989 | 7 | 15 | 18 | |
| | K1 | 현대 | 1990 | 6 | 14 | 10 | |
| | 컵 | 수원 | 1996 | 3 | 2 | 3 | |
| | K1 | 수원 | 1996 | 18 | 9 | 5 | |
| | PO | 수원 | 1996 | 1 | 0 | 1 | |
| | 컵 | 수원 | 1997 | 7 | 6 | 5 | |
| | K1 | 수원 | 1997 | 7 | 7 | 4 | |
| | PO | 수원 | 1998 | 1 | 1 | 0 | |
| | 컵 | 수원 | 1998 | 7 | 4 | 6 | |
| | K1 | 수원 | 1998 | 10 | 2 | 6 | |
| | K1 | 수원 | 1999 | 20 | 2 | 5 | |
| | 컵 | 수원 | 1999 | 9 | 2 | 3 | |
| | PO | 수원 | 1999 | 2 | 0 | 0 | |
| | K1 | 수원 | 2000 | 11 | 7 | 9 | |
| | 컵 | 수원 | 2000 | 4 | 4 | 3 | |
| | 컵 | 수원 | 2001 | 7 | 1 | 3 | |
| | K1 | 수원 | 2001 | 12 | 5 | 10 | |
| | 컵 | 수원 | 2002 | 4 | 1 | 4 | |
| | K1 | 수원 | 2002 | 12 | 9 | 6 | |
| | K1 | 수원 | 2003 | 19 | 15 | 10 | ~2003.11.18 |
| | PO | 대전 | 2007 | 0 | 0 | 1 | 2007.07.01~ |
| | K1 | 대전 | 2007 | 8 | 0 | 5 | 2007.07.01~ |
| | 컵 | 대전 | 2008 | 4 | 2 | 4 | |
| | K1 | 대전 | 2008 | 3 | 12 | 11 | |

| 감독명 | 리그 | 구단명 | 재임년도 | 승 | 무 | 패 | 비고 |
|---|---|---|---|---|---|---|---|
| | 컵 | 대전 | 2009 | 2 | 0 | 3 | ~2009.06.26 |
| | K1 | 대전 | 2009 | 2 | 4 | 5 | ~2009.06.26 |
| 김 호 곤 | | 통산 | | 126 | 76 | 95 | |
| | K1 | 부산 | 2000 | 9 | 9 | 9 | 2000.03.07~ |
| | 컵 | 부산 | 2000 | 4 | 1 | 5 | 2000.03.07~ |
| | K1 | 부산 | 2001 | 10 | 11 | 6 | |
| | 컵 | 부산 | 2001 | 6 | 2 | 3 | |
| | 컵 | 부산 | 2002 | 2 | 0 | 6 | ~2002.11.05 |
| | K1 | 부산 | 2002 | 6 | 8 | 9 | ~2002.11.05 |
| | 컵 | 울산 | 2009 | 2 | 0 | 2 | |
| | K1 | 울산 | 2009 | 9 | 9 | 10 | |
| | 컵 | 울산 | 2010 | 1 | 2 | 2 | |
| | PO | 울산 | 2010 | 0 | 0 | 1 | |
| | K1 | 울산 | 2010 | 15 | 5 | 8 | |
| | PO | 울산 | 2011 | 2 | 1 | 2 | |
| | K1 | 울산 | 2011 | 13 | 7 | 10 | |
| | 컵 | 울산 | 2011 | 7 | 0 | 1 | |
| | K1 | 울산 | 2012 | 18 | 14 | 12 | |
| | K1 | 울산 | 2013 | 22 | 7 | 9 | ~2013.12.04 |
| 김 호 영 | | 통산 | | 21 | 13 | 31 | |
| | PO | 강원 | 2013 | 1 | 0 | 1 | 2013.08.14~12.10 |
| | K1 | 강원 | 2013 | 6 | 3 | 7 | 2013.08.14~12.10 |
| | K1 | 서울 | 2020 | 4 | 3 | 2 | 2020.07.31~09.24 |
| | K1 | 광주 | 2021 | 10 | 7 | 21 | |
| 김 희 태 | | 통산 | | 11 | 6 | 13 | |
| | K1 | 대우 | 1994 | 4 | 0 | 5 | 1994.09.08~ |
| | 컵 | 대우 | 1995 | 2 | 3 | 2 | ~1995.08.03 |
| | K1 | 대우 | 1995 | 5 | 3 | 6 | ~1995.08.03 |
| 남 기 일 | | 통산 | | 134 | 105 | 126 | |
| | K2 | 광주 | 2013 | 9 | 0 | 7 | 2013.08.18~ |
| | K2 | 광주 | 2014 | 13 | 12 | 11 | |
| | PO | 광주 | 2014 | 3 | 1 | 0 | |
| | K1 | 광주 | 2015 | 10 | 12 | 16 | |
| | K1 | 광주 | 2016 | 11 | 14 | 13 | |
| | K1 | 광주 | 2017 | 4 | 7 | 14 | ~2017.08.14 |
| | K2 | 성남 | 2018 | 18 | 11 | 7 | |
| | K1 | 성남 | 2019 | 12 | 9 | 17 | ~2019.12.16 |
| | K2 | 제주 | 2020 | 18 | 6 | 3 | |
| | K1 | 제주 | 2021 | 13 | 15 | 10 | |
| | K1 | 제주 | 2022 | 14 | 10 | 14 | |
| | K1 | 제주 | 2023 | 9 | 8 | 14 | ~2023.09.27 |
| 남 대 식 | | 통산 | | 2 | 6 | 6 | |
| | K1 | 전북 | 2001 | 2 | 6 | 6 | 2001.07.19~10.03 |
| 노 상 래 | | 통산 | | 33 | 35 | 47 | |
| | K1 | 전남 | 2015 | 12 | 13 | 13 | |
| | K1 | 전남 | 2016 | 11 | 10 | 12 | ~2016.10.14 |
| | K1 | 전남 | 2017 | 8 | 11 | 19 | |
| | K1 | 울산 | 2025 | 2 | 1 | 3 | 2025.10.10~ |
| 노 흥 섭 | | 통산 | | 3 | 2 | 11 | |
| | K1 | 국민은행 | 1983 | 3 | 2 | 11 | |
| 니폼니시 | | 통산 | | 57 | 38 | 53 | |
| | 컵 | 유공 | 1995 | 2 | 2 | 3 | |
| | K1 | 유공 | 1995 | 9 | 9 | 10 | |
| | 컵 | 부천유공 | 1996 | 5 | 2 | 1 | |
| | K1 | 부천유공 | 1996 | 13 | 9 | 10 | |
| | 컵 | 부천SK | 1997 | 6 | 7 | 4 | |
| | K1 | 부천SK | 1997 | 2 | 5 | 11 | |
| | K1 | 부천SK | 1998 | 8 | 1 | 9 | ~1998.10.28 |
| | 컵 | 부천SK | 1998 | 12 | 3 | 5 | ~1998.10.28 |
| 당 성 증 | | 통산 | | 0 | 3 | 6 | |
| | K1 | 대구 | 2012 | 0 | 0 | 1 | 2012.11.29~ |
| | K1 | 대구 | 2013 | 0 | 3 | 5 | ~2013.04.22 |
| 데 니 스 | | 통산 | | 1 | 4 | 6 | |
| | K1 | 부산 | 2015 | 1 | 4 | 6 | 2015.07.13~10.11 |
| 레 네 | | 통산 | | 14 | 18 | 30 | |

| 감독명 | 리그 | 구단명 | 재임년도 | 승 | 무 | 패 | 비고 |
|---|---|---|---|---|---|---|---|
| | K1 | 천안일화 | 1997 | 2 | 7 | 9 | |
| | 컵 | 천안일화 | 1997 | 6 | 6 | 5 | |
| | 컵 | 천안일화 | 1998 | 5 | 4 | 8 | ~1998.09.08 |
| | K1 | 천안일화 | 1998 | 1 | 1 | 8 | ~1998.09.08 |
| 레 니 | | 통산 | | 21 | 18 | 17 | |
| | PO | 서울E | 2015 | 0 | 1 | 0 | |
| | K2 | 서울E | 2015 | 16 | 13 | 11 | |
| | K2 | 서울E | 2016 | 5 | 4 | 6 | ~2016.06.15 |
| 레 모 스 | | 통산 | | 2 | 3 | 6 | |
| | K1 | 포항 | 2010 | 2 | 3 | 6 | 2010.01.04~05.10 |
| 로 란 트 | | 통산 | | 5 | 9 | 10 | |
| | K1 | 인천 | 2004 | 2 | 3 | 7 | 2004.03.01~08.30 |
| | 컵 | 인천 | 2004 | 3 | 6 | 3 | 2004.03.01~08.30 |
| 모라이스 | | 통산 | | 41 | 16 | 8 | |
| | K1 | 전북 | 2019 | 22 | 13 | 3 | |
| | K1 | 전북 | 2020 | 19 | 3 | 5 | ~2020.12.21 |
| 모아시르 | | 통산 | | 16 | 13 | 14 | |
| | K1 | 대구 | 2012 | 16 | 13 | 14 | ~2012.11.28 |
| 문 정 식 | | 통산 | | 25 | 18 | 16 | |
| | K1 | 현대 | 1984 | 13 | 10 | 5 | |
| | K1 | 현대 | 1985 | 10 | 4 | 7 | |
| | K1 | 현대 | 1986 | 2 | 4 | 4 | ~1986.04.22 |
| 민 동 성 | | 통산 | | 5 | 0 | 5 | |
| | K2 | 충주 | 2013 | 1 | 0 | 2 | 2013.06.20~07.21 |
| | K2 | 안산 | 2021 | 4 | 0 | 3 | 2021.09.16~ |
| 박 건 하 | | 통산 | | 28 | 24 | 26 | |
| | K2 | 서울E | 2016 | 11 | 8 | 4 | 2016.06.28~ |
| | K1 | 수원 | 2020 | 4 | 2 | 2 | 2020.09.08~ |
| | K1 | 수원 | 2021 | 12 | 10 | 16 | |
| | K1 | 수원 | 2022 | 1 | 4 | 4 | ~2022.04.14 |
| 박 경 훈 | | 통산 | | 89 | 73 | 66 | |
| | K1 | 부산 | 2002 | 0 | 0 | 4 | 2002.11.06~11.21 |
| | K1 | 제주 | 2010 | 17 | 8 | 3 | |
| | PO | 제주 | 2010 | 1 | 1 | 1 | |
| | 컵 | 제주 | 2010 | 2 | 2 | 1 | |
| | 컵 | 제주 | 2011 | 0 | 1 | 0 | |
| | K1 | 제주 | 2011 | 10 | 10 | 10 | |
| | K1 | 제주 | 2012 | 16 | 15 | 13 | |
| | K1 | 제주 | 2013 | 16 | 10 | 12 | |
| | K1 | 제주 | 2014 | 14 | 12 | 12 | ~2014.12.18 |
| | PO | 성남 | 2017 | 0 | 0 | 1 | |
| | K2 | 성남 | 2017 | 13 | 14 | 9 | |
| 박 남 열 | | 통산 | | 5 | 10 | 21 | |
| | K2 | 천안 | 2023 | 5 | 10 | 21 | |
| 박 동 혁 | | 통산 | | 79 | 61 | 99 | |
| | K2 | 아산 | 2018 | 21 | 9 | 6 | |
| | K2 | 아산 | 2019 | 12 | 8 | 16 | |
| | K2 | 충남아산 | 2020 | 5 | 7 | 15 | |
| | K2 | 충남아산 | 2021 | 11 | 8 | 17 | |
| | K2 | 충남아산 | 2022 | 13 | 13 | 14 | |
| | K2 | 충남아산 | 2023 | 12 | 6 | 18 | |
| | K2 | 경남 | 2024 | 5 | 10 | 13 | ~2024.09.20 |
| 박 병 주 | | 통산 | | 20 | 22 | 29 | |
| | K1 | 안양LG | 1997 | 1 | 8 | 9 | |
| | 컵 | 안양LG | 1997 | 2 | 10 | 5 | |
| | K1 | 안양LG | 1998 | 8 | 2 | 8 | |
| | 컵 | 안양LG | 1998 | 9 | 2 | 7 | |
| 박 성 철 | | 통산 | | 0 | 1 | 1 | |
| | K1 | 인천 | 2018 | 0 | 1 | 1 | 2018.05.12~06.08 |
| 박 성 화 | | 통산 | | 118 | 94 | 110 | |
| | K1 | 유공 | 1992 | 6 | 8 | 9 | 1992.05.13~ |
| | 컵 | 유공 | 1992 | 4 | 2 | 4 | 1992.05.13~ |
| | K1 | 유공 | 1993 | 7 | 13 | 10 | |
| | 컵 | 유공 | 1993 | 0 | 2 | 3 | |
| | K1 | 유공 | 1994 | 12 | 7 | 7 | ~1994.10.29 |

| 감독명 | 리그 | 구단명 | 재임년도 | 승 | 무 | 패 | 비고 |
|---|---|---|---|---|---|---|---|
| | 컵 | 유공 | 1994 | 3 | 2 | 1 | ~1994.10.29 |
| | 컵 | 포항 | 1996 | 3 | 3 | 2 | |
| | K1 | 포항 | 1996 | 17 | 10 | 5 | |
| | 컵 | 포항 | 1997 | 7 | 9 | 4 | |
| | K1 | 포항 | 1997 | 8 | 6 | 4 | |
| | 컵 | 포항 | 1998 | 7 | 2 | 9 | |
| | K1 | 포항 | 1998 | 10 | 3 | 5 | |
| | PO | 포항 | 1998 | 1 | 1 | 1 | |
| | 컵 | 포항 | 1999 | 4 | 1 | 6 | |
| | K1 | 포항 | 1999 | 12 | 3 | 12 | |
| | 컵 | 포항 | 2000 | 4 | 0 | 5 | ~2000.07.31 |
| | K1 | 포항 | 2000 | 3 | 9 | 6 | ~2000.07.31 |
| | K2 | 경남 | 2015 | 10 | 13 | 17 | ~2015.11.24 |
| 박세학 | 통산 | | | 39 | 33 | 47 | |
| | K1 | 럭키금성 | 1984 | 8 | 6 | 14 | |
| | K1 | 럭키금성 | 1985 | 10 | 7 | 4 | |
| | 컵 | 럭키금성 | 1986 | 4 | 5 | 7 | |
| | K1 | 럭키금성 | 1986 | 10 | 7 | 3 | |
| | PO | 럭키금성 | 1986 | 0 | 1 | 1 | |
| | K1 | 럭키금성 | 1987 | 7 | 7 | 18 | |
| 박원재 | 통산 | | | 3 | 2 | 3 | |
| | K1 | 전북 | 2024 | 3 | 2 | 3 | 2024.04.12~05.27 |
| 박이천 | 통산 | | | 15 | 11 | 12 | |
| | 컵 | 인천 | 2007 | 7 | 2 | 3 | |
| | K1 | 인천 | 2007 | 8 | 9 | 9 | |
| 박종환 | 통산 | | | 128 | 160 | 137 | |
| | K1 | 일화 | 1989 | 6 | 21 | 13 | 1989.03.19~ |
| | K1 | 일화 | 1990 | 7 | 10 | 13 | |
| | K1 | 일화 | 1991 | 13 | 11 | 16 | |
| | K1 | 일화 | 1992 | 10 | 14 | 6 | |
| | 컵 | 일화 | 1992 | 4 | 6 | 2 | |
| | K1 | 일화 | 1993 | 13 | 11 | 6 | |
| | 컵 | 일화 | 1993 | 1 | 1 | 3 | |
| | 컵 | 일화 | 1994 | 2 | 2 | 2 | |
| | K1 | 일화 | 1994 | 15 | 9 | 6 | |
| | 컵 | 일화 | 1995 | 3 | 4 | 0 | |
| | K1 | 일화 | 1995 | 13 | 9 | 6 | |
| | PO | 일화 | 1995 | 1 | 2 | 0 | |
| | K1 | 대구 | 2003 | 7 | 16 | 21 | 2003.03.19~ |
| | K1 | 대구 | 2004 | 7 | 7 | 10 | |
| | 컵 | 대구 | 2004 | 2 | 9 | 1 | |
| | 컵 | 대구 | 2005 | 4 | 3 | 5 | |
| | K1 | 대구 | 2005 | 8 | 6 | 10 | |
| | 컵 | 대구 | 2006 | 2 | 6 | 5 | |
| | K1 | 대구 | 2006 | 8 | 10 | 8 | |
| | K1 | 성남 | 2014 | 2 | 3 | 4 | ~2014.04.22 |
| 박진섭 | 통산 | | | 78 | 59 | 70 | |
| | PO | 광주 | 2018 | 0 | 0 | 1 | |
| | K2 | 광주 | 2018 | 11 | 15 | 10 | |
| | K2 | 광주 | 2019 | 21 | 10 | 5 | |
| | K1 | 광주 | 2020 | 6 | 7 | 14 | ~2020.12.07 |
| | K1 | 서울 | 2021 | 6 | 7 | 14 | ~2021.09.05 |
| | K2 | 부산 | 2022 | 7 | 5 | 11 | 2022.06.03~ |
| | K2 | 부산 | 2023 | 20 | 10 | 6 | |
| | PO | 부산 | 2023 | 1 | 0 | 1 | |
| | K2 | 부산 | 2024 | 6 | 5 | 8 | ~2024.07.09 |
| 박창현 | 통산 | | | 18 | 18 | 26 | |
| | 컵 | 포항 | 2010 | 1 | 2 | 1 | 2010.05.11~12.12 |
| | K1 | 포항 | 2010 | 6 | 6 | 5 | 2010.05.11~12.12 |
| | PO | 대구 | 2024 | 1 | 0 | 1 | 2024.04.22~ |
| | K1 | 대구 | 2024 | 8 | 9 | 13 | 2024.04.22~ |
| | K1 | 대구 | 2025 | 2 | 1 | 6 | ~2025.04.15 |
| 박충균 | 통산 | | | 10 | 5 | 21 | |
| | K2 | 서울E | 2023 | 10 | 5 | 21 | |
| 박태하 | 통산 | | | 30 | 19 | 27 | |

| 감독명 | 리그 | 구단명 | 재임년도 | 승 | 무 | 패 | 비고 |
|---|---|---|---|---|---|---|---|
| | K1 | 포항 | 2024 | 14 | 11 | 13 | |
| | K1 | 포항 | 2025 | 16 | 8 | 14 | |
| 박항서 | 통산 | | | 118 | 75 | 138 | |
| | 컵 | 경남 | 2006 | 7 | 1 | 5 | |
| | K1 | 경남 | 2006 | 7 | 5 | 14 | |
| | 컵 | 경남 | 2007 | 1 | 4 | 5 | |
| | K1 | 경남 | 2007 | 13 | 5 | 8 | |
| | PO | 경남 | 2007 | 0 | 1 | 0 | |
| | 컵 | 전남 | 2008 | 2 | 0 | 1 | |
| | K1 | 전남 | 2008 | 8 | 5 | 13 | |
| | 컵 | 전남 | 2009 | 2 | 1 | 2 | |
| | K1 | 전남 | 2009 | 11 | 9 | 8 | |
| | PO | 전남 | 2009 | 0 | 1 | 1 | |
| | 컵 | 전남 | 2010 | 1 | 1 | 2 | ~2010.11.09 |
| | K1 | 전남 | 2010 | 8 | 8 | 12 | ~2010.11.09 |
| | K1 | 상주 | 2012 | 7 | 6 | 31 | |
| | PO | 상주 | 2013 | 1 | 0 | 1 | |
| | K2 | 상주 | 2013 | 23 | 8 | 4 | |
| | K1 | 상주 | 2014 | 7 | 13 | 18 | |
| | K2 | 상주 | 2015 | 20 | 7 | 13 | |
| 박혁순 | 통산 | | | 1 | 1 | 3 | |
| | K1 | 서울 | 2020 | 1 | 1 | 3 | 2020.09.25~11.12 |
| 박효진 | 통산 | | | 7 | 3 | 10 | |
| | PO | 강원 | 2014 | 0 | 0 | 1 | 2014.09.19~ |
| | K2 | 강원 | 2014 | 5 | 0 | 4 | 2014.09.19~ |
| | K1 | 강원 | 2017 | 2 | 3 | 5 | 2017.08.15~11.01 |
| 배성재 | 통산 | | | 8 | 13 | 11 | |
| | K2 | 충남아산 | 2025 | 8 | 13 | 11 | ~2025.10.04 |
| 백종철 | 통산 | | | 6 | 11 | 13 | |
| | K1 | 대구 | 2013 | 6 | 11 | 13 | 2013.04.23~11.30 |
| 변병주 | 통산 | | | 28 | 20 | 57 | |
| | 컵 | 대구 | 2007 | 4 | 1 | 5 | |
| | K1 | 대구 | 2007 | 6 | 6 | 14 | |
| | 컵 | 대구 | 2008 | 3 | 2 | 5 | |
| | K1 | 대구 | 2008 | 8 | 2 | 16 | |
| | 컵 | 대구 | 2009 | 2 | 1 | 2 | |
| | K1 | 대구 | 2009 | 5 | 8 | 15 | |
| 변성환 | 통산 | | | 29 | 22 | 12 | |
| | K2 | 수원 | 2024 | 9 | 10 | 3 | 2024.05.31~ |
| | K2 | 수원 | 2025 | 20 | 12 | 7 | |
| | PO | 수원 | 2025 | 0 | 0 | 2 | |
| 변재섭 | 통산 | | | 1 | 1 | 2 | |
| | K1 | 인천 | 2024 | 1 | 1 | 2 | 2024.07.08~08.01 |
| 브랑코 | 통산 | | | 5 | 7 | 8 | |
| | K1 | 경남 | 2014 | 5 | 6 | 7 | 2014.08.15~ |
| | PO | 경남 | 2014 | 0 | 1 | 1 | 2014.08.15~ |
| 비츠케이 | 통산 | | | 17 | 18 | 5 | |
| | K1 | 대우 | 1991 | 17 | 18 | 5 | |
| 빙가다 | 통산 | | | 25 | 6 | 6 | |
| | K1 | 서울 | 2010 | 20 | 2 | 6 | ~2010.12.13 |
| | PO | 서울 | 2010 | 1 | 1 | 0 | ~2010.12.13 |
| | 컵 | 서울 | 2010 | 4 | 3 | 0 | ~2010.12.13 |
| 샤키(세큘라리치) | 통산 | | | 7 | 6 | 10 | |
| | K1 | 부산 | 1996 | 4 | 3 | 8 | ~1996.07.21 |
| | 컵 | 부산 | 1996 | 3 | 3 | 2 | ~1996.07.21 |
| 서동원 | 통산 | | | 1 | 1 | 5 | |
| | K1 | 대구 | 2025 | 1 | 1 | 5 | 2025.04.15~05.28 |
| 서정원 | 통산 | | | 92 | 66 | 63 | |
| | K1 | 수원 | 2013 | 15 | 8 | 15 | |
| | K1 | 수원 | 2014 | 19 | 10 | 9 | |
| | K1 | 수원 | 2015 | 19 | 10 | 9 | |
| | K1 | 수원 | 2016 | 10 | 18 | 10 | |
| | K1 | 수원 | 2017 | 17 | 13 | 8 | |
| | K1 | 수원 | 2018 | 12 | 7 | 12 | 2018.10.15~12.02 |
| 설기현 | 통산 | | | 53 | 43 | 49 | |

| 감독명 | 리그 | 구단명 | 재임년도 | 승 | 무 | 패 | 비고 |
|---|---|---|---|---|---|---|---|
| | K2 | 경남 | 2020 | 10 | 9 | 8 | |
| | PO | 경남 | 2020 | 0 | 2 | 0 | |
| | K2 | 경남 | 2021 | 11 | 10 | 15 | |
| | PO | 경남 | 2022 | 1 | 1 | 0 | |
| | K2 | 경남 | 2022 | 16 | 8 | 16 | |
| | K2 | 경남 | 2023 | 15 | 12 | 9 | |
| | PO | 경남 | 2023 | 0 | 1 | 1 | |
| 성 한 수 | | 통산 | | 7 | 3 | 3 | |
| | K2 | 김천 | 2023 | 7 | 3 | 3 | ~2023.06.02 |
| 손 현 준 | | 통산 | | 11 | 7 | 10 | |
| | K2 | 대구 | 2016 | 9 | 4 | 3 | 2016.08.13~ |
| | K1 | 대구 | 2017 | 2 | 3 | 7 | ~2017.05.22 |
| 송 경 섭 | | 통산 | | 11 | 7 | 15 | |
| | K1 | 전남 | 2016 | 1 | 1 | 3 | 2016.10.15~11.07 |
| | K1 | 강원 | 2017 | 1 | 0 | 1 | 2017.11.02~ |
| | K1 | 강원 | 2018 | 7 | 6 | 9 | ~2018.08.12 |
| | K2 | 안산 | 2024 | 2 | 0 | 2 | 2024.07.11~08.11 |
| 송 광 환 | | 통산 | | 0 | 1 | 1 | |
| | K1 | 경남 | 2013 | 0 | 1 | 1 | 2013.05.23~06.01 |
| 송 선 호 | | 통산 | | 67 | 40 | 61 | |
| | K2 | 부천 | 2015 | 13 | 7 | 10 | 2015.05.29~10.01 |
| | K2 | 부천 | 2016 | 17 | 9 | 10 | ~2016.10.12 |
| | K2 | 아산 | 2017 | 15 | 9 | 12 | |
| | PO | 아산 | 2017 | 1 | 0 | 1 | |
| | PO | 부천 | 2019 | 0 | 1 | 0 | |
| | K2 | 부천 | 2019 | 14 | 9 | 13 | |
| | K2 | 부천 | 2020 | 7 | 5 | 15 | ~2020.11.18 |
| 송 한 복 | | 통산 | | 2 | 1 | 5 | |
| | K2 | 안산 | 2023 | 2 | 1 | 5 | 2023.06.29~08.18 |
| 신 우 성 | | 통산 | | 4 | 2 | 8 | |
| | K1 | 대우 | 1995 | 4 | 2 | 8 | 1995.08.04~ |
| 신 윤 기 | | 통산 | | 6 | 3 | 8 | |
| | K1 | 부산 | 1999 | 6 | 3 | 7 | 1999.06.10~09.08 |
| | 컵 | 부산 | 1999 | 0 | 0 | 1 | 1999.06.10~09.08 |
| 신 진 원 | | 통산 | | 0 | 0 | 2 | |
| | K1 | 대전 | 2011 | 0 | 0 | 2 | 2011.07.06~07.17 |
| 신 태 용 | | 통산 | | 59 | 45 | 57 | |
| | PO | 성남일화 | 2009 | 2 | 2 | 1 | |
| | K1 | 성남일화 | 2009 | 13 | 6 | 9 | |
| | 컵 | 성남일화 | 2009 | 4 | 2 | 1 | |
| | 컵 | 성남일화 | 2010 | 0 | 3 | 1 | |
| | K1 | 성남일화 | 2010 | 13 | 9 | 6 | |
| | PO | 성남일화 | 2010 | 1 | 0 | 1 | |
| | 컵 | 성남일화 | 2011 | 2 | 2 | 1 | |
| | K1 | 성남일화 | 2011 | 9 | 8 | 13 | |
| | K1 | 성남일화 | 2012 | 14 | 10 | 20 | ~2012.12.08 |
| | K1 | 울산 | 2025 | 1 | 3 | 4 | 2025.08.05~10.09 |
| 신 홍 기 | | 통산 | | 0 | 0 | 1 | |
| | K1 | 전북 | 2013 | 0 | 0 | 1 | 2013.06.20~06.27 |
| 안데르센 | | 통산 | | 10 | 8 | 13 | |
| | K1 | 인천 | 2018 | 9 | 7 | 8 | 2018.06.09~ |
| | K1 | 인천 | 2019 | 1 | 1 | 5 | ~2019.04.15 |
| 안 드 레 | | 통산 | | 36 | 35 | 31 | |
| | K1 | 대구 | 2017 | 9 | 11 | 6 | 2017.05.23~ |
| | K1 | 대구 | 2018 | 14 | 8 | 16 | 2018.01.05~ |
| | K1 | 대구 | 2019 | 13 | 16 | 9 | |
| 안 승 인 | | 통산 | | 7 | 8 | 25 | |
| | K2 | 충주 | 2016 | 7 | 8 | 25 | |
| 안 익 수 | | 통산 | | 76 | 56 | 65 | |
| | PO | 부산 | 2011 | 0 | 0 | 1 | |
| | K1 | 부산 | 2011 | 13 | 7 | 10 | |
| | 컵 | 부산 | 2011 | 6 | 0 | 2 | |
| | K1 | 부산 | 2012 | 13 | 14 | 17 | ~2012.12.13 |
| | K1 | 성남일화 | 2013 | 17 | 9 | 12 | ~2013.12.22 |
| | K1 | 서울 | 2021 | 6 | 4 | 1 | 2021.09.06~ |
| | K1 | 서울 | 2022 | 11 | 13 | 14 | |
| | K1 | 서울 | 2023 | 10 | 9 | 8 | ~2023.08.22 |
| 알 툴 | | 통산 | | 30 | 23 | 41 | |
| | K1 | 제주 | 2008 | 7 | 7 | 12 | |
| | 컵 | 제주 | 2008 | 2 | 3 | 5 | |
| | 컵 | 제주 | 2009 | 3 | 1 | 2 | ~2009.10.14 |
| | K1 | 제주 | 2009 | 7 | 6 | 12 | ~2009.10.14 |
| | K2 | 강원 | 2014 | 11 | 6 | 10 | ~2014.09.18 |
| 앤 디 에글리 | | 통산 | | 9 | 12 | 15 | |
| | K1 | 부산 | 2006 | 5 | 3 | 5 | 2006.08.23~ |
| | 컵 | 부산 | 2007 | 2 | 5 | 3 | ~2007.06.30 |
| | K1 | 부산 | 2007 | 2 | 4 | 7 | ~2007.06.30 |
| 엥 겔 | | 통산 | | 12 | 11 | 7 | |
| | K1 | 대우 | 1990 | 12 | 11 | 7 | |
| 여 범 규 | | 통산 | | 7 | 5 | 7 | |
| | K2 | 광주 | 2013 | 7 | 5 | 7 | ~2013.08.16 |
| 염 기 훈 | | 통산 | | 9 | 3 | 9 | |
| | K1 | 수원 | 2023 | 3 | 2 | 2 | 2023.09.27~12.31 |
| | K2 | 수원 | 2024 | 6 | 1 | 7 | ~2024.05.31 |
| 왕 선 재 | | 통산 | | 15 | 20 | 35 | |
| | K1 | 대전 | 2009 | 6 | 5 | 6 | 2009.06.27~ |
| | 컵 | 대전 | 2010 | 1 | 1 | 2 | |
| | K1 | 대전 | 2010 | 5 | 7 | 16 | |
| | K1 | 대전 | 2011 | 3 | 6 | 7 | ~2011.07.05 |
| | 컵 | 대전 | 2011 | 0 | 1 | 4 | ~2011.07.05 |
| 우 성 용 | | 통산 | | 4 | 5 | 15 | |
| | K2 | 서울E | 2019 | 4 | 5 | 15 | 2019.05.23~11.27 |
| 유 경 렬 | | 통산 | | 1 | 0 | 0 | |
| | K2 | 부산 | 2024 | 1 | 0 | 0 | 2024.07.09~07.19 |
| 유 병 훈 | | 통산 | | 32 | 16 | 26 | |
| | K2 | 안양 | 2024 | 18 | 9 | 9 | |
| | K1 | 안양 | 2025 | 14 | 7 | 17 | |
| 유 상 철 | | 통산 | | 25 | 31 | 50 | |
| | K1 | 대전 | 2011 | 3 | 3 | 6 | 2011.07.18~ |
| | K1 | 대전 | 2012 | 13 | 11 | 20 | ~2012.12.01 |
| | K1 | 전남 | 2018 | 3 | 7 | 13 | ~2018.08.15 |
| | K1 | 인천 | 2019 | 6 | 10 | 11 | 2019.05.17~ |
| 윤 덕 여 | | 통산 | | 0 | 0 | 1 | |
| | K1 | 전남 | 2012 | 0 | 0 | 1 | 2012.08.11~08.13 |
| 윤 성 효 | | 통산 | | 76 | 52 | 67 | |
| | K1 | 수원 | 2010 | 10 | 4 | 3 | 2010.06.08~ |
| | 컵 | 수원 | 2010 | 0 | 1 | 1 | 2010.06.08~ |
| | PO | 수원 | 2011 | 1 | 1 | 0 | |
| | K1 | 수원 | 2011 | 17 | 4 | 9 | |
| | 컵 | 수원 | 2011 | 0 | 1 | 1 | |
| | K1 | 수원 | 2012 | 20 | 13 | 11 | ~2012.12.11 |
| | K1 | 부산 | 2013 | 14 | 10 | 14 | |
| | K1 | 부산 | 2014 | 10 | 13 | 15 | |
| | K1 | 부산 | 2015 | 4 | 5 | 13 | ~2015.07.12 |
| 윤 정 환 | | 통산 | | 74 | 53 | 48 | |
| | K1 | 울산 | 2015 | 13 | 14 | 11 | |
| | K1 | 울산 | 2016 | 14 | 12 | 12 | ~2016.11.20 |
| | PO | 강원 | 2023 | 1 | 1 | 0 | 2023.06.15~ |
| | K1 | 강원 | 2023 | 4 | 10 | 6 | 2023.06.15~ |
| | K1 | 강원 | 2024 | 19 | 7 | 12 | |
| | K2 | 인천 | 2025 | 23 | 9 | 7 | |
| 이 강 조 | | 통산 | | 59 | 72 | 157 | |
| | K1 | 광주상무 | 2003 | 13 | 7 | 24 | 2003.01.03~ |
| | K1 | 광주상무 | 2004 | 6 | 11 | 7 | |
| | 컵 | 광주상무 | 2004 | 4 | 2 | 6 | |
| | 컵 | 광주상무 | 2005 | 3 | 3 | 6 | |
| | K1 | 광주상무 | 2005 | 4 | 5 | 15 | |
| | K1 | 광주상무 | 2006 | 5 | 8 | 13 | |
| | 컵 | 광주상무 | 2006 | 4 | 2 | 7 | |
| | 컵 | 광주상무 | 2007 | 3 | 3 | 4 | |

| 감독명 | 리그 | 구단명 | 재임년도 | 승 | 무 | 패 | 비고 |
|---|---|---|---|---|---|---|---|
| | K1 | 광주상무 | 2007 | 2 | 6 | 18 | |
| | 컵 | 광주상무 | 2008 | 0 | 3 | 7 | |
| | K1 | 광주상무 | 2008 | 3 | 7 | 16 | |
| | K1 | 광주상무 | 2009 | 9 | 3 | 16 | |
| | 컵 | 광주상무 | 2009 | 0 | 1 | 3 | |
| | 컵 | 광주상무 | 2010 | 0 | 2 | 2 | ~2010.10.27 |
| | K1 | 광주상무 | 2010 | 3 | 9 | 13 | ~2010.10.27 |
| 이경수 | | 통산 | | 1 | 0 | 2 | |
| | K1 | 울산 | 2024 | 1 | 0 | 2 | 2024.07.12~08.01 |
| 이관우 | | 통산 | | 7 | 13 | 21 | |
| | K2 | 안산 | 2024 | 3 | 5 | 4 | 2024.08.12~ |
| | K2 | 안산 | 2025 | 4 | 8 | 17 | ~2025.09.18 |
| 이기형 | | 통산 | | 26 | 38 | 39 | |
| | K1 | 인천 | 2016 | 6 | 3 | 1 | 2016.09.01~ |
| | K1 | 인천 | 2017 | 7 | 18 | 13 | |
| | K1 | 인천 | 2018 | 1 | 4 | 7 | ~2018.05.11 |
| | K1 | 부산 | 2020 | 1 | 1 | 2 | 2020.09.29~11.24 |
| | K2 | 성남 | 2023 | 11 | 11 | 14 | |
| | K2 | 성남 | 2024 | 0 | 1 | 2 | ~2024.03.20 |
| 이낙영 | | 통산 | | 2 | 10 | 28 | |
| | K2 | 고양 | 2016 | 2 | 10 | 28 | |
| 이민성 | | 통산 | | 56 | 39 | 38 | |
| | PO | 대전 | 2021 | 2 | 1 | 1 | |
| | K2 | 대전 | 2021 | 17 | 7 | 12 | |
| | K2 | 대전 | 2022 | 21 | 11 | 8 | |
| | PO | 대전 | 2022 | 2 | 0 | 0 | |
| | K1 | 대전 | 2023 | 12 | 15 | 11 | |
| | K1 | 대전 | 2024 | 2 | 5 | 6 | ~2024.05.22 |
| 이병근 | | 통산 | | 37 | 32 | 41 | |
| | K1 | 수원 | 2018 | 1 | 4 | 2 | 2018.08.30~10.14 |
| | K1 | 대구 | 2020 | 10 | 8 | 9 | 2020.02.05~11.05 |
| | K1 | 대구 | 2021 | 15 | 10 | 13 | |
| | K1 | 수원 | 2022 | 10 | 7 | 12 | 2022.04.15~ |
| | PO | 수원 | 2022 | 1 | 1 | 0 | 2022.04.15~ |
| | K1 | 수원 | 2023 | 0 | 2 | 5 | ~2023.04.21 |
| 이상윤 | | 통산 | | 2 | 4 | 7 | |
| | K1 | 성남 | 2014 | 2 | 4 | 7 | 2014.04.23~08.26 |
| 이성길 | | 통산 | | 4 | 9 | 5 | |
| | K2 | 고양 | 2014 | 4 | 9 | 5 | 2014.07.25~ |
| 이수철 | | 통산 | | 6 | 7 | 12 | |
| | K1 | 광주상무 | 2010 | 0 | 1 | 2 | 2010.10.28~ |
| | K1 | 상주 | 2011 | 5 | 6 | 6 | 2011.01.12~07.13 |
| | 컵 | 상주 | 2011 | 1 | 0 | 4 | 2011.01.12~07.13 |
| 이승엽 | | 통산 | | 4 | 1 | 1 | |
| | PO | 부산 | 2017 | 2 | 0 | 1 | 2017.10.13~ |
| | K2 | 부산 | 2017 | 2 | 1 | 0 | 2017.10.13~ |
| 이영무 | | 통산 | | 30 | 26 | 37 | |
| | K2 | 고양 | 2013 | 10 | 11 | 14 | |
| | K2 | 고양 | 2014 | 7 | 5 | 6 | ~2014.07.24 |
| | K2 | 고양 | 2015 | 13 | 10 | 17 | 2015.02.16~ |
| 이영민 | | 통산 | | 101 | 76 | 87 | |
| | K2 | 안양 | 2015 | 12 | 7 | 7 | 2015.06.16~ |
| | K2 | 안양 | 2016 | 11 | 13 | 16 | |
| | K2 | 안산 | 2018 | 3 | 2 | 1 | 2018.08.23~09.29 |
| | K2 | 부천 | 2021 | 9 | 10 | 17 | |
| | PO | 부천 | 2022 | 0 | 0 | 1 | |
| | K2 | 부천 | 2022 | 17 | 10 | 13 | |
| | K2 | 부천 | 2023 | 16 | 9 | 11 | |
| | PO | 부천 | 2023 | 0 | 1 | 0 | |
| | K2 | 부천 | 2024 | 12 | 13 | 11 | |
| | K2 | 부천 | 2025 | 19 | 10 | 10 | |
| | PO | 부천 | 2025 | 2 | 1 | 0 | |
| 이영익 | | 통산 | | 4 | 7 | 15 | |
| | K2 | 대전 | 2017 | 4 | 7 | 15 | ~2017.08.30 |
| 이영진 | | 통산 | | 44 | 38 | 51 | |
| (1963) | K1 | 대구 | 2010 | 5 | 4 | 19 | |
| | K1 | 대구 | 2011 | 8 | 9 | 13 | ~2011.11.01 |
| | K2 | 대구 | 2015 | 18 | 13 | 9 | |
| | K2 | 대구 | 2016 | 10 | 9 | 5 | ~2016.08.12 |
| | PO | 대구 | 2015 | 0 | 0 | 1 | |
| | 컵 | 대구 | 2010 | 2 | 1 | 2 | |
| | 컵 | 대구 | 2011 | 1 | 2 | 2 | |
| 이영진 | | 통산 | | 0 | 1 | 0 | |
| (1972) | K1 | 성남 | 2014 | 0 | 1 | 0 | ~2014.09.04 |
| 이우형 | | 통산 | | 79 | 57 | 65 | |
| | K2 | 안양 | 2013 | 12 | 9 | 14 | |
| | K2 | 안양 | 2014 | 15 | 6 | 15 | |
| | K2 | 안양 | 2015 | 1 | 8 | 5 | ~2015.06.16 |
| | PO | 안양 | 2021 | 0 | 0 | 1 | |
| | K2 | 안양 | 2021 | 17 | 11 | 8 | |
| | PO | 안양 | 2022 | 0 | 2 | 1 | |
| | K2 | 안양 | 2022 | 19 | 12 | 9 | |
| | K2 | 안양 | 2023 | 15 | 9 | 12 | |
| 이을용 | | 통산 | | 13 | 12 | 25 | |
| | K1 | 서울 | 2018 | 6 | 7 | 9 | 2018.05.01~10.10 |
| | K2 | 경남 | 2025 | 7 | 5 | 16 | ~2025.09.12 |
| 이임생 | | 통산 | | 14 | 16 | 19 | |
| | K1 | 수원 | 2019 | 12 | 12 | 14 | |
| | K1 | 수원 | 2020 | 2 | 4 | 5 | ~2020.07.16 |
| 이장관 | | 통산 | | 34 | 28 | 35 | |
| | K2 | 전남 | 2022 | 2 | 12 | 9 | 2022.06.09~ |
| | K2 | 전남 | 2023 | 16 | 5 | 15 | |
| | K2 | 전남 | 2024 | 16 | 9 | 11 | |
| | PO | 전남 | 2024 | 0 | 2 | 0 | |
| 이장수 | | 통산 | | 55 | 46 | 52 | |
| | K1 | 천안일화 | 1996 | 8 | 8 | 16 | 1996.04.03~12.31 |
| | 컵 | 천안일화 | 1996 | 3 | 2 | 3 | 1996.04.03~08.17 |
| | PO | 전남 | 2004 | 0 | 0 | 1 | ~2004.12.13 |
| | K1 | 전남 | 2004 | 9 | 10 | 5 | ~2004.12.13 |
| | 컵 | 전남 | 2004 | 5 | 1 | 6 | ~2004.12.13 |
| | 컵 | 서울 | 2005 | 5 | 2 | 5 | 2005.01.03~ |
| | K1 | 서울 | 2005 | 8 | 8 | 8 | 2005.01.03~ |
| | 컵 | 서울 | 2006 | 8 | 3 | 2 | |
| | K1 | 서울 | 2006 | 9 | 12 | 5 | |
| | PO | 서울 | 2006 | 0 | 0 | 1 | |
| 이재철 | | 통산 | | 2 | 3 | 9 | |
| | K2 | 충주 | 2013 | 2 | 3 | 9 | ~2013.06.19 |
| 이정효 | | 통산 | | 190 | 102 | 90 | |
| | K2 | 광주 | 2022 | 97 | 44 | 13 | 2022.02.18~ |
| | K1 | 광주 | 2023 | 64 | 44 | 44 | |
| | K1 | 광주 | 2024 | 14 | 5 | 19 | |
| | K1 | 광주 | 2025 | 15 | 9 | 14 | |
| 이종환 | | 통산 | | 22 | 21 | 17 | |
| | K1 | 유공 | 1983 | 5 | 7 | 4 | |
| | K1 | 유공 | 1984 | 13 | 9 | 6 | |
| | PO | 유공 | 1984 | 0 | 1 | 1 | |
| | K1 | 유공 | 1985 | 4 | 4 | 6 | ~1985.07.21 |
| 이차만 | | 통산 | | 90 | 74 | 65 | |
| | K1 | 대우 | 1987 | 16 | 14 | 2 | |
| | K1 | 대우 | 1988 | 8 | 5 | 11 | |
| | K1 | 대우 | 1989 | 14 | 14 | 12 | |
| | 컵 | 대우 | 1992 | 1 | 3 | 2 | ~1992.09.23 |
| | K1 | 대우 | 1992 | 3 | 10 | 7 | ~1992.09.23 |
| | 컵 | 부산 | 1997 | 11 | 7 | 2 | |
| | K1 | 부산 | 1997 | 11 | 4 | 3 | |
| | 컵 | 부산 | 1998 | 8 | 4 | 5 | |
| | K1 | 부산 | 1998 | 9 | 2 | 7 | |
| | 컵 | 부산 | 1999 | 5 | 2 | 4 | ~1999.06.09 |
| | K1 | 부산 | 1999 | 2 | 0 | 1 | ~1999.06.09 |
| | K1 | 경남 | 2014 | 2 | 9 | 9 | ~2014.08.14 |

| 감독명 | 리그 | 구단명 | 재임년도 | 승 | 무 | 패 | 비고 |
|---|---|---|---|---|---|---|---|
| 이태호 | | 통산 | | 13 | 22 | 35 | |
| | K1 | 대전 | 2001 | 5 | 10 | 12 | |
| | 컵 | 대전 | 2001 | 4 | 0 | 4 | |
| | 컵 | 대전 | 2002 | 3 | 1 | 4 | |
| | K1 | 대전 | 2002 | 1 | 11 | 15 | |
| 이회택 | | 통산 | | 139 | 129 | 130 | |
| | K1 | 포항제철 | 1987 | 16 | 8 | 8 | |
| | K1 | 포항제철 | 1988 | 9 | 9 | 6 | |
| | K1 | 포항제철 | 1989 | 13 | 14 | 13 | |
| | K1 | 포항제철 | 1990 | 9 | 10 | 11 | |
| | K1 | 포항제철 | 1991 | 12 | 15 | 13 | |
| | 컵 | 포항제철 | 1992 | 3 | 5 | 2 | |
| | K1 | 포항제철 | 1992 | 13 | 9 | 8 | |
| | PO | 전남 | 1998 | 0 | 1 | 0 | 1998.10.15~ |
| | 컵 | 전남 | 1999 | 2 | 1 | 7 | |
| | K1 | 전남 | 1999 | 12 | 5 | 10 | |
| | PO | 전남 | 1999 | 0 | 0 | 1 | |
| | K1 | 전남 | 2000 | 8 | 7 | 12 | |
| | 컵 | 전남 | 2000 | 6 | 3 | 3 | |
| | K1 | 전남 | 2001 | 6 | 10 | 11 | |
| | 컵 | 전남 | 2001 | 2 | 1 | 5 | |
| | 컵 | 전남 | 2002 | 2 | 1 | 5 | |
| | K1 | 전남 | 2002 | 9 | 10 | 8 | |
| | K1 | 전남 | 2003 | 17 | 20 | 7 | |
| 이흥실 | | 통산 | | 70 | 59 | 74 | |
| | K1 | 전북 | 2012 | 22 | 13 | 9 | 2012.01.05~12.12 |
| | K2 | 안산경찰 | 2015 | 9 | 15 | 16 | |
| | K2 | 안산무궁 | 2016 | 21 | 7 | 12 | |
| | K2 | 안산 | 2017 | 7 | 12 | 17 | 2017.01.04~ |
| | K2 | 안산 | 2018 | 6 | 5 | 13 | ~2018.08.21 |
| | K2 | 대전 | 2019 | 5 | 7 | 7 | 2019.07.02~ |
| 인창수 | | 통산 | | 11 | 8 | 19 | |
| | K2 | 서울E | 2016 | 1 | 1 | 0 | 2016.06.16~06.27 |
| | K2 | 서울E | 2018 | 10 | 7 | 19 | |
| 임관식 | | 통산 | | 6 | 7 | 19 | |
| | K2 | 안산 | 2023 | 2 | 2 | 8 | 2023.08.16~ |
| | K2 | 안산 | 2024 | 4 | 5 | 11 | ~2024.07.11 |
| 임완섭 | | 통산 | | 15 | 12 | 24 | |
| | K2 | 안산 | 2018 | 1 | 2 | 3 | 2018.09.30~ |
| | K2 | 안산 | 2019 | 14 | 8 | 14 | ~2019.12.23 |
| | K1 | 인천 | 2020 | 0 | 2 | 7 | 2020.02.06~06.28 |
| 임종헌 | | 통산 | | 7 | 9 | 16 | |
| | K2 | 안산 | 2022 | 5 | 5 | 7 | 2022.07.08~ |
| | K2 | 안산 | 2023 | 2 | 4 | 9 | ~2023.06.23 |
| 임중용 | | 통산 | | 0 | 5 | 4 | |
| | K1 | 인천 | 2019 | 0 | 2 | 2 | 2019.04.16~05.14 |
| | K1 | 인천 | 2020 | 0 | 3 | 2 | 2020.06.29~08.06 |
| 임창수 | | 통산 | | 3 | 8 | 17 | |
| | K1 | 국민은행 | 1984 | 3 | 8 | 17 | |
| 장외룡 | | 통산 | | 50 | 42 | 47 | |
| | K1 | 부산 | 1999 | 5 | 0 | 3 | 1999.09.09~ |
| | PO | 부산 | 1999 | 3 | 0 | 2 | 1999.09.09~ |
| | K1 | 인천 | 2004 | 4 | 5 | 3 | 2004.08.31~ |
| | 컵 | 인천 | 2005 | 4 | 3 | 5 | |
| | PO | 인천 | 2005 | 2 | 0 | 1 | |
| | K1 | 인천 | 2005 | 13 | 6 | 5 | |
| | 컵 | 인천 | 2006 | 1 | 4 | 8 | |
| | K1 | 인천 | 2006 | 7 | 12 | 7 | |
| | K1 | 인천 | 2008 | 9 | 9 | 8 | |
| | 컵 | 인천 | 2008 | 2 | 3 | 5 | |
| 장운수 | | 통산 | | 46 | 24 | 25 | |
| | K1 | 대우 | 1983 | 6 | 7 | 3 | |
| | K1 | 대우 | 1984 | 13 | 5 | 2 | 1984.06.21~ |
| | PO | 대우 | 1984 | 1 | 1 | 0 | 1984.06.21~ |
| | K1 | 대우 | 1985 | 9 | 7 | 5 | |
| | 컵 | 대우 | 1986 | 7 | 2 | 7 | |
| | K1 | 대우 | 1986 | 10 | 2 | 8 | |
| 장종대 | | 통산 | | 6 | 7 | 8 | |
| | K1 | 상무 | 1985 | 6 | 7 | 8 | |
| 전경준 | | 통산 | | 50 | 54 | 41 | |
| | K2 | 전남 | 2019 | 7 | 5 | 3 | 2019.07.31~ |
| | K2 | 전남 | 2020 | 8 | 14 | 5 | |
| | K2 | 전남 | 2021 | 13 | 13 | 10 | |
| | PO | 전남 | 2021 | 0 | 1 | 0 | |
| | K2 | 전남 | 2022 | 4 | 4 | 8 | ~2022.06.05 |
| | K2 | 성남 | 2024 | 0 | 3 | 6 | 2024.09.06~ |
| | K2 | 성남 | 2025 | 17 | 13 | 9 | |
| | PO | 성남 | 2025 | 1 | 1 | 0 | |
| 정갑석 | | 통산 | | 26 | 12 | 30 | |
| | K2 | 부천 | 2016 | 2 | 1 | 1 | 2016.10.15~11.16 |
| | PO | 부천 | 2016 | 0 | 0 | 1 | 2016.10.15~11.16 |
| | K2 | 부천 | 2017 | 15 | 7 | 14 | |
| | K2 | 부천 | 2018 | 9 | 4 | 14 | ~2018.09.14 |
| 정경호 | | 통산 | | 13 | 13 | 12 | |
| | K1 | 강원 | 2025 | 13 | 13 | 12 | |
| 정광석 | | 통산 | | 1 | 0 | 2 | |
| | K1 | 대전 | 2024 | 1 | 0 | 2 | 2024.05.23~06.14 |
| 정병탁 | | 통산 | | 10 | 12 | 23 | |
| | K1 | 전남 | 1995 | 8 | 7 | 13 | |
| | 컵 | 전남 | 1995 | 1 | 3 | 3 | |
| | 컵 | 전남 | 1996 | 1 | 2 | 5 | ~1996.05.27 |
| | K1 | 전남 | 1996 | 0 | 0 | 2 | ~1996.05.27 |
| 정정용 | | 통산 | | 81 | 52 | 69 | |
| | K2 | 서울E | 2020 | 11 | 6 | 10 | |
| | K2 | 서울E | 2021 | 8 | 13 | 15 | |
| | K2 | 서울E | 2022 | 11 | 15 | 14 | |
| | K2 | 김천 | 2023 | 15 | 2 | 6 | 2023.06.01~ |
| | K1 | 김천 | 2024 | 18 | 9 | 11 | |
| | K1 | 김천 | 2025 | 18 | 7 | 13 | |
| 정조국 | | 통산 | | 1 | 3 | 3 | |
| | K1 | 제주 | 2023 | 1 | 3 | 3 | 2023.09.28~ |
| 정종수 | | 통산 | | 4 | 3 | 5 | |
| | K1 | 울산 | 2000 | 4 | 3 | 5 | 2000.06.14~08.21 |
| 정해성 | | 통산 | | 63 | 67 | 78 | |
| | K1 | 부천SK | 2004 | 4 | 13 | 7 | |
| | 컵 | 부천SK | 2004 | 2 | 6 | 4 | |
| | K1 | 부천SK | 2005 | 12 | 6 | 6 | |
| | 컵 | 부천SK | 2005 | 5 | 3 | 4 | |
| | 컵 | 제주 | 2006 | 6 | 2 | 5 | |
| | K1 | 제주 | 2006 | 5 | 10 | 11 | |
| | 컵 | 제주 | 2007 | 2 | 2 | 6 | |
| | K1 | 제주 | 2007 | 8 | 6 | 12 | |
| | K1 | 전남 | 2011 | 11 | 10 | 9 | |
| | 컵 | 전남 | 2011 | 3 | 1 | 1 | |
| | K1 | 전남 | 2012 | 5 | 8 | 13 | ~2012.08.10 |
| 정해원 | | 통산 | | 1 | 1 | 7 | |
| | K1 | 대우 | 1994 | 1 | 1 | 7 | 1994.06.22~09.07 |
| 조광래 | | 통산 | | 140 | 119 | 125 | |
| | 컵 | 대우 | 1992 | 1 | 2 | 1 | 1992.09.24~ |
| | K1 | 대우 | 1992 | 4 | 4 | 2 | 1992.09.24~ |
| | K1 | 대우 | 1993 | 5 | 15 | 10 | |
| | 컵 | 대우 | 1993 | 3 | 0 | 2 | |
| | K1 | 대우 | 1994 | 2 | 5 | 5 | ~1994.06.21 |
| | 컵 | 대우 | 1994 | 2 | 3 | 1 | ~1994.06.21 |
| | K1 | 안양LG | 1999 | 8 | 4 | 15 | |
| | 컵 | 안양LG | 1999 | 6 | 2 | 4 | |
| | K1 | 안양LG | 2000 | 17 | 5 | 5 | |
| | 컵 | 안양LG | 2000 | 2 | 3 | 5 | |
| | PO | 안양LG | 2000 | 1 | 1 | 0 | |
| | 컵 | 안양LG | 2001 | 3 | 1 | 4 | |

| 감독명 | 리그 | 구단명 | 재임년도 | 승 | 무 | 패 | 비고 |
|---|---|---|---|---|---|---|---|
| | K1 | 안양LG | 2001 | 11 | 10 | 6 | |
| | 컵 | 안양LG | 2002 | 6 | 2 | 1 | |
| | K1 | 안양LG | 2002 | 11 | 7 | 9 | |
| | K1 | 안양LG | 2003 | 14 | 14 | 16 | |
| | 컵 | 서울 | 2004 | 2 | 4 | 6 | |
| | K1 | 서울 | 2004 | 7 | 12 | 5 | |
| | 컵 | 경남 | 2008 | 3 | 4 | 3 | |
| | K1 | 경남 | 2008 | 10 | 5 | 11 | |
| | 컵 | 경남 | 2009 | 1 | 1 | 2 | |
| | K1 | 경남 | 2009 | 10 | 10 | 8 | |
| | K1 | 경남 | 2010 | 8 | 4 | 2 | ~2010.07.31 |
| | 컵 | 경남 | 2010 | 3 | 1 | 2 | ~2010.07.31 |
| 조덕제 | | 통산 | | 87 | 73 | 81 | |
| | K2 | 수원FC | 2013 | 13 | 8 | 14 | |
| | K2 | 수원FC | 2014 | 12 | 12 | 12 | |
| | K2 | 수원FC | 2015 | 18 | 11 | 11 | |
| | PO | 수원FC | 2015 | 3 | 1 | 0 | |
| | K1 | 수원FC | 2016 | 10 | 9 | 19 | |
| | K2 | 수원FC | 2017 | 7 | 9 | 10 | ~2017.08.23 |
| | K2 | 부산 | 2019 | 18 | 13 | 5 | |
| | PO | 부산 | 2019 | 2 | 1 | 0 | |
| | K1 | 부산 | 2020 | 4 | 9 | 10 | ~2020.09.28 |
| 조동현 | | 통산 | | 36 | 15 | 21 | |
| | K2 | 경찰 | 2013 | 20 | 4 | 11 | |
| | K2 | 안산경찰 | 2014 | 16 | 11 | 9 | |
| | PO | 안산경찰 | 2014 | 0 | 0 | 1 | |
| 조민국 | | 통산 | | 19 | 20 | 31 | |
| | K1 | 울산 | 2014 | 13 | 11 | 14 | ~2014.11.30 |
| | K2 | 대전 | 2020 | 3 | 0 | 5 | 2020.09.18~12.08 |
| | PO | 대전 | 2020 | 0 | 1 | 0 | 2020.09.18~12.08 |
| | K2 | 안산 | 2022 | 3 | 8 | 12 | ~2022.07.07 |
| 조민혁 | | 통산 | | 1 | 2 | 1 | |
| | K2 | 부천 | 2018 | 1 | 2 | 1 | 2018.09.15~10.07 |
| 조성용 | | 통산 | | 2 | 5 | 7 | |
| | K2 | 천안 | 2025 | 2 | 5 | 7 | 2025.08.21~ |
| 조성환 | | 통산 | | 134 | 107 | 119 | |
| | K1 | 제주 | 2015 | 14 | 8 | 16 | |
| | K1 | 제주 | 2016 | 14 | 7 | 12 | ~2016.10.14 |
| | K1 | 제주 | 2017 | 19 | 9 | 10 | |
| | K1 | 제주 | 2018 | 14 | 12 | 12 | |
| | K1 | 제주 | 2019 | 0 | 4 | 5 | ~2019.05.03 |
| | K1 | 인천 | 2020 | 7 | 1 | 5 | 2020.08.07~ |
| | K1 | 인천 | 2021 | 12 | 11 | 15 | |
| | K1 | 인천 | 2022 | 13 | 15 | 10 | |
| | K1 | 인천 | 2023 | 14 | 14 | 10 | |
| | K1 | 인천 | 2024 | 4 | 9 | 8 | ~2024.07.08 |
| | PO | 부산 | 2024 | 0 | 1 | 0 | 2024.07.15~ |
| | K2 | 부산 | 2024 | 9 | 3 | 4 | 2024.07.15~ |
| | K2 | 부산 | 2025 | 14 | 13 | 12 | |
| 조영증 | | 통산 | | 31 | 33 | 47 | |
| | 컵 | LG | 1994 | 3 | 2 | 1 | |
| | K1 | LG | 1994 | 12 | 7 | 11 | |
| | 컵 | LG | 1995 | 1 | 3 | 3 | |
| | K1 | LG | 1995 | 5 | 10 | 13 | |
| | 컵 | 안양LG | 1996 | 2 | 3 | 3 | |
| | K1 | 안양LG | 1996 | 8 | 8 | 16 | |
| 조윤옥 | | 통산 | | 4 | 1 | 3 | |
| | K1 | 대우 | 1984 | 4 | 1 | 3 | ~1984.06.20 |
| 조윤환 | | 통산 | | 94 | 67 | 81 | |
| | K1 | 유공 | 1994 | 2 | 2 | 0 | 1994.11.01~ |
| | 컵 | 부천SK | 1999 | 4 | 0 | 5 | |
| | K1 | 부천SK | 1999 | 18 | 0 | 9 | |
| | PO | 부천SK | 1999 | 0 | 0 | 2 | |
| | 컵 | 부천SK | 2000 | 7 | 1 | 3 | |
| | K1 | 부천SK | 2000 | 10 | 9 | 8 | |
| | PO | 부천SK | 2000 | 2 | 1 | 2 | |
| | 컵 | 부천SK | 2001 | 2 | 1 | 5 | ~2001.08.14 |
| | K1 | 부천SK | 2001 | 2 | 5 | 5 | ~2001.08.14 |
| | K1 | 전북 | 2001 | 3 | 2 | 0 | 2001.10.04~ |
| | 컵 | 전북 | 2002 | 3 | 1 | 4 | |
| | K1 | 전북 | 2002 | 8 | 11 | 8 | |
| | K1 | 전북 | 2003 | 18 | 15 | 11 | |
| | 컵 | 전북 | 2004 | 5 | 4 | 3 | |
| | K1 | 전북 | 2004 | 8 | 8 | 8 | |
| | 컵 | 전북 | 2005 | 2 | 5 | 5 | ~2005.06.13 |
| | K1 | 전북 | 2005 | 0 | 2 | 3 | ~2005.06.13 |
| 조종화 | | 통산 | | 2 | 3 | 3 | |
| | K2 | 수원FC | 2017 | 2 | 3 | 3 | 2017.08.24~10.19 |
| 조중연 | | 통산 | | 22 | 19 | 17 | |
| | 컵 | 현대 | 1986 | 10 | 3 | 3 | 1986.04.23~ |
| | K1 | 현대 | 1986 | 5 | 4 | 1 | 1986.04.23~ |
| | K1 | 현대 | 1987 | 7 | 12 | 13 | |
| 조진수 | | 통산 | | 5 | 2 | 1 | |
| | K2 | 충남아산 | 2025 | 5 | 2 | 1 | 2025.10.04~ |
| 조진호 | | 통산 | | 55 | 32 | 42 | |
| | K1 | 제주 | 2009 | 0 | 1 | 2 | 2009.10.15~11.01 |
| | K1 | 대전 | 2013 | 5 | 2 | 1 | 2013.10.05~12.08 |
| | K2 | 대전 | 2014 | 20 | 10 | 6 | |
| | K1 | 대전 | 2015 | 1 | 2 | 8 | ~2015.05.21 |
| | K1 | 상주 | 2016 | 12 | 7 | 19 | ~2016.11.24 |
| | K2 | 부산 | 2017 | 17 | 10 | 6 | ~2017.10.10 |
| 주승진 | | 통산 | | 2 | 1 | 5 | |
| | K1 | 수원 | 2020 | 2 | 1 | 5 | 2020.07.17~09.07 |
| 차경복 | | 통산 | | 131 | 83 | 101 | |
| | K1 | 전북 | 1995 | 9 | 4 | 15 | |
| | 컵 | 전북 | 1995 | 2 | 2 | 3 | |
| | 컵 | 전북 | 1996 | 2 | 3 | 3 | ~1996.12.05 |
| | K1 | 전북 | 1996 | 10 | 7 | 15 | ~1996.12.05 |
| | K1 | 천안일화 | 1998 | 2 | 1 | 5 | 1998.09.09~ |
| | 컵 | 천안일화 | 1999 | 4 | 2 | 4 | |
| | K1 | 천안일화 | 1999 | 8 | 5 | 14 | |
| | 컵 | 성남일화 | 2000 | 6 | 1 | 5 | |
| | K1 | 성남일화 | 2000 | 12 | 11 | 4 | |
| | PO | 성남일화 | 2000 | 1 | 0 | 1 | |
| | 컵 | 성남일화 | 2001 | 5 | 1 | 3 | |
| | K1 | 성남일화 | 2001 | 11 | 12 | 4 | |
| | K1 | 성남일화 | 2002 | 14 | 7 | 6 | |
| | 컵 | 성남일화 | 2002 | 5 | 5 | 1 | |
| | K1 | 성남일화 | 2003 | 27 | 10 | 7 | |
| | K1 | 성남일화 | 2004 | 7 | 8 | 9 | |
| | 컵 | 성남일화 | 2004 | 6 | 4 | 2 | |
| 차두리 | | 통산 | | 9 | 13 | 17 | |
| | K2 | 화성 | 2025 | 9 | 13 | 17 | |
| 차범근 | | 통산 | | 157 | 119 | 116 | |
| | K1 | 현대 | 1991 | 13 | 16 | 11 | |
| | 컵 | 현대 | 1992 | 3 | 2 | 5 | |
| | K1 | 현대 | 1992 | 13 | 6 | 11 | |
| | K1 | 현대 | 1993 | 10 | 10 | 10 | |
| | 컵 | 현대 | 1993 | 4 | 0 | 1 | |
| | 컵 | 현대 | 1994 | 1 | 3 | 2 | |
| | K1 | 현대 | 1994 | 11 | 13 | 6 | |
| | 컵 | 수원 | 2004 | 4 | 7 | 1 | |
| | K1 | 수원 | 2004 | 12 | 5 | 7 | |
| | PO | 수원 | 2004 | 1 | 2 | 0 | |
| | 컵 | 수원 | 2005 | 7 | 4 | 1 | |
| | K1 | 수원 | 2005 | 6 | 10 | 8 | |
| | PO | 수원 | 2006 | 1 | 0 | 2 | |
| | 컵 | 수원 | 2006 | 2 | 6 | 5 | |
| | K1 | 수원 | 2006 | 11 | 10 | 5 | |
| | 컵 | 수원 | 2007 | 6 | 2 | 4 | |

| 감독명 | 리그 | 구단명 | 재임년도 | 승 | 무 | 패 | 비고 |
|---|---|---|---|---|---|---|---|
| | PO | 수원 | 2007 | 0 | 0 | 1 | |
| | K1 | 수원 | 2007 | 15 | 6 | 5 | |
| | PO | 수원 | 2008 | 1 | 1 | 0 | |
| | 컵 | 수원 | 2008 | 7 | 4 | 1 | |
| | K1 | 수원 | 2008 | 17 | 3 | 6 | |
| | 컵 | 수원 | 2009 | 0 | 0 | 2 | |
| | K1 | 수원 | 2009 | 8 | 8 | 12 | |
| | 컵 | 수원 | 2010 | 2 | 0 | 2 | ~2010.06.07 |
| | K1 | 수원 | 2010 | 2 | 1 | 8 | ~2010.06.07 |
| 최강희 | | 통산 | | 229 | 115 | 101 | |
| | K1 | 전북 | 2005 | 2 | 3 | 7 | 2005.07.11~ |
| | K1 | 전북 | 2006 | 5 | 11 | 10 | |
| | 컵 | 전북 | 2006 | 6 | 2 | 5 | |
| | 컵 | 전북 | 2007 | 3 | 3 | 4 | |
| | K1 | 전북 | 2007 | 9 | 9 | 8 | |
| | PO | 전북 | 2008 | 1 | 0 | 1 | |
| | K1 | 전북 | 2008 | 11 | 4 | 11 | |
| | 컵 | 전북 | 2008 | 5 | 4 | 2 | |
| | 컵 | 전북 | 2009 | 1 | 1 | 2 | |
| | PO | 전북 | 2009 | 1 | 1 | 0 | |
| | K1 | 전북 | 2009 | 17 | 6 | 5 | |
| | 컵 | 전북 | 2010 | 5 | 1 | 1 | |
| | K1 | 전북 | 2010 | 15 | 6 | 7 | |
| | PO | 전북 | 2010 | 2 | 0 | 1 | |
| | PO | 전북 | 2011 | 2 | 0 | 0 | |
| | K1 | 전북 | 2011 | 18 | 9 | 3 | |
| | 컵 | 전북 | 2011 | 0 | 0 | 1 | |
| | K1 | 전북 | 2013 | 12 | 6 | 6 | 2013.06.27~ |
| | K1 | 전북 | 2014 | 24 | 9 | 5 | |
| | K1 | 전북 | 2015 | 22 | 7 | 9 | |
| | K1 | 전북 | 2016 | 20 | 16 | 2 | |
| | K1 | 전북 | 2017 | 22 | 9 | 7 | |
| | K1 | 전북 | 2018 | 26 | 8 | 4 | |
| 최덕주 | | 통산 | | 13 | 8 | 15 | |
| | K2 | 대구 | 2014 | 13 | 8 | 15 | ~2014.11.18 |
| 최만희 | | 통산 | | 73 | 55 | 111 | |
| | 컵 | 전북 | 1997 | 1 | 6 | 10 | |
| | K1 | 전북 | 1997 | 6 | 8 | 4 | |
| | K1 | 전북 | 1998 | 8 | 1 | 9 | |
| | 컵 | 전북 | 1998 | 6 | 3 | 8 | |
| | 컵 | 전북 | 1999 | 4 | 1 | 4 | |
| | K1 | 전북 | 1999 | 10 | 4 | 13 | |
| | 컵 | 전북 | 2000 | 3 | 2 | 4 | |
| | K1 | 전북 | 2000 | 11 | 4 | 12 | |
| | PO | 전북 | 2000 | 0 | 0 | 1 | |
| | 컵 | 전북 | 2001 | 4 | 1 | 4 | ~2001.07.18 |
| | K1 | 전북 | 2001 | 0 | 2 | 6 | ~2001.07.18 |
| | 컵 | 광주 | 2011 | 1 | 0 | 4 | |
| | K1 | 광주 | 2011 | 9 | 8 | 13 | |
| | K1 | 광주 | 2012 | 10 | 15 | 19 | ~2012.12.02 |
| 최문식 | | 통산 | | 18 | 16 | 35 | |
| | K1 | 대전 | 2015 | 3 | 5 | 18 | 2015.06.01~ |
| | K2 | 대전 | 2016 | 15 | 10 | 15 | ~2016.10.30 |
| | K2 | 안산 | 2025 | 0 | 1 | 2 | 2025.11.01~ |
| 최상현 | | 통산 | | 1 | 2 | 2 | |
| | K2 | 충북청주 | 2025 | 1 | 2 | 2 | 2025.06.13~07.14 |
| 최성용 | | 통산 | | 1 | 0 | 3 | |
| | K1 | 수원 | 2023 | 1 | 0 | 3 | 2023.04.21~05.07 |
| 최순호 | | 통산 | | 108 | 80 | 136 | |
| | K1 | 포항 | 2000 | 2 | 2 | 5 | 2000.08.01~ |
| | 컵 | 포항 | 2000 | 0 | 0 | 1 | 2000.08.01~ |
| | 컵 | 포항 | 2001 | 4 | 0 | 4 | |
| | K1 | 포항 | 2001 | 10 | 8 | 9 | |
| | 컵 | 포항 | 2002 | 2 | 2 | 4 | |
| | K1 | 포항 | 2002 | 9 | 9 | 9 | |
| | K1 | 포항 | 2003 | 17 | 13 | 14 | |
| | PO | 포항 | 2004 | 1 | 2 | 0 | |
| | K1 | 포항 | 2004 | 8 | 8 | 8 | |
| | 컵 | 포항 | 2004 | 4 | 3 | 5 | |
| | K1 | 강원 | 2009 | 7 | 7 | 14 | |
| | 컵 | 강원 | 2009 | 1 | 0 | 4 | |
| | 컵 | 강원 | 2010 | 0 | 0 | 4 | |
| | K1 | 강원 | 2010 | 8 | 6 | 14 | |
| | K1 | 강원 | 2011 | 0 | 0 | 4 | ~2011.04.07 |
| | 컵 | 강원 | 2011 | 1 | 1 | 0 | ~2011.04.07 |
| | K1 | 포항 | 2016 | 2 | 2 | 2 | 2016.10.01~ |
| | K1 | 포항 | 2017 | 15 | 7 | 16 | |
| | K1 | 포항 | 2018 | 15 | 9 | 14 | |
| | K1 | 포항 | 2019 | 2 | 1 | 5 | ~2019.04.22 |
| 최영근 | | 통산 | | 4 | 2 | 7 | |
| | K1 | 인천 | 2024 | 4 | 2 | 7 | 2024.08.01~ |
| 최영준 | | 통산 | | 19 | 9 | 20 | |
| | K1 | 부산 | 2015 | 0 | 2 | 3 | 2015.10.12~ |
| | PO | 부산 | 2015 | 0 | 0 | 2 | 2015.10.12~ |
| | K2 | 부산 | 2016 | 19 | 7 | 14 | |
| | PO | 부산 | 2016 | 0 | 0 | 1 | |
| 최용수 | | 통산 | | 140 | 80 | 97 | |
| | PO | 서울 | 2011 | 0 | 0 | 1 | 2011.04.27~12.08 |
| | K1 | 서울 | 2011 | 15 | 4 | 4 | 2011.04.27~12.08 |
| | 컵 | 서울 | 2011 | 0 | 0 | 1 | 2011.04.27~12.08 |
| | K1 | 서울 | 2012 | 29 | 9 | 6 | |
| | K1 | 서울 | 2013 | 17 | 11 | 10 | |
| | K1 | 서울 | 2014 | 15 | 13 | 10 | |
| | K1 | 서울 | 2015 | 17 | 11 | 10 | |
| | K1 | 서울 | 2016 | 9 | 3 | 3 | ~2016.06.22 |
| | PO | 서울 | 2018 | 1 | 1 | 0 | 2018.10.11~ |
| | K1 | 서울 | 2018 | 1 | 2 | 3 | 2018.10.11~ |
| | K1 | 서울 | 2019 | 15 | 11 | 12 | |
| | K1 | 서울 | 2020 | 3 | 1 | 9 | ~2020.07.30 |
| | K1 | 강원 | 2021 | 1 | 1 | 0 | 2021.11.16~ |
| | PO | 강원 | 2021 | 1 | 0 | 1 | 2021.11.16~ |
| | K1 | 강원 | 2022 | 14 | 7 | 17 | |
| | K1 | 강원 | 2023 | 2 | 6 | 10 | ~2023.06.21 |
| 최원권 | | 통산 | | 19 | 22 | 16 | |
| | K1 | 대구 | 2022 | 5 | 4 | 2 | 2022.08.14~ |
| | K1 | 대구 | 2023 | 13 | 14 | 11 | |
| | K1 | 대구 | 2024 | 1 | 4 | 3 | ~2024.04.25 |
| 최윤겸 | | 통산 | | 151 | 162 | 145 | |
| | K1 | 부천SK | 2001 | 5 | 9 | 1 | 2001.08.15~ |
| | 컵 | 부천SK | 2002 | 3 | 2 | 3 | ~2002.09.01 |
| | K1 | 부천SK | 2002 | 5 | 2 | 6 | ~2002.09.01 |
| | K1 | 대전 | 2003 | 18 | 11 | 15 | 2003.01.03~ |
| | 컵 | 대전 | 2004 | 5 | 5 | 2 | |
| | K1 | 대전 | 2004 | 6 | 8 | 10 | |
| | 컵 | 대전 | 2005 | 3 | 4 | 5 | |
| | K1 | 대전 | 2005 | 6 | 12 | 6 | |
| | 컵 | 대전 | 2006 | 5 | 6 | 2 | |
| | K1 | 대전 | 2006 | 7 | 10 | 9 | |
| | K1 | 대전 | 2007 | 2 | 7 | 4 | ~2007.06.30 |
| | 컵 | 대전 | 2007 | 2 | 5 | 3 | ~2007.06.30 |
| | K2 | 강원 | 2015 | 13 | 12 | 15 | |
| | K2 | 강원 | 2016 | 19 | 9 | 12 | |
| | PO | 강원 | 2016 | 2 | 2 | 0 | |
| | K1 | 강원 | 2017 | 10 | 7 | 9 | ~2017.08.14 |
| | K2 | 부산 | 2018 | 14 | 14 | 8 | ~2018.12.19 |
| | PO | 부산 | 2018 | 1 | 1 | 1 | ~2018.12.19 |
| | K1 | 제주 | 2019 | 5 | 8 | 16 | 2019.05.03~12.25 |
| | K2 | 충북청주 | 2023 | 13 | 13 | 10 | |
| | K2 | 충북청주 | 2024 | 7 | 15 | 8 | ~2024.10.04 |
| 최은택 | | 통산 | | 21 | 17 | 21 | |

| 감독명 | 리그 | 구단명 | 재임년도 | 승 | 무 | 패 | 비고 |
|---|---|---|---|---|---|---|---|
| | K1 | 포항제철 | 1985 | 9 | 7 | 5 | |
| | K1 | 포항제철 | 1986 | 5 | 8 | 7 | |
| | 컵 | 포항제철 | 1986 | 6 | 1 | 9 | |
| | PO | 포항제철 | 1986 | 1 | 1 | 0 | |
| 최 진 철 | | 통산 | | 10 | 8 | 14 | |
| | K1 | 포항 | 2016 | 10 | 8 | 14 | ~2016.09.24 |
| 최 진 한 | | 통산 | | 40 | 33 | 65 | |
| | 컵 | 경남 | 2011 | 4 | 1 | 2 | |
| | K1 | 경남 | 2011 | 12 | 6 | 12 | |
| | K1 | 경남 | 2012 | 14 | 8 | 22 | |
| | K1 | 경남 | 2013 | 2 | 6 | 3 | ~2013.05.22 |
| | K2 | 부천 | 2014 | 6 | 9 | 21 | 2014.02.06~ |
| | K2 | 부천 | 2015 | 2 | 3 | 5 | ~2015.05.28 |
| 최 철 우 | | 통산 | | 5 | 4 | 11 | |
| | K2 | 성남 | 2024 | 5 | 4 | 11 | 2024.03.29~08.06 |
| 트나즈 트르판 | | 통산 | | 3 | 7 | 13 | |
| | K1 | 부천SK | 2002 | 3 | 6 | 5 | 2002.09.02~ |
| | K1 | 부천SK | 2003 | 0 | 1 | 8 | ~2003.05.15 |
| 파리아스 | | 통산 | | 83 | 55 | 43 | |
| | K1 | 포항 | 2005 | 11 | 7 | 6 | |
| | 컵 | 포항 | 2005 | 4 | 8 | 0 | |
| | 컵 | 포항 | 2006 | 6 | 1 | 6 | |
| | PO | 포항 | 2006 | 0 | 0 | 1 | |
| | K1 | 포항 | 2006 | 13 | 8 | 5 | |
| | 컵 | 포항 | 2007 | 2 | 5 | 3 | |
| | K1 | 포항 | 2007 | 11 | 6 | 9 | |
| | PO | 포항 | 2007 | 4 | 1 | 0 | |
| | 컵 | 포항 | 2008 | 1 | 1 | 0 | |
| | PO | 포항 | 2008 | 0 | 1 | 0 | |
| | K1 | 포항 | 2008 | 13 | 5 | 8 | |
| | PO | 포항 | 2009 | 0 | 0 | 1 | ~2009.12.25 |
| | 컵 | 포항 | 2009 | 4 | 1 | 1 | ~2009.12.25 |
| | K1 | 포항 | 2009 | 14 | 11 | 3 | ~2009.12.25 |
| 파비아노 | | 통산 | | 6 | 4 | 11 | |
| | K2 | 전남 | 2019 | 6 | 4 | 11 | ~2019.07.30 |
| 파 비 오 | | 통산 | | 6 | 3 | 4 | |
| | K1 | 전북 | 2013 | 6 | 3 | 4 | ~2013.06.19 |
| 페 레 즈 | | 통산 | | 14 | 13 | 26 | |
| | K2 | 부산 | 2021 | 12 | 9 | 15 | |
| | K2 | 부산 | 2022 | 2 | 4 | 11 | ~2022.06.01 |
| 페트레스쿠 | | 통산 | | 8 | 9 | 9 | |
| | K1 | 전북 | 2023 | 8 | 6 | 6 | 2023.06.12~ |
| | K1 | 전북 | 2024 | 0 | 3 | 3 | ~2024.04.12 |
| 페트코비치 | | 통산 | | 26 | 23 | 28 | |
| | K1 | 인천 | 2009 | 11 | 10 | 7 | |
| | PO | 인천 | 2009 | 0 | 1 | 0 | |
| | 컵 | 인천 | 2009 | 2 | 4 | 1 | |
| | K1 | 인천 | 2010 | 6 | 1 | 5 | ~2010.06.08 |
| | 컵 | 인천 | 2010 | 1 | 1 | 2 | ~2010.06.08 |
| | K1 | 경남 | 2013 | 6 | 6 | 13 | 2013.06.02~12.16 |
| 포 옛 | | 통산 | | 23 | 10 | 5 | |
| | K1 | 전북 | 2025 | 23 | 10 | 5 | |
| 포터필드 | | 통산 | | 30 | 40 | 53 | |
| | K1 | 부산 | 2003 | 13 | 10 | 21 | |
| | 컵 | 부산 | 2004 | 2 | 4 | 6 | |
| | K1 | 부산 | 2004 | 6 | 12 | 6 | |
| | PO | 부산 | 2005 | 0 | 0 | 1 | |
| | 컵 | 부산 | 2005 | 2 | 4 | 6 | |
| | K1 | 부산 | 2005 | 7 | 7 | 10 | |
| | K1 | 부산 | 2006 | 0 | 3 | 3 | ~2006.04.03 |
| 하 석 주 | | 통산 | | 31 | 28 | 34 | |
| | K1 | 전남 | 2012 | 8 | 6 | 3 | 2012.08.14~ |
| | K1 | 전남 | 2013 | 9 | 13 | 16 | |
| | K1 | 전남 | 2014 | 14 | 9 | 15 | ~2014.11.30 |
| 하 재 훈 | | 통산 | | 3 | 11 | 21 | |
| | K1 | 부천SK | 2003 | 3 | 11 | 21 | 2003.05.16~11.20 |
| 한 홍 기 | | 통산 | | 16 | 11 | 17 | |
| | K1 | 포항제철 | 1983 | 6 | 4 | 6 | |
| | K1 | 포항제철 | 1984 | 10 | 7 | 11 | |
| 함 흥 철 | | 통산 | | 19 | 24 | 22 | |
| | K1 | 할렐루야 | 1983 | 6 | 8 | 2 | |
| | K1 | 할렐루야 | 1984 | 10 | 9 | 9 | |
| | K1 | 할렐루야 | 1985 | 3 | 7 | 11 | |
| 허 정 무 | | 통산 | | 121 | 130 | 114 | |
| | 컵 | 포항제철 | 1993 | 4 | 0 | 1 | |
| | K1 | 포항제철 | 1993 | 8 | 14 | 8 | |
| | 컵 | 포항제철 | 1994 | 1 | 2 | 3 | |
| | K1 | 포항제철 | 1994 | 13 | 11 | 6 | |
| | 컵 | 포항 | 1995 | 1 | 3 | 3 | |
| | K1 | 포항 | 1995 | 15 | 10 | 3 | |
| | PO | 포항 | 1995 | 0 | 2 | 1 | |
| | K1 | 전남 | 1996 | 9 | 9 | 12 | 1996.05.28~ |
| | 컵 | 전남 | 1997 | 7 | 9 | 2 | |
| | K1 | 전남 | 1997 | 10 | 6 | 2 | |
| | 컵 | 전남 | 1998 | 4 | 3 | 10 | ~1998.10.14 |
| | K1 | 전남 | 1998 | 9 | 2 | 7 | ~1998.10.14 |
| | 컵 | 전남 | 2005 | 3 | 5 | 4 | 2005.01.03~ |
| | K1 | 전남 | 2005 | 7 | 6 | 11 | 2005.01.03~ |
| | K1 | 전남 | 2006 | 7 | 13 | 6 | |
| | 컵 | 전남 | 2006 | 6 | 2 | 5 | |
| | 컵 | 전남 | 2007 | 0 | 0 | 1 | |
| | K1 | 전남 | 2007 | 7 | 9 | 10 | |
| | K1 | 인천 | 2010 | 2 | 6 | 3 | 2010.08.23~ |
| | K1 | 인천 | 2011 | 6 | 14 | 10 | |
| | 컵 | 인천 | 2011 | 1 | 2 | 2 | |
| | K1 | 인천 | 2012 | 1 | 2 | 4 | ~2012.04.11 |
| 홍 명 보 | | 통산 | | 77 | 34 | 25 | |
| | K1 | 울산 | 2021 | 21 | 11 | 6 | |
| | K1 | 울산 | 2022 | 22 | 10 | 6 | |
| | K1 | 울산 | 2023 | 23 | 7 | 8 | |
| | K1 | 울산 | 2024 | 11 | 6 | 5 | ~2024.07.12 |
| 홍 성 요 | | 통산 | | 1 | 3 | 3 | |
| | K2 | 안산 | 2025 | 1 | 3 | 3 | 2025.09.19~10.31 |
| 황 보 관 | | 통산 | | 1 | 3 | 3 | |
| | K1 | 서울 | 2011 | 1 | 3 | 3 | 2011.01.05~04.26 |
| 황 선 홍 | | 통산 | | 197 | 123 | 131 | |
| | 컵 | 부산 | 2008 | 5 | 1 | 5 | |
| | K1 | 부산 | 2008 | 5 | 7 | 14 | |
| | 컵 | 부산 | 2009 | 5 | 3 | 2 | |
| | K1 | 부산 | 2009 | 7 | 8 | 13 | |
| | 컵 | 부산 | 2010 | 3 | 1 | 1 | ~2010.12.12 |
| | K1 | 부산 | 2010 | 8 | 9 | 11 | ~2010.12.12 |
| | PO | 포항 | 2011 | 0 | 0 | 1 | |
| | 컵 | 포항 | 2011 | 4 | 0 | 2 | |
| | K1 | 포항 | 2011 | 17 | 8 | 5 | |
| | K1 | 포항 | 2012 | 23 | 8 | 13 | |
| | K1 | 포항 | 2013 | 21 | 11 | 6 | |
| | K1 | 포항 | 2014 | 16 | 10 | 12 | |
| | K1 | 포항 | 2015 | 18 | 12 | 8 | |
| | K1 | 서울 | 2016 | 12 | 4 | 6 | 2016.06.27~ |
| | K1 | 서울 | 2017 | 16 | 13 | 9 | |
| | K1 | 서울 | 2018 | 2 | 4 | 4 | ~2018.04.30 |
| | K2 | 대전 | 2020 | 8 | 6 | 4 | 2020.01.04~09.08 |
| | K1 | 대전 | 2024 | 9 | 7 | 6 | 2024.06.14~ |
| | K1 | 대전 | 2025 | 18 | 11 | 9 | |

K1: K리그1(승강제 이전 포함), K2: K리그2, PO: K리그 플레이오프, 컵: K리그 리그컵

**가도에프**(Shohruh Gadoev) 우즈베키스탄 1991.12.31

| 대회 | 연도 | 소속 | 출전 | 교체 | 득점 | 도움 | 실점 | 파울 | 경고 | 퇴장 |
|---|---|---|---|---|---|---|---|---|---|---|
| K2 | 2018 | 대전 | 30 | 28 | 8 | 4 | 0 | 29 | 4 | 1 |
| | 2019 | 대전 | 8 | 8 | 0 | 1 | 0 | 7 | 0 | 0 |
| PO | 2018 | 대전 | 2 | 2 | 0 | 0 | 0 | 0 | 0 | 0 |
| 통산 | | | 40 | 38 | 8 | 5 | 0 | 36 | 4 | 1 |

**가브리엘**(Gabriel Barbosa Avelino) 브라질 1999.03.17

| 대회 | 연도 | 소속 | 출전 | 교체 | 득점 | 도움 | 실점 | 파울 | 경고 | 퇴장 |
|---|---|---|---|---|---|---|---|---|---|---|
| K1 | 2006 | 대구 | 12 | 12 | 1 | 2 | 0 | 22 | 1 | 0 |
| 컵 | 2006 | 대구 | 5 | 3 | 1 | 1 | 0 | 13 | 2 | 0 |
| 통산 | | | 17 | 15 | 2 | 3 | 0 | 35 | 3 | 0 |

**가브리엘**(Barbosa Avelino Gabriel) 브라질 1999.03.17

| 대회 | 연도 | 소속 | 출전 | 교체 | 득점 | 도움 | 실점 | 파울 | 경고 | 퇴장 |
|---|---|---|---|---|---|---|---|---|---|---|
| K1 | 2021 | 서울 | 15 | 14 | 2 | 1 | 0 | 19 | 3 | 0 |
| 통산 | | | 15 | 14 | 2 | 1 | 0 | 19 | 3 | 0 |

**가브리엘**(Gabriel Honorio Ramos) 브라질 1996.07.16

| 대회 | 연도 | 소속 | 출전 | 교체 | 득점 | 도움 | 실점 | 파울 | 경고 | 퇴장 |
|---|---|---|---|---|---|---|---|---|---|---|
| K2 | 2023 | 안산 | 18 | 13 | 4 | 2 | 0 | 17 | 1 | 1 |
| | 2023 | 성남 | 11 | 3 | 4 | 3 | 0 | 12 | 1 | 0 |
| | 2024 | 성남 | 6 | 4 | 0 | 1 | 0 | 7 | 2 | 0 |
| 통산 | | | 35 | 20 | 8 | 6 | 0 | 36 | 4 | 1 |

**가브리엘**(Vitor Gabriel Claudino Rego Ferreira) 브라질 2000.01.20

| 대회 | 연도 | 소속 | 출전 | 교체 | 득점 | 도움 | 실점 | 파울 | 경고 | 퇴장 |
|---|---|---|---|---|---|---|---|---|---|---|
| K1 | 2023 | 강원 | 14 | 8 | 3 | 1 | 0 | 23 | 5 | 0 |
| | 2024 | 강원 | 13 | 11 | 0 | 0 | 0 | 6 | 0 | 0 |
| | 2025 | 강원 | 27 | 22 | 4 | 1 | 0 | 22 | 5 | 0 |
| PO | 2023 | 강원 | 2 | 2 | 2 | 0 | 0 | 1 | 1 | 0 |
| 통산 | | | 56 | 43 | 9 | 2 | 0 | 52 | 11 | 0 |

**가브리엘**(Gabriel Henrique de Souza de Oliveira) 브라질 2001.10.13

| 대회 | 연도 | 소속 | 출전 | 교체 | 득점 | 도움 | 실점 | 파울 | 경고 | 퇴장 |
|---|---|---|---|---|---|---|---|---|---|---|
| K1 | 2024 | 광주 | 33 | 22 | 7 | 5 | 0 | 24 | 3 | 0 |
| | 2025 | 광주 | 8 | 8 | 0 | 0 | 0 | 7 | 0 | 0 |
| 통산 | | | 41 | 30 | 7 | 5 | 0 | 31 | 3 | 0 |

**가브리엘**(Gabriel dos Santos Francisco) 브라질 1999.03.16

| 대회 | 연도 | 소속 | 출전 | 교체 | 득점 | 도움 | 실점 | 파울 | 경고 | 퇴장 |
|---|---|---|---|---|---|---|---|---|---|---|
| K2 | 2025 | 서울E | 12 | 10 | 1 | 0 | 0 | 10 | 1 | 0 |
| | 2025 | 충북청주 | 21 | 10 | 8 | 3 | 0 | 32 | 4 | 0 |
| PO | 2025 | 서울E | 1 | 1 | 0 | 0 | 0 | 1 | 0 | 0 |
| 통산 | | | 34 | 21 | 9 | 3 | 0 | 43 | 5 | 0 |

**가비**(Gabriel Popescu) 루마니아 1973.12.25

| 대회 | 연도 | 소속 | 출전 | 교체 | 득점 | 도움 | 실점 | 파울 | 경고 | 퇴장 |
|---|---|---|---|---|---|---|---|---|---|---|
| K1 | 2002 | 수원 | 24 | 10 | 6 | 1 | 0 | 59 | 8 | 0 |
| | 2003 | 수원 | 31 | 4 | 6 | 2 | 0 | 61 | 6 | 0 |
| | 2004 | 수원 | 4 | 4 | 0 | 1 | 0 | 2 | 0 | 0 |
| 통산 | | | 59 | 18 | 12 | 4 | 0 | 122 | 14 | 0 |

**가빌란**(Jaime Gavilan Martinez) 스페인 1985.05.12

| 대회 | 연도 | 소속 | 출전 | 교체 | 득점 | 도움 | 실점 | 파울 | 경고 | 퇴장 |
|---|---|---|---|---|---|---|---|---|---|---|
| K1 | 2016 | 수원FC | 22 | 18 | 3 | 2 | 0 | 26 | 5 | 0 |
| K2 | 2017 | 수원FC | 1 | 1 | 0 | 0 | 0 | 1 | 0 | 0 |
| 통산 | | | 23 | 19 | 3 | 2 | 0 | 27 | 5 | 0 |

**가솔현**(賈率賢) 고려대 1991.02.12

| 대회 | 연도 | 소속 | 출전 | 교체 | 득점 | 도움 | 실점 | 파울 | 경고 | 퇴장 |
|---|---|---|---|---|---|---|---|---|---|---|
| K1 | 2018 | 전남 | 26 | 2 | 0 | 0 | 0 | 19 | 3 | 0 |
| | 2020 | 강원 | 0 | 0 | 0 | 0 | 0 | 0 | 0 | 0 |
| K2 | 2013 | 안양 | 20 | 0 | 3 | 0 | 0 | 37 | 5 | 0 |
| | 2014 | 안양 | 26 | 1 | 1 | 2 | 0 | 35 | 6 | 0 |
| | 2015 | 안양 | 26 | 1 | 1 | 0 | 0 | 28 | 7 | 0 |
| | 2016 | 안양 | 20 | 6 | 0 | 0 | 0 | 24 | 5 | 0 |
| | 2019 | 전남 | 19 | 6 | 0 | 1 | 0 | 27 | 4 | 0 |
| 통산 | | | 137 | 16 | 5 | 3 | 0 | 170 | 30 | 0 |

**가우초**(Eric Freire Gomes) 브라질 1972.09.22

| 대회 | 연도 | 소속 | 출전 | 교체 | 득점 | 도움 | 실점 | 파울 | 경고 | 퇴장 |
|---|---|---|---|---|---|---|---|---|---|---|
| K1 | 2004 | 부산 | 11 | 7 | 2 | 0 | 0 | 23 | 3 | 0 |
| 컵 | 2004 | 부산 | 2 | 1 | 2 | 0 | 0 | 3 | 0 | 0 |
| 통산 | | | 13 | 8 | 4 | 0 | 0 | 26 | 3 | 0 |

**가이모토**(Kaimoto Kojiro, 海本幸治郎) 일본 1977.10.14

| 대회 | 연도 | 소속 | 출전 | 교체 | 득점 | 도움 | 실점 | 파울 | 경고 | 퇴장 |
|---|---|---|---|---|---|---|---|---|---|---|
| K1 | 2001 | 성남일화 | 1 | 1 | 0 | 0 | 0 | 4 | 1 | 0 |
| | 2002 | 성남일화 | 10 | 5 | 0 | 1 | 0 | 18 | 0 | 0 |
| 컵 | 2002 | 성남일화 | 11 | 6 | 0 | 0 | 0 | 18 | 2 | 0 |
| 통산 | | | 22 | 12 | 0 | 1 | 0 | 40 | 3 | 0 |

**갈레고**(Jefferson Galego: Jefferson Fernando Isídio) 브라질 1997.04.04

| 대회 | 연도 | 소속 | 출전 | 교체 | 득점 | 도움 | 실점 | 파울 | 경고 | 퇴장 |
|---|---|---|---|---|---|---|---|---|---|---|
| K1 | 2022 | 강원 | 14 | 14 | 3 | 0 | 0 | 11 | 2 | 0 |
| | 2023 | 강원 | 33 | 32 | 2 | 0 | 0 | 21 | 4 | 0 |
| | 2024 | 강원 | 4 | 4 | 0 | 0 | 0 | 2 | 1 | 0 |
| | 2024 | 제주 | 16 | 16 | 1 | 1 | 0 | 11 | 2 | 0 |
| K2 | 2025 | 부천 | 25 | 15 | 5 | 4 | 0 | 22 | 5 | 0 |
| PO | 2023 | 강원 | 2 | 2 | 0 | 0 | 0 | 2 | 1 | 0 |
| | 2025 | 부천 | 3 | 3 | 1 | 0 | 0 | 1 | 0 | 0 |
| 통산 | | | 97 | 86 | 12 | 5 | 0 | 70 | 15 | 0 |

**감보아**(Joao Pedro da Costa Gamboa) 포르투갈 1996.08.31

| 대회 | 연도 | 소속 | 출전 | 교체 | 득점 | 도움 | 실점 | 파울 | 경고 | 퇴장 |
|---|---|---|---|---|---|---|---|---|---|---|
| K1 | 2025 | 전북 | 13 | 10 | 0 | 0 | 0 | 9 | 3 | 0 |
| 통산 | | | 13 | 10 | 0 | 0 | 0 | 9 | 3 | 0 |

**감한솔**(甘한솔) 경희대 1993.11.19

| 대회 | 연도 | 소속 | 출전 | 교체 | 득점 | 도움 | 실점 | 파울 | 경고 | 퇴장 |
|---|---|---|---|---|---|---|---|---|---|---|
| K2 | 2015 | 대구 | 6 | 6 | 0 | 0 | 0 | 0 | 1 | 0 |
| | 2016 | 대구 | 5 | 3 | 0 | 1 | 0 | 4 | 0 | 0 |
| | 2017 | 서울E | 21 | 6 | 1 | 2 | 0 | 16 | 2 | 0 |
| | 2018 | 서울E | 13 | 7 | 0 | 0 | 0 | 14 | 0 | 0 |
| | 2019 | 부천 | 32 | 5 | 2 | 3 | 0 | 27 | 6 | 0 |
| | 2020 | 부천 | 14 | 4 | 0 | 0 | 0 | 20 | 1 | 0 |
| | 2022 | 부천 | 8 | 4 | 0 | 0 | 0 | 6 | 0 | 1 |
| | 2023 | 부천 | 10 | 8 | 0 | 0 | 0 | 5 | 0 | 0 |
| PO | 2015 | 대구 | 1 | 0 | 0 | 0 | 0 | 5 | 0 | 0 |
| | 2019 | 부천 | 1 | 0 | 0 | 1 | 0 | 3 | 0 | 0 |
| 통산 | | | 111 | 43 | 3 | 7 | 0 | 100 | 10 | 1 |

**강경호**(姜京昊) 한양대 1957.02.02

| 대회 | 연도 | 소속 | 출전 | 교체 | 득점 | 도움 | 실점 | 파울 | 경고 | 퇴장 |
|---|---|---|---|---|---|---|---|---|---|---|
| K1 | 1983 | 국민은행 | 5 | 4 | 0 | 0 | 0 | 1 | 0 | 0 |
| | 1984 | 국민은행 | 11 | 3 | 3 | 0 | 0 | 11 | 1 | 0 |
| 통산 | | | 16 | 7 | 3 | 0 | 0 | 12 | 1 | 0 |

**강교훈**(康敎燻) 2003.01.21

| 대회 | 연도 | 소속 | 출전 | 교체 | 득점 | 도움 | 실점 | 파울 | 경고 | 퇴장 |
|---|---|---|---|---|---|---|---|---|---|---|
| K1 | 2024 | 수원FC | 0 | 0 | 0 | 0 | 0 | 0 | 0 | 0 |
| 통산 | | | 0 | 0 | 0 | 0 | 0 | 0 | 0 | 0 |

**강구남**(姜求南) 경희대 1987.07.31

| 대회 | 연도 | 소속 | 출전 | 교체 | 득점 | 도움 | 실점 | 파울 | 경고 | 퇴장 |
|---|---|---|---|---|---|---|---|---|---|---|
| K1 | 2008 | 대전 | 1 | 1 | 0 | 0 | 0 | 0 | 0 | 0 |
| | 2009 | 광주상무 | 2 | 2 | 0 | 0 | 0 | 4 | 0 | 0 |
| | 2010 | 광주상무 | 4 | 3 | 0 | 0 | 0 | 5 | 0 | 0 |
| | 2011 | 대전 | 3 | 3 | 0 | 0 | 0 | 3 | 1 | 0 |
| 컵 | 2008 | 대전 | 3 | 3 | 0 | 1 | 0 | 3 | 0 | 0 |
| | 2010 | 광주상무 | 2 | 2 | 0 | 0 | 0 | 3 | 0 | 0 |
| | 2011 | 대전 | 3 | 2 | 0 | 0 | 0 | 2 | 0 | 0 |
| 통산 | | | 18 | 16 | 0 | 1 | 0 | 20 | 1 | 0 |

**강금철**(姜錦哲) 전주대 1972.03.19

| 대회 | 연도 | 소속 | 출전 | 교체 | 득점 | 도움 | 실점 | 파울 | 경고 | 퇴장 |
|---|---|---|---|---|---|---|---|---|---|---|
| K1 | 1995 | 전북 | 2 | 2 | 0 | 0 | 0 | 5 | 0 | 0 |
| | 1996 | 전북 | 0 | 0 | 0 | 0 | 0 | 0 | 0 | 0 |
| | 1999 | 전북 | 9 | 8 | 1 | 1 | 0 | 8 | 1 | 0 |
| | 2000 | 전북 | 3 | 2 | 0 | 0 | 0 | 3 | 1 | 0 |
| | 2001 | 전북 | 13 | 3 | 0 | 0 | 0 | 28 | 1 | 0 |
| 컵 | 1996 | 전북 | 0 | 0 | 0 | 0 | 0 | 0 | 0 | 0 |
| | 1999 | 전북 | 1 | 1 | 0 | 0 | 0 | 2 | 0 | 0 |
| | 2000 | 전북 | 2 | 2 | 0 | 0 | 0 | 2 | 1 | 0 |
| 통산 | | | 30 | 18 | 1 | 1 | 0 | 48 | 4 | 0 |

**강기원**(康己源) 고려대 1981.10.07

| 대회 | 연도 | 소속 | 출전 | 교체 | 득점 | 도움 | 실점 | 파울 | 경고 | 퇴장 |
|---|---|---|---|---|---|---|---|---|---|---|
| K1 | 2004 | 울산 | 0 | 0 | 0 | 0 | 0 | 0 | 0 | 0 |
| | 2005 | 울산 | 4 | 2 | 0 | 0 | 0 | 4 | 0 | 0 |
| | 2006 | 경남 | 12 | 9 | 0 | 0 | 0 | 18 | 2 | 0 |
| | 2007 | 경남 | 22 | 13 | 0 | 0 | 0 | 22 | 5 | 0 |
| | 2008 | 경남 | 2 | 1 | 0 | 0 | 0 | 1 | 1 | 0 |
| PO | 2007 | 경남 | 1 | 0 | 0 | 0 | 0 | 2 | 0 | 0 |
| 컵 | 2004 | 울산 | 11 | 10 | 0 | 0 | 0 | 11 | 1 | 0 |
| | 2005 | 울산 | 0 | 0 | 0 | 0 | 0 | 0 | 0 | 0 |
| | 2006 | 경남 | 6 | 2 | 0 | 0 | 0 | 5 | 0 | 0 |
| | 2007 | 경남 | 7 | 2 | 0 | 0 | 0 | 6 | 0 | 0 |
| | 2008 | 경남 | 0 | 0 | 0 | 0 | 0 | 0 | 0 | 0 |
| 통산 | | | 65 | 39 | 0 | 0 | 0 | 69 | 9 | 0 |

**강대희**(姜大熙) 경희고 1977.02.02

| 대회 | 연도 | 소속 | 출전 | 교체 | 득점 | 도움 | 실점 | 파울 | 경고 | 퇴장 |
|---|---|---|---|---|---|---|---|---|---|---|
| K1 | 2000 | 수원 | 13 | 10 | 0 | 0 | 0 | 15 | 0 | 0 |
| | 2003 | 대구 | 4 | 4 | 0 | 0 | 0 | 2 | 0 | 0 |
| 컵 | 2000 | 수원 | 2 | 1 | 0 | 0 | 0 | 3 | 0 | 0 |
| 통산 | | | 19 | 15 | 0 | 0 | 0 | 20 | 0 | 0 |

**강동구**(姜冬求) 관동대(가톨릭관동대) 1983.08.04

| 대회 | 연도 | 소속 | 출전 | 교체 | 득점 | 도움 | 실점 | 파울 | 경고 | 퇴장 |
|---|---|---|---|---|---|---|---|---|---|---|
| K1 | 2007 | 제주 | 1 | 1 | 0 | 0 | 0 | 0 | 0 | 0 |
| | 2008 | 제주 | 7 | 5 | 0 | 0 | 0 | 5 | 0 | 0 |
| 컵 | 2007 | 제주 | 3 | 1 | 0 | 0 | 0 | 5 | 1 | 0 |
| | 2008 | 제주 | 5 | 2 | 0 | 0 | 0 | 2 | 0 | 0 |
| 통산 | | | 16 | 9 | 0 | 0 | 0 | 12 | 1 | 0 |

**강두호**(康斗豪) 건국대 1978.03.28

| 대회 | 연도 | 소속 | 출전 | 교체 | 득점 | 도움 | 실점 | 파울 | 경고 | 퇴장 |
|---|---|---|---|---|---|---|---|---|---|---|
| K1 | 2007 | 제주 | 3 | 2 | 0 | 0 | 0 | 5 | 0 | 0 |
| 컵 | 2007 | 제주 | 1 | 1 | 0 | 0 | 0 | 3 | 1 | 0 |
| 통산 | | | 4 | 3 | 0 | 0 | 0 | 8 | 1 | 0 |

**강득수**(姜得壽) 연세대 1961.08.16

| 대회 | 연도 | 소속 | 출전 | 교체 | 득점 | 도움 | 실점 | 파울 | 경고 | 퇴장 |
|---|---|---|---|---|---|---|---|---|---|---|
| K1 | 1984 | 럭키금성 | 27 | 4 | 2 | 6 | 0 | 25 | 1 | 0 |
| | 1985 | 럭키금성 | 21 | 0 | 5 | 3 | 0 | 18 | 1 | 0 |
| | 1986 | 럭키금성 | 15 | 1 | 2 | 8 | 0 | 16 | 0 | 0 |
| | 1987 | 럭키금성 | 31 | 7 | 4 | 3 | 0 | 24 | 0 | 0 |
| | 1988 | 럭키금성 | 23 | 1 | 3 | 5 | 0 | 19 | 2 | 0 |
| | 1989 | 럭키금성 | 20 | 1 | 4 | 7 | 0 | 21 | 1 | 0 |
| | 1990 | 현대 | 20 | 1 | 1 | 4 | 0 | 24 | 0 | 0 |
| | 1991 | 현대 | 19 | 14 | 1 | 4 | 0 | 19 | 0 | 0 |
| PO | 1986 | 럭키금성 | 2 | 1 | 0 | 0 | 0 | 2 | 0 | 0 |
| 컵 | 1986 | 럭키금성 | 2 | 0 | 0 | 2 | 0 | 3 | 0 | 0 |
| 통산 | | | 180 | 30 | 22 | 42 | 0 | 171 | 5 | 0 |

**강만영**(姜萬永) 인천대 1962.06.14

| 대회 | 연도 | 소속 | 출전 | 교체 | 득점 | 도움 | 실점 | 파울 | 경고 | 퇴장 |
|---|---|---|---|---|---|---|---|---|---|---|
| K1 | 1988 | 럭키금성 | 15 | 7 | 2 | 1 | 0 | 13 | 1 | 0 |
| | 1989 | 럭키금성 | 12 | 12 | 0 | 1 | 0 | 7 | 0 | 0 |
| 통산 | | | 27 | 19 | 2 | 2 | 0 | 20 | 1 | 0 |

**강명철**(姜明鐵) 경희대 1984.06.20

| 대회 | 연도 | 소속 | 출전 | 교체 | 득점 | 도움 | 실점 | 파울 | 경고 | 퇴장 |
|---|---|---|---|---|---|---|---|---|---|---|
| 컵 | 2007 | 서울 | 1 | 1 | 0 | 0 | 0 | 1 | 0 | 0 |

| 통산 | | | 1 | 1 | 0 | 0 | 0 | 1 | 0 | 0 |
|---|---|---|---|---|---|---|---|---|---|---|

**강모근**(姜模根) 가톨릭관동대 1994.06.11

| 대회 | 연도 | 소속 | 출전 | 교체 | 득점 | 도움 | 실점 | 파울 | 경고 | 퇴장 |
|---|---|---|---|---|---|---|---|---|---|---|
| K1 | 2017 | 강원 | 1 | 0 | 0 | 0 | 5 | 0 | 0 | 0 |
| 통산 | | | 1 | 0 | 0 | 0 | 5 | 0 | 0 | 0 |

**강민**(康忞) 건국대 1989.06.07

| 대회 | 연도 | 소속 | 출전 | 교체 | 득점 | 도움 | 실점 | 파울 | 경고 | 퇴장 |
|---|---|---|---|---|---|---|---|---|---|---|
| K2 | 2013 | 광주 | 6 | 2 | 0 | 0 | 0 | 2 | 0 | 0 |
| 통산 | | | 6 | 2 | 0 | 0 | 0 | 2 | 0 | 0 |

**강민규**(姜玟圭) 경기대 1998.09.07

| 대회 | 연도 | 소속 | 출전 | 교체 | 득점 | 도움 | 실점 | 파울 | 경고 | 퇴장 |
|---|---|---|---|---|---|---|---|---|---|---|
| K2 | 2022 | 충남아산 | 24 | 25 | 2 | 0 | 0 | 14 | 2 | 0 |
| | 2023 | 충남아산 | 30 | 28 | 6 | 1 | 0 | 23 | 4 | 0 |
| | 2024 | 충남아산 | 35 | 33 | 8 | 5 | 0 | 21 | 3 | 0 |
| | 2025 | 충남아산 | 14 | 10 | 2 | 1 | 0 | 6 | 2 | 0 |
| PO | 2024 | 충남아산 | 2 | 2 | 0 | 2 | 0 | 0 | 0 | 0 |
| 통산 | | | 105 | 98 | 18 | 9 | 0 | 64 | 11 | 0 |

**강민성**(姜旻成) 삼일공고 2005.03.22

| 대회 | 연도 | 소속 | 출전 | 교체 | 득점 | 도움 | 실점 | 파울 | 경고 | 퇴장 |
|---|---|---|---|---|---|---|---|---|---|---|
| K1 | 2023 | 수원FC | 12 | 12 | 0 | 0 | 0 | 3 | 0 | 0 |
| | 2024 | 수원FC | 1 | 1 | 0 | 0 | 0 | 0 | 0 | 0 |
| 통산 | | | 13 | 13 | 0 | 0 | 0 | 3 | 0 | 0 |

**강민수**(姜敏壽) 고양고 1986.02.14

| 대회 | 연도 | 소속 | 출전 | 교체 | 득점 | 도움 | 실점 | 파울 | 경고 | 퇴장 |
|---|---|---|---|---|---|---|---|---|---|---|
| K1 | 2005 | 전남 | 10 | 2 | 0 | 0 | 0 | 28 | 5 | 0 |
| | 2006 | 전남 | 18 | 3 | 0 | 0 | 0 | 21 | 6 | 0 |
| | 2007 | 전남 | 17 | 0 | 1 | 0 | 0 | 24 | 3 | 1 |
| | 2008 | 전북 | 20 | 6 | 0 | 0 | 0 | 29 | 5 | 0 |
| | 2009 | 제주 | 19 | 2 | 0 | 0 | 0 | 30 | 9 | 0 |
| | 2010 | 수원 | 20 | 4 | 1 | 0 | 0 | 27 | 5 | 0 |
| | 2011 | 울산 | 21 | 6 | 2 | 0 | 0 | 22 | 5 | 0 |
| | 2012 | 울산 | 32 | 7 | 2 | 0 | 0 | 40 | 7 | 0 |
| | 2013 | 울산 | 37 | 0 | 2 | 1 | 0 | 47 | 5 | 0 |
| | 2014 | 울산 | 11 | 0 | 0 | 1 | 0 | 15 | 4 | 0 |
| | 2014 | 상주 | 19 | 2 | 1 | 0 | 0 | 25 | 6 | 0 |
| | 2016 | 울산 | 26 | 8 | 0 | 0 | 0 | 20 | 2 | 0 |
| | 2017 | 울산 | 24 | 4 | 0 | 0 | 0 | 17 | 4 | 0 |
| | 2018 | 울산 | 30 | 3 | 1 | 0 | 0 | 22 | 1 | 0 |
| | 2019 | 울산 | 23 | 1 | 3 | 0 | 0 | 20 | 7 | 0 |
| | 2020 | 부산 | 20 | 1 | 1 | 0 | 0 | 19 | 3 | 0 |
| | 2021 | 인천 | 17 | 2 | 0 | 0 | 0 | 11 | 1 | 0 |
| | 2022 | 인천 | 25 | 6 | 0 | 0 | 0 | 11 | 1 | 1 |
| K2 | 2015 | 상주 | 27 | 7 | 0 | 1 | 0 | 28 | 5 | 0 |
| | 2021 | 부산 | 0 | 0 | 0 | 0 | 0 | 0 | 0 | 0 |
| PO | 2008 | 전북 | 1 | 0 | 0 | 0 | 0 | 5 | 0 | 0 |
| | 2011 | 울산 | 4 | 3 | 0 | 0 | 0 | 4 | 1 | 0 |
| 컵 | 2005 | 전남 | 3 | 2 | 0 | 0 | 0 | 5 | 1 | 0 |
| | 2006 | 전남 | 10 | 0 | 0 | 0 | 0 | 17 | 3 | 0 |
| | 2007 | 전남 | 1 | 0 | 0 | 0 | 0 | 3 | 0 | 0 |
| | 2008 | 전북 | 7 | 0 | 0 | 0 | 0 | 14 | 3 | 0 |
| | 2009 | 제주 | 3 | 0 | 0 | 0 | 0 | 5 | 2 | 0 |
| | 2010 | 수원 | 4 | 1 | 1 | 0 | 0 | 13 | 1 | 0 |
| | 2011 | 울산 | 7 | 1 | 0 | 0 | 0 | 8 | 1 | 0 |
| 통산 | | | 456 | 71 | 15 | 3 | 0 | 530 | 96 | 2 |

**강민승**(姜頣昇/←강동훈) 청주대성고 2004.11.18

| 대회 | 연도 | 소속 | 출전 | 교체 | 득점 | 도움 | 실점 | 파울 | 경고 | 퇴장 |
|---|---|---|---|---|---|---|---|---|---|---|
| K2 | 2023 | 충북청주 | 5 | 5 | 0 | 1 | 0 | 5 | 0 | 0 |
| | 2024 | 충북청주 | 6 | 6 | 0 | 0 | 0 | 1 | 0 | 0 |
| 통산 | | | 11 | 11 | 0 | 1 | 0 | 6 | 0 | 0 |

**강민우**(姜民右) 동국대 1987.03.26

| 대회 | 연도 | 소속 | 출전 | 교체 | 득점 | 도움 | 실점 | 파울 | 경고 | 퇴장 |
|---|---|---|---|---|---|---|---|---|---|---|
| K1 | 2010 | 강원 | 0 | 0 | 0 | 0 | 0 | 0 | 0 | 0 |
| | 2011 | 상주 | 2 | 2 | 0 | 0 | 0 | 0 | 0 | 0 |
| | 2012 | 상주 | 0 | 0 | 0 | 0 | 0 | 0 | 0 | 0 |
| 통산 | | | 2 | 2 | 0 | 0 | 0 | 0 | 0 | 0 |

**강민우**(姜民雨) 현대고 2006.03.02

| 대회 | 연도 | 소속 | 출전 | 교체 | 득점 | 도움 | 실점 | 파울 | 경고 | 퇴장 |
|---|---|---|---|---|---|---|---|---|---|---|
| K1 | 2024 | 울산 | 5 | 4 | 0 | 0 | 0 | 1 | 0 | 0 |
| | 2025 | 울산 | 6 | 4 | 0 | 0 | 0 | 2 | 1 | 0 |
| 통산 | | | 11 | 8 | 0 | 0 | 0 | 3 | 1 | 0 |

**강민재**(姜玟在) 광운대 1999.12.25

| 대회 | 연도 | 소속 | 출전 | 교체 | 득점 | 도움 | 실점 | 파울 | 경고 | 퇴장 |
|---|---|---|---|---|---|---|---|---|---|---|
| K2 | 2019 | 수원FC | 2 | 2 | 0 | 0 | 0 | 0 | 0 | 0 |
| 통산 | | | 2 | 2 | 0 | 0 | 0 | 0 | 0 | 0 |

**강민재**(姜旻宰) 연세대 2003.05.14

| 대회 | 연도 | 소속 | 출전 | 교체 | 득점 | 도움 | 실점 | 파울 | 경고 | 퇴장 |
|---|---|---|---|---|---|---|---|---|---|---|
| K1 | 2025 | 제주 | 0 | 0 | 0 | 0 | 0 | 0 | 0 | 0 |
| 통산 | | | 0 | 0 | 0 | 0 | 0 | 0 | 0 | 0 |

**강민재**) 성균관대 2002.08.26

| 대회 | 연도 | 소속 | 출전 | 교체 | 득점 | 도움 | 실점 | 파울 | 경고 | 퇴장 |
|---|---|---|---|---|---|---|---|---|---|---|
| K2 | 2025 | 서울E | 2 | 2 | 0 | 0 | 0 | 0 | 0 | 0 |
| PO | 2025 | 서울E | 0 | 0 | 0 | 0 | 0 | 0 | 0 | 0 |
| 통산 | | | 2 | 2 | 0 | 0 | 0 | 0 | 0 | 0 |

**강민준**(姜玟準) 고려대 2003.04.08

| 대회 | 연도 | 소속 | 출전 | 교체 | 득점 | 도움 | 실점 | 파울 | 경고 | 퇴장 |
|---|---|---|---|---|---|---|---|---|---|---|
| K1 | 2025 | 포항 | 27 | 17 | 0 | 2 | 0 | 15 | 4 | 0 |
| 통산 | | | 27 | 17 | 0 | 2 | 0 | 15 | 4 | 0 |

**강민혁**(康珉赫) 대구대 1982.07.10

| 대회 | 연도 | 소속 | 출전 | 교체 | 득점 | 도움 | 실점 | 파울 | 경고 | 퇴장 |
|---|---|---|---|---|---|---|---|---|---|---|
| K1 | 2006 | 경남 | 25 | 1 | 0 | 0 | 0 | 41 | 5 | 0 |
| | 2007 | 제주 | 15 | 2 | 1 | 0 | 0 | 13 | 2 | 0 |
| | 2008 | 광주상무 | 14 | 1 | 0 | 0 | 0 | 7 | 1 | 0 |
| | 2009 | 제주 | 2 | 0 | 0 | 0 | 0 | 2 | 0 | 0 |
| | 2009 | 광주상무 | 25 | 0 | 0 | 0 | 0 | 24 | 3 | 0 |
| | 2010 | 제주 | 21 | 3 | 0 | 0 | 0 | 20 | 2 | 0 |
| | 2011 | 제주 | 20 | 3 | 0 | 0 | 0 | 21 | 3 | 1 |
| | 2012 | 경남 | 41 | 6 | 0 | 2 | 0 | 57 | 8 | 0 |
| | 2013 | 경남 | 27 | 6 | 0 | 0 | 0 | 37 | 3 | 0 |
| PO | 2010 | 제주 | 3 | 1 | 0 | 0 | 0 | 2 | 0 | 0 |
| 컵 | 2006 | 경남 | 10 | 0 | 1 | 0 | 0 | 18 | 4 | 0 |
| | 2007 | 제주 | 3 | 0 | 0 | 0 | 0 | 4 | 1 | 0 |
| | 2008 | 광주상무 | 5 | 2 | 0 | 0 | 0 | 4 | 0 | 0 |
| | 2009 | 광주상무 | 2 | 1 | 0 | 0 | 0 | 1 | 0 | 0 |
| | 2010 | 제주 | 5 | 0 | 0 | 0 | 0 | 4 | 0 | 0 |
| | 2011 | 제주 | 1 | 0 | 0 | 0 | 0 | 0 | 0 | 0 |
| 통산 | | | 219 | 26 | 2 | 2 | 0 | 255 | 32 | 1 |

**강봉균**(姜奉均) 고려대 1993.07.06

| 대회 | 연도 | 소속 | 출전 | 교체 | 득점 | 도움 | 실점 | 파울 | 경고 | 퇴장 |
|---|---|---|---|---|---|---|---|---|---|---|
| K1 | 2017 | 수원 | 0 | 0 | 0 | 0 | 0 | 0 | 0 | 0 |
| | 2018 | 수원 | 0 | 0 | 0 | 0 | 0 | 0 | 0 | 0 |
| 통산 | | | 0 | 0 | 0 | 0 | 0 | 0 | 0 | 0 |

**강상우**(姜祥佑) 경희대 1993.10.07

| 대회 | 연도 | 소속 | 출전 | 교체 | 득점 | 도움 | 실점 | 파울 | 경고 | 퇴장 |
|---|---|---|---|---|---|---|---|---|---|---|
| K1 | 2014 | 포항 | 8 | 8 | 0 | 0 | 0 | 10 | 1 | 0 |
| | 2015 | 포항 | 5 | 4 | 1 | 0 | 0 | 6 | 0 | 0 |
| | 2016 | 포항 | 30 | 5 | 1 | 2 | 0 | 56 | 8 | 0 |
| | 2017 | 포항 | 33 | 0 | 0 | 1 | 0 | 48 | 3 | 0 |
| | 2018 | 포항 | 36 | 2 | 3 | 2 | 0 | 41 | 5 | 0 |
| | 2019 | 상주 | 15 | 8 | 3 | 0 | 0 | 7 | 1 | 0 |
| | 2020 | 상주 | 16 | 8 | 7 | 5 | 0 | 6 | 0 | 0 |
| | 2020 | 포항 | 10 | 0 | 1 | 7 | 0 | 9 | 2 | 0 |
| | 2021 | 포항 | 37 | 2 | 4 | 8 | 0 | 28 | 2 | 0 |
| | 2022 | 포항 | 1 | 1 | 0 | 0 | 0 | 0 | 0 | 0 |
| | 2024 | 서울 | 35 | 7 | 1 | 3 | 0 | 8 | 4 | 0 |
| | 2025 | 울산 | 32 | 15 | 1 | 2 | 0 | 34 | 5 | 0 |
| 통산 | | | 258 | 60 | 22 | 30 | 0 | 253 | 31 | 0 |

**강상윤**(姜尙潤) 영생고 2004.05.31

| 대회 | 연도 | 소속 | 출전 | 교체 | 득점 | 도움 | 실점 | 파울 | 경고 | 퇴장 |
|---|---|---|---|---|---|---|---|---|---|---|
| K1 | 2022 | 전북 | 15 | 15 | 0 | 0 | 0 | 12 | 3 | 0 |
| | 2023 | 전북 | 1 | 1 | 0 | 0 | 0 | 0 | 0 | 0 |
| | 2024 | 수원FC | 29 | 26 | 3 | 2 | 0 | 15 | 1 | 0 |
| | 2025 | 전북 | 34 | 18 | 0 | 4 | 0 | 44 | 2 | 0 |
| K2 | 2023 | 부산 | 15 | 14 | 0 | 1 | 0 | 14 | 2 | 0 |
| PO | 2023 | 부산 | 2 | 2 | 0 | 0 | 0 | 3 | 1 | 0 |
| 통산 | | | 96 | 76 | 3 | 7 | 0 | 88 | 9 | 0 |

**강상진**(姜相珍) 중앙대 1970.12.03

| 대회 | 연도 | 소속 | 출전 | 교체 | 득점 | 도움 | 실점 | 파울 | 경고 | 퇴장 |
|---|---|---|---|---|---|---|---|---|---|---|
| K1 | 1993 | 대우 | 9 | 6 | 0 | 0 | 0 | 15 | 3 | 0 |
| | 1994 | 대우 | 2 | 2 | 0 | 0 | 0 | 0 | 0 | 0 |
| 통산 | | | 11 | 8 | 0 | 0 | 0 | 15 | 3 | 0 |

**강상협**(姜尙協) 동래고 1977.12.17

| 대회 | 연도 | 소속 | 출전 | 교체 | 득점 | 도움 | 실점 | 파울 | 경고 | 퇴장 |
|---|---|---|---|---|---|---|---|---|---|---|
| K1 | 1995 | 포항 | 0 | 0 | 0 | 0 | 0 | 0 | 0 | 0 |
| 컵 | 1996 | 포항 | 0 | 0 | 0 | 0 | 0 | 0 | 0 | 0 |
| 통산 | | | 0 | 0 | 0 | 0 | 0 | 0 | 0 | 0 |

**강상희**(姜常熙) 선문대 1998.03.07

| 대회 | 연도 | 소속 | 출전 | 교체 | 득점 | 도움 | 실점 | 파울 | 경고 | 퇴장 |
|---|---|---|---|---|---|---|---|---|---|---|
| K1 | 2020 | 서울 | 3 | 1 | 0 | 0 | 0 | 5 | 1 | 0 |
| | 2021 | 서울 | 9 | 5 | 1 | 0 | 0 | 1 | 0 | 0 |
| | 2022 | 서울 | 5 | 4 | 0 | 0 | 0 | 0 | 0 | 0 |
| 통산 | | | 17 | 10 | 1 | 0 | 0 | 6 | 1 | 0 |

**강선규**(康善圭) 건국대 1986.04.20

| 대회 | 연도 | 소속 | 출전 | 교체 | 득점 | 도움 | 실점 | 파울 | 경고 | 퇴장 |
|---|---|---|---|---|---|---|---|---|---|---|
| K1 | 2008 | 대전 | 11 | 2 | 0 | 0 | 0 | 27 | 3 | 0 |
| | 2010 | 강원 | 5 | 0 | 0 | 1 | 0 | 10 | 0 | 0 |
| 컵 | 2008 | 대전 | 6 | 2 | 0 | 1 | 0 | 9 | 0 | 0 |
| 통산 | | | 22 | 4 | 0 | 2 | 0 | 46 | 3 | 0 |

**강성관**(姜聖觀) 상지대 1987.11.06

| 대회 | 연도 | 소속 | 출전 | 교체 | 득점 | 도움 | 실점 | 파울 | 경고 | 퇴장 |
|---|---|---|---|---|---|---|---|---|---|---|
| K1 | 2010 | 성남일화 | 0 | 0 | 0 | 0 | 0 | 0 | 0 | 0 |
| | 2011 | 성남일화 | 2 | 0 | 0 | 0 | 3 | 1 | 0 | 0 |
| | 2012 | 상주 | 0 | 0 | 0 | 0 | 0 | 0 | 0 | 0 |
| | 2013 | 성남일화 | 0 | 0 | 0 | 0 | 0 | 0 | 0 | 0 |
| K2 | 2013 | 상주 | 0 | 0 | 0 | 0 | 0 | 0 | 0 | 0 |
| | 2014 | 강원 | 1 | 0 | 0 | 0 | 2 | 0 | 0 | 0 |
| | 2015 | 강원 | 12 | 2 | 0 | 0 | 11 | 0 | 0 | 0 |
| PO | 2010 | 성남일화 | 0 | 0 | 0 | 0 | 0 | 0 | 0 | 0 |
| 컵 | 2010 | 성남일화 | 3 | 0 | 0 | 0 | 4 | 0 | 0 | 0 |
| | 2011 | 성남일화 | 2 | 0 | 0 | 0 | 1 | 0 | 0 | 0 |
| 통산 | | | 20 | 2 | 0 | 0 | 21 | 1 | 0 | 0 |

**강성민**(姜成敏) 경희대 1974.12.26

| 대회 | 연도 | 소속 | 출전 | 교체 | 득점 | 도움 | 실점 | 파울 | 경고 | 퇴장 |
|---|---|---|---|---|---|---|---|---|---|---|
| K1 | 1995 | 전북 | 10 | 6 | 2 | 0 | 0 | 4 | 1 | 0 |
| | 1996 | 전북 | 7 | 7 | 0 | 0 | 0 | 1 | 0 | 0 |
| | 1998 | 전북 | 2 | 2 | 0 | 1 | 0 | 0 | 0 | 0 |
| 통산 | | | 19 | 15 | 2 | 1 | 0 | 5 | 1 | 0 |

**강성일**(姜成一) 한양대 1979.06.04

| 대회 | 연도 | 소속 | 출전 | 교체 | 득점 | 도움 | 실점 | 파울 | 경고 | 퇴장 |
|---|---|---|---|---|---|---|---|---|---|---|
| K1 | 2002 | 대전 | 0 | 0 | 0 | 0 | 0 | 0 | 0 | 0 |
| | 2003 | 대전 | 0 | 0 | 0 | 0 | 0 | 0 | 0 | 0 |
| 컵 | 2002 | 대전 | 1 | 0 | 0 | 0 | 2 | 0 | 0 | 0 |
| | 2004 | 대전 | 0 | 0 | 0 | 0 | 0 | 0 | 0 | 0 |
| 통산 | | | 1 | 0 | 0 | 0 | 2 | 0 | 0 | 0 |

**강성진**(姜成進) 오산고 2003.03.26

| 대회 | 연도 | 소속 | 출전 | 교체 | 득점 | 도움 | 실점 | 파울 | 경고 | 퇴장 |
|---|---|---|---|---|---|---|---|---|---|---|
| K1 | 2021 | 서울 | 14 | 14 | 1 | 2 | 0 | 4 | 0 | 0 |
| | 2022 | 서울 | 34 | 33 | 1 | 4 | 0 | 7 | 1 | 0 |
| | 2023 | 서울 | 7 | 7 | 2 | 0 | 0 | 1 | 1 | 0 |
| | 2024 | 서울 | 22 | 22 | 2 | 1 | 0 | 4 | 1 | 0 |
| | 2025 | 서울 | 5 | 5 | 0 | 0 | 0 | 0 | 0 | 0 |
| K2 | 2025 | 수원 | 13 | 13 | 1 | 0 | 0 | 6 | 1 | 0 |
| 통산 | | | 95 | 94 | 7 | 7 | 0 | 22 | 4 | 0 |

**강성호**(姜聲浩) 여주상고 1971.02.22

| 대회 | 연도 | 소속 | 출전 | 교체 | 득점 | 도움 | 실점 | 파울 | 경고 | 퇴장 |
|---|---|---|---|---|---|---|---|---|---|---|
| K1 | 1998 | 전북 | 3 | 2 | 0 | 0 | 0 | 4 | 0 | 0 |
| 컵 | 1998 | 전북 | 6 | 5 | 0 | 0 | 0 | 10 | 0 | 0 |
| 통산 | | | 9 | 7 | 0 | 0 | 0 | 14 | 0 | 0 |

**강세혁**(剛世奕) 충남기계공고 2002.10.23

| 대회 | 연도 | 소속 | 출전 | 교체 | 득점 | 도움 | 실점 | 파울 | 경고 | 퇴장 |
|---|---|---|---|---|---|---|---|---|---|---|
| K2 | 2021 | 대전 | 1 | 1 | 0 | 0 | 0 | 2 | 0 | 0 |
| 통산 | | | 1 | 1 | 0 | 0 | 0 | 2 | 0 | 0 |

**강수일**(姜修一) 상지대 1987.07.15

| 대회 | 연도 | 소속 | 출전 | 교체 | 득점 | 도움 | 실점 | 파울 | 경고 | 퇴장 |
|---|---|---|---|---|---|---|---|---|---|---|
| K1 | 2007 | 인천 | 2 | 2 | 0 | 1 | 0 | 0 | 0 | 0 |
| | 2008 | 인천 | 2 | 2 | 0 | 0 | 0 | 0 | 0 | 0 |
| | 2009 | 인천 | 21 | 13 | 4 | 1 | 0 | 11 | 4 | 0 |
| | 2010 | 인천 | 21 | 19 | 2 | 0 | 0 | 12 | 2 | 0 |
| | 2011 | 제주 | 24 | 20 | 3 | 1 | 0 | 14 | 1 | 0 |
| | 2012 | 제주 | 32 | 23 | 3 | 2 | 0 | 27 | 2 | 0 |
| | 2013 | 제주 | 27 | 20 | 1 | 3 | 0 | 21 | 4 | 0 |
| | 2014 | 포항 | 29 | 21 | 6 | 3 | 0 | 36 | 2 | 0 |
| | 2015 | 제주 | 14 | 7 | 5 | 2 | 0 | 8 | 1 | 0 |
| K2 | 2021 | 안산 | 12 | 11 | 1 | 0 | 0 | 6 | 1 | 0 |
| | 2022 | 안산 | 18 | 16 | 2 | 0 | 0 | 9 | 3 | 0 |
| | 2024 | 안산 | 21 | 22 | 1 | 0 | 0 | 4 | 0 | 0 |
| | 2025 | 안산 | 9 | 9 | 0 | 0 | 0 | 1 | 0 | 0 |
| PO | 2009 | 인천 | 1 | 1 | 0 | 0 | 0 | 0 | 0 | 0 |
| 컵 | 2008 | 인천 | 3 | 2 | 0 | 0 | 0 | 3 | 0 | 0 |
| | 2009 | 인천 | 4 | 3 | 1 | 0 | 0 | 1 | 1 | 0 |
| | 2010 | 인천 | 4 | 2 | 2 | 1 | 0 | 3 | 0 | 0 |
| | 2011 | 제주 | 1 | 0 | 0 | 0 | 0 | 3 | 0 | 0 |
| 통산 | | | 245 | 193 | 31 | 14 | 0 | 159 | 21 | 0 |

**강승조**(康承助) 단국대 1986.01.20

| 대회 | 연도 | 소속 | 출전 | 교체 | 득점 | 도움 | 실점 | 파울 | 경고 | 퇴장 |
|---|---|---|---|---|---|---|---|---|---|---|
| K1 | 2008 | 부산 | 3 | 3 | 0 | 0 | 0 | 3 | 2 | 0 |
| | 2009 | 부산 | 15 | 10 | 4 | 1 | 0 | 19 | 6 | 0 |
| | 2010 | 전북 | 21 | 12 | 4 | 1 | 0 | 28 | 3 | 0 |
| | 2011 | 경남 | 9 | 1 | 1 | 1 | 0 | 17 | 6 | 0 |
| | 2011 | 전북 | 4 | 4 | 0 | 0 | 0 | 2 | 1 | 0 |
| | 2012 | 경남 | 32 | 9 | 5 | 4 | 0 | 57 | 4 | 1 |
| | 2013 | 경남 | 26 | 14 | 4 | 6 | 0 | 26 | 4 | 1 |
| | 2014 | 서울 | 17 | 14 | 0 | 1 | 0 | 18 | 2 | 0 |
| K2 | 2015 | 안산경찰 | 19 | 8 | 2 | 2 | 0 | 27 | 7 | 0 |
| | 2016 | 안산무궁 | 14 | 8 | 2 | 0 | 0 | 12 | 2 | 0 |
| | 2017 | 경남 | 3 | 3 | 0 | 0 | 0 | 0 | 0 | 0 |
| | 2017 | 대전 | 10 | 9 | 0 | 0 | 0 | 5 | 2 | 0 |
| | 2020 | 경남 | 6 | 5 | 0 | 0 | 0 | 5 | 3 | 0 |
| PO | 2010 | 전북 | 2 | 2 | 0 | 0 | 0 | 0 | 0 | 0 |
| | 2020 | 경남 | 1 | 1 | 0 | 0 | 0 | 0 | 0 | 0 |
| 컵 | 2008 | 부산 | 2 | 1 | 0 | 0 | 0 | 4 | 0 | 0 |
| | 2009 | 부산 | 7 | 3 | 0 | 0 | 0 | 17 | 2 | 0 |
| | 2010 | 전북 | 6 | 1 | 1 | 1 | 0 | 15 | 4 | 0 |
| 통산 | | | 197 | 108 | 23 | 17 | 0 | 255 | 48 | 2 |

**강시훈**(康永連) 숭실대 1992.02.08

| 대회 | 연도 | 소속 | 출전 | 교체 | 득점 | 도움 | 실점 | 파울 | 경고 | 퇴장 |
|---|---|---|---|---|---|---|---|---|---|---|
| K1 | 2018 | 대구 | 0 | 0 | 0 | 0 | 0 | 0 | 0 | 0 |
| 통산 | | | 0 | 0 | 0 | 0 | 0 | 0 | 0 | 0 |

**강신명**(姜信明) 전주대 1997.02.12

| 대회 | 연도 | 소속 | 출전 | 교체 | 득점 | 도움 | 실점 | 파울 | 경고 | 퇴장 |
|---|---|---|---|---|---|---|---|---|---|---|
| K2 | 2020 | 수원FC | 3 | 3 | 0 | 0 | 0 | 3 | 1 | 0 |
| 통산 | | | 3 | 3 | 0 | 0 | 0 | 3 | 1 | 0 |

**강신우**(姜信寓) 서울대 1959.03.18

| 대회 | 연도 | 소속 | 출전 | 교체 | 득점 | 도움 | 실점 | 파울 | 경고 | 퇴장 |
|---|---|---|---|---|---|---|---|---|---|---|
| K1 | 1983 | 대우 | 15 | 1 | 0 | 0 | 0 | 26 | 2 | 0 |
| | 1984 | 대우 | 27 | 6 | 5 | 3 | 0 | 29 | 2 | 0 |
| | 1985 | 대우 | 13 | 2 | 1 | 1 | 0 | 14 | 0 | 0 |
| | 1986 | 대우 | 15 | 7 | 1 | 0 | 0 | 16 | 0 | 0 |
| | 1987 | 럭키금성 | 18 | 8 | 0 | 0 | 0 | 11 | 1 | 0 |
| PO | 1984 | 대우 | 2 | 1 | 0 | 0 | 0 | 2 | 0 | 0 |
| 컵 | 1986 | 대우 | 14 | 4 | 0 | 0 | 0 | 20 | 0 | 0 |
| 통산 | | | 104 | 29 | 7 | 4 | 0 | 118 | 5 | 0 |

**강신우**(姜信友) 진주고 1999.04.21

| 대회 | 연도 | 소속 | 출전 | 교체 | 득점 | 도움 | 실점 | 파울 | 경고 | 퇴장 |
|---|---|---|---|---|---|---|---|---|---|---|
| K1 | 2019 | 경남 | 0 | 0 | 0 | 0 | 0 | 0 | 0 | 0 |
| K2 | 2020 | 경남 | 0 | 0 | 0 | 0 | 0 | 0 | 0 | 0 |
| 통산 | | | 0 | 0 | 0 | 0 | 0 | 0 | 0 | 0 |

**강영웅**(姜榮雄) 숭실대 1999.03.04

| 대회 | 연도 | 소속 | 출전 | 교체 | 득점 | 도움 | 실점 | 파울 | 경고 | 퇴장 |
|---|---|---|---|---|---|---|---|---|---|---|
| K2 | 2023 | 부산 | 1 | 1 | 0 | 0 | 0 | 0 | 0 | 0 |
| 통산 | | | 1 | 1 | 0 | 0 | 0 | 0 | 0 | 0 |

**강영제**(姜永提) 조선대 1994.08.11

| 대회 | 연도 | 소속 | 출전 | 교체 | 득점 | 도움 | 실점 | 파울 | 경고 | 퇴장 |
|---|---|---|---|---|---|---|---|---|---|---|
| K2 | 2016 | 대전 | 7 | 7 | 0 | 0 | 0 | 3 | 1 | 0 |
| 통산 | | | 7 | 7 | 0 | 0 | 0 | 3 | 1 | 0 |

**강영철**(姜英喆)

| 대회 | 연도 | 소속 | 출전 | 교체 | 득점 | 도움 | 실점 | 파울 | 경고 | 퇴장 |
|---|---|---|---|---|---|---|---|---|---|---|
| K1 | 1983 | 대우 | 1 | 2 | 0 | 0 | 0 | 0 | 0 | 0 |
| 통산 | | | 1 | 2 | 0 | 0 | 0 | 0 | 0 | 0 |

**강영훈**(姜泳君) 광주대 1998.09.28

| 대회 | 연도 | 소속 | 출전 | 교체 | 득점 | 도움 | 실점 | 파울 | 경고 | 퇴장 |
|---|---|---|---|---|---|---|---|---|---|---|
| K2 | 2024 | 천안 | 20 | 2 | 0 | 0 | 0 | 16 | 4 | 0 |
| | 2025 | 천안 | 27 | 3 | 1 | 1 | 0 | 19 | 7 | 0 |
| 통산 | | | 47 | 5 | 1 | 1 | 0 | 35 | 11 | 0 |

**강용**(康勇) 고려대 1979.01.14

| 대회 | 연도 | 소속 | 출전 | 교체 | 득점 | 도움 | 실점 | 파울 | 경고 | 퇴장 |
|---|---|---|---|---|---|---|---|---|---|---|
| K1 | 2001 | 포항 | 2 | 1 | 0 | 1 | 0 | 3 | 1 | 0 |
| | 2003 | 포항 | 37 | 6 | 2 | 4 | 0 | 73 | 3 | 1 |
| | 2004 | 포항 | 17 | 6 | 0 | 1 | 0 | 28 | 3 | 0 |
| | 2005 | 전남 | 6 | 3 | 0 | 0 | 0 | 16 | 1 | 0 |
| | 2006 | 광주상무 | 16 | 4 | 4 | 1 | 0 | 33 | 2 | 0 |
| | 2007 | 광주상무 | 19 | 1 | 0 | 1 | 0 | 32 | 1 | 1 |
| | 2008 | 전남 | 0 | 0 | 0 | 0 | 0 | 0 | 0 | 0 |
| | 2009 | 강원 | 13 | 1 | 0 | 1 | 0 | 19 | 0 | 0 |
| | 2011 | 대구 | 9 | 1 | 0 | 0 | 0 | 15 | 3 | 0 |
| | 2012 | 대구 | 10 | 6 | 1 | 0 | 0 | 14 | 5 | 0 |
| | 2013 | 인천 | 4 | 1 | 0 | 0 | 0 | 5 | 1 | 0 |
| PO | 2004 | 포항 | 3 | 3 | 0 | 0 | 0 | 3 | 0 | 0 |
| 컵 | 2001 | 포항 | 8 | 2 | 0 | 0 | 0 | 20 | 1 | 0 |
| | 2002 | 포항 | 7 | 6 | 0 | 0 | 0 | 6 | 2 | 0 |
| | 2004 | 포항 | 11 | 4 | 1 | 0 | 0 | 21 | 1 | 0 |
| | 2005 | 전남 | 6 | 3 | 0 | 0 | 0 | 11 | 0 | 0 |
| | 2006 | 광주상무 | 9 | 2 | 0 | 1 | 0 | 12 | 1 | 0 |
| | 2007 | 광주상무 | 7 | 2 | 0 | 0 | 0 | 18 | 1 | 0 |
| | 2009 | 강원 | 1 | 0 | 0 | 0 | 0 | 1 | 0 | 0 |
| 통산 | | | 185 | 52 | 8 | 10 | 0 | 330 | 26 | 2 |

**강용국**(康龍國) 동국대 1961.11.17

| 대회 | 연도 | 소속 | 출전 | 교체 | 득점 | 도움 | 실점 | 파울 | 경고 | 퇴장 |
|---|---|---|---|---|---|---|---|---|---|---|
| K1 | 1985 | 한일은행 | 19 | 11 | 1 | 1 | 0 | 22 | 0 | 0 |
| | 1986 | 한일은행 | 5 | 5 | 0 | 1 | 0 | 3 | 0 | 0 |
| 통산 | | | 24 | 16 | 1 | 2 | 0 | 25 | 0 | 0 |

**강우람**(姜우람) 광운대 1986.05.04

| 대회 | 연도 | 소속 | 출전 | 교체 | 득점 | 도움 | 실점 | 파울 | 경고 | 퇴장 |
|---|---|---|---|---|---|---|---|---|---|---|
| K1 | 2012 | 대전 | 0 | 0 | 0 | 0 | 0 | 0 | 0 | 0 |
| 통산 | | | 0 | 0 | 0 | 0 | 0 | 0 | 0 | 0 |

**강원길**(姜源吉) 전북대 1968.03.17

| 대회 | 연도 | 소속 | 출전 | 교체 | 득점 | 도움 | 실점 | 파울 | 경고 | 퇴장 |
|---|---|---|---|---|---|---|---|---|---|---|
| K1 | 1994 | 버팔로 | 20 | 6 | 0 | 0 | 0 | 20 | 0 | 0 |
| | 1995 | 전북 | 20 | 5 | 1 | 0 | 0 | 24 | 2 | 0 |
| 컵 | 1994 | 버팔로 | 6 | 1 | 0 | 0 | 0 | 11 | 1 | 0 |
| | 1995 | 전북 | 5 | 0 | 0 | 0 | 0 | 7 | 2 | 0 |
| 통산 | | | 51 | 12 | 1 | 0 | 0 | 62 | 5 | 0 |

**강윤구**(姜潤求) 동아대 1993.02.08

| 대회 | 연도 | 소속 | 출전 | 교체 | 득점 | 도움 | 실점 | 파울 | 경고 | 퇴장 |
|---|---|---|---|---|---|---|---|---|---|---|
| K1 | 2018 | 대구 | 18 | 4 | 1 | 1 | 0 | 24 | 4 | 0 |
| | 2019 | 대구 | 15 | 9 | 0 | 0 | 0 | 15 | 0 | 0 |
| | 2020 | 인천 | 12 | 7 | 0 | 0 | 0 | 15 | 2 | 0 |
| | 2021 | 인천 | 20 | 9 | 0 | 2 | 0 | 18 | 3 | 0 |
| | 2022 | 인천 | 17 | 12 | 0 | 2 | 0 | 28 | 6 | 0 |
| | 2023 | 인천 | 6 | 6 | 0 | 0 | 0 | 2 | 0 | 0 |
| K2 | 2025 | 인천 | 4 | 3 | 0 | 0 | 0 | 1 | 0 | 0 |
| 통산 | | | 92 | 50 | 1 | 5 | 0 | 103 | 15 | 0 |

**강윤구**(姜潤求) 포천일고 2002.04.08

| 대회 | 연도 | 소속 | 출전 | 교체 | 득점 | 도움 | 실점 | 파울 | 경고 | 퇴장 |
|---|---|---|---|---|---|---|---|---|---|---|
| K1 | 2021 | 울산 | 7 | 7 | 0 | 0 | 0 | 5 | 2 | 0 |
| | 2023 | 울산 | 19 | 19 | 1 | 1 | 0 | 16 | 3 | 0 |
| | 2024 | 울산 | 20 | 20 | 2 | 1 | 0 | 18 | 3 | 0 |
| | 2025 | 강원 | 5 | 6 | 0 | 1 | 0 | 5 | 0 | 0 |
| K2 | 2022 | 부산 | 13 | 10 | 1 | 1 | 0 | 13 | 4 | 0 |
| 통산 | | | 64 | 62 | 4 | 4 | 0 | 57 | 12 | 0 |

**강윤성**(姜允盛) 대구공고 1997.07.01

| 대회 | 연도 | 소속 | 출전 | 교체 | 득점 | 도움 | 실점 | 파울 | 경고 | 퇴장 |
|---|---|---|---|---|---|---|---|---|---|---|
| K1 | 2019 | 제주 | 23 | 11 | 0 | 1 | 0 | 26 | 3 | 0 |
| | 2021 | 제주 | 23 | 20 | 0 | 0 | 0 | 13 | 4 | 0 |
| | 2022 | 김천 | 28 | 7 | 0 | 1 | 0 | 22 | 5 | 0 |
| | 2023 | 대전 | 13 | 4 | 1 | 1 | 0 | 18 | 2 | 0 |
| | 2024 | 대전 | 19 | 10 | 0 | 0 | 0 | 16 | 2 | 0 |
| | 2025 | 대전 | 25 | 6 | 1 | 1 | 0 | 32 | 4 | 0 |
| K2 | 2016 | 대전 | 26 | 24 | 0 | 0 | 0 | 27 | 5 | 0 |
| | 2017 | 대전 | 14 | 4 | 0 | 0 | 0 | 11 | 2 | 0 |
| | 2018 | 대전 | 24 | 13 | 3 | 0 | 0 | 25 | 2 | 0 |
| | 2020 | 제주 | 21 | 17 | 3 | 4 | 0 | 23 | 6 | 0 |
| | 2023 | 김천 | 9 | 5 | 0 | 0 | 0 | 9 | 3 | 0 |
| PO | 2018 | 대전 | 2 | 2 | 0 | 0 | 0 | 1 | 0 | 0 |
| | 2022 | 김천 | 2 | 0 | 0 | 0 | 0 | 4 | 1 | 0 |
| 통산 | | | 229 | 123 | 8 | 8 | 0 | 227 | 39 | 0 |

**강의빈**(姜義彬) 광운대 1998.04.01

| 대회 | 연도 | 소속 | 출전 | 교체 | 득점 | 도움 | 실점 | 파울 | 경고 | 퇴장 |
|---|---|---|---|---|---|---|---|---|---|---|
| K1 | 2022 | 성남 | 24 | 13 | 0 | 1 | 0 | 19 | 2 | 0 |
| K2 | 2020 | 경남 | 2 | 1 | 0 | 0 | 0 | 3 | 1 | 0 |
| | 2021 | 부천 | 25 | 3 | 0 | 0 | 0 | 39 | 5 | 0 |
| | 2023 | 성남 | 24 | 5 | 1 | 0 | 0 | 25 | 5 | 0 |
| | 2024 | 성남 | 13 | 5 | 0 | 0 | 0 | 16 | 3 | 0 |
| | 2025 | 성남 | 13 | 6 | 0 | 0 | 0 | 6 | 2 | 0 |
| 통산 | | | 101 | 33 | 1 | 1 | 0 | 108 | 18 | 0 |

**강인준**(康仁準) 호남대 1987.10.27

| 대회 | 연도 | 소속 | 출전 | 교체 | 득점 | 도움 | 실점 | 파울 | 경고 | 퇴장 |
|---|---|---|---|---|---|---|---|---|---|---|
| K1 | 2010 | 제주 | 0 | 0 | 0 | 0 | 0 | 0 | 0 | 0 |
| | 2011 | 제주 | 0 | 0 | 0 | 0 | 0 | 0 | 0 | 0 |
| | 2011 | 대전 | 1 | 1 | 0 | 0 | 0 | 1 | 0 | 1 |
| 컵 | 2010 | 제주 | 0 | 0 | 0 | 0 | 0 | 0 | 0 | 0 |
| 통산 | | | 1 | 1 | 0 | 0 | 0 | 1 | 0 | 1 |

**강재순**(姜才淳) 성균관대 1964.12.15

| 대회 | 연도 | 소속 | 출전 | 교체 | 득점 | 도움 | 실점 | 파울 | 경고 | 퇴장 |
|---|---|---|---|---|---|---|---|---|---|---|
| K1 | 1987 | 현대 | 5 | 5 | 0 | 0 | 0 | 0 | 0 | 0 |
| | 1988 | 현대 | 22 | 3 | 4 | 3 | 0 | 32 | 3 | 0 |
| | 1989 | 현대 | 40 | 0 | 6 | 6 | 0 | 52 | 0 | 0 |
| | 1991 | 현대 | 27 | 19 | 3 | 1 | 0 | 19 | 1 | 0 |
| | 1992 | 현대 | 24 | 18 | 4 | 3 | 0 | 34 | 1 | 0 |
| | 1993 | 현대 | 27 | 8 | 6 | 1 | 0 | 37 | 1 | 0 |
| | 1994 | 현대 | 21 | 7 | 0 | 3 | 0 | 21 | 0 | 0 |
| | 1995 | 현대 | 13 | 14 | 2 | 2 | 0 | 10 | 1 | 0 |
| 컵 | 1992 | 현대 | 5 | 4 | 0 | 0 | 0 | 5 | 0 | 0 |
| | 1993 | 현대 | 5 | 0 | 3 | 2 | 0 | 6 | 1 | 0 |
| | 1994 | 현대 | 4 | 3 | 0 | 0 | 0 | 4 | 0 | 0 |
| | 1995 | 현대 | 3 | 3 | 0 | 0 | 0 | 2 | 0 | 0 |
| 통산 | | | 196 | 84 | 28 | 21 | 0 | 222 | 8 | 0 |

**강재우**(姜在禹) 고려대 2000.05.30

| 대회 | 연도 | 소속 | 출전 | 교체 | 득점 | 도움 | 실점 | 파울 | 경고 | 퇴장 |
|---|---|---|---|---|---|---|---|---|---|---|
| K1 | 2021 | 성남 | 19 | 21 | 0 | 0 | 0 | 13 | 5 | 0 |
| | 2022 | 성남 | 11 | 11 | 0 | 1 | 0 | 11 | 2 | 0 |
| K2 | 2023 | 부천 | 1 | 1 | 0 | 0 | 0 | 1 | 0 | 0 |
| 통산 | | | 31 | 33 | 0 | 1 | 0 | 25 | 7 | 0 |

**강재욱**(姜宰旭) 홍익대 1985.04.05

| 대회 | 연도 | 소속 | 출전 | 교체 | 득점 | 도움 | 실점 | 파울 | 경고 | 퇴장 |
|---|---|---|---|---|---|---|---|---|---|---|
| K1 | 2009 | 서울 | 0 | 0 | 0 | 0 | 0 | 0 | 0 | 0 |
| 통산 | | | 0 | 0 | 0 | 0 | 0 | 0 | 0 | 0 |

**강정대**(姜征大) 한양대 1971.08.22

| 대회 | 연도 | 소속 | 출전 | 교체 | 득점 | 도움 | 실점 | 파울 | 경고 | 퇴장 |
|---|---|---|---|---|---|---|---|---|---|---|
| K1 | 1997 | 대전 | 6 | 0 | 0 | 0 | 0 | 8 | 1 | 0 |
| | 1998 | 대전 | 10 | 4 | 0 | 0 | 0 | 13 | 3 | 0 |
| | 1999 | 대전 | 14 | 6 | 1 | 1 | 0 | 22 | 1 | 0 |
| | 2000 | 대전 | 3 | 3 | 0 | 0 | 0 | 1 | 0 | 0 |

| 대회 | 연도 | 소속 | 출전 | 교체 | 득점 | 도움 | 실점 | 파울 | 경고 | 퇴장 |
|---|---|---|---|---|---|---|---|---|---|---|
| 컵 | 1997 | 대전 | 11 | 0 | 0 | 0 | 0 | 17 | 1 | 0 |
| | 1998 | 대전 | 10 | 2 | 0 | 1 | 0 | 13 | 0 | 0 |
| | 1999 | 대전 | 6 | 4 | 0 | 0 | 0 | 4 | 0 | 0 |
| 통산 | | | 60 | 19 | 1 | 2 | 0 | 78 | 6 | 0 |

**강정묵**(姜定默) 단국대 1996.03.21

| 대회 | 연도 | 소속 | 출전 | 교체 | 득점 | 도움 | 실점 | 파울 | 경고 | 퇴장 |
|---|---|---|---|---|---|---|---|---|---|---|
| K1 | 2022 | 김천 | 0 | 0 | 0 | 0 | 0 | 0 | 0 | 0 |
| K2 | 2018 | 서울E | 0 | 0 | 0 | 0 | 0 | 0 | 0 | 0 |
| | 2019 | 서울E | 3 | 1 | 0 | 0 | 7 | 0 | 0 | 0 |
| | 2020 | 서울E | 9 | 1 | 0 | 0 | 7 | 1 | 1 | 0 |
| | 2021 | 김천 | 7 | 0 | 0 | 0 | 8 | 0 | 1 | 0 |
| | 2023 | 서울E | 1 | 0 | 0 | 0 | 2 | 1 | 1 | 0 |
| | 2024 | 천안 | 11 | 1 | 0 | 0 | 16 | 0 | 2 | 0 |
| | 2025 | 전남 | 2 | 0 | 0 | 0 | 4 | 0 | 0 | 0 |
| 통산 | | | 33 | 3 | 0 | 0 | 44 | 2 | 5 | 0 |

**강정훈**(姜政勳) 한양대 1976.02.20

| 대회 | 연도 | 소속 | 출전 | 교체 | 득점 | 도움 | 실점 | 파울 | 경고 | 퇴장 |
|---|---|---|---|---|---|---|---|---|---|---|
| K1 | 1998 | 대전 | 10 | 9 | 1 | 1 | 0 | 6 | 2 | 0 |
| | 1999 | 대전 | 21 | 17 | 1 | 2 | 0 | 26 | 1 | 0 |
| | 2000 | 대전 | 18 | 16 | 0 | 2 | 0 | 11 | 2 | 0 |
| | 2001 | 대전 | 3 | 3 | 0 | 0 | 0 | 4 | 1 | 0 |
| | 2002 | 대전 | 18 | 6 | 0 | 0 | 0 | 29 | 4 | 0 |
| | 2003 | 대전 | 28 | 12 | 1 | 2 | 0 | 52 | 1 | 0 |
| | 2004 | 대전 | 22 | 3 | 1 | 1 | 0 | 48 | 6 | 0 |
| | 2005 | 대전 | 22 | 2 | 2 | 1 | 0 | 63 | 3 | 0 |
| | 2006 | 대전 | 23 | 2 | 1 | 0 | 0 | 54 | 6 | 0 |
| | 2007 | 대전 | 16 | 7 | 0 | 0 | 0 | 37 | 1 | 0 |
| PO | 2007 | 대전 | 1 | 1 | 0 | 0 | 0 | 1 | 0 | 0 |
| 컵 | 1998 | 대전 | 11 | 11 | 0 | 0 | 0 | 7 | 1 | 0 |
| | 1999 | 대전 | 4 | 4 | 0 | 0 | 0 | 2 | 0 | 0 |
| | 2000 | 대전 | 9 | 4 | 1 | 1 | 0 | 14 | 0 | 0 |
| | 2001 | 대전 | 3 | 3 | 0 | 0 | 0 | 6 | 0 | 0 |
| | 2002 | 대전 | 7 | 2 | 0 | 1 | 0 | 10 | 1 | 0 |
| | 2004 | 대전 | 11 | 5 | 0 | 0 | 0 | 23 | 2 | 0 |
| | 2005 | 대전 | 12 | 2 | 0 | 1 | 0 | 29 | 2 | 0 |
| | 2006 | 대전 | 11 | 4 | 0 | 0 | 0 | 18 | 0 | 0 |
| | 2007 | 대전 | 9 | 2 | 0 | 0 | 0 | 13 | 3 | 0 |
| 통산 | | | 259 | 115 | 8 | 12 | 0 | 453 | 36 | 0 |

**강정훈**(姜正勳) 건국대 1987.12.16

| 대회 | 연도 | 소속 | 출전 | 교체 | 득점 | 도움 | 실점 | 파울 | 경고 | 퇴장 |
|---|---|---|---|---|---|---|---|---|---|---|
| K1 | 2010 | 서울 | 1 | 1 | 0 | 0 | 0 | 2 | 0 | 0 |
| | 2011 | 서울 | 8 | 10 | 2 | 1 | 0 | 6 | 1 | 0 |
| | 2012 | 서울 | 3 | 2 | 0 | 0 | 0 | 3 | 0 | 0 |
| | 2013 | 서울 | 0 | 0 | 0 | 0 | 0 | 0 | 0 | 0 |
| | 2013 | 강원 | 13 | 11 | 0 | 1 | 0 | 10 | 2 | 0 |
| PO | 2011 | 서울 | 0 | 0 | 0 | 0 | 0 | 0 | 0 | 0 |
| 컵 | 2010 | 서울 | 3 | 2 | 0 | 0 | 0 | 7 | 1 | 0 |
| | 2011 | 서울 | 1 | 0 | 0 | 0 | 0 | 1 | 0 | 0 |
| 통산 | | | 29 | 26 | 2 | 2 | 0 | 29 | 4 | 0 |

**강종구**(姜宗求) 동의대 1989.05.08

| 대회 | 연도 | 소속 | 출전 | 교체 | 득점 | 도움 | 실점 | 파울 | 경고 | 퇴장 |
|---|---|---|---|---|---|---|---|---|---|---|
| 컵 | 2011 | 포항 | 1 | 1 | 0 | 0 | 0 | 0 | 0 | 0 |
| 통산 | | | 1 | 1 | 0 | 0 | 0 | 0 | 0 | 0 |

**강종국**(姜種麴) 홍익대 1991.11.12

| 대회 | 연도 | 소속 | 출전 | 교체 | 득점 | 도움 | 실점 | 파울 | 경고 | 퇴장 |
|---|---|---|---|---|---|---|---|---|---|---|
| K1 | 2013 | 경남 | 14 | 13 | 2 | 1 | 0 | 18 | 2 | 0 |
| K2 | 2014 | 안산경찰 | 12 | 9 | 0 | 0 | 2 | 5 | 1 | 0 |
| | 2015 | 안산경찰 | 6 | 6 | 0 | 1 | 0 | 4 | 1 | 0 |
| | 2015 | 경남 | 1 | 1 | 0 | 0 | 0 | 0 | 0 | 0 |
| PO | 2014 | 안산경찰 | 0 | 0 | 0 | 0 | 0 | 0 | 0 | 0 |
| 통산 | | | 33 | 29 | 2 | 2 | 2 | 27 | 4 | 0 |

**강주혁**(姜柱赫) 오산고 2006.08.27

| 대회 | 연도 | 소속 | 출전 | 교체 | 득점 | 도움 | 실점 | 파울 | 경고 | 퇴장 |
|---|---|---|---|---|---|---|---|---|---|---|
| K1 | 2024 | 서울 | 10 | 10 | 1 | 1 | 0 | 6 | 2 | 0 |
| | 2025 | 서울 | 3 | 3 | 0 | 0 | 0 | 2 | 0 | 0 |
| 통산 | | | 13 | 13 | 1 | 1 | 0 | 8 | 2 | 0 |

**강주호**(姜周澔) 경희대 1989.03.26

| 대회 | 연도 | 소속 | 출전 | 교체 | 득점 | 도움 | 실점 | 파울 | 경고 | 퇴장 |
|---|---|---|---|---|---|---|---|---|---|---|
| K1 | 2012 | 전북 | 2 | 2 | 0 | 0 | 0 | 2 | 0 | 0 |
| K2 | 2013 | 충주 | 31 | 19 | 3 | 3 | 0 | 58 | 9 | 0 |
| 통산 | | | 33 | 21 | 3 | 3 | 0 | 60 | 9 | 0 |

**강준모**(姜準模) 독일 드레스덴 국제학교 2002.02.08

| 대회 | 연도 | 소속 | 출전 | 교체 | 득점 | 도움 | 실점 | 파울 | 경고 | 퇴장 |
|---|---|---|---|---|---|---|---|---|---|---|
| K1 | 2022 | 수원FC | 2 | 2 | 0 | 0 | 0 | 0 | 0 | 0 |
| K2 | 2023 | 안산 | 16 | 16 | 0 | 0 | 0 | 8 | 2 | 0 |
| | 2024 | 안산 | 16 | 16 | 0 | 0 | 0 | 5 | 0 | 0 |
| 통산 | | | 34 | 34 | 0 | 0 | 0 | 13 | 2 | 0 |

**강준우**(康準佑) 인천대 1982.06.03

| 대회 | 연도 | 소속 | 출전 | 교체 | 득점 | 도움 | 실점 | 파울 | 경고 | 퇴장 |
|---|---|---|---|---|---|---|---|---|---|---|
| K1 | 2007 | 제주 | 10 | 8 | 0 | 0 | 0 | 17 | 1 | 0 |
| | 2008 | 제주 | 15 | 3 | 0 | 0 | 0 | 16 | 4 | 0 |
| | 2009 | 제주 | 15 | 4 | 0 | 1 | 0 | 23 | 5 | 0 |
| | 2010 | 제주 | 3 | 0 | 0 | 0 | 0 | 6 | 0 | 0 |
| | 2011 | 제주 | 23 | 5 | 0 | 1 | 0 | 28 | 9 | 0 |
| | 2014 | 제주 | 4 | 4 | 0 | 0 | 0 | 0 | 0 | 0 |
| | 2015 | 제주 | 10 | 7 | 0 | 0 | 0 | 6 | 2 | 0 |
| | 2016 | 제주 | 1 | 1 | 0 | 0 | 0 | 0 | 0 | 0 |
| K2 | 2017 | 안양 | 18 | 4 | 2 | 0 | 0 | 23 | 3 | 0 |
| PO | 2010 | 제주 | 1 | 0 | 0 | 0 | 0 | 4 | 1 | 0 |
| 컵 | 2007 | 제주 | 5 | 2 | 0 | 0 | 0 | 3 | 0 | 0 |
| | 2008 | 제주 | 4 | 0 | 1 | 0 | 0 | 7 | 2 | 0 |
| | 2009 | 제주 | 4 | 0 | 0 | 0 | 0 | 4 | 1 | 0 |
| | 2010 | 제주 | 0 | 0 | 0 | 0 | 0 | 0 | 0 | 0 |
| 통산 | | | 113 | 38 | 3 | 2 | 0 | 137 | 28 | 0 |

**강준혁**(姜俊赫) 연세대 1999.10.20

| 대회 | 연도 | 소속 | 출전 | 교체 | 득점 | 도움 | 실점 | 파울 | 경고 | 퇴장 |
|---|---|---|---|---|---|---|---|---|---|---|
| K1 | 2025 | 강원 | 22 | 10 | 0 | 1 | 0 | 7 | 1 | 0 |
| K2 | 2023 | 충남아산 | 17 | 11 | 0 | 1 | 0 | 11 | 1 | 0 |
| | 2024 | 충남아산 | 32 | 10 | 3 | 6 | 0 | 30 | 7 | 1 |
| PO | 2024 | 충남아산 | 2 | 0 | 0 | 0 | 0 | 3 | 1 | 0 |
| 통산 | | | 73 | 31 | 3 | 8 | 0 | 51 | 10 | 1 |

**강준호**(姜俊好) 제주제일고 1971.11.27

| 대회 | 연도 | 소속 | 출전 | 교체 | 득점 | 도움 | 실점 | 파울 | 경고 | 퇴장 |
|---|---|---|---|---|---|---|---|---|---|---|
| K1 | 1994 | LG | 17 | 5 | 0 | 5 | 0 | 22 | 4 | 0 |
| | 1995 | LG | 7 | 4 | 0 | 0 | 0 | 7 | 1 | 0 |
| | 1996 | 안양LG | 19 | 17 | 0 | 1 | 0 | 10 | 2 | 0 |
| | 1997 | 안양LG | 14 | 2 | 0 | 0 | 0 | 21 | 2 | 1 |
| | 1998 | 안양LG | 13 | 1 | 1 | 1 | 0 | 26 | 6 | 0 |
| | 1999 | 안양LG | 8 | 5 | 0 | 0 | 0 | 7 | 0 | 0 |
| | 2000 | 안양LG | 9 | 6 | 1 | 2 | 0 | 9 | 1 | 0 |
| | 2001 | 안양LG | 0 | 0 | 0 | 0 | 0 | 0 | 0 | 0 |
| 컵 | 1994 | LG | 4 | 4 | 0 | 0 | 0 | 5 | 0 | 0 |
| | 1995 | LG | 3 | 1 | 0 | 1 | 0 | 4 | 0 | 0 |
| | 1996 | 안양LG | 3 | 1 | 0 | 0 | 0 | 5 | 0 | 0 |
| | 1997 | 안양LG | 12 | 1 | 0 | 0 | 0 | 30 | 3 | 0 |
| | 1998 | 안양LG | 16 | 1 | 0 | 3 | 0 | 35 | 5 | 0 |
| | 1999 | 안양LG | 3 | 3 | 0 | 1 | 0 | 0 | 1 | 0 |
| | 2000 | 안양LG | 1 | 1 | 0 | 0 | 0 | 0 | 0 | 0 |
| | 2001 | 안양LG | 2 | 2 | 0 | 0 | 0 | 1 | 0 | 0 |
| 통산 | | | 131 | 54 | 2 | 14 | 0 | 182 | 25 | 1 |

**강지용**(姜大浩/←강대호) 한양대 1989.11.23

| 대회 | 연도 | 소속 | 출전 | 교체 | 득점 | 도움 | 실점 | 파울 | 경고 | 퇴장 |
|---|---|---|---|---|---|---|---|---|---|---|
| K1 | 2009 | 포항 | 0 | 0 | 0 | 0 | 0 | 0 | 0 | 0 |
| | 2010 | 포항 | 4 | 2 | 0 | 0 | 0 | 9 | 1 | 0 |
| | 2012 | 부산 | 1 | 1 | 0 | 0 | 0 | 0 | 0 | 0 |
| | 2017 | 강원 | 25 | 8 | 1 | 0 | 0 | 20 | 3 | 1 |
| | 2018 | 인천 | 4 | 2 | 0 | 0 | 0 | 5 | 2 | 0 |
| K2 | 2014 | 부천 | 30 | 2 | 5 | 1 | 0 | 55 | 8 | 0 |
| | 2015 | 부천 | 34 | 2 | 0 | 0 | 0 | 37 | 6 | 1 |
| | 2016 | 부천 | 37 | 1 | 1 | 1 | 0 | 48 | 11 | 0 |
| PO | 2016 | 부천 | 1 | 0 | 0 | 0 | 0 | 1 | 0 | 0 |
| 컵 | 2010 | 포항 | 1 | 0 | 0 | 0 | 0 | 4 | 1 | 0 |
| | 2011 | 포항 | 0 | 0 | 0 | 0 | 0 | 0 | 0 | 0 |
| 통산 | | | 137 | 18 | 7 | 2 | 0 | 179 | 32 | 2 |

**강지훈**(姜志勳) 용인대 1997.01.06

| 대회 | 연도 | 소속 | 출전 | 교체 | 득점 | 도움 | 실점 | 파울 | 경고 | 퇴장 |
|---|---|---|---|---|---|---|---|---|---|---|
| K1 | 2018 | 강원 | 12 | 5 | 1 | 1 | 0 | 12 | 1 | 0 |
| | 2019 | 강원 | 29 | 22 | 2 | 0 | 0 | 28 | 4 | 0 |
| | 2020 | 상주 | 1 | 1 | 0 | 1 | 0 | 3 | 0 | 0 |
| | 2020 | 강원 | 0 | 0 | 0 | 0 | 0 | 0 | 0 | 0 |
| | 2022 | 강원 | 10 | 2 | 0 | 1 | 0 | 10 | 1 | 0 |
| | 2023 | 강원 | 16 | 9 | 0 | 0 | 0 | 13 | 3 | 0 |
| | 2024 | 강원 | 1 | 1 | 0 | 0 | 0 | 1 | 0 | 0 |
| | 2025 | 안양 | 22 | 17 | 0 | 0 | 0 | 18 | 4 | 0 |
| K2 | 2021 | 김천 | 16 | 11 | 2 | 1 | 0 | 17 | 3 | 0 |
| | 2024 | 부산 | 17 | 8 | 0 | 1 | 0 | 21 | 3 | 0 |
| PO | 2024 | 부산 | 1 | 1 | 0 | 0 | 0 | 1 | 0 | 0 |
| 통산 | | | 125 | 77 | 5 | 5 | 0 | 124 | 19 | 0 |

**강진규**(康晉奎) 중앙대 1983.09.10

| 대회 | 연도 | 소속 | 출전 | 교체 | 득점 | 도움 | 실점 | 파울 | 경고 | 퇴장 |
|---|---|---|---|---|---|---|---|---|---|---|
| K1 | 2006 | 전남 | 0 | 0 | 0 | 0 | 0 | 0 | 0 | 0 |
| | 2008 | 광주상무 | 6 | 4 | 0 | 0 | 0 | 4 | 0 | 0 |
| | 2009 | 광주상무 | 18 | 15 | 2 | 1 | 0 | 3 | 0 | 0 |
| | 2009 | 전남 | 0 | 0 | 0 | 0 | 0 | 0 | 0 | 0 |
| | 2010 | 전남 | 3 | 2 | 0 | 0 | 0 | 3 | 1 | 0 |
| | 2011 | 전남 | 0 | 0 | 0 | 0 | 0 | 0 | 0 | 0 |
| 컵 | 2008 | 광주상무 | 2 | 2 | 0 | 0 | 0 | 1 | 0 | 0 |
| | 2009 | 광주상무 | 4 | 2 | 1 | 0 | 0 | 2 | 0 | 0 |
| | 2011 | 전남 | 1 | 0 | 0 | 0 | 0 | 1 | 0 | 0 |
| 통산 | | | 34 | 25 | 3 | 1 | 0 | 14 | 1 | 0 |

**강진욱**(姜珍旭) 중동고 1986.02.13

| 대회 | 연도 | 소속 | 출전 | 교체 | 득점 | 도움 | 실점 | 파울 | 경고 | 퇴장 |
|---|---|---|---|---|---|---|---|---|---|---|
| K1 | 2006 | 제주 | 3 | 1 | 0 | 0 | 0 | 6 | 0 | 0 |
| | 2008 | 광주상무 | 10 | 3 | 0 | 0 | 0 | 19 | 2 | 0 |
| | 2009 | 울산 | 10 | 2 | 0 | 1 | 0 | 11 | 1 | 0 |
| | 2010 | 울산 | 12 | 10 | 0 | 0 | 0 | 10 | 1 | 0 |
| | 2011 | 울산 | 13 | 5 | 0 | 3 | 0 | 13 | 2 | 0 |
| | 2012 | 울산 | 19 | 6 | 0 | 2 | 0 | 19 | 3 | 0 |
| | 2013 | 성남일화 | 6 | 2 | 0 | 0 | 0 | 4 | 1 | 0 |
| | 2015 | 성남 | 0 | 0 | 0 | 0 | 0 | 0 | 0 | 0 |
| PO | 2010 | 울산 | 0 | 0 | 0 | 0 | 0 | 0 | 0 | 0 |
| | 2011 | 울산 | 1 | 1 | 0 | 0 | 0 | 0 | 0 | 0 |
| 컵 | 2008 | 광주상무 | 4 | 0 | 0 | 0 | 0 | 15 | 0 | 0 |
| | 2009 | 울산 | 1 | 1 | 0 | 0 | 0 | 1 | 0 | 0 |
| | 2010 | 울산 | 4 | 2 | 0 | 1 | 0 | 1 | 0 | 0 |
| | 2011 | 울산 | 3 | 1 | 1 | 0 | 0 | 2 | 2 | 0 |
| 통산 | | | 86 | 34 | 1 | 7 | 0 | 101 | 12 | 0 |

**강진웅**(姜珍熊) 선문대 1985.05.01

| 대회 | 연도 | 소속 | 출전 | 교체 | 득점 | 도움 | 실점 | 파울 | 경고 | 퇴장 |
|---|---|---|---|---|---|---|---|---|---|---|
| K2 | 2013 | 고양 | 13 | 1 | 0 | 0 | 15 | 1 | 0 | 0 |
| | 2014 | 고양 | 17 | 1 | 0 | 0 | 19 | 0 | 0 | 0 |
| | 2015 | 고양 | 18 | 1 | 0 | 0 | 35 | 0 | 0 | 0 |
| | 2016 | 고양 | 33 | 0 | 0 | 0 | 57 | 1 | 1 | 0 |
| 통산 | | | 81 | 3 | 0 | 0 | 126 | 2 | 1 | 0 |

**강창근**(姜昌根) 울산대 1956.04.28

| 대회 | 연도 | 소속 | 출전 | 교체 | 득점 | 도움 | 실점 | 파울 | 경고 | 퇴장 |
|---|---|---|---|---|---|---|---|---|---|---|
| K1 | 1983 | 국민은행 | 8 | 0 | 0 | 0 | 13 | 0 | 0 | 0 |
| 통산 | | | 8 | 0 | 0 | 0 | 13 | 0 | 0 | 0 |

**강철**(姜喆) 연세대 1971.11.02

| 대회 | 연도 | 소속 | 출전 | 교체 | 득점 | 도움 | 실점 | 파울 | 경고 | 퇴장 |
|---|---|---|---|---|---|---|---|---|---|---|
| K1 | 1993 | 유공 | 9 | 1 | 1 | 1 | 0 | 15 | 2 | 0 |
| | 1994 | 유공 | 13 | 3 | 0 | 2 | 0 | 12 | 1 | 0 |
| | 1995 | 유공 | 10 | 0 | 1 | 2 | 0 | 25 | 2 | 0 |
| | 1998 | 부천SK | 16 | 3 | 0 | 3 | 0 | 33 | 3 | 0 |
| | 1999 | 부천SK | 24 | 2 | 1 | 1 | 0 | 36 | 2 | 0 |
| | 2000 | 부천SK | 24 | 0 | 4 | 2 | 0 | 35 | 1 | 0 |
| | 2001 | 전남 | 18 | 8 | 1 | 2 | 0 | 25 | 1 | 0 |
| | 2002 | 전남 | 21 | 2 | 0 | 0 | 0 | 7 | 2 | 0 |
| | 2003 | 전남 | 22 | 3 | 0 | 0 | 0 | 15 | 1 | 0 |
| PO | 1999 | 부천SK | 2 | 0 | 0 | 0 | 0 | 3 | 0 | 0 |

| 대회 | 연도 | 소속 | 출전 | 교체 | 득점 | 도움 | 실점 | 파울 | 경고 | 퇴장 |
|---|---|---|---|---|---|---|---|---|---|---|
| | 2000 | 부천SK | 4 | 1 | 0 | 1 | 0 | 8 | 1 | 0 |
| 컵 | 1995 | 유공 | 7 | 0 | 0 | 0 | 0 | 16 | 0 | 0 |
| | 1998 | 부천SK | 14 | 2 | 2 | 1 | 0 | 31 | 2 | 0 |
| | 1999 | 부천SK | 8 | 0 | 0 | 0 | 0 | 7 | 1 | 0 |
| | 2000 | 부천SK | 7 | 0 | 0 | 0 | 0 | 12 | 1 | 0 |
| | 2002 | 전남 | 8 | 0 | 0 | 0 | 0 | 14 | 1 | 0 |
| 통산 | | | 207 | 25 | 10 | 15 | 0 | 294 | 21 | 0 |

**강철민**(姜澈珉) 단국대 1988.08.09

| 대회 | 연도 | 소속 | 출전 | 교체 | 득점 | 도움 | 실점 | 파울 | 경고 | 퇴장 |
|---|---|---|---|---|---|---|---|---|---|---|
| K1 | 2011 | 경남 | 1 | 1 | 0 | 0 | 0 | 1 | 0 | 0 |
| K2 | 2013 | 경찰 | 4 | 4 | 0 | 0 | 0 | 1 | 0 | 0 |
| | 2014 | 안산경찰 | 1 | 1 | 0 | 0 | 0 | 0 | 0 | 0 |
| 컵 | 2011 | 경남 | 4 | 0 | 0 | 0 | 0 | 5 | 0 | 0 |
| 통산 | | | 10 | 6 | 0 | 0 | 0 | 7 | 0 | 0 |

**강태식**(姜太植) 한양대 1963.03.15

| 대회 | 연도 | 소속 | 출전 | 교체 | 득점 | 도움 | 실점 | 파울 | 경고 | 퇴장 |
|---|---|---|---|---|---|---|---|---|---|---|
| K1 | 1986 | 포항제철 | 11 | 2 | 0 | 2 | 0 | 14 | 1 | 0 |
| | 1987 | 포항제철 | 30 | 1 | 3 | 2 | 0 | 52 | 5 | 0 |
| | 1988 | 포항제철 | 23 | 2 | 0 | 1 | 0 | 42 | 2 | 0 |
| | 1989 | 포항제철 | 25 | 7 | 0 | 2 | 0 | 42 | 1 | 0 |
| PO | 1986 | 포항제철 | 2 | 0 | 0 | 0 | 0 | 4 | 0 | 0 |
| 컵 | 1986 | 포항제철 | 11 | 0 | 0 | 3 | 0 | 17 | 2 | 0 |
| 통산 | | | 102 | 12 | 3 | 10 | 0 | 171 | 11 | 0 |

**강태욱**(姜泰旭) 단국대 1992.05.28

| 대회 | 연도 | 소속 | 출전 | 교체 | 득점 | 도움 | 실점 | 파울 | 경고 | 퇴장 |
|---|---|---|---|---|---|---|---|---|---|---|
| K2 | 2017 | 안산 | 9 | 6 | 0 | 0 | 0 | 15 | 1 | 0 |
| 통산 | | | 9 | 6 | 0 | 0 | 0 | 15 | 1 | 0 |

**강태원**(姜泰源) 숭실대 2000.03.03

| 대회 | 연도 | 소속 | 출전 | 교체 | 득점 | 도움 | 실점 | 파울 | 경고 | 퇴장 |
|---|---|---|---|---|---|---|---|---|---|---|
| K1 | 2021 | 수원 | 0 | 0 | 0 | 0 | 0 | 0 | 0 | 0 |
| 통산 | | | 0 | 0 | 0 | 0 | 0 | 0 | 0 | 0 |

**강투지**(Marko Tuci) 몬테네그로 1998.12.04

| 대회 | 연도 | 소속 | 출전 | 교체 | 득점 | 도움 | 실점 | 파울 | 경고 | 퇴장 |
|---|---|---|---|---|---|---|---|---|---|---|
| K1 | 2023 | 강원 | 16 | 3 | 1 | 0 | 0 | 8 | 3 | 0 |
| | 2024 | 강원 | 32 | 6 | 1 | 2 | 0 | 18 | 4 | 0 |
| | 2025 | 강원 | 31 | 3 | 0 | 0 | 0 | 20 | 5 | 0 |
| PO | 2023 | 강원 | 2 | 0 | 0 | 0 | 0 | 0 | 0 | 0 |
| 통산 | | | 81 | 12 | 2 | 2 | 0 | 46 | 12 | 0 |

**강한빛**(姜한빛) 호남대 1993.07.20

| 대회 | 연도 | 소속 | 출전 | 교체 | 득점 | 도움 | 실점 | 파울 | 경고 | 퇴장 |
|---|---|---|---|---|---|---|---|---|---|---|
| K2 | 2018 | 대전 | 2 | 2 | 0 | 0 | 0 | 4 | 0 | 0 |
| | 2019 | 대전 | 6 | 6 | 0 | 0 | 0 | 5 | 1 | 0 |
| 통산 | | | 8 | 8 | 0 | 0 | 0 | 9 | 1 | 0 |

**강한상**(姜漢相) 안동대 1966.03.20

| 대회 | 연도 | 소속 | 출전 | 교체 | 득점 | 도움 | 실점 | 파울 | 경고 | 퇴장 |
|---|---|---|---|---|---|---|---|---|---|---|
| K1 | 1988 | 유공 | 12 | 0 | 0 | 0 | 0 | 21 | 4 | 0 |
| | 1989 | 유공 | 17 | 1 | 0 | 0 | 0 | 9 | 2 | 0 |
| 통산 | | | 29 | 1 | 0 | 0 | 0 | 30 | 6 | 0 |

**강현무**(姜賢茂) 포항제철고 1995.03.13

| 대회 | 연도 | 소속 | 출전 | 교체 | 득점 | 도움 | 실점 | 파울 | 경고 | 퇴장 |
|---|---|---|---|---|---|---|---|---|---|---|
| K1 | 2015 | 포항 | 0 | 0 | 0 | 0 | 0 | 0 | 0 | 0 |
| | 2016 | 포항 | 0 | 0 | 0 | 0 | 0 | 0 | 0 | 0 |
| | 2017 | 포항 | 26 | 1 | 0 | 0 | 33 | 1 | 1 | 0 |
| | 2018 | 포항 | 38 | 0 | 0 | 0 | 49 | 2 | 1 | 0 |
| | 2019 | 포항 | 23 | 0 | 0 | 0 | 29 | 0 | 3 | 0 |
| | 2020 | 포항 | 27 | 0 | 0 | 1 | 35 | 0 | 2 | 0 |
| | 2021 | 포항 | 27 | 1 | 0 | 0 | 28 | 0 | 1 | 0 |
| | 2022 | 포항 | 20 | 1 | 0 | 0 | 24 | 1 | 3 | 0 |
| | 2024 | 김천 | 4 | 1 | 0 | 0 | 7 | 0 | 1 | 0 |
| | 2024 | 서울 | 13 | 0 | 0 | 0 | 12 | 0 | 2 | 0 |
| | 2025 | 서울 | 31 | 2 | 0 | 0 | 40 | 0 | 1 | 0 |
| K2 | 2023 | 김천 | 9 | 1 | 0 | 1 | 8 | 0 | 1 | 0 |
| 통산 | | | 218 | 7 | 0 | 2 | 265 | 4 | 16 | 0 |

**강현묵**(姜鉉默) 매탄고 2001.03.28

| 대회 | 연도 | 소속 | 출전 | 교체 | 득점 | 도움 | 실점 | 파울 | 경고 | 퇴장 |
|---|---|---|---|---|---|---|---|---|---|---|
| K1 | 2020 | 수원 | 1 | 1 | 0 | 0 | 0 | 2 | 1 | 0 |
| | 2021 | 수원 | 33 | 32 | 1 | 2 | 0 | 24 | 2 | 0 |
| | 2022 | 수원 | 29 | 28 | 0 | 4 | 0 | 22 | 2 | 0 |
| | 2024 | 김천 | 15 | 13 | 2 | 1 | 0 | 7 | 1 | 0 |
| K2 | 2023 | 김천 | 23 | 19 | 6 | 4 | 0 | 13 | 1 | 0 |
| | 2024 | 수원 | 11 | 10 | 0 | 0 | 0 | 4 | 0 | 0 |
| | 2025 | 수원 | 16 | 16 | 1 | 0 | 0 | 7 | 0 | 0 |
| PO | 2022 | 수원 | 2 | 2 | 0 | 1 | 0 | 0 | 0 | 0 |
| 통산 | | | 130 | 121 | 10 | 12 | 0 | 79 | 7 | 0 |

**강현영**(姜鉉映) 중앙대 1989.05.20

| 대회 | 연도 | 소속 | 출전 | 교체 | 득점 | 도움 | 실점 | 파울 | 경고 | 퇴장 |
|---|---|---|---|---|---|---|---|---|---|---|
| K1 | 2012 | 대구 | 0 | 0 | 0 | 0 | 0 | 0 | 0 | 0 |
| 통산 | | | 0 | 0 | 0 | 0 | 0 | 0 | 0 | 0 |

**강현욱**(姜鉉旭) 충주험멜 1985.11.04

| 대회 | 연도 | 소속 | 출전 | 교체 | 득점 | 도움 | 실점 | 파울 | 경고 | 퇴장 |
|---|---|---|---|---|---|---|---|---|---|---|
| 컵 | 2008 | 대전 | 1 | 0 | 0 | 0 | 0 | 1 | 0 | 0 |
| 통산 | | | 1 | 0 | 0 | 0 | 0 | 1 | 0 | 0 |

**강현제**(姜現題) 상지대 2002.08.31

| 대회 | 연도 | 소속 | 출전 | 교체 | 득점 | 도움 | 실점 | 파울 | 경고 | 퇴장 |
|---|---|---|---|---|---|---|---|---|---|---|
| K1 | 2023 | 포항 | 2 | 2 | 1 | 0 | 0 | 1 | 0 | 0 |
| | 2024 | 포항 | 7 | 7 | 0 | 1 | 0 | 0 | 0 | 0 |
| | 2025 | 포항 | 13 | 13 | 1 | 1 | 0 | 2 | 0 | 0 |
| 통산 | | | 22 | 22 | 2 | 2 | 0 | 3 | 0 | 0 |

**강호광**(姜鎬光) 경상대 1961.01.22

| 대회 | 연도 | 소속 | 출전 | 교체 | 득점 | 도움 | 실점 | 파울 | 경고 | 퇴장 |
|---|---|---|---|---|---|---|---|---|---|---|
| K1 | 1984 | 국민은행 | 6 | 3 | 0 | 0 | 0 | 4 | 0 | 0 |
| 통산 | | | 6 | 3 | 0 | 0 | 0 | 4 | 0 | 0 |

**강훈**(姜訓) 광운대 1991.05.15

| 대회 | 연도 | 소속 | 출전 | 교체 | 득점 | 도움 | 실점 | 파울 | 경고 | 퇴장 |
|---|---|---|---|---|---|---|---|---|---|---|
| K2 | 2014 | 부천 | 19 | 0 | 0 | 0 | 26 | 2 | 1 | 0 |
| | 2015 | 부천 | 0 | 0 | 0 | 0 | 0 | 0 | 0 | 0 |
| 통산 | | | 19 | 0 | 0 | 0 | 26 | 2 | 1 | 0 |

**강희수**(姜熙水) 선문대 2003.02.25

| 대회 | 연도 | 소속 | 출전 | 교체 | 득점 | 도움 | 실점 | 파울 | 경고 | 퇴장 |
|---|---|---|---|---|---|---|---|---|---|---|
| K1 | 2025 | 광주 | 11 | 11 | 1 | 0 | 0 | 8 | 3 | 0 |
| 통산 | | | 11 | 11 | 1 | 0 | 0 | 8 | 3 | 0 |

**게인리히**(Alexander Geynrikh) 우즈베키스탄 1984.10.06

| 대회 | 연도 | 소속 | 출전 | 교체 | 득점 | 도움 | 실점 | 파울 | 경고 | 퇴장 |
|---|---|---|---|---|---|---|---|---|---|---|
| K1 | 2011 | 수원 | 18 | 17 | 3 | 0 | 0 | 37 | 5 | 0 |
| PO | 2011 | 수원 | 1 | 1 | 0 | 0 | 0 | 0 | 0 | 0 |
| 컵 | 2011 | 수원 | 1 | 1 | 0 | 0 | 0 | 1 | 0 | 0 |
| 통산 | | | 20 | 19 | 3 | 0 | 0 | 38 | 5 | 0 |

**겐나디**(Gennadi Styopushkin) 러시아 1964.06.20

| 대회 | 연도 | 소속 | 출전 | 교체 | 득점 | 도움 | 실점 | 파울 | 경고 | 퇴장 |
|---|---|---|---|---|---|---|---|---|---|---|
| K1 | 1995 | 일화 | 18 | 8 | 1 | 0 | 0 | 22 | 6 | 1 |
| | 1996 | 천안일화 | 24 | 2 | 0 | 1 | 0 | 21 | 5 | 0 |
| PO | 1995 | 일화 | 3 | 0 | 0 | 0 | 0 | 3 | 1 | 0 |
| 컵 | 1995 | 일화 | 6 | 6 | 0 | 0 | 0 | 2 | 1 | 0 |
| | 1996 | 천안일화 | 7 | 0 | 0 | 0 | 0 | 9 | 3 | 0 |
| | 1997 | 안양LG | 4 | 2 | 0 | 0 | 0 | 5 | 1 | 0 |
| 통산 | | | 62 | 18 | 1 | 1 | 0 | 62 | 17 | 1 |

**견희재**(甄熙材) 고려대 1988.11.27

| 대회 | 연도 | 소속 | 출전 | 교체 | 득점 | 도움 | 실점 | 파울 | 경고 | 퇴장 |
|---|---|---|---|---|---|---|---|---|---|---|
| K1 | 2012 | 성남일화 | 0 | 0 | 0 | 0 | 0 | 0 | 0 | 0 |
| 통산 | | | 0 | 0 | 0 | 0 | 0 | 0 | 0 | 0 |

**경재윤**(慶宰允) 동국대 1988.04.06

| 대회 | 연도 | 소속 | 출전 | 교체 | 득점 | 도움 | 실점 | 파울 | 경고 | 퇴장 |
|---|---|---|---|---|---|---|---|---|---|---|
| K2 | 2013 | 고양 | 0 | 0 | 0 | 0 | 0 | 0 | 0 | 0 |
| | 2014 | 부천 | 4 | 4 | 0 | 0 | 0 | 4 | 0 | 0 |
| 통산 | | | 4 | 4 | 0 | 0 | 0 | 4 | 0 | 0 |

**고강준**(←고대서) 전주대 1991.11.10

| 대회 | 연도 | 소속 | 출전 | 교체 | 득점 | 도움 | 실점 | 파울 | 경고 | 퇴장 |
|---|---|---|---|---|---|---|---|---|---|---|
| K2 | 2015 | 경남 | 6 | 6 | 0 | 0 | 0 | 5 | 1 | 0 |
| 통산 | | | 6 | 6 | 0 | 0 | 0 | 5 | 1 | 0 |

**고건우**(高건禑,←고기구) 숭실대 1980.07.31

| 대회 | 연도 | 소속 | 출전 | 교체 | 득점 | 도움 | 실점 | 파울 | 경고 | 퇴장 |
|---|---|---|---|---|---|---|---|---|---|---|
| K1 | 2004 | 부천SK | 7 | 4 | 0 | 2 | 0 | 10 | 0 | 0 |
| | 2005 | 부천SK | 22 | 10 | 4 | 1 | 0 | 46 | 4 | 0 |
| | 2006 | 포항 | 21 | 14 | 8 | 3 | 0 | 31 | 0 | 0 |
| | 2007 | 포항 | 17 | 14 | 1 | 0 | 0 | 31 | 1 | 0 |
| | 2008 | 전남 | 17 | 12 | 3 | 2 | 0 | 14 | 1 | 0 |
| | 2009 | 전남 | 9 | 9 | 0 | 0 | 0 | 9 | 0 | 0 |
| | 2010 | 대전 | 6 | 5 | 0 | 1 | 0 | 12 | 0 | 0 |
| | 2010 | 포항 | 7 | 6 | 1 | 0 | 0 | 5 | 1 | 0 |
| PO | 2006 | 포항 | 1 | 1 | 0 | 0 | 0 | 4 | 0 | 0 |
| | 2007 | 포항 | 2 | 2 | 1 | 0 | 0 | 4 | 0 | 0 |
| 컵 | 2004 | 부천SK | 11 | 3 | 0 | 0 | 0 | 14 | 1 | 0 |
| | 2005 | 부천SK | 8 | 6 | 1 | 0 | 0 | 10 | 1 | 0 |
| | 2006 | 포항 | 5 | 3 | 1 | 0 | 0 | 7 | 0 | 0 |
| | 2007 | 포항 | 5 | 2 | 0 | 0 | 0 | 10 | 1 | 0 |
| | 2008 | 전남 | 1 | 1 | 0 | 0 | 0 | 0 | 0 | 0 |
| | 2009 | 전남 | 3 | 1 | 0 | 0 | 0 | 6 | 0 | 0 |
| 통산 | | | 142 | 93 | 20 | 9 | 0 | 213 | 10 | 0 |

**고경민**(高敬旻) 한양대 1987.04.11

| 대회 | 연도 | 소속 | 출전 | 교체 | 득점 | 도움 | 실점 | 파울 | 경고 | 퇴장 |
|---|---|---|---|---|---|---|---|---|---|---|
| K1 | 2010 | 인천 | 2 | 2 | 0 | 0 | 0 | 0 | 0 | 0 |
| | 2019 | 경남 | 22 | 17 | 0 | 4 | 0 | 21 | 4 | 0 |
| K2 | 2013 | 안양 | 18 | 11 | 6 | 2 | 0 | 24 | 4 | 0 |
| | 2013 | 경찰 | 9 | 0 | 2 | 0 | 0 | 12 | 2 | 0 |
| | 2014 | 안산경찰 | 33 | 10 | 11 | 4 | 0 | 39 | 3 | 0 |
| | 2015 | 안산경찰 | 8 | 2 | 1 | 0 | 0 | 7 | 0 | 0 |
| | 2015 | 안양 | 25 | 7 | 15 | 1 | 0 | 21 | 3 | 0 |
| | 2016 | 부산 | 25 | 23 | 7 | 4 | 0 | 18 | 3 | 0 |
| | 2017 | 부산 | 17 | 9 | 9 | 0 | 0 | 12 | 2 | 0 |
| | 2018 | 부산 | 31 | 19 | 9 | 4 | 0 | 19 | 3 | 0 |
| | 2020 | 경남 | 26 | 14 | 6 | 2 | 0 | 27 | 3 | 0 |
| | 2021 | 경남 | 29 | 21 | 4 | 2 | 0 | 34 | 5 | 0 |
| | 2022 | 경남 | 26 | 18 | 4 | 1 | 0 | 20 | 3 | 0 |
| PO | 2014 | 안산경찰 | 1 | 1 | 0 | 0 | 0 | 1 | 0 | 0 |
| | 2016 | 부산 | 1 | 1 | 0 | 0 | 0 | 0 | 0 | 0 |
| | 2017 | 부산 | 3 | 3 | 0 | 0 | 0 | 4 | 0 | 0 |
| | 2018 | 부산 | 3 | 3 | 0 | 1 | 0 | 0 | 0 | 0 |
| | 2019 | 경남 | 2 | 2 | 0 | 0 | 0 | 1 | 0 | 0 |
| | 2020 | 경남 | 2 | 0 | 1 | 0 | 0 | 4 | 1 | 0 |
| | 2022 | 경남 | 1 | 0 | 0 | 0 | 0 | 4 | 0 | 0 |
| 통산 | | | 284 | 163 | 75 | 25 | 0 | 268 | 36 | 0 |

**고경준**(高敬竣) 제주제일고 1987.03.07

| 대회 | 연도 | 소속 | 출전 | 교체 | 득점 | 도움 | 실점 | 파울 | 경고 | 퇴장 |
|---|---|---|---|---|---|---|---|---|---|---|
| K1 | 2006 | 수원 | 3 | 2 | 0 | 0 | 0 | 9 | 1 | 0 |
| | 2008 | 경남 | 0 | 0 | 0 | 0 | 0 | 0 | 0 | 0 |
| K2 | 2016 | 서울E | 1 | 1 | 0 | 0 | 0 | 1 | 0 | 0 |
| 컵 | 2006 | 수원 | 6 | 2 | 1 | 0 | 0 | 10 | 3 | 0 |
| | 2008 | 경남 | 0 | 0 | 0 | 0 | 0 | 0 | 0 | 0 |
| 통산 | | | 10 | 5 | 1 | 0 | 0 | 20 | 4 | 0 |

**고광민**(高光民) 아주대 1988.09.21

| 대회 | 연도 | 소속 | 출전 | 교체 | 득점 | 도움 | 실점 | 파울 | 경고 | 퇴장 |
|---|---|---|---|---|---|---|---|---|---|---|
| K1 | 2011 | 서울 | 5 | 5 | 0 | 1 | 0 | 5 | 1 | 0 |
| | 2012 | 서울 | 11 | 12 | 0 | 0 | 0 | 5 | 0 | 0 |
| | 2013 | 서울 | 3 | 3 | 0 | 0 | 0 | 1 | 0 | 0 |
| | 2014 | 서울 | 20 | 9 | 1 | 3 | 0 | 12 | 2 | 0 |
| | 2015 | 서울 | 28 | 4 | 0 | 3 | 0 | 20 | 1 | 0 |
| | 2016 | 서울 | 33 | 2 | 1 | 2 | 0 | 40 | 4 | 0 |
| | 2019 | 서울 | 35 | 6 | 1 | 2 | 0 | 26 | 4 | 1 |
| | 2020 | 서울 | 23 | 4 | 1 | 1 | 0 | 33 | 2 | 0 |
| | 2021 | 서울 | 18 | 7 | 0 | 1 | 0 | 20 | 2 | 1 |
| | 2022 | 서울 | 10 | 10 | 1 | 0 | 0 | 5 | 1 | 0 |
| PO | 2011 | 서울 | 1 | 1 | 0 | 0 | 0 | 3 | 0 | 0 |
| 컵 | 2011 | 서울 | 1 | 0 | 0 | 0 | 0 | 2 | 0 | 0 |
| 통산 | | | 188 | 63 | 5 | 13 | 0 | 172 | 17 | 2 |

**고동민**(高東民) 대륜고 1999.01.12

| 대회 | 연도 | 소속 | 출전 | 교체 | 득점 | 도움 | 실점 | 파울 | 경고 | 퇴장 |
|---|---|---|---|---|---|---|---|---|---|---|
| K2 | 2022 | 경남 | 16 | 0 | 0 | 0 | 26 | 1 | 1 | 0 |
| | 2023 | 경남 | 34 | 1 | 0 | 0 | 38 | 0 | 3 | 0 |
| | 2024 | 경남 | 17 | 1 | 0 | 0 | 37 | 0 | 0 | 0 |

| 대회 | 연도 | 소속 | 출전 | 교체 | 득점 | 도움 | 실점 | 파울 | 경고 | 퇴장 |
|---|---|---|---|---|---|---|---|---|---|---|
| | 2025 | 경남 | 1 | 1 | 0 | 0 | 1 | 0 | 0 | 0 |
| PO | 2022 | 경남 | 2 | 0 | 0 | 0 | 2 | 0 | 0 | 0 |
| | 2023 | 경남 | 2 | 0 | 0 | 0 | 2 | 0 | 0 | 0 |
| 통산 | | | 72 | 3 | 0 | 0 | 106 | 1 | 4 | 0 |

**고란**(Goran Jevtic) 유고슬라비아 1970.08.10

| 대회 | 연도 | 소속 | 출전 | 교체 | 득점 | 도움 | 실점 | 파울 | 경고 | 퇴장 |
|---|---|---|---|---|---|---|---|---|---|---|
| K1 | 1993 | 현대 | 9 | 7 | 0 | 0 | 0 | 7 | 1 | 0 |
| | 1994 | 현대 | 14 | 1 | 0 | 0 | 0 | 16 | 2 | 0 |
| | 1995 | 현대 | 16 | 14 | 0 | 1 | 0 | 18 | 6 | 0 |
| 컵 | 1993 | 현대 | 4 | 1 | 0 | 0 | 0 | 6 | 1 | 0 |
| | 1994 | 현대 | 4 | 0 | 0 | 0 | 0 | 5 | 2 | 0 |
| 통산 | | | 47 | 23 | 0 | 1 | 0 | 52 | 12 | 0 |

**고래세**(高來世) 진주고 1992.03.23

| 대회 | 연도 | 소속 | 출전 | 교체 | 득점 | 도움 | 실점 | 파울 | 경고 | 퇴장 |
|---|---|---|---|---|---|---|---|---|---|---|
| K1 | 2011 | 경남 | 1 | 1 | 0 | 0 | 0 | 0 | 0 | 0 |
| | 2012 | 경남 | 2 | 3 | 0 | 0 | 0 | 0 | 0 | 0 |
| | 2013 | 경남 | 2 | 1 | 0 | 0 | 0 | 0 | 1 | 0 |
| | 2014 | 경남 | 1 | 1 | 0 | 0 | 0 | 0 | 0 | 0 |
| 통산 | | | 6 | 6 | 0 | 0 | 0 | 0 | 1 | 0 |

**고메스**(Anicio Gomes) 브라질 1982.04.01

| 대회 | 연도 | 소속 | 출전 | 교체 | 득점 | 도움 | 실점 | 파울 | 경고 | 퇴장 |
|---|---|---|---|---|---|---|---|---|---|---|
| K1 | 2010 | 제주 | 6 | 6 | 1 | 0 | 0 | 1 | 0 | 0 |
| 통산 | | | 6 | 6 | 1 | 0 | 0 | 1 | 0 | 0 |

**고메즈**(Andre Gomes) 브라질 1975.12.23

| 대회 | 연도 | 소속 | 출전 | 교체 | 득점 | 도움 | 실점 | 파울 | 경고 | 퇴장 |
|---|---|---|---|---|---|---|---|---|---|---|
| K1 | 2004 | 전북 | 16 | 4 | 1 | 1 | 0 | 37 | 4 | 1 |
| | 2005 | 포항 | 7 | 6 | 0 | 0 | 0 | 9 | 0 | 1 |
| 컵 | 2004 | 전북 | 10 | 3 | 1 | 0 | 0 | 19 | 1 | 0 |
| 통산 | | | 33 | 13 | 2 | 1 | 0 | 65 | 5 | 2 |

**고명석**(高明錫) 홍익대 1995.09.27

| 대회 | 연도 | 소속 | 출전 | 교체 | 득점 | 도움 | 실점 | 파울 | 경고 | 퇴장 |
|---|---|---|---|---|---|---|---|---|---|---|
| K1 | 2019 | 수원 | 19 | 2 | 0 | 0 | 0 | 13 | 2 | 0 |
| | 2020 | 상주 | 11 | 1 | 0 | 0 | 0 | 8 | 2 | 0 |
| | 2021 | 수원 | 2 | 2 | 0 | 0 | 0 | 1 | 0 | 0 |
| | 2022 | 수원 | 23 | 10 | 3 | 0 | 0 | 9 | 1 | 0 |
| | 2023 | 수원 | 22 | 10 | 0 | 0 | 0 | 8 | 3 | 0 |
| | 2024 | 대구 | 33 | 2 | 0 | 0 | 0 | 21 | 5 | 0 |
| K2 | 2017 | 부천 | 28 | 5 | 2 | 0 | 0 | 20 | 2 | 0 |
| | 2018 | 대전 | 32 | 2 | 1 | 0 | 0 | 17 | 1 | 0 |
| | 2021 | 김천 | 4 | 0 | 0 | 0 | 0 | 1 | 0 | 0 |
| PO | 2018 | 대전 | 2 | 1 | 0 | 0 | 0 | 3 | 0 | 0 |
| | 2022 | 수원 | 2 | 0 | 0 | 0 | 0 | 0 | 0 | 0 |
| | 2024 | 대구 | 2 | 1 | 0 | 0 | 0 | 1 | 1 | 0 |
| 통산 | | | 180 | 36 | 6 | 0 | 0 | 102 | 17 | 0 |

**고명진**(高明榧) 석관중 1988.01.09

| 대회 | 연도 | 소속 | 출전 | 교체 | 득점 | 도움 | 실점 | 파울 | 경고 | 퇴장 |
|---|---|---|---|---|---|---|---|---|---|---|
| K1 | 2005 | 서울 | 1 | 0 | 0 | 0 | 0 | 1 | 0 | 0 |
| | 2006 | 서울 | 12 | 3 | 1 | 0 | 0 | 20 | 1 | 0 |
| | 2007 | 서울 | 10 | 5 | 1 | 1 | 0 | 11 | 2 | 0 |
| | 2008 | 서울 | 9 | 7 | 1 | 0 | 0 | 9 | 0 | 0 |
| | 2009 | 서울 | 19 | 14 | 2 | 1 | 0 | 9 | 3 | 0 |
| | 2010 | 서울 | 7 | 6 | 0 | 0 | 0 | 9 | 1 | 0 |
| | 2011 | 서울 | 23 | 4 | 2 | 7 | 0 | 42 | 6 | 0 |
| | 2012 | 서울 | 39 | 9 | 1 | 3 | 0 | 61 | 1 | 0 |
| | 2013 | 서울 | 30 | 4 | 3 | 2 | 0 | 27 | 8 | 0 |
| | 2014 | 서울 | 31 | 4 | 2 | 1 | 0 | 31 | 3 | 0 |
| | 2015 | 서울 | 20 | 8 | 1 | 0 | 0 | 18 | 5 | 0 |
| | 2020 | 울산 | 14 | 13 | 0 | 2 | 0 | 17 | 3 | 0 |
| | 2021 | 울산 | 15 | 9 | 0 | 0 | 0 | 15 | 1 | 0 |
| | 2022 | 울산 | 7 | 4 | 0 | 0 | 0 | 3 | 0 | 0 |
| PO | 2006 | 서울 | 1 | 1 | 0 | 0 | 0 | 0 | 0 | 0 |
| | 2009 | 서울 | 1 | 1 | 0 | 0 | 0 | 1 | 0 | 0 |
| | 2011 | 서울 | 1 | 0 | 0 | 0 | 0 | 0 | 0 | 0 |
| 컵 | 2004 | 서울 | 5 | 3 | 0 | 0 | 0 | 4 | 0 | 0 |
| | 2006 | 서울 | 6 | 3 | 0 | 0 | 0 | 10 | 1 | 0 |
| | 2007 | 서울 | 2 | 1 | 0 | 0 | 0 | 4 | 1 | 0 |
| | 2008 | 서울 | 5 | 3 | 0 | 0 | 0 | 6 | 1 | 0 |
| | 2009 | 서울 | 3 | 1 | 0 | 0 | 0 | 4 | 1 | 0 |
| | 2010 | 서울 | 2 | 2 | 0 | 0 | 0 | 0 | 0 | 0 |
| 통산 | | | 263 | 105 | 14 | 17 | 0 | 302 | 38 | 0 |

**고무열**(高武烈) 숭실대 1990.09.05

| 대회 | 연도 | 소속 | 출전 | 교체 | 득점 | 도움 | 실점 | 파울 | 경고 | 퇴장 |
|---|---|---|---|---|---|---|---|---|---|---|
| K1 | 2011 | 포항 | 23 | 14 | 9 | 3 | 0 | 17 | 1 | 0 |
| | 2012 | 포항 | 39 | 32 | 6 | 6 | 0 | 61 | 2 | 0 |
| | 2013 | 포항 | 34 | 23 | 8 | 5 | 0 | 48 | 5 | 0 |
| | 2014 | 포항 | 27 | 19 | 5 | 1 | 0 | 47 | 2 | 0 |
| | 2015 | 포항 | 30 | 19 | 6 | 2 | 0 | 42 | 3 | 1 |
| | 2016 | 전북 | 22 | 19 | 1 | 2 | 0 | 15 | 4 | 0 |
| | 2017 | 전북 | 14 | 13 | 0 | 0 | 0 | 14 | 2 | 0 |
| | 2019 | 전북 | 6 | 5 | 0 | 0 | 0 | 4 | 0 | 0 |
| | 2020 | 강원 | 24 | 12 | 9 | 1 | 0 | 28 | 0 | 0 |
| | 2021 | 강원 | 24 | 17 | 6 | 3 | 0 | 22 | 2 | 0 |
| | 2022 | 강원 | 1 | 1 | 0 | 0 | 0 | 0 | 0 | 0 |
| | 2023 | 수원 | 6 | 6 | 0 | 0 | 0 | 0 | 0 | 0 |
| K2 | 2018 | 아산 | 30 | 9 | 6 | 3 | 0 | 31 | 8 | 0 |
| | 2019 | 아산 | 22 | 4 | 12 | 3 | 0 | 26 | 3 | 0 |
| | 2023 | 충남아산 | 9 | 9 | 1 | 0 | 0 | 0 | 0 | 0 |
| | 2024 | 서울E | 9 | 9 | 1 | 0 | 0 | 2 | 0 | 0 |
| PO | 2011 | 포항 | 1 | 1 | 0 | 0 | 0 | 1 | 0 | 0 |
| 컵 | 2011 | 포항 | 4 | 1 | 1 | 0 | 0 | 11 | 1 | 0 |
| 통산 | | | 325 | 213 | 71 | 29 | 0 | 369 | 33 | 1 |

**고민기**(高旼奇) 고려대 1978.07.01

| 대회 | 연도 | 소속 | 출전 | 교체 | 득점 | 도움 | 실점 | 파울 | 경고 | 퇴장 |
|---|---|---|---|---|---|---|---|---|---|---|
| K1 | 2001 | 전북 | 1 | 1 | 0 | 0 | 0 | 1 | 0 | 0 |
| 통산 | | | 1 | 1 | 0 | 0 | 0 | 1 | 0 | 0 |

**고민성**(高旼成) 매탄고 1995.11.20

| 대회 | 연도 | 소속 | 출전 | 교체 | 득점 | 도움 | 실점 | 파울 | 경고 | 퇴장 |
|---|---|---|---|---|---|---|---|---|---|---|
| K1 | 2014 | 수원 | 0 | 0 | 0 | 0 | 0 | 0 | 0 | 0 |
| | 2015 | 수원 | 1 | 1 | 0 | 0 | 0 | 0 | 0 | 0 |
| K2 | 2016 | 강원 | 11 | 11 | 0 | 1 | 0 | 8 | 0 | 0 |
| | 2018 | 대전 | 7 | 7 | 0 | 0 | 0 | 1 | 1 | 0 |
| 통산 | | | 19 | 19 | 0 | 1 | 0 | 9 | 1 | 0 |

**고민우**(高敏優) 인천대 2000.12.18

| 대회 | 연도 | 소속 | 출전 | 교체 | 득점 | 도움 | 실점 | 파울 | 경고 | 퇴장 |
|---|---|---|---|---|---|---|---|---|---|---|
| K2 | 2023 | 안산 | 0 | 0 | 0 | 0 | 0 | 0 | 0 | 0 |
| 통산 | | | 0 | 0 | 0 | 0 | 0 | 0 | 0 | 0 |

**고민혁**(高敏赫) 현대고 1996.02.10

| 대회 | 연도 | 소속 | 출전 | 교체 | 득점 | 도움 | 실점 | 파울 | 경고 | 퇴장 |
|---|---|---|---|---|---|---|---|---|---|---|
| K1 | 2015 | 대전 | 11 | 9 | 1 | 1 | 0 | 6 | 1 | 0 |
| K2 | 2016 | 대전 | 1 | 1 | 0 | 0 | 0 | 0 | 0 | 0 |
| | 2017 | 서울E | 4 | 4 | 0 | 1 | 0 | 3 | 0 | 0 |
| 통산 | | | 16 | 14 | 1 | 2 | 0 | 9 | 1 | 0 |

**고백진**(高白鎭) 건국대 1966.05.03

| 대회 | 연도 | 소속 | 출전 | 교체 | 득점 | 도움 | 실점 | 파울 | 경고 | 퇴장 |
|---|---|---|---|---|---|---|---|---|---|---|
| K1 | 1989 | 유공 | 1 | 1 | 0 | 0 | 0 | 0 | 0 | 0 |
| 통산 | | | 1 | 1 | 0 | 0 | 0 | 0 | 0 | 0 |

**고범수**(高範壽) 선문대 1980.04.16

| 대회 | 연도 | 소속 | 출전 | 교체 | 득점 | 도움 | 실점 | 파울 | 경고 | 퇴장 |
|---|---|---|---|---|---|---|---|---|---|---|
| K1 | 2006 | 광주상무 | 8 | 2 | 0 | 0 | 0 | 12 | 1 | 0 |
| 통산 | | | 8 | 2 | 0 | 0 | 0 | 12 | 1 | 0 |

**고병욱**(高竝旭) 광양제철고 1992.08.21

| 대회 | 연도 | 소속 | 출전 | 교체 | 득점 | 도움 | 실점 | 파울 | 경고 | 퇴장 |
|---|---|---|---|---|---|---|---|---|---|---|
| K1 | 2015 | 전남 | 4 | 4 | 0 | 0 | 0 | 1 | 0 | 0 |
| 통산 | | | 4 | 4 | 0 | 0 | 0 | 1 | 0 | 0 |

**고병운**(高炳運) 광운대 1973.09.28

| 대회 | 연도 | 소속 | 출전 | 교체 | 득점 | 도움 | 실점 | 파울 | 경고 | 퇴장 |
|---|---|---|---|---|---|---|---|---|---|---|
| K1 | 1996 | 포항 | 26 | 11 | 0 | 0 | 0 | 32 | 2 | 0 |
| | 1997 | 포항 | 16 | 8 | 0 | 0 | 0 | 28 | 3 | 0 |
| | 1998 | 포항 | 15 | 2 | 0 | 1 | 0 | 30 | 2 | 0 |
| | 2001 | 포항 | 19 | 8 | 0 | 1 | 0 | 23 | 0 | 0 |
| | 2002 | 포항 | 26 | 0 | 0 | 1 | 0 | 58 | 2 | 0 |
| | 2003 | 포항 | 42 | 4 | 0 | 2 | 0 | 90 | 4 | 0 |
| | 2005 | 대전 | 13 | 7 | 0 | 0 | 0 | 14 | 0 | 0 |
| | 2006 | 대전 | 20 | 7 | 0 | 1 | 0 | 30 | 0 | 0 |
| PO | 1998 | 포항 | 3 | 0 | 0 | 0 | 0 | 6 | 0 | 0 |
| 컵 | 1996 | 포항 | 3 | 1 | 0 | 0 | 0 | 6 | 1 | 0 |
| | 1997 | 포항 | 17 | 2 | 0 | 0 | 0 | 29 | 1 | 0 |
| | 1998 | 포항 | 14 | 7 | 0 | 0 | 0 | 9 | 1 | 0 |
| | 2001 | 포항 | 4 | 3 | 0 | 0 | 0 | 5 | 1 | 0 |
| | 2002 | 포항 | 8 | 0 | 0 | 0 | 0 | 10 | 1 | 0 |
| | 2006 | 대전 | 12 | 1 | 0 | 0 | 0 | 23 | 4 | 0 |
| 통산 | | | 238 | 61 | 0 | 6 | 0 | 393 | 22 | 0 |

**고보연**(高輔演) 아주대 1991.07.11

| 대회 | 연도 | 소속 | 출전 | 교체 | 득점 | 도움 | 실점 | 파울 | 경고 | 퇴장 |
|---|---|---|---|---|---|---|---|---|---|---|
| K2 | 2014 | 부천 | 11 | 11 | 1 | 0 | 0 | 13 | 1 | 0 |
| 통산 | | | 11 | 11 | 1 | 0 | 0 | 13 | 1 | 0 |

**고봉현**(高奉玄) 홍익대 1979.07.02

| 대회 | 연도 | 소속 | 출전 | 교체 | 득점 | 도움 | 실점 | 파울 | 경고 | 퇴장 |
|---|---|---|---|---|---|---|---|---|---|---|
| K1 | 2003 | 대구 | 18 | 8 | 2 | 1 | 0 | 46 | 2 | 0 |
| | 2004 | 대구 | 5 | 3 | 1 | 0 | 0 | 11 | 1 | 0 |
| | 2005 | 대구 | 6 | 6 | 0 | 0 | 0 | 7 | 2 | 0 |
| 컵 | 2004 | 대구 | 6 | 4 | 1 | 0 | 0 | 7 | 0 | 0 |
| | 2005 | 대구 | 4 | 4 | 1 | 0 | 0 | 6 | 0 | 0 |
| 통산 | | | 39 | 25 | 5 | 1 | 0 | 77 | 5 | 0 |

**고성민**(高成敏) 명지대 1972.09.07

| 대회 | 연도 | 소속 | 출전 | 교체 | 득점 | 도움 | 실점 | 파울 | 경고 | 퇴장 |
|---|---|---|---|---|---|---|---|---|---|---|
| K1 | 1995 | 전북 | 21 | 13 | 2 | 1 | 0 | 27 | 5 | 0 |
| | 1996 | 전북 | 27 | 19 | 2 | 1 | 0 | 32 | 2 | 0 |
| | 1997 | 전북 | 8 | 4 | 0 | 2 | 0 | 13 | 0 | 0 |
| | 1998 | 전북 | 1 | 1 | 0 | 0 | 0 | 0 | 0 | 0 |
| 컵 | 1995 | 전북 | 2 | 2 | 0 | 0 | 0 | 2 | 0 | 0 |
| | 1996 | 전북 | 2 | 1 | 0 | 0 | 0 | 4 | 0 | 0 |
| | 1997 | 전북 | 8 | 5 | 0 | 0 | 0 | 14 | 3 | 0 |
| 통산 | | | 69 | 45 | 4 | 4 | 0 | 92 | 10 | 0 |

**고슬기**(高슬기) 오산고 1986.04.21

| 대회 | 연도 | 소속 | 출전 | 교체 | 득점 | 도움 | 실점 | 파울 | 경고 | 퇴장 |
|---|---|---|---|---|---|---|---|---|---|---|
| K1 | 2007 | 포항 | 0 | 0 | 0 | 0 | 0 | 0 | 0 | 0 |
| | 2008 | 광주상무 | 20 | 10 | 3 | 0 | 0 | 23 | 2 | 0 |
| | 2009 | 광주상무 | 17 | 15 | 2 | 2 | 0 | 22 | 3 | 0 |
| | 2009 | 포항 | 1 | 0 | 0 | 0 | 0 | 4 | 1 | 0 |
| | 2010 | 울산 | 12 | 9 | 1 | 1 | 0 | 22 | 5 | 0 |
| | 2011 | 울산 | 25 | 5 | 6 | 2 | 0 | 47 | 5 | 0 |
| | 2012 | 울산 | 40 | 13 | 4 | 8 | 0 | 51 | 4 | 0 |
| | 2018 | 인천 | 31 | 6 | 2 | 2 | 0 | 40 | 9 | 0 |
| PO | 2010 | 울산 | 1 | 0 | 0 | 0 | 0 | 3 | 0 | 0 |
| | 2011 | 울산 | 4 | 1 | 1 | 0 | 0 | 10 | 2 | 0 |
| 컵 | 2007 | 포항 | 0 | 0 | 0 | 0 | 0 | 0 | 0 | 0 |
| | 2008 | 광주상무 | 8 | 3 | 0 | 1 | 0 | 14 | 1 | 0 |
| | 2009 | 광주상무 | 3 | 1 | 0 | 0 | 0 | 4 | 0 | 0 |
| | 2010 | 울산 | 2 | 2 | 0 | 0 | 0 | 1 | 0 | 0 |
| | 2011 | 울산 | 8 | 4 | 0 | 0 | 0 | 15 | 3 | 0 |
| 통산 | | | 172 | 69 | 19 | 16 | 0 | 256 | 35 | 0 |

**고승범**(高丞範) 경희대 1994.04.24

| 대회 | 연도 | 소속 | 출전 | 교체 | 득점 | 도움 | 실점 | 파울 | 경고 | 퇴장 |
|---|---|---|---|---|---|---|---|---|---|---|
| K1 | 2016 | 수원 | 13 | 11 | 0 | 0 | 0 | 12 | 1 | 0 |
| | 2017 | 수원 | 33 | 17 | 2 | 2 | 0 | 37 | 4 | 0 |
| | 2018 | 대구 | 9 | 2 | 0 | 0 | 0 | 13 | 1 | 0 |
| | 2019 | 수원 | 10 | 4 | 0 | 0 | 0 | 14 | 2 | 0 |
| | 2020 | 수원 | 22 | 3 | 3 | 3 | 0 | 33 | 2 | 0 |
| | 2021 | 수원 | 15 | 7 | 1 | 4 | 0 | 20 | 3 | 0 |
| | 2022 | 김천 | 23 | 11 | 0 | 2 | 0 | 14 | 1 | 0 |
| | 2023 | 수원 | 32 | 13 | 2 | 1 | 0 | 25 | 4 | 0 |
| | 2024 | 울산 | 28 | 15 | 4 | 3 | 0 | 30 | 3 | 0 |
| | 2025 | 울산 | 29 | 7 | 3 | 3 | 0 | 39 | 8 | 0 |
| K2 | 2021 | 김천 | 10 | 5 | 3 | 2 | 0 | 7 | 2 | 0 |
| PO | 2022 | 김천 | 2 | 1 | 0 | 0 | 0 | 2 | 0 | 0 |
| 통산 | | | 226 | 96 | 18 | 20 | 0 | 246 | 31 | 0 |

**고영준**(高映埈) 포항제철고 2001.07.09

| 대회 | 연도 | 소속 | 출전 | 교체 | 득점 | 도움 | 실점 | 파울 | 경고 | 퇴장 |
|---|---|---|---|---|---|---|---|---|---|---|
| K1 | 2020 | 포항 | 8 | 8 | 2 | 1 | 0 | 1 | 0 | 0 |
| | 2021 | 포항 | 32 | 34 | 3 | 2 | 0 | 33 | 2 | 0 |

| 대회 | 연도 | 소속 | 출전 | 교체 | 득점 | 도움 | 실점 | 파울 | 경고 | 퇴장 |
|---|---|---|---|---|---|---|---|---|---|---|
| | 2022 | 포항 | 37 | 22 | 6 | 4 | 0 | 37 | 3 | 0 |
| | 2023 | 포항 | 28 | 23 | 8 | 1 | 0 | 12 | 0 | 0 |
| 통산 | | | 105 | 87 | 19 | 8 | 0 | 83 | 5 | 0 |

**고요한**(高요한) 토월중 1988.03.10

| 대회 | 연도 | 소속 | 출전 | 교체 | 득점 | 도움 | 실점 | 파울 | 경고 | 퇴장 |
|---|---|---|---|---|---|---|---|---|---|---|
| K1 | 2007 | 서울 | 3 | 3 | 0 | 0 | 0 | 6 | 0 | 0 |
| | 2008 | 서울 | 2 | 2 | 0 | 0 | 0 | 3 | 1 | 0 |
| | 2009 | 서울 | 14 | 10 | 0 | 0 | 0 | 21 | 3 | 0 |
| | 2010 | 서울 | 5 | 5 | 1 | 0 | 0 | 8 | 0 | 0 |
| | 2011 | 서울 | 18 | 6 | 3 | 0 | 0 | 26 | 4 | 0 |
| | 2012 | 서울 | 38 | 4 | 1 | 2 | 0 | 45 | 7 | 0 |
| | 2013 | 서울 | 37 | 25 | 5 | 3 | 0 | 52 | 3 | 0 |
| | 2014 | 서울 | 32 | 19 | 4 | 3 | 0 | 38 | 3 | 0 |
| | 2015 | 서울 | 33 | 22 | 2 | 1 | 0 | 34 | 2 | 0 |
| | 2016 | 서울 | 27 | 5 | 2 | 5 | 0 | 28 | 4 | 0 |
| | 2017 | 서울 | 28 | 9 | 2 | 0 | 0 | 45 | 9 | 0 |
| | 2018 | 서울 | 32 | 10 | 8 | 4 | 0 | 47 | 7 | 1 |
| | 2019 | 서울 | 35 | 6 | 3 | 6 | 0 | 58 | 9 | 0 |
| | 2020 | 서울 | 15 | 12 | 0 | 0 | 0 | 13 | 2 | 0 |
| | 2021 | 서울 | 21 | 14 | 2 | 3 | 0 | 26 | 3 | 0 |
| | 2022 | 서울 | 7 | 3 | 0 | 2 | 0 | 2 | 1 | 0 |
| | 2023 | 서울 | 6 | 6 | 0 | 0 | 0 | 5 | 1 | 0 |
| PO | 2011 | 서울 | 1 | 0 | 0 | 0 | 0 | 3 | 0 | 0 |
| | 2018 | 서울 | 2 | 0 | 1 | 1 | 0 | 6 | 0 | 0 |
| 컵 | 2006 | 서울 | 1 | 0 | 0 | 0 | 0 | 0 | 0 | 0 |
| | 2007 | 서울 | 3 | 3 | 0 | 0 | 0 | 8 | 1 | 0 |
| | 2008 | 서울 | 2 | 1 | 0 | 0 | 0 | 6 | 1 | 0 |
| | 2009 | 서울 | 2 | 1 | 0 | 0 | 0 | 5 | 2 | 0 |
| | 2010 | 서울 | 2 | 2 | 0 | 0 | 0 | 3 | 0 | 0 |
| 통산 | | | 366 | 168 | 34 | 30 | 0 | 488 | 63 | 1 |

**고은성**(高銀成) 단국대 1988.06.23

| 대회 | 연도 | 소속 | 출전 | 교체 | 득점 | 도움 | 실점 | 파울 | 경고 | 퇴장 |
|---|---|---|---|---|---|---|---|---|---|---|
| 컵 | 2011 | 광주 | 1 | 0 | 0 | 0 | 0 | 0 | 1 | 0 |
| 통산 | | | 1 | 0 | 0 | 0 | 0 | 0 | 1 | 0 |

**고의석**(高義錫) 명지대 1962.10.15

| 대회 | 연도 | 소속 | 출전 | 교체 | 득점 | 도움 | 실점 | 파울 | 경고 | 퇴장 |
|---|---|---|---|---|---|---|---|---|---|---|
| K1 | 1983 | 유공 | 6 | 3 | 0 | 1 | 0 | 1 | 1 | 0 |
| | 1983 | 대우 | 4 | 3 | 0 | 0 | 0 | 5 | 0 | 0 |
| | 1984 | 유공 | 2 | 1 | 0 | 0 | 0 | 0 | 0 | 0 |
| | 1985 | 상무 | 14 | 2 | 0 | 1 | 0 | 17 | 1 | 0 |
| 통산 | | | 26 | 9 | 0 | 2 | 0 | 23 | 2 | 0 |

**고재성**(高在成) 대구대 1985.01.28

| 대회 | 연도 | 소속 | 출전 | 교체 | 득점 | 도움 | 실점 | 파울 | 경고 | 퇴장 |
|---|---|---|---|---|---|---|---|---|---|---|
| K1 | 2009 | 성남일화 | 18 | 6 | 0 | 0 | 0 | 34 | 6 | 0 |
| | 2010 | 성남일화 | 14 | 5 | 0 | 1 | 0 | 22 | 2 | 0 |
| | 2012 | 경남 | 31 | 18 | 2 | 5 | 0 | 42 | 5 | 0 |
| | 2014 | 상주 | 12 | 10 | 0 | 1 | 0 | 8 | 0 | 0 |
| | 2014 | 경남 | 12 | 6 | 1 | 0 | 0 | 14 | 2 | 0 |
| K2 | 2013 | 상주 | 28 | 18 | 3 | 2 | 0 | 33 | 2 | 0 |
| | 2015 | 경남 | 11 | 9 | 2 | 1 | 0 | 14 | 0 | 0 |
| PO | 2009 | 성남일화 | 1 | 1 | 0 | 0 | 0 | 0 | 0 | 0 |
| | 2010 | 성남일화 | 2 | 1 | 0 | 0 | 0 | 4 | 1 | 0 |
| | 2013 | 상주 | 1 | 1 | 0 | 0 | 0 | 0 | 0 | 0 |
| | 2014 | 경남 | 2 | 2 | 0 | 1 | 0 | 1 | 0 | 0 |
| 컵 | 2009 | 성남일화 | 6 | 1 | 1 | 1 | 0 | 15 | 3 | 0 |
| | 2010 | 성남일화 | 1 | 0 | 0 | 0 | 0 | 4 | 0 | 0 |
| 통산 | | | 139 | 78 | 9 | 12 | 0 | 191 | 21 | 0 |

**고재현**(高在賢) 대륜고 1999.03.05

| 대회 | 연도 | 소속 | 출전 | 교체 | 득점 | 도움 | 실점 | 파울 | 경고 | 퇴장 |
|---|---|---|---|---|---|---|---|---|---|---|
| K1 | 2018 | 대구 | 12 | 8 | 0 | 1 | 0 | 12 | 0 | 0 |
| | 2019 | 대구 | 3 | 2 | 0 | 0 | 0 | 6 | 1 | 0 |
| | 2020 | 대구 | 1 | 1 | 0 | 0 | 0 | 3 | 0 | 0 |
| | 2022 | 대구 | 32 | 26 | 13 | 2 | 0 | 36 | 3 | 0 |
| | 2023 | 대구 | 37 | 15 | 9 | 1 | 0 | 30 | 6 | 0 |
| | 2024 | 대구 | 33 | 23 | 1 | 0 | 0 | 24 | 4 | 0 |
| | 2025 | 대구 | 5 | 5 | 0 | 0 | 0 | 1 | 0 | 0 |
| | 2025 | 김천 | 12 | 10 | 0 | 0 | 0 | 8 | 1 | 0 |

| 대회 | 연도 | 소속 | 출전 | 교체 | 득점 | 도움 | 실점 | 파울 | 경고 | 퇴장 |
|---|---|---|---|---|---|---|---|---|---|---|
| K2 | 2020 | 서울E | 19 | 8 | 2 | 1 | 0 | 21 | 3 | 0 |
| | 2021 | 서울E | 25 | 11 | 2 | 1 | 0 | 21 | 2 | 0 |
| PO | 2024 | 대구 | 2 | 2 | 1 | 0 | 0 | 2 | 1 | 0 |
| 통산 | | | 181 | 111 | 28 | 6 | 0 | 164 | 21 | 0 |

**고정빈**(高正彬) 한남대 1984.02.09

| 대회 | 연도 | 소속 | 출전 | 교체 | 득점 | 도움 | 실점 | 파울 | 경고 | 퇴장 |
|---|---|---|---|---|---|---|---|---|---|---|
| K1 | 2007 | 대구 | 0 | 0 | 0 | 0 | 0 | 0 | 0 | 0 |
| 통산 | | | 0 | 0 | 0 | 0 | 0 | 0 | 0 | 0 |

**고정운**(高正云) 건국대 1966.06.27

| 대회 | 연도 | 소속 | 출전 | 교체 | 득점 | 도움 | 실점 | 파울 | 경고 | 퇴장 |
|---|---|---|---|---|---|---|---|---|---|---|
| K1 | 1989 | 일화 | 31 | 3 | 4 | 8 | 0 | 51 | 0 | 0 |
| | 1990 | 일화 | 21 | 3 | 4 | 3 | 0 | 46 | 2 | 0 |
| | 1991 | 일화 | 40 | 3 | 13 | 7 | 0 | 82 | 0 | 0 |
| | 1992 | 일화 | 26 | 0 | 4 | 3 | 0 | 57 | 4 | 0 |
| | 1993 | 일화 | 2 | 1 | 0 | 0 | 0 | 2 | 0 | 0 |
| | 1994 | 일화 | 21 | 3 | 4 | 10 | 0 | 29 | 1 | 0 |
| | 1995 | 일화 | 25 | 2 | 4 | 4 | 0 | 58 | 2 | 0 |
| | 1996 | 천안일화 | 7 | 2 | 1 | 0 | 0 | 9 | 2 | 0 |
| | 1998 | 포항 | 14 | 1 | 5 | 5 | 0 | 29 | 2 | 0 |
| | 1999 | 포항 | 19 | 6 | 9 | 5 | 0 | 37 | 1 | 0 |
| PO | 1995 | 일화 | 3 | 0 | 1 | 3 | 0 | 5 | 2 | 0 |
| | 1998 | 포항 | 2 | 0 | 0 | 1 | 0 | 10 | 2 | 0 |
| 컵 | 1992 | 일화 | 9 | 3 | 3 | 2 | 0 | 18 | 1 | 0 |
| | 1995 | 일화 | 4 | 1 | 1 | 0 | 0 | 7 | 0 | 0 |
| | 1996 | 천안일화 | 5 | 0 | 3 | 1 | 0 | 11 | 0 | 0 |
| | 1999 | 포항 | 2 | 2 | 0 | 0 | 0 | 2 | 0 | 0 |
| | 2001 | 포항 | 4 | 4 | 0 | 0 | 0 | 2 | 0 | 0 |
| 통산 | | | 235 | 34 | 56 | 52 | 0 | 455 | 19 | 0 |

**고종수**(高宗秀) 금호고 1978.10.30

| 대회 | 연도 | 소속 | 출전 | 교체 | 득점 | 도움 | 실점 | 파울 | 경고 | 퇴장 |
|---|---|---|---|---|---|---|---|---|---|---|
| K1 | 1996 | 수원 | 11 | 12 | 1 | 3 | 0 | 5 | 0 | 0 |
| | 1997 | 수원 | 7 | 4 | 1 | 1 | 0 | 15 | 2 | 1 |
| | 1998 | 수원 | 17 | 2 | 3 | 4 | 0 | 34 | 2 | 0 |
| | 1999 | 수원 | 14 | 1 | 2 | 6 | 0 | 21 | 0 | 0 |
| | 2000 | 수원 | 8 | 3 | 4 | 3 | 0 | 12 | 1 | 0 |
| | 2001 | 수원 | 12 | 8 | 5 | 5 | 0 | 16 | 1 | 0 |
| | 2002 | 수원 | 20 | 16 | 4 | 3 | 0 | 10 | 0 | 0 |
| | 2004 | 수원 | 5 | 5 | 0 | 0 | 0 | 2 | 0 | 0 |
| | 2005 | 전남 | 11 | 9 | 1 | 0 | 0 | 9 | 0 | 0 |
| | 2007 | 대전 | 10 | 5 | 1 | 1 | 0 | 12 | 1 | 0 |
| | 2008 | 대전 | 13 | 1 | 1 | 1 | 0 | 16 | 1 | 0 |
| PO | 1998 | 수원 | 2 | 0 | 0 | 0 | 0 | 4 | 1 | 0 |
| | 2007 | 대전 | 1 | 0 | 0 | 0 | 0 | 0 | 0 | 0 |
| 컵 | 1996 | 수원 | 3 | 3 | 0 | 1 | 0 | 0 | 0 | 0 |
| | 1997 | 수원 | 8 | 6 | 2 | 4 | 0 | 15 | 0 | 0 |
| | 1998 | 수원 | 1 | 0 | 0 | 0 | 0 | 0 | 0 | 0 |
| | 1999 | 수원 | 7 | 3 | 2 | 1 | 0 | 8 | 1 | 0 |
| | 2000 | 수원 | 5 | 3 | 3 | 0 | 0 | 9 | 2 | 0 |
| | 2001 | 수원 | 8 | 2 | 5 | 1 | 0 | 13 | 1 | 0 |
| | 2005 | 전남 | 5 | 4 | 1 | 0 | 0 | 3 | 0 | 0 |
| | 2008 | 대전 | 3 | 1 | 1 | 0 | 0 | 1 | 2 | 1 |
| 통산 | | | 171 | 88 | 37 | 34 | 0 | 205 | 15 | 2 |

**고종현**(高種現) 매탄고 2006.04.11

| 대회 | 연도 | 소속 | 출전 | 교체 | 득점 | 도움 | 실점 | 파울 | 경고 | 퇴장 |
|---|---|---|---|---|---|---|---|---|---|---|
| K2 | 2024 | 수원 | 1 | 0 | 0 | 0 | 0 | 1 | 0 | 0 |
| | 2025 | 수원 | 12 | 7 | 0 | 0 | 0 | 3 | 0 | 0 |
| PO | 2025 | 수원 | 0 | 0 | 0 | 0 | 0 | 0 | 0 | 0 |
| 통산 | | | 13 | 7 | 0 | 0 | 0 | 4 | 0 | 0 |

**고준영**(高儁榮) 천안제일고 2000.10.27

| 대회 | 연도 | 소속 | 출전 | 교체 | 득점 | 도움 | 실점 | 파울 | 경고 | 퇴장 |
|---|---|---|---|---|---|---|---|---|---|---|
| K2 | 2019 | 서울E | 8 | 8 | 0 | 0 | 0 | 5 | 0 | 0 |
| 통산 | | | 8 | 8 | 0 | 0 | 0 | 5 | 0 | 0 |

**고차원**(高次願) 아주대 1986.04.30

| 대회 | 연도 | 소속 | 출전 | 교체 | 득점 | 도움 | 실점 | 파울 | 경고 | 퇴장 |
|---|---|---|---|---|---|---|---|---|---|---|
| K1 | 2009 | 전남 | 19 | 13 | 1 | 2 | 0 | 14 | 2 | 0 |
| | 2010 | 전남 | 8 | 7 | 0 | 1 | 0 | 2 | 0 | 0 |
| | 2011 | 상주 | 28 | 18 | 4 | 1 | 0 | 35 | 2 | 0 |

| 대회 | 연도 | 소속 | 출전 | 교체 | 득점 | 도움 | 실점 | 파울 | 경고 | 퇴장 |
|---|---|---|---|---|---|---|---|---|---|---|
| | 2012 | 상주 | 18 | 15 | 3 | 1 | 0 | 26 | 2 | 0 |
| | 2012 | 전남 | 4 | 3 | 2 | 0 | 0 | 1 | 0 | 0 |
| | 2013 | 수원 | 1 | 1 | 0 | 0 | 0 | 0 | 0 | 0 |
| | 2014 | 수원 | 26 | 21 | 3 | 1 | 0 | 14 | 1 | 0 |
| | 2015 | 수원 | 25 | 16 | 0 | 0 | 0 | 18 | 2 | 0 |
| | 2016 | 수원 | 11 | 9 | 0 | 1 | 0 | 8 | 0 | 0 |
| | 2017 | 수원 | 1 | 1 | 0 | 0 | 0 | 1 | 0 | 0 |
| K2 | 2018 | 서울E | 10 | 6 | 1 | 0 | 0 | 8 | 0 | 1 |
| PO | 2009 | 전남 | 1 | 1 | 0 | 0 | 0 | 1 | 0 | 0 |
| 컵 | 2009 | 전남 | 2 | 0 | 1 | 0 | 0 | 5 | 1 | 0 |
| | 2010 | 전남 | 1 | 1 | 0 | 0 | 0 | 0 | 0 | 0 |
| | 2011 | 상주 | 5 | 4 | 0 | 0 | 0 | 6 | 0 | 0 |
| 통산 | | | 160 | 116 | 15 | 7 | 0 | 139 | 10 | 1 |

**고창현**(高昌賢) 초당대 1983.09.15

| 대회 | 연도 | 소속 | 출전 | 교체 | 득점 | 도움 | 실점 | 파울 | 경고 | 퇴장 |
|---|---|---|---|---|---|---|---|---|---|---|
| K1 | 2002 | 수원 | 2 | 2 | 0 | 0 | 0 | 2 | 0 | 0 |
| | 2003 | 수원 | 17 | 15 | 0 | 1 | 0 | 26 | 0 | 0 |
| | 2004 | 수원 | 4 | 4 | 0 | 1 | 0 | 3 | 0 | 0 |
| | 2005 | 부산 | 6 | 5 | 0 | 0 | 0 | 7 | 1 | 0 |
| | 2006 | 부산 | 13 | 9 | 2 | 0 | 0 | 20 | 2 | 0 |
| | 2007 | 광주상무 | 18 | 7 | 0 | 0 | 0 | 21 | 4 | 0 |
| | 2008 | 광주상무 | 23 | 14 | 2 | 1 | 0 | 22 | 4 | 0 |
| | 2009 | 대전 | 19 | 5 | 10 | 2 | 0 | 16 | 12 | 0 |
| | 2010 | 대전 | 10 | 1 | 3 | 1 | 0 | 16 | 3 | 0 |
| | 2010 | 울산 | 16 | 7 | 5 | 4 | 0 | 15 | 2 | 0 |
| | 2011 | 울산 | 25 | 21 | 2 | 2 | 0 | 20 | 3 | 0 |
| | 2012 | 울산 | 19 | 14 | 2 | 1 | 0 | 15 | 0 | 1 |
| | 2013 | 울산 | 10 | 10 | 0 | 1 | 0 | 5 | 2 | 0 |
| | 2014 | 울산 | 25 | 21 | 4 | 3 | 0 | 31 | 5 | 0 |
| | 2015 | 울산 | 8 | 8 | 0 | 1 | 0 | 3 | 1 | 0 |
| PO | 2010 | 울산 | 1 | 0 | 1 | 0 | 0 | 1 | 0 | 0 |
| | 2011 | 울산 | 1 | 1 | 0 | 0 | 0 | 0 | 0 | 0 |
| 컵 | 2002 | 수원 | 3 | 2 | 0 | 0 | 0 | 3 | 0 | 0 |
| | 2004 | 수원 | 2 | 2 | 0 | 0 | 0 | 1 | 0 | 0 |
| | 2005 | 부산 | 3 | 2 | 0 | 0 | 0 | 0 | 0 | 0 |
| | 2006 | 부산 | 6 | 6 | 0 | 0 | 0 | 5 | 0 | 0 |
| | 2007 | 광주상무 | 6 | 4 | 0 | 1 | 0 | 8 | 0 | 0 |
| | 2008 | 광주상무 | 6 | 2 | 2 | 0 | 0 | 5 | 0 | 0 |
| | 2009 | 대전 | 4 | 1 | 2 | 1 | 0 | 2 | 0 | 0 |
| | 2010 | 울산 | 1 | 1 | 0 | 0 | 0 | 0 | 0 | 0 |
| | 2010 | 대전 | 2 | 1 | 1 | 0 | 0 | 3 | 1 | 1 |
| | 2011 | 울산 | 6 | 4 | 1 | 3 | 0 | 7 | 3 | 0 |
| 통산 | | | 256 | 169 | 37 | 23 | 0 | 257 | 43 | 2 |

**고채완**(←고대우) 배재대 1987.02.09

| 대회 | 연도 | 소속 | 출전 | 교체 | 득점 | 도움 | 실점 | 파울 | 경고 | 퇴장 |
|---|---|---|---|---|---|---|---|---|---|---|
| K1 | 2010 | 대전 | 1 | 1 | 0 | 0 | 0 | 0 | 0 | 0 |
| | 2011 | 대전 | 4 | 4 | 0 | 0 | 0 | 1 | 1 | 0 |
| | 2012 | 대전 | 2 | 2 | 0 | 0 | 0 | 0 | 0 | 0 |
| K2 | 2014 | 안양 | 0 | 0 | 0 | 0 | 0 | 0 | 0 | 0 |
| 컵 | 2011 | 대전 | 1 | 1 | 0 | 0 | 0 | 0 | 0 | 0 |
| 통산 | | | 8 | 8 | 0 | 0 | 0 | 1 | 1 | 0 |

**고태규**(高態規) 용인대 1996.08.02

| 대회 | 연도 | 소속 | 출전 | 교체 | 득점 | 도움 | 실점 | 파울 | 경고 | 퇴장 |
|---|---|---|---|---|---|---|---|---|---|---|
| K1 | 2019 | 대구 | 0 | 0 | 0 | 0 | 0 | 0 | 0 | 0 |
| | 2020 | 대구 | 0 | 0 | 0 | 0 | 0 | 0 | 0 | 0 |
| K2 | 2021 | 안산 | 24 | 16 | 0 | 1 | 0 | 10 | 3 | 0 |
| | 2023 | 안산 | 17 | 6 | 1 | 0 | 0 | 11 | 3 | 0 |
| | 2024 | 안산 | 27 | 8 | 0 | 0 | 0 | 17 | 2 | 0 |
| 통산 | | | 68 | 30 | 1 | 1 | 0 | 38 | 8 | 0 |

**고태원**(高兌沅) 호남대 1993.05.10

| 대회 | 연도 | 소속 | 출전 | 교체 | 득점 | 도움 | 실점 | 파울 | 경고 | 퇴장 |
|---|---|---|---|---|---|---|---|---|---|---|
| K1 | 2016 | 전남 | 26 | 4 | 0 | 1 | 0 | 35 | 6 | 0 |
| | 2017 | 전남 | 26 | 3 | 0 | 0 | 0 | 26 | 2 | 1 |
| | 2018 | 상주 | 3 | 3 | 0 | 0 | 0 | 2 | 2 | 0 |
| | 2018 | 전남 | 1 | 0 | 0 | 0 | 0 | 4 | 0 | 0 |
| | 2019 | 상주 | 3 | 1 | 0 | 0 | 0 | 5 | 0 | 0 |
| K2 | 2020 | 전남 | 9 | 8 | 0 | 0 | 0 | 1 | 1 | 0 |

| 대회 | 연도 | 소속 | 출전 | 교체 | 득점 | 도움 | 실점 | 파울 | 경고 | 퇴장 |
|---|---|---|---|---|---|---|---|---|---|---|
| | 2021 | 전남 | 16 | 4 | 1 | 0 | 0 | 15 | 3 | 1 |
| | 2022 | 전남 | 27 | 5 | 2 | 0 | 0 | 22 | 8 | 0 |
| | 2023 | 전남 | 20 | 3 | 3 | 0 | 0 | 25 | 5 | 0 |
| | 2024 | 전남 | 19 | 9 | 0 | 0 | 0 | 16 | 5 | 0 |
| | 2025 | 전남 | 22 | 5 | 1 | 0 | 0 | 26 | 3 | 0 |
| PO | 2024 | 전남 | 0 | 0 | 0 | 0 | 0 | 0 | 0 | 0 |
| 통산 | | | 172 | 45 | 7 | 1 | 0 | 177 | 35 | 2 |

**고티**(Petr Gottwald) 체코 1973.04.28

| 대회 | 연도 | 소속 | 출전 | 교체 | 득점 | 도움 | 실점 | 파울 | 경고 | 퇴장 |
|---|---|---|---|---|---|---|---|---|---|---|
| K1 | 1998 | 전북 | 4 | 4 | 0 | 0 | 0 | 3 | 0 | 0 |
| 컵 | 1998 | 전북 | 5 | 5 | 0 | 0 | 0 | 8 | 2 | 0 |
| 통산 | | | 9 | 9 | 0 | 0 | 0 | 11 | 2 | 0 |

**고현**(高賢) 대구대 1973.02.01

| 대회 | 연도 | 소속 | 출전 | 교체 | 득점 | 도움 | 실점 | 파울 | 경고 | 퇴장 |
|---|---|---|---|---|---|---|---|---|---|---|
| K1 | 1996 | 안양LG | 1 | 1 | 0 | 0 | 0 | 0 | 0 | 0 |
| 컵 | 1996 | 안양LG | 1 | 1 | 0 | 0 | 0 | 0 | 1 | 0 |
| 통산 | | | 2 | 2 | 0 | 0 | 0 | 0 | 1 | 0 |

**곤잘로**(Gonzalo Schnorr Fornari) 브라질 1999.12.09

| 대회 | 연도 | 소속 | 출전 | 교체 | 득점 | 도움 | 실점 | 파울 | 경고 | 퇴장 |
|---|---|---|---|---|---|---|---|---|---|---|
| K2 | 2025 | 부산 | 37 | 28 | 7 | 3 | 0 | 39 | 4 | 0 |
| 통산 | | | 37 | 28 | 7 | 3 | 0 | 39 | 4 | 0 |

**공문배**(孔文培) 건국대 1964.08.28

| 대회 | 연도 | 소속 | 출전 | 교체 | 득점 | 도움 | 실점 | 파울 | 경고 | 퇴장 |
|---|---|---|---|---|---|---|---|---|---|---|
| K1 | 1987 | 포항제철 | 5 | 4 | 0 | 0 | 0 | 3 | 0 | 0 |
| | 1988 | 포항제철 | 14 | 2 | 0 | 0 | 0 | 26 | 5 | 0 |
| | 1989 | 포항제철 | 34 | 7 | 0 | 2 | 0 | 65 | 1 | 0 |
| | 1990 | 포항제철 | 27 | 5 | 0 | 0 | 0 | 25 | 1 | 0 |
| | 1991 | 포항제철 | 28 | 6 | 0 | 1 | 0 | 37 | 1 | 1 |
| | 1992 | 포항제철 | 8 | 7 | 0 | 0 | 0 | 17 | 3 | 0 |
| | 1993 | 포항제철 | 25 | 12 | 0 | 0 | 0 | 39 | 3 | 0 |
| | 1994 | 포항제철 | 16 | 6 | 0 | 0 | 0 | 17 | 3 | 0 |
| | 1995 | 포항 | 20 | 16 | 0 | 1 | 0 | 18 | 5 | 0 |
| | 1996 | 포항 | 24 | 3 | 0 | 0 | 0 | 22 | 2 | 0 |
| | 1997 | 포항 | 13 | 4 | 0 | 1 | 0 | 14 | 1 | 0 |
| | 1998 | 포항 | 11 | 5 | 0 | 0 | 0 | 18 | 2 | 0 |
| PO | 1995 | 포항 | 2 | 1 | 0 | 0 | 0 | 3 | 1 | 0 |
| | 1998 | 포항 | 1 | 1 | 0 | 0 | 0 | 2 | 1 | 0 |
| 컵 | 1992 | 포항제철 | 3 | 0 | 0 | 0 | 0 | 3 | 1 | 0 |
| | 1993 | 포항제철 | 3 | 0 | 0 | 0 | 0 | 1 | 1 | 0 |
| | 1994 | 포항제철 | 6 | 0 | 0 | 0 | 0 | 8 | 1 | 0 |
| | 1995 | 포항 | 4 | 4 | 0 | 0 | 0 | 5 | 0 | 0 |
| | 1996 | 포항 | 8 | 1 | 0 | 0 | 0 | 2 | 1 | 0 |
| | 1997 | 포항 | 15 | 0 | 0 | 0 | 0 | 14 | 3 | 0 |
| | 1998 | 포항 | 3 | 3 | 0 | 0 | 0 | 4 | 0 | 0 |
| 통산 | | | 270 | 87 | 0 | 5 | 0 | 343 | 36 | 1 |

**공민현**(孔敏懸) 청주대 1990.01.19

| 대회 | 연도 | 소속 | 출전 | 교체 | 득점 | 도움 | 실점 | 파울 | 경고 | 퇴장 |
|---|---|---|---|---|---|---|---|---|---|---|
| K1 | 2019 | 성남 | 33 | 21 | 2 | 2 | 0 | 54 | 6 | 0 |
| | 2021 | 제주 | 12 | 12 | 0 | 2 | 0 | 13 | 1 | 0 |
| | 2023 | 대전 | 10 | 9 | 0 | 0 | 0 | 7 | 1 | 0 |
| | 2024 | 대전 | 7 | 7 | 0 | 0 | 0 | 10 | 1 | 0 |
| K2 | 2013 | 부천 | 28 | 14 | 7 | 0 | 0 | 47 | 4 | 0 |
| | 2014 | 부천 | 31 | 6 | 4 | 2 | 0 | 76 | 3 | 0 |
| | 2015 | 부천 | 36 | 16 | 6 | 1 | 0 | 80 | 4 | 0 |
| | 2016 | 안산무궁 | 34 | 20 | 7 | 1 | 0 | 52 | 8 | 0 |
| | 2017 | 아산 | 16 | 8 | 1 | 1 | 0 | 29 | 4 | 0 |
| | 2017 | 부천 | 4 | 2 | 1 | 1 | 0 | 7 | 0 | 0 |
| | 2018 | 부천 | 24 | 6 | 6 | 3 | 0 | 62 | 8 | 0 |
| | 2020 | 제주 | 23 | 12 | 9 | 3 | 0 | 39 | 8 | 0 |
| | 2021 | 대전 | 13 | 11 | 2 | 4 | 0 | 22 | 1 | 0 |
| | 2022 | 대전 | 32 | 32 | 5 | 3 | 0 | 28 | 2 | 0 |
| | 2023 | 안양 | 13 | 13 | 2 | 2 | 0 | 9 | 1 | 1 |
| | 2025 | 부천 | 25 | 25 | 1 | 0 | 0 | 18 | 2 | 0 |
| PO | 2021 | 대전 | 4 | 4 | 0 | 0 | 0 | 5 | 0 | 0 |
| | 2022 | 대전 | 2 | 2 | 0 | 0 | 0 | 5 | 0 | 0 |
| 통산 | | | 347 | 220 | 53 | 25 | 0 | 563 | 54 | 1 |

**공시현**(孔視炫) 영생고 2005.02.23

| 대회 | 연도 | 소속 | 출전 | 교체 | 득점 | 도움 | 실점 | 파울 | 경고 | 퇴장 |
|---|---|---|---|---|---|---|---|---|---|---|
| K1 | 2023 | 전북 | 0 | 0 | 0 | 0 | 0 | 0 | 0 | 0 |
| | 2024 | 전북 | 0 | 0 | 0 | 0 | 0 | 0 | 0 | 0 |
| 통산 | | | 0 | 0 | 0 | 0 | 0 | 0 | 0 | 0 |

**공오균**(孔吳均) 관동대(가톨릭관동대) 1974.09.10

| 대회 | 연도 | 소속 | 출전 | 교체 | 득점 | 도움 | 실점 | 파울 | 경고 | 퇴장 |
|---|---|---|---|---|---|---|---|---|---|---|
| K1 | 1997 | 대전 | 17 | 2 | 0 | 1 | 0 | 29 | 4 | 0 |
| | 1998 | 대전 | 10 | 8 | 1 | 1 | 0 | 19 | 1 | 0 |
| | 1999 | 대전 | 22 | 9 | 6 | 1 | 0 | 28 | 2 | 0 |
| | 2000 | 대전 | 20 | 15 | 2 | 0 | 0 | 26 | 4 | 0 |
| | 2001 | 대전 | 21 | 12 | 7 | 1 | 0 | 44 | 6 | 0 |
| | 2002 | 대전 | 14 | 13 | 1 | 0 | 0 | 30 | 3 | 0 |
| | 2003 | 대전 | 31 | 19 | 5 | 6 | 0 | 49 | 4 | 0 |
| | 2004 | 대전 | 22 | 16 | 1 | 0 | 0 | 36 | 0 | 0 |
| | 2005 | 대전 | 21 | 15 | 2 | 2 | 0 | 39 | 2 | 0 |
| | 2006 | 대전 | 24 | 20 | 1 | 0 | 0 | 30 | 4 | 0 |
| | 2007 | 경남 | 12 | 12 | 2 | 0 | 0 | 10 | 2 | 0 |
| | 2008 | 경남 | 9 | 9 | 0 | 0 | 0 | 14 | 1 | 0 |
| PO | 2007 | 경남 | 1 | 1 | 0 | 0 | 0 | 1 | 1 | 0 |
| 컵 | 1997 | 대전 | 16 | 8 | 1 | 1 | 0 | 35 | 0 | 0 |
| | 1998 | 대전 | 15 | 7 | 4 | 1 | 0 | 37 | 2 | 0 |
| | 1999 | 대전 | 9 | 4 | 0 | 2 | 0 | 16 | 3 | 0 |
| | 2000 | 대전 | 4 | 4 | 0 | 0 | 0 | 11 | 0 | 0 |
| | 2001 | 대전 | 8 | 7 | 2 | 1 | 0 | 13 | 2 | 0 |
| | 2002 | 대전 | 6 | 6 | 0 | 0 | 0 | 7 | 0 | 0 |
| | 2004 | 대전 | 10 | 8 | 3 | 1 | 0 | 17 | 2 | 0 |
| | 2005 | 대전 | 9 | 7 | 1 | 0 | 0 | 15 | 2 | 0 |
| | 2006 | 대전 | 12 | 10 | 1 | 0 | 0 | 19 | 1 | 0 |
| | 2007 | 경남 | 1 | 0 | 0 | 0 | 0 | 2 | 1 | 0 |
| | 2008 | 경남 | 5 | 5 | 3 | 0 | 0 | 15 | 2 | 0 |
| 통산 | | | 319 | 217 | 43 | 18 | 0 | 542 | 49 | 0 |

**공용석**(孔用錫) 건국대 1995.11.15

| 대회 | 연도 | 소속 | 출전 | 교체 | 득점 | 도움 | 실점 | 파울 | 경고 | 퇴장 |
|---|---|---|---|---|---|---|---|---|---|---|
| K1 | 2015 | 대전 | 0 | 0 | 0 | 0 | 0 | 0 | 0 | 0 |
| 통산 | | | 0 | 0 | 0 | 0 | 0 | 0 | 0 | 0 |

**공용훈**(孔涌熏) 용인대 1995.05.10

| 대회 | 연도 | 소속 | 출전 | 교체 | 득점 | 도움 | 실점 | 파울 | 경고 | 퇴장 |
|---|---|---|---|---|---|---|---|---|---|---|
| K2 | 2017 | 대전 | 1 | 1 | 0 | 0 | 0 | 0 | 0 | 0 |
| | 2020 | 대전 | 0 | 0 | 0 | 0 | 0 | 0 | 0 | 0 |
| 통산 | | | 1 | 1 | 0 | 0 | 0 | 0 | 0 | 0 |

**공태하**(孔泰賀/←공영선) 연세대 1987.05.09

| 대회 | 연도 | 소속 | 출전 | 교체 | 득점 | 도움 | 실점 | 파울 | 경고 | 퇴장 |
|---|---|---|---|---|---|---|---|---|---|---|
| K1 | 2010 | 전남 | 5 | 3 | 2 | 0 | 0 | 9 | 0 | 0 |
| | 2011 | 전남 | 7 | 4 | 1 | 0 | 0 | 12 | 0 | 0 |
| | 2012 | 전남 | 10 | 8 | 0 | 0 | 0 | 17 | 1 | 0 |
| | 2013 | 전남 | 7 | 5 | 0 | 0 | 0 | 1 | 0 | 0 |
| | 2015 | 대전 | 10 | 9 | 0 | 0 | 0 | 4 | 1 | 0 |
| 컵 | 2011 | 전남 | 1 | 0 | 0 | 0 | 0 | 3 | 0 | 0 |
| 통산 | | | 40 | 29 | 3 | 0 | 0 | 46 | 2 | 0 |

**곽경근**(郭慶根) 고려대 1972.10.10

| 대회 | 연도 | 소속 | 출전 | 교체 | 득점 | 도움 | 실점 | 파울 | 경고 | 퇴장 |
|---|---|---|---|---|---|---|---|---|---|---|
| K1 | 1998 | 부천SK | 13 | 5 | 3 | 2 | 0 | 26 | 4 | 0 |
| | 1999 | 부천SK | 26 | 7 | 9 | 7 | 0 | 56 | 3 | 0 |
| | 2000 | 부천SK | 26 | 8 | 7 | 1 | 0 | 57 | 0 | 0 |
| | 2001 | 부천SK | 24 | 9 | 0 | 6 | 0 | 38 | 1 | 0 |
| | 2002 | 부천SK | 15 | 11 | 3 | 0 | 0 | 19 | 1 | 1 |
| | 2003 | 부산 | 27 | 14 | 0 | 3 | 0 | 36 | 2 | 0 |
| | 2004 | 부산 | 22 | 1 | 0 | 0 | 0 | 26 | 3 | 0 |
| PO | 1999 | 부천SK | 2 | 0 | 0 | 0 | 0 | 2 | 0 | 0 |
| | 2000 | 부천SK | 5 | 0 | 2 | 2 | 0 | 24 | 2 | 0 |
| 컵 | 1998 | 부천SK | 17 | 9 | 6 | 0 | 0 | 31 | 1 | 0 |
| | 1999 | 부천SK | 8 | 5 | 4 | 1 | 0 | 14 | 0 | 0 |
| | 2000 | 부천SK | 8 | 3 | 0 | 1 | 0 | 13 | 0 | 0 |
| | 2001 | 부천SK | 5 | 4 | 2 | 0 | 0 | 3 | 0 | 0 |
| | 2002 | 부천SK | 6 | 4 | 0 | 0 | 0 | 10 | 2 | 0 |
| | 2004 | 부산 | 8 | 2 | 0 | 0 | 0 | 2 | 0 | 0 |
| 통산 | | | 212 | 82 | 36 | 23 | 0 | 357 | 19 | 1 |

**곽광선**(郭珖善) 숭실대 1986.03.28

| 대회 | 연도 | 소속 | 출전 | 교체 | 득점 | 도움 | 실점 | 파울 | 경고 | 퇴장 |
|---|---|---|---|---|---|---|---|---|---|---|
| K1 | 2009 | 강원 | 26 | 0 | 3 | 0 | 0 | 35 | 2 | 0 |
| | 2010 | 강원 | 26 | 0 | 2 | 0 | 0 | 36 | 5 | 0 |
| | 2011 | 강원 | 24 | 1 | 0 | 0 | 0 | 26 | 6 | 0 |
| | 2012 | 수원 | 30 | 4 | 0 | 0 | 0 | 28 | 11 | 0 |
| | 2013 | 수원 | 23 | 5 | 0 | 0 | 0 | 26 | 5 | 0 |
| | 2014 | 수원 | 4 | 0 | 0 | 0 | 0 | 4 | 0 | 0 |
| | 2014 | 상주 | 18 | 5 | 0 | 0 | 0 | 25 | 5 | 0 |
| | 2016 | 수원 | 21 | 5 | 1 | 0 | 0 | 21 | 5 | 0 |
| | 2017 | 수원 | 31 | 3 | 2 | 0 | 0 | 25 | 2 | 1 |
| | 2018 | 수원 | 30 | 6 | 2 | 0 | 0 | 27 | 2 | 0 |
| | 2021 | 광주 | 10 | 6 | 0 | 0 | 0 | 5 | 3 | 0 |
| | 2022 | 성남 | 12 | 7 | 0 | 0 | 0 | 7 | 1 | 0 |
| K2 | 2015 | 상주 | 25 | 4 | 0 | 0 | 0 | 30 | 7 | 0 |
| | 2019 | 전남 | 27 | 3 | 0 | 0 | 0 | 28 | 2 | 0 |
| | 2020 | 전남 | 15 | 5 | 0 | 0 | 0 | 15 | 4 | 0 |
| 컵 | 2009 | 강원 | 2 | 0 | 0 | 0 | 0 | 1 | 1 | 0 |
| | 2010 | 강원 | 4 | 1 | 0 | 0 | 0 | 3 | 1 | 0 |
| | 2011 | 강원 | 3 | 0 | 0 | 0 | 0 | 2 | 0 | 0 |
| 통산 | | | 331 | 55 | 10 | 0 | 0 | 344 | 62 | 1 |

**곽기훈**(郭奇勳) 중앙대 1979.11.05

| 대회 | 연도 | 소속 | 출전 | 교체 | 득점 | 도움 | 실점 | 파울 | 경고 | 퇴장 |
|---|---|---|---|---|---|---|---|---|---|---|
| 컵 | 2002 | 울산 | 1 | 1 | 0 | 0 | 0 | 1 | 1 | 0 |
| 통산 | | | 1 | 1 | 0 | 0 | 0 | 1 | 1 | 0 |

**곽래승**(郭來昇) 우석대 1990.09.11

| 대회 | 연도 | 소속 | 출전 | 교체 | 득점 | 도움 | 실점 | 파울 | 경고 | 퇴장 |
|---|---|---|---|---|---|---|---|---|---|---|
| K2 | 2014 | 부천 | 4 | 4 | 0 | 0 | 0 | 3 | 0 | 0 |
| 통산 | | | 4 | 4 | 0 | 0 | 0 | 3 | 0 | 0 |

**곽성욱**(郭成煜) 아주대 1993.07.12

| 대회 | 연도 | 소속 | 출전 | 교체 | 득점 | 도움 | 실점 | 파울 | 경고 | 퇴장 |
|---|---|---|---|---|---|---|---|---|---|---|
| K2 | 2019 | 안산 | 22 | 17 | 1 | 1 | 0 | 26 | 0 | 0 |
| | 2020 | 서울E | 17 | 12 | 1 | 0 | 0 | 11 | 0 | 0 |
| | 2021 | 서울E | 15 | 15 | 1 | 1 | 0 | 19 | 3 | 0 |
| | 2022 | 서울E | 11 | 11 | 0 | 0 | 0 | 7 | 1 | 0 |
| | 2023 | 서울E | 7 | 6 | 0 | 0 | 0 | 2 | 1 | 0 |
| 통산 | | | 72 | 61 | 3 | 2 | 0 | 65 | 5 | 0 |

**곽성찬**(郭成燦) 수원공고 1993.07.12

| 대회 | 연도 | 소속 | 출전 | 교체 | 득점 | 도움 | 실점 | 파울 | 경고 | 퇴장 |
|---|---|---|---|---|---|---|---|---|---|---|
| K2 | 2017 | 안산 | 5 | 5 | 0 | 0 | 0 | 6 | 1 | 0 |
| 통산 | | | 5 | 5 | 0 | 0 | 0 | 6 | 1 | 0 |

**곽성호**(郭星浩) 한양대 1961.12.24

| 대회 | 연도 | 소속 | 출전 | 교체 | 득점 | 도움 | 실점 | 파울 | 경고 | 퇴장 |
|---|---|---|---|---|---|---|---|---|---|---|
| K1 | 1985 | 현대 | 9 | 7 | 0 | 0 | 0 | 1 | 0 | 0 |
| 통산 | | | 9 | 7 | 0 | 0 | 0 | 1 | 0 | 0 |

**곽성환**(郭誠煥) 동의대 1992.03.29

| 대회 | 연도 | 소속 | 출전 | 교체 | 득점 | 도움 | 실점 | 파울 | 경고 | 퇴장 |
|---|---|---|---|---|---|---|---|---|---|---|
| K2 | 2016 | 충주 | 9 | 8 | 1 | 0 | 0 | 8 | 0 | 0 |
| 통산 | | | 9 | 8 | 1 | 0 | 0 | 8 | 0 | 0 |

**곽성훈**(郭成勳) 매탄고 2006.06.18

| 대회 | 연도 | 소속 | 출전 | 교체 | 득점 | 도움 | 실점 | 파울 | 경고 | 퇴장 |
|---|---|---|---|---|---|---|---|---|---|---|
| K1 | 2025 | 광주 | 0 | 0 | 0 | 0 | 0 | 0 | 0 | 0 |
| 통산 | | | 0 | 0 | 0 | 0 | 0 | 0 | 0 | 0 |

**곽승민**(郭承敏) 천안제일고 2004.08.24

| 대회 | 연도 | 소속 | 출전 | 교체 | 득점 | 도움 | 실점 | 파울 | 경고 | 퇴장 |
|---|---|---|---|---|---|---|---|---|---|---|
| K1 | 2023 | 제주 | 8 | 8 | 0 | 0 | 0 | 0 | 0 | 0 |
| | 2024 | 제주 | 0 | 0 | 0 | 0 | 0 | 0 | 0 | 0 |
| 통산 | | | 8 | 8 | 0 | 0 | 0 | 0 | 0 | 0 |

**곽승조**(郭丞祚) 중경고 2004.01.13

| 대회 | 연도 | 소속 | 출전 | 교체 | 득점 | 도움 | 실점 | 파울 | 경고 | 퇴장 |
|---|---|---|---|---|---|---|---|---|---|---|
| K2 | 2024 | 부산 | 3 | 3 | 0 | 0 | 0 | 0 | 0 | 0 |
| 통산 | | | 3 | 3 | 0 | 0 | 0 | 0 | 0 | 0 |

**곽완섭**(郭完燮) 경일대 1980.07.07

| 대회 | 연도 | 소속 | 출전 | 교체 | 득점 | 도움 | 실점 | 파울 | 경고 | 퇴장 |
|---|---|---|---|---|---|---|---|---|---|---|
| K1 | 2003 | 울산 | 0 | 0 | 0 | 0 | 0 | 0 | 0 | 0 |
| 통산 | | | 0 | 0 | 0 | 0 | 0 | 0 | 0 | 0 |

**곽윤호**(郭胤豪) 우석대 1995.09.30

| 대회 | 연도 | 소속 | 출전 | 교체 | 득점 | 도움 | 실점 | 파울 | 경고 | 퇴장 |
|---|---|---|---|---|---|---|---|---|---|---|
| K1 | 2021 | 수원FC | 25 | 8 | 0 | 1 | 0 | 12 | 1 | 0 |
| | 2022 | 수원FC | 29 | 18 | 0 | 1 | 0 | 14 | 5 | 0 |
| | 2024 | 수원FC | 3 | 2 | 0 | 0 | 0 | 0 | 0 | 0 |
| K2 | 2025 | 서울E | 28 | 13 | 0 | 0 | 0 | 23 | 4 | 0 |
| 통산 | | | 85 | 41 | 0 | 2 | 0 | 49 | 10 | 0 |

**곽재민**(郭在旻) 한남대 1991.10.23

| 대회 | 연도 | 소속 | 출전 | 교체 | 득점 | 도움 | 실점 | 파울 | 경고 | 퇴장 |
|---|---|---|---|---|---|---|---|---|---|---|
| K2 | 2014 | 대전 | 1 | 1 | 0 | 0 | 0 | 1 | 0 | 0 |
| 통산 | | | 1 | 1 | 0 | 0 | 0 | 1 | 0 | 0 |

**곽정술**(郭釘球) 울산대 1990.03.11

| 대회 | 연도 | 소속 | 출전 | 교체 | 득점 | 도움 | 실점 | 파울 | 경고 | 퇴장 |
|---|---|---|---|---|---|---|---|---|---|---|
| K2 | 2013 | 고양 | 2 | 2 | 0 | 0 | 0 | 1 | 0 | 0 |
| 통산 | | | 2 | 2 | 0 | 0 | 0 | 1 | 0 | 0 |

**곽창규**(郭昌奎) 아주대 1962.09.01

| 대회 | 연도 | 소속 | 출전 | 교체 | 득점 | 도움 | 실점 | 파울 | 경고 | 퇴장 |
|---|---|---|---|---|---|---|---|---|---|---|
| K1 | 1986 | 대우 | 3 | 2 | 0 | 0 | 0 | 7 | 1 | 0 |
| | 1987 | 대우 | 21 | 17 | 0 | 1 | 0 | 25 | 1 | 0 |
| | 1988 | 대우 | 11 | 7 | 0 | 1 | 0 | 17 | 0 | 0 |
| | 1989 | 대우 | 20 | 14 | 0 | 0 | 0 | 22 | 2 | 0 |
| | 1990 | 대우 | 6 | 3 | 0 | 0 | 0 | 3 | 1 | 0 |
| | 1991 | 대우 | 6 | 6 | 0 | 1 | 0 | 5 | 0 | 0 |
| 컵 | 1986 | 대우 | 7 | 3 | 1 | 0 | 0 | 12 | 0 | 0 |
| 통산 | | | 74 | 52 | 1 | 3 | 0 | 91 | 5 | 0 |

**곽창희**(郭昌熙) 조선대 1987.07.26

| 대회 | 연도 | 소속 | 출전 | 교체 | 득점 | 도움 | 실점 | 파울 | 경고 | 퇴장 |
|---|---|---|---|---|---|---|---|---|---|---|
| K1 | 2010 | 대전 | 16 | 15 | 2 | 1 | 0 | 15 | 1 | 0 |
| | 2011 | 대전 | 1 | 1 | 0 | 0 | 0 | 4 | 1 | 0 |
| 컵 | 2010 | 대전 | 3 | 1 | 0 | 0 | 0 | 12 | 0 | 0 |
| | 2011 | 대전 | 4 | 2 | 0 | 0 | 0 | 9 | 0 | 0 |
| 통산 | | | 24 | 19 | 2 | 1 | 0 | 40 | 2 | 0 |

**곽철호**(郭喆鎬) 명지대 1986.05.08

| 대회 | 연도 | 소속 | 출전 | 교체 | 득점 | 도움 | 실점 | 파울 | 경고 | 퇴장 |
|---|---|---|---|---|---|---|---|---|---|---|
| K1 | 2008 | 대전 | 11 | 8 | 0 | 0 | 0 | 15 | 2 | 0 |
| | 2009 | 대전 | 3 | 4 | 0 | 0 | 0 | 5 | 1 | 0 |
| | 2010 | 광주상무 | 1 | 1 | 0 | 0 | 0 | 0 | 0 | 0 |
| | 2011 | 상주 | 7 | 6 | 0 | 1 | 0 | 7 | 1 | 0 |
| 컵 | 2008 | 대전 | 2 | 1 | 1 | 0 | 0 | 9 | 2 | 0 |
| | 2009 | 대전 | 2 | 2 | 0 | 0 | 0 | 0 | 0 | 0 |
| 통산 | | | 26 | 22 | 1 | 1 | 0 | 36 | 6 | 0 |

**곽태휘**(郭泰輝) 중앙대 1981.07.08

| 대회 | 연도 | 소속 | 출전 | 교체 | 득점 | 도움 | 실점 | 파울 | 경고 | 퇴장 |
|---|---|---|---|---|---|---|---|---|---|---|
| K1 | 2005 | 서울 | 11 | 3 | 1 | 1 | 0 | 24 | 5 | 1 |
| | 2006 | 서울 | 12 | 5 | 0 | 0 | 0 | 18 | 1 | 0 |
| | 2007 | 서울 | 5 | 2 | 0 | 0 | 0 | 6 | 1 | 0 |
| | 2007 | 전남 | 13 | 0 | 1 | 0 | 0 | 26 | 2 | 0 |
| | 2008 | 전남 | 10 | 5 | 0 | 1 | 0 | 10 | 1 | 0 |
| | 2009 | 전남 | 8 | 2 | 0 | 1 | 0 | 15 | 0 | 0 |
| | 2011 | 울산 | 29 | 0 | 7 | 2 | 0 | 30 | 3 | 0 |
| | 2012 | 울산 | 32 | 4 | 3 | 0 | 0 | 26 | 4 | 0 |
| | 2016 | 서울 | 11 | 3 | 0 | 0 | 0 | 13 | 3 | 0 |
| | 2017 | 서울 | 24 | 6 | 2 | 0 | 0 | 24 | 1 | 0 |
| | 2018 | 서울 | 14 | 2 | 1 | 0 | 0 | 13 | 0 | 0 |
| | 2019 | 경남 | 16 | 4 | 0 | 0 | 0 | 14 | 0 | 0 |
| PO | 2006 | 서울 | 0 | 0 | 0 | 0 | 0 | 0 | 0 | 0 |
| | 2009 | 전남 | 2 | 0 | 0 | 0 | 0 | 5 | 0 | 0 |
| | 2011 | 울산 | 5 | 0 | 2 | 0 | 0 | 6 | 1 | 0 |
| | 2018 | 서울 | 0 | 0 | 0 | 0 | 0 | 0 | 0 | 0 |
| | 2019 | 경남 | 1 | 1 | 0 | 0 | 0 | 0 | 0 | 0 |
| 컵 | 2005 | 서울 | 8 | 3 | 0 | 0 | 0 | 18 | 3 | 0 |
| | 2006 | 서울 | 11 | 3 | 1 | 1 | 0 | 19 | 0 | 0 |
| | 2007 | 서울 | 7 | 3 | 0 | 0 | 0 | 10 | 2 | 0 |
| | 2008 | 전남 | 3 | 0 | 2 | 0 | 0 | 3 | 1 | 0 |
| | 2011 | 울산 | 7 | 0 | 0 | 0 | 0 | 3 | 0 | 0 |
| 통산 | | | 229 | 46 | 20 | 6 | 0 | 283 | 28 | 1 |

**곽해성**(郭海盛) 광운대 1991.12.06

| 대회 | 연도 | 소속 | 출전 | 교체 | 득점 | 도움 | 실점 | 파울 | 경고 | 퇴장 |
|---|---|---|---|---|---|---|---|---|---|---|
| K1 | 2014 | 성남 | 15 | 6 | 1 | 0 | 0 | 9 | 1 | 0 |
| | 2015 | 성남 | 23 | 5 | 0 | 3 | 0 | 10 | 0 | 0 |
| | 2016 | 제주 | 8 | 3 | 2 | 1 | 0 | 3 | 1 | 0 |
| | 2016 | 성남 | 9 | 3 | 0 | 1 | 0 | 11 | 1 | 0 |
| | 2017 | 인천 | 2 | 2 | 0 | 0 | 0 | 1 | 0 | 0 |
| | 2018 | 인천 | 7 | 3 | 0 | 0 | 0 | 5 | 1 | 0 |
| | 2019 | 인천 | 14 | 3 | 0 | 4 | 0 | 9 | 0 | 0 |
| K2 | 2017 | 성남 | 4 | 1 | 0 | 0 | 0 | 2 | 0 | 0 |
| | 2020 | 부천 | 11 | 5 | 0 | 2 | 0 | 7 | 0 | 0 |
| 통산 | | | 93 | 31 | 3 | 11 | 0 | 57 | 4 | 0 |

**곽희주**(郭熙柱) 광운대 1981.10.05

| 대회 | 연도 | 소속 | 출전 | 교체 | 득점 | 도움 | 실점 | 파울 | 경고 | 퇴장 |
|---|---|---|---|---|---|---|---|---|---|---|
| K1 | 2003 | 수원 | 11 | 4 | 0 | 0 | 0 | 13 | 0 | 0 |
| | 2004 | 수원 | 22 | 0 | 0 | 0 | 0 | 62 | 4 | 0 |
| | 2005 | 수원 | 20 | 3 | 4 | 1 | 0 | 55 | 3 | 0 |
| | 2006 | 수원 | 10 | 0 | 1 | 1 | 0 | 26 | 2 | 0 |
| | 2007 | 수원 | 18 | 3 | 0 | 0 | 0 | 26 | 1 | 0 |
| | 2008 | 수원 | 23 | 1 | 0 | 1 | 0 | 40 | 2 | 0 |
| | 2009 | 수원 | 21 | 1 | 0 | 0 | 0 | 44 | 5 | 1 |
| | 2010 | 수원 | 22 | 0 | 2 | 0 | 0 | 44 | 6 | 0 |
| | 2011 | 수원 | 17 | 4 | 3 | 0 | 0 | 36 | 3 | 0 |
| | 2012 | 수원 | 33 | 11 | 1 | 1 | 0 | 54 | 10 | 0 |
| | 2013 | 수원 | 26 | 10 | 1 | 0 | 0 | 40 | 5 | 0 |
| | 2015 | 수원 | 13 | 11 | 1 | 0 | 0 | 14 | 1 | 0 |
| | 2016 | 수원 | 10 | 7 | 1 | 0 | 0 | 12 | 3 | 0 |
| PO | 2004 | 수원 | 3 | 0 | 0 | 0 | 0 | 17 | 2 | 0 |
| | 2006 | 수원 | 3 | 0 | 0 | 0 | 0 | 5 | 1 | 0 |
| | 2007 | 수원 | 1 | 1 | 0 | 0 | 0 | 0 | 0 | 0 |
| | 2008 | 수원 | 2 | 0 | 1 | 0 | 0 | 2 | 1 | 0 |
| | 2011 | 수원 | 2 | 2 | 0 | 0 | 0 | 3 | 0 | 0 |
| 컵 | 2004 | 수원 | 12 | 0 | 0 | 0 | 0 | 27 | 1 | 0 |
| | 2005 | 수원 | 10 | 0 | 0 | 0 | 0 | 43 | 2 | 0 |
| | 2006 | 수원 | 7 | 3 | 0 | 0 | 0 | 22 | 1 | 0 |
| | 2007 | 수원 | 7 | 2 | 1 | 1 | 0 | 14 | 2 | 0 |
| | 2008 | 수원 | 10 | 0 | 2 | 0 | 0 | 16 | 2 | 0 |
| | 2009 | 수원 | 1 | 0 | 0 | 0 | 0 | 1 | 0 | 0 |
| | 2010 | 수원 | 4 | 0 | 1 | 1 | 0 | 10 | 2 | 0 |
| 통산 | | | 308 | 63 | 19 | 6 | 0 | 626 | 59 | 1 |

**구경현**(具景炫) 전주대 1981.04.30

| 대회 | 연도 | 소속 | 출전 | 교체 | 득점 | 도움 | 실점 | 파울 | 경고 | 퇴장 |
|---|---|---|---|---|---|---|---|---|---|---|
| K1 | 2003 | 안양LG | 4 | 1 | 0 | 0 | 0 | 9 | 0 | 0 |
| | 2005 | 서울 | 1 | 1 | 0 | 0 | 0 | 2 | 0 | 0 |
| | 2006 | 광주상무 | 13 | 4 | 1 | 0 | 0 | 12 | 2 | 0 |
| | 2007 | 광주상무 | 19 | 4 | 0 | 1 | 0 | 22 | 3 | 0 |
| | 2008 | 서울 | 5 | 4 | 0 | 0 | 0 | 3 | 0 | 1 |
| | 2009 | 제주 | 15 | 9 | 0 | 1 | 0 | 9 | 0 | 0 |
| | 2010 | 제주 | 7 | 3 | 0 | 0 | 0 | 1 | 0 | 0 |
| 컵 | 2004 | 서울 | 10 | 5 | 0 | 0 | 0 | 9 | 0 | 0 |
| | 2006 | 광주상무 | 11 | 4 | 0 | 0 | 0 | 8 | 1 | 0 |
| | 2007 | 광주상무 | 9 | 0 | 0 | 0 | 0 | 8 | 2 | 0 |
| | 2008 | 서울 | 5 | 4 | 1 | 0 | 0 | 3 | 0 | 0 |
| | 2009 | 제주 | 2 | 2 | 0 | 0 | 0 | 2 | 0 | 0 |
| | 2010 | 제주 | 2 | 1 | 0 | 0 | 0 | 0 | 0 | 0 |
| 통산 | | | 103 | 42 | 2 | 2 | 0 | 88 | 8 | 1 |

**구대령**(具大領) 동국대 1979.10.24

| 대회 | 연도 | 소속 | 출전 | 교체 | 득점 | 도움 | 실점 | 파울 | 경고 | 퇴장 |
|---|---|---|---|---|---|---|---|---|---|---|
| K1 | 2003 | 대구 | 10 | 10 | 1 | 0 | 0 | 14 | 3 | 0 |
| 통산 | | | 10 | 10 | 1 | 0 | 0 | 14 | 3 | 0 |

**구대엽**(具代燁) 광주대 1992.11.17

| 대회 | 연도 | 소속 | 출전 | 교체 | 득점 | 도움 | 실점 | 파울 | 경고 | 퇴장 |
|---|---|---|---|---|---|---|---|---|---|---|
| K2 | 2015 | 서울E | 0 | 0 | 0 | 0 | 0 | 0 | 0 | 0 |
| | 2016 | 서울E | 1 | 0 | 0 | 0 | 0 | 1 | 0 | 0 |
| 통산 | | | 1 | 0 | 0 | 0 | 0 | 1 | 0 | 0 |

**구대영**(具大榮) 홍익대 1992.05.09

| 대회 | 연도 | 소속 | 출전 | 교체 | 득점 | 도움 | 실점 | 파울 | 경고 | 퇴장 |
|---|---|---|---|---|---|---|---|---|---|---|
| K1 | 2019 | 수원 | 18 | 7 | 2 | 1 | 0 | 26 | 4 | 0 |
| | 2020 | 수원 | 9 | 3 | 0 | 0 | 0 | 8 | 0 | 0 |
| | 2021 | 수원 | 17 | 13 | 0 | 0 | 0 | 6 | 3 | 0 |
| | 2022 | 수원 | 8 | 6 | 0 | 0 | 0 | 6 | 2 | 0 |
| K2 | 2014 | 안양 | 14 | 6 | 0 | 0 | 0 | 18 | 5 | 0 |
| | 2015 | 안양 | 34 | 6 | 0 | 1 | 0 | 31 | 9 | 0 |
| | 2016 | 안양 | 27 | 3 | 0 | 0 | 0 | 18 | 5 | 0 |
| | 2017 | 안양 | 10 | 1 | 0 | 0 | 0 | 14 | 0 | 0 |
| | 2017 | 아산 | 9 | 1 | 0 | 1 | 0 | 8 | 2 | 0 |
| | 2018 | 아산 | 14 | 7 | 1 | 0 | 0 | 18 | 6 | 0 |
| | 2022 | 안양 | 11 | 8 | 0 | 1 | 0 | 11 | 3 | 0 |
| | 2023 | 안양 | 15 | 13 | 0 | 0 | 0 | 9 | 2 | 0 |
| | 2024 | 천안 | 20 | 10 | 0 | 2 | 0 | 13 | 5 | 1 |
| | 2025 | 천안 | 11 | 6 | 0 | 0 | 0 | 5 | 1 | 0 |
| PO | 2017 | 아산 | 1 | 0 | 0 | 0 | 0 | 0 | 0 | 0 |
| | 2022 | 안양 | 3 | 3 | 0 | 0 | 0 | 2 | 1 | 0 |
| 통산 | | | 221 | 93 | 3 | 6 | 0 | 193 | 48 | 1 |

**구본상**(具本想) 명지대 1989.10.04

| 대회 | 연도 | 소속 | 출전 | 교체 | 득점 | 도움 | 실점 | 파울 | 경고 | 퇴장 |
|---|---|---|---|---|---|---|---|---|---|---|
| K1 | 2012 | 인천 | 20 | 7 | 0 | 0 | 0 | 35 | 5 | 0 |
| | 2013 | 인천 | 30 | 14 | 0 | 1 | 0 | 56 | 6 | 0 |
| | 2014 | 인천 | 33 | 7 | 0 | 3 | 0 | 86 | 6 | 0 |
| | 2015 | 울산 | 30 | 15 | 1 | 0 | 0 | 43 | 13 | 0 |
| | 2016 | 울산 | 14 | 7 | 0 | 0 | 0 | 20 | 1 | 0 |
| K2 | 2019 | 안양 | 33 | 25 | 1 | 1 | 0 | 66 | 9 | 0 |
| | 2020 | 대전 | 6 | 3 | 0 | 1 | 0 | 5 | 3 | 0 |
| | 2021 | 대전 | 1 | 1 | 0 | 0 | 0 | 1 | 0 | 0 |
| | 2022 | 김포 | 9 | 7 | 1 | 0 | 0 | 10 | 2 | 0 |
| PO | 2019 | 안양 | 2 | 2 | 0 | 0 | 0 | 5 | 1 | 0 |
| 통산 | | | 178 | 88 | 3 | 6 | 0 | 327 | 46 | 0 |

**구본석**(具本錫) 경남상고 1962.09.05

| 대회 | 연도 | 소속 | 출전 | 교체 | 득점 | 도움 | 실점 | 파울 | 경고 | 퇴장 |
|---|---|---|---|---|---|---|---|---|---|---|
| K1 | 1985 | 유공 | 11 | 6 | 2 | 1 | 0 | 5 | 1 | 0 |
| | 1986 | 유공 | 18 | 4 | 7 | 3 | 0 | 11 | 0 | 0 |
| | 1987 | 유공 | 18 | 10 | 2 | 2 | 0 | 8 | 0 | 0 |
| | 1988 | 유공 | 6 | 2 | 1 | 1 | 0 | 4 | 0 | 0 |
| | 1989 | 유공 | 9 | 6 | 1 | 0 | 0 | 5 | 0 | 0 |
| | 1990 | 유공 | 10 | 5 | 2 | 0 | 0 | 9 | 2 | 0 |
| | 1991 | 유공 | 37 | 4 | 0 | 1 | 0 | 20 | 2 | 1 |
| | 1992 | 유공 | 13 | 0 | 0 | 0 | 0 | 3 | 0 | 0 |
| | 1993 | 유공 | 9 | 0 | 0 | 0 | 0 | 3 | 0 | 0 |
| | 1994 | 유공 | 18 | 5 | 4 | 0 | 0 | 8 | 1 | 0 |
| 컵 | 1986 | 유공 | 15 | 4 | 3 | 0 | 0 | 17 | 1 | 0 |
| | 1992 | 유공 | 9 | 0 | 0 | 0 | 0 | 3 | 0 | 0 |
| | 1994 | 유공 | 1 | 1 | 0 | 0 | 0 | 0 | 0 | 0 |
| 통산 | | | 174 | 47 | 22 | 8 | 0 | 96 | 7 | 1 |

**구본철**(具本哲) 단국대 1999.10.11

| 대회 | 연도 | 소속 | 출전 | 교체 | 득점 | 도움 | 실점 | 파울 | 경고 | 퇴장 |
|---|---|---|---|---|---|---|---|---|---|---|
| K1 | 2021 | 인천 | 29 | 29 | 2 | 0 | 0 | 20 | 2 | 0 |
| | 2022 | 성남 | 27 | 9 | 5 | 4 | 0 | 26 | 4 | 0 |
| | 2024 | 김천 | 3 | 3 | 0 | 0 | 0 | 2 | 1 | 0 |
| | 2025 | 강원 | 14 | 13 | 0 | 0 | 0 | 10 | 0 | 0 |
| K2 | 2020 | 부천 | 8 | 8 | 0 | 0 | 0 | 8 | 1 | 0 |
| | 2023 | 김천 | 15 | 14 | 1 | 1 | 0 | 9 | 1 | 0 |
| | 2024 | 성남 | 11 | 10 | 1 | 1 | 0 | 8 | 2 | 0 |
| 통산 | | | 107 | 86 | 9 | 6 | 0 | 83 | 11 | 0 |

**구본혁**(具本革) 영석고 1998.02.09

| 대회 | 연도 | 소속 | 출전 | 교체 | 득점 | 도움 | 실점 | 파울 | 경고 | 퇴장 |
|---|---|---|---|---|---|---|---|---|---|---|
| K2 | 2020 | 안양 | 17 | 6 | 0 | 3 | 0 | 9 | 1 | 0 |
| 통산 | | | 17 | 6 | 0 | 3 | 0 | 9 | 1 | 0 |

**구상민**(具相敏) 상지대 1976.04.04

| 대회 | 연도 | 소속 | 출전 | 교체 | 득점 | 도움 | 실점 | 파울 | 경고 | 퇴장 |
|---|---|---|---|---|---|---|---|---|---|---|
| 컵 | 1999 | 전남 | 0 | 0 | 0 | 0 | 0 | 0 | 0 | 0 |
| 통산 | | | 0 | 0 | 0 | 0 | 0 | 0 | 0 | 0 |

**구상민**(具相珉) 동의대 1991.10.31

| 대회 | 연도 | 소속 | 출전 | 교체 | 득점 | 도움 | 실점 | 파울 | 경고 | 퇴장 |
|---|---|---|---|---|---|---|---|---|---|---|
| K2 | 2016 | 부산 | 31 | 0 | 0 | 0 | 24 | 1 | 2 | 0 |
| | 2017 | 부산 | 13 | 0 | 0 | 0 | 11 | 0 | 1 | 0 |

| 대회 | 연도 | 소속 | 출전 | 교체 | 득점 | 도움 | 실점 | 파울 | 경고 | 퇴장 |
|---|---|---|---|---|---|---|---|---|---|---|
| | 2018 | 부산 | 20 | 0 | 0 | 0 | 15 | 1 | 1 | 0 |
| | 2019 | 부산 | 2 | 0 | 0 | 0 | 5 | 0 | 0 | 0 |
| | 2021 | 부산 | 1 | 0 | 0 | 0 | 2 | 0 | 0 | 0 |
| | 2022 | 부산 | 16 | 2 | 0 | 0 | 19 | 0 | 1 | 0 |
| | 2023 | 부산 | 36 | 0 | 0 | 1 | 29 | 0 | 2 | 0 |
| | 2024 | 부산 | 30 | 2 | 0 | 0 | 38 | 0 | 2 | 0 |
| | 2025 | 부산 | 37 | 0 | 0 | 0 | 45 | 0 | 2 | 0 |
| PO | 2016 | 부산 | 1 | 0 | 0 | 0 | 1 | 0 | 0 | 0 |
| | 2017 | 부산 | 1 | 0 | 0 | 0 | 1 | 0 | 0 | 0 |
| | 2018 | 부산 | 3 | 0 | 0 | 0 | 4 | 0 | 0 | 0 |
| | 2023 | 부산 | 2 | 0 | 0 | 0 | 6 | 0 | 0 | 0 |
| | 2024 | 부산 | 1 | 0 | 0 | 0 | 0 | 0 | 0 | 0 |
| 통산 | | | 194 | 4 | 0 | 1 | 200 | 2 | 11 | 0 |

**구상범**(具相範) 인천대 1964.06.15

| 대회 | 연도 | 소속 | 출전 | 교체 | 득점 | 도움 | 실점 | 파울 | 경고 | 퇴장 |
|---|---|---|---|---|---|---|---|---|---|---|
| K1 | 1986 | 럭키금성 | 10 | 0 | 1 | 0 | 0 | 16 | 1 | 0 |
| | 1987 | 럭키금성 | 31 | 1 | 3 | 1 | 0 | 21 | 4 | 0 |
| | 1988 | 럭키금성 | 10 | 0 | 2 | 0 | 0 | 11 | 0 | 0 |
| | 1989 | 럭키금성 | 9 | 0 | 0 | 0 | 0 | 9 | 1 | 0 |
| | 1990 | 럭키금성 | 9 | 1 | 1 | 0 | 0 | 12 | 1 | 0 |
| | 1991 | LG | 36 | 5 | 2 | 5 | 0 | 41 | 1 | 0 |
| | 1992 | LG | 18 | 2 | 1 | 5 | 0 | 14 | 1 | 0 |
| | 1993 | LG | 10 | 0 | 1 | 1 | 0 | 5 | 1 | 0 |
| | 1994 | 대우 | 24 | 4 | 0 | 6 | 0 | 21 | 2 | 0 |
| | 1995 | 포항 | 14 | 9 | 1 | 2 | 0 | 15 | 3 | 0 |
| PO | 1986 | 럭키금성 | 2 | 1 | 0 | 1 | 0 | 0 | 0 | 0 |
| | 1995 | 포항 | 1 | 1 | 0 | 0 | 0 | 0 | 0 | 0 |
| 컵 | 1986 | 럭키금성 | 16 | 1 | 4 | 0 | 0 | 18 | 1 | 0 |
| | 1992 | LG | 10 | 3 | 0 | 0 | 0 | 8 | 2 | 0 |
| | 1993 | LG | 1 | 1 | 0 | 0 | 0 | 4 | 0 | 0 |
| | 1995 | 포항 | 2 | 2 | 0 | 0 | 0 | 3 | 0 | 0 |
| 통산 | | | 203 | 31 | 16 | 21 | 0 | 198 | 18 | 0 |

**구성윤**(具聖潤) 재현고 1994.06.27

| 대회 | 연도 | 소속 | 출전 | 교체 | 득점 | 도움 | 실점 | 파울 | 경고 | 퇴장 |
|---|---|---|---|---|---|---|---|---|---|---|
| K1 | 2020 | 대구 | 17 | 0 | 0 | 1 | 27 | 0 | 1 | 0 |
| | 2022 | 김천 | 15 | 1 | 0 | 0 | 20 | 0 | 0 | 0 |
| K2 | 2021 | 김천 | 18 | 0 | 0 | 1 | 11 | 0 | 1 | 0 |
| | 2025 | 서울E | 19 | 0 | 0 | 0 | 11 | 0 | 1 | 0 |
| PO | 2025 | 서울E | 1 | 0 | 0 | 0 | 1 | 0 | 0 | 0 |
| 통산 | | | 70 | 1 | 0 | 2 | 70 | 0 | 3 | 0 |

**구스타보**(Gustavo Affonso Sauerbeck) 브라질 1993.04.30

| 대회 | 연도 | 소속 | 출전 | 교체 | 득점 | 도움 | 실점 | 파울 | 경고 | 퇴장 |
|---|---|---|---|---|---|---|---|---|---|---|
| K2 | 2016 | 대전 | 22 | 16 | 6 | 6 | 0 | 44 | 3 | 0 |
| 통산 | | | 22 | 16 | 6 | 6 | 0 | 44 | 3 | 0 |

**구스타보**(Gustavo Henrique da Silva Sousa) 브라질 1994.03.29

| 대회 | 연도 | 소속 | 출전 | 교체 | 득점 | 도움 | 실점 | 파울 | 경고 | 퇴장 |
|---|---|---|---|---|---|---|---|---|---|---|
| K1 | 2020 | 전북 | 14 | 7 | 5 | 2 | 0 | 11 | 4 | 0 |
| | 2021 | 전북 | 34 | 27 | 15 | 5 | 0 | 36 | 5 | 0 |
| | 2022 | 전북 | 34 | 23 | 8 | 4 | 0 | 32 | 3 | 0 |
| | 2023 | 전북 | 30 | 26 | 6 | 0 | 0 | 28 | 2 | 0 |
| 통산 | | | 112 | 83 | 34 | 11 | 0 | 107 | 14 | 0 |

**구스타보**(Gustavo Custodio dos Santos) 브라질 1997.03.09

| 대회 | 연도 | 소속 | 출전 | 교체 | 득점 | 도움 | 실점 | 파울 | 경고 | 퇴장 |
|---|---|---|---|---|---|---|---|---|---|---|
| K1 | 2020 | 인천 | 3 | 3 | 0 | 0 | 0 | 1 | 1 | 0 |
| 통산 | | | 3 | 3 | 0 | 0 | 0 | 1 | 1 | 0 |

**구아라**(Paulo Roberto Chamon de Castilho) 브라질 1979.08.29

| 대회 | 연도 | 소속 | 출전 | 교체 | 득점 | 도움 | 실점 | 파울 | 경고 | 퇴장 |
|---|---|---|---|---|---|---|---|---|---|---|
| K1 | 2008 | 부산 | 3 | 0 | 2 | 0 | 0 | 3 | 0 | 0 |
| | 2009 | 부산 | 4 | 2 | 0 | 0 | 0 | 4 | 0 | 0 |
| 컵 | 2008 | 부산 | 4 | 3 | 0 | 1 | 0 | 4 | 0 | 0 |
| | 2009 | 부산 | 1 | 1 | 0 | 0 | 0 | 0 | 0 | 0 |
| 통산 | | | 12 | 6 | 2 | 1 | 0 | 11 | 0 | 0 |

**구자룡**(具滋龍) 매탄고 1992.04.06

| 대회 | 연도 | 소속 | 출전 | 교체 | 득점 | 도움 | 실점 | 파울 | 경고 | 퇴장 |
|---|---|---|---|---|---|---|---|---|---|---|
| K1 | 2011 | 수원 | 0 | 0 | 0 | 0 | 0 | 0 | 0 | 0 |
| | 2013 | 수원 | 3 | 2 | 0 | 0 | 0 | 3 | 0 | 0 |
| | 2014 | 수원 | 7 | 6 | 0 | 0 | 0 | 2 | 0 | 0 |
| | 2015 | 수원 | 25 | 5 | 0 | 0 | 0 | 15 | 4 | 0 |
| | 2016 | 수원 | 32 | 1 | 1 | 0 | 0 | 42 | 6 | 0 |
| | 2017 | 수원 | 29 | 2 | 0 | 0 | 0 | 32 | 6 | 0 |
| | 2018 | 수원 | 22 | 7 | 0 | 0 | 0 | 20 | 1 | 0 |
| | 2019 | 수원 | 30 | 1 | 1 | 0 | 0 | 31 | 5 | 0 |
| | 2020 | 전북 | 2 | 1 | 0 | 0 | 0 | 2 | 0 | 0 |
| | 2021 | 전북 | 17 | 5 | 0 | 0 | 0 | 17 | 1 | 0 |
| | 2022 | 전북 | 15 | 9 | 1 | 0 | 0 | 9 | 0 | 0 |
| | 2023 | 전북 | 23 | 7 | 0 | 0 | 0 | 18 | 5 | 0 |
| | 2024 | 전북 | 13 | 4 | 0 | 0 | 0 | 3 | 1 | 0 |
| K2 | 2013 | 경찰 | 6 | 5 | 0 | 0 | 0 | 3 | 0 | 0 |
| | 2025 | 부천 | 7 | 1 | 0 | 0 | 0 | 6 | 2 | 0 |
| 컵 | 2011 | 수원 | 1 | 1 | 0 | 0 | 0 | 2 | 0 | 0 |
| 통산 | | | 232 | 57 | 3 | 0 | 0 | 205 | 31 | 0 |

**구자철**(具慈哲) 보인정보산업고(보인고) 1989.02.27

| 대회 | 연도 | 소속 | 출전 | 교체 | 득점 | 도움 | 실점 | 파울 | 경고 | 퇴장 |
|---|---|---|---|---|---|---|---|---|---|---|
| K1 | 2007 | 제주 | 10 | 7 | 1 | 2 | 0 | 11 | 1 | 0 |
| | 2008 | 제주 | 9 | 3 | 0 | 1 | 0 | 21 | 4 | 0 |
| | 2009 | 제주 | 22 | 3 | 1 | 3 | 0 | 56 | 6 | 0 |
| | 2010 | 제주 | 26 | 5 | 5 | 11 | 0 | 39 | 2 | 0 |
| | 2022 | 제주 | 9 | 9 | 1 | 1 | 0 | 5 | 1 | 0 |
| | 2023 | 제주 | 16 | 10 | 0 | 1 | 0 | 15 | 5 | 0 |
| | 2024 | 제주 | 3 | 3 | 0 | 0 | 0 | 1 | 0 | 0 |
| PO | 2010 | 제주 | 3 | 1 | 0 | 1 | 0 | 7 | 2 | 0 |
| 컵 | 2007 | 제주 | 6 | 4 | 0 | 0 | 0 | 9 | 1 | 0 |
| | 2008 | 제주 | 5 | 2 | 0 | 0 | 0 | 15 | 1 | 0 |
| | 2009 | 제주 | 6 | 4 | 1 | 1 | 0 | 10 | 2 | 0 |
| | 2010 | 제주 | 1 | 0 | 0 | 0 | 0 | 4 | 1 | 0 |
| 통산 | | | 116 | 51 | 9 | 21 | 0 | 193 | 26 | 0 |

**구종욱**(具鍾旭) 광주대 1996.01.31

| 대회 | 연도 | 소속 | 출전 | 교체 | 득점 | 도움 | 실점 | 파울 | 경고 | 퇴장 |
|---|---|---|---|---|---|---|---|---|---|---|
| K2 | 2025 | 천안 | 28 | 25 | 2 | 0 | 0 | 18 | 3 | 0 |
| 통산 | | | 28 | 25 | 2 | 0 | 0 | 18 | 3 | 0 |

**구즈노프**(Yevgeni Kuznetsov) 러시아 1961.08.30

| 대회 | 연도 | 소속 | 출전 | 교체 | 득점 | 도움 | 실점 | 파울 | 경고 | 퇴장 |
|---|---|---|---|---|---|---|---|---|---|---|
| K1 | 1996 | 전남 | 8 | 6 | 1 | 1 | 0 | 2 | 0 | 1 |
| 컵 | 1996 | 전남 | 7 | 1 | 0 | 1 | 0 | 8 | 1 | 0 |
| 통산 | | | 15 | 7 | 1 | 2 | 0 | 10 | 1 | 1 |

**구텍**(Vladislavs Gutkovskis) 라트비아 1995.04.02

| 대회 | 연도 | 소속 | 출전 | 교체 | 득점 | 도움 | 실점 | 파울 | 경고 | 퇴장 |
|---|---|---|---|---|---|---|---|---|---|---|
| K1 | 2023 | 대전 | 3 | 3 | 0 | 0 | 0 | 5 | 1 | 0 |
| | 2024 | 대전 | 10 | 8 | 2 | 0 | 0 | 14 | 0 | 1 |
| | 2025 | 대전 | 18 | 16 | 4 | 0 | 0 | 9 | 1 | 1 |
| 통산 | | | 31 | 27 | 6 | 0 | 0 | 28 | 2 | 2 |

**구한식**(具漢湜) 전남체고 1962.04.08

| 대회 | 연도 | 소속 | 출전 | 교체 | 득점 | 도움 | 실점 | 파울 | 경고 | 퇴장 |
|---|---|---|---|---|---|---|---|---|---|---|
| K1 | 1987 | 유공 | 3 | 3 | 0 | 0 | 0 | 2 | 0 | 0 |
| 통산 | | | 3 | 3 | 0 | 0 | 0 | 2 | 0 | 0 |

**구현서**(具鉉書) 중앙대 1982.05.13

| 대회 | 연도 | 소속 | 출전 | 교체 | 득점 | 도움 | 실점 | 파울 | 경고 | 퇴장 |
|---|---|---|---|---|---|---|---|---|---|---|
| K1 | 2005 | 전북 | 3 | 3 | 0 | 0 | 0 | 1 | 0 | 0 |
| | 2006 | 전남 | 4 | 4 | 1 | 0 | 0 | 1 | 1 | 0 |
| 컵 | 2006 | 전남 | 5 | 5 | 1 | 2 | 0 | 6 | 0 | 0 |
| 통산 | | | 12 | 12 | 2 | 2 | 0 | 8 | 1 | 0 |

**구현준**(具賢俊) 동래고 1993.12.13

| 대회 | 연도 | 소속 | 출전 | 교체 | 득점 | 도움 | 실점 | 파울 | 경고 | 퇴장 |
|---|---|---|---|---|---|---|---|---|---|---|
| K1 | 2012 | 부산 | 1 | 1 | 0 | 0 | 0 | 1 | 0 | 0 |
| | 2013 | 부산 | 1 | 0 | 0 | 0 | 0 | 2 | 0 | 0 |
| | 2014 | 부산 | 2 | 0 | 0 | 0 | 0 | 2 | 0 | 0 |
| | 2015 | 부산 | 11 | 2 | 0 | 1 | 0 | 13 | 1 | 0 |
| K2 | 2016 | 부산 | 14 | 3 | 0 | 1 | 0 | 16 | 4 | 0 |
| | 2017 | 부산 | 19 | 3 | 1 | 1 | 0 | 25 | 4 | 0 |
| | 2018 | 부산 | 15 | 3 | 0 | 1 | 0 | 14 | 2 | 1 |
| | 2019 | 부산 | 6 | 1 | 0 | 0 | 0 | 6 | 1 | 0 |
| | 2021 | 부산 | 1 | 0 | 0 | 0 | 0 | 3 | 0 | 0 |
| | 2022 | 부산 | 13 | 11 | 0 | 0 | 0 | 4 | 2 | 0 |
| | 2023 | 충북청주 | 27 | 21 | 0 | 1 | 0 | 10 | 1 | 0 |
| | 2024 | 충북청주 | 29 | 16 | 2 | 1 | 0 | 25 | 3 | 0 |
| | 2025 | 전남 | 20 | 15 | 1 | 0 | 0 | 11 | 1 | 1 |
| PO | 2015 | 부산 | 0 | 0 | 0 | 0 | 0 | 0 | 0 | 0 |
| | 2018 | 부산 | 2 | 0 | 0 | 0 | 0 | 1 | 0 | 0 |
| 통산 | | | 161 | 76 | 4 | 6 | 0 | 133 | 19 | 2 |

**국관우**(鞠關羽) 광주대 2002.10.04

| 대회 | 연도 | 소속 | 출전 | 교체 | 득점 | 도움 | 실점 | 파울 | 경고 | 퇴장 |
|---|---|---|---|---|---|---|---|---|---|---|
| K2 | 2024 | 성남 | 11 | 11 | 1 | 0 | 0 | 7 | 1 | 0 |
| | 2025 | 성남 | 2 | 2 | 0 | 0 | 0 | 0 | 0 | 0 |
| 통산 | | | 13 | 13 | 1 | 0 | 0 | 7 | 1 | 0 |

**국진우**(鞠鎭宇) 부평고 2003.09.06

| 대회 | 연도 | 소속 | 출전 | 교체 | 득점 | 도움 | 실점 | 파울 | 경고 | 퇴장 |
|---|---|---|---|---|---|---|---|---|---|---|
| K2 | 2022 | 경남 | 0 | 0 | 0 | 0 | 0 | 0 | 0 | 0 |
| | 2024 | 경남 | 2 | 2 | 0 | 0 | 0 | 0 | 0 | 0 |
| 통산 | | | 2 | 2 | 0 | 0 | 0 | 0 | 0 | 0 |

**국태정**(國太正) 단국대 1995.09.13

| 대회 | 연도 | 소속 | 출전 | 교체 | 득점 | 도움 | 실점 | 파울 | 경고 | 퇴장 |
|---|---|---|---|---|---|---|---|---|---|---|
| K1 | 2017 | 전북 | 0 | 0 | 0 | 0 | 0 | 0 | 0 | 0 |
| | 2018 | 포항 | 0 | 0 | 0 | 0 | 0 | 0 | 0 | 0 |
| K2 | 2019 | 부천 | 16 | 2 | 1 | 3 | 0 | 16 | 2 | 1 |
| | 2020 | 부천 | 26 | 4 | 1 | 1 | 0 | 20 | 4 | 0 |
| | 2021 | 부천 | 18 | 7 | 1 | 0 | 0 | 11 | 2 | 0 |
| | 2022 | 부천 | 19 | 14 | 0 | 0 | 0 | 15 | 1 | 0 |
| | 2023 | 성남 | 2 | 0 | 0 | 0 | 0 | 5 | 2 | 0 |
| PO | 2019 | 부천 | 1 | 0 | 0 | 0 | 0 | 1 | 0 | 0 |
| 통산 | | | 82 | 27 | 3 | 4 | 0 | 68 | 11 | 1 |

**권경원**(權敬原) 동아대 1992.01.31

| 대회 | 연도 | 소속 | 출전 | 교체 | 득점 | 도움 | 실점 | 파울 | 경고 | 퇴장 |
|---|---|---|---|---|---|---|---|---|---|---|
| K1 | 2013 | 전북 | 20 | 8 | 0 | 1 | 0 | 37 | 6 | 0 |
| | 2014 | 전북 | 5 | 4 | 0 | 0 | 0 | 4 | 1 | 0 |
| | 2019 | 전북 | 13 | 2 | 2 | 1 | 0 | 21 | 6 | 0 |
| | 2020 | 상주 | 23 | 1 | 1 | 0 | 0 | 24 | 1 | 0 |
| | 2021 | 성남 | 18 | 2 | 1 | 1 | 0 | 16 | 2 | 0 |
| | 2024 | 수원FC | 21 | 2 | 1 | 0 | 0 | 2 | 1 | 0 |
| | 2025 | 안양 | 12 | 1 | 0 | 0 | 0 | 6 | 3 | 1 |
| 통산 | | | 112 | 20 | 5 | 3 | 0 | 110 | 20 | 1 |

**권경호**(權景昊) 동국대 1986.07.12

| 대회 | 연도 | 소속 | 출전 | 교체 | 득점 | 도움 | 실점 | 파울 | 경고 | 퇴장 |
|---|---|---|---|---|---|---|---|---|---|---|
| K1 | 2009 | 강원 | 1 | 1 | 0 | 0 | 0 | 0 | 0 | 0 |
| 컵 | 2009 | 강원 | 2 | 1 | 0 | 0 | 0 | 3 | 0 | 0 |
| 통산 | | | 3 | 2 | 0 | 0 | 0 | 3 | 0 | 0 |

**권기보**(權寄補) 운봉공고 1982.05.04

| 대회 | 연도 | 소속 | 출전 | 교체 | 득점 | 도움 | 실점 | 파울 | 경고 | 퇴장 |
|---|---|---|---|---|---|---|---|---|---|---|
| K1 | 2004 | 수원 | 0 | 0 | 0 | 0 | 0 | 0 | 0 | 0 |
| | 2005 | 수원 | 0 | 0 | 0 | 0 | 0 | 0 | 0 | 0 |
| | 2006 | 수원 | 1 | 0 | 0 | 0 | 1 | 0 | 0 | 0 |
| | 2007 | 수원 | 0 | 0 | 0 | 0 | 0 | 0 | 0 | 0 |
| | 2008 | 수원 | 0 | 0 | 0 | 0 | 0 | 0 | 0 | 0 |
| 컵 | 2004 | 수원 | 0 | 0 | 0 | 0 | 0 | 0 | 0 | 0 |
| | 2006 | 수원 | 0 | 0 | 0 | 0 | 0 | 0 | 0 | 0 |
| | 2007 | 수원 | 0 | 0 | 0 | 0 | 0 | 0 | 0 | 0 |
| | 2008 | 수원 | 0 | 0 | 0 | 0 | 0 | 0 | 0 | 0 |
| 통산 | | | 1 | 0 | 0 | 0 | 1 | 0 | 0 | 0 |

**권기표**(權奇杓) 포항제철고 1997.06.26

| 대회 | 연도 | 소속 | 출전 | 교체 | 득점 | 도움 | 실점 | 파울 | 경고 | 퇴장 |
|---|---|---|---|---|---|---|---|---|---|---|
| K1 | 2018 | 포항 | 2 | 2 | 0 | 0 | 0 | 4 | 0 | 0 |
| | 2021 | 포항 | 11 | 13 | 1 | 0 | 0 | 15 | 1 | 0 |
| | 2022 | 포항 | 2 | 2 | 0 | 1 | 0 | 0 | 0 | 0 |
| K2 | 2019 | 서울E | 21 | 15 | 3 | 1 | 0 | 19 | 2 | 0 |
| | 2020 | 안양 | 10 | 10 | 0 | 0 | 0 | 12 | 3 | 0 |
| | 2023 | 경남 | 12 | 12 | 0 | 0 | 0 | 12 | 0 | 0 |

| 대회 | 연도 | 소속 | 출전 | 교체 | 득점 | 도움 | 실점 | 파울 | 경고 | 퇴장 |
|---|---|---|---|---|---|---|---|---|---|---|
| 통산 | | | 58 | 54 | 4 | 2 | 0 | 62 | 6 | 0 |

**권덕용**(權德容) 인천대 1982.05.03

| 대회 | 연도 | 소속 | 출전 | 교체 | 득점 | 도움 | 실점 | 파울 | 경고 | 퇴장 |
|---|---|---|---|---|---|---|---|---|---|---|
| K1 | 2005 | 대전 | 2 | 2 | 0 | 0 | 0 | 1 | 1 | 0 |
| 컵 | 2005 | 대전 | 0 | 0 | 0 | 0 | 0 | 0 | 0 | 0 |
| 통산 | | | 2 | 2 | 0 | 0 | 0 | 1 | 1 | 0 |

**권도영**(權徒煐) 한양대 2003.03.05

| 대회 | 연도 | 소속 | 출전 | 교체 | 득점 | 도움 | 실점 | 파울 | 경고 | 퇴장 |
|---|---|---|---|---|---|---|---|---|---|---|
| K1 | 2025 | 수원FC | 1 | 1 | 0 | 0 | 0 | 1 | 0 | 0 |
| 통산 | | | 1 | 1 | 0 | 0 | 0 | 1 | 0 | 0 |

**권민재**(權珉載) 동국대 2001.06.11

| 대회 | 연도 | 소속 | 출전 | 교체 | 득점 | 도움 | 실점 | 파울 | 경고 | 퇴장 |
|---|---|---|---|---|---|---|---|---|---|---|
| K2 | 2022 | 김포 | 17 | 17 | 1 | 2 | 0 | 14 | 1 | 0 |
| 통산 | | | 17 | 17 | 1 | 2 | 0 | 14 | 1 | 0 |

**권석근**(權錫根) 고려대 1983.05.08

| 대회 | 연도 | 소속 | 출전 | 교체 | 득점 | 도움 | 실점 | 파울 | 경고 | 퇴장 |
|---|---|---|---|---|---|---|---|---|---|---|
| K1 | 2006 | 울산 | 1 | 1 | 0 | 0 | 0 | 0 | 0 | 0 |
| 컵 | 2006 | 울산 | 2 | 2 | 0 | 0 | 0 | 0 | 0 | 0 |
| | 2007 | 울산 | 1 | 1 | 0 | 0 | 0 | 1 | 0 | 0 |
| 통산 | | | 4 | 4 | 0 | 0 | 0 | 1 | 0 | 0 |

**권성윤**(權成尹) 오산고 2001.03.30

| 대회 | 연도 | 소속 | 출전 | 교체 | 득점 | 도움 | 실점 | 파울 | 경고 | 퇴장 |
|---|---|---|---|---|---|---|---|---|---|---|
| K1 | 2020 | 서울 | 2 | 2 | 0 | 0 | 0 | 1 | 0 | 0 |
| | 2021 | 서울 | 12 | 12 | 0 | 0 | 0 | 9 | 1 | 0 |
| | 2022 | 서울 | 10 | 8 | 0 | 0 | 0 | 4 | 0 | 0 |
| | 2025 | 광주 | 2 | 2 | 0 | 0 | 0 | 2 | 0 | 0 |
| K2 | 2024 | 부산 | 22 | 17 | 1 | 4 | 0 | 15 | 0 | 1 |
| PO | 2024 | 부산 | 1 | 1 | 0 | 0 | 0 | 1 | 0 | 0 |
| 통산 | | | 49 | 42 | 1 | 4 | 0 | 32 | 1 | 1 |

**권성현**(權成賢) 김해대 2001.02.22

| 대회 | 연도 | 소속 | 출전 | 교체 | 득점 | 도움 | 실점 | 파울 | 경고 | 퇴장 |
|---|---|---|---|---|---|---|---|---|---|---|
| K2 | 2023 | 충남아산 | 12 | 12 | 0 | 1 | 0 | 3 | 0 | 0 |
| 통산 | | | 12 | 12 | 0 | 1 | 0 | 3 | 0 | 0 |

**권세진**(權世鎭) 명지대 1973.05.20

| 대회 | 연도 | 소속 | 출전 | 교체 | 득점 | 도움 | 실점 | 파울 | 경고 | 퇴장 |
|---|---|---|---|---|---|---|---|---|---|---|
| K1 | 1996 | 안양LG | 14 | 9 | 0 | 1 | 0 | 18 | 4 | 0 |
| | 1997 | 안양LG | 8 | 3 | 0 | 0 | 0 | 11 | 1 | 0 |
| 컵 | 1996 | 안양LG | 8 | 0 | 0 | 0 | 0 | 10 | 1 | 0 |
| | 1997 | 안양LG | 6 | 1 | 0 | 0 | 0 | 13 | 2 | 0 |
| | 1999 | 포항 | 0 | 0 | 0 | 0 | 0 | 0 | 0 | 0 |
| 통산 | | | 36 | 13 | 0 | 1 | 0 | 52 | 8 | 0 |

**권수현**(權修鉉) 아주대 1991.03.26

| 대회 | 연도 | 소속 | 출전 | 교체 | 득점 | 도움 | 실점 | 파울 | 경고 | 퇴장 |
|---|---|---|---|---|---|---|---|---|---|---|
| K2 | 2014 | 광주 | 2 | 1 | 0 | 0 | 0 | 7 | 0 | 0 |
| 통산 | | | 2 | 1 | 0 | 0 | 0 | 7 | 0 | 0 |

**권순태**(權純泰) 전주대 1984.09.11

| 대회 | 연도 | 소속 | 출전 | 교체 | 득점 | 도움 | 실점 | 파울 | 경고 | 퇴장 |
|---|---|---|---|---|---|---|---|---|---|---|
| K1 | 2006 | 전북 | 19 | 1 | 0 | 0 | 21 | 0 | 0 | 0 |
| | 2007 | 전북 | 20 | 1 | 0 | 0 | 23 | 1 | 1 | 0 |
| | 2008 | 전북 | 22 | 0 | 0 | 0 | 28 | 0 | 1 | 0 |
| | 2009 | 전북 | 27 | 1 | 0 | 0 | 30 | 0 | 1 | 0 |
| | 2010 | 전북 | 21 | 1 | 0 | 0 | 23 | 0 | 0 | 0 |
| | 2011 | 상주 | 15 | 1 | 0 | 0 | 31 | 2 | 3 | 0 |
| | 2012 | 상주 | 16 | 1 | 0 | 0 | 19 | 1 | 2 | 0 |
| | 2012 | 전북 | 2 | 0 | 0 | 0 | 2 | 0 | 0 | 0 |
| | 2013 | 전북 | 8 | 1 | 0 | 0 | 17 | 0 | 0 | 0 |
| | 2014 | 전북 | 34 | 2 | 0 | 0 | 19 | 1 | 2 | 0 |
| | 2015 | 전북 | 36 | 0 | 0 | 0 | 35 | 2 | 4 | 0 |
| | 2016 | 전북 | 35 | 0 | 0 | 0 | 37 | 0 | 1 | 0 |
| PO | 2008 | 전북 | 2 | 0 | 0 | 0 | 2 | 0 | 0 | 0 |
| | 2009 | 전북 | 2 | 0 | 0 | 0 | 1 | 0 | 1 | 0 |
| | 2010 | 전북 | 3 | 0 | 0 | 0 | 1 | 0 | 0 | 0 |
| 컵 | 2006 | 전북 | 11 | 0 | 0 | 0 | 12 | 0 | 2 | 0 |
| | 2007 | 전북 | 7 | 0 | 0 | 0 | 6 | 0 | 0 | 0 |
| | 2008 | 전북 | 9 | 0 | 0 | 0 | 11 | 0 | 1 | 0 |
| | 2009 | 전북 | 4 | 0 | 0 | 0 | 9 | 0 | 1 | 0 |
| | 2010 | 전북 | 6 | 1 | 0 | 0 | 4 | 0 | 1 | 0 |
| | 2011 | 상주 | 2 | 0 | 0 | 0 | 3 | 0 | 0 | 0 |
| 통산 | | | 301 | 10 | 0 | 0 | 334 | 7 | 21 | 0 |

**권순학**(權純鶴) 전주대 1987.09.02

| 대회 | 연도 | 소속 | 출전 | 교체 | 득점 | 도움 | 실점 | 파울 | 경고 | 퇴장 |
|---|---|---|---|---|---|---|---|---|---|---|
| K1 | 2010 | 전북 | 1 | 1 | 0 | 0 | 0 | 0 | 0 | 0 |
| 컵 | 2010 | 전북 | 0 | 0 | 0 | 0 | 0 | 0 | 0 | 0 |
| 통산 | | | 1 | 1 | 0 | 0 | 0 | 0 | 0 | 0 |

**권순형**(權純亨) 고려대 1986.06.16

| 대회 | 연도 | 소속 | 출전 | 교체 | 득점 | 도움 | 실점 | 파울 | 경고 | 퇴장 |
|---|---|---|---|---|---|---|---|---|---|---|
| K1 | 2009 | 강원 | 15 | 4 | 0 | 1 | 0 | 12 | 2 | 0 |
| | 2010 | 강원 | 22 | 10 | 1 | 0 | 0 | 15 | 1 | 0 |
| | 2011 | 강원 | 22 | 10 | 0 | 0 | 0 | 25 | 3 | 0 |
| | 2012 | 제주 | 40 | 28 | 1 | 0 | 0 | 34 | 5 | 0 |
| | 2013 | 제주 | 14 | 9 | 0 | 0 | 0 | 10 | 2 | 0 |
| | 2014 | 상주 | 27 | 9 | 2 | 3 | 0 | 20 | 4 | 0 |
| | 2015 | 제주 | 4 | 2 | 1 | 0 | 0 | 5 | 0 | 0 |
| | 2016 | 제주 | 37 | 11 | 5 | 8 | 0 | 34 | 2 | 0 |
| | 2017 | 제주 | 32 | 13 | 2 | 7 | 0 | 17 | 2 | 0 |
| | 2018 | 제주 | 29 | 11 | 2 | 6 | 0 | 28 | 1 | 0 |
| | 2019 | 제주 | 27 | 13 | 1 | 0 | 0 | 25 | 1 | 0 |
| | 2020 | 성남 | 7 | 2 | 1 | 0 | 0 | 4 | 0 | 0 |
| | 2021 | 성남 | 16 | 6 | 0 | 0 | 0 | 14 | 1 | 0 |
| | 2022 | 성남 | 22 | 16 | 1 | 0 | 0 | 13 | 0 | 0 |
| K2 | 2015 | 상주 | 23 | 7 | 2 | 3 | 0 | 16 | 3 | 0 |
| | 2023 | 성남 | 26 | 16 | 1 | 0 | 0 | 14 | 2 | 0 |
| 컵 | 2009 | 강원 | 3 | 2 | 0 | 1 | 0 | 2 | 0 | 0 |
| | 2010 | 강원 | 4 | 0 | 0 | 0 | 0 | 4 | 0 | 0 |
| | 2011 | 강원 | 3 | 0 | 1 | 0 | 0 | 6 | 0 | 0 |
| 통산 | | | 373 | 169 | 21 | 29 | 0 | 298 | 29 | 0 |

**권순호**(權順護) 광주대 2003.03.13

| 대회 | 연도 | 소속 | 출전 | 교체 | 득점 | 도움 | 실점 | 파울 | 경고 | 퇴장 |
|---|---|---|---|---|---|---|---|---|---|---|
| K1 | 2023 | 제주 | 12 | 12 | 0 | 0 | 0 | 8 | 1 | 0 |
| | 2025 | 제주 | 2 | 2 | 0 | 0 | 0 | 0 | 0 | 0 |
| K2 | 2024 | 김포 | 8 | 8 | 0 | 0 | 0 | 3 | 2 | 0 |
| 통산 | | | 22 | 22 | 0 | 0 | 0 | 11 | 3 | 0 |

**권승리**(權勝利) 우석대 1997.04.21

| 대회 | 연도 | 소속 | 출전 | 교체 | 득점 | 도움 | 실점 | 파울 | 경고 | 퇴장 |
|---|---|---|---|---|---|---|---|---|---|---|
| K2 | 2019 | 부천 | 1 | 1 | 0 | 0 | 0 | 0 | 0 | 0 |
| | 2020 | 부천 | 12 | 7 | 0 | 0 | 0 | 16 | 3 | 0 |
| PO | 2019 | 부천 | 0 | 0 | 0 | 0 | 0 | 0 | 0 | 0 |
| 통산 | | | 13 | 8 | 0 | 0 | 0 | 16 | 3 | 0 |

**권승비**(權昇飛) 한양대 2001.03.27

| 대회 | 연도 | 소속 | 출전 | 교체 | 득점 | 도움 | 실점 | 파울 | 경고 | 퇴장 |
|---|---|---|---|---|---|---|---|---|---|---|
| K2 | 2024 | 김포 | 1 | 1 | 0 | 0 | 0 | 0 | 0 | 0 |
| 통산 | | | 1 | 1 | 0 | 0 | 0 | 0 | 0 | 0 |

**권승철**(權勝喆) 영남대 1997.03.08

| 대회 | 연도 | 소속 | 출전 | 교체 | 득점 | 도움 | 실점 | 파울 | 경고 | 퇴장 |
|---|---|---|---|---|---|---|---|---|---|---|
| K2 | 2020 | 안양 | 0 | 0 | 0 | 0 | 0 | 0 | 0 | 0 |
| 통산 | | | 0 | 0 | 0 | 0 | 0 | 0 | 0 | 0 |

**권영대**(權寧大) 호남대 1963.03.13

| 대회 | 연도 | 소속 | 출전 | 교체 | 득점 | 도움 | 실점 | 파울 | 경고 | 퇴장 |
|---|---|---|---|---|---|---|---|---|---|---|
| K1 | 1989 | 현대 | 15 | 5 | 0 | 0 | 0 | 17 | 2 | 0 |
| | 1990 | 현대 | 13 | 8 | 0 | 0 | 0 | 4 | 1 | 0 |
| 통산 | | | 28 | 13 | 0 | 0 | 0 | 21 | 3 | 0 |

**권영진**(權永秦) 성균관대 1991.01.23

| 대회 | 연도 | 소속 | 출전 | 교체 | 득점 | 도움 | 실점 | 파울 | 경고 | 퇴장 |
|---|---|---|---|---|---|---|---|---|---|---|
| K1 | 2013 | 전북 | 2 | 1 | 0 | 0 | 0 | 7 | 2 | 0 |
| | 2014 | 전북 | 1 | 1 | 0 | 0 | 0 | 0 | 0 | 0 |
| 통산 | | | 3 | 2 | 0 | 0 | 0 | 7 | 2 | 0 |

**권영호**(權英鎬) 명지대 1992.07.31

| 대회 | 연도 | 소속 | 출전 | 교체 | 득점 | 도움 | 실점 | 파울 | 경고 | 퇴장 |
|---|---|---|---|---|---|---|---|---|---|---|
| K1 | 2015 | 광주 | 4 | 3 | 0 | 0 | 0 | 2 | 0 | 0 |
| K2 | 2016 | 고양 | 34 | 2 | 0 | 0 | 0 | 35 | 2 | 1 |
| | 2018 | 대전 | 13 | 4 | 1 | 0 | 0 | 18 | 3 | 0 |
| | 2019 | 대전 | 0 | 0 | 0 | 0 | 0 | 0 | 0 | 0 |
| | 2022 | 안산 | 26 | 8 | 3 | 0 | 0 | 29 | 6 | 0 |
| PO | 2018 | 대전 | 0 | 0 | 0 | 0 | 0 | 0 | 0 | 0 |
| 통산 | | | 77 | 17 | 4 | 0 | 0 | 84 | 11 | 1 |

**권오손**(權五孫) 서울시립대 1959.02.03

| 대회 | 연도 | 소속 | 출전 | 교체 | 득점 | 도움 | 실점 | 파울 | 경고 | 퇴장 |
|---|---|---|---|---|---|---|---|---|---|---|
| K1 | 1983 | 국민은행 | 1 | 0 | 0 | 0 | 0 | 0 | 0 | 0 |
| | 1984 | 럭키금성 | 12 | 2 | 0 | 0 | 0 | 7 | 0 | 0 |
| | 1985 | 럭키금성 | 16 | 1 | 0 | 1 | 0 | 13 | 2 | 0 |
| | 1986 | 럭키금성 | 10 | 0 | 0 | 0 | 0 | 11 | 0 | 0 |
| | 1987 | 럭키금성 | 2 | 2 | 0 | 0 | 0 | 0 | 0 | 0 |
| | 1988 | 현대 | 3 | 1 | 0 | 0 | 0 | 3 | 1 | 0 |
| 컵 | 1986 | 럭키금성 | 16 | 2 | 0 | 0 | 0 | 18 | 1 | 0 |
| 통산 | | | 60 | 8 | 0 | 1 | 0 | 52 | 4 | 0 |

**권완규**(權完規) 성균관대 1991.11.20

| 대회 | 연도 | 소속 | 출전 | 교체 | 득점 | 도움 | 실점 | 파울 | 경고 | 퇴장 |
|---|---|---|---|---|---|---|---|---|---|---|
| K1 | 2014 | 경남 | 17 | 3 | 1 | 0 | 0 | 27 | 3 | 0 |
| | 2015 | 인천 | 34 | 0 | 1 | 0 | 0 | 50 | 8 | 0 |
| | 2016 | 인천 | 21 | 5 | 2 | 1 | 0 | 38 | 4 | 0 |
| | 2017 | 포항 | 32 | 2 | 0 | 3 | 0 | 35 | 7 | 0 |
| | 2018 | 포항 | 10 | 1 | 0 | 1 | 0 | 14 | 3 | 1 |
| | 2018 | 상주 | 12 | 0 | 1 | 0 | 0 | 13 | 1 | 0 |
| | 2019 | 상주 | 31 | 0 | 1 | 0 | 0 | 35 | 7 | 1 |
| | 2020 | 포항 | 14 | 5 | 1 | 0 | 0 | 17 | 1 | 0 |
| | 2021 | 포항 | 37 | 1 | 1 | 0 | 0 | 55 | 7 | 0 |
| | 2022 | 성남 | 25 | 3 | 2 | 1 | 0 | 31 | 7 | 0 |
| | 2023 | 서울 | 8 | 6 | 0 | 0 | 0 | 6 | 3 | 0 |
| | 2024 | 서울 | 26 | 2 | 2 | 0 | 0 | 23 | 4 | 0 |
| K2 | 2025 | 수원 | 18 | 4 | 1 | 0 | 0 | 12 | 2 | 0 |
| PO | 2025 | 수원 | 2 | 0 | 0 | 0 | 0 | 0 | 0 | 0 |
| 통산 | | | 287 | 32 | 13 | 6 | 0 | 356 | 57 | 2 |

**권용남**(權容南) 단국대 1985.12.02

| 대회 | 연도 | 소속 | 출전 | 교체 | 득점 | 도움 | 실점 | 파울 | 경고 | 퇴장 |
|---|---|---|---|---|---|---|---|---|---|---|
| K1 | 2009 | 제주 | 6 | 5 | 0 | 0 | 0 | 6 | 0 | 0 |
| | 2011 | 제주 | 10 | 10 | 2 | 1 | 0 | 1 | 0 | 0 |
| | 2012 | 제주 | 8 | 9 | 0 | 0 | 0 | 4 | 1 | 0 |
| K2 | 2013 | 광주 | 10 | 10 | 0 | 1 | 0 | 5 | 0 | 0 |
| 컵 | 2011 | 제주 | 1 | 1 | 0 | 0 | 0 | 0 | 0 | 0 |
| 통산 | | | 35 | 35 | 2 | 2 | 0 | 16 | 1 | 0 |

**권용현**(權容賢) 호원대 1991.10.23

| 대회 | 연도 | 소속 | 출전 | 교체 | 득점 | 도움 | 실점 | 파울 | 경고 | 퇴장 |
|---|---|---|---|---|---|---|---|---|---|---|
| K1 | 2016 | 제주 | 5 | 5 | 0 | 0 | 0 | 5 | 1 | 0 |
| | 2016 | 수원FC | 16 | 6 | 5 | 2 | 0 | 26 | 2 | 0 |
| | 2017 | 제주 | 2 | 2 | 2 | 0 | 0 | 2 | 0 | 0 |
| | 2018 | 경남 | 7 | 7 | 0 | 1 | 0 | 8 | 0 | 0 |
| | 2020 | 부산 | 4 | 4 | 0 | 0 | 0 | 4 | 1 | 0 |
| K2 | 2013 | 수원FC | 13 | 8 | 4 | 2 | 0 | 15 | 2 | 0 |
| | 2014 | 수원FC | 36 | 24 | 2 | 9 | 0 | 33 | 1 | 0 |
| | 2015 | 수원FC | 38 | 11 | 7 | 6 | 0 | 68 | 5 | 0 |
| | 2017 | 경남 | 13 | 8 | 2 | 3 | 0 | 20 | 2 | 0 |
| | 2018 | 수원FC | 12 | 12 | 0 | 0 | 0 | 9 | 2 | 0 |
| | 2019 | 부산 | 30 | 29 | 2 | 4 | 0 | 31 | 1 | 0 |
| | 2020 | 안양 | 18 | 5 | 3 | 3 | 0 | 30 | 4 | 0 |
| PO | 2015 | 수원FC | 4 | 2 | 0 | 0 | 0 | 3 | 0 | 0 |
| | 2019 | 부산 | 1 | 1 | 0 | 0 | 0 | 0 | 0 | 0 |
| 통산 | | | 199 | 124 | 27 | 30 | 0 | 254 | 21 | 0 |

**권재곤**(權在坤) 광운대 1961.09.19

| 대회 | 연도 | 소속 | 출전 | 교체 | 득점 | 도움 | 실점 | 파울 | 경고 | 퇴장 |
|---|---|---|---|---|---|---|---|---|---|---|
| K1 | 1984 | 현대 | 6 | 4 | 2 | 1 | 0 | 4 | 0 | 0 |
| 통산 | | | 6 | 4 | 2 | 1 | 0 | 4 | 0 | 0 |

**권재범**(權才範) 경희고 2001.07.08

| 대회 | 연도 | 소속 | 출전 | 교체 | 득점 | 도움 | 실점 | 파울 | 경고 | 퇴장 |
|---|---|---|---|---|---|---|---|---|---|---|
| K1 | 2020 | 강원 | 0 | 0 | 0 | 0 | 0 | 0 | 0 | 0 |
| 통산 | | | 0 | 0 | 0 | 0 | 0 | 0 | 0 | 0 |

**권정혁**(權正赫) 고려대 1978.08.02

| 대회 | 연도 | 소속 | 출전 | 교체 | 득점 | 도움 | 실점 | 파울 | 경고 | 퇴장 |
|---|---|---|---|---|---|---|---|---|---|---|
| K1 | 2001 | 울산 | 12 | 0 | 0 | 0 | 20 | 0 | 0 | 0 |
| | 2002 | 울산 | 1 | 0 | 0 | 0 | 0 | 0 | 0 | 0 |
| | 2003 | 울산 | 2 | 0 | 0 | 0 | 4 | 0 | 1 | 0 |
| | 2004 | 울산 | 0 | 0 | 0 | 0 | 0 | 0 | 0 | 0 |

| 대회 | 연도 | 소속 | 출전 | 교체 | 득점 | 도움 | 실점 | 파울 | 경고 | 퇴장 |
|---|---|---|---|---|---|---|---|---|---|---|
| | 2005 | 광주상무 | 0 | 0 | 0 | 0 | 0 | 0 | 0 | 0 |
| | 2006 | 광주상무 | 14 | 1 | 0 | 0 | 14 | 1 | 0 | 0 |
| | 2007 | 포항 | 1 | 1 | 0 | 0 | 1 | 0 | 0 | 0 |
| | 2011 | 인천 | 14 | 0 | 0 | 0 | 18 | 0 | 0 | 0 |
| | 2012 | 인천 | 7 | 0 | 0 | 0 | 8 | 0 | 0 | 0 |
| | 2013 | 인천 | 38 | 0 | 1 | 0 | 46 | 0 | 1 | 0 |
| | 2014 | 인천 | 28 | 0 | 0 | 0 | 35 | 0 | 0 | 0 |
| | 2015 | 광주 | 17 | 0 | 0 | 0 | 16 | 1 | 0 | 0 |
| K2 | 2016 | 경남 | 13 | 0 | 0 | 0 | 21 | 1 | 1 | 0 |
| 컵 | 2001 | 울산 | 2 | 0 | 0 | 0 | 6 | 0 | 0 | 0 |
| | 2002 | 울산 | 7 | 0 | 0 | 0 | 9 | 0 | 0 | 0 |
| | 2004 | 울산 | 1 | 0 | 0 | 0 | 3 | 0 | 0 | 0 |
| | 2006 | 광주상무 | 8 | 0 | 0 | 0 | 7 | 0 | 0 | 0 |
| | 2007 | 포항 | 1 | 1 | 0 | 0 | 0 | 0 | 0 | 0 |
| 통산 | | | 166 | 3 | 1 | 0 | 208 | 3 | 3 | 0 |

**권중화**(權重華) 강원대 1968.02.11

| 대회 | 연도 | 소속 | 출전 | 교체 | 득점 | 도움 | 실점 | 파울 | 경고 | 퇴장 |
|---|---|---|---|---|---|---|---|---|---|---|
| K1 | 1990 | 유공 | 8 | 8 | 3 | 0 | 0 | 12 | 1 | 0 |
| | 1991 | 유공 | 9 | 9 | 1 | 0 | 0 | 11 | 1 | 0 |
| | 1992 | 유공 | 7 | 3 | 1 | 2 | 0 | 10 | 1 | 0 |
| | 1993 | LG | 16 | 13 | 1 | 0 | 0 | 14 | 1 | 0 |
| | 1994 | LG | 18 | 16 | 3 | 0 | 0 | 5 | 1 | 0 |
| | 1995 | 전남 | 3 | 3 | 0 | 0 | 0 | 0 | 0 | 0 |
| | 1996 | 전남 | 6 | 5 | 0 | 0 | 0 | 4 | 1 | 0 |
| 컵 | 1992 | 유공 | 6 | 4 | 0 | 0 | 0 | 3 | 0 | 0 |
| | 1993 | LG | 1 | 1 | 0 | 0 | 0 | 1 | 0 | 0 |
| | 1994 | LG | 2 | 2 | 0 | 0 | 0 | 6 | 0 | 0 |
| | 1995 | 전남 | 3 | 2 | 0 | 1 | 0 | 2 | 0 | 0 |
| | 1996 | 전남 | 5 | 1 | 0 | 0 | 0 | 9 | 1 | 0 |
| 통산 | | | 84 | 67 | 9 | 3 | 0 | 77 | 7 | 0 |

**권진영**(權鎭永) 숭실대 1991.10.23

| 대회 | 연도 | 소속 | 출전 | 교체 | 득점 | 도움 | 실점 | 파울 | 경고 | 퇴장 |
|---|---|---|---|---|---|---|---|---|---|---|
| K1 | 2013 | 부산 | 3 | 1 | 0 | 0 | 0 | 1 | 0 | 0 |
| | 2014 | 부산 | 6 | 4 | 0 | 0 | 0 | 13 | 3 | 0 |
| | 2016 | 상주 | 6 | 6 | 0 | 0 | 0 | 5 | 1 | 0 |
| K2 | 2015 | 상주 | 1 | 1 | 0 | 0 | 0 | 2 | 0 | 0 |
| | 2017 | 부산 | 13 | 4 | 1 | 0 | 0 | 19 | 3 | 0 |
| | 2018 | 부산 | 6 | 0 | 0 | 0 | 0 | 4 | 0 | 0 |
| | 2019 | 부산 | 3 | 3 | 0 | 0 | 0 | 2 | 0 | 0 |
| | 2020 | 안양 | 3 | 2 | 0 | 0 | 0 | 2 | 1 | 0 |
| PO | 2018 | 부산 | 2 | 0 | 0 | 0 | 0 | 2 | 2 | 0 |
| 통산 | | | 43 | 21 | 1 | 0 | 0 | 50 | 10 | 0 |

**권집**(權輯) 동북고 1984.02.13

| 대회 | 연도 | 소속 | 출전 | 교체 | 득점 | 도움 | 실점 | 파울 | 경고 | 퇴장 |
|---|---|---|---|---|---|---|---|---|---|---|
| K1 | 2003 | 수원 | 14 | 2 | 0 | 1 | 0 | 28 | 1 | 0 |
| | 2004 | 수원 | 1 | 0 | 0 | 0 | 0 | 0 | 0 | 0 |
| | 2005 | 전북 | 5 | 4 | 0 | 0 | 0 | 6 | 0 | 0 |
| | 2006 | 전북 | 12 | 4 | 1 | 1 | 0 | 17 | 1 | 0 |
| | 2007 | 전북 | 19 | 11 | 0 | 2 | 0 | 43 | 2 | 0 |
| | 2008 | 대전 | 10 | 3 | 0 | 0 | 0 | 13 | 3 | 0 |
| | 2008 | 포항 | 3 | 3 | 0 | 0 | 0 | 2 | 0 | 0 |
| | 2009 | 대전 | 23 | 11 | 0 | 1 | 0 | 26 | 4 | 0 |
| | 2010 | 대전 | 22 | 10 | 1 | 3 | 0 | 35 | 4 | 0 |
| 컵 | 2004 | 수원 | 2 | 1 | 0 | 0 | 0 | 5 | 0 | 0 |
| | 2005 | 전북 | 8 | 0 | 0 | 0 | 0 | 15 | 0 | 0 |
| | 2005 | 전남 | 2 | 2 | 0 | 0 | 0 | 3 | 0 | 0 |
| | 2006 | 전북 | 6 | 0 | 1 | 0 | 0 | 19 | 4 | 0 |
| | 2007 | 전북 | 4 | 3 | 0 | 0 | 0 | 6 | 1 | 0 |
| | 2008 | 대전 | 3 | 1 | 0 | 0 | 0 | 2 | 1 | 0 |
| | 2009 | 대전 | 3 | 0 | 0 | 0 | 0 | 7 | 1 | 0 |
| | 2010 | 대전 | 3 | 1 | 0 | 0 | 0 | 5 | 0 | 0 |
| 통산 | | | 140 | 56 | 3 | 8 | 0 | 232 | 22 | 0 |

**권찬수**(權贊修) 단국대 1974.05.30

| 대회 | 연도 | 소속 | 출전 | 교체 | 득점 | 도움 | 실점 | 파울 | 경고 | 퇴장 |
|---|---|---|---|---|---|---|---|---|---|---|
| K1 | 1999 | 천안일화 | 14 | 4 | 0 | 0 | 21 | 0 | 0 | 0 |
| | 2000 | 성남일화 | 9 | 0 | 0 | 0 | 10 | 0 | 2 | 0 |
| | 2001 | 성남일화 | 6 | 1 | 0 | 0 | 2 | 0 | 0 | 0 |
| | 2002 | 성남일화 | 14 | 0 | 0 | 0 | 15 | 0 | 0 | 0 |
| | 2003 | 성남일화 | 22 | 0 | 0 | 0 | 27 | 1 | 1 | 0 |
| | 2004 | 인천 | 4 | 0 | 0 | 0 | 6 | 1 | 1 | 0 |
| | 2005 | 성남일화 | 10 | 0 | 0 | 0 | 11 | 0 | 2 | 0 |
| | 2005 | 인천 | 0 | 0 | 0 | 0 | 0 | 0 | 0 | 0 |
| | 2006 | 인천 | 1 | 0 | 0 | 0 | 2 | 0 | 0 | 0 |
| | 2007 | 인천 | 7 | 0 | 0 | 0 | 11 | 1 | 1 | 0 |
| | 2013 | 성남일화 | 0 | 0 | 0 | 0 | 0 | 0 | 0 | 0 |
| PO | 2000 | 성남일화 | 1 | 0 | 0 | 0 | 3 | 0 | 0 | 0 |
| | 2005 | 성남일화 | 0 | 0 | 0 | 0 | 0 | 0 | 0 | 0 |
| 컵 | 1999 | 천안일화 | 8 | 0 | 0 | 0 | 12 | 0 | 0 | 0 |
| | 2000 | 성남일화 | 4 | 0 | 0 | 0 | 8 | 0 | 0 | 0 |
| | 2001 | 성남일화 | 1 | 0 | 0 | 0 | 2 | 0 | 0 | 0 |
| | 2002 | 성남일화 | 1 | 1 | 0 | 0 | 0 | 0 | 0 | 0 |
| | 2004 | 인천 | 4 | 0 | 0 | 0 | 7 | 0 | 1 | 0 |
| | 2005 | 인천 | 4 | 0 | 0 | 0 | 2 | 0 | 0 | 0 |
| | 2006 | 인천 | 2 | 0 | 0 | 0 | 4 | 0 | 0 | 0 |
| | 2007 | 인천 | 5 | 0 | 0 | 0 | 7 | 0 | 0 | 0 |
| 통산 | | | 117 | 6 | 0 | 0 | 150 | 3 | 8 | 0 |

**권창훈**(權昶勳) 매탄고 1994.06.30

| 대회 | 연도 | 소속 | 출전 | 교체 | 득점 | 도움 | 실점 | 파울 | 경고 | 퇴장 |
|---|---|---|---|---|---|---|---|---|---|---|
| K1 | 2013 | 수원 | 8 | 8 | 0 | 1 | 0 | 5 | 0 | 0 |
| | 2014 | 수원 | 20 | 19 | 1 | 2 | 0 | 12 | 1 | 0 |
| | 2015 | 수원 | 35 | 15 | 10 | 0 | 0 | 25 | 1 | 0 |
| | 2016 | 수원 | 27 | 14 | 7 | 4 | 0 | 22 | 1 | 0 |
| | 2021 | 수원 | 11 | 9 | 1 | 0 | 0 | 3 | 1 | 0 |
| | 2022 | 김천 | 33 | 26 | 0 | 2 | 0 | 23 | 0 | 0 |
| | 2024 | 전북 | 8 | 8 | 2 | 1 | 0 | 2 | 0 | 0 |
| | 2025 | 전북 | 23 | 23 | 0 | 3 | 0 | 6 | 0 | 0 |
| K2 | 2023 | 김천 | 8 | 8 | 2 | 1 | 0 | 3 | 0 | 0 |
| PO | 2022 | 김천 | 2 | 2 | 0 | 0 | 0 | 1 | 0 | 0 |
| | 2024 | 전북 | 1 | 1 | 0 | 0 | 0 | 1 | 0 | 0 |
| 통산 | | | 176 | 133 | 23 | 14 | 0 | 103 | 4 | 0 |

**권태규**(權泰圭) 상지대 1971.02.14

| 대회 | 연도 | 소속 | 출전 | 교체 | 득점 | 도움 | 실점 | 파울 | 경고 | 퇴장 |
|---|---|---|---|---|---|---|---|---|---|---|
| K1 | 1990 | 유공 | 4 | 5 | 0 | 0 | 0 | 1 | 0 | 0 |
| | 1991 | 유공 | 8 | 8 | 1 | 0 | 0 | 1 | 0 | 0 |
| | 1992 | 유공 | 6 | 6 | 1 | 0 | 0 | 5 | 1 | 0 |
| | 1993 | 유공 | 8 | 8 | 0 | 0 | 0 | 5 | 0 | 0 |
| | 1994 | 유공 | 9 | 9 | 1 | 2 | 0 | 5 | 0 | 0 |
| | 1995 | 유공 | 10 | 8 | 2 | 1 | 0 | 8 | 0 | 0 |
| | 1996 | 부천유공 | 6 | 6 | 0 | 0 | 0 | 1 | 0 | 0 |
| | 1997 | 안양LG | 12 | 11 | 0 | 1 | 0 | 12 | 2 | 0 |
| 컵 | 1992 | 유공 | 1 | 1 | 0 | 0 | 0 | 0 | 0 | 0 |
| | 1993 | 유공 | 2 | 2 | 0 | 0 | 0 | 3 | 0 | 0 |
| | 1995 | 유공 | 1 | 1 | 0 | 0 | 0 | 1 | 0 | 0 |
| | 1996 | 부천유공 | 8 | 4 | 2 | 1 | 0 | 12 | 1 | 0 |
| | 1997 | 안양LG | 4 | 3 | 1 | 0 | 0 | 7 | 2 | 0 |
| 통산 | | | 79 | 72 | 8 | 5 | 0 | 61 | 6 | 0 |

**권태안**(權泰安) 매탄고 1992.04.09

| 대회 | 연도 | 소속 | 출전 | 교체 | 득점 | 도움 | 실점 | 파울 | 경고 | 퇴장 |
|---|---|---|---|---|---|---|---|---|---|---|
| K1 | 2011 | 수원 | 0 | 0 | 0 | 0 | 0 | 0 | 0 | 0 |
| | 2012 | 수원 | 0 | 0 | 0 | 0 | 0 | 0 | 0 | 0 |
| | 2018 | 상주 | 2 | 1 | 0 | 0 | 2 | 0 | 0 | 0 |
| | 2019 | 상주 | 8 | 1 | 0 | 0 | 13 | 0 | 1 | 0 |
| K2 | 2016 | 충주 | 5 | 0 | 0 | 0 | 8 | 0 | 0 | 0 |
| | 2017 | 안양 | 19 | 0 | 0 | 0 | 29 | 0 | 0 | 0 |
| 컵 | 2011 | 수원 | 0 | 0 | 0 | 0 | 0 | 0 | 0 | 0 |
| 통산 | | | 34 | 2 | 0 | 0 | 52 | 0 | 1 | 0 |

**권태영**(權泰永) 홍익대 2002.06.05

| 대회 | 연도 | 소속 | 출전 | 교체 | 득점 | 도움 | 실점 | 파울 | 경고 | 퇴장 |
|---|---|---|---|---|---|---|---|---|---|---|
| K1 | 2025 | 대구 | 12 | 12 | 0 | 1 | 0 | 8 | 1 | 0 |
| 통산 | | | 12 | 12 | 0 | 1 | 0 | 8 | 1 | 0 |

**권한진**(權韓眞) 경희대 1988.05.19

| 대회 | 연도 | 소속 | 출전 | 교체 | 득점 | 도움 | 실점 | 파울 | 경고 | 퇴장 |
|---|---|---|---|---|---|---|---|---|---|---|
| K1 | 2016 | 제주 | 37 | 6 | 5 | 1 | 0 | 33 | 5 | 0 |
| | 2017 | 제주 | 26 | 5 | 0 | 0 | 0 | 20 | 2 | 0 |
| | 2018 | 제주 | 32 | 4 | 3 | 0 | 0 | 16 | 4 | 0 |
| | 2019 | 제주 | 8 | 2 | 0 | 0 | 0 | 8 | 1 | 0 |
| | 2021 | 제주 | 30 | 7 | 1 | 0 | 0 | 25 | 3 | 0 |
| | 2023 | 인천 | 18 | 3 | 1 | 0 | 0 | 10 | 1 | 0 |
| | 2024 | 인천 | 7 | 2 | 0 | 0 | 0 | 11 | 1 | 0 |
| K2 | 2020 | 제주 | 21 | 4 | 1 | 0 | 0 | 22 | 2 | 0 |
| | 2022 | 대전 | 14 | 8 | 0 | 0 | 0 | 4 | 1 | 0 |
| 통산 | | | 193 | 41 | 11 | 1 | 0 | 149 | 20 | 0 |

**권해창**(權海昶) 동아대 1972.09.02

| 대회 | 연도 | 소속 | 출전 | 교체 | 득점 | 도움 | 실점 | 파울 | 경고 | 퇴장 |
|---|---|---|---|---|---|---|---|---|---|---|
| K1 | 1995 | 대우 | 19 | 18 | 0 | 1 | 0 | 11 | 2 | 0 |
| | 1996 | 부산 | 14 | 12 | 0 | 1 | 0 | 16 | 4 | 0 |
| | 1998 | 부산 | 3 | 3 | 0 | 0 | 0 | 3 | 0 | 0 |
| | 1999 | 부산 | 7 | 7 | 1 | 0 | 0 | 1 | 0 | 0 |
| | 2000 | 부산 | 11 | 10 | 0 | 0 | 0 | 7 | 2 | 0 |
| PO | 1999 | 부산 | 4 | 4 | 0 | 0 | 0 | 3 | 0 | 0 |
| 컵 | 1995 | 대우 | 7 | 6 | 0 | 0 | 0 | 2 | 0 | 0 |
| | 1998 | 부산 | 6 | 5 | 0 | 0 | 0 | 1 | 1 | 0 |
| | 1999 | 부산 | 4 | 4 | 1 | 0 | 0 | 2 | 0 | 0 |
| | 2000 | 부산 | 5 | 4 | 0 | 0 | 0 | 1 | 0 | 0 |
| 통산 | | | 80 | 73 | 2 | 2 | 0 | 47 | 9 | 0 |

**권혁관**(權赫寬) 관동대(가톨릭관동대) 1990.09.09

| 대회 | 연도 | 소속 | 출전 | 교체 | 득점 | 도움 | 실점 | 파울 | 경고 | 퇴장 |
|---|---|---|---|---|---|---|---|---|---|---|
| K2 | 2013 | 충주 | 6 | 6 | 0 | 0 | 0 | 4 | 2 | 0 |
| 통산 | | | 6 | 6 | 0 | 0 | 0 | 4 | 2 | 0 |

**권혁규**(權赫奎) 개성고 2001.03.13

| 대회 | 연도 | 소속 | 출전 | 교체 | 득점 | 도움 | 실점 | 파울 | 경고 | 퇴장 |
|---|---|---|---|---|---|---|---|---|---|---|
| K1 | 2020 | 부산 | 16 | 13 | 1 | 0 | 0 | 23 | 4 | 0 |
| | 2022 | 김천 | 19 | 10 | 0 | 0 | 0 | 17 | 2 | 0 |
| K2 | 2019 | 부산 | 2 | 2 | 0 | 0 | 0 | 2 | 1 | 0 |
| | 2021 | 김천 | 14 | 4 | 0 | 1 | 0 | 35 | 4 | 0 |
| | 2022 | 부산 | 5 | 2 | 0 | 1 | 0 | 13 | 2 | 0 |
| | 2023 | 부산 | 20 | 4 | 2 | 0 | 0 | 26 | 4 | 0 |
| 통산 | | | 76 | 35 | 3 | 2 | 0 | 116 | 17 | 0 |

**권혁진**(權赫辰) 울산대 1984.12.25

| 대회 | 연도 | 소속 | 출전 | 교체 | 득점 | 도움 | 실점 | 파울 | 경고 | 퇴장 |
|---|---|---|---|---|---|---|---|---|---|---|
| K1 | 2007 | 울산 | 7 | 7 | 1 | 0 | 0 | 3 | 0 | 0 |
| | 2008 | 대전 | 9 | 7 | 0 | 1 | 0 | 10 | 1 | 0 |
| | 2009 | 광주상무 | 2 | 1 | 0 | 0 | 0 | 0 | 0 | 0 |
| | 2010 | 대전 | 1 | 1 | 0 | 0 | 0 | 0 | 0 | 0 |
| 컵 | 2007 | 울산 | 2 | 1 | 0 | 0 | 0 | 7 | 0 | 0 |
| | 2008 | 대전 | 9 | 5 | 2 | 2 | 0 | 20 | 0 | 0 |
| | 2009 | 광주상무 | 1 | 1 | 0 | 0 | 0 | 2 | 0 | 0 |
| | 2010 | 대전 | 1 | 1 | 0 | 0 | 0 | 0 | 0 | 0 |
| 통산 | | | 32 | 24 | 3 | 3 | 0 | 42 | 1 | 0 |

**권혁진**(權赫珍) 숭실대 1988.03.23

| 대회 | 연도 | 소속 | 출전 | 교체 | 득점 | 도움 | 실점 | 파울 | 경고 | 퇴장 |
|---|---|---|---|---|---|---|---|---|---|---|
| K1 | 2011 | 인천 | 1 | 1 | 0 | 0 | 0 | 1 | 0 | 0 |
| | 2013 | 인천 | 0 | 0 | 0 | 0 | 0 | 0 | 0 | 0 |
| | 2014 | 인천 | 6 | 6 | 0 | 0 | 0 | 4 | 1 | 0 |
| | 2016 | 수원FC | 5 | 4 | 0 | 0 | 0 | 9 | 1 | 0 |
| K2 | 2013 | 경찰 | 17 | 14 | 0 | 2 | 0 | 17 | 2 | 0 |
| 컵 | 2011 | 인천 | 1 | 1 | 0 | 0 | 0 | 1 | 0 | 0 |
| 통산 | | | 30 | 26 | 0 | 2 | 0 | 32 | 4 | 0 |

**권혁태**(權赫台) 경희대 1985.08.28

| 대회 | 연도 | 소속 | 출전 | 교체 | 득점 | 도움 | 실점 | 파울 | 경고 | 퇴장 |
|---|---|---|---|---|---|---|---|---|---|---|
| 컵 | 2008 | 대전 | 0 | 0 | 0 | 0 | 0 | 0 | 0 | 0 |
| 통산 | | | 0 | 0 | 0 | 0 | 0 | 0 | 0 | 0 |

**권혁표**(權赫杓) 중앙대 1962.05.25

| 대회 | 연도 | 소속 | 출전 | 교체 | 득점 | 도움 | 실점 | 파울 | 경고 | 퇴장 |
|---|---|---|---|---|---|---|---|---|---|---|
| K1 | 1985 | 한일은행 | 17 | 7 | 2 | 0 | 0 | 15 | 0 | 0 |
| | 1986 | 한일은행 | 15 | 3 | 2 | 0 | 0 | 28 | 0 | 0 |
| 통산 | | | 32 | 10 | 4 | 0 | 0 | 43 | 0 | 0 |

**권현민**(權賢旼) 대구대 1991.04.11

| 대회 | 연도 | 소속 | 출전 | 교체 | 득점 | 도움 | 실점 | 파울 | 경고 | 퇴장 |
|---|---|---|---|---|---|---|---|---|---|---|
| K2 | 2014 | 충주 | 0 | 0 | 0 | 0 | 0 | 0 | 0 | 0 |
| 통산 | | | 0 | 0 | 0 | 0 | 0 | 0 | 0 | 0 |

**권형선**(權亨宣) 단국대 1987.05.22

| 대회 | 연도 | 소속 | 출전 | 교체 | 득점 | 도움 | 실점 | 파울 | 경고 | 퇴장 |
|---|---|---|---|---|---|---|---|---|---|---|
| 컵 | 2010 | 제주 | 1 | 1 | 0 | 0 | 0 | 0 | 0 | 0 |
| | 2011 | 전남 | 0 | 0 | 0 | 0 | 0 | 0 | 0 | 0 |
| 통산 | | | 1 | 1 | 0 | 0 | 0 | 0 | 0 | 0 |

**권형정**(權衡正) 한양대 1967.05.19

| 대회 | 연도 | 소속 | 출전 | 교체 | 득점 | 도움 | 실점 | 파울 | 경고 | 퇴장 |
|---|---|---|---|---|---|---|---|---|---|---|
| K1 | 1990 | 포항제철 | 21 | 3 | 1 | 0 | 0 | 26 | 1 | 0 |
| | 1991 | 포항제철 | 37 | 9 | 1 | 0 | 0 | 26 | 1 | 0 |
| | 1992 | 포항제철 | 28 | 3 | 0 | 1 | 0 | 25 | 2 | 0 |
| | 1993 | 포항제철 | 28 | 1 | 0 | 0 | 0 | 25 | 2 | 0 |
| | 1994 | 포항제철 | 13 | 1 | 1 | 1 | 0 | 10 | 1 | 0 |
| 컵 | 1992 | 포항제철 | 7 | 1 | 0 | 0 | 0 | 8 | 1 | 0 |
| | 1993 | 포항제철 | 5 | 0 | 0 | 0 | 0 | 5 | 1 | 0 |
| | 1994 | 포항제철 | 6 | 2 | 0 | 2 | 0 | 6 | 0 | 0 |
| 통산 | | | 145 | 20 | 3 | 4 | 0 | 131 | 9 | 0 |

**그랜트**(Alexander Ian Grant) 오스트레일리아 1994.01.23

| 대회 | 연도 | 소속 | 출전 | 교체 | 득점 | 도움 | 실점 | 파울 | 경고 | 퇴장 |
|---|---|---|---|---|---|---|---|---|---|---|
| K1 | 2021 | 포항 | 16 | 4 | 2 | 1 | 0 | 18 | 7 | 1 |
| | 2022 | 포항 | 27 | 3 | 2 | 0 | 0 | 17 | 5 | 0 |
| | 2023 | 포항 | 32 | 2 | 4 | 0 | 0 | 11 | 6 | 0 |
| 통산 | | | 75 | 9 | 8 | 1 | 0 | 46 | 18 | 1 |

**그로닝**(Sebastian Grønning Andersen) 덴마크 1997.02.03

| 대회 | 연도 | 소속 | 출전 | 교체 | 득점 | 도움 | 실점 | 파울 | 경고 | 퇴장 |
|---|---|---|---|---|---|---|---|---|---|---|
| K1 | 2022 | 수원 | 14 | 13 | 0 | 0 | 0 | 18 | 4 | 0 |
| 통산 | | | 14 | 13 | 0 | 0 | 0 | 18 | 4 | 0 |

**글레이손** (Gleyson Garcia de Oliveira) 브라질 1996.11.19

| 대회 | 연도 | 소속 | 출전 | 교체 | 득점 | 도움 | 실점 | 파울 | 경고 | 퇴장 |
|---|---|---|---|---|---|---|---|---|---|---|
| K2 | 2023 | 경남 | 34 | 28 | 13 | 2 | 0 | 30 | 2 | 0 |
| PO | 2023 | 경남 | 1 | 0 | 0 | 0 | 0 | 1 | 0 | 0 |
| 통산 | | | 35 | 28 | 13 | 2 | 0 | 31 | 2 | 0 |

**금교진**(琴敎眞) 영남대 1992.01.03

| 대회 | 연도 | 소속 | 출전 | 교체 | 득점 | 도움 | 실점 | 파울 | 경고 | 퇴장 |
|---|---|---|---|---|---|---|---|---|---|---|
| K1 | 2015 | 대전 | 15 | 5 | 0 | 0 | 0 | 14 | 1 | 0 |
| K2 | 2014 | 대구 | 15 | 1 | 2 | 0 | 0 | 21 | 3 | 0 |
| | 2015 | 대구 | 2 | 2 | 0 | 0 | 0 | 0 | 0 | 0 |
| | 2017 | 서울E | 24 | 8 | 2 | 2 | 0 | 29 | 3 | 0 |
| 통산 | | | 56 | 16 | 4 | 2 | 0 | 64 | 7 | 0 |

**기가**(Ivan Giga Vukovic) 몬테네그로 1987.02.09

| 대회 | 연도 | 소속 | 출전 | 교체 | 득점 | 도움 | 실점 | 파울 | 경고 | 퇴장 |
|---|---|---|---|---|---|---|---|---|---|---|
| K1 | 2013 | 성남일화 | 11 | 12 | 3 | 0 | 0 | 10 | 3 | 0 |
| | 2014 | 성남 | 1 | 1 | 0 | 0 | 0 | 0 | 0 | 0 |
| 통산 | | | 12 | 13 | 3 | 0 | 0 | 10 | 3 | 0 |

**기성용**(奇誠庸) 금호고 1989.01.24

| 대회 | 연도 | 소속 | 출전 | 교체 | 득점 | 도움 | 실점 | 파울 | 경고 | 퇴장 |
|---|---|---|---|---|---|---|---|---|---|---|
| K1 | 2007 | 서울 | 16 | 6 | 0 | 0 | 0 | 43 | 3 | 0 |
| | 2008 | 서울 | 18 | 7 | 4 | 0 | 0 | 29 | 6 | 0 |
| | 2009 | 서울 | 26 | 7 | 3 | 8 | 0 | 40 | 4 | 0 |
| | 2020 | 서울 | 5 | 6 | 0 | 0 | 0 | 3 | 0 | 0 |
| | 2021 | 서울 | 35 | 10 | 3 | 1 | 0 | 37 | 3 | 0 |
| | 2022 | 서울 | 35 | 10 | 0 | 1 | 0 | 24 | 7 | 0 |
| | 2023 | 서울 | 35 | 17 | 2 | 4 | 0 | 33 | 5 | 0 |
| | 2024 | 서울 | 20 | 4 | 2 | 5 | 0 | 13 | 3 | 0 |
| | 2025 | 서울 | 8 | 5 | 0 | 0 | 0 | 2 | 0 | 0 |
| | 2025 | 포항 | 16 | 15 | 0 | 2 | 0 | 5 | 1 | 0 |
| PO | 2008 | 서울 | 3 | 0 | 0 | 1 | 0 | 5 | 1 | 0 |
| | 2009 | 서울 | 1 | 0 | 0 | 1 | 0 | 1 | 0 | 0 |
| 컵 | 2006 | 서울 | 0 | 0 | 0 | 0 | 0 | 0 | 0 | 0 |
| | 2007 | 서울 | 6 | 5 | 0 | 0 | 0 | 6 | 1 | 0 |
| | 2008 | 서울 | 6 | 3 | 0 | 1 | 0 | 10 | 3 | 0 |
| | 2009 | 서울 | 4 | 1 | 1 | 1 | 0 | 9 | 2 | 0 |
| 통산 | | | 234 | 96 | 15 | 25 | 0 | 260 | 39 | 0 |

**기요소프**(Khurshid Giyosov) 우즈베키스탄 1995.04.13

| 대회 | 연도 | 소속 | 출전 | 교체 | 득점 | 도움 | 실점 | 파울 | 경고 | 퇴장 |
|---|---|---|---|---|---|---|---|---|---|---|
| K2 | 2020 | 안양 | 4 | 4 | 1 | 0 | 0 | 3 | 0 | 0 |
| 통산 | | | 4 | 4 | 1 | 0 | 0 | 3 | 0 | 0 |

**기현서**(奇賢舒) 고려대 1984.05.06

| 대회 | 연도 | 소속 | 출전 | 교체 | 득점 | 도움 | 실점 | 파울 | 경고 | 퇴장 |
|---|---|---|---|---|---|---|---|---|---|---|
| K1 | 2008 | 경남 | 0 | 0 | 0 | 0 | 0 | 0 | 0 | 0 |
| 컵 | 2007 | 경남 | 4 | 1 | 0 | 0 | 0 | 7 | 1 | 0 |
| 통산 | | | 4 | 1 | 0 | 0 | 0 | 7 | 1 | 0 |

**기호영**(奇豪榮) 경기대 1977.01.20

| 대회 | 연도 | 소속 | 출전 | 교체 | 득점 | 도움 | 실점 | 파울 | 경고 | 퇴장 |
|---|---|---|---|---|---|---|---|---|---|---|
| K1 | 1999 | 부산 | 0 | 0 | 0 | 0 | 0 | 0 | 0 | 0 |
| 통산 | | | 0 | 0 | 0 | 0 | 0 | 0 | 0 | 0 |

**길영태**(吉永泰) 관동대(가톨릭관동대) 1991.06.15

| 대회 | 연도 | 소속 | 출전 | 교체 | 득점 | 도움 | 실점 | 파울 | 경고 | 퇴장 |
|---|---|---|---|---|---|---|---|---|---|---|
| K1 | 2014 | 포항 | 1 | 0 | 0 | 0 | 0 | 3 | 1 | 0 |
| K2 | 2016 | 강원 | 4 | 1 | 0 | 0 | 0 | 9 | 1 | 0 |
| PO | 2016 | 강원 | 3 | 1 | 0 | 0 | 0 | 3 | 2 | 0 |
| 통산 | | | 8 | 2 | 0 | 0 | 0 | 15 | 4 | 0 |

**김강국**(金康國) 인천대 1997.01.07

| 대회 | 연도 | 소속 | 출전 | 교체 | 득점 | 도움 | 실점 | 파울 | 경고 | 퇴장 |
|---|---|---|---|---|---|---|---|---|---|---|
| K1 | 2019 | 인천 | 3 | 0 | 0 | 0 | 0 | 5 | 0 | 0 |
| | 2024 | 강원 | 32 | 25 | 0 | 1 | 0 | 26 | 1 | 0 |
| | 2025 | 강원 | 25 | 17 | 1 | 1 | 0 | 17 | 5 | 0 |
| K2 | 2020 | 충남아산 | 10 | 2 | 0 | 0 | 0 | 8 | 0 | 0 |
| | 2021 | 충남아산 | 31 | 6 | 2 | 4 | 0 | 37 | 4 | 0 |
| | 2022 | 충남아산 | 36 | 11 | 5 | 3 | 0 | 37 | 3 | 0 |
| | 2023 | 충남아산 | 36 | 3 | 3 | 2 | 0 | 26 | 2 | 0 |
| 통산 | | | 173 | 64 | 11 | 11 | 0 | 156 | 15 | 0 |

**김강남**(金岡南) 고려대 1954.07.19

| 대회 | 연도 | 소속 | 출전 | 교체 | 득점 | 도움 | 실점 | 파울 | 경고 | 퇴장 |
|---|---|---|---|---|---|---|---|---|---|---|
| K1 | 1983 | 유공 | 13 | 5 | 1 | 2 | 0 | 9 | 1 | 0 |
| | 1984 | 대우 | 3 | 3 | 0 | 0 | 0 | 0 | 1 | 0 |
| 통산 | | | 16 | 8 | 1 | 2 | 0 | 9 | 2 | 0 |

**김강산**(金江山) 대구대 1998.09.15

| 대회 | 연도 | 소속 | 출전 | 교체 | 득점 | 도움 | 실점 | 파울 | 경고 | 퇴장 |
|---|---|---|---|---|---|---|---|---|---|---|
| K1 | 2023 | 대구 | 25 | 13 | 1 | 0 | 0 | 15 | 3 | 0 |
| | 2024 | 대구 | 9 | 1 | 0 | 0 | 0 | 3 | 2 | 0 |
| | 2024 | 김천 | 11 | 6 | 0 | 0 | 0 | 7 | 0 | 0 |
| | 2025 | 김천 | 19 | 2 | 2 | 0 | 0 | 25 | 3 | 0 |
| | 2025 | 대구 | 4 | 1 | 0 | 0 | 0 | 1 | 0 | 0 |
| K2 | 2020 | 부천 | 20 | 1 | 0 | 0 | 0 | 24 | 4 | 0 |
| | 2021 | 부천 | 18 | 0 | 0 | 0 | 0 | 23 | 2 | 0 |
| | 2022 | 부천 | 37 | 2 | 1 | 2 | 0 | 45 | 6 | 0 |
| PO | 2022 | 부천 | 1 | 0 | 0 | 0 | 0 | 2 | 0 | 0 |
| 통산 | | | 144 | 26 | 4 | 2 | 0 | 145 | 20 | 0 |

**김강선**(金强善) 호남대 1979.05.23

| 대회 | 연도 | 소속 | 출전 | 교체 | 득점 | 도움 | 실점 | 파울 | 경고 | 퇴장 |
|---|---|---|---|---|---|---|---|---|---|---|
| K1 | 2002 | 전남 | 4 | 3 | 0 | 0 | 0 | 7 | 0 | 0 |
| | 2003 | 전남 | 1 | 1 | 0 | 0 | 0 | 1 | 0 | 0 |
| 컵 | 2002 | 전남 | 1 | 1 | 0 | 0 | 0 | 0 | 0 | 0 |
| 통산 | | | 6 | 5 | 0 | 0 | 0 | 8 | 0 | 0 |

**김강호**(金鋼浩) 동국대 2002.09.28

| 대회 | 연도 | 소속 | 출전 | 교체 | 득점 | 도움 | 실점 | 파울 | 경고 | 퇴장 |
|---|---|---|---|---|---|---|---|---|---|---|
| K2 | 2025 | 서울E | 1 | 1 | 0 | 0 | 0 | 2 | 0 | 0 |
| 통산 | | | 1 | 1 | 0 | 0 | 0 | 2 | 0 | 0 |

**김건오**(金建旿) 연세대 2001.08.13

| 대회 | 연도 | 소속 | 출전 | 교체 | 득점 | 도움 | 실점 | 파울 | 경고 | 퇴장 |
|---|---|---|---|---|---|---|---|---|---|---|
| K2 | 2022 | 전남 | 2 | 2 | 0 | 0 | 0 | 0 | 0 | 0 |
| | 2023 | 전남 | 7 | 7 | 1 | 0 | 0 | 0 | 0 | 0 |
| | 2024 | 전남 | 18 | 16 | 0 | 1 | 0 | 13 | 2 | 0 |
| | 2025 | 안산 | 21 | 13 | 2 | 1 | 0 | 23 | 4 | 0 |
| PO | 2024 | 전남 | 1 | 1 | 0 | 0 | 0 | 2 | 0 | 0 |
| 통산 | | | 49 | 39 | 3 | 2 | 0 | 38 | 6 | 0 |

**김건웅**(金健雄) 울산현대고 1997.08.29

| 대회 | 연도 | 소속 | 출전 | 교체 | 득점 | 도움 | 실점 | 파울 | 경고 | 퇴장 |
|---|---|---|---|---|---|---|---|---|---|---|
| K1 | 2016 | 울산 | 12 | 8 | 0 | 0 | 0 | 12 | 2 | 0 |
| | 2017 | 울산 | 2 | 2 | 0 | 0 | 0 | 4 | 0 | 0 |
| | 2018 | 울산 | 2 | 2 | 0 | 0 | 0 | 4 | 0 | 0 |
| | 2021 | 수원FC | 34 | 13 | 1 | 0 | 0 | 46 | 7 | 0 |
| | 2022 | 수원FC | 36 | 6 | 2 | 2 | 0 | 28 | 2 | 0 |
| | 2023 | 전북 | 11 | 6 | 0 | 0 | 0 | 7 | 4 | 0 |
| | 2023 | 제주 | 12 | 7 | 2 | 0 | 0 | 15 | 2 | 0 |
| | 2024 | 제주 | 18 | 11 | 0 | 0 | 0 | 15 | 2 | 0 |
| | 2025 | 제주 | 12 | 7 | 0 | 0 | 0 | 15 | 1 | 0 |
| K2 | 2019 | 전남 | 33 | 14 | 3 | 1 | 0 | 33 | 4 | 0 |
| | 2020 | 수원FC | 25 | 6 | 1 | 0 | 0 | 41 | 7 | 0 |
| | 2025 | 인천 | 20 | 6 | 0 | 0 | 0 | 12 | 3 | 0 |
| PO | 2020 | 수원FC | 1 | 0 | 0 | 0 | 0 | 1 | 0 | 0 |
| 통산 | | | 218 | 88 | 9 | 3 | 0 | 233 | 34 | 0 |

**김건형**(金建衡) 경희대 1979.09.11

| 대회 | 연도 | 소속 | 출전 | 교체 | 득점 | 도움 | 실점 | 파울 | 경고 | 퇴장 |
|---|---|---|---|---|---|---|---|---|---|---|
| K1 | 2000 | 울산 | 15 | 5 | 0 | 2 | 0 | 20 | 0 | 1 |
| | 2002 | 울산 | 1 | 1 | 0 | 0 | 0 | 1 | 0 | 0 |
| | 2003 | 대구 | 8 | 8 | 2 | 0 | 0 | 11 | 1 | 0 |
| | 2004 | 대구 | 1 | 1 | 0 | 0 | 0 | 1 | 0 | 0 |
| 컵 | 2000 | 울산 | 10 | 5 | 1 | 0 | 0 | 23 | 2 | 0 |
| | 2001 | 울산 | 1 | 1 | 0 | 0 | 0 | 1 | 0 | 0 |
| | 2002 | 울산 | 1 | 1 | 0 | 0 | 0 | 2 | 0 | 0 |
| | 2004 | 대구 | 4 | 4 | 1 | 0 | 0 | 5 | 1 | 0 |
| 통산 | | | 41 | 26 | 4 | 2 | 0 | 64 | 4 | 1 |

**김건호**(金乾鎬) 단국대 1990.11.28

| 대회 | 연도 | 소속 | 출전 | 교체 | 득점 | 도움 | 실점 | 파울 | 경고 | 퇴장 |
|---|---|---|---|---|---|---|---|---|---|---|
| K2 | 2013 | 부천 | 22 | 3 | 0 | 0 | 0 | 32 | 2 | 0 |
| | 2014 | 부천 | 4 | 0 | 0 | 0 | 0 | 10 | 3 | 0 |
| 통산 | | | 26 | 3 | 0 | 0 | 0 | 42 | 5 | 0 |

**김건희**(金健熙) 고려대 1995.02.22

| 대회 | 연도 | 소속 | 출전 | 교체 | 득점 | 도움 | 실점 | 파울 | 경고 | 퇴장 |
|---|---|---|---|---|---|---|---|---|---|---|
| K1 | 2016 | 수원 | 20 | 17 | 1 | 3 | 0 | 30 | 4 | 0 |
| | 2017 | 수원 | 7 | 7 | 0 | 1 | 0 | 4 | 0 | 0 |
| | 2018 | 수원 | 9 | 7 | 1 | 0 | 0 | 11 | 1 | 0 |
| | 2019 | 상주 | 10 | 1 | 8 | 1 | 0 | 10 | 0 | 0 |
| | 2020 | 수원 | 17 | 12 | 2 | 0 | 0 | 18 | 2 | 0 |
| | 2021 | 수원 | 24 | 17 | 6 | 1 | 0 | 24 | 3 | 0 |
| | 2022 | 수원 | 12 | 6 | 2 | 0 | 0 | 10 | 1 | 1 |
| | 2025 | 강원 | 20 | 15 | 5 | 0 | 0 | 22 | 2 | 0 |
| 통산 | | | 119 | 82 | 25 | 6 | 0 | 129 | 13 | 1 |

**김건희**(金建熙) 장안대 2002.09.16

| 대회 | 연도 | 소속 | 출전 | 교체 | 득점 | 도움 | 실점 | 파울 | 경고 | 퇴장 |
|---|---|---|---|---|---|---|---|---|---|---|
| K1 | 2023 | 인천 | 9 | 7 | 0 | 0 | 0 | 3 | 1 | 0 |
| | 2024 | 인천 | 28 | 11 | 0 | 1 | 0 | 21 | 3 | 0 |
| K2 | 2025 | 인천 | 39 | 0 | 1 | 2 | 0 | 23 | 3 | 0 |
| 통산 | | | 76 | 18 | 1 | 3 | 0 | 47 | 7 | 0 |

**김결**(金결) 경기항공고 2005.01.14

| 대회 | 연도 | 소속 | 출전 | 교체 | 득점 | 도움 | 실점 | 파울 | 경고 | 퇴장 |
|---|---|---|---|---|---|---|---|---|---|---|
| K2 | 2024 | 서울E | 12 | 12 | 1 | 1 | 0 | 3 | 0 | 0 |
| | 2025 | 김포 | 28 | 28 | 2 | 2 | 0 | 13 | 2 | 0 |
| 통산 | | | 40 | 40 | 3 | 3 | 0 | 16 | 2 | 0 |

**김경국**(金慶國) 부경대 1988.10.29

| 대회 | 연도 | 소속 | 출전 | 교체 | 득점 | 도움 | 실점 | 파울 | 경고 | 퇴장 |
|---|---|---|---|---|---|---|---|---|---|---|
| K1 | 2011 | 대전 | 0 | 0 | 0 | 0 | 0 | 0 | 0 | 0 |
| 컵 | 2011 | 대전 | 1 | 1 | 0 | 0 | 0 | 0 | 0 | 0 |
| 통산 | | | 1 | 1 | 0 | 0 | 0 | 0 | 0 | 0 |

**김경도**(金炅度) 경기대 1985.06.02

| 대회 | 연도 | 소속 | 출전 | 교체 | 득점 | 도움 | 실점 | 파울 | 경고 | 퇴장 |
|---|---|---|---|---|---|---|---|---|---|---|
| K1 | 2009 | 대전 | 1 | 1 | 0 | 0 | 0 | 0 | 0 | 0 |
| | 2010 | 대전 | 1 | 1 | 0 | 0 | 0 | 0 | 0 | 0 |
| 통산 | | | 2 | 2 | 0 | 0 | 0 | 0 | 0 | 0 |

**김경래**(金京來) 명지대 1964.03.18

| 대회 | 연도 | 소속 | 출전 | 교체 | 득점 | 도움 | 실점 | 파울 | 경고 | 퇴장 |
|---|---|---|---|---|---|---|---|---|---|---|
| K1 | 1988 | 대우 | 11 | 9 | 0 | 0 | 0 | 2 | 0 | 0 |
| | 1989 | 대우 | 10 | 9 | 0 | 0 | 0 | 3 | 0 | 0 |
| | 1990 | 대우 | 5 | 5 | 0 | 0 | 0 | 3 | 0 | 0 |
| | 1991 | 대우 | 16 | 7 | 0 | 0 | 0 | 13 | 0 | 0 |
| | 1992 | 대우 | 9 | 7 | 0 | 0 | 0 | 4 | 1 | 0 |

| 대회 | 연도 | 소속 | 출전 | 교체 | 득점 | 도움 | 실점 | 파울 | 경고 | 퇴장 |
|---|---|---|---|---|---|---|---|---|---|---|
| | 1993 | 대우 | 8 | 8 | 0 | 0 | 0 | 6 | 0 | 0 |
| | 1994 | 버팔로 | 29 | 1 | 10 | 3 | 0 | 12 | 3 | 0 |
| | 1995 | 전북 | 22 | 4 | 0 | 0 | 0 | 18 | 1 | 0 |
| | 1996 | 전북 | 12 | 7 | 2 | 0 | 0 | 12 | 2 | 0 |
| | 1997 | 전북 | 10 | 6 | 0 | 0 | 0 | 12 | 1 | 0 |
| 컵 | 1992 | 대우 | 2 | 1 | 0 | 1 | 0 | 1 | 0 | 0 |
| | 1994 | 버팔로 | 6 | 0 | 1 | 0 | 0 | 8 | 1 | 0 |
| | 1995 | 전북 | 7 | 0 | 1 | 0 | 0 | 7 | 0 | 0 |
| | 1996 | 전북 | 7 | 1 | 0 | 1 | 0 | 5 | 0 | 0 |
| | 1997 | 전북 | 14 | 9 | 0 | 0 | 0 | 15 | 2 | 0 |
| 통산 | | | 168 | 74 | 14 | 5 | 0 | 121 | 11 | 0 |

**김경량**(金京亮) 숭실대 1973.12.22

| 대회 | 연도 | 소속 | 출전 | 교체 | 득점 | 도움 | 실점 | 파울 | 경고 | 퇴장 |
|---|---|---|---|---|---|---|---|---|---|---|
| K1 | 1996 | 전북 | 16 | 12 | 0 | 1 | 0 | 22 | 3 | 0 |
| | 1997 | 전북 | 1 | 1 | 0 | 0 | 0 | 0 | 0 | 0 |
| | 1998 | 전북 | 16 | 3 | 0 | 1 | 0 | 27 | 0 | 0 |
| | 1999 | 전북 | 19 | 7 | 0 | 2 | 0 | 37 | 0 | 0 |
| | 2000 | 전북 | 26 | 4 | 1 | 1 | 0 | 36 | 3 | 0 |
| | 2001 | 전북 | 21 | 7 | 0 | 0 | 0 | 34 | 3 | 0 |
| | 2002 | 전북 | 23 | 1 | 0 | 2 | 0 | 59 | 4 | 1 |
| | 2003 | 전북 | 41 | 6 | 0 | 4 | 0 | 139 | 7 | 0 |
| | 2004 | 전북 | 20 | 4 | 0 | 0 | 0 | 47 | 4 | 0 |
| | 2005 | 전북 | 10 | 4 | 0 | 0 | 0 | 24 | 2 | 0 |
| | 2006 | 전북 | 0 | 0 | 0 | 0 | 0 | 0 | 0 | 0 |
| PO | 2000 | 전북 | 1 | 1 | 0 | 0 | 0 | 5 | 0 | 0 |
| 컵 | 1996 | 전북 | 5 | 3 | 0 | 0 | 0 | 7 | 3 | 0 |
| | 1997 | 전북 | 3 | 2 | 0 | 0 | 0 | 3 | 1 | 0 |
| | 1998 | 전북 | 16 | 5 | 0 | 1 | 0 | 34 | 4 | 0 |
| | 1999 | 전북 | 5 | 0 | 0 | 0 | 0 | 9 | 1 | 1 |
| | 2000 | 전북 | 9 | 4 | 0 | 0 | 0 | 14 | 0 | 0 |
| | 2001 | 전북 | 5 | 5 | 0 | 0 | 0 | 6 | 0 | 0 |
| | 2002 | 전북 | 8 | 1 | 0 | 0 | 0 | 18 | 2 | 0 |
| | 2004 | 전북 | 12 | 3 | 1 | 2 | 0 | 31 | 2 | 0 |
| | 2005 | 전북 | 4 | 1 | 0 | 0 | 0 | 15 | 0 | 0 |
| 통산 | | | 261 | 74 | 2 | 14 | 0 | 567 | 39 | 2 |

**김경민**(金耿民) 연세대 1990.08.15

| 대회 | 연도 | 소속 | 출전 | 교체 | 득점 | 도움 | 실점 | 파울 | 경고 | 퇴장 |
|---|---|---|---|---|---|---|---|---|---|---|
| K1 | 2014 | 상주 | 0 | 0 | 0 | 0 | 0 | 0 | 0 | 0 |
| | 2015 | 인천 | 1 | 0 | 0 | 0 | 0 | 2 | 1 | 0 |
| | 2016 | 인천 | 9 | 4 | 0 | 0 | 0 | 11 | 2 | 0 |
| | 2017 | 인천 | 14 | 6 | 0 | 0 | 0 | 13 | 3 | 0 |
| K2 | 2013 | 부천 | 13 | 2 | 1 | 0 | 0 | 16 | 4 | 0 |
| | 2015 | 상주 | 1 | 1 | 0 | 0 | 0 | 0 | 0 | 0 |
| | 2020 | 경남 | 8 | 3 | 0 | 0 | 0 | 12 | 3 | 0 |
| 통산 | | | 46 | 16 | 1 | 0 | 0 | 54 | 13 | 0 |

**김경민**(金耿民) 한양대 1991.11.01

| 대회 | 연도 | 소속 | 출전 | 교체 | 득점 | 도움 | 실점 | 파울 | 경고 | 퇴장 |
|---|---|---|---|---|---|---|---|---|---|---|
| K1 | 2014 | 제주 | 2 | 1 | 0 | 0 | 0 | 0 | 0 | 0 |
| | 2015 | 제주 | 7 | 0 | 0 | 0 | 11 | 1 | 1 | 0 |
| | 2016 | 제주 | 10 | 1 | 0 | 0 | 18 | 0 | 1 | 0 |
| | 2018 | 제주 | 2 | 0 | 0 | 0 | 3 | 1 | 1 | 0 |
| | 2023 | 광주 | 26 | 1 | 0 | 0 | 22 | 1 | 1 | 0 |
| | 2024 | 광주 | 36 | 0 | 0 | 0 | 45 | 0 | 1 | 1 |
| | 2025 | 광주 | 33 | 1 | 0 | 0 | 34 | 0 | 3 | 0 |
| K2 | 2017 | 부산 | 14 | 0 | 0 | 0 | 11 | 0 | 1 | 0 |
| | 2021 | 서울E | 34 | 0 | 0 | 0 | 34 | 0 | 0 | 0 |
| | 2022 | 광주 | 34 | 0 | 0 | 0 | 28 | 0 | 2 | 0 |
| PO | 2017 | 부산 | 0 | 0 | 0 | 0 | 0 | 0 | 0 | 0 |
| 통산 | | | 198 | 4 | 0 | 0 | 206 | 3 | 11 | 1 |

**김경민**(金烱珉) 전주대 1997.01.22

| 대회 | 연도 | 소속 | 출전 | 교체 | 득점 | 도움 | 실점 | 파울 | 경고 | 퇴장 |
|---|---|---|---|---|---|---|---|---|---|---|
| K1 | 2018 | 전남 | 20 | 16 | 1 | 0 | 0 | 20 | 1 | 0 |
| | 2022 | 김천 | 24 | 22 | 7 | 2 | 0 | 15 | 2 | 0 |
| | 2023 | 서울 | 9 | 10 | 2 | 0 | 0 | 3 | 0 | 0 |
| | 2024 | 서울 | 2 | 3 | 0 | 0 | 0 | 4 | 2 | 0 |
| | 2024 | 강원 | 11 | 12 | 2 | 0 | 0 | 6 | 1 | 0 |
| | 2025 | 강원 | 14 | 13 | 1 | 0 | 0 | 7 | 1 | 1 |
| | 2025 | 수원FC | 18 | 17 | 0 | 2 | 0 | 8 | 0 | 0 |
| K2 | 2019 | 전남 | 26 | 25 | 2 | 1 | 0 | 16 | 1 | 0 |
| | 2020 | 안양 | 21 | 19 | 4 | 0 | 0 | 30 | 0 | 0 |
| | 2021 | 김천 | 3 | 3 | 0 | 0 | 0 | 3 | 0 | 0 |
| | 2021 | 전남 | 2 | 2 | 0 | 0 | 0 | 4 | 0 | 0 |
| PO | 2022 | 김천 | 2 | 2 | 0 | 0 | 0 | 1 | 0 | 0 |
| | 2025 | 수원FC | 2 | 2 | 0 | 0 | 0 | 0 | 0 | 0 |
| 통산 | | | 154 | 146 | 19 | 5 | 0 | 117 | 8 | 1 |

**김경범**(金暻範) 여주상고 1965.03.05

| 대회 | 연도 | 소속 | 출전 | 교체 | 득점 | 도움 | 실점 | 파울 | 경고 | 퇴장 |
|---|---|---|---|---|---|---|---|---|---|---|
| K1 | 1985 | 유공 | 16 | 5 | 0 | 1 | 0 | 10 | 2 | 0 |
| | 1986 | 유공 | 19 | 0 | 1 | 2 | 0 | 17 | 2 | 0 |
| | 1989 | 일화 | 37 | 2 | 1 | 1 | 0 | 33 | 3 | 0 |
| | 1990 | 일화 | 29 | 0 | 1 | 3 | 0 | 21 | 3 | 0 |
| | 1991 | 일화 | 34 | 7 | 3 | 3 | 0 | 31 | 4 | 0 |
| | 1992 | 일화 | 22 | 9 | 0 | 3 | 0 | 19 | 1 | 0 |
| | 1993 | 일화 | 15 | 7 | 0 | 0 | 0 | 6 | 0 | 0 |
| | 1994 | 일화 | 15 | 3 | 1 | 2 | 0 | 18 | 2 | 0 |
| | 1995 | 일화 | 27 | 5 | 1 | 1 | 0 | 34 | 2 | 0 |
| | 1996 | 천안일화 | 27 | 4 | 0 | 8 | 0 | 19 | 2 | 0 |
| | 1997 | 천안일화 | 13 | 7 | 0 | 0 | 0 | 13 | 2 | 0 |
| | 1998 | 부천SK | 18 | 2 | 0 | 5 | 0 | 10 | 0 | 0 |
| PO | 1995 | 일화 | 3 | 0 | 0 | 0 | 0 | 2 | 1 | 0 |
| 컵 | 1986 | 유공 | 13 | 1 | 0 | 0 | 0 | 7 | 1 | 0 |
| | 1992 | 일화 | 7 | 2 | 0 | 0 | 0 | 4 | 1 | 0 |
| | 1993 | 일화 | 3 | 2 | 0 | 0 | 0 | 4 | 0 | 0 |
| | 1994 | 일화 | 2 | 1 | 0 | 0 | 0 | 0 | 0 | 0 |
| | 1995 | 일화 | 2 | 1 | 0 | 1 | 0 | 1 | 0 | 0 |
| | 1996 | 천안일화 | 7 | 0 | 0 | 0 | 0 | 9 | 2 | 0 |
| | 1997 | 천안일화 | 14 | 2 | 1 | 1 | 0 | 5 | 3 | 0 |
| | 1998 | 부천SK | 18 | 5 | 0 | 2 | 0 | 24 | 2 | 0 |
| 통산 | | | 341 | 65 | 9 | 33 | 0 | 287 | 33 | 0 |

**김경수**(金敬秀) 전주대 2000.12.05

| 대회 | 연도 | 소속 | 출전 | 교체 | 득점 | 도움 | 실점 | 파울 | 경고 | 퇴장 |
|---|---|---|---|---|---|---|---|---|---|---|
| K2 | 2022 | 안산 | 24 | 21 | 1 | 0 | 0 | 7 | 1 | 0 |
| 통산 | | | 24 | 21 | 1 | 0 | 0 | 7 | 1 | 0 |

**김경식**(金京植) 중앙대 1961.09.15

| 대회 | 연도 | 소속 | 출전 | 교체 | 득점 | 도움 | 실점 | 파울 | 경고 | 퇴장 |
|---|---|---|---|---|---|---|---|---|---|---|
| K1 | 1984 | 한일은행 | 25 | 0 | 0 | 1 | 0 | 23 | 2 | 0 |
| | 1985 | 한일은행 | 14 | 1 | 1 | 0 | 0 | 17 | 0 | 0 |
| 통산 | | | 39 | 1 | 1 | 1 | 0 | 40 | 2 | 0 |

**김경연**(金敬淵) 건국대 1992.11.03

| 대회 | 연도 | 소속 | 출전 | 교체 | 득점 | 도움 | 실점 | 파울 | 경고 | 퇴장 |
|---|---|---|---|---|---|---|---|---|---|---|
| K2 | 2018 | 광주 | 0 | 0 | 0 | 0 | 0 | 0 | 0 | 0 |
| 통산 | | | 0 | 0 | 0 | 0 | 0 | 0 | 0 | 0 |

**김경열**(金敬烈) 영남대 1974.05.15

| 대회 | 연도 | 소속 | 출전 | 교체 | 득점 | 도움 | 실점 | 파울 | 경고 | 퇴장 |
|---|---|---|---|---|---|---|---|---|---|---|
| K1 | 1998 | 전남 | 3 | 4 | 0 | 0 | 0 | 3 | 0 | 0 |
| PO | 1998 | 전남 | 1 | 1 | 0 | 0 | 0 | 0 | 0 | 0 |
| 컵 | 1997 | 울산 | 3 | 3 | 0 | 0 | 0 | 3 | 1 | 0 |
| | 1998 | 전남 | 2 | 2 | 0 | 0 | 0 | 1 | 0 | 0 |
| 통산 | | | 9 | 10 | 0 | 0 | 0 | 7 | 1 | 0 |

**김경우**(金敬祐) 울산대 1996.09.20

| 대회 | 연도 | 소속 | 출전 | 교체 | 득점 | 도움 | 실점 | 파울 | 경고 | 퇴장 |
|---|---|---|---|---|---|---|---|---|---|---|
| K2 | 2019 | 아산 | 4 | 4 | 0 | 0 | 0 | 4 | 1 | 0 |
| 통산 | | | 4 | 4 | 0 | 0 | 0 | 4 | 1 | 0 |

**김경일**(金景一) 광양제철고 1980.08.30

| 대회 | 연도 | 소속 | 출전 | 교체 | 득점 | 도움 | 실점 | 파울 | 경고 | 퇴장 |
|---|---|---|---|---|---|---|---|---|---|---|
| K1 | 2000 | 전남 | 6 | 5 | 0 | 0 | 0 | 2 | 0 | 0 |
| | 2001 | 전남 | 6 | 6 | 0 | 0 | 0 | 2 | 0 | 0 |
| | 2004 | 대구 | 5 | 5 | 0 | 0 | 0 | 3 | 1 | 0 |
| 컵 | 1999 | 전남 | 3 | 2 | 0 | 0 | 0 | 3 | 0 | 0 |
| | 2000 | 전남 | 2 | 2 | 0 | 0 | 0 | 0 | 1 | 0 |
| | 2001 | 전남 | 6 | 5 | 0 | 0 | 0 | 6 | 1 | 0 |
| | 2004 | 대구 | 1 | 1 | 0 | 1 | 0 | 1 | 0 | 0 |
| 통산 | | | 29 | 26 | 0 | 1 | 0 | 17 | 3 | 0 |

**김경재**(金徑栽) 아주대 1993.07.24

| 대회 | 연도 | 소속 | 출전 | 교체 | 득점 | 도움 | 실점 | 파울 | 경고 | 퇴장 |
|---|---|---|---|---|---|---|---|---|---|---|
| K1 | 2016 | 전남 | 7 | 4 | 0 | 0 | 0 | 1 | 0 | 0 |
| | 2017 | 전남 | 8 | 6 | 0 | 0 | 0 | 2 | 0 | 0 |
| | 2018 | 상주 | 8 | 3 | 0 | 1 | 0 | 5 | 1 | 0 |
| | 2018 | 전남 | 2 | 0 | 0 | 0 | 0 | 0 | 0 | 0 |
| | 2019 | 상주 | 30 | 5 | 0 | 0 | 0 | 18 | 5 | 0 |
| | 2021 | 제주 | 21 | 11 | 1 | 1 | 0 | 18 | 4 | 0 |
| | 2022 | 제주 | 18 | 9 | 0 | 0 | 0 | 16 | 2 | 0 |
| | 2023 | 광주 | 3 | 3 | 0 | 0 | 0 | 0 | 0 | 0 |
| | 2024 | 광주 | 10 | 7 | 0 | 0 | 0 | 2 | 0 | 0 |
| K2 | 2020 | 제주 | 6 | 6 | 0 | 0 | 0 | 4 | 0 | 0 |
| | 2025 | 전남 | 20 | 7 | 0 | 1 | 0 | 18 | 2 | 0 |
| 통산 | | | 133 | 61 | 1 | 3 | 0 | 84 | 14 | 0 |

**김경준**(金京俊) 영남대 1996.10.01

| 대회 | 연도 | 소속 | 출전 | 교체 | 득점 | 도움 | 실점 | 파울 | 경고 | 퇴장 |
|---|---|---|---|---|---|---|---|---|---|---|
| K1 | 2017 | 대구 | 3 | 4 | 0 | 0 | 0 | 2 | 0 | 0 |
| | 2018 | 대구 | 9 | 8 | 1 | 0 | 0 | 8 | 1 | 1 |
| | 2024 | 김천 | 5 | 5 | 0 | 2 | 0 | 4 | 2 | 0 |
| | 2025 | 김천 | 7 | 7 | 0 | 0 | 0 | 4 | 0 | 0 |
| K2 | 2018 | 안양 | 18 | 16 | 3 | 3 | 0 | 21 | 1 | 0 |
| | 2019 | 서울E | 26 | 22 | 4 | 2 | 0 | 17 | 1 | 0 |
| | 2020 | 안산 | 10 | 9 | 0 | 0 | 0 | 4 | 1 | 0 |
| | 2022 | 안산 | 25 | 14 | 6 | 0 | 0 | 22 | 1 | 0 |
| | 2023 | 안산 | 33 | 30 | 3 | 4 | 0 | 17 | 2 | 0 |
| | 2024 | 김포 | 8 | 8 | 1 | 0 | 0 | 3 | 2 | 0 |
| | 2025 | 김포 | 3 | 3 | 0 | 0 | 0 | 2 | 0 | 0 |
| 통산 | | | 147 | 126 | 18 | 11 | 0 | 104 | 11 | 1 |

**김경중**(金京中) 고려대 1991.04.16

| 대회 | 연도 | 소속 | 출전 | 교체 | 득점 | 도움 | 실점 | 파울 | 경고 | 퇴장 |
|---|---|---|---|---|---|---|---|---|---|---|
| K1 | 2017 | 강원 | 32 | 31 | 3 | 1 | 0 | 39 | 3 | 0 |
| | 2018 | 강원 | 2 | 2 | 0 | 0 | 0 | 0 | 0 | 0 |
| | 2018 | 상주 | 11 | 10 | 0 | 0 | 0 | 4 | 1 | 0 |
| | 2019 | 상주 | 13 | 12 | 2 | 0 | 0 | 5 | 2 | 0 |
| | 2020 | 강원 | 18 | 13 | 1 | 2 | 0 | 27 | 4 | 0 |
| | 2023 | 수원 | 15 | 15 | 2 | 1 | 0 | 8 | 3 | 0 |
| K2 | 2021 | 안양 | 26 | 23 | 7 | 4 | 0 | 23 | 1 | 0 |
| | 2022 | 안양 | 24 | 22 | 6 | 4 | 0 | 27 | 4 | 0 |
| PO | 2021 | 안양 | 1 | 0 | 0 | 0 | 0 | 3 | 0 | 0 |
| | 2022 | 안양 | 3 | 3 | 0 | 0 | 0 | 1 | 0 | 0 |
| 통산 | | | 145 | 131 | 21 | 12 | 0 | 137 | 18 | 0 |

**김경진**(金慶鎭) 숭실대 1978.03.15

| 대회 | 연도 | 소속 | 출전 | 교체 | 득점 | 도움 | 실점 | 파울 | 경고 | 퇴장 |
|---|---|---|---|---|---|---|---|---|---|---|
| 컵 | 2002 | 부산 | 0 | 0 | 0 | 0 | 0 | 0 | 0 | 0 |
| 통산 | | | 0 | 0 | 0 | 0 | 0 | 0 | 0 | 0 |

**김경춘**(金敬春) 부경대 1984.01.27

| 대회 | 연도 | 소속 | 출전 | 교체 | 득점 | 도움 | 실점 | 파울 | 경고 | 퇴장 |
|---|---|---|---|---|---|---|---|---|---|---|
| K1 | 2010 | 강원 | 2 | 1 | 0 | 0 | 0 | 0 | 0 | 0 |
| 통산 | | | 2 | 1 | 0 | 0 | 0 | 0 | 0 | 0 |

**김경태**(金炅泰) 경북산업대(경일대) 1973.07.05

| 대회 | 연도 | 소속 | 출전 | 교체 | 득점 | 도움 | 실점 | 파울 | 경고 | 퇴장 |
|---|---|---|---|---|---|---|---|---|---|---|
| K1 | 1997 | 부천SK | 10 | 2 | 0 | 0 | 0 | 14 | 1 | 0 |
| | 2000 | 부천SK | 1 | 1 | 0 | 0 | 0 | 1 | 0 | 0 |
| | 2001 | 부천SK | 3 | 1 | 0 | 0 | 0 | 2 | 0 | 0 |
| 컵 | 1997 | 부천SK | 6 | 1 | 0 | 0 | 0 | 16 | 3 | 0 |
| | 1998 | 부천SK | 6 | 6 | 0 | 0 | 0 | 4 | 1 | 0 |
| | 2000 | 부천SK | 0 | 0 | 0 | 0 | 0 | 0 | 0 | 0 |
| | 2001 | 부천SK | 1 | 1 | 0 | 0 | 0 | 1 | 0 | 0 |
| 통산 | | | 27 | 12 | 0 | 0 | 0 | 38 | 5 | 0 |

**김경호**(金景浩) 영남대 1961.10.17

| 대회 | 연도 | 소속 | 출전 | 교체 | 득점 | 도움 | 실점 | 파울 | 경고 | 퇴장 |
|---|---|---|---|---|---|---|---|---|---|---|
| K1 | 1983 | 포항제철 | 14 | 1 | 1 | 0 | 0 | 7 | 0 | 1 |
| | 1984 | 포항제철 | 26 | 1 | 7 | 3 | 0 | 13 | 0 | 0 |
| | 1985 | 포항제철 | 12 | 5 | 0 | 0 | 0 | 11 | 0 | 0 |
| | 1988 | 포항제철 | 5 | 5 | 0 | 0 | 0 | 0 | 0 | 0 |
| 통산 | | | 57 | 12 | 8 | 3 | 0 | 31 | 0 | 1 |

**김관규**(金官奎) 명지대 1976.10.10

대회 연도 소속 출전 교체 득점 도움 실점 파울 경고 퇴장

| K1 | 1995 | 대우 | 1 | 1 | 1 | 0 | 0 | 3 | 1 | 0 |
|---|---|---|---|---|---|---|---|---|---|---|
| | 2000 | 부산 | 0 | 0 | 0 | 0 | 0 | 0 | 0 | 0 |
| | 2002 | 부산 | 1 | 1 | 0 | 0 | 0 | 2 | 0 | 0 |
| | 2003 | 대구 | 1 | 1 | 0 | 0 | 0 | 0 | 0 | 0 |
| 통산 | | | 3 | 3 | 1 | 0 | 0 | 5 | 1 | 0 |

**김광명**(金光明) 경상대 1961.09.09

| 대회 | 연도 | 소속 | 출전 | 교체 | 득점 | 도움 | 실점 | 파울 | 경고 | 퇴장 |
|---|---|---|---|---|---|---|---|---|---|---|
| K1 | 1985 | 상무 | 7 | 4 | 1 | 0 | 0 | 10 | 0 | 0 |
| 통산 | | | 7 | 4 | 1 | 0 | 0 | 10 | 0 | 0 |

**김광석**(金光奭) 청평고 1983.02.12

| 대회 | 연도 | 소속 | 출전 | 교체 | 득점 | 도움 | 실점 | 파울 | 경고 | 퇴장 |
|---|---|---|---|---|---|---|---|---|---|---|
| K1 | 2003 | 포항 | 9 | 1 | 0 | 0 | 0 | 15 | 3 | 0 |
| | 2004 | 포항 | 0 | 0 | 0 | 0 | 0 | 0 | 0 | 0 |
| | 2005 | 광주상무 | 10 | 1 | 1 | 0 | 0 | 16 | 1 | 0 |
| | 2006 | 광주상무 | 12 | 1 | 0 | 0 | 0 | 10 | 1 | 0 |
| | 2007 | 포항 | 8 | 7 | 0 | 0 | 0 | 14 | 1 | 0 |
| | 2008 | 포항 | 19 | 1 | 1 | 3 | 0 | 40 | 5 | 0 |
| | 2009 | 포항 | 17 | 4 | 0 | 0 | 0 | 12 | 1 | 0 |
| | 2010 | 포항 | 12 | 6 | 0 | 0 | 0 | 10 | 1 | 0 |
| | 2011 | 포항 | 30 | 1 | 0 | 0 | 0 | 26 | 0 | 0 |
| | 2012 | 포항 | 41 | 0 | 1 | 0 | 0 | 51 | 4 | 0 |
| | 2013 | 포항 | 36 | 0 | 0 | 0 | 0 | 35 | 2 | 0 |
| | 2014 | 포항 | 33 | 0 | 2 | 0 | 0 | 37 | 2 | 0 |
| | 2015 | 포항 | 24 | 0 | 0 | 0 | 0 | 14 | 0 | 0 |
| | 2016 | 포항 | 37 | 1 | 1 | 0 | 0 | 28 | 4 | 0 |
| | 2017 | 포항 | 16 | 0 | 1 | 0 | 0 | 13 | 1 | 0 |
| | 2018 | 포항 | 36 | 0 | 3 | 1 | 0 | 15 | 2 | 0 |
| | 2019 | 포항 | 19 | 1 | 0 | 0 | 0 | 11 | 3 | 0 |
| | 2020 | 포항 | 27 | 2 | 0 | 0 | 0 | 23 | 2 | 0 |
| | 2021 | 인천 | 25 | 0 | 1 | 0 | 0 | 14 | 1 | 0 |
| | 2022 | 인천 | 17 | 7 | 0 | 0 | 0 | 5 | 1 | 0 |
| PO | 2007 | 포항 | 4 | 1 | 0 | 0 | 0 | 6 | 0 | 0 |
| | 2008 | 포항 | 1 | 1 | 0 | 0 | 0 | 1 | 0 | 0 |
| | 2011 | 포항 | 1 | 0 | 0 | 0 | 0 | 2 | 0 | 0 |
| 컵 | 2004 | 포항 | 0 | 0 | 0 | 0 | 0 | 0 | 0 | 0 |
| | 2006 | 광주상무 | 2 | 1 | 0 | 0 | 0 | 1 | 0 | 0 |
| | 2007 | 포항 | 5 | 2 | 0 | 1 | 0 | 9 | 1 | 0 |
| | 2008 | 포항 | 1 | 1 | 0 | 0 | 0 | 1 | 0 | 0 |
| | 2009 | 포항 | 2 | 1 | 0 | 0 | 0 | 1 | 0 | 0 |
| | 2010 | 포항 | 4 | 0 | 0 | 0 | 0 | 2 | 0 | 0 |
| | 2011 | 포항 | 3 | 0 | 0 | 0 | 0 | 2 | 0 | 0 |
| 통산 | | | 451 | 40 | 11 | 5 | 0 | 414 | 36 | 0 |

**김광선**(金光善) 안양공고 1983.06.17

| 대회 | 연도 | 소속 | 출전 | 교체 | 득점 | 도움 | 실점 | 파울 | 경고 | 퇴장 |
|---|---|---|---|---|---|---|---|---|---|---|
| K1 | 2002 | 대전 | 4 | 4 | 0 | 0 | 0 | 6 | 2 | 0 |
| 컵 | 2002 | 대전 | 3 | 3 | 0 | 0 | 0 | 2 | 0 | 0 |
| 통산 | | | 7 | 7 | 0 | 0 | 0 | 8 | 2 | 0 |

**김광수**(金光洙) 경신고 1977.03.10

| 대회 | 연도 | 소속 | 출전 | 교체 | 득점 | 도움 | 실점 | 파울 | 경고 | 퇴장 |
|---|---|---|---|---|---|---|---|---|---|---|
| K1 | 1996 | 수원 | 0 | 0 | 0 | 0 | 0 | 0 | 0 | 0 |
| | 2002 | 수원 | 0 | 0 | 0 | 0 | 0 | 0 | 0 | 0 |
| | 2003 | 수원 | 0 | 0 | 0 | 0 | 0 | 0 | 0 | 0 |
| 통산 | | | 0 | 0 | 0 | 0 | 0 | 0 | 0 | 0 |

**김광훈**(金光勳) 한양대 1961.02.20

| 대회 | 연도 | 소속 | 출전 | 교체 | 득점 | 도움 | 실점 | 파울 | 경고 | 퇴장 |
|---|---|---|---|---|---|---|---|---|---|---|
| K1 | 1983 | 유공 | 2 | 2 | 0 | 0 | 0 | 1 | 0 | 0 |
| | 1984 | 럭키금성 | 23 | 4 | 0 | 1 | 0 | 23 | 2 | 0 |
| | 1985 | 럭키금성 | 13 | 3 | 0 | 0 | 0 | 25 | 1 | 0 |
| 통산 | | | 38 | 9 | 0 | 1 | 0 | 49 | 3 | 0 |

**김굉명**(金宏明) 서산시민 1984.02.25

| 대회 | 연도 | 소속 | 출전 | 교체 | 득점 | 도움 | 실점 | 파울 | 경고 | 퇴장 |
|---|---|---|---|---|---|---|---|---|---|---|
| 컵 | 2008 | 경남 | 1 | 1 | 0 | 0 | 0 | 0 | 0 | 0 |
| 통산 | | | 1 | 1 | 0 | 0 | 0 | 0 | 0 | 0 |

**김국진**(金國鎭) 동의대 1978.02.09

| 대회 | 연도 | 소속 | 출전 | 교체 | 득점 | 도움 | 실점 | 파울 | 경고 | 퇴장 |
|---|---|---|---|---|---|---|---|---|---|---|
| K1 | 2002 | 대전 | 12 | 9 | 1 | 0 | 0 | 13 | 1 | 0 |
| | 2003 | 대전 | 2 | 2 | 0 | 0 | 0 | 2 | 0 | 0 |
| 컵 | 2002 | 대전 | 1 | 0 | 0 | 0 | 0 | 1 | 1 | 0 |
| 통산 | | | 15 | 11 | 1 | 0 | 0 | 16 | 2 | 0 |

**김국환**(金國煥) 청주대 1972.09.13

| 대회 | 연도 | 소속 | 출전 | 교체 | 득점 | 도움 | 실점 | 파울 | 경고 | 퇴장 |
|---|---|---|---|---|---|---|---|---|---|---|
| K1 | 1995 | 일화 | 2 | 2 | 1 | 1 | 0 | 2 | 1 | 0 |
| | 1996 | 천안일화 | 3 | 2 | 0 | 0 | 0 | 2 | 0 | 0 |
| 컵 | 1997 | 천안일화 | 4 | 3 | 1 | 0 | 0 | 5 | 1 | 0 |
| 통산 | | | 9 | 7 | 2 | 1 | 0 | 9 | 2 | 0 |

**김군일**(金君佚) 전주기전대 2002.12.06

| 대회 | 연도 | 소속 | 출전 | 교체 | 득점 | 도움 | 실점 | 파울 | 경고 | 퇴장 |
|---|---|---|---|---|---|---|---|---|---|---|
| K2 | 2024 | 성남 | 14 | 9 | 0 | 0 | 0 | 4 | 3 | 0 |
| 통산 | | | 14 | 9 | 0 | 0 | 0 | 4 | 3 | 0 |

**김귀현**(金貴鉉) 남해해성중 1990.01.04

| 대회 | 연도 | 소속 | 출전 | 교체 | 득점 | 도움 | 실점 | 파울 | 경고 | 퇴장 |
|---|---|---|---|---|---|---|---|---|---|---|
| K1 | 2013 | 대구 | 0 | 0 | 0 | 0 | 0 | 0 | 0 | 0 |
| K2 | 2014 | 대구 | 18 | 11 | 1 | 0 | 0 | 36 | 4 | 0 |
| 통산 | | | 18 | 11 | 1 | 0 | 0 | 36 | 4 | 0 |

**김귀화**(金貴華) 아주대 1970.03.15

| 대회 | 연도 | 소속 | 출전 | 교체 | 득점 | 도움 | 실점 | 파울 | 경고 | 퇴장 |
|---|---|---|---|---|---|---|---|---|---|---|
| K1 | 1991 | 대우 | 19 | 19 | 1 | 0 | 0 | 3 | 0 | 0 |
| | 1992 | 대우 | 15 | 3 | 0 | 0 | 0 | 12 | 1 | 0 |
| | 1993 | 대우 | 26 | 9 | 1 | 5 | 0 | 16 | 1 | 0 |
| | 1994 | 대우 | 28 | 10 | 6 | 2 | 0 | 23 | 2 | 0 |
| | 1997 | 부산 | 5 | 3 | 1 | 1 | 0 | 5 | 0 | 0 |
| | 1998 | 안양LG | 15 | 13 | 1 | 3 | 0 | 24 | 2 | 0 |
| | 1999 | 안양LG | 18 | 7 | 1 | 5 | 0 | 10 | 1 | 0 |
| | 2000 | 안양LG | 24 | 16 | 0 | 1 | 0 | 20 | 1 | 0 |
| 컵 | 1992 | 대우 | 6 | 0 | 0 | 1 | 0 | 3 | 0 | 0 |
| | 1993 | 대우 | 5 | 4 | 1 | 0 | 0 | 0 | 0 | 0 |
| | 1994 | 대우 | 6 | 0 | 3 | 1 | 0 | 5 | 0 | 0 |
| | 1997 | 부산 | 5 | 2 | 0 | 0 | 0 | 4 | 0 | 0 |
| | 1998 | 안양LG | 11 | 7 | 0 | 1 | 0 | 9 | 2 | 0 |
| | 1999 | 안양LG | 11 | 5 | 1 | 0 | 0 | 11 | 0 | 0 |
| | 2000 | 안양LG | 9 | 7 | 0 | 0 | 0 | 7 | 0 | 0 |
| 통산 | | | 203 | 105 | 16 | 20 | 0 | 152 | 10 | 0 |

**김규남**(金奎男) 전주대 1992.11.26

| 대회 | 연도 | 소속 | 출전 | 교체 | 득점 | 도움 | 실점 | 파울 | 경고 | 퇴장 |
|---|---|---|---|---|---|---|---|---|---|---|
| K2 | 2015 | 충주 | 1 | 1 | 0 | 0 | 0 | 0 | 1 | 0 |
| 통산 | | | 1 | 1 | 0 | 0 | 0 | 0 | 1 | 0 |

**김규민**(金規旻) 용인대 2000.01.20

| 대회 | 연도 | 소속 | 출전 | 교체 | 득점 | 도움 | 실점 | 파울 | 경고 | 퇴장 |
|---|---|---|---|---|---|---|---|---|---|---|
| K2 | 2022 | 부천 | 6 | 3 | 1 | 0 | 0 | 3 | 0 | 0 |
| | 2023 | 부천 | 5 | 4 | 0 | 0 | 0 | 1 | 0 | 0 |
| | 2024 | 부천 | 1 | 0 | 0 | 0 | 0 | 0 | 0 | 0 |
| PO | 2022 | 부천 | 0 | 0 | 0 | 0 | 0 | 0 | 0 | 0 |
| 통산 | | | 12 | 7 | 1 | 0 | 0 | 4 | 0 | 0 |

**김규민**(金奎敏) 부천FC U18 2003.03.15

| 대회 | 연도 | 소속 | 출전 | 교체 | 득점 | 도움 | 실점 | 파울 | 경고 | 퇴장 |
|---|---|---|---|---|---|---|---|---|---|---|
| K2 | 2022 | 부천 | 2 | 2 | 0 | 0 | 0 | 0 | 0 | 0 |
| | 2023 | 부천 | 10 | 10 | 1 | 0 | 0 | 2 | 0 | 0 |
| | 2024 | 부천 | 10 | 9 | 0 | 0 | 0 | 4 | 0 | 1 |
| | 2025 | 부천 | 30 | 24 | 1 | 0 | 0 | 19 | 2 | 0 |
| PO | 2023 | 부천 | 1 | 1 | 0 | 0 | 0 | 0 | 0 | 0 |
| | 2025 | 부천 | 3 | 3 | 1 | 0 | 0 | 1 | 0 | 0 |
| 통산 | | | 56 | 49 | 3 | 0 | 0 | 26 | 2 | 1 |

**김규표**(金規漂) 성균관대 1999.02.08

| 대회 | 연도 | 소속 | 출전 | 교체 | 득점 | 도움 | 실점 | 파울 | 경고 | 퇴장 |
|---|---|---|---|---|---|---|---|---|---|---|
| K1 | 2023 | 포항 | 0 | 0 | 0 | 0 | 0 | 0 | 0 | 0 |
| K2 | 2020 | 경남 | 8 | 3 | 0 | 0 | 0 | 8 | 1 | 0 |
| PO | 2020 | 경남 | 0 | 0 | 0 | 0 | 0 | 0 | 0 | 0 |
| 통산 | | | 8 | 3 | 0 | 0 | 0 | 8 | 1 | 0 |

**김규형**(金奎亨) 현대고 1999.03.29

| 대회 | 연도 | 소속 | 출전 | 교체 | 득점 | 도움 | 실점 | 파울 | 경고 | 퇴장 |
|---|---|---|---|---|---|---|---|---|---|---|
| K1 | 2022 | 제주 | 6 | 6 | 0 | 0 | 0 | 1 | 0 | 1 |
| | 2023 | 수원FC | 5 | 7 | 0 | 0 | 0 | 1 | 0 | 0 |
| | 2024 | 포항 | 2 | 2 | 0 | 0 | 0 | 1 | 0 | 0 |
| 통산 | | | 13 | 15 | 0 | 0 | 0 | 3 | 0 | 1 |

**김근배**(金根培) 고려대 1986.08.07

| 대회 | 연도 | 소속 | 출전 | 교체 | 득점 | 도움 | 실점 | 파울 | 경고 | 퇴장 |
|---|---|---|---|---|---|---|---|---|---|---|
| K1 | 2009 | 강원 | 1 | 0 | 0 | 0 | 3 | 0 | 0 | 0 |
| | 2010 | 강원 | 6 | 2 | 0 | 0 | 10 | 0 | 0 | 0 |
| | 2011 | 강원 | 8 | 0 | 0 | 0 | 14 | 1 | 1 | 0 |
| | 2012 | 강원 | 17 | 1 | 0 | 0 | 34 | 2 | 5 | 0 |
| | 2013 | 강원 | 23 | 0 | 0 | 0 | 34 | 0 | 0 | 0 |
| | 2014 | 상주 | 5 | 0 | 0 | 0 | 12 | 0 | 1 | 0 |
| | 2016 | 성남 | 9 | 0 | 0 | 0 | 12 | 0 | 0 | 0 |
| | 2019 | 성남 | 2 | 0 | 0 | 0 | 4 | 0 | 0 | 0 |
| | 2020 | 성남 | 0 | 0 | 0 | 0 | 0 | 0 | 0 | 0 |
| | 2021 | 성남 | 0 | 0 | 0 | 0 | 0 | 0 | 0 | 0 |
| | 2022 | 제주 | 4 | 0 | 0 | 0 | 4 | 0 | 0 | 0 |
| | 2023 | 제주 | 2 | 1 | 0 | 0 | 1 | 0 | 0 | 0 |
| | 2024 | 제주 | 0 | 0 | 0 | 0 | 0 | 0 | 0 | 0 |
| K2 | 2015 | 강원 | 3 | 1 | 0 | 0 | 3 | 0 | 0 | 0 |
| | 2015 | 상주 | 20 | 0 | 0 | 0 | 26 | 1 | 1 | 0 |
| | 2018 | 성남 | 23 | 2 | 0 | 0 | 23 | 1 | 1 | 0 |
| | 2020 | 대전 | 8 | 0 | 0 | 0 | 8 | 0 | 1 | 0 |
| | 2022 | 김포 | 0 | 0 | 0 | 0 | 0 | 0 | 0 | 0 |
| PO | 2013 | 강원 | 2 | 0 | 0 | 0 | 4 | 0 | 0 | 0 |
| | 2016 | 성남 | 1 | 0 | 0 | 0 | 1 | 0 | 0 | 0 |
| | 2020 | 대전 | 1 | 0 | 0 | 0 | 1 | 0 | 0 | 0 |
| 컵 | 2009 | 강원 | 3 | 0 | 0 | 0 | 7 | 0 | 0 | 0 |
| | 2010 | 강원 | 0 | 0 | 0 | 0 | 0 | 0 | 0 | 0 |
| | 2011 | 강원 | 4 | 0 | 0 | 0 | 4 | 0 | 0 | 0 |
| 통산 | | | 142 | 7 | 0 | 0 | 205 | 5 | 10 | 0 |

**김근철**(金根哲) 배재대 1983.06.24

| 대회 | 연도 | 소속 | 출전 | 교체 | 득점 | 도움 | 실점 | 파울 | 경고 | 퇴장 |
|---|---|---|---|---|---|---|---|---|---|---|
| K1 | 2005 | 대구 | 3 | 3 | 0 | 1 | 0 | 1 | 0 | 0 |
| | 2006 | 경남 | 16 | 11 | 1 | 0 | 0 | 15 | 2 | 0 |
| | 2007 | 경남 | 20 | 5 | 1 | 2 | 0 | 34 | 5 | 0 |
| | 2008 | 경남 | 13 | 4 | 0 | 0 | 0 | 26 | 2 | 0 |
| | 2009 | 경남 | 5 | 5 | 0 | 0 | 0 | 3 | 0 | 0 |
| | 2010 | 부산 | 25 | 14 | 2 | 4 | 0 | 40 | 6 | 0 |
| | 2011 | 부산 | 3 | 3 | 0 | 0 | 0 | 4 | 1 | 0 |
| | 2012 | 전남 | 13 | 11 | 0 | 0 | 0 | 10 | 2 | 0 |
| PO | 2007 | 경남 | 1 | 1 | 0 | 0 | 0 | 0 | 0 | 0 |
| 컵 | 2005 | 대구 | 4 | 4 | 0 | 0 | 0 | 3 | 0 | 0 |
| | 2006 | 경남 | 9 | 3 | 2 | 3 | 0 | 12 | 1 | 0 |
| | 2007 | 경남 | 6 | 2 | 0 | 0 | 0 | 6 | 0 | 0 |
| | 2008 | 경남 | 4 | 0 | 1 | 0 | 0 | 13 | 1 | 0 |
| | 2010 | 부산 | 5 | 1 | 0 | 1 | 0 | 8 | 2 | 0 |
| | 2011 | 부산 | 3 | 3 | 0 | 0 | 0 | 2 | 1 | 0 |
| 통산 | | | 130 | 70 | 7 | 11 | 0 | 177 | 23 | 0 |

**김근환**(金根煥) 천안중 1986.08.12

| 대회 | 연도 | 소속 | 출전 | 교체 | 득점 | 도움 | 실점 | 파울 | 경고 | 퇴장 |
|---|---|---|---|---|---|---|---|---|---|---|
| K1 | 2014 | 울산 | 17 | 6 | 0 | 0 | 0 | 11 | 0 | 0 |
| | 2015 | 울산 | 18 | 3 | 0 | 1 | 0 | 10 | 0 | 0 |
| | 2016 | 수원FC | 30 | 11 | 0 | 1 | 0 | 17 | 2 | 0 |
| | 2017 | 서울 | 1 | 1 | 0 | 0 | 0 | 1 | 0 | 0 |
| | 2018 | 경남 | 10 | 10 | 0 | 1 | 0 | 2 | 0 | 0 |
| | 2019 | 인천 | 1 | 1 | 0 | 0 | 0 | 0 | 0 | 0 |
| K2 | 2017 | 경남 | 12 | 12 | 3 | 1 | 0 | 3 | 0 | 0 |
| 통산 | | | 89 | 44 | 3 | 4 | 0 | 44 | 2 | 0 |

**김기남**(金期南) 울산대 1973.07.20

| 대회 | 연도 | 소속 | 출전 | 교체 | 득점 | 도움 | 실점 | 파울 | 경고 | 퇴장 |
|---|---|---|---|---|---|---|---|---|---|---|
| K1 | 1996 | 울산 | 13 | 9 | 4 | 1 | 0 | 9 | 2 | 0 |
| | 1997 | 울산 | 16 | 16 | 3 | 2 | 0 | 20 | 0 | 0 |
| | 1998 | 울산 | 16 | 17 | 4 | 1 | 0 | 15 | 1 | 0 |
| | 1999 | 울산 | 25 | 20 | 5 | 3 | 0 | 30 | 0 | 0 |
| | 2000 | 울산 | 6 | 6 | 3 | 0 | 0 | 5 | 0 | 0 |
| | 2001 | 울산 | 11 | 10 | 0 | 0 | 0 | 8 | 0 | 0 |
| PO | 1996 | 울산 | 2 | 2 | 0 | 0 | 0 | 3 | 0 | 0 |
| | 1998 | 울산 | 2 | 2 | 0 | 0 | 0 | 2 | 1 | 0 |
| 컵 | 1996 | 울산 | 7 | 5 | 1 | 2 | 0 | 4 | 1 | 0 |
| | 1997 | 울산 | 13 | 12 | 3 | 0 | 0 | 4 | 0 | 0 |

| 대회 | 연도 | 소속 | 출전 | 교체 | 득점 | 도움 | 실점 | 파울 | 경고 | 퇴장 |
|---|---|---|---|---|---|---|---|---|---|---|
| | 1998 | 울산 | 18 | 15 | 0 | 4 | 0 | 21 | 1 | 0 |
| | 1999 | 울산 | 6 | 5 | 0 | 0 | 0 | 9 | 0 | 0 |
| | 2000 | 울산 | 2 | 2 | 1 | 0 | 0 | 0 | 0 | 0 |
| | 2001 | 울산 | 8 | 5 | 2 | 0 | 0 | 4 | 0 | 0 |
| 통산 | | | 145 | 126 | 25 | 13 | 0 | 134 | 6 | 0 |

**김기남**(金起南) 중앙대 1971.01.18

| 대회 | 연도 | 소속 | 출전 | 교체 | 득점 | 도움 | 실점 | 파울 | 경고 | 퇴장 |
|---|---|---|---|---|---|---|---|---|---|---|
| K1 | 1993 | 포항제철 | 7 | 4 | 0 | 1 | 0 | 9 | 0 | 0 |
| | 1994 | 포항제철 | 17 | 9 | 1 | 1 | 0 | 29 | 1 | 0 |
| | 1995 | 포항 | 24 | 7 | 2 | 4 | 0 | 33 | 6 | 0 |
| | 1998 | 안양LG | 3 | 1 | 0 | 0 | 0 | 8 | 1 | 0 |
| | 1999 | 부천SK | 22 | 15 | 1 | 4 | 0 | 47 | 5 | 0 |
| | 2000 | 포항 | 21 | 13 | 1 | 1 | 0 | 36 | 0 | 0 |
| | 2001 | 포항 | 10 | 4 | 0 | 1 | 0 | 26 | 0 | 0 |
| | 2002 | 포항 | 23 | 8 | 1 | 0 | 0 | 38 | 1 | 0 |
| PO | 1995 | 포항 | 3 | 0 | 0 | 0 | 0 | 7 | 1 | 0 |
| | 1999 | 부천SK | 1 | 1 | 0 | 0 | 0 | 3 | 0 | 0 |
| 컵 | 1993 | 포항제철 | 3 | 3 | 0 | 1 | 0 | 5 | 0 | 0 |
| | 1994 | 포항제철 | 5 | 2 | 0 | 0 | 0 | 5 | 2 | 0 |
| | 1995 | 포항 | 6 | 0 | 0 | 1 | 0 | 11 | 2 | 0 |
| | 1998 | 안양LG | 14 | 12 | 0 | 0 | 0 | 23 | 2 | 0 |
| | 1999 | 부천SK | 2 | 1 | 0 | 0 | 0 | 1 | 1 | 0 |
| | 2000 | 포항 | 6 | 5 | 0 | 1 | 0 | 11 | 1 | 0 |
| | 2001 | 포항 | 8 | 2 | 1 | 1 | 0 | 15 | 1 | 0 |
| | 2002 | 포항 | 8 | 5 | 0 | 0 | 0 | 8 | 1 | 0 |
| 통산 | | | 183 | 92 | 7 | 16 | 0 | 315 | 25 | 0 |

**김기동**(金基東) 신평고 1972.01.12

| 대회 | 연도 | 소속 | 출전 | 교체 | 득점 | 도움 | 실점 | 파울 | 경고 | 퇴장 |
|---|---|---|---|---|---|---|---|---|---|---|
| K1 | 1993 | 유공 | 3 | 3 | 0 | 0 | 0 | 0 | 0 | 0 |
| | 1994 | 유공 | 11 | 9 | 0 | 0 | 0 | 8 | 0 | 0 |
| | 1995 | 유공 | 25 | 0 | 0 | 1 | 0 | 35 | 3 | 0 |
| | 1996 | 부천유공 | 30 | 0 | 2 | 3 | 0 | 36 | 2 | 0 |
| | 1997 | 부천SK | 4 | 0 | 0 | 0 | 0 | 3 | 0 | 0 |
| | 1998 | 부천SK | 14 | 6 | 0 | 1 | 0 | 14 | 3 | 1 |
| | 1999 | 부천SK | 25 | 15 | 2 | 2 | 0 | 37 | 2 | 0 |
| | 2000 | 부천SK | 25 | 3 | 1 | 3 | 0 | 44 | 5 | 0 |
| | 2001 | 부천SK | 27 | 0 | 0 | 2 | 0 | 23 | 1 | 0 |
| | 2002 | 부천SK | 27 | 0 | 3 | 1 | 0 | 38 | 2 | 0 |
| | 2003 | 포항 | 30 | 5 | 3 | 1 | 0 | 57 | 2 | 0 |
| | 2004 | 포항 | 17 | 4 | 0 | 0 | 0 | 23 | 0 | 0 |
| | 2005 | 포항 | 24 | 12 | 2 | 2 | 0 | 52 | 2 | 0 |
| | 2006 | 포항 | 20 | 10 | 0 | 6 | 0 | 27 | 3 | 0 |
| | 2007 | 포항 | 25 | 8 | 4 | 0 | 0 | 55 | 3 | 0 |
| | 2008 | 포항 | 17 | 10 | 3 | 3 | 0 | 29 | 1 | 0 |
| | 2009 | 포항 | 20 | 12 | 3 | 4 | 0 | 24 | 1 | 0 |
| | 2010 | 포항 | 9 | 8 | 0 | 0 | 0 | 11 | 2 | 0 |
| | 2011 | 포항 | 14 | 14 | 2 | 0 | 0 | 5 | 0 | 0 |
| PO | 1999 | 부천SK | 2 | 2 | 0 | 0 | 0 | 1 | 0 | 0 |
| | 2000 | 부천SK | 5 | 0 | 0 | 0 | 0 | 11 | 1 | 0 |
| | 2004 | 포항 | 3 | 3 | 0 | 0 | 0 | 1 | 0 | 0 |
| | 2006 | 포항 | 1 | 0 | 0 | 0 | 0 | 1 | 0 | 0 |
| | 2007 | 포항 | 5 | 0 | 0 | 1 | 0 | 8 | 0 | 0 |
| | 2008 | 포항 | 1 | 1 | 0 | 0 | 0 | 0 | 0 | 0 |
| | 2009 | 포항 | 0 | 0 | 0 | 0 | 0 | 0 | 0 | 0 |
| 컵 | 1993 | 유공 | 4 | 1 | 0 | 0 | 0 | 8 | 0 | 0 |
| | 1994 | 유공 | 4 | 3 | 0 | 0 | 0 | 4 | 0 | 0 |
| | 1995 | 유공 | 4 | 2 | 0 | 0 | 0 | 4 | 0 | 0 |
| | 1996 | 부천유공 | 3 | 0 | 0 | 0 | 0 | 2 | 0 | 1 |
| | 1997 | 부천SK | 10 | 1 | 5 | 0 | 0 | 12 | 2 | 0 |
| | 1998 | 부천SK | 20 | 1 | 1 | 2 | 0 | 18 | 0 | 0 |
| | 1999 | 부천SK | 9 | 2 | 1 | 1 | 0 | 9 | 0 | 0 |
| | 2000 | 부천SK | 11 | 4 | 0 | 0 | 0 | 12 | 0 | 0 |
| | 2001 | 부천SK | 3 | 0 | 1 | 0 | 0 | 5 | 0 | 0 |
| | 2002 | 부천SK | 8 | 0 | 1 | 1 | 0 | 18 | 0 | 0 |
| | 2004 | 포항 | 5 | 5 | 1 | 0 | 0 | 4 | 0 | 0 |
| | 2005 | 포항 | 12 | 8 | 1 | 3 | 0 | 23 | 0 | 0 |
| | 2006 | 포항 | 4 | 2 | 0 | 1 | 0 | 5 | 0 | 0 |
| | 2007 | 포항 | 6 | 2 | 0 | 0 | 0 | 6 | 0 | 0 |
| | 2008 | 포항 | 1 | 1 | 0 | 0 | 0 | 1 | 0 | 0 |
| | 2009 | 포항 | 3 | 3 | 1 | 1 | 0 | 1 | 0 | 0 |
| | 2010 | 포항 | 4 | 3 | 0 | 0 | 0 | 5 | 0 | 0 |
| | 2011 | 포항 | 6 | 3 | 2 | 1 | 0 | 8 | 0 | 0 |
| 통산 | | | 501 | 166 | 39 | 40 | 0 | 688 | 35 | 2 |

**김기범**(金起範) 동아대 1976.08.14

| 대회 | 연도 | 소속 | 출전 | 교체 | 득점 | 도움 | 실점 | 파울 | 경고 | 퇴장 |
|---|---|---|---|---|---|---|---|---|---|---|
| K1 | 1999 | 수원 | 0 | 0 | 0 | 0 | 0 | 0 | 0 | 0 |
| | 2000 | 수원 | 8 | 4 | 1 | 1 | 0 | 14 | 2 | 0 |
| | 2001 | 수원 | 14 | 7 | 0 | 0 | 0 | 26 | 2 | 0 |
| | 2002 | 수원 | 2 | 1 | 0 | 0 | 0 | 4 | 2 | 0 |
| | 2003 | 수원 | 8 | 7 | 0 | 0 | 0 | 11 | 0 | 0 |
| 컵 | 1999 | 수원 | 1 | 1 | 0 | 0 | 0 | 1 | 0 | 0 |
| | 2000 | 수원 | 4 | 3 | 0 | 0 | 0 | 11 | 3 | 0 |
| | 2001 | 수원 | 7 | 6 | 0 | 3 | 0 | 16 | 1 | 0 |
| | 2002 | 수원 | 9 | 5 | 0 | 0 | 0 | 20 | 1 | 0 |
| | 2004 | 수원 | 1 | 1 | 0 | 0 | 0 | 1 | 0 | 0 |
| 통산 | | | 54 | 35 | 1 | 4 | 0 | 104 | 11 | 0 |

**김기선**(金基善) 숭실대 1969.02.27

| 대회 | 연도 | 소속 | 출전 | 교체 | 득점 | 도움 | 실점 | 파울 | 경고 | 퇴장 |
|---|---|---|---|---|---|---|---|---|---|---|
| K1 | 1992 | 유공 | 11 | 4 | 2 | 0 | 0 | 12 | 1 | 0 |
| | 1993 | 유공 | 26 | 6 | 1 | 1 | 0 | 15 | 1 | 0 |
| | 1994 | 유공 | 21 | 14 | 3 | 1 | 0 | 9 | 1 | 0 |
| | 1995 | 유공 | 11 | 9 | 0 | 0 | 0 | 8 | 0 | 0 |
| | 1996 | 부천유공 | 6 | 5 | 0 | 1 | 0 | 5 | 0 | 0 |
| | 1996 | 전남 | 13 | 12 | 3 | 1 | 0 | 4 | 1 | 0 |
| | 1997 | 전남 | 16 | 13 | 3 | 0 | 0 | 11 | 2 | 0 |
| | 1998 | 전남 | 17 | 17 | 0 | 1 | 0 | 10 | 0 | 0 |
| 컵 | 1992 | 유공 | 3 | 1 | 0 | 0 | 0 | 2 | 0 | 0 |
| | 1994 | 유공 | 5 | 1 | 3 | 0 | 0 | 6 | 0 | 0 |
| | 1995 | 유공 | 6 | 2 | 0 | 0 | 0 | 4 | 0 | 0 |
| | 1996 | 부천유공 | 3 | 2 | 0 | 0 | 0 | 2 | 0 | 0 |
| | 1997 | 전남 | 16 | 8 | 5 | 1 | 0 | 8 | 3 | 0 |
| | 1998 | 전남 | 16 | 8 | 2 | 2 | 0 | 17 | 1 | 0 |
| 통산 | | | 170 | 102 | 22 | 8 | 0 | 113 | 10 | 0 |

**김기수**(金起秀) 선문대 1987.12.13

| 대회 | 연도 | 소속 | 출전 | 교체 | 득점 | 도움 | 실점 | 파울 | 경고 | 퇴장 |
|---|---|---|---|---|---|---|---|---|---|---|
| K1 | 2009 | 부산 | 7 | 4 | 0 | 0 | 0 | 9 | 1 | 0 |
| | 2010 | 부산 | 3 | 2 | 0 | 0 | 0 | 5 | 1 | 0 |
| | 2015 | 대전 | 7 | 1 | 0 | 0 | 0 | 8 | 3 | 0 |
| 컵 | 2009 | 부산 | 2 | 2 | 0 | 0 | 0 | 3 | 0 | 0 |
| 통산 | | | 19 | 9 | 0 | 0 | 0 | 25 | 5 | 0 |

**김기수**() 연세대 1995.04.29

| 대회 | 연도 | 소속 | 출전 | 교체 | 득점 | 도움 | 실점 | 파울 | 경고 | 퇴장 |
|---|---|---|---|---|---|---|---|---|---|---|
| K1 | 2022 | 수원FC | 0 | 0 | 0 | 0 | 0 | 0 | 0 | 0 |
| 통산 | | | 0 | 0 | 0 | 0 | 0 | 0 | 0 | 0 |

**김기열**(金氣烈) 1998.11.14

| 대회 | 연도 | 소속 | 출전 | 교체 | 득점 | 도움 | 실점 | 파울 | 경고 | 퇴장 |
|---|---|---|---|---|---|---|---|---|---|---|
| K1 | 2019 | 성남 | 3 | 2 | 0 | 0 | 0 | 3 | 1 | 0 |
| 통산 | | | 3 | 2 | 0 | 0 | 0 | 3 | 1 | 0 |

**김기영**(金基永) 울산대 1996.08.14

| 대회 | 연도 | 소속 | 출전 | 교체 | 득점 | 도움 | 실점 | 파울 | 경고 | 퇴장 |
|---|---|---|---|---|---|---|---|---|---|---|
| K2 | 2019 | 아산 | 3 | 1 | 0 | 0 | 0 | 4 | 1 | 0 |
| 통산 | | | 3 | 1 | 0 | 0 | 0 | 4 | 1 | 0 |

**김기완**(金起完) 건국대 1966.03.16

| 대회 | 연도 | 소속 | 출전 | 교체 | 득점 | 도움 | 실점 | 파울 | 경고 | 퇴장 |
|---|---|---|---|---|---|---|---|---|---|---|
| K1 | 1989 | 일화 | 9 | 8 | 1 | 0 | 0 | 7 | 1 | 0 |
| 통산 | | | 9 | 8 | 1 | 0 | 0 | 7 | 1 | 0 |

**김기용**(金基容) 고려대 1990.12.07

| 대회 | 연도 | 소속 | 출전 | 교체 | 득점 | 도움 | 실점 | 파울 | 경고 | 퇴장 |
|---|---|---|---|---|---|---|---|---|---|---|
| K1 | 2013 | 부산 | 2 | 0 | 0 | 0 | 3 | 1 | 1 | 0 |
| | 2014 | 부산 | 0 | 0 | 0 | 0 | 0 | 0 | 0 | 0 |
| | 2015 | 부산 | 0 | 0 | 0 | 0 | 0 | 0 | 0 | 0 |
| K2 | 2017 | 대전 | 5 | 0 | 0 | 0 | 12 | 1 | 1 | 0 |
| 통산 | | | 7 | 0 | 0 | 0 | 15 | 2 | 2 | 0 |

**김기윤**(金基潤) 관동대(가톨릭관동대) 1961.05.05

| 대회 | 연도 | 소속 | 출전 | 교체 | 득점 | 도움 | 실점 | 파울 | 경고 | 퇴장 |
|---|---|---|---|---|---|---|---|---|---|---|
| K1 | 1984 | 대우 | 15 | 6 | 4 | 2 | 0 | 13 | 1 | 0 |
| | 1985 | 대우 | 16 | 0 | 0 | 0 | 0 | 24 | 0 | 1 |
| | 1987 | 럭키금성 | 1 | 1 | 0 | 0 | 0 | 0 | 0 | 0 |
| PO | 1984 | 대우 | 1 | 1 | 0 | 0 | 0 | 0 | 0 | 0 |
| 통산 | | | 33 | 8 | 4 | 2 | 0 | 37 | 1 | 1 |

**김기종**(金基鍾) 숭실대 1975.05.22

| 대회 | 연도 | 소속 | 출전 | 교체 | 득점 | 도움 | 실점 | 파울 | 경고 | 퇴장 |
|---|---|---|---|---|---|---|---|---|---|---|
| K1 | 2001 | 부산 | 3 | 4 | 0 | 0 | 0 | 5 | 0 | 0 |
| | 2002 | 부산 | 4 | 4 | 0 | 0 | 0 | 2 | 0 | 0 |
| 컵 | 2001 | 부산 | 0 | 0 | 0 | 0 | 0 | 0 | 0 | 0 |
| | 2002 | 부산 | 3 | 2 | 0 | 0 | 0 | 3 | 0 | 0 |
| 통산 | | | 10 | 10 | 0 | 0 | 0 | 10 | 0 | 0 |

**김기태**(金基太) 홍익대 1993.11.10

| 대회 | 연도 | 소속 | 출전 | 교체 | 득점 | 도움 | 실점 | 파울 | 경고 | 퇴장 |
|---|---|---|---|---|---|---|---|---|---|---|
| K2 | 2015 | 안양 | 0 | 0 | 0 | 0 | 0 | 0 | 0 | 0 |
| 통산 | | | 0 | 0 | 0 | 0 | 0 | 0 | 0 | 0 |

**김기현**(金基鉉) 경희대 1978.10.07

| 대회 | 연도 | 소속 | 출전 | 교체 | 득점 | 도움 | 실점 | 파울 | 경고 | 퇴장 |
|---|---|---|---|---|---|---|---|---|---|---|
| K1 | 1999 | 안양LG | 1 | 1 | 0 | 0 | 0 | 0 | 0 | 0 |
| | 2000 | 안양LG | 0 | 0 | 0 | 0 | 0 | 0 | 0 | 0 |
| | 2003 | 대구 | 16 | 10 | 0 | 0 | 0 | 12 | 3 | 0 |
| 컵 | 2000 | 안양LG | 1 | 1 | 0 | 0 | 0 | 0 | 0 | 0 |
| 통산 | | | 18 | 12 | 0 | 0 | 0 | 12 | 3 | 0 |

**김기형**(金基炯) 아주대 1977.07.10

| 대회 | 연도 | 소속 | 출전 | 교체 | 득점 | 도움 | 실점 | 파울 | 경고 | 퇴장 |
|---|---|---|---|---|---|---|---|---|---|---|
| K1 | 2000 | 부천SK | 1 | 1 | 1 | 0 | 0 | 0 | 0 | 0 |
| | 2002 | 부천SK | 8 | 5 | 1 | 0 | 0 | 13 | 3 | 0 |
| | 2003 | 부천SK | 17 | 9 | 0 | 1 | 0 | 30 | 3 | 0 |
| | 2004 | 부천SK | 16 | 5 | 3 | 1 | 0 | 23 | 1 | 0 |
| | 2005 | 부천SK | 19 | 10 | 2 | 1 | 0 | 16 | 2 | 0 |
| | 2006 | 제주 | 14 | 8 | 0 | 2 | 0 | 23 | 1 | 0 |
| | 2007 | 제주 | 12 | 10 | 1 | 0 | 0 | 4 | 0 | 0 |
| 컵 | 2001 | 부천SK | 4 | 4 | 0 | 0 | 0 | 4 | 0 | 0 |
| | 2002 | 부천SK | 0 | 0 | 0 | 0 | 0 | 0 | 0 | 0 |
| | 2004 | 부천SK | 12 | 2 | 3 | 0 | 0 | 21 | 1 | 0 |
| | 2005 | 부천SK | 10 | 3 | 0 | 2 | 0 | 16 | 1 | 0 |
| | 2006 | 제주 | 12 | 8 | 4 | 0 | 0 | 16 | 0 | 0 |
| | 2007 | 제주 | 7 | 3 | 0 | 1 | 0 | 18 | 2 | 0 |
| 통산 | | | 132 | 68 | 15 | 8 | 0 | 184 | 14 | 0 |

**김기홍**(金基弘) 울산대 1981.03.21

| 대회 | 연도 | 소속 | 출전 | 교체 | 득점 | 도움 | 실점 | 파울 | 경고 | 퇴장 |
|---|---|---|---|---|---|---|---|---|---|---|
| K1 | 2004 | 대전 | 5 | 4 | 0 | 0 | 0 | 4 | 1 | 0 |
| | 2005 | 대전 | 1 | 1 | 0 | 0 | 0 | 0 | 0 | 0 |
| 컵 | 2004 | 대전 | 1 | 1 | 0 | 0 | 0 | 1 | 0 | 0 |
| 통산 | | | 7 | 6 | 0 | 0 | 0 | 5 | 1 | 0 |

**김기환**(金己煥) 동국대 2000.01.01

| 대회 | 연도 | 소속 | 출전 | 교체 | 득점 | 도움 | 실점 | 파울 | 경고 | 퇴장 |
|---|---|---|---|---|---|---|---|---|---|---|
| K2 | 2024 | 안산 | 7 | 8 | 0 | 0 | 0 | 4 | 0 | 0 |
| 통산 | | | 7 | 8 | 0 | 0 | 0 | 4 | 0 | 0 |

**김기효**(金基孝) 진주고 1958.02.09

| 대회 | 연도 | 소속 | 출전 | 교체 | 득점 | 도움 | 실점 | 파울 | 경고 | 퇴장 |
|---|---|---|---|---|---|---|---|---|---|---|
| K1 | 1983 | 국민은행 | 8 | 1 | 1 | 0 | 0 | 5 | 0 | 0 |
| | 1984 | 국민은행 | 2 | 1 | 0 | 0 | 0 | 1 | 0 | 0 |
| 통산 | | | 10 | 2 | 1 | 0 | 0 | 6 | 0 | 0 |

**김기훈**(金技訓) 중앙대 2002.11.14

| 대회 | 연도 | 소속 | 출전 | 교체 | 득점 | 도움 | 실점 | 파울 | 경고 | 퇴장 |
|---|---|---|---|---|---|---|---|---|---|---|
| K2 | 2025 | 화성 | 1 | 0 | 0 | 0 | 1 | 0 | 0 | 0 |
| 통산 | | | 1 | 0 | 0 | 0 | 1 | 0 | 0 | 0 |

**김기희**(金基熙) 홍익대 1989.07.13

| 대회 | 연도 | 소속 | 출전 | 교체 | 득점 | 도움 | 실점 | 파울 | 경고 | 퇴장 |
|---|---|---|---|---|---|---|---|---|---|---|
| K1 | 2011 | 대구 | 12 | 1 | 0 | 0 | 0 | 12 | 1 | 0 |
| | 2012 | 대구 | 17 | 2 | 2 | 0 | 0 | 17 | 2 | 1 |
| | 2013 | 전북 | 19 | 1 | 0 | 0 | 0 | 21 | 5 | 0 |
| | 2014 | 전북 | 28 | 1 | 0 | 2 | 0 | 41 | 4 | 0 |
| | 2015 | 전북 | 33 | 2 | 0 | 0 | 0 | 31 | 6 | 0 |
| | 2020 | 울산 | 12 | 1 | 0 | 1 | 0 | 6 | 1 | 1 |

| 대회 | 연도 | 소속 | 출전 | 교체 | 득점 | 도움 | 실점 | 파울 | 경고 | 퇴장 |
|---|---|---|---|---|---|---|---|---|---|---|
| | 2021 | 울산 | 36 | 2 | 1 | 1 | 0 | 35 | 5 | 0 |
| | 2022 | 울산 | 15 | 1 | 0 | 1 | 0 | 9 | 2 | 0 |
| | 2023 | 울산 | 27 | 4 | 0 | 0 | 0 | 20 | 7 | 0 |
| | 2024 | 울산 | 22 | 2 | 0 | 0 | 0 | 16 | 3 | 0 |
| 컵 | 2011 | 대구 | 2 | 2 | 0 | 0 | 0 | 2 | 0 | 0 |
| 통산 | | | 223 | 19 | 3 | 5 | 0 | 210 | 36 | 2 |

**김길식**(金吉植) 단국대 1978.08.24

| 대회 | 연도 | 소속 | 출전 | 교체 | 득점 | 도움 | 실점 | 파울 | 경고 | 퇴장 |
|---|---|---|---|---|---|---|---|---|---|---|
| K1 | 2001 | 전남 | 2 | 2 | 0 | 0 | 0 | 0 | 0 | 0 |
| | 2003 | 전남 | 6 | 6 | 1 | 0 | 0 | 3 | 0 | 0 |
| | 2004 | 부천SK | 14 | 5 | 0 | 0 | 0 | 22 | 4 | 0 |
| | 2005 | 부천SK | 21 | 16 | 3 | 2 | 0 | 30 | 1 | 0 |
| | 2006 | 제주 | 22 | 13 | 3 | 0 | 0 | 35 | 2 | 0 |
| | 2008 | 대전 | 9 | 7 | 0 | 0 | 0 | 20 | 2 | 0 |
| 컵 | 2001 | 전남 | 4 | 2 | 1 | 0 | 0 | 6 | 0 | 0 |
| | 2004 | 부천SK | 10 | 9 | 1 | 0 | 0 | 8 | 0 | 0 |
| | 2005 | 부천SK | 10 | 8 | 2 | 0 | 0 | 8 | 1 | 0 |
| | 2006 | 제주 | 9 | 6 | 0 | 0 | 0 | 26 | 0 | 0 |
| | 2008 | 대전 | 1 | 1 | 0 | 0 | 0 | 0 | 0 | 0 |
| 통산 | | | 108 | 75 | 11 | 2 | 0 | 158 | 10 | 0 |

**김남건**(金南建) 선문대 1990.08.06

| 대회 | 연도 | 소속 | 출전 | 교체 | 득점 | 도움 | 실점 | 파울 | 경고 | 퇴장 |
|---|---|---|---|---|---|---|---|---|---|---|
| K1 | 2014 | 성남 | 2 | 2 | 0 | 0 | 0 | 0 | 0 | 0 |
| 통산 | | | 2 | 2 | 0 | 0 | 0 | 0 | 0 | 0 |

**김남우**(金南佑) 전주대 1980.05.14

| 대회 | 연도 | 소속 | 출전 | 교체 | 득점 | 도움 | 실점 | 파울 | 경고 | 퇴장 |
|---|---|---|---|---|---|---|---|---|---|---|
| K1 | 2003 | 대구 | 7 | 1 | 0 | 0 | 0 | 20 | 3 | 0 |
| 통산 | | | 7 | 1 | 0 | 0 | 0 | 20 | 3 | 0 |

**김남일**(金南日) 한양대 1977.03.14

| 대회 | 연도 | 소속 | 출전 | 교체 | 득점 | 도움 | 실점 | 파울 | 경고 | 퇴장 |
|---|---|---|---|---|---|---|---|---|---|---|
| K1 | 2000 | 전남 | 20 | 11 | 0 | 1 | 0 | 37 | 1 | 0 |
| | 2001 | 전남 | 25 | 5 | 0 | 3 | 0 | 79 | 2 | 0 |
| | 2002 | 전남 | 14 | 6 | 0 | 2 | 0 | 40 | 2 | 1 |
| | 2003 | 전남 | 23 | 3 | 6 | 1 | 0 | 65 | 6 | 0 |
| | 2004 | 전남 | 10 | 2 | 1 | 2 | 0 | 30 | 3 | 0 |
| | 2005 | 수원 | 2 | 1 | 0 | 0 | 0 | 3 | 0 | 0 |
| | 2006 | 수원 | 21 | 2 | 0 | 0 | 0 | 58 | 7 | 0 |
| | 2007 | 수원 | 19 | 6 | 0 | 0 | 0 | 32 | 5 | 0 |
| | 2012 | 인천 | 34 | 10 | 0 | 3 | 0 | 78 | 12 | 0 |
| | 2013 | 인천 | 25 | 11 | 0 | 0 | 0 | 60 | 13 | 0 |
| | 2014 | 전북 | 20 | 13 | 2 | 0 | 0 | 42 | 8 | 0 |
| PO | 2006 | 수원 | 2 | 0 | 0 | 0 | 0 | 8 | 1 | 0 |
| | 2007 | 수원 | 1 | 0 | 0 | 0 | 0 | 5 | 1 | 0 |
| 컵 | 2000 | 전남 | 10 | 8 | 1 | 0 | 0 | 20 | 1 | 0 |
| | 2002 | 전남 | 1 | 0 | 0 | 0 | 0 | 4 | 0 | 0 |
| | 2005 | 수원 | 4 | 1 | 0 | 0 | 0 | 15 | 1 | 0 |
| | 2006 | 수원 | 3 | 0 | 0 | 0 | 0 | 11 | 1 | 0 |
| | 2007 | 수원 | 8 | 0 | 0 | 0 | 0 | 14 | 3 | 0 |
| 통산 | | | 242 | 79 | 10 | 12 | 0 | 601 | 67 | 1 |

**김남춘**(金南春) 광운대 1989.04.19

| 대회 | 연도 | 소속 | 출전 | 교체 | 득점 | 도움 | 실점 | 파울 | 경고 | 퇴장 |
|---|---|---|---|---|---|---|---|---|---|---|
| K1 | 2013 | 서울 | 0 | 0 | 0 | 0 | 0 | 0 | 0 | 0 |
| | 2014 | 서울 | 7 | 2 | 1 | 0 | 0 | 5 | 1 | 0 |
| | 2015 | 서울 | 17 | 3 | 1 | 0 | 0 | 12 | 2 | 0 |
| | 2016 | 서울 | 18 | 2 | 0 | 1 | 0 | 17 | 2 | 0 |
| | 2017 | 상주 | 19 | 2 | 1 | 1 | 0 | 12 | 2 | 0 |
| | 2018 | 서울 | 8 | 1 | 0 | 0 | 0 | 4 | 1 | 0 |
| | 2018 | 상주 | 19 | 3 | 1 | 0 | 0 | 19 | 0 | 0 |
| | 2019 | 서울 | 4 | 1 | 0 | 0 | 0 | 7 | 0 | 0 |
| | 2020 | 서울 | 22 | 4 | 0 | 0 | 0 | 21 | 6 | 0 |
| PO | 2017 | 상주 | 0 | 0 | 0 | 0 | 0 | 0 | 0 | 0 |
| 통산 | | | 114 | 18 | 4 | 2 | 0 | 97 | 14 | 0 |

**김남탁**(金南卓) 광운대 1992.09.28

| 대회 | 연도 | 소속 | 출전 | 교체 | 득점 | 도움 | 실점 | 파울 | 경고 | 퇴장 |
|---|---|---|---|---|---|---|---|---|---|---|
| K2 | 2015 | 안양 | 0 | 0 | 0 | 0 | 0 | 0 | 0 | 0 |
| 통산 | | | 0 | 0 | 0 | 0 | 0 | 0 | 0 | 0 |

**김남호**(金南浩) 연세대 1965.10.17

| 대회 | 연도 | 소속 | 출전 | 교체 | 득점 | 도움 | 실점 | 파울 | 경고 | 퇴장 |
|---|---|---|---|---|---|---|---|---|---|---|
| K1 | 1988 | 럭키금성 | 8 | 6 | 0 | 0 | 0 | 4 | 1 | 0 |
| | 1989 | 럭키금성 | 1 | 1 | 0 | 0 | 0 | 0 | 0 | 0 |
| 통산 | | | 9 | 7 | 0 | 0 | 0 | 4 | 1 | 0 |

**김다빈**(金茶彬) 고려대 1989.08.29

| 대회 | 연도 | 소속 | 출전 | 교체 | 득점 | 도움 | 실점 | 파울 | 경고 | 퇴장 |
|---|---|---|---|---|---|---|---|---|---|---|
| K1 | 2009 | 대전 | 2 | 2 | 0 | 0 | 0 | 3 | 0 | 0 |
| | 2010 | 울산 | 3 | 3 | 0 | 0 | 0 | 2 | 0 | 0 |
| | 2010 | 대전 | 1 | 1 | 0 | 0 | 0 | 0 | 0 | 0 |
| | 2011 | 울산 | 0 | 0 | 0 | 0 | 0 | 0 | 0 | 0 |
| | 2012 | 울산 | 2 | 2 | 0 | 0 | 0 | 0 | 0 | 0 |
| K2 | 2013 | 충주 | 4 | 4 | 0 | 0 | 0 | 3 | 0 | 0 |
| 컵 | 2009 | 대전 | 1 | 1 | 0 | 0 | 0 | 0 | 0 | 0 |
| | 2010 | 대전 | 0 | 0 | 0 | 0 | 0 | 0 | 0 | 0 |
| 통산 | | | 13 | 13 | 0 | 0 | 0 | 8 | 0 | 0 |

**김다솔**(金다솔) 연세대 1989.01.04

| 대회 | 연도 | 소속 | 출전 | 교체 | 득점 | 도움 | 실점 | 파울 | 경고 | 퇴장 |
|---|---|---|---|---|---|---|---|---|---|---|
| K1 | 2010 | 포항 | 1 | 1 | 0 | 0 | 1 | 0 | 1 | 0 |
| | 2011 | 포항 | 7 | 0 | 0 | 0 | 7 | 0 | 0 | 0 |
| | 2012 | 포항 | 12 | 0 | 0 | 0 | 14 | 0 | 0 | 0 |
| | 2013 | 포항 | 5 | 0 | 0 | 0 | 7 | 0 | 1 | 0 |
| | 2014 | 포항 | 7 | 0 | 0 | 0 | 9 | 0 | 0 | 0 |
| | 2015 | 대전 | 0 | 0 | 0 | 0 | 0 | 0 | 0 | 0 |
| | 2016 | 인천 | 3 | 0 | 0 | 0 | 7 | 0 | 0 | 0 |
| | 2019 | 수원 | 7 | 0 | 0 | 0 | 17 | 0 | 0 | 0 |
| | 2020 | 수원 | 0 | 0 | 0 | 0 | 0 | 0 | 0 | 0 |
| | 2025 | 안양 | 35 | 2 | 0 | 0 | 42 | 2 | 3 | 1 |
| K2 | 2017 | 수원FC | 8 | 0 | 0 | 0 | 9 | 2 | 2 | 0 |
| | 2018 | 수원FC | 29 | 1 | 0 | 0 | 27 | 0 | 2 | 0 |
| | 2021 | 전남 | 21 | 0 | 0 | 0 | 18 | 0 | 1 | 0 |
| | 2022 | 전남 | 27 | 0 | 0 | 0 | 36 | 0 | 1 | 0 |
| | 2023 | 전남 | 10 | 5 | 0 | 0 | 15 | 0 | 0 | 0 |
| | 2024 | 안양 | 35 | 4 | 0 | 0 | 35 | 0 | 3 | 0 |
| PO | 2011 | 포항 | 0 | 0 | 0 | 0 | 0 | 0 | 0 | 0 |
| | 2021 | 전남 | 0 | 0 | 0 | 0 | 0 | 0 | 0 | 0 |
| 컵 | 2010 | 포항 | 0 | 0 | 0 | 0 | 0 | 0 | 0 | 0 |
| | 2011 | 포항 | 1 | 0 | 0 | 0 | 1 | 0 | 0 | 0 |
| 통산 | | | 208 | 13 | 0 | 0 | 245 | 4 | 14 | 1 |

**김대건**(金大健) 배재대 1977.04.27

| 대회 | 연도 | 소속 | 출전 | 교체 | 득점 | 도움 | 실점 | 파울 | 경고 | 퇴장 |
|---|---|---|---|---|---|---|---|---|---|---|
| K1 | 2001 | 부천SK | 0 | 0 | 0 | 0 | 0 | 0 | 0 | 0 |
| | 2002 | 전북 | 9 | 4 | 1 | 0 | 0 | 12 | 2 | 0 |
| | 2003 | 광주상무 | 35 | 6 | 0 | 1 | 0 | 48 | 3 | 0 |
| | 2004 | 광주상무 | 17 | 1 | 0 | 0 | 0 | 21 | 1 | 0 |
| | 2005 | 전북 | 3 | 1 | 0 | 0 | 0 | 2 | 0 | 0 |
| | 2006 | 경남 | 13 | 2 | 0 | 0 | 0 | 21 | 2 | 0 |
| | 2007 | 경남 | 24 | 2 | 0 | 0 | 0 | 29 | 3 | 0 |
| | 2008 | 경남 | 19 | 7 | 1 | 1 | 0 | 20 | 5 | 0 |
| | 2009 | 수원 | 1 | 1 | 0 | 0 | 0 | 3 | 0 | 0 |
| | 2010 | 부산 | 7 | 6 | 0 | 0 | 0 | 17 | 3 | 0 |
| PO | 2007 | 경남 | 1 | 0 | 0 | 0 | 0 | 2 | 0 | 0 |
| 컵 | 2001 | 부천SK | 2 | 1 | 0 | 0 | 0 | 5 | 0 | 0 |
| | 2002 | 전북 | 0 | 0 | 0 | 0 | 0 | 0 | 0 | 0 |
| | 2004 | 광주상무 | 10 | 3 | 0 | 1 | 0 | 12 | 0 | 0 |
| | 2005 | 전북 | 5 | 0 | 1 | 0 | 0 | 22 | 0 | 0 |
| | 2006 | 경남 | 6 | 2 | 1 | 0 | 0 | 10 | 0 | 0 |
| | 2007 | 경남 | 4 | 1 | 0 | 0 | 0 | 5 | 0 | 0 |
| | 2008 | 경남 | 8 | 1 | 0 | 0 | 0 | 20 | 1 | 0 |
| 통산 | | | 164 | 38 | 4 | 3 | 0 | 249 | 20 | 0 |

**김대경**(金大慶) 부평고 1987.10.17

| 대회 | 연도 | 소속 | 출전 | 교체 | 득점 | 도움 | 실점 | 파울 | 경고 | 퇴장 |
|---|---|---|---|---|---|---|---|---|---|---|
| K1 | 2007 | 제주 | 0 | 0 | 0 | 0 | 0 | 0 | 0 | 0 |
| 컵 | 2008 | 제주 | 1 | 1 | 0 | 0 | 0 | 4 | 0 | 0 |
| 통산 | | | 1 | 1 | 0 | 0 | 0 | 4 | 0 | 0 |

**김대경**(金大景) 숭실대 1991.09.02

| 대회 | 연도 | 소속 | 출전 | 교체 | 득점 | 도움 | 실점 | 파울 | 경고 | 퇴장 |
|---|---|---|---|---|---|---|---|---|---|---|
| K1 | 2013 | 수원 | 22 | 21 | 1 | 1 | 0 | 12 | 3 | 0 |
| | 2014 | 수원 | 1 | 1 | 0 | 0 | 0 | 0 | 0 | 0 |
| | 2015 | 인천 | 18 | 13 | 0 | 1 | 0 | 10 | 0 | 0 |
| | 2016 | 인천 | 16 | 11 | 1 | 1 | 0 | 8 | 0 | 0 |
| | 2017 | 인천 | 2 | 1 | 2 | 0 | 0 | 0 | 0 | 0 |
| | 2018 | 인천 | 0 | 0 | 0 | 0 | 0 | 0 | 0 | 0 |
| | 2019 | 인천 | 1 | 1 | 0 | 0 | 0 | 0 | 0 | 0 |
| | 2022 | 인천 | 0 | 0 | 0 | 0 | 0 | 0 | 0 | 0 |
| K2 | 2023 | 안산 | 14 | 10 | 0 | 0 | 0 | 3 | 0 | 0 |
| | 2024 | 안산 | 17 | 16 | 0 | 0 | 0 | 2 | 0 | 0 |
| 통산 | | | 91 | 74 | 4 | 3 | 0 | 35 | 3 | 0 |

**김대광**(金大光) 동국대 1992.04.10

| 대회 | 연도 | 소속 | 출전 | 교체 | 득점 | 도움 | 실점 | 파울 | 경고 | 퇴장 |
|---|---|---|---|---|---|---|---|---|---|---|
| K2 | 2016 | 부천 | 2 | 2 | 0 | 0 | 0 | 1 | 0 | 0 |
| | 2017 | 서울E | 6 | 6 | 1 | 0 | 0 | 6 | 1 | 0 |
| 통산 | | | 8 | 8 | 1 | 0 | 0 | 7 | 1 | 0 |

**김대생**(金大生) 고마자와대(일본) 1995.01.18

| 대회 | 연도 | 소속 | 출전 | 교체 | 득점 | 도움 | 실점 | 파울 | 경고 | 퇴장 |
|---|---|---|---|---|---|---|---|---|---|---|
| K2 | 2023 | 천안 | 3 | 3 | 0 | 0 | 0 | 0 | 0 | 0 |
| 통산 | | | 3 | 3 | 0 | 0 | 0 | 0 | 0 | 0 |

**김대성**(金大成) 대구대 1972.05.10

| 대회 | 연도 | 소속 | 출전 | 교체 | 득점 | 도움 | 실점 | 파울 | 경고 | 퇴장 |
|---|---|---|---|---|---|---|---|---|---|---|
| K1 | 1995 | LG | 23 | 8 | 4 | 2 | 0 | 23 | 1 | 0 |
| | 1996 | 안양LG | 30 | 10 | 1 | 2 | 0 | 32 | 5 | 0 |
| | 1997 | 안양LG | 15 | 6 | 1 | 0 | 0 | 13 | 1 | 1 |
| | 1998 | 안양LG | 16 | 5 | 0 | 1 | 0 | 19 | 1 | 0 |
| | 1999 | 안양LG | 13 | 10 | 1 | 0 | 0 | 9 | 1 | 0 |
| 컵 | 1995 | LG | 0 | 0 | 0 | 0 | 0 | 0 | 0 | 0 |
| | 1996 | 안양LG | 8 | 2 | 0 | 1 | 0 | 8 | 0 | 0 |
| | 1997 | 안양LG | 15 | 6 | 3 | 0 | 0 | 15 | 1 | 0 |
| | 1998 | 안양LG | 15 | 5 | 0 | 3 | 0 | 20 | 1 | 0 |
| | 1999 | 안양LG | 9 | 4 | 0 | 0 | 0 | 6 | 1 | 0 |
| 통산 | | | 144 | 56 | 10 | 9 | 0 | 145 | 12 | 1 |

**김대수**(金大樹) 울산대 1975.03.20

| 대회 | 연도 | 소속 | 출전 | 교체 | 득점 | 도움 | 실점 | 파울 | 경고 | 퇴장 |
|---|---|---|---|---|---|---|---|---|---|---|
| K1 | 1997 | 대전 | 4 | 0 | 0 | 0 | 0 | 6 | 1 | 0 |
| | 1998 | 대전 | 5 | 3 | 0 | 0 | 0 | 3 | 0 | 1 |
| | 1999 | 대전 | 9 | 6 | 0 | 0 | 0 | 7 | 0 | 0 |
| | 2000 | 대전 | 7 | 2 | 0 | 0 | 0 | 9 | 0 | 0 |
| | 2001 | 대전 | 3 | 2 | 0 | 0 | 0 | 0 | 0 | 0 |
| | 2002 | 대전 | 9 | 1 | 0 | 0 | 0 | 13 | 2 | 0 |
| | 2003 | 대구 | 11 | 2 | 0 | 0 | 0 | 11 | 2 | 0 |
| | 2004 | 부천SK | 5 | 4 | 0 | 0 | 0 | 7 | 0 | 0 |
| 컵 | 1997 | 대전 | 1 | 1 | 0 | 0 | 0 | 0 | 0 | 0 |
| | 1998 | 대전 | 3 | 2 | 0 | 0 | 0 | 5 | 0 | 0 |
| | 1999 | 대전 | 0 | 0 | 0 | 0 | 0 | 0 | 0 | 0 |
| | 2000 | 대전 | 1 | 0 | 0 | 0 | 0 | 1 | 0 | 0 |
| | 2001 | 대전 | 0 | 0 | 0 | 0 | 0 | 0 | 0 | 0 |
| | 2002 | 대전 | 2 | 0 | 0 | 0 | 0 | 0 | 0 | 0 |
| | 2004 | 부천SK | 6 | 1 | 0 | 0 | 0 | 9 | 1 | 0 |
| 통산 | | | 66 | 24 | 0 | 0 | 0 | 71 | 6 | 1 |

**김대식**(金大植) 인천대 1973.03.02

| 대회 | 연도 | 소속 | 출전 | 교체 | 득점 | 도움 | 실점 | 파울 | 경고 | 퇴장 |
|---|---|---|---|---|---|---|---|---|---|---|
| K1 | 1995 | 전북 | 22 | 3 | 1 | 1 | 0 | 17 | 3 | 0 |
| | 1996 | 전북 | 27 | 1 | 0 | 1 | 0 | 24 | 3 | 0 |
| | 1999 | 전북 | 17 | 5 | 0 | 2 | 0 | 7 | 1 | 0 |
| | 2000 | 전북 | 23 | 8 | 1 | 2 | 0 | 17 | 2 | 0 |
| | 2001 | 전북 | 19 | 2 | 0 | 1 | 0 | 11 | 0 | 0 |
| PO | 2000 | 전북 | 1 | 0 | 0 | 0 | 0 | 0 | 0 | 0 |
| 컵 | 1995 | 전북 | 5 | 1 | 0 | 0 | 0 | 3 | 1 | 0 |
| | 1996 | 전북 | 7 | 3 | 0 | 1 | 0 | 7 | 1 | 0 |
| | 1999 | 전북 | 5 | 2 | 0 | 0 | 0 | 2 | 0 | 0 |
| | 2000 | 전북 | 8 | 1 | 0 | 0 | 0 | 16 | 1 | 0 |
| | 2001 | 전북 | 9 | 0 | 0 | 1 | 0 | 9 | 1 | 0 |
| 통산 | | | 143 | 26 | 2 | 9 | 0 | 113 | 13 | 0 |

**김대열**(金大烈) 단국대 1987.04.12

| 대회 | 연도 | 소속 | 출전 | 교체 | 득점 | 도움 | 실점 | 파울 | 경고 | 퇴장 |
|---|---|---|---|---|---|---|---|---|---|---|
| K1 | 2010 | 대구 | 4 | 4 | 0 | 0 | 0 | 11 | 3 | 0 |

| | | | | | | | | | | |
|---|---|---|---|---|---|---|---|---|---|---|
| | 2011 | 대구 | 7 | 1 | 0 | 0 | 0 | 13 | 2 | 1 |
| | 2012 | 대구 | 37 | 23 | 1 | 0 | 0 | 43 | 5 | 0 |
| | 2013 | 대구 | 19 | 13 | 0 | 0 | 0 | 24 | 2 | 0 |
| | 2016 | 상주 | 7 | 6 | 0 | 1 | 0 | 7 | 1 | 0 |
| K2 | 2014 | 대구 | 26 | 6 | 3 | 2 | 0 | 51 | 3 | 0 |
| | 2015 | 상주 | 7 | 1 | 0 | 0 | 0 | 13 | 3 | 0 |
| | 2016 | 대구 | 2 | 2 | 0 | 0 | 0 | 1 | 0 | 0 |
| | 2017 | 대전 | 32 | 14 | 0 | 1 | 0 | 56 | 5 | 0 |
| | 2019 | 안산 | 15 | 9 | 1 | 0 | 0 | 16 | 3 | 1 |
| | 2020 | 안산 | 17 | 14 | 1 | 0 | 0 | 14 | 3 | 0 |
| | 2021 | 안산 | 4 | 4 | 0 | 0 | 0 | 5 | 1 | 0 |
| 컵 | 2010 | 대구 | 2 | 2 | 0 | 0 | 0 | 1 | 1 | 0 |
| | 2011 | 대구 | 1 | 1 | 0 | 0 | 0 | 1 | 0 | 0 |
| 통산 | | | 180 | 100 | 6 | 4 | 0 | 256 | 32 | 2 |

**김대영**(金大英)

| 대회 | 연도 | 소속 | 출전 | 교체 | 득점 | 도움 | 실점 | 파울 | 경고 | 퇴장 |
|---|---|---|---|---|---|---|---|---|---|---|
| K1 | 1988 | 대우 | 9 | 6 | 0 | 0 | 0 | 13 | 1 | 0 |
| 통산 | | | 9 | 6 | 0 | 0 | 0 | 13 | 1 | 0 |

**김대우**(金大禹) 숭실대 2000.12.02

| 대회 | 연도 | 소속 | 출전 | 교체 | 득점 | 도움 | 실점 | 파울 | 경고 | 퇴장 |
|---|---|---|---|---|---|---|---|---|---|---|
| K1 | 2021 | 강원 | 21 | 19 | 2 | 1 | 0 | 12 | 2 | 0 |
| | 2022 | 강원 | 16 | 14 | 1 | 0 | 0 | 10 | 1 | 0 |
| | 2023 | 강원 | 11 | 11 | 0 | 0 | 0 | 9 | 2 | 0 |
| | 2024 | 강원 | 14 | 8 | 1 | 2 | 0 | 16 | 2 | 0 |
| | 2025 | 강원 | 17 | 9 | 0 | 0 | 0 | 18 | 2 | 1 |
| PO | 2021 | 강원 | 2 | 2 | 0 | 0 | 0 | 4 | 0 | 0 |
| 통산 | | | 81 | 63 | 4 | 3 | 0 | 69 | 9 | 1 |

**김대욱**(金大旭) 호남대 1978.04.02

| 대회 | 연도 | 소속 | 출전 | 교체 | 득점 | 도움 | 실점 | 파울 | 경고 | 퇴장 |
|---|---|---|---|---|---|---|---|---|---|---|
| K1 | 2001 | 전남 | 4 | 4 | 0 | 0 | 0 | 9 | 1 | 0 |
| | 2003 | 광주상무 | 0 | 0 | 0 | 0 | 0 | 0 | 0 | 0 |
| 통산 | | | 4 | 4 | 0 | 0 | 0 | 9 | 1 | 0 |

**김대욱**(金旲昱) 조선대 1987.11.23

| 대회 | 연도 | 소속 | 출전 | 교체 | 득점 | 도움 | 실점 | 파울 | 경고 | 퇴장 |
|---|---|---|---|---|---|---|---|---|---|---|
| K1 | 2010 | 대전 | 2 | 1 | 0 | 0 | 0 | 2 | 1 | 0 |
| K2 | 2018 | 안양 | 1 | 1 | 0 | 0 | 0 | 1 | 0 | 0 |
| 컵 | 2010 | 대전 | 0 | 0 | 0 | 0 | 0 | 0 | 0 | 0 |
| 통산 | | | 3 | 2 | 0 | 0 | 0 | 3 | 1 | 0 |

**김대원**(金大元) 보인고 1997.02.10

| 대회 | 연도 | 소속 | 출전 | 교체 | 득점 | 도움 | 실점 | 파울 | 경고 | 퇴장 |
|---|---|---|---|---|---|---|---|---|---|---|
| K1 | 2017 | 대구 | 10 | 9 | 0 | 1 | 0 | 1 | 0 | 0 |
| | 2018 | 대구 | 23 | 13 | 3 | 5 | 0 | 13 | 0 | 0 |
| | 2019 | 대구 | 36 | 20 | 4 | 2 | 0 | 19 | 2 | 1 |
| | 2020 | 대구 | 27 | 18 | 3 | 4 | 0 | 15 | 2 | 0 |
| | 2021 | 강원 | 33 | 18 | 9 | 4 | 0 | 14 | 0 | 0 |
| | 2022 | 강원 | 37 | 14 | 12 | 13 | 0 | 21 | 0 | 0 |
| | 2023 | 강원 | 35 | 22 | 4 | 4 | 0 | 19 | 1 | 0 |
| | 2024 | 김천 | 28 | 24 | 5 | 8 | 0 | 16 | 1 | 0 |
| | 2025 | 강원 | 18 | 8 | 2 | 3 | 0 | 11 | 4 | 0 |
| | 2025 | 김천 | 11 | 11 | 0 | 0 | 0 | 2 | 0 | 0 |
| K2 | 2016 | 대구 | 6 | 6 | 1 | 0 | 0 | 1 | 0 | 0 |
| PO | 2021 | 강원 | 2 | 0 | 0 | 1 | 0 | 1 | 0 | 0 |
| | 2023 | 강원 | 2 | 1 | 0 | 0 | 0 | 2 | 0 | 0 |
| 통산 | | | 268 | 164 | 43 | 45 | 0 | 135 | 10 | 1 |

**김대의**(金大儀) 고려대 1974.05.30

| 대회 | 연도 | 소속 | 출전 | 교체 | 득점 | 도움 | 실점 | 파울 | 경고 | 퇴장 |
|---|---|---|---|---|---|---|---|---|---|---|
| K1 | 2000 | 성남일화 | 17 | 16 | 4 | 3 | 0 | 18 | 0 | 0 |
| | 2001 | 성남일화 | 21 | 20 | 1 | 2 | 0 | 23 | 2 | 0 |
| | 2002 | 성남일화 | 27 | 2 | 9 | 9 | 0 | 36 | 2 | 0 |
| | 2003 | 성남일화 | 25 | 17 | 3 | 2 | 0 | 25 | 3 | 0 |
| | 2004 | 수원 | 23 | 6 | 3 | 3 | 0 | 29 | 2 | 0 |
| | 2005 | 수원 | 18 | 5 | 3 | 2 | 0 | 21 | 0 | 0 |
| | 2006 | 수원 | 22 | 7 | 3 | 2 | 0 | 25 | 1 | 0 |
| | 2007 | 수원 | 20 | 11 | 4 | 3 | 0 | 21 | 1 | 0 |
| | 2008 | 수원 | 21 | 11 | 1 | 3 | 0 | 20 | 2 | 0 |
| | 2009 | 수원 | 26 | 12 | 1 | 4 | 0 | 24 | 2 | 0 |
| | 2010 | 수원 | 7 | 6 | 0 | 0 | 0 | 4 | 0 | 0 |
| PO | 2000 | 성남일화 | 2 | 2 | 0 | 1 | 0 | 2 | 0 | 0 |
| | 2004 | 수원 | 3 | 0 | 0 | 0 | 0 | 5 | 0 | 0 |
| | 2006 | 수원 | 3 | 3 | 0 | 0 | 0 | 3 | 0 | 0 |
| | 2008 | 수원 | 2 | 1 | 0 | 0 | 0 | 2 | 0 | 0 |
| 컵 | 2000 | 성남일화 | 5 | 5 | 1 | 0 | 0 | 3 | 0 | 0 |
| | 2001 | 성남일화 | 9 | 4 | 1 | 1 | 0 | 13 | 1 | 0 |
| | 2002 | 성남일화 | 11 | 4 | 8 | 3 | 0 | 17 | 0 | 0 |
| | 2004 | 수원 | 10 | 4 | 4 | 0 | 0 | 15 | 1 | 0 |
| | 2005 | 수원 | 7 | 5 | 2 | 0 | 0 | 7 | 1 | 0 |
| | 2006 | 수원 | 11 | 2 | 2 | 0 | 0 | 17 | 1 | 0 |
| | 2007 | 수원 | 7 | 7 | 1 | 0 | 0 | 9 | 0 | 0 |
| | 2008 | 수원 | 7 | 5 | 0 | 1 | 0 | 7 | 0 | 0 |
| | 2010 | 수원 | 4 | 1 | 0 | 2 | 0 | 2 | 1 | 0 |
| 통산 | | | 308 | 156 | 51 | 41 | 0 | 348 | 20 | 0 |

**김대중**(金大中) 홍익대 1992.10.13

| 대회 | 연도 | 소속 | 출전 | 교체 | 득점 | 도움 | 실점 | 파울 | 경고 | 퇴장 |
|---|---|---|---|---|---|---|---|---|---|---|
| K1 | 2015 | 인천 | 16 | 7 | 0 | 0 | 0 | 8 | 0 | 0 |
| | 2016 | 인천 | 16 | 8 | 1 | 0 | 0 | 5 | 2 | 0 |
| | 2017 | 인천 | 22 | 15 | 0 | 5 | 0 | 13 | 0 | 0 |
| | 2018 | 인천 | 29 | 4 | 0 | 0 | 0 | 16 | 2 | 0 |
| | 2019 | 상주 | 2 | 2 | 0 | 0 | 0 | 1 | 0 | 0 |
| | 2020 | 인천 | 5 | 5 | 1 | 0 | 0 | 1 | 0 | 0 |
| | 2020 | 상주 | 1 | 1 | 0 | 0 | 0 | 0 | 0 | 0 |
| | 2021 | 인천 | 5 | 5 | 0 | 1 | 0 | 1 | 0 | 0 |
| | 2022 | 인천 | 3 | 3 | 1 | 0 | 0 | 1 | 0 | 0 |
| | 2023 | 인천 | 6 | 6 | 0 | 0 | 0 | 1 | 0 | 0 |
| K2 | 2014 | 대전 | 8 | 6 | 0 | 0 | 0 | 3 | 0 | 0 |
| | 2024 | 천안 | 5 | 5 | 0 | 0 | 0 | 0 | 0 | 0 |
| 통산 | | | 118 | 67 | 3 | 6 | 0 | 50 | 4 | 0 |

**김대진**(金大鎭) 강원대 1969.05.10

| 대회 | 연도 | 소속 | 출전 | 교체 | 득점 | 도움 | 실점 | 파울 | 경고 | 퇴장 |
|---|---|---|---|---|---|---|---|---|---|---|
| K1 | 1992 | 일화 | 12 | 11 | 0 | 0 | 0 | 17 | 0 | 0 |
| | 1993 | 일화 | 4 | 4 | 0 | 0 | 0 | 2 | 0 | 0 |
| 컵 | 1992 | 일화 | 6 | 3 | 0 | 1 | 0 | 4 | 1 | 0 |
| 통산 | | | 22 | 18 | 0 | 1 | 0 | 23 | 1 | 0 |

**김대철**(金大哲) 인천대 1977.08.26

| 대회 | 연도 | 소속 | 출전 | 교체 | 득점 | 도움 | 실점 | 파울 | 경고 | 퇴장 |
|---|---|---|---|---|---|---|---|---|---|---|
| K1 | 2000 | 부천SK | 2 | 2 | 0 | 0 | 0 | 6 | 1 | 0 |
| 컵 | 2000 | 부천SK | 5 | 4 | 0 | 0 | 0 | 7 | 1 | 0 |
| | 2001 | 전남 | 1 | 1 | 0 | 0 | 0 | 2 | 0 | 0 |
| 통산 | | | 8 | 7 | 0 | 0 | 0 | 15 | 2 | 0 |

**김대한**(金大韓) 선문대 1994.04.21

| 대회 | 연도 | 소속 | 출전 | 교체 | 득점 | 도움 | 실점 | 파울 | 경고 | 퇴장 |
|---|---|---|---|---|---|---|---|---|---|---|
| K2 | 2015 | 안양 | 14 | 14 | 0 | 1 | 0 | 7 | 1 | 0 |
| | 2016 | 안양 | 8 | 7 | 2 | 0 | 0 | 11 | 1 | 0 |
| 통산 | | | 22 | 21 | 2 | 1 | 0 | 18 | 2 | 0 |

**김대현**(金大顯) 대신고 1981.09.02

| 대회 | 연도 | 소속 | 출전 | 교체 | 득점 | 도움 | 실점 | 파울 | 경고 | 퇴장 |
|---|---|---|---|---|---|---|---|---|---|---|
| 컵 | 2000 | 수원 | 0 | 0 | 0 | 0 | 0 | 0 | 0 | 0 |
| 통산 | | | 0 | 0 | 0 | 0 | 0 | 0 | 0 | 0 |

**김대현**(金垈泫) 중앙대 2002.06.01

| 대회 | 연도 | 소속 | 출전 | 교체 | 득점 | 도움 | 실점 | 파울 | 경고 | 퇴장 |
|---|---|---|---|---|---|---|---|---|---|---|
| K1 | 2025 | 수원FC | 0 | 0 | 0 | 0 | 0 | 0 | 0 | 0 |
| 통산 | | | 0 | 0 | 0 | 0 | 0 | 0 | 0 | 0 |

**김대호**(金大乎) 숭실대 1986.04.15

| 대회 | 연도 | 소속 | 출전 | 교체 | 득점 | 도움 | 실점 | 파울 | 경고 | 퇴장 |
|---|---|---|---|---|---|---|---|---|---|---|
| K1 | 2012 | 전남 | 1 | 0 | 0 | 0 | 1 | 0 | 0 | 0 |
| | 2013 | 포항 | 0 | 0 | 0 | 0 | 0 | 0 | 0 | 0 |
| | 2014 | 전남 | 0 | 0 | 0 | 0 | 0 | 0 | 0 | 0 |
| K2 | 2015 | 안산경찰 | 1 | 1 | 0 | 0 | 1 | 0 | 0 | 0 |
| | 2016 | 안산무궁 | 6 | 1 | 0 | 0 | 17 | 0 | 0 | 0 |
| 통산 | | | 8 | 2 | 0 | 0 | 19 | 0 | 0 | 0 |

**김대호**(金大虎) 숭실대 1988.05.15

| 대회 | 연도 | 소속 | 출전 | 교체 | 득점 | 도움 | 실점 | 파울 | 경고 | 퇴장 |
|---|---|---|---|---|---|---|---|---|---|---|
| K1 | 2010 | 포항 | 5 | 4 | 0 | 0 | 0 | 9 | 2 | 0 |
| | 2011 | 포항 | 11 | 3 | 0 | 0 | 0 | 18 | 0 | 0 |
| | 2012 | 포항 | 16 | 7 | 5 | 0 | 0 | 28 | 3 | 0 |
| | 2013 | 포항 | 25 | 6 | 0 | 3 | 0 | 42 | 6 | 0 |
| | 2014 | 포항 | 24 | 8 | 0 | 1 | 0 | 33 | 6 | 0 |
| | 2015 | 포항 | 18 | 4 | 1 | 0 | 0 | 30 | 7 | 0 |
| | 2016 | 포항 | 3 | 1 | 0 | 0 | 0 | 3 | 2 | 0 |
| | 2017 | 포항 | 0 | 0 | 0 | 0 | 0 | 0 | 0 | 0 |
| | 2019 | 제주 | 1 | 0 | 0 | 0 | 0 | 1 | 1 | 0 |
| K2 | 2016 | 안산무궁 | 7 | 1 | 0 | 1 | 0 | 12 | 1 | 0 |
| | 2018 | 수원FC | 7 | 2 | 1 | 0 | 0 | 7 | 2 | 0 |
| | 2019 | 수원FC | 2 | 2 | 0 | 0 | 0 | 3 | 1 | 0 |
| PO | 2011 | 포항 | 1 | 0 | 0 | 0 | 0 | 1 | 1 | 0 |
| 컵 | 2011 | 포항 | 1 | 1 | 0 | 0 | 0 | 3 | 0 | 0 |
| 통산 | | | 121 | 39 | 7 | 5 | 0 | 190 | 32 | 0 |

**김대환**(金大桓) 한양대 1976.01.01

| 대회 | 연도 | 소속 | 출전 | 교체 | 득점 | 도움 | 실점 | 파울 | 경고 | 퇴장 |
|---|---|---|---|---|---|---|---|---|---|---|
| K1 | 1998 | 수원 | 3 | 1 | 0 | 0 | 3 | 0 | 0 | 0 |
| | 1999 | 수원 | 2 | 0 | 0 | 0 | 2 | 0 | 0 | 0 |
| | 2000 | 수원 | 27 | 0 | 0 | 0 | 43 | 1 | 1 | 0 |
| | 2003 | 수원 | 2 | 0 | 0 | 0 | 2 | 0 | 0 | 0 |
| | 2004 | 수원 | 4 | 0 | 0 | 0 | 2 | 0 | 0 | 0 |
| | 2005 | 수원 | 3 | 0 | 0 | 0 | 6 | 1 | 1 | 0 |
| | 2006 | 수원 | 0 | 0 | 0 | 0 | 0 | 0 | 0 | 0 |
| | 2007 | 수원 | 0 | 0 | 0 | 0 | 0 | 0 | 0 | 0 |
| | 2008 | 수원 | 0 | 0 | 0 | 0 | 0 | 0 | 0 | 0 |
| | 2009 | 수원 | 0 | 0 | 0 | 0 | 0 | 0 | 0 | 0 |
| | 2010 | 수원 | 2 | 0 | 0 | 0 | 4 | 0 | 0 | 0 |
| | 2011 | 수원 | 0 | 0 | 0 | 0 | 0 | 0 | 0 | 0 |
| PO | 1999 | 수원 | 0 | 0 | 0 | 0 | 0 | 0 | 0 | 0 |
| | 2004 | 수원 | 0 | 0 | 0 | 0 | 0 | 0 | 0 | 0 |
| | 2007 | 수원 | 0 | 0 | 0 | 0 | 0 | 0 | 0 | 0 |
| | 2008 | 수원 | 0 | 0 | 0 | 0 | 0 | 0 | 0 | 0 |
| 컵 | 1998 | 수원 | 1 | 0 | 0 | 0 | 3 | 0 | 0 | 0 |
| | 1999 | 수원 | 2 | 0 | 0 | 0 | 2 | 0 | 0 | 0 |
| | 2000 | 수원 | 10 | 0 | 0 | 0 | 12 | 1 | 1 | 0 |
| | 2004 | 수원 | 9 | 0 | 0 | 0 | 7 | 1 | 1 | 0 |
| | 2005 | 수원 | 3 | 0 | 0 | 0 | 1 | 0 | 0 | 0 |
| | 2006 | 수원 | 3 | 0 | 0 | 0 | 5 | 0 | 0 | 0 |
| | 2007 | 수원 | 0 | 0 | 0 | 0 | 0 | 0 | 0 | 0 |
| | 2008 | 수원 | 1 | 0 | 0 | 0 | 1 | 0 | 1 | 0 |
| | 2009 | 수원 | 0 | 0 | 0 | 0 | 0 | 0 | 0 | 0 |
| | 2010 | 수원 | 4 | 0 | 0 | 0 | 9 | 0 | 0 | 0 |
| 통산 | | | 76 | 1 | 0 | 0 | 102 | 4 | 5 | 0 |

**김대환**(金大煥) 경성고 1959.10.23

| 대회 | 연도 | 소속 | 출전 | 교체 | 득점 | 도움 | 실점 | 파울 | 경고 | 퇴장 |
|---|---|---|---|---|---|---|---|---|---|---|
| K1 | 1983 | 국민은행 | 4 | 4 | 0 | 0 | 0 | 2 | 0 | 0 |
| 통산 | | | 4 | 4 | 0 | 0 | 0 | 2 | 0 | 0 |

**김대환**(金大煥) 제주U18 2004.10.19

| 대회 | 연도 | 소속 | 출전 | 교체 | 득점 | 도움 | 실점 | 파울 | 경고 | 퇴장 |
|---|---|---|---|---|---|---|---|---|---|---|
| K1 | 2023 | 제주 | 20 | 22 | 0 | 0 | 0 | 9 | 0 | 0 |
| K2 | 2025 | 화성 | 30 | 5 | 1 | 2 | 0 | 31 | 9 | 0 |
| 통산 | | | 50 | 27 | 1 | 2 | 0 | 40 | 9 | 0 |

**김대흠**(金大欽) 경희대 1961.07.08

| 대회 | 연도 | 소속 | 출전 | 교체 | 득점 | 도움 | 실점 | 파울 | 경고 | 퇴장 |
|---|---|---|---|---|---|---|---|---|---|---|
| K1 | 1985 | 상무 | 21 | 1 | 4 | 3 | 0 | 31 | 1 | 0 |
| 통산 | | | 21 | 1 | 4 | 3 | 0 | 31 | 1 | 0 |

**김덕수**(金德洙) 우석대 1987.04.24

| 대회 | 연도 | 소속 | 출전 | 교체 | 득점 | 도움 | 실점 | 파울 | 경고 | 퇴장 |
|---|---|---|---|---|---|---|---|---|---|---|
| K2 | 2013 | 부천 | 28 | 0 | 0 | 0 | 51 | 1 | 1 | 0 |
| 통산 | | | 28 | 0 | 0 | 0 | 51 | 1 | 1 | 0 |

**김덕일**(金德一) 풍생고 1990.07.11

| 대회 | 연도 | 소속 | 출전 | 교체 | 득점 | 도움 | 실점 | 파울 | 경고 | 퇴장 |
|---|---|---|---|---|---|---|---|---|---|---|
| K1 | 2011 | 성남일화 | 3 | 4 | 0 | 0 | 0 | 0 | 0 | 0 |
| | 2012 | 성남일화 | 7 | 7 | 0 | 0 | 0 | 4 | 1 | 0 |
| 컵 | 2011 | 성남일화 | 3 | 2 | 1 | 0 | 0 | 5 | 1 | 0 |
| 통산 | | | 13 | 13 | 1 | 0 | 0 | 9 | 2 | 0 |

**김덕중**(金德重) 연세대 1980.06.05

| 대회 | 연도 | 소속 | 출전 | 교체 | 득점 | 도움 | 실점 | 파울 | 경고 | 퇴장 |
|---|---|---|---|---|---|---|---|---|---|---|
| K1 | 2003 | 대구 | 30 | 10 | 0 | 1 | 0 | 14 | 3 | 0 |

| 대회 | 연도 | 소속 | 출전 | 교체 | 득점 | 도움 | 실점 | 파울 | 경고 | 퇴장 |
|---|---|---|---|---|---|---|---|---|---|---|
| | 2004 | 대구 | 2 | 2 | 0 | 0 | 0 | 0 | 0 | 0 |
| 컵 | 2004 | 대구 | 1 | 0 | 0 | 0 | 0 | 1 | 0 | 0 |
| 통산 | | | 33 | 12 | 0 | 1 | 0 | 15 | 3 | 0 |

**김덕중**(金德中) 아주대 1996.03.02

| 대회 | 연도 | 소속 | 출전 | 교체 | 득점 | 도움 | 실점 | 파울 | 경고 | 퇴장 |
|---|---|---|---|---|---|---|---|---|---|---|
| K1 | 2018 | 인천 | 0 | 0 | 0 | 0 | 0 | 0 | 0 | 0 |
| K2 | 2019 | 안양 | 0 | 0 | 0 | 0 | 0 | 0 | 0 | 0 |
| 통산 | | | 0 | 0 | 0 | 0 | 0 | 0 | 0 | 0 |

**김도균**(金徒均) 울산대 1977.01.13

| 대회 | 연도 | 소속 | 출전 | 교체 | 득점 | 도움 | 실점 | 파울 | 경고 | 퇴장 |
|---|---|---|---|---|---|---|---|---|---|---|
| K1 | 1999 | 울산 | 6 | 6 | 0 | 0 | 0 | 3 | 1 | 0 |
| | 2000 | 울산 | 12 | 1 | 1 | 0 | 0 | 17 | 0 | 0 |
| | 2001 | 울산 | 22 | 8 | 1 | 1 | 0 | 26 | 1 | 0 |
| | 2002 | 울산 | 8 | 3 | 0 | 0 | 0 | 7 | 1 | 0 |
| | 2003 | 울산 | 34 | 11 | 0 | 2 | 0 | 41 | 4 | 0 |
| | 2005 | 성남일화 | 1 | 1 | 0 | 0 | 0 | 2 | 0 | 0 |
| | 2005 | 전남 | 10 | 1 | 0 | 0 | 0 | 19 | 1 | 0 |
| | 2006 | 전남 | 7 | 5 | 0 | 0 | 0 | 17 | 3 | 0 |
| 컵 | 1999 | 울산 | 5 | 0 | 0 | 0 | 0 | 6 | 0 | 0 |
| | 2000 | 울산 | 2 | 1 | 0 | 1 | 0 | 4 | 1 | 0 |
| | 2001 | 울산 | 5 | 1 | 0 | 0 | 0 | 5 | 0 | 0 |
| | 2002 | 울산 | 10 | 1 | 1 | 3 | 0 | 14 | 0 | 0 |
| | 2005 | 성남일화 | 6 | 2 | 0 | 0 | 0 | 20 | 1 | 0 |
| 통산 | | | 128 | 41 | 3 | 7 | 0 | 181 | 13 | 0 |

**김도근**(金道根) 한양대 1972.03.02

| 대회 | 연도 | 소속 | 출전 | 교체 | 득점 | 도움 | 실점 | 파울 | 경고 | 퇴장 |
|---|---|---|---|---|---|---|---|---|---|---|
| K1 | 1995 | 전남 | 9 | 5 | 0 | 0 | 0 | 12 | 1 | 1 |
| | 1996 | 전남 | 29 | 2 | 9 | 2 | 0 | 47 | 4 | 0 |
| | 1997 | 전남 | 9 | 0 | 2 | 1 | 0 | 15 | 0 | 0 |
| | 1998 | 전남 | 17 | 1 | 6 | 2 | 0 | 33 | 3 | 0 |
| | 1999 | 전남 | 17 | 10 | 2 | 2 | 0 | 32 | 1 | 0 |
| | 2000 | 전남 | 2 | 0 | 0 | 0 | 0 | 5 | 0 | 0 |
| | 2001 | 전남 | 3 | 2 | 0 | 0 | 0 | 3 | 0 | 0 |
| | 2002 | 전남 | 25 | 13 | 3 | 1 | 0 | 52 | 4 | 0 |
| | 2003 | 전남 | 41 | 20 | 1 | 5 | 0 | 72 | 5 | 0 |
| | 2004 | 전남 | 5 | 2 | 0 | 0 | 0 | 4 | 0 | 0 |
| | 2005 | 수원 | 12 | 9 | 0 | 0 | 0 | 14 | 0 | 0 |
| | 2006 | 경남 | 14 | 12 | 0 | 1 | 0 | 3 | 0 | 0 |
| PO | 1998 | 전남 | 1 | 1 | 0 | 0 | 0 | 2 | 0 | 0 |
| | 1999 | 전남 | 1 | 1 | 0 | 0 | 0 | 3 | 0 | 0 |
| 컵 | 1995 | 전남 | 1 | 1 | 0 | 0 | 0 | 0 | 0 | 0 |
| | 1996 | 전남 | 7 | 5 | 1 | 0 | 0 | 13 | 0 | 0 |
| | 1997 | 전남 | 12 | 1 | 5 | 2 | 0 | 14 | 3 | 0 |
| | 1998 | 전남 | 2 | 1 | 0 | 1 | 0 | 5 | 0 | 0 |
| | 1999 | 전남 | 7 | 7 | 0 | 2 | 0 | 16 | 0 | 0 |
| | 2000 | 전남 | 9 | 1 | 5 | 2 | 0 | 21 | 2 | 0 |
| | 2002 | 전남 | 5 | 3 | 0 | 1 | 0 | 6 | 0 | 0 |
| | 2005 | 전남 | 4 | 4 | 0 | 1 | 0 | 4 | 0 | 0 |
| | 2006 | 경남 | 9 | 9 | 0 | 1 | 0 | 9 | 1 | 0 |
| 통산 | | | 241 | 110 | 34 | 24 | 0 | 385 | 24 | 1 |

**김도연**(金度延) 예원예술대 1989.01.01

| 대회 | 연도 | 소속 | 출전 | 교체 | 득점 | 도움 | 실점 | 파울 | 경고 | 퇴장 |
|---|---|---|---|---|---|---|---|---|---|---|
| K1 | 2011 | 대전 | 7 | 8 | 0 | 0 | 0 | 3 | 0 | 0 |
| 컵 | 2011 | 대전 | 2 | 1 | 0 | 0 | 0 | 3 | 2 | 0 |
| 통산 | | | 9 | 9 | 0 | 0 | 0 | 6 | 2 | 0 |

**김도엽** (金度燁/←김인한) 선문대 1988.11.26

| 대회 | 연도 | 소속 | 출전 | 교체 | 득점 | 도움 | 실점 | 파울 | 경고 | 퇴장 |
|---|---|---|---|---|---|---|---|---|---|---|
| K1 | 2010 | 경남 | 17 | 12 | 5 | 2 | 0 | 23 | 2 | 0 |
| | 2011 | 경남 | 23 | 12 | 4 | 1 | 0 | 17 | 1 | 0 |
| | 2012 | 경남 | 40 | 25 | 10 | 2 | 0 | 38 | 4 | 0 |
| | 2013 | 경남 | 8 | 6 | 0 | 1 | 0 | 7 | 1 | 0 |
| | 2014 | 경남 | 27 | 18 | 1 | 0 | 0 | 19 | 3 | 0 |
| | 2016 | 상주 | 3 | 2 | 1 | 0 | 0 | 1 | 1 | 0 |
| | 2018 | 제주 | 7 | 6 | 0 | 0 | 0 | 1 | 0 | 0 |
| K2 | 2015 | 상주 | 18 | 12 | 6 | 0 | 0 | 16 | 2 | 1 |
| | 2016 | 경남 | 8 | 6 | 1 | 4 | 0 | 6 | 1 | 0 |
| | 2017 | 경남 | 10 | 7 | 3 | 0 | 0 | 4 | 0 | 0 |
| | 2018 | 성남 | 13 | 11 | 1 | 2 | 0 | 6 | 1 | 0 |
| | 2019 | 아산 | 13 | 11 | 0 | 1 | 0 | 6 | 1 | 0 |
| PO | 2010 | 경남 | 1 | 1 | 0 | 0 | 0 | 3 | 0 | 0 |
| 컵 | 2010 | 경남 | 5 | 4 | 2 | 0 | 0 | 7 | 0 | 0 |
| | 2011 | 경남 | 6 | 6 | 1 | 0 | 0 | 3 | 1 | 0 |
| 통산 | | | 199 | 139 | 35 | 13 | 0 | 157 | 18 | 1 |

**김도용**(金道瑢) 홍익대 1976.05.28

| 대회 | 연도 | 소속 | 출전 | 교체 | 득점 | 도움 | 실점 | 파울 | 경고 | 퇴장 |
|---|---|---|---|---|---|---|---|---|---|---|
| K1 | 1999 | 안양LG | 15 | 6 | 0 | 2 | 0 | 31 | 2 | 0 |
| | 2000 | 안양LG | 5 | 2 | 0 | 0 | 0 | 12 | 2 | 0 |
| | 2001 | 안양LG | 0 | 0 | 0 | 0 | 0 | 0 | 0 | 0 |
| | 2003 | 안양LG | 14 | 8 | 0 | 0 | 0 | 22 | 2 | 0 |
| | 2004 | 성남일화 | 12 | 7 | 0 | 0 | 0 | 24 | 2 | 0 |
| | 2005 | 전남 | 19 | 1 | 0 | 1 | 0 | 46 | 6 | 0 |
| | 2006 | 전남 | 7 | 3 | 0 | 1 | 0 | 12 | 1 | 0 |
| PO | 2000 | 안양LG | 1 | 1 | 0 | 0 | 0 | 0 | 0 | 0 |
| 컵 | 1999 | 안양LG | 8 | 6 | 0 | 0 | 0 | 12 | 4 | 0 |
| | 2000 | 안양LG | 7 | 4 | 0 | 0 | 0 | 10 | 3 | 0 |
| | 2004 | 성남일화 | 1 | 2 | 0 | 0 | 0 | 1 | 0 | 0 |
| | 2005 | 전남 | 5 | 2 | 0 | 0 | 0 | 5 | 1 | 0 |
| | 2006 | 전남 | 5 | 4 | 0 | 0 | 0 | 9 | 1 | 0 |
| 통산 | | | 99 | 46 | 0 | 4 | 0 | 184 | 24 | 0 |

**김도윤** 중랑U18 1998.03.21

| 대회 | 연도 | 소속 | 출전 | 교체 | 득점 | 도움 | 실점 | 파울 | 경고 | 퇴장 |
|---|---|---|---|---|---|---|---|---|---|---|
| K2 | 2024 | 안산 | 33 | 33 | 5 | 2 | 0 | 22 | 2 | 0 |
| | 2025 | 전남 | 18 | 19 | 4 | 1 | 0 | 9 | 2 | 0 |
| 통산 | | | 51 | 52 | 9 | 3 | 0 | 31 | 4 | 0 |

**김도윤**(金度潤) 수원FC U18 2005.05.18

| 대회 | 연도 | 소속 | 출전 | 교체 | 득점 | 도움 | 실점 | 파울 | 경고 | 퇴장 |
|---|---|---|---|---|---|---|---|---|---|---|
| K1 | 2023 | 수원FC | 7 | 7 | 0 | 0 | 0 | 2 | 0 | 0 |
| | 2025 | 수원FC | 11 | 11 | 1 | 0 | 0 | 6 | 0 | 0 |
| PO | 2023 | 수원FC | 2 | 2 | 0 | 0 | 0 | 2 | 1 | 0 |
| 통산 | | | 20 | 20 | 1 | 0 | 0 | 10 | 1 | 0 |

**김도혁**(金鍍爀) 연세대 1992.02.08

| 대회 | 연도 | 소속 | 출전 | 교체 | 득점 | 도움 | 실점 | 파울 | 경고 | 퇴장 |
|---|---|---|---|---|---|---|---|---|---|---|
| K1 | 2014 | 인천 | 26 | 20 | 2 | 2 | 0 | 37 | 6 | 0 |
| | 2015 | 인천 | 23 | 13 | 1 | 1 | 0 | 43 | 3 | 0 |
| | 2016 | 인천 | 33 | 11 | 3 | 2 | 0 | 35 | 5 | 0 |
| | 2017 | 인천 | 20 | 10 | 1 | 2 | 0 | 11 | 3 | 0 |
| | 2019 | 인천 | 11 | 8 | 0 | 1 | 0 | 11 | 1 | 0 |
| | 2020 | 인천 | 22 | 4 | 2 | 3 | 0 | 35 | 2 | 0 |
| | 2021 | 인천 | 34 | 26 | 2 | 3 | 0 | 24 | 5 | 0 |
| | 2022 | 인천 | 34 | 27 | 2 | 3 | 0 | 33 | 3 | 0 |
| | 2023 | 인천 | 32 | 19 | 1 | 3 | 0 | 14 | 3 | 0 |
| | 2024 | 인천 | 28 | 18 | 3 | 0 | 0 | 23 | 3 | 0 |
| K2 | 2018 | 아산 | 15 | 4 | 1 | 0 | 0 | 24 | 3 | 0 |
| | 2019 | 아산 | 21 | 4 | 0 | 1 | 0 | 20 | 1 | 0 |
| | 2025 | 인천 | 7 | 7 | 0 | 0 | 0 | 2 | 0 | 0 |
| 통산 | | | 306 | 171 | 18 | 21 | 0 | 312 | 38 | 0 |

**김도현**(金到炫) 울산현대고 2004.05.12

| 대회 | 연도 | 소속 | 출전 | 교체 | 득점 | 도움 | 실점 | 파울 | 경고 | 퇴장 |
|---|---|---|---|---|---|---|---|---|---|---|
| K1 | 2025 | 강원 | 24 | 24 | 0 | 0 | 0 | 10 | 3 | 0 |
| K2 | 2023 | 충북청주 | 24 | 25 | 1 | 0 | 0 | 36 | 3 | 0 |
| | 2024 | 부산 | 14 | 14 | 0 | 0 | 0 | 7 | 0 | 0 |
| 통산 | | | 62 | 63 | 1 | 0 | 0 | 53 | 6 | 0 |

**김도형**(金度亨) 동아대 1990.10.06

| 대회 | 연도 | 소속 | 출전 | 교체 | 득점 | 도움 | 실점 | 파울 | 경고 | 퇴장 |
|---|---|---|---|---|---|---|---|---|---|---|
| K1 | 2013 | 부산 | 2 | 2 | 0 | 0 | 0 | 0 | 0 | 0 |
| | 2017 | 상주 | 2 | 2 | 0 | 0 | 0 | 0 | 0 | 0 |
| | 2018 | 포항 | 10 | 10 | 2 | 1 | 0 | 0 | 0 | 0 |
| | 2018 | 상주 | 21 | 19 | 4 | 3 | 0 | 16 | 3 | 0 |
| | 2019 | 포항 | 9 | 8 | 0 | 0 | 0 | 1 | 0 | 0 |
| K2 | 2015 | 충주 | 19 | 12 | 5 | 4 | 0 | 10 | 2 | 0 |
| | 2016 | 충주 | 34 | 17 | 3 | 5 | 0 | 21 | 3 | 0 |
| | 2020 | 수원FC | 6 | 6 | 0 | 0 | 0 | 1 | 0 | 0 |
| | 2022 | 부산 | 10 | 10 | 0 | 0 | 0 | 3 | 1 | 0 |
| PO | 2017 | 상주 | 0 | 0 | 0 | 0 | 0 | 0 | 0 | 0 |
| 통산 | | | 113 | 86 | 14 | 13 | 0 | 52 | 9 | 0 |

**김도훈**(金度勳) 연세대 1970.07.21

| 대회 | 연도 | 소속 | 출전 | 교체 | 득점 | 도움 | 실점 | 파울 | 경고 | 퇴장 |
|---|---|---|---|---|---|---|---|---|---|---|
| K1 | 1995 | 전북 | 18 | 4 | 6 | 3 | 0 | 24 | 3 | 0 |
| | 1996 | 전북 | 16 | 6 | 6 | 3 | 0 | 22 | 0 | 0 |
| | 1997 | 전북 | 9 | 2 | 3 | 1 | 0 | 20 | 0 | 0 |
| | 2000 | 전북 | 19 | 1 | 12 | 0 | 0 | 45 | 1 | 0 |
| | 2001 | 전북 | 26 | 1 | 8 | 4 | 0 | 60 | 3 | 0 |
| | 2002 | 전북 | 22 | 11 | 8 | 2 | 0 | 25 | 0 | 0 |
| | 2003 | 성남일화 | 40 | 1 | 28 | 13 | 0 | 87 | 2 | 0 |
| | 2004 | 성남일화 | 23 | 3 | 5 | 2 | 0 | 45 | 2 | 0 |
| | 2005 | 성남일화 | 20 | 11 | 9 | 7 | 0 | 39 | 3 | 0 |
| PO | 2000 | 전북 | 1 | 0 | 0 | 0 | 0 | 4 | 0 | 0 |
| 컵 | 1995 | 전북 | 7 | 1 | 3 | 2 | 0 | 13 | 0 | 0 |
| | 1996 | 전북 | 6 | 3 | 4 | 0 | 0 | 1 | 0 | 0 |
| | 1997 | 전북 | 5 | 0 | 1 | 0 | 0 | 11 | 2 | 0 |
| | 2000 | 전북 | 7 | 1 | 3 | 0 | 0 | 19 | 1 | 0 |
| | 2001 | 전북 | 9 | 0 | 7 | 1 | 0 | 20 | 2 | 0 |
| | 2002 | 전북 | 8 | 0 | 2 | 2 | 0 | 25 | 2 | 0 |
| | 2004 | 성남일화 | 9 | 3 | 5 | 1 | 0 | 18 | 1 | 0 |
| | 2005 | 성남일화 | 12 | 7 | 4 | 0 | 0 | 19 | 0 | 0 |
| 통산 | | | 257 | 55 | 114 | 41 | 0 | 497 | 22 | 0 |

**김도훈**(金度勳) 한양대 1988.07.26

| 대회 | 연도 | 소속 | 출전 | 교체 | 득점 | 도움 | 실점 | 파울 | 경고 | 퇴장 |
|---|---|---|---|---|---|---|---|---|---|---|
| K2 | 2013 | 경찰 | 10 | 6 | 0 | 0 | 0 | 19 | 0 | 0 |
| | 2014 | 안산경찰 | 4 | 4 | 0 | 0 | 0 | 3 | 1 | 0 |
| 통산 | | | 14 | 10 | 0 | 0 | 0 | 22 | 1 | 0 |

**김동건**(金東建) 단국대 1990.05.07

| 대회 | 연도 | 소속 | 출전 | 교체 | 득점 | 도움 | 실점 | 파울 | 경고 | 퇴장 |
|---|---|---|---|---|---|---|---|---|---|---|
| K2 | 2013 | 수원FC | 0 | 0 | 0 | 0 | 0 | 0 | 0 | 0 |
| 통산 | | | 0 | 0 | 0 | 0 | 0 | 0 | 0 | 0 |

**김동건** 서울중앙고 2004.01.18

| 대회 | 연도 | 소속 | 출전 | 교체 | 득점 | 도움 | 실점 | 파울 | 경고 | 퇴장 |
|---|---|---|---|---|---|---|---|---|---|---|
| K2 | 2023 | 천안 | 0 | 0 | 0 | 0 | 0 | 0 | 0 | 0 |
| 통산 | | | 0 | 0 | 0 | 0 | 0 | 0 | 0 | 0 |

**김동곤**(金董坤) 인천대 1993.06.11

| 대회 | 연도 | 소속 | 출전 | 교체 | 득점 | 도움 | 실점 | 파울 | 경고 | 퇴장 |
|---|---|---|---|---|---|---|---|---|---|---|
| K2 | 2016 | 대전 | 4 | 4 | 0 | 0 | 0 | 4 | 0 | 0 |
| 통산 | | | 4 | 4 | 0 | 0 | 0 | 4 | 0 | 0 |

**김동군**(金東君) 호남대 1971.07.22

| 대회 | 연도 | 소속 | 출전 | 교체 | 득점 | 도움 | 실점 | 파울 | 경고 | 퇴장 |
|---|---|---|---|---|---|---|---|---|---|---|
| K1 | 1994 | 일화 | 4 | 4 | 1 | 0 | 0 | 1 | 0 | 0 |
| | 1995 | 일화 | 2 | 3 | 0 | 0 | 0 | 3 | 0 | 0 |
| | 1996 | 천안일화 | 3 | 4 | 0 | 0 | 0 | 3 | 0 | 0 |
| | 1997 | 천안일화 | 11 | 5 | 0 | 0 | 0 | 17 | 0 | 0 |
| | 1998 | 천안일화 | 15 | 6 | 1 | 1 | 0 | 16 | 4 | 0 |
| 컵 | 1994 | 일화 | 1 | 1 | 0 | 0 | 0 | 1 | 0 | 0 |
| | 1995 | 일화 | 7 | 6 | 2 | 1 | 0 | 8 | 0 | 0 |
| | 1997 | 천안일화 | 6 | 3 | 0 | 0 | 0 | 12 | 2 | 0 |
| | 1998 | 천안일화 | 13 | 6 | 2 | 1 | 0 | 21 | 1 | 0 |
| | 2000 | 전북 | 0 | 0 | 0 | 0 | 0 | 0 | 0 | 0 |
| 통산 | | | 62 | 38 | 6 | 3 | 0 | 82 | 7 | 0 |

**김동권**(金東權) 청구고 1992.04.04

| 대회 | 연도 | 소속 | 출전 | 교체 | 득점 | 도움 | 실점 | 파울 | 경고 | 퇴장 |
|---|---|---|---|---|---|---|---|---|---|---|
| K2 | 2013 | 충주 | 21 | 0 | 0 | 0 | 0 | 39 | 9 | 0 |
| | 2014 | 충주 | 6 | 0 | 0 | 0 | 0 | 10 | 5 | 0 |
| | 2020 | 서울E | 13 | 2 | 0 | 0 | 0 | 17 | 4 | 0 |
| 통산 | | | 40 | 2 | 0 | 0 | 0 | 66 | 18 | 0 |

**김동규**(金東圭) 연세대 1981.05.13

| 대회 | 연도 | 소속 | 출전 | 교체 | 득점 | 도움 | 실점 | 파울 | 경고 | 퇴장 |
|---|---|---|---|---|---|---|---|---|---|---|
| K1 | 2004 | 울산 | 3 | 2 | 0 | 0 | 0 | 2 | 0 | 0 |
| | 2005 | 울산 | 0 | 0 | 0 | 0 | 0 | 0 | 0 | 0 |
| | 2006 | 광주상무 | 9 | 3 | 0 | 0 | 0 | 17 | 2 | 0 |
| | 2007 | 광주상무 | 8 | 4 | 0 | 0 | 0 | 2 | 1 | 0 |
| | 2008 | 울산 | 6 | 2 | 0 | 0 | 0 | 7 | 0 | 0 |
| | 2009 | 울산 | 0 | 0 | 0 | 0 | 0 | 0 | 0 | 0 |
| PO | 2004 | 울산 | 0 | 0 | 0 | 0 | 0 | 0 | 0 | 0 |

| 대회 | 연도 | 소속 | 출전 | 교체 | 득점 | 도움 | 실점 | 파울 | 경고 | 퇴장 |
|---|---|---|---|---|---|---|---|---|---|---|
| 컵 | 2004 | 울산 | 5 | 4 | 0 | 0 | 0 | 11 | 3 | 0 |
| | 2005 | 울산 | 0 | 0 | 0 | 0 | 0 | 0 | 0 | 0 |
| | 2006 | 광주상무 | 2 | 2 | 0 | 0 | 0 | 4 | 0 | 0 |
| | 2007 | 광주상무 | 2 | 0 | 0 | 0 | 0 | 5 | 1 | 0 |
| | 2008 | 울산 | 1 | 0 | 0 | 0 | 0 | 2 | 1 | 0 |
| 통산 | | | 36 | 17 | 0 | 0 | 0 | 50 | 8 | 0 |

**김동근**(金東根) 중대부고 1961.05.20

| 대회 | 연도 | 소속 | 출전 | 교체 | 득점 | 도움 | 실점 | 파울 | 경고 | 퇴장 |
|---|---|---|---|---|---|---|---|---|---|---|
| K1 | 1985 | 상무 | 6 | 1 | 1 | 0 | 0 | 5 | 0 | 0 |
| 통산 | | | 6 | 1 | 1 | 0 | 0 | 5 | 0 | 0 |

**김동기**(金東基) 한성대 1971.05.22

| 대회 | 연도 | 소속 | 출전 | 교체 | 득점 | 도움 | 실점 | 파울 | 경고 | 퇴장 |
|---|---|---|---|---|---|---|---|---|---|---|
| K1 | 1994 | 대우 | 18 | 8 | 0 | 0 | 0 | 18 | 5 | 1 |
| | 1995 | 포항 | 3 | 2 | 0 | 0 | 0 | 0 | 0 | 0 |
| | 1996 | 포항 | 1 | 1 | 0 | 0 | 0 | 1 | 0 | 0 |
| | 1997 | 포항 | 10 | 3 | 0 | 0 | 0 | 13 | 0 | 0 |
| 컵 | 1994 | 대우 | 4 | 0 | 0 | 0 | 0 | 4 | 1 | 0 |
| | 1995 | 포항 | 1 | 1 | 0 | 0 | 0 | 1 | 0 | 0 |
| | 1996 | 포항 | 2 | 2 | 0 | 0 | 0 | 2 | 1 | 0 |
| | 1997 | 포항 | 7 | 3 | 0 | 1 | 0 | 10 | 2 | 0 |
| | 1998 | 포항 | 6 | 5 | 0 | 0 | 0 | 7 | 0 | 0 |
| 통산 | | | 52 | 25 | 0 | 1 | 0 | 56 | 9 | 1 |

**김동기**(金東期) 경희대 1989.05.27

| 대회 | 연도 | 소속 | 출전 | 교체 | 득점 | 도움 | 실점 | 파울 | 경고 | 퇴장 |
|---|---|---|---|---|---|---|---|---|---|---|
| K1 | 2012 | 강원 | 7 | 7 | 0 | 0 | 0 | 17 | 0 | 0 |
| | 2013 | 강원 | 22 | 14 | 5 | 4 | 0 | 62 | 9 | 0 |
| | 2017 | 포항 | 5 | 4 | 0 | 1 | 0 | 0 | 0 | 0 |
| K2 | 2014 | 강원 | 27 | 21 | 4 | 0 | 0 | 45 | 7 | 1 |
| | 2015 | 강원 | 7 | 5 | 2 | 1 | 0 | 9 | 0 | 1 |
| | 2015 | 안양 | 16 | 11 | 2 | 3 | 0 | 19 | 4 | 0 |
| | 2016 | 안양 | 6 | 6 | 0 | 0 | 0 | 5 | 0 | 0 |
| | 2017 | 성남 | 0 | 0 | 0 | 0 | 0 | 0 | 0 | 0 |
| PO | 2013 | 강원 | 2 | 1 | 0 | 0 | 0 | 2 | 0 | 0 |
| 통산 | | | 92 | 69 | 13 | 9 | 0 | 159 | 20 | 2 |

**김동룡**(金東龍) 홍익대 1975.05.08

| 대회 | 연도 | 소속 | 출전 | 교체 | 득점 | 도움 | 실점 | 파울 | 경고 | 퇴장 |
|---|---|---|---|---|---|---|---|---|---|---|
| K1 | 1999 | 전북 | 0 | 0 | 0 | 0 | 0 | 0 | 0 | 0 |
| 통산 | | | 0 | 0 | 0 | 0 | 0 | 0 | 0 | 0 |

**김동민**(金東敏) 연세대 1987.06.23

| 대회 | 연도 | 소속 | 출전 | 교체 | 득점 | 도움 | 실점 | 파울 | 경고 | 퇴장 |
|---|---|---|---|---|---|---|---|---|---|---|
| K1 | 2009 | 울산 | 0 | 0 | 0 | 0 | 0 | 0 | 0 | 0 |
| 통산 | | | 0 | 0 | 0 | 0 | 0 | 0 | 0 | 0 |

**김동민**(金東玟) 인천대 1994.08.16

| 대회 | 연도 | 소속 | 출전 | 교체 | 득점 | 도움 | 실점 | 파울 | 경고 | 퇴장 |
|---|---|---|---|---|---|---|---|---|---|---|
| K1 | 2017 | 인천 | 13 | 2 | 0 | 0 | 0 | 16 | 2 | 0 |
| | 2018 | 인천 | 17 | 3 | 1 | 0 | 0 | 27 | 4 | 0 |
| | 2019 | 인천 | 23 | 5 | 0 | 0 | 0 | 34 | 7 | 0 |
| | 2020 | 상주 | 0 | 0 | 0 | 0 | 0 | 0 | 0 | 0 |
| | 2021 | 인천 | 1 | 0 | 0 | 0 | 0 | 3 | 0 | 0 |
| | 2022 | 인천 | 32 | 4 | 0 | 1 | 0 | 30 | 10 | 1 |
| | 2023 | 인천 | 27 | 4 | 0 | 0 | 0 | 21 | 5 | 2 |
| | 2024 | 인천 | 22 | 12 | 1 | 0 | 0 | 13 | 2 | 0 |
| K2 | 2021 | 김천 | 8 | 6 | 0 | 1 | 0 | 5 | 1 | 0 |
| | 2025 | 김포 | 18 | 1 | 0 | 0 | 0 | 23 | 2 | 0 |
| 통산 | | | 161 | 37 | 2 | 2 | 0 | 172 | 33 | 3 |

**김동석**(金東錫) 용강중 1987.03.26

| 대회 | 연도 | 소속 | 출전 | 교체 | 득점 | 도움 | 실점 | 파울 | 경고 | 퇴장 |
|---|---|---|---|---|---|---|---|---|---|---|
| K1 | 2006 | 서울 | 1 | 1 | 0 | 0 | 0 | 2 | 0 | 0 |
| | 2007 | 서울 | 21 | 18 | 2 | 0 | 0 | 21 | 3 | 0 |
| | 2008 | 울산 | 4 | 4 | 0 | 0 | 0 | 1 | 0 | 0 |
| | 2010 | 대구 | 18 | 8 | 1 | 0 | 0 | 31 | 4 | 0 |
| | 2011 | 울산 | 7 | 6 | 0 | 0 | 0 | 4 | 1 | 0 |
| | 2012 | 울산 | 23 | 16 | 0 | 2 | 0 | 19 | 2 | 0 |
| | 2013 | 울산 | 4 | 4 | 0 | 0 | 0 | 1 | 0 | 0 |
| | 2014 | 서울 | 3 | 3 | 0 | 0 | 0 | 4 | 1 | 0 |
| | 2015 | 인천 | 28 | 15 | 2 | 2 | 0 | 30 | 5 | 0 |
| | 2016 | 인천 | 10 | 4 | 0 | 0 | 0 | 10 | 1 | 0 |
| | 2017 | 인천 | 6 | 3 | 0 | 0 | 0 | 9 | 0 | 1 |
| | 2018 | 인천 | 1 | 1 | 0 | 0 | 0 | 1 | 0 | 0 |
| PO | 2011 | 울산 | 1 | 1 | 0 | 0 | 0 | 0 | 0 | 0 |
| 컵 | 2006 | 서울 | 6 | 5 | 0 | 1 | 0 | 9 | 1 | 0 |
| | 2007 | 서울 | 7 | 2 | 0 | 2 | 0 | 16 | 1 | 0 |
| | 2008 | 울산 | 2 | 1 | 0 | 0 | 0 | 2 | 0 | 0 |
| | 2010 | 대구 | 1 | 1 | 0 | 0 | 0 | 0 | 0 | 0 |
| | 2011 | 울산 | 2 | 1 | 0 | 0 | 0 | 1 | 0 | 0 |
| 통산 | | | 145 | 94 | 5 | 7 | 0 | 161 | 19 | 1 |

**김동선**(金東先) 명지대 1978.03.15

| 대회 | 연도 | 소속 | 출전 | 교체 | 득점 | 도움 | 실점 | 파울 | 경고 | 퇴장 |
|---|---|---|---|---|---|---|---|---|---|---|
| K1 | 2001 | 대전 | 7 | 7 | 0 | 0 | 0 | 4 | 1 | 0 |
| | 2002 | 대전 | 8 | 8 | 0 | 0 | 0 | 8 | 0 | 0 |
| 컵 | 2001 | 대전 | 8 | 8 | 1 | 1 | 0 | 7 | 0 | 0 |
| 통산 | | | 23 | 23 | 1 | 1 | 0 | 19 | 1 | 0 |

**김동섭**(金東燮) 장훈고 1989.03.29

| 대회 | 연도 | 소속 | 출전 | 교체 | 득점 | 도움 | 실점 | 파울 | 경고 | 퇴장 |
|---|---|---|---|---|---|---|---|---|---|---|
| K1 | 2011 | 광주 | 23 | 18 | 7 | 2 | 0 | 58 | 2 | 0 |
| | 2012 | 광주 | 32 | 25 | 7 | 0 | 0 | 64 | 6 | 0 |
| | 2013 | 성남일화 | 36 | 7 | 14 | 3 | 0 | 80 | 4 | 0 |
| | 2014 | 성남 | 34 | 29 | 4 | 0 | 0 | 30 | 2 | 0 |
| | 2015 | 성남 | 5 | 5 | 0 | 0 | 0 | 6 | 1 | 0 |
| | 2015 | 부산 | 8 | 6 | 0 | 0 | 0 | 4 | 0 | 0 |
| K2 | 2016 | 안산무궁 | 16 | 10 | 4 | 1 | 0 | 16 | 1 | 0 |
| | 2017 | 아산 | 6 | 6 | 0 | 0 | 0 | 5 | 2 | 0 |
| | 2018 | 부산 | 7 | 7 | 1 | 0 | 0 | 5 | 2 | 0 |
| | 2019 | 서울E | 1 | 1 | 0 | 0 | 0 | 0 | 0 | 0 |
| 컵 | 2011 | 광주 | 4 | 4 | 0 | 0 | 0 | 12 | 1 | 0 |
| 통산 | | | 172 | 118 | 37 | 6 | 0 | 280 | 21 | 0 |

**김동수**(金東洙) 경희대 1995.02.21

| 대회 | 연도 | 소속 | 출전 | 교체 | 득점 | 도움 | 실점 | 파울 | 경고 | 퇴장 |
|---|---|---|---|---|---|---|---|---|---|---|
| K2 | 2020 | 안양 | 9 | 3 | 0 | 0 | 0 | 17 | 2 | 0 |
| | 2022 | 부산 | 4 | 0 | 0 | 0 | 0 | 0 | 0 | 0 |
| | 2023 | 부산 | 0 | 0 | 0 | 0 | 0 | 0 | 0 | 0 |
| 통산 | | | 13 | 3 | 0 | 0 | 0 | 17 | 2 | 0 |

**김동우**(金東佑) 한양대 1975.07.27

| 대회 | 연도 | 소속 | 출전 | 교체 | 득점 | 도움 | 실점 | 파울 | 경고 | 퇴장 |
|---|---|---|---|---|---|---|---|---|---|---|
| K1 | 1999 | 전남 | 16 | 11 | 0 | 0 | 0 | 10 | 2 | 0 |
| PO | 1998 | 전남 | 1 | 1 | 0 | 0 | 0 | 2 | 0 | 0 |
| | 1999 | 전남 | 0 | 0 | 0 | 0 | 0 | 0 | 0 | 0 |
| 컵 | 1998 | 전남 | 5 | 4 | 0 | 1 | 0 | 7 | 0 | 0 |
| | 1999 | 전남 | 1 | 0 | 0 | 0 | 0 | 1 | 0 | 0 |
| 통산 | | | 23 | 16 | 0 | 1 | 0 | 20 | 2 | 0 |

**김동우**(金東佑) 조선대 1988.02.05

| 대회 | 연도 | 소속 | 출전 | 교체 | 득점 | 도움 | 실점 | 파울 | 경고 | 퇴장 |
|---|---|---|---|---|---|---|---|---|---|---|
| K1 | 2010 | 서울 | 8 | 2 | 0 | 0 | 0 | 15 | 2 | 0 |
| | 2011 | 서울 | 14 | 1 | 0 | 0 | 0 | 21 | 1 | 0 |
| | 2012 | 서울 | 23 | 6 | 0 | 0 | 0 | 25 | 2 | 0 |
| | 2014 | 서울 | 0 | 0 | 0 | 0 | 0 | 0 | 0 | 0 |
| | 2015 | 서울 | 20 | 2 | 1 | 0 | 0 | 19 | 3 | 0 |
| | 2016 | 서울 | 13 | 3 | 0 | 0 | 0 | 9 | 2 | 0 |
| | 2017 | 서울 | 5 | 1 | 0 | 1 | 0 | 10 | 2 | 0 |
| | 2017 | 대구 | 14 | 1 | 0 | 0 | 0 | 11 | 0 | 0 |
| | 2018 | 서울 | 17 | 1 | 1 | 1 | 0 | 9 | 2 | 0 |
| | 2019 | 제주 | 26 | 3 | 0 | 0 | 0 | 17 | 2 | 0 |
| | 2020 | 부산 | 19 | 2 | 1 | 0 | 0 | 9 | 1 | 0 |
| | 2021 | 수원FC | 8 | 7 | 0 | 0 | 0 | 2 | 0 | 0 |
| | 2022 | 수원FC | 15 | 8 | 1 | 0 | 0 | 8 | 0 | 0 |
| K2 | 2013 | 경찰 | 27 | 7 | 3 | 0 | 0 | 26 | 2 | 1 |
| | 2014 | 안산경찰 | 11 | 1 | 1 | 0 | 0 | 6 | 3 | 1 |
| | 2021 | 부산 | 9 | 8 | 0 | 0 | 0 | 2 | 2 | 0 |
| PO | 2010 | 서울 | 1 | 1 | 0 | 0 | 0 | 0 | 0 | 0 |
| | 2011 | 서울 | 1 | 0 | 0 | 0 | 0 | 3 | 1 | 0 |
| | 2018 | 서울 | 2 | 0 | 0 | 1 | 0 | 1 | 1 | 0 |
| 컵 | 2010 | 서울 | 1 | 1 | 0 | 0 | 0 | 2 | 0 | 0 |
| | 2011 | 서울 | 1 | 0 | 0 | 0 | 0 | 0 | 0 | 0 |
| 통산 | | | 235 | 55 | 8 | 3 | 0 | 195 | 26 | 2 |

**김동욱**(金東煜) 예원예술대 1991.03.10

| 대회 | 연도 | 소속 | 출전 | 교체 | 득점 | 도움 | 실점 | 파울 | 경고 | 퇴장 |
|---|---|---|---|---|---|---|---|---|---|---|
| K2 | 2013 | 충주 | 0 | 0 | 0 | 0 | 0 | 0 | 0 | 0 |
| 통산 | | | 0 | 0 | 0 | 0 | 0 | 0 | 0 | 0 |

**김동욱**(金東郁) 단국대 2003.02.12

| 대회 | 연도 | 소속 | 출전 | 교체 | 득점 | 도움 | 실점 | 파울 | 경고 | 퇴장 |
|---|---|---|---|---|---|---|---|---|---|---|
| K2 | 2024 | 전남 | 20 | 9 | 1 | 2 | 0 | 7 | 0 | 0 |
| | 2025 | 부산 | 16 | 14 | 0 | 0 | 0 | 5 | 0 | 0 |
| 통산 | | | 36 | 23 | 1 | 2 | 0 | 12 | 0 | 0 |

**김동준**(金東俊) 연세대 1994.12.19

| 대회 | 연도 | 소속 | 출전 | 교체 | 득점 | 도움 | 실점 | 파울 | 경고 | 퇴장 |
|---|---|---|---|---|---|---|---|---|---|---|
| K1 | 2016 | 성남 | 26 | 1 | 0 | 0 | 35 | 0 | 1 | 0 |
| | 2019 | 성남 | 28 | 1 | 0 | 0 | 27 | 1 | 1 | 1 |
| | 2022 | 제주 | 32 | 1 | 0 | 0 | 38 | 1 | 0 | 0 |
| | 2023 | 제주 | 37 | 2 | 0 | 0 | 48 | 1 | 2 | 0 |
| | 2024 | 제주 | 31 | 0 | 0 | 0 | 43 | 0 | 0 | 0 |
| | 2025 | 제주 | 31 | 1 | 0 | 0 | 41 | 0 | 2 | 1 |
| K2 | 2017 | 성남 | 35 | 1 | 0 | 1 | 28 | 0 | 2 | 0 |
| | 2018 | 성남 | 6 | 2 | 0 | 0 | 3 | 0 | 0 | 0 |
| | 2020 | 대전 | 5 | 0 | 0 | 0 | 7 | 0 | 0 | 0 |
| | 2021 | 대전 | 25 | 0 | 0 | 0 | 40 | 1 | 1 | 0 |
| PO | 2016 | 성남 | 1 | 0 | 0 | 0 | 0 | 0 | 0 | 0 |
| | 2017 | 성남 | 1 | 0 | 0 | 0 | 1 | 0 | 0 | 0 |
| | 2021 | 대전 | 4 | 0 | 0 | 0 | 5 | 0 | 0 | 0 |
| | 2025 | 제주 | 2 | 0 | 0 | 0 | 0 | 0 | 0 | 0 |
| 통산 | | | 264 | 9 | 0 | 1 | 316 | 4 | 9 | 2 |

**김동진**(金東進) 안양공고 1982.01.29

| 대회 | 연도 | 소속 | 출전 | 교체 | 득점 | 도움 | 실점 | 파울 | 경고 | 퇴장 |
|---|---|---|---|---|---|---|---|---|---|---|
| K1 | 2000 | 안양LG | 4 | 0 | 0 | 0 | 0 | 5 | 0 | 0 |
| | 2001 | 안양LG | 5 | 2 | 0 | 0 | 0 | 7 | 2 | 0 |
| | 2002 | 안양LG | 3 | 1 | 0 | 0 | 0 | 7 | 0 | 0 |
| | 2003 | 안양LG | 35 | 15 | 5 | 2 | 0 | 60 | 3 | 0 |
| | 2004 | 서울 | 18 | 5 | 3 | 2 | 0 | 51 | 2 | 0 |
| | 2005 | 서울 | 21 | 3 | 3 | 1 | 0 | 50 | 4 | 0 |
| | 2006 | 서울 | 13 | 1 | 1 | 0 | 0 | 33 | 2 | 0 |
| | 2010 | 울산 | 21 | 3 | 0 | 1 | 0 | 30 | 5 | 0 |
| | 2011 | 서울 | 9 | 6 | 1 | 0 | 0 | 8 | 1 | 0 |
| K2 | 2016 | 서울E | 34 | 1 | 1 | 3 | 0 | 39 | 10 | 0 |
| PO | 2010 | 울산 | 1 | 0 | 0 | 0 | 0 | 1 | 0 | 0 |
| 컵 | 2000 | 안양LG | 3 | 2 | 1 | 1 | 0 | 5 | 1 | 0 |
| | 2001 | 안양LG | 1 | 1 | 0 | 0 | 0 | 0 | 0 | 0 |
| | 2002 | 안양LG | 5 | 5 | 0 | 0 | 0 | 4 | 1 | 0 |
| | 2005 | 서울 | 11 | 2 | 0 | 0 | 0 | 29 | 2 | 0 |
| | 2010 | 울산 | 1 | 0 | 0 | 0 | 0 | 0 | 0 | 0 |
| 통산 | | | 185 | 47 | 15 | 10 | 0 | 329 | 33 | 0 |

**김동진**(金東珍) 상지대 1989.07.13

| 대회 | 연도 | 소속 | 출전 | 교체 | 득점 | 도움 | 실점 | 파울 | 경고 | 퇴장 |
|---|---|---|---|---|---|---|---|---|---|---|
| K1 | 2010 | 성남일화 | 0 | 0 | 0 | 0 | 0 | 0 | 0 | 0 |
| 통산 | | | 0 | 0 | 0 | 0 | 0 | 0 | 0 | 0 |

**김동진**(金東珍) 아주대 1992.12.28

| 대회 | 연도 | 소속 | 출전 | 교체 | 득점 | 도움 | 실점 | 파울 | 경고 | 퇴장 |
|---|---|---|---|---|---|---|---|---|---|---|
| K1 | 2017 | 대구 | 21 | 5 | 0 | 0 | 0 | 25 | 5 | 0 |
| | 2019 | 대구 | 13 | 2 | 0 | 0 | 0 | 22 | 2 | 1 |
| | 2020 | 대구 | 11 | 5 | 1 | 0 | 0 | 12 | 2 | 0 |
| | 2025 | 안양 | 24 | 4 | 0 | 5 | 0 | 28 | 4 | 0 |
| K2 | 2014 | 대구 | 10 | 3 | 0 | 0 | 0 | 18 | 2 | 0 |
| | 2015 | 대구 | 17 | 1 | 0 | 1 | 0 | 20 | 3 | 0 |
| | 2016 | 대구 | 36 | 4 | 0 | 0 | 0 | 37 | 4 | 0 |
| | 2018 | 아산 | 12 | 0 | 0 | 0 | 0 | 30 | 3 | 0 |
| | 2019 | 아산 | 20 | 7 | 0 | 0 | 0 | 30 | 3 | 0 |
| | 2021 | 경남 | 35 | 3 | 2 | 1 | 0 | 56 | 4 | 0 |
| | 2022 | 안양 | 37 | 18 | 3 | 4 | 0 | 27 | 5 | 0 |
| | 2023 | 안양 | 25 | 6 | 5 | 2 | 0 | 31 | 3 | 0 |
| | 2024 | 안양 | 33 | 17 | 5 | 3 | 0 | 23 | 3 | 0 |
| PO | 2015 | 대구 | 1 | 0 | 0 | 0 | 0 | 4 | 1 | 0 |
| | 2022 | 안양 | 3 | 0 | 0 | 0 | 0 | 2 | 0 | 0 |
| 통산 | | | 298 | 75 | 16 | 16 | 0 | 365 | 44 | 1 |

**김동진**(金東辰) 한남대 2003.07.30

| 대회 | 연도 | 소속 | 출전 | 교체 | 득점 | 도움 | 실점 | 파울 | 경고 | 퇴장 |
|---|---|---|---|---|---|---|---|---|---|---|
| K1 | 2024 | 포항 | 18 | 16 | 1 | 0 | 0 | 12 | 3 | 0 |
| | 2025 | 포항 | 20 | 17 | 0 | 2 | 0 | 16 | 1 | 1 |
| 통산 | | | 38 | 33 | 1 | 2 | 0 | 28 | 4 | 1 |

**김동찬**(金東燦) 호남대 1986.04.19

| 대회 | 연도 | 소속 | 출전 | 교체 | 득점 | 도움 | 실점 | 파울 | 경고 | 퇴장 |
|---|---|---|---|---|---|---|---|---|---|---|
| K1 | 2006 | 경남 | 3 | 3 | 0 | 0 | 0 | 5 | 0 | 0 |
| | 2007 | 경남 | 4 | 4 | 0 | 0 | 0 | 1 | 0 | 0 |
| | 2008 | 경남 | 18 | 7 | 5 | 3 | 0 | 16 | 2 | 0 |
| | 2009 | 경남 | 27 | 19 | 12 | 8 | 0 | 14 | 1 | 0 |
| | 2010 | 경남 | 17 | 13 | 2 | 4 | 0 | 12 | 0 | 0 |
| | 2011 | 전북 | 22 | 22 | 10 | 3 | 0 | 16 | 3 | 0 |
| | 2012 | 전북 | 20 | 21 | 2 | 0 | 0 | 13 | 1 | 0 |
| | 2014 | 상주 | 17 | 15 | 2 | 0 | 0 | 13 | 1 | 0 |
| | 2014 | 전북 | 5 | 5 | 2 | 1 | 0 | 2 | 0 | 0 |
| | 2015 | 전북 | 15 | 15 | 0 | 2 | 0 | 4 | 0 | 0 |
| K2 | 2013 | 상주 | 27 | 18 | 6 | 4 | 0 | 26 | 0 | 0 |
| | 2016 | 대전 | 39 | 16 | 20 | 8 | 0 | 31 | 2 | 0 |
| | 2017 | 성남 | 16 | 7 | 6 | 1 | 0 | 10 | 0 | 0 |
| | 2018 | 수원FC | 9 | 8 | 1 | 0 | 0 | 5 | 1 | 0 |
| | 2019 | 수원FC | 9 | 9 | 0 | 0 | 0 | 2 | 1 | 0 |
| PO | 2011 | 전북 | 0 | 0 | 0 | 0 | 0 | 0 | 0 | 0 |
| | 2013 | 상주 | 2 | 2 | 0 | 0 | 0 | 1 | 0 | 0 |
| | 2017 | 성남 | 1 | 0 | 0 | 0 | 0 | 0 | 0 | 0 |
| 컵 | 2007 | 경남 | 6 | 3 | 1 | 0 | 0 | 12 | 1 | 0 |
| | 2008 | 경남 | 7 | 4 | 2 | 0 | 0 | 13 | 1 | 0 |
| | 2009 | 경남 | 3 | 2 | 0 | 0 | 0 | 1 | 1 | 0 |
| | 2010 | 경남 | 4 | 4 | 0 | 0 | 0 | 4 | 2 | 0 |
| | 2011 | 전북 | 1 | 1 | 0 | 0 | 0 | 0 | 0 | 0 |
| 통산 | | | 272 | 198 | 71 | 34 | 0 | 201 | 17 | 0 |

**김동철**(金東鐵) 한양대 1972.04.19

| 대회 | 연도 | 소속 | 출전 | 교체 | 득점 | 도움 | 실점 | 파울 | 경고 | 퇴장 |
|---|---|---|---|---|---|---|---|---|---|---|
| K1 | 1994 | 대우 | 4 | 4 | 0 | 0 | 0 | 3 | 3 | 0 |
| 통산 | | | 4 | 4 | 0 | 0 | 0 | 3 | 3 | 0 |

**김동철**(金東徹) 고려대 1990.10.01

| 대회 | 연도 | 소속 | 출전 | 교체 | 득점 | 도움 | 실점 | 파울 | 경고 | 퇴장 |
|---|---|---|---|---|---|---|---|---|---|---|
| K1 | 2012 | 전남 | 9 | 3 | 0 | 0 | 0 | 19 | 1 | 0 |
| | 2013 | 전남 | 21 | 2 | 0 | 0 | 0 | 26 | 6 | 0 |
| | 2014 | 전남 | 11 | 7 | 0 | 0 | 0 | 10 | 3 | 0 |
| | 2015 | 전남 | 29 | 11 | 0 | 0 | 0 | 37 | 4 | 0 |
| K2 | 2016 | 서울E | 34 | 4 | 1 | 2 | 0 | 68 | 7 | 0 |
| | 2017 | 아산 | 13 | 4 | 1 | 2 | 0 | 22 | 3 | 0 |
| | 2018 | 아산 | 18 | 6 | 0 | 0 | 0 | 5 | 1 | 0 |
| | 2018 | 서울E | 3 | 0 | 0 | 0 | 0 | 8 | 2 | 0 |
| | 2019 | 서울E | 12 | 3 | 0 | 0 | 0 | 21 | 3 | 0 |
| PO | 2017 | 아산 | 2 | 2 | 0 | 0 | 0 | 3 | 1 | 0 |
| 통산 | | | 152 | 42 | 2 | 4 | 0 | 219 | 31 | 0 |

**김동해**(金東海) 한양대 1966.03.16

| 대회 | 연도 | 소속 | 출전 | 교체 | 득점 | 도움 | 실점 | 파울 | 경고 | 퇴장 |
|---|---|---|---|---|---|---|---|---|---|---|
| K1 | 1989 | 럭키금성 | 23 | 16 | 0 | 2 | 0 | 19 | 0 | 0 |
| | 1990 | 럭키금성 | 8 | 8 | 0 | 0 | 0 | 2 | 0 | 0 |
| | 1992 | LG | 6 | 3 | 0 | 1 | 0 | 9 | 1 | 0 |
| | 1993 | LG | 28 | 8 | 4 | 0 | 0 | 27 | 3 | 0 |
| | 1994 | LG | 24 | 11 | 2 | 5 | 0 | 18 | 2 | 0 |
| | 1995 | LG | 19 | 10 | 2 | 1 | 0 | 26 | 5 | 0 |
| | 1996 | 수원 | 6 | 1 | 0 | 1 | 0 | 12 | 1 | 0 |
| 컵 | 1992 | LG | 5 | 4 | 0 | 0 | 0 | 3 | 2 | 0 |
| | 1993 | LG | 5 | 0 | 0 | 0 | 0 | 6 | 0 | 0 |
| | 1994 | LG | 6 | 1 | 0 | 0 | 0 | 4 | 1 | 0 |
| | 1995 | LG | 6 | 1 | 1 | 0 | 0 | 9 | 1 | 0 |
| | 1996 | 수원 | 4 | 2 | 0 | 0 | 0 | 7 | 1 | 0 |
| 통산 | | | 140 | 65 | 9 | 10 | 0 | 142 | 17 | 0 |

**김동헌**(金東憲) 용인대 1997.03.03

| 대회 | 연도 | 소속 | 출전 | 교체 | 득점 | 도움 | 실점 | 파울 | 경고 | 퇴장 |
|---|---|---|---|---|---|---|---|---|---|---|
| K1 | 2019 | 인천 | 0 | 0 | 0 | 0 | 0 | 0 | 0 | 0 |
| | 2020 | 인천 | 3 | 0 | 0 | 0 | 4 | 0 | 0 | 0 |
| | 2021 | 인천 | 13 | 1 | 0 | 0 | 10 | 1 | 2 | 0 |
| | 2022 | 인천 | 25 | 0 | 0 | 0 | 22 | 0 | 0 | 0 |
| | 2023 | 인천 | 24 | 0 | 0 | 1 | 26 | 2 | 2 | 0 |
| | 2024 | 김천 | 17 | 0 | 0 | 0 | 19 | 0 | 0 | 0 |
| | 2025 | 김천 | 17 | 0 | 0 | 0 | 18 | 0 | 2 | 0 |
| K2 | 2025 | 인천 | 7 | 0 | 0 | 0 | 5 | 0 | 0 | 0 |
| 통산 | | | 106 | 1 | 0 | 1 | 104 | 3 | 6 | 0 |

**김동혁**(金東奕) 조선대 1991.01.25

| 대회 | 연도 | 소속 | 출전 | 교체 | 득점 | 도움 | 실점 | 파울 | 경고 | 퇴장 |
|---|---|---|---|---|---|---|---|---|---|---|
| K1 | 2013 | 대전 | 0 | 0 | 0 | 0 | 0 | 0 | 0 | 0 |
| 통산 | | | 0 | 0 | 0 | 0 | 0 | 0 | 0 | 0 |

**김동현**(金東昡) 경희고 1980.08.17

| 대회 | 연도 | 소속 | 출전 | 교체 | 득점 | 도움 | 실점 | 파울 | 경고 | 퇴장 |
|---|---|---|---|---|---|---|---|---|---|---|
| K1 | 1999 | 수원 | 3 | 3 | 0 | 0 | 0 | 3 | 1 | 0 |
| | 2003 | 수원 | 2 | 2 | 0 | 0 | 0 | 6 | 0 | 0 |
| | 2005 | 수원 | 1 | 1 | 0 | 0 | 0 | 1 | 0 | 0 |
| | 2007 | 전북 | 3 | 3 | 0 | 0 | 0 | 7 | 0 | 0 |
| PO | 1999 | 수원 | 0 | 0 | 0 | 0 | 0 | 0 | 0 | 0 |
| 컵 | 1999 | 수원 | 0 | 0 | 0 | 0 | 0 | 0 | 0 | 0 |
| | 2007 | 전북 | 3 | 2 | 0 | 0 | 0 | 7 | 0 | 0 |
| 통산 | | | 12 | 11 | 0 | 0 | 0 | 24 | 1 | 0 |

**김동현**(金東炫) 한양대 1984.05.20

| 대회 | 연도 | 소속 | 출전 | 교체 | 득점 | 도움 | 실점 | 파울 | 경고 | 퇴장 |
|---|---|---|---|---|---|---|---|---|---|---|
| K1 | 2004 | 수원 | 21 | 17 | 3 | 1 | 0 | 44 | 0 | 0 |
| | 2005 | 수원 | 17 | 7 | 4 | 3 | 0 | 50 | 3 | 0 |
| | 2007 | 성남일화 | 23 | 13 | 5 | 2 | 0 | 56 | 5 | 0 |
| | 2008 | 성남일화 | 20 | 18 | 1 | 3 | 0 | 21 | 1 | 0 |
| | 2009 | 경남 | 12 | 10 | 1 | 0 | 0 | 24 | 1 | 0 |
| | 2010 | 광주상무 | 16 | 11 | 3 | 0 | 0 | 30 | 4 | 0 |
| | 2011 | 상주 | 6 | 5 | 0 | 0 | 0 | 7 | 1 | 0 |
| PO | 2004 | 수원 | 3 | 3 | 0 | 0 | 0 | 4 | 0 | 0 |
| | 2007 | 성남일화 | 2 | 1 | 0 | 0 | 0 | 5 | 0 | 0 |
| | 2008 | 성남일화 | 1 | 1 | 0 | 0 | 0 | 1 | 0 | 0 |
| 컵 | 2004 | 수원 | 2 | 2 | 1 | 0 | 0 | 3 | 1 | 0 |
| | 2005 | 수원 | 12 | 5 | 2 | 2 | 0 | 45 | 1 | 0 |
| | 2007 | 성남일화 | 1 | 0 | 0 | 0 | 0 | 8 | 1 | 0 |
| | 2008 | 성남일화 | 9 | 7 | 3 | 1 | 0 | 11 | 0 | 0 |
| | 2009 | 경남 | 3 | 2 | 0 | 0 | 0 | 9 | 1 | 0 |
| | 2010 | 광주상무 | 3 | 1 | 0 | 0 | 0 | 7 | 1 | 0 |
| | 2011 | 상주 | 4 | 2 | 2 | 2 | 0 | 4 | 0 | 0 |
| 통산 | | | 155 | 105 | 25 | 14 | 0 | 329 | 20 | 0 |

**김동현**(金東炫) 동아대 1994.07.14

| 대회 | 연도 | 소속 | 출전 | 교체 | 득점 | 도움 | 실점 | 파울 | 경고 | 퇴장 |
|---|---|---|---|---|---|---|---|---|---|---|
| K1 | 2016 | 포항 | 16 | 15 | 0 | 2 | 0 | 11 | 3 | 1 |
| 통산 | | | 16 | 15 | 0 | 2 | 0 | 11 | 3 | 1 |

**김동현**(金洞現) 광운대 1995.10.21

| 대회 | 연도 | 소속 | 출전 | 교체 | 득점 | 도움 | 실점 | 파울 | 경고 | 퇴장 |
|---|---|---|---|---|---|---|---|---|---|---|
| K2 | 2018 | 부천 | 7 | 7 | 0 | 1 | 0 | 3 | 0 | 0 |
| 통산 | | | 7 | 7 | 0 | 1 | 0 | 3 | 0 | 0 |

**김동현**(金東現) 포항제철고 1997.06.11

| 대회 | 연도 | 소속 | 출전 | 교체 | 득점 | 도움 | 실점 | 파울 | 경고 | 퇴장 |
|---|---|---|---|---|---|---|---|---|---|---|
| K1 | 2019 | 성남 | 7 | 5 | 0 | 0 | 0 | 6 | 1 | 0 |
| | 2020 | 성남 | 21 | 6 | 0 | 2 | 0 | 36 | 5 | 0 |
| | 2021 | 강원 | 23 | 10 | 1 | 0 | 0 | 35 | 5 | 0 |
| | 2022 | 강원 | 33 | 9 | 0 | 1 | 0 | 41 | 3 | 0 |
| | 2024 | 김천 | 13 | 10 | 0 | 1 | 0 | 15 | 3 | 0 |
| | 2024 | 강원 | 12 | 9 | 0 | 0 | 0 | 15 | 2 | 0 |
| | 2025 | 강원 | 22 | 15 | 1 | 2 | 0 | 20 | 1 | 0 |
| K2 | 2018 | 광주 | 35 | 5 | 3 | 5 | 0 | 39 | 5 | 0 |
| | 2023 | 김천 | 21 | 16 | 2 | 0 | 0 | 18 | 4 | 0 |
| PO | 2018 | 광주 | 1 | 0 | 0 | 0 | 0 | 2 | 0 | 0 |
| 통산 | | | 188 | 85 | 7 | 11 | 0 | 227 | 29 | 0 |

**김동현**(金東現) 광운대 2002.12.15

| 대회 | 연도 | 소속 | 출전 | 교체 | 득점 | 도움 | 실점 | 파울 | 경고 | 퇴장 |
|---|---|---|---|---|---|---|---|---|---|---|
| K2 | 2024 | 부천 | 14 | 14 | 1 | 1 | 0 | 2 | 0 | 0 |
| | 2025 | 부천 | 22 | 22 | 1 | 1 | 0 | 5 | 0 | 0 |
| 통산 | | | 36 | 36 | 2 | 2 | 0 | 7 | 0 | 0 |

**김동화**(金東華) 선문대 2003.05.07

| 대회 | 연도 | 소속 | 출전 | 교체 | 득점 | 도움 | 실점 | 파울 | 경고 | 퇴장 |
|---|---|---|---|---|---|---|---|---|---|---|
| K1 | 2025 | 광주 | 1 | 0 | 0 | 0 | 3 | 0 | 0 | 0 |
| 통산 | | | 1 | 0 | 0 | 0 | 3 | 0 | 0 | 0 |

**김동환**(金東煥) 울산대 1983.01.17

| 대회 | 연도 | 소속 | 출전 | 교체 | 득점 | 도움 | 실점 | 파울 | 경고 | 퇴장 |
|---|---|---|---|---|---|---|---|---|---|---|
| K1 | 2005 | 수원 | 1 | 0 | 0 | 0 | 0 | 3 | 1 | 0 |
| 컵 | 2004 | 울산 | 2 | 2 | 0 | 0 | 0 | 3 | 1 | 0 |
| 통산 | | | 3 | 2 | 0 | 0 | 0 | 6 | 2 | 0 |

**김동효**(金桐孝) 동래고 1990.04.05

| 대회 | 연도 | 소속 | 출전 | 교체 | 득점 | 도움 | 실점 | 파울 | 경고 | 퇴장 |
|---|---|---|---|---|---|---|---|---|---|---|
| K1 | 2009 | 경남 | 2 | 2 | 0 | 0 | 0 | 2 | 0 | 0 |
| 통산 | | | 2 | 2 | 0 | 0 | 0 | 2 | 0 | 0 |

**김동훈**(金東勳) 한양대 1966.09.11

| 대회 | 연도 | 소속 | 출전 | 교체 | 득점 | 도움 | 실점 | 파울 | 경고 | 퇴장 |
|---|---|---|---|---|---|---|---|---|---|---|
| K1 | 1988 | 대우 | 11 | 2 | 0 | 0 | 13 | 0 | 0 | 0 |
| | 1989 | 대우 | 27 | 1 | 0 | 0 | 28 | 1 | 2 | 0 |
| | 1990 | 대우 | 22 | 0 | 0 | 0 | 18 | 0 | 0 | 0 |
| | 1992 | 대우 | 12 | 0 | 0 | 0 | 6 | 1 | 2 | 0 |
| | 1993 | 대우 | 8 | 1 | 0 | 0 | 7 | 0 | 0 | 0 |
| | 1994 | 버팔로 | 11 | 3 | 0 | 0 | 22 | 1 | 0 | 0 |
| 컵 | 1992 | 대우 | 7 | 0 | 0 | 0 | 8 | 0 | 1 | 0 |
| | 1994 | 버팔로 | 4 | 1 | 0 | 0 | 7 | 0 | 0 | 0 |
| 통산 | | | 102 | 8 | 0 | 0 | 109 | 3 | 5 | 0 |

**김동휘**(金東輝) 수원대 1989.12.23

| 대회 | 연도 | 소속 | 출전 | 교체 | 득점 | 도움 | 실점 | 파울 | 경고 | 퇴장 |
|---|---|---|---|---|---|---|---|---|---|---|
| K2 | 2013 | 안양 | 0 | 0 | 0 | 0 | 0 | 0 | 0 | 0 |
| 통산 | | | 0 | 0 | 0 | 0 | 0 | 0 | 0 | 0 |

**김동희**(金東熙) 연세대 1989.05.06

| 대회 | 연도 | 소속 | 출전 | 교체 | 득점 | 도움 | 실점 | 파울 | 경고 | 퇴장 |
|---|---|---|---|---|---|---|---|---|---|---|
| K1 | 2012 | 대전 | 9 | 9 | 0 | 0 | 0 | 5 | 1 | 0 |
| | 2014 | 성남 | 32 | 25 | 5 | 2 | 0 | 26 | 2 | 0 |
| | 2015 | 성남 | 28 | 26 | 2 | 2 | 0 | 13 | 2 | 0 |
| | 2016 | 성남 | 17 | 17 | 0 | 0 | 0 | 7 | 0 | 1 |
| K2 | 2017 | 성남 | 8 | 10 | 0 | 0 | 0 | 4 | 1 | 0 |
| | 2018 | 성남 | 3 | 3 | 0 | 0 | 0 | 0 | 0 | 0 |
| PO | 2016 | 성남 | 2 | 2 | 0 | 0 | 0 | 0 | 0 | 0 |
| 컵 | 2011 | 포항 | 1 | 1 | 0 | 0 | 0 | 1 | 0 | 0 |
| 통산 | | | 100 | 93 | 7 | 4 | 0 | 56 | 6 | 1 |

**김두함**(金豆咸) 안동대 1970.03.08

| 대회 | 연도 | 소속 | 출전 | 교체 | 득점 | 도움 | 실점 | 파울 | 경고 | 퇴장 |
|---|---|---|---|---|---|---|---|---|---|---|
| 컵 | 1996 | 수원 | 1 | 1 | 0 | 0 | 0 | 0 | 0 | 0 |
| 통산 | | | 1 | 1 | 0 | 0 | 0 | 0 | 0 | 0 |

**김두현**(金斗炫) 용인대학원 1982.07.14

| 대회 | 연도 | 소속 | 출전 | 교체 | 득점 | 도움 | 실점 | 파울 | 경고 | 퇴장 |
|---|---|---|---|---|---|---|---|---|---|---|
| K1 | 2001 | 수원 | 12 | 12 | 0 | 1 | 0 | 14 | 1 | 0 |
| | 2002 | 수원 | 16 | 11 | 2 | 1 | 0 | 27 | 2 | 0 |
| | 2003 | 수원 | 34 | 18 | 4 | 2 | 0 | 61 | 4 | 0 |
| | 2004 | 수원 | 19 | 5 | 1 | 4 | 0 | 39 | 6 | 0 |
| | 2005 | 수원 | 1 | 0 | 0 | 0 | 0 | 1 | 0 | 0 |
| | 2005 | 성남일화 | 20 | 7 | 2 | 3 | 0 | 38 | 1 | 0 |
| | 2006 | 성남일화 | 25 | 0 | 6 | 4 | 0 | 60 | 4 | 0 |
| | 2007 | 성남일화 | 25 | 13 | 7 | 2 | 0 | 45 | 3 | 0 |
| | 2009 | 수원 | 12 | 3 | 4 | 4 | 0 | 18 | 0 | 0 |
| | 2010 | 수원 | 16 | 10 | 2 | 1 | 0 | 26 | 4 | 0 |
| | 2012 | 수원 | 8 | 8 | 1 | 1 | 0 | 13 | 1 | 0 |
| | 2013 | 수원 | 6 | 5 | 1 | 0 | 0 | 2 | 1 | 0 |
| | 2014 | 수원 | 31 | 20 | 3 | 4 | 0 | 37 | 1 | 0 |
| | 2015 | 성남 | 35 | 21 | 7 | 8 | 0 | 29 | 0 | 0 |
| | 2016 | 성남 | 28 | 23 | 4 | 0 | 0 | 25 | 5 | 0 |
| K2 | 2017 | 성남 | 24 | 23 | 3 | 1 | 0 | 21 | 2 | 0 |
| PO | 2004 | 수원 | 3 | 0 | 0 | 0 | 0 | 7 | 0 | 0 |
| | 2005 | 성남일화 | 1 | 0 | 0 | 0 | 0 | 3 | 0 | 0 |
| | 2006 | 성남일화 | 3 | 2 | 0 | 0 | 0 | 5 | 0 | 0 |
| | 2007 | 성남일화 | 2 | 0 | 0 | 0 | 0 | 4 | 0 | 0 |
| | 2016 | 성남 | 2 | 2 | 0 | 0 | 0 | 2 | 0 | 0 |
| | 2017 | 성남 | 1 | 1 | 0 | 0 | 0 | 0 | 0 | 0 |

| 대회 | 연도 | 소속 | 출전 | 교체 | 득점 | 도움 | 실점 | 파울 | 경고 | 퇴장 |
|---|---|---|---|---|---|---|---|---|---|---|
| 컵 | 2001 | 수원 | 3 | 4 | 0 | 0 | 0 | 2 | 1 | 0 |
| | 2002 | 수원 | 4 | 5 | 0 | 0 | 0 | 2 | 0 | 0 |
| | 2005 | 수원 | 8 | 1 | 1 | 1 | 0 | 12 | 4 | 0 |
| | 2006 | 성남일화 | 5 | 0 | 2 | 0 | 0 | 17 | 0 | 0 |
| | 2007 | 성남일화 | 1 | 1 | 0 | 0 | 0 | 2 | 0 | 0 |
| | 2010 | 수원 | 3 | 3 | 1 | 0 | 0 | 4 | 0 | 0 |
| 통산 | | | 348 | 198 | 51 | 37 | 0 | 516 | 40 | 0 |

**김래우**(金來佑) 영생고 2004.03.12

| 대회 | 연도 | 소속 | 출전 | 교체 | 득점 | 도움 | 실점 | 파울 | 경고 | 퇴장 |
|---|---|---|---|---|---|---|---|---|---|---|
| K2 | 2024 | 안산 | 5 | 5 | 0 | 0 | 0 | 1 | 0 | 0 |
| 통산 | | | 5 | 5 | 0 | 0 | 0 | 1 | 0 | 0 |

**김레오**(金레오) 울산대 1996.10.02

| 대회 | 연도 | 소속 | 출전 | 교체 | 득점 | 도움 | 실점 | 파울 | 경고 | 퇴장 |
|---|---|---|---|---|---|---|---|---|---|---|
| K1 | 2018 | 울산 | 0 | 0 | 0 | 0 | 0 | 0 | 0 | 0 |
| K2 | 2019 | 아산 | 22 | 21 | 2 | 0 | 0 | 20 | 2 | 0 |
| 통산 | | | 22 | 21 | 2 | 0 | 0 | 20 | 2 | 0 |

**김륜도**(金侖度) 광운대 1991.07.09

| 대회 | 연도 | 소속 | 출전 | 교체 | 득점 | 도움 | 실점 | 파울 | 경고 | 퇴장 |
|---|---|---|---|---|---|---|---|---|---|---|
| K2 | 2014 | 부천 | 34 | 5 | 1 | 0 | 0 | 47 | 5 | 0 |
| | 2015 | 부천 | 39 | 6 | 5 | 3 | 0 | 56 | 5 | 0 |
| | 2016 | 부천 | 27 | 22 | 0 | 2 | 0 | 24 | 2 | 0 |
| | 2017 | 아산 | 9 | 7 | 0 | 0 | 0 | 4 | 0 | 0 |
| | 2018 | 아산 | 13 | 12 | 3 | 1 | 0 | 11 | 2 | 0 |
| | 2019 | 부천 | 34 | 19 | 6 | 5 | 0 | 33 | 3 | 0 |
| | 2020 | 안산 | 25 | 15 | 5 | 0 | 0 | 13 | 0 | 0 |
| | 2021 | 안산 | 35 | 8 | 9 | 4 | 0 | 32 | 2 | 0 |
| | 2022 | 안산 | 4 | 2 | 0 | 0 | 0 | 4 | 0 | 0 |
| | 2022 | 안양 | 30 | 25 | 0 | 1 | 0 | 17 | 1 | 0 |
| | 2023 | 안양 | 5 | 5 | 0 | 0 | 0 | 0 | 0 | 0 |
| | 2024 | 천안 | 13 | 14 | 1 | 1 | 0 | 5 | 1 | 0 |
| | 2025 | 천안 | 2 | 2 | 0 | 0 | 0 | 2 | 0 | 0 |
| PO | 2019 | 부천 | 1 | 1 | 0 | 0 | 0 | 1 | 0 | 0 |
| 통산 | | | 271 | 143 | 30 | 17 | 0 | 249 | 21 | 0 |

**김륜성**(金侖成) 포항제철고 2002.06.04

| 대회 | 연도 | 소속 | 출전 | 교체 | 득점 | 도움 | 실점 | 파울 | 경고 | 퇴장 |
|---|---|---|---|---|---|---|---|---|---|---|
| K1 | 2021 | 포항 | 13 | 10 | 0 | 0 | 0 | 8 | 4 | 0 |
| | 2022 | 김천 | 4 | 3 | 0 | 0 | 0 | 3 | 1 | 0 |
| | 2024 | 포항 | 4 | 3 | 0 | 0 | 0 | 2 | 0 | 0 |
| | 2025 | 제주 | 35 | 17 | 1 | 5 | 0 | 36 | 6 | 0 |
| K2 | 2023 | 김천 | 10 | 8 | 0 | 2 | 0 | 2 | 2 | 0 |
| | 2024 | 부산 | 10 | 3 | 0 | 3 | 0 | 10 | 2 | 0 |
| PO | 2024 | 부산 | 1 | 0 | 0 | 0 | 0 | 2 | 1 | 0 |
| | 2025 | 제주 | 2 | 0 | 0 | 0 | 0 | 4 | 1 | 0 |
| 통산 | | | 79 | 44 | 1 | 10 | 0 | 67 | 17 | 0 |

**김리관**(金理寬) 현풍고 2003.04.02

| 대회 | 연도 | 소속 | 출전 | 교체 | 득점 | 도움 | 실점 | 파울 | 경고 | 퇴장 |
|---|---|---|---|---|---|---|---|---|---|---|
| K2 | 2025 | 안산 | 1 | 2 | 0 | 0 | 0 | 0 | 0 | 0 |
| 통산 | | | 1 | 2 | 0 | 0 | 0 | 0 | 0 | 0 |

**김만수**(金萬壽) 광운대 1961.06.19

| 대회 | 연도 | 소속 | 출전 | 교체 | 득점 | 도움 | 실점 | 파울 | 경고 | 퇴장 |
|---|---|---|---|---|---|---|---|---|---|---|
| K1 | 1983 | 포항제철 | 4 | 4 | 0 | 0 | 0 | 0 | 0 | 0 |
| | 1985 | 포항제철 | 1 | 1 | 0 | 0 | 0 | 0 | 0 | 0 |
| 통산 | | | 5 | 5 | 0 | 0 | 0 | 0 | 0 | 0 |

**김만중**(金萬中) 명지대 1978.11.04

| 대회 | 연도 | 소속 | 출전 | 교체 | 득점 | 도움 | 실점 | 파울 | 경고 | 퇴장 |
|---|---|---|---|---|---|---|---|---|---|---|
| 컵 | 2001 | 부천SK | 2 | 2 | 0 | 0 | 0 | 0 | 0 | 0 |
| 통산 | | | 2 | 2 | 0 | 0 | 0 | 0 | 0 | 0 |

**김만태**(金萬泰) 광운대 1964.01.30

| 대회 | 연도 | 소속 | 출전 | 교체 | 득점 | 도움 | 실점 | 파울 | 경고 | 퇴장 |
|---|---|---|---|---|---|---|---|---|---|---|
| K1 | 1990 | 현대 | 3 | 3 | 0 | 0 | 0 | 2 | 0 | 0 |
| 통산 | | | 3 | 3 | 0 | 0 | 0 | 2 | 0 | 0 |

**김명곤**(金明坤) 중앙대 1974.04.15

| 대회 | 연도 | 소속 | 출전 | 교체 | 득점 | 도움 | 실점 | 파울 | 경고 | 퇴장 |
|---|---|---|---|---|---|---|---|---|---|---|
| K1 | 1997 | 포항 | 14 | 11 | 0 | 1 | 0 | 18 | 2 | 0 |
| | 1998 | 포항 | 3 | 3 | 0 | 0 | 0 | 2 | 0 | 0 |
| | 1999 | 포항 | 11 | 6 | 1 | 2 | 0 | 18 | 1 | 0 |
| | 2000 | 포항 | 24 | 7 | 5 | 3 | 0 | 36 | 2 | 0 |
| | 2002 | 전남 | 4 | 4 | 0 | 0 | 0 | 2 | 1 | 0 |
| PO | 1998 | 포항 | 3 | 3 | 1 | 0 | 0 | 3 | 0 | 0 |
| 컵 | 1997 | 포항 | 17 | 14 | 1 | 1 | 0 | 28 | 2 | 0 |
| | 1998 | 포항 | 11 | 10 | 1 | 0 | 0 | 12 | 2 | 0 |
| | 1999 | 포항 | 2 | 1 | 0 | 1 | 0 | 0 | 0 | 0 |
| | 2000 | 포항 | 7 | 3 | 0 | 1 | 0 | 11 | 3 | 0 |
| 통산 | | | 96 | 62 | 9 | 9 | 0 | 130 | 13 | 0 |

**김명관**(金明寬) 광운전자공고 1959.11.27

| 대회 | 연도 | 소속 | 출전 | 교체 | 득점 | 도움 | 실점 | 파울 | 경고 | 퇴장 |
|---|---|---|---|---|---|---|---|---|---|---|
| K1 | 1983 | 유공 | 15 | 2 | 0 | 1 | 0 | 10 | 0 | 0 |
| | 1984 | 유공 | 26 | 8 | 1 | 0 | 0 | 24 | 1 | 0 |
| | 1985 | 유공 | 16 | 4 | 0 | 2 | 0 | 17 | 1 | 0 |
| | 1986 | 유공 | 15 | 0 | 0 | 0 | 0 | 31 | 0 | 0 |
| | 1987 | 유공 | 18 | 10 | 0 | 1 | 0 | 12 | 2 | 0 |
| PO | 1984 | 유공 | 2 | 0 | 0 | 0 | 0 | 6 | 0 | 0 |
| 컵 | 1986 | 유공 | 14 | 1 | 0 | 0 | 0 | 36 | 0 | 0 |
| 통산 | | | 106 | 25 | 1 | 4 | 0 | 136 | 4 | 0 |

**김명광**(金明光) 대구대 1984.05.07

| 대회 | 연도 | 소속 | 출전 | 교체 | 득점 | 도움 | 실점 | 파울 | 경고 | 퇴장 |
|---|---|---|---|---|---|---|---|---|---|---|
| K1 | 2007 | 대구 | 0 | 0 | 0 | 0 | 0 | 0 | 0 | 0 |
| 통산 | | | 0 | 0 | 0 | 0 | 0 | 0 | 0 | 0 |

**김명규**(金明奎) 수원대 1990.08.29

| 대회 | 연도 | 소속 | 출전 | 교체 | 득점 | 도움 | 실점 | 파울 | 경고 | 퇴장 |
|---|---|---|---|---|---|---|---|---|---|---|
| K2 | 2013 | 부천 | 1 | 1 | 0 | 0 | 0 | 0 | 0 | 0 |
| 통산 | | | 1 | 1 | 0 | 0 | 0 | 0 | 0 | 0 |

**김명순**(金明淳) 광주대 2000.07.17

| 대회 | 연도 | 소속 | 출전 | 교체 | 득점 | 도움 | 실점 | 파울 | 경고 | 퇴장 |
|---|---|---|---|---|---|---|---|---|---|---|
| K1 | 2021 | 제주 | 7 | 7 | 0 | 0 | 0 | 3 | 0 | 0 |
| | 2022 | 제주 | 16 | 16 | 0 | 0 | 0 | 7 | 1 | 0 |
| K2 | 2023 | 충북청주 | 35 | 15 | 0 | 2 | 0 | 32 | 4 | 0 |
| | 2024 | 충북청주 | 35 | 8 | 3 | 7 | 0 | 42 | 3 | 0 |
| | 2025 | 인천 | 25 | 20 | 0 | 3 | 0 | 21 | 2 | 0 |
| 통산 | | | 118 | 66 | 3 | 12 | 0 | 105 | 10 | 0 |

**김명운**(金明雲) 숭실대 1987.11.01

| 대회 | 연도 | 소속 | 출전 | 교체 | 득점 | 도움 | 실점 | 파울 | 경고 | 퇴장 |
|---|---|---|---|---|---|---|---|---|---|---|
| K1 | 2007 | 전남 | 2 | 2 | 0 | 0 | 0 | 0 | 0 | 0 |
| | 2008 | 전남 | 18 | 15 | 1 | 0 | 0 | 19 | 0 | 0 |
| | 2009 | 전남 | 15 | 14 | 1 | 1 | 0 | 13 | 1 | 0 |
| | 2010 | 전남 | 3 | 2 | 0 | 0 | 0 | 5 | 0 | 0 |
| | 2011 | 인천 | 9 | 9 | 0 | 1 | 0 | 15 | 0 | 0 |
| | 2012 | 상주 | 15 | 10 | 1 | 1 | 0 | 19 | 0 | 0 |
| K2 | 2013 | 상주 | 5 | 5 | 2 | 0 | 0 | 2 | 0 | 0 |
| 컵 | 2009 | 전남 | 5 | 5 | 1 | 1 | 0 | 5 | 1 | 0 |
| | 2011 | 인천 | 3 | 2 | 1 | 0 | 0 | 7 | 0 | 0 |
| 통산 | | | 75 | 64 | 7 | 4 | 0 | 85 | 2 | 0 |

**김명재**(金明宰) 포철공고 1994.05.30

| 대회 | 연도 | 소속 | 출전 | 교체 | 득점 | 도움 | 실점 | 파울 | 경고 | 퇴장 |
|---|---|---|---|---|---|---|---|---|---|---|
| K2 | 2017 | 안산 | 9 | 9 | 1 | 0 | 0 | 3 | 0 | 0 |
| | 2018 | 안산 | 3 | 2 | 0 | 0 | 0 | 3 | 0 | 0 |
| 통산 | | | 12 | 11 | 1 | 0 | 0 | 6 | 0 | 0 |

**김명준**(金明俊/←김종혁) 영남대 1994.05.13

| 대회 | 연도 | 소속 | 출전 | 교체 | 득점 | 도움 | 실점 | 파울 | 경고 | 퇴장 |
|---|---|---|---|---|---|---|---|---|---|---|
| K1 | 2015 | 부산 | 16 | 3 | 1 | 0 | 0 | 21 | 4 | 0 |
| | 2020 | 부산 | 8 | 4 | 0 | 0 | 0 | 9 | 2 | 0 |
| K2 | 2016 | 부산 | 16 | 2 | 0 | 1 | 0 | 21 | 7 | 0 |
| | 2017 | 부산 | 10 | 3 | 0 | 1 | 0 | 16 | 1 | 0 |
| | 2018 | 부산 | 29 | 1 | 1 | 0 | 0 | 27 | 3 | 0 |
| | 2019 | 부산 | 31 | 1 | 2 | 1 | 0 | 35 | 9 | 0 |
| | 2021 | 경남 | 7 | 2 | 0 | 0 | 0 | 4 | 0 | 0 |
| | 2022 | 경남 | 32 | 7 | 1 | 1 | 0 | 24 | 4 | 0 |
| PO | 2015 | 부산 | 2 | 1 | 0 | 0 | 0 | 6 | 1 | 0 |
| | 2018 | 부산 | 1 | 0 | 0 | 0 | 0 | 0 | 0 | 0 |
| | 2019 | 부산 | 3 | 0 | 0 | 0 | 0 | 4 | 0 | 0 |
| | 2022 | 경남 | 1 | 0 | 0 | 0 | 0 | 3 | 0 | 0 |
| 통산 | | | 156 | 24 | 5 | 4 | 0 | 170 | 31 | 0 |

**김명준**(金明俊) 포항제철고 2006.03.21

| 대회 | 연도 | 소속 | 출전 | 교체 | 득점 | 도움 | 실점 | 파울 | 경고 | 퇴장 |
|---|---|---|---|---|---|---|---|---|---|---|
| K1 | 2024 | 포항 | 2 | 2 | 0 | 0 | 0 | 1 | 0 | 0 |
| 통산 | | | 2 | 2 | 0 | 0 | 0 | 1 | 0 | 0 |

**김명중**(金明中) 동국대 1985.02.06

| 대회 | 연도 | 소속 | 출전 | 교체 | 득점 | 도움 | 실점 | 파울 | 경고 | 퇴장 |
|---|---|---|---|---|---|---|---|---|---|---|
| K1 | 2005 | 포항 | 8 | 7 | 0 | 0 | 0 | 26 | 2 | 0 |
| | 2006 | 포항 | 6 | 5 | 0 | 0 | 0 | 8 | 2 | 0 |
| | 2007 | 포항 | 4 | 3 | 0 | 0 | 0 | 8 | 2 | 0 |
| | 2008 | 광주상무 | 24 | 5 | 7 | 1 | 0 | 59 | 4 | 0 |
| | 2009 | 광주상무 | 25 | 5 | 8 | 5 | 0 | 72 | 0 | 0 |
| | 2009 | 포항 | 2 | 2 | 1 | 0 | 0 | 0 | 0 | 0 |
| | 2010 | 전남 | 22 | 16 | 1 | 2 | 0 | 45 | 4 | 0 |
| | 2011 | 전남 | 24 | 13 | 5 | 1 | 0 | 55 | 5 | 0 |
| | 2012 | 강원 | 22 | 22 | 2 | 1 | 0 | 28 | 1 | 0 |
| 컵 | 2006 | 포항 | 7 | 7 | 0 | 0 | 0 | 8 | 1 | 0 |
| | 2007 | 포항 | 7 | 4 | 0 | 0 | 0 | 11 | 1 | 0 |
| | 2008 | 광주상무 | 7 | 3 | 0 | 1 | 0 | 8 | 1 | 0 |
| | 2009 | 광주상무 | 1 | 1 | 0 | 0 | 0 | 2 | 1 | 0 |
| | 2010 | 전남 | 4 | 4 | 2 | 1 | 0 | 7 | 0 | 0 |
| | 2011 | 전남 | 3 | 1 | 0 | 0 | 0 | 10 | 1 | 0 |
| 통산 | | | 166 | 98 | 26 | 12 | 0 | 347 | 25 | 0 |

**김명진**(金明眞) 부평고 1985.03.23

| 대회 | 연도 | 소속 | 출전 | 교체 | 득점 | 도움 | 실점 | 파울 | 경고 | 퇴장 |
|---|---|---|---|---|---|---|---|---|---|---|
| 컵 | 2006 | 포항 | 0 | 0 | 0 | 0 | 0 | 0 | 0 | 0 |
| 통산 | | | 0 | 0 | 0 | 0 | 0 | 0 | 0 | 0 |

**김명환**(金名煥) 정명고 1987.03.06

| 대회 | 연도 | 소속 | 출전 | 교체 | 득점 | 도움 | 실점 | 파울 | 경고 | 퇴장 |
|---|---|---|---|---|---|---|---|---|---|---|
| K1 | 2006 | 제주 | 0 | 0 | 0 | 0 | 0 | 0 | 0 | 0 |
| | 2007 | 제주 | 3 | 1 | 0 | 0 | 0 | 1 | 0 | 0 |
| | 2008 | 제주 | 9 | 4 | 0 | 0 | 0 | 10 | 1 | 0 |
| | 2009 | 제주 | 9 | 3 | 0 | 0 | 0 | 11 | 0 | 0 |
| | 2010 | 제주 | 7 | 3 | 0 | 0 | 0 | 1 | 0 | 0 |
| 컵 | 2006 | 제주 | 2 | 2 | 0 | 0 | 0 | 1 | 0 | 0 |
| | 2007 | 제주 | 2 | 0 | 0 | 0 | 0 | 7 | 1 | 0 |
| | 2008 | 제주 | 4 | 1 | 0 | 0 | 0 | 4 | 0 | 0 |
| | 2009 | 제주 | 3 | 0 | 0 | 1 | 0 | 5 | 0 | 0 |
| | 2010 | 제주 | 1 | 1 | 0 | 0 | 0 | 0 | 0 | 0 |
| 통산 | | | 40 | 15 | 0 | 1 | 0 | 40 | 2 | 0 |

**김명휘**(金明輝) 하쓰시바하시모고(일본) 1981.05.08

| 대회 | 연도 | 소속 | 출전 | 교체 | 득점 | 도움 | 실점 | 파울 | 경고 | 퇴장 |
|---|---|---|---|---|---|---|---|---|---|---|
| 컵 | 2002 | 성남일화 | 0 | 0 | 0 | 0 | 0 | 0 | 0 | 0 |
| 통산 | | | 0 | 0 | 0 | 0 | 0 | 0 | 0 | 0 |

**김문경**(金文經) 단국대 1960.01.06

| 대회 | 연도 | 소속 | 출전 | 교체 | 득점 | 도움 | 실점 | 파울 | 경고 | 퇴장 |
|---|---|---|---|---|---|---|---|---|---|---|
| K1 | 1984 | 현대 | 13 | 0 | 0 | 0 | 0 | 3 | 0 | 0 |
| | 1985 | 현대 | 21 | 0 | 0 | 0 | 0 | 5 | 0 | 0 |
| | 1987 | 현대 | 16 | 1 | 0 | 1 | 0 | 7 | 0 | 0 |
| | 1988 | 현대 | 24 | 1 | 0 | 2 | 0 | 11 | 1 | 0 |
| | 1989 | 현대 | 11 | 3 | 0 | 1 | 0 | 9 | 1 | 0 |
| 통산 | | | 85 | 5 | 0 | 4 | 0 | 35 | 2 | 0 |

**김문수**(金文殊) 관동대(가톨릭관동대) 1989.07.14

| 대회 | 연도 | 소속 | 출전 | 교체 | 득점 | 도움 | 실점 | 파울 | 경고 | 퇴장 |
|---|---|---|---|---|---|---|---|---|---|---|
| K1 | 2011 | 강원 | 0 | 0 | 0 | 0 | 0 | 0 | 0 | 0 |
| K2 | 2013 | 경찰 | 1 | 0 | 0 | 0 | 0 | 0 | 1 | 0 |
| 컵 | 2011 | 강원 | 1 | 0 | 0 | 0 | 0 | 4 | 1 | 0 |
| 통산 | | | 2 | 0 | 0 | 0 | 0 | 4 | 2 | 0 |

**김문주**(金汶柱) 건국대 1990.03.24

| 대회 | 연도 | 소속 | 출전 | 교체 | 득점 | 도움 | 실점 | 파울 | 경고 | 퇴장 |
|---|---|---|---|---|---|---|---|---|---|---|
| K1 | 2013 | 대전 | 0 | 0 | 0 | 0 | 0 | 0 | 0 | 0 |
| 통산 | | | 0 | 0 | 0 | 0 | 0 | 0 | 0 | 0 |

**김문환**(金紋奐) 중앙대 1995.08.01

| 대회 | 연도 | 소속 | 출전 | 교체 | 득점 | 도움 | 실점 | 파울 | 경고 | 퇴장 |
|---|---|---|---|---|---|---|---|---|---|---|
| K1 | 2020 | 부산 | 24 | 1 | 1 | 0 | 0 | 28 | 7 | 0 |
| | 2022 | 전북 | 28 | 6 | 1 | 2 | 0 | 16 | 2 | 0 |
| | 2023 | 전북 | 11 | 4 | 0 | 1 | 0 | 7 | 0 | 1 |
| | 2024 | 대전 | 15 | 3 | 0 | 1 | 0 | 9 | 3 | 0 |
| | 2025 | 대전 | 24 | 8 | 0 | 2 | 0 | 10 | 4 | 0 |

| 대회 | 연도 | 소속 | 출전 | 교체 | 득점 | 도움 | 실점 | 파울 | 경고 | 퇴장 |
|---|---|---|---|---|---|---|---|---|---|---|
| K2 | 2017 | 부산 | 29 | 10 | 4 | 1 | 0 | 28 | 4 | 1 |
| | 2018 | 부산 | 23 | 9 | 3 | 1 | 0 | 23 | 4 | 0 |
| | 2019 | 부산 | 26 | 2 | 0 | 2 | 0 | 27 | 7 | 0 |
| PO | 2017 | 부산 | 3 | 0 | 0 | 0 | 0 | 3 | 0 | 0 |
| | 2018 | 부산 | 3 | 0 | 0 | 0 | 0 | 2 | 2 | 0 |
| | 2019 | 부산 | 3 | 1 | 0 | 0 | 0 | 2 | 0 | 0 |
| 통산 | | | 189 | 44 | 9 | 10 | 0 | 155 | 33 | 2 |

**김민구**(金敏九) 영남대 1964.01.29

| 대회 | 연도 | 소속 | 출전 | 교체 | 득점 | 도움 | 실점 | 파울 | 경고 | 퇴장 |
|---|---|---|---|---|---|---|---|---|---|---|
| K1 | 1988 | 포항제철 | 19 | 6 | 0 | 2 | 0 | 32 | 1 | 0 |
| | 1989 | 포항제철 | 6 | 1 | 0 | 0 | 0 | 11 | 2 | 0 |
| | 1990 | 포항제철 | 3 | 3 | 0 | 0 | 0 | 4 | 0 | 0 |
| 통산 | | | 28 | 10 | 0 | 2 | 0 | 47 | 3 | 0 |

**김민구**(金旻九) 연세대 1985.06.06

| 대회 | 연도 | 소속 | 출전 | 교체 | 득점 | 도움 | 실점 | 파울 | 경고 | 퇴장 |
|---|---|---|---|---|---|---|---|---|---|---|
| 컵 | 2008 | 인천 | 1 | 1 | 0 | 0 | 0 | 0 | 0 | 0 |
| 통산 | | | 1 | 1 | 0 | 0 | 0 | 0 | 0 | 0 |

**김민구** (金玟究) 관동대(가톨릭관동대) 1984.05.07

| 대회 | 연도 | 소속 | 출전 | 교체 | 득점 | 도움 | 실점 | 파울 | 경고 | 퇴장 |
|---|---|---|---|---|---|---|---|---|---|---|
| K1 | 2011 | 대구 | 18 | 15 | 1 | 1 | 0 | 15 | 1 | 1 |
| 컵 | 2011 | 대구 | 3 | 2 | 0 | 0 | 0 | 7 | 1 | 0 |
| 통산 | | | 21 | 17 | 1 | 1 | 0 | 22 | 2 | 1 |

**김민규**(金閔圭) 숭실대 1982.12.24

| 대회 | 연도 | 소속 | 출전 | 교체 | 득점 | 도움 | 실점 | 파울 | 경고 | 퇴장 |
|---|---|---|---|---|---|---|---|---|---|---|
| 컵 | 2005 | 전북 | 0 | 0 | 0 | 0 | 0 | 0 | 0 | 0 |
| 통산 | | | 0 | 0 | 0 | 0 | 0 | 0 | 0 | 0 |

**김민규**(金民奎) 단국대 1993.10.18

| 대회 | 연도 | 소속 | 출전 | 교체 | 득점 | 도움 | 실점 | 파울 | 경고 | 퇴장 |
|---|---|---|---|---|---|---|---|---|---|---|
| K1 | 2016 | 울산 | 0 | 0 | 0 | 0 | 0 | 0 | 0 | 0 |
| | 2018 | 울산 | 2 | 2 | 0 | 0 | 0 | 3 | 0 | 0 |
| K2 | 2017 | 서울E | 10 | 9 | 1 | 1 | 0 | 10 | 1 | 0 |
| | 2018 | 광주 | 13 | 13 | 1 | 0 | 0 | 9 | 0 | 1 |
| PO | 2018 | 광주 | 1 | 1 | 0 | 0 | 0 | 0 | 0 | 0 |
| 통산 | | | 26 | 25 | 2 | 1 | 0 | 22 | 1 | 1 |

**김민규**(金旻奎) 풍생고 1998.04.01

| 대회 | 연도 | 소속 | 출전 | 교체 | 득점 | 도움 | 실점 | 파울 | 경고 | 퇴장 |
|---|---|---|---|---|---|---|---|---|---|---|
| K1 | 2025 | 김천 | 5 | 4 | 0 | 0 | 0 | 3 | 0 | 0 |
| K2 | 2017 | 성남 | 2 | 1 | 0 | 0 | 0 | 2 | 0 | 0 |
| | 2020 | 서울E | 2 | 2 | 0 | 0 | 0 | 0 | 0 | 0 |
| | 2021 | 서울E | 2 | 0 | 0 | 0 | 0 | 3 | 0 | 0 |
| | 2022 | 서울E | 12 | 7 | 0 | 1 | 0 | 10 | 3 | 0 |
| | 2023 | 서울E | 31 | 2 | 0 | 1 | 0 | 22 | 5 | 0 |
| | 2024 | 서울E | 35 | 9 | 0 | 0 | 0 | 26 | 3 | 0 |
| | 2025 | 서울E | 11 | 8 | 0 | 0 | 0 | 6 | 2 | 0 |
| PO | 2024 | 서울E | 3 | 0 | 0 | 0 | 0 | 2 | 0 | 0 |
| 통산 | | | 103 | 33 | 0 | 2 | 0 | 74 | 13 | 0 |

**김민균**(金民均) 명지대 1988.11.30

| 대회 | 연도 | 소속 | 출전 | 교체 | 득점 | 도움 | 실점 | 파울 | 경고 | 퇴장 |
|---|---|---|---|---|---|---|---|---|---|---|
| K1 | 2009 | 대구 | 27 | 10 | 1 | 2 | 0 | 33 | 3 | 0 |
| | 2010 | 대구 | 10 | 10 | 0 | 0 | 0 | 4 | 0 | 0 |
| | 2014 | 울산 | 14 | 10 | 2 | 0 | 0 | 10 | 0 | 0 |
| K2 | 2016 | 안양 | 38 | 23 | 11 | 4 | 0 | 36 | 4 | 0 |
| | 2017 | 아산 | 5 | 5 | 0 | 0 | 0 | 0 | 1 | 0 |
| | 2017 | 안양 | 10 | 4 | 4 | 4 | 0 | 17 | 1 | 0 |
| | 2018 | 아산 | 18 | 18 | 4 | 0 | 0 | 8 | 2 | 0 |
| | 2019 | 서울E | 32 | 10 | 5 | 6 | 0 | 27 | 3 | 0 |
| | 2020 | 서울E | 24 | 11 | 5 | 0 | 0 | 5 | 0 | 0 |
| | 2021 | 서울E | 11 | 11 | 0 | 1 | 0 | 1 | 0 | 0 |
| PO | 2017 | 아산 | 2 | 2 | 0 | 0 | 0 | 0 | 0 | 0 |
| 컵 | 2009 | 대구 | 4 | 2 | 0 | 0 | 0 | 10 | 0 | 0 |
| | 2010 | 대구 | 5 | 5 | 1 | 1 | 0 | 1 | 0 | 0 |
| 통산 | | | 200 | 121 | 33 | 18 | 0 | 152 | 14 | 0 |

**김민기**(金珉基) 건국대 1990.06.21

| 대회 | 연도 | 소속 | 출전 | 교체 | 득점 | 도움 | 실점 | 파울 | 경고 | 퇴장 |
|---|---|---|---|---|---|---|---|---|---|---|
| K2 | 2014 | 수원FC | 4 | 3 | 0 | 0 | 0 | 4 | 2 | 0 |
| 통산 | | | 4 | 3 | 0 | 0 | 0 | 4 | 2 | 0 |

**김민기**(金旻記) 한남대 2004.01.31

| 대회 | 연도 | 소속 | 출전 | 교체 | 득점 | 도움 | 실점 | 파울 | 경고 | 퇴장 |
|---|---|---|---|---|---|---|---|---|---|---|
| K2 | 2025 | 부산 | 0 | 0 | 0 | 0 | 0 | 0 | 0 | 0 |
| 통산 | | | 0 | 0 | 0 | 0 | 0 | 0 | 0 | 0 |

**김민덕**(金民悳) 성균관대 1996.07.08

| 대회 | 연도 | 소속 | 출전 | 교체 | 득점 | 도움 | 실점 | 파울 | 경고 | 퇴장 |
|---|---|---|---|---|---|---|---|---|---|---|
| K1 | 2019 | 울산 | 1 | 0 | 0 | 0 | 0 | 0 | 0 | 0 |
| | 2020 | 울산 | 0 | 0 | 0 | 0 | 0 | 0 | 0 | 0 |
| | 2023 | 대전 | 26 | 5 | 2 | 0 | 0 | 13 | 2 | 0 |
| | 2024 | 김천 | 20 | 12 | 0 | 0 | 0 | 12 | 3 | 0 |
| | 2025 | 김천 | 7 | 4 | 0 | 0 | 0 | 9 | 2 | 0 |
| | 2025 | 대전 | 12 | 1 | 0 | 0 | 0 | 7 | 4 | 0 |
| K2 | 2021 | 대전 | 30 | 3 | 1 | 0 | 0 | 21 | 6 | 0 |
| | 2022 | 대전 | 33 | 7 | 0 | 0 | 0 | 33 | 3 | 0 |
| PO | 2021 | 대전 | 4 | 4 | 0 | 0 | 0 | 1 | 0 | 0 |
| | 2022 | 대전 | 2 | 0 | 0 | 0 | 0 | 2 | 0 | 0 |
| 통산 | | | 135 | 36 | 3 | 0 | 0 | 98 | 20 | 0 |

**김민서**(金淨賢) 부평고 2000.06.05

| 대회 | 연도 | 소속 | 출전 | 교체 | 득점 | 도움 | 실점 | 파울 | 경고 | 퇴장 |
|---|---|---|---|---|---|---|---|---|---|---|
| K2 | 2019 | 서울E | 0 | 0 | 0 | 0 | 0 | 0 | 0 | 0 |
| 통산 | | | 0 | 0 | 0 | 0 | 0 | 0 | 0 | 0 |

**김민석**(金玟錫) 숭실대 1997.09.20

| 대회 | 연도 | 소속 | 출전 | 교체 | 득점 | 도움 | 실점 | 파울 | 경고 | 퇴장 |
|---|---|---|---|---|---|---|---|---|---|---|
| K1 | 2022 | 김천 | 1 | 1 | 0 | 0 | 0 | 0 | 0 | 0 |
| K2 | 2019 | 아산 | 16 | 14 | 1 | 0 | 0 | 15 | 2 | 0 |
| | 2020 | 충남아산 | 19 | 18 | 0 | 1 | 0 | 23 | 1 | 0 |
| | 2021 | 김천 | 1 | 1 | 0 | 0 | 0 | 0 | 0 | 0 |
| | 2021 | 충남아산 | 3 | 3 | 1 | 0 | 0 | 0 | 0 | 0 |
| | 2023 | 충남아산 | 4 | 3 | 0 | 0 | 0 | 2 | 0 | 0 |
| 통산 | | | 44 | 40 | 2 | 1 | 0 | 40 | 3 | 0 |

**김민석**(金珉錫) 단국대 1998.08.11

| 대회 | 연도 | 소속 | 출전 | 교체 | 득점 | 도움 | 실점 | 파울 | 경고 | 퇴장 |
|---|---|---|---|---|---|---|---|---|---|---|
| K1 | 2020 | 인천 | 0 | 0 | 0 | 0 | 0 | 0 | 0 | 0 |
| 통산 | | | 0 | 0 | 0 | 0 | 0 | 0 | 0 | 0 |

**김민석**(金珉碩) 대건고 2002.09.05

| 대회 | 연도 | 소속 | 출전 | 교체 | 득점 | 도움 | 실점 | 파울 | 경고 | 퇴장 |
|---|---|---|---|---|---|---|---|---|---|---|
| K1 | 2021 | 인천 | 1 | 1 | 0 | 0 | 0 | 2 | 0 | 0 |
| | 2022 | 인천 | 5 | 5 | 3 | 1 | 0 | 2 | 0 | 0 |
| | 2023 | 인천 | 18 | 18 | 2 | 0 | 0 | 1 | 0 | 0 |
| | 2024 | 인천 | 5 | 5 | 0 | 0 | 0 | 2 | 0 | 0 |
| K2 | 2025 | 인천 | 23 | 23 | 1 | 0 | 0 | 7 | 1 | 0 |
| 통산 | | | 52 | 52 | 6 | 1 | 0 | 14 | 1 | 0 |

**김민섭**(金民燮) 숭실대 1987.09.22

| 대회 | 연도 | 소속 | 출전 | 교체 | 득점 | 도움 | 실점 | 파울 | 경고 | 퇴장 |
|---|---|---|---|---|---|---|---|---|---|---|
| K1 | 2009 | 대전 | 14 | 6 | 0 | 0 | 0 | 13 | 1 | 0 |
| 컵 | 2009 | 대전 | 4 | 3 | 0 | 0 | 0 | 6 | 1 | 0 |
| 통산 | | | 18 | 9 | 0 | 0 | 0 | 19 | 2 | 0 |

**김민섭**(金民燮) 용인대 2000.03.03

| 대회 | 연도 | 소속 | 출전 | 교체 | 득점 | 도움 | 실점 | 파울 | 경고 | 퇴장 |
|---|---|---|---|---|---|---|---|---|---|---|
| K2 | 2021 | 경남 | 2 | 2 | 0 | 0 | 0 | 0 | 0 | 0 |
| 통산 | | | 2 | 2 | 0 | 0 | 0 | 0 | 0 | 0 |

**김민성**(金旻聖) 광운대 1995.02.21

| 대회 | 연도 | 소속 | 출전 | 교체 | 득점 | 도움 | 실점 | 파울 | 경고 | 퇴장 |
|---|---|---|---|---|---|---|---|---|---|---|
| K2 | 2017 | 안산 | 11 | 7 | 0 | 0 | 0 | 7 | 1 | 0 |
| | 2018 | 안산 | 0 | 0 | 0 | 0 | 0 | 0 | 0 | 0 |
| | 2019 | 안산 | 0 | 0 | 0 | 0 | 0 | 0 | 0 | 0 |
| 통산 | | | 11 | 7 | 0 | 0 | 0 | 7 | 1 | 0 |

**김민성**(金民成) 언남고 1998.04.18

| 대회 | 연도 | 소속 | 출전 | 교체 | 득점 | 도움 | 실점 | 파울 | 경고 | 퇴장 |
|---|---|---|---|---|---|---|---|---|---|---|
| K2 | 2018 | 대전 | 0 | 0 | 0 | 0 | 0 | 0 | 0 | 0 |
| | 2019 | 대전 | 3 | 2 | 0 | 0 | 0 | 3 | 0 | 0 |
| 통산 | | | 3 | 2 | 0 | 0 | 0 | 3 | 0 | 0 |

**김민성**(金玟成) 중랑FC 2000.05.11

| 대회 | 연도 | 소속 | 출전 | 교체 | 득점 | 도움 | 실점 | 파울 | 경고 | 퇴장 |
|---|---|---|---|---|---|---|---|---|---|---|
| K2 | 2024 | 안산 | 6 | 6 | 0 | 0 | 0 | 3 | 1 | 0 |
| 통산 | | | 6 | 6 | 0 | 0 | 0 | 3 | 1 | 0 |

**김민수**(金旼洙) 한남대 1984.12.14

| 대회 | 연도 | 소속 | 출전 | 교체 | 득점 | 도움 | 실점 | 파울 | 경고 | 퇴장 |
|---|---|---|---|---|---|---|---|---|---|---|
| K1 | 2008 | 대전 | 13 | 11 | 1 | 2 | 0 | 12 | 1 | 0 |
| | 2009 | 인천 | 15 | 7 | 1 | 2 | 0 | 17 | 0 | 0 |
| | 2010 | 인천 | 3 | 2 | 0 | 1 | 0 | 3 | 0 | 0 |
| | 2011 | 상주 | 15 | 12 | 2 | 3 | 0 | 6 | 2 | 0 |
| | 2012 | 상주 | 10 | 10 | 0 | 1 | 0 | 6 | 1 | 0 |
| | 2012 | 인천 | 1 | 1 | 0 | 0 | 0 | 0 | 0 | 0 |
| | 2013 | 경남 | 16 | 14 | 0 | 0 | 0 | 19 | 1 | 0 |
| K2 | 2014 | 광주 | 19 | 18 | 2 | 2 | 0 | 26 | 2 | 0 |
| PO | 2009 | 인천 | 1 | 0 | 1 | 0 | 0 | 1 | 1 | 0 |
| 컵 | 2008 | 대전 | 4 | 3 | 1 | 0 | 0 | 7 | 1 | 1 |
| | 2009 | 인천 | 5 | 4 | 0 | 1 | 0 | 3 | 1 | 0 |
| | 2010 | 인천 | 1 | 1 | 0 | 0 | 0 | 1 | 0 | 0 |
| | 2011 | 상주 | 1 | 0 | 0 | 0 | 0 | 2 | 1 | 0 |
| 통산 | | | 104 | 83 | 8 | 12 | 0 | 103 | 11 | 1 |

**김민수**(金頣洙) 용인대 1989.07.13

| 대회 | 연도 | 소속 | 출전 | 교체 | 득점 | 도움 | 실점 | 파울 | 경고 | 퇴장 |
|---|---|---|---|---|---|---|---|---|---|---|
| K2 | 2013 | 부천 | 0 | 0 | 0 | 0 | 0 | 0 | 0 | 0 |
| 통산 | | | 0 | 0 | 0 | 0 | 0 | 0 | 0 | 0 |

**김민수**(金旻秀) 홍익대 1994.03.04

| 대회 | 연도 | 소속 | 출전 | 교체 | 득점 | 도움 | 실점 | 파울 | 경고 | 퇴장 |
|---|---|---|---|---|---|---|---|---|---|---|
| K2 | 2016 | 고양 | 8 | 8 | 0 | 0 | 0 | 9 | 2 | 0 |
| 통산 | | | 8 | 8 | 0 | 0 | 0 | 9 | 2 | 0 |

**김민식**(金敏植) 호남대 1985.10.29

| 대회 | 연도 | 소속 | 출전 | 교체 | 득점 | 도움 | 실점 | 파울 | 경고 | 퇴장 |
|---|---|---|---|---|---|---|---|---|---|---|
| K1 | 2008 | 전북 | 0 | 0 | 0 | 0 | 0 | 0 | 0 | 0 |
| | 2009 | 전북 | 2 | 1 | 0 | 0 | 3 | 0 | 0 | 0 |
| | 2010 | 전북 | 6 | 0 | 0 | 0 | 8 | 0 | 0 | 0 |
| | 2011 | 전북 | 15 | 0 | 0 | 0 | 15 | 0 | 1 | 0 |
| | 2012 | 전북 | 9 | 1 | 0 | 0 | 11 | 0 | 0 | 0 |
| | 2014 | 상주 | 18 | 0 | 0 | 0 | 29 | 0 | 2 | 0 |
| | 2014 | 전북 | 3 | 1 | 0 | 0 | 0 | 0 | 0 | 0 |
| | 2015 | 전남 | 10 | 0 | 0 | 0 | 21 | 0 | 0 | 0 |
| | 2016 | 전남 | 7 | 0 | 0 | 0 | 11 | 0 | 0 | 0 |
| K2 | 2013 | 상주 | 3 | 0 | 0 | 0 | 5 | 0 | 0 | 0 |
| | 2017 | 안양 | 17 | 0 | 0 | 0 | 27 | 1 | 1 | 1 |
| PO | 2008 | 전북 | 0 | 0 | 0 | 0 | 0 | 0 | 0 | 0 |
| | 2009 | 전북 | 0 | 0 | 0 | 0 | 0 | 0 | 0 | 0 |
| | 2010 | 전북 | 0 | 0 | 0 | 0 | 0 | 0 | 0 | 0 |
| | 2011 | 전북 | 2 | 0 | 0 | 0 | 2 | 0 | 1 | 0 |
| | 2013 | 상주 | 2 | 0 | 0 | 0 | 2 | 0 | 0 | 0 |
| 컵 | 2008 | 전북 | 0 | 0 | 0 | 0 | 0 | 0 | 0 | 0 |
| | 2009 | 전북 | 0 | 0 | 0 | 0 | 0 | 0 | 0 | 0 |
| | 2010 | 전북 | 1 | 0 | 0 | 0 | 3 | 0 | 0 | 0 |
| | 2011 | 전북 | 0 | 0 | 0 | 0 | 0 | 0 | 0 | 0 |
| 통산 | | | 95 | 3 | 0 | 0 | 137 | 1 | 5 | 1 |

**김민식**(金民植) 용인대 1998.03.18

| 대회 | 연도 | 소속 | 출전 | 교체 | 득점 | 도움 | 실점 | 파울 | 경고 | 퇴장 |
|---|---|---|---|---|---|---|---|---|---|---|
| K2 | 2020 | 충남아산 | 2 | 0 | 0 | 0 | 0 | 2 | 0 | 0 |
| | 2024 | 충북청주 | 10 | 7 | 0 | 1 | 0 | 7 | 0 | 0 |
| | 2025 | 김포 | 22 | 8 | 0 | 0 | 0 | 15 | 2 | 0 |
| 통산 | | | 34 | 15 | 0 | 1 | 0 | 24 | 2 | 0 |

**김민오**(金敏吾) 울산대 1983.05.08

| 대회 | 연도 | 소속 | 출전 | 교체 | 득점 | 도움 | 실점 | 파울 | 경고 | 퇴장 |
|---|---|---|---|---|---|---|---|---|---|---|
| K1 | 2006 | 울산 | 4 | 2 | 0 | 0 | 0 | 10 | 0 | 0 |
| | 2007 | 울산 | 13 | 11 | 0 | 0 | 0 | 17 | 3 | 0 |
| | 2008 | 울산 | 14 | 10 | 0 | 0 | 0 | 20 | 2 | 0 |
| | 2009 | 울산 | 1 | 1 | 0 | 0 | 0 | 1 | 0 | 0 |
| | 2010 | 광주상무 | 4 | 2 | 0 | 0 | 0 | 2 | 0 | 0 |
| | 2011 | 상주 | 9 | 0 | 0 | 0 | 0 | 8 | 2 | 0 |
| PO | 2008 | 울산 | 2 | 2 | 0 | 0 | 0 | 3 | 0 | 0 |
| 컵 | 2006 | 울산 | 5 | 2 | 0 | 0 | 0 | 6 | 0 | 0 |
| | 2007 | 울산 | 5 | 5 | 0 | 0 | 0 | 10 | 2 | 0 |
| | 2008 | 울산 | 2 | 2 | 0 | 0 | 0 | 4 | 0 | 0 |
| | 2011 | 상주 | 1 | 0 | 0 | 0 | 0 | 0 | 0 | 0 |
| 통산 | | | 60 | 37 | 0 | 0 | 0 | 81 | 9 | 0 |

**김민우**(金民友) 연세대 1990.02.25

| 대회 | 연도 | 소속 | 출전 | 교체 | 득점 | 도움 | 실점 | 파울 | 경고 | 퇴장 |
|---|---|---|---|---|---|---|---|---|---|---|

| 대회 | 연도 | 소속 | 출전 | 교체 | 득점 | 도움 | 실점 | 파울 | 경고 | 퇴장 |
|---|---|---|---|---|---|---|---|---|---|---|
| K1 | 2017 | 수원 | 30 | 3 | 6 | 5 | 0 | 38 | 6 | 0 |
| | 2018 | 상주 | 36 | 9 | 2 | 1 | 0 | 59 | 1 | 0 |
| | 2019 | 수원 | 6 | 1 | 1 | 0 | 0 | 10 | 0 | 0 |
| | 2019 | 상주 | 20 | 6 | 2 | 2 | 0 | 20 | 2 | 0 |
| | 2020 | 수원 | 27 | 2 | 4 | 3 | 0 | 41 | 4 | 0 |
| | 2021 | 수원 | 33 | 17 | 6 | 3 | 0 | 48 | 2 | 0 |
| | 2024 | 울산 | 19 | 18 | 2 | 2 | 0 | 17 | 0 | 0 |
| | 2025 | 울산 | 0 | 0 | 0 | 0 | 0 | 0 | 0 | 0 |
| K2 | 2025 | 수원 | 12 | 12 | 0 | 2 | 0 | 4 | 1 | 0 |
| 통산 | | | 183 | 68 | 23 | 18 | 0 | 237 | 16 | 0 |

**김민우**(金玟佑) 홍익대 1997.06.03

| 대회 | 연도 | 소속 | 출전 | 교체 | 득점 | 도움 | 실점 | 파울 | 경고 | 퇴장 |
|---|---|---|---|---|---|---|---|---|---|---|
| K2 | 2019 | 아산 | 7 | 6 | 0 | 0 | 0 | 6 | 0 | 0 |
| 통산 | | | 7 | 6 | 0 | 0 | 0 | 6 | 0 | 0 |

**김민우**(金旻佑) 한국열린사이버대 2002.03.16

| 대회 | 연도 | 소속 | 출전 | 교체 | 득점 | 도움 | 실점 | 파울 | 경고 | 퇴장 |
|---|---|---|---|---|---|---|---|---|---|---|
| K1 | 2024 | 대전 | 10 | 8 | 0 | 0 | 0 | 6 | 2 | 0 |
| | 2025 | 대전 | 0 | 0 | 0 | 0 | 0 | 0 | 0 | 0 |
| K2 | 2025 | 김포 | 17 | 13 | 3 | 1 | 0 | 17 | 5 | 0 |
| 통산 | | | 27 | 21 | 3 | 1 | 0 | 23 | 7 | 0 |

**김민재**(金玟哉) 연세대 1996.11.15

| 대회 | 연도 | 소속 | 출전 | 교체 | 득점 | 도움 | 실점 | 파울 | 경고 | 퇴장 |
|---|---|---|---|---|---|---|---|---|---|---|
| K1 | 2017 | 전북 | 29 | 3 | 2 | 0 | 0 | 27 | 10 | 0 |
| | 2018 | 전북 | 23 | 4 | 1 | 0 | 0 | 15 | 3 | 0 |
| 통산 | | | 52 | 7 | 3 | 0 | 0 | 42 | 13 | 0 |

**김민재**(金民在) 고려대 2001.06.02

| 대회 | 연도 | 소속 | 출전 | 교체 | 득점 | 도움 | 실점 | 파울 | 경고 | 퇴장 |
|---|---|---|---|---|---|---|---|---|---|---|
| K2 | 2022 | 김포 | 0 | 0 | 0 | 0 | 0 | 0 | 0 | 0 |
| | 2023 | 김포 | 2 | 2 | 0 | 0 | 0 | 0 | 0 | 0 |
| | 2024 | 김포 | 0 | 0 | 0 | 0 | 0 | 0 | 0 | 0 |
| 통산 | | | 2 | 2 | 0 | 0 | 0 | 0 | 0 | 0 |

**김민제**(金旼第) 중앙대 1989.09.12

| 대회 | 연도 | 소속 | 출전 | 교체 | 득점 | 도움 | 실점 | 파울 | 경고 | 퇴장 |
|---|---|---|---|---|---|---|---|---|---|---|
| K1 | 2016 | 수원FC | 12 | 0 | 1 | 0 | 0 | 16 | 1 | 0 |
| K2 | 2015 | 서울E | 21 | 11 | 1 | 1 | 0 | 22 | 4 | 0 |
| | 2016 | 서울E | 10 | 7 | 0 | 0 | 0 | 6 | 0 | 0 |
| | 2017 | 수원FC | 2 | 0 | 0 | 0 | 0 | 3 | 1 | 0 |
| | 2018 | 수원FC | 2 | 1 | 0 | 0 | 0 | 5 | 0 | 0 |
| PO | 2015 | 서울E | 1 | 1 | 0 | 0 | 0 | 0 | 0 | 0 |
| 통산 | | | 48 | 20 | 2 | 1 | 0 | 52 | 6 | 0 |

**김민준**(金敏俊) 울산대 1994.03.22

| 대회 | 연도 | 소속 | 출전 | 교체 | 득점 | 도움 | 실점 | 파울 | 경고 | 퇴장 |
|---|---|---|---|---|---|---|---|---|---|---|
| K1 | 2018 | 전남 | 7 | 2 | 0 | 0 | 0 | 10 | 1 | 0 |
| K2 | 2016 | 부산 | 10 | 3 | 0 | 0 | 0 | 8 | 1 | 0 |
| | 2019 | 전남 | 15 | 9 | 0 | 0 | 0 | 23 | 3 | 0 |
| 통산 | | | 32 | 14 | 0 | 0 | 0 | 41 | 5 | 0 |

**김민준**(金旼俊) 호남대 1996.01.12

| 대회 | 연도 | 소속 | 출전 | 교체 | 득점 | 도움 | 실점 | 파울 | 경고 | 퇴장 |
|---|---|---|---|---|---|---|---|---|---|---|
| K2 | 2017 | 경남 | 7 | 7 | 0 | 0 | 0 | 7 | 0 | 0 |
| 통산 | | | 7 | 7 | 0 | 0 | 0 | 7 | 0 | 0 |

**김민준**(金敏俊) 한남대 1994.01.27

| 대회 | 연도 | 소속 | 출전 | 교체 | 득점 | 도움 | 실점 | 파울 | 경고 | 퇴장 |
|---|---|---|---|---|---|---|---|---|---|---|
| K1 | 2017 | 강원 | 7 | 4 | 0 | 0 | 0 | 11 | 1 | 0 |
| 통산 | | | 7 | 4 | 0 | 0 | 0 | 11 | 1 | 0 |

**김민준**(金民俊) 울산대 2000.02.12

| 대회 | 연도 | 소속 | 출전 | 교체 | 득점 | 도움 | 실점 | 파울 | 경고 | 퇴장 |
|---|---|---|---|---|---|---|---|---|---|---|
| K1 | 2021 | 울산 | 28 | 28 | 5 | 1 | 0 | 25 | 2 | 0 |
| | 2022 | 울산 | 19 | 19 | 1 | 0 | 0 | 9 | 2 | 0 |
| | 2024 | 울산 | 6 | 6 | 1 | 0 | 0 | 6 | 1 | 0 |
| | 2024 | 김천 | 12 | 11 | 1 | 1 | 0 | 7 | 1 | 0 |
| | 2025 | 강원 | 9 | 8 | 0 | 1 | 0 | 6 | 0 | 0 |
| K2 | 2023 | 김천 | 28 | 27 | 6 | 4 | 0 | 18 | 2 | 0 |
| 통산 | | | 102 | 99 | 14 | 7 | 0 | 71 | 8 | 0 |

**김민준**(金旻儁) 보인고 2000.01.09

| 대회 | 연도 | 소속 | 출전 | 교체 | 득점 | 도움 | 실점 | 파울 | 경고 | 퇴장 |
|---|---|---|---|---|---|---|---|---|---|---|
| K2 | 2021 | 경남 | 1 | 0 | 0 | 0 | 1 | 0 | 0 | 0 |
| | 2022 | 경남 | 1 | 1 | 0 | 0 | 0 | 0 | 0 | 0 |
| | 2023 | 천안 | 28 | 0 | 0 | 0 | 45 | 0 | 1 | 0 |
| | 2024 | 경남 | 20 | 1 | 0 | 0 | 25 | 0 | 2 | 0 |
| | 2025 | 수원 | 8 | 0 | 0 | 0 | 10 | 0 | 1 | 0 |
| PO | 2025 | 수원 | 2 | 0 | 0 | 0 | 3 | 1 | 1 | 0 |
| 통산 | | | 60 | 2 | 0 | 0 | 84 | 1 | 5 | 0 |

**김민준**(金民俊) 현풍고 2006.07.05

| 대회 | 연도 | 소속 | 출전 | 교체 | 득점 | 도움 | 실점 | 파울 | 경고 | 퇴장 |
|---|---|---|---|---|---|---|---|---|---|---|
| K1 | 2025 | 대구 | 6 | 6 | 0 | 0 | 0 | 8 | 1 | 0 |
| 통산 | | | 6 | 6 | 0 | 0 | 0 | 8 | 1 | 0 |

**김민철**(金敏哲) 건국대 1972.03.01

| 대회 | 연도 | 소속 | 출전 | 교체 | 득점 | 도움 | 실점 | 파울 | 경고 | 퇴장 |
|---|---|---|---|---|---|---|---|---|---|---|
| K1 | 1994 | 유공 | 5 | 0 | 0 | 0 | 5 | 0 | 1 | 0 |
| | 1996 | 전남 | 8 | 0 | 0 | 0 | 20 | 0 | 0 | 0 |
| 컵 | 1996 | 전남 | 8 | 0 | 0 | 0 | 14 | 1 | 1 | 0 |
| 통산 | | | 21 | 0 | 0 | 0 | 39 | 1 | 2 | 0 |

**김민학**(金民學) 선문대 1988.10.04

| 대회 | 연도 | 소속 | 출전 | 교체 | 득점 | 도움 | 실점 | 파울 | 경고 | 퇴장 |
|---|---|---|---|---|---|---|---|---|---|---|
| K1 | 2010 | 전북 | 4 | 1 | 1 | 0 | 0 | 6 | 0 | 0 |
| 컵 | 2010 | 전북 | 1 | 0 | 0 | 0 | 0 | 1 | 0 | 0 |
| | 2011 | 전북 | 1 | 1 | 0 | 0 | 0 | 2 | 1 | 0 |
| 통산 | | | 6 | 2 | 1 | 0 | 0 | 9 | 1 | 0 |

**김민혁**(金珉赫) 광운대 1992.08.16

| 대회 | 연도 | 소속 | 출전 | 교체 | 득점 | 도움 | 실점 | 파울 | 경고 | 퇴장 |
|---|---|---|---|---|---|---|---|---|---|---|
| K1 | 2015 | 서울 | 6 | 6 | 0 | 0 | 0 | 8 | 1 | 0 |
| | 2016 | 광주 | 36 | 7 | 3 | 8 | 0 | 66 | 7 | 0 |
| | 2017 | 광주 | 34 | 12 | 2 | 3 | 0 | 45 | 2 | 0 |
| | 2018 | 포항 | 2 | 2 | 0 | 0 | 0 | 2 | 0 | 0 |
| | 2019 | 성남 | 8 | 1 | 2 | 2 | 0 | 13 | 2 | 0 |
| | 2019 | 상주 | 14 | 6 | 1 | 1 | 0 | 12 | 2 | 0 |
| | 2020 | 상주 | 11 | 4 | 2 | 0 | 0 | 23 | 1 | 0 |
| | 2021 | 성남 | 21 | 9 | 1 | 2 | 0 | 26 | 2 | 1 |
| | 2022 | 성남 | 32 | 20 | 3 | 2 | 0 | 48 | 9 | 0 |
| | 2023 | 울산 | 32 | 23 | 2 | 3 | 0 | 30 | 7 | 0 |
| | 2024 | 울산 | 14 | 11 | 0 | 0 | 0 | 16 | 5 | 0 |
| | 2025 | 울산 | 15 | 13 | 0 | 0 | 0 | 17 | 9 | 0 |
| K2 | 2018 | 성남 | 17 | 6 | 2 | 1 | 0 | 15 | 2 | 0 |
| 통산 | | | 242 | 120 | 18 | 22 | 0 | 321 | 49 | 1 |

**김민혁**(金敏爀) 숭실대 1992.02.27

| 대회 | 연도 | 소속 | 출전 | 교체 | 득점 | 도움 | 실점 | 파울 | 경고 | 퇴장 |
|---|---|---|---|---|---|---|---|---|---|---|
| K1 | 2019 | 전북 | 26 | 3 | 1 | 0 | 0 | 24 | 5 | 0 |
| | 2020 | 전북 | 15 | 2 | 1 | 0 | 0 | 10 | 0 | 0 |
| | 2021 | 전북 | 21 | 1 | 1 | 0 | 0 | 12 | 4 | 0 |
| | 2022 | 성남 | 4 | 1 | 1 | 0 | 0 | 2 | 1 | 0 |
| K2 | 2025 | 충남아산 | 5 | 3 | 0 | 0 | 0 | 4 | 2 | 0 |
| 통산 | | | 71 | 10 | 4 | 0 | 0 | 52 | 12 | 0 |

**김민혁**(金敏奕) 광양제철고 2000.03.24

| 대회 | 연도 | 소속 | 출전 | 교체 | 득점 | 도움 | 실점 | 파울 | 경고 | 퇴장 |
|---|---|---|---|---|---|---|---|---|---|---|
| K2 | 2019 | 전남 | 5 | 5 | 0 | 0 | 0 | 4 | 2 | 0 |
| 통산 | | | 5 | 5 | 0 | 0 | 0 | 4 | 2 | 0 |

**김민혜**(金敏慧) 영동고 1954.12.04

| 대회 | 연도 | 소속 | 출전 | 교체 | 득점 | 도움 | 실점 | 파울 | 경고 | 퇴장 |
|---|---|---|---|---|---|---|---|---|---|---|
| K1 | 1983 | 대우 | 9 | 3 | 0 | 3 | 0 | 5 | 0 | 0 |
| | 1984 | 할렐루야 | 8 | 4 | 0 | 0 | 0 | 4 | 0 | 0 |
| | 1985 | 할렐루야 | 9 | 0 | 0 | 0 | 0 | 13 | 0 | 0 |
| 통산 | | | 26 | 7 | 0 | 3 | 0 | 22 | 0 | 0 |

**김민호**(金珉浩) 건국대 1985.05.13

| 대회 | 연도 | 소속 | 출전 | 교체 | 득점 | 도움 | 실점 | 파울 | 경고 | 퇴장 |
|---|---|---|---|---|---|---|---|---|---|---|
| K1 | 2007 | 성남일화 | 5 | 5 | 0 | 0 | 0 | 2 | 1 | 0 |
| | 2008 | 전남 | 10 | 3 | 1 | 1 | 0 | 21 | 2 | 0 |
| | 2009 | 전남 | 6 | 4 | 1 | 0 | 0 | 4 | 0 | 0 |
| | 2010 | 대구 | 2 | 2 | 0 | 0 | 0 | 0 | 0 | 0 |
| PO | 2007 | 성남일화 | 2 | 2 | 0 | 0 | 0 | 0 | 0 | 0 |
| 컵 | 2008 | 성남일화 | 1 | 1 | 0 | 0 | 0 | 0 | 0 | 0 |
| | 2008 | 전남 | 3 | 2 | 0 | 1 | 0 | 5 | 1 | 0 |
| | 2009 | 전남 | 3 | 3 | 0 | 0 | 0 | 4 | 2 | 0 |
| 통산 | | | 32 | 22 | 2 | 2 | 0 | 36 | 6 | 0 |

**김민호**(金敏浩) 인천대 1990.10.01

| 대회 | 연도 | 소속 | 출전 | 교체 | 득점 | 도움 | 실점 | 파울 | 경고 | 퇴장 |
|---|---|---|---|---|---|---|---|---|---|---|
| K2 | 2013 | 부천 | 19 | 2 | 1 | 1 | 0 | 28 | 1 | 0 |
| 통산 | | | 19 | 2 | 1 | 1 | 0 | 28 | 1 | 0 |

**김민호**(金珉浩) 연세대 1997.06.11

| 대회 | 연도 | 소속 | 출전 | 교체 | 득점 | 도움 | 실점 | 파울 | 경고 | 퇴장 |
|---|---|---|---|---|---|---|---|---|---|---|
| K1 | 2018 | 수원 | 0 | 0 | 0 | 0 | 0 | 0 | 0 | 0 |
| | 2019 | 수원 | 1 | 1 | 0 | 0 | 0 | 0 | 0 | 0 |
| K2 | 2020 | 안산 | 20 | 2 | 0 | 0 | 0 | 21 | 8 | 0 |
| | 2021 | 안산 | 24 | 4 | 1 | 1 | 0 | 14 | 2 | 0 |
| | 2022 | 안산 | 31 | 4 | 0 | 0 | 0 | 28 | 8 | 1 |
| | 2023 | 김포 | 25 | 9 | 0 | 0 | 0 | 27 | 7 | 0 |
| | 2024 | 김포 | 22 | 11 | 1 | 2 | 0 | 16 | 4 | 1 |
| | 2025 | 김포 | 10 | 6 | 0 | 0 | 0 | 7 | 2 | 0 |
| PO | 2023 | 김포 | 2 | 2 | 0 | 0 | 0 | 0 | 0 | 0 |
| 통산 | | | 135 | 39 | 2 | 3 | 0 | 113 | 31 | 2 |

**김민호**(金民鎬) 대구예술대 2003.01.09

| 대회 | 연도 | 소속 | 출전 | 교체 | 득점 | 도움 | 실점 | 파울 | 경고 | 퇴장 |
|---|---|---|---|---|---|---|---|---|---|---|
| K1 | 2025 | 안양 | 1 | 1 | 0 | 0 | 0 | 1 | 0 | 0 |
| K2 | 2024 | 안양 | 3 | 3 | 0 | 0 | 0 | 3 | 1 | 0 |
| 통산 | | | 4 | 4 | 0 | 0 | 0 | 4 | 1 | 0 |

**김민호**(金珉浩) 보인고 2000.01.26

| 대회 | 연도 | 소속 | 출전 | 교체 | 득점 | 도움 | 실점 | 파울 | 경고 | 퇴장 |
|---|---|---|---|---|---|---|---|---|---|---|
| K2 | 2025 | 서울E | 2 | 0 | 0 | 0 | 3 | 0 | 0 | 0 |
| PO | 2025 | 서울E | 0 | 0 | 0 | 0 | 0 | 0 | 0 | 0 |
| 통산 | | | 2 | 0 | 0 | 0 | 3 | 0 | 0 | 0 |

**김바우**(金바우) 한양대 1984.01.12

| 대회 | 연도 | 소속 | 출전 | 교체 | 득점 | 도움 | 실점 | 파울 | 경고 | 퇴장 |
|---|---|---|---|---|---|---|---|---|---|---|
| K1 | 2008 | 대전 | 0 | 0 | 0 | 0 | 0 | 0 | 0 | 0 |
| | 2009 | 포항 | 1 | 1 | 0 | 0 | 0 | 1 | 0 | 0 |
| | 2010 | 포항 | 0 | 0 | 0 | 0 | 0 | 0 | 0 | 0 |
| | 2011 | 대전 | 6 | 6 | 0 | 0 | 0 | 7 | 0 | 0 |
| 컵 | 2007 | 서울 | 1 | 1 | 0 | 0 | 0 | 1 | 0 | 0 |
| | 2008 | 대전 | 1 | 1 | 0 | 0 | 0 | 1 | 1 | 0 |
| | 2009 | 포항 | 1 | 1 | 0 | 0 | 0 | 2 | 1 | 0 |
| | 2010 | 포항 | 1 | 1 | 0 | 0 | 0 | 1 | 1 | 0 |
| | 2011 | 대전 | 3 | 0 | 0 | 0 | 0 | 8 | 1 | 0 |
| 통산 | | | 14 | 11 | 0 | 0 | 0 | 21 | 4 | 0 |

**김백근**(金伯根) 동아대 1975.10.12

| 대회 | 연도 | 소속 | 출전 | 교체 | 득점 | 도움 | 실점 | 파울 | 경고 | 퇴장 |
|---|---|---|---|---|---|---|---|---|---|---|
| K1 | 1998 | 부산 | 1 | 1 | 0 | 0 | 0 | 1 | 0 | 0 |
| 컵 | 1998 | 부산 | 9 | 6 | 0 | 1 | 0 | 3 | 0 | 0 |
| 통산 | | | 10 | 7 | 0 | 1 | 0 | 4 | 0 | 0 |

**김범기**(金範基) 호남대 1974.03.01

| 대회 | 연도 | 소속 | 출전 | 교체 | 득점 | 도움 | 실점 | 파울 | 경고 | 퇴장 |
|---|---|---|---|---|---|---|---|---|---|---|
| K1 | 1996 | 전남 | 1 | 1 | 0 | 0 | 0 | 2 | 0 | 0 |
| 컵 | 1996 | 전남 | 2 | 2 | 0 | 0 | 0 | 0 | 0 | 0 |
| 통산 | | | 3 | 3 | 0 | 0 | 0 | 2 | 0 | 0 |

**김범수**(金範洙) 숭실대 1972.06.26

| 대회 | 연도 | 소속 | 출전 | 교체 | 득점 | 도움 | 실점 | 파울 | 경고 | 퇴장 |
|---|---|---|---|---|---|---|---|---|---|---|
| K1 | 1995 | 전북 | 19 | 5 | 5 | 3 | 0 | 30 | 5 | 0 |
| | 1996 | 전북 | 26 | 8 | 3 | 5 | 0 | 36 | 5 | 0 |
| | 1997 | 전북 | 12 | 4 | 2 | 2 | 0 | 26 | 4 | 0 |
| | 1998 | 전북 | 15 | 10 | 1 | 1 | 0 | 25 | 1 | 1 |
| | 1999 | 전북 | 8 | 8 | 0 | 0 | 0 | 5 | 1 | 0 |
| | 2000 | 안양LG | 2 | 2 | 0 | 0 | 0 | 0 | 0 | 0 |
| 컵 | 1995 | 전북 | 6 | 0 | 2 | 0 | 0 | 15 | 3 | 0 |
| | 1996 | 전북 | 7 | 1 | 0 | 0 | 0 | 13 | 2 | 0 |
| | 1997 | 전북 | 16 | 6 | 0 | 5 | 0 | 25 | 4 | 0 |
| | 1998 | 전북 | 8 | 7 | 1 | 0 | 0 | 14 | 3 | 0 |
| | 1999 | 전북 | 4 | 4 | 0 | 1 | 0 | 5 | 0 | 0 |
| 통산 | | | 123 | 55 | 14 | 17 | 0 | 194 | 28 | 1 |

**김범수**(金範洙) 관동대(가톨릭관동대) 1986.01.13

| 대회 | 연도 | 소속 | 출전 | 교체 | 득점 | 도움 | 실점 | 파울 | 경고 | 퇴장 |
|---|---|---|---|---|---|---|---|---|---|---|
| K1 | 2010 | 광주상무 | 5 | 5 | 0 | 0 | 0 | 1 | 1 | 0 |
| 통산 | | | 5 | 5 | 0 | 0 | 0 | 1 | 1 | 0 |

**김범수**(金杋洙) J-SUN FC 2000.04.08

| 대회 | 연도 | 소속 | 출전 | 교체 | 득점 | 도움 | 실점 | 파울 | 경고 | 퇴장 |
|---|---|---|---|---|---|---|---|---|---|---|

| 대회 | 연도 | 소속 | 출전 | 교체 | 득점 | 도움 | 실점 | 파울 | 경고 | 퇴장 |
|---|---|---|---|---|---|---|---|---|---|---|
| K1 | 2022 | 제주 | 15 | 15 | 1 | 0 | 0 | 14 | 3 | 0 |
| K2 | 2023 | 안산 | 34 | 17 | 4 | 4 | 0 | 56 | 7 | 0 |
| | 2024 | 안산 | 27 | 11 | 2 | 3 | 0 | 28 | 4 | 0 |
| | 2025 | 성남 | 25 | 23 | 3 | 0 | 0 | 19 | 3 | 0 |
| PO | 2025 | 성남 | 1 | 1 | 0 | 0 | 0 | 1 | 0 | 0 |
| 통산 | | | 102 | 67 | 10 | 7 | 0 | 118 | 17 | 0 |

**김범용**(金範容) 건국대 1990.07.29

| 대회 | 연도 | 소속 | 출전 | 교체 | 득점 | 도움 | 실점 | 파울 | 경고 | 퇴장 |
|---|---|---|---|---|---|---|---|---|---|---|
| K1 | 2021 | 수원FC | 9 | 8 | 0 | 0 | 0 | 4 | 0 | 0 |
| K2 | 2018 | 수원FC | 27 | 2 | 0 | 0 | 0 | 35 | 4 | 1 |
| | 2020 | 수원FC | 2 | 0 | 0 | 0 | 0 | 2 | 0 | 0 |
| | 2022 | 경남 | 20 | 9 | 0 | 0 | 0 | 24 | 4 | 0 |
| | 2023 | 경남 | 5 | 4 | 0 | 0 | 0 | 4 | 0 | 0 |
| PO | 2020 | 수원FC | 1 | 0 | 0 | 0 | 0 | 0 | 0 | 0 |
| | 2022 | 경남 | 2 | 2 | 0 | 0 | 0 | 0 | 0 | 0 |
| 통산 | | | 66 | 25 | 0 | 0 | 0 | 69 | 8 | 1 |

**김범준**(金汎峻) 경희대 1988.07.14

| 대회 | 연도 | 소속 | 출전 | 교체 | 득점 | 도움 | 실점 | 파울 | 경고 | 퇴장 |
|---|---|---|---|---|---|---|---|---|---|---|
| K1 | 2011 | 상주 | 10 | 6 | 0 | 0 | 0 | 9 | 0 | 0 |
| 통산 | | | 10 | 6 | 0 | 0 | 0 | 9 | 0 | 0 |

**김범진**(金汎珍) 한양대 1997.02.19

| 대회 | 연도 | 소속 | 출전 | 교체 | 득점 | 도움 | 실점 | 파울 | 경고 | 퇴장 |
|---|---|---|---|---|---|---|---|---|---|---|
| K2 | 2021 | 경남 | 2 | 1 | 0 | 0 | 0 | 7 | 3 | 0 |
| 통산 | | | 2 | 1 | 0 | 0 | 0 | 7 | 3 | 0 |

**김병관**(金炳官) 광운대 1966.02.16

| 대회 | 연도 | 소속 | 출전 | 교체 | 득점 | 도움 | 실점 | 파울 | 경고 | 퇴장 |
|---|---|---|---|---|---|---|---|---|---|---|
| K1 | 1984 | 한일은행 | 11 | 1 | 0 | 0 | 0 | 8 | 2 | 0 |
| | 1985 | 한일은행 | 2 | 0 | 0 | 0 | 0 | 0 | 0 | 0 |
| | 1990 | 현대 | 3 | 3 | 0 | 0 | 0 | 0 | 0 | 0 |
| 통산 | | | 16 | 4 | 0 | 0 | 0 | 8 | 2 | 0 |

**김병석**(金秉析) 한양공고 1985.09.17

| 대회 | 연도 | 소속 | 출전 | 교체 | 득점 | 도움 | 실점 | 파울 | 경고 | 퇴장 |
|---|---|---|---|---|---|---|---|---|---|---|
| K1 | 2012 | 대전 | 18 | 13 | 4 | 0 | 0 | 32 | 3 | 0 |
| | 2013 | 대전 | 31 | 14 | 2 | 3 | 0 | 39 | 5 | 1 |
| | 2015 | 대전 | 6 | 0 | 1 | 0 | 0 | 4 | 1 | 0 |
| K2 | 2014 | 안산경찰 | 27 | 5 | 0 | 0 | 0 | 21 | 1 | 0 |
| | 2015 | 안산경찰 | 23 | 9 | 1 | 3 | 0 | 28 | 3 | 0 |
| | 2016 | 대전 | 34 | 8 | 1 | 0 | 0 | 34 | 3 | 1 |
| | 2017 | 안산 | 15 | 10 | 1 | 0 | 0 | 11 | 1 | 0 |
| | 2017 | 서울E | 2 | 2 | 0 | 0 | 0 | 1 | 0 | 0 |
| PO | 2014 | 안산경찰 | 1 | 0 | 0 | 0 | 0 | 0 | 0 | 0 |
| 통산 | | | 157 | 61 | 10 | 6 | 0 | 170 | 17 | 2 |

**김병엽**(金炳燁) 광양제철고 1999.04.21

| 대회 | 연도 | 소속 | 출전 | 교체 | 득점 | 도움 | 실점 | 파울 | 경고 | 퇴장 |
|---|---|---|---|---|---|---|---|---|---|---|
| K2 | 2020 | 전남 | 0 | 0 | 0 | 0 | 0 | 0 | 0 | 0 |
| | 2021 | 전남 | 1 | 0 | 0 | 0 | 3 | 0 | 0 | 0 |
| | 2022 | 대전 | 0 | 0 | 0 | 0 | 0 | 0 | 0 | 0 |
| 통산 | | | 1 | 0 | 0 | 0 | 3 | 0 | 0 | 0 |

**김병오**(金炳旿) 성균관대 1989.06.26

| 대회 | 연도 | 소속 | 출전 | 교체 | 득점 | 도움 | 실점 | 파울 | 경고 | 퇴장 |
|---|---|---|---|---|---|---|---|---|---|---|
| K1 | 2016 | 수원FC | 28 | 13 | 4 | 3 | 0 | 50 | 8 | 0 |
| | 2017 | 상주 | 25 | 19 | 3 | 1 | 0 | 31 | 5 | 0 |
| | 2020 | 부산 | 20 | 16 | 0 | 1 | 0 | 24 | 2 | 0 |
| K2 | 2013 | 안양 | 17 | 16 | 1 | 1 | 0 | 18 | 0 | 0 |
| | 2015 | 충주 | 33 | 10 | 9 | 3 | 0 | 49 | 4 | 0 |
| | 2019 | 수원FC | 25 | 15 | 2 | 2 | 0 | 34 | 3 | 0 |
| | 2021 | 전남 | 15 | 9 | 0 | 1 | 0 | 15 | 2 | 0 |
| | 2024 | 충북청주 | 14 | 8 | 3 | 1 | 0 | 18 | 6 | 0 |
| | 2025 | 충북청주 | 7 | 5 | 0 | 1 | 0 | 12 | 1 | 0 |
| | 2025 | 화성 | 22 | 21 | 3 | 0 | 0 | 23 | 6 | 0 |
| PO | 2017 | 상주 | 1 | 1 | 0 | 0 | 0 | 1 | 0 | 0 |
| 통산 | | | 207 | 133 | 25 | 14 | 0 | 275 | 37 | 0 |

**김병지**(金秉址) 알로이시오기계공고 1970.04.08

| 대회 | 연도 | 소속 | 출전 | 교체 | 득점 | 도움 | 실점 | 파울 | 경고 | 퇴장 |
|---|---|---|---|---|---|---|---|---|---|---|
| K1 | 1992 | 현대 | 6 | 0 | 0 | 0 | 7 | 0 | 0 | 0 |
| | 1993 | 현대 | 21 | 1 | 0 | 0 | 15 | 0 | 1 | 0 |
| | 1994 | 현대 | 24 | 0 | 0 | 0 | 24 | 2 | 1 | 0 |
| | 1995 | 현대 | 28 | 1 | 0 | 0 | 21 | 2 | 1 | 0 |
| | 1996 | 울산 | 25 | 0 | 0 | 0 | 33 | 0 | 0 | 0 |
| | 1997 | 울산 | 13 | 0 | 0 | 0 | 9 | 0 | 1 | 0 |
| | 1998 | 울산 | 18 | 0 | 0 | 0 | 26 | 2 | 2 | 0 |
| | 1999 | 울산 | 12 | 0 | 0 | 0 | 21 | 1 | 1 | 0 |
| | 2000 | 울산 | 26 | 0 | 1 | 0 | 34 | 1 | 2 | 0 |
| | 2001 | 포항 | 22 | 1 | 0 | 0 | 22 | 1 | 1 | 0 |
| | 2002 | 포항 | 21 | 0 | 0 | 0 | 27 | 1 | 1 | 0 |
| | 2003 | 포항 | 43 | 1 | 0 | 0 | 43 | 1 | 2 | 0 |
| | 2004 | 포항 | 24 | 0 | 0 | 0 | 24 | 0 | 1 | 0 |
| | 2005 | 포항 | 24 | 0 | 0 | 0 | 22 | 0 | 0 | 0 |
| | 2006 | 서울 | 26 | 0 | 0 | 0 | 22 | 0 | 0 | 0 |
| | 2007 | 서울 | 26 | 0 | 0 | 0 | 16 | 0 | 0 | 0 |
| | 2008 | 서울 | 5 | 0 | 0 | 0 | 7 | 0 | 0 | 0 |
| | 2009 | 경남 | 26 | 0 | 0 | 0 | 28 | 0 | 1 | 0 |
| | 2010 | 경남 | 28 | 0 | 0 | 0 | 32 | 0 | 1 | 0 |
| | 2011 | 경남 | 30 | 0 | 0 | 0 | 40 | 1 | 2 | 0 |
| | 2012 | 경남 | 37 | 0 | 0 | 0 | 44 | 1 | 2 | 0 |
| | 2013 | 전남 | 36 | 0 | 0 | 0 | 42 | 2 | 2 | 0 |
| | 2014 | 전남 | 38 | 0 | 0 | 0 | 53 | 0 | 0 | 0 |
| | 2015 | 전남 | 27 | 0 | 0 | 0 | 30 | 1 | 0 | 0 |
| PO | 1996 | 울산 | 2 | 0 | 0 | 0 | 2 | 0 | 0 | 0 |
| | 1998 | 울산 | 4 | 0 | 1 | 0 | 5 | 0 | 0 | 0 |
| | 2004 | 포항 | 3 | 0 | 0 | 0 | 0 | 0 | 0 | 0 |
| | 2006 | 서울 | 1 | 0 | 0 | 0 | 1 | 0 | 0 | 0 |
| | 2010 | 경남 | 1 | 0 | 0 | 0 | 2 | 0 | 0 | 0 |
| 컵 | 1992 | 현대 | 4 | 1 | 0 | 0 | 4 | 0 | 0 | 0 |
| | 1993 | 현대 | 4 | 1 | 0 | 0 | 4 | 0 | 0 | 0 |
| | 1994 | 현대 | 3 | 0 | 0 | 0 | 3 | 0 | 0 | 0 |
| | 1995 | 현대 | 7 | 0 | 0 | 0 | 5 | 0 | 0 | 0 |
| | 1996 | 울산 | 5 | 0 | 0 | 0 | 4 | 1 | 1 | 0 |
| | 1997 | 울산 | 7 | 0 | 0 | 0 | 8 | 0 | 0 | 0 |
| | 1998 | 울산 | 3 | 0 | 0 | 0 | 2 | 0 | 0 | 0 |
| | 1999 | 울산 | 8 | 0 | 0 | 0 | 11 | 0 | 0 | 0 |
| | 2000 | 울산 | 5 | 0 | 1 | 0 | 4 | 0 | 0 | 0 |
| | 2001 | 포항 | 3 | 0 | 0 | 0 | 2 | 0 | 0 | 0 |
| | 2004 | 포항 | 12 | 0 | 0 | 0 | 15 | 0 | 0 | 0 |
| | 2005 | 포항 | 12 | 0 | 0 | 0 | 9 | 1 | 1 | 0 |
| | 2006 | 서울 | 13 | 0 | 0 | 0 | 11 | 0 | 0 | 0 |
| | 2007 | 서울 | 12 | 0 | 0 | 0 | 9 | 0 | 0 | 0 |
| | 2008 | 서울 | 1 | 0 | 0 | 0 | 0 | 0 | 0 | 0 |
| | 2009 | 경남 | 3 | 1 | 0 | 0 | 2 | 0 | 0 | 0 |
| | 2010 | 경남 | 6 | 0 | 0 | 0 | 7 | 0 | 1 | 0 |
| | 2011 | 경남 | 3 | 0 | 0 | 0 | 4 | 0 | 0 | 0 |
| 통산 | | | 708 | 7 | 3 | 0 | 756 | 18 | 25 | 0 |

**김병채**(金昞蔡) 동북고 1981.04.14

| 대회 | 연도 | 소속 | 출전 | 교체 | 득점 | 도움 | 실점 | 파울 | 경고 | 퇴장 |
|---|---|---|---|---|---|---|---|---|---|---|
| K1 | 2001 | 안양LG | 2 | 2 | 0 | 0 | 0 | 0 | 0 | 0 |
| | 2002 | 안양LG | 0 | 0 | 0 | 0 | 0 | 0 | 0 | 0 |
| | 2003 | 광주상무 | 39 | 20 | 3 | 1 | 0 | 37 | 4 | 0 |
| | 2004 | 광주상무 | 21 | 18 | 3 | 0 | 0 | 5 | 1 | 0 |
| | 2005 | 서울 | 5 | 2 | 0 | 0 | 0 | 10 | 0 | 0 |
| | 2006 | 경남 | 3 | 3 | 0 | 0 | 0 | 2 | 0 | 0 |
| | 2007 | 부산 | 3 | 3 | 0 | 0 | 0 | 6 | 0 | 0 |
| 컵 | 2000 | 안양LG | 1 | 1 | 0 | 0 | 0 | 1 | 0 | 0 |
| | 2004 | 광주상무 | 12 | 11 | 1 | 1 | 0 | 4 | 0 | 0 |
| | 2005 | 서울 | 2 | 2 | 0 | 0 | 0 | 6 | 0 | 0 |
| | 2006 | 경남 | 2 | 2 | 0 | 0 | 0 | 1 | 0 | 0 |
| 통산 | | | 90 | 64 | 7 | 2 | 0 | 72 | 5 | 0 |

**김병탁**(金丙卓) 동아대 1970.09.18

| 대회 | 연도 | 소속 | 출전 | 교체 | 득점 | 도움 | 실점 | 파울 | 경고 | 퇴장 |
|---|---|---|---|---|---|---|---|---|---|---|
| K1 | 1997 | 부산 | 3 | 3 | 0 | 0 | 0 | 0 | 1 | 0 |
| | 1998 | 부산 | 8 | 6 | 0 | 0 | 0 | 6 | 0 | 0 |
| 컵 | 1997 | 부산 | 3 | 2 | 0 | 0 | 0 | 2 | 0 | 0 |
| | 1998 | 부산 | 8 | 2 | 0 | 0 | 0 | 12 | 0 | 0 |
| 통산 | | | 22 | 13 | 0 | 0 | 0 | 20 | 1 | 0 |

**김병환**(金秉桓) 국민대 1956.10.10

| 대회 | 연도 | 소속 | 출전 | 교체 | 득점 | 도움 | 실점 | 파울 | 경고 | 퇴장 |
|---|---|---|---|---|---|---|---|---|---|---|
| K1 | 1984 | 국민은행 | 18 | 4 | 3 | 0 | 0 | 19 | 2 | 0 |
| 통산 | | | 18 | 4 | 3 | 0 | 0 | 19 | 2 | 0 |

**김보경**(金甫炅) 홍익대 1989.10.06

| 대회 | 연도 | 소속 | 출전 | 교체 | 득점 | 도움 | 실점 | 파울 | 경고 | 퇴장 |
|---|---|---|---|---|---|---|---|---|---|---|
| K1 | 2016 | 전북 | 29 | 4 | 4 | 7 | 0 | 30 | 3 | 0 |
| | 2017 | 전북 | 15 | 1 | 3 | 2 | 0 | 18 | 3 | 0 |
| | 2019 | 울산 | 35 | 6 | 13 | 9 | 0 | 40 | 6 | 0 |
| | 2020 | 전북 | 25 | 17 | 5 | 2 | 0 | 28 | 0 | 0 |
| | 2021 | 전북 | 32 | 24 | 3 | 10 | 0 | 32 | 2 | 0 |
| | 2022 | 전북 | 25 | 23 | 2 | 3 | 0 | 31 | 3 | 0 |
| | 2023 | 수원 | 23 | 17 | 0 | 2 | 0 | 17 | 2 | 0 |
| | 2025 | 안양 | 19 | 19 | 2 | 0 | 0 | 10 | 0 | 0 |
| K2 | 2024 | 수원 | 14 | 14 | 1 | 0 | 0 | 3 | 0 | 0 |
| 통산 | | | 217 | 125 | 33 | 35 | 0 | 209 | 19 | 0 |

**김보섭**(金甫燮) 대건고 1998.01.10

| 대회 | 연도 | 소속 | 출전 | 교체 | 득점 | 도움 | 실점 | 파울 | 경고 | 퇴장 |
|---|---|---|---|---|---|---|---|---|---|---|
| K1 | 2017 | 인천 | 3 | 3 | 0 | 0 | 0 | 3 | 0 | 0 |
| | 2018 | 인천 | 21 | 18 | 2 | 1 | 0 | 27 | 5 | 0 |
| | 2019 | 인천 | 13 | 9 | 0 | 0 | 0 | 13 | 0 | 0 |
| | 2020 | 상주 | 17 | 14 | 1 | 1 | 0 | 21 | 2 | 0 |
| | 2021 | 인천 | 15 | 11 | 0 | 1 | 0 | 13 | 2 | 0 |
| | 2022 | 인천 | 34 | 24 | 5 | 4 | 0 | 30 | 5 | 0 |
| | 2023 | 인천 | 33 | 28 | 3 | 4 | 0 | 31 | 2 | 0 |
| | 2024 | 인천 | 23 | 24 | 1 | 3 | 0 | 13 | 0 | 0 |
| K2 | 2021 | 김천 | 6 | 5 | 0 | 0 | 0 | 3 | 1 | 0 |
| | 2025 | 인천 | 20 | 20 | 0 | 4 | 0 | 17 | 4 | 0 |
| 통산 | | | 185 | 156 | 12 | 18 | 0 | 171 | 21 | 0 |

**김보섭**(金甫燮) 한양대 2000.01.10

| 대회 | 연도 | 소속 | 출전 | 교체 | 득점 | 도움 | 실점 | 파울 | 경고 | 퇴장 |
|---|---|---|---|---|---|---|---|---|---|---|
| K2 | 2022 | 안산 | 22 | 21 | 2 | 1 | 0 | 14 | 2 | 0 |
| 통산 | | | 22 | 21 | 2 | 1 | 0 | 14 | 2 | 0 |

**김보성**(金保成) 동아대 1989.04.04

| 대회 | 연도 | 소속 | 출전 | 교체 | 득점 | 도움 | 실점 | 파울 | 경고 | 퇴장 |
|---|---|---|---|---|---|---|---|---|---|---|
| K1 | 2012 | 경남 | 3 | 3 | 0 | 0 | 0 | 1 | 1 | 0 |
| 통산 | | | 3 | 3 | 0 | 0 | 0 | 1 | 1 | 0 |

**김보용**(金甫容) 숭실대 1997.07.15

| 대회 | 연도 | 소속 | 출전 | 교체 | 득점 | 도움 | 실점 | 파울 | 경고 | 퇴장 |
|---|---|---|---|---|---|---|---|---|---|---|
| K2 | 2020 | 전남 | 9 | 9 | 0 | 0 | 0 | 3 | 0 | 0 |
| | 2023 | 부천 | 11 | 11 | 0 | 0 | 0 | 9 | 1 | 0 |
| 통산 | | | 20 | 20 | 0 | 0 | 0 | 12 | 1 | 0 |

**김본광**(金本光) 탐라대 1988.09.30

| 대회 | 연도 | 소속 | 출전 | 교체 | 득점 | 도움 | 실점 | 파울 | 경고 | 퇴장 |
|---|---|---|---|---|---|---|---|---|---|---|
| K2 | 2013 | 수원FC | 18 | 8 | 3 | 4 | 0 | 28 | 3 | 0 |
| | 2014 | 수원FC | 29 | 8 | 3 | 0 | 0 | 39 | 9 | 0 |
| 통산 | | | 47 | 16 | 6 | 4 | 0 | 67 | 12 | 0 |

**김봉겸**(金奉謙) 고려대 1984.05.01

| 대회 | 연도 | 소속 | 출전 | 교체 | 득점 | 도움 | 실점 | 파울 | 경고 | 퇴장 |
|---|---|---|---|---|---|---|---|---|---|---|
| K1 | 2009 | 강원 | 15 | 2 | 2 | 0 | 0 | 10 | 3 | 0 |
| | 2010 | 강원 | 8 | 1 | 0 | 1 | 0 | 4 | 0 | 0 |
| 컵 | 2009 | 강원 | 2 | 0 | 0 | 0 | 0 | 3 | 0 | 0 |
| | 2010 | 강원 | 1 | 1 | 0 | 0 | 0 | 1 | 0 | 0 |
| 통산 | | | 26 | 4 | 2 | 1 | 0 | 18 | 3 | 0 |

**김봉길**(金奉吉) 연세대 1966.03.15

| 대회 | 연도 | 소속 | 출전 | 교체 | 득점 | 도움 | 실점 | 파울 | 경고 | 퇴장 |
|---|---|---|---|---|---|---|---|---|---|---|
| K1 | 1989 | 유공 | 24 | 21 | 5 | 0 | 0 | 15 | 1 | 0 |
| | 1990 | 유공 | 27 | 17 | 5 | 2 | 0 | 19 | 0 | 0 |
| | 1991 | 유공 | 6 | 3 | 0 | 0 | 0 | 5 | 0 | 0 |
| | 1992 | 유공 | 25 | 10 | 4 | 1 | 0 | 25 | 2 | 1 |
| | 1993 | 유공 | 29 | 15 | 8 | 4 | 0 | 23 | 0 | 0 |
| | 1994 | 유공 | 26 | 19 | 1 | 2 | 0 | 11 | 0 | 0 |
| | 1995 | 전남 | 25 | 5 | 5 | 3 | 0 | 17 | 3 | 0 |
| | 1996 | 전남 | 32 | 18 | 7 | 2 | 0 | 24 | 1 | 0 |
| | 1997 | 전남 | 15 | 15 | 1 | 0 | 0 | 9 | 0 | 0 |
| | 1998 | 전남 | 2 | 2 | 0 | 0 | 0 | 2 | 0 | 0 |
| 컵 | 1992 | 유공 | 9 | 8 | 0 | 1 | 0 | 6 | 0 | 0 |
| | 1993 | 유공 | 1 | 1 | 0 | 0 | 0 | 0 | 0 | 0 |

| 대회 | 연도 | 소속 | 출전 | 교체 | 득점 | 도움 | 실점 | 파울 | 경고 | 퇴장 |
|---|---|---|---|---|---|---|---|---|---|---|
| | 1994 | 유공 | 4 | 4 | 0 | 0 | 0 | 0 | 0 | 0 |
| | 1995 | 전남 | 7 | 0 | 3 | 0 | 0 | 4 | 1 | 0 |
| | 1996 | 전남 | 4 | 0 | 0 | 0 | 0 | 1 | 0 | 1 |
| | 1997 | 전남 | 18 | 14 | 5 | 1 | 0 | 17 | 2 | 0 |
| | 1998 | 전남 | 11 | 10 | 0 | 0 | 0 | 14 | 2 | 0 |
| 통산 | | | 265 | 162 | 44 | 16 | 0 | 192 | 12 | 2 |

**김봉성**(金峯成) 아주대 1962.11.28

| 대회 | 연도 | 소속 | 출전 | 교체 | 득점 | 도움 | 실점 | 파울 | 경고 | 퇴장 |
|---|---|---|---|---|---|---|---|---|---|---|
| K1 | 1986 | 대우 | 3 | 3 | 0 | 0 | 0 | 3 | 0 | 0 |
| | 1988 | 대우 | 13 | 9 | 0 | 0 | 0 | 12 | 0 | 0 |
| | 1989 | 대우 | 7 | 8 | 0 | 0 | 0 | 5 | 0 | 0 |
| 컵 | 1986 | 대우 | 2 | 2 | 0 | 0 | 0 | 2 | 0 | 0 |
| 통산 | | | 25 | 22 | 0 | 0 | 0 | 22 | 0 | 0 |

**김봉수**(金奉洙) 고려대 1970.12.04

| 대회 | 연도 | 소속 | 출전 | 교체 | 득점 | 도움 | 실점 | 파울 | 경고 | 퇴장 |
|---|---|---|---|---|---|---|---|---|---|---|
| K1 | 1992 | LG | 12 | 0 | 0 | 0 | 10 | 0 | 0 | 0 |
| | 1993 | LG | 6 | 0 | 0 | 0 | 5 | 0 | 0 | 0 |
| | 1994 | LG | 12 | 2 | 0 | 0 | 20 | 1 | 1 | 0 |
| | 1995 | LG | 14 | 0 | 0 | 0 | 18 | 1 | 1 | 0 |
| | 1996 | 안양LG | 11 | 0 | 0 | 0 | 22 | 1 | 1 | 0 |
| | 1997 | 안양LG | 3 | 0 | 0 | 0 | 4 | 0 | 0 | 0 |
| | 1998 | 안양LG | 6 | 2 | 0 | 0 | 12 | 0 | 0 | 0 |
| | 1999 | 안양LG | 8 | 0 | 0 | 0 | 20 | 0 | 1 | 0 |
| | 2000 | 울산 | 0 | 0 | 0 | 0 | 0 | 0 | 0 | 0 |
| 컵 | 1992 | LG | 4 | 1 | 0 | 0 | 6 | 0 | 0 | 0 |
| | 1993 | LG | 1 | 1 | 0 | 0 | 0 | 0 | 0 | 0 |
| | 1994 | LG | 6 | 0 | 0 | 0 | 5 | 1 | 0 | 0 |
| | 1995 | LG | 0 | 0 | 0 | 0 | 0 | 0 | 0 | 0 |
| | 1996 | 안양LG | 1 | 0 | 0 | 0 | 1 | 0 | 0 | 0 |
| | 1997 | 안양LG | 7 | 0 | 0 | 0 | 18 | 0 | 0 | 0 |
| | 1998 | 안양LG | 13 | 0 | 0 | 0 | 11 | 0 | 2 | 0 |
| | 1999 | 안양LG | 4 | 0 | 0 | 0 | 6 | 1 | 2 | 0 |
| | 2000 | 울산 | 3 | 1 | 0 | 0 | 4 | 0 | 0 | 0 |
| 통산 | | | 111 | 7 | 0 | 0 | 162 | 5 | 8 | 0 |

**김봉수**(金奉首) 광주대 1999.12.26

| 대회 | 연도 | 소속 | 출전 | 교체 | 득점 | 도움 | 실점 | 파울 | 경고 | 퇴장 |
|---|---|---|---|---|---|---|---|---|---|---|
| K1 | 2021 | 제주 | 28 | 27 | 3 | 1 | 0 | 16 | 3 | 0 |
| | 2022 | 제주 | 33 | 16 | 0 | 1 | 0 | 19 | 2 | 0 |
| | 2023 | 제주 | 35 | 17 | 2 | 0 | 0 | 28 | 4 | 0 |
| | 2024 | 김천 | 38 | 3 | 0 | 1 | 0 | 21 | 4 | 0 |
| | 2025 | 김천 | 15 | 1 | 0 | 2 | 0 | 8 | 0 | 0 |
| | 2025 | 대전 | 20 | 4 | 0 | 2 | 0 | 16 | 2 | 0 |
| 통산 | | | 169 | 68 | 5 | 7 | 0 | 108 | 15 | 0 |

**김봉진**(金奉眞) 동의대 1990.07.18

| 대회 | 연도 | 소속 | 출전 | 교체 | 득점 | 도움 | 실점 | 파울 | 경고 | 퇴장 |
|---|---|---|---|---|---|---|---|---|---|---|
| K1 | 2013 | 강원 | 12 | 1 | 2 | 1 | 0 | 16 | 3 | 0 |
| | 2021 | 광주 | 17 | 14 | 0 | 0 | 0 | 8 | 2 | 0 |
| K2 | 2015 | 경남 | 7 | 3 | 0 | 0 | 0 | 9 | 1 | 0 |
| PO | 2013 | 강원 | 1 | 0 | 0 | 0 | 0 | 0 | 0 | 0 |
| 통산 | | | 37 | 18 | 2 | 1 | 0 | 33 | 6 | 0 |

**김봉현**(金奉鉉/←김인수) 호남대 1974.07.07

| 대회 | 연도 | 소속 | 출전 | 교체 | 득점 | 도움 | 실점 | 파울 | 경고 | 퇴장 |
|---|---|---|---|---|---|---|---|---|---|---|
| K1 | 1995 | 전북 | 6 | 5 | 0 | 0 | 0 | 4 | 2 | 0 |
| | 1996 | 전북 | 26 | 4 | 1 | 1 | 0 | 53 | 7 | 0 |
| | 1997 | 전북 | 18 | 1 | 3 | 0 | 0 | 50 | 3 | 0 |
| | 1998 | 전북 | 16 | 0 | 1 | 0 | 0 | 25 | 5 | 0 |
| | 1999 | 전북 | 22 | 3 | 1 | 1 | 0 | 22 | 3 | 0 |
| | 2001 | 전북 | 5 | 0 | 0 | 0 | 0 | 7 | 2 | 0 |
| 컵 | 1996 | 전북 | 0 | 0 | 0 | 0 | 0 | 0 | 0 | 0 |
| | 1997 | 전북 | 15 | 1 | 1 | 0 | 0 | 32 | 4 | 0 |
| | 1998 | 전북 | 17 | 0 | 2 | 1 | 0 | 47 | 2 | 0 |
| | 1999 | 전북 | 8 | 0 | 1 | 2 | 0 | 9 | 0 | 0 |
| | 2002 | 전북 | 1 | 1 | 0 | 0 | 0 | 1 | 0 | 0 |
| 통산 | | | 134 | 15 | 10 | 5 | 0 | 250 | 28 | 0 |

**김부관**(金附罐) 광주대 1990.09.03

| 대회 | 연도 | 소속 | 출전 | 교체 | 득점 | 도움 | 실점 | 파울 | 경고 | 퇴장 |
|---|---|---|---|---|---|---|---|---|---|---|
| K1 | 2016 | 수원FC | 25 | 20 | 1 | 3 | 0 | 13 | 1 | 0 |
| K2 | 2015 | 수원FC | 27 | 25 | 3 | 3 | 0 | 26 | 3 | 0 |
| | 2017 | 수원FC | 3 | 3 | 0 | 0 | 0 | 1 | 0 | 0 |
| | 2017 | 아산 | 7 | 7 | 1 | 1 | 0 | 3 | 2 | 0 |
| | 2018 | 아산 | 1 | 0 | 0 | 0 | 0 | 0 | 0 | 0 |
| PO | 2017 | 아산 | 1 | 1 | 0 | 0 | 0 | 0 | 0 | 0 |
| 통산 | | | 64 | 56 | 5 | 7 | 0 | 43 | 6 | 0 |

**김부만**(金富萬) 영남대 1965.05.07

| 대회 | 연도 | 소속 | 출전 | 교체 | 득점 | 도움 | 실점 | 파울 | 경고 | 퇴장 |
|---|---|---|---|---|---|---|---|---|---|---|
| K1 | 1988 | 포항제철 | 4 | 4 | 1 | 0 | 0 | 2 | 1 | 0 |
| | 1989 | 포항제철 | 34 | 11 | 0 | 0 | 0 | 26 | 1 | 0 |
| | 1990 | 포항제철 | 8 | 7 | 0 | 0 | 0 | 3 | 0 | 0 |
| | 1991 | 포항제철 | 3 | 3 | 0 | 0 | 0 | 0 | 0 | 0 |
| 통산 | | | 49 | 25 | 1 | 0 | 0 | 31 | 2 | 0 |

**김삼수**(金三洙) 동아대 1963.02.08

| 대회 | 연도 | 소속 | 출전 | 교체 | 득점 | 도움 | 실점 | 파울 | 경고 | 퇴장 |
|---|---|---|---|---|---|---|---|---|---|---|
| K1 | 1986 | 현대 | 10 | 1 | 2 | 3 | 0 | 19 | 1 | 0 |
| | 1987 | 현대 | 29 | 4 | 2 | 2 | 0 | 40 | 2 | 0 |
| | 1988 | 현대 | 13 | 8 | 0 | 0 | 0 | 13 | 0 | 0 |
| | 1989 | 럭키금성 | 30 | 16 | 1 | 0 | 0 | 43 | 3 | 0 |
| | 1990 | 럭키금성 | 14 | 9 | 1 | 0 | 0 | 22 | 2 | 0 |
| | 1991 | LG | 17 | 10 | 1 | 0 | 0 | 19 | 2 | 0 |
| | 1992 | LG | 20 | 8 | 0 | 1 | 0 | 25 | 2 | 0 |
| | 1993 | LG | 16 | 8 | 0 | 0 | 0 | 23 | 5 | 0 |
| | 1994 | 대우 | 19 | 10 | 1 | 0 | 0 | 19 | 3 | 1 |
| 컵 | 1986 | 현대 | 3 | 1 | 1 | 2 | 0 | 1 | 0 | 0 |
| | 1992 | LG | 10 | 2 | 1 | 1 | 0 | 15 | 4 | 0 |
| | 1993 | LG | 3 | 1 | 0 | 1 | 0 | 6 | 2 | 0 |
| | 1994 | 대우 | 6 | 4 | 0 | 0 | 0 | 5 | 1 | 0 |
| 통산 | | | 190 | 82 | 10 | 10 | 0 | 250 | 27 | 1 |

**김상규**(金相圭) 광운대 1973.11.02

| 대회 | 연도 | 소속 | 출전 | 교체 | 득점 | 도움 | 실점 | 파울 | 경고 | 퇴장 |
|---|---|---|---|---|---|---|---|---|---|---|
| K1 | 1996 | 부천유공 | 2 | 2 | 0 | 0 | 0 | 1 | 0 | 0 |
| 통산 | | | 2 | 2 | 0 | 0 | 0 | 1 | 0 | 0 |

**김상균**(金相均) 동신대 1991.02.13

| 대회 | 연도 | 소속 | 출전 | 교체 | 득점 | 도움 | 실점 | 파울 | 경고 | 퇴장 |
|---|---|---|---|---|---|---|---|---|---|---|
| K2 | 2013 | 고양 | 2 | 1 | 0 | 0 | 0 | 1 | 1 | 0 |
| | 2014 | 고양 | 2 | 2 | 0 | 0 | 0 | 0 | 0 | 0 |
| 통산 | | | 4 | 3 | 0 | 0 | 0 | 1 | 1 | 0 |

**김상기**(金尙基) 광운대 1982.04.05

| 대회 | 연도 | 소속 | 출전 | 교체 | 득점 | 도움 | 실점 | 파울 | 경고 | 퇴장 |
|---|---|---|---|---|---|---|---|---|---|---|
| K1 | 2005 | 수원 | 0 | 0 | 0 | 0 | 0 | 0 | 0 | 0 |
| 컵 | 2006 | 수원 | 2 | 2 | 0 | 0 | 0 | 0 | 0 | 0 |
| 통산 | | | 2 | 2 | 0 | 0 | 0 | 0 | 0 | 0 |

**김상덕**(金相德) 주문진중 1985.01.01

| 대회 | 연도 | 소속 | 출전 | 교체 | 득점 | 도움 | 실점 | 파울 | 경고 | 퇴장 |
|---|---|---|---|---|---|---|---|---|---|---|
| K1 | 2005 | 수원 | 1 | 1 | 0 | 0 | 0 | 2 | 1 | 0 |
| | 2010 | 대전 | 0 | 0 | 0 | 0 | 0 | 0 | 0 | 0 |
| 통산 | | | 1 | 1 | 0 | 0 | 0 | 2 | 1 | 0 |

**김상록**(金相綠) 고려대 1979.02.25

| 대회 | 연도 | 소속 | 출전 | 교체 | 득점 | 도움 | 실점 | 파울 | 경고 | 퇴장 |
|---|---|---|---|---|---|---|---|---|---|---|
| K1 | 2001 | 포항 | 26 | 9 | 3 | 1 | 0 | 21 | 1 | 0 |
| | 2002 | 포항 | 9 | 7 | 1 | 1 | 0 | 16 | 0 | 0 |
| | 2003 | 포항 | 28 | 20 | 2 | 2 | 0 | 32 | 2 | 0 |
| | 2004 | 광주상무 | 19 | 6 | 1 | 1 | 0 | 14 | 1 | 0 |
| | 2005 | 광주상무 | 20 | 11 | 5 | 3 | 0 | 8 | 0 | 0 |
| | 2006 | 제주 | 20 | 8 | 4 | 1 | 0 | 23 | 0 | 0 |
| | 2007 | 인천 | 26 | 12 | 5 | 3 | 0 | 14 | 2 | 0 |
| | 2008 | 인천 | 22 | 21 | 1 | 2 | 0 | 13 | 0 | 0 |
| | 2009 | 인천 | 11 | 11 | 0 | 0 | 0 | 3 | 0 | 0 |
| | 2010 | 부산 | 8 | 7 | 0 | 0 | 0 | 4 | 0 | 0 |
| K2 | 2013 | 부천 | 19 | 19 | 1 | 1 | 0 | 6 | 0 | 0 |
| 컵 | 2001 | 포항 | 8 | 7 | 1 | 0 | 0 | 2 | 0 | 0 |
| | 2002 | 포항 | 6 | 5 | 0 | 1 | 0 | 7 | 0 | 0 |
| | 2004 | 광주상무 | 12 | 4 | 0 | 0 | 0 | 15 | 2 | 0 |
| | 2005 | 광주상무 | 10 | 3 | 0 | 2 | 0 | 11 | 0 | 0 |
| | 2006 | 제주 | 12 | 0 | 2 | 2 | 0 | 12 | 0 | 0 |
| | 2007 | 인천 | 11 | 4 | 5 | 3 | 0 | 10 | 0 | 0 |
| | 2008 | 인천 | 5 | 4 | 0 | 0 | 0 | 6 | 0 | 0 |
| | 2009 | 인천 | 4 | 3 | 1 | 0 | 0 | 5 | 0 | 0 |
| | 2010 | 부산 | 5 | 5 | 0 | 0 | 0 | 2 | 0 | 0 |
| 통산 | | | 281 | 166 | 32 | 23 | 0 | 224 | 8 | 0 |

**김상문**(金相文) 고려대 1967.04.08

| 대회 | 연도 | 소속 | 출전 | 교체 | 득점 | 도움 | 실점 | 파울 | 경고 | 퇴장 |
|---|---|---|---|---|---|---|---|---|---|---|
| K1 | 1990 | 유공 | 26 | 4 | 1 | 2 | 0 | 35 | 4 | 0 |
| | 1991 | 유공 | 37 | 4 | 2 | 2 | 0 | 53 | 3 | 1 |
| | 1992 | 유공 | 17 | 5 | 2 | 2 | 0 | 28 | 1 | 0 |
| | 1993 | 유공 | 29 | 4 | 3 | 0 | 0 | 44 | 2 | 0 |
| | 1994 | 유공 | 8 | 3 | 2 | 0 | 0 | 4 | 0 | 0 |
| | 1995 | 유공 | 2 | 2 | 0 | 0 | 0 | 0 | 0 | 0 |
| | 1995 | 대우 | 12 | 8 | 2 | 0 | 0 | 18 | 1 | 0 |
| | 1996 | 부산 | 17 | 7 | 0 | 0 | 0 | 27 | 3 | 0 |
| | 1997 | 부산 | 17 | 9 | 0 | 1 | 0 | 12 | 3 | 0 |
| | 1998 | 부산 | 14 | 5 | 3 | 1 | 0 | 26 | 0 | 0 |
| 컵 | 1992 | 유공 | 1 | 0 | 0 | 0 | 0 | 2 | 0 | 0 |
| | 1993 | 유공 | 5 | 1 | 0 | 0 | 0 | 10 | 0 | 0 |
| | 1994 | 유공 | 6 | 3 | 1 | 0 | 0 | 10 | 0 | 0 |
| | 1995 | 유공 | 3 | 3 | 0 | 0 | 0 | 1 | 0 | 0 |
| | 1996 | 부산 | 0 | 0 | 0 | 0 | 0 | 0 | 0 | 0 |
| | 1997 | 부산 | 13 | 4 | 2 | 1 | 0 | 16 | 1 | 0 |
| | 1998 | 부산 | 14 | 8 | 0 | 2 | 0 | 22 | 0 | 0 |
| 통산 | | | 221 | 70 | 18 | 11 | 0 | 308 | 18 | 1 |

**김상식**(金相植) 대구대 1976.12.17

| 대회 | 연도 | 소속 | 출전 | 교체 | 득점 | 도움 | 실점 | 파울 | 경고 | 퇴장 |
|---|---|---|---|---|---|---|---|---|---|---|
| K1 | 1999 | 천안일화 | 26 | 1 | 1 | 2 | 0 | 51 | 1 | 0 |
| | 2000 | 성남일화 | 17 | 2 | 2 | 1 | 0 | 37 | 2 | 0 |
| | 2001 | 성남일화 | 25 | 1 | 0 | 0 | 0 | 65 | 4 | 0 |
| | 2002 | 성남일화 | 25 | 0 | 2 | 2 | 0 | 53 | 5 | 0 |
| | 2003 | 광주상무 | 42 | 1 | 2 | 2 | 0 | 69 | 4 | 0 |
| | 2004 | 광주상무 | 20 | 2 | 1 | 0 | 0 | 38 | 2 | 0 |
| | 2005 | 성남일화 | 21 | 0 | 1 | 0 | 0 | 37 | 3 | 0 |
| | 2006 | 성남일화 | 22 | 1 | 1 | 0 | 0 | 47 | 2 | 0 |
| | 2007 | 성남일화 | 25 | 1 | 4 | 2 | 0 | 58 | 3 | 0 |
| | 2008 | 성남일화 | 25 | 1 | 0 | 1 | 0 | 56 | 4 | 0 |
| | 2009 | 전북 | 28 | 1 | 0 | 0 | 0 | 42 | 2 | 0 |
| | 2010 | 전북 | 22 | 6 | 0 | 1 | 0 | 65 | 10 | 0 |
| | 2011 | 전북 | 20 | 5 | 0 | 0 | 0 | 51 | 8 | 0 |
| | 2012 | 전북 | 27 | 13 | 0 | 1 | 0 | 37 | 4 | 0 |
| | 2013 | 전북 | 20 | 6 | 1 | 0 | 0 | 34 | 6 | 1 |
| PO | 2000 | 성남일화 | 2 | 0 | 0 | 0 | 0 | 5 | 1 | 0 |
| | 2005 | 성남일화 | 1 | 0 | 0 | 0 | 0 | 2 | 0 | 0 |
| | 2006 | 성남일화 | 3 | 3 | 0 | 0 | 0 | 1 | 0 | 0 |
| | 2007 | 성남일화 | 2 | 0 | 0 | 0 | 0 | 10 | 1 | 0 |
| | 2008 | 성남일화 | 1 | 0 | 0 | 0 | 0 | 4 | 1 | 0 |
| | 2009 | 전북 | 2 | 0 | 0 | 0 | 0 | 6 | 1 | 0 |
| | 2010 | 전북 | 0 | 0 | 0 | 0 | 0 | 0 | 0 | 0 |
| | 2011 | 전북 | 2 | 0 | 0 | 0 | 0 | 5 | 1 | 0 |
| 컵 | 1999 | 천안일화 | 10 | 3 | 0 | 0 | 0 | 22 | 4 | 0 |
| | 2000 | 성남일화 | 8 | 0 | 1 | 0 | 0 | 20 | 3 | 0 |
| | 2001 | 성남일화 | 7 | 0 | 0 | 0 | 0 | 28 | 2 | 0 |
| | 2002 | 성남일화 | 11 | 0 | 2 | 2 | 0 | 35 | 1 | 0 |
| | 2004 | 광주상무 | 11 | 0 | 1 | 1 | 0 | 10 | 0 | 0 |
| | 2005 | 성남일화 | 8 | 0 | 0 | 1 | 0 | 26 | 0 | 1 |
| | 2006 | 성남일화 | 4 | 0 | 0 | 0 | 0 | 10 | 2 | 0 |
| | 2007 | 성남일화 | 1 | 0 | 0 | 0 | 0 | 0 | 0 | 0 |
| | 2008 | 성남일화 | 11 | 1 | 0 | 0 | 0 | 26 | 1 | 0 |
| | 2009 | 전북 | 3 | 1 | 0 | 0 | 0 | 3 | 0 | 0 |
| | 2010 | 전북 | 6 | 3 | 0 | 1 | 0 | 17 | 1 | 0 |
| 통산 | | | 458 | 52 | 19 | 17 | 0 | 970 | 79 | 2 |

**김상우**(金相佑) 중앙대 1995.03.14

| 대회 | 연도 | 소속 | 출전 | 교체 | 득점 | 도움 | 실점 | 파울 | 경고 | 퇴장 |
|---|---|---|---|---|---|---|---|---|---|---|
| K2 | 2018 | 수원FC | 0 | 0 | 0 | 0 | 0 | 0 | 0 | 0 |
| 통산 | | | 0 | 0 | 0 | 0 | 0 | 0 | 0 | 0 |

**김상욱**(金相昱) 대불대 1994.01.04

| 대회 | 연도 | 소속 | 출전 | 교체 | 득점 | 도움 | 실점 | 파울 | 경고 | 퇴장 |
|---|---|---|---|---|---|---|---|---|---|---|

| 대회 | 연도 | 소속 | 출전 | 교체 | 득점 | 도움 | 실점 | 파울 | 경고 | 퇴장 |
|---|---|---|---|---|---|---|---|---|---|---|
| K1 | 2016 | 광주 | 1 | 1 | 0 | 0 | 0 | 0 | 0 | 0 |
| 통산 | | | 1 | 1 | 0 | 0 | 0 | 0 | 0 | 0 |

**김상원**(金相沅) 울산대 1992.02.20

| 대회 | 연도 | 소속 | 출전 | 교체 | 득점 | 도움 | 실점 | 파울 | 경고 | 퇴장 |
|---|---|---|---|---|---|---|---|---|---|---|
| K1 | 2014 | 제주 | 1 | 1 | 0 | 0 | 0 | 0 | 0 | 0 |
| | 2015 | 제주 | 21 | 4 | 3 | 3 | 0 | 25 | 6 | 0 |
| | 2016 | 제주 | 16 | 7 | 0 | 1 | 0 | 26 | 5 | 0 |
| | 2017 | 제주 | 4 | 3 | 0 | 0 | 0 | 2 | 1 | 0 |
| | 2017 | 광주 | 5 | 1 | 0 | 0 | 0 | 6 | 1 | 0 |
| | 2018 | 제주 | 3 | 2 | 0 | 0 | 0 | 1 | 0 | 1 |
| | 2020 | 포항 | 11 | 3 | 0 | 0 | 0 | 16 | 5 | 0 |
| | 2021 | 수원FC | 34 | 9 | 0 | 1 | 0 | 32 | 3 | 0 |
| | 2022 | 수원FC | 7 | 6 | 0 | 0 | 0 | 4 | 1 | 0 |
| K2 | 2019 | 안양 | 32 | 9 | 6 | 8 | 0 | 29 | 6 | 0 |
| PO | 2019 | 안양 | 2 | 1 | 0 | 0 | 0 | 3 | 2 | 0 |
| 통산 | | | 136 | 46 | 9 | 13 | 0 | 144 | 30 | 1 |

**김상준**(金相濬) 남부대 1993.06.25

| 대회 | 연도 | 소속 | 출전 | 교체 | 득점 | 도움 | 실점 | 파울 | 경고 | 퇴장 |
|---|---|---|---|---|---|---|---|---|---|---|
| K2 | 2016 | 고양 | 26 | 23 | 2 | 0 | 0 | 32 | 2 | 0 |
| 통산 | | | 26 | 23 | 2 | 0 | 0 | 32 | 2 | 0 |

**김상준**(金相駿) 매탄고 2001.10.01

| 대회 | 연도 | 소속 | 출전 | 교체 | 득점 | 도움 | 실점 | 파울 | 경고 | 퇴장 |
|---|---|---|---|---|---|---|---|---|---|---|
| K1 | 2019 | 수원 | 0 | 0 | 0 | 0 | 0 | 0 | 0 | 0 |
| | 2021 | 수원 | 3 | 3 | 0 | 0 | 0 | 1 | 0 | 0 |
| | 2022 | 수원 | 8 | 8 | 2 | 0 | 0 | 4 | 0 | 0 |
| K2 | 2022 | 부산 | 13 | 10 | 0 | 0 | 0 | 10 | 2 | 0 |
| | 2023 | 부산 | 26 | 16 | 2 | 2 | 0 | 10 | 3 | 0 |
| | 2024 | 수원 | 27 | 22 | 2 | 1 | 0 | 12 | 2 | 0 |
| | 2025 | 수원 | 6 | 6 | 0 | 0 | 0 | 1 | 1 | 0 |
| PO | 2023 | 부산 | 1 | 1 | 0 | 0 | 0 | 1 | 1 | 0 |
| 통산 | | | 84 | 66 | 6 | 3 | 0 | 39 | 9 | 0 |

**김상진**(金尙鎭) 한양대 1967.02.15

| 대회 | 연도 | 소속 | 출전 | 교체 | 득점 | 도움 | 실점 | 파울 | 경고 | 퇴장 |
|---|---|---|---|---|---|---|---|---|---|---|
| K1 | 1990 | 럭키금성 | 26 | 18 | 2 | 2 | 0 | 58 | 3 | 0 |
| | 1991 | LG | 27 | 17 | 6 | 2 | 0 | 39 | 7 | 1 |
| | 1992 | LG | 20 | 17 | 2 | 0 | 0 | 18 | 3 | 0 |
| | 1993 | LG | 3 | 3 | 0 | 0 | 0 | 3 | 0 | 0 |
| | 1994 | LG | 7 | 7 | 0 | 0 | 0 | 9 | 3 | 1 |
| | 1995 | 유공 | 13 | 13 | 0 | 0 | 0 | 12 | 3 | 0 |
| | 1996 | 부천유공 | 1 | 1 | 0 | 0 | 0 | 2 | 1 | 0 |
| 컵 | 1992 | LG | 10 | 4 | 4 | 0 | 0 | 17 | 1 | 0 |
| | 1994 | LG | 4 | 4 | 1 | 1 | 0 | 2 | 0 | 0 |
| | 1995 | 유공 | 1 | 1 | 0 | 0 | 0 | 1 | 0 | 0 |
| 통산 | | | 112 | 85 | 15 | 5 | 0 | 161 | 21 | 2 |

**김상필**(金相泌) 성균관대 1989.04.26

| 대회 | 연도 | 소속 | 출전 | 교체 | 득점 | 도움 | 실점 | 파울 | 경고 | 퇴장 |
|---|---|---|---|---|---|---|---|---|---|---|
| K1 | 2015 | 대전 | 24 | 5 | 0 | 0 | 0 | 9 | 1 | 0 |
| K2 | 2014 | 대전 | 1 | 0 | 0 | 0 | 0 | 0 | 0 | 0 |
| | 2016 | 충주 | 32 | 3 | 1 | 1 | 0 | 29 | 4 | 0 |
| | 2017 | 아산 | 2 | 1 | 0 | 0 | 0 | 1 | 0 | 0 |
| | 2018 | 아산 | 3 | 3 | 0 | 0 | 0 | 3 | 0 | 0 |
| 통산 | | | 62 | 12 | 1 | 1 | 0 | 42 | 5 | 0 |

**김상호**(金相鎬) 동아대 1964.10.05

| 대회 | 연도 | 소속 | 출전 | 교체 | 득점 | 도움 | 실점 | 파울 | 경고 | 퇴장 |
|---|---|---|---|---|---|---|---|---|---|---|
| K1 | 1987 | 포항제철 | 29 | 11 | 3 | 1 | 0 | 23 | 2 | 0 |
| | 1988 | 포항제철 | 15 | 4 | 0 | 4 | 0 | 10 | 0 | 0 |
| | 1989 | 포항제철 | 14 | 5 | 0 | 2 | 0 | 8 | 0 | 0 |
| | 1990 | 포항제철 | 22 | 2 | 2 | 2 | 0 | 20 | 0 | 0 |
| | 1991 | 포항제철 | 36 | 9 | 5 | 6 | 0 | 21 | 0 | 0 |
| | 1992 | 포항제철 | 9 | 1 | 0 | 0 | 0 | 7 | 0 | 0 |
| | 1993 | 포항제철 | 14 | 6 | 0 | 3 | 0 | 1 | 0 | 0 |
| | 1994 | 포항제철 | 10 | 7 | 0 | 0 | 0 | 3 | 0 | 0 |
| | 1995 | 전남 | 25 | 5 | 1 | 3 | 0 | 8 | 2 | 0 |
| | 1996 | 전남 | 27 | 17 | 0 | 2 | 0 | 8 | 1 | 0 |
| | 1997 | 전남 | 12 | 8 | 1 | 0 | 0 | 12 | 1 | 0 |
| 컵 | 1997 | 전남 | 15 | 13 | 2 | 1 | 0 | 7 | 0 | 0 |
| | 1998 | 전남 | 4 | 4 | 1 | 0 | 0 | 1 | 1 | 0 |
| 통산 | | | 232 | 92 | 15 | 24 | 0 | 129 | 7 | 0 |

**김상화**(金相華) 동국대 1968.08.25

| 대회 | 연도 | 소속 | 출전 | 교체 | 득점 | 도움 | 실점 | 파울 | 경고 | 퇴장 |
|---|---|---|---|---|---|---|---|---|---|---|
| K1 | 1991 | 유공 | 2 | 1 | 0 | 0 | 0 | 0 | 1 | 0 |
| | 1994 | 대우 | 2 | 2 | 0 | 0 | 0 | 0 | 0 | 0 |
| 통산 | | | 4 | 3 | 0 | 0 | 0 | 0 | 1 | 0 |

**김상훈**(金湘勳) 숭실대 1973.06.08

| 대회 | 연도 | 소속 | 출전 | 교체 | 득점 | 도움 | 실점 | 파울 | 경고 | 퇴장 |
|---|---|---|---|---|---|---|---|---|---|---|
| K1 | 1996 | 울산 | 15 | 5 | 0 | 0 | 0 | 26 | 2 | 0 |
| | 1997 | 울산 | 11 | 1 | 2 | 0 | 0 | 28 | 0 | 1 |
| | 1998 | 울산 | 16 | 0 | 0 | 1 | 0 | 22 | 4 | 0 |
| | 1999 | 울산 | 25 | 4 | 1 | 1 | 0 | 57 | 3 | 0 |
| | 2000 | 울산 | 24 | 2 | 1 | 0 | 0 | 57 | 6 | 0 |
| | 2001 | 울산 | 15 | 5 | 0 | 1 | 0 | 32 | 3 | 0 |
| | 2002 | 포항 | 4 | 2 | 0 | 0 | 0 | 7 | 2 | 0 |
| | 2003 | 포항 | 37 | 13 | 1 | 1 | 0 | 57 | 4 | 0 |
| | 2004 | 성남일화 | 9 | 3 | 0 | 0 | 0 | 18 | 2 | 0 |
| PO | 1996 | 울산 | 2 | 0 | 0 | 0 | 0 | 5 | 2 | 0 |
| | 1998 | 울산 | 4 | 0 | 0 | 0 | 0 | 4 | 1 | 0 |
| 컵 | 1997 | 울산 | 9 | 2 | 0 | 0 | 0 | 25 | 1 | 0 |
| | 1998 | 울산 | 16 | 1 | 0 | 1 | 0 | 31 | 3 | 0 |
| | 1999 | 울산 | 7 | 1 | 0 | 0 | 0 | 25 | 3 | 0 |
| | 2000 | 울산 | 10 | 0 | 0 | 0 | 0 | 30 | 1 | 0 |
| | 2001 | 울산 | 2 | 1 | 0 | 0 | 0 | 1 | 0 | 0 |
| | 2002 | 포항 | 7 | 0 | 0 | 1 | 0 | 15 | 3 | 0 |
| | 2004 | 성남일화 | 1 | 1 | 0 | 0 | 0 | 0 | 0 | 0 |
| 통산 | | | 214 | 41 | 5 | 6 | 0 | 440 | 40 | 1 |

**김상훈**(金相勳) 고려대 1967.12.19

| 대회 | 연도 | 소속 | 출전 | 교체 | 득점 | 도움 | 실점 | 파울 | 경고 | 퇴장 |
|---|---|---|---|---|---|---|---|---|---|---|
| K1 | 1990 | 럭키금성 | 2 | 3 | 0 | 0 | 0 | 0 | 0 | 0 |
| | 1991 | LG | 12 | 6 | 5 | 0 | 0 | 23 | 2 | 0 |
| | 1993 | LG | 13 | 8 | 1 | 1 | 0 | 16 | 2 | 2 |
| | 1994 | LG | 19 | 18 | 3 | 0 | 0 | 14 | 1 | 0 |
| | 1995 | LG | 3 | 3 | 0 | 0 | 0 | 4 | 1 | 0 |
| 컵 | 1993 | LG | 4 | 1 | 0 | 0 | 0 | 9 | 0 | 0 |
| | 1994 | LG | 6 | 6 | 0 | 0 | 0 | 1 | 0 | 0 |
| | 1995 | LG | 4 | 3 | 1 | 0 | 0 | 4 | 2 | 0 |
| 통산 | | | 63 | 48 | 10 | 1 | 0 | 71 | 8 | 2 |

**김서준**(←김현기) 한남대 1989.03.24

| 대회 | 연도 | 소속 | 출전 | 교체 | 득점 | 도움 | 실점 | 파울 | 경고 | 퇴장 |
|---|---|---|---|---|---|---|---|---|---|---|
| K2 | 2013 | 수원FC | 19 | 12 | 2 | 2 | 0 | 32 | 2 | 0 |
| | 2014 | 수원FC | 32 | 11 | 6 | 6 | 0 | 32 | 5 | 0 |
| | 2015 | 수원FC | 21 | 4 | 1 | 4 | 0 | 31 | 4 | 0 |
| PO | 2015 | 수원FC | 0 | 0 | 0 | 0 | 0 | 0 | 0 | 0 |
| 통산 | | | 72 | 27 | 9 | 12 | 0 | 95 | 11 | 0 |

**김서진** (金徐進) 포항제철고 2005.01.07

| 대회 | 연도 | 소속 | 출전 | 교체 | 득점 | 도움 | 실점 | 파울 | 경고 | 퇴장 |
|---|---|---|---|---|---|---|---|---|---|---|
| K2 | 2024 | 천안 | 7 | 1 | 0 | 1 | 0 | 10 | 0 | 0 |
| | 2025 | 천안 | 18 | 11 | 0 | 2 | 0 | 18 | 2 | 0 |
| 통산 | | | 25 | 12 | 0 | 3 | 0 | 28 | 2 | 0 |

**김석만**(金石萬) 호남대 1982.07.01

| 대회 | 연도 | 소속 | 출전 | 교체 | 득점 | 도움 | 실점 | 파울 | 경고 | 퇴장 |
|---|---|---|---|---|---|---|---|---|---|---|
| K1 | 2005 | 전남 | 1 | 1 | 0 | 0 | 0 | 1 | 0 | 0 |
| 통산 | | | 1 | 1 | 0 | 0 | 0 | 1 | 0 | 0 |

**김석우**(金錫佑) 중경고 1983.05.06

| 대회 | 연도 | 소속 | 출전 | 교체 | 득점 | 도움 | 실점 | 파울 | 경고 | 퇴장 |
|---|---|---|---|---|---|---|---|---|---|---|
| K1 | 2004 | 포항 | 4 | 3 | 0 | 0 | 0 | 3 | 0 | 0 |
| | 2005 | 광주상무 | 4 | 3 | 0 | 0 | 0 | 3 | 0 | 0 |
| | 2007 | 부산 | 6 | 5 | 0 | 0 | 0 | 6 | 1 | 0 |
| | 2008 | 부산 | 2 | 0 | 0 | 0 | 0 | 5 | 0 | 0 |
| 컵 | 2004 | 포항 | 10 | 2 | 0 | 0 | 0 | 8 | 0 | 0 |
| | 2008 | 부산 | 3 | 0 | 0 | 0 | 0 | 3 | 0 | 0 |
| 통산 | | | 29 | 13 | 0 | 0 | 0 | 28 | 1 | 0 |

**김석원**(金錫垣) 고려대 1960.11.07

| 대회 | 연도 | 소속 | 출전 | 교체 | 득점 | 도움 | 실점 | 파울 | 경고 | 퇴장 |
|---|---|---|---|---|---|---|---|---|---|---|
| K1 | 1983 | 유공 | 9 | 2 | 3 | 0 | 0 | 2 | 0 | 0 |
| | 1984 | 유공 | 17 | 6 | 5 | 1 | 0 | 8 | 0 | 0 |
| | 1985 | 유공 | 2 | 0 | 0 | 0 | 0 | 3 | 1 | 0 |
| PO | 1984 | 유공 | 2 | 1 | 0 | 0 | 0 | 1 | 0 | 0 |
| 통산 | | | 30 | 9 | 8 | 1 | 0 | 14 | 1 | 0 |

**김석호**(金錫昊) 가톨릭관동대 1994.11.01

| 대회 | 연도 | 소속 | 출전 | 교체 | 득점 | 도움 | 실점 | 파울 | 경고 | 퇴장 |
|---|---|---|---|---|---|---|---|---|---|---|
| K1 | 2018 | 인천 | 0 | 0 | 0 | 0 | 0 | 0 | 0 | 0 |
| 통산 | | | 0 | 0 | 0 | 0 | 0 | 0 | 0 | 0 |

**김선규**(金善奎) 동아대 1987.10.07

| 대회 | 연도 | 소속 | 출전 | 교체 | 득점 | 도움 | 실점 | 파울 | 경고 | 퇴장 |
|---|---|---|---|---|---|---|---|---|---|---|
| K1 | 2010 | 경남 | 0 | 0 | 0 | 0 | 0 | 0 | 0 | 0 |
| | 2012 | 대전 | 35 | 1 | 0 | 0 | 55 | 1 | 3 | 0 |
| | 2013 | 대전 | 22 | 0 | 0 | 0 | 38 | 0 | 0 | 0 |
| K2 | 2014 | 대전 | 21 | 1 | 0 | 1 | 24 | 0 | 0 | 0 |
| | 2015 | 안양 | 6 | 0 | 0 | 0 | 7 | 1 | 0 | 1 |
| | 2016 | 안양 | 21 | 1 | 0 | 0 | 24 | 0 | 2 | 0 |
| 컵 | 2010 | 경남 | 0 | 0 | 0 | 0 | 0 | 0 | 0 | 0 |
| | 2011 | 경남 | 0 | 0 | 0 | 0 | 0 | 0 | 0 | 0 |
| 통산 | | | 105 | 3 | 0 | 1 | 148 | 2 | 5 | 1 |

**김선민**(金善民) 예원예술대 1991.12.12

| 대회 | 연도 | 소속 | 출전 | 교체 | 득점 | 도움 | 실점 | 파울 | 경고 | 퇴장 |
|---|---|---|---|---|---|---|---|---|---|---|
| K1 | 2014 | 울산 | 18 | 16 | 0 | 0 | 0 | 10 | 0 | 0 |
| | 2017 | 대구 | 33 | 12 | 0 | 8 | 0 | 24 | 2 | 0 |
| | 2019 | 대구 | 12 | 2 | 0 | 0 | 0 | 28 | 3 | 0 |
| | 2020 | 대구 | 16 | 8 | 0 | 0 | 0 | 41 | 2 | 1 |
| | 2023 | 수원FC | 29 | 23 | 0 | 0 | 0 | 44 | 6 | 0 |
| K2 | 2015 | 안양 | 32 | 11 | 6 | 2 | 0 | 34 | 3 | 0 |
| | 2016 | 대전 | 30 | 7 | 4 | 3 | 0 | 31 | 4 | 0 |
| | 2018 | 아산 | 2 | 1 | 0 | 0 | 0 | 2 | 0 | 0 |
| | 2019 | 아산 | 4 | 2 | 0 | 0 | 0 | 12 | 0 | 0 |
| | 2021 | 서울E | 34 | 1 | 0 | 0 | 0 | 70 | 5 | 0 |
| | 2022 | 서울E | 37 | 6 | 2 | 1 | 0 | 76 | 3 | 0 |
| | 2024 | 충북청주 | 31 | 3 | 1 | 3 | 0 | 54 | 4 | 0 |
| | 2025 | 충북청주 | 39 | 0 | 1 | 0 | 0 | 67 | 4 | 0 |
| PO | 2023 | 수원FC | 1 | 0 | 0 | 0 | 0 | 1 | 0 | 0 |
| 통산 | | | 318 | 92 | 14 | 17 | 0 | 494 | 36 | 1 |

**김선우**(金善友) 동국대 1983.10.17

| 대회 | 연도 | 소속 | 출전 | 교체 | 득점 | 도움 | 실점 | 파울 | 경고 | 퇴장 |
|---|---|---|---|---|---|---|---|---|---|---|
| K1 | 2007 | 인천 | 6 | 5 | 0 | 1 | 0 | 9 | 1 | 0 |
| | 2011 | 포항 | 1 | 1 | 0 | 0 | 0 | 0 | 0 | 0 |
| | 2012 | 포항 | 6 | 6 | 0 | 1 | 0 | 5 | 1 | 0 |
| | 2013 | 성남일화 | 2 | 2 | 0 | 0 | 0 | 0 | 0 | 0 |
| 컵 | 2007 | 인천 | 3 | 3 | 0 | 0 | 0 | 4 | 0 | 0 |
| | 2008 | 인천 | 1 | 1 | 0 | 0 | 0 | 0 | 0 | 0 |
| 통산 | | | 19 | 18 | 0 | 2 | 0 | 18 | 2 | 0 |

**김선우**(金宣羽) 한양대 1986.01.23

| 대회 | 연도 | 소속 | 출전 | 교체 | 득점 | 도움 | 실점 | 파울 | 경고 | 퇴장 |
|---|---|---|---|---|---|---|---|---|---|---|
| K1 | 2008 | 인천 | 4 | 4 | 0 | 0 | 0 | 0 | 0 | 0 |
| | 2010 | 광주상무 | 6 | 6 | 0 | 0 | 0 | 11 | 0 | 0 |
| | 2011 | 상주 | 7 | 5 | 0 | 0 | 0 | 10 | 2 | 0 |
| K2 | 2013 | 수원FC | 6 | 3 | 0 | 0 | 0 | 10 | 1 | 0 |
| 컵 | 2008 | 인천 | 2 | 0 | 0 | 0 | 0 | 4 | 1 | 0 |
| 통산 | | | 25 | 18 | 0 | 0 | 0 | 35 | 4 | 0 |

**김선우**(金善佑) 울산대 1993.04.19

| 대회 | 연도 | 소속 | 출전 | 교체 | 득점 | 도움 | 실점 | 파울 | 경고 | 퇴장 |
|---|---|---|---|---|---|---|---|---|---|---|
| K1 | 2015 | 제주 | 2 | 1 | 0 | 0 | 0 | 0 | 0 | 0 |
| | 2016 | 제주 | 5 | 4 | 0 | 0 | 0 | 4 | 1 | 0 |
| | 2018 | 전남 | 14 | 8 | 0 | 0 | 0 | 12 | 2 | 0 |
| | 2019 | 상주 | 3 | 2 | 0 | 1 | 0 | 1 | 0 | 0 |
| | 2020 | 상주 | 6 | 3 | 0 | 0 | 0 | 6 | 1 | 0 |
| K2 | 2015 | 경남 | 18 | 0 | 1 | 1 | 0 | 14 | 3 | 0 |
| | 2017 | 경남 | 3 | 3 | 0 | 0 | 0 | 1 | 1 | 0 |
| | 2019 | 전남 | 0 | 0 | 0 | 0 | 0 | 0 | 0 | 0 |
| | 2021 | 전남 | 7 | 3 | 0 | 0 | 0 | 6 | 1 | 0 |
| 통산 | | | 58 | 24 | 1 | 2 | 0 | 44 | 9 | 0 |

**김선우**(金善于) 성균관대 1993.04.22

| 대회 | 연도 | 소속 | 출전 | 교체 | 득점 | 도움 | 실점 | 파울 | 경고 | 퇴장 |
|---|---|---|---|---|---|---|---|---|---|---|
| K1 | 2016 | 수원 | 0 | 0 | 0 | 0 | 0 | 0 | 0 | 0 |

| 대회 | 연도 | 소속 | 출전 | 교체 | 득점 | 도움 | 실점 | 파울 | 경고 | 퇴장 |
|---|---|---|---|---|---|---|---|---|---|---|
| | 2018 | 수원 | 1 | 0 | 0 | 0 | 4 | 0 | 0 | 0 |
| K2 | 2020 | 안산 | 11 | 1 | 0 | 0 | 14 | 0 | 1 | 0 |
| | 2021 | 안산 | 9 | 0 | 0 | 0 | 15 | 0 | 1 | 0 |
| | 2022 | 안산 | 8 | 1 | 0 | 0 | 17 | 0 | 1 | 0 |
| | 2023 | 안산 | 1 | 0 | 0 | 0 | 3 | 0 | 0 | 0 |
| 통산 | | | 30 | 2 | 0 | 0 | 53 | 0 | 3 | 0 |

**김선일**(金善壹) 동국대 1985.06.11

| 대회 | 연도 | 소속 | 출전 | 교체 | 득점 | 도움 | 실점 | 파울 | 경고 | 퇴장 |
|---|---|---|---|---|---|---|---|---|---|---|
| K1 | 2009 | 수원 | 0 | 0 | 0 | 0 | 0 | 0 | 0 | 0 |
| 컵 | 2009 | 수원 | 0 | 0 | 0 | 0 | 0 | 0 | 0 | 0 |
| 통산 | | | 0 | 0 | 0 | 0 | 0 | 0 | 0 | 0 |

**김선진**(金善進) 전주대 1990.10.01

| 대회 | 연도 | 소속 | 출전 | 교체 | 득점 | 도움 | 실점 | 파울 | 경고 | 퇴장 |
|---|---|---|---|---|---|---|---|---|---|---|
| K1 | 2012 | 제주 | 0 | 0 | 0 | 0 | 0 | 0 | 0 | 0 |
| 통산 | | | 0 | 0 | 0 | 0 | 0 | 0 | 0 | 0 |

**김선태**(金善泰) 중앙대 1971.05.29

| 대회 | 연도 | 소속 | 출전 | 교체 | 득점 | 도움 | 실점 | 파울 | 경고 | 퇴장 |
|---|---|---|---|---|---|---|---|---|---|---|
| K1 | 1994 | 현대 | 2 | 2 | 0 | 0 | 0 | 1 | 0 | 0 |
| 컵 | 1994 | 현대 | 1 | 1 | 0 | 0 | 0 | 0 | 0 | 0 |
| 통산 | | | 3 | 3 | 0 | 0 | 0 | 1 | 0 | 0 |

**김선호**(金善鎬) 금호고 2001.03.29

| 대회 | 연도 | 소속 | 출전 | 교체 | 득점 | 도움 | 실점 | 파울 | 경고 | 퇴장 |
|---|---|---|---|---|---|---|---|---|---|---|
| K2 | 2021 | 대전 | 1 | 1 | 0 | 0 | 0 | 1 | 0 | 0 |
| | 2022 | 대전 | 5 | 4 | 0 | 0 | 0 | 1 | 0 | 1 |
| | 2023 | 부천 | 28 | 21 | 3 | 0 | 0 | 21 | 1 | 0 |
| | 2024 | 부천 | 30 | 23 | 1 | 1 | 0 | 22 | 3 | 0 |
| | 2025 | 경남 | 23 | 12 | 0 | 0 | 0 | 23 | 3 | 0 |
| 통산 | | | 87 | 61 | 4 | 1 | 0 | 68 | 7 | 1 |

**김성경**(金成經) 한양대 1976.05.15

| 대회 | 연도 | 소속 | 출전 | 교체 | 득점 | 도움 | 실점 | 파울 | 경고 | 퇴장 |
|---|---|---|---|---|---|---|---|---|---|---|
| K1 | 1999 | 전남 | 5 | 5 | 0 | 0 | 0 | 7 | 1 | 0 |
| 통산 | | | 5 | 5 | 0 | 0 | 0 | 7 | 1 | 0 |

**김성구**(金聖求) 숭실대 1969.03.15

| 대회 | 연도 | 소속 | 출전 | 교체 | 득점 | 도움 | 실점 | 파울 | 경고 | 퇴장 |
|---|---|---|---|---|---|---|---|---|---|---|
| K1 | 1992 | 현대 | 17 | 17 | 2 | 1 | 0 | 9 | 1 | 0 |
| | 1993 | 현대 | 19 | 19 | 0 | 0 | 0 | 6 | 0 | 0 |
| | 1994 | 현대 | 21 | 11 | 2 | 3 | 0 | 17 | 0 | 0 |
| | 1995 | 현대 | 2 | 2 | 0 | 0 | 0 | 2 | 0 | 0 |
| | 1997 | 전북 | 12 | 12 | 0 | 0 | 0 | 9 | 1 | 0 |
| | 1998 | 전북 | 17 | 1 | 0 | 2 | 0 | 22 | 3 | 0 |
| | 1999 | 전북 | 6 | 6 | 0 | 0 | 0 | 0 | 0 | 0 |
| 컵 | 1992 | 현대 | 3 | 3 | 0 | 0 | 0 | 0 | 0 | 0 |
| | 1993 | 현대 | 5 | 5 | 1 | 0 | 0 | 1 | 0 | 0 |
| | 1994 | 현대 | 1 | 2 | 0 | 0 | 0 | 0 | 0 | 0 |
| | 1995 | 현대 | 2 | 2 | 0 | 0 | 0 | 1 | 0 | 0 |
| | 1997 | 전북 | 13 | 7 | 4 | 0 | 0 | 9 | 0 | 0 |
| | 1998 | 전북 | 17 | 2 | 1 | 1 | 0 | 30 | 1 | 0 |
| 통산 | | | 135 | 89 | 10 | 7 | 0 | 106 | 6 | 0 |

**김성국**(金成國) 충북대 1980.03.01

| 대회 | 연도 | 소속 | 출전 | 교체 | 득점 | 도움 | 실점 | 파울 | 경고 | 퇴장 |
|---|---|---|---|---|---|---|---|---|---|---|
| K1 | 2003 | 부산 | 0 | 0 | 0 | 0 | 0 | 0 | 0 | 0 |
| 통산 | | | 0 | 0 | 0 | 0 | 0 | 0 | 0 | 0 |

**김성국**(金成國) 광운대 1990.03.01

| 대회 | 연도 | 소속 | 출전 | 교체 | 득점 | 도움 | 실점 | 파울 | 경고 | 퇴장 |
|---|---|---|---|---|---|---|---|---|---|---|
| K2 | 2013 | 안양 | 1 | 0 | 0 | 0 | 0 | 3 | 0 | 0 |
| 통산 | | | 1 | 0 | 0 | 0 | 0 | 3 | 0 | 0 |

**김성규**(金星圭) 현대고 1981.06.05

| 대회 | 연도 | 소속 | 출전 | 교체 | 득점 | 도움 | 실점 | 파울 | 경고 | 퇴장 |
|---|---|---|---|---|---|---|---|---|---|---|
| K1 | 2000 | 울산 | 4 | 4 | 0 | 0 | 0 | 0 | 0 | 0 |
| | 2001 | 울산 | 3 | 2 | 0 | 0 | 0 | 2 | 0 | 0 |
| 컵 | 2000 | 울산 | 5 | 4 | 0 | 0 | 0 | 1 | 0 | 0 |
| 통산 | | | 12 | 10 | 0 | 0 | 0 | 3 | 0 | 0 |

**김성근**(金成根) 연세대 1977.06.20

| 대회 | 연도 | 소속 | 출전 | 교체 | 득점 | 도움 | 실점 | 파울 | 경고 | 퇴장 |
|---|---|---|---|---|---|---|---|---|---|---|
| K1 | 2000 | 대전 | 12 | 0 | 1 | 0 | 0 | 10 | 1 | 0 |
| | 2001 | 대전 | 21 | 3 | 0 | 0 | 0 | 26 | 1 | 0 |
| | 2002 | 대전 | 25 | 2 | 1 | 0 | 0 | 30 | 3 | 0 |
| | 2003 | 대전 | 40 | 0 | 2 | 0 | 0 | 42 | 8 | 0 |
| | 2004 | 포항 | 21 | 1 | 0 | 0 | 0 | 17 | 2 | 0 |
| | 2005 | 포항 | 21 | 1 | 0 | 0 | 0 | 38 | 6 | 0 |
| | 2006 | 포항 | 22 | 0 | 0 | 0 | 0 | 37 | 2 | 0 |
| | 2007 | 포항 | 20 | 1 | 0 | 0 | 0 | 29 | 5 | 0 |
| | 2008 | 수원 | 4 | 3 | 0 | 0 | 0 | 0 | 0 | 0 |
| | 2008 | 전북 | 7 | 1 | 0 | 0 | 0 | 9 | 2 | 0 |
| PO | 2004 | 포항 | 3 | 0 | 0 | 0 | 0 | 2 | 0 | 0 |
| | 2006 | 포항 | 1 | 0 | 0 | 0 | 0 | 1 | 0 | 0 |
| 컵 | 2000 | 대전 | 5 | 3 | 0 | 0 | 0 | 2 | 0 | 0 |
| | 2001 | 대전 | 6 | 0 | 0 | 0 | 0 | 11 | 0 | 0 |
| | 2002 | 대전 | 7 | 0 | 0 | 0 | 0 | 10 | 2 | 0 |
| | 2005 | 포항 | 12 | 0 | 0 | 0 | 0 | 15 | 1 | 0 |
| | 2006 | 포항 | 8 | 0 | 0 | 0 | 0 | 9 | 1 | 0 |
| | 2007 | 포항 | 3 | 2 | 0 | 0 | 0 | 4 | 0 | 0 |
| | 2008 | 수원 | 3 | 2 | 0 | 0 | 0 | 2 | 0 | 0 |
| | 2008 | 전북 | 3 | 1 | 0 | 0 | 0 | 0 | 0 | 0 |
| 통산 | | | 244 | 20 | 4 | 0 | 0 | 294 | 34 | 0 |

**김성기**(金聖基) 한양대 1961.11.21

| 대회 | 연도 | 소속 | 출전 | 교체 | 득점 | 도움 | 실점 | 파울 | 경고 | 퇴장 |
|---|---|---|---|---|---|---|---|---|---|---|
| K1 | 1985 | 유공 | 17 | 0 | 1 | 1 | 0 | 29 | 4 | 0 |
| | 1986 | 유공 | 7 | 4 | 0 | 0 | 0 | 7 | 2 | 0 |
| | 1987 | 유공 | 27 | 7 | 4 | 1 | 0 | 33 | 3 | 0 |
| | 1988 | 유공 | 13 | 3 | 0 | 0 | 0 | 28 | 2 | 0 |
| | 1989 | 유공 | 9 | 2 | 0 | 0 | 0 | 15 | 0 | 1 |
| | 1990 | 유공 | 1 | 2 | 0 | 0 | 0 | 0 | 0 | 0 |
| | 1990 | 대우 | 17 | 2 | 0 | 0 | 0 | 37 | 5 | 0 |
| | 1991 | 대우 | 34 | 3 | 0 | 0 | 0 | 45 | 5 | 1 |
| | 1992 | 대우 | 6 | 3 | 0 | 0 | 0 | 13 | 4 | 0 |
| 컵 | 1986 | 유공 | 7 | 3 | 0 | 0 | 0 | 8 | 0 | 0 |
| | 1992 | 대우 | 2 | 1 | 0 | 1 | 0 | 4 | 0 | 0 |
| 통산 | | | 140 | 30 | 5 | 3 | 0 | 219 | 25 | 2 |

**김성길**(金聖吉) 동명고(일본) 1983.07.08

| 대회 | 연도 | 소속 | 출전 | 교체 | 득점 | 도움 | 실점 | 파울 | 경고 | 퇴장 |
|---|---|---|---|---|---|---|---|---|---|---|
| K1 | 2003 | 울산 | 1 | 1 | 0 | 0 | 0 | 0 | 0 | 0 |
| | 2004 | 광주상무 | 5 | 4 | 0 | 0 | 0 | 5 | 1 | 0 |
| | 2005 | 광주상무 | 14 | 12 | 0 | 1 | 0 | 15 | 0 | 0 |
| | 2006 | 경남 | 19 | 11 | 0 | 2 | 0 | 24 | 2 | 0 |
| | 2007 | 경남 | 21 | 12 | 1 | 3 | 0 | 31 | 1 | 0 |
| | 2008 | 경남 | 8 | 6 | 0 | 1 | 0 | 9 | 2 | 0 |
| | 2009 | 경남 | 4 | 3 | 0 | 0 | 0 | 2 | 1 | 0 |
| PO | 2007 | 경남 | 1 | 1 | 0 | 0 | 0 | 1 | 0 | 0 |
| 컵 | 2004 | 광주상무 | 7 | 2 | 0 | 0 | 0 | 6 | 0 | 0 |
| | 2005 | 광주상무 | 6 | 5 | 0 | 0 | 0 | 4 | 0 | 0 |
| | 2006 | 경남 | 11 | 6 | 2 | 2 | 0 | 26 | 0 | 0 |
| | 2007 | 경남 | 4 | 2 | 0 | 0 | 0 | 6 | 2 | 0 |
| | 2008 | 경남 | 4 | 2 | 1 | 0 | 0 | 5 | 1 | 0 |
| | 2009 | 경남 | 1 | 0 | 0 | 0 | 0 | 1 | 0 | 0 |
| 통산 | | | 106 | 67 | 4 | 9 | 0 | 135 | 10 | 0 |

**김성남**(金成男) 고려대 1954.07.19

| 대회 | 연도 | 소속 | 출전 | 교체 | 득점 | 도움 | 실점 | 파울 | 경고 | 퇴장 |
|---|---|---|---|---|---|---|---|---|---|---|
| K1 | 1983 | 유공 | 9 | 5 | 0 | 0 | 0 | 7 | 1 | 0 |
| | 1984 | 대우 | 6 | 6 | 0 | 0 | 0 | 2 | 0 | 0 |
| | 1985 | 대우 | 3 | 3 | 1 | 0 | 0 | 4 | 0 | 0 |
| 통산 | | | 18 | 14 | 1 | 0 | 0 | 13 | 1 | 0 |

**김성동**(金成桐) 호원대 2002.02.23

| 대회 | 연도 | 소속 | 출전 | 교체 | 득점 | 도움 | 실점 | 파울 | 경고 | 퇴장 |
|---|---|---|---|---|---|---|---|---|---|---|
| K1 | 2025 | 안양 | 0 | 0 | 0 | 0 | 0 | 0 | 0 | 0 |
| K2 | 2023 | 안양 | 3 | 0 | 0 | 0 | 6 | 0 | 0 | 0 |
| | 2024 | 안양 | 5 | 4 | 0 | 0 | 1 | 0 | 0 | 0 |
| 통산 | | | 8 | 4 | 0 | 0 | 7 | 0 | 0 | 0 |

**김성민**(金成珉) 고려대 1981.02.06

| 대회 | 연도 | 소속 | 출전 | 교체 | 득점 | 도움 | 실점 | 파울 | 경고 | 퇴장 |
|---|---|---|---|---|---|---|---|---|---|---|
| K1 | 2005 | 부천SK | 0 | 0 | 0 | 0 | 0 | 0 | 0 | 0 |
| | 2006 | 광주상무 | 3 | 0 | 0 | 0 | 4 | 0 | 0 | 0 |
| | 2007 | 광주상무 | 2 | 0 | 0 | 0 | 5 | 0 | 0 | 0 |
| | 2008 | 제주 | 0 | 0 | 0 | 0 | 0 | 0 | 0 | 0 |
| | 2009 | 제주 | 12 | 0 | 0 | 0 | 21 | 0 | 1 | 0 |
| 컵 | 2005 | 부천SK | 0 | 0 | 0 | 0 | 0 | 0 | 0 | 0 |
| | 2006 | 광주상무 | 0 | 0 | 0 | 0 | 0 | 0 | 0 | 0 |
| | 2007 | 광주상무 | 0 | 0 | 0 | 0 | 0 | 0 | 0 | 0 |
| | 2008 | 제주 | 0 | 0 | 0 | 0 | 0 | 0 | 0 | 0 |
| | 2009 | 제주 | 4 | 0 | 0 | 0 | 7 | 0 | 0 | 0 |
| 통산 | | | 21 | 0 | 0 | 0 | 37 | 0 | 1 | 0 |

**김성민**(金成民) 고려대 1985.04.19

| 대회 | 연도 | 소속 | 출전 | 교체 | 득점 | 도움 | 실점 | 파울 | 경고 | 퇴장 |
|---|---|---|---|---|---|---|---|---|---|---|
| K1 | 2008 | 울산 | 5 | 4 | 1 | 0 | 0 | 3 | 0 | 0 |
| | 2009 | 울산 | 2 | 2 | 0 | 0 | 0 | 1 | 0 | 0 |
| | 2011 | 광주 | 3 | 3 | 0 | 0 | 0 | 3 | 0 | 0 |
| | 2012 | 상주 | 1 | 1 | 0 | 0 | 0 | 0 | 0 | 0 |
| K2 | 2014 | 충주 | 1 | 1 | 0 | 0 | 0 | 0 | 0 | 0 |
| 컵 | 2008 | 울산 | 2 | 2 | 0 | 0 | 0 | 0 | 0 | 0 |
| | 2009 | 울산 | 0 | 0 | 0 | 0 | 0 | 0 | 0 | 0 |
| | 2011 | 광주 | 1 | 1 | 1 | 0 | 0 | 0 | 0 | 0 |
| 통산 | | | 15 | 14 | 2 | 0 | 0 | 7 | 0 | 0 |

**김성민**(金聖民) 호남대 1987.05.11

| 대회 | 연도 | 소속 | 출전 | 교체 | 득점 | 도움 | 실점 | 파울 | 경고 | 퇴장 |
|---|---|---|---|---|---|---|---|---|---|---|
| 컵 | 2011 | 광주 | 2 | 1 | 1 | 0 | 0 | 1 | 0 | 0 |
| 통산 | | | 2 | 1 | 1 | 0 | 0 | 1 | 0 | 0 |

**김성민**(金聖旻) 용인대 2000.07.03

| 대회 | 연도 | 소속 | 출전 | 교체 | 득점 | 도움 | 실점 | 파울 | 경고 | 퇴장 |
|---|---|---|---|---|---|---|---|---|---|---|
| K1 | 2022 | 인천 | 12 | 10 | 1 | 0 | 0 | 10 | 1 | 0 |
| | 2024 | 인천 | 26 | 26 | 1 | 0 | 0 | 11 | 1 | 0 |
| K2 | 2023 | 김포 | 31 | 24 | 1 | 2 | 0 | 21 | 3 | 0 |
| | 2025 | 인천 | 31 | 29 | 2 | 0 | 0 | 14 | 3 | 0 |
| PO | 2023 | 김포 | 3 | 3 | 0 | 0 | 0 | 2 | 0 | 0 |
| 통산 | | | 103 | 92 | 5 | 2 | 0 | 58 | 8 | 0 |

**김성배**(金成培) 배재대 1975.05.25

| 대회 | 연도 | 소속 | 출전 | 교체 | 득점 | 도움 | 실점 | 파울 | 경고 | 퇴장 |
|---|---|---|---|---|---|---|---|---|---|---|
| K1 | 1998 | 부산 | 10 | 5 | 0 | 0 | 0 | 19 | 3 | 0 |
| | 1999 | 부산 | 7 | 2 | 0 | 0 | 0 | 15 | 1 | 0 |
| | 2000 | 부산 | 7 | 1 | 0 | 0 | 0 | 8 | 1 | 0 |
| PO | 1999 | 부산 | 2 | 0 | 0 | 0 | 0 | 5 | 1 | 0 |
| 컵 | 1998 | 부산 | 9 | 2 | 0 | 0 | 0 | 23 | 3 | 1 |
| | 1999 | 부산 | 11 | 3 | 0 | 0 | 0 | 27 | 3 | 0 |
| 통산 | | | 46 | 13 | 0 | 0 | 0 | 97 | 12 | 1 |

**김성부**(金成富) 진주고 1954.07.09

| 대회 | 연도 | 소속 | 출전 | 교체 | 득점 | 도움 | 실점 | 파울 | 경고 | 퇴장 |
|---|---|---|---|---|---|---|---|---|---|---|
| K1 | 1983 | 포항제철 | 16 | 0 | 0 | 0 | 0 | 6 | 0 | 0 |
| | 1984 | 포항제철 | 17 | 4 | 0 | 0 | 0 | 10 | 0 | 0 |
| 통산 | | | 33 | 4 | 0 | 0 | 0 | 16 | 0 | 0 |

**김성수**(金星洙) 연세대 1963.03.12

| 대회 | 연도 | 소속 | 출전 | 교체 | 득점 | 도움 | 실점 | 파울 | 경고 | 퇴장 |
|---|---|---|---|---|---|---|---|---|---|---|
| K1 | 1986 | 한일은행 | 16 | 1 | 0 | 0 | 23 | 1 | 0 | 0 |
| 통산 | | | 16 | 1 | 0 | 0 | 23 | 1 | 0 | 0 |

**김성수**(金聖洙) 배재대 1992.12.26

| 대회 | 연도 | 소속 | 출전 | 교체 | 득점 | 도움 | 실점 | 파울 | 경고 | 퇴장 |
|---|---|---|---|---|---|---|---|---|---|---|
| K1 | 2013 | 대전 | 11 | 10 | 0 | 0 | 0 | 13 | 3 | 0 |
| | 2015 | 대전 | 4 | 4 | 0 | 0 | 0 | 2 | 0 | 0 |
| K2 | 2014 | 대전 | 4 | 4 | 0 | 0 | 0 | 0 | 0 | 0 |
| | 2016 | 고양 | 8 | 7 | 0 | 0 | 0 | 6 | 1 | 0 |
| | 2017 | 대전 | 0 | 0 | 0 | 0 | 0 | 0 | 0 | 0 |
| 통산 | | | 27 | 25 | 0 | 0 | 0 | 21 | 4 | 0 |

**김성식**(金星式) 연세대 1992.05.24

| 대회 | 연도 | 소속 | 출전 | 교체 | 득점 | 도움 | 실점 | 파울 | 경고 | 퇴장 |
|---|---|---|---|---|---|---|---|---|---|---|
| K2 | 2015 | 고양 | 11 | 6 | 0 | 0 | 0 | 9 | 2 | 1 |
| 통산 | | | 11 | 6 | 0 | 0 | 0 | 9 | 2 | 1 |

**김성일**(金成鎰) 연세대 1973.04.13

| 대회 | 연도 | 소속 | 출전 | 교체 | 득점 | 도움 | 실점 | 파울 | 경고 | 퇴장 |
|---|---|---|---|---|---|---|---|---|---|---|
| K1 | 1998 | 안양LG | 15 | 2 | 0 | 0 | 0 | 28 | 7 | 0 |
| | 1999 | 안양LG | 23 | 1 | 0 | 0 | 0 | 36 | 3 | 0 |
| | 2000 | 안양LG | 26 | 0 | 0 | 1 | 0 | 51 | 1 | 0 |
| | 2001 | 안양LG | 24 | 1 | 0 | 0 | 0 | 24 | 2 | 0 |
| | 2003 | 안양LG | 14 | 1 | 0 | 0 | 0 | 24 | 8 | 0 |

| 대회 | 연도 | 소속 | 출전 | 교체 | 득점 | 도움 | 실점 | 파울 | 경고 | 퇴장 |
|---|---|---|---|---|---|---|---|---|---|---|
| | 2004 | 성남일화 | 14 | 9 | 0 | 0 | 0 | 14 | 1 | 0 |
| | 2005 | 성남일화 | 2 | 1 | 0 | 0 | 0 | 3 | 0 | 0 |
| PO | 2000 | 안양LG | 2 | 0 | 0 | 0 | 0 | 1 | 0 | 0 |
| 컵 | 1998 | 안양LG | 12 | 5 | 0 | 1 | 0 | 42 | 3 | 0 |
| | 1999 | 안양LG | 12 | 0 | 0 | 0 | 0 | 13 | 2 | 0 |
| | 2000 | 안양LG | 4 | 1 | 0 | 0 | 0 | 4 | 0 | 0 |
| | 2001 | 안양LG | 1 | 1 | 0 | 0 | 0 | 0 | 0 | 0 |
| | 2002 | 안양LG | 0 | 0 | 0 | 0 | 0 | 0 | 0 | 0 |
| | 2004 | 성남일화 | 8 | 3 | 0 | 1 | 0 | 15 | 0 | 0 |
| | 2005 | 성남일화 | 1 | 0 | 0 | 0 | 0 | 3 | 1 | 0 |
| 통산 | | | 158 | 25 | 0 | 3 | 0 | 258 | 28 | 0 |

**김성일**(金成一) 홍익대 1975.11.02

| 대회 | 연도 | 소속 | 출전 | 교체 | 득점 | 도움 | 실점 | 파울 | 경고 | 퇴장 |
|---|---|---|---|---|---|---|---|---|---|---|
| K1 | 1998 | 대전 | 7 | 7 | 0 | 0 | 0 | 3 | 0 | 0 |
| | 1999 | 대전 | 4 | 4 | 0 | 0 | 0 | 3 | 0 | 0 |
| 컵 | 1998 | 대전 | 4 | 4 | 0 | 1 | 0 | 5 | 0 | 0 |
| | 1999 | 대전 | 2 | 1 | 0 | 0 | 0 | 5 | 0 | 0 |
| 통산 | | | 17 | 16 | 0 | 1 | 0 | 16 | 0 | 0 |

**김성재**(金聖宰) 한양대 1976.09.17

| 대회 | 연도 | 소속 | 출전 | 교체 | 득점 | 도움 | 실점 | 파울 | 경고 | 퇴장 |
|---|---|---|---|---|---|---|---|---|---|---|
| K1 | 1999 | 안양LG | 24 | 12 | 4 | 1 | 0 | 19 | 1 | 0 |
| | 2000 | 안양LG | 26 | 9 | 3 | 5 | 0 | 34 | 4 | 0 |
| | 2001 | 안양LG | 22 | 4 | 1 | 1 | 0 | 38 | 6 | 0 |
| | 2002 | 안양LG | 25 | 8 | 3 | 0 | 0 | 38 | 2 | 0 |
| | 2003 | 안양LG | 29 | 14 | 0 | 1 | 0 | 45 | 3 | 0 |
| | 2004 | 서울 | 10 | 9 | 0 | 1 | 0 | 11 | 2 | 0 |
| | 2005 | 서울 | 19 | 14 | 0 | 0 | 0 | 27 | 1 | 0 |
| | 2006 | 경남 | 14 | 7 | 0 | 0 | 0 | 21 | 2 | 0 |
| | 2007 | 전남 | 15 | 9 | 0 | 0 | 0 | 29 | 1 | 0 |
| | 2008 | 전남 | 22 | 7 | 0 | 1 | 0 | 26 | 2 | 0 |
| | 2009 | 전남 | 1 | 1 | 0 | 0 | 0 | 0 | 0 | 0 |
| PO | 2000 | 안양LG | 2 | 1 | 0 | 0 | 0 | 1 | 0 | 0 |
| 컵 | 1999 | 안양LG | 10 | 3 | 1 | 0 | 0 | 14 | 1 | 0 |
| | 2000 | 안양LG | 6 | 5 | 0 | 1 | 0 | 9 | 0 | 0 |
| | 2001 | 안양LG | 7 | 1 | 1 | 0 | 0 | 15 | 0 | 0 |
| | 2002 | 안양LG | 4 | 3 | 0 | 0 | 0 | 3 | 0 | 0 |
| | 2004 | 서울 | 11 | 1 | 0 | 0 | 0 | 17 | 2 | 0 |
| | 2005 | 서울 | 8 | 2 | 0 | 0 | 0 | 13 | 2 | 0 |
| | 2006 | 경남 | 9 | 4 | 0 | 0 | 0 | 14 | 2 | 0 |
| | 2007 | 전남 | 1 | 1 | 0 | 0 | 0 | 1 | 0 | 0 |
| | 2008 | 전남 | 3 | 2 | 0 | 0 | 0 | 2 | 1 | 0 |
| | 2009 | 전남 | 1 | 1 | 0 | 0 | 0 | 0 | 0 | 0 |
| 통산 | | | 269 | 118 | 13 | 11 | 0 | 377 | 32 | 0 |

**김성주**(金成柱/←김영근) 숭실대 1990.11.15

| 대회 | 연도 | 소속 | 출전 | 교체 | 득점 | 도움 | 실점 | 파울 | 경고 | 퇴장 |
|---|---|---|---|---|---|---|---|---|---|---|
| K1 | 2016 | 상주 | 11 | 6 | 0 | 1 | 0 | 3 | 0 | 0 |
| | 2017 | 상주 | 21 | 5 | 0 | 1 | 0 | 17 | 3 | 0 |
| | 2018 | 울산 | 2 | 2 | 0 | 0 | 0 | 1 | 0 | 0 |
| | 2018 | 제주 | 13 | 2 | 1 | 0 | 0 | 13 | 1 | 0 |
| | 2019 | 제주 | 19 | 13 | 0 | 1 | 0 | 10 | 1 | 0 |
| | 2020 | 인천 | 14 | 3 | 0 | 0 | 0 | 8 | 0 | 0 |
| | 2021 | 포항 | 3 | 3 | 0 | 0 | 0 | 3 | 1 | 0 |
| K2 | 2015 | 서울E | 36 | 14 | 5 | 6 | 0 | 29 | 4 | 0 |
| | 2017 | 서울E | 5 | 2 | 0 | 0 | 0 | 4 | 1 | 1 |
| | 2023 | 충남아산 | 16 | 11 | 0 | 1 | 0 | 12 | 3 | 0 |
| | 2024 | 김포 | 20 | 19 | 0 | 1 | 0 | 1 | 0 | 0 |
| PO | 2015 | 서울E | 1 | 0 | 0 | 0 | 0 | 1 | 0 | 0 |
| 통산 | | | 161 | 80 | 6 | 11 | 0 | 102 | 14 | 1 |

**김성주**(金晟柱) 광양제철고 1998.08.23

| 대회 | 연도 | 소속 | 출전 | 교체 | 득점 | 도움 | 실점 | 파울 | 경고 | 퇴장 |
|---|---|---|---|---|---|---|---|---|---|---|
| K1 | 2017 | 전남 | 2 | 3 | 0 | 0 | 0 | 0 | 0 | 0 |
| K2 | 2018 | 대전 | 6 | 6 | 0 | 0 | 0 | 7 | 1 | 0 |
| 통산 | | | 8 | 9 | 0 | 0 | 0 | 7 | 1 | 0 |

**김성주**(金成柱) 호남대 1999.02.21

| 대회 | 연도 | 소속 | 출전 | 교체 | 득점 | 도움 | 실점 | 파울 | 경고 | 퇴장 |
|---|---|---|---|---|---|---|---|---|---|---|
| K2 | 2023 | 천안 | 10 | 6 | 0 | 0 | 0 | 6 | 1 | 0 |
| | 2024 | 천안 | 16 | 9 | 0 | 0 | 0 | 5 | 0 | 0 |
| | 2025 | 천안 | 17 | 6 | 0 | 2 | 0 | 8 | 1 | 0 |
| 통산 | | | 43 | 21 | 0 | 2 | 0 | 19 | 2 | 0 |

**김성준**(金聖埈) 홍익대 1988.04.08

| 대회 | 연도 | 소속 | 출전 | 교체 | 득점 | 도움 | 실점 | 파울 | 경고 | 퇴장 |
|---|---|---|---|---|---|---|---|---|---|---|
| K1 | 2009 | 대전 | 11 | 5 | 1 | 1 | 0 | 27 | 2 | 0 |
| | 2010 | 대전 | 23 | 12 | 1 | 1 | 0 | 42 | 5 | 0 |
| | 2011 | 대전 | 29 | 2 | 2 | 5 | 0 | 45 | 4 | 0 |
| | 2012 | 성남일화 | 37 | 7 | 3 | 5 | 0 | 49 | 6 | 0 |
| | 2013 | 성남일화 | 26 | 15 | 4 | 3 | 0 | 37 | 7 | 0 |
| | 2014 | 성남 | 5 | 5 | 0 | 0 | 0 | 3 | 0 | 0 |
| | 2015 | 성남 | 31 | 15 | 3 | 2 | 0 | 35 | 3 | 0 |
| | 2016 | 상주 | 36 | 12 | 3 | 0 | 0 | 33 | 3 | 0 |
| | 2017 | 상주 | 19 | 7 | 1 | 0 | 0 | 26 | 5 | 0 |
| | 2018 | 서울 | 11 | 5 | 1 | 0 | 0 | 15 | 0 | 0 |
| | 2019 | 울산 | 5 | 5 | 0 | 0 | 0 | 0 | 0 | 0 |
| | 2020 | 울산 | 3 | 3 | 0 | 0 | 0 | 4 | 0 | 0 |
| | 2021 | 울산 | 14 | 13 | 0 | 2 | 0 | 13 | 1 | 0 |
| | 2022 | 울산 | 3 | 2 | 0 | 0 | 0 | 4 | 0 | 1 |
| | 2023 | 울산 | 6 | 6 | 0 | 1 | 0 | 2 | 0 | 0 |
| K2 | 2024 | 천안 | 26 | 19 | 2 | 3 | 0 | 14 | 1 | 0 |
| | 2025 | 천안 | 27 | 24 | 5 | 3 | 0 | 18 | 4 | 0 |
| 컵 | 2009 | 대전 | 4 | 2 | 0 | 0 | 0 | 7 | 1 | 0 |
| | 2010 | 대전 | 3 | 2 | 0 | 0 | 0 | 10 | 1 | 0 |
| | 2011 | 대전 | 1 | 1 | 0 | 0 | 0 | 1 | 0 | 0 |
| 통산 | | | 320 | 162 | 26 | 26 | 0 | 385 | 43 | 1 |

**김성진**(金成陳) 중동고 1975.05.06

| 대회 | 연도 | 소속 | 출전 | 교체 | 득점 | 도움 | 실점 | 파울 | 경고 | 퇴장 |
|---|---|---|---|---|---|---|---|---|---|---|
| K1 | 1993 | LG | 1 | 1 | 0 | 0 | 0 | 0 | 0 | 0 |
| 통산 | | | 1 | 1 | 0 | 0 | 0 | 0 | 0 | 0 |

**김성진**(金成珍) 명지대 1990.07.02

| 대회 | 연도 | 소속 | 출전 | 교체 | 득점 | 도움 | 실점 | 파울 | 경고 | 퇴장 |
|---|---|---|---|---|---|---|---|---|---|---|
| K2 | 2013 | 광주 | 2 | 2 | 0 | 0 | 0 | 0 | 0 | 0 |
| 통산 | | | 2 | 2 | 0 | 0 | 0 | 0 | 0 | 0 |

**김성철**(金成喆) 숭실대 1980.05.12

| 대회 | 연도 | 소속 | 출전 | 교체 | 득점 | 도움 | 실점 | 파울 | 경고 | 퇴장 |
|---|---|---|---|---|---|---|---|---|---|---|
| K1 | 2003 | 부천SK | 15 | 2 | 0 | 0 | 0 | 23 | 5 | 0 |
| | 2004 | 부천SK | 5 | 3 | 0 | 0 | 0 | 10 | 2 | 0 |
| 컵 | 2004 | 부천SK | 10 | 0 | 0 | 0 | 0 | 26 | 2 | 0 |
| 통산 | | | 30 | 5 | 0 | 0 | 0 | 59 | 9 | 0 |

**김성현**(金成炫) 진주고 1993.06.25

| 대회 | 연도 | 소속 | 출전 | 교체 | 득점 | 도움 | 실점 | 파울 | 경고 | 퇴장 |
|---|---|---|---|---|---|---|---|---|---|---|
| K1 | 2012 | 경남 | 5 | 2 | 0 | 0 | 0 | 9 | 1 | 0 |
| | 2013 | 경남 | 11 | 7 | 0 | 0 | 0 | 17 | 3 | 0 |
| K2 | 2014 | 충주 | 3 | 1 | 0 | 0 | 0 | 2 | 0 | 0 |
| | 2014 | 안산경찰 | 8 | 1 | 0 | 0 | 0 | 10 | 3 | 0 |
| | 2015 | 안산경찰 | 2 | 2 | 0 | 0 | 0 | 0 | 0 | 0 |
| | 2016 | 안산무궁 | 0 | 0 | 0 | 0 | 0 | 0 | 0 | 0 |
| | 2016 | 경남 | 0 | 0 | 0 | 0 | 0 | 0 | 0 | 0 |
| | 2020 | 서울E | 6 | 3 | 0 | 0 | 0 | 10 | 3 | 0 |
| | 2021 | 서울E | 1 | 0 | 0 | 0 | 0 | 0 | 1 | 0 |
| PO | 2014 | 안산경찰 | 1 | 0 | 0 | 0 | 0 | 3 | 0 | 0 |
| 통산 | | | 37 | 16 | 0 | 0 | 0 | 51 | 11 | 0 |

**김성현**(金成賢) 남부대 1990.07.01

| 대회 | 연도 | 소속 | 출전 | 교체 | 득점 | 도움 | 실점 | 파울 | 경고 | 퇴장 |
|---|---|---|---|---|---|---|---|---|---|---|
| K1 | 2015 | 광주 | 4 | 4 | 0 | 0 | 0 | 3 | 0 | 0 |
| 통산 | | | 4 | 4 | 0 | 0 | 0 | 3 | 0 | 0 |

**김성현**(金晟賢) 성균관대 1993.06.04

| 대회 | 연도 | 소속 | 출전 | 교체 | 득점 | 도움 | 실점 | 파울 | 경고 | 퇴장 |
|---|---|---|---|---|---|---|---|---|---|---|
| K1 | 2016 | 수원FC | 0 | 0 | 0 | 0 | 0 | 0 | 0 | 0 |
| 통산 | | | 0 | 0 | 0 | 0 | 0 | 0 | 0 | 0 |

**김성현**(金猩賢) 전주대 2004.11.17

| 대회 | 연도 | 소속 | 출전 | 교체 | 득점 | 도움 | 실점 | 파울 | 경고 | 퇴장 |
|---|---|---|---|---|---|---|---|---|---|---|
| K2 | 2025 | 충남아산 | 7 | 7 | 0 | 0 | 0 | 2 | 0 | 0 |
| 통산 | | | 7 | 7 | 0 | 0 | 0 | 2 | 0 | 0 |

**김성호**(金聖昊) 국민대 1970.05.16

| 대회 | 연도 | 소속 | 출전 | 교체 | 득점 | 도움 | 실점 | 파울 | 경고 | 퇴장 |
|---|---|---|---|---|---|---|---|---|---|---|
| K1 | 1994 | 버팔로 | 28 | 9 | 5 | 4 | 0 | 33 | 1 | 0 |
| | 1995 | 전북 | 13 | 8 | 1 | 1 | 0 | 22 | 0 | 0 |
| 컵 | 1994 | 버팔로 | 5 | 2 | 0 | 1 | 0 | 9 | 0 | 0 |
| | 1995 | 전북 | 6 | 6 | 0 | 0 | 0 | 6 | 0 | 0 |
| 통산 | | | 52 | 25 | 6 | 6 | 0 | 70 | 1 | 0 |

**김성환**(金城煥) 동아대 1986.12.15

| 대회 | 연도 | 소속 | 출전 | 교체 | 득점 | 도움 | 실점 | 파울 | 경고 | 퇴장 |
|---|---|---|---|---|---|---|---|---|---|---|
| K1 | 2009 | 성남일화 | 24 | 6 | 4 | 2 | 0 | 41 | 5 | 0 |
| | 2010 | 성남일화 | 27 | 1 | 1 | 0 | 0 | 36 | 6 | 0 |
| | 2011 | 성남일화 | 29 | 2 | 1 | 2 | 0 | 65 | 5 | 0 |
| | 2012 | 성남일화 | 23 | 2 | 2 | 1 | 0 | 42 | 7 | 0 |
| | 2013 | 울산 | 34 | 7 | 2 | 2 | 0 | 56 | 9 | 0 |
| | 2014 | 울산 | 28 | 6 | 1 | 1 | 0 | 42 | 12 | 0 |
| | 2016 | 울산 | 6 | 0 | 0 | 0 | 0 | 11 | 3 | 0 |
| | 2016 | 상주 | 23 | 5 | 7 | 1 | 0 | 26 | 3 | 0 |
| | 2017 | 울산 | 19 | 12 | 1 | 0 | 0 | 28 | 5 | 0 |
| K2 | 2015 | 상주 | 28 | 12 | 9 | 2 | 0 | 46 | 9 | 0 |
| PO | 2009 | 성남일화 | 5 | 0 | 0 | 1 | 0 | 9 | 2 | 0 |
| | 2010 | 성남일화 | 2 | 0 | 0 | 0 | 0 | 6 | 1 | 0 |
| 컵 | 2009 | 성남일화 | 4 | 0 | 0 | 0 | 0 | 6 | 1 | 0 |
| | 2010 | 성남일화 | 3 | 0 | 0 | 0 | 0 | 4 | 0 | 0 |
| | 2011 | 성남일화 | 5 | 1 | 0 | 0 | 0 | 4 | 0 | 0 |
| 통산 | | | 260 | 54 | 28 | 12 | 0 | 422 | 68 | 0 |

**김성훈**(金盛勳) 경희대 1991.05.24

| 대회 | 연도 | 소속 | 출전 | 교체 | 득점 | 도움 | 실점 | 파울 | 경고 | 퇴장 |
|---|---|---|---|---|---|---|---|---|---|---|
| K2 | 2015 | 고양 | 1 | 0 | 0 | 0 | 0 | 0 | 0 | 0 |
| 통산 | | | 1 | 0 | 0 | 0 | 0 | 0 | 0 | 0 |

**김성훈**(金成勳) 매탄고 1999.06.03

| 대회 | 연도 | 소속 | 출전 | 교체 | 득점 | 도움 | 실점 | 파울 | 경고 | 퇴장 |
|---|---|---|---|---|---|---|---|---|---|---|
| K2 | 2018 | 대전 | 0 | 0 | 0 | 0 | 0 | 0 | 0 | 0 |
| 통산 | | | 0 | 0 | 0 | 0 | 0 | 0 | 0 | 0 |

**김세윤**(金歲尹) 충남기계공고 1999.04.29

| 대회 | 연도 | 소속 | 출전 | 교체 | 득점 | 도움 | 실점 | 파울 | 경고 | 퇴장 |
|---|---|---|---|---|---|---|---|---|---|---|
| K2 | 2018 | 대전 | 1 | 1 | 0 | 0 | 0 | 0 | 0 | 0 |
| | 2019 | 대전 | 9 | 8 | 0 | 0 | 0 | 6 | 2 | 0 |
| | 2020 | 대전 | 7 | 7 | 0 | 0 | 0 | 8 | 2 | 0 |
| | 2021 | 대전 | 1 | 1 | 0 | 0 | 0 | 2 | 0 | 0 |
| | 2022 | 경남 | 7 | 7 | 0 | 2 | 0 | 6 | 0 | 0 |
| | 2023 | 천안 | 5 | 5 | 0 | 0 | 0 | 4 | 0 | 0 |
| PO | 2020 | 대전 | 1 | 1 | 0 | 0 | 0 | 0 | 0 | 0 |
| 통산 | | | 31 | 30 | 0 | 2 | 0 | 26 | 4 | 0 |

**김세인**(金世仁) 영남대 1976.10.02

| 대회 | 연도 | 소속 | 출전 | 교체 | 득점 | 도움 | 실점 | 파울 | 경고 | 퇴장 |
|---|---|---|---|---|---|---|---|---|---|---|
| K1 | 1999 | 포항 | 20 | 14 | 3 | 3 | 0 | 19 | 0 | 0 |
| 컵 | 1999 | 포항 | 10 | 6 | 1 | 1 | 0 | 5 | 1 | 0 |
| 통산 | | | 30 | 20 | 4 | 4 | 0 | 24 | 1 | 0 |

**김세일**(金世一) 동국대 1958.07.25

| 대회 | 연도 | 소속 | 출전 | 교체 | 득점 | 도움 | 실점 | 파울 | 경고 | 퇴장 |
|---|---|---|---|---|---|---|---|---|---|---|
| K1 | 1984 | 한일은행 | 19 | 8 | 2 | 1 | 0 | 10 | 1 | 0 |
| 통산 | | | 19 | 8 | 2 | 1 | 0 | 10 | 1 | 0 |

**김세준**(金世埈) 청구고 1992.04.11

| 대회 | 연도 | 소속 | 출전 | 교체 | 득점 | 도움 | 실점 | 파울 | 경고 | 퇴장 |
|---|---|---|---|---|---|---|---|---|---|---|
| K1 | 2012 | 경남 | 0 | 0 | 0 | 0 | 0 | 0 | 0 | 0 |
| 통산 | | | 0 | 0 | 0 | 0 | 0 | 0 | 0 | 0 |

**김세훈**(金世勳) 중앙대 1991.12.27

| 대회 | 연도 | 소속 | 출전 | 교체 | 득점 | 도움 | 실점 | 파울 | 경고 | 퇴장 |
|---|---|---|---|---|---|---|---|---|---|---|
| K1 | 2016 | 인천 | 1 | 1 | 0 | 0 | 0 | 1 | 0 | 0 |
| 통산 | | | 1 | 1 | 0 | 0 | 0 | 1 | 0 | 0 |

**김세훈**(金勢勳) 대건고 2004.01.20

| 대회 | 연도 | 소속 | 출전 | 교체 | 득점 | 도움 | 실점 | 파울 | 경고 | 퇴장 |
|---|---|---|---|---|---|---|---|---|---|---|
| K1 | 2023 | 인천 | 1 | 1 | 0 | 0 | 0 | 0 | 0 | 0 |
| | 2024 | 인천 | 3 | 3 | 0 | 0 | 0 | 2 | 0 | 0 |
| K2 | 2025 | 인천 | 1 | 1 | 0 | 0 | 0 | 1 | 1 | 0 |
| | 2025 | 부산 | 20 | 15 | 0 | 1 | 0 | 9 | 1 | 0 |
| 통산 | | | 25 | 20 | 0 | 1 | 0 | 12 | 2 | 0 |

**김소웅**(金邵雄) 풍생고 1999.06.17

| 대회 | 연도 | 소속 | 출전 | 교체 | 득점 | 도움 | 실점 | 파울 | 경고 | 퇴장 |
|---|---|---|---|---|---|---|---|---|---|---|
| K1 | 2019 | 성남 | 5 | 5 | 0 | 1 | 0 | 3 | 0 | 0 |

| 대회 | 연도 | 소속 | 출전 | 교체 | 득점 | 도움 | 실점 | 파울 | 경고 | 퇴장 |
|---|---|---|---|---|---|---|---|---|---|---|
| K2 | 2018 | 성남 | 4 | 4 | 0 | 0 | 0 | 3 | 1 | 0 |
| | 2021 | 경남 | 3 | 3 | 0 | 0 | 0 | 2 | 1 | 0 |
| 통산 | | | 12 | 12 | 0 | 1 | 0 | 8 | 2 | 0 |

**김수길**(金秀吉) 명지대 1959.03.06

| 대회 | 연도 | 소속 | 출전 | 교체 | 득점 | 도움 | 실점 | 파울 | 경고 | 퇴장 |
|---|---|---|---|---|---|---|---|---|---|---|
| K1 | 1983 | 국민은행 | 14 | 4 | 3 | 0 | 0 | 14 | 0 | 0 |
| | 1984 | 국민은행 | 5 | 1 | 0 | 1 | 0 | 5 | 0 | 0 |
| | 1985 | 럭키금성 | 2 | 2 | 0 | 0 | 0 | 0 | 0 | 0 |
| 통산 | | | 21 | 7 | 3 | 1 | 0 | 19 | 0 | 0 |

**김수범**(金洙範) 상지대 1990.10.02

| 대회 | 연도 | 소속 | 출전 | 교체 | 득점 | 도움 | 실점 | 파울 | 경고 | 퇴장 |
|---|---|---|---|---|---|---|---|---|---|---|
| K1 | 2011 | 광주 | 20 | 6 | 0 | 3 | 0 | 41 | 7 | 0 |
| | 2012 | 광주 | 38 | 2 | 0 | 4 | 0 | 80 | 11 | 0 |
| | 2014 | 제주 | 31 | 8 | 1 | 1 | 0 | 46 | 10 | 0 |
| | 2015 | 제주 | 17 | 4 | 0 | 0 | 0 | 27 | 4 | 0 |
| | 2016 | 제주 | 0 | 0 | 0 | 0 | 0 | 0 | 0 | 0 |
| | 2017 | 제주 | 6 | 0 | 0 | 1 | 0 | 9 | 2 | 0 |
| | 2018 | 제주 | 16 | 1 | 0 | 0 | 0 | 16 | 2 | 0 |
| | 2020 | 강원 | 3 | 0 | 1 | 0 | 0 | 2 | 0 | 0 |
| | 2021 | 강원 | 18 | 9 | 0 | 1 | 0 | 17 | 1 | 0 |
| | 2021 | 수원FC | 9 | 5 | 0 | 0 | 0 | 8 | 0 | 0 |
| K2 | 2013 | 광주 | 31 | 2 | 2 | 0 | 0 | 42 | 2 | 0 |
| | 2022 | 김포 | 11 | 2 | 0 | 2 | 0 | 19 | 3 | 0 |
| | 2022 | 전남 | 16 | 7 | 0 | 1 | 0 | 12 | 2 | 0 |
| | 2023 | 전남 | 25 | 6 | 0 | 1 | 0 | 17 | 3 | 1 |
| 컵 | 2011 | 광주 | 3 | 0 | 0 | 0 | 0 | 3 | 0 | 0 |
| 통산 | | | 244 | 52 | 4 | 14 | 0 | 339 | 47 | 1 |

**김수안**(金秀岸/←김용진) 건국대 1993.06.10

| 대회 | 연도 | 소속 | 출전 | 교체 | 득점 | 도움 | 실점 | 파울 | 경고 | 퇴장 |
|---|---|---|---|---|---|---|---|---|---|---|
| K1 | 2017 | 울산 | 12 | 12 | 0 | 0 | 0 | 11 | 2 | 0 |
| | 2018 | 울산 | 1 | 1 | 0 | 0 | 0 | 0 | 0 | 0 |
| | 2019 | 울산 | 9 | 2 | 1 | 0 | 0 | 13 | 3 | 0 |
| K2 | 2015 | 강원 | 14 | 7 | 0 | 2 | 0 | 10 | 2 | 0 |
| | 2016 | 충주 | 7 | 7 | 0 | 0 | 0 | 7 | 0 | 0 |
| | 2020 | 서울E | 12 | 9 | 0 | 0 | 0 | 14 | 4 | 0 |
| | 2023 | 서울E | 13 | 11 | 0 | 1 | 0 | 8 | 1 | 0 |
| | 2024 | 충남아산 | 5 | 5 | 0 | 0 | 0 | 3 | 2 | 0 |
| 통산 | | | 73 | 54 | 1 | 3 | 0 | 66 | 14 | 0 |

**김수연**(金水連) 동국대 1983.04.17

| 대회 | 연도 | 소속 | 출전 | 교체 | 득점 | 도움 | 실점 | 파울 | 경고 | 퇴장 |
|---|---|---|---|---|---|---|---|---|---|---|
| K1 | 2006 | 포항 | 0 | 0 | 0 | 0 | 0 | 0 | 0 | 0 |
| | 2007 | 포항 | 5 | 1 | 1 | 0 | 0 | 16 | 2 | 0 |
| | 2008 | 포항 | 2 | 1 | 0 | 0 | 0 | 3 | 0 | 0 |
| | 2009 | 광주상무 | 3 | 3 | 0 | 0 | 0 | 6 | 0 | 0 |
| | 2010 | 광주상무 | 3 | 1 | 1 | 0 | 0 | 6 | 1 | 0 |
| PO | 2007 | 포항 | 2 | 1 | 0 | 0 | 0 | 10 | 2 | 0 |
| 컵 | 2006 | 포항 | 4 | 1 | 0 | 0 | 0 | 8 | 1 | 0 |
| | 2007 | 포항 | 6 | 0 | 1 | 0 | 0 | 19 | 2 | 1 |
| | 2009 | 광주상무 | 1 | 0 | 0 | 0 | 0 | 4 | 1 | 0 |
| 통산 | | | 26 | 8 | 3 | 0 | 0 | 72 | 9 | 1 |

**김수진**(金壽珍) 대구대 1977.06.13

| 대회 | 연도 | 소속 | 출전 | 교체 | 득점 | 도움 | 실점 | 파울 | 경고 | 퇴장 |
|---|---|---|---|---|---|---|---|---|---|---|
| K1 | 2000 | 포항 | 0 | 0 | 0 | 0 | 0 | 0 | 0 | 0 |
| 통산 | | | 0 | 0 | 0 | 0 | 0 | 0 | 0 | 0 |

**김수현**(金樹炫) 고려대 1967.07.28

| 대회 | 연도 | 소속 | 출전 | 교체 | 득점 | 도움 | 실점 | 파울 | 경고 | 퇴장 |
|---|---|---|---|---|---|---|---|---|---|---|
| K1 | 1990 | 현대 | 1 | 1 | 0 | 0 | 0 | 0 | 0 | 0 |
| 통산 | | | 1 | 1 | 0 | 0 | 0 | 0 | 0 | 0 |

**김수형**(金洙亨) 부경대 1983.03.26

| 대회 | 연도 | 소속 | 출전 | 교체 | 득점 | 도움 | 실점 | 파울 | 경고 | 퇴장 |
|---|---|---|---|---|---|---|---|---|---|---|
| K1 | 2003 | 부산 | 4 | 4 | 0 | 1 | 0 | 2 | 1 | 0 |
| | 2004 | 부산 | 2 | 2 | 0 | 0 | 0 | 0 | 0 | 0 |
| | 2006 | 광주상무 | 3 | 3 | 0 | 0 | 0 | 3 | 0 | 0 |
| 컵 | 2004 | 부산 | 2 | 2 | 0 | 0 | 0 | 1 | 0 | 0 |
| | 2006 | 광주상무 | 10 | 4 | 0 | 0 | 0 | 19 | 1 | 0 |
| 통산 | | | 21 | 15 | 0 | 1 | 0 | 25 | 2 | 0 |

**김순호**(金淳鎬) 경신고 1982.01.08

| 대회 | 연도 | 소속 | 출전 | 교체 | 득점 | 도움 | 실점 | 파울 | 경고 | 퇴장 |
|---|---|---|---|---|---|---|---|---|---|---|
| K1 | 2004 | 성남일화 | 1 | 1 | 0 | 0 | 0 | 0 | 0 | 0 |
| 통산 | | | 1 | 1 | 0 | 0 | 0 | 0 | 0 | 0 |

**김슬기**(金슬기) 전주대 1992.11.06

| 대회 | 연도 | 소속 | 출전 | 교체 | 득점 | 도움 | 실점 | 파울 | 경고 | 퇴장 |
|---|---|---|---|---|---|---|---|---|---|---|
| K1 | 2014 | 경남 | 20 | 18 | 0 | 1 | 0 | 8 | 1 | 0 |
| K2 | 2015 | 경남 | 15 | 10 | 1 | 1 | 0 | 10 | 0 | 0 |
| | 2016 | 경남 | 16 | 15 | 0 | 0 | 0 | 9 | 0 | 0 |
| PO | 2014 | 경남 | 0 | 0 | 0 | 0 | 0 | 0 | 0 | 0 |
| 통산 | | | 51 | 43 | 1 | 2 | 0 | 27 | 1 | 0 |

**김승건**(金昇建) 예원예술대 1999.02.08

| 대회 | 연도 | 소속 | 출전 | 교체 | 득점 | 도움 | 실점 | 파울 | 경고 | 퇴장 |
|---|---|---|---|---|---|---|---|---|---|---|
| K2 | 2025 | 화성 | 33 | 0 | 0 | 1 | 42 | 2 | 2 | 0 |
| 통산 | | | 33 | 0 | 0 | 1 | 42 | 2 | 2 | 0 |

**김승규**(金承奎) 현대고 1990.09.30

| 대회 | 연도 | 소속 | 출전 | 교체 | 득점 | 도움 | 실점 | 파울 | 경고 | 퇴장 |
|---|---|---|---|---|---|---|---|---|---|---|
| K1 | 2008 | 울산 | 0 | 0 | 0 | 0 | 0 | 0 | 0 | 0 |
| | 2009 | 울산 | 0 | 0 | 0 | 0 | 0 | 0 | 0 | 0 |
| | 2010 | 울산 | 3 | 1 | 0 | 0 | 0 | 0 | 1 | 0 |
| | 2011 | 울산 | 0 | 0 | 0 | 0 | 0 | 0 | 0 | 0 |
| | 2012 | 울산 | 12 | 0 | 0 | 0 | 20 | 0 | 0 | 0 |
| | 2013 | 울산 | 32 | 0 | 0 | 0 | 27 | 1 | 2 | 0 |
| | 2014 | 울산 | 29 | 0 | 0 | 0 | 28 | 1 | 3 | 0 |
| | 2015 | 울산 | 34 | 1 | 0 | 0 | 42 | 0 | 3 | 0 |
| | 2019 | 울산 | 16 | 0 | 0 | 1 | 21 | 0 | 2 | 0 |
| PO | 2008 | 울산 | 2 | 2 | 0 | 0 | 0 | 0 | 0 | 0 |
| | 2011 | 울산 | 2 | 1 | 0 | 0 | 0 | 0 | 0 | 0 |
| 컵 | 2008 | 울산 | 0 | 0 | 0 | 0 | 0 | 0 | 0 | 0 |
| | 2009 | 울산 | 0 | 0 | 0 | 0 | 0 | 0 | 0 | 0 |
| | 2010 | 울산 | 4 | 0 | 0 | 0 | 7 | 0 | 0 | 0 |
| 통산 | | | 134 | 5 | 0 | 1 | 145 | 2 | 11 | 0 |

**김승대**(金承大) 영남대 1991.04.01

| 대회 | 연도 | 소속 | 출전 | 교체 | 득점 | 도움 | 실점 | 파울 | 경고 | 퇴장 |
|---|---|---|---|---|---|---|---|---|---|---|
| K1 | 2013 | 포항 | 21 | 12 | 3 | 6 | 0 | 27 | 1 | 0 |
| | 2014 | 포항 | 30 | 6 | 10 | 8 | 0 | 34 | 4 | 0 |
| | 2015 | 포항 | 34 | 9 | 8 | 4 | 0 | 17 | 1 | 0 |
| | 2017 | 포항 | 11 | 5 | 2 | 1 | 0 | 3 | 0 | 1 |
| | 2018 | 포항 | 38 | 0 | 8 | 5 | 0 | 19 | 0 | 0 |
| | 2019 | 포항 | 20 | 0 | 3 | 7 | 0 | 9 | 2 | 0 |
| | 2019 | 전북 | 11 | 9 | 1 | 1 | 0 | 7 | 0 | 0 |
| | 2020 | 강원 | 22 | 9 | 2 | 6 | 0 | 4 | 0 | 0 |
| | 2021 | 전북 | 20 | 20 | 0 | 1 | 0 | 8 | 0 | 0 |
| | 2022 | 전북 | 1 | 2 | 0 | 0 | 0 | 2 | 0 | 0 |
| | 2022 | 포항 | 27 | 24 | 6 | 1 | 0 | 22 | 1 | 0 |
| | 2023 | 포항 | 35 | 19 | 3 | 7 | 0 | 13 | 2 | 0 |
| | 2024 | 대전 | 26 | 18 | 2 | 3 | 0 | 7 | 1 | 0 |
| | 2025 | 대전 | 4 | 4 | 0 | 0 | 0 | 2 | 0 | 0 |
| 통산 | | | 300 | 137 | 48 | 50 | 0 | 174 | 12 | 1 |

**김승명**(金承明) 전주대 1987.09.01

| 대회 | 연도 | 소속 | 출전 | 교체 | 득점 | 도움 | 실점 | 파울 | 경고 | 퇴장 |
|---|---|---|---|---|---|---|---|---|---|---|
| K1 | 2010 | 강원 | 2 | 1 | 0 | 0 | 0 | 2 | 0 | 0 |
| 컵 | 2010 | 강원 | 1 | 1 | 0 | 0 | 0 | 0 | 0 | 0 |
| 통산 | | | 3 | 2 | 0 | 0 | 0 | 2 | 0 | 0 |

**김승민**(金承敏) 매탄고 1992.09.16

| 대회 | 연도 | 소속 | 출전 | 교체 | 득점 | 도움 | 실점 | 파울 | 경고 | 퇴장 |
|---|---|---|---|---|---|---|---|---|---|---|
| 컵 | 2011 | 수원 | 0 | 0 | 0 | 0 | 0 | 0 | 0 | 0 |
| 통산 | | | 0 | 0 | 0 | 0 | 0 | 0 | 0 | 0 |

**김승섭**(金承燮) 경희대 1996.11.01

| 대회 | 연도 | 소속 | 출전 | 교체 | 득점 | 도움 | 실점 | 파울 | 경고 | 퇴장 |
|---|---|---|---|---|---|---|---|---|---|---|
| K1 | 2023 | 제주 | 29 | 28 | 2 | 1 | 0 | 9 | 3 | 0 |
| | 2024 | 제주 | 8 | 8 | 0 | 0 | 0 | 1 | 0 | 0 |
| | 2024 | 김천 | 12 | 12 | 2 | 1 | 0 | 3 | 1 | 0 |
| | 2025 | 김천 | 33 | 24 | 7 | 3 | 0 | 11 | 1 | 0 |
| | 2025 | 제주 | 4 | 4 | 1 | 0 | 0 | 1 | 0 | 0 |
| K2 | 2018 | 대전 | 21 | 20 | 2 | 1 | 0 | 9 | 0 | 0 |
| | 2019 | 대전 | 31 | 19 | 3 | 4 | 0 | 15 | 2 | 0 |
| | 2020 | 대전 | 14 | 11 | 2 | 2 | 0 | 4 | 0 | 0 |
| | 2021 | 대전 | 19 | 16 | 1 | 5 | 0 | 9 | 1 | 0 |
| | 2022 | 대전 | 31 | 30 | 5 | 3 | 0 | 4 | 1 | 0 |
| PO | 2020 | 대전 | 1 | 0 | 0 | 0 | 0 | 0 | 0 | 0 |
| | 2021 | 대전 | 4 | 2 | 0 | 0 | 0 | 0 | 0 | 0 |
| | 2022 | 대전 | 1 | 1 | 1 | 0 | 0 | 0 | 0 | 0 |
| | 2025 | 제주 | 2 | 2 | 1 | 0 | 0 | 2 | 0 | 0 |
| 통산 | | | 210 | 177 | 27 | 20 | 0 | 68 | 9 | 0 |

**김승안**(金承安) 한양대 1972.09.24

| 대회 | 연도 | 소속 | 출전 | 교체 | 득점 | 도움 | 실점 | 파울 | 경고 | 퇴장 |
|---|---|---|---|---|---|---|---|---|---|---|
| K1 | 1995 | 포항 | 1 | 0 | 0 | 0 | 1 | 0 | 0 | 0 |
| 컵 | 1994 | 포항제철 | 1 | 0 | 0 | 0 | 3 | 0 | 0 | 0 |
| | 1997 | 대전 | 2 | 2 | 0 | 0 | 5 | 0 | 0 | 0 |
| 통산 | | | 4 | 2 | 0 | 0 | 9 | 0 | 0 | 0 |

**김승용**(金承龍) 방송대 1985.03.14

| 대회 | 연도 | 소속 | 출전 | 교체 | 득점 | 도움 | 실점 | 파울 | 경고 | 퇴장 |
|---|---|---|---|---|---|---|---|---|---|---|
| K1 | 2004 | 서울 | 3 | 2 | 0 | 0 | 0 | 3 | 0 | 0 |
| | 2005 | 서울 | 14 | 8 | 1 | 2 | 0 | 18 | 1 | 0 |
| | 2006 | 서울 | 6 | 6 | 0 | 1 | 0 | 5 | 0 | 0 |
| | 2007 | 광주상무 | 16 | 7 | 0 | 1 | 0 | 17 | 0 | 0 |
| | 2008 | 광주상무 | 12 | 12 | 1 | 2 | 0 | 9 | 1 | 0 |
| | 2009 | 서울 | 22 | 17 | 1 | 3 | 0 | 25 | 4 | 1 |
| | 2010 | 전북 | 4 | 4 | 0 | 0 | 0 | 5 | 0 | 0 |
| | 2012 | 울산 | 34 | 26 | 3 | 6 | 0 | 47 | 6 | 0 |
| | 2013 | 울산 | 27 | 27 | 2 | 3 | 0 | 15 | 2 | 0 |
| | 2017 | 강원 | 34 | 29 | 3 | 6 | 0 | 13 | 2 | 0 |
| | 2018 | 강원 | 15 | 13 | 1 | 2 | 0 | 9 | 1 | 0 |
| | 2019 | 인천 | 2 | 2 | 0 | 0 | 0 | 0 | 0 | 0 |
| PO | 2006 | 서울 | 0 | 0 | 0 | 0 | 0 | 0 | 0 | 0 |
| | 2008 | 서울 | 1 | 1 | 1 | 1 | 0 | 2 | 0 | 0 |
| | 2009 | 서울 | 1 | 1 | 0 | 0 | 0 | 0 | 0 | 0 |
| 컵 | 2004 | 서울 | 11 | 6 | 0 | 2 | 0 | 20 | 0 | 0 |
| | 2005 | 서울 | 6 | 3 | 0 | 0 | 0 | 12 | 0 | 0 |
| | 2006 | 서울 | 7 | 6 | 1 | 1 | 0 | 11 | 0 | 0 |
| | 2007 | 광주상무 | 7 | 4 | 0 | 1 | 0 | 8 | 1 | 0 |
| | 2008 | 광주상무 | 7 | 4 | 2 | 0 | 0 | 19 | 0 | 0 |
| | 2009 | 서울 | 4 | 4 | 0 | 1 | 0 | 0 | 0 | 0 |
| | 2010 | 전북 | 1 | 1 | 1 | 0 | 0 | 4 | 1 | 0 |
| 통산 | | | 234 | 183 | 17 | 32 | 0 | 242 | 19 | 1 |

**김승우**(金承優) 연세대 1998.03.25

| 대회 | 연도 | 소속 | 출전 | 교체 | 득점 | 도움 | 실점 | 파울 | 경고 | 퇴장 |
|---|---|---|---|---|---|---|---|---|---|---|
| K1 | 2019 | 제주 | 8 | 6 | 0 | 0 | 0 | 0 | 1 | 0 |
| | 2023 | 광주 | 5 | 3 | 0 | 0 | 0 | 2 | 0 | 0 |
| | 2024 | 광주 | 2 | 0 | 0 | 0 | 0 | 1 | 0 | 0 |
| K2 | 2020 | 제주 | 1 | 1 | 0 | 0 | 0 | 0 | 0 | 0 |
| | 2021 | 부산 | 19 | 11 | 0 | 0 | 0 | 9 | 4 | 0 |
| | 2022 | 광주 | 5 | 3 | 0 | 0 | 0 | 2 | 2 | 0 |
| | 2025 | 충북청주 | 1 | 1 | 0 | 0 | 0 | 0 | 0 | 0 |
| 통산 | | | 41 | 25 | 0 | 0 | 0 | 14 | 7 | 0 |

**김승준**(金承俊) 숭실대 1994.09.11

| 대회 | 연도 | 소속 | 출전 | 교체 | 득점 | 도움 | 실점 | 파울 | 경고 | 퇴장 |
|---|---|---|---|---|---|---|---|---|---|---|
| K1 | 2015 | 울산 | 11 | 8 | 4 | 0 | 0 | 5 | 0 | 0 |
| | 2016 | 울산 | 30 | 23 | 8 | 2 | 0 | 15 | 1 | 0 |
| | 2017 | 울산 | 30 | 17 | 3 | 1 | 0 | 15 | 2 | 0 |
| | 2018 | 울산 | 19 | 17 | 2 | 3 | 0 | 10 | 0 | 1 |
| | 2019 | 경남 | 29 | 12 | 6 | 4 | 0 | 17 | 3 | 0 |
| | 2020 | 부산 | 11 | 11 | 0 | 0 | 0 | 12 | 0 | 0 |
| | 2021 | 수원FC | 22 | 22 | 1 | 1 | 0 | 14 | 1 | 0 |
| | 2022 | 수원FC | 32 | 32 | 5 | 2 | 0 | 10 | 0 | 1 |
| K2 | 2020 | 경남 | 1 | 1 | 0 | 0 | 0 | 0 | 0 | 0 |
| PO | 2019 | 경남 | 1 | 1 | 0 | 0 | 0 | 1 | 0 | 0 |
| 통산 | | | 186 | 144 | 29 | 13 | 0 | 99 | 7 | 2 |

**김승한**(金昇漢) 울산대 1974.05.11

| 대회 | 연도 | 소속 | 출전 | 교체 | 득점 | 도움 | 실점 | 파울 | 경고 | 퇴장 |
|---|---|---|---|---|---|---|---|---|---|---|
| K1 | 1997 | 대전 | 13 | 11 | 2 | 1 | 0 | 11 | 0 | 0 |
| | 1998 | 대전 | 14 | 12 | 2 | 1 | 0 | 14 | 1 | 0 |
| | 1999 | 대전 | 8 | 9 | 0 | 1 | 0 | 7 | 1 | 0 |
| 컵 | 1997 | 대전 | 9 | 9 | 0 | 0 | 0 | 9 | 2 | 0 |

| | 1998 | 대전 | 10 | 10 | 0 | 0 | 0 | 4 | 0 | 0 |
|---|---|---|---|---|---|---|---|---|---|---|
| | 1999 | 대전 | 5 | 5 | 0 | 0 | 0 | 4 | 0 | 0 |
| 통산 | | | 59 | 56 | 4 | 3 | 0 | 49 | 4 | 0 |

**김승현**(金承鉉) 호남대 1979.08.18

| 대회 | 연도 | 소속 | 출전 | 교체 | 득점 | 도움 | 실점 | 파울 | 경고 | 퇴장 |
|---|---|---|---|---|---|---|---|---|---|---|
| K1 | 2002 | 전남 | 8 | 7 | 0 | 0 | 0 | 4 | 1 | 0 |
| | 2003 | 전남 | 9 | 8 | 0 | 2 | 0 | 18 | 1 | 0 |
| | 2004 | 광주상무 | 8 | 7 | 2 | 0 | 0 | 13 | 1 | 0 |
| | 2005 | 광주상무 | 5 | 4 | 0 | 0 | 0 | 4 | 0 | 0 |
| | 2006 | 전남 | 8 | 7 | 0 | 0 | 0 | 11 | 0 | 0 |
| | 2007 | 전남 | 5 | 5 | 0 | 0 | 0 | 3 | 1 | 0 |
| | 2008 | 부산 | 18 | 12 | 4 | 2 | 0 | 22 | 1 | 1 |
| | 2009 | 전남 | 20 | 7 | 4 | 3 | 0 | 30 | 3 | 0 |
| | 2010 | 전남 | 6 | 4 | 2 | 0 | 0 | 6 | 1 | 0 |
| PO | 2009 | 전남 | 1 | 1 | 0 | 0 | 0 | 0 | 1 | 0 |
| 컵 | 2002 | 전남 | 8 | 1 | 3 | 0 | 0 | 7 | 2 | 0 |
| | 2004 | 광주상무 | 5 | 3 | 1 | 0 | 0 | 8 | 0 | 0 |
| | 2005 | 광주상무 | 7 | 5 | 0 | 0 | 0 | 6 | 0 | 0 |
| | 2006 | 전남 | 0 | 0 | 0 | 0 | 0 | 0 | 0 | 0 |
| | 2008 | 부산 | 7 | 4 | 1 | 0 | 0 | 13 | 0 | 0 |
| | 2009 | 전남 | 3 | 1 | 0 | 2 | 0 | 4 | 1 | 0 |
| | 2010 | 전남 | 3 | 2 | 0 | 0 | 0 | 3 | 0 | 0 |
| 통산 | | | 121 | 78 | 17 | 9 | 0 | 152 | 13 | 1 |

**김승호**(金承鎬) 명지대 1978.05.19

| 대회 | 연도 | 소속 | 출전 | 교체 | 득점 | 도움 | 실점 | 파울 | 경고 | 퇴장 |
|---|---|---|---|---|---|---|---|---|---|---|
| 컵 | 2001 | 안양LG | 2 | 2 | 0 | 0 | 0 | 1 | 0 | 0 |
| 통산 | | | 2 | 2 | 0 | 0 | 0 | 1 | 0 | 0 |

**김승호**(金承湖) 예원예술대 1989.04.24

| 대회 | 연도 | 소속 | 출전 | 교체 | 득점 | 도움 | 실점 | 파울 | 경고 | 퇴장 |
|---|---|---|---|---|---|---|---|---|---|---|
| K1 | 2011 | 인천 | 0 | 0 | 0 | 0 | 0 | 0 | 0 | 0 |
| 통산 | | | 0 | 0 | 0 | 0 | 0 | 0 | 0 | 0 |

**김승호**(金昇浩) 서정대 1998.10.01

| 대회 | 연도 | 소속 | 출전 | 교체 | 득점 | 도움 | 실점 | 파울 | 경고 | 퇴장 |
|---|---|---|---|---|---|---|---|---|---|---|
| K2 | 2023 | 충남아산 | 24 | 21 | 3 | 1 | 0 | 5 | 2 | 0 |
| | 2024 | 충남아산 | 31 | 12 | 1 | 6 | 0 | 11 | 5 | 0 |
| | 2025 | 충남아산 | 38 | 12 | 1 | 5 | 0 | 15 | 5 | 0 |
| PO | 2024 | 충남아산 | 2 | 2 | 0 | 0 | 0 | 0 | 0 | 0 |
| 통산 | | | 95 | 47 | 5 | 12 | 0 | 31 | 12 | 0 |

**김시만**(金時萬) 홍익대 1975.03.03

| 대회 | 연도 | 소속 | 출전 | 교체 | 득점 | 도움 | 실점 | 파울 | 경고 | 퇴장 |
|---|---|---|---|---|---|---|---|---|---|---|
| K1 | 1998 | 전남 | 1 | 1 | 0 | 0 | 0 | 1 | 0 | 0 |
| PO | 1998 | 전남 | 1 | 1 | 0 | 0 | 0 | 3 | 0 | 0 |
| 컵 | 1998 | 전남 | 1 | 2 | 0 | 0 | 0 | 1 | 0 | 0 |
| 통산 | | | 3 | 4 | 0 | 0 | 0 | 5 | 0 | 0 |

**김시우**(金始佑) 안동고 1997.06.26

| 대회 | 연도 | 소속 | 출전 | 교체 | 득점 | 도움 | 실점 | 파울 | 경고 | 퇴장 |
|---|---|---|---|---|---|---|---|---|---|---|
| K1 | 2017 | 광주 | 2 | 2 | 0 | 0 | 0 | 1 | 0 | 0 |
| K2 | 2018 | 광주 | 1 | 1 | 0 | 0 | 0 | 1 | 0 | 0 |
| 통산 | | | 3 | 3 | 0 | 0 | 0 | 2 | 0 | 0 |

**김시운**(金是橒) 홍익대 1984.01.29

| 대회 | 연도 | 소속 | 출전 | 교체 | 득점 | 도움 | 실점 | 파울 | 경고 | 퇴장 |
|---|---|---|---|---|---|---|---|---|---|---|
| K1 | 2006 | 포항 | 13 | 11 | 0 | 1 | 0 | 19 | 2 | 0 |
| | 2007 | 포항 | 9 | 8 | 0 | 0 | 0 | 11 | 1 | 0 |
| | 2008 | 포항 | 2 | 2 | 0 | 0 | 0 | 1 | 0 | 0 |
| 컵 | 2006 | 포항 | 9 | 7 | 0 | 0 | 0 | 12 | 0 | 0 |
| | 2007 | 포항 | 4 | 1 | 0 | 1 | 0 | 13 | 0 | 0 |
| | 2008 | 포항 | 0 | 0 | 0 | 0 | 0 | 0 | 0 | 0 |
| 통산 | | | 37 | 29 | 0 | 2 | 0 | 56 | 3 | 0 |

**김시훈**(←김교빈) 광운대 1987.12.29

| 대회 | 연도 | 소속 | 출전 | 교체 | 득점 | 도움 | 실점 | 파울 | 경고 | 퇴장 |
|---|---|---|---|---|---|---|---|---|---|---|
| K1 | 2012 | 대구 | 3 | 1 | 0 | 0 | 2 | 0 | 0 | 0 |
| | 2014 | 경남 | 0 | 0 | 0 | 0 | 0 | 0 | 0 | 0 |
| | 2016 | 전남 | 1 | 0 | 0 | 0 | 2 | 0 | 0 | 0 |
| | 2016 | 인천 | 1 | 0 | 0 | 0 | 3 | 0 | 0 | 0 |
| | 2017 | 포항 | 0 | 0 | 0 | 0 | 0 | 0 | 0 | 0 |
| K2 | 2015 | 경남 | 1 | 0 | 0 | 0 | 1 | 0 | 0 | 0 |
| 컵 | 2011 | 전남 | 0 | 0 | 0 | 0 | 0 | 0 | 0 | 0 |

| 통산 | | | 6 | 1 | 0 | 0 | 8 | 0 | 0 | 0 |
|---|---|---|---|---|---|---|---|---|---|---|

**김신**(金信) 영생고 1995.03.30

| 대회 | 연도 | 소속 | 출전 | 교체 | 득점 | 도움 | 실점 | 파울 | 경고 | 퇴장 |
|---|---|---|---|---|---|---|---|---|---|---|
| K1 | 2014 | 전북 | 1 | 1 | 0 | 0 | 0 | 1 | 0 | 0 |
| | 2018 | 경남 | 9 | 9 | 0 | 1 | 0 | 8 | 0 | 0 |
| K2 | 2016 | 충주 | 35 | 22 | 13 | 6 | 0 | 23 | 2 | 0 |
| | 2017 | 부천 | 29 | 20 | 4 | 6 | 0 | 19 | 3 | 0 |
| 통산 | | | 74 | 52 | 17 | 13 | 0 | 51 | 5 | 0 |

**김신리**(金信利) 동경한국학교(일본) 2002.06.26

| 대회 | 연도 | 소속 | 출전 | 교체 | 득점 | 도움 | 실점 | 파울 | 경고 | 퇴장 |
|---|---|---|---|---|---|---|---|---|---|---|
| K2 | 2025 | 화성 | 9 | 7 | 0 | 0 | 0 | 13 | 2 | 0 |
| 통산 | | | 9 | 7 | 0 | 0 | 0 | 13 | 2 | 0 |

**김신영** (金信榮) 관동대(가톨릭관동대) 1958.07.29

| 대회 | 연도 | 소속 | 출전 | 교체 | 득점 | 도움 | 실점 | 파울 | 경고 | 퇴장 |
|---|---|---|---|---|---|---|---|---|---|---|
| K1 | 1986 | 유공 | 8 | 6 | 0 | 1 | 0 | 4 | 0 | 0 |
| 컵 | 1986 | 유공 | 8 | 3 | 0 | 1 | 0 | 4 | 1 | 0 |
| 통산 | | | 16 | 9 | 0 | 2 | 0 | 8 | 1 | 0 |

**김신영**(金信泳) 한양대 1983.06.16

| 대회 | 연도 | 소속 | 출전 | 교체 | 득점 | 도움 | 실점 | 파울 | 경고 | 퇴장 |
|---|---|---|---|---|---|---|---|---|---|---|
| K1 | 2012 | 전남 | 11 | 7 | 1 | 2 | 0 | 9 | 0 | 0 |
| | 2012 | 전북 | 11 | 11 | 0 | 0 | 0 | 9 | 1 | 0 |
| | 2013 | 전북 | 17 | 16 | 1 | 0 | 0 | 18 | 3 | 0 |
| | 2014 | 부산 | 8 | 7 | 0 | 0 | 0 | 4 | 1 | 0 |
| 통산 | | | 47 | 41 | 2 | 2 | 0 | 40 | 5 | 0 |

**김신욱**(金信煜) 중앙대 1988.04.14

| 대회 | 연도 | 소속 | 출전 | 교체 | 득점 | 도움 | 실점 | 파울 | 경고 | 퇴장 |
|---|---|---|---|---|---|---|---|---|---|---|
| K1 | 2009 | 울산 | 23 | 10 | 7 | 1 | 0 | 54 | 5 | 0 |
| | 2010 | 울산 | 27 | 17 | 7 | 3 | 0 | 30 | 1 | 0 |
| | 2011 | 울산 | 30 | 16 | 6 | 3 | 0 | 52 | 1 | 0 |
| | 2012 | 울산 | 35 | 13 | 13 | 2 | 0 | 89 | 5 | 0 |
| | 2013 | 울산 | 36 | 2 | 19 | 6 | 0 | 86 | 6 | 0 |
| | 2014 | 울산 | 20 | 4 | 9 | 2 | 0 | 33 | 2 | 0 |
| | 2015 | 울산 | 38 | 14 | 18 | 4 | 0 | 41 | 1 | 0 |
| | 2016 | 전북 | 33 | 28 | 7 | 2 | 0 | 35 | 1 | 0 |
| | 2017 | 전북 | 35 | 26 | 10 | 1 | 0 | 33 | 3 | 0 |
| | 2018 | 전북 | 33 | 23 | 11 | 3 | 0 | 43 | 5 | 0 |
| | 2019 | 전북 | 17 | 12 | 9 | 3 | 0 | 15 | 1 | 0 |
| PO | 2010 | 울산 | 1 | 0 | 0 | 0 | 0 | 0 | 0 | 0 |
| | 2011 | 울산 | 5 | 1 | 2 | 0 | 0 | 16 | 0 | 0 |
| 컵 | 2009 | 울산 | 4 | 2 | 0 | 0 | 0 | 4 | 0 | 0 |
| | 2010 | 울산 | 5 | 4 | 3 | 0 | 0 | 6 | 0 | 0 |
| | 2011 | 울산 | 8 | 5 | 11 | 1 | 0 | 12 | 0 | 0 |
| 통산 | | | 350 | 177 | 132 | 31 | 0 | 549 | 31 | 0 |

**김신진**(金信珍) 선문대 2001.07.13

| 대회 | 연도 | 소속 | 출전 | 교체 | 득점 | 도움 | 실점 | 파울 | 경고 | 퇴장 |
|---|---|---|---|---|---|---|---|---|---|---|
| K1 | 2022 | 서울 | 20 | 16 | 3 | 0 | 0 | 11 | 2 | 1 |
| | 2023 | 서울 | 27 | 23 | 5 | 1 | 0 | 24 | 5 | 0 |
| | 2024 | 서울 | 9 | 9 | 1 | 0 | 0 | 5 | 0 | 0 |
| | 2025 | 강원 | 3 | 4 | 0 | 0 | 0 | 0 | 0 | 0 |
| | 2025 | 서울 | 2 | 2 | 0 | 0 | 0 | 0 | 0 | 0 |
| K2 | 2024 | 서울E | 11 | 10 | 1 | 0 | 0 | 8 | 1 | 0 |
| PO | 2024 | 서울E | 3 | 3 | 1 | 0 | 0 | 0 | 0 | 0 |
| 통산 | | | 75 | 67 | 11 | 1 | 0 | 48 | 8 | 1 |

**김신철**(金伸哲) 연세대 1990.11.29

| 대회 | 연도 | 소속 | 출전 | 교체 | 득점 | 도움 | 실점 | 파울 | 경고 | 퇴장 |
|---|---|---|---|---|---|---|---|---|---|---|
| K2 | 2013 | 부천 | 25 | 24 | 2 | 2 | 0 | 34 | 3 | 0 |
| | 2014 | 안산경찰 | 10 | 7 | 0 | 2 | 0 | 11 | 1 | 0 |
| | 2015 | 안산무궁 | 2 | 2 | 0 | 0 | 0 | 2 | 0 | 0 |
| | 2015 | 부천 | 0 | 0 | 0 | 0 | 0 | 0 | 0 | 0 |
| | 2016 | 부천 | 0 | 0 | 0 | 0 | 0 | 0 | 0 | 0 |
| | 2017 | 안양 | 8 | 8 | 2 | 0 | 0 | 3 | 1 | 0 |
| | 2018 | 안양 | 20 | 20 | 2 | 0 | 0 | 7 | 1 | 0 |
| | 2019 | 안양 | 3 | 3 | 0 | 0 | 0 | 1 | 1 | 0 |
| PO | 2014 | 안산경찰 | 1 | 1 | 0 | 0 | 0 | 0 | 0 | 0 |
| 통산 | | | 69 | 65 | 6 | 4 | 0 | 58 | 7 | 0 |

**김연건**(金衍健) 단국대 1981.03.12

| 대회 | 연도 | 소속 | 출전 | 교체 | 득점 | 도움 | 실점 | 파울 | 경고 | 퇴장 |
|---|---|---|---|---|---|---|---|---|---|---|
| K1 | 2002 | 전북 | 11 | 11 | 0 | 0 | 0 | 20 | 1 | 0 |
| | 2003 | 전북 | 2 | 2 | 0 | 0 | 0 | 3 | 0 | 0 |
| | 2004 | 전북 | 11 | 10 | 0 | 0 | 0 | 19 | 1 | 0 |
| | 2005 | 전북 | 2 | 2 | 0 | 0 | 0 | 2 | 0 | 0 |
| | 2008 | 성남일화 | 4 | 4 | 0 | 0 | 0 | 5 | 1 | 0 |
| 컵 | 2002 | 전북 | 3 | 3 | 0 | 0 | 0 | 8 | 0 | 0 |
| | 2004 | 전북 | 5 | 5 | 0 | 0 | 0 | 9 | 1 | 0 |
| | 2005 | 전북 | 4 | 4 | 0 | 0 | 0 | 20 | 2 | 0 |
| | 2008 | 성남일화 | 1 | 1 | 0 | 0 | 0 | 0 | 0 | 0 |
| 통산 | | | 43 | 42 | 0 | 0 | 0 | 86 | 6 | 0 |

**김연수**(金演收) 충남기계공고 1995.01.16

| 대회 | 연도 | 소속 | 출전 | 교체 | 득점 | 도움 | 실점 | 파울 | 경고 | 퇴장 |
|---|---|---|---|---|---|---|---|---|---|---|
| K2 | 2014 | 대전 | 0 | 0 | 0 | 0 | 0 | 0 | 0 | 0 |
| 통산 | | | 0 | 0 | 0 | 0 | 0 | 0 | 0 | 0 |

**김연수**(金延洙) 한라대 1993.12.29

| 대회 | 연도 | 소속 | 출전 | 교체 | 득점 | 도움 | 실점 | 파울 | 경고 | 퇴장 |
|---|---|---|---|---|---|---|---|---|---|---|
| K1 | 2020 | 인천 | 16 | 2 | 0 | 0 | 0 | 17 | 2 | 0 |
| | 2021 | 인천 | 6 | 3 | 0 | 0 | 0 | 6 | 2 | 0 |
| | 2023 | 인천 | 22 | 5 | 0 | 0 | 0 | 19 | 3 | 0 |
| | 2024 | 인천 | 16 | 7 | 0 | 1 | 0 | 21 | 2 | 0 |
| K2 | 2017 | 서울E | 9 | 4 | 0 | 0 | 0 | 10 | 1 | 0 |
| | 2018 | 안산 | 18 | 7 | 0 | 0 | 0 | 25 | 0 | 0 |
| | 2019 | 안산 | 32 | 0 | 1 | 1 | 0 | 33 | 4 | 0 |
| | 2022 | 서울E | 37 | 2 | 0 | 0 | 0 | 51 | 7 | 0 |
| 통산 | | | 156 | 30 | 1 | 2 | 0 | 182 | 21 | 0 |

**김연왕**(金淵王) 정명고 1993.10.19

| 대회 | 연도 | 소속 | 출전 | 교체 | 득점 | 도움 | 실점 | 파울 | 경고 | 퇴장 |
|---|---|---|---|---|---|---|---|---|---|---|
| K1 | 2019 | 성남 | 1 | 1 | 0 | 0 | 0 | 0 | 0 | 0 |
| K2 | 2020 | 안산 | 4 | 4 | 0 | 0 | 0 | 7 | 0 | 0 |
| 통산 | | | 5 | 5 | 0 | 0 | 0 | 7 | 0 | 0 |

**김영광**(金永光) 한려대 1983.06.28

| 대회 | 연도 | 소속 | 출전 | 교체 | 득점 | 도움 | 실점 | 파울 | 경고 | 퇴장 |
|---|---|---|---|---|---|---|---|---|---|---|
| K1 | 2002 | 전남 | 0 | 0 | 0 | 0 | 0 | 0 | 0 | 0 |
| | 2003 | 전남 | 11 | 0 | 0 | 0 | 15 | 1 | 0 | 0 |
| | 2004 | 전남 | 21 | 0 | 0 | 0 | 18 | 1 | 2 | 0 |
| | 2005 | 전남 | 22 | 0 | 0 | 1 | 24 | 1 | 2 | 0 |
| | 2006 | 전남 | 10 | 0 | 0 | 0 | 12 | 1 | 1 | 0 |
| | 2007 | 울산 | 25 | 0 | 0 | 0 | 22 | 1 | 3 | 0 |
| | 2008 | 울산 | 22 | 0 | 0 | 0 | 21 | 1 | 0 | 0 |
| | 2009 | 울산 | 28 | 0 | 0 | 0 | 29 | 0 | 1 | 0 |
| | 2010 | 울산 | 26 | 1 | 0 | 0 | 30 | 0 | 2 | 0 |
| | 2011 | 울산 | 24 | 0 | 0 | 0 | 22 | 0 | 3 | 0 |
| | 2012 | 울산 | 32 | 0 | 0 | 0 | 32 | 1 | 4 | 0 |
| | 2013 | 울산 | 6 | 0 | 0 | 0 | 10 | 0 | 0 | 0 |
| | 2014 | 경남 | 32 | 0 | 0 | 0 | 43 | 0 | 2 | 0 |
| | 2020 | 성남 | 23 | 0 | 0 | 0 | 33 | 0 | 0 | 0 |
| | 2021 | 성남 | 38 | 0 | 0 | 0 | 46 | 0 | 3 | 0 |
| | 2022 | 성남 | 32 | 0 | 0 | 0 | 58 | 0 | 4 | 0 |
| K2 | 2015 | 서울E | 37 | 0 | 0 | 0 | 49 | 2 | 2 | 1 |
| | 2016 | 서울E | 39 | 0 | 0 | 0 | 32 | 0 | 3 | 0 |
| | 2017 | 서울E | 36 | 0 | 0 | 0 | 55 | 0 | 1 | 0 |
| | 2018 | 서울E | 36 | 0 | 0 | 1 | 52 | 1 | 1 | 0 |
| | 2019 | 서울E | 34 | 1 | 0 | 1 | 64 | 1 | 1 | 0 |
| | 2023 | 성남 | 17 | 1 | 0 | 0 | 24 | 0 | 2 | 0 |
| PO | 2004 | 전남 | 1 | 0 | 0 | 0 | 1 | 0 | 0 | 0 |
| | 2007 | 울산 | 1 | 0 | 0 | 0 | 0 | 0 | 0 | 1 |
| | 2008 | 울산 | 3 | 2 | 0 | 0 | 4 | 0 | 1 | 0 |
| | 2010 | 울산 | 1 | 0 | 0 | 0 | 3 | 0 | 0 | 0 |
| | 2011 | 울산 | 4 | 1 | 0 | 0 | 6 | 1 | 2 | 0 |
| | 2014 | 경남 | 1 | 0 | 0 | 0 | 1 | 0 | 0 | 0 |
| | 2015 | 서울E | 1 | 0 | 0 | 0 | 3 | 0 | 0 | 0 |
| 컵 | 2005 | 전남 | 10 | 0 | 0 | 0 | 10 | 1 | 1 | 0 |
| | 2006 | 전남 | 3 | 0 | 0 | 0 | 4 | 0 | 0 | 0 |
| | 2007 | 울산 | 10 | 0 | 0 | 0 | 4 | 0 | 1 | 0 |
| | 2008 | 울산 | 8 | 0 | 0 | 0 | 8 | 1 | 1 | 0 |
| | 2009 | 울산 | 4 | 0 | 0 | 0 | 4 | 0 | 0 | 0 |
| | 2010 | 울산 | 1 | 0 | 0 | 0 | 2 | 0 | 0 | 0 |

| 대회 | 연도 | 소속 | 출전 | 교체 | 득점 | 도움 | 실점 | 파울 | 경고 | 퇴장 |
|---|---|---|---|---|---|---|---|---|---|---|
| | 2011 | 울산 | 6 | 0 | 0 | 0 | 8 | 0 | 0 | 0 |
| 통산 | | | 605 | 6 | 0 | 3 | 749 | 14 | 43 | 2 |

**김영권**(金英權) 전주대 1990.02.27

| 대회 | 연도 | 소속 | 출전 | 교체 | 득점 | 도움 | 실점 | 파울 | 경고 | 퇴장 |
|---|---|---|---|---|---|---|---|---|---|---|
| K1 | 2022 | 울산 | 36 | 3 | 0 | 0 | 0 | 17 | 1 | 1 |
| | 2023 | 울산 | 32 | 3 | [illegible] | 0 | 0 | 26 | 7 | 0 |
| | 2024 | 울산 | 21 | 4 | 2 | 0 | 0 | 11 | 3 | 0 |
| | 2025 | 울산 | 36 | 6 | 0 | 1 | 0 | 16 | 4 | 0 |
| 통산 | | | 125 | 16 | 3 | 1 | 0 | 70 | 15 | 1 |

**김영규**(金泳奎) 국민대 1962.03.01

| 대회 | 연도 | 소속 | 출전 | 교체 | 득점 | 도움 | 실점 | 파울 | 경고 | 퇴장 |
|---|---|---|---|---|---|---|---|---|---|---|
| K1 | 1985 | 유공 | 8 | 2 | 0 | 0 | 0 | 7 | 0 | 0 |
| | 1986 | 유공 | 17 | 8 | 2 | 2 | 0 | 19 | 1 | 0 |
| | 1987 | 유공 | 27 | 14 | 0 | 2 | 0 | 29 | 1 | 0 |
| 컵 | 1986 | 유공 | 6 | 3 | 0 | 0 | 0 | 5 | 0 | 0 |
| 통산 | | | 58 | 27 | 2 | 4 | 0 | 60 | 2 | 0 |

**김영근**(金榮根) 경희대 1978.10.12

| 대회 | 연도 | 소속 | 출전 | 교체 | 득점 | 도움 | 실점 | 파울 | 경고 | 퇴장 |
|---|---|---|---|---|---|---|---|---|---|---|
| K1 | 2001 | 대전 | 24 | 4 | 0 | 0 | 0 | 40 | 4 | 0 |
| | 2002 | 대전 | 17 | 5 | 1 | 0 | 0 | 33 | 4 | 0 |
| | 2003 | 대전 | 26 | 9 | 1 | 1 | 0 | 51 | 4 | 1 |
| | 2004 | 대전 | 12 | 1 | 0 | 0 | 0 | 14 | 0 | 0 |
| | 2005 | 대전 | 10 | 3 | 0 | 0 | 0 | 29 | 2 | 0 |
| | 2006 | 광주상무 | 12 | 5 | 1 | 0 | 0 | 12 | 0 | 0 |
| | 2007 | 광주상무 | 21 | 4 | 0 | 0 | 0 | 22 | 1 | 0 |
| 컵 | 2001 | 대전 | 8 | 1 | 1 | 0 | 0 | 14 | 2 | 0 |
| | 2002 | 대전 | 6 | 0 | 0 | 1 | 0 | 12 | 0 | 0 |
| | 2004 | 대전 | 7 | 1 | 0 | 0 | 0 | 11 | 0 | 0 |
| | 2006 | 광주상무 | 11 | 3 | 0 | 0 | 0 | 16 | 1 | 0 |
| | 2007 | 광주상무 | 8 | 2 | 0 | 0 | 0 | 15 | 0 | 0 |
| | 2008 | 경남 | 1 | 1 | 0 | 0 | 0 | 0 | 0 | 0 |
| 통산 | | | 163 | 39 | 4 | 2 | 0 | 269 | 18 | 1 |

**김영기**(金永奇) 안동대 1973.12.25

| 대회 | 연도 | 소속 | 출전 | 교체 | 득점 | 도움 | 실점 | 파울 | 경고 | 퇴장 |
|---|---|---|---|---|---|---|---|---|---|---|
| 컵 | 1998 | 수원 | 2 | 1 | 0 | 0 | 0 | 4 | 1 | 0 |
| 통산 | | | 2 | 1 | 0 | 0 | 0 | 4 | 1 | 0 |

**김영남**(金榮男) 중앙대 1991.03.24

| 대회 | 연도 | 소속 | 출전 | 교체 | 득점 | 도움 | 실점 | 파울 | 경고 | 퇴장 |
|---|---|---|---|---|---|---|---|---|---|---|
| K1 | 2013 | 성남일화 | 3 | 2 | 0 | 0 | 0 | 4 | 0 | 0 |
| | 2014 | 성남 | 4 | 2 | 0 | 0 | 0 | 4 | 2 | 0 |
| K2 | 2015 | 부천 | 29 | 13 | 4 | 3 | 0 | 29 | 7 | 0 |
| | 2016 | 부천 | 36 | 10 | 1 | 1 | 0 | 52 | 10 | 0 |
| | 2017 | 아산 | 7 | 1 | 0 | 1 | 0 | 9 | 3 | 0 |
| | 2017 | 부천 | 14 | 7 | 1 | 3 | 0 | 13 | 0 | 0 |
| | 2018 | 아산 | 3 | 2 | 0 | 0 | 0 | 5 | 1 | 0 |
| | 2019 | 부천 | 6 | 2 | 0 | 0 | 0 | 4 | 0 | 0 |
| | 2020 | 부천 | 23 | 7 | 1 | 0 | 0 | 28 | 6 | 0 |
| | 2022 | 안산 | 26 | 15 | 0 | 0 | 0 | 20 | 3 | 0 |
| | 2023 | 안산 | 5 | 1 | 0 | 0 | 0 | 6 | 2 | 0 |
| | 2024 | 안산 | 30 | 2 | 2 | 0 | 0 | 21 | 5 | 0 |
| | 2025 | 충남아산 | 16 | 1 | 0 | 0 | 0 | 10 | 3 | 0 |
| PO | 2016 | 부천 | 1 | 1 | 0 | 0 | 0 | 3 | 0 | 0 |
| | 2017 | 아산 | 2 | 1 | 0 | 0 | 0 | 0 | 0 | 0 |
| 통산 | | | 205 | 67 | 9 | 8 | 0 | 208 | 42 | 0 |

**김영남**(金榮男) 초당대 1986.04.02

| 대회 | 연도 | 소속 | 출전 | 교체 | 득점 | 도움 | 실점 | 파울 | 경고 | 퇴장 |
|---|---|---|---|---|---|---|---|---|---|---|
| K2 | 2013 | 안양 | 6 | 5 | 0 | 1 | 0 | 7 | 1 | 0 |
| 통산 | | | 6 | 5 | 0 | 1 | 0 | 7 | 1 | 0 |

**김영도**(金榮道) 안동과학대 1994.04.04

| 대회 | 연도 | 소속 | 출전 | 교체 | 득점 | 도움 | 실점 | 파울 | 경고 | 퇴장 |
|---|---|---|---|---|---|---|---|---|---|---|
| K2 | 2016 | 안양 | 17 | 16 | 3 | 0 | 0 | 20 | 2 | 0 |
| | 2018 | 안양 | 14 | 9 | 0 | 1 | 0 | 21 | 2 | 0 |
| 통산 | | | 31 | 25 | 3 | 1 | 0 | 41 | 4 | 0 |

**김영무**(金英務) 숭실대 1984.03.19

| 대회 | 연도 | 소속 | 출전 | 교체 | 득점 | 도움 | 실점 | 파울 | 경고 | 퇴장 |
|---|---|---|---|---|---|---|---|---|---|---|
| K1 | 2007 | 대구 | 3 | 0 | 0 | 0 | 11 | 0 | 0 | 0 |
| | 2008 | 대구 | 0 | 0 | 0 | 0 | 0 | 0 | 0 | 0 |
| 컵 | 2007 | 대구 | 0 | 0 | 0 | 0 | 0 | 0 | 0 | 0 |
| | 2008 | 대구 | 0 | 0 | 0 | 0 | 0 | 0 | 0 | 0 |
| 통산 | | | 3 | 0 | 0 | 0 | 11 | 0 | 0 | 0 |

**김영빈**(金榮彬) 고려대 1984.04.08

| 대회 | 연도 | 소속 | 출전 | 교체 | 득점 | 도움 | 실점 | 파울 | 경고 | 퇴장 |
|---|---|---|---|---|---|---|---|---|---|---|
| K1 | 2007 | 인천 | 6 | 2 | 0 | 0 | 0 | 15 | 1 | 0 |
| | 2008 | 인천 | 26 | 7 | 3 | 0 | 0 | 48 | 3 | 0 |
| | 2009 | 인천 | 20 | 13 | 0 | 0 | 0 | 22 | 4 | 0 |
| | 2010 | 인천 | 12 | 4 | 1 | 0 | 0 | 25 | 2 | 0 |
| | 2011 | 인천 | 1 | 1 | 0 | 0 | 0 | 1 | 0 | 0 |
| | 2011 | 대전 | 9 | 4 | 0 | 0 | 0 | 11 | 1 | 0 |
| | 2014 | 경남 | 6 | 0 | 0 | 0 | 0 | 8 | 0 | 0 |
| PO | 2009 | 인천 | 1 | 0 | 0 | 0 | 0 | 5 | 0 | 0 |
| | 2014 | 경남 | 1 | 1 | 0 | 0 | 0 | 0 | 0 | 0 |
| 컵 | 2008 | 인천 | 2 | 0 | 0 | 0 | 0 | 5 | 1 | 0 |
| | 2009 | 인천 | 6 | 3 | 0 | 0 | 0 | 7 | 0 | 0 |
| | 2010 | 인천 | 0 | 0 | 0 | 0 | 0 | 0 | 0 | 0 |
| | 2011 | 인천 | 1 | 0 | 0 | 0 | 0 | 1 | 0 | 0 |
| 통산 | | | 91 | 35 | 4 | 0 | 0 | 148 | 12 | 0 |

**김영빈**(金榮彬) 광주대 1991.09.20

| 대회 | 연도 | 소속 | 출전 | 교체 | 득점 | 도움 | 실점 | 파울 | 경고 | 퇴장 |
|---|---|---|---|---|---|---|---|---|---|---|
| K1 | 2015 | 광주 | 28 | 3 | 2 | 0 | 0 | 23 | 6 | 0 |
| | 2016 | 광주 | 27 | 4 | 0 | 0 | 0 | 30 | 10 | 0 |
| | 2017 | 광주 | 23 | 7 | 2 | 0 | 0 | 20 | 6 | 0 |
| | 2018 | 상주 | 18 | 3 | 0 | 0 | 0 | 20 | 3 | 0 |
| | 2019 | 상주 | 23 | 3 | 1 | 1 | 0 | 23 | 4 | 1 |
| | 2020 | 강원 | 26 | 2 | 1 | 0 | 0 | 32 | 6 | 0 |
| | 2021 | 강원 | 33 | 1 | 3 | 1 | 0 | 40 | 12 | 0 |
| | 2022 | 강원 | 36 | 0 | 4 | 0 | 0 | 31 | 6 | 0 |
| | 2023 | 강원 | 38 | 1 | 0 | 1 | 0 | 30 | 5 | 0 |
| | 2024 | 강원 | 25 | 4 | 1 | 0 | 0 | 23 | 5 | 0 |
| | 2025 | 전북 | 28 | 5 | 0 | 1 | 0 | 22 | 6 | 0 |
| K2 | 2014 | 광주 | 24 | 2 | 1 | 1 | 0 | 34 | 5 | 0 |
| | 2019 | 광주 | 3 | 1 | 0 | 0 | 0 | 0 | 0 | 0 |
| PO | 2014 | 광주 | 4 | 0 | 0 | 0 | 0 | 6 | 1 | 0 |
| | 2021 | 강원 | 2 | 0 | 0 | 0 | 0 | 1 | 0 | 0 |
| | 2023 | 강원 | 2 | 0 | 0 | 0 | 0 | 1 | 0 | 0 |
| 통산 | | | 340 | 36 | 15 | 5 | 0 | 336 | 75 | 1 |

**김영삼**(金泳三) 연세대 1980.03.12

| 대회 | 연도 | 소속 | 출전 | 교체 | 득점 | 도움 | 실점 | 파울 | 경고 | 퇴장 |
|---|---|---|---|---|---|---|---|---|---|---|
| K1 | 2003 | 전북 | 1 | 1 | 0 | 0 | 0 | 2 | 0 | 0 |
| 컵 | 2004 | 전북 | 1 | 1 | 0 | 0 | 0 | 0 | 0 | 0 |
| 통산 | | | 2 | 2 | 0 | 0 | 0 | 2 | 0 | 0 |

**김영삼**(金英三) 고려대 1982.04.04

| 대회 | 연도 | 소속 | 출전 | 교체 | 득점 | 도움 | 실점 | 파울 | 경고 | 퇴장 |
|---|---|---|---|---|---|---|---|---|---|---|
| K1 | 2005 | 울산 | 13 | 9 | 2 | 0 | 0 | 18 | 1 | 0 |
| | 2006 | 울산 | 18 | 4 | 0 | 0 | 0 | 31 | 3 | 0 |
| | 2007 | 울산 | 23 | 9 | 1 | 1 | 0 | 41 | 4 | 0 |
| | 2008 | 울산 | 24 | 0 | 0 | 1 | 0 | 21 | 3 | 0 |
| | 2009 | 울산 | 1 | 1 | 0 | 0 | 0 | 1 | 0 | 0 |
| | 2010 | 광주상무 | 15 | 1 | 0 | 0 | 0 | 9 | 2 | 0 |
| | 2011 | 상주 | 13 | 1 | 0 | 0 | 0 | 22 | 3 | 0 |
| | 2011 | 울산 | 3 | 0 | 0 | 0 | 0 | 3 | 2 | 0 |
| | 2012 | 울산 | 28 | 9 | 0 | 2 | 0 | 29 | 4 | 0 |
| | 2013 | 울산 | 26 | 3 | 1 | 1 | 0 | 45 | 5 | 0 |
| | 2014 | 울산 | 24 | 2 | 0 | 0 | 0 | 31 | 6 | 0 |
| | 2015 | 울산 | 5 | 4 | 0 | 0 | 0 | 5 | 1 | 0 |
| | 2016 | 울산 | 1 | 1 | 0 | 0 | 0 | 0 | 0 | 0 |
| PO | 2005 | 울산 | 2 | 2 | 0 | 0 | 0 | 0 | 0 | 0 |
| | 2007 | 울산 | 2 | 1 | 0 | 1 | 0 | 5 | 1 | 0 |
| | 2011 | 울산 | 0 | 0 | 0 | 0 | 0 | 0 | 0 | 0 |
| 컵 | 2005 | 울산 | 1 | 1 | 0 | 0 | 0 | 0 | 0 | 0 |
| | 2006 | 울산 | 11 | 4 | 0 | 0 | 0 | 22 | 2 | 0 |
| | 2007 | 울산 | 8 | 5 | 0 | 0 | 0 | 17 | 1 | 0 |
| | 2008 | 울산 | 10 | 1 | 0 | 0 | 0 | 14 | 1 | 0 |
| | 2010 | 광주상무 | 4 | 0 | 0 | 0 | 0 | 5 | 1 | 0 |
| | 2011 | 상주 | 3 | 1 | 0 | 0 | 0 | 1 | 0 | 0 |
| 통산 | | | 235 | 59 | 4 | 6 | 0 | 320 | 40 | 0 |

**김영선**(金永善) 경희대 1975.04.03

| 대회 | 연도 | 소속 | 출전 | 교체 | 득점 | 도움 | 실점 | 파울 | 경고 | 퇴장 |
|---|---|---|---|---|---|---|---|---|---|---|
| K1 | 1998 | 수원 | 16 | 0 | 0 | 0 | 0 | 36 | 4 | 0 |
| | 1999 | 수원 | 12 | 4 | 0 | 0 | 0 | 29 | 1 | 0 |
| | 2000 | 수원 | 4 | 2 | 0 | 0 | 0 | 6 | 1 | 0 |
| | 2001 | 수원 | 18 | 5 | 0 | 0 | 0 | 13 | 0 | 0 |
| | 2002 | 수원 | 21 | 0 | 0 | 0 | 0 | 22 | 2 | 0 |
| | 2003 | 수원 | 29 | 1 | 0 | 2 | 0 | 35 | 2 | 1 |
| | 2005 | 수원 | 0 | 0 | 0 | 0 | 0 | 0 | 0 | 0 |
| | 2006 | 전북 | 18 | 0 | 0 | 0 | 0 | 22 | 1 | 0 |
| | 2007 | 전북 | 16 | 0 | 0 | 0 | 0 | 23 | 5 | 0 |
| PO | 1999 | 수원 | 2 | 0 | 0 | 0 | 0 | 6 | 0 | 0 |
| 컵 | 1998 | 수원 | 17 | 0 | 0 | 0 | 0 | 32 | 1 | 0 |
| | 1999 | 수원 | 10 | 0 | 0 | 0 | 0 | 20 | 3 | 0 |
| | 2000 | 수원 | 3 | 0 | 0 | 0 | 0 | 8 | 2 | 0 |
| | 2001 | 수원 | 3 | 1 | 0 | 0 | 0 | 4 | 2 | 0 |
| | 2002 | 수원 | 9 | 0 | 0 | 0 | 0 | 11 | 1 | 0 |
| | 2006 | 전북 | 1 | 0 | 0 | 0 | 0 | 2 | 0 | 0 |
| | 2007 | 전북 | 6 | 0 | 0 | 0 | 0 | 7 | 0 | 0 |
| 통산 | | | 185 | 13 | 0 | 2 | 0 | 276 | 25 | 1 |

**김영선**(金榮鮮) 영남대 2003.05.01

| 대회 | 연도 | 소속 | 출전 | 교체 | 득점 | 도움 | 실점 | 파울 | 경고 | 퇴장 |
|---|---|---|---|---|---|---|---|---|---|---|
| K2 | 2025 | 천안 | 24 | 10 | 0 | 5 | 0 | 20 | 2 | 0 |
| 통산 | | | 24 | 10 | 0 | 5 | 0 | 20 | 2 | 0 |

**김영섭**(金永燮) 숭실대 1970.08.13

| 대회 | 연도 | 소속 | 출전 | 교체 | 득점 | 도움 | 실점 | 파울 | 경고 | 퇴장 |
|---|---|---|---|---|---|---|---|---|---|---|
| K1 | 1993 | 대우 | 1 | 1 | 0 | 0 | 0 | 1 | 0 | 0 |
| | 1994 | 버팔로 | 14 | 2 | 0 | 0 | 0 | 12 | 3 | 0 |
| 컵 | 1994 | 버팔로 | 3 | 1 | 0 | 0 | 0 | 6 | 0 | 0 |
| 통산 | | | 18 | 4 | 0 | 0 | 0 | 19 | 3 | 0 |

**김영승**(金泳勝) 호원대 1993.02.22

| 대회 | 연도 | 소속 | 출전 | 교체 | 득점 | 도움 | 실점 | 파울 | 경고 | 퇴장 |
|---|---|---|---|---|---|---|---|---|---|---|
| K1 | 2015 | 대전 | 1 | 1 | 0 | 0 | 0 | 0 | 0 | 0 |
| K2 | 2014 | 대전 | 5 | 4 | 1 | 0 | 0 | 0 | 0 | 0 |
| 통산 | | | 6 | 5 | 1 | 0 | 0 | 0 | 0 | 0 |

**김영신**(金映伸) 연세대 1986.02.28

| 대회 | 연도 | 소속 | 출전 | 교체 | 득점 | 도움 | 실점 | 파울 | 경고 | 퇴장 |
|---|---|---|---|---|---|---|---|---|---|---|
| K1 | 2006 | 전북 | 3 | 3 | 0 | 0 | 0 | 8 | 0 | 0 |
| | 2007 | 전북 | 1 | 1 | 0 | 0 | 0 | 0 | 0 | 0 |
| | 2008 | 제주 | 7 | 6 | 0 | 1 | 0 | 6 | 0 | 0 |
| | 2009 | 제주 | 22 | 16 | 1 | 0 | 0 | 23 | 4 | 0 |
| | 2010 | 제주 | 25 | 16 | 1 | 4 | 0 | 20 | 2 | 0 |
| | 2011 | 제주 | 22 | 13 | 1 | 0 | 0 | 15 | 2 | 0 |
| | 2012 | 상주 | 20 | 3 | 1 | 0 | 0 | 21 | 2 | 0 |
| | 2014 | 제주 | 6 | 2 | 0 | 0 | 0 | 6 | 1 | 0 |
| | 2015 | 제주 | 14 | 11 | 2 | 0 | 0 | 8 | 1 | 0 |
| | 2018 | 강원 | 9 | 7 | 0 | 0 | 0 | 4 | 0 | 0 |
| K2 | 2013 | 상주 | 12 | 4 | 0 | 1 | 0 | 15 | 1 | 0 |
| | 2016 | 부산 | 19 | 16 | 0 | 3 | 0 | 8 | 2 | 0 |
| | 2017 | 성남 | 13 | 11 | 0 | 0 | 0 | 5 | 0 | 0 |
| PO | 2010 | 제주 | 3 | 2 | 0 | 0 | 0 | 1 | 0 | 0 |
| | 2016 | 부산 | 1 | 1 | 0 | 0 | 0 | 2 | 1 | 0 |
| 컵 | 2006 | 전북 | 5 | 5 | 0 | 0 | 0 | 7 | 1 | 0 |
| | 2007 | 전북 | 5 | 3 | 0 | 0 | 0 | 12 | 2 | 0 |
| | 2008 | 제주 | 2 | 0 | 0 | 0 | 0 | 3 | 0 | 0 |
| | 2009 | 제주 | 2 | 2 | 0 | 0 | 0 | 2 | 1 | 0 |
| | 2010 | 제주 | 5 | 4 | 1 | 0 | 0 | 5 | 0 | 0 |
| | 2011 | 제주 | 1 | 0 | 0 | 0 | 0 | 2 | 1 | 0 |
| 통산 | | | 197 | 126 | 7 | 9 | 0 | 173 | 21 | 0 |

**김영우**(金永佑) 경기대 1984.06.15

| 대회 | 연도 | 소속 | 출전 | 교체 | 득점 | 도움 | 실점 | 파울 | 경고 | 퇴장 |
|---|---|---|---|---|---|---|---|---|---|---|
| K1 | 2008 | 경남 | 18 | 17 | 3 | 1 | 0 | 9 | 1 | 0 |
| | 2009 | 경남 | 21 | 12 | 1 | 5 | 0 | 20 | 2 | 0 |
| | 2010 | 경남 | 25 | 10 | 2 | 2 | 0 | 36 | 5 | 0 |
| | 2011 | 경남 | 13 | 6 | 2 | 2 | 0 | 15 | 4 | 0 |
| | 2011 | 전북 | 7 | 0 | 0 | 0 | 0 | 11 | 0 | 0 |

| 대회 | 연도 | 소속 | 출전 | 교체 | 득점 | 도움 | 실점 | 파울 | 경고 | 퇴장 |
|---|---|---|---|---|---|---|---|---|---|---|
| | 2013 | 전북 | 3 | 0 | 0 | 0 | 0 | 8 | 0 | 0 |
| | 2014 | 전남 | 19 | 16 | 0 | 0 | 0 | 13 | 3 | 0 |
| K2 | 2013 | 경찰 | 2 | 2 | 0 | 0 | 0 | 2 | 0 | 0 |
| PO | 2010 | 경남 | 1 | 0 | 0 | 0 | 0 | 1 | 0 | 0 |
| 컵 | 2007 | 경남 | 6 | 3 | 0 | 0 | 0 | 10 | 1 | 0 |
| | 2008 | 경남 | 8 | 7 | 0 | 0 | 0 | 5 | 2 | 0 |
| | 2009 | 경남 | 3 | 1 | 0 | 0 | 0 | 3 | 0 | 0 |
| | 2010 | 경남 | 2 | 2 | 0 | 0 | 0 | 3 | 1 | 0 |
| | 2011 | 경남 | 3 | 2 | 1 | 1 | 0 | 0 | 0 | 0 |
| 통산 | | | 131 | 78 | 9 | 11 | 0 | 136 | 19 | 0 |

**김영욱**(金泳旭) 광양제철고 1991.04.29

| 대회 | 연도 | 소속 | 출전 | 교체 | 득점 | 도움 | 실점 | 파울 | 경고 | 퇴장 |
|---|---|---|---|---|---|---|---|---|---|---|
| K1 | 2010 | 전남 | 4 | 4 | 0 | 0 | 0 | 5 | 0 | 0 |
| | 2011 | 전남 | 21 | 18 | 1 | 0 | 0 | 17 | 0 | 0 |
| | 2012 | 전남 | 35 | 10 | 3 | 5 | 0 | 65 | 5 | 0 |
| | 2013 | 전남 | 14 | 11 | 0 | 0 | 0 | 15 | 1 | 0 |
| | 2014 | 전남 | 11 | 10 | 0 | 0 | 0 | 12 | 1 | 0 |
| | 2015 | 전남 | 27 | 19 | 2 | 2 | 0 | 24 | 4 | 0 |
| | 2016 | 전남 | 33 | 9 | 2 | 0 | 0 | 60 | 8 | 0 |
| | 2017 | 전남 | 30 | 7 | 4 | 8 | 0 | 41 | 5 | 0 |
| | 2018 | 전남 | 33 | 11 | 3 | 2 | 0 | 28 | 1 | 0 |
| | 2021 | 제주 | 25 | 21 | 0 | 3 | 0 | 37 | 4 | 0 |
| | 2023 | 대전 | 22 | 21 | 0 | 0 | 0 | 20 | 2 | 0 |
| K2 | 2019 | 전남 | 28 | 14 | 6 | 3 | 0 | 43 | 7 | 0 |
| | 2020 | 제주 | 23 | 4 | 1 | 7 | 0 | 55 | 7 | 0 |
| | 2022 | 대전 | 13 | 6 | 0 | 1 | 0 | 18 | 4 | 0 |
| | 2024 | 서울E | 17 | 16 | 0 | 0 | 0 | 20 | 4 | 0 |
| | 2025 | 서울E | 2 | 2 | 0 | 0 | 0 | 4 | 1 | 0 |
| PO | 2022 | 대전 | 0 | 0 | 0 | 0 | 0 | 0 | 0 | 0 |
| 컵 | 2011 | 전남 | 2 | 0 | 0 | 0 | 0 | 7 | 2 | 0 |
| 통산 | | | 340 | 183 | 22 | 31 | 0 | 471 | 56 | 0 |

**김영욱**(金永旭) 한양대 1994.10.29

| 대회 | 연도 | 소속 | 출전 | 교체 | 득점 | 도움 | 실점 | 파울 | 경고 | 퇴장 |
|---|---|---|---|---|---|---|---|---|---|---|
| K2 | 2015 | 경남 | 21 | 12 | 2 | 0 | 0 | 12 | 0 | 1 |
| | 2016 | 경남 | 4 | 4 | 0 | 1 | 0 | 2 | 0 | 0 |
| 통산 | | | 25 | 16 | 2 | 1 | 0 | 14 | 0 | 1 |

**김영욱**(金瑛昱) 천안제일고 2000.03.02

| 대회 | 연도 | 소속 | 출전 | 교체 | 득점 | 도움 | 실점 | 파울 | 경고 | 퇴장 |
|---|---|---|---|---|---|---|---|---|---|---|
| K2 | 2020 | 제주 | 1 | 0 | 0 | 0 | 0 | 0 | 1 | 0 |
| | 2021 | 전남 | 16 | 11 | 1 | 1 | 0 | 15 | 4 | 0 |
| | 2022 | 전남 | 2 | 2 | 0 | 0 | 0 | 1 | 0 | 0 |
| 통산 | | | 19 | 13 | 1 | 1 | 0 | 16 | 5 | 0 |

**김영익**(金永翊) 충북대 1996.01.21

| 대회 | 연도 | 소속 | 출전 | 교체 | 득점 | 도움 | 실점 | 파울 | 경고 | 퇴장 |
|---|---|---|---|---|---|---|---|---|---|---|
| K2 | 2019 | 아산 | 0 | 0 | 0 | 0 | 0 | 0 | 0 | 0 |
| 통산 | | | 0 | 0 | 0 | 0 | 0 | 0 | 0 | 0 |

**김영주**(金榮珠) 서울시립대 1964.01.01

| 대회 | 연도 | 소속 | 출전 | 교체 | 득점 | 도움 | 실점 | 파울 | 경고 | 퇴장 |
|---|---|---|---|---|---|---|---|---|---|---|
| K1 | 1989 | 일화 | 35 | 18 | 6 | 5 | 0 | 36 | 0 | 0 |
| | 1990 | 일화 | 24 | 17 | 3 | 0 | 0 | 23 | 1 | 0 |
| | 1991 | 일화 | 21 | 20 | 0 | 0 | 0 | 7 | 0 | 0 |
| 통산 | | | 80 | 55 | 9 | 5 | 0 | 66 | 1 | 0 |

**김영준**(金榮俊) 홍익대 1985.07.15

| 대회 | 연도 | 소속 | 출전 | 교체 | 득점 | 도움 | 실점 | 파울 | 경고 | 퇴장 |
|---|---|---|---|---|---|---|---|---|---|---|
| K1 | 2009 | 광주상무 | 0 | 0 | 0 | 0 | 0 | 0 | 0 | 0 |
| 통산 | | | 0 | 0 | 0 | 0 | 0 | 0 | 0 | 0 |

**김영준**(金映俊) 매탄고 2000.05.02

| 대회 | 연도 | 소속 | 출전 | 교체 | 득점 | 도움 | 실점 | 파울 | 경고 | 퇴장 |
|---|---|---|---|---|---|---|---|---|---|---|
| K1 | 2023 | 대구 | 9 | 9 | 0 | 0 | 0 | 6 | 2 | 0 |
| | 2024 | 대구 | 9 | 9 | 0 | 1 | 0 | 6 | 1 | 0 |
| K2 | 2025 | 김포 | 0 | 0 | 0 | 0 | 0 | 0 | 0 | 0 |
| 통산 | | | 18 | 18 | 0 | 1 | 0 | 12 | 3 | 0 |

**김영진**(金永眞) 전주대 1970.06.16

| 대회 | 연도 | 소속 | 출전 | 교체 | 득점 | 도움 | 실점 | 파울 | 경고 | 퇴장 |
|---|---|---|---|---|---|---|---|---|---|---|
| K1 | 1994 | 버팔로 | 21 | 9 | 0 | 1 | 0 | 20 | 3 | 1 |
| 컵 | 1994 | 버팔로 | 3 | 1 | 0 | 0 | 0 | 2 | 0 | 1 |
| 통산 | | | 24 | 10 | 0 | 1 | 0 | 22 | 3 | 2 |

**김영찬**(金榮讚) 고려대 1993.09.04

| 대회 | 연도 | 소속 | 출전 | 교체 | 득점 | 도움 | 실점 | 파울 | 경고 | 퇴장 |
|---|---|---|---|---|---|---|---|---|---|---|
| K1 | 2013 | 전북 | 1 | 0 | 0 | 0 | 0 | 0 | 0 | 0 |
| | 2013 | 대구 | 6 | 1 | 0 | 0 | 0 | 5 | 0 | 0 |
| | 2015 | 전북 | 5 | 2 | 0 | 0 | 0 | 3 | 1 | 0 |
| | 2016 | 전북 | 12 | 4 | 0 | 0 | 0 | 9 | 2 | 0 |
| | 2017 | 전북 | 0 | 0 | 0 | 0 | 0 | 0 | 0 | 0 |
| | 2025 | 안양 | 24 | 8 | 0 | 0 | 0 | 20 | 4 | 0 |
| K2 | 2014 | 수원FC | 19 | 5 | 0 | 1 | 0 | 24 | 5 | 0 |
| | 2018 | 안양 | 31 | 1 | 0 | 1 | 0 | 40 | 6 | 0 |
| | 2019 | 수원FC | 20 | 2 | 0 | 1 | 0 | 21 | 7 | 0 |
| | 2020 | 부천 | 21 | 2 | 2 | 0 | 0 | 27 | 4 | 0 |
| | 2021 | 경남 | 28 | 2 | 0 | 0 | 0 | 28 | 6 | 0 |
| | 2022 | 경남 | 21 | 6 | 1 | 0 | 0 | 10 | 2 | 1 |
| | 2023 | 경남 | 8 | 3 | 0 | 0 | 0 | 5 | 1 | 0 |
| | 2024 | 안양 | 23 | 9 | 0 | 1 | 0 | 20 | 4 | 0 |
| 통산 | | | 219 | 45 | 3 | 4 | 0 | 212 | 42 | 1 |

**김영철**(金永徹) 건국대 1976.06.30

| 대회 | 연도 | 소속 | 출전 | 교체 | 득점 | 도움 | 실점 | 파울 | 경고 | 퇴장 |
|---|---|---|---|---|---|---|---|---|---|---|
| K1 | 1999 | 천안일화 | 26 | 1 | 0 | 1 | 0 | 33 | 3 | 0 |
| | 2000 | 성남일화 | 25 | 0 | 0 | 2 | 0 | 22 | 2 | 0 |
| | 2001 | 성남일화 | 26 | 0 | 0 | 1 | 0 | 39 | 3 | 0 |
| | 2002 | 성남일화 | 25 | 0 | 0 | 0 | 0 | 35 | 2 | 0 |
| | 2003 | 광주상무 | 35 | 1 | 0 | 0 | 0 | 40 | 7 | 0 |
| | 2004 | 광주상무 | 19 | 0 | 0 | 0 | 0 | 16 | 1 | 0 |
| | 2005 | 성남일화 | 23 | 1 | 0 | 0 | 0 | 31 | 2 | 0 |
| | 2006 | 성남일화 | 25 | 2 | 0 | 0 | 0 | 34 | 3 | 0 |
| | 2007 | 성남일화 | 26 | 0 | 1 | 1 | 0 | 21 | 2 | 0 |
| | 2008 | 성남일화 | 22 | 0 | 0 | 0 | 0 | 27 | 3 | 0 |
| | 2009 | 전남 | 17 | 8 | 0 | 0 | 0 | 12 | 1 | 0 |
| PO | 2000 | 성남일화 | 1 | 1 | 0 | 0 | 0 | 0 | 0 | 0 |
| | 2005 | 성남일화 | 1 | 0 | 0 | 0 | 0 | 2 | 1 | 0 |
| | 2006 | 성남일화 | 3 | 0 | 0 | 0 | 0 | 3 | 0 | 0 |
| | 2007 | 성남일화 | 2 | 0 | 0 | 0 | 0 | 5 | 0 | 0 |
| | 2008 | 성남일화 | 1 | 0 | 0 | 0 | 0 | 3 | 0 | 0 |
| 컵 | 1999 | 천안일화 | 7 | 0 | 0 | 0 | 0 | 5 | 0 | 0 |
| | 2000 | 성남일화 | 12 | 2 | 0 | 1 | 0 | 11 | 2 | 0 |
| | 2001 | 성남일화 | 9 | 0 | 0 | 0 | 0 | 8 | 1 | 0 |
| | 2002 | 성남일화 | 11 | 0 | 0 | 0 | 0 | 18 | 0 | 0 |
| | 2004 | 광주상무 | 11 | 0 | 0 | 0 | 0 | 12 | 3 | 0 |
| | 2005 | 성남일화 | 12 | 0 | 0 | 0 | 0 | 16 | 0 | 0 |
| | 2006 | 성남일화 | 4 | 0 | 0 | 0 | 0 | 1 | 2 | 0 |
| | 2007 | 성남일화 | 1 | 0 | 0 | 1 | 0 | 2 | 1 | 0 |
| | 2008 | 성남일화 | 9 | 1 | 0 | 0 | 0 | 10 | 0 | 0 |
| | 2009 | 전남 | 3 | 1 | 0 | 0 | 0 | 1 | 1 | 0 |
| 통산 | | | 356 | 18 | 1 | 7 | 0 | 407 | 40 | 0 |

**김영철**(金榮哲) 아주대 1967.10.10

| 대회 | 연도 | 소속 | 출전 | 교체 | 득점 | 도움 | 실점 | 파울 | 경고 | 퇴장 |
|---|---|---|---|---|---|---|---|---|---|---|
| K1 | 1990 | 현대 | 2 | 2 | 0 | 0 | 0 | 0 | 0 | 0 |
| | 1996 | 수원 | 0 | 0 | 0 | 0 | 0 | 0 | 0 | 0 |
| 컵 | 1996 | 수원 | 1 | 1 | 0 | 0 | 0 | 0 | 0 | 0 |
| 통산 | | | 3 | 3 | 0 | 0 | 0 | 0 | 0 | 0 |

**김영철**(金永哲) 광운전자공고 1960.04.28

| 대회 | 연도 | 소속 | 출전 | 교체 | 득점 | 도움 | 실점 | 파울 | 경고 | 퇴장 |
|---|---|---|---|---|---|---|---|---|---|---|
| K1 | 1984 | 국민은행 | 21 | 6 | 3 | 3 | 0 | 12 | 1 | 1 |
| 통산 | | | 21 | 6 | 3 | 3 | 0 | 12 | 1 | 1 |

**김영철**(金永哲) 풍생고 1984.04.08

| 대회 | 연도 | 소속 | 출전 | 교체 | 득점 | 도움 | 실점 | 파울 | 경고 | 퇴장 |
|---|---|---|---|---|---|---|---|---|---|---|
| K1 | 2003 | 전남 | 7 | 7 | 0 | 0 | 0 | 4 | 1 | 0 |
| | 2005 | 광주상무 | 2 | 2 | 0 | 0 | 0 | 0 | 0 | 0 |
| 컵 | 2007 | 경남 | 3 | 3 | 0 | 0 | 0 | 2 | 1 | 0 |
| 통산 | | | 12 | 12 | 0 | 0 | 0 | 6 | 2 | 0 |

**김영한**(金永韓) 성균관대 1998.02.21

| 대회 | 연도 | 소속 | 출전 | 교체 | 득점 | 도움 | 실점 | 파울 | 경고 | 퇴장 |
|---|---|---|---|---|---|---|---|---|---|---|
| K2 | 2020 | 경남 | 3 | 3 | 0 | 0 | 0 | 4 | 1 | 0 |
| PO | 2020 | 경남 | 1 | 1 | 0 | 0 | 0 | 0 | 0 | 0 |
| 통산 | | | 4 | 4 | 0 | 0 | 0 | 4 | 1 | 0 |

**김영호**(金榮浩) 단국대 1961.04.20

| 대회 | 연도 | 소속 | 출전 | 교체 | 득점 | 도움 | 실점 | 파울 | 경고 | 퇴장 |
|---|---|---|---|---|---|---|---|---|---|---|
| K1 | 1985 | 유공 | 13 | 0 | 0 | 0 | 14 | 0 | 0 | 0 |
| | 1986 | 유공 | 14 | 0 | 0 | 0 | 19 | 0 | 0 | 0 |
| | 1989 | 일화 | 18 | 2 | 0 | 0 | 25 | 0 | 0 | 0 |
| | 1990 | 일화 | 21 | 0 | 0 | 0 | 25 | 0 | 2 | 0 |
| | 1991 | 일화 | 22 | 3 | 0 | 0 | 35 | 1 | 2 | 0 |
| 컵 | 1986 | 유공 | 10 | 0 | 0 | 0 | 9 | 0 | 0 | 0 |
| 통산 | | | 98 | 5 | 0 | 0 | 127 | 1 | 4 | 0 |

**김영호**(金永湖) 주문진수도공고 1972.06.06

| 대회 | 연도 | 소속 | 출전 | 교체 | 득점 | 도움 | 실점 | 파울 | 경고 | 퇴장 |
|---|---|---|---|---|---|---|---|---|---|---|
| K1 | 1995 | 포항 | 0 | 0 | 0 | 0 | 0 | 0 | 0 | 0 |
| 컵 | 1996 | 포항 | 0 | 0 | 0 | 0 | 0 | 0 | 0 | 0 |
| 통산 | | | 0 | 0 | 0 | 0 | 0 | 0 | 0 | 0 |

**김영호**(金嶺好) 상지대 1996.10.30

| 대회 | 연도 | 소속 | 출전 | 교체 | 득점 | 도움 | 실점 | 파울 | 경고 | 퇴장 |
|---|---|---|---|---|---|---|---|---|---|---|
| K2 | 2023 | 안산 | 0 | 0 | 0 | 0 | 0 | 0 | 0 | 0 |
| | 2024 | 안산 | 0 | 0 | 0 | 0 | 0 | 0 | 0 | 0 |
| 통산 | | | 0 | 0 | 0 | 0 | 0 | 0 | 0 | 0 |

**김영환**(金榮煥) 인천대 2002.03.23

| 대회 | 연도 | 소속 | 출전 | 교체 | 득점 | 도움 | 실점 | 파울 | 경고 | 퇴장 |
|---|---|---|---|---|---|---|---|---|---|---|
| K2 | 2024 | 충북청주 | 15 | 15 | 1 | 1 | 0 | 14 | 0 | 0 |
| | 2025 | 충북청주 | 33 | 16 | 3 | 2 | 0 | 34 | 1 | 1 |
| 통산 | | | 48 | 31 | 4 | 3 | 0 | 48 | 1 | 1 |

**김영후**(金泳厚) 숭실대 1983.03.11

| 대회 | 연도 | 소속 | 출전 | 교체 | 득점 | 도움 | 실점 | 파울 | 경고 | 퇴장 |
|---|---|---|---|---|---|---|---|---|---|---|
| K1 | 2009 | 강원 | 27 | 5 | 13 | 8 | 0 | 26 | 4 | 0 |
| | 2010 | 강원 | 28 | 2 | 13 | 5 | 0 | 35 | 1 | 0 |
| | 2011 | 강원 | 28 | 17 | 4 | 0 | 0 | 33 | 0 | 0 |
| | 2013 | 강원 | 5 | 4 | 1 | 0 | 0 | 7 | 0 | 0 |
| K2 | 2013 | 경찰 | 23 | 15 | 10 | 3 | 0 | 19 | 3 | 0 |
| | 2014 | 강원 | 22 | 16 | 4 | 1 | 0 | 24 | 3 | 1 |
| | 2016 | 안양 | 20 | 17 | 3 | 1 | 0 | 20 | 1 | 0 |
| PO | 2013 | 강원 | 1 | 0 | 0 | 0 | 0 | 3 | 0 | 0 |
| | 2014 | 강원 | 1 | 1 | 0 | 0 | 0 | 3 | 0 | 0 |
| 컵 | 2009 | 강원 | 3 | 1 | 0 | 0 | 0 | 3 | 0 | 0 |
| | 2010 | 강원 | 4 | 0 | 1 | 0 | 0 | 4 | 0 | 0 |
| | 2011 | 강원 | 3 | 2 | 2 | 0 | 0 | 3 | 0 | 0 |
| 통산 | | | 165 | 80 | 51 | 18 | 0 | 180 | 12 | 1 |

**김예성**(金譽聲) 광주대 1996.10.21

| 대회 | 연도 | 소속 | 출전 | 교체 | 득점 | 도움 | 실점 | 파울 | 경고 | 퇴장 |
|---|---|---|---|---|---|---|---|---|---|---|
| K2 | 2018 | 대전 | 14 | 3 | 0 | 0 | 0 | 14 | 1 | 0 |
| | 2019 | 대전 | 10 | 5 | 0 | 0 | 0 | 4 | 1 | 0 |
| | 2021 | 안산 | 12 | 4 | 0 | 0 | 0 | 13 | 3 | 0 |
| | 2022 | 안산 | 25 | 15 | 0 | 0 | 0 | 5 | 0 | 0 |
| | 2024 | 전남 | 32 | 15 | 0 | 3 | 0 | 15 | 4 | 0 |
| | 2025 | 전남 | 36 | 5 | 1 | 3 | 0 | 20 | 2 | 0 |
| PO | 2024 | 전남 | 2 | 0 | 0 | 0 | 0 | 0 | 0 | 0 |
| 통산 | | | 131 | 47 | 1 | 6 | 0 | 71 | 11 | 0 |

**김예성**(金睿聖) 안동과학대 2001.03.19

| 대회 | 연도 | 소속 | 출전 | 교체 | 득점 | 도움 | 실점 | 파울 | 경고 | 퇴장 |
|---|---|---|---|---|---|---|---|---|---|---|
| K1 | 2023 | 수원FC | 5 | 5 | 0 | 0 | 0 | 0 | 0 | 0 |
| 통산 | | | 5 | 5 | 0 | 0 | 0 | 0 | 0 | 0 |

**김예지**(金芮志) 단국대 1999.06.06

| 대회 | 연도 | 소속 | 출전 | 교체 | 득점 | 도움 | 실점 | 파울 | 경고 | 퇴장 |
|---|---|---|---|---|---|---|---|---|---|---|
| K1 | 2021 | 제주 | 0 | 0 | 0 | 0 | 0 | 0 | 0 | 0 |
| 통산 | | | 0 | 0 | 0 | 0 | 0 | 0 | 0 | 0 |

**김오규**(金吾奎) 관동대(가톨릭관동대) 1989.06.20

| 대회 | 연도 | 소속 | 출전 | 교체 | 득점 | 도움 | 실점 | 파울 | 경고 | 퇴장 |
|---|---|---|---|---|---|---|---|---|---|---|
| K1 | 2011 | 강원 | 1 | 0 | 0 | 0 | 0 | 2 | 0 | 0 |
| | 2012 | 강원 | 33 | 6 | 0 | 0 | 0 | 44 | 4 | 0 |
| | 2013 | 강원 | 34 | 1 | 0 | 0 | 0 | 35 | 8 | 0 |
| | 2016 | 상주 | 24 | 1 | 0 | 0 | 0 | 28 | 8 | 0 |
| | 2017 | 상주 | 0 | 0 | 0 | 0 | 0 | 0 | 0 | 0 |
| | 2017 | 강원 | 33 | 0 | 2 | 0 | 0 | 24 | 2 | 0 |
| | 2018 | 강원 | 31 | 0 | 0 | 1 | 0 | 29 | 5 | 0 |
| | 2019 | 강원 | 28 | 0 | 1 | 1 | 0 | 25 | 8 | 0 |

| 대회 | 연도 | 소속 | 출전 | 교체 | 득점 | 도움 | 실점 | 파울 | 경고 | 퇴장 |
|---|---|---|---|---|---|---|---|---|---|---|
| | 2020 | 강원 | 4 | 1 | 0 | 0 | 0 | 4 | 1 | 0 |
| | 2021 | 제주 | 37 | 3 | 1 | 1 | 0 | 45 | 7 | 0 |
| | 2022 | 제주 | 30 | 2 | 1 | 0 | 0 | 23 | 12 | 0 |
| | 2023 | 제주 | 30 | 5 | 1 | 0 | 0 | 19 | 8 | 0 |
| K2 | 2014 | 강원 | 30 | 0 | 1 | 0 | 0 | 28 | 6 | 1 |
| | 2015 | 강원 | 14 | 0 | 0 | 0 | 0 | 18 | 1 | 0 |
| | 2015 | 상주 | 11 | 1 | 0 | 1 | 0 | 11 | 2 | 0 |
| | 2020 | 제주 | 18 | 3 | 1 | 0 | 0 | 23 | 4 | 0 |
| | 2024 | 서울E | 32 | 13 | 0 | 0 | 0 | 30 | 7 | 0 |
| | 2025 | 서울E | 37 | 9 | 2 | 0 | 0 | 25 | 7 | 0 |
| PO | 2013 | 강원 | 2 | 0 | 0 | 1 | 0 | 7 | 2 | 0 |
| | 2014 | 강원 | 1 | 0 | 0 | 0 | 0 | 0 | 0 | 0 |
| | 2024 | 서울E | 3 | 0 | 0 | 0 | 0 | 1 | 1 | 0 |
| | 2025 | 서울E | 1 | 0 | 0 | 0 | 0 | 0 | 0 | 0 |
| 통산 | | | 434 | 45 | 10 | 5 | 0 | 421 | 93 | 1 |

**김오성**(金五星) 고려대 1986.08.16

| 대회 | 연도 | 소속 | 출전 | 교체 | 득점 | 도움 | 실점 | 파울 | 경고 | 퇴장 |
|---|---|---|---|---|---|---|---|---|---|---|
| K1 | 2009 | 대구 | 5 | 5 | 0 | 0 | 0 | 3 | 0 | 0 |
| | 2010 | 대구 | 1 | 1 | 0 | 0 | 0 | 2 | 0 | 0 |
| 컵 | 2010 | 대구 | 0 | 0 | 0 | 0 | 0 | 0 | 0 | 0 |
| 통산 | | | 6 | 6 | 0 | 0 | 0 | 5 | 0 | 0 |

**김완수**(金完洙) 전북대 1962.01.13

| 대회 | 연도 | 소속 | 출전 | 교체 | 득점 | 도움 | 실점 | 파울 | 경고 | 퇴장 |
|---|---|---|---|---|---|---|---|---|---|---|
| K1 | 1983 | 포항제철 | 7 | 3 | 2 | 0 | 0 | 5 | 0 | 0 |
| | 1984 | 포항제철 | 9 | 4 | 1 | 0 | 0 | 5 | 1 | 0 |
| | 1985 | 포항제철 | 16 | 0 | 0 | 1 | 0 | 36 | 1 | 0 |
| | 1986 | 포항제철 | 11 | 3 | 1 | 0 | 0 | 12 | 0 | 0 |
| PO | 1986 | 포항제철 | 2 | 2 | 0 | 0 | 0 | 0 | 0 | 0 |
| 컵 | 1986 | 포항제철 | 11 | 1 | 3 | 1 | 0 | 13 | 1 | 0 |
| 통산 | | | 56 | 13 | 7 | 2 | 0 | 71 | 3 | 0 |

**김완수**(金完秀) 중앙대 1981.06.05

| 대회 | 연도 | 소속 | 출전 | 교체 | 득점 | 도움 | 실점 | 파울 | 경고 | 퇴장 |
|---|---|---|---|---|---|---|---|---|---|---|
| K1 | 2004 | 대구 | 7 | 8 | 0 | 0 | 0 | 7 | 1 | 0 |
| | 2005 | 대구 | 5 | 2 | 0 | 0 | 0 | 7 | 1 | 0 |
| 컵 | 2004 | 대구 | 5 | 3 | 0 | 0 | 0 | 7 | 1 | 0 |
| | 2005 | 대구 | 4 | 5 | 0 | 0 | 0 | 2 | 0 | 0 |
| 통산 | | | 21 | 18 | 0 | 0 | 0 | 23 | 3 | 0 |

**김왕주**(金旺珠) 연세대 1968.06.12

| 대회 | 연도 | 소속 | 출전 | 교체 | 득점 | 도움 | 실점 | 파울 | 경고 | 퇴장 |
|---|---|---|---|---|---|---|---|---|---|---|
| K1 | 1991 | 일화 | 10 | 10 | 0 | 0 | 0 | 5 | 1 | 0 |
| | 1993 | 일화 | 3 | 5 | 0 | 0 | 0 | 1 | 0 | 0 |
| 통산 | | | 13 | 15 | 0 | 0 | 0 | 6 | 1 | 0 |

**김요환**(金耀煥) 연세대 1977.05.23

| 대회 | 연도 | 소속 | 출전 | 교체 | 득점 | 도움 | 실점 | 파울 | 경고 | 퇴장 |
|---|---|---|---|---|---|---|---|---|---|---|
| K1 | 2002 | 전남 | 7 | 7 | 0 | 0 | 0 | 4 | 0 | 0 |
| | 2003 | 전남 | 5 | 5 | 0 | 0 | 0 | 3 | 0 | 0 |
| | 2004 | 전남 | 4 | 5 | 0 | 0 | 0 | 3 | 0 | 0 |
| | 2005 | 전남 | 5 | 5 | 0 | 0 | 0 | 1 | 0 | 0 |
| 컵 | 2002 | 전남 | 1 | 1 | 0 | 0 | 0 | 0 | 0 | 0 |
| | 2004 | 전남 | 2 | 2 | 0 | 0 | 0 | 0 | 0 | 0 |
| | 2005 | 전남 | 4 | 5 | 0 | 0 | 0 | 6 | 0 | 0 |
| 통산 | | | 28 | 30 | 0 | 0 | 0 | 17 | 0 | 0 |

**김용구**(金勇九) 인천대 1981.03.08

| 대회 | 연도 | 소속 | 출전 | 교체 | 득점 | 도움 | 실점 | 파울 | 경고 | 퇴장 |
|---|---|---|---|---|---|---|---|---|---|---|
| K1 | 2004 | 인천 | 3 | 3 | 0 | 0 | 0 | 1 | 0 | 0 |
| 컵 | 2004 | 인천 | 5 | 5 | 0 | 0 | 0 | 8 | 1 | 0 |
| 통산 | | | 8 | 8 | 0 | 0 | 0 | 9 | 1 | 0 |

**김용대**(金龍大) 연세대 1979.10.11

| 대회 | 연도 | 소속 | 출전 | 교체 | 득점 | 도움 | 실점 | 파울 | 경고 | 퇴장 |
|---|---|---|---|---|---|---|---|---|---|---|
| K1 | 2002 | 부산 | 8 | 1 | 0 | 0 | 14 | 0 | 0 | 0 |
| | 2003 | 부산 | 36 | 0 | 0 | 0 | 54 | 0 | 1 | 0 |
| | 2004 | 부산 | 23 | 0 | 0 | 0 | 17 | 1 | 1 | 0 |
| | 2005 | 부산 | 17 | 1 | 0 | 0 | 20 | 1 | 0 | 0 |
| | 2006 | 성남일화 | 20 | 0 | 0 | 0 | 21 | 0 | 1 | 0 |
| | 2007 | 성남일화 | 26 | 0 | 0 | 0 | 18 | 0 | 0 | 0 |
| | 2008 | 광주상무 | 24 | 0 | 0 | 0 | 43 | 0 | 0 | 0 |
| | 2009 | 성남일화 | 1 | 0 | 0 | 0 | 0 | 0 | 0 | 0 |
| | 2009 | 광주상무 | 26 | 0 | 0 | 0 | 34 | 0 | 0 | 0 |
| | 2010 | 서울 | 28 | 0 | 0 | 0 | 26 | 0 | 0 | 0 |
| | 2011 | 서울 | 28 | 1 | 0 | 0 | 34 | 2 | 1 | 0 |
| | 2012 | 서울 | 44 | 0 | 0 | 0 | 42 | 0 | 2 | 0 |
| | 2013 | 서울 | 35 | 0 | 0 | 0 | 42 | 0 | 1 | 0 |
| | 2014 | 서울 | 24 | 1 | 0 | 0 | 19 | 0 | 0 | 0 |
| | 2015 | 서울 | 12 | 0 | 0 | 0 | 21 | 0 | 0 | 0 |
| | 2016 | 울산 | 24 | 0 | 0 | 0 | 25 | 0 | 1 | 0 |
| | 2017 | 울산 | 28 | 0 | 0 | 0 | 35 | 1 | 1 | 0 |
| | 2018 | 울산 | 14 | 1 | 0 | 0 | 20 | 0 | 2 | 0 |
| PO | 2005 | 부산 | 1 | 0 | 0 | 0 | 2 | 0 | 0 | 0 |
| | 2006 | 성남일화 | 3 | 0 | 0 | 0 | 1 | 0 | 1 | 0 |
| | 2007 | 성남일화 | 2 | 0 | 0 | 0 | 4 | 0 | 0 | 0 |
| | 2009 | 성남일화 | 1 | 1 | 0 | 0 | 0 | 0 | 0 | 0 |
| | 2010 | 서울 | 2 | 0 | 0 | 0 | 3 | 0 | 0 | 0 |
| | 2011 | 서울 | 1 | 0 | 0 | 0 | 3 | 0 | 0 | 0 |
| 컵 | 2002 | 부산 | 1 | 0 | 0 | 0 | 4 | 0 | 0 | 0 |
| | 2004 | 부산 | 6 | 0 | 0 | 0 | 12 | 0 | 1 | 0 |
| | 2005 | 부산 | 11 | 0 | 0 | 0 | 14 | 1 | 0 | 0 |
| | 2006 | 성남일화 | 5 | 0 | 0 | 0 | 6 | 0 | 0 | 0 |
| | 2007 | 성남일화 | 1 | 0 | 0 | 0 | 4 | 0 | 0 | 0 |
| | 2008 | 광주상무 | 1 | 0 | 0 | 0 | 3 | 0 | 0 | 0 |
| | 2009 | 광주상무 | 0 | 0 | 0 | 0 | 0 | 0 | 0 | 0 |
| | 2010 | 서울 | 7 | 0 | 0 | 0 | 6 | 0 | 0 | 0 |
| 통산 | | | 460 | 6 | 0 | 0 | 547 | 6 | 13 | 0 |

**김용범**(金龍凡) 고려대 1971.06.16

| 대회 | 연도 | 소속 | 출전 | 교체 | 득점 | 도움 | 실점 | 파울 | 경고 | 퇴장 |
|---|---|---|---|---|---|---|---|---|---|---|
| K1 | 1998 | 대전 | 16 | 3 | 0 | 0 | 0 | 17 | 3 | 0 |
| | 1999 | 대전 | 19 | 6 | 0 | 1 | 0 | 24 | 2 | 0 |
| | 2000 | 대전 | 7 | 3 | 0 | 0 | 0 | 5 | 0 | 0 |
| | 2001 | 대전 | 1 | 0 | 0 | 0 | 0 | 1 | 0 | 0 |
| 컵 | 1998 | 대전 | 13 | 2 | 0 | 1 | 0 | 15 | 0 | 0 |
| | 1999 | 대전 | 7 | 2 | 0 | 0 | 0 | 7 | 0 | 0 |
| | 2000 | 대전 | 8 | 2 | 0 | 0 | 0 | 9 | 1 | 0 |
| 통산 | | | 71 | 18 | 0 | 2 | 0 | 78 | 6 | 0 |

**김용세**(金鏞世) 중동고 1960.04.21

| 대회 | 연도 | 소속 | 출전 | 교체 | 득점 | 도움 | 실점 | 파울 | 경고 | 퇴장 |
|---|---|---|---|---|---|---|---|---|---|---|
| K1 | 1983 | 유공 | 16 | 2 | 2 | 4 | 0 | 10 | 1 | 0 |
| | 1984 | 유공 | 28 | 2 | 14 | 2 | 0 | 40 | 1 | 0 |
| | 1985 | 유공 | 21 | 1 | 12 | 0 | 0 | 19 | 1 | 0 |
| | 1986 | 유공 | 10 | 0 | 6 | 7 | 0 | 14 | 1 | 0 |
| | 1987 | 유공 | 18 | 4 | 1 | 2 | 0 | 16 | 1 | 0 |
| | 1988 | 유공 | 11 | 1 | 4 | 1 | 0 | 23 | 2 | 0 |
| | 1989 | 일화 | 21 | 9 | 6 | 0 | 0 | 27 | 3 | 1 |
| | 1990 | 일화 | 24 | 9 | 7 | 1 | 0 | 18 | 0 | 0 |
| | 1991 | 일화 | 13 | 10 | 1 | 1 | 0 | 9 | 1 | 0 |
| PO | 1984 | 유공 | 2 | 0 | 0 | 0 | 0 | 3 | 0 | 0 |
| 컵 | 1986 | 유공 | 3 | 0 | 0 | 0 | 0 | 3 | 1 | 0 |
| 통산 | | | 167 | 38 | 53 | 18 | 0 | 182 | 12 | 1 |

**김용찬**(金容燦) 아주대 1990.04.08

| 대회 | 연도 | 소속 | 출전 | 교체 | 득점 | 도움 | 실점 | 파울 | 경고 | 퇴장 |
|---|---|---|---|---|---|---|---|---|---|---|
| K1 | 2013 | 경남 | 23 | 7 | 0 | 0 | 0 | 41 | 6 | 0 |
| | 2014 | 인천 | 0 | 0 | 0 | 0 | 0 | 0 | 0 | 0 |
| K2 | 2015 | 충주 | 6 | 2 | 0 | 1 | 0 | 8 | 1 | 0 |
| 통산 | | | 29 | 9 | 0 | 1 | 0 | 49 | 7 | 0 |

**김용태**(金龍太) 울산대 1984.05.20

| 대회 | 연도 | 소속 | 출전 | 교체 | 득점 | 도움 | 실점 | 파울 | 경고 | 퇴장 |
|---|---|---|---|---|---|---|---|---|---|---|
| K1 | 2006 | 대전 | 16 | 12 | 0 | 2 | 0 | 17 | 0 | 0 |
| | 2007 | 대전 | 14 | 10 | 0 | 0 | 0 | 16 | 2 | 0 |
| | 2008 | 대전 | 19 | 12 | 1 | 1 | 0 | 24 | 2 | 0 |
| | 2009 | 울산 | 17 | 10 | 0 | 0 | 0 | 11 | 2 | 0 |
| | 2010 | 울산 | 4 | 5 | 0 | 0 | 0 | 0 | 0 | 0 |
| | 2011 | 상주 | 17 | 4 | 1 | 0 | 0 | 16 | 2 | 0 |
| | 2012 | 상주 | 21 | 13 | 1 | 4 | 0 | 12 | 2 | 0 |
| | 2012 | 울산 | 7 | 5 | 0 | 1 | 0 | 3 | 0 | 0 |
| | 2013 | 울산 | 27 | 22 | 2 | 3 | 0 | 16 | 1 | 0 |
| | 2014 | 울산 | 12 | 6 | 2 | 0 | 0 | 8 | 3 | 0 |
| | 2014 | 부산 | 14 | 8 | 1 | 1 | 0 | 11 | 0 | 0 |
| | 2015 | 부산 | 21 | 15 | 0 | 0 | 0 | 10 | 1 | 0 |
| K2 | 2016 | 충주 | 25 | 11 | 0 | 4 | 0 | 19 | 1 | 0 |
| 컵 | 2006 | 대전 | 12 | 7 | 2 | 1 | 0 | 8 | 0 | 0 |
| | 2007 | 대전 | 8 | 6 | 0 | 0 | 0 | 10 | 1 | 0 |
| | 2008 | 대전 | 3 | 2 | 0 | 0 | 0 | 3 | 0 | 0 |
| | 2009 | 울산 | 4 | 3 | 0 | 0 | 0 | 2 | 0 | 0 |
| | 2010 | 울산 | 0 | 0 | 0 | 0 | 0 | 0 | 0 | 0 |
| | 2011 | 상주 | 1 | 1 | 0 | 0 | 0 | 0 | 0 | 0 |
| 통산 | | | 242 | 152 | 10 | 17 | 0 | 186 | 17 | 0 |

**김용한**(金龍漢) 강릉농공고 1986.06.28

| 대회 | 연도 | 소속 | 출전 | 교체 | 득점 | 도움 | 실점 | 파울 | 경고 | 퇴장 |
|---|---|---|---|---|---|---|---|---|---|---|
| 컵 | 2006 | 인천 | 3 | 3 | 0 | 0 | 0 | 3 | 1 | 0 |
| 통산 | | | 3 | 3 | 0 | 0 | 0 | 3 | 1 | 0 |

**김용한**(金容漢) 수원대 1990.07.30

| 대회 | 연도 | 소속 | 출전 | 교체 | 득점 | 도움 | 실점 | 파울 | 경고 | 퇴장 |
|---|---|---|---|---|---|---|---|---|---|---|
| K2 | 2013 | 수원FC | 8 | 9 | 0 | 0 | 0 | 5 | 0 | 0 |
| 통산 | | | 8 | 9 | 0 | 0 | 0 | 5 | 0 | 0 |

**김용해**(金龍海) 동국대 1958.05.24

| 대회 | 연도 | 소속 | 출전 | 교체 | 득점 | 도움 | 실점 | 파울 | 경고 | 퇴장 |
|---|---|---|---|---|---|---|---|---|---|---|
| K1 | 1983 | 유공 | 2 | 2 | 0 | 0 | 0 | 0 | 0 | 0 |
| | 1984 | 럭키금성 | 9 | 8 | 0 | 1 | 0 | 4 | 0 | 0 |
| | 1985 | 럭키금성 | 2 | 2 | 1 | 0 | 0 | 0 | 0 | 0 |
| 통산 | | | 13 | 12 | 1 | 1 | 0 | 4 | 0 | 0 |

**김용호**(金龍虎) 수도전기공고 1971.03.20

| 대회 | 연도 | 소속 | 출전 | 교체 | 득점 | 도움 | 실점 | 파울 | 경고 | 퇴장 |
|---|---|---|---|---|---|---|---|---|---|---|
| K1 | 1990 | 대우 | 2 | 2 | 0 | 0 | 0 | 1 | 0 | 0 |
| | 1994 | 대우 | 4 | 4 | 0 | 0 | 0 | 1 | 0 | 0 |
| 통산 | | | 6 | 6 | 0 | 0 | 0 | 2 | 0 | 0 |

**김용환**(金容奐) 숭실대 1993.05.25

| 대회 | 연도 | 소속 | 출전 | 교체 | 득점 | 도움 | 실점 | 파울 | 경고 | 퇴장 |
|---|---|---|---|---|---|---|---|---|---|---|
| K1 | 2014 | 인천 | 14 | 2 | 0 | 0 | 0 | 23 | 1 | 0 |
| | 2015 | 인천 | 3 | 3 | 0 | 0 | 0 | 0 | 1 | 0 |
| | 2016 | 인천 | 28 | 6 | 3 | 2 | 0 | 28 | 6 | 0 |
| | 2017 | 인천 | 30 | 8 | 2 | 1 | 0 | 32 | 3 | 0 |
| | 2018 | 인천 | 18 | 7 | 0 | 0 | 0 | 15 | 2 | 0 |
| | 2019 | 포항 | 35 | 5 | 2 | 1 | 0 | 39 | 2 | 0 |
| | 2020 | 포항 | 3 | 0 | 0 | 1 | 0 | 2 | 0 | 0 |
| | 2021 | 포항 | 2 | 0 | 0 | 0 | 0 | 2 | 1 | 0 |
| | 2022 | 포항 | 21 | 16 | 0 | 1 | 0 | 12 | 1 | 0 |
| | 2023 | 포항 | 10 | 9 | 0 | 0 | 0 | 3 | 0 | 0 |
| K2 | 2021 | 김천 | 20 | 6 | 1 | 1 | 0 | 20 | 5 | 0 |
| | 2024 | 전남 | 22 | 6 | 0 | 1 | 0 | 15 | 2 | 0 |
| | 2025 | 전남 | 25 | 18 | 1 | 0 | 0 | 21 | 5 | 0 |
| PO | 2024 | 전남 | 2 | 0 | 0 | 0 | 0 | 2 | 1 | 0 |
| 통산 | | | 233 | 86 | 9 | 8 | 0 | 214 | 30 | 0 |

**김용훈**(金龍勳) 경북산업대(경일대) 1969.09.15

| 대회 | 연도 | 소속 | 출전 | 교체 | 득점 | 도움 | 실점 | 파울 | 경고 | 퇴장 |
|---|---|---|---|---|---|---|---|---|---|---|
| K1 | 1994 | 버팔로 | 1 | 1 | 0 | 0 | 0 | 0 | 0 | 0 |
| 통산 | | | 1 | 1 | 0 | 0 | 0 | 0 | 0 | 0 |

**김용희**(金容熙) 중앙대 1978.10.15

| 대회 | 연도 | 소속 | 출전 | 교체 | 득점 | 도움 | 실점 | 파울 | 경고 | 퇴장 |
|---|---|---|---|---|---|---|---|---|---|---|
| K1 | 2001 | 성남일화 | 26 | 0 | 1 | 0 | 0 | 37 | 4 | 0 |
| | 2002 | 성남일화 | 14 | 4 | 0 | 0 | 0 | 12 | 2 | 0 |
| | 2003 | 성남일화 | 2 | 1 | 0 | 0 | 0 | 6 | 0 | 0 |
| | 2004 | 부산 | 21 | 0 | 0 | 0 | 0 | 38 | 7 | 0 |
| | 2005 | 광주상무 | 22 | 4 | 0 | 0 | 0 | 28 | 5 | 0 |
| | 2006 | 광주상무 | 22 | 6 | 1 | 2 | 0 | 20 | 2 | 0 |
| | 2007 | 부산 | 2 | 2 | 0 | 0 | 0 | 3 | 0 | 0 |
| | 2008 | 전북 | 1 | 0 | 0 | 0 | 0 | 1 | 0 | 0 |
| 컵 | 2001 | 성남일화 | 1 | 1 | 0 | 0 | 0 | 0 | 0 | 0 |
| | 2002 | 성남일화 | 4 | 4 | 0 | 1 | 0 | 7 | 1 | 0 |
| | 2004 | 부산 | 10 | 3 | 0 | 1 | 0 | 9 | 2 | 0 |
| | 2005 | 광주상무 | 12 | 2 | 1 | 0 | 0 | 15 | 0 | 0 |
| | 2006 | 광주상무 | 10 | 5 | 2 | 0 | 0 | 7 | 0 | 0 |
| | 2007 | 부산 | 4 | 1 | 0 | 0 | 0 | 2 | 1 | 0 |
| 통산 | | | 151 | 33 | 5 | 4 | 0 | 185 | 24 | 0 |

**김우경**(金祐經) 묵호고 1991.12.04

| 대회 | 연도 | 소속 | 출전 | 교체 | 득점 | 도움 | 실점 | 파울 | 경고 | 퇴장 |
|---|---|---|---|---|---|---|---|---|---|---|
| 컵 | 2011 | 강원 | 0 | 0 | 0 | 0 | 0 | 0 | 0 | 0 |
| 통산 | | | 0 | 0 | 0 | 0 | 0 | 0 | 0 | 0 |

**김우빈**(金禹頻) 전주대 2003.03.08

| 대회 | 연도 | 소속 | 출전 | 교체 | 득점 | 도움 | 실점 | 파울 | 경고 | 퇴장 |
|---|---|---|---|---|---|---|---|---|---|---|
| K2 | 2024 | 안산 | 9 | 6 | 1 | 0 | 0 | 10 | 0 | 0 |
| | 2025 | 안산 | 30 | 31 | 1 | 0 | 0 | 42 | 3 | 0 |
| 통산 | | | 39 | 37 | 2 | 0 | 0 | 52 | 3 | 0 |

**김우석**(金祐錫) 신갈고 1996.08.04

| 대회 | 연도 | 소속 | 출전 | 교체 | 득점 | 도움 | 실점 | 파울 | 경고 | 퇴장 |
|---|---|---|---|---|---|---|---|---|---|---|
| K1 | 2017 | 대구 | 12 | 2 | 1 | 0 | 0 | 27 | 4 | 0 |
| | 2018 | 대구 | 20 | 5 | 0 | 0 | 0 | 15 | 4 | 0 |
| | 2019 | 대구 | 35 | 4 | 1 | 2 | 0 | 35 | 9 | 0 |
| | 2020 | 대구 | 25 | 2 | 0 | 0 | 0 | 22 | 5 | 0 |
| | 2021 | 대구 | 12 | 8 | 0 | 0 | 0 | 9 | 3 | 0 |
| | 2022 | 대구 | 10 | 7 | 0 | 1 | 0 | 6 | 2 | 1 |
| | 2023 | 강원 | 13 | 7 | 0 | 0 | 0 | 6 | 0 | 0 |
| | 2024 | 강원 | 4 | 3 | 0 | 1 | 0 | 0 | 0 | 0 |
| K2 | 2016 | 대구 | 0 | 0 | 0 | 0 | 0 | 0 | 0 | 0 |
| 통산 | | | 131 | 38 | 2 | 4 | 0 | 120 | 27 | 1 |

**김우재**(金佑載) 경희대 1976.09.13

| 대회 | 연도 | 소속 | 출전 | 교체 | 득점 | 도움 | 실점 | 파울 | 경고 | 퇴장 |
|---|---|---|---|---|---|---|---|---|---|---|
| K1 | 1999 | 천안일화 | 3 | 3 | 0 | 0 | 0 | 2 | 0 | 0 |
| | 2000 | 성남일화 | 1 | 1 | 0 | 0 | 0 | 3 | 0 | 0 |
| | 2001 | 성남일화 | 1 | 1 | 0 | 0 | 0 | 2 | 0 | 0 |
| | 2002 | 성남일화 | 3 | 3 | 0 | 0 | 0 | 1 | 0 | 0 |
| | 2003 | 성남일화 | 30 | 7 | 2 | 0 | 0 | 60 | 8 | 0 |
| | 2004 | 인천 | 21 | 4 | 1 | 1 | 0 | 63 | 5 | 0 |
| | 2005 | 전남 | 6 | 4 | 0 | 1 | 0 | 10 | 0 | 0 |
| 컵 | 1999 | 천안일화 | 4 | 4 | 0 | 0 | 0 | 3 | 0 | 0 |
| | 2000 | 성남일화 | 1 | 1 | 0 | 0 | 0 | 0 | 0 | 0 |
| | 2002 | 성남일화 | 5 | 5 | 0 | 0 | 0 | 7 | 0 | 0 |
| | 2004 | 인천 | 11 | 2 | 0 | 0 | 0 | 30 | 3 | 0 |
| | 2005 | 전남 | 9 | 4 | 0 | 0 | 0 | 18 | 3 | 0 |
| 통산 | | | 95 | 39 | 3 | 2 | 0 | 199 | 19 | 0 |

**김우진**(金佑振) 경희대 1980.04.19

| 대회 | 연도 | 소속 | 출전 | 교체 | 득점 | 도움 | 실점 | 파울 | 경고 | 퇴장 |
|---|---|---|---|---|---|---|---|---|---|---|
| K1 | 2003 | 부천SK | 12 | 7 | 0 | 1 | 0 | 9 | 1 | 0 |
| | 2004 | 부천SK | 19 | 5 | 0 | 1 | 0 | 24 | 2 | 0 |
| 컵 | 2004 | 부천SK | 11 | 0 | 0 | 0 | 0 | 16 | 0 | 0 |
| 통산 | | | 42 | 12 | 0 | 2 | 0 | 49 | 3 | 0 |

**김우진**(金佑鎭) 경기대 1989.09.17

| 대회 | 연도 | 소속 | 출전 | 교체 | 득점 | 도움 | 실점 | 파울 | 경고 | 퇴장 |
|---|---|---|---|---|---|---|---|---|---|---|
| K1 | 2012 | 대전 | 1 | 1 | 0 | 0 | 0 | 1 | 0 | 0 |
| K2 | 2013 | 부천 | 1 | 1 | 0 | 0 | 0 | 0 | 0 | 0 |
| 통산 | | | 2 | 2 | 0 | 0 | 0 | 1 | 0 | 0 |

**김우철**(金禹喆) 상지대 1982.10.01

| 대회 | 연도 | 소속 | 출전 | 교체 | 득점 | 도움 | 실점 | 파울 | 경고 | 퇴장 |
|---|---|---|---|---|---|---|---|---|---|---|
| 컵 | 2007 | 전북 | 1 | 1 | 0 | 0 | 0 | 0 | 0 | 0 |
| 통산 | | | 1 | 1 | 0 | 0 | 0 | 0 | 0 | 0 |

**김우철**(金禹哲) 단국대 1989.07.04

| 대회 | 연도 | 소속 | 출전 | 교체 | 득점 | 도움 | 실점 | 파울 | 경고 | 퇴장 |
|---|---|---|---|---|---|---|---|---|---|---|
| K1 | 2012 | 전북 | 2 | 2 | 0 | 0 | 0 | 1 | 0 | 0 |
| | 2013 | 전북 | 0 | 0 | 0 | 0 | 0 | 0 | 0 | 0 |
| K2 | 2014 | 광주 | 4 | 3 | 0 | 0 | 0 | 8 | 0 | 0 |
| PO | 2014 | 광주 | 0 | 0 | 0 | 0 | 0 | 0 | 0 | 0 |
| 통산 | | | 6 | 5 | 0 | 0 | 0 | 9 | 0 | 0 |

**김우현** 동아대 1974.01.01

| 대회 | 연도 | 소속 | 출전 | 교체 | 득점 | 도움 | 실점 | 파울 | 경고 | 퇴장 |
|---|---|---|---|---|---|---|---|---|---|---|
| K1 | 1996 | 부천유공 | 0 | 0 | 0 | 0 | 0 | 0 | 0 | 0 |
| 통산 | | | 0 | 0 | 0 | 0 | 0 | 0 | 0 | 0 |

**김우홍**(金祐泓) 풍기중 1995.01.11

| 대회 | 연도 | 소속 | 출전 | 교체 | 득점 | 도움 | 실점 | 파울 | 경고 | 퇴장 |
|---|---|---|---|---|---|---|---|---|---|---|
| K1 | 2018 | 서울 | 1 | 1 | 0 | 0 | 0 | 0 | 0 | 0 |
| 통산 | | | 1 | 1 | 0 | 0 | 0 | 0 | 0 | 0 |

**김운**(金雲) 건국대 1994.11.15

| 대회 | 연도 | 소속 | 출전 | 교체 | 득점 | 도움 | 실점 | 파울 | 경고 | 퇴장 |
|---|---|---|---|---|---|---|---|---|---|---|
| K1 | 2025 | 안양 | 29 | 28 | 0 | 0 | 0 | 22 | 4 | 0 |
| K2 | 2024 | 안양 | 25 | 25 | 4 | 2 | 0 | 17 | 1 | 0 |
| 통산 | | | 54 | 53 | 4 | 2 | 0 | 39 | 5 | 0 |

**김운오**(金雲五) 고려대 1961.04.14

| 대회 | 연도 | 소속 | 출전 | 교체 | 득점 | 도움 | 실점 | 파울 | 경고 | 퇴장 |
|---|---|---|---|---|---|---|---|---|---|---|
| K1 | 1984 | 한일은행 | 6 | 2 | 0 | 0 | 0 | 1 | 0 | 0 |
| 통산 | | | 6 | 2 | 0 | 0 | 0 | 1 | 0 | 0 |

**김원균**(金遠均) 고려대 1992.05.01

| 대회 | 연도 | 소속 | 출전 | 교체 | 득점 | 도움 | 실점 | 파울 | 경고 | 퇴장 |
|---|---|---|---|---|---|---|---|---|---|---|
| K1 | 2015 | 서울 | 1 | 1 | 0 | 0 | 0 | 1 | 1 | 0 |
| | 2017 | 서울 | 8 | 6 | 0 | 0 | 0 | 20 | 2 | 0 |
| | 2018 | 서울 | 24 | 1 | 1 | 0 | 0 | 38 | 7 | 0 |
| | 2019 | 서울 | 11 | 2 | 0 | 0 | 0 | 16 | 1 | 0 |
| | 2020 | 서울 | 0 | 0 | 0 | 0 | 0 | 0 | 0 | 0 |
| | 2021 | 서울 | 19 | 7 | 0 | 0 | 0 | 27 | 4 | 0 |
| | 2022 | 강원 | 3 | 3 | 0 | 0 | 0 | 2 | 0 | 0 |
| K2 | 2015 | 강원 | 15 | 1 | 0 | 0 | 0 | 21 | 2 | 0 |
| | 2016 | 강원 | 8 | 2 | 1 | 0 | 0 | 15 | 3 | 0 |
| | 2023 | 충북청주 | 21 | 11 | 0 | 0 | 0 | 19 | 4 | 1 |
| | 2024 | 김포 | 14 | 8 | 1 | 1 | 0 | 26 | 6 | 0 |
| PO | 2018 | 서울 | 2 | 0 | 0 | 0 | 0 | 2 | 0 | 0 |
| 통산 | | | 126 | 42 | 3 | 1 | 0 | 187 | 30 | 1 |

**김원근**(金元根) 성균관대 1958.07.28

| 대회 | 연도 | 소속 | 출전 | 교체 | 득점 | 도움 | 실점 | 파울 | 경고 | 퇴장 |
|---|---|---|---|---|---|---|---|---|---|---|
| K1 | 1984 | 한일은행 | 5 | 4 | 0 | 0 | 0 | 1 | 0 | 0 |
| 통산 | | | 5 | 4 | 0 | 0 | 0 | 1 | 0 | 0 |

**김원민**(金元敏) 건국대 1987.08.12

| 대회 | 연도 | 소속 | 출전 | 교체 | 득점 | 도움 | 실점 | 파울 | 경고 | 퇴장 |
|---|---|---|---|---|---|---|---|---|---|---|
| K2 | 2013 | 안양 | 29 | 26 | 4 | 4 | 0 | 31 | 1 | 0 |
| | 2014 | 안양 | 25 | 25 | 2 | 2 | 0 | 17 | 1 | 0 |
| | 2017 | 안양 | 11 | 10 | 0 | 0 | 0 | 6 | 0 | 0 |
| | 2018 | 안양 | 25 | 17 | 4 | 3 | 0 | 14 | 1 | 0 |
| | 2019 | 안양 | 26 | 25 | 3 | 0 | 0 | 17 | 3 | 0 |
| PO | 2019 | 안양 | 1 | 1 | 0 | 0 | 0 | 0 | 0 | 0 |
| 통산 | | | 117 | 104 | 13 | 9 | 0 | 85 | 6 | 0 |

**김원석**(金洹碩) 중원대 1997.12.10

| 대회 | 연도 | 소속 | 출전 | 교체 | 득점 | 도움 | 실점 | 파울 | 경고 | 퇴장 |
|---|---|---|---|---|---|---|---|---|---|---|
| K2 | 2020 | 충남아산 | 14 | 13 | 1 | 1 | 0 | 8 | 0 | 0 |
| | 2021 | 충남아산 | 10 | 10 | 0 | 0 | 0 | 4 | 0 | 0 |
| 통산 | | | 24 | 23 | 1 | 1 | 0 | 12 | 0 | 0 |

**김원식**(金元植) 동북고 1991.11.05

| 대회 | 연도 | 소속 | 출전 | 교체 | 득점 | 도움 | 실점 | 파울 | 경고 | 퇴장 |
|---|---|---|---|---|---|---|---|---|---|---|
| K1 | 2015 | 인천 | 31 | 3 | 0 | 0 | 0 | 83 | 15 | 0 |
| | 2016 | 서울 | 20 | 7 | 0 | 0 | 0 | 19 | 2 | 0 |
| | 2017 | 서울 | 6 | 6 | 0 | 0 | 0 | 6 | 0 | 0 |
| | 2018 | 서울 | 11 | 7 | 0 | 0 | 0 | 17 | 1 | 0 |
| | 2019 | 서울 | 19 | 7 | 0 | 0 | 0 | 19 | 2 | 0 |
| | 2020 | 서울 | 16 | 6 | 1 | 0 | 0 | 27 | 3 | 0 |
| | 2021 | 광주 | 27 | 19 | 0 | 0 | 0 | 52 | 6 | 0 |
| K2 | 2013 | 경찰 | 8 | 7 | 0 | 0 | 0 | 11 | 2 | 0 |
| | 2014 | 안산경찰 | 2 | 2 | 0 | 0 | 0 | 0 | 0 | 0 |
| | 2022 | 서울E | 38 | 29 | 0 | 0 | 0 | 30 | 7 | 0 |
| | 2023 | 서울E | 27 | 18 | 0 | 0 | 0 | 27 | 5 | 0 |
| | 2025 | 천안 | 4 | 2 | 0 | 0 | 0 | 4 | 1 | 0 |
| PO | 2018 | 서울 | 1 | 1 | 0 | 0 | 0 | 1 | 0 | 0 |
| 통산 | | | 210 | 114 | 1 | 0 | 0 | 296 | 44 | 0 |

**김원일**(金源一) 숭실대 1986.10.18

| 대회 | 연도 | 소속 | 출전 | 교체 | 득점 | 도움 | 실점 | 파울 | 경고 | 퇴장 |
|---|---|---|---|---|---|---|---|---|---|---|
| K1 | 2010 | 포항 | 13 | 2 | 0 | 0 | 0 | 21 | 2 | 0 |
| | 2011 | 포항 | 18 | 5 | 0 | 0 | 0 | 31 | 7 | 0 |
| | 2012 | 포항 | 32 | 3 | 4 | 0 | 0 | 63 | 5 | 0 |
| | 2013 | 포항 | 34 | 1 | 3 | 0 | 0 | 56 | 8 | 0 |
| | 2014 | 포항 | 18 | 2 | 1 | 0 | 0 | 40 | 5 | 0 |
| | 2015 | 포항 | 24 | 1 | 0 | 0 | 0 | 36 | 5 | 0 |
| | 2016 | 포항 | 17 | 3 | 0 | 0 | 0 | 25 | 4 | 1 |
| | 2017 | 제주 | 26 | 3 | 3 | 1 | 0 | 34 | 9 | 0 |
| | 2018 | 제주 | 20 | 0 | 0 | 0 | 0 | 32 | 8 | 0 |
| | 2019 | 제주 | 9 | 5 | 1 | 0 | 0 | 15 | 1 | 0 |
| 컵 | 2011 | 포항 | 5 | 0 | 0 | 1 | 0 | 13 | 1 | 0 |
| 통산 | | | 216 | 25 | 12 | 2 | 0 | 366 | 55 | 1 |

**김원준**(金沅俊) 건국대 2000.09.25

| 대회 | 연도 | 소속 | 출전 | 교체 | 득점 | 도움 | 실점 | 파울 | 경고 | 퇴장 |
|---|---|---|---|---|---|---|---|---|---|---|
| K2 | 2023 | 성남 | 9 | 10 | 1 | 0 | 0 | 7 | 1 | 0 |
| 통산 | | | 9 | 10 | 1 | 0 | 0 | 7 | 1 | 0 |

**김원준**(金元儁) 동아대 2004.07.04

| 대회 | 연도 | 소속 | 출전 | 교체 | 득점 | 도움 | 실점 | 파울 | 경고 | 퇴장 |
|---|---|---|---|---|---|---|---|---|---|---|
| K2 | 2025 | 부천 | 1 | 1 | 0 | 0 | 0 | 1 | 0 | 0 |
| 통산 | | | 1 | 1 | 0 | 0 | 0 | 1 | 0 | 0 |

**김원중**(金愿重) 김천대 2001.04.04

| 대회 | 연도 | 소속 | 출전 | 교체 | 득점 | 도움 | 실점 | 파울 | 경고 | 퇴장 |
|---|---|---|---|---|---|---|---|---|---|---|
| K2 | 2022 | 안산 | 2 | 0 | 0 | 0 | 3 | 0 | 0 | 0 |
| 통산 | | | 2 | 0 | 0 | 0 | 3 | 0 | 0 | 0 |

**김유성**(金侑聖) 경희대 1988.12.04

| 대회 | 연도 | 소속 | 출전 | 교체 | 득점 | 도움 | 실점 | 파울 | 경고 | 퇴장 |
|---|---|---|---|---|---|---|---|---|---|---|
| K1 | 2010 | 경남 | 3 | 1 | 0 | 0 | 0 | 3 | 0 | 0 |
| | 2011 | 대구 | 6 | 4 | 0 | 0 | 0 | 7 | 1 | 0 |
| | 2011 | 경남 | 0 | 0 | 0 | 0 | 0 | 0 | 0 | 0 |
| | 2012 | 대구 | 12 | 11 | 2 | 0 | 0 | 7 | 1 | 1 |
| | 2013 | 대구 | 0 | 0 | 0 | 0 | 0 | 0 | 0 | 0 |
| K2 | 2014 | 광주 | 11 | 10 | 0 | 0 | 0 | 9 | 2 | 0 |
| | 2015 | 고양 | 36 | 14 | 12 | 3 | 0 | 65 | 2 | 0 |
| | 2016 | 고양 | 21 | 9 | 1 | 0 | 0 | 43 | 3 | 0 |
| 컵 | 2011 | 경남 | 4 | 2 | 0 | 1 | 0 | 11 | 0 | 0 |
| 통산 | | | 93 | 51 | 15 | 4 | 0 | 145 | 9 | 1 |

**김유성**(金有成) 대건고 2001.03.31

| 대회 | 연도 | 소속 | 출전 | 교체 | 득점 | 도움 | 실점 | 파울 | 경고 | 퇴장 |
|---|---|---|---|---|---|---|---|---|---|---|
| K1 | 2020 | 인천 | 0 | 0 | 0 | 0 | 0 | 0 | 0 | 0 |
| | 2021 | 인천 | 0 | 0 | 0 | 0 | 0 | 0 | 0 | 0 |
| | 2022 | 인천 | 0 | 0 | 0 | 0 | 0 | 0 | 0 | 0 |
| | 2023 | 인천 | 0 | 0 | 0 | 0 | 0 | 0 | 0 | 0 |
| | 2024 | 인천 | 0 | 0 | 0 | 0 | 0 | 0 | 0 | 0 |
| 통산 | | | 0 | 0 | 0 | 0 | 0 | 0 | 0 | 0 |

**김유성**(金有性) 중대부고 2005.11.16

| 대회 | 연도 | 소속 | 출전 | 교체 | 득점 | 도움 | 실점 | 파울 | 경고 | 퇴장 |
|---|---|---|---|---|---|---|---|---|---|---|
| K1 | 2024 | 강원 | 1 | 0 | 0 | 0 | 0 | 0 | 1 | 0 |
| 통산 | | | 1 | 0 | 0 | 0 | 0 | 0 | 1 | 0 |

**김유진**(金裕晋) 부산정보산업고 1983.06.19

| 대회 | 연도 | 소속 | 출전 | 교체 | 득점 | 도움 | 실점 | 파울 | 경고 | 퇴장 |
|---|---|---|---|---|---|---|---|---|---|---|
| K1 | 2002 | 수원 | 0 | 0 | 0 | 0 | 0 | 0 | 0 | 0 |
| | 2005 | 부산 | 21 | 0 | 0 | 0 | 0 | 20 | 3 | 0 |
| | 2007 | 부산 | 6 | 0 | 1 | 0 | 0 | 7 | 0 | 0 |
| | 2008 | 부산 | 19 | 5 | 1 | 0 | 0 | 22 | 4 | 0 |
| | 2009 | 부산 | 7 | 2 | 0 | 1 | 0 | 12 | 0 | 0 |
| PO | 2005 | 부산 | 0 | 0 | 0 | 0 | 0 | 0 | 0 | 0 |
| 컵 | 2002 | 수원 | 0 | 0 | 0 | 0 | 0 | 0 | 0 | 0 |
| | 2005 | 부산 | 4 | 1 | 0 | 0 | 0 | 7 | 0 | 0 |
| | 2007 | 부산 | 5 | 0 | 0 | 0 | 0 | 3 | 0 | 0 |
| | 2008 | 부산 | 6 | 0 | 1 | 0 | 0 | 11 | 1 | 0 |
| | 2009 | 부산 | 3 | 1 | 0 | 0 | 0 | 1 | 0 | 0 |
| 통산 | | | 71 | 9 | 3 | 1 | 0 | 83 | 8 | 0 |

**김윤구**(金潤求) 경희대 1979.09.01

| 대회 | 연도 | 소속 | 출전 | 교체 | 득점 | 도움 | 실점 | 파울 | 경고 | 퇴장 |
|---|---|---|---|---|---|---|---|---|---|---|
| K1 | 2002 | 울산 | 1 | 1 | 0 | 0 | 0 | 1 | 0 | 0 |
| | 2003 | 울산 | 2 | 2 | 0 | 0 | 0 | 1 | 0 | 0 |
| | 2004 | 울산 | 0 | 0 | 0 | 0 | 0 | 0 | 0 | 0 |
| 컵 | 2002 | 울산 | 3 | 1 | 0 | 0 | 0 | 4 | 0 | 0 |
| | 2004 | 울산 | 2 | 2 | 0 | 0 | 0 | 1 | 0 | 0 |
| 통산 | | | 8 | 6 | 0 | 0 | 0 | 7 | 0 | 0 |

**김윤구**(金允求) 광운대 1985.02.25

| 대회 | 연도 | 소속 | 출전 | 교체 | 득점 | 도움 | 실점 | 파울 | 경고 | 퇴장 |
|---|---|---|---|---|---|---|---|---|---|---|
| K1 | 2007 | 광주상무 | 7 | 3 | 0 | 0 | 0 | 7 | 2 | 0 |
| 컵 | 2007 | 광주상무 | 7 | 0 | 0 | 0 | 0 | 7 | 0 | 0 |
| 통산 | | | 14 | 3 | 0 | 0 | 0 | 14 | 2 | 0 |

**김윤근**(金允根) 동아대 1972.09.22

| 대회 | 연도 | 소속 | 출전 | 교체 | 득점 | 도움 | 실점 | 파울 | 경고 | 퇴장 |
|---|---|---|---|---|---|---|---|---|---|---|
| K1 | 1995 | 유공 | 11 | 12 | 2 | 0 | 0 | 14 | 0 | 0 |
| | 1996 | 부천유공 | 24 | 18 | 7 | 2 | 0 | 18 | 1 | 0 |
| | 1999 | 부천SK | 0 | 0 | 0 | 0 | 0 | 0 | 0 | 0 |
| 컵 | 1995 | 유공 | 4 | 3 | 0 | 0 | 0 | 3 | 0 | 0 |
| | 1996 | 부천유공 | 1 | 1 | 0 | 0 | 0 | 0 | 0 | 0 |
| 통산 | | | 40 | 34 | 9 | 2 | 0 | 35 | 1 | 0 |

**김윤도**(金潤鍍) 현풍고 2003.05.29

| 대회 | 연도 | 소속 | 출전 | 교체 | 득점 | 도움 | 실점 | 파울 | 경고 | 퇴장 |
|---|---|---|---|---|---|---|---|---|---|---|
| K2 | 2024 | 천안 | 3 | 3 | 0 | 0 | 0 | 1 | 0 | 0 |
| 통산 | | | 3 | 3 | 0 | 0 | 0 | 1 | 0 | 0 |

**김윤수**(金潤洙) 영남대 1994.05.17

| 대회 | 연도 | 소속 | 출전 | 교체 | 득점 | 도움 | 실점 | 파울 | 경고 | 퇴장 |
|---|---|---|---|---|---|---|---|---|---|---|
| K2 | 2018 | 광주 | 0 | 0 | 0 | 0 | 0 | 0 | 0 | 0 |
| 통산 | | | 0 | 0 | 0 | 0 | 0 | 0 | 0 | 0 |

**김윤재**(金潤載) 홍익대 1992.05.14

| 대회 | 연도 | 소속 | 출전 | 교체 | 득점 | 도움 | 실점 | 파울 | 경고 | 퇴장 |
|---|---|---|---|---|---|---|---|---|---|---|
| K2 | 2014 | 대전 | 0 | 0 | 0 | 0 | 0 | 0 | 0 | 0 |
| | 2015 | 수원FC | 3 | 3 | 1 | 0 | 0 | 0 | 1 | 0 |
| 통산 | | | 3 | 3 | 1 | 0 | 0 | 0 | 1 | 0 |

**김윤호**(金倫滸) 관동대(가톨릭관동대) 1990.09.21

| 대회 | 연도 | 소속 | 출전 | 교체 | 득점 | 도움 | 실점 | 파울 | 경고 | 퇴장 |
|---|---|---|---|---|---|---|---|---|---|---|
| K1 | 2013 | 강원 | 4 | 4 | 0 | 0 | 0 | 5 | 0 | 0 |
| K2 | 2014 | 강원 | 25 | 15 | 0 | 2 | 0 | 29 | 5 | 0 |
| | 2015 | 강원 | 21 | 18 | 1 | 0 | 0 | 27 | 4 | 0 |
| | 2016 | 강원 | 11 | 7 | 0 | 0 | 0 | 15 | 3 | 0 |
| | 2017 | 부산 | 3 | 2 | 0 | 0 | 0 | 2 | 1 | 1 |
| PO | 2013 | 강원 | 1 | 1 | 0 | 0 | 0 | 2 | 0 | 0 |
| | 2014 | 강원 | 0 | 0 | 0 | 0 | 0 | 0 | 0 | 0 |
| | 2016 | 강원 | 3 | 3 | 0 | 0 | 0 | 2 | 1 | 0 |
| 통산 | | | 68 | 50 | 1 | 2 | 0 | 82 | 14 | 1 |

**김윤호**(金允鎬) 금호고 2007.05.13

| 대회 | 연도 | 소속 | 출전 | 교체 | 득점 | 도움 | 실점 | 파울 | 경고 | 퇴장 |
|---|---|---|---|---|---|---|---|---|---|---|
| K1 | 2024 | 광주 | 1 | 1 | 0 | 0 | 0 | 0 | 0 | 0 |
| | 2025 | 광주 | 1 | 1 | 0 | 0 | 0 | 1 | 0 | 0 |
| 통산 | | | 2 | 2 | 0 | 0 | 0 | 1 | 0 | 0 |

**김윤환**(金倫煥) 신평고 2006.07.14

| 대회 | 연도 | 소속 | 출전 | 교체 | 득점 | 도움 | 실점 | 파울 | 경고 | 퇴장 |
|---|---|---|---|---|---|---|---|---|---|---|
| K2 | 2025 | 충북청주 | 1 | 1 | 0 | 0 | 0 | 0 | 0 | 0 |
| 통산 | | | 1 | 1 | 0 | 0 | 0 | 0 | 0 | 0 |

**김은석**(金恩奭) 경기대 1972.03.14

| 대회 | 연도 | 소속 | 출전 | 교체 | 득점 | 도움 | 실점 | 파울 | 경고 | 퇴장 |
|---|---|---|---|---|---|---|---|---|---|---|
| K1 | 1999 | 포항 | 21 | 2 | 0 | 0 | 0 | 14 | 1 | 0 |
| | 2000 | 포항 | 13 | 0 | 0 | 0 | 0 | 11 | 1 | 0 |
| | 2001 | 포항 | 14 | 4 | 1 | 1 | 0 | 14 | 0 | 0 |
| | 2002 | 포항 | 19 | 4 | 0 | 0 | 0 | 37 | 3 | 0 |
| 컵 | 1999 | 포항 | 2 | 1 | 0 | 0 | 0 | 3 | 0 | 0 |
| | 2000 | 포항 | 9 | 1 | 0 | 0 | 0 | 8 | 1 | 0 |
| | 2001 | 포항 | 8 | 1 | 0 | 0 | 0 | 7 | 1 | 0 |
| | 2002 | 포항 | 7 | 1 | 0 | 0 | 0 | 13 | 2 | 0 |
| 통산 | | | 93 | 14 | 1 | 1 | 0 | 107 | 9 | 0 |

**김은선**(金恩宣) 대구대 1988.03.30

| 대회 | 연도 | 소속 | 출전 | 교체 | 득점 | 도움 | 실점 | 파울 | 경고 | 퇴장 |
|---|---|---|---|---|---|---|---|---|---|---|
| K1 | 2011 | 광주 | 24 | 4 | 0 | 1 | 0 | 65 | 8 | 0 |
| | 2012 | 광주 | 34 | 4 | 8 | 1 | 0 | 78 | 10 | 0 |
| | 2014 | 수원 | 37 | 5 | 3 | 0 | 0 | 80 | 4 | 0 |
| | 2015 | 수원 | 9 | 2 | 1 | 0 | 0 | 13 | 1 | 0 |
| | 2017 | 수원 | 7 | 2 | 0 | 0 | 0 | 11 | 2 | 0 |
| | 2018 | 수원 | 10 | 6 | 0 | 0 | 0 | 13 | 0 | 0 |
| K2 | 2013 | 광주 | 27 | 2 | 7 | 2 | 0 | 82 | 9 | 0 |
| | 2016 | 안산무궁 | 21 | 8 | 0 | 0 | 0 | 26 | 3 | 0 |
| | 2017 | 아산 | 12 | 1 | 3 | 0 | 0 | 21 | 4 | 0 |
| 컵 | 2011 | 광주 | 3 | 0 | 0 | 0 | 0 | 14 | 1 | 0 |
| 통산 | | | 184 | 34 | 22 | 4 | 0 | 403 | 42 | 0 |

**김은중**(金殷中) 동북고 1979.04.08

| 대회 | 연도 | 소속 | 출전 | 교체 | 득점 | 도움 | 실점 | 파울 | 경고 | 퇴장 |
|---|---|---|---|---|---|---|---|---|---|---|
| K1 | 1997 | 대전 | 9 | 9 | 0 | 0 | 0 | 2 | 0 | 0 |
| | 1998 | 대전 | 13 | 3 | 0 | 1 | 0 | 12 | 0 | 0 |
| | 1999 | 대전 | 22 | 7 | 4 | 1 | 0 | 36 | 1 | 0 |
| | 2000 | 대전 | 17 | 5 | 4 | 2 | 0 | 17 | 0 | 0 |
| | 2001 | 대전 | 23 | 3 | 7 | 3 | 0 | 45 | 3 | 0 |
| | 2002 | 대전 | 19 | 1 | 3 | 1 | 0 | 23 | 2 | 1 |
| | 2003 | 대전 | 22 | 4 | 11 | 2 | 0 | 38 | 5 | 0 |
| | 2004 | 서울 | 24 | 8 | 8 | 2 | 0 | 51 | 1 | 0 |
| | 2005 | 서울 | 20 | 10 | 7 | 3 | 0 | 35 | 0 | 0 |
| | 2006 | 서울 | 24 | 19 | 9 | 3 | 0 | 44 | 2 | 0 |
| | 2007 | 서울 | 9 | 7 | 0 | 1 | 0 | 14 | 1 | 0 |
| | 2008 | 서울 | 13 | 12 | 3 | 2 | 0 | 11 | 0 | 0 |
| | 2010 | 제주 | 27 | 3 | 13 | 9 | 0 | 35 | 4 | 0 |
| | 2011 | 제주 | 30 | 11 | 6 | 8 | 0 | 32 | 1 | 0 |
| | 2012 | 강원 | 41 | 21 | 16 | 2 | 0 | 48 | 3 | 0 |
| | 2013 | 강원 | 13 | 11 | 0 | 1 | 0 | 13 | 0 | 0 |
| | 2013 | 포항 | 9 | 9 | 1 | 0 | 0 | 4 | 0 | 0 |
| K2 | 2014 | 대전 | 17 | 16 | 3 | 1 | 0 | 6 | 0 | 0 |
| PO | 2006 | 서울 | 1 | 0 | 0 | 0 | 0 | 1 | 0 | 0 |
| | 2008 | 서울 | 2 | 2 | 1 | 0 | 0 | 2 | 0 | 0 |
| | 2010 | 제주 | 3 | 0 | 0 | 1 | 0 | 2 | 0 | 0 |
| 컵 | 1997 | 대전 | 5 | 5 | 0 | 0 | 0 | 1 | 0 | 0 |
| | 1998 | 대전 | 16 | 5 | 6 | 1 | 0 | 20 | 0 | 0 |
| | 1999 | 대전 | 2 | 2 | 0 | 0 | 0 | 2 | 0 | 0 |
| | 2000 | 대전 | 3 | 3 | 1 | 0 | 0 | 1 | 2 | 0 |
| | 2001 | 대전 | 8 | 2 | 2 | 2 | 0 | 15 | 1 | 0 |
| | 2002 | 대전 | 8 | 0 | 4 | 0 | 0 | 12 | 0 | 0 |
| | 2004 | 서울 | 5 | 3 | 0 | 0 | 0 | 7 | 2 | 0 |
| | 2005 | 서울 | 10 | 8 | 0 | 4 | 0 | 24 | 0 | 0 |
| | 2006 | 서울 | 12 | 7 | 5 | 2 | 0 | 14 | 0 | 0 |
| | 2007 | 서울 | 7 | 3 | 4 | 1 | 0 | 12 | 0 | 0 |
| | 2008 | 서울 | 6 | 3 | 1 | 2 | 0 | 8 | 1 | 0 |
| | 2010 | 제주 | 4 | 1 | 4 | 1 | 0 | 6 | 0 | 0 |
| 통산 | | | 444 | 203 | 123 | 56 | 0 | 593 | 29 | 1 |

**김은철**(金恩徹) 경희대 1968.05.29

| 대회 | 연도 | 소속 | 출전 | 교체 | 득점 | 도움 | 실점 | 파울 | 경고 | 퇴장 |
|---|---|---|---|---|---|---|---|---|---|---|
| K1 | 1991 | 유공 | 31 | 15 | 1 | 2 | 0 | 32 | 3 | 0 |
| | 1992 | 유공 | 9 | 7 | 2 | 1 | 0 | 4 | 0 | 0 |
| | 1993 | 유공 | 7 | 7 | 0 | 0 | 0 | 3 | 0 | 0 |
| | 1996 | 부천유공 | 25 | 10 | 0 | 1 | 0 | 22 | 2 | 0 |
| | 1997 | 부천SK | 9 | 7 | 0 | 0 | 0 | 3 | 0 | 0 |
| 컵 | 1992 | 유공 | 2 | 1 | 0 | 0 | 0 | 4 | 0 | 0 |
| | 1993 | 유공 | 2 | 2 | 0 | 0 | 0 | 0 | 0 | 0 |
| | 1996 | 부천유공 | 6 | 2 | 0 | 0 | 0 | 2 | 0 | 0 |
| | 1997 | 부천SK | 7 | 4 | 0 | 0 | 0 | 11 | 3 | 0 |
| | 1998 | 부천SK | 2 | 2 | 0 | 0 | 0 | 0 | 0 | 0 |
| 통산 | | | 100 | 57 | 3 | 4 | 0 | 81 | 8 | 0 |

**김은후**(金珢侯/←김의범) 신갈고 1990.05.23

| 대회 | 연도 | 소속 | 출전 | 교체 | 득점 | 도움 | 실점 | 파울 | 경고 | 퇴장 |
|---|---|---|---|---|---|---|---|---|---|---|
| K1 | 2011 | 강원 | 3 | 3 | 0 | 0 | 0 | 4 | 1 | 0 |
| 컵 | 2010 | 전북 | 1 | 1 | 0 | 0 | 0 | 1 | 0 | 0 |
| | 2011 | 강원 | 3 | 3 | 0 | 1 | 0 | 1 | 0 | 0 |
| 통산 | | | 7 | 7 | 0 | 1 | 0 | 6 | 1 | 0 |

**김응열**(金應烈) 안산U18 2004.06.28

| 대회 | 연도 | 소속 | 출전 | 교체 | 득점 | 도움 | 실점 | 파울 | 경고 | 퇴장 |
|---|---|---|---|---|---|---|---|---|---|---|
| K2 | 2024 | 안산 | 2 | 2 | 0 | 0 | 0 | 0 | 0 | 0 |
| 통산 | | | 2 | 2 | 0 | 0 | 0 | 0 | 0 | 0 |

**김의섭**(金義燮) 경기대 1987.09.22

| 대회 | 연도 | 소속 | 출전 | 교체 | 득점 | 도움 | 실점 | 파울 | 경고 | 퇴장 |
|---|---|---|---|---|---|---|---|---|---|---|
| K1 | 2010 | 전북 | 1 | 1 | 0 | 0 | 0 | 0 | 0 | 0 |
| 통산 | | | 1 | 1 | 0 | 0 | 0 | 0 | 0 | 0 |

**김의신**(金義信) 호원대 1992.11.26

| 대회 | 연도 | 소속 | 출전 | 교체 | 득점 | 도움 | 실점 | 파울 | 경고 | 퇴장 |
|---|---|---|---|---|---|---|---|---|---|---|
| K1 | 2015 | 광주 | 1 | 1 | 0 | 0 | 0 | 0 | 0 | 0 |
| 통산 | | | 1 | 1 | 0 | 0 | 0 | 0 | 0 | 0 |

**김의원**(金毅員) 동북고 1998.11.01

| 대회 | 연도 | 소속 | 출전 | 교체 | 득점 | 도움 | 실점 | 파울 | 경고 | 퇴장 |
|---|---|---|---|---|---|---|---|---|---|---|
| K2 | 2017 | 경남 | 4 | 3 | 0 | 1 | 0 | 6 | 0 | 0 |
| 통산 | | | 4 | 3 | 0 | 1 | 0 | 6 | 0 | 0 |

**김이석**(金利錫) 수원대 1998.06.19

| 대회 | 연도 | 소속 | 출전 | 교체 | 득점 | 도움 | 실점 | 파울 | 경고 | 퇴장 |
|---|---|---|---|---|---|---|---|---|---|---|
| K1 | 2024 | 강원 | 18 | 11 | 2 | 2 | 0 | 16 | 4 | 0 |
| | 2025 | 강원 | 3 | 3 | 0 | 0 | 0 | 0 | 0 | 0 |
| | 2025 | 김천 | 6 | 6 | 1 | 0 | 0 | 7 | 1 | 0 |
| K2 | 2021 | 안산 | 10 | 6 | 0 | 0 | 0 | 10 | 0 | 0 |
| | 2022 | 안산 | 16 | 13 | 0 | 0 | 0 | 23 | 3 | 0 |
| | 2022 | 김포 | 13 | 7 | 2 | 0 | 0 | 20 | 3 | 0 |
| | 2023 | 김포 | 32 | 12 | 4 | 0 | 0 | 55 | 5 | 0 |
| PO | 2023 | 김포 | 3 | 1 | 0 | 0 | 0 | 7 | 0 | 0 |
| 통산 | | | 101 | 59 | 9 | 2 | 0 | 138 | 16 | 0 |

**김이섭**(金利燮) 전주대 1974.04.27

| 대회 | 연도 | 소속 | 출전 | 교체 | 득점 | 도움 | 실점 | 파울 | 경고 | 퇴장 |
|---|---|---|---|---|---|---|---|---|---|---|
| K1 | 1997 | 포항 | 10 | 0 | 0 | 0 | 13 | 0 | 1 | 0 |
| | 1998 | 포항 | 12 | 1 | 0 | 0 | 19 | 0 | 0 | 0 |
| | 1999 | 포항 | 10 | 0 | 0 | 0 | 15 | 0 | 0 | 0 |
| | 2000 | 포항 | 5 | 0 | 0 | 0 | 8 | 1 | 0 | 0 |
| | 2002 | 전북 | 0 | 0 | 0 | 0 | 0 | 0 | 0 | 0 |
| | 2003 | 전북 | 19 | 0 | 0 | 0 | 28 | 0 | 0 | 0 |
| | 2004 | 인천 | 11 | 0 | 0 | 0 | 12 | 0 | 0 | 0 |
| | 2005 | 인천 | 14 | 0 | 0 | 0 | 15 | 1 | 2 | 0 |
| | 2006 | 인천 | 6 | 0 | 0 | 0 | 4 | 0 | 0 | 0 |
| | 2007 | 인천 | 19 | 0 | 0 | 0 | 21 | 0 | 0 | 0 |
| | 2008 | 인천 | 13 | 1 | 0 | 0 | 13 | 0 | 0 | 0 |
| | 2009 | 인천 | 21 | 0 | 0 | 0 | 21 | 0 | 0 | 0 |
| | 2010 | 인천 | 11 | 0 | 0 | 0 | 24 | 0 | 0 | 0 |
| PO | 1998 | 포항 | 3 | 0 | 0 | 0 | 4 | 1 | 0 | 0 |
| | 2005 | 인천 | 2 | 0 | 0 | 0 | 5 | 0 | 0 | 0 |
| | 2009 | 인천 | 0 | 0 | 0 | 0 | 0 | 0 | 0 | 0 |
| 컵 | 1997 | 포항 | 18 | 0 | 0 | 0 | 15 | 0 | 0 | 0 |
| | 1998 | 포항 | 16 | 0 | 0 | 0 | 24 | 0 | 0 | 0 |
| | 1999 | 포항 | 3 | 0 | 0 | 0 | 5 | 0 | 0 | 0 |
| | 2000 | 포항 | 0 | 0 | 0 | 0 | 0 | 0 | 0 | 0 |
| | 2004 | 인천 | 4 | 0 | 0 | 0 | 3 | 0 | 0 | 0 |
| | 2005 | 인천 | 4 | 0 | 0 | 0 | 5 | 0 | 0 | 0 |
| | 2006 | 인천 | 5 | 0 | 0 | 0 | 5 | 0 | 0 | 0 |
| | 2007 | 인천 | 7 | 0 | 0 | 0 | 10 | 0 | 0 | 0 |
| | 2008 | 인천 | 0 | 0 | 0 | 0 | 0 | 0 | 0 | 0 |
| | 2009 | 인천 | 3 | 0 | 0 | 0 | 3 | 0 | 0 | 0 |
| | 2010 | 인천 | 1 | 1 | 0 | 0 | 1 | 0 | 0 | 0 |
| 통산 | | | 217 | 3 | 0 | 0 | 273 | 3 | 3 | 0 |

**김이주**(金利主) 전주대 1966.03.01

| 대회 | 연도 | 소속 | 출전 | 교체 | 득점 | 도움 | 실점 | 파울 | 경고 | 퇴장 |
|---|---|---|---|---|---|---|---|---|---|---|
| K1 | 1989 | 일화 | 36 | 23 | 3 | 3 | 0 | 30 | 1 | 0 |
| | 1990 | 일화 | 24 | 18 | 2 | 2 | 0 | 24 | 2 | 0 |
| | 1991 | 일화 | 35 | 27 | 8 | 5 | 0 | 36 | 1 | 0 |
| | 1992 | 일화 | 27 | 23 | 1 | 1 | 0 | 41 | 0 | 0 |
| | 1993 | 일화 | 24 | 14 | 7 | 2 | 0 | 31 | 1 | 0 |
| | 1994 | 일화 | 24 | 17 | 7 | 1 | 0 | 26 | 1 | 0 |
| | 1995 | 일화 | 20 | 19 | 2 | 2 | 0 | 22 | 0 | 0 |
| | 1996 | 수원 | 2 | 2 | 0 | 1 | 0 | 3 | 0 | 0 |
| | 1997 | 천안일화 | 12 | 5 | 6 | 1 | 0 | 16 | 2 | 0 |
| | 1998 | 천안일화 | 11 | 9 | 0 | 0 | 0 | 14 | 0 | 0 |
| PO | 1995 | 일화 | 2 | 2 | 0 | 0 | 0 | 4 | 0 | 0 |
| 컵 | 1992 | 일화 | 9 | 7 | 2 | 0 | 0 | 8 | 0 | 0 |
| | 1993 | 일화 | 5 | 3 | 0 | 1 | 0 | 5 | 0 | 0 |
| | 1994 | 일화 | 6 | 1 | 0 | 0 | 0 | 13 | 0 | 0 |
| | 1995 | 일화 | 7 | 5 | 0 | 1 | 0 | 10 | 0 | 0 |
| | 1996 | 수원 | 3 | 4 | 0 | 0 | 0 | 4 | 0 | 0 |
| | 1997 | 수원 | 1 | 1 | 0 | 0 | 0 | 2 | 0 | 0 |
| | 1997 | 천안일화 | 6 | 5 | 2 | 1 | 0 | 10 | 0 | 0 |
| | 1998 | 천안일화 | 16 | 12 | 0 | 2 | 0 | 24 | 0 | 0 |
| 통산 | | | 270 | 197 | 40 | 23 | 0 | 323 | 8 | 0 |

**김익현**(金益現) 고려대 1989.04.30

| 대회 | 연도 | 소속 | 출전 | 교체 | 득점 | 도움 | 실점 | 파울 | 경고 | 퇴장 |
|---|---|---|---|---|---|---|---|---|---|---|

| 대회 | 연도 | 소속 | 출전 | 교체 | 득점 | 도움 | 실점 | 파울 | 경고 | 퇴장 |
|---|---|---|---|---|---|---|---|---|---|---|
| K1 | 2009 | 부산 | 2 | 1 | 0 | 0 | 0 | 2 | 0 | 0 |
| | 2010 | 부산 | 0 | 0 | 0 | 0 | 0 | 0 | 0 | 0 |
| | 2011 | 부산 | 3 | 4 | 0 | 0 | 0 | 2 | 2 | 0 |
| | 2012 | 부산 | 6 | 6 | 0 | 0 | 0 | 8 | 2 | 0 |
| | 2013 | 부산 | 22 | 7 | 1 | 1 | 0 | 16 | 6 | 0 |
| | 2014 | 부산 | 19 | 14 | 1 | 0 | 0 | 24 | 4 | 0 |
| | 2015 | 부산 | 7 | 4 | 0 | 0 | 0 | 7 | 2 | 0 |
| PO | 2015 | 부산 | 1 | 1 | 0 | 0 | 0 | 2 | 0 | 0 |
| 컵 | 2011 | 부산 | 3 | 2 | 0 | 0 | 0 | 2 | 1 | 0 |
| 통산 | | | 63 | 39 | 2 | 1 | 0 | 63 | 17 | 0 |

**김익형**(金翼亨) 한양대 1958.06.17

| 대회 | 연도 | 소속 | 출전 | 교체 | 득점 | 도움 | 실점 | 파울 | 경고 | 퇴장 |
|---|---|---|---|---|---|---|---|---|---|---|
| K1 | 1985 | 포항제철 | 16 | 0 | 0 | 1 | 0 | 12 | 1 | 0 |
| | 1986 | 포항제철 | 14 | 4 | 0 | 0 | 0 | 9 | 0 | 0 |
| PO | 1986 | 포항제철 | 2 | 0 | 0 | 0 | 0 | 6 | 0 | 0 |
| 컵 | 1986 | 포항제철 | 11 | 3 | 0 | 0 | 0 | 11 | 0 | 0 |
| 통산 | | | 43 | 7 | 0 | 1 | 0 | 38 | 1 | 0 |

**김인균**(金仁均) 청주대 1998.07.23

| 대회 | 연도 | 소속 | 출전 | 교체 | 득점 | 도움 | 실점 | 파울 | 경고 | 퇴장 |
|---|---|---|---|---|---|---|---|---|---|---|
| K1 | 2023 | 대전 | 29 | 28 | 8 | 6 | 0 | 10 | 2 | 0 |
| | 2024 | 대전 | 25 | 20 | 2 | 0 | 0 | 20 | 2 | 0 |
| | 2025 | 대전 | 12 | 12 | 2 | 0 | 0 | 5 | 3 | 0 |
| | 2025 | 김천 | 5 | 5 | 0 | 0 | 0 | 3 | 0 | 0 |
| K2 | 2020 | 충남아산 | 12 | 9 | 0 | 0 | 0 | 13 | 1 | 0 |
| | 2021 | 충남아산 | 32 | 12 | 8 | 2 | 0 | 47 | 5 | 0 |
| | 2022 | 대전 | 33 | 29 | 6 | 2 | 0 | 31 | 6 | 0 |
| PO | 2022 | 대전 | 2 | 2 | 1 | 1 | 0 | 2 | 0 | 0 |
| 통산 | | | 150 | 117 | 27 | 11 | 0 | 131 | 19 | 0 |

**김인석**(金仁錫) 군장대 1992.04.23

| 대회 | 연도 | 소속 | 출전 | 교체 | 득점 | 도움 | 실점 | 파울 | 경고 | 퇴장 |
|---|---|---|---|---|---|---|---|---|---|---|
| K1 | 2015 | 제주 | 0 | 0 | 0 | 0 | 0 | 0 | 0 | 0 |
| 통산 | | | 0 | 0 | 0 | 0 | 0 | 0 | 0 | 0 |

**김인섭**(金仁燮) 동국대 1972.07.09

| 대회 | 연도 | 소속 | 출전 | 교체 | 득점 | 도움 | 실점 | 파울 | 경고 | 퇴장 |
|---|---|---|---|---|---|---|---|---|---|---|
| K1 | 1995 | 포항 | 1 | 1 | 0 | 0 | 0 | 0 | 0 | 0 |
| 통산 | | | 1 | 1 | 0 | 0 | 0 | 0 | 0 | 0 |

**김인성**(金仁成) 성균관대 1989.09.09

| 대회 | 연도 | 소속 | 출전 | 교체 | 득점 | 도움 | 실점 | 파울 | 경고 | 퇴장 |
|---|---|---|---|---|---|---|---|---|---|---|
| K1 | 2013 | 성남일화 | 31 | 31 | 2 | 2 | 0 | 23 | 1 | 0 |
| | 2014 | 전북 | 11 | 10 | 0 | 0 | 0 | 13 | 1 | 0 |
| | 2015 | 인천 | 32 | 19 | 5 | 0 | 0 | 58 | 3 | 0 |
| | 2016 | 울산 | 16 | 16 | 1 | 0 | 0 | 15 | 0 | 0 |
| | 2017 | 울산 | 36 | 26 | 5 | 3 | 0 | 41 | 2 | 0 |
| | 2018 | 울산 | 32 | 18 | 3 | 5 | 0 | 25 | 2 | 0 |
| | 2019 | 울산 | 34 | 18 | 9 | 3 | 0 | 40 | 3 | 0 |
| | 2020 | 울산 | 24 | 8 | 4 | 6 | 0 | 26 | 2 | 0 |
| | 2021 | 울산 | 15 | 12 | 4 | 0 | 0 | 8 | 0 | 0 |
| | 2023 | 포항 | 35 | 35 | 1 | 1 | 0 | 22 | 6 | 0 |
| | 2024 | 포항 | 28 | 29 | 2 | 1 | 0 | 11 | 1 | 0 |
| | 2025 | 포항 | 33 | 34 | 3 | 2 | 0 | 12 | 2 | 0 |
| K2 | 2021 | 서울E | 15 | 4 | 6 | 2 | 0 | 11 | 2 | 0 |
| | 2022 | 서울E | 34 | 28 | 5 | 2 | 0 | 19 | 1 | 0 |
| 통산 | | | 376 | 288 | 50 | 27 | 0 | 324 | 26 | 0 |

**김인완**(金仁完) 경희대 1971.02.13

| 대회 | 연도 | 소속 | 출전 | 교체 | 득점 | 도움 | 실점 | 파울 | 경고 | 퇴장 |
|---|---|---|---|---|---|---|---|---|---|---|
| K1 | 1995 | 전남 | 17 | 10 | 1 | 3 | 0 | 24 | 1 | 1 |
| | 1996 | 전남 | 25 | 16 | 2 | 2 | 0 | 38 | 4 | 0 |
| | 1997 | 전남 | 13 | 4 | 3 | 3 | 0 | 16 | 1 | 0 |
| | 1998 | 전남 | 18 | 8 | 4 | 1 | 0 | 26 | 0 | 0 |
| | 1999 | 전남 | 7 | 7 | 1 | 0 | 0 | 10 | 1 | 0 |
| | 1999 | 천안일화 | 10 | 2 | 3 | 1 | 0 | 27 | 0 | 0 |
| | 2000 | 성남일화 | 1 | 1 | 0 | 0 | 0 | 0 | 0 | 0 |
| PO | 2000 | 성남일화 | 1 | 1 | 0 | 0 | 0 | 2 | 0 | 0 |
| 컵 | 1995 | 전남 | 7 | 4 | 1 | 1 | 0 | 9 | 1 | 0 |
| | 1996 | 전남 | 6 | 3 | 1 | 0 | 0 | 8 | 0 | 0 |
| | 1997 | 전남 | 9 | 3 | 3 | 1 | 0 | 15 | 1 | 0 |
| | 1998 | 전남 | 15 | 3 | 4 | 1 | 0 | 26 | 3 | 0 |
| | 1999 | 전남 | 8 | 4 | 0 | 2 | 0 | 12 | 0 | 0 |
| | 1999 | 천안일화 | 1 | 0 | 0 | 0 | 0 | 2 | 0 | 0 |
| | 2000 | 성남일화 | 8 | 7 | 0 | 0 | 0 | 14 | 1 | 0 |
| 통산 | | | 146 | 73 | 23 | 15 | 0 | 229 | 13 | 1 |

**김인호**(金仁鎬) 마산공고 1983.06.09

| 대회 | 연도 | 소속 | 출전 | 교체 | 득점 | 도움 | 실점 | 파울 | 경고 | 퇴장 |
|---|---|---|---|---|---|---|---|---|---|---|
| K1 | 2006 | 전북 | 20 | 8 | 0 | 0 | 0 | 34 | 4 | 1 |
| | 2007 | 전북 | 11 | 6 | 0 | 0 | 0 | 12 | 2 | 0 |
| | 2008 | 전북 | 10 | 5 | 0 | 2 | 0 | 8 | 0 | 0 |
| | 2009 | 전북 | 0 | 0 | 0 | 0 | 0 | 0 | 0 | 0 |
| | 2009 | 제주 | 6 | 2 | 0 | 0 | 0 | 9 | 2 | 0 |
| | 2010 | 제주 | 10 | 3 | 0 | 0 | 0 | 14 | 2 | 0 |
| | 2011 | 제주 | 11 | 1 | 2 | 0 | 0 | 23 | 4 | 0 |
| 컵 | 2006 | 전북 | 8 | 3 | 0 | 0 | 0 | 7 | 1 | 0 |
| | 2007 | 전북 | 7 | 0 | 0 | 0 | 0 | 15 | 4 | 0 |
| | 2008 | 전북 | 7 | 3 | 0 | 0 | 0 | 10 | 0 | 0 |
| | 2009 | 전북 | 1 | 1 | 0 | 0 | 0 | 2 | 1 | 0 |
| 통산 | | | 91 | 32 | 2 | 2 | 0 | 134 | 20 | 1 |

**김일진**(金一鎭) 영남대 1970.04.05

| 대회 | 연도 | 소속 | 출전 | 교체 | 득점 | 도움 | 실점 | 파울 | 경고 | 퇴장 |
|---|---|---|---|---|---|---|---|---|---|---|
| K1 | 1993 | 포항제철 | 2 | 0 | 0 | 0 | 3 | 0 | 0 | 0 |
| | 1998 | 포항 | 7 | 1 | 0 | 0 | 4 | 0 | 0 | 0 |
| | 1999 | 포항 | 0 | 0 | 0 | 0 | 0 | 0 | 0 | 0 |
| | 2000 | 포항 | 2 | 0 | 0 | 0 | 5 | 0 | 0 | 0 |
| 컵 | 1998 | 포항 | 2 | 0 | 0 | 0 | 1 | 1 | 0 | 0 |
| 통산 | | | 13 | 1 | 0 | 0 | 13 | 1 | 0 | 0 |

**김재구**(金在九) 단국대 1977.03.12

| 대회 | 연도 | 소속 | 출전 | 교체 | 득점 | 도움 | 실점 | 파울 | 경고 | 퇴장 |
|---|---|---|---|---|---|---|---|---|---|---|
| K1 | 2001 | 성남일화 | 1 | 1 | 0 | 0 | 0 | 0 | 0 | 0 |
| 컵 | 2000 | 성남일화 | 1 | 0 | 0 | 0 | 0 | 3 | 0 | 0 |
| 통산 | | | 2 | 1 | 0 | 0 | 0 | 3 | 0 | 0 |

**김재민**(金宰民) 성균관대 2003.03.19

| 대회 | 연도 | 소속 | 출전 | 교체 | 득점 | 도움 | 실점 | 파울 | 경고 | 퇴장 |
|---|---|---|---|---|---|---|---|---|---|---|
| K1 | 2024 | 제주 | 6 | 6 | 0 | 0 | 0 | 2 | 1 | 0 |
| 통산 | | | 6 | 6 | 0 | 0 | 0 | 2 | 1 | 0 |

**김재봉**(金載俸) 광주대 1996.09.06

| 대회 | 연도 | 소속 | 출전 | 교체 | 득점 | 도움 | 실점 | 파울 | 경고 | 퇴장 |
|---|---|---|---|---|---|---|---|---|---|---|
| K1 | 2021 | 제주 | 0 | 0 | 0 | 0 | 0 | 0 | 0 | 0 |
| | 2023 | 광주 | 0 | 0 | 0 | 0 | 0 | 0 | 0 | 0 |
| K2 | 2018 | 성남 | 9 | 6 | 0 | 0 | 0 | 12 | 2 | 0 |
| | 2020 | 제주 | 4 | 2 | 0 | 0 | 0 | 6 | 0 | 0 |
| | 2021 | 안산 | 4 | 2 | 0 | 0 | 0 | 7 | 2 | 0 |
| | 2022 | 광주 | 29 | 13 | 0 | 0 | 0 | 27 | 6 | 0 |
| | 2022 | 안산 | 3 | 0 | 0 | 0 | 0 | 2 | 1 | 0 |
| 통산 | | | 49 | 23 | 0 | 0 | 0 | 54 | 11 | 0 |

**김재석**(金載錫) 수원공고 2001.02.01

| 대회 | 연도 | 소속 | 출전 | 교체 | 득점 | 도움 | 실점 | 파울 | 경고 | 퇴장 |
|---|---|---|---|---|---|---|---|---|---|---|
| K2 | 2020 | 안산 | 0 | 0 | 0 | 0 | 0 | 0 | 0 | 0 |
| 통산 | | | 0 | 0 | 0 | 0 | 0 | 0 | 0 | 0 |

**김재성**(金在成) 아주대 1983.10.03

| 대회 | 연도 | 소속 | 출전 | 교체 | 득점 | 도움 | 실점 | 파울 | 경고 | 퇴장 |
|---|---|---|---|---|---|---|---|---|---|---|
| K1 | 2005 | 부천SK | 23 | 6 | 1 | 1 | 0 | 42 | 3 | 0 |
| | 2006 | 제주 | 20 | 4 | 1 | 1 | 0 | 35 | 5 | 0 |
| | 2007 | 제주 | 20 | 3 | 2 | 4 | 0 | 43 | 5 | 0 |
| | 2008 | 포항 | 23 | 14 | 2 | 2 | 0 | 22 | 5 | 0 |
| | 2009 | 포항 | 22 | 12 | 1 | 4 | 0 | 47 | 3 | 0 |
| | 2010 | 포항 | 24 | 11 | 1 | 2 | 0 | 45 | 6 | 0 |
| | 2011 | 포항 | 28 | 3 | 5 | 4 | 0 | 43 | 7 | 0 |
| | 2012 | 상주 | 24 | 0 | 4 | 2 | 0 | 34 | 10 | 0 |
| | 2013 | 포항 | 3 | 1 | 0 | 1 | 0 | 5 | 2 | 0 |
| | 2014 | 포항 | 29 | 15 | 7 | 4 | 0 | 36 | 6 | 0 |
| | 2016 | 제주 | 8 | 7 | 0 | 1 | 0 | 6 | 1 | 0 |
| | 2017 | 전남 | 14 | 9 | 0 | 1 | 0 | 7 | 1 | 0 |
| K2 | 2013 | 상주 | 26 | 15 | 3 | 2 | 0 | 43 | 6 | 0 |
| | 2015 | 서울E | 38 | 4 | 4 | 11 | 0 | 45 | 7 | 0 |
| | 2016 | 서울E | 17 | 3 | 1 | 1 | 0 | 21 | 4 | 0 |
| PO | 2008 | 포항 | 1 | 1 | 0 | 0 | 0 | 1 | 0 | 0 |
| | 2009 | 포항 | 1 | 1 | 0 | 0 | 0 | 2 | 0 | 0 |
| | 2011 | 포항 | 1 | 1 | 0 | 0 | 0 | 1 | 1 | 0 |
| | 2015 | 서울E | 1 | 0 | 0 | 1 | 0 | 3 | 0 | 0 |
| 컵 | 2005 | 부천SK | 12 | 4 | 1 | 0 | 0 | 27 | 1 | 0 |
| | 2006 | 제주 | 11 | 0 | 1 | 1 | 0 | 18 | 1 | 0 |
| | 2007 | 제주 | 4 | 1 | 0 | 0 | 0 | 9 | 1 | 0 |
| | 2008 | 포항 | 2 | 1 | 0 | 0 | 0 | 3 | 1 | 0 |
| | 2009 | 포항 | 3 | 2 | 0 | 0 | 0 | 3 | 1 | 0 |
| | 2011 | 포항 | 1 | 1 | 0 | 0 | 0 | 0 | 0 | 0 |
| 통산 | | | 356 | 119 | 34 | 43 | 0 | 541 | 77 | 0 |

**김재성**(金哉成) 동국대 1999.07.15

| 대회 | 연도 | 소속 | 출전 | 교체 | 득점 | 도움 | 실점 | 파울 | 경고 | 퇴장 |
|---|---|---|---|---|---|---|---|---|---|---|
| K1 | 2022 | 울산 | 1 | 1 | 0 | 0 | 0 | 0 | 1 | 0 |
| | 2025 | 수원FC | 13 | 12 | 0 | 0 | 0 | 12 | 0 | 0 |
| K2 | 2020 | 충남아산 | 5 | 1 | 0 | 0 | 0 | 5 | 1 | 0 |
| | 2021 | 충남아산 | 5 | 5 | 1 | 0 | 0 | 0 | 1 | 0 |
| | 2023 | 안산 | 32 | 2 | 0 | 1 | 0 | 31 | 3 | 0 |
| | 2024 | 안산 | 32 | 8 | 2 | 0 | 0 | 21 | 4 | 0 |
| 통산 | | | 88 | 29 | 3 | 1 | 0 | 69 | 10 | 0 |

**김재소**(金在昭) 경희고 1965.11.06

| 대회 | 연도 | 소속 | 출전 | 교체 | 득점 | 도움 | 실점 | 파울 | 경고 | 퇴장 |
|---|---|---|---|---|---|---|---|---|---|---|
| K1 | 1989 | 일화 | 20 | 11 | 0 | 1 | 0 | 22 | 1 | 0 |
| | 1990 | 일화 | 10 | 6 | 0 | 1 | 0 | 15 | 2 | 0 |
| | 1991 | 일화 | 29 | 18 | 0 | 0 | 0 | 37 | 2 | 0 |
| | 1992 | 일화 | 6 | 5 | 0 | 0 | 0 | 4 | 0 | 0 |
| 컵 | 1992 | 일화 | 4 | 2 | 0 | 0 | 0 | 7 | 0 | 0 |
| | 1993 | 일화 | 1 | 1 | 0 | 0 | 0 | 0 | 0 | 0 |
| 통산 | | | 70 | 43 | 0 | 2 | 0 | 85 | 5 | 0 |

**김재신**(金在信) 건국대 1973.08.30

| 대회 | 연도 | 소속 | 출전 | 교체 | 득점 | 도움 | 실점 | 파울 | 경고 | 퇴장 |
|---|---|---|---|---|---|---|---|---|---|---|
| K1 | 1998 | 수원 | 2 | 2 | 0 | 0 | 0 | 1 | 0 | 0 |
| | 1999 | 수원 | 4 | 4 | 0 | 0 | 0 | 3 | 0 | 0 |
| | 2000 | 수원 | 2 | 1 | 0 | 0 | 0 | 2 | 0 | 0 |
| 컵 | 1998 | 수원 | 5 | 3 | 1 | 0 | 0 | 7 | 0 | 0 |
| | 1999 | 수원 | 3 | 1 | 0 | 0 | 0 | 4 | 0 | 0 |
| | 2000 | 수원 | 4 | 1 | 0 | 0 | 0 | 7 | 0 | 0 |
| 통산 | | | 20 | 12 | 1 | 0 | 0 | 24 | 0 | 0 |

**김재신**(金在新) 숭실대 1975.03.03

| 대회 | 연도 | 소속 | 출전 | 교체 | 득점 | 도움 | 실점 | 파울 | 경고 | 퇴장 |
|---|---|---|---|---|---|---|---|---|---|---|
| K1 | 1999 | 전북 | 1 | 1 | 0 | 0 | 0 | 0 | 0 | 0 |
| | 2000 | 전북 | 15 | 13 | 0 | 1 | 0 | 16 | 2 | 0 |
| | 2001 | 전북 | 3 | 3 | 0 | 0 | 0 | 3 | 0 | 0 |
| 컵 | 2000 | 전북 | 3 | 3 | 0 | 0 | 0 | 4 | 0 | 0 |
| | 2001 | 전북 | 7 | 7 | 0 | 0 | 0 | 4 | 1 | 0 |
| 통산 | | | 29 | 27 | 0 | 1 | 0 | 27 | 3 | 0 |

**김재연**(金載淵) 연세대 1989.02.08

| 대회 | 연도 | 소속 | 출전 | 교체 | 득점 | 도움 | 실점 | 파울 | 경고 | 퇴장 |
|---|---|---|---|---|---|---|---|---|---|---|
| K2 | 2013 | 수원FC | 8 | 3 | 0 | 0 | 0 | 12 | 2 | 0 |
| | 2014 | 수원FC | 15 | 8 | 0 | 0 | 0 | 17 | 0 | 0 |
| | 2016 | 서울E | 8 | 7 | 0 | 0 | 0 | 5 | 1 | 0 |
| 통산 | | | 31 | 18 | 0 | 0 | 0 | 34 | 3 | 0 |

**김재우**(金載雨) 영등포공고 1998.02.06

| 대회 | 연도 | 소속 | 출전 | 교체 | 득점 | 도움 | 실점 | 파울 | 경고 | 퇴장 |
|---|---|---|---|---|---|---|---|---|---|---|
| K1 | 2020 | 대구 | 11 | 2 | 0 | 0 | 0 | 7 | 4 | 0 |
| | 2021 | 대구 | 19 | 9 | 0 | 0 | 0 | 5 | 2 | 0 |
| | 2024 | 대전 | 5 | 2 | 1 | 1 | 0 | 3 | 0 | 0 |
| | 2024 | 김천 | 5 | 1 | 0 | 0 | 0 | 1 | 0 | 0 |
| | 2025 | 제주 | 9 | 9 | 0 | 0 | 0 | 0 | 0 | 0 |
| K2 | 2018 | 부천 | 1 | 0 | 0 | 0 | 0 | 0 | 0 | 0 |
| | 2019 | 부천 | 24 | 5 | 1 | 3 | 0 | 29 | 2 | 0 |
| | 2022 | 대전 | 15 | 4 | 1 | 0 | 0 | 8 | 3 | 0 |
| | 2023 | 김천 | 33 | 5 | 1 | 2 | 0 | 10 | 0 | 0 |
| PO | 2019 | 부천 | 1 | 0 | 0 | 0 | 0 | 0 | 0 | 0 |
| | 2022 | 대전 | 2 | 0 | 0 | 0 | 0 | 2 | 1 | 0 |
| 통산 | | | 125 | 37 | 4 | 6 | 0 | 65 | 12 | 0 |

**김재웅**(金裁雄) 경희대 1988.01.01

| 대회 | 연도 | 소속 | 출전 | 교체 | 득점 | 도움 | 실점 | 파울 | 경고 | 퇴장 |
|---|---|---|---|---|---|---|---|---|---|---|

| 대회 | 연도 | 소속 | 출전 | 교체 | 득점 | 도움 | 실점 | 파울 | 경고 | 퇴장 |
|---|---|---|---|---|---|---|---|---|---|---|
| K1 | 2011 | 인천 | 15 | 10 | 3 | 1 | 0 | 40 | 6 | 0 |
| | 2012 | 인천 | 18 | 16 | 0 | 4 | 0 | 47 | 4 | 0 |
| | 2013 | 인천 | 7 | 7 | 1 | 0 | 0 | 10 | 1 | 0 |
| | 2015 | 인천 | 1 | 1 | 0 | 0 | 0 | 1 | 1 | 0 |
| | 2016 | 수원FC | 7 | 3 | 0 | 0 | 0 | 17 | 2 | 0 |
| K2 | 2014 | 안양 | 27 | 23 | 7 | 0 | 0 | 67 | 7 | 0 |
| | 2015 | 수원FC | 15 | 1 | 4 | 1 | 0 | 42 | 6 | 0 |
| | 2016 | 안산무궁 | 16 | 11 | 2 | 0 | 0 | 35 | 4 | 0 |
| | 2017 | 아산 | 6 | 3 | 0 | 0 | 0 | 11 | 3 | 0 |
| | 2018 | 서울E | 24 | 21 | 0 | 1 | 0 | 30 | 6 | 0 |
| PO | 2015 | 수원FC | 4 | 0 | 0 | 0 | 0 | 10 | 2 | 0 |
| 컵 | 2011 | 인천 | 2 | 0 | 1 | 0 | 0 | 9 | 1 | 0 |
| 통산 | | | 142 | 96 | 18 | 7 | 0 | 319 | 43 | 0 |

**김재철**(金載哲) 건국대 1996.02.19

| 대회 | 연도 | 소속 | 출전 | 교체 | 득점 | 도움 | 실점 | 파울 | 경고 | 퇴장 |
|---|---|---|---|---|---|---|---|---|---|---|
| K2 | 2020 | 충남아산 | 5 | 5 | 0 | 0 | 0 | 1 | 0 | 0 |
| 통산 | | | 5 | 5 | 0 | 0 | 0 | 1 | 0 | 0 |

**김재헌**(金載憲) 포츠머스FC U18 (영국) 1996.07.26

| 대회 | 연도 | 소속 | 출전 | 교체 | 득점 | 도움 | 실점 | 파울 | 경고 | 퇴장 |
|---|---|---|---|---|---|---|---|---|---|---|
| K2 | 2020 | 수원FC | 4 | 4 | 0 | 0 | 0 | 6 | 2 | 0 |
| | 2021 | 충남아산 | 6 | 6 | 0 | 1 | 0 | 7 | 1 | 0 |
| 통산 | | | 10 | 10 | 0 | 1 | 0 | 13 | 3 | 0 |

**김재현**(金渽玹/←김응진) 광양제철고 1987.03.09

| 대회 | 연도 | 소속 | 출전 | 교체 | 득점 | 도움 | 실점 | 파울 | 경고 | 퇴장 |
|---|---|---|---|---|---|---|---|---|---|---|
| K1 | 2007 | 전남 | 1 | 1 | 0 | 0 | 0 | 1 | 0 | 0 |
| | 2008 | 전남 | 4 | 2 | 0 | 0 | 0 | 2 | 2 | 0 |
| | 2009 | 전남 | 7 | 0 | 1 | 0 | 0 | 13 | 3 | 0 |
| | 2010 | 부산 | 21 | 4 | 2 | 0 | 0 | 35 | 8 | 0 |
| | 2011 | 부산 | 12 | 1 | 1 | 0 | 0 | 12 | 3 | 0 |
| | 2013 | 부산 | 8 | 1 | 0 | 0 | 0 | 9 | 0 | 0 |
| | 2014 | 부산 | 5 | 2 | 0 | 1 | 0 | 8 | 2 | 0 |
| K2 | 2016 | 부산 | 21 | 1 | 1 | 1 | 0 | 19 | 2 | 0 |
| | 2017 | 서울E | 12 | 4 | 1 | 1 | 0 | 8 | 2 | 0 |
| | 2018 | 서울E | 24 | 3 | 1 | 0 | 0 | 19 | 4 | 0 |
| PO | 2016 | 부산 | 1 | 0 | 0 | 0 | 0 | 4 | 0 | 0 |
| 컵 | 2009 | 전남 | 1 | 0 | 0 | 0 | 0 | 1 | 0 | 0 |
| | 2010 | 부산 | 5 | 0 | 0 | 0 | 0 | 5 | 1 | 0 |
| | 2011 | 부산 | 5 | 2 | 0 | 0 | 0 | 5 | 0 | 0 |
| 통산 | | | 127 | 21 | 7 | 3 | 0 | 141 | 27 | 0 |

**김재현** 세종바네스FC 2004.03.03

| 대회 | 연도 | 소속 | 출전 | 교체 | 득점 | 도움 | 실점 | 파울 | 경고 | 퇴장 |
|---|---|---|---|---|---|---|---|---|---|---|
| K1 | 2023 | 수원FC | 1 | 1 | 0 | 0 | 0 | 1 | 1 | 0 |
| 통산 | | | 1 | 1 | 0 | 0 | 0 | 1 | 1 | 0 |

**김재협**(←김재윤←김성균) 서귀포고 1990.09.04

| 대회 | 연도 | 소속 | 출전 | 교체 | 득점 | 도움 | 실점 | 파울 | 경고 | 퇴장 |
|---|---|---|---|---|---|---|---|---|---|---|
| K1 | 2009 | 성남일화 | 2 | 2 | 0 | 0 | 0 | 2 | 2 | 0 |
| | 2010 | 강원 | 1 | 1 | 0 | 0 | 0 | 0 | 0 | 0 |
| 컵 | 2009 | 성남일화 | 2 | 3 | 0 | 0 | 0 | 2 | 0 | 0 |
| | 2011 | 전남 | 0 | 0 | 0 | 0 | 0 | 0 | 0 | 0 |
| 통산 | | | 5 | 6 | 0 | 0 | 0 | 4 | 2 | 0 |

**김재형**(←김재영) 아주대 1973.09.02

| 대회 | 연도 | 소속 | 출전 | 교체 | 득점 | 도움 | 실점 | 파울 | 경고 | 퇴장 |
|---|---|---|---|---|---|---|---|---|---|---|
| K1 | 1996 | 부산 | 26 | 6 | 6 | 2 | 0 | 42 | 4 | 0 |
| | 1997 | 부산 | 11 | 5 | 0 | 0 | 0 | 15 | 5 | 0 |
| | 1998 | 부산 | 7 | 5 | 0 | 0 | 0 | 12 | 2 | 0 |
| | 1999 | 부산 | 17 | 11 | 0 | 2 | 0 | 39 | 1 | 0 |
| | 2000 | 부산 | 10 | 6 | 0 | 0 | 0 | 18 | 0 | 1 |
| | 2001 | 부산 | 21 | 13 | 1 | 1 | 0 | 25 | 1 | 0 |
| | 2002 | 부산 | 16 | 9 | 0 | 0 | 0 | 33 | 3 | 0 |
| | 2004 | 부산 | 14 | 11 | 2 | 0 | 0 | 21 | 0 | 0 |
| | 2005 | 부산 | 13 | 3 | 0 | 0 | 0 | 38 | 3 | 0 |
| | 2006 | 전북 | 6 | 3 | 0 | 0 | 0 | 14 | 1 | 0 |
| | 2007 | 전북 | 11 | 11 | 0 | 0 | 0 | 14 | 0 | 0 |
| PO | 1999 | 부산 | 4 | 3 | 0 | 0 | 0 | 6 | 0 | 0 |
| | 2005 | 부산 | 1 | 0 | 0 | 0 | 0 | 3 | 0 | 0 |
| 컵 | 1996 | 부산 | 6 | 2 | 0 | 0 | 0 | 4 | 1 | 0 |
| | 1997 | 부산 | 13 | 5 | 0 | 1 | 0 | 16 | 3 | 0 |
| | 1999 | 부산 | 10 | 3 | 0 | 0 | 0 | 23 | 0 | 0 |
| | 2000 | 부산 | 9 | 6 | 0 | 1 | 0 | 11 | 1 | 0 |
| | 2001 | 부산 | 11 | 6 | 0 | 1 | 0 | 17 | 2 | 0 |
| | 2004 | 부산 | 4 | 2 | 0 | 0 | 0 | 5 | 3 | 1 |
| | 2005 | 부산 | 7 | 3 | 1 | 0 | 0 | 9 | 0 | 1 |
| | 2006 | 전북 | 8 | 4 | 0 | 1 | 0 | 24 | 0 | 0 |
| | 2007 | 전북 | 4 | 3 | 0 | 0 | 0 | 7 | 0 | 0 |
| 통산 | | | 229 | 120 | 10 | 9 | 0 | 396 | 30 | 3 |

**김재홍**(金在鴻) 숭실대 1984.08.10

| 대회 | 연도 | 소속 | 출전 | 교체 | 득점 | 도움 | 실점 | 파울 | 경고 | 퇴장 |
|---|---|---|---|---|---|---|---|---|---|---|
| K1 | 2007 | 대구 | 1 | 0 | 0 | 1 | 0 | 2 | 0 | 0 |
| 통산 | | | 1 | 0 | 0 | 1 | 0 | 2 | 0 | 0 |

**김재환**(金才煥) 마산공고 1958.08.10

| 대회 | 연도 | 소속 | 출전 | 교체 | 득점 | 도움 | 실점 | 파울 | 경고 | 퇴장 |
|---|---|---|---|---|---|---|---|---|---|---|
| K1 | 1985 | 현대 | 4 | 1 | 0 | 1 | 0 | 3 | 0 | 0 |
| 통산 | | | 4 | 1 | 0 | 1 | 0 | 3 | 0 | 0 |

**김재환**(金載桓) 전주대 1988.05.27

| 대회 | 연도 | 소속 | 출전 | 교체 | 득점 | 도움 | 실점 | 파울 | 경고 | 퇴장 |
|---|---|---|---|---|---|---|---|---|---|---|
| K1 | 2011 | 전북 | 2 | 0 | 0 | 0 | 0 | 6 | 3 | 0 |
| | 2012 | 전북 | 1 | 0 | 0 | 0 | 0 | 2 | 0 | 0 |
| | 2013 | 전북 | 5 | 2 | 0 | 0 | 0 | 6 | 1 | 0 |
| K2 | 2014 | 수원FC | 4 | 1 | 0 | 0 | 0 | 1 | 0 | 0 |
| 컵 | 2011 | 전북 | 1 | 0 | 0 | 0 | 0 | 5 | 0 | 0 |
| 통산 | | | 13 | 3 | 0 | 0 | 0 | 20 | 4 | 0 |

**김재훈**(金載薰) 건국대 1988.02.21

| 대회 | 연도 | 소속 | 출전 | 교체 | 득점 | 도움 | 실점 | 파울 | 경고 | 퇴장 |
|---|---|---|---|---|---|---|---|---|---|---|
| K1 | 2011 | 전남 | 0 | 0 | 0 | 0 | 0 | 0 | 0 | 0 |
| | 2012 | 대전 | 7 | 1 | 0 | 0 | 0 | 7 | 3 | 0 |
| K2 | 2014 | 충주 | 19 | 4 | 1 | 1 | 0 | 21 | 2 | 0 |
| 컵 | 2011 | 전남 | 1 | 1 | 0 | 0 | 0 | 1 | 1 | 0 |
| 통산 | | | 27 | 6 | 1 | 1 | 0 | 29 | 6 | 0 |

**김정겸**(金正謙) 동국대 1976.06.09

| 대회 | 연도 | 소속 | 출전 | 교체 | 득점 | 도움 | 실점 | 파울 | 경고 | 퇴장 |
|---|---|---|---|---|---|---|---|---|---|---|
| K1 | 1999 | 전남 | 7 | 7 | 0 | 0 | 0 | 5 | 0 | 0 |
| | 2000 | 전남 | 22 | 3 | 1 | 1 | 0 | 38 | 1 | 0 |
| | 2001 | 전남 | 16 | 6 | 0 | 0 | 0 | 25 | 4 | 0 |
| | 2003 | 전남 | 27 | 4 | 0 | 2 | 0 | 39 | 4 | 0 |
| | 2004 | 전남 | 20 | 3 | 0 | 2 | 0 | 32 | 2 | 0 |
| | 2005 | 전북 | 22 | 2 | 1 | 0 | 0 | 32 | 2 | 0 |
| | 2006 | 전북 | 13 | 0 | 0 | 0 | 0 | 16 | 2 | 0 |
| | 2007 | 전북 | 10 | 4 | 0 | 0 | 0 | 23 | 2 | 1 |
| | 2008 | 포항 | 3 | 2 | 0 | 1 | 0 | 2 | 0 | 0 |
| | 2009 | 포항 | 17 | 3 | 1 | 0 | 0 | 34 | 4 | 0 |
| | 2010 | 포항 | 14 | 2 | 1 | 0 | 0 | 23 | 3 | 0 |
| | 2011 | 포항 | 8 | 2 | 0 | 0 | 0 | 8 | 2 | 0 |
| PO | 2004 | 전남 | 1 | 0 | 0 | 0 | 0 | 3 | 0 | 0 |
| | 2009 | 포항 | 1 | 0 | 0 | 0 | 0 | 0 | 0 | 0 |
| 컵 | 1999 | 전남 | 6 | 6 | 0 | 0 | 0 | 1 | 0 | 0 |
| | 2000 | 전남 | 7 | 3 | 0 | 0 | 0 | 19 | 2 | 0 |
| | 2002 | 전남 | 5 | 5 | 0 | 0 | 0 | 1 | 0 | 0 |
| | 2004 | 전남 | 5 | 2 | 1 | 0 | 0 | 8 | 1 | 0 |
| | 2005 | 전북 | 12 | 1 | 0 | 0 | 0 | 20 | 1 | 0 |
| | 2007 | 전북 | 2 | 1 | 0 | 0 | 0 | 3 | 0 | 0 |
| | 2009 | 포항 | 5 | 0 | 0 | 1 | 0 | 4 | 0 | 0 |
| | 2010 | 포항 | 2 | 0 | 0 | 0 | 0 | 0 | 0 | 0 |
| | 2011 | 포항 | 1 | 0 | 0 | 0 | 0 | 1 | 0 | 0 |
| 통산 | | | 226 | 56 | 5 | 7 | 0 | 337 | 30 | 1 |

**김정광**(金正光) 영남대 1988.03.14

| 대회 | 연도 | 소속 | 출전 | 교체 | 득점 | 도움 | 실점 | 파울 | 경고 | 퇴장 |
|---|---|---|---|---|---|---|---|---|---|---|
| 컵 | 2011 | 성남일화 | 0 | 0 | 0 | 0 | 0 | 0 | 0 | 0 |
| 통산 | | | 0 | 0 | 0 | 0 | 0 | 0 | 0 | 0 |

**김정민**(金晶珉) 영남대 1995.09.06

| 대회 | 연도 | 소속 | 출전 | 교체 | 득점 | 도움 | 실점 | 파울 | 경고 | 퇴장 |
|---|---|---|---|---|---|---|---|---|---|---|
| K2 | 2022 | 안산 | 0 | 0 | 0 | 0 | 0 | 0 | 0 | 0 |
| 통산 | | | 0 | 0 | 0 | 0 | 0 | 0 | 0 | 0 |

**김정민**(金正緡) 금호고 1999.11.13

| 대회 | 연도 | 소속 | 출전 | 교체 | 득점 | 도움 | 실점 | 파울 | 경고 | 퇴장 |
|---|---|---|---|---|---|---|---|---|---|---|
| K1 | 2024 | 제주 | 20 | 19 | 0 | 0 | 0 | 8 | 1 | 0 |
| | 2025 | 제주 | 5 | 5 | 0 | 0 | 0 | 5 | 0 | 0 |
| K2 | 2021 | 부산 | 13 | 8 | 0 | 0 | 0 | 15 | 4 | 0 |
| | 2022 | 부산 | 19 | 15 | 1 | 0 | 0 | 7 | 1 | 0 |
| | 2023 | 안양 | 6 | 6 | 0 | 0 | 0 | 3 | 0 | 0 |
| 통산 | | | 63 | 53 | 1 | 0 | 0 | 38 | 6 | 0 |

**김정빈**(金楨彬) 선문대 1987.08.23

| 대회 | 연도 | 소속 | 출전 | 교체 | 득점 | 도움 | 실점 | 파울 | 경고 | 퇴장 |
|---|---|---|---|---|---|---|---|---|---|---|
| K1 | 2012 | 상주 | 2 | 2 | 0 | 0 | 0 | 8 | 0 | 0 |
| K2 | 2014 | 수원FC | 31 | 6 | 4 | 2 | 0 | 53 | 2 | 0 |
| | 2015 | 수원FC | 20 | 6 | 0 | 2 | 0 | 31 | 6 | 0 |
| | 2016 | 경남 | 32 | 7 | 0 | 2 | 0 | 31 | 3 | 0 |
| | 2017 | 경남 | 0 | 0 | 0 | 0 | 0 | 0 | 0 | 0 |
| PO | 2015 | 수원FC | 0 | 0 | 0 | 0 | 0 | 0 | 0 | 0 |
| 통산 | | | 85 | 21 | 4 | 6 | 0 | 123 | 11 | 0 |

**김정수**(金廷洙) 중앙대 1975.01.17

| 대회 | 연도 | 소속 | 출전 | 교체 | 득점 | 도움 | 실점 | 파울 | 경고 | 퇴장 |
|---|---|---|---|---|---|---|---|---|---|---|
| K1 | 1997 | 대전 | 10 | 0 | 1 | 0 | 0 | 7 | 1 | 0 |
| | 1999 | 대전 | 4 | 3 | 0 | 1 | 0 | 6 | 0 | 0 |
| | 2001 | 대전 | 21 | 1 | 0 | 0 | 0 | 7 | 1 | 0 |
| | 2002 | 대전 | 24 | 1 | 0 | 0 | 0 | 10 | 3 | 0 |
| | 2003 | 대전 | 36 | 13 | 0 | 2 | 0 | 36 | 1 | 0 |
| | 2004 | 부천SK | 21 | 5 | 0 | 0 | 0 | 18 | 0 | 0 |
| | 2005 | 부천SK | 1 | 0 | 0 | 0 | 0 | 1 | 0 | 0 |
| 컵 | 1997 | 대전 | 15 | 1 | 2 | 0 | 0 | 2 | 0 | 0 |
| | 2000 | 대전 | 0 | 0 | 0 | 0 | 0 | 0 | 0 | 0 |
| | 2001 | 대전 | 8 | 0 | 0 | 0 | 0 | 5 | 0 | 0 |
| | 2002 | 대전 | 6 | 0 | 0 | 0 | 0 | 2 | 1 | 0 |
| | 2004 | 부천SK | 9 | 1 | 0 | 0 | 0 | 9 | 2 | 0 |
| | 2005 | 부천SK | 3 | 2 | 0 | 0 | 0 | 1 | 0 | 0 |
| 통산 | | | 158 | 27 | 3 | 3 | 0 | 104 | 9 | 0 |

**김정수**(金廷洙) 성균관대 2000.11.30

| 대회 | 연도 | 소속 | 출전 | 교체 | 득점 | 도움 | 실점 | 파울 | 경고 | 퇴장 |
|---|---|---|---|---|---|---|---|---|---|---|
| K2 | 2022 | 서울E | 4 | 5 | 0 | 1 | 0 | 5 | 0 | 0 |
| 통산 | | | 4 | 5 | 0 | 1 | 0 | 5 | 0 | 0 |

**김정우**(金正友) 고려대 1982.05.09

| 대회 | 연도 | 소속 | 출전 | 교체 | 득점 | 도움 | 실점 | 파울 | 경고 | 퇴장 |
|---|---|---|---|---|---|---|---|---|---|---|
| K1 | 2003 | 울산 | 34 | 8 | 1 | 3 | 0 | 38 | 7 | 0 |
| | 2004 | 울산 | 17 | 3 | 0 | 0 | 0 | 46 | 4 | 1 |
| | 2005 | 울산 | 20 | 3 | 0 | 1 | 0 | 53 | 6 | 0 |
| | 2008 | 성남일화 | 21 | 18 | 4 | 3 | 0 | 31 | 3 | 0 |
| | 2009 | 성남일화 | 25 | 8 | 3 | 3 | 0 | 51 | 8 | 0 |
| | 2010 | 광주상무 | 19 | 2 | 3 | 0 | 0 | 19 | 3 | 0 |
| | 2011 | 상주 | 21 | 3 | 15 | 1 | 0 | 25 | 5 | 0 |
| | 2011 | 성남일화 | 2 | 3 | 0 | 0 | 0 | 3 | 0 | 0 |
| | 2012 | 전북 | 33 | 14 | 5 | 2 | 0 | 50 | 4 | 0 |
| | 2013 | 전북 | 8 | 4 | 0 | 1 | 0 | 8 | 1 | 0 |
| PO | 2004 | 울산 | 1 | 1 | 0 | 0 | 0 | 3 | 0 | 0 |
| | 2005 | 울산 | 3 | 0 | 0 | 0 | 0 | 9 | 0 | 0 |
| | 2008 | 성남일화 | 1 | 1 | 0 | 0 | 0 | 3 | 0 | 0 |
| | 2009 | 성남일화 | 3 | 1 | 0 | 0 | 0 | 4 | 1 | 0 |
| 컵 | 2005 | 울산 | 9 | 1 | 0 | 1 | 0 | 29 | 3 | 0 |
| | 2008 | 성남일화 | 8 | 7 | 1 | 1 | 0 | 7 | 0 | 0 |
| | 2009 | 성남일화 | 7 | 2 | 2 | 1 | 0 | 8 | 1 | 0 |
| | 2011 | 상주 | 5 | 3 | 3 | 0 | 0 | 5 | 0 | 0 |
| 통산 | | | 237 | 82 | 37 | 17 | 0 | 392 | 46 | 1 |

**김정욱**(金晶昱) 아주대 1976.03.01

| 대회 | 연도 | 소속 | 출전 | 교체 | 득점 | 도움 | 실점 | 파울 | 경고 | 퇴장 |
|---|---|---|---|---|---|---|---|---|---|---|
| K1 | 1998 | 부산 | 1 | 1 | 0 | 0 | 0 | 2 | 0 | 0 |
| | 2000 | 울산 | 4 | 4 | 0 | 0 | 0 | 1 | 0 | 0 |
| 컵 | 1998 | 부산 | 2 | 2 | 1 | 0 | 0 | 2 | 0 | 0 |
| 통산 | | | 7 | 7 | 1 | 0 | 0 | 5 | 0 | 0 |

**김정은**(金政銀) 동국대 1963.11.27

| 대회 | 연도 | 소속 | 출전 | 교체 | 득점 | 도움 | 실점 | 파울 | 경고 | 퇴장 |
|---|---|---|---|---|---|---|---|---|---|---|
| K1 | 1986 | 한일은행 | 10 | 5 | 0 | 0 | 0 | 10 | 0 | 0 |

| 대회 | 연도 | 소속 | 출전 | 교체 | 득점 | 도움 | 실점 | 파울 | 경고 | 퇴장 |
|---|---|---|---|---|---|---|---|---|---|---|
| 통산 | | | 10 | 5 | 0 | 0 | 0 | 10 | 0 | 0 |

**김정재**(金正才) 경희대 1974.05.22

| 대회 | 연도 | 소속 | 출전 | 교체 | 득점 | 도움 | 실점 | 파울 | 경고 | 퇴장 |
|---|---|---|---|---|---|---|---|---|---|---|
| K1 | 1997 | 천안일화 | 11 | 3 | 0 | 0 | 0 | 18 | 2 | 0 |
| | 1998 | 천안일화 | 11 | 3 | 0 | 0 | 0 | 24 | 0 | 0 |
| | 1999 | 천안일화 | 11 | 2 | 0 | 1 | 0 | 30 | 6 | 0 |
| | 2000 | 성남일화 | 17 | 6 | 1 | 1 | 0 | 34 | 4 | 0 |
| | 2001 | 성남일화 | 10 | 8 | 0 | 0 | 0 | 15 | 2 | 0 |
| | 2002 | 성남일화 | 19 | 11 | 0 | 0 | 0 | 25 | 2 | 0 |
| | 2003 | 성남일화 | 14 | 12 | 0 | 0 | 0 | 25 | 2 | 0 |
| | 2004 | 인천 | 9 | 4 | 1 | 0 | 0 | 25 | 4 | 0 |
| PO | 2000 | 성남일화 | 2 | 0 | 0 | 0 | 0 | 8 | 2 | 0 |
| 컵 | 1997 | 천안일화 | 9 | 5 | 0 | 0 | 0 | 19 | 2 | 0 |
| | 1998 | 천안일화 | 13 | 6 | 0 | 0 | 0 | 23 | 5 | 0 |
| | 2000 | 성남일화 | 4 | 1 | 0 | 0 | 0 | 11 | 1 | 0 |
| | 2001 | 성남일화 | 4 | 4 | 0 | 0 | 0 | 1 | 0 | 0 |
| | 2002 | 성남일화 | 5 | 5 | 0 | 0 | 0 | 2 | 0 | 0 |
| 통산 | | | 139 | 70 | 2 | 2 | 0 | 260 | 32 | 0 |

**김정주**(金正柱) 강릉제일고 1991.09.26

| 대회 | 연도 | 소속 | 출전 | 교체 | 득점 | 도움 | 실점 | 파울 | 경고 | 퇴장 |
|---|---|---|---|---|---|---|---|---|---|---|
| K1 | 2010 | 강원 | 6 | 6 | 0 | 0 | 0 | 3 | 0 | 0 |
| | 2011 | 강원 | 4 | 2 | 0 | 0 | 0 | 5 | 1 | 0 |
| | 2012 | 강원 | 3 | 1 | 0 | 0 | 0 | 1 | 0 | 0 |
| K2 | 2017 | 대전 | 15 | 14 | 0 | 3 | 0 | 8 | 1 | 0 |
| 컵 | 2010 | 강원 | 1 | 1 | 0 | 0 | 0 | 0 | 0 | 0 |
| | 2011 | 강원 | 1 | 0 | 0 | 0 | 0 | 2 | 0 | 0 |
| 통산 | | | 30 | 24 | 0 | 3 | 0 | 19 | 2 | 0 |

**김정혁**(金正赫) 명지대 1968.11.30

| 대회 | 연도 | 소속 | 출전 | 교체 | 득점 | 도움 | 실점 | 파울 | 경고 | 퇴장 |
|---|---|---|---|---|---|---|---|---|---|---|
| K1 | 1992 | 대우 | 25 | 7 | 1 | 2 | 0 | 35 | 4 | 0 |
| | 1993 | 대우 | 8 | 4 | 0 | 0 | 0 | 14 | 2 | 0 |
| | 1994 | 대우 | 8 | 9 | 0 | 0 | 0 | 11 | 0 | 0 |
| | 1996 | 부산 | 4 | 2 | 0 | 0 | 0 | 6 | 0 | 0 |
| | 1996 | 전남 | 21 | 8 | 0 | 3 | 0 | 39 | 10 | 0 |
| | 1997 | 전남 | 16 | 2 | 1 | 0 | 0 | 32 | 2 | 0 |
| | 1998 | 전남 | 16 | 7 | 0 | 1 | 0 | 21 | 2 | 0 |
| | 1999 | 전남 | 27 | 3 | 1 | 2 | 0 | 34 | 1 | 0 |
| | 2000 | 전남 | 11 | 2 | 0 | 2 | 0 | 15 | 0 | 0 |
| | 2001 | 전남 | 20 | 3 | 0 | 0 | 0 | 14 | 1 | 0 |
| PO | 1998 | 전남 | 1 | 1 | 0 | 0 | 0 | 2 | 0 | 0 |
| | 1999 | 전남 | 1 | 0 | 0 | 0 | 0 | 2 | 0 | 0 |
| 컵 | 1992 | 대우 | 9 | 2 | 1 | 0 | 0 | 15 | 2 | 0 |
| | 1993 | 대우 | 2 | 3 | 0 | 0 | 0 | 1 | 0 | 0 |
| | 1994 | 대우 | 3 | 3 | 0 | 0 | 0 | 4 | 1 | 0 |
| | 1996 | 부산 | 7 | 6 | 0 | 0 | 0 | 7 | 0 | 0 |
| | 1997 | 전남 | 18 | 1 | 0 | 3 | 0 | 34 | 4 | 0 |
| | 1998 | 전남 | 9 | 2 | 0 | 1 | 0 | 19 | 0 | 0 |
| | 1999 | 전남 | 7 | 0 | 0 | 1 | 0 | 8 | 0 | 0 |
| | 2000 | 전남 | 12 | 0 | 0 | 0 | 0 | 15 | 1 | 0 |
| | 2001 | 전남 | 8 | 3 | 0 | 0 | 0 | 8 | 0 | 0 |
| | 2002 | 전남 | 6 | 3 | 0 | 0 | 0 | 5 | 1 | 0 |
| 통산 | | | 239 | 71 | 4 | 15 | 0 | 341 | 31 | 0 |

**김정현**(金正炫) 호남대 1979.04.01

| 대회 | 연도 | 소속 | 출전 | 교체 | 득점 | 도움 | 실점 | 파울 | 경고 | 퇴장 |
|---|---|---|---|---|---|---|---|---|---|---|
| K1 | 2003 | 부천SK | 0 | 0 | 0 | 0 | 0 | 0 | 0 | 0 |
| 통산 | | | 0 | 0 | 0 | 0 | 0 | 0 | 0 | 0 |

**김정현**(金正炫) 강릉제일고 1988.05.16

| 대회 | 연도 | 소속 | 출전 | 교체 | 득점 | 도움 | 실점 | 파울 | 경고 | 퇴장 |
|---|---|---|---|---|---|---|---|---|---|---|
| K1 | 2007 | 인천 | 0 | 0 | 0 | 0 | 0 | 0 | 0 | 0 |
| 컵 | 2007 | 인천 | 0 | 0 | 0 | 0 | 0 | 0 | 0 | 0 |
| | 2008 | 인천 | 1 | 1 | 0 | 0 | 0 | 1 | 0 | 0 |
| 통산 | | | 1 | 1 | 0 | 0 | 0 | 1 | 0 | 0 |

**김정현**(金楨鉉) 중동고 1993.06.01

| 대회 | 연도 | 소속 | 출전 | 교체 | 득점 | 도움 | 실점 | 파울 | 경고 | 퇴장 |
|---|---|---|---|---|---|---|---|---|---|---|
| K1 | 2016 | 광주 | 7 | 6 | 1 | 0 | 0 | 14 | 3 | 0 |
| | 2017 | 광주 | 14 | 8 | 2 | 0 | 0 | 15 | 4 | 1 |
| | 2019 | 성남 | 18 | 8 | 1 | 1 | 0 | 28 | 3 | 0 |
| | 2020 | 부산 | 8 | 4 | 1 | 0 | 0 | 10 | 3 | 0 |
| | 2025 | 안양 | 26 | 16 | 0 | 0 | 0 | 39 | 8 | 0 |
| K2 | 2018 | 성남 | 30 | 3 | 2 | 1 | 0 | 72 | 5 | 0 |
| | 2021 | 부산 | 25 | 13 | 0 | 0 | 0 | 41 | 6 | 0 |
| | 2022 | 안양 | 10 | 7 | 1 | 0 | 0 | 18 | 4 | 0 |
| | 2022 | 부산 | 10 | 6 | 0 | 0 | 0 | 10 | 2 | 0 |
| | 2023 | 안양 | 21 | 15 | 4 | 1 | 0 | 42 | 2 | 0 |
| | 2024 | 안양 | 33 | 13 | 2 | 2 | 0 | 29 | 6 | 0 |
| 통산 | | | 202 | 99 | 14 | 5 | 0 | 318 | 46 | 1 |

**김정현**(金貞現) 한양대 2000.06.09

| 대회 | 연도 | 소속 | 출전 | 교체 | 득점 | 도움 | 실점 | 파울 | 경고 | 퇴장 |
|---|---|---|---|---|---|---|---|---|---|---|
| K1 | 2024 | 대구 | 1 | 1 | 0 | 0 | 0 | 1 | 0 | 0 |
| | 2025 | 대구 | 26 | 13 | 0 | 1 | 0 | 45 | 6 | 0 |
| PO | 2024 | 대구 | 1 | 1 | 0 | 0 | 0 | 1 | 0 | 0 |
| 통산 | | | 28 | 15 | 0 | 1 | 0 | 47 | 6 | 0 |

**김정현**(金呈泫) 천안제일고 2004.06.29

| 대회 | 연도 | 소속 | 출전 | 교체 | 득점 | 도움 | 실점 | 파울 | 경고 | 퇴장 |
|---|---|---|---|---|---|---|---|---|---|---|
| K2 | 2024 | 충북청주 | 17 | 12 | 2 | 0 | 0 | 15 | 1 | 0 |
| | 2025 | 충남아산 | 17 | 16 | 1 | 0 | 0 | 11 | 1 | 0 |
| 통산 | | | 34 | 28 | 3 | 0 | 0 | 26 | 2 | 0 |

**김정호**(金楨浩) 개성고 1998.04.07

| 대회 | 연도 | 소속 | 출전 | 교체 | 득점 | 도움 | 실점 | 파울 | 경고 | 퇴장 |
|---|---|---|---|---|---|---|---|---|---|---|
| K1 | 2020 | 부산 | 4 | 0 | 0 | 0 | 5 | 0 | 0 | 0 |
| | 2021 | 강원 | 6 | 0 | 0 | 0 | 9 | 0 | 0 | 0 |
| | 2022 | 강원 | 3 | 2 | 0 | 0 | 5 | 0 | 0 | 0 |
| | 2023 | 강원 | 0 | 0 | 0 | 0 | 0 | 0 | 0 | 0 |
| K2 | 2017 | 부산 | 0 | 0 | 0 | 0 | 0 | 0 | 0 | 0 |
| | 2018 | 부산 | 0 | 0 | 0 | 0 | 0 | 0 | 0 | 0 |
| | 2019 | 부산 | 2 | 0 | 0 | 0 | 5 | 1 | 1 | 0 |
| PO | 2019 | 부산 | 0 | 0 | 0 | 0 | 0 | 0 | 0 | 0 |
| 통산 | | | 15 | 2 | 0 | 0 | 24 | 1 | 1 | 0 |

**김정호**(金政浩) 인천대 1995.05.31

| 대회 | 연도 | 소속 | 출전 | 교체 | 득점 | 도움 | 실점 | 파울 | 경고 | 퇴장 |
|---|---|---|---|---|---|---|---|---|---|---|
| K1 | 2018 | 인천 | 12 | 7 | 0 | 0 | 0 | 5 | 1 | 0 |
| | 2019 | 인천 | 25 | 3 | 1 | 0 | 0 | 23 | 2 | 0 |
| | 2020 | 인천 | 11 | 3 | 0 | 0 | 0 | 14 | 4 | 0 |
| K2 | 2021 | 부천 | 30 | 5 | 0 | 0 | 0 | 24 | 6 | 0 |
| | 2022 | 부천 | 9 | 7 | 0 | 0 | 0 | 1 | 2 | 0 |
| | 2023 | 안산 | 31 | 7 | 1 | 2 | 0 | 16 | 5 | 0 |
| | 2024 | 안산 | 29 | 4 | 0 | 0 | 0 | 12 | 4 | 0 |
| 통산 | | | 147 | 36 | 2 | 2 | 0 | 95 | 24 | 0 |

**김정환**(金定奐) 신갈고 1997.01.04

| 대회 | 연도 | 소속 | 출전 | 교체 | 득점 | 도움 | 실점 | 파울 | 경고 | 퇴장 |
|---|---|---|---|---|---|---|---|---|---|---|
| K1 | 2016 | 서울 | 1 | 1 | 0 | 0 | 0 | 0 | 0 | 0 |
| | 2017 | 서울 | 0 | 0 | 0 | 0 | 0 | 0 | 0 | 0 |
| | 2020 | 광주 | 11 | 10 | 2 | 2 | 0 | 4 | 0 | 0 |
| K2 | 2018 | 광주 | 25 | 21 | 4 | 3 | 0 | 21 | 1 | 0 |
| | 2019 | 광주 | 19 | 19 | 4 | 1 | 0 | 17 | 2 | 0 |
| | 2021 | 서울E | 19 | 19 | 3 | 1 | 0 | 10 | 1 | 0 |
| | 2022 | 서울E | 37 | 33 | 6 | 4 | 0 | 36 | 5 | 0 |
| | 2023 | 서울E | 12 | 13 | 0 | 0 | 0 | 10 | 2 | 0 |
| | 2023 | 부산 | 13 | 13 | 2 | 2 | 0 | 7 | 0 | 0 |
| | 2024 | 성남 | 23 | 23 | 2 | 2 | 0 | 15 | 4 | 0 |
| | 2025 | 성남 | 20 | 22 | 2 | 1 | 0 | 11 | 1 | 0 |
| PO | 2018 | 광주 | 1 | 1 | 0 | 0 | 0 | 1 | 0 | 0 |
| | 2023 | 부산 | 2 | 2 | 1 | 0 | 0 | 1 | 0 | 0 |
| | 2025 | 성남 | 2 | 2 | 0 | 0 | 0 | 2 | 1 | 0 |
| 통산 | | | 185 | 179 | 26 | 16 | 0 | 135 | 17 | 0 |

**김정환**(金正煥) 진주고 2004.07.21

| 대회 | 연도 | 소속 | 출전 | 교체 | 득점 | 도움 | 실점 | 파울 | 경고 | 퇴장 |
|---|---|---|---|---|---|---|---|---|---|---|
| K2 | 2024 | 천안 | 0 | 0 | 0 | 0 | 0 | 0 | 0 | 0 |
| 통산 | | | 0 | 0 | 0 | 0 | 0 | 0 | 0 | 0 |

**김정훈**(金正勳) FSV Mainz05(독일) 1989.02.13

| 대회 | 연도 | 소속 | 출전 | 교체 | 득점 | 도움 | 실점 | 파울 | 경고 | 퇴장 |
|---|---|---|---|---|---|---|---|---|---|---|
| K1 | 2008 | 대전 | 5 | 5 | 1 | 0 | 0 | 7 | 1 | 0 |
| | 2009 | 대전 | 0 | 0 | 0 | 0 | 0 | 0 | 0 | 0 |
| 컵 | 2008 | 대전 | 0 | 0 | 0 | 0 | 0 | 0 | 0 | 0 |
| | 2009 | 대전 | 0 | 0 | 0 | 0 | 0 | 0 | 0 | 0 |
| 통산 | | | 5 | 5 | 1 | 0 | 0 | 7 | 1 | 0 |

**김정훈**(金正訓) 관동대(가톨릭관동대) 1991.12.23

| 대회 | 연도 | 소속 | 출전 | 교체 | 득점 | 도움 | 실점 | 파울 | 경고 | 퇴장 |
|---|---|---|---|---|---|---|---|---|---|---|
| K2 | 2014 | 충주 | 29 | 19 | 3 | 1 | 0 | 28 | 4 | 0 |
| | 2015 | 충주 | 23 | 18 | 1 | 1 | 0 | 27 | 0 | 0 |
| | 2016 | 충주 | 28 | 24 | 0 | 1 | 0 | 28 | 3 | 0 |
| 통산 | | | 80 | 61 | 4 | 3 | 0 | 83 | 7 | 0 |

**김정훈**(金禎勳) 영생고 2001.04.20

| 대회 | 연도 | 소속 | 출전 | 교체 | 득점 | 도움 | 실점 | 파울 | 경고 | 퇴장 |
|---|---|---|---|---|---|---|---|---|---|---|
| K1 | 2019 | 전북 | 0 | 0 | 0 | 0 | 0 | 0 | 0 | 0 |
| | 2020 | 전북 | 0 | 0 | 0 | 0 | 0 | 0 | 0 | 0 |
| | 2021 | 전북 | 3 | 3 | 0 | 0 | 1 | 0 | 0 | 0 |
| | 2022 | 김천 | 9 | 2 | 0 | 0 | 6 | 0 | 0 | 0 |
| | 2023 | 전북 | 29 | 0 | 0 | 0 | 25 | 0 | 2 | 0 |
| | 2024 | 전북 | 6 | 0 | 0 | 0 | 12 | 0 | 0 | 0 |
| | 2025 | 전북 | 0 | 0 | 0 | 0 | 0 | 0 | 0 | 0 |
| K2 | 2021 | 김천 | 0 | 0 | 0 | 0 | 0 | 0 | 0 | 0 |
| PO | 2024 | 전북 | 0 | 0 | 0 | 0 | 0 | 0 | 0 | 0 |
| 통산 | | | 47 | 5 | 0 | 0 | 44 | 0 | 2 | 0 |

**김정훈**(金廷勳) 고려대 2004.09.08

| 대회 | 연도 | 소속 | 출전 | 교체 | 득점 | 도움 | 실점 | 파울 | 경고 | 퇴장 |
|---|---|---|---|---|---|---|---|---|---|---|
| K2 | 2025 | 수원 | 2 | 0 | 0 | 0 | 4 | 0 | 0 | 0 |
| PO | 2025 | 수원 | 0 | 0 | 0 | 0 | 0 | 0 | 0 | 0 |
| 통산 | | | 2 | 0 | 0 | 0 | 4 | 0 | 0 | 0 |

**김정희**(金正熙) 한양대 1956.01.13

| 대회 | 연도 | 소속 | 출전 | 교체 | 득점 | 도움 | 실점 | 파울 | 경고 | 퇴장 |
|---|---|---|---|---|---|---|---|---|---|---|
| K1 | 1983 | 할렐루야 | 15 | 4 | 2 | 1 | 0 | 6 | 1 | 0 |
| | 1984 | 할렐루야 | 26 | 7 | 1 | 3 | 0 | 8 | 1 | 0 |
| | 1985 | 할렐루야 | 9 | 3 | 0 | 0 | 0 | 4 | 0 | 0 |
| 통산 | | | 50 | 14 | 3 | 4 | 0 | 18 | 2 | 0 |

**김제환**(金濟煥) 명지대 1985.06.07

| 대회 | 연도 | 소속 | 출전 | 교체 | 득점 | 도움 | 실점 | 파울 | 경고 | 퇴장 |
|---|---|---|---|---|---|---|---|---|---|---|
| K2 | 2013 | 경찰 | 17 | 13 | 2 | 1 | 0 | 11 | 2 | 0 |
| 통산 | | | 17 | 13 | 2 | 1 | 0 | 11 | 2 | 0 |

**김종건**(金鍾建) 한양대 1969.05.10

| 대회 | 연도 | 소속 | 출전 | 교체 | 득점 | 도움 | 실점 | 파울 | 경고 | 퇴장 |
|---|---|---|---|---|---|---|---|---|---|---|
| K1 | 1992 | 현대 | 10 | 11 | 1 | 0 | 0 | 9 | 0 | 0 |
| | 1993 | 현대 | 10 | 11 | 2 | 3 | 0 | 6 | 1 | 0 |
| | 1994 | 현대 | 22 | 13 | 9 | 0 | 0 | 16 | 1 | 0 |
| | 1995 | 현대 | 22 | 17 | 3 | 0 | 0 | 18 | 0 | 0 |
| | 1996 | 울산 | 11 | 8 | 2 | 2 | 0 | 17 | 0 | 0 |
| | 1997 | 울산 | 8 | 5 | 2 | 0 | 0 | 23 | 1 | 0 |
| | 1998 | 울산 | 17 | 11 | 4 | 2 | 0 | 21 | 2 | 0 |
| | 1999 | 울산 | 25 | 17 | 9 | 4 | 0 | 22 | 0 | 0 |
| | 2000 | 울산 | 9 | 7 | 0 | 0 | 0 | 9 | 0 | 0 |
| PO | 1998 | 울산 | 4 | 4 | 1 | 0 | 0 | 7 | 0 | 0 |
| 컵 | 1992 | 현대 | 2 | 2 | 0 | 0 | 0 | 2 | 0 | 0 |
| | 1993 | 현대 | 4 | 4 | 0 | 1 | 0 | 5 | 2 | 0 |
| | 1994 | 현대 | 4 | 2 | 0 | 0 | 0 | 5 | 0 | 0 |
| | 1995 | 현대 | 5 | 4 | 1 | 1 | 0 | 4 | 0 | 0 |
| | 1996 | 울산 | 7 | 3 | 2 | 0 | 0 | 3 | 0 | 0 |
| | 1997 | 울산 | 11 | 8 | 2 | 0 | 0 | 13 | 2 | 0 |
| | 1998 | 울산 | 10 | 5 | 7 | 0 | 0 | 13 | 1 | 0 |
| | 1999 | 울산 | 8 | 1 | 6 | 1 | 0 | 10 | 0 | 0 |
| | 2000 | 울산 | 4 | 3 | 1 | 1 | 0 | 5 | 0 | 0 |
| 통산 | | | 193 | 136 | 52 | 15 | 0 | 208 | 10 | 0 |

**김종건**(金鍾建) 서울시립대 1964.03.29

| 대회 | 연도 | 소속 | 출전 | 교체 | 득점 | 도움 | 실점 | 파울 | 경고 | 퇴장 |
|---|---|---|---|---|---|---|---|---|---|---|
| K1 | 1985 | 현대 | 17 | 4 | 2 | 1 | 0 | 15 | 1 | 0 |
| | 1986 | 현대 | 14 | 5 | 0 | 3 | 0 | 21 | 2 | 0 |
| | 1987 | 현대 | 27 | 3 | 2 | 3 | 0 | 38 | 2 | 0 |
| | 1988 | 현대 | 15 | 7 | 0 | 2 | 0 | 18 | 1 | 0 |
| | 1989 | 현대 | 18 | 3 | 8 | 2 | 0 | 41 | 2 | 0 |
| | 1990 | 현대 | 5 | 5 | 0 | 0 | 0 | 4 | 0 | 0 |
| | 1991 | 일화 | 1 | 2 | 0 | 0 | 0 | 0 | 0 | 0 |
| | 1991 | 현대 | 5 | 5 | 0 | 0 | 0 | 2 | 0 | 0 |

| 대회 | 연도 | 소속 | 출전 | 교체 | 득점 | 도움 | 실점 | 파울 | 경고 | 퇴장 |
|---|---|---|---|---|---|---|---|---|---|---|
| | 1992 | 일화 | 7 | 8 | 0 | 0 | 0 | 7 | 1 | 0 |
| 컵 | 1986 | 현대 | 14 | 5 | 2 | 1 | 0 | 17 | 1 | 0 |
| | 1992 | 일화 | 4 | 3 | 0 | 0 | 0 | 1 | 0 | 0 |
| 통산 | | | 127 | 50 | 14 | 12 | 0 | 164 | 10 | 0 |

**김종경**(金種慶) 홍익대 1982.05.09

| 대회 | 연도 | 소속 | 출전 | 교체 | 득점 | 도움 | 실점 | 파울 | 경고 | 퇴장 |
|---|---|---|---|---|---|---|---|---|---|---|
| K1 | 2004 | 광주상무 | 3 | 2 | 0 | 0 | 0 | 2 | 1 | 0 |
| | 2005 | 광주상무 | 1 | 0 | 0 | 0 | 0 | 0 | 0 | 0 |
| | 2006 | 경남 | 12 | 4 | 3 | 0 | 0 | 29 | 6 | 0 |
| | 2007 | 전북 | 9 | 6 | 0 | 0 | 0 | 7 | 2 | 0 |
| | 2008 | 대구 | 0 | 0 | 0 | 0 | 0 | 0 | 0 | 0 |
| 컵 | 2004 | 광주상무 | 2 | 0 | 0 | 0 | 0 | 1 | 1 | 0 |
| | 2006 | 경남 | 11 | 3 | 1 | 0 | 0 | 38 | 3 | 0 |
| | 2007 | 전북 | 8 | 3 | 1 | 0 | 0 | 20 | 4 | 0 |
| | 2008 | 대구 | 2 | 1 | 0 | 0 | 0 | 2 | 0 | 0 |
| 통산 | | | 48 | 19 | 5 | 0 | 0 | 99 | 17 | 0 |

**김종국**(金鐘局) 울산대 1989.01.08

| 대회 | 연도 | 소속 | 출전 | 교체 | 득점 | 도움 | 실점 | 파울 | 경고 | 퇴장 |
|---|---|---|---|---|---|---|---|---|---|---|
| K1 | 2011 | 울산 | 2 | 2 | 0 | 0 | 0 | 0 | 0 | 0 |
| | 2012 | 울산 | 0 | 0 | 0 | 0 | 0 | 0 | 0 | 0 |
| | 2012 | 강원 | 16 | 7 | 0 | 4 | 0 | 20 | 3 | 0 |
| | 2013 | 울산 | 5 | 5 | 0 | 0 | 0 | 1 | 0 | 0 |
| | 2015 | 대전 | 30 | 6 | 1 | 3 | 0 | 37 | 4 | 0 |
| | 2016 | 수원FC | 26 | 12 | 2 | 2 | 0 | 21 | 4 | 0 |
| K2 | 2014 | 대전 | 22 | 9 | 1 | 1 | 0 | 26 | 5 | 0 |
| | 2017 | 아산 | 15 | 1 | 0 | 0 | 0 | 28 | 4 | 0 |
| | 2018 | 아산 | 30 | 6 | 1 | 2 | 0 | 36 | 4 | 0 |
| | 2018 | 수원FC | 2 | 1 | 0 | 0 | 0 | 2 | 0 | 0 |
| | 2019 | 수원FC | 12 | 6 | 0 | 0 | 0 | 10 | 0 | 0 |
| | 2020 | 충남아산 | 22 | 2 | 0 | 2 | 0 | 34 | 5 | 0 |
| | 2021 | 충남아산 | 10 | 5 | 0 | 0 | 0 | 10 | 2 | 0 |
| | 2022 | 충남아산 | 8 | 6 | 0 | 0 | 0 | 5 | 1 | 0 |
| | 2023 | 충남아산 | 10 | 10 | 0 | 0 | 0 | 2 | 1 | 0 |
| | 2024 | 충남아산 | 1 | 1 | 0 | 0 | 0 | 1 | 0 | 0 |
| PO | 2017 | 아산 | 2 | 0 | 0 | 0 | 0 | 3 | 1 | 0 |
| 컵 | 2011 | 울산 | 1 | 0 | 0 | 0 | 0 | 0 | 0 | 0 |
| 통산 | | | 214 | 79 | 5 | 14 | 0 | 236 | 34 | 0 |

**김종만**(金鍾萬) 동아대 1959.06.30

| 대회 | 연도 | 소속 | 출전 | 교체 | 득점 | 도움 | 실점 | 파울 | 경고 | 퇴장 |
|---|---|---|---|---|---|---|---|---|---|---|
| K1 | 1983 | 국민은행 | 11 | 0 | 0 | 0 | 0 | 15 | 1 | 1 |
| | 1984 | 국민은행 | 3 | 0 | 0 | 0 | 0 | 2 | 0 | 0 |
| | 1986 | 럭키금성 | 9 | 1 | 0 | 0 | 0 | 9 | 0 | 0 |
| | 1987 | 럭키금성 | 13 | 4 | 0 | 0 | 0 | 10 | 1 | 0 |
| PO | 1986 | 럭키금성 | 2 | 0 | 0 | 0 | 0 | 7 | 0 | 0 |
| 컵 | 1986 | 럭키금성 | 6 | 1 | 0 | 0 | 0 | 10 | 0 | 0 |
| 통산 | | | 44 | 6 | 0 | 0 | 0 | 53 | 2 | 1 |

**김종민**(金鍾珉) 한양대 1965.01.06

| 대회 | 연도 | 소속 | 출전 | 교체 | 득점 | 도움 | 실점 | 파울 | 경고 | 퇴장 |
|---|---|---|---|---|---|---|---|---|---|---|
| K1 | 1987 | 럭키금성 | 10 | 3 | 2 | 0 | 0 | 9 | 1 | 0 |
| | 1988 | 럭키금성 | 3 | 3 | 0 | 0 | 0 | 3 | 0 | 0 |
| | 1989 | 럭키금성 | 1 | 1 | 0 | 0 | 0 | 0 | 0 | 0 |
| | 1990 | 럭키금성 | 1 | 1 | 0 | 0 | 0 | 0 | 0 | 0 |
| 통산 | | | 15 | 8 | 2 | 0 | 0 | 12 | 1 | 0 |

**김종민**(金種珉) 충북대 1993.10.03

| 대회 | 연도 | 소속 | 출전 | 교체 | 득점 | 도움 | 실점 | 파울 | 경고 | 퇴장 |
|---|---|---|---|---|---|---|---|---|---|---|
| K2 | 2016 | 부산 | 13 | 13 | 0 | 1 | 0 | 3 | 0 | 1 |
| 통산 | | | 13 | 13 | 0 | 1 | 0 | 3 | 0 | 1 |

**김종민**(金宗珉) 장훈고 1992.08.11

| 대회 | 연도 | 소속 | 출전 | 교체 | 득점 | 도움 | 실점 | 파울 | 경고 | 퇴장 |
|---|---|---|---|---|---|---|---|---|---|---|
| K1 | 2016 | 수원 | 11 | 10 | 1 | 1 | 0 | 10 | 0 | 0 |
| | 2017 | 수원 | 1 | 1 | 0 | 0 | 0 | 0 | 0 | 0 |
| | 2018 | 수원 | 7 | 4 | 1 | 0 | 0 | 10 | 1 | 0 |
| K2 | 2023 | 천안 | 25 | 23 | 1 | 0 | 0 | 8 | 1 | 0 |
| | 2024 | 전남 | 23 | 16 | 12 | 4 | 0 | 27 | 3 | 0 |
| | 2025 | 충남아산 | 25 | 15 | 7 | 2 | 0 | 27 | 3 | 0 |
| PO | 2024 | 전남 | 1 | 1 | 0 | 0 | 0 | 1 | 0 | 1 |
| 통산 | | | 93 | 70 | 22 | 7 | 0 | 83 | 8 | 1 |

**김종민**(金種民) 보인고 2001.04.13

| 대회 | 연도 | 소속 | 출전 | 교체 | 득점 | 도움 | 실점 | 파울 | 경고 | 퇴장 |
|---|---|---|---|---|---|---|---|---|---|---|
| K2 | 2022 | 김포 | 19 | 2 | 2 | 0 | 0 | 26 | 6 | 0 |
| | 2023 | 김포 | 4 | 4 | 0 | 0 | 0 | 3 | 0 | 0 |
| | 2024 | 김포 | 5 | 5 | 0 | 0 | 0 | 3 | 2 | 0 |
| | 2025 | 김포 | 7 | 7 | 0 | 0 | 0 | 3 | 1 | 0 |
| 통산 | | | 35 | 18 | 2 | 0 | 0 | 35 | 9 | 0 |

**김종복**(金鍾福) 중앙대 1984.11.10

| 대회 | 연도 | 소속 | 출전 | 교체 | 득점 | 도움 | 실점 | 파울 | 경고 | 퇴장 |
|---|---|---|---|---|---|---|---|---|---|---|
| 컵 | 2006 | 대구 | 0 | 0 | 0 | 0 | 0 | 0 | 0 | 0 |
| 통산 | | | 0 | 0 | 0 | 0 | 0 | 0 | 0 | 0 |

**김종부**(金鍾夫) 고려대 1965.01.13

| 대회 | 연도 | 소속 | 출전 | 교체 | 득점 | 도움 | 실점 | 파울 | 경고 | 퇴장 |
|---|---|---|---|---|---|---|---|---|---|---|
| K1 | 1988 | 포항제철 | 15 | 7 | 0 | 5 | 0 | 17 | 0 | 0 |
| | 1989 | 포항제철 | 18 | 14 | 1 | 2 | 0 | 19 | 1 | 0 |
| | 1990 | 대우 | 22 | 5 | 5 | 1 | 0 | 19 | 1 | 0 |
| | 1991 | 대우 | 7 | 7 | 0 | 0 | 0 | 6 | 0 | 0 |
| | 1992 | 대우 | 6 | 6 | 0 | 0 | 0 | 5 | 0 | 0 |
| | 1993 | 대우 | 2 | 2 | 0 | 0 | 0 | 0 | 0 | 0 |
| | 1993 | 일화 | 1 | 1 | 0 | 0 | 0 | 1 | 0 | 0 |
| | 1994 | 일화 | 2 | 1 | 0 | 0 | 0 | 0 | 0 | 0 |
| | 1995 | 대우 | 3 | 3 | 0 | 0 | 0 | 3 | 0 | 0 |
| 컵 | 1993 | 일화 | 2 | 2 | 0 | 0 | 0 | 0 | 0 | 0 |
| | 1994 | 일화 | 1 | 1 | 0 | 0 | 0 | 0 | 0 | 0 |
| | 1995 | 대우 | 2 | 2 | 0 | 0 | 0 | 2 | 0 | 0 |
| 통산 | | | 81 | 51 | 6 | 8 | 0 | 72 | 2 | 0 |

**김종석**(金宗錫) 경상대 1963.05.31

| 대회 | 연도 | 소속 | 출전 | 교체 | 득점 | 도움 | 실점 | 파울 | 경고 | 퇴장 |
|---|---|---|---|---|---|---|---|---|---|---|
| K1 | 1986 | 럭키금성 | 16 | 7 | 0 | 0 | 0 | 6 | 0 | 0 |
| | 1987 | 럭키금성 | 7 | 4 | 0 | 0 | 0 | 2 | 0 | 0 |
| PO | 1986 | 럭키금성 | 2 | 0 | 0 | 0 | 0 | 1 | 0 | 0 |
| 컵 | 1986 | 럭키금성 | 11 | 6 | 0 | 0 | 0 | 2 | 0 | 0 |
| 통산 | | | 36 | 17 | 0 | 0 | 0 | 11 | 0 | 0 |

**김종석**(金綜錫) 상지대 1995.01.11

| 대회 | 연도 | 소속 | 출전 | 교체 | 득점 | 도움 | 실점 | 파울 | 경고 | 퇴장 |
|---|---|---|---|---|---|---|---|---|---|---|
| K1 | 2016 | 포항 | 1 | 1 | 0 | 0 | 0 | 0 | 0 | 0 |
| | 2017 | 포항 | 1 | 1 | 0 | 0 | 0 | 0 | 0 | 0 |
| K2 | 2018 | 안산 | 17 | 12 | 0 | 2 | 0 | 11 | 1 | 0 |
| | 2019 | 안산 | 1 | 1 | 0 | 0 | 0 | 0 | 0 | 0 |
| | 2022 | 김포 | 36 | 15 | 2 | 3 | 0 | 33 | 5 | 0 |
| | 2023 | 김포 | 21 | 20 | 2 | 3 | 0 | 18 | 2 | 0 |
| | 2024 | 충남아산 | 31 | 14 | 6 | 2 | 0 | 26 | 4 | 0 |
| | 2025 | 충남아산 | 19 | 17 | 2 | 1 | 0 | 17 | 1 | 0 |
| PO | 2023 | 김포 | 3 | 3 | 1 | 1 | 0 | 0 | 0 | 0 |
| 통산 | | | 130 | 84 | 13 | 12 | 0 | 105 | 13 | 0 |

**김종설**(金鐘卨) 중앙대 1960.03.16

| 대회 | 연도 | 소속 | 출전 | 교체 | 득점 | 도움 | 실점 | 파울 | 경고 | 퇴장 |
|---|---|---|---|---|---|---|---|---|---|---|
| K1 | 1983 | 국민은행 | 1 | 0 | 0 | 0 | 0 | 2 | 1 | 0 |
| 통산 | | | 1 | 0 | 0 | 0 | 0 | 2 | 1 | 0 |

**김종성**(金鍾城) 아주대 1988.03.12

| 대회 | 연도 | 소속 | 출전 | 교체 | 득점 | 도움 | 실점 | 파울 | 경고 | 퇴장 |
|---|---|---|---|---|---|---|---|---|---|---|
| K2 | 2013 | 수원FC | 24 | 9 | 2 | 0 | 0 | 41 | 8 | 1 |
| | 2014 | 안양 | 26 | 9 | 1 | 0 | 0 | 49 | 8 | 0 |
| | 2015 | 안양 | 16 | 6 | 0 | 0 | 0 | 19 | 4 | 0 |
| 통산 | | | 66 | 24 | 3 | 0 | 0 | 109 | 20 | 1 |

**김종수**(金鐘洙) 동국대 1986.07.25

| 대회 | 연도 | 소속 | 출전 | 교체 | 득점 | 도움 | 실점 | 파울 | 경고 | 퇴장 |
|---|---|---|---|---|---|---|---|---|---|---|
| K1 | 2009 | 경남 | 16 | 2 | 1 | 0 | 0 | 46 | 4 | 0 |
| | 2010 | 경남 | 6 | 3 | 0 | 0 | 0 | 10 | 1 | 0 |
| | 2011 | 경남 | 1 | 0 | 0 | 0 | 0 | 2 | 0 | 0 |
| | 2012 | 경남 | 19 | 9 | 0 | 0 | 0 | 17 | 4 | 0 |
| | 2013 | 대전 | 5 | 2 | 0 | 1 | 0 | 8 | 3 | 0 |
| 컵 | 2009 | 경남 | 1 | 0 | 0 | 0 | 0 | 4 | 1 | 0 |
| | 2010 | 경남 | 1 | 1 | 0 | 0 | 0 | 2 | 0 | 0 |
| | 2011 | 경남 | 0 | 0 | 0 | 0 | 0 | 0 | 0 | 0 |
| 통산 | | | 49 | 17 | 1 | 1 | 0 | 89 | 13 | 0 |

**김종식**(金鍾植) 울산대 1967.03.18

| 대회 | 연도 | 소속 | 출전 | 교체 | 득점 | 도움 | 실점 | 파울 | 경고 | 퇴장 |
|---|---|---|---|---|---|---|---|---|---|---|
| K1 | 1990 | 현대 | 1 | 1 | 0 | 0 | 0 | 0 | 0 | 0 |
| | 1991 | 현대 | 8 | 6 | 0 | 0 | 0 | 18 | 2 | 0 |
| | 1992 | 현대 | 14 | 9 | 0 | 1 | 0 | 24 | 1 | 0 |
| | 1993 | 현대 | 9 | 5 | 0 | 0 | 0 | 13 | 2 | 0 |
| | 1994 | 현대 | 16 | 11 | 0 | 0 | 0 | 15 | 3 | 0 |
| | 1995 | 현대 | 20 | 16 | 0 | 0 | 0 | 29 | 6 | 0 |
| | 1996 | 울산 | 10 | 6 | 0 | 1 | 0 | 11 | 1 | 0 |
| | 1997 | 울산 | 1 | 0 | 0 | 0 | 0 | 1 | 1 | 0 |
| 컵 | 1992 | 현대 | 3 | 3 | 0 | 0 | 0 | 5 | 0 | 0 |
| | 1993 | 현대 | 1 | 1 | 0 | 0 | 0 | 1 | 0 | 0 |
| | 1994 | 현대 | 1 | 1 | 0 | 0 | 0 | 0 | 0 | 0 |
| | 1995 | 현대 | 5 | 3 | 1 | 1 | 0 | 6 | 0 | 0 |
| | 1996 | 울산 | 3 | 3 | 0 | 0 | 0 | 5 | 0 | 0 |
| | 1997 | 울산 | 1 | 1 | 0 | 0 | 0 | 2 | 0 | 0 |
| 통산 | | | 93 | 66 | 1 | 3 | 0 | 130 | 16 | 0 |

**김종연**(金鍾然) 조선대 1975.11.11

| 대회 | 연도 | 소속 | 출전 | 교체 | 득점 | 도움 | 실점 | 파울 | 경고 | 퇴장 |
|---|---|---|---|---|---|---|---|---|---|---|
| K1 | 1997 | 안양LG | 9 | 7 | 1 | 0 | 0 | 14 | 0 | 0 |
| | 1998 | 안양LG | 12 | 12 | 1 | 1 | 0 | 5 | 0 | 0 |
| | 1999 | 안양LG | 6 | 7 | 1 | 1 | 0 | 9 | 1 | 0 |
| 컵 | 1997 | 안양LG | 7 | 6 | 2 | 0 | 0 | 7 | 1 | 0 |
| | 1998 | 안양LG | 8 | 7 | 1 | 0 | 0 | 10 | 2 | 0 |
| 통산 | | | 42 | 39 | 6 | 2 | 0 | 45 | 4 | 0 |

**김종우**(金鍾佑) 선문대 1993.10.01

| 대회 | 연도 | 소속 | 출전 | 교체 | 득점 | 도움 | 실점 | 파울 | 경고 | 퇴장 |
|---|---|---|---|---|---|---|---|---|---|---|
| K1 | 2016 | 수원 | 3 | 3 | 0 | 0 | 0 | 2 | 0 | 0 |
| | 2017 | 수원 | 25 | 18 | 2 | 5 | 0 | 30 | 3 | 0 |
| | 2018 | 수원 | 24 | 17 | 4 | 1 | 0 | 19 | 3 | 0 |
| | 2019 | 수원 | 21 | 15 | 0 | 1 | 0 | 33 | 3 | 0 |
| | 2020 | 수원 | 3 | 3 | 0 | 0 | 0 | 3 | 0 | 0 |
| | 2021 | 광주 | 19 | 12 | 5 | 2 | 0 | 24 | 2 | 0 |
| | 2023 | 포항 | 20 | 15 | 0 | 1 | 0 | 21 | 0 | 0 |
| | 2024 | 포항 | 25 | 25 | 2 | 1 | 0 | 15 | 2 | 0 |
| | 2025 | 포항 | 13 | 12 | 0 | 0 | 0 | 6 | 1 | 0 |
| K2 | 2015 | 수원FC | 30 | 15 | 4 | 8 | 0 | 42 | 3 | 0 |
| | 2022 | 광주 | 22 | 21 | 3 | 1 | 0 | 12 | 3 | 0 |
| PO | 2015 | 수원FC | 4 | 2 | 0 | 2 | 0 | 8 | 0 | 0 |
| 통산 | | | 209 | 158 | 20 | 22 | 0 | 215 | 20 | 0 |

**김종원**(金鍾沅) 세종대 1993.04.10

| 대회 | 연도 | 소속 | 출전 | 교체 | 득점 | 도움 | 실점 | 파울 | 경고 | 퇴장 |
|---|---|---|---|---|---|---|---|---|---|---|
| K2 | 2016 | 고양 | 2 | 0 | 0 | 0 | 0 | 2 | 0 | 0 |
| 통산 | | | 2 | 0 | 0 | 0 | 0 | 2 | 0 | 0 |

**김종진**(金鐘振) 영문고 1999.04.12

| 대회 | 연도 | 소속 | 출전 | 교체 | 득점 | 도움 | 실점 | 파울 | 경고 | 퇴장 |
|---|---|---|---|---|---|---|---|---|---|---|
| K1 | 2018 | 경남 | 6 | 6 | 1 | 0 | 0 | 2 | 1 | 0 |
| | 2019 | 경남 | 7 | 7 | 1 | 0 | 0 | 6 | 0 | 0 |
| PO | 2019 | 경남 | 0 | 0 | 0 | 0 | 0 | 0 | 0 | 0 |
| 통산 | | | 13 | 13 | 2 | 0 | 0 | 8 | 1 | 0 |

**김종천**(金鍾天) 중앙대 1976.07.07

| 대회 | 연도 | 소속 | 출전 | 교체 | 득점 | 도움 | 실점 | 파울 | 경고 | 퇴장 |
|---|---|---|---|---|---|---|---|---|---|---|
| K1 | 1999 | 포항 | 22 | 19 | 0 | 2 | 0 | 13 | 0 | 0 |
| | 2000 | 포항 | 27 | 12 | 3 | 1 | 0 | 23 | 1 | 0 |
| | 2001 | 포항 | 2 | 1 | 0 | 0 | 0 | 1 | 0 | 0 |
| | 2003 | 광주상무 | 34 | 8 | 1 | 2 | 0 | 46 | 1 | 0 |
| | 2004 | 포항 | 15 | 13 | 0 | 0 | 0 | 9 | 0 | 0 |
| | 2005 | 포항 | 2 | 1 | 0 | 0 | 0 | 1 | 0 | 0 |
| | 2006 | 전북 | 2 | 1 | 0 | 0 | 0 | 1 | 0 | 0 |
| 컵 | 1999 | 포항 | 8 | 4 | 1 | 1 | 0 | 7 | 1 | 0 |
| | 2000 | 포항 | 9 | 5 | 2 | 1 | 0 | 7 | 0 | 0 |
| | 2001 | 포항 | 7 | 6 | 0 | 0 | 0 | 1 | 0 | 0 |
| 통산 | | | 128 | 70 | 7 | 7 | 0 | 109 | 3 | 0 |

**김종철**(金鍾哲) 인천대 1983.11.09

| 대회 | 연도 | 소속 | 출전 | 교체 | 득점 | 도움 | 실점 | 파울 | 경고 | 퇴장 |
|---|---|---|---|---|---|---|---|---|---|---|
| K1 | 2006 | 울산 | 1 | 1 | 0 | 0 | 0 | 3 | 0 | 0 |
| 통산 | | | 1 | 1 | 0 | 0 | 0 | 3 | 0 | 0 |

**김종필**(金宗弼) 동국대 1967.11.11

| 대회 | 연도 | 소속 | 출전 | 교체 | 득점 | 도움 | 실점 | 파울 | 경고 | 퇴장 |
|---|---|---|---|---|---|---|---|---|---|---|
| K1 | 1994 | 대우 | 3 | 3 | 0 | 1 | 0 | 0 | 0 | 0 |
| 컵 | 1994 | 대우 | 1 | 2 | 0 | 0 | 0 | 0 | 0 | 0 |
| 통산 | | | 4 | 5 | 0 | 1 | 0 | 0 | 0 | 0 |

**김종필**(金鐘必) 장훈고 1992.03.09

| 대회 | 연도 | 소속 | 출전 | 교체 | 득점 | 도움 | 실점 | 파울 | 경고 | 퇴장 |
|---|---|---|---|---|---|---|---|---|---|---|
| K1 | 2019 | 경남 | 23 | 7 | 2 | 0 | 0 | 32 | 3 | 1 |
| K2 | 2021 | 경남 | 2 | 2 | 0 | 0 | 0 | 1 | 1 | 0 |
| | 2022 | 경남 | 7 | 3 | 0 | 0 | 0 | 2 | 2 | 0 |
| | 2024 | 전남 | 20 | 16 | 0 | 0 | 0 | 15 | 3 | 0 |
| PO | 2019 | 경남 | 2 | 0 | 0 | 0 | 0 | 4 | 1 | 0 |
| | 2024 | 전남 | 2 | 2 | 0 | 0 | 0 | 1 | 0 | 0 |
| 통산 | | | 56 | 30 | 2 | 0 | 0 | 55 | 10 | 1 |

**김종혁**(金鍾赫) 가톨릭관동대 2002.06.14

| 대회 | 연도 | 소속 | 출전 | 교체 | 득점 | 도움 | 실점 | 파울 | 경고 | 퇴장 |
|---|---|---|---|---|---|---|---|---|---|---|
| K2 | 2025 | 안산 | 1 | 1 | 0 | 0 | 0 | 0 | 0 | 0 |
| 통산 | | | 1 | 1 | 0 | 0 | 0 | 0 | 0 | 0 |

**김종현**(金宗賢) 충북대 1973.07.10

| 대회 | 연도 | 소속 | 출전 | 교체 | 득점 | 도움 | 실점 | 파울 | 경고 | 퇴장 |
|---|---|---|---|---|---|---|---|---|---|---|
| K1 | 1998 | 전남 | 10 | 8 | 3 | 2 | 0 | 5 | 0 | 0 |
| | 1999 | 전남 | 26 | 12 | 4 | 7 | 0 | 27 | 3 | 0 |
| | 2000 | 전남 | 26 | 15 | 4 | 3 | 0 | 20 | 0 | 0 |
| | 2001 | 전남 | 25 | 16 | 1 | 8 | 0 | 20 | 1 | 0 |
| | 2002 | 전남 | 6 | 6 | 0 | 0 | 0 | 2 | 0 | 0 |
| | 2003 | 대전 | 42 | 25 | 10 | 2 | 0 | 31 | 0 | 0 |
| | 2004 | 대전 | 14 | 11 | 1 | 0 | 0 | 12 | 0 | 1 |
| | 2005 | 대전 | 21 | 17 | 1 | 1 | 0 | 12 | 0 | 0 |
| PO | 1998 | 전남 | 1 | 1 | 0 | 0 | 0 | 0 | 0 | 0 |
| | 1999 | 전남 | 1 | 0 | 0 | 0 | 0 | 1 | 0 | 0 |
| 컵 | 1998 | 전남 | 13 | 9 | 0 | 1 | 0 | 13 | 1 | 0 |
| | 1999 | 전남 | 7 | 6 | 0 | 1 | 0 | 5 | 0 | 0 |
| | 2000 | 전남 | 11 | 11 | 1 | 0 | 0 | 11 | 1 | 0 |
| | 2001 | 전남 | 8 | 8 | 1 | 1 | 0 | 6 | 0 | 0 |
| | 2002 | 전남 | 6 | 6 | 1 | 0 | 0 | 1 | 0 | 0 |
| | 2004 | 대전 | 12 | 11 | 3 | 1 | 0 | 7 | 2 | 0 |
| | 2005 | 대전 | 10 | 10 | 0 | 1 | 0 | 7 | 0 | 0 |
| 통산 | | | 239 | 172 | 30 | 28 | 0 | 180 | 8 | 1 |

**김종환**(金鐘煥) 서울대 1962.11.15

| 대회 | 연도 | 소속 | 출전 | 교체 | 득점 | 도움 | 실점 | 파울 | 경고 | 퇴장 |
|---|---|---|---|---|---|---|---|---|---|---|
| K1 | 1985 | 현대 | 15 | 2 | 4 | 3 | 0 | 27 | 1 | 0 |
| | 1986 | 현대 | 7 | 4 | 1 | 0 | 0 | 5 | 0 | 0 |
| | 1988 | 유공 | 15 | 13 | 0 | 1 | 0 | 12 | 0 | 0 |
| 컵 | 1986 | 현대 | 15 | 8 | 1 | 3 | 0 | 11 | 0 | 0 |
| 통산 | | | 52 | 27 | 6 | 7 | 0 | 55 | 1 | 0 |

**김종훈**(金鐘勳) 홍익대 1980.12.17

| 대회 | 연도 | 소속 | 출전 | 교체 | 득점 | 도움 | 실점 | 파울 | 경고 | 퇴장 |
|---|---|---|---|---|---|---|---|---|---|---|
| K1 | 2007 | 경남 | 9 | 4 | 0 | 0 | 0 | 10 | 1 | 0 |
| | 2008 | 경남 | 16 | 4 | 1 | 0 | 0 | 28 | 2 | 0 |
| | 2009 | 경남 | 3 | 3 | 0 | 0 | 0 | 3 | 1 | 0 |
| | 2010 | 부산 | 6 | 4 | 0 | 0 | 0 | 5 | 2 | 0 |
| PO | 2007 | 경남 | 0 | 0 | 0 | 0 | 0 | 0 | 0 | 0 |
| 컵 | 2007 | 경남 | 5 | 2 | 0 | 0 | 0 | 14 | 1 | 0 |
| | 2008 | 경남 | 5 | 0 | 0 | 0 | 0 | 11 | 1 | 0 |
| | 2009 | 경남 | 2 | 0 | 0 | 0 | 0 | 0 | 0 | 0 |
| | 2010 | 부산 | 1 | 1 | 0 | 0 | 0 | 1 | 0 | 0 |
| 통산 | | | 47 | 18 | 1 | 0 | 0 | 72 | 8 | 0 |

**김주공**(金周孔) 전주대 1996.04.23

| 대회 | 연도 | 소속 | 출전 | 교체 | 득점 | 도움 | 실점 | 파울 | 경고 | 퇴장 |
|---|---|---|---|---|---|---|---|---|---|---|
| K1 | 2020 | 광주 | 23 | 21 | 2 | 3 | 0 | 10 | 0 | 0 |
| | 2021 | 광주 | 30 | 19 | 5 | 1 | 0 | 19 | 1 | 0 |
| | 2022 | 제주 | 31 | 27 | 5 | 4 | 0 | 14 | 2 | 0 |
| | 2023 | 제주 | 28 | 23 | 3 | 1 | 0 | 22 | 1 | 0 |
| | 2024 | 제주 | 9 | 9 | 3 | 1 | 0 | 7 | 1 | 0 |
| | 2025 | 제주 | 7 | 7 | 0 | 0 | 0 | 2 | 1 | 0 |
| | 2025 | 대구 | 20 | 13 | 3 | 1 | 0 | 7 | 0 | 0 |
| K2 | 2019 | 광주 | 17 | 10 | 3 | 2 | 0 | 12 | 1 | 0 |
| 통산 | | | 165 | 129 | 24 | 13 | 0 | 93 | 7 | 0 |

**김주봉**(金冑奉) 숭실대 1986.04.07

| 대회 | 연도 | 소속 | 출전 | 교체 | 득점 | 도움 | 실점 | 파울 | 경고 | 퇴장 |
|---|---|---|---|---|---|---|---|---|---|---|
| K1 | 2009 | 강원 | 0 | 0 | 0 | 0 | 0 | 0 | 0 | 0 |
| 컵 | 2009 | 강원 | 3 | 1 | 0 | 0 | 0 | 2 | 1 | 0 |
| 통산 | | | 3 | 1 | 0 | 0 | 0 | 2 | 1 | 0 |

**김주빈**(金周彬) 관동대(가톨릭관동대) 1990.12.07

| 대회 | 연도 | 소속 | 출전 | 교체 | 득점 | 도움 | 실점 | 파울 | 경고 | 퇴장 |
|---|---|---|---|---|---|---|---|---|---|---|
| K2 | 2014 | 대구 | 14 | 8 | 1 | 1 | 0 | 14 | 2 | 0 |
| 통산 | | | 14 | 8 | 1 | 1 | 0 | 14 | 2 | 0 |

**김주성**(金鑄城) 조선대 1966.01.17

| 대회 | 연도 | 소속 | 출전 | 교체 | 득점 | 도움 | 실점 | 파울 | 경고 | 퇴장 |
|---|---|---|---|---|---|---|---|---|---|---|
| K1 | 1987 | 대우 | 28 | 5 | 10 | 4 | 0 | 52 | 4 | 0 |
| | 1988 | 대우 | 10 | 4 | 3 | 0 | 0 | 18 | 0 | 0 |
| | 1989 | 대우 | 8 | 1 | 2 | 1 | 0 | 22 | 0 | 0 |
| | 1990 | 대우 | 9 | 4 | 2 | 0 | 0 | 27 | 3 | 0 |
| | 1991 | 대우 | 37 | 10 | 14 | 5 | 0 | 88 | 4 | 0 |
| | 1992 | 대우 | 8 | 4 | 0 | 1 | 0 | 18 | 1 | 0 |
| | 1994 | 대우 | 3 | 1 | 0 | 0 | 0 | 6 | 0 | 0 |
| | 1995 | 대우 | 25 | 7 | 1 | 1 | 0 | 42 | 6 | 0 |
| | 1996 | 부산 | 20 | 0 | 2 | 2 | 0 | 40 | 3 | 0 |
| | 1997 | 부산 | 16 | 0 | 0 | 1 | 0 | 18 | 3 | 0 |
| | 1998 | 부산 | 13 | 0 | 0 | 0 | 0 | 22 | 3 | 1 |
| | 1999 | 부산 | 21 | 2 | 0 | 1 | 0 | 37 | 2 | 0 |
| PO | 1999 | 부산 | 5 | 0 | 0 | 0 | 0 | 10 | 1 | 0 |
| 컵 | 1992 | 대우 | 1 | 0 | 0 | 0 | 0 | 5 | 0 | 0 |
| | 1995 | 대우 | 5 | 3 | 1 | 0 | 0 | 4 | 0 | 0 |
| | 1996 | 부산 | 6 | 0 | 0 | 0 | 0 | 9 | 2 | 0 |
| | 1997 | 부산 | 18 | 0 | 0 | 0 | 0 | 15 | 0 | 0 |
| | 1998 | 부산 | 15 | 1 | 0 | 1 | 0 | 23 | 3 | 0 |
| | 1999 | 부산 | 7 | 3 | 0 | 0 | 0 | 10 | 2 | 0 |
| 통산 | | | 255 | 45 | 35 | 17 | 0 | 466 | 37 | 1 |

**김주성**(金朱晟) 오산고 2000.12.12

| 대회 | 연도 | 소속 | 출전 | 교체 | 득점 | 도움 | 실점 | 파울 | 경고 | 퇴장 |
|---|---|---|---|---|---|---|---|---|---|---|
| K1 | 2019 | 서울 | 10 | 3 | 0 | 0 | 0 | 4 | 1 | 0 |
| | 2020 | 서울 | 13 | 2 | 0 | 0 | 0 | 17 | 2 | 0 |
| | 2022 | 김천 | 7 | 3 | 0 | 0 | 0 | 6 | 2 | 0 |
| | 2022 | 서울 | 5 | 2 | 0 | 0 | 0 | 6 | 2 | 0 |
| | 2023 | 서울 | 38 | 5 | 2 | 1 | 0 | 28 | 4 | 0 |
| | 2024 | 서울 | 25 | 3 | 0 | 0 | 0 | 15 | 2 | 0 |
| | 2025 | 서울 | 23 | 3 | 0 | 0 | 0 | 14 | 5 | 0 |
| K2 | 2021 | 김천 | 8 | 4 | 0 | 0 | 0 | 7 | 1 | 0 |
| 통산 | | | 129 | 25 | 2 | 1 | 0 | 97 | 19 | 0 |

**김주성**(金珠成) 안동과학대 2002.05.22

| 대회 | 연도 | 소속 | 출전 | 교체 | 득점 | 도움 | 실점 | 파울 | 경고 | 퇴장 |
|---|---|---|---|---|---|---|---|---|---|---|
| K2 | 2023 | 충남아산 | 13 | 13 | 0 | 1 | 0 | 13 | 1 | 0 |
| | 2024 | 충남아산 | 13 | 9 | 2 | 1 | 0 | 17 | 3 | 0 |
| | 2025 | 충남아산 | 27 | 22 | 0 | 1 | 0 | 20 | 2 | 0 |
| PO | 2024 | 충남아산 | 2 | 2 | 0 | 1 | 0 | 3 | 1 | 0 |
| 통산 | | | 55 | 46 | 2 | 4 | 0 | 53 | 7 | 0 |

**김주엽**(金柱燁) 보인고 2000.04.05

| 대회 | 연도 | 소속 | 출전 | 교체 | 득점 | 도움 | 실점 | 파울 | 경고 | 퇴장 |
|---|---|---|---|---|---|---|---|---|---|---|
| K1 | 2021 | 수원FC | 12 | 12 | 0 | 1 | 0 | 8 | 1 | 0 |
| | 2022 | 수원FC | 9 | 8 | 0 | 1 | 0 | 4 | 0 | 0 |
| | 2023 | 수원FC | 9 | 7 | 0 | 0 | 0 | 4 | 0 | 0 |
| | 2024 | 수원FC | 19 | 19 | 1 | 1 | 0 | 12 | 2 | 0 |
| | 2025 | 수원FC | 6 | 6 | 0 | 0 | 0 | 4 | 0 | 0 |
| K2 | 2019 | 수원FC | 8 | 7 | 0 | 0 | 0 | 4 | 1 | 0 |
| | 2020 | 수원FC | 0 | 0 | 0 | 0 | 0 | 0 | 0 | 0 |
| | 2025 | 전남 | 9 | 9 | 0 | 0 | 0 | 10 | 1 | 0 |
| PO | 2023 | 수원FC | 1 | 1 | 0 | 1 | 0 | 1 | 0 | 0 |
| 통산 | | | 73 | 69 | 1 | 4 | 0 | 47 | 5 | 0 |

**김주영**(金周寧) 건국대 1977.06.06

| 대회 | 연도 | 소속 | 출전 | 교체 | 득점 | 도움 | 실점 | 파울 | 경고 | 퇴장 |
|---|---|---|---|---|---|---|---|---|---|---|
| 컵 | 2000 | 안양LG | 1 | 1 | 0 | 0 | 0 | 0 | 0 | 0 |
| 통산 | | | 1 | 1 | 0 | 0 | 0 | 0 | 0 | 0 |

**김주영**(金周榮) 연세대 1988.07.09

| 대회 | 연도 | 소속 | 출전 | 교체 | 득점 | 도움 | 실점 | 파울 | 경고 | 퇴장 |
|---|---|---|---|---|---|---|---|---|---|---|
| K1 | 2009 | 경남 | 20 | 1 | 0 | 0 | 0 | 26 | 4 | 0 |
| | 2010 | 경남 | 24 | 1 | 0 | 0 | 0 | 26 | 3 | 0 |
| | 2011 | 경남 | 4 | 0 | 1 | 0 | 0 | 2 | 0 | 0 |
| | 2012 | 서울 | 33 | 7 | 0 | 0 | 0 | 12 | 4 | 0 |
| | 2013 | 서울 | 31 | 2 | 2 | 1 | 0 | 24 | 4 | 0 |
| | 2014 | 서울 | 29 | 1 | 2 | 0 | 0 | 21 | 5 | 0 |
| 컵 | 2009 | 경남 | 1 | 0 | 0 | 0 | 0 | 0 | 0 | 0 |
| | 2010 | 경남 | 6 | 0 | 0 | 0 | 0 | 5 | 1 | 0 |
| 통산 | | | 148 | 12 | 5 | 1 | 0 | 116 | 21 | 0 |

**김주원**(金走員/←김준수) 영남대 1991.07.29

| 대회 | 연도 | 소속 | 출전 | 교체 | 득점 | 도움 | 실점 | 파울 | 경고 | 퇴장 |
|---|---|---|---|---|---|---|---|---|---|---|
| K1 | 2013 | 포항 | 7 | 4 | 1 | 0 | 0 | 2 | 1 | 0 |
| | 2014 | 포항 | 10 | 4 | 0 | 0 | 0 | 14 | 4 | 0 |
| | 2015 | 포항 | 18 | 2 | 2 | 0 | 0 | 34 | 3 | 0 |
| | 2016 | 포항 | 22 | 6 | 0 | 0 | 0 | 21 | 7 | 0 |
| | 2017 | 전남 | 13 | 6 | 0 | 0 | 0 | 12 | 1 | 0 |
| | 2021 | 제주 | 2 | 2 | 0 | 0 | 0 | 1 | 0 | 0 |
| | 2022 | 제주 | 1 | 1 | 0 | 0 | 0 | 0 | 0 | 0 |
| | 2023 | 수원 | 17 | 3 | 0 | 0 | 0 | 16 | 4 | 0 |
| | 2023 | 제주 | 11 | 5 | 0 | 1 | 0 | 16 | 4 | 0 |
| K2 | 2018 | 아산 | 6 | 3 | 0 | 1 | 0 | 5 | 0 | 0 |
| | 2019 | 아산 | 10 | 2 | 0 | 0 | 0 | 9 | 1 | 1 |
| | 2019 | 전남 | 12 | 1 | 0 | 0 | 0 | 17 | 3 | 0 |
| | 2020 | 전남 | 26 | 0 | 1 | 1 | 0 | 34 | 5 | 0 |
| | 2024 | 성남 | 30 | 2 | 1 | 0 | 0 | 34 | 7 | 0 |
| | 2025 | 성남 | 20 | 5 | 0 | 0 | 0 | 18 | 1 | 0 |
| PO | 2025 | 성남 | 1 | 1 | 0 | 0 | 0 | 0 | 0 | 0 |
| 통산 | | | 206 | 47 | 5 | 3 | 0 | 233 | 41 | 1 |

**김주일**(金住鎰) 대구대 1974.03.05

| 대회 | 연도 | 소속 | 출전 | 교체 | 득점 | 도움 | 실점 | 파울 | 경고 | 퇴장 |
|---|---|---|---|---|---|---|---|---|---|---|
| K1 | 1997 | 천안일화 | 3 | 2 | 0 | 0 | 0 | 2 | 1 | 0 |
| 컵 | 1997 | 천안일화 | 3 | 1 | 0 | 0 | 0 | 5 | 1 | 0 |
| 통산 | | | 6 | 3 | 0 | 0 | 0 | 7 | 2 | 0 |

**김주찬**(金主贊) 수원고 2004.03.29

| 대회 | 연도 | 소속 | 출전 | 교체 | 득점 | 도움 | 실점 | 파울 | 경고 | 퇴장 |
|---|---|---|---|---|---|---|---|---|---|---|
| K1 | 2023 | 수원 | 25 | 23 | 5 | 0 | 0 | 4 | 0 | 0 |
| | 2025 | 김천 | 5 | 5 | 1 | 0 | 0 | 2 | 0 | 0 |
| K2 | 2024 | 수원 | 26 | 17 | 2 | 1 | 0 | 15 | 1 | 0 |
| | 2025 | 수원 | 2 | 2 | 0 | 0 | 0 | 0 | 0 | 0 |
| 통산 | | | 58 | 47 | 8 | 1 | 0 | 21 | 1 | 0 |

**김주헌**(金湊軒) 용인대 1997.04.09

| 대회 | 연도 | 소속 | 출전 | 교체 | 득점 | 도움 | 실점 | 파울 | 경고 | 퇴장 |
|---|---|---|---|---|---|---|---|---|---|---|
| K2 | 2023 | 천안 | 14 | 10 | 0 | 0 | 0 | 8 | 2 | 0 |
| | 2024 | 전남 | 11 | 11 | 0 | 0 | 0 | 5 | 1 | 0 |
| 통산 | | | 25 | 21 | 0 | 0 | 0 | 13 | 3 | 0 |

**김주형**(金柱亨) 동의대 1989.08.23

| 대회 | 연도 | 소속 | 출전 | 교체 | 득점 | 도움 | 실점 | 파울 | 경고 | 퇴장 |
|---|---|---|---|---|---|---|---|---|---|---|
| K1 | 2010 | 대전 | 2 | 2 | 0 | 0 | 0 | 1 | 0 | 0 |
| | 2011 | 대전 | 1 | 1 | 0 | 0 | 0 | 0 | 0 | 0 |
| K2 | 2014 | 충주 | 0 | 0 | 0 | 0 | 0 | 0 | 0 | 0 |
| 컵 | 2010 | 대전 | 0 | 0 | 0 | 0 | 0 | 0 | 0 | 0 |
| | 2011 | 대전 | 1 | 1 | 0 | 0 | 0 | 2 | 0 | 0 |
| 통산 | | | 4 | 4 | 0 | 0 | 0 | 3 | 0 | 0 |

**김주형**(金珠亨) 중동FC U18 2003.05.13

| 대회 | 연도 | 소속 | 출전 | 교체 | 득점 | 도움 | 실점 | 파울 | 경고 | 퇴장 |
|---|---|---|---|---|---|---|---|---|---|---|
| K1 | 2022 | 강원 | 1 | 1 | 0 | 0 | 0 | 0 | 0 | 0 |
| 통산 | | | 1 | 1 | 0 | 0 | 0 | 0 | 0 | 0 |

**김주환**(金周奐) 아주대 1982.04.24

| 대회 | 연도 | 소속 | 출전 | 교체 | 득점 | 도움 | 실점 | 파울 | 경고 | 퇴장 |
|---|---|---|---|---|---|---|---|---|---|---|
| K1 | 2005 | 대구 | 15 | 7 | 1 | 2 | 0 | 23 | 2 | 0 |
| | 2006 | 대구 | 12 | 5 | 0 | 0 | 0 | 20 | 3 | 0 |
| | 2007 | 대구 | 13 | 4 | 0 | 3 | 0 | 23 | 2 | 0 |
| | 2008 | 대구 | 6 | 3 | 0 | 1 | 0 | 6 | 0 | 0 |
| | 2009 | 대구 | 13 | 2 | 1 | 0 | 0 | 14 | 3 | 0 |
| | 2010 | 광주상무 | 1 | 1 | 0 | 0 | 0 | 0 | 0 | 0 |
| | 2011 | 대구 | 0 | 0 | 0 | 0 | 0 | 0 | 0 | 0 |
| | 2011 | 상주 | 7 | 2 | 0 | 0 | 0 | 9 | 2 | 0 |

| 대회 | 연도 | 소속 | 출전 | 교체 | 득점 | 도움 | 실점 | 파울 | 경고 | 퇴장 |
|---|---|---|---|---|---|---|---|---|---|---|
| 컵 | 2005 | 대구 | 0 | 0 | 0 | 0 | 0 | 0 | 0 | 0 |
| | 2006 | 대구 | 7 | 4 | 0 | 0 | 0 | 14 | 1 | 0 |
| | 2007 | 대구 | 9 | 2 | 1 | 1 | 0 | 6 | 0 | 0 |
| | 2008 | 대구 | 4 | 0 | 2 | 0 | 0 | 5 | 0 | 0 |
| | 2009 | 대구 | 4 | 0 | 0 | 0 | 0 | 12 | 4 | 0 |
| | 2011 | 상주 | 2 | 0 | 0 | 0 | 0 | 1 | 1 | 0 |
| 통산 | | | 93 | 30 | 5 | 7 | 0 | 133 | 18 | 0 |

**김주환**(金周煥) 포항제철고 2001.02.17

| 대회 | 연도 | 소속 | 출전 | 교체 | 득점 | 도움 | 실점 | 파울 | 경고 | 퇴장 |
|---|---|---|---|---|---|---|---|---|---|---|
| K1 | 2020 | 포항 | 1 | 1 | 0 | 0 | 0 | 0 | 0 | 0 |
| | 2024 | 울산 | 2 | 2 | 0 | 0 | 0 | 1 | 0 | 0 |
| K2 | 2021 | 경남 | 24 | 6 | 0 | 0 | 0 | 19 | 4 | 1 |
| | 2022 | 안양 | 25 | 19 | 0 | 0 | 0 | 11 | 3 | 1 |
| | 2023 | 천안 | 31 | 7 | 0 | 2 | 0 | 18 | 3 | 0 |
| | 2025 | 서울E | 20 | 19 | 0 | 2 | 0 | 16 | 2 | 0 |
| PO | 2025 | 서울E | 1 | 1 | 0 | 0 | 0 | 1 | 0 | 0 |
| 통산 | | | 104 | 55 | 0 | 4 | 0 | 66 | 12 | 2 |

**김주훈**(金柱薰) 동아대 1959.02.27

| 대회 | 연도 | 소속 | 출전 | 교체 | 득점 | 도움 | 실점 | 파울 | 경고 | 퇴장 |
|---|---|---|---|---|---|---|---|---|---|---|
| K1 | 1983 | 국민은행 | 5 | 1 | 0 | 1 | 0 | 3 | 0 | 0 |
| 통산 | | | 5 | 1 | 0 | 1 | 0 | 3 | 0 | 0 |

**김준**(金俊) 대월중 1986.12.09

| 대회 | 연도 | 소속 | 출전 | 교체 | 득점 | 도움 | 실점 | 파울 | 경고 | 퇴장 |
|---|---|---|---|---|---|---|---|---|---|---|
| K1 | 2003 | 수원 | 0 | 0 | 0 | 0 | 0 | 0 | 0 | 0 |
| 통산 | | | 0 | 0 | 0 | 0 | 0 | 0 | 0 | 0 |

**김준민**(金俊旻) 동의대 1983.09.07

| 대회 | 연도 | 소속 | 출전 | 교체 | 득점 | 도움 | 실점 | 파울 | 경고 | 퇴장 |
|---|---|---|---|---|---|---|---|---|---|---|
| 컵 | 2007 | 대전 | 1 | 1 | 0 | 0 | 0 | 0 | 0 | 0 |
| 통산 | | | 1 | 1 | 0 | 0 | 0 | 0 | 0 | 0 |

**김준범**(金峻範) 호남대 1986.06.23

| 대회 | 연도 | 소속 | 출전 | 교체 | 득점 | 도움 | 실점 | 파울 | 경고 | 퇴장 |
|---|---|---|---|---|---|---|---|---|---|---|
| K1 | 2012 | 강원 | 1 | 1 | 0 | 0 | 0 | 0 | 0 | 0 |
| 통산 | | | 1 | 1 | 0 | 0 | 0 | 0 | 0 | 0 |

**김준범**(金俊範) 연세대 1998.01.14

| 대회 | 연도 | 소속 | 출전 | 교체 | 득점 | 도움 | 실점 | 파울 | 경고 | 퇴장 |
|---|---|---|---|---|---|---|---|---|---|---|
| K1 | 2018 | 경남 | 22 | 17 | [illegible] | 0 | 0 | 18 | 6 | 0 |
| | 2019 | 경남 | 28 | 10 | [illegible] | 3 | 0 | 26 | 1 | 0 |
| | 2020 | 인천 | 21 | 20 | [illegible] | 1 | 0 | 20 | 4 | 0 |
| | 2021 | 인천 | 19 | 17 | [illegible] | 0 | 0 | 14 | 2 | 0 |
| | 2022 | 김천 | 13 | 9 | 2 | 1 | 0 | 9 | 2 | 0 |
| | 2024 | 대전 | 18 | 16 | 4 | 3 | 0 | 13 | 1 | 0 |
| | 2025 | 대전 | 24 | 20 | 3 | 1 | 0 | 25 | 2 | 0 |
| K2 | 2023 | 김천 | 14 | 14 | 1 | 0 | 0 | 11 | 2 | 0 |
| PO | 2019 | 경남 | 2 | 0 | 0 | 0 | 0 | 6 | 1 | 0 |
| | 2022 | 김천 | 1 | 1 | 0 | 0 | 0 | 1 | 0 | 0 |
| 통산 | | | 162 | 124 | 14 | 9 | 0 | 143 | 21 | 0 |

**김준석**(金俊錫) 고려대 1976.04.21

| 대회 | 연도 | 소속 | 출전 | 교체 | 득점 | 도움 | 실점 | 파울 | 경고 | 퇴장 |
|---|---|---|---|---|---|---|---|---|---|---|
| K1 | 1999 | 부산 | 5 | 1 | 0 | 0 | 9 | 0 | 0 | 0 |
| | 2000 | 부산 | 0 | 0 | 0 | 0 | 0 | 0 | 0 | 0 |
| 컵 | 1999 | 부산 | 1 | 0 | 0 | 0 | 2 | 0 | 0 | 0 |
| | 2000 | 부산 | 0 | 0 | 0 | 0 | 0 | 0 | 0 | 0 |
| 통산 | | | 6 | 1 | 0 | 0 | 11 | 0 | 0 | 0 |

**김준섭**(金準燮) 홍익대 1999.10.01

| 대회 | 연도 | 소속 | 출전 | 교체 | 득점 | 도움 | 실점 | 파울 | 경고 | 퇴장 |
|---|---|---|---|---|---|---|---|---|---|---|
| K2 | 2021 | 안양 | 3 | 3 | 0 | 0 | 0 | 1 | 0 | 0 |
| PO | 2021 | 안양 | 0 | 0 | 0 | 0 | 0 | 0 | 0 | 0 |
| 통산 | | | 3 | 3 | 0 | 0 | 0 | 1 | 0 | 0 |

**김준엽**(金俊燁) 홍익대 1988.05.10

| 대회 | 연도 | 소속 | 출전 | 교체 | 득점 | 도움 | 실점 | 파울 | 경고 | 퇴장 |
|---|---|---|---|---|---|---|---|---|---|---|
| K1 | 2011 | 제주 | 2 | 0 | 0 | 0 | 0 | 3 | 0 | 0 |
| | 2012 | 제주 | 11 | 5 | 0 | 0 | 0 | 12 | 3 | 0 |
| | 2014 | 경남 | 13 | 4 | 0 | 0 | 0 | 18 | 2 | 0 |
| | 2019 | 대구 | 22 | 9 | 0 | 1 | 0 | 19 | 1 | 0 |
| | 2020 | 인천 | 15 | 2 | 0 | 3 | 0 | 13 | 2 | 0 |
| | 2021 | 인천 | 18 | 4 | 0 | 0 | 0 | 16 | 3 | 0 |
| | 2022 | 인천 | 25 | 8 | 1 | 2 | 0 | 19 | 7 | 0 |
| | 2023 | 인천 | 28 | 10 | 1 | 2 | 0 | 26 | 3 | 0 |
| | 2024 | 인천 | 14 | 9 | 0 | 0 | 0 | 13 | 2 | 0 |
| K2 | 2013 | 광주 | 29 | 13 | 5 | 2 | 0 | 50 | 3 | 0 |
| | 2015 | 경남 | 34 | 3 | 0 | 1 | 0 | 41 | 6 | 0 |
| | 2016 | 안산무궁 | 28 | 10 | 1 | 3 | 0 | 28 | 3 | 0 |
| | 2017 | 아산 | 18 | 0 | 0 | 2 | 0 | 30 | 3 | 0 |
| | 2018 | 부천 | 31 | 2 | 1 | 3 | 0 | 45 | 2 | 0 |
| PO | 2014 | 경남 | 2 | 1 | 0 | 0 | 0 | 1 | 1 | 0 |
| 컵 | 2010 | 제주 | 1 | 1 | 0 | 0 | 0 | 0 | 0 | 0 |
| 통산 | | | 291 | 81 | 9 | 19 | 0 | 334 | 41 | 0 |

**김준영**(金俊煐) 조선대 2004.05.31

| 대회 | 연도 | 소속 | 출전 | 교체 | 득점 | 도움 | 실점 | 파울 | 경고 | 퇴장 |
|---|---|---|---|---|---|---|---|---|---|---|
| K2 | 2025 | 화성 | 10 | 8 | 0 | 0 | 0 | 7 | 1 | 0 |
| 통산 | | | 10 | 8 | 0 | 0 | 0 | 7 | 1 | 0 |

**김준태**(金俊泰) 한남대 1985.05.31

| 대회 | 연도 | 소속 | 출전 | 교체 | 득점 | 도움 | 실점 | 파울 | 경고 | 퇴장 |
|---|---|---|---|---|---|---|---|---|---|---|
| K1 | 2010 | 강원 | 4 | 3 | 0 | 0 | 0 | 3 | 0 | 0 |
| K2 | 2015 | 고양 | 38 | 7 | 2 | 4 | 0 | 48 | 8 | 0 |
| | 2016 | 서울E | 24 | 5 | 1 | 2 | 0 | 41 | 4 | 0 |
| | 2017 | 서울E | 24 | 7 | 0 | 2 | 0 | 55 | 1 | 0 |
| | 2018 | 서울E | 17 | 9 | 0 | 1 | 0 | 40 | 3 | 0 |
| 통산 | | | 107 | 31 | 3 | 9 | 0 | 187 | 16 | 0 |

**김준하**(金俊夏) 숭실대 2005.12.02

| 대회 | 연도 | 소속 | 출전 | 교체 | 득점 | 도움 | 실점 | 파울 | 경고 | 퇴장 |
|---|---|---|---|---|---|---|---|---|---|---|
| K1 | 2025 | 제주 | 31 | 30 | 3 | 1 | 0 | 25 | 5 | 0 |
| PO | 2025 | 제주 | 2 | 2 | 0 | 1 | 0 | 5 | 0 | 0 |
| 통산 | | | 33 | 32 | 3 | 2 | 0 | 30 | 5 | 0 |

**김준현**(金俊鉉) 연세대 1964.01.20

| 대회 | 연도 | 소속 | 출전 | 교체 | 득점 | 도움 | 실점 | 파울 | 경고 | 퇴장 |
|---|---|---|---|---|---|---|---|---|---|---|
| K1 | 1986 | 대우 | 3 | 3 | 0 | 0 | 0 | 2 | 0 | 0 |
| | 1987 | 유공 | 26 | 13 | 3 | 4 | 0 | 22 | 3 | 1 |
| | 1988 | 유공 | 10 | 8 | 0 | 0 | 0 | 14 | 0 | 0 |
| | 1989 | 유공 | 33 | 33 | 5 | 4 | 0 | 20 | 3 | 0 |
| | 1990 | 유공 | 17 | 16 | 1 | 0 | 0 | 12 | 1 | 0 |
| | 1991 | 유공 | 29 | 25 | 0 | 8 | 0 | 23 | 3 | 0 |
| | 1992 | 유공 | 2 | 2 | 0 | 0 | 0 | 1 | 0 | 0 |
| 컵 | 1986 | 대우 | 8 | 6 | 3 | 0 | 0 | 6 | 2 | 0 |
| 통산 | | | 128 | 106 | 12 | 16 | 0 | 100 | 12 | 1 |

**김준협**(金俊協) 오현고 1978.11.11

| 대회 | 연도 | 소속 | 출전 | 교체 | 득점 | 도움 | 실점 | 파울 | 경고 | 퇴장 |
|---|---|---|---|---|---|---|---|---|---|---|
| K1 | 2004 | 울산 | 1 | 1 | 0 | 0 | 0 | 1 | 0 | 0 |
| 통산 | | | 1 | 1 | 0 | 0 | 0 | 1 | 0 | 0 |

**김준형**(金俊炯) 송호대 1996.04.05

| 대회 | 연도 | 소속 | 출전 | 교체 | 득점 | 도움 | 실점 | 파울 | 경고 | 퇴장 |
|---|---|---|---|---|---|---|---|---|---|---|
| K1 | 2017 | 수원 | 0 | 0 | 0 | 0 | 0 | 0 | 0 | 0 |
| | 2018 | 수원 | 5 | 4 | 0 | 0 | 0 | 4 | 1 | 0 |
| | 2020 | 수원 | 2 | 2 | 0 | 0 | 0 | 2 | 0 | 0 |
| | 2021 | 수원FC | 12 | 12 | 0 | 1 | 0 | 12 | 2 | 0 |
| K2 | 2019 | 광주 | 16 | 14 | 0 | 0 | 0 | 17 | 1 | 0 |
| | 2022 | 부천 | 36 | 27 | 0 | 4 | 0 | 33 | 5 | 0 |
| | 2023 | 부천 | 10 | 11 | 0 | 0 | 0 | 9 | 1 | 0 |
| | 2024 | 김포 | 12 | 12 | 0 | 0 | 0 | 20 | 3 | 0 |
| PO | 2022 | 부천 | 1 | 1 | 0 | 0 | 0 | 0 | 0 | 0 |
| | 2023 | 부천 | 1 | 1 | 0 | 0 | 0 | 1 | 0 | 0 |
| 통산 | | | 95 | 84 | 0 | 5 | 0 | 98 | 13 | 0 |

**김준호**(金俊鎬) 포항제철고 2002.12.11

| 대회 | 연도 | 소속 | 출전 | 교체 | 득점 | 도움 | 실점 | 파울 | 경고 | 퇴장 |
|---|---|---|---|---|---|---|---|---|---|---|
| K1 | 2021 | 포항 | 2 | 2 | 0 | 0 | 0 | 2 | 0 | 0 |
| | 2022 | 포항 | 7 | 7 | 0 | 0 | 0 | 1 | 0 | 0 |
| | 2023 | 포항 | 25 | 25 | 0 | 0 | 0 | 18 | 0 | 0 |
| | 2024 | 김천 | 3 | 3 | 0 | 0 | 0 | 1 | 1 | 0 |
| | 2024 | 포항 | 1 | 1 | 0 | 0 | 0 | 0 | 0 | 0 |
| | 2025 | 김천 | 0 | 0 | 0 | 0 | 0 | 0 | 0 | 0 |
| 통산 | | | 38 | 38 | 0 | 0 | 0 | 22 | 1 | 0 |

**김준홍**(金峻弘) 영생고 2003.06.03

| 대회 | 연도 | 소속 | 출전 | 교체 | 득점 | 도움 | 실점 | 파울 | 경고 | 퇴장 |
|---|---|---|---|---|---|---|---|---|---|---|
| K1 | 2021 | 전북 | 2 | 2 | 0 | 0 | 0 | 0 | 0 | 0 |
| | 2022 | 전북 | 2 | 2 | 0 | 0 | 1 | 0 | 0 | 0 |
| | 2024 | 김천 | 17 | 1 | 0 | 0 | 12 | 0 | 1 | 0 |
| | 2024 | 전북 | 15 | 0 | 0 | 0 | 16 | 0 | 0 | 0 |
| K2 | 2023 | 김천 | 8 | 0 | 0 | 0 | 6 | 1 | 0 | 0 |
| PO | 2024 | 전북 | 2 | 0 | 0 | 0 | 2 | 0 | 1 | 0 |
| 통산 | | | 46 | 5 | 0 | 0 | 37 | 1 | 2 | 0 |

**김지민**(金智敏) 한양대 1984.11.27

| 대회 | 연도 | 소속 | 출전 | 교체 | 득점 | 도움 | 실점 | 파울 | 경고 | 퇴장 |
|---|---|---|---|---|---|---|---|---|---|---|
| K1 | 2008 | 포항 | 1 | 1 | 0 | 0 | 0 | 0 | 0 | 0 |
| | 2009 | 대전 | 6 | 5 | 0 | 0 | 0 | 9 | 1 | 0 |
| | 2010 | 광주상무 | 2 | 0 | 0 | 0 | 0 | 2 | 0 | 0 |
| | 2011 | 상주 | 6 | 3 | 0 | 0 | 0 | 5 | 2 | 0 |
| K2 | 2013 | 수원FC | 0 | 0 | 0 | 0 | 0 | 0 | 0 | 0 |
| 컵 | 2007 | 울산 | 0 | 0 | 0 | 0 | 0 | 0 | 0 | 0 |
| | 2009 | 대전 | 1 | 0 | 0 | 0 | 0 | 1 | 1 | 0 |
| | 2011 | 상주 | 2 | 0 | 0 | 0 | 0 | 2 | 0 | 0 |
| 통산 | | | 18 | 9 | 0 | 0 | 0 | 19 | 4 | 0 |

**김지민**(金智珉) 동래고 1993.06.05

| 대회 | 연도 | 소속 | 출전 | 교체 | 득점 | 도움 | 실점 | 파울 | 경고 | 퇴장 |
|---|---|---|---|---|---|---|---|---|---|---|
| K1 | 2012 | 부산 | 7 | 6 | 0 | 0 | 0 | 6 | 1 | 0 |
| | 2013 | 부산 | 3 | 3 | 0 | 0 | 0 | 0 | 0 | 0 |
| | 2014 | 부산 | 3 | 3 | 0 | 0 | 0 | 2 | 0 | 0 |
| | 2015 | 부산 | 1 | 1 | 0 | 0 | 0 | 2 | 0 | 0 |
| | 2018 | 포항 | 17 | 11 | 4 | 1 | 0 | 24 | 4 | 0 |
| | 2019 | 포항 | 4 | 4 | 1 | 0 | 0 | 3 | 0 | 0 |
| | 2022 | 포항 | 2 | 2 | 0 | 0 | 0 | 1 | 0 | 0 |
| K2 | 2016 | 부산 | 1 | 1 | 0 | 0 | 0 | 1 | 0 | 0 |
| | 2019 | 수원FC | 12 | 12 | 1 | 0 | 0 | 10 | 3 | 0 |
| 통산 | | | 50 | 43 | 6 | 1 | 0 | 49 | 8 | 0 |

**김지성**(金志成) 동의대 1987.11.08

| 대회 | 연도 | 소속 | 출전 | 교체 | 득점 | 도움 | 실점 | 파울 | 경고 | 퇴장 |
|---|---|---|---|---|---|---|---|---|---|---|
| K2 | 2013 | 광주 | 25 | 0 | 0 | 0 | 39 | 2 | 1 | 0 |
| 통산 | | | 25 | 0 | 0 | 0 | 39 | 2 | 1 | 0 |

**김지수**(金志樹) 풍생고 2004.12.24

| 대회 | 연도 | 소속 | 출전 | 교체 | 득점 | 도움 | 실점 | 파울 | 경고 | 퇴장 |
|---|---|---|---|---|---|---|---|---|---|---|
| K1 | 2022 | 성남 | 19 | 4 | 0 | 1 | 0 | 3 | 1 | 0 |
| K2 | 2023 | 성남 | 1 | 1 | 0 | 0 | 0 | 0 | 0 | 0 |
| 통산 | | | 20 | 5 | 0 | 1 | 0 | 3 | 1 | 0 |

**김지안**(金志矸) 용인대 1995.12.30

| 대회 | 연도 | 소속 | 출전 | 교체 | 득점 | 도움 | 실점 | 파울 | 경고 | 퇴장 |
|---|---|---|---|---|---|---|---|---|---|---|
| K2 | 2022 | 안산 | 1 | 1 | 0 | 0 | 0 | 0 | 0 | 0 |
| 통산 | | | 1 | 1 | 0 | 0 | 0 | 0 | 0 | 0 |

**김지운** 아주대 1976.11.13

| 대회 | 연도 | 소속 | 출전 | 교체 | 득점 | 도움 | 실점 | 파울 | 경고 | 퇴장 |
|---|---|---|---|---|---|---|---|---|---|---|
| K1 | 1999 | 부천SK | 0 | 0 | 0 | 0 | 0 | 0 | 0 | 0 |
| | 2003 | 광주상무 | 0 | 0 | 0 | 0 | 0 | 0 | 0 | 0 |
| | 2004 | 부천SK | 0 | 0 | 0 | 0 | 0 | 0 | 0 | 0 |
| | 2006 | 대구 | 5 | 0 | 0 | 0 | 5 | 0 | 0 | 0 |
| PO | 1999 | 부천SK | 0 | 0 | 0 | 0 | 0 | 0 | 0 | 0 |
| | 2000 | 부천SK | 0 | 0 | 0 | 0 | 0 | 0 | 0 | 0 |
| 컵 | 1999 | 부천SK | 0 | 0 | 0 | 0 | 0 | 0 | 0 | 0 |
| | 2000 | 부천SK | 0 | 0 | 0 | 0 | 0 | 0 | 0 | 0 |
| | 2001 | 부천SK | 0 | 0 | 0 | 0 | 0 | 0 | 0 | 0 |
| | 2006 | 대구 | 1 | 1 | 0 | 0 | 0 | 0 | 0 | 0 |
| 통산 | | | 6 | 1 | 0 | 0 | 5 | 0 | 0 | 0 |

**김지운**(金只澐/←김봉래) 명지대 1990.07.02

| 대회 | 연도 | 소속 | 출전 | 교체 | 득점 | 도움 | 실점 | 파울 | 경고 | 퇴장 |
|---|---|---|---|---|---|---|---|---|---|---|
| K1 | 2013 | 제주 | 23 | 5 | 1 | 0 | 0 | 23 | 3 | 0 |
| | 2014 | 제주 | 7 | 6 | 0 | 1 | 0 | 1 | 0 | 0 |
| | 2015 | 제주 | 21 | 12 | 1 | 1 | 0 | 9 | 2 | 0 |
| | 2016 | 제주 | 10 | 2 | 0 | 0 | 0 | 3 | 0 | 0 |
| | 2019 | 제주 | 6 | 0 | 0 | 0 | 0 | 8 | 5 | 0 |
| K2 | 2016 | 서울E | 12 | 2 | 0 | 3 | 0 | 8 | 0 | 0 |
| | 2017 | 수원FC | 13 | 1 | 0 | 5 | 0 | 4 | 0 | 0 |
| | 2017 | 서울E | 9 | 2 | 1 | 0 | 0 | 7 | 1 | 0 |
| | 2018 | 아산 | 2 | 2 | 0 | 0 | 0 | 3 | 0 | 0 |
| | 2019 | 아산 | 11 | 6 | 0 | 0 | 0 | 9 | 1 | 0 |

| 대회 | 연도 | 소속 | 출전 | 교체 | 득점 | 도움 | 실점 | 파울 | 경고 | 퇴장 |
|---|---|---|---|---|---|---|---|---|---|---|
| | 2020 | 제주 | 1 | 1 | 0 | 0 | 0 | 1 | 0 | 0 |
| | 2022 | 경남 | 5 | 5 | 0 | 0 | 0 | 2 | 0 | 0 |
| | 2023 | 충북청주 | 8 | 7 | 0 | 0 | 0 | 4 | 2 | 0 |
| 통산 | | | 128 | 51 | 3 | 10 | 0 | 82 | 14 | 0 |

**김지운**(金持云) 청주대 2002.01.31

| 대회 | 연도 | 소속 | 출전 | 교체 | 득점 | 도움 | 실점 | 파울 | 경고 | 퇴장 |
|---|---|---|---|---|---|---|---|---|---|---|
| K2 | 2023 | 충북청주 | 1 | 1 | 0 | 0 | 0 | 0 | 0 | 0 |
| 통산 | | | 1 | 1 | 0 | 0 | 0 | 0 | 0 | 0 |

**김지웅**(金知雄) 경희대 1989.01.14

| 대회 | 연도 | 소속 | 출전 | 교체 | 득점 | 도움 | 실점 | 파울 | 경고 | 퇴장 |
|---|---|---|---|---|---|---|---|---|---|---|
| K1 | 2010 | 전북 | 10 | 10 | 0 | 1 | 0 | 15 | 2 | 0 |
| | 2011 | 전북 | 12 | 11 | 3 | 0 | 0 | 27 | 6 | 0 |
| | 2012 | 경남 | 2 | 2 | 1 | 0 | 0 | 1 | 0 | 0 |
| | 2013 | 부산 | 2 | 2 | 0 | 0 | 0 | 2 | 1 | 0 |
| K2 | 2014 | 고양 | 4 | 1 | 1 | 0 | 0 | 8 | 0 | 1 |
| | 2015 | 고양 | 5 | 5 | 1 | 1 | 0 | 1 | 1 | 0 |
| PO | 2010 | 전북 | 3 | 3 | 0 | 0 | 0 | 3 | 1 | 0 |
| 컵 | 2010 | 전북 | 3 | 2 | 1 | 1 | 0 | 5 | 1 | 0 |
| | 2011 | 전북 | 1 | 1 | 0 | 0 | 0 | 0 | 0 | 0 |
| 통산 | | | 42 | 37 | 7 | 3 | 0 | 62 | 12 | 1 |

**김지웅**(金智雄) 광운대 1990.05.19

| 대회 | 연도 | 소속 | 출전 | 교체 | 득점 | 도움 | 실점 | 파울 | 경고 | 퇴장 |
|---|---|---|---|---|---|---|---|---|---|---|
| K1 | 2014 | 상주 | 0 | 0 | 0 | 0 | 0 | 0 | 0 | 0 |
| K2 | 2013 | 부천 | 4 | 4 | 0 | 0 | 0 | 1 | 0 | 0 |
| | 2015 | 상주 | 0 | 0 | 0 | 0 | 0 | 0 | 0 | 0 |
| 통산 | | | 4 | 4 | 0 | 0 | 0 | 1 | 0 | 0 |

**김지원**(金志原) 오산고 2004.02.12

| 대회 | 연도 | 소속 | 출전 | 교체 | 득점 | 도움 | 실점 | 파울 | 경고 | 퇴장 |
|---|---|---|---|---|---|---|---|---|---|---|
| K1 | 2025 | 서울 | 0 | 0 | 0 | 0 | 0 | 0 | 0 | 0 |
| 통산 | | | 0 | 0 | 0 | 0 | 0 | 0 | 0 | 0 |

**김지철**(金地鐵) 예원예술대 1995.04.06

| 대회 | 연도 | 소속 | 출전 | 교체 | 득점 | 도움 | 실점 | 파울 | 경고 | 퇴장 |
|---|---|---|---|---|---|---|---|---|---|---|
| K2 | 2016 | 대전 | 0 | 0 | 0 | 0 | 0 | 0 | 0 | 0 |
| 통산 | | | 0 | 0 | 0 | 0 | 0 | 0 | 0 | 0 |

**김지한**(金持漢) 아주대 2001.05.16

| 대회 | 연도 | 소속 | 출전 | 교체 | 득점 | 도움 | 실점 | 파울 | 경고 | 퇴장 |
|---|---|---|---|---|---|---|---|---|---|---|
| K2 | 2024 | 안산 | 4 | 4 | 0 | 1 | 0 | 2 | 1 | 0 |
| 통산 | | | 4 | 4 | 0 | 1 | 0 | 2 | 1 | 0 |

**김지혁**(金志赫) 경남상고 1981.10.26

| 대회 | 연도 | 소속 | 출전 | 교체 | 득점 | 도움 | 실점 | 파울 | 경고 | 퇴장 |
|---|---|---|---|---|---|---|---|---|---|---|
| K1 | 2001 | 부산 | 3 | 0 | 0 | 0 | 4 | 0 | 0 | 0 |
| | 2002 | 부산 | 0 | 0 | 0 | 0 | 0 | 0 | 0 | 0 |
| | 2003 | 부산 | 0 | 0 | 0 | 0 | 0 | 0 | 0 | 0 |
| | 2004 | 부산 | 0 | 0 | 0 | 0 | 0 | 0 | 0 | 0 |
| | 2005 | 울산 | 1 | 1 | 0 | 0 | 0 | 0 | 0 | 0 |
| | 2006 | 울산 | 19 | 1 | 0 | 0 | 16 | 0 | 0 | 0 |
| | 2007 | 울산 | 1 | 0 | 0 | 0 | 0 | 0 | 0 | 0 |
| | 2008 | 포항 | 18 | 0 | 0 | 0 | 25 | 0 | 1 | 0 |
| | 2009 | 포항 | 9 | 1 | 0 | 0 | 14 | 1 | 0 | 0 |
| | 2010 | 광주상무 | 26 | 1 | 0 | 0 | 39 | 0 | 2 | 0 |
| | 2011 | 상주 | 11 | 0 | 0 | 0 | 12 | 0 | 2 | 0 |
| PO | 2005 | 울산 | 3 | 0 | 0 | 0 | 4 | 0 | 0 | 0 |
| | 2007 | 울산 | 2 | 1 | 0 | 0 | 2 | 0 | 0 | 0 |
| | 2008 | 포항 | 1 | 0 | 0 | 0 | 0 | 0 | 0 | 0 |
| 컵 | 2002 | 부산 | 0 | 0 | 0 | 0 | 0 | 0 | 0 | 0 |
| | 2004 | 부산 | 2 | 0 | 0 | 0 | 8 | 0 | 0 | 0 |
| | 2006 | 울산 | 10 | 1 | 0 | 0 | 11 | 0 | 1 | 0 |
| | 2007 | 울산 | 2 | 0 | 0 | 0 | 1 | 0 | 0 | 0 |
| | 2008 | 포항 | 2 | 1 | 0 | 0 | 0 | 0 | 0 | 0 |
| | 2009 | 포항 | 1 | 0 | 0 | 0 | 0 | 0 | 0 | 0 |
| | 2010 | 광주상무 | 0 | 0 | 0 | 0 | 0 | 0 | 0 | 0 |
| | 2011 | 상주 | 0 | 0 | 0 | 0 | 0 | 0 | 0 | 0 |
| 통산 | | | 111 | 7 | 0 | 0 | 136 | 1 | 6 | 0 |

**김지현**(金址泫) 강원한라대 1996.07.22

| 대회 | 연도 | 소속 | 출전 | 교체 | 득점 | 도움 | 실점 | 파울 | 경고 | 퇴장 |
|---|---|---|---|---|---|---|---|---|---|---|
| K1 | 2018 | 강원 | 12 | 12 | 3 | 0 | 0 | 9 | 0 | 0 |
| | 2019 | 강원 | 27 | 21 | 10 | 1 | 0 | 21 | 3 | 0 |
| | 2020 | 강원 | 23 | 14 | 8 | 2 | 0 | 25 | 1 | 0 |
| | 2021 | 울산 | 17 | 16 | 1 | 1 | 0 | 12 | 0 | 0 |
| | 2022 | 김천 | 31 | 17 | 4 | 2 | 0 | 21 | 2 | 0 |
| | 2023 | 울산 | 5 | 5 | 0 | 0 | 0 | 2 | 0 | 0 |
| | 2024 | 울산 | 10 | 9 | 1 | 0 | 0 | 2 | 1 | 0 |
| K2 | 2023 | 김천 | 13 | 4 | 3 | 1 | 0 | 9 | 1 | 0 |
| | 2025 | 수원 | 37 | 33 | 12 | 5 | 0 | 17 | 3 | 1 |
| PO | 2022 | 김천 | 2 | 0 | 0 | 0 | 0 | 2 | 0 | 0 |
| | 2025 | 수원 | 2 | 2 | 0 | 0 | 0 | 2 | 0 | 0 |
| 통산 | | | 179 | 133 | 42 | 12 | 0 | 122 | 11 | 1 |

**김지호**(金芝鎬) 수원대 1997.08.03

| 대회 | 연도 | 소속 | 출전 | 교체 | 득점 | 도움 | 실점 | 파울 | 경고 | 퇴장 |
|---|---|---|---|---|---|---|---|---|---|---|
| K2 | 2018 | 부천 | 7 | 7 | 0 | 0 | 0 | 4 | 1 | 0 |
| | 2019 | 부천 | 3 | 2 | 0 | 0 | 0 | 3 | 0 | 0 |
| 통산 | | | 10 | 9 | 0 | 0 | 0 | 7 | 1 | 0 |

**김지호**(金志鎬) 고려대 2003.01.28

| 대회 | 연도 | 소속 | 출전 | 교체 | 득점 | 도움 | 실점 | 파울 | 경고 | 퇴장 |
|---|---|---|---|---|---|---|---|---|---|---|
| K2 | 2024 | 수원 | 11 | 11 | 4 | 2 | 0 | 7 | 1 | 0 |
| | 2025 | 수원 | 9 | 9 | 0 | 1 | 0 | 1 | 0 | 0 |
| 통산 | | | 20 | 20 | 4 | 3 | 0 | 8 | 1 | 0 |

**김지환**(金智煥) 영동대 1988.04.21

| 대회 | 연도 | 소속 | 출전 | 교체 | 득점 | 도움 | 실점 | 파울 | 경고 | 퇴장 |
|---|---|---|---|---|---|---|---|---|---|---|
| K1 | 2011 | 부산 | 0 | 0 | 0 | 0 | 0 | 0 | 0 | 0 |
| 컵 | 2011 | 부산 | 0 | 0 | 0 | 0 | 0 | 0 | 0 | 0 |
| 통산 | | | 0 | 0 | 0 | 0 | 0 | 0 | 0 | 0 |

**김지훈**(金志訓) 청주대 1993.06.16

| 대회 | 연도 | 소속 | 출전 | 교체 | 득점 | 도움 | 실점 | 파울 | 경고 | 퇴장 |
|---|---|---|---|---|---|---|---|---|---|---|
| K2 | 2016 | 고양 | 16 | 8 | 0 | 1 | 0 | 15 | 2 | 0 |
| 통산 | | | 16 | 8 | 0 | 1 | 0 | 15 | 2 | 0 |

**김지훈**(金志勳) 원주공고 1997.09.30

| 대회 | 연도 | 소속 | 출전 | 교체 | 득점 | 도움 | 실점 | 파울 | 경고 | 퇴장 |
|---|---|---|---|---|---|---|---|---|---|---|
| K2 | 2016 | 서울E | 0 | 0 | 0 | 0 | 0 | 0 | 0 | 0 |
| 통산 | | | 0 | 0 | 0 | 0 | 0 | 0 | 0 | 0 |

**김지훈**(金志勳) 충남기계공고 2000.06.26

| 대회 | 연도 | 소속 | 출전 | 교체 | 득점 | 도움 | 실점 | 파울 | 경고 | 퇴장 |
|---|---|---|---|---|---|---|---|---|---|---|
| K1 | 2023 | 대전 | 5 | 4 | 0 | 1 | 0 | 0 | 0 | 0 |
| K2 | 2019 | 대전 | 1 | 1 | 0 | 0 | 0 | 0 | 0 | 0 |
| | 2020 | 대전 | 9 | 2 | 0 | 2 | 0 | 9 | 0 | 0 |
| | 2021 | 대전 | 1 | 1 | 0 | 0 | 0 | 0 | 0 | 0 |
| | 2022 | 대전 | 2 | 1 | 0 | 0 | 0 | 2 | 0 | 0 |
| | 2024 | 충북청주 | 23 | 15 | 0 | 1 | 0 | 8 | 0 | 0 |
| | 2025 | 김포 | 26 | 18 | 1 | 2 | 0 | 10 | 2 | 0 |
| 통산 | | | 67 | 42 | 1 | 6 | 0 | 29 | 2 | 0 |

**김지훈**(金志訓) 아주대 2004.10.14

| 대회 | 연도 | 소속 | 출전 | 교체 | 득점 | 도움 | 실점 | 파울 | 경고 | 퇴장 |
|---|---|---|---|---|---|---|---|---|---|---|
| K1 | 2025 | 안양 | 8 | 8 | 0 | 0 | 0 | 2 | 1 | 0 |
| 통산 | | | 8 | 8 | 0 | 0 | 0 | 2 | 1 | 0 |

**김진국**(金鎭國) 건국대 1951.09.14

| 대회 | 연도 | 소속 | 출전 | 교체 | 득점 | 도움 | 실점 | 파울 | 경고 | 퇴장 |
|---|---|---|---|---|---|---|---|---|---|---|
| K1 | 1984 | 국민은행 | 15 | 10 | 2 | 3 | 0 | 5 | 0 | 0 |
| 통산 | | | 15 | 10 | 2 | 3 | 0 | 5 | 0 | 0 |

**김진규**(金珍圭) 안동고 1985.02.16

| 대회 | 연도 | 소속 | 출전 | 교체 | 득점 | 도움 | 실점 | 파울 | 경고 | 퇴장 |
|---|---|---|---|---|---|---|---|---|---|---|
| K1 | 2003 | 전남 | 11 | 4 | 1 | 0 | 0 | 12 | 2 | 0 |
| | 2004 | 전남 | 9 | 0 | 0 | 0 | 0 | 12 | 3 | 0 |
| | 2007 | 전남 | 8 | 0 | 2 | 0 | 0 | 13 | 3 | 0 |
| | 2007 | 서울 | 9 | 1 | 0 | 0 | 0 | 19 | 1 | 0 |
| | 2008 | 서울 | 22 | 2 | 0 | 0 | 0 | 35 | 5 | 1 |
| | 2009 | 서울 | 27 | 2 | 0 | 3 | 0 | 37 | 4 | 0 |
| | 2010 | 서울 | 21 | 2 | 1 | 0 | 0 | 22 | 2 | 1 |
| | 2012 | 서울 | 37 | 2 | 4 | 1 | 0 | 49 | 7 | 0 |
| | 2013 | 서울 | 35 | 1 | 6 | 1 | 0 | 25 | 3 | 0 |
| | 2014 | 서울 | 33 | 3 | 2 | 2 | 0 | 43 | 3 | 0 |
| | 2015 | 서울 | 15 | 5 | 0 | 0 | 0 | 15 | 1 | 0 |
| K2 | 2017 | 대전 | 13 | 2 | 0 | 0 | 0 | 11 | 4 | 0 |
| PO | 2004 | 전남 | 1 | 0 | 0 | 0 | 0 | 2 | 0 | 0 |
| | 2008 | 서울 | 3 | 1 | 0 | 0 | 0 | 8 | 1 | 0 |
| | 2009 | 서울 | 1 | 0 | 0 | 0 | 0 | 2 | 1 | 0 |
| | 2010 | 서울 | 2 | 0 | 0 | 0 | 0 | 3 | 0 | 0 |
| 컵 | 2004 | 전남 | 5 | 0 | 1 | 1 | 0 | 8 | 2 | 0 |
| | 2007 | 전남 | 1 | 0 | 0 | 0 | 0 | 1 | 1 | 0 |
| | 2008 | 서울 | 4 | 1 | 0 | 0 | 0 | 8 | 1 | 0 |
| | 2009 | 서울 | 4 | 2 | 0 | 0 | 0 | 6 | 1 | 0 |
| | 2010 | 서울 | 7 | 2 | 0 | 0 | 0 | 8 | 1 | 0 |
| 통산 | | | 268 | 30 | 17 | 8 | 0 | 339 | 46 | 2 |

**김진규**(金鎭圭) 개성고 1997.02.24

| 대회 | 연도 | 소속 | 출전 | 교체 | 득점 | 도움 | 실점 | 파울 | 경고 | 퇴장 |
|---|---|---|---|---|---|---|---|---|---|---|
| K1 | 2015 | 부산 | 14 | 10 | 1 | 2 | 0 | 11 | 3 | 0 |
| | 2020 | 부산 | 8 | 8 | 1 | 2 | 0 | 8 | 0 | 0 |
| | 2022 | 전북 | 26 | 15 | 2 | 1 | 0 | 29 | 3 | 0 |
| | 2024 | 김천 | 15 | 6 | 0 | 2 | 0 | 12 | 2 | 0 |
| | 2024 | 전북 | 14 | 7 | 4 | 0 | 0 | 8 | 2 | 0 |
| | 2025 | 전북 | 35 | 28 | 5 | 6 | 0 | 27 | 2 | 0 |
| K2 | 2016 | 부산 | 6 | 5 | 0 | 0 | 0 | 6 | 0 | 0 |
| | 2017 | 부산 | 10 | 6 | 0 | 0 | 0 | 12 | 2 | 0 |
| | 2018 | 부산 | 31 | 15 | 7 | 2 | 0 | 38 | 3 | 0 |
| | 2019 | 부산 | 31 | 17 | 4 | 3 | 0 | 17 | 1 | 0 |
| | 2021 | 부산 | 27 | 7 | 4 | 2 | 0 | 30 | 2 | 1 |
| | 2022 | 부산 | 1 | 0 | 0 | 0 | 0 | 3 | 0 | 0 |
| | 2023 | 김천 | 32 | 29 | 6 | 5 | 0 | 31 | 3 | 0 |
| PO | 2015 | 부산 | 1 | 1 | 0 | 0 | 0 | 1 | 0 | 0 |
| | 2018 | 부산 | 3 | 1 | 1 | 0 | 0 | 7 | 1 | 0 |
| | 2019 | 부산 | 3 | 2 | 0 | 0 | 0 | 6 | 0 | 0 |
| | 2024 | 전북 | 2 | 2 | 0 | 1 | 0 | 1 | 0 | 0 |
| 통산 | | | 259 | 159 | 35 | 26 | 0 | 247 | 24 | 1 |

**김진래**(金進來) 매탄고 1997.05.01

| 대회 | 연도 | 소속 | 출전 | 교체 | 득점 | 도움 | 실점 | 파울 | 경고 | 퇴장 |
|---|---|---|---|---|---|---|---|---|---|---|
| K2 | 2018 | 안양 | 24 | 3 | 1 | 2 | 0 | 27 | 4 | 0 |
| | 2019 | 안산 | 19 | 6 | 0 | 0 | 0 | 21 | 5 | 0 |
| | 2020 | 안산 | 9 | 0 | 0 | 0 | 0 | 18 | 3 | 0 |
| | 2021 | 안산 | 25 | 5 | 1 | 1 | 0 | 17 | 3 | 0 |
| | 2023 | 성남 | 25 | 6 | 0 | 4 | 0 | 22 | 4 | 0 |
| | 2024 | 경남 | 14 | 3 | 0 | 2 | 0 | 24 | 3 | 0 |
| | 2025 | 부산 | 11 | 9 | 0 | 0 | 0 | 8 | 3 | 0 |
| 통산 | | | 127 | 32 | 2 | 9 | 0 | 137 | 25 | 0 |

**김진만**(金眞萬) 선문대 1990.05.03

| 대회 | 연도 | 소속 | 출전 | 교체 | 득점 | 도움 | 실점 | 파울 | 경고 | 퇴장 |
|---|---|---|---|---|---|---|---|---|---|---|
| 컵 | 2011 | 대전 | 1 | 1 | 0 | 0 | 0 | 0 | 0 | 0 |
| 통산 | | | 1 | 1 | 0 | 0 | 0 | 0 | 0 | 0 |

**김진성**(金進成) 한남대 1997.06.16

| 대회 | 연도 | 소속 | 출전 | 교체 | 득점 | 도움 | 실점 | 파울 | 경고 | 퇴장 |
|---|---|---|---|---|---|---|---|---|---|---|
| K2 | 2019 | 전남 | 3 | 2 | 0 | 0 | 0 | 2 | 2 | 0 |
| | 2021 | 전남 | 1 | 1 | 0 | 0 | 0 | 0 | 0 | 0 |
| 통산 | | | 4 | 3 | 0 | 0 | 0 | 2 | 2 | 0 |

**김진성**(金眞成) 광운대 1999.12.09

| 대회 | 연도 | 소속 | 출전 | 교체 | 득점 | 도움 | 실점 | 파울 | 경고 | 퇴장 |
|---|---|---|---|---|---|---|---|---|---|---|
| K1 | 2021 | 서울 | 8 | 6 | 1 | 0 | 0 | 2 | 0 | 0 |
| | 2022 | 서울 | 1 | 1 | 0 | 0 | 0 | 1 | 0 | 0 |
| 통산 | | | 9 | 7 | 1 | 0 | 0 | 3 | 0 | 0 |

**김진솔**(金眞率) 우석대 1989.01.11

| 대회 | 연도 | 소속 | 출전 | 교체 | 득점 | 도움 | 실점 | 파울 | 경고 | 퇴장 |
|---|---|---|---|---|---|---|---|---|---|---|
| K1 | 2010 | 대전 | 4 | 4 | 0 | 0 | 0 | 4 | 1 | 0 |
| | 2011 | 대전 | 2 | 2 | 0 | 0 | 0 | 4 | 1 | 0 |
| 컵 | 2011 | 대전 | 2 | 1 | 0 | 0 | 0 | 4 | 1 | 0 |
| 통산 | | | 8 | 7 | 0 | 0 | 0 | 12 | 3 | 0 |

**김진수**(金珍洙) 창원기계공고 1984.07.02

| 대회 | 연도 | 소속 | 출전 | 교체 | 득점 | 도움 | 실점 | 파울 | 경고 | 퇴장 |
|---|---|---|---|---|---|---|---|---|---|---|
| K1 | 2007 | 인천 | 0 | 0 | 0 | 0 | 0 | 0 | 0 | 0 |
| 컵 | 2006 | 인천 | 0 | 0 | 0 | 0 | 0 | 0 | 0 | 0 |
| | 2007 | 인천 | 0 | 0 | 0 | 0 | 0 | 0 | 0 | 0 |
| 통산 | | | 0 | 0 | 0 | 0 | 0 | 0 | 0 | 0 |

**김진수**(金鎭秀) 신갈고 1995.02.28

| 대회 | 연도 | 소속 | 출전 | 교체 | 득점 | 도움 | 실점 | 파울 | 경고 | 퇴장 |
|---|---|---|---|---|---|---|---|---|---|---|
| K1 | 2016 | 광주 | 1 | 1 | 0 | 0 | 0 | 1 | 0 | 0 |

| | | | | | | | | | | |
|---|---|---|---|---|---|---|---|---|---|---|
| 통산 | | | 1 | 1 | 0 | 0 | 0 | 1 | 0 | 0 |

**김진수**(金珍洙) 경희대 1992.06.13

| 대회 | 연도 | 소속 | 출전 | 교체 | 득점 | 도움 | 실점 | 파울 | 경고 | 퇴장 |
|---|---|---|---|---|---|---|---|---|---|---|
| K1 | 2017 | 전북 | 29 | 3 | 4 | 5 | 0 | 36 | 7 | 0 |
| | 2018 | 전북 | 7 | 1 | 1 | 0 | 0 | 10 | 3 | 0 |
| | 2019 | 전북 | 27 | 3 | 2 | 4 | 0 | 35 | 5 | 1 |
| | 2020 | 전북 | 15 | 0 | 0 | 2 | 0 | 24 | 1 | 1 |
| | 2021 | 전북 | 12 | 1 | 0 | 0 | 0 | 20 | 5 | 0 |
| | 2022 | 전북 | 31 | 9 | 2 | 3 | 0 | 21 | 6 | 0 |
| | 2023 | 전북 | 19 | 3 | 0 | 1 | 0 | 24 | 8 | 0 |
| | 2024 | 전북 | 20 | 5 | 0 | 3 | 0 | 13 | 2 | 2 |
| | 2025 | 서울 | 37 | 1 | 2 | 8 | 0 | 32 | 5 | 0 |
| 통산 | | | 197 | 26 | 11 | 26 | 0 | 215 | 42 | 4 |

**김진식**(金珍植) 전주대 1977.03.16

| 대회 | 연도 | 소속 | 출전 | 교체 | 득점 | 도움 | 실점 | 파울 | 경고 | 퇴장 |
|---|---|---|---|---|---|---|---|---|---|---|
| K1 | 2003 | 대구 | 22 | 1 | 0 | 0 | 33 | 1 | 0 | 0 |
| | 2004 | 대구 | 1 | 0 | 0 | 0 | 2 | 1 | 0 | 0 |
| | 2005 | 대구 | 15 | 0 | 0 | 0 | 17 | 0 | 2 | 0 |
| 컵 | 2004 | 대구 | 1 | 0 | 0 | 0 | 2 | 0 | 0 | 0 |
| | 2005 | 대구 | 1 | 0 | 0 | 0 | 4 | 0 | 0 | 0 |
| 통산 | | | 40 | 1 | 0 | 0 | 58 | 2 | 2 | 0 |

**김진야**(金鎭冶) 대건고 1998.06.30

| 대회 | 연도 | 소속 | 출전 | 교체 | 득점 | 도움 | 실점 | 파울 | 경고 | 퇴장 |
|---|---|---|---|---|---|---|---|---|---|---|
| K1 | 2017 | 인천 | 16 | 15 | 0 | 1 | 0 | 14 | 1 | 0 |
| | 2018 | 인천 | 25 | 13 | 1 | 1 | 0 | 27 | 3 | 0 |
| | 2019 | 인천 | 32 | 11 | 0 | 1 | 0 | 27 | 1 | 0 |
| | 2020 | 서울 | 24 | 13 | 0 | 3 | 0 | 19 | 1 | 0 |
| | 2021 | 서울 | 18 | 12 | 0 | 0 | 0 | 11 | 1 | 0 |
| | 2022 | 서울 | 34 | 19 | 1 | 1 | 0 | 18 | 0 | 0 |
| | 2023 | 서울 | 29 | 20 | 0 | 1 | 0 | 13 | 1 | 0 |
| | 2024 | 서울 | 15 | 15 | 0 | 0 | 0 | 9 | 0 | 0 |
| | 2025 | 서울 | 5 | 5 | 0 | 0 | 0 | 0 | 0 | 0 |
| | 2025 | 대전 | 4 | 4 | 0 | 0 | 0 | 4 | 1 | 0 |
| 통산 | | | 202 | 127 | 2 | 8 | 0 | 142 | 9 | 0 |

**김진영**(金珍英) 건국대 1992.03.02

| 대회 | 연도 | 소속 | 출전 | 교체 | 득점 | 도움 | 실점 | 파울 | 경고 | 퇴장 |
|---|---|---|---|---|---|---|---|---|---|---|
| K1 | 2014 | 포항 | 1 | 1 | 0 | 0 | 1 | 0 | 0 | 0 |
| | 2015 | 포항 | 0 | 0 | 0 | 0 | 0 | 0 | 0 | 0 |
| | 2016 | 포항 | 17 | 2 | 0 | 0 | 15 | 1 | 0 | 0 |
| | 2017 | 포항 | 1 | 1 | 0 | 0 | 2 | 0 | 0 | 0 |
| K2 | 2018 | 대전 | 11 | 1 | 0 | 0 | 17 | 1 | 0 | 1 |
| | 2019 | 대전 | 7 | 0 | 0 | 0 | 13 | 0 | 0 | 0 |
| | 2020 | 대전 | 14 | 0 | 0 | 0 | 20 | 1 | 1 | 0 |
| | 2025 | 충남아산 | 3 | 0 | 0 | 0 | 6 | 1 | 0 | 0 |
| PO | 2020 | 대전 | 0 | 0 | 0 | 0 | 0 | 0 | 0 | 0 |
| 통산 | | | 54 | 5 | 0 | 0 | 74 | 4 | 1 | 1 |

**김진영**(金眞詠) 선문대 2000.10.20

| 대회 | 연도 | 소속 | 출전 | 교체 | 득점 | 도움 | 실점 | 파울 | 경고 | 퇴장 |
|---|---|---|---|---|---|---|---|---|---|---|
| K2 | 2022 | 광주 | 2 | 2 | 0 | 0 | 0 | 3 | 0 | 0 |
| 통산 | | | 2 | 2 | 0 | 0 | 0 | 3 | 0 | 0 |

**김진옥**(金鎭玉) 영남대 1952.12.17

| 대회 | 연도 | 소속 | 출전 | 교체 | 득점 | 도움 | 실점 | 파울 | 경고 | 퇴장 |
|---|---|---|---|---|---|---|---|---|---|---|
| K1 | 1983 | 할렐루야 | 5 | 2 | 0 | 0 | 0 | 5 | 0 | 0 |
| | 1984 | 할렐루야 | 17 | 0 | 0 | 0 | 0 | 22 | 2 | 0 |
| | 1985 | 할렐루야 | 18 | 3 | 0 | 0 | 0 | 35 | 2 | 0 |
| 통산 | | | 40 | 5 | 0 | 0 | 0 | 62 | 4 | 0 |

**김진용**(金鎭用) 대구대 1973.05.05

| 대회 | 연도 | 소속 | 출전 | 교체 | 득점 | 도움 | 실점 | 파울 | 경고 | 퇴장 |
|---|---|---|---|---|---|---|---|---|---|---|
| K1 | 1996 | 안양LG | 10 | 10 | 0 | 1 | 0 | 7 | 0 | 0 |
| | 1997 | 안양LG | 1 | 1 | 0 | 0 | 0 | 0 | 0 | 0 |
| | 2000 | 안양LG | 1 | 1 | 0 | 0 | 0 | 0 | 0 | 0 |
| 컵 | 1996 | 안양LG | 2 | 2 | 0 | 0 | 0 | 0 | 0 | 0 |
| 통산 | | | 14 | 14 | 0 | 1 | 0 | 7 | 0 | 0 |

**김진용**(金珍龍) 한양대 1982.10.09

| 대회 | 연도 | 소속 | 출전 | 교체 | 득점 | 도움 | 실점 | 파울 | 경고 | 퇴장 |
|---|---|---|---|---|---|---|---|---|---|---|
| K1 | 2004 | 울산 | 17 | 14 | 1 | 0 | 0 | 18 | 0 | 0 |
| | 2005 | 울산 | 15 | 14 | 2 | 1 | 0 | 14 | 0 | 0 |
| | 2006 | 경남 | 20 | 10 | 6 | 3 | 0 | 27 | 1 | 0 |
| | 2008 | 경남 | 23 | 19 | 6 | 1 | 0 | 27 | 0 | 0 |
| | 2009 | 성남일화 | 25 | 22 | 4 | 3 | 0 | 32 | 4 | 0 |
| | 2010 | 성남일화 | 10 | 10 | 0 | 2 | 0 | 8 | 1 | 0 |
| | 2011 | 강원 | 12 | 9 | 2 | 0 | 0 | 15 | 3 | 0 |
| | 2011 | 성남일화 | 11 | 11 | 2 | 0 | 0 | 7 | 1 | 0 |
| | 2012 | 포항 | 21 | 21 | 1 | 1 | 0 | 28 | 8 | 0 |
| | 2013 | 강원 | 7 | 6 | 0 | 0 | 0 | 7 | 0 | 0 |
| K2 | 2017 | 경남 | 2 | 2 | 0 | 0 | 0 | 4 | 2 | 0 |
| PO | 2004 | 울산 | 1 | 1 | 0 | 0 | 0 | 0 | 0 | 0 |
| | 2009 | 성남일화 | 5 | 5 | 1 | 0 | 0 | 3 | 0 | 0 |
| | 2010 | 성남일화 | 1 | 1 | 0 | 0 | 0 | 0 | 0 | 0 |
| 컵 | 2004 | 울산 | 11 | 7 | 2 | 3 | 0 | 16 | 2 | 0 |
| | 2005 | 울산 | 12 | 10 | 6 | 1 | 0 | 13 | 1 | 0 |
| | 2006 | 경남 | 10 | 6 | 1 | 1 | 0 | 14 | 2 | 0 |
| | 2008 | 경남 | 8 | 7 | 0 | 2 | 0 | 9 | 1 | 0 |
| | 2009 | 성남일화 | 7 | 7 | 2 | 2 | 0 | 8 | 0 | 0 |
| | 2011 | 성남일화 | 2 | 2 | 0 | 0 | 0 | 2 | 1 | 0 |
| 통산 | | | 220 | 184 | 36 | 20 | 0 | 252 | 27 | 0 |

**김진우**(金珍友) 대구대 1975.10.09

| 대회 | 연도 | 소속 | 출전 | 교체 | 득점 | 도움 | 실점 | 파울 | 경고 | 퇴장 |
|---|---|---|---|---|---|---|---|---|---|---|
| K1 | 1996 | 수원 | 16 | 9 | 0 | 1 | 0 | 44 | 4 | 0 |
| | 1997 | 수원 | 16 | 5 | 0 | 0 | 0 | 34 | 5 | 0 |
| | 1998 | 수원 | 16 | 5 | 0 | 1 | 0 | 34 | 4 | 0 |
| | 1999 | 수원 | 26 | 1 | 0 | 2 | 0 | 94 | 4 | 0 |
| | 2000 | 수원 | 24 | 0 | 0 | 2 | 0 | 65 | 4 | 0 |
| | 2001 | 수원 | 16 | 1 | 0 | 2 | 0 | 35 | 1 | 0 |
| | 2002 | 수원 | 13 | 4 | 0 | 0 | 0 | 15 | 0 | 0 |
| | 2003 | 수원 | 26 | 8 | 0 | 2 | 0 | 56 | 2 | 0 |
| | 2004 | 수원 | 21 | 3 | 0 | 0 | 0 | 54 | 1 | 0 |
| | 2005 | 수원 | 7 | 4 | 0 | 0 | 0 | 11 | 0 | 0 |
| | 2006 | 수원 | 12 | 7 | 0 | 0 | 0 | 27 | 0 | 0 |
| | 2007 | 수원 | 4 | 3 | 0 | 0 | 0 | 8 | 1 | 0 |
| PO | 1996 | 수원 | 2 | 1 | 0 | 1 | 0 | 4 | 0 | 0 |
| | 1998 | 수원 | 1 | 1 | 0 | 0 | 0 | 0 | 0 | 0 |
| | 1999 | 수원 | 2 | 0 | 0 | 0 | 0 | 9 | 1 | 0 |
| | 2004 | 수원 | 3 | 1 | 0 | 1 | 0 | 13 | 0 | 0 |
| | 2006 | 수원 | 2 | 2 | 0 | 0 | 0 | 2 | 0 | 0 |
| 컵 | 1996 | 수원 | 7 | 1 | 0 | 0 | 0 | 16 | 1 | 0 |
| | 1997 | 수원 | 14 | 3 | 0 | 0 | 0 | 25 | 3 | 0 |
| | 1998 | 수원 | 16 | 0 | 0 | 1 | 0 | 59 | 3 | 0 |
| | 1999 | 수원 | 13 | 1 | 0 | 2 | 0 | 39 | 2 | 0 |
| | 2000 | 수원 | 10 | 0 | 1 | 1 | 0 | 34 | 4 | 0 |
| | 2001 | 수원 | 11 | 0 | 1 | 0 | 0 | 29 | 2 | 0 |
| | 2004 | 수원 | 11 | 0 | 0 | 2 | 0 | 38 | 2 | 0 |
| | 2005 | 수원 | 11 | 4 | 0 | 0 | 0 | 23 | 1 | 0 |
| | 2006 | 수원 | 8 | 3 | 0 | 0 | 0 | 19 | 1 | 0 |
| | 2007 | 수원 | 4 | 2 | 0 | 1 | 0 | 12 | 0 | 0 |
| 통산 | | | 312 | 69 | 2 | 19 | 0 | 799 | 46 | 0 |

**김진욱**(金鎭旭) 홍익대 1997.03.06

| 대회 | 연도 | 소속 | 출전 | 교체 | 득점 | 도움 | 실점 | 파울 | 경고 | 퇴장 |
|---|---|---|---|---|---|---|---|---|---|---|
| K2 | 2019 | 안산 | 10 | 10 | 1 | 1 | 0 | 6 | 0 | 0 |
| 통산 | | | 10 | 10 | 1 | 1 | 0 | 6 | 0 | 0 |

**김진일**(金鎭一) 마산공고 1985.10.26

| 대회 | 연도 | 소속 | 출전 | 교체 | 득점 | 도움 | 실점 | 파울 | 경고 | 퇴장 |
|---|---|---|---|---|---|---|---|---|---|---|
| K1 | 2009 | 강원 | 5 | 3 | 1 | 0 | 0 | 8 | 0 | 0 |
| 컵 | 2009 | 강원 | 0 | 0 | 0 | 0 | 0 | 0 | 0 | 0 |
| | 2010 | 강원 | 1 | 1 | 0 | 0 | 0 | 1 | 0 | 0 |
| 통산 | | | 6 | 4 | 1 | 0 | 0 | 9 | 0 | 0 |

**김진혁**(金鎭爀) 숭실대 1993.06.03

| 대회 | 연도 | 소속 | 출전 | 교체 | 득점 | 도움 | 실점 | 파울 | 경고 | 퇴장 |
|---|---|---|---|---|---|---|---|---|---|---|
| K1 | 2017 | 대구 | 32 | 8 | 4 | 0 | 0 | 42 | 7 | 0 |
| | 2018 | 대구 | 25 | 11 | 1 | 0 | 0 | 25 | 4 | 1 |
| | 2019 | 상주 | 9 | 1 | 1 | 0 | 0 | 13 | 1 | 0 |
| | 2019 | 대구 | 6 | 3 | 4 | 1 | 0 | 10 | 1 | 0 |
| | 2020 | 상주 | 19 | 1 | 1 | 0 | 0 | 17 | 4 | 0 |
| | 2021 | 대구 | 34 | 8 | 6 | 2 | 0 | 41 | 2 | 0 |
| | 2022 | 대구 | 26 | 6 | 2 | 1 | 0 | 29 | 4 | 0 |
| | 2023 | 대구 | 38 | 4 | 1 | 1 | 0 | 33 | 3 | 0 |
| | 2024 | 대구 | 34 | 7 | 0 | 0 | 0 | 16 | 3 | 0 |
| | 2025 | 대구 | 9 | 5 | 0 | 0 | 0 | 5 | 2 | 0 |
| K2 | 2015 | 대구 | 11 | 11 | 0 | 0 | 0 | 4 | 1 | 0 |
| PO | 2015 | 대구 | 1 | 1 | 0 | 0 | 0 | 0 | 0 | 0 |
| | 2024 | 대구 | 2 | 0 | 0 | 0 | 0 | 4 | 2 | 0 |
| 통산 | | | 246 | 66 | 20 | 5 | 0 | 239 | 34 | 1 |

**김진현**(金眞賢) 광양제철고 1987.07.29

| 대회 | 연도 | 소속 | 출전 | 교체 | 득점 | 도움 | 실점 | 파울 | 경고 | 퇴장 |
|---|---|---|---|---|---|---|---|---|---|---|
| K1 | 2007 | 전남 | 0 | 0 | 0 | 0 | 0 | 0 | 0 | 0 |
| | 2008 | 전남 | 8 | 1 | 2 | 0 | 0 | 9 | 2 | 0 |
| | 2009 | 전남 | 6 | 3 | 0 | 0 | 0 | 7 | 0 | 0 |
| | 2010 | 경남 | 8 | 7 | 0 | 1 | 0 | 3 | 1 | 0 |
| | 2011 | 경남 | 5 | 5 | 0 | 0 | 0 | 6 | 0 | 0 |
| | 2013 | 대전 | 2 | 0 | 0 | 1 | 0 | 3 | 1 | 0 |
| K2 | 2016 | 부천 | 14 | 1 | 0 | 0 | 0 | 16 | 3 | 0 |
| | 2017 | 부천 | 2 | 1 | 0 | 0 | 0 | 0 | 0 | 0 |
| PO | 2010 | 경남 | 1 | 1 | 0 | 0 | 0 | 2 | 0 | 0 |
| 컵 | 2008 | 전남 | 0 | 0 | 0 | 0 | 0 | 0 | 0 | 0 |
| | 2009 | 전남 | 2 | 1 | 0 | 0 | 0 | 2 | 1 | 0 |
| | 2010 | 경남 | 3 | 3 | 0 | 0 | 0 | 1 | 0 | 0 |
| | 2011 | 경남 | 3 | 1 | 0 | 1 | 0 | 2 | 0 | 0 |
| 통산 | | | 54 | 24 | 2 | 3 | 0 | 51 | 8 | 0 |

**김진현**(金眞鉉) 용인대 1999.09.28

| 대회 | 연도 | 소속 | 출전 | 교체 | 득점 | 도움 | 실점 | 파울 | 경고 | 퇴장 |
|---|---|---|---|---|---|---|---|---|---|---|
| K1 | 2020 | 광주 | 2 | 2 | 0 | 0 | 0 | 0 | 0 | 0 |
| | 2021 | 포항 | 5 | 5 | 0 | 0 | 0 | 1 | 1 | 0 |
| K2 | 2023 | 안산 | 24 | 17 | 1 | 0 | 0 | 35 | 5 | 0 |
| | 2024 | 안산 | 26 | 25 | 3 | 1 | 0 | 12 | 1 | 1 |
| 통산 | | | 57 | 49 | 4 | 1 | 0 | 48 | 7 | 1 |

**김진형**(金鎭亨) 한양대 1969.04.10

| 대회 | 연도 | 소속 | 출전 | 교체 | 득점 | 도움 | 실점 | 파울 | 경고 | 퇴장 |
|---|---|---|---|---|---|---|---|---|---|---|
| K1 | 1992 | 유공 | 16 | 6 | 0 | 0 | 0 | 17 | 1 | 0 |
| | 1993 | 유공 | 28 | 4 | 0 | 0 | 0 | 35 | 2 | 0 |
| | 1994 | 유공 | 14 | 5 | 0 | 0 | 0 | 10 | 2 | 0 |
| | 1995 | 유공 | 19 | 6 | 0 | 0 | 0 | 33 | 4 | 0 |
| | 1996 | 부천유공 | 25 | 19 | 1 | 0 | 0 | 27 | 1 | 0 |
| | 1997 | 천안일화 | 6 | 4 | 0 | 0 | 0 | 2 | 0 | 0 |
| | 1998 | 포항 | 9 | 9 | 0 | 0 | 0 | 10 | 2 | 0 |
| | 1999 | 포항 | 13 | 9 | 1 | 0 | 0 | 16 | 3 | 0 |
| PO | 1998 | 포항 | 2 | 2 | 0 | 0 | 0 | 2 | 1 | 0 |
| 컵 | 1992 | 유공 | 6 | 4 | 0 | 0 | 0 | 2 | 0 | 0 |
| | 1993 | 유공 | 5 | 0 | 0 | 0 | 0 | 4 | 0 | 0 |
| | 1995 | 유공 | 3 | 2 | 0 | 0 | 0 | 11 | 2 | 0 |
| | 1996 | 부천유공 | 4 | 4 | 0 | 0 | 0 | 13 | 2 | 0 |
| | 1997 | 천안일화 | 4 | 1 | 0 | 0 | 0 | 3 | 0 | 0 |
| | 1997 | 부천SK | 1 | 1 | 0 | 0 | 0 | 0 | 0 | 0 |
| | 1998 | 전남 | 1 | 1 | 0 | 0 | 0 | 0 | 0 | 0 |
| | 1999 | 포항 | 7 | 2 | 0 | 0 | 0 | 10 | 0 | 0 |
| 통산 | | | 163 | 79 | 2 | 0 | 0 | 195 | 20 | 0 |

**김진호**(金進晧) 광운대 2000.01.21

| 대회 | 연도 | 소속 | 출전 | 교체 | 득점 | 도움 | 실점 | 파울 | 경고 | 퇴장 |
|---|---|---|---|---|---|---|---|---|---|---|
| K1 | 2022 | 강원 | 28 | 16 | 3 | 2 | 0 | 26 | 3 | 0 |
| | 2023 | 강원 | 23 | 20 | 2 | 2 | 0 | 18 | 2 | 0 |
| | 2024 | 광주 | 36 | 5 | 0 | 1 | 0 | 41 | 7 | 0 |
| | 2025 | 광주 | 13 | 2 | 0 | 0 | 0 | 10 | 4 | 0 |
| PO | 2023 | 강원 | 2 | 2 | 0 | 0 | 0 | 0 | 0 | 0 |
| 통산 | | | 102 | 45 | 5 | 5 | 0 | 95 | 16 | 0 |

**김진호**(金進護) 제주U18 2006.02.28

| 대회 | 연도 | 소속 | 출전 | 교체 | 득점 | 도움 | 실점 | 파울 | 경고 | 퇴장 |
|---|---|---|---|---|---|---|---|---|---|---|
| K1 | 2025 | 제주 | 6 | 6 | 0 | 0 | 0 | 9 | 0 | 0 |
| 통산 | | | 6 | 6 | 0 | 0 | 0 | 9 | 0 | 0 |

**김진환**(金眞煥) 경희대 1989.03.01

| 대회 | 연도 | 소속 | 출전 | 교체 | 득점 | 도움 | 실점 | 파울 | 경고 | 퇴장 |
|---|---|---|---|---|---|---|---|---|---|---|
| K1 | 2011 | 강원 | 15 | 1 | 0 | 0 | 0 | 20 | 1 | 0 |
| | 2012 | 강원 | 19 | 3 | 0 | 0 | 0 | 23 | 4 | 0 |

| 대회 | 연도 | 소속 | 출전 | 교체 | 득점 | 도움 | 실점 | 파울 | 경고 | 퇴장 |
|---|---|---|---|---|---|---|---|---|---|---|
| | 2013 | 강원 | 12 | 3 | 0 | 0 | 0 | 15 | 3 | 0 |
| | 2014 | 인천 | 2 | 1 | 0 | 0 | 0 | 0 | 0 | 0 |
| | 2015 | 인천 | 20 | 3 | 3 | 0 | 0 | 17 | 3 | 0 |
| | 2016 | 광주 | 5 | 3 | 0 | 0 | 0 | 1 | 0 | 0 |
| | 2017 | 상주 | 7 | 5 | 0 | 1 | 0 | 10 | 1 | 0 |
| | 2018 | 상주 | 12 | 11 | 0 | 0 | 0 | 8 | 2 | 0 |
| K2 | 2016 | 안양 | 17 | 0 | 0 | 0 | 0 | 23 | 6 | 0 |
| | 2018 | 광주 | 5 | 2 | 0 | 0 | 0 | 2 | 1 | 0 |
| | 2019 | 광주 | 12 | 2 | 1 | 0 | 0 | 8 | 0 | 0 |
| | 2020 | 서울E | 11 | 2 | 1 | 1 | 0 | 20 | 3 | 0 |
| | 2021 | 서울E | 22 | 4 | 2 | 0 | 0 | 21 | 4 | 0 |
| | 2022 | 서울E | 5 | 4 | 0 | 0 | 0 | 0 | 0 | 0 |
| PO | 2017 | 상주 | 0 | 0 | 0 | 0 | 0 | 0 | 0 | 0 |
| | 2018 | 광주 | 0 | 0 | 0 | 0 | 0 | 0 | 0 | 0 |
| 컵 | 2011 | 강원 | 4 | 0 | 0 | 0 | 0 | 7 | 1 | 0 |
| 통산 | | | 168 | 44 | 7 | 2 | 0 | 175 | 29 | 0 |

**김찬**(金燦) 포항제철고 2000.04.25

| 대회 | 연도 | 소속 | 출전 | 교체 | 득점 | 도움 | 실점 | 파울 | 경고 | 퇴장 |
|---|---|---|---|---|---|---|---|---|---|---|
| K1 | 2024 | 김천 | 3 | 3 | 0 | 0 | 0 | 1 | 0 | 0 |
| | 2025 | 김천 | 4 | 4 | 1 | 0 | 0 | 0 | 0 | 0 |
| K2 | 2019 | 대전 | 7 | 6 | 1 | 0 | 0 | 7 | 1 | 0 |
| | 2020 | 충남아산 | 25 | 20 | 1 | 1 | 0 | 33 | 4 | 0 |
| | 2021 | 충남아산 | 25 | 24 | 1 | 1 | 0 | 44 | 5 | 0 |
| | 2022 | 부산 | 25 | 18 | 2 | 2 | 0 | 34 | 3 | 0 |
| | 2023 | 부산 | 26 | 23 | 8 | 1 | 0 | 42 | 5 | 0 |
| | 2024 | 부산 | 3 | 1 | 3 | 0 | 0 | 5 | 0 | 0 |
| | 2025 | 부산 | 1 | 1 | 0 | 0 | 0 | 1 | 0 | 0 |
| PO | 2023 | 부산 | 2 | 2 | 0 | 1 | 0 | 1 | 0 | 0 |
| 통산 | | | 121 | 102 | 17 | 6 | 0 | 168 | 18 | 0 |

**김찬영**(金燦榮) 경희대 1989.04.01

| 대회 | 연도 | 소속 | 출전 | 교체 | 득점 | 도움 | 실점 | 파울 | 경고 | 퇴장 |
|---|---|---|---|---|---|---|---|---|---|---|
| K1 | 2014 | 부산 | 23 | 13 | 0 | 0 | 0 | 16 | 3 | 0 |
| | 2015 | 부산 | 9 | 4 | 0 | 0 | 0 | 9 | 0 | 0 |
| K2 | 2017 | 안양 | 4 | 2 | 0 | 0 | 0 | 1 | 0 | 0 |
| 통산 | | | 36 | 19 | 0 | 0 | 0 | 26 | 3 | 0 |

**김찬중**(金燦中) 건국대 1976.06.14

| 대회 | 연도 | 소속 | 출전 | 교체 | 득점 | 도움 | 실점 | 파울 | 경고 | 퇴장 |
|---|---|---|---|---|---|---|---|---|---|---|
| K1 | 1999 | 대전 | 24 | 12 | 0 | 0 | 0 | 30 | 1 | 0 |
| | 2000 | 대전 | 23 | 7 | 0 | 0 | 0 | 23 | 1 | 0 |
| | 2001 | 대전 | 2 | 1 | 0 | 1 | 0 | 3 | 0 | 0 |
| | 2002 | 대전 | 1 | 1 | 0 | 0 | 0 | 0 | 0 | 0 |
| | 2003 | 대전 | 2 | 1 | 0 | 0 | 0 | 3 | 0 | 0 |
| 컵 | 1999 | 대전 | 4 | 2 | 0 | 0 | 0 | 7 | 1 | 0 |
| | 2000 | 대전 | 5 | 4 | 0 | 0 | 0 | 1 | 0 | 0 |
| | 2002 | 대전 | 1 | 1 | 0 | 0 | 0 | 0 | 1 | 0 |
| 통산 | | | 62 | 29 | 0 | 1 | 0 | 67 | 4 | 0 |

**김찬희**(金燦喜) 한양대 1990.06.25

| 대회 | 연도 | 소속 | 출전 | 교체 | 득점 | 도움 | 실점 | 파울 | 경고 | 퇴장 |
|---|---|---|---|---|---|---|---|---|---|---|
| K1 | 2012 | 포항 | 2 | 2 | 0 | 0 | 0 | 4 | 0 | 0 |
| | 2015 | 대전 | 5 | 5 | 0 | 0 | 0 | 7 | 0 | 0 |
| K2 | 2014 | 대전 | 27 | 19 | 8 | 5 | 0 | 79 | 6 | 0 |
| | 2017 | 대전 | 18 | 15 | 4 | 3 | 0 | 43 | 4 | 0 |
| | 2018 | 대전 | 4 | 4 | 0 | 0 | 0 | 10 | 2 | 0 |
| | 2019 | 부천 | 12 | 12 | 1 | 0 | 0 | 7 | 0 | 0 |
| 통산 | | | 68 | 57 | 13 | 8 | 0 | 150 | 12 | 0 |

**김창대**(金昌大) 한남대 1992.11.02

| 대회 | 연도 | 소속 | 출전 | 교체 | 득점 | 도움 | 실점 | 파울 | 경고 | 퇴장 |
|---|---|---|---|---|---|---|---|---|---|---|
| K2 | 2013 | 충주 | 19 | 17 | 0 | 1 | 0 | 8 | 1 | 0 |
| 통산 | | | 19 | 17 | 0 | 1 | 0 | 8 | 1 | 0 |

**김창수**(金昌洙) 동명정보고 1985.09.12

| 대회 | 연도 | 소속 | 출전 | 교체 | 득점 | 도움 | 실점 | 파울 | 경고 | 퇴장 |
|---|---|---|---|---|---|---|---|---|---|---|
| K1 | 2006 | 대전 | 7 | 2 | 0 | 0 | 0 | 3 | 1 | 0 |
| | 2007 | 대전 | 17 | 3 | 1 | 2 | 0 | 29 | 5 | 0 |
| | 2008 | 부산 | 23 | 3 | 1 | 2 | 0 | 42 | 2 | 0 |
| | 2009 | 부산 | 20 | 1 | 1 | 1 | 0 | 26 | 4 | 0 |
| | 2010 | 부산 | 27 | 1 | 2 | 2 | 0 | 47 | 5 | 0 |
| | 2011 | 부산 | 28 | 0 | 1 | 4 | 0 | 36 | 4 | 0 |
| | 2012 | 부산 | 28 | 2 | 2 | 0 | 0 | 25 | 2 | 0 |
| | 2016 | 전북 | 8 | 0 | 0 | 1 | 0 | 6 | 0 | 1 |
| | 2017 | 울산 | 29 | 0 | 0 | 2 | 0 | 29 | 4 | 2 |
| | 2018 | 울산 | 26 | 3 | 0 | 1 | 0 | 13 | 1 | 0 |
| | 2019 | 울산 | 9 | 2 | 0 | 0 | 0 | 5 | 1 | 0 |
| | 2020 | 광주 | 24 | 4 | 0 | 1 | 0 | 11 | 1 | 0 |
| | 2021 | 인천 | 9 | 4 | 0 | 0 | 0 | 3 | 0 | 0 |
| | 2022 | 인천 | 12 | 10 | 0 | 0 | 0 | 2 | 1 | 0 |
| K2 | 2023 | 천안 | 13 | 13 | 0 | 0 | 0 | 3 | 0 | 0 |
| PO | 2011 | 부산 | 1 | 0 | 0 | 0 | 0 | 1 | 0 | 0 |
| 컵 | 2004 | 울산 | 1 | 1 | 0 | 0 | 0 | 2 | 1 | 0 |
| | 2006 | 대전 | 3 | 3 | 0 | 0 | 0 | 2 | 0 | 0 |
| | 2007 | 대전 | 6 | 1 | 0 | 1 | 0 | 13 | 3 | 0 |
| | 2008 | 부산 | 5 | 0 | 0 | 0 | 0 | 6 | 3 | 0 |
| | 2009 | 부산 | 9 | 0 | 0 | 1 | 0 | 10 | 2 | 0 |
| | 2010 | 부산 | 5 | 0 | 0 | 1 | 0 | 15 | 3 | 0 |
| | 2011 | 부산 | 6 | 0 | 0 | 1 | 0 | 12 | 2 | 0 |
| 통산 | | | 316 | 53 | 8 | 20 | 0 | 341 | 45 | 3 |

**김창오**(金昌五) 연세대 1978.01.10

| 대회 | 연도 | 소속 | 출전 | 교체 | 득점 | 도움 | 실점 | 파울 | 경고 | 퇴장 |
|---|---|---|---|---|---|---|---|---|---|---|
| K1 | 2002 | 부산 | 10 | 10 | 0 | 0 | 0 | 7 | 0 | 0 |
| | 2003 | 부산 | 5 | 4 | 0 | 0 | 0 | 8 | 0 | 0 |
| 컵 | 2002 | 부산 | 8 | 5 | 2 | 1 | 0 | 22 | 1 | 0 |
| 통산 | | | 23 | 19 | 2 | 1 | 0 | 37 | 1 | 0 |

**김창욱**(金滄旭) 동의대 1992.12.04

| 대회 | 연도 | 소속 | 출전 | 교체 | 득점 | 도움 | 실점 | 파울 | 경고 | 퇴장 |
|---|---|---|---|---|---|---|---|---|---|---|
| K2 | 2015 | 서울E | 29 | 18 | 0 | 2 | 0 | 27 | 2 | 0 |
| | 2016 | 서울E | 11 | 7 | 0 | 1 | 0 | 12 | 0 | 0 |
| | 2017 | 서울E | 21 | 5 | 2 | 3 | 0 | 22 | 3 | 0 |
| | 2018 | 서울E | 22 | 8 | 0 | 1 | 0 | 22 | 5 | 0 |
| PO | 2015 | 서울E | 0 | 0 | 0 | 0 | 0 | 0 | 0 | 0 |
| 통산 | | | 83 | 38 | 2 | 7 | 0 | 83 | 10 | 0 |

**김창원**(金昌源) 국민대 1971.06.22

| 대회 | 연도 | 소속 | 출전 | 교체 | 득점 | 도움 | 실점 | 파울 | 경고 | 퇴장 |
|---|---|---|---|---|---|---|---|---|---|---|
| K1 | 1994 | 일화 | 7 | 2 | 0 | 0 | 0 | 8 | 1 | 0 |
| | 1995 | 일화 | 1 | 0 | 0 | 0 | 0 | 2 | 1 | 0 |
| | 1997 | 천안일화 | 16 | 6 | 2 | 0 | 0 | 8 | 3 | 0 |
| | 1998 | 천안일화 | 17 | 5 | 0 | 0 | 0 | 19 | 2 | 0 |
| | 2000 | 성남일화 | 11 | 0 | 0 | 0 | 0 | 12 | 0 | 0 |
| 컵 | 1994 | 일화 | 1 | 1 | 0 | 0 | 0 | 0 | 0 | 0 |
| | 1995 | 일화 | 1 | 1 | 0 | 0 | 0 | 0 | 0 | 0 |
| | 1997 | 천안일화 | 15 | 9 | 0 | 1 | 0 | 11 | 0 | 0 |
| | 1998 | 천안일화 | 17 | 0 | 0 | 1 | 0 | 24 | 2 | 0 |
| | 1999 | 천안일화 | 3 | 0 | 0 | 0 | 0 | 2 | 0 | 0 |
| | 2000 | 성남일화 | 7 | 2 | 0 | 0 | 0 | 10 | 0 | 0 |
| 통산 | | | 96 | 26 | 2 | 2 | 0 | 96 | 9 | 0 |

**김창헌**(金昶憲) 신평고 1999.07.06

| 대회 | 연도 | 소속 | 출전 | 교체 | 득점 | 도움 | 실점 | 파울 | 경고 | 퇴장 |
|---|---|---|---|---|---|---|---|---|---|---|
| K2 | 2019 | 수원FC | 1 | 1 | 0 | 0 | 0 | 0 | 0 | 0 |
| 통산 | | | 1 | 1 | 0 | 0 | 0 | 0 | 0 | 0 |

**김창현**(金昌炫) 배재대 1993.02.09

| 대회 | 연도 | 소속 | 출전 | 교체 | 득점 | 도움 | 실점 | 파울 | 경고 | 퇴장 |
|---|---|---|---|---|---|---|---|---|---|---|
| K1 | 2015 | 대전 | 2 | 2 | 0 | 0 | 0 | 5 | 1 | 0 |
| 통산 | | | 2 | 2 | 0 | 0 | 0 | 5 | 1 | 0 |

**김창호**(金昌浩) 전남기계공고 1956.06.06

| 대회 | 연도 | 소속 | 출전 | 교체 | 득점 | 도움 | 실점 | 파울 | 경고 | 퇴장 |
|---|---|---|---|---|---|---|---|---|---|---|
| K1 | 1983 | 유공 | 11 | 8 | 0 | 3 | 0 | 4 | 0 | 0 |
| | 1984 | 유공 | 10 | 8 | 0 | 2 | 0 | 7 | 1 | 0 |
| 통산 | | | 21 | 16 | 0 | 5 | 0 | 11 | 1 | 0 |

**김창효**(金昌孝) 고려대 1959.05.07

| 대회 | 연도 | 소속 | 출전 | 교체 | 득점 | 도움 | 실점 | 파울 | 경고 | 퇴장 |
|---|---|---|---|---|---|---|---|---|---|---|
| K1 | 1984 | 한일은행 | 19 | 7 | 0 | 0 | 0 | 11 | 0 | 0 |
| | 1985 | 한일은행 | 13 | 0 | 1 | 0 | 0 | 17 | 3 | 0 |
| | 1986 | 포항제철 | 10 | 1 | 0 | 0 | 0 | 5 | 0 | 0 |
| | 1987 | 럭키금성 | 2 | 1 | 0 | 0 | 0 | 0 | 0 | 0 |
| 컵 | 1986 | 포항제철 | 3 | 1 | 0 | 0 | 0 | 8 | 0 | 0 |
| 통산 | | | 47 | 10 | 1 | 0 | 0 | 41 | 3 | 0 |

**김창훈**(金彰勳) 고려대 1987.04.03

| 대회 | 연도 | 소속 | 출전 | 교체 | 득점 | 도움 | 실점 | 파울 | 경고 | 퇴장 |
|---|---|---|---|---|---|---|---|---|---|---|
| K1 | 2009 | 포항 | 8 | 2 | 1 | 0 | 0 | 18 | 0 | 0 |
| | 2010 | 포항 | 1 | 1 | 0 | 0 | 0 | 3 | 0 | 0 |
| | 2011 | 대전 | 28 | 0 | 1 | 0 | 0 | 24 | 4 | 0 |
| | 2012 | 대전 | 38 | 0 | 2 | 4 | 0 | 39 | 8 | 0 |
| | 2013 | 인천 | 14 | 0 | 0 | 2 | 0 | 13 | 2 | 0 |
| | 2014 | 상주 | 13 | 8 | 1 | 1 | 0 | 12 | 2 | 0 |
| | 2015 | 인천 | 1 | 0 | 0 | 0 | 0 | 1 | 0 | 0 |
| K2 | 2015 | 상주 | 1 | 0 | 0 | 0 | 0 | 0 | 0 | 0 |
| 컵 | 2008 | 제주 | 1 | 1 | 0 | 0 | 0 | 1 | 0 | 0 |
| | 2009 | 포항 | 0 | 0 | 0 | 0 | 0 | 0 | 0 | 0 |
| | 2011 | 대전 | 1 | 0 | 0 | 0 | 0 | 1 | 0 | 0 |
| 통산 | | | 106 | 12 | 5 | 7 | 0 | 112 | 16 | 0 |

**김창훈**(金暢訓) 광운대 1990.02.17

| 대회 | 연도 | 소속 | 출전 | 교체 | 득점 | 도움 | 실점 | 파울 | 경고 | 퇴장 |
|---|---|---|---|---|---|---|---|---|---|---|
| K1 | 2016 | 상주 | 1 | 1 | 0 | 0 | 0 | 0 | 0 | 0 |
| K2 | 2014 | 수원FC | 20 | 1 | 1 | 0 | 0 | 24 | 4 | 0 |
| | 2015 | 수원FC | 31 | 5 | 0 | 0 | 0 | 22 | 4 | 0 |
| | 2017 | 수원FC | 4 | 1 | 0 | 0 | 0 | 5 | 1 | 0 |
| | 2018 | 수원FC | 6 | 2 | 0 | 0 | 0 | 6 | 1 | 0 |
| PO | 2015 | 수원FC | 4 | 2 | 0 | 0 | 0 | 2 | 0 | 0 |
| 통산 | | | 66 | 12 | 1 | 0 | 0 | 59 | 10 | 0 |

**김창희**(金昌熙) 건국대 1986.12.05

| 대회 | 연도 | 소속 | 출전 | 교체 | 득점 | 도움 | 실점 | 파울 | 경고 | 퇴장 |
|---|---|---|---|---|---|---|---|---|---|---|
| K1 | 2009 | 대구 | 11 | 11 | 0 | 0 | 0 | 5 | 1 | 0 |
| | 2010 | 대구 | 0 | 0 | 0 | 0 | 0 | 0 | 0 | 0 |
| 컵 | 2009 | 대구 | 1 | 1 | 0 | 0 | 0 | 3 | 0 | 0 |
| 통산 | | | 12 | 12 | 0 | 0 | 0 | 8 | 1 | 0 |

**김창희**(金昌希) 영남대 1987.06.08

| 대회 | 연도 | 소속 | 출전 | 교체 | 득점 | 도움 | 실점 | 파울 | 경고 | 퇴장 |
|---|---|---|---|---|---|---|---|---|---|---|
| K1 | 2010 | 강원 | 8 | 2 | 0 | 0 | 0 | 9 | 0 | 0 |
| 컵 | 2010 | 강원 | 2 | 1 | 0 | 0 | 0 | 0 | 0 | 0 |
| 통산 | | | 10 | 3 | 0 | 0 | 0 | 9 | 0 | 0 |

**김채운**(金埰韻) 대건고 2000.03.20

| 대회 | 연도 | 소속 | 출전 | 교체 | 득점 | 도움 | 실점 | 파울 | 경고 | 퇴장 |
|---|---|---|---|---|---|---|---|---|---|---|
| K1 | 2019 | 인천 | 1 | 1 | 0 | 0 | 0 | 0 | 0 | 0 |
| | 2020 | 인천 | 0 | 0 | 0 | 0 | 0 | 0 | 0 | 0 |
| | 2021 | 인천 | 7 | 5 | 0 | 0 | 0 | 8 | 0 | 1 |
| K2 | 2022 | 충남아산 | 36 | 30 | 0 | 2 | 0 | 37 | 4 | 0 |
| | 2023 | 안산 | 18 | 12 | 0 | 1 | 0 | 19 | 4 | 0 |
| | 2024 | 김포 | 3 | 4 | 0 | 0 | 0 | 1 | 0 | 0 |
| 통산 | | | 65 | 52 | 0 | 3 | 0 | 65 | 8 | 1 |

**김철기**(金哲起) 강동고 1977.12.27

| 대회 | 연도 | 소속 | 출전 | 교체 | 득점 | 도움 | 실점 | 파울 | 경고 | 퇴장 |
|---|---|---|---|---|---|---|---|---|---|---|
| K1 | 2001 | 대전 | 3 | 3 | 0 | 0 | 0 | 5 | 1 | 0 |
| 통산 | | | 3 | 3 | 0 | 0 | 0 | 5 | 1 | 0 |

**김철명**(金喆明) 인천대 1972.10.24

| 대회 | 연도 | 소속 | 출전 | 교체 | 득점 | 도움 | 실점 | 파울 | 경고 | 퇴장 |
|---|---|---|---|---|---|---|---|---|---|---|
| K1 | 1993 | 포항제철 | 1 | 1 | 0 | 0 | 0 | 1 | 0 | 0 |
| 통산 | | | 1 | 1 | 0 | 0 | 0 | 1 | 0 | 0 |

**김철수**(金哲洙) 한양대 1952.07.06

| 대회 | 연도 | 소속 | 출전 | 교체 | 득점 | 도움 | 실점 | 파울 | 경고 | 퇴장 |
|---|---|---|---|---|---|---|---|---|---|---|
| K1 | 1983 | 포항제철 | 15 | 0 | 0 | 0 | 0 | 13 | 3 | 0 |
| | 1984 | 포항제철 | 10 | 1 | 0 | 0 | 0 | 10 | 1 | 0 |
| | 1985 | 포항제철 | 18 | 1 | 0 | 1 | 0 | 5 | 1 | 0 |
| | 1986 | 포항제철 | 4 | 0 | 0 | 0 | 0 | 2 | 0 | 0 |
| 통산 | | | 47 | 2 | 0 | 1 | 0 | 30 | 5 | 0 |

**김철웅**(金哲雄) 한성대 1979.12.19

| 대회 | 연도 | 소속 | 출전 | 교체 | 득점 | 도움 | 실점 | 파울 | 경고 | 퇴장 |
|---|---|---|---|---|---|---|---|---|---|---|
| K1 | 2004 | 울산 | 7 | 6 | 0 | 0 | 0 | 5 | 1 | 0 |
| 컵 | 2004 | 울산 | 7 | 3 | 0 | 0 | 0 | 6 | 0 | 0 |
| 통산 | | | 14 | 9 | 0 | 0 | 0 | 11 | 1 | 0 |

**김철호**(金喆淏) 강원관광대 1983.09.26

| 대회 | 연도 | 소속 | 출전 | 교체 | 득점 | 도움 | 실점 | 파울 | 경고 | 퇴장 |
|---|---|---|---|---|---|---|---|---|---|---|
| K1 | 2004 | 성남일화 | 10 | 1 | 0 | 0 | 0 | 23 | 3 | 0 |
| | 2005 | 성남일화 | 21 | 5 | 0 | 0 | 0 | 52 | 1 | 0 |

| 대회 | 연도 | 소속 | 출전 | 교체 | 득점 | 도움 | 실점 | 파울 | 경고 | 퇴장 |
|---|---|---|---|---|---|---|---|---|---|---|
| | 2006 | 성남일화 | 15 | 7 | 0 | 0 | 0 | 42 | 1 | 0 |
| | 2007 | 성남일화 | 9 | 4 | 1 | 0 | 0 | 18 | 2 | 0 |
| | 2008 | 성남일화 | 21 | 8 | 0 | 2 | 0 | 38 | 3 | 0 |
| | 2009 | 성남일화 | 24 | 17 | 0 | 0 | 0 | 40 | 2 | 0 |
| | 2010 | 성남일화 | 21 | 15 | 3 | 2 | 0 | 41 | 3 | 0 |
| | 2011 | 상주 | 27 | 7 | 1 | 4 | 0 | 47 | 4 | 0 |
| | 2012 | 상주 | 19 | 10 | 2 | 0 | 0 | 23 | 1 | 0 |
| | 2012 | 성남일화 | 7 | 5 | 0 | 1 | 0 | 16 | 3 | 0 |
| | 2013 | 성남일화 | 29 | 9 | 1 | 2 | 0 | 45 | 5 | 1 |
| | 2014 | 성남 | 29 | 9 | 2 | 1 | 0 | 43 | 2 | 0 |
| | 2015 | 성남 | 32 | 7 | 0 | 0 | 0 | 63 | 5 | 0 |
| | 2016 | 수원FC | 5 | 2 | 0 | 0 | 0 | 10 | 0 | 0 |
| K2 | 2017 | 수원FC | 8 | 7 | 0 | 0 | 0 | 7 | 0 | 0 |
| | 2018 | 수원FC | 3 | 2 | 0 | 0 | 0 | 0 | 0 | 0 |
| PO | 2005 | 성남일화 | 1 | 0 | 0 | 0 | 0 | 6 | 1 | 0 |
| | 2006 | 성남일화 | 3 | 0 | 0 | 1 | 0 | 9 | 2 | 0 |
| | 2008 | 성남일화 | 1 | 1 | 0 | 0 | 0 | 0 | 0 | 0 |
| | 2009 | 성남일화 | 4 | 2 | 0 | 0 | 0 | 13 | 1 | 0 |
| | 2010 | 성남일화 | 2 | 2 | 0 | 0 | 0 | 3 | 0 | 0 |
| 컵 | 2004 | 성남일화 | 8 | 3 | 0 | 2 | 0 | 30 | 0 | 0 |
| | 2005 | 성남일화 | 11 | 3 | 1 | 0 | 0 | 38 | 2 | 0 |
| | 2006 | 성남일화 | 8 | 1 | 1 | 0 | 0 | 29 | 2 | 0 |
| | 2008 | 성남일화 | 7 | 5 | 0 | 0 | 0 | 14 | 3 | 0 |
| | 2009 | 성남일화 | 4 | 3 | 0 | 0 | 0 | 3 | 0 | 0 |
| | 2010 | 성남일화 | 4 | 2 | 0 | 0 | 0 | 6 | 0 | 0 |
| | 2011 | 상주 | 2 | 0 | 0 | 0 | 0 | 1 | 0 | 0 |
| 통산 | | | 335 | 137 | 12 | 15 | 0 | 660 | 46 | 1 |

**김철호**(金喆鎬) 오산고 1995.10.25

| 대회 | 연도 | 소속 | 출전 | 교체 | 득점 | 도움 | 실점 | 파울 | 경고 | 퇴장 |
|---|---|---|---|---|---|---|---|---|---|---|
| K1 | 2014 | 서울 | 0 | 0 | 0 | 0 | 0 | 0 | 0 | 0 |
| | 2016 | 서울 | 0 | 0 | 0 | 0 | 0 | 0 | 0 | 0 |
| | 2017 | 서울 | 0 | 0 | 0 | 0 | 0 | 0 | 0 | 0 |
| 통산 | | | 0 | 0 | 0 | 0 | 0 | 0 | 0 | 0 |

**김충현**(金忠現) 오상고 1997.01.03

| 대회 | 연도 | 소속 | 출전 | 교체 | 득점 | 도움 | 실점 | 파울 | 경고 | 퇴장 |
|---|---|---|---|---|---|---|---|---|---|---|
| K2 | 2016 | 충주 | 0 | 0 | 0 | 0 | 0 | 0 | 0 | 0 |
| 통산 | | | 0 | 0 | 0 | 0 | 0 | 0 | 0 | 0 |

**김충환**(金忠煥) 연세대 1961.01.29

| 대회 | 연도 | 소속 | 출전 | 교체 | 득점 | 도움 | 실점 | 파울 | 경고 | 퇴장 |
|---|---|---|---|---|---|---|---|---|---|---|
| K1 | 1985 | 유공 | 1 | 1 | 0 | 0 | 0 | 1 | 1 | 0 |
| | 1985 | 한일은행 | 5 | 3 | 1 | 0 | 0 | 6 | 0 | 0 |
| | 1986 | 한일은행 | 12 | 9 | 1 | 1 | 0 | 5 | 1 | 0 |
| PO | 1984 | 유공 | 1 | 2 | 0 | 0 | 0 | 0 | 0 | 0 |
| 통산 | | | 19 | 15 | 2 | 1 | 0 | 12 | 2 | 0 |

**김치곤**(金致坤) 동래고 1983.07.29

| 대회 | 연도 | 소속 | 출전 | 교체 | 득점 | 도움 | 실점 | 파울 | 경고 | 퇴장 |
|---|---|---|---|---|---|---|---|---|---|---|
| K1 | 2002 | 안양LG | 14 | 3 | 1 | 0 | 0 | 34 | 3 | 1 |
| | 2003 | 안양LG | 20 | 4 | 0 | 0 | 0 | 43 | 6 | 0 |
| | 2004 | 서울 | 19 | 2 | 0 | 0 | 0 | 38 | 7 | 0 |
| | 2005 | 서울 | 15 | 2 | 0 | 1 | 0 | 37 | 6 | 0 |
| | 2006 | 서울 | 14 | 2 | 0 | 0 | 0 | 23 | 4 | 0 |
| | 2007 | 서울 | 24 | 2 | 0 | 0 | 0 | 28 | 2 | 0 |
| | 2008 | 서울 | 21 | 4 | 0 | 0 | 0 | 25 | 7 | 0 |
| | 2009 | 서울 | 17 | 4 | 1 | 0 | 0 | 26 | 4 | 0 |
| | 2010 | 울산 | 27 | 3 | 0 | 0 | 0 | 21 | 2 | 0 |
| | 2011 | 상주 | 18 | 4 | 0 | 0 | 0 | 32 | 3 | 1 |
| | 2012 | 상주 | 23 | 1 | 1 | 0 | 0 | 31 | 3 | 0 |
| | 2012 | 울산 | 13 | 3 | 0 | 0 | 0 | 11 | 0 | 0 |
| | 2013 | 울산 | 38 | 3 | 3 | 0 | 0 | 43 | 3 | 0 |
| | 2014 | 울산 | 34 | 2 | 2 | 0 | 0 | 37 | 3 | 1 |
| | 2015 | 울산 | 20 | 6 | 1 | 0 | 0 | 18 | 4 | 0 |
| | 2016 | 울산 | 13 | 6 | 2 | 0 | 0 | 7 | 0 | 0 |
| | 2017 | 울산 | 11 | 2 | 1 | 0 | 0 | 10 | 5 | 0 |
| PO | 2008 | 서울 | 3 | 0 | 0 | 0 | 0 | 5 | 0 | 0 |
| | 2009 | 서울 | 1 | 0 | 0 | 0 | 0 | 2 | 0 | 0 |
| | 2010 | 울산 | 1 | 1 | 0 | 0 | 0 | 2 | 1 | 0 |
| 컵 | 2005 | 서울 | 5 | 2 | 0 | 1 | 0 | 12 | 2 | 0 |
| | 2006 | 서울 | 10 | 2 | 0 | 0 | 0 | 18 | 3 | 0 |
| | 2007 | 서울 | 9 | 2 | 1 | 0 | 0 | 11 | 2 | 0 |
| | 2008 | 서울 | 6 | 2 | 0 | 0 | 0 | 8 | 3 | 0 |
| | 2009 | 서울 | 4 | 1 | 0 | 0 | 0 | 6 | 3 | 0 |
| | 2010 | 울산 | 5 | 1 | 0 | 0 | 0 | 4 | 1 | 0 |
| | 2011 | 상주 | 1 | 0 | 0 | 0 | 0 | 0 | 0 | 0 |
| 통산 | | | 386 | 64 | 13 | 2 | 0 | 532 | 77 | 3 |

**김치우**(金致佑) 중앙대 1983.11.11

| 대회 | 연도 | 소속 | 출전 | 교체 | 득점 | 도움 | 실점 | 파울 | 경고 | 퇴장 |
|---|---|---|---|---|---|---|---|---|---|---|
| K1 | 2004 | 인천 | 17 | 10 | 0 | 0 | 0 | 21 | 0 | 0 |
| | 2005 | 인천 | 8 | 6 | 0 | 0 | 0 | 8 | 0 | 0 |
| | 2006 | 인천 | 24 | 0 | 0 | 3 | 0 | 23 | 6 | 0 |
| | 2007 | 전남 | 24 | 0 | 1 | 4 | 0 | 26 | 3 | 0 |
| | 2008 | 서울 | 10 | 4 | 2 | 1 | 0 | 12 | 1 | 0 |
| | 2008 | 전남 | 13 | 2 | 1 | 1 | 0 | 10 | 2 | 0 |
| | 2009 | 서울 | 19 | 4 | 3 | 3 | 0 | 24 | 1 | 1 |
| | 2010 | 서울 | 20 | 15 | 1 | 0 | 0 | 12 | 1 | 0 |
| | 2011 | 상주 | 26 | 4 | 1 | 0 | 0 | 27 | 5 | 0 |
| | 2012 | 서울 | 8 | 6 | 0 | 0 | 0 | 4 | 0 | 0 |
| | 2012 | 상주 | 12 | 1 | 0 | 5 | 0 | 11 | 4 | 0 |
| | 2013 | 서울 | 24 | 2 | 1 | 2 | 0 | 14 | 3 | 0 |
| | 2014 | 서울 | 25 | 6 | 1 | 3 | 0 | 15 | 1 | 0 |
| | 2015 | 서울 | 17 | 1 | 1 | 1 | 0 | 15 | 2 | 0 |
| | 2016 | 서울 | 26 | 11 | 0 | 3 | 0 | 16 | 3 | 0 |
| | 2017 | 서울 | 21 | 3 | 0 | 2 | 0 | 20 | 1 | 0 |
| K2 | 2018 | 부산 | 27 | 3 | 1 | 2 | 0 | 26 | 3 | 0 |
| | 2019 | 부산 | 22 | 3 | 0 | 4 | 0 | 11 | 4 | 0 |
| PO | 2005 | 인천 | 3 | 2 | 0 | 0 | 0 | 2 | 1 | 0 |
| | 2008 | 서울 | 3 | 1 | 0 | 1 | 0 | 4 | 1 | 0 |
| | 2009 | 서울 | 1 | 1 | 0 | 0 | 0 | 1 | 0 | 0 |
| | 2010 | 서울 | 2 | 2 | 1 | 0 | 0 | 1 | 1 | 0 |
| | 2018 | 부산 | 3 | 1 | 0 | 0 | 0 | 1 | 0 | 0 |
| | 2019 | 부산 | 3 | 1 | 0 | 0 | 0 | 6 | 2 | 0 |
| 컵 | 2004 | 인천 | 2 | 1 | 1 | 0 | 0 | 1 | 0 | 0 |
| | 2006 | 인천 | 13 | 2 | 2 | 1 | 0 | 11 | 0 | 0 |
| | 2007 | 전남 | 1 | 0 | 0 | 0 | 0 | 2 | 0 | 1 |
| | 2008 | 서울 | 1 | 1 | 1 | 0 | 0 | 0 | 0 | 0 |
| | 2009 | 서울 | 2 | 0 | 0 | 1 | 0 | 1 | 2 | 0 |
| | 2010 | 서울 | 1 | 1 | 0 | 0 | 0 | 0 | 0 | 0 |
| | 2011 | 상주 | 2 | 1 | 1 | 0 | 0 | 2 | 0 | 0 |
| 통산 | | | 380 | 95 | 19 | 37 | 0 | 327 | 47 | 2 |

**김태곤**(金太崑) 전주기전대 1998.12.29

| 대회 | 연도 | 소속 | 출전 | 교체 | 득점 | 도움 | 실점 | 파울 | 경고 | 퇴장 |
|---|---|---|---|---|---|---|---|---|---|---|
| K1 | 2020 | 광주 | 0 | 0 | 0 | 0 | 0 | 0 | 0 | 0 |
| K2 | 2019 | 광주 | 0 | 0 | 0 | 0 | 0 | 0 | 0 | 0 |
| 통산 | | | 0 | 0 | 0 | 0 | 0 | 0 | 0 | 0 |

**김태근**(金泰根) 아주대 1961.02.23

| 대회 | 연도 | 소속 | 출전 | 교체 | 득점 | 도움 | 실점 | 파울 | 경고 | 퇴장 |
|---|---|---|---|---|---|---|---|---|---|---|
| K1 | 1985 | 포항제철 | 4 | 1 | 0 | 1 | 0 | 8 | 2 | 0 |
| 통산 | | | 4 | 1 | 0 | 1 | 0 | 8 | 2 | 0 |

**김태민**(金泰民) 고려대 1960.08.10

| 대회 | 연도 | 소속 | 출전 | 교체 | 득점 | 도움 | 실점 | 파울 | 경고 | 퇴장 |
|---|---|---|---|---|---|---|---|---|---|---|
| K1 | 1984 | 할렐루야 | 3 | 3 | 0 | 0 | 0 | 0 | 0 | 0 |
| | 1985 | 할렐루야 | 2 | 2 | 0 | 0 | 0 | 0 | 0 | 0 |
| 통산 | | | 5 | 5 | 0 | 0 | 0 | 0 | 0 | 0 |

**김태민**(金泰敏) 청구고 1982.05.25

| 대회 | 연도 | 소속 | 출전 | 교체 | 득점 | 도움 | 실점 | 파울 | 경고 | 퇴장 |
|---|---|---|---|---|---|---|---|---|---|---|
| K1 | 2003 | 부산 | 35 | 11 | 1 | 1 | 0 | 54 | 2 | 0 |
| | 2004 | 부산 | 19 | 6 | 0 | 2 | 0 | 30 | 3 | 0 |
| | 2005 | 부산 | 16 | 10 | 1 | 0 | 0 | 17 | 2 | 0 |
| | 2006 | 부산 | 13 | 6 | 0 | 0 | 0 | 17 | 4 | 0 |
| | 2007 | 부산 | 12 | 8 | 0 | 0 | 0 | 16 | 3 | 0 |
| | 2008 | 제주 | 12 | 6 | 0 | 0 | 0 | 24 | 8 | 0 |
| | 2009 | 광주상무 | 16 | 7 | 0 | 0 | 0 | 21 | 3 | 0 |
| | 2010 | 광주상무 | 12 | 3 | 0 | 0 | 0 | 15 | 3 | 0 |
| | 2011 | 제주 | 3 | 2 | 0 | 0 | 0 | 3 | 1 | 0 |
| | 2012 | 강원 | 26 | 15 | 0 | 0 | 0 | 42 | 7 | 0 |
| PO | 2005 | 부산 | 0 | 0 | 0 | 0 | 0 | 0 | 0 | 0 |
| | 2010 | 제주 | 0 | 0 | 0 | 0 | 0 | 0 | 0 | 0 |
| 컵 | 2002 | 부산 | 0 | 0 | 0 | 0 | 0 | 0 | 0 | 0 |
| | 2004 | 부산 | 9 | 5 | 1 | 0 | 0 | 6 | 3 | 0 |
| | 2005 | 부산 | 11 | 4 | 1 | 0 | 0 | 15 | 1 | 0 |
| | 2006 | 부산 | 7 | 5 | 0 | 0 | 0 | 6 | 0 | 0 |
| | 2007 | 부산 | 8 | 6 | 0 | 0 | 0 | 9 | 2 | 0 |
| | 2008 | 제주 | 4 | 4 | 0 | 0 | 0 | 8 | 0 | 0 |
| | 2009 | 광주상무 | 4 | 2 | 2 | 0 | 0 | 8 | 2 | 0 |
| | 2011 | 제주 | 1 | 1 | 0 | 0 | 0 | 2 | 1 | 0 |
| 통산 | | | 208 | 101 | 6 | 3 | 0 | 293 | 45 | 0 |

**김태봉**(金泰奉) 한민대 1988.02.28

| 대회 | 연도 | 소속 | 출전 | 교체 | 득점 | 도움 | 실점 | 파울 | 경고 | 퇴장 |
|---|---|---|---|---|---|---|---|---|---|---|
| K1 | 2015 | 대전 | 19 | 0 | 3 | 2 | 0 | 13 | 2 | 0 |
| K2 | 2013 | 안양 | 24 | 1 | 0 | 1 | 0 | 17 | 1 | 0 |
| | 2014 | 안양 | 35 | 3 | 1 | 5 | 0 | 21 | 1 | 0 |
| | 2015 | 안양 | 15 | 0 | 1 | 0 | 0 | 7 | 5 | 0 |
| | 2016 | 대전 | 6 | 5 | 0 | 0 | 0 | 2 | 0 | 0 |
| | 2017 | 대전 | 11 | 2 | 1 | 2 | 0 | 11 | 1 | 0 |
| 통산 | | | 110 | 11 | 6 | 10 | 0 | 71 | 10 | 0 |

**김태수**(金泰洙) 연세대 1958.02.25

| 대회 | 연도 | 소속 | 출전 | 교체 | 득점 | 도움 | 실점 | 파울 | 경고 | 퇴장 |
|---|---|---|---|---|---|---|---|---|---|---|
| K1 | 1983 | 대우 | 12 | 7 | 0 | 0 | 0 | 7 | 2 | 0 |
| | 1984 | 대우 | 7 | 7 | 0 | 0 | 0 | 2 | 0 | 0 |
| | 1985 | 대우 | 5 | 3 | 0 | 0 | 0 | 5 | 0 | 0 |
| 통산 | | | 24 | 17 | 0 | 0 | 0 | 14 | 2 | 0 |

**김태수**(金泰洙) 관동대(가톨릭관동대) 1975.11.15

| 대회 | 연도 | 소속 | 출전 | 교체 | 득점 | 도움 | 실점 | 파울 | 경고 | 퇴장 |
|---|---|---|---|---|---|---|---|---|---|---|
| K1 | 2003 | 안양LG | 1 | 0 | 0 | 0 | 3 | 0 | 0 | 0 |
| 컵 | 2004 | 서울 | 0 | 0 | 0 | 0 | 0 | 0 | 0 | 0 |
| 통산 | | | 1 | 0 | 0 | 0 | 3 | 0 | 0 | 0 |

**김태수**(金泰樹) 광운대 1981.08.25

| 대회 | 연도 | 소속 | 출전 | 교체 | 득점 | 도움 | 실점 | 파울 | 경고 | 퇴장 |
|---|---|---|---|---|---|---|---|---|---|---|
| K1 | 2004 | 전남 | 12 | 7 | 0 | 0 | 0 | 24 | 2 | 0 |
| | 2005 | 전남 | 19 | 4 | 1 | 0 | 0 | 51 | 6 | 0 |
| | 2006 | 전남 | 21 | 3 | 3 | 1 | 0 | 27 | 3 | 0 |
| | 2007 | 전남 | 23 | 3 | 3 | 0 | 0 | 51 | 3 | 0 |
| | 2008 | 전남 | 20 | 7 | 1 | 0 | 0 | 35 | 4 | 0 |
| | 2009 | 포항 | 21 | 8 | 5 | 0 | 0 | 42 | 2 | 0 |
| | 2010 | 포항 | 21 | 8 | 0 | 2 | 0 | 29 | 3 | 0 |
| | 2011 | 포항 | 22 | 12 | 1 | 1 | 0 | 28 | 3 | 0 |
| | 2012 | 포항 | 8 | 5 | 0 | 2 | 0 | 7 | 0 | 0 |
| | 2013 | 포항 | 18 | 10 | 0 | 0 | 0 | 24 | 3 | 0 |
| | 2014 | 포항 | 28 | 11 | 0 | 1 | 0 | 37 | 1 | 0 |
| | 2015 | 포항 | 26 | 18 | 1 | 0 | 0 | 19 | 2 | 0 |
| | 2016 | 인천 | 23 | 16 | 1 | 1 | 0 | 14 | 0 | 0 |
| K2 | 2017 | 서울E | 9 | 7 | 1 | 0 | 0 | 4 | 0 | 0 |
| PO | 2004 | 전남 | 1 | 1 | 0 | 0 | 0 | 2 | 0 | 0 |
| | 2009 | 포항 | 1 | 0 | 0 | 0 | 0 | 2 | 0 | 0 |
| | 2011 | 포항 | 0 | 0 | 0 | 0 | 0 | 0 | 0 | 0 |
| 컵 | 2004 | 전남 | 8 | 7 | 0 | 0 | 0 | 5 | 1 | 0 |
| | 2005 | 전남 | 9 | 1 | 0 | 0 | 0 | 24 | 2 | 0 |
| | 2006 | 전남 | 12 | 5 | 0 | 0 | 0 | 16 | 1 | 0 |
| | 2007 | 전남 | 1 | 0 | 0 | 0 | 0 | 3 | 0 | 0 |
| | 2008 | 전남 | 1 | 1 | 0 | 0 | 0 | 0 | 0 | 0 |
| | 2009 | 포항 | 5 | 1 | 1 | 0 | 0 | 11 | 1 | 0 |
| | 2010 | 포항 | 2 | 0 | 0 | 0 | 0 | 3 | 0 | 0 |
| | 2011 | 포항 | 2 | 1 | 1 | 0 | 0 | 0 | 0 | 0 |
| 통산 | | | 313 | 136 | 19 | 8 | 0 | 458 | 37 | 0 |

**김태양**(金太陽) 청주대성고 2000.03.02

| 대회 | 연도 | 소속 | 출전 | 교체 | 득점 | 도움 | 실점 | 파울 | 경고 | 퇴장 |
|---|---|---|---|---|---|---|---|---|---|---|
| K2 | 2021 | 대전 | 0 | 0 | 0 | 0 | 0 | 0 | 0 | 0 |
| 통산 | | | 0 | 0 | 0 | 0 | 0 | 0 | 0 | 0 |

**김태양**(金太陽) 연세대 2000.02.07

| 대회 | 연도 | 소속 | 출전 | 교체 | 득점 | 도움 | 실점 | 파울 | 경고 | 퇴장 |
|---|---|---|---|---|---|---|---|---|---|---|
| K1 | 2021 | 대구 | 1 | 1 | 0 | 0 | 0 | 2 | 0 | 0 |
| | 2022 | 대구 | 1 | 1 | 0 | 0 | 0 | 1 | 1 | 0 |

| 대회 | 연도 | 소속 | 출전 | 교체 | 득점 | 도움 | 실점 | 파울 | 경고 | 퇴장 |
|---|---|---|---|---|---|---|---|---|---|---|
| 통산 | | | 2 | 2 | 0 | 0 | 0 | 3 | 1 | 0 |

**김태양**(金泰揚) 인천대 2001.05.04

| 대회 | 연도 | 소속 | 출전 | 교체 | 득점 | 도움 | 실점 | 파울 | 경고 | 퇴장 |
|---|---|---|---|---|---|---|---|---|---|---|
| K1 | 2023 | 전북 | 0 | 0 | 0 | 0 | 0 | 0 | 0 | 0 |
| 통산 | | | 0 | 0 | 0 | 0 | 0 | 0 | 0 | 0 |

**김태연**(金泰燃) 장훈고 1988.06.27

| 대회 | 연도 | 소속 | 출전 | 교체 | 득점 | 도움 | 실점 | 파울 | 경고 | 퇴장 |
|---|---|---|---|---|---|---|---|---|---|---|
| K1 | 2011 | 대전 | 11 | 1 | 0 | 0 | 0 | 17 | 1 | 0 |
| | 2012 | 대전 | 34 | 6 | 3 | 0 | 0 | 37 | 7 | 0 |
| | 2013 | 대전 | 34 | 4 | 2 | 1 | 0 | 33 | 6 | 0 |
| | 2015 | 부산 | 0 | 0 | 0 | 0 | 0 | 0 | 0 | 0 |
| 통산 | | | 79 | 11 | 5 | 1 | 0 | 87 | 14 | 0 |

**김태엽**(金泰燁) 아주대 1972.03.02

| 대회 | 연도 | 소속 | 출전 | 교체 | 득점 | 도움 | 실점 | 파울 | 경고 | 퇴장 |
|---|---|---|---|---|---|---|---|---|---|---|
| K1 | 1995 | 전남 | 4 | 4 | 0 | 0 | 0 | 4 | 2 | 0 |
| | 1996 | 전남 | 12 | 7 | 0 | 0 | 0 | 8 | 3 | 0 |
| | 1997 | 전남 | 1 | 0 | 1 | 0 | 0 | 1 | 0 | 0 |
| | 1998 | 전남 | 10 | 9 | 0 | 0 | 0 | 5 | 0 | 0 |
| 컵 | 1995 | 전남 | 2 | 2 | 0 | 0 | 0 | 3 | 0 | 0 |
| | 1996 | 전남 | 0 | 0 | 0 | 0 | 0 | 0 | 0 | 0 |
| | 1998 | 전남 | 8 | 5 | 0 | 0 | 0 | 8 | 1 | 0 |
| 통산 | | | 37 | 27 | 1 | 0 | 0 | 29 | 6 | 0 |

**김태영**(金泰映) 동아대 1970.11.08

| 대회 | 연도 | 소속 | 출전 | 교체 | 득점 | 도움 | 실점 | 파울 | 경고 | 퇴장 |
|---|---|---|---|---|---|---|---|---|---|---|
| K1 | 1995 | 전남 | 25 | 0 | 2 | 0 | 0 | 50 | 7 | 0 |
| | 1996 | 전남 | 21 | 2 | 0 | 0 | 0 | 46 | 5 | 0 |
| | 1997 | 전남 | 7 | 0 | 1 | 0 | 0 | 12 | 1 | 0 |
| | 1998 | 전남 | 18 | 3 | 0 | 2 | 0 | 55 | 3 | 0 |
| | 1999 | 전남 | 20 | 6 | 0 | 2 | 0 | 42 | 3 | 0 |
| | 2000 | 전남 | 23 | 4 | 0 | 1 | 0 | 37 | 2 | 0 |
| | 2001 | 전남 | 20 | 3 | 1 | 1 | 0 | 29 | 3 | 0 |
| | 2002 | 전남 | 23 | 9 | 0 | 1 | 0 | 39 | 2 | 0 |
| | 2003 | 전남 | 29 | 5 | 0 | 1 | 0 | 42 | 5 | 0 |
| | 2004 | 전남 | 11 | 3 | 0 | 1 | 0 | 24 | 1 | 0 |
| | 2005 | 전남 | 2 | 2 | 0 | 0 | 0 | 4 | 0 | 0 |
| PO | 1999 | 전남 | 1 | 0 | 0 | 0 | 0 | 6 | 1 | 0 |
| | 2004 | 전남 | 1 | 0 | 0 | 0 | 0 | 2 | 0 | 0 |
| 컵 | 1995 | 전남 | 7 | 0 | 0 | 0 | 0 | 10 | 1 | 0 |
| | 1996 | 전남 | 7 | 0 | 1 | 0 | 0 | 11 | 0 | 0 |
| | 1997 | 전남 | 10 | 0 | 0 | 0 | 0 | 14 | 2 | 0 |
| | 1998 | 전남 | 1 | 1 | 0 | 0 | 0 | 0 | 0 | 0 |
| | 1999 | 전남 | 9 | 1 | 0 | 0 | 0 | 25 | 1 | 0 |
| | 2000 | 전남 | 8 | 2 | 0 | 3 | 0 | 16 | 0 | 1 |
| | 2001 | 전남 | 6 | 1 | 0 | 0 | 0 | 11 | 0 | 0 |
| | 2002 | 전남 | 1 | 0 | 0 | 0 | 0 | 2 | 0 | 0 |
| 통산 | | | 250 | 42 | 5 | 12 | 0 | 477 | 37 | 1 |

**김태영**(金兌炯) 협성고 1962.06.13

| 대회 | 연도 | 소속 | 출전 | 교체 | 득점 | 도움 | 실점 | 파울 | 경고 | 퇴장 |
|---|---|---|---|---|---|---|---|---|---|---|
| 컵 | 1986 | 럭키금성 | 3 | 3 | 0 | 0 | 0 | 1 | 0 | 0 |
| 통산 | | | 3 | 3 | 0 | 0 | 0 | 1 | 0 | 0 |

**김태영**(金泰榮) 건국대 1982.01.17

| 대회 | 연도 | 소속 | 출전 | 교체 | 득점 | 도움 | 실점 | 파울 | 경고 | 퇴장 |
|---|---|---|---|---|---|---|---|---|---|---|
| K1 | 2004 | 전북 | 17 | 4 | 0 | 0 | 0 | 54 | 4 | 0 |
| | 2005 | 전북 | 2 | 0 | 0 | 0 | 0 | 6 | 0 | 0 |
| | 2006 | 부산 | 15 | 5 | 0 | 0 | 0 | 20 | 4 | 0 |
| | 2007 | 부산 | 6 | 0 | 0 | 0 | 0 | 7 | 2 | 0 |
| | 2008 | 부산 | 9 | 1 | 0 | 0 | 0 | 18 | 2 | 0 |
| | 2009 | 부산 | 8 | 1 | 0 | 0 | 0 | 18 | 3 | 0 |
| 컵 | 2004 | 전북 | 11 | 2 | 0 | 0 | 0 | 14 | 0 | 0 |
| | 2005 | 전북 | 4 | 1 | 0 | 0 | 0 | 7 | 1 | 0 |
| | 2006 | 부산 | 3 | 3 | 0 | 1 | 0 | 4 | 0 | 0 |
| | 2008 | 부산 | 4 | 0 | 0 | 0 | 0 | 8 | 2 | 1 |
| | 2009 | 부산 | 1 | 0 | 0 | 0 | 0 | 1 | 0 | 0 |
| 통산 | | | 80 | 17 | 0 | 1 | 0 | 157 | 18 | 1 |

**김태영**(金兌映) 예원예술대 1987.09.14

| 대회 | 연도 | 소속 | 출전 | 교체 | 득점 | 도움 | 실점 | 파울 | 경고 | 퇴장 |
|---|---|---|---|---|---|---|---|---|---|---|
| K2 | 2013 | 부천 | 24 | 5 | 1 | 1 | 0 | 39 | 4 | 0 |
| | 2014 | 부천 | 15 | 14 | 1 | 1 | 0 | 8 | 1 | 0 |
| 통산 | | | 39 | 19 | 2 | 2 | 0 | 47 | 5 | 0 |

**김태완**(金泰完) 홍익대 1971.06.01

| 대회 | 연도 | 소속 | 출전 | 교체 | 득점 | 도움 | 실점 | 파울 | 경고 | 퇴장 |
|---|---|---|---|---|---|---|---|---|---|---|
| K1 | 1997 | 대전 | 13 | 3 | 0 | 0 | 0 | 9 | 1 | 0 |
| | 1998 | 대전 | 18 | 1 | 1 | 1 | 0 | 6 | 0 | 0 |
| | 1999 | 대전 | 19 | 7 | 2 | 1 | 0 | 24 | 2 | 0 |
| | 2000 | 대전 | 16 | 4 | 0 | 0 | 0 | 19 | 3 | 0 |
| | 2001 | 대전 | 12 | 4 | 0 | 0 | 0 | 17 | 6 | 0 |
| 컵 | 1997 | 대전 | 8 | 3 | 1 | 0 | 0 | 9 | 0 | 0 |
| | 1998 | 대전 | 12 | 0 | 0 | 0 | 0 | 7 | 2 | 0 |
| | 1999 | 대전 | 8 | 1 | 1 | 0 | 0 | 8 | 2 | 0 |
| | 2000 | 대전 | 8 | 0 | 0 | 0 | 0 | 8 | 1 | 0 |
| | 2001 | 대전 | 2 | 0 | 0 | 0 | 0 | 0 | 0 | 0 |
| 통산 | | | 116 | 23 | 5 | 2 | 0 | 107 | 17 | 0 |

**김태왕**(金泰旺) 상지대 1988.11.16

| 대회 | 연도 | 소속 | 출전 | 교체 | 득점 | 도움 | 실점 | 파울 | 경고 | 퇴장 |
|---|---|---|---|---|---|---|---|---|---|---|
| K1 | 2011 | 성남일화 | 1 | 2 | 0 | 0 | 0 | 0 | 0 | 0 |
| 통산 | | | 1 | 2 | 0 | 0 | 0 | 0 | 0 | 0 |

**김태욱**(金兌昱) 선문대 1987.07.09

| 대회 | 연도 | 소속 | 출전 | 교체 | 득점 | 도움 | 실점 | 파울 | 경고 | 퇴장 |
|---|---|---|---|---|---|---|---|---|---|---|
| K1 | 2009 | 경남 | 23 | 9 | 1 | 0 | 0 | 40 | 2 | 0 |
| | 2010 | 경남 | 25 | 2 | 2 | 1 | 0 | 46 | 2 | 0 |
| | 2011 | 경남 | 14 | 4 | 1 | 0 | 0 | 30 | 5 | 0 |
| PO | 2010 | 경남 | 1 | 0 | 0 | 0 | 0 | 5 | 0 | 0 |
| 컵 | 2009 | 경남 | 4 | 1 | 1 | 0 | 0 | 5 | 0 | 0 |
| | 2010 | 경남 | 6 | 1 | 0 | 1 | 0 | 8 | 1 | 0 |
| | 2011 | 경남 | 2 | 0 | 0 | 0 | 0 | 3 | 0 | 0 |
| 통산 | | | 75 | 17 | 5 | 2 | 0 | 137 | 10 | 0 |

**김태윤**(金台潤) 풍생고 1986.07.25

| 대회 | 연도 | 소속 | 출전 | 교체 | 득점 | 도움 | 실점 | 파울 | 경고 | 퇴장 |
|---|---|---|---|---|---|---|---|---|---|---|
| K1 | 2005 | 성남일화 | 17 | 12 | 0 | 0 | 0 | 14 | 1 | 0 |
| | 2006 | 성남일화 | 9 | 9 | 1 | 0 | 0 | 7 | 0 | 0 |
| | 2007 | 성남일화 | 1 | 1 | 0 | 0 | 0 | 1 | 0 | 0 |
| | 2008 | 광주상무 | 19 | 4 | 0 | 0 | 0 | 24 | 3 | 0 |
| | 2009 | 성남일화 | 1 | 0 | 0 | 0 | 0 | 3 | 1 | 0 |
| | 2009 | 광주상무 | 15 | 11 | 0 | 0 | 0 | 15 | 1 | 0 |
| | 2010 | 성남일화 | 6 | 0 | 0 | 0 | 0 | 7 | 0 | 0 |
| | 2011 | 성남일화 | 25 | 1 | 0 | 3 | 0 | 33 | 3 | 0 |
| | 2012 | 인천 | 16 | 5 | 1 | 0 | 0 | 11 | 0 | 0 |
| | 2013 | 인천 | 15 | 6 | 0 | 0 | 0 | 15 | 2 | 0 |
| | 2015 | 성남 | 16 | 1 | 0 | 0 | 0 | 17 | 3 | 0 |
| | 2016 | 성남 | 33 | 1 | 1 | 0 | 0 | 12 | 6 | 0 |
| | 2020 | 광주 | 1 | 1 | 0 | 0 | 0 | 0 | 0 | 0 |
| K2 | 2017 | 성남 | 5 | 1 | 0 | 0 | 0 | 3 | 0 | 0 |
| | 2018 | 광주 | 16 | 2 | 0 | 0 | 0 | 14 | 2 | 0 |
| | 2019 | 광주 | 2 | 0 | 0 | 0 | 0 | 1 | 0 | 0 |
| PO | 2005 | 성남일화 | 0 | 0 | 0 | 0 | 0 | 0 | 0 | 0 |
| | 2006 | 성남일화 | 3 | 3 | 0 | 0 | 0 | 0 | 0 | 0 |
| | 2007 | 성남일화 | 0 | 0 | 0 | 0 | 0 | 0 | 0 | 0 |
| | 2009 | 성남일화 | 0 | 0 | 0 | 0 | 0 | 0 | 0 | 0 |
| | 2010 | 성남일화 | 2 | 0 | 0 | 0 | 0 | 4 | 0 | 0 |
| | 2016 | 성남 | 2 | 0 | 0 | 0 | 0 | 1 | 0 | 0 |
| 컵 | 2005 | 성남일화 | 1 | 0 | 0 | 0 | 0 | 2 | 0 | 0 |
| | 2006 | 성남일화 | 9 | 2 | 0 | 0 | 0 | 24 | 2 | 0 |
| | 2007 | 성남일화 | 0 | 0 | 0 | 0 | 0 | 0 | 0 | 0 |
| | 2008 | 광주상무 | 9 | 2 | 0 | 0 | 0 | 6 | 1 | 0 |
| | 2009 | 광주상무 | 3 | 1 | 0 | 0 | 0 | 2 | 1 | 0 |
| | 2010 | 성남일화 | 1 | 1 | 0 | 0 | 0 | 0 | 0 | 0 |
| | 2011 | 성남일화 | 3 | 1 | 0 | 0 | 0 | 6 | 0 | 0 |
| 통산 | | | 230 | 65 | 3 | 3 | 0 | 222 | 26 | 0 |

**김태윤**(金兌玧) 진주고 2003.02.27

| 대회 | 연도 | 소속 | 출전 | 교체 | 득점 | 도움 | 실점 | 파울 | 경고 | 퇴장 |
|---|---|---|---|---|---|---|---|---|---|---|
| K2 | 2022 | 경남 | 0 | 0 | 0 | 0 | 0 | 0 | 0 | 0 |
| | 2024 | 경남 | 3 | 3 | 0 | 0 | 0 | 1 | 0 | 0 |
| 통산 | | | 3 | 3 | 0 | 0 | 0 | 1 | 0 | 0 |

**김태은**(金兌恩) 배재대 1989.09.21

| 대회 | 연도 | 소속 | 출전 | 교체 | 득점 | 도움 | 실점 | 파울 | 경고 | 퇴장 |
|---|---|---|---|---|---|---|---|---|---|---|
| K2 | 2015 | 서울E | 14 | 2 | 0 | 0 | 0 | 10 | 4 | 0 |
| | 2016 | 서울E | 22 | 6 | 0 | 0 | 0 | 44 | 8 | 0 |
| | 2017 | 대전 | 25 | 6 | 0 | 0 | 0 | 52 | 13 | 0 |
| | 2018 | 서울E | 18 | 5 | 0 | 0 | 0 | 26 | 2 | 1 |
| PO | 2015 | 서울E | 1 | 0 | 0 | 0 | 0 | 1 | 0 | 0 |
| 컵 | 2011 | 인천 | 1 | 1 | 0 | 0 | 0 | 1 | 0 | 0 |
| 통산 | | | 81 | 20 | 0 | 0 | 0 | 134 | 27 | 1 |

**김태인**(金泰仁) 영남대 1972.05.21

| 대회 | 연도 | 소속 | 출전 | 교체 | 득점 | 도움 | 실점 | 파울 | 경고 | 퇴장 |
|---|---|---|---|---|---|---|---|---|---|---|
| K1 | 1995 | 전북 | 1 | 1 | 0 | 0 | 0 | 1 | 0 | 0 |
| 컵 | 1997 | 전북 | 1 | 1 | 0 | 0 | 0 | 0 | 0 | 0 |
| 통산 | | | 2 | 2 | 0 | 0 | 0 | 1 | 0 | 0 |

**김태종**(金泰鍾) 단국대 1982.10.29

| 대회 | 연도 | 소속 | 출전 | 교체 | 득점 | 도움 | 실점 | 파울 | 경고 | 퇴장 |
|---|---|---|---|---|---|---|---|---|---|---|
| K1 | 2007 | 제주 | 1 | 1 | 0 | 0 | 0 | 0 | 0 | 0 |
| 컵 | 2006 | 제주 | 2 | 0 | 0 | 0 | 0 | 2 | 0 | 0 |
| | 2007 | 제주 | 2 | 1 | 0 | 0 | 0 | 4 | 0 | 0 |
| 통산 | | | 5 | 2 | 0 | 0 | 0 | 6 | 0 | 0 |

**김태준**(金泰俊) 류츠케이자이대(일본) 1989.04.25

| 대회 | 연도 | 소속 | 출전 | 교체 | 득점 | 도움 | 실점 | 파울 | 경고 | 퇴장 |
|---|---|---|---|---|---|---|---|---|---|---|
| K1 | 2011 | 부산 | 0 | 0 | 0 | 0 | 0 | 0 | 0 | 0 |
| | 2012 | 부산 | 1 | 2 | 0 | 0 | 0 | 1 | 1 | 0 |
| K2 | 2013 | 고양 | 5 | 1 | 0 | 0 | 0 | 10 | 2 | 0 |
| 컵 | 2011 | 부산 | 2 | 2 | 0 | 0 | 0 | 0 | 0 | 0 |
| 통산 | | | 8 | 5 | 0 | 0 | 0 | 11 | 3 | 0 |

**김태준**(金泰準) 청주대 2001.07.08

| 대회 | 연도 | 소속 | 출전 | 교체 | 득점 | 도움 | 실점 | 파울 | 경고 | 퇴장 |
|---|---|---|---|---|---|---|---|---|---|---|
| K1 | 2023 | 광주 | 0 | 0 | 0 | 0 | 0 | 0 | 0 | 0 |
| | 2024 | 광주 | 0 | 0 | 0 | 0 | 0 | 0 | 0 | 0 |
| | 2025 | 광주 | 0 | 0 | 0 | 0 | 0 | 0 | 0 | 0 |
| 통산 | | | 0 | 0 | 0 | 0 | 0 | 0 | 0 | 0 |

**김태진**(金泰眞) 동아대 1969.08.09

| 대회 | 연도 | 소속 | 출전 | 교체 | 득점 | 도움 | 실점 | 파울 | 경고 | 퇴장 |
|---|---|---|---|---|---|---|---|---|---|---|
| K1 | 1992 | 대우 | 2 | 2 | 0 | 0 | 0 | 2 | 0 | 0 |
| | 1993 | 대우 | 17 | 17 | 2 | 1 | 0 | 10 | 0 | 0 |
| | 1994 | 대우 | 11 | 8 | 2 | 1 | 0 | 7 | 1 | 0 |
| | 1995 | 대우 | 5 | 5 | 0 | 1 | 0 | 0 | 0 | 0 |
| 컵 | 1992 | 대우 | 2 | 1 | 0 | 0 | 0 | 1 | 0 | 0 |
| | 1993 | 대우 | 3 | 3 | 0 | 0 | 0 | 2 | 1 | 0 |
| 통산 | | | 40 | 36 | 4 | 3 | 0 | 22 | 2 | 0 |

**김태진**(金泰鎭) 경희대 1977.04.02

| 대회 | 연도 | 소속 | 출전 | 교체 | 득점 | 도움 | 실점 | 파울 | 경고 | 퇴장 |
|---|---|---|---|---|---|---|---|---|---|---|
| K1 | 2000 | 전남 | 0 | 0 | 0 | 0 | 0 | 0 | 0 | 0 |
| | 2001 | 전남 | 8 | 0 | 0 | 0 | 9 | 1 | 0 | 0 |
| | 2003 | 대구 | 23 | 1 | 0 | 0 | 27 | 0 | 2 | 0 |
| | 2004 | 대구 | 23 | 0 | 0 | 0 | 29 | 0 | 3 | 0 |
| | 2005 | 대구 | 8 | 0 | 0 | 0 | 15 | 1 | 1 | 0 |
| | 2006 | 대구 | 7 | 0 | 0 | 0 | 9 | 0 | 2 | 0 |
| 컵 | 2000 | 전남 | 0 | 0 | 0 | 0 | 0 | 0 | 0 | 0 |
| | 2001 | 전남 | 1 | 1 | 0 | 0 | 1 | 0 | 0 | 0 |
| | 2004 | 대구 | 11 | 0 | 0 | 0 | 18 | 0 | 1 | 0 |
| | 2005 | 대구 | 10 | 0 | 0 | 0 | 12 | 0 | 1 | 0 |
| | 2006 | 대구 | 4 | 1 | 0 | 0 | 11 | 1 | 1 | 0 |
| 통산 | | | 95 | 3 | 0 | 0 | 131 | 3 | 11 | 0 |

**김태진**(金泰振) 강릉농공고 1984.08.30

| 대회 | 연도 | 소속 | 출전 | 교체 | 득점 | 도움 | 실점 | 파울 | 경고 | 퇴장 |
|---|---|---|---|---|---|---|---|---|---|---|
| K1 | 2006 | 수원 | 1 | 1 | 0 | 0 | 0 | 0 | 0 | 0 |
| | 2013 | 대구 | 0 | 0 | 0 | 0 | 0 | 0 | 0 | 0 |
| 통산 | | | 1 | 1 | 0 | 0 | 0 | 0 | 0 | 0 |

**김태진**(金泰鎭) 연세대 1984.10.29

| 대회 | 연도 | 소속 | 출전 | 교체 | 득점 | 도움 | 실점 | 파울 | 경고 | 퇴장 |
|---|---|---|---|---|---|---|---|---|---|---|
| K1 | 2007 | 서울 | 6 | 3 | 0 | 0 | 0 | 11 | 2 | 0 |
| | 2008 | 인천 | 7 | 4 | 0 | 0 | 0 | 11 | 1 | 0 |
| 컵 | 2006 | 서울 | 1 | 0 | 0 | 0 | 0 | 3 | 0 | 0 |
| | 2007 | 서울 | 8 | 5 | 0 | 0 | 0 | 16 | 0 | 0 |
| | 2008 | 인천 | 8 | 8 | 0 | 0 | 0 | 17 | 2 | 0 |

| 대회 | 연도 | 소속 | 출전 | 교체 | 득점 | 도움 | 실점 | 파울 | 경고 | 퇴장 |
|---|---|---|---|---|---|---|---|---|---|---|
| 통산 | | | 30 | 20 | 0 | 0 | 0 | 58 | 5 | 0 |

**김태한**(金台翰) 현풍고 1996.02.24

| 대회 | 연도 | 소속 | 출전 | 교체 | 득점 | 도움 | 실점 | 파울 | 경고 | 퇴장 |
|---|---|---|---|---|---|---|---|---|---|---|
| K1 | 2018 | 대구 | 3 | 1 | 0 | 0 | 0 | 4 | 0 | 0 |
| | 2019 | 대구 | 3 | 0 | 0 | 0 | 0 | 4 | 1 | 0 |
| | 2024 | 수원FC | 28 | 9 | 2 | 0 | 0 | 16 | 3 | 0 |
| | 2025 | 수원FC | 29 | 5 | 0 | 1 | 0 | 25 | 6 | 0 |
| K2 | 2022 | 김포 | 32 | 6 | 1 | 1 | 0 | 25 | 8 | 1 |
| | 2023 | 김포 | 33 | 1 | 1 | 0 | 0 | 29 | 2 | 1 |
| PO | 2023 | 김포 | 3 | 0 | 0 | 0 | 0 | 2 | 0 | 0 |
| | 2025 | 수원FC | 2 | 1 | 0 | 0 | 0 | 0 | 0 | 0 |
| 통산 | | | 133 | 23 | 4 | 2 | 0 | 105 | 20 | 2 |

**김태현**(金泰賢) 용인대 1996.12.19

| 대회 | 연도 | 소속 | 출전 | 교체 | 득점 | 도움 | 실점 | 파울 | 경고 | 퇴장 |
|---|---|---|---|---|---|---|---|---|---|---|
| K1 | 2024 | 전북 | 13 | 1 | 0 | 0 | 0 | 11 | 2 | 0 |
| | 2024 | 김천 | 13 | 7 | 2 | 0 | 0 | 8 | 2 | 0 |
| | 2025 | 전북 | 28 | 6 | 0 | 3 | 0 | 24 | 6 | 0 |
| K2 | 2018 | 안산 | 18 | 11 | 0 | 2 | 0 | 16 | 2 | 0 |
| | 2019 | 서울E | 11 | 3 | 0 | 2 | 0 | 15 | 1 | 0 |
| | 2020 | 안산 | 25 | 1 | 2 | 1 | 0 | 30 | 6 | 0 |
| | 2021 | 전남 | 29 | 10 | 0 | 0 | 0 | 32 | 8 | 0 |
| | 2022 | 전남 | 37 | 6 | 1 | 2 | 0 | 30 | 5 | 0 |
| | 2023 | 김천 | 21 | 11 | 0 | 0 | 0 | 22 | 4 | 0 |
| PO | 2021 | 전남 | 1 | 0 | 0 | 0 | 0 | 0 | 0 | 0 |
| | 2024 | 전북 | 2 | 0 | 0 | 0 | 0 | 1 | 1 | 0 |
| 통산 | | | 198 | 56 | 5 | 10 | 0 | 189 | 37 | 0 |

**김태현**(金太炫) 통진고 2000.09.17

| 대회 | 연도 | 소속 | 출전 | 교체 | 득점 | 도움 | 실점 | 파울 | 경고 | 퇴장 |
|---|---|---|---|---|---|---|---|---|---|---|
| K1 | 2019 | 울산 | 0 | 0 | 0 | 0 | 0 | 0 | 0 | 0 |
| | 2021 | 울산 | 6 | 5 | 0 | 0 | 0 | 5 | 0 | 1 |
| K2 | 2019 | 대전 | 11 | 1 | 0 | 0 | 0 | 13 | 3 | 0 |
| | 2020 | 서울E | 24 | 1 | 1 | 0 | 0 | 35 | 5 | 0 |
| 통산 | | | 41 | 7 | 1 | 0 | 0 | 53 | 8 | 1 |

**김태형**(金兌炯) 진주상고 1960.02.18

| 대회 | 연도 | 소속 | 출전 | 교체 | 득점 | 도움 | 실점 | 파울 | 경고 | 퇴장 |
|---|---|---|---|---|---|---|---|---|---|---|
| K1 | 1983 | 국민은행 | 5 | 0 | 0 | 0 | 10 | 0 | 0 | 0 |
| | 1984 | 국민은행 | 13 | 0 | 0 | 0 | 32 | 0 | 0 | 0 |
| 통산 | | | 18 | 0 | 0 | 0 | 42 | 0 | 0 | 0 |

**김태호**(金泰昊) 숭실대 1985.01.26

| 대회 | 연도 | 소속 | 출전 | 교체 | 득점 | 도움 | 실점 | 파울 | 경고 | 퇴장 |
|---|---|---|---|---|---|---|---|---|---|---|
| K1 | 2010 | 강원 | 0 | 0 | 0 | 0 | 0 | 0 | 0 | 0 |
| 통산 | | | 0 | 0 | 0 | 0 | 0 | 0 | 0 | 0 |

**김태호**(金台鎬) 아주대 1989.09.22

| 대회 | 연도 | 소속 | 출전 | 교체 | 득점 | 도움 | 실점 | 파울 | 경고 | 퇴장 |
|---|---|---|---|---|---|---|---|---|---|---|
| K1 | 2013 | 전남 | 26 | 2 | 0 | 1 | 0 | 30 | 6 | 0 |
| | 2014 | 전남 | 32 | 6 | 0 | 3 | 0 | 43 | 5 | 0 |
| | 2015 | 전남 | 6 | 2 | 0 | 0 | 0 | 12 | 2 | 0 |
| | 2019 | 인천 | 0 | 0 | 0 | 0 | 0 | 0 | 0 | 0 |
| K2 | 2016 | 안양 | 15 | 1 | 0 | 0 | 0 | 21 | 2 | 0 |
| | 2017 | 안양 | 30 | 2 | 0 | 0 | 0 | 36 | 5 | 0 |
| | 2018 | 안양 | 10 | 3 | 0 | 1 | 0 | 17 | 3 | 0 |
| 통산 | | | 119 | 16 | 0 | 5 | 0 | 159 | 23 | 0 |

**김태호**(金鮐壕, ←김준호) 단국대 1992.06.05

| 대회 | 연도 | 소속 | 출전 | 교체 | 득점 | 도움 | 실점 | 파울 | 경고 | 퇴장 |
|---|---|---|---|---|---|---|---|---|---|---|
| K1 | 2015 | 전북 | 0 | 0 | 0 | 0 | 0 | 0 | 0 | 0 |
| | 2016 | 전북 | 0 | 0 | 0 | 0 | 0 | 0 | 0 | 0 |
| | 2017 | 전북 | 0 | 0 | 0 | 0 | 0 | 0 | 0 | 0 |
| 통산 | | | 0 | 0 | 0 | 0 | 0 | 0 | 0 | 0 |

**김태환**(金泰煥) 연세대 1958.03.20

| 대회 | 연도 | 소속 | 출전 | 교체 | 득점 | 도움 | 실점 | 파울 | 경고 | 퇴장 |
|---|---|---|---|---|---|---|---|---|---|---|
| K1 | 1984 | 할렐루야 | 7 | 6 | 0 | 1 | 0 | 5 | 0 | 0 |
| | 1985 | 할렐루야 | 18 | 6 | 0 | 1 | 0 | 9 | 1 | 0 |
| | 1987 | 유공 | 15 | 11 | 0 | 0 | 0 | 6 | 1 | 0 |
| 통산 | | | 40 | 23 | 0 | 2 | 0 | 20 | 2 | 0 |

**김태환**(金太煥) 울산대 1989.07.24

| 대회 | 연도 | 소속 | 출전 | 교체 | 득점 | 도움 | 실점 | 파울 | 경고 | 퇴장 |
|---|---|---|---|---|---|---|---|---|---|---|
| K1 | 2010 | 서울 | 12 | 12 | 0 | 1 | 0 | 10 | 2 | 0 |
| | 2011 | 서울 | 16 | 14 | 1 | 0 | 0 | 23 | 2 | 0 |
| | 2012 | 서울 | 19 | 19 | 1 | 0 | 0 | 11 | 3 | 0 |
| | 2013 | 성남일화 | 34 | 4 | 3 | 4 | 0 | 65 | 4 | 1 |
| | 2014 | 성남 | 36 | 3 | 5 | 4 | 0 | 71 | 7 | 0 |
| | 2015 | 울산 | 33 | 7 | 1 | 7 | 0 | 50 | 7 | 1 |
| | 2016 | 울산 | 36 | 9 | 4 | 3 | 0 | 49 | 2 | 0 |
| | 2017 | 상주 | 34 | 4 | 2 | 7 | 0 | 65 | 8 | 0 |
| | 2018 | 울산 | 8 | 2 | 0 | 2 | 0 | 13 | 1 | 0 |
| | 2018 | 상주 | 21 | 1 | 0 | 4 | 0 | 32 | 5 | 0 |
| | 2019 | 울산 | 30 | 3 | 2 | 7 | 0 | 51 | 9 | 0 |
| | 2020 | 울산 | 25 | 1 | 1 | 4 | 0 | 39 | 5 | 0 |
| | 2021 | 울산 | 34 | 4 | 0 | 6 | 0 | 50 | 9 | 0 |
| | 2022 | 울산 | 30 | 3 | 0 | 3 | 0 | 29 | 6 | 0 |
| | 2023 | 울산 | 21 | 6 | 1 | 1 | 0 | 17 | 5 | 0 |
| | 2024 | 전북 | 19 | 4 | 1 | 2 | 0 | 12 | 4 | 0 |
| | 2025 | 전북 | 35 | 3 | 0 | 2 | 0 | 38 | 7 | 0 |
| PO | 2010 | 서울 | 0 | 0 | 0 | 0 | 0 | 0 | 0 | 0 |
| | 2017 | 상주 | 1 | 0 | 0 | 0 | 0 | 0 | 0 | 0 |
| | 2024 | 전북 | 2 | 1 | 0 | 1 | 0 | 2 | 0 | 1 |
| 컵 | 2010 | 서울 | 7 | 3 | 0 | 2 | 0 | 10 | 1 | 0 |
| | 2011 | 서울 | 1 | 0 | 0 | 0 | 0 | 4 | 0 | 0 |
| 통산 | | | 454 | 103 | 22 | 60 | 0 | 641 | 87 | 3 |

**김태환**(金泰換) 남부대 1993.12.11

| 대회 | 연도 | 소속 | 출전 | 교체 | 득점 | 도움 | 실점 | 파울 | 경고 | 퇴장 |
|---|---|---|---|---|---|---|---|---|---|---|
| K2 | 2016 | 충주 | 2 | 1 | 0 | 0 | 0 | 2 | 1 | 0 |
| 통산 | | | 2 | 1 | 0 | 0 | 0 | 2 | 1 | 0 |

**김태환**(金泰煥) 매탄고 2000.03.25

| 대회 | 연도 | 소속 | 출전 | 교체 | 득점 | 도움 | 실점 | 파울 | 경고 | 퇴장 |
|---|---|---|---|---|---|---|---|---|---|---|
| K1 | 2019 | 수원 | 3 | 0 | 0 | 0 | 0 | 6 | 1 | 0 |
| | 2020 | 수원 | 13 | 6 | 1 | 2 | 0 | 16 | 3 | 0 |
| | 2021 | 수원 | 36 | 9 | 1 | 5 | 0 | 36 | 4 | 0 |
| | 2022 | 수원 | 31 | 14 | 0 | 1 | 0 | 28 | 2 | 0 |
| | 2023 | 수원 | 24 | 13 | 0 | 0 | 0 | 18 | 1 | 0 |
| | 2024 | 제주 | 32 | 15 | 2 | 1 | 0 | 28 | 3 | 0 |
| | 2025 | 제주 | 2 | 2 | 0 | 0 | 0 | 0 | 0 | 0 |
| | 2025 | 김천 | 5 | 4 | 0 | 0 | 0 | 2 | 0 | 0 |
| PO | 2022 | 수원 | 2 | 2 | 0 | 0 | 0 | 1 | 1 | 0 |
| 통산 | | | 148 | 65 | 4 | 9 | 0 | 135 | 15 | 0 |

**김태환**(金太煥) 영등포공고 2006.05.29

| 대회 | 연도 | 소속 | 출전 | 교체 | 득점 | 도움 | 실점 | 파울 | 경고 | 퇴장 |
|---|---|---|---|---|---|---|---|---|---|---|
| K1 | 2025 | 강원 | 1 | 1 | 0 | 0 | 0 | 0 | 0 | 0 |
| 통산 | | | 1 | 1 | 0 | 0 | 0 | 0 | 0 | 0 |

**김태훈**(金泰勳) 영남대 1997.04.24

| 대회 | 연도 | 소속 | 출전 | 교체 | 득점 | 도움 | 실점 | 파울 | 경고 | 퇴장 |
|---|---|---|---|---|---|---|---|---|---|---|
| K1 | 2024 | 김천 | 0 | 0 | 0 | 0 | 0 | 0 | 0 | 0 |
| | 2025 | 김천 | 3 | 0 | 0 | 0 | 6 | 0 | 0 | 0 |
| K2 | 2019 | 안양 | 0 | 0 | 0 | 0 | 0 | 0 | 0 | 0 |
| | 2020 | 안양 | 0 | 0 | 0 | 0 | 0 | 0 | 0 | 0 |
| | 2021 | 안양 | 0 | 0 | 0 | 0 | 0 | 0 | 0 | 0 |
| | 2022 | 안양 | 0 | 0 | 0 | 0 | 0 | 0 | 0 | 0 |
| | 2023 | 안양 | 8 | 0 | 0 | 0 | 14 | 0 | 1 | 0 |
| PO | 2021 | 안양 | 0 | 0 | 0 | 0 | 0 | 0 | 0 | 0 |
| | 2022 | 안양 | 0 | 0 | 0 | 0 | 0 | 0 | 0 | 0 |
| 통산 | | | 11 | 0 | 0 | 0 | 20 | 0 | 1 | 0 |

**김택근**(金宅根) 강릉중앙고 2004.01.25

| 대회 | 연도 | 소속 | 출전 | 교체 | 득점 | 도움 | 실점 | 파울 | 경고 | 퇴장 |
|---|---|---|---|---|---|---|---|---|---|---|
| K2 | 2023 | 충남아산 | 3 | 3 | 0 | 0 | 0 | 0 | 0 | 0 |
| | 2025 | 충남아산 | 1 | 1 | 0 | 0 | 0 | 0 | 0 | 0 |
| 통산 | | | 4 | 4 | 0 | 0 | 0 | 0 | 0 | 0 |

**김판곤**(金判坤) 호남대 1969.05.01

| 대회 | 연도 | 소속 | 출전 | 교체 | 득점 | 도움 | 실점 | 파울 | 경고 | 퇴장 |
|---|---|---|---|---|---|---|---|---|---|---|
| K1 | 1992 | 현대 | 7 | 6 | 0 | 0 | 0 | 6 | 2 | 1 |
| | 1993 | 현대 | 25 | 11 | 0 | 0 | 0 | 30 | 7 | 0 |
| | 1995 | 현대 | 6 | 1 | 0 | 0 | 0 | 12 | 3 | 0 |
| | 1997 | 전북 | 1 | 1 | 0 | 0 | 0 | 0 | 1 | 0 |
| 컵 | 1992 | 현대 | 3 | 1 | 0 | 1 | 0 | 6 | 0 | 0 |
| | 1993 | 현대 | 4 | 4 | 0 | 0 | 0 | 8 | 0 | 0 |
| | 1996 | 울산 | 2 | 1 | 0 | 0 | 0 | 0 | 0 | 0 |
| | 1997 | 전북 | 5 | 3 | 0 | 0 | 0 | 11 | 1 | 0 |
| 통산 | | | 53 | 28 | 0 | 1 | 0 | 73 | 14 | 1 |

**김판근**(金判根) 고려대 1966.03.05

| 대회 | 연도 | 소속 | 출전 | 교체 | 득점 | 도움 | 실점 | 파울 | 경고 | 퇴장 |
|---|---|---|---|---|---|---|---|---|---|---|
| K1 | 1987 | 대우 | 30 | 5 | 2 | 3 | 0 | 41 | 1 | 0 |
| | 1988 | 대우 | 3 | 1 | 2 | 0 | 0 | 0 | 0 | 0 |
| | 1989 | 대우 | 30 | 17 | 2 | 5 | 0 | 25 | 1 | 0 |
| | 1990 | 대우 | 20 | 3 | 0 | 2 | 0 | 21 | 0 | 0 |
| | 1991 | 대우 | 37 | 6 | 2 | 2 | 0 | 46 | 3 | 0 |
| | 1992 | 대우 | 17 | 6 | 1 | 0 | 0 | 20 | 1 | 0 |
| | 1993 | 대우 | 23 | 9 | 2 | 2 | 0 | 29 | 2 | 0 |
| | 1994 | LG | 23 | 4 | 0 | 3 | 0 | 21 | 4 | 0 |
| | 1995 | LG | 28 | 2 | 1 | 1 | 0 | 17 | 0 | 0 |
| | 1996 | 안양LG | 15 | 2 | 0 | 0 | 0 | 17 | 1 | 0 |
| | 1997 | 안양LG | 12 | 1 | 1 | 1 | 0 | 7 | 1 | 0 |
| 컵 | 1992 | 대우 | 6 | 3 | 0 | 0 | 0 | 7 | 0 | 0 |
| | 1993 | 대우 | 1 | 1 | 0 | 0 | 0 | 0 | 0 | 0 |
| | 1995 | LG | 7 | 0 | 0 | 0 | 0 | 5 | 2 | 0 |
| | 1997 | 안양LG | 15 | 5 | 0 | 2 | 0 | 9 | 0 | 0 |
| 통산 | | | 267 | 65 | 13 | 21 | 0 | 265 | 16 | 0 |

**김평래**(金平來) 중앙대 1987.11.09

| 대회 | 연도 | 소속 | 출전 | 교체 | 득점 | 도움 | 실점 | 파울 | 경고 | 퇴장 |
|---|---|---|---|---|---|---|---|---|---|---|
| K1 | 2011 | 성남일화 | 0 | 0 | 0 | 0 | 0 | 0 | 0 | 0 |
| | 2012 | 성남일화 | 18 | 8 | 0 | 0 | 0 | 24 | 1 | 0 |
| | 2013 | 성남일화 | 22 | 15 | 0 | 1 | 0 | 30 | 3 | 0 |
| | 2014 | 성남 | 22 | 9 | 0 | 0 | 0 | 15 | 4 | 0 |
| | 2015 | 전남 | 29 | 10 | 0 | 0 | 0 | 26 | 3 | 0 |
| | 2016 | 전남 | 12 | 4 | 0 | 0 | 0 | 25 | 1 | 0 |
| | 2018 | 전남 | 2 | 2 | 0 | 0 | 0 | 5 | 0 | 0 |
| 컵 | 2011 | 성남일화 | 1 | 1 | 0 | 0 | 0 | 1 | 0 | 0 |
| 통산 | | | 106 | 49 | 0 | 1 | 0 | 126 | 12 | 0 |

**김평석**(金平錫) 광운대 1958.09.22

| 대회 | 연도 | 소속 | 출전 | 교체 | 득점 | 도움 | 실점 | 파울 | 경고 | 퇴장 |
|---|---|---|---|---|---|---|---|---|---|---|
| K1 | 1984 | 현대 | 28 | 0 | 0 | 5 | 0 | 27 | 1 | 0 |
| | 1985 | 현대 | 10 | 0 | 0 | 0 | 0 | 20 | 0 | 0 |
| | 1986 | 현대 | 10 | 0 | 0 | 2 | 0 | 14 | 0 | 0 |
| | 1987 | 현대 | 27 | 0 | 0 | 2 | 0 | 40 | 4 | 1 |
| | 1988 | 현대 | 8 | 1 | 0 | 0 | 0 | 14 | 1 | 0 |
| | 1989 | 유공 | 21 | 4 | 0 | 0 | 0 | 31 | 2 | 0 |
| | 1990 | 유공 | 20 | 1 | 0 | 0 | 0 | 10 | 1 | 0 |
| 컵 | 1986 | 현대 | 3 | 0 | 0 | 0 | 0 | 3 | 1 | 0 |
| 통산 | | | 127 | 6 | 0 | 9 | 0 | 159 | 10 | 1 |

**김평진**(金平鎭) 한남대 1990.08.11

| 대회 | 연도 | 소속 | 출전 | 교체 | 득점 | 도움 | 실점 | 파울 | 경고 | 퇴장 |
|---|---|---|---|---|---|---|---|---|---|---|
| K1 | 2013 | 대전 | 2 | 1 | 0 | 0 | 0 | 2 | 1 | 0 |
| 통산 | | | 2 | 1 | 0 | 0 | 0 | 2 | 1 | 0 |

**김풍주**(金豊柱) 양곡종고 1964.10.01

| 대회 | 연도 | 소속 | 출전 | 교체 | 득점 | 도움 | 실점 | 파울 | 경고 | 퇴장 |
|---|---|---|---|---|---|---|---|---|---|---|
| K1 | 1983 | 대우 | 1 | 0 | 0 | 0 | 0 | 0 | 0 | 0 |
| | 1984 | 대우 | 17 | 0 | 0 | 0 | 9 | 0 | 0 | 0 |
| | 1985 | 대우 | 21 | 0 | 0 | 0 | 16 | 0 | 1 | 0 |
| | 1986 | 대우 | 13 | 0 | 0 | 0 | 15 | 0 | 0 | 0 |
| | 1987 | 대우 | 15 | 1 | 0 | 0 | 9 | 1 | 0 | 0 |
| | 1988 | 대우 | 7 | 1 | 0 | 0 | 5 | 0 | 0 | 0 |
| | 1989 | 대우 | 6 | 1 | 0 | 0 | 5 | 0 | 0 | 0 |
| | 1990 | 대우 | 8 | 0 | 0 | 0 | 7 | 0 | 1 | 0 |
| | 1991 | 대우 | 37 | 0 | 0 | 0 | 27 | 0 | 0 | 0 |
| | 1993 | 대우 | 19 | 0 | 0 | 0 | 20 | 0 | 1 | 0 |
| | 1994 | 대우 | 11 | 1 | 0 | 0 | 24 | 0 | 0 | 0 |
| | 1996 | 부산 | 4 | 0 | 0 | 0 | 7 | 0 | 1 | 0 |
| PO | 1984 | 대우 | 2 | 1 | 0 | 0 | 2 | 0 | 0 | 0 |
| 컵 | 1986 | 대우 | 11 | 0 | 0 | 0 | 6 | 0 | 0 | 0 |
| | 1993 | 대우 | 5 | 0 | 0 | 0 | 3 | 0 | 0 | 0 |
| | 1994 | 대우 | 6 | 0 | 0 | 0 | 5 | 0 | 0 | 0 |
| 통산 | | | 183 | 5 | 0 | 0 | 160 | 1 | 4 | 0 |

**김풍해**(金豊海) 고려대 1960.07.13

| 대회 | 연도 | 소속 | 출전 | 교체 | 득점 | 도움 | 실점 | 파울 | 경고 | 퇴장 |
|---|---|---|---|---|---|---|---|---|---|---|
| K1 | 1985 | 상무 | 1 | 0 | 0 | 0 | 0 | 0 | 0 | 0 |
| 통산 | | | 1 | 0 | 0 | 0 | 0 | 0 | 0 | 0 |

**김필호**(金珌淏) 광주대 1994.03.31

| 대회 | 연도 | 소속 | 출전 | 교체 | 득점 | 도움 | 실점 | 파울 | 경고 | 퇴장 |
|---|---|---|---|---|---|---|---|---|---|---|
| K2 | 2016 | 고양 | 18 | 15 | 0 | 1 | 0 | 15 | 4 | 0 |
| 통산 | | | 18 | 15 | 0 | 1 | 0 | 15 | 4 | 0 |

**김하민**(金하민) 선문대 2003.08.26

| 대회 | 연도 | 소속 | 출전 | 교체 | 득점 | 도움 | 실점 | 파울 | 경고 | 퇴장 |
|---|---|---|---|---|---|---|---|---|---|---|
| K2 | 2025 | 경남 | 16 | 14 | 0 | 0 | 0 | 11 | 3 | 0 |
| 통산 | | | 16 | 14 | 0 | 0 | 0 | 11 | 3 | 0 |

**김하준**(金하준) 칼빈대 2002.07.17

| 대회 | 연도 | 소속 | 출전 | 교체 | 득점 | 도움 | 실점 | 파울 | 경고 | 퇴장 |
|---|---|---|---|---|---|---|---|---|---|---|
| K1 | 2024 | 전북 | 4 | 4 | 0 | 0 | 0 | 0 | 0 | 0 |
| | 2025 | 전북 | 1 | 0 | 0 | 0 | 0 | 1 | 0 | 0 |
| K2 | 2023 | 안양 | 17 | 17 | 1 | 0 | 0 | 1 | 0 | 0 |
| | 2024 | 안양 | 11 | 5 | 0 | 0 | 0 | 10 | 0 | 0 |
| | 2025 | 서울E | 18 | 4 | 2 | 0 | 0 | 19 | 4 | 0 |
| PO | 2024 | 전북 | 2 | 2 | 0 | 0 | 0 | 1 | 0 | 0 |
| | 2025 | 서울E | 1 | 0 | 0 | 0 | 0 | 0 | 1 | 0 |
| 통산 | | | 54 | 32 | 3 | 0 | 0 | 32 | 5 | 0 |

**김학범**(金鶴範) 명지대 1960.03.01

| 대회 | 연도 | 소속 | 출전 | 교체 | 득점 | 도움 | 실점 | 파울 | 경고 | 퇴장 |
|---|---|---|---|---|---|---|---|---|---|---|
| K1 | 1984 | 국민은행 | 13 | 4 | 1 | 0 | 0 | 9 | 0 | 0 |
| 통산 | | | 13 | 4 | 1 | 0 | 0 | 9 | 0 | 0 |

**김학범**(金學範) 조선대 1962.06.07

| 대회 | 연도 | 소속 | 출전 | 교체 | 득점 | 도움 | 실점 | 파울 | 경고 | 퇴장 |
|---|---|---|---|---|---|---|---|---|---|---|
| 컵 | 1986 | 유공 | 1 | 1 | 0 | 0 | 0 | 1 | 0 | 0 |
| 통산 | | | 1 | 1 | 0 | 0 | 0 | 1 | 0 | 0 |

**김학수**(金鶴守) 경희대 1958.10.18

| 대회 | 연도 | 소속 | 출전 | 교체 | 득점 | 도움 | 실점 | 파울 | 경고 | 퇴장 |
|---|---|---|---|---|---|---|---|---|---|---|
| K1 | 1985 | 대우 | 13 | 8 | 0 | 0 | 0 | 18 | 0 | 0 |
| | 1986 | 대우 | 4 | 2 | 0 | 0 | 0 | 2 | 0 | 0 |
| 컵 | 1986 | 대우 | 6 | 5 | 0 | 0 | 0 | 3 | 0 | 0 |
| 통산 | | | 23 | 15 | 0 | 0 | 0 | 23 | 0 | 0 |

**김학순**(金鶴淳) 전주대 1972.03.09

| 대회 | 연도 | 소속 | 출전 | 교체 | 득점 | 도움 | 실점 | 파울 | 경고 | 퇴장 |
|---|---|---|---|---|---|---|---|---|---|---|
| 컵 | 1995 | LG | 0 | 0 | 0 | 0 | 0 | 0 | 0 | 0 |
| 통산 | | | 0 | 0 | 0 | 0 | 0 | 0 | 0 | 0 |

**김학진**(金學鎭) 광운대 1988.10.25

| 대회 | 연도 | 소속 | 출전 | 교체 | 득점 | 도움 | 실점 | 파울 | 경고 | 퇴장 |
|---|---|---|---|---|---|---|---|---|---|---|
| 컵 | 2011 | 전북 | 1 | 1 | 0 | 0 | 0 | 1 | 1 | 0 |
| 통산 | | | 1 | 1 | 0 | 0 | 0 | 1 | 1 | 0 |

**김학철**(金學喆) 국민대 1972.11.04

| 대회 | 연도 | 소속 | 출전 | 교체 | 득점 | 도움 | 실점 | 파울 | 경고 | 퇴장 |
|---|---|---|---|---|---|---|---|---|---|---|
| K1 | 1995 | 대우 | 6 | 1 | 0 | 0 | 0 | 15 | 3 | 0 |
| | 1996 | 부산 | 12 | 3 | 1 | 0 | 0 | 37 | 2 | 1 |
| | 1997 | 부산 | 17 | 3 | 0 | 0 | 0 | 16 | 2 | 0 |
| | 2000 | 부산 | 22 | 1 | 0 | 0 | 0 | 22 | 4 | 0 |
| | 2001 | 부산 | 15 | 1 | 0 | 0 | 0 | 27 | 1 | 0 |
| | 2002 | 부산 | 25 | 4 | 0 | 1 | 0 | 40 | 1 | 0 |
| | 2003 | 대구 | 35 | 2 | 0 | 2 | 0 | 49 | 7 | 0 |
| | 2004 | 인천 | 18 | 2 | 0 | 0 | 0 | 23 | 2 | 0 |
| | 2005 | 인천 | 22 | 2 | 0 | 0 | 0 | 23 | 2 | 0 |
| | 2006 | 인천 | 24 | 1 | 0 | 0 | 0 | 45 | 3 | 0 |
| | 2007 | 인천 | 19 | 3 | 0 | 0 | 0 | 33 | 4 | 0 |
| | 2008 | 인천 | 3 | 1 | 0 | 0 | 0 | 4 | 0 | 0 |
| PO | 2005 | 인천 | 3 | 0 | 0 | 0 | 0 | 8 | 1 | 0 |
| 컵 | 1995 | 대우 | 1 | 1 | 0 | 0 | 0 | 1 | 1 | 0 |
| | 1996 | 부산 | 3 | 2 | 0 | 0 | 0 | 1 | 0 | 0 |
| | 1997 | 부산 | 15 | 3 | 0 | 1 | 0 | 24 | 4 | 0 |
| | 2000 | 부산 | 7 | 0 | 0 | 0 | 0 | 10 | 1 | 0 |
| | 2001 | 부산 | 1 | 0 | 0 | 0 | 0 | 1 | 0 | 0 |
| | 2004 | 인천 | 10 | 2 | 0 | 0 | 0 | 17 | 1 | 0 |
| | 2005 | 인천 | 11 | 0 | 0 | 0 | 0 | 16 | 2 | 0 |
| | 2006 | 인천 | 8 | 0 | 0 | 0 | 0 | 12 | 2 | 0 |
| | 2007 | 인천 | 7 | 6 | 0 | 0 | 0 | 11 | 4 | 0 |
| | 2008 | 인천 | 0 | 0 | 0 | 0 | 0 | 0 | 0 | 0 |
| 통산 | | | 284 | 38 | 1 | 4 | 0 | 435 | 47 | 1 |

**김학철**(金學喆) 인천대 1970.05.05

| 대회 | 연도 | 소속 | 출전 | 교체 | 득점 | 도움 | 실점 | 파울 | 경고 | 퇴장 |
|---|---|---|---|---|---|---|---|---|---|---|
| K1 | 1992 | 일화 | 4 | 4 | 0 | 0 | 0 | 2 | 0 | 0 |
| | 1993 | 일화 | 19 | 7 | 0 | 0 | 0 | 32 | 2 | 0 |
| | 1994 | 일화 | 11 | 3 | 0 | 0 | 0 | 11 | 2 | 0 |
| | 1996 | 천안일화 | 11 | 5 | 0 | 0 | 0 | 15 | 1 | 0 |
| | 1997 | 포항 | 1 | 0 | 0 | 0 | 0 | 2 | 0 | 0 |
| | 1998 | 안양LG | 14 | 6 | 0 | 1 | 0 | 22 | 0 | 0 |
| | 1999 | 안양LG | 10 | 4 | 1 | 0 | 0 | 16 | 2 | 0 |
| 컵 | 1992 | 일화 | 4 | 3 | 0 | 0 | 0 | 2 | 0 | 0 |
| | 1993 | 일화 | 3 | 2 | 0 | 0 | 0 | 1 | 0 | 0 |
| | 1994 | 일화 | 6 | 0 | 0 | 0 | 0 | 8 | 0 | 0 |
| | 1996 | 천안일화 | 4 | 2 | 0 | 0 | 0 | 7 | 0 | 0 |
| | 1997 | 포항 | 2 | 1 | 0 | 0 | 0 | 0 | 0 | 0 |
| | 1998 | 안양LG | 17 | 7 | 0 | 0 | 0 | 27 | 2 | 0 |
| | 1999 | 안양LG | 8 | 1 | 0 | 0 | 0 | 8 | 1 | 1 |
| 통산 | | | 114 | 45 | 1 | 1 | 0 | 153 | 10 | 1 |

**김학철**(金學哲) 중앙대 1959.10.19

| 대회 | 연도 | 소속 | 출전 | 교체 | 득점 | 도움 | 실점 | 파울 | 경고 | 퇴장 |
|---|---|---|---|---|---|---|---|---|---|---|
| K1 | 1984 | 한일은행 | 21 | 9 | 1 | 2 | 0 | 15 | 0 | 0 |
| | 1985 | 한일은행 | 2 | 2 | 0 | 0 | 0 | 4 | 0 | 0 |
| 통산 | | | 23 | 11 | 1 | 2 | 0 | 19 | 0 | 0 |

**김한길**(金한길) 아주대 1995.06.21

| 대회 | 연도 | 소속 | 출전 | 교체 | 득점 | 도움 | 실점 | 파울 | 경고 | 퇴장 |
|---|---|---|---|---|---|---|---|---|---|---|
| K1 | 2017 | 서울 | 10 | 10 | 0 | 0 | 0 | 6 | 2 | 0 |
| | 2018 | 서울 | 12 | 10 | 1 | 0 | 0 | 19 | 2 | 0 |
| | 2019 | 서울 | 12 | 9 | 0 | 2 | 0 | 9 | 1 | 0 |
| | 2020 | 서울 | 4 | 3 | 0 | 0 | 0 | 0 | 0 | 0 |
| | 2022 | 김천 | 34 | 27 | 2 | 2 | 0 | 19 | 3 | 0 |
| | 2023 | 광주 | 29 | 24 | 3 | 0 | 0 | 18 | 5 | 0 |
| | 2024 | 광주 | 19 | 19 | 0 | 1 | 0 | 6 | 2 | 0 |
| | 2025 | 광주 | 18 | 14 | 0 | 0 | 0 | 13 | 3 | 0 |
| K2 | 2020 | 전남 | 3 | 3 | 0 | 0 | 0 | 4 | 0 | 0 |
| | 2021 | 전남 | 5 | 3 | 0 | 0 | 0 | 1 | 0 | 0 |
| | 2021 | 김천 | 3 | 2 | 0 | 0 | 0 | 1 | 0 | 0 |
| PO | 2018 | 서울 | 1 | 0 | 0 | 0 | 0 | 1 | 0 | 0 |
| | 2022 | 김천 | 2 | 2 | 0 | 0 | 0 | 0 | 0 | 0 |
| 통산 | | | 152 | 126 | 6 | 5 | 0 | 97 | 18 | 0 |

**김한봉**(金漢奉) 부산상고 1957.12.15

| 대회 | 연도 | 소속 | 출전 | 교체 | 득점 | 도움 | 실점 | 파울 | 경고 | 퇴장 |
|---|---|---|---|---|---|---|---|---|---|---|
| K1 | 1984 | 현대 | 27 | 0 | 3 | 5 | 0 | 19 | 2 | 0 |
| | 1985 | 현대 | 18 | 1 | 4 | 5 | 0 | 20 | 0 | 0 |
| | 1986 | 현대 | 2 | 1 | 0 | 0 | 0 | 5 | 0 | 0 |
| 통산 | | | 47 | 2 | 7 | 10 | 0 | 44 | 2 | 0 |

**김한빈**(金漢彬) 선문대 1991.03.31

| 대회 | 연도 | 소속 | 출전 | 교체 | 득점 | 도움 | 실점 | 파울 | 경고 | 퇴장 |
|---|---|---|---|---|---|---|---|---|---|---|
| K2 | 2014 | 충주 | 19 | 3 | 0 | 2 | 0 | 14 | 1 | 0 |
| | 2015 | 충주 | 3 | 0 | 0 | 0 | 0 | 7 | 1 | 0 |
| | 2016 | 충주 | 40 | 0 | 1 | 2 | 0 | 21 | 2 | 0 |
| | 2017 | 부천 | 27 | 5 | 1 | 1 | 0 | 17 | 2 | 0 |
| | 2018 | 부천 | 0 | 0 | 0 | 0 | 0 | 0 | 0 | 0 |
| | 2019 | 부천 | 12 | 3 | 1 | 1 | 0 | 10 | 1 | 0 |
| | 2020 | 충남아산 | 0 | 0 | 0 | 0 | 0 | 0 | 0 | 0 |
| 통산 | | | 101 | 11 | 3 | 6 | 0 | 69 | 7 | 0 |

**김한서**(金漢書) 전주대 2003.02.14

| 대회 | 연도 | 소속 | 출전 | 교체 | 득점 | 도움 | 실점 | 파울 | 경고 | 퇴장 |
|---|---|---|---|---|---|---|---|---|---|---|
| K1 | 2024 | 대전 | 10 | 10 | 0 | 1 | 0 | 3 | 2 | 0 |
| | 2025 | 대전 | 13 | 13 | 0 | 0 | 0 | 5 | 0 | 0 |
| 통산 | | | 23 | 23 | 0 | 1 | 0 | 8 | 2 | 0 |

**김한섭**(金翰燮) 동국대 1982.05.08

| 대회 | 연도 | 소속 | 출전 | 교체 | 득점 | 도움 | 실점 | 파울 | 경고 | 퇴장 |
|---|---|---|---|---|---|---|---|---|---|---|
| K1 | 2009 | 대전 | 11 | 0 | 1 | 0 | 0 | 25 | 1 | 0 |
| | 2010 | 대전 | 15 | 1 | 0 | 0 | 0 | 20 | 2 | 0 |
| | 2011 | 인천 | 8 | 1 | 0 | 0 | 0 | 9 | 2 | 0 |
| | 2011 | 대전 | 18 | 0 | 0 | 1 | 0 | 25 | 5 | 0 |
| | 2012 | 인천 | 15 | 3 | 0 | 0 | 0 | 20 | 2 | 0 |
| | 2013 | 대전 | 11 | 6 | 0 | 1 | 0 | 11 | 3 | 0 |
| K2 | 2014 | 대전 | 18 | 15 | 1 | 2 | 0 | 13 | 0 | 0 |
| 컵 | 2010 | 대전 | 3 | 2 | 0 | 0 | 0 | 9 | 0 | 0 |
| | 2011 | 대전 | 1 | 0 | 0 | 0 | 0 | 0 | 0 | 0 |
| 통산 | | | 100 | 28 | 2 | 4 | 0 | 132 | 15 | 0 |

**김한성**(金韓成) 광운대 1998.10.29

| 대회 | 연도 | 소속 | 출전 | 교체 | 득점 | 도움 | 실점 | 파울 | 경고 | 퇴장 |
|---|---|---|---|---|---|---|---|---|---|---|
| K2 | 2020 | 충남아산 | 1 | 1 | 0 | 0 | 0 | 1 | 0 | 0 |
| 통산 | | | 1 | 1 | 0 | 0 | 0 | 1 | 0 | 0 |

**김한욱**(金漢旭) 숭실대 1972.06.08

| 대회 | 연도 | 소속 | 출전 | 교체 | 득점 | 도움 | 실점 | 파울 | 경고 | 퇴장 |
|---|---|---|---|---|---|---|---|---|---|---|
| K1 | 1999 | 포항 | 19 | 16 | 0 | 1 | 0 | 29 | 3 | 0 |
| | 2000 | 포항 | 17 | 7 | 0 | 1 | 0 | 26 | 1 | 0 |
| | 2001 | 성남일화 | 3 | 2 | 0 | 0 | 0 | 0 | 0 | 0 |
| 컵 | 1999 | 포항 | 3 | 3 | 0 | 0 | 0 | 7 | 0 | 0 |
| | 2000 | 포항 | 8 | 1 | 0 | 1 | 0 | 22 | 2 | 0 |
| | 2001 | 성남일화 | 2 | 0 | 0 | 0 | 0 | 2 | 0 | 0 |
| 통산 | | | 52 | 29 | 0 | 3 | 0 | 86 | 6 | 0 |

**김한원**(金漢元) 세경대 1981.08.06

| 대회 | 연도 | 소속 | 출전 | 교체 | 득점 | 도움 | 실점 | 파울 | 경고 | 퇴장 |
|---|---|---|---|---|---|---|---|---|---|---|
| K1 | 2006 | 인천 | 15 | 12 | 3 | 1 | 0 | 20 | 2 | 0 |
| | 2007 | 전북 | 7 | 6 | 0 | 0 | 0 | 8 | 1 | 0 |
| | 2008 | 전북 | 2 | 1 | 0 | 0 | 0 | 5 | 0 | 0 |
| | 2016 | 수원FC | 18 | 7 | 1 | 0 | 0 | 21 | 8 | 0 |
| K2 | 2013 | 수원FC | 30 | 13 | 8 | 6 | 0 | 33 | 9 | 0 |
| | 2014 | 수원FC | 24 | 4 | 8 | 3 | 0 | 30 | 11 | 0 |
| | 2015 | 수원FC | 25 | 8 | 1 | 0 | 0 | 22 | 5 | 0 |
| PO | 2015 | 수원FC | 2 | 2 | 0 | 0 | 0 | 0 | 0 | 0 |
| 컵 | 2007 | 전북 | 3 | 3 | 0 | 0 | 0 | 4 | 0 | 0 |
| | 2008 | 전북 | 2 | 1 | 0 | 0 | 0 | 6 | 0 | 0 |
| 통산 | | | 128 | 57 | 21 | 10 | 0 | 149 | 36 | 0 |

**김한윤**(金漢潤) 광운대 1974.07.11

| 대회 | 연도 | 소속 | 출전 | 교체 | 득점 | 도움 | 실점 | 파울 | 경고 | 퇴장 |
|---|---|---|---|---|---|---|---|---|---|---|
| K1 | 1997 | 부천SK | 14 | 6 | 1 | 0 | 0 | 32 | 4 | 0 |
| | 1998 | 부천SK | 14 | 6 | 1 | 0 | 0 | 22 | 3 | 0 |
| | 1999 | 부천SK | 6 | 6 | 0 | 0 | 0 | 13 | 1 | 0 |
| | 1999 | 포항 | 11 | 5 | 0 | 0 | 0 | 25 | 1 | 0 |
| | 2000 | 포항 | 16 | 14 | 0 | 0 | 0 | 13 | 2 | 0 |
| | 2001 | 부천SK | 8 | 2 | 0 | 0 | 0 | 15 | 1 | 0 |
| | 2002 | 부천SK | 9 | 2 | 1 | 0 | 0 | 17 | 3 | 0 |
| | 2003 | 부천SK | 34 | 0 | 0 | 1 | 0 | 72 | 10 | 0 |
| | 2004 | 부천SK | 19 | 4 | 0 | 0 | 0 | 42 | 6 | 0 |
| | 2005 | 부천SK | 18 | 2 | 1 | 0 | 0 | 41 | 7 | 0 |
| | 2006 | 서울 | 21 | 4 | 0 | 0 | 0 | 51 | 6 | 0 |
| | 2007 | 서울 | 21 | 7 | 0 | 0 | 0 | 49 | 11 | 0 |
| | 2008 | 서울 | 17 | 7 | 0 | 0 | 0 | 39 | 7 | 0 |
| | 2009 | 서울 | 21 | 8 | 0 | 1 | 0 | 55 | 9 | 0 |
| | 2010 | 서울 | 14 | 12 | 0 | 1 | 0 | 16 | 3 | 1 |
| | 2011 | 부산 | 21 | 2 | 1 | 1 | 0 | 44 | 10 | 0 |
| | 2012 | 부산 | 36 | 2 | 2 | 0 | 0 | 82 | 18 | 1 |
| | 2013 | 성남일화 | 27 | 16 | 1 | 2 | 0 | 52 | 12 | 0 |
| PO | 2006 | 서울 | 1 | 0 | 0 | 0 | 0 | 2 | 1 | 0 |
| | 2008 | 서울 | 3 | 3 | 0 | 0 | 0 | 7 | 0 | 0 |
| | 2009 | 서울 | 1 | 1 | 0 | 0 | 0 | 4 | 1 | 0 |
| | 2010 | 서울 | 0 | 0 | 0 | 0 | 0 | 0 | 0 | 0 |
| | 2011 | 부산 | 1 | 0 | 0 | 0 | 0 | 2 | 1 | 0 |
| 컵 | 1997 | 부천SK | 14 | 8 | 0 | 0 | 0 | 41 | 3 | 0 |
| | 1998 | 부천SK | 10 | 5 | 0 | 0 | 0 | 14 | 1 | 0 |
| | 1999 | 포항 | 3 | 2 | 0 | 0 | 0 | 8 | 0 | 0 |
| | 1999 | 부천SK | 2 | 2 | 0 | 0 | 0 | 3 | 1 | 0 |
| | 2000 | 포항 | 6 | 5 | 1 | 0 | 0 | 12 | 2 | 0 |
| | 2001 | 부천SK | 8 | 4 | 0 | 0 | 0 | 19 | 2 | 0 |
| | 2002 | 부천SK | 6 | 2 | 0 | 0 | 0 | 15 | 1 | 0 |
| | 2004 | 부천SK | 1 | 0 | 0 | 0 | 0 | 5 | 1 | 0 |
| | 2005 | 부천SK | 10 | 0 | 0 | 0 | 0 | 22 | 4 | 0 |
| | 2006 | 서울 | 9 | 0 | 0 | 0 | 0 | 16 | 4 | 1 |

| | 2007 | 서울 | 8 | 2 | 0 | 0 | 0 | 12 | 1 | 0 |
|---|---|---|---|---|---|---|---|---|---|---|
| | 2008 | 서울 | 6 | 1 | 0 | 0 | 0 | 8 | 2 | 0 |
| | 2009 | 서울 | 3 | 1 | 0 | 0 | 0 | 11 | 1 | 0 |
| | 2010 | 서울 | 6 | 4 | 0 | 0 | 0 | 17 | 2 | 0 |
| | 2011 | 부산 | 5 | 4 | 2 | 0 | 0 | 7 | 1 | 0 |
| 통산 | | | 430 | 149 | 11 | 6 | 0 | 905 | 143 | 3 |

**김해국**(金海國) 경상대 1974.05.20

| 대회 | 연도 | 소속 | 출전 | 교체 | 득점 | 도움 | 실점 | 파울 | 경고 | 퇴장 |
|---|---|---|---|---|---|---|---|---|---|---|
| K1 | 1997 | 전남 | 13 | 8 | 1 | 0 | 0 | 20 | 2 | 0 |
| | 1999 | 전남 | 4 | 3 | 0 | 0 | 0 | 0 | 0 | 0 |
| | 2000 | 전남 | 3 | 2 | 0 | 0 | 0 | 7 | 0 | 0 |
| PO | 1999 | 전남 | 1 | 0 | 0 | 0 | 0 | 0 | 0 | 0 |
| 컵 | 1997 | 전남 | 8 | 2 | 1 | 0 | 0 | 9 | 1 | 0 |
| | 1998 | 전남 | 6 | 0 | 0 | 0 | 0 | 17 | 2 | 0 |
| | 1999 | 전남 | 2 | 1 | 0 | 0 | 0 | 3 | 0 | 0 |
| | 2000 | 전남 | 0 | 0 | 0 | 0 | 0 | 0 | 0 | 0 |
| 통산 | | | 37 | 16 | 2 | 0 | 0 | 56 | 5 | 0 |

**김해년**(金海年) 중앙대 1964.07.05

| 대회 | 연도 | 소속 | 출전 | 교체 | 득점 | 도움 | 실점 | 파울 | 경고 | 퇴장 |
|---|---|---|---|---|---|---|---|---|---|---|
| K1 | 1986 | 한일은행 | 8 | 1 | 0 | 0 | 0 | 11 | 1 | 0 |
| 통산 | | | 8 | 1 | 0 | 0 | 0 | 11 | 1 | 0 |

**김해식**(金海植) 한남대 1996.02.12

| 대회 | 연도 | 소속 | 출전 | 교체 | 득점 | 도움 | 실점 | 파울 | 경고 | 퇴장 |
|---|---|---|---|---|---|---|---|---|---|---|
| K2 | 2016 | 대전 | 20 | 7 | 1 | 0 | 0 | 21 | 4 | 0 |
| | 2017 | 대전 | 6 | 3 | 0 | 0 | 0 | 7 | 0 | 0 |
| 통산 | | | 26 | 10 | 1 | 0 | 0 | 28 | 4 | 0 |

**김해운**(金海雲) 대구대 1973.12.25

| 대회 | 연도 | 소속 | 출전 | 교체 | 득점 | 도움 | 실점 | 파울 | 경고 | 퇴장 |
|---|---|---|---|---|---|---|---|---|---|---|
| K1 | 1996 | 천안일화 | 1 | 0 | 0 | 0 | 1 | 0 | 0 | 0 |
| | 1997 | 천안일화 | 1 | 0 | 0 | 0 | 1 | 0 | 0 | 0 |
| | 1998 | 천안일화 | 13 | 0 | 0 | 0 | 16 | 3 | 2 | 0 |
| | 1999 | 천안일화 | 17 | 4 | 0 | 0 | 23 | 0 | 0 | 0 |
| | 2000 | 성남일화 | 18 | 0 | 0 | 0 | 23 | 0 | 1 | 0 |
| | 2001 | 성남일화 | 22 | 1 | 0 | 0 | 18 | 1 | 0 | 0 |
| | 2002 | 성남일화 | 13 | 0 | 0 | 0 | 17 | 0 | 0 | 0 |
| | 2003 | 성남일화 | 22 | 0 | 0 | 0 | 21 | 2 | 1 | 0 |
| | 2004 | 성남일화 | 20 | 2 | 0 | 0 | 24 | 1 | 0 | 0 |
| | 2005 | 성남일화 | 8 | 0 | 0 | 0 | 5 | 2 | 1 | 0 |
| | 2006 | 성남일화 | 5 | 0 | 0 | 0 | 4 | 0 | 1 | 0 |
| | 2007 | 성남일화 | 0 | 0 | 0 | 0 | 0 | 0 | 0 | 0 |
| | 2008 | 성남일화 | 0 | 0 | 0 | 0 | 0 | 0 | 0 | 0 |
| PO | 2000 | 성남일화 | 1 | 0 | 0 | 0 | 2 | 0 | 0 | 0 |
| | 2005 | 성남일화 | 1 | 0 | 0 | 0 | 2 | 0 | 0 | 0 |
| | 2006 | 성남일화 | 0 | 0 | 0 | 0 | 0 | 0 | 0 | 0 |
| | 2007 | 성남일화 | 0 | 0 | 0 | 0 | 0 | 0 | 0 | 0 |
| 컵 | 1997 | 천안일화 | 6 | 1 | 0 | 0 | 4 | 0 | 0 | 0 |
| | 1998 | 천안일화 | 17 | 0 | 0 | 0 | 23 | 2 | 1 | 0 |
| | 1999 | 천안일화 | 2 | 0 | 0 | 0 | 2 | 0 | 0 | 0 |
| | 2000 | 성남일화 | 8 | 0 | 0 | 0 | 8 | 1 | 0 | 0 |
| | 2001 | 성남일화 | 8 | 0 | 0 | 0 | 6 | 0 | 0 | 0 |
| | 2002 | 성남일화 | 11 | 1 | 0 | 0 | 13 | 0 | 1 | 0 |
| | 2004 | 성남일화 | 2 | 0 | 0 | 0 | 1 | 0 | 0 | 0 |
| | 2006 | 성남일화 | 1 | 1 | 0 | 0 | 0 | 0 | 0 | 0 |
| | 2007 | 성남일화 | 0 | 0 | 0 | 0 | 0 | 0 | 0 | 0 |
| | 2008 | 성남일화 | 4 | 0 | 0 | 0 | 5 | 0 | 0 | 0 |
| 통산 | | | 201 | 10 | 0 | 0 | 219 | 12 | 8 | 0 |

**김해원**(金海元) 한남대 1986.05.23

| 대회 | 연도 | 소속 | 출전 | 교체 | 득점 | 도움 | 실점 | 파울 | 경고 | 퇴장 |
|---|---|---|---|---|---|---|---|---|---|---|
| K1 | 2009 | 전남 | 8 | 2 | 1 | 0 | 0 | 14 | 1 | 0 |
| | 2010 | 대구 | 1 | 1 | 0 | 0 | 0 | 1 | 0 | 0 |
| 컵 | 2009 | 전남 | 1 | 0 | 0 | 0 | 0 | 2 | 1 | 0 |
| 통산 | | | 10 | 3 | 1 | 0 | 0 | 17 | 2 | 0 |

**김해출**(金海出) 광양제철고 1981.02.03

| 대회 | 연도 | 소속 | 출전 | 교체 | 득점 | 도움 | 실점 | 파울 | 경고 | 퇴장 |
|---|---|---|---|---|---|---|---|---|---|---|
| K1 | 1999 | 전남 | 0 | 0 | 0 | 0 | 0 | 0 | 0 | 0 |
| | 2000 | 전남 | 1 | 1 | 0 | 0 | 0 | 0 | 0 | 0 |
| 컵 | 1999 | 전남 | 2 | 2 | 0 | 0 | 0 | 0 | 0 | 0 |
| 통산 | | | 3 | 3 | 0 | 0 | 0 | 0 | 0 | 0 |

**김혁**(金赫) 연세대 1985.05.04

| 대회 | 연도 | 소속 | 출전 | 교체 | 득점 | 도움 | 실점 | 파울 | 경고 | 퇴장 |
|---|---|---|---|---|---|---|---|---|---|---|
| K1 | 2008 | 인천 | 2 | 2 | 0 | 0 | 0 | 3 | 0 | 0 |
| 컵 | 2008 | 인천 | 5 | 1 | 0 | 0 | 0 | 9 | 0 | 0 |
| 통산 | | | 7 | 3 | 0 | 0 | 0 | 12 | 0 | 0 |

**김혁중**(金赫重) 단국대 1994.12.09

| 대회 | 연도 | 소속 | 출전 | 교체 | 득점 | 도움 | 실점 | 파울 | 경고 | 퇴장 |
|---|---|---|---|---|---|---|---|---|---|---|
| K1 | 2018 | 인천 | 1 | 1 | 0 | 0 | 0 | 0 | 0 | 0 |
| 통산 | | | 1 | 1 | 0 | 0 | 0 | 0 | 0 | 0 |

**김혁진**(金奕辰) 경희대 1991.03.06

| 대회 | 연도 | 소속 | 출전 | 교체 | 득점 | 도움 | 실점 | 파울 | 경고 | 퇴장 |
|---|---|---|---|---|---|---|---|---|---|---|
| K1 | 2016 | 수원FC | 6 | 6 | 0 | 1 | 0 | 0 | 0 | 0 |
| K2 | 2014 | 수원FC | 27 | 20 | 0 | 0 | 0 | 27 | 4 | 0 |
| | 2015 | 수원FC | 14 | 12 | 0 | 2 | 0 | 12 | 3 | 0 |
| 통산 | | | 47 | 38 | 0 | 3 | 0 | 39 | 7 | 0 |

**김현**(金玄) 영생고 1993.05.03

| 대회 | 연도 | 소속 | 출전 | 교체 | 득점 | 도움 | 실점 | 파울 | 경고 | 퇴장 |
|---|---|---|---|---|---|---|---|---|---|---|
| K1 | 2012 | 전북 | 9 | 9 | 1 | 0 | 0 | 11 | 3 | 0 |
| | 2013 | 성남일화 | 4 | 4 | 0 | 0 | 0 | 1 | 0 | 0 |
| | 2014 | 제주 | 33 | 23 | 2 | 5 | 0 | 60 | 2 | 0 |
| | 2015 | 제주 | 26 | 21 | 3 | 1 | 0 | 34 | 3 | 0 |
| | 2016 | 제주 | 6 | 5 | 0 | 0 | 0 | 6 | 1 | 0 |
| | 2016 | 성남 | 15 | 10 | 3 | 0 | 0 | 23 | 2 | 0 |
| | 2018 | 제주 | 3 | 3 | 0 | 0 | 0 | 1 | 0 | 0 |
| | 2019 | 제주 | 2 | 2 | 0 | 0 | 0 | 4 | 1 | 0 |
| | 2020 | 부산 | 7 | 7 | 1 | 0 | 0 | 4 | 0 | 0 |
| | 2021 | 인천 | 29 | 15 | 7 | 0 | 0 | 36 | 3 | 0 |
| | 2022 | 수원FC | 31 | 26 | 8 | 1 | 0 | 25 | 5 | 0 |
| | 2023 | 수원FC | 20 | 19 | 2 | 3 | 0 | 7 | 1 | 0 |
| K2 | 2017 | 아산 | 21 | 19 | 6 | 3 | 0 | 44 | 2 | 0 |
| | 2018 | 아산 | 20 | 16 | 4 | 2 | 0 | 28 | 4 | 1 |
| | 2024 | 수원 | 20 | 15 | 5 | 6 | 0 | 13 | 2 | 0 |
| | 2025 | 수원 | 21 | 21 | 3 | 1 | 0 | 3 | 0 | 0 |
| PO | 2016 | 성남 | 2 | 1 | 0 | 0 | 0 | 5 | 1 | 0 |
| | 2017 | 아산 | 2 | 2 | 0 | 0 | 0 | 1 | 1 | 0 |
| | 2023 | 수원FC | 2 | 1 | 1 | 0 | 0 | 2 | 0 | 0 |
| | 2025 | 수원 | 2 | 2 | 0 | 0 | 0 | 2 | 1 | 0 |
| 통산 | | | 275 | 221 | 46 | 22 | 0 | 310 | 32 | 1 |

**김현관**(金賢官) 동국대 1985.04.20

| 대회 | 연도 | 소속 | 출전 | 교체 | 득점 | 도움 | 실점 | 파울 | 경고 | 퇴장 |
|---|---|---|---|---|---|---|---|---|---|---|
| 컵 | 2008 | 서울 | 1 | 1 | 0 | 0 | 0 | 0 | 0 | 0 |
| 통산 | | | 1 | 1 | 0 | 0 | 0 | 0 | 0 | 0 |

**김현규**(金賢圭) 경희고 1997.08.23

| 대회 | 연도 | 소속 | 출전 | 교체 | 득점 | 도움 | 실점 | 파울 | 경고 | 퇴장 |
|---|---|---|---|---|---|---|---|---|---|---|
| K2 | 2016 | 서울E | 8 | 8 | 0 | 1 | 0 | 4 | 0 | 0 |
| | 2017 | 서울E | 1 | 1 | 0 | 0 | 0 | 0 | 0 | 0 |
| | 2018 | 안양 | 4 | 4 | 0 | 0 | 0 | 5 | 2 | 0 |
| 통산 | | | 13 | 13 | 0 | 1 | 0 | 9 | 2 | 0 |

**김현기**(金賢技) 상지대 1985.12.16

| 대회 | 연도 | 소속 | 출전 | 교체 | 득점 | 도움 | 실점 | 파울 | 경고 | 퇴장 |
|---|---|---|---|---|---|---|---|---|---|---|
| 컵 | 2006 | 포항 | 2 | 2 | 0 | 0 | 0 | 0 | 0 | 0 |
| 통산 | | | 2 | 2 | 0 | 0 | 0 | 0 | 0 | 0 |

**김현덕**(金賢德) 보인고 2004.11.05

| 대회 | 연도 | 소속 | 출전 | 교체 | 득점 | 도움 | 실점 | 파울 | 경고 | 퇴장 |
|---|---|---|---|---|---|---|---|---|---|---|
| K1 | 2025 | 서울 | 1 | 1 | 0 | 0 | 0 | 0 | 0 | 0 |
| 통산 | | | 1 | 1 | 0 | 0 | 0 | 0 | 0 | 0 |

**김현동**(金鉉東) 강원대 1972.08.25

| 대회 | 연도 | 소속 | 출전 | 교체 | 득점 | 도움 | 실점 | 파울 | 경고 | 퇴장 |
|---|---|---|---|---|---|---|---|---|---|---|
| K1 | 1996 | 안양LG | 14 | 14 | 1 | 1 | 0 | 14 | 0 | 0 |
| | 1997 | 안양LG | 5 | 4 | 0 | 0 | 0 | 5 | 0 | 0 |
| 컵 | 1997 | 안양LG | 6 | 3 | 0 | 0 | 0 | 10 | 0 | 0 |
| 통산 | | | 25 | 21 | 1 | 1 | 0 | 29 | 0 | 0 |

**김현민**(金鉉敏) 한성대 1970.04.09

| 대회 | 연도 | 소속 | 출전 | 교체 | 득점 | 도움 | 실점 | 파울 | 경고 | 퇴장 |
|---|---|---|---|---|---|---|---|---|---|---|
| K1 | 1997 | 대전 | 15 | 10 | 3 | 4 | 0 | 29 | 2 | 0 |
| | 1998 | 대전 | 1 | 1 | 0 | 0 | 0 | 1 | 0 | 0 |
| | 1999 | 대전 | 12 | 11 | 1 | 0 | 0 | 8 | 3 | 0 |
| | 2000 | 대전 | 4 | 4 | 1 | 0 | 0 | 6 | 1 | 0 |
| 컵 | 1997 | 대전 | 13 | 11 | 2 | 0 | 0 | 18 | 0 | 0 |
| | 1998 | 대전 | 3 | 4 | 0 | 1 | 0 | 2 | 0 | 0 |
| | 1999 | 대전 | 5 | 5 | 1 | 0 | 0 | 2 | 0 | 0 |
| | 2000 | 대전 | 8 | 9 | 1 | 1 | 0 | 11 | 1 | 0 |
| 통산 | | | 61 | 55 | 9 | 6 | 0 | 77 | 7 | 0 |

**김현민**(金賢潤) 영등포공고 2006.07.30

| 대회 | 연도 | 소속 | 출전 | 교체 | 득점 | 도움 | 실점 | 파울 | 경고 | 퇴장 |
|---|---|---|---|---|---|---|---|---|---|---|
| K2 | 2025 | 부산 | 21 | 21 | 0 | 0 | 0 | 5 | 0 | 0 |
| 통산 | | | 21 | 21 | 0 | 0 | 0 | 5 | 0 | 0 |

**김현배**(金賢培) 고려대 1976.06.09

| 대회 | 연도 | 소속 | 출전 | 교체 | 득점 | 도움 | 실점 | 파울 | 경고 | 퇴장 |
|---|---|---|---|---|---|---|---|---|---|---|
| K1 | 2000 | 울산 | 3 | 1 | 1 | 0 | 0 | 9 | 1 | 0 |
| 컵 | 1999 | 울산 | 0 | 0 | 0 | 0 | 0 | 0 | 0 | 0 |
| 통산 | | | 3 | 1 | 1 | 0 | 0 | 9 | 1 | 0 |

**김현복**(金顯福) 중앙대 1954.12.09

| 대회 | 연도 | 소속 | 출전 | 교체 | 득점 | 도움 | 실점 | 파울 | 경고 | 퇴장 |
|---|---|---|---|---|---|---|---|---|---|---|
| K1 | 1983 | 할렐루야 | 12 | 9 | 2 | 1 | 0 | 4 | 0 | 0 |
| | 1984 | 할렐루야 | 19 | 5 | 0 | 0 | 0 | 28 | 0 | 0 |
| | 1985 | 할렐루야 | 16 | 5 | 0 | 1 | 0 | 25 | 3 | 0 |
| 통산 | | | 47 | 19 | 2 | 2 | 0 | 57 | 3 | 0 |

**김현서**(金峴誓) 진위고 2004.03.25

| 대회 | 연도 | 소속 | 출전 | 교체 | 득점 | 도움 | 실점 | 파울 | 경고 | 퇴장 |
|---|---|---|---|---|---|---|---|---|---|---|
| K1 | 2023 | 인천 | 1 | 1 | 0 | 0 | 0 | 0 | 0 | 0 |
| | 2024 | 인천 | 1 | 1 | 0 | 0 | 0 | 2 | 0 | 0 |
| 통산 | | | 2 | 2 | 0 | 0 | 0 | 2 | 0 | 0 |

**김현석**(金鉉錫) 연세대 1967.05.05

| 대회 | 연도 | 소속 | 출전 | 교체 | 득점 | 도움 | 실점 | 파울 | 경고 | 퇴장 |
|---|---|---|---|---|---|---|---|---|---|---|
| K1 | 1990 | 현대 | 28 | 1 | 5 | 3 | 0 | 41 | 3 | 0 |
| | 1991 | 현대 | 39 | 10 | 14 | 4 | 0 | 50 | 2 | 0 |
| | 1992 | 현대 | 29 | 7 | 9 | 7 | 0 | 51 | 2 | 0 |
| | 1993 | 현대 | 11 | 8 | 1 | 1 | 0 | 12 | 0 | 0 |
| | 1995 | 현대 | 26 | 1 | 12 | 5 | 0 | 24 | 5 | 0 |
| | 1996 | 울산 | 27 | 3 | 8 | 8 | 0 | 35 | 3 | 0 |
| | 1997 | 울산 | 17 | 1 | 9 | 1 | 0 | 35 | 4 | 0 |
| | 1998 | 울산 | 14 | 4 | 4 | 2 | 0 | 35 | 2 | 0 |
| | 1999 | 울산 | 27 | 3 | 7 | 4 | 0 | 27 | 1 | 0 |
| | 2001 | 울산 | 25 | 5 | 6 | 5 | 0 | 38 | 1 | 1 |
| | 2002 | 울산 | 25 | 3 | 3 | 2 | 0 | 22 | 2 | 0 |
| | 2003 | 울산 | 20 | 8 | 0 | 0 | 0 | 16 | 3 | 0 |
| PO | 1996 | 울산 | 2 | 0 | 1 | 0 | 0 | 4 | 0 | 0 |
| | 1998 | 울산 | 4 | 2 | 1 | 1 | 0 | 8 | 0 | 0 |
| 컵 | 1992 | 현대 | 8 | 5 | 4 | 0 | 0 | 11 | 0 | 0 |
| | 1995 | 현대 | 7 | 1 | 6 | 2 | 0 | 10 | 0 | 0 |
| | 1996 | 울산 | 7 | 2 | 1 | 1 | 0 | 8 | 1 | 0 |
| | 1997 | 울산 | 13 | 1 | 4 | 4 | 0 | 19 | 1 | 0 |
| | 1998 | 울산 | 19 | 2 | 12 | 2 | 0 | 41 | 4 | 0 |
| | 1999 | 울산 | 9 | 0 | 1 | 2 | 0 | 14 | 1 | 0 |
| | 2001 | 울산 | 6 | 4 | 0 | 0 | 0 | 3 | 2 | 0 |
| | 2002 | 울산 | 10 | 0 | 3 | 0 | 0 | 8 | 3 | 0 |
| 통산 | | | 373 | 71 | 111 | 54 | 0 | 512 | 40 | 1 |

**김현석**(金賢錫) 서울시립대 1966.09.14

| 대회 | 연도 | 소속 | 출전 | 교체 | 득점 | 도움 | 실점 | 파울 | 경고 | 퇴장 |
|---|---|---|---|---|---|---|---|---|---|---|
| K1 | 1989 | 일화 | 27 | 6 | 0 | 0 | 0 | 50 | 5 | 0 |
| | 1990 | 일화 | 14 | 2 | 0 | 0 | 0 | 21 | 4 | 0 |
| 통산 | | | 41 | 8 | 0 | 0 | 0 | 71 | 9 | 0 |

**김현성**(金賢聖) 동북고 1989.09.27

| 대회 | 연도 | 소속 | 출전 | 교체 | 득점 | 도움 | 실점 | 파울 | 경고 | 퇴장 |
|---|---|---|---|---|---|---|---|---|---|---|
| K1 | 2010 | 대구 | 9 | 5 | 1 | 0 | 0 | 13 | 1 | 0 |
| | 2011 | 대구 | 26 | 7 | 7 | 2 | 0 | 58 | 2 | 0 |
| | 2012 | 서울 | 13 | 13 | 1 | 0 | 0 | 13 | 1 | 0 |
| | 2013 | 서울 | 17 | 16 | 1 | 1 | 0 | 13 | 0 | 0 |
| | 2014 | 서울 | 6 | 4 | 0 | 1 | 0 | 6 | 0 | 0 |
| | 2015 | 서울 | 17 | 14 | 4 | 0 | 0 | 18 | 3 | 0 |
| | 2019 | 성남 | 23 | 16 | 3 | 1 | 0 | 37 | 2 | 0 |
| | 2020 | 성남 | 15 | 10 | 0 | 1 | 0 | 17 | 3 | 0 |

| 대회 | 연도 | 소속 | 출전 | 교체 | 득점 | 도움 | 실점 | 파울 | 경고 | 퇴장 |
|---|---|---|---|---|---|---|---|---|---|---|
| | 2021 | 성남 | 7 | 6 | 0 | 0 | 0 | 5 | 1 | 0 |
| K2 | 2016 | 부산 | 3 | 3 | 0 | 0 | 0 | 1 | 1 | 0 |
| | 2017 | 부산 | 4 | 4 | 0 | 0 | 0 | 6 | 0 | 0 |
| | 2018 | 부산 | 22 | 15 | 1 | 0 | 0 | 33 | 3 | 0 |
| PO | 2018 | 부산 | 2 | 2 | 0 | 0 | 0 | 1 | 0 | 0 |
| 컵 | 2010 | 대구 | 1 | 1 | 0 | 0 | 0 | 0 | 0 | 0 |
| | 2011 | 대구 | 3 | 2 | 0 | 0 | 0 | 5 | 0 | 0 |
| 통산 | | | 168 | 118 | 18 | 6 | 0 | 226 | 17 | 0 |

**김현성**(金炫成) 광주대 1993.03.28

| 대회 | 연도 | 소속 | 출전 | 교체 | 득점 | 도움 | 실점 | 파울 | 경고 | 퇴장 |
|---|---|---|---|---|---|---|---|---|---|---|
| K1 | 2017 | 대구 | 0 | 0 | 0 | 0 | 0 | 0 | 0 | 0 |
| K2 | 2015 | 서울E | 1 | 0 | 0 | 0 | 4 | 0 | 0 | 0 |
| | 2016 | 서울E | 0 | 0 | 0 | 0 | 0 | 0 | 0 | 0 |
| PO | 2015 | 서울E | 0 | 0 | 0 | 0 | 0 | 0 | 0 | 0 |
| 통산 | | | 1 | 0 | 0 | 0 | 4 | 0 | 0 | 0 |

**김현솔**(金현솔) 브라질 카피바리아누 1991.05.17

| 대회 | 연도 | 소속 | 출전 | 교체 | 득점 | 도움 | 실점 | 파울 | 경고 | 퇴장 |
|---|---|---|---|---|---|---|---|---|---|---|
| K1 | 2018 | 포항 | 5 | 6 | 0 | 1 | 0 | 4 | 0 | 0 |
| K2 | 2016 | 서울E | 7 | 7 | 0 | 0 | 0 | 9 | 2 | 0 |
| 통산 | | | 12 | 13 | 0 | 1 | 0 | 13 | 2 | 0 |

**김현수**(金鉉洙) 아주대 1973.03.13

| 대회 | 연도 | 소속 | 출전 | 교체 | 득점 | 도움 | 실점 | 파울 | 경고 | 퇴장 |
|---|---|---|---|---|---|---|---|---|---|---|
| K1 | 1995 | 대우 | 25 | 2 | 1 | 0 | 0 | 38 | 3 | 0 |
| | 1996 | 부산 | 27 | 6 | 2 | 1 | 0 | 19 | 0 | 0 |
| | 1997 | 부산 | 17 | 3 | 1 | 0 | 0 | 19 | 3 | 0 |
| | 1998 | 부산 | 15 | 3 | 2 | 0 | 0 | 13 | 0 | 0 |
| | 1999 | 부산 | 19 | 3 | 1 | 0 | 0 | 26 | 1 | 0 |
| | 2000 | 성남일화 | 26 | 0 | 1 | 1 | 0 | 34 | 3 | 0 |
| | 2001 | 성남일화 | 26 | 1 | 2 | 0 | 0 | 30 | 2 | 0 |
| | 2002 | 성남일화 | 25 | 2 | 4 | 0 | 0 | 31 | 2 | 0 |
| | 2003 | 성남일화 | 38 | 7 | 3 | 1 | 0 | 42 | 2 | 0 |
| | 2004 | 인천 | 20 | 0 | 1 | 0 | 0 | 15 | 4 | 0 |
| | 2005 | 전남 | 0 | 0 | 0 | 0 | 0 | 0 | 0 | 0 |
| | 2006 | 대구 | 23 | 2 | 1 | 1 | 0 | 17 | 3 | 0 |
| | 2007 | 대구 | 18 | 2 | 0 | 0 | 0 | 24 | 2 | 0 |
| PO | 2000 | 성남일화 | 2 | 0 | 0 | 0 | 0 | 3 | 0 | 0 |
| 컵 | 1995 | 대우 | 7 | 1 | 0 | 0 | 0 | 6 | 1 | 0 |
| | 1996 | 부산 | 2 | 1 | 0 | 0 | 0 | 3 | 1 | 0 |
| | 1997 | 부산 | 12 | 3 | 2 | 0 | 0 | 12 | 0 | 0 |
| | 1998 | 부산 | 4 | 1 | 0 | 0 | 0 | 8 | 1 | 0 |
| | 1999 | 부산 | 8 | 1 | 0 | 0 | 0 | 9 | 1 | 0 |
| | 2000 | 성남일화 | 12 | 0 | 2 | 0 | 0 | 23 | 2 | 0 |
| | 2001 | 성남일화 | 9 | 0 | 0 | 0 | 0 | 12 | 1 | 0 |
| | 2002 | 성남일화 | 11 | 0 | 0 | 0 | 0 | 18 | 1 | 0 |
| | 2004 | 인천 | 10 | 0 | 0 | 0 | 0 | 8 | 2 | 0 |
| | 2005 | 전남 | 5 | 3 | 0 | 0 | 0 | 6 | 0 | 0 |
| | 2006 | 대구 | 12 | 0 | 0 | 1 | 0 | 3 | 2 | 0 |
| | 2007 | 대구 | 10 | 0 | 1 | 0 | 0 | 19 | 1 | 0 |
| 통산 | | | 383 | 41 | 24 | 5 | 0 | 438 | 38 | 0 |

**김현수**(金鉉洙) 연세대 1973.02.14

| 대회 | 연도 | 소속 | 출전 | 교체 | 득점 | 도움 | 실점 | 파울 | 경고 | 퇴장 |
|---|---|---|---|---|---|---|---|---|---|---|
| K1 | 1995 | 전남 | 20 | 0 | 1 | 2 | 0 | 46 | 1 | 0 |
| | 1996 | 전남 | 15 | 8 | 0 | 1 | 0 | 15 | 3 | 0 |
| | 1997 | 전남 | 14 | 4 | 0 | 1 | 0 | 13 | 1 | 1 |
| | 2000 | 전남 | 7 | 7 | 0 | 0 | 0 | 1 | 0 | 0 |
| | 2001 | 전남 | 9 | 4 | 0 | 0 | 0 | 11 | 1 | 0 |
| | 2002 | 전남 | 22 | 2 | 1 | 2 | 0 | 46 | 4 | 0 |
| | 2003 | 전북 | 42 | 20 | 0 | 1 | 0 | 76 | 3 | 0 |
| | 2004 | 전북 | 18 | 4 | 0 | 0 | 0 | 16 | 3 | 0 |
| | 2005 | 전북 | 19 | 3 | 0 | 0 | 0 | 32 | 2 | 0 |
| | 2006 | 전북 | 14 | 5 | 1 | 1 | 0 | 34 | 3 | 0 |
| | 2007 | 전북 | 21 | 6 | 0 | 0 | 0 | 40 | 5 | 1 |
| | 2008 | 전북 | 13 | 8 | 1 | 0 | 0 | 26 | 2 | 0 |
| 컵 | 1995 | 전남 | 6 | 0 | 0 | 0 | 0 | 6 | 2 | 0 |
| | 1996 | 전남 | 5 | 0 | 0 | 1 | 0 | 11 | 2 | 0 |
| | 1997 | 전남 | 16 | 6 | 0 | 0 | 0 | 7 | 0 | 0 |
| | 2000 | 전남 | 1 | 1 | 0 | 0 | 0 | 2 | 0 | 0 |
| | 2001 | 전남 | 8 | 4 | 0 | 0 | 0 | 14 | 3 | 0 |
| | 2002 | 전남 | 8 | 1 | 0 | 0 | 0 | 19 | 0 | 0 |
| | 2004 | 전북 | 11 | 3 | 0 | 0 | 0 | 10 | 1 | 0 |
| | 2005 | 전북 | 6 | 2 | 0 | 0 | 0 | 3 | 0 | 0 |
| | 2006 | 전북 | 10 | 0 | 0 | 0 | 0 | 24 | 3 | 0 |
| | 2007 | 전북 | 4 | 0 | 0 | 0 | 0 | 11 | 2 | 0 |
| | 2008 | 전북 | 2 | 2 | 0 | 0 | 0 | 2 | 0 | 0 |
| 통산 | | | 291 | 90 | 4 | 9 | 0 | 465 | 41 | 2 |

**김현수**(金顯秀) 연세대 1992.04.05

| 대회 | 연도 | 소속 | 출전 | 교체 | 득점 | 도움 | 실점 | 파울 | 경고 | 퇴장 |
|---|---|---|---|---|---|---|---|---|---|---|
| K2 | 2015 | 대구 | 3 | 3 | 0 | 0 | 0 | 0 | 0 | 0 |
| | 2016 | 대구 | 2 | 2 | 0 | 0 | 0 | 1 | 1 | 0 |
| PO | 2015 | 대구 | 0 | 0 | 0 | 0 | 0 | 0 | 0 | 0 |
| 통산 | | | 5 | 5 | 0 | 0 | 0 | 1 | 1 | 0 |

**김현승**(金炫承) 홍익대 1984.11.16

| 대회 | 연도 | 소속 | 출전 | 교체 | 득점 | 도움 | 실점 | 파울 | 경고 | 퇴장 |
|---|---|---|---|---|---|---|---|---|---|---|
| K1 | 2008 | 광주상무 | 2 | 3 | 0 | 0 | 0 | 2 | 0 | 0 |
| 컵 | 2008 | 광주상무 | 2 | 2 | 0 | 0 | 0 | 3 | 0 | 0 |
| | 2009 | 광주상무 | 1 | 1 | 0 | 0 | 0 | 1 | 0 | 0 |
| 통산 | | | 5 | 6 | 0 | 0 | 0 | 6 | 0 | 0 |

**김현엽**(金鉉曄) 명지대 2001.08.22

| 대회 | 연도 | 소속 | 출전 | 교체 | 득점 | 도움 | 실점 | 파울 | 경고 | 퇴장 |
|---|---|---|---|---|---|---|---|---|---|---|
| K2 | 2023 | 부천 | 0 | 0 | 0 | 0 | 0 | 0 | 0 | 0 |
| | 2024 | 부천 | 3 | 0 | 0 | 0 | 4 | 0 | 0 | 0 |
| | 2025 | 부천 | 1 | 0 | 0 | 0 | 0 | 0 | 0 | 0 |
| PO | 2025 | 부천 | 0 | 0 | 0 | 0 | 0 | 0 | 0 | 0 |
| 통산 | | | 4 | 0 | 0 | 0 | 4 | 0 | 0 | 0 |

**김현오** 충남기계공고 2007.09.12

| 대회 | 연도 | 소속 | 출전 | 교체 | 득점 | 도움 | 실점 | 파울 | 경고 | 퇴장 |
|---|---|---|---|---|---|---|---|---|---|---|
| K1 | 2025 | 대전 | 14 | 14 | 1 | 0 | 0 | 12 | 0 | 0 |
| 통산 | | | 14 | 14 | 1 | 0 | 0 | 12 | 0 | 0 |

**김현우**(金玄雨) 광운대 1989.04.17

| 대회 | 연도 | 소속 | 출전 | 교체 | 득점 | 도움 | 실점 | 파울 | 경고 | 퇴장 |
|---|---|---|---|---|---|---|---|---|---|---|
| K1 | 2012 | 성남일화 | 8 | 7 | 0 | 0 | 0 | 11 | 3 | 0 |
| 통산 | | | 8 | 7 | 0 | 0 | 0 | 11 | 3 | 0 |

**김현우**(金炫祐) 중앙대 1999.04.23

| 대회 | 연도 | 소속 | 출전 | 교체 | 득점 | 도움 | 실점 | 파울 | 경고 | 퇴장 |
|---|---|---|---|---|---|---|---|---|---|---|
| K2 | 2020 | 제주 | 3 | 3 | 0 | 0 | 0 | 3 | 0 | 0 |
| 통산 | | | 3 | 3 | 0 | 0 | 0 | 3 | 0 | 0 |

**김현우**(金炫佑) 현대고 1999.03.07

| 대회 | 연도 | 소속 | 출전 | 교체 | 득점 | 도움 | 실점 | 파울 | 경고 | 퇴장 |
|---|---|---|---|---|---|---|---|---|---|---|
| K1 | 2022 | 울산 | 0 | 0 | 0 | 0 | 0 | 0 | 0 | 0 |
| | 2023 | 대전 | 26 | 11 | 0 | 1 | 0 | 11 | 3 | 0 |
| | 2024 | 대전 | 26 | 6 | 1 | 1 | 0 | 25 | 4 | 0 |
| | 2025 | 대전 | 9 | 3 | 0 | 0 | 0 | 6 | 0 | 0 |
| | 2025 | 김천 | 2 | 2 | 0 | 0 | 0 | 0 | 0 | 0 |
| 통산 | | | 63 | 22 | 1 | 2 | 0 | 42 | 7 | 0 |

**김현우**(金炫佑) 영등포공고 2006.07.27

| 대회 | 연도 | 소속 | 출전 | 교체 | 득점 | 도움 | 실점 | 파울 | 경고 | 퇴장 |
|---|---|---|---|---|---|---|---|---|---|---|
| K2 | 2025 | 서울E | 4 | 4 | 0 | 1 | 0 | 5 | 0 | 0 |
| 통산 | | | 4 | 4 | 0 | 1 | 0 | 5 | 0 | 0 |

**김현욱**(金賢旭) 한양대 1995.06.22

| 대회 | 연도 | 소속 | 출전 | 교체 | 득점 | 도움 | 실점 | 파울 | 경고 | 퇴장 |
|---|---|---|---|---|---|---|---|---|---|---|
| K1 | 2017 | 제주 | 3 | 3 | 0 | 0 | 0 | 1 | 0 | 0 |
| | 2018 | 제주 | 22 | 16 | 4 | 2 | 0 | 16 | 3 | 0 |
| | 2019 | 강원 | 31 | 21 | 2 | 2 | 0 | 13 | 0 | 0 |
| | 2024 | 대전 | 13 | 13 | 1 | 0 | 0 | 8 | 2 | 0 |
| | 2024 | 김천 | 14 | 13 | 5 | 1 | 0 | 11 | 2 | 0 |
| | 2025 | 대전 | 26 | 23 | 2 | 3 | 0 | 15 | 4 | 0 |
| K2 | 2020 | 전남 | 20 | 3 | 3 | 1 | 0 | 18 | 4 | 0 |
| | 2021 | 전남 | 34 | 1 | 3 | 4 | 0 | 20 | 2 | 0 |
| | 2022 | 전남 | 29 | 12 | 2 | 1 | 0 | 21 | 2 | 0 |
| | 2023 | 김천 | 28 | 24 | 1 | 3 | 0 | 10 | 0 | 0 |
| PO | 2021 | 전남 | 1 | 0 | 0 | 0 | 0 | 1 | 0 | 0 |
| 통산 | | | 221 | 129 | 23 | 17 | 0 | 134 | 19 | 0 |

**김현준**(金賢準) 대구예술대 2002.07.15

| 대회 | 연도 | 소속 | 출전 | 교체 | 득점 | 도움 | 실점 | 파울 | 경고 | 퇴장 |
|---|---|---|---|---|---|---|---|---|---|---|
| K1 | 2024 | 대구 | 1 | 1 | 0 | 0 | 0 | 1 | 0 | 0 |
| | 2025 | 대구 | 21 | 14 | 3 | 1 | 0 | 8 | 1 | 0 |
| 통산 | | | 22 | 15 | 3 | 1 | 0 | 9 | 1 | 0 |

**김현중**(金鉉重) 한양대 1996.05.03

| 대회 | 연도 | 소속 | 출전 | 교체 | 득점 | 도움 | 실점 | 파울 | 경고 | 퇴장 |
|---|---|---|---|---|---|---|---|---|---|---|
| K1 | 2019 | 경남 | 0 | 0 | 0 | 0 | 0 | 0 | 0 | 0 |
| K2 | 2023 | 천안 | 19 | 9 | 2 | 0 | 0 | 18 | 4 | 0 |
| 통산 | | | 19 | 9 | 2 | 0 | 0 | 18 | 4 | 0 |

**김현태**(金顯泰) 고려대 1961.05.01

| 대회 | 연도 | 소속 | 출전 | 교체 | 득점 | 도움 | 실점 | 파울 | 경고 | 퇴장 |
|---|---|---|---|---|---|---|---|---|---|---|
| K1 | 1984 | 럭키금성 | 23 | 1 | 0 | 0 | 37 | 0 | 0 | 0 |
| | 1985 | 럭키금성 | 21 | 0 | 0 | 0 | 19 | 0 | 1 | 0 |
| | 1986 | 럭키금성 | 15 | 1 | 0 | 0 | 12 | 0 | 0 | 0 |
| | 1987 | 럭키금성 | 18 | 0 | 0 | 0 | 36 | 1 | 0 | 1 |
| | 1988 | 럭키금성 | 8 | 0 | 0 | 0 | 12 | 0 | 0 | 0 |
| | 1989 | 럭키금성 | 9 | 1 | 0 | 0 | 9 | 0 | 0 | 0 |
| | 1990 | 럭키금성 | 2 | 0 | 0 | 0 | 2 | 0 | 0 | 0 |
| | 1991 | LG | 3 | 2 | 0 | 0 | 4 | 0 | 0 | 0 |
| | 1996 | 안양LG | 0 | 0 | 0 | 0 | 0 | 0 | 0 | 0 |
| PO | 1986 | 럭키금성 | 2 | 0 | 0 | 0 | 2 | 0 | 0 | 0 |
| 컵 | 1986 | 럭키금성 | 15 | 0 | 0 | 0 | 20 | 0 | 0 | 0 |
| | 1996 | 안양LG | 0 | 0 | 0 | 0 | 0 | 0 | 0 | 0 |
| 통산 | | | 116 | 5 | 0 | 0 | 153 | 1 | 1 | 1 |

**김현태**(金鉉泰) 용인대 1992.05.13

| 대회 | 연도 | 소속 | 출전 | 교체 | 득점 | 도움 | 실점 | 파울 | 경고 | 퇴장 |
|---|---|---|---|---|---|---|---|---|---|---|
| K2 | 2015 | 수원FC | 0 | 0 | 0 | 0 | 0 | 0 | 0 | 0 |
| 통산 | | | 0 | 0 | 0 | 0 | 0 | 0 | 0 | 0 |

**김현태**(金炫兌) 영남대 1994.11.14

| 대회 | 연도 | 소속 | 출전 | 교체 | 득점 | 도움 | 실점 | 파울 | 경고 | 퇴장 |
|---|---|---|---|---|---|---|---|---|---|---|
| K1 | 2017 | 전남 | 0 | 0 | 0 | 0 | 0 | 0 | 0 | 0 |
| | 2022 | 성남 | 9 | 8 | 0 | 0 | 0 | 4 | 0 | 1 |
| K2 | 2018 | 안산 | 13 | 3 | 2 | 0 | 0 | 12 | 0 | 0 |
| | 2020 | 안산 | 5 | 0 | 0 | 0 | 0 | 11 | 3 | 0 |
| | 2021 | 안산 | 20 | 8 | 0 | 0 | 0 | 20 | 4 | 0 |
| | 2023 | 성남 | 13 | 7 | 0 | 1 | 0 | 4 | 2 | 0 |
| | 2025 | 안산 | 34 | 4 | 5 | 0 | 0 | 21 | 2 | 0 |
| 통산 | | | 94 | 30 | 7 | 1 | 0 | 72 | 11 | 1 |

**김현호**(金鉉浩) 신평고 1981.09.30

| 대회 | 연도 | 소속 | 출전 | 교체 | 득점 | 도움 | 실점 | 파울 | 경고 | 퇴장 |
|---|---|---|---|---|---|---|---|---|---|---|
| 컵 | 1995 | 포항 | 0 | 0 | 0 | 0 | 0 | 0 | 0 | 0 |
| 통산 | | | 0 | 0 | 0 | 0 | 0 | 0 | 0 | 0 |

**김현훈**(金泫訓) 홍익대 1991.04.30

| 대회 | 연도 | 소속 | 출전 | 교체 | 득점 | 도움 | 실점 | 파울 | 경고 | 퇴장 |
|---|---|---|---|---|---|---|---|---|---|---|
| K1 | 2018 | 경남 | 30 | 3 | 1 | 0 | 0 | 29 | 2 | 0 |
| | 2023 | 수원FC | 10 | 4 | 0 | 0 | 0 | 3 | 1 | 0 |
| K2 | 2021 | 서울E | 21 | 1 | 1 | 0 | 0 | 30 | 4 | 0 |
| | 2022 | 광주 | 27 | 16 | 0 | 0 | 0 | 22 | 4 | 0 |
| | 2023 | 전남 | 3 | 2 | 0 | 0 | 0 | 1 | 0 | 0 |
| | 2024 | 김포 | 13 | 3 | 0 | 0 | 0 | 9 | 2 | 0 |
| 통산 | | | 104 | 29 | 2 | 0 | 0 | 94 | 13 | 0 |

**김형근**(金亨根) 영남대 1994.01.06

| 대회 | 연도 | 소속 | 출전 | 교체 | 득점 | 도움 | 실점 | 파울 | 경고 | 퇴장 |
|---|---|---|---|---|---|---|---|---|---|---|
| K1 | 2023 | 제주 | 1 | 1 | 0 | 0 | 0 | 0 | 0 | 0 |
| K2 | 2016 | 부산 | 6 | 0 | 0 | 0 | 9 | 0 | 0 | 0 |
| | 2017 | 부산 | 9 | 0 | 0 | 0 | 8 | 0 | 0 | 0 |
| | 2018 | 부산 | 14 | 0 | 0 | 0 | 17 | 0 | 0 | 0 |
| | 2019 | 부산 | 16 | 0 | 0 | 0 | 21 | 0 | 1 | 0 |
| | 2020 | 서울E | 18 | 1 | 0 | 0 | 20 | 1 | 2 | 0 |
| | 2021 | 서울E | 2 | 0 | 0 | 0 | 5 | 0 | 0 | 0 |
| | 2022 | 서울E | 5 | 2 | 0 | 0 | 11 | 0 | 0 | 0 |
| | 2024 | 부천 | 33 | 0 | 0 | 0 | 41 | 0 | 1 | 0 |
| | 2025 | 부천 | 38 | 0 | 0 | 0 | 49 | 1 | 4 | 0 |
| PO | 2016 | 부산 | 0 | 0 | 0 | 0 | 0 | 0 | 0 | 0 |
| | 2017 | 부산 | 2 | 0 | 0 | 0 | 0 | 0 | 0 | 0 |
| | 2018 | 부산 | 0 | 0 | 0 | 0 | 0 | 0 | 0 | 0 |
| | 2025 | 부천 | 3 | 0 | 0 | 0 | 2 | 0 | 0 | 0 |
| 통산 | | | 147 | 4 | 0 | 0 | 183 | 2 | 8 | 0 |

**김형남**(金炯男) 중대부고 1956.12.18

| 대회 | 연도 | 소속 | 출전 | 교체 | 득점 | 도움 | 실점 | 파울 | 경고 | 퇴장 |
|---|---|---|---|---|---|---|---|---|---|---|
| K1 | 1983 | 포항제철 | 13 | 2 | 0 | 0 | 0 | 17 | 2 | 0 |
| | 1984 | 포항제철 | 13 | 6 | 0 | 0 | 0 | 11 | 0 | 0 |
| 통산 | | | 26 | 8 | 0 | 0 | 0 | 28 | 2 | 0 |

**김형록**(金泂錄) 동아대 1991.06.17

| 대회 | 연도 | 소속 | 출전 | 교체 | 득점 | 도움 | 실점 | 파울 | 경고 | 퇴장 |
|---|---|---|---|---|---|---|---|---|---|---|
| K1 | 2014 | 제주 | 0 | 0 | 0 | 0 | 0 | 0 | 0 | 0 |
| | 2015 | 제주 | 0 | 0 | 0 | 0 | 0 | 0 | 0 | 0 |
| K2 | 2015 | 경남 | 0 | 0 | 0 | 0 | 0 | 0 | 0 | 0 |
| | 2017 | 경남 | 2 | 0 | 0 | 0 | 3 | 0 | 0 | 0 |
| 통산 | | | 2 | 0 | 0 | 0 | 3 | 0 | 0 | 0 |

**김형범**(金炯氾) 건국대 1984.01.01

| 대회 | 연도 | 소속 | 출전 | 교체 | 득점 | 도움 | 실점 | 파울 | 경고 | 퇴장 |
|---|---|---|---|---|---|---|---|---|---|---|
| K1 | 2004 | 울산 | 17 | 18 | 0 | 2 | 0 | 17 | 2 | 0 |
| | 2005 | 울산 | 10 | 9 | 3 | 1 | 0 | 5 | 0 | 0 |
| | 2006 | 전북 | 23 | 9 | 5 | 4 | 0 | 32 | 3 | 0 |
| | 2007 | 전북 | 6 | 5 | 2 | 0 | 0 | 6 | 1 | 0 |
| | 2008 | 전북 | 24 | 17 | 6 | 3 | 0 | 15 | 2 | 0 |
| | 2009 | 전북 | 1 | 1 | 0 | 0 | 0 | 0 | 0 | 0 |
| | 2010 | 전북 | 6 | 5 | 1 | 0 | 0 | 6 | 1 | 0 |
| | 2011 | 전북 | 3 | 3 | 0 | 0 | 0 | 3 | 0 | 0 |
| | 2012 | 대전 | 32 | 18 | 5 | 10 | 0 | 35 | 3 | 0 |
| | 2013 | 경남 | 22 | 18 | 8 | 0 | 0 | 27 | 1 | 0 |
| PO | 2008 | 전북 | 1 | 2 | 0 | 0 | 0 | 0 | 0 | 0 |
| 컵 | 2004 | 울산 | 12 | 7 | 1 | 3 | 0 | 19 | 0 | 0 |
| | 2005 | 울산 | 4 | 4 | 1 | 0 | 0 | 0 | 1 | 0 |
| | 2006 | 전북 | 5 | 3 | 2 | 0 | 0 | 3 | 1 | 0 |
| | 2008 | 전북 | 6 | 6 | 1 | 1 | 0 | 5 | 0 | 0 |
| | 2010 | 전북 | 3 | 3 | 0 | 0 | 0 | 2 | 0 | 0 |
| | 2011 | 전북 | 1 | 1 | 0 | 0 | 0 | 0 | 0 | 0 |
| 통산 | | | 176 | 129 | 35 | 24 | 0 | 175 | 15 | 0 |

**김형원**(金亨顚) 연세대 1999.02.22

| 대회 | 연도 | 소속 | 출전 | 교체 | 득점 | 도움 | 실점 | 파울 | 경고 | 퇴장 |
|---|---|---|---|---|---|---|---|---|---|---|
| K2 | 2020 | 경남 | 6 | 4 | 1 | 0 | 0 | 4 | 2 | 0 |
| | 2021 | 경남 | 1 | 1 | 0 | 0 | 0 | 1 | 0 | 0 |
| | 2024 | 경남 | 14 | 12 | 1 | 0 | 0 | 8 | 2 | 0 |
| | 2025 | 경남 | 14 | 13 | 0 | 1 | 0 | 9 | 2 | 0 |
| PO | 2020 | 경남 | 1 | 1 | 0 | 0 | 0 | 1 | 1 | 0 |
| 통산 | | | 36 | 31 | 2 | 1 | 0 | 23 | 7 | 0 |

**김형일**(金亨鎰) 경희대 1984.04.27

| 대회 | 연도 | 소속 | 출전 | 교체 | 득점 | 도움 | 실점 | 파울 | 경고 | 퇴장 |
|---|---|---|---|---|---|---|---|---|---|---|
| K1 | 2007 | 대전 | 20 | 1 | 0 | 0 | 0 | 39 | 7 | 0 |
| | 2008 | 대전 | 13 | 2 | 0 | 0 | 0 | 16 | 4 | 0 |
| | 2008 | 포항 | 3 | 0 | 0 | 0 | 0 | 7 | 1 | 0 |
| | 2009 | 포항 | 24 | 1 | 2 | 0 | 0 | 29 | 6 | 0 |
| | 2010 | 포항 | 22 | 2 | 2 | 1 | 0 | 27 | 8 | 0 |
| | 2011 | 포항 | 18 | 2 | 0 | 0 | 0 | 20 | 1 | 0 |
| | 2012 | 상주 | 17 | 2 | 1 | 0 | 0 | 19 | 3 | 0 |
| | 2013 | 포항 | 2 | 2 | 0 | 0 | 0 | 0 | 0 | 0 |
| | 2014 | 포항 | 14 | 3 | 1 | 0 | 0 | 13 | 3 | 0 |
| | 2015 | 전북 | 24 | 2 | 0 | 0 | 0 | 29 | 4 | 0 |
| | 2016 | 전북 | 13 | 1 | 0 | 0 | 0 | 20 | 4 | 0 |
| K2 | 2013 | 상주 | 26 | 0 | 0 | 0 | 0 | 29 | 3 | 1 |
| | 2017 | 부천 | 10 | 4 | 0 | 1 | 0 | 10 | 1 | 0 |
| PO | 2007 | 대전 | 1 | 0 | 0 | 0 | 0 | 4 | 1 | 0 |
| | 2009 | 포항 | 1 | 0 | 0 | 0 | 0 | 1 | 0 | 0 |
| | 2011 | 포항 | 1 | 0 | 0 | 0 | 0 | 2 | 1 | 0 |
| 컵 | 2007 | 대전 | 8 | 1 | 0 | 1 | 0 | 25 | 3 | 0 |
| | 2008 | 대전 | 3 | 1 | 0 | 0 | 0 | 6 | 3 | 0 |
| | 2009 | 포항 | 5 | 0 | 0 | 1 | 0 | 10 | 3 | 0 |
| | 2011 | 포항 | 2 | 0 | 0 | 0 | 0 | 4 | 1 | 0 |
| 통산 | | | 227 | 24 | 6 | 4 | 0 | 310 | 57 | 1 |

**김형진**(金炯進) 배재대 1993.12.20

| 대회 | 연도 | 소속 | 출전 | 교체 | 득점 | 도움 | 실점 | 파울 | 경고 | 퇴장 |
|---|---|---|---|---|---|---|---|---|---|---|
| K2 | 2016 | 대전 | 16 | 8 | 0 | 0 | 0 | 29 | 4 | 0 |
| | 2017 | 안양 | 10 | 5 | 0 | 0 | 0 | 6 | 2 | 0 |
| | 2018 | 안양 | 23 | 10 | 0 | 0 | 0 | 25 | 2 | 0 |
| | 2019 | 안양 | 29 | 4 | 0 | 0 | 0 | 27 | 5 | 0 |
| | 2020 | 안양 | 22 | 3 | 0 | 0 | 0 | 27 | 3 | 0 |
| | 2021 | 안양 | 33 | 1 | 0 | 1 | 0 | 47 | 8 | 0 |
| | 2022 | 안양 | 5 | 5 | 1 | 0 | 0 | 2 | 0 | 0 |
| | 2023 | 안양 | 28 | 1 | 2 | 0 | 0 | 40 | 8 | 0 |
| | 2024 | 경남 | 31 | 4 | 2 | 0 | 0 | 21 | 4 | 0 |
| | 2025 | 경남 | 26 | 9 | 1 | 0 | 0 | 21 | 4 | 0 |
| PO | 2019 | 안양 | 2 | 0 | 0 | 0 | 0 | 1 | 0 | 0 |
| | 2021 | 안양 | 1 | 0 | 0 | 0 | 0 | 0 | 0 | 0 |
| | 2022 | 안양 | 3 | 3 | 0 | 0 | 0 | 3 | 0 | 0 |
| 통산 | | | 229 | 53 | 6 | 1 | 0 | 249 | 40 | 0 |

**김형진**(金亨陳) 강릉제일고 2006.11.19

| 대회 | 연도 | 소속 | 출전 | 교체 | 득점 | 도움 | 실점 | 파울 | 경고 | 퇴장 |
|---|---|---|---|---|---|---|---|---|---|---|
| K1 | 2024 | 강원 | 2 | 2 | 0 | 0 | 0 | 1 | 0 | 0 |
| 통산 | | | 2 | 2 | 0 | 0 | 0 | 1 | 0 | 0 |

**김형철**(金亨哲) 동아대 1983.10.02

| 대회 | 연도 | 소속 | 출전 | 교체 | 득점 | 도움 | 실점 | 파울 | 경고 | 퇴장 |
|---|---|---|---|---|---|---|---|---|---|---|
| 컵 | 2006 | 수원 | 1 | 1 | 0 | 0 | 0 | 0 | 1 | 0 |
| 통산 | | | 1 | 1 | 0 | 0 | 0 | 0 | 1 | 0 |

**김형필**(金炯必) 경희대 1987.01.13

| 대회 | 연도 | 소속 | 출전 | 교체 | 득점 | 도움 | 실점 | 파울 | 경고 | 퇴장 |
|---|---|---|---|---|---|---|---|---|---|---|
| K1 | 2010 | 전남 | 11 | 10 | 3 | 0 | 0 | 5 | 1 | 0 |
| | 2011 | 전남 | 2 | 2 | 0 | 0 | 0 | 0 | 0 | 0 |
| | 2012 | 부산 | 1 | 1 | 0 | 0 | 0 | 2 | 1 | 0 |
| K2 | 2016 | 경남 | 10 | 9 | 2 | 0 | 0 | 6 | 1 | 0 |
| 컵 | 2011 | 전남 | 1 | 1 | 0 | 0 | 0 | 0 | 0 | 0 |
| 통산 | | | 25 | 23 | 5 | 0 | 0 | 13 | 3 | 0 |

**김형호**(金瀅鎬) 광양제철고 1987.03.25

| 대회 | 연도 | 소속 | 출전 | 교체 | 득점 | 도움 | 실점 | 파울 | 경고 | 퇴장 |
|---|---|---|---|---|---|---|---|---|---|---|
| K1 | 2009 | 전남 | 18 | 2 | 0 | 1 | 0 | 22 | 2 | 0 |
| | 2010 | 전남 | 21 | 2 | 1 | 1 | 0 | 32 | 6 | 0 |
| | 2011 | 전남 | 8 | 0 | 0 | 0 | 0 | 6 | 0 | 0 |
| PO | 2009 | 전남 | 2 | 0 | 0 | 0 | 0 | 2 | 0 | 0 |
| 컵 | 2009 | 전남 | 1 | 0 | 0 | 0 | 0 | 1 | 0 | 0 |
| | 2010 | 전남 | 2 | 1 | 0 | 0 | 0 | 3 | 1 | 0 |
| | 2011 | 전남 | 1 | 0 | 0 | 0 | 0 | 1 | 0 | 0 |
| 통산 | | | 53 | 5 | 1 | 2 | 0 | 67 | 9 | 0 |

**김혜성**(金慧成) 홍익대 1996.04.11

| 대회 | 연도 | 소속 | 출전 | 교체 | 득점 | 도움 | 실점 | 파울 | 경고 | 퇴장 |
|---|---|---|---|---|---|---|---|---|---|---|
| K2 | 2018 | 광주 | 0 | 0 | 0 | 0 | 0 | 0 | 0 | 0 |
| | 2021 | 충남아산 | 17 | 11 | 1 | 0 | 0 | 17 | 3 | 0 |
| | 2022 | 충남아산 | 18 | 14 | 0 | 0 | 0 | 11 | 1 | 0 |
| | 2023 | 충남아산 | 14 | 6 | 0 | 0 | 0 | 8 | 1 | 0 |
| 통산 | | | 49 | 31 | 1 | 0 | 0 | 36 | 5 | 0 |

**김호남**(金浩男) 광주대 1989.06.14

| 대회 | 연도 | 소속 | 출전 | 교체 | 득점 | 도움 | 실점 | 파울 | 경고 | 퇴장 |
|---|---|---|---|---|---|---|---|---|---|---|
| K1 | 2011 | 광주 | 0 | 0 | 0 | 0 | 0 | 0 | 0 | 0 |
| | 2012 | 광주 | 1 | 1 | 0 | 0 | 0 | 3 | 0 | 0 |
| | 2015 | 광주 | 29 | 13 | 8 | 1 | 0 | 27 | 4 | 0 |
| | 2016 | 제주 | 31 | 29 | 8 | 3 | 0 | 10 | 1 | 0 |
| | 2017 | 상주 | 32 | 11 | 7 | 2 | 0 | 22 | 2 | 0 |
| | 2018 | 제주 | 12 | 5 | 0 | 0 | 0 | 6 | 0 | 0 |
| | 2018 | 상주 | 21 | 16 | 2 | 1 | 0 | 16 | 1 | 0 |
| | 2019 | 제주 | 17 | 5 | 0 | 1 | 0 | 26 | 3 | 0 |
| | 2019 | 인천 | 18 | 14 | 4 | 0 | 0 | 14 | 1 | 0 |
| | 2020 | 인천 | 14 | 11 | 2 | 0 | 0 | 14 | 1 | 1 |
| | 2021 | 수원FC | 5 | 5 | 0 | 0 | 0 | 5 | 0 | 0 |
| | 2021 | 포항 | 1 | 1 | 0 | 0 | 0 | 0 | 0 | 0 |
| K2 | 2013 | 광주 | 28 | 15 | 7 | 6 | 0 | 36 | 4 | 0 |
| | 2014 | 광주 | 33 | 12 | 6 | 4 | 0 | 50 | 5 | 0 |
| | 2022 | 부천 | 33 | 14 | 3 | 2 | 0 | 27 | 6 | 0 |
| | 2023 | 부천 | 27 | 20 | 2 | 2 | 0 | 23 | 2 | 0 |
| PO | 2014 | 광주 | 4 | 1 | 2 | 1 | 0 | 5 | 0 | 0 |
| | 2017 | 상주 | 2 | 0 | 0 | 0 | 0 | 2 | 0 | 0 |
| | 2022 | 부천 | 1 | 1 | 0 | 0 | 0 | 0 | 0 | 0 |
| 컵 | 2011 | 광주 | 2 | 2 | 0 | 0 | 0 | 2 | 1 | 0 |
| 통산 | | | 311 | 176 | 51 | 23 | 0 | 288 | 31 | 1 |

**김호영**(金昊榮/ ←김용갑) 동국대 1969.10.29

| 대회 | 연도 | 소속 | 출전 | 교체 | 득점 | 도움 | 실점 | 파울 | 경고 | 퇴장 |
|---|---|---|---|---|---|---|---|---|---|---|
| K1 | 1991 | 일화 | 10 | 10 | 0 | 1 | 0 | 7 | 1 | 0 |
| | 1992 | 일화 | 3 | 3 | 0 | 0 | 0 | 0 | 0 | 0 |
| | 1993 | 일화 | 3 | 2 | 0 | 3 | 0 | 1 | 0 | 0 |
| | 1994 | 일화 | 4 | 5 | 1 | 0 | 0 | 5 | 2 | 0 |
| | 1995 | 일화 | 4 | 5 | 0 | 1 | 0 | 2 | 0 | 0 |
| | 1996 | 전북 | 29 | 7 | 9 | 4 | 0 | 22 | 2 | 0 |
| | 1997 | 전북 | 15 | 10 | 3 | 2 | 0 | 7 | 0 | 0 |
| | 1998 | 전북 | 9 | 7 | 0 | 1 | 0 | 9 | 0 | 0 |
| | 1999 | 전북 | 1 | 1 | 0 | 0 | 0 | 1 | 0 | 0 |
| 컵 | 1992 | 일화 | 3 | 0 | 0 | 0 | 0 | 5 | 0 | 0 |
| | 1993 | 일화 | 5 | 4 | 0 | 0 | 0 | 2 | 0 | 0 |
| | 1994 | 일화 | 2 | 2 | 0 | 0 | 0 | 1 | 0 | 0 |
| | 1995 | 일화 | 2 | 2 | 0 | 0 | 0 | 0 | 0 | 0 |
| | 1996 | 전북 | 6 | 6 | 0 | 1 | 0 | 7 | 0 | 0 |
| | 1997 | 전북 | 12 | 11 | 1 | 1 | 0 | 5 | 0 | 0 |
| | 1998 | 전북 | 13 | 12 | 3 | 2 | 0 | 6 | 0 | 0 |
| 통산 | | | 121 | 87 | 17 | 16 | 0 | 80 | 5 | 0 |

**김호유**(金浩猷) 성균관대 1981.02.19

| 대회 | 연도 | 소속 | 출전 | 교체 | 득점 | 도움 | 실점 | 파울 | 경고 | 퇴장 |
|---|---|---|---|---|---|---|---|---|---|---|
| K1 | 2003 | 전남 | 0 | 0 | 0 | 0 | 0 | 0 | 0 | 0 |
| | 2004 | 전남 | 8 | 2 | 1 | 0 | 0 | 11 | 1 | 0 |
| | 2005 | 전남 | 10 | 6 | 0 | 0 | 0 | 13 | 0 | 0 |
| | 2006 | 전남 | 5 | 2 | 1 | 0 | 0 | 7 | 3 | 0 |
| | 2007 | 제주 | 10 | 5 | 0 | 1 | 0 | 12 | 2 | 0 |
| PO | 2004 | 전남 | 0 | 0 | 0 | 0 | 0 | 0 | 0 | 0 |
| 컵 | 2004 | 전남 | 6 | 2 | 0 | 0 | 0 | 9 | 1 | 0 |
| | 2006 | 전남 | 5 | 1 | 0 | 0 | 0 | 8 | 0 | 0 |
| | 2007 | 제주 | 4 | 1 | 0 | 1 | 0 | 5 | 1 | 0 |
| 통산 | | | 48 | 19 | 2 | 2 | 0 | 65 | 8 | 0 |

**김호준**(金鎬俊) 인천대 1996.03.18

| 대회 | 연도 | 소속 | 출전 | 교체 | 득점 | 도움 | 실점 | 파울 | 경고 | 퇴장 |
|---|---|---|---|---|---|---|---|---|---|---|
| K2 | 2019 | 서울E | 0 | 0 | 0 | 0 | 0 | 0 | 0 | 0 |
| 통산 | | | 0 | 0 | 0 | 0 | 0 | 0 | 0 | 0 |

**김호준**(金鎬浚) 고려대 1984.06.21

| 대회 | 연도 | 소속 | 출전 | 교체 | 득점 | 도움 | 실점 | 파울 | 경고 | 퇴장 |
|---|---|---|---|---|---|---|---|---|---|---|
| K1 | 2005 | 서울 | 2 | 0 | 0 | 0 | 3 | 0 | 0 | 0 |
| | 2007 | 서울 | 0 | 0 | 0 | 0 | 0 | 0 | 0 | 0 |
| | 2008 | 서울 | 21 | 0 | 0 | 0 | 18 | 0 | 2 | 0 |
| | 2009 | 서울 | 23 | 1 | 0 | 0 | 25 | 1 | 2 | 0 |
| | 2010 | 제주 | 28 | 0 | 0 | 0 | 25 | 2 | 1 | 0 |
| | 2011 | 제주 | 24 | 0 | 0 | 0 | 36 | 0 | 2 | 0 |
| | 2012 | 상주 | 9 | 0 | 0 | 0 | 17 | 0 | 0 | 0 |
| | 2014 | 제주 | 37 | 1 | 0 | 1 | 37 | 0 | 1 | 0 |
| | 2015 | 제주 | 31 | 0 | 0 | 0 | 45 | 0 | 1 | 0 |
| | 2016 | 제주 | 28 | 1 | 0 | 0 | 39 | 1 | 2 | 0 |
| | 2017 | 제주 | 19 | 0 | 0 | 0 | 22 | 0 | 0 | 0 |
| | 2018 | 강원 | 6 | 1 | 0 | 0 | 10 | 1 | 0 | 1 |
| | 2019 | 강원 | 28 | 1 | 0 | 0 | 35 | 0 | 2 | 0 |
| | 2020 | 부산 | 10 | 0 | 0 | 0 | 11 | 0 | 0 | 0 |
| K2 | 2013 | 상주 | 30 | 0 | 0 | 0 | 23 | 0 | 2 | 0 |
| | 2021 | 부천 | 4 | 0 | 0 | 0 | 7 | 1 | 1 | 0 |
| | 2022 | 부천 | 1 | 1 | 0 | 0 | 0 | 0 | 0 | 0 |
| PO | 2008 | 서울 | 3 | 0 | 0 | 0 | 5 | 0 | 0 | 0 |
| | 2009 | 서울 | 1 | 0 | 0 | 0 | 1 | 0 | 0 | 0 |
| | 2010 | 제주 | 3 | 0 | 0 | 0 | 4 | 0 | 0 | 0 |
| 컵 | 2005 | 서울 | 1 | 0 | 0 | 0 | 3 | 1 | 0 | 0 |
| | 2007 | 서울 | 0 | 0 | 0 | 0 | 0 | 0 | 0 | 0 |
| | 2008 | 서울 | 7 | 0 | 0 | 0 | 9 | 0 | 0 | 0 |
| | 2009 | 서울 | 0 | 0 | 0 | 0 | 0 | 0 | 0 | 0 |
| | 2010 | 제주 | 4 | 0 | 0 | 0 | 3 | 0 | 1 | 0 |
| 통산 | | | 320 | 6 | 0 | 1 | 378 | 7 | 17 | 1 |

**김호철**(金虎喆) 숭실대 1971.01.05

| 대회 | 연도 | 소속 | 출전 | 교체 | 득점 | 도움 | 실점 | 파울 | 경고 | 퇴장 |
|---|---|---|---|---|---|---|---|---|---|---|
| K1 | 1995 | 유공 | 2 | 2 | 0 | 0 | 0 | 3 | 0 | 0 |

| 대회 | 연도 | 소속 | 출전 | 교체 | 득점 | 도움 | 실점 | 파울 | 경고 | 퇴장 |
|---|---|---|---|---|---|---|---|---|---|---|
| | 1996 | 부천유공 | 0 | 0 | 0 | 0 | 0 | 0 | 0 | 0 |
| 컵 | 1993 | 유공 | 1 | 1 | 0 | 0 | 0 | 1 | 0 | 0 |
| 통산 | | | 3 | 3 | 0 | 0 | 0 | 4 | 0 | 0 |

**김홍기**(金弘冀) 중앙대 1976.03.14

| 대회 | 연도 | 소속 | 출전 | 교체 | 득점 | 도움 | 실점 | 파울 | 경고 | 퇴장 |
|---|---|---|---|---|---|---|---|---|---|---|
| K1 | 1999 | 전북 | 2 | 2 | 0 | 0 | 0 | 0 | 0 | 0 |
| | 2000 | 전북 | 4 | 4 | 0 | 0 | 0 | 2 | 0 | 0 |
| 컵 | 2000 | 전북 | 0 | 0 | 0 | 0 | 0 | 0 | 0 | 0 |
| 통산 | | | 6 | 6 | 0 | 0 | 0 | 2 | 0 | 0 |

**김홍운**(金弘運) 건국대 1964.03.21

| 대회 | 연도 | 소속 | 출전 | 교체 | 득점 | 도움 | 실점 | 파울 | 경고 | 퇴장 |
|---|---|---|---|---|---|---|---|---|---|---|
| K1 | 1987 | 포항제철 | 26 | 20 | 9 | 3 | 0 | 19 | 3 | 0 |
| | 1988 | 포항제철 | 21 | 7 | 1 | 2 | 0 | 24 | 1 | 0 |
| | 1989 | 포항제철 | 7 | 7 | 1 | 0 | 0 | 2 | 0 | 0 |
| | 1990 | 포항제철 | 15 | 11 | 1 | 2 | 0 | 23 | 2 | 0 |
| | 1991 | 포항제철 | 3 | 3 | 0 | 0 | 0 | 1 | 0 | 0 |
| | 1991 | 유공 | 8 | 7 | 0 | 0 | 0 | 3 | 0 | 0 |
| | 1992 | LG | 4 | 4 | 0 | 0 | 0 | 1 | 0 | 0 |
| | 1993 | 현대 | 5 | 5 | 0 | 0 | 0 | 1 | 1 | 0 |
| 컵 | 1992 | LG | 4 | 3 | 1 | 0 | 0 | 12 | 0 | 0 |
| 통산 | | | 93 | 67 | 13 | 7 | 0 | 86 | 7 | 0 |

**김홍일**(金弘一) 연세대 1987.09.29

| 대회 | 연도 | 소속 | 출전 | 교체 | 득점 | 도움 | 실점 | 파울 | 경고 | 퇴장 |
|---|---|---|---|---|---|---|---|---|---|---|
| K1 | 2009 | 수원 | 4 | 1 | 0 | 0 | 0 | 7 | 0 | 0 |
| | 2011 | 광주 | 1 | 1 | 0 | 0 | 0 | 1 | 0 | 0 |
| K2 | 2014 | 수원FC | 5 | 5 | 0 | 0 | 0 | 4 | 1 | 0 |
| 컵 | 2009 | 수원 | 1 | 1 | 0 | 0 | 0 | 0 | 0 | 0 |
| | 2011 | 광주 | 1 | 1 | 0 | 1 | 0 | 1 | 0 | 0 |
| 통산 | | | 12 | 9 | 0 | 1 | 0 | 13 | 1 | 0 |

**김홍주**(金洪柱) 한양대 1955.03.21

| 대회 | 연도 | 소속 | 출전 | 교체 | 득점 | 도움 | 실점 | 파울 | 경고 | 퇴장 |
|---|---|---|---|---|---|---|---|---|---|---|
| K1 | 1983 | 국민은행 | 13 | 0 | 0 | 0 | 0 | 7 | 2 | 0 |
| | 1984 | 국민은행 | 7 | 2 | 0 | 0 | 0 | 3 | 1 | 0 |
| 통산 | | | 20 | 2 | 0 | 0 | 0 | 10 | 3 | 0 |

**김홍철**(金弘哲) 한양대 1979.06.02

| 대회 | 연도 | 소속 | 출전 | 교체 | 득점 | 도움 | 실점 | 파울 | 경고 | 퇴장 |
|---|---|---|---|---|---|---|---|---|---|---|
| K1 | 2002 | 전남 | 4 | 1 | 1 | 0 | 0 | 4 | 0 | 0 |
| | 2003 | 전남 | 25 | 9 | 0 | 3 | 0 | 17 | 1 | 0 |
| | 2004 | 전남 | 12 | 5 | 0 | 0 | 0 | 19 | 3 | 0 |
| | 2005 | 포항 | 10 | 6 | 0 | 0 | 0 | 8 | 0 | 0 |
| | 2006 | 부산 | 2 | 2 | 0 | 0 | 0 | 1 | 0 | 0 |
| PO | 2004 | 전남 | 1 | 0 | 0 | 0 | 0 | 2 | 0 | 0 |
| 컵 | 2002 | 전남 | 2 | 0 | 0 | 0 | 0 | 0 | 0 | 0 |
| | 2004 | 전남 | 4 | 1 | 0 | 0 | 0 | 3 | 0 | 0 |
| | 2005 | 포항 | 12 | 8 | 1 | 0 | 0 | 13 | 0 | 0 |
| 통산 | | | 72 | 32 | 2 | 3 | 0 | 67 | 4 | 0 |

**김황정**(金晃正) 한남대 1975.11.19

| 대회 | 연도 | 소속 | 출전 | 교체 | 득점 | 도움 | 실점 | 파울 | 경고 | 퇴장 |
|---|---|---|---|---|---|---|---|---|---|---|
| K1 | 2001 | 울산 | 6 | 6 | 0 | 0 | 0 | 3 | 0 | 0 |
| 컵 | 2001 | 울산 | 1 | 1 | 0 | 0 | 0 | 4 | 0 | 0 |
| 통산 | | | 7 | 7 | 0 | 0 | 0 | 7 | 0 | 0 |

**김황호**(金黃鎬) 경희대 1954.08.15

| 대회 | 연도 | 소속 | 출전 | 교체 | 득점 | 도움 | 실점 | 파울 | 경고 | 퇴장 |
|---|---|---|---|---|---|---|---|---|---|---|
| K1 | 1984 | 현대 | 7 | 1 | 0 | 0 | 3 | 0 | 0 | 0 |
| | 1985 | 현대 | 18 | 1 | 0 | 0 | 18 | 0 | 0 | 0 |
| | 1986 | 현대 | 2 | 0 | 0 | 0 | 3 | 0 | 0 | 0 |
| 통산 | | | 27 | 2 | 0 | 0 | 24 | 0 | 0 | 0 |

**김효기**(金孝基) 조선대 1986.07.03

| 대회 | 연도 | 소속 | 출전 | 교체 | 득점 | 도움 | 실점 | 파울 | 경고 | 퇴장 |
|---|---|---|---|---|---|---|---|---|---|---|
| K1 | 2010 | 울산 | 1 | 1 | 0 | 0 | 0 | 0 | 0 | 0 |
| | 2012 | 울산 | 4 | 4 | 0 | 0 | 0 | 2 | 0 | 0 |
| | 2016 | 전북 | 0 | 0 | 0 | 0 | 0 | 0 | 0 | 0 |
| | 2018 | 경남 | 30 | 17 | 7 | 1 | 0 | 35 | 3 | 0 |
| | 2019 | 경남 | 29 | 18 | 4 | 3 | 0 | 41 | 2 | 0 |
| | 2020 | 광주 | 12 | 12 | 0 | 0 | 0 | 3 | 0 | 0 |
| | 2021 | 광주 | 2 | 2 | 0 | 0 | 0 | 3 | 1 | 0 |
| K2 | 2015 | 안양 | 15 | 7 | 8 | 2 | 0 | 35 | 3 | 0 |
| | 2016 | 안양 | 13 | 3 | 4 | 0 | 0 | 20 | 1 | 0 |
| | 2017 | 안양 | 33 | 21 | 5 | 3 | 0 | 74 | 3 | 0 |
| PO | 2019 | 경남 | 1 | 1 | 0 | 0 | 0 | 2 | 0 | 0 |
| 컵 | 2011 | 울산 | 0 | 0 | 0 | 0 | 0 | 0 | 0 | 0 |
| 통산 | | | 140 | 86 | 28 | 9 | 0 | 215 | 13 | 0 |

**김효일**(金孝日) 경상대 1978.09.07

| 대회 | 연도 | 소속 | 출전 | 교체 | 득점 | 도움 | 실점 | 파울 | 경고 | 퇴장 |
|---|---|---|---|---|---|---|---|---|---|---|
| K1 | 2003 | 전남 | 19 | 11 | 0 | 0 | 0 | 24 | 2 | 0 |
| | 2004 | 전남 | 12 | 6 | 0 | 0 | 0 | 19 | 0 | 0 |
| | 2005 | 전남 | 10 | 0 | 0 | 0 | 0 | 30 | 2 | 0 |
| | 2006 | 전남 | 24 | 7 | 1 | 2 | 0 | 53 | 4 | 0 |
| | 2007 | 경남 | 23 | 8 | 1 | 0 | 0 | 40 | 1 | 0 |
| | 2008 | 경남 | 16 | 5 | 1 | 0 | 0 | 20 | 3 | 0 |
| | 2009 | 부산 | 9 | 3 | 0 | 0 | 0 | 15 | 0 | 0 |
| | 2010 | 부산 | 9 | 6 | 0 | 0 | 0 | 5 | 0 | 0 |
| K2 | 2014 | 충주 | 0 | 0 | 0 | 0 | 0 | 0 | 0 | 0 |
| PO | 2004 | 전남 | 1 | 0 | 0 | 0 | 0 | 0 | 0 | 0 |
| | 2007 | 경남 | 1 | 1 | 0 | 0 | 0 | 1 | 0 | 0 |
| 컵 | 2004 | 전남 | 3 | 3 | 0 | 0 | 0 | 4 | 0 | 0 |
| | 2005 | 전남 | 7 | 3 | 0 | 0 | 0 | 11 | 1 | 0 |
| | 2006 | 전남 | 11 | 3 | 0 | 0 | 0 | 14 | 2 | 0 |
| | 2007 | 경남 | 5 | 2 | 0 | 0 | 0 | 4 | 0 | 0 |
| | 2008 | 경남 | 9 | 3 | 0 | 1 | 0 | 12 | 2 | 0 |
| | 2009 | 부산 | 3 | 1 | 0 | 0 | 0 | 3 | 0 | 0 |
| | 2010 | 부산 | 2 | 2 | 0 | 0 | 0 | 0 | 0 | 0 |
| 통산 | | | 164 | 64 | 3 | 3 | 0 | 255 | 17 | 0 |

**김효준**(金孝埈) 경일대 1978.10.13

| 대회 | 연도 | 소속 | 출전 | 교체 | 득점 | 도움 | 실점 | 파울 | 경고 | 퇴장 |
|---|---|---|---|---|---|---|---|---|---|---|
| K1 | 2006 | 경남 | 7 | 3 | 0 | 0 | 0 | 11 | 1 | 0 |
| K2 | 2013 | 안양 | 25 | 0 | 2 | 0 | 0 | 33 | 3 | 0 |
| | 2014 | 안양 | 11 | 2 | 0 | 0 | 0 | 7 | 3 | 0 |
| 컵 | 2006 | 경남 | 1 | 0 | 0 | 0 | 0 | 1 | 0 | 0 |
| | 2007 | 경남 | 5 | 3 | 0 | 0 | 0 | 8 | 1 | 0 |
| 통산 | | | 49 | 8 | 2 | 0 | 0 | 60 | 8 | 0 |

**김효준**(金孝俊) 보인고 2004.07.02

| 대회 | 연도 | 소속 | 출전 | 교체 | 득점 | 도움 | 실점 | 파울 | 경고 | 퇴장 |
|---|---|---|---|---|---|---|---|---|---|---|
| K2 | 2023 | 천안 | 2 | 0 | 0 | 0 | 7 | 1 | 1 | 0 |
| 통산 | | | 2 | 0 | 0 | 0 | 7 | 1 | 1 | 0 |

**김효진**(金孝鎭) 연세대 1990.10.22

| 대회 | 연도 | 소속 | 출전 | 교체 | 득점 | 도움 | 실점 | 파울 | 경고 | 퇴장 |
|---|---|---|---|---|---|---|---|---|---|---|
| K1 | 2013 | 강원 | 1 | 1 | 0 | 0 | 0 | 1 | 0 | 0 |
| 통산 | | | 1 | 1 | 0 | 0 | 0 | 1 | 0 | 0 |

**김효찬**(金孝粲) 성균관대 1998.01.21

| 대회 | 연도 | 소속 | 출전 | 교체 | 득점 | 도움 | 실점 | 파울 | 경고 | 퇴장 |
|---|---|---|---|---|---|---|---|---|---|---|
| K2 | 2020 | 전남 | 0 | 0 | 0 | 0 | 0 | 0 | 0 | 0 |
| 통산 | | | 0 | 0 | 0 | 0 | 0 | 0 | 0 | 0 |

**김후석**(金厚奭) 영남대 1974.03.20

| 대회 | 연도 | 소속 | 출전 | 교체 | 득점 | 도움 | 실점 | 파울 | 경고 | 퇴장 |
|---|---|---|---|---|---|---|---|---|---|---|
| K1 | 1997 | 포항 | 3 | 3 | 0 | 0 | 0 | 2 | 0 | 0 |
| | 1998 | 포항 | 1 | 1 | 0 | 0 | 0 | 1 | 0 | 0 |
| PO | 1998 | 포항 | 1 | 1 | 0 | 0 | 0 | 1 | 0 | 0 |
| 컵 | 1997 | 포항 | 4 | 4 | 0 | 0 | 0 | 2 | 2 | 0 |
| | 1998 | 포항 | 4 | 3 | 0 | 0 | 0 | 4 | 0 | 0 |
| 통산 | | | 13 | 12 | 0 | 0 | 0 | 10 | 2 | 0 |

**김훈민**(金訓民) 숭실대 2001.03.01

| 대회 | 연도 | 소속 | 출전 | 교체 | 득점 | 도움 | 실점 | 파울 | 경고 | 퇴장 |
|---|---|---|---|---|---|---|---|---|---|---|
| K1 | 2022 | 성남 | 6 | 6 | 0 | 1 | 0 | 0 | 0 | 0 |
| K2 | 2023 | 성남 | 12 | 11 | 0 | 0 | 0 | 13 | 2 | 0 |
| | 2024 | 성남 | 18 | 15 | 1 | 0 | 0 | 7 | 1 | 0 |
| | 2025 | 성남 | 0 | 0 | 0 | 0 | 0 | 0 | 0 | 0 |
| 통산 | | | 36 | 32 | 1 | 1 | 0 | 20 | 3 | 0 |

**김훈성**(金勳成) 고려대 1991.05.20

| 대회 | 연도 | 소속 | 출전 | 교체 | 득점 | 도움 | 실점 | 파울 | 경고 | 퇴장 |
|---|---|---|---|---|---|---|---|---|---|---|
| K2 | 2015 | 고양 | 2 | 2 | 0 | 0 | 0 | 0 | 0 | 0 |
| 통산 | | | 2 | 2 | 0 | 0 | 0 | 0 | 0 | 0 |

**김흥권**(金興權) 전남대 1963.12.02

| 대회 | 연도 | 소속 | 출전 | 교체 | 득점 | 도움 | 실점 | 파울 | 경고 | 퇴장 |
|---|---|---|---|---|---|---|---|---|---|---|
| K1 | 1984 | 현대 | 9 | 2 | 1 | 2 | 0 | 8 | 0 | 0 |
| | 1985 | 현대 | 11 | 1 | 0 | 0 | 0 | 7 | 0 | 0 |
| | 1986 | 현대 | 17 | 1 | 1 | 1 | 0 | 22 | 2 | 0 |
| | 1987 | 현대 | 4 | 4 | 0 | 0 | 0 | 1 | 1 | 0 |
| | 1989 | 현대 | 19 | 8 | 1 | 2 | 0 | 18 | 0 | 0 |
| 컵 | 1986 | 현대 | 14 | 0 | 1 | 0 | 0 | 19 | 2 | 0 |
| 통산 | | | 74 | 16 | 4 | 5 | 0 | 75 | 5 | 0 |

**김흥일**(金興一) 동아대 1992.11.02

| 대회 | 연도 | 소속 | 출전 | 교체 | 득점 | 도움 | 실점 | 파울 | 경고 | 퇴장 |
|---|---|---|---|---|---|---|---|---|---|---|
| K1 | 2013 | 대구 | 14 | 14 | 0 | 0 | 0 | 6 | 0 | 0 |
| K2 | 2014 | 대구 | 9 | 8 | 0 | 0 | 0 | 4 | 0 | 0 |
| 통산 | | | 23 | 22 | 0 | 0 | 0 | 10 | 0 | 0 |

**김희성**(金熙聲) 한남대 1995.12.18

| 대회 | 연도 | 소속 | 출전 | 교체 | 득점 | 도움 | 실점 | 파울 | 경고 | 퇴장 |
|---|---|---|---|---|---|---|---|---|---|---|
| K2 | 2024 | 김포 | 1 | 2 | 0 | 0 | 0 | 1 | 0 | 0 |
| 통산 | | | 1 | 2 | 0 | 0 | 0 | 1 | 0 | 0 |

**김희승**(金熹承) 천안제일고 2003.01.19

| 대회 | 연도 | 소속 | 출전 | 교체 | 득점 | 도움 | 실점 | 파울 | 경고 | 퇴장 |
|---|---|---|---|---|---|---|---|---|---|---|
| K1 | 2021 | 대구 | 2 | 1 | 0 | 0 | 0 | 4 | 0 | 0 |
| | 2022 | 대구 | 11 | 7 | 0 | 0 | 0 | 21 | 3 | 0 |
| | 2023 | 대구 | 2 | 2 | 0 | 0 | 0 | 1 | 1 | 0 |
| K2 | 2024 | 부산 | 18 | 5 | 1 | 0 | 0 | 15 | 4 | 0 |
| | 2025 | 부산 | 4 | 0 | 0 | 1 | 0 | 7 | 1 | 0 |
| 통산 | | | 37 | 15 | 1 | 1 | 0 | 48 | 9 | 0 |

**김희원**(金熙元) 청주대 1994.07.12

| 대회 | 연도 | 소속 | 출전 | 교체 | 득점 | 도움 | 실점 | 파울 | 경고 | 퇴장 |
|---|---|---|---|---|---|---|---|---|---|---|
| K2 | 2017 | 서울E | 2 | 1 | 0 | 0 | 0 | 0 | 0 | 1 |
| | 2018 | 안양 | 4 | 4 | 0 | 0 | 0 | 1 | 0 | 0 |
| 통산 | | | 6 | 5 | 0 | 0 | 0 | 1 | 0 | 1 |

**김희철**(金熙澈) 충북대 1960.09.03

| 대회 | 연도 | 소속 | 출전 | 교체 | 득점 | 도움 | 실점 | 파울 | 경고 | 퇴장 |
|---|---|---|---|---|---|---|---|---|---|---|
| K1 | 1983 | 포항제철 | 13 | 4 | 5 | 3 | 0 | 4 | 0 | 0 |
| | 1984 | 포항제철 | 8 | 6 | 0 | 1 | 0 | 4 | 0 | 0 |
| | 1985 | 상무 | 11 | 6 | 2 | 1 | 0 | 8 | 0 | 0 |
| 통산 | | | 32 | 16 | 7 | 5 | 0 | 16 | 0 | 0 |

**김희태**(金熙泰) 연세대 1953.07.10

| 대회 | 연도 | 소속 | 출전 | 교체 | 득점 | 도움 | 실점 | 파울 | 경고 | 퇴장 |
|---|---|---|---|---|---|---|---|---|---|---|
| K1 | 1983 | 대우 | 2 | 2 | 0 | 0 | 0 | 0 | 0 | 0 |
| 통산 | | | 2 | 2 | 0 | 0 | 0 | 0 | 0 | 0 |

**까뇨뚜**(Anderson Cardoso de Campos: Canhoto) 브라질 1997.03.30

| 대회 | 연도 | 소속 | 출전 | 교체 | 득점 | 도움 | 실점 | 파울 | 경고 | 퇴장 |
|---|---|---|---|---|---|---|---|---|---|---|
| K2 | 2020 | 안산 | 13 | 10 | 1 | 2 | 0 | 11 | 3 | 0 |
| | 2021 | 안산 | 9 | 8 | 1 | 1 | 0 | 3 | 0 | 0 |
| | 2022 | 안산 | 10 | 6 | 3 | 3 | 0 | 9 | 1 | 0 |
| 통산 | | | 32 | 24 | 5 | 6 | 0 | 23 | 4 | 0 |

**까데나시**(Felipe Cadenazzi) 아르헨티나 1991.10.12

| 대회 | 연도 | 소속 | 출전 | 교체 | 득점 | 도움 | 실점 | 파울 | 경고 | 퇴장 |
|---|---|---|---|---|---|---|---|---|---|---|
| K2 | 2022 | 서울E | 33 | 25 | 10 | 4 | 0 | 43 | 3 | 0 |
| 통산 | | | 33 | 25 | 10 | 4 | 0 | 43 | 3 | 0 |

**까랑가**(Luiz Fernando da Silva Monte) 브라질 1991.04.14

| 대회 | 연도 | 소속 | 출전 | 교체 | 득점 | 도움 | 실점 | 파울 | 경고 | 퇴장 |
|---|---|---|---|---|---|---|---|---|---|---|
| K1 | 2015 | 제주 | 16 | 8 | 5 | 3 | 0 | 34 | 3 | 0 |
| | 2016 | 제주 | 2 | 0 | 0 | 0 | 0 | 2 | 1 | 0 |
| 통산 | | | 18 | 8 | 5 | 3 | 0 | 36 | 4 | 0 |

**까르멜로**(Carmelo Enrique Valencia Chaverra) 콜롬비아 1984.0

| 대회 | 연도 | 소속 | 출전 | 교체 | 득점 | 도움 | 실점 | 파울 | 경고 | 퇴장 |
|---|---|---|---|---|---|---|---|---|---|---|
| K1 | 2010 | 울산 | 19 | 17 | 6 | 2 | 0 | 17 | 1 | 0 |
| PO | 2010 | 울산 | 1 | 1 | 0 | 0 | 0 | 0 | 0 | 0 |
| 컵 | 2010 | 울산 | 4 | 2 | 2 | 1 | 0 | 3 | 0 | 0 |
| 통산 | | | 24 | 20 | 8 | 3 | 0 | 20 | 1 | 0 |

**까를로스**(Jose Carlos Santos da Silva) 브라질 1975.03.19

| 대회 | 연도 | 소속 | 출전 | 교체 | 득점 | 도움 | 실점 | 파울 | 경고 | 퇴장 |
|---|---|---|---|---|---|---|---|---|---|---|

| 대회 | 연도 | 소속 | 출전 | 교체 | 득점 | 도움 | 실점 | 파울 | 경고 | 퇴장 |
|---|---|---|---|---|---|---|---|---|---|---|
| K1 | 2004 | 포항 | 17 | 14 | 2 | 0 | 0 | 30 | 3 | 0 |
| 컵 | 2004 | 포항 | 8 | 6 | 2 | 2 | 0 | 18 | 0 | 0 |
| 통산 | | | 25 | 20 | 4 | 2 | 0 | 48 | 3 | 0 |

**까를로스**(Jean Carlos Donde) 브라질 1983.08.12

| 대회 | 연도 | 소속 | 출전 | 교체 | 득점 | 도움 | 실점 | 파울 | 경고 | 퇴장 |
|---|---|---|---|---|---|---|---|---|---|---|
| K1 | 2011 | 성남일화 | 3 | 3 | 0 | 0 | 0 | 1 | 0 | 0 |
| 통산 | | | 3 | 3 | 0 | 0 | 0 | 1 | 0 | 0 |

**까리우스**(Alan Lima Cariús) 브라질 1997.04.04

| 대회 | 연도 | 소속 | 출전 | 교체 | 득점 | 도움 | 실점 | 파울 | 경고 | 퇴장 |
|---|---|---|---|---|---|---|---|---|---|---|
| K2 | 2025 | 서울E | 1 | 1 | 0 | 0 | 0 | 0 | 0 | 0 |
| 통산 | | | 1 | 1 | 0 | 0 | 0 | 0 | 0 | 0 |

**까밀로**(Camilo da Silva Sanvezzo) 브라질 1988.07.21

| 대회 | 연도 | 소속 | 출전 | 교체 | 득점 | 도움 | 실점 | 파울 | 경고 | 퇴장 |
|---|---|---|---|---|---|---|---|---|---|---|
| K1 | 2010 | 경남 | 6 | 5 | 0 | 1 | 0 | 11 | 0 | 0 |
| PO | 2010 | 경남 | 1 | 1 | 0 | 0 | 0 | 3 | 0 | 0 |
| 컵 | 2010 | 경남 | 2 | 2 | 0 | 0 | 0 | 8 | 1 | 0 |
| 통산 | | | 9 | 8 | 0 | 1 | 0 | 22 | 1 | 0 |

**까보레** (Everaldo de Jesus Pereira) 브라질 1980.02.19

| 대회 | 연도 | 소속 | 출전 | 교체 | 득점 | 도움 | 실점 | 파울 | 경고 | 퇴장 |
|---|---|---|---|---|---|---|---|---|---|---|
| K1 | 2007 | 경남 | 25 | 4 | 17 | 8 | 0 | 34 | 4 | 0 |
| PO | 2007 | 경남 | 1 | 0 | 1 | 0 | 0 | 3 | 0 | 0 |
| 컵 | 2007 | 경남 | 5 | 1 | 0 | 0 | 0 | 11 | 1 | 0 |
| 통산 | | | 31 | 5 | 18 | 8 | 0 | 48 | 5 | 0 |

**까스띠쇼** (Jonathan Emanuel Castillo) 아르헨티나 1993.01.05

| 대회 | 연도 | 소속 | 출전 | 교체 | 득점 | 도움 | 실점 | 파울 | 경고 | 퇴장 |
|---|---|---|---|---|---|---|---|---|---|---|
| K2 | 2016 | 충주 | 1 | 1 | 0 | 0 | 0 | 1 | 0 | 0 |
| 통산 | | | 1 | 1 | 0 | 0 | 0 | 1 | 0 | 0 |

**까시아노**(Cassiano Mendes da Rocha) 브라질 1975.12.04

| 대회 | 연도 | 소속 | 출전 | 교체 | 득점 | 도움 | 실점 | 파울 | 경고 | 퇴장 |
|---|---|---|---|---|---|---|---|---|---|---|
| K1 | 2003 | 포항 | 15 | 13 | 4 | 0 | 0 | 15 | 1 | 0 |
| 통산 | | | 15 | 13 | 4 | 0 | 0 | 15 | 1 | 0 |

**까시아노**(Cassiano Dias Moreira) 브라질 1989.06.16

| 대회 | 연도 | 소속 | 출전 | 교체 | 득점 | 도움 | 실점 | 파울 | 경고 | 퇴장 |
|---|---|---|---|---|---|---|---|---|---|---|
| K1 | 2015 | 광주 | 11 | 8 | 1 | 0 | 0 | 16 | 2 | 0 |
| 통산 | | | 11 | 8 | 1 | 0 | 0 | 16 | 2 | 0 |

**까이끼**(Caique Silva Rocha) 브라질 1987.01.10

| 대회 | 연도 | 소속 | 출전 | 교체 | 득점 | 도움 | 실점 | 파울 | 경고 | 퇴장 |
|---|---|---|---|---|---|---|---|---|---|---|
| K1 | 2012 | 경남 | 41 | 10 | 12 | 7 | 0 | 60 | 5 | 0 |
| | 2013 | 울산 | 18 | 14 | 3 | 4 | 0 | 19 | 2 | 0 |
| | 2014 | 울산 | 1 | 1 | 0 | 0 | 0 | 0 | 0 | 0 |
| 통산 | | | 60 | 25 | 15 | 11 | 0 | 79 | 7 | 0 |

**까이오**(Antonio Caio Silva Souza) 브라질 1980.10.11

| 대회 | 연도 | 소속 | 출전 | 교체 | 득점 | 도움 | 실점 | 파울 | 경고 | 퇴장 |
|---|---|---|---|---|---|---|---|---|---|---|
| K1 | 2004 | 전남 | 10 | 9 | 0 | 2 | 0 | 10 | 0 | 0 |
| 컵 | 2004 | 전남 | 5 | 5 | 0 | 0 | 0 | 8 | 0 | 0 |
| 통산 | | | 15 | 14 | 0 | 2 | 0 | 18 | 0 | 0 |

**깔레오**(Coelho Goncalves) 브라질 1995.09.22

| 대회 | 연도 | 소속 | 출전 | 교체 | 득점 | 도움 | 실점 | 파울 | 경고 | 퇴장 |
|---|---|---|---|---|---|---|---|---|---|---|
| K2 | 2014 | 충주 | 4 | 4 | 0 | 0 | 0 | 1 | 0 | 0 |
| 통산 | | | 4 | 4 | 0 | 0 | 0 | 1 | 0 | 0 |

**꼬레아**(Nestor Correa) 우루과이 1974.08.23

| 대회 | 연도 | 소속 | 출전 | 교체 | 득점 | 도움 | 실점 | 파울 | 경고 | 퇴장 |
|---|---|---|---|---|---|---|---|---|---|---|
| K1 | 2000 | 전북 | 21 | 14 | 3 | 3 | 0 | 36 | 1 | 1 |
| | 2002 | 전남 | 15 | 12 | 0 | 2 | 0 | 36 | 3 | 0 |
| PO | 2000 | 전북 | 1 | 0 | 0 | 1 | 0 | 3 | 0 | 0 |
| 컵 | 2000 | 전북 | 1 | 1 | 0 | 0 | 0 | 6 | 0 | 0 |
| 통산 | | | 38 | 27 | 3 | 6 | 0 | 81 | 4 | 1 |

**끌레베르** (Cleber Arildo da Silva) 브라질 1969.01.21

| 대회 | 연도 | 소속 | 출전 | 교체 | 득점 | 도움 | 실점 | 파울 | 경고 | 퇴장 |
|---|---|---|---|---|---|---|---|---|---|---|
| K1 | 2001 | 울산 | 22 | 2 | 2 | 2 | 0 | 34 | 5 | 0 |
| | 2002 | 울산 | 24 | 5 | 0 | 0 | 0 | 44 | 6 | 0 |
| | 2003 | 울산 | 33 | 5 | 1 | 1 | 0 | 54 | 6 | 1 |
| 컵 | 2001 | 울산 | 8 | 0 | 0 | 0 | 0 | 19 | 2 | 0 |
| | 2002 | 울산 | 10 | 1 | 0 | 0 | 0 | 19 | 1 | 0 |
| 통산 | | | 97 | 13 | 3 | 3 | 0 | 170 | 20 | 1 |

**끌레오**(Cleomir Mala dos Santos) 브라질 1972.02.02

| 대회 | 연도 | 소속 | 출전 | 교체 | 득점 | 도움 | 실점 | 파울 | 경고 | 퇴장 |
|---|---|---|---|---|---|---|---|---|---|---|
| K1 | 1997 | 전남 | 2 | 2 | 0 | 0 | 0 | 2 | 0 | 0 |
| 컵 | 1997 | 전남 | 3 | 1 | 0 | 2 | 0 | 4 | 1 | 0 |
| 통산 | | | 5 | 3 | 0 | 2 | 0 | 6 | 1 | 0 |

**끼리노**(Thiago Quirino da silva) 브라질 1985.01.04

| 대회 | 연도 | 소속 | 출전 | 교체 | 득점 | 도움 | 실점 | 파울 | 경고 | 퇴장 |
|---|---|---|---|---|---|---|---|---|---|---|
| K1 | 2011 | 대구 | 12 | 8 | 3 | 1 | 0 | 22 | 2 | 1 |
| 컵 | 2011 | 대구 | 2 | 2 | 0 | 0 | 0 | 2 | 0 | 0 |
| 통산 | | | 14 | 10 | 3 | 1 | 0 | 24 | 2 | 1 |

**나광현**(羅光鉉) 명지대 1982.06.21

| 대회 | 연도 | 소속 | 출전 | 교체 | 득점 | 도움 | 실점 | 파울 | 경고 | 퇴장 |
|---|---|---|---|---|---|---|---|---|---|---|
| K1 | 2006 | 대전 | 1 | 1 | 0 | 0 | 0 | 0 | 0 | 0 |
| | 2007 | 대전 | 6 | 6 | 1 | 0 | 0 | 6 | 0 | 0 |
| | 2008 | 대전 | 11 | 6 | 1 | 0 | 0 | 15 | 4 | 0 |
| | 2009 | 대전 | 11 | 9 | 0 | 1 | 0 | 6 | 2 | 0 |
| PO | 2007 | 대전 | 1 | 1 | 0 | 0 | 0 | 2 | 1 | 0 |
| 컵 | 2006 | 대전 | 0 | 0 | 0 | 0 | 0 | 0 | 0 | 0 |
| | 2007 | 대전 | 1 | 0 | 0 | 0 | 0 | 2 | 0 | 0 |
| | 2008 | 대전 | 7 | 3 | 0 | 0 | 0 | 11 | 3 | 0 |
| | 2009 | 대전 | 3 | 2 | 0 | 0 | 0 | 2 | 0 | 0 |
| 통산 | | | 41 | 28 | 2 | 1 | 0 | 44 | 10 | 0 |

**나니** (Jonathan Nanizayamo Nani) 프랑스 1991.06.05

| 대회 | 연도 | 소속 | 출전 | 교체 | 득점 | 도움 | 실점 | 파울 | 경고 | 퇴장 |
|---|---|---|---|---|---|---|---|---|---|---|
| K1 | 2017 | 강원 | 4 | 4 | 0 | 0 | 0 | 3 | 0 | 0 |
| 통산 | | | 4 | 4 | 0 | 0 | 0 | 3 | 0 | 0 |

**나드손**(Nadson Rodrigues de Souza) 브라질 1982.01.30

| 대회 | 연도 | 소속 | 출전 | 교체 | 득점 | 도움 | 실점 | 파울 | 경고 | 퇴장 |
|---|---|---|---|---|---|---|---|---|---|---|
| K1 | 2003 | 수원 | 18 | 9 | 14 | 1 | 0 | 25 | 2 | 0 |
| | 2004 | 수원 | 23 | 15 | 12 | 2 | 0 | 49 | 3 | 0 |
| | 2005 | 수원 | 3 | 2 | 1 | 0 | 0 | 2 | 1 | 0 |
| | 2007 | 수원 | 8 | 8 | 4 | 1 | 0 | 6 | 1 | 0 |
| PO | 2004 | 수원 | 3 | 2 | 0 | 0 | 0 | 6 | 1 | 0 |
| 컵 | 2004 | 수원 | 12 | 10 | 2 | 2 | 0 | 11 | 1 | 0 |
| | 2005 | 수원 | 12 | 12 | 6 | 1 | 0 | 15 | 0 | 0 |
| | 2007 | 수원 | 7 | 6 | 4 | 4 | 0 | 4 | 1 | 0 |
| 통산 | | | 86 | 64 | 43 | 11 | 0 | 118 | 10 | 0 |

**나상호**(羅相鎬) 단국대 1996.08.12

| 대회 | 연도 | 소속 | 출전 | 교체 | 득점 | 도움 | 실점 | 파울 | 경고 | 퇴장 |
|---|---|---|---|---|---|---|---|---|---|---|
| K1 | 2017 | 광주 | 18 | 14 | 2 | 0 | 0 | 20 | 1 | 0 |
| | 2020 | 성남 | 19 | 8 | 7 | 0 | 0 | 18 | 2 | 0 |
| | 2021 | 서울 | 34 | 14 | 9 | 6 | 0 | 21 | 2 | 0 |
| | 2022 | 서울 | 32 | 12 | 8 | 4 | 0 | 22 | 5 | 0 |
| | 2023 | 서울 | 38 | 17 | 12 | 4 | 0 | 27 | 1 | 0 |
| K2 | 2018 | 광주 | 31 | 3 | 16 | 1 | 0 | 38 | 3 | 0 |
| 통산 | | | 172 | 68 | 54 | 15 | 0 | 146 | 14 | 0 |

**나성은**(羅聖恩) 수원대 1996.04.06

| 대회 | 연도 | 소속 | 출전 | 교체 | 득점 | 도움 | 실점 | 파울 | 경고 | 퇴장 |
|---|---|---|---|---|---|---|---|---|---|---|
| K1 | 2018 | 전북 | 3 | 2 | 0 | 0 | 0 | 1 | 0 | 0 |
| | 2020 | 전북 | 1 | 1 | 0 | 0 | 0 | 1 | 0 | 0 |
| | 2021 | 수원FC | 4 | 5 | 0 | 0 | 0 | 4 | 0 | 0 |
| K2 | 2022 | 김포 | 20 | 20 | 2 | 1 | 0 | 16 | 1 | 0 |
| 통산 | | | 28 | 28 | 2 | 1 | 0 | 22 | 1 | 0 |

**나승화**(羅承和) 한양대 1969.10.08

| 대회 | 연도 | 소속 | 출전 | 교체 | 득점 | 도움 | 실점 | 파울 | 경고 | 퇴장 |
|---|---|---|---|---|---|---|---|---|---|---|
| K1 | 1991 | 포항제철 | 17 | 4 | 0 | 3 | 0 | 14 | 0 | 0 |
| | 1992 | 포항제철 | 13 | 4 | 0 | 1 | 0 | 15 | 0 | 0 |
| | 1993 | 포항제철 | 16 | 9 | 0 | 2 | 0 | 13 | 2 | 0 |
| | 1994 | 포항제철 | 20 | 2 | 0 | 3 | 0 | 23 | 2 | 0 |
| 컵 | 1992 | 포항제철 | 3 | 1 | 0 | 0 | 0 | 3 | 0 | 0 |
| | 1994 | 포항제철 | 5 | 5 | 0 | 0 | 0 | 3 | 0 | 0 |
| 통산 | | | 74 | 25 | 0 | 9 | 0 | 71 | 4 | 0 |

**나시모프**(Bakhodir Nasimov) 우즈베키스탄 1987.05.02

| 대회 | 연도 | 소속 | 출전 | 교체 | 득점 | 도움 | 실점 | 파울 | 경고 | 퇴장 |
|---|---|---|---|---|---|---|---|---|---|---|
| K2 | 2017 | 안산 | 23 | 18 | 2 | 0 | 0 | 35 | 3 | 0 |
| 통산 | | | 23 | 18 | 2 | 0 | 0 | 35 | 3 | 0 |

**나일균**(羅一均) 경일대 1977.08.02

| 대회 | 연도 | 소속 | 출전 | 교체 | 득점 | 도움 | 실점 | 파울 | 경고 | 퇴장 |
|---|---|---|---|---|---|---|---|---|---|---|
| K1 | 2000 | 울산 | 1 | 1 | 0 | 0 | 0 | 2 | 0 | 0 |
| 컵 | 2000 | 울산 | 0 | 0 | 0 | 0 | 0 | 0 | 0 | 0 |
| 통산 | | | 1 | 1 | 0 | 0 | 0 | 2 | 0 | 0 |

**나지**(Naji Mohammed A Majrashi) 사우디아라비아 1984.02.02

| 대회 | 연도 | 소속 | 출전 | 교체 | 득점 | 도움 | 실점 | 파울 | 경고 | 퇴장 |
|---|---|---|---|---|---|---|---|---|---|---|
| K1 | 2011 | 울산 | 7 | 7 | 0 | 1 | 0 | 0 | 1 | 0 |
| 컵 | 2011 | 울산 | 2 | 2 | 0 | 0 | 0 | 2 | 0 | 0 |
| 통산 | | | 9 | 9 | 0 | 1 | 0 | 2 | 1 | 0 |

**나치선**(羅治善) 국민대 1966.03.07

| 대회 | 연도 | 소속 | 출전 | 교체 | 득점 | 도움 | 실점 | 파울 | 경고 | 퇴장 |
|---|---|---|---|---|---|---|---|---|---|---|
| K1 | 1989 | 일화 | 23 | 2 | 0 | 0 | 26 | 1 | 1 | 0 |
| | 1990 | 일화 | 1 | 0 | 0 | 0 | 3 | 0 | 0 | 0 |
| 통산 | | | 24 | 2 | 0 | 0 | 29 | 1 | 1 | 0 |

**나카자토**(Nakazato Takahiro, 中里崇宏) 일본 1990.03.29

| 대회 | 연도 | 소속 | 출전 | 교체 | 득점 | 도움 | 실점 | 파울 | 경고 | 퇴장 |
|---|---|---|---|---|---|---|---|---|---|---|
| K1 | 2019 | 강원 | 11 | 7 | 0 | 0 | 0 | 11 | 3 | 0 |
| 통산 | | | 11 | 7 | 0 | 0 | 0 | 11 | 3 | 0 |

**나희근**(羅熙根) 아주대 1979.05.05

| 대회 | 연도 | 소속 | 출전 | 교체 | 득점 | 도움 | 실점 | 파울 | 경고 | 퇴장 |
|---|---|---|---|---|---|---|---|---|---|---|
| K1 | 2003 | 포항 | 0 | 0 | 0 | 0 | 0 | 0 | 0 | 0 |
| | 2004 | 대구 | 10 | 2 | 0 | 0 | 0 | 17 | 0 | 0 |
| | 2005 | 대구 | 14 | 8 | 1 | 0 | 0 | 38 | 1 | 0 |
| | 2006 | 대구 | 5 | 2 | 2 | 0 | 0 | 6 | 0 | 1 |
| | 2007 | 대구 | 1 | 1 | 0 | 0 | 0 | 0 | 0 | 0 |
| 컵 | 2001 | 포항 | 1 | 1 | 0 | 0 | 0 | 1 | 0 | 0 |
| | 2004 | 대구 | 2 | 1 | 0 | 0 | 0 | 6 | 1 | 0 |
| | 2005 | 대구 | 7 | 3 | 0 | 0 | 0 | 10 | 0 | 0 |
| 통산 | | | 40 | 18 | 3 | 0 | 0 | 78 | 2 | 1 |

**난도**(Ferdinando Pereira Leda) 브라질 1980.04.22

| 대회 | 연도 | 소속 | 출전 | 교체 | 득점 | 도움 | 실점 | 파울 | 경고 | 퇴장 |
|---|---|---|---|---|---|---|---|---|---|---|
| K1 | 2012 | 인천 | 19 | 4 | 0 | 0 | 0 | 31 | 2 | 0 |
| 통산 | | | 19 | 4 | 0 | 0 | 0 | 31 | 2 | 0 |

**남광현**(南侊炫) 경기대 1987.08.25

| 대회 | 연도 | 소속 | 출전 | 교체 | 득점 | 도움 | 실점 | 파울 | 경고 | 퇴장 |
|---|---|---|---|---|---|---|---|---|---|---|
| K1 | 2010 | 전남 | 5 | 2 | 1 | 1 | 0 | 17 | 1 | 0 |
| K2 | 2016 | 경남 | 7 | 7 | 1 | 1 | 0 | 7 | 1 | 0 |
| 통산 | | | 12 | 9 | 2 | 2 | 0 | 24 | 2 | 0 |

**남궁도**(南宮道) 경희고 1982.06.04

| 대회 | 연도 | 소속 | 출전 | 교체 | 득점 | 도움 | 실점 | 파울 | 경고 | 퇴장 |
|---|---|---|---|---|---|---|---|---|---|---|
| K1 | 2001 | 전북 | 6 | 6 | 0 | 0 | 0 | 9 | 1 | 0 |
| | 2002 | 전북 | 3 | 3 | 0 | 1 | 0 | 4 | 0 | 0 |
| | 2003 | 전북 | 18 | 16 | 5 | 2 | 0 | 16 | 2 | 0 |
| | 2004 | 전북 | 21 | 16 | 3 | 1 | 0 | 35 | 0 | 0 |
| | 2005 | 전남 | 19 | 12 | 2 | 4 | 0 | 25 | 1 | 0 |
| | 2006 | 광주상무 | 19 | 17 | 2 | 1 | 0 | 32 | 3 | 0 |
| | 2007 | 광주상무 | 20 | 14 | 7 | 0 | 0 | 29 | 0 | 0 |
| | 2008 | 포항 | 23 | 19 | 6 | 1 | 0 | 27 | 4 | 0 |
| | 2009 | 포항 | 5 | 4 | 1 | 0 | 0 | 9 | 0 | 0 |
| | 2010 | 성남일화 | 20 | 18 | 2 | 0 | 0 | 13 | 1 | 0 |
| | 2011 | 성남일화 | 18 | 17 | 3 | 1 | 0 | 20 | 1 | 0 |
| | 2012 | 대전 | 18 | 16 | 0 | 1 | 0 | 22 | 3 | 0 |
| K2 | 2013 | 안양 | 29 | 29 | 1 | 1 | 0 | 19 | 2 | 0 |
| | 2014 | 안양 | 3 | 3 | 0 | 0 | 0 | 4 | 0 | 0 |
| PO | 2008 | 포항 | 1 | 1 | 0 | 0 | 0 | 1 | 0 | 0 |

| | | | | | | | | | | |
|---|---|---|---|---|---|---|---|---|---|---|
| | 2010 | 성남일화 | 0 | 0 | 0 | 0 | 0 | 0 | 0 | 0 |
| 컵 | 2002 | 전북 | 0 | 0 | 0 | 0 | 0 | 0 | 0 | 0 |
| | 2005 | 전북 | 2 | 1 | 0 | 0 | 0 | 3 | 0 | 0 |
| | 2005 | 전남 | 5 | 5 | 0 | 0 | 0 | 6 | 1 | 0 |
| | 2006 | 광주상무 | 11 | 10 | 2 | 1 | 0 | 16 | 2 | 0 |
| | 2007 | 광주상무 | 8 | 5 | 2 | 1 | 0 | 19 | 2 | 0 |
| | 2008 | 포항 | 1 | 1 | 0 | 0 | 0 | 0 | 0 | 0 |
| | 2010 | 성남일화 | 2 | 2 | 0 | 0 | 0 | 0 | 0 | 0 |
| | 2011 | 성남일화 | 2 | 2 | 0 | 0 | 0 | 0 | 0 | 0 |
| 통산 | | | 254 | 217 | 36 | 15 | 0 | 309 | 23 | 0 |

**남궁웅**(南宮雄) 경희고 1984.03.29

| 대회 | 연도 | 소속 | 출전 | 교체 | 득점 | 도움 | 실점 | 파울 | 경고 | 퇴장 |
|---|---|---|---|---|---|---|---|---|---|---|
| K1 | 2003 | 수원 | 22 | 20 | 1 | 3 | 0 | 21 | 0 | 0 |
| | 2004 | 수원 | 5 | 5 | 0 | 0 | 0 | 2 | 0 | 0 |
| | 2005 | 광주상무 | 23 | 18 | 0 | 1 | 0 | 24 | 1 | 0 |
| | 2006 | 광주상무 | 20 | 14 | 0 | 2 | 0 | 31 | 5 | 0 |
| | 2007 | 수원 | 6 | 6 | 0 | 0 | 0 | 4 | 1 | 0 |
| | 2008 | 수원 | 10 | 10 | 0 | 0 | 0 | 17 | 2 | 0 |
| | 2011 | 성남일화 | 5 | 5 | 0 | 0 | 0 | 1 | 1 | 0 |
| | 2012 | 성남일화 | 30 | 15 | 0 | 1 | 0 | 38 | 7 | 0 |
| | 2013 | 강원 | 21 | 8 | 0 | 2 | 0 | 16 | 3 | 0 |
| PO | 2006 | 수원 | 1 | 1 | 0 | 0 | 0 | 0 | 0 | 0 |
| | 2007 | 수원 | 0 | 0 | 0 | 0 | 0 | 0 | 0 | 0 |
| | 2008 | 수원 | 1 | 1 | 0 | 0 | 0 | 0 | 0 | 0 |
| | 2013 | 강원 | 1 | 1 | 0 | 0 | 0 | 2 | 0 | 0 |
| 컵 | 2005 | 광주상무 | 6 | 5 | 0 | 1 | 0 | 7 | 0 | 0 |
| | 2006 | 광주상무 | 10 | 6 | 0 | 1 | 0 | 12 | 1 | 0 |
| | 2007 | 수원 | 3 | 3 | 1 | 0 | 0 | 2 | 0 | 0 |
| | 2008 | 수원 | 4 | 3 | 0 | 1 | 0 | 9 | 0 | 0 |
| 통산 | | | 168 | 121 | 2 | 12 | 0 | 186 | 21 | 0 |

**남기설**(南起雪) 영남대 1970.12.08

| 대회 | 연도 | 소속 | 출전 | 교체 | 득점 | 도움 | 실점 | 파울 | 경고 | 퇴장 |
|---|---|---|---|---|---|---|---|---|---|---|
| K1 | 1993 | 대우 | 16 | 14 | 1 | 0 | 0 | 18 | 3 | 0 |
| | 1994 | LG | 15 | 12 | 3 | 1 | 0 | 11 | 1 | 0 |
| | 1995 | LG | 3 | 3 | 0 | 0 | 0 | 1 | 1 | 0 |
| 컵 | 1994 | LG | 5 | 5 | 0 | 0 | 0 | 6 | 0 | 0 |
| | 1995 | LG | 1 | 1 | 0 | 0 | 0 | 1 | 0 | 0 |
| 통산 | | | 40 | 35 | 4 | 1 | 0 | 37 | 5 | 0 |

**남기성**(南基成) 한양대 1977.10.10

| 대회 | 연도 | 소속 | 출전 | 교체 | 득점 | 도움 | 실점 | 파울 | 경고 | 퇴장 |
|---|---|---|---|---|---|---|---|---|---|---|
| K1 | 2000 | 수원 | 1 | 1 | 0 | 0 | 0 | 0 | 0 | 0 |
| 컵 | 2000 | 수원 | 1 | 0 | 0 | 0 | 0 | 1 | 0 | 0 |
| 통산 | | | 2 | 1 | 0 | 0 | 0 | 1 | 0 | 0 |

**남기영**(南基永) 경희대 1962.07.10

| 대회 | 연도 | 소속 | 출전 | 교체 | 득점 | 도움 | 실점 | 파울 | 경고 | 퇴장 |
|---|---|---|---|---|---|---|---|---|---|---|
| K1 | 1986 | 포항제철 | 12 | 0 | 0 | 0 | 0 | 15 | 2 | 0 |
| | 1987 | 포항제철 | 30 | 7 | 0 | 0 | 0 | 43 | 4 | 0 |
| | 1988 | 포항제철 | 6 | 2 | 0 | 0 | 0 | 9 | 0 | 0 |
| | 1989 | 포항제철 | 21 | 12 | 0 | 0 | 0 | 30 | 3 | 1 |
| | 1990 | 포항제철 | 19 | 9 | 0 | 0 | 0 | 36 | 3 | 0 |
| | 1991 | 포항제철 | 32 | 11 | 1 | 0 | 0 | 43 | 5 | 1 |
| | 1992 | 포항제철 | 11 | 6 | 0 | 1 | 0 | 13 | 2 | 0 |
| PO | 1986 | 포항제철 | 1 | 0 | 0 | 0 | 0 | 3 | 1 | 0 |
| 컵 | 1986 | 포항제철 | 11 | 2 | 0 | 0 | 0 | 11 | 1 | 0 |
| | 1992 | 포항제철 | 3 | 1 | 0 | 0 | 0 | 5 | 2 | 0 |
| 통산 | | | 146 | 50 | 1 | 1 | 0 | 208 | 23 | 2 |

**남기일**(南基一) 경희대 1974.08.17

| 대회 | 연도 | 소속 | 출전 | 교체 | 득점 | 도움 | 실점 | 파울 | 경고 | 퇴장 |
|---|---|---|---|---|---|---|---|---|---|---|
| K1 | 1997 | 부천SK | 12 | 9 | 0 | 3 | 0 | 9 | 0 | 0 |
| | 1998 | 부천SK | 6 | 6 | 0 | 0 | 0 | 6 | 0 | 0 |
| | 1999 | 부천SK | 16 | 15 | 1 | 3 | 0 | 17 | 0 | 0 |
| | 2000 | 부천SK | 7 | 5 | 1 | 1 | 0 | 9 | 0 | 0 |
| | 2001 | 부천SK | 27 | 9 | 9 | 1 | 0 | 32 | 1 | 0 |
| | 2002 | 부천SK | 24 | 2 | 3 | 4 | 0 | 41 | 2 | 1 |
| | 2003 | 부천SK | 30 | 8 | 5 | 5 | 0 | 50 | 4 | 1 |
| | 2004 | 전남 | 18 | 14 | 1 | 1 | 0 | 24 | 0 | 0 |
| | 2005 | 성남일화 | 19 | 16 | 6 | 2 | 0 | 31 | 0 | 0 |
| | 2006 | 성남일화 | 20 | 19 | 4 | 1 | 0 | 27 | 1 | 0 |
| | 2007 | 성남일화 | 17 | 17 | 2 | 4 | 0 | 22 | 3 | 0 |
| | 2008 | 성남일화 | 3 | 3 | 0 | 0 | 0 | 3 | 0 | 0 |
| PO | 1999 | 부천SK | 0 | 0 | 0 | 0 | 0 | 0 | 0 | 0 |
| | 2004 | 전남 | 1 | 1 | 0 | 0 | 0 | 0 | 0 | 0 |
| | 2005 | 성남일화 | 1 | 0 | 1 | 0 | 0 | 2 | 0 | 0 |
| | 2006 | 성남일화 | 0 | 0 | 0 | 0 | 0 | 0 | 0 | 0 |
| | 2007 | 성남일화 | 2 | 1 | 0 | 0 | 0 | 4 | 0 | 0 |
| 컵 | 1997 | 부천SK | 6 | 5 | 0 | 0 | 0 | 5 | 0 | 0 |
| | 1998 | 부천SK | 9 | 10 | 1 | 1 | 0 | 11 | 2 | 0 |
| | 1999 | 부천SK | 4 | 3 | 0 | 0 | 0 | 6 | 1 | 0 |
| | 2000 | 부천SK | 4 | 4 | 0 | 0 | 0 | 3 | 0 | 0 |
| | 2001 | 부천SK | 8 | 6 | 0 | 1 | 0 | 9 | 1 | 0 |
| | 2002 | 부천SK | 8 | 1 | 1 | 2 | 0 | 9 | 3 | 0 |
| | 2004 | 전남 | 10 | 7 | 1 | 1 | 0 | 16 | 3 | 0 |
| | 2005 | 성남일화 | 8 | 6 | 0 | 2 | 0 | 14 | 0 | 0 |
| | 2006 | 성남일화 | 12 | 8 | 4 | 1 | 0 | 24 | 0 | 0 |
| | 2007 | 성남일화 | 1 | 1 | 0 | 0 | 0 | 1 | 0 | 0 |
| | 2008 | 성남일화 | 4 | 4 | 0 | 1 | 0 | 5 | 1 | 0 |
| 통산 | | | 277 | 180 | 40 | 34 | 0 | 380 | 22 | 2 |

**남대식**(南大植) 건국대 1990.03.07

| 대회 | 연도 | 소속 | 출전 | 교체 | 득점 | 도움 | 실점 | 파울 | 경고 | 퇴장 |
|---|---|---|---|---|---|---|---|---|---|---|
| K2 | 2013 | 충주 | 20 | 2 | 2 | 0 | 0 | 14 | 2 | 0 |
| | 2014 | 안양 | 0 | 0 | 0 | 0 | 0 | 0 | 0 | 0 |
| 통산 | | | 20 | 2 | 2 | 0 | 0 | 14 | 2 | 0 |

**남민호**(南民浩) 동국대 1980.12.17

| 대회 | 연도 | 소속 | 출전 | 교체 | 득점 | 도움 | 실점 | 파울 | 경고 | 퇴장 |
|---|---|---|---|---|---|---|---|---|---|---|
| K1 | 2003 | 부천SK | 1 | 0 | 0 | 0 | 4 | 0 | 0 | 0 |
| 통산 | | | 1 | 0 | 0 | 0 | 4 | 0 | 0 | 0 |

**남설현**(南설현) 부경대 1990.02.10

| 대회 | 연도 | 소속 | 출전 | 교체 | 득점 | 도움 | 실점 | 파울 | 경고 | 퇴장 |
|---|---|---|---|---|---|---|---|---|---|---|
| K1 | 2012 | 경남 | 2 | 2 | 0 | 0 | 0 | 1 | 0 | 0 |
| 통산 | | | 2 | 2 | 0 | 0 | 0 | 1 | 0 | 0 |

**남세인**(南世仁) 동의대 1993.01.15

| 대회 | 연도 | 소속 | 출전 | 교체 | 득점 | 도움 | 실점 | 파울 | 경고 | 퇴장 |
|---|---|---|---|---|---|---|---|---|---|---|
| K2 | 2014 | 대구 | 0 | 0 | 0 | 0 | 0 | 0 | 0 | 0 |
| 통산 | | | 0 | 0 | 0 | 0 | 0 | 0 | 0 | 0 |

**남송**(Nan Song, 南松/←난송) 중국 1997.06.21

| 대회 | 연도 | 소속 | 출전 | 교체 | 득점 | 도움 | 실점 | 파울 | 경고 | 퇴장 |
|---|---|---|---|---|---|---|---|---|---|---|
| K2 | 2018 | 부천 | 3 | 3 | 0 | 0 | 0 | 3 | 1 | 0 |
| 통산 | | | 3 | 3 | 0 | 0 | 0 | 3 | 1 | 0 |

**남승우**(南昇佑) 연세대 1992.02.18

| 대회 | 연도 | 소속 | 출전 | 교체 | 득점 | 도움 | 실점 | 파울 | 경고 | 퇴장 |
|---|---|---|---|---|---|---|---|---|---|---|
| K1 | 2018 | 강원 | 1 | 1 | 0 | 0 | 0 | 0 | 0 | 0 |
| 통산 | | | 1 | 1 | 0 | 0 | 0 | 0 | 0 | 0 |

**남영열**(南永烈) 한남대 1981.07.10

| 대회 | 연도 | 소속 | 출전 | 교체 | 득점 | 도움 | 실점 | 파울 | 경고 | 퇴장 |
|---|---|---|---|---|---|---|---|---|---|---|
| K1 | 2005 | 대구 | 13 | 7 | 1 | 0 | 0 | 21 | 2 | 0 |
| 컵 | 2005 | 대구 | 11 | 2 | 0 | 0 | 0 | 18 | 4 | 0 |
| 통산 | | | 24 | 9 | 1 | 0 | 0 | 39 | 6 | 0 |

**남영훈**(男泳勳) 명지대 1979.09.22

| 대회 | 연도 | 소속 | 출전 | 교체 | 득점 | 도움 | 실점 | 파울 | 경고 | 퇴장 |
|---|---|---|---|---|---|---|---|---|---|---|
| K1 | 2003 | 광주상무 | 16 | 12 | 0 | 1 | 0 | 8 | 3 | 0 |
| | 2004 | 포항 | 8 | 8 | 0 | 0 | 0 | 10 | 1 | 0 |
| | 2005 | 포항 | 4 | 4 | 0 | 0 | 0 | 4 | 1 | 0 |
| | 2006 | 경남 | 8 | 7 | 0 | 0 | 0 | 10 | 2 | 0 |
| | 2007 | 경남 | 5 | 5 | 0 | 0 | 0 | 3 | 0 | 0 |
| PO | 2004 | 포항 | 3 | 3 | 0 | 0 | 0 | 6 | 0 | 0 |
| 컵 | 2004 | 포항 | 4 | 4 | 0 | 0 | 0 | 1 | 1 | 0 |
| | 2005 | 포항 | 3 | 3 | 0 | 0 | 0 | 2 | 1 | 0 |
| | 2006 | 경남 | 7 | 1 | 1 | 0 | 0 | 15 | 4 | 0 |
| | 2007 | 경남 | 7 | 1 | 0 | 0 | 0 | 10 | 2 | 0 |
| 통산 | | | 65 | 48 | 1 | 1 | 0 | 69 | 15 | 0 |

**남웅기**(南雄基) 동국대 1976.05.20

| 대회 | 연도 | 소속 | 출전 | 교체 | 득점 | 도움 | 실점 | 파울 | 경고 | 퇴장 |
|---|---|---|---|---|---|---|---|---|---|---|
| K1 | 1999 | 전북 | 5 | 5 | 1 | 0 | 0 | 3 | 0 | 0 |
| 통산 | | | 5 | 5 | 1 | 0 | 0 | 3 | 0 | 0 |

**남윤재**(南潤宰) 충남기계공고 1996.05.31

| 대회 | 연도 | 소속 | 출전 | 교체 | 득점 | 도움 | 실점 | 파울 | 경고 | 퇴장 |
|---|---|---|---|---|---|---|---|---|---|---|
| K2 | 2016 | 대전 | 1 | 1 | 0 | 0 | 0 | 1 | 0 | 0 |
| | 2017 | 대전 | 1 | 1 | 0 | 0 | 0 | 2 | 0 | 0 |
| 통산 | | | 2 | 2 | 0 | 0 | 0 | 3 | 0 | 0 |

**남윤재**(南尹在) 광양제철고 2001.04.14

| 대회 | 연도 | 소속 | 출전 | 교체 | 득점 | 도움 | 실점 | 파울 | 경고 | 퇴장 |
|---|---|---|---|---|---|---|---|---|---|---|
| K2 | 2021 | 전남 | 1 | 1 | 0 | 0 | 0 | 1 | 0 | 0 |
| 통산 | | | 1 | 1 | 0 | 0 | 0 | 1 | 0 | 0 |

**남익경**(南翼璟) 포철공고 1983.01.26

| 대회 | 연도 | 소속 | 출전 | 교체 | 득점 | 도움 | 실점 | 파울 | 경고 | 퇴장 |
|---|---|---|---|---|---|---|---|---|---|---|
| K1 | 2002 | 포항 | 0 | 0 | 0 | 0 | 0 | 0 | 0 | 0 |
| | 2003 | 포항 | 8 | 8 | 1 | 0 | 0 | 3 | 0 | 0 |
| | 2004 | 포항 | 2 | 2 | 0 | 0 | 0 | 1 | 0 | 0 |
| | 2005 | 포항 | 6 | 5 | 0 | 0 | 0 | 10 | 0 | 0 |
| | 2007 | 광주상무 | 15 | 13 | 0 | 0 | 0 | 9 | 0 | 0 |
| | 2008 | 광주상무 | 12 | 11 | 2 | 3 | 0 | 7 | 1 | 0 |
| PO | 2004 | 포항 | 3 | 3 | 0 | 0 | 0 | 1 | 0 | 0 |
| 컵 | 2004 | 포항 | 7 | 6 | 1 | 1 | 0 | 6 | 1 | 0 |
| | 2005 | 포항 | 7 | 7 | 0 | 0 | 0 | 5 | 0 | 0 |
| | 2006 | 포항 | 3 | 3 | 1 | 0 | 0 | 2 | 0 | 0 |
| | 2007 | 광주상무 | 3 | 1 | 0 | 0 | 0 | 8 | 0 | 0 |
| | 2008 | 광주상무 | 8 | 3 | 0 | 1 | 0 | 12 | 0 | 0 |
| 통산 | | | 74 | 62 | 5 | 5 | 0 | 64 | 2 | 0 |

**남일우**(南溢祐) 광주대 1989.08.28

| 대회 | 연도 | 소속 | 출전 | 교체 | 득점 | 도움 | 실점 | 파울 | 경고 | 퇴장 |
|---|---|---|---|---|---|---|---|---|---|---|
| K1 | 2012 | 인천 | 1 | 1 | 0 | 0 | 0 | 0 | 0 | 0 |
| 통산 | | | 1 | 1 | 0 | 0 | 0 | 0 | 0 | 0 |

**남준재**(南濬在) 연세대 1988.04.07

| 대회 | 연도 | 소속 | 출전 | 교체 | 득점 | 도움 | 실점 | 파울 | 경고 | 퇴장 |
|---|---|---|---|---|---|---|---|---|---|---|
| K1 | 2010 | 인천 | 25 | 23 | 3 | 5 | 0 | 17 | 2 | 0 |
| | 2011 | 전남 | 5 | 5 | 0 | 0 | 0 | 7 | 0 | 0 |
| | 2011 | 제주 | 3 | 3 | 0 | 0 | 0 | 1 | 0 | 0 |
| | 2012 | 제주 | 0 | 0 | 0 | 0 | 0 | 0 | 0 | 0 |
| | 2012 | 인천 | 22 | 11 | 8 | 1 | 0 | 37 | 5 | 0 |
| | 2013 | 인천 | 32 | 19 | 4 | 1 | 0 | 42 | 3 | 0 |
| | 2014 | 인천 | 17 | 13 | 3 | 0 | 0 | 18 | 0 | 0 |
| | 2015 | 성남 | 30 | 28 | 4 | 2 | 0 | 45 | 3 | 0 |
| | 2018 | 인천 | 14 | 12 | 4 | 2 | 0 | 19 | 2 | 0 |
| | 2019 | 제주 | 14 | 12 | 3 | 1 | 0 | 19 | 2 | 0 |
| | 2019 | 인천 | 13 | 9 | 1 | 0 | 0 | 20 | 3 | 0 |
| | 2020 | 포항 | 7 | 7 | 0 | 0 | 0 | 5 | 0 | 0 |
| K2 | 2016 | 안산무궁 | 17 | 12 | 2 | 2 | 0 | 11 | 2 | 0 |
| | 2017 | 아산 | 14 | 12 | 2 | 0 | 0 | 15 | 1 | 0 |
| PO | 2017 | 성남 | 1 | 1 | 0 | 0 | 0 | 2 | 0 | 0 |
| 컵 | 2010 | 인천 | 3 | 3 | 0 | 0 | 0 | 1 | 1 | 0 |
| | 2011 | 전남 | 4 | 3 | 1 | 0 | 0 | 9 | 1 | 0 |
| 통산 | | | 221 | 173 | 35 | 14 | 0 | 268 | 25 | 0 |

**남지훈**(南知訓) 수원대 1992.12.19

| 대회 | 연도 | 소속 | 출전 | 교체 | 득점 | 도움 | 실점 | 파울 | 경고 | 퇴장 |
|---|---|---|---|---|---|---|---|---|---|---|
| K2 | 2015 | 안양 | 0 | 0 | 0 | 0 | 0 | 0 | 0 | 0 |
| | 2016 | 안양 | 0 | 0 | 0 | 0 | 0 | 0 | 0 | 0 |
| 통산 | | | 0 | 0 | 0 | 0 | 0 | 0 | 0 | 0 |

**남태희**(南泰熙) 현대고 1991.07.03

| 대회 | 연도 | 소속 | 출전 | 교체 | 득점 | 도움 | 실점 | 파울 | 경고 | 퇴장 |
|---|---|---|---|---|---|---|---|---|---|---|
| K1 | 2024 | 제주 | 8 | 7 | 0 | 3 | 0 | 4 | 0 | 0 |
| | 2025 | 제주 | 37 | 18 | 6 | 4 | 0 | 23 | 6 | 0 |
| PO | 2025 | 제주 | 2 | 0 | 0 | 0 | 0 | 1 | 0 | 0 |
| 통산 | | | 47 | 25 | 6 | 7 | 0 | 28 | 6 | 0 |

**남하늘**(南하늘) 한남대 1995.10.27

| 대회 | 연도 | 소속 | 출전 | 교체 | 득점 | 도움 | 실점 | 파울 | 경고 | 퇴장 |
|---|---|---|---|---|---|---|---|---|---|---|
| K2 | 2016 | 고양 | 16 | 15 | 2 | 0 | 0 | 18 | 3 | 0 |
| 통산 | | | 16 | 15 | 2 | 0 | 0 | 18 | 3 | 0 |

**남현성**(南縣成) 성균관대 1985.05.06

| 대회 | 연도 | 소속 | 출전 | 교체 | 득점 | 도움 | 실점 | 파울 | 경고 | 퇴장 |
|---|---|---|---|---|---|---|---|---|---|---|
| K1 | 2008 | 대구 | 2 | 2 | 0 | 0 | 0 | 0 | 0 | 0 |
| | 2009 | 대구 | 8 | 6 | 0 | 1 | 0 | 7 | 0 | 0 |

| 대회 | 연도 | 소속 | 출전 | 교체 | 득점 | 도움 | 실점 | 파울 | 경고 | 퇴장 |
|---|---|---|---|---|---|---|---|---|---|---|
| 컵 | 2008 | 대구 | 2 | 0 | 0 | 0 | 0 | 3 | 2 | 0 |
| | 2009 | 대구 | 2 | 2 | 0 | 0 | 0 | 3 | 0 | 0 |
| 통산 | | | 14 | 10 | 0 | 1 | 0 | 13 | 2 | 0 |

**남현우**(南賢宇) 인천대 1979.04.20

| 대회 | 연도 | 소속 | 출전 | 교체 | 득점 | 도움 | 실점 | 파울 | 경고 | 퇴장 |
|---|---|---|---|---|---|---|---|---|---|---|
| K1 | 2002 | 부천SK | 0 | 0 | 0 | 0 | 0 | 0 | 0 | 0 |
| 컵 | 2002 | 부천SK | 0 | 0 | 0 | 0 | 0 | 0 | 0 | 0 |
| 통산 | | | 0 | 0 | 0 | 0 | 0 | 0 | 0 | 0 |

**남현욱**(南炫旭) 경기경영고 2004.02.23

| 대회 | 연도 | 소속 | 출전 | 교체 | 득점 | 도움 | 실점 | 파울 | 경고 | 퇴장 |
|---|---|---|---|---|---|---|---|---|---|---|
| K2 | 2025 | 부천 | 1 | 1 | 0 | 0 | 0 | 1 | 1 | 0 |
| 통산 | | | 1 | 1 | 0 | 0 | 0 | 1 | 1 | 0 |

**남호상**(南虎相) 동아대 1966.01.17

| 대회 | 연도 | 소속 | 출전 | 교체 | 득점 | 도움 | 실점 | 파울 | 경고 | 퇴장 |
|---|---|---|---|---|---|---|---|---|---|---|
| K1 | 1989 | 일화 | 1 | 2 | 0 | 0 | 0 | 2 | 0 | 0 |
| 통산 | | | 1 | 2 | 0 | 0 | 0 | 2 | 0 | 0 |

**남희철**(南希撤) 동국대 1995.05.02

| 대회 | 연도 | 소속 | 출전 | 교체 | 득점 | 도움 | 실점 | 파울 | 경고 | 퇴장 |
|---|---|---|---|---|---|---|---|---|---|---|
| K2 | 2019 | 아산 | 13 | 13 | 1 | 0 | 0 | 6 | 4 | 0 |
| | 2020 | 충남아산 | 0 | 0 | 0 | 0 | 0 | 0 | 0 | 0 |
| 통산 | | | 13 | 13 | 1 | 0 | 0 | 6 | 4 | 0 |

**내마냐**(Nemanja Dancetovic) 유고슬라비아 1973.07.25

| 대회 | 연도 | 소속 | 출전 | 교체 | 득점 | 도움 | 실점 | 파울 | 경고 | 퇴장 |
|---|---|---|---|---|---|---|---|---|---|---|
| K1 | 2000 | 울산 | 6 | 5 | 0 | 1 | 0 | 6 | 1 | 0 |
| 통산 | | | 6 | 5 | 0 | 1 | 0 | 6 | 1 | 0 |

**네게바**(Guilherme Ferreira Pinto: Negueba) 브라질 1992.04.07

| 대회 | 연도 | 소속 | 출전 | 교체 | 득점 | 도움 | 실점 | 파울 | 경고 | 퇴장 |
|---|---|---|---|---|---|---|---|---|---|---|
| K1 | 2018 | 경남 | 36 | 16 | 5 | 7 | 0 | 28 | 2 | 1 |
| | 2019 | 경남 | 11 | 5 | 0 | 0 | 0 | 9 | 1 | 0 |
| | 2021 | 인천 | 31 | 29 | 2 | 4 | 0 | 29 | 7 | 0 |
| K2 | 2020 | 경남 | 17 | 16 | 2 | 2 | 0 | 15 | 1 | 1 |
| PO | 2020 | 경남 | 2 | 2 | 0 | 0 | 0 | 1 | 1 | 0 |
| 통산 | | | 97 | 68 | 9 | 13 | 0 | 82 | 12 | 2 |

**네또**(Euvaldo Jose de Aguiar Neto) 브라질 1982.09.17

| 대회 | 연도 | 소속 | 출전 | 교체 | 득점 | 도움 | 실점 | 파울 | 경고 | 퇴장 |
|---|---|---|---|---|---|---|---|---|---|---|
| K1 | 2005 | 전북 | 20 | 8 | 6 | 1 | 0 | 74 | 4 | 0 |
| 컵 | 2005 | 전북 | 10 | 7 | 2 | 0 | 0 | 47 | 5 | 0 |
| 통산 | | | 30 | 15 | 8 | 1 | 0 | 121 | 9 | 0 |

**네벨톤**(Neverton Inacio Dionizio) 브라질 1992.06.07

| 대회 | 연도 | 소속 | 출전 | 교체 | 득점 | 도움 | 실점 | 파울 | 경고 | 퇴장 |
|---|---|---|---|---|---|---|---|---|---|---|
| K2 | 2014 | 대구 | 1 | 1 | 0 | 0 | 0 | 0 | 0 | 0 |
| 통산 | | | 1 | 1 | 0 | 0 | 0 | 0 | 0 | 0 |

**네아가**(Adrian Constantin Neaga) 루마니아 1979.06.04

| 대회 | 연도 | 소속 | 출전 | 교체 | 득점 | 도움 | 실점 | 파울 | 경고 | 퇴장 |
|---|---|---|---|---|---|---|---|---|---|---|
| K1 | 2005 | 전남 | 15 | 6 | 7 | 2 | 0 | 18 | 3 | 1 |
| | 2006 | 성남일화 | 12 | 6 | 4 | 1 | 0 | 22 | 2 | 0 |
| | 2006 | 전남 | 13 | 7 | 1 | 2 | 0 | 17 | 0 | 0 |
| | 2007 | 성남일화 | 10 | 8 | 0 | 1 | 0 | 11 | 2 | 0 |
| PO | 2006 | 성남일화 | 3 | 2 | 0 | 0 | 0 | 7 | 1 | 0 |
| 컵 | 2005 | 전남 | 11 | 0 | 4 | 0 | 0 | 29 | 3 | 0 |
| | 2006 | 전남 | 8 | 5 | 1 | 1 | 0 | 19 | 1 | 0 |
| | 2007 | 성남일화 | 1 | 1 | 0 | 0 | 0 | 2 | 1 | 0 |
| 통산 | | | 73 | 35 | 17 | 7 | 0 | 125 | 13 | 1 |

**네코**(Danilo Montecino Neco) 브라질 1986.01.27

| 대회 | 연도 | 소속 | 출전 | 교체 | 득점 | 도움 | 실점 | 파울 | 경고 | 퇴장 |
|---|---|---|---|---|---|---|---|---|---|---|
| K1 | 2010 | 제주 | 26 | 22 | 5 | 5 | 0 | 39 | 2 | 0 |
| K2 | 2017 | 성남 | 4 | 4 | 0 | 0 | 0 | 3 | 1 | 0 |
| PO | 2010 | 제주 | 3 | 3 | 1 | 0 | 0 | 4 | 0 | 0 |
| 컵 | 2010 | 제주 | 3 | 3 | 0 | 0 | 0 | 2 | 0 | 0 |
| 통산 | | | 36 | 32 | 6 | 5 | 0 | 48 | 3 | 0 |

**노건우**(盧建宇) 용인대 2000.12.10

| 대회 | 연도 | 소속 | 출전 | 교체 | 득점 | 도움 | 실점 | 파울 | 경고 | 퇴장 |
|---|---|---|---|---|---|---|---|---|---|---|
| K2 | 2022 | 대전 | 1 | 2 | 0 | 0 | 0 | 0 | 0 | 0 |
| | 2023 | 전남 | 28 | 28 | 3 | 1 | 0 | 19 | 2 | 0 |
| | 2024 | 전남 | 19 | 17 | 1 | 3 | 0 | 7 | 2 | 0 |
| | 2025 | 전남 | 4 | 4 | 0 | 0 | 0 | 1 | 0 | 0 |
| 통산 | | | 52 | 51 | 4 | 4 | 0 | 27 | 4 | 0 |

**노경민**(魯京旻) 숭실대 1987.11.01

| 대회 | 연도 | 소속 | 출전 | 교체 | 득점 | 도움 | 실점 | 파울 | 경고 | 퇴장 |
|---|---|---|---|---|---|---|---|---|---|---|
| K1 | 2009 | 대전 | 5 | 4 | 0 | 0 | 0 | 4 | 1 | 0 |
| 통산 | | | 5 | 4 | 0 | 0 | 0 | 4 | 1 | 0 |

**노경태**(盧炅兌) 전주대 1986.09.20

| 대회 | 연도 | 소속 | 출전 | 교체 | 득점 | 도움 | 실점 | 파울 | 경고 | 퇴장 |
|---|---|---|---|---|---|---|---|---|---|---|
| K1 | 2009 | 강원 | 5 | 2 | 0 | 0 | 0 | 2 | 0 | 0 |
| 컵 | 2009 | 강원 | 2 | 1 | 0 | 0 | 0 | 4 | 0 | 0 |
| 통산 | | | 7 | 3 | 0 | 0 | 0 | 6 | 0 | 0 |

**노경호**(盧京鎬) 조선대 2000.07.05

| 대회 | 연도 | 소속 | 출전 | 교체 | 득점 | 도움 | 실점 | 파울 | 경고 | 퇴장 |
|---|---|---|---|---|---|---|---|---|---|---|
| K1 | 2021 | 포항 | 1 | 1 | 0 | 0 | 0 | 1 | 0 | 0 |
| | 2022 | 포항 | 4 | 4 | 1 | 0 | 0 | 0 | 0 | 0 |
| | 2023 | 포항 | 0 | 0 | 0 | 0 | 0 | 0 | 0 | 0 |
| | 2024 | 수원FC | 13 | 12 | 0 | 0 | 0 | 16 | 4 | 0 |
| | 2025 | 수원FC | 23 | 17 | 2 | 0 | 0 | 29 | 4 | 0 |
| K2 | 2023 | 안산 | 16 | 4 | 1 | 1 | 0 | 20 | 3 | 0 |
| | 2024 | 안산 | 18 | 2 | 3 | 0 | 0 | 35 | 4 | 0 |
| PO | 2025 | 수원FC | 1 | 1 | 0 | 0 | 0 | 3 | 0 | 0 |
| 통산 | | | 76 | 41 | 7 | 1 | 0 | 104 | 15 | 0 |

**노경환**(盧慶煥) 한양대 1967.05.06

| 대회 | 연도 | 소속 | 출전 | 교체 | 득점 | 도움 | 실점 | 파울 | 경고 | 퇴장 |
|---|---|---|---|---|---|---|---|---|---|---|
| K1 | 1989 | 대우 | 37 | 26 | 4 | 2 | 0 | 38 | 2 | 0 |
| | 1990 | 대우 | 26 | 17 | 4 | 2 | 0 | 34 | 3 | 0 |
| | 1991 | 대우 | 19 | 18 | 1 | 0 | 0 | 9 | 1 | 0 |
| | 1992 | 대우 | 16 | 12 | 0 | 3 | 0 | 22 | 1 | 0 |
| | 1994 | 대우 | 22 | 15 | 9 | 3 | 0 | 25 | 0 | 0 |
| | 1995 | 대우 | 14 | 14 | 2 | 1 | 0 | 10 | 2 | 0 |
| 컵 | 1992 | 대우 | 6 | 4 | 0 | 1 | 0 | 7 | 0 | 0 |
| | 1994 | 대우 | 5 | 5 | 0 | 0 | 0 | 5 | 1 | 0 |
| | 1995 | 대우 | 4 | 5 | 1 | 0 | 0 | 6 | 0 | 0 |
| 통산 | | | 149 | 116 | 21 | 12 | 0 | 156 | 10 | 0 |

**노나또**(Raimundo Nonato de Lima Ribeiro) 브라질 1979.07.05

| 대회 | 연도 | 소속 | 출전 | 교체 | 득점 | 도움 | 실점 | 파울 | 경고 | 퇴장 |
|---|---|---|---|---|---|---|---|---|---|---|
| K1 | 2004 | 대구 | 23 | 8 | 13 | 2 | 0 | 36 | 5 | 0 |
| | 2005 | 서울 | 11 | 11 | 2 | 0 | 0 | 10 | 0 | 0 |
| 컵 | 2004 | 대구 | 9 | 1 | 6 | 1 | 0 | 12 | 1 | 0 |
| | 2005 | 서울 | 6 | 5 | 5 | 0 | 0 | 9 | 0 | 0 |
| 통산 | | | 49 | 25 | 26 | 3 | 0 | 67 | 6 | 0 |

**노대호**(盧大鎬) 광운대 1990.01.26

| 대회 | 연도 | 소속 | 출전 | 교체 | 득점 | 도움 | 실점 | 파울 | 경고 | 퇴장 |
|---|---|---|---|---|---|---|---|---|---|---|
| K2 | 2013 | 부천 | 14 | 14 | 3 | 1 | 0 | 11 | 3 | 0 |
| 통산 | | | 14 | 14 | 3 | 1 | 0 | 11 | 3 | 0 |

**노동건**(盧東件) 고려대 1991.10.04

| 대회 | 연도 | 소속 | 출전 | 교체 | 득점 | 도움 | 실점 | 파울 | 경고 | 퇴장 |
|---|---|---|---|---|---|---|---|---|---|---|
| K1 | 2014 | 수원 | 4 | 0 | 0 | 0 | 4 | 0 | 0 | 0 |
| | 2015 | 수원 | 16 | 0 | 0 | 0 | 20 | 0 | 1 | 0 |
| | 2016 | 수원 | 22 | 1 | 0 | 0 | 37 | 0 | 1 | 0 |
| | 2017 | 포항 | 13 | 2 | 0 | 0 | 25 | 0 | 0 | 0 |
| | 2018 | 수원 | 21 | 1 | 0 | 0 | 33 | 0 | 0 | 0 |
| | 2019 | 수원 | 29 | 0 | 0 | 0 | 26 | 1 | 3 | 0 |
| | 2020 | 수원 | 11 | 0 | 0 | 0 | 15 | 0 | 0 | 0 |
| | 2021 | 수원 | 15 | 0 | 0 | 0 | 17 | 0 | 1 | 0 |
| | 2022 | 수원 | 2 | 0 | 0 | 0 | 2 | 0 | 0 | 0 |
| | 2023 | 수원FC | 23 | 0 | 0 | 0 | 43 | 0 | 1 | 0 |
| | 2024 | 수원FC | 3 | 0 | 0 | 0 | 8 | 0 | 0 | 0 |
| K2 | 2025 | 서울E | 18 | 0 | 0 | 0 | 29 | 0 | 1 | 0 |
| PO | 2023 | 수원FC | 2 | 0 | 0 | 0 | 4 | 0 | 1 | 0 |
| 통산 | | | 179 | 4 | 0 | 0 | 263 | 1 | 9 | 0 |

**노동건**(盧同建) 동의대 1999.04.15

| 대회 | 연도 | 소속 | 출전 | 교체 | 득점 | 도움 | 실점 | 파울 | 경고 | 퇴장 |
|---|---|---|---|---|---|---|---|---|---|---|
| K1 | 2024 | 대전 | 3 | 2 | 0 | 0 | 0 | 1 | 0 | 0 |
| K2 | 2025 | 전남 | 8 | 5 | 0 | 1 | 0 | 7 | 0 | 0 |
| 통산 | | | 11 | 7 | 0 | 1 | 0 | 8 | 0 | 0 |

**노병준**(盧炳俊) 한양대 1979.09.29

| 대회 | 연도 | 소속 | 출전 | 교체 | 득점 | 도움 | 실점 | 파울 | 경고 | 퇴장 |
|---|---|---|---|---|---|---|---|---|---|---|
| K1 | 2003 | 전남 | 39 | 36 | 7 | 4 | 0 | 19 | 6 | 0 |
| | 2004 | 전남 | 19 | 18 | 2 | 2 | 0 | 18 | 3 | 1 |
| | 2005 | 전남 | 19 | 17 | 3 | 0 | 0 | 26 | 1 | 0 |
| | 2008 | 포항 | 18 | 17 | 4 | 0 | 0 | 12 | 1 | 0 |
| | 2009 | 포항 | 21 | 16 | 3 | 3 | 0 | 17 | 2 | 0 |
| | 2010 | 울산 | 12 | 12 | 1 | 1 | 0 | 7 | 0 | 0 |
| | 2010 | 포항 | 3 | 2 | 1 | 0 | 0 | 4 | 0 | 0 |
| | 2011 | 포항 | 28 | 26 | 4 | 2 | 0 | 33 | 0 | 0 |
| | 2012 | 포항 | 35 | 33 | 7 | 2 | 0 | 24 | 1 | 0 |
| | 2013 | 포항 | 26 | 26 | 6 | 1 | 0 | 21 | 1 | 0 |
| K2 | 2014 | 대구 | 19 | 12 | 4 | 3 | 0 | 15 | 4 | 0 |
| | 2015 | 대구 | 33 | 28 | 6 | 4 | 0 | 18 | 5 | 0 |
| | 2016 | 대구 | 14 | 14 | 0 | 0 | 0 | 4 | 0 | 0 |
| PO | 2004 | 전남 | 1 | 1 | 0 | 0 | 0 | 0 | 0 | 0 |
| | 2008 | 포항 | 1 | 0 | 0 | 0 | 0 | 3 | 0 | 0 |
| | 2009 | 포항 | 1 | 0 | 0 | 0 | 0 | 2 | 0 | 0 |
| | 2010 | 울산 | 1 | 1 | 0 | 0 | 0 | 0 | 0 | 0 |
| | 2011 | 포항 | 1 | 1 | 0 | 0 | 0 | 0 | 0 | 0 |
| | 2015 | 대구 | 1 | 1 | 1 | 0 | 0 | 4 | 0 | 0 |
| 컵 | 2002 | 전남 | 5 | 5 | 0 | 0 | 0 | 4 | 0 | 0 |
| | 2004 | 전남 | 8 | 8 | 1 | 1 | 0 | 6 | 1 | 0 |
| | 2005 | 전남 | 10 | 10 | 3 | 1 | 0 | 11 | 0 | 0 |
| | 2008 | 포항 | 2 | 2 | 1 | 0 | 0 | 1 | 0 | 0 |
| | 2009 | 포항 | 5 | 3 | 4 | 2 | 0 | 8 | 1 | 0 |
| | 2010 | 울산 | 1 | 1 | 0 | 0 | 0 | 0 | 0 | 0 |
| | 2010 | 포항 | 3 | 3 | 0 | 0 | 0 | 6 | 1 | 0 |
| | 2011 | 포항 | 5 | 2 | 1 | 0 | 0 | 6 | 2 | 0 |
| 통산 | | | 331 | 295 | 59 | 26 | 0 | 269 | 29 | 1 |

**노보트니**(Novothny Soma Zsombor) 헝가리 1994.06.16

| 대회 | 연도 | 소속 | 출전 | 교체 | 득점 | 도움 | 실점 | 파울 | 경고 | 퇴장 |
|---|---|---|---|---|---|---|---|---|---|---|
| K2 | 2019 | 부산 | 27 | 17 | 12 | 1 | 0 | 31 | 5 | 0 |
| PO | 2019 | 부산 | 2 | 1 | 1 | 0 | 0 | 1 | 1 | 0 |
| 통산 | | | 29 | 18 | 13 | 1 | 0 | 32 | 6 | 0 |

**노상래**(盧相來) 숭실대 1970.12.15

| 대회 | 연도 | 소속 | 출전 | 교체 | 득점 | 도움 | 실점 | 파울 | 경고 | 퇴장 |
|---|---|---|---|---|---|---|---|---|---|---|
| K1 | 1995 | 전남 | 26 | 1 | 15 | 5 | 0 | 51 | 3 | 0 |
| | 1996 | 전남 | 28 | 13 | 12 | 6 | 0 | 42 | 3 | 0 |
| | 1997 | 전남 | 6 | 4 | 1 | 2 | 0 | 7 | 0 | 0 |
| | 1998 | 전남 | 17 | 4 | 6 | 4 | 0 | 34 | 2 | 0 |
| | 1999 | 전남 | 26 | 10 | 7 | 6 | 0 | 35 | 1 | 0 |
| | 2000 | 전남 | 26 | 16 | 5 | 3 | 0 | 24 | 0 | 0 |
| | 2001 | 전남 | 19 | 18 | 2 | 1 | 0 | 20 | 0 | 0 |
| | 2002 | 전남 | 3 | 3 | 0 | 0 | 0 | 5 | 0 | 0 |
| | 2003 | 대구 | 21 | 18 | 4 | 1 | 0 | 31 | 4 | 1 |
| | 2004 | 대구 | 4 | 3 | 1 | 0 | 0 | 4 | 1 | 0 |
| PO | 1998 | 전남 | 1 | 0 | 0 | 0 | 0 | 4 | 1 | 0 |
| | 1999 | 전남 | 1 | 0 | 0 | 0 | 0 | 0 | 0 | 0 |
| 컵 | 1995 | 전남 | 7 | 1 | 1 | 1 | 0 | 17 | 1 | 0 |
| | 1996 | 전남 | 4 | 1 | 1 | 1 | 0 | 5 | 2 | 1 |
| | 1997 | 전남 | 11 | 5 | 6 | 1 | 0 | 11 | 2 | 0 |
| | 1998 | 전남 | 13 | 4 | 4 | 4 | 0 | 33 | 4 | 0 |
| | 1999 | 전남 | 9 | 1 | 4 | 0 | 0 | 15 | 0 | 0 |
| | 2000 | 전남 | 11 | 5 | 4 | 2 | 0 | 20 | 0 | 0 |
| | 2001 | 전남 | 8 | 1 | 3 | 3 | 0 | 11 | 0 | 0 |
| | 2002 | 전남 | 3 | 2 | 0 | 0 | 0 | 4 | 1 | 0 |
| | 2004 | 대구 | 2 | 2 | 0 | 0 | 0 | 4 | 0 | 0 |
| 통산 | | | 246 | 112 | 76 | 40 | 0 | 377 | 25 | 2 |

**노성민**(盧聖民) 인천대 1995.07.19

| 대회 | 연도 | 소속 | 출전 | 교체 | 득점 | 도움 | 실점 | 파울 | 경고 | 퇴장 |
|---|---|---|---|---|---|---|---|---|---|---|
| K1 | 2018 | 인천 | 0 | 0 | 0 | 0 | 0 | 0 | 0 | 0 |
| 통산 | | | 0 | 0 | 0 | 0 | 0 | 0 | 0 | 0 |

**노수만**(魯秀晩) 울산대 1975.12.22

| 대회 | 연도 | 소속 | 출전 | 교체 | 득점 | 도움 | 실점 | 파울 | 경고 | 퇴장 |
|---|---|---|---|---|---|---|---|---|---|---|
| K1 | 1999 | 전남 | 1 | 0 | 0 | 0 | 3 | 0 | 0 | 0 |
| PO | 1999 | 전남 | 0 | 0 | 0 | 0 | 0 | 0 | 0 | 0 |
| 컵 | 1998 | 울산 | 2 | 0 | 0 | 0 | 5 | 0 | 0 | 0 |
| | 1999 | 전남 | 2 | 0 | 0 | 0 | 1 | 0 | 0 | 0 |
| 통산 | | | 5 | 0 | 0 | 0 | 9 | 0 | 0 | 0 |

**노수진**(魯壽珍) 고려대 1962.02.10

| 대회 | 연도 | 소속 | 출전 | 교체 | 득점 | 도움 | 실점 | 파울 | 경고 | 퇴장 |
|---|---|---|---|---|---|---|---|---|---|---|
| K1 | 1986 | 유공 | 10 | 3 | 3 | 1 | 0 | 9 | 1 | 0 |
| | 1987 | 유공 | 30 | 4 | 12 | 6 | 0 | 37 | 4 | 0 |
| | 1988 | 유공 | 10 | 3 | 2 | 1 | 0 | 10 | 1 | 0 |
| | 1989 | 유공 | 30 | 4 | 16 | 7 | 0 | 27 | 3 | 0 |
| | 1990 | 유공 | 13 | 3 | 1 | 1 | 0 | 11 | 0 | 0 |
| | 1991 | 유공 | 20 | 10 | 5 | 1 | 0 | 10 | 1 | 0 |
| | 1992 | 유공 | 13 | 6 | 0 | 2 | 0 | 6 | 1 | 0 |
| | 1993 | 유공 | 1 | 1 | 0 | 0 | 0 | 0 | 0 | 0 |
| 컵 | 1986 | 유공 | 3 | 1 | 1 | 0 | 0 | 5 | 0 | 0 |
| | 1992 | 유공 | 6 | 1 | 5 | 0 | 0 | 4 | 1 | 0 |
| 통산 | | | 136 | 36 | 45 | 19 | 0 | 119 | 12 | 0 |

**노연빈**(盧延貧) 청주대 1990.04.02

| 대회 | 연도 | 소속 | 출전 | 교체 | 득점 | 도움 | 실점 | 파울 | 경고 | 퇴장 |
|---|---|---|---|---|---|---|---|---|---|---|
| K2 | 2014 | 충주 | 25 | 3 | 1 | 0 | 0 | 48 | 4 | 0 |
| | 2015 | 충주 | 22 | 2 | 0 | 0 | 0 | 33 | 7 | 0 |
| | 2016 | 충주 | 2 | 0 | 0 | 0 | 0 | 5 | 0 | 0 |
| 통산 | | | 49 | 5 | 1 | 0 | 0 | 86 | 11 | 0 |

**노우진**(盧玗珍/←노용훈) 연세대 1986.03.29

| 대회 | 연도 | 소속 | 출전 | 교체 | 득점 | 도움 | 실점 | 파울 | 경고 | 퇴장 |
|---|---|---|---|---|---|---|---|---|---|---|
| K1 | 2009 | 경남 | 7 | 2 | 0 | 0 | 0 | 10 | 2 | 0 |
| | 2011 | 대전 | 10 | 3 | 0 | 1 | 0 | 20 | 4 | 0 |
| | 2012 | 대전 | 9 | 8 | 0 | 0 | 0 | 18 | 4 | 0 |
| 컵 | 2009 | 경남 | 3 | 3 | 0 | 0 | 0 | 3 | 1 | 0 |
| | 2011 | 부산 | 1 | 1 | 0 | 0 | 0 | 1 | 1 | 0 |
| 통산 | | | 30 | 17 | 0 | 1 | 0 | 52 | 12 | 0 |

**노윤상**(盧尹上) 영생고 2002.03.03

| 대회 | 연도 | 소속 | 출전 | 교체 | 득점 | 도움 | 실점 | 파울 | 경고 | 퇴장 |
|---|---|---|---|---|---|---|---|---|---|---|
| K1 | 2021 | 전북 | 1 | 1 | 0 | 0 | 0 | 0 | 0 | 0 |
| | 2022 | 전북 | 1 | 1 | 0 | 0 | 0 | 0 | 0 | 0 |
| 통산 | | | 2 | 2 | 0 | 0 | 0 | 0 | 0 | 0 |

**노인호**(盧仁鎬) 명지대 1960.09.10

| 대회 | 연도 | 소속 | 출전 | 교체 | 득점 | 도움 | 실점 | 파울 | 경고 | 퇴장 |
|---|---|---|---|---|---|---|---|---|---|---|
| K1 | 1984 | 현대 | 14 | 9 | 0 | 5 | 0 | 4 | 0 | 0 |
| | 1985 | 현대 | 4 | 1 | 2 | 0 | 0 | 6 | 0 | 0 |
| | 1986 | 유공 | 2 | 2 | 0 | 0 | 0 | 3 | 0 | 0 |
| | 1987 | 현대 | 5 | 4 | 0 | 1 | 0 | 3 | 0 | 0 |
| 컵 | 1986 | 유공 | 3 | 2 | 0 | 0 | 0 | 3 | 1 | 0 |
| 통산 | | | 28 | 18 | 2 | 6 | 0 | 19 | 1 | 0 |

**노재승**(盧載承) 경희대 1990.04.19

| 대회 | 연도 | 소속 | 출전 | 교체 | 득점 | 도움 | 실점 | 파울 | 경고 | 퇴장 |
|---|---|---|---|---|---|---|---|---|---|---|
| K2 | 2015 | 충주 | 1 | 1 | 0 | 0 | 0 | 0 | 0 | 0 |
| 통산 | | | 1 | 1 | 0 | 0 | 0 | 0 | 0 | 0 |

**노정윤**(盧廷潤) 고려대 1971.03.28

| 대회 | 연도 | 소속 | 출전 | 교체 | 득점 | 도움 | 실점 | 파울 | 경고 | 퇴장 |
|---|---|---|---|---|---|---|---|---|---|---|
| K1 | 2003 | 부산 | 27 | 13 | 2 | 5 | 0 | 64 | 2 | 0 |
| | 2004 | 부산 | 20 | 11 | 1 | 4 | 0 | 24 | 4 | 0 |
| | 2005 | 울산 | 20 | 20 | 0 | 3 | 0 | 18 | 2 | 0 |
| | 2006 | 울산 | 8 | 8 | 0 | 0 | 0 | 7 | 0 | 0 |
| PO | 2005 | 울산 | 3 | 3 | 0 | 0 | 0 | 1 | 0 | 0 |
| 컵 | 2004 | 부산 | 10 | 6 | 3 | 2 | 0 | 17 | 1 | 0 |
| | 2005 | 울산 | 12 | 12 | 0 | 2 | 0 | 12 | 2 | 0 |
| 통산 | | | 100 | 73 | 6 | 16 | 0 | 143 | 11 | 0 |

**노종건**(爐鍾健) 인천대 1981.02.24

| 대회 | 연도 | 소속 | 출전 | 교체 | 득점 | 도움 | 실점 | 파울 | 경고 | 퇴장 |
|---|---|---|---|---|---|---|---|---|---|---|
| K1 | 2004 | 인천 | 7 | 2 | 0 | 0 | 0 | 15 | 0 | 0 |
| | 2005 | 인천 | 19 | 4 | 1 | 0 | 0 | 45 | 5 | 0 |
| | 2006 | 인천 | 18 | 7 | 0 | 0 | 0 | 41 | 5 | 0 |
| | 2007 | 인천 | 15 | 10 | 0 | 0 | 0 | 24 | 3 | 0 |
| | 2008 | 인천 | 20 | 8 | 0 | 2 | 0 | 40 | 6 | 0 |
| | 2009 | 인천 | 16 | 9 | 0 | 0 | 0 | 31 | 1 | 0 |
| | 2010 | 인천 | 2 | 2 | 0 | 0 | 0 | 5 | 0 | 0 |
| PO | 2005 | 인천 | 3 | 1 | 0 | 0 | 0 | 10 | 1 | 0 |
| | 2009 | 인천 | 1 | 0 | 0 | 0 | 0 | 3 | 1 | 0 |
| 컵 | 2004 | 인천 | 0 | 0 | 0 | 0 | 0 | 0 | 0 | 0 |
| | 2005 | 인천 | 8 | 3 | 0 | 0 | 0 | 12 | 0 | 0 |
| | 2006 | 인천 | 10 | 3 | 0 | 0 | 0 | 21 | 2 | 0 |
| | 2007 | 인천 | 8 | 4 | 0 | 0 | 0 | 27 | 2 | 0 |
| | 2008 | 인천 | 3 | 1 | 0 | 0 | 0 | 4 | 1 | 0 |
| | 2009 | 인천 | 2 | 0 | 0 | 0 | 0 | 2 | 1 | 0 |
| | 2010 | 인천 | 0 | 0 | 0 | 0 | 0 | 0 | 0 | 0 |
| 통산 | | | 132 | 54 | 1 | 2 | 0 | 280 | 28 | 0 |

**노주섭**(盧周燮) 전주대 1970.09.13

| 대회 | 연도 | 소속 | 출전 | 교체 | 득점 | 도움 | 실점 | 파울 | 경고 | 퇴장 |
|---|---|---|---|---|---|---|---|---|---|---|
| K1 | 1994 | 버팔로 | 27 | 1 | 0 | 0 | 0 | 15 | 2 | 0 |
| | 1995 | 포항 | 5 | 4 | 0 | 1 | 0 | 1 | 1 | 0 |
| | 1996 | 안양LG | 5 | 2 | 1 | 0 | 0 | 13 | 1 | 0 |
| | 1997 | 안양LG | 2 | 2 | 0 | 0 | 0 | 1 | 0 | 0 |
| PO | 1995 | 포항 | 0 | 0 | 0 | 0 | 0 | 0 | 0 | 0 |
| 컵 | 1994 | 버팔로 | 6 | 1 | 0 | 0 | 0 | 8 | 1 | 0 |
| | 1995 | 포항 | 2 | 1 | 0 | 0 | 0 | 3 | 1 | 0 |
| | 1996 | 포항 | 1 | 1 | 0 | 0 | 0 | 0 | 0 | 0 |
| | 1997 | 안양LG | 2 | 2 | 0 | 0 | 0 | 2 | 0 | 0 |
| 통산 | | | 50 | 14 | 1 | 1 | 0 | 43 | 6 | 0 |

**노지훈**(魯知勛) 광운대 1999.04.01

| 대회 | 연도 | 소속 | 출전 | 교체 | 득점 | 도움 | 실점 | 파울 | 경고 | 퇴장 |
|---|---|---|---|---|---|---|---|---|---|---|
| K1 | 2021 | 포항 | 0 | 0 | 0 | 0 | 0 | 0 | 0 | 0 |
| 통산 | | | 0 | 0 | 0 | 0 | 0 | 0 | 0 | 0 |

**노진호**(盧振鎬) 광운대 1969.04.09

| 대회 | 연도 | 소속 | 출전 | 교체 | 득점 | 도움 | 실점 | 파울 | 경고 | 퇴장 |
|---|---|---|---|---|---|---|---|---|---|---|
| K1 | 1992 | 대우 | 2 | 2 | 0 | 0 | 0 | 0 | 0 | 0 |
| 통산 | | | 2 | 2 | 0 | 0 | 0 | 0 | 0 | 0 |

**노태경**(盧泰景) 포철공고 1972.04.22

| 대회 | 연도 | 소속 | 출전 | 교체 | 득점 | 도움 | 실점 | 파울 | 경고 | 퇴장 |
|---|---|---|---|---|---|---|---|---|---|---|
| K1 | 1992 | 포항제철 | 4 | 4 | 0 | 0 | 0 | 4 | 1 | 0 |
| | 1993 | 포항제철 | 21 | 5 | 0 | 1 | 0 | 22 | 4 | 0 |
| | 1994 | 포항제철 | 11 | 1 | 0 | 0 | 0 | 13 | 2 | 0 |
| | 1995 | 포항 | 20 | 6 | 1 | 0 | 0 | 19 | 4 | 0 |
| | 1996 | 포항 | 31 | 2 | 1 | 1 | 0 | 26 | 3 | 0 |
| | 1997 | 포항 | 12 | 3 | 1 | 3 | 0 | 12 | 2 | 0 |
| | 2000 | 포항 | 11 | 6 | 0 | 1 | 0 | 4 | 1 | 0 |
| PO | 1995 | 포항 | 2 | 0 | 0 | 0 | 0 | 2 | 2 | 0 |
| 컵 | 1992 | 포항제철 | 3 | 0 | 0 | 1 | 0 | 2 | 0 | 0 |
| | 1993 | 포항제철 | 5 | 0 | 0 | 2 | 0 | 3 | 0 | 0 |
| | 1994 | 포항제철 | 6 | 2 | 0 | 0 | 0 | 5 | 0 | 0 |
| | 1995 | 포항 | 4 | 0 | 0 | 0 | 0 | 6 | 1 | 0 |
| | 1996 | 포항 | 8 | 0 | 0 | 0 | 0 | 5 | 1 | 0 |
| | 1997 | 포항 | 15 | 2 | 0 | 1 | 0 | 13 | 0 | 0 |
| | 2000 | 포항 | 4 | 4 | 0 | 0 | 0 | 1 | 1 | 0 |
| 통산 | | | 157 | 35 | 3 | 10 | 0 | 137 | 22 | 0 |

**노행석**(魯幸錫) 동국대 1988.11.17

| 대회 | 연도 | 소속 | 출전 | 교체 | 득점 | 도움 | 실점 | 파울 | 경고 | 퇴장 |
|---|---|---|---|---|---|---|---|---|---|---|
| K1 | 2011 | 광주 | 0 | 0 | 0 | 0 | 0 | 0 | 0 | 0 |
| | 2012 | 광주 | 11 | 1 | 1 | 0 | 0 | 32 | 7 | 0 |
| | 2015 | 부산 | 23 | 5 | 1 | 0 | 0 | 36 | 5 | 0 |
| K2 | 2014 | 대구 | 31 | 5 | 3 | 0 | 0 | 58 | 7 | 0 |
| | 2018 | 부산 | 2 | 1 | 0 | 0 | 0 | 0 | 0 | 0 |
| | 2019 | 부산 | 1 | 0 | 0 | 0 | 0 | 4 | 1 | 0 |
| PO | 2018 | 부산 | 3 | 1 | 1 | 0 | 0 | 6 | 0 | 0 |
| 컵 | 2011 | 광주 | 1 | 0 | 0 | 0 | 0 | 1 | 0 | 0 |
| 통산 | | | 72 | 13 | 6 | 0 | 0 | 137 | 20 | 0 |

**노형구**(盧亨求) 매탄고 1992.04.29

| 대회 | 연도 | 소속 | 출전 | 교체 | 득점 | 도움 | 실점 | 파울 | 경고 | 퇴장 |
|---|---|---|---|---|---|---|---|---|---|---|
| K1 | 2012 | 수원 | 0 | 0 | 0 | 0 | 0 | 0 | 0 | 0 |
| K2 | 2015 | 충주 | 23 | 9 | 0 | 0 | 0 | 24 | 5 | 0 |
| 컵 | 2011 | 수원 | 2 | 0 | 0 | 0 | 0 | 3 | 1 | 0 |
| 통산 | | | 25 | 9 | 0 | 0 | 0 | 27 | 6 | 0 |

**노희동**(盧熙東) 경북미용예술고 2002.06.03

| 대회 | 연도 | 소속 | 출전 | 교체 | 득점 | 도움 | 실점 | 파울 | 경고 | 퇴장 |
|---|---|---|---|---|---|---|---|---|---|---|
| K1 | 2023 | 광주 | 0 | 0 | 0 | 0 | 0 | 0 | 0 | 0 |
| | 2024 | 광주 | 0 | 0 | 0 | 0 | 0 | 0 | 0 | 0 |
| | 2025 | 광주 | 5 | 1 | 0 | 0 | 4 | 0 | 1 | 0 |
| K2 | 2022 | 광주 | 1 | 0 | 0 | 0 | 0 | 0 | 0 | 0 |
| 통산 | | | 6 | 1 | 0 | 0 | 4 | 0 | 1 | 0 |

**논코비치**(Nenad Nonković) 유고슬라비아 1970.10.01

| 대회 | 연도 | 소속 | 출전 | 교체 | 득점 | 도움 | 실점 | 파울 | 경고 | 퇴장 |
|---|---|---|---|---|---|---|---|---|---|---|
| K1 | 1996 | 천안일화 | 12 | 12 | 1 | 0 | 0 | 12 | 2 | 0 |
| 컵 | 1996 | 천안일화 | 6 | 3 | 2 | 0 | 0 | 10 | 2 | 0 |
| 통산 | | | 18 | 15 | 3 | 0 | 0 | 22 | 4 | 0 |

**누네즈** (Kaina Nunes da Silva Amarante) 브라질 1997.05.31

| 대회 | 연도 | 소속 | 출전 | 교체 | 득점 | 도움 | 실점 | 파울 | 경고 | 퇴장 |
|---|---|---|---|---|---|---|---|---|---|---|
| K2 | 2024 | 충남아산 | 4 | 4 | 0 | 0 | 0 | 8 | 1 | 0 |
| 통산 | | | 4 | 4 | 0 | 0 | 0 | 8 | 1 | 0 |

**니실라**(Urho Benjam Nissilae) 핀란드 1996.04.04

| 대회 | 연도 | 소속 | 출전 | 교체 | 득점 | 도움 | 실점 | 파울 | 경고 | 퇴장 |
|---|---|---|---|---|---|---|---|---|---|---|
| K1 | 2022 | 수원FC | 22 | 19 | 2 | 2 | 0 | 17 | 2 | 0 |
| 통산 | | | 22 | 19 | 2 | 2 | 0 | 17 | 2 | 0 |

**니콜라**(Nikola Vasiljevic) 보스니아 헤르체고비나 1983.12.19

| 대회 | 연도 | 소속 | 출전 | 교체 | 득점 | 도움 | 실점 | 파울 | 경고 | 퇴장 |
|---|---|---|---|---|---|---|---|---|---|---|
| K1 | 2006 | 제주 | 13 | 1 | 0 | 0 | 0 | 29 | 2 | 0 |
| | 2007 | 제주 | 7 | 2 | 0 | 0 | 0 | 18 | 2 | 0 |
| 컵 | 2007 | 제주 | 4 | 2 | 0 | 1 | 0 | 5 | 0 | 0 |
| 통산 | | | 24 | 5 | 0 | 1 | 0 | 52 | 4 | 0 |

**니콜라스**(Nicolas Mores da Cruz) 브라질 1997.05.18

| 대회 | 연도 | 소속 | 출전 | 교체 | 득점 | 도움 | 실점 | 파울 | 경고 | 퇴장 |
|---|---|---|---|---|---|---|---|---|---|---|
| K2 | 2024 | 안양 | 9 | 8 | 0 | 0 | 0 | 12 | 5 | 0 |
| 통산 | | | 9 | 8 | 0 | 0 | 0 | 12 | 5 | 0 |

**니콜라오**(Nicolao Manuel Dumitru Cardoso) 이탈리아 1991.10.1

| 대회 | 연도 | 소속 | 출전 | 교체 | 득점 | 도움 | 실점 | 파울 | 경고 | 퇴장 |
|---|---|---|---|---|---|---|---|---|---|---|
| K1 | 2021 | 수원 | 17 | 20 | 1 | 0 | 0 | 10 | 0 | 0 |
| 통산 | | | 17 | 20 | 1 | 0 | 0 | 10 | 0 | 0 |

**니콜리치**(Stefan Nikolic) 몬테네그로 1990.04.16

| 대회 | 연도 | 소속 | 출전 | 교체 | 득점 | 도움 | 실점 | 파울 | 경고 | 퇴장 |
|---|---|---|---|---|---|---|---|---|---|---|
| K1 | 2014 | 인천 | 7 | 5 | 0 | 0 | 0 | 11 | 0 | 1 |
| 통산 | | | 7 | 5 | 0 | 0 | 0 | 11 | 0 | 1 |

**닐손주니어**(Nilson Ricardo da Silva Junior) 브라질 1989.03.31

| 대회 | 연도 | 소속 | 출전 | 교체 | 득점 | 도움 | 실점 | 파울 | 경고 | 퇴장 |
|---|---|---|---|---|---|---|---|---|---|---|
| K1 | 2014 | 부산 | 30 | 4 | 2 | 0 | 0 | 42 | 2 | 0 |
| | 2015 | 부산 | 9 | 4 | 0 | 0 | 0 | 10 | 1 | 0 |
| K2 | 2016 | 부산 | 20 | 0 | 1 | 1 | 0 | 26 | 4 | 0 |
| | 2017 | 부천 | 34 | 2 | 3 | 3 | 0 | 24 | 2 | 0 |
| | 2018 | 부천 | 28 | 2 | 2 | 1 | 0 | 31 | 1 | 0 |
| | 2019 | 부천 | 36 | 0 | 10 | 0 | 0 | 21 | 3 | 0 |
| | 2020 | 안양 | 26 | 2 | 1 | 1 | 0 | 11 | 1 | 0 |
| | 2021 | 안양 | 31 | 8 | 4 | 2 | 0 | 11 | 2 | 0 |
| | 2022 | 부천 | 38 | 3 | 7 | 2 | 0 | 16 | 1 | 0 |
| | 2023 | 부천 | 36 | 3 | 5 | 1 | 0 | 12 | 0 | 0 |
| | 2024 | 부천 | 22 | 5 | 1 | 0 | 0 | 6 | 1 | 0 |
| PO | 2016 | 부산 | 1 | 0 | 0 | 0 | 0 | 0 | 0 | 0 |
| | 2019 | 부천 | 1 | 0 | 0 | 0 | 0 | 1 | 0 | 0 |
| | 2021 | 안양 | 1 | 1 | 0 | 0 | 0 | 1 | 0 | 0 |
| | 2022 | 부천 | 1 | 0 | 0 | 0 | 0 | 0 | 0 | 0 |
| | 2023 | 부천 | 1 | 0 | 0 | 0 | 0 | 0 | 0 | 0 |
| 통산 | | | 315 | 34 | 36 | 11 | 0 | 212 | 18 | 0 |

**닐톤** (Soares Rodrigues Nilton) 브라질 1993.09.11

| 대회 | 연도 | 소속 | 출전 | 교체 | 득점 | 도움 | 실점 | 파울 | 경고 | 퇴장 |
|---|---|---|---|---|---|---|---|---|---|---|

| | | | | | | | | | | |
|---|---|---|---|---|---|---|---|---|---|---|
| K1 | 2015 | 대전 | 12 | 11 | 0 | 1 | 0 | 13 | 2 | 0 |
| 통산 | | | 12 | 11 | 0 | 1 | 0 | 13 | 2 | 0 |

**다니엘**(Daniel Freire Mendes) 브라질 1981.01.18

| 대회 | 연도 | 소속 | 출전 | 교체 | 득점 | 도움 | 실점 | 파울 | 경고 | 퇴장 |
|---|---|---|---|---|---|---|---|---|---|---|
| K1 | 2004 | 울산 | 4 | 3 | 0 | 0 | 0 | 4 | 1 | 0 |
| PO | 2004 | 울산 | 1 | 1 | 0 | 0 | 0 | 1 | 0 | 0 |
| 컵 | 2004 | 울산 | 5 | 5 | 0 | 1 | 0 | 3 | 0 | 0 |
| 통산 | | | 10 | 9 | 0 | 1 | 0 | 8 | 1 | 0 |

**다니엘**(Oliveira Moreira Daniel) 브라질 1991.03.14

| 대회 | 연도 | 소속 | 출전 | 교체 | 득점 | 도움 | 실점 | 파울 | 경고 | 퇴장 |
|---|---|---|---|---|---|---|---|---|---|---|
| K1 | 2015 | 광주 | 2 | 2 | 0 | 0 | 0 | 1 | 0 | 0 |
| 통산 | | | 2 | 2 | 0 | 0 | 0 | 1 | 0 | 0 |

**다닐로**(Almeida Alvesdanilo) 브라질 1991.04.11

| 대회 | 연도 | 소속 | 출전 | 교체 | 득점 | 도움 | 실점 | 파울 | 경고 | 퇴장 |
|---|---|---|---|---|---|---|---|---|---|---|
| K2 | 2020 | 수원FC | 12 | 12 | 3 | 1 | 0 | 30 | 2 | 0 |
| 통산 | | | 12 | 12 | 3 | 1 | 0 | 30 | 2 | 0 |

**다닐요**(Danilo da Cruz Oliveira) 브라질 1979.02.25

| 대회 | 연도 | 소속 | 출전 | 교체 | 득점 | 도움 | 실점 | 파울 | 경고 | 퇴장 |
|---|---|---|---|---|---|---|---|---|---|---|
| K1 | 2004 | 대구 | 3 | 3 | 0 | 1 | 0 | 3 | 0 | 0 |
| 통산 | | | 3 | 3 | 0 | 1 | 0 | 3 | 0 | 0 |

**다리오**(Dario Frederico da Silva Junior) 브라질 1991.09.11

| 대회 | 연도 | 소속 | 출전 | 교체 | 득점 | 도움 | 실점 | 파울 | 경고 | 퇴장 |
|---|---|---|---|---|---|---|---|---|---|---|
| K1 | 2019 | 대구 | 3 | 3 | 0 | 0 | 0 | 2 | 0 | 0 |
| 통산 | | | 3 | 3 | 0 | 0 | 0 | 2 | 0 | 0 |

**다미르**(Damir Sovsić) 크로아티아 1990.02.05

| 대회 | 연도 | 소속 | 출전 | 교체 | 득점 | 도움 | 실점 | 파울 | 경고 | 퇴장 |
|---|---|---|---|---|---|---|---|---|---|---|
| K1 | 2017 | 수원 | 21 | 16 | 0 | 0 | 0 | 14 | 1 | 0 |
| K2 | 2023 | 천안 | 23 | 16 | 1 | 0 | 0 | 10 | 3 | 0 |
| 통산 | | | 44 | 32 | 1 | 0 | 0 | 24 | 4 | 0 |

**다보**(Cheick Oumar Dabo) 말리 1981.01.12

| 대회 | 연도 | 소속 | 출전 | 교체 | 득점 | 도움 | 실점 | 파울 | 경고 | 퇴장 |
|---|---|---|---|---|---|---|---|---|---|---|
| K1 | 2002 | 부천SK | 23 | 14 | 9 | 3 | 0 | 37 | 0 | 0 |
| | 2003 | 부천SK | 28 | 23 | 5 | 2 | 0 | 34 | 2 | 0 |
| | 2004 | 부천SK | 15 | 7 | 6 | 0 | 0 | 28 | 1 | 0 |
| 컵 | 2002 | 부천SK | 5 | 6 | 1 | 1 | 0 | 4 | 0 | 0 |
| | 2004 | 부천SK | 6 | 4 | 0 | 0 | 0 | 10 | 0 | 0 |
| 통산 | | | 77 | 54 | 21 | 6 | 0 | 113 | 3 | 0 |

**다실바**(Cleonesio Carlos da Silva) 브라질 1976.04.12

| 대회 | 연도 | 소속 | 출전 | 교체 | 득점 | 도움 | 실점 | 파울 | 경고 | 퇴장 |
|---|---|---|---|---|---|---|---|---|---|---|
| K1 | 2005 | 부산 | 11 | 6 | 4 | 1 | 0 | 18 | 3 | 0 |
| | 2005 | 포항 | 12 | 5 | 5 | 0 | 0 | 19 | 0 | 0 |
| | 2006 | 제주 | 14 | 7 | 4 | 1 | 0 | 18 | 0 | 0 |
| PO | 2005 | 부산 | 1 | 0 | 0 | 0 | 0 | 1 | 0 | 0 |
| 컵 | 2005 | 포항 | 12 | 6 | 3 | 1 | 0 | 14 | 1 | 0 |
| 통산 | | | 50 | 24 | 16 | 3 | 0 | 70 | 4 | 0 |

**다오**(Dao Cheick Tidiani) 말리 1982.09.25

| 대회 | 연도 | 소속 | 출전 | 교체 | 득점 | 도움 | 실점 | 파울 | 경고 | 퇴장 |
|---|---|---|---|---|---|---|---|---|---|---|
| K1 | 2002 | 부천SK | 4 | 2 | 0 | 0 | 0 | 7 | 3 | 0 |
| 통산 | | | 4 | 2 | 0 | 0 | 0 | 7 | 3 | 0 |

**다이고**(Watanabe Daigo, 渡邊大剛) 일본 1984.12.03

| 대회 | 연도 | 소속 | 출전 | 교체 | 득점 | 도움 | 실점 | 파울 | 경고 | 퇴장 |
|---|---|---|---|---|---|---|---|---|---|---|
| K2 | 2016 | 부산 | 5 | 4 | 0 | 0 | 0 | 4 | 0 | 0 |
| 통산 | | | 5 | 4 | 0 | 0 | 0 | 4 | 0 | 0 |

**다이치**(Jusuf Dajic) 보스니아 헤르체고비나 1984.08.21

| 대회 | 연도 | 소속 | 출전 | 교체 | 득점 | 도움 | 실점 | 파울 | 경고 | 퇴장 |
|---|---|---|---|---|---|---|---|---|---|---|
| K1 | 2008 | 전북 | 8 | 6 | 4 | 0 | 0 | 15 | 1 | 0 |
| PO | 2008 | 전북 | 2 | 2 | 0 | 1 | 0 | 5 | 0 | 0 |
| 컵 | 2008 | 전북 | 4 | 4 | 3 | 0 | 0 | 3 | 0 | 0 |
| 통산 | | | 14 | 12 | 7 | 1 | 0 | 23 | 1 | 0 |

**다카하기**(Takahagi Yojiro, 高萩洋次郎) 일본 1986.08.02

| 대회 | 연도 | 소속 | 출전 | 교체 | 득점 | 도움 | 실점 | 파울 | 경고 | 퇴장 |
|---|---|---|---|---|---|---|---|---|---|---|
| K1 | 2015 | 서울 | 14 | 11 | 2 | 0 | 0 | 15 | 2 | 0 |
| | 2016 | 서울 | 32 | 16 | 1 | 4 | 0 | 26 | 5 | 0 |
| 통산 | | | 46 | 27 | 3 | 4 | 0 | 41 | 7 | 0 |

**다카하라**(Takahara Naohiro, 高原直泰) 일본 1979.06.04

| 대회 | 연도 | 소속 | 출전 | 교체 | 득점 | 도움 | 실점 | 파울 | 경고 | 퇴장 |
|---|---|---|---|---|---|---|---|---|---|---|
| K1 | 2010 | 수원 | 12 | 7 | 4 | 0 | 0 | 18 | 1 | 0 |
| 통산 | | | 12 | 7 | 4 | 0 | 0 | 18 | 1 | 0 |

**단레이**(Danrlei Medeiros Moreira) 브라질 1995.11.21

| 대회 | 연도 | 소속 | 출전 | 교체 | 득점 | 도움 | 실점 | 파울 | 경고 | 퇴장 |
|---|---|---|---|---|---|---|---|---|---|---|
| K2 | 2024 | 안양 | 19 | 12 | 4 | 2 | 0 | 11 | 1 | 0 |
| | 2025 | 경남 | 12 | 8 | 2 | 1 | 0 | 6 | 1 | 0 |
| 통산 | | | 31 | 20 | 6 | 3 | 0 | 17 | 2 | 0 |

**달리**(Dalibor Veselinović) 크로아티아 1987.09.21

| 대회 | 연도 | 소속 | 출전 | 교체 | 득점 | 도움 | 실점 | 파울 | 경고 | 퇴장 |
|---|---|---|---|---|---|---|---|---|---|---|
| K1 | 2017 | 인천 | 11 | 7 | 0 | 1 | 0 | 18 | 2 | 0 |
| 통산 | | | 11 | 7 | 0 | 1 | 0 | 18 | 2 | 0 |

**당성증**(唐聖增) 국민대 1966.01.04

| 대회 | 연도 | 소속 | 출전 | 교체 | 득점 | 도움 | 실점 | 파울 | 경고 | 퇴장 |
|---|---|---|---|---|---|---|---|---|---|---|
| K1 | 1991 | LG | 1 | 1 | 0 | 0 | 0 | 0 | 0 | 0 |
| 통산 | | | 1 | 1 | 0 | 0 | 0 | 0 | 0 | 0 |

**데니손**(José Denisson Silva dos Santos) 브라질 1997.11.29

| 대회 | 연도 | 소속 | 출전 | 교체 | 득점 | 도움 | 실점 | 파울 | 경고 | 퇴장 |
|---|---|---|---|---|---|---|---|---|---|---|
| K2 | 2024 | 충남아산 | 15 | 15 | 6 | 0 | 0 | 8 | 1 | 0 |
| | 2025 | 충남아산 | 35 | 32 | 6 | 3 | 0 | 19 | 2 | 0 |
| PO | 2024 | 충남아산 | 2 | 2 | 1 | 0 | 0 | 0 | 0 | 0 |
| 통산 | | | 52 | 49 | 13 | 3 | 0 | 27 | 3 | 0 |

**데니스**(Denis Laktionov / ←이성남) 1977.09.04

| 대회 | 연도 | 소속 | 출전 | 교체 | 득점 | 도움 | 실점 | 파울 | 경고 | 퇴장 |
|---|---|---|---|---|---|---|---|---|---|---|
| K1 | 1996 | 수원 | 17 | 19 | 5 | 0 | 0 | 13 | 1 | 0 |
| | 1997 | 수원 | 10 | 10 | 2 | 5 | 0 | 19 | 2 | 0 |
| | 1998 | 수원 | 10 | 4 | 5 | 4 | 0 | 26 | 2 | 1 |
| | 1999 | 수원 | 10 | 9 | 2 | 6 | 0 | 11 | 1 | 0 |
| | 2000 | 수원 | 17 | 11 | 9 | 1 | 0 | 33 | 4 | 0 |
| | 2001 | 수원 | 25 | 8 | 4 | 3 | 0 | 49 | 3 | 0 |
| | 2002 | 수원 | 17 | 13 | 4 | 6 | 0 | 26 | 4 | 0 |
| | 2003 | 성남일화 | 38 | 16 | 9 | 10 | 0 | 67 | 6 | 0 |
| | 2004 | 성남일화 | 18 | 7 | 4 | 2 | 0 | 23 | 0 | 0 |
| | 2005 | 성남일화 | 9 | 3 | 0 | 3 | 0 | 14 | 3 | 0 |
| | 2005 | 부산 | 4 | 3 | 0 | 0 | 0 | 8 | 1 | 0 |
| | 2006 | 수원 | 12 | 11 | 0 | 1 | 0 | 12 | 1 | 0 |
| | 2012 | 강원 | 10 | 10 | 1 | 2 | 0 | 7 | 1 | 0 |
| | 2013 | 강원 | 1 | 1 | 0 | 0 | 0 | 0 | 0 | 0 |
| PO | 1996 | 수원 | 1 | 1 | 0 | 0 | 0 | 0 | 0 | 0 |
| | 1999 | 수원 | 1 | 1 | 0 | 0 | 0 | 2 | 0 | 0 |
| | 2005 | 부산 | 1 | 1 | 0 | 0 | 0 | 1 | 0 | 0 |
| | 2006 | 수원 | 0 | 0 | 0 | 0 | 0 | 0 | 0 | 0 |
| 컵 | 1996 | 수원 | 3 | 4 | 0 | 0 | 0 | 3 | 1 | 0 |
| | 1997 | 수원 | 10 | 10 | 1 | 1 | 0 | 12 | 0 | 0 |
| | 1998 | 수원 | 8 | 5 | 0 | 0 | 0 | 20 | 3 | 0 |
| | 1999 | 수원 | 9 | 6 | 5 | 4 | 0 | 25 | 3 | 0 |
| | 2000 | 수원 | 10 | 2 | 1 | 6 | 0 | 21 | 3 | 0 |
| | 2001 | 수원 | 11 | 4 | 3 | 0 | 0 | 27 | 2 | 0 |
| | 2002 | 수원 | 3 | 2 | 1 | 1 | 0 | 5 | 1 | 0 |
| | 2004 | 성남일화 | 3 | 3 | 0 | 0 | 0 | 4 | 1 | 0 |
| | 2005 | 성남일화 | 11 | 3 | 1 | 3 | 0 | 25 | 3 | 0 |
| | 2006 | 수원 | 4 | 3 | 0 | 1 | 0 | 7 | 3 | 0 |
| 통산 | | | 273 | 170 | 57 | 59 | 0 | 460 | 49 | 1 |

**데닐손**(Denilson Martins Nascimento) 브라질 1976.09.04

| 대회 | 연도 | 소속 | 출전 | 교체 | 득점 | 도움 | 실점 | 파울 | 경고 | 퇴장 |
|---|---|---|---|---|---|---|---|---|---|---|
| K1 | 2006 | 대전 | 18 | 8 | 7 | 1 | 0 | 48 | 3 | 0 |
| | 2007 | 대전 | 23 | 3 | 14 | 5 | 0 | 54 | 6 | 0 |
| | 2008 | 포항 | 19 | 9 | 6 | 6 | 0 | 27 | 4 | 0 |
| | 2009 | 포항 | 23 | 12 | 8 | 3 | 0 | 35 | 6 | 0 |
| PO | 2007 | 대전 | 1 | 0 | 0 | 0 | 0 | 4 | 0 | 0 |
| | 2009 | 포항 | 1 | 1 | 0 | 0 | 0 | 0 | 0 | 0 |
| 컵 | 2006 | 대전 | 8 | 3 | 2 | 2 | 0 | 31 | 1 | 0 |
| | 2007 | 대전 | 10 | 1 | 5 | 0 | 0 | 22 | 1 | 0 |
| | 2009 | 포항 | 4 | 1 | 2 | 0 | 0 | 8 | 0 | 0 |
| 통산 | | | 107 | 38 | 44 | 17 | 0 | 229 | 21 | 0 |

**데닐손** (Denilson da Silva dos Santos) 브라질 1998.03.07

| 대회 | 연도 | 소속 | 출전 | 교체 | 득점 | 도움 | 실점 | 파울 | 경고 | 퇴장 |
|---|---|---|---|---|---|---|---|---|---|---|
| K2 | 2023 | 성남 | 20 | 20 | 3 | 0 | 0 | 14 | 1 | 0 |
| 통산 | | | 20 | 20 | 3 | 0 | 0 | 14 | 1 | 0 |

**데닐손**(Valdenilson da Paz Araujo) 브라질 2000.09.23

| 대회 | 연도 | 소속 | 출전 | 교체 | 득점 | 도움 | 실점 | 파울 | 경고 | 퇴장 |
|---|---|---|---|---|---|---|---|---|---|---|
| K1 | 2025 | 제주 | 8 | 10 | 1 | 0 | 0 | 3 | 0 | 0 |
| 통산 | | | 8 | 10 | 1 | 0 | 0 | 3 | 0 | 0 |

**데메트리우스**(Demethryus Maciel Areias Nacimento) 브라질 19

| 대회 | 연도 | 소속 | 출전 | 교체 | 득점 | 도움 | 실점 | 파울 | 경고 | 퇴장 |
|---|---|---|---|---|---|---|---|---|---|---|
| K2 | 2025 | 화성 | 16 | 9 | 2 | 1 | 0 | 11 | 2 | 0 |
| 통산 | | | 16 | 9 | 2 | 1 | 0 | 11 | 2 | 0 |

**데얀**(Dejan Damjanović) 몬테네그로 1981.07.27

| 대회 | 연도 | 소속 | 출전 | 교체 | 득점 | 도움 | 실점 | 파울 | 경고 | 퇴장 |
|---|---|---|---|---|---|---|---|---|---|---|
| K1 | 2007 | 인천 | 26 | 2 | 14 | 1 | 0 | 47 | 3 | 0 |
| | 2008 | 서울 | 26 | 8 | 14 | 6 | 0 | 35 | 2 | 0 |
| | 2009 | 서울 | 23 | 12 | 14 | 1 | 0 | 44 | 8 | 0 |
| | 2010 | 서울 | 26 | 9 | 12 | 7 | 0 | 37 | 3 | 0 |
| | 2011 | 서울 | 29 | 5 | 23 | 7 | 0 | 45 | 4 | 0 |
| | 2012 | 서울 | 42 | 8 | 31 | 4 | 0 | 57 | 5 | 0 |
| | 2013 | 서울 | 29 | 5 | 19 | 5 | 0 | 46 | 2 | 0 |
| | 2016 | 서울 | 36 | 21 | 13 | 2 | 0 | 51 | 4 | 0 |
| | 2017 | 서울 | 37 | 26 | 19 | 3 | 0 | 35 | 2 | 0 |
| | 2018 | 수원 | 33 | 18 | 13 | 3 | 0 | 24 | 1 | 0 |
| | 2019 | 수원 | 21 | 15 | 3 | 1 | 0 | 20 | 2 | 0 |
| | 2020 | 대구 | 23 | 20 | 9 | 3 | 0 | 10 | 0 | 0 |
| PO | 2008 | 서울 | 3 | 2 | 1 | 0 | 0 | 7 | 0 | 0 |
| | 2010 | 서울 | 2 | 0 | 1 | 0 | 0 | 1 | 0 | 0 |
| | 2011 | 서울 | 1 | 0 | 1 | 0 | 0 | 1 | 0 | 0 |
| 컵 | 2007 | 인천 | 10 | 4 | 5 | 2 | 0 | 11 | 1 | 1 |
| | 2008 | 서울 | 4 | 3 | 0 | 0 | 0 | 5 | 0 | 0 |
| | 2009 | 서울 | 2 | 0 | 0 | 0 | 0 | 2 | 1 | 1 |
| | 2010 | 서울 | 7 | 3 | 6 | 3 | 0 | 13 | 2 | 0 |
| 통산 | | | 380 | 161 | 198 | 48 | 0 | 491 | 40 | 2 |

**데이비드**(Deyvid Franck Silva Sacconi) 브라질 1987.04.10

| 대회 | 연도 | 소속 | 출전 | 교체 | 득점 | 도움 | 실점 | 파울 | 경고 | 퇴장 |
|---|---|---|---|---|---|---|---|---|---|---|
| K2 | 2016 | 대구 | 13 | 13 | 0 | 1 | 0 | 6 | 1 | 0 |
| 통산 | | | 13 | 13 | 0 | 1 | 0 | 6 | 1 | 0 |

**데이비드**(David Aparecido da Silva) 브라질 1989.11.12

| 대회 | 연도 | 소속 | 출전 | 교체 | 득점 | 도움 | 실점 | 파울 | 경고 | 퇴장 |
|---|---|---|---|---|---|---|---|---|---|---|
| K1 | 2019 | 포항 | 9 | 7 | 2 | 1 | 0 | 15 | 1 | 1 |
| 통산 | | | 9 | 7 | 2 | 1 | 0 | 15 | 1 | 1 |

**데이비슨** (Jason Davidson) 오스트레일리아 1991.06.29

| 대회 | 연도 | 소속 | 출전 | 교체 | 득점 | 도움 | 실점 | 파울 | 경고 | 퇴장 |
|---|---|---|---|---|---|---|---|---|---|---|
| K1 | 2019 | 울산 | 3 | 2 | 0 | 0 | 0 | 1 | 1 | 0 |
| | 2020 | 울산 | 4 | 0 | 0 | 0 | 0 | 8 | 1 | 0 |
| 통산 | | | 7 | 2 | 0 | 0 | 0 | 9 | 2 | 0 |

**데파울라** (Felipe de Paula) 브라질 1988.01.17

| 대회 | 연도 | 소속 | 출전 | 교체 | 득점 | 도움 | 실점 | 파울 | 경고 | 퇴장 |
|---|---|---|---|---|---|---|---|---|---|---|
| K2 | 2016 | 고양 | 22 | 16 | 5 | 0 | 0 | 25 | 2 | 0 |
| 통산 | | | 22 | 16 | 5 | 0 | 0 | 25 | 2 | 0 |

**델리치**(Mateas Delic) 크로아티아 1988.06.17

| 대회 | 연도 | 소속 | 출전 | 교체 | 득점 | 도움 | 실점 | 파울 | 경고 | 퇴장 |
|---|---|---|---|---|---|---|---|---|---|---|
| K1 | 2011 | 강원 | 10 | 10 | 0 | 0 | 0 | 3 | 0 | 0 |

| 대회 | 연도 | 소속 | 출전 | 교체 | 득점 | 도움 | 실점 | 파울 | 경고 | 퇴장 |
|---|---|---|---|---|---|---|---|---|---|---|
| 컵 | 2011 | 강원 | 3 | 1 | 0 | 0 | 0 | 7 | 0 | 0 |
| 통산 | | | 13 | 11 | 0 | 0 | 0 | 10 | 0 | 0 |

**델브리지**(Harrison Andrew Delbridge) 오스트레일리아 1992.03.15

| 대회 | 연도 | 소속 | 출전 | 교체 | 득점 | 도움 | 실점 | 파울 | 경고 | 퇴장 |
|---|---|---|---|---|---|---|---|---|---|---|
| K1 | 2021 | 인천 | 34 | 14 | 1 | 2 | 0 | 34 | 5 | 0 |
| | 2022 | 인천 | 33 | 5 | 0 | 1 | 0 | 38 | 6 | 0 |
| | 2023 | 인천 | 25 | 4 | 0 | 0 | 0 | 26 | 4 | 0 |
| | 2024 | 인천 | 16 | 5 | 1 | 0 | 0 | 17 | 3 | 0 |
| K2 | 2025 | 인천 | 16 | 13 | 0 | 0 | 0 | 8 | 1 | 0 |
| 통산 | | | 124 | 41 | 2 | 3 | 0 | 123 | 19 | 0 |

**도나치**(James Kevin Donachie) 오스트레일리아 1993.05.14

| 대회 | 연도 | 소속 | 출전 | 교체 | 득점 | 도움 | 실점 | 파울 | 경고 | 퇴장 |
|---|---|---|---|---|---|---|---|---|---|---|
| K1 | 2018 | 전남 | 11 | 2 | 0 | 0 | 0 | 13 | 3 | 0 |
| 통산 | | | 11 | 2 | 0 | 0 | 0 | 13 | 3 | 0 |

**도도**(Ricardo Lucas Dodo) 브라질 1974.02.05

| 대회 | 연도 | 소속 | 출전 | 교체 | 득점 | 도움 | 실점 | 파울 | 경고 | 퇴장 |
|---|---|---|---|---|---|---|---|---|---|---|
| K1 | 2003 | 울산 | 44 | 12 | 27 | 3 | 0 | 34 | 2 | 0 |
| | 2004 | 울산 | 12 | 4 | 4 | 1 | 0 | 15 | 0 | 0 |
| 컵 | 2004 | 울산 | 6 | 4 | 2 | 0 | 0 | 9 | 0 | 0 |
| 통산 | | | 62 | 20 | 33 | 4 | 0 | 58 | 2 | 0 |

**도동현**(都東顯) 경희대 1993.11.19

| 대회 | 연도 | 소속 | 출전 | 교체 | 득점 | 도움 | 실점 | 파울 | 경고 | 퇴장 |
|---|---|---|---|---|---|---|---|---|---|---|
| K1 | 2019 | 경남 | 3 | 3 | 0 | 0 | 0 | 3 | 1 | 0 |
| K2 | 2020 | 경남 | 6 | 6 | 1 | 0 | 0 | 3 | 0 | 0 |
| | 2021 | 경남 | 19 | 19 | 1 | 0 | 0 | 17 | 4 | 0 |
| | 2024 | 경남 | 16 | 15 | 3 | 1 | 0 | 8 | 2 | 0 |
| | 2025 | 경남 | 15 | 14 | 2 | 1 | 0 | 11 | 1 | 0 |
| PO | 2019 | 경남 | 1 | 1 | 0 | 0 | 0 | 1 | 0 | 0 |
| | 2020 | 경남 | 2 | 2 | 0 | 0 | 0 | 1 | 0 | 0 |
| 통산 | | | 62 | 60 | 7 | 2 | 0 | 44 | 8 | 0 |

**도미닉**(Dominic Vinicius Eberechukwu Uzoukwu) 브라질 1995.01

| 대회 | 연도 | 소속 | 출전 | 교체 | 득점 | 도움 | 실점 | 파울 | 경고 | 퇴장 |
|---|---|---|---|---|---|---|---|---|---|---|
| K2 | 2025 | 화성 | 11 | 9 | 0 | 1 | 0 | 17 | 0 | 0 |
| 통산 | | | 11 | 9 | 0 | 1 | 0 | 17 | 0 | 0 |

**도스톤벡**(Dostonbek Tursunov) 우즈베키스탄 1995.06.13

| 대회 | 연도 | 소속 | 출전 | 교체 | 득점 | 도움 | 실점 | 파울 | 경고 | 퇴장 |
|---|---|---|---|---|---|---|---|---|---|---|
| K1 | 2020 | 부산 | 16 | 3 | 1 | 0 | 0 | 14 | 2 | 0 |
| 통산 | | | 16 | 3 | 1 | 0 | 0 | 14 | 2 | 0 |

**도재준**(都在俊) 배재대 1980.05.06

| 대회 | 연도 | 소속 | 출전 | 교체 | 득점 | 도움 | 실점 | 파울 | 경고 | 퇴장 |
|---|---|---|---|---|---|---|---|---|---|---|
| K1 | 2003 | 성남일화 | 0 | 0 | 0 | 0 | 0 | 0 | 0 | 0 |
| | 2004 | 성남일화 | 8 | 3 | 0 | 0 | 0 | 8 | 2 | 0 |
| | 2005 | 성남일화 | 9 | 8 | 0 | 0 | 0 | 11 | 2 | 0 |
| | 2008 | 인천 | 1 | 1 | 0 | 0 | 0 | 1 | 0 | 0 |
| | 2009 | 인천 | 0 | 0 | 0 | 0 | 0 | 0 | 0 | 0 |
| PO | 2005 | 성남일화 | 0 | 0 | 0 | 0 | 0 | 0 | 0 | 0 |
| 컵 | 2004 | 성남일화 | 4 | 1 | 1 | 0 | 0 | 6 | 0 | 0 |
| | 2005 | 성남일화 | 7 | 5 | 1 | 0 | 0 | 10 | 0 | 0 |
| | 2006 | 성남일화 | 2 | 2 | 0 | 0 | 0 | 0 | 0 | 0 |
| | 2008 | 인천 | 2 | 2 | 0 | 0 | 0 | 2 | 1 | 0 |
| | 2009 | 인천 | 1 | 1 | 0 | 0 | 0 | 0 | 0 | 0 |
| 통산 | | | 34 | 23 | 2 | 0 | 0 | 38 | 5 | 0 |

**도화성**(都和成) 숭실대 1980.06.27

| 대회 | 연도 | 소속 | 출전 | 교체 | 득점 | 도움 | 실점 | 파울 | 경고 | 퇴장 |
|---|---|---|---|---|---|---|---|---|---|---|
| K1 | 2003 | 부산 | 24 | 10 | 0 | 0 | 0 | 42 | 5 | 1 |
| | 2004 | 부산 | 20 | 6 | 1 | 0 | 0 | 48 | 6 | 0 |
| | 2005 | 부산 | 17 | 5 | 1 | 2 | 0 | 32 | 2 | 0 |
| | 2006 | 부산 | 5 | 0 | 0 | 0 | 0 | 11 | 1 | 0 |
| | 2008 | 부산 | 12 | 4 | 0 | 2 | 0 | 20 | 3 | 0 |
| | 2009 | 인천 | 23 | 11 | 2 | 1 | 0 | 37 | 2 | 0 |
| | 2010 | 인천 | 11 | 7 | 2 | 2 | 0 | 17 | 3 | 0 |
| PO | 2009 | 인천 | 1 | 1 | 0 | 0 | 0 | 5 | 0 | 0 |
| 컵 | 2004 | 부산 | 10 | 3 | 1 | 0 | 0 | 21 | 3 | 0 |
| | 2005 | 부산 | 9 | 3 | 0 | 1 | 0 | 11 | 2 | 1 |
| | 2006 | 부산 | 5 | 4 | 0 | 0 | 0 | 3 | 1 | 0 |
| | 2008 | 부산 | 5 | 1 | 0 | 0 | 0 | 8 | 3 | 0 |
| | 2009 | 인천 | 2 | 2 | 0 | 1 | 0 | 2 | 1 | 0 |
| | 2010 | 인천 | 2 | 1 | 0 | 0 | 0 | 0 | 0 | 0 |
| 통산 | | | 146 | 58 | 7 | 9 | 0 | 257 | 32 | 2 |

**돈지덕**(頓智德) 인천대 1980.04.28

| 대회 | 연도 | 소속 | 출전 | 교체 | 득점 | 도움 | 실점 | 파울 | 경고 | 퇴장 |
|---|---|---|---|---|---|---|---|---|---|---|
| K2 | 2013 | 안양 | 15 | 1 | 0 | 1 | 0 | 26 | 4 | 0 |
| 통산 | | | 15 | 1 | 0 | 1 | 0 | 26 | 4 | 0 |

**두두**(Eduardo Francisco de Silva Neto) 브라질 1980.02.02

| 대회 | 연도 | 소속 | 출전 | 교체 | 득점 | 도움 | 실점 | 파울 | 경고 | 퇴장 |
|---|---|---|---|---|---|---|---|---|---|---|
| K1 | 2004 | 성남일화 | 11 | 3 | 1 | 1 | 0 | 11 | 0 | 0 |
| | 2005 | 성남일화 | 23 | 8 | 10 | 4 | 0 | 19 | 1 | 0 |
| | 2006 | 서울 | 12 | 4 | 3 | 2 | 0 | 13 | 1 | 0 |
| | 2006 | 성남일화 | 13 | 2 | 3 | 1 | 0 | 12 | 1 | 0 |
| | 2007 | 서울 | 14 | 6 | 3 | 1 | 0 | 12 | 1 | 0 |
| | 2008 | 성남일화 | 26 | 10 | 15 | 5 | 0 | 13 | 1 | 0 |
| PO | 2005 | 성남일화 | 1 | 1 | 0 | 0 | 0 | 1 | 1 | 0 |
| | 2006 | 서울 | 1 | 0 | 0 | 0 | 0 | 1 | 0 | 0 |
| | 2008 | 성남일화 | 1 | 0 | 1 | 0 | 0 | 1 | 0 | 0 |
| 컵 | 2004 | 성남일화 | 6 | 1 | 6 | 1 | 0 | 7 | 0 | 0 |
| | 2005 | 성남일화 | 5 | 4 | 0 | 2 | 0 | 4 | 0 | 0 |
| | 2006 | 성남일화 | 9 | 2 | 1 | 5 | 0 | 16 | 3 | 0 |
| | 2007 | 서울 | 6 | 3 | 3 | 0 | 0 | 2 | 0 | 0 |
| | 2008 | 성남일화 | 10 | 4 | 2 | 2 | 0 | 4 | 0 | 0 |
| 통산 | | | 138 | 48 | 48 | 24 | 0 | 116 | 9 | 0 |

**두아르테**(Róbson Carlos Duarte) 브라질 1993.06.20

| 대회 | 연도 | 소속 | 출전 | 교체 | 득점 | 도움 | 실점 | 파울 | 경고 | 퇴장 |
|---|---|---|---|---|---|---|---|---|---|---|
| K2 | 2018 | 광주 | 14 | 5 | 6 | 3 | 0 | 9 | 0 | 0 |
| | 2019 | 서울E | 28 | 13 | 6 | 5 | 0 | 27 | 2 | 1 |
| | 2021 | 안산 | 32 | 23 | 8 | 3 | 0 | 20 | 1 | 0 |
| | 2022 | 안산 | 30 | 14 | 4 | 7 | 0 | 17 | 4 | 2 |
| | 2023 | 충남아산 | 25 | 20 | 4 | 1 | 0 | 5 | 0 | 0 |
| PO | 2018 | 광주 | 1 | 0 | 0 | 0 | 0 | 1 | 0 | 0 |
| 통산 | | | 130 | 75 | 28 | 19 | 0 | 79 | 7 | 3 |

**두윤성**(杜允誠/←두경수) 관동대(가톨릭관동대) 1974.10.17

| 대회 | 연도 | 소속 | 출전 | 교체 | 득점 | 도움 | 실점 | 파울 | 경고 | 퇴장 |
|---|---|---|---|---|---|---|---|---|---|---|
| 컵 | 1997 | 천안일화 | 1 | 0 | 0 | 0 | 0 | 2 | 0 | 0 |
| 통산 | | | 1 | 0 | 0 | 0 | 0 | 2 | 0 | 0 |

**두현석**(杜玹碩) 연세대 1995.12.21

| 대회 | 연도 | 소속 | 출전 | 교체 | 득점 | 도움 | 실점 | 파울 | 경고 | 퇴장 |
|---|---|---|---|---|---|---|---|---|---|---|
| K1 | 2020 | 광주 | 11 | 11 | 1 | 0 | 0 | 4 | 0 | 0 |
| | 2021 | 광주 | 8 | 8 | 1 | 0 | 0 | 7 | 0 | 0 |
| | 2023 | 광주 | 38 | 11 | 2 | 7 | 0 | 24 | 3 | 0 |
| | 2024 | 광주 | 18 | 10 | 0 | 3 | 0 | 18 | 2 | 0 |
| K2 | 2018 | 광주 | 26 | 21 | 2 | 3 | 0 | 18 | 3 | 0 |
| | 2019 | 광주 | 23 | 24 | 3 | 4 | 0 | 10 | 0 | 0 |
| | 2022 | 광주 | 36 | 27 | 4 | 2 | 0 | 22 | 5 | 0 |
| PO | 2018 | 광주 | 0 | 0 | 0 | 0 | 0 | 0 | 0 | 0 |
| 통산 | | | 160 | 112 | 13 | 19 | 0 | 103 | 13 | 0 |

**둑스**(Marko Dugandzic) 크로아티아 1994.04.07

| 대회 | 연도 | 소속 | 출전 | 교체 | 득점 | 도움 | 실점 | 파울 | 경고 | 퇴장 |
|---|---|---|---|---|---|---|---|---|---|---|
| K1 | 2025 | 서울 | 32 | 29 | 4 | 0 | 0 | 37 | 5 | 0 |
| 통산 | | | 32 | 29 | 4 | 0 | 0 | 37 | 5 | 0 |

**둘카**(Cristian Alexandru Dulca) 루마니아 1972.10.25

| 대회 | 연도 | 소속 | 출전 | 교체 | 득점 | 도움 | 실점 | 파울 | 경고 | 퇴장 |
|---|---|---|---|---|---|---|---|---|---|---|
| K1 | 1999 | 포항 | 11 | 10 | 1 | 1 | 0 | 17 | 0 | 0 |
| 컵 | 1999 | 포항 | 6 | 0 | 0 | 1 | 0 | 10 | 1 | 0 |
| 통산 | | | 17 | 10 | 1 | 2 | 0 | 27 | 1 | 0 |

**드라간**(Dragan Skrba) 세르비아 1965.08.26

| 대회 | 연도 | 소속 | 출전 | 교체 | 득점 | 도움 | 실점 | 파울 | 경고 | 퇴장 |
|---|---|---|---|---|---|---|---|---|---|---|
| K1 | 1995 | 포항 | 26 | 0 | 0 | 0 | 20 | 3 | 4 | 0 |
| | 1996 | 포항 | 12 | 2 | 0 | 0 | 15 | 0 | 1 | 0 |
| | 1997 | 포항 | 8 | 0 | 0 | 0 | 9 | 0 | 2 | 0 |
| PO | 1995 | 포항 | 3 | 0 | 0 | 0 | 5 | 0 | 0 | 0 |
| 컵 | 1995 | 포항 | 6 | 0 | 0 | 0 | 5 | 0 | 0 | 0 |
| | 1996 | 포항 | 5 | 0 | 0 | 0 | 7 | 1 | 1 | 0 |
| | 1997 | 포항 | 2 | 0 | 0 | 0 | 2 | 0 | 0 | 0 |
| 통산 | | | 62 | 2 | 0 | 0 | 63 | 4 | 8 | 0 |

**드라간**(Dragan Stojisavljevic) 세르비아 몬테네그로 1974.01.06

| 대회 | 연도 | 소속 | 출전 | 교체 | 득점 | 도움 | 실점 | 파울 | 경고 | 퇴장 |
|---|---|---|---|---|---|---|---|---|---|---|
| K1 | 2000 | 안양LG | 12 | 3 | 2 | 3 | 0 | 20 | 0 | 0 |
| | 2001 | 안양LG | 24 | 14 | 4 | 6 | 0 | 42 | 4 | 0 |
| | 2003 | 안양LG | 18 | 9 | 5 | 5 | 0 | 40 | 2 | 0 |
| 컵 | 2000 | 안양LG | 7 | 2 | 0 | 1 | 0 | 15 | 2 | 0 |
| | 2001 | 안양LG | 5 | 5 | 0 | 0 | 0 | 5 | 1 | 0 |
| | 2004 | 인천 | 4 | 4 | 0 | 0 | 0 | 2 | 1 | 0 |
| 통산 | | | 70 | 37 | 11 | 15 | 0 | 124 | 10 | 0 |

**드라간**(Dragan Mladenović) 세르비아 몬테네그로 1976.02.16

| 대회 | 연도 | 소속 | 출전 | 교체 | 득점 | 도움 | 실점 | 파울 | 경고 | 퇴장 |
|---|---|---|---|---|---|---|---|---|---|---|
| K1 | 2006 | 인천 | 12 | 4 | 2 | 2 | 0 | 26 | 1 | 0 |
| | 2007 | 인천 | 21 | 5 | 1 | 1 | 0 | 39 | 8 | 1 |
| | 2008 | 인천 | 22 | 3 | 2 | 4 | 0 | 38 | 5 | 0 |
| | 2009 | 인천 | 3 | 3 | 0 | 0 | 0 | 2 | 0 | 0 |
| 컵 | 2007 | 인천 | 8 | 2 | 2 | 2 | 0 | 23 | 5 | 0 |
| | 2008 | 인천 | 3 | 1 | 0 | 0 | 0 | 3 | 1 | 0 |
| | 2009 | 인천 | 3 | 1 | 0 | 0 | 0 | 3 | 1 | 0 |
| 통산 | | | 72 | 19 | 7 | 9 | 0 | 134 | 21 | 1 |

**드라젠**(Drazen Podunavac) 유고슬라비아 1969.04.30

| 대회 | 연도 | 소속 | 출전 | 교체 | 득점 | 도움 | 실점 | 파울 | 경고 | 퇴장 |
|---|---|---|---|---|---|---|---|---|---|---|
| K1 | 1996 | 부산 | 15 | 8 | 0 | 0 | 0 | 13 | 4 | 0 |
| 컵 | 1996 | 부산 | 1 | 0 | 0 | 0 | 0 | 0 | 0 | 0 |
| 통산 | | | 16 | 8 | 0 | 0 | 0 | 13 | 4 | 0 |

**드로겟**(Droguett Diocares Hugo Patrici) 칠레 1982.09.02

| 대회 | 연도 | 소속 | 출전 | 교체 | 득점 | 도움 | 실점 | 파울 | 경고 | 퇴장 |
|---|---|---|---|---|---|---|---|---|---|---|
| K1 | 2012 | 전북 | 37 | 19 | 10 | 9 | 0 | 42 | 3 | 0 |
| | 2014 | 제주 | 36 | 11 | 10 | 3 | 0 | 27 | 2 | 0 |
| 통산 | | | 73 | 30 | 20 | 12 | 0 | 69 | 5 | 0 |

**드로젝**(Domagoj Drozdek) 크로아티아 1996.03.20

| 대회 | 연도 | 소속 | 출전 | 교체 | 득점 | 도움 | 실점 | 파울 | 경고 | 퇴장 |
|---|---|---|---|---|---|---|---|---|---|---|
| K2 | 2021 | 부산 | 32 | 26 | 1 | 2 | 0 | 26 | 3 | 0 |
| | 2022 | 부산 | 21 | 17 | 2 | 0 | 0 | 13 | 1 | 0 |
| 통산 | | | 53 | 43 | 3 | 2 | 0 | 39 | 4 | 0 |

**디노**(Dino Islamović) 스웨덴 1994.01.17

| 대회 | 연도 | 소속 | 출전 | 교체 | 득점 | 도움 | 실점 | 파울 | 경고 | 퇴장 |
|---|---|---|---|---|---|---|---|---|---|---|
| K1 | 2022 | 강원 | 5 | 5 | 2 | 0 | 0 | 6 | 0 | 0 |
| | 2023 | 강원 | 8 | 8 | 0 | 0 | 0 | 6 | 2 | 0 |
| 통산 | | | 13 | 13 | 2 | 0 | 0 | 12 | 2 | 0 |

**디디**(Sebastiao Pereira Do Nascimento) 브라질 1976.02.24

| 대회 | 연도 | 소속 | 출전 | 교체 | 득점 | 도움 | 실점 | 파울 | 경고 | 퇴장 |
|---|---|---|---|---|---|---|---|---|---|---|
| K1 | 2002 | 부산 | 23 | 10 | 5 | 3 | 0 | 58 | 2 | 0 |
| 통산 | | | 23 | 10 | 5 | 3 | 0 | 58 | 2 | 0 |

**디마**(Dmitri Karsakov) 러시아 1971.12.29

| 대회 | 연도 | 소속 | 출전 | 교체 | 득점 | 도움 | 실점 | 파울 | 경고 | 퇴장 |
|---|---|---|---|---|---|---|---|---|---|---|
| K1 | 1996 | 부천유공 | 3 | 3 | 0 | 0 | 0 | 1 | 0 | 0 |
| 통산 | | | 3 | 3 | 0 | 0 | 0 | 1 | 0 | 0 |

**디마스**(Dimas Roberto da Silva) 브라질 1977.08.01

| 대회 | 연도 | 소속 | 출전 | 교체 | 득점 | 도움 | 실점 | 파울 | 경고 | 퇴장 |
|---|---|---|---|---|---|---|---|---|---|---|
| K1 | 2000 | 전남 | 1 | 1 | 0 | 0 | 0 | 1 | 0 | 0 |
| 통산 | | | 1 | 1 | 0 | 0 | 0 | 1 | 0 | 0 |

**디아스** 에쿠아도르 1969.09.15

| 대회 | 연도 | 소속 | 출전 | 교체 | 득점 | 도움 | 실점 | 파울 | 경고 | 퇴장 |
|---|---|---|---|---|---|---|---|---|---|---|

| 대회 | 연도 | 소속 | 출전 | 교체 | 득점 | 도움 | 실점 | 파울 | 경고 | 퇴장 |
|---|---|---|---|---|---|---|---|---|---|---|
| K1 | 1996 | 전남 | 9 | 6 | 1 | 1 | 0 | 12 | 0 | 0 |
| 통산 | | | 9 | 6 | 1 | 1 | 0 | 12 | 0 | 0 |

**디에고**(Diego da Silva Giaretta) 이탈리아 1983.11.27

| 대회 | 연도 | 소속 | 출전 | 교체 | 득점 | 도움 | 실점 | 파울 | 경고 | 퇴장 |
|---|---|---|---|---|---|---|---|---|---|---|
| K1 | 2011 | 인천 | 6 | 2 | 1 | 0 | 0 | 8 | 1 | 0 |
| 컵 | 2011 | 인천 | 3 | 1 | 0 | 0 | 0 | 5 | 0 | 0 |
| 통산 | | | 9 | 3 | 1 | 0 | 0 | 13 | 1 | 0 |

**디에고**(Diego Oliveira de Queiroz) 브라질 1990.06.22

| 대회 | 연도 | 소속 | 출전 | 교체 | 득점 | 도움 | 실점 | 파울 | 경고 | 퇴장 |
|---|---|---|---|---|---|---|---|---|---|---|
| K1 | 2011 | 수원 | 3 | 3 | 0 | 0 | 0 | 2 | 0 | 0 |
| PO | 2011 | 수원 | 1 | 1 | 0 | 0 | 0 | 0 | 0 | 0 |
| 통산 | | | 4 | 4 | 0 | 0 | 0 | 2 | 0 | 0 |

**디에고** (Diego Pelicles da Silva) 브라질 1982.10.23

| 대회 | 연도 | 소속 | 출전 | 교체 | 득점 | 도움 | 실점 | 파울 | 경고 | 퇴장 |
|---|---|---|---|---|---|---|---|---|---|---|
| K2 | 2014 | 광주 | 12 | 6 | 2 | 2 | 0 | 21 | 3 | 0 |
| PO | 2014 | 광주 | 4 | 4 | 2 | 0 | 0 | 6 | 0 | 0 |
| 통산 | | | 16 | 10 | 4 | 2 | 0 | 27 | 3 | 0 |

**디에고**(Diego Mauricio Machado de Brito) 브라질 1991.06.25

| 대회 | 연도 | 소속 | 출전 | 교체 | 득점 | 도움 | 실점 | 파울 | 경고 | 퇴장 |
|---|---|---|---|---|---|---|---|---|---|---|
| K1 | 2017 | 강원 | 36 | 32 | 13 | 3 | 0 | 25 | 2 | 0 |
| | 2018 | 강원 | 35 | 23 | 7 | 6 | 0 | 21 | 4 | 1 |
| K2 | 2019 | 부산 | 20 | 21 | 6 | 1 | 0 | 9 | 1 | 0 |
| PO | 2019 | 부산 | 3 | 3 | 0 | 1 | 0 | 3 | 1 | 0 |
| 통산 | | | 94 | 79 | 26 | 11 | 0 | 58 | 8 | 1 |

**디오고** (Diogo da Silva Farias) 브라질 1990.06.13

| 대회 | 연도 | 소속 | 출전 | 교체 | 득점 | 도움 | 실점 | 파울 | 경고 | 퇴장 |
|---|---|---|---|---|---|---|---|---|---|---|
| K1 | 2013 | 인천 | 32 | 26 | 7 | 2 | 0 | 57 | 6 | 0 |
| | 2014 | 인천 | 11 | 9 | 1 | 0 | 0 | 24 | 1 | 0 |
| 통산 | | | 43 | 35 | 8 | 2 | 0 | 81 | 7 | 0 |

**디자우마**(Djalma Celestino Evaristo) 브라질 2000.06.29

| 대회 | 연도 | 소속 | 출전 | 교체 | 득점 | 도움 | 실점 | 파울 | 경고 | 퇴장 |
|---|---|---|---|---|---|---|---|---|---|---|
| K2 | 2025 | 김포 | 34 | 15 | 5 | 1 | 0 | 51 | 8 | 0 |
| 통산 | | | 34 | 15 | 5 | 1 | 0 | 51 | 8 | 0 |

**따르따** (Vinicius Silva Soares) 브라질 1989.04.13

| 대회 | 연도 | 소속 | 출전 | 교체 | 득점 | 도움 | 실점 | 파울 | 경고 | 퇴장 |
|---|---|---|---|---|---|---|---|---|---|---|
| K1 | 2014 | 울산 | 20 | 11 | 3 | 3 | 0 | 46 | 0 | 0 |
| | 2015 | 울산 | 15 | 14 | 0 | 2 | 0 | 23 | 3 | 0 |
| 통산 | | | 35 | 25 | 3 | 5 | 0 | 69 | 3 | 0 |

**따바레즈**(Andre Luiz Tavares) 브라질 1983.07.30

| 대회 | 연도 | 소속 | 출전 | 교체 | 득점 | 도움 | 실점 | 파울 | 경고 | 퇴장 |
|---|---|---|---|---|---|---|---|---|---|---|
| K1 | 2004 | 포항 | 20 | 5 | 5 | 4 | 0 | 32 | 4 | 0 |
| | 2005 | 포항 | 16 | 10 | 5 | 1 | 0 | 20 | 0 | 1 |
| | 2006 | 포항 | 19 | 11 | 6 | 3 | 0 | 20 | 2 | 0 |
| | 2007 | 포항 | 23 | 7 | 2 | 11 | 0 | 28 | 0 | 1 |
| PO | 2004 | 포항 | 3 | 3 | 1 | 0 | 0 | 4 | 0 | 0 |
| | 2006 | 포항 | 1 | 1 | 0 | 0 | 0 | 0 | 0 | 0 |
| | 2007 | 포항 | 5 | 2 | 0 | 2 | 0 | 7 | 1 | 0 |
| 컵 | 2004 | 포항 | 11 | 3 | 0 | 5 | 0 | 11 | 0 | 0 |
| | 2005 | 포항 | 3 | 0 | 0 | 2 | 0 | 2 | 0 | 0 |
| | 2006 | 포항 | 5 | 5 | 0 | 1 | 0 | 6 | 1 | 0 |
| | 2007 | 포항 | 7 | 5 | 1 | 0 | 0 | 6 | 0 | 0 |
| 통산 | | | 113 | 52 | 20 | 29 | 0 | 136 | 8 | 2 |

**떼이세이라**(Jucimar Jose Teixeira) 브라질 1990.05.20

| 대회 | 연도 | 소속 | 출전 | 교체 | 득점 | 도움 | 실점 | 파울 | 경고 | 퇴장 |
|---|---|---|---|---|---|---|---|---|---|---|
| K1 | 2018 | 포항 | 10 | 3 | 0 | 2 | 0 | 19 | 1 | 0 |
| 통산 | | | 10 | 3 | 0 | 2 | 0 | 19 | 1 | 0 |

**뚜따**(Moacir Bastosa) 브라질 1974.06.20

| 대회 | 연도 | 소속 | 출전 | 교체 | 득점 | 도움 | 실점 | 파울 | 경고 | 퇴장 |
|---|---|---|---|---|---|---|---|---|---|---|
| K1 | 2002 | 안양LG | 18 | 7 | 9 | 4 | 0 | 52 | 5 | 0 |
| | 2003 | 수원 | 31 | 12 | 14 | 6 | 0 | 68 | 3 | 0 |
| 컵 | 2002 | 안양LG | 8 | 2 | 4 | 0 | 0 | 24 | 3 | 0 |
| 통산 | | | 57 | 21 | 27 | 10 | 0 | 144 | 11 | 0 |

**뚜레**(Dzevad Turkovic) 크로아티아 1972.08.17

| 대회 | 연도 | 소속 | 출전 | 교체 | 득점 | 도움 | 실점 | 파울 | 경고 | 퇴장 |
|---|---|---|---|---|---|---|---|---|---|---|
| K1 | 1996 | 부산 | 6 | 5 | 0 | 1 | 0 | 16 | 2 | 0 |
| | 1997 | 부산 | 16 | 8 | 2 | 2 | 0 | 38 | 6 | 0 |
| | 1998 | 부산 | 16 | 5 | 5 | 5 | 0 | 39 | 4 | 0 |
| | 1999 | 부산 | 14 | 9 | 1 | 1 | 0 | 13 | 1 | 0 |
| | 2000 | 부산 | 15 | 11 | 0 | 0 | 0 | 26 | 5 | 0 |
| | 2001 | 성남일화 | 2 | 2 | 0 | 0 | 0 | 3 | 0 | 0 |
| | 2001 | 부산 | 1 | 2 | 0 | 0 | 0 | 1 | 0 | 0 |
| PO | 1999 | 부산 | 2 | 2 | 0 | 0 | 0 | 3 | 0 | 0 |
| 컵 | 1997 | 부산 | 12 | 9 | 1 | 1 | 0 | 21 | 3 | 0 |
| | 1998 | 부산 | 14 | 8 | 1 | 1 | 0 | 26 | 4 | 0 |
| | 1999 | 부산 | 10 | 5 | 1 | 1 | 0 | 18 | 3 | 0 |
| | 2000 | 부산 | 6 | 5 | 0 | 0 | 0 | 6 | 0 | 0 |
| | 2001 | 부산 | 1 | 1 | 0 | 0 | 0 | 5 | 0 | 0 |
| 통산 | | | 115 | 72 | 11 | 12 | 0 | 215 | 28 | 0 |

**뚜찡야**(Bruno Marques Ostapenco) 브라질 1992.05.20

| 대회 | 연도 | 소속 | 출전 | 교체 | 득점 | 도움 | 실점 | 파울 | 경고 | 퇴장 |
|---|---|---|---|---|---|---|---|---|---|---|
| K2 | 2013 | 충주 | 13 | 13 | 1 | 0 | 0 | 5 | 1 | 0 |
| 통산 | | | 13 | 13 | 1 | 0 | 0 | 5 | 1 | 0 |

**라경호**(羅勁皓) 인천대 1981.03.15

| 대회 | 연도 | 소속 | 출전 | 교체 | 득점 | 도움 | 실점 | 파울 | 경고 | 퇴장 |
|---|---|---|---|---|---|---|---|---|---|---|
| K1 | 2004 | 인천 | 4 | 3 | 0 | 0 | 0 | 2 | 0 | 0 |
| 컵 | 2004 | 인천 | 2 | 2 | 0 | 0 | 0 | 0 | 0 | 0 |
| | 2005 | 인천 | 1 | 1 | 0 | 0 | 0 | 0 | 0 | 0 |
| 통산 | | | 7 | 6 | 0 | 0 | 0 | 2 | 0 | 0 |

**라데**(Rade Bogdanovic) 유고슬라비아 1970.05.21

| 대회 | 연도 | 소속 | 출전 | 교체 | 득점 | 도움 | 실점 | 파울 | 경고 | 퇴장 |
|---|---|---|---|---|---|---|---|---|---|---|
| K1 | 1992 | 포항제철 | 12 | 7 | 2 | 3 | 0 | 9 | 1 | 0 |
| | 1993 | 포항제철 | 25 | 5 | 8 | 4 | 0 | 37 | 2 | 1 |
| | 1994 | 포항제철 | 27 | 10 | 18 | 5 | 0 | 40 | 2 | 0 |
| | 1995 | 포항 | 24 | 9 | 6 | 6 | 0 | 52 | 4 | 1 |
| | 1996 | 포항 | 32 | 4 | 11 | 14 | 0 | 48 | 0 | 0 |
| PO | 1995 | 포항 | 3 | 0 | 2 | 1 | 0 | 5 | 0 | 1 |
| 컵 | 1992 | 포항제철 | 5 | 4 | 1 | 0 | 0 | 5 | 0 | 0 |
| | 1993 | 포항제철 | 2 | 2 | 1 | 0 | 0 | 0 | 0 | 0 |
| | 1994 | 포항제철 | 6 | 0 | 4 | 1 | 0 | 7 | 0 | 0 |
| | 1995 | 포항 | 7 | 1 | 2 | 0 | 0 | 13 | 1 | 0 |
| | 1996 | 포항 | 7 | 2 | 2 | 2 | 0 | 7 | 2 | 0 |
| 통산 | | | 150 | 44 | 57 | 36 | 0 | 223 | 12 | 3 |

**라덱**(Prague Divecky Radek) 체코 1974.03.21

| 대회 | 연도 | 소속 | 출전 | 교체 | 득점 | 도움 | 실점 | 파울 | 경고 | 퇴장 |
|---|---|---|---|---|---|---|---|---|---|---|
| K1 | 2000 | 전남 | 9 | 9 | 2 | 0 | 0 | 18 | 1 | 0 |
| 통산 | | | 9 | 9 | 2 | 0 | 0 | 18 | 1 | 0 |

**라돈치치**(Dzenan Radoncic) 몬테네그로 1983.08.02

| 대회 | 연도 | 소속 | 출전 | 교체 | 득점 | 도움 | 실점 | 파울 | 경고 | 퇴장 |
|---|---|---|---|---|---|---|---|---|---|---|
| K1 | 2004 | 인천 | 13 | 10 | 0 | 1 | 0 | 42 | 2 | 0 |
| | 2005 | 인천 | 19 | 7 | 6 | 1 | 0 | 69 | 3 | 0 |
| | 2006 | 인천 | 23 | 15 | 1 | 2 | 0 | 48 | 4 | 1 |
| | 2007 | 인천 | 11 | 9 | 1 | 1 | 0 | 27 | 2 | 0 |
| | 2008 | 인천 | 26 | 5 | 13 | 2 | 0 | 84 | 2 | 0 |
| | 2009 | 성남일화 | 24 | 20 | 4 | 1 | 0 | 50 | 5 | 0 |
| | 2010 | 성남일화 | 25 | 11 | 11 | 5 | 0 | 80 | 6 | 0 |
| | 2011 | 성남일화 | 10 | 9 | 3 | 2 | 0 | 19 | 2 | 0 |
| | 2012 | 수원 | 31 | 21 | 12 | 5 | 0 | 77 | 6 | 0 |
| | 2013 | 수원 | 12 | 8 | 4 | 0 | 0 | 22 | 2 | 0 |
| PO | 2005 | 인천 | 3 | 1 | 3 | 0 | 0 | 5 | 0 | 0 |
| | 2009 | 성남일화 | 4 | 0 | 1 | 0 | 0 | 22 | 2 | 0 |
| | 2010 | 성남일화 | 2 | 0 | 1 | 1 | 0 | 3 | 0 | 0 |
| 컵 | 2004 | 인천 | 3 | 3 | 0 | 0 | 0 | 8 | 2 | 0 |
| | 2005 | 인천 | 5 | 4 | 4 | 1 | 0 | 17 | 2 | 0 |
| | 2006 | 인천 | 8 | 5 | 1 | 0 | 0 | 21 | 0 | 0 |
| | 2007 | 인천 | 5 | 3 | 1 | 1 | 0 | 12 | 0 | 0 |
| | 2008 | 인천 | 6 | 2 | 1 | 0 | 0 | 18 | 1 | 0 |
| | 2009 | 성남일화 | 4 | 3 | 0 | 1 | 0 | 14 | 1 | 0 |
| | 2010 | 성남일화 | 4 | 1 | 1 | 0 | 0 | 13 | 1 | 0 |
| 통산 | | | 238 | 137 | 68 | 24 | 0 | 651 | 43 | 1 |

**라마스**(Bruno Jose Pavan Lamas) 브라질 1994.04.13

| 대회 | 연도 | 소속 | 출전 | 교체 | 득점 | 도움 | 실점 | 파울 | 경고 | 퇴장 |
|---|---|---|---|---|---|---|---|---|---|---|
| K1 | 2021 | 대구 | 17 | 3 | 0 | 1 | 0 | 22 | 2 | 0 |
| | 2022 | 대구 | 18 | 6 | 3 | 1 | 0 | 15 | 2 | 0 |
| | 2025 | 대구 | 31 | 21 | 4 | 2 | 0 | 23 | 2 | 0 |
| K2 | 2022 | 부산 | 15 | 9 | 2 | 0 | 0 | 5 | 0 | 0 |
| | 2023 | 부산 | 33 | 25 | 10 | 8 | 0 | 17 | 1 | 0 |
| | 2024 | 부산 | 36 | 7 | 9 | 9 | 0 | 25 | 0 | 0 |
| PO | 2023 | 부산 | 2 | 0 | 2 | 0 | 0 | 1 | 0 | 0 |
| | 2024 | 부산 | 1 | 0 | 0 | 0 | 0 | 0 | 0 | 0 |
| 통산 | | | 153 | 71 | 30 | 21 | 0 | 108 | 7 | 0 |

**라스**(Lars Veldwijk/←벨트비크) 네덜란드 1991.08.21

| 대회 | 연도 | 소속 | 출전 | 교체 | 득점 | 도움 | 실점 | 파울 | 경고 | 퇴장 |
|---|---|---|---|---|---|---|---|---|---|---|
| K1 | 2020 | 전북 | 10 | 10 | 1 | 0 | 0 | 5 | 0 | 0 |
| | 2021 | 수원FC | 37 | 12 | 18 | 6 | 0 | 43 | 4 | 0 |
| | 2022 | 수원FC | 34 | 21 | 8 | 7 | 0 | 18 | 1 | 0 |
| | 2023 | 수원FC | 22 | 8 | 9 | 5 | 0 | 17 | 2 | 0 |
| K2 | 2020 | 수원FC | 16 | 8 | 5 | 3 | 0 | 21 | 1 | 0 |
| PO | 2020 | 수원FC | 1 | 1 | 0 | 0 | 0 | 2 | 0 | 0 |
| 통산 | | | 120 | 60 | 41 | 21 | 0 | 106 | 8 | 0 |

**라에르시오**(Laércio da Silva Carvalho) 브라질 1998.11.17

| 대회 | 연도 | 소속 | 출전 | 교체 | 득점 | 도움 | 실점 | 파울 | 경고 | 퇴장 |
|---|---|---|---|---|---|---|---|---|---|---|
| K2 | 2023 | 안양 | 10 | 10 | 2 | 0 | 0 | 8 | 1 | 0 |
| 통산 | | | 10 | 10 | 2 | 0 | 0 | 8 | 1 | 0 |

**라울**(Raul Andres Tattagona Lemos) 우루과이 1987.03.06

| 대회 | 연도 | 소속 | 출전 | 교체 | 득점 | 도움 | 실점 | 파울 | 경고 | 퇴장 |
|---|---|---|---|---|---|---|---|---|---|---|
| K2 | 2017 | 안산 | 31 | 5 | 15 | 2 | 0 | 54 | 6 | 0 |
| | 2018 | 안산 | 18 | 13 | 3 | 1 | 0 | 20 | 0 | 1 |
| 통산 | | | 49 | 18 | 18 | 3 | 0 | 74 | 6 | 1 |

**라이언존슨** (Ryan Johnson) 자메이카 1984.11.26

| 대회 | 연도 | 소속 | 출전 | 교체 | 득점 | 도움 | 실점 | 파울 | 경고 | 퇴장 |
|---|---|---|---|---|---|---|---|---|---|---|
| K2 | 2015 | 서울E | 31 | 31 | 1 | 3 | 0 | 16 | 0 | 0 |
| 통산 | | | 31 | 31 | 1 | 3 | 0 | 16 | 0 | 0 |

**라임**(Rahim Besirovic) 유고슬라비아 1971.01.02

| 대회 | 연도 | 소속 | 출전 | 교체 | 득점 | 도움 | 실점 | 파울 | 경고 | 퇴장 |
|---|---|---|---|---|---|---|---|---|---|---|
| K1 | 1998 | 부산 | 12 | 10 | 2 | 0 | 0 | 18 | 3 | 0 |
| | 1999 | 부산 | 5 | 4 | 2 | 0 | 0 | 7 | 0 | 0 |
| 컵 | 1999 | 부산 | 4 | 4 | 0 | 0 | 0 | 6 | 0 | 0 |
| 통산 | | | 21 | 18 | 4 | 0 | 0 | 31 | 3 | 0 |

**라자르** (Lazar Veselinović) 세르비아 1986.08.04

| 대회 | 연도 | 소속 | 출전 | 교체 | 득점 | 도움 | 실점 | 파울 | 경고 | 퇴장 |
|---|---|---|---|---|---|---|---|---|---|---|
| K1 | 2015 | 포항 | 16 | 14 | 0 | 0 | 0 | 15 | 1 | 0 |
| | 2016 | 포항 | 25 | 20 | 4 | 4 | 0 | 18 | 2 | 0 |
| 통산 | | | 41 | 34 | 4 | 4 | 0 | 33 | 3 | 0 |

**라카바**(Matias Rafael Lacava) 이탈리아 2002.10.24

| 대회 | 연도 | 소속 | 출전 | 교체 | 득점 | 도움 | 실점 | 파울 | 경고 | 퇴장 |
|---|---|---|---|---|---|---|---|---|---|---|
| K1 | 2025 | 울산 | 24 | 23 | 1 | 2 | 0 | 19 | 3 | 0 |
| 통산 | | | 24 | 23 | 1 | 2 | 0 | 19 | 3 | 0 |

**라파**(Bruno Felipe Serbena Lapa) 브라질 1997.05.10

| 대회 | 연도 | 소속 | 출전 | 교체 | 득점 | 도움 | 실점 | 파울 | 경고 | 퇴장 |
|---|---|---|---|---|---|---|---|---|---|---|
| K2 | 2025 | 안산 | 36 | 26 | 1 | 0 | 0 | 21 | 2 | 0 |
| 통산 | | | 36 | 26 | 1 | 0 | 0 | 21 | 2 | 0 |

**라피치**(Stipe Lapić) 크로아티아 1983.01.22

| 대회 | 연도 | 소속 | 출전 | 교체 | 득점 | 도움 | 실점 | 파울 | 경고 | 퇴장 |
|---|---|---|---|---|---|---|---|---|---|---|
| K1 | 2009 | 강원 | 11 | 1 | 2 | 0 | 0 | 12 | 2 | 0 |
| | 2010 | 강원 | 20 | 1 | 0 | 1 | 0 | 18 | 8 | 0 |
| | 2011 | 강원 | 1 | 0 | 0 | 0 | 0 | 0 | 0 | 0 |
| 컵 | 2010 | 강원 | 0 | 0 | 0 | 0 | 0 | 0 | 0 | 0 |
| 통산 | | | 32 | 2 | 2 | 1 | 0 | 30 | 10 | 0 |

**라힘**(Rahim Zafer) 터키 1971.01.25

| 대회 | 연도 | 소속 | 출전 | 교체 | 득점 | 도움 | 실점 | 파울 | 경고 | 퇴장 |
|---|---|---|---|---|---|---|---|---|---|---|
| K1 | 2003 | 대구 | 14 | 4 | 0 | 0 | 0 | 21 | 2 | 0 |
| 통산 | | | 14 | 4 | 0 | 0 | 0 | 21 | 2 | 0 |

**란코비치**(Ljubisa Rankovic) 유고슬라비아 1973.12.10

| 대회 | 연도 | 소속 | 출전 | 교체 | 득점 | 도움 | 실점 | 파울 | 경고 | 퇴장 |
|---|---|---|---|---|---|---|---|---|---|---|
| K1 | 1996 | 천안일화 | 12 | 12 | 0 | 1 | 0 | 6 | 1 | 0 |
| PO | 1995 | 일화 | 3 | 3 | 0 | 0 | 0 | 3 | 0 | 0 |
| 컵 | 1996 | 천안일화 | 5 | 5 | 0 | 0 | 0 | 1 | 0 | 0 |
| 통산 | | | 20 | 20 | 0 | 1 | 0 | 10 | 1 | 0 |

**레반** (Levan Shengelia) 조지아 1995.10.27

| 대회 | 연도 | 소속 | 출전 | 교체 | 득점 | 도움 | 실점 | 파울 | 경고 | 퇴장 |
|---|---|---|---|---|---|---|---|---|---|---|
| K2 | 2017 | 대전 | 28 | 21 | 5 | 2 | 0 | 12 | 1 | 0 |
| 통산 | | | 28 | 21 | 5 | 2 | 0 | 12 | 1 | 0 |

**레스**(Leszek Iwanicki) 폴란드 1959.08.12

| 대회 | 연도 | 소속 | 출전 | 교체 | 득점 | 도움 | 실점 | 파울 | 경고 | 퇴장 |
|---|---|---|---|---|---|---|---|---|---|---|
| K1 | 1989 | 유공 | 8 | 9 | 0 | 0 | 0 | 3 | 0 | 0 |
| 통산 | | | 8 | 9 | 0 | 0 | 0 | 3 | 0 | 0 |

**레안드로**(Leandro Bernardi Silva) 브라질 1979.10.06

| 대회 | 연도 | 소속 | 출전 | 교체 | 득점 | 도움 | 실점 | 파울 | 경고 | 퇴장 |
|---|---|---|---|---|---|---|---|---|---|---|
| K1 | 2008 | 대구 | 11 | 1 | 0 | 0 | 0 | 18 | 4 | 0 |
| 컵 | 2008 | 대구 | 2 | 0 | 0 | 0 | 0 | 3 | 0 | 0 |
| 통산 | | | 13 | 1 | 0 | 0 | 0 | 21 | 4 | 0 |

**레안드로** (Leandro Joaquimribeiro) 브라질 1995.01.13

| 대회 | 연도 | 소속 | 출전 | 교체 | 득점 | 도움 | 실점 | 파울 | 경고 | 퇴장 |
|---|---|---|---|---|---|---|---|---|---|---|
| K1 | 2023 | 대전 | 24 | 22 | 2 | 7 | 0 | 5 | 0 | 0 |
| | 2024 | 대전 | 15 | 13 | 2 | 2 | 0 | 3 | 0 | 0 |
| K2 | 2020 | 서울E | 26 | 10 | 10 | 5 | 0 | 18 | 1 | 0 |
| | 2021 | 서울E | 35 | 16 | 3 | 7 | 0 | 11 | 2 | 0 |
| | 2022 | 대전 | 33 | 20 | 9 | 5 | 0 | 8 | 2 | 0 |
| | 2025 | 전남 | 9 | 9 | 0 | 1 | 0 | 0 | 0 | 0 |
| | 2025 | 성남 | 19 | 17 | 0 | 3 | 0 | 5 | 0 | 0 |
| PO | 2022 | 대전 | 2 | 2 | 0 | 0 | 0 | 2 | 0 | 0 |
| | 2025 | 성남 | 2 | 2 | 0 | 0 | 0 | 0 | 0 | 0 |
| 통산 | | | 165 | 111 | 26 | 30 | 0 | 52 | 5 | 0 |

**레안드롱**(Leandro Costa Miranda) 브라질 1983.07.18

| 대회 | 연도 | 소속 | 출전 | 교체 | 득점 | 도움 | 실점 | 파울 | 경고 | 퇴장 |
|---|---|---|---|---|---|---|---|---|---|---|
| K1 | 2005 | 대전 | 19 | 2 | 7 | 2 | 0 | 46 | 4 | 0 |
| | 2006 | 울산 | 22 | 11 | 4 | 1 | 0 | 57 | 4 | 0 |
| | 2007 | 전남 | 12 | 12 | 0 | 1 | 0 | 23 | 1 | 0 |
| 컵 | 2005 | 대전 | 11 | 0 | 2 | 0 | 0 | 48 | 4 | 0 |
| | 2006 | 울산 | 11 | 8 | 2 | 0 | 0 | 22 | 3 | 0 |
| | 2007 | 전남 | 1 | 1 | 1 | 0 | 0 | 3 | 0 | 0 |
| 통산 | | | 76 | 34 | 16 | 4 | 0 | 199 | 16 | 0 |

**레안드리뉴** (George Leandro Abreu de Lima) 브라질 1985.11.09

| 대회 | 연도 | 소속 | 출전 | 교체 | 득점 | 도움 | 실점 | 파울 | 경고 | 퇴장 |
|---|---|---|---|---|---|---|---|---|---|---|
| K1 | 2012 | 대구 | 29 | 14 | 4 | 2 | 0 | 42 | 5 | 0 |
| | 2013 | 대구 | 21 | 9 | 1 | 3 | 0 | 33 | 2 | 1 |
| | 2014 | 전남 | 30 | 30 | 3 | 3 | 0 | 26 | 2 | 0 |
| | 2015 | 전남 | 20 | 17 | 1 | 1 | 0 | 26 | 3 | 0 |
| 통산 | | | 100 | 70 | 9 | 9 | 0 | 127 | 12 | 1 |

**레오**(Cesar Leonardo Torres) 아르헨티나 1975.10.27

| 대회 | 연도 | 소속 | 출전 | 교체 | 득점 | 도움 | 실점 | 파울 | 경고 | 퇴장 |
|---|---|---|---|---|---|---|---|---|---|---|
| 컵 | 2001 | 전북 | 3 | 3 | 0 | 0 | 0 | 5 | 0 | 0 |
| 통산 | | | 3 | 3 | 0 | 0 | 0 | 5 | 0 | 0 |

**레오**(Leonard Bisaku) 크로아티아 1974.10.22

| 대회 | 연도 | 소속 | 출전 | 교체 | 득점 | 도움 | 실점 | 파울 | 경고 | 퇴장 |
|---|---|---|---|---|---|---|---|---|---|---|
| K1 | 2002 | 포항 | 13 | 12 | 3 | 0 | 0 | 21 | 3 | 0 |
| | 2003 | 성남일화 | 9 | 10 | 1 | 0 | 0 | 19 | 2 | 0 |
| 통산 | | | 22 | 22 | 4 | 0 | 0 | 40 | 5 | 0 |

**레오**(Leopoldo Roberto Markovsky) 브라질 1983.08.29

| 대회 | 연도 | 소속 | 출전 | 교체 | 득점 | 도움 | 실점 | 파울 | 경고 | 퇴장 |
|---|---|---|---|---|---|---|---|---|---|---|
| K1 | 2009 | 대구 | 14 | 2 | 4 | 1 | 0 | 41 | 2 | 0 |
| | 2010 | 대구 | 21 | 16 | 5 | 0 | 0 | 40 | 6 | 0 |
| 컵 | 2010 | 대구 | 1 | 1 | 0 | 0 | 0 | 1 | 0 | 0 |
| 통산 | | | 36 | 19 | 9 | 1 | 0 | 82 | 8 | 0 |

**레오** (Leonardo Henrique Santos de Souza) 브라질 1990.03.10

| 대회 | 연도 | 소속 | 출전 | 교체 | 득점 | 도움 | 실점 | 파울 | 경고 | 퇴장 |
|---|---|---|---|---|---|---|---|---|---|---|
| K1 | 2010 | 제주 | 2 | 2 | 0 | 0 | 0 | 0 | 0 | 0 |
| | 2017 | 대구 | 19 | 8 | 7 | 0 | 0 | 27 | 6 | 1 |
| K2 | 2017 | 부산 | 2 | 1 | 0 | 0 | 0 | 2 | 0 | 0 |
| PO | 2017 | 부산 | 1 | 1 | 0 | 0 | 0 | 0 | 0 | 0 |
| 통산 | | | 24 | 12 | 7 | 0 | 0 | 29 | 6 | 1 |

**레오**(Leonardo Ferreira) 브라질 1988.06.07

| 대회 | 연도 | 소속 | 출전 | 교체 | 득점 | 도움 | 실점 | 파울 | 경고 | 퇴장 |
|---|---|---|---|---|---|---|---|---|---|---|
| K1 | 2012 | 대전 | 9 | 5 | 0 | 0 | 0 | 10 | 1 | 0 |
| 통산 | | | 9 | 5 | 0 | 0 | 0 | 10 | 1 | 0 |

**레오** (Leo Jaime da Silva Pinheiro) 브라질 1986.03.28

| 대회 | 연도 | 소속 | 출전 | 교체 | 득점 | 도움 | 실점 | 파울 | 경고 | 퇴장 |
|---|---|---|---|---|---|---|---|---|---|---|
| K2 | 2015 | 대구 | 37 | 6 | 5 | 3 | 0 | 43 | 5 | 0 |
| PO | 2015 | 대구 | 1 | 0 | 0 | 0 | 0 | 2 | 1 | 0 |
| 통산 | | | 38 | 6 | 5 | 3 | 0 | 45 | 6 | 0 |

**레오**(Leonardo de Oliveira Clemente Marins) 브라질 1989.04.12

| 대회 | 연도 | 소속 | 출전 | 교체 | 득점 | 도움 | 실점 | 파울 | 경고 | 퇴장 |
|---|---|---|---|---|---|---|---|---|---|---|
| K1 | 2015 | 수원 | 11 | 10 | 1 | 0 | 0 | 10 | 0 | 0 |
| 통산 | | | 11 | 10 | 1 | 0 | 0 | 10 | 0 | 0 |

**레오**(José Leonardo Verissimo do Nascimento) 브라질 1999.03.05

| 대회 | 연도 | 소속 | 출전 | 교체 | 득점 | 도움 | 실점 | 파울 | 경고 | 퇴장 |
|---|---|---|---|---|---|---|---|---|---|---|
| K2 | 2023 | 경남 | 11 | 12 | 0 | 0 | 0 | 2 | 0 | 0 |
| 통산 | | | 11 | 12 | 0 | 0 | 0 | 2 | 0 | 0 |

**레오**(Leonardo de Andrade Silva) 브라질 1998.04.18

| 대회 | 연도 | 소속 | 출전 | 교체 | 득점 | 도움 | 실점 | 파울 | 경고 | 퇴장 |
|---|---|---|---|---|---|---|---|---|---|---|
| K2 | 2025 | 수원 | 29 | 4 | 2 | 0 | 0 | 26 | 3 | 0 |
| PO | 2025 | 수원 | 2 | 1 | 0 | 0 | 0 | 2 | 1 | 0 |
| 통산 | | | 31 | 5 | 2 | 0 | 0 | 28 | 4 | 0 |

**레오가말류**(Leonardo Gamalho de Souza) 브라질 1986.01.30

| 대회 | 연도 | 소속 | 출전 | 교체 | 득점 | 도움 | 실점 | 파울 | 경고 | 퇴장 |
|---|---|---|---|---|---|---|---|---|---|---|
| K1 | 2018 | 포항 | 28 | 19 | 6 | 1 | 0 | 27 | 1 | 0 |
| 통산 | | | 28 | 19 | 6 | 1 | 0 | 27 | 1 | 0 |

**레오나르도**(Rodrigues Pereira Leonard) 브라질 1986.09.22

| 대회 | 연도 | 소속 | 출전 | 교체 | 득점 | 도움 | 실점 | 파울 | 경고 | 퇴장 |
|---|---|---|---|---|---|---|---|---|---|---|
| K1 | 2012 | 전북 | 17 | 13 | 5 | 2 | 0 | 11 | 3 | 0 |
| | 2013 | 전북 | 37 | 22 | 7 | 13 | 0 | 43 | 2 | 0 |
| | 2014 | 전북 | 35 | 28 | 6 | 10 | 0 | 24 | 5 | 0 |
| | 2015 | 전북 | 37 | 25 | 10 | 3 | 0 | 11 | 3 | 0 |
| | 2016 | 전북 | 34 | 23 | 12 | 6 | 0 | 13 | 1 | 0 |
| 통산 | | | 160 | 111 | 40 | 34 | 0 | 102 | 14 | 0 |

**레오나르도**(Leonardo Nascimento Lopes de Souza) 브라질 1997.05.28

| 대회 | 연도 | 소속 | 출전 | 교체 | 득점 | 도움 | 실점 | 파울 | 경고 | 퇴장 |
|---|---|---|---|---|---|---|---|---|---|---|
| K1 | 2022 | 울산 | 34 | 17 | 11 | 4 | 0 | 60 | 7 | 0 |
| 통산 | | | 34 | 17 | 11 | 4 | 0 | 60 | 7 | 0 |

**레오마르**(Leomar Leiria) 브라질 1971.06.26

| 대회 | 연도 | 소속 | 출전 | 교체 | 득점 | 도움 | 실점 | 파울 | 경고 | 퇴장 |
|---|---|---|---|---|---|---|---|---|---|---|
| K1 | 2002 | 전북 | 4 | 1 | 0 | 0 | 0 | 6 | 1 | 0 |
| 컵 | 2002 | 전북 | 6 | 4 | 0 | 0 | 0 | 5 | 0 | 0 |
| 통산 | | | 10 | 5 | 0 | 0 | 0 | 11 | 1 | 0 |

**레이나** (Javier Arley Reina Calvo) 콜롬비아 1989.01.04

| 대회 | 연도 | 소속 | 출전 | 교체 | 득점 | 도움 | 실점 | 파울 | 경고 | 퇴장 |
|---|---|---|---|---|---|---|---|---|---|---|
| K1 | 2011 | 전남 | 21 | 13 | 3 | 1 | 0 | 37 | 2 | 0 |
| | 2012 | 성남일화 | 20 | 7 | 5 | 3 | 0 | 28 | 5 | 0 |
| | 2013 | 성남일화 | 0 | 0 | 0 | 0 | 0 | 0 | 0 | 0 |
| | 2015 | 성남 | 15 | 7 | 1 | 3 | 0 | 28 | 3 | 0 |
| 컵 | 2011 | 전남 | 1 | 0 | 0 | 1 | 0 | 2 | 0 | 0 |
| 통산 | | | 57 | 27 | 9 | 8 | 0 | 95 | 10 | 0 |

**레이어** (Adrian Leijer) 오스트레일리아 1986.03.25

| 대회 | 연도 | 소속 | 출전 | 교체 | 득점 | 도움 | 실점 | 파울 | 경고 | 퇴장 |
|---|---|---|---|---|---|---|---|---|---|---|
| K1 | 2016 | 수원FC | 28 | 0 | 0 | 0 | 0 | 32 | 11 | 1 |
| K2 | 2017 | 수원FC | 29 | 2 | 3 | 0 | 0 | 41 | 9 | 1 |
| | 2018 | 수원FC | 9 | 1 | 0 | 0 | 0 | 11 | 3 | 0 |
| 통산 | | | 66 | 3 | 3 | 0 | 0 | 84 | 23 | 2 |

**렌스베르겐**(Rob Landsbergen) 네덜란드 1960.02.25

| 대회 | 연도 | 소속 | 출전 | 교체 | 득점 | 도움 | 실점 | 파울 | 경고 | 퇴장 |
|---|---|---|---|---|---|---|---|---|---|---|
| K1 | 1984 | 현대 | 27 | 4 | 9 | 9 | 0 | 37 | 2 | 0 |
| | 1985 | 현대 | 11 | 7 | 2 | 1 | 0 | 20 | 0 | 0 |
| 통산 | | | 38 | 11 | 11 | 10 | 0 | 57 | 2 | 0 |

**로만** (Roman Gibala) 체코 1972.10.05

| 대회 | 연도 | 소속 | 출전 | 교체 | 득점 | 도움 | 실점 | 파울 | 경고 | 퇴장 |
|---|---|---|---|---|---|---|---|---|---|---|
| K1 | 2003 | 대구 | 19 | 16 | 1 | 1 | 0 | 15 | 2 | 0 |
| 통산 | | | 19 | 16 | 1 | 1 | 0 | 15 | 2 | 0 |

**로브렉**(Lovrek Kruno Hrvatsko) 크로아티아 1979.09.11

| 대회 | 연도 | 소속 | 출전 | 교체 | 득점 | 도움 | 실점 | 파울 | 경고 | 퇴장 |
|---|---|---|---|---|---|---|---|---|---|---|
| K1 | 2010 | 전북 | 22 | 19 | 9 | 0 | 0 | 24 | 3 | 0 |
| | 2011 | 전북 | 24 | 18 | 2 | 2 | 0 | 36 | 4 | 0 |
| PO | 2010 | 전북 | 3 | 3 | 0 | 0 | 0 | 1 | 0 | 0 |
| | 2011 | 전북 | 1 | 1 | 0 | 0 | 0 | 1 | 0 | 0 |
| 컵 | 2010 | 전북 | 5 | 3 | 4 | 1 | 0 | 11 | 1 | 0 |
| 통산 | | | 55 | 44 | 15 | 3 | 0 | 73 | 8 | 0 |

**로빙요**(Daniel Santos Silva: Daniel Lovinho) 브라질 1989.01.09

| 대회 | 연도 | 소속 | 출전 | 교체 | 득점 | 도움 | 실점 | 파울 | 경고 | 퇴장 |
|---|---|---|---|---|---|---|---|---|---|---|
| K2 | 2017 | 서울E | 15 | 12 | 0 | 0 | 0 | 19 | 0 | 0 |
| 통산 | | | 15 | 12 | 0 | 0 | 0 | 19 | 0 | 0 |

**로시**(Ruben Dario Rossi) 아르헨티나 1973.10.28

| 대회 | 연도 | 소속 | 출전 | 교체 | 득점 | 도움 | 실점 | 파울 | 경고 | 퇴장 |
|---|---|---|---|---|---|---|---|---|---|---|
| K1 | 1994 | 대우 | 3 | 2 | 0 | 0 | 0 | 4 | 0 | 0 |
| 컵 | 1994 | 대우 | 4 | 2 | 1 | 0 | 0 | 3 | 0 | 0 |
| 통산 | | | 7 | 4 | 1 | 0 | 0 | 7 | 0 | 0 |

**로저**(Roger Rodrigues da Silva) 브라질

| 대회 | 연도 | 소속 | 출전 | 교체 | 득점 | 도움 | 실점 | 파울 | 경고 | 퇴장 |
|---|---|---|---|---|---|---|---|---|---|---|
| K1 | 2014 | 수원 | 32 | 19 | 7 | 2 | 0 | 62 | 6 | 0 |
| 통산 | | | 32 | 19 | 7 | 2 | 0 | 62 | 6 | 0 |

**로페즈**(Vinicius Silva Souto Lopes) 브라질 1988.01.29

| 대회 | 연도 | 소속 | 출전 | 교체 | 득점 | 도움 | 실점 | 파울 | 경고 | 퇴장 |
|---|---|---|---|---|---|---|---|---|---|---|
| K1 | 2011 | 광주 | 2 | 2 | 0 | 0 | 0 | 0 | 0 | 0 |
| 컵 | 2011 | 광주 | 3 | 3 | 0 | 0 | 0 | 2 | 0 | 0 |
| 통산 | | | 5 | 5 | 0 | 0 | 0 | 2 | 0 | 0 |

**로페즈**(Ricardo Lopes Pereira) 브라질 1990.10.28

| 대회 | 연도 | 소속 | 출전 | 교체 | 득점 | 도움 | 실점 | 파울 | 경고 | 퇴장 |
|---|---|---|---|---|---|---|---|---|---|---|
| K1 | 2015 | 제주 | 33 | 6 | 11 | 11 | 0 | 44 | 6 | 0 |
| | 2016 | 전북 | 35 | 20 | 13 | 6 | 0 | 59 | 9 | 0 |
| | 2017 | 전북 | 22 | 12 | 4 | 3 | 0 | 22 | 1 | 1 |
| | 2018 | 전북 | 31 | 10 | 13 | 6 | 0 | 56 | 5 | 1 |
| | 2019 | 전북 | 36 | 12 | 11 | 7 | 0 | 64 | 5 | 0 |
| | 2023 | 수원FC | 14 | 15 | 3 | 1 | 0 | 11 | 1 | 1 |
| K2 | 2024 | 부산 | 14 | 9 | 0 | 2 | 0 | 21 | 2 | 0 |
| PO | 2023 | 수원FC | 2 | 2 | 1 | 1 | 0 | 4 | 0 | 0 |
| 통산 | | | 187 | 86 | 56 | 37 | 0 | 281 | 29 | 3 |

**롤란**(Rolandas Karcemarskas) 리투아니아 1980.09.07

| 대회 | 연도 | 소속 | 출전 | 교체 | 득점 | 도움 | 실점 | 파울 | 경고 | 퇴장 |
|---|---|---|---|---|---|---|---|---|---|---|
| K1 | 2000 | 부천SK | 13 | 13 | 3 | 1 | 0 | 22 | 2 | 0 |
| | 2001 | 부천SK | 5 | 4 | 1 | 0 | 0 | 5 | 1 | 0 |

| 대회 | 연도 | 소속 | 출전 | 교체 | 득점 | 도움 | 실점 | 파울 | 경고 | 퇴장 |
|---|---|---|---|---|---|---|---|---|---|---|
| PO | 2000 | 부천SK | 1 | 1 | 0 | 0 | 0 | 0 | 0 | 0 |
| 컵 | 2000 | 부천SK | 1 | 1 | 0 | 0 | 0 | 4 | 1 | 0 |
| | 2001 | 부천SK | 3 | 3 | 0 | 0 | 0 | 6 | 0 | 0 |
| | 2002 | 부천SK | 2 | 2 | 0 | 0 | 0 | 3 | 0 | 0 |
| 통산 | | | 25 | 24 | 4 | 1 | 0 | 40 | 4 | 0 |

**료노스케**(Ohori Ryonosuke, 大堀亮之介) 일본 2001.01.10

| 대회 | 연도 | 소속 | 출전 | 교체 | 득점 | 도움 | 실점 | 파울 | 경고 | 퇴장 |
|---|---|---|---|---|---|---|---|---|---|---|
| K2 | 2022 | 경남 | 1 | 1 | 0 | 0 | 0 | 1 | 0 | 0 |
| 통산 | | | 1 | 1 | 0 | 0 | 0 | 1 | 0 | 0 |

**료헤이**(Michibuchi Ryohei, 道渕諒平) 일본 1994.06.16

| 대회 | 연도 | 소속 | 출전 | 교체 | 득점 | 도움 | 실점 | 파울 | 경고 | 퇴장 |
|---|---|---|---|---|---|---|---|---|---|---|
| K2 | 2021 | 충남아산 | 7 | 3 | 2 | 1 | 0 | 15 | 3 | 0 |
| 통산 | | | 7 | 3 | 2 | 1 | 0 | 15 | 3 | 0 |

**루벤**(Ruben Bernuncio) 아르헨티나 1976.01.19

| 대회 | 연도 | 소속 | 출전 | 교체 | 득점 | 도움 | 실점 | 파울 | 경고 | 퇴장 |
|---|---|---|---|---|---|---|---|---|---|---|
| K1 | 1994 | 대우 | 4 | 5 | 0 | 0 | 0 | 1 | 0 | 0 |
| 컵 | 1993 | 대우 | 5 | 2 | 1 | 2 | 0 | 15 | 1 | 0 |
| 통산 | | | 9 | 7 | 1 | 2 | 0 | 16 | 1 | 0 |

**루비**(Rubenilson Monteiro Ferreira) 브라질 1972.08.07

| 대회 | 연도 | 소속 | 출전 | 교체 | 득점 | 도움 | 실점 | 파울 | 경고 | 퇴장 |
|---|---|---|---|---|---|---|---|---|---|---|
| K1 | 1997 | 천안일화 | 12 | 6 | 3 | 1 | 0 | 11 | 2 | 0 |
| | 1998 | 천안일화 | 13 | 8 | 1 | 0 | 0 | 12 | 2 | 1 |
| 컵 | 1997 | 천안일화 | 13 | 6 | 3 | 0 | 0 | 14 | 2 | 0 |
| | 1998 | 천안일화 | 16 | 4 | 6 | 0 | 0 | 21 | 3 | 0 |
| 통산 | | | 54 | 24 | 13 | 1 | 0 | 58 | 9 | 1 |

**루빅손**(Gustav Erik Ludwgson) 스웨덴 1993.10.20

| 대회 | 연도 | 소속 | 출전 | 교체 | 득점 | 도움 | 실점 | 파울 | 경고 | 퇴장 |
|---|---|---|---|---|---|---|---|---|---|---|
| K1 | 2023 | 울산 | 27 | 20 | 6 | 3 | 0 | 27 | 3 | 0 |
| | 2024 | 울산 | 22 | 9 | 7 | 5 | 0 | 14 | 0 | 0 |
| | 2025 | 울산 | 36 | 19 | 5 | 3 | 0 | 22 | 2 | 0 |
| 통산 | | | 85 | 48 | 18 | 11 | 0 | 63 | 5 | 0 |

**루사르도**(Arsenio Luzardo) 우루과이 1959.09.03

| 대회 | 연도 | 소속 | 출전 | 교체 | 득점 | 도움 | 실점 | 파울 | 경고 | 퇴장 |
|---|---|---|---|---|---|---|---|---|---|---|
| K1 | 1992 | LG | 2 | 1 | 0 | 0 | 0 | 1 | 0 | 0 |
| | 1993 | LG | 11 | 9 | 1 | 1 | 0 | 4 | 1 | 0 |
| 컵 | 1992 | LG | 5 | 2 | 2 | 1 | 0 | 9 | 0 | 0 |
| 통산 | | | 18 | 12 | 3 | 2 | 0 | 14 | 1 | 0 |

**루시아노** (Luciano Valente de Deus) 브라질 1981.06.12

| 대회 | 연도 | 소속 | 출전 | 교체 | 득점 | 도움 | 실점 | 파울 | 경고 | 퇴장 |
|---|---|---|---|---|---|---|---|---|---|---|
| K1 | 2004 | 대전 | 12 | 1 | 2 | 0 | 0 | 31 | 0 | 0 |
| | 2005 | 부산 | 21 | 7 | 9 | 3 | 0 | 62 | 1 | 0 |
| | 2006 | 경남 | 26 | 6 | 5 | 1 | 0 | 58 | 2 | 0 |
| | 2007 | 부산 | 21 | 8 | 3 | 1 | 0 | 41 | 0 | 0 |
| PO | 2005 | 부산 | 1 | 0 | 0 | 0 | 0 | 2 | 0 | 0 |
| 컵 | 2004 | 대전 | 8 | 1 | 3 | 0 | 0 | 21 | 0 | 0 |
| | 2005 | 부산 | 9 | 5 | 0 | 0 | 0 | 11 | 0 | 0 |
| | 2006 | 경남 | 10 | 3 | 2 | 1 | 0 | 21 | 0 | 0 |
| | 2007 | 부산 | 9 | 4 | 2 | 0 | 0 | 30 | 0 | 0 |
| 통산 | | | 117 | 35 | 26 | 6 | 0 | 277 | 3 | 0 |

**루시오**(Lucio Filomelo) 아르헨티나 1980.05.08

| 대회 | 연도 | 소속 | 출전 | 교체 | 득점 | 도움 | 실점 | 파울 | 경고 | 퇴장 |
|---|---|---|---|---|---|---|---|---|---|---|
| 컵 | 2005 | 부산 | 8 | 7 | 0 | 1 | 0 | 22 | 1 | 0 |
| 통산 | | | 8 | 7 | 0 | 1 | 0 | 22 | 1 | 0 |

**루시오**(Lucio Teofilo da Silva) 브라질 1984.07.02

| 대회 | 연도 | 소속 | 출전 | 교체 | 득점 | 도움 | 실점 | 파울 | 경고 | 퇴장 |
|---|---|---|---|---|---|---|---|---|---|---|
| K1 | 2010 | 경남 | 27 | 9 | 13 | 7 | 0 | 50 | 4 | 0 |
| | 2011 | 울산 | 10 | 7 | 0 | 1 | 0 | 9 | 1 | 0 |
| | 2011 | 경남 | 7 | 3 | 4 | 2 | 0 | 9 | 2 | 0 |
| K2 | 2013 | 광주 | 32 | 10 | 13 | 10 | 0 | 47 | 2 | 0 |
| PO | 2010 | 경남 | 1 | 0 | 0 | 0 | 0 | 2 | 1 | 0 |
| | 2011 | 울산 | 5 | 3 | 0 | 1 | 0 | 3 | 1 | 0 |
| 컵 | 2010 | 경남 | 4 | 1 | 2 | 3 | 0 | 16 | 0 | 0 |
| | 2011 | 경남 | 3 | 3 | 2 | 1 | 0 | 1 | 0 | 0 |
| 통산 | | | 89 | 36 | 34 | 25 | 0 | 137 | 11 | 0 |

**루시오** (Lucio Flavio da Silva Oliva) 브라질 1986.08.29

| 대회 | 연도 | 소속 | 출전 | 교체 | 득점 | 도움 | 실점 | 파울 | 경고 | 퇴장 |
|---|---|---|---|---|---|---|---|---|---|---|
| K1 | 2012 | 전남 | 15 | 14 | 6 | 1 | 0 | 28 | 2 | 0 |
| | 2013 | 대전 | 7 | 6 | 1 | 0 | 0 | 11 | 2 | 0 |
| 통산 | | | 22 | 20 | 7 | 1 | 0 | 39 | 4 | 0 |

**루시우** (Lucenble Pereira da Silva) 브라질 1975.01.14

| 대회 | 연도 | 소속 | 출전 | 교체 | 득점 | 도움 | 실점 | 파울 | 경고 | 퇴장 |
|---|---|---|---|---|---|---|---|---|---|---|
| K1 | 2003 | 울산 | 14 | 14 | 0 | 3 | 0 | 12 | 0 | 0 |
| 통산 | | | 14 | 14 | 0 | 3 | 0 | 12 | 0 | 0 |

**루아티**(Louati Imed) 튀니지 1993.08.11

| 대회 | 연도 | 소속 | 출전 | 교체 | 득점 | 도움 | 실점 | 파울 | 경고 | 퇴장 |
|---|---|---|---|---|---|---|---|---|---|---|
| K2 | 2015 | 경남 | 12 | 5 | 2 | 0 | 0 | 23 | 2 | 0 |
| 통산 | | | 12 | 5 | 2 | 0 | 0 | 23 | 2 | 0 |

**루안**(Luan Ferreira dos Santos) 브라질 1996.01.23

| 대회 | 연도 | 소속 | 출전 | 교체 | 득점 | 도움 | 실점 | 파울 | 경고 | 퇴장 |
|---|---|---|---|---|---|---|---|---|---|---|
| K1 | 2023 | 수원FC | 3 | 4 | 0 | 1 | 0 | 2 | 0 | 0 |
| 통산 | | | 3 | 4 | 0 | 1 | 0 | 2 | 0 | 0 |

**루안**(Kleyverton Luan Costa dos Santos) 브라질 1999.12.31

| 대회 | 연도 | 소속 | 출전 | 교체 | 득점 | 도움 | 실점 | 파울 | 경고 | 퇴장 |
|---|---|---|---|---|---|---|---|---|---|---|
| K2 | 2025 | 안산 | 5 | 5 | 0 | 0 | 0 | 2 | 0 | 0 |
| 통산 | | | 5 | 5 | 0 | 0 | 0 | 2 | 0 | 0 |

**루안**(Luan Costa de Carvalho) 브라질 1997.02.02

| 대회 | 연도 | 소속 | 출전 | 교체 | 득점 | 도움 | 실점 | 파울 | 경고 | 퇴장 |
|---|---|---|---|---|---|---|---|---|---|---|
| K2 | 2025 | 화성 | 13 | 11 | 1 | 2 | 0 | 13 | 4 | 0 |
| 통산 | | | 13 | 11 | 1 | 2 | 0 | 13 | 4 | 0 |

**루안**(Luan Dias da Silva) 브라질 1997.07.31

| 대회 | 연도 | 소속 | 출전 | 교체 | 득점 | 도움 | 실점 | 파울 | 경고 | 퇴장 |
|---|---|---|---|---|---|---|---|---|---|---|
| K1 | 2025 | 수원FC | 35 | 16 | 5 | 0 | 0 | 31 | 5 | 0 |
| PO | 2025 | 수원FC | 2 | 1 | 0 | 0 | 0 | 1 | 0 | 0 |
| 통산 | | | 37 | 17 | 5 | 0 | 0 | 32 | 5 | 0 |

**루이**(Rui Manuel Guerreiro Nobre Esteves) 포르투갈 1967.01.

| 대회 | 연도 | 소속 | 출전 | 교체 | 득점 | 도움 | 실점 | 파울 | 경고 | 퇴장 |
|---|---|---|---|---|---|---|---|---|---|---|
| K1 | 1997 | 부산 | 2 | 2 | 0 | 0 | 0 | 1 | 0 | 0 |
| | 1998 | 부산 | 8 | 7 | 0 | 2 | 0 | 15 | 1 | 0 |
| 컵 | 1997 | 부산 | 3 | 3 | 1 | 1 | 0 | 4 | 0 | 0 |
| | 1998 | 부산 | 9 | 7 | 2 | 1 | 0 | 12 | 0 | 1 |
| 통산 | | | 22 | 19 | 3 | 4 | 0 | 32 | 1 | 1 |

**루이스** 브라질 1962.03.16

| 대회 | 연도 | 소속 | 출전 | 교체 | 득점 | 도움 | 실점 | 파울 | 경고 | 퇴장 |
|---|---|---|---|---|---|---|---|---|---|---|
| K1 | 1984 | 포항제철 | 17 | 3 | 0 | 0 | 0 | 31 | 4 | 0 |
| 통산 | | | 17 | 3 | 0 | 0 | 0 | 31 | 4 | 0 |

**루이스** (Luiz Henrique da Silva Alves) 브라질 1981.07.02

| 대회 | 연도 | 소속 | 출전 | 교체 | 득점 | 도움 | 실점 | 파울 | 경고 | 퇴장 |
|---|---|---|---|---|---|---|---|---|---|---|
| K1 | 2008 | 수원 | 3 | 3 | 0 | 0 | 0 | 4 | 0 | 0 |
| | 2008 | 전북 | 10 | 2 | 3 | 2 | 0 | 7 | 3 | 0 |
| | 2009 | 전북 | 28 | 9 | 8 | 12 | 0 | 30 | 3 | 0 |
| | 2010 | 전북 | 21 | 9 | 3 | 3 | 0 | 13 | 1 | 0 |
| | 2011 | 전북 | 22 | 17 | 3 | 2 | 0 | 21 | 1 | 0 |
| | 2012 | 전북 | 15 | 11 | 3 | 4 | 0 | 18 | 1 | 0 |
| | 2015 | 전북 | 16 | 13 | 1 | 2 | 0 | 9 | 2 | 0 |
| | 2016 | 전북 | 11 | 9 | 3 | 2 | 0 | 10 | 0 | 0 |
| K2 | 2016 | 강원 | 18 | 8 | 7 | 3 | 0 | 19 | 2 | 0 |
| PO | 2008 | 전북 | 2 | 0 | 1 | 0 | 0 | 0 | 1 | 0 |
| | 2009 | 전북 | 2 | 0 | 0 | 0 | 0 | 6 | 0 | 0 |
| | 2010 | 전북 | 3 | 1 | 0 | 0 | 0 | 0 | 1 | 0 |
| | 2011 | 전북 | 2 | 1 | 1 | 0 | 0 | 1 | 1 | 0 |
| | 2016 | 강원 | 4 | 1 | 0 | 1 | 0 | 5 | 1 | 0 |
| 컵 | 2008 | 수원 | 4 | 4 | 0 | 0 | 0 | 2 | 0 | 0 |
| | 2008 | 전북 | 4 | 3 | 1 | 0 | 0 | 3 | 0 | 0 |
| | 2009 | 전북 | 4 | 1 | 1 | 1 | 0 | 4 | 0 | 0 |
| | 2010 | 전북 | 4 | 2 | 2 | 0 | 0 | 2 | 1 | 0 |
| 통산 | | | 173 | 94 | 37 | 32 | 0 | 154 | 18 | 0 |

**루이스**(Marques Lima Luiz Carlos) 브라질 1989.05.30

| 대회 | 연도 | 소속 | 출전 | 교체 | 득점 | 도움 | 실점 | 파울 | 경고 | 퇴장 |
|---|---|---|---|---|---|---|---|---|---|---|
| K1 | 2014 | 제주 | 7 | 7 | 1 | 0 | 0 | 7 | 0 | 0 |
| 통산 | | | 7 | 7 | 1 | 0 | 0 | 7 | 0 | 0 |

**루이스**(Luis Fabian Mina Zapata) 콜롬비아 1993.08.10

| 대회 | 연도 | 소속 | 출전 | 교체 | 득점 | 도움 | 실점 | 파울 | 경고 | 퇴장 |
|---|---|---|---|---|---|---|---|---|---|---|
| K2 | 2023 | 김포 | 34 | 8 | 16 | 4 | 0 | 34 | 6 | 0 |
| | 2024 | 김포 | 34 | 9 | 15 | 3 | 0 | 29 | 3 | 0 |
| | 2025 | 김포 | 33 | 14 | 14 | 1 | 0 | 38 | 3 | 0 |
| PO | 2023 | 김포 | 3 | 1 | 1 | 0 | 0 | 4 | 0 | 1 |
| 통산 | | | 104 | 32 | 46 | 8 | 0 | 105 | 12 | 1 |

**루이지뉴**(Luis Carlos Fernandes) 브라질 1985.07.25

| 대회 | 연도 | 소속 | 출전 | 교체 | 득점 | 도움 | 실점 | 파울 | 경고 | 퇴장 |
|---|---|---|---|---|---|---|---|---|---|---|
| K1 | 2007 | 대구 | 23 | 9 | 11 | 0 | 0 | 31 | 3 | 0 |
| | 2008 | 울산 | 16 | 14 | 8 | 2 | 0 | 21 | 1 | 0 |
| | 2009 | 울산 | 2 | 2 | 0 | 0 | 0 | 0 | 0 | 0 |
| | 2011 | 인천 | 7 | 7 | 1 | 1 | 0 | 15 | 2 | 0 |
| K2 | 2013 | 광주 | 4 | 4 | 1 | 0 | 0 | 4 | 0 | 0 |
| PO | 2008 | 울산 | 3 | 3 | 1 | 1 | 0 | 4 | 0 | 0 |
| 컵 | 2007 | 대구 | 9 | 2 | 7 | 0 | 0 | 19 | 2 | 0 |
| | 2008 | 울산 | 5 | 4 | 2 | 0 | 0 | 6 | 0 | 0 |
| | 2011 | 인천 | 3 | 2 | 1 | 0 | 0 | 3 | 2 | 0 |
| 통산 | | | 72 | 47 | 32 | 4 | 0 | 103 | 10 | 0 |

**루츠**(Ion Ionut Lutu) 루마니아 1975.08.03

| 대회 | 연도 | 소속 | 출전 | 교체 | 득점 | 도움 | 실점 | 파울 | 경고 | 퇴장 |
|---|---|---|---|---|---|---|---|---|---|---|
| K1 | 2000 | 수원 | 15 | 10 | 2 | 3 | 0 | 25 | 2 | 1 |
| | 2001 | 수원 | 9 | 7 | 1 | 4 | 0 | 10 | 0 | 0 |
| 컵 | 2000 | 수원 | 4 | 3 | 0 | 0 | 0 | 3 | 0 | 0 |
| | 2002 | 수원 | 9 | 7 | 3 | 2 | 0 | 11 | 0 | 0 |
| 통산 | | | 37 | 27 | 6 | 9 | 0 | 49 | 2 | 1 |

**루카**(Luka Rotković) 몬테네그로 1988.07.05

| 대회 | 연도 | 소속 | 출전 | 교체 | 득점 | 도움 | 실점 | 파울 | 경고 | 퇴장 |
|---|---|---|---|---|---|---|---|---|---|---|
| K2 | 2017 | 안산 | 9 | 9 | 1 | 0 | 0 | 11 | 2 | 0 |
| 통산 | | | 9 | 9 | 1 | 0 | 0 | 11 | 2 | 0 |

**루카스**(Waldir Lucas Pereira Filho) 브라질 1982.02.05

| 대회 | 연도 | 소속 | 출전 | 교체 | 득점 | 도움 | 실점 | 파울 | 경고 | 퇴장 |
|---|---|---|---|---|---|---|---|---|---|---|
| K1 | 2008 | 수원 | 4 | 4 | 0 | 0 | 0 | 6 | 0 | 0 |
| 컵 | 2008 | 수원 | 2 | 3 | 0 | 1 | 0 | 5 | 0 | 0 |
| 통산 | | | 6 | 7 | 0 | 1 | 0 | 11 | 0 | 0 |

**루카스**(Lucas Douglas) 브라질 1994.01.19

| 대회 | 연도 | 소속 | 출전 | 교체 | 득점 | 도움 | 실점 | 파울 | 경고 | 퇴장 |
|---|---|---|---|---|---|---|---|---|---|---|
| K1 | 2015 | 성남 | 15 | 14 | 0 | 0 | 0 | 15 | 0 | 0 |
| 통산 | | | 15 | 14 | 0 | 0 | 0 | 15 | 0 | 0 |

**루카스**(Lucas Rodrigues da Silva) 브라질 1999.08.27

| 대회 | 연도 | 소속 | 출전 | 교체 | 득점 | 도움 | 실점 | 파울 | 경고 | 퇴장 |
|---|---|---|---|---|---|---|---|---|---|---|
| K1 | 2024 | 서울 | 12 | 10 | 2 | 0 | 0 | 13 | 2 | 0 |
| | 2025 | 서울 | 31 | 27 | 5 | 1 | 0 | 30 | 0 | 0 |
| 통산 | | | 43 | 37 | 7 | 1 | 0 | 43 | 2 | 0 |

**루크**(Luke Ramon de Vere) 오스트레일리아 1989.11.05

| 대회 | 연도 | 소속 | 출전 | 교체 | 득점 | 도움 | 실점 | 파울 | 경고 | 퇴장 |
|---|---|---|---|---|---|---|---|---|---|---|
| K1 | 2011 | 경남 | 30 | 1 | 2 | 0 | 0 | 27 | 2 | 0 |
| | 2012 | 경남 | 26 | 3 | 3 | 1 | 0 | 23 | 3 | 0 |
| | 2013 | 경남 | 9 | 4 | 0 | 0 | 0 | 3 | 1 | 0 |
| | 2014 | 경남 | 13 | 3 | 1 | 0 | 0 | 12 | 5 | 0 |
| 컵 | 2011 | 경남 | 4 | 1 | 0 | 0 | 0 | 7 | 1 | 0 |
| 통산 | | | 82 | 12 | 6 | 1 | 0 | 72 | 12 | 0 |

**루키**(Lucky Isibor) 나이지리아 1977.01.01

| 대회 | 연도 | 소속 | 출전 | 교체 | 득점 | 도움 | 실점 | 파울 | 경고 | 퇴장 |
|---|---|---|---|---|---|---|---|---|---|---|
| K1 | 2000 | 수원 | 5 | 3 | 1 | 0 | 0 | 6 | 0 | 0 |

| 대회 | 연도 | 소속 | 출전 | 교체 | 득점 | 도움 | 실점 | 파울 | 경고 | 퇴장 |
|---|---|---|---|---|---|---|---|---|---|---|
| 통산 | | | 5 | 3 | 1 | 0 | 0 | 6 | 0 | 0 |

**루키안** (Araujo de Almeida Lukian) 브라질 1991.09.21

| 대회 | 연도 | 소속 | 출전 | 교체 | 득점 | 도움 | 실점 | 파울 | 경고 | 퇴장 |
|---|---|---|---|---|---|---|---|---|---|---|
| K2 | 2015 | 부천 | 22 | 18 | 4 | 4 | 0 | 25 | 1 | 0 |
| | 2016 | 부천 | 38 | 7 | 15 | 4 | 0 | 65 | 7 | 0 |
| | 2017 | 부산 | 18 | 16 | 2 | 0 | 0 | 22 | 1 | 0 |
| | 2017 | 안양 | 10 | 2 | 4 | 0 | 0 | 20 | 2 | 0 |
| PO | 2016 | 부천 | 1 | 0 | 0 | 0 | 0 | 6 | 0 | 0 |
| 통산 | | | 89 | 43 | 25 | 8 | 0 | 138 | 11 | 0 |

**루페타**(Joaquim Manuel Welo Lupeta) 포르투갈 1993.03.24

| 대회 | 연도 | 소속 | 출전 | 교체 | 득점 | 도움 | 실점 | 파울 | 경고 | 퇴장 |
|---|---|---|---|---|---|---|---|---|---|---|
| K2 | 2023 | 부천 | 15 | 13 | 1 | 2 | 0 | 19 | 4 | 0 |
| | 2024 | 부천 | 31 | 27 | 7 | 2 | 0 | 77 | 5 | 0 |
| PO | 2023 | 부천 | 1 | 1 | 0 | 0 | 0 | 0 | 0 | 0 |
| 통산 | | | 47 | 41 | 8 | 4 | 0 | 96 | 9 | 0 |

**룩**(Luc Castaignos) 네덜란드 1992.09.27

| 대회 | 연도 | 소속 | 출전 | 교체 | 득점 | 도움 | 실점 | 파울 | 경고 | 퇴장 |
|---|---|---|---|---|---|---|---|---|---|---|
| K1 | 2019 | 경남 | 22 | 15 | 3 | 3 | 0 | 27 | 0 | 0 |
| K2 | 2020 | 경남 | 8 | 7 | 2 | 0 | 0 | 9 | 2 | 0 |
| 통산 | | | 30 | 22 | 5 | 3 | 0 | 36 | 2 | 0 |

**룰리냐** (Morais dos Reis Luiz Marcelo) 브라질 1990.04.10

| 대회 | 연도 | 소속 | 출전 | 교체 | 득점 | 도움 | 실점 | 파울 | 경고 | 퇴장 |
|---|---|---|---|---|---|---|---|---|---|---|
| K1 | 2016 | 포항 | 18 | 16 | 2 | 1 | 0 | 25 | 2 | 0 |
| | 2017 | 포항 | 33 | 6 | 17 | 4 | 0 | 37 | 5 | 0 |
| 통산 | | | 51 | 22 | 19 | 5 | 0 | 62 | 7 | 0 |

**류광현**(柳光現) 호남대 2003.11.18

| 대회 | 연도 | 소속 | 출전 | 교체 | 득점 | 도움 | 실점 | 파울 | 경고 | 퇴장 |
|---|---|---|---|---|---|---|---|---|---|---|
| K1 | 2023 | 강원 | 11 | 5 | 0 | 0 | 0 | 10 | 2 | 0 |
| | 2024 | 강원 | 0 | 0 | 0 | 0 | 0 | 0 | 0 | 0 |
| 통산 | | | 11 | 5 | 0 | 0 | 0 | 10 | 2 | 0 |

**류범희**(柳範熙) 광주대 1991.07.29

| 대회 | 연도 | 소속 | 출전 | 교체 | 득점 | 도움 | 실점 | 파울 | 경고 | 퇴장 |
|---|---|---|---|---|---|---|---|---|---|---|
| K1 | 2015 | 광주 | 2 | 2 | 0 | 0 | 0 | 2 | 1 | 0 |
| K2 | 2015 | 경남 | 19 | 14 | 0 | 0 | 0 | 18 | 3 | 0 |
| 통산 | | | 21 | 16 | 0 | 0 | 0 | 20 | 4 | 0 |

**류봉기**(柳奉基) 단국대 1968.09.02

| 대회 | 연도 | 소속 | 출전 | 교체 | 득점 | 도움 | 실점 | 파울 | 경고 | 퇴장 |
|---|---|---|---|---|---|---|---|---|---|---|
| K1 | 1991 | 일화 | 16 | 8 | 0 | 0 | 0 | 21 | 1 | 1 |
| | 1992 | 일화 | 21 | 4 | 0 | 1 | 0 | 30 | 2 | 0 |
| | 1993 | 일화 | 14 | 10 | 0 | 0 | 0 | 9 | 2 | 0 |
| | 1994 | 일화 | 1 | 1 | 0 | 0 | 0 | 0 | 0 | 0 |
| | 1995 | 일화 | 1 | 2 | 0 | 0 | 0 | 1 | 1 | 0 |
| | 1996 | 천안일화 | 16 | 5 | 1 | 0 | 0 | 18 | 2 | 0 |
| | 1997 | 천안일화 | 16 | 4 | 0 | 0 | 0 | 35 | 0 | 0 |
| | 1998 | 천안일화 | 10 | 1 | 0 | 0 | 0 | 24 | 1 | 0 |
| | 1999 | 천안일화 | 5 | 3 | 0 | 0 | 0 | 6 | 0 | 0 |
| 컵 | 1992 | 일화 | 8 | 3 | 0 | 0 | 0 | 18 | 2 | 0 |
| | 1993 | 일화 | 3 | 0 | 0 | 0 | 0 | 6 | 1 | 0 |
| | 1996 | 천안일화 | 7 | 0 | 0 | 0 | 0 | 13 | 2 | 0 |
| | 1997 | 천안일화 | 13 | 4 | 0 | 0 | 0 | 26 | 2 | 0 |
| | 1998 | 천안일화 | 15 | 6 | 0 | 0 | 0 | 21 | 3 | 0 |
| | 1999 | 천안일화 | 1 | 0 | 0 | 0 | 0 | 2 | 0 | 0 |
| 통산 | | | 147 | 51 | 1 | 1 | 0 | 230 | 19 | 1 |

**류성민**(柳成旻) 중앙대 2004.01.03

| 대회 | 연도 | 소속 | 출전 | 교체 | 득점 | 도움 | 실점 | 파울 | 경고 | 퇴장 |
|---|---|---|---|---|---|---|---|---|---|---|
| K1 | 2025 | 울산 | 0 | 0 | 0 | 0 | 0 | 0 | 0 | 0 |
| 통산 | | | 0 | 0 | 0 | 0 | 0 | 0 | 0 | 0 |

**류승완**(柳昇完) 전주대 2003.04.27

| 대회 | 연도 | 소속 | 출전 | 교체 | 득점 | 도움 | 실점 | 파울 | 경고 | 퇴장 |
|---|---|---|---|---|---|---|---|---|---|---|
| K2 | 2024 | 수원 | 1 | 1 | 0 | 0 | 0 | 1 | 0 | 0 |
| | 2025 | 안산 | 31 | 26 | 1 | 0 | 0 | 12 | 4 | 0 |
| 통산 | | | 32 | 27 | 1 | 0 | 0 | 13 | 4 | 0 |

**류승우**(柳承祐) 중앙대 1993.12.17

| 대회 | 연도 | 소속 | 출전 | 교체 | 득점 | 도움 | 실점 | 파울 | 경고 | 퇴장 |
|---|---|---|---|---|---|---|---|---|---|---|
| K1 | 2017 | 제주 | 8 | 8 | 1 | 0 | 0 | 4 | 0 | 0 |
| | 2018 | 제주 | 28 | 26 | 2 | 1 | 0 | 14 | 0 | 0 |
| | 2019 | 상주 | 12 | 8 | 1 | 1 | 0 | 18 | 0 | 0 |
| | 2020 | 상주 | 1 | 1 | 0 | 0 | 0 | 1 | 0 | 0 |
| | 2021 | 제주 | 8 | 8 | 1 | 1 | 0 | 3 | 1 | 0 |
| | 2022 | 수원 | 26 | 22 | 2 | 0 | 0 | 28 | 2 | 0 |
| | 2023 | 수원 | 8 | 9 | 0 | 0 | 0 | 6 | 1 | 0 |
| K2 | 2020 | 제주 | 8 | 8 | 0 | 1 | 0 | 6 | 0 | 0 |
| | 2023 | 안양 | 3 | 3 | 0 | 0 | 0 | 2 | 0 | 0 |
| PO | 2022 | 수원 | 2 | 2 | 0 | 0 | 0 | 4 | 0 | 0 |
| 통산 | | | 104 | 95 | 7 | 4 | 0 | 86 | 4 | 0 |

**류언재**(柳彦在) 인천대 1994.11.05

| 대회 | 연도 | 소속 | 출전 | 교체 | 득점 | 도움 | 실점 | 파울 | 경고 | 퇴장 |
|---|---|---|---|---|---|---|---|---|---|---|
| K2 | 2017 | 수원FC | 1 | 1 | 0 | 0 | 0 | 0 | 0 | 0 |
| | 2018 | 광주 | 1 | 1 | 0 | 0 | 0 | 0 | 0 | 0 |
| | 2019 | 안양 | 23 | 5 | 0 | 1 | 0 | 19 | 3 | 0 |
| PO | 2019 | 안양 | 0 | 0 | 0 | 0 | 0 | 0 | 0 | 0 |
| 통산 | | | 25 | 7 | 0 | 1 | 0 | 19 | 3 | 0 |

**류영록**(柳永祿) 건국대 1969.08.04

| 대회 | 연도 | 소속 | 출전 | 교체 | 득점 | 도움 | 실점 | 파울 | 경고 | 퇴장 |
|---|---|---|---|---|---|---|---|---|---|---|
| K1 | 1993 | 대우 | 1 | 0 | 0 | 0 | 2 | 0 | 0 | 0 |
| | 1994 | 대우 | 9 | 1 | 0 | 0 | 12 | 1 | 1 | 0 |
| | 1995 | 대우 | 0 | 0 | 0 | 0 | 0 | 0 | 0 | 0 |
| 컵 | 1992 | 포항제철 | 1 | 0 | 0 | 0 | 4 | 0 | 0 | 0 |
| | 1995 | 대우 | 0 | 0 | 0 | 0 | 0 | 0 | 0 | 0 |
| | 1996 | 전남 | 0 | 0 | 0 | 0 | 0 | 0 | 0 | 0 |
| 통산 | | | 11 | 1 | 0 | 0 | 18 | 1 | 1 | 0 |

**류웅열**(柳雄烈) 명지대 1968.04.25

| 대회 | 연도 | 소속 | 출전 | 교체 | 득점 | 도움 | 실점 | 파울 | 경고 | 퇴장 |
|---|---|---|---|---|---|---|---|---|---|---|
| K1 | 1993 | 대우 | 16 | 8 | 2 | 0 | 0 | 16 | 4 | 0 |
| | 1994 | 대우 | 4 | 3 | 0 | 0 | 0 | 6 | 1 | 0 |
| | 1995 | 대우 | 8 | 3 | 0 | 0 | 0 | 12 | 5 | 0 |
| | 1996 | 부산 | 10 | 3 | 0 | 0 | 0 | 11 | 2 | 0 |
| | 1997 | 부산 | 10 | 5 | 2 | 0 | 0 | 11 | 2 | 0 |
| | 1998 | 부산 | 7 | 2 | 1 | 0 | 0 | 12 | 0 | 0 |
| | 1999 | 부산 | 11 | 1 | 1 | 0 | 0 | 15 | 0 | 1 |
| | 2000 | 부산 | 9 | 2 | 1 | 0 | 0 | 10 | 1 | 0 |
| | 2000 | 수원 | 7 | 3 | 3 | 1 | 0 | 13 | 2 | 1 |
| | 2001 | 수원 | 3 | 3 | 0 | 0 | 0 | 1 | 0 | 0 |
| PO | 1999 | 부산 | 5 | 0 | 2 | 0 | 0 | 11 | 1 | 0 |
| 컵 | 1993 | 대우 | 5 | 0 | 1 | 0 | 0 | 10 | 2 | 0 |
| | 1994 | 대우 | 6 | 1 | 1 | 0 | 0 | 9 | 1 | 0 |
| | 1996 | 부산 | 1 | 1 | 0 | 0 | 0 | 1 | 0 | 0 |
| | 1997 | 부산 | 14 | 2 | 0 | 0 | 0 | 17 | 2 | 0 |
| | 1998 | 부산 | 4 | 1 | 0 | 0 | 0 | 3 | 0 | 0 |
| | 2000 | 수원 | 3 | 0 | 0 | 1 | 0 | 4 | 0 | 0 |
| | 2000 | 부산 | 7 | 1 | 0 | 0 | 0 | 11 | 2 | 0 |
| | 2001 | 수원 | 10 | 4 | 0 | 0 | 0 | 8 | 2 | 0 |
| 통산 | | | 140 | 43 | 14 | 2 | 0 | 181 | 27 | 2 |

**류원우**(柳垣宇) 광양제철고 1990.08.05

| 대회 | 연도 | 소속 | 출전 | 교체 | 득점 | 도움 | 실점 | 파울 | 경고 | 퇴장 |
|---|---|---|---|---|---|---|---|---|---|---|
| K1 | 2009 | 전남 | 0 | 0 | 0 | 0 | 0 | 0 | 0 | 0 |
| | 2010 | 전남 | 0 | 0 | 0 | 0 | 0 | 0 | 0 | 0 |
| | 2011 | 전남 | 0 | 0 | 0 | 0 | 0 | 0 | 0 | 0 |
| | 2012 | 전남 | 8 | 0 | 0 | 0 | 21 | 1 | 2 | 0 |
| | 2013 | 전남 | 2 | 0 | 0 | 0 | 3 | 0 | 0 | 0 |
| | 2018 | 포항 | 0 | 0 | 0 | 0 | 0 | 0 | 0 | 0 |
| | 2019 | 포항 | 15 | 0 | 0 | 0 | 20 | 0 | 0 | 0 |
| | 2022 | 포항 | 1 | 1 | 0 | 0 | 0 | 0 | 0 | 0 |
| K2 | 2014 | 광주 | 8 | 0 | 0 | 0 | 11 | 0 | 0 | 0 |
| | 2015 | 부천 | 28 | 0 | 0 | 0 | 28 | 1 | 4 | 0 |
| | 2016 | 부천 | 39 | 1 | 0 | 0 | 33 | 1 | 3 | 0 |
| | 2017 | 부천 | 34 | 1 | 0 | 0 | 43 | 1 | 1 | 0 |
| | 2023 | 충북청주 | 11 | 0 | 0 | 0 | 22 | 0 | 1 | 0 |
| | 2024 | 전남 | 18 | 0 | 0 | 0 | 25 | 0 | 0 | 0 |
| | 2024 | 충북청주 | 8 | 0 | 0 | 0 | 8 | 0 | 1 | 0 |
| | 2025 | 경남 | 18 | 1 | 0 | 0 | 23 | 0 | 2 | 0 |
| PO | 2009 | 전남 | 0 | 0 | 0 | 0 | 0 | 0 | 0 | 0 |
| | 2016 | 부천 | 1 | 0 | 0 | 0 | 2 | 0 | 0 | 0 |
| | 2024 | 전남 | 2 | 0 | 0 | 0 | 2 | 0 | 0 | 0 |
| 컵 | 2009 | 전남 | 0 | 0 | 0 | 0 | 0 | 0 | 0 | 0 |
| | 2010 | 전남 | 0 | 0 | 0 | 0 | 0 | 0 | 0 | 0 |
| | 2011 | 전남 | 1 | 0 | 0 | 0 | 1 | 0 | 0 | 0 |
| 통산 | | | 194 | 4 | 0 | 0 | 242 | 4 | 14 | 0 |

**류재문**(柳在文) 영남대 1993.11.08

| 대회 | 연도 | 소속 | 출전 | 교체 | 득점 | 도움 | 실점 | 파울 | 경고 | 퇴장 |
|---|---|---|---|---|---|---|---|---|---|---|
| K1 | 2017 | 대구 | 23 | 6 | 1 | 3 | 0 | 28 | 4 | 0 |
| | 2018 | 대구 | 23 | 6 | 2 | 0 | 1 | 20 | 2 | 0 |
| | 2019 | 대구 | 21 | 15 | 1 | 1 | 0 | 15 | 4 | 0 |
| | 2020 | 대구 | 21 | 11 | 2 | 0 | 0 | 23 | 3 | 0 |
| | 2021 | 전북 | 20 | 8 | 1 | 1 | 0 | 21 | 5 | 0 |
| | 2022 | 전북 | 20 | 6 | 1 | 1 | 0 | 22 | 2 | 0 |
| | 2023 | 전북 | 14 | 8 | 1 | 2 | 0 | 7 | 0 | 0 |
| | 2024 | 서울 | 25 | 17 | 1 | 1 | 0 | 24 | 6 | 0 |
| | 2025 | 서울 | 20 | 11 | 2 | 1 | 0 | 16 | 3 | 0 |
| K2 | 2015 | 대구 | 36 | 2 | 6 | 3 | 0 | 54 | 3 | 0 |
| | 2016 | 대구 | 5 | 1 | 0 | 0 | 0 | 4 | 1 | 0 |
| 통산 | | | 228 | 91 | 18 | 13 | 1 | 234 | 33 | 0 |

**류제식**(柳濟植) 인천대 1972.01.03

| 대회 | 연도 | 소속 | 출전 | 교체 | 득점 | 도움 | 실점 | 파울 | 경고 | 퇴장 |
|---|---|---|---|---|---|---|---|---|---|---|
| K1 | 1991 | 대우 | 3 | 0 | 0 | 0 | 5 | 2 | 1 | 0 |
| | 1992 | 대우 | 6 | 1 | 0 | 0 | 8 | 0 | 0 | 0 |
| | 1993 | 대우 | 1 | 1 | 0 | 0 | 0 | 0 | 0 | 0 |
| 컵 | 1992 | 대우 | 1 | 0 | 0 | 0 | 1 | 0 | 0 | 0 |
| 통산 | | | 11 | 2 | 0 | 0 | 14 | 2 | 1 | 0 |

**류준선**(柳俊善) 성균관대 2003.09.25

| 대회 | 연도 | 소속 | 출전 | 교체 | 득점 | 도움 | 실점 | 파울 | 경고 | 퇴장 |
|---|---|---|---|---|---|---|---|---|---|---|
| K2 | 2024 | 성남 | 12 | 6 | 0 | 1 | 0 | 12 | 1 | 0 |
| | 2025 | 성남 | 32 | 30 | 2 | 0 | 0 | 16 | 1 | 0 |
| PO | 2025 | 성남 | 2 | 2 | 0 | 0 | 0 | 0 | 0 | 0 |
| 통산 | | | 46 | 38 | 2 | 1 | 0 | 28 | 2 | 0 |

**류현진**(柳鉉珍) 가톨릭관동대 1995.01.23

| 대회 | 연도 | 소속 | 출전 | 교체 | 득점 | 도움 | 실점 | 파울 | 경고 | 퇴장 |
|---|---|---|---|---|---|---|---|---|---|---|
| K2 | 2017 | 안산 | 8 | 7 | 0 | 0 | 0 | 5 | 1 | 0 |
| 통산 | | | 8 | 7 | 0 | 0 | 0 | 5 | 1 | 0 |

**류형열**(柳亨烈) 선문대 1985.11.02

| 대회 | 연도 | 소속 | 출전 | 교체 | 득점 | 도움 | 실점 | 파울 | 경고 | 퇴장 |
|---|---|---|---|---|---|---|---|---|---|---|
| K1 | 2009 | 성남일화 | 0 | 0 | 0 | 0 | 0 | 0 | 0 | 0 |
| 컵 | 2009 | 성남일화 | 0 | 0 | 0 | 0 | 0 | 0 | 0 | 0 |
| 통산 | | | 0 | 0 | 0 | 0 | 0 | 0 | 0 | 0 |

**르본**(Keelan Herman Lebon) 프랑스 1997.07.04

| 대회 | 연도 | 소속 | 출전 | 교체 | 득점 | 도움 | 실점 | 파울 | 경고 | 퇴장 |
|---|---|---|---|---|---|---|---|---|---|---|
| K2 | 2025 | 전남 | 20 | 19 | 2 | 1 | 0 | 2 | 1 | 0 |
| 통산 | | | 20 | 19 | 2 | 1 | 0 | 2 | 1 | 0 |

**리마**(Joao Maria Lima do Nascimento) 브라질 1982.09.04

| 대회 | 연도 | 소속 | 출전 | 교체 | 득점 | 도움 | 실점 | 파울 | 경고 | 퇴장 |
|---|---|---|---|---|---|---|---|---|---|---|
| K1 | 2010 | 서울 | 0 | 0 | 0 | 0 | 0 | 0 | 0 | 0 |
| 통산 | | | 0 | 0 | 0 | 0 | 0 | 0 | 0 | 0 |

**리마**(Dimitri Lima Souza) 브라질 2000.05.15

| 대회 | 연도 | 소속 | 출전 | 교체 | 득점 | 도움 | 실점 | 파울 | 경고 | 퇴장 |
|---|---|---|---|---|---|---|---|---|---|---|
| K2 | 2025 | 화성 | 26 | 26 | 1 | 1 | 0 | 14 | 0 | 0 |
| 통산 | | | 26 | 26 | 1 | 1 | 0 | 14 | 0 | 0 |

**리영직**(Yong Jik RI) 북한 1991.02.08

| 대회 | 연도 | 소속 | 출전 | 교체 | 득점 | 도움 | 실점 | 파울 | 경고 | 퇴장 |
|---|---|---|---|---|---|---|---|---|---|---|
| K1 | 2025 | 안양 | 14 | 8 | 0 | 0 | 0 | 10 | 2 | 0 |
| K2 | 2024 | 안양 | 29 | 8 | 3 | 1 | 0 | 34 | 8 | 0 |
| | 2025 | 부산 | 2 | 2 | 0 | 0 | 0 | 1 | 0 | 0 |
| 통산 | | | 45 | 18 | 3 | 1 | 0 | 45 | 10 | 0 |

**리웨이펑**(Li Weifeng, 李瑋鋒) 중국 1978.01.26

| 대회 | 연도 | 소속 | 출전 | 교체 | 득점 | 도움 | 실점 | 파울 | 경고 | 퇴장 |
|---|---|---|---|---|---|---|---|---|---|---|
| K1 | 2009 | 수원 | 24 | 0 | 1 | 0 | 0 | 41 | 7 | 0 |
| | 2010 | 수원 | 24 | 0 | 1 | 1 | 0 | 54 | 6 | 0 |
| 컵 | 2009 | 수원 | 2 | 0 | 0 | 0 | 0 | 1 | 0 | 0 |

|  | 2010 | 수원 | 5 | 0 | 0 | 0 | 0 | 8 | 3 | 0 |
|---|---|---|---|---|---|---|---|---|---|---|
| 통산 |  |  | 55 | 0 | 2 | 1 | 0 | 104 | 16 | 0 |

**리차드**(Richard Windbichler) 오스트리아 1991.04.02

| 대회 | 연도 | 소속 | 출전 | 교체 | 득점 | 도움 | 실점 | 파울 | 경고 | 퇴장 |
|---|---|---|---|---|---|---|---|---|---|---|
| K1 | 2017 | 울산 | 30 | 1 | 2 | 1 | 0 | 16 | 4 | 0 |
|  | 2018 | 울산 | 28 | 2 | 0 | 1 | 0 | 30 | 5 | 1 |
|  | 2021 | 성남 | 22 | 6 | 1 | 0 | 0 | 23 | 6 | 0 |
| 통산 |  |  | 80 | 9 | 3 | 2 | 0 | 69 | 15 | 1 |

**리챠드**(Richard Offiong Edet) 잉글랜드 1983.12.17

| 대회 | 연도 | 소속 | 출전 | 교체 | 득점 | 도움 | 실점 | 파울 | 경고 | 퇴장 |
|---|---|---|---|---|---|---|---|---|---|---|
| 컵 | 2005 | 전남 | 1 | 1 | 0 | 0 | 0 | 1 | 0 | 0 |
| 통산 |  |  | 1 | 1 | 0 | 0 | 0 | 1 | 0 | 0 |

**리춘유**(Li Chun Yu, 李春郁) 중국 1986.10.09

| 대회 | 연도 | 소속 | 출전 | 교체 | 득점 | 도움 | 실점 | 파울 | 경고 | 퇴장 |
|---|---|---|---|---|---|---|---|---|---|---|
| K1 | 2010 | 강원 | 7 | 2 | 0 | 2 | 0 | 15 | 2 | 0 |
| 통산 |  |  | 7 | 2 | 0 | 2 | 0 | 15 | 2 | 0 |

**리치** (Cunha Reche Vinivius) 브라질 1984.01.28

| 대회 | 연도 | 소속 | 출전 | 교체 | 득점 | 도움 | 실점 | 파울 | 경고 | 퇴장 |
|---|---|---|---|---|---|---|---|---|---|---|
| K1 | 2014 | 전북 | 2 | 2 | 0 | 0 | 0 | 4 | 0 | 0 |
| 통산 |  |  | 2 | 2 | 0 | 0 | 0 | 4 | 0 | 0 |

**린가드**(Jesse Ellis Lingard) 잉글랜드 1992.12.15

| 대회 | 연도 | 소속 | 출전 | 교체 | 득점 | 도움 | 실점 | 파울 | 경고 | 퇴장 |
|---|---|---|---|---|---|---|---|---|---|---|
| K1 | 2024 | 서울 | 26 | 17 | 6 | 3 | 0 | 18 | 4 | 0 |
|  | 2025 | 서울 | 34 | 25 | 10 | 4 | 0 | 36 | 9 | 0 |
| 통산 |  |  | 60 | 42 | 16 | 7 | 0 | 54 | 13 | 0 |

**링꼰**(Joao Paulo da Silva Neto Rincon) 브라질 1975.10.27

| 대회 | 연도 | 소속 | 출전 | 교체 | 득점 | 도움 | 실점 | 파울 | 경고 | 퇴장 |
|---|---|---|---|---|---|---|---|---|---|---|
| K1 | 2001 | 전북 | 3 | 2 | 0 | 0 | 0 | 5 | 0 | 0 |
| 컵 | 2001 | 전북 | 3 | 2 | 0 | 0 | 0 | 6 | 0 | 0 |
| 통산 |  |  | 6 | 4 | 0 | 0 | 0 | 11 | 0 | 0 |

**마그노**(Magno Alves de Araujo) 브라질 1976.01.13

| 대회 | 연도 | 소속 | 출전 | 교체 | 득점 | 도움 | 실점 | 파울 | 경고 | 퇴장 |
|---|---|---|---|---|---|---|---|---|---|---|
| K1 | 2003 | 전북 | 44 | 8 | 27 | 8 | 0 | 25 | 2 | 0 |
| 통산 |  |  | 44 | 8 | 27 | 8 | 0 | 25 | 2 | 0 |

**마그노** (Damasceno Santos da Cruz Magno) 브라질 1988.05.20

| 대회 | 연도 | 소속 | 출전 | 교체 | 득점 | 도움 | 실점 | 파울 | 경고 | 퇴장 |
|---|---|---|---|---|---|---|---|---|---|---|
| K1 | 2017 | 제주 | 32 | 24 | 13 | 3 | 0 | 23 | 6 | 0 |
|  | 2018 | 제주 | 34 | 17 | 8 | 2 | 0 | 40 | 3 | 0 |
|  | 2019 | 제주 | 36 | 23 | 8 | 2 | 0 | 31 | 1 | 0 |
| 통산 |  |  | 102 | 64 | 29 | 7 | 0 | 94 | 10 | 0 |

**마나부**(Saito Manabu, 齋藤学) 일본 1990.04.04

| 대회 | 연도 | 소속 | 출전 | 교체 | 득점 | 도움 | 실점 | 파울 | 경고 | 퇴장 |
|---|---|---|---|---|---|---|---|---|---|---|
| K1 | 2022 | 수원 | 18 | 18 | 1 | 3 | 0 | 10 | 1 | 0 |
| PO | 2022 | 수원 | 1 | 1 | 0 | 0 | 0 | 1 | 1 | 0 |
| 통산 |  |  | 19 | 19 | 1 | 3 | 0 | 11 | 2 | 0 |

**마니**(Jeannot Giovanny) 모리셔스 1975.09.25

| 대회 | 연도 | 소속 | 출전 | 교체 | 득점 | 도움 | 실점 | 파울 | 경고 | 퇴장 |
|---|---|---|---|---|---|---|---|---|---|---|
| K1 | 1996 | 울산 | 11 | 10 | 3 | 0 | 0 | 5 | 0 | 0 |
|  | 1997 | 울산 | 4 | 4 | 1 | 0 | 0 | 2 | 0 | 0 |
| 컵 | 1997 | 울산 | 8 | 6 | 1 | 1 | 0 | 8 | 0 | 0 |
| 통산 |  |  | 23 | 20 | 5 | 1 | 0 | 15 | 0 | 0 |

**마니치**(Radivoje Manić) 세르비아 몬테네그로 1972.01.16

| 대회 | 연도 | 소속 | 출전 | 교체 | 득점 | 도움 | 실점 | 파울 | 경고 | 퇴장 |
|---|---|---|---|---|---|---|---|---|---|---|
| K1 | 1996 | 부산 | 18 | 12 | 5 | 0 | 0 | 19 | 5 | 0 |
|  | 1997 | 부산 | 15 | 7 | 7 | 3 | 0 | 12 | 3 | 0 |
|  | 1999 | 부산 | 26 | 8 | 6 | 7 | 0 | 35 | 5 | 0 |
|  | 2000 | 부산 | 25 | 13 | 8 | 8 | 0 | 21 | 3 | 0 |
|  | 2001 | 부산 | 16 | 10 | 3 | 3 | 0 | 12 | 4 | 0 |
|  | 2002 | 부산 | 13 | 8 | 6 | 2 | 0 | 9 | 3 | 1 |
|  | 2004 | 인천 | 7 | 3 | 1 | 1 | 0 | 8 | 2 | 0 |
|  | 2005 | 인천 | 9 | 9 | 2 | 2 | 0 | 5 | 3 | 0 |
| PO | 1999 | 부산 | 4 | 3 | 1 | 0 | 0 | 6 | 1 | 0 |
| 컵 | 1996 | 부산 | 6 | 4 | 3 | 0 | 0 | 6 | 1 | 0 |
|  | 1997 | 부산 | 13 | 8 | 6 | 3 | 0 | 8 | 2 | 0 |
|  | 1999 | 부산 | 9 | 0 | 2 | 2 | 0 | 5 | 1 | 1 |
|  | 2000 | 부산 | 9 | 6 | 0 | 1 | 0 | 6 | 2 | 0 |
|  | 2001 | 부산 | 11 | 7 | 5 | 5 | 0 | 6 | 1 | 0 |
|  | 2002 | 부산 | 7 | 5 | 1 | 0 | 0 | 2 | 0 | 0 |
|  | 2004 | 인천 | 9 | 1 | 6 | 0 | 0 | 7 | 3 | 0 |
|  | 2005 | 인천 | 8 | 8 | 0 | 2 | 0 | 6 | 0 | 0 |
| 통산 |  |  | 205 | 112 | 62 | 39 | 0 | 173 | 39 | 2 |

**마다스치** (Adrian Anthony Madaschi) 오스트레일리아 1982.07.11

| 대회 | 연도 | 소속 | 출전 | 교체 | 득점 | 도움 | 실점 | 파울 | 경고 | 퇴장 |
|---|---|---|---|---|---|---|---|---|---|---|
| K1 | 2012 | 제주 | 26 | 2 | 0 | 1 | 0 | 33 | 10 | 0 |
|  | 2013 | 제주 | 9 | 4 | 0 | 1 | 0 | 9 | 1 | 0 |
| 통산 |  |  | 35 | 6 | 0 | 2 | 0 | 42 | 11 | 0 |

**마라냥**(Luis Carlos dos Santos Martins) 브라질 1984.06.19

| 대회 | 연도 | 소속 | 출전 | 교체 | 득점 | 도움 | 실점 | 파울 | 경고 | 퇴장 |
|---|---|---|---|---|---|---|---|---|---|---|
| K1 | 2012 | 울산 | 39 | 33 | 13 | 4 | 0 | 48 | 5 | 0 |
|  | 2013 | 제주 | 31 | 20 | 7 | 7 | 0 | 33 | 4 | 0 |
| K2 | 2016 | 강원 | 12 | 12 | 1 | 0 | 0 | 6 | 0 | 0 |
| PO | 2016 | 강원 | 2 | 2 | 1 | 0 | 0 | 0 | 0 | 0 |
| 통산 |  |  | 84 | 67 | 22 | 11 | 0 | 87 | 9 | 0 |

**마라냥**(Francinilson Santos Meirelles) 브라질 1990.05.03

| 대회 | 연도 | 소속 | 출전 | 교체 | 득점 | 도움 | 실점 | 파울 | 경고 | 퇴장 |
|---|---|---|---|---|---|---|---|---|---|---|
| K2 | 2014 | 대전 | 16 | 8 | 0 | 1 | 0 | 17 | 0 | 0 |
| 통산 |  |  | 16 | 8 | 0 | 1 | 0 | 17 | 0 | 0 |

**마라냥** (Rodrigo Meneses Quintanilha) 브라질 1992.12.11

| 대회 | 연도 | 소속 | 출전 | 교체 | 득점 | 도움 | 실점 | 파울 | 경고 | 퇴장 |
|---|---|---|---|---|---|---|---|---|---|---|
| K2 | 2019 | 부천 | 9 | 8 | 0 | 1 | 0 | 13 | 0 | 0 |
| 통산 |  |  | 9 | 8 | 0 | 1 | 0 | 13 | 0 | 0 |

**마루오카**(Maruoka Mitsuru, 丸岡満) 일본 1996.01.06

| 대회 | 연도 | 소속 | 출전 | 교체 | 득점 | 도움 | 실점 | 파울 | 경고 | 퇴장 |
|---|---|---|---|---|---|---|---|---|---|---|
| K2 | 2022 | 김포 | 7 | 6 | 0 | 0 | 0 | 1 | 0 | 0 |
| 통산 |  |  | 7 | 6 | 0 | 0 | 0 | 1 | 0 | 0 |

**마르셀**(Marcel Augusto Ortolan) 브라질 1981.11.12

| 대회 | 연도 | 소속 | 출전 | 교체 | 득점 | 도움 | 실점 | 파울 | 경고 | 퇴장 |
|---|---|---|---|---|---|---|---|---|---|---|
| K1 | 2004 | 수원 | 23 | 16 | 8 | 0 | 0 | 64 | 2 | 0 |
|  | 2011 | 수원 | 11 | 8 | 3 | 2 | 0 | 21 | 2 | 0 |
| PO | 2004 | 수원 | 3 | 1 | 0 | 0 | 0 | 9 | 0 | 0 |
| 컵 | 2004 | 수원 | 10 | 3 | 4 | 2 | 0 | 33 | 2 | 0 |
| 통산 |  |  | 47 | 28 | 15 | 4 | 0 | 127 | 6 | 0 |

**마르셀**(Marcelo de Paula Pinheiro) 브라질 1983.05.11

| 대회 | 연도 | 소속 | 출전 | 교체 | 득점 | 도움 | 실점 | 파울 | 경고 | 퇴장 |
|---|---|---|---|---|---|---|---|---|---|---|
| K1 | 2009 | 경남 | 6 | 1 | 0 | 0 | 0 | 11 | 0 | 0 |
| 통산 |  |  | 6 | 1 | 0 | 0 | 0 | 11 | 0 | 0 |

**마르셀로**(Marcelo Macedo) 브라질 1983.02.01

| 대회 | 연도 | 소속 | 출전 | 교체 | 득점 | 도움 | 실점 | 파울 | 경고 | 퇴장 |
|---|---|---|---|---|---|---|---|---|---|---|
| K1 | 2004 | 성남일화 | 7 | 7 | 1 | 0 | 0 | 12 | 0 | 0 |
| 컵 | 2004 | 성남일화 | 6 | 4 | 3 | 1 | 0 | 18 | 0 | 0 |
| 통산 |  |  | 13 | 11 | 4 | 1 | 0 | 30 | 0 | 0 |

**마르셀로**(Marcelo Bras Ferreira da Silva) 브라질 1981.02.03

| 대회 | 연도 | 소속 | 출전 | 교체 | 득점 | 도움 | 실점 | 파울 | 경고 | 퇴장 |
|---|---|---|---|---|---|---|---|---|---|---|
| K1 | 2010 | 경남 | 4 | 5 | 0 | 0 | 0 | 1 | 0 | 0 |
| 통산 |  |  | 4 | 5 | 0 | 0 | 0 | 1 | 0 | 0 |

**마르셀로** (Marcelo Aparecido Toscano) 브라질 1985.05.12

| 대회 | 연도 | 소속 | 출전 | 교체 | 득점 | 도움 | 실점 | 파울 | 경고 | 퇴장 |
|---|---|---|---|---|---|---|---|---|---|---|
| K1 | 2016 | 제주 | 37 | 19 | 11 | 9 | 0 | 26 | 2 | 0 |
|  | 2017 | 제주 | 13 | 6 | 6 | 3 | 0 | 10 | 0 | 0 |
| 통산 |  |  | 50 | 25 | 17 | 12 | 0 | 36 | 2 | 0 |

**마르시오**(Marcio Diogo Lobato Rodrigues) 브라질 1985.09.22

| 대회 | 연도 | 소속 | 출전 | 교체 | 득점 | 도움 | 실점 | 파울 | 경고 | 퇴장 |
|---|---|---|---|---|---|---|---|---|---|---|
| K1 | 2010 | 수원 | 9 | 9 | 1 | 0 | 0 | 12 | 0 | 0 |
| 통산 |  |  | 9 | 9 | 1 | 0 | 0 | 12 | 0 | 0 |

**마르싱요** (Maxsuel Rodrigo Lino) 브라질 1985.09.08

| 대회 | 연도 | 소속 | 출전 | 교체 | 득점 | 도움 | 실점 | 파울 | 경고 | 퇴장 |
|---|---|---|---|---|---|---|---|---|---|---|
| K1 | 2013 | 전남 | 1 | 1 | 0 | 0 | 0 | 2 | 0 | 0 |
| 통산 |  |  | 1 | 1 | 0 | 0 | 0 | 2 | 0 | 0 |

**마르싱유** (Amarel de Oliveira Junior Marcio) 브라질 1991.03.24

| 대회 | 연도 | 소속 | 출전 | 교체 | 득점 | 도움 | 실점 | 파울 | 경고 | 퇴장 |
|---|---|---|---|---|---|---|---|---|---|---|
| K2 | 2015 | 충주 | 32 | 23 | 1 | 2 | 0 | 24 | 1 | 0 |
| 통산 |  |  | 32 | 23 | 1 | 2 | 0 | 24 | 1 | 0 |

**마르첼**(Marcel Lazareanu) 루마니아 1959.06.21

| 대회 | 연도 | 소속 | 출전 | 교체 | 득점 | 도움 | 실점 | 파울 | 경고 | 퇴장 |
|---|---|---|---|---|---|---|---|---|---|---|
| K1 | 1990 | 일화 | 8 | 0 | 0 | 0 | 12 | 0 | 1 | 0 |
|  | 1991 | 일화 | 21 | 3 | 0 | 0 | 28 | 1 | 1 | 1 |
| 통산 |  |  | 29 | 3 | 0 | 0 | 40 | 1 | 2 | 1 |

**마르케스**(Agustinho Marques Renanl) 브라질 1983.03.08

| 대회 | 연도 | 소속 | 출전 | 교체 | 득점 | 도움 | 실점 | 파울 | 경고 | 퇴장 |
|---|---|---|---|---|---|---|---|---|---|---|
| K1 | 2012 | 제주 | 13 | 12 | 1 | 1 | 0 | 13 | 0 | 0 |
| 통산 |  |  | 13 | 12 | 1 | 1 | 0 | 13 | 0 | 0 |

**마르코**(Marco Aurelio Martins Ivo) 브라질 1976.12.03

| 대회 | 연도 | 소속 | 출전 | 교체 | 득점 | 도움 | 실점 | 파울 | 경고 | 퇴장 |
|---|---|---|---|---|---|---|---|---|---|---|
| K1 | 2002 | 안양LG | 23 | 17 | 5 | 1 | 0 | 22 | 1 | 0 |
| 컵 | 2002 | 안양LG | 9 | 8 | 4 | 0 | 0 | 4 | 0 | 0 |
| 통산 |  |  | 32 | 25 | 9 | 1 | 0 | 26 | 1 | 0 |

**마르코**(Marco Aurelio Wagner Pereira) 브라질 1980.04.22

| 대회 | 연도 | 소속 | 출전 | 교체 | 득점 | 도움 | 실점 | 파울 | 경고 | 퇴장 |
|---|---|---|---|---|---|---|---|---|---|---|
| K1 | 2006 | 제주 | 1 | 0 | 0 | 0 | 0 | 4 | 0 | 0 |
| 통산 |  |  | 1 | 0 | 0 | 0 | 0 | 4 | 0 | 0 |

**마르코**(Marcos Danilo Urena Porras) 코스타리카 1990.03.05

| 대회 | 연도 | 소속 | 출전 | 교체 | 득점 | 도움 | 실점 | 파울 | 경고 | 퇴장 |
|---|---|---|---|---|---|---|---|---|---|---|
| K1 | 2020 | 광주 | 8 | 8 | 0 | 1 | 0 | 0 | 0 | 0 |
| 통산 |  |  | 8 | 8 | 0 | 1 | 0 | 0 | 0 | 0 |

**마르코비치** (Ivan Marković) 세르비아 1994.06.20

| 대회 | 연도 | 소속 | 출전 | 교체 | 득점 | 도움 | 실점 | 파울 | 경고 | 퇴장 |
|---|---|---|---|---|---|---|---|---|---|---|
| K2 | 2016 | 경남 | 2 | 2 | 0 | 0 | 0 | 2 | 0 | 0 |
| 통산 |  |  | 2 | 2 | 0 | 0 | 0 | 2 | 0 | 0 |

**마르코스** (Marcos Aurelio de Oliveira Lima) 브라질 1984.02.10

| 대회 | 연도 | 소속 | 출전 | 교체 | 득점 | 도움 | 실점 | 파울 | 경고 | 퇴장 |
|---|---|---|---|---|---|---|---|---|---|---|
| K1 | 2001 | 울산 | 23 | 20 | 2 | 1 | 0 | 18 | 2 | 0 |
|  | 2002 | 울산 | 1 | 1 | 0 | 0 | 0 | 0 | 0 | 0 |
| 컵 | 2001 | 울산 | 8 | 3 | 2 | 2 | 0 | 6 | 0 | 0 |
|  | 2002 | 울산 | 1 | 1 | 0 | 0 | 0 | 0 | 0 | 0 |
| 통산 |  |  | 33 | 25 | 4 | 3 | 0 | 24 | 2 | 0 |

**마르코스**(Marcos Aurelio de Oliveira Lima) 브라질 1984.02.10

| 대회 | 연도 | 소속 | 출전 | 교체 | 득점 | 도움 | 실점 | 파울 | 경고 | 퇴장 |
|---|---|---|---|---|---|---|---|---|---|---|
| K1 | 2014 | 전북 | 5 | 5 | 0 | 0 | 0 | 1 | 0 | 0 |
| 통산 |  |  | 5 | 5 | 0 | 0 | 0 | 1 | 0 | 0 |

**마르코스**(Marcos Antonio Nascimento Santos) 브라질 1988.06.11

| 대회 | 연도 | 소속 | 출전 | 교체 | 득점 | 도움 | 실점 | 파울 | 경고 | 퇴장 |
|---|---|---|---|---|---|---|---|---|---|---|
| K2 | 2018 | 안양 | 33 | 4 | 2 | 1 | 0 | 61 | 5 | 0 |
| 통산 |  |  | 33 | 4 | 2 | 1 | 0 | 61 | 5 | 0 |

**마르크**(Benie Bolou Jean Marck) 코트디부아르 1982.11.09

| 대회 | 연도 | 소속 | 출전 | 교체 | 득점 | 도움 | 실점 | 파울 | 경고 | 퇴장 |
|---|---|---|---|---|---|---|---|---|---|---|

| | | | | | | | | | | |
|---|---|---|---|---|---|---|---|---|---|---|
| K1 | 2000 | 성남일화 | 5 | 5 | 0 | 0 | 0 | 11 | 1 | 0 |
| 컵 | 2000 | 성남일화 | 0 | 0 | 0 | 0 | 0 | 0 | 0 | 0 |
| 통산 | | | 5 | 5 | 0 | 0 | 0 | 11 | 1 | 0 |

**마리오**(Mario Ćuže) 크로아티아 1999.04.24

| 대회 | 연도 | 소속 | 출전 | 교체 | 득점 | 도움 | 실점 | 파울 | 경고 | 퇴장 |
|---|---|---|---|---|---|---|---|---|---|---|
| K1 | 2025 | 강원 | 2 | 2 | 0 | 0 | 0 | 0 | 0 | 0 |
| 통산 | | | 2 | 2 | 0 | 0 | 0 | 0 | 0 | 0 |

**마리우**(Luis Mario Miranda da Silva) 브라질 1976.11.01

| 대회 | 연도 | 소속 | 출전 | 교체 | 득점 | 도움 | 실점 | 파울 | 경고 | 퇴장 |
|---|---|---|---|---|---|---|---|---|---|---|
| K1 | 2003 | 안양LG | 20 | 8 | 4 | 8 | 0 | 26 | 3 | 0 |
| 통산 | | | 20 | 8 | 4 | 8 | 0 | 26 | 3 | 0 |

**마말리**(Emeka Esanga Mamale) 콩고민주공화국 1977.10.21

| 대회 | 연도 | 소속 | 출전 | 교체 | 득점 | 도움 | 실점 | 파울 | 경고 | 퇴장 |
|---|---|---|---|---|---|---|---|---|---|---|
| K1 | 1996 | 포항 | 5 | 5 | 0 | 0 | 0 | 9 | 0 | 0 |
| | 1997 | 포항 | 1 | 1 | 1 | 0 | 0 | 1 | 0 | 0 |
| 컵 | 1997 | 포항 | 2 | 1 | 0 | 0 | 0 | 6 | 0 | 0 |
| 통산 | | | 8 | 7 | 1 | 0 | 0 | 16 | 0 | 0 |

**마사**(Ohasi Masahiro, 大橋正博) 일본 1981.06.23

| 대회 | 연도 | 소속 | 출전 | 교체 | 득점 | 도움 | 실점 | 파울 | 경고 | 퇴장 |
|---|---|---|---|---|---|---|---|---|---|---|
| K1 | 2009 | 강원 | 20 | 10 | 4 | 2 | 0 | 11 | 0 | 0 |
| | 2011 | 강원 | 4 | 4 | 0 | 0 | 0 | 1 | 0 | 0 |
| 컵 | 2009 | 강원 | 2 | 1 | 0 | 0 | 0 | 0 | 0 | 0 |
| | 2011 | 강원 | 1 | 1 | 0 | 1 | 0 | 0 | 0 | 0 |
| 통산 | | | 27 | 16 | 4 | 3 | 0 | 12 | 0 | 0 |

**마사**(Ishida Masatoshi, 石田雅俊) 일본 1995.05.04

| 대회 | 연도 | 소속 | 출전 | 교체 | 득점 | 도움 | 실점 | 파울 | 경고 | 퇴장 |
|---|---|---|---|---|---|---|---|---|---|---|
| K1 | 2021 | 강원 | 9 | 10 | 0 | 0 | 0 | 4 | 0 | 0 |
| | 2023 | 대전 | 25 | 23 | 6 | 3 | 0 | 20 | 0 | 0 |
| | 2024 | 대전 | 15 | 12 | 6 | 3 | 0 | 16 | 2 | 0 |
| | 2025 | 대전 | 24 | 24 | 6 | 4 | 0 | 25 | 3 | 0 |
| K2 | 2019 | 안산 | 24 | 21 | 9 | 1 | 0 | 24 | 1 | 0 |
| | 2020 | 수원FC | 26 | 5 | 10 | 4 | 0 | 22 | 2 | 0 |
| | 2021 | 대전 | 13 | 4 | 9 | 1 | 0 | 18 | 0 | 0 |
| | 2022 | 대전 | 33 | 29 | 10 | 4 | 0 | 23 | 1 | 0 |
| PO | 2020 | 수원FC | 1 | 0 | 0 | 0 | 0 | 2 | 1 | 0 |
| | 2021 | 대전 | 4 | 3 | 0 | 1 | 0 | 7 | 1 | 0 |
| | 2022 | 대전 | 1 | 1 | 0 | 1 | 0 | 0 | 0 | 0 |
| 통산 | | | 175 | 132 | 56 | 22 | 0 | 161 | 11 | 0 |

**마상훈**(馬相訓) 순천고 1991.07.25

| 대회 | 연도 | 소속 | 출전 | 교체 | 득점 | 도움 | 실점 | 파울 | 경고 | 퇴장 |
|---|---|---|---|---|---|---|---|---|---|---|
| K1 | 2012 | 강원 | 0 | 0 | 0 | 0 | 0 | 0 | 0 | 0 |
| | 2014 | 전남 | 1 | 1 | 0 | 0 | 0 | 0 | 0 | 0 |
| | 2018 | 상주 | 1 | 1 | 0 | 0 | 0 | 0 | 0 | 0 |
| | 2019 | 상주 | 15 | 9 | 0 | 0 | 0 | 9 | 1 | 0 |
| | 2020 | 성남 | 9 | 3 | 1 | 0 | 0 | 11 | 1 | 0 |
| | 2021 | 성남 | 31 | 13 | 3 | 0 | 0 | 31 | 5 | 0 |
| | 2022 | 성남 | 21 | 10 | 0 | 0 | 0 | 12 | 3 | 0 |
| K2 | 2018 | 수원FC | 9 | 4 | 0 | 0 | 0 | 12 | 2 | 0 |
| | 2024 | 천안 | 16 | 12 | 0 | 0 | 0 | 7 | 1 | 0 |
| | 2025 | 천안 | 14 | 3 | 0 | 0 | 0 | 12 | 2 | 0 |
| 통산 | | | 117 | 56 | 4 | 0 | 0 | 94 | 15 | 0 |

**마세도**(Rúben Daniel Fonseca Macedo) 포르투갈 1996.03.09

| 대회 | 연도 | 소속 | 출전 | 교체 | 득점 | 도움 | 실점 | 파울 | 경고 | 퇴장 |
|---|---|---|---|---|---|---|---|---|---|---|
| K2 | 2025 | 경남 | 15 | 14 | 0 | 1 | 0 | 16 | 1 | 0 |
| 통산 | | | 15 | 14 | 0 | 1 | 0 | 16 | 1 | 0 |

**마스다**(Masuda Chikashi, 増田誓志) 일본 1985.06.19

| 대회 | 연도 | 소속 | 출전 | 교체 | 득점 | 도움 | 실점 | 파울 | 경고 | 퇴장 |
|---|---|---|---|---|---|---|---|---|---|---|
| K1 | 2013 | 울산 | 35 | 12 | 4 | 3 | 0 | 43 | 3 | 0 |
| | 2014 | 울산 | 0 | 0 | 0 | 0 | 0 | 0 | 0 | 0 |
| | 2015 | 울산 | 31 | 12 | 3 | 0 | 0 | 32 | 1 | 0 |
| | 2016 | 울산 | 32 | 6 | 0 | 1 | 0 | 38 | 5 | 0 |
| K2 | 2019 | 서울E | 12 | 6 | 0 | 0 | 0 | 15 | 3 | 0 |
| 통산 | | | 110 | 36 | 7 | 4 | 0 | 128 | 12 | 0 |

**마스덴**(Christopher Marsden) 잉글랜드 1969.01.03

| 대회 | 연도 | 소속 | 출전 | 교체 | 득점 | 도움 | 실점 | 파울 | 경고 | 퇴장 |
|---|---|---|---|---|---|---|---|---|---|---|
| K1 | 2004 | 부산 | 2 | 0 | 1 | 0 | 0 | 4 | 2 | 0 |
| 통산 | | | 2 | 0 | 1 | 0 | 0 | 4 | 2 | 0 |

**마시엘**(Maciel Luiz Franco) 브라질 1972.03.15

| 대회 | 연도 | 소속 | 출전 | 교체 | 득점 | 도움 | 실점 | 파울 | 경고 | 퇴장 |
|---|---|---|---|---|---|---|---|---|---|---|
| K1 | 1997 | 전남 | 13 | 0 | 3 | 0 | 0 | 36 | 1 | 0 |
| | 1998 | 전남 | 16 | 2 | 1 | 1 | 0 | 37 | 4 | 0 |
| | 1999 | 전남 | 26 | 2 | 2 | 1 | 0 | 54 | 2 | 0 |
| | 2000 | 전남 | 25 | 2 | 0 | 0 | 0 | 51 | 5 | 0 |
| | 2001 | 전남 | 22 | 1 | 0 | 0 | 0 | 44 | 4 | 0 |
| | 2002 | 전남 | 19 | 5 | 2 | 1 | 0 | 41 | 3 | 0 |
| | 2003 | 전남 | 10 | 4 | 1 | 0 | 0 | 17 | 4 | 0 |
| PO | 1998 | 전남 | 1 | 0 | 0 | 0 | 0 | 3 | 2 | 0 |
| | 1999 | 전남 | 1 | 0 | 0 | 0 | 0 | 1 | 0 | 0 |
| 컵 | 1997 | 전남 | 6 | 0 | 0 | 0 | 0 | 6 | 0 | 0 |
| | 1998 | 전남 | 10 | 1 | 0 | 0 | 0 | 26 | 3 | 0 |
| | 1999 | 전남 | 9 | 0 | 0 | 0 | 0 | 23 | 1 | 0 |
| | 2000 | 전남 | 11 | 0 | 1 | 0 | 0 | 27 | 2 | 0 |
| | 2001 | 전남 | 7 | 0 | 0 | 0 | 0 | 16 | 3 | 0 |
| | 2002 | 전남 | 8 | 0 | 0 | 0 | 0 | 16 | 0 | 0 |
| 통산 | | | 184 | 17 | 10 | 3 | 0 | 398 | 34 | 0 |

**마쎄도**(Wanderson de Macedo Costa/←완델손D) 브라질 1992.05.31

| 대회 | 연도 | 소속 | 출전 | 교체 | 득점 | 도움 | 실점 | 파울 | 경고 | 퇴장 |
|---|---|---|---|---|---|---|---|---|---|---|
| K1 | 2017 | 광주 | 18 | 10 | 8 | 0 | 0 | 23 | 2 | 1 |
| | 2018 | 전남 | 24 | 20 | 7 | 2 | 0 | 17 | 3 | 0 |
| K2 | 2019 | 전남 | 2 | 2 | 0 | 0 | 0 | 3 | 1 | 0 |
| 통산 | | | 44 | 32 | 15 | 2 | 0 | 43 | 6 | 1 |

**마에조노**(Maezono Masakiyo, 前園真聖) 일본 1973.10.29

| 대회 | 연도 | 소속 | 출전 | 교체 | 득점 | 도움 | 실점 | 파울 | 경고 | 퇴장 |
|---|---|---|---|---|---|---|---|---|---|---|
| K1 | 2003 | 안양LG | 16 | 10 | 0 | 4 | 0 | 11 | 1 | 0 |
| | 2004 | 인천 | 4 | 4 | 0 | 0 | 0 | 3 | 0 | 0 |
| 컵 | 2004 | 인천 | 9 | 4 | 1 | 1 | 0 | 10 | 2 | 0 |
| 통산 | | | 29 | 18 | 1 | 5 | 0 | 24 | 3 | 0 |

**마우리**(Mauricio de Oliveira Anastacio) 브라질 1962.09.29

| 대회 | 연도 | 소속 | 출전 | 교체 | 득점 | 도움 | 실점 | 파울 | 경고 | 퇴장 |
|---|---|---|---|---|---|---|---|---|---|---|
| K1 | 1994 | 현대 | 14 | 11 | 2 | 2 | 0 | 8 | 0 | 0 |
| | 1995 | 현대 | 1 | 1 | 0 | 0 | 0 | 0 | 0 | 0 |
| 컵 | 1995 | 현대 | 3 | 3 | 0 | 1 | 0 | 3 | 0 | 0 |
| 통산 | | | 18 | 15 | 2 | 3 | 0 | 11 | 0 | 0 |

**마우리데스**(Maurides Roque Junior) 브라질 1994.03.10

| 대회 | 연도 | 소속 | 출전 | 교체 | 득점 | 도움 | 실점 | 파울 | 경고 | 퇴장 |
|---|---|---|---|---|---|---|---|---|---|---|
| K2 | 2020 | 안양 | 10 | 6 | 3 | 0 | 0 | 10 | 1 | 0 |
| 통산 | | | 10 | 6 | 3 | 0 | 0 | 10 | 1 | 0 |

**마우리시오**(Mauricio Fernandes) 브라질 1976.07.05

| 대회 | 연도 | 소속 | 출전 | 교체 | 득점 | 도움 | 실점 | 파울 | 경고 | 퇴장 |
|---|---|---|---|---|---|---|---|---|---|---|
| K1 | 2007 | 포항 | 3 | 1 | 0 | 0 | 0 | 9 | 2 | 0 |
| 컵 | 2007 | 포항 | 5 | 2 | 0 | 0 | 0 | 14 | 1 | 0 |
| 통산 | | | 8 | 3 | 0 | 0 | 0 | 23 | 3 | 0 |

**마우링요**(Mauro Job Pontes Junior) 브라질 1989.12.10

| 대회 | 연도 | 소속 | 출전 | 교체 | 득점 | 도움 | 실점 | 파울 | 경고 | 퇴장 |
|---|---|---|---|---|---|---|---|---|---|---|
| K1 | 2016 | 전남 | 7 | 8 | 0 | 0 | 0 | 11 | 0 | 0 |
| | 2017 | 서울 | 9 | 8 | 0 | 0 | 0 | 5 | 1 | 0 |
| 통산 | | | 16 | 16 | 0 | 0 | 0 | 16 | 1 | 0 |

**마우콘**(Malcon Marschel Silva Carvalho Santos) 브라질 1995.07.05

| 대회 | 연도 | 소속 | 출전 | 교체 | 득점 | 도움 | 실점 | 파울 | 경고 | 퇴장 |
|---|---|---|---|---|---|---|---|---|---|---|
| K2 | 2016 | 충주 | 13 | 0 | 0 | 0 | 0 | 16 | 4 | 0 |
| 통산 | | | 13 | 0 | 0 | 0 | 0 | 16 | 4 | 0 |

**마유송**(Francisco de Farias Mailson) 브라질 1990.12.23

| 대회 | 연도 | 소속 | 출전 | 교체 | 득점 | 도움 | 실점 | 파울 | 경고 | 퇴장 |
|---|---|---|---|---|---|---|---|---|---|---|
| K1 | 2017 | 제주 | 2 | 2 | 0 | 0 | 0 | 1 | 0 | 0 |
| 통산 | | | 2 | 2 | 0 | 0 | 0 | 1 | 0 | 0 |

**마이콘**(Maycon Carvalho Inez) 브라질 1986.07.21

| 대회 | 연도 | 소속 | 출전 | 교체 | 득점 | 도움 | 실점 | 파울 | 경고 | 퇴장 |
|---|---|---|---|---|---|---|---|---|---|---|
| K2 | 2014 | 고양 | 3 | 3 | 0 | 0 | 0 | 0 | 0 | 0 |
| 통산 | | | 3 | 3 | 0 | 0 | 0 | 0 | 0 | 0 |

**마이키**(Mike dos Santos Nenatarvicius) 브라질 1993.03.08

| 대회 | 연도 | 소속 | 출전 | 교체 | 득점 | 도움 | 실점 | 파울 | 경고 | 퇴장 |
|---|---|---|---|---|---|---|---|---|---|---|
| K2 | 2022 | 광주 | 25 | 24 | 4 | 3 | 0 | 13 | 2 | 0 |
| 통산 | | | 25 | 24 | 4 | 3 | 0 | 13 | 2 | 0 |

**마일랏** (Sebastian Arpad Mailat) 루마니아 1997.12.12

| 대회 | 연도 | 소속 | 출전 | 교체 | 득점 | 도움 | 실점 | 파울 | 경고 | 퇴장 |
|---|---|---|---|---|---|---|---|---|---|---|
| K2 | 2024 | 수원 | 10 | 10 | 2 | 1 | 0 | 10 | 1 | 0 |
| 통산 | | | 10 | 10 | 2 | 1 | 0 | 10 | 1 | 0 |

**마징요**(Marcio de Souza Gregorio Junio) 브라질 1986.05.14

| 대회 | 연도 | 소속 | 출전 | 교체 | 득점 | 도움 | 실점 | 파울 | 경고 | 퇴장 |
|---|---|---|---|---|---|---|---|---|---|---|
| K1 | 2010 | 경남 | 3 | 3 | 0 | 0 | 0 | 7 | 0 | 0 |
| 통산 | | | 3 | 3 | 0 | 0 | 0 | 7 | 0 | 0 |

**마차도**(Leandro Machado) 브라질 1976.03.22

| 대회 | 연도 | 소속 | 출전 | 교체 | 득점 | 도움 | 실점 | 파울 | 경고 | 퇴장 |
|---|---|---|---|---|---|---|---|---|---|---|
| K1 | 2005 | 울산 | 14 | 5 | 10 | 1 | 0 | 31 | 4 | 0 |
| | 2006 | 울산 | 17 | 11 | 1 | 2 | 0 | 23 | 0 | 0 |
| | 2007 | 울산 | 9 | 8 | 2 | 0 | 0 | 7 | 3 | 0 |
| PO | 2005 | 울산 | 3 | 3 | 3 | 0 | 0 | 11 | 1 | 0 |
| | 2007 | 울산 | 1 | 1 | 0 | 0 | 0 | 1 | 0 | 0 |
| 컵 | 2006 | 울산 | 9 | 7 | 0 | 1 | 0 | 11 | 2 | 0 |
| | 2007 | 울산 | 0 | 0 | 0 | 0 | 0 | 0 | 0 | 0 |
| 통산 | | | 53 | 35 | 16 | 4 | 0 | 84 | 10 | 0 |

**마철준**(馬哲俊) 경희대 1980.11.16

| 대회 | 연도 | 소속 | 출전 | 교체 | 득점 | 도움 | 실점 | 파울 | 경고 | 퇴장 |
|---|---|---|---|---|---|---|---|---|---|---|
| K1 | 2004 | 부천SK | 14 | 7 | 0 | 0 | 0 | 21 | 1 | 0 |
| | 2005 | 부천SK | 17 | 7 | 1 | 0 | 0 | 20 | 4 | 0 |
| | 2006 | 제주 | 25 | 5 | 0 | 0 | 0 | 57 | 3 | 0 |
| | 2007 | 광주상무 | 20 | 6 | 0 | 0 | 0 | 39 | 3 | 0 |
| | 2008 | 광주상무 | 10 | 4 | 0 | 1 | 0 | 12 | 4 | 0 |
| | 2009 | 제주 | 21 | 7 | 0 | 0 | 0 | 46 | 9 | 0 |
| | 2010 | 제주 | 22 | 8 | 0 | 0 | 0 | 30 | 6 | 0 |
| | 2011 | 제주 | 15 | 9 | 0 | 0 | 0 | 19 | 5 | 0 |
| | 2012 | 제주 | 0 | 0 | 0 | 0 | 0 | 0 | 0 | 0 |
| | 2012 | 전북 | 7 | 6 | 0 | 0 | 0 | 7 | 2 | 0 |
| | 2015 | 광주 | 1 | 1 | 0 | 0 | 0 | 0 | 0 | 0 |
| K2 | 2013 | 광주 | 12 | 3 | 0 | 2 | 0 | 13 | 3 | 1 |
| | 2014 | 광주 | 15 | 3 | 1 | 0 | 0 | 11 | 3 | 0 |
| PO | 2010 | 제주 | 3 | 0 | 0 | 0 | 0 | 2 | 2 | 0 |
| | 2014 | 광주 | 1 | 1 | 0 | 0 | 0 | 0 | 0 | 0 |
| 컵 | 2004 | 부천SK | 8 | 5 | 1 | 0 | 0 | 9 | 1 | 0 |
| | 2005 | 부천SK | 1 | 0 | 0 | 0 | 0 | 2 | 0 | 0 |
| | 2006 | 제주 | 8 | 2 | 0 | 0 | 0 | 14 | 1 | 0 |
| | 2007 | 광주상무 | 5 | 1 | 0 | 0 | 0 | 8 | 0 | 0 |
| | 2008 | 광주상무 | 6 | 4 | 0 | 0 | 0 | 3 | 0 | 0 |
| | 2009 | 제주 | 4 | 3 | 0 | 0 | 0 | 4 | 0 | 0 |
| | 2010 | 제주 | 4 | 1 | 0 | 0 | 0 | 10 | 1 | 0 |
| | 2011 | 제주 | 1 | 0 | 0 | 0 | 0 | 0 | 0 | 0 |
| 통산 | | | 220 | 83 | 3 | 3 | 0 | 327 | 48 | 1 |

**마쿠스** (Marcus Ake Jens Erik Nilsson) 스웨덴 1988.02.26

| 대회 | 연도 | 소속 | 출전 | 교체 | 득점 | 도움 | 실점 | 파울 | 경고 | 퇴장 |
|---|---|---|---|---|---|---|---|---|---|---|
| K1 | 2017 | 포항 | 0 | 0 | 0 | 0 | 0 | 0 | 0 | 0 |
| 통산 | | | 0 | 0 | 0 | 0 | 0 | 0 | 0 | 0 |

**마테우스**(Matheus Humberto Maximiano) 브라

질 1989.05.31

| 대회 | 연도 | 소속 | 출전 | 교체 | 득점 | 도움 | 실점 | 파울 | 경고 | 퇴장 |
|---|---|---|---|---|---|---|---|---|---|---|
| K1 | 2011 | 대구 | 9 | 8 | 1 | 0 | 0 | 6 | 0 | 0 |
| | 2012 | 대구 | 23 | 15 | 2 | 2 | 0 | 37 | 5 | 0 |
| K2 | 2014 | 대구 | 18 | 14 | 2 | 1 | 0 | 32 | 2 | 0 |
| 통산 | | | 50 | 37 | 5 | 3 | 0 | 75 | 7 | 0 |

**마테우스**(Matheus Alves Leandro) 브라질 1993.05.19

| 대회 | 연도 | 소속 | 출전 | 교체 | 득점 | 도움 | 실점 | 파울 | 경고 | 퇴장 |
|---|---|---|---|---|---|---|---|---|---|---|
| K2 | 2016 | 강원 | 35 | 22 | 11 | 1 | 0 | 65 | 7 | 0 |
| | 2018 | 수원FC | 13 | 4 | 2 | 0 | 0 | 18 | 4 | 0 |
| | 2021 | 충남아산 | 15 | 14 | 3 | 1 | 0 | 15 | 4 | 0 |
| PO | 2016 | 강원 | 4 | 2 | 1 | 0 | 0 | 11 | 1 | 0 |
| 통산 | | | 67 | 42 | 17 | 2 | 0 | 109 | 16 | 0 |

**마테우스** (Matheus de Sales Cabral) 브라질 1995.05.13

| 대회 | 연도 | 소속 | 출전 | 교체 | 득점 | 도움 | 실점 | 파울 | 경고 | 퇴장 |
|---|---|---|---|---|---|---|---|---|---|---|
| K1 | 2024 | 울산 | 12 | 9 | 0 | 0 | 0 | 12 | 0 | 0 |
| 통산 | | | 12 | 9 | 0 | 0 | 0 | 12 | 0 | 0 |

**마테우스** (Matheus Oliveira Santos) 브라질 1997.09.28

| 대회 | 연도 | 소속 | 출전 | 교체 | 득점 | 도움 | 실점 | 파울 | 경고 | 퇴장 |
|---|---|---|---|---|---|---|---|---|---|---|
| K1 | 2025 | 안양 | 35 | 25 | 10 | 5 | 0 | 6 | 5 | 1 |
| K2 | 2024 | 안양 | 36 | 18 | 7 | 11 | 0 | 19 | 4 | 0 |
| 통산 | | | 71 | 43 | 17 | 16 | 0 | 25 | 9 | 1 |

**마테우스**(Matheus Henrique de Souza de Carvalho) 브라질 2001.01.01

| 대회 | 연도 | 소속 | 출전 | 교체 | 득점 | 도움 | 실점 | 파울 | 경고 | 퇴장 |
|---|---|---|---|---|---|---|---|---|---|---|
| K2 | 2025 | 경남 | 1 | 1 | 0 | 0 | 0 | 0 | 0 | 0 |
| 통산 | | | 1 | 1 | 0 | 0 | 0 | 0 | 0 | 0 |

**마테우징요**(Mateus Gustavo Sales de Jesus) 브라질 1999.01.11

| 대회 | 연도 | 소속 | 출전 | 교체 | 득점 | 도움 | 실점 | 파울 | 경고 | 퇴장 |
|---|---|---|---|---|---|---|---|---|---|---|
| K2 | 2025 | 충북청주 | 6 | 6 | 0 | 0 | 0 | 4 | 0 | 0 |
| 통산 | | | 6 | 6 | 0 | 0 | 0 | 4 | 0 | 0 |

**마토**(Mato Neretljak) 크로아티아 1979.06.03

| 대회 | 연도 | 소속 | 출전 | 교체 | 득점 | 도움 | 실점 | 파울 | 경고 | 퇴장 |
|---|---|---|---|---|---|---|---|---|---|---|
| K1 | 2005 | 수원 | 20 | 1 | 5 | 1 | 0 | 62 | 3 | 0 |
| | 2006 | 수원 | 23 | 0 | 3 | 1 | 0 | 66 | 6 | 0 |
| | 2007 | 수원 | 23 | 1 | 3 | 0 | 0 | 52 | 6 | 0 |
| | 2008 | 수원 | 19 | 1 | 0 | 2 | 0 | 27 | 0 | 0 |
| | 2011 | 수원 | 23 | 0 | 7 | 0 | 0 | 33 | 5 | 0 |
| PO | 2006 | 수원 | 3 | 0 | 0 | 0 | 0 | 12 | 1 | 0 |
| | 2007 | 수원 | 1 | 0 | 0 | 0 | 0 | 3 | 0 | 0 |
| | 2008 | 수원 | 2 | 0 | 0 | 0 | 0 | 3 | 1 | 0 |
| | 2011 | 수원 | 2 | 0 | 1 | 0 | 0 | 6 | 1 | 0 |
| 컵 | 2005 | 수원 | 11 | 1 | 5 | 1 | 0 | 40 | 4 | 0 |
| | 2006 | 수원 | 11 | 1 | 1 | 1 | 0 | 18 | 0 | 0 |
| | 2007 | 수원 | 11 | 0 | 4 | 0 | 0 | 32 | 1 | 0 |
| | 2008 | 수원 | 8 | 0 | 0 | 2 | 0 | 16 | 2 | 0 |
| 통산 | | | 157 | 5 | 29 | 8 | 0 | 370 | 30 | 0 |

**마티아스** (Coureur Mathias) 프랑스 1988.03.22

| 대회 | 연도 | 소속 | 출전 | 교체 | 득점 | 도움 | 실점 | 파울 | 경고 | 퇴장 |
|---|---|---|---|---|---|---|---|---|---|---|
| K1 | 2019 | 성남 | 21 | 19 | 2 | 0 | 0 | 20 | 1 | 0 |
| 통산 | | | 21 | 19 | 2 | 0 | 0 | 20 | 1 | 0 |

**마티야** (Matija Ljujic) 세르비아 1993.10.28

| 대회 | 연도 | 소속 | 출전 | 교체 | 득점 | 도움 | 실점 | 파울 | 경고 | 퇴장 |
|---|---|---|---|---|---|---|---|---|---|---|
| K1 | 2021 | 강원 | 9 | 10 | 1 | 0 | 0 | 9 | 2 | 0 |
| PO | 2021 | 강원 | 1 | 1 | 0 | 0 | 0 | 0 | 0 | 0 |
| 통산 | | | 10 | 11 | 1 | 0 | 0 | 9 | 2 | 0 |

**마티치**(Bojan Matić) 세르비아 1991.12.22

| 대회 | 연도 | 소속 | 출전 | 교체 | 득점 | 도움 | 실점 | 파울 | 경고 | 퇴장 |
|---|---|---|---|---|---|---|---|---|---|---|
| K1 | 2018 | 서울 | 9 | 7 | 1 | 0 | 0 | 7 | 0 | 1 |
| 통산 | | | 9 | 7 | 1 | 0 | 0 | 7 | 0 | 1 |

**마틴아담**(Ádám Martin) 헝가리 1994.11.06

| 대회 | 연도 | 소속 | 출전 | 교체 | 득점 | 도움 | 실점 | 파울 | 경고 | 퇴장 |
|---|---|---|---|---|---|---|---|---|---|---|
| K1 | 2022 | 울산 | 14 | 11 | 9 | 4 | 0 | 9 | 2 | 0 |
| | 2023 | 울산 | 30 | 25 | 5 | 4 | 0 | 28 | 7 | 0 |
| | 2024 | 울산 | 10 | 8 | 3 | 0 | 0 | 9 | 3 | 0 |
| 통산 | | | 54 | 44 | 17 | 8 | 0 | 46 | 12 | 0 |

**마하지**(Rashid Abdulhakim Mahazi) 오스트레일리아 1992.04.20

| 대회 | 연도 | 소속 | 출전 | 교체 | 득점 | 도움 | 실점 | 파울 | 경고 | 퇴장 |
|---|---|---|---|---|---|---|---|---|---|---|
| K1 | 2019 | 인천 | 13 | 5 | 1 | 0 | 0 | 18 | 4 | 0 |
| | 2020 | 인천 | 7 | 4 | 0 | 0 | 0 | 9 | 3 | 0 |
| 통산 | | | 20 | 9 | 1 | 0 | 0 | 27 | 7 | 0 |

**막스** 유고슬라비아 1965.12.10

| 대회 | 연도 | 소속 | 출전 | 교체 | 득점 | 도움 | 실점 | 파울 | 경고 | 퇴장 |
|---|---|---|---|---|---|---|---|---|---|---|
| K1 | 1994 | 일화 | 11 | 10 | 2 | 0 | 0 | 15 | 5 | 0 |
| 통산 | | | 11 | 10 | 2 | 0 | 0 | 15 | 5 | 0 |

**말로니**(Johnathan Marlone Azevedo da Silva) 브라질 1992.04.02

| 대회 | 연도 | 소속 | 출전 | 교체 | 득점 | 도움 | 실점 | 파울 | 경고 | 퇴장 |
|---|---|---|---|---|---|---|---|---|---|---|
| K2 | 2020 | 수원FC | 18 | 12 | 2 | 4 | 0 | 5 | 1 | 0 |
| 통산 | | | 18 | 12 | 2 | 4 | 0 | 5 | 1 | 0 |

**말론**(Marlón Jonathan de Jesús Pabón) 에쿠아도르 1991.09.04

| 대회 | 연도 | 소속 | 출전 | 교체 | 득점 | 도움 | 실점 | 파울 | 경고 | 퇴장 |
|---|---|---|---|---|---|---|---|---|---|---|
| K2 | 2019 | 부천 | 28 | 22 | 10 | 3 | 0 | 46 | 6 | 0 |
| PO | 2019 | 부천 | 1 | 1 | 0 | 0 | 0 | 1 | 0 | 0 |
| 통산 | | | 29 | 23 | 10 | 3 | 0 | 47 | 6 | 0 |

**말컹** (Marcos Vinicius do Amaral Alves) 브라질 1994.06.17

| 대회 | 연도 | 소속 | 출전 | 교체 | 득점 | 도움 | 실점 | 파울 | 경고 | 퇴장 |
|---|---|---|---|---|---|---|---|---|---|---|
| K1 | 2018 | 경남 | 31 | 13 | 26 | 5 | 0 | 42 | 4 | 1 |
| | 2025 | 울산 | 9 | 9 | 3 | 0 | 0 | 6 | 0 | 0 |
| K2 | 2017 | 경남 | 32 | 5 | 22 | 3 | 0 | 63 | 5 | 0 |
| 통산 | | | 72 | 27 | 51 | 8 | 0 | 111 | 9 | 1 |

**매그넘**(Magnum Rafael Farias Tavares) 브라질 1982.03.24

| 대회 | 연도 | 소속 | 출전 | 교체 | 득점 | 도움 | 실점 | 파울 | 경고 | 퇴장 |
|---|---|---|---|---|---|---|---|---|---|---|
| K1 | 2011 | 울산 | 4 | 4 | 0 | 0 | 0 | 3 | 0 | 0 |
| 컵 | 2011 | 울산 | 1 | 1 | 0 | 0 | 0 | 0 | 0 | 0 |
| 통산 | | | 5 | 5 | 0 | 0 | 0 | 3 | 0 | 0 |

**매튜**(Matthew John Jurman) 오스트레일리아 1989.12.08

| 대회 | 연도 | 소속 | 출전 | 교체 | 득점 | 도움 | 실점 | 파울 | 경고 | 퇴장 |
|---|---|---|---|---|---|---|---|---|---|---|
| K1 | 2017 | 수원 | 25 | 3 | 2 | 1 | 0 | 31 | 9 | 0 |
| | 2018 | 수원 | 4 | 0 | 0 | 0 | 0 | 7 | 1 | 0 |
| 통산 | | | 29 | 3 | 2 | 1 | 0 | 38 | 10 | 0 |

**맥고완**(Dylan John McGowan) 오스트레일리아 1991.08.06

| 대회 | 연도 | 소속 | 출전 | 교체 | 득점 | 도움 | 실점 | 파울 | 경고 | 퇴장 |
|---|---|---|---|---|---|---|---|---|---|---|
| K1 | 2018 | 강원 | 15 | 6 | 1 | 0 | 0 | 14 | 2 | 0 |
| 통산 | | | 15 | 6 | 1 | 0 | 0 | 14 | 2 | 0 |

**맥긴** (Niall Peter Mcginn) 영국(북아일랜드) 1987.07.20

| 대회 | 연도 | 소속 | 출전 | 교체 | 득점 | 도움 | 실점 | 파울 | 경고 | 퇴장 |
|---|---|---|---|---|---|---|---|---|---|---|
| K1 | 2017 | 광주 | 7 | 7 | 0 | 0 | 0 | 5 | 0 | 0 |
| 통산 | | | 7 | 7 | 0 | 0 | 0 | 5 | 0 | 0 |

**맥도날드**(Sherjill Jermaine Mac-Donald) 네덜란드 1984.11.20

| 대회 | 연도 | 소속 | 출전 | 교체 | 득점 | 도움 | 실점 | 파울 | 경고 | 퇴장 |
|---|---|---|---|---|---|---|---|---|---|---|
| K2 | 2018 | 부산 | 2 | 2 | 0 | 0 | 0 | 2 | 0 | 0 |
| 통산 | | | 2 | 2 | 0 | 0 | 0 | 2 | 0 | 0 |

**맥카이**(Matthew Graham McKay) 오스트레일리아 1983.01.11

| 대회 | 연도 | 소속 | 출전 | 교체 | 득점 | 도움 | 실점 | 파울 | 경고 | 퇴장 |
|---|---|---|---|---|---|---|---|---|---|---|
| K1 | 2012 | 부산 | 27 | 8 | 1 | 6 | 0 | 45 | 7 | 0 |
| 통산 | | | 27 | 8 | 1 | 6 | 0 | 45 | 7 | 0 |

**맹성웅**(孟成雄) 영남대 1998.02.04

| 대회 | 연도 | 소속 | 출전 | 교체 | 득점 | 도움 | 실점 | 파울 | 경고 | 퇴장 |
|---|---|---|---|---|---|---|---|---|---|---|
| K1 | 2022 | 전북 | 17 | 12 | 0 | 2 | 0 | 34 | 6 | 0 |
| | 2023 | 전북 | 17 | 16 | 0 | 1 | 0 | 18 | 5 | 0 |
| | 2024 | 전북 | 7 | 5 | 0 | 0 | 0 | 14 | 0 | 0 |
| | 2024 | 김천 | 11 | 9 | 1 | 0 | 0 | 10 | 0 | 0 |
| | 2025 | 김천 | 18 | 8 | 1 | 2 | 0 | 24 | 3 | 0 |
| | 2025 | 전북 | 4 | 2 | 0 | 0 | 0 | 10 | 1 | 0 |
| K2 | 2019 | 안양 | 24 | 20 | 0 | 0 | 0 | 28 | 3 | 0 |
| | 2020 | 안양 | 24 | 10 | 0 | 2 | 0 | 39 | 4 | 0 |
| | 2021 | 안양 | 33 | 5 | 1 | 1 | 0 | 53 | 4 | 0 |
| PO | 2019 | 안양 | 2 | 2 | 0 | 0 | 0 | 0 | 0 | 0 |
| | 2021 | 안양 | 1 | 1 | 0 | 0 | 0 | 0 | 0 | 0 |
| 통산 | | | 158 | 90 | 3 | 8 | 0 | 230 | 26 | 0 |

**맹수일**(孟秀一) 동아대 1961.03.22

| 대회 | 연도 | 소속 | 출전 | 교체 | 득점 | 도움 | 실점 | 파울 | 경고 | 퇴장 |
|---|---|---|---|---|---|---|---|---|---|---|
| K1 | 1985 | 럭키금성 | 8 | 5 | 1 | 0 | 0 | 4 | 0 | 0 |
| | 1986 | 유공 | 10 | 2 | 0 | 1 | 0 | 11 | 0 | 0 |
| | 1987 | 유공 | 1 | 1 | 0 | 0 | 0 | 0 | 0 | 0 |
| 컵 | 1986 | 유공 | 11 | 4 | 1 | 0 | 0 | 10 | 2 | 0 |
| 통산 | | | 30 | 12 | 2 | 1 | 0 | 25 | 2 | 0 |

**맹진오**(孟珍吾) 호남대 1986.03.06

| 대회 | 연도 | 소속 | 출전 | 교체 | 득점 | 도움 | 실점 | 파울 | 경고 | 퇴장 |
|---|---|---|---|---|---|---|---|---|---|---|
| K1 | 2009 | 포항 | 0 | 0 | 0 | 0 | 0 | 0 | 0 | 0 |
| | 2010 | 대구 | 2 | 2 | 0 | 0 | 0 | 2 | 0 | 0 |
| 컵 | 2010 | 대구 | 1 | 1 | 0 | 0 | 0 | 3 | 0 | 0 |
| 통산 | | | 3 | 3 | 0 | 0 | 0 | 5 | 0 | 0 |

**머치** (Mutch Jordon James Edward Sydney) 잉글랜드 1991.12.02

| 대회 | 연도 | 소속 | 출전 | 교체 | 득점 | 도움 | 실점 | 파울 | 경고 | 퇴장 |
|---|---|---|---|---|---|---|---|---|---|---|
| K1 | 2019 | 경남 | 8 | 6 | 1 | 0 | 0 | 11 | 2 | 1 |
| 통산 | | | 8 | 6 | 1 | 0 | 0 | 11 | 2 | 1 |

**메도**(Ivan Medvid) 크로아티아 1977.10.13

| 대회 | 연도 | 소속 | 출전 | 교체 | 득점 | 도움 | 실점 | 파울 | 경고 | 퇴장 |
|---|---|---|---|---|---|---|---|---|---|---|
| K1 | 2002 | 포항 | 18 | 3 | 1 | 7 | 0 | 53 | 6 | 0 |
| | 2003 | 포항 | 29 | 13 | 0 | 4 | 0 | 47 | 4 | 0 |
| 통산 | | | 47 | 16 | 1 | 11 | 0 | 100 | 10 | 0 |

**메조이**(Géza Mészöly) 헝가리 1967.02.25

| 대회 | 연도 | 소속 | 출전 | 교체 | 득점 | 도움 | 실점 | 파울 | 경고 | 퇴장 |
|---|---|---|---|---|---|---|---|---|---|---|
| K1 | 1990 | 포항제철 | 12 | 1 | 2 | 1 | 0 | 28 | 1 | 0 |
| | 1991 | 포항제철 | 4 | 2 | 0 | 0 | 0 | 11 | 0 | 0 |
| 통산 | | | 16 | 3 | 2 | 1 | 0 | 39 | 1 | 0 |

**멘도사**(Mendoza Renreria Mauricio) 콜롬비아 1981.12.28

| 대회 | 연도 | 소속 | 출전 | 교체 | 득점 | 도움 | 실점 | 파울 | 경고 | 퇴장 |
|---|---|---|---|---|---|---|---|---|---|---|
| K1 | 2011 | 경남 | 0 | 0 | 0 | 0 | 0 | 0 | 0 | 0 |
| 컵 | 2011 | 경남 | 1 | 1 | 0 | 1 | 0 | 1 | 0 | 0 |
| 통산 | | | 1 | 1 | 0 | 1 | 0 | 1 | 0 | 0 |

**멘디** (Mendy Frederic) 프랑스 1988.09.18

| 대회 | 연도 | 소속 | 출전 | 교체 | 득점 | 도움 | 실점 | 파울 | 경고 | 퇴장 |
|---|---|---|---|---|---|---|---|---|---|---|
| K1 | 2016 | 울산 | 18 | 5 | 6 | 1 | 0 | 23 | 3 | 0 |
| | 2017 | 제주 | 34 | 21 | 7 | 2 | 0 | 54 | 2 | 0 |
| 통산 | | | 52 | 26 | 13 | 3 | 0 | 77 | 5 | 0 |

**명성준**(明成峻) 대건고 1998.03.18

| 대회 | 연도 | 소속 | 출전 | 교체 | 득점 | 도움 | 실점 | 파울 | 경고 | 퇴장 |
|---|---|---|---|---|---|---|---|---|---|---|
| K1 | 2017 | 인천 | 1 | 1 | 0 | 0 | 0 | 0 | 0 | 0 |
| K2 | 2018 | 부천 | 2 | 2 | 0 | 0 | 0 | 3 | 1 | 0 |
| 통산 | | | 3 | 3 | 0 | 0 | 0 | 3 | 1 | 0 |

**명재용**(明載容) 조선대 1973.02.26

| 대회 | 연도 | 소속 | 출전 | 교체 | 득점 | 도움 | 실점 | 파울 | 경고 | 퇴장 |
|---|---|---|---|---|---|---|---|---|---|---|
| K1 | 1997 | 전북 | 6 | 2 | 1 | 0 | 0 | 13 | 1 | 0 |
| | 1998 | 전북 | 16 | 10 | 1 | 0 | 0 | 24 | 1 | 0 |
| | 1999 | 전북 | 21 | 15 | 1 | 1 | 0 | 21 | 1 | 0 |
| | 2000 | 전북 | 14 | 9 | 1 | 1 | 0 | 15 | 0 | 0 |
| | 2001 | 전북 | 12 | 7 | 1 | 1 | 0 | 16 | 2 | 0 |
| PO | 2000 | 전북 | 1 | 1 | 0 | 0 | 0 | 0 | 0 | 0 |
| 컵 | 1997 | 전북 | 3 | 2 | 0 | 0 | 0 | 5 | 1 | 0 |
| | 1998 | 전북 | 10 | 9 | 1 | 1 | 0 | 17 | 1 | 0 |
| | 1999 | 전북 | 8 | 7 | 1 | 1 | 0 | 10 | 1 | 0 |
| | 2000 | 전북 | 8 | 1 | 3 | 0 | 0 | 20 | 1 | 0 |
| | 2002 | 전북 | 6 | 6 | 0 | 0 | 0 | 7 | 1 | 0 |

| 통산 | | | 105 | 69 | 10 | 5 | 0 | 148 | 10 | 0 |
|---|---|---|---|---|---|---|---|---|---|---|

**명준재**(明俊在) 고려대 1994.07.02

| 대회 | 연도 | 소속 | 출전 | 교체 | 득점 | 도움 | 실점 | 파울 | 경고 | 퇴장 |
|---|---|---|---|---|---|---|---|---|---|---|
| K1 | 2016 | 전북 | 0 | 0 | 0 | 0 | 0 | 0 | 0 | 0 |
| | 2018 | 전북 | 4 | 2 | 0 | 0 | 0 | 1 | 0 | 0 |
| | 2019 | 전북 | 5 | 1 | 0 | 0 | 0 | 8 | 1 | 0 |
| | 2019 | 인천 | 16 | 14 | 2 | 1 | 0 | 21 | 6 | 0 |
| | 2020 | 수원 | 11 | 6 | 0 | 2 | 0 | 21 | 3 | 0 |
| | 2022 | 수원 | 4 | 4 | 0 | 0 | 0 | 3 | 1 | 0 |
| | 2022 | 김천 | 16 | 17 | 3 | 0 | 0 | 8 | 2 | 0 |
| | 2023 | 수원 | 8 | 8 | 0 | 0 | 0 | 5 | 3 | 0 |
| K2 | 2017 | 서울E | 17 | 16 | 3 | 1 | 0 | 14 | 2 | 0 |
| | 2021 | 김천 | 6 | 5 | 1 | 1 | 0 | 7 | 2 | 0 |
| | 2024 | 수원 | 3 | 3 | 0 | 0 | 0 | 1 | 0 | 0 |
| | 2024 | 천안 | 12 | 12 | 0 | 2 | 0 | 7 | 1 | 0 |
| | 2025 | 천안 | 15 | 14 | 1 | 0 | 0 | 7 | 2 | 0 |
| PO | 2022 | 수원 | 2 | 2 | 0 | 0 | 0 | 0 | 0 | 0 |
| 통산 | | | 119 | 104 | 10 | 7 | 0 | 103 | 23 | 0 |

**명진영**(明珍榮) 아주대 1973.05.20

| 대회 | 연도 | 소속 | 출전 | 교체 | 득점 | 도움 | 실점 | 파울 | 경고 | 퇴장 |
|---|---|---|---|---|---|---|---|---|---|---|
| K1 | 1996 | 부산 | 2 | 2 | 0 | 1 | 0 | 2 | 0 | 0 |
| | 1997 | 부산 | 1 | 1 | 0 | 0 | 0 | 1 | 0 | 0 |
| | 1999 | 부산 | 9 | 10 | 0 | 0 | 0 | 7 | 1 | 0 |
| PO | 1999 | 부산 | 0 | 0 | 0 | 0 | 0 | 0 | 0 | 0 |
| 컵 | 1996 | 부산 | 7 | 4 | 1 | 0 | 0 | 7 | 2 | 0 |
| | 1997 | 부산 | 2 | 2 | 0 | 0 | 0 | 1 | 0 | 0 |
| | 1998 | 부산 | 9 | 9 | 1 | 1 | 0 | 8 | 1 | 1 |
| 통산 | | | 30 | 28 | 2 | 2 | 0 | 26 | 4 | 1 |

**모나또**(Andrew Erick Feitosa) 브라질 1992.09.01

| 대회 | 연도 | 소속 | 출전 | 교체 | 득점 | 도움 | 실점 | 파울 | 경고 | 퇴장 |
|---|---|---|---|---|---|---|---|---|---|---|
| K1 | 2011 | 경남 | 6 | 5 | 0 | 0 | 0 | 5 | 0 | 0 |
| 통산 | | | 6 | 5 | 0 | 0 | 0 | 5 | 0 | 0 |

**모따**(Joao Soares da Mota Neto) 브라질 1980.11.21

| 대회 | 연도 | 소속 | 출전 | 교체 | 득점 | 도움 | 실점 | 파울 | 경고 | 퇴장 |
|---|---|---|---|---|---|---|---|---|---|---|
| K1 | 2004 | 전남 | 21 | 6 | 14 | 1 | 0 | 54 | 9 | 0 |
| | 2005 | 성남일화 | 9 | 3 | 7 | 4 | 0 | 29 | 5 | 1 |
| | 2006 | 성남일화 | 16 | 10 | 4 | 2 | 0 | 18 | 1 | 0 |
| | 2007 | 성남일화 | 21 | 7 | 9 | 2 | 0 | 39 | 9 | 0 |
| | 2008 | 성남일화 | 21 | 4 | 8 | 5 | 0 | 32 | 8 | 0 |
| | 2009 | 성남일화 | 8 | 2 | 0 | 2 | 0 | 13 | 1 | 0 |
| | 2010 | 포항 | 24 | 8 | 6 | 5 | 0 | 36 | 6 | 0 |
| | 2011 | 포항 | 27 | 16 | 13 | 8 | 0 | 50 | 8 | 0 |
| PO | 2004 | 전남 | 1 | 0 | 0 | 0 | 0 | 2 | 1 | 0 |
| | 2006 | 성남일화 | 3 | 1 | 3 | 0 | 0 | 1 | 0 | 0 |
| | 2008 | 성남일화 | 1 | 0 | 0 | 0 | 0 | 1 | 0 | 0 |
| | 2011 | 포항 | 1 | 0 | 0 | 0 | 0 | 2 | 0 | 0 |
| 컵 | 2004 | 전남 | 7 | 5 | 0 | 1 | 0 | 9 | 2 | 0 |
| | 2008 | 성남일화 | 8 | 2 | 1 | 0 | 0 | 15 | 4 | 0 |
| | 2009 | 성남일화 | 3 | 0 | 2 | 2 | 0 | 4 | 0 | 0 |
| | 2010 | 포항 | 4 | 1 | 3 | 2 | 0 | 6 | 1 | 0 |
| | 2011 | 포항 | 3 | 3 | 1 | 0 | 0 | 4 | 2 | 0 |
| 통산 | | | 178 | 68 | 71 | 34 | 0 | 315 | 57 | 1 |

**모따**(Jose Rorberto Rodrigues Mota/←호세모따) 브라질 1979.05.10

| 대회 | 연도 | 소속 | 출전 | 교체 | 득점 | 도움 | 실점 | 파울 | 경고 | 퇴장 |
|---|---|---|---|---|---|---|---|---|---|---|
| K1 | 2010 | 수원 | 19 | 10 | 7 | 0 | 0 | 24 | 4 | 1 |
| | 2012 | 부산 | 2 | 2 | 0 | 0 | 0 | 0 | 0 | 0 |
| 컵 | 2010 | 수원 | 6 | 4 | 4 | 0 | 0 | 5 | 1 | 0 |
| 통산 | | | 27 | 16 | 11 | 0 | 0 | 29 | 5 | 1 |

**모따** (Bruno Rodrigues Mota) 브라질 1996.02.10

| 대회 | 연도 | 소속 | 출전 | 교체 | 득점 | 도움 | 실점 | 파울 | 경고 | 퇴장 |
|---|---|---|---|---|---|---|---|---|---|---|
| K1 | 2025 | 안양 | 37 | 21 | 14 | 4 | 0 | 44 | 6 | 0 |
| K2 | 2023 | 천안 | 35 | 20 | 10 | 1 | 0 | 43 | 7 | 0 |
| | 2024 | 천안 | 35 | 8 | 16 | 5 | 0 | 43 | 5 | 1 |
| 통산 | | | 107 | 49 | 40 | 10 | 0 | 130 | 18 | 1 |

**모라이스** (Bittencourt Morais Danny) 브라질 1985.06.29

| 대회 | 연도 | 소속 | 출전 | 교체 | 득점 | 도움 | 실점 | 파울 | 경고 | 퇴장 |
|---|---|---|---|---|---|---|---|---|---|---|
| K2 | 2017 | 부산 | 26 | 0 | 1 | 0 | 0 | 50 | 4 | 0 |
| PO | 2017 | 부산 | 1 | 0 | 0 | 0 | 0 | 0 | 0 | 0 |
| 통산 | | | 27 | 0 | 1 | 0 | 0 | 50 | 4 | 0 |

**모리츠** (Andre Francisco Moritz) 이탈리아 1986.08.06

| 대회 | 연도 | 소속 | 출전 | 교체 | 득점 | 도움 | 실점 | 파울 | 경고 | 퇴장 |
|---|---|---|---|---|---|---|---|---|---|---|
| K1 | 2015 | 포항 | 11 | 9 | 0 | 1 | 0 | 12 | 2 | 0 |
| 통산 | | | 11 | 9 | 0 | 1 | 0 | 12 | 2 | 0 |

**모세스**(Moses Owoicho Ogbu) 스웨덴 1991.02.07

| 대회 | 연도 | 소속 | 출전 | 교체 | 득점 | 도움 | 실점 | 파울 | 경고 | 퇴장 |
|---|---|---|---|---|---|---|---|---|---|---|
| K1 | 2022 | 포항 | 13 | 13 | 1 | 0 | 0 | 10 | 1 | 0 |
| 통산 | | | 13 | 13 | 1 | 0 | 0 | 10 | 1 | 0 |

**모이세스** (Moises Oliveira Brito) 브라질 1986.07.17

| 대회 | 연도 | 소속 | 출전 | 교체 | 득점 | 도움 | 실점 | 파울 | 경고 | 퇴장 |
|---|---|---|---|---|---|---|---|---|---|---|
| K1 | 2016 | 제주 | 1 | 1 | 0 | 0 | 0 | 1 | 0 | 0 |
| 통산 | | | 1 | 1 | 0 | 0 | 0 | 1 | 0 | 0 |

**모재현**(牟在現) 광주대 1996.09.24

| 대회 | 연도 | 소속 | 출전 | 교체 | 득점 | 도움 | 실점 | 파울 | 경고 | 퇴장 |
|---|---|---|---|---|---|---|---|---|---|---|
| K1 | 2024 | 김천 | 25 | 23 | 4 | 3 | 0 | 16 | 2 | 0 |
| | 2025 | 김천 | 13 | 13 | 1 | 0 | 0 | 14 | 1 | 0 |
| | 2025 | 강원 | 19 | 7 | 5 | 5 | 0 | 27 | 1 | 0 |
| K2 | 2017 | 수원FC | 15 | 15 | 3 | 1 | 0 | 12 | 1 | 0 |
| | 2018 | 수원FC | 20 | 15 | 1 | 1 | 0 | 29 | 2 | 0 |
| | 2019 | 안양 | 10 | 8 | 3 | 1 | 0 | 9 | 1 | 0 |
| | 2019 | 수원FC | 1 | 1 | 0 | 0 | 0 | 4 | 0 | 0 |
| | 2020 | 수원FC | 17 | 11 | 2 | 2 | 0 | 21 | 2 | 0 |
| | 2021 | 안양 | 32 | 27 | 5 | 2 | 0 | 37 | 2 | 0 |
| | 2022 | 경남 | 33 | 17 | 5 | 5 | 0 | 25 | 3 | 0 |
| | 2023 | 경남 | 30 | 16 | 6 | 6 | 0 | 42 | 4 | 0 |
| PO | 2019 | 안양 | 2 | 2 | 0 | 0 | 0 | 1 | 0 | 0 |
| | 2020 | 수원FC | 1 | 1 | 0 | 0 | 0 | 0 | 0 | 0 |
| | 2021 | 안양 | 1 | 1 | 0 | 0 | 0 | 0 | 0 | 0 |
| | 2022 | 경남 | 2 | 2 | 1 | 1 | 0 | 1 | 0 | 0 |
| 통산 | | | 221 | 159 | 36 | 27 | 0 | 238 | 19 | 0 |

**몬타뇨**(John Fraki Montano Sinisterra) 콜롬비아 1997.05.07

| 대회 | 연도 | 소속 | 출전 | 교체 | 득점 | 도움 | 실점 | 파울 | 경고 | 퇴장 |
|---|---|---|---|---|---|---|---|---|---|---|
| K2 | 2024 | 전남 | 17 | 16 | 3 | 5 | 0 | 11 | 3 | 0 |
| | 2024 | 서울E | 13 | 14 | 3 | 1 | 0 | 10 | 2 | 0 |
| | 2025 | 부천 | 36 | 29 | 12 | 2 | 0 | 37 | 4 | 1 |
| PO | 2024 | 서울E | 2 | 2 | 0 | 1 | 0 | 3 | 1 | 0 |
| | 2025 | 부천 | 3 | 3 | 0 | 0 | 0 | 2 | 0 | 0 |
| 통산 | | | 71 | 64 | 18 | 9 | 0 | 63 | 10 | 1 |

**몰리나** (Mauricio Alejandro Molina Uribe) 콜롬비아 1980.04.30

| 대회 | 연도 | 소속 | 출전 | 교체 | 득점 | 도움 | 실점 | 파울 | 경고 | 퇴장 |
|---|---|---|---|---|---|---|---|---|---|---|
| K1 | 2009 | 성남일화 | 12 | 5 | 8 | 3 | 0 | 12 | 2 | 0 |
| | 2010 | 성남일화 | 27 | 12 | 10 | 7 | 0 | 23 | 5 | 0 |
| | 2011 | 서울 | 28 | 8 | 10 | 12 | 0 | 30 | 5 | 0 |
| | 2012 | 서울 | 41 | 6 | 18 | 19 | 0 | 45 | 4 | 0 |
| | 2013 | 서울 | 35 | 13 | 9 | 13 | 0 | 24 | 3 | 0 |
| | 2014 | 서울 | 19 | 10 | 5 | 3 | 0 | 9 | 1 | 0 |
| | 2015 | 서울 | 35 | 20 | 4 | 11 | 0 | 23 | 5 | 0 |
| PO | 2009 | 성남일화 | 5 | 0 | 2 | 0 | 0 | 5 | 2 | 0 |
| | 2010 | 성남일화 | 2 | 0 | 1 | 0 | 0 | 1 | 0 | 0 |
| | 2011 | 서울 | 1 | 0 | 0 | 0 | 0 | 0 | 0 | 0 |
| 컵 | 2010 | 성남일화 | 4 | 1 | 1 | 1 | 0 | 4 | 1 | 0 |
| 통산 | | | 209 | 75 | 68 | 69 | 0 | 176 | 28 | 0 |

**무고사**(Stefan Mugosa) 몬테네그로 1992.02.26

| 대회 | 연도 | 소속 | 출전 | 교체 | 득점 | 도움 | 실점 | 파울 | 경고 | 퇴장 |
|---|---|---|---|---|---|---|---|---|---|---|
| K1 | 2018 | 인천 | 35 | 9 | 19 | 4 | 0 | 24 | 5 | 0 |
| | 2019 | 인천 | 32 | 8 | 14 | 4 | 0 | 28 | 2 | 0 |
| | 2020 | 인천 | 24 | 8 | 12 | 2 | 0 | 16 | 1 | 0 |
| | 2021 | 인천 | 20 | 10 | 9 | 0 | 0 | 13 | 1 | 0 |
| | 2022 | 인천 | 18 | 6 | 14 | 0 | 0 | 16 | 0 | 0 |
| | 2023 | 인천 | 9 | 7 | 3 | 1 | 0 | 5 | 1 | 0 |
| | 2024 | 인천 | 38 | 17 | 15 | 1 | 0 | 11 | 4 | 0 |
| K2 | 2025 | 인천 | 35 | 20 | 20 | 3 | 0 | 14 | 2 | 0 |
| 통산 | | | 211 | 85 | 106 | 15 | 0 | 127 | 16 | 0 |

**무랄랴**(Luiz Philipe Lima de Oliveira) 브라질 1993.01.21

| 대회 | 연도 | 소속 | 출전 | 교체 | 득점 | 도움 | 실점 | 파울 | 경고 | 퇴장 |
|---|---|---|---|---|---|---|---|---|---|---|
| K1 | 2016 | 포항 | 20 | 8 | 1 | 0 | 0 | 11 | 2 | 0 |
| | 2017 | 포항 | 33 | 17 | 0 | 2 | 0 | 28 | 11 | 0 |
| K2 | 2018 | 성남 | 11 | 8 | 3 | 0 | 0 | 12 | 3 | 0 |
| 통산 | | | 64 | 33 | 4 | 2 | 0 | 51 | 16 | 0 |

**무릴로**(Murilo Henrique Pereira Rocha 브라질 1994.11.20

| 대회 | 연도 | 소속 | 출전 | 교체 | 득점 | 도움 | 실점 | 파울 | 경고 | 퇴장 |
|---|---|---|---|---|---|---|---|---|---|---|
| K1 | 2020 | 전북 | 17 | 15 | 1 | 0 | 0 | 10 | 1 | 0 |
| | 2021 | 수원FC | 36 | 26 | 5 | 10 | 0 | 37 | 4 | 0 |
| | 2022 | 수원FC | 23 | 25 | 1 | 5 | 0 | 16 | 0 | 0 |
| | 2023 | 수원FC | 15 | 13 | 4 | 1 | 0 | 11 | 2 | 0 |
| 통산 | | | 91 | 79 | 11 | 16 | 0 | 74 | 7 | 0 |

**무사**(Javier Martin Musa) 아르헨티나 1979.01.15

| 대회 | 연도 | 소속 | 출전 | 교체 | 득점 | 도움 | 실점 | 파울 | 경고 | 퇴장 |
|---|---|---|---|---|---|---|---|---|---|---|
| K1 | 2004 | 수원 | 11 | 2 | 0 | 1 | 0 | 26 | 1 | 0 |
| | 2005 | 수원 | 1 | 0 | 0 | 0 | 0 | 4 | 1 | 0 |
| | 2005 | 울산 | 7 | 0 | 0 | 0 | 0 | 18 | 1 | 0 |
| PO | 2004 | 수원 | 3 | 1 | 1 | 0 | 0 | 14 | 0 | 0 |
| | 2005 | 울산 | 0 | 0 | 0 | 0 | 0 | 0 | 0 | 0 |
| 컵 | 2004 | 수원 | 5 | 3 | 0 | 0 | 0 | 7 | 0 | 0 |
| | 2005 | 수원 | 8 | 1 | 0 | 0 | 0 | 12 | 2 | 0 |
| 통산 | | | 35 | 7 | 1 | 1 | 0 | 81 | 5 | 0 |

**무삼파**(Kizito Musampa) 네덜란드 1977.07.20

| 대회 | 연도 | 소속 | 출전 | 교체 | 득점 | 도움 | 실점 | 파울 | 경고 | 퇴장 |
|---|---|---|---|---|---|---|---|---|---|---|
| K1 | 2008 | 서울 | 3 | 2 | 0 | 0 | 0 | 0 | 0 | 0 |
| 컵 | 2008 | 서울 | 2 | 1 | 0 | 0 | 0 | 7 | 0 | 0 |
| 통산 | | | 5 | 3 | 0 | 0 | 0 | 7 | 0 | 0 |

**무셀라** (Zurabi Museliani) 조지아 1999.09.17

| 대회 | 연도 | 소속 | 출전 | 교체 | 득점 | 도움 | 실점 | 파울 | 경고 | 퇴장 |
|---|---|---|---|---|---|---|---|---|---|---|
| K2 | 2024 | 경남 | 7 | 7 | 0 | 0 | 0 | 4 | 2 | 0 |
| 통산 | | | 7 | 7 | 0 | 0 | 0 | 4 | 2 | 0 |

**무스타파**(Gonden Mustafa) 터키 1975.08.01

| 대회 | 연도 | 소속 | 출전 | 교체 | 득점 | 도움 | 실점 | 파울 | 경고 | 퇴장 |
|---|---|---|---|---|---|---|---|---|---|---|
| K1 | 2002 | 부천SK | 6 | 6 | 0 | 0 | 0 | 3 | 0 | 0 |
| | 2003 | 부천SK | 1 | 1 | 0 | 0 | 0 | 3 | 0 | 0 |
| 통산 | | | 7 | 7 | 0 | 0 | 0 | 6 | 0 | 0 |

**무야키치**(Armin Mujakic) 오스트리아 1995.03.07

| 대회 | 연도 | 소속 | 출전 | 교체 | 득점 | 도움 | 실점 | 파울 | 경고 | 퇴장 |
|---|---|---|---|---|---|---|---|---|---|---|
| K2 | 2020 | 충남아산 | 17 | 15 | 4 | 0 | 0 | 48 | 6 | 0 |
| 통산 | | | 17 | 15 | 4 | 0 | 0 | 48 | 6 | 0 |

**무탐바**(Mutamba Kabongo) 콩고민주공화국 1972.12.09

| 대회 | 연도 | 소속 | 출전 | 교체 | 득점 | 도움 | 실점 | 파울 | 경고 | 퇴장 |
|---|---|---|---|---|---|---|---|---|---|---|
| K1 | 1997 | 안양LG | 17 | 1 | 1 | 0 | 0 | 32 | 1 | 0 |
| | 1998 | 안양LG | 16 | 1 | 2 | 1 | 0 | 28 | 4 | 0 |
| | 1999 | 안양LG | 19 | 3 | 1 | 1 | 0 | 33 | 4 | 0 |
| | 2000 | 안양LG | 7 | 3 | 0 | 0 | 0 | 14 | 2 | 0 |
| 컵 | 1997 | 안양LG | 15 | 4 | 2 | 0 | 0 | 23 | 3 | 0 |
| | 1998 | 안양LG | 18 | 3 | 2 | 1 | 0 | 31 | 1 | 0 |
| | 1999 | 안양LG | 9 | 3 | 1 | 0 | 0 | 12 | 1 | 0 |
| | 2000 | 안양LG | 8 | 3 | 0 | 0 | 0 | 12 | 3 | 0 |
| 통산 | | | 109 | 21 | 9 | 3 | 0 | 185 | 19 | 0 |

**문건호**(文建浩) 영생고 2004.06.16

| 대회 | 연도 | 소속 | 출전 | 교체 | 득점 | 도움 | 실점 | 파울 | 경고 | 퇴장 |
|---|---|---|---|---|---|---|---|---|---|---|
| K2 | 2023 | 천안 | 1 | 1 | 0 | 0 | 0 | 1 | 0 | 0 |
| | 2024 | 천안 | 17 | 18 | 2 | 3 | 0 | 10 | 1 | 1 |
| | 2025 | 천안 | 9 | 7 | 0 | 0 | 0 | 6 | 1 | 1 |
| 통산 | | | 27 | 26 | 2 | 3 | 0 | 17 | 2 | 2 |

**문경건**(文慶建) 광운대 1995.02.09

| 대회 | 연도 | 소속 | 출전 | 교체 | 득점 | 도움 | 실점 | 파울 | 경고 | 퇴장 |
|---|---|---|---|---|---|---|---|---|---|---|
| K1 | 2021 | 대구 | 2 | 0 | 0 | 0 | 4 | 0 | 0 | 0 |
| | 2022 | 제주 | 0 | 0 | 0 | 0 | 0 | 0 | 0 | 0 |
| K2 | 2021 | 안산 | 3 | 1 | 0 | 0 | 5 | 0 | 0 | 0 |
| | 2023 | 김천 | 3 | 0 | 0 | 0 | 5 | 0 | 0 | 0 |
| 통산 | | | 8 | 1 | 0 | 0 | 14 | 0 | 0 | 0 |

**문광석**(文光錫) 한양대 1996.03.02

| 대회 | 연도 | 소속 | 출전 | 교체 | 득점 | 도움 | 실점 | 파울 | 경고 | 퇴장 |
|---|---|---|---|---|---|---|---|---|---|---|
| K1 | 2018 | 제주 | 0 | 0 | 0 | 0 | 0 | 0 | 0 | 0 |
| | 2019 | 성남 | 0 | 0 | 0 | 0 | 0 | 0 | 0 | 0 |
| 통산 | | | 0 | 0 | 0 | 0 | 0 | 0 | 0 | 0 |

**문기한**(文記韓) 영남사이버대 1989.03.17

| 대회 | 연도 | 소속 | 출전 | 교체 | 득점 | 도움 | 파울 | 경고 | 퇴장 |
|---|---|---|---|---|---|---|---|---|---|
| K1 | 2008 | 서울 | 1 | 1 | 0 | 0 | 0 | 0 | 0 | 0 |
| | 2009 | 서울 | 0 | 0 | 0 | 0 | 0 | 0 | 0 | 0 |
| | 2010 | 서울 | 0 | 0 | 0 | 0 | 0 | 0 | 0 | 0 |
| | 2011 | 서울 | 12 | 11 | 0 | 0 | 0 | 13 | 2 | 0 |
| | 2012 | 서울 | 1 | 1 | 0 | 0 | 0 | 1 | 0 | 0 |
| K2 | 2013 | 경찰 | 28 | 7 | 2 | 6 | 0 | 57 | 7 | 0 |
| | 2014 | 안산경찰 | 21 | 15 | 1 | 2 | 0 | 32 | 6 | 0 |
| | 2015 | 대구 | 37 | 32 | 1 | 9 | 0 | 51 | 9 | 0 |
| | 2016 | 부천 | 37 | 31 | 4 | 7 | 0 | 46 | 4 | 0 |
| | 2017 | 부천 | 33 | 7 | 5 | 8 | 0 | 59 | 4 | 0 |
| | 2018 | 부천 | 34 | 6 | 0 | 5 | 0 | 37 | 5 | 0 |
| | 2019 | 부천 | 21 | 14 | 1 | 4 | 0 | 24 | 4 | 0 |
| PO | 2015 | 대구 | 1 | 0 | 0 | 1 | 0 | 5 | 0 | 0 |
| | 2016 | 부천 | 1 | 0 | 0 | 1 | 0 | 1 | 0 | 0 |
| 컵 | 2008 | 서울 | 2 | 1 | 0 | 0 | 0 | 3 | 0 | 0 |
| | 2009 | 서울 | 0 | 0 | 0 | 0 | 0 | 0 | 0 | 0 |
| | 2011 | 서울 | 1 | 1 | 0 | 0 | 0 | 1 | 0 | 0 |
| 통산 | | | 230 | 127 | 14 | 43 | 0 | 330 | 41 | 0 |

**문대성**(文大成) 중앙대 1986.03.15

| 대회 | 연도 | 소속 | 출전 | 교체 | 득점 | 도움 | 실점 | 파울 | 경고 | 퇴장 |
|---|---|---|---|---|---|---|---|---|---|---|
| K1 | 2007 | 전북 | 3 | 3 | 0 | 1 | 0 | 3 | 1 | 0 |
| | 2008 | 전북 | 6 | 4 | 1 | 1 | 0 | 10 | 1 | 0 |
| | 2009 | 성남일화 | 11 | 8 | 0 | 0 | 0 | 6 | 1 | 0 |
| | 2010 | 성남일화 | 9 | 9 | 2 | 0 | 0 | 4 | 1 | 0 |
| | 2011 | 울산 | 2 | 2 | 0 | 0 | 0 | 0 | 0 | 0 |
| 컵 | 2007 | 전북 | 1 | 1 | 0 | 0 | 0 | 0 | 0 | 0 |
| | 2008 | 전북 | 5 | 5 | 0 | 1 | 0 | 5 | 1 | 0 |
| | 2009 | 성남일화 | 3 | 3 | 0 | 0 | 0 | 6 | 2 | 0 |
| | 2010 | 성남일화 | 0 | 0 | 0 | 0 | 0 | 0 | 0 | 0 |
| 통산 | | | 40 | 35 | 3 | 3 | 0 | 34 | 7 | 0 |

**문동주**(文棟柱) 대구대 1990.07.08

| 대회 | 연도 | 소속 | 출전 | 교체 | 득점 | 도움 | 실점 | 파울 | 경고 | 퇴장 |
|---|---|---|---|---|---|---|---|---|---|---|
| K1 | 2013 | 서울 | 0 | 0 | 0 | 0 | 0 | 0 | 0 | 0 |
| 통산 | | | 0 | 0 | 0 | 0 | 0 | 0 | 0 | 0 |

**문민귀**(文民貴) 호남대 1981.11.15

| 대회 | 연도 | 소속 | 출전 | 교체 | 득점 | 도움 | 실점 | 파울 | 경고 | 퇴장 |
|---|---|---|---|---|---|---|---|---|---|---|
| K1 | 2004 | 포항 | 21 | 5 | 0 | 1 | 0 | 21 | 3 | 0 |
| | 2005 | 포항 | 8 | 7 | 0 | 0 | 0 | 12 | 0 | 0 |
| | 2006 | 경남 | 8 | 2 | 0 | 0 | 0 | 10 | 2 | 0 |
| | 2006 | 수원 | 10 | 3 | 0 | 1 | 0 | 15 | 1 | 0 |
| | 2007 | 수원 | 4 | 3 | 0 | 0 | 0 | 5 | 0 | 0 |
| | 2008 | 수원 | 3 | 1 | 0 | 0 | 0 | 7 | 1 | 0 |
| | 2009 | 수원 | 7 | 2 | 0 | 1 | 0 | 14 | 2 | 0 |
| | 2010 | 수원 | 4 | 1 | 0 | 0 | 0 | 14 | 1 | 0 |
| | 2011 | 제주 | 1 | 1 | 0 | 0 | 0 | 1 | 0 | 0 |
| PO | 2004 | 포항 | 3 | 1 | 0 | 0 | 0 | 4 | 0 | 0 |
| | 2006 | 수원 | 0 | 0 | 0 | 0 | 0 | 0 | 0 | 0 |
| | 2007 | 수원 | 1 | 1 | 0 | 0 | 0 | 1 | 0 | 0 |
| 컵 | 2004 | 포항 | 11 | 2 | 1 | 1 | 0 | 14 | 1 | 0 |
| | 2005 | 포항 | 9 | 4 | 0 | 1 | 0 | 8 | 4 | 0 |
| | 2006 | 경남 | 4 | 0 | 0 | 0 | 0 | 8 | 1 | 0 |
| | 2007 | 수원 | 2 | 1 | 0 | 1 | 0 | 5 | 0 | 0 |
| | 2008 | 수원 | 2 | 1 | 0 | 0 | 0 | 7 | 0 | 0 |
| | 2009 | 수원 | 2 | 2 | 0 | 0 | 0 | 2 | 0 | 0 |
| | 2011 | 제주 | 1 | 0 | 0 | 0 | 0 | 3 | 0 | 0 |
| 통산 | | | 101 | 37 | 1 | 6 | 0 | 151 | 16 | 0 |

**문민서**(文敏瑞) 단국대 2004.02.18

| 대회 | 연도 | 소속 | 출전 | 교체 | 득점 | 도움 | 실점 | 파울 | 경고 | 퇴장 |
|---|---|---|---|---|---|---|---|---|---|---|
| K1 | 2024 | 광주 | 31 | 31 | 2 | 0 | 0 | 19 | 0 | 0 |
| | 2025 | 광주 | 30 | 29 | 0 | 0 | 0 | 12 | 2 | 0 |
| 통산 | | | 61 | 60 | 2 | 0 | 0 | 31 | 2 | 0 |

**문민호**(文敏鎬) 광운대 1958.09.18

| 대회 | 연도 | 소속 | 출전 | 교체 | 득점 | 도움 | 실점 | 파울 | 경고 | 퇴장 |
|---|---|---|---|---|---|---|---|---|---|---|
| K1 | 1985 | 유공 | 5 | 5 | 1 | 0 | 0 | 1 | 0 | 0 |
| 통산 | | | 5 | 5 | 1 | 0 | 0 | 1 | 0 | 0 |

**문병우**(文炳祐) 명지대 1986.05.03

| 대회 | 연도 | 소속 | 출전 | 교체 | 득점 | 도움 | 실점 | 파울 | 경고 | 퇴장 |
|---|---|---|---|---|---|---|---|---|---|---|
| K1 | 2009 | 강원 | 0 | 0 | 0 | 0 | 0 | 0 | 0 | 0 |
| | 2013 | 강원 | 9 | 9 | 0 | 1 | 0 | 8 | 1 | 0 |
| 컵 | 2009 | 강원 | 3 | 3 | 0 | 0 | 0 | 4 | 0 | 0 |
| 통산 | | | 12 | 12 | 0 | 1 | 0 | 12 | 1 | 0 |

**문삼진**(文三鎭) 성균관대 1973.03.03

| 대회 | 연도 | 소속 | 출전 | 교체 | 득점 | 도움 | 실점 | 파울 | 경고 | 퇴장 |
|---|---|---|---|---|---|---|---|---|---|---|
| K1 | 1999 | 천안일화 | 23 | 8 | 0 | 0 | 0 | 41 | 2 | 0 |
| | 2000 | 성남일화 | 24 | 8 | 0 | 3 | 0 | 32 | 2 | 0 |
| | 2001 | 성남일화 | 6 | 6 | 0 | 0 | 0 | 3 | 0 | 0 |
| | 2002 | 성남일화 | 11 | 7 | 0 | 1 | 0 | 19 | 1 | 0 |
| | 2003 | 성남일화 | 0 | 0 | 0 | 0 | 0 | 0 | 0 | 0 |
| PO | 2000 | 성남일화 | 1 | 1 | 0 | 0 | 0 | 1 | 0 | 0 |
| 컵 | 1999 | 천안일화 | 6 | 1 | 0 | 0 | 0 | 7 | 1 | 0 |
| | 2000 | 성남일화 | 6 | 4 | 1 | 1 | 0 | 10 | 2 | 0 |
| | 2001 | 성남일화 | 5 | 4 | 0 | 0 | 0 | 1 | 0 | 0 |
| | 2002 | 성남일화 | 8 | 3 | 0 | 1 | 0 | 26 | 1 | 0 |
| 통산 | | | 90 | 42 | 1 | 6 | 0 | 140 | 9 | 0 |

**문상윤**(文相閏) 아주대 1991.01.09

| 대회 | 연도 | 소속 | 출전 | 교체 | 득점 | 도움 | 실점 | 파울 | 경고 | 퇴장 |
|---|---|---|---|---|---|---|---|---|---|---|
| K1 | 2012 | 인천 | 26 | 19 | 1 | 1 | 0 | 18 | 1 | 0 |
| | 2013 | 인천 | 29 | 18 | 3 | 2 | 0 | 29 | 1 | 0 |
| | 2014 | 인천 | 31 | 17 | 3 | 3 | 0 | 17 | 2 | 0 |
| | 2015 | 전북 | 9 | 8 | 0 | 2 | 0 | 15 | 1 | 0 |
| | 2016 | 제주 | 22 | 19 | 3 | 2 | 0 | 11 | 0 | 0 |
| | 2017 | 제주 | 18 | 15 | 1 | 3 | 0 | 11 | 1 | 0 |
| | 2019 | 성남 | 14 | 11 | 1 | 0 | 0 | 13 | 0 | 0 |
| K2 | 2018 | 성남 | 34 | 13 | 4 | 7 | 0 | 38 | 0 | 0 |
| | 2020 | 서울E | 11 | 11 | 0 | 1 | 0 | 9 | 0 | 0 |
| | 2021 | 서울E | 4 | 4 | 0 | 0 | 0 | 0 | 0 | 0 |
| | 2022 | 광주 | 2 | 2 | 0 | 0 | 0 | 1 | 0 | 0 |
| | 2023 | 충북청주 | 23 | 24 | 1 | 0 | 0 | 9 | 2 | 0 |
| | 2024 | 충북청주 | 10 | 10 | 0 | 0 | 0 | 1 | 0 | 0 |
| 통산 | | | 233 | 171 | 17 | 21 | 0 | 172 | 8 | 0 |

**문선민**(文宣民) 장훈고 1992.06.09

| 대회 | 연도 | 소속 | 출전 | 교체 | 득점 | 도움 | 실점 | 파울 | 경고 | 퇴장 |
|---|---|---|---|---|---|---|---|---|---|---|
| K1 | 2017 | 인천 | 30 | 27 | 4 | 3 | 0 | 46 | 4 | 0 |
| | 2018 | 인천 | 37 | 22 | 14 | 6 | 0 | 30 | 0 | 0 |
| | 2019 | 전북 | 32 | 23 | 10 | 10 | 0 | 38 | 3 | 0 |
| | 2020 | 상주 | 20 | 14 | 5 | 4 | 0 | 15 | 1 | 0 |
| | 2021 | 전북 | 19 | 16 | 3 | 1 | 0 | 14 | 0 | 0 |
| | 2022 | 전북 | 23 | 22 | 1 | 2 | 0 | 11 | 0 | 0 |
| | 2023 | 전북 | 34 | 28 | 6 | 1 | 0 | 23 | 4 | 0 |
| | 2024 | 전북 | 29 | 26 | 6 | 3 | 0 | 13 | 1 | 0 |
| | 2025 | 서울 | 35 | 32 | 6 | 3 | 0 | 12 | 1 | 0 |
| K2 | 2021 | 김천 | 1 | 1 | 0 | 0 | 0 | 1 | 0 | 0 |
| PO | 2024 | 전북 | 2 | 2 | 1 | 1 | 0 | 0 | 0 | 0 |
| 통산 | | | 262 | 213 | 56 | 34 | 0 | 203 | 14 | 0 |

**문성우**(文誠友) 명지대 2003.05.15

| 대회 | 연도 | 소속 | 출전 | 교체 | 득점 | 도움 | 실점 | 파울 | 경고 | 퇴장 |
|---|---|---|---|---|---|---|---|---|---|---|
| K1 | 2025 | 안양 | 19 | 21 | 1 | 1 | 0 | 16 | 1 | 0 |
| K2 | 2023 | 안양 | 31 | 31 | 3 | 0 | 0 | 28 | 3 | 0 |
| | 2024 | 안양 | 17 | 18 | 2 | 0 | 0 | 10 | 0 | 0 |
| 통산 | | | 67 | 70 | 6 | 1 | 0 | 54 | 4 | 0 |

**문승민**(文承民) 전주대 2003.01.20

| 대회 | 연도 | 소속 | 출전 | 교체 | 득점 | 도움 | 실점 | 파울 | 경고 | 퇴장 |
|---|---|---|---|---|---|---|---|---|---|---|
| K2 | 2025 | 충북청주 | 14 | 14 | 0 | 0 | 0 | 12 | 3 | 0 |
| 통산 | | | 14 | 14 | 0 | 0 | 0 | 12 | 3 | 0 |

**문영래**(文永來) 국민대 1964.03.06

| 대회 | 연도 | 소속 | 출전 | 교체 | 득점 | 도움 | 실점 | 파울 | 경고 | 퇴장 |
|---|---|---|---|---|---|---|---|---|---|---|
| K1 | 1988 | 유공 | 15 | 15 | 0 | 1 | 0 | 19 | 3 | 0 |
| | 1989 | 유공 | 33 | 25 | 2 | 5 | 0 | 49 | 4 | 0 |
| | 1990 | 유공 | 15 | 13 | 1 | 1 | 0 | 18 | 0 | 0 |
| | 1991 | 유공 | 14 | 7 | 0 | 0 | 0 | 19 | 3 | 0 |
| | 1992 | 유공 | 1 | 1 | 0 | 0 | 0 | 1 | 0 | 0 |
| | 1993 | 유공 | 9 | 9 | 0 | 1 | 0 | 9 | 1 | 0 |
| | 1994 | 버팔로 | 26 | 9 | 2 | 2 | 0 | 38 | 7 | 0 |
| | 1995 | 전북 | 14 | 10 | 0 | 0 | 0 | 16 | 2 | 0 |
| 컵 | 1993 | 유공 | 1 | 1 | 0 | 0 | 0 | 1 | 0 | 0 |
| | 1994 | 버팔로 | 6 | 0 | 1 | 1 | 0 | 9 | 1 | 0 |
| | 1995 | 전북 | 2 | 2 | 0 | 0 | 0 | 1 | 0 | 0 |
| 통산 | | | 136 | 92 | 6 | 11 | 0 | 180 | 21 | 0 |

**문영서**(文永瑞) 안양공고 1956.12.20

| 대회 | 연도 | 소속 | 출전 | 교체 | 득점 | 도움 | 실점 | 파울 | 경고 | 퇴장 |
|---|---|---|---|---|---|---|---|---|---|---|
| K1 | 1984 | 할렐루야 | 15 | 2 | 0 | 1 | 0 | 20 | 1 | 0 |
| | 1985 | 할렐루야 | 12 | 0 | 0 | 1 | 0 | 21 | 0 | 0 |
| 통산 | | | 27 | 2 | 0 | 2 | 0 | 41 | 1 | 0 |

**문용휘**(文容輝) 용인대 1995.06.07

| 대회 | 연도 | 소속 | 출전 | 교체 | 득점 | 도움 | 실점 | 파울 | 경고 | 퇴장 |
|---|---|---|---|---|---|---|---|---|---|---|
| K2 | 2018 | 대전 | 0 | 0 | 0 | 0 | 0 | 0 | 0 | 0 |
| | 2019 | 대전 | 0 | 0 | 0 | 0 | 0 | 0 | 0 | 0 |
| 통산 | | | 0 | 0 | 0 | 0 | 0 | 0 | 0 | 0 |

**문원근**(文元根) 동아대 1963.09.16

| 대회 | 연도 | 소속 | 출전 | 교체 | 득점 | 도움 | 실점 | 파울 | 경고 | 퇴장 |
|---|---|---|---|---|---|---|---|---|---|---|
| K1 | 1989 | 일화 | 18 | 5 | 0 | 4 | 0 | 36 | 4 | 0 |
| | 1990 | 일화 | 2 | 1 | 0 | 0 | 0 | 3 | 1 | 0 |
| 통산 | | | 20 | 6 | 0 | 4 | 0 | 39 | 5 | 0 |

**문정인**(文正仁) 현대고 1998.03.16

| 대회 | 연도 | 소속 | 출전 | 교체 | 득점 | 도움 | 실점 | 파울 | 경고 | 퇴장 |
|---|---|---|---|---|---|---|---|---|---|---|
| K1 | 2018 | 울산 | 0 | 0 | 0 | 0 | 0 | 0 | 0 | 0 |
| | 2019 | 울산 | 0 | 0 | 0 | 0 | 0 | 0 | 0 | 0 |
| | 2025 | 울산 | 5 | 0 | 0 | 0 | 5 | 0 | 0 | 0 |
| K2 | 2020 | 서울E | 1 | 0 | 0 | 0 | 2 | 1 | 1 | 0 |
| | 2021 | 서울E | 0 | 0 | 0 | 0 | 0 | 0 | 0 | 0 |
| | 2023 | 서울E | 25 | 0 | 0 | 0 | 35 | 0 | 4 | 0 |
| | 2024 | 서울E | 27 | 0 | 0 | 1 | 28 | 1 | 3 | 0 |
| PO | 2024 | 서울E | 3 | 0 | 0 | 0 | 6 | 0 | 0 | 0 |
| 통산 | | | 61 | 0 | 0 | 1 | 76 | 2 | 8 | 0 |

**문정주**(文禎珠) 선문대 1990.03.22

| 대회 | 연도 | 소속 | 출전 | 교체 | 득점 | 도움 | 실점 | 파울 | 경고 | 퇴장 |
|---|---|---|---|---|---|---|---|---|---|---|
| K2 | 2013 | 충주 | 29 | 24 | 2 | 1 | 0 | 41 | 4 | 0 |
| 통산 | | | 29 | 24 | 2 | 1 | 0 | 41 | 4 | 0 |

**문주원**(文周元) 경희대 1983.05.08

| 대회 | 연도 | 소속 | 출전 | 교체 | 득점 | 도움 | 실점 | 파울 | 경고 | 퇴장 |
|---|---|---|---|---|---|---|---|---|---|---|
| K1 | 2006 | 대구 | 10 | 7 | 1 | 1 | 0 | 18 | 2 | 0 |
| | 2007 | 대구 | 12 | 9 | 1 | 0 | 0 | 24 | 0 | 0 |
| | 2008 | 대구 | 17 | 12 | 2 | 1 | 0 | 28 | 3 | 0 |
| | 2009 | 강원 | 9 | 9 | 0 | 0 | 0 | 4 | 0 | 0 |
| | 2013 | 경남 | 4 | 4 | 0 | 0 | 0 | 3 | 1 | 0 |
| | 2014 | 경남 | 7 | 3 | 0 | 0 | 0 | 11 | 1 | 0 |
| 컵 | 2006 | 대구 | 9 | 6 | 0 | 0 | 0 | 15 | 1 | 0 |
| | 2007 | 대구 | 6 | 4 | 0 | 0 | 0 | 16 | 1 | 0 |
| | 2008 | 대구 | 9 | 7 | 0 | 1 | 0 | 6 | 0 | 0 |
| | 2009 | 강원 | 3 | 2 | 1 | 0 | 0 | 4 | 0 | 0 |
| 통산 | | | 86 | 63 | 5 | 3 | 0 | 129 | 9 | 0 |

**문준호**(文竣湖) 용인대 1993.07.12

| 대회 | 연도 | 소속 | 출전 | 교체 | 득점 | 도움 | 실점 | 파울 | 경고 | 퇴장 |
|---|---|---|---|---|---|---|---|---|---|---|
| K1 | 2016 | 수원 | 0 | 0 | 0 | 0 | 0 | 0 | 0 | 0 |
| K2 | 2018 | 안양 | 5 | 4 | 1 | 0 | 0 | 2 | 0 | 0 |
| 통산 | | | 5 | 4 | 1 | 0 | 0 | 2 | 0 | 0 |

**문지환**(文智煥) 단국대 1994.07.26

| 대회 | 연도 | 소속 | 출전 | 교체 | 득점 | 도움 | 실점 | 파울 | 경고 | 퇴장 |
|---|---|---|---|---|---|---|---|---|---|---|
| K1 | 2019 | 성남 | 21 | 3 | 0 | 0 | 0 | 31 | 5 | 0 |
| | 2020 | 인천 | 19 | 3 | 0 | 0 | 0 | 30 | 4 | 0 |
| | 2021 | 인천 | 8 | 4 | 1 | 0 | 0 | 14 | 2 | 1 |
| | 2022 | 김천 | 19 | 11 | 0 | 0 | 0 | 24 | 5 | 0 |
| | 2023 | 인천 | 27 | 19 | 2 | 0 | 0 | 20 | 8 | 0 |
| | 2024 | 인천 | 23 | 16 | 1 | 1 | 0 | 27 | 8 | 0 |
| K2 | 2017 | 성남 | 12 | 8 | 0 | 0 | 0 | 7 | 0 | 0 |
| | 2018 | 성남 | 6 | 4 | 0 | 0 | 0 | 12 | 2 | 0 |
| | 2021 | 김천 | 7 | 1 | 1 | 0 | 0 | 14 | 1 | 0 |
| | 2025 | 인천 | 15 | 9 | 1 | 0 | 0 | 9 | 2 | 1 |
| PO | 2017 | 성남 | 1 | 0 | 0 | 0 | 0 | 1 | 1 | 0 |
| | 2022 | 김천 | 2 | 0 | 1 | 0 | 0 | 3 | 0 | 0 |
| 통산 | | | 160 | 78 | 7 | 1 | 0 | 192 | 38 | 2 |

**문진용**(文眞勇) 경희대 1991.12.14

| 대회 | 연도 | 소속 | 출전 | 교체 | 득점 | 도움 | 실점 | 파울 | 경고 | 퇴장 |
|---|---|---|---|---|---|---|---|---|---|---|
| K1 | 2013 | 전북 | 4 | 4 | 0 | 0 | 0 | 5 | 1 | 0 |
| K2 | 2015 | 대구 | 1 | 0 | 0 | 0 | 0 | 2 | 0 | 0 |
| | 2017 | 대전 | 3 | 3 | 0 | 1 | 0 | 0 | 0 | 0 |
| 통산 | | | 8 | 7 | 0 | 1 | 0 | 7 | 1 | 0 |

**문창진**(文昶眞) 위덕대 1993.07.12

| 대회 | 연도 | 소속 | 출전 | 교체 | 득점 | 도움 | 실점 | 파울 | 경고 | 퇴장 |
|---|---|---|---|---|---|---|---|---|---|---|
| K1 | 2012 | 포항 | 4 | 4 | 0 | 0 | 0 | 0 | 0 | 0 |
| | 2013 | 포항 | 7 | 7 | 1 | 0 | 0 | 3 | 0 | 0 |
| | 2014 | 포항 | 24 | 17 | 2 | 2 | 0 | 20 | 1 | 0 |
| | 2015 | 포항 | 11 | 6 | 4 | 2 | 0 | 10 | 1 | 0 |
| | 2016 | 포항 | 23 | 15 | 3 | 4 | 0 | 12 | 1 | 0 |
| | 2017 | 강원 | 29 | 17 | 6 | 3 | 0 | 21 | 1 | 0 |
| | 2018 | 강원 | 10 | 10 | 1 | 0 | 0 | 3 | 0 | 0 |
| | 2019 | 인천 | 20 | 19 | 2 | 1 | 0 | 5 | 0 | 0 |
| | 2020 | 상주 | 16 | 15 | 1 | 1 | 0 | 3 | 1 | 0 |
| K2 | 2021 | 김천 | 5 | 3 | 1 | 0 | 0 | 7 | 0 | 0 |
| | 2022 | 부산 | 5 | 5 | 0 | 0 | 0 | 1 | 0 | 0 |
| | 2023 | 성남 | 6 | 6 | 0 | 0 | 0 | 3 | 0 | 0 |
| 통산 | | | 160 | 124 | 21 | 13 | 0 | 88 | 5 | 0 |

**문창현**(文昶現) 명지대 1992.11.12

| 대회 | 연도 | 소속 | 출전 | 교체 | 득점 | 도움 | 실점 | 파울 | 경고 | 퇴장 |
|---|---|---|---|---|---|---|---|---|---|---|
| K1 | 2015 | 성남 | 0 | 0 | 0 | 0 | 0 | 0 | 0 | 0 |
| 통산 | | | 0 | 0 | 0 | 0 | 0 | 0 | 0 | 0 |

**문태권**(文泰權) 명지대 1968.05.14

| 대회 | 연도 | 소속 | 출전 | 교체 | 득점 | 도움 | 실점 | 파울 | 경고 | 퇴장 |
|---|---|---|---|---|---|---|---|---|---|---|
| K1 | 1993 | 현대 | 9 | 1 | 0 | 0 | 0 | 12 | 2 | 0 |
| | 1994 | 현대 | 9 | 3 | 0 | 0 | 0 | 9 | 2 | 0 |
| | 1995 | 전남 | 2 | 2 | 0 | 1 | 0 | 3 | 0 | 0 |
| | 1996 | 전남 | 2 | 2 | 0 | 0 | 0 | 2 | 0 | 0 |
| 컵 | 1994 | 현대 | 2 | 2 | 0 | 0 | 0 | 3 | 0 | 0 |
| | 1996 | 전남 | 2 | 2 | 0 | 0 | 0 | 2 | 0 | 0 |
| 통산 | | | 26 | 12 | 0 | 1 | 0 | 31 | 4 | 0 |

**문태혁**(文泰赫) 광양제철고 1983.03.31

| 대회 | 연도 | 소속 | 출전 | 교체 | 득점 | 도움 | 실점 | 파울 | 경고 | 퇴장 |
|---|---|---|---|---|---|---|---|---|---|---|
| 컵 | 2000 | 수원 | 0 | 0 | 0 | 0 | 0 | 0 | 0 | 0 |
| 통산 | | | 0 | 0 | 0 | 0 | 0 | 0 | 0 | 0 |

**문현호**(文炫浩) 매탄고 2003.05.13

| 대회 | 연도 | 소속 | 출전 | 교체 | 득점 | 도움 | 실점 | 파울 | 경고 | 퇴장 |
|---|---|---|---|---|---|---|---|---|---|---|
| K1 | 2024 | 울산 | 0 | 0 | 0 | 0 | 0 | 0 | 0 | 0 |
| | 2025 | 울산 | 0 | 0 | 0 | 0 | 0 | 0 | 0 | 0 |
| | 2025 | 김천 | 2 | 0 | 0 | 0 | 4 | 0 | 0 | 0 |
| K2 | 2022 | 충남아산 | 4 | 4 | 0 | 0 | 0 | 0 | 0 | 0 |
| | 2023 | 충남아산 | 13 | 10 | 0 | 0 | 2 | 0 | 1 | 0 |
| 통산 | | | 19 | 14 | 0 | 0 | 6 | 0 | 1 | 0 |

**뮬리치**(Fejsal Mulic) 세르비아 1994.10.03

| 대회 | 연도 | 소속 | 출전 | 교체 | 득점 | 도움 | 실점 | 파울 | 경고 | 퇴장 |
|---|---|---|---|---|---|---|---|---|---|---|
| K1 | 2021 | 성남 | 36 | 25 | 13 | 0 | 0 | 60 | 6 | 0 |
| | 2022 | 성남 | 33 | 22 | 9 | 1 | 0 | 22 | 3 | 0 |
| | 2023 | 수원 | 22 | 21 | 4 | 1 | 0 | 9 | 2 | 0 |
| K2 | 2024 | 수원 | 35 | 35 | 10 | 1 | 0 | 11 | 1 | 0 |
| 통산 | | | 126 | 103 | 36 | 3 | 0 | 102 | 12 | 0 |

**미구엘**(Miguel Antonio Bianconi Kohl) 브라질 1992.05.14

| 대회 | 연도 | 소속 | 출전 | 교체 | 득점 | 도움 | 실점 | 파울 | 경고 | 퇴장 |
|---|---|---|---|---|---|---|---|---|---|---|
| K2 | 2013 | 충주 | 8 | 7 | 0 | 0 | 0 | 12 | 1 | 0 |
| 통산 | | | 8 | 7 | 0 | 0 | 0 | 12 | 1 | 0 |

**미노리**(Sato Minori, 佐藤穣) 일본 1991.03.02

| 대회 | 연도 | 소속 | 출전 | 교체 | 득점 | 도움 | 실점 | 파울 | 경고 | 퇴장 |
|---|---|---|---|---|---|---|---|---|---|---|
| K2 | 2018 | 광주 | 12 | 10 | 0 | 0 | 0 | 17 | 1 | 0 |
| 통산 | | | 12 | 10 | 0 | 0 | 0 | 17 | 1 | 0 |

**미니치** (Bosko Minić) 유고슬라비아 1966.10.24

| 대회 | 연도 | 소속 | 출전 | 교체 | 득점 | 도움 | 실점 | 파울 | 경고 | 퇴장 |
|---|---|---|---|---|---|---|---|---|---|---|
| K1 | 1995 | 전남 | 22 | 7 | 1 | 2 | 0 | 22 | 4 | 0 |
| 통산 | | | 22 | 7 | 1 | 2 | 0 | 22 | 4 | 0 |

**미란징야** (Luiz Carlos Paulino de Carvalho) 브라질 1999.12.19

| 대회 | 연도 | 소속 | 출전 | 교체 | 득점 | 도움 | 실점 | 파울 | 경고 | 퇴장 |
|---|---|---|---|---|---|---|---|---|---|---|
| K2 | 2023 | 경남 | 10 | 12 | 0 | 0 | 0 | 7 | 1 | 0 |
| 통산 | | | 10 | 12 | 0 | 0 | 0 | 7 | 1 | 0 |

**미르코**(Mirko Jovanovic) 유고슬라비아 1971.03.14

| 대회 | 연도 | 소속 | 출전 | 교체 | 득점 | 도움 | 실점 | 파울 | 경고 | 퇴장 |
|---|---|---|---|---|---|---|---|---|---|---|
| K1 | 1999 | 전북 | 13 | 8 | 4 | 0 | 0 | 20 | 0 | 0 |
| | 2000 | 전북 | 4 | 4 | 0 | 1 | 0 | 1 | 0 | 0 |
| 컵 | 1999 | 전북 | 1 | 0 | 0 | 1 | 0 | 2 | 0 | 0 |
| | 2000 | 전북 | 3 | 3 | 0 | 0 | 0 | 1 | 0 | 0 |
| 통산 | | | 21 | 15 | 4 | 2 | 0 | 24 | 0 | 0 |

**미사키**(Sato Misaki, 佐藤岬) 일본 1998.09.11

| 대회 | 연도 | 소속 | 출전 | 교체 | 득점 | 도움 | 실점 | 파울 | 경고 | 퇴장 |
|---|---|---|---|---|---|---|---|---|---|---|
| K2 | 2025 | 충남아산 | 12 | 13 | 1 | 2 | 0 | 11 | 2 | 0 |
| | 2025 | 천안 | 12 | 9 | 0 | 0 | 0 | 9 | 0 | 0 |
| 통산 | | | 24 | 22 | 1 | 2 | 0 | 20 | 2 | 0 |

**미샤**(Miodrag Vasiljević) 유고슬라비아 1980.08.21

| 대회 | 연도 | 소속 | 출전 | 교체 | 득점 | 도움 | 실점 | 파울 | 경고 | 퇴장 |
|---|---|---|---|---|---|---|---|---|---|---|
| 컵 | 2001 | 성남일화 | 4 | 5 | 0 | 0 | 0 | 4 | 0 | 0 |
| 통산 | | | 4 | 5 | 0 | 0 | 0 | 4 | 0 | 0 |

**미셀**(Michel Neves Dias) 브라질 1980.07.13

| 대회 | 연도 | 소속 | 출전 | 교체 | 득점 | 도움 | 실점 | 파울 | 경고 | 퇴장 |
|---|---|---|---|---|---|---|---|---|---|---|
| K1 | 2003 | 전남 | 13 | 9 | 4 | 3 | 0 | 17 | 3 | 0 |
| 통산 | | | 13 | 9 | 4 | 3 | 0 | 17 | 3 | 0 |

**미유키** (Miyuki Hidetoshi, 三幸秀稔) 일본 1993.05.23

| 대회 | 연도 | 소속 | 출전 | 교체 | 득점 | 도움 | 실점 | 파울 | 경고 | 퇴장 |
|---|---|---|---|---|---|---|---|---|---|---|
| K2 | 2024 | 충북청주 | 3 | 3 | 0 | 0 | 0 | 2 | 0 | 0 |
| 통산 | | | 3 | 3 | 0 | 0 | 0 | 2 | 0 | 0 |

**미첼**(Michel Pensee Billong) 카메룬 1973.06.16

| 대회 | 연도 | 소속 | 출전 | 교체 | 득점 | 도움 | 실점 | 파울 | 경고 | 퇴장 |
|---|---|---|---|---|---|---|---|---|---|---|
| K1 | 1997 | 천안일화 | 3 | 2 | 1 | 0 | 0 | 7 | 0 | 1 |
| | 1998 | 천안일화 | 10 | 1 | 1 | 0 | 0 | 20 | 1 | 0 |
| | 1999 | 천안일화 | 23 | 0 | 0 | 0 | 0 | 44 | 4 | 0 |
| 컵 | 1998 | 천안일화 | 5 | 2 | 0 | 0 | 0 | 9 | 3 | 0 |
| | 1999 | 천안일화 | 9 | 0 | 0 | 0 | 0 | 22 | 1 | 0 |
| 통산 | | | 50 | 5 | 2 | 0 | 0 | 102 | 9 | 1 |

**미카엘**(Karapet Mikaelyan) 아르메니아 1968.09.27

| 대회 | 연도 | 소속 | 출전 | 교체 | 득점 | 도움 | 실점 | 파울 | 경고 | 퇴장 |
|---|---|---|---|---|---|---|---|---|---|---|
| K1 | 1997 | 부천SK | 9 | 9 | 1 | 1 | 0 | 8 | 1 | 0 |
| 컵 | 1997 | 부천SK | 6 | 6 | 0 | 1 | 0 | 3 | 0 | 0 |
| 통산 | | | 15 | 15 | 1 | 2 | 0 | 11 | 1 | 0 |

**미콜라**(Kovtaliuk Mykola) 우크라이나 1995.04.26

| 대회 | 연도 | 소속 | 출전 | 교체 | 득점 | 도움 | 실점 | 파울 | 경고 | 퇴장 |
|---|---|---|---|---|---|---|---|---|---|---|
| K2 | 2019 | 안양 | 11 | 10 | 3 | 0 | 0 | 10 | 1 | 0 |
| 통산 | | | 11 | 10 | 3 | 0 | 0 | 10 | 1 | 0 |

**미키치** (Leo Mikić) 크로아티아 1997.05.06

| 대회 | 연도 | 소속 | 출전 | 교체 | 득점 | 도움 | 실점 | 파울 | 경고 | 퇴장 |
|---|---|---|---|---|---|---|---|---|---|---|
| K2 | 2023 | 전남 | 9 | 11 | 1 | 0 | 0 | 5 | 0 | 0 |
| 통산 | | | 9 | 11 | 1 | 0 | 0 | 5 | 0 | 0 |

**미트로**(Slavisa Mitrović) 보스니아 헤르체고비나 1977.07.05

| 대회 | 연도 | 소속 | 출전 | 교체 | 득점 | 도움 | 실점 | 파울 | 경고 | 퇴장 |
|---|---|---|---|---|---|---|---|---|---|---|
| K1 | 2002 | 수원 | 7 | 6 | 0 | 1 | 0 | 25 | 3 | 0 |
| 통산 | | | 7 | 6 | 0 | 1 | 0 | 25 | 3 | 0 |

**미하이**(Dragus Mihai) 루마니아 1973.03.13

| 대회 | 연도 | 소속 | 출전 | 교체 | 득점 | 도움 | 실점 | 파울 | 경고 | 퇴장 |
|---|---|---|---|---|---|---|---|---|---|---|
| K1 | 1998 | 수원 | 16 | 14 | 5 | 2 | 0 | 30 | 2 | 1 |
| PO | 1998 | 수원 | 1 | 1 | 0 | 0 | 0 | 2 | 1 | 0 |
| 컵 | 1998 | 수원 | 4 | 2 | 1 | 0 | 0 | 13 | 0 | 0 |
| 통산 | | | 21 | 17 | 6 | 2 | 0 | 45 | 3 | 1 |

**미하일** (Radmilo Mihajlović) 유고슬라비아 1964.11.19

| 대회 | 연도 | 소속 | 출전 | 교체 | 득점 | 도움 | 실점 | 파울 | 경고 | 퇴장 |
|---|---|---|---|---|---|---|---|---|---|---|
| 컵 | 1997 | 포항 | 3 | 3 | 0 | 0 | 0 | 2 | 1 | 0 |
| 통산 | | | 3 | 3 | 0 | 0 | 0 | 2 | 1 | 0 |

**믹스**(Mikkel Morgenstar Palssonn Diskerud) 미국/노르웨이 1990.10.02

| 대회 | 연도 | 소속 | 출전 | 교체 | 득점 | 도움 | 실점 | 파울 | 경고 | 퇴장 |
|---|---|---|---|---|---|---|---|---|---|---|
| K1 | 2018 | 울산 | 17 | 7 | 2 | 0 | 0 | 22 | 3 | 0 |
| | 2019 | 울산 | 31 | 29 | 6 | 2 | 0 | 22 | 3 | 0 |
| 통산 | | | 48 | 36 | 8 | 2 | 0 | 44 | 6 | 0 |

**민경인**(閔庚仁) 고려대 1979.05.09

| 대회 | 연도 | 소속 | 출전 | 교체 | 득점 | 도움 | 실점 | 파울 | 경고 | 퇴장 |
|---|---|---|---|---|---|---|---|---|---|---|
| K1 | 2003 | 성남일화 | 1 | 1 | 0 | 0 | 0 | 2 | 0 | 0 |
| 통산 | | | 1 | 1 | 0 | 0 | 0 | 2 | 0 | 0 |

**민경현**(閔景鉉) 한양공고 1998.05.04

| 대회 | 연도 | 소속 | 출전 | 교체 | 득점 | 도움 | 실점 | 파울 | 경고 | 퇴장 |
|---|---|---|---|---|---|---|---|---|---|---|
| K1 | 2019 | 포항 | 0 | 0 | 0 | 0 | 0 | 0 | 0 | 0 |
| 통산 | | | 0 | 0 | 0 | 0 | 0 | 0 | 0 | 0 |

**민경현**(閔景現) 용인대 2001.12.16

| 대회 | 연도 | 소속 | 출전 | 교체 | 득점 | 도움 | 실점 | 파울 | 경고 | 퇴장 |
|---|---|---|---|---|---|---|---|---|---|---|
| K1 | 2022 | 인천 | 30 | 18 | 1 | 0 | 0 | 24 | 2 | 0 |
| | 2023 | 인천 | 27 | 16 | 0 | 1 | 0 | 17 | 1 | 0 |
| | 2024 | 인천 | 17 | 13 | 0 | 0 | 0 | 12 | 2 | 0 |
| | 2025 | 김천 | 6 | 6 | 0 | 0 | 0 | 0 | 0 | 0 |
| K2 | 2025 | 인천 | 12 | 5 | 0 | 0 | 0 | 9 | 1 | 1 |
| 통산 | | | 92 | 58 | 1 | 1 | 0 | 62 | 6 | 1 |

**민동환**(閔洞煥) 현대고 2001.01.12

| 대회 | 연도 | 소속 | 출전 | 교체 | 득점 | 도움 | 실점 | 파울 | 경고 | 퇴장 |
|---|---|---|---|---|---|---|---|---|---|---|
| K1 | 2020 | 울산 | 0 | 0 | 0 | 0 | 0 | 0 | 0 | 0 |
| | 2022 | 울산 | 0 | 0 | 0 | 0 | 0 | 0 | 0 | 0 |
| | 2023 | 울산 | 0 | 0 | 0 | 0 | 0 | 0 | 0 | 0 |
| 통산 | | | 0 | 0 | 0 | 0 | 0 | 0 | 0 | 0 |

**민병욱**

| 대회 | 연도 | 소속 | 출전 | 교체 | 득점 | 도움 | 실점 | 파울 | 경고 | 퇴장 |
|---|---|---|---|---|---|---|---|---|---|---|
| K1 | 1983 | 대우 | 5 | 6 | 1 | 0 | 0 | 2 | 0 | 0 |
| 통산 | | | 5 | 6 | 1 | 0 | 0 | 2 | 0 | 0 |

**민상기**(閔尙基) 매탄고 1991.08.27

| 대회 | 연도 | 소속 | 출전 | 교체 | 득점 | 도움 | 실점 | 파울 | 경고 | 퇴장 |
|---|---|---|---|---|---|---|---|---|---|---|
| K1 | 2010 | 수원 | 0 | 0 | 0 | 0 | 0 | 0 | 0 | 0 |
| | 2011 | 수원 | 1 | 1 | 0 | 0 | 0 | 0 | 0 | 0 |
| | 2012 | 수원 | 5 | 4 | 0 | 0 | 0 | 8 | 0 | 0 |
| | 2013 | 수원 | 30 | 6 | 0 | 0 | 0 | 41 | 3 | 0 |
| | 2014 | 수원 | 20 | 4 | 0 | 1 | 0 | 30 | 2 | 0 |
| | 2015 | 수원 | 7 | 2 | 1 | 0 | 0 | 8 | 1 | 0 |
| | 2016 | 수원 | 8 | 3 | 0 | 0 | 0 | 11 | 0 | 0 |
| | 2017 | 수원 | 7 | 2 | 0 | 0 | 0 | 8 | 1 | 0 |
| | 2019 | 수원 | 20 | 4 | 0 | 0 | 0 | 16 | 3 | 1 |
| | 2020 | 수원 | 21 | 2 | 0 | 0 | 0 | 23 | 1 | 0 |
| | 2021 | 수원 | 30 | 3 | 2 | 0 | 0 | 29 | 3 | 0 |
| | 2022 | 수원 | 24 | 8 | 0 | 0 | 0 | 10 | 2 | 0 |
| | 2023 | 수원 | 1 | 1 | 0 | 0 | 0 | 0 | 0 | 0 |
| | 2024 | 포항 | 5 | 0 | 0 | 0 | 0 | 3 | 0 | 0 |
| | 2025 | 광주 | 16 | 9 | 0 | 0 | 0 | 11 | 0 | 0 |
| K2 | 2017 | 아산 | 7 | 2 | 1 | 0 | 0 | 9 | 0 | 0 |
| | 2018 | 아산 | 27 | 0 | 0 | 0 | 0 | 32 | 8 | 0 |

| 대회 | 연도 | 소속 | 출전 | 교체 | 득점 | 도움 | 실점 | 파울 | 경고 | 퇴장 |
|---|---|---|---|---|---|---|---|---|---|---|
| | 2023 | 부산 | 12 | 3 | 0 | 0 | 0 | 8 | 0 | 0 |
| | 2024 | 수원 | 1 | 1 | 0 | 0 | 0 | 0 | 0 | 0 |
| PO | 2017 | 아산 | 2 | 0 | 0 | 0 | 0 | 1 | 0 | 0 |
| | 2023 | 부산 | 1 | 0 | 0 | 0 | 0 | 2 | 0 | 0 |
| 컵 | 2010 | 수원 | 1 | 0 | 0 | 0 | 0 | 1 | 0 | 0 |
| 통산 | | | 246 | 55 | 4 | 1 | 0 | 251 | 24 | 1 |

**민성연**(閔省然) 경신고 2000.02.29

| 대회 | 연도 | 소속 | 출전 | 교체 | 득점 | 도움 | 실점 | 파울 | 경고 | 퇴장 |
|---|---|---|---|---|---|---|---|---|---|---|
| K2 | 2023 | 김포 | 12 | 12 | 0 | 1 | 0 | 9 | 0 | 0 |
| 통산 | | | 12 | 12 | 0 | 1 | 0 | 9 | 0 | 0 |

**민성준**(閔盛俊) 대건고 1999.07.22

| 대회 | 연도 | 소속 | 출전 | 교체 | 득점 | 도움 | 실점 | 파울 | 경고 | 퇴장 |
|---|---|---|---|---|---|---|---|---|---|---|
| K1 | 2022 | 인천 | 1 | 0 | 0 | 0 | 2 | 0 | 0 | 0 |
| | 2023 | 인천 | 5 | 0 | 0 | 0 | 4 | 0 | 0 | 0 |
| | 2024 | 인천 | 11 | 1 | 0 | 0 | 16 | 0 | 0 | 0 |
| K2 | 2025 | 인천 | 31 | 0 | 0 | 0 | 25 | 0 | 4 | 0 |
| 통산 | | | 48 | 1 | 0 | 0 | 47 | 0 | 4 | 0 |

**민영기**(閔榮基) 경상대 1976.03.28

| 대회 | 연도 | 소속 | 출전 | 교체 | 득점 | 도움 | 실점 | 파울 | 경고 | 퇴장 |
|---|---|---|---|---|---|---|---|---|---|---|
| K1 | 1999 | 울산 | 4 | 1 | 0 | 0 | 0 | 6 | 0 | 0 |
| | 2000 | 울산 | 9 | 4 | 0 | 0 | 0 | 10 | 0 | 0 |
| | 2004 | 대구 | 17 | 1 | 0 | 0 | 0 | 31 | 7 | 0 |
| | 2005 | 대구 | 18 | 2 | 0 | 0 | 0 | 31 | 5 | 0 |
| | 2006 | 대전 | 25 | 2 | 0 | 0 | 0 | 18 | 3 | 0 |
| | 2007 | 대전 | 22 | 6 | 0 | 0 | 0 | 30 | 2 | 0 |
| | 2008 | 대전 | 16 | 3 | 0 | 1 | 0 | 24 | 2 | 0 |
| | 2009 | 부산 | 13 | 10 | 0 | 0 | 0 | 12 | 2 | 0 |
| PO | 2007 | 대전 | 1 | 0 | 0 | 0 | 0 | 1 | 0 | 0 |
| 컵 | 1999 | 울산 | 1 | 0 | 0 | 0 | 0 | 1 | 0 | 0 |
| | 2000 | 울산 | 5 | 1 | 0 | 0 | 0 | 6 | 1 | 0 |
| | 2004 | 대구 | 8 | 0 | 0 | 0 | 0 | 17 | 2 | 0 |
| | 2005 | 대구 | 10 | 2 | 0 | 0 | 0 | 6 | 3 | 0 |
| | 2006 | 대전 | 12 | 1 | 1 | 0 | 0 | 9 | 2 | 0 |
| | 2007 | 대전 | 9 | 0 | 0 | 0 | 0 | 2 | 0 | 0 |
| | 2008 | 대전 | 7 | 2 | 0 | 0 | 0 | 7 | 0 | 0 |
| | 2009 | 부산 | 5 | 4 | 1 | 0 | 0 | 1 | 1 | 0 |
| 통산 | | | 182 | 39 | 2 | 1 | 0 | 212 | 30 | 0 |

**민준영**(閔竣渶) 언남고 1996.07.27

| 대회 | 연도 | 소속 | 출전 | 교체 | 득점 | 도움 | 실점 | 파울 | 경고 | 퇴장 |
|---|---|---|---|---|---|---|---|---|---|---|
| K1 | 2018 | 경남 | 1 | 1 | 0 | 0 | 0 | 1 | 1 | 0 |
| | 2023 | 대전 | 1 | 1 | 0 | 0 | 0 | 0 | 0 | 0 |
| K2 | 2019 | 아산 | 8 | 2 | 1 | 0 | 0 | 9 | 2 | 0 |
| | 2020 | 안산 | 11 | 8 | 0 | 0 | 0 | 12 | 3 | 0 |
| | 2021 | 안산 | 16 | 3 | 2 | 0 | 0 | 24 | 3 | 0 |
| | 2021 | 대전 | 5 | 2 | 0 | 0 | 0 | 16 | 2 | 0 |
| | 2022 | 대전 | 24 | 9 | 1 | 1 | 0 | 35 | 10 | 0 |
| | 2025 | 전남 | 10 | 8 | 0 | 1 | 0 | 9 | 2 | 0 |
| PO | 2021 | 대전 | 0 | 0 | 0 | 0 | 0 | 0 | 0 | 0 |
| 통산 | | | 76 | 34 | 4 | 2 | 0 | 106 | 23 | 0 |

**민진홍**(閔鎭泓) 동대문상고 1960.03.11

| 대회 | 연도 | 소속 | 출전 | 교체 | 득점 | 도움 | 실점 | 파울 | 경고 | 퇴장 |
|---|---|---|---|---|---|---|---|---|---|---|
| K1 | 1983 | 대우 | 2 | 1 | 0 | 0 | 0 | 0 | 0 | 0 |
| | 1984 | 럭키금성 | 16 | 8 | 0 | 1 | 0 | 5 | 0 | 0 |
| | 1985 | 유공 | 2 | 1 | 0 | 0 | 0 | 1 | 0 | 0 |
| | 1986 | 유공 | 20 | 2 | 1 | 2 | 0 | 25 | 2 | 0 |
| | 1987 | 유공 | 15 | 6 | 0 | 0 | 0 | 21 | 0 | 1 |
| | 1988 | 유공 | 3 | 3 | 0 | 0 | 0 | 0 | 0 | 0 |
| 컵 | 1986 | 유공 | 16 | 2 | 1 | 0 | 0 | 10 | 1 | 0 |
| 통산 | | | 74 | 23 | 2 | 3 | 0 | 62 | 3 | 1 |

**민현홍**(閔玹泓) 숭실대 1995.08.28

| 대회 | 연도 | 소속 | 출전 | 교체 | 득점 | 도움 | 실점 | 파울 | 경고 | 퇴장 |
|---|---|---|---|---|---|---|---|---|---|---|
| K2 | 2017 | 수원FC | 5 | 3 | 0 | 0 | 0 | 4 | 0 | 0 |
| | 2018 | 수원FC | 4 | 0 | 0 | 0 | 0 | 10 | 3 | 0 |
| | 2020 | 수원FC | 0 | 0 | 0 | 0 | 0 | 0 | 0 | 0 |
| 통산 | | | 9 | 3 | 0 | 0 | 0 | 14 | 3 | 0 |

**밀로스**(Miloš Raičković) 몬테네그로 1993.12.02

| 대회 | 연도 | 소속 | 출전 | 교체 | 득점 | 도움 | 실점 | 파울 | 경고 | 퇴장 |
|---|---|---|---|---|---|---|---|---|---|---|
| K1 | 2022 | 성남 | 15 | 8 | 3 | 0 | 0 | 17 | 2 | 0 |
| 통산 | | | 15 | 8 | 3 | 0 | 0 | 17 | 2 | 0 |

**밀톤**(Milton Fabian Rodriguez Suarez) 콜롬비아 1976.04.28

| 대회 | 연도 | 소속 | 출전 | 교체 | 득점 | 도움 | 실점 | 파울 | 경고 | 퇴장 |
|---|---|---|---|---|---|---|---|---|---|---|
| K1 | 2005 | 전북 | 11 | 7 | 4 | 0 | 0 | 25 | 1 | 0 |
| | 2006 | 전북 | 9 | 7 | 2 | 0 | 0 | 11 | 0 | 0 |
| 컵 | 2006 | 전북 | 1 | 1 | 0 | 0 | 0 | 3 | 0 | 0 |
| 통산 | | | 21 | 15 | 6 | 0 | 0 | 39 | 1 | 0 |

**바그너**(Wagner Luiz da Silva) 브라질 1981.09.13

| 대회 | 연도 | 소속 | 출전 | 교체 | 득점 | 도움 | 실점 | 파울 | 경고 | 퇴장 |
|---|---|---|---|---|---|---|---|---|---|---|
| K1 | 2009 | 포항 | 4 | 4 | 0 | 0 | 0 | 1 | 1 | 0 |
| 컵 | 2009 | 포항 | 1 | 1 | 0 | 0 | 0 | 0 | 0 | 0 |
| 통산 | | | 5 | 5 | 0 | 0 | 0 | 1 | 1 | 0 |

**바그너**(Qerino da Silva Wagner/←박은호) 브라질 1987.01.31

| 대회 | 연도 | 소속 | 출전 | 교체 | 득점 | 도움 | 실점 | 파울 | 경고 | 퇴장 |
|---|---|---|---|---|---|---|---|---|---|---|
| K1 | 2011 | 대전 | 27 | 17 | 7 | 1 | 0 | 29 | 2 | 0 |
| K2 | 2014 | 안양 | 17 | 16 | 1 | 0 | 0 | 7 | 1 | 0 |
| 통산 | | | 44 | 33 | 8 | 1 | 0 | 36 | 3 | 0 |

**바그닝요**(Wagner da Silva Souza) 브라질 1990.01.30

| 대회 | 연도 | 소속 | 출전 | 교체 | 득점 | 도움 | 실점 | 파울 | 경고 | 퇴장 |
|---|---|---|---|---|---|---|---|---|---|---|
| K1 | 2018 | 수원 | 17 | 10 | 7 | 1 | 0 | 22 | 1 | 1 |
| | 2019 | 수원 | 19 | 16 | 1 | 1 | 0 | 18 | 2 | 1 |
| K2 | 2016 | 부천 | 35 | 4 | 9 | 3 | 0 | 129 | 10 | 1 |
| | 2017 | 부천 | 28 | 1 | 12 | 1 | 0 | 106 | 11 | 0 |
| PO | 2016 | 부천 | 1 | 0 | 0 | 0 | 0 | 2 | 0 | 1 |
| 통산 | | | 100 | 31 | 29 | 6 | 0 | 277 | 24 | 4 |

**바데아**(Pavel Badea) 루마니아 1967.06.10

| 대회 | 연도 | 소속 | 출전 | 교체 | 득점 | 도움 | 실점 | 파울 | 경고 | 퇴장 |
|---|---|---|---|---|---|---|---|---|---|---|
| K1 | 1996 | 수원 | 24 | 6 | 4 | 3 | 0 | 31 | 4 | 0 |
| | 1997 | 수원 | 16 | 1 | 1 | 0 | 0 | 24 | 3 | 0 |
| PO | 1996 | 수원 | 2 | 0 | 0 | 0 | 0 | 6 | 2 | 0 |
| 컵 | 1996 | 수원 | 8 | 0 | 0 | 1 | 0 | 10 | 0 | 0 |
| | 1997 | 수원 | 17 | 2 | 2 | 4 | 0 | 21 | 4 | 0 |
| | 1998 | 수원 | 15 | 2 | 4 | 2 | 0 | 17 | 4 | 0 |
| 통산 | | | 82 | 11 | 11 | 10 | 0 | 109 | 17 | 0 |

**바또**(Gbato Seloh Samuel) 코트디부아르 2006.08.01

| 대회 | 연도 | 소속 | 출전 | 교체 | 득점 | 도움 | 실점 | 파울 | 경고 | 퇴장 |
|---|---|---|---|---|---|---|---|---|---|---|
| K1 | 2025 | 서울 | 2 | 2 | 0 | 0 | 0 | 1 | 0 | 0 |
| 통산 | | | 2 | 2 | 0 | 0 | 0 | 1 | 0 | 0 |

**바락신**(Kirill Varaksin) 러시아 1974.08.03

| 대회 | 연도 | 소속 | 출전 | 교체 | 득점 | 도움 | 실점 | 파울 | 경고 | 퇴장 |
|---|---|---|---|---|---|---|---|---|---|---|
| K1 | 1995 | 유공 | 7 | 5 | 1 | 0 | 0 | 10 | 0 | 0 |
| 통산 | | | 7 | 5 | 1 | 0 | 0 | 10 | 0 | 0 |

**바로스**(Barros Rodrigues Ricardo Filipe) 포르투갈 1990.04.27

| 대회 | 연도 | 소속 | 출전 | 교체 | 득점 | 도움 | 실점 | 파울 | 경고 | 퇴장 |
|---|---|---|---|---|---|---|---|---|---|---|
| K1 | 2017 | 광주 | 1 | 1 | 0 | 0 | 0 | 3 | 0 | 0 |
| 통산 | | | 1 | 1 | 0 | 0 | 0 | 3 | 0 | 0 |

**바로우**(Modou Barrow) 스웨덴 1992.10.13

| 대회 | 연도 | 소속 | 출전 | 교체 | 득점 | 도움 | 실점 | 파울 | 경고 | 퇴장 |
|---|---|---|---|---|---|---|---|---|---|---|
| K1 | 2020 | 전북 | 15 | 11 | 2 | 4 | 0 | 20 | 1 | 0 |
| | 2021 | 전북 | 20 | 16 | 3 | 2 | 0 | 17 | 3 | 0 |
| | 2022 | 전북 | 28 | 18 | 13 | 6 | 0 | 25 | 5 | 0 |
| K2 | 2025 | 인천 | 35 | 33 | 3 | 3 | 0 | 10 | 2 | 0 |
| 통산 | | | 98 | 78 | 21 | 15 | 0 | 72 | 11 | 0 |

**바바**(Baba Yuta, 馬場憂太) 일본 1984.01.22

| 대회 | 연도 | 소속 | 출전 | 교체 | 득점 | 도움 | 실점 | 파울 | 경고 | 퇴장 |
|---|---|---|---|---|---|---|---|---|---|---|
| K1 | 2011 | 대전 | 6 | 5 | 1 | 0 | 0 | 7 | 0 | 0 |
| | 2012 | 대전 | 30 | 9 | 4 | 2 | 0 | 44 | 9 | 0 |
| | 2013 | 대전 | 7 | 5 | 0 | 0 | 0 | 4 | 1 | 0 |
| 통산 | | | 43 | 19 | 5 | 2 | 0 | 55 | 10 | 0 |

**바바라데**(Ajibade Kunde Babalade) 나이지리아 1972.03.29

| 대회 | 연도 | 소속 | 출전 | 교체 | 득점 | 도움 | 실점 | 파울 | 경고 | 퇴장 |
|---|---|---|---|---|---|---|---|---|---|---|
| K1 | 1997 | 안양LG | 2 | 1 | 0 | 0 | 0 | 4 | 2 | 0 |
| 컵 | 1997 | 안양LG | 1 | 1 | 0 | 0 | 0 | 0 | 0 | 0 |
| 통산 | | | 3 | 2 | 0 | 0 | 0 | 4 | 2 | 0 |

**바벨**(Vaber Mendes Ferreira) 브라질 1981.09.22

| 대회 | 연도 | 소속 | 출전 | 교체 | 득점 | 도움 | 실점 | 파울 | 경고 | 퇴장 |
|---|---|---|---|---|---|---|---|---|---|---|
| K1 | 2009 | 대전 | 20 | 2 | 1 | 2 | 0 | 36 | 4 | 0 |
| | 2010 | 대전 | 9 | 4 | 0 | 0 | 0 | 11 | 0 | 0 |
| 컵 | 2009 | 대전 | 4 | 1 | 0 | 1 | 0 | 13 | 0 | 0 |
| | 2010 | 대전 | 3 | 2 | 0 | 0 | 0 | 1 | 0 | 0 |
| 통산 | | | 36 | 9 | 1 | 3 | 0 | 61 | 4 | 0 |

**바비오**(Wiliam Silva Gomes Barbio) 브라질 1992.10.22

| 대회 | 연도 | 소속 | 출전 | 교체 | 득점 | 도움 | 실점 | 파울 | 경고 | 퇴장 |
|---|---|---|---|---|---|---|---|---|---|---|
| K2 | 2020 | 부천 | 25 | 4 | 3 | 1 | 0 | 45 | 2 | 0 |
| | 2021 | 서울E | 16 | 15 | 1 | 1 | 0 | 13 | 1 | 0 |
| 통산 | | | 41 | 19 | 4 | 2 | 0 | 58 | 3 | 0 |

**바사니**(Rodrig Bassani da Cruz) 브라질 1997.10.17

| 대회 | 연도 | 소속 | 출전 | 교체 | 득점 | 도움 | 실점 | 파울 | 경고 | 퇴장 |
|---|---|---|---|---|---|---|---|---|---|---|
| K1 | 2023 | 수원 | 22 | 16 | 3 | 1 | 0 | 15 | 4 | 0 |
| K2 | 2024 | 부천 | 35 | 24 | 11 | 7 | 0 | 19 | 5 | 0 |
| | 2025 | 부천 | 35 | 14 | 14 | 6 | 0 | 25 | 10 | 0 |
| PO | 2025 | 부천 | 3 | 3 | 2 | 1 | 0 | 0 | 0 | 0 |
| 통산 | | | 95 | 57 | 30 | 15 | 0 | 59 | 19 | 0 |

**바셀루스**(Lucas Barcelos Damacena) 브라질 1998.07.19

| 대회 | 연도 | 소속 | 출전 | 교체 | 득점 | 도움 | 실점 | 파울 | 경고 | 퇴장 |
|---|---|---|---|---|---|---|---|---|---|---|
| K1 | 2023 | 대구 | 31 | 27 | 5 | 1 | 0 | 40 | 3 | 0 |
| | 2024 | 대구 | 17 | 15 | 1 | 0 | 0 | 16 | 0 | 0 |
| 통산 | | | 48 | 42 | 6 | 1 | 0 | 56 | 3 | 0 |

**바우지비아**(Ferreira da Silva Leite Caique) 브라질 1992.10.23

| 대회 | 연도 | 소속 | 출전 | 교체 | 득점 | 도움 | 실점 | 파울 | 경고 | 퇴장 |
|---|---|---|---|---|---|---|---|---|---|---|
| K1 | 2014 | 성남 | 13 | 12 | 1 | 1 | 0 | 16 | 1 | 0 |
| 통산 | | | 13 | 12 | 1 | 1 | 0 | 16 | 1 | 0 |

**바우테르손**(Walterson Silva) 브라질 1994.12.28

| 대회 | 연도 | 소속 | 출전 | 교체 | 득점 | 도움 | 실점 | 파울 | 경고 | 퇴장 |
|---|---|---|---|---|---|---|---|---|---|---|
| K1 | 2023 | 수원FC | 10 | 10 | 1 | 0 | 0 | 9 | 2 | 0 |
| PO | 2023 | 수원FC | 1 | 1 | 0 | 0 | 0 | 1 | 0 | 0 |
| 통산 | | | 11 | 11 | 1 | 0 | 0 | 10 | 2 | 0 |

**바우텔**(Walter Junio da Silva Clementino) 브라질 1982.01.12

| 대회 | 연도 | 소속 | 출전 | 교체 | 득점 | 도움 | 실점 | 파울 | 경고 | 퇴장 |
|---|---|---|---|---|---|---|---|---|---|---|
| K1 | 2008 | 대전 | 7 | 1 | 0 | 1 | 0 | 11 | 1 | 0 |
| 컵 | 2008 | 대전 | 2 | 2 | 1 | 0 | 0 | 1 | 0 | 0 |
| 통산 | | | 9 | 3 | 1 | 1 | 0 | 12 | 1 | 0 |

**바울**(Valdeir da Silva Santos) 브라질 1977.04.12

| 대회 | 연도 | 소속 | 출전 | 교체 | 득점 | 도움 | 실점 | 파울 | 경고 | 퇴장 |
|---|---|---|---|---|---|---|---|---|---|---|
| K1 | 2009 | 대구 | 15 | 8 | 2 | 0 | 0 | 24 | 2 | 0 |
| 통산 | | | 15 | 8 | 2 | 0 | 0 | 24 | 2 | 0 |

**바이아노**(Claudio Celio Cunha Defensor) 브라질 1974.02.19

| 대회 | 연도 | 소속 | 출전 | 교체 | 득점 | 도움 | 실점 | 파울 | 경고 | 퇴장 |
|---|---|---|---|---|---|---|---|---|---|---|
| K1 | 2001 | 울산 | 6 | 6 | 0 | 0 | 0 | 3 | 0 | 0 |
| 통산 | | | 6 | 6 | 0 | 0 | 0 | 3 | 0 | 0 |

**바이아노**(Jefferson Silva dos Santos: Jefferson Baiano) 브라질 1995.05.10

| 대회 | 연도 | 소속 | 출전 | 교체 | 득점 | 도움 | 실점 | 파울 | 경고 | 퇴장 |
|---|---|---|---|---|---|---|---|---|---|---|
| K2 | 2020 | 부천 | 11 | 10 | 1 | 2 | 0 | 22 | 1 | 0 |
| 통산 | | | 11 | 10 | 1 | 2 | 0 | 22 | 1 | 0 |

**바이아**(Santos Fabio Junior Nascimento) 브라질 1983.11.02

| 대회 | 연도 | 소속 | 출전 | 교체 | 득점 | 도움 | 실점 | 파울 | 경고 | 퇴장 |
|---|---|---|---|---|---|---|---|---|---|---|
| K1 | 2011 | 인천 | 29 | 11 | 2 | 1 | 0 | 31 | 1 | 0 |
| 컵 | 2011 | 인천 | 2 | 1 | 0 | 0 | 0 | 1 | 0 | 0 |
| 통산 | | | 31 | 12 | 2 | 1 | 0 | 32 | 1 | 0 |

**바이오**(Bruno Henrique Baio da Cunha) 브라질 1995.10.03

| 대회 | 연도 | 소속 | 출전 | 교체 | 득점 | 도움 | 실점 | 파울 | 경고 | 퇴장 |
|---|---|---|---|---|---|---|---|---|---|---|
| K2 | 2019 | 전남 | 16 | 4 | 10 | 0 | 0 | 37 | 7 | 0 |
| | 2020 | 대전 | 19 | 14 | 4 | 3 | 0 | 38 | 5 | 0 |
| | 2021 | 대전 | 29 | 21 | 2 | 2 | 0 | 29 | 4 | 0 |
| PO | 2020 | 대전 | 1 | 0 | 0 | 0 | 0 | 6 | 0 | 0 |
| | 2021 | 대전 | 4 | 4 | 2 | 0 | 0 | 2 | 0 | 0 |
| 통산 | | | 69 | 43 | 18 | 5 | 0 | 112 | 16 | 0 |

**바조**(Blaze Ilijoski) 마케도니아 1984.07.09

| 대회 | 연도 | 소속 | 출전 | 교체 | 득점 | 도움 | 실점 | 파울 | 경고 | 퇴장 |
|---|---|---|---|---|---|---|---|---|---|---|
| K1 | 2006 | 인천 | 12 | 10 | 3 | 0 | 0 | 25 | 1 | 0 |
| | 2010 | 강원 | 7 | 5 | 1 | 1 | 0 | 8 | 2 | 0 |
| 컵 | 2006 | 인천 | 2 | 2 | 0 | 0 | 0 | 3 | 1 | 0 |
| 통산 | | | 21 | 17 | 4 | 1 | 0 | 36 | 4 | 0 |

**바카요코** (Axel Mohamed Bakayoko) 프랑스 1998.01.06

| 대회 | 연도 | 소속 | 출전 | 교체 | 득점 | 도움 | 실점 | 파울 | 경고 | 퇴장 |
|---|---|---|---|---|---|---|---|---|---|---|
| K2 | 2023 | 천안 | 12 | 5 | 0 | 0 | 0 | 4 | 0 | 0 |
| 통산 | | | 12 | 5 | 0 | 0 | 0 | 4 | 0 | 0 |

**바코**(Valeri Qazaishvili: Vako) 조지아 1993.01.29

| 대회 | 연도 | 소속 | 출전 | 교체 | 득점 | 도움 | 실점 | 파울 | 경고 | 퇴장 |
|---|---|---|---|---|---|---|---|---|---|---|
| K1 | 2021 | 울산 | 34 | 21 | 9 | 3 | 0 | 16 | 0 | 0 |
| | 2022 | 울산 | 37 | 17 | 8 | 1 | 0 | 11 | 1 | 0 |
| | 2023 | 울산 | 35 | 26 | 11 | 1 | 0 | 10 | 1 | 0 |
| 통산 | | | 106 | 64 | 28 | 5 | 0 | 37 | 2 | 0 |

**바티스타**(Edinaldo Batista Libanio) 브라질 1979.04.02

| 대회 | 연도 | 소속 | 출전 | 교체 | 득점 | 도움 | 실점 | 파울 | 경고 | 퇴장 |
|---|---|---|---|---|---|---|---|---|---|---|
| K1 | 2003 | 안양LG | 9 | 4 | 0 | 0 | 0 | 39 | 4 | 0 |
| 통산 | | | 9 | 4 | 0 | 0 | 0 | 39 | 4 | 0 |

**바하**(Mahmadu Alphajor Bah) 시에라리온 1977.01.01

| 대회 | 연도 | 소속 | 출전 | 교체 | 득점 | 도움 | 실점 | 파울 | 경고 | 퇴장 |
|---|---|---|---|---|---|---|---|---|---|---|
| K1 | 1997 | 전남 | 8 | 8 | 0 | 1 | 0 | 13 | 1 | 0 |
| | 1998 | 전남 | 6 | 7 | 0 | 1 | 0 | 8 | 1 | 1 |
| PO | 1998 | 전남 | 1 | 1 | 0 | 0 | 0 | 3 | 0 | 0 |
| 컵 | 1997 | 전남 | 4 | 5 | 0 | 0 | 0 | 10 | 1 | 0 |
| | 1998 | 전남 | 11 | 10 | 0 | 1 | 0 | 19 | 1 | 0 |
| 통산 | | | 30 | 31 | 0 | 3 | 0 | 53 | 4 | 1 |

**박강조**(朴康造) 다키가와다고(일본) 1980.01.24

| 대회 | 연도 | 소속 | 출전 | 교체 | 득점 | 도움 | 실점 | 파울 | 경고 | 퇴장 |
|---|---|---|---|---|---|---|---|---|---|---|
| K1 | 2000 | 성남일화 | 17 | 6 | 0 | 1 | 0 | 23 | 1 | 0 |
| | 2001 | 성남일화 | 12 | 10 | 0 | 2 | 0 | 6 | 0 | 0 |
| | 2002 | 성남일화 | 16 | 15 | 0 | 0 | 0 | 17 | 1 | 0 |
| PO | 2000 | 성남일화 | 2 | 1 | 0 | 0 | 0 | 0 | 0 | 0 |
| 컵 | 2000 | 성남일화 | 12 | 1 | 0 | 0 | 0 | 18 | 0 | 0 |
| | 2001 | 성남일화 | 8 | 5 | 1 | 0 | 0 | 6 | 1 | 0 |
| | 2002 | 성남일화 | 2 | 2 | 0 | 0 | 0 | 2 | 1 | 0 |
| 통산 | | | 69 | 40 | 1 | 3 | 0 | 72 | 4 | 0 |

**박건**(朴建) 수원대 1990.07.11

| 대회 | 연도 | 소속 | 출전 | 교체 | 득점 | 도움 | 실점 | 파울 | 경고 | 퇴장 |
|---|---|---|---|---|---|---|---|---|---|---|
| K1 | 2022 | 포항 | 1 | 1 | 0 | 0 | 0 | 2 | 2 | 0 |
| K2 | 2018 | 부천 | 25 | 4 | 0 | 0 | 0 | 28 | 2 | 0 |
| | 2019 | 부천 | 25 | 5 | 1 | 1 | 0 | 26 | 3 | 0 |
| | 2023 | 충북청주 | 12 | 11 | 0 | 0 | 0 | 10 | 1 | 0 |
| PO | 2019 | 부천 | 1 | 0 | 0 | 0 | 0 | 3 | 0 | 0 |
| 통산 | | | 64 | 21 | 1 | 1 | 0 | 69 | 8 | 0 |

**박건영**(朴建映) 영남대 1987.03.14

| 대회 | 연도 | 소속 | 출전 | 교체 | 득점 | 도움 | 실점 | 파울 | 경고 | 퇴장 |
|---|---|---|---|---|---|---|---|---|---|---|
| K1 | 2011 | 대전 | 7 | 3 | 0 | 0 | 0 | 5 | 0 | 0 |
| | 2012 | 대전 | 0 | 0 | 0 | 0 | 0 | 0 | 0 | 0 |
| 컵 | 2011 | 대전 | 2 | 0 | 0 | 0 | 0 | 1 | 1 | 0 |
| 통산 | | | 9 | 3 | 0 | 0 | 0 | 6 | 1 | 0 |

**박건우**(朴虔佑) 고려대 2001.08.09

| 대회 | 연도 | 소속 | 출전 | 교체 | 득점 | 도움 | 실점 | 파울 | 경고 | 퇴장 |
|---|---|---|---|---|---|---|---|---|---|---|
| K1 | 2023 | 포항 | 2 | 2 | 0 | 0 | 0 | 1 | 0 | 0 |
| K2 | 2025 | 충북청주 | 9 | 5 | 0 | 0 | 0 | 10 | 1 | 0 |
| 통산 | | | 11 | 7 | 0 | 0 | 0 | 11 | 1 | 0 |

**박건하**(朴建夏) 경희대 1971.07.25

| 대회 | 연도 | 소속 | 출전 | 교체 | 득점 | 도움 | 실점 | 파울 | 경고 | 퇴장 |
|---|---|---|---|---|---|---|---|---|---|---|
| K1 | 1996 | 수원 | 28 | 0 | 11 | 6 | 0 | 51 | 2 | 0 |
| | 1997 | 수원 | 7 | 1 | 0 | 0 | 0 | 13 | 0 | 0 |
| | 1998 | 수원 | 10 | 5 | 0 | 0 | 0 | 16 | 3 | 0 |
| | 1999 | 수원 | 26 | 8 | 8 | 4 | 0 | 42 | 3 | 0 |
| | 2000 | 수원 | 16 | 1 | 5 | 5 | 0 | 26 | 2 | 0 |
| | 2001 | 수원 | 23 | 8 | 4 | 3 | 0 | 35 | 1 | 0 |
| | 2002 | 수원 | 19 | 5 | 2 | 2 | 0 | 19 | 1 | 0 |
| | 2003 | 수원 | 31 | 11 | 0 | 0 | 0 | 50 | 3 | 0 |
| | 2004 | 수원 | 19 | 5 | 0 | 0 | 0 | 29 | 1 | 0 |
| | 2005 | 수원 | 21 | 1 | 1 | 0 | 0 | 42 | 4 | 0 |
| | 2006 | 수원 | 11 | 2 | 0 | 0 | 0 | 10 | 2 | 1 |
| PO | 1996 | 수원 | 2 | 0 | 0 | 0 | 0 | 4 | 1 | 0 |
| | 1998 | 수원 | 2 | 1 | 0 | 0 | 0 | 8 | 1 | 0 |
| | 1999 | 수원 | 2 | 2 | 1 | 0 | 0 | 4 | 1 | 0 |
| | 2004 | 수원 | 3 | 1 | 0 | 0 | 0 | 3 | 1 | 0 |
| 컵 | 1996 | 수원 | 6 | 0 | 3 | 0 | 0 | 5 | 0 | 0 |
| | 1997 | 수원 | 12 | 2 | 2 | 4 | 0 | 25 | 2 | 0 |
| | 1998 | 수원 | 10 | 3 | 2 | 0 | 0 | 21 | 2 | 0 |
| | 1999 | 수원 | 11 | 8 | 3 | 2 | 0 | 13 | 1 | 0 |
| | 2000 | 수원 | 3 | 1 | 1 | 0 | 0 | 5 | 0 | 0 |
| | 2001 | 수원 | 7 | 7 | 0 | 1 | 0 | 6 | 1 | 0 |
| | 2002 | 수원 | 7 | 7 | 0 | 0 | 0 | 10 | 0 | 0 |
| | 2004 | 수원 | 9 | 3 | 1 | 0 | 0 | 17 | 1 | 0 |
| | 2005 | 수원 | 5 | 0 | 0 | 0 | 0 | 5 | 1 | 0 |
| | 2006 | 수원 | 4 | 2 | 0 | 0 | 0 | 5 | 0 | 0 |
| 통산 | | | 294 | 84 | 44 | 27 | 0 | 464 | 34 | 1 |

**박건희**(朴建熙) 한라대 1990.08.27

| 대회 | 연도 | 소속 | 출전 | 교체 | 득점 | 도움 | 실점 | 파울 | 경고 | 퇴장 |
|---|---|---|---|---|---|---|---|---|---|---|
| K2 | 2013 | 부천 | 0 | 0 | 0 | 0 | 0 | 0 | 0 | 0 |
| 통산 | | | 0 | 0 | 0 | 0 | 0 | 0 | 0 | 0 |

**박경규**(朴景奎) 연세대 1977.03.10

| 대회 | 연도 | 소속 | 출전 | 교체 | 득점 | 도움 | 실점 | 파울 | 경고 | 퇴장 |
|---|---|---|---|---|---|---|---|---|---|---|
| K1 | 2000 | 대전 | 8 | 8 | 1 | 0 | 0 | 2 | 0 | 0 |
| | 2001 | 대전 | 12 | 12 | 1 | 0 | 0 | 8 | 1 | 0 |
| | 2003 | 대전 | 5 | 5 | 0 | 0 | 0 | 6 | 0 | 0 |
| 컵 | 2000 | 대전 | 4 | 4 | 0 | 0 | 0 | 4 | 0 | 0 |
| | 2001 | 대전 | 5 | 5 | 2 | 0 | 0 | 3 | 0 | 0 |
| | 2002 | 대전 | 6 | 6 | 1 | 0 | 0 | 2 | 0 | 0 |
| 통산 | | | 40 | 40 | 5 | 0 | 0 | 25 | 1 | 0 |

**박경록**(朴景祿) 동아대 1994.09.30

| 대회 | 연도 | 소속 | 출전 | 교체 | 득점 | 도움 | 실점 | 파울 | 경고 | 퇴장 |
|---|---|---|---|---|---|---|---|---|---|---|
| K2 | 2016 | 부산 | 2 | 0 | 0 | 0 | 0 | 0 | 0 | 0 |
| | 2022 | 김포 | 33 | 5 | 0 | 1 | 0 | 26 | 2 | 0 |
| | 2023 | 김포 | 24 | 13 | 1 | 0 | 0 | 19 | 5 | 0 |
| | 2024 | 김포 | 35 | 3 | 3 | 2 | 0 | 26 | 3 | 0 |
| | 2025 | 김포 | 27 | 9 | 2 | 2 | 0 | 12 | 4 | 0 |
| PO | 2023 | 김포 | 3 | 1 | 0 | 0 | 0 | 2 | 0 | 0 |
| 통산 | | | 124 | 31 | 6 | 5 | 0 | 85 | 14 | 0 |

**박경민**(朴耿敏) 개성고 1999.08.02

| 대회 | 연도 | 소속 | 출전 | 교체 | 득점 | 도움 | 실점 | 파울 | 경고 | 퇴장 |
|---|---|---|---|---|---|---|---|---|---|---|
| K1 | 2020 | 부산 | 0 | 0 | 0 | 0 | 0 | 0 | 0 | 0 |
| K2 | 2019 | 부산 | 4 | 2 | 0 | 0 | 0 | 8 | 0 | 0 |
| | 2022 | 서울E | 2 | 2 | 0 | 0 | 0 | 0 | 0 | 0 |
| | 2023 | 서울E | 7 | 6 | 0 | 0 | 0 | 6 | 0 | 0 |
| 통산 | | | 13 | 10 | 0 | 0 | 0 | 14 | 0 | 0 |

**박경배**(朴經培) 강릉제일고 2001.02.15

| 대회 | 연도 | 소속 | 출전 | 교체 | 득점 | 도움 | 실점 | 파울 | 경고 | 퇴장 |
|---|---|---|---|---|---|---|---|---|---|---|
| K1 | 2021 | 강원 | 4 | 4 | 0 | 0 | 0 | 2 | 1 | 0 |
| | 2022 | 강원 | 4 | 4 | 0 | 0 | 0 | 5 | 1 | 0 |
| | 2024 | 강원 | 1 | 1 | 0 | 0 | 0 | 1 | 0 | 0 |
| K2 | 2025 | 서울E | 13 | 13 | 0 | 0 | 0 | 12 | 1 | 0 |
| 통산 | | | 22 | 22 | 0 | 0 | 0 | 20 | 3 | 0 |

**박경삼**(朴瓊三) 한성대 1978.06.06

| 대회 | 연도 | 소속 | 출전 | 교체 | 득점 | 도움 | 실점 | 파울 | 경고 | 퇴장 |
|---|---|---|---|---|---|---|---|---|---|---|
| K1 | 2001 | 울산 | 1 | 1 | 0 | 0 | 0 | 0 | 0 | 0 |
| | 2003 | 광주상무 | 22 | 7 | 1 | 0 | 0 | 34 | 3 | 0 |
| | 2009 | 제주 | 1 | 0 | 0 | 0 | 0 | 3 | 1 | 0 |
| 컵 | 2001 | 울산 | 6 | 2 | 0 | 0 | 0 | 5 | 1 | 0 |
| | 2002 | 울산 | 1 | 1 | 0 | 0 | 0 | 2 | 0 | 0 |
| 통산 | | | 31 | 11 | 1 | 0 | 0 | 44 | 5 | 0 |

**박경섭**(朴京燮) 선문대 2004.07.02

| 대회 | 연도 | 소속 | 출전 | 교체 | 득점 | 도움 | 실점 | 파울 | 경고 | 퇴장 |
|---|---|---|---|---|---|---|---|---|---|---|
| K2 | 2025 | 인천 | 19 | 5 | 1 | 0 | 0 | 7 | 4 | 0 |
| 통산 | | | 19 | 5 | 1 | 0 | 0 | 7 | 4 | 0 |

**박경순**(朴敬淳) 인천대 1988.09.30

| 대회 | 연도 | 소속 | 출전 | 교체 | 득점 | 도움 | 실점 | 파울 | 경고 | 퇴장 |
|---|---|---|---|---|---|---|---|---|---|---|
| 컵 | 2011 | 인천 | 0 | 0 | 0 | 0 | 0 | 0 | 0 | 0 |
| 통산 | | | 0 | 0 | 0 | 0 | 0 | 0 | 0 | 0 |

**박경완**(朴景浣) 아주대 1988.07.22

| 대회 | 연도 | 소속 | 출전 | 교체 | 득점 | 도움 | 실점 | 파울 | 경고 | 퇴장 |
|---|---|---|---|---|---|---|---|---|---|---|
| K2 | 2014 | 부천 | 5 | 5 | 0 | 0 | 0 | 4 | 1 | 0 |
| 통산 | | | 5 | 5 | 0 | 0 | 0 | 4 | 1 | 0 |

**박경익**(朴慶益) 광주대 1991.08.13

| 대회 | 연도 | 소속 | 출전 | 교체 | 득점 | 도움 | 실점 | 파울 | 경고 | 퇴장 |
|---|---|---|---|---|---|---|---|---|---|---|
| K1 | 2012 | 울산 | 0 | 0 | 0 | 0 | 0 | 0 | 0 | 0 |
| | 2014 | 상주 | 10 | 10 | 1 | 1 | 0 | 7 | 3 | 0 |
| K2 | 2015 | 상주 | 3 | 1 | 0 | 1 | 0 | 7 | 1 | 0 |
| | 2017 | 안산 | 0 | 0 | 0 | 0 | 0 | 0 | 0 | 0 |
| 통산 | | | 13 | 11 | 1 | 2 | 0 | 14 | 4 | 0 |

**박경환**(朴景晥) 고려대 1976.12.29

| 대회 | 연도 | 소속 | 출전 | 교체 | 득점 | 도움 | 실점 | 파울 | 경고 | 퇴장 |
|---|---|---|---|---|---|---|---|---|---|---|
| K1 | 2001 | 전북 | 5 | 5 | 0 | 0 | 0 | 4 | 2 | 0 |
| | 2003 | 대구 | 19 | 1 | 0 | 2 | 0 | 37 | 8 | 0 |
| | 2004 | 대구 | 17 | 4 | 0 | 0 | 0 | 26 | 3 | 0 |
| 컵 | 2001 | 전북 | 3 | 3 | 1 | 0 | 0 | 2 | 0 | 0 |
| | 2004 | 대구 | 5 | 1 | 0 | 0 | 0 | 7 | 2 | 1 |
| | 2005 | 포항 | 0 | 0 | 0 | 0 | 0 | 0 | 0 | 0 |
| 통산 | | | 49 | 14 | 1 | 2 | 0 | 76 | 15 | 1 |

**박경훈**(朴景勳) 한양대 1961.01.19

| 대회 | 연도 | 소속 | 출전 | 교체 | 득점 | 도움 | 실점 | 파울 | 경고 | 퇴장 |
|---|---|---|---|---|---|---|---|---|---|---|
| K1 | 1984 | 포항제철 | 21 | 4 | 0 | 2 | 0 | 13 | 1 | 0 |
| | 1985 | 포항제철 | 4 | 0 | 0 | 0 | 0 | 6 | 0 | 0 |
| | 1986 | 포항제철 | 1 | 1 | 0 | 0 | 0 | 1 | 0 | 0 |
| | 1987 | 포항제철 | 31 | 0 | 0 | 3 | 0 | 31 | 2 | 0 |
| | 1988 | 포항제철 | 12 | 2 | 0 | 0 | 0 | 15 | 2 | 0 |
| | 1989 | 포항제철 | 5 | 1 | 1 | 0 | 0 | 1 | 0 | 0 |
| | 1990 | 포항제철 | 8 | 3 | 0 | 0 | 0 | 13 | 1 | 0 |
| | 1991 | 포항제철 | 23 | 13 | 3 | 0 | 0 | 22 | 2 | 0 |
| | 1992 | 포항제철 | 19 | 6 | 0 | 3 | 0 | 28 | 0 | 0 |
| PO | 1986 | 포항제철 | 2 | 0 | 1 | 0 | 0 | 6 | 1 | 0 |
| 컵 | 1986 | 포항제철 | 2 | 0 | 0 | 0 | 0 | 3 | 0 | 0 |
| | 1992 | 포항제철 | 8 | 4 | 0 | 0 | 0 | 7 | 0 | 0 |
| 통산 | | | 136 | 34 | 5 | 8 | 0 | 146 | 9 | 0 |

**박공재**(朴攻在) 조선대 1964.03.06

| 대회 | 연도 | 소속 | 출전 | 교체 | 득점 | 도움 | 실점 | 파울 | 경고 | 퇴장 |
|---|---|---|---|---|---|---|---|---|---|---|
| K1 | 1986 | 한일은행 | 4 | 2 | 0 | 0 | 0 | 6 | 1 | 0 |
| 통산 | | | 4 | 2 | 0 | 0 | 0 | 6 | 1 | 0 |

**박관우**(朴寬優) 1996.06.04

| 대회 | 연도 | 소속 | 출전 | 교체 | 득점 | 도움 | 실점 | 파울 | 경고 | 퇴장 |
|---|---|---|---|---|---|---|---|---|---|---|
| K1 | 2019 | 성남 | 8 | 8 | 0 | 0 | 0 | 3 | 1 | 0 |
| | 2020 | 부산 | 5 | 5 | 0 | 0 | 0 | 2 | 0 | 0 |
| K2 | 2018 | 안산 | 16 | 16 | 1 | 0 | 0 | 5 | 2 | 0 |
| 통산 | | | 29 | 29 | 1 | 0 | 0 | 10 | 3 | 0 |

**박광민**(朴光民) 배재대 1982.05.14

| 대회 | 연도 | 소속 | 출전 | 교체 | 득점 | 도움 | 실점 | 파울 | 경고 | 퇴장 |
|---|---|---|---|---|---|---|---|---|---|---|
| K1 | 2007 | 성남일화 | 1 | 1 | 0 | 0 | 0 | 0 | 0 | 0 |
| | 2008 | 광주상무 | 2 | 2 | 0 | 0 | 0 | 4 | 0 | 0 |
| 컵 | 2006 | 성남일화 | 5 | 4 | 1 | 1 | 0 | 4 | 0 | 0 |
| | 2008 | 광주상무 | 1 | 1 | 0 | 0 | 0 | 0 | 0 | 0 |
| | 2009 | 광주상무 | 1 | 1 | 0 | 0 | 0 | 1 | 0 | 0 |

| 대회 | 연도 | 소속 | 출전 | 교체 | 득점 | 도움 | 실점 | 파울 | 경고 | 퇴장 |
|---|---|---|---|---|---|---|---|---|---|---|
| 통산 | | | 10 | 9 | 1 | 1 | 0 | 9 | 0 | 0 |

**박광일**(朴光一) 연세대 1991.02.10

| 대회 | 연도 | 소속 | 출전 | 교체 | 득점 | 도움 | 실점 | 파울 | 경고 | 퇴장 |
|---|---|---|---|---|---|---|---|---|---|---|
| K1 | 2018 | 전남 | 13 | 4 | 0 | 0 | 0 | 9 | 0 | 0 |
| | 2019 | 경남 | 8 | 4 | 0 | 1 | 0 | 0 | 0 | 0 |
| K2 | 2022 | 경남 | 24 | 20 | 0 | 6 | 0 | 17 | 1 | 0 |
| | 2023 | 김포 | 31 | 24 | 2 | 1 | 0 | 15 | 0 | 0 |
| | 2024 | 성남 | 26 | 12 | 0 | 1 | 0 | 23 | 3 | 0 |
| | 2025 | 성남 | 12 | 12 | 0 | 1 | 0 | 4 | 3 | 0 |
| PO | 2019 | 경남 | 0 | 0 | 0 | 0 | 0 | 0 | 0 | 0 |
| | 2023 | 김포 | 3 | 2 | 0 | 0 | 0 | 1 | 2 | 0 |
| 통산 | | | 117 | 78 | 2 | 10 | 0 | 69 | 9 | 0 |

**박광현**(朴光鉉) 구룡포종고 1967.07.24

| 대회 | 연도 | 소속 | 출전 | 교체 | 득점 | 도움 | 실점 | 파울 | 경고 | 퇴장 |
|---|---|---|---|---|---|---|---|---|---|---|
| K1 | 1989 | 현대 | 14 | 6 | 0 | 0 | 0 | 26 | 3 | 0 |
| | 1990 | 현대 | 7 | 3 | 0 | 0 | 0 | 9 | 0 | 0 |
| | 1991 | 현대 | 10 | 7 | 0 | 0 | 0 | 14 | 1 | 0 |
| | 1992 | 일화 | 11 | 5 | 0 | 0 | 0 | 12 | 1 | 0 |
| | 1993 | 일화 | 19 | 12 | 1 | 0 | 0 | 29 | 6 | 0 |
| | 1994 | 일화 | 9 | 6 | 0 | 0 | 0 | 10 | 1 | 0 |
| | 1995 | 일화 | 22 | 4 | 0 | 0 | 0 | 43 | 9 | 1 |
| | 1996 | 천안일화 | 23 | 5 | 3 | 0 | 0 | 48 | 7 | 2 |
| | 1997 | 천안일화 | 13 | 4 | 0 | 0 | 0 | 29 | 4 | 0 |
| | 1998 | 천안일화 | 9 | 4 | 0 | 0 | 0 | 20 | 3 | 0 |
| | 1999 | 천안일화 | 5 | 4 | 0 | 0 | 0 | 0 | 0 | 0 |
| PO | 1995 | 일화 | 3 | 0 | 0 | 0 | 0 | 7 | 1 | 0 |
| 컵 | 1992 | 일화 | 6 | 1 | 0 | 0 | 0 | 13 | 4 | 0 |
| | 1993 | 일화 | 4 | 2 | 0 | 0 | 0 | 7 | 1 | 0 |
| | 1994 | 일화 | 5 | 1 | 1 | 0 | 0 | 9 | 1 | 1 |
| | 1995 | 일화 | 7 | 2 | 0 | 0 | 0 | 9 | 0 | 0 |
| | 1996 | 천안일화 | 7 | 1 | 0 | 0 | 0 | 18 | 2 | 0 |
| | 1997 | 천안일화 | 17 | 3 | 0 | 0 | 0 | 34 | 5 | 0 |
| | 1998 | 천안일화 | 14 | 5 | 0 | 0 | 0 | 35 | 3 | 1 |
| | 1999 | 천안일화 | 6 | 4 | 0 | 0 | 0 | 13 | 3 | 0 |
| 통산 | | | 211 | 79 | 5 | 0 | 0 | 385 | 55 | 5 |

**박국창**(朴國昌) 조선대 1963.08.15

| 대회 | 연도 | 소속 | 출전 | 교체 | 득점 | 도움 | 실점 | 파울 | 경고 | 퇴장 |
|---|---|---|---|---|---|---|---|---|---|---|
| K1 | 1985 | 유공 | 8 | 8 | 0 | 0 | 0 | 6 | 0 | 0 |
| | 1986 | 럭키금성 | 6 | 6 | 1 | 0 | 0 | 9 | 0 | 0 |
| | 1987 | 럭키금성 | 11 | 10 | 0 | 1 | 0 | 13 | 0 | 0 |
| PO | 1986 | 럭키금성 | 1 | 1 | 0 | 0 | 0 | 1 | 0 | 0 |
| 컵 | 1986 | 유공 | 3 | 3 | 0 | 0 | 0 | 3 | 0 | 0 |
| 통산 | | | 29 | 28 | 1 | 1 | 0 | 32 | 0 | 0 |

**박규민**(朴奎旻) 광주대 2001.06.08

| 대회 | 연도 | 소속 | 출전 | 교체 | 득점 | 도움 | 실점 | 파울 | 경고 | 퇴장 |
|---|---|---|---|---|---|---|---|---|---|---|
| K1 | 2022 | 전북 | 9 | 9 | 1 | 0 | 0 | 6 | 2 | 0 |
| 통산 | | | 9 | 9 | 1 | 0 | 0 | 6 | 2 | 0 |

**박규선**(朴圭善) 서울체고 1981.09.24

| 대회 | 연도 | 소속 | 출전 | 교체 | 득점 | 도움 | 실점 | 파울 | 경고 | 퇴장 |
|---|---|---|---|---|---|---|---|---|---|---|
| K1 | 2000 | 울산 | 5 | 4 | 0 | 0 | 0 | 3 | 0 | 0 |
| | 2001 | 울산 | 25 | 19 | 0 | 0 | 0 | 13 | 1 | 0 |
| | 2002 | 울산 | 15 | 8 | 0 | 1 | 0 | 7 | 1 | 0 |
| | 2003 | 울산 | 8 | 6 | 0 | 0 | 0 | 4 | 0 | 0 |
| | 2004 | 전북 | 17 | 4 | 1 | 0 | 0 | 15 | 1 | 0 |
| | 2005 | 전북 | 15 | 7 | 1 | 0 | 0 | 25 | 3 | 0 |
| | 2006 | 울산 | 19 | 10 | 0 | 1 | 0 | 24 | 3 | 0 |
| | 2007 | 부산 | 15 | 13 | 0 | 1 | 0 | 21 | 3 | 0 |
| | 2008 | 광주상무 | 25 | 10 | 3 | 3 | 0 | 34 | 3 | 0 |
| 컵 | 2000 | 울산 | 6 | 7 | 1 | 0 | 0 | 9 | 1 | 0 |
| | 2001 | 울산 | 1 | 1 | 0 | 0 | 0 | 0 | 0 | 0 |
| | 2002 | 울산 | 10 | 3 | 0 | 1 | 0 | 10 | 2 | 0 |
| | 2005 | 전북 | 6 | 2 | 0 | 0 | 0 | 5 | 1 | 0 |
| | 2006 | 울산 | 9 | 3 | 0 | 2 | 0 | 13 | 1 | 0 |
| | 2007 | 부산 | 3 | 3 | 0 | 1 | 0 | 5 | 0 | 0 |
| | 2008 | 광주상무 | 7 | 3 | 1 | 0 | 0 | 4 | 0 | 0 |
| 통산 | | | 186 | 103 | 7 | 10 | 0 | 192 | 20 | 0 |

**박규현**(朴規現) 현대고 2001.04.14

| 대회 | 연도 | 소속 | 출전 | 교체 | 득점 | 도움 | 실점 | 파울 | 경고 | 퇴장 |
|---|---|---|---|---|---|---|---|---|---|---|
| K1 | 2025 | 대전 | 13 | 8 | 0 | 1 | 0 | 13 | 4 | 0 |
| 통산 | | | 13 | 8 | 0 | 1 | 0 | 13 | 4 | 0 |

**박금렬**(朴錦烈) 단국대 1972.05.05

| 대회 | 연도 | 소속 | 출전 | 교체 | 득점 | 도움 | 실점 | 파울 | 경고 | 퇴장 |
|---|---|---|---|---|---|---|---|---|---|---|
| K1 | 1998 | 천안일화 | 5 | 5 | 0 | 0 | 0 | 1 | 0 | 0 |
| 통산 | | | 5 | 5 | 0 | 0 | 0 | 1 | 0 | 0 |

**박기동**(朴己東) 숭실대 1988.11.01

| 대회 | 연도 | 소속 | 출전 | 교체 | 득점 | 도움 | 실점 | 파울 | 경고 | 퇴장 |
|---|---|---|---|---|---|---|---|---|---|---|
| K1 | 2011 | 광주 | 27 | 11 | 3 | 5 | 0 | 56 | 2 | 0 |
| | 2012 | 광주 | 31 | 16 | 5 | 5 | 0 | 50 | 1 | 0 |
| | 2013 | 전남 | 18 | 12 | 1 | 1 | 0 | 18 | 0 | 0 |
| | 2013 | 제주 | 6 | 6 | 0 | 0 | 0 | 4 | 0 | 0 |
| | 2014 | 전남 | 7 | 5 | 0 | 0 | 0 | 4 | 1 | 0 |
| | 2016 | 전남 | 5 | 4 | 0 | 0 | 0 | 6 | 0 | 0 |
| | 2016 | 상주 | 25 | 13 | 9 | 8 | 0 | 21 | 3 | 0 |
| | 2017 | 수원 | 25 | 21 | 3 | 0 | 0 | 25 | 3 | 0 |
| | 2018 | 수원 | 8 | 6 | 1 | 2 | 0 | 9 | 2 | 0 |
| | 2019 | 대구 | 12 | 11 | 1 | 1 | 0 | 6 | 1 | 0 |
| | 2019 | 경남 | 7 | 7 | 1 | 0 | 0 | 2 | 0 | 0 |
| | 2021 | 대구 | 2 | 2 | 0 | 0 | 0 | 1 | 0 | 0 |
| K2 | 2015 | 상주 | 35 | 30 | 6 | 5 | 0 | 40 | 6 | 0 |
| | 2020 | 경남 | 20 | 18 | 4 | 3 | 0 | 19 | 1 | 0 |
| PO | 2020 | 경남 | 2 | 2 | 0 | 1 | 0 | 2 | 0 | 0 |
| 컵 | 2011 | 광주 | 4 | 4 | 0 | 0 | 0 | 4 | 0 | 0 |
| 통산 | | | 234 | 168 | 34 | 31 | 0 | 267 | 20 | 0 |

**박기욱**(朴起旭) 울산대 1978.12.22

| 대회 | 연도 | 소속 | 출전 | 교체 | 득점 | 도움 | 실점 | 파울 | 경고 | 퇴장 |
|---|---|---|---|---|---|---|---|---|---|---|
| K1 | 2001 | 울산 | 20 | 8 | 0 | 1 | 0 | 28 | 4 | 0 |
| | 2002 | 울산 | 4 | 4 | 0 | 0 | 0 | 6 | 0 | 0 |
| | 2003 | 광주상무 | 8 | 8 | 0 | 0 | 0 | 10 | 0 | 0 |
| | 2004 | 광주상무 | 9 | 9 | 1 | 0 | 0 | 7 | 0 | 0 |
| | 2005 | 부천SK | 12 | 13 | 1 | 1 | 0 | 23 | 1 | 0 |
| | 2006 | 제주 | 9 | 8 | 0 | 1 | 0 | 12 | 1 | 0 |
| 컵 | 2001 | 울산 | 8 | 3 | 0 | 2 | 0 | 16 | 1 | 0 |
| | 2002 | 울산 | 1 | 1 | 0 | 0 | 0 | 0 | 0 | 0 |
| | 2005 | 부천SK | 2 | 2 | 0 | 0 | 0 | 1 | 1 | 0 |
| | 2006 | 제주 | 4 | 4 | 0 | 1 | 0 | 4 | 1 | 0 |
| 통산 | | | 77 | 60 | 2 | 6 | 0 | 107 | 9 | 0 |

**박기필**(朴起必) 건국대 1984.07.29

| 대회 | 연도 | 소속 | 출전 | 교체 | 득점 | 도움 | 실점 | 파울 | 경고 | 퇴장 |
|---|---|---|---|---|---|---|---|---|---|---|
| K1 | 2005 | 부산 | 1 | 0 | 0 | 0 | 0 | 2 | 1 | 0 |
| | 2006 | 부산 | 8 | 7 | 1 | 1 | 0 | 6 | 1 | 0 |
| 컵 | 2006 | 부산 | 1 | 1 | 0 | 0 | 0 | 0 | 0 | 0 |
| 통산 | | | 10 | 8 | 1 | 1 | 0 | 8 | 2 | 0 |

**박기현**(朴基賢) 강원FC U18 2004.04.10

| 대회 | 연도 | 소속 | 출전 | 교체 | 득점 | 도움 | 실점 | 파울 | 경고 | 퇴장 |
|---|---|---|---|---|---|---|---|---|---|---|
| K2 | 2025 | 경남 | 29 | 25 | 1 | 2 | 0 | 18 | 6 | 0 |
| 통산 | | | 29 | 25 | 1 | 2 | 0 | 18 | 6 | 0 |

**박기형**(朴基亨) 천안농고 1963.04.21

| 대회 | 연도 | 소속 | 출전 | 교체 | 득점 | 도움 | 실점 | 파울 | 경고 | 퇴장 |
|---|---|---|---|---|---|---|---|---|---|---|
| K1 | 1983 | 포항제철 | 4 | 5 | 0 | 0 | 0 | 0 | 0 | 0 |
| | 1989 | 포항제철 | 1 | 1 | 0 | 0 | 0 | 0 | 0 | 0 |
| 통산 | | | 5 | 6 | 0 | 0 | 0 | 0 | 0 | 0 |

**박남열**(朴南烈) 대구대 1970.05.04

| 대회 | 연도 | 소속 | 출전 | 교체 | 득점 | 도움 | 실점 | 파울 | 경고 | 퇴장 |
|---|---|---|---|---|---|---|---|---|---|---|
| K1 | 1993 | 일화 | 22 | 17 | 2 | 1 | 0 | 12 | 2 | 0 |
| | 1994 | 일화 | 23 | 13 | 4 | 2 | 0 | 33 | 4 | 0 |
| | 1995 | 일화 | 17 | 16 | 2 | 1 | 0 | 14 | 2 | 0 |
| | 1996 | 천안일화 | 29 | 5 | 6 | 7 | 0 | 39 | 2 | 0 |
| | 1999 | 천안일화 | 19 | 9 | 3 | 1 | 0 | 34 | 4 | 0 |
| | 2000 | 성남일화 | 27 | 11 | 9 | 2 | 0 | 37 | 2 | 0 |
| | 2001 | 성남일화 | 16 | 5 | 1 | 3 | 0 | 15 | 3 | 0 |
| | 2002 | 성남일화 | 23 | 20 | 1 | 2 | 0 | 39 | 3 | 0 |
| | 2003 | 성남일화 | 11 | 9 | 1 | 0 | 0 | 26 | 2 | 0 |
| PO | 1995 | 일화 | 3 | 1 | 0 | 0 | 0 | 7 | 0 | 0 |
| | 2000 | 성남일화 | 2 | 0 | 1 | 1 | 0 | 5 | 0 | 0 |
| 컵 | 1993 | 일화 | 5 | 6 | 1 | 0 | 0 | 1 | 0 | 0 |
| | 1994 | 일화 | 4 | 6 | 0 | 0 | 0 | 1 | 0 | 0 |
| | 1995 | 일화 | 7 | 4 | 0 | 1 | 0 | 12 | 0 | 0 |
| | 1996 | 천안일화 | 6 | 0 | 3 | 1 | 0 | 6 | 0 | 1 |
| | 1999 | 천안일화 | 8 | 2 | 1 | 1 | 0 | 14 | 1 | 0 |
| | 2000 | 성남일화 | 12 | 3 | 3 | 0 | 0 | 21 | 0 | 0 |
| | 2001 | 성남일화 | 8 | 6 | 2 | 0 | 0 | 12 | 0 | 0 |
| | 2002 | 성남일화 | 8 | 8 | 0 | 1 | 0 | 14 | 0 | 0 |
| | 2004 | 수원 | 3 | 3 | 0 | 0 | 0 | 0 | 0 | 0 |
| 통산 | | | 253 | 144 | 40 | 24 | 0 | 342 | 25 | 1 |

**박내인**(朴來仁) 전북대 1962.08.20

| 대회 | 연도 | 소속 | 출전 | 교체 | 득점 | 도움 | 실점 | 파울 | 경고 | 퇴장 |
|---|---|---|---|---|---|---|---|---|---|---|
| K1 | 1985 | 상무 | 6 | 1 | 0 | 0 | 0 | 4 | 0 | 0 |
| 통산 | | | 6 | 1 | 0 | 0 | 0 | 4 | 0 | 0 |

**박노봉**(朴魯鳳) 고려대 1961.06.19

| 대회 | 연도 | 소속 | 출전 | 교체 | 득점 | 도움 | 실점 | 파울 | 경고 | 퇴장 |
|---|---|---|---|---|---|---|---|---|---|---|
| K1 | 1985 | 대우 | 16 | 0 | 1 | 0 | 0 | 18 | 1 | 0 |
| | 1986 | 대우 | 20 | 0 | 1 | 0 | 0 | 23 | 2 | 0 |
| | 1987 | 대우 | 29 | 1 | 0 | 0 | 0 | 14 | 0 | 0 |
| | 1988 | 대우 | 17 | 3 | 1 | 0 | 0 | 14 | 0 | 0 |
| | 1989 | 대우 | 38 | 9 | 1 | 0 | 0 | 41 | 3 | 0 |
| | 1990 | 대우 | 21 | 0 | 0 | 2 | 0 | 14 | 1 | 0 |
| | 1991 | 대우 | 1 | 1 | 0 | 0 | 0 | 0 | 0 | 0 |
| 컵 | 1986 | 대우 | 12 | 0 | 0 | 0 | 0 | 13 | 2 | 0 |
| 통산 | | | 154 | 14 | 4 | 2 | 0 | 137 | 9 | 0 |

**박대식**(朴大植) 중앙대 1984.03.03

| 대회 | 연도 | 소속 | 출전 | 교체 | 득점 | 도움 | 실점 | 파울 | 경고 | 퇴장 |
|---|---|---|---|---|---|---|---|---|---|---|
| K1 | 2007 | 부산 | 0 | 0 | 0 | 0 | 0 | 0 | 0 | 0 |
| 컵 | 2007 | 부산 | 1 | 0 | 0 | 0 | 0 | 1 | 0 | 0 |
| 통산 | | | 1 | 0 | 0 | 0 | 0 | 1 | 0 | 0 |

**박대원**(朴大元) 고려대 1998.02.25

| 대회 | 연도 | 소속 | 출전 | 교체 | 득점 | 도움 | 실점 | 파울 | 경고 | 퇴장 |
|---|---|---|---|---|---|---|---|---|---|---|
| K1 | 2019 | 수원 | 4 | 3 | 0 | 0 | 0 | 4 | 0 | 0 |
| | 2020 | 수원 | 4 | 1 | 0 | 0 | 0 | 5 | 0 | 0 |
| | 2021 | 수원 | 27 | 9 | 0 | 0 | 0 | 33 | 5 | 0 |
| | 2022 | 수원 | 11 | 7 | 0 | 0 | 0 | 9 | 2 | 0 |
| | 2023 | 수원 | 31 | 11 | 0 | 0 | 0 | 30 | 9 | 0 |
| | 2024 | 김천 | 14 | 10 | 0 | 1 | 0 | 14 | 1 | 0 |
| | 2025 | 김천 | 11 | 11 | 0 | 0 | 0 | 11 | 2 | 0 |
| K2 | 2024 | 수원 | 7 | 3 | 0 | 0 | 0 | 7 | 3 | 0 |
| PO | 2022 | 수원 | 0 | 0 | 0 | 0 | 0 | 0 | 0 | 0 |
| 통산 | | | 109 | 55 | 0 | 1 | 0 | 113 | 22 | 0 |

**박대제**(朴大濟) 서울시립대 1958.10.14

| 대회 | 연도 | 소속 | 출전 | 교체 | 득점 | 도움 | 실점 | 파울 | 경고 | 퇴장 |
|---|---|---|---|---|---|---|---|---|---|---|
| K1 | 1984 | 한일은행 | 14 | 6 | 1 | 0 | 0 | 8 | 1 | 0 |
| | 1985 | 한일은행 | 4 | 3 | 0 | 0 | 0 | 7 | 0 | 0 |
| 통산 | | | 18 | 9 | 1 | 0 | 0 | 15 | 1 | 0 |

**박대한**(朴大韓) 성균관대 1991.05.01

| 대회 | 연도 | 소속 | 출전 | 교체 | 득점 | 도움 | 실점 | 파울 | 경고 | 퇴장 |
|---|---|---|---|---|---|---|---|---|---|---|
| K1 | 2015 | 인천 | 35 | 3 | 1 | 1 | 0 | 44 | 8 | 0 |
| | 2016 | 인천 | 26 | 3 | 0 | 2 | 0 | 31 | 6 | 0 |
| | 2017 | 전남 | 16 | 7 | 0 | 0 | 0 | 17 | 4 | 0 |
| | 2018 | 전남 | 5 | 5 | 1 | 0 | 0 | 3 | 0 | 0 |
| | 2018 | 상주 | 3 | 2 | 0 | 0 | 0 | 2 | 0 | 0 |
| | 2019 | 상주 | 1 | 1 | 0 | 0 | 0 | 0 | 0 | 0 |
| | 2020 | 인천 | 3 | 2 | 0 | 0 | 0 | 0 | 0 | 0 |
| K2 | 2014 | 강원 | 3 | 1 | 0 | 0 | 0 | 5 | 0 | 0 |
| | 2020 | 전남 | 7 | 4 | 0 | 0 | 0 | 5 | 0 | 0 |
| | 2021 | 안양 | 18 | 5 | 0 | 0 | 0 | 23 | 5 | 0 |
| | 2022 | 김포 | 32 | 13 | 1 | 0 | 0 | 41 | 2 | 0 |
| 통산 | | | 149 | 46 | 3 | 3 | 0 | 171 | 25 | 0 |

**박대한**(朴大翰) 인천대 1996.04.19

| 대회 | 연도 | 소속 | 출전 | 교체 | 득점 | 도움 | 실점 | 파울 | 경고 | 퇴장 |
|---|---|---|---|---|---|---|---|---|---|---|
| K1 | 2017 | 전남 | 3 | 0 | 0 | 0 | 7 | 0 | 0 | 0 |
| | 2018 | 전남 | 5 | 0 | 0 | 0 | 12 | 0 | 0 | 0 |
| K2 | 2019 | 전남 | 0 | 0 | 0 | 0 | 0 | 0 | 0 | 0 |
| | 2020 | 수원FC | 0 | 0 | 0 | 0 | 0 | 0 | 0 | 0 |

| 대회 | 연도 | 소속 | 출전 | 교체 | 득점 | 도움 | 실점 | 파울 | 경고 | 퇴장 |
|---|---|---|---|---|---|---|---|---|---|---|
| | 2023 | 충북청주 | 24 | 0 | 0 | 0 | 19 | 1 | 1 | 0 |
| | 2024 | 충북청주 | 22 | 0 | 0 | 0 | 29 | 1 | 3 | 0 |
| | 2025 | 부산 | 2 | 0 | 0 | 0 | 1 | 0 | 0 | 0 |
| 통산 | | | 56 | 0 | 0 | 0 | 68 | 2 | 4 | 0 |

**박대훈**(朴大勳) 서남대 1996.03.30

| 대회 | 연도 | 소속 | 출전 | 교체 | 득점 | 도움 | 실점 | 파울 | 경고 | 퇴장 |
|---|---|---|---|---|---|---|---|---|---|---|
| K1 | 2025 | 대구 | 25 | 25 | 2 | 0 | 0 | 13 | 0 | 0 |
| K2 | 2016 | 대전 | 25 | 24 | 3 | 1 | 0 | 23 | 0 | 0 |
| | 2017 | 대전 | 15 | 14 | 2 | 1 | 0 | 11 | 2 | 0 |
| | 2018 | 대전 | 7 | 6 | 0 | 1 | 0 | 4 | 0 | 0 |
| | 2023 | 충남아산 | 18 | 16 | 6 | 4 | 0 | 6 | 0 | 0 |
| | 2024 | 충남아산 | 22 | 21 | 5 | 5 | 0 | 12 | 0 | 0 |
| PO | 2018 | 대전 | 0 | 0 | 0 | 0 | 0 | 0 | 0 | 0 |
| | 2024 | 충남아산 | 2 | 2 | 2 | 0 | 0 | 3 | 0 | 0 |
| 통산 | | | 114 | 108 | 20 | 12 | 0 | 72 | 2 | 0 |

**박도현**(朴度賢) 배재대 1980.07.04

| 대회 | 연도 | 소속 | 출전 | 교체 | 득점 | 도움 | 실점 | 파울 | 경고 | 퇴장 |
|---|---|---|---|---|---|---|---|---|---|---|
| K1 | 2003 | 부천SK | 2 | 2 | 0 | 0 | 0 | 0 | 0 | 0 |
| | 2007 | 대전 | 11 | 11 | 0 | 0 | 0 | 15 | 2 | 0 |
| PO | 2007 | 대전 | 1 | 1 | 0 | 0 | 0 | 0 | 0 | 0 |
| 컵 | 2007 | 대전 | 3 | 3 | 0 | 0 | 0 | 3 | 0 | 0 |
| 통산 | | | 17 | 17 | 0 | 0 | 0 | 18 | 2 | 0 |

**박동균**(朴東均) 중앙대 1964.10.15

| 대회 | 연도 | 소속 | 출전 | 교체 | 득점 | 도움 | 실점 | 파울 | 경고 | 퇴장 |
|---|---|---|---|---|---|---|---|---|---|---|
| K1 | 1988 | 럭키금성 | 15 | 3 | 0 | 0 | 0 | 11 | 4 | 0 |
| 통산 | | | 15 | 3 | 0 | 0 | 0 | 11 | 4 | 0 |

**박동석**(朴東錫) 아주대 1981.05.03

| 대회 | 연도 | 소속 | 출전 | 교체 | 득점 | 도움 | 실점 | 파울 | 경고 | 퇴장 |
|---|---|---|---|---|---|---|---|---|---|---|
| K1 | 2002 | 안양LG | 1 | 0 | 0 | 0 | 1 | 0 | 0 | 0 |
| | 2003 | 안양LG | 25 | 0 | 0 | 0 | 39 | 0 | 0 | 0 |
| | 2004 | 서울 | 12 | 0 | 0 | 0 | 7 | 1 | 0 | 0 |
| | 2005 | 서울 | 11 | 0 | 0 | 0 | 10 | 0 | 1 | 0 |
| | 2006 | 서울 | 0 | 0 | 0 | 0 | 0 | 0 | 0 | 0 |
| | 2007 | 광주상무 | 13 | 1 | 0 | 0 | 20 | 1 | 1 | 0 |
| | 2008 | 광주상무 | 1 | 0 | 0 | 0 | 2 | 0 | 0 | 0 |
| | 2009 | 서울 | 6 | 1 | 0 | 0 | 2 | 0 | 0 | 0 |
| PO | 2006 | 서울 | 0 | 0 | 0 | 0 | 0 | 0 | 0 | 0 |
| | 2009 | 서울 | 0 | 0 | 0 | 0 | 0 | 0 | 0 | 0 |
| 컵 | 2002 | 안양LG | 0 | 0 | 0 | 0 | 0 | 0 | 0 | 0 |
| | 2005 | 서울 | 10 | 0 | 0 | 0 | 15 | 0 | 0 | 0 |
| | 2006 | 서울 | 0 | 0 | 0 | 0 | 0 | 0 | 0 | 0 |
| | 2007 | 광주상무 | 6 | 0 | 0 | 0 | 2 | 0 | 0 | 0 |
| | 2008 | 광주상무 | 7 | 0 | 0 | 0 | 8 | 0 | 0 | 0 |
| | 2009 | 서울 | 4 | 0 | 0 | 0 | 7 | 0 | 0 | 0 |
| 통산 | | | 96 | 2 | 0 | 0 | 113 | 2 | 2 | 0 |

**박동수**(朴東洙) 서귀포고 1982.02.25

| 대회 | 연도 | 소속 | 출전 | 교체 | 득점 | 도움 | 실점 | 파울 | 경고 | 퇴장 |
|---|---|---|---|---|---|---|---|---|---|---|
| K1 | 2000 | 포항 | 6 | 5 | 0 | 0 | 0 | 3 | 1 | 0 |
| 통산 | | | 6 | 5 | 0 | 0 | 0 | 3 | 1 | 0 |

**박동우**(朴東佑) 국민대 1970.11.03

| 대회 | 연도 | 소속 | 출전 | 교체 | 득점 | 도움 | 실점 | 파울 | 경고 | 퇴장 |
|---|---|---|---|---|---|---|---|---|---|---|
| K1 | 1995 | 일화 | 1 | 0 | 0 | 0 | 2 | 0 | 0 | 0 |
| | 1996 | 천안일화 | 5 | 0 | 0 | 0 | 13 | 0 | 0 | 0 |
| | 1997 | 부천SK | 10 | 0 | 0 | 0 | 21 | 1 | 0 | 0 |
| | 1998 | 부천SK | 18 | 0 | 0 | 0 | 32 | 0 | 0 | 0 |
| | 1999 | 부천SK | 0 | 0 | 0 | 0 | 0 | 0 | 0 | 0 |
| | 2000 | 전남 | 17 | 0 | 0 | 0 | 20 | 0 | 0 | 0 |
| 컵 | 1995 | 일화 | 0 | 0 | 0 | 0 | 0 | 0 | 0 | 0 |
| | 1996 | 천안일화 | 7 | 0 | 0 | 0 | 9 | 0 | 0 | 0 |
| | 1997 | 부천SK | 5 | 0 | 0 | 0 | 7 | 0 | 1 | 0 |
| | 1998 | 부천SK | 18 | 0 | 0 | 0 | 16 | 0 | 1 | 0 |
| | 1999 | 부천SK | 0 | 0 | 0 | 0 | 0 | 0 | 0 | 0 |
| | 2000 | 전남 | 10 | 0 | 0 | 0 | 10 | 0 | 0 | 0 |
| 통산 | | | 91 | 0 | 0 | 0 | 130 | 1 | 2 | 0 |

**박동진**(朴東眞) 한남대 1994.12.10

| 대회 | 연도 | 소속 | 출전 | 교체 | 득점 | 도움 | 실점 | 파울 | 경고 | 퇴장 |
|---|---|---|---|---|---|---|---|---|---|---|
| K1 | 2016 | 광주 | 24 | 10 | 0 | 0 | 0 | 14 | 4 | 0 |
| | 2017 | 광주 | 33 | 3 | 0 | 0 | 0 | 36 | 5 | 0 |
| | 2018 | 서울 | 15 | 4 | 0 | 0 | 0 | 17 | 5 | 0 |
| | 2019 | 서울 | 32 | 32 | 6 | 3 | 0 | 25 | 4 | 0 |
| | 2020 | 서울 | 3 | 3 | 1 | 0 | 0 | 3 | 1 | 0 |
| | 2020 | 상주 | 7 | 4 | 1 | 0 | 0 | 13 | 0 | 0 |
| | 2022 | 서울 | 23 | 17 | 3 | 0 | 0 | 23 | 5 | 0 |
| | 2023 | 서울 | 15 | 15 | 3 | 2 | 0 | 14 | 3 | 0 |
| | 2024 | 서울 | 16 | 15 | 1 | 2 | 0 | 15 | 3 | 0 |
| | 2025 | 제주 | 10 | 10 | 0 | 0 | 0 | 7 | 2 | 0 |
| K2 | 2021 | 김천 | 21 | 18 | 9 | 2 | 0 | 19 | 5 | 0 |
| | 2023 | 부산 | 15 | 11 | 0 | 0 | 0 | 6 | 2 | 0 |
| | 2024 | 경남 | 14 | 7 | 6 | 1 | 0 | 16 | 3 | 0 |
| | 2025 | 김포 | 19 | 16 | 6 | 2 | 0 | 22 | 5 | 1 |
| PO | 2023 | 부산 | 2 | 2 | 0 | 0 | 0 | 0 | 0 | 0 |
| 통산 | | | 249 | 167 | 36 | 12 | 0 | 230 | 47 | 1 |

**박동혁**(朴東赫) 고려대 1979.04.18

| 대회 | 연도 | 소속 | 출전 | 교체 | 득점 | 도움 | 실점 | 파울 | 경고 | 퇴장 |
|---|---|---|---|---|---|---|---|---|---|---|
| K1 | 2002 | 전북 | 13 | 3 | 2 | 0 | 0 | 18 | 2 | 0 |
| | 2003 | 전북 | 31 | 12 | 1 | 0 | 0 | 65 | 8 | 0 |
| | 2004 | 전북 | 13 | 3 | 0 | 0 | 0 | 30 | 4 | 0 |
| | 2005 | 전북 | 17 | 2 | 2 | 0 | 0 | 30 | 3 | 0 |
| | 2006 | 울산 | 21 | 2 | 4 | 0 | 0 | 35 | 5 | 1 |
| | 2007 | 울산 | 22 | 3 | 1 | 1 | 0 | 23 | 2 | 0 |
| | 2008 | 울산 | 25 | 2 | 1 | 1 | 0 | 33 | 3 | 0 |
| | 2013 | 울산 | 25 | 19 | 0 | 0 | 0 | 5 | 1 | 0 |
| | 2014 | 울산 | 15 | 11 | 1 | 0 | 0 | 14 | 2 | 0 |
| PO | 2007 | 울산 | 2 | 0 | 1 | 0 | 0 | 8 | 0 | 0 |
| | 2008 | 울산 | 3 | 0 | 0 | 0 | 0 | 9 | 1 | 0 |
| 컵 | 2002 | 전북 | 8 | 0 | 0 | 0 | 0 | 17 | 0 | 0 |
| | 2004 | 전북 | 9 | 2 | 4 | 0 | 0 | 12 | 3 | 0 |
| | 2005 | 전북 | 10 | 0 | 3 | 0 | 0 | 19 | 4 | 0 |
| | 2006 | 울산 | 13 | 2 | 0 | 0 | 0 | 19 | 0 | 0 |
| | 2007 | 울산 | 8 | 2 | 2 | 0 | 0 | 8 | 2 | 0 |
| | 2008 | 울산 | 9 | 1 | 0 | 1 | 0 | 13 | 1 | 0 |
| 통산 | | | 244 | 64 | 22 | 3 | 0 | 358 | 41 | 1 |

**박동혁**(朴東爀) 현대고 1992.03.11

| 대회 | 연도 | 소속 | 출전 | 교체 | 득점 | 도움 | 실점 | 파울 | 경고 | 퇴장 |
|---|---|---|---|---|---|---|---|---|---|---|
| K1 | 2012 | 울산 | 0 | 0 | 0 | 0 | 0 | 0 | 0 | 0 |
| 통산 | | | 0 | 0 | 0 | 0 | 0 | 0 | 0 | 0 |

**박동휘**(朴東輝) 울산대 1996.01.18

| 대회 | 연도 | 소속 | 출전 | 교체 | 득점 | 도움 | 실점 | 파울 | 경고 | 퇴장 |
|---|---|---|---|---|---|---|---|---|---|---|
| K2 | 2022 | 안산 | 12 | 10 | 0 | 0 | 0 | 13 | 3 | 0 |
| 통산 | | | 12 | 10 | 0 | 0 | 0 | 13 | 3 | 0 |

**박두흥**(朴斗興) 성균관대 1964.04.01

| 대회 | 연도 | 소속 | 출전 | 교체 | 득점 | 도움 | 실점 | 파울 | 경고 | 퇴장 |
|---|---|---|---|---|---|---|---|---|---|---|
| K1 | 1989 | 일화 | 27 | 10 | 1 | 0 | 0 | 40 | 2 | 0 |
| | 1990 | 일화 | 2 | 1 | 0 | 0 | 0 | 2 | 0 | 0 |
| | 1991 | 일화 | 24 | 12 | 0 | 4 | 0 | 26 | 1 | 0 |
| | 1992 | 일화 | 7 | 5 | 0 | 1 | 0 | 8 | 1 | 0 |
| 컵 | 1992 | 일화 | 2 | 0 | 1 | 0 | 0 | 3 | 0 | 0 |
| 통산 | | | 62 | 28 | 2 | 5 | 0 | 79 | 4 | 0 |

**박래철**(朴徠徹) 호남대 1977.08.20

| 대회 | 연도 | 소속 | 출전 | 교체 | 득점 | 도움 | 실점 | 파울 | 경고 | 퇴장 |
|---|---|---|---|---|---|---|---|---|---|---|
| K1 | 2000 | 대전 | 6 | 2 | 0 | 0 | 0 | 6 | 1 | 0 |
| | 2001 | 대전 | 10 | 8 | 0 | 0 | 0 | 16 | 4 | 0 |
| | 2002 | 대전 | 6 | 3 | 0 | 0 | 0 | 11 | 1 | 0 |
| | 2005 | 대전 | 1 | 1 | 0 | 0 | 0 | 0 | 0 | 0 |
| | 2006 | 대전 | 1 | 1 | 0 | 0 | 0 | 0 | 0 | 0 |
| 컵 | 2000 | 대전 | 1 | 0 | 0 | 0 | 0 | 4 | 0 | 0 |
| | 2001 | 대전 | 0 | 0 | 0 | 0 | 0 | 0 | 0 | 0 |
| | 2002 | 대전 | 4 | 4 | 0 | 0 | 0 | 1 | 0 | 0 |
| 통산 | | | 29 | 19 | 0 | 0 | 0 | 38 | 6 | 0 |

**박만호**(朴滿祜) 울산대 2004.02.28

| 대회 | 연도 | 소속 | 출전 | 교체 | 득점 | 도움 | 실점 | 파울 | 경고 | 퇴장 |
|---|---|---|---|---|---|---|---|---|---|---|
| K1 | 2025 | 대구 | 2 | 0 | 0 | 0 | 6 | 0 | 0 | 0 |
| 통산 | | | 2 | 0 | 0 | 0 | 6 | 0 | 0 | 0 |

**박명수**(朴明洙) 대건고 1998.01.11

| 대회 | 연도 | 소속 | 출전 | 교체 | 득점 | 도움 | 실점 | 파울 | 경고 | 퇴장 |
|---|---|---|---|---|---|---|---|---|---|---|
| K2 | 2017 | 경남 | 11 | 9 | 0 | 1 | 0 | 8 | 2 | 0 |
| | 2018 | 대전 | 4 | 1 | 0 | 0 | 0 | 3 | 1 | 0 |
| 통산 | | | 15 | 10 | 0 | 1 | 0 | 11 | 3 | 0 |

**박무홍**(朴武洪) 영남대 1957.08.19

| 대회 | 연도 | 소속 | 출전 | 교체 | 득점 | 도움 | 실점 | 파울 | 경고 | 퇴장 |
|---|---|---|---|---|---|---|---|---|---|---|
| K1 | 1983 | 포항제철 | 6 | 6 | 0 | 1 | 0 | 2 | 1 | 0 |
| | 1984 | 포항제철 | 2 | 1 | 0 | 0 | 0 | 1 | 0 | 0 |
| 통산 | | | 8 | 7 | 0 | 1 | 0 | 3 | 1 | 0 |

**박문기**(朴雯璣) 전주대 1983.11.15

| 대회 | 연도 | 소속 | 출전 | 교체 | 득점 | 도움 | 실점 | 파울 | 경고 | 퇴장 |
|---|---|---|---|---|---|---|---|---|---|---|
| 컵 | 2006 | 전남 | 1 | 1 | 0 | 0 | 0 | 0 | 0 | 0 |
| 통산 | | | 1 | 1 | 0 | 0 | 0 | 0 | 0 | 0 |

**박민**(朴愍) 대구대 1986.05.06

| 대회 | 연도 | 소속 | 출전 | 교체 | 득점 | 도움 | 실점 | 파울 | 경고 | 퇴장 |
|---|---|---|---|---|---|---|---|---|---|---|
| K1 | 2009 | 경남 | 17 | 5 | 0 | 0 | 0 | 28 | 5 | 0 |
| | 2010 | 경남 | 3 | 0 | 0 | 0 | 0 | 3 | 0 | 0 |
| | 2011 | 경남 | 8 | 7 | 1 | 0 | 0 | 19 | 3 | 0 |
| | 2012 | 광주 | 21 | 1 | 2 | 0 | 0 | 41 | 3 | 0 |
| | 2013 | 강원 | 20 | 12 | 1 | 0 | 0 | 17 | 2 | 0 |
| K2 | 2014 | 안양 | 23 | 1 | 2 | 1 | 0 | 19 | 0 | 0 |
| | 2017 | 부천 | 15 | 3 | 1 | 1 | 0 | 14 | 3 | 0 |
| PO | 2013 | 강원 | 1 | 1 | 0 | 0 | 0 | 1 | 0 | 0 |
| 컵 | 2009 | 경남 | 4 | 0 | 2 | 0 | 0 | 10 | 0 | 0 |
| | 2010 | 경남 | 1 | 1 | 0 | 0 | 0 | 0 | 0 | 0 |
| | 2011 | 경남 | 0 | 0 | 0 | 0 | 0 | 0 | 0 | 0 |
| 통산 | | | 113 | 31 | 9 | 2 | 0 | 152 | 16 | 0 |

**박민규**(朴玟奎) 호남대 1995.08.10

| 대회 | 연도 | 소속 | 출전 | 교체 | 득점 | 도움 | 실점 | 파울 | 경고 | 퇴장 |
|---|---|---|---|---|---|---|---|---|---|---|
| K1 | 2017 | 서울 | 1 | 1 | 0 | 0 | 0 | 2 | 1 | 0 |
| | 2018 | 서울 | 0 | 0 | 0 | 0 | 0 | 0 | 0 | 0 |
| | 2022 | 수원FC | 35 | 5 | 1 | 1 | 0 | 15 | 2 | 0 |
| | 2024 | 김천 | 15 | 4 | 0 | 1 | 0 | 8 | 1 | 0 |
| K2 | 2019 | 대전 | 15 | 0 | 0 | 0 | 0 | 16 | 3 | 0 |
| | 2020 | 수원FC | 25 | 0 | 0 | 2 | 0 | 16 | 2 | 0 |
| | 2021 | 부산 | 31 | 2 | 0 | 2 | 0 | 26 | 3 | 0 |
| | 2023 | 김천 | 25 | 12 | 1 | 0 | 0 | 15 | 3 | 0 |
| PO | 2020 | 수원FC | 1 | 0 | 0 | 0 | 0 | 0 | 0 | 0 |
| 통산 | | | 148 | 24 | 2 | 6 | 0 | 98 | 15 | 0 |

**박민근**(朴敏根) 한남대 1984.02.27

| 대회 | 연도 | 소속 | 출전 | 교체 | 득점 | 도움 | 실점 | 파울 | 경고 | 퇴장 |
|---|---|---|---|---|---|---|---|---|---|---|
| K1 | 2011 | 대전 | 15 | 12 | 0 | 1 | 0 | 21 | 4 | 0 |
| | 2012 | 대전 | 6 | 3 | 0 | 0 | 0 | 12 | 3 | 0 |
| 컵 | 2011 | 대전 | 3 | 1 | 1 | 0 | 0 | 9 | 1 | 0 |
| 통산 | | | 24 | 16 | 1 | 1 | 0 | 42 | 8 | 0 |

**박민서**(朴玟緖) 고려대 1976.08.24

| 대회 | 연도 | 소속 | 출전 | 교체 | 득점 | 도움 | 실점 | 파울 | 경고 | 퇴장 |
|---|---|---|---|---|---|---|---|---|---|---|
| K1 | 1999 | 부산 | 18 | 6 | 0 | 0 | 0 | 28 | 5 | 0 |
| | 2000 | 부산 | 20 | 7 | 1 | 0 | 0 | 21 | 0 | 1 |
| | 2001 | 부산 | 8 | 6 | 0 | 0 | 0 | 2 | 0 | 0 |
| | 2002 | 포항 | 3 | 0 | 0 | 0 | 0 | 3 | 1 | 0 |
| | 2003 | 부천SK | 7 | 1 | 0 | 0 | 0 | 13 | 3 | 0 |
| | 2004 | 부천SK | 0 | 0 | 0 | 0 | 0 | 0 | 0 | 0 |
| 컵 | 1999 | 부산 | 9 | 4 | 0 | 0 | 0 | 10 | 0 | 0 |
| | 2000 | 부산 | 6 | 3 | 1 | 0 | 0 | 8 | 2 | 1 |
| | 2001 | 부산 | 6 | 4 | 0 | 0 | 0 | 1 | 0 | 0 |
| | 2002 | 포항 | 8 | 8 | 0 | 0 | 0 | 14 | 2 | 0 |
| | 2004 | 부천SK | 1 | 1 | 0 | 0 | 0 | 0 | 0 | 0 |
| 통산 | | | 86 | 40 | 2 | 0 | 0 | 100 | 13 | 2 |

**박민서**(朴民西) 현풍고 2000.09.15

| 대회 | 연도 | 소속 | 출전 | 교체 | 득점 | 도움 | 실점 | 파울 | 경고 | 퇴장 |
|---|---|---|---|---|---|---|---|---|---|---|
| K1 | 2020 | 대구 | 0 | 0 | 0 | 0 | 0 | 0 | 0 | 0 |
| | 2021 | 대구 | 1 | 1 | 0 | 0 | 0 | 0 | 0 | 0 |
| | 2025 | 울산 | 16 | 9 | 1 | 1 | 0 | 18 | 4 | 0 |
| K2 | 2022 | 경남 | 13 | 13 | 3 | 1 | 0 | 22 | 6 | 0 |
| | 2023 | 경남 | 36 | 11 | 2 | 5 | 0 | 44 | 2 | 0 |
| | 2024 | 서울E | 33 | 8 | 5 | 7 | 0 | 25 | 4 | 0 |

| 대회 | 연도 | 소속 | 출전 | 교체 | 득점 | 도움 | 실점 | 파울 | 경고 | 퇴장 |
|---|---|---|---|---|---|---|---|---|---|---|
| PO | 2022 | 경남 | 2 | 2 | 0 | 0 | 0 | 1 | 2 | 0 |
| | 2023 | 경남 | 2 | 1 | 0 | 0 | 0 | 1 | 1 | 0 |
| | 2024 | 서울E | 3 | 1 | 0 | 1 | 0 | 3 | 0 | 0 |
| 통산 | | | 106 | 46 | 11 | 15 | 0 | 114 | 19 | 0 |

**박민서**(朴珉緖) 호남대 1998.06.30

| 대회 | 연도 | 소속 | 출전 | 교체 | 득점 | 도움 | 실점 | 파울 | 경고 | 퇴장 |
|---|---|---|---|---|---|---|---|---|---|---|
| K2 | 2019 | 아산 | 23 | 19 | 5 | 3 | 0 | 20 | 0 | 0 |
| | 2020 | 충남아산 | 14 | 13 | 0 | 0 | 0 | 18 | 0 | 0 |
| | 2021 | 충남아산 | 23 | 22 | 1 | 1 | 0 | 16 | 0 | 0 |
| | 2022 | 충남아산 | 12 | 14 | 0 | 1 | 0 | 8 | 1 | 0 |
| | 2023 | 경남 | 16 | 12 | 2 | 1 | 0 | 14 | 0 | 0 |
| | 2023 | 충남아산 | 14 | 14 | 3 | 2 | 0 | 14 | 3 | 0 |
| | 2024 | 경남 | 29 | 28 | 2 | 3 | 0 | 25 | 0 | 0 |
| | 2025 | 경남 | 39 | 34 | 3 | 1 | 0 | 29 | 4 | 0 |
| PO | 2023 | 경남 | 2 | 2 | 0 | 0 | 0 | 1 | 0 | 0 |
| 통산 | | | 172 | 158 | 16 | 12 | 0 | 145 | 8 | 0 |

**박민선**(朴玟宣) 용인대 1991.04.04

| 대회 | 연도 | 소속 | 출전 | 교체 | 득점 | 도움 | 실점 | 파울 | 경고 | 퇴장 |
|---|---|---|---|---|---|---|---|---|---|---|
| K2 | 2014 | 대구 | 3 | 1 | 0 | 0 | 5 | 0 | 0 | 0 |
| 통산 | | | 3 | 1 | 0 | 0 | 5 | 0 | 0 | 0 |

**박민수**(朴珉秀) 경희대 1998.07.27

| 대회 | 연도 | 소속 | 출전 | 교체 | 득점 | 도움 | 실점 | 파울 | 경고 | 퇴장 |
|---|---|---|---|---|---|---|---|---|---|---|
| K2 | 2020 | 제주 | 1 | 1 | 0 | 0 | 0 | 0 | 0 | 0 |
| 통산 | | | 1 | 1 | 0 | 0 | 0 | 0 | 0 | 0 |

**박민영**(朴民迎) 원주학성고 1987.04.02

| 대회 | 연도 | 소속 | 출전 | 교체 | 득점 | 도움 | 실점 | 파울 | 경고 | 퇴장 |
|---|---|---|---|---|---|---|---|---|---|---|
| K1 | 2004 | 성남일화 | 0 | 0 | 0 | 0 | 0 | 0 | 0 | 0 |
| 통산 | | | 0 | 0 | 0 | 0 | 0 | 0 | 0 | 0 |

**박민준**(朴民埈) 명지대 2001.03.10

| 대회 | 연도 | 소속 | 출전 | 교체 | 득점 | 도움 | 실점 | 파울 | 경고 | 퇴장 |
|---|---|---|---|---|---|---|---|---|---|---|
| K2 | 2022 | 안산 | 4 | 3 | 0 | 0 | 0 | 2 | 0 | 0 |
| 통산 | | | 4 | 3 | 0 | 0 | 0 | 2 | 0 | 0 |

**박배종**(朴培悰/←박형순) 광운대 1989.10.23

| 대회 | 연도 | 소속 | 출전 | 교체 | 득점 | 도움 | 실점 | 파울 | 경고 | 퇴장 |
|---|---|---|---|---|---|---|---|---|---|---|
| K1 | 2016 | 수원FC | 12 | 0 | 0 | 0 | 18 | 0 | 0 | 0 |
| | 2021 | 수원FC | 16 | 1 | 0 | 0 | 23 | 1 | 0 | 0 |
| | 2022 | 수원FC | 25 | 0 | 0 | 0 | 37 | 0 | 0 | 0 |
| | 2023 | 수원FC | 12 | 0 | 0 | 0 | 24 | 0 | 1 | 0 |
| | 2024 | 수원FC | 0 | 0 | 0 | 0 | 0 | 0 | 0 | 0 |
| K2 | 2013 | 수원FC | 16 | 0 | 0 | 0 | 20 | 1 | 1 | 1 |
| | 2014 | 수원FC | 18 | 1 | 0 | 1 | 21 | 0 | 0 | 0 |
| | 2015 | 수원FC | 20 | 0 | 0 | 0 | 19 | 1 | 1 | 0 |
| | 2017 | 아산 | 33 | 0 | 0 | 0 | 34 | 2 | 2 | 0 |
| | 2018 | 수원FC | 3 | 1 | 0 | 0 | 5 | 0 | 0 | 0 |
| | 2018 | 아산 | 17 | 0 | 0 | 0 | 14 | 0 | 0 | 0 |
| | 2019 | 수원FC | 28 | 0 | 0 | 0 | 41 | 0 | 0 | 0 |
| | 2020 | 수원FC | 11 | 0 | 0 | 0 | 11 | 0 | 1 | 0 |
| PO | 2015 | 수원FC | 4 | 0 | 0 | 0 | 4 | 0 | 0 | 0 |
| | 2017 | 아산 | 2 | 0 | 0 | 0 | 3 | 0 | 0 | 0 |
| | 2020 | 수원FC | 0 | 0 | 0 | 0 | 0 | 0 | 0 | 0 |
| | 2023 | 수원FC | 0 | 0 | 0 | 0 | 0 | 0 | 1 | 0 |
| 통산 | | | 217 | 3 | 0 | 1 | 274 | 5 | 7 | 1 |

**박범수**(朴範秀) 동국대 2001.03.02

| 대회 | 연도 | 소속 | 출전 | 교체 | 득점 | 도움 | 실점 | 파울 | 경고 | 퇴장 |
|---|---|---|---|---|---|---|---|---|---|---|
| K1 | 2023 | 전북 | 0 | 0 | 0 | 0 | 0 | 0 | 0 | 0 |
| 통산 | | | 0 | 0 | 0 | 0 | 0 | 0 | 0 | 0 |

**박병규**(朴炳圭) 고려대 1982.03.01

| 대회 | 연도 | 소속 | 출전 | 교체 | 득점 | 도움 | 실점 | 파울 | 경고 | 퇴장 |
|---|---|---|---|---|---|---|---|---|---|---|
| K1 | 2005 | 울산 | 22 | 0 | 0 | 1 | 0 | 14 | 3 | 0 |
| | 2006 | 울산 | 21 | 0 | 0 | 1 | 0 | 13 | 4 | 0 |
| | 2007 | 울산 | 25 | 0 | 0 | 0 | 0 | 34 | 3 | 0 |
| | 2008 | 울산 | 9 | 1 | 0 | 0 | 0 | 4 | 2 | 0 |
| | 2009 | 광주상무 | 8 | 2 | 0 | 1 | 0 | 10 | 1 | 0 |
| | 2010 | 광주상무 | 23 | 4 | 0 | 0 | 0 | 18 | 2 | 0 |
| | 2011 | 울산 | 6 | 3 | 0 | 0 | 0 | 1 | 0 | 0 |
| PO | 2005 | 울산 | 3 | 0 | 0 | 0 | 0 | 3 | 0 | 0 |
| | 2007 | 울산 | 2 | 0 | 0 | 0 | 0 | 2 | 0 | 0 |
| | 2008 | 울산 | 3 | 0 | 0 | 0 | 0 | 5 | 0 | 0 |
| | 2010 | 울산 | 0 | 0 | 0 | 0 | 0 | 0 | 0 | 0 |
| 컵 | 2005 | 울산 | 9 | 0 | 0 | 0 | 0 | 5 | 2 | 0 |
| | 2006 | 울산 | 7 | 0 | 0 | 0 | 0 | 5 | 3 | 0 |
| | 2007 | 울산 | 11 | 0 | 0 | 1 | 0 | 10 | 0 | 0 |
| | 2008 | 울산 | 6 | 1 | 0 | 0 | 0 | 0 | 0 | 0 |
| | 2010 | 광주상무 | 3 | 0 | 0 | 0 | 0 | 1 | 0 | 0 |
| | 2011 | 울산 | 4 | 2 | 0 | 0 | 0 | 1 | 0 | 0 |
| 통산 | | | 162 | 13 | 0 | 4 | 0 | 126 | 20 | 0 |

**박병규**(朴炳奎) 경희대 2004.10.28

| 대회 | 연도 | 소속 | 출전 | 교체 | 득점 | 도움 | 실점 | 파울 | 경고 | 퇴장 |
|---|---|---|---|---|---|---|---|---|---|---|
| K2 | 2025 | 성남 | 13 | 13 | 0 | 0 | 0 | 6 | 2 | 0 |
| PO | 2025 | 성남 | 1 | 1 | 0 | 0 | 0 | 0 | 0 | 0 |
| 통산 | | | 14 | 14 | 0 | 0 | 0 | 6 | 2 | 0 |

**박병원**(朴炳垣) 경희대 1983.09.02

| 대회 | 연도 | 소속 | 출전 | 교체 | 득점 | 도움 | 실점 | 파울 | 경고 | 퇴장 |
|---|---|---|---|---|---|---|---|---|---|---|
| K2 | 2013 | 안양 | 29 | 15 | 6 | 1 | 0 | 47 | 2 | 0 |
| | 2014 | 고양 | 34 | 16 | 3 | 3 | 0 | 51 | 2 | 0 |
| 통산 | | | 63 | 31 | 9 | 4 | 0 | 98 | 4 | 0 |

**박병주**(朴秉柱) 한성대 1977.10.05

| 대회 | 연도 | 소속 | 출전 | 교체 | 득점 | 도움 | 실점 | 파울 | 경고 | 퇴장 |
|---|---|---|---|---|---|---|---|---|---|---|
| K1 | 2003 | 대구 | 10 | 3 | 0 | 1 | 0 | 20 | 3 | 0 |
| 통산 | | | 10 | 3 | 0 | 1 | 0 | 20 | 3 | 0 |

**박병주**(朴炳柱) 단국대 1985.03.24

| 대회 | 연도 | 소속 | 출전 | 교체 | 득점 | 도움 | 실점 | 파울 | 경고 | 퇴장 |
|---|---|---|---|---|---|---|---|---|---|---|
| K1 | 2011 | 광주 | 21 | 4 | 0 | 0 | 0 | 48 | 6 | 1 |
| | 2012 | 제주 | 19 | 7 | 0 | 0 | 0 | 16 | 4 | 0 |
| K2 | 2013 | 광주 | 4 | 0 | 0 | 0 | 0 | 4 | 0 | 0 |
| 컵 | 2011 | 광주 | 2 | 0 | 0 | 0 | 0 | 2 | 0 | 0 |
| 통산 | | | 46 | 11 | 0 | 0 | 0 | 70 | 10 | 1 |

**박병철**(朴炳澈) 한양대 1954.11.25

| 대회 | 연도 | 소속 | 출전 | 교체 | 득점 | 도움 | 실점 | 파울 | 경고 | 퇴장 |
|---|---|---|---|---|---|---|---|---|---|---|
| K1 | 1984 | 럭키금성 | 16 | 0 | 0 | 0 | 0 | 7 | 2 | 0 |
| 통산 | | | 16 | 0 | 0 | 0 | 0 | 7 | 2 | 0 |

**박병현**(朴炳玹) 상지대 1993.03.28

| 대회 | 연도 | 소속 | 출전 | 교체 | 득점 | 도움 | 실점 | 파울 | 경고 | 퇴장 |
|---|---|---|---|---|---|---|---|---|---|---|
| K1 | 2018 | 대구 | 23 | 9 | 2 | 0 | 0 | 24 | 7 | 0 |
| | 2019 | 대구 | 31 | 5 | 0 | 1 | 0 | 48 | 7 | 0 |
| | 2020 | 상주 | 5 | 0 | 0 | 0 | 0 | 10 | 2 | 0 |
| | 2021 | 대구 | 8 | 3 | 1 | 0 | 0 | 9 | 1 | 0 |
| | 2022 | 대구 | 12 | 7 | 0 | 0 | 0 | 14 | 4 | 0 |
| | 2023 | 수원FC | 10 | 3 | 0 | 0 | 0 | 12 | 1 | 0 |
| K2 | 2016 | 부산 | 1 | 1 | 0 | 0 | 0 | 0 | 0 | 0 |
| | 2024 | 충남아산 | 12 | 6 | 0 | 1 | 0 | 15 | 1 | 0 |
| | 2025 | 충남아산 | 1 | 1 | 0 | 0 | 0 | 3 | 1 | 0 |
| PO | 2023 | 수원FC | 2 | 2 | 0 | 0 | 0 | 0 | 0 | 0 |
| | 2024 | 충남아산 | 0 | 0 | 0 | 0 | 0 | 0 | 0 | 0 |
| 통산 | | | 105 | 37 | 3 | 2 | 0 | 135 | 24 | 0 |

**박복준**(朴福濬) 연세대 1960.04.21

| 대회 | 연도 | 소속 | 출전 | 교체 | 득점 | 도움 | 실점 | 파울 | 경고 | 퇴장 |
|---|---|---|---|---|---|---|---|---|---|---|
| K1 | 1983 | 대우 | 3 | 1 | 0 | 0 | 0 | 2 | 0 | 0 |
| | 1984 | 현대 | 9 | 1 | 1 | 0 | 0 | 9 | 0 | 0 |
| | 1986 | 럭키금성 | 2 | 1 | 0 | 0 | 0 | 1 | 0 | 0 |
| 컵 | 1986 | 럭키금성 | 2 | 1 | 0 | 0 | 0 | 1 | 1 | 0 |
| 통산 | | | 16 | 4 | 1 | 0 | 0 | 13 | 1 | 0 |

**박상록**(朴常綠) 안동대 1965.08.13

| 대회 | 연도 | 소속 | 출전 | 교체 | 득점 | 도움 | 실점 | 파울 | 경고 | 퇴장 |
|---|---|---|---|---|---|---|---|---|---|---|
| K1 | 1989 | 일화 | 16 | 12 | 0 | 0 | 0 | 17 | 1 | 0 |
| | 1990 | 일화 | 2 | 2 | 0 | 0 | 0 | 2 | 0 | 0 |
| 통산 | | | 18 | 14 | 0 | 0 | 0 | 19 | 1 | 0 |

**박상록**(朴相錄) 경희대 1957.03.18

| 대회 | 연도 | 소속 | 출전 | 교체 | 득점 | 도움 | 실점 | 파울 | 경고 | 퇴장 |
|---|---|---|---|---|---|---|---|---|---|---|
| K1 | 1984 | 국민은행 | 2 | 2 | 0 | 0 | 0 | 1 | 0 | 0 |
| 통산 | | | 2 | 2 | 0 | 0 | 0 | 1 | 0 | 0 |

**박상명**(朴庠明) 숭실대 2000.04.21

| 대회 | 연도 | 소속 | 출전 | 교체 | 득점 | 도움 | 실점 | 파울 | 경고 | 퇴장 |
|---|---|---|---|---|---|---|---|---|---|---|
| K1 | 2022 | 수원FC | 5 | 5 | 0 | 1 | 0 | 3 | 0 | 0 |
| 통산 | | | 5 | 5 | 0 | 1 | 0 | 3 | 0 | 0 |

**박상신**(朴相信) 동아대 1978.01.23

| 대회 | 연도 | 소속 | 출전 | 교체 | 득점 | 도움 | 실점 | 파울 | 경고 | 퇴장 |
|---|---|---|---|---|---|---|---|---|---|---|
| K1 | 2000 | 부산 | 3 | 3 | 0 | 0 | 0 | 1 | 0 | 0 |
| | 2001 | 부산 | 3 | 4 | 0 | 0 | 0 | 2 | 0 | 0 |
| | 2003 | 광주상무 | 5 | 5 | 1 | 0 | 0 | 6 | 0 | 0 |
| | 2004 | 부산 | 6 | 6 | 0 | 0 | 0 | 0 | 0 | 0 |
| 컵 | 2001 | 부산 | 0 | 0 | 0 | 0 | 0 | 0 | 0 | 0 |
| | 2004 | 부산 | 5 | 5 | 0 | 0 | 0 | 4 | 1 | 0 |
| 통산 | | | 22 | 23 | 1 | 0 | 0 | 13 | 1 | 0 |

**박상영**(朴相英) 현풍고 2005.09.17

| 대회 | 연도 | 소속 | 출전 | 교체 | 득점 | 도움 | 실점 | 파울 | 경고 | 퇴장 |
|---|---|---|---|---|---|---|---|---|---|---|
| K1 | 2025 | 대구 | 0 | 0 | 0 | 0 | 0 | 0 | 0 | 0 |
| 통산 | | | 0 | 0 | 0 | 0 | 0 | 0 | 0 | 0 |

**박상욱**(朴相旭) 대구예술대 1986.01.30

| 대회 | 연도 | 소속 | 출전 | 교체 | 득점 | 도움 | 실점 | 파울 | 경고 | 퇴장 |
|---|---|---|---|---|---|---|---|---|---|---|
| K1 | 2009 | 광주상무 | 2 | 2 | 0 | 0 | 0 | 0 | 0 | 0 |
| | 2010 | 광주상무 | 1 | 0 | 0 | 0 | 0 | 0 | 0 | 0 |
| 컵 | 2011 | 대전 | 1 | 1 | 0 | 0 | 0 | 4 | 0 | 0 |
| 통산 | | | 4 | 3 | 0 | 0 | 0 | 4 | 0 | 0 |

**박상인**(朴相麟) 제주제일고 1976.03.10

| 대회 | 연도 | 소속 | 출전 | 교체 | 득점 | 도움 | 실점 | 파울 | 경고 | 퇴장 |
|---|---|---|---|---|---|---|---|---|---|---|
| K1 | 1995 | 포항 | 1 | 1 | 1 | 0 | 0 | 1 | 0 | 0 |
| | 1999 | 포항 | 5 | 5 | 2 | 0 | 0 | 4 | 0 | 0 |
| | 2000 | 포항 | 1 | 2 | 0 | 0 | 0 | 0 | 0 | 0 |
| | 2001 | 포항 | 1 | 1 | 0 | 0 | 0 | 0 | 0 | 0 |
| | 2002 | 포항 | 8 | 8 | 0 | 0 | 0 | 8 | 0 | 0 |
| 컵 | 1998 | 포항 | 2 | 3 | 0 | 0 | 0 | 1 | 0 | 0 |
| | 1999 | 포항 | 6 | 6 | 1 | 1 | 0 | 3 | 0 | 0 |
| | 2000 | 포항 | 3 | 4 | 0 | 0 | 0 | 0 | 0 | 0 |
| | 2001 | 포항 | 4 | 5 | 0 | 2 | 0 | 3 | 0 | 0 |
| 통산 | | | 31 | 35 | 4 | 3 | 0 | 20 | 0 | 0 |

**박상인**(朴商寅) 동래고 1952.11.15

| 대회 | 연도 | 소속 | 출전 | 교체 | 득점 | 도움 | 실점 | 파울 | 경고 | 퇴장 |
|---|---|---|---|---|---|---|---|---|---|---|
| K1 | 1983 | 할렐루야 | 16 | 4 | 4 | 3 | 0 | 1 | 1 | 0 |
| | 1984 | 할렐루야 | 28 | 5 | 7 | 2 | 0 | 10 | 0 | 0 |
| | 1985 | 할렐루야 | 21 | 5 | 6 | 2 | 0 | 9 | 1 | 0 |
| | 1986 | 현대 | 12 | 6 | 3 | 0 | 0 | 3 | 0 | 0 |
| | 1987 | 현대 | 1 | 1 | 0 | 0 | 0 | 1 | 0 | 0 |
| 컵 | 1986 | 현대 | 8 | 6 | 0 | 0 | 0 | 3 | 1 | 0 |
| 통산 | | | 86 | 27 | 20 | 7 | 0 | 27 | 3 | 0 |

**박상준**(朴上俊) 울산대 2003.11.19

| 대회 | 연도 | 소속 | 출전 | 교체 | 득점 | 도움 | 실점 | 파울 | 경고 | 퇴장 |
|---|---|---|---|---|---|---|---|---|---|---|
| K1 | 2024 | 울산 | 0 | 0 | 0 | 0 | 0 | 0 | 0 | 0 |
| K2 | 2025 | 전남 | 20 | 18 | 0 | 1 | 0 | 14 | 3 | 0 |
| 통산 | | | 20 | 18 | 0 | 1 | 0 | 14 | 3 | 0 |

**박상진**(朴相珍) 경희대 1987.03.03

| 대회 | 연도 | 소속 | 출전 | 교체 | 득점 | 도움 | 실점 | 파울 | 경고 | 퇴장 |
|---|---|---|---|---|---|---|---|---|---|---|
| K1 | 2010 | 강원 | 18 | 3 | 0 | 1 | 0 | 19 | 1 | 0 |
| | 2011 | 강원 | 21 | 8 | 0 | 0 | 0 | 9 | 3 | 0 |
| | 2012 | 강원 | 15 | 5 | 0 | 0 | 0 | 4 | 0 | 0 |
| | 2013 | 강원 | 18 | 4 | 0 | 1 | 0 | 19 | 2 | 0 |
| K2 | 2014 | 강원 | 4 | 1 | 0 | 0 | 0 | 5 | 2 | 0 |
| | 2015 | 강원 | 0 | 0 | 0 | 0 | 0 | 0 | 0 | 0 |
| PO | 2013 | 강원 | 1 | 0 | 0 | 0 | 0 | 1 | 0 | 0 |
| 컵 | 2010 | 강원 | 4 | 0 | 0 | 0 | 0 | 2 | 0 | 0 |
| | 2011 | 강원 | 3 | 0 | 0 | 0 | 0 | 3 | 0 | 0 |
| 통산 | | | 84 | 21 | 0 | 2 | 0 | 62 | 8 | 0 |

**박상철**(朴相澈) 배재대 1984.02.03

| 대회 | 연도 | 소속 | 출전 | 교체 | 득점 | 도움 | 실점 | 파울 | 경고 | 퇴장 |
|---|---|---|---|---|---|---|---|---|---|---|
| K1 | 2004 | 성남일화 | 1 | 0 | 0 | 0 | 1 | 0 | 0 | 0 |
| | 2005 | 성남일화 | 6 | 0 | 0 | 0 | 8 | 0 | 0 | 0 |
| | 2006 | 성남일화 | 1 | 0 | 0 | 0 | 0 | 0 | 0 | 0 |
| | 2008 | 전남 | 4 | 1 | 0 | 0 | 2 | 0 | 0 | 0 |
| | 2009 | 전남 | 8 | 0 | 0 | 0 | 12 | 0 | 3 | 0 |
| | 2010 | 전남 | 6 | 1 | 0 | 0 | 8 | 0 | 1 | 0 |
| | 2011 | 상주 | 0 | 0 | 0 | 0 | 0 | 0 | 0 | 0 |

| 대회 | 연도 | 소속 | 출전 | 교체 | 득점 | 도움 | 실점 | 파울 | 경고 | 퇴장 |
|---|---|---|---|---|---|---|---|---|---|---|
| 컵 | 2004 | 성남일화 | 7 | 0 | 0 | 0 | 10 | 0 | 0 | 0 |
| | 2005 | 성남일화 | 11 | 0 | 0 | 0 | 8 | 0 | 0 | 0 |
| | 2006 | 성남일화 | 5 | 0 | 0 | 0 | 4 | 0 | 0 | 0 |
| | 2008 | 전남 | 0 | 0 | 0 | 0 | 0 | 0 | 0 | 0 |
| | 2009 | 전남 | 3 | 0 | 0 | 0 | 4 | 0 | 1 | 0 |
| | 2010 | 전남 | 3 | 0 | 0 | 0 | 2 | 0 | 1 | 0 |
| | 2011 | 상주 | 2 | 0 | 0 | 0 | 4 | 0 | 1 | 0 |
| 통산 | | | 57 | 2 | 0 | 0 | 63 | 0 | 7 | 0 |

**박상혁**(朴相赫) 고려대 1998.04.20

| 대회 | 연도 | 소속 | 출전 | 교체 | 득점 | 도움 | 실점 | 파울 | 경고 | 퇴장 |
|---|---|---|---|---|---|---|---|---|---|---|
| K1 | 2019 | 수원 | 2 | 2 | 0 | 0 | 0 | 0 | 0 | 0 |
| | 2020 | 수원 | 20 | 17 | 1 | 0 | 0 | 10 | 3 | 0 |
| | 2022 | 수원 | 3 | 3 | 0 | 0 | 0 | 2 | 0 | 0 |
| | 2022 | 김천 | 13 | 12 | 1 | 0 | 0 | 10 | 0 | 0 |
| K2 | 2021 | 김천 | 15 | 15 | 2 | 1 | 0 | 6 | 0 | 0 |
| | 2023 | 성남 | 25 | 19 | 1 | 5 | 0 | 25 | 4 | 0 |
| | 2024 | 수원 | 3 | 3 | 0 | 0 | 0 | 2 | 0 | 0 |
| | 2025 | 수원 | 0 | 0 | 0 | 0 | 0 | 0 | 0 | 0 |
| | 2025 | 성남 | 12 | 12 | 1 | 0 | 0 | 6 | 2 | 0 |
| PO | 2025 | 성남 | 2 | 2 | 0 | 0 | 0 | 1 | 1 | 0 |
| 통산 | | | 95 | 85 | 6 | 6 | 0 | 62 | 10 | 0 |

**박상혁**(朴相赫) 태성고 2002.06.13

| 대회 | 연도 | 소속 | 출전 | 교체 | 득점 | 도움 | 실점 | 파울 | 경고 | 퇴장 |
|---|---|---|---|---|---|---|---|---|---|---|
| K1 | 2021 | 강원 | 16 | 16 | 0 | 0 | 0 | 7 | 1 | 0 |
| | 2022 | 강원 | 4 | 5 | 0 | 0 | 0 | 0 | 0 | 0 |
| | 2023 | 강원 | 24 | 24 | 4 | 0 | 0 | 14 | 1 | 0 |
| | 2024 | 김천 | 17 | 16 | 4 | 0 | 0 | 12 | 2 | 0 |
| | 2025 | 김천 | 33 | 28 | 10 | 2 | 0 | 39 | 4 | 0 |
| | 2025 | 강원 | 4 | 2 | 2 | 0 | 0 | 8 | 0 | 0 |
| PO | 2021 | 강원 | 1 | 1 | 0 | 0 | 0 | 0 | 0 | 0 |
| | 2023 | 강원 | 1 | 1 | 0 | 0 | 0 | 0 | 0 | 0 |
| 통산 | | | 100 | 93 | 20 | 2 | 0 | 80 | 8 | 0 |

**박상현**(朴相泫) 고려대 1987.02.11

| 대회 | 연도 | 소속 | 출전 | 교체 | 득점 | 도움 | 실점 | 파울 | 경고 | 퇴장 |
|---|---|---|---|---|---|---|---|---|---|---|
| 컵 | 2011 | 광주 | 0 | 0 | 0 | 0 | 0 | 0 | 0 | 0 |
| 통산 | | | 0 | 0 | 0 | 0 | 0 | 0 | 0 | 0 |

**박상희**(朴商希) 상지대 1987.12.02

| 대회 | 연도 | 소속 | 출전 | 교체 | 득점 | 도움 | 실점 | 파울 | 경고 | 퇴장 |
|---|---|---|---|---|---|---|---|---|---|---|
| K1 | 2010 | 성남일화 | 5 | 5 | 0 | 0 | 0 | 5 | 0 | 0 |
| | 2011 | 성남일화 | 2 | 2 | 0 | 0 | 0 | 1 | 0 | 0 |
| | 2012 | 상주 | 12 | 11 | 2 | 0 | 0 | 21 | 2 | 0 |
| K2 | 2013 | 상주 | 1 | 1 | 0 | 0 | 0 | 0 | 0 | 0 |
| 컵 | 2010 | 성남일화 | 1 | 1 | 0 | 0 | 0 | 0 | 0 | 0 |
| | 2011 | 성남일화 | 1 | 1 | 0 | 0 | 0 | 0 | 0 | 0 |
| 통산 | | | 22 | 21 | 2 | 0 | 0 | 27 | 2 | 0 |

**박석호**(朴石浩) 청주대 1961.05.20

| 대회 | 연도 | 소속 | 출전 | 교체 | 득점 | 도움 | 실점 | 파울 | 경고 | 퇴장 |
|---|---|---|---|---|---|---|---|---|---|---|
| K1 | 1989 | 포항제철 | 1 | 0 | 0 | 0 | 3 | 0 | 0 | 0 |
| 통산 | | | 1 | 0 | 0 | 0 | 3 | 0 | 0 | 0 |

**박선용**(朴宣勇) 호남대 1989.03.12

| 대회 | 연도 | 소속 | 출전 | 교체 | 득점 | 도움 | 실점 | 파울 | 경고 | 퇴장 |
|---|---|---|---|---|---|---|---|---|---|---|
| K1 | 2012 | 전남 | 36 | 3 | 2 | 0 | 0 | 55 | 5 | 0 |
| | 2013 | 전남 | 31 | 9 | 0 | 2 | 0 | 30 | 5 | 0 |
| | 2014 | 전남 | 9 | 1 | 0 | 0 | 0 | 13 | 0 | 0 |
| | 2015 | 포항 | 22 | 4 | 0 | 2 | 0 | 28 | 3 | 0 |
| | 2016 | 포항 | 31 | 6 | 0 | 1 | 0 | 40 | 1 | 1 |
| | 2017 | 포항 | 1 | 1 | 0 | 0 | 0 | 0 | 0 | 0 |
| K2 | 2017 | 아산 | 3 | 2 | 0 | 0 | 0 | 2 | 0 | 0 |
| | 2018 | 아산 | 3 | 2 | 0 | 0 | 0 | 1 | 0 | 0 |
| PO | 2017 | 아산 | 1 | 0 | 0 | 0 | 0 | 0 | 0 | 0 |
| 통산 | | | 137 | 28 | 2 | 5 | 0 | 169 | 14 | 1 |

**박선우**(朴善禹) 건국대 1986.09.08

| 대회 | 연도 | 소속 | 출전 | 교체 | 득점 | 도움 | 실점 | 파울 | 경고 | 퇴장 |
|---|---|---|---|---|---|---|---|---|---|---|
| K1 | 2010 | 대전 | 1 | 1 | 0 | 0 | 0 | 0 | 0 | 0 |
| 통산 | | | 1 | 1 | 0 | 0 | 0 | 0 | 0 | 0 |

**박선주**(朴宣柱) 연세대 1992.03.26

| 대회 | 연도 | 소속 | 출전 | 교체 | 득점 | 도움 | 실점 | 파울 | 경고 | 퇴장 |
|---|---|---|---|---|---|---|---|---|---|---|
| K1 | 2013 | 포항 | 3 | 2 | 0 | 0 | 0 | 5 | 2 | 0 |
| | 2014 | 포항 | 18 | 12 | 0 | 0 | 0 | 27 | 4 | 0 |
| | 2015 | 포항 | 11 | 4 | 0 | 0 | 0 | 19 | 5 | 0 |
| | 2016 | 포항 | 12 | 2 | 0 | 2 | 0 | 10 | 4 | 0 |
| | 2017 | 강원 | 16 | 8 | 0 | 1 | 0 | 15 | 6 | 1 |
| | 2018 | 강원 | 8 | 3 | 1 | 0 | 0 | 6 | 0 | 0 |
| K2 | 2019 | 광주 | 14 | 1 | 0 | 1 | 0 | 18 | 2 | 0 |
| 통산 | | | 82 | 32 | 1 | 4 | 0 | 100 | 23 | 1 |

**박선홍**(朴善洪) 전주대 1993.11.05

| 대회 | 연도 | 소속 | 출전 | 교체 | 득점 | 도움 | 실점 | 파울 | 경고 | 퇴장 |
|---|---|---|---|---|---|---|---|---|---|---|
| K1 | 2015 | 광주 | 10 | 10 | 1 | 1 | 0 | 1 | 1 | 0 |
| | 2016 | 광주 | 1 | 1 | 0 | 0 | 0 | 0 | 0 | 0 |
| 통산 | | | 11 | 11 | 1 | 1 | 0 | 1 | 1 | 0 |

**박성결**(朴聖潔) 용인대 2001.04.03

| 대회 | 연도 | 소속 | 출전 | 교체 | 득점 | 도움 | 실점 | 파울 | 경고 | 퇴장 |
|---|---|---|---|---|---|---|---|---|---|---|
| K2 | 2022 | 전남 | 9 | 9 | 1 | 1 | 0 | 8 | 0 | 0 |
| | 2023 | 전남 | 6 | 6 | 0 | 0 | 0 | 5 | 1 | 0 |
| 통산 | | | 15 | 15 | 1 | 1 | 0 | 13 | 1 | 0 |

**박성배**(朴成培) 숭실대 1975.11.28

| 대회 | 연도 | 소속 | 출전 | 교체 | 득점 | 도움 | 실점 | 파울 | 경고 | 퇴장 |
|---|---|---|---|---|---|---|---|---|---|---|
| K1 | 1998 | 전북 | 17 | 3 | 10 | 1 | 0 | 23 | 3 | 0 |
| | 1999 | 전북 | 21 | 8 | 5 | 1 | 0 | 17 | 1 | 0 |
| | 2000 | 전북 | 22 | 4 | 7 | 1 | 0 | 32 | 2 | 1 |
| | 2001 | 전북 | 15 | 6 | 2 | 3 | 0 | 17 | 0 | 0 |
| | 2002 | 전북 | 17 | 16 | 1 | 1 | 0 | 19 | 1 | 0 |
| | 2003 | 광주상무 | 26 | 19 | 2 | 1 | 0 | 44 | 2 | 0 |
| | 2004 | 광주상무 | 20 | 10 | 2 | 1 | 0 | 36 | 2 | 0 |
| | 2005 | 부산 | 19 | 14 | 5 | 1 | 0 | 41 | 2 | 0 |
| | 2007 | 수원 | 12 | 11 | 2 | 1 | 0 | 17 | 4 | 0 |
| PO | 2000 | 전북 | 1 | 0 | 1 | 0 | 0 | 2 | 0 | 0 |
| | 2005 | 부산 | 1 | 1 | 0 | 0 | 0 | 0 | 0 | 0 |
| | 2007 | 수원 | 1 | 1 | 0 | 0 | 0 | 3 | 1 | 0 |
| 컵 | 1998 | 전북 | 15 | 3 | 2 | 2 | 0 | 24 | 2 | 1 |
| | 1999 | 전북 | 9 | 2 | 6 | 0 | 0 | 13 | 1 | 0 |
| | 2000 | 전북 | 9 | 3 | 3 | 2 | 0 | 15 | 0 | 0 |
| | 2001 | 전북 | 8 | 5 | 1 | 1 | 0 | 9 | 1 | 0 |
| | 2002 | 전북 | 8 | 3 | 3 | 0 | 0 | 9 | 0 | 0 |
| | 2004 | 광주상무 | 11 | 5 | 1 | 3 | 0 | 19 | 0 | 0 |
| | 2005 | 부산 | 5 | 4 | 2 | 1 | 0 | 15 | 0 | 0 |
| | 2007 | 수원 | 6 | 6 | 0 | 0 | 0 | 13 | 1 | 0 |
| 통산 | | | 243 | 124 | 55 | 20 | 0 | 368 | 23 | 2 |

**박성부**(朴成扶) 숭실대 1995.06.06

| 대회 | 연도 | 소속 | 출전 | 교체 | 득점 | 도움 | 실점 | 파울 | 경고 | 퇴장 |
|---|---|---|---|---|---|---|---|---|---|---|
| K2 | 2018 | 안산 | 4 | 4 | 0 | 0 | 0 | 1 | 0 | 0 |
| 통산 | | | 4 | 4 | 0 | 0 | 0 | 1 | 0 | 0 |

**박성수**(朴成洙) 하남고 1996.05.12

| 대회 | 연도 | 소속 | 출전 | 교체 | 득점 | 도움 | 실점 | 파울 | 경고 | 퇴장 |
|---|---|---|---|---|---|---|---|---|---|---|
| K1 | 2021 | 대구 | 0 | 0 | 0 | 0 | 0 | 0 | 0 | 0 |
| K2 | 2022 | 안양 | 0 | 0 | 0 | 0 | 0 | 0 | 0 | 0 |
| | 2023 | 안양 | 25 | 0 | 0 | 0 | 31 | 0 | 1 | 0 |
| PO | 2022 | 안양 | 0 | 0 | 0 | 0 | 0 | 0 | 0 | 0 |
| 통산 | | | 25 | 0 | 0 | 0 | 31 | 0 | 1 | 0 |

**박성용**(朴成庸) 단국대 1991.06.26

| 대회 | 연도 | 소속 | 출전 | 교체 | 득점 | 도움 | 실점 | 파울 | 경고 | 퇴장 |
|---|---|---|---|---|---|---|---|---|---|---|
| K2 | 2014 | 대구 | 11 | 5 | 1 | 0 | 0 | 8 | 1 | 0 |
| | 2015 | 대구 | 10 | 2 | 0 | 0 | 0 | 15 | 2 | 0 |
| 통산 | | | 21 | 7 | 1 | 0 | 0 | 23 | 3 | 0 |

**박성우**(朴晟佑) 광운대 1995.10.11

| 대회 | 연도 | 소속 | 출전 | 교체 | 득점 | 도움 | 실점 | 파울 | 경고 | 퇴장 |
|---|---|---|---|---|---|---|---|---|---|---|
| K1 | 2018 | 포항 | 2 | 2 | 0 | 0 | 0 | 0 | 0 | 0 |
| K2 | 2019 | 아산 | 8 | 4 | 0 | 1 | 0 | 9 | 1 | 0 |
| 통산 | | | 10 | 6 | 0 | 1 | 0 | 9 | 1 | 0 |

**박성우**(朴成祐) 전주대 1996.05.14

| 대회 | 연도 | 소속 | 출전 | 교체 | 득점 | 도움 | 실점 | 파울 | 경고 | 퇴장 |
|---|---|---|---|---|---|---|---|---|---|---|
| K2 | 2018 | 서울E | 10 | 6 | 0 | 0 | 0 | 7 | 3 | 0 |
| | 2019 | 서울E | 10 | 6 | 1 | 0 | 0 | 15 | 3 | 0 |
| | 2020 | 서울E | 15 | 7 | 0 | 0 | 0 | 18 | 3 | 0 |
| | 2021 | 서울E | 14 | 8 | 0 | 0 | 0 | 14 | 2 | 0 |
| | 2022 | 충남아산 | 25 | 12 | 0 | 0 | 0 | 21 | 4 | 0 |
| | 2023 | 충남아산 | 10 | 8 | 1 | 0 | 0 | 5 | 0 | 0 |
| 통산 | | | 84 | 47 | 2 | 0 | 0 | 80 | 15 | 0 |

**박성진**(朴省珍) 동국대 1985.01.28

| 대회 | 연도 | 소속 | 출전 | 교체 | 득점 | 도움 | 실점 | 파울 | 경고 | 퇴장 |
|---|---|---|---|---|---|---|---|---|---|---|
| K2 | 2013 | 안양 | 32 | 7 | 6 | 7 | 0 | 32 | 2 | 0 |
| | 2014 | 안양 | 34 | 6 | 8 | 6 | 0 | 40 | 3 | 0 |
| | 2017 | 안양 | 6 | 6 | 0 | 0 | 0 | 2 | 0 | 0 |
| | 2018 | 안양 | 7 | 6 | 0 | 0 | 0 | 1 | 0 | 0 |
| 통산 | | | 79 | 25 | 14 | 13 | 0 | 75 | 5 | 0 |

**박성철**(朴聖哲) 동아대 1975.03.16

| 대회 | 연도 | 소속 | 출전 | 교체 | 득점 | 도움 | 실점 | 파울 | 경고 | 퇴장 |
|---|---|---|---|---|---|---|---|---|---|---|
| K1 | 1997 | 부천SK | 10 | 10 | 3 | 0 | 0 | 6 | 0 | 0 |
| | 1998 | 부천SK | 7 | 7 | 0 | 0 | 0 | 7 | 0 | 0 |
| | 1999 | 부천SK | 7 | 7 | 3 | 0 | 0 | 8 | 1 | 0 |
| | 2002 | 부천SK | 20 | 20 | 3 | 3 | 0 | 21 | 2 | 0 |
| | 2003 | 부천SK | 30 | 18 | 5 | 0 | 0 | 39 | 2 | 0 |
| | 2004 | 부천SK | 6 | 6 | 0 | 0 | 0 | 18 | 1 | 0 |
| | 2006 | 경남 | 12 | 8 | 1 | 0 | 0 | 20 | 2 | 0 |
| | 2007 | 경남 | 5 | 5 | 0 | 0 | 0 | 2 | 0 | 0 |
| PO | 1999 | 부천SK | 0 | 0 | 0 | 0 | 0 | 0 | 0 | 0 |
| 컵 | 1997 | 부천SK | 8 | 4 | 1 | 0 | 0 | 12 | 1 | 0 |
| | 1998 | 부천SK | 8 | 6 | 0 | 0 | 0 | 20 | 0 | 0 |
| | 1999 | 부천SK | 3 | 3 | 0 | 0 | 0 | 5 | 0 | 0 |
| | 2002 | 부천SK | 2 | 2 | 0 | 0 | 0 | 0 | 0 | 0 |
| | 2004 | 부천SK | 1 | 0 | 0 | 0 | 0 | 3 | 0 | 0 |
| | 2005 | 성남일화 | 0 | 0 | 0 | 0 | 0 | 0 | 0 | 0 |
| | 2006 | 경남 | 4 | 4 | 0 | 0 | 0 | 4 | 2 | 0 |
| | 2007 | 경남 | 9 | 5 | 1 | 0 | 0 | 18 | 0 | 0 |
| 통산 | | | 132 | 105 | 17 | 3 | 0 | 183 | 11 | 0 |

**박성현**(朴聖賢) 과천고 2001.09.25

| 대회 | 연도 | 소속 | 출전 | 교체 | 득점 | 도움 | 실점 | 파울 | 경고 | 퇴장 |
|---|---|---|---|---|---|---|---|---|---|---|
| K1 | 2022 | 전북 | 1 | 1 | 0 | 0 | 0 | 0 | 0 | 0 |
| 통산 | | | 1 | 1 | 0 | 0 | 0 | 0 | 0 | 0 |

**박성호**(朴成鎬) 부평고 1982.07.27

| 대회 | 연도 | 소속 | 출전 | 교체 | 득점 | 도움 | 실점 | 파울 | 경고 | 퇴장 |
|---|---|---|---|---|---|---|---|---|---|---|
| K1 | 2001 | 안양LG | 1 | 1 | 0 | 0 | 0 | 3 | 0 | 0 |
| | 2003 | 안양LG | 2 | 2 | 0 | 0 | 0 | 0 | 0 | 0 |
| | 2006 | 부산 | 15 | 10 | 2 | 1 | 0 | 27 | 1 | 0 |
| | 2007 | 부산 | 23 | 5 | 5 | 1 | 0 | 59 | 2 | 1 |
| | 2008 | 대전 | 24 | 2 | 5 | 2 | 0 | 54 | 4 | 0 |
| | 2009 | 대전 | 25 | 5 | 8 | 2 | 0 | 62 | 3 | 0 |
| | 2010 | 대전 | 11 | 1 | 3 | 2 | 0 | 21 | 2 | 0 |
| | 2011 | 대전 | 28 | 5 | 8 | 1 | 0 | 74 | 7 | 0 |
| | 2012 | 포항 | 39 | 32 | 9 | 8 | 0 | 58 | 2 | 0 |
| | 2013 | 포항 | 32 | 24 | 8 | 2 | 0 | 44 | 3 | 0 |
| | 2015 | 포항 | 26 | 26 | 3 | 0 | 0 | 18 | 3 | 0 |
| | 2016 | 울산 | 8 | 5 | 1 | 0 | 0 | 12 | 1 | 0 |
| K2 | 2017 | 성남 | 30 | 12 | 9 | 1 | 0 | 44 | 2 | 0 |
| PO | 2017 | 성남 | 1 | 1 | 0 | 0 | 0 | 0 | 0 | 0 |
| 컵 | 2001 | 안양LG | 4 | 3 | 0 | 0 | 0 | 9 | 0 | 0 |
| | 2006 | 부산 | 12 | 8 | 0 | 0 | 0 | 26 | 2 | 0 |
| | 2007 | 부산 | 10 | 8 | 0 | 1 | 0 | 9 | 0 | 0 |
| | 2008 | 대전 | 7 | 1 | 2 | 2 | 0 | 25 | 3 | 0 |
| | 2009 | 대전 | 3 | 1 | 1 | 0 | 0 | 7 | 0 | 0 |
| | 2010 | 대전 | 4 | 0 | 3 | 1 | 0 | 9 | 1 | 0 |
| | 2011 | 대전 | 1 | 1 | 0 | 0 | 0 | 1 | 0 | 0 |
| 통산 | | | 306 | 153 | 67 | 24 | 0 | 562 | 36 | 1 |

**박성호**(朴成皓) 호남대 1992.05.18

| 대회 | 연도 | 소속 | 출전 | 교체 | 득점 | 도움 | 실점 | 파울 | 경고 | 퇴장 |
|---|---|---|---|---|---|---|---|---|---|---|
| K2 | 2014 | 고양 | 5 | 5 | 0 | 0 | 0 | 3 | 0 | 0 |
| | 2015 | 고양 | 0 | 0 | 0 | 0 | 0 | 0 | 0 | 0 |
| 통산 | | | 5 | 5 | 0 | 0 | 0 | 3 | 0 | 0 |

**박성홍**(朴成弘) 호남대 1980.03.01

| 대회 | 연도 | 소속 | 출전 | 교체 | 득점 | 도움 | 실점 | 파울 | 경고 | 퇴장 |
|---|---|---|---|---|---|---|---|---|---|---|
| K1 | 2003 | 대구 | 26 | 5 | 0 | 2 | 0 | 52 | 4 | 0 |

| | | | | | | | | | | |
|---|---|---|---|---|---|---|---|---|---|---|
| 통산 | | | 26 | 5 | 0 | 2 | 0 | 52 | 4 | 0 |

**박성화**((朴成華) 고려대 1955.05.07

| 대회 | 연도 | 소속 | 출전 | 교체 | 득점 | 도움 | 실점 | 파울 | 경고 | 퇴장 |
|---|---|---|---|---|---|---|---|---|---|---|
| K1 | 1983 | 할렐루야 | 14 | 2 | 3 | 1 | 0 | 4 | 0 | 0 |
| | 1984 | 할렐루야 | 23 | 2 | 6 | 2 | 0 | 8 | 0 | 0 |
| | 1986 | 포항제철 | 16 | 2 | 0 | 0 | 0 | 7 | 0 | 0 |
| | 1987 | 포항제철 | 16 | 10 | 0 | 0 | 0 | 4 | 0 | 0 |
| PO | 1986 | 포항제철 | 2 | 0 | 0 | 0 | 0 | 2 | 0 | 0 |
| 컵 | 1986 | 포항제철 | 13 | 1 | 0 | 1 | 0 | 1 | 0 | 0 |
| 통산 | | | 84 | 17 | 9 | 4 | 0 | 26 | 0 | 0 |

**박성훈**(朴聲勳) 오산고 2003.01.27

| 대회 | 연도 | 소속 | 출전 | 교체 | 득점 | 도움 | 실점 | 파울 | 경고 | 퇴장 |
|---|---|---|---|---|---|---|---|---|---|---|
| K1 | 2022 | 서울 | 1 | 1 | 0 | 0 | 0 | 0 | 0 | 0 |
| | 2023 | 서울 | 1 | 0 | 0 | 0 | 0 | 0 | 0 | 0 |
| | 2024 | 서울 | 12 | 3 | 1 | 0 | 0 | 5 | 2 | 0 |
| | 2025 | 서울 | 15 | 4 | 1 | 0 | 0 | 11 | 3 | 0 |
| 통산 | | | 29 | 8 | 2 | 0 | 0 | 16 | 5 | 0 |

**박세민** (朴世珉) 명지대 2002.05.30

| 대회 | 연도 | 소속 | 출전 | 교체 | 득점 | 도움 | 실점 | 파울 | 경고 | 퇴장 |
|---|---|---|---|---|---|---|---|---|---|---|
| K1 | 2024 | 대구 | 6 | 6 | 0 | 0 | 0 | 6 | 0 | 0 |
| 통산 | | | 6 | 6 | 0 | 0 | 0 | 6 | 0 | 0 |

**박세영**(朴世英) 동아대 1989.10.03

| 대회 | 연도 | 소속 | 출전 | 교체 | 득점 | 도움 | 실점 | 파울 | 경고 | 퇴장 |
|---|---|---|---|---|---|---|---|---|---|---|
| K1 | 2012 | 성남일화 | 4 | 3 | 2 | 0 | 0 | 0 | 0 | 0 |
| 통산 | | | 4 | 3 | 2 | 0 | 0 | 0 | 0 | 0 |

**박세직**(朴世直) 한양대 1989.05.25

| 대회 | 연도 | 소속 | 출전 | 교체 | 득점 | 도움 | 실점 | 파울 | 경고 | 퇴장 |
|---|---|---|---|---|---|---|---|---|---|---|
| K1 | 2012 | 전북 | 15 | 11 | 0 | 1 | 0 | 8 | 1 | 0 |
| | 2013 | 전북 | 11 | 9 | 1 | 0 | 0 | 6 | 1 | 0 |
| | 2015 | 인천 | 30 | 27 | 4 | 2 | 0 | 16 | 0 | 0 |
| | 2016 | 인천 | 27 | 15 | 3 | 0 | 0 | 27 | 3 | 0 |
| | 2017 | 인천 | 5 | 1 | 1 | 0 | 0 | 8 | 1 | 0 |
| | 2019 | 인천 | 15 | 8 | 0 | 0 | 0 | 12 | 0 | 0 |
| K2 | 2017 | 아산 | 5 | 5 | 0 | 0 | 0 | 6 | 0 | 0 |
| | 2018 | 아산 | 20 | 15 | 1 | 4 | 0 | 8 | 0 | 0 |
| | 2019 | 아산 | 16 | 2 | 1 | 0 | 0 | 20 | 0 | 0 |
| | 2020 | 충남아산 | 26 | 1 | 0 | 1 | 0 | 29 | 4 | 0 |
| | 2021 | 충남아산 | 27 | 9 | 0 | 2 | 0 | 33 | 2 | 0 |
| | 2022 | 충남아산 | 39 | 4 | 2 | 1 | 0 | 46 | 5 | 0 |
| | 2023 | 충남아산 | 33 | 2 | 1 | 5 | 0 | 28 | 4 | 0 |
| | 2024 | 충남아산 | 16 | 13 | 0 | 2 | 0 | 3 | 2 | 0 |
| | 2025 | 충남아산 | 15 | 13 | 0 | 0 | 0 | 8 | 1 | 0 |
| PO | 2024 | 충남아산 | 2 | 1 | 0 | 0 | 0 | 0 | 0 | 0 |
| 통산 | | | 302 | 136 | 14 | 18 | 0 | 258 | 24 | 0 |

**박세진**(朴世晉) 영남대 1995.12.15

| 대회 | 연도 | 소속 | 출전 | 교체 | 득점 | 도움 | 실점 | 파울 | 경고 | 퇴장 |
|---|---|---|---|---|---|---|---|---|---|---|
| K1 | 2017 | 대구 | 4 | 3 | 0 | 0 | 0 | 2 | 0 | 0 |
| | 2019 | 상주 | 7 | 8 | 0 | 0 | 0 | 4 | 1 | 0 |
| | 2020 | 상주 | 12 | 12 | 0 | 0 | 0 | 7 | 0 | 0 |
| K2 | 2016 | 대구 | 30 | 2 | 2 | 4 | 0 | 38 | 6 | 0 |
| | 2018 | 수원FC | 20 | 8 | 1 | 0 | 0 | 17 | 4 | 0 |
| | 2021 | 충남아산 | 33 | 1 | 0 | 4 | 0 | 30 | 6 | 1 |
| | 2022 | 부산 | 34 | 22 | 1 | 4 | 0 | 24 | 4 | 0 |
| | 2023 | 부산 | 14 | 13 | 0 | 3 | 0 | 4 | 1 | 0 |
| | 2024 | 부산 | 12 | 12 | 0 | 0 | 0 | 3 | 0 | 0 |
| PO | 2020 | 수원FC | 1 | 1 | 0 | 0 | 0 | 1 | 0 | 0 |
| | 2023 | 부산 | 2 | 2 | 0 | 0 | 0 | 3 | 0 | 0 |
| 통산 | | | 169 | 84 | 4 | 15 | 0 | 133 | 22 | 1 |

**박세진**(朴世眞) 태성고 2004.03.19

| 대회 | 연도 | 소속 | 출전 | 교체 | 득점 | 도움 | 실점 | 파울 | 경고 | 퇴장 |
|---|---|---|---|---|---|---|---|---|---|---|
| K1 | 2023 | 대구 | 33 | 32 | 1 | 1 | 0 | 23 | 4 | 0 |
| | 2024 | 대구 | 34 | 28 | 2 | 1 | 0 | 20 | 0 | 0 |
| | 2025 | 대구 | 3 | 3 | 0 | 0 | 0 | 1 | 0 | 0 |
| | 2025 | 김천 | 14 | 12 | 1 | 0 | 0 | 3 | 0 | 0 |
| PO | 2024 | 대구 | 1 | 1 | 0 | 0 | 0 | 3 | 0 | 0 |
| 통산 | | | 85 | 76 | 4 | 2 | 0 | 50 | 4 | 0 |

**박세환**(朴世桓) 고려사이버대 1993.06.05

| 대회 | 연도 | 소속 | 출전 | 교체 | 득점 | 도움 | 실점 | 파울 | 경고 | 퇴장 |
|---|---|---|---|---|---|---|---|---|---|---|
| K2 | 2014 | 충주 | 4 | 4 | 0 | 0 | 0 | 2 | 0 | 0 |
| | 2014 | 안산경찰 | 3 | 2 | 0 | 0 | 0 | 3 | 0 | 0 |
| | 2015 | 안산경찰 | 7 | 7 | 0 | 0 | 0 | 5 | 0 | 0 |
| PO | 2014 | 안산경찰 | 0 | 0 | 0 | 0 | 0 | 0 | 0 | 0 |
| 통산 | | | 14 | 13 | 0 | 0 | 0 | 10 | 0 | 0 |

**박수빈**(朴秀彬) 포항제철고 2005.08.27

| 대회 | 연도 | 소속 | 출전 | 교체 | 득점 | 도움 | 실점 | 파울 | 경고 | 퇴장 |
|---|---|---|---|---|---|---|---|---|---|---|
| K1 | 2025 | 포항 | 1 | 1 | 0 | 0 | 0 | 0 | 0 | 0 |
| 통산 | | | 1 | 1 | 0 | 0 | 0 | 0 | 0 | 0 |

**박수빈**(朴秀彬) 광운대 1999.09.22

| 대회 | 연도 | 소속 | 출전 | 교체 | 득점 | 도움 | 실점 | 파울 | 경고 | 퇴장 |
|---|---|---|---|---|---|---|---|---|---|---|
| K2 | 2025 | 성남 | 37 | 13 | 1 | 0 | 0 | 31 | 9 | 0 |
| PO | 2025 | 성남 | 2 | 0 | 0 | 0 | 0 | 1 | 0 | 0 |
| 통산 | | | 39 | 13 | 1 | 0 | 0 | 32 | 9 | 0 |

**박수일**(朴秀日) 광주대 1996.02.22

| 대회 | 연도 | 소속 | 출전 | 교체 | 득점 | 도움 | 실점 | 파울 | 경고 | 퇴장 |
|---|---|---|---|---|---|---|---|---|---|---|
| K1 | 2020 | 성남 | 11 | 7 | 0 | 0 | 0 | 10 | 2 | 1 |
| | 2021 | 성남 | 24 | 17 | 3 | 4 | 0 | 11 | 4 | 0 |
| | 2022 | 성남 | 34 | 15 | 5 | 1 | 0 | 19 | 4 | 0 |
| | 2023 | 서울 | 36 | 14 | 1 | 3 | 0 | 25 | 3 | 0 |
| | 2024 | 김천 | 26 | 12 | 0 | 1 | 0 | 15 | 4 | 0 |
| | 2025 | 김천 | 15 | 4 | 1 | 1 | 0 | 5 | 1 | 0 |
| | 2025 | 서울 | 17 | 4 | 1 | 1 | 0 | 7 | 2 | 0 |
| K2 | 2018 | 대전 | 30 | 6 | 0 | 8 | 0 | 28 | 4 | 0 |
| | 2019 | 대전 | 32 | 3 | 1 | 3 | 0 | 27 | 1 | 0 |
| PO | 2018 | 대전 | 2 | 0 | 0 | 1 | 0 | 3 | 0 | 0 |
| 통산 | | | 227 | 82 | 12 | 23 | 0 | 150 | 25 | 1 |

**박수창**(朴壽昶) 경희대 1989.06.20

| 대회 | 연도 | 소속 | 출전 | 교체 | 득점 | 도움 | 실점 | 파울 | 경고 | 퇴장 |
|---|---|---|---|---|---|---|---|---|---|---|
| K1 | 2012 | 대구 | 1 | 1 | 0 | 0 | 0 | 1 | 0 | 0 |
| | 2014 | 제주 | 21 | 16 | 6 | 1 | 0 | 19 | 1 | 0 |
| | 2015 | 제주 | 20 | 17 | 3 | 1 | 0 | 13 | 1 | 0 |
| | 2016 | 상주 | 14 | 9 | 0 | 0 | 0 | 11 | 1 | 0 |
| | 2017 | 상주 | 9 | 7 | 0 | 0 | 0 | 4 | 0 | 0 |
| K2 | 2013 | 충주 | 29 | 10 | 0 | 2 | 0 | 41 | 3 | 0 |
| | 2018 | 대전 | 13 | 8 | 2 | 3 | 0 | 10 | 3 | 0 |
| | 2019 | 대전 | 26 | 19 | 0 | 1 | 0 | 38 | 3 | 0 |
| 통산 | | | 133 | 87 | 11 | 8 | 0 | 137 | 12 | 0 |

**박순배**(朴淳培) 인천대 1969.04.22

| 대회 | 연도 | 소속 | 출전 | 교체 | 득점 | 도움 | 실점 | 파울 | 경고 | 퇴장 |
|---|---|---|---|---|---|---|---|---|---|---|
| K1 | 1997 | 포항 | 4 | 2 | 0 | 2 | 0 | 4 | 0 | 0 |
| 컵 | 1997 | 포항 | 2 | 1 | 0 | 1 | 0 | 5 | 1 | 0 |
| | 1998 | 포항 | 2 | 2 | 0 | 0 | 0 | 3 | 0 | 0 |
| 통산 | | | 8 | 5 | 0 | 3 | 0 | 12 | 1 | 0 |

**박승광**(朴承光) 광운대 1981.02.13

| 대회 | 연도 | 소속 | 출전 | 교체 | 득점 | 도움 | 실점 | 파울 | 경고 | 퇴장 |
|---|---|---|---|---|---|---|---|---|---|---|
| K1 | 2003 | 부천SK | 3 | 0 | 0 | 0 | 0 | 6 | 0 | 0 |
| 통산 | | | 3 | 0 | 0 | 0 | 0 | 6 | 0 | 0 |

**박승국**(朴勝國) 경희대 1969.08.08

| 대회 | 연도 | 소속 | 출전 | 교체 | 득점 | 도움 | 실점 | 파울 | 경고 | 퇴장 |
|---|---|---|---|---|---|---|---|---|---|---|
| K1 | 1994 | 버팔로 | 6 | 6 | 0 | 0 | 0 | 7 | 0 | 0 |
| | 1995 | 전북 | 1 | 1 | 0 | 0 | 0 | 2 | 0 | 0 |
| 컵 | 1994 | 버팔로 | 2 | 1 | 0 | 1 | 0 | 0 | 0 | 0 |
| 통산 | | | 9 | 8 | 0 | 1 | 0 | 9 | 0 | 0 |

**박승기**(朴昇基) 동아대 1960.09.03

| 대회 | 연도 | 소속 | 출전 | 교체 | 득점 | 도움 | 실점 | 파울 | 경고 | 퇴장 |
|---|---|---|---|---|---|---|---|---|---|---|
| K1 | 1984 | 국민은행 | 26 | 0 | 1 | 1 | 0 | 12 | 3 | 0 |
| 통산 | | | 26 | 0 | 1 | 1 | 0 | 12 | 3 | 0 |

**박승렬**(朴丞烈) 동북고 1994.01.07

| 대회 | 연도 | 소속 | 출전 | 교체 | 득점 | 도움 | 실점 | 파울 | 경고 | 퇴장 |
|---|---|---|---|---|---|---|---|---|---|---|
| K2 | 2015 | 안양 | 9 | 9 | 0 | 0 | 0 | 12 | 1 | 0 |
| 통산 | | | 9 | 9 | 0 | 0 | 0 | 12 | 1 | 0 |

**박승리**(朴丞理/←박승일) 경희대 1989.01.08

| 대회 | 연도 | 소속 | 출전 | 교체 | 득점 | 도움 | 실점 | 파울 | 경고 | 퇴장 |
|---|---|---|---|---|---|---|---|---|---|---|
| K1 | 2010 | 울산 | 0 | 0 | 0 | 0 | 0 | 0 | 0 | 0 |
| | 2011 | 울산 | 14 | 9 | 2 | 1 | 0 | 16 | 0 | 0 |
| | 2012 | 울산 | 6 | 4 | 0 | 0 | 0 | 3 | 0 | 0 |
| | 2013 | 전남 | 1 | 1 | 0 | 0 | 0 | 1 | 0 | 0 |
| | 2013 | 제주 | 3 | 3 | 0 | 1 | 0 | 1 | 0 | 0 |
| | 2014 | 상주 | 11 | 9 | 0 | 1 | 0 | 9 | 0 | 0 |
| K2 | 2015 | 상주 | 0 | 0 | 0 | 0 | 0 | 0 | 0 | 0 |
| | 2016 | 안양 | 29 | 24 | 2 | 0 | 0 | 23 | 2 | 0 |
| | 2017 | 안양 | 1 | 1 | 0 | 0 | 0 | 0 | 0 | 0 |
| PO | 2011 | 울산 | 5 | 5 | 0 | 0 | 0 | 5 | 0 | 0 |
| 컵 | 2011 | 울산 | 2 | 2 | 0 | 0 | 0 | 0 | 0 | 0 |
| 통산 | | | 72 | 58 | 4 | 3 | 0 | 58 | 2 | 0 |

**박승민**(朴昇敏) 경희대 1983.04.21

| 대회 | 연도 | 소속 | 출전 | 교체 | 득점 | 도움 | 실점 | 파울 | 경고 | 퇴장 |
|---|---|---|---|---|---|---|---|---|---|---|
| K1 | 2006 | 인천 | 7 | 7 | 0 | 0 | 0 | 1 | 0 | 0 |
| | 2007 | 인천 | 7 | 7 | 0 | 0 | 0 | 2 | 0 | 0 |
| | 2008 | 인천 | 6 | 6 | 0 | 0 | 0 | 11 | 1 | 0 |
| | 2009 | 광주상무 | 4 | 4 | 0 | 0 | 0 | 5 | 0 | 0 |
| | 2010 | 광주상무 | 8 | 8 | 0 | 0 | 0 | 3 | 0 | 0 |
| 컵 | 2006 | 인천 | 7 | 7 | 1 | 0 | 0 | 6 | 1 | 0 |
| | 2007 | 인천 | 0 | 0 | 0 | 0 | 0 | 0 | 0 | 0 |
| | 2008 | 인천 | 5 | 3 | 0 | 0 | 0 | 10 | 3 | 0 |
| | 2009 | 광주상무 | 1 | 1 | 0 | 0 | 0 | 1 | 0 | 0 |
| | 2010 | 광주상무 | 4 | 2 | 0 | 0 | 0 | 4 | 0 | 0 |
| 통산 | | | 49 | 45 | 1 | 0 | 0 | 43 | 5 | 0 |

**박승수**(朴昇洙) 호남대 1972.05.13

| 대회 | 연도 | 소속 | 출전 | 교체 | 득점 | 도움 | 실점 | 파울 | 경고 | 퇴장 |
|---|---|---|---|---|---|---|---|---|---|---|
| K1 | 1995 | 전남 | 0 | 0 | 0 | 0 | 0 | 0 | 0 | 0 |
| 통산 | | | 0 | 0 | 0 | 0 | 0 | 0 | 0 | 0 |

**박승수** (朴陞洙) 매탄고 2007.03.17

| 대회 | 연도 | 소속 | 출전 | 교체 | 득점 | 도움 | 실점 | 파울 | 경고 | 퇴장 |
|---|---|---|---|---|---|---|---|---|---|---|
| K2 | 2024 | 수원 | 14 | 14 | 1 | 2 | 0 | 3 | 0 | 0 |
| | 2025 | 수원 | 11 | 11 | 0 | 0 | 0 | 8 | 0 | 0 |
| 통산 | | | 25 | 25 | 1 | 2 | 0 | 11 | 0 | 0 |

**박승우**(朴承祐) 청주대 1992.06.08

| 대회 | 연도 | 소속 | 출전 | 교체 | 득점 | 도움 | 실점 | 파울 | 경고 | 퇴장 |
|---|---|---|---|---|---|---|---|---|---|---|
| K2 | 2016 | 고양 | 25 | 5 | 0 | 1 | 0 | 13 | 6 | 0 |
| 통산 | | | 25 | 5 | 0 | 1 | 0 | 13 | 6 | 0 |

**박승욱**(朴乘煜) 동의대 1997.05.07

| 대회 | 연도 | 소속 | 출전 | 교체 | 득점 | 도움 | 실점 | 파울 | 경고 | 퇴장 |
|---|---|---|---|---|---|---|---|---|---|---|
| K1 | 2021 | 포항 | 19 | 3 | 1 | 0 | 0 | 20 | 5 | 0 |
| | 2022 | 포항 | 29 | 4 | 0 | 2 | 0 | 25 | 5 | 0 |
| | 2023 | 포항 | 32 | 4 | 1 | 1 | 0 | 25 | 5 | 0 |
| | 2024 | 김천 | 32 | 5 | 0 | 2 | 0 | 22 | 1 | 0 |
| | 2025 | 포항 | 18 | 4 | 1 | 0 | 0 | 15 | 2 | 0 |
| | 2025 | 김천 | 16 | 1 | 0 | 0 | 0 | 11 | 2 | 0 |
| 통산 | | | 146 | 21 | 3 | 5 | 0 | 118 | 20 | 0 |

**박승호**(朴昇浩) 단국대 2003.09.01

| 대회 | 연도 | 소속 | 출전 | 교체 | 득점 | 도움 | 실점 | 파울 | 경고 | 퇴장 |
|---|---|---|---|---|---|---|---|---|---|---|
| K1 | 2023 | 인천 | 9 | 7 | 1 | 0 | 0 | 7 | 1 | 0 |
| | 2024 | 인천 | 25 | 21 | 2 | 2 | 0 | 17 | 1 | 0 |
| K2 | 2025 | 인천 | 38 | 32 | 9 | 1 | 0 | 40 | 2 | 0 |
| 통산 | | | 72 | 60 | 12 | 3 | 0 | 64 | 4 | 0 |

**박시화**(張時華) 영생고 2004.04.13

| 대회 | 연도 | 소속 | 출전 | 교체 | 득점 | 도움 | 실점 | 파울 | 경고 | 퇴장 |
|---|---|---|---|---|---|---|---|---|---|---|
| K2 | 2025 | 안산 | 29 | 13 | 1 | 0 | 0 | 16 | 2 | 0 |
| 통산 | | | 29 | 13 | 1 | 0 | 0 | 16 | 2 | 0 |

**박시후**(朴施厚) 신평고 2007.08.18

| 대회 | 연도 | 소속 | 출전 | 교체 | 득점 | 도움 | 실점 | 파울 | 경고 | 퇴장 |
|---|---|---|---|---|---|---|---|---|---|---|
| K2 | 2025 | 충남아산 | 9 | 9 | 2 | 0 | 0 | 5 | 0 | 0 |
| 통산 | | | 9 | 9 | 2 | 0 | 0 | 5 | 0 | 0 |

**박신영**(朴信永) 조선대 1977.12.21

| 대회 | 연도 | 소속 | 출전 | 교체 | 득점 | 도움 | 실점 | 파울 | 경고 | 퇴장 |
|---|---|---|---|---|---|---|---|---|---|---|
| K1 | 2004 | 인천 | 1 | 1 | 0 | 0 | 0 | 1 | 0 | 0 |
| 컵 | 2004 | 인천 | 2 | 0 | 0 | 0 | 0 | 7 | 1 | 0 |
| 통산 | | | 3 | 1 | 0 | 0 | 0 | 8 | 1 | 0 |

**박양하**(朴良夏) 고려대 1962.05.28

| 대회 | 연도 | 소속 | 출전 | 교체 | 득점 | 도움 | 실점 | 파울 | 경고 | 퇴장 |
|---|---|---|---|---|---|---|---|---|---|---|
| K1 | 1986 | 대우 | 11 | 0 | 1 | 4 | 0 | 11 | 0 | 0 |

| | | | | | | | | | | |
|---|---|---|---|---|---|---|---|---|---|---|
| | 1987 | 대우 | 5 | 2 | 0 | 1 | 0 | 1 | 0 | 0 |
| | 1988 | 대우 | 14 | 3 | 1 | 2 | 0 | 25 | 1 | 0 |
| | 1989 | 대우 | 5 | 5 | 0 | 0 | 0 | 1 | 0 | 0 |
| | 1990 | 대우 | 5 | 5 | 0 | 0 | 0 | 5 | 0 | 0 |
| 컵 | 1986 | 대우 | 9 | 1 | 0 | 2 | 0 | 8 | 0 | 0 |
| 통산 | | | 49 | 16 | 2 | 9 | 0 | 51 | 1 | 0 |

**박연혁**(朴鍊赫) 광운대 1960.04.25

| 대회 | 연도 | 소속 | 출전 | 교체 | 득점 | 도움 | 실점 | 파울 | 경고 | 퇴장 |
|---|---|---|---|---|---|---|---|---|---|---|
| K1 | 1986 | 유공 | 6 | 0 | 0 | 0 | 7 | 0 | 0 | 0 |
| 컵 | 1986 | 유공 | 3 | 0 | 0 | 0 | 4 | 0 | 0 | 0 |
| 통산 | | | 9 | 0 | 0 | 0 | 11 | 0 | 0 | 0 |

**박영근**(朴永根) 고려대 1981.09.13

| 대회 | 연도 | 소속 | 출전 | 교체 | 득점 | 도움 | 실점 | 파울 | 경고 | 퇴장 |
|---|---|---|---|---|---|---|---|---|---|---|
| K1 | 2004 | 부천SK | 2 | 2 | 0 | 0 | 0 | 1 | 0 | 0 |
| | 2005 | 부천SK | 3 | 3 | 0 | 0 | 0 | 1 | 0 | 0 |
| 통산 | | | 5 | 5 | 0 | 0 | 0 | 2 | 0 | 0 |

**박영섭**(朴榮燮) 성균관대 1972.07.29

| 대회 | 연도 | 소속 | 출전 | 교체 | 득점 | 도움 | 실점 | 파울 | 경고 | 퇴장 |
|---|---|---|---|---|---|---|---|---|---|---|
| K1 | 1995 | 포항 | 18 | 10 | 2 | 0 | 0 | 24 | 3 | 0 |
| | 1996 | 포항 | 6 | 6 | 1 | 0 | 0 | 3 | 1 | 0 |
| | 1997 | 포항 | 2 | 2 | 0 | 0 | 0 | 2 | 0 | 0 |
| | 1998 | 포항 | 4 | 3 | 0 | 0 | 0 | 4 | 0 | 1 |
| PO | 1995 | 포항 | 2 | 1 | 0 | 0 | 0 | 8 | 1 | 0 |
| 컵 | 1995 | 포항 | 2 | 2 | 0 | 0 | 0 | 2 | 0 | 0 |
| | 1996 | 포항 | 5 | 6 | 0 | 0 | 0 | 2 | 0 | 0 |
| | 1997 | 포항 | 7 | 7 | 1 | 0 | 0 | 2 | 0 | 0 |
| | 1998 | 포항 | 9 | 5 | 0 | 1 | 0 | 14 | 1 | 0 |
| 통산 | | | 55 | 42 | 4 | 1 | 0 | 61 | 6 | 1 |

**박영수**(朴英洙) 경희고 1959.01.18

| 대회 | 연도 | 소속 | 출전 | 교체 | 득점 | 도움 | 실점 | 파울 | 경고 | 퇴장 |
|---|---|---|---|---|---|---|---|---|---|---|
| K1 | 1983 | 유공 | 7 | 0 | 0 | 0 | 12 | 0 | 0 | 0 |
| | 1985 | 유공 | 3 | 0 | 0 | 0 | 7 | 0 | 0 | 0 |
| 통산 | | | 10 | 0 | 0 | 0 | 19 | 0 | 0 | 0 |

**박영수**(朴泳洙) 충남기계공고 1995.06.19

| 대회 | 연도 | 소속 | 출전 | 교체 | 득점 | 도움 | 실점 | 파울 | 경고 | 퇴장 |
|---|---|---|---|---|---|---|---|---|---|---|
| K1 | 2015 | 대전 | 3 | 3 | 0 | 0 | 0 | 0 | 0 | 0 |
| 통산 | | | 3 | 3 | 0 | 0 | 0 | 0 | 0 | 0 |

**박영순**(朴榮淳) 아주대 1977.03.25

| 대회 | 연도 | 소속 | 출전 | 교체 | 득점 | 도움 | 실점 | 파울 | 경고 | 퇴장 |
|---|---|---|---|---|---|---|---|---|---|---|
| K1 | 1995 | 대우 | 0 | 0 | 0 | 0 | 0 | 0 | 0 | 0 |
| | 2000 | 부산 | 0 | 0 | 0 | 0 | 0 | 0 | 0 | 0 |
| 컵 | 2001 | 부산 | 0 | 0 | 0 | 0 | 0 | 0 | 0 | 0 |
| 통산 | | | 0 | 0 | 0 | 0 | 0 | 0 | 0 | 0 |

**박영준**(朴榮埈) 의정부고 1990.05.04

| 대회 | 연도 | 소속 | 출전 | 교체 | 득점 | 도움 | 실점 | 파울 | 경고 | 퇴장 |
|---|---|---|---|---|---|---|---|---|---|---|
| K1 | 2011 | 전남 | 2 | 2 | 0 | 0 | 0 | 0 | 0 | 0 |
| | 2012 | 전남 | 1 | 1 | 0 | 0 | 0 | 1 | 0 | 0 |
| 통산 | | | 3 | 3 | 0 | 0 | 0 | 1 | 0 | 0 |

**박완선**(朴莞善) 용인대 1990.05.28

| 대회 | 연도 | 소속 | 출전 | 교체 | 득점 | 도움 | 실점 | 파울 | 경고 | 퇴장 |
|---|---|---|---|---|---|---|---|---|---|---|
| K2 | 2018 | 광주 | 0 | 0 | 0 | 0 | 0 | 0 | 0 | 0 |
| 통산 | | | 0 | 0 | 0 | 0 | 0 | 0 | 0 | 0 |

**박요셉**(朴요셉) 전주대 1980.12.03

| 대회 | 연도 | 소속 | 출전 | 교체 | 득점 | 도움 | 실점 | 파울 | 경고 | 퇴장 |
|---|---|---|---|---|---|---|---|---|---|---|
| K1 | 2002 | 안양LG | 14 | 0 | 0 | 0 | 0 | 9 | 0 | 0 |
| | 2003 | 안양LG | 16 | 10 | 3 | 0 | 0 | 28 | 1 | 0 |
| | 2004 | 서울 | 20 | 6 | 1 | 1 | 0 | 28 | 3 | 0 |
| | 2005 | 광주상무 | 3 | 0 | 0 | 1 | 0 | 5 | 0 | 0 |
| | 2006 | 광주상무 | 23 | 2 | 0 | 0 | 0 | 20 | 4 | 0 |
| | 2007 | 서울 | 1 | 1 | 0 | 0 | 0 | 1 | 0 | 0 |
| | 2008 | 서울 | 0 | 0 | 0 | 0 | 0 | 0 | 0 | 0 |
| 컵 | 2002 | 안양LG | 5 | 1 | 0 | 0 | 0 | 1 | 0 | 0 |
| | 2004 | 서울 | 5 | 0 | 0 | 0 | 0 | 9 | 2 | 0 |
| | 2005 | 광주상무 | 12 | 1 | 1 | 0 | 0 | 10 | 2 | 0 |
| | 2006 | 광주상무 | 11 | 0 | 0 | 0 | 0 | 7 | 2 | 0 |
| | 2007 | 서울 | 2 | 2 | 0 | 0 | 0 | 7 | 0 | 0 |
| 통산 | | | 112 | 23 | 5 | 2 | 0 | 125 | 14 | 0 |

**박요한**(朴요한) 연세대 1989.01.16

| 대회 | 연도 | 소속 | 출전 | 교체 | 득점 | 도움 | 실점 | 파울 | 경고 | 퇴장 |
|---|---|---|---|---|---|---|---|---|---|---|
| K1 | 2012 | 광주 | 5 | 3 | 0 | 0 | 0 | 5 | 1 | 0 |
| K2 | 2013 | 충주 | 11 | 0 | 0 | 0 | 0 | 9 | 5 | 0 |
| | 2014 | 충주 | 26 | 4 | 0 | 2 | 0 | 20 | 2 | 0 |
| | 2015 | 충주 | 26 | 7 | 0 | 1 | 0 | 21 | 7 | 0 |
| | 2016 | 안산무궁 | 5 | 2 | 0 | 0 | 0 | 1 | 0 | 0 |
| | 2017 | 아산 | 0 | 0 | 0 | 0 | 0 | 0 | 0 | 0 |
| | 2018 | 광주 | 27 | 4 | 0 | 3 | 0 | 28 | 1 | 0 |
| | 2019 | 수원FC | 23 | 2 | 0 | 1 | 0 | 18 | 3 | 0 |
| | 2020 | 안양 | 18 | 3 | 0 | 1 | 0 | 15 | 3 | 0 |
| PO | 2018 | 광주 | 1 | 0 | 0 | 0 | 0 | 1 | 0 | 0 |
| 컵 | 2011 | 광주 | 0 | 0 | 0 | 0 | 0 | 0 | 0 | 0 |
| 통산 | | | 142 | 25 | 0 | 8 | 0 | 118 | 22 | 0 |

**박요한**(朴耀韓) 단국대 1994.12.17

| 대회 | 연도 | 소속 | 출전 | 교체 | 득점 | 도움 | 실점 | 파울 | 경고 | 퇴장 |
|---|---|---|---|---|---|---|---|---|---|---|
| K1 | 2017 | 강원 | 13 | 6 | 1 | 0 | 0 | 14 | 1 | 0 |
| K2 | 2016 | 강원 | 2 | 2 | 0 | 0 | 0 | 0 | 0 | 0 |
| | 2019 | 부천 | 8 | 5 | 1 | 0 | 0 | 6 | 2 | 0 |
| | 2020 | 부천 | 1 | 0 | 0 | 0 | 0 | 0 | 0 | 0 |
| PO | 2019 | 부천 | 1 | 1 | 0 | 0 | 0 | 1 | 0 | 0 |
| 통산 | | | 25 | 14 | 2 | 0 | 0 | 21 | 3 | 0 |

**박용우**(朴鎔宇) 건국대 1993.09.10

| 대회 | 연도 | 소속 | 출전 | 교체 | 득점 | 도움 | 실점 | 파울 | 경고 | 퇴장 |
|---|---|---|---|---|---|---|---|---|---|---|
| K1 | 2015 | 서울 | 26 | 8 | 0 | 0 | 0 | 23 | 3 | 0 |
| | 2016 | 서울 | 19 | 7 | 1 | 0 | 0 | 24 | 3 | 0 |
| | 2017 | 울산 | 31 | 17 | 2 | 0 | 0 | 34 | 3 | 0 |
| | 2018 | 울산 | 31 | 10 | 3 | 2 | 0 | 46 | 4 | 0 |
| | 2019 | 울산 | 36 | 11 | 0 | 0 | 0 | 39 | 2 | 0 |
| | 2020 | 상주 | 25 | 5 | 1 | 0 | 0 | 11 | 0 | 0 |
| | 2021 | 울산 | 9 | 7 | 0 | 0 | 0 | 7 | 2 | 0 |
| | 2022 | 울산 | 31 | 9 | 0 | 0 | 0 | 25 | 2 | 0 |
| | 2023 | 울산 | 19 | 7 | 1 | 2 | 0 | 22 | 3 | 0 |
| K2 | 2021 | 김천 | 5 | 3 | 0 | 0 | 0 | 4 | 0 | 0 |
| 통산 | | | 232 | 84 | 8 | 4 | 0 | 235 | 22 | 0 |

**박용재**(朴容材) 아주대 1989.11.28

| 대회 | 연도 | 소속 | 출전 | 교체 | 득점 | 도움 | 실점 | 파울 | 경고 | 퇴장 |
|---|---|---|---|---|---|---|---|---|---|---|
| K1 | 2012 | 수원 | 0 | 0 | 0 | 0 | 0 | 0 | 0 | 0 |
| | 2013 | 전남 | 4 | 3 | 0 | 0 | 0 | 5 | 0 | 0 |
| | 2014 | 전남 | 2 | 2 | 0 | 1 | 0 | 2 | 0 | 0 |
| 통산 | | | 6 | 5 | 0 | 1 | 0 | 7 | 0 | 0 |

**박용주**(朴龍柱) 한양대 1954.10.13

| 대회 | 연도 | 소속 | 출전 | 교체 | 득점 | 도움 | 실점 | 파울 | 경고 | 퇴장 |
|---|---|---|---|---|---|---|---|---|---|---|
| K1 | 1984 | 대우 | 4 | 2 | 0 | 0 | 0 | 3 | 0 | 0 |
| | 1985 | 대우 | 10 | 6 | 0 | 1 | 0 | 11 | 0 | 0 |
| 통산 | | | 14 | 8 | 0 | 1 | 0 | 14 | 0 | 0 |

**박용준**(朴鏞峻) 선문대 1993.06.21

| 대회 | 연도 | 소속 | 출전 | 교체 | 득점 | 도움 | 실점 | 파울 | 경고 | 퇴장 |
|---|---|---|---|---|---|---|---|---|---|---|
| K1 | 2013 | 수원 | 0 | 0 | 0 | 0 | 0 | 0 | 0 | 0 |
| K2 | 2014 | 부천 | 5 | 5 | 1 | 0 | 0 | 3 | 0 | 0 |
| | 2015 | 부천 | 13 | 13 | 0 | 0 | 0 | 11 | 0 | 0 |
| 통산 | | | 18 | 18 | 1 | 0 | 0 | 14 | 0 | 0 |

**박용지**(朴勇智) 중앙대 1992.10.09

| 대회 | 연도 | 소속 | 출전 | 교체 | 득점 | 도움 | 실점 | 파울 | 경고 | 퇴장 |
|---|---|---|---|---|---|---|---|---|---|---|
| K1 | 2013 | 울산 | 16 | 15 | 1 | 1 | 0 | 21 | 4 | 0 |
| | 2014 | 울산 | 6 | 6 | 0 | 0 | 0 | 7 | 0 | 0 |
| | 2014 | 부산 | 21 | 14 | 2 | 0 | 0 | 29 | 6 | 0 |
| | 2015 | 부산 | 16 | 14 | 1 | 0 | 0 | 11 | 0 | 0 |
| | 2015 | 성남 | 17 | 17 | 1 | 3 | 0 | 9 | 2 | 0 |
| | 2016 | 성남 | 27 | 25 | 1 | 2 | 0 | 23 | 4 | 0 |
| | 2017 | 인천 | 21 | 15 | 4 | 1 | 0 | 21 | 2 | 0 |
| | 2018 | 인천 | 3 | 3 | 0 | 0 | 0 | 3 | 0 | 0 |
| | 2018 | 상주 | 11 | 4 | 4 | 1 | 0 | 19 | 2 | 0 |
| | 2019 | 상주 | 36 | 23 | 12 | 3 | 0 | 35 | 2 | 0 |
| | 2021 | 성남 | 20 | 21 | 1 | 0 | 0 | 24 | 4 | 0 |
| | 2022 | 성남 | 4 | 4 | 0 | 0 | 0 | 2 | 0 | 0 |
| K2 | 2020 | 대전 | 25 | 15 | 3 | 0 | 0 | 23 | 3 | 0 |
| PO | 2016 | 성남 | 2 | 2 | 0 | 0 | 0 | 2 | 0 | 0 |
| | 2020 | 대전 | 1 | 1 | 0 | 0 | 0 | 1 | 0 | 0 |
| 통산 | | | 226 | 179 | 30 | 11 | 0 | 230 | 29 | 0 |

**박용호**(朴湧晧) 부평고 1981.03.25

| 대회 | 연도 | 소속 | 출전 | 교체 | 득점 | 도움 | 실점 | 파울 | 경고 | 퇴장 |
|---|---|---|---|---|---|---|---|---|---|---|
| K1 | 2000 | 안양LG | 6 | 0 | 0 | 0 | 0 | 6 | 0 | 0 |
| | 2001 | 안양LG | 15 | 8 | 1 | 0 | 0 | 11 | 1 | 0 |
| | 2002 | 안양LG | 8 | 2 | 1 | 0 | 0 | 11 | 1 | 0 |
| | 2003 | 안양LG | 21 | 5 | 2 | 0 | 0 | 14 | 2 | 0 |
| | 2004 | 서울 | 5 | 5 | 0 | 0 | 0 | 1 | 1 | 0 |
| | 2005 | 광주상무 | 17 | 2 | 0 | 0 | 0 | 11 | 3 | 0 |
| | 2006 | 광주상무 | 24 | 2 | 1 | 0 | 0 | 29 | 3 | 0 |
| | 2007 | 서울 | 7 | 3 | 0 | 0 | 0 | 4 | 1 | 0 |
| | 2008 | 서울 | 17 | 6 | 0 | 0 | 0 | 8 | 2 | 0 |
| | 2009 | 서울 | 20 | 3 | 2 | 0 | 0 | 26 | 1 | 0 |
| | 2010 | 서울 | 16 | 2 | 0 | 1 | 0 | 18 | 1 | 0 |
| | 2011 | 서울 | 18 | 4 | 1 | 0 | 0 | 14 | 2 | 0 |
| | 2012 | 부산 | 32 | 9 | 2 | 1 | 0 | 20 | 2 | 0 |
| | 2013 | 부산 | 25 | 5 | 2 | 1 | 0 | 12 | 3 | 0 |
| K2 | 2015 | 강원 | 10 | 4 | 0 | 0 | 0 | 7 | 1 | 0 |
| PO | 2008 | 서울 | 2 | 2 | 0 | 0 | 0 | 0 | 0 | 0 |
| | 2009 | 서울 | 0 | 0 | 0 | 0 | 0 | 0 | 0 | 0 |
| | 2010 | 서울 | 2 | 2 | 0 | 0 | 0 | 0 | 0 | 0 |
| | 2011 | 서울 | 0 | 0 | 0 | 0 | 0 | 0 | 0 | 0 |
| 컵 | 2000 | 안양LG | 2 | 0 | 0 | 0 | 0 | 3 | 0 | 0 |
| | 2001 | 안양LG | 8 | 0 | 1 | 0 | 0 | 5 | 0 | 0 |
| | 2002 | 안양LG | 1 | 1 | 0 | 0 | 0 | 0 | 0 | 0 |
| | 2005 | 광주상무 | 11 | 0 | 3 | 0 | 0 | 13 | 0 | 0 |
| | 2006 | 광주상무 | 13 | 3 | 1 | 1 | 0 | 12 | 0 | 0 |
| | 2007 | 서울 | 2 | 1 | 0 | 0 | 0 | 1 | 0 | 0 |
| | 2008 | 서울 | 7 | 0 | 0 | 0 | 0 | 8 | 0 | 0 |
| | 2009 | 서울 | 3 | 0 | 0 | 0 | 0 | 7 | 2 | 0 |
| | 2010 | 서울 | 6 | 3 | 0 | 0 | 0 | 1 | 1 | 0 |
| 통산 | | | 298 | 72 | 17 | 4 | 0 | 242 | 27 | 0 |

**박용희**(朴鏞熹) 홍익대 2002.03.29

| 대회 | 연도 | 소속 | 출전 | 교체 | 득점 | 도움 | 실점 | 파울 | 경고 | 퇴장 |
|---|---|---|---|---|---|---|---|---|---|---|
| K1 | 2022 | 대구 | 3 | 3 | 0 | 0 | 0 | 1 | 0 | 0 |
| | 2023 | 대구 | 1 | 1 | 0 | 0 | 0 | 0 | 0 | 0 |
| | 2024 | 대구 | 25 | 26 | 3 | 1 | 0 | 22 | 2 | 0 |
| | 2025 | 수원FC | 11 | 12 | 0 | 0 | 0 | 3 | 0 | 0 |
| 통산 | | | 40 | 42 | 3 | 1 | 0 | 26 | 2 | 0 |

**박우정**(朴瑀情) 경희대 1995.07.26

| 대회 | 연도 | 소속 | 출전 | 교체 | 득점 | 도움 | 실점 | 파울 | 경고 | 퇴장 |
|---|---|---|---|---|---|---|---|---|---|---|
| K2 | 2017 | 대전 | 1 | 1 | 0 | 0 | 0 | 0 | 0 | 0 |
| 통산 | | | 1 | 1 | 0 | 0 | 0 | 0 | 0 | 0 |

**박우진**(朴祐辰) 경희대 2003.04.16

| 대회 | 연도 | 소속 | 출전 | 교체 | 득점 | 도움 | 실점 | 파울 | 경고 | 퇴장 |
|---|---|---|---|---|---|---|---|---|---|---|
| K2 | 2025 | 수원 | 1 | 1 | 0 | 0 | 0 | 0 | 0 | 0 |
| 통산 | | | 1 | 1 | 0 | 0 | 0 | 0 | 0 | 0 |

**박우현**(朴雨賢) 인천대 1980.04.28

| 대회 | 연도 | 소속 | 출전 | 교체 | 득점 | 도움 | 실점 | 파울 | 경고 | 퇴장 |
|---|---|---|---|---|---|---|---|---|---|---|
| K1 | 2004 | 성남일화 | 12 | 1 | 0 | 1 | 0 | 30 | 1 | 0 |
| | 2005 | 성남일화 | 6 | 3 | 1 | 0 | 0 | 9 | 1 | 0 |
| | 2006 | 성남일화 | 5 | 2 | 0 | 0 | 0 | 4 | 1 | 0 |
| | 2008 | 성남일화 | 10 | 5 | 0 | 0 | 0 | 13 | 0 | 0 |
| | 2009 | 성남일화 | 7 | 5 | 0 | 0 | 0 | 2 | 0 | 0 |
| | 2010 | 부산 | 14 | 4 | 0 | 0 | 0 | 31 | 4 | 0 |
| | 2011 | 강원 | 6 | 1 | 0 | 0 | 0 | 9 | 5 | 0 |
| | 2012 | 강원 | 34 | 9 | 0 | 0 | 0 | 40 | 4 | 0 |
| PO | 2006 | 성남일화 | 0 | 0 | 0 | 0 | 0 | 0 | 0 | 0 |
| | 2008 | 성남일화 | 0 | 0 | 0 | 0 | 0 | 0 | 0 | 0 |
| | 2009 | 성남일화 | 4 | 0 | 0 | 0 | 0 | 8 | 1 | 0 |
| 컵 | 2004 | 성남일화 | 12 | 0 | 0 | 0 | 0 | 23 | 2 | 0 |
| | 2005 | 성남일화 | 6 | 5 | 0 | 0 | 0 | 9 | 1 | 0 |
| | 2006 | 성남일화 | 9 | 1 | 1 | 0 | 0 | 13 | 5 | 0 |
| | 2008 | 성남일화 | 7 | 0 | 0 | 0 | 0 | 16 | 3 | 0 |
| | 2009 | 성남일화 | 0 | 0 | 0 | 0 | 0 | 0 | 0 | 0 |

| | 2010 | 부산 | 1 | 0 | 0 | 1 | 0 | 3 | 0 | 0 |
|---|---|---|---|---|---|---|---|---|---|---|
| 통산 | | | 133 | 36 | 2 | 2 | 0 | 210 | 28 | 0 |

**박원길**(朴元吉) 울산대 1977.08.13

| 대회 | 연도 | 소속 | 출전 | 교체 | 득점 | 도움 | 실점 | 파울 | 경고 | 퇴장 |
|---|---|---|---|---|---|---|---|---|---|---|
| 컵 | 2000 | 울산 | 1 | 1 | 0 | 0 | 0 | 1 | 0 | 0 |
| 통산 | | | 1 | 1 | 0 | 0 | 0 | 1 | 0 | 0 |

**박원재**(朴源載) 위덕대 1984.05.28

| 대회 | 연도 | 소속 | 출전 | 교체 | 득점 | 도움 | 실점 | 파울 | 경고 | 퇴장 |
|---|---|---|---|---|---|---|---|---|---|---|
| K1 | 2003 | 포항 | 1 | 1 | 0 | 0 | 0 | 0 | 0 | 0 |
| | 2004 | 포항 | 18 | 14 | 0 | 0 | 0 | 12 | 0 | 0 |
| | 2005 | 포항 | 19 | 7 | 0 | 3 | 0 | 32 | 2 | 0 |
| | 2006 | 포항 | 17 | 6 | 2 | 3 | 0 | 20 | 1 | 0 |
| | 2007 | 포항 | 17 | 6 | 1 | 0 | 0 | 16 | 1 | 0 |
| | 2008 | 포항 | 24 | 5 | 4 | 3 | 0 | 29 | 4 | 0 |
| | 2010 | 전북 | 15 | 4 | 0 | 2 | 0 | 31 | 4 | 0 |
| | 2011 | 전북 | 25 | 0 | 1 | 4 | 0 | 46 | 6 | 0 |
| | 2012 | 전북 | 31 | 3 | 0 | 1 | 0 | 49 | 6 | 0 |
| | 2013 | 전북 | 15 | 0 | 0 | 2 | 0 | 20 | 3 | 1 |
| | 2014 | 전북 | 3 | 1 | 0 | 0 | 0 | 5 | 0 | 0 |
| | 2015 | 전북 | 9 | 2 | 0 | 1 | 0 | 13 | 1 | 0 |
| | 2016 | 전북 | 18 | 4 | 0 | 2 | 0 | 34 | 3 | 0 |
| | 2017 | 전북 | 10 | 4 | 0 | 1 | 0 | 17 | 4 | 0 |
| | 2018 | 전북 | 7 | 1 | 0 | 0 | 0 | 13 | 2 | 0 |
| | 2019 | 전북 | 1 | 0 | 0 | 0 | 0 | 2 | 1 | 0 |
| PO | 2004 | 포항 | 1 | 1 | 0 | 0 | 0 | 0 | 0 | 0 |
| | 2006 | 포항 | 1 | 0 | 0 | 0 | 0 | 2 | 0 | 0 |
| | 2007 | 포항 | 5 | 0 | 2 | 1 | 0 | 7 | 1 | 0 |
| | 2008 | 포항 | 1 | 0 | 0 | 0 | 0 | 3 | 0 | 0 |
| | 2010 | 전북 | 2 | 2 | 0 | 1 | 0 | 2 | 0 | 0 |
| | 2011 | 전북 | 2 | 0 | 0 | 0 | 0 | 3 | 0 | 0 |
| 컵 | 2004 | 포항 | 10 | 5 | 0 | 1 | 0 | 10 | 0 | 0 |
| | 2005 | 포항 | 2 | 2 | 0 | 0 | 0 | 2 | 0 | 0 |
| | 2006 | 포항 | 6 | 4 | 1 | 0 | 0 | 6 | 1 | 0 |
| | 2007 | 포항 | 3 | 1 | 0 | 0 | 0 | 5 | 0 | 0 |
| | 2008 | 포항 | 1 | 0 | 0 | 0 | 0 | 0 | 0 | 0 |
| | 2010 | 전북 | 3 | 1 | 0 | 2 | 0 | 14 | 2 | 0 |
| 통산 | | | 267 | 74 | 11 | 27 | 0 | 393 | 42 | 1 |

**박원재**(朴元在) 중앙대 1994.05.07

| 대회 | 연도 | 소속 | 출전 | 교체 | 득점 | 도움 | 실점 | 파울 | 경고 | 퇴장 |
|---|---|---|---|---|---|---|---|---|---|---|
| K1 | 2017 | 전북 | 2 | 1 | 0 | 1 | 0 | 1 | 0 | 0 |
| | 2018 | 전북 | 1 | 0 | 0 | 0 | 0 | 2 | 0 | 0 |
| | 2019 | 성남 | 11 | 8 | 1 | 0 | 0 | 7 | 0 | 0 |
| | 2021 | 제주 | 19 | 18 | 1 | 1 | 0 | 11 | 3 | 0 |
| K2 | 2020 | 제주 | 13 | 6 | 0 | 3 | 0 | 5 | 0 | 0 |
| | 2024 | 경남 | 29 | 19 | 0 | 3 | 0 | 18 | 4 | 0 |
| | 2025 | 경남 | 31 | 16 | 1 | 0 | 0 | 18 | 2 | 0 |
| 통산 | | | 106 | 68 | 3 | 8 | 0 | 62 | 9 | 0 |

**박원홍**(朴元弘) 울산대 1984.04.07

| 대회 | 연도 | 소속 | 출전 | 교체 | 득점 | 도움 | 실점 | 파울 | 경고 | 퇴장 |
|---|---|---|---|---|---|---|---|---|---|---|
| K1 | 2006 | 울산 | 1 | 1 | 0 | 0 | 0 | 0 | 0 | 0 |
| | 2009 | 광주상무 | 5 | 5 | 0 | 0 | 0 | 3 | 0 | 0 |
| | 2010 | 광주상무 | 6 | 6 | 1 | 0 | 0 | 2 | 0 | 0 |
| 컵 | 2006 | 울산 | 0 | 0 | 0 | 0 | 0 | 0 | 0 | 0 |
| | 2007 | 울산 | 0 | 0 | 0 | 0 | 0 | 0 | 0 | 0 |
| | 2009 | 광주상무 | 1 | 0 | 0 | 0 | 0 | 1 | 0 | 0 |
| | 2010 | 광주상무 | 3 | 3 | 0 | 0 | 0 | 1 | 0 | 0 |
| 통산 | | | 16 | 15 | 1 | 0 | 0 | 7 | 0 | 0 |

**박윤기**(朴潤基) 서울시립대 1960.06.10

| 대회 | 연도 | 소속 | 출전 | 교체 | 득점 | 도움 | 실점 | 파울 | 경고 | 퇴장 |
|---|---|---|---|---|---|---|---|---|---|---|
| K1 | 1983 | 유공 | 14 | 2 | 9 | 2 | 0 | 12 | 0 | 0 |
| | 1984 | 유공 | 27 | 6 | 5 | 5 | 0 | 30 | 0 | 0 |
| | 1985 | 유공 | 18 | 9 | 2 | 2 | 0 | 20 | 1 | 0 |
| | 1986 | 유공 | 12 | 4 | 3 | 1 | 0 | 11 | 0 | 0 |
| | 1987 | 럭키금성 | 13 | 4 | 2 | 0 | 0 | 16 | 1 | 0 |
| PO | 1984 | 유공 | 2 | 1 | 0 | 0 | 0 | 4 | 0 | 0 |
| 컵 | 1986 | 유공 | 13 | 7 | 0 | 0 | 0 | 12 | 1 | 0 |
| 통산 | | | 99 | 33 | 21 | 10 | 0 | 105 | 3 | 0 |

**박윤화**(朴允和) 숭실대 1978.06.13

| 대회 | 연도 | 소속 | 출전 | 교체 | 득점 | 도움 | 실점 | 파울 | 경고 | 퇴장 |
|---|---|---|---|---|---|---|---|---|---|---|
| K1 | 2001 | 안양LG | 1 | 0 | 0 | 1 | 0 | 5 | 0 | 0 |
| | 2002 | 안양LG | 14 | 12 | 1 | 0 | 0 | 14 | 1 | 0 |
| | 2003 | 안양LG | 9 | 6 | 0 | 1 | 0 | 10 | 0 | 0 |
| | 2004 | 광주상무 | 15 | 15 | 1 | 1 | 0 | 15 | 1 | 0 |
| | 2005 | 광주상무 | 17 | 9 | 0 | 1 | 0 | 20 | 2 | 0 |
| | 2007 | 대구 | 22 | 3 | 0 | 4 | 0 | 37 | 2 | 0 |
| | 2008 | 경남 | 1 | 1 | 0 | 0 | 0 | 1 | 0 | 0 |
| | 2009 | 경남 | 1 | 0 | 0 | 0 | 0 | 4 | 0 | 0 |
| 컵 | 2001 | 안양LG | 2 | 1 | 0 | 0 | 0 | 4 | 1 | 0 |
| | 2002 | 안양LG | 1 | 1 | 0 | 0 | 0 | 0 | 0 | 0 |
| | 2004 | 광주상무 | 8 | 6 | 0 | 0 | 0 | 11 | 0 | 0 |
| | 2005 | 광주상무 | 7 | 3 | 0 | 0 | 0 | 7 | 1 | 0 |
| | 2007 | 대구 | 6 | 0 | 0 | 0 | 0 | 12 | 3 | 0 |
| | 2008 | 경남 | 1 | 1 | 0 | 0 | 0 | 0 | 1 | 0 |
| 통산 | | | 105 | 58 | 2 | 8 | 0 | 140 | 12 | 0 |

**박인철**(朴仁哲) 영남대 1976.04.17

| 대회 | 연도 | 소속 | 출전 | 교체 | 득점 | 도움 | 실점 | 파울 | 경고 | 퇴장 |
|---|---|---|---|---|---|---|---|---|---|---|
| K1 | 1999 | 전남 | 0 | 0 | 0 | 0 | 0 | 0 | 0 | 0 |
| 컵 | 1999 | 전남 | 5 | 0 | 0 | 0 | 8 | 0 | 0 | 0 |
| 통산 | | | 5 | 0 | 0 | 0 | 8 | 0 | 0 | 0 |

**박인혁**(朴仁赫) 경희대 1995.12.29

| 대회 | 연도 | 소속 | 출전 | 교체 | 득점 | 도움 | 실점 | 파울 | 경고 | 퇴장 |
|---|---|---|---|---|---|---|---|---|---|---|
| K1 | 2025 | 광주 | 29 | 28 | 4 | 0 | 0 | 33 | 5 | 0 |
| K2 | 2018 | 대전 | 31 | 12 | 7 | 3 | 0 | 77 | 9 | 0 |
| | 2019 | 대전 | 33 | 16 | 3 | 0 | 0 | 64 | 6 | 0 |
| | 2020 | 대전 | 9 | 8 | 1 | 1 | 0 | 18 | 3 | 0 |
| | 2021 | 대전 | 24 | 19 | 6 | 2 | 0 | 36 | 3 | 0 |
| | 2022 | 전남 | 38 | 26 | 7 | 0 | 0 | 55 | 4 | 0 |
| PO | 2018 | 대전 | 2 | 0 | 0 | 0 | 0 | 5 | 0 | 0 |
| | 2021 | 대전 | 1 | 1 | 0 | 0 | 0 | 0 | 0 | 0 |
| 통산 | | | 167 | 110 | 28 | 6 | 0 | 288 | 30 | 0 |

**박일권**(朴一權) 금호고 1995.03.04

| 대회 | 연도 | 소속 | 출전 | 교체 | 득점 | 도움 | 실점 | 파울 | 경고 | 퇴장 |
|---|---|---|---|---|---|---|---|---|---|---|
| K1 | 2015 | 광주 | 5 | 5 | 0 | 0 | 0 | 2 | 1 | 0 |
| 통산 | | | 5 | 5 | 0 | 0 | 0 | 2 | 1 | 0 |

**박임수**(朴林洙) 아주대 1989.02.07

| 대회 | 연도 | 소속 | 출전 | 교체 | 득점 | 도움 | 실점 | 파울 | 경고 | 퇴장 |
|---|---|---|---|---|---|---|---|---|---|---|
| K2 | 2013 | 수원FC | 1 | 1 | 0 | 0 | 0 | 0 | 0 | 0 |
| 통산 | | | 1 | 1 | 0 | 0 | 0 | 0 | 0 | 0 |

**박장한결**(朴張한결) 보인고 2004.02.15

| 대회 | 연도 | 소속 | 출전 | 교체 | 득점 | 도움 | 실점 | 파울 | 경고 | 퇴장 |
|---|---|---|---|---|---|---|---|---|---|---|
| K1 | 2025 | 서울 | 2 | 2 | 0 | 0 | 0 | 0 | 0 | 0 |
| 통산 | | | 2 | 2 | 0 | 0 | 0 | 0 | 0 | 0 |

**박재경**(朴在慶) 학성고 2000.04.28

| 대회 | 연도 | 소속 | 출전 | 교체 | 득점 | 도움 | 실점 | 파울 | 경고 | 퇴장 |
|---|---|---|---|---|---|---|---|---|---|---|
| K1 | 2023 | 대구 | 0 | 0 | 0 | 0 | 0 | 0 | 0 | 0 |
| 통산 | | | 0 | 0 | 0 | 0 | 0 | 0 | 0 | 0 |

**박재권**(朴在權) 한양대

| 대회 | 연도 | 소속 | 출전 | 교체 | 득점 | 도움 | 실점 | 파울 | 경고 | 퇴장 |
|---|---|---|---|---|---|---|---|---|---|---|
| K1 | 1988 | 대우 | 5 | 2 | 0 | 0 | 0 | 3 | 0 | 0 |
| 통산 | | | 5 | 2 | 0 | 0 | 0 | 3 | 0 | 0 |

**박재민**(朴宰民) 광운대 1996.05.10

| 대회 | 연도 | 소속 | 출전 | 교체 | 득점 | 도움 | 실점 | 파울 | 경고 | 퇴장 |
|---|---|---|---|---|---|---|---|---|---|---|
| K1 | 2019 | 울산 | 0 | 0 | 0 | 0 | 0 | 0 | 0 | 0 |
| 통산 | | | 0 | 0 | 0 | 0 | 0 | 0 | 0 | 0 |

**박재성**(朴財成) 대구대 1991.06.19

| 대회 | 연도 | 소속 | 출전 | 교체 | 득점 | 도움 | 실점 | 파울 | 경고 | 퇴장 |
|---|---|---|---|---|---|---|---|---|---|---|
| K1 | 2014 | 성남 | 1 | 1 | 0 | 0 | 0 | 0 | 0 | 0 |
| 통산 | | | 1 | 1 | 0 | 0 | 0 | 0 | 0 | 0 |

**박재성**(朴宰成) 상지대 2003.02.28

| 대회 | 연도 | 소속 | 출전 | 교체 | 득점 | 도움 | 실점 | 파울 | 경고 | 퇴장 |
|---|---|---|---|---|---|---|---|---|---|---|
| K2 | 2025 | 화성 | 14 | 15 | 0 | 0 | 0 | 12 | 2 | 0 |
| 통산 | | | 14 | 15 | 0 | 0 | 0 | 12 | 2 | 0 |

**박재용**(朴宰用) 명지대 1985.12.30

| 대회 | 연도 | 소속 | 출전 | 교체 | 득점 | 도움 | 실점 | 파울 | 경고 | 퇴장 |
|---|---|---|---|---|---|---|---|---|---|---|
| K1 | 2006 | 성남일화 | 0 | 0 | 0 | 0 | 0 | 0 | 0 | 0 |
| | 2007 | 성남일화 | 0 | 0 | 0 | 0 | 0 | 0 | 0 | 0 |
| | 2008 | 성남일화 | 3 | 3 | 0 | 0 | 0 | 0 | 0 | 0 |
| 컵 | 2006 | 성남일화 | 3 | 0 | 0 | 0 | 0 | 2 | 2 | 0 |
| | 2008 | 성남일화 | 0 | 0 | 0 | 0 | 0 | 0 | 0 | 0 |
| 통산 | | | 6 | 3 | 0 | 0 | 0 | 2 | 2 | 0 |

**박재용**(朴才用) 인천대 2000.03.13

| 대회 | 연도 | 소속 | 출전 | 교체 | 득점 | 도움 | 실점 | 파울 | 경고 | 퇴장 |
|---|---|---|---|---|---|---|---|---|---|---|
| K1 | 2023 | 전북 | 8 | 8 | 2 | 0 | 0 | 4 | 0 | 0 |
| | 2024 | 전북 | 15 | 15 | 1 | 1 | 0 | 6 | 1 | 0 |
| | 2025 | 전북 | 13 | 11 | 1 | 0 | 0 | 5 | 1 | 0 |
| K2 | 2022 | 안양 | 18 | 18 | 2 | 0 | 0 | 8 | 1 | 0 |
| | 2023 | 안양 | 18 | 14 | 6 | 1 | 0 | 10 | 1 | 0 |
| PO | 2022 | 안양 | 3 | 4 | 0 | 0 | 0 | 0 | 0 | 0 |
| 통산 | | | 75 | 70 | 12 | 2 | 0 | 33 | 4 | 0 |

**박재우**(朴宰祐) 건국대 1995.10.11

| 대회 | 연도 | 소속 | 출전 | 교체 | 득점 | 도움 | 실점 | 파울 | 경고 | 퇴장 |
|---|---|---|---|---|---|---|---|---|---|---|
| K1 | 2015 | 대전 | 10 | 6 | 0 | 0 | 0 | 1 | 0 | 0 |
| K2 | 2016 | 대전 | 3 | 2 | 0 | 0 | 0 | 0 | 0 | 0 |
| | 2017 | 대전 | 21 | 8 | 0 | 2 | 0 | 23 | 5 | 1 |
| | 2018 | 대전 | 14 | 5 | 0 | 3 | 0 | 17 | 1 | 0 |
| | 2019 | 아산 | 8 | 5 | 0 | 0 | 0 | 10 | 0 | 0 |
| | 2020 | 충남아산 | 16 | 4 | 0 | 0 | 0 | 21 | 1 | 1 |
| | 2021 | 충남아산 | 0 | 0 | 0 | 0 | 0 | 0 | 0 | 0 |
| PO | 2018 | 대전 | 1 | 1 | 0 | 0 | 0 | 1 | 1 | 0 |
| 통산 | | | 73 | 31 | 0 | 5 | 0 | 73 | 8 | 2 |

**박재우**(朴宰佑) 성균관대 1998.03.06

| 대회 | 연도 | 소속 | 출전 | 교체 | 득점 | 도움 | 실점 | 파울 | 경고 | 퇴장 |
|---|---|---|---|---|---|---|---|---|---|---|
| K1 | 2019 | 포항 | 2 | 1 | 0 | 0 | 0 | 2 | 0 | 0 |
| | 2020 | 포항 | 8 | 5 | 0 | 0 | 0 | 14 | 2 | 0 |
| | 2021 | 포항 | 2 | 3 | 0 | 0 | 0 | 0 | 0 | 0 |
| K2 | 2022 | 김포 | 9 | 5 | 1 | 0 | 0 | 13 | 1 | 0 |
| | 2023 | 부천 | 0 | 0 | 0 | 0 | 0 | 0 | 0 | 0 |
| 통산 | | | 21 | 14 | 1 | 0 | 0 | 29 | 3 | 0 |

**박재철**(朴宰徹) 한양대 1990.03.29

| 대회 | 연도 | 소속 | 출전 | 교체 | 득점 | 도움 | 실점 | 파울 | 경고 | 퇴장 |
|---|---|---|---|---|---|---|---|---|---|---|
| K2 | 2014 | 부천 | 8 | 6 | 1 | 0 | 0 | 5 | 0 | 0 |
| 통산 | | | 8 | 6 | 1 | 0 | 0 | 5 | 0 | 0 |

**박재현**(朴栽賢) 상지대 1980.10.29

| 대회 | 연도 | 소속 | 출전 | 교체 | 득점 | 도움 | 실점 | 파울 | 경고 | 퇴장 |
|---|---|---|---|---|---|---|---|---|---|---|
| K1 | 2003 | 대구 | 3 | 3 | 0 | 0 | 0 | 6 | 0 | 0 |
| | 2005 | 인천 | 0 | 0 | 0 | 0 | 0 | 0 | 0 | 0 |
| | 2006 | 인천 | 4 | 3 | 0 | 0 | 0 | 8 | 2 | 0 |
| | 2007 | 인천 | 22 | 20 | 1 | 0 | 0 | 39 | 3 | 0 |
| | 2008 | 인천 | 20 | 20 | 0 | 0 | 0 | 26 | 0 | 0 |
| | 2009 | 인천 | 12 | 6 | 0 | 3 | 0 | 32 | 4 | 0 |
| 컵 | 2005 | 인천 | 4 | 4 | 0 | 0 | 0 | 7 | 0 | 0 |
| | 2006 | 인천 | 13 | 8 | 0 | 1 | 0 | 22 | 1 | 0 |
| | 2007 | 인천 | 9 | 4 | 4 | 2 | 0 | 21 | 2 | 0 |
| | 2008 | 인천 | 9 | 7 | 0 | 2 | 0 | 16 | 1 | 0 |
| | 2009 | 인천 | 4 | 2 | 0 | 1 | 0 | 7 | 0 | 0 |
| 통산 | | | 100 | 77 | 5 | 9 | 0 | 184 | 13 | 0 |

**박재현**(朴栽玄) 계명고 2003.09.16

| 대회 | 연도 | 소속 | 출전 | 교체 | 득점 | 도움 | 실점 | 파울 | 경고 | 퇴장 |
|---|---|---|---|---|---|---|---|---|---|---|
| K1 | 2024 | 대구 | 16 | 15 | 2 | 0 | 0 | 5 | 1 | 0 |
| | 2025 | 대구 | 7 | 7 | 0 | 0 | 0 | 3 | 0 | 0 |
| 통산 | | | 23 | 22 | 2 | 0 | 0 | 8 | 1 | 0 |

**박재홍**(朴載泓) 명지대 1978.11.10

| 대회 | 연도 | 소속 | 출전 | 교체 | 득점 | 도움 | 실점 | 파울 | 경고 | 퇴장 |
|---|---|---|---|---|---|---|---|---|---|---|
| K1 | 2003 | 전북 | 35 | 5 | 2 | 1 | 0 | 78 | 10 | 0 |
| | 2004 | 전북 | 12 | 1 | 0 | 2 | 0 | 38 | 4 | 0 |
| | 2005 | 전남 | 16 | 1 | 0 | 0 | 0 | 50 | 7 | 0 |
| | 2006 | 전남 | 22 | 3 | 0 | 1 | 0 | 49 | 4 | 1 |
| | 2008 | 경남 | 21 | 1 | 0 | 0 | 0 | 37 | 5 | 0 |
| | 2009 | 경남 | 5 | 1 | 0 | 0 | 0 | 4 | 1 | 0 |
| | 2011 | 경남 | 22 | 5 | 0 | 0 | 0 | 27 | 3 | 0 |
| 컵 | 2004 | 전북 | 3 | 0 | 0 | 0 | 0 | 3 | 0 | 0 |

| 대회 | 연도 | 소속 | 출전 | 교체 | 득점 | 도움 | 실점 | 파울 | 경고 | 퇴장 |
|---|---|---|---|---|---|---|---|---|---|---|
| | 2005 | 전남 | 7 | 1 | 0 | 0 | 0 | 16 | 2 | 0 |
| | 2006 | 전남 | 8 | 1 | 0 | 0 | 0 | 14 | 1 | 0 |
| | 2008 | 경남 | 6 | 0 | 0 | 0 | 0 | 9 | 0 | 0 |
| | 2009 | 경남 | 0 | 0 | 0 | 0 | 0 | 0 | 0 | 0 |
| | 2011 | 경남 | 2 | 0 | 0 | 0 | 0 | 1 | 1 | 0 |
| 통산 | | | 159 | 19 | 2 | 4 | 0 | 326 | 38 | 1 |

**박재홍**(朴栽弘) 연세대 1990.04.06

| 대회 | 연도 | 소속 | 출전 | 교체 | 득점 | 도움 | 실점 | 파울 | 경고 | 퇴장 |
|---|---|---|---|---|---|---|---|---|---|---|
| K2 | 2013 | 부천 | 32 | 0 | 1 | 0 | 0 | 46 | 7 | 0 |
| | 2014 | 부천 | 18 | 6 | 0 | 0 | 0 | 21 | 4 | 0 |
| | 2015 | 부천 | 2 | 2 | 0 | 0 | 0 | 0 | 0 | 0 |
| 통산 | | | 52 | 8 | 1 | 0 | 0 | 67 | 11 | 0 |

**박재환**(朴財喚) 오산고 2000.10.11

| 대회 | 연도 | 소속 | 출전 | 교체 | 득점 | 도움 | 실점 | 파울 | 경고 | 퇴장 |
|---|---|---|---|---|---|---|---|---|---|---|
| K2 | 2022 | 경남 | 28 | 10 | 2 | 0 | 0 | 14 | 5 | 0 |
| | 2023 | 경남 | 30 | 3 | 2 | 0 | 0 | 16 | 3 | 0 |
| | 2024 | 경남 | 21 | 8 | 0 | 0 | 0 | 5 | 2 | 0 |
| | 2025 | 경남 | 36 | 4 | 2 | 1 | 0 | 24 | 3 | 0 |
| PO | 2022 | 경남 | 2 | 0 | 0 | 0 | 0 | 0 | 0 | 0 |
| | 2023 | 경남 | 1 | 0 | 0 | 0 | 0 | 0 | 0 | 0 |
| 통산 | | | 118 | 25 | 6 | 1 | 0 | 59 | 13 | 0 |

**박재훈**(朴在勳) 김천대 1998.09.01

| 대회 | 연도 | 소속 | 출전 | 교체 | 득점 | 도움 | 실점 | 파울 | 경고 | 퇴장 |
|---|---|---|---|---|---|---|---|---|---|---|
| K1 | 2020 | 포항 | 1 | 1 | 0 | 0 | 0 | 1 | 0 | 0 |
| 통산 | | | 1 | 1 | 0 | 0 | 0 | 1 | 0 | 0 |

**박정민**(朴廷珉) 고려대 1973.05.04

| 대회 | 연도 | 소속 | 출전 | 교체 | 득점 | 도움 | 실점 | 파울 | 경고 | 퇴장 |
|---|---|---|---|---|---|---|---|---|---|---|
| K1 | 1998 | 울산 | 3 | 3 | 0 | 0 | 0 | 0 | 0 | 0 |
| | 1999 | 울산 | 6 | 5 | 0 | 0 | 0 | 7 | 1 | 0 |
| | 2000 | 울산 | 1 | 0 | 0 | 0 | 0 | 3 | 1 | 0 |
| 컵 | 1998 | 울산 | 10 | 8 | 0 | 0 | 0 | 11 | 0 | 0 |
| | 1999 | 울산 | 1 | 1 | 0 | 0 | 0 | 0 | 0 | 0 |
| 통산 | | | 21 | 17 | 0 | 0 | 0 | 21 | 2 | 0 |

**박정민**(朴正珉) 한남대 1988.10.25

| 대회 | 연도 | 소속 | 출전 | 교체 | 득점 | 도움 | 실점 | 파울 | 경고 | 퇴장 |
|---|---|---|---|---|---|---|---|---|---|---|
| K1 | 2012 | 광주 | 8 | 8 | 1 | 1 | 0 | 8 | 2 | 0 |
| K2 | 2013 | 광주 | 14 | 14 | 3 | 1 | 0 | 19 | 2 | 0 |
| 통산 | | | 22 | 22 | 4 | 2 | 0 | 27 | 4 | 0 |

**박정배**(朴正倍) 성균관대 1967.02.19

| 대회 | 연도 | 소속 | 출전 | 교체 | 득점 | 도움 | 실점 | 파울 | 경고 | 퇴장 |
|---|---|---|---|---|---|---|---|---|---|---|
| K1 | 1990 | 럭키금성 | 26 | 6 | 1 | 0 | 0 | 30 | 1 | 0 |
| | 1991 | LG | 38 | 2 | 4 | 4 | 0 | 51 | 3 | 0 |
| | 1992 | LG | 28 | 0 | 3 | 0 | 0 | 30 | 2 | 0 |
| | 1993 | LG | 10 | 0 | 1 | 0 | 0 | 15 | 1 | 0 |
| | 1994 | 대우 | 14 | 2 | 1 | 0 | 0 | 12 | 1 | 0 |
| | 1995 | 대우 | 16 | 5 | 0 | 0 | 0 | 20 | 3 | 0 |
| | 1996 | 부산 | 14 | 6 | 0 | 0 | 0 | 16 | 5 | 0 |
| | 1997 | 울산 | 13 | 1 | 0 | 0 | 0 | 16 | 4 | 0 |
| | 1998 | 울산 | 14 | 1 | 0 | 0 | 0 | 22 | 3 | 0 |
| | 1999 | 울산 | 1 | 1 | 0 | 0 | 0 | 0 | 0 | 0 |
| PO | 1998 | 울산 | 4 | 1 | 0 | 0 | 0 | 7 | 0 | 0 |
| 컵 | 1992 | LG | 9 | 1 | 0 | 1 | 0 | 9 | 0 | 0 |
| | 1993 | LG | 2 | 2 | 0 | 0 | 0 | 1 | 0 | 0 |
| | 1995 | 대우 | 7 | 0 | 0 | 1 | 0 | 5 | 1 | 0 |
| | 1996 | 부산 | 3 | 1 | 0 | 0 | 0 | 5 | 2 | 0 |
| | 1997 | 울산 | 9 | 1 | 0 | 0 | 0 | 10 | 0 | 0 |
| | 1998 | 울산 | 19 | 1 | 2 | 0 | 0 | 26 | 1 | 0 |
| | 1999 | 울산 | 2 | 2 | 0 | 0 | 0 | 0 | 0 | 0 |
| 통산 | | | 229 | 33 | 12 | 6 | 0 | 275 | 27 | 0 |

**박정빈**(朴正斌) 광양제철고 1994.02.22

| 대회 | 연도 | 소속 | 출전 | 교체 | 득점 | 도움 | 실점 | 파울 | 경고 | 퇴장 |
|---|---|---|---|---|---|---|---|---|---|---|
| K1 | 2021 | 서울 | 15 | 14 | 1 | 0 | 0 | 14 | 2 | 1 |
| 통산 | | | 15 | 14 | 1 | 0 | 0 | 14 | 2 | 1 |

**박정석**(朴庭奭) 동북고 1977.04.19

| 대회 | 연도 | 소속 | 출전 | 교체 | 득점 | 도움 | 실점 | 파울 | 경고 | 퇴장 |
|---|---|---|---|---|---|---|---|---|---|---|
| K1 | 2001 | 안양LG | 23 | 1 | 1 | 0 | 0 | 43 | 3 | 0 |
| | 2002 | 안양LG | 2 | 1 | 0 | 0 | 0 | 4 | 0 | 0 |
| | 2003 | 안양LG | 19 | 1 | 0 | 0 | 0 | 67 | 5 | 0 |
| | 2004 | 서울 | 21 | 0 | 0 | 2 | 0 | 62 | 5 | 0 |
| | 2005 | 서울 | 13 | 5 | 0 | 0 | 0 | 38 | 6 | 0 |
| | 2006 | 서울 | 2 | 0 | 0 | 0 | 0 | 2 | 0 | 0 |
| 컵 | 2001 | 안양LG | 8 | 0 | 0 | 0 | 0 | 26 | 2 | 0 |
| | 2002 | 안양LG | 7 | 2 | 0 | 0 | 0 | 22 | 2 | 0 |
| | 2004 | 서울 | 7 | 0 | 0 | 0 | 0 | 23 | 3 | 0 |
| | 2005 | 서울 | 5 | 1 | 0 | 0 | 0 | 17 | 3 | 0 |
| | 2006 | 서울 | 1 | 1 | 0 | 0 | 0 | 3 | 0 | 0 |
| 통산 | | | 108 | 12 | 1 | 2 | 0 | 307 | 29 | 0 |

**박정수**(朴庭秀) 상지대 1987.01.13

| 대회 | 연도 | 소속 | 출전 | 교체 | 득점 | 도움 | 실점 | 파울 | 경고 | 퇴장 |
|---|---|---|---|---|---|---|---|---|---|---|
| K1 | 2018 | 강원 | 25 | 10 | 1 | 1 | 0 | 49 | 8 | 0 |
| | 2020 | 광주 | 25 | 3 | 0 | 0 | 0 | 39 | 5 | 0 |
| | 2021 | 광주 | 2 | 2 | 0 | 0 | 0 | 0 | 0 | 0 |
| K2 | 2015 | 고양 | 15 | 3 | 2 | 0 | 0 | 26 | 9 | 0 |
| | 2019 | 광주 | 27 | 8 | 1 | 0 | 0 | 48 | 4 | 0 |
| 통산 | | | 94 | 26 | 4 | 1 | 0 | 162 | 26 | 0 |

**박정수**(朴正洙) 경희대 1994.04.12

| 대회 | 연도 | 소속 | 출전 | 교체 | 득점 | 도움 | 실점 | 파울 | 경고 | 퇴장 |
|---|---|---|---|---|---|---|---|---|---|---|
| K1 | 2021 | 성남 | 2 | 1 | 0 | 0 | 0 | 2 | 2 | 0 |
| 통산 | | | 2 | 1 | 0 | 0 | 0 | 2 | 2 | 0 |

**박정식**(朴正植) 호남대 1983.03.07

| 대회 | 연도 | 소속 | 출전 | 교체 | 득점 | 도움 | 실점 | 파울 | 경고 | 퇴장 |
|---|---|---|---|---|---|---|---|---|---|---|
| K1 | 2006 | 대구 | 4 | 4 | 0 | 0 | 0 | 6 | 0 | 0 |
| | 2007 | 대구 | 15 | 2 | 1 | 0 | 0 | 32 | 6 | 0 |
| | 2008 | 대구 | 14 | 6 | 0 | 0 | 0 | 16 | 3 | 0 |
| | 2009 | 대구 | 10 | 5 | 0 | 1 | 0 | 8 | 3 | 0 |
| | 2010 | 광주상무 | 0 | 0 | 0 | 0 | 0 | 0 | 0 | 0 |
| | 2011 | 상주 | 0 | 0 | 0 | 0 | 0 | 0 | 0 | 0 |
| 컵 | 2006 | 대구 | 7 | 3 | 0 | 0 | 0 | 11 | 0 | 0 |
| | 2007 | 대구 | 3 | 1 | 0 | 0 | 0 | 9 | 1 | 0 |
| | 2008 | 대구 | 7 | 1 | 0 | 1 | 0 | 10 | 1 | 0 |
| | 2009 | 대구 | 2 | 0 | 0 | 0 | 0 | 0 | 1 | 0 |
| 통산 | | | 62 | 22 | 1 | 2 | 0 | 92 | 15 | 0 |

**박정식**(朴正植) 광운대 1988.01.20

| 대회 | 연도 | 소속 | 출전 | 교체 | 득점 | 도움 | 실점 | 파울 | 경고 | 퇴장 |
|---|---|---|---|---|---|---|---|---|---|---|
| K2 | 2013 | 안양 | 23 | 6 | 1 | 1 | 0 | 28 | 6 | 0 |
| | 2014 | 안양 | 13 | 7 | 0 | 0 | 0 | 10 | 0 | 0 |
| 통산 | | | 36 | 13 | 1 | 1 | 0 | 38 | 6 | 0 |

**박정우**(朴正雨) 태성고 2006.05.04

| 대회 | 연도 | 소속 | 출전 | 교체 | 득점 | 도움 | 실점 | 파울 | 경고 | 퇴장 |
|---|---|---|---|---|---|---|---|---|---|---|
| K2 | 2025 | 안산 | 6 | 7 | 1 | 0 | 0 | 3 | 2 | 0 |
| 통산 | | | 6 | 7 | 1 | 0 | 0 | 3 | 2 | 0 |

**박정인**(朴正仁) 현대고 2000.10.07

| 대회 | 연도 | 소속 | 출전 | 교체 | 득점 | 도움 | 실점 | 파울 | 경고 | 퇴장 |
|---|---|---|---|---|---|---|---|---|---|---|
| K1 | 2019 | 울산 | 6 | 6 | 0 | 0 | 0 | 7 | 0 | 0 |
| | 2020 | 울산 | 7 | 7 | 0 | 1 | 0 | 6 | 0 | 0 |
| | 2024 | 대전 | 6 | 6 | 1 | 0 | 0 | 2 | 0 | 0 |
| | 2025 | 광주 | 6 | 6 | 0 | 0 | 0 | 3 | 0 | 0 |
| K2 | 2021 | 부산 | 29 | 15 | 8 | 3 | 0 | 26 | 2 | 0 |
| | 2022 | 부산 | 26 | 17 | 6 | 1 | 0 | 23 | 1 | 1 |
| | 2023 | 부산 | 9 | 9 | 2 | 0 | 0 | 3 | 1 | 0 |
| | 2023 | 서울E | 17 | 10 | 1 | 0 | 0 | 11 | 2 | 0 |
| | 2024 | 서울E | 13 | 12 | 1 | 0 | 0 | 8 | 1 | 0 |
| 통산 | | | 119 | 88 | 19 | 5 | 0 | 89 | 7 | 1 |

**박정일**(朴晶一) 건국대 1959.11.19

| 대회 | 연도 | 소속 | 출전 | 교체 | 득점 | 도움 | 실점 | 파울 | 경고 | 퇴장 |
|---|---|---|---|---|---|---|---|---|---|---|
| K1 | 1984 | 럭키금성 | 18 | 11 | 4 | 2 | 0 | 10 | 0 | 0 |
| 통산 | | | 18 | 11 | 4 | 2 | 0 | 10 | 0 | 0 |

**박정주**(朴廷柱) 한양대 1979.06.26

| 대회 | 연도 | 소속 | 출전 | 교체 | 득점 | 도움 | 실점 | 파울 | 경고 | 퇴장 |
|---|---|---|---|---|---|---|---|---|---|---|
| K1 | 2003 | 부천SK | 4 | 4 | 0 | 0 | 0 | 3 | 1 | 0 |
| 통산 | | | 4 | 4 | 0 | 0 | 0 | 3 | 1 | 0 |

**박정현** 동아대 1974.05.28

| 대회 | 연도 | 소속 | 출전 | 교체 | 득점 | 도움 | 실점 | 파울 | 경고 | 퇴장 |
|---|---|---|---|---|---|---|---|---|---|---|
| K1 | 1999 | 전북 | 0 | 0 | 0 | 0 | 0 | 0 | 0 | 0 |
| 통산 | | | 0 | 0 | 0 | 0 | 0 | 0 | 0 | 0 |

**박정혜**(朴炡慧) 숭실대 1987.04.21

| 대회 | 연도 | 소속 | 출전 | 교체 | 득점 | 도움 | 실점 | 파울 | 경고 | 퇴장 |
|---|---|---|---|---|---|---|---|---|---|---|
| K1 | 2009 | 대전 | 23 | 5 | 1 | 0 | 0 | 31 | 2 | 0 |
| | 2010 | 대전 | 22 | 5 | 1 | 0 | 0 | 33 | 4 | 0 |
| | 2011 | 대전 | 10 | 1 | 0 | 0 | 0 | 14 | 1 | 0 |
| 컵 | 2009 | 대전 | 4 | 0 | 0 | 0 | 0 | 11 | 1 | 0 |
| | 2010 | 대전 | 1 | 1 | 0 | 0 | 0 | 1 | 0 | 0 |
| 통산 | | | 60 | 12 | 2 | 0 | 0 | 90 | 8 | 0 |

**박정호**(朴政護) 영생고 1997.02.18

| 대회 | 연도 | 소속 | 출전 | 교체 | 득점 | 도움 | 실점 | 파울 | 경고 | 퇴장 |
|---|---|---|---|---|---|---|---|---|---|---|
| K1 | 2018 | 전북 | 1 | 1 | 0 | 0 | 0 | 2 | 0 | 0 |
| 통산 | | | 1 | 1 | 0 | 0 | 0 | 2 | 0 | 0 |

**박정환**(朴晶煥) 인천대 1977.01.14

| 대회 | 연도 | 소속 | 출전 | 교체 | 득점 | 도움 | 실점 | 파울 | 경고 | 퇴장 |
|---|---|---|---|---|---|---|---|---|---|---|
| K1 | 1999 | 안양LG | 0 | 0 | 0 | 0 | 0 | 0 | 0 | 0 |
| | 2000 | 안양LG | 2 | 2 | 1 | 0 | 0 | 1 | 0 | 0 |
| | 2001 | 안양LG | 16 | 10 | 9 | 2 | 0 | 25 | 2 | 0 |
| | 2002 | 안양LG | 11 | 11 | 0 | 0 | 0 | 13 | 1 | 0 |
| | 2004 | 광주상무 | 16 | 12 | 4 | 2 | 0 | 35 | 1 | 0 |
| | 2005 | 광주상무 | 9 | 6 | 2 | 0 | 0 | 15 | 0 | 0 |
| | 2007 | 전북 | 0 | 0 | 0 | 0 | 0 | 0 | 0 | 0 |
| 컵 | 2000 | 안양LG | 3 | 3 | 0 | 0 | 0 | 5 | 1 | 0 |
| | 2002 | 안양LG | 7 | 7 | 2 | 1 | 0 | 12 | 0 | 0 |
| | 2004 | 광주상무 | 12 | 10 | 2 | 0 | 0 | 30 | 2 | 0 |
| | 2005 | 광주상무 | 9 | 9 | 0 | 0 | 0 | 13 | 0 | 0 |
| | 2006 | 전북 | 4 | 4 | 0 | 0 | 0 | 9 | 0 | 0 |
| | 2007 | 전북 | 5 | 5 | 1 | 0 | 0 | 5 | 1 | 0 |
| 통산 | | | 94 | 79 | 21 | 5 | 0 | 163 | 8 | 0 |

**박정훈**(朴正勳) 고려대 1988.06.28

| 대회 | 연도 | 소속 | 출전 | 교체 | 득점 | 도움 | 실점 | 파울 | 경고 | 퇴장 |
|---|---|---|---|---|---|---|---|---|---|---|
| K1 | 2011 | 전북 | 0 | 0 | 0 | 0 | 0 | 0 | 0 | 0 |
| | 2012 | 강원 | 3 | 4 | 1 | 0 | 0 | 7 | 1 | 0 |
| K2 | 2014 | 부천 | 7 | 6 | 0 | 0 | 0 | 6 | 2 | 0 |
| | 2015 | 고양 | 22 | 10 | 5 | 0 | 0 | 23 | 3 | 0 |
| | 2016 | 고양 | 31 | 23 | 3 | 1 | 0 | 27 | 5 | 0 |
| 컵 | 2011 | 전북 | 1 | 0 | 1 | 0 | 0 | 1 | 0 | 0 |
| 통산 | | | 64 | 43 | 10 | 1 | 0 | 64 | 11 | 0 |

**박정훈**(朴鄭訓) 중앙대 2004.08.21

| 대회 | 연도 | 소속 | 출전 | 교체 | 득점 | 도움 | 실점 | 파울 | 경고 | 퇴장 |
|---|---|---|---|---|---|---|---|---|---|---|
| K1 | 2025 | 안양 | 10 | 10 | 0 | 0 | 0 | 2 | 0 | 0 |
| K2 | 2024 | 안양 | 4 | 4 | 0 | 0 | 0 | 3 | 0 | 0 |
| 통산 | | | 14 | 14 | 0 | 0 | 0 | 5 | 0 | 0 |

**박종대**(朴鍾大) 동아대 1966.01.12

| 대회 | 연도 | 소속 | 출전 | 교체 | 득점 | 도움 | 실점 | 파울 | 경고 | 퇴장 |
|---|---|---|---|---|---|---|---|---|---|---|
| K1 | 1989 | 일화 | 10 | 8 | 2 | 0 | 0 | 7 | 1 | 0 |
| | 1990 | 일화 | 24 | 15 | 3 | 1 | 0 | 12 | 0 | 0 |
| | 1991 | 일화 | 13 | 6 | 4 | 1 | 0 | 9 | 0 | 0 |
| 통산 | | | 47 | 29 | 9 | 2 | 0 | 28 | 1 | 0 |

**박종문**(朴種汶) 전주대 1970.10.02

| 대회 | 연도 | 소속 | 출전 | 교체 | 득점 | 도움 | 실점 | 파울 | 경고 | 퇴장 |
|---|---|---|---|---|---|---|---|---|---|---|
| K1 | 1995 | 전남 | 10 | 4 | 0 | 0 | 11 | 0 | 0 | 0 |
| | 1997 | 전남 | 15 | 0 | 0 | 0 | 10 | 0 | 0 | 0 |
| | 1998 | 전남 | 4 | 0 | 0 | 0 | 8 | 0 | 0 | 0 |
| | 1999 | 전남 | 12 | 1 | 0 | 0 | 11 | 0 | 0 | 0 |
| | 2000 | 전남 | 10 | 0 | 0 | 0 | 15 | 0 | 0 | 0 |
| | 2001 | 전남 | 19 | 0 | 0 | 0 | 24 | 0 | 0 | 0 |
| | 2002 | 전남 | 27 | 0 | 0 | 0 | 21 | 0 | 0 | 0 |
| | 2003 | 전남 | 33 | 0 | 0 | 0 | 33 | 0 | 1 | 0 |
| | 2004 | 전남 | 3 | 0 | 0 | 0 | 2 | 0 | 0 | 0 |
| | 2005 | 전남 | 1 | 0 | 0 | 0 | 3 | 0 | 0 | 0 |
| PO | 2004 | 전남 | 0 | 0 | 0 | 0 | 0 | 0 | 0 | 0 |
| 컵 | 1995 | 전남 | 0 | 0 | 0 | 0 | 0 | 0 | 0 | 0 |
| | 1997 | 전남 | 13 | 0 | 0 | 0 | 12 | 0 | 0 | 0 |
| | 1998 | 전남 | 17 | 0 | 0 | 0 | 24 | 2 | 0 | 0 |
| | 1999 | 전남 | 0 | 0 | 0 | 0 | 0 | 0 | 0 | 0 |
| | 2000 | 전남 | 2 | 0 | 0 | 0 | 2 | 1 | 1 | 0 |

| | | | | | | | | | | |
|---|---|---|---|---|---|---|---|---|---|---|
| | 2001 | 전남 | 8 | 1 | 0 | 0 | 11 | 1 | 0 | 0 |
| | 2002 | 전남 | 6 | 0 | 0 | 0 | 8 | 0 | 0 | 0 |
| | 2004 | 전남 | 10 | 0 | 0 | 0 | 14 | 1 | 1 | 0 |
| | 2005 | 전남 | 2 | 0 | 0 | 0 | 2 | 0 | 0 | 0 |
| | 2006 | 전남 | 0 | 0 | 0 | 0 | 0 | 0 | 0 | 0 |
| 통산 | | | 192 | 6 | 0 | 0 | 211 | 5 | 3 | 0 |

**박종민**(朴種敏) 명지대 1995.03.02

| 대회 | 연도 | 소속 | 출전 | 교체 | 득점 | 도움 | 실점 | 파울 | 경고 | 퇴장 |
|---|---|---|---|---|---|---|---|---|---|---|
| K2 | 2024 | 충남아산 | 24 | 20 | 0 | 1 | 0 | 14 | 4 | 0 |
| | 2025 | 충남아산 | 35 | 9 | 1 | 1 | 0 | 48 | 10 | 0 |
| 통산 | | | 59 | 29 | 1 | 2 | 0 | 62 | 14 | 0 |

**박종오**(朴宗吾) 한양대 1991.04.12

| 대회 | 연도 | 소속 | 출전 | 교체 | 득점 | 도움 | 실점 | 파울 | 경고 | 퇴장 |
|---|---|---|---|---|---|---|---|---|---|---|
| K2 | 2014 | 부천 | 2 | 2 | 0 | 0 | 0 | 1 | 0 | 0 |
| 통산 | | | 2 | 2 | 0 | 0 | 0 | 1 | 0 | 0 |

**박종우**(朴鐘佑) 숭실대 1979.04.11

| 대회 | 연도 | 소속 | 출전 | 교체 | 득점 | 도움 | 실점 | 파울 | 경고 | 퇴장 |
|---|---|---|---|---|---|---|---|---|---|---|
| K1 | 2002 | 전남 | 24 | 4 | 1 | 2 | 0 | 32 | 2 | 0 |
| | 2003 | 전남 | 26 | 7 | 0 | 4 | 0 | 26 | 4 | 0 |
| | 2004 | 광주상무 | 22 | 2 | 1 | 1 | 0 | 32 | 3 | 0 |
| | 2005 | 광주상무 | 19 | 8 | 1 | 2 | 0 | 16 | 1 | 0 |
| | 2006 | 전남 | 19 | 5 | 0 | 1 | 0 | 37 | 5 | 0 |
| | 2007 | 경남 | 24 | 10 | 3 | 3 | 0 | 31 | 3 | 0 |
| | 2008 | 경남 | 22 | 5 | 1 | 2 | 0 | 25 | 5 | 0 |
| | 2009 | 경남 | 1 | 0 | 0 | 0 | 0 | 3 | 1 | 0 |
| PO | 2007 | 경남 | 1 | 1 | 0 | 0 | 0 | 2 | 0 | 0 |
| 컵 | 2004 | 광주상무 | 10 | 6 | 2 | 0 | 0 | 9 | 2 | 0 |
| | 2005 | 광주상무 | 9 | 1 | 0 | 1 | 0 | 19 | 0 | 0 |
| | 2006 | 전남 | 12 | 3 | 0 | 1 | 0 | 11 | 0 | 0 |
| | 2007 | 경남 | 4 | 0 | 0 | 0 | 0 | 10 | 0 | 0 |
| | 2008 | 경남 | 6 | 2 | 0 | 0 | 0 | 9 | 2 | 0 |
| 통산 | | | 199 | 54 | 9 | 17 | 0 | 262 | 28 | 0 |

**박종우**(朴鍾佑) 연세대 1989.03.10

| 대회 | 연도 | 소속 | 출전 | 교체 | 득점 | 도움 | 실점 | 파울 | 경고 | 퇴장 |
|---|---|---|---|---|---|---|---|---|---|---|
| K1 | 2010 | 부산 | 12 | 6 | 0 | 1 | 0 | 19 | 1 | 0 |
| | 2011 | 부산 | 25 | 5 | 2 | 1 | 0 | 44 | 8 | 0 |
| | 2012 | 부산 | 28 | 13 | 3 | 5 | 0 | 61 | 10 | 0 |
| | 2013 | 부산 | 31 | 1 | 2 | 6 | 0 | 81 | 9 | 0 |
| | 2018 | 수원 | 7 | 6 | 0 | 0 | 0 | 6 | 1 | 0 |
| | 2020 | 부산 | 19 | 7 | 1 | 1 | 0 | 26 | 6 | 0 |
| K2 | 2019 | 부산 | 32 | 4 | 2 | 7 | 0 | 52 | 6 | 1 |
| | 2021 | 부산 | 6 | 4 | 0 | 0 | 0 | 3 | 1 | 0 |
| | 2022 | 부산 | 29 | 16 | 0 | 2 | 0 | 39 | 7 | 0 |
| | 2023 | 부산 | 3 | 3 | 0 | 0 | 0 | 5 | 0 | 0 |
| PO | 2019 | 부산 | 1 | 0 | 0 | 0 | 0 | 3 | 0 | 0 |
| 컵 | 2010 | 부산 | 1 | 1 | 0 | 0 | 0 | 1 | 0 | 0 |
| | 2011 | 부산 | 5 | 0 | 0 | 2 | 0 | 5 | 1 | 0 |
| 통산 | | | 199 | 66 | 10 | 25 | 0 | 345 | 50 | 1 |

**박종욱**(朴鍾旭) 울산대 1975.01.11

| 대회 | 연도 | 소속 | 출전 | 교체 | 득점 | 도움 | 실점 | 파울 | 경고 | 퇴장 |
|---|---|---|---|---|---|---|---|---|---|---|
| K1 | 1997 | 울산 | 10 | 2 | 0 | 0 | 0 | 19 | 3 | 0 |
| | 1998 | 울산 | 1 | 1 | 0 | 0 | 0 | 0 | 0 | 0 |
| | 1999 | 울산 | 14 | 5 | 0 | 0 | 0 | 20 | 2 | 0 |
| | 2000 | 울산 | 8 | 2 | 0 | 0 | 0 | 11 | 1 | 0 |
| | 2001 | 울산 | 6 | 6 | 0 | 0 | 0 | 1 | 1 | 0 |
| | 2002 | 울산 | 1 | 1 | 0 | 0 | 0 | 0 | 0 | 0 |
| 컵 | 1997 | 울산 | 10 | 4 | 1 | 0 | 0 | 15 | 1 | 0 |
| | 1999 | 울산 | 7 | 4 | 0 | 0 | 0 | 10 | 1 | 0 |
| | 2000 | 울산 | 10 | 0 | 0 | 1 | 0 | 18 | 2 | 0 |
| | 2001 | 울산 | 1 | 1 | 0 | 0 | 0 | 2 | 0 | 0 |
| | 2002 | 울산 | 8 | 7 | 0 | 0 | 0 | 7 | 1 | 0 |
| 통산 | | | 76 | 33 | 1 | 1 | 0 | 103 | 12 | 0 |

**박종원**(朴鍾遠) 연세대 1955.04.12

| 대회 | 연도 | 소속 | 출전 | 교체 | 득점 | 도움 | 실점 | 파울 | 경고 | 퇴장 |
|---|---|---|---|---|---|---|---|---|---|---|
| K1 | 1983 | 대우 | 10 | 6 | 0 | 1 | 0 | 7 | 0 | 0 |
| | 1984 | 대우 | 9 | 5 | 1 | 0 | 0 | 10 | 0 | 0 |
| | 1985 | 대우 | 3 | 2 | 0 | 0 | 0 | 3 | 0 | 0 |
| 통산 | | | 22 | 13 | 1 | 1 | 0 | 20 | 0 | 0 |

**박종윤**(朴鐘允) 호남대 1987.12.17

| 대회 | 연도 | 소속 | 출전 | 교체 | 득점 | 도움 | 실점 | 파울 | 경고 | 퇴장 |
|---|---|---|---|---|---|---|---|---|---|---|
| K1 | 2010 | 경남 | 3 | 1 | 0 | 0 | 0 | 0 | 0 | 0 |
| 통산 | | | 3 | 1 | 0 | 0 | 0 | 0 | 0 | 0 |

**박종인**(朴鍾仁) 동아대 1974.04.10

| 대회 | 연도 | 소속 | 출전 | 교체 | 득점 | 도움 | 실점 | 파울 | 경고 | 퇴장 |
|---|---|---|---|---|---|---|---|---|---|---|
| K1 | 1997 | 안양LG | 4 | 3 | 1 | 0 | 0 | 2 | 0 | 0 |
| | 1998 | 안양LG | 14 | 8 | 1 | 1 | 0 | 23 | 0 | 0 |
| | 1999 | 안양LG | 9 | 8 | 2 | 1 | 0 | 7 | 2 | 0 |
| | 2000 | 안양LG | 3 | 3 | 0 | 0 | 0 | 1 | 0 | 0 |
| 컵 | 1997 | 안양LG | 4 | 3 | 1 | 0 | 0 | 3 | 0 | 0 |
| | 1998 | 안양LG | 4 | 3 | 1 | 0 | 0 | 6 | 2 | 0 |
| | 1999 | 안양LG | 6 | 7 | 0 | 0 | 0 | 3 | 1 | 0 |
| 통산 | | | 44 | 35 | 6 | 2 | 0 | 45 | 5 | 0 |

**박종인**(朴鍾仁) 호남대 1988.11.12

| 대회 | 연도 | 소속 | 출전 | 교체 | 득점 | 도움 | 실점 | 파울 | 경고 | 퇴장 |
|---|---|---|---|---|---|---|---|---|---|---|
| K1 | 2012 | 광주 | 1 | 1 | 0 | 0 | 0 | 0 | 0 | 0 |
| K2 | 2013 | 광주 | 10 | 10 | 0 | 1 | 0 | 12 | 2 | 0 |
| 통산 | | | 11 | 11 | 0 | 1 | 0 | 12 | 2 | 0 |

**박종준**(朴鐘俊) 영생고 2000.05.12

| 대회 | 연도 | 소속 | 출전 | 교체 | 득점 | 도움 | 실점 | 파울 | 경고 | 퇴장 |
|---|---|---|---|---|---|---|---|---|---|---|
| K2 | 2021 | 안산 | 0 | 0 | 0 | 0 | 0 | 0 | 0 | 0 |
| 통산 | | | 0 | 0 | 0 | 0 | 0 | 0 | 0 | 0 |

**박종진**(朴鐘珍) 호남대 1980.05.04

| 대회 | 연도 | 소속 | 출전 | 교체 | 득점 | 도움 | 실점 | 파울 | 경고 | 퇴장 |
|---|---|---|---|---|---|---|---|---|---|---|
| K1 | 2003 | 대구 | 39 | 5 | 0 | 1 | 0 | 47 | 4 | 0 |
| | 2004 | 대구 | 19 | 3 | 0 | 0 | 0 | 21 | 3 | 0 |
| | 2005 | 대구 | 20 | 5 | 0 | 1 | 0 | 29 | 2 | 0 |
| | 2006 | 대구 | 26 | 2 | 0 | 1 | 0 | 47 | 4 | 0 |
| | 2007 | 대구 | 18 | 1 | 1 | 0 | 0 | 19 | 2 | 0 |
| | 2008 | 광주상무 | 23 | 3 | 0 | 0 | 0 | 30 | 6 | 0 |
| | 2009 | 대구 | 1 | 1 | 0 | 0 | 0 | 1 | 0 | 0 |
| | 2010 | 대구 | 19 | 6 | 0 | 0 | 0 | 31 | 5 | 0 |
| | 2011 | 대구 | 17 | 6 | 0 | 0 | 0 | 17 | 3 | 0 |
| | 2012 | 대구 | 24 | 2 | 0 | 0 | 0 | 36 | 6 | 0 |
| | 2013 | 대구 | 11 | 1 | 0 | 0 | 0 | 14 | 2 | 0 |
| K2 | 2014 | 대구 | 7 | 3 | 0 | 0 | 0 | 3 | 0 | 0 |
| 컵 | 2004 | 대구 | 8 | 1 | 0 | 0 | 0 | 6 | 1 | 0 |
| | 2005 | 대구 | 10 | 4 | 0 | 0 | 0 | 25 | 3 | 0 |
| | 2006 | 대구 | 10 | 1 | 0 | 0 | 0 | 29 | 3 | 0 |
| | 2007 | 대구 | 10 | 0 | 0 | 0 | 0 | 5 | 1 | 0 |
| | 2008 | 광주상무 | 5 | 0 | 0 | 0 | 0 | 6 | 1 | 0 |
| | 2010 | 대구 | 2 | 1 | 0 | 1 | 0 | 0 | 0 | 0 |
| | 2011 | 대구 | 1 | 0 | 0 | 0 | 0 | 0 | 0 | 0 |
| 통산 | | | 270 | 45 | 1 | 4 | 0 | 366 | 46 | 0 |

**박종진**(朴宗眞) 숭실대 1987.06.24

| 대회 | 연도 | 소속 | 출전 | 교체 | 득점 | 도움 | 실점 | 파울 | 경고 | 퇴장 |
|---|---|---|---|---|---|---|---|---|---|---|
| K1 | 2009 | 강원 | 23 | 21 | 0 | 2 | 0 | 7 | 1 | 0 |
| | 2010 | 강원 | 4 | 4 | 0 | 0 | 0 | 2 | 0 | 0 |
| | 2010 | 수원 | 11 | 10 | 0 | 0 | 0 | 12 | 0 | 0 |
| | 2011 | 수원 | 19 | 16 | 1 | 2 | 0 | 20 | 3 | 0 |
| | 2012 | 수원 | 17 | 17 | 1 | 2 | 0 | 13 | 0 | 0 |
| | 2013 | 수원 | 4 | 4 | 0 | 0 | 0 | 2 | 0 | 0 |
| | 2015 | 수원 | 0 | 0 | 0 | 0 | 0 | 0 | 0 | 0 |
| | 2016 | 인천 | 8 | 7 | 0 | 0 | 0 | 3 | 1 | 0 |
| | 2017 | 인천 | 25 | 16 | 0 | 0 | 0 | 20 | 3 | 0 |
| | 2018 | 인천 | 15 | 14 | 1 | 1 | 0 | 11 | 0 | 0 |
| K2 | 2013 | 경찰 | 5 | 1 | 0 | 0 | 0 | 8 | 0 | 0 |
| | 2014 | 안산경찰 | 24 | 10 | 0 | 1 | 0 | 24 | 6 | 0 |
| | 2015 | 안산경찰 | 8 | 5 | 0 | 0 | 0 | 9 | 0 | 0 |
| PO | 2011 | 수원 | 1 | 1 | 0 | 0 | 0 | 1 | 0 | 0 |
| | 2014 | 안산경찰 | 1 | 1 | 0 | 0 | 0 | 0 | 0 | 0 |
| 컵 | 2009 | 강원 | 3 | 2 | 1 | 1 | 0 | 2 | 0 | 0 |
| | 2010 | 수원 | 1 | 1 | 0 | 0 | 0 | 1 | 0 | 0 |
| | 2011 | 수원 | 1 | 0 | 0 | 0 | 0 | 0 | 0 | 0 |
| 통산 | | | 170 | 130 | 4 | 9 | 0 | 135 | 14 | 0 |

**박종찬**(朴鍾瓚) 서울시립대 1971.02.08

| 대회 | 연도 | 소속 | 출전 | 교체 | 득점 | 도움 | 실점 | 파울 | 경고 | 퇴장 |
|---|---|---|---|---|---|---|---|---|---|---|
| K1 | 1993 | 일화 | 21 | 17 | 0 | 0 | 0 | 7 | 1 | 0 |
| | 1994 | 일화 | 1 | 1 | 0 | 0 | 0 | 0 | 0 | 0 |
| | 1995 | 일화 | 2 | 2 | 0 | 0 | 0 | 0 | 0 | 0 |
| | 1996 | 천안일화 | 1 | 1 | 0 | 0 | 0 | 0 | 0 | 0 |
| 컵 | 1993 | 일화 | 1 | 1 | 0 | 0 | 0 | 0 | 0 | 0 |
| | 1995 | 일화 | 1 | 0 | 0 | 0 | 0 | 0 | 0 | 0 |
| | 1996 | 천안일화 | 0 | 0 | 0 | 0 | 0 | 0 | 0 | 0 |
| 통산 | | | 27 | 22 | 0 | 0 | 0 | 7 | 1 | 0 |

**박종찬**(朴鍾燦) 한남대 1981.10.02

| 대회 | 연도 | 소속 | 출전 | 교체 | 득점 | 도움 | 실점 | 파울 | 경고 | 퇴장 |
|---|---|---|---|---|---|---|---|---|---|---|
| K2 | 2013 | 수원FC | 31 | 11 | 11 | 1 | 0 | 46 | 7 | 1 |
| | 2014 | 수원FC | 20 | 15 | 3 | 1 | 0 | 21 | 3 | 0 |
| | 2015 | 수원FC | 7 | 7 | 1 | 0 | 0 | 3 | 0 | 0 |
| 컵 | 2005 | 인천 | 1 | 1 | 0 | 0 | 0 | 0 | 0 | 0 |
| 통산 | | | 59 | 34 | 15 | 2 | 0 | 70 | 10 | 1 |

**박종필**(朴鍾弼) 한양공고 1976.10.17

| 대회 | 연도 | 소속 | 출전 | 교체 | 득점 | 도움 | 실점 | 파울 | 경고 | 퇴장 |
|---|---|---|---|---|---|---|---|---|---|---|
| K1 | 1995 | 전북 | 3 | 3 | 0 | 0 | 0 | 0 | 0 | 0 |
| | 1996 | 전북 | 2 | 2 | 0 | 0 | 0 | 0 | 0 | 0 |
| 컵 | 1996 | 전북 | 1 | 1 | 0 | 0 | 0 | 0 | 0 | 0 |
| | 1997 | 전북 | 2 | 2 | 0 | 0 | 0 | 0 | 0 | 0 |
| 통산 | | | 8 | 8 | 0 | 0 | 0 | 0 | 0 | 0 |

**박종현**(朴終泫) 숭실대 2000.11.24

| 대회 | 연도 | 소속 | 출전 | 교체 | 득점 | 도움 | 실점 | 파울 | 경고 | 퇴장 |
|---|---|---|---|---|---|---|---|---|---|---|
| K1 | 2025 | 안양 | 9 | 6 | 0 | 0 | 0 | 7 | 2 | 0 |
| K2 | 2022 | 안양 | 35 | 12 | 0 | 0 | 0 | 34 | 5 | 0 |
| | 2023 | 안양 | 31 | 8 | 0 | 0 | 0 | 29 | 5 | 0 |
| | 2024 | 안양 | 25 | 8 | 0 | 0 | 0 | 20 | 3 | 0 |
| PO | 2022 | 안양 | 3 | 0 | 0 | 0 | 0 | 5 | 1 | 0 |
| 통산 | | | 103 | 34 | 0 | 0 | 0 | 95 | 16 | 0 |

**박주성**(朴住成) 마산공고 1984.02.20

| 대회 | 연도 | 소속 | 출전 | 교체 | 득점 | 도움 | 실점 | 파울 | 경고 | 퇴장 |
|---|---|---|---|---|---|---|---|---|---|---|
| K1 | 2003 | 수원 | 11 | 9 | 0 | 0 | 0 | 12 | 0 | 0 |
| | 2004 | 수원 | 6 | 4 | 0 | 1 | 0 | 8 | 2 | 0 |
| | 2005 | 광주상무 | 3 | 1 | 0 | 0 | 0 | 2 | 0 | 0 |
| | 2006 | 광주상무 | 15 | 8 | 0 | 0 | 0 | 16 | 4 | 0 |
| | 2007 | 수원 | 3 | 0 | 0 | 0 | 0 | 5 | 0 | 0 |
| | 2008 | 수원 | 1 | 1 | 0 | 0 | 0 | 0 | 0 | 0 |
| | 2013 | 경남 | 17 | 9 | 0 | 0 | 0 | 33 | 3 | 0 |
| | 2014 | 경남 | 35 | 2 | 1 | 0 | 0 | 36 | 2 | 0 |
| K2 | 2016 | 경남 | 8 | 5 | 0 | 0 | 0 | 7 | 2 | 0 |
| | 2017 | 대전 | 9 | 1 | 0 | 0 | 0 | 3 | 3 | 0 |
| PO | 2006 | 수원 | 1 | 1 | 0 | 0 | 0 | 0 | 0 | 0 |
| | 2014 | 경남 | 1 | 0 | 0 | 0 | 0 | 0 | 0 | 0 |
| 컵 | 2004 | 수원 | 1 | 1 | 0 | 0 | 0 | 0 | 0 | 0 |
| | 2006 | 광주상무 | 10 | 4 | 0 | 1 | 0 | 13 | 2 | 1 |
| | 2007 | 수원 | 3 | 1 | 0 | 0 | 0 | 2 | 0 | 0 |
| | 2008 | 수원 | 0 | 0 | 0 | 0 | 0 | 0 | 0 | 0 |
| 통산 | | | 124 | 47 | 1 | 2 | 0 | 137 | 18 | 1 |

**박주승**(朴柱勝) 칼빈대 2003.12.26

| 대회 | 연도 | 소속 | 출전 | 교체 | 득점 | 도움 | 실점 | 파울 | 경고 | 퇴장 |
|---|---|---|---|---|---|---|---|---|---|---|
| K1 | 2024 | 제주 | 1 | 1 | 0 | 0 | 0 | 0 | 0 | 0 |
| 통산 | | | 1 | 1 | 0 | 0 | 0 | 0 | 0 | 0 |

**박주영**(朴主永) 고려대 1985.07.10

| 대회 | 연도 | 소속 | 출전 | 교체 | 득점 | 도움 | 실점 | 파울 | 경고 | 퇴장 |
|---|---|---|---|---|---|---|---|---|---|---|
| K1 | 2005 | 서울 | 19 | 1 | 12 | 3 | 0 | 23 | 2 | 0 |
| | 2006 | 서울 | 25 | 11 | 7 | 1 | 0 | 23 | 0 | 0 |
| | 2007 | 서울 | 11 | 4 | 2 | 0 | 0 | 7 | 0 | 0 |
| | 2008 | 서울 | 13 | 6 | 2 | 4 | 0 | 14 | 2 | 0 |
| | 2015 | 서울 | 23 | 13 | 7 | 2 | 0 | 24 | 2 | 0 |
| | 2016 | 서울 | 34 | 24 | 10 | 1 | 0 | 35 | 3 | 0 |
| | 2017 | 서울 | 34 | 31 | 8 | 1 | 0 | 28 | 0 | 0 |
| | 2018 | 서울 | 20 | 17 | 3 | 0 | 0 | 19 | 1 | 0 |
| | 2019 | 서울 | 35 | 16 | 10 | 7 | 0 | 34 | 2 | 0 |
| | 2020 | 서울 | 23 | 8 | 4 | 2 | 0 | 17 | 0 | 0 |

Section 7 역대 통산 기록

| 대회 | 연도 | 소속 | 출전 | 교체 | 득점 | 도움 | 실점 | 파울 | 경고 | 퇴장 |
|---|---|---|---|---|---|---|---|---|---|---|
| | 2021 | 서울 | 17 | 15 | 0 | 0 | 0 | 12 | 1 | 0 |
| | 2022 | 울산 | 6 | 6 | 0 | 0 | 0 | 2 | 0 | 0 |
| | 2024 | 울산 | 2 | 3 | 1 | 1 | 0 | 0 | 0 | 0 |
| PO | 2006 | 서울 | 1 | 1 | 0 | 0 | 0 | 0 | 0 | 0 |
| | 2018 | 서울 | 2 | 2 | 1 | 1 | 0 | 1 | 0 | 0 |
| 컵 | 2005 | 서울 | 11 | 4 | 6 | 1 | 0 | 12 | 0 | 0 |
| | 2006 | 서울 | 4 | 4 | 1 | 0 | 0 | 2 | 0 | 0 |
| | 2007 | 서울 | 3 | 3 | 3 | 0 | 0 | 0 | 0 | 0 |
| | 2008 | 서울 | 4 | 1 | 0 | 0 | 0 | 5 | 0 | 0 |
| 통산 | | | 287 | 170 | 77 | 24 | 0 | 258 | 13 | 0 |

**박주영**(朴主英) 경희대 2003.04.23

| 대회 | 연도 | 소속 | 출전 | 교체 | 득점 | 도움 | 실점 | 파울 | 경고 | 퇴장 |
|---|---|---|---|---|---|---|---|---|---|---|
| K1 | 2024 | 제주 | 6 | 6 | 0 | 0 | 0 | 3 | 1 | 0 |
| | 2024 | 전북 | 3 | 3 | 0 | 0 | 0 | 0 | 0 | 0 |
| K2 | 2025 | 화성 | 18 | 16 | 2 | 4 | 0 | 9 | 0 | 0 |
| 통산 | | | 27 | 25 | 2 | 4 | 0 | 12 | 1 | 0 |

**박주원**(朴周元) 부산대 1960.01.28

| 대회 | 연도 | 소속 | 출전 | 교체 | 득점 | 도움 | 실점 | 파울 | 경고 | 퇴장 |
|---|---|---|---|---|---|---|---|---|---|---|
| K1 | 1984 | 현대 | 5 | 4 | 0 | 0 | 0 | 0 | 0 | 0 |
| 통산 | | | 5 | 4 | 0 | 0 | 0 | 0 | 0 | 0 |

**박주원**(朴株元) 홍익대 1990.10.19

| 대회 | 연도 | 소속 | 출전 | 교체 | 득점 | 도움 | 실점 | 파울 | 경고 | 퇴장 |
|---|---|---|---|---|---|---|---|---|---|---|
| K1 | 2013 | 대전 | 0 | 0 | 0 | 0 | 0 | 0 | 0 | 0 |
| | 2015 | 대전 | 22 | 0 | 0 | 0 | 41 | 0 | 2 | 0 |
| K2 | 2014 | 대전 | 16 | 1 | 0 | 0 | 12 | 2 | 2 | 0 |
| | 2016 | 대전 | 27 | 0 | 0 | 0 | 34 | 1 | 1 | 0 |
| | 2017 | 아산 | 0 | 0 | 0 | 0 | 0 | 0 | 0 | 0 |
| | 2018 | 대전 | 2 | 0 | 0 | 0 | 2 | 0 | 0 | 0 |
| | 2018 | 아산 | 14 | 0 | 0 | 0 | 12 | 0 | 1 | 0 |
| | 2019 | 대전 | 29 | 0 | 0 | 0 | 34 | 0 | 0 | 0 |
| | 2020 | 대전 | 0 | 0 | 0 | 0 | 0 | 0 | 0 | 0 |
| | 2021 | 대전 | 2 | 0 | 0 | 0 | 1 | 0 | 0 | 0 |
| | 2022 | 충남아산 | 27 | 4 | 0 | 1 | 25 | 1 | 1 | 0 |
| | 2023 | 충남아산 | 15 | 5 | 0 | 0 | 21 | 0 | 0 | 0 |
| | 2024 | 전남 | 0 | 0 | 0 | 0 | 0 | 0 | 0 | 0 |
| | 2024 | 천안 | 12 | 0 | 0 | 0 | 17 | 0 | 2 | 0 |
| | 2025 | 천안 | 14 | 1 | 0 | 0 | 27 | 0 | 0 | 0 |
| PO | 2017 | 아산 | 0 | 0 | 0 | 0 | 0 | 0 | 0 | 0 |
| | 2018 | 대전 | 0 | 0 | 0 | 0 | 0 | 0 | 0 | 0 |
| | 2021 | 대전 | 0 | 0 | 0 | 0 | 0 | 0 | 0 | 0 |
| 통산 | | | 180 | 11 | 0 | 1 | 226 | 4 | 9 | 0 |

**박주현**(朴株炫) 관동대(가톨릭관동대) 1984.09.29

| 대회 | 연도 | 소속 | 출전 | 교체 | 득점 | 도움 | 실점 | 파울 | 경고 | 퇴장 |
|---|---|---|---|---|---|---|---|---|---|---|
| K1 | 2007 | 대전 | 4 | 4 | 1 | 0 | 0 | 10 | 0 | 0 |
| | 2008 | 대전 | 3 | 3 | 0 | 0 | 0 | 2 | 1 | 0 |
| | 2010 | 대전 | 2 | 2 | 1 | 0 | 0 | 0 | 0 | 0 |
| 컵 | 2007 | 대전 | 2 | 1 | 0 | 0 | 0 | 1 | 0 | 0 |
| | 2008 | 대전 | 5 | 1 | 2 | 0 | 0 | 12 | 2 | 0 |
| 통산 | | | 16 | 11 | 4 | 0 | 0 | 25 | 3 | 0 |

**박주호**(朴主濩) 숭실대 1987.01.16

| 대회 | 연도 | 소속 | 출전 | 교체 | 득점 | 도움 | 실점 | 파울 | 경고 | 퇴장 |
|---|---|---|---|---|---|---|---|---|---|---|
| K1 | 2018 | 울산 | 17 | 11 | 0 | 0 | 0 | 23 | 2 | 0 |
| | 2019 | 울산 | 23 | 7 | 0 | 1 | 0 | 22 | 5 | 0 |
| | 2020 | 울산 | 12 | 3 | 0 | 1 | 0 | 16 | 1 | 0 |
| | 2021 | 수원FC | 29 | 7 | 0 | 0 | 0 | 32 | 5 | 0 |
| | 2022 | 수원FC | 32 | 10 | 0 | 1 | 0 | 38 | 5 | 0 |
| | 2023 | 수원FC | 14 | 11 | 0 | 0 | 0 | 9 | 2 | 0 |
| 통산 | | | 127 | 49 | 0 | 3 | 0 | 140 | 20 | 0 |

**박준강**(朴埈江) 상지대 1991.06.06

| 대회 | 연도 | 소속 | 출전 | 교체 | 득점 | 도움 | 실점 | 파울 | 경고 | 퇴장 |
|---|---|---|---|---|---|---|---|---|---|---|
| K1 | 2013 | 부산 | 30 | 0 | 1 | 0 | 0 | 35 | 8 | 0 |
| | 2014 | 부산 | 14 | 1 | 0 | 1 | 0 | 20 | 5 | 0 |
| | 2015 | 부산 | 20 | 7 | 0 | 0 | 0 | 13 | 1 | 0 |
| | 2016 | 상주 | 9 | 1 | 0 | 0 | 0 | 12 | 3 | 0 |
| | 2017 | 상주 | 7 | 2 | 0 | 0 | 0 | 7 | 1 | 0 |
| | 2020 | 부산 | 19 | 8 | 0 | 1 | 0 | 24 | 7 | 0 |
| | 2021 | 광주 | 1 | 1 | 0 | 0 | 0 | 1 | 0 | 0 |
| K2 | 2018 | 부산 | 14 | 9 | 1 | 1 | 0 | 13 | 1 | 0 |
| | 2019 | 부산 | 13 | 7 | 0 | 2 | 0 | 21 | 3 | 0 |
| | 2022 | 광주 | 3 | 3 | 0 | 0 | 0 | 0 | 0 | 0 |
| | 2023 | 천안 | 23 | 17 | 0 | 1 | 0 | 14 | 4 | 0 |
| | 2024 | 천안 | 15 | 9 | 0 | 2 | 0 | 13 | 0 | 0 |
| | 2025 | 천안 | 3 | 3 | 0 | 0 | 0 | 1 | 0 | 0 |
| PO | 2015 | 부산 | 2 | 1 | 0 | 0 | 0 | 2 | 1 | 0 |
| | 2019 | 부산 | 2 | 2 | 0 | 0 | 0 | 0 | 0 | 0 |
| 통산 | | | 175 | 71 | 2 | 8 | 0 | 176 | 34 | 0 |

**박준배**(朴俊培) 단국대 2000.10.14

| 대회 | 연도 | 소속 | 출전 | 교체 | 득점 | 도움 | 실점 | 파울 | 경고 | 퇴장 |
|---|---|---|---|---|---|---|---|---|---|---|
| K2 | 2023 | 안산 | 4 | 4 | 0 | 0 | 0 | 1 | 0 | 0 |
| | 2024 | 안산 | 24 | 25 | 4 | 1 | 0 | 5 | 0 | 0 |
| 통산 | | | 28 | 29 | 4 | 1 | 0 | 6 | 0 | 0 |

**박준서**(朴俊誓) 충남기계공고 2004.04.26

| 대회 | 연도 | 소속 | 출전 | 교체 | 득점 | 도움 | 실점 | 파울 | 경고 | 퇴장 |
|---|---|---|---|---|---|---|---|---|---|---|
| K1 | 2024 | 대전 | 1 | 2 | 0 | 0 | 0 | 0 | 0 | 0 |
| K2 | 2025 | 화성 | 36 | 18 | 1 | 1 | 0 | 35 | 6 | 0 |
| 통산 | | | 37 | 20 | 1 | 1 | 0 | 35 | 6 | 0 |

**박준성**(朴俊成) 조선대 1984.09.11

| 대회 | 연도 | 소속 | 출전 | 교체 | 득점 | 도움 | 실점 | 파울 | 경고 | 퇴장 |
|---|---|---|---|---|---|---|---|---|---|---|
| K1 | 2007 | 제주 | 2 | 2 | 0 | 0 | 0 | 1 | 0 | 0 |
| 컵 | 2007 | 제주 | 4 | 3 | 0 | 0 | 0 | 9 | 1 | 0 |
| 통산 | | | 6 | 5 | 0 | 0 | 0 | 10 | 1 | 0 |

**박준승**(朴俊勝) 홍익대 1990.02.27

| 대회 | 연도 | 소속 | 출전 | 교체 | 득점 | 도움 | 실점 | 파울 | 경고 | 퇴장 |
|---|---|---|---|---|---|---|---|---|---|---|
| K2 | 2013 | 경찰 | 6 | 6 | 0 | 0 | 0 | 0 | 0 | 0 |
| 통산 | | | 6 | 6 | 0 | 0 | 0 | 0 | 0 | 0 |

**박준영**(朴俊英) 광양제철고 1981.07.08

| 대회 | 연도 | 소속 | 출전 | 교체 | 득점 | 도움 | 실점 | 파울 | 경고 | 퇴장 |
|---|---|---|---|---|---|---|---|---|---|---|
| K1 | 2000 | 전남 | 0 | 0 | 0 | 0 | 0 | 0 | 0 | 0 |
| | 2003 | 대구 | 0 | 0 | 0 | 0 | 0 | 0 | 0 | 0 |
| | 2004 | 대구 | 0 | 0 | 0 | 0 | 0 | 0 | 0 | 0 |
| | 2005 | 대구 | 1 | 0 | 0 | 0 | 4 | 0 | 0 | 0 |
| 컵 | 2000 | 전남 | 0 | 0 | 0 | 0 | 0 | 0 | 0 | 0 |
| | 2004 | 대구 | 0 | 0 | 0 | 0 | 0 | 0 | 0 | 0 |
| | 2005 | 대구 | 1 | 0 | 0 | 0 | 2 | 0 | 0 | 0 |
| 통산 | | | 2 | 0 | 0 | 0 | 6 | 0 | 0 | 0 |

**박준영**(朴俊泳) 광운대 1995.03.15

| 대회 | 연도 | 소속 | 출전 | 교체 | 득점 | 도움 | 실점 | 파울 | 경고 | 퇴장 |
|---|---|---|---|---|---|---|---|---|---|---|
| K1 | 2018 | 서울 | 0 | 0 | 0 | 0 | 0 | 0 | 0 | 0 |
| | 2019 | 서울 | 1 | 1 | 0 | 0 | 0 | 0 | 0 | 0 |
| K2 | 2020 | 안산 | 6 | 2 | 0 | 0 | 0 | 8 | 1 | 0 |
| | 2021 | 안산 | 3 | 3 | 0 | 0 | 0 | 1 | 0 | 0 |
| | 2023 | 안산 | 1 | 1 | 0 | 0 | 0 | 1 | 0 | 0 |
| 통산 | | | 11 | 7 | 0 | 0 | 0 | 10 | 1 | 0 |

**박준영**(朴畯瑩) 보인고 2003.06.18

| 대회 | 연도 | 소속 | 출전 | 교체 | 득점 | 도움 | 실점 | 파울 | 경고 | 퇴장 |
|---|---|---|---|---|---|---|---|---|---|---|
| K2 | 2023 | 서울E | 3 | 1 | 0 | 0 | 0 | 2 | 0 | 0 |
| | 2024 | 서울E | 0 | 0 | 0 | 0 | 0 | 0 | 0 | 0 |
| 통산 | | | 3 | 1 | 0 | 0 | 0 | 2 | 0 | 0 |

**박준영**(朴濬英) 잠실고 2003.06.06

| 대회 | 연도 | 소속 | 출전 | 교체 | 득점 | 도움 | 실점 | 파울 | 경고 | 퇴장 |
|---|---|---|---|---|---|---|---|---|---|---|
| K2 | 2022 | 서울E | 18 | 18 | 1 | 0 | 0 | 8 | 1 | 0 |
| | 2023 | 서울E | 6 | 6 | 0 | 0 | 0 | 8 | 0 | 0 |
| 통산 | | | 24 | 24 | 1 | 0 | 0 | 16 | 1 | 0 |

**박준오**(朴俊五) 대구대 1986.03.01

| 대회 | 연도 | 소속 | 출전 | 교체 | 득점 | 도움 | 실점 | 파울 | 경고 | 퇴장 |
|---|---|---|---|---|---|---|---|---|---|---|
| K1 | 2010 | 대구 | 0 | 0 | 0 | 0 | 0 | 0 | 0 | 0 |
| 통산 | | | 0 | 0 | 0 | 0 | 0 | 0 | 0 | 0 |

**박준태**(朴俊泰) 고려대 1989.12.02

| 대회 | 연도 | 소속 | 출전 | 교체 | 득점 | 도움 | 실점 | 파울 | 경고 | 퇴장 |
|---|---|---|---|---|---|---|---|---|---|---|
| K1 | 2009 | 울산 | 7 | 7 | 0 | 0 | 0 | 4 | 0 | 0 |
| | 2011 | 인천 | 23 | 22 | 5 | 1 | 0 | 10 | 2 | 0 |
| | 2012 | 인천 | 27 | 26 | 3 | 0 | 0 | 21 | 2 | 0 |
| | 2013 | 전남 | 27 | 17 | 1 | 1 | 0 | 22 | 1 | 0 |
| | 2014 | 전남 | 7 | 9 | 0 | 0 | 0 | 3 | 0 | 0 |
| | 2016 | 전남 | 4 | 4 | 0 | 0 | 0 | 3 | 0 | 0 |
| | 2016 | 상주 | 24 | 14 | 8 | 1 | 0 | 13 | 1 | 0 |
| | 2018 | 전남 | 8 | 6 | 0 | 0 | 0 | 12 | 0 | 0 |
| K2 | 2015 | 상주 | 2 | 2 | 0 | 0 | 0 | 3 | 1 | 0 |
| | 2017 | 부산 | 23 | 18 | 2 | 3 | 0 | 17 | 1 | 0 |
| PO | 2017 | 부산 | 1 | 1 | 0 | 0 | 0 | 2 | 0 | 0 |
| 컵 | 2009 | 울산 | 1 | 1 | 0 | 0 | 0 | 0 | 0 | 0 |
| | 2010 | 울산 | 1 | 1 | 0 | 0 | 0 | 0 | 0 | 0 |
| | 2011 | 인천 | 3 | 3 | 0 | 0 | 0 | 0 | 0 | 0 |
| 통산 | | | 158 | 131 | 19 | 6 | 0 | 110 | 8 | 0 |

**박준혁**(朴俊赫) 전주대 1987.04.11

| 대회 | 연도 | 소속 | 출전 | 교체 | 득점 | 도움 | 실점 | 파울 | 경고 | 퇴장 |
|---|---|---|---|---|---|---|---|---|---|---|
| K1 | 2010 | 경남 | 0 | 0 | 0 | 0 | 0 | 0 | 0 | 0 |
| | 2011 | 대구 | 19 | 0 | 0 | 0 | 27 | 1 | 3 | 1 |
| | 2012 | 대구 | 38 | 0 | 0 | 0 | 53 | 2 | 2 | 0 |
| | 2013 | 제주 | 31 | 0 | 0 | 0 | 38 | 1 | 4 | 0 |
| | 2014 | 성남 | 35 | 0 | 0 | 0 | 33 | 0 | 2 | 0 |
| | 2015 | 성남 | 32 | 0 | 0 | 0 | 26 | 0 | 4 | 0 |
| | 2016 | 성남 | 3 | 0 | 0 | 0 | 4 | 0 | 0 | 0 |
| K2 | 2018 | 대전 | 16 | 0 | 0 | 0 | 14 | 0 | 1 | 0 |
| | 2019 | 전남 | 31 | 0 | 0 | 0 | 38 | 0 | 3 | 0 |
| | 2020 | 전남 | 24 | 0 | 0 | 0 | 22 | 1 | 4 | 0 |
| | 2021 | 전남 | 14 | 0 | 0 | 0 | 12 | 0 | 1 | 0 |
| PO | 2018 | 대전 | 2 | 0 | 0 | 0 | 3 | 0 | 0 | 0 |
| | 2021 | 전남 | 1 | 0 | 0 | 0 | 0 | 0 | 0 | 0 |
| 컵 | 2010 | 경남 | 0 | 0 | 0 | 0 | 0 | 0 | 0 | 0 |
| | 2011 | 대구 | 5 | 0 | 0 | 0 | 5 | 0 | 1 | 0 |
| 통산 | | | 251 | 0 | 0 | 0 | 275 | 5 | 25 | 1 |

**박준형**(朴俊炯) 동의대 1993.01.25

| 대회 | 연도 | 소속 | 출전 | 교체 | 득점 | 도움 | 실점 | 파울 | 경고 | 퇴장 |
|---|---|---|---|---|---|---|---|---|---|---|
| K1 | 2019 | 수원 | 2 | 1 | 0 | 0 | 0 | 2 | 1 | 0 |
| 통산 | | | 2 | 1 | 0 | 0 | 0 | 2 | 1 | 0 |

**박준홍**(朴埈弘) 연세대 1978.04.13

| 대회 | 연도 | 소속 | 출전 | 교체 | 득점 | 도움 | 실점 | 파울 | 경고 | 퇴장 |
|---|---|---|---|---|---|---|---|---|---|---|
| K1 | 2001 | 부산 | 7 | 7 | 0 | 0 | 0 | 4 | 0 | 0 |
| | 2002 | 부산 | 6 | 4 | 0 | 0 | 0 | 7 | 0 | 0 |
| | 2003 | 광주상무 | 20 | 7 | 0 | 0 | 0 | 13 | 3 | 0 |
| | 2004 | 광주상무 | 12 | 1 | 0 | 0 | 0 | 21 | 1 | 0 |
| | 2005 | 부산 | 14 | 2 | 0 | 0 | 0 | 24 | 2 | 0 |
| | 2006 | 부산 | 3 | 3 | 0 | 0 | 0 | 2 | 0 | 0 |
| 컵 | 2002 | 부산 | 4 | 2 | 0 | 0 | 0 | 3 | 0 | 0 |
| | 2004 | 광주상무 | 3 | 0 | 0 | 0 | 0 | 4 | 0 | 0 |
| | 2005 | 부산 | 2 | 1 | 0 | 0 | 0 | 2 | 1 | 0 |
| | 2006 | 부산 | 2 | 1 | 0 | 0 | 0 | 1 | 1 | 0 |
| 통산 | | | 73 | 28 | 0 | 0 | 0 | 81 | 8 | 0 |

**박준희**(朴畯熙) 건국대 1991.03.01

| 대회 | 연도 | 소속 | 출전 | 교체 | 득점 | 도움 | 실점 | 파울 | 경고 | 퇴장 |
|---|---|---|---|---|---|---|---|---|---|---|
| K1 | 2014 | 포항 | 1 | 0 | 0 | 0 | 0 | 3 | 0 | 0 |
| | 2015 | 포항 | 3 | 2 | 0 | 0 | 0 | 4 | 0 | 0 |
| | 2016 | 포항 | 13 | 11 | 0 | 0 | 0 | 14 | 3 | 0 |
| | 2020 | 광주 | 2 | 1 | 0 | 0 | 0 | 1 | 0 | 0 |
| K2 | 2017 | 안산 | 22 | 4 | 1 | 0 | 0 | 16 | 5 | 1 |
| | 2018 | 안산 | 31 | 3 | 2 | 2 | 0 | 31 | 4 | 0 |
| | 2019 | 안산 | 32 | 9 | 1 | 3 | 0 | 35 | 2 | 0 |
| | 2021 | 부천 | 17 | 6 | 0 | 1 | 0 | 15 | 3 | 0 |
| | 2022 | 김포 | 11 | 2 | 0 | 0 | 0 | 9 | 3 | 0 |
| 통산 | | | 132 | 38 | 4 | 6 | 0 | 128 | 20 | 1 |

**박중천**(朴重天) 명지대 1983.10.11

| 대회 | 연도 | 소속 | 출전 | 교체 | 득점 | 도움 | 실점 | 파울 | 경고 | 퇴장 |
|---|---|---|---|---|---|---|---|---|---|---|
| K1 | 2006 | 제주 | 0 | 0 | 0 | 0 | 0 | 0 | 0 | 0 |
| | 2009 | 제주 | 0 | 0 | 0 | 0 | 0 | 0 | 0 | 0 |
| 통산 | | | 0 | 0 | 0 | 0 | 0 | 0 | 0 | 0 |

**박지민**(朴智敏) 경희대 1994.03.07

| 대회 | 연도 | 소속 | 출전 | 교체 | 득점 | 도움 | 실점 | 파울 | 경고 | 퇴장 |
|---|---|---|---|---|---|---|---|---|---|---|
| K1 | 2014 | 경남 | 4 | 4 | 0 | 0 | 0 | 0 | 1 | 0 |
| K2 | 2015 | 충주 | 12 | 12 | 1 | 0 | 0 | 6 | 0 | 0 |
| | 2016 | 충주 | 31 | 24 | 5 | 1 | 0 | 27 | 3 | 0 |

| 대회 | 연도 | 소속 | 출전 | 교체 | 득점 | 도움 | 실점 | 파울 | 경고 | 퇴장 |
|---|---|---|---|---|---|---|---|---|---|---|
| 통산 | | | 47 | 40 | 6 | 1 | 0 | 33 | 4 | 0 |

**박지민**(朴志旼) 매탄고 2000.05.25

| 대회 | 연도 | 소속 | 출전 | 교체 | 득점 | 도움 | 실점 | 파울 | 경고 | 퇴장 |
|---|---|---|---|---|---|---|---|---|---|---|
| K1 | 2018 | 수원 | 0 | 0 | 0 | 0 | 0 | 0 | 0 | 0 |
| | 2019 | 수원 | 1 | 0 | 0 | 0 | 4 | 0 | 0 | 0 |
| | 2020 | 상주 | 3 | 0 | 0 | 0 | 2 | 0 | 1 | 0 |
| | 2021 | 수원 | 0 | 0 | 0 | 0 | 0 | 0 | 0 | 0 |
| | 2022 | 수원 | 2 | 1 | 0 | 0 | 2 | 1 | 0 | 0 |
| | 2023 | 수원 | 0 | 0 | 0 | 0 | 0 | 0 | 0 | 0 |
| K2 | 2021 | 김천 | 1 | 0 | 0 | 0 | 2 | 1 | 0 | 0 |
| | 2024 | 수원 | 9 | 2 | 0 | 0 | 11 | 0 | 0 | 0 |
| | 2025 | 성남 | 7 | 1 | 0 | 0 | 4 | 0 | 0 | 0 |
| PO | 2022 | 수원 | 0 | 0 | 0 | 0 | 0 | 0 | 0 | 0 |
| | 2025 | 성남 | 0 | 0 | 0 | 0 | 0 | 0 | 0 | 0 |
| 통산 | | | 23 | 4 | 0 | 0 | 25 | 2 | 1 | 0 |

**박지수**(朴志水) 대건고 1994.06.13

| 대회 | 연도 | 소속 | 출전 | 교체 | 득점 | 도움 | 실점 | 파울 | 경고 | 퇴장 |
|---|---|---|---|---|---|---|---|---|---|---|
| K1 | 2018 | 경남 | 33 | 3 | 2 | 0 | 0 | 31 | 7 | 0 |
| | 2021 | 수원FC | 14 | 1 | 0 | 1 | 0 | 21 | 8 | 1 |
| | 2022 | 김천 | 30 | 7 | 1 | 1 | 0 | 17 | 4 | 0 |
| K2 | 2015 | 경남 | 28 | 16 | 1 | 1 | 0 | 17 | 4 | 0 |
| | 2016 | 경남 | 35 | 4 | 1 | 0 | 0 | 40 | 7 | 0 |
| | 2017 | 경남 | 33 | 0 | 2 | 1 | 0 | 39 | 5 | 0 |
| | 2021 | 김천 | 7 | 0 | 1 | 0 | 0 | 6 | 0 | 0 |
| PO | 2022 | 김천 | 2 | 0 | 0 | 0 | 0 | 0 | 0 | 0 |
| 통산 | | | 182 | 31 | 8 | 4 | 0 | 171 | 35 | 1 |

**박지영**(朴至永) 건국대 1987.02.07

| 대회 | 연도 | 소속 | 출전 | 교체 | 득점 | 도움 | 실점 | 파울 | 경고 | 퇴장 |
|---|---|---|---|---|---|---|---|---|---|---|
| K1 | 2014 | 상주 | 1 | 0 | 0 | 0 | 1 | 1 | 0 | 0 |
| K2 | 2013 | 안양 | 2 | 0 | 0 | 0 | 3 | 0 | 0 | 0 |
| | 2015 | 안양 | 0 | 0 | 0 | 0 | 0 | 0 | 0 | 0 |
| | 2015 | 상주 | 1 | 0 | 0 | 0 | 0 | 0 | 0 | 0 |
| 컵 | 2010 | 수원 | 0 | 0 | 0 | 0 | 0 | 0 | 0 | 0 |
| 통산 | | | 4 | 0 | 0 | 0 | 4 | 1 | 0 | 0 |

**박지용**(朴志容) 대전상업정보고 1983.05.28

| 대회 | 연도 | 소속 | 출전 | 교체 | 득점 | 도움 | 실점 | 파울 | 경고 | 퇴장 |
|---|---|---|---|---|---|---|---|---|---|---|
| K1 | 2004 | 전남 | 3 | 2 | 0 | 0 | 0 | 2 | 0 | 0 |
| | 2007 | 전남 | 8 | 4 | 0 | 0 | 0 | 19 | 5 | 0 |
| | 2008 | 전남 | 11 | 2 | 0 | 0 | 0 | 14 | 5 | 0 |
| | 2009 | 전남 | 20 | 6 | 0 | 1 | 0 | 23 | 6 | 0 |
| | 2010 | 전남 | 3 | 1 | 0 | 0 | 0 | 1 | 0 | 0 |
| | 2011 | 강원 | 10 | 0 | 0 | 0 | 0 | 19 | 6 | 0 |
| PO | 2009 | 전남 | 1 | 0 | 0 | 0 | 0 | 3 | 0 | 0 |
| 컵 | 2008 | 전남 | 1 | 1 | 0 | 0 | 0 | 2 | 0 | 0 |
| | 2009 | 전남 | 2 | 0 | 0 | 0 | 0 | 4 | 1 | 0 |
| | 2010 | 전남 | 1 | 1 | 0 | 0 | 0 | 0 | 0 | 0 |
| | 2011 | 강원 | 2 | 0 | 0 | 0 | 0 | 7 | 1 | 0 |
| 통산 | | | 62 | 17 | 0 | 1 | 0 | 94 | 24 | 0 |

**박지원**(朴祉原) 선문대 2000.11.01

| 대회 | 연도 | 소속 | 출전 | 교체 | 득점 | 도움 | 실점 | 파울 | 경고 | 퇴장 |
|---|---|---|---|---|---|---|---|---|---|---|
| K1 | 2022 | 성남 | 8 | 8 | 0 | 0 | 0 | 0 | 0 | 0 |
| K2 | 2023 | 성남 | 19 | 13 | 2 | 0 | 0 | 7 | 1 | 0 |
| | 2024 | 성남 | 33 | 30 | 4 | 2 | 0 | 11 | 1 | 0 |
| | 2025 | 성남 | 19 | 16 | 2 | 1 | 0 | 9 | 1 | 0 |
| | 2025 | 수원 | 17 | 15 | 6 | 1 | 0 | 11 | 2 | 0 |
| PO | 2025 | 수원 | 2 | 2 | 0 | 0 | 0 | 0 | 0 | 0 |
| 통산 | | | 98 | 84 | 14 | 4 | 0 | 38 | 5 | 0 |

**박지호**(朴志鎬) 인천대 1970.07.04

| 대회 | 연도 | 소속 | 출전 | 교체 | 득점 | 도움 | 실점 | 파울 | 경고 | 퇴장 |
|---|---|---|---|---|---|---|---|---|---|---|
| K1 | 1993 | LG | 22 | 18 | 0 | 0 | 0 | 16 | 3 | 0 |
| | 1994 | LG | 4 | 4 | 0 | 1 | 0 | 5 | 1 | 0 |
| | 1995 | 포항 | 6 | 5 | 0 | 1 | 0 | 13 | 0 | 0 |
| | 1996 | 포항 | 6 | 5 | 1 | 0 | 0 | 6 | 2 | 0 |
| | 1997 | 포항 | 10 | 7 | 3 | 0 | 0 | 17 | 0 | 0 |
| | 1999 | 천안일화 | 5 | 5 | 0 | 1 | 0 | 6 | 0 | 0 |
| 컵 | 1993 | LG | 4 | 4 | 0 | 0 | 0 | 2 | 1 | 0 |
| | 1996 | 포항 | 3 | 2 | 0 | 0 | 0 | 1 | 1 | 0 |
| | 1997 | 포항 | 10 | 7 | 2 | 0 | 0 | 14 | 3 | 0 |
| 통산 | | | 70 | 57 | 6 | 3 | 0 | 80 | 11 | 0 |

**박진섭**(朴珍燮) 고려대 1977.03.11

| 대회 | 연도 | 소속 | 출전 | 교체 | 득점 | 도움 | 실점 | 파울 | 경고 | 퇴장 |
|---|---|---|---|---|---|---|---|---|---|---|
| K1 | 2002 | 울산 | 23 | 5 | 1 | 1 | 0 | 26 | 2 | 1 |
| | 2003 | 울산 | 41 | 10 | 1 | 6 | 0 | 65 | 6 | 0 |
| | 2004 | 울산 | 23 | 1 | 0 | 1 | 0 | 32 | 3 | 0 |
| | 2005 | 성남일화 | 20 | 5 | 0 | 1 | 0 | 21 | 2 | 0 |
| | 2005 | 울산 | 3 | 0 | 0 | 0 | 0 | 4 | 0 | 0 |
| | 2006 | 성남일화 | 26 | 13 | 0 | 1 | 0 | 27 | 1 | 0 |
| | 2007 | 성남일화 | 21 | 6 | 0 | 4 | 0 | 23 | 6 | 0 |
| | 2008 | 성남일화 | 23 | 1 | 0 | 2 | 0 | 17 | 5 | 0 |
| | 2009 | 부산 | 18 | 1 | 0 | 1 | 0 | 18 | 5 | 0 |
| | 2010 | 부산 | 21 | 2 | 0 | 1 | 0 | 20 | 8 | 0 |
| PO | 2004 | 울산 | 1 | 0 | 0 | 0 | 0 | 0 | 0 | 0 |
| | 2005 | 성남일화 | 1 | 0 | 0 | 0 | 0 | 4 | 1 | 0 |
| | 2006 | 성남일화 | 3 | 2 | 0 | 1 | 0 | 2 | 0 | 0 |
| | 2007 | 성남일화 | 2 | 1 | 0 | 0 | 0 | 2 | 1 | 0 |
| | 2008 | 성남일화 | 1 | 1 | 0 | 0 | 0 | 4 | 1 | 0 |
| 컵 | 2002 | 울산 | 10 | 5 | 1 | 3 | 0 | 25 | 1 | 0 |
| | 2004 | 울산 | 4 | 1 | 0 | 1 | 0 | 10 | 3 | 0 |
| | 2005 | 울산 | 11 | 0 | 0 | 2 | 0 | 13 | 3 | 0 |
| | 2006 | 성남일화 | 6 | 3 | 0 | 1 | 0 | 5 | 1 | 0 |
| | 2007 | 성남일화 | 1 | 1 | 0 | 0 | 0 | 2 | 0 | 0 |
| | 2008 | 성남일화 | 11 | 1 | 0 | 0 | 0 | 10 | 0 | 0 |
| | 2009 | 부산 | 9 | 0 | 0 | 0 | 0 | 11 | 3 | 0 |
| | 2010 | 부산 | 5 | 1 | 0 | 1 | 0 | 7 | 1 | 0 |
| 통산 | | | 284 | 60 | 3 | 27 | 0 | 348 | 53 | 1 |

**박진섭**(朴鎭燮) 서울문화예술대 1995.10.23

| 대회 | 연도 | 소속 | 출전 | 교체 | 득점 | 도움 | 실점 | 파울 | 경고 | 퇴장 |
|---|---|---|---|---|---|---|---|---|---|---|
| K1 | 2022 | 전북 | 33 | 4 | 2 | 0 | 0 | 43 | 5 | 0 |
| | 2023 | 전북 | 32 | 6 | 1 | 2 | 0 | 41 | 3 | 0 |
| | 2024 | 전북 | 27 | 2 | 0 | 0 | 0 | 23 | 3 | 1 |
| | 2025 | 전북 | 35 | 1 | 3 | 2 | 0 | 47 | 9 | 0 |
| K2 | 2018 | 안산 | 26 | 4 | 2 | 0 | 0 | 30 | 5 | 0 |
| | 2019 | 안산 | 36 | 6 | 5 | 1 | 0 | 59 | 3 | 0 |
| | 2020 | 대전 | 23 | 3 | 3 | 0 | 0 | 45 | 6 | 0 |
| | 2021 | 대전 | 31 | 1 | 4 | 2 | 0 | 63 | 10 | 0 |
| PO | 2020 | 대전 | 1 | 0 | 0 | 1 | 0 | 3 | 0 | 0 |
| | 2021 | 대전 | 4 | 0 | 1 | 1 | 0 | 10 | 0 | 0 |
| | 2024 | 전북 | 2 | 0 | 0 | 0 | 0 | 3 | 1 | 0 |
| 통산 | | | 250 | 27 | 21 | 9 | 0 | 367 | 45 | 1 |

**박진성**(朴眞珵) 연세대 2001.05.15

| 대회 | 연도 | 소속 | 출전 | 교체 | 득점 | 도움 | 실점 | 파울 | 경고 | 퇴장 |
|---|---|---|---|---|---|---|---|---|---|---|
| K1 | 2021 | 전북 | 11 | 6 | 0 | 0 | 0 | 9 | 4 | 0 |
| | 2022 | 전북 | 12 | 11 | 0 | 0 | 0 | 7 | 1 | 0 |
| | 2024 | 대전 | 11 | 7 | 0 | 0 | 0 | 6 | 2 | 0 |
| | 2025 | 대전 | 7 | 3 | 0 | 1 | 0 | 4 | 1 | 0 |
| | 2025 | 김천 | 3 | 3 | 0 | 0 | 0 | 0 | 0 | 0 |
| K2 | 2023 | 충북청주 | 26 | 11 | 0 | 2 | 0 | 37 | 6 | 0 |
| 통산 | | | 70 | 41 | 0 | 3 | 0 | 63 | 14 | 0 |

**박진수**(朴鎭秀) 고려대 1987.03.01

| 대회 | 연도 | 소속 | 출전 | 교체 | 득점 | 도움 | 실점 | 파울 | 경고 | 퇴장 |
|---|---|---|---|---|---|---|---|---|---|---|
| K2 | 2013 | 충주 | 33 | 3 | 3 | 1 | 0 | 63 | 7 | 0 |
| | 2014 | 충주 | 30 | 13 | 1 | 2 | 0 | 34 | 2 | 0 |
| | 2015 | 충주 | 11 | 10 | 0 | 0 | 0 | 3 | 0 | 0 |
| 통산 | | | 74 | 26 | 4 | 3 | 0 | 100 | 9 | 0 |

**박진영**(朴鎭營) 홍익대 2002.05.13

| 대회 | 연도 | 소속 | 출전 | 교체 | 득점 | 도움 | 실점 | 파울 | 경고 | 퇴장 |
|---|---|---|---|---|---|---|---|---|---|---|
| K1 | 2024 | 대구 | 25 | 7 | 0 | 1 | 0 | 24 | 6 | 0 |
| | 2025 | 대구 | 16 | 5 | 0 | 1 | 0 | 7 | 2 | 0 |
| PO | 2024 | 대구 | 0 | 0 | 0 | 0 | 0 | 0 | 0 | 0 |
| 통산 | | | 41 | 12 | 0 | 2 | 0 | 31 | 8 | 0 |

**박진옥**(朴鎭玉) 경희대 1982.05.28

| 대회 | 연도 | 소속 | 출전 | 교체 | 득점 | 도움 | 실점 | 파울 | 경고 | 퇴장 |
|---|---|---|---|---|---|---|---|---|---|---|
| K1 | 2005 | 부천SK | 18 | 14 | 0 | 0 | 0 | 14 | 0 | 0 |
| | 2006 | 제주 | 16 | 9 | 0 | 0 | 0 | 15 | 3 | 0 |
| | 2007 | 제주 | 22 | 3 | 1 | 0 | 0 | 28 | 1 | 0 |
| | 2008 | 제주 | 10 | 6 | 0 | 0 | 0 | 11 | 0 | 0 |
| | 2009 | 광주상무 | 11 | 8 | 0 | 0 | 0 | 15 | 0 | 0 |
| | 2010 | 광주상무 | 10 | 7 | 0 | 0 | 0 | 9 | 0 | 0 |
| | 2011 | 제주 | 21 | 6 | 0 | 1 | 0 | 27 | 2 | 0 |
| | 2012 | 제주 | 16 | 9 | 0 | 0 | 0 | 16 | 3 | 0 |
| | 2013 | 대전 | 30 | 5 | 0 | 0 | 0 | 31 | 2 | 0 |
| K2 | 2014 | 광주 | 8 | 2 | 0 | 0 | 0 | 16 | 1 | 0 |
| PO | 2010 | 제주 | 0 | 0 | 0 | 0 | 0 | 0 | 0 | 0 |
| 컵 | 2005 | 부천SK | 11 | 11 | 1 | 0 | 0 | 1 | 1 | 0 |
| | 2006 | 제주 | 8 | 2 | 0 | 0 | 0 | 13 | 1 | 0 |
| | 2007 | 제주 | 6 | 1 | 0 | 0 | 0 | 8 | 0 | 0 |
| | 2008 | 제주 | 5 | 4 | 0 | 0 | 0 | 3 | 0 | 0 |
| 통산 | | | 192 | 87 | 2 | 1 | 0 | 207 | 14 | 0 |

**박진이**(朴眞伊) 아주대 1983.04.05

| 대회 | 연도 | 소속 | 출전 | 교체 | 득점 | 도움 | 실점 | 파울 | 경고 | 퇴장 |
|---|---|---|---|---|---|---|---|---|---|---|
| K1 | 2007 | 경남 | 6 | 4 | 0 | 0 | 0 | 3 | 0 | 0 |
| | 2008 | 경남 | 15 | 2 | 0 | 1 | 0 | 19 | 2 | 0 |
| | 2009 | 경남 | 2 | 1 | 0 | 0 | 0 | 4 | 0 | 0 |
| PO | 2007 | 경남 | 1 | 1 | 0 | 0 | 0 | 1 | 1 | 0 |
| 컵 | 2007 | 경남 | 0 | 0 | 0 | 0 | 0 | 0 | 0 | 0 |
| | 2008 | 경남 | 5 | 2 | 0 | 0 | 0 | 7 | 0 | 0 |
| | 2009 | 경남 | 1 | 1 | 0 | 0 | 0 | 0 | 0 | 0 |
| 통산 | | | 30 | 11 | 0 | 1 | 0 | 34 | 3 | 0 |

**박진포**(朴珍鋪) 대구대 1987.08.13

| 대회 | 연도 | 소속 | 출전 | 교체 | 득점 | 도움 | 실점 | 파울 | 경고 | 퇴장 |
|---|---|---|---|---|---|---|---|---|---|---|
| K1 | 2011 | 성남일화 | 28 | 1 | 0 | 3 | 0 | 55 | 6 | 0 |
| | 2012 | 성남일화 | 40 | 0 | 0 | 3 | 0 | 74 | 7 | 0 |
| | 2013 | 성남일화 | 35 | 3 | 1 | 5 | 0 | 55 | 8 | 0 |
| | 2014 | 성남 | 32 | 2 | 1 | 2 | 0 | 45 | 6 | 0 |
| | 2016 | 상주 | 20 | 2 | 0 | 1 | 0 | 24 | 3 | 0 |
| | 2016 | 성남 | 3 | 1 | 0 | 0 | 0 | 3 | 1 | 0 |
| | 2017 | 제주 | 12 | 0 | 1 | 1 | 0 | 21 | 6 | 0 |
| | 2018 | 제주 | 26 | 0 | 0 | 2 | 0 | 17 | 3 | 0 |
| | 2019 | 제주 | 22 | 3 | 0 | 2 | 0 | 46 | 5 | 0 |
| K2 | 2015 | 상주 | 32 | 3 | 3 | 3 | 0 | 35 | 4 | 0 |
| PO | 2016 | 성남 | 1 | 0 | 0 | 0 | 0 | 1 | 0 | 0 |
| 컵 | 2011 | 성남일화 | 4 | 1 | 0 | 0 | 0 | 7 | 0 | 0 |
| 통산 | | | 255 | 16 | 6 | 22 | 0 | 383 | 49 | 0 |

**박진홍**(朴進洪) 보인고 2004.10.17

| 대회 | 연도 | 소속 | 출전 | 교체 | 득점 | 도움 | 실점 | 파울 | 경고 | 퇴장 |
|---|---|---|---|---|---|---|---|---|---|---|
| K1 | 2023 | 인천 | 2 | 2 | 0 | 0 | 0 | 1 | 0 | 0 |
| 통산 | | | 2 | 2 | 0 | 0 | 0 | 1 | 0 | 0 |

**박찬교**(朴燦敎) 신평고 2005.03.14

| 대회 | 연도 | 소속 | 출전 | 교체 | 득점 | 도움 | 실점 | 파울 | 경고 | 퇴장 |
|---|---|---|---|---|---|---|---|---|---|---|
| K2 | 2024 | 천안 | 4 | 4 | 0 | 0 | 0 | 4 | 2 | 0 |
| 통산 | | | 4 | 4 | 0 | 0 | 0 | 4 | 2 | 0 |

**박찬용**(朴璨溶) 대구대 1996.01.27

| 대회 | 연도 | 소속 | 출전 | 교체 | 득점 | 도움 | 실점 | 파울 | 경고 | 퇴장 |
|---|---|---|---|---|---|---|---|---|---|---|
| K1 | 2022 | 포항 | 33 | 2 | 0 | 0 | 0 | 35 | 5 | 0 |
| | 2023 | 포항 | 26 | 9 | 0 | 0 | 0 | 14 | 3 | 0 |
| | 2024 | 포항 | 6 | 0 | 1 | 1 | 0 | 4 | 1 | 0 |
| | 2024 | 김천 | 13 | 3 | 0 | 0 | 0 | 10 | 2 | 0 |
| | 2025 | 김천 | 30 | 4 | 0 | 1 | 0 | 15 | 0 | 0 |
| | 2025 | 포항 | 4 | 0 | 0 | 0 | 0 | 3 | 1 | 0 |
| K2 | 2020 | 전남 | 24 | 0 | 2 | 0 | 0 | 18 | 4 | 0 |
| | 2021 | 전남 | 32 | 3 | 0 | 2 | 0 | 35 | 3 | 0 |
| PO | 2021 | 전남 | 1 | 0 | 0 | 0 | 0 | 4 | 1 | 0 |
| 통산 | | | 169 | 21 | 3 | 4 | 0 | 138 | 20 | 0 |

**박찬울**(朴찬울) 수원대 1993.04.28

| 대회 | 연도 | 소속 | 출전 | 교체 | 득점 | 도움 | 실점 | 파울 | 경고 | 퇴장 |
|---|---|---|---|---|---|---|---|---|---|---|
| K2 | 2017 | 안산 | 13 | 3 | 0 | 0 | 0 | 14 | 2 | 0 |
| 통산 | | | 13 | 3 | 0 | 0 | 0 | 14 | 2 | 0 |

**박창선**(朴昌善) 경희대 1954.02.02

| 대회 | 연도 | 소속 | 출전 | 교체 | 득점 | 도움 | 실점 | 파울 | 경고 | 퇴장 |
|---|---|---|---|---|---|---|---|---|---|---|
| K1 | 1983 | 할렐루야 | 15 | 1 | 3 | 6 | 0 | 24 | 3 | 0 |
| | 1984 | 대우 | 28 | 0 | 6 | 7 | 0 | 29 | 0 | 0 |

| 대회 | 연도 | 소속 | 출전 | 교체 | 득점 | 도움 | 실점 | 파울 | 경고 | 퇴장 |
|---|---|---|---|---|---|---|---|---|---|---|
| | 1985 | 대우 | 5 | 0 | 0 | 2 | 0 | 6 | 1 | 0 |
| | 1986 | 대우 | 10 | 4 | 0 | 0 | 0 | 12 | 0 | 0 |
| | 1987 | 유공 | 13 | 3 | 2 | 1 | 0 | 24 | 0 | 0 |
| PO | 1984 | 대우 | 2 | 0 | 1 | 0 | 0 | 4 | 0 | 0 |
| 컵 | 1986 | 대우 | 2 | 0 | 0 | 1 | 0 | 4 | 0 | 0 |
| 통산 | | | 75 | 8 | 12 | 17 | 0 | 103 | 4 | 0 |

**박창우**(朴昶佑) 영생고 2003.03.01

| 대회 | 연도 | 소속 | 출전 | 교체 | 득점 | 도움 | 실점 | 파울 | 경고 | 퇴장 |
|---|---|---|---|---|---|---|---|---|---|---|
| K1 | 2023 | 전북 | 15 | 14 | 0 | 0 | 0 | 5 | 1 | 0 |
| | 2024 | 전북 | 12 | 10 | 0 | 1 | 0 | 10 | 1 | 0 |
| K2 | 2025 | 부산 | 22 | 12 | 0 | 2 | 0 | 24 | 2 | 0 |
| 통산 | | | 49 | 36 | 0 | 3 | 0 | 39 | 4 | 0 |

**박창주**(朴昌宙) 단국대 1972.09.30

| 대회 | 연도 | 소속 | 출전 | 교체 | 득점 | 도움 | 실점 | 파울 | 경고 | 퇴장 |
|---|---|---|---|---|---|---|---|---|---|---|
| K1 | 1999 | 울산 | 2 | 1 | 0 | 0 | 5 | 0 | 0 | 0 |
| | 2001 | 울산 | 0 | 0 | 0 | 0 | 0 | 0 | 0 | 0 |
| 컵 | 1999 | 울산 | 0 | 0 | 0 | 0 | 0 | 0 | 0 | 0 |
| | 2000 | 울산 | 0 | 0 | 0 | 0 | 0 | 0 | 0 | 0 |
| | 2001 | 울산 | 0 | 0 | 0 | 0 | 0 | 0 | 0 | 0 |
| 통산 | | | 2 | 1 | 0 | 0 | 5 | 0 | 0 | 0 |

**박창준**(朴彰俊) 아주대 1996.12.23

| 대회 | 연도 | 소속 | 출전 | 교체 | 득점 | 도움 | 실점 | 파울 | 경고 | 퇴장 |
|---|---|---|---|---|---|---|---|---|---|---|
| K1 | 2018 | 강원 | 14 | 6 | 0 | 1 | 0 | 17 | 3 | 0 |
| | 2019 | 강원 | 13 | 13 | 1 | 1 | 0 | 9 | 2 | 0 |
| K2 | 2020 | 경남 | 20 | 18 | 2 | 1 | 0 | 24 | 4 | 0 |
| | 2021 | 부천 | 29 | 13 | 13 | 1 | 0 | 35 | 4 | 1 |
| | 2022 | 부천 | 29 | 27 | 6 | 3 | 0 | 29 | 4 | 0 |
| | 2024 | 부천 | 5 | 5 | 0 | 0 | 0 | 1 | 1 | 0 |
| | 2025 | 부천 | 35 | 27 | 9 | 5 | 0 | 18 | 4 | 0 |
| PO | 2020 | 경남 | 2 | 2 | 0 | 0 | 0 | 0 | 0 | 0 |
| | 2022 | 부천 | 1 | 1 | 0 | 0 | 0 | 1 | 0 | 0 |
| | 2025 | 부천 | 3 | 3 | 0 | 0 | 0 | 3 | 0 | 0 |
| 통산 | | | 151 | 115 | 31 | 12 | 0 | 137 | 22 | 1 |

**박창헌**(朴昌憲) 동국대 1985.12.12

| 대회 | 연도 | 소속 | 출전 | 교체 | 득점 | 도움 | 실점 | 파울 | 경고 | 퇴장 |
|---|---|---|---|---|---|---|---|---|---|---|
| K1 | 2008 | 인천 | 8 | 5 | 0 | 0 | 0 | 7 | 2 | 0 |
| | 2009 | 인천 | 10 | 7 | 0 | 0 | 0 | 15 | 1 | 0 |
| | 2010 | 인천 | 9 | 8 | 0 | 0 | 0 | 11 | 1 | 0 |
| | 2011 | 경남 | 3 | 2 | 0 | 0 | 0 | 5 | 0 | 0 |
| 컵 | 2008 | 인천 | 6 | 1 | 0 | 0 | 0 | 14 | 1 | 0 |
| | 2009 | 인천 | 4 | 4 | 0 | 0 | 0 | 1 | 0 | 0 |
| | 2010 | 인천 | 2 | 2 | 0 | 0 | 0 | 1 | 0 | 0 |
| | 2011 | 경남 | 1 | 1 | 0 | 0 | 0 | 0 | 0 | 0 |
| 통산 | | | 43 | 30 | 0 | 0 | 0 | 54 | 5 | 0 |

**박창현**(朴昶鉉) 한양대 1966.06.08

| 대회 | 연도 | 소속 | 출전 | 교체 | 득점 | 도움 | 실점 | 파울 | 경고 | 퇴장 |
|---|---|---|---|---|---|---|---|---|---|---|
| K1 | 1989 | 포항제철 | 29 | 13 | 3 | 2 | 0 | 23 | 3 | 0 |
| | 1992 | 포항제철 | 21 | 3 | 7 | 4 | 0 | 21 | 1 | 0 |
| | 1993 | 포항제철 | 18 | 12 | 3 | 1 | 0 | 20 | 0 | 0 |
| | 1994 | 포항제철 | 15 | 12 | 1 | 0 | 0 | 10 | 2 | 0 |
| | 1995 | 전남 | 3 | 3 | 0 | 0 | 0 | 3 | 0 | 0 |
| 컵 | 1992 | 포항제철 | 7 | 5 | 0 | 0 | 0 | 5 | 0 | 0 |
| | 1993 | 포항제철 | 5 | 4 | 1 | 1 | 0 | 7 | 0 | 0 |
| | 1994 | 포항제철 | 5 | 3 | 0 | 0 | 0 | 5 | 0 | 0 |
| | 1995 | 전남 | 5 | 4 | 0 | 0 | 0 | 3 | 0 | 0 |
| 통산 | | | 108 | 59 | 15 | 8 | 0 | 97 | 6 | 0 |

**박창호**(朴槍豪) 영남대 2000.05.05

| 대회 | 연도 | 소속 | 출전 | 교체 | 득점 | 도움 | 실점 | 파울 | 경고 | 퇴장 |
|---|---|---|---|---|---|---|---|---|---|---|
| K2 | 2025 | 화성 | 7 | 7 | 0 | 0 | 0 | 6 | 0 | 0 |
| 통산 | | | 7 | 7 | 0 | 0 | 0 | 6 | 0 | 0 |

**박창환**(朴昶奐) 숭실고 2001.11.21

| 대회 | 연도 | 소속 | 출전 | 교체 | 득점 | 도움 | 실점 | 파울 | 경고 | 퇴장 |
|---|---|---|---|---|---|---|---|---|---|---|
| K1 | 2021 | 인천 | 23 | 22 | 0 | 0 | 0 | 13 | 2 | 0 |
| | 2022 | 인천 | 10 | 10 | 0 | 0 | 0 | 5 | 1 | 0 |
| K2 | 2023 | 서울E | 22 | 20 | 0 | 0 | 0 | 25 | 4 | 0 |
| | 2024 | 서울E | 30 | 22 | 0 | 1 | 0 | 45 | 4 | 0 |
| | 2025 | 서울E | 23 | 4 | 6 | 1 | 0 | 53 | 9 | 0 |
| PO | 2024 | 서울E | 2 | 1 | 0 | 0 | 0 | 3 | 1 | 0 |
| | 2025 | 서울E | 1 | 0 | 0 | 0 | 0 | 4 | 0 | 0 |
| 통산 | | | 111 | 79 | 6 | 2 | 0 | 148 | 21 | 0 |

**박채준**(朴採浚) 영생고 2003.05.26

| 대회 | 연도 | 소속 | 출전 | 교체 | 득점 | 도움 | 실점 | 파울 | 경고 | 퇴장 |
|---|---|---|---|---|---|---|---|---|---|---|
| K1 | 2022 | 전북 | 0 | 0 | 0 | 0 | 0 | 0 | 0 | 0 |
| K2 | 2025 | 안산 | 26 | 27 | 1 | 0 | 0 | 11 | 4 | 0 |
| 통산 | | | 26 | 27 | 1 | 0 | 0 | 11 | 4 | 0 |

**박천신**(朴天申) 동의대 1983.11.04

| 대회 | 연도 | 소속 | 출전 | 교체 | 득점 | 도움 | 실점 | 파울 | 경고 | 퇴장 |
|---|---|---|---|---|---|---|---|---|---|---|
| K1 | 2006 | 전남 | 1 | 1 | 0 | 0 | 0 | 1 | 0 | 0 |
| | 2007 | 전남 | 3 | 3 | 0 | 0 | 0 | 2 | 0 | 0 |
| 컵 | 2006 | 전남 | 1 | 1 | 0 | 0 | 0 | 3 | 1 | 0 |
| 통산 | | | 5 | 5 | 0 | 0 | 0 | 6 | 1 | 0 |

**박철**(朴徹) 대구대 1973.08.20

| 대회 | 연도 | 소속 | 출전 | 교체 | 득점 | 도움 | 실점 | 파울 | 경고 | 퇴장 |
|---|---|---|---|---|---|---|---|---|---|---|
| K1 | 1994 | LG | 19 | 2 | 2 | 0 | 0 | 15 | 3 | 0 |
| | 1995 | LG | 23 | 0 | 2 | 1 | 0 | 47 | 5 | 0 |
| | 1996 | 안양LG | 16 | 9 | 1 | 0 | 0 | 13 | 0 | 0 |
| | 1999 | 부천SK | 22 | 1 | 0 | 0 | 0 | 27 | 4 | 0 |
| | 2000 | 부천SK | 23 | 1 | 1 | 1 | 0 | 19 | 1 | 0 |
| | 2001 | 부천SK | 24 | 2 | 0 | 0 | 0 | 22 | 1 | 0 |
| | 2002 | 부천SK | 22 | 3 | 0 | 0 | 0 | 9 | 0 | 0 |
| | 2003 | 대전 | 25 | 5 | 0 | 0 | 0 | 14 | 2 | 0 |
| | 2004 | 대전 | 15 | 1 | 0 | 0 | 0 | 7 | 1 | 0 |
| | 2005 | 대전 | 11 | 3 | 0 | 1 | 0 | 12 | 0 | 0 |
| PO | 2000 | 부천SK | 5 | 1 | 0 | 0 | 0 | 5 | 0 | 0 |
| 컵 | 1994 | LG | 6 | 0 | 0 | 0 | 0 | 7 | 0 | 0 |
| | 1995 | LG | 0 | 0 | 0 | 0 | 0 | 0 | 0 | 0 |
| | 1996 | 안양LG | 3 | 1 | 0 | 0 | 0 | 5 | 2 | 0 |
| | 1999 | 부천SK | 5 | 1 | 0 | 0 | 0 | 5 | 1 | 0 |
| | 2000 | 부천SK | 4 | 0 | 0 | 0 | 0 | 3 | 0 | 0 |
| | 2001 | 부천SK | 3 | 0 | 0 | 1 | 0 | 2 | 0 | 0 |
| | 2002 | 부천SK | 5 | 0 | 1 | 0 | 0 | 6 | 1 | 0 |
| | 2004 | 대전 | 9 | 0 | 0 | 0 | 0 | 3 | 0 | 0 |
| | 2005 | 대전 | 5 | 0 | 0 | 0 | 0 | 3 | 0 | 0 |
| 통산 | | | 245 | 30 | 7 | 4 | 0 | 224 | 21 | 0 |

**박철우**(朴哲祐) 청주상고 1965.09.29

| 대회 | 연도 | 소속 | 출전 | 교체 | 득점 | 도움 | 실점 | 파울 | 경고 | 퇴장 |
|---|---|---|---|---|---|---|---|---|---|---|
| K1 | 1985 | 포항제철 | 11 | 0 | 0 | 0 | 7 | 0 | 0 | 0 |
| | 1986 | 포항제철 | 2 | 0 | 0 | 0 | 3 | 0 | 0 | 0 |
| | 1991 | 포항제철 | 28 | 1 | 0 | 0 | 31 | 2 | 0 | 0 |
| | 1992 | LG | 10 | 1 | 0 | 0 | 15 | 0 | 0 | 0 |
| | 1993 | LG | 24 | 0 | 0 | 0 | 24 | 1 | 0 | 0 |
| | 1994 | LG | 20 | 2 | 0 | 0 | 30 | 1 | 0 | 0 |
| | 1995 | 전남 | 10 | 4 | 0 | 0 | 14 | 0 | 0 | 0 |
| | 1996 | 수원 | 20 | 0 | 0 | 0 | 17 | 2 | 2 | 0 |
| | 1997 | 수원 | 11 | 0 | 0 | 0 | 14 | 0 | 1 | 0 |
| | 1998 | 전남 | 14 | 0 | 0 | 0 | 12 | 0 | 1 | 0 |
| | 1999 | 전남 | 15 | 1 | 0 | 0 | 24 | 0 | 0 | 0 |
| PO | 1986 | 포항제철 | 2 | 0 | 0 | 0 | 1 | 0 | 0 | 0 |
| | 1996 | 수원 | 2 | 0 | 0 | 0 | 3 | 1 | 0 | 0 |
| | 1998 | 전남 | 1 | 0 | 0 | 0 | 0 | 0 | 0 | 0 |
| | 1999 | 전남 | 1 | 0 | 0 | 0 | 1 | 0 | 0 | 0 |
| 컵 | 1986 | 포항제철 | 1 | 0 | 0 | 0 | 2 | 0 | 0 | 0 |
| | 1992 | LG | 3 | 0 | 0 | 0 | 2 | 0 | 0 | 0 |
| | 1993 | LG | 5 | 1 | 0 | 0 | 6 | 1 | 1 | 0 |
| | 1995 | 전남 | 1 | 1 | 0 | 0 | 1 | 0 | 0 | 0 |
| | 1996 | 수원 | 2 | 0 | 0 | 0 | 1 | 0 | 0 | 0 |
| | 1997 | 수원 | 8 | 0 | 0 | 0 | 9 | 1 | 1 | 0 |
| | 1999 | 전남 | 3 | 0 | 0 | 0 | 4 | 0 | 0 | 0 |
| 통산 | | | 194 | 11 | 0 | 0 | 221 | 9 | 6 | 0 |

**박철우**(朴哲佑) 국제사이버대 1997.10.21

| 대회 | 연도 | 소속 | 출전 | 교체 | 득점 | 도움 | 실점 | 파울 | 경고 | 퇴장 |
|---|---|---|---|---|---|---|---|---|---|---|
| K1 | 2023 | 수원FC | 29 | 19 | 0 | 0 | 0 | 19 | 2 | 0 |
| | 2024 | 수원FC | 36 | 17 | 1 | 2 | 0 | 30 | 8 | 0 |
| | 2025 | 김천 | 15 | 8 | 0 | 0 | 0 | 18 | 2 | 0 |
| | 2025 | 수원FC | 4 | 2 | 0 | 0 | 0 | 1 | 0 | 0 |
| K2 | 2022 | 충남아산 | 25 | 21 | 1 | 0 | 0 | 25 | 3 | 0 |
| PO | 2023 | 수원FC | 2 | 1 | 0 | 0 | 0 | 3 | 1 | 0 |
| 통산 | | | 111 | 68 | 2 | 2 | 0 | 96 | 16 | 0 |

**박철웅**(朴鐵雄) 영남대 1958.04.15

| 대회 | 연도 | 소속 | 출전 | 교체 | 득점 | 도움 | 실점 | 파울 | 경고 | 퇴장 |
|---|---|---|---|---|---|---|---|---|---|---|
| K1 | 1983 | 포항제철 | 4 | 4 | 0 | 0 | 0 | 0 | 0 | 0 |
| | 1984 | 포항제철 | 1 | 0 | 0 | 0 | 0 | 0 | 0 | 0 |
| 통산 | | | 5 | 4 | 0 | 0 | 0 | 0 | 0 | 0 |

**박철형**(朴哲亨) 울산대 1982.03.17

| 대회 | 연도 | 소속 | 출전 | 교체 | 득점 | 도움 | 실점 | 파울 | 경고 | 퇴장 |
|---|---|---|---|---|---|---|---|---|---|---|
| K1 | 2005 | 부천SK | 2 | 2 | 0 | 0 | 0 | 0 | 0 | 0 |
| | 2006 | 제주 | 1 | 1 | 0 | 0 | 0 | 0 | 0 | 0 |
| 컵 | 2006 | 제주 | 3 | 3 | 0 | 0 | 0 | 2 | 0 | 0 |
| 통산 | | | 6 | 6 | 0 | 0 | 0 | 2 | 0 | 0 |

**박청효**(朴青孝) 연세대 1990.02.13

| 대회 | 연도 | 소속 | 출전 | 교체 | 득점 | 도움 | 실점 | 파울 | 경고 | 퇴장 |
|---|---|---|---|---|---|---|---|---|---|---|
| K1 | 2013 | 경남 | 10 | 0 | 0 | 0 | 21 | 0 | 1 | 0 |
| | 2014 | 경남 | 0 | 0 | 0 | 0 | 0 | 0 | 0 | 0 |
| | 2024 | 강원 | 9 | 0 | 0 | 0 | 19 | 0 | 1 | 0 |
| | 2025 | 강원 | 19 | 1 | 0 | 0 | 19 | 1 | 1 | 0 |
| K2 | 2014 | 충주 | 8 | 0 | 0 | 0 | 14 | 0 | 1 | 0 |
| | 2015 | 충주 | 4 | 0 | 0 | 0 | 4 | 0 | 0 | 0 |
| | 2017 | 수원FC | 4 | 0 | 0 | 0 | 6 | 0 | 1 | 0 |
| | 2023 | 김포 | 33 | 1 | 0 | 0 | 21 | 1 | 0 | 0 |
| PO | 2023 | 김포 | 3 | 0 | 0 | 0 | 3 | 0 | 0 | 0 |
| 통산 | | | 90 | 2 | 0 | 0 | 107 | 2 | 5 | 0 |

**박충균**(朴忠均) 건국대 1973.06.20

| 대회 | 연도 | 소속 | 출전 | 교체 | 득점 | 도움 | 실점 | 파울 | 경고 | 퇴장 |
|---|---|---|---|---|---|---|---|---|---|---|
| K1 | 1996 | 수원 | 6 | 3 | 0 | 0 | 0 | 9 | 1 | 0 |
| | 1997 | 수원 | 7 | 3 | 0 | 0 | 0 | 19 | 2 | 0 |
| | 2001 | 수원 | 1 | 1 | 0 | 0 | 0 | 0 | 0 | 0 |
| | 2001 | 성남일화 | 9 | 4 | 1 | 1 | 0 | 12 | 2 | 0 |
| | 2002 | 성남일화 | 7 | 3 | 0 | 1 | 0 | 11 | 2 | 0 |
| | 2003 | 성남일화 | 25 | 9 | 0 | 1 | 0 | 45 | 4 | 0 |
| | 2004 | 부산 | 11 | 7 | 0 | 0 | 0 | 11 | 1 | 0 |
| | 2005 | 부산 | 3 | 1 | 0 | 0 | 0 | 4 | 0 | 0 |
| | 2006 | 대전 | 18 | 4 | 0 | 0 | 0 | 39 | 3 | 0 |
| | 2007 | 부산 | 7 | 5 | 0 | 0 | 0 | 11 | 2 | 0 |
| PO | 1996 | 수원 | 2 | 0 | 0 | 0 | 0 | 6 | 2 | 0 |
| | 2005 | 부산 | 1 | 0 | 0 | 0 | 0 | 3 | 0 | 0 |
| 컵 | 1996 | 수원 | 4 | 0 | 0 | 0 | 0 | 5 | 0 | 0 |
| | 1997 | 수원 | 5 | 1 | 0 | 0 | 0 | 11 | 1 | 0 |
| | 1998 | 수원 | 2 | 1 | 0 | 0 | 0 | 3 | 0 | 0 |
| | 2001 | 수원 | 1 | 0 | 0 | 0 | 0 | 0 | 0 | 0 |
| | 2002 | 성남일화 | 3 | 1 | 0 | 0 | 0 | 3 | 0 | 0 |
| | 2004 | 부산 | 3 | 2 | 0 | 0 | 0 | 1 | 2 | 0 |
| | 2005 | 부산 | 6 | 0 | 0 | 0 | 0 | 9 | 0 | 0 |
| | 2006 | 대전 | 4 | 4 | 0 | 0 | 0 | 4 | 1 | 0 |
| | 2007 | 부산 | 3 | 1 | 0 | 0 | 0 | 3 | 0 | 0 |
| 통산 | | | 128 | 50 | 1 | 3 | 0 | 209 | 23 | 0 |

**박태민**(朴太民) 연세대 1986.01.21

| 대회 | 연도 | 소속 | 출전 | 교체 | 득점 | 도움 | 실점 | 파울 | 경고 | 퇴장 |
|---|---|---|---|---|---|---|---|---|---|---|
| K1 | 2008 | 수원 | 3 | 2 | 0 | 0 | 0 | 6 | 0 | 0 |
| | 2009 | 수원 | 2 | 1 | 0 | 0 | 0 | 3 | 0 | 0 |
| | 2010 | 수원 | 2 | 1 | 0 | 0 | 0 | 3 | 0 | 0 |
| | 2011 | 부산 | 18 | 6 | 1 | 1 | 0 | 20 | 3 | 0 |
| | 2012 | 인천 | 40 | 5 | 0 | 4 | 0 | 44 | 3 | 0 |
| | 2013 | 인천 | 36 | 1 | 3 | 0 | 0 | 46 | 6 | 0 |
| | 2014 | 인천 | 36 | 1 | 1 | 2 | 0 | 37 | 4 | 0 |
| | 2015 | 성남 | 20 | 2 | 0 | 1 | 0 | 30 | 3 | 0 |
| | 2016 | 성남 | 1 | 0 | 0 | 0 | 0 | 0 | 0 | 0 |
| K2 | 2018 | 성남 | 7 | 2 | 0 | 0 | 0 | 9 | 0 | 0 |
| 컵 | 2008 | 수원 | 3 | 1 | 0 | 0 | 0 | 6 | 0 | 0 |
| | 2010 | 수원 | 0 | 0 | 0 | 0 | 0 | 0 | 0 | 0 |
| | 2011 | 부산 | 5 | 1 | 0 | 0 | 0 | 14 | 1 | 0 |
| 통산 | | | 173 | 23 | 5 | 8 | 0 | 218 | 20 | 0 |

**박태수**(朴太洙) 홍익대 1989.12.01

| 대회 | 연도 | 소속 | 출전 | 교체 | 득검 | 도움 | 실점 | 파울 | 경고 | 퇴장 |
|---|---|---|---|---|---|---|---|---|---|---|
| K1 | 2011 | 인천 | 1 | 1 | 0 | 0 | 0 | 1 | 0 | 0 |
| | 2012 | 인천 | 2 | 1 | 0 | 0 | 0 | 3 | 0 | 0 |
| | 2013 | 대전 | 14 | 5 | 0 | 0 | 0 | 33 | 5 | 0 |
| K2 | 2014 | 충주 | 25 | 1 | 1 | 4 | 0 | 59 | 10 | 0 |
| | 2015 | 안양 | 22 | 10 | 0 | 1 | 0 | 28 | 3 | 0 |
| 컵 | 2011 | 인천 | 5 | 2 | 0 | 0 | 0 | 9 | 2 | 0 |
| 통산 | | | 69 | 20 | 1 | 5 | 0 | 133 | 20 | 0 |

**박태용**(朴泰用) 광운대 2001.04.05

| 대회 | 연도 | 소속 | 출전 | 교체 | 득점 | 도움 | 실점 | 파울 | 경고 | 퇴장 |
|---|---|---|---|---|---|---|---|---|---|---|
| K2 | 2023 | 전남 | 10 | 10 | 2 | 1 | 0 | 4 | 1 | 0 |
| | 2024 | 전남 | 31 | 26 | 3 | 5 | 0 | 15 | 1 | 0 |
| | 2025 | 전남 | 11 | 11 | 0 | 0 | 0 | 4 | 0 | 0 |
| | 2025 | 경남 | 12 | 11 | 1 | 0 | 0 | 7 | 2 | 0 |
| PO | 2024 | 전남 | 2 | 2 | 0 | 0 | 0 | 1 | 0 | 0 |
| 통산 | | | 66 | 60 | 6 | 6 | 0 | 31 | 4 | 0 |

**박태웅**(朴泰雄) 숭실대 1988.01.30

| 대회 | 연도 | 소속 | 출전 | 교체 | 득점 | 도움 | 실점 | 파울 | 경고 | 퇴장 |
|---|---|---|---|---|---|---|---|---|---|---|
| K1 | 2010 | 경남 | 1 | 1 | 0 | 0 | 0 | 0 | 0 | 0 |
| | 2011 | 강원 | 12 | 4 | 0 | 1 | 0 | 26 | 4 | 0 |
| | 2012 | 강원 | 8 | 6 | 0 | 0 | 0 | 16 | 3 | 0 |
| | 2012 | 수원 | 8 | 5 | 0 | 1 | 0 | 14 | 3 | 0 |
| | 2013 | 수원 | 0 | 0 | 0 | 0 | 0 | 0 | 0 | 0 |
| | 2014 | 상주 | 0 | 0 | 0 | 0 | 0 | 0 | 0 | 0 |
| K2 | 2013 | 상주 | 2 | 0 | 0 | 0 | 0 | 5 | 2 | 0 |
| | 2016 | 경남 | 7 | 7 | 0 | 0 | 0 | 17 | 2 | 0 |
| PO | 2013 | 상주 | 0 | 0 | 0 | 0 | 0 | 0 | 0 | 0 |
| 컵 | 2010 | 경남 | 1 | 0 | 0 | 0 | 0 | 2 | 1 | 0 |
| | 2011 | 강원 | 2 | 1 | 0 | 0 | 0 | 4 | 1 | 0 |
| 통산 | | | 41 | 24 | 0 | 2 | 0 | 84 | 16 | 0 |

**박태원**(朴泰元) 순천고 1977.04.12

| 대회 | 연도 | 소속 | 출전 | 교체 | 득점 | 도움 | 실점 | 파울 | 경고 | 퇴장 |
|---|---|---|---|---|---|---|---|---|---|---|
| K1 | 2000 | 전남 | 1 | 1 | 0 | 0 | 0 | 1 | 0 | 0 |
| 통산 | | | 1 | 1 | 0 | 0 | 0 | 1 | 0 | 0 |

**박태윤**(朴泰潤) 중앙대 1991.04.05

| 대회 | 연도 | 소속 | 출전 | 교체 | 득점 | 도움 | 실점 | 파울 | 경고 | 퇴장 |
|---|---|---|---|---|---|---|---|---|---|---|
| K1 | 2014 | 울산 | 0 | 0 | 0 | 0 | 0 | 0 | 0 | 0 |
| 통산 | | | 0 | 0 | 0 | 0 | 0 | 0 | 0 | 0 |

**박태준**(朴泰濬) 풍생고 1999.01.19

| 대회 | 연도 | 소속 | 출전 | 교체 | 득점 | 도움 | 실점 | 파울 | 경고 | 퇴장 |
|---|---|---|---|---|---|---|---|---|---|---|
| K1 | 2019 | 성남 | 9 | 5 | 0 | 0 | 0 | 13 | 2 | 0 |
| | 2020 | 성남 | 17 | 12 | 2 | 0 | 0 | 14 | 0 | 0 |
| | 2021 | 성남 | 8 | 7 | 0 | 0 | 0 | 6 | 1 | 0 |
| | 2024 | 광주 | 27 | 17 | 2 | 1 | 0 | 25 | 2 | 0 |
| | 2025 | 광주 | 15 | 3 | 1 | 1 | 0 | 10 | 3 | 0 |
| | 2025 | 김천 | 9 | 4 | 1 | 2 | 0 | 12 | 4 | 0 |
| K2 | 2018 | 성남 | 20 | 10 | 1 | 0 | 0 | 25 | 3 | 0 |
| | 2021 | 안양 | 19 | 4 | 0 | 6 | 0 | 26 | 1 | 0 |
| | 2022 | 서울E | 12 | 10 | 0 | 1 | 0 | 6 | 2 | 0 |
| | 2023 | 성남 | 20 | 7 | 1 | 2 | 0 | 10 | 0 | 0 |
| PO | 2021 | 안양 | 1 | 0 | 0 | 0 | 0 | 0 | 0 | 0 |
| 통산 | | | 157 | 79 | 8 | 13 | 0 | 147 | 18 | 0 |

**박태하**(朴泰夏) 대구대 1968.05.29

| 대회 | 연도 | 소속 | 출전 | 교체 | 득점 | 도움 | 실점 | 파울 | 경고 | 퇴장 |
|---|---|---|---|---|---|---|---|---|---|---|
| K1 | 1991 | 포항제철 | 31 | 6 | 3 | 0 | 0 | 52 | 4 | 0 |
| | 1992 | 포항제철 | 28 | 10 | 2 | 5 | 0 | 42 | 4 | 0 |
| | 1993 | 포항제철 | 5 | 4 | 0 | 0 | 0 | 2 | 0 | 0 |
| | 1996 | 포항 | 28 | 6 | 8 | 4 | 0 | 43 | 2 | 0 |
| | 1997 | 포항 | 7 | 0 | 3 | 2 | 0 | 7 | 0 | 0 |
| | 1998 | 포항 | 18 | 2 | 5 | 6 | 0 | 37 | 2 | 0 |
| | 1999 | 포항 | 21 | 3 | 3 | 2 | 0 | 34 | 2 | 0 |
| | 2000 | 포항 | 26 | 3 | 6 | 2 | 0 | 30 | 2 | 0 |
| | 2001 | 포항 | 25 | 10 | 1 | 6 | 0 | 30 | 4 | 0 |
| PO | 1995 | 포항 | 2 | 1 | 0 | 0 | 0 | 1 | 1 | 0 |
| | 1998 | 포항 | 2 | 1 | 1 | 0 | 0 | 3 | 1 | 0 |
| 컵 | 1992 | 포항제철 | 7 | 1 | 3 | 2 | 0 | 13 | 0 | 0 |
| | 1996 | 포항 | 8 | 1 | 1 | 0 | 0 | 21 | 1 | 0 |
| | 1997 | 포항 | 11 | 0 | 3 | 2 | 0 | 8 | 1 | 0 |
| | 1998 | 포항 | 18 | 6 | 3 | 4 | 0 | 25 | 0 | 0 |
| | 1999 | 포항 | 10 | 1 | 2 | 2 | 0 | 19 | 1 | 0 |
| | 2000 | 포항 | 9 | 1 | 2 | 0 | 0 | 12 | 0 | 0 |
| | 2001 | 포항 | 7 | 4 | 0 | 0 | 0 | 7 | 1 | 0 |
| 통산 | | | 263 | 60 | 46 | 37 | 0 | 386 | 26 | 0 |

**박태형**(朴泰炯) 단국대 1992.04.07

| 대회 | 연도 | 소속 | 출전 | 교체 | 득점 | 도움 | 실점 | 파울 | 경고 | 퇴장 |
|---|---|---|---|---|---|---|---|---|---|---|
| K2 | 2015 | 고양 | 15 | 4 | 0 | 0 | 0 | 10 | 4 | 0 |
| | 2016 | 고양 | 34 | 1 | 0 | 0 | 0 | 25 | 7 | 0 |
| 통산 | | | 49 | 5 | 0 | 0 | 0 | 35 | 11 | 0 |

**박태홍**(朴台洪) 연세대 1991.03.25

| 대회 | 연도 | 소속 | 출전 | 교체 | 득점 | 도움 | 실점 | 파울 | 경고 | 퇴장 |
|---|---|---|---|---|---|---|---|---|---|---|
| K1 | 2017 | 대구 | 10 | 0 | 0 | 1 | 0 | 13 | 4 | 0 |
| | 2019 | 경남 | 1 | 1 | 0 | 0 | 0 | 1 | 1 | 0 |
| K2 | 2016 | 대구 | 38 | 0 | 1 | 0 | 0 | 64 | 8 | 0 |
| | 2018 | 부산 | 4 | 1 | 0 | 0 | 0 | 8 | 0 | 0 |
| | 2020 | 경남 | 1 | 1 | 0 | 0 | 0 | 1 | 0 | 0 |
| | 2021 | 부천 | 12 | 6 | 0 | 0 | 0 | 12 | 3 | 0 |
| PO | 2020 | 경남 | 1 | 0 | 0 | 0 | 0 | 3 | 1 | 0 |
| 통산 | | | 67 | 9 | 1 | 1 | 0 | 102 | 17 | 0 |

**박하빈**(朴昰斌) 울산대 1997.04.23

| 대회 | 연도 | 소속 | 출전 | 교체 | 득점 | 도움 | 실점 | 파울 | 경고 | 퇴장 |
|---|---|---|---|---|---|---|---|---|---|---|
| K1 | 2019 | 울산 | 1 | 1 | 0 | 0 | 0 | 0 | 0 | 0 |
| K2 | 2021 | 부천 | 6 | 5 | 0 | 0 | 0 | 5 | 2 | 0 |
| | 2022 | 부천 | 3 | 3 | 0 | 1 | 0 | 0 | 0 | 0 |
| 통산 | | | 10 | 9 | 0 | 1 | 0 | 5 | 2 | 0 |

**박한근**(朴韓槿) 전주대 1996.05.07

| 대회 | 연도 | 소속 | 출전 | 교체 | 득점 | 도움 | 실점 | 파울 | 경고 | 퇴장 |
|---|---|---|---|---|---|---|---|---|---|---|
| K1 | 2018 | 제주 | 1 | 0 | 0 | 0 | 0 | 1 | 1 | 0 |
| | 2019 | 제주 | 0 | 0 | 0 | 0 | 0 | 0 | 0 | 0 |
| K2 | 2021 | 충남아산 | 20 | 0 | 0 | 0 | 24 | 0 | 0 | 0 |
| | 2022 | 충남아산 | 14 | 2 | 0 | 0 | 19 | 0 | 0 | 0 |
| | 2023 | 충남아산 | 18 | 5 | 0 | 0 | 23 | 0 | 1 | 0 |
| | 2024 | 충남아산 | 6 | 1 | 0 | 0 | 7 | 0 | 1 | 0 |
| PO | 2024 | 충남아산 | 0 | 0 | 0 | 0 | 0 | 0 | 0 | 0 |
| 통산 | | | 59 | 8 | 0 | 0 | 73 | 1 | 3 | 0 |

**박한빈**(朴限彬) 신갈고 1997.09.21

| 대회 | 연도 | 소속 | 출전 | 교체 | 득점 | 도움 | 실점 | 파울 | 경고 | 퇴장 |
|---|---|---|---|---|---|---|---|---|---|---|
| K1 | 2017 | 대구 | 17 | 10 | 0 | 0 | 0 | 22 | 2 | 0 |
| | 2018 | 대구 | 24 | 19 | 3 | 0 | 0 | 26 | 2 | 0 |
| | 2019 | 대구 | 15 | 12 | 0 | 0 | 0 | 17 | 0 | 0 |
| | 2020 | 대구 | 8 | 3 | 1 | 1 | 0 | 22 | 2 | 0 |
| | 2021 | 대구 | 16 | 12 | 0 | 0 | 0 | 21 | 5 | 0 |
| | 2023 | 광주 | 12 | 12 | 1 | 0 | 0 | 5 | 2 | 0 |
| | 2024 | 광주 | 1 | 1 | 0 | 0 | 0 | 0 | 0 | 0 |
| K2 | 2016 | 대구 | 6 | 6 | 0 | 0 | 0 | 4 | 0 | 0 |
| | 2022 | 광주 | 38 | 11 | 3 | 6 | 0 | 33 | 7 | 0 |
| | 2024 | 경남 | 6 | 5 | 1 | 1 | 0 | 7 | 2 | 0 |
| | 2025 | 경남 | 2 | 2 | 0 | 0 | 0 | 0 | 0 | 0 |
| 통산 | | | 145 | 93 | 9 | 8 | 0 | 157 | 22 | 0 |

**박한석**

| 대회 | 연도 | 소속 | 출전 | 교체 | 득점 | 도움 | 실점 | 파울 | 경고 | 퇴장 |
|---|---|---|---|---|---|---|---|---|---|---|
| K1 | 1995 | 대우 | 0 | 0 | 0 | 0 | 0 | 0 | 0 | 0 |
| | 1996 | 부산 | 0 | 0 | 0 | 0 | 0 | 0 | 0 | 0 |
| 통산 | | | 0 | 0 | 0 | 0 | 0 | 0 | 0 | 0 |

**박한수**(朴漢洙) 전주대 1991.01.15

| 대회 | 연도 | 소속 | 출전 | 교체 | 득점 | 도움 | 실점 | 파울 | 경고 | 퇴장 |
|---|---|---|---|---|---|---|---|---|---|---|
| K2 | 2017 | 안산 | 24 | 3 | 3 | 1 | 0 | 24 | 5 | 0 |
| 통산 | | | 24 | 3 | 3 | 1 | 0 | 24 | 5 | 0 |

**박한준**(朴漢峻) 안양공고 1997.09.12

| 대회 | 연도 | 소속 | 출전 | 교체 | 득점 | 도움 | 실점 | 파울 | 경고 | 퇴장 |
|---|---|---|---|---|---|---|---|---|---|---|
| K2 | 2016 | 안양 | 1 | 1 | 0 | 0 | 0 | 0 | 0 | 0 |
| | 2017 | 안양 | 4 | 4 | 0 | 1 | 0 | 2 | 0 | 0 |
| 통산 | | | 5 | 5 | 0 | 1 | 0 | 2 | 0 | 0 |

**박항서**(朴恒緖) 한양대 1959.01.04

| 대회 | 연도 | 소속 | 출전 | 교체 | 득점 | 도움 | 실점 | 파울 | 경고 | 퇴장 |
|---|---|---|---|---|---|---|---|---|---|---|
| K1 | 1984 | 럭키금성 | 21 | 3 | 2 | 1 | 0 | 21 | 2 | 0 |
| | 1985 | 럭키금성 | 19 | 3 | 4 | 3 | 0 | 32 | 3 | 0 |
| | 1986 | 럭키금성 | 19 | 0 | 1 | 3 | 0 | 35 | 3 | 0 |
| | 1987 | 럭키금성 | 28 | 1 | 7 | 0 | 0 | 39 | 3 | 1 |
| | 1988 | 럭키금성 | 12 | 5 | 1 | 1 | 0 | 18 | 2 | 0 |
| PO | 1986 | 럭키금성 | 2 | 0 | 0 | 0 | 0 | 3 | 1 | 0 |
| 컵 | 1986 | 럭키금성 | 16 | 3 | 5 | 0 | 0 | 30 | 1 | 0 |
| 통산 | | | 117 | 15 | 20 | 8 | 0 | 178 | 15 | 1 |

**박헌균**(朴憲均) 안양공고 1971.05.29

| 대회 | 연도 | 소속 | 출전 | 교체 | 득점 | 도움 | 실점 | 파울 | 경고 | 퇴장 |
|---|---|---|---|---|---|---|---|---|---|---|
| K1 | 1990 | 유공 | 4 | 4 | 0 | 0 | 0 | 1 | 0 | 0 |
| 통산 | | | 4 | 4 | 0 | 0 | 0 | 1 | 0 | 0 |

**박혁순**(朴赫淳) 연세대 1980.03.06

| 대회 | 연도 | 소속 | 출전 | 교체 | 득점 | 도움 | 실점 | 파울 | 경고 | 퇴장 |
|---|---|---|---|---|---|---|---|---|---|---|
| K1 | 2003 | 안양LG | 7 | 7 | 0 | 0 | 0 | 4 | 1 | 0 |
| | 2006 | 광주상무 | 8 | 6 | 0 | 0 | 0 | 2 | 0 | 0 |
| | 2007 | 경남 | 2 | 2 | 1 | 0 | 0 | 2 | 0 | 0 |
| | 2008 | 경남 | 1 | 1 | 0 | 0 | 0 | 0 | 0 | 0 |
| 컵 | 2006 | 광주상무 | 7 | 5 | 1 | 0 | 0 | 5 | 0 | 0 |
| | 2007 | 경남 | 3 | 2 | 0 | 1 | 0 | 7 | 1 | 0 |
| | 2008 | 경남 | 1 | 0 | 0 | 0 | 0 | 1 | 0 | 0 |
| 통산 | | | 29 | 23 | 2 | 1 | 0 | 21 | 2 | 0 |

**박현**(朴賢) 인천대 1988.09.24

| 대회 | 연도 | 소속 | 출전 | 교체 | 득점 | 도움 | 실점 | 파울 | 경고 | 퇴장 |
|---|---|---|---|---|---|---|---|---|---|---|
| K1 | 2011 | 광주 | 1 | 1 | 0 | 1 | 0 | 0 | 0 | 0 |
| | 2012 | 광주 | 13 | 13 | 2 | 0 | 0 | 10 | 0 | 0 |
| K2 | 2013 | 광주 | 23 | 17 | 4 | 3 | 0 | 25 | 3 | 0 |
| | 2014 | 광주 | 12 | 9 | 0 | 0 | 0 | 12 | 1 | 0 |
| PO | 2014 | 광주 | 0 | 0 | 0 | 0 | 0 | 0 | 0 | 0 |
| 컵 | 2011 | 광주 | 3 | 0 | 0 | 1 | 0 | 7 | 0 | 0 |
| 통산 | | | 52 | 40 | 6 | 5 | 0 | 54 | 4 | 0 |

**박현범**(朴玹範) 연세대 1987.05.07

| 대회 | 연도 | 소속 | 출전 | 교체 | 득점 | 도움 | 실점 | 파울 | 경고 | 퇴장 |
|---|---|---|---|---|---|---|---|---|---|---|
| K1 | 2008 | 수원 | 11 | 6 | 1 | 0 | 0 | 11 | 0 | 0 |
| | 2009 | 수원 | 12 | 10 | 1 | 0 | 0 | 6 | 0 | 0 |
| | 2010 | 제주 | 19 | 3 | 3 | 1 | 0 | 20 | 2 | 0 |
| | 2011 | 제주 | 18 | 1 | 6 | 2 | 0 | 20 | 0 | 0 |
| | 2011 | 수원 | 11 | 2 | 0 | 2 | 0 | 22 | 2 | 0 |
| | 2012 | 수원 | 38 | 8 | 4 | 0 | 0 | 63 | 6 | 0 |
| | 2013 | 수원 | 14 | 6 | 0 | 0 | 0 | 15 | 0 | 0 |
| | 2015 | 수원 | 2 | 2 | 0 | 0 | 0 | 0 | 1 | 0 |
| | 2016 | 수원 | 8 | 4 | 0 | 0 | 0 | 7 | 0 | 0 |
| K2 | 2014 | 안산경찰 | 21 | 15 | 0 | 0 | 0 | 28 | 3 | 0 |
| | 2015 | 안산경찰 | 19 | 11 | 1 | 0 | 0 | 13 | 1 | 0 |
| PO | 2010 | 제주 | 3 | 0 | 0 | 0 | 0 | 5 | 1 | 0 |
| | 2011 | 수원 | 2 | 1 | 0 | 0 | 0 | 1 | 0 | 0 |
| | 2014 | 안산경찰 | 0 | 0 | 0 | 0 | 0 | 0 | 0 | 0 |
| 컵 | 2008 | 수원 | 7 | 4 | 1 | 2 | 0 | 8 | 0 | 0 |
| | 2009 | 수원 | 2 | 1 | 0 | 0 | 0 | 2 | 0 | 0 |
| | 2010 | 제주 | 4 | 1 | 0 | 1 | 0 | 3 | 0 | 1 |
| 통산 | | | 191 | 75 | 17 | 8 | 0 | 224 | 16 | 1 |

**박현빈**(朴賢賓) 대건고 2003.05.19

| 대회 | 연도 | 소속 | 출전 | 교체 | 득점 | 도움 | 실점 | 파울 | 경고 | 퇴장 |
|---|---|---|---|---|---|---|---|---|---|---|
| K1 | 2022 | 인천 | 1 | 1 | 0 | 0 | 0 | 1 | 1 | 0 |
| | 2023 | 인천 | 5 | 5 | 0 | 0 | 0 | 7 | 2 | 0 |
| K2 | 2024 | 부천 | 28 | 19 | 2 | 2 | 0 | 34 | 3 | 0 |
| | 2025 | 부천 | 34 | 15 | 1 | 1 | 0 | 70 | 9 | 1 |
| PO | 2025 | 부천 | 3 | 3 | 0 | 0 | 0 | 4 | 2 | 0 |
| 통산 | | | 71 | 43 | 3 | 3 | 0 | 116 | 17 | 1 |

**박현순** 경북산업대(경일대) 1972.01.02

| 대회 | 연도 | 소속 | 출전 | 교체 | 득점 | 도움 | 실점 | 파울 | 경고 | 퇴장 |
|---|---|---|---|---|---|---|---|---|---|---|
| K1 | 1995 | 포항 | 0 | 0 | 0 | 0 | 0 | 0 | 0 | 0 |
| 통산 | | | 0 | 0 | 0 | 0 | 0 | 0 | 0 | 0 |

**박현용**(朴鉉用) 아주대 1964.04.06

| 대회 | 연도 | 소속 | 출전 | 교체 | 득점 | 도움 | 실점 | 파울 | 경고 | 퇴장 |
|---|---|---|---|---|---|---|---|---|---|---|
| K1 | 1987 | 대우 | 12 | 10 | 0 | 0 | 0 | 7 | 0 | 0 |

| | | | | | | | | | | |
|---|---|---|---|---|---|---|---|---|---|---|
| | 1988 | 대우 | 10 | 10 | 1 | 0 | 0 | 10 | 0 | 0 |
| | 1989 | 대우 | 17 | 3 | 2 | 0 | 0 | 28 | 1 | 0 |
| | 1990 | 대우 | 28 | 3 | 3 | 0 | 0 | 46 | 2 | 0 |
| | 1991 | 대우 | 39 | 0 | 7 | 2 | 0 | 35 | 3 | 0 |
| | 1992 | 대우 | 20 | 0 | 0 | 0 | 0 | 30 | 2 | 1 |
| | 1993 | 대우 | 29 | 0 | 2 | 2 | 0 | 32 | 2 | 0 |
| | 1994 | 대우 | 10 | 0 | 0 | 0 | 0 | 6 | 0 | 0 |
| | 1995 | 대우 | 19 | 5 | 0 | 0 | 0 | 21 | 3 | 0 |
| 컵 | 1992 | 대우 | 9 | 0 | 1 | 0 | 0 | 6 | 1 | 0 |
| | 1993 | 대우 | 5 | 0 | 1 | 0 | 0 | 5 | 1 | 0 |
| 통산 | | | 198 | 31 | 17 | 4 | 0 | 226 | 15 | 1 |

**박현우**(朴賢優) 진주고 1997.02.21

| 대회 | 연도 | 소속 | 출전 | 교체 | 득점 | 도움 | 실점 | 파울 | 경고 | 퇴장 |
|---|---|---|---|---|---|---|---|---|---|---|
| K2 | 2016 | 경남 | 0 | 0 | 0 | 0 | 0 | 0 | 0 | 0 |
| 통산 | | | 0 | 0 | 0 | 0 | 0 | 0 | 0 | 0 |

**박형근**(朴亨根) 경희대 1985.12.14

| 대회 | 연도 | 소속 | 출전 | 교체 | 득점 | 도움 | 실점 | 파울 | 경고 | 퇴장 |
|---|---|---|---|---|---|---|---|---|---|---|
| K1 | 2008 | 인천 | 2 | 2 | 0 | 0 | 0 | 1 | 0 | 0 |
| 컵 | 2008 | 인천 | 3 | 3 | 0 | 0 | 0 | 0 | 0 | 0 |
| 통산 | | | 5 | 5 | 0 | 0 | 0 | 1 | 0 | 0 |

**박형민**(朴烱旼) 단국대 1994.04.07

| 대회 | 연도 | 소속 | 출전 | 교체 | 득점 | 도움 | 실점 | 파울 | 경고 | 퇴장 |
|---|---|---|---|---|---|---|---|---|---|---|
| K1 | 2017 | 광주 | 0 | 0 | 0 | 0 | 0 | 0 | 0 | 0 |
| K2 | 2018 | 안산 | 1 | 0 | 0 | 0 | 4 | 0 | 0 | 0 |
| 통산 | | | 1 | 0 | 0 | 0 | 4 | 0 | 0 | 0 |

**박형우**(朴烱愚) 천안제일고 2004.09.13

| 대회 | 연도 | 소속 | 출전 | 교체 | 득점 | 도움 | 실점 | 파울 | 경고 | 퇴장 |
|---|---|---|---|---|---|---|---|---|---|---|
| K1 | 2023 | 포항 | 2 | 2 | 0 | 0 | 0 | 0 | 0 | 0 |
| K2 | 2025 | 안산 | 8 | 9 | 0 | 0 | 0 | 1 | 0 | 0 |
| 통산 | | | 10 | 11 | 0 | 0 | 0 | 1 | 0 | 0 |

**박형주**(朴亨珠) 한양대 1972.02.02

| 대회 | 연도 | 소속 | 출전 | 교체 | 득점 | 도움 | 실점 | 파울 | 경고 | 퇴장 |
|---|---|---|---|---|---|---|---|---|---|---|
| K1 | 1999 | 포항 | 20 | 7 | 0 | 1 | 0 | 18 | 0 | 0 |
| | 2000 | 포항 | 17 | 6 | 0 | 0 | 0 | 23 | 4 | 0 |
| | 2001 | 포항 | 15 | 9 | 0 | 0 | 0 | 23 | 4 | 0 |
| 컵 | 1999 | 포항 | 3 | 0 | 0 | 0 | 0 | 5 | 0 | 0 |
| | 2000 | 포항 | 10 | 2 | 0 | 2 | 0 | 11 | 0 | 0 |
| | 2001 | 포항 | 2 | 1 | 0 | 0 | 0 | 4 | 1 | 0 |
| 통산 | | | 67 | 25 | 0 | 3 | 0 | 84 | 9 | 0 |

**박형진**(朴亨鎭) 고려대 1990.06.24

| 대회 | 연도 | 소속 | 출전 | 교체 | 득점 | 도움 | 실점 | 파울 | 경고 | 퇴장 |
|---|---|---|---|---|---|---|---|---|---|---|
| K1 | 2018 | 수원 | 19 | 1 | 1 | 3 | 0 | 21 | 2 | 0 |
| | 2019 | 수원 | 23 | 8 | 0 | 0 | 0 | 29 | 2 | 0 |
| | 2021 | 수원 | 1 | 1 | 0 | 0 | 0 | 0 | 0 | 0 |
| | 2022 | 수원 | 11 | 10 | 1 | 0 | 0 | 6 | 1 | 0 |
| K2 | 2023 | 부천 | 34 | 29 | 1 | 1 | 0 | 17 | 2 | 0 |
| | 2024 | 부천 | 23 | 19 | 1 | 0 | 0 | 12 | 2 | 0 |
| | 2025 | 부천 | 7 | 6 | 0 | 1 | 0 | 1 | 1 | 0 |
| PO | 2022 | 수원 | 1 | 1 | 0 | 0 | 0 | 0 | 0 | 0 |
| | 2023 | 부천 | 1 | 1 | 0 | 0 | 0 | 0 | 0 | 0 |
| 통산 | | | 120 | 76 | 4 | 5 | 0 | 86 | 10 | 0 |

**박호민**(朴鎬緡) 고려대 2001.10.09

| 대회 | 연도 | 소속 | 출전 | 교체 | 득점 | 도움 | 실점 | 파울 | 경고 | 퇴장 |
|---|---|---|---|---|---|---|---|---|---|---|
| K1 | 2022 | 서울 | 1 | 1 | 1 | 0 | 0 | 0 | 0 | 0 |
| K2 | 2023 | 부천 | 20 | 20 | 2 | 1 | 0 | 18 | 4 | 0 |
| | 2024 | 부천 | 15 | 15 | 2 | 0 | 0 | 7 | 2 | 0 |
| | 2025 | 인천 | 26 | 26 | 5 | 0 | 0 | 26 | 2 | 0 |
| PO | 2023 | 부천 | 1 | 1 | 0 | 0 | 0 | 1 | 1 | 0 |
| 통산 | | | 63 | 63 | 10 | 1 | 0 | 52 | 9 | 0 |

**박호영**(朴祜永) 개성고 1999.04.07

| 대회 | 연도 | 소속 | 출전 | 교체 | 득점 | 도움 | 실점 | 파울 | 경고 | 퇴장 |
|---|---|---|---|---|---|---|---|---|---|---|
| K1 | 2020 | 부산 | 2 | 2 | 0 | 0 | 0 | 3 | 0 | 0 |
| | 2025 | 강원 | 20 | 15 | 0 | 1 | 0 | 7 | 4 | 0 |
| K2 | 2018 | 부산 | 2 | 2 | 0 | 0 | 0 | 0 | 0 | 0 |
| | 2019 | 부산 | 7 | 6 | 0 | 0 | 0 | 4 | 1 | 0 |
| | 2021 | 부산 | 27 | 7 | 0 | 0 | 0 | 23 | 5 | 0 |
| | 2022 | 부산 | 2 | 1 | 0 | 0 | 0 | 2 | 0 | 0 |
| PO | 2018 | 부산 | 0 | 0 | 0 | 0 | 0 | 0 | 0 | 0 |
| | 2019 | 부산 | 1 | 1 | 0 | 0 | 0 | 0 | 0 | 0 |
| 통산 | | | 61 | 34 | 0 | 1 | 0 | 39 | 10 | 0 |

**박호용**(朴鎬用) 안동고 1991.06.30

| 대회 | 연도 | 소속 | 출전 | 교체 | 득점 | 도움 | 실점 | 파울 | 경고 | 퇴장 |
|---|---|---|---|---|---|---|---|---|---|---|
| 컵 | 2011 | 인천 | 3 | 2 | 0 | 0 | 0 | 6 | 2 | 0 |
| 통산 | | | 3 | 2 | 0 | 0 | 0 | 6 | 2 | 0 |

**박호진**(朴 虎 珍) 연세대 1976.10.22

| 대회 | 연도 | 소속 | 출전 | 교체 | 득점 | 도움 | 실점 | 파울 | 경고 | 퇴장 |
|---|---|---|---|---|---|---|---|---|---|---|
| K1 | 1999 | 수원 | 0 | 0 | 0 | 0 | 0 | 0 | 0 | 0 |
| | 2000 | 수원 | 0 | 0 | 0 | 0 | 0 | 1 | 0 | 0 |
| | 2001 | 수원 | 11 | 0 | 0 | 0 | 13 | 0 | 0 | 0 |
| | 2002 | 수원 | 5 | 0 | 0 | 0 | 3 | 0 | 0 | 0 |
| | 2003 | 광주상무 | 6 | 0 | 0 | 0 | 9 | 0 | 0 | 0 |
| | 2004 | 광주상무 | 8 | 1 | 0 | 0 | 7 | 0 | 0 | 0 |
| | 2005 | 수원 | 4 | 0 | 0 | 0 | 3 | 0 | 0 | 0 |
| | 2006 | 수원 | 12 | 0 | 0 | 0 | 8 | 0 | 0 | 0 |
| | 2007 | 수원 | 2 | 0 | 0 | 0 | 4 | 0 | 0 | 0 |
| | 2009 | 수원 | 3 | 0 | 0 | 0 | 7 | 0 | 0 | 0 |
| | 2011 | 광주 | 30 | 0 | 0 | 0 | 43 | 1 | 2 | 0 |
| | 2012 | 광주 | 35 | 0 | 0 | 0 | 52 | 0 | 2 | 0 |
| | 2013 | 강원 | 15 | 0 | 0 | 0 | 30 | 1 | 1 | 0 |
| PO | 2006 | 수원 | 3 | 0 | 0 | 0 | 3 | 0 | 0 | 0 |
| | 2013 | 강원 | 0 | 0 | 0 | 0 | 0 | 0 | 0 | 0 |
| 컵 | 1999 | 수원 | 0 | 0 | 0 | 0 | 0 | 0 | 0 | 0 |
| | 2000 | 수원 | 1 | 0 | 0 | 0 | 1 | 0 | 0 | 0 |
| | 2001 | 수원 | 0 | 0 | 0 | 0 | 0 | 0 | 0 | 0 |
| | 2002 | 수원 | 0 | 0 | 0 | 0 | 0 | 0 | 0 | 0 |
| | 2004 | 광주상무 | 9 | 0 | 0 | 0 | 9 | 0 | 0 | 0 |
| | 2005 | 수원 | 0 | 0 | 0 | 0 | 0 | 0 | 0 | 0 |
| | 2006 | 수원 | 10 | 1 | 0 | 0 | 8 | 0 | 0 | 0 |
| | 2007 | 수원 | 2 | 0 | 0 | 0 | 2 | 0 | 0 | 0 |
| | 2009 | 수원 | 1 | 0 | 0 | 0 | 3 | 0 | 0 | 0 |
| | 2011 | 광주 | 1 | 0 | 0 | 0 | 1 | 0 | 0 | 0 |
| 통산 | | | 158 | 2 | 0 | 0 | 206 | 3 | 5 | 0 |

**박효빈**(朴孝彬) 한양대 1972.01.07

| 대회 | 연도 | 소속 | 출전 | 교체 | 득점 | 도움 | 실점 | 파울 | 경고 | 퇴장 |
|---|---|---|---|---|---|---|---|---|---|---|
| K1 | 1995 | 유공 | 18 | 12 | 0 | 0 | 0 | 16 | 1 | 0 |
| | 1996 | 부천유공 | 11 | 7 | 0 | 0 | 0 | 8 | 3 | 0 |
| | 1997 | 부천SK | 12 | 11 | 1 | 0 | 0 | 10 | 3 | 0 |
| | 1998 | 부천SK | 7 | 6 | 3 | 0 | 0 | 6 | 0 | 0 |
| | 1999 | 안양LG | 3 | 3 | 0 | 0 | 0 | 5 | 0 | 0 |
| 컵 | 1997 | 부천SK | 9 | 9 | 0 | 1 | 0 | 5 | 0 | 0 |
| 통산 | | | 60 | 48 | 4 | 1 | 0 | 50 | 7 | 0 |

**박효진**(朴孝鎭) 한양대 1972.07.22

| 대회 | 연도 | 소속 | 출전 | 교체 | 득점 | 도움 | 실점 | 파울 | 경고 | 퇴장 |
|---|---|---|---|---|---|---|---|---|---|---|
| 컵 | 1999 | 천안일화 | 1 | 1 | 0 | 0 | 0 | 0 | 0 | 0 |
| 통산 | | | 1 | 1 | 0 | 0 | 0 | 0 | 0 | 0 |

**박훈**(朴勳) 성균관대 1978.02.02

| 대회 | 연도 | 소속 | 출전 | 교체 | 득점 | 도움 | 실점 | 파울 | 경고 | 퇴장 |
|---|---|---|---|---|---|---|---|---|---|---|
| K1 | 2000 | 대전 | 2 | 2 | 0 | 0 | 0 | 4 | 0 | 0 |
| | 2001 | 대전 | 1 | 1 | 0 | 0 | 0 | 5 | 0 | 0 |
| 컵 | 2000 | 대전 | 4 | 3 | 0 | 0 | 0 | 6 | 3 | 0 |
| | 2001 | 대전 | 0 | 0 | 0 | 0 | 0 | 0 | 0 | 0 |
| 통산 | | | 7 | 6 | 0 | 0 | 0 | 15 | 3 | 0 |

**박희도**(朴禧燾) 동국대 1986.03.20

| 대회 | 연도 | 소속 | 출전 | 교체 | 득점 | 도움 | 실점 | 파울 | 경고 | 퇴장 |
|---|---|---|---|---|---|---|---|---|---|---|
| K1 | 2008 | 부산 | 18 | 14 | 4 | 2 | 0 | 35 | 2 | 0 |
| | 2009 | 부산 | 25 | 6 | 4 | 7 | 0 | 51 | 7 | 0 |
| | 2010 | 부산 | 18 | 7 | 5 | 6 | 0 | 41 | 3 | 0 |
| | 2011 | 부산 | 10 | 6 | 1 | 1 | 0 | 11 | 2 | 0 |
| | 2012 | 서울 | 17 | 17 | 1 | 1 | 0 | 18 | 3 | 0 |
| | 2013 | 전북 | 34 | 31 | 3 | 3 | 0 | 49 | 2 | 0 |
| | 2015 | 전북 | 0 | 0 | 0 | 0 | 0 | 0 | 0 | 0 |
| K2 | 2014 | 안산경찰 | 21 | 10 | 4 | 4 | 0 | 27 | 4 | 0 |
| | 2015 | 안산경찰 | 27 | 12 | 4 | 0 | 0 | 34 | 3 | 0 |
| | 2016 | 강원 | 12 | 12 | 0 | 0 | 0 | 10 | 1 | 0 |
| PO | 2014 | 안산경찰 | 1 | 1 | 0 | 0 | 0 | 0 | 0 | 0 |
| | 2016 | 강원 | 2 | 2 | 0 | 0 | 0 | 1 | 0 | 0 |
| 컵 | 2008 | 부산 | 8 | 5 | 0 | 2 | 0 | 13 | 2 | 0 |
| | 2009 | 부산 | 10 | 4 | 4 | 0 | 0 | 15 | 3 | 0 |
| | 2010 | 부산 | 4 | 3 | 2 | 0 | 0 | 5 | 0 | 0 |
| | 2011 | 부산 | 4 | 2 | 1 | 0 | 0 | 13 | 1 | 0 |
| 통산 | | | 211 | 132 | 33 | 26 | 0 | 323 | 33 | 0 |

**박희성**(朴熙成) 호남대 1987.04.07

| 대회 | 연도 | 소속 | 출전 | 교체 | 득점 | 도움 | 실점 | 파울 | 경고 | 퇴장 |
|---|---|---|---|---|---|---|---|---|---|---|
| K1 | 2011 | 광주 | 23 | 9 | 0 | 1 | 0 | 28 | 2 | 0 |
| | 2012 | 광주 | 23 | 3 | 2 | 0 | 0 | 31 | 2 | 0 |
| | 2014 | 성남 | 22 | 4 | 0 | 1 | 0 | 8 | 3 | 0 |
| K2 | 2013 | 광주 | 23 | 2 | 0 | 1 | 0 | 37 | 2 | 0 |
| 컵 | 2011 | 광주 | 4 | 0 | 0 | 0 | 0 | 1 | 0 | 0 |
| 통산 | | | 95 | 18 | 2 | 3 | 0 | 105 | 9 | 0 |

**박희성**(朴喜成) 고려대 1990.04.07

| 대회 | 연도 | 소속 | 출전 | 교체 | 득점 | 도움 | 실점 | 파울 | 경고 | 퇴장 |
|---|---|---|---|---|---|---|---|---|---|---|
| K1 | 2013 | 서울 | 15 | 15 | 1 | 1 | 0 | 11 | 1 | 0 |
| | 2014 | 서울 | 19 | 19 | 2 | 0 | 0 | 21 | 1 | 0 |
| | 2015 | 서울 | 2 | 2 | 0 | 0 | 0 | 2 | 1 | 0 |
| | 2016 | 상주 | 15 | 7 | 3 | 0 | 0 | 17 | 1 | 0 |
| | 2017 | 서울 | 1 | 1 | 0 | 0 | 0 | 0 | 0 | 0 |
| | 2017 | 상주 | 5 | 5 | 0 | 0 | 0 | 4 | 0 | 0 |
| | 2018 | 서울 | 11 | 11 | 1 | 0 | 0 | 12 | 2 | 0 |
| K2 | 2021 | 전남 | 16 | 15 | 0 | 2 | 0 | 12 | 1 | 0 |
| | 2022 | 전남 | 10 | 10 | 0 | 0 | 0 | 8 | 1 | 0 |
| PO | 2021 | 전남 | 1 | 1 | 0 | 0 | 0 | 0 | 0 | 0 |
| 통산 | | | 95 | 86 | 7 | 3 | 0 | 87 | 8 | 0 |

**박희성**(朴喜成) 원광대 1990.03.22

| 대회 | 연도 | 소속 | 출전 | 교체 | 득점 | 도움 | 실점 | 파울 | 경고 | 퇴장 |
|---|---|---|---|---|---|---|---|---|---|---|
| K2 | 2014 | 충주 | 1 | 0 | 0 | 0 | 0 | 5 | 1 | 0 |
| 통산 | | | 1 | 0 | 0 | 0 | 0 | 5 | 1 | 0 |

**박희완**(朴喜完) 단국대 1975.05.09

| 대회 | 연도 | 소속 | 출전 | 교체 | 득점 | 도움 | 실점 | 파울 | 경고 | 퇴장 |
|---|---|---|---|---|---|---|---|---|---|---|
| K1 | 1999 | 전남 | 0 | 0 | 0 | 0 | 0 | 0 | 0 | 0 |
| | 2006 | 대구 | 2 | 2 | 0 | 0 | 0 | 1 | 1 | 0 |
| 컵 | 1999 | 전남 | 2 | 2 | 0 | 0 | 0 | 2 | 0 | 0 |
| 통산 | | | 4 | 4 | 0 | 0 | 0 | 3 | 1 | 0 |

**박희원**(朴喜遠) 영남대 1962.03.06

| 대회 | 연도 | 소속 | 출전 | 교체 | 득점 | 도움 | 실점 | 파울 | 경고 | 퇴장 |
|---|---|---|---|---|---|---|---|---|---|---|
| 컵 | 1986 | 포항제철 | 1 | 0 | 0 | 0 | 0 | 1 | 0 | 0 |
| 통산 | | | 1 | 0 | 0 | 0 | 0 | 1 | 0 | 0 |

**박희준**(朴熙俊) 중대부고 2002.01.05

| 대회 | 연도 | 소속 | 출전 | 교체 | 득점 | 도움 | 실점 | 파울 | 경고 | 퇴장 |
|---|---|---|---|---|---|---|---|---|---|---|
| K1 | 2023 | 수원 | 8 | 8 | 0 | 0 | 0 | 7 | 1 | 0 |
| 통산 | | | 8 | 8 | 0 | 0 | 0 | 7 | 1 | 0 |

**박희철**(朴喜撤) 홍익대 1986.01.07

| 대회 | 연도 | 소속 | 출전 | 교체 | 득점 | 도움 | 실점 | 파울 | 경고 | 퇴장 |
|---|---|---|---|---|---|---|---|---|---|---|
| K1 | 2006 | 포항 | 4 | 4 | 0 | 0 | 0 | 11 | 0 | 0 |
| | 2007 | 포항 | 4 | 3 | 0 | 0 | 0 | 5 | 1 | 0 |
| | 2008 | 포항 | 4 | 2 | 0 | 1 | 0 | 7 | 1 | 0 |
| | 2008 | 경남 | 0 | 0 | 0 | 0 | 0 | 0 | 0 | 0 |
| | 2009 | 포항 | 10 | 1 | 0 | 0 | 0 | 37 | 2 | 0 |
| | 2010 | 포항 | 10 | 6 | 0 | 1 | 0 | 28 | 5 | 0 |
| | 2011 | 포항 | 14 | 4 | 0 | 0 | 0 | 31 | 4 | 0 |
| | 2012 | 포항 | 32 | 1 | 0 | 2 | 0 | 74 | 14 | 0 |
| | 2013 | 포항 | 22 | 7 | 0 | 0 | 0 | 24 | 5 | 0 |
| | 2014 | 포항 | 19 | 9 | 0 | 0 | 0 | 39 | 6 | 0 |
| K2 | 2015 | 안산경찰 | 22 | 8 | 0 | 0 | 0 | 30 | 5 | 0 |
| | 2016 | 안산무궁 | 1 | 1 | 0 | 0 | 0 | 0 | 0 | 0 |
| PO | 2008 | 포항 | 0 | 0 | 0 | 0 | 0 | 0 | 0 | 0 |
| | 2011 | 포항 | 0 | 0 | 0 | 0 | 0 | 0 | 0 | 0 |
| 컵 | 2006 | 포항 | 2 | 1 | 0 | 0 | 0 | 4 | 0 | 0 |
| | 2007 | 포항 | 2 | 2 | 0 | 0 | 0 | 0 | 0 | 0 |
| | 2008 | 경남 | 1 | 0 | 0 | 0 | 0 | 1 | 0 | 0 |
| | 2008 | 포항 | 2 | 1 | 0 | 1 | 0 | 5 | 1 | 0 |
| | 2009 | 포항 | 1 | 1 | 0 | 0 | 0 | 0 | 0 | 0 |

| 대회 | 연도 | 소속 | 출전 | 교체 | 득점 | 도움 | 실점 | 파울 | 경고 | 퇴장 |
|---|---|---|---|---|---|---|---|---|---|---|
| | 2010 | 포항 | 1 | 1 | 0 | 0 | 0 | 2 | 0 | 0 |
| | 2011 | 포항 | 2 | 0 | 0 | 1 | 0 | 7 | 0 | 0 |
| 통산 | | | 153 | 52 | 0 | 6 | 0 | 305 | 44 | 0 |

**박희탁**(朴熙卓) 한양대 1967.05.18

| 대회 | 연도 | 소속 | 출전 | 교체 | 득점 | 도움 | 실점 | 파울 | 경고 | 퇴장 |
|---|---|---|---|---|---|---|---|---|---|---|
| K1 | 1990 | 대우 | 4 | 4 | 0 | 1 | 0 | 2 | 1 | 0 |
| | 1992 | 대우 | 5 | 4 | 0 | 0 | 0 | 6 | 2 | 0 |
| 컵 | 1992 | 대우 | 2 | 2 | 0 | 0 | 0 | 1 | 1 | 0 |
| 통산 | | | 11 | 10 | 0 | 1 | 0 | 9 | 4 | 0 |

**반데아벌트**(Johannes Daniel Maria van der Avert) 네덜란드 2000.05.11

| 대회 | 연도 | 소속 | 출전 | 교체 | 득점 | 도움 | 실점 | 파울 | 경고 | 퇴장 |
|---|---|---|---|---|---|---|---|---|---|---|
| K2 | 2025 | 충북청주 | 19 | 9 | 0 | 0 | 0 | 11 | 3 | 0 |
| 통산 | | | 19 | 9 | 0 | 0 | 0 | 11 | 3 | 0 |

**반데르**(Wander Luiz Bitencourt Junior) 브라질 1987.05.30

| 대회 | 연도 | 소속 | 출전 | 교체 | 득점 | 도움 | 실점 | 파울 | 경고 | 퇴장 |
|---|---|---|---|---|---|---|---|---|---|---|
| K1 | 2014 | 울산 | 4 | 3 | 0 | 1 | 0 | 4 | 0 | 0 |
| 통산 | | | 4 | 3 | 0 | 1 | 0 | 4 | 0 | 0 |

**반덴브링크**(Sebastiaan van den Brink) 네덜란드 1982.09.11

| 대회 | 연도 | 소속 | 출전 | 교체 | 득점 | 도움 | 실점 | 파울 | 경고 | 퇴장 |
|---|---|---|---|---|---|---|---|---|---|---|
| K1 | 2011 | 부산 | 2 | 2 | 0 | 0 | 0 | 1 | 0 | 0 |
| 컵 | 2011 | 부산 | 1 | 1 | 0 | 0 | 0 | 0 | 0 | 0 |
| 통산 | | | 3 | 3 | 0 | 0 | 0 | 1 | 0 | 0 |

**반델레이**(Francisco Vanderlei) 브라질 1987.09.25

| 대회 | 연도 | 소속 | 출전 | 교체 | 득점 | 도움 | 실점 | 파울 | 경고 | 퇴장 |
|---|---|---|---|---|---|---|---|---|---|---|
| K2 | 2014 | 대전 | 23 | 20 | 7 | 3 | 0 | 34 | 1 | 0 |
| 통산 | | | 23 | 20 | 7 | 3 | 0 | 34 | 1 | 0 |

**반도**(Wando da Costa Silva) 브라질 1980.05.18

| 대회 | 연도 | 소속 | 출전 | 교체 | 득점 | 도움 | 실점 | 파울 | 경고 | 퇴장 |
|---|---|---|---|---|---|---|---|---|---|---|
| K1 | 2011 | 수원 | 0 | 0 | 0 | 0 | 0 | 0 | 0 | 0 |
| 통산 | | | 0 | 0 | 0 | 0 | 0 | 0 | 0 | 0 |

**반토안**(Nguyễn Văn Toàn, 阮文全) 베트남 1996.04.12

| 대회 | 연도 | 소속 | 출전 | 교체 | 득점 | 도움 | 실점 | 파울 | 경고 | 퇴장 |
|---|---|---|---|---|---|---|---|---|---|---|
| K2 | 2023 | 서울E | 9 | 9 | 0 | 0 | 0 | 7 | 1 | 0 |
| 통산 | | | 9 | 9 | 0 | 0 | 0 | 7 | 1 | 0 |

**발디비아**(Wanderson Ferreira de Oliveira) 브라질 1994.10.04

| 대회 | 연도 | 소속 | 출전 | 교체 | 득점 | 도움 | 실점 | 파울 | 경고 | 퇴장 |
|---|---|---|---|---|---|---|---|---|---|---|
| K2 | 2023 | 전남 | 36 | 13 | 14 | 14 | 0 | 13 | 4 | 0 |
| | 2024 | 전남 | 33 | 15 | 12 | 5 | 0 | 13 | 4 | 0 |
| | 2025 | 전남 | 32 | 11 | 16 | 9 | 0 | 8 | 1 | 0 |
| PO | 2024 | 전남 | 2 | 1 | 0 | 1 | 0 | 1 | 0 | 0 |
| 통산 | | | 103 | 40 | 42 | 29 | 0 | 35 | 9 | 0 |

**발라웅**(Balao Junior Cavalcante da Costa) 브라질 1975.05.08

| 대회 | 연도 | 소속 | 출전 | 교체 | 득점 | 도움 | 실점 | 파울 | 경고 | 퇴장 |
|---|---|---|---|---|---|---|---|---|---|---|
| K1 | 2003 | 울산 | 17 | 14 | 4 | 1 | 0 | 22 | 2 | 0 |
| 통산 | | | 17 | 14 | 4 | 1 | 0 | 22 | 2 | 0 |

**발랑가**(Bollanga Priso Gustave) 카메룬 1972.02.13

| 대회 | 연도 | 소속 | 출전 | 교체 | 득점 | 도움 | 실점 | 파울 | 경고 | 퇴장 |
|---|---|---|---|---|---|---|---|---|---|---|
| K1 | 1996 | 전북 | 9 | 8 | 2 | 1 | 0 | 4 | 1 | 0 |
| 컵 | 1996 | 전북 | 1 | 1 | 0 | 0 | 0 | 0 | 0 | 0 |
| 통산 | | | 10 | 9 | 2 | 1 | 0 | 4 | 1 | 0 |

**발레리**(Valery Vyalichka) 벨라루스 1966.09.12

| 대회 | 연도 | 소속 | 출전 | 교체 | 득점 | 도움 | 실점 | 파울 | 경고 | 퇴장 |
|---|---|---|---|---|---|---|---|---|---|---|
| K1 | 1996 | 천안일화 | 2 | 2 | 0 | 0 | 0 | 2 | 0 | 0 |
| 통산 | | | 2 | 2 | 0 | 0 | 0 | 2 | 0 | 0 |

**발레아** (Jorge Baleaismael) 스페인 1993.01.27

| 대회 | 연도 | 소속 | 출전 | 교체 | 득점 | 도움 | 실점 | 파울 | 경고 | 퇴장 |
|---|---|---|---|---|---|---|---|---|---|---|
| K2 | 2020 | 안산 | 3 | 3 | 0 | 0 | 0 | 3 | 0 | 0 |
| 통산 | | | 3 | 3 | 0 | 0 | 0 | 3 | 0 | 0 |

**발렌찡**(Francisco de Assis Clarentino Valentim) 브라질 1977.06.20

| 대회 | 연도 | 소속 | 출전 | 교체 | 득점 | 도움 | 실점 | 파울 | 경고 | 퇴장 |
|---|---|---|---|---|---|---|---|---|---|---|
| K1 | 2004 | 서울 | 5 | 2 | 0 | 0 | 0 | 4 | 0 | 0 |
| 컵 | 2004 | 서울 | 1 | 1 | 0 | 0 | 0 | 1 | 0 | 0 |
| 통산 | | | 6 | 3 | 0 | 0 | 0 | 5 | 0 | 0 |

**발렌티노스**(Sielis Valentinos) 키프로스 1990.03.01

| 대회 | 연도 | 소속 | 출전 | 교체 | 득점 | 도움 | 실점 | 파울 | 경고 | 퇴장 |
|---|---|---|---|---|---|---|---|---|---|---|
| K1 | 2017 | 강원 | 7 | 1 | 1 | 0 | 0 | 7 | 1 | 0 |
| | 2018 | 강원 | 32 | 3 | 0 | 0 | 0 | 24 | 1 | 0 |
| | 2019 | 강원 | 24 | 2 | 2 | 1 | 0 | 16 | 1 | 0 |
| K2 | 2020 | 제주 | 3 | 2 | 0 | 0 | 0 | 1 | 0 | 0 |
| | 2021 | 부산 | 24 | 5 | 1 | 0 | 0 | 14 | 0 | 0 |
| | 2022 | 부산 | 25 | 4 | 2 | 0 | 0 | 17 | 4 | 1 |
| 통산 | | | 115 | 17 | 6 | 1 | 0 | 79 | 7 | 1 |

**발로텔리**(Jonathan Boareto dos Reis) 브라질 1989.04.02

| 대회 | 연도 | 소속 | 출전 | 교체 | 득점 | 도움 | 실점 | 파울 | 경고 | 퇴장 |
|---|---|---|---|---|---|---|---|---|---|---|
| K2 | 2018 | 부산 | 4 | 2 | 2 | 0 | 0 | 4 | 1 | 0 |
| | 2021 | 전남 | 30 | 11 | 11 | 3 | 0 | 49 | 5 | 0 |
| | 2022 | 전남 | 28 | 17 | 7 | 4 | 0 | 22 | 1 | 0 |
| PO | 2021 | 전남 | 1 | 0 | 0 | 0 | 0 | 1 | 1 | 0 |
| 통산 | | | 63 | 30 | 20 | 7 | 0 | 76 | 8 | 0 |

**발샤**(Balsa Sekulić) 몬테네그로 1998.06.10

| 대회 | 연도 | 소속 | 출전 | 교체 | 득점 | 도움 | 실점 | 파울 | 경고 | 퇴장 |
|---|---|---|---|---|---|---|---|---|---|---|
| K1 | 2022 | 강원 | 18 | 18 | 2 | 0 | 0 | 12 | 1 | 0 |
| 통산 | | | 18 | 18 | 2 | 0 | 0 | 12 | 1 | 0 |

**발푸르트**(Valpoort Arsenio Jermaine Cedric) 네덜란드 1992.08.05

| 대회 | 연도 | 소속 | 출전 | 교체 | 득점 | 도움 | 실점 | 파울 | 경고 | 퇴장 |
|---|---|---|---|---|---|---|---|---|---|---|
| K2 | 2018 | 부산 | 10 | 10 | 1 | 1 | 0 | 14 | 0 | 0 |
| 통산 | | | 10 | 10 | 1 | 1 | 0 | 14 | 0 | 0 |

**밥신**(Victor Bobsin Pereira / ← 벨톨라) 브라질 2000.01.12

| 대회 | 연도 | 소속 | 출전 | 교체 | 득점 | 도움 | 실점 | 파울 | 경고 | 퇴장 |
|---|---|---|---|---|---|---|---|---|---|---|
| K1 | 2023 | 대구 | 11 | 5 | 1 | 0 | 0 | 13 | 3 | 1 |
| | 2024 | 대전 | 13 | 1 | 0 | 1 | 0 | 16 | 4 | 0 |
| | 2024 | 대구 | 15 | 5 | 1 | 0 | 0 | 22 | 1 | 0 |
| | 2025 | 대전 | 14 | 2 | 1 | 0 | 0 | 13 | 3 | 0 |
| 통산 | | | 53 | 13 | 3 | 1 | 0 | 64 | 11 | 1 |

**방대종**(方大鍾) 동아대 1985.01.28

| 대회 | 연도 | 소속 | 출전 | 교체 | 득점 | 도움 | 실점 | 파울 | 경고 | 퇴장 |
|---|---|---|---|---|---|---|---|---|---|---|
| K1 | 2008 | 대구 | 3 | 3 | 0 | 0 | 0 | 1 | 0 | 0 |
| | 2009 | 대구 | 20 | 3 | 2 | 0 | 0 | 29 | 5 | 0 |
| | 2010 | 대구 | 21 | 2 | 0 | 1 | 0 | 30 | 4 | 0 |
| | 2011 | 전남 | 10 | 5 | 0 | 0 | 0 | 15 | 1 | 0 |
| | 2012 | 상주 | 19 | 2 | 2 | 1 | 0 | 17 | 2 | 0 |
| | 2013 | 전남 | 2 | 0 | 0 | 0 | 0 | 0 | 1 | 0 |
| | 2014 | 전남 | 32 | 3 | 1 | 0 | 0 | 36 | 3 | 0 |
| | 2015 | 전남 | 24 | 9 | 0 | 0 | 0 | 16 | 5 | 0 |
| | 2016 | 전남 | 11 | 4 | 0 | 0 | 0 | 9 | 1 | 0 |
| K2 | 2013 | 상주 | 15 | 1 | 1 | 0 | 0 | 18 | 0 | 1 |
| | 2017 | 안양 | 14 | 0 | 1 | 0 | 0 | 5 | 3 | 0 |
| 컵 | 2008 | 대구 | 4 | 2 | 0 | 0 | 0 | 4 | 2 | 0 |
| | 2009 | 대구 | 5 | 1 | 0 | 0 | 0 | 2 | 1 | 0 |
| | 2010 | 대구 | 2 | 0 | 0 | 0 | 0 | 1 | 0 | 0 |
| | 2011 | 전남 | 4 | 0 | 0 | 0 | 0 | 2 | 2 | 0 |
| 통산 | | | 186 | 35 | 7 | 2 | 0 | 185 | 30 | 1 |

**방승환**(方承奐) 동국대 1983.02.25

| 대회 | 연도 | 소속 | 출전 | 교체 | 득점 | 도움 | 실점 | 파울 | 경고 | 퇴장 |
|---|---|---|---|---|---|---|---|---|---|---|
| K1 | 2004 | 인천 | 13 | 11 | 1 | 0 | 0 | 22 | 2 | 0 |
| | 2005 | 인천 | 20 | 15 | 4 | 1 | 0 | 44 | 2 | 0 |
| | 2006 | 인천 | 18 | 17 | 0 | 0 | 0 | 32 | 4 | 0 |
| | 2007 | 인천 | 19 | 13 | 2 | 3 | 0 | 39 | 7 | 0 |
| | 2008 | 인천 | 13 | 8 | 1 | 2 | 0 | 22 | 2 | 1 |
| | 2009 | 제주 | 23 | 15 | 5 | 0 | 0 | 50 | 3 | 0 |
| | 2010 | 서울 | 17 | 16 | 2 | 3 | 0 | 24 | 5 | 0 |
| | 2011 | 서울 | 15 | 13 | 2 | 1 | 0 | 17 | 3 | 0 |
| | 2012 | 부산 | 33 | 25 | 5 | 2 | 0 | 73 | 3 | 0 |
| | 2013 | 부산 | 14 | 11 | 0 | 0 | 0 | 22 | 2 | 0 |
| PO | 2005 | 인천 | 2 | 2 | 1 | 1 | 0 | 5 | 0 | 0 |
| | 2010 | 서울 | 0 | 0 | 0 | 0 | 0 | 0 | 0 | 0 |
| | 2011 | 서울 | 1 | 1 | 0 | 0 | 0 | 1 | 0 | 0 |
| 컵 | 2004 | 인천 | 12 | 7 | 3 | 0 | 0 | 24 | 1 | 0 |
| | 2005 | 인천 | 9 | 4 | 0 | 0 | 0 | 18 | 2 | 0 |
| | 2006 | 인천 | 12 | 5 | 3 | 0 | 0 | 33 | 1 | 0 |
| | 2007 | 인천 | 9 | 2 | 4 | 2 | 0 | 30 | 2 | 0 |
| | 2009 | 제주 | 4 | 1 | 0 | 0 | 0 | 13 | 3 | 0 |
| | 2010 | 서울 | 4 | 2 | 2 | 0 | 0 | 7 | 1 | 0 |
| 통산 | | | 238 | 168 | 35 | 15 | 0 | 476 | 43 | 1 |

**방윤출**(方允出) 대신고 1957.05.15

| 대회 | 연도 | 소속 | 출전 | 교체 | 득점 | 도움 | 실점 | 파울 | 경고 | 퇴장 |
|---|---|---|---|---|---|---|---|---|---|---|
| K1 | 1984 | 한일은행 | 17 | 13 | 0 | 2 | 0 | 2 | 0 | 0 |
| 통산 | | | 17 | 13 | 0 | 2 | 0 | 2 | 0 | 0 |

**방인웅**(方寅雄) 인천대 1962.01.31

| 대회 | 연도 | 소속 | 출전 | 교체 | 득점 | 도움 | 실점 | 파울 | 경고 | 퇴장 |
|---|---|---|---|---|---|---|---|---|---|---|
| K1 | 1987 | 유공 | 6 | 1 | 0 | 0 | 0 | 8 | 1 | 0 |
| | 1989 | 일화 | 19 | 4 | 0 | 0 | 0 | 39 | 4 | 0 |
| | 1991 | 일화 | 23 | 5 | 0 | 0 | 0 | 35 | 5 | 1 |
| | 1992 | 일화 | 22 | 6 | 1 | 1 | 0 | 38 | 4 | 0 |
| | 1993 | 일화 | 24 | 5 | 0 | 0 | 0 | 27 | 4 | 1 |
| | 1994 | 일화 | 5 | 2 | 0 | 0 | 0 | 7 | 0 | 0 |
| | 1995 | 일화 | 4 | 0 | 0 | 0 | 0 | 8 | 0 | 0 |
| 컵 | 1986 | 유공 | 7 | 1 | 0 | 0 | 0 | 18 | 1 | 0 |
| | 1992 | 일화 | 6 | 2 | 0 | 0 | 0 | 6 | 3 | 0 |
| | 1993 | 일화 | 4 | 1 | 0 | 0 | 0 | 6 | 1 | 0 |
| | 1994 | 일화 | 4 | 3 | 0 | 0 | 0 | 5 | 1 | 0 |
| | 1995 | 일화 | 6 | 0 | 0 | 1 | 0 | 7 | 0 | 0 |
| 통산 | | | 130 | 30 | 1 | 2 | 0 | 204 | 24 | 2 |

**방찬준**(方讚晙) 한남대 1994.04.15

| 대회 | 연도 | 소속 | 출전 | 교체 | 득점 | 도움 | 실점 | 파울 | 경고 | 퇴장 |
|---|---|---|---|---|---|---|---|---|---|---|
| K1 | 2015 | 수원 | 1 | 1 | 0 | 0 | 0 | 0 | 0 | 0 |
| K2 | 2016 | 강원 | 10 | 10 | 3 | 0 | 0 | 4 | 0 | 0 |
| | 2019 | 안산 | 22 | 22 | 4 | 2 | 0 | 8 | 1 | 0 |
| 통산 | | | 33 | 33 | 7 | 2 | 0 | 12 | 1 | 0 |

**배관영**(裵寬榮) 울산대 1982.04.13

| 대회 | 연도 | 소속 | 출전 | 교체 | 득점 | 도움 | 실점 | 파울 | 경고 | 퇴장 |
|---|---|---|---|---|---|---|---|---|---|---|
| K1 | 2006 | 울산 | 0 | 0 | 0 | 0 | 0 | 0 | 0 | 0 |
| | 2007 | 울산 | 0 | 0 | 0 | 0 | 0 | 0 | 0 | 0 |
| | 2008 | 울산 | 0 | 0 | 0 | 0 | 0 | 0 | 0 | 0 |
| PO | 2007 | 울산 | 0 | 0 | 0 | 0 | 0 | 0 | 0 | 0 |
| 컵 | 2005 | 울산 | 0 | 0 | 0 | 0 | 0 | 0 | 0 | 0 |
| | 2006 | 울산 | 0 | 0 | 0 | 0 | 0 | 0 | 0 | 0 |
| | 2007 | 울산 | 0 | 0 | 0 | 0 | 0 | 0 | 0 | 0 |
| | 2008 | 울산 | 0 | 0 | 0 | 0 | 0 | 0 | 0 | 0 |
| 통산 | | | 0 | 0 | 0 | 0 | 0 | 0 | 0 | 0 |

**배기종**(裵起鐘) 광운대 1983.05.26

| 대회 | 연도 | 소속 | 출전 | 교체 | 득점 | 도움 | 실점 | 파울 | 경고 | 퇴장 |
|---|---|---|---|---|---|---|---|---|---|---|
| K1 | 2006 | 대전 | 19 | 16 | 6 | 2 | 0 | 37 | 2 | 0 |
| | 2007 | 수원 | 12 | 9 | 0 | 2 | 0 | 11 | 0 | 0 |
| | 2008 | 수원 | 9 | 9 | 3 | 2 | 0 | 15 | 1 | 0 |
| | 2009 | 수원 | 17 | 12 | 2 | 1 | 0 | 25 | 3 | 0 |
| | 2010 | 제주 | 18 | 13 | 4 | 1 | 0 | 29 | 0 | 0 |
| | 2011 | 제주 | 26 | 15 | 3 | 6 | 0 | 40 | 2 | 0 |
| | 2013 | 제주 | 8 | 2 | 2 | 1 | 0 | 15 | 2 | 0 |
| | 2014 | 수원 | 14 | 12 | 3 | 1 | 0 | 12 | 0 | 0 |
| | 2015 | 제주 | 9 | 8 | 2 | 3 | 0 | 11 | 2 | 0 |
| | 2018 | 경남 | 23 | 23 | 2 | 1 | 0 | 11 | 1 | 0 |
| | 2019 | 경남 | 31 | 30 | 5 | 1 | 0 | 13 | 4 | 0 |
| K2 | 2013 | 경찰 | 18 | 10 | 3 | 4 | 0 | 15 | 3 | 1 |
| | 2016 | 경남 | 15 | 14 | 4 | 3 | 0 | 14 | 0 | 0 |
| | 2017 | 경남 | 32 | 30 | 6 | 3 | 0 | 12 | 2 | 0 |
| | 2020 | 경남 | 4 | 4 | 0 | 1 | 0 | 2 | 0 | 0 |
| PO | 2008 | 수원 | 2 | 2 | 0 | 0 | 0 | 3 | 0 | 0 |

| 대회 | 연도 | 소속 | 출전 | 교체 | 득점 | 도움 | 실점 | 파울 | 경고 | 퇴장 |
|---|---|---|---|---|---|---|---|---|---|---|
| | 2010 | 제주 | 3 | 3 | 1 | 0 | 0 | 2 | 1 | 0 |
| | 2019 | 경남 | 2 | 2 | 0 | 0 | 0 | 1 | 0 | 0 |
| 컵 | 2006 | 대전 | 8 | 6 | 1 | 1 | 0 | 13 | 1 | 0 |
| | 2007 | 수원 | 5 | 4 | 0 | 0 | 0 | 8 | 0 | 0 |
| | 2008 | 수원 | 5 | 5 | 2 | 1 | 0 | 10 | 0 | 0 |
| | 2009 | 수원 | 2 | 2 | 0 | 0 | 0 | 4 | 0 | 0 |
| | 2010 | 제주 | 3 | 2 | 0 | 0 | 0 | 9 | 0 | 0 |
| 통산 | | | 285 | 233 | 49 | 34 | 0 | 312 | 24 | 1 |

**배민호**(裵珉鎬) 한양대 1991.10.25

| 대회 | 연도 | 소속 | 출전 | 교체 | 득점 | 도움 | 실점 | 파울 | 경고 | 퇴장 |
|---|---|---|---|---|---|---|---|---|---|---|
| K2 | 2014 | 고양 | 19 | 6 | 0 | 0 | 0 | 14 | 1 | 0 |
| 통산 | | | 19 | 6 | 0 | 0 | 0 | 14 | 1 | 0 |

**배범근**(裵範根) 호남대 1993.03.04

| 대회 | 연도 | 소속 | 출전 | 교체 | 득점 | 도움 | 실점 | 파울 | 경고 | 퇴장 |
|---|---|---|---|---|---|---|---|---|---|---|
| K2 | 2022 | 경남 | 1 | 1 | 0 | 0 | 0 | 0 | 0 | 0 |
| 통산 | | | 1 | 1 | 0 | 0 | 0 | 0 | 0 | 0 |

**배서준**(裵瑞峻) 진위고 2003.12.11

| 대회 | 연도 | 소속 | 출전 | 교체 | 득점 | 도움 | 실점 | 파울 | 경고 | 퇴장 |
|---|---|---|---|---|---|---|---|---|---|---|
| K1 | 2024 | 대전 | 11 | 10 | 0 | 1 | 0 | 5 | 1 | 0 |
| K2 | 2022 | 대전 | 1 | 1 | 0 | 0 | 0 | 0 | 0 | 0 |
| | 2024 | 수원 | 16 | 14 | 1 | 2 | 0 | 4 | 1 | 0 |
| | 2025 | 서울E | 16 | 12 | 0 | 1 | 0 | 8 | 3 | 0 |
| 통산 | | | 44 | 37 | 1 | 4 | 0 | 17 | 5 | 0 |

**배성재**(裵城裁) 한양대 1979.07.01

| 대회 | 연도 | 소속 | 출전 | 교체 | 득점 | 도움 | 실점 | 파울 | 경고 | 퇴장 |
|---|---|---|---|---|---|---|---|---|---|---|
| K1 | 2002 | 대전 | 7 | 5 | 0 | 0 | 0 | 12 | 2 | 0 |
| | 2003 | 대전 | 4 | 0 | 0 | 0 | 0 | 4 | 0 | 0 |
| | 2004 | 대전 | 3 | 3 | 0 | 0 | 0 | 1 | 0 | 0 |
| 컵 | 2002 | 대전 | 1 | 1 | 0 | 0 | 0 | 2 | 0 | 0 |
| | 2004 | 대전 | 3 | 1 | 0 | 0 | 0 | 6 | 0 | 0 |
| 통산 | | | 18 | 10 | 0 | 0 | 0 | 25 | 2 | 0 |

**배세현**(裵世玹) 제주U18 1995.03.27

| 대회 | 연도 | 소속 | 출전 | 교체 | 득점 | 도움 | 실점 | 파울 | 경고 | 퇴장 |
|---|---|---|---|---|---|---|---|---|---|---|
| K1 | 2015 | 제주 | 1 | 1 | 0 | 0 | 0 | 2 | 0 | 0 |
| 통산 | | | 1 | 1 | 0 | 0 | 0 | 2 | 0 | 0 |

**배수민**(裵洙珉) 청주대 2002.03.21

| 대회 | 연도 | 소속 | 출전 | 교체 | 득점 | 도움 | 실점 | 파울 | 경고 | 퇴장 |
|---|---|---|---|---|---|---|---|---|---|---|
| K1 | 2023 | 대구 | 0 | 0 | 0 | 0 | 0 | 0 | 0 | 0 |
| | 2024 | 대구 | 0 | 0 | 0 | 0 | 0 | 0 | 0 | 0 |
| K2 | 2025 | 안산 | 28 | 16 | 0 | 0 | 0 | 29 | 3 | 0 |
| 통산 | | | 28 | 16 | 0 | 0 | 0 | 29 | 3 | 0 |

**배수용**(裵洙瑢) 보인고 1998.06.07

| 대회 | 연도 | 소속 | 출전 | 교체 | 득점 | 도움 | 실점 | 파울 | 경고 | 퇴장 |
|---|---|---|---|---|---|---|---|---|---|---|
| K2 | 2020 | 충남아산 | 23 | 0 | 0 | 0 | 0 | 18 | 4 | 0 |
| | 2021 | 충남아산 | 2 | 2 | 0 | 0 | 0 | 0 | 0 | 0 |
| | 2022 | 충남아산 | 10 | 4 | 0 | 0 | 0 | 10 | 1 | 0 |
| | 2023 | 충남아산 | 4 | 3 | 0 | 0 | 0 | 2 | 1 | 0 |
| | 2024 | 충남아산 | 3 | 2 | 0 | 0 | 0 | 2 | 0 | 0 |
| 통산 | | | 42 | 11 | 0 | 0 | 0 | 32 | 6 | 0 |

**배수한**(裵洙漢) 예원예술대 1988.09.15

| 대회 | 연도 | 소속 | 출전 | 교체 | 득점 | 도움 | 실점 | 파울 | 경고 | 퇴장 |
|---|---|---|---|---|---|---|---|---|---|---|
| K2 | 2013 | 수원FC | 2 | 2 | 0 | 0 | 0 | 2 | 0 | 0 |
| 통산 | | | 2 | 2 | 0 | 0 | 0 | 2 | 0 | 0 |

**배수현**(裵洙鉉) 건국대 1969.10.30

| 대회 | 연도 | 소속 | 출전 | 교체 | 득점 | 도움 | 실점 | 파울 | 경고 | 퇴장 |
|---|---|---|---|---|---|---|---|---|---|---|
| K1 | 1992 | 현대 | 1 | 1 | 0 | 0 | 0 | 0 | 0 | 0 |
| 컵 | 1992 | 현대 | 1 | 1 | 0 | 0 | 0 | 2 | 0 | 0 |
| 통산 | | | 2 | 2 | 0 | 0 | 0 | 2 | 0 | 0 |

**배슬기**(裵슬기) 광양제철고 1985.06.09

| 대회 | 연도 | 소속 | 출전 | 교체 | 득점 | 도움 | 실점 | 파울 | 경고 | 퇴장 |
|---|---|---|---|---|---|---|---|---|---|---|
| K1 | 2012 | 포항 | 0 | 0 | 0 | 0 | 0 | 0 | 0 | 0 |
| | 2013 | 포항 | 3 | 1 | 0 | 0 | 0 | 4 | 1 | 0 |
| | 2014 | 포항 | 14 | 3 | 1 | 0 | 0 | 22 | 3 | 0 |
| | 2015 | 포항 | 27 | 0 | 0 | 1 | 0 | 42 | 8 | 0 |
| | 2016 | 포항 | 26 | 1 | 1 | 0 | 0 | 28 | 4 | 0 |
| | 2017 | 포항 | 36 | 2 | 2 | 1 | 0 | 28 | 1 | 0 |
| | 2018 | 포항 | 17 | 10 | 0 | 0 | 0 | 4 | 2 | 0 |
| | 2019 | 포항 | 12 | 7 | 1 | 0 | 0 | 1 | 0 | 0 |
| 통산 | | | 135 | 24 | 5 | 2 | 0 | 129 | 19 | 0 |

**배승진**(裵乘振) 오산중 1987.11.03

| 대회 | 연도 | 소속 | 출전 | 교체 | 득점 | 도움 | 실점 | 파울 | 경고 | 퇴장 |
|---|---|---|---|---|---|---|---|---|---|---|
| K1 | 2014 | 인천 | 11 | 2 | 0 | 0 | 0 | 26 | 3 | 0 |
| | 2016 | 인천 | 4 | 2 | 0 | 0 | 0 | 8 | 1 | 0 |
| | 2019 | 경남 | 7 | 3 | 0 | 1 | 0 | 9 | 1 | 0 |
| K2 | 2015 | 안산경찰 | 33 | 6 | 0 | 0 | 0 | 58 | 10 | 0 |
| | 2016 | 안산무궁 | 7 | 3 | 2 | 0 | 0 | 7 | 1 | 0 |
| | 2017 | 성남 | 19 | 5 | 0 | 0 | 0 | 23 | 5 | 0 |
| | 2020 | 경남 | 20 | 0 | 0 | 0 | 0 | 32 | 7 | 0 |
| | 2021 | 경남 | 15 | 6 | 0 | 0 | 0 | 15 | 2 | 0 |
| | 2022 | 경남 | 1 | 0 | 0 | 0 | 0 | 1 | 0 | 0 |
| PO | 2017 | 성남 | 1 | 0 | 0 | 0 | 0 | 0 | 0 | 0 |
| | 2020 | 경남 | 1 | 0 | 0 | 0 | 0 | 4 | 1 | 0 |
| 통산 | | | 119 | 27 | 2 | 1 | 0 | 183 | 31 | 0 |

**배신영**(裵信泳) 단국대 1992.06.11

| 대회 | 연도 | 소속 | 출전 | 교체 | 득점 | 도움 | 실점 | 파울 | 경고 | 퇴장 |
|---|---|---|---|---|---|---|---|---|---|---|
| K1 | 2016 | 수원FC | 9 | 7 | 0 | 0 | 0 | 2 | 1 | 1 |
| | 2019 | 상주 | 3 | 3 | 0 | 1 | 0 | 2 | 0 | 0 |
| K2 | 2015 | 수원FC | 25 | 13 | 4 | 0 | 0 | 20 | 2 | 0 |
| | 2016 | 대구 | 3 | 3 | 0 | 0 | 0 | 2 | 0 | 0 |
| | 2017 | 수원FC | 13 | 13 | 0 | 0 | 0 | 5 | 0 | 0 |
| | 2018 | 수원FC | 5 | 4 | 0 | 0 | 0 | 9 | 1 | 0 |
| PO | 2015 | 수원FC | 3 | 3 | 1 | 0 | 0 | 1 | 0 | 0 |
| 통산 | | | 61 | 46 | 5 | 1 | 0 | 41 | 4 | 1 |

**배실용**(裵實龍) 광운대 1962.04.11

| 대회 | 연도 | 소속 | 출전 | 교체 | 득점 | 도움 | 실점 | 파울 | 경고 | 퇴장 |
|---|---|---|---|---|---|---|---|---|---|---|
| K1 | 1985 | 한일은행 | 4 | 2 | 0 | 0 | 0 | 3 | 0 | 0 |
| | 1986 | 한일은행 | 9 | 1 | 0 | 0 | 0 | 18 | 0 | 0 |
| 통산 | | | 13 | 3 | 0 | 0 | 0 | 21 | 0 | 0 |

**배인영**(裵仁英) 영남대 1990.03.12

| 대회 | 연도 | 소속 | 출전 | 교체 | 득점 | 도움 | 실점 | 파울 | 경고 | 퇴장 |
|---|---|---|---|---|---|---|---|---|---|---|
| K1 | 2013 | 대구 | 0 | 0 | 0 | 0 | 0 | 0 | 0 | 0 |
| 통산 | | | 0 | 0 | 0 | 0 | 0 | 0 | 0 | 0 |

**배일환**(裵日煥) 단국대 1988.07.20

| 대회 | 연도 | 소속 | 출전 | 교체 | 득점 | 도움 | 실점 | 파울 | 경고 | 퇴장 |
|---|---|---|---|---|---|---|---|---|---|---|
| K1 | 2011 | 제주 | 1 | 1 | 0 | 0 | 0 | 0 | 0 | 0 |
| | 2012 | 제주 | 40 | 29 | 5 | 2 | 0 | 56 | 1 | 0 |
| | 2013 | 제주 | 31 | 22 | 2 | 6 | 0 | 46 | 2 | 0 |
| | 2014 | 제주 | 26 | 22 | 0 | 2 | 0 | 22 | 1 | 0 |
| | 2016 | 상주 | 4 | 1 | 0 | 0 | 0 | 6 | 1 | 0 |
| | 2018 | 제주 | 0 | 0 | 0 | 0 | 0 | 0 | 0 | 0 |
| K2 | 2015 | 상주 | 24 | 18 | 3 | 2 | 0 | 24 | 0 | 0 |
| 컵 | 2011 | 제주 | 1 | 1 | 0 | 0 | 0 | 2 | 0 | 0 |
| 통산 | | | 127 | 94 | 10 | 12 | 0 | 156 | 5 | 0 |

**배재우**(裵栽釪) 용인대 1993.05.17

| 대회 | 연도 | 소속 | 출전 | 교체 | 득점 | 도움 | 실점 | 파울 | 경고 | 퇴장 |
|---|---|---|---|---|---|---|---|---|---|---|
| K1 | 2015 | 제주 | 6 | 2 | 0 | 0 | 0 | 8 | 3 | 0 |
| | 2016 | 제주 | 16 | 9 | 0 | 1 | 0 | 13 | 2 | 0 |
| | 2017 | 제주 | 13 | 6 | 0 | 1 | 0 | 7 | 0 | 0 |
| | 2018 | 제주 | 2 | 1 | 0 | 0 | 0 | 2 | 0 | 0 |
| | 2018 | 울산 | 1 | 0 | 0 | 0 | 0 | 0 | 0 | 0 |
| | 2019 | 상주 | 4 | 1 | 0 | 1 | 0 | 4 | 0 | 0 |
| | 2020 | 상주 | 13 | 1 | 0 | 0 | 0 | 19 | 2 | 0 |
| | 2021 | 울산 | 1 | 1 | 0 | 0 | 0 | 1 | 0 | 0 |
| K2 | 2022 | 서울E | 10 | 6 | 0 | 0 | 0 | 9 | 1 | 0 |
| | 2022 | 부천 | 13 | 4 | 0 | 0 | 0 | 9 | 1 | 0 |
| | 2023 | 김포 | 10 | 11 | 0 | 0 | 0 | 7 | 1 | 0 |
| PO | 2022 | 부천 | 1 | 1 | 0 | 1 | 0 | 1 | 0 | 0 |
| 통산 | | | 90 | 43 | 0 | 4 | 0 | 80 | 10 | 0 |

**배주익**(裵住翊) 서울시립대 1976.09.09

| 대회 | 연도 | 소속 | 출전 | 교체 | 득점 | 도움 | 실점 | 파울 | 경고 | 퇴장 |
|---|---|---|---|---|---|---|---|---|---|---|
| K1 | 1999 | 천안일화 | 2 | 2 | 0 | 0 | 0 | 2 | 0 | 0 |
| 통산 | | | 2 | 2 | 0 | 0 | 0 | 2 | 0 | 0 |

**배준렬**(裵俊烈) 대건고 1996.09.23

| 대회 | 연도 | 소속 | 출전 | 교체 | 득점 | 도움 | 실점 | 파울 | 경고 | 퇴장 |
|---|---|---|---|---|---|---|---|---|---|---|
| K2 | 2016 | 부천 | 5 | 5 | 0 | 0 | 0 | 6 | 1 | 0 |
| PO | 2016 | 부천 | 0 | 0 | 0 | 0 | 0 | 0 | 0 | 0 |
| 통산 | | | 5 | 5 | 0 | 0 | 0 | 6 | 1 | 0 |

**배준호**(裵峻浩) 진위고 2003.08.21

| 대회 | 연도 | 소속 | 출전 | 교체 | 득점 | 도움 | 실점 | 파울 | 경고 | 퇴장 |
|---|---|---|---|---|---|---|---|---|---|---|
| K1 | 2023 | 대전 | 17 | 13 | 2 | 0 | 0 | 4 | 0 | 0 |
| K2 | 2022 | 대전 | 8 | 8 | 1 | 0 | 0 | 5 | 0 | 0 |
| PO | 2022 | 대전 | 2 | 2 | 0 | 0 | 0 | 2 | 0 | 0 |
| 통산 | | | 27 | 23 | 3 | 0 | 0 | 11 | 0 | 0 |

**배지훈**(裵智焄) 홍익대 1995.05.30

| 대회 | 연도 | 소속 | 출전 | 교체 | 득점 | 도움 | 실점 | 파울 | 경고 | 퇴장 |
|---|---|---|---|---|---|---|---|---|---|---|
| K2 | 2017 | 수원FC | 20 | 5 | 0 | 2 | 0 | 20 | 5 | 0 |
| | 2018 | 수원FC | 9 | 3 | 1 | 0 | 0 | 14 | 1 | 0 |
| 통산 | | | 29 | 8 | 1 | 2 | 0 | 34 | 6 | 0 |

**배진수**(裵眞誰) 중앙대 1976.01.25

| 대회 | 연도 | 소속 | 출전 | 교체 | 득점 | 도움 | 실점 | 파울 | 경고 | 퇴장 |
|---|---|---|---|---|---|---|---|---|---|---|
| K1 | 2001 | 성남일화 | 2 | 3 | 0 | 0 | 0 | 4 | 0 | 0 |
| | 2004 | 성남일화 | 1 | 1 | 0 | 0 | 0 | 3 | 0 | 0 |
| 통산 | | | 3 | 4 | 0 | 0 | 0 | 7 | 0 | 0 |

**배진우**(裵辰祐) 제주국제대 2002.01.23

| 대회 | 연도 | 소속 | 출전 | 교체 | 득점 | 도움 | 실점 | 파울 | 경고 | 퇴장 |
|---|---|---|---|---|---|---|---|---|---|---|
| K2 | 2025 | 서울E | 26 | 11 | 0 | 1 | 0 | 40 | 6 | 0 |
| 통산 | | | 26 | 11 | 0 | 1 | 0 | 40 | 6 | 0 |

**배창근**(裵昌根) 영남대 1971.03.16

| 대회 | 연도 | 소속 | 출전 | 교체 | 득점 | 도움 | 실점 | 파울 | 경고 | 퇴장 |
|---|---|---|---|---|---|---|---|---|---|---|
| K1 | 1994 | 포항제철 | 9 | 9 | 0 | 1 | 0 | 4 | 0 | 0 |
| | 1995 | 포항 | 3 | 3 | 0 | 0 | 0 | 1 | 0 | 0 |
| 컵 | 1995 | 포항 | 3 | 2 | 1 | 0 | 0 | 2 | 1 | 0 |
| 통산 | | | 15 | 14 | 1 | 1 | 0 | 7 | 1 | 0 |

**배천석**(裵千奭) 숭실대 1990.04.27

| 대회 | 연도 | 소속 | 출전 | 교체 | 득점 | 도움 | 실점 | 파울 | 경고 | 퇴장 |
|---|---|---|---|---|---|---|---|---|---|---|
| K1 | 2013 | 포항 | 20 | 17 | 4 | 2 | 0 | 19 | 0 | 0 |
| | 2014 | 포항 | 4 | 4 | 0 | 0 | 0 | 5 | 0 | 0 |
| | 2015 | 부산 | 21 | 7 | 1 | 1 | 0 | 36 | 0 | 0 |
| | 2016 | 전남 | 23 | 16 | 3 | 3 | 0 | 12 | 3 | 0 |
| | 2017 | 전남 | 8 | 7 | 0 | 1 | 0 | 7 | 0 | 0 |
| 통산 | | | 76 | 51 | 8 | 7 | 0 | 79 | 3 | 0 |

**배해민**(裵海珉) 중앙중 1988.04.25

| 대회 | 연도 | 소속 | 출전 | 교체 | 득점 | 도움 | 실점 | 파울 | 경고 | 퇴장 |
|---|---|---|---|---|---|---|---|---|---|---|
| K1 | 2007 | 서울 | 0 | 0 | 0 | 0 | 0 | 0 | 0 | 0 |
| | 2011 | 서울 | 3 | 3 | 0 | 0 | 0 | 1 | 0 | 0 |
| K2 | 2015 | 고양 | 13 | 13 | 1 | 0 | 0 | 3 | 0 | 0 |
| 컵 | 2007 | 서울 | 0 | 0 | 0 | 0 | 0 | 0 | 0 | 0 |
| | 2008 | 서울 | 1 | 1 | 0 | 0 | 0 | 1 | 0 | 0 |
| | 2011 | 서울 | 1 | 1 | 0 | 0 | 0 | 0 | 0 | 0 |
| 통산 | | | 18 | 18 | 1 | 0 | 0 | 5 | 0 | 0 |

**배현서**(裵炫瑞) 오산고 2005.02.16

| 대회 | 연도 | 소속 | 출전 | 교체 | 득점 | 도움 | 실점 | 파울 | 경고 | 퇴장 |
|---|---|---|---|---|---|---|---|---|---|---|
| K1 | 2025 | 서울 | 0 | 0 | 0 | 0 | 0 | 0 | 0 | 0 |
| 통산 | | | 0 | 0 | 0 | 0 | 0 | 0 | 0 | 0 |

**배효성**(裵曉星) 관동대(가톨릭관동대) 1982.01.01

| 대회 | 연도 | 소속 | 출전 | 교체 | 득점 | 도움 | 실점 | 파울 | 경고 | 퇴장 |
|---|---|---|---|---|---|---|---|---|---|---|
| K1 | 2004 | 부산 | 3 | 1 | 0 | 0 | 0 | 4 | 2 | 0 |
| | 2005 | 부산 | 21 | 0 | 0 | 0 | 0 | 28 | 1 | 0 |
| | 2006 | 부산 | 25 | 0 | 1 | 0 | 0 | 26 | 2 | 0 |
| | 2007 | 부산 | 21 | 0 | 0 | 0 | 0 | 29 | 5 | 1 |
| | 2008 | 부산 | 9 | 2 | 0 | 0 | 0 | 10 | 2 | 0 |
| | 2009 | 광주상무 | 23 | 1 | 0 | 0 | 0 | 36 | 9 | 0 |
| | 2010 | 광주상무 | 22 | 0 | 0 | 1 | 0 | 26 | 5 | 0 |
| | 2011 | 인천 | 29 | 2 | 1 | 0 | 0 | 28 | 5 | 0 |
| | 2012 | 강원 | 27 | 2 | 2 | 2 | 0 | 22 | 4 | 0 |
| | 2013 | 강원 | 34 | 0 | 4 | 0 | 0 | 32 | 5 | 1 |
| K2 | 2014 | 강원 | 27 | 3 | 2 | 0 | 0 | 29 | 9 | 1 |
| | 2015 | 경남 | 22 | 3 | 0 | 0 | 0 | 21 | 5 | 0 |
| | 2016 | 충주 | 19 | 3 | 0 | 0 | 0 | 17 | 4 | 0 |
| PO | 2005 | 부산 | 1 | 0 | 0 | 0 | 0 | 3 | 0 | 0 |
| | 2013 | 강원 | 2 | 0 | 0 | 0 | 0 | 5 | 2 | 0 |

| 대회 | 연도 | 소속 | 출전 | 교체 | 득점 | 도움 | 실점 | 파울 | 경고 | 퇴장 |
|---|---|---|---|---|---|---|---|---|---|---|
| 컵 | 2004 | 부산 | 9 | 1 | 0 | 1 | 0 | 11 | 0 | 0 |
| | 2005 | 부산 | 12 | 0 | 0 | 0 | 0 | 13 | 1 | 0 |
| | 2006 | 부산 | 13 | 0 | 0 | 0 | 0 | 16 | 1 | 0 |
| | 2007 | 부산 | 8 | 0 | 0 | 0 | 0 | 7 | 2 | 0 |
| | 2008 | 부산 | 3 | 1 | 0 | 0 | 0 | 7 | 2 | 0 |
| | 2009 | 광주상무 | 2 | 1 | 0 | 0 | 0 | 5 | 0 | 0 |
| | 2010 | 광주상무 | 4 | 1 | 0 | 0 | 0 | 2 | 1 | 0 |
| | 2011 | 인천 | 2 | 0 | 0 | 0 | 0 | 0 | 0 | 0 |
| 통산 | | | 338 | 21 | 10 | 4 | 0 | 377 | 67 | 3 |

**백가온**(白가온) 보인고 2006.01.23

| 대회 | 연도 | 소속 | 출전 | 교체 | 득점 | 도움 | 실점 | 파울 | 경고 | 퇴장 |
|---|---|---|---|---|---|---|---|---|---|---|
| K2 | 2025 | 부산 | 20 | 19 | 3 | 3 | 0 | 14 | 2 | 0 |
| 통산 | | | 20 | 19 | 3 | 3 | 0 | 14 | 2 | 0 |

**백기홍**(白起洪) 경북산업대(경일대) 1971.03.11

| 대회 | 연도 | 소속 | 출전 | 교체 | 득점 | 도움 | 실점 | 파울 | 경고 | 퇴장 |
|---|---|---|---|---|---|---|---|---|---|---|
| K1 | 1990 | 포항제철 | 1 | 1 | 0 | 0 | 0 | 0 | 0 | 0 |
| | 1991 | 포항제철 | 1 | 1 | 0 | 1 | 0 | 1 | 0 | 0 |
| | 1992 | 포항제철 | 11 | 9 | 0 | 1 | 0 | 12 | 1 | 0 |
| | 1993 | 포항제철 | 23 | 13 | 0 | 4 | 0 | 34 | 4 | 0 |
| | 1994 | 포항제철 | 20 | 10 | 1 | 0 | 0 | 20 | 1 | 0 |
| | 1996 | 포항 | 17 | 14 | 0 | 2 | 0 | 21 | 0 | 0 |
| | 1997 | 천안일화 | 11 | 9 | 0 | 0 | 0 | 13 | 1 | 0 |
| | 1998 | 천안일화 | 2 | 2 | 0 | 0 | 0 | 0 | 0 | 0 |
| | 1999 | 안양LG | 4 | 2 | 0 | 1 | 0 | 3 | 0 | 0 |
| 컵 | 1992 | 포항제철 | 4 | 2 | 2 | 0 | 0 | 4 | 0 | 0 |
| | 1993 | 포항제철 | 3 | 2 | 0 | 0 | 0 | 1 | 0 | 0 |
| | 1994 | 포항제철 | 2 | 1 | 0 | 1 | 0 | 0 | 0 | 0 |
| | 1996 | 포항 | 2 | 2 | 0 | 0 | 0 | 3 | 1 | 0 |
| | 1997 | 천안일화 | 6 | 3 | 0 | 0 | 0 | 7 | 1 | 0 |
| | 1997 | 포항 | 5 | 3 | 0 | 0 | 0 | 2 | 0 | 0 |
| | 1998 | 천안일화 | 9 | 8 | 0 | 0 | 0 | 11 | 0 | 0 |
| 통산 | | | 121 | 82 | 3 | 10 | 0 | 132 | 9 | 0 |

**백남수**(白南秀) 한양대 1961.11.10

| 대회 | 연도 | 소속 | 출전 | 교체 | 득점 | 도움 | 실점 | 파울 | 경고 | 퇴장 |
|---|---|---|---|---|---|---|---|---|---|---|
| K1 | 1983 | 유공 | 14 | 6 | 0 | 1 | 0 | 11 | 2 | 0 |
| | 1984 | 유공 | 17 | 11 | 1 | 2 | 0 | 13 | 0 | 0 |
| | 1985 | 유공 | 8 | 3 | 1 | 0 | 0 | 11 | 2 | 0 |
| | 1986 | 포항제철 | 14 | 8 | 0 | 0 | 0 | 10 | 0 | 0 |
| 컵 | 1986 | 포항제철 | 5 | 2 | 1 | 0 | 0 | 4 | 0 | 0 |
| 통산 | | | 58 | 30 | 3 | 3 | 0 | 49 | 4 | 0 |

**백동규**(白棟圭) 동아대 1991.05.30

| 대회 | 연도 | 소속 | 출전 | 교체 | 득점 | 도움 | 실점 | 파울 | 경고 | 퇴장 |
|---|---|---|---|---|---|---|---|---|---|---|
| K1 | 2015 | 제주 | 16 | 2 | 0 | 0 | 0 | 27 | 3 | 0 |
| | 2016 | 제주 | 21 | 7 | 0 | 1 | 0 | 24 | 1 | 0 |
| | 2017 | 제주 | 3 | 1 | 0 | 0 | 0 | 5 | 2 | 0 |
| | 2018 | 상주 | 18 | 9 | 0 | 0 | 0 | 19 | 3 | 0 |
| | 2019 | 상주 | 15 | 9 | 0 | 0 | 0 | 14 | 3 | 0 |
| | 2019 | 제주 | 8 | 2 | 0 | 0 | 0 | 13 | 3 | 0 |
| K2 | 2014 | 안양 | 24 | 9 | 0 | 0 | 0 | 30 | 4 | 0 |
| | 2015 | 안양 | 12 | 0 | 0 | 0 | 0 | 19 | 4 | 0 |
| | 2020 | 제주 | 11 | 2 | 0 | 0 | 0 | 17 | 5 | 0 |
| | 2021 | 안양 | 34 | 0 | 3 | 0 | 0 | 32 | 2 | 1 |
| | 2022 | 안양 | 38 | 3 | 2 | 0 | 0 | 51 | 4 | 0 |
| | 2023 | 안양 | 34 | 2 | 0 | 0 | 0 | 34 | 5 | 0 |
| | 2024 | 수원 | 16 | 5 | 0 | 0 | 0 | 11 | 3 | 2 |
| | 2025 | 부천 | 20 | 3 | 0 | 0 | 0 | 27 | 2 | 0 |
| PO | 2021 | 안양 | 1 | 0 | 0 | 0 | 0 | 3 | 1 | 0 |
| | 2022 | 안양 | 3 | 0 | 0 | 0 | 0 | 2 | 0 | 0 |
| | 2025 | 부천 | 3 | 0 | 0 | 0 | 0 | 3 | 0 | 0 |
| 통산 | | | 277 | 54 | 5 | 1 | 0 | 331 | 45 | 3 |

**백민규**(白敏珪) 진위고 2005.11.20

| 대회 | 연도 | 소속 | 출전 | 교체 | 득점 | 도움 | 실점 | 파울 | 경고 | 퇴장 |
|---|---|---|---|---|---|---|---|---|---|---|
| K1 | 2024 | 인천 | 7 | 7 | 0 | 0 | 0 | 4 | 0 | 0 |
| K2 | 2025 | 인천 | 3 | 3 | 0 | 0 | 0 | 3 | 0 | 0 |
| 통산 | | | 10 | 10 | 0 | 0 | 0 | 7 | 0 | 0 |

**백민철**(白珉喆) 동국대 1977.07.28

| 대회 | 연도 | 소속 | 출전 | 교체 | 득점 | 도움 | 실점 | 파울 | 경고 | 퇴장 |
|---|---|---|---|---|---|---|---|---|---|---|
| K1 | 2002 | 안양LG | 0 | 0 | 0 | 0 | 0 | 0 | 0 | 0 |
| | 2003 | 광주상무 | 5 | 0 | 0 | 0 | 8 | 0 | 0 | 0 |
| | 2004 | 광주상무 | 6 | 0 | 0 | 0 | 5 | 0 | 0 | 0 |
| | 2006 | 대구 | 14 | 0 | 0 | 0 | 16 | 1 | 1 | 0 |
| | 2007 | 대구 | 23 | 0 | 0 | 1 | 35 | 1 | 2 | 0 |
| | 2008 | 대구 | 26 | 0 | 0 | 0 | 58 | 2 | 2 | 0 |
| | 2009 | 대구 | 15 | 1 | 0 | 0 | 16 | 0 | 0 | 0 |
| | 2010 | 대구 | 28 | 0 | 0 | 0 | 57 | 0 | 1 | 0 |
| | 2011 | 대구 | 10 | 0 | 0 | 0 | 18 | 0 | 1 | 0 |
| | 2012 | 경남 | 8 | 1 | 0 | 0 | 16 | 0 | 0 | 0 |
| | 2013 | 경남 | 21 | 0 | 0 | 0 | 20 | 0 | 1 | 0 |
| K2 | 2014 | 광주 | 6 | 0 | 0 | 0 | 7 | 0 | 1 | 0 |
| PO | 2000 | 안양LG | 0 | 0 | 0 | 0 | 0 | 0 | 0 | 0 |
| | 2014 | 광주 | 0 | 0 | 0 | 0 | 0 | 0 | 0 | 0 |
| 컵 | 2000 | 안양LG | 0 | 0 | 0 | 0 | 0 | 0 | 0 | 0 |
| | 2005 | 서울 | 0 | 0 | 0 | 0 | 0 | 0 | 0 | 0 |
| | 2006 | 대구 | 9 | 0 | 0 | 0 | 10 | 0 | 0 | 0 |
| | 2007 | 대구 | 10 | 0 | 0 | 0 | 16 | 0 | 0 | 0 |
| | 2008 | 대구 | 10 | 0 | 0 | 0 | 19 | 0 | 0 | 0 |
| | 2009 | 대구 | 5 | 0 | 0 | 0 | 6 | 0 | 0 | 0 |
| | 2010 | 대구 | 5 | 0 | 0 | 0 | 11 | 0 | 2 | 0 |
| | 2011 | 대구 | 0 | 0 | 0 | 0 | 0 | 0 | 0 | 0 |
| 통산 | | | 201 | 2 | 0 | 1 | 318 | 4 | 11 | 0 |

**백상훈**(白尙訓) 오산고 2002.01.07

| 대회 | 연도 | 소속 | 출전 | 교체 | 득점 | 도움 | 실점 | 파울 | 경고 | 퇴장 |
|---|---|---|---|---|---|---|---|---|---|---|
| K1 | 2021 | 서울 | 18 | 16 | 0 | 0 | 0 | 22 | 0 | 1 |
| | 2022 | 서울 | 10 | 10 | 0 | 0 | 0 | 10 | 0 | 0 |
| | 2023 | 서울 | 2 | 2 | 0 | 0 | 0 | 2 | 0 | 0 |
| | 2024 | 서울 | 3 | 3 | 0 | 0 | 0 | 1 | 0 | 0 |
| 통산 | | | 33 | 31 | 0 | 0 | 0 | 35 | 0 | 1 |

**백선규**(白善圭) 한남대 1989.05.02

| 대회 | 연도 | 소속 | 출전 | 교체 | 득점 | 도움 | 실점 | 파울 | 경고 | 퇴장 |
|---|---|---|---|---|---|---|---|---|---|---|
| K1 | 2011 | 인천 | 0 | 0 | 0 | 0 | 0 | 0 | 0 | 0 |
| | 2012 | 인천 | 0 | 0 | 0 | 0 | 0 | 0 | 0 | 0 |
| 컵 | 2011 | 인천 | 1 | 0 | 0 | 0 | 4 | 0 | 0 | 0 |
| 통산 | | | 1 | 0 | 0 | 0 | 4 | 0 | 0 | 0 |

**백성동**(白星東) 연세대 1991.08.13

| 대회 | 연도 | 소속 | 출전 | 교체 | 득점 | 도움 | 실점 | 파울 | 경고 | 퇴장 |
|---|---|---|---|---|---|---|---|---|---|---|
| K1 | 2023 | 포항 | 26 | 22 | 4 | 8 | 0 | 9 | 1 | 0 |
| | 2024 | 포항 | 35 | 34 | 2 | 0 | 0 | 9 | 1 | 0 |
| | 2025 | 포항 | 8 | 8 | 0 | 0 | 0 | 3 | 0 | 0 |
| K2 | 2017 | 수원FC | 32 | 9 | 8 | 4 | 0 | 43 | 3 | 0 |
| | 2018 | 수원FC | 30 | 10 | 5 | 1 | 0 | 27 | 3 | 0 |
| | 2019 | 수원FC | 35 | 1 | 7 | 7 | 0 | 36 | 3 | 0 |
| | 2020 | 경남 | 24 | 2 | 9 | 2 | 0 | 22 | 1 | 0 |
| | 2021 | 경남 | 33 | 3 | 4 | 6 | 0 | 18 | 1 | 0 |
| | 2022 | 안양 | 34 | 24 | 5 | 1 | 0 | 15 | 1 | 0 |
| PO | 2020 | 경남 | 2 | 0 | 0 | 0 | 0 | 2 | 0 | 0 |
| | 2022 | 안양 | 3 | 2 | 0 | 0 | 0 | 0 | 0 | 0 |
| 통산 | | | 262 | 115 | 44 | 29 | 0 | 184 | 14 | 0 |

**백성우**(白成右) 단국대 1990.04.08

| 대회 | 연도 | 소속 | 출전 | 교체 | 득점 | 도움 | 실점 | 파울 | 경고 | 퇴장 |
|---|---|---|---|---|---|---|---|---|---|---|
| K2 | 2013 | 안양 | 2 | 0 | 0 | 0 | 4 | 0 | 0 | 0 |
| 통산 | | | 2 | 0 | 0 | 0 | 4 | 0 | 0 | 0 |

**백성진**(白聖辰) 중앙대 1954.05.12

| 대회 | 연도 | 소속 | 출전 | 교체 | 득점 | 도움 | 실점 | 파울 | 경고 | 퇴장 |
|---|---|---|---|---|---|---|---|---|---|---|
| K1 | 1983 | 국민은행 | 14 | 3 | 0 | 0 | 0 | 10 | 0 | 0 |
| 통산 | | | 14 | 3 | 0 | 0 | 0 | 10 | 0 | 0 |

**백성진**(白成珍) 인천대 1999.09.08

| 대회 | 연도 | 소속 | 출전 | 교체 | 득점 | 도움 | 실점 | 파울 | 경고 | 퇴장 |
|---|---|---|---|---|---|---|---|---|---|---|
| K2 | 2022 | 김포 | 0 | 0 | 0 | 0 | 0 | 0 | 0 | 0 |
| 통산 | | | 0 | 0 | 0 | 0 | 0 | 0 | 0 | 0 |

**백송**(白松) 아주대 1966.08.15

| 대회 | 연도 | 소속 | 출전 | 교체 | 득점 | 도움 | 실점 | 파울 | 경고 | 퇴장 |
|---|---|---|---|---|---|---|---|---|---|---|
| K1 | 1989 | 유공 | 15 | 12 | 0 | 0 | 0 | 18 | 2 | 0 |
| | 1990 | 유공 | 1 | 1 | 0 | 0 | 0 | 0 | 0 | 0 |
| | 1993 | 유공 | 10 | 9 | 0 | 0 | 0 | 10 | 0 | 0 |
| | 1994 | 버팔로 | 25 | 15 | 5 | 1 | 0 | 14 | 5 | 0 |
| | 1995 | 전북 | 4 | 5 | 0 | 0 | 0 | 4 | 1 | 0 |
| 컵 | 1993 | 유공 | 2 | 2 | 0 | 0 | 0 | 2 | 0 | 0 |
| | 1994 | 버팔로 | 5 | 4 | 3 | 1 | 0 | 6 | 3 | 0 |
| | 1995 | 전북 | 7 | 7 | 1 | 0 | 0 | 15 | 1 | 0 |
| 통산 | | | 69 | 55 | 9 | 2 | 0 | 69 | 12 | 0 |

**백수현**(白守鉉) 상지대 1986.07.20

| 대회 | 연도 | 소속 | 출전 | 교체 | 득점 | 도움 | 실점 | 파울 | 경고 | 퇴장 |
|---|---|---|---|---|---|---|---|---|---|---|
| K1 | 2010 | 경남 | 0 | 0 | 0 | 0 | 0 | 0 | 0 | 0 |
| 컵 | 2010 | 경남 | 1 | 1 | 0 | 0 | 0 | 1 | 0 | 0 |
| 통산 | | | 1 | 1 | 0 | 0 | 0 | 1 | 0 | 0 |

**백승대**(白承大) 아주대 1970.03.02

| 대회 | 연도 | 소속 | 출전 | 교체 | 득점 | 도움 | 실점 | 파울 | 경고 | 퇴장 |
|---|---|---|---|---|---|---|---|---|---|---|
| K1 | 1991 | 현대 | 9 | 2 | 0 | 0 | 0 | 10 | 0 | 0 |
| | 1992 | 현대 | 25 | 5 | 0 | 2 | 0 | 26 | 0 | 0 |
| | 1993 | 현대 | 22 | 4 | 0 | 0 | 0 | 27 | 3 | 0 |
| | 1997 | 안양LG | 7 | 3 | 0 | 0 | 0 | 15 | 1 | 0 |
| 컵 | 1992 | 현대 | 8 | 1 | 0 | 0 | 0 | 9 | 1 | 0 |
| | 1993 | 현대 | 4 | 2 | 1 | 0 | 0 | 3 | 0 | 0 |
| | 1997 | 안양LG | 4 | 2 | 0 | 0 | 0 | 1 | 1 | 0 |
| 통산 | | | 79 | 19 | 1 | 2 | 0 | 91 | 6 | 0 |

**백승민**(白承敏) 백암고 1986.03.12

| 대회 | 연도 | 소속 | 출전 | 교체 | 득점 | 도움 | 실점 | 파울 | 경고 | 퇴장 |
|---|---|---|---|---|---|---|---|---|---|---|
| K1 | 2006 | 전남 | 9 | 9 | 0 | 0 | 0 | 10 | 0 | 0 |
| | 2007 | 전남 | 15 | 13 | 0 | 0 | 0 | 14 | 0 | 0 |
| | 2008 | 전남 | 14 | 3 | 0 | 1 | 0 | 23 | 3 | 0 |
| | 2009 | 전남 | 17 | 7 | 0 | 1 | 0 | 18 | 3 | 0 |
| | 2010 | 전남 | 18 | 10 | 3 | 2 | 0 | 27 | 2 | 0 |
| | 2011 | 전남 | 1 | 1 | 0 | 0 | 0 | 0 | 0 | 0 |
| PO | 2009 | 전남 | 2 | 0 | 0 | 0 | 0 | 6 | 0 | 0 |
| 컵 | 2006 | 전남 | 9 | 6 | 0 | 1 | 0 | 15 | 0 | 0 |
| | 2007 | 전남 | 1 | 0 | 0 | 0 | 0 | 4 | 1 | 0 |
| | 2008 | 전남 | 3 | 1 | 0 | 0 | 0 | 6 | 1 | 0 |
| | 2009 | 전남 | 1 | 0 | 0 | 0 | 0 | 0 | 0 | 0 |
| | 2010 | 전남 | 3 | 2 | 0 | 0 | 0 | 5 | 0 | 0 |
| 통산 | | | 93 | 52 | 3 | 5 | 0 | 128 | 10 | 0 |

**백승민**(白承民) 숭실대 2003.04.15

| 대회 | 연도 | 소속 | 출전 | 교체 | 득점 | 도움 | 실점 | 파울 | 경고 | 퇴장 |
|---|---|---|---|---|---|---|---|---|---|---|
| K1 | 2025 | 수원FC | 0 | 0 | 0 | 0 | 0 | 0 | 0 | 0 |
| 통산 | | | 0 | 0 | 0 | 0 | 0 | 0 | 0 | 0 |

**백승우**(白承祐) 동아대 1973.05.28

| 대회 | 연도 | 소속 | 출전 | 교체 | 득점 | 도움 | 실점 | 파울 | 경고 | 퇴장 |
|---|---|---|---|---|---|---|---|---|---|---|
| K1 | 1996 | 부천유공 | 5 | 3 | 0 | 0 | 0 | 3 | 0 | 0 |
| | 1997 | 부천SK | 3 | 3 | 0 | 0 | 0 | 1 | 0 | 0 |
| 통산 | | | 8 | 6 | 0 | 0 | 0 | 4 | 0 | 0 |

**백승우**(白承禹) 연세대 1999.04.27

| 대회 | 연도 | 소속 | 출전 | 교체 | 득점 | 도움 | 실점 | 파울 | 경고 | 퇴장 |
|---|---|---|---|---|---|---|---|---|---|---|
| K2 | 2020 | 제주 | 1 | 1 | 0 | 0 | 0 | 0 | 0 | 0 |
| | 2025 | 화성 | 24 | 22 | 4 | 1 | 0 | 7 | 0 | 0 |
| 통산 | | | 25 | 23 | 4 | 1 | 0 | 7 | 0 | 0 |

**백승원**(白承原) 강원대 1992.04.18

| 대회 | 연도 | 소속 | 출전 | 교체 | 득점 | 도움 | 실점 | 파울 | 경고 | 퇴장 |
|---|---|---|---|---|---|---|---|---|---|---|
| K1 | 2015 | 인천 | 3 | 2 | 0 | 0 | 0 | 7 | 2 | 0 |
| 통산 | | | 3 | 2 | 0 | 0 | 0 | 7 | 2 | 0 |

**백승철**(白承哲) 영남대 1975.03.09

| 대회 | 연도 | 소속 | 출전 | 교체 | 득점 | 도움 | 실점 | 파울 | 경고 | 퇴장 |
|---|---|---|---|---|---|---|---|---|---|---|
| K1 | 1998 | 포항 | 17 | 13 | 9 | 0 | 0 | 28 | 1 | 0 |
| | 1999 | 포항 | 19 | 10 | 8 | 0 | 0 | 39 | 1 | 0 |
| PO | 1998 | 포항 | 3 | 0 | 1 | 1 | 0 | 11 | 0 | 0 |
| 컵 | 1998 | 포항 | 15 | 8 | 2 | 2 | 0 | 26 | 2 | 0 |
| | 1999 | 포항 | 2 | 1 | 0 | 1 | 0 | 3 | 0 | 0 |
| 통산 | | | 56 | 32 | 20 | 4 | 0 | 107 | 4 | 0 |

**백승헌**(白昇憲) 경기오산고 2005.01.11

| 대회 | 연도 | 소속 | 출전 | 교체 | 득점 | 도움 | 실점 | 파울 | 경고 | 퇴장 |
|---|---|---|---|---|---|---|---|---|---|---|
| K1 | 2024 | 제주 | 5 | 5 | 0 | 1 | 0 | 4 | 2 | 0 |
| 통산 | | | 5 | 5 | 0 | 1 | 0 | 4 | 2 | 0 |

**백승현**(白承鉉) 울산대 1995.03.10

| 대회 | 연도 | 소속 | 출전 | 교체 | 득점 | 도움 | 실점 | 파울 | 경고 | 퇴장 |
|---|---|---|---|---|---|---|---|---|---|---|
| K1 | 2018 | 전남 | 1 | 1 | 0 | 1 | 0 | 0 | 0 | 0 |
| 통산 | | | 1 | 1 | 0 | 1 | 0 | 0 | 0 | 0 |

**백승호**(白昇浩) 대신고 1997.03.17

| 대회 | 연도 | 소속 | 출전 | 교체 | 득점 | 도움 | 실점 | 파울 | 경고 | 퇴장 |
|---|---|---|---|---|---|---|---|---|---|---|
| K1 | 2021 | 전북 | 25 | 7 | 4 | 0 | 0 | 21 | 2 | 0 |
| | 2022 | 전북 | 30 | 5 | 2 | 5 | 0 | 27 | 3 | 0 |
| | 2023 | 전북 | 27 | 9 | 3 | 1 | 0 | 25 | 3 | 0 |
| 통산 | | | 82 | 21 | 9 | 6 | 0 | 73 | 8 | 0 |

**백영철**(白榮喆) 경희대 1978.11.11

| 대회 | 연도 | 소속 | 출전 | 교체 | 득점 | 도움 | 실점 | 파울 | 경고 | 퇴장 |
|---|---|---|---|---|---|---|---|---|---|---|
| K1 | 2001 | 성남일화 | 11 | 6 | 2 | 1 | 0 | 24 | 3 | 0 |
| | 2002 | 성남일화 | 18 | 16 | 0 | 2 | 0 | 26 | 1 | 1 |
| | 2003 | 성남일화 | 1 | 1 | 0 | 0 | 0 | 0 | 0 | 0 |
| | 2004 | 성남일화 | 6 | 6 | 0 | 0 | 0 | 11 | 0 | 0 |
| | 2005 | 포항 | 12 | 12 | 0 | 1 | 0 | 5 | 1 | 0 |
| | 2006 | 경남 | 11 | 3 | 0 | 1 | 0 | 27 | 4 | 1 |
| | 2007 | 경남 | 15 | 11 | 0 | 0 | 0 | 20 | 2 | 0 |
| | 2008 | 대구 | 21 | 5 | 0 | 1 | 0 | 38 | 6 | 0 |
| | 2009 | 대구 | 21 | 5 | 1 | 2 | 0 | 33 | 7 | 0 |
| | 2010 | 대구 | 5 | 1 | 0 | 0 | 0 | 7 | 1 | 0 |
| 컵 | 2004 | 성남일화 | 1 | 1 | 0 | 0 | 0 | 2 | 0 | 0 |
| | 2005 | 포항 | 10 | 8 | 0 | 0 | 0 | 13 | 1 | 0 |
| | 2006 | 경남 | 10 | 10 | 1 | 1 | 0 | 19 | 1 | 0 |
| | 2007 | 경남 | 1 | 0 | 0 | 0 | 0 | 0 | 0 | 0 |
| | 2008 | 대구 | 7 | 3 | 0 | 0 | 0 | 16 | 2 | 0 |
| | 2009 | 대구 | 4 | 0 | 0 | 0 | 0 | 10 | 0 | 1 |
| | 2010 | 대구 | 3 | 0 | 0 | 0 | 0 | 8 | 1 | 0 |
| 통산 | | | 157 | 88 | 4 | 9 | 0 | 259 | 30 | 3 |

**백인우**(白仁佑) 덕영고 2006.11.29

| 대회 | 연도 | 소속 | 출전 | 교체 | 득점 | 도움 | 실점 | 파울 | 경고 | 퇴장 |
|---|---|---|---|---|---|---|---|---|---|---|
| K1 | 2025 | 울산 | 12 | 11 | 1 | 0 | 0 | 11 | 0 | 0 |
| 통산 | | | 12 | 11 | 1 | 0 | 0 | 11 | 0 | 0 |

**백인환**(白寅桓) 천안제일고 2005.09.15

| 대회 | 연도 | 소속 | 출전 | 교체 | 득점 | 도움 | 실점 | 파울 | 경고 | 퇴장 |
|---|---|---|---|---|---|---|---|---|---|---|
| K2 | 2025 | 충남아산 | 6 | 6 | 0 | 0 | 0 | 1 | 1 | 0 |
| 통산 | | | 6 | 6 | 0 | 0 | 0 | 1 | 1 | 0 |

**백자건**(Bai Zijian, 白子建) 중국 1992.10.16

| 대회 | 연도 | 소속 | 출전 | 교체 | 득점 | 도움 | 실점 | 파울 | 경고 | 퇴장 |
|---|---|---|---|---|---|---|---|---|---|---|
| K1 | 2011 | 대전 | 9 | 9 | 0 | 1 | 0 | 4 | 1 | 0 |
| 컵 | 2011 | 대전 | 5 | 5 | 0 | 0 | 0 | 0 | 0 | 0 |
| 통산 | | | 14 | 14 | 0 | 1 | 0 | 4 | 1 | 0 |

**백재우**(白裁宇) 광주대 1991.04.27

| 대회 | 연도 | 소속 | 출전 | 교체 | 득점 | 도움 | 실점 | 파울 | 경고 | 퇴장 |
|---|---|---|---|---|---|---|---|---|---|---|
| K2 | 2016 | 안양 | 0 | 0 | 0 | 0 | 0 | 0 | 0 | 0 |
| 통산 | | | 0 | 0 | 0 | 0 | 0 | 0 | 0 | 0 |

**백종범**(白種範) 오산고 2001.01.21

| 대회 | 연도 | 소속 | 출전 | 교체 | 득점 | 도움 | 실점 | 파울 | 경고 | 퇴장 |
|---|---|---|---|---|---|---|---|---|---|---|
| K1 | 2020 | 서울 | 0 | 0 | 0 | 0 | 0 | 0 | 0 | 0 |
| | 2021 | 서울 | 0 | 0 | 0 | 0 | 0 | 0 | 0 | 0 |
| | 2022 | 서울 | 4 | 2 | 0 | 0 | 3 | 0 | 0 | 0 |
| | 2023 | 서울 | 26 | 0 | 0 | 0 | 37 | 0 | 2 | 0 |
| | 2024 | 서울 | 16 | 0 | 0 | 0 | 16 | 2 | 4 | 0 |
| | 2025 | 서울 | 0 | 0 | 0 | 0 | 0 | 0 | 0 | 0 |
| | 2025 | 김천 | 2 | 0 | 0 | 0 | 2 | 0 | 0 | 0 |
| 통산 | | | 48 | 2 | 0 | 0 | 58 | 2 | 6 | 0 |

**백종철**(白鍾哲) 경희대 1961.03.09

| 대회 | 연도 | 소속 | 출전 | 교체 | 득점 | 도움 | 실점 | 파울 | 경고 | 퇴장 |
|---|---|---|---|---|---|---|---|---|---|---|
| K1 | 1984 | 현대 | 28 | 9 | 16 | 4 | 0 | 19 | 0 | 0 |
| | 1985 | 현대 | 6 | 4 | 0 | 0 | 0 | 5 | 0 | 0 |
| | 1986 | 현대 | 4 | 4 | 1 | 0 | 0 | 8 | 0 | 0 |
| | 1987 | 현대 | 25 | 19 | 3 | 2 | 0 | 11 | 0 | 0 |
| | 1988 | 현대 | 20 | 15 | 2 | 1 | 0 | 16 | 0 | 0 |
| | 1989 | 일화 | 22 | 6 | 10 | 2 | 0 | 19 | 1 | 0 |
| | 1990 | 일화 | 26 | 13 | 1 | 2 | 0 | 16 | 1 | 0 |
| | 1991 | 일화 | 4 | 2 | 1 | 0 | 0 | 4 | 0 | 0 |
| 컵 | 1986 | 현대 | 8 | 8 | 2 | 0 | 0 | 2 | 0 | 0 |
| 통산 | | | 143 | 80 | 36 | 11 | 0 | 100 | 2 | 0 |

**백종환**(白鐘煥) 인천대 1985.04.18

| 대회 | 연도 | 소속 | 출전 | 교체 | 득점 | 도움 | 실점 | 파울 | 경고 | 퇴장 |
|---|---|---|---|---|---|---|---|---|---|---|
| K1 | 2008 | 제주 | 2 | 2 | 0 | 0 | 0 | 2 | 1 | 0 |
| | 2009 | 제주 | 3 | 1 | 0 | 0 | 0 | 5 | 1 | 0 |
| | 2010 | 강원 | 7 | 6 | 1 | 1 | 0 | 8 | 1 | 0 |
| | 2011 | 강원 | 17 | 12 | 0 | 0 | 0 | 21 | 2 | 0 |
| | 2012 | 강원 | 36 | 20 | 2 | 0 | 0 | 56 | 7 | 0 |
| | 2014 | 상주 | 16 | 8 | 1 | 0 | 0 | 31 | 4 | 0 |
| | 2017 | 강원 | 10 | 4 | 0 | 0 | 0 | 15 | 3 | 0 |
| K2 | 2013 | 상주 | 32 | 7 | 0 | 7 | 0 | 49 | 6 | 0 |
| | 2014 | 강원 | 8 | 2 | 0 | 0 | 0 | 17 | 2 | 0 |
| | 2015 | 강원 | 34 | 4 | 2 | 1 | 0 | 54 | 9 | 0 |
| | 2016 | 강원 | 33 | 2 | 0 | 2 | 0 | 45 | 8 | 0 |
| | 2018 | 대전 | 5 | 2 | 0 | 0 | 0 | 7 | 0 | 0 |
| PO | 2013 | 상주 | 2 | 0 | 0 | 0 | 0 | 1 | 0 | 0 |
| | 2014 | 강원 | 1 | 0 | 0 | 0 | 0 | 4 | 0 | 0 |
| 컵 | 2008 | 제주 | 5 | 4 | 0 | 0 | 0 | 5 | 1 | 0 |
| | 2009 | 제주 | 2 | 2 | 0 | 0 | 0 | 2 | 0 | 0 |
| | 2010 | 제주 | 0 | 0 | 0 | 0 | 0 | 0 | 0 | 0 |
| | 2011 | 강원 | 3 | 1 | 0 | 0 | 0 | 3 | 0 | 0 |
| 통산 | | | 216 | 77 | 6 | 11 | 0 | 325 | 45 | 0 |

**백주현**(白周俔) 조선대 1984.02.09

| 대회 | 연도 | 소속 | 출전 | 교체 | 득점 | 도움 | 실점 | 파울 | 경고 | 퇴장 |
|---|---|---|---|---|---|---|---|---|---|---|
| K1 | 2006 | 수원 | 3 | 3 | 0 | 0 | 0 | 5 | 1 | 0 |
| 컵 | 2006 | 수원 | 3 | 2 | 0 | 0 | 0 | 5 | 1 | 0 |
| | 2008 | 광주상무 | 1 | 1 | 0 | 0 | 0 | 0 | 0 | 0 |
| 통산 | | | 7 | 6 | 0 | 0 | 0 | 10 | 2 | 0 |

**백지웅**(白智雄) 제주국제대 2004.08.29

| 대회 | 연도 | 소속 | 출전 | 교체 | 득점 | 도움 | 실점 | 파울 | 경고 | 퇴장 |
|---|---|---|---|---|---|---|---|---|---|---|
| K2 | 2024 | 서울E | 11 | 4 | 0 | 1 | 0 | 10 | 1 | 0 |
| | 2025 | 서울E | 33 | 12 | 1 | 4 | 0 | 38 | 5 | 0 |
| PO | 2024 | 서울E | 3 | 3 | 1 | 0 | 0 | 1 | 0 | 0 |
| | 2025 | 서울E | 1 | 1 | 0 | 0 | 0 | 0 | 0 | 0 |
| 통산 | | | 48 | 20 | 2 | 5 | 0 | 49 | 6 | 0 |

**백지훈**(白智勳) 안동고 1985.02.28

| 대회 | 연도 | 소속 | 출전 | 교체 | 득점 | 도움 | 실점 | 파울 | 경고 | 퇴장 |
|---|---|---|---|---|---|---|---|---|---|---|
| K1 | 2003 | 전남 | 4 | 4 | 0 | 0 | 0 | 1 | 0 | 0 |
| | 2004 | 전남 | 7 | 6 | 0 | 0 | 0 | 10 | 0 | 1 |
| | 2005 | 서울 | 15 | 12 | 1 | 0 | 0 | 28 | 1 | 0 |
| | 2006 | 서울 | 12 | 9 | 0 | 0 | 0 | 17 | 3 | 0 |
| | 2006 | 수원 | 11 | 2 | 4 | 0 | 0 | 23 | 2 | 0 |
| | 2007 | 수원 | 16 | 4 | 3 | 1 | 0 | 14 | 2 | 0 |
| | 2008 | 수원 | 15 | 8 | 4 | 1 | 0 | 11 | 1 | 0 |
| | 2009 | 수원 | 22 | 14 | 1 | 2 | 0 | 19 | 4 | 0 |
| | 2010 | 수원 | 9 | 4 | 2 | 2 | 0 | 5 | 0 | 0 |
| | 2012 | 상주 | 14 | 13 | 0 | 1 | 0 | 8 | 2 | 0 |
| | 2014 | 울산 | 19 | 19 | 2 | 0 | 0 | 5 | 0 | 0 |
| | 2015 | 수원 | 21 | 16 | 0 | 0 | 0 | 11 | 2 | 0 |
| | 2016 | 수원 | 18 | 14 | 0 | 1 | 0 | 9 | 1 | 0 |
| K2 | 2013 | 상주 | 11 | 11 | 1 | 0 | 0 | 6 | 0 | 0 |
| | 2017 | 서울E | 15 | 12 | 1 | 0 | 0 | 9 | 2 | 0 |
| PO | 2006 | 수원 | 3 | 2 | 1 | 0 | 0 | 4 | 0 | 0 |
| | 2008 | 수원 | 2 | 2 | 0 | 0 | 0 | 2 | 0 | 0 |
| 컵 | 2004 | 전남 | 11 | 4 | 1 | 0 | 0 | 22 | 1 | 0 |
| | 2005 | 서울 | 7 | 4 | 1 | 0 | 0 | 5 | 1 | 0 |
| | 2006 | 서울 | 3 | 1 | 1 | 0 | 0 | 2 | 0 | 0 |
| | 2007 | 수원 | 7 | 2 | 3 | 0 | 0 | 13 | 1 | 0 |
| | 2008 | 수원 | 5 | 2 | 0 | 1 | 0 | 6 | 1 | 0 |
| | 2009 | 수원 | 1 | 1 | 0 | 0 | 0 | 0 | 0 | 0 |
| | 2010 | 수원 | 6 | 4 | 0 | 1 | 0 | 5 | 1 | 0 |
| 통산 | | | 254 | 170 | 26 | 10 | 0 | 235 | 25 | 1 |

**백진철**(白進哲) 중앙대 1982.02.03

| 대회 | 연도 | 소속 | 출전 | 교체 | 득점 | 도움 | 실점 | 파울 | 경고 | 퇴장 |
|---|---|---|---|---|---|---|---|---|---|---|
| K1 | 2006 | 전남 | 1 | 1 | 0 | 0 | 0 | 0 | 0 | 0 |
| 컵 | 2006 | 전남 | 1 | 1 | 1 | 0 | 0 | 0 | 0 | 0 |
| 통산 | | | 2 | 2 | 1 | 0 | 0 | 0 | 0 | 0 |

**백치수**(白致守) 한양대 1962.09.03

| 대회 | 연도 | 소속 | 출전 | 교체 | 득점 | 도움 | 실점 | 파울 | 경고 | 퇴장 |
|---|---|---|---|---|---|---|---|---|---|---|
| K1 | 1984 | 포항제철 | 23 | 4 | 0 | 0 | 0 | 22 | 1 | 0 |
| | 1985 | 포항제철 | 20 | 3 | 0 | 2 | 0 | 20 | 0 | 0 |
| | 1986 | 포항제철 | 11 | 3 | 0 | 1 | 0 | 8 | 0 | 0 |
| | 1987 | 포항제철 | 6 | 6 | 0 | 0 | 0 | 3 | 0 | 0 |
| | 1988 | 포항제철 | 18 | 3 | 1 | 0 | 0 | 23 | 2 | 0 |
| | 1989 | 포항제철 | 20 | 13 | 1 | 0 | 0 | 17 | 1 | 0 |
| 컵 | 1986 | 포항제철 | 9 | 5 | 0 | 0 | 0 | 9 | 0 | 0 |
| 통산 | | | 107 | 37 | 2 | 3 | 0 | 102 | 4 | 0 |

**백현영**(白鉉英) 고려대 1958.07.29

| 대회 | 연도 | 소속 | 출전 | 교체 | 득점 | 도움 | 실점 | 파울 | 경고 | 퇴장 |
|---|---|---|---|---|---|---|---|---|---|---|
| K1 | 1984 | 유공 | 19 | 17 | 0 | 0 | 0 | 8 | 0 | 0 |
| | 1985 | 유공 | 12 | 5 | 4 | 0 | 0 | 7 | 0 | 0 |
| | 1986 | 유공 | 11 | 6 | 2 | 1 | 0 | 5 | 0 | 0 |
| PO | 1984 | 유공 | 2 | 2 | 0 | 0 | 0 | 0 | 0 | 0 |
| 컵 | 1986 | 유공 | 10 | 4 | 2 | 0 | 0 | 6 | 0 | 0 |
| 통산 | | | 54 | 34 | 8 | 1 | 0 | 26 | 0 | 0 |

**백형진**(白亨珍) 건국대 1970.07.01

| 대회 | 연도 | 소속 | 출전 | 교체 | 득점 | 도움 | 실점 | 파울 | 경고 | 퇴장 |
|---|---|---|---|---|---|---|---|---|---|---|
| K1 | 1998 | 안양LG | 13 | 10 | 2 | 1 | 0 | 15 | 2 | 0 |
| | 1999 | 안양LG | 11 | 12 | 0 | 0 | 0 | 9 | 2 | 0 |
| 컵 | 1998 | 안양LG | 6 | 6 | 0 | 0 | 0 | 5 | 1 | 0 |
| | 1999 | 안양LG | 9 | 9 | 1 | 0 | 0 | 7 | 0 | 0 |
| 통산 | | | 39 | 37 | 3 | 1 | 0 | 36 | 5 | 0 |

**번즈** (Nathan Joel Burns) 오스트레일리아 1988.05.07

| 대회 | 연도 | 소속 | 출전 | 교체 | 득점 | 도움 | 실점 | 파울 | 경고 | 퇴장 |
|---|---|---|---|---|---|---|---|---|---|---|
| K1 | 2012 | 인천 | 3 | 3 | 0 | 0 | 0 | 4 | 0 | 0 |
| 통산 | | | 3 | 3 | 0 | 0 | 0 | 4 | 0 | 0 |

**베네가스**(Gabriel Nicolas Benegas) 아르헨티나 1996.03.01

| 대회 | 연도 | 소속 | 출전 | 교체 | 득점 | 도움 | 실점 | 파울 | 경고 | 퇴장 |
|---|---|---|---|---|---|---|---|---|---|---|
| K2 | 2021 | 서울E | 23 | 13 | 6 | 1 | 0 | 70 | 7 | 0 |
| 통산 | | | 23 | 13 | 6 | 1 | 0 | 70 | 7 | 0 |

**베니시오** (Venicio Tomas Ferreira dos Santos) 브라질 1994.03.13

| 대회 | 연도 | 소속 | 출전 | 교체 | 득점 | 도움 | 실점 | 파울 | 경고 | 퇴장 |
|---|---|---|---|---|---|---|---|---|---|---|
| K2 | 2024 | 충북청주 | 31 | 12 | 1 | 0 | 0 | 28 | 4 | 0 |
| | 2025 | 성남 | 32 | 1 | 2 | 0 | 0 | 35 | 8 | 2 |
| PO | 2025 | 성남 | 2 | 0 | 0 | 0 | 0 | 0 | 0 | 0 |
| 통산 | | | 65 | 13 | 3 | 0 | 0 | 63 | 12 | 2 |

**베르나르도** (Bernardo Vieira de Souza) 브라질 1990.05.20

| 대회 | 연도 | 소속 | 출전 | 교체 | 득점 | 도움 | 실점 | 파울 | 경고 | 퇴장 |
|---|---|---|---|---|---|---|---|---|---|---|
| K1 | 2016 | 울산 | 0 | 0 | 0 | 0 | 0 | 0 | 0 | 0 |
| 통산 | | | 0 | 0 | 0 | 0 | 0 | 0 | 0 | 0 |

**베르손**(Bergson Gustavo Silveira da Silva) 브라질 1991.02.09

| 대회 | 연도 | 소속 | 출전 | 교체 | 득점 | 도움 | 실점 | 파울 | 경고 | 퇴장 |
|---|---|---|---|---|---|---|---|---|---|---|
| K1 | 2011 | 수원 | 7 | 7 | 0 | 0 | 0 | 4 | 1 | 0 |
| | 2015 | 부산 | 7 | 7 | 0 | 0 | 0 | 9 | 1 | 0 |
| 컵 | 2011 | 수원 | 1 | 1 | 0 | 0 | 0 | 1 | 1 | 0 |
| 통산 | | | 15 | 15 | 0 | 0 | 0 | 14 | 3 | 0 |

**베리** (Greggory Austin Berry) 미국 1988.10.06

| 대회 | 연도 | 소속 | 출전 | 교체 | 득점 | 도움 | 실점 | 파울 | 경고 | 퇴장 |
|---|---|---|---|---|---|---|---|---|---|---|
| K2 | 2015 | 안양 | 34 | 1 | 1 | 0 | 0 | 34 | 2 | 0 |
| 통산 | | | 34 | 1 | 1 | 0 | 0 | 34 | 2 | 0 |

**베리발두**(Perivaldo Lucio Dantas) 브라질 1953.07.12

| 대회 | 연도 | 소속 | 출전 | 교체 | 득점 | 도움 | 실점 | 파울 | 경고 | 퇴장 |
|---|---|---|---|---|---|---|---|---|---|---|
| K1 | 1987 | 유공 | 1 | 1 | 0 | 0 | 0 | 0 | 0 | 0 |
| 통산 | | | 1 | 1 | 0 | 0 | 0 | 0 | 0 | 0 |

**베카**(Beka Mikeltadze) 조지아 1997.11.26

| 대회 | 연도 | 소속 | 출전 | 교체 | 득점 | 도움 | 실점 | 파울 | 경고 | 퇴장 |
|---|---|---|---|---|---|---|---|---|---|---|
| K1 | 2023 | 광주 | 10 | 9 | 2 | 0 | 0 | 7 | 0 | 0 |
| | 2024 | 광주 | 18 | 16 | 3 | 1 | 0 | 11 | 0 | 0 |

| 대회 | 연도 | 소속 | 출전 | 교체 | 득점 | 도움 | 실점 | 파울 | 경고 | 퇴장 |
|---|---|---|---|---|---|---|---|---|---|---|
| 통산 | | | 28 | 25 | 5 | 1 | 0 | 18 | 0 | 0 |

**베크리치**(Samir Bekrić) 보스니아 헤르체고비나 1984.10.20

| 대회 | 연도 | 소속 | 출전 | 교체 | 득점 | 도움 | 실점 | 파울 | 경고 | 퇴장 |
|---|---|---|---|---|---|---|---|---|---|---|
| K1 | 2010 | 인천 | 16 | 7 | 2 | 0 | 0 | 7 | 0 | 0 |
| 통산 | | | 16 | 7 | 2 | 0 | 0 | 7 | 0 | 0 |

**베하**(László Pecha) 헝가리 1963.10.26

| 대회 | 연도 | 소속 | 출전 | 교체 | 득점 | 도움 | 실점 | 파울 | 경고 | 퇴장 |
|---|---|---|---|---|---|---|---|---|---|---|
| K1 | 1990 | 포항제철 | 10 | 4 | 0 | 0 | 0 | 12 | 0 | 0 |
| | 1991 | 포항제철 | 5 | 5 | 0 | 1 | 0 | 4 | 0 | 0 |
| 통산 | | | 15 | 9 | 0 | 1 | 0 | 16 | 0 | 0 |

**벤**(Benjamin Halloran) 오스트레일리아 1992.06.14

| 대회 | 연도 | 소속 | 출전 | 교체 | 득점 | 도움 | 실점 | 파울 | 경고 | 퇴장 |
|---|---|---|---|---|---|---|---|---|---|---|
| K1 | 2022 | 서울 | 2 | 2 | 0 | 0 | 0 | 2 | 0 | 0 |
| 통산 | | | 2 | 2 | 0 | 0 | 0 | 2 | 0 | 0 |

**벨라스케즈**(Juan Sebastian Velasquez) 콜롬비아 1991.02.11

| 대회 | 연도 | 소속 | 출전 | 교체 | 득점 | 도움 | 실점 | 파울 | 경고 | 퇴장 |
|---|---|---|---|---|---|---|---|---|---|---|
| K2 | 2019 | 수원FC | 8 | 8 | 0 | 0 | 0 | 8 | 0 | 0 |
| 통산 | | | 8 | 8 | 0 | 0 | 0 | 8 | 0 | 0 |

**벨루소**(Jonatas Elias Belusso) 시리아 1988.06.10

| 대회 | 연도 | 소속 | 출전 | 교체 | 득점 | 도움 | 실점 | 파울 | 경고 | 퇴장 |
|---|---|---|---|---|---|---|---|---|---|---|
| K2 | 2015 | 강원 | 31 | 21 | 15 | 1 | 0 | 31 | 2 | 0 |
| | 2016 | 서울E | 17 | 13 | 4 | 1 | 0 | 20 | 4 | 0 |
| 통산 | | | 48 | 34 | 19 | 2 | 0 | 51 | 6 | 0 |

**벨코스키**(Krste Velkoski) 마케도니아 1988.02.20

| 대회 | 연도 | 소속 | 출전 | 교체 | 득점 | 도움 | 실점 | 파울 | 경고 | 퇴장 |
|---|---|---|---|---|---|---|---|---|---|---|
| K1 | 2016 | 인천 | 24 | 20 | 4 | 2 | 0 | 19 | 0 | 0 |
| 통산 | | | 24 | 20 | 4 | 2 | 0 | 19 | 0 | 0 |

**변경준**(邊勁竣) 통진고 2002.04.08

| 대회 | 연도 | 소속 | 출전 | 교체 | 득점 | 도움 | 실점 | 파울 | 경고 | 퇴장 |
|---|---|---|---|---|---|---|---|---|---|---|
| K1 | 2021 | 제주 | 3 | 3 | 0 | 0 | 0 | 4 | 0 | 0 |
| | 2022 | 제주 | 12 | 12 | 0 | 0 | 0 | 4 | 0 | 0 |
| K2 | 2023 | 서울E | 32 | 24 | 3 | 4 | 0 | 33 | 0 | 0 |
| | 2024 | 서울E | 36 | 34 | 10 | 6 | 0 | 25 | 2 | 0 |
| | 2025 | 서울E | 32 | 32 | 7 | 3 | 0 | 21 | 5 | 0 |
| PO | 2024 | 서울E | 3 | 3 | 0 | 0 | 0 | 0 | 0 | 0 |
| | 2025 | 서울E | 1 | 1 | 0 | 0 | 0 | 2 | 1 | 0 |
| 통산 | | | 119 | 109 | 20 | 13 | 0 | 89 | 8 | 0 |

**변병주**(邊炳柱) 연세대 1961.04.26

| 대회 | 연도 | 소속 | 출전 | 교체 | 득점 | 도움 | 실점 | 파울 | 경고 | 퇴장 |
|---|---|---|---|---|---|---|---|---|---|---|
| K1 | 1983 | 대우 | 4 | 0 | 1 | 1 | 0 | 8 | 0 | 0 |
| | 1984 | 대우 | 19 | 9 | 4 | 1 | 0 | 18 | 1 | 0 |
| | 1985 | 대우 | 4 | 1 | 1 | 2 | 0 | 7 | 0 | 0 |
| | 1986 | 대우 | 10 | 4 | 2 | 3 | 0 | 11 | 0 | 0 |
| | 1987 | 대우 | 30 | 15 | 5 | 4 | 0 | 43 | 1 | 0 |
| | 1988 | 대우 | 11 | 6 | 2 | 3 | 0 | 12 | 0 | 0 |
| | 1989 | 대우 | 19 | 5 | 7 | 1 | 0 | 33 | 0 | 0 |
| | 1990 | 현대 | 10 | 3 | 3 | 0 | 0 | 10 | 1 | 0 |
| | 1991 | 현대 | 22 | 15 | 3 | 1 | 0 | 31 | 1 | 0 |
| PO | 1984 | 대우 | 2 | 1 | 0 | 1 | 0 | 2 | 0 | 0 |
| 컵 | 1986 | 대우 | 2 | 1 | 0 | 0 | 0 | 2 | 0 | 0 |
| 통산 | | | 133 | 60 | 28 | 17 | 0 | 177 | 4 | 0 |

**변성환**(卞盛奐) 울산대 1979.12.22

| 대회 | 연도 | 소속 | 출전 | 교체 | 득점 | 도움 | 실점 | 파울 | 경고 | 퇴장 |
|---|---|---|---|---|---|---|---|---|---|---|
| K1 | 2002 | 울산 | 15 | 10 | 0 | 0 | 0 | 24 | 0 | 0 |
| | 2003 | 울산 | 14 | 7 | 0 | 0 | 0 | 15 | 0 | 1 |
| | 2004 | 울산 | 5 | 2 | 0 | 0 | 0 | 3 | 0 | 0 |
| | 2006 | 울산 | 21 | 12 | 0 | 0 | 0 | 22 | 1 | 0 |
| | 2007 | 부산 | 16 | 3 | 0 | 0 | 0 | 15 | 2 | 0 |
| | 2008 | 제주 | 16 | 6 | 0 | 0 | 0 | 18 | 1 | 0 |
| | 2012 | 성남일화 | 5 | 1 | 0 | 0 | 0 | 10 | 4 | 0 |
| K2 | 2013 | 안양 | 21 | 2 | 0 | 0 | 0 | 36 | 3 | 0 |
| | 2014 | 안양 | 1 | 1 | 0 | 0 | 0 | 0 | 0 | 0 |
| PO | 2004 | 울산 | 1 | 1 | 0 | 0 | 0 | 2 | 1 | 0 |
| 컵 | 2002 | 울산 | 10 | 2 | 0 | 0 | 0 | 16 | 1 | 0 |
| | 2004 | 울산 | 9 | 0 | 0 | 0 | 0 | 9 | 0 | 0 |
| | 2005 | 울산 | 5 | 1 | 0 | 0 | 0 | 6 | 1 | 0 |
| | 2006 | 울산 | 6 | 5 | 0 | 0 | 0 | 3 | 0 | 1 |
| | 2007 | 부산 | 7 | 0 | 0 | 1 | 0 | 7 | 1 | 0 |
| | 2008 | 제주 | 9 | 3 | 1 | 3 | 0 | 10 | 0 | 0 |
| 통산 | | | 161 | 56 | 1 | 4 | 0 | 196 | 15 | 2 |

**변승환**(卞承煥) 김천대 1999.03.12

| 대회 | 연도 | 소속 | 출전 | 교체 | 득점 | 도움 | 실점 | 파울 | 경고 | 퇴장 |
|---|---|---|---|---|---|---|---|---|---|---|
| K2 | 2022 | 안산 | 8 | 8 | 0 | 0 | 0 | 3 | 1 | 0 |
| 통산 | | | 8 | 8 | 0 | 0 | 0 | 3 | 1 | 0 |

**변웅**(卞雄) 울산대 1986.05.07

| 대회 | 연도 | 소속 | 출전 | 교체 | 득점 | 도움 | 실점 | 파울 | 경고 | 퇴장 |
|---|---|---|---|---|---|---|---|---|---|---|
| K1 | 2009 | 울산 | 0 | 0 | 0 | 0 | 0 | 0 | 0 | 0 |
| | 2010 | 광주상무 | 10 | 5 | 0 | 1 | 0 | 13 | 0 | 0 |
| | 2011 | 상주 | 5 | 5 | 0 | 0 | 0 | 0 | 0 | 0 |
| | 2013 | 울산 | 1 | 1 | 1 | 0 | 0 | 1 | 0 | 0 |
| K2 | 2014 | 충주 | 16 | 7 | 1 | 0 | 0 | 31 | 4 | 0 |
| 컵 | 2011 | 상주 | 4 | 2 | 0 | 0 | 0 | 6 | 0 | 0 |
| 통산 | | | 36 | 20 | 2 | 1 | 0 | 51 | 4 | 0 |

**변일우**(邊一雨) 경희대 1959.03.01

| 대회 | 연도 | 소속 | 출전 | 교체 | 득점 | 도움 | 실점 | 파울 | 경고 | 퇴장 |
|---|---|---|---|---|---|---|---|---|---|---|
| K1 | 1984 | 할렐루야 | 23 | 13 | 3 | 1 | 0 | 21 | 0 | 0 |
| | 1985 | 할렐루야 | 14 | 7 | 2 | 1 | 0 | 15 | 1 | 0 |
| 통산 | | | 37 | 20 | 5 | 2 | 0 | 36 | 1 | 0 |

**변재섭**(邊載燮) 전주대 1975.09.17

| 대회 | 연도 | 소속 | 출전 | 교체 | 득점 | 도움 | 실점 | 파울 | 경고 | 퇴장 |
|---|---|---|---|---|---|---|---|---|---|---|
| K1 | 1997 | 전북 | 14 | 5 | 2 | 2 | 0 | 16 | 0 | 0 |
| | 1998 | 전북 | 11 | 5 | 2 | 2 | 0 | 11 | 3 | 0 |
| | 1999 | 전북 | 25 | 7 | 2 | 8 | 0 | 26 | 4 | 0 |
| | 2000 | 전북 | 23 | 15 | 0 | 4 | 0 | 18 | 0 | 0 |
| | 2001 | 전북 | 16 | 9 | 1 | 1 | 0 | 14 | 2 | 0 |
| | 2002 | 전북 | 4 | 4 | 0 | 0 | 0 | 2 | 0 | 0 |
| | 2003 | 전북 | 0 | 0 | 0 | 0 | 0 | 0 | 0 | 0 |
| | 2004 | 부천SK | 15 | 6 | 1 | 1 | 0 | 22 | 3 | 0 |
| | 2005 | 부천SK | 21 | 12 | 1 | 2 | 0 | 20 | 2 | 0 |
| | 2006 | 제주 | 13 | 9 | 1 | 0 | 0 | 12 | 2 | 0 |
| | 2007 | 전북 | 3 | 2 | 0 | 1 | 0 | 3 | 1 | 0 |
| PO | 2000 | 전북 | 1 | 0 | 0 | 0 | 0 | 2 | 0 | 0 |
| 컵 | 1997 | 전북 | 12 | 4 | 0 | 0 | 0 | 15 | 0 | 0 |
| | 1998 | 전북 | 14 | 7 | 1 | 2 | 0 | 25 | 3 | 0 |
| | 1999 | 전북 | 9 | 6 | 0 | 0 | 0 | 1 | 0 | 0 |
| | 2000 | 전북 | 8 | 6 | 0 | 1 | 0 | 4 | 0 | 0 |
| | 2001 | 전북 | 9 | 2 | 1 | 2 | 0 | 19 | 1 | 0 |
| | 2002 | 전북 | 3 | 3 | 0 | 0 | 0 | 1 | 0 | 0 |
| | 2005 | 부천SK | 12 | 9 | 0 | 0 | 0 | 16 | 2 | 0 |
| | 2006 | 제주 | 12 | 8 | 1 | 0 | 0 | 14 | 0 | 0 |
| | 2007 | 전북 | 5 | 1 | 0 | 0 | 0 | 6 | 1 | 0 |
| 통산 | | | 230 | 120 | 13 | 26 | 0 | 247 | 24 | 0 |

**변정석**(邊晶錫) 인천대 1993.03.04

| 대회 | 연도 | 소속 | 출전 | 교체 | 득점 | 도움 | 실점 | 파울 | 경고 | 퇴장 |
|---|---|---|---|---|---|---|---|---|---|---|
| K2 | 2016 | 대전 | 1 | 1 | 0 | 0 | 0 | 0 | 0 | 0 |
| 통산 | | | 1 | 1 | 0 | 0 | 0 | 0 | 0 | 0 |

**변준범**(邊峻範) 건국대 1991.02.05

| 대회 | 연도 | 소속 | 출전 | 교체 | 득점 | 도움 | 실점 | 파울 | 경고 | 퇴장 |
|---|---|---|---|---|---|---|---|---|---|---|
| K2 | 2019 | 서울E | 23 | 4 | 0 | 0 | 0 | 18 | 3 | 0 |
| 통산 | | | 23 | 4 | 0 | 0 | 0 | 18 | 3 | 0 |

**변준수**(卞俊殊) 한양대 2001.11.30

| 대회 | 연도 | 소속 | 출전 | 교체 | 득점 | 도움 | 실점 | 파울 | 경고 | 퇴장 |
|---|---|---|---|---|---|---|---|---|---|---|
| K1 | 2023 | 대전 | 15 | 12 | 1 | 0 | 0 | 9 | 3 | 0 |
| | 2024 | 광주 | 23 | 6 | 2 | 1 | 0 | 21 | 6 | 0 |
| | 2025 | 광주 | 33 | 4 | 2 | 2 | 0 | 30 | 7 | 0 |
| K2 | 2021 | 대전 | 1 | 0 | 0 | 0 | 0 | 3 | 1 | 0 |
| | 2022 | 대전 | 19 | 10 | 0 | 1 | 0 | 27 | 2 | 0 |
| PO | 2021 | 대전 | 0 | 0 | 0 | 0 | 0 | 0 | 0 | 0 |
| 통산 | | | 91 | 32 | 5 | 4 | 0 | 90 | 19 | 0 |

**변준영**(邊俊永) 여의도고 2001.05.16

| 대회 | 연도 | 소속 | 출전 | 교체 | 득점 | 도움 | 실점 | 파울 | 경고 | 퇴장 |
|---|---|---|---|---|---|---|---|---|---|---|
| K2 | 2024 | 안양 | 1 | 1 | 0 | 0 | 0 | 0 | 0 | 0 |
| | 2025 | 충남아산 | 19 | 2 | 1 | 1 | 0 | 17 | 3 | 0 |
| 통산 | | | 20 | 3 | 1 | 1 | 0 | 17 | 3 | 0 |

**보그단**(Bogdan Milić / ←복이) 몬테네그로 1987.11.24

| 대회 | 연도 | 소속 | 출전 | 교체 | 득점 | 도움 | 실점 | 파울 | 경고 | 퇴장 |
|---|---|---|---|---|---|---|---|---|---|---|
| K1 | 2012 | 광주 | 36 | 20 | 5 | 3 | 0 | 74 | 6 | 0 |
| K2 | 2013 | 수원FC | 28 | 16 | 3 | 5 | 0 | 38 | 2 | 0 |
| 통산 | | | 64 | 36 | 8 | 8 | 0 | 112 | 8 | 0 |

**보띠**(Raphael Jose Botti Zacarias Sena) 브라질 1981.02.23

| 대회 | 연도 | 소속 | 출전 | 교체 | 득점 | 도움 | 실점 | 파울 | 경고 | 퇴장 |
|---|---|---|---|---|---|---|---|---|---|---|
| K1 | 2002 | 전북 | 16 | 16 | 0 | 0 | 0 | 23 | 1 | 0 |
| | 2003 | 전북 | 29 | 15 | 5 | 1 | 0 | 71 | 1 | 0 |
| | 2004 | 전북 | 15 | 1 | 2 | 2 | 0 | 30 | 3 | 0 |
| | 2005 | 전북 | 20 | 8 | 1 | 4 | 0 | 40 | 2 | 0 |
| | 2006 | 전북 | 21 | 14 | 3 | 0 | 0 | 30 | 4 | 0 |
| 컵 | 2002 | 전북 | 3 | 3 | 0 | 0 | 0 | 5 | 0 | 0 |
| | 2004 | 전북 | 6 | 3 | 1 | 0 | 0 | 21 | 2 | 0 |
| | 2005 | 전북 | 10 | 0 | 1 | 0 | 0 | 28 | 1 | 1 |
| | 2006 | 전북 | 9 | 2 | 1 | 0 | 0 | 21 | 1 | 0 |
| 통산 | | | 129 | 62 | 14 | 7 | 0 | 269 | 15 | 1 |

**보로**(Boro Janicić) 유고슬라비아 1967.01.01

| 대회 | 연도 | 소속 | 출전 | 교체 | 득점 | 도움 | 실점 | 파울 | 경고 | 퇴장 |
|---|---|---|---|---|---|---|---|---|---|---|
| K1 | 1994 | LG | 22 | 6 | 0 | 3 | 0 | 22 | 5 | 0 |
| | 1995 | LG | 12 | 6 | 0 | 0 | 0 | 13 | 0 | 0 |
| 컵 | 1994 | LG | 6 | 1 | 0 | 0 | 0 | 8 | 0 | 0 |
| | 1995 | LG | 3 | 3 | 0 | 0 | 0 | 2 | 1 | 0 |
| 통산 | | | 43 | 16 | 0 | 3 | 0 | 45 | 6 | 0 |

**보르코**(Borko Veselinovic) 세르비아 몬테네그로 1986.01.06

| 대회 | 연도 | 소속 | 출전 | 교체 | 득점 | 도움 | 실점 | 파울 | 경고 | 퇴장 |
|---|---|---|---|---|---|---|---|---|---|---|
| K1 | 2008 | 인천 | 22 | 12 | 5 | 2 | 0 | 24 | 2 | 0 |
| | 2009 | 인천 | 14 | 11 | 0 | 0 | 0 | 25 | 1 | 0 |
| 컵 | 2008 | 인천 | 8 | 4 | 2 | 1 | 0 | 6 | 1 | 0 |
| | 2009 | 인천 | 5 | 2 | 1 | 0 | 0 | 11 | 0 | 0 |
| 통산 | | | 49 | 29 | 8 | 3 | 0 | 66 | 4 | 0 |

**보리스**(Boris Yakovlevich Tropanets) 몰도바 1964.10.11

| 대회 | 연도 | 소속 | 출전 | 교체 | 득점 | 도움 | 실점 | 파울 | 경고 | 퇴장 |
|---|---|---|---|---|---|---|---|---|---|---|
| K1 | 1996 | 부천유공 | 1 | 1 | 0 | 0 | 0 | 0 | 0 | 0 |
| 통산 | | | 1 | 1 | 0 | 0 | 0 | 0 | 0 | 0 |

**보리스**(Boris Vostrosablin) 러시아 1968.10.07

| 대회 | 연도 | 소속 | 출전 | 교체 | 득점 | 도움 | 실점 | 파울 | 경고 | 퇴장 |
|---|---|---|---|---|---|---|---|---|---|---|
| K1 | 1997 | 부천SK | 12 | 0 | 1 | 0 | 0 | 14 | 2 | 0 |
| | 1998 | 부천SK | 8 | 6 | 1 | 0 | 0 | 5 | 0 | 0 |
| 컵 | 1997 | 부천SK | 16 | 0 | 4 | 0 | 0 | 20 | 1 | 1 |
| | 1998 | 부천SK | 11 | 9 | 0 | 0 | 0 | 11 | 4 | 0 |
| 통산 | | | 47 | 15 | 6 | 0 | 0 | 50 | 7 | 1 |

**보리스**(Boris Raic) 크로아티아 1976.12.03

| 대회 | 연도 | 소속 | 출전 | 교체 | 득점 | 도움 | 실점 | 파울 | 경고 | 퇴장 |
|---|---|---|---|---|---|---|---|---|---|---|
| K1 | 2003 | 부천SK | 15 | 1 | 0 | 0 | 0 | 18 | 5 | 0 |
| | 2004 | 부천SK | 21 | 3 | 0 | 0 | 0 | 35 | 4 | 0 |
| | 2005 | 부천SK | 0 | 0 | 0 | 0 | 0 | 0 | 0 | 0 |
| 컵 | 2004 | 부천SK | 5 | 0 | 0 | 0 | 0 | 14 | 3 | 0 |
| | 2005 | 부천SK | 7 | 1 | 0 | 0 | 0 | 13 | 2 | 0 |
| 통산 | | | 48 | 5 | 0 | 0 | 0 | 80 | 14 | 0 |

**보비**(Robert Cullen) 일본 1985.06.07

| 대회 | 연도 | 소속 | 출전 | 교체 | 득점 | 도움 | 실점 | 파울 | 경고 | 퇴장 |
|---|---|---|---|---|---|---|---|---|---|---|
| K2 | 2015 | 서울E | 34 | 19 | 2 | 4 | 0 | 34 | 2 | 0 |
| PO | 2015 | 서울E | 1 | 1 | 0 | 0 | 0 | 3 | 0 | 0 |
| 통산 | | | 35 | 20 | 2 | 4 | 0 | 37 | 2 | 0 |

**보산치치**(Milos Bosancic) 세르비아 1988.05.22

| 대회 | 연도 | 소속 | 출전 | 교체 | 득점 | 도움 | 실점 | 파울 | 경고 | 퇴장 |
|---|---|---|---|---|---|---|---|---|---|---|
| K1 | 2013 | 경남 | 31 | 10 | 9 | 1 | 0 | 43 | 5 | 0 |
| | 2014 | 경남 | 10 | 9 | 0 | 1 | 0 | 8 | 0 | 0 |
| 통산 | | | 41 | 19 | 9 | 2 | 0 | 51 | 5 | 0 |

**보스나**(Eddy Bosnar) 오스트레일리아 1980.04.29

| 대회 | 연도 | 소속 | 출전 | 교체 | 득점 | 도움 | 실점 | 파울 | 경고 | 퇴장 |
|---|---|---|---|---|---|---|---|---|---|---|
| K1 | 2012 | 수원 | 36 | 6 | 2 | 0 | 0 | 38 | 7 | 1 |
| | 2013 | 수원 | 10 | 2 | 0 | 1 | 0 | 11 | 3 | 0 |
| 통산 | | | 46 | 8 | 2 | 1 | 0 | 49 | 10 | 1 |

**보아텡**(Bismark Adjei Boateng) 가나 1994.05.10

| 대회 | 연도 | 소속 | 출전 | 교체 | 득점 | 도움 | 실점 | 파울 | 경고 | 퇴장 |
|---|---|---|---|---|---|---|---|---|---|---|
| K1 | 2023 | 전북 | 13 | 8 | 1 | 0 | 0 | 11 | 1 | 0 |
| | 2024 | 전북 | 21 | 12 | 0 | 0 | 0 | 14 | 5 | 2 |
| | 2025 | 전북 | 5 | 4 | 0 | 0 | 0 | 4 | 1 | 0 |
| 통산 | | | 39 | 24 | 1 | 0 | 0 | 29 | 7 | 2 |

**보야니치**(Darijan Bojanić) 스웨덴 1994.12.28

| 대회 | 연도 | 소속 | 출전 | 교체 | 득점 | 도움 | 실점 | 파울 | 경고 | 퇴장 |
|---|---|---|---|---|---|---|---|---|---|---|
| K1 | 2023 | 울산 | 9 | 9 | 0 | 1 | 0 | 5 | 0 | 0 |
| | 2024 | 울산 | 26 | 23 | 2 | 3 | 0 | 10 | 2 | 0 |
| | 2025 | 울산 | 26 | 19 | 2 | 3 | 0 | 13 | 0 | 0 |
| 통산 | | | 61 | 51 | 4 | 7 | 0 | 28 | 2 | 0 |

**보야델**(Ricardo Resende Silva) 브라질 1976.02.18

| 대회 | 연도 | 소속 | 출전 | 교체 | 득점 | 도움 | 실점 | 파울 | 경고 | 퇴장 |
|---|---|---|---|---|---|---|---|---|---|---|
| K1 | 2001 | 포항 | 10 | 7 | 2 | 1 | 0 | 9 | 1 | 0 |
| 통산 | | | 10 | 7 | 2 | 1 | 0 | 9 | 1 | 0 |

**보이노비치**(Aleksandar Vojnović) 보스니아 헤르체고비나 1996.10.03

| 대회 | 연도 | 소속 | 출전 | 교체 | 득점 | 도움 | 실점 | 파울 | 경고 | 퇴장 |
|---|---|---|---|---|---|---|---|---|---|---|
| K2 | 2025 | 화성 | 32 | 2 | 1 | 2 | 0 | 22 | 3 | 0 |
| 통산 | | | 32 | 2 | 1 | 2 | 0 | 22 | 3 | 0 |

**본즈**(Olivier Harouna Bonnes) 프랑스 1990.02.07

| 대회 | 연도 | 소속 | 출전 | 교체 | 득점 | 도움 | 실점 | 파울 | 경고 | 퇴장 |
|---|---|---|---|---|---|---|---|---|---|---|
| K1 | 2016 | 광주 | 15 | 3 | 0 | 0 | 0 | 27 | 1 | 0 |
| | 2017 | 광주 | 28 | 9 | 1 | 2 | 0 | 32 | 4 | 0 |
| K2 | 2018 | 성남 | 8 | 5 | 0 | 0 | 0 | 8 | 1 | 0 |
| | 2018 | 광주 | 3 | 2 | 0 | 0 | 0 | 5 | 0 | 0 |
| 통산 | | | 54 | 19 | 1 | 2 | 0 | 72 | 6 | 0 |

**부노자**(Gordan Bunoza) 크로아티아 1988.02.05

| 대회 | 연도 | 소속 | 출전 | 교체 | 득점 | 도움 | 실점 | 파울 | 경고 | 퇴장 |
|---|---|---|---|---|---|---|---|---|---|---|
| K1 | 2017 | 인천 | 14 | 2 | 0 | 0 | 0 | 20 | 4 | 0 |
| | 2018 | 인천 | 30 | 2 | 1 | 0 | 0 | 36 | 0 | 0 |
| | 2019 | 인천 | 15 | 2 | 0 | 0 | 0 | 16 | 1 | 1 |
| | 2020 | 인천 | 1 | 2 | 0 | 0 | 0 | 0 | 0 | 0 |
| 통산 | | | 60 | 8 | 1 | 0 | 0 | 72 | 5 | 1 |

**부발로**(Milan Bubalo) 세르비아 1990.08.05

| 대회 | 연도 | 소속 | 출전 | 교체 | 득점 | 도움 | 실점 | 파울 | 경고 | 퇴장 |
|---|---|---|---|---|---|---|---|---|---|---|
| K1 | 2013 | 경남 | 34 | 11 | 6 | 0 | 0 | 39 | 3 | 0 |
| 통산 | | | 34 | 11 | 6 | 0 | 0 | 39 | 3 | 0 |

**부쉬**(Sergiu Florin Buş) 루마니아 1992.11.02

| 대회 | 연도 | 소속 | 출전 | 교체 | 득점 | 도움 | 실점 | 파울 | 경고 | 퇴장 |
|---|---|---|---|---|---|---|---|---|---|---|
| K1 | 2021 | 성남 | 18 | 20 | 1 | 0 | 0 | 12 | 0 | 0 |
| 통산 | | | 18 | 20 | 1 | 0 | 0 | 12 | 0 | 0 |

**부야**(Vujaklija Srdan) 세르비아 1988.03.21

| 대회 | 연도 | 소속 | 출전 | 교체 | 득점 | 도움 | 실점 | 파울 | 경고 | 퇴장 |
|---|---|---|---|---|---|---|---|---|---|---|
| K2 | 2018 | 광주 | 6 | 4 | 1 | 0 | 0 | 5 | 0 | 0 |
| 통산 | | | 6 | 4 | 1 | 0 | 0 | 5 | 0 | 0 |

**부영태**(夫英太) 탐라대 1985.09.02

| 대회 | 연도 | 소속 | 출전 | 교체 | 득점 | 도움 | 실점 | 파울 | 경고 | 퇴장 |
|---|---|---|---|---|---|---|---|---|---|---|
| K1 | 2003 | 부산 | 2 | 2 | 0 | 0 | 0 | 1 | 0 | 0 |
| | 2005 | 부산 | 0 | 0 | 0 | 0 | 0 | 0 | 0 | 0 |
| | 2008 | 대전 | 4 | 3 | 0 | 1 | 0 | 3 | 0 | 0 |
| | 2009 | 대전 | 1 | 1 | 0 | 0 | 0 | 2 | 0 | 0 |
| 컵 | 2004 | 부산 | 1 | 1 | 0 | 0 | 0 | 1 | 1 | 0 |
| | 2008 | 대전 | 2 | 1 | 0 | 0 | 0 | 2 | 0 | 0 |
| 통산 | | | 10 | 8 | 0 | 1 | 0 | 9 | 1 | 0 |

**불투이스**(Dave Bulthuis) 네덜란드 1990.06.28

| 대회 | 연도 | 소속 | 출전 | 교체 | 득점 | 도움 | 실점 | 파울 | 경고 | 퇴장 |
|---|---|---|---|---|---|---|---|---|---|---|
| K1 | 2019 | 울산 | 19 | 3 | 1 | 1 | 0 | 19 | 1 | 0 |
| | 2020 | 울산 | 22 | 2 | 0 | 0 | 0 | 25 | 5 | 1 |
| | 2021 | 울산 | 31 | 3 | 3 | 0 | 0 | 28 | 4 | 0 |
| | 2022 | 수원 | 35 | 3 | 0 | 0 | 0 | 25 | 6 | 0 |
| | 2023 | 수원 | 18 | 8 | 1 | 1 | 0 | 11 | 2 | 0 |
| PO | 2022 | 수원 | 2 | 2 | 0 | 0 | 0 | 1 | 0 | 0 |
| 통산 | | | 127 | 21 | 5 | 2 | 0 | 109 | 18 | 1 |

**뷔텍**(Witold Bendkowski) 폴란드 1961.09.02

| 대회 | 연도 | 소속 | 출전 | 교체 | 득점 | 도움 | 실점 | 파울 | 경고 | 퇴장 |
|---|---|---|---|---|---|---|---|---|---|---|
| K1 | 1990 | 유공 | 21 | 5 | 1 | 0 | 0 | 32 | 1 | 0 |
| | 1991 | 유공 | 11 | 0 | 1 | 0 | 0 | 18 | 1 | 0 |
| | 1992 | 유공 | 16 | 5 | 0 | 0 | 0 | 30 | 4 | 0 |
| 컵 | 1992 | 유공 | 4 | 1 | 0 | 0 | 0 | 5 | 1 | 0 |
| 통산 | | | 52 | 11 | 2 | 0 | 0 | 85 | 7 | 0 |

**브라운**(Greg Brown) 오스트레일리아 1962.07.29

| 대회 | 연도 | 소속 | 출전 | 교체 | 득점 | 도움 | 실점 | 파울 | 경고 | 퇴장 |
|---|---|---|---|---|---|---|---|---|---|---|
| K1 | 1991 | 포항제철 | 2 | 1 | 0 | 1 | 0 | 1 | 0 | 0 |
| 통산 | | | 2 | 1 | 0 | 1 | 0 | 1 | 0 | 0 |

**브라질리아**(Cristiano Pereira de Souza) 브라질 1977.07.28

| 대회 | 연도 | 소속 | 출전 | 교체 | 득점 | 도움 | 실점 | 파울 | 경고 | 퇴장 |
|---|---|---|---|---|---|---|---|---|---|---|
| K1 | 2007 | 대전 | 12 | 4 | 3 | 2 | 0 | 33 | 3 | 0 |
| | 2008 | 울산 | 13 | 8 | 1 | 6 | 0 | 20 | 4 | 0 |
| | 2009 | 전북 | 14 | 11 | 6 | 2 | 0 | 5 | 1 | 0 |
| | 2009 | 포항 | 6 | 6 | 0 | 0 | 0 | 4 | 0 | 0 |
| PO | 2007 | 대전 | 1 | 1 | 0 | 0 | 0 | 0 | 0 | 0 |
| | 2008 | 울산 | 1 | 1 | 0 | 0 | 0 | 1 | 0 | 0 |
| | 2009 | 전북 | 1 | 1 | 0 | 0 | 0 | 2 | 0 | 0 |
| 컵 | 2008 | 울산 | 5 | 1 | 2 | 0 | 0 | 11 | 1 | 0 |
| 통산 | | | 53 | 33 | 12 | 10 | 0 | 76 | 9 | 0 |

**브랑코**(Branko Bozović) 유고슬라비아 1969.10.21

| 대회 | 연도 | 소속 | 출전 | 교체 | 득점 | 도움 | 실점 | 파울 | 경고 | 퇴장 |
|---|---|---|---|---|---|---|---|---|---|---|
| K1 | 1996 | 울산 | 9 | 6 | 0 | 2 | 0 | 17 | 3 | 0 |
| 컵 | 1996 | 울산 | 5 | 5 | 0 | 1 | 0 | 9 | 0 | 0 |
| 통산 | | | 14 | 11 | 0 | 3 | 0 | 26 | 3 | 0 |

**브랑코**(Branko Radovanović) 유고슬라비아 1981.02.18

| 대회 | 연도 | 소속 | 출전 | 교체 | 득점 | 도움 | 실점 | 파울 | 경고 | 퇴장 |
|---|---|---|---|---|---|---|---|---|---|---|
| K1 | 1999 | 부산 | 2 | 2 | 0 | 0 | 0 | 3 | 1 | 0 |
| 컵 | 1999 | 부산 | 2 | 2 | 0 | 0 | 0 | 2 | 0 | 0 |
| 통산 | | | 4 | 4 | 0 | 0 | 0 | 5 | 1 | 0 |

**브루노**(Bruno Cazarine Constantino) 브라질 1985.05.06

| 대회 | 연도 | 소속 | 출전 | 교체 | 득점 | 도움 | 실점 | 파울 | 경고 | 퇴장 |
|---|---|---|---|---|---|---|---|---|---|---|
| K1 | 2009 | 경남 | 3 | 2 | 0 | 0 | 0 | 4 | 0 | 0 |
| 통산 | | | 3 | 2 | 0 | 0 | 0 | 4 | 0 | 0 |

**브루노**(Bruno Cesar) 브라질 1986.03.22

| 대회 | 연도 | 소속 | 출전 | 교체 | 득점 | 도움 | 실점 | 파울 | 경고 | 퇴장 |
|---|---|---|---|---|---|---|---|---|---|---|
| K1 | 2010 | 인천 | 15 | 14 | 1 | 2 | 0 | 16 | 1 | 0 |
| 컵 | 2010 | 인천 | 4 | 3 | 0 | 1 | 0 | 1 | 0 | 0 |
| 통산 | | | 19 | 17 | 1 | 3 | 0 | 17 | 1 | 0 |

**브루노**(Alex Bruno de Souza Silva) 브라질 1993.10.07

| 대회 | 연도 | 소속 | 출전 | 교체 | 득점 | 도움 | 실점 | 파울 | 경고 | 퇴장 |
|---|---|---|---|---|---|---|---|---|---|---|
| K2 | 2017 | 경남 | 32 | 23 | 0 | 8 | 0 | 26 | 4 | 1 |
| | 2018 | 수원FC | 21 | 16 | 1 | 2 | 0 | 12 | 0 | 0 |
| 통산 | | | 53 | 39 | 1 | 10 | 0 | 38 | 4 | 1 |

**브루노**(Bruno Cunha Cantanhede) 브라질 1993.07.22

| 대회 | 연도 | 소속 | 출전 | 교체 | 득점 | 도움 | 실점 | 파울 | 경고 | 퇴장 |
|---|---|---|---|---|---|---|---|---|---|---|
| K2 | 2017 | 대전 | 18 | 4 | 4 | 2 | 0 | 38 | 3 | 0 |
| | 2018 | 안양 | 11 | 9 | 0 | 0 | 0 | 18 | 1 | 0 |
| 통산 | | | 29 | 13 | 4 | 2 | 0 | 56 | 4 | 0 |

**브루노**(Bruno Moreira Soares) 브라질 1999.04.08

| 대회 | 연도 | 소속 | 출전 | 교체 | 득점 | 도움 | 실점 | 파울 | 경고 | 퇴장 |
|---|---|---|---|---|---|---|---|---|---|---|
| K2 | 2020 | 충남아산 | 15 | 8 | 2 | 0 | 0 | 17 | 1 | 0 |
| | 2020 | 안산 | 5 | 3 | 1 | 0 | 0 | 8 | 2 | 0 |
| 통산 | | | 20 | 11 | 3 | 0 | 0 | 25 | 3 | 0 |

**브루노**(Bruno Felipe de Oliveira) 브라질 1998.02.01

| 대회 | 연도 | 소속 | 출전 | 교체 | 득점 | 도움 | 실점 | 파울 | 경고 | 퇴장 |
|---|---|---|---|---|---|---|---|---|---|---|
| K2 | 2023 | 서울E | 30 | 21 | 6 | 2 | 0 | 15 | 5 | 0 |
| | 2024 | 전남 | 8 | 8 | 1 | 0 | 0 | 3 | 0 | 0 |
| PO | 2024 | 전남 | 1 | 1 | 0 | 0 | 0 | 1 | 0 | 0 |
| 통산 | | | 39 | 30 | 7 | 2 | 0 | 19 | 5 | 0 |

**브루노**(Bruno Pereira de Albuquerque) 브라질 1994.07.20

| 대회 | 연도 | 소속 | 출전 | 교체 | 득점 | 도움 | 실점 | 파울 | 경고 | 퇴장 |
|---|---|---|---|---|---|---|---|---|---|---|
| K2 | 2023 | 안양 | 15 | 11 | 4 | 2 | 0 | 23 | 2 | 1 |
| | 2024 | 김포 | 29 | 26 | 3 | 1 | 0 | 28 | 5 | 0 |
| | 2025 | 천안 | 16 | 14 | 5 | 1 | 0 | 9 | 2 | 0 |
| | 2025 | 김포 | 12 | 11 | 0 | 2 | 0 | 11 | 2 | 0 |
| 통산 | | | 72 | 62 | 12 | 6 | 0 | 71 | 11 | 1 |

**브루노**(Bruno de Oliveira Souza) 브라질 1996.06.09

| 대회 | 연도 | 소속 | 출전 | 교체 | 득점 | 도움 | 실점 | 파울 | 경고 | 퇴장 |
|---|---|---|---|---|---|---|---|---|---|---|
| K1 | 2024 | 광주 | 4 | 3 | 0 | 0 | 0 | 1 | 1 | 0 |
| | 2025 | 광주 | 7 | 6 | 0 | 0 | 0 | 6 | 3 | 0 |
| 통산 | | | 11 | 9 | 0 | 0 | 0 | 7 | 4 | 0 |

**브루노누네스**(Bruno Fernandes Nunes) 브라질 1990.07.08

| 대회 | 연도 | 소속 | 출전 | 교체 | 득점 | 도움 | 실점 | 파울 | 경고 | 퇴장 |
|---|---|---|---|---|---|---|---|---|---|---|
| K2 | 2019 | 전남 | 25 | 15 | 6 | 3 | 0 | 42 | 4 | 0 |
| 통산 | | | 25 | 15 | 6 | 3 | 0 | 42 | 4 | 0 |

**브루노 실바**(Garcia Bruno da Silva Costa) 브라질 2000.03.28

| 대회 | 연도 | 소속 | 출전 | 교체 | 득점 | 도움 | 실점 | 파울 | 경고 | 퇴장 |
|---|---|---|---|---|---|---|---|---|---|---|
| K2 | 2024 | 서울E | 24 | 13 | 11 | 6 | 0 | 24 | 3 | 0 |
| | 2025 | 수원 | 20 | 15 | 4 | 4 | 0 | 19 | 2 | 0 |
| PO | 2024 | 서울E | 3 | 3 | 1 | 1 | 0 | 1 | 1 | 0 |
| | 2025 | 수원 | 2 | 2 | 0 | 0 | 0 | 4 | 1 | 0 |
| 통산 | | | 49 | 33 | 16 | 11 | 0 | 48 | 7 | 0 |

**브루노코스타**(Bruno Xavier Almeida Costa) 포르투갈 1997.04.19

| 대회 | 연도 | 소속 | 출전 | 교체 | 득점 | 도움 | 실점 | 파울 | 경고 | 퇴장 |
|---|---|---|---|---|---|---|---|---|---|---|
| K2 | 2025 | 경남 | 17 | 3 | 2 | 3 | 0 | 12 | 2 | 1 |
| 통산 | | | 17 | 3 | 2 | 3 | 0 | 12 | 2 | 1 |

**브루닝요**(Bruno Cardoso Gonçalves Santos) 브라질 1990.02.25

| 대회 | 연도 | 소속 | 출전 | 교체 | 득점 | 도움 | 실점 | 파울 | 경고 | 퇴장 |
|---|---|---|---|---|---|---|---|---|---|---|
| K2 | 2016 | 안양 | 15 | 9 | 0 | 0 | 0 | 19 | 2 | 0 |
| 통산 | | | 15 | 9 | 0 | 0 | 0 | 19 | 2 | 0 |

**브루스**(Bruce Jose Djite) 오스트레일리아 1987.03.25

| 대회 | 연도 | 소속 | 출전 | 교체 | 득점 | 도움 | 실점 | 파울 | 경고 | 퇴장 |
|---|---|---|---|---|---|---|---|---|---|---|
| K1 | 2016 | 수원FC | 13 | 9 | 5 | 1 | 0 | 20 | 3 | 0 |
| K2 | 2017 | 수원FC | 26 | 13 | 6 | 1 | 0 | 37 | 4 | 0 |
| 통산 | | | 39 | 22 | 11 | 2 | 0 | 57 | 7 | 0 |

**블라단**(Vladan Adzić) 몬테네그로 1987.07.05

| 대회 | 연도 | 소속 | 출전 | 교체 | 득점 | 도움 | 실점 | 파울 | 경고 | 퇴장 |
|---|---|---|---|---|---|---|---|---|---|---|
| K1 | 2016 | 수원FC | 27 | 1 | 3 | 0 | 0 | 33 | 9 | 0 |
| | 2019 | 포항 | 3 | 0 | 0 | 0 | 0 | 4 | 3 | 0 |
| K2 | 2014 | 수원FC | 14 | 1 | 0 | 0 | 0 | 22 | 3 | 0 |
| | 2015 | 수원FC | 22 | 1 | 0 | 0 | 0 | 36 | 8 | 0 |
| | 2017 | 수원FC | 23 | 1 | 0 | 0 | 0 | 23 | 5 | 0 |
| PO | 2015 | 수원FC | 4 | 0 | 0 | 1 | 0 | 5 | 0 | 0 |
| 통산 | | | 93 | 4 | 3 | 1 | 0 | 123 | 28 | 0 |

**비니시우스**(Vinicius Conceicao da Silva) 브라질 1977.03.07

| 대회 | 연도 | 소속 | 출전 | 교체 | 득점 | 도움 | 실점 | 파울 | 경고 | 퇴장 |
|---|---|---|---|---|---|---|---|---|---|---|
| K1 | 2006 | 울산 | 18 | 6 | 1 | 0 | 0 | 43 | 7 | 0 |
| 컵 | 2006 | 울산 | 11 | 8 | 0 | 1 | 0 | 25 | 2 | 0 |
| 통산 | | | 29 | 14 | 1 | 1 | 0 | 68 | 9 | 0 |

**비니시우스**(Marcos Vinicius dos Santos Rosa) 브라질 1988.09.13

| 대회 | 연도 | 소속 | 출전 | 교체 | 득점 | 도움 | 실점 | 파울 | 경고 | 퇴장 |
|---|---|---|---|---|---|---|---|---|---|---|
| K1 | 2011 | 울산 | 1 | 1 | 0 | 0 | 0 | 0 | 0 | 0 |
| PO | 2011 | 울산 | 0 | 0 | 0 | 0 | 0 | 0 | 0 | 0 |

| 대회 | 연도 | 소속 | 출전 | 교체 | 득점 | 도움 | 실점 | 파울 | 경고 | 퇴장 |
|---|---|---|---|---|---|---|---|---|---|---|
| 컵 | 2011 | 울산 | 0 | 0 | 0 | 0 | 0 | 0 | 0 | 0 |
| 통산 | | | 1 | 1 | 0 | 0 | 0 | 0 | 0 | 0 |

**비니시우스**(Marcus Vinicius Felicio Pereira) 브라질 1997.02.19

| 대회 | 연도 | 소속 | 출전 | 교체 | 득점 | 도움 | 실점 | 파울 | 경고 | 퇴장 |
|---|---|---|---|---|---|---|---|---|---|---|
| K1 | 2024 | 전북 | 4 | 4 | 0 | 1 | 0 | 3 | 1 | 0 |
| 통산 | | | 4 | 4 | 0 | 1 | 0 | 3 | 1 | 0 |

**비도시치**(Dario Vidošić) 오스트레일리아 1987.04.08

| 대회 | 연도 | 소속 | 출전 | 교체 | 득점 | 도움 | 실점 | 파울 | 경고 | 퇴장 |
|---|---|---|---|---|---|---|---|---|---|---|
| K2 | 2017 | 성남 | 7 | 5 | 0 | 0 | 0 | 12 | 0 | 0 |
| 통산 | | | 7 | 5 | 0 | 0 | 0 | 12 | 0 | 0 |

**비아나**(Fernando Viana Jardim Silva) 브라질 1992.02.20

| 대회 | 연도 | 소속 | 출전 | 교체 | 득점 | 도움 | 실점 | 파울 | 경고 | 퇴장 |
|---|---|---|---|---|---|---|---|---|---|---|
| K2 | 2018 | 수원FC | 15 | 6 | 6 | 0 | 0 | 43 | 5 | 0 |
| 통산 | | | 15 | 6 | 6 | 0 | 0 | 43 | 5 | 0 |

**비에라**(Julio Cesar Gouveia Vieira) 브라질 1974.02.25

| 대회 | 연도 | 소속 | 출전 | 교체 | 득점 | 도움 | 실점 | 파울 | 경고 | 퇴장 |
|---|---|---|---|---|---|---|---|---|---|---|
| K1 | 2001 | 전북 | 14 | 2 | 3 | 1 | 0 | 24 | 1 | 0 |
| | 2002 | 전북 | 25 | 11 | 3 | 4 | 0 | 39 | 4 | 0 |
| | 2003 | 전남 | 33 | 19 | 0 | 10 | 0 | 75 | 6 | 0 |
| | 2004 | 전남 | 11 | 2 | 1 | 0 | 0 | 24 | 3 | 0 |
| 컵 | 2002 | 전북 | 6 | 5 | 1 | 1 | 0 | 22 | 1 | 0 |
| | 2004 | 전남 | 8 | 1 | 1 | 2 | 0 | 20 | 2 | 0 |
| 통산 | | | 97 | 40 | 9 | 18 | 0 | 204 | 17 | 0 |

**비에리**(Jorge Luis Barbieri) 브라질 1979.05.01

| 대회 | 연도 | 소속 | 출전 | 교체 | 득점 | 도움 | 실점 | 파울 | 경고 | 퇴장 |
|---|---|---|---|---|---|---|---|---|---|---|
| K1 | 2005 | 울산 | 2 | 2 | 0 | 0 | 0 | 0 | 0 | 0 |
| 컵 | 2005 | 울산 | 1 | 1 | 0 | 1 | 0 | 1 | 0 | 0 |
| 통산 | | | 3 | 3 | 0 | 1 | 0 | 1 | 0 | 0 |

**비엘키에비치**(Osvaldo Diego Bielkiewicz) 아르헨티나 1991.01.04

| 대회 | 연도 | 소속 | 출전 | 교체 | 득점 | 도움 | 실점 | 파울 | 경고 | 퇴장 |
|---|---|---|---|---|---|---|---|---|---|---|
| K2 | 2018 | 서울E | 18 | 11 | 3 | 1 | 0 | 17 | 1 | 0 |
| 통산 | | | 18 | 11 | 3 | 1 | 0 | 17 | 1 | 0 |

**비욘존슨**(Bjørn Johnsen) 노르웨이 1991.11.06

| 대회 | 연도 | 소속 | 출전 | 교체 | 득점 | 도움 | 실점 | 파울 | 경고 | 퇴장 |
|---|---|---|---|---|---|---|---|---|---|---|
| K1 | 2020 | 울산 | 18 | 17 | 5 | 1 | 0 | 9 | 0 | 1 |
| | 2023 | 서울 | 9 | 9 | 1 | 0 | 0 | 3 | 1 | 0 |
| 통산 | | | 27 | 26 | 6 | 1 | 0 | 12 | 1 | 1 |

**비케라**(Gilvan Gomes Vieira) 브라질 1984.04.09

| 대회 | 연도 | 소속 | 출전 | 교체 | 득점 | 도움 | 실점 | 파울 | 경고 | 퇴장 |
|---|---|---|---|---|---|---|---|---|---|---|
| K1 | 2009 | 제주 | 7 | 3 | 0 | 0 | 0 | 8 | 1 | 0 |
| 컵 | 2009 | 제주 | 2 | 1 | 0 | 1 | 0 | 6 | 1 | 0 |
| 통산 | | | 9 | 4 | 0 | 1 | 0 | 14 | 2 | 0 |

**비탈리**(Vitaliy Parakhnevych) 우크라이나 1969.05.04

| 대회 | 연도 | 소속 | 출전 | 교체 | 득점 | 도움 | 실점 | 파울 | 경고 | 퇴장 |
|---|---|---|---|---|---|---|---|---|---|---|
| K1 | 1995 | 전북 | 10 | 2 | 4 | 0 | 0 | 6 | 2 | 0 |
| | 1996 | 전북 | 26 | 9 | 8 | 2 | 0 | 16 | 3 | 0 |
| | 1997 | 전북 | 16 | 6 | 6 | 1 | 0 | 13 | 3 | 0 |
| | 1998 | 수원 | 16 | 7 | 4 | 4 | 0 | 31 | 5 | 0 |
| | 1999 | 수원 | 21 | 12 | 6 | 6 | 0 | 22 | 4 | 0 |
| | 2000 | 수원 | 2 | 2 | 2 | 0 | 0 | 1 | 1 | 0 |
| | 2001 | 안양LG | 9 | 6 | 2 | 0 | 0 | 6 | 0 | 0 |
| PO | 1998 | 수원 | 2 | 0 | 0 | 0 | 0 | 3 | 0 | 0 |
| | 1999 | 수원 | 2 | 1 | 0 | 1 | 0 | 3 | 1 | 0 |
| 컵 | 1996 | 전북 | 7 | 0 | 2 | 1 | 0 | 9 | 3 | 0 |
| | 1997 | 전북 | 13 | 7 | 1 | 1 | 0 | 11 | 3 | 0 |
| | 1998 | 수원 | 3 | 0 | 3 | 0 | 0 | 5 | 0 | 0 |
| | 1998 | 전북 | 9 | 6 | 1 | 0 | 0 | 10 | 1 | 0 |
| | 1999 | 수원 | 13 | 9 | 4 | 3 | 0 | 10 | 0 | 0 |
| | 2000 | 수원 | 6 | 5 | 3 | 0 | 0 | 3 | 2 | 0 |
| | 2002 | 부천SK | 8 | 7 | 4 | 1 | 0 | 6 | 1 | 0 |
| 통산 | | | 163 | 79 | 50 | 20 | 0 | 155 | 29 | 0 |

**빅**(Victor Rodrigues da Silva) 브라질 1976.02.10

| 대회 | 연도 | 소속 | 출전 | 교체 | 득점 | 도움 | 실점 | 파울 | 경고 | 퇴장 |
|---|---|---|---|---|---|---|---|---|---|---|
| K1 | 2003 | 안양LG | 3 | 3 | 0 | 0 | 0 | 0 | 0 | 0 |
| 통산 | | | 3 | 3 | 0 | 0 | 0 | 0 | 0 | 0 |

**빅터**(Andrade Santos Victor) 브라질 1995.09.30

| 대회 | 연도 | 소속 | 출전 | 교체 | 득점 | 도움 | 실점 | 파울 | 경고 | 퇴장 |
|---|---|---|---|---|---|---|---|---|---|---|
| K1 | 2021 | 수원FC | 2 | 2 | 0 | 0 | 0 | 2 | 1 | 0 |
| 통산 | | | 2 | 2 | 0 | 0 | 0 | 2 | 1 | 0 |

**빅토르**(Victor Shaka) 나이지리아 1975.05.01

| 대회 | 연도 | 소속 | 출전 | 교체 | 득점 | 도움 | 실점 | 파울 | 경고 | 퇴장 |
|---|---|---|---|---|---|---|---|---|---|---|
| K1 | 1997 | 안양LG | 14 | 4 | 3 | 2 | 0 | 39 | 6 | 0 |
| | 1998 | 안양LG | 17 | 9 | 6 | 1 | 0 | 36 | 3 | 0 |
| | 1999 | 안양LG | 9 | 9 | 0 | 0 | 0 | 19 | 2 | 0 |
| | 1999 | 울산 | 11 | 0 | 7 | 3 | 0 | 23 | 1 | 1 |
| | 2000 | 울산 | 14 | 5 | 1 | 0 | 0 | 35 | 2 | 0 |
| | 2001 | 부산 | 5 | 2 | 2 | 0 | 0 | 9 | 1 | 1 |
| 컵 | 1997 | 안양LG | 5 | 2 | 2 | 0 | 0 | 9 | 1 | 0 |
| | 1998 | 안양LG | 15 | 10 | 2 | 1 | 0 | 31 | 1 | 0 |
| | 1999 | 안양LG | 6 | 6 | 1 | 1 | 0 | 18 | 0 | 0 |
| | 2000 | 울산 | 8 | 3 | 0 | 2 | 0 | 30 | 2 | 0 |
| | 2002 | 부산 | 4 | 4 | 1 | 0 | 0 | 4 | 0 | 0 |
| 통산 | | | 108 | 54 | 25 | 10 | 0 | 253 | 19 | 2 |

**빅토르**(Paulo Victo Costa Soares) 브라질 1994.09.13

| 대회 | 연도 | 소속 | 출전 | 교체 | 득점 | 도움 | 실점 | 파울 | 경고 | 퇴장 |
|---|---|---|---|---|---|---|---|---|---|---|
| K2 | 2016 | 고양 | 23 | 21 | 2 | 0 | 0 | 44 | 7 | 0 |
| 통산 | | | 23 | 21 | 2 | 0 | 0 | 44 | 7 | 0 |

**빅톨**(João Victo Magno de Souza Machado) 브라질 1997.02.15

| 대회 | 연도 | 소속 | 출전 | 교체 | 득점 | 도움 | 실점 | 파울 | 경고 | 퇴장 |
|---|---|---|---|---|---|---|---|---|---|---|
| K1 | 2024 | 광주 | 9 | 9 | 0 | 0 | 0 | 3 | 0 | 0 |
| 통산 | | | 9 | 9 | 0 | 0 | 0 | 3 | 0 | 0 |

**빈치씽코**(Gustavo Vintecinco) 브라질 1995.08.02

| 대회 | 연도 | 소속 | 출전 | 교체 | 득점 | 도움 | 실점 | 파울 | 경고 | 퇴장 |
|---|---|---|---|---|---|---|---|---|---|---|
| K1 | 2020 | 부산 | 14 | 11 | 0 | 0 | 0 | 12 | 2 | 0 |
| K2 | 2019 | 안산 | 28 | 10 | 9 | 3 | 0 | 64 | 11 | 2 |
| 통산 | | | 42 | 21 | 9 | 3 | 0 | 76 | 13 | 2 |

**빌**(Rosimar Amancio) 브라질 1984.07.02

| 대회 | 연도 | 소속 | 출전 | 교체 | 득점 | 도움 | 실점 | 파울 | 경고 | 퇴장 |
|---|---|---|---|---|---|---|---|---|---|---|
| K1 | 2015 | 부산 | 4 | 4 | 0 | 0 | 0 | 5 | 0 | 0 |
| PO | 2015 | 부산 | 1 | 0 | 0 | 0 | 0 | 1 | 0 | 0 |
| 통산 | | | 5 | 4 | 0 | 0 | 0 | 6 | 0 | 0 |

**빌라**(Ricardo Villar) 브라질 1979.08.11

| 대회 | 연도 | 소속 | 출전 | 교체 | 득점 | 도움 | 실점 | 파울 | 경고 | 퇴장 |
|---|---|---|---|---|---|---|---|---|---|---|
| K1 | 2005 | 전남 | 4 | 4 | 0 | 0 | 0 | 10 | 1 | 0 |
| 통산 | | | 4 | 4 | 0 | 0 | 0 | 10 | 1 | 0 |

**빌레로**(Paul Breitner Villero Arevalo) 콜롬비아 1998.10.07

| 대회 | 연도 | 소속 | 출전 | 교체 | 득점 | 도움 | 실점 | 파울 | 경고 | 퇴장 |
|---|---|---|---|---|---|---|---|---|---|---|
| K2 | 2025 | 부산 | 36 | 16 | 6 | 7 | 0 | 49 | 6 | 0 |
| 통산 | | | 36 | 16 | 6 | 7 | 0 | 49 | 6 | 0 |

**빌비야**(Nemanja Bilbija) 보스니아 헤르체고비나 1990.11.02

| 대회 | 연도 | 소속 | 출전 | 교체 | 득점 | 도움 | 실점 | 파울 | 경고 | 퇴장 |
|---|---|---|---|---|---|---|---|---|---|---|
| K1 | 2019 | 강원 | 6 | 4 | 2 | 1 | 0 | 6 | 1 | 0 |
| 통산 | | | 6 | 4 | 2 | 1 | 0 | 6 | 1 | 0 |

**빠울로**(Paulo Roberto Morais Junior) 브라질 1984.02.25

| 대회 | 연도 | 소속 | 출전 | 교체 | 득점 | 도움 | 실점 | 파울 | 경고 | 퇴장 |
|---|---|---|---|---|---|---|---|---|---|---|
| K1 | 2012 | 인천 | 5 | 5 | 1 | 0 | 0 | 5 | 0 | 0 |
| 통산 | | | 5 | 5 | 1 | 0 | 0 | 5 | 0 | 0 |

**빠찌**(Rafael Sobreira da Costa) 브라질 1981.03.15

| 대회 | 연도 | 소속 | 출전 | 교체 | 득점 | 도움 | 실점 | 파울 | 경고 | 퇴장 |
|---|---|---|---|---|---|---|---|---|---|---|
| K1 | 2008 | 제주 | 7 | 3 | 1 | 1 | 0 | 12 | 0 | 0 |
| 컵 | 2008 | 제주 | 2 | 0 | 0 | 0 | 0 | 0 | 0 | 0 |
| 통산 | | | 9 | 3 | 1 | 1 | 0 | 12 | 0 | 0 |

**빼드롱**(Christiano Florencio da Silva) 브라질 1978.04.05

| 대회 | 연도 | 소속 | 출전 | 교체 | 득점 | 도움 | 실점 | 파울 | 경고 | 퇴장 |
|---|---|---|---|---|---|---|---|---|---|---|
| K1 | 2008 | 성남일화 | 0 | 0 | 0 | 0 | 0 | 0 | 0 | 0 |
| 컵 | 2008 | 성남일화 | 3 | 2 | 1 | 0 | 0 | 2 | 0 | 0 |
| 통산 | | | 3 | 2 | 1 | 0 | 0 | 2 | 0 | 0 |

**뽀뽀**(Adilson Rerreira de Souza: Popo) 브라질 1978.09.01

| 대회 | 연도 | 소속 | 출전 | 교체 | 득점 | 도움 | 실점 | 파울 | 경고 | 퇴장 |
|---|---|---|---|---|---|---|---|---|---|---|
| K1 | 2005 | 부산 | 18 | 6 | 3 | 5 | 0 | 31 | 4 | 1 |
| | 2006 | 부산 | 24 | 2 | 13 | 5 | 0 | 28 | 4 | 0 |
| | 2007 | 경남 | 20 | 6 | 7 | 9 | 0 | 16 | 3 | 0 |
| PO | 2005 | 부산 | 1 | 1 | 0 | 0 | 0 | 3 | 0 | 0 |
| | 2007 | 경남 | 1 | 1 | 0 | 1 | 0 | 0 | 0 | 0 |
| 컵 | 2005 | 부산 | 11 | 1 | 1 | 1 | 0 | 32 | 3 | 0 |
| | 2006 | 부산 | 12 | 3 | 7 | 3 | 0 | 19 | 2 | 0 |
| | 2007 | 경남 | 4 | 3 | 1 | 0 | 0 | 7 | 0 | 1 |
| 통산 | | | 91 | 23 | 32 | 24 | 0 | 136 | 16 | 2 |

**삐레스**(Jose Sebastiao Pires Neto) 브라질 1956.02.03

| 대회 | 연도 | 소속 | 출전 | 교체 | 득점 | 도움 | 실점 | 파울 | 경고 | 퇴장 |
|---|---|---|---|---|---|---|---|---|---|---|
| K1 | 1994 | 현대 | 11 | 7 | 0 | 2 | 0 | 7 | 1 | 0 |
| 컵 | 1994 | 현대 | 5 | 4 | 0 | 0 | 0 | 2 | 0 | 0 |
| 통산 | | | 16 | 11 | 0 | 2 | 0 | 9 | 1 | 0 |

**삥요**(Felipe Barreto da Silva) 브라질 1992.01.29

| 대회 | 연도 | 소속 | 출전 | 교체 | 득점 | 도움 | 실점 | 파울 | 경고 | 퇴장 |
|---|---|---|---|---|---|---|---|---|---|---|
| K1 | 2011 | 제주 | 1 | 1 | 0 | 0 | 0 | 0 | 0 | 0 |
| 컵 | 2011 | 제주 | 1 | 1 | 0 | 0 | 0 | 0 | 0 | 0 |
| 통산 | | | 2 | 2 | 0 | 0 | 0 | 0 | 0 | 0 |

**사담**(Sadam Sulley) 가나 1996.10.16

| 대회 | 연도 | 소속 | 출전 | 교체 | 득점 | 도움 | 실점 | 파울 | 경고 | 퇴장 |
|---|---|---|---|---|---|---|---|---|---|---|
| K2 | 2024 | 충북청주 | 6 | 6 | 0 | 0 | 0 | 4 | 1 | 0 |
| 통산 | | | 6 | 6 | 0 | 0 | 0 | 4 | 1 | 0 |

**사드**(Hassan Ali Saad: Soony Saad) 레바논 1992.08.17

| 대회 | 연도 | 소속 | 출전 | 교체 | 득점 | 도움 | 실점 | 파울 | 경고 | 퇴장 |
|---|---|---|---|---|---|---|---|---|---|---|
| K2 | 2020 | 안산 | 11 | 9 | 0 | 0 | 0 | 12 | 0 | 0 |
| 통산 | | | 11 | 9 | 0 | 0 | 0 | 12 | 0 | 0 |

**사디크**(Sadiq Saadoun Abdul Ridha) 이라크 1973.10.01

| 대회 | 연도 | 소속 | 출전 | 교체 | 득점 | 도움 | 실점 | 파울 | 경고 | 퇴장 |
|---|---|---|---|---|---|---|---|---|---|---|
| K1 | 1996 | 안양LG | 13 | 2 | 1 | 0 | 0 | 29 | 5 | 0 |
| 컵 | 1996 | 안양LG | 3 | 0 | 0 | 0 | 0 | 9 | 2 | 0 |
| 통산 | | | 16 | 2 | 1 | 0 | 0 | 38 | 7 | 0 |

**사라이바**(Felipe Saraiva de Souza Silva) 브라질 1998.03.09

| 대회 | 연도 | 소속 | 출전 | 교체 | 득점 | 도움 | 실점 | 파울 | 경고 | 퇴장 |
|---|---|---|---|---|---|---|---|---|---|---|
| K2 | 2024 | 경남 | 12 | 11 | 2 | 2 | 0 | 9 | 0 | 1 |
| | 2025 | 안산 | 31 | 27 | 1 | 4 | 0 | 19 | 2 | 0 |
| 통산 | | | 43 | 38 | 3 | 6 | 0 | 28 | 2 | 1 |

**사리치**(Elvis Sarić) 크로아티아 1990.07.21

| 대회 | 연도 | 소속 | 출전 | 교체 | 득점 | 도움 | 실점 | 파울 | 경고 | 퇴장 |
|---|---|---|---|---|---|---|---|---|---|---|
| K1 | 2018 | 수원 | 18 | 8 | 3 | 1 | 0 | 29 | 5 | 0 |
| | 2019 | 수원 | 12 | 3 | 1 | 7 | 0 | 23 | 3 | 0 |
| | 2022 | 수원 | 28 | 16 | 3 | 2 | 0 | 36 | 6 | 0 |
| PO | 2022 | 수원 | 2 | 1 | 0 | 0 | 0 | 2 | 0 | 0 |
| 통산 | | | 60 | 28 | 7 | 10 | 0 | 90 | 14 | 0 |

**사무엘**(Samuel Firmino de Jesus) 브라질 1986.04.07

| 대회 | 연도 | 소속 | 출전 | 교체 | 득점 | 도움 | 실점 | 파울 | 경고 | 퇴장 |
|---|---|---|---|---|---|---|---|---|---|---|
| K2 | 2016 | 부산 | 3 | 1 | 0 | 0 | 0 | 5 | 1 | 0 |
| 통산 | | | 3 | 1 | 0 | 0 | 0 | 5 | 1 | 0 |

**사무엘**(Samuel Naum Andrade Leão) 브라질 2000.08.12

| 대회 | 연도 | 소속 | 출전 | 교체 | 득점 | 도움 | 실점 | 파울 | 경고 | 퇴장 |
|---|---|---|---|---|---|---|---|---|---|---|
| K2 | 2025 | 성남 | 30 | 14 | 0 | 2 | 0 | 26 | 4 | 0 |
| PO | 2025 | 성남 | 1 | 1 | 0 | 0 | 0 | 0 | 0 | 0 |
| 통산 | | | 31 | 15 | 0 | 2 | 0 | 26 | 4 | 0 |

**사브첸코**(Volodymyr Savchenko) 우크라이나 1973.09.09

| 대회 | 연도 | 소속 | 출전 | 교체 | 득점 | 도움 | 실점 | 파울 | 경고 | 퇴장 |
|---|---|---|---|---|---|---|---|---|---|---|
| K1 | 1996 | 안양LG | 7 | 0 | 0 | 0 | 13 | 0 | 0 | 0 |
| 컵 | 1996 | 안양LG | 5 | 0 | 0 | 0 | 9 | 1 | 1 | 0 |
| 통산 | | | 12 | 0 | 0 | 0 | 22 | 1 | 1 | 0 |

**사비에르**(Antonio Xavier Rodrigues Neto) 브라질 2001.02.13

| 대회 | 연도 | 소속 | 출전 | 교체 | 득점 | 도움 | 실점 | 파울 | 경고 | 퇴장 |
|---|---|---|---|---|---|---|---|---|---|---|
| K2 | 2025 | 부산 | 28 | 10 | 3 | 0 | 0 | 49 | 7 | 2 |
| 통산 | | | 28 | 10 | 3 | 0 | 0 | 49 | 7 | 2 |

**사살락**(Sasalak Haiprakhon) 태국 1996.01.08

| 대회 | 연도 | 소속 | 출전 | 교체 | 득점 | 도움 | 실점 | 파울 | 경고 | 퇴장 |
|---|---|---|---|---|---|---|---|---|---|---|
| K1 | 2021 | 전북 | 2 | 2 | 0 | 0 | 0 | 0 | 0 | 0 |
| 통산 | | | 2 | 2 | 0 | 0 | 0 | 0 | 0 | 0 |

**사샤**(Sasa Ognenovski) 오스트레일리아 1979.04.03

| 대회 | 연도 | 소속 | 출전 | 교체 | 득점 | 도움 | 실점 | 파울 | 경고 | 퇴장 |
|---|---|---|---|---|---|---|---|---|---|---|
| K1 | 2009 | 성남일화 | 21 | 2 | 2 | 1 | 0 | 47 | 9 | 1 |
| | 2010 | 성남일화 | 24 | 0 | 2 | 0 | 0 | 38 | 6 | 0 |
| | 2011 | 성남일화 | 24 | 1 | 5 | 0 | 0 | 42 | 9 | 1 |
| | 2012 | 성남일화 | 11 | 1 | 0 | 0 | 0 | 18 | 3 | 0 |
| PO | 2009 | 성남일화 | 3 | 0 | 0 | 0 | 0 | 9 | 1 | 1 |
| | 2010 | 성남일화 | 1 | 1 | 1 | 0 | 0 | 1 | 0 | 0 |
| 컵 | 2009 | 성남일화 | 7 | 1 | 0 | 0 | 0 | 19 | 1 | 0 |
| | 2010 | 성남일화 | 4 | 0 | 0 | 0 | 0 | 10 | 1 | 1 |
| | 2011 | 성남일화 | 4 | 0 | 0 | 0 | 0 | 5 | 1 | 0 |
| 통산 | | | 99 | 6 | 10 | 1 | 0 | 189 | 31 | 4 |

**사싸**(Jefferson Gomes de Oliveira) 브라질 1988.01.26

| 대회 | 연도 | 소속 | 출전 | 교체 | 득점 | 도움 | 실점 | 파울 | 경고 | 퇴장 |
|---|---|---|---|---|---|---|---|---|---|---|
| K1 | 2015 | 대전 | 7 | 3 | 0 | 0 | 0 | 11 | 3 | 0 |
| 통산 | | | 7 | 3 | 0 | 0 | 0 | 11 | 3 | 0 |

**사이먼**(Matthew Blake Simon) 오스트레일리아 1986.01.22

| 대회 | 연도 | 소속 | 출전 | 교체 | 득점 | 도움 | 실점 | 파울 | 경고 | 퇴장 |
|---|---|---|---|---|---|---|---|---|---|---|
| K1 | 2012 | 전남 | 6 | 2 | 0 | 0 | 0 | 19 | 2 | 0 |
| 통산 | | | 6 | 2 | 0 | 0 | 0 | 19 | 2 | 0 |

**산델**(Marcelo Sander Lima de Souza) 브라질 1972.12.28

| 대회 | 연도 | 소속 | 출전 | 교체 | 득점 | 도움 | 실점 | 파울 | 경고 | 퇴장 |
|---|---|---|---|---|---|---|---|---|---|---|
| 컵 | 1998 | 부천SK | 7 | 7 | 0 | 0 | 0 | 10 | 1 | 0 |
| 통산 | | | 7 | 7 | 0 | 0 | 0 | 10 | 1 | 0 |

**산드로**(Sandro Hiroshi Parreao Oi) 브라질 1979.11.19

| 대회 | 연도 | 소속 | 출전 | 교체 | 득점 | 도움 | 실점 | 파울 | 경고 | 퇴장 |
|---|---|---|---|---|---|---|---|---|---|---|
| K1 | 2005 | 대구 | 24 | 7 | 10 | 2 | 0 | 24 | 0 | 0 |
| | 2006 | 전남 | 3 | 2 | 2 | 0 | 0 | 4 | 0 | 0 |
| | 2007 | 전남 | 26 | 6 | 8 | 0 | 0 | 34 | 1 | 0 |
| | 2008 | 전남 | 1 | 0 | 0 | 0 | 0 | 0 | 0 | 0 |
| | 2009 | 수원 | 7 | 6 | 0 | 0 | 0 | 7 | 0 | 0 |
| 컵 | 2005 | 대구 | 12 | 0 | 7 | 1 | 0 | 25 | 2 | 0 |
| | 2007 | 전남 | 1 | 0 | 0 | 1 | 0 | 2 | 0 | 0 |
| | 2009 | 수원 | 1 | 1 | 0 | 0 | 0 | 3 | 0 | 0 |
| 통산 | | | 75 | 22 | 27 | 4 | 0 | 99 | 3 | 0 |

**산드로**(Sandro da Silva Mendonça) 브라질 1983.10.01

| 대회 | 연도 | 소속 | 출전 | 교체 | 득점 | 도움 | 실점 | 파울 | 경고 | 퇴장 |
|---|---|---|---|---|---|---|---|---|---|---|
| K1 | 2013 | 대구 | 15 | 13 | 1 | 2 | 0 | 18 | 0 | 0 |
| 통산 | | | 15 | 13 | 1 | 2 | 0 | 18 | 0 | 0 |

**산드로**(Sandro Cesar Cordovil de Lima) 브라질 1990.10.28

| 대회 | 연도 | 소속 | 출전 | 교체 | 득점 | 도움 | 실점 | 파울 | 경고 | 퇴장 |
|---|---|---|---|---|---|---|---|---|---|---|
| K1 | 2023 | 광주 | 12 | 10 | 1 | 2 | 0 | 13 | 1 | 0 |
| K2 | 2022 | 광주 | 19 | 13 | 7 | 4 | 0 | 38 | 4 | 0 |
| 통산 | | | 31 | 23 | 8 | 6 | 0 | 51 | 5 | 0 |

**산드로C**(Sandro Cardoso dos Santos) 브라질 1980.03.22

| 대회 | 연도 | 소속 | 출전 | 교체 | 득점 | 도움 | 실점 | 파울 | 경고 | 퇴장 |
|---|---|---|---|---|---|---|---|---|---|---|
| K1 | 2000 | 수원 | 8 | 5 | 4 | 4 | 0 | 7 | 2 | 0 |
| | 2001 | 수원 | 22 | 1 | 13 | 3 | 0 | 33 | 6 | 1 |
| | 2002 | 수원 | 22 | 0 | 8 | 1 | 0 | 41 | 6 | 0 |
| | 2005 | 수원 | 21 | 11 | 3 | 1 | 0 | 17 | 2 | 1 |
| | 2006 | 전남 | 10 | 9 | 3 | 0 | 0 | 2 | 1 | 0 |
| | 2006 | 수원 | 10 | 4 | 0 | 3 | 0 | 9 | 2 | 0 |
| | 2007 | 전남 | 4 | 3 | 1 | 0 | 0 | 3 | 1 | 0 |
| 컵 | 2000 | 수원 | 3 | 0 | 1 | 0 | 0 | 3 | 0 | 0 |
| | 2001 | 수원 | 11 | 0 | 4 | 0 | 0 | 13 | 2 | 0 |
| | 2002 | 수원 | 7 | 1 | 2 | 1 | 0 | 22 | 2 | 1 |
| | 2005 | 수원 | 5 | 5 | 2 | 0 | 0 | 5 | 1 | 0 |
| | 2006 | 전남 | 3 | 3 | 0 | 0 | 0 | 1 | 0 | 0 |
| | 2006 | 수원 | 5 | 2 | 0 | 0 | 0 | 2 | 0 | 0 |
| 통산 | | | 131 | 44 | 41 | 13 | 0 | 158 | 25 | 3 |

**산자르**(Sanjar Tursunov/←뚜르스노프) 우즈베키스탄 1986.12.29

| 대회 | 연도 | 소속 | 출전 | 교체 | 득점 | 도움 | 실점 | 파울 | 경고 | 퇴장 |
|---|---|---|---|---|---|---|---|---|---|---|
| K2 | 2018 | 대전 | 14 | 11 | 2 | 2 | 0 | 12 | 2 | 0 |
| | 2019 | 대전 | 11 | 8 | 0 | 0 | 0 | 7 | 1 | 0 |
| PO | 2018 | 대전 | 2 | 1 | 0 | 0 | 0 | 2 | 0 | 0 |
| 통산 | | | 27 | 20 | 2 | 2 | 0 | 21 | 3 | 0 |

**산타나**(Rinaldo Santana dos Santos) 브라질 1975.08.24

| 대회 | 연도 | 소속 | 출전 | 교체 | 득점 | 도움 | 실점 | 파울 | 경고 | 퇴장 |
|---|---|---|---|---|---|---|---|---|---|---|
| K1 | 2004 | 서울 | 11 | 7 | 1 | 0 | 0 | 13 | 0 | 0 |
| 컵 | 2004 | 서울 | 4 | 0 | 1 | 0 | 0 | 1 | 0 | 0 |
| 통산 | | | 15 | 7 | 2 | 0 | 0 | 14 | 0 | 0 |

**산토스**(Remerson dos Santos) 브라질 1972.07.13

| 대회 | 연도 | 소속 | 출전 | 교체 | 득점 | 도움 | 실점 | 파울 | 경고 | 퇴장 |
|---|---|---|---|---|---|---|---|---|---|---|
| K1 | 1999 | 울산 | 3 | 2 | 0 | 0 | 0 | 3 | 0 | 0 |
| | 2000 | 울산 | 24 | 1 | 1 | 0 | 0 | 43 | 5 | 0 |
| 컵 | 1999 | 울산 | 1 | 1 | 0 | 0 | 0 | 1 | 0 | 0 |
| | 2000 | 울산 | 4 | 1 | 0 | 0 | 0 | 8 | 2 | 0 |
| 통산 | | | 32 | 5 | 1 | 0 | 0 | 55 | 7 | 0 |

**산토스**(Rogerio Pinheiro dos Santos) 브라질 1972.04.21

| 대회 | 연도 | 소속 | 출전 | 교체 | 득점 | 도움 | 실점 | 파울 | 경고 | 퇴장 |
|---|---|---|---|---|---|---|---|---|---|---|
| K1 | 2003 | 포항 | 29 | 1 | 3 | 0 | 0 | 55 | 5 | 0 |
| | 2004 | 포항 | 21 | 4 | 2 | 0 | 0 | 36 | 6 | 0 |
| | 2005 | 포항 | 21 | 1 | 0 | 0 | 0 | 47 | 7 | 0 |
| | 2006 | 경남 | 23 | 0 | 1 | 0 | 0 | 50 | 6 | 0 |
| | 2007 | 경남 | 19 | 1 | 1 | 2 | 0 | 17 | 4 | 0 |
| | 2008 | 경남 | 23 | 4 | 1 | 0 | 0 | 32 | 2 | 0 |
| PO | 2004 | 포항 | 3 | 0 | 0 | 0 | 0 | 5 | 1 | 0 |
| | 2007 | 경남 | 1 | 0 | 0 | 0 | 0 | 0 | 1 | 0 |
| 컵 | 2004 | 포항 | 9 | 2 | 0 | 0 | 0 | 17 | 3 | 0 |
| | 2005 | 포항 | 12 | 0 | 1 | 0 | 0 | 24 | 1 | 0 |
| | 2006 | 경남 | 11 | 0 | 1 | 0 | 0 | 17 | 1 | 0 |
| | 2007 | 경남 | 5 | 0 | 0 | 0 | 0 | 1 | 0 | 0 |
| | 2008 | 경남 | 7 | 0 | 0 | 0 | 0 | 10 | 1 | 0 |
| 통산 | | | 184 | 13 | 10 | 2 | 0 | 311 | 38 | 0 |

**산토스** (Natanael de Sousa Santos Junior) 브라질 1985.12.25

| 대회 | 연도 | 소속 | 출전 | 교체 | 득점 | 도움 | 실점 | 파울 | 경고 | 퇴장 |
|---|---|---|---|---|---|---|---|---|---|---|
| K1 | 2010 | 제주 | 21 | 14 | 10 | 4 | 0 | 34 | 0 | 0 |
| | 2011 | 제주 | 29 | 6 | 14 | 4 | 0 | 33 | 2 | 0 |
| | 2012 | 제주 | 35 | 12 | 14 | 11 | 0 | 33 | 0 | 0 |
| | 2013 | 수원 | 19 | 7 | 8 | 1 | 0 | 25 | 1 | 0 |
| | 2014 | 수원 | 35 | 27 | 14 | 7 | 0 | 27 | 2 | 0 |
| | 2015 | 수원 | 29 | 23 | 12 | 1 | 0 | 23 | 0 | 0 |
| | 2016 | 수원 | 33 | 19 | 12 | 3 | 0 | 30 | 1 | 0 |
| | 2017 | 수원 | 29 | 22 | 9 | 2 | 0 | 23 | 1 | 0 |
| PO | 2010 | 제주 | 3 | 2 | 2 | 0 | 0 | 7 | 0 | 0 |
| 컵 | 2010 | 제주 | 4 | 2 | 2 | 1 | 0 | 4 | 0 | 0 |
| 통산 | | | 237 | 134 | 97 | 34 | 0 | 239 | 7 | 0 |

**산토스**(Alexandre Zacarias dos Santos) 브라질 1982.10.23

| 대회 | 연도 | 소속 | 출전 | 교체 | 득점 | 도움 | 실점 | 파울 | 경고 | 퇴장 |
|---|---|---|---|---|---|---|---|---|---|---|
| K1 | 2010 | 대전 | 13 | 5 | 0 | 0 | 0 | 26 | 3 | 0 |
| 컵 | 2010 | 대전 | 3 | 0 | 0 | 0 | 0 | 5 | 1 | 0 |
| 통산 | | | 16 | 5 | 0 | 0 | 0 | 31 | 4 | 0 |

**산토스**(Diogo Santos Rangel) 동티모르 1991.08.19

| 대회 | 연도 | 소속 | 출전 | 교체 | 득점 | 도움 | 실점 | 파울 | 경고 | 퇴장 |
|---|---|---|---|---|---|---|---|---|---|---|
| K2 | 2014 | 대전 | 1 | 1 | 0 | 0 | 0 | 3 | 0 | 0 |
| | 2014 | 강원 | 1 | 1 | 0 | 0 | 0 | 1 | 0 | 0 |
| 통산 | | | 2 | 2 | 0 | 0 | 0 | 4 | 0 | 0 |

**산티아고**(Petrony Santiago de Barros) 브라질 1980.02.18

| 대회 | 연도 | 소속 | 출전 | 교체 | 득점 | 도움 | 실점 | 파울 | 경고 | 퇴장 |
|---|---|---|---|---|---|---|---|---|---|---|
| K1 | 2004 | 대구 | 8 | 4 | 0 | 0 | 0 | 12 | 2 | 0 |
| | 2005 | 대구 | 9 | 0 | 0 | 1 | 0 | 25 | 4 | 0 |
| 컵 | 2004 | 대구 | 2 | 1 | 0 | 0 | 0 | 8 | 1 | 0 |
| | 2005 | 대구 | 8 | 4 | 0 | 1 | 0 | 12 | 2 | 0 |
| 통산 | | | 27 | 9 | 0 | 2 | 0 | 57 | 9 | 0 |

**산티아고**(Santiago de Sagastizabal) 아르헨티나 1997.05.09

| 대회 | 연도 | 소속 | 출전 | 교체 | 득점 | 도움 | 실점 | 파울 | 경고 | 퇴장 |
|---|---|---|---|---|---|---|---|---|---|---|
| K2 | 2021 | 안산 | 8 | 8 | 1 | 0 | 0 | 7 | 2 | 0 |
| 통산 | | | 8 | 8 | 1 | 0 | 0 | 7 | 2 | 0 |

**살람쇼**(Abdule Salam Sow) 기니 1970.08.13

| 대회 | 연도 | 소속 | 출전 | 교체 | 득점 | 도움 | 실점 | 파울 | 경고 | 퇴장 |
|---|---|---|---|---|---|---|---|---|---|---|
| K1 | 1996 | 전남 | 3 | 3 | 0 | 0 | 0 | 5 | 1 | 0 |
| 통산 | | | 3 | 3 | 0 | 0 | 0 | 5 | 1 | 0 |

**샤리**(Yary David Silvera) 우루과이 1976.02.20

| 대회 | 연도 | 소속 | 출전 | 교체 | 득점 | 도움 | 실점 | 파울 | 경고 | 퇴장 |
|---|---|---|---|---|---|---|---|---|---|---|
| K1 | 2000 | 부천SK | 19 | 19 | 1 | 4 | 0 | 10 | 0 | 0 |
| | 2001 | 부천SK | 14 | 13 | 2 | 1 | 0 | 8 | 2 | 0 |
| | 2003 | 부천SK | 23 | 14 | 2 | 1 | 0 | 17 | 1 | 0 |
| PO | 2000 | 부천SK | 2 | 2 | 0 | 0 | 0 | 1 | 0 | 0 |
| 컵 | 2000 | 부천SK | 11 | 9 | 2 | 2 | 0 | 13 | 3 | 0 |
| 통산 | | | 69 | 57 | 7 | 8 | 0 | 49 | 6 | 0 |

**샤샤**(Aleksandr Podshivalov) 러시아 1964.09.06

| 대회 | 연도 | 소속 | 출전 | 교체 | 득점 | 도움 | 실점 | 파울 | 경고 | 퇴장 |
|---|---|---|---|---|---|---|---|---|---|---|
| K1 | 1994 | 유공 | 2 | 0 | 0 | 0 | 2 | 0 | 0 | 0 |
| | 1995 | 유공 | 28 | 0 | 0 | 0 | 30 | 1 | 1 | 0 |
| | 1996 | 부천유공 | 26 | 1 | 0 | 0 | 38 | 0 | 1 | 0 |
| | 1997 | 부천SK | 7 | 0 | 0 | 0 | 10 | 0 | 0 | 0 |
| 컵 | 1995 | 유공 | 7 | 0 | 0 | 0 | 11 | 2 | 0 | 0 |
| | 1996 | 부천유공 | 0 | 0 | 0 | 0 | 0 | 0 | 0 | 0 |
| | 1997 | 부천SK | 3 | 0 | 0 | 0 | 3 | 0 | 0 | 0 |
| 통산 | | | 73 | 1 | 0 | 0 | 94 | 3 | 2 | 0 |

**샤샤**(Sasa Drakulic) 유고슬라비아 1972.08.28

| 대회 | 연도 | 소속 | 출전 | 교체 | 득점 | 도움 | 실점 | 파울 | 경고 | 퇴장 |
|---|---|---|---|---|---|---|---|---|---|---|
| K1 | 1995 | 대우 | 25 | 12 | 7 | 0 | 0 | 33 | 3 | 0 |
| | 1996 | 부산 | 19 | 12 | 3 | 5 | 0 | 50 | 5 | 0 |
| | 1997 | 부산 | 13 | 3 | 6 | 4 | 0 | 36 | 2 | 0 |
| | 1998 | 수원 | 16 | 4 | 8 | 1 | 0 | 32 | 3 | 0 |
| | 1999 | 수원 | 24 | 4 | 17 | 3 | 0 | 51 | 5 | 0 |
| | 2000 | 수원 | 14 | 3 | 5 | 1 | 0 | 30 | 3 | 0 |
| | 2001 | 성남일화 | 25 | 10 | 10 | 3 | 0 | 25 | 2 | 0 |
| | 2002 | 성남일화 | 26 | 7 | 9 | 4 | 0 | 47 | 3 | 0 |
| | 2003 | 성남일화 | 39 | 27 | 8 | 9 | 0 | 58 | 2 | 1 |
| PO | 1998 | 수원 | 2 | 2 | 0 | 0 | 0 | 4 | 1 | 0 |
| | 1999 | 수원 | 2 | 0 | 1 | 0 | 0 | 7 | 0 | 0 |
| 컵 | 1995 | 대우 | 6 | 6 | 1 | 0 | 0 | 12 | 1 | 0 |
| | 1996 | 부산 | 1 | 0 | 0 | 0 | 0 | 1 | 0 | 0 |
| | 1997 | 부산 | 15 | 11 | 5 | 1 | 0 | 21 | 3 | 0 |
| | 1998 | 부산 | 13 | 4 | 4 | 0 | 0 | 38 | 6 | 0 |
| | 1999 | 수원 | 11 | 2 | 5 | 1 | 0 | 20 | 2 | 1 |
| | 2001 | 성남일화 | 9 | 1 | 5 | 1 | 0 | 15 | 1 | 0 |

| 대회 | 연도 | 소속 | 출전 | 교체 | 득점 | 도움 | 실점 | 파울 | 경고 | 퇴장 |
|---|---|---|---|---|---|---|---|---|---|---|
| | 2002 | 성남일화 | 11 | 3 | 10 | 4 | 0 | 24 | 1 | 0 |
| 통산 | | | 271 | 111 | 104 | 37 | 0 | 504 | 43 | 2 |

**샤샤**(Sasa Milaimovic) 크로아티아 1975.08.27

| 대회 | 연도 | 소속 | 출전 | 교체 | 득점 | 도움 | 실점 | 파울 | 경고 | 퇴장 |
|---|---|---|---|---|---|---|---|---|---|---|
| K1 | 2000 | 포항 | 8 | 6 | 4 | 0 | 0 | 14 | 1 | 0 |
| | 2001 | 포항 | 13 | 9 | 2 | 0 | 0 | 20 | 1 | 0 |
| 컵 | 2000 | 포항 | 4 | 3 | 2 | 0 | 0 | 10 | 2 | 0 |
| 통산 | | | 25 | 18 | 8 | 0 | 0 | 44 | 4 | 0 |

**샤흐트**(Dietmar Schacht) 독일 1960.04.06

| 대회 | 연도 | 소속 | 출전 | 교체 | 득점 | 도움 | 실점 | 파울 | 경고 | 퇴장 |
|---|---|---|---|---|---|---|---|---|---|---|
| K1 | 1985 | 포항제철 | 7 | 0 | 2 | 0 | 0 | 5 | 1 | 0 |
| 통산 | | | 7 | 0 | 2 | 0 | 0 | 5 | 1 | 0 |

**샴**(Same Nkwelle Corentin) 카메룬 1979.04.30

| 대회 | 연도 | 소속 | 출전 | 교체 | 득점 | 도움 | 실점 | 파울 | 경고 | 퇴장 |
|---|---|---|---|---|---|---|---|---|---|---|
| K1 | 2002 | 대전 | 22 | 13 | 1 | 1 | 0 | 45 | 2 | 0 |
| 컵 | 2002 | 대전 | 5 | 0 | 0 | 0 | 0 | 14 | 0 | 0 |
| 통산 | | | 27 | 13 | 1 | 1 | 0 | 59 | 2 | 0 |

**서경조**(徐庚祚) 동아대 1969.09.28

| 대회 | 연도 | 소속 | 출전 | 교체 | 득점 | 도움 | 실점 | 파울 | 경고 | 퇴장 |
|---|---|---|---|---|---|---|---|---|---|---|
| K1 | 1988 | 현대 | 2 | 2 | 0 | 0 | 0 | 0 | 0 | 0 |
| 통산 | | | 2 | 2 | 0 | 0 | 0 | 0 | 0 | 0 |

**서경주**(徐炅主) 전주대 1997.08.11

| 대회 | 연도 | 소속 | 출전 | 교체 | 득점 | 도움 | 실점 | 파울 | 경고 | 퇴장 |
|---|---|---|---|---|---|---|---|---|---|---|
| K1 | 2021 | 대구 | 2 | 2 | 0 | 0 | 0 | 2 | 0 | 0 |
| K2 | 2019 | 서울E | 15 | 3 | 1 | 0 | 0 | 26 | 3 | 0 |
| | 2020 | 서울E | 3 | 1 | 0 | 0 | 0 | 4 | 1 | 0 |
| | 2022 | 김포 | 2 | 1 | 0 | 0 | 0 | 4 | 1 | 0 |
| 통산 | | | 22 | 7 | 1 | 0 | 0 | 36 | 5 | 0 |

**서관수**(徐冠秀) 단국대 1980.02.25

| 대회 | 연도 | 소속 | 출전 | 교체 | 득점 | 도움 | 실점 | 파울 | 경고 | 퇴장 |
|---|---|---|---|---|---|---|---|---|---|---|
| K1 | 2003 | 성남일화 | 3 | 2 | 0 | 0 | 0 | 4 | 0 | 0 |
| | 2006 | 대구 | 0 | 0 | 0 | 0 | 0 | 0 | 0 | 0 |
| 컵 | 2005 | 성남일화 | 1 | 1 | 0 | 0 | 0 | 1 | 0 | 0 |
| | 2006 | 대구 | 1 | 1 | 0 | 0 | 0 | 3 | 0 | 0 |
| 통산 | | | 5 | 4 | 0 | 0 | 0 | 8 | 0 | 0 |

**서기복**(徐基復) 연세대 1979.01.28

| 대회 | 연도 | 소속 | 출전 | 교체 | 득점 | 도움 | 실점 | 파울 | 경고 | 퇴장 |
|---|---|---|---|---|---|---|---|---|---|---|
| K1 | 2003 | 전북 | 17 | 17 | 0 | 3 | 0 | 11 | 1 | 0 |
| | 2004 | 인천 | 9 | 7 | 0 | 2 | 0 | 16 | 2 | 0 |
| | 2005 | 인천 | 9 | 8 | 0 | 1 | 0 | 6 | 3 | 0 |
| | 2006 | 인천 | 8 | 9 | 1 | 0 | 0 | 6 | 0 | 0 |
| | 2007 | 인천 | 3 | 2 | 0 | 0 | 0 | 6 | 2 | 0 |
| 컵 | 2004 | 인천 | 10 | 10 | 0 | 1 | 0 | 10 | 2 | 0 |
| | 2005 | 인천 | 4 | 2 | 1 | 0 | 0 | 5 | 1 | 0 |
| | 2006 | 인천 | 9 | 8 | 0 | 0 | 0 | 18 | 1 | 0 |
| | 2007 | 인천 | 6 | 6 | 0 | 0 | 0 | 11 | 0 | 0 |
| 통산 | | | 75 | 69 | 2 | 7 | 0 | 89 | 12 | 0 |

**서덕규**(徐德圭) 숭실대 1978.10.22

| 대회 | 연도 | 소속 | 출전 | 교체 | 득점 | 도움 | 실점 | 파울 | 경고 | 퇴장 |
|---|---|---|---|---|---|---|---|---|---|---|
| K1 | 2001 | 울산 | 24 | 1 | 0 | 0 | 0 | 40 | 3 | 0 |
| | 2002 | 울산 | 22 | 6 | 0 | 0 | 0 | 27 | 4 | 0 |
| | 2003 | 울산 | 8 | 4 | 0 | 0 | 0 | 4 | 0 | 0 |
| | 2004 | 광주상무 | 22 | 1 | 0 | 0 | 0 | 26 | 2 | 0 |
| | 2005 | 광주상무 | 14 | 4 | 0 | 0 | 0 | 18 | 3 | 0 |
| | 2006 | 울산 | 6 | 4 | 0 | 0 | 0 | 12 | 0 | 0 |
| | 2007 | 울산 | 11 | 5 | 0 | 0 | 0 | 15 | 1 | 0 |
| | 2008 | 울산 | 5 | 3 | 0 | 0 | 0 | 4 | 2 | 0 |
| PO | 2007 | 울산 | 1 | 1 | 0 | 0 | 0 | 0 | 0 | 0 |
| 컵 | 2001 | 울산 | 8 | 1 | 0 | 0 | 0 | 8 | 2 | 0 |
| | 2002 | 울산 | 7 | 0 | 0 | 0 | 0 | 17 | 1 | 0 |
| | 2004 | 광주상무 | 10 | 0 | 0 | 0 | 0 | 13 | 0 | 0 |
| | 2005 | 광주상무 | 2 | 1 | 0 | 0 | 0 | 1 | 0 | 0 |
| | 2006 | 울산 | 5 | 4 | 0 | 0 | 0 | 6 | 0 | 0 |
| | 2007 | 울산 | 6 | 4 | 0 | 0 | 0 | 4 | 0 | 0 |
| | 2008 | 울산 | 2 | 1 | 0 | 0 | 0 | 4 | 0 | 0 |
| 통산 | | | 153 | 4C | 0 | 0 | 0 | 199 | 18 | 0 |

**서도협**(徐道協) 헤타페 CF(스페인) 2001.06.25

| 대회 | 연도 | 소속 | 출전 | 교체 | 득점 | 도움 | 실점 | 파울 | 경고 | 퇴장 |
|---|---|---|---|---|---|---|---|---|---|---|
| K1 | 2023 | 대구 | 0 | 0 | 0 | 0 | 0 | 0 | 0 | 0 |
| K2 | 2024 | 천안 | 7 | 6 | 0 | 0 | 0 | 4 | 1 | 0 |
| 통산 | | | 7 | 6 | 0 | 0 | 0 | 4 | 1 | 0 |

**서동명**(徐東明) 울산대 1974.05.04

| 대회 | 연도 | 소속 | 출전 | 교체 | 득점 | 도움 | 실점 | 파울 | 경고 | 퇴장 |
|---|---|---|---|---|---|---|---|---|---|---|
| K1 | 1996 | 울산 | 4 | 0 | 0 | 0 | 13 | 0 | 0 | 0 |
| | 1997 | 울산 | 5 | 0 | 0 | 0 | 12 | 0 | 1 | 0 |
| | 2000 | 전북 | 23 | 1 | 1 | 0 | 33 | 0 | 0 | 0 |
| | 2001 | 전북 | 20 | 1 | 0 | 0 | 21 | 0 | 2 | 0 |
| | 2002 | 울산 | 26 | 0 | 0 | 0 | 27 | 0 | 1 | 0 |
| | 2003 | 울산 | 42 | 0 | 0 | 0 | 40 | 0 | 2 | 0 |
| | 2004 | 울산 | 24 | 0 | 0 | 0 | 14 | 0 | 0 | 0 |
| | 2005 | 울산 | 24 | 1 | 0 | 0 | 24 | 1 | 1 | 0 |
| | 2006 | 울산 | 8 | 1 | 0 | 0 | 6 | 0 | 0 | 0 |
| | 2007 | 부산 | 4 | 0 | 0 | 0 | 5 | 0 | 0 | 0 |
| | 2008 | 부산 | 8 | 0 | 0 | 0 | 13 | 0 | 1 | 0 |
| PO | 1996 | 울산 | 0 | 0 | 0 | 0 | 0 | 0 | 0 | 0 |
| | 2000 | 전북 | 0 | 0 | 0 | 0 | 0 | 0 | 0 | 0 |
| | 2004 | 울산 | 1 | 0 | 0 | 0 | 1 | 0 | 0 | 0 |
| | 2005 | 울산 | 0 | 0 | 0 | 0 | 0 | 0 | 0 | 0 |
| 컵 | 1996 | 울산 | 3 | 0 | 0 | 0 | 4 | 0 | 0 | 0 |
| | 1997 | 울산 | 10 | 0 | 0 | 0 | 14 | 0 | 0 | 0 |
| | 2000 | 전북 | 7 | 0 | 0 | 0 | 10 | 0 | 0 | 0 |
| | 2001 | 전북 | 7 | 2 | 0 | 0 | 11 | 0 | 0 | 0 |
| | 2004 | 울산 | 11 | 0 | 0 | 0 | 10 | 0 | 1 | 0 |
| | 2005 | 울산 | 2 | 0 | 0 | 0 | 1 | 0 | 0 | 0 |
| | 2006 | 울산 | 4 | 1 | 0 | 0 | 1 | 1 | 1 | 0 |
| | 2007 | 부산 | 5 | 1 | 0 | 0 | 4 | 1 | 0 | 0 |
| | 2008 | 부산 | 1 | 0 | 0 | 0 | 0 | 0 | 0 | 0 |
| 통산 | | | 239 | 8 | 1 | 0 | 264 | 3 | 10 | 0 |

**서동욱**(徐東煜) 대신고 1993.10.15

| 대회 | 연도 | 소속 | 출전 | 교체 | 득점 | 도움 | 실점 | 파울 | 경고 | 퇴장 |
|---|---|---|---|---|---|---|---|---|---|---|
| K2 | 2013 | 부천 | 0 | 0 | 0 | 0 | 0 | 0 | 0 | 0 |
| 통산 | | | 0 | 0 | 0 | 0 | 0 | 0 | 0 | 0 |

**서동원**(徐東元) 고려대 1973.12.12

| 대회 | 연도 | 소속 | 출전 | 교체 | 득점 | 도움 | 실점 | 파울 | 경고 | 퇴장 |
|---|---|---|---|---|---|---|---|---|---|---|
| K1 | 1997 | 울산 | 9 | 9 | 0 | 0 | 0 | 9 | 0 | 0 |
| | 1999 | 울산 | 1 | 1 | 0 | 0 | 0 | 0 | 0 | 0 |
| 컵 | 1997 | 울산 | 11 | 10 | 2 | 0 | 0 | 22 | 1 | 0 |
| | 1998 | 울산 | 1 | 1 | 0 | 0 | 0 | 2 | 0 | 0 |
| 통산 | | | 22 | 21 | 2 | 0 | 0 | 33 | 1 | 0 |

**서동원**(徐東原) 연세대 1975.08.14

| 대회 | 연도 | 소속 | 출전 | 교체 | 득점 | 도움 | 실점 | 파울 | 경고 | 퇴장 |
|---|---|---|---|---|---|---|---|---|---|---|
| K1 | 1998 | 대전 | 15 | 0 | 1 | 0 | 0 | 21 | 2 | 0 |
| | 1999 | 대전 | 19 | 1 | 2 | 1 | 0 | 34 | 5 | 0 |
| | 2000 | 대전 | 21 | 8 | 4 | 3 | 0 | 42 | 5 | 0 |
| | 2001 | 수원 | 2 | 2 | 0 | 0 | 0 | 1 | 0 | 0 |
| | 2001 | 전북 | 15 | 5 | 1 | 1 | 0 | 18 | 5 | 0 |
| | 2002 | 전북 | 3 | 3 | 0 | 0 | 0 | 2 | 0 | 0 |
| | 2003 | 광주상무 | 19 | 9 | 0 | 0 | 0 | 22 | 2 | 0 |
| | 2004 | 광주상무 | 22 | 3 | 0 | 1 | 0 | 38 | 4 | 0 |
| | 2005 | 인천 | 23 | 11 | 4 | 3 | 0 | 43 | 2 | 0 |
| | 2006 | 인천 | 7 | 5 | 0 | 0 | 0 | 8 | 1 | 0 |
| | 2006 | 성남일화 | 9 | 9 | 0 | 0 | 0 | 9 | 2 | 0 |
| | 2007 | 성남일화 | 6 | 6 | 0 | 0 | 0 | 1 | 0 | 0 |
| | 2008 | 부산 | 12 | 4 | 0 | 1 | 0 | 22 | 5 | 0 |
| | 2009 | 부산 | 19 | 9 | 0 | 2 | 0 | 32 | 6 | 0 |
| | 2010 | 부산 | 5 | 4 | 0 | 0 | 0 | 3 | 1 | 0 |
| PO | 2005 | 인천 | 2 | 0 | 0 | 0 | 0 | 3 | 0 | 0 |
| 컵 | 1998 | 대전 | 14 | 0 | 0 | 0 | 0 | 27 | 4 | 0 |
| | 1999 | 대전 | 9 | 1 | 1 | 0 | 0 | 19 | 2 | 0 |
| | 2000 | 대전 | 7 | 1 | 0 | 1 | 0 | 9 | 0 | 0 |
| | 2001 | 수원 | 8 | 7 | 0 | 0 | 0 | 10 | 0 | 0 |
| | 2002 | 전북 | 4 | 1 | 0 | 0 | 0 | 4 | 1 | 0 |
| | 2004 | 광주상무 | 7 | 7 | 1 | 0 | 0 | 4 | 1 | 0 |
| | 2005 | 인천 | 5 | 2 | 1 | 0 | 0 | 7 | 0 | 0 |
| | 2006 | 인천 | 1 | 0 | 0 | 0 | 0 | 3 | 1 | 0 |
| | 2006 | 성남일화 | 4 | 4 | 0 | 0 | 0 | 5 | 1 | 0 |
| | 2007 | 성남일화 | 1 | 1 | 0 | 0 | 0 | 2 | 0 | 0 |
| | 2008 | 부산 | 6 | 2 | 1 | 1 | 0 | 10 | 2 | 0 |
| | 2009 | 부산 | 8 | 4 | 0 | 0 | 0 | 19 | 3 | 0 |
| 통산 | | | 273 | 109 | 16 | 14 | 0 | 418 | 55 | 0 |

**서동한**(徐東漢) 고려대 2001.03.23

| 대회 | 연도 | 소속 | 출전 | 교체 | 득점 | 도움 | 실점 | 파울 | 경고 | 퇴장 |
|---|---|---|---|---|---|---|---|---|---|---|
| K1 | 2023 | 수원 | 3 | 3 | 0 | 0 | 0 | 0 | 0 | 0 |
| K2 | 2025 | 인천 | 1 | 1 | 0 | 0 | 0 | 0 | 0 | 0 |
| 통산 | | | 4 | 4 | 0 | 0 | 0 | 0 | 0 | 0 |

**서동현**(徐東鉉) 건국대 1985.06.05

| 대회 | 연도 | 소속 | 출전 | 교체 | 득점 | 도움 | 실점 | 파울 | 경고 | 퇴장 |
|---|---|---|---|---|---|---|---|---|---|---|
| K1 | 2006 | 수원 | 11 | 10 | 2 | 1 | 0 | 20 | 1 | 0 |
| | 2007 | 수원 | 7 | 5 | 2 | 0 | 0 | 11 | 0 | 0 |
| | 2008 | 수원 | 22 | 16 | 9 | 2 | 0 | 34 | 5 | 0 |
| | 2009 | 수원 | 14 | 11 | 0 | 1 | 0 | 28 | 2 | 0 |
| | 2010 | 수원 | 9 | 6 | 2 | 0 | 0 | 15 | 2 | 0 |
| | 2010 | 강원 | 13 | 9 | 5 | 0 | 0 | 30 | 4 | 0 |
| | 2011 | 강원 | 25 | 13 | 2 | 1 | 0 | 23 | 4 | 0 |
| | 2012 | 제주 | 43 | 20 | 12 | 3 | 0 | 49 | 5 | 0 |
| | 2013 | 제주 | 24 | 13 | 5 | 6 | 0 | 32 | 5 | 0 |
| | 2015 | 제주 | 4 | 0 | 1 | 0 | 0 | 7 | 1 | 0 |
| | 2016 | 수원FC | 9 | 7 | 1 | 0 | 0 | 7 | 1 | 0 |
| K2 | 2014 | 안산경찰 | 29 | 19 | 7 | 2 | 0 | 48 | 6 | 0 |
| | 2015 | 안산경찰 | 19 | 4 | 6 | 2 | 0 | 31 | 3 | 0 |
| | 2016 | 대전 | 8 | 5 | 1 | 0 | 0 | 5 | 1 | 0 |
| | 2017 | 수원FC | 16 | 9 | 5 | 0 | 0 | 22 | 1 | 0 |
| | 2018 | 수원FC | 10 | 9 | 0 | 3 | 0 | 7 | 1 | 0 |
| PO | 2006 | 수원 | 3 | 2 | 0 | 0 | 0 | 4 | 0 | 0 |
| | 2007 | 수원 | 1 | 0 | 0 | 0 | 0 | 1 | 0 | 0 |
| | 2008 | 수원 | 1 | 0 | 0 | 0 | 0 | 1 | 0 | 0 |
| | 2014 | 안산경찰 | 1 | 0 | 0 | 0 | 0 | 2 | 2 | 0 |
| 컵 | 2006 | 수원 | 12 | 6 | 0 | 1 | 0 | 27 | 0 | 0 |
| | 2007 | 수원 | 4 | 2 | 2 | 1 | 0 | 9 | 0 | 0 |
| | 2008 | 수원 | 12 | 6 | 4 | 0 | 0 | 15 | 2 | 0 |
| | 2009 | 수원 | 1 | 0 | 0 | 0 | 0 | 2 | 0 | 0 |
| | 2010 | 수원 | 3 | 2 | 0 | 0 | 0 | 6 | 2 | 0 |
| | 2011 | 강원 | 3 | 2 | 2 | 0 | 0 | 6 | 2 | 0 |
| 통산 | | | 304 | 176 | 68 | 23 | 0 | 442 | 50 | 0 |

**서동현**(徐東賢) 송호대 1998.09.05

| 대회 | 연도 | 소속 | 출전 | 교체 | 득점 | 도움 | 실점 | 파울 | 경고 | 퇴장 |
|---|---|---|---|---|---|---|---|---|---|---|
| K2 | 2019 | 서울E | 0 | 0 | 0 | 0 | 0 | 0 | 0 | 0 |
| | 2020 | 서울E | 0 | 0 | 0 | 0 | 0 | 0 | 0 | 0 |
| 통산 | | | 0 | 0 | 0 | 0 | 0 | 0 | 0 | 0 |

**서명관**(徐名官) 아주대 2002.11.23

| 대회 | 연도 | 소속 | 출전 | 교체 | 득점 | 도움 | 실점 | 파울 | 경고 | 퇴장 |
|---|---|---|---|---|---|---|---|---|---|---|
| K1 | 2025 | 울산 | 21 | 5 | 1 | 0 | 0 | 23 | 4 | 0 |
| K2 | 2023 | 부천 | 29 | 4 | 0 | 0 | 0 | 19 | 4 | 0 |
| | 2024 | 부천 | 21 | 1 | 0 | 1 | 0 | 20 | 4 | 0 |
| PO | 2023 | 부천 | 1 | 0 | 0 | 0 | 0 | 0 | 0 | 0 |
| 통산 | | | 72 | 10 | 1 | 1 | 0 | 62 | 12 | 0 |

**서명식**(徐明植) 가톨릭관동대 1992.05.31

| 대회 | 연도 | 소속 | 출전 | 교체 | 득점 | 도움 | 실점 | 파울 | 경고 | 퇴장 |
|---|---|---|---|---|---|---|---|---|---|---|
| K1 | 2015 | 대전 | 7 | 3 | 0 | 0 | 0 | 7 | 0 | 0 |
| K2 | 2015 | 강원 | 14 | 6 | 0 | 1 | 0 | 11 | 0 | 0 |
| | 2016 | 부천 | 6 | 2 | 0 | 0 | 0 | 6 | 0 | 0 |
| 통산 | | | 27 | 11 | 0 | 1 | 0 | 24 | 0 | 0 |

**서명식**(徐名植) 일동고 2006.06.02

| 대회 | 연도 | 소속 | 출전 | 교체 | 득점 | 도움 | 실점 | 파울 | 경고 | 퇴장 |
|---|---|---|---|---|---|---|---|---|---|---|
| K2 | 2025 | 안산 | 13 | 13 | 0 | 0 | 0 | 3 | 0 | 0 |
| 통산 | | | 13 | 13 | 0 | 0 | 0 | 3 | 0 | 0 |

**서명원**(徐明原) 신평고 1995.04.19

| 대회 | 연도 | 소속 | 출전 | 교체 | 득점 | 도움 | 실점 | 파울 | 경고 | 퇴장 |
|---|---|---|---|---|---|---|---|---|---|---|
| K1 | 2015 | 대전 | 24 | 15 | 5 | 0 | 0 | 27 | 3 | 0 |
| | 2016 | 울산 | 10 | 10 | 0 | 0 | 0 | 7 | 3 | 0 |
| | 2018 | 강원 | 1 | 2 | 0 | 0 | 0 | 0 | 0 | 0 |

| 대회 | 연도 | 소속 | 출전 | 교체 | 득점 | 도움 | 실점 | 파울 | 경고 | 퇴장 |
|---|---|---|---|---|---|---|---|---|---|---|
| | 2019 | 강원 | 4 | 4 | 0 | 0 | 0 | 3 | 1 | 0 |
| K2 | 2014 | 대전 | 26 | 14 | 4 | 5 | 0 | 27 | 0 | 0 |
| | 2020 | 부천 | 9 | 9 | 0 | 0 | 0 | 6 | 0 | 0 |
| | 2021 | 전남 | 10 | 9 | 1 | 0 | 0 | 5 | 1 | 0 |
| | 2022 | 전남 | 1 | 1 | 0 | 0 | 0 | 0 | 0 | 0 |
| PO | 2021 | 전남 | 0 | 0 | 0 | 0 | 0 | 0 | 0 | 0 |
| 통산 | | | 85 | 64 | 10 | 5 | 0 | 75 | 8 | 0 |

**서민국**(徐愍國) 인천대 1983.11.23

| 대회 | 연도 | 소속 | 출전 | 교체 | 득점 | 도움 | 실점 | 파울 | 경고 | 퇴장 |
|---|---|---|---|---|---|---|---|---|---|---|
| K1 | 2006 | 인천 | 5 | 5 | 0 | 1 | 0 | 0 | 0 | 0 |
| | 2007 | 인천 | 11 | 9 | 0 | 0 | 0 | 11 | 2 | 0 |
| | 2008 | 인천 | 0 | 0 | 0 | 0 | 0 | 0 | 0 | 0 |
| | 2009 | 광주상무 | 4 | 4 | 0 | 0 | 0 | 4 | 1 | 0 |
| | 2010 | 인천 | 1 | 1 | 0 | 0 | 0 | 0 | 0 | 0 |
| | 2010 | 광주상무 | 19 | 16 | 0 | 1 | 0 | 15 | 1 | 0 |
| 컵 | 2006 | 인천 | 4 | 3 | 0 | 0 | 0 | 4 | 0 | 0 |
| | 2007 | 인천 | 8 | 4 | 1 | 2 | 0 | 19 | 3 | 0 |
| | 2008 | 인천 | 1 | 1 | 0 | 0 | 0 | 1 | 1 | 0 |
| | 2009 | 광주상무 | 1 | 0 | 0 | 0 | 0 | 3 | 0 | 0 |
| | 2010 | 광주상무 | 4 | 1 | 0 | 0 | 0 | 6 | 0 | 0 |
| 통산 | | | 58 | 44 | 1 | 4 | 0 | 63 | 8 | 0 |

**서민우**(徐珉優) 영남대 1998.03.12

| 대회 | 연도 | 소속 | 출전 | 교체 | 득점 | 도움 | 실점 | 파울 | 경고 | 퇴장 |
|---|---|---|---|---|---|---|---|---|---|---|
| K1 | 2020 | 강원 | 8 | 8 | 0 | 0 | 0 | 6 | 1 | 0 |
| | 2021 | 강원 | 23 | 21 | 1 | 0 | 0 | 27 | 5 | 0 |
| | 2022 | 강원 | 38 | 19 | 0 | 1 | 0 | 30 | 3 | 0 |
| | 2023 | 강원 | 32 | 14 | 2 | 2 | 0 | 51 | 8 | 0 |
| | 2024 | 김천 | 25 | 12 | 3 | 0 | 0 | 29 | 4 | 0 |
| | 2025 | 김천 | 15 | 7 | 0 | 0 | 0 | 23 | 3 | 0 |
| | 2025 | 강원 | 16 | 6 | 1 | 0 | 0 | 16 | 4 | 0 |
| PO | 2021 | 강원 | 1 | 0 | 0 | 1 | 0 | 1 | 1 | 0 |
| | 2023 | 강원 | 2 | 1 | 0 | 0 | 0 | 2 | 2 | 0 |
| 통산 | | | 160 | 88 | 7 | 4 | 0 | 185 | 31 | 0 |

**서민환**(徐民煥) 광양제철고 1992.05.09

| 대회 | 연도 | 소속 | 출전 | 교체 | 득점 | 도움 | 실점 | 파울 | 경고 | 퇴장 |
|---|---|---|---|---|---|---|---|---|---|---|
| K1 | 2015 | 전남 | 0 | 0 | 0 | 0 | 0 | 0 | 0 | 0 |
| 통산 | | | 0 | 0 | 0 | 0 | 0 | 0 | 0 | 0 |

**서병환**(徐炳煥) 고려대 1984.06.01

| 대회 | 연도 | 소속 | 출전 | 교체 | 득점 | 도움 | 실점 | 파울 | 경고 | 퇴장 |
|---|---|---|---|---|---|---|---|---|---|---|
| K1 | 2008 | 울산 | 2 | 2 | 0 | 0 | 0 | 0 | 0 | 0 |
| 컵 | 2008 | 울산 | 0 | 0 | 0 | 0 | 0 | 0 | 0 | 0 |
| 통산 | | | 2 | 2 | 0 | 0 | 0 | 0 | 0 | 0 |

**서보민**(徐保閔) 가톨릭관동대 1990.06.22

| 대회 | 연도 | 소속 | 출전 | 교체 | 득점 | 도움 | 실점 | 파울 | 경고 | 퇴장 |
|---|---|---|---|---|---|---|---|---|---|---|
| K1 | 2017 | 포항 | 19 | 19 | 1 | 2 | 0 | 4 | 0 | 0 |
| | 2019 | 성남 | 32 | 7 | 4 | 4 | 0 | 13 | 1 | 0 |
| | 2020 | 성남 | 5 | 4 | 0 | 1 | 0 | 0 | 0 | 0 |
| | 2021 | 성남 | 23 | 13 | 0 | 1 | 0 | 7 | 1 | 0 |
| K2 | 2014 | 강원 | 30 | 25 | 3 | 1 | 0 | 14 | 2 | 0 |
| | 2015 | 강원 | 36 | 8 | 3 | 9 | 0 | 31 | 2 | 0 |
| | 2016 | 강원 | 34 | 23 | 3 | 3 | 0 | 19 | 2 | 0 |
| | 2018 | 성남 | 35 | 6 | 5 | 1 | 0 | 22 | 1 | 0 |
| | 2022 | 서울E | 25 | 21 | 0 | 1 | 0 | 10 | 1 | 0 |
| | 2023 | 서울E | 25 | 11 | 0 | 0 | 0 | 12 | 1 | 0 |
| | 2024 | 김포 | 21 | 21 | 0 | 0 | 0 | 2 | 1 | 0 |
| PO | 2014 | 강원 | 1 | 1 | 0 | 0 | 0 | 1 | 0 | 0 |
| | 2016 | 강원 | 4 | 3 | 0 | 0 | 0 | 1 | 0 | 0 |
| 통산 | | | 290 | 162 | 19 | 23 | 0 | 136 | 12 | 0 |

**서상민**(徐相民) 연세대 1986.07.25

| 대회 | 연도 | 소속 | 출전 | 교체 | 득점 | 도움 | 실점 | 파울 | 경고 | 퇴장 |
|---|---|---|---|---|---|---|---|---|---|---|
| K1 | 2008 | 경남 | 23 | 8 | 5 | 0 | 0 | 53 | 6 | 0 |
| | 2009 | 경남 | 15 | 11 | 0 | 1 | 0 | 16 | 2 | 1 |
| | 2010 | 경남 | 25 | 21 | 4 | 2 | 0 | 50 | 3 | 0 |
| | 2011 | 경남 | 19 | 14 | 2 | 2 | 0 | 29 | 2 | 0 |
| | 2012 | 전북 | 22 | 11 | 4 | 5 | 0 | 49 | 4 | 0 |
| | 2013 | 전북 | 25 | 19 | 3 | 1 | 0 | 38 | 7 | 0 |
| | 2014 | 상주 | 30 | 14 | 2 | 1 | 0 | 48 | 5 | 0 |
| | 2015 | 전북 | 3 | 3 | 1 | 0 | 0 | 5 | 2 | 0 |
| | 2016 | 전북 | 8 | 8 | 0 | 0 | 0 | 10 | 2 | 0 |
| K2 | 2015 | 상주 | 2 | 1 | 0 | 0 | 0 | 2 | 0 | 0 |
| | 2017 | 수원FC | 17 | 13 | 1 | 0 | 0 | 16 | 2 | 0 |
| PO | 2010 | 경남 | 1 | 1 | 0 | 0 | 0 | 2 | 0 | 0 |
| 컵 | 2008 | 경남 | 9 | 3 | 0 | 0 | 0 | 25 | 4 | 0 |
| | 2009 | 경남 | 3 | 3 | 1 | 0 | 0 | 10 | 1 | 0 |
| | 2010 | 경남 | 6 | 4 | 0 | 0 | 0 | 8 | 2 | 0 |
| | 2011 | 경남 | 2 | 2 | 0 | 0 | 0 | 3 | 0 | 1 |
| 통산 | | | 210 | 136 | 23 | 12 | 0 | 364 | 42 | 2 |

**서석범**(徐錫範) 건국대 1960.09.12

| 대회 | 연도 | 소속 | 출전 | 교체 | 득점 | 도움 | 실점 | 파울 | 경고 | 퇴장 |
|---|---|---|---|---|---|---|---|---|---|---|
| K1 | 1984 | 럭키금성 | 6 | 1 | 0 | 0 | 8 | 0 | 0 | 0 |
| 통산 | | | 6 | 1 | 0 | 0 | 8 | 0 | 0 | 0 |

**서석원**(徐錫元) 류쓰케이자이대(일본) 1985.05.19

| 대회 | 연도 | 소속 | 출전 | 교체 | 득점 | 도움 | 실점 | 파울 | 경고 | 퇴장 |
|---|---|---|---|---|---|---|---|---|---|---|
| K1 | 2009 | 성남일화 | 2 | 2 | 0 | 0 | 0 | 1 | 0 | 0 |
| 컵 | 2009 | 성남일화 | 1 | 1 | 0 | 0 | 0 | 1 | 1 | 0 |
| 통산 | | | 3 | 3 | 0 | 0 | 0 | 2 | 1 | 0 |

**서세경**(徐世卿) 가톨릭관동대 1996.05.18

| 대회 | 연도 | 소속 | 출전 | 교체 | 득점 | 도움 | 실점 | 파울 | 경고 | 퇴장 |
|---|---|---|---|---|---|---|---|---|---|---|
| K2 | 2018 | 수원FC | 0 | 0 | 0 | 0 | 0 | 0 | 0 | 0 |
| 통산 | | | 0 | 0 | 0 | 0 | 0 | 0 | 0 | 0 |

**서승우** 제주국제대 2002.11.18

| 대회 | 연도 | 소속 | 출전 | 교체 | 득점 | 도움 | 실점 | 파울 | 경고 | 퇴장 |
|---|---|---|---|---|---|---|---|---|---|---|
| K1 | 2023 | 수원FC | 1 | 1 | 0 | 0 | 0 | 0 | 0 | 0 |
| 통산 | | | 1 | 1 | 0 | 0 | 0 | 0 | 0 | 0 |

**서승훈**(徐承勳) 중원대 1991.08.31

| 대회 | 연도 | 소속 | 출전 | 교체 | 득점 | 도움 | 실점 | 파울 | 경고 | 퇴장 |
|---|---|---|---|---|---|---|---|---|---|---|
| K2 | 2014 | 대전 | 0 | 0 | 0 | 0 | 0 | 0 | 0 | 0 |
| 통산 | | | 0 | 0 | 0 | 0 | 0 | 0 | 0 | 0 |

**서영덕**(徐營德) 고려대 1987.05.09

| 대회 | 연도 | 소속 | 출전 | 교체 | 득점 | 도움 | 실점 | 파울 | 경고 | 퇴장 |
|---|---|---|---|---|---|---|---|---|---|---|
| K1 | 2010 | 경남 | 0 | 0 | 0 | 0 | 0 | 0 | 0 | 0 |
| 통산 | | | 0 | 0 | 0 | 0 | 0 | 0 | 0 | 0 |

**서영재**(徐永在) 한양대 1995.05.23

| 대회 | 연도 | 소속 | 출전 | 교체 | 득점 | 도움 | 실점 | 파울 | 경고 | 퇴장 |
|---|---|---|---|---|---|---|---|---|---|---|
| K1 | 2023 | 대전 | 23 | 10 | 0 | 0 | 0 | 15 | 2 | 0 |
| K2 | 2020 | 대전 | 14 | 0 | 0 | 0 | 0 | 12 | 3 | 1 |
| | 2021 | 대전 | 32 | 1 | 1 | 3 | 0 | 25 | 5 | 0 |
| | 2022 | 대전 | 14 | 8 | 0 | 1 | 0 | 12 | 1 | 0 |
| PO | 2020 | 대전 | 1 | 0 | 0 | 0 | 0 | 0 | 0 | 0 |
| | 2021 | 대전 | 4 | 0 | 0 | 1 | 0 | 3 | 2 | 0 |
| | 2022 | 대전 | 2 | 0 | 0 | 0 | 0 | 6 | 0 | 0 |
| 통산 | | | 90 | 19 | 1 | 5 | 0 | 73 | 13 | 1 |

**서용덕**(徐庸德) 연세대 1989.09.10

| 대회 | 연도 | 소속 | 출전 | 교체 | 득점 | 도움 | 실점 | 파울 | 경고 | 퇴장 |
|---|---|---|---|---|---|---|---|---|---|---|
| K1 | 2014 | 울산 | 13 | 12 | 1 | 0 | 0 | 14 | 0 | 0 |
| | 2015 | 울산 | 7 | 7 | 0 | 1 | 0 | 5 | 0 | 0 |
| K2 | 2016 | 안양 | 34 | 14 | 3 | 4 | 0 | 47 | 5 | 0 |
| | 2017 | 아산 | 13 | 10 | 0 | 2 | 0 | 14 | 1 | 0 |
| | 2018 | 아산 | 4 | 4 | 0 | 0 | 0 | 1 | 0 | 0 |
| | 2018 | 부산 | 1 | 1 | 0 | 0 | 0 | 0 | 0 | 0 |
| | 2019 | 부산 | 8 | 6 | 0 | 1 | 0 | 12 | 0 | 0 |
| PO | 2017 | 아산 | 2 | 2 | 0 | 1 | 0 | 4 | 0 | 0 |
| | 2018 | 부산 | 0 | 0 | 0 | 0 | 0 | 0 | 0 | 0 |
| | 2019 | 부산 | 2 | 2 | 0 | 0 | 0 | 1 | 0 | 0 |
| 통산 | | | 84 | 58 | 4 | 9 | 0 | 98 | 6 | 0 |

**서우민**(徐佑旼) 충남기계공고 2000.03.20

| 대회 | 연도 | 소속 | 출전 | 교체 | 득점 | 도움 | 실점 | 파울 | 경고 | 퇴장 |
|---|---|---|---|---|---|---|---|---|---|---|
| K2 | 2019 | 대전 | 1 | 1 | 0 | 0 | 0 | 1 | 0 | 0 |
| 통산 | | | 1 | 1 | 0 | 0 | 0 | 1 | 0 | 0 |

**서재민**(徐在民) 현풍고 1997.12.04

| 대회 | 연도 | 소속 | 출전 | 교체 | 득점 | 도움 | 실점 | 파울 | 경고 | 퇴장 |
|---|---|---|---|---|---|---|---|---|---|---|
| K1 | 2018 | 대구 | 1 | 1 | 0 | 0 | 0 | 1 | 0 | 0 |
| | 2019 | 인천 | 2 | 2 | 0 | 0 | 0 | 1 | 0 | 0 |
| | 2025 | 수원FC | 24 | 23 | 0 | 1 | 0 | 16 | 0 | 0 |
| K2 | 2020 | 서울E | 14 | 1 | 1 | 2 | 0 | 14 | 1 | 0 |
| | 2021 | 서울E | 11 | 5 | 1 | 1 | 0 | 6 | 2 | 0 |
| | 2022 | 서울E | 14 | 8 | 0 | 1 | 0 | 11 | 3 | 0 |
| | 2023 | 김포 | 33 | 18 | 2 | 0 | 0 | 16 | 2 | 0 |
| | 2024 | 김포 | 28 | 7 | 0 | 2 | 0 | 21 | 1 | 0 |
| PO | 2023 | 김포 | 2 | 2 | 0 | 0 | 0 | 0 | 0 | 0 |
| 통산 | | | 129 | 67 | 4 | 7 | 0 | 86 | 9 | 0 |

**서재민**(徐材珉) 오산고 2003.09.16

| 대회 | 연도 | 소속 | 출전 | 교체 | 득점 | 도움 | 실점 | 파울 | 경고 | 퇴장 |
|---|---|---|---|---|---|---|---|---|---|---|
| K1 | 2023 | 서울 | 0 | 0 | 0 | 0 | 0 | 0 | 0 | 0 |
| K2 | 2024 | 서울E | 29 | 8 | 2 | 1 | 0 | 31 | 6 | 0 |
| | 2025 | 서울E | 31 | 14 | 2 | 2 | 0 | 45 | 6 | 0 |
| PO | 2024 | 서울E | 3 | 1 | 0 | 0 | 0 | 0 | 0 | 0 |
| | 2025 | 서울E | 1 | 1 | 0 | 0 | 0 | 1 | 0 | 0 |
| 통산 | | | 64 | 24 | 4 | 3 | 0 | 77 | 12 | 0 |

**서재원**(徐材源) 신평고 2003.06.18

| 대회 | 연도 | 소속 | 출전 | 교체 | 득점 | 도움 | 실점 | 파울 | 경고 | 퇴장 |
|---|---|---|---|---|---|---|---|---|---|---|
| K2 | 2022 | 경남 | 11 | 14 | 1 | 0 | 0 | 4 | 1 | 0 |
| | 2023 | 경남 | 2 | 2 | 0 | 0 | 0 | 0 | 0 | 0 |
| | 2024 | 경남 | 1 | 1 | 0 | 0 | 0 | 0 | 0 | 0 |
| | 2025 | 충북청주 | 30 | 30 | 0 | 0 | 0 | 18 | 1 | 0 |
| PO | 2022 | 경남 | 2 | 2 | 0 | 0 | 0 | 0 | 0 | 0 |
| 통산 | | | 46 | 49 | 1 | 0 | 0 | 22 | 2 | 0 |

**서정원**(徐正源) 고려대 1970.12.17

| 대회 | 연도 | 소속 | 출전 | 교체 | 득점 | 도움 | 실점 | 파울 | 경고 | 퇴장 |
|---|---|---|---|---|---|---|---|---|---|---|
| K1 | 1992 | LG | 16 | 2 | 3 | 0 | 0 | 14 | 0 | 0 |
| | 1993 | LG | 9 | 3 | 2 | 0 | 0 | 12 | 2 | 0 |
| | 1994 | LG | 4 | 2 | 1 | 0 | 0 | 5 | 0 | 0 |
| | 1995 | LG | 4 | 2 | 0 | 1 | 0 | 5 | 0 | 0 |
| | 1996 | 안양LG | 27 | 15 | 6 | 5 | 0 | 23 | 1 | 0 |
| | 1997 | 안양LG | 6 | 0 | 1 | 0 | 0 | 10 | 1 | 0 |
| | 1999 | 수원 | 15 | 4 | 7 | 3 | 0 | 19 | 1 | 0 |
| | 2000 | 수원 | 22 | 11 | 2 | 1 | 0 | 16 | 1 | 0 |
| | 2001 | 수원 | 25 | 5 | 11 | 2 | 0 | 22 | 1 | 0 |
| | 2002 | 수원 | 23 | 14 | 5 | 1 | 0 | 25 | 0 | 0 |
| | 2003 | 수원 | 43 | 7 | 10 | 5 | 0 | 58 | 1 | 0 |
| | 2004 | 수원 | 12 | 6 | 1 | 3 | 0 | 7 | 0 | 0 |
| PO | 2004 | 수원 | 3 | 3 | 0 | 0 | 0 | 2 | 0 | 0 |
| 컵 | 1992 | LG | 7 | 0 | 1 | 0 | 0 | 4 | 0 | 0 |
| | 1993 | LG | 2 | 2 | 0 | 1 | 0 | 2 | 0 | 0 |
| | 1997 | 안양LG | 11 | 0 | 8 | 1 | 0 | 16 | 0 | 0 |
| | 1999 | 수원 | 12 | 1 | 4 | 2 | 0 | 13 | 0 | 0 |
| | 2000 | 수원 | 3 | 2 | 2 | 0 | 0 | 1 | 0 | 0 |
| | 2001 | 수원 | 8 | 5 | 0 | 0 | 0 | 9 | 2 | 0 |
| | 2002 | 수원 | 9 | 1 | 4 | 0 | 0 | 17 | 1 | 0 |
| | 2004 | 수원 | 10 | 7 | 0 | 0 | 0 | 9 | 1 | 0 |
| 통산 | | | 271 | 92 | 68 | 25 | 0 | 289 | 12 | 0 |

**서정진**(徐訂晋) 보인정보산업고(보인고) 1989.09.06

| 대회 | 연도 | 소속 | 출전 | 교체 | 득점 | 도움 | 실점 | 파울 | 경고 | 퇴장 |
|---|---|---|---|---|---|---|---|---|---|---|
| K1 | 2008 | 전북 | 13 | 10 | 1 | 2 | 0 | 17 | 4 | 0 |
| | 2009 | 전북 | 12 | 10 | 2 | 1 | 0 | 12 | 1 | 0 |
| | 2010 | 전북 | 13 | 11 | 0 | 0 | 0 | 12 | 0 | 0 |
| | 2011 | 전북 | 8 | 7 | 1 | 2 | 0 | 7 | 0 | 0 |
| | 2012 | 수원 | 39 | 21 | 3 | 6 | 0 | 58 | 9 | 0 |
| | 2013 | 수원 | 35 | 12 | 6 | 5 | 0 | 39 | 4 | 0 |
| | 2014 | 수원 | 29 | 21 | 2 | 4 | 0 | 27 | 1 | 0 |
| | 2015 | 수원 | 24 | 16 | 1 | 0 | 0 | 14 | 0 | 0 |
| | 2016 | 울산 | 9 | 7 | 0 | 0 | 0 | 6 | 1 | 0 |
| | 2017 | 수원 | 4 | 4 | 0 | 0 | 0 | 3 | 0 | 0 |
| K2 | 2016 | 서울E | 19 | 5 | 0 | 5 | 0 | 20 | 1 | 0 |
| PO | 2009 | 전북 | 1 | 1 | 0 | 0 | 0 | 1 | 0 | 0 |
| | 2010 | 전북 | 1 | 1 | 0 | 0 | 0 | 0 | 0 | 0 |
| | 2011 | 전북 | 1 | 1 | 0 | 0 | 0 | 0 | 0 | 0 |
| 컵 | 2008 | 전북 | 9 | 5 | 0 | 0 | 0 | 13 | 3 | 0 |
| | 2009 | 전북 | 2 | 2 | 0 | 0 | 0 | 4 | 0 | 0 |
| | 2010 | 전북 | 3 | 0 | 0 | 0 | 0 | 5 | 2 | 0 |

| 대회 | 연도 | 소속 | 출전 | 교체 | 득점 | 도움 | 실점 | 파울 | 경고 | 퇴장 |
|---|---|---|---|---|---|---|---|---|---|---|
| 통산 | | | 222 | 134 | 16 | 25 | 0 | 238 | 26 | 0 |

**서주환**(徐宙桓) 울산대 1999.06.24

| 대회 | 연도 | 소속 | 출전 | 교체 | 득점 | 도움 | 실점 | 파울 | 경고 | 퇴장 |
|---|---|---|---|---|---|---|---|---|---|---|
| K1 | 2020 | 울산 | 0 | 0 | 0 | 0 | 0 | 0 | 0 | 0 |
| | 2021 | 울산 | 0 | 0 | 0 | 0 | 0 | 0 | 0 | 0 |
| | 2022 | 서울 | 0 | 0 | 0 | 0 | 0 | 0 | 0 | 0 |
| | 2023 | 서울 | 0 | 0 | 0 | 0 | 0 | 0 | 0 | 0 |
| 통산 | | | 0 | 0 | 0 | 0 | 0 | 0 | 0 | 0 |

**서준영**(徐俊榮) 연세대 1995.09.29

| 대회 | 연도 | 소속 | 출전 | 교체 | 득점 | 도움 | 실점 | 파울 | 경고 | 퇴장 |
|---|---|---|---|---|---|---|---|---|---|---|
| K2 | 2017 | 안산 | 2 | 2 | 0 | 0 | 0 | 0 | 0 | 0 |
| 통산 | | | 2 | 2 | 0 | 0 | 0 | 0 | 0 | 0 |

**서지원**(徐志源) 천안농고 1967.09.15

| 대회 | 연도 | 소속 | 출전 | 교체 | 득점 | 도움 | 실점 | 파울 | 경고 | 퇴장 |
|---|---|---|---|---|---|---|---|---|---|---|
| 컵 | 1986 | 포항제철 | 1 | 2 | 0 | 0 | 0 | 0 | 0 | 0 |
| 통산 | | | 1 | 2 | 0 | 0 | 0 | 0 | 0 | 0 |

**서진석**(徐鎭石) 수원공고 2004.05.04

| 대회 | 연도 | 소속 | 출전 | 교체 | 득점 | 도움 | 실점 | 파울 | 경고 | 퇴장 |
|---|---|---|---|---|---|---|---|---|---|---|
| K2 | 2025 | 서울E | 18 | 17 | 1 | 0 | 0 | 10 | 2 | 0 |
| 통산 | | | 18 | 17 | 1 | 0 | 0 | 10 | 2 | 0 |

**서진섭**(徐震燮) 울산대 1967.11.25

| 대회 | 연도 | 소속 | 출전 | 교체 | 득점 | 도움 | 실점 | 파울 | 경고 | 퇴장 |
|---|---|---|---|---|---|---|---|---|---|---|
| K1 | 1990 | 현대 | 1 | 1 | 0 | 0 | 0 | 1 | 0 | 0 |
| 통산 | | | 1 | 1 | 0 | 0 | 0 | 1 | 0 | 0 |

**서진수**(徐進水) 제주U18 2000.10.18

| 대회 | 연도 | 소속 | 출전 | 교체 | 득점 | 도움 | 실점 | 파울 | 경고 | 퇴장 |
|---|---|---|---|---|---|---|---|---|---|---|
| K1 | 2019 | 제주 | 11 | 10 | 0 | 4 | 0 | 7 | 0 | 0 |
| | 2022 | 제주 | 8 | 6 | 4 | 0 | 0 | 7 | 0 | 0 |
| | 2022 | 김천 | 17 | 17 | 1 | 0 | 0 | 7 | 2 | 0 |
| | 2023 | 제주 | 34 | 28 | 5 | 2 | 0 | 20 | 2 | 0 |
| | 2024 | 제주 | 38 | 36 | 3 | 3 | 0 | 22 | 2 | 0 |
| | 2025 | 제주 | 8 | 8 | 1 | 0 | 0 | 6 | 0 | 0 |
| | 2025 | 대전 | 16 | 16 | 2 | 1 | 0 | 11 | 1 | 0 |
| K2 | 2020 | 제주 | 5 | 5 | 0 | 0 | 0 | 10 | 2 | 0 |
| | 2021 | 김천 | 19 | 16 | 2 | 3 | 0 | 16 | 0 | 0 |
| 통산 | | | 156 | 142 | 18 | 13 | 0 | 106 | 9 | 0 |

**서창호**(徐彰浩) 국민대 1960.03.16

| 대회 | 연도 | 소속 | 출전 | 교체 | 득점 | 도움 | 실점 | 파울 | 경고 | 퇴장 |
|---|---|---|---|---|---|---|---|---|---|---|
| K1 | 1985 | 상무 | 2 | 2 | 0 | 0 | 0 | 3 | 0 | 0 |
| 통산 | | | 2 | 2 | 0 | 0 | 0 | 3 | 0 | 0 |

**서혁수**(徐赫秀) 경희대 1973.10.01

| 대회 | 연도 | 소속 | 출전 | 교체 | 득점 | 도움 | 실점 | 파울 | 경고 | 퇴장 |
|---|---|---|---|---|---|---|---|---|---|---|
| K1 | 1998 | 전북 | 16 | 0 | 0 | 1 | 0 | 17 | 4 | 0 |
| | 1999 | 전북 | 25 | 0 | 1 | 4 | 0 | 72 | 5 | 0 |
| | 2000 | 전북 | 23 | 1 | 0 | 3 | 0 | 52 | 2 | 0 |
| | 2001 | 전북 | 25 | 1 | 0 | 1 | 0 | 58 | 2 | 0 |
| | 2002 | 전북 | 25 | 3 | 0 | 2 | 0 | 49 | 4 | 0 |
| | 2003 | 전북 | 31 | 9 | 2 | 4 | 0 | 68 | 4 | 0 |
| | 2004 | 성남일화 | 17 | 3 | 0 | 0 | 0 | 30 | 3 | 0 |
| PO | 2000 | 전북 | 1 | 0 | 0 | 0 | 0 | 2 | 0 | 0 |
| 컵 | 1998 | 전북 | 10 | 4 | 0 | 0 | 0 | 12 | 1 | 0 |
| | 1999 | 전북 | 9 | 0 | 4 | 4 | 0 | 19 | 0 | 0 |
| | 2000 | 전북 | 8 | 1 | 0 | 3 | 0 | 18 | 0 | 0 |
| | 2001 | 전북 | 9 | 0 | 0 | 1 | 0 | 18 | 1 | 0 |
| | 2002 | 전북 | 6 | 1 | 0 | 0 | 0 | 24 | 2 | 0 |
| | 2004 | 성남일화 | 11 | 1 | 0 | 0 | 0 | 30 | 2 | 0 |
| 통산 | | | 216 | 24 | 7 | 23 | 0 | 469 | 30 | 0 |

**서형승**(徐亨承) 한남대 1992.09.22

| 대회 | 연도 | 소속 | 출전 | 교체 | 득점 | 도움 | 실점 | 파울 | 경고 | 퇴장 |
|---|---|---|---|---|---|---|---|---|---|---|
| K2 | 2015 | 고양 | 26 | 26 | 3 | 1 | 0 | 16 | 3 | 0 |
| 통산 | | | 26 | 26 | 3 | 1 | 0 | 16 | 3 | 0 |

**서홍민**(徐洪旻) 한양대 1991.12.23

| 대회 | 연도 | 소속 | 출전 | 교체 | 득점 | 도움 | 실점 | 파울 | 경고 | 퇴장 |
|---|---|---|---|---|---|---|---|---|---|---|
| K2 | 2016 | 부산 | 0 | 0 | 0 | 0 | 0 | 0 | 0 | 0 |
| 통산 | | | 0 | 0 | 0 | 0 | 0 | 0 | 0 | 0 |

**서효원**(徐孝源) 숭실대 1967.09.15

| 대회 | 연도 | 소속 | 출전 | 교체 | 득점 | 도움 | 실점 | 파울 | 경고 | 퇴장 |
|---|---|---|---|---|---|---|---|---|---|---|
| K1 | 1994 | 포항제철 | 17 | 8 | 3 | 2 | 0 | 20 | 1 | 1 |
| | 1995 | 포항 | 23 | 3 | 4 | 2 | 0 | 45 | 4 | 0 |
| | 1996 | 포항 | 26 | 5 | 2 | 2 | 0 | 41 | 2 | 0 |
| | 1997 | 포항 | 17 | 2 | 1 | 0 | 0 | 23 | 1 | 0 |
| | 1998 | 포항 | 18 | 3 | 2 | 4 | 0 | 25 | 1 | 0 |
| PO | 1995 | 포항 | 3 | 1 | 0 | 1 | 0 | 8 | 1 | 0 |
| | 1998 | 포항 | 3 | 1 | 0 | 1 | 0 | 4 | 0 | 0 |
| 컵 | 1994 | 포항제철 | 6 | 3 | 1 | 1 | 0 | 11 | 1 | 0 |
| | 1995 | 포항 | 6 | 2 | 0 | 0 | 0 | 15 | 0 | 0 |
| | 1996 | 포항 | 7 | 3 | 0 | 0 | 0 | 14 | 2 | 0 |
| | 1997 | 포항 | 17 | 5 | 0 | 1 | 0 | 20 | 1 | 1 |
| | 1998 | 포항 | 17 | 3 | 0 | 1 | 0 | 31 | 0 | 0 |
| 통산 | | | 160 | 39 | 13 | 15 | 0 | 257 | 14 | 2 |

**석동우**(石東祐) 용인대 1990.05.27

| 대회 | 연도 | 소속 | 출전 | 교체 | 득점 | 도움 | 실점 | 파울 | 경고 | 퇴장 |
|---|---|---|---|---|---|---|---|---|---|---|
| K2 | 2014 | 부천 | 17 | 6 | 0 | 1 | 0 | 21 | 2 | 0 |
| 통산 | | | 17 | 6 | 0 | 1 | 0 | 21 | 2 | 0 |

**선명진**(宣明辰) 건국대 1986.12.15

| 대회 | 연도 | 소속 | 출전 | 교체 | 득점 | 도움 | 실점 | 파울 | 경고 | 퇴장 |
|---|---|---|---|---|---|---|---|---|---|---|
| K1 | 2010 | 인천 | 2 | 1 | 0 | 0 | 0 | 0 | 0 | 0 |
| 통산 | | | 2 | 1 | 0 | 0 | 0 | 0 | 0 | 0 |

**설기현**(薛琦鉉) 광운대 1979.01.08

| 대회 | 연도 | 소속 | 출전 | 교체 | 득점 | 도움 | 실점 | 파울 | 경고 | 퇴장 |
|---|---|---|---|---|---|---|---|---|---|---|
| K1 | 2010 | 포항 | 16 | 4 | 7 | 3 | 0 | 38 | 0 | 0 |
| | 2011 | 울산 | 29 | 9 | 3 | 5 | 0 | 60 | 5 | 0 |
| | 2012 | 인천 | 40 | 14 | 7 | 3 | 0 | 113 | 4 | 0 |
| | 2013 | 인천 | 26 | 19 | 4 | 4 | 0 | 88 | 2 | 0 |
| | 2014 | 인천 | 7 | 7 | 0 | 0 | 0 | 18 | 0 | 0 |
| PO | 2011 | 울산 | 5 | 2 | 2 | 2 | 0 | 6 | 1 | 0 |
| 컵 | 2011 | 울산 | 7 | 5 | 2 | 3 | 0 | 14 | 2 | 0 |
| 통산 | | | 130 | 60 | 25 | 20 | 0 | 337 | 14 | 0 |

**설영우**(薛英佑) 울산대 1998.12.05

| 대회 | 연도 | 소속 | 출전 | 교체 | 득점 | 도움 | 실점 | 파울 | 경고 | 퇴장 |
|---|---|---|---|---|---|---|---|---|---|---|
| K1 | 2020 | 울산 | 14 | 8 | 0 | 0 | 0 | 7 | 2 | 0 |
| | 2021 | 울산 | 31 | 11 | 2 | 3 | 0 | 26 | 4 | 0 |
| | 2022 | 울산 | 34 | 5 | 0 | 3 | 0 | 26 | 3 | 0 |
| | 2023 | 울산 | 32 | 6 | 3 | 4 | 0 | 15 | 6 | 0 |
| | 2024 | 울산 | 9 | 3 | 0 | 1 | 0 | 2 | 1 | 0 |
| 통산 | | | 120 | 33 | 5 | 11 | 0 | 76 | 16 | 0 |

**설익찬**(薛益贊) 학성고 1978.03.25

| 대회 | 연도 | 소속 | 출전 | 교체 | 득점 | 도움 | 실점 | 파울 | 경고 | 퇴장 |
|---|---|---|---|---|---|---|---|---|---|---|
| K1 | 1999 | 수원 | 5 | 4 | 0 | 1 | 0 | 13 | 0 | 0 |
| | 2000 | 수원 | 2 | 1 | 0 | 0 | 0 | 1 | 1 | 0 |
| PO | 1999 | 수원 | 2 | 2 | 1 | 0 | 0 | 2 | 0 | 0 |
| 컵 | 1996 | 수원 | 0 | 0 | 0 | 0 | 0 | 0 | 0 | 0 |
| | 2000 | 수원 | 6 | 2 | 0 | 0 | 0 | 6 | 1 | 0 |
| 통산 | | | 15 | 9 | 1 | 1 | 0 | 22 | 2 | 0 |

**설정현**(薛廷賢) 단국대 1959.03.06

| 대회 | 연도 | 소속 | 출전 | 교체 | 득점 | 도움 | 실점 | 파울 | 경고 | 퇴장 |
|---|---|---|---|---|---|---|---|---|---|---|
| K1 | 1984 | 한일은행 | 26 | 1 | 2 | 0 | 0 | 17 | 0 | 0 |
| | 1985 | 한일은행 | 10 | 0 | 0 | 0 | 0 | 8 | 2 | 0 |
| | 1986 | 한일은행 | 14 | 3 | 0 | 0 | 0 | 16 | 0 | 0 |
| 통산 | | | 50 | 4 | 2 | 0 | 0 | 41 | 2 | 0 |

**설현빈**(楔賢彬) 울산대 2001.08.07

| 대회 | 연도 | 소속 | 출전 | 교체 | 득점 | 도움 | 실점 | 파울 | 경고 | 퇴장 |
|---|---|---|---|---|---|---|---|---|---|---|
| K1 | 2022 | 울산 | 0 | 0 | 0 | 0 | 0 | 0 | 0 | 0 |
| K2 | 2024 | 부천 | 0 | 0 | 0 | 0 | 0 | 0 | 0 | 0 |
| | 2025 | 부천 | 0 | 0 | 0 | 0 | 0 | 0 | 0 | 0 |
| 통산 | | | 0 | 0 | 0 | 0 | 0 | 0 | 0 | 0 |

**설현진**(偰賢進) 광주대 2000.03.10

| 대회 | 연도 | 소속 | 출전 | 교체 | 득점 | 도움 | 실점 | 파울 | 경고 | 퇴장 |
|---|---|---|---|---|---|---|---|---|---|---|
| K2 | 2021 | 경남 | 4 | 4 | 0 | 0 | 0 | 5 | 0 | 0 |
| | 2022 | 경남 | 10 | 9 | 0 | 0 | 0 | 9 | 2 | 0 |
| | 2023 | 경남 | 28 | 29 | 2 | 2 | 0 | 30 | 1 | 0 |
| | 2024 | 경남 | 14 | 14 | 0 | 0 | 0 | 7 | 2 | 0 |
| | 2025 | 경남 | 2 | 2 | 1 | 0 | 0 | 1 | 0 | 0 |
| PO | 2023 | 경남 | 2 | 1 | 0 | 0 | 0 | 1 | 0 | 1 |
| 통산 | | | 60 | 59 | 3 | 2 | 0 | 53 | 5 | 1 |

**성경모**(成京模) 동의대 1980.06.26

| 대회 | 연도 | 소속 | 출전 | 교체 | 득점 | 도움 | 실점 | 파울 | 경고 | 퇴장 |
|---|---|---|---|---|---|---|---|---|---|---|
| K1 | 2003 | 전북 | 0 | 0 | 0 | 0 | 0 | 0 | 0 | 0 |
| | 2004 | 전북 | 0 | 0 | 0 | 0 | 0 | 0 | 0 | 0 |
| | 2005 | 인천 | 10 | 0 | 0 | 0 | 11 | 1 | 1 | 0 |
| | 2006 | 인천 | 19 | 0 | 0 | 0 | 21 | 0 | 0 | 0 |
| | 2007 | 인천 | 0 | 0 | 0 | 0 | 0 | 0 | 0 | 0 |
| | 2008 | 인천 | 10 | 0 | 0 | 0 | 14 | 0 | 0 | 0 |
| | 2009 | 인천 | 1 | 0 | 0 | 0 | 1 | 0 | 0 | 0 |
| | 2010 | 인천 | 1 | 0 | 0 | 0 | 2 | 0 | 0 | 0 |
| | 2011 | 광주 | 0 | 0 | 0 | 0 | 0 | 0 | 0 | 0 |
| PO | 2005 | 인천 | 1 | 0 | 0 | 0 | 1 | 0 | 0 | 0 |
| 컵 | 2005 | 인천 | 4 | 0 | 0 | 0 | 3 | 0 | 0 | 0 |
| | 2006 | 인천 | 6 | 0 | 0 | 0 | 9 | 0 | 0 | 0 |
| | 2007 | 인천 | 0 | 0 | 0 | 0 | 0 | 0 | 0 | 0 |
| | 2008 | 인천 | 2 | 0 | 0 | 0 | 2 | 0 | 0 | 0 |
| | 2009 | 인천 | 1 | 0 | 0 | 0 | 1 | 0 | 0 | 0 |
| | 2010 | 인천 | 0 | 0 | 0 | 0 | 0 | 0 | 0 | 0 |
| | 2011 | 광주 | 4 | 0 | 0 | 0 | 11 | 0 | 1 | 0 |
| 통산 | | | 59 | 0 | 0 | 0 | 76 | 1 | 2 | 0 |

**성경일**(成京一) 건국대 1983.03.01

| 대회 | 연도 | 소속 | 출전 | 교체 | 득점 | 도움 | 실점 | 파울 | 경고 | 퇴장 |
|---|---|---|---|---|---|---|---|---|---|---|
| K1 | 2005 | 전북 | 0 | 0 | 0 | 0 | 0 | 0 | 0 | 0 |
| | 2006 | 전북 | 6 | 1 | 0 | 0 | 9 | 0 | 1 | 0 |
| | 2007 | 전북 | 7 | 1 | 0 | 0 | 9 | 0 | 0 | 0 |
| | 2008 | 경남 | 1 | 0 | 0 | 0 | 3 | 1 | 0 | 0 |
| | 2009 | 광주상무 | 2 | 0 | 0 | 0 | 6 | 1 | 1 | 0 |
| | 2010 | 광주상무 | 2 | 0 | 0 | 0 | 1 | 1 | 0 | 1 |
| 컵 | 2006 | 전북 | 2 | 0 | 0 | 0 | 1 | 0 | 0 | 0 |
| | 2007 | 전북 | 3 | 0 | 0 | 0 | 4 | 0 | 0 | 0 |
| | 2008 | 경남 | 2 | 0 | 0 | 0 | 3 | 0 | 1 | 0 |
| | 2010 | 광주상무 | 4 | 0 | 0 | 0 | 5 | 0 | 1 | 0 |
| 통산 | | | 29 | 2 | 0 | 0 | 41 | 3 | 4 | 1 |

**성봉재**(成奉宰) 동국대 1993.04.29

| 대회 | 연도 | 소속 | 출전 | 교체 | 득점 | 도움 | 실점 | 파울 | 경고 | 퇴장 |
|---|---|---|---|---|---|---|---|---|---|---|
| K1 | 2015 | 성남 | 3 | 3 | 0 | 0 | 0 | 6 | 0 | 0 |
| | 2016 | 성남 | 5 | 4 | 1 | 0 | 0 | 5 | 1 | 0 |
| K2 | 2017 | 경남 | 8 | 6 | 0 | 1 | 0 | 12 | 0 | 0 |
| 통산 | | | 16 | 13 | 1 | 1 | 0 | 23 | 1 | 0 |

**성신**(成信) 광운대 2005.01.13

| 대회 | 연도 | 소속 | 출전 | 교체 | 득점 | 도움 | 실점 | 파울 | 경고 | 퇴장 |
|---|---|---|---|---|---|---|---|---|---|---|
| K2 | 2025 | 부천 | 6 | 6 | 1 | 0 | 0 | 3 | 0 | 0 |
| 통산 | | | 6 | 6 | 1 | 0 | 0 | 3 | 0 | 0 |

**성원종**(成元鍾) 경상대 1970.09.27

| 대회 | 연도 | 소속 | 출전 | 교체 | 득점 | 도움 | 실점 | 파울 | 경고 | 퇴장 |
|---|---|---|---|---|---|---|---|---|---|---|
| K1 | 1992 | 대우 | 13 | 1 | 0 | 0 | 19 | 1 | 1 | 0 |
| | 1994 | 버팔로 | 22 | 2 | 0 | 0 | 40 | 2 | 3 | 1 |
| | 1995 | 전북 | 9 | 1 | 0 | 0 | 16 | 1 | 2 | 0 |
| | 1996 | 전북 | 13 | 1 | 0 | 0 | 22 | 2 | 2 | 0 |
| | 1997 | 전북 | 4 | 0 | 0 | 0 | 8 | 0 | 1 | 0 |
| | 1998 | 부산 | 2 | 0 | 0 | 0 | 4 | 0 | 0 | 0 |
| | 1999 | 대전 | 4 | 0 | 0 | 0 | 9 | 2 | 1 | 0 |
| | 2000 | 대전 | 0 | 0 | 0 | 0 | 0 | 0 | 0 | 0 |
| 컵 | 1992 | 대우 | 2 | 0 | 0 | 0 | 1 | 0 | 0 | 0 |
| | 1994 | 버팔로 | 3 | 1 | 0 | 0 | 8 | 0 | 0 | 0 |
| | 1995 | 전북 | 7 | 0 | 0 | 0 | 6 | 1 | 1 | 0 |
| | 1996 | 전북 | 1 | 0 | 0 | 0 | 1 | 0 | 0 | 0 |
| | 1997 | 전북 | 13 | 0 | 0 | 0 | 23 | 1 | 0 | 0 |
| | 1998 | 부산 | 3 | 1 | 0 | 0 | 0 | 0 | 0 | 0 |
| | 1999 | 대전 | 0 | 0 | 0 | 0 | 0 | 0 | 0 | 0 |
| | 2000 | 대전 | 0 | 0 | 0 | 0 | 0 | 0 | 0 | 0 |
| 통산 | | | 96 | 7 | 0 | 0 | 157 | 10 | 11 | 1 |

**성윤수**(成玧受) 여의도고 2003.03.15

| 대회 | 연도 | 소속 | 출전 | 교체 | 득점 | 도움 | 실점 | 파울 | 경고 | 퇴장 |
|---|---|---|---|---|---|---|---|---|---|---|
| K2 | 2025 | 전남 | 5 | 4 | 0 | 0 | 2 | 0 | 0 | 0 |
| 통산 | | | 5 | 4 | 0 | 0 | 2 | 0 | 0 | 0 |

**성은준**(成殷準) 호남대 1970.08.20

| 대회 | 연도 | 소속 | 출전 | 교체 | 득점 | 도움 | 실점 | 파울 | 경고 | 퇴장 |
|---|---|---|---|---|---|---|---|---|---|---|
| K1 | 1994 | 버팔로 | 13 | 5 | 0 | 0 | 0 | 3 | 1 | 0 |
| 컵 | 1994 | 버팔로 | 3 | 2 | 0 | 0 | 0 | 1 | 0 | 0 |
| 통산 | | | 16 | 7 | 0 | 0 | 0 | 4 | 1 | 0 |

**성종현**(成宗鉉) 울산대 1979.04.02

| 대회 | 연도 | 소속 | 출전 | 교체 | 득점 | 도움 | 실점 | 파울 | 경고 | 퇴장 |
|---|---|---|---|---|---|---|---|---|---|---|
| K1 | 2004 | 전북 | 2 | 0 | 0 | 0 | 0 | 4 | 0 | 0 |
| | 2005 | 전북 | 13 | 2 | 0 | 1 | 0 | 31 | 3 | 0 |
| | 2006 | 광주상무 | 0 | 0 | 0 | 0 | 0 | 0 | 0 | 0 |
| | 2007 | 광주상무 | 6 | 2 | 0 | 0 | 0 | 2 | 0 | 0 |
| | 2008 | 전북 | 3 | 0 | 1 | 1 | 0 | 11 | 1 | 0 |
| | 2009 | 전북 | 5 | 2 | 0 | 0 | 0 | 8 | 0 | 0 |
| | 2010 | 전북 | 7 | 2 | 0 | 1 | 0 | 7 | 2 | 0 |
| PO | 2008 | 전북 | 1 | 1 | 0 | 0 | 0 | 0 | 0 | 0 |
| | 2010 | 전북 | 0 | 0 | 0 | 0 | 0 | 0 | 0 | 0 |
| 컵 | 2004 | 전북 | 1 | 1 | 0 | 0 | 0 | 0 | 0 | 0 |
| | 2008 | 전북 | 3 | 1 | 0 | 0 | 0 | 4 | 0 | 0 |
| | 2010 | 전북 | 2 | 1 | 0 | 0 | 0 | 8 | 2 | 0 |
| 통산 | | | 43 | 12 | 1 | 3 | 0 | 75 | 8 | 0 |

**성한수**(成漢洙) 연세대 1976.03.27

| 대회 | 연도 | 소속 | 출전 | 교체 | 득점 | 도움 | 실점 | 파울 | 경고 | 퇴장 |
|---|---|---|---|---|---|---|---|---|---|---|
| K1 | 1999 | 대전 | 6 | 5 | 1 | 2 | 0 | 7 | 1 | 0 |
| | 2000 | 대전 | 12 | 10 | 2 | 0 | 0 | 12 | 2 | 0 |
| | 2001 | 대전 | 12 | 12 | 0 | 0 | 0 | 10 | 1 | 0 |
| | 2002 | 전남 | 2 | 2 | 0 | 0 | 0 | 1 | 0 | 0 |
| | 2003 | 전남 | 6 | 6 | 0 | 1 | 0 | 4 | 0 | 0 |
| | 2004 | 전남 | 4 | 4 | 0 | 0 | 0 | 4 | 0 | 0 |
| 컵 | 1999 | 대전 | 8 | 2 | 3 | 0 | 0 | 9 | 1 | 0 |
| | 2000 | 대전 | 1 | 1 | 0 | 0 | 0 | 6 | 1 | 0 |
| | 2002 | 전남 | 5 | 3 | 2 | 0 | 0 | 8 | 0 | 0 |
| | 2004 | 전남 | 3 | 3 | 0 | 0 | 0 | 2 | 0 | 0 |
| 통산 | | | 59 | 48 | 8 | 3 | 0 | 63 | 6 | 0 |

**성호영**(成浩永) 영남대 1999.01.08

| 대회 | 연도 | 소속 | 출전 | 교체 | 득점 | 도움 | 실점 | 파울 | 경고 | 퇴장 |
|---|---|---|---|---|---|---|---|---|---|---|
| K1 | 2020 | 부산 | 0 | 0 | 0 | 0 | 0 | 0 | 0 | 0 |
| K2 | 2021 | 부산 | 8 | 7 | 0 | 0 | 0 | 8 | 0 | 0 |
| | 2022 | 부산 | 12 | 10 | 1 | 0 | 0 | 11 | 0 | 0 |
| | 2023 | 부산 | 21 | 19 | 3 | 0 | 0 | 20 | 0 | 0 |
| | 2024 | 부산 | 25 | 8 | 1 | 0 | 0 | 28 | 4 | 0 |
| PO | 2023 | 부산 | 2 | 2 | 0 | 0 | 0 | 1 | 0 | 0 |
| 통산 | | | 68 | 46 | 5 | 0 | 0 | 68 | 4 | 0 |

**성힘찬**(成힘찬) 대건고 2006.09.09

| 대회 | 연도 | 소속 | 출전 | 교체 | 득점 | 도움 | 실점 | 파울 | 경고 | 퇴장 |
|---|---|---|---|---|---|---|---|---|---|---|
| K2 | 2025 | 인천 | 1 | 1 | 0 | 0 | 0 | 0 | 0 | 0 |
| 통산 | | | 1 | 1 | 0 | 0 | 0 | 0 | 0 | 0 |

**세라토**(Marcos Vinicius Serrato) 브라질 1994.02.08

| 대회 | 연도 | 소속 | 출전 | 교체 | 득점 | 도움 | 실점 | 파울 | 경고 | 퇴장 |
|---|---|---|---|---|---|---|---|---|---|---|
| K1 | 2023 | 대구 | 11 | 11 | 0 | 0 | 0 | 8 | 1 | 0 |
| 통산 | | | 11 | 11 | 0 | 0 | 0 | 8 | 1 | 0 |

**세라핌**(Matheus Bonadiman Serafim) 브라질 1998.05.14

| 대회 | 연도 | 소속 | 출전 | 교체 | 득점 | 도움 | 실점 | 파울 | 경고 | 퇴장 |
|---|---|---|---|---|---|---|---|---|---|---|
| K2 | 2025 | 수원 | 37 | 30 | 13 | 4 | 0 | 19 | 3 | 0 |
| PO | 2025 | 수원 | 2 | 0 | 0 | 0 | 0 | 1 | 0 | 0 |
| 통산 | | | 39 | 30 | 13 | 4 | 0 | 20 | 3 | 0 |

**세르게이**(Sergey Burdin) 러시아 1970.03.02

| 대회 | 연도 | 소속 | 출전 | 교체 | 득점 | 도움 | 실점 | 파울 | 경고 | 퇴장 |
|---|---|---|---|---|---|---|---|---|---|---|
| K1 | 1996 | 부천유공 | 28 | 8 | 17 | 4 | 0 | 40 | 8 | 0 |
| | 1997 | 부천SK | 12 | 3 | 3 | 0 | 0 | 11 | 1 | 0 |
| | 1999 | 천안일화 | 25 | 16 | 6 | 3 | 0 | 41 | 5 | 0 |
| 컵 | 1996 | 부천유공 | 8 | 4 | 5 | 1 | 0 | 7 | 1 | 0 |
| | 1997 | 부천SK | 15 | 5 | 3 | 1 | 0 | 26 | 6 | 0 |
| | 1999 | 천안일화 | 8 | 6 | 1 | 1 | 0 | 17 | 1 | 0 |
| | 2000 | 성남일화 | 0 | 0 | 0 | 0 | 0 | 0 | 0 | 0 |
| 통산 | | | 96 | 42 | 35 | 10 | 0 | 142 | 22 | 0 |

**세르지뉴**(Sergio Ricardo dos Santos Junior: Sergiho) 브라질 1990.12.03

| 대회 | 연도 | 소속 | 출전 | 교체 | 득점 | 도움 | 실점 | 파울 | 경고 | 퇴장 |
|---|---|---|---|---|---|---|---|---|---|---|
| K1 | 2021 | 대구 | 13 | 9 | 0 | 0 | 0 | 15 | 4 | 0 |
| 통산 | | | 13 | 9 | 0 | 0 | 0 | 15 | 4 | 0 |

**세르지오**(Sergio Luis Cogo) 브라질 1960.09.28

| 대회 | 연도 | 소속 | 출전 | 교체 | 득점 | 도움 | 실점 | 파울 | 경고 | 퇴장 |
|---|---|---|---|---|---|---|---|---|---|---|
| K1 | 1983 | 포항제철 | 2 | 2 | 0 | 0 | 0 | 0 | 0 | 0 |
| 통산 | | | 2 | 2 | 0 | 0 | 0 | 0 | 0 | 0 |

**세르지오** (Sergio Ricardo dos Santos Vieira) 브라질 1975.05.28

| 대회 | 연도 | 소속 | 출전 | 교체 | 득점 | 도움 | 실점 | 파울 | 경고 | 퇴장 |
|---|---|---|---|---|---|---|---|---|---|---|
| K1 | 2001 | 안양LG | 13 | 13 | 2 | 0 | 0 | 15 | 1 | 0 |
| 통산 | | | 13 | 13 | 2 | 0 | 0 | 15 | 1 | 0 |

**세르징요** (Sergio Paulo Nascimento Filho) 시리아 1988.04.27

| 대회 | 연도 | 소속 | 출전 | 교체 | 득점 | 도움 | 실점 | 파울 | 경고 | 퇴장 |
|---|---|---|---|---|---|---|---|---|---|---|
| K2 | 2015 | 대구 | 36 | 23 | 4 | 2 | 0 | 73 | 6 | 0 |
| | 2016 | 강원 | 17 | 3 | 0 | 2 | 0 | 34 | 4 | 0 |
| PO | 2016 | 강원 | 4 | 0 | 0 | 0 | 0 | 9 | 1 | 0 |
| 통산 | | | 57 | 26 | 4 | 4 | 0 | 116 | 11 | 0 |

**세미르**(Semir Smajlagić) 보스니아 헤르체고비나 1998.09.18

| 대회 | 연도 | 소속 | 출전 | 교체 | 득점 | 도움 | 실점 | 파울 | 경고 | 퇴장 |
|---|---|---|---|---|---|---|---|---|---|---|
| K2 | 2025 | 충남아산 | 0 | 0 | 0 | 0 | 0 | 0 | 0 | 0 |
| 통산 | | | 0 | 0 | 0 | 0 | 0 | 0 | 0 | 0 |

**세바스티안**(Sebastjan Cimirotić) 슬로베니아 1974.09.14

| 대회 | 연도 | 소속 | 출전 | 교체 | 득점 | 도움 | 실점 | 파울 | 경고 | 퇴장 |
|---|---|---|---|---|---|---|---|---|---|---|
| K1 | 2005 | 인천 | 3 | 3 | 1 | 0 | 0 | 3 | 0 | 0 |
| 통산 | | | 3 | 3 | 1 | 0 | 0 | 3 | 0 | 0 |

**세베로**(Marcos Lueders Severo)브라질 1965.03.13

| 대회 | 연도 | 소속 | 출전 | 교체 | 득점 | 도움 | 실점 | 파울 | 경고 | 퇴장 |
|---|---|---|---|---|---|---|---|---|---|---|
| K1 | 1995 | 현대 | 17 | 8 | 4 | 4 | 0 | 42 | 6 | 0 |
| 컵 | 1995 | 현대 | 1 | 1 | 0 | 0 | 0 | 1 | 0 | 0 |
| 통산 | | | 18 | 9 | 4 | 4 | 0 | 43 | 6 | 0 |

**세이트**(Seyit Cem Unsal) 터키 1975.10.09

| 대회 | 연도 | 소속 | 출전 | 교체 | 득점 | 도움 | 실점 | 파울 | 경고 | 퇴장 |
|---|---|---|---|---|---|---|---|---|---|---|
| K1 | 1997 | 안양LG | 3 | 2 | 0 | 1 | 0 | 3 | 0 | 0 |
| 컵 | 1998 | 안양LG | 6 | 5 | 0 | 0 | 0 | 5 | 0 | 0 |
| 통산 | | | 9 | 7 | 0 | 1 | 0 | 8 | 0 | 0 |

**세자르**(Julio Cesar Guterres)브라질 1959.02.21

| 대회 | 연도 | 소속 | 출전 | 교체 | 득점 | 도움 | 실점 | 파울 | 경고 | 퇴장 |
|---|---|---|---|---|---|---|---|---|---|---|
| K1 | 1984 | 포항제철 | 12 | 6 | 0 | 1 | 0 | 20 | 2 | 0 |
| 통산 | | | 12 | 6 | 0 | 1 | 0 | 20 | 2 | 0 |

**세자르** (Cezar da Costa Oliveira) 브라질 1973.12.09

| 대회 | 연도 | 소속 | 출전 | 교체 | 득점 | 도움 | 실점 | 파울 | 경고 | 퇴장 |
|---|---|---|---|---|---|---|---|---|---|---|
| K1 | 1999 | 전남 | 26 | 7 | 12 | 2 | 0 | 67 | 2 | 0 |
| | 2000 | 전남 | 27 | 10 | 8 | 0 | 0 | 46 | 2 | 0 |
| | 2001 | 전남 | 26 | 12 | 9 | 2 | 0 | 39 | 2 | 0 |
| PO | 1999 | 전남 | 1 | 0 | 0 | 0 | 0 | 2 | 0 | 0 |
| 컵 | 1999 | 전남 | 4 | 2 | 1 | 0 | 0 | 13 | 0 | 0 |
| | 2000 | 전남 | 12 | 3 | 3 | 0 | 0 | 31 | 0 | 0 |
| | 2001 | 전남 | 6 | 2 | 3 | 2 | 0 | 18 | 0 | 0 |
| | 2002 | 전남 | 6 | 4 | 0 | 0 | 0 | 9 | 1 | 0 |
| 통산 | | | 108 | 40 | 36 | 6 | 0 | 225 | 7 | 0 |

**세자르** (Paulo Cesar de Souza) 브라질 1979.02.16

| 대회 | 연도 | 소속 | 출전 | 교체 | 득점 | 도움 | 실점 | 파울 | 경고 | 퇴장 |
|---|---|---|---|---|---|---|---|---|---|---|
| K1 | 2005 | 전북 | 3 | 2 | 0 | 0 | 0 | 4 | 0 | 0 |
| 컵 | 2005 | 전북 | 9 | 9 | 0 | 5 | 0 | 26 | 2 | 0 |
| 통산 | | | 12 | 11 | 0 | 5 | 0 | 30 | 2 | 0 |

**세지오** (Sergio Guimaraes da Silva Junior) 브라질 1979.02.19

| 대회 | 연도 | 소속 | 출전 | 교체 | 득점 | 도움 | 실점 | 파울 | 경고 | 퇴장 |
|---|---|---|---|---|---|---|---|---|---|---|
| K1 | 2005 | 부천SK | 11 | 6 | 2 | 3 | 0 | 18 | 1 | 0 |
| 통산 | | | 11 | 6 | 2 | 3 | 0 | 18 | 1 | 0 |

**세징야**(Cesar Fernando Silva dos Santos: Cesinha) 브라질 1989.11.29

| 대회 | 연도 | 소속 | 출전 | 교체 | 득점 | 도움 | 실점 | 파울 | 경고 | 퇴장 |
|---|---|---|---|---|---|---|---|---|---|---|
| K1 | 2017 | 대구 | 27 | 6 | 7 | 7 | 0 | 39 | 8 | 0 |
| | 2018 | 대구 | 25 | 5 | 8 | 11 | 0 | 24 | 6 | 2 |
| | 2019 | 대구 | 35 | 4 | 15 | 10 | 0 | 36 | 4 | 0 |
| | 2020 | 대구 | 25 | 3 | 18 | 4 | 0 | 25 | 2 | 0 |
| | 2021 | 대구 | 32 | 11 | 9 | 7 | 0 | 27 | 2 | 0 |
| | 2022 | 대구 | 29 | 9 | 12 | 6 | 0 | 20 | 4 | 0 |
| | 2023 | 대구 | 23 | 6 | 8 | 5 | 0 | 25 | 4 | 0 |
| | 2024 | 대구 | 30 | 11 | 11 | 8 | 0 | 25 | 3 | 0 |
| | 2025 | 대구 | 25 | 3 | 12 | 12 | 0 | 24 | 3 | 0 |
| K2 | 2016 | 대구 | 36 | 11 | 11 | 8 | 0 | 79 | 12 | 0 |
| PO | 2024 | 대구 | 2 | 1 | 3 | 0 | 0 | 3 | 0 | 0 |
| 통산 | | | 289 | 70 | 114 | 78 | 0 | 327 | 48 | 2 |

**셀리오** (Celio Ferreira dos Santos) 브라질 1987.07.20

| 대회 | 연도 | 소속 | 출전 | 교체 | 득점 | 도움 | 실점 | 파울 | 경고 | 퇴장 |
|---|---|---|---|---|---|---|---|---|---|---|
| K1 | 2016 | 울산 | 10 | 3 | 1 | 0 | 0 | 11 | 4 | 0 |
| 통산 | | | 10 | 3 | 1 | 0 | 0 | 11 | 4 | 0 |

**셀린** (Alessandro Padovani Celin) 브라질 1989.09.11

| 대회 | 연도 | 소속 | 출전 | 교체 | 득점 | 도움 | 실점 | 파울 | 경고 | 퇴장 |
|---|---|---|---|---|---|---|---|---|---|---|
| K1 | 2011 | 광주 | 1 | 1 | 0 | 0 | 0 | 0 | 0 | 0 |
| 통산 | | | 1 | 1 | 0 | 0 | 0 | 0 | 0 | 0 |

**셀미르** (Selmir dos Santos Bezerra) 브라질 1979.08.23

| 대회 | 연도 | 소속 | 출전 | 교체 | 득점 | 도움 | 실점 | 파울 | 경고 | 퇴장 |
|---|---|---|---|---|---|---|---|---|---|---|
| K1 | 2005 | 인천 | 22 | 15 | 7 | 3 | 0 | 52 | 2 | 0 |
| | 2006 | 전남 | 12 | 4 | 4 | 0 | 0 | 24 | 0 | 0 |
| | 2006 | 인천 | 8 | 1 | 3 | 0 | 0 | 20 | 1 | 0 |
| | 2007 | 대구 | 13 | 10 | 3 | 0 | 0 | 17 | 1 | 0 |
| | 2008 | 대전 | 10 | 6 | 1 | 1 | 0 | 23 | 1 | 0 |
| PO | 2005 | 인천 | 3 | 0 | 0 | 1 | 0 | 12 | 1 | 0 |
| 컵 | 2005 | 인천 | 6 | 2 | 2 | 2 | 0 | 20 | 0 | 0 |
| | 2006 | 전남 | 2 | 0 | 1 | 1 | 0 | 5 | 0 | 0 |
| | 2006 | 인천 | 5 | 3 | 2 | 0 | 0 | 14 | 1 | 0 |
| | 2007 | 대구 | 5 | 6 | 0 | 0 | 0 | 4 | 1 | 0 |
| | 2008 | 대전 | 2 | 2 | 3 | 0 | 0 | 2 | 0 | 0 |
| 통산 | | | 88 | 49 | 26 | 8 | 0 | 193 | 8 | 0 |

**소광호**(蘇光鎬) 한양대 1961.03.27

| 대회 | 연도 | 소속 | 출전 | 교체 | 득점 | 도움 | 실점 | 파울 | 경고 | 퇴장 |
|---|---|---|---|---|---|---|---|---|---|---|
| K1 | 1984 | 럭키금성 | 13 | 7 | 0 | 2 | 0 | 5 | 0 | 0 |
| | 1985 | 상무 | 20 | 2 | 0 | 3 | 0 | 22 | 1 | 0 |
| 통산 | | | 33 | 9 | 0 | 5 | 0 | 27 | 1 | 0 |

**소말리아** (Waderson de Paula Sabino) 브라질 1977.06.22

| 대회 | 연도 | 소속 | 출전 | 교체 | 득점 | 도움 | 실점 | 파울 | 경고 | 퇴장 |
|---|---|---|---|---|---|---|---|---|---|---|
| K1 | 2006 | 부산 | 16 | 11 | 7 | 5 | 0 | 35 | 2 | 0 |
| 컵 | 2006 | 부산 | 6 | 1 | 2 | 1 | 0 | 21 | 1 | 1 |
| 통산 | | | 22 | 12 | 9 | 6 | 0 | 56 | 3 | 1 |

**소우자**(Jose Augusto Freitas Sousa) 브라질 1978.08.02

| 대회 | 연도 | 소속 | 출전 | 교체 | 득점 | 도움 | 실점 | 파울 | 경고 | 퇴장 |
|---|---|---|---|---|---|---|---|---|---|---|
| K1 | 2008 | 부산 | 2 | 2 | 0 | 0 | 0 | 0 | 0 | 0 |
| 컵 | 2008 | 부산 | 1 | 1 | 0 | 0 | 0 | 0 | 0 | 0 |
| 통산 | | | 3 | 3 | 0 | 0 | 0 | 0 | 0 | 0 |

**소콜**(Sokol Cikalleshi) 알바니아 1990.07.27

| 대회 | 연도 | 소속 | 출전 | 교체 | 득점 | 도움 | 실점 | 파울 | 경고 | 퇴장 |
|---|---|---|---|---|---|---|---|---|---|---|
| K1 | 2012 | 인천 | 6 | 6 | 0 | 0 | 0 | 10 | 0 | 0 |
| 통산 | | | 6 | 6 | 0 | 0 | 0 | 10 | 0 | 0 |

**소타**(Sota Eljon) 알바니아 1998.05.24

| 대회 | 연도 | 소속 | 출전 | 교체 | 득점 | 도움 | 실점 | 파울 | 경고 | 퇴장 |
|---|---|---|---|---|---|---|---|---|---|---|
| K1 | 2024 | 수원FC | 1 | 1 | 0 | 0 | 0 | 0 | 0 | 0 |
| 통산 | | | 1 | 1 | 0 | 0 | 0 | 0 | 0 | 0 |

**손건호**(孫乾浩) 광양제철고 2006.08.25

| 대회 | 연도 | 소속 | 출전 | 교체 | 득점 | 도움 | 실점 | 파울 | 경고 | 퇴장 |
|---|---|---|---|---|---|---|---|---|---|---|
| K2 | 2024 | 전남 | 1 | 1 | 0 | 0 | 0 | 0 | 0 | 0 |
| | 2025 | 전남 | 2 | 2 | 0 | 0 | 0 | 0 | 0 | 0 |
| 통산 | | | 3 | 3 | 0 | 0 | 0 | 0 | 0 | 0 |

**손국회**(孫國會) 초당대 1987.05.15

| 대회 | 연도 | 소속 | 출전 | 교체 | 득점 | 도움 | 실점 | 파울 | 경고 | 퇴장 |
|---|---|---|---|---|---|---|---|---|---|---|
| K2 | 2013 | 충주 | 18 | 2 | 1 | 0 | 0 | 19 | 0 | 0 |
| 통산 | | | 18 | 2 | 1 | 0 | 0 | 19 | 0 | 0 |

**손기련**(孫基連) 단국대 1995.03.22

| 대회 | 연도 | 소속 | 출전 | 교체 | 득점 | 도움 | 실점 | 파울 | 경고 | 퇴장 |
|---|---|---|---|---|---|---|---|---|---|---|
| K2 | 2017 | 안산 | 25 | 15 | 0 | 0 | 0 | 21 | 1 | 0 |
| 통산 | | | 25 | 15 | 0 | 0 | 0 | 21 | 1 | 0 |

**손대원**(孫大源) 강원대 1975.02.10

| 대회 | 연도 | 소속 | 출전 | 교체 | 득점 | 도움 | 실점 | 파울 | 경고 | 퇴장 |
|---|---|---|---|---|---|---|---|---|---|---|
| K1 | 1999 | 울산 | 1 | 1 | 0 | 0 | 0 | 0 | 0 | 0 |
| | 2000 | 울산 | 22 | 3 | 1 | 2 | 0 | 22 | 4 | 0 |
| 컵 | 1997 | 울산 | 4 | 3 | 0 | 0 | 0 | 3 | 0 | 0 |
| | 1999 | 울산 | 1 | 1 | 0 | 0 | 0 | 1 | 0 | 0 |
| | 2000 | 울산 | 2 | 0 | 0 | 0 | 0 | 2 | 0 | 0 |
| | 2001 | 울산 | 2 | 2 | 0 | 0 | 0 | 1 | 0 | 0 |
| 통산 | | | 32 | 10 | 1 | 2 | 0 | 29 | 4 | 0 |

**손대호**(孫大鎬) 명지대 1981.09.11

| 대회 | 연도 | 소속 | 출전 | 교체 | 득점 | 도움 | 실점 | 파울 | 경고 | 퇴장 |
|---|---|---|---|---|---|---|---|---|---|---|
| K1 | 2002 | 수원 | 6 | 4 | 0 | 0 | 0 | 4 | 1 | 0 |
| | 2003 | 수원 | 8 | 7 | 1 | 0 | 0 | 10 | 2 | 0 |
| | 2004 | 수원 | 8 | 4 | 0 | 0 | 0 | 19 | 2 | 0 |
| | 2005 | 성남일화 | 6 | 1 | 0 | 0 | 0 | 17 | 1 | 0 |
| | 2005 | 전남 | 1 | 1 | 0 | 0 | 0 | 3 | 0 | 0 |
| | 2006 | 성남일화 | 4 | 3 | 0 | 0 | 0 | 10 | 1 | 0 |
| | 2007 | 성남일화 | 23 | 13 | 2 | 1 | 0 | 61 | 6 | 0 |
| | 2008 | 성남일화 | 20 | 8 | 0 | 0 | 0 | 64 | 3 | 0 |
| | 2009 | 인천 | 6 | 4 | 0 | 0 | 0 | 7 | 0 | 0 |
| | 2012 | 인천 | 22 | 20 | 0 | 0 | 0 | 11 | 4 | 0 |
| | 2013 | 인천 | 23 | 13 | 1 | 2 | 0 | 27 | 2 | 0 |
| PO | 2006 | 성남일화 | 3 | 0 | 0 | 0 | 0 | 11 | 2 | 0 |
| | 2007 | 성남일화 | 2 | 2 | 0 | 0 | 0 | 5 | 0 | 0 |
| 컵 | 2002 | 수원 | 8 | 0 | 0 | 0 | 0 | 24 | 2 | 0 |
| | 2004 | 수원 | 12 | 2 | 0 | 1 | 0 | 35 | 2 | 0 |
| | 2005 | 전남 | 5 | 4 | 0 | 0 | 0 | 5 | 1 | 0 |
| | 2006 | 성남일화 | 3 | 3 | 0 | 0 | 0 | 8 | 1 | 0 |
| | 2007 | 성남일화 | 1 | 1 | 0 | 0 | 0 | 5 | 1 | 0 |
| | 2008 | 성남일화 | 9 | 4 | 1 | 1 | 0 | 19 | 2 | 0 |
| | 2009 | 인천 | 4 | 1 | 0 | 0 | 0 | 8 | 2 | 1 |
| 통산 | | | 174 | 95 | 5 | 5 | 0 | 353 | 35 | 1 |

**손민우**(孫旼佑) 동국대 1997.04.25

| 대회 | 연도 | 소속 | 출전 | 교체 | 득점 | 도움 | 실점 | 파울 | 경고 | 퇴장 |
|---|---|---|---|---|---|---|---|---|---|---|
| K2 | 2019 | 광주 | 1 | 1 | 0 | 0 | 0 | 1 | 0 | 0 |
| 통산 | | | 1 | 1 | 0 | 0 | 0 | 1 | 0 | 0 |

**손상호**(孫祥豪) 울산대 1974.05.04

| 대회 | 연도 | 소속 | 출전 | 교체 | 득점 | 도움 | 실점 | 파울 | 경고 | 퇴장 |
|---|---|---|---|---|---|---|---|---|---|---|
| K1 | 1997 | 울산 | 1 | 1 | 0 | 0 | 0 | 0 | 0 | 0 |
| | 2001 | 울산 | 5 | 1 | 0 | 0 | 0 | 10 | 0 | 1 |
| | 2002 | 울산 | 8 | 4 | 0 | 0 | 0 | 14 | 1 | 0 |
| 컵 | 1997 | 울산 | 2 | 2 | 0 | 0 | 0 | 1 | 0 | 0 |
| | 2002 | 울산 | 4 | 2 | 0 | 0 | 0 | 6 | 1 | 0 |
| 통산 | | | 20 | 10 | 0 | 0 | 0 | 31 | 2 | 1 |

**손석용**(孫碩庸) 현풍고 1998.09.04

| 대회 | 연도 | 소속 | 출전 | 교체 | 득점 | 도움 | 실점 | 파울 | 경고 | 퇴장 |
|---|---|---|---|---|---|---|---|---|---|---|
| K2 | 2020 | 서울E | 0 | 0 | 0 | 0 | 0 | 0 | 0 | 0 |
| | 2022 | 김포 | 38 | 24 | 8 | 7 | 0 | 52 | 3 | 1 |
| | 2023 | 김포 | 26 | 25 | 1 | 1 | 0 | 20 | 5 | 0 |
| | 2024 | 수원 | 23 | 22 | 2 | 3 | 0 | 26 | 1 | 0 |
| | 2025 | 부산 | 18 | 17 | 2 | 0 | 0 | 9 | 1 | 1 |
| 통산 | | | 105 | 88 | 13 | 11 | 0 | 107 | 10 | 2 |

**손설민**(孫雪旼) 관동대(가톨릭관동대) 1990.04.26

| 대회 | 연도 | 소속 | 출전 | 교체 | 득점 | 도움 | 실점 | 파울 | 경고 | 퇴장 |
|---|---|---|---|---|---|---|---|---|---|---|
| K1 | 2012 | 전남 | 15 | 13 | 2 | 1 | 0 | 17 | 2 | 0 |
| | 2015 | 대전 | 9 | 5 | 0 | 0 | 0 | 14 | 5 | 0 |
| K2 | 2015 | 강원 | 4 | 4 | 0 | 0 | 0 | 3 | 0 | 0 |
| | 2016 | 강원 | 4 | 4 | 0 | 1 | 0 | 0 | 1 | 0 |
| 통산 | | | 32 | 26 | 2 | 2 | 0 | 34 | 8 | 0 |

**손세범**(孫世凡) 용인대 1992.03.07

| 대회 | 연도 | 소속 | 출전 | 교체 | 득점 | 도움 | 실점 | 파울 | 경고 | 퇴장 |
|---|---|---|---|---|---|---|---|---|---|---|
| K2 | 2016 | 고양 | 6 | 3 | 0 | 0 | 0 | 8 | 2 | 0 |
| 통산 | | | 6 | 3 | 0 | 0 | 0 | 8 | 2 | 0 |

**손승민**(孫承敏) 영등포공고 2005.05.09

| 대회 | 연도 | 소속 | 출전 | 교체 | 득점 | 도움 | 실점 | 파울 | 경고 | 퇴장 |
|---|---|---|---|---|---|---|---|---|---|---|
| K1 | 2024 | 대구 | 2 | 2 | 0 | 0 | 0 | 1 | 0 | 0 |
| | 2025 | 대구 | 0 | 0 | 0 | 0 | 0 | 0 | 0 | 0 |
| 통산 | | | 2 | 2 | 0 | 0 | 0 | 1 | 0 | 0 |

**손승범**(孫承範) 오산고 2004.05.04

| 대회 | 연도 | 소속 | 출전 | 교체 | 득점 | 도움 | 실점 | 파울 | 경고 | 퇴장 |
|---|---|---|---|---|---|---|---|---|---|---|
| K1 | 2023 | 서울 | 1 | 1 | 0 | 0 | 0 | 0 | 1 | 0 |
| | 2024 | 서울 | 7 | 7 | 1 | 0 | 0 | 5 | 2 | 0 |
| | 2025 | 서울 | 5 | 5 | 0 | 0 | 0 | 3 | 2 | 0 |
| 통산 | | | 13 | 13 | 1 | 0 | 0 | 8 | 5 | 0 |

**손승준**(孫昇準) 통진종고 1982.05.16

| 대회 | 연도 | 소속 | 출전 | 교체 | 득점 | 도움 | 실점 | 파울 | 경고 | 퇴장 |
|---|---|---|---|---|---|---|---|---|---|---|
| K1 | 2001 | 수원 | 7 | 6 | 0 | 0 | 0 | 8 | 2 | 0 |
| | 2002 | 수원 | 16 | 5 | 0 | 2 | 0 | 39 | 1 | 0 |
| | 2003 | 수원 | 22 | 12 | 0 | 0 | 0 | 37 | 5 | 0 |
| | 2005 | 광주상무 | 10 | 1 | 1 | 1 | 0 | 32 | 5 | 0 |
| | 2007 | 수원 | 4 | 2 | 0 | 0 | 0 | 14 | 0 | 0 |
| | 2009 | 전북 | 8 | 1 | 0 | 0 | 0 | 31 | 2 | 1 |
| | 2010 | 전북 | 14 | 6 | 2 | 0 | 0 | 53 | 13 | 0 |
| | 2011 | 전북 | 6 | 2 | 0 | 0 | 0 | 22 | 3 | 0 |
| PO | 2009 | 전북 | 1 | 0 | 0 | 0 | 0 | 6 | 0 | 0 |
| | 2010 | 전북 | 3 | 2 | 0 | 0 | 0 | 15 | 2 | 0 |
| | 2011 | 전북 | 2 | 2 | 0 | 0 | 0 | 3 | 1 | 0 |
| 컵 | 2001 | 수원 | 2 | 2 | 0 | 0 | 0 | 1 | 0 | 0 |
| | 2002 | 수원 | 1 | 1 | 0 | 0 | 0 | 2 | 0 | 0 |
| | 2005 | 광주상무 | 9 | 1 | 0 | 1 | 0 | 20 | 1 | 0 |
| | 2008 | 수원 | 1 | 1 | 0 | 0 | 0 | 1 | 0 | 0 |
| | 2010 | 전북 | 5 | 3 | 1 | 0 | 0 | 11 | 2 | 0 |
| | 2011 | 전북 | 1 | 0 | 0 | 0 | 0 | 1 | 2 | 0 |
| 통산 | | | 112 | 47 | 4 | 4 | 0 | 296 | 39 | 1 |

**손시헌**(孫時憲) 숭실대 1992.09.18

| 대회 | 연도 | 소속 | 출전 | 교체 | 득점 | 도움 | 실점 | 파울 | 경고 | 퇴장 |
|---|---|---|---|---|---|---|---|---|---|---|
| K2 | 2013 | 수원FC | 6 | 3 | 0 | 0 | 0 | 4 | 0 | 0 |
| | 2014 | 수원FC | 0 | 0 | 0 | 0 | 0 | 0 | 0 | 0 |
| 통산 | | | 6 | 3 | 0 | 0 | 0 | 4 | 0 | 0 |

**손웅정**(孫雄政) 명지대 1966.06.16

| 대회 | 연도 | 소속 | 출전 | 교체 | 득점 | 도움 | 실점 | 파울 | 경고 | 퇴장 |
|---|---|---|---|---|---|---|---|---|---|---|
| K1 | 1985 | 상무 | 7 | 5 | 0 | 0 | 0 | 5 | 1 | 0 |
| | 1987 | 현대 | 16 | 14 | 5 | 0 | 0 | 11 | 1 | 0 |
| | 1988 | 현대 | 4 | 4 | 0 | 0 | 0 | 2 | 1 | 0 |
| | 1989 | 일화 | 10 | 11 | 2 | 0 | 0 | 10 | 0 | 0 |
| 통산 | | | 37 | 34 | 7 | 0 | 0 | 28 | 3 | 0 |

**손일표**(孫一杓) 선문대 1981.03.29

| 대회 | 연도 | 소속 | 출전 | 교체 | 득점 | 도움 | 실점 | 파울 | 경고 | 퇴장 |
|---|---|---|---|---|---|---|---|---|---|---|
| K1 | 2004 | 대구 | 0 | 0 | 0 | 0 | 0 | 0 | 0 | 0 |
| 통산 | | | 0 | 0 | 0 | 0 | 0 | 0 | 0 | 0 |

**손재영**(孫材榮) 숭실대 1991.09.09

| 대회 | 연도 | 소속 | 출전 | 교체 | 득점 | 도움 | 실점 | 파울 | 경고 | 퇴장 |
|---|---|---|---|---|---|---|---|---|---|---|
| K1 | 2014 | 울산 | 0 | 0 | 0 | 0 | 0 | 0 | 0 | 0 |
| 통산 | | | 0 | 0 | 0 | 0 | 0 | 0 | 0 | 0 |

**손재희**(孫在熙) 2004.01.15

| 대회 | 연도 | 소속 | 출전 | 교체 | 득점 | 도움 | 실점 | 파울 | 경고 | 퇴장 |
|---|---|---|---|---|---|---|---|---|---|---|
| K2 | 2024 | 안산 | 9 | 9 | 0 | 1 | 0 | 6 | 1 | 0 |
| 통산 | | | 9 | 9 | 0 | 1 | 0 | 6 | 1 | 0 |

**손정민** 강서대 2002.04.22

| 대회 | 연도 | 소속 | 출전 | 교체 | 득점 | 도움 | 실점 | 파울 | 경고 | 퇴장 |
|---|---|---|---|---|---|---|---|---|---|---|
| K2 | 2025 | 천안 | 1 | 1 | 0 | 0 | 0 | 1 | 1 | 0 |
| 통산 | | | 1 | 1 | 0 | 0 | 0 | 1 | 1 | 0 |

**손정탁**(孫禎鐸) 울산대 1976.05.31

| 대회 | 연도 | 소속 | 출전 | 교체 | 득점 | 도움 | 실점 | 파울 | 경고 | 퇴장 |
|---|---|---|---|---|---|---|---|---|---|---|
| K1 | 1999 | 울산 | 8 | 8 | 1 | 1 | 0 | 11 | 0 | 0 |
| | 2000 | 울산 | 14 | 13 | 1 | 1 | 0 | 15 | 0 | 0 |
| | 2001 | 울산 | 1 | 1 | 0 | 0 | 0 | 4 | 0 | 0 |
| | 2003 | 광주상무 | 34 | 25 | 4 | 1 | 0 | 49 | 3 | 0 |
| | 2004 | 전북 | 5 | 3 | 0 | 0 | 0 | 9 | 0 | 0 |
| | 2005 | 전북 | 10 | 6 | 0 | 1 | 0 | 14 | 2 | 0 |
| | 2005 | 수원 | 4 | 4 | 0 | 0 | 0 | 4 | 0 | 0 |
| | 2006 | 수원 | 3 | 3 | 0 | 0 | 0 | 3 | 1 | 0 |
| 컵 | 1999 | 울산 | 8 | 8 | 1 | 1 | 0 | 3 | 0 | 0 |
| | 2000 | 울산 | 4 | 4 | 1 | 1 | 0 | 1 | 0 | 0 |
| | 2004 | 전북 | 10 | 9 | 2 | 1 | 0 | 15 | 1 | 0 |
| | 2005 | 전북 | 2 | 1 | 1 | 0 | 0 | 4 | 0 | 0 |
| | 2006 | 수원 | 3 | 3 | 0 | 0 | 0 | 1 | 0 | 0 |
| 통산 | | | 106 | 88 | 11 | 7 | 0 | 133 | 7 | 0 |

**손정현**(孫政玄) 광주대 1991.11.25

| 대회 | 연도 | 소속 | 출전 | 교체 | 득점 | 도움 | 실점 | 파울 | 경고 | 퇴장 |
|---|---|---|---|---|---|---|---|---|---|---|
| K1 | 2014 | 경남 | 6 | 0 | 0 | 0 | 9 | 1 | 1 | 0 |
| | 2018 | 경남 | 25 | 0 | 0 | 0 | 25 | 0 | 1 | 0 |
| | 2019 | 경남 | 13 | 0 | 0 | 0 | 26 | 1 | 1 | 0 |
| K2 | 2015 | 경남 | 39 | 0 | 0 | 0 | 42 | 2 | 3 | 0 |
| | 2016 | 안산무궁 | 9 | 0 | 0 | 0 | 14 | 1 | 0 | 1 |
| | 2017 | 아산 | 3 | 0 | 0 | 0 | 3 | 0 | 0 | 0 |
| | 2020 | 경남 | 21 | 0 | 0 | 0 | 29 | 1 | 0 | 0 |
| | 2021 | 경남 | 28 | 0 | 0 | 0 | 36 | 1 | 3 | 0 |
| | 2022 | 경남 | 23 | 0 | 0 | 0 | 32 | 2 | 1 | 1 |
| | 2023 | 경남 | 2 | 0 | 0 | 0 | 2 | 0 | 0 | 0 |
| | 2024 | 김포 | 33 | 0 | 0 | 2 | 34 | 3 | 5 | 0 |
| | 2025 | 김포 | 29 | 1 | 0 | 0 | 26 | 1 | 4 | 0 |
| PO | 2014 | 경남 | 1 | 0 | 0 | 0 | 3 | 0 | 0 | 0 |
| | 2019 | 경남 | 0 | 0 | 0 | 0 | 0 | 0 | 0 | 0 |
| | 2020 | 경남 | 2 | 0 | 0 | 0 | 2 | 0 | 1 | 0 |
| | 2023 | 경남 | 0 | 0 | 0 | 0 | 0 | 0 | 0 | 0 |
| 통산 | | | 234 | 1 | 0 | 2 | 283 | 13 | 20 | 2 |

**손종석**(孫宗錫) 서울시립대 1954.03.10

| 대회 | 연도 | 소속 | 출전 | 교체 | 득점 | 도움 | 실점 | 파울 | 경고 | 퇴장 |
|---|---|---|---|---|---|---|---|---|---|---|
| K1 | 1984 | 현대 | 3 | 3 | 0 | 0 | 0 | 0 | 0 | 0 |
| 통산 | | | 3 | 3 | 0 | 0 | 0 | 0 | 0 | 0 |

**손종찬**(孫宗贊) 아주대 1966.11.01

| 대회 | 연도 | 소속 | 출전 | 교체 | 득점 | 도움 | 실점 | 파울 | 경고 | 퇴장 |
|---|---|---|---|---|---|---|---|---|---|---|
| K1 | 1989 | 대우 | 6 | 4 | 0 | 0 | 0 | 4 | 1 | 0 |
| | 1990 | 유공 | 3 | 3 | 0 | 0 | 0 | 1 | 0 | 0 |
| | 1991 | 유공 | 15 | 8 | 0 | 1 | 0 | 10 | 1 | 0 |
| | 1992 | 유공 | 23 | 13 | 0 | 0 | 0 | 22 | 0 | 0 |
| | 1993 | 유공 | 21 | 18 | 0 | 1 | 0 | 8 | 1 | 0 |
| | 1994 | 유공 | 19 | 13 | 0 | 0 | 0 | 8 | 1 | 0 |
| | 1995 | 유공 | 9 | 6 | 0 | 0 | 0 | 11 | 1 | 0 |
| 컵 | 1992 | 유공 | 6 | 4 | 0 | 0 | 0 | 6 | 1 | 0 |
| | 1993 | 유공 | 1 | 2 | 0 | 0 | 0 | 0 | 0 | 0 |
| | 1994 | 유공 | 4 | 2 | 0 | 1 | 0 | 6 | 1 | 0 |
| | 1995 | 유공 | 1 | 1 | 0 | 0 | 0 | 0 | 0 | 0 |
| 통산 | | | 108 | 74 | 0 | 3 | 0 | 76 | 7 | 0 |

**손준석**(孫準釋) 동원과학기술대 2000.11.26

| 대회 | 연도 | 소속 | 출전 | 교체 | 득점 | 도움 | 실점 | 파울 | 경고 | 퇴장 |
|---|---|---|---|---|---|---|---|---|---|---|
| K2 | 2025 | 안산 | 31 | 10 | 0 | 3 | 0 | 32 | 9 | 0 |
| 통산 | | | 31 | 10 | 0 | 3 | 0 | 32 | 9 | 0 |

**손준호**(孫準浩) 영남대 1992.05.12

| 대회 | 연도 | 소속 | 출전 | 교체 | 득점 | 도움 | 실점 | 파울 | 경고 | 퇴장 |
|---|---|---|---|---|---|---|---|---|---|---|
| K1 | 2014 | 포항 | 25 | 4 | 1 | 2 | 0 | 66 | 8 | 0 |
| | 2015 | 포항 | 35 | 3 | 9 | 4 | 0 | 87 | 9 | 0 |
| | 2016 | 포항 | 4 | 1 | 0 | 0 | 0 | 5 | 0 | 0 |
| | 2017 | 포항 | 35 | 7 | 4 | 14 | 0 | 69 | 7 | 0 |
| | 2018 | 전북 | 30 | 13 | 4 | 4 | 0 | 71 | 7 | 1 |
| | 2019 | 전북 | 31 | 6 | 5 | 3 | 0 | 82 | 11 | 0 |
| | 2020 | 전북 | 25 | 2 | 2 | 5 | 0 | 59 | 5 | 0 |

| | | | | | | | | | | |
|---|---|---|---|---|---|---|---|---|---|---|
| | 2024 | 수원FC | 12 | 12 | 1 | 1 | 0 | 9 | 1 | 0 |
| K2 | 2025 | 충남아산 | 35 | 13 | 2 | 6 | 0 | 74 | 8 | 0 |
| 통산 | | | 232 | 61 | 28 | 39 | 0 | 522 | 56 | 1 |

**손창후**(孫昌厚) 우신고 1957.02.05

| 대회 | 연도 | 소속 | 출전 | 교체 | 득점 | 도움 | 실점 | 파울 | 경고 | 퇴장 |
|---|---|---|---|---|---|---|---|---|---|---|
| K1 | 1983 | 할렐루야 | 10 | 4 | 0 | 1 | 0 | 1 | 0 | 0 |
| 통산 | | | 10 | 4 | 0 | 1 | 0 | 1 | 0 | 0 |

**손혁찬**(孫赫燦) 용인대 2004.06.16

| 대회 | 연도 | 소속 | 출전 | 교체 | 득점 | 도움 | 실점 | 파울 | 경고 | 퇴장 |
|---|---|---|---|---|---|---|---|---|---|---|
| K2 | 2025 | 서울E | 1 | 1 | 0 | 0 | 0 | 0 | 0 | 0 |
| 통산 | | | 1 | 1 | 0 | 0 | 0 | 0 | 0 | 0 |

**손현준**(孫賢俊) 동아대 1972.03.20

| 대회 | 연도 | 소속 | 출전 | 교체 | 득점 | 도움 | 실점 | 파울 | 경고 | 퇴장 |
|---|---|---|---|---|---|---|---|---|---|---|
| K1 | 1995 | LG | 20 | 6 | 1 | 0 | 0 | 57 | 8 | 0 |
| | 1996 | 안양LG | 30 | 2 | 0 | 0 | 0 | 52 | 4 | 0 |
| | 1997 | 안양LG | 11 | 2 | 0 | 0 | 0 | 17 | 1 | 0 |
| | 1998 | 안양LG | 8 | 6 | 0 | 0 | 0 | 20 | 1 | 0 |
| | 1999 | 부산 | 9 | 6 | 0 | 0 | 0 | 10 | 1 | 0 |
| | 2000 | 안양LG | 13 | 13 | 0 | 0 | 0 | 16 | 4 | 0 |
| | 2001 | 안양LG | 8 | 7 | 0 | 0 | 0 | 10 | 1 | 0 |
| | 2002 | 안양LG | 19 | 6 | 0 | 0 | 0 | 34 | 0 | 0 |
| PO | 1999 | 부산 | 1 | 0 | 0 | 0 | 0 | 3 | 1 | 0 |
| | 2000 | 안양LG | 0 | 0 | 0 | 0 | 0 | 0 | 0 | 0 |
| 컵 | 1996 | 안양LG | 7 | 1 | 0 | 0 | 0 | 14 | 0 | 0 |
| | 1997 | 안양LG | 11 | 6 | 0 | 0 | 0 | 15 | 2 | 0 |
| | 1998 | 안양LG | 9 | 6 | 0 | 0 | 0 | 8 | 0 | 0 |
| | 1999 | 부산 | 3 | 2 | 0 | 0 | 0 | 16 | 2 | 0 |
| | 2000 | 안양LG | 7 | 2 | 0 | 0 | 0 | 21 | 4 | 0 |
| | 2001 | 안양LG | 8 | 1 | 0 | 0 | 0 | 23 | 0 | 0 |
| | 2002 | 안양LG | 6 | 0 | 0 | 0 | 0 | 9 | 0 | 0 |
| 통산 | | | 170 | 66 | 1 | 0 | 0 | 325 | 29 | 0 |

**손형선**(孫炯先) 광운대 1964.02.22

| 대회 | 연도 | 소속 | 출전 | 교체 | 득점 | 도움 | 실점 | 파울 | 경고 | 퇴장 |
|---|---|---|---|---|---|---|---|---|---|---|
| K1 | 1986 | 대우 | 15 | 0 | 1 | 0 | 0 | 15 | 1 | 0 |
| | 1987 | 대우 | 24 | 2 | 1 | 0 | 0 | 44 | 2 | 0 |
| | 1988 | 대우 | 23 | 4 | 3 | 1 | 0 | 33 | 1 | 0 |
| | 1989 | 대우 | 34 | 3 | 1 | 1 | 0 | 62 | 2 | 0 |
| | 1990 | 포항제철 | 23 | 1 | 1 | 4 | 0 | 44 | 1 | 0 |
| | 1991 | 포항제철 | 21 | 9 | 0 | 0 | 0 | 42 | 3 | 0 |
| | 1992 | LG | 17 | 1 | 1 | 0 | 0 | 35 | 6 | 0 |
| | 1993 | LG | 10 | 3 | 0 | 0 | 0 | 20 | 1 | 0 |
| 컵 | 1986 | 대우 | 12 | 2 | 0 | 0 | 0 | 21 | 1 | 0 |
| | 1992 | LG | 5 | 2 | 0 | 0 | 0 | 6 | 0 | 0 |
| 통산 | | | 184 | 27 | 8 | 6 | 0 | 322 | 18 | 0 |

**손형준**(孫亨準) 진주고 1995.01.13

| 대회 | 연도 | 소속 | 출전 | 교체 | 득점 | 도움 | 실점 | 파울 | 경고 | 퇴장 |
|---|---|---|---|---|---|---|---|---|---|---|
| K1 | 2013 | 경남 | 0 | 0 | 0 | 0 | 0 | 0 | 0 | 0 |
| K2 | 2015 | 경남 | 10 | 5 | 0 | 0 | 0 | 5 | 1 | 0 |
| 통산 | | | 10 | 5 | 0 | 0 | 0 | 5 | 1 | 0 |

**손호준**(孫昊儁) 매탄고 2002.07.03

| 대회 | 연도 | 소속 | 출전 | 교체 | 득점 | 도움 | 실점 | 파울 | 경고 | 퇴장 |
|---|---|---|---|---|---|---|---|---|---|---|
| K1 | 2021 | 수원 | 0 | 0 | 0 | 0 | 0 | 0 | 0 | 0 |
| | 2023 | 수원 | 12 | 11 | 0 | 0 | 0 | 1 | 0 | 0 |
| K2 | 2022 | 전남 | 13 | 13 | 1 | 0 | 0 | 5 | 1 | 0 |
| | 2024 | 수원 | 3 | 3 | 0 | 0 | 0 | 1 | 0 | 0 |
| | 2025 | 수원 | 1 | 0 | 0 | 0 | 0 | 1 | 0 | 0 |
| 통산 | | | 29 | 27 | 1 | 0 | 0 | 8 | 1 | 0 |

**손휘**(孫輝) 천안제일고 2004.04.03

| 대회 | 연도 | 소속 | 출전 | 교체 | 득점 | 도움 | 실점 | 파울 | 경고 | 퇴장 |
|---|---|---|---|---|---|---|---|---|---|---|
| K2 | 2023 | 부산 | 0 | 0 | 0 | 0 | 0 | 0 | 0 | 0 |
| | 2024 | 부산 | 14 | 13 | 3 | 0 | 0 | 8 | 2 | 0 |
| | 2025 | 부산 | 18 | 19 | 0 | 1 | 0 | 6 | 3 | 0 |
| PO | 2024 | 부산 | 0 | 0 | 0 | 0 | 0 | 0 | 0 | 0 |
| 통산 | | | 32 | 32 | 3 | 1 | 0 | 14 | 5 | 0 |

**솔로**(Andrei Solomatin) 러시아 1975.09.09

| 대회 | 연도 | 소속 | 출전 | 교체 | 득점 | 도움 | 실점 | 파울 | 경고 | 퇴장 |
|---|---|---|---|---|---|---|---|---|---|---|
| K1 | 2004 | 성남일화 | 2 | 2 | 0 | 0 | 0 | 1 | 0 | 0 |
| 컵 | 2004 | 성남일화 | 2 | 2 | 0 | 0 | 0 | 1 | 0 | 0 |
| 통산 | | | 4 | 4 | 0 | 0 | 0 | 2 | 0 | 0 |

**솔로비**(Mikhail Nikolayevich Solovyov) 러시아 1968.12.23

| 대회 | 연도 | 소속 | 출전 | 교체 | 득점 | 도움 | 실점 | 파울 | 경고 | 퇴장 |
|---|---|---|---|---|---|---|---|---|---|---|
| K1 | 1992 | 일화 | 2 | 2 | 0 | 0 | 0 | 1 | 0 | 0 |
| 컵 | 1992 | 일화 | 4 | 4 | 0 | 0 | 0 | 3 | 0 | 0 |
| 통산 | | | 6 | 6 | 0 | 0 | 0 | 4 | 0 | 0 |

**송경섭**(宋京燮) 단국대 1971.02.25

| 대회 | 연도 | 소속 | 출전 | 교체 | 득점 | 도움 | 실점 | 파울 | 경고 | 퇴장 |
|---|---|---|---|---|---|---|---|---|---|---|
| K1 | 1996 | 수원 | 2 | 2 | 0 | 0 | 0 | 2 | 0 | 0 |
| 통산 | | | 2 | 2 | 0 | 0 | 0 | 2 | 0 | 0 |

**송광환**(宋光煥) 연세대 1966.02.01

| 대회 | 연도 | 소속 | 출전 | 교체 | 득점 | 도움 | 실점 | 파울 | 경고 | 퇴장 |
|---|---|---|---|---|---|---|---|---|---|---|
| K1 | 1989 | 대우 | 31 | 18 | 1 | 2 | 0 | 30 | 0 | 0 |
| | 1990 | 대우 | 25 | 5 | 0 | 1 | 0 | 27 | 3 | 0 |
| | 1991 | 대우 | 1 | 1 | 0 | 0 | 0 | 1 | 0 | 0 |
| | 1992 | 대우 | 12 | 3 | 0 | 1 | 0 | 26 | 2 | 0 |
| | 1993 | 대우 | 14 | 4 | 0 | 0 | 0 | 27 | 3 | 0 |
| | 1994 | 대우 | 14 | 2 | 0 | 0 | 0 | 25 | 3 | 0 |
| | 1995 | 전남 | 27 | 2 | 0 | 1 | 0 | 34 | 3 | 0 |
| | 1996 | 전남 | 24 | 7 | 0 | 0 | 0 | 32 | 2 | 0 |
| | 1997 | 전남 | 17 | 3 | 0 | 2 | 0 | 31 | 2 | 0 |
| | 1998 | 전남 | 10 | 7 | 0 | 0 | 0 | 7 | 0 | 0 |
| 컵 | 1992 | 대우 | 5 | 0 | 0 | 0 | 0 | 4 | 0 | 0 |
| | 1995 | 전남 | 7 | 0 | 0 | 1 | 0 | 9 | 0 | 0 |
| | 1996 | 전남 | 8 | 1 | 0 | 1 | 0 | 11 | 1 | 0 |
| | 1997 | 전남 | 15 | 5 | 0 | 1 | 0 | 22 | 0 | 0 |
| | 1998 | 전남 | 16 | 5 | 0 | 1 | 0 | 34 | 1 | 0 |
| 통산 | | | 226 | 63 | 1 | 11 | 0 | 320 | 20 | 0 |

**송근수**(宋根琇) 창원기계공고 1984.05.06

| 대회 | 연도 | 소속 | 출전 | 교체 | 득점 | 도움 | 실점 | 파울 | 경고 | 퇴장 |
|---|---|---|---|---|---|---|---|---|---|---|
| K1 | 2005 | 부산 | 3 | 2 | 0 | 0 | 0 | 1 | 0 | 0 |
| | 2006 | 광주상무 | 1 | 2 | 0 | 0 | 0 | 3 | 0 | 0 |
| | 2008 | 경남 | 0 | 0 | 0 | 0 | 0 | 0 | 0 | 0 |
| 통산 | | | 4 | 4 | 0 | 0 | 0 | 4 | 0 | 0 |

**송덕균**(宋德均) 홍익대 1971.03.16

| 대회 | 연도 | 소속 | 출전 | 교체 | 득점 | 도움 | 실점 | 파울 | 경고 | 퇴장 |
|---|---|---|---|---|---|---|---|---|---|---|
| K1 | 1995 | 전북 | 10 | 1 | 0 | 0 | 15 | 1 | 1 | 0 |
| | 1999 | 전북 | 0 | 0 | 0 | 0 | 0 | 0 | 0 | 0 |
| 컵 | 1995 | 전북 | 0 | 0 | 0 | 0 | 0 | 0 | 0 | 0 |
| | 1999 | 전북 | 0 | 0 | 0 | 0 | 0 | 0 | 0 | 0 |
| 통산 | | | 10 | 1 | 0 | 0 | 15 | 1 | 1 | 0 |

**송동진**(宋東晉) 포철공고 1984.05.12

| 대회 | 연도 | 소속 | 출전 | 교체 | 득점 | 도움 | 실점 | 파울 | 경고 | 퇴장 |
|---|---|---|---|---|---|---|---|---|---|---|
| K1 | 2008 | 포항 | 0 | 0 | 0 | 0 | 0 | 0 | 0 | 0 |
| | 2009 | 포항 | 0 | 0 | 0 | 0 | 0 | 0 | 0 | 0 |
| | 2010 | 포항 | 1 | 0 | 0 | 0 | 5 | 0 | 0 | 0 |
| PO | 2009 | 포항 | 0 | 0 | 0 | 0 | 0 | 0 | 0 | 0 |
| 컵 | 2009 | 포항 | 0 | 0 | 0 | 0 | 0 | 0 | 0 | 0 |
| | 2010 | 포항 | 0 | 0 | 0 | 0 | 0 | 0 | 0 | 0 |
| 통산 | | | 1 | 0 | 0 | 0 | 5 | 0 | 0 | 0 |

**송만호**(宋萬浩) 고려대 1969.07.06

| 대회 | 연도 | 소속 | 출전 | 교체 | 득점 | 도움 | 실점 | 파울 | 경고 | 퇴장 |
|---|---|---|---|---|---|---|---|---|---|---|
| K1 | 1991 | 유공 | 2 | 2 | 0 | 0 | 0 | 2 | 0 | 0 |
| | 1992 | 유공 | 1 | 1 | 0 | 0 | 0 | 0 | 0 | 0 |
| 통산 | | | 3 | 3 | 0 | 0 | 0 | 2 | 0 | 0 |

**송민국**(宋旻鞠) 광운대 1985.04.25

| 대회 | 연도 | 소속 | 출전 | 교체 | 득점 | 도움 | 실점 | 파울 | 경고 | 퇴장 |
|---|---|---|---|---|---|---|---|---|---|---|
| K1 | 2008 | 경남 | 1 | 1 | 0 | 0 | 0 | 0 | 0 | 0 |
| K2 | 2013 | 충주 | 1 | 0 | 0 | 0 | 0 | 1 | 0 | 0 |
| | 2014 | 충주 | 0 | 0 | 0 | 0 | 0 | 0 | 0 | 0 |
| 컵 | 2008 | 경남 | 1 | 0 | 0 | 0 | 0 | 0 | 0 | 0 |
| 통산 | | | 3 | 1 | 0 | 0 | 0 | 1 | 0 | 0 |

**송민규**(宋旼奎, ←송승주) 동북고 1991.04.26

| 대회 | 연도 | 소속 | 출전 | 교체 | 득점 | 도움 | 실점 | 파울 | 경고 | 퇴장 |
|---|---|---|---|---|---|---|---|---|---|---|
| K1 | 2011 | 서울 | 0 | 0 | 0 | 0 | 0 | 0 | 0 | 0 |
| K2 | 2013 | 경찰 | 12 | 8 | 0 | 0 | 0 | 19 | 2 | 0 |
| | 2014 | 안산경찰 | 2 | 2 | 1 | 0 | 0 | 0 | 0 | 0 |
| 컵 | 2011 | 서울 | 1 | 1 | 0 | 0 | 0 | 1 | 1 | 0 |
| 통산 | | | 15 | 11 | 1 | 0 | 0 | 20 | 3 | 0 |

**송민규**(松旻揆) 충주상고 1999.09.12

| 대회 | 연도 | 소속 | 출전 | 교체 | 득점 | 도움 | 실점 | 파울 | 경고 | 퇴장 |
|---|---|---|---|---|---|---|---|---|---|---|
| K1 | 2018 | 포항 | 2 | 2 | 0 | 0 | 0 | 2 | 0 | 0 |
| | 2019 | 포항 | 27 | 25 | 2 | 3 | 0 | 20 | 1 | 0 |
| | 2020 | 포항 | 27 | 14 | 10 | 6 | 0 | 20 | 1 | 0 |
| | 2021 | 포항 | 16 | 3 | 7 | 0 | 0 | 17 | 1 | 1 |
| | 2021 | 전북 | 17 | 14 | 3 | 3 | 0 | 13 | 0 | 0 |
| | 2022 | 전북 | 22 | 15 | 3 | 3 | 0 | 10 | 0 | 0 |
| | 2023 | 전북 | 30 | 24 | 7 | 3 | 0 | 25 | 2 | 0 |
| | 2024 | 전북 | 28 | 21 | 6 | 6 | 0 | 11 | 4 | 0 |
| | 2025 | 전북 | 35 | 34 | 5 | 2 | 0 | 17 | 3 | 0 |
| PO | 2024 | 전북 | 1 | 1 | 0 | 0 | 0 | 0 | 0 | 0 |
| 통산 | | | 205 | 153 | 43 | 26 | 0 | 135 | 12 | 1 |

**송민우**(宋旼佑) 호남대 1993.12.13

| 대회 | 연도 | 소속 | 출전 | 교체 | 득점 | 도움 | 실점 | 파울 | 경고 | 퇴장 |
|---|---|---|---|---|---|---|---|---|---|---|
| K2 | 2017 | 수원FC | 2 | 2 | 0 | 0 | 0 | 1 | 0 | 0 |
| 통산 | | | 2 | 2 | 0 | 0 | 0 | 1 | 0 | 0 |

**송민혁**(宋民革) 삽교고 2001.04.01

| 대회 | 연도 | 소속 | 출전 | 교체 | 득점 | 도움 | 실점 | 파울 | 경고 | 퇴장 |
|---|---|---|---|---|---|---|---|---|---|---|
| K2 | 2022 | 김포 | 1 | 1 | 0 | 0 | 0 | 0 | 1 | 0 |
| 통산 | | | 1 | 1 | 0 | 0 | 0 | 0 | 1 | 0 |

**송범근**(宋範根) 고려대 1997.10.15

| 대회 | 연도 | 소속 | 출전 | 교체 | 득점 | 도움 | 실점 | 파울 | 경고 | 퇴장 |
|---|---|---|---|---|---|---|---|---|---|---|
| K1 | 2018 | 전북 | 30 | 0 | 0 | 0 | 18 | 0 | 0 | 0 |
| | 2019 | 전북 | 38 | 0 | 0 | 0 | 32 | 1 | 2 | 0 |
| | 2020 | 전북 | 27 | 0 | 0 | 0 | 21 | 0 | 1 | 0 |
| | 2021 | 전북 | 37 | 5 | 0 | 0 | 35 | 0 | 2 | 0 |
| | 2022 | 전북 | 35 | 1 | 0 | 0 | 34 | 0 | 1 | 0 |
| | 2025 | 전북 | 38 | 0 | 0 | 0 | 32 | 1 | 4 | 0 |
| 통산 | | | 205 | 6 | 0 | 0 | 172 | 2 | 10 | 0 |

**송병용**(宋炳龍) 한남대 1991.03.03

| 대회 | 연도 | 소속 | 출전 | 교체 | 득점 | 도움 | 실점 | 파울 | 경고 | 퇴장 |
|---|---|---|---|---|---|---|---|---|---|---|
| K2 | 2014 | 안양 | 0 | 0 | 0 | 0 | 0 | 0 | 0 | 0 |
| 통산 | | | 0 | 0 | 0 | 0 | 0 | 0 | 0 | 0 |

**송선호**(宋鮮浩) 인천대 1966.01.24

| 대회 | 연도 | 소속 | 출전 | 교체 | 득점 | 도움 | 실점 | 파울 | 경고 | 퇴장 |
|---|---|---|---|---|---|---|---|---|---|---|
| K1 | 1988 | 유공 | 16 | 7 | 1 | 0 | 0 | 27 | 2 | 0 |
| | 1989 | 유공 | 35 | 19 | 3 | 3 | 0 | 40 | 5 | 0 |
| | 1990 | 유공 | 24 | 16 | 0 | 2 | 0 | 30 | 2 | 0 |
| | 1991 | 유공 | 19 | 17 | 0 | 0 | 0 | 21 | 2 | 0 |
| | 1992 | 유공 | 6 | 4 | 0 | 0 | 0 | 6 | 3 | 0 |
| | 1993 | 유공 | 17 | 6 | 0 | 0 | 0 | 27 | 3 | 1 |
| | 1994 | 유공 | 10 | 6 | 0 | 0 | 0 | 7 | 2 | 0 |
| | 1995 | 유공 | 11 | 5 | 0 | 0 | 0 | 14 | 3 | 0 |
| | 1996 | 부천유공 | 8 | 7 | 0 | 0 | 0 | 9 | 3 | 0 |
| 컵 | 1992 | 유공 | 5 | 1 | 0 | 0 | 0 | 5 | 2 | 0 |
| | 1993 | 유공 | 4 | 2 | 0 | 0 | 0 | 4 | 0 | 0 |
| | 1994 | 유공 | 5 | 1 | 0 | 0 | 0 | 8 | 2 | 0 |
| | 1995 | 유공 | 4 | 3 | 0 | 0 | 0 | 4 | 1 | 0 |
| | 1996 | 부천유공 | 2 | 1 | 0 | 0 | 0 | 1 | 0 | 0 |
| 통산 | | | 166 | 95 | 4 | 5 | 0 | 203 | 30 | 1 |

**송성범**(宋成範) 호원대 1992.06.10

| 대회 | 연도 | 소속 | 출전 | 교체 | 득점 | 도움 | 실점 | 파울 | 경고 | 퇴장 |
|---|---|---|---|---|---|---|---|---|---|---|
| K1 | 2015 | 광주 | 3 | 2 | 0 | 0 | 0 | 2 | 1 | 0 |
| K2 | 2016 | 충주 | 2 | 2 | 0 | 0 | 0 | 0 | 0 | 0 |
| 통산 | | | 5 | 4 | 0 | 0 | 0 | 2 | 1 | 0 |

**송성현**(宋性玄) 광운대 1988.02.14

| 대회 | 연도 | 소속 | 출전 | 교체 | 득점 | 도움 | 실점 | 파울 | 경고 | 퇴장 |
|---|---|---|---|---|---|---|---|---|---|---|
| K1 | 2011 | 성남일화 | 0 | 0 | 0 | 0 | 0 | 0 | 0 | 0 |
| 통산 | | | 0 | 0 | 0 | 0 | 0 | 0 | 0 | 0 |

**송수영**(宋修映) 연세대 1991.07.08

| 대회 | 연도 | 소속 | 출전 | 교체 | 득점 | 도움 | 실점 | 파울 | 경고 | 퇴장 |
|---|---|---|---|---|---|---|---|---|---|---|
| K1 | 2014 | 경남 | 33 | 26 | 4 | 3 | 0 | 22 | 1 | 0 |

| 대회 | 연도 | 소속 | 출전 | 교체 | 득점 | 도움 | 실점 | 파울 | 경고 | 퇴장 |
|---|---|---|---|---|---|---|---|---|---|---|
| | 2015 | 제주 | 4 | 4 | 0 | 0 | 0 | 1 | 0 | 0 |
| | 2018 | 상주 | 7 | 8 | 0 | 0 | 0 | 3 | 0 | 0 |
| | 2019 | 상주 | 11 | 11 | 0 | 0 | 0 | 3 | 0 | 0 |
| K2 | 2015 | 경남 | 15 | 11 | 0 | 1 | 0 | 12 | 1 | 0 |
| | 2016 | 경남 | 31 | 19 | 9 | 6 | 0 | 17 | 5 | 0 |
| | 2017 | 수원FC | 26 | 21 | 2 | 1 | 0 | 19 | 1 | 0 |
| | 2019 | 수원FC | 4 | 4 | 0 | 0 | 0 | 3 | 0 | 0 |
| | 2020 | 수원FC | 5 | 5 | 0 | 1 | 0 | 4 | 2 | 0 |
| PO | 2014 | 경남 | 2 | 0 | [illegible] | 0 | 0 | 2 | 0 | 0 |
| 통산 | | | 138 | 109 | 16 | 12 | 0 | 86 | 10 | 0 |

**송승민**(宋承珉) 인천대 1992.01.11

| 대회 | 연도 | 소속 | 출전 | 교체 | 득점 | 도움 | 실점 | 파울 | 경고 | 퇴장 |
|---|---|---|---|---|---|---|---|---|---|---|
| K1 | 2015 | 광주 | 33 | 7 | 3 | 4 | 0 | 47 | 4 | 0 |
| | 2016 | 광주 | 38 | 2 | 4 | 3 | 0 | 60 | 2 | 0 |
| | 2017 | 광주 | 38 | 6 | 5 | 2 | 0 | 43 | 2 | 0 |
| | 2018 | 포항 | 30 | 21 | 2 | 2 | 0 | 32 | 0 | 0 |
| | 2019 | 상주 | 2 | 2 | 0 | 0 | 0 | 2 | 0 | 0 |
| | 2020 | 상주 | 11 | 8 | 1 | 0 | 0 | 14 | 0 | 0 |
| | 2021 | 광주 | 18 | 17 | 0 | 1 | 0 | 14 | 1 | 0 |
| K2 | 2014 | 광주 | 18 | 10 | 0 | 2 | 0 | 21 | 1 | 0 |
| | 2022 | 충남아산 | 40 | 12 | 3 | 4 | 0 | 54 | 3 | 0 |
| | 2023 | 충남아산 | 27 | 21 | 1 | 1 | 0 | 38 | 2 | 0 |
| | 2024 | 충남아산 | 12 | 10 | 0 | 1 | 0 | 8 | 0 | 1 |
| | 2025 | 충남아산 | 3 | 3 | 0 | 0 | 0 | 0 | 0 | 0 |
| PO | 2014 | 광주 | 3 | 3 | 0 | 0 | 0 | 4 | 1 | 0 |
| 통산 | | | 273 | 122 | 19 | 20 | 0 | 337 | 16 | 1 |

**송시영**(宋時永) 한양대 1962.08.15

| 대회 | 연도 | 소속 | 출전 | 교체 | 득점 | 도움 | 실점 | 파울 | 경고 | 퇴장 |
|---|---|---|---|---|---|---|---|---|---|---|
| K1 | 1986 | 한일은행 | 2 | 2 | 0 | 0 | 0 | 3 | 0 | 0 |
| 통산 | | | 2 | 2 | 0 | 0 | 0 | 3 | 0 | 0 |

**송시우**(宋治雨) 단국대 1993.08.28

| 대회 | 연도 | 소속 | 출전 | 교체 | 득점 | 도움 | 실점 | 파울 | 경고 | 퇴장 |
|---|---|---|---|---|---|---|---|---|---|---|
| K1 | 2016 | 인천 | 28 | 28 | 5 | 1 | 0 | 19 | 3 | 0 |
| | 2017 | 인천 | 32 | 27 | 5 | 0 | 0 | 35 | 2 | 0 |
| | 2018 | 인천 | 10 | 10 | 1 | 0 | 0 | 5 | 0 | 0 |
| | 2018 | 상주 | 12 | 10 | 1 | 0 | 0 | 6 | 0 | 0 |
| | 2019 | 상주 | 23 | 22 | 3 | 4 | 0 | 31 | 1 | 0 |
| | 2020 | 인천 | 25 | 24 | 2 | 2 | 0 | 19 | 5 | 0 |
| | 2021 | 인천 | 34 | 34 | 4 | 2 | 0 | 25 | 3 | 1 |
| | 2022 | 인천 | 29 | 31 | 4 | 0 | 0 | 17 | 0 | 0 |
| | 2023 | 인천 | 7 | 7 | 0 | 1 | 0 | 2 | 0 | 0 |
| | 2024 | 인천 | 3 | 3 | 0 | 0 | 0 | 1 | 0 | 0 |
| K2 | 2023 | 서울E | 19 | 17 | 2 | 0 | 0 | 14 | 3 | 0 |
| | 2025 | 경남 | 8 | 8 | 0 | 0 | 0 | 8 | 2 | 0 |
| 통산 | | | 230 | 221 | 27 | 10 | 0 | 182 | 19 | 1 |

**송영록**(宋永錄) 조선대 1961.03.13

| 대회 | 연도 | 소속 | 출전 | 교체 | 득점 | 도움 | 실점 | 파울 | 경고 | 퇴장 |
|---|---|---|---|---|---|---|---|---|---|---|
| K1 | 1984 | 국민은행 | 18 | 3 | 0 | 0 | 0 | 13 | 0 | 0 |
| 통산 | | | 18 | 3 | 0 | 0 | 0 | 13 | 0 | 0 |

**송영민**(宋靈民) 동의대 1995.03.11

| 대회 | 연도 | 소속 | 출전 | 교체 | 득점 | 도움 | 실점 | 파울 | 경고 | 퇴장 |
|---|---|---|---|---|---|---|---|---|---|---|
| K2 | 2016 | 대구 | 0 | 0 | 0 | 0 | 0 | 0 | 0 | 0 |
| 통산 | | | 0 | 0 | 0 | 0 | 0 | 0 | 0 | 0 |

**송용진**(宋勇眞) 안동고 1985.01.01

| 대회 | 연도 | 소속 | 출전 | 교체 | 득점 | 도움 | 실점 | 파울 | 경고 | 퇴장 |
|---|---|---|---|---|---|---|---|---|---|---|
| 컵 | 2004 | 부산 | 1 | 1 | 0 | 0 | 0 | 2 | 0 | 0 |
| 통산 | | | 1 | 1 | 0 | 0 | 0 | 2 | 0 | 0 |

**송원재**(宋愿宰) 고려대 1989.02.21

| 대회 | 연도 | 소속 | 출전 | 교체 | 득점 | 도움 | 실점 | 파울 | 경고 | 퇴장 |
|---|---|---|---|---|---|---|---|---|---|---|
| K1 | 2014 | 상주 | 13 | 9 | 0 | 0 | 0 | 3 | 0 | 0 |
| K2 | 2013 | 부천 | 4 | 0 | 0 | 0 | 0 | 2 | 0 | 0 |
| | 2013 | 상주 | 2 | 0 | 0 | 1 | 0 | 4 | 0 | 0 |
| | 2015 | 부천 | 28 | 19 | 0 | 0 | 0 | 45 | 6 | 0 |
| | 2016 | 부천 | 30 | 17 | 0 | 1 | 0 | 32 | 4 | 0 |
| PO | 2013 | 상주 | 2 | 0 | 0 | 0 | 0 | 3 | 0 | 0 |
| | 2016 | 부천 | 1 | 1 | 0 | 0 | 0 | 0 | 0 | 0 |
| 통산 | | | 80 | 46 | 0 | 2 | 0 | 89 | 10 | 0 |

**송유걸**(宋裕傑) 경희대 1985.02.16

| 대회 | 연도 | 소속 | 출전 | 교체 | 득점 | 도움 | 실점 | 파울 | 경고 | 퇴장 |
|---|---|---|---|---|---|---|---|---|---|---|
| K1 | 2006 | 전남 | 0 | 0 | 0 | 0 | 0 | 0 | 0 | 0 |
| | 2007 | 전남 | 0 | 0 | 0 | 0 | 0 | 0 | 0 | 0 |
| | 2007 | 인천 | 0 | 0 | 0 | 0 | 0 | 0 | 0 | 0 |
| | 2008 | 인천 | 4 | 1 | 0 | 0 | 3 | 0 | 0 | 0 |
| | 2009 | 인천 | 6 | 0 | 0 | 0 | 7 | 0 | 0 | 0 |
| | 2010 | 인천 | 15 | 0 | 0 | 0 | 25 | 1 | 0 | 0 |
| | 2011 | 인천 | 11 | 0 | 0 | 0 | 15 | 0 | 1 | 0 |
| | 2012 | 강원 | 25 | 1 | 0 | 0 | 33 | 0 | 2 | 0 |
| | 2015 | 울산 | 1 | 0 | 0 | 0 | 2 | 0 | 0 | 0 |
| | 2017 | 강원 | 1 | 0 | 0 | 0 | 2 | 0 | 0 | 0 |
| K2 | 2013 | 경찰 | 11 | 1 | 0 | 0 | 15 | 1 | 2 | 0 |
| | 2014 | 안산경찰 | 3 | 0 | 0 | 0 | 7 | 0 | 0 | 0 |
| | 2016 | 강원 | 15 | 0 | 0 | 0 | 12 | 0 | 1 | 0 |
| | 2018 | 부산 | 2 | 0 | 0 | 0 | 3 | 0 | 0 | 0 |
| PO | 2009 | 인천 | 1 | 0 | 0 | 0 | 1 | 0 | 0 | 0 |
| | 2016 | 강원 | 0 | 0 | 0 | 0 | 0 | 0 | 0 | 0 |
| 컵 | 2006 | 전남 | 1 | 0 | 0 | 0 | 4 | 0 | 0 | 0 |
| | 2007 | 전남 | 0 | 0 | 0 | 0 | 0 | 0 | 0 | 0 |
| | 2008 | 인천 | 8 | 0 | 0 | 0 | 9 | 1 | 0 | 0 |
| | 2009 | 인천 | 3 | 0 | 0 | 0 | 3 | 0 | 0 | 0 |
| | 2010 | 인천 | 4 | 1 | 0 | 0 | 6 | 0 | 0 | 0 |
| | 2011 | 인천 | 2 | 0 | 0 | 0 | 2 | 0 | 0 | 0 |
| 통산 | | | 113 | 4 | 0 | 0 | 149 | 3 | 6 | 0 |

**송윤석**(宋允石) 호남대 1977.09.20

| 대회 | 연도 | 소속 | 출전 | 교체 | 득점 | 도움 | 실점 | 파울 | 경고 | 퇴장 |
|---|---|---|---|---|---|---|---|---|---|---|
| K1 | 2000 | 전남 | 10 | 7 | 0 | 0 | 0 | 6 | 0 | 0 |
| | 2001 | 전남 | 4 | 3 | 0 | 0 | 0 | 1 | 0 | 0 |
| | 2003 | 광주상무 | 0 | 0 | 0 | 0 | 0 | 0 | 0 | 0 |
| 컵 | 2000 | 전남 | 2 | 2 | 0 | 0 | 0 | 3 | 1 | 0 |
| | 2001 | 전남 | 0 | 0 | 0 | 0 | 0 | 0 | 0 | 0 |
| 통산 | | | 16 | 12 | 0 | 0 | 0 | 10 | 1 | 0 |

**송재용**

| 대회 | 연도 | 소속 | 출전 | 교체 | 득점 | 도움 | 실점 | 파울 | 경고 | 퇴장 |
|---|---|---|---|---|---|---|---|---|---|---|
| K1 | 1983 | 국민은행 | 1 | 0 | 0 | 0 | 3 | 0 | 0 | 0 |
| 통산 | | | 1 | 0 | 0 | 0 | 3 | 0 | 0 | 0 |

**송재한**(宋在漢) 동아대 1987.11.24

| 대회 | 연도 | 소속 | 출전 | 교체 | 득점 | 도움 | 실점 | 파울 | 경고 | 퇴장 |
|---|---|---|---|---|---|---|---|---|---|---|
| 컵 | 2010 | 전북 | 0 | 0 | 0 | 0 | 0 | 0 | 0 | 0 |
| 통산 | | | 0 | 0 | 0 | 0 | 0 | 0 | 0 | 0 |

**송정우**(宋楨佑) 아주대 1982.03.22

| 대회 | 연도 | 소속 | 출전 | 교체 | 득점 | 도움 | 실점 | 파울 | 경고 | 퇴장 |
|---|---|---|---|---|---|---|---|---|---|---|
| K1 | 2005 | 대구 | 12 | 13 | 1 | 1 | 0 | 14 | 2 | 0 |
| | 2006 | 대구 | 13 | 13 | 1 | 0 | 0 | 9 | 2 | 0 |
| | 2007 | 대구 | 8 | 8 | 0 | 2 | 0 | 8 | 1 | 0 |
| 컵 | 2005 | 대구 | 0 | 0 | 0 | 0 | 0 | 0 | 0 | 0 |
| | 2006 | 대구 | 7 | 5 | 1 | 1 | 0 | 11 | 0 | 0 |
| | 2007 | 대구 | 0 | 0 | 0 | 0 | 0 | 0 | 0 | 0 |
| 통산 | | | 40 | 39 | 3 | 4 | 0 | 42 | 5 | 0 |

**송정현**(宋町賢) 아주대 1976.05.28

| 대회 | 연도 | 소속 | 출전 | 교체 | 득점 | 도움 | 실점 | 파울 | 경고 | 퇴장 |
|---|---|---|---|---|---|---|---|---|---|---|
| K1 | 1999 | 전남 | 4 | 4 | 1 | 1 | 0 | 4 | 0 | 0 |
| | 2000 | 전남 | 11 | 9 | 1 | 0 | 0 | 8 | 1 | 0 |
| | 2001 | 전남 | 1 | 1 | 0 | 0 | 0 | 0 | 0 | 0 |
| | 2003 | 대구 | 37 | 26 | 3 | 1 | 0 | 59 | 4 | 0 |
| | 2004 | 대구 | 16 | 11 | 1 | 0 | 0 | 27 | 2 | 0 |
| | 2005 | 대구 | 22 | 1 | 2 | 4 | 0 | 40 | 2 | 0 |
| | 2006 | 전남 | 24 | 10 | 4 | 4 | 0 | 55 | 2 | 0 |
| | 2007 | 전남 | 26 | 7 | 3 | 2 | 0 | 34 | 2 | 0 |
| | 2008 | 전남 | 17 | 11 | 3 | 1 | 0 | 22 | 3 | 0 |
| | 2009 | 울산 | 6 | 6 | 0 | 0 | 0 | 4 | 0 | 0 |
| | 2009 | 전남 | 13 | 7 | 2 | 2 | 0 | 19 | 3 | 0 |
| | 2010 | 전남 | 14 | 10 | 2 | 2 | 0 | 19 | 1 | 0 |
| | 2011 | 전남 | 9 | 7 | 0 | 0 | 0 | 9 | 3 | 0 |
| PO | 1999 | 전남 | 0 | 0 | 0 | 0 | 0 | 0 | 0 | 0 |
| | 2009 | 전남 | 2 | 2 | 0 | 0 | 0 | 1 | 0 | 0 |
| 컵 | 1999 | 전남 | 1 | 1 | 0 | 0 | 0 | 2 | 0 | 0 |
| | 2000 | 전남 | 2 | 2 | 1 | 0 | 0 | 3 | 0 | 0 |
| | 2001 | 전남 | 4 | 4 | 0 | 0 | 0 | 1 | 0 | 0 |
| | 2004 | 대구 | 9 | 5 | 0 | 2 | 0 | 17 | 1 | 0 |
| | 2005 | 대구 | 12 | 0 | 1 | 2 | 0 | 21 | 1 | 0 |
| | 2006 | 전남 | 11 | 3 | 2 | 1 | 0 | 30 | 2 | 0 |
| | 2007 | 전남 | 1 | 0 | 0 | 0 | 0 | 0 | 0 | 0 |
| | 2008 | 전남 | 3 | 2 | 1 | 1 | 0 | 8 | 0 | 0 |
| | 2010 | 전남 | 3 | 1 | 0 | 0 | 0 | 3 | 0 | 0 |
| | 2011 | 전남 | 3 | 2 | 0 | 0 | 0 | 3 | 0 | 0 |
| 통산 | | | 251 | 132 | 27 | 23 | 0 | 389 | 27 | 0 |

**송제헌**(宋制憲) 선문대 1986.07.17

| 대회 | 연도 | 소속 | 출전 | 교체 | 득점 | 도움 | 실점 | 파울 | 경고 | 퇴장 |
|---|---|---|---|---|---|---|---|---|---|---|
| K1 | 2009 | 포항 | 2 | 1 | 0 | 0 | 0 | 6 | 0 | 0 |
| | 2010 | 대구 | 16 | 11 | 1 | 1 | 0 | 28 | 0 | 0 |
| | 2011 | 대구 | 23 | 9 | 8 | 0 | 0 | 31 | 6 | 1 |
| | 2012 | 대구 | 36 | 25 | 11 | 1 | 0 | 54 | 7 | 0 |
| | 2013 | 전북 | 14 | 15 | 1 | 0 | 0 | 2 | 0 | 0 |
| | 2014 | 상주 | 6 | 6 | 0 | 0 | 0 | 4 | 1 | 0 |
| | 2016 | 인천 | 14 | 13 | 3 | 1 | 0 | 13 | 0 | 0 |
| K2 | 2015 | 상주 | 1 | 1 | 0 | 1 | 0 | 2 | 0 | 0 |
| | 2017 | 경남 | 14 | 12 | 3 | 0 | 0 | 8 | 0 | 0 |
| 컵 | 2009 | 포항 | 1 | 1 | 0 | 0 | 0 | 0 | 0 | 0 |
| | 2010 | 대구 | 3 | 2 | 1 | 0 | 0 | 3 | 0 | 0 |
| | 2011 | 대구 | 2 | 1 | 0 | 0 | 0 | 2 | 0 | 0 |
| 통산 | | | 132 | 97 | 28 | 4 | 0 | 153 | 14 | 1 |

**송종국**(宋鍾國) 연세대 1979.02.20

| 대회 | 연도 | 소속 | 출전 | 교체 | 득점 | 도움 | 실점 | 파울 | 경고 | 퇴장 |
|---|---|---|---|---|---|---|---|---|---|---|
| K1 | 2001 | 부산 | 25 | 3 | 2 | 1 | 0 | 33 | 1 | 0 |
| | 2002 | 부산 | 9 | 4 | 2 | 0 | 0 | 5 | 3 | 0 |
| | 2005 | 수원 | 9 | 4 | 0 | 0 | 0 | 25 | 1 | 0 |
| | 2006 | 수원 | 20 | 6 | 0 | 1 | 0 | 32 | 2 | 0 |
| | 2007 | 수원 | 23 | 3 | 0 | 2 | 0 | 45 | 2 | 0 |
| | 2008 | 수원 | 21 | 1 | 1 | 1 | 0 | 42 | 1 | 0 |
| | 2009 | 수원 | 20 | 4 | 0 | 0 | 0 | 45 | 3 | 0 |
| | 2010 | 수원 | 7 | 2 | 0 | 0 | 0 | 14 | 1 | 0 |
| | 2011 | 울산 | 13 | 2 | 0 | 0 | 0 | 20 | 4 | 0 |
| PO | 2006 | 수원 | 3 | 0 | 0 | 1 | 0 | 13 | 0 | 0 |
| | 2007 | 수원 | 1 | 0 | 0 | 0 | 0 | 4 | 0 | 0 |
| | 2008 | 수원 | 2 | 0 | 1 | 0 | 0 | 2 | 0 | 0 |
| 컵 | 2001 | 부산 | 10 | 9 | 0 | 0 | 0 | 9 | 1 | 0 |
| | 2002 | 부산 | 1 | 0 | 0 | 0 | 0 | 3 | 0 | 0 |
| | 2005 | 수원 | 11 | 3 | 1 | 1 | 0 | 27 | 1 | 0 |
| | 2006 | 수원 | 4 | 0 | 0 | 1 | 0 | 10 | 0 | 0 |
| | 2007 | 수원 | 9 | 1 | 0 | 2 | 0 | 21 | 1 | 0 |
| | 2008 | 수원 | 6 | 1 | 0 | 0 | 0 | 15 | 0 | 1 |
| | 2009 | 수원 | 2 | 0 | 0 | 0 | 0 | 4 | 0 | 0 |
| | 2010 | 수원 | 3 | 1 | 0 | 1 | 0 | 3 | 0 | 0 |
| | 2011 | 울산 | 5 | 2 | 0 | 0 | 0 | 1 | 0 | 0 |
| 통산 | | | 204 | 46 | 7 | 11 | 0 | 373 | 21 | 1 |

**송주석**(宋柱錫) 고려대 1967.02.26

| 대회 | 연도 | 소속 | 출전 | 교체 | 득점 | 도움 | 실점 | 파울 | 경고 | 퇴장 |
|---|---|---|---|---|---|---|---|---|---|---|
| K1 | 1990 | 현대 | 29 | 4 | 3 | 7 | 0 | 68 | 3 | 0 |
| | 1991 | 현대 | 30 | 17 | 3 | 0 | 0 | 45 | 3 | 1 |
| | 1992 | 현대 | 22 | 14 | 3 | 1 | 0 | 28 | 1 | 0 |
| | 1993 | 현대 | 21 | 12 | 1 | 1 | 0 | 25 | 2 | 1 |
| | 1994 | 현대 | 13 | 7 | 2 | 1 | 0 | 15 | 3 | 0 |
| | 1995 | 현대 | 23 | 3 | 5 | 3 | 0 | 39 | 3 | 1 |
| | 1996 | 울산 | 27 | 11 | 8 | 4 | 0 | 52 | 8 | 0 |
| | 1997 | 울산 | 16 | 5 | 6 | 1 | 0 | 52 | 3 | 0 |
| | 1998 | 울산 | 10 | 8 | 2 | 0 | 0 | 14 | 1 | 0 |
| | 1999 | 울산 | 4 | 4 | 0 | 0 | 0 | 5 | 0 | 0 |
| PO | 1996 | 울산 | 1 | 1 | 0 | 0 | 0 | 0 | 0 | 0 |
| | 1998 | 울산 | 2 | 2 | 0 | 0 | 0 | 2 | 0 | 0 |
| 컵 | 1992 | 현대 | 8 | 3 | 2 | 0 | 0 | 16 | 3 | 1 |
| | 1993 | 현대 | 5 | 4 | 2 | 0 | 0 | 1 | 0 | 0 |
| | 1994 | 현대 | 2 | 1 | 0 | 0 | 0 | 0 | 0 | 0 |

| 대회 | 연도 | 소속 | 출전 | 교체 | 득점 | 도움 | 실점 | 파울 | 경고 | 퇴장 |
|---|---|---|---|---|---|---|---|---|---|---|
| | 1995 | 현대 | 6 | 1 | 5 | 1 | 0 | 17 | 2 | 0 |
| | 1996 | 울산 | 5 | 2 | 0 | 0 | 0 | 5 | 0 | 0 |
| | 1997 | 울산 | 12 | 6 | 4 | 2 | 0 | 19 | 3 | 0 |
| | 1998 | 울산 | 8 | 4 | 1 | 0 | 0 | 21 | 3 | 1 |
| | 1999 | 울산 | 5 | 5 | 0 | 1 | 0 | 4 | 0 | 0 |
| 통산 | | | 249 | 114 | 47 | 22 | 0 | 428 | 38 | 5 |

**송주한**(宋柱韓) 인천대 1993.06.16

| 대회 | 연도 | 소속 | 출전 | 교체 | 득점 | 도움 | 실점 | 파울 | 경고 | 퇴장 |
|---|---|---|---|---|---|---|---|---|---|---|
| K1 | 2015 | 대전 | 12 | 3 | 0 | 0 | 0 | 6 | 1 | 0 |
| K2 | 2014 | 대전 | 30 | 12 | 1 | 5 | 0 | 19 | 2 | 0 |
| | 2015 | 경남 | 17 | 5 | 0 | 1 | 0 | 20 | 5 | 0 |
| | 2016 | 경남 | 0 | 0 | 0 | 0 | 0 | 0 | 0 | 0 |
| 통산 | | | 59 | 20 | 1 | 6 | 0 | 45 | 8 | 0 |

**송주호**(宋株昊) 고려대 1991.03.20

| 대회 | 연도 | 소속 | 출전 | 교체 | 득점 | 도움 | 실점 | 파울 | 경고 | 퇴장 |
|---|---|---|---|---|---|---|---|---|---|---|
| K2 | 2017 | 안산 | 24 | 4 | 0 | 0 | 0 | 41 | 7 | 0 |
| | 2018 | 안산 | 17 | 6 | 1 | 0 | 0 | 16 | 3 | 0 |
| | 2021 | 안산 | 22 | 8 | 2 | 1 | 0 | 32 | 2 | 0 |
| | 2022 | 충남아산 | 1 | 1 | 0 | 0 | 0 | 0 | 0 | 0 |
| 통산 | | | 64 | 19 | 3 | 1 | 0 | 89 | 12 | 0 |

**송주훈**(宋株熏) 건국대 1994.01.13

| 대회 | 연도 | 소속 | 출전 | 교체 | 득점 | 도움 | 실점 | 파울 | 경고 | 퇴장 |
|---|---|---|---|---|---|---|---|---|---|---|
| K1 | 2019 | 경남 | 9 | 2 | 0 | 0 | 0 | 4 | 1 | 0 |
| | 2022 | 김천 | 16 | 9 | 0 | 0 | 0 | 7 | 1 | 0 |
| | 2023 | 제주 | 13 | 7 | 1 | 0 | 0 | 5 | 1 | 0 |
| | 2024 | 제주 | 27 | 2 | 1 | 0 | 0 | 16 | 4 | 0 |
| | 2025 | 제주 | 35 | 4 | 1 | 1 | 0 | 21 | 3 | 1 |
| K2 | 2021 | 김천 | 3 | 0 | 0 | 0 | 0 | 4 | 1 | 0 |
| PO | 2022 | 김천 | 2 | 0 | 0 | 0 | 0 | 3 | 1 | 0 |
| | 2025 | 제주 | 2 | 0 | 0 | 0 | 0 | 0 | 0 | 0 |
| 통산 | | | 107 | 24 | 3 | 1 | 0 | 60 | 12 | 1 |

**송준석**(宋俊錫) 청주대 2001.02.06

| 대회 | 연도 | 소속 | 출전 | 교체 | 득점 | 도움 | 실점 | 파울 | 경고 | 퇴장 |
|---|---|---|---|---|---|---|---|---|---|---|
| K1 | 2021 | 강원 | 11 | 11 | 0 | 0 | 0 | 12 | 1 | 0 |
| | 2022 | 강원 | 0 | 0 | 0 | 0 | 0 | 0 | 0 | 0 |
| | 2024 | 강원 | 22 | 16 | 1 | 0 | 0 | 16 | 8 | 0 |
| | 2025 | 강원 | 24 | 11 | 0 | 1 | 0 | 29 | 10 | 0 |
| K2 | 2023 | 김포 | 16 | 15 | 0 | 0 | 0 | 11 | 2 | 0 |
| PO | 2023 | 김포 | 3 | 2 | 0 | 0 | 0 | 5 | 1 | 0 |
| 통산 | | | 76 | 55 | 1 | 1 | 0 | 73 | 22 | 0 |

**송지용**(宋智庸) 고려대 1989.04.12

| 대회 | 연도 | 소속 | 출전 | 교체 | 득점 | 도움 | 실점 | 파울 | 경고 | 퇴장 |
|---|---|---|---|---|---|---|---|---|---|---|
| K1 | 2012 | 전남 | 0 | 0 | 0 | 0 | 0 | 0 | 0 | 0 |
| 통산 | | | 0 | 0 | 0 | 0 | 0 | 0 | 0 | 0 |

**송진규**(宋珍圭) 중앙대 1997.07.12

| 대회 | 연도 | 소속 | 출전 | 교체 | 득점 | 도움 | 실점 | 파울 | 경고 | 퇴장 |
|---|---|---|---|---|---|---|---|---|---|---|
| K1 | 2019 | 수원 | 7 | 7 | 0 | 0 | 0 | 9 | 1 | 0 |
| K2 | 2020 | 안산 | 9 | 5 | 0 | 1 | 0 | 3 | 1 | 0 |
| | 2021 | 안산 | 1 | 1 | 0 | 0 | 0 | 0 | 0 | 0 |
| | 2022 | 안산 | 26 | 16 | 5 | 3 | 0 | 18 | 2 | 0 |
| | 2023 | 부천 | 19 | 18 | 1 | 2 | 0 | 12 | 1 | 0 |
| | 2024 | 부천 | 3 | 3 | 0 | 0 | 0 | 0 | 0 | 0 |
| | 2025 | 충북청주 | 7 | 7 | 1 | 1 | 0 | 2 | 0 | 0 |
| 통산 | | | 72 | 57 | 7 | 7 | 0 | 44 | 5 | 0 |

**송진형**(宋珍炯) 당산서중 1987.08.13

| 대회 | 연도 | 소속 | 출전 | 교체 | 득점 | 도움 | 실점 | 파울 | 경고 | 퇴장 |
|---|---|---|---|---|---|---|---|---|---|---|
| K1 | 2006 | 서울 | 7 | 7 | 0 | 0 | 0 | 9 | 0 | 0 |
| | 2007 | 서울 | 8 | 8 | 0 | 0 | 0 | 3 | 1 | 0 |
| | 2012 | 제주 | 39 | 9 | 10 | 5 | 0 | 41 | 6 | 0 |
| | 2013 | 제주 | 33 | 11 | 3 | 4 | 0 | 15 | 3 | 0 |
| | 2014 | 제주 | 36 | 15 | 3 | 3 | 0 | 23 | 3 | 0 |
| | 2015 | 제주 | 29 | 19 | 6 | 6 | 0 | 25 | 3 | 0 |
| | 2016 | 제주 | 28 | 5 | 7 | 4 | 0 | 16 | 2 | 0 |
| | 2018 | 서울 | 6 | 6 | 1 | 0 | 0 | 2 | 0 | 0 |
| 컵 | 2004 | 서울 | 1 | 1 | 0 | 0 | 0 | 0 | 0 | 0 |
| | 2006 | 서울 | 1 | 1 | 0 | 0 | 0 | 0 | 1 | 0 |
| | 2007 | 서울 | 3 | 2 | 0 | 0 | 0 | 2 | 0 | 0 |
| 통산 | | | 191 | 84 | 30 | 22 | 0 | 136 | 19 | 0 |

**송창남**(宋昌南) 배재대 1977.12.31

| 대회 | 연도 | 소속 | 출전 | 교체 | 득점 | 도움 | 실점 | 파울 | 경고 | 퇴장 |
|---|---|---|---|---|---|---|---|---|---|---|
| K1 | 2000 | 대전 | 1 | 1 | 0 | 0 | 0 | 1 | 0 | 0 |
| | 2001 | 부천SK | 5 | 3 | 0 | 0 | 0 | 2 | 1 | 0 |
| | 2002 | 부천SK | 1 | 1 | 0 | 0 | 0 | 0 | 0 | 0 |
| | 2003 | 부천SK | 0 | 0 | 0 | 0 | 0 | 0 | 0 | 0 |
| 컵 | 2001 | 부천SK | 1 | 1 | 0 | 0 | 0 | 0 | 0 | 0 |
| 통산 | | | 8 | 6 | 0 | 0 | 0 | 3 | 1 | 0 |

**송창석**(宋昌錫) 대륜고 2000.06.12

| 대회 | 연도 | 소속 | 출전 | 교체 | 득점 | 도움 | 실점 | 파울 | 경고 | 퇴장 |
|---|---|---|---|---|---|---|---|---|---|---|
| K1 | 2024 | 대전 | 10 | 10 | 1 | 0 | 0 | 3 | 2 | 0 |
| K2 | 2022 | 대전 | 6 | 6 | 1 | 0 | 0 | 2 | 0 | 0 |
| | 2023 | 김포 | 12 | 13 | 0 | 1 | 0 | 5 | 0 | 0 |
| | 2025 | 충북청주 | 15 | 14 | 2 | 0 | 0 | 14 | 3 | 0 |
| PO | 2023 | 김포 | 0 | 0 | 0 | 0 | 0 | 0 | 0 | 0 |
| 통산 | | | 43 | 43 | 4 | 1 | 0 | 24 | 5 | 0 |

**송창좌**(宋昌左) 관동대(가톨릭관동대) 1977.04.26

| 대회 | 연도 | 소속 | 출전 | 교체 | 득점 | 도움 | 실점 | 파울 | 경고 | 퇴장 |
|---|---|---|---|---|---|---|---|---|---|---|
| K1 | 2000 | 대전 | 0 | 0 | 0 | 0 | 0 | 0 | 0 | 0 |
| 컵 | 2000 | 대전 | 0 | 0 | 0 | 0 | 0 | 0 | 0 | 0 |
| 통산 | | | 0 | 0 | 0 | 0 | 0 | 0 | 0 | 0 |

**송창호**(宋昌鎬) 동아대 1986.02.20

| 대회 | 연도 | 소속 | 출전 | 교체 | 득점 | 도움 | 실점 | 파울 | 경고 | 퇴장 |
|---|---|---|---|---|---|---|---|---|---|---|
| K1 | 2009 | 포항 | 8 | 7 | 0 | 3 | 0 | 5 | 0 | 0 |
| | 2010 | 포항 | 9 | 5 | 0 | 0 | 0 | 3 | 0 | 0 |
| | 2011 | 대구 | 24 | 8 | 2 | 3 | 0 | 25 | 5 | 0 |
| | 2012 | 대구 | 37 | 13 | 0 | 1 | 0 | 36 | 4 | 0 |
| | 2013 | 대구 | 34 | 13 | 5 | 1 | 0 | 23 | 5 | 0 |
| | 2014 | 전남 | 28 | 14 | 4 | 1 | 0 | 23 | 4 | 0 |
| | 2016 | 전남 | 3 | 3 | 0 | 0 | 0 | 0 | 0 | 0 |
| | 2017 | 전남 | 11 | 7 | 0 | 0 | 0 | 4 | 1 | 1 |
| K2 | 2015 | 안산경찰 | 34 | 9 | 3 | 1 | 0 | 35 | 4 | 0 |
| | 2016 | 안산무궁 | 5 | 2 | 0 | 0 | 0 | 4 | 0 | 0 |
| | 2018 | 부산 | 11 | 3 | 0 | 1 | 0 | 9 | 0 | 0 |
| PO | 2009 | 포항 | 1 | 1 | 0 | 0 | 0 | 0 | 0 | 0 |
| | 2018 | 부산 | 1 | 1 | 0 | 0 | 0 | 0 | 0 | 0 |
| 컵 | 2009 | 포항 | 3 | 2 | 1 | 0 | 0 | 1 | 1 | 0 |
| | 2010 | 포항 | 2 | 1 | 0 | 0 | 0 | 2 | 0 | 0 |
| | 2011 | 대구 | 2 | 0 | 0 | 0 | 0 | 6 | 1 | 0 |
| 통산 | | | 213 | 89 | 15 | 11 | 0 | 176 | 25 | 1 |

**송치훈**(宋致勳) 광운대 1991.09.24

| 대회 | 연도 | 소속 | 출전 | 교체 | 득점 | 도움 | 실점 | 파울 | 경고 | 퇴장 |
|---|---|---|---|---|---|---|---|---|---|---|
| K2 | 2013 | 부천 | 20 | 12 | 2 | 1 | 0 | 17 | 2 | 0 |
| 통산 | | | 20 | 12 | 2 | 1 | 0 | 17 | 2 | 0 |

**송태림**(宋泰林) 중앙대 1984.02.20

| 대회 | 연도 | 소속 | 출전 | 교체 | 득점 | 도움 | 실점 | 파울 | 경고 | 퇴장 |
|---|---|---|---|---|---|---|---|---|---|---|
| K1 | 2006 | 전남 | 1 | 0 | 0 | 0 | 0 | 1 | 0 | 0 |
| | 2007 | 전남 | 4 | 4 | 0 | 0 | 0 | 1 | 0 | 0 |
| | 2008 | 부산 | 0 | 0 | 0 | 0 | 0 | 0 | 0 | 0 |
| 컵 | 2006 | 전남 | 2 | 0 | 0 | 0 | 0 | 8 | 0 | 0 |
| | 2008 | 부산 | 1 | 1 | 0 | 0 | 0 | 3 | 1 | 0 |
| 통산 | | | 8 | 5 | 0 | 0 | 0 | 13 | 1 | 0 |

**송태성**(宋泰星) 가톨릭관동대 2000.09.18

| 대회 | 연도 | 소속 | 출전 | 교체 | 득점 | 도움 | 실점 | 파울 | 경고 | 퇴장 |
|---|---|---|---|---|---|---|---|---|---|---|
| K2 | 2025 | 안산 | 26 | 20 | 0 | 3 | 0 | 15 | 3 | 0 |
| 통산 | | | 26 | 20 | 0 | 3 | 0 | 15 | 3 | 0 |

**송태철**(宋泰喆) 중앙대 1961.11.12

| 대회 | 연도 | 소속 | 출전 | 교체 | 득점 | 도움 | 실점 | 파울 | 경고 | 퇴장 |
|---|---|---|---|---|---|---|---|---|---|---|
| K1 | 1986 | 한일은행 | 6 | 2 | 0 | 0 | 0 | 2 | 0 | 0 |
| 통산 | | | 6 | 2 | 0 | 0 | 0 | 2 | 0 | 0 |

**송한기**(宋漢基) 우석대 1988.08.07

| 대회 | 연도 | 소속 | 출전 | 교체 | 득점 | 도움 | 실점 | 파울 | 경고 | 퇴장 |
|---|---|---|---|---|---|---|---|---|---|---|
| K2 | 2015 | 고양 | 2 | 1 | 0 | 0 | 0 | 0 | 0 | 0 |
| 통산 | | | 2 | 1 | 0 | 0 | 0 | 0 | 0 | 0 |

**송한복**(宋韓福) 배재고 1984.04.12

| 대회 | 연도 | 소속 | 출전 | 교체 | 득점 | 도움 | 실점 | 파울 | 경고 | 퇴장 |
|---|---|---|---|---|---|---|---|---|---|---|
| K1 | 2005 | 전남 | 0 | 0 | 0 | 0 | 0 | 0 | 0 | 0 |
| | 2006 | 전남 | 1 | 0 | 0 | 0 | 0 | 2 | 1 | 0 |
| | 2007 | 전남 | 1 | 1 | 0 | 0 | 0 | 1 | 0 | 0 |
| | 2008 | 광주상무 | 14 | 10 | 0 | 1 | 0 | 18 | 2 | 0 |
| | 2009 | 광주상무 | 15 | 10 | 0 | 1 | 0 | 34 | 4 | 0 |
| | 2009 | 전남 | 1 | 0 | 0 | 0 | 0 | 5 | 1 | 0 |
| | 2010 | 전남 | 13 | 12 | 0 | 1 | 0 | 18 | 4 | 0 |
| | 2011 | 대구 | 23 | 10 | 0 | 2 | 0 | 54 | 7 | 0 |
| | 2012 | 대구 | 11 | 4 | 0 | 0 | 0 | 30 | 4 | 0 |
| | 2013 | 대구 | 6 | 3 | 0 | 0 | 0 | 9 | 1 | 0 |
| K2 | 2014 | 광주 | 6 | 5 | 0 | 0 | 0 | 13 | 0 | 0 |
| PO | 2009 | 전남 | 2 | 1 | 0 | 0 | 0 | 2 | 0 | 0 |
| 컵 | 2006 | 전남 | 3 | 2 | 0 | 0 | 0 | 2 | 0 | 0 |
| | 2008 | 광주상무 | 7 | 4 | 0 | 0 | 0 | 11 | 2 | 0 |
| | 2009 | 광주상무 | 1 | 1 | 0 | 0 | 0 | 1 | 0 | 0 |
| | 2010 | 전남 | 1 | 1 | 0 | 0 | 0 | 1 | 0 | 0 |
| | 2011 | 대구 | 1 | 1 | 0 | 0 | 0 | 1 | 0 | 0 |
| 통산 | | | 106 | 65 | 0 | 5 | 0 | 202 | 26 | 0 |

**송호영**(宋號營) 한양대 1988.01.21

| 대회 | 연도 | 소속 | 출전 | 교체 | 득점 | 도움 | 실점 | 파울 | 경고 | 퇴장 |
|---|---|---|---|---|---|---|---|---|---|---|
| K1 | 2009 | 경남 | 23 | 18 | 3 | 3 | 0 | 21 | 2 | 0 |
| | 2010 | 성남일화 | 23 | 22 | 0 | 0 | 0 | 15 | 3 | 0 |
| | 2011 | 성남일화 | 15 | 11 | 2 | 0 | 0 | 12 | 1 | 0 |
| | 2012 | 제주 | 3 | 3 | 0 | 0 | 0 | 1 | 0 | 0 |
| | 2013 | 전남 | 5 | 5 | 1 | 0 | 0 | 3 | 0 | 0 |
| | 2014 | 경남 | 3 | 3 | 0 | 0 | 0 | 2 | 0 | 0 |
| PO | 2010 | 성남일화 | 2 | 2 | 0 | 0 | 0 | 0 | 0 | 0 |
| 컵 | 2009 | 경남 | 3 | 2 | 0 | 0 | 0 | 5 | 0 | 0 |
| | 2010 | 성남일화 | 4 | 4 | 0 | 0 | 0 | 2 | 0 | 0 |
| | 2011 | 성남일화 | 1 | 0 | 0 | 0 | 0 | 0 | 0 | 0 |
| 통산 | | | 82 | 70 | 6 | 3 | 0 | 61 | 6 | 0 |

**송홍민**(宋洪民) 남부대 1996.02.07

| 대회 | 연도 | 소속 | 출전 | 교체 | 득점 | 도움 | 실점 | 파울 | 경고 | 퇴장 |
|---|---|---|---|---|---|---|---|---|---|---|
| K2 | 2018 | 부천 | 17 | 9 | 0 | 1 | 0 | 16 | 2 | 1 |
| | 2019 | 부천 | 20 | 10 | 2 | 0 | 0 | 22 | 2 | 0 |
| | 2020 | 부천 | 13 | 4 | 0 | 0 | 0 | 15 | 1 | 1 |
| | 2021 | 부천 | 20 | 7 | 0 | 0 | 0 | 26 | 4 | 0 |
| | 2022 | 부천 | 27 | 23 | 1 | 2 | 0 | 20 | 2 | 0 |
| | 2023 | 경남 | 36 | 8 | 1 | 3 | 0 | 36 | 2 | 0 |
| | 2024 | 경남 | 26 | 9 | 0 | 3 | 0 | 23 | 1 | 0 |
| PO | 2019 | 부천 | 0 | 0 | 0 | 0 | 0 | 0 | 0 | 0 |
| | 2022 | 부천 | 1 | 0 | 1 | 0 | 0 | 1 | 0 | 0 |
| | 2023 | 경남 | 2 | 2 | 0 | 0 | 0 | 4 | 0 | 0 |
| 통산 | | | 162 | 72 | 5 | 9 | 0 | 163 | 14 | 2 |

**송홍섭**(宋洪燮) 경희대 1976.11.28

| 대회 | 연도 | 소속 | 출전 | 교체 | 득점 | 도움 | 실점 | 파울 | 경고 | 퇴장 |
|---|---|---|---|---|---|---|---|---|---|---|
| K1 | 2003 | 대구 | 4 | 2 | 0 | 0 | 0 | 5 | 0 | 0 |
| 컵 | 1999 | 수원 | 1 | 1 | 0 | 0 | 0 | 0 | 0 | 0 |
| 통산 | | | 5 | 3 | 0 | 0 | 0 | 5 | 0 | 0 |

**송환영**(宋皖永) 한양대 1997.10.11

| 대회 | 연도 | 소속 | 출전 | 교체 | 득점 | 도움 | 실점 | 파울 | 경고 | 퇴장 |
|---|---|---|---|---|---|---|---|---|---|---|
| K2 | 2019 | 아산 | 7 | 4 | 1 | 0 | 0 | 6 | 0 | 0 |
| | 2020 | 충남아산 | 4 | 4 | 0 | 0 | 0 | 5 | 2 | 0 |
| | 2021 | 충남아산 | 1 | 1 | 0 | 0 | 0 | 1 | 0 | 0 |
| 통산 | | | 12 | 9 | 1 | 0 | 0 | 12 | 2 | 0 |

**쇼타**(Saijo Shota, 西条翔太) 일본 2006.02.01

| 대회 | 연도 | 소속 | 출전 | 교체 | 득점 | 도움 | 실점 | 파울 | 경고 | 퇴장 |
|---|---|---|---|---|---|---|---|---|---|---|
| K2 | 2025 | 인천 | 1 | 1 | 0 | 0 | 0 | 1 | 0 | 0 |
| 통산 | | | 1 | 1 | 0 | 0 | 0 | 1 | 0 | 0 |

**수보티치**(Danijel Subotic) 스위스 1989.01.31

| 대회 | 연도 | 소속 | 출전 | 교체 | 득점 | 도움 | 실점 | 파울 | 경고 | 퇴장 |
|---|---|---|---|---|---|---|---|---|---|---|
| K1 | 2017 | 울산 | 11 | 11 | 1 | 0 | 0 | 8 | 4 | 0 |
| 통산 | | | 11 | 11 | 1 | 0 | 0 | 8 | 4 | 0 |

**수신야르**(Aleksandar Susnjar) 오스트레일리아 1995.08.19

| 대회 | 연도 | 소속 | 출전 | 교체 | 득점 | 도움 | 실점 | 파울 | 경고 | 퇴장 |
|---|---|---|---|---|---|---|---|---|---|---|
| K2 | 2019 | 부산 | 28 | 0 | 0 | 0 | 0 | 42 | 9 | 1 |

| 대회 | 연도 | 소속 | 출전 | 교체 | 득점 | 도움 | 실점 | 파울 | 경고 | 퇴장 |
|---|---|---|---|---|---|---|---|---|---|---|
| PO | 2019 | 부산 | 3 | 0 | 0 | 0 | 0 | 6 | 1 | 0 |
| 통산 | | | 31 | 0 | 0 | 0 | 0 | 48 | 10 | 1 |

**수쿠타파수**(Richard Sukuta-Pasu) 독일 1990.06.24

| 대회 | 연도 | 소속 | 출전 | 교체 | 득점 | 도움 | 실점 | 파울 | 경고 | 퇴장 |
|---|---|---|---|---|---|---|---|---|---|---|
| K2 | 2020 | 서울E | 23 | 19 | 7 | 1 | 0 | 43 | 5 | 0 |
| 통산 | | | 23 | 19 | 7 | 1 | 0 | 43 | 5 | 0 |

**수호자**(Mario Sergio Aumarante Santana) 브라질 1977.01.30

| 대회 | 연도 | 소속 | 출전 | 교체 | 득점 | 도움 | 실점 | 파울 | 경고 | 퇴장 |
|---|---|---|---|---|---|---|---|---|---|---|
| K1 | 2004 | 울산 | 20 | 17 | 1 | 0 | 0 | 14 | 3 | 0 |
| PO | 2004 | 울산 | 1 | 1 | 0 | 0 | 0 | 0 | 0 | 0 |
| 컵 | 2004 | 울산 | 10 | 3 | 1 | 1 | 0 | 10 | 1 | 0 |
| 통산 | | | 31 | 21 | 2 | 1 | 0 | 24 | 4 | 0 |

**술라카**(Rebin Gharib Sulaka) 이라크 1992.04.12

| 대회 | 연도 | 소속 | 출전 | 교체 | 득점 | 도움 | 실점 | 파울 | 경고 | 퇴장 |
|---|---|---|---|---|---|---|---|---|---|---|
| K1 | 2024 | 서울 | 3 | 0 | 0 | 0 | 0 | 1 | 0 | 1 |
| 통산 | | | 3 | 0 | 0 | 0 | 0 | 1 | 0 | 1 |

**슈마로프**(Valeri Schmarov 러시아 1965.02.23

| 대회 | 연도 | 소속 | 출전 | 교체 | 득점 | 도움 | 실점 | 파울 | 경고 | 퇴장 |
|---|---|---|---|---|---|---|---|---|---|---|
| K1 | 1996 | 전남 | 3 | 2 | 0 | 0 | 0 | 5 | 0 | 0 |
| 컵 | 1996 | 전남 | 1 | 0 | 0 | 0 | 0 | 2 | 0 | 0 |
| 통산 | | | 4 | 2 | 0 | 0 | 0 | 7 | 0 | 0 |

**슈바**(Adriano Neves Pereira) 브라질 1979.05.24

| 대회 | 연도 | 소속 | 출전 | 교체 | 득점 | 도움 | 실점 | 파울 | 경고 | 퇴장 |
|---|---|---|---|---|---|---|---|---|---|---|
| K1 | 2006 | 대전 | 24 | 7 | 5 | 8 | 0 | 83 | 7 | 0 |
| | 2007 | 대전 | 13 | 2 | 8 | 1 | 0 | 49 | 2 | 0 |
| | 2008 | 전남 | 19 | 8 | 8 | 3 | 0 | 48 | 2 | 0 |
| | 2009 | 전남 | 25 | 3 | 13 | 4 | 0 | 69 | 5 | 0 |
| | 2010 | 전남 | 15 | 6 | 4 | 3 | 0 | 33 | 3 | 0 |
| | 2011 | 포항 | 11 | 7 | 4 | 3 | 0 | 21 | 1 | 0 |
| | 2012 | 광주 | 3 | 4 | 1 | 0 | 0 | 0 | 0 | 0 |
| PO | 2007 | 대전 | 1 | 0 | 0 | 0 | 0 | 3 | 1 | 0 |
| | 2009 | 전남 | 2 | 1 | 0 | 0 | 0 | 5 | 1 | 0 |
| | 2011 | 포항 | 1 | 1 | 0 | 0 | 0 | 2 | 0 | 0 |
| 컵 | 2006 | 대전 | 8 | 2 | 1 | 2 | 0 | 27 | 0 | 0 |
| | 2008 | 전남 | 3 | 0 | 2 | 0 | 0 | 19 | 1 | 0 |
| | 2009 | 전남 | 3 | 1 | 3 | 0 | 0 | 9 | 0 | 0 |
| | 2010 | 전남 | 4 | 1 | 2 | 0 | 0 | 7 | 1 | 0 |
| | 2011 | 포항 | 3 | 2 | 2 | 0 | 0 | 2 | 0 | 1 |
| 통산 | | | 135 | 45 | 53 | 24 | 0 | 377 | 24 | 1 |

**슈벵크**(Cleber Schwenck Tiene) 브라질 1979.02.28

| 대회 | 연도 | 소속 | 출전 | 교체 | 득점 | 도움 | 실점 | 파울 | 경고 | 퇴장 |
|---|---|---|---|---|---|---|---|---|---|---|
| K1 | 2007 | 포항 | 12 | 7 | 3 | 1 | 0 | 35 | 4 | 0 |
| PO | 2007 | 포항 | 5 | 5 | 1 | 0 | 0 | 15 | 0 | 0 |
| 통산 | | | 17 | 12 | 4 | 1 | 0 | 50 | 4 | 0 |

**스레텐**(Sreten Sretenovic) 세르비아 1985.01.12

| 대회 | 연도 | 소속 | 출전 | 교체 | 득점 | 도움 | 실점 | 파울 | 경고 | 퇴장 |
|---|---|---|---|---|---|---|---|---|---|---|
| K1 | 2013 | 경남 | 33 | 1 | 0 | 0 | 0 | 68 | 11 | 0 |
| | 2014 | 경남 | 32 | 0 | 2 | 1 | 0 | 62 | 7 | 0 |
| PO | 2014 | 경남 | 2 | 0 | 0 | 0 | 0 | 5 | 1 | 0 |
| 통산 | | | 67 | 1 | 2 | 1 | 0 | 135 | 19 | 0 |

**스카첸코**(Serhiy Skachenko) 우크라이나 1972.11.18

| 대회 | 연도 | 소속 | 출전 | 교체 | 득점 | 도움 | 실점 | 파울 | 경고 | 퇴장 |
|---|---|---|---|---|---|---|---|---|---|---|
| K1 | 1996 | 안양LG | 31 | 2 | 11 | 2 | 0 | 47 | 3 | 0 |
| | 1997 | 안양LG | 3 | 1 | 2 | 0 | 0 | 6 | 1 | 0 |
| | 1997 | 전남 | 12 | 10 | 6 | 2 | 0 | 9 | 1 | 0 |
| 컵 | 1996 | 안양LG | 8 | 1 | 4 | 1 | 0 | 8 | 1 | 0 |
| | 1997 | 안양LG | 9 | 2 | 1 | 1 | 0 | 13 | 0 | 0 |
| | 1997 | 전남 | 5 | 4 | 1 | 0 | 0 | 8 | 0 | 0 |
| 통산 | | | 68 | 20 | 25 | 6 | 0 | 91 | 6 | 0 |

**스테반**(Stevan Racić) 세르비아 1984.01.17

| 대회 | 연도 | 소속 | 출전 | 교체 | 득점 | 도움 | 실점 | 파울 | 경고 | 퇴장 |
|---|---|---|---|---|---|---|---|---|---|---|
| K1 | 2009 | 대전 | 13 | 12 | 0 | 2 | 0 | 22 | 4 | 0 |
| 통산 | | | 13 | 12 | 0 | 2 | 0 | 22 | 4 | 0 |

**스테보**(Stevica Ristić) 마케도니아 1982.05.23

| 대회 | 연도 | 소속 | 출전 | 교체 | 득점 | 도움 | 실점 | 파울 | 경고 | 퇴장 |
|---|---|---|---|---|---|---|---|---|---|---|
| K1 | 2007 | 전북 | 25 | 7 | 13 | 4 | 0 | 64 | 2 | 0 |
| | 2008 | 포항 | 11 | 9 | 6 | 4 | 0 | 28 | 1 | 0 |
| | 2008 | 전북 | 10 | 5 | 1 | 2 | 0 | 21 | 2 | 0 |
| | 2009 | 포항 | 19 | 17 | 7 | 4 | 0 | 40 | 4 | 0 |
| | 2011 | 수원 | 13 | 4 | 9 | 1 | 0 | 28 | 2 | 0 |
| | 2012 | 수원 | 35 | 20 | 10 | 3 | 0 | 61 | 6 | 0 |
| | 2013 | 수원 | 13 | 7 | 5 | 2 | 0 | 25 | 3 | 0 |
| | 2014 | 전남 | 35 | 4 | 13 | 4 | 0 | 64 | 2 | 0 |
| | 2015 | 전남 | 35 | 8 | 12 | 3 | 0 | 42 | 3 | 0 |
| | 2016 | 전남 | 14 | 8 | 2 | 0 | 0 | 8 | 1 | 0 |
| PO | 2008 | 포항 | 1 | 1 | 0 | 0 | 0 | 3 | 0 | 0 |
| | 2009 | 포항 | 1 | 1 | 0 | 0 | 0 | 0 | 0 | 0 |
| 컵 | 2007 | 전북 | 4 | 2 | 2 | 1 | 0 | 11 | 0 | 0 |
| | 2008 | 포항 | 2 | 1 | 0 | 0 | 0 | 3 | 0 | 0 |
| | 2008 | 전북 | 4 | 1 | 3 | 0 | 0 | 2 | 1 | 1 |
| | 2009 | 포항 | 4 | 2 | 1 | 0 | 0 | 8 | 1 | 0 |
| 통산 | | | 226 | 97 | 84 | 28 | 0 | 408 | 28 | 1 |

**스토야노비치**(Milos Stojanović) 세르비아 1984.12.25

| 대회 | 연도 | 소속 | 출전 | 교체 | 득점 | 도움 | 실점 | 파울 | 경고 | 퇴장 |
|---|---|---|---|---|---|---|---|---|---|---|
| K1 | 2014 | 경남 | 30 | 19 | 7 | 0 | 0 | 51 | 4 | 0 |
| K2 | 2015 | 경남 | 23 | 9 | 9 | 0 | 0 | 53 | 5 | 0 |
| | 2016 | 부산 | 15 | 8 | 2 | 1 | 0 | 32 | 3 | 0 |
| PO | 2014 | 경남 | 2 | 0 | 1 | 0 | 0 | 4 | 0 | 0 |
| 통산 | | | 70 | 36 | 19 | 1 | 0 | 140 | 12 | 0 |

**스토키치**(Jovica Stokić) 보스니아 헤르체고비나 1987.07.04

| 대회 | 연도 | 소속 | 출전 | 교체 | 득점 | 도움 | 실점 | 파울 | 경고 | 퇴장 |
|---|---|---|---|---|---|---|---|---|---|---|
| K1 | 2014 | 제주 | 5 | 5 | 0 | 0 | 0 | 7 | 1 | 0 |
| 통산 | | | 5 | 5 | 0 | 0 | 0 | 7 | 1 | 0 |

**슬라브코**(Seorgievski Slavcho) 마케도니아 1980.03.30

| 대회 | 연도 | 소속 | 출전 | 교체 | 득점 | 도움 | 실점 | 파울 | 경고 | 퇴장 |
|---|---|---|---|---|---|---|---|---|---|---|
| K1 | 2009 | 울산 | 25 | 7 | 2 | 3 | 0 | 14 | 4 | 0 |
| 컵 | 2009 | 울산 | 4 | 2 | 1 | 0 | 0 | 3 | 1 | 0 |
| 통산 | | | 29 | 9 | 3 | 3 | 0 | 17 | 5 | 0 |

**시게히로**(Takuya Shigehiro, 重廣卓也) 일본 1995.05.05

| 대회 | 연도 | 소속 | 출전 | 교체 | 득점 | 도움 | 실점 | 파울 | 경고 | 퇴장 |
|---|---|---|---|---|---|---|---|---|---|---|
| K1 | 2024 | 서울 | 2 | 2 | 0 | 0 | 0 | 4 | 0 | 0 |
| 통산 | | | 2 | 2 | 0 | 0 | 0 | 4 | 0 | 0 |

**시로**(Ciro Henrique Alves Ferreira e Silva) 브라질 브라질 1989.04.18

| 대회 | 연도 | 소속 | 출전 | 교체 | 득점 | 도움 | 실점 | 파울 | 경고 | 퇴장 |
|---|---|---|---|---|---|---|---|---|---|---|
| K1 | 2015 | 제주 | 7 | 8 | 0 | 0 | 0 | 6 | 1 | 0 |
| 통산 | | | 7 | 8 | 0 | 0 | 0 | 6 | 1 | 0 |

**시마다**(Shimada Yusuke, 島田裕介) 일본 1982.01.19

| 대회 | 연도 | 소속 | 출전 | 교체 | 득점 | 도움 | 실점 | 파울 | 경고 | 퇴장 |
|---|---|---|---|---|---|---|---|---|---|---|
| K1 | 2012 | 강원 | 23 | 10 | 1 | 2 | 0 | 34 | 2 | 0 |
| 통산 | | | 23 | 10 | 1 | 2 | 0 | 34 | 2 | 0 |

**시모**(Simo Krunić) 보스니아 헤르체고비나 1969.01.03

| 대회 | 연도 | 소속 | 출전 | 교체 | 득점 | 도움 | 실점 | 파울 | 경고 | 퇴장 |
|---|---|---|---|---|---|---|---|---|---|---|
| K1 | 1996 | 포항 | 6 | 6 | 2 | 0 | 0 | 14 | 2 | 0 |
| 통산 | | | 6 | 6 | 2 | 0 | 0 | 14 | 2 | 0 |

**시모비치**(Robin Simović) 스웨덴 1991.05.29

| 대회 | 연도 | 소속 | 출전 | 교체 | 득점 | 도움 | 실점 | 파울 | 경고 | 퇴장 |
|---|---|---|---|---|---|---|---|---|---|---|
| K2 | 2023 | 전남 | 8 | 7 | 0 | 1 | 0 | 12 | 1 | 0 |
| 통산 | | | 8 | 7 | 0 | 1 | 0 | 12 | 1 | 0 |

**시몬**(Victor Simoes de Oliveira) 브라질 1981.03.23

| 대회 | 연도 | 소속 | 출전 | 교체 | 득점 | 도움 | 실점 | 파울 | 경고 | 퇴장 |
|---|---|---|---|---|---|---|---|---|---|---|
| K1 | 2007 | 전남 | 10 | 5 | 1 | 3 | 0 | 21 | 0 | 0 |
| | 2008 | 전남 | 14 | 11 | 2 | 1 | 0 | 20 | 3 | 0 |
| 컵 | 2008 | 전남 | 0 | 0 | 0 | 0 | 0 | 0 | 0 | 0 |
| 통산 | | | 24 | 16 | 3 | 4 | 0 | 41 | 3 | 0 |

**시미치**(Dusan Simić) 세르비아 몬테네그로 1980.07.22

| 대회 | 연도 | 소속 | 출전 | 교체 | 득점 | 도움 | 실점 | 파울 | 경고 | 퇴장 |
|---|---|---|---|---|---|---|---|---|---|---|
| K1 | 2003 | 부산 | 28 | 16 | 0 | 0 | 0 | 19 | 5 | 0 |
| 통산 | | | 28 | 16 | 0 | 0 | 0 | 19 | 5 | 0 |

**시미치**(Josip Simic) 크로아티아 1977.09.16

| 대회 | 연도 | 소속 | 출전 | 교체 | 득점 | 도움 | 실점 | 파울 | 경고 | 퇴장 |
|---|---|---|---|---|---|---|---|---|---|---|
| K1 | 2004 | 울산 | 16 | 15 | 1 | 0 | 0 | 16 | 0 | 0 |
| 컵 | 2004 | 울산 | 9 | 9 | 1 | 2 | 0 | 10 | 1 | 0 |
| 통산 | | | 25 | 24 | 2 | 2 | 0 | 26 | 1 | 0 |

**시시**(Gonzalez Martinez Sisinio) 스페인 1986.04.22

| 대회 | 연도 | 소속 | 출전 | 교체 | 득점 | 도움 | 실점 | 파울 | 경고 | 퇴장 |
|---|---|---|---|---|---|---|---|---|---|---|
| K2 | 2015 | 수원FC | 16 | 8 | 0 | 1 | 0 | 24 | 5 | 0 |
| PO | 2015 | 수원FC | 3 | 2 | 0 | 0 | 0 | 2 | 1 | 0 |
| 통산 | | | 19 | 10 | 0 | 1 | 0 | 26 | 6 | 0 |

**신경모**(辛景模) 중앙대 1987.12.12

| 대회 | 연도 | 소속 | 출전 | 교체 | 득점 | 도움 | 실점 | 파울 | 경고 | 퇴장 |
|---|---|---|---|---|---|---|---|---|---|---|
| 컵 | 2011 | 수원 | 2 | 2 | 0 | 0 | 0 | 4 | 0 | 0 |
| 통산 | | | 2 | 2 | 0 | 0 | 0 | 4 | 0 | 0 |

**신광훈**(申光勳) 포철공고 1987.03.18

| 대회 | 연도 | 소속 | 출전 | 교체 | 득점 | 도움 | 실점 | 파울 | 경고 | 퇴장 |
|---|---|---|---|---|---|---|---|---|---|---|
| K1 | 2006 | 포항 | 5 | 2 | 0 | 1 | 0 | 13 | 4 | 0 |
| | 2007 | 포항 | 2 | 1 | 0 | 0 | 0 | 1 | 1 | 0 |
| | 2008 | 포항 | 4 | 4 | 0 | 1 | 0 | 5 | 1 | 0 |
| | 2008 | 전북 | 13 | 1 | 0 | 1 | 0 | 18 | 1 | 0 |
| | 2009 | 전북 | 11 | 4 | 0 | 0 | 0 | 23 | 2 | 0 |
| | 2010 | 포항 | 8 | 0 | 0 | 0 | 0 | 17 | 3 | 0 |
| | 2010 | 전북 | 7 | 0 | 0 | 0 | 0 | 20 | 3 | 0 |
| | 2011 | 포항 | 24 | 0 | 1 | 4 | 0 | 56 | 9 | 0 |
| | 2012 | 포항 | 37 | 0 | 0 | 3 | 0 | 48 | 7 | 1 |
| | 2013 | 포항 | 33 | 1 | 0 | 4 | 0 | 53 | 10 | 0 |
| | 2014 | 포항 | 33 | 0 | 3 | 2 | 0 | 46 | 8 | 0 |
| | 2016 | 포항 | 8 | 0 | 0 | 0 | 0 | 18 | 3 | 0 |
| | 2017 | 서울 | 21 | 0 | 0 | 1 | 0 | 20 | 3 | 0 |
| | 2018 | 서울 | 18 | 1 | 0 | 2 | 0 | 25 | 4 | 0 |
| | 2019 | 강원 | 36 | 4 | 2 | 4 | 0 | 46 | 7 | 0 |
| | 2020 | 강원 | 21 | 0 | 0 | 2 | 0 | 28 | 5 | 0 |
| | 2021 | 포항 | 33 | 7 | 1 | 0 | 0 | 46 | 9 | 1 |
| | 2022 | 포항 | 33 | 16 | 0 | 2 | 0 | 48 | 7 | 0 |
| | 2023 | 포항 | 22 | 19 | 0 | 0 | 0 | 17 | 6 | 0 |
| | 2024 | 포항 | 28 | 8 | 0 | 0 | 0 | 20 | 8 | 1 |
| | 2025 | 포항 | 36 | 27 | 0 | 1 | 0 | 28 | 7 | 0 |
| K2 | 2015 | 안산경찰 | 28 | 2 | 1 | 1 | 0 | 45 | 9 | 0 |
| | 2016 | 안산무궁 | 15 | 2 | 0 | 1 | 0 | 17 | 1 | 0 |
| PO | 2008 | 전북 | 2 | 0 | 0 | 0 | 0 | 5 | 1 | 0 |
| | 2009 | 전북 | 0 | 0 | 0 | 0 | 0 | 0 | 0 | 0 |
| | 2011 | 포항 | 1 | 0 | 0 | 0 | 0 | 1 | 0 | 0 |
| | 2018 | 서울 | 0 | 0 | 0 | 0 | 0 | 0 | 0 | 0 |
| 컵 | 2006 | 포항 | 5 | 4 | 1 | 0 | 0 | 10 | 1 | 0 |
| | 2007 | 포항 | 3 | 3 | 1 | 0 | 0 | 1 | 2 | 0 |
| | 2008 | 전북 | 4 | 0 | 1 | 2 | 0 | 8 | 1 | 0 |
| | 2009 | 전북 | 3 | 1 | 0 | 0 | 0 | 3 | 1 | 0 |
| | 2010 | 전북 | 5 | 0 | 0 | 1 | 0 | 12 | 0 | 0 |
| | 2011 | 포항 | 1 | 0 | 0 | 0 | 0 | 5 | 1 | 0 |
| 통산 | | | 500 | 107 | 11 | 33 | 0 | 703 | 125 | 3 |

**신대경**(申大京) 경희대 1982.04.15

| 대회 | 연도 | 소속 | 출전 | 교체 | 득점 | 도움 | 실점 | 파울 | 경고 | 퇴장 |
|---|---|---|---|---|---|---|---|---|---|---|
| K1 | 2005 | 부천SK | 0 | 0 | 0 | 0 | 0 | 0 | 0 | 0 |
| 컵 | 2006 | 제주 | 0 | 0 | 0 | 0 | 0 | 0 | 0 | 0 |
| 통산 | | | 0 | 0 | 0 | 0 | 0 | 0 | 0 | 0 |

**신동근**(申東根) 연세대 1981.02.15

| 대회 | 연도 | 소속 | 출전 | 교체 | 득점 | 도움 | 실점 | 파울 | 경고 | 퇴장 |
|---|---|---|---|---|---|---|---|---|---|---|
| K1 | 2004 | 성남일화 | 1 | 0 | 0 | 0 | 0 | 1 | 0 | 0 |
| | 2005 | 성남일화 | 1 | 1 | 0 | 0 | 0 | 1 | 0 | 0 |
| | 2006 | 성남일화 | 2 | 2 | 0 | 0 | 0 | 0 | 0 | 0 |

| 대회 | 연도 | 소속 | 출전 | 교체 | 득점 | 도움 | 실점 | 파울 | 경고 | 퇴장 |
|---|---|---|---|---|---|---|---|---|---|---|
| | 2008 | 광주상무 | 17 | 9 | 0 | 0 | 0 | 12 | 2 | 0 |
| | 2009 | 광주상무 | 2 | 2 | 0 | 0 | 0 | 0 | 0 | 0 |
| 컵 | 2004 | 성남일화 | 2 | 3 | 0 | 0 | 0 | 1 | 0 | 0 |
| | 2006 | 성남일화 | 5 | 5 | 0 | 0 | 0 | 4 | 0 | 0 |
| | 2008 | 광주상무 | 5 | 3 | 0 | 0 | 0 | 3 | 0 | 0 |
| | 2009 | 광주상무 | 3 | 0 | 0 | 0 | 0 | 3 | 0 | 0 |
| 통산 | | | 38 | 25 | 0 | 0 | 0 | 25 | 2 | 0 |

**신동빈**(申東彬) 선문대 1985.06.11

| 대회 | 연도 | 소속 | 출전 | 교체 | 득점 | 도움 | 실점 | 파울 | 경고 | 퇴장 |
|---|---|---|---|---|---|---|---|---|---|---|
| 컵 | 2008 | 전북 | 1 | 1 | 0 | 0 | 0 | 1 | 0 | 0 |
| 통산 | | | 1 | 1 | 0 | 0 | 0 | 1 | 0 | 0 |

**신동일**(申東一) 광주대 1993.07.09

| 대회 | 연도 | 소속 | 출전 | 교체 | 득점 | 도움 | 실점 | 파울 | 경고 | 퇴장 |
|---|---|---|---|---|---|---|---|---|---|---|
| K2 | 2016 | 충주 | 2 | 2 | 0 | 0 | 0 | 2 | 0 | 0 |
| 통산 | | | 2 | 2 | 0 | 0 | 0 | 2 | 0 | 0 |

**신동철**(申東喆) 명지대 1962.11.09

| 대회 | 연도 | 소속 | 출전 | 교체 | 득점 | 도움 | 실점 | 파울 | 경고 | 퇴장 |
|---|---|---|---|---|---|---|---|---|---|---|
| K1 | 1983 | 국민은행 | 2 | 0 | 1 | 1 | 0 | 3 | 0 | 0 |
| | 1986 | 유공 | 13 | 3 | 1 | 2 | 0 | 6 | 1 | 0 |
| | 1987 | 유공 | 4 | 3 | 0 | 1 | 0 | 1 | 1 | 0 |
| | 1988 | 유공 | 23 | 3 | 8 | 3 | 0 | 13 | 2 | 0 |
| | 1989 | 유공 | 9 | 6 | 0 | 0 | 0 | 1 | 0 | 0 |
| | 1990 | 유공 | 10 | 5 | 1 | 0 | 0 | 4 | 0 | 0 |
| | 1991 | 유공 | 24 | 17 | 1 | 1 | 0 | 7 | 1 | 0 |
| | 1992 | 유공 | 25 | 2 | 1 | 8 | 0 | 12 | 3 | 0 |
| | 1993 | 유공 | 13 | 5 | 0 | 0 | 0 | 3 | 0 | 0 |
| 컵 | 1986 | 유공 | 16 | 3 | 1 | 4 | 0 | 10 | 0 | 0 |
| | 1992 | 유공 | 9 | 1 | 2 | 2 | 0 | 4 | 0 | 0 |
| 통산 | | | 148 | 48 | 16 | 22 | 0 | 64 | 8 | 0 |

**신동혁** 브라질 ACD Potyguar 1987.07.17

| 대회 | 연도 | 소속 | 출전 | 교체 | 득점 | 도움 | 실점 | 파울 | 경고 | 퇴장 |
|---|---|---|---|---|---|---|---|---|---|---|
| K1 | 2011 | 인천 | 1 | 2 | 0 | 0 | 0 | 0 | 0 | 0 |
| K2 | 2014 | 대전 | 3 | 4 | 0 | 0 | 0 | 2 | 0 | 0 |
| 컵 | 2011 | 인천 | 3 | 3 | 0 | 0 | 0 | 1 | 0 | 0 |
| 통산 | | | 7 | 9 | 0 | 0 | 0 | 3 | 0 | 0 |

**신문선**(辛文善) 연세대 1958.03.11

| 대회 | 연도 | 소속 | 출전 | 교체 | 득점 | 도움 | 실점 | 파울 | 경고 | 퇴장 |
|---|---|---|---|---|---|---|---|---|---|---|
| K1 | 1983 | 유공 | 15 | 5 | 1 | 1 | 0 | 9 | 2 | 0 |
| | 1984 | 유공 | 28 | 2 | 2 | 1 | 0 | 11 | 0 | 0 |
| | 1985 | 유공 | 21 | 3 | 0 | 2 | 0 | 22 | 0 | 0 |
| PO | 1984 | 유공 | 1 | 0 | 0 | 0 | 0 | 1 | 0 | 0 |
| 통산 | | | 65 | 10 | 3 | 4 | 0 | 43 | 2 | 0 |

**신민기**(申旻己) 국제대 1997.04.29

| 대회 | 연도 | 소속 | 출전 | 교체 | 득점 | 도움 | 실점 | 파울 | 경고 | 퇴장 |
|---|---|---|---|---|---|---|---|---|---|---|
| K2 | 2023 | 안산 | 1 | 1 | 0 | 0 | 0 | 0 | 0 | 0 |
| 통산 | | | 1 | 1 | 0 | 0 | 0 | 0 | 0 | 0 |

**신민하**(辛岷夏) 용인시축구센터U18 2005.09.15

| 대회 | 연도 | 소속 | 출전 | 교체 | 득점 | 도움 | 실점 | 파울 | 경고 | 퇴장 |
|---|---|---|---|---|---|---|---|---|---|---|
| K1 | 2024 | 강원 | 20 | 19 | 0 | 0 | 0 | 2 | 1 | 0 |
| | 2025 | 강원 | 29 | 5 | 1 | 1 | 0 | 14 | 3 | 0 |
| 통산 | | | 49 | 24 | 1 | 1 | 0 | 16 | 4 | 0 |

**신범철**(申凡喆) 아주대 1970.09.27

| 대회 | 연도 | 소속 | 출전 | 교체 | 득점 | 도움 | 실점 | 파울 | 경고 | 퇴장 |
|---|---|---|---|---|---|---|---|---|---|---|
| K1 | 1993 | 대우 | 2 | 0 | 0 | 0 | 3 | 0 | 0 | 0 |
| | 1994 | 대우 | 11 | 0 | 0 | 0 | 20 | 0 | 0 | 0 |
| | 1995 | 대우 | 6 | 1 | 0 | 0 | 6 | 1 | 1 | 0 |
| | 1997 | 부산 | 11 | 0 | 0 | 0 | 7 | 0 | 1 | 0 |
| | 1998 | 부산 | 16 | 0 | 0 | 0 | 18 | 1 | 2 | 0 |
| | 1999 | 부산 | 20 | 2 | 0 | 0 | 23 | 1 | 1 | 0 |
| | 2000 | 부산 | 8 | 1 | 0 | 0 | 16 | 0 | 0 | 0 |
| | 2000 | 수원 | 0 | 0 | 0 | 0 | 0 | 0 | 0 | 0 |
| | 2001 | 수원 | 16 | 0 | 0 | 0 | 22 | 0 | 2 | 0 |
| | 2002 | 수원 | 3 | 0 | 0 | 0 | 6 | 0 | 0 | 0 |
| | 2003 | 수원 | 1 | 0 | 0 | 0 | 0 | 0 | 0 | 0 |
| | 2004 | 인천 | 9 | 0 | 0 | 0 | 11 | 2 | 0 | 0 |
| PO | 1999 | 부산 | 5 | 0 | 0 | 0 | 4 | 0 | 0 | 0 |
| 컵 | 1997 | 부산 | 10 | 0 | 0 | 0 | 8 | 0 | 0 | 0 |
| | 1998 | 부산 | 15 | 1 | 0 | 0 | 18 | 1 | 1 | 0 |
| | 1999 | 부산 | 11 | 1 | 0 | 0 | 14 | 1 | 1 | 0 |
| | 2000 | 부산 | 8 | 0 | 0 | 0 | 10 | 1 | 0 | 0 |
| | 2000 | 수원 | 0 | 0 | 0 | 0 | 0 | 0 | 0 | 0 |
| | 2001 | 수원 | 11 | 0 | 0 | 0 | 11 | 0 | 0 | 0 |
| | 2002 | 수원 | 9 | 0 | 0 | 0 | 14 | 0 | 0 | 0 |
| | 2004 | 인천 | 4 | 0 | 0 | 0 | 4 | 0 | 1 | 0 |
| 통산 | | | 176 | 6 | 0 | 0 | 215 | 8 | 10 | 0 |

**신병호**(申秉澔) 건국대 1977.04.26

| 대회 | 연도 | 소속 | 출전 | 교체 | 득점 | 도움 | 실점 | 파울 | 경고 | 퇴장 |
|---|---|---|---|---|---|---|---|---|---|---|
| K1 | 2002 | 전남 | 26 | 8 | 8 | 1 | 0 | 42 | 0 | 0 |
| | 2003 | 전남 | 42 | 22 | 16 | 4 | 0 | 61 | 3 | 0 |
| | 2004 | 전남 | 12 | 9 | 2 | 1 | 0 | 15 | 0 | 0 |
| | 2005 | 전남 | 8 | 7 | 0 | 0 | 0 | 13 | 0 | 0 |
| | 2006 | 경남 | 16 | 13 | 2 | 0 | 0 | 28 | 1 | 0 |
| | 2007 | 제주 | 8 | 8 | 0 | 0 | 0 | 10 | 0 | 0 |
| | 2008 | 제주 | 2 | 2 | 2 | 0 | 0 | 0 | 0 | 0 |
| 컵 | 2002 | 울산 | 7 | 6 | 1 | 0 | 0 | 12 | 1 | 0 |
| | 2004 | 전남 | 9 | 5 | 1 | 1 | 0 | 22 | 3 | 0 |
| | 2006 | 경남 | 10 | 8 | 3 | 0 | 0 | 23 | 2 | 0 |
| | 2007 | 제주 | 6 | 4 | 0 | 0 | 0 | 15 | 1 | 0 |
| | 2008 | 제주 | 4 | 4 | 0 | 0 | 0 | 1 | 0 | 0 |
| 통산 | | | 150 | 96 | 35 | 7 | 0 | 242 | 11 | 0 |

**신상근**(申相根) 청주상고 1961.04.24

| 대회 | 연도 | 소속 | 출전 | 교체 | 득점 | 도움 | 실점 | 파울 | 경고 | 퇴장 |
|---|---|---|---|---|---|---|---|---|---|---|
| K1 | 1984 | 포항제철 | 21 | 10 | 3 | 7 | 0 | 17 | 0 | 0 |
| | 1985 | 포항제철 | 11 | 6 | 1 | 0 | 0 | 5 | 1 | 0 |
| | 1986 | 포항제철 | 4 | 4 | 0 | 1 | 0 | 1 | 0 | 0 |
| | 1987 | 럭키금성 | 31 | 7 | 3 | 3 | 0 | 27 | 1 | 0 |
| | 1988 | 럭키금성 | 15 | 12 | 1 | 0 | 0 | 15 | 1 | 0 |
| | 1989 | 럭키금성 | 5 | 5 | 0 | 0 | 0 | 5 | 0 | 0 |
| PO | 1986 | 포항제철 | 1 | 1 | 0 | 0 | 0 | 1 | 0 | 0 |
| 컵 | 1986 | 포항제철 | 2 | 2 | 0 | 0 | 0 | 1 | 0 | 0 |
| 통산 | | | 90 | 47 | 8 | 11 | 0 | 72 | 3 | 0 |

**신상우**(申相又) 광운대 1976.03.10

| 대회 | 연도 | 소속 | 출전 | 교체 | 득점 | 도움 | 실점 | 파울 | 경고 | 퇴장 |
|---|---|---|---|---|---|---|---|---|---|---|
| K1 | 1999 | 대전 | 24 | 6 | 4 | 0 | 0 | 50 | 3 | 0 |
| | 2000 | 대전 | 25 | 4 | 1 | 2 | 0 | 49 | 3 | 0 |
| | 2001 | 대전 | 24 | 2 | 1 | 0 | 0 | 49 | 5 | 0 |
| | 2004 | 대전 | 10 | 3 | 0 | 0 | 0 | 24 | 0 | 0 |
| | 2006 | 성남일화 | 1 | 1 | 0 | 0 | 0 | 0 | 0 | 0 |
| 컵 | 1999 | 대전 | 7 | 2 | 1 | 0 | 0 | 17 | 1 | 0 |
| | 2000 | 대전 | 5 | 3 | 0 | 0 | 0 | 10 | 1 | 0 |
| | 2001 | 대전 | 8 | 0 | 0 | 1 | 0 | 21 | 2 | 0 |
| | 2004 | 대전 | 5 | 1 | 0 | 0 | 0 | 8 | 0 | 0 |
| | 2005 | 성남일화 | 1 | 1 | 0 | 0 | 0 | 0 | 0 | 0 |
| | 2006 | 성남일화 | 0 | 0 | 0 | 0 | 0 | 0 | 0 | 0 |
| 통산 | | | 110 | 23 | 7 | 3 | 0 | 228 | 15 | 0 |

**신상은**(申相垠) 성균관대 1999.08.20

| 대회 | 연도 | 소속 | 출전 | 교체 | 득점 | 도움 | 실점 | 파울 | 경고 | 퇴장 |
|---|---|---|---|---|---|---|---|---|---|---|
| K1 | 2023 | 대전 | 19 | 19 | 4 | 0 | 0 | 6 | 1 | 0 |
| | 2024 | 대전 | 6 | 6 | 0 | 0 | 0 | 3 | 0 | 0 |
| | 2025 | 대전 | 6 | 6 | 1 | 0 | 0 | 2 | 0 | 0 |
| | 2025 | 제주 | 10 | 14 | 1 | 1 | 0 | 3 | 0 | 0 |
| K2 | 2021 | 대전 | 16 | 16 | 2 | 0 | 0 | 13 | 0 | 0 |
| | 2022 | 대전 | 7 | 7 | 1 | 1 | 0 | 3 | 0 | 0 |
| PO | 2021 | 대전 | 0 | 0 | 0 | 0 | 0 | 0 | 0 | 0 |
| | 2022 | 대전 | 2 | 2 | 0 | 1 | 0 | 1 | 0 | 0 |
| | 2025 | 제주 | 2 | 2 | 0 | 0 | 0 | 3 | 1 | 0 |
| 통산 | | | 68 | 72 | 9 | 3 | 0 | 34 | 2 | 0 |

**신상훈**(申相訓) 중앙대 1983.06.20

| 대회 | 연도 | 소속 | 출전 | 교체 | 득점 | 도움 | 실점 | 파울 | 경고 | 퇴장 |
|---|---|---|---|---|---|---|---|---|---|---|
| K1 | 2006 | 전북 | 4 | 2 | 0 | 0 | 0 | 5 | 0 | 0 |
| 컵 | 2006 | 전북 | 0 | 0 | 0 | 0 | 0 | 0 | 0 | 0 |
| | 2007 | 전북 | 0 | 0 | 0 | 0 | 0 | 0 | 0 | 0 |
| 통산 | | | 4 | 2 | 0 | 0 | 0 | 5 | 0 | 0 |

**신상휘**(申相輝) 매탄고 2000.07.14

| 대회 | 연도 | 소속 | 출전 | 교체 | 득점 | 도움 | 실점 | 파울 | 경고 | 퇴장 |
|---|---|---|---|---|---|---|---|---|---|---|
| K1 | 2019 | 수원 | 1 | 1 | 0 | 0 | 0 | 1 | 0 | 0 |
| 통산 | | | 1 | 1 | 0 | 0 | 0 | 1 | 0 | 0 |

**신선진**(申善眞) 단국대 1994.06.21

| 대회 | 연도 | 소속 | 출전 | 교체 | 득점 | 도움 | 실점 | 파울 | 경고 | 퇴장 |
|---|---|---|---|---|---|---|---|---|---|---|
| K2 | 2017 | 안산 | 0 | 0 | 0 | 0 | 0 | 0 | 0 | 0 |
| 통산 | | | 0 | 0 | 0 | 0 | 0 | 0 | 0 | 0 |

**신성재**(申成在) 오산고 1997.01.27

| 대회 | 연도 | 소속 | 출전 | 교체 | 득점 | 도움 | 실점 | 파울 | 경고 | 퇴장 |
|---|---|---|---|---|---|---|---|---|---|---|
| K2 | 2020 | 전남 | 3 | 3 | 0 | 0 | 0 | 2 | 0 | 0 |
| 통산 | | | 3 | 3 | 0 | 0 | 0 | 2 | 0 | 0 |

**신성학**(辛性學) 홍익대 2004.02.13

| 대회 | 연도 | 소속 | 출전 | 교체 | 득점 | 도움 | 실점 | 파울 | 경고 | 퇴장 |
|---|---|---|---|---|---|---|---|---|---|---|
| K2 | 2025 | 서울E | 2 | 2 | 0 | 0 | 0 | 2 | 0 | 0 |
| 통산 | | | 2 | 2 | 0 | 0 | 0 | 2 | 0 | 0 |

**신성환**(申聖煥) 인천대 1968.10.10

| 대회 | 연도 | 소속 | 출전 | 교체 | 득점 | 도움 | 실점 | 파울 | 경고 | 퇴장 |
|---|---|---|---|---|---|---|---|---|---|---|
| K1 | 1992 | 포항제철 | 9 | 8 | 0 | 0 | 0 | 7 | 0 | 0 |
| | 1993 | 포항제철 | 10 | 7 | 0 | 0 | 0 | 5 | 0 | 0 |
| | 1994 | 포항제철 | 21 | 8 | 0 | 0 | 0 | 26 | 6 | 0 |
| | 1995 | 포항 | 16 | 10 | 1 | 0 | 0 | 12 | 0 | 0 |
| | 1996 | 수원 | 26 | 0 | 1 | 0 | 0 | 69 | 6 | 1 |
| | 1997 | 수원 | 16 | 3 | 2 | 0 | 0 | 46 | 5 | 0 |
| | 1998 | 수원 | 8 | 1 | 0 | 0 | 0 | 15 | 2 | 0 |
| PO | 1996 | 수원 | 2 | 0 | 0 | 0 | 0 | 5 | 0 | 0 |
| 컵 | 1992 | 포항제철 | 7 | 2 | 0 | 0 | 0 | 10 | 1 | 0 |
| | 1993 | 포항제철 | 5 | 4 | 0 | 0 | 0 | 4 | 0 | 0 |
| | 1994 | 포항제철 | 6 | 5 | 0 | 0 | 0 | 9 | 2 | 0 |
| | 1995 | 포항 | 6 | 0 | 0 | 0 | 0 | 16 | 3 | 0 |
| | 1996 | 수원 | 6 | 0 | 0 | 1 | 0 | 6 | 2 | 1 |
| | 1997 | 수원 | 14 | 0 | 1 | 0 | 0 | 33 | 4 | 0 |
| | 1998 | 수원 | 7 | 5 | 1 | 0 | 0 | 12 | 1 | 0 |
| 통산 | | | 159 | 53 | 6 | 1 | 0 | 275 | 32 | 2 |

**신세계**(申世界) 성균관대 1990.09.16

| 대회 | 연도 | 소속 | 출전 | 교체 | 득점 | 도움 | 실점 | 파울 | 경고 | 퇴장 |
|---|---|---|---|---|---|---|---|---|---|---|
| K1 | 2011 | 수원 | 10 | 5 | 0 | 0 | 0 | 23 | 6 | 0 |
| | 2012 | 수원 | 7 | 5 | 0 | 0 | 0 | 13 | 2 | 0 |
| | 2013 | 수원 | 16 | 2 | 0 | 0 | 0 | 24 | 3 | 0 |
| | 2014 | 수원 | 20 | 4 | 0 | 0 | 0 | 28 | 2 | 0 |
| | 2015 | 수원 | 18 | 8 | 1 | 0 | 0 | 21 | 2 | 0 |
| | 2016 | 수원 | 22 | 3 | 0 | 1 | 0 | 26 | 3 | 0 |
| | 2017 | 상주 | 13 | 0 | 0 | 0 | 0 | 12 | 0 | 0 |
| | 2018 | 상주 | 22 | 1 | 0 | 0 | 0 | 20 | 5 | 0 |
| | 2018 | 수원 | 5 | 0 | 0 | 0 | 0 | 8 | 1 | 0 |
| | 2019 | 수원 | 23 | 4 | 1 | 2 | 0 | 28 | 5 | 0 |
| | 2020 | 강원 | 18 | 2 | 0 | 0 | 0 | 37 | 5 | 0 |
| | 2021 | 강원 | 24 | 6 | 1 | 0 | 0 | 25 | 3 | 0 |
| | 2022 | 수원FC | 27 | 9 | 0 | 1 | 0 | 21 | 3 | 0 |
| | 2023 | 수원FC | 30 | 7 | 0 | 0 | 0 | 22 | 2 | 0 |
| K2 | 2024 | 서울E | 5 | 4 | 0 | 0 | 0 | 5 | 0 | 0 |
| PO | 2011 | 수원 | 0 | 0 | 0 | 0 | 0 | 0 | 0 | 0 |
| | 2017 | 상주 | 2 | 0 | 0 | 0 | 0 | 0 | 0 | 0 |
| 컵 | 2011 | 수원 | 1 | 0 | 0 | 0 | 0 | 2 | 0 | 0 |
| 통산 | | | 263 | 60 | 3 | 4 | 0 | 315 | 42 | 0 |

**신송훈**(申松勳) 금호고 2002.11.07

| 대회 | 연도 | 소속 | 출전 | 교체 | 득점 | 도움 | 실점 | 파울 | 경고 | 퇴장 |
|---|---|---|---|---|---|---|---|---|---|---|
| K1 | 2021 | 광주 | 1 | 0 | 0 | 0 | 1 | 0 | 0 | 0 |
| | 2022 | 김천 | 0 | 0 | 0 | 0 | 0 | 0 | 0 | 0 |
| K2 | 2022 | 광주 | 0 | 0 | 0 | 0 | 0 | 0 | 0 | 0 |
| | 2023 | 김천 | 17 | 1 | 0 | 0 | 18 | 0 | 0 | 0 |
| | 2024 | 충남아산 | 30 | 1 | 0 | 0 | 32 | 2 | 1 | 0 |
| | 2025 | 충남아산 | 36 | 0 | 0 | 0 | 41 | 0 | 1 | 0 |
| PO | 2022 | 김천 | 0 | 0 | 0 | 0 | 0 | 0 | 0 | 0 |
| | 2024 | 충남아산 | 2 | 0 | 0 | 0 | 6 | 0 | 0 | 0 |
| 통산 | | | 86 | 2 | 0 | 0 | 98 | 2 | 2 | 0 |

**신수진**(申洙鎭) 고려대 1982.10.26

| 대회 | 연도 | 소속 | 출전 | 교체 | 득점 | 도움 | 실점 | 파울 | 경고 | 퇴장 |
|---|---|---|---|---|---|---|---|---|---|---|

| 대회 | 연도 | 소속 | 출전 | 교체 | 득점 | 도움 | 실점 | 파울 | 경고 | 퇴장 |
|---|---|---|---|---|---|---|---|---|---|---|
| K1 | 2005 | 부산 | 6 | 3 | 0 | 0 | 0 | 5 | 0 | 0 |
| | 2008 | 광주상무 | 2 | 1 | 0 | 0 | 0 | 1 | 0 | 0 |
| 컵 | 2006 | 부산 | 1 | 0 | 0 | 0 | 0 | 3 | 0 | 0 |
| | 2008 | 광주상무 | 3 | 0 | 0 | 0 | 0 | 3 | 0 | 0 |
| 통산 | | | 12 | 4 | 0 | 0 | 0 | 12 | 0 | 0 |

**신승경**(辛承庚) 호남대 1981.09.07

| 대회 | 연도 | 소속 | 출전 | 교체 | 득점 | 도움 | 실점 | 파울 | 경고 | 퇴장 |
|---|---|---|---|---|---|---|---|---|---|---|
| K1 | 2004 | 부산 | 1 | 0 | 0 | 0 | 2 | 0 | 0 | 0 |
| | 2005 | 부산 | 8 | 1 | 0 | 0 | 11 | 0 | 1 | 0 |
| | 2006 | 부산 | 3 | 0 | 0 | 0 | 7 | 0 | 0 | 0 |
| | 2007 | 부산 | 1 | 0 | 0 | 0 | 2 | 1 | 0 | 0 |
| | 2008 | 경남 | 0 | 0 | 0 | 0 | 0 | 0 | 0 | 0 |
| | 2008 | 부산 | 0 | 0 | 0 | 0 | 0 | 0 | 0 | 0 |
| | 2009 | 경남 | 1 | 0 | 0 | 0 | 2 | 0 | 0 | 0 |
| PO | 2005 | 부산 | 0 | 0 | 0 | 0 | 0 | 0 | 0 | 0 |
| 컵 | 2004 | 부산 | 4 | 0 | 0 | 0 | 7 | 0 | 1 | 0 |
| | 2005 | 부산 | 1 | 0 | 0 | 0 | 0 | 0 | 0 | 0 |
| | 2007 | 부산 | 1 | 0 | 0 | 0 | 0 | 0 | 0 | 0 |
| | 2008 | 부산 | 1 | 0 | 0 | 0 | 2 | 0 | 0 | 0 |
| | 2008 | 경남 | 0 | 0 | 0 | 0 | 0 | 0 | 0 | 0 |
| | 2009 | 경남 | 1 | 0 | 0 | 0 | 2 | 0 | 1 | 0 |
| 통산 | | | 22 | 1 | 0 | 0 | 35 | 1 | 3 | 0 |

**신승민**(申昇珉) 고려대 2003.05.26

| 대회 | 연도 | 소속 | 출전 | 교체 | 득점 | 도움 | 실점 | 파울 | 경고 | 퇴장 |
|---|---|---|---|---|---|---|---|---|---|---|
| K2 | 2025 | 경남 | 5 | 4 | 0 | 0 | 0 | 2 | 1 | 0 |
| 통산 | | | 5 | 4 | 0 | 0 | 0 | 2 | 1 | 0 |

**신승호**(申陞昊) 아주대 1975.05.13

| 대회 | 연도 | 소속 | 출전 | 교체 | 득점 | 도움 | 실점 | 파울 | 경고 | 퇴장 |
|---|---|---|---|---|---|---|---|---|---|---|
| K1 | 1999 | 전남 | 8 | 9 | 0 | 1 | 0 | 3 | 0 | 0 |
| | 2001 | 부천SK | 0 | 0 | 0 | 0 | 0 | 0 | 0 | 0 |
| | 2002 | 부천SK | 21 | 7 | 0 | 0 | 0 | 28 | 4 | 0 |
| | 2003 | 부천SK | 22 | 3 | 0 | 0 | 0 | 20 | 1 | 0 |
| | 2004 | 부천SK | 14 | 8 | 0 | 0 | 0 | 17 | 0 | 0 |
| | 2005 | 부천SK | 12 | 4 | 0 | 0 | 0 | 21 | 2 | 0 |
| | 2006 | 경남 | 22 | 1 | 1 | 2 | 0 | 38 | 3 | 0 |
| PO | 1999 | 전남 | 0 | 0 | 0 | 0 | 0 | 0 | 0 | 0 |
| 컵 | 1999 | 전남 | 1 | 1 | 0 | 0 | 0 | 0 | 0 | 0 |
| | 2000 | 부천SK | 2 | 1 | 0 | 0 | 0 | 4 | 0 | 0 |
| | 2001 | 부천SK | 0 | 0 | 0 | 0 | 0 | 0 | 0 | 0 |
| | 2002 | 부천SK | 6 | 1 | 0 | 0 | 0 | 15 | 1 | 0 |
| | 2004 | 부천SK | 8 | 4 | 0 | 0 | 0 | 14 | 0 | 0 |
| | 2005 | 부천SK | 11 | 3 | 1 | 0 | 0 | 11 | 1 | 0 |
| | 2006 | 경남 | 11 | 1 | 0 | 1 | 0 | 21 | 4 | 0 |
| 통산 | | | 138 | 43 | 2 | 4 | 0 | 192 | 16 | 0 |

**신연수**(申燃秀) 매탄고 1992.04.06

| 대회 | 연도 | 소속 | 출전 | 교체 | 득점 | 도움 | 실점 | 파울 | 경고 | 퇴장 |
|---|---|---|---|---|---|---|---|---|---|---|
| K1 | 2012 | 상주 | 1 | 1 | 0 | 0 | 0 | 0 | 0 | 0 |
| | 2014 | 부산 | 1 | 1 | 0 | 0 | 0 | 2 | 1 | 0 |
| 컵 | 2011 | 수원 | 1 | 1 | 0 | 0 | 0 | 0 | 0 | 0 |
| 통산 | | | 3 | 3 | 0 | 0 | 0 | 2 | 1 | 0 |

**신연호**(申連浩) 고려대 1964.05.08

| 대회 | 연도 | 소속 | 출전 | 교체 | 득점 | 도움 | 실점 | 파울 | 경고 | 퇴장 |
|---|---|---|---|---|---|---|---|---|---|---|
| K1 | 1987 | 현대 | 9 | 5 | 0 | 0 | 0 | 5 | 1 | 0 |
| | 1988 | 현대 | 21 | 2 | 1 | 0 | 0 | 22 | 2 | 0 |
| | 1989 | 현대 | 21 | 7 | 3 | 2 | 0 | 31 | 0 | 0 |
| | 1990 | 현대 | 17 | 4 | 3 | 0 | 0 | 26 | 0 | 0 |
| | 1991 | 현대 | 36 | 4 | 0 | 1 | 0 | 30 | 1 | 0 |
| | 1992 | 현대 | 16 | 6 | 2 | 0 | 0 | 7 | 0 | 0 |
| | 1993 | 현대 | 23 | 9 | 2 | 2 | 0 | 14 | 1 | 1 |
| | 1994 | 현대 | 12 | 10 | 0 | 1 | 0 | 15 | 1 | 0 |
| 컵 | 1992 | 현대 | 7 | 3 | 0 | 0 | 0 | 6 | 0 | 0 |
| | 1993 | 현대 | 5 | 1 | 0 | 1 | 0 | 5 | 1 | 0 |
| | 1994 | 현대 | 3 | 3 | 1 | 0 | 0 | 1 | 0 | 0 |
| 통산 | | | 170 | 54 | 12 | 7 | 0 | 162 | 7 | 1 |

**신영록**(辛泳錄) 세일중 1987.03.27

| 대회 | 연도 | 소속 | 출전 | 교체 | 득점 | 도움 | 실점 | 파울 | 경고 | 퇴장 |
|---|---|---|---|---|---|---|---|---|---|---|
| K1 | 2003 | 수원 | 3 | 4 | 0 | 0 | 0 | 0 | 0 | 0 |
| | 2004 | 수원 | 1 | 1 | 0 | 0 | 0 | 0 | 0 | 0 |
| | 2005 | 수원 | 6 | 6 | 1 | 0 | 0 | 3 | 1 | 0 |
| | 2006 | 수원 | 8 | 8 | 1 | 0 | 0 | 11 | 1 | 0 |
| | 2007 | 수원 | 3 | 1 | 2 | 0 | 0 | 11 | 1 | 0 |
| | 2008 | 수원 | 16 | 9 | 6 | 4 | 0 | 35 | 0 | 0 |
| | 2010 | 수원 | 8 | 3 | 3 | 1 | 0 | 24 | 3 | 0 |
| | 2011 | 제주 | 8 | 7 | 0 | 0 | 0 | 16 | 2 | 0 |
| PO | 2007 | 수원 | 0 | 0 | 0 | 0 | 0 | 0 | 0 | 0 |
| | 2008 | 수원 | 2 | 2 | 0 | 0 | 0 | 1 | 0 | 0 |
| 컵 | 2004 | 수원 | 5 | 5 | 0 | 0 | 0 | 2 | 0 | 0 |
| | 2005 | 수원 | 1 | 1 | 0 | 0 | 0 | 4 | 0 | 0 |
| | 2006 | 수원 | 4 | 4 | 1 | 1 | 0 | 9 | 1 | 0 |
| | 2008 | 수원 | 5 | 5 | 1 | 0 | 0 | 7 | 0 | 0 |
| | 2010 | 수원 | 1 | 1 | 0 | 0 | 0 | 0 | 0 | 0 |
| 통산 | | | 71 | 57 | 15 | 6 | 0 | 123 | 9 | 0 |

**신영록**(申榮綠) 호남대 1981.09.07

| 대회 | 연도 | 소속 | 출전 | 교체 | 득점 | 도움 | 실점 | 파울 | 경고 | 퇴장 |
|---|---|---|---|---|---|---|---|---|---|---|
| K1 | 2003 | 부산 | 7 | 4 | 0 | 0 | 0 | 12 | 0 | 0 |
| | 2004 | 부산 | 1 | 1 | 0 | 0 | 0 | 1 | 0 | 0 |
| | 2005 | 부산 | 7 | 0 | 0 | 0 | 0 | 15 | 2 | 0 |
| 컵 | 2004 | 부산 | 0 | 0 | 0 | 0 | 0 | 0 | 0 | 0 |
| | 2005 | 부산 | 7 | 0 | 0 | 0 | 0 | 9 | 3 | 0 |
| 통산 | | | 22 | 5 | 0 | 0 | 0 | 37 | 5 | 0 |

**신영준**(辛映俊) 호남대 1989.09.06

| 대회 | 연도 | 소속 | 출전 | 교체 | 득점 | 도움 | 실점 | 파울 | 경고 | 퇴장 |
|---|---|---|---|---|---|---|---|---|---|---|
| K1 | 2011 | 전남 | 19 | 17 | 3 | 1 | 0 | 11 | 0 | 0 |
| | 2012 | 전남 | 20 | 19 | 3 | 1 | 0 | 18 | 0 | 0 |
| | 2013 | 전남 | 3 | 3 | 0 | 0 | 0 | 1 | 0 | 0 |
| | 2013 | 포항 | 13 | 13 | 2 | 2 | 0 | 5 | 0 | 0 |
| | 2014 | 포항 | 15 | 14 | 0 | 0 | 0 | 11 | 3 | 0 |
| | 2016 | 상주 | 16 | 15 | 2 | 0 | 0 | 9 | 0 | 0 |
| | 2017 | 상주 | 6 | 5 | 0 | 0 | 0 | 5 | 0 | 0 |
| | 2017 | 강원 | 1 | 1 | 0 | 0 | 0 | 1 | 0 | 0 |
| K2 | 2015 | 강원 | 19 | 15 | 3 | 3 | 0 | 12 | 1 | 0 |
| | 2018 | 부산 | 10 | 10 | 1 | 1 | 0 | 4 | 1 | 0 |
| PO | 2018 | 부산 | 1 | 1 | 1 | 0 | 0 | 0 | 0 | 0 |
| 컵 | 2011 | 전남 | 1 | 0 | 0 | 0 | 0 | 3 | 0 | 0 |
| 통산 | | | 124 | 113 | 15 | 8 | 0 | 80 | 5 | 0 |

**신영철**(申映哲) 풍생고 1986.03.14

| 대회 | 연도 | 소속 | 출전 | 교체 | 득점 | 도움 | 실점 | 파울 | 경고 | 퇴장 |
|---|---|---|---|---|---|---|---|---|---|---|
| K1 | 2005 | 성남일화 | 0 | 0 | 0 | 0 | 0 | 0 | 0 | 0 |
| | 2006 | 성남일화 | 1 | 1 | 0 | 0 | 0 | 0 | 0 | 0 |
| | 2009 | 성남일화 | 0 | 0 | 0 | 0 | 0 | 0 | 0 | 0 |
| | 2010 | 성남일화 | 0 | 0 | 0 | 0 | 0 | 0 | 0 | 0 |
| PO | 2005 | 성남일화 | 1 | 1 | 0 | 0 | 0 | 0 | 0 | 0 |
| | 2009 | 성남일화 | 0 | 0 | 0 | 0 | 0 | 0 | 0 | 0 |
| 컵 | 2005 | 성남일화 | 2 | 2 | 0 | 0 | 0 | 0 | 0 | 0 |
| | 2006 | 성남일화 | 3 | 3 | 1 | 0 | 0 | 7 | 0 | 0 |
| 통산 | | | 7 | 7 | 1 | 0 | 0 | 7 | 0 | 0 |

**신완희**(申頑熙) 탐라대 1988.05.12

| 대회 | 연도 | 소속 | 출전 | 교체 | 득점 | 도움 | 실점 | 파울 | 경고 | 퇴장 |
|---|---|---|---|---|---|---|---|---|---|---|
| 컵 | 2011 | 부산 | 0 | 0 | 0 | 0 | 0 | 0 | 0 | 0 |
| 통산 | | | 0 | 0 | 0 | 0 | 0 | 0 | 0 | 0 |

**신우식**(申友植) 연세대 1968.03.25

| 대회 | 연도 | 소속 | 출전 | 교체 | 득점 | 도움 | 실점 | 파울 | 경고 | 퇴장 |
|---|---|---|---|---|---|---|---|---|---|---|
| K1 | 1990 | 럭키금성 | 3 | 3 | 0 | 0 | 0 | 0 | 0 | 0 |
| | 1991 | LG | 2 | 1 | 0 | 0 | 0 | 1 | 0 | 0 |
| | 1994 | LG | 6 | 2 | 0 | 0 | 0 | 10 | 1 | 0 |
| | 1995 | LG | 0 | 0 | 0 | 0 | 0 | 0 | 0 | 0 |
| 컵 | 1994 | LG | 6 | 0 | 0 | 0 | 0 | 6 | 0 | 0 |
| | 1995 | LG | 1 | 0 | 0 | 0 | 0 | 1 | 1 | 0 |
| 통산 | | | 18 | 6 | 0 | 0 | 0 | 18 | 2 | 0 |

**신원호**(申原浩) 보인고 2001.05.19

| 대회 | 연도 | 소속 | 출전 | 교체 | 득점 | 도움 | 실점 | 파울 | 경고 | 퇴장 |
|---|---|---|---|---|---|---|---|---|---|---|
| K2 | 2023 | 천안 | 11 | 10 | 0 | 0 | 0 | 9 | 1 | 0 |
| | 2024 | 천안 | 5 | 4 | 0 | 0 | 0 | 3 | 1 | 0 |
| 통산 | | | 16 | 14 | 0 | 0 | 0 | 12 | 2 | 0 |

**신윤기**(辛允基) 영남상고 1957.03.23

| 대회 | 연도 | 소속 | 출전 | 교체 | 득점 | 도움 | 실점 | 파울 | 경고 | 퇴장 |
|---|---|---|---|---|---|---|---|---|---|---|
| K1 | 1983 | 유공 | 8 | 2 | 0 | 1 | 0 | 5 | 1 | 0 |
| 통산 | | | 8 | 2 | 0 | 1 | 0 | 5 | 1 | 0 |

**신의손**[申宜孫, ←사리체프(Valeri Sarychev)] 1960.01.12

| 대회 | 연도 | 소속 | 출전 | 교체 | 득점 | 도움 | 실점 | 파울 | 경고 | 퇴장 |
|---|---|---|---|---|---|---|---|---|---|---|
| K1 | 1992 | 일화 | 30 | 0 | 0 | 0 | 21 | 0 | 0 | 0 |
| | 1993 | 일화 | 30 | 0 | 0 | 0 | 23 | 0 | 0 | 0 |
| | 1994 | 일화 | 30 | 0 | 0 | 0 | 30 | 1 | 0 | 0 |
| | 1995 | 일화 | 27 | 0 | 0 | 0 | 23 | 2 | 3 | 0 |
| | 1996 | 천안일화 | 26 | 0 | 0 | 0 | 49 | 0 | 0 | 0 |
| | 1997 | 천안일화 | 9 | 1 | 0 | 0 | 18 | 0 | 0 | 0 |
| | 1998 | 천안일화 | 5 | 0 | 0 | 0 | 16 | 0 | 0 | 0 |
| | 2000 | 안양LG | 23 | 0 | 0 | 0 | 21 | 0 | 1 | 0 |
| | 2001 | 안양LG | 27 | 0 | 0 | 0 | 23 | 1 | 0 | 0 |
| | 2002 | 안양LG | 26 | 0 | 0 | 0 | 29 | 1 | 1 | 0 |
| | 2003 | 안양LG | 18 | 0 | 0 | 0 | 26 | 0 | 1 | 0 |
| PO | 1995 | 일화 | 3 | 0 | 0 | 0 | 4 | 0 | 0 | 0 |
| | 2000 | 안양LG | 1 | 1 | 0 | 0 | 0 | 0 | 0 | 0 |
| 컵 | 1992 | 일화 | 12 | 0 | 0 | 0 | 12 | 1 | 1 | 0 |
| | 1993 | 일화 | 5 | 0 | 0 | 0 | 10 | 0 | 0 | 0 |
| | 1994 | 일화 | 6 | 0 | 0 | 0 | 3 | 0 | 0 | 0 |
| | 1995 | 일화 | 7 | 0 | 0 | 0 | 4 | 0 | 0 | 0 |
| | 1996 | 천안일화 | 1 | 0 | 0 | 0 | 2 | 0 | 0 | 0 |
| | 1997 | 천안일화 | 7 | 1 | 0 | 0 | 10 | 1 | 0 | 0 |
| | 2000 | 안양LG | 8 | 0 | 0 | 0 | 14 | 0 | 0 | 0 |
| | 2001 | 안양LG | 8 | 0 | 0 | 0 | 6 | 0 | 0 | 0 |
| | 2002 | 안양LG | 9 | 0 | 0 | 0 | 7 | 0 | 0 | 0 |
| | 2004 | 서울 | 7 | 0 | 0 | 0 | 12 | 0 | 0 | 0 |
| 통산 | | | 325 | 3 | 0 | 0 | 363 | 7 | 7 | 0 |

**신인섭**(申仁燮) 건국대 1989.06.01

| 대회 | 연도 | 소속 | 출전 | 교체 | 득점 | 도움 | 실점 | 파울 | 경고 | 퇴장 |
|---|---|---|---|---|---|---|---|---|---|---|
| K1 | 2011 | 부산 | 0 | 0 | 0 | 0 | 0 | 0 | 0 | 0 |
| 컵 | 2011 | 부산 | 0 | 0 | 0 | 0 | 0 | 0 | 0 | 0 |
| 통산 | | | 0 | 0 | 0 | 0 | 0 | 0 | 0 | 0 |

**신일수**(申壹守) 고려대 1994.09.04

| 대회 | 연도 | 소속 | 출전 | 교체 | 득점 | 도움 | 실점 | 파울 | 경고 | 퇴장 |
|---|---|---|---|---|---|---|---|---|---|---|
| K2 | 2015 | 서울E | 12 | 7 | 0 | 0 | 0 | 20 | 5 | 0 |
| | 2016 | 서울E | 22 | 13 | 0 | 1 | 0 | 36 | 6 | 0 |
| | 2018 | 안산 | 27 | 3 | 1 | 0 | 0 | 28 | 6 | 1 |
| | 2022 | 안산 | 17 | 11 | 0 | 1 | 0 | 15 | 4 | 0 |
| | 2023 | 전남 | 3 | 1 | 0 | 0 | 0 | 1 | 2 | 0 |
| | 2024 | 전남 | 7 | 3 | 0 | 0 | 0 | 3 | 2 | 0 |
| 통산 | | | 88 | 38 | 1 | 2 | 0 | 103 | 25 | 1 |

**신일연**(信逸然) 신평고 2005.07.17

| 대회 | 연도 | 소속 | 출전 | 교체 | 득점 | 도움 | 실점 | 파울 | 경고 | 퇴장 |
|---|---|---|---|---|---|---|---|---|---|---|
| K1 | 2024 | 수원FC | 0 | 0 | 0 | 0 | 0 | 0 | 0 | 0 |
| 통산 | | | 0 | 0 | 0 | 0 | 0 | 0 | 0 | 0 |

**신재원**(申在源) 고려대 1998.09.16

| 대회 | 연도 | 소속 | 출전 | 교체 | 득점 | 도움 | 실점 | 파울 | 경고 | 퇴장 |
|---|---|---|---|---|---|---|---|---|---|---|
| K1 | 2019 | 서울 | 2 | 2 | 0 | 0 | 0 | 1 | 1 | 0 |
| | 2021 | 서울 | 9 | 9 | 1 | 0 | 0 | 6 | 1 | 0 |
| | 2022 | 수원FC | 7 | 9 | 0 | 0 | 0 | 4 | 1 | 0 |
| K2 | 2020 | 안산 | 14 | 14 | 0 | 1 | 0 | 7 | 1 | 0 |
| | 2023 | 성남 | 13 | 14 | 2 | 0 | 0 | 11 | 3 | 0 |
| | 2024 | 성남 | 27 | 22 | 2 | 5 | 0 | 11 | 0 | 0 |
| | 2025 | 성남 | 38 | 4 | 0 | 9 | 0 | 22 | 6 | 0 |
| PO | 2025 | 성남 | 1 | 1 | 0 | 1 | 0 | 1 | 0 | 0 |
| 통산 | | | 111 | 75 | 5 | 16 | 0 | 63 | 13 | 0 |

**신재필**(申栽必) 안양공고 1982.05.25

| 대회 | 연도 | 소속 | 출전 | 교체 | 득점 | 도움 | 실점 | 파울 | 경고 | 퇴장 |
|---|---|---|---|---|---|---|---|---|---|---|
| K1 | 2002 | 안양LG | 0 | 0 | 0 | 0 | 0 | 0 | 0 | 0 |
| | 2003 | 안양LG | 1 | 2 | 0 | 0 | 0 | 2 | 1 | 0 |
| K2 | 2013 | 고양 | 26 | 10 | 0 | 0 | 0 | 43 | 7 | 0 |
| | 2014 | 고양 | 14 | 12 | 0 | 0 | 0 | 9 | 1 | 1 |
| 통산 | | | 41 | 24 | 0 | 0 | 0 | 54 | 9 | 1 |

**신재혁**(申在爀) 건국대 2001.06.04

| 대회 | 연도 | 소속 | 출전 | 교체 | 득점 | 도움 | 실점 | 파울 | 경고 | 퇴장 |
|---|---|---|---|---|---|---|---|---|---|---|
| K2 | 2021 | 안산 | 1 | 1 | 0 | 0 | 0 | 0 | 0 | 0 |
| | 2022 | 안산 | 9 | 9 | 1 | 0 | 0 | 5 | 1 | 0 |
| | 2023 | 안산 | 5 | 5 | 1 | 0 | 0 | 3 | 1 | 0 |
| 통산 | | | 15 | 15 | 2 | 0 | 0 | 8 | 2 | 0 |

**신재흠**(申在欽) 연세대 1959.03.26

| 대회 | 연도 | 소속 | 출전 | 교체 | 득점 | 도움 | 실점 | 파울 | 경고 | 퇴장 |
|---|---|---|---|---|---|---|---|---|---|---|
| K1 | 1983 | 대우 | 1 | 1 | 0 | 0 | 0 | 2 | 1 | 0 |
| | 1984 | 럭키금성 | 27 | 3 | 1 | 2 | 0 | 21 | 1 | 0 |
| 통산 | | | 28 | 4 | 1 | 2 | 0 | 23 | 2 | 0 |

**신정환**(申正桓) 관동대(가톨릭관동대) 1986.08.18

| 대회 | 연도 | 소속 | 출전 | 교체 | 득점 | 도움 | 실점 | 파울 | 경고 | 퇴장 |
|---|---|---|---|---|---|---|---|---|---|---|
| K1 | 2011 | 전남 | 0 | 0 | 0 | 0 | 0 | 0 | 0 | 0 |
| 컵 | 2008 | 제주 | 0 | 0 | 0 | 0 | 0 | 0 | 0 | 0 |
| 통산 | | | 0 | 0 | 0 | 0 | 0 | 0 | 0 | 0 |

**신제경**(辛齊耕) 중앙대 1961.01.25

| 대회 | 연도 | 소속 | 출전 | 교체 | 득점 | 도움 | 실점 | 파울 | 경고 | 퇴장 |
|---|---|---|---|---|---|---|---|---|---|---|
| K1 | 1985 | 상무 | 21 | 2 | 0 | 0 | 0 | 26 | 0 | 0 |
| 통산 | | | 21 | 2 | 0 | 0 | 0 | 26 | 0 | 0 |

**신제호**(辛齊虎) 중앙대 1962.10.03

| 대회 | 연도 | 소속 | 출전 | 교체 | 득점 | 도움 | 실점 | 파울 | 경고 | 퇴장 |
|---|---|---|---|---|---|---|---|---|---|---|
| K1 | 1985 | 한일은행 | 14 | 0 | 0 | 0 | 0 | 24 | 2 | 0 |
| | 1986 | 한일은행 | 10 | 0 | 0 | 0 | 0 | 12 | 1 | 0 |
| 통산 | | | 24 | 0 | 0 | 0 | 0 | 36 | 3 | 0 |

**신종혁**(辛鍾赫) 대구대 1976.03.04

| 대회 | 연도 | 소속 | 출전 | 교체 | 득점 | 도움 | 실점 | 파울 | 경고 | 퇴장 |
|---|---|---|---|---|---|---|---|---|---|---|
| K1 | 2000 | 포항 | 5 | 3 | 0 | 1 | 0 | 8 | 0 | 0 |
| 컵 | 1999 | 포항 | 0 | 0 | 0 | 0 | 0 | 0 | 0 | 0 |
| | 2000 | 포항 | 0 | 0 | 0 | 0 | 0 | 0 | 0 | 0 |
| 통산 | | | 5 | 3 | 0 | 1 | 0 | 8 | 0 | 0 |

**신준배**(辛俊培) 선문대 1985.10.26

| 대회 | 연도 | 소속 | 출전 | 교체 | 득점 | 도움 | 실점 | 파울 | 경고 | 퇴장 |
|---|---|---|---|---|---|---|---|---|---|---|
| K1 | 2009 | 대전 | 3 | 0 | 0 | 0 | 4 | 0 | 0 | 0 |
| | 2010 | 대전 | 7 | 0 | 0 | 0 | 10 | 1 | 1 | 0 |
| | 2011 | 대전 | 1 | 1 | 0 | 0 | 0 | 0 | 0 | 0 |
| 컵 | 2010 | 대전 | 2 | 0 | 0 | 0 | 4 | 0 | 0 | 0 |
| | 2011 | 대전 | 2 | 0 | 0 | 0 | 4 | 0 | 0 | 0 |
| 통산 | | | 15 | 1 | 0 | 0 | 22 | 1 | 1 | 0 |

**신진원**(申晉遠) 연세대 1974.09.27

| 대회 | 연도 | 소속 | 출전 | 교체 | 득점 | 도움 | 실점 | 파울 | 경고 | 퇴장 |
|---|---|---|---|---|---|---|---|---|---|---|
| K1 | 1997 | 대전 | 17 | 9 | 5 | 0 | 0 | 32 | 0 | 0 |
| | 1998 | 대전 | 18 | 8 | 4 | 2 | 0 | 19 | 2 | 0 |
| | 1999 | 대전 | 7 | 6 | 1 | 1 | 0 | 3 | 1 | 0 |
| | 2000 | 대전 | 26 | 17 | 1 | 6 | 0 | 32 | 1 | 0 |
| | 2001 | 전남 | 18 | 15 | 0 | 0 | 0 | 15 | 0 | 0 |
| | 2002 | 전남 | 4 | 4 | 0 | 0 | 0 | 1 | 1 | 0 |
| | 2003 | 대전 | 10 | 10 | 0 | 0 | 0 | 7 | 0 | 0 |
| | 2004 | 대전 | 1 | 1 | 0 | 0 | 0 | 4 | 1 | 0 |
| 컵 | 1997 | 대전 | 15 | 10 | 1 | 1 | 0 | 20 | 3 | 0 |
| | 1998 | 대전 | 14 | 4 | 4 | 1 | 0 | 22 | 3 | 0 |
| | 2000 | 대전 | 4 | 3 | 0 | 0 | 0 | 6 | 1 | 0 |
| | 2001 | 전남 | 8 | 5 | 2 | 1 | 0 | 14 | 2 | 0 |
| | 2002 | 전남 | 4 | 4 | 0 | 0 | 0 | 1 | 0 | 0 |
| | 2004 | 대전 | 1 | 1 | 0 | 0 | 0 | 2 | 0 | 0 |
| 통산 | | | 147 | 97 | 18 | 12 | 0 | 178 | 15 | 0 |

**신진하**(申昊津) 한양대 1996.09.03

| 대회 | 연도 | 소속 | 출전 | 교체 | 득점 | 도움 | 실점 | 파울 | 경고 | 퇴장 |
|---|---|---|---|---|---|---|---|---|---|---|
| K2 | 2019 | 전남 | 2 | 2 | 0 | 0 | 0 | 2 | 0 | 0 |
| 통산 | | | 2 | 2 | 0 | 0 | 0 | 2 | 0 | 0 |

**신진호**(申嗔浩) 영남대 1988.09.07

| 대회 | 연도 | 소속 | 출전 | 교체 | 득점 | 도움 | 실점 | 파울 | 경고 | 퇴장 |
|---|---|---|---|---|---|---|---|---|---|---|
| K1 | 2011 | 포항 | 2 | 2 | 0 | 0 | 0 | 2 | 1 | 0 |
| | 2012 | 포항 | 23 | 10 | 1 | 6 | 0 | 49 | 5 | 1 |
| | 2013 | 포항 | 20 | 6 | 2 | 2 | 0 | 34 | 3 | 0 |
| | 2015 | 포항 | 17 | 0 | 3 | 3 | 0 | 39 | 5 | 0 |
| | 2016 | 서울 | 6 | 2 | 1 | 2 | 0 | 9 | 1 | 0 |
| | 2016 | 상주 | 23 | 7 | 0 | 6 | 0 | 37 | 2 | 0 |
| | 2017 | 상주 | 12 | 5 | 1 | 1 | 0 | 19 | 5 | 0 |
| | 2018 | 서울 | 34 | 11 | 2 | 4 | 0 | 67 | 8 | 1 |
| | 2019 | 울산 | 24 | 12 | 1 | 4 | 0 | 39 | 5 | 1 |
| | 2020 | 울산 | 22 | 9 | 1 | 4 | 0 | 26 | 3 | 0 |
| | 2021 | 포항 | 36 | 8 | 2 | 7 | 0 | 68 | 5 | 0 |
| | 2022 | 포항 | 32 | 4 | 4 | 10 | 0 | 49 | 10 | 0 |
| | 2023 | 인천 | 17 | 5 | 1 | 3 | 0 | 27 | 5 | 0 |
| | 2024 | 인천 | 18 | 7 | 0 | 3 | 0 | 18 | 2 | 0 |
| K2 | 2025 | 인천 | 32 | 32 | 4 | 4 | 0 | 24 | 1 | 0 |
| PO | 2017 | 상주 | 2 | 0 | 0 | 0 | 0 | 11 | 1 | 0 |
| 컵 | 2011 | 포항 | 4 | 4 | 0 | 1 | 0 | 3 | 1 | 0 |
| 통산 | | | 324 | 124 | 23 | 60 | 0 | 521 | 63 | 3 |

**신찬우**(申讚優) 연세대 1997.02.08

| 대회 | 연도 | 소속 | 출전 | 교체 | 득점 | 도움 | 실점 | 파울 | 경고 | 퇴장 |
|---|---|---|---|---|---|---|---|---|---|---|
| K1 | 2018 | 전남 | 0 | 0 | 0 | 0 | 0 | 0 | 0 | 0 |
| K2 | 2019 | 전남 | 0 | 0 | 0 | 0 | 0 | 0 | 0 | 0 |
| 통산 | | | 0 | 0 | 0 | 0 | 0 | 0 | 0 | 0 |

**신창무**(申昶武) 우석대 1992.09.17

| 대회 | 연도 | 소속 | 출전 | 교체 | 득점 | 도움 | 실점 | 파울 | 경고 | 퇴장 |
|---|---|---|---|---|---|---|---|---|---|---|
| K1 | 2017 | 대구 | 19 | 14 | 2 | 1 | 0 | 28 | 5 | 0 |
| | 2018 | 상주 | 21 | 18 | 1 | 2 | 0 | 13 | 2 | 0 |
| | 2019 | 상주 | 16 | 16 | 1 | 0 | 0 | 10 | 1 | 0 |
| | 2019 | 대구 | 8 | 8 | 1 | 0 | 0 | 6 | 2 | 0 |
| | 2020 | 대구 | 18 | 10 | 0 | 0 | 0 | 24 | 3 | 0 |
| | 2021 | 강원 | 19 | 18 | 1 | 1 | 0 | 18 | 1 | 0 |
| | 2022 | 강원 | 7 | 7 | 0 | 0 | 0 | 7 | 0 | 0 |
| | 2023 | 광주 | 9 | 9 | 0 | 0 | 0 | 2 | 2 | 0 |
| | 2024 | 광주 | 14 | 14 | 2 | 0 | 0 | 7 | 1 | 0 |
| | 2025 | 광주 | 23 | 23 | 2 | 3 | 0 | 28 | 3 | 0 |
| K2 | 2014 | 대구 | 12 | 11 | 0 | 1 | 0 | 12 | 0 | 0 |
| | 2015 | 대구 | 9 | 8 | 0 | 0 | 0 | 10 | 2 | 0 |
| | 2016 | 대구 | 31 | 18 | 1 | 0 | 0 | 41 | 10 | 0 |
| PO | 2015 | 대구 | 1 | 1 | 0 | 0 | 0 | 5 | 1 | 0 |
| | 2021 | 강원 | 2 | 2 | 0 | 0 | 0 | 3 | 0 | 0 |
| 통산 | | | 209 | 177 | 11 | 8 | 0 | 214 | 33 | 0 |

**신태용**(申台龍) 영남대 1970.10.11

| 대회 | 연도 | 소속 | 출전 | 교체 | 득점 | 도움 | 실점 | 파울 | 경고 | 퇴장 |
|---|---|---|---|---|---|---|---|---|---|---|
| K1 | 1992 | 일화 | 18 | 7 | 7 | 4 | 0 | 29 | 0 | 0 |
| | 1993 | 일화 | 28 | 5 | 5 | 6 | 0 | 36 | 2 | 0 |
| | 1994 | 일화 | 23 | 9 | 7 | 3 | 0 | 29 | 0 | 0 |
| | 1995 | 일화 | 26 | 8 | 6 | 3 | 0 | 35 | 4 | 0 |
| | 1996 | 천안일화 | 24 | 3 | 18 | 1 | 0 | 37 | 2 | 0 |
| | 1997 | 천안일화 | 7 | 5 | 0 | 1 | 0 | 12 | 0 | 1 |
| | 1998 | 천안일화 | 7 | 7 | 1 | 1 | 0 | 5 | 1 | 0 |
| | 1999 | 천안일화 | 25 | 12 | 4 | 1 | 0 | 36 | 3 | 0 |
| | 2000 | 성남일화 | 26 | 6 | 7 | 7 | 0 | 38 | 3 | 0 |
| | 2001 | 성남일화 | 27 | 2 | 5 | 7 | 0 | 35 | 0 | 0 |
| | 2002 | 성남일화 | 26 | 4 | 4 | 5 | 0 | 39 | 2 | 0 |
| | 2003 | 성남일화 | 38 | 9 | 8 | 7 | 2 | 60 | 3 | 0 |
| | 2004 | 성남일화 | 20 | 7 | 4 | 3 | 0 | 24 | 2 | 1 |
| PO | 1995 | 일화 | 2 | 1 | 2 | 1 | 0 | 3 | 0 | 0 |
| | 2000 | 성남일화 | 1 | 1 | 0 | 0 | 0 | 1 | 0 | 0 |
| 컵 | 1992 | 일화 | 7 | 4 | 3 | 1 | 0 | 12 | 0 | 0 |
| | 1993 | 일화 | 5 | 0 | 1 | 1 | 0 | 7 | 0 | 0 |
| | 1994 | 일화 | 6 | 2 | 1 | 1 | 0 | 4 | 0 | 0 |
| | 1995 | 일화 | 7 | 1 | 0 | 1 | 0 | 5 | 0 | 0 |
| | 1996 | 천안일화 | 5 | 0 | 3 | 2 | 0 | 11 | 1 | 0 |
| | 1997 | 천안일화 | 12 | 2 | 3 | 1 | 0 | 22 | 1 | 0 |
| | 1998 | 천안일화 | 17 | 2 | 2 | 5 | 0 | 31 | 1 | 0 |
| | 1999 | 천안일화 | 10 | 2 | 5 | 1 | 0 | 18 | 0 | 0 |
| | 2000 | 성남일화 | 7 | 6 | 2 | 0 | 0 | 4 | 1 | 0 |
| | 2001 | 성남일화 | 9 | 6 | 0 | 3 | 0 | 8 | 0 | 0 |
| | 2002 | 성남일화 | 11 | 1 | 2 | 2 | 0 | 21 | 2 | 0 |
| | 2004 | 성남일화 | 11 | 4 | 2 | 1 | 0 | 15 | 2 | 0 |
| 통산 | | | 405 | 116 | 102 | 69 | 2 | 577 | 30 | 2 |

**신학영**(申學榮) 동북고 1994.03.04

| 대회 | 연도 | 소속 | 출전 | 교체 | 득점 | 도움 | 실점 | 파울 | 경고 | 퇴장 |
|---|---|---|---|---|---|---|---|---|---|---|
| K2 | 2015 | 경남 | 7 | 6 | 0 | 0 | 0 | 8 | 0 | 0 |
| | 2016 | 경남 | 24 | 14 | 1 | 1 | 0 | 19 | 2 | 0 |
| | 2017 | 대전 | 24 | 17 | 1 | 0 | 0 | 23 | 2 | 0 |
| | 2018 | 대전 | 14 | 12 | 0 | 1 | 0 | 14 | 2 | 0 |
| | 2019 | 대전 | 12 | 8 | 0 | 1 | 0 | 21 | 5 | 0 |
| PO | 2018 | 대전 | 1 | 1 | 0 | 0 | 0 | 3 | 1 | 0 |
| 통산 | | | 82 | 58 | 2 | 3 | 0 | 88 | 12 | 0 |

**신한결**(愼한결) 현풍고 2001.11.13

| 대회 | 연도 | 소속 | 출전 | 교체 | 득점 | 도움 | 실점 | 파울 | 경고 | 퇴장 |
|---|---|---|---|---|---|---|---|---|---|---|
| K2 | 2024 | 천안 | 10 | 8 | 0 | 1 | 0 | 8 | 1 | 1 |
| | 2025 | 천안 | 1 | 1 | 0 | 0 | 0 | 1 | 0 | 0 |
| 통산 | | | 11 | 9 | 0 | 1 | 0 | 9 | 1 | 1 |

**신현준**(申鉉俊) 명지대 1986.03.08

| 대회 | 연도 | 소속 | 출전 | 교체 | 득점 | 도움 | 실점 | 파울 | 경고 | 퇴장 |
|---|---|---|---|---|---|---|---|---|---|---|
| 컵 | 2009 | 강원 | 0 | 0 | 0 | 0 | 0 | 0 | 0 | 0 |
| 통산 | | | 0 | 0 | 0 | 0 | 0 | 0 | 0 | 0 |

**신현준**(申賢儁) 세종대 1992.06.15

| 대회 | 연도 | 소속 | 출전 | 교체 | 득점 | 도움 | 실점 | 파울 | 경고 | 퇴장 |
|---|---|---|---|---|---|---|---|---|---|---|
| K2 | 2016 | 부천 | 11 | 11 | 1 | 0 | 0 | 6 | 2 | 0 |
| | 2017 | 부천 | 12 | 12 | 1 | 0 | 0 | 4 | 3 | 0 |
| | 2018 | 부천 | 5 | 5 | 0 | 0 | 0 | 3 | 0 | 0 |
| PO | 2016 | 부천 | 0 | 0 | 0 | 0 | 0 | 0 | 0 | 0 |
| 통산 | | | 28 | 28 | 2 | 0 | 0 | 13 | 5 | 0 |

**신현호**(申鉉浩) 한양대 1953.09.21

| 대회 | 연도 | 소속 | 출전 | 교체 | 득점 | 도움 | 실점 | 파울 | 경고 | 퇴장 |
|---|---|---|---|---|---|---|---|---|---|---|
| K1 | 1984 | 할렐루야 | 26 | 16 | 1 | 4 | 0 | 7 | 0 | 0 |
| | 1985 | 할렐루야 | 10 | 7 | 1 | 2 | 0 | 5 | 0 | 0 |
| 통산 | | | 36 | 23 | 2 | 6 | 0 | 12 | 0 | 0 |

**신현호**(辛賢浩) 연세대 1977.07.07

| 대회 | 연도 | 소속 | 출전 | 교체 | 득점 | 도움 | 실점 | 파울 | 경고 | 퇴장 |
|---|---|---|---|---|---|---|---|---|---|---|
| K1 | 2000 | 부천SK | 2 | 2 | 0 | 0 | 0 | 1 | 0 | 0 |
| | 2001 | 부천SK | 0 | 0 | 0 | 0 | 0 | 0 | 0 | 0 |
| | 2002 | 부천SK | 9 | 8 | 0 | 0 | 0 | 11 | 0 | 0 |
| | 2003 | 부천SK | 20 | 9 | 0 | 0 | 0 | 31 | 6 | 0 |
| PO | 2000 | 부천SK | 0 | 0 | 0 | 0 | 0 | 0 | 0 | 0 |
| 컵 | 2000 | 부천SK | 1 | 1 | 0 | 0 | 0 | 0 | 0 | 0 |
| | 2002 | 부천SK | 1 | 1 | 0 | 0 | 0 | 0 | 0 | 0 |
| 통산 | | | 33 | 21 | 0 | 0 | 0 | 43 | 6 | 0 |

**신형민**(辛炯旼) 홍익대 1986.07.18

| 대회 | 연도 | 소속 | 출전 | 교체 | 득점 | 도움 | 실점 | 파울 | 경고 | 퇴장 |
|---|---|---|---|---|---|---|---|---|---|---|
| K1 | 2008 | 포항 | 21 | 11 | 3 | 1 | 0 | 29 | 2 | 0 |
| | 2009 | 포항 | 21 | 6 | 4 | 1 | 0 | 36 | 4 | 0 |
| | 2010 | 포항 | 22 | 1 | 0 | 0 | 0 | 50 | 11 | 0 |
| | 2011 | 포항 | 27 | 1 | 4 | 1 | 0 | 42 | 7 | 0 |
| | 2012 | 포항 | 25 | 0 | 1 | 2 | 0 | 47 | 8 | 0 |
| | 2014 | 전북 | 25 | 2 | 0 | 0 | 0 | 39 | 4 | 0 |
| | 2016 | 전북 | 10 | 1 | 1 | 0 | 0 | 11 | 2 | 0 |
| | 2017 | 전북 | 34 | 5 | 0 | 1 | 0 | 35 | 10 | 0 |
| | 2018 | 전북 | 28 | 11 | 0 | 1 | 0 | 34 | 5 | 0 |
| | 2019 | 전북 | 28 | 7 | 0 | 0 | 0 | 45 | 9 | 0 |
| | 2020 | 전북 | 9 | 7 | 0 | 0 | 0 | 2 | 1 | 0 |
| | 2021 | 울산 | 18 | 13 | 0 | 0 | 0 | 22 | 3 | 0 |
| | 2022 | 울산 | 5 | 5 | 0 | 0 | 0 | 1 | 0 | 0 |
| K2 | 2015 | 안산경찰 | 38 | 0 | 4 | 0 | 0 | 35 | 8 | 0 |
| | 2016 | 안산무궁 | 25 | 3 | 0 | 0 | 0 | 30 | 5 | 0 |
| | 2023 | 천안 | 17 | 2 | 0 | 0 | 0 | 9 | 2 | 0 |
| | 2024 | 천안 | 28 | 13 | 0 | 1 | 0 | 17 | 4 | 1 |
| | 2025 | 천안 | 11 | 7 | 0 | 0 | 0 | 11 | 2 | 0 |
| PO | 2008 | 포항 | 1 | 0 | 0 | 0 | 0 | 7 | 0 | 0 |
| | 2009 | 포항 | 1 | 0 | 0 | 0 | 0 | 5 | 1 | 0 |
| | 2011 | 포항 | 1 | 0 | 0 | 0 | 0 | 3 | 0 | 0 |
| 컵 | 2008 | 포항 | 2 | 1 | 0 | 0 | 0 | 4 | 2 | 0 |
| | 2009 | 포항 | 6 | 0 | 0 | 1 | 0 | 9 | 0 | 0 |
| | 2011 | 포항 | 0 | 0 | 0 | 0 | 0 | 0 | 0 | 0 |
| 통산 | | | 403 | 96 | 17 | 9 | 0 | 523 | 90 | 1 |

**신호은**(申鎬殷) 영남대 1991.06.16

| 대회 | 연도 | 소속 | 출전 | 교체 | 득점 | 도움 | 실점 | 파울 | 경고 | 퇴장 |
|---|---|---|---|---|---|---|---|---|---|---|
| K2 | 2014 | 부천 | 1 | 1 | 0 | 0 | 0 | 0 | 0 | 0 |
| 통산 | | | 1 | 1 | 0 | 0 | 0 | 0 | 0 | 0 |

**신홍기**(辛弘基) 한양대 1968.05.04

| 대회 | 연도 | 소속 | 출전 | 교체 | 득점 | 도움 | 실점 | 파울 | 경고 | 퇴장 |
|---|---|---|---|---|---|---|---|---|---|---|
| K1 | 1991 | 현대 | 39 | 5 | 1 | 4 | 0 | 33 | 3 | 0 |
| | 1992 | 현대 | 30 | 1 | 7 | 5 | 0 | 38 | 1 | 0 |
| | 1993 | 현대 | 10 | 1 | 1 | 1 | 0 | 5 | 2 | 0 |
| | 1994 | 현대 | 20 | 6 | 1 | 2 | 0 | 16 | 1 | 0 |
| | 1995 | 현대 | 27 | 3 | 4 | 4 | 0 | 27 | 3 | 0 |
| | 1996 | 울산 | 25 | 0 | 4 | 8 | 0 | 41 | 6 | 0 |
| | 1997 | 울산 | 16 | 4 | 0 | 5 | 0 | 19 | 2 | 0 |
| | 1998 | 수원 | 18 | 0 | 3 | 2 | 0 | 44 | 0 | 0 |
| | 1999 | 수원 | 25 | 0 | 1 | 5 | 0 | 44 | 5 | 0 |
| | 2000 | 수원 | 27 | 0 | 4 | 0 | 0 | 38 | 1 | 0 |
| | 2001 | 수원 | 22 | 12 | 1 | 0 | 0 | 28 | 1 | 0 |
| PO | 1996 | 울산 | 2 | 1 | 0 | 0 | 0 | 3 | 0 | 0 |
| | 1998 | 수원 | 2 | 0 | 1 | 0 | 0 | 6 | 0 | 0 |
| | 1999 | 수원 | 2 | 0 | 0 | 0 | 0 | 2 | 0 | 0 |
| 컵 | 1992 | 현대 | 9 | 1 | 1 | 1 | 0 | 18 | 0 | 0 |
| | 1993 | 현대 | 2 | 1 | 1 | 0 | 0 | 1 | 0 | 0 |
| | 1995 | 현대 | 7 | 0 | 0 | 2 | 0 | 10 | 1 | 0 |
| | 1996 | 울산 | 5 | 1 | 0 | 0 | 0 | 10 | 1 | 0 |
| | 1997 | 울산 | 14 | 2 | 2 | 1 | 0 | 14 | 3 | 0 |
| | 1998 | 수원 | 6 | 2 | 1 | 1 | 0 | 10 | 1 | 0 |
| | 1999 | 수원 | 12 | 0 | 2 | 0 | 0 | 23 | 2 | 0 |
| | 2000 | 수원 | 10 | 0 | 0 | 1 | 0 | 19 | 3 | 0 |
| | 2001 | 수원 | 8 | 2 | 0 | 0 | 0 | 13 | 2 | 1 |
| 통산 | | | 338 | 42 | 35 | 42 | 0 | 462 | 38 | 1 |

**신화용**(申和容) 청주대 1983.04.13

| 대회 | 연도 | 소속 | 출전 | 교체 | 득점 | 도움 | 실점 | 파울 | 경고 | 퇴장 |
|---|---|---|---|---|---|---|---|---|---|---|
| K1 | 2004 | 포항 | 0 | 0 | 0 | 0 | 0 | 0 | 0 | 0 |
| | 2005 | 포항 | 0 | 0 | 0 | 0 | 0 | 0 | 0 | 0 |
| | 2006 | 포항 | 12 | 0 | 0 | 0 | 19 | 0 | 0 | 0 |
| | 2007 | 포항 | 17 | 1 | 0 | 0 | 18 | 0 | 1 | 0 |
| | 2008 | 포항 | 8 | 0 | 0 | 0 | 9 | 0 | 0 | 0 |
| | 2009 | 포항 | 20 | 1 | 0 | 0 | 19 | 0 | 1 | 0 |
| | 2010 | 포항 | 23 | 1 | 0 | 0 | 38 | 0 | 2 | 0 |
| | 2011 | 포항 | 23 | 1 | 0 | 0 | 24 | 1 | 1 | 0 |
| | 2012 | 포항 | 32 | 0 | 0 | 0 | 33 | 1 | 1 | 1 |
| | 2013 | 포항 | 33 | 0 | 0 | 0 | 31 | 0 | 2 | 0 |
| | 2014 | 포항 | 31 | 1 | 0 | 0 | 29 | 1 | 3 | 0 |
| | 2015 | 포항 | 38 | 0 | 0 | 0 | 32 | 0 | 3 | 0 |
| | 2016 | 포항 | 23 | 2 | 0 | 0 | 31 | 0 | 1 | 0 |
| | 2017 | 수원 | 33 | 2 | 0 | 0 | 30 | 1 | 0 | 0 |
| | 2018 | 수원 | 17 | 1 | 0 | 0 | 17 | 0 | 0 | 0 |
| PO | 2004 | 포항 | 0 | 0 | 0 | 0 | 0 | 0 | 0 | 0 |
| | 2006 | 포항 | 0 | 0 | 0 | 0 | 0 | 0 | 0 | 0 |
| | 2007 | 포항 | 1 | 1 | 0 | 0 | 0 | 0 | 0 | 0 |
| | 2008 | 포항 | 0 | 0 | 0 | 0 | 0 | 0 | 0 | 0 |
| | 2009 | 포항 | 1 | 0 | 0 | 0 | 1 | 0 | 0 | 0 |
| | 2011 | 포항 | 1 | 0 | 0 | 0 | 1 | 0 | 0 | 0 |
| 컵 | 2004 | 포항 | 0 | 0 | 0 | 0 | 0 | 0 | 0 | 0 |
| | 2005 | 포항 | 0 | 0 | 0 | 0 | 0 | 0 | 0 | 0 |
| | 2006 | 포항 | 1 | 0 | 0 | 0 | 2 | 0 | 0 | 0 |
| | 2007 | 포항 | 8 | 1 | 0 | 0 | 7 | 0 | 1 | 0 |
| | 2008 | 포항 | 1 | 1 | 0 | 0 | 0 | 0 | 0 | 0 |
| | 2009 | 포항 | 5 | 0 | 0 | 0 | 6 | 0 | 1 | 0 |
| | 2010 | 포항 | 4 | 0 | 0 | 0 | 5 | 0 | 0 | 0 |
| | 2011 | 포항 | 5 | 0 | 0 | 0 | 4 | 0 | 1 | 0 |
| 통산 | | | 337 | 13 | 0 | 0 | 356 | 4 | 18 | 1 |

**신희재**(申熙梓) 선문대 1992.12.27

| 대회 | 연도 | 소속 | 출전 | 교체 | 득점 | 도움 | 실점 | 파울 | 경고 | 퇴장 |
|---|---|---|---|---|---|---|---|---|---|---|
| K2 | 2015 | 대구 | 1 | 1 | 0 | 0 | 0 | 0 | 0 | 0 |
| | 2016 | 대구 | 0 | 0 | 0 | 0 | 0 | 0 | 0 | 0 |
| 통산 | | | 1 | 1 | 0 | 0 | 0 | 0 | 0 | 0 |

**실라지**(Vladimir Siladi) 세르비아 1993.04.23

| 대회 | 연도 | 소속 | 출전 | 교체 | 득점 | 도움 | 실점 | 파울 | 경고 | 퇴장 |
|---|---|---|---|---|---|---|---|---|---|---|
| K1 | 2021 | 강원 | 18 | 17 | 3 | 2 | 0 | 13 | 1 | 0 |
| 통산 | | | 18 | 17 | 3 | 2 | 0 | 13 | 1 | 0 |

**실바**(Marcelo da Silva Santos) 브라질 1978.11.30

| 대회 | 연도 | 소속 | 출전 | 교체 | 득점 | 도움 | 실점 | 파울 | 경고 | 퇴장 |
|---|---|---|---|---|---|---|---|---|---|---|
| K1 | 2000 | 성남일화 | 5 | 3 | 0 | 0 | 0 | 11 | 2 | 0 |
| PO | 2000 | 성남일화 | 1 | 0 | 0 | 0 | 0 | 5 | 0 | 0 |
| 컵 | 2000 | 성남일화 | 1 | 1 | 0 | 0 | 0 | 2 | 0 | 0 |
| 통산 | | | 7 | 4 | 0 | 0 | 0 | 18 | 2 | 0 |

**실바**(Antonio Marcos da Silva) 브라질 1977.06.20

| 대회 | 연도 | 소속 | 출전 | 교체 | 득점 | 도움 | 실점 | 파울 | 경고 | 퇴장 |
|---|---|---|---|---|---|---|---|---|---|---|
| K1 | 2002 | 전남 | 10 | 8 | 0 | 0 | 0 | 6 | 0 | 0 |
| 통산 | | | 10 | 8 | 0 | 0 | 0 | 6 | 0 | 0 |

**실바**(Valdenir da Silva Vitalino) 브라질 1977.02.21

| 대회 | 연도 | 소속 | 출전 | 교체 | 득점 | 도움 | 실점 | 파울 | 경고 | 퇴장 |
|---|---|---|---|---|---|---|---|---|---|---|
| K1 | 2005 | 서울 | 8 | 1 | 0 | 0 | 0 | 20 | 3 | 0 |
| 통산 | | | 8 | 1 | 0 | 0 | 0 | 20 | 3 | 0 |

**실바**(Elpidio Pereira da Silva Fihlo) 브라질 1975.07.19

| 대회 | 연도 | 소속 | 출전 | 교체 | 득점 | 도움 | 실점 | 파울 | 경고 | 퇴장 |
|---|---|---|---|---|---|---|---|---|---|---|
| K1 | 2006 | 수원 | 11 | 11 | 1 | 1 | 0 | 13 | 0 | 0 |
| PO | 2006 | 수원 | 3 | 3 | 1 | 0 | 0 | 2 | 0 | 0 |
| 통산 | | | 14 | 14 | 2 | 1 | 0 | 15 | 0 | 0 |

**실바**(Welington da Silva de Souza) 브라질 1987.05.27

| 대회 | 연도 | 소속 | 출전 | 교체 | 득점 | 도움 | 실점 | 파울 | 경고 | 퇴장 |
|---|---|---|---|---|---|---|---|---|---|---|
| K1 | 2008 | 경남 | 4 | 3 | 0 | 0 | 0 | 5 | 0 | 0 |
| 컵 | 2008 | 경남 | 3 | 3 | 0 | 0 | 0 | 6 | 0 | 0 |
| 통산 | | | 7 | 6 | 0 | 0 | 0 | 11 | 0 | 0 |

**실바**(Alexandre Capelin e Silva) 브라질 1989.01.11

| 대회 | 연도 | 소속 | 출전 | 교체 | 득점 | 도움 | 실점 | 파울 | 경고 | 퇴장 |
|---|---|---|---|---|---|---|---|---|---|---|
| K1 | 2012 | 전남 | 1 | 1 | 0 | 0 | 0 | 1 | 0 | 0 |
| 통산 | | | 1 | 1 | 0 | 0 | 0 | 1 | 0 | 0 |

**실바**(Álvaro Peralta Silva Linares) 필리핀 1984.03.30

| 대회 | 연도 | 소속 | 출전 | 교체 | 득점 | 도움 | 실점 | 파울 | 경고 | 퇴장 |
|---|---|---|---|---|---|---|---|---|---|---|
| K1 | 2015 | 대전 | 7 | 1 | 0 | 0 | 0 | 2 | 0 | 0 |
| K2 | 2016 | 대전 | 15 | 1 | 0 | 0 | 0 | 24 | 5 | 0 |
| 통산 | | | 22 | 2 | 0 | 0 | 0 | 26 | 5 | 0 |

**실반**(Silvan Lopes) 브라질 1973.07.20

| 대회 | 연도 | 소속 | 출전 | 교체 | 득점 | 도움 | 실점 | 파울 | 경고 | 퇴장 |
|---|---|---|---|---|---|---|---|---|---|---|
| K1 | 1994 | 포항제철 | 16 | 4 | 2 | 3 | 0 | 31 | 2 | 0 |
| | 1995 | 포항 | 18 | 7 | 0 | 3 | 0 | 29 | 3 | 0 |
| PO | 1995 | 포항 | 2 | 0 | 0 | 0 | 0 | 2 | 0 | 0 |
| 컵 | 1995 | 포항 | 4 | 1 | 0 | 0 | 0 | 8 | 1 | 0 |
| 통산 | | | 40 | 12 | 2 | 6 | 0 | 70 | 6 | 0 |

**실빙요** (Silvio Jose Cardoso Reis Junior) 브라질 1990.07.01

| 대회 | 연도 | 소속 | 출전 | 교체 | 득점 | 도움 | 실점 | 파울 | 경고 | 퇴장 |
|---|---|---|---|---|---|---|---|---|---|---|
| K1 | 2016 | 성남 | 13 | 10 | 2 | 0 | 0 | 9 | 0 | 0 |
| PO | 2016 | 성남 | 0 | 0 | 0 | 0 | 0 | 0 | 0 | 0 |
| 통산 | | | 13 | 10 | 2 | 0 | 0 | 9 | 0 | 0 |

**심광욱**(沈光昱) 아주대 1994.01.03

| 대회 | 연도 | 소속 | 출전 | 교체 | 득점 | 도움 | 실점 | 파울 | 경고 | 퇴장 |
|---|---|---|---|---|---|---|---|---|---|---|
| K1 | 2015 | 제주 | 8 | 9 | 0 | 1 | 0 | 6 | 1 | 0 |
| | 2016 | 광주 | 4 | 4 | 0 | 0 | 0 | 0 | 0 | 0 |
| K2 | 2017 | 서울E | 2 | 2 | 0 | 0 | 0 | 2 | 0 | 0 |
| 통산 | | | 14 | 15 | 0 | 1 | 0 | 8 | 1 | 0 |

**심규선**(沈規善) 명지대 1962.01.14

| 대회 | 연도 | 소속 | 출전 | 교체 | 득점 | 도움 | 실점 | 파울 | 경고 | 퇴장 |
|---|---|---|---|---|---|---|---|---|---|---|
| K1 | 1986 | 포항제철 | 10 | 8 | 0 | 1 | 0 | 5 | 0 | 0 |
| 컵 | 1986 | 포항제철 | 12 | 6 | 1 | 0 | 0 | 10 | 1 | 0 |
| 통산 | | | 22 | 14 | 1 | 1 | 0 | 15 | 1 | 0 |

**심동운**(沈東雲) 홍익대 1990.03.03

| 대회 | 연도 | 소속 | 출전 | 교체 | 득점 | 도움 | 실점 | 파울 | 경고 | 퇴장 |
|---|---|---|---|---|---|---|---|---|---|---|
| K1 | 2012 | 전남 | 30 | 19 | 4 | 0 | 0 | 22 | 2 | 0 |
| | 2013 | 전남 | 29 | 3 | 5 | 3 | 0 | 22 | 4 | 0 |
| | 2014 | 전남 | 20 | 11 | 2 | 1 | 0 | 16 | 1 | 0 |
| | 2015 | 포항 | 28 | 23 | 1 | 3 | 0 | 14 | 1 | 0 |
| | 2016 | 포항 | 36 | 19 | 10 | 1 | 0 | 16 | 2 | 0 |
| | 2017 | 포항 | 37 | 31 | 8 | 2 | 0 | 23 | 3 | 0 |
| | 2018 | 상주 | 31 | 14 | 8 | 0 | 0 | 16 | 2 | 0 |
| | 2019 | 포항 | 8 | 5 | 1 | 0 | 0 | 6 | 0 | 0 |
| | 2019 | 상주 | 17 | 14 | 2 | 1 | 0 | 8 | 1 | 0 |
| | 2020 | 포항 | 22 | 20 | 0 | 1 | 0 | 11 | 1 | 0 |
| | 2022 | 성남 | 15 | 16 | 1 | 1 | 0 | 4 | 1 | 0 |
| K2 | 2021 | 안양 | 26 | 19 | 2 | 1 | 0 | 26 | 1 | 0 |
| | 2022 | 안양 | 7 | 7 | 0 | 0 | 0 | 1 | 0 | 0 |
| | 2023 | 성남 | 12 | 12 | 1 | 3 | 0 | 8 | 1 | 0 |
| 통산 | | | 318 | 213 | 45 | 17 | 0 | 193 | 20 | 0 |

**심민**(沈旼) 한양대 1998.02.15

| 대회 | 연도 | 소속 | 출전 | 교체 | 득점 | 도움 | 실점 | 파울 | 경고 | 퇴장 |
|---|---|---|---|---|---|---|---|---|---|---|
| K2 | 2020 | 충남아산 | 0 | 0 | 0 | 0 | 0 | 0 | 0 | 0 |
| | 2021 | 충남아산 | 0 | 0 | 0 | 0 | 0 | 0 | 0 | 0 |
| 통산 | | | 0 | 0 | 0 | 0 | 0 | 0 | 0 | 0 |

**심민석**(沈敏錫) 관동대(가톨릭관동대) 1977.10.21

| 대회 | 연도 | 소속 | 출전 | 교체 | 득점 | 도움 | 실점 | 파울 | 경고 | 퇴장 |
|---|---|---|---|---|---|---|---|---|---|---|
| K1 | 2000 | 성남일화 | 0 | 0 | 0 | 0 | 0 | 0 | 0 | 0 |
| | 2004 | 성남일화 | 1 | 1 | 0 | 0 | 0 | 2 | 0 | 0 |
| 컵 | 2000 | 성남일화 | 0 | 0 | 0 | 0 | 0 | 0 | 0 | 0 |
| 통산 | | | 1 | 1 | 0 | 0 | 0 | 2 | 0 | 0 |

**심민용**(沈民龍) 부평고 2001.12.04

| 대회 | 연도 | 소속 | 출전 | 교체 | 득점 | 도움 | 실점 | 파울 | 경고 | 퇴장 |
|---|---|---|---|---|---|---|---|---|---|---|
| K2 | 2021 | 경남 | 0 | 0 | 0 | 0 | 0 | 0 | 0 | 0 |
| | 2023 | 김포 | 1 | 1 | 0 | 0 | 0 | 0 | 0 | 0 |
| 통산 | | | 1 | 1 | 0 | 0 | 0 | 0 | 0 | 0 |

**심봉섭**(沈鳳燮) 한양대 1966.09.10

| 대회 | 연도 | 소속 | 출전 | 교체 | 득점 | 도움 | 실점 | 파울 | 경고 | 퇴장 |
|---|---|---|---|---|---|---|---|---|---|---|
| K1 | 1989 | 대우 | 23 | 11 | 2 | 3 | 0 | 27 | 0 | 0 |
| | 1990 | 대우 | 24 | 19 | 1 | 1 | 0 | 23 | 1 | 0 |
| | 1991 | 대우 | 30 | 32 | 3 | 1 | 0 | 30 | 2 | 0 |
| | 1992 | 대우 | 21 | 15 | 5 | 1 | 0 | 22 | 2 | 0 |
| | 1993 | 대우 | 24 | 13 | 2 | 0 | 0 | 24 | 3 | 0 |
| | 1994 | 대우 | 15 | 13 | 0 | 1 | 0 | 9 | 2 | 0 |
| | 1995 | LG | 1 | 1 | 0 | 0 | 0 | 0 | 0 | 0 |
| 컵 | 1992 | 대우 | 7 | 6 | 0 | 0 | 0 | 2 | 0 | 0 |
| | 1993 | 대우 | 3 | 4 | 0 | 0 | 0 | 1 | 0 | 0 |
| | 1994 | 대우 | 3 | 3 | 0 | 0 | 0 | 0 | 0 | 0 |
| | 1995 | LG | 5 | 6 | 0 | 0 | 0 | 5 | 0 | 0 |
| 통산 | | | 156 | 123 | 13 | 7 | 0 | 143 | 10 | 0 |

**심상민**(沈相旼) 중앙대 1993.05.21

| 대회 | 연도 | 소속 | 출전 | 교체 | 득점 | 도움 | 실점 | 파울 | 경고 | 퇴장 |
|---|---|---|---|---|---|---|---|---|---|---|
| K1 | 2014 | 서울 | 2 | 2 | 0 | 0 | 0 | 1 | 0 | 0 |
| | 2015 | 서울 | 12 | 6 | 0 | 2 | 0 | 14 | 0 | 0 |
| | 2016 | 서울 | 4 | 2 | 0 | 0 | 0 | 2 | 1 | 0 |
| | 2017 | 서울 | 13 | 7 | 0 | 1 | 0 | 7 | 1 | 0 |
| | 2018 | 서울 | 16 | 3 | 0 | 0 | 0 | 15 | 1 | 0 |
| | 2019 | 포항 | 26 | 2 | 0 | 1 | 0 | 14 | 2 | 0 |
| | 2020 | 상주 | 10 | 1 | 0 | 1 | 0 | 7 | 0 | 0 |
| | 2020 | 포항 | 3 | 0 | 0 | 0 | 0 | 5 | 1 | 0 |
| | 2021 | 포항 | 2 | 0 | 0 | 0 | 0 | 1 | 0 | 0 |
| | 2022 | 포항 | 29 | 10 | 0 | 0 | 0 | 12 | 1 | 0 |
| | 2023 | 포항 | 21 | 5 | 0 | 2 | 0 | 10 | 1 | 0 |
| | 2024 | 울산 | 9 | 6 | 0 | 0 | 0 | 4 | 0 | 0 |
| | 2025 | 광주 | 19 | 14 | 0 | 0 | 0 | 12 | 1 | 0 |
| K2 | 2016 | 서울E | 13 | 0 | 1 | 0 | 0 | 6 | 0 | 0 |
| | 2021 | 김천 | 17 | 2 | 0 | 3 | 0 | 10 | 2 | 0 |
| 통산 | | | 196 | 60 | 1 | 10 | 0 | 120 | 11 | 0 |

**심연원**(沈蓮源) 경북미용예술고 2005.08.02

| 대회 | 연도 | 소속 | 출전 | 교체 | 득점 | 도움 | 실점 | 파울 | 경고 | 퇴장 |
|---|---|---|---|---|---|---|---|---|---|---|
| K1 | 2025 | 대구 | 0 | 0 | 0 | 0 | 0 | 0 | 0 | 0 |
| 통산 | | | 0 | 0 | 0 | 0 | 0 | 0 | 0 | 0 |

**심영성**(沈永星) 제주제일고 1987.01.15

Section 7 역대 통산 기록

| 대회 | 연도 | 소속 | 출전 | 교체 | 득점 | 도움 | 실점 | 파울 | 경고 | 퇴장 |
|---|---|---|---|---|---|---|---|---|---|---|
| K1 | 2004 | 성남일화 | 6 | 6 | 0 | 0 | 0 | 7 | 0 | 0 |
| | 2005 | 성남일화 | 0 | 0 | 0 | 0 | 0 | 0 | 0 | 0 |
| | 2006 | 제주 | 8 | 4 | 0 | 1 | 0 | 10 | 1 | 0 |
| | 2006 | 성남일화 | 1 | 1 | 0 | 0 | 0 | 0 | 0 | 0 |
| | 2007 | 제주 | 19 | 11 | 3 | 1 | 0 | 18 | 0 | 0 |
| | 2008 | 제주 | 16 | 9 | 3 | 3 | 0 | 7 | 1 | 0 |
| | 2009 | 제주 | 21 | 14 | 1 | 1 | 0 | 11 | 1 | 0 |
| | 2011 | 제주 | 7 | 7 | 0 | 0 | 0 | 0 | 0 | 0 |
| | 2012 | 강원 | 9 | 8 | 1 | 0 | 0 | 8 | 2 | 0 |
| | 2012 | 제주 | 1 | 1 | 0 | 0 | 0 | 0 | 0 | 0 |
| | 2015 | 제주 | 0 | 0 | 0 | 0 | 0 | 0 | 0 | 0 |
| K2 | 2016 | 강원 | 30 | 30 | 4 | 2 | 0 | 16 | 2 | 0 |
| | 2017 | 서울E | 16 | 16 | 2 | 1 | 0 | 10 | 2 | 0 |
| PO | 2016 | 강원 | 0 | 0 | 0 | 0 | 0 | 0 | 0 | 0 |
| 컵 | 2004 | 성남일화 | 1 | 1 | 0 | 0 | 0 | 0 | 0 | 0 |
| | 2005 | 성남일화 | 2 | 2 | 0 | 0 | 0 | 1 | 0 | 0 |
| | 2006 | 성남일화 | 6 | 4 | 0 | 0 | 0 | 15 | 1 | 0 |
| | 2007 | 제주 | 6 | 3 | 2 | 0 | 0 | 2 | 0 | 0 |
| | 2008 | 제주 | 7 | 5 | 4 | 0 | 0 | 7 | 0 | 0 |
| | 2009 | 제주 | 4 | 3 | 1 | 0 | 0 | 3 | 0 | 0 |
| | 2011 | 제주 | 1 | 1 | 0 | 0 | 0 | 0 | 0 | 0 |
| 통산 | | | 161 | 126 | 21 | 9 | 0 | 115 | 10 | 0 |

**심우연**(沈愚燃) 건국대 1985.04.03

| 대회 | 연도 | 소속 | 출전 | 교체 | 득점 | 도움 | 실점 | 파울 | 경고 | 퇴장 |
|---|---|---|---|---|---|---|---|---|---|---|
| K1 | 2006 | 서울 | 3 | 3 | 1 | 0 | 0 | 3 | 0 | 0 |
| | 2007 | 서울 | 8 | 8 | 0 | 0 | 0 | 2 | 0 | 0 |
| | 2009 | 서울 | 2 | 2 | 0 | 0 | 0 | 2 | 0 | 0 |
| | 2010 | 전북 | 21 | 8 | 2 | 1 | 0 | 21 | 1 | 0 |
| | 2011 | 전북 | 19 | 4 | 2 | 0 | 0 | 28 | 5 | 0 |
| | 2012 | 전북 | 31 | 7 | 0 | 1 | 0 | 29 | 8 | 0 |
| | 2013 | 성남일화 | 11 | 4 | 0 | 0 | 0 | 5 | 2 | 0 |
| | 2014 | 성남 | 5 | 3 | 0 | 0 | 0 | 2 | 0 | 0 |
| | 2015 | 성남 | 1 | 1 | 0 | 0 | 0 | 0 | 0 | 0 |
| | 2016 | 서울 | 9 | 9 | 0 | 0 | 0 | 3 | 0 | 0 |
| | 2017 | 서울 | 3 | 3 | 0 | 0 | 0 | 1 | 1 | 0 |
| PO | 2010 | 전북 | 3 | 0 | 0 | 0 | 0 | 2 | 1 | 0 |
| | 2011 | 전북 | 2 | 0 | 0 | 0 | 0 | 2 | 0 | 0 |
| 컵 | 2006 | 서울 | 6 | 6 | 1 | 0 | 0 | 4 | 0 | 0 |
| | 2007 | 서울 | 7 | 4 | 2 | 0 | 0 | 11 | 0 | 0 |
| | 2008 | 서울 | 0 | 0 | 0 | 0 | 0 | 0 | 0 | 0 |
| | 2010 | 전북 | 5 | 3 | 0 | 0 | 0 | 5 | 0 | 0 |
| 통산 | | | 136 | 65 | 8 | 2 | 0 | 120 | 18 | 0 |

**심원성**(沈圓盛) 아주대 1999.04.29

| 대회 | 연도 | 소속 | 출전 | 교체 | 득점 | 도움 | 실점 | 파울 | 경고 | 퇴장 |
|---|---|---|---|---|---|---|---|---|---|---|
| K1 | 2021 | 서울 | 0 | 0 | 0 | 0 | 0 | 0 | 0 | 0 |
| 통산 | | | 0 | 0 | 0 | 0 | 0 | 0 | 0 | 0 |

**심재명**(沈載明) 중앙대 1989.06.07

| 대회 | 연도 | 소속 | 출전 | 교체 | 득점 | 도움 | 실점 | 파울 | 경고 | 퇴장 |
|---|---|---|---|---|---|---|---|---|---|---|
| K1 | 2011 | 성남일화 | 5 | 5 | 0 | 0 | 0 | 3 | 0 | 0 |
| | 2012 | 성남일화 | 2 | 2 | 0 | 0 | 0 | 2 | 0 | 0 |
| 컵 | 2011 | 성남일화 | 5 | 5 | 0 | 1 | 0 | 2 | 0 | 0 |
| 통산 | | | 12 | 12 | 0 | 1 | 0 | 7 | 0 | 0 |

**심재민**(沈在旻) 1997.10.07

| 대회 | 연도 | 소속 | 출전 | 교체 | 득점 | 도움 | 실점 | 파울 | 경고 | 퇴장 |
|---|---|---|---|---|---|---|---|---|---|---|
| K2 | 2019 | 안산 | 2 | 2 | 0 | 0 | 0 | 1 | 0 | 0 |
| | 2020 | 안산 | 8 | 7 | 0 | 0 | 0 | 9 | 1 | 0 |
| | 2021 | 안산 | 9 | 10 | 1 | 0 | 0 | 7 | 0 | 0 |
| 통산 | | | 19 | 19 | 1 | 0 | 0 | 17 | 1 | 0 |

**심재원**(沈載源) 연세대 1977.03.11

| 대회 | 연도 | 소속 | 출전 | 교체 | 득점 | 도움 | 실점 | 파울 | 경고 | 퇴장 |
|---|---|---|---|---|---|---|---|---|---|---|
| K1 | 2000 | 부산 | 9 | 1 | 0 | 0 | 0 | 14 | 2 | 0 |
| | 2001 | 부산 | 7 | 0 | 0 | 0 | 0 | 9 | 0 | 0 |
| | 2002 | 부산 | 14 | 3 | 0 | 0 | 0 | 21 | 2 | 0 |
| | 2003 | 부산 | 25 | 7 | 0 | 2 | 0 | 30 | 7 | 0 |
| | 2004 | 광주상무 | 4 | 1 | 0 | 0 | 0 | 4 | 0 | 0 |
| | 2005 | 광주상무 | 23 | 1 | 2 | 1 | 0 | 57 | 2 | 0 |
| | 2006 | 부산 | 19 | 0 | 1 | 0 | 0 | 36 | 2 | 0 |
| | 2007 | 부산 | 19 | 1 | 0 | 1 | 0 | 38 | 3 | 1 |
| | 2008 | 부산 | 4 | 2 | 0 | 1 | 0 | 5 | 1 | 0 |
| 컵 | 2000 | 부산 | 4 | 3 | 0 | 0 | 0 | 5 | 0 | 0 |
| | 2001 | 부산 | 11 | 0 | 1 | 0 | 0 | 10 | 1 | 0 |
| | 2004 | 광주상무 | 3 | 1 | 0 | 0 | 0 | 7 | 1 | 0 |
| | 2005 | 광주상무 | 6 | 0 | 0 | 0 | 0 | 14 | 3 | 0 |
| | 2006 | 부산 | 9 | 2 | 0 | 0 | 0 | 14 | 1 | 0 |
| | 2007 | 부산 | 6 | 0 | 0 | 0 | 0 | 5 | 2 | 0 |
| | 2008 | 부산 | 3 | 2 | 0 | 0 | 0 | 2 | 1 | 0 |
| 통산 | | | 166 | 24 | 4 | 5 | 0 | 271 | 28 | 1 |

**심재훈**(沈載訓) 상지대 1994.03.07

| 대회 | 연도 | 소속 | 출전 | 교체 | 득점 | 도움 | 실점 | 파울 | 경고 | 퇴장 |
|---|---|---|---|---|---|---|---|---|---|---|
| K2 | 2017 | 안양 | 1 | 1 | 0 | 0 | 2 | 0 | 0 | 0 |
| 통산 | | | 1 | 1 | 0 | 0 | 2 | 0 | 0 | 0 |

**심제혁**(沈帝赫) 오산고 1995.03.05

| 대회 | 연도 | 소속 | 출전 | 교체 | 득점 | 도움 | 실점 | 파울 | 경고 | 퇴장 |
|---|---|---|---|---|---|---|---|---|---|---|
| K1 | 2014 | 서울 | 4 | 4 | 0 | 0 | 0 | 6 | 0 | 0 |
| | 2015 | 서울 | 8 | 8 | 0 | 0 | 0 | 11 | 1 | 0 |
| | 2016 | 서울 | 5 | 5 | 0 | 1 | 0 | 2 | 0 | 0 |
| K2 | 2017 | 성남 | 23 | 21 | 0 | 0 | 0 | 32 | 2 | 0 |
| 통산 | | | 40 | 38 | 0 | 1 | 0 | 51 | 3 | 0 |

**심종보**(沈宗輔) 진주국제대 1984.05.21

| 대회 | 연도 | 소속 | 출전 | 교체 | 득점 | 도움 | 실점 | 파울 | 경고 | 퇴장 |
|---|---|---|---|---|---|---|---|---|---|---|
| 컵 | 2007 | 경남 | 4 | 3 | 0 | 0 | 0 | 4 | 0 | 0 |
| 통산 | | | 4 | 3 | 0 | 0 | 0 | 4 | 0 | 0 |

**심진의**(沈眞意) 선문대 1992.04.16

| 대회 | 연도 | 소속 | 출전 | 교체 | 득점 | 도움 | 실점 | 파울 | 경고 | 퇴장 |
|---|---|---|---|---|---|---|---|---|---|---|
| K2 | 2015 | 충주 | 28 | 25 | 2 | 1 | 0 | 11 | 0 | 0 |
| 통산 | | | 28 | 25 | 2 | 1 | 0 | 11 | 0 | 0 |

**심진형**(沈珍亨) 연세대 1987.03.18

| 대회 | 연도 | 소속 | 출전 | 교체 | 득점 | 도움 | 실점 | 파울 | 경고 | 퇴장 |
|---|---|---|---|---|---|---|---|---|---|---|
| 컵 | 2011 | 경남 | 1 | 1 | 0 | 0 | 0 | 0 | 0 | 0 |
| 통산 | | | 1 | 1 | 0 | 0 | 0 | 0 | 0 | 0 |

**심태웅**(沈泰雄) 용호고 2004.11.04

| 대회 | 연도 | 소속 | 출전 | 교체 | 득점 | 도움 | 실점 | 파울 | 경고 | 퇴장 |
|---|---|---|---|---|---|---|---|---|---|---|
| K2 | 2024 | 안산 | 7 | 7 | 0 | 0 | 0 | 3 | 0 | 0 |
| 통산 | | | 7 | 7 | 0 | 0 | 0 | 3 | 0 | 0 |

**싸박**(Pablo David Sabbag Daccarett) 시리아/콜롬비아 1997.06.11

| 대회 | 연도 | 소속 | 출전 | 교체 | 득점 | 도움 | 실점 | 파울 | 경고 | 퇴장 |
|---|---|---|---|---|---|---|---|---|---|---|
| K1 | 2025 | 수원FC | 34 | 15 | 17 | 2 | 0 | 44 | 6 | 0 |
| PO | 2025 | 수원FC | 2 | 2 | 1 | 0 | 0 | 2 | 1 | 0 |
| 통산 | | | 36 | 17 | 18 | 2 | 0 | 46 | 7 | 0 |

**싸비치**(Dusan Savic) 마케도니아 1985.10.01

| 대회 | 연도 | 소속 | 출전 | 교체 | 득점 | 도움 | 실점 | 파울 | 경고 | 퇴장 |
|---|---|---|---|---|---|---|---|---|---|---|
| K1 | 2010 | 인천 | 2 | 2 | 0 | 0 | 0 | 3 | 0 | 0 |
| 통산 | | | 2 | 2 | 0 | 0 | 0 | 3 | 0 | 0 |

**싼더**(Sander Oostrom) 네덜란드 1967.07.14

| 대회 | 연도 | 소속 | 출전 | 교체 | 득점 | 도움 | 실점 | 파울 | 경고 | 퇴장 |
|---|---|---|---|---|---|---|---|---|---|---|
| K1 | 1997 | 포항 | 12 | 8 | 3 | 1 | 0 | 13 | 3 | 0 |
| 컵 | 1997 | 포항 | 8 | 8 | 1 | 1 | 0 | 11 | 0 | 0 |
| | 1998 | 포항 | 1 | 1 | 0 | 0 | 0 | 1 | 0 | 0 |
| 통산 | | | 21 | 17 | 4 | 2 | 0 | 25 | 3 | 0 |

**쏘우자** (Marcelo Tome de Souza) 브라질 1969.04.21

| 대회 | 연도 | 소속 | 출전 | 교체 | 득점 | 도움 | 실점 | 파울 | 경고 | 퇴장 |
|---|---|---|---|---|---|---|---|---|---|---|
| K1 | 2004 | 서울 | 20 | 1 | 0 | 0 | 0 | 18 | 1 | 0 |
| 컵 | 2004 | 서울 | 10 | 1 | 0 | 0 | 0 | 9 | 4 | 0 |
| 통산 | | | 30 | 2 | 0 | 0 | 0 | 27 | 5 | 0 |

**쏘자**(Ednilton Souza de Brito) 브라질 1981.06.04

| 대회 | 연도 | 소속 | 출전 | 교체 | 득점 | 도움 | 실점 | 파울 | 경고 | 퇴장 |
|---|---|---|---|---|---|---|---|---|---|---|
| K1 | 2008 | 제주 | 7 | 7 | 0 | 0 | 0 | 2 | 0 | 0 |
| 컵 | 2008 | 제주 | 3 | 0 | 0 | 0 | 0 | 6 | 0 | 0 |
| 통산 | | | 10 | 7 | 0 | 0 | 0 | 8 | 0 | 0 |

**씨마오**(Simao Pedro Goncalves de Figueiredo Costa) 포르투갈 1975.09.07

| 대회 | 연도 | 소속 | 출전 | 교체 | 득점 | 도움 | 실점 | 파울 | 경고 | 퇴장 |
|---|---|---|---|---|---|---|---|---|---|---|
| K1 | 2001 | 대전 | 5 | 5 | 0 | 0 | 0 | 1 | 0 | 0 |
| 통산 | | | 5 | 5 | 0 | 0 | 0 | 1 | 0 | 0 |

**씨엘** (Jociel Ferreira da Silva) 브라질 1982.03.31

| 대회 | 연도 | 소속 | 출전 | 교체 | 득점 | 도움 | 실점 | 파울 | 경고 | 퇴장 |
|---|---|---|---|---|---|---|---|---|---|---|
| K1 | 2007 | 부산 | 13 | 9 | 1 | 1 | 0 | 29 | 1 | 0 |
| 통산 | | | 13 | 9 | 1 | 1 | 0 | 29 | 1 | 0 |

**아가시코프**(Sergey Nikolaevich Agashkov) 러시아 1962.11.06

| 대회 | 연도 | 소속 | 출전 | 교체 | 득점 | 도움 | 실점 | 파울 | 경고 | 퇴장 |
|---|---|---|---|---|---|---|---|---|---|---|
| K1 | 1992 | 포항제철 | 3 | 3 | 0 | 0 | 0 | 0 | 0 | 0 |
| 컵 | 1992 | 포항제철 | 1 | 0 | 1 | 0 | 0 | 3 | 0 | 0 |
| 통산 | | | 4 | 3 | 1 | 0 | 0 | 3 | 0 | 0 |

**아고스**(Agostinho Petronilo de Oliveira Filho) 브라질 1978.12.12

| 대회 | 연도 | 소속 | 출전 | 교체 | 득점 | 도움 | 실점 | 파울 | 경고 | 퇴장 |
|---|---|---|---|---|---|---|---|---|---|---|
| K1 | 2005 | 부천SK | 9 | 8 | 0 | 0 | 0 | 23 | 1 | 1 |
| 컵 | 2005 | 부천SK | 10 | 5 | 2 | 1 | 0 | 22 | 0 | 0 |
| 통산 | | | 19 | 13 | 2 | 1 | 0 | 45 | 1 | 1 |

**아그보**(Alex Agbo) 나이지리아 1977.07.01

| 대회 | 연도 | 소속 | 출전 | 교체 | 득점 | 도움 | 실점 | 파울 | 경고 | 퇴장 |
|---|---|---|---|---|---|---|---|---|---|---|
| K1 | 1996 | 천안일화 | 6 | 6 | 1 | 0 | 0 | 18 | 2 | 0 |
| | 1997 | 천안일화 | 8 | 6 | 1 | 0 | 0 | 20 | 2 | 0 |
| 컵 | 1997 | 천안일화 | 9 | 6 | 0 | 0 | 0 | 27 | 0 | 0 |
| 통산 | | | 23 | 18 | 2 | 0 | 0 | 65 | 4 | 0 |

**아기치**(Jasmin Agić) 크로아티아 1974.12.26

| 대회 | 연도 | 소속 | 출전 | 교체 | 득점 | 도움 | 실점 | 파울 | 경고 | 퇴장 |
|---|---|---|---|---|---|---|---|---|---|---|
| K1 | 2005 | 인천 | 20 | 6 | 3 | 3 | 0 | 44 | 6 | 0 |
| | 2006 | 인천 | 13 | 1 | 2 | 2 | 0 | 27 | 3 | 0 |
| PO | 2005 | 인천 | 3 | 0 | 0 | 0 | 0 | 6 | 0 | 0 |
| 컵 | 2005 | 인천 | 10 | 4 | 0 | 1 | 0 | 22 | 2 | 0 |
| | 2006 | 인천 | 3 | 3 | 0 | 1 | 0 | 9 | 1 | 0 |
| 통산 | | | 49 | 14 | 5 | 7 | 0 | 108 | 12 | 0 |

**아길라르**(Elías Fernando Aguilar Vargas) 코스타리카 1991.11.07

| 대회 | 연도 | 소속 | 출전 | 교체 | 득점 | 도움 | 실점 | 파울 | 경고 | 퇴장 |
|---|---|---|---|---|---|---|---|---|---|---|
| K1 | 2018 | 인천 | 35 | 12 | 3 | 10 | 0 | 50 | 5 | 0 |
| | 2019 | 제주 | 26 | 18 | 4 | 5 | 0 | 39 | 1 | 0 |
| | 2020 | 인천 | 17 | 8 | 2 | 3 | 0 | 27 | 4 | 0 |
| | 2021 | 인천 | 33 | 23 | 5 | 6 | 0 | 54 | 6 | 0 |
| | 2022 | 인천 | 32 | 27 | 0 | 3 | 0 | 35 | 6 | 0 |
| K2 | 2020 | 제주 | 3 | 2 | 0 | 1 | 0 | 3 | 0 | 0 |
| 통산 | | | 146 | 90 | 14 | 28 | 0 | 208 | 22 | 0 |

**아니에르**(Henri Anier) 에스토니아 1990.12.17

| 대회 | 연도 | 소속 | 출전 | 교체 | 득점 | 도움 | 실점 | 파울 | 경고 | 퇴장 |
|---|---|---|---|---|---|---|---|---|---|---|
| K2 | 2019 | 수원FC | 21 | 13 | 4 | 4 | 0 | 46 | 3 | 0 |
| 통산 | | | 21 | 13 | 4 | 4 | 0 | 46 | 3 | 0 |

**아다오**(Jose Adao Fonseca) 브라질 1972.11.30

| 대회 | 연도 | 소속 | 출전 | 교체 | 득점 | 도움 | 실점 | 파울 | 경고 | 퇴장 |
|---|---|---|---|---|---|---|---|---|---|---|
| K1 | 1998 | 전남 | 12 | 12 | 1 | 0 | 0 | 10 | 1 | 0 |
| 컵 | 1998 | 전남 | 10 | 8 | 6 | 0 | 0 | 20 | 3 | 0 |
| 통산 | | | 22 | 20 | 7 | 0 | 0 | 30 | 4 | 0 |

**아담**(Carl Adam Bergmark Wiberg) 스웨덴 1997.05.07

| 대회 | 연도 | 소속 | 출전 | 교체 | 득점 | 도움 | 실점 | 파울 | 경고 | 퇴장 |
|---|---|---|---|---|---|---|---|---|---|---|
| K2 | 2025 | 충남아산 | 16 | 16 | 4 | 1 | 0 | 10 | 2 | 0 |
| 통산 | | | 16 | 16 | 4 | 1 | 0 | 10 | 2 | 0 |

**아데마** (Adhemar Ferreira de Camargo Neto) 브라질 1972.04.27

| 대회 | 연도 | 소속 | 출전 | 교체 | 득점 | 도움 | 실점 | 파울 | 경고 | 퇴장 |
|---|---|---|---|---|---|---|---|---|---|---|
| K1 | 2004 | 성남일화 | 9 | 6 | 0 | 0 | 0 | 18 | 0 | 0 |
| 컵 | 2004 | 성남일화 | 1 | 2 | 0 | 0 | 0 | 0 | 0 | 0 |
| 통산 | | | 10 | 8 | 0 | 0 | 0 | 18 | 0 | 0 |

**아도**(Agnaldo Cordeiro Pereira) 브라질 1975.01.25

| 대회 | 연도 | 소속 | 출전 | 교체 | 득점 | 도움 | 실점 | 파울 | 경고 | 퇴장 |
|---|---|---|---|---|---|---|---|---|---|---|
| K1 | 2003 | 안양LG | 17 | 14 | 5 | 1 | 0 | 40 | 1 | 0 |

| 대회 | 연도 | 소속 | 출전 | 교체 | 득점 | 도움 | 실점 | 파울 | 경고 | 퇴장 |
|---|---|---|---|---|---|---|---|---|---|---|
| 통산 | | | 17 | 14 | 5 | 1 | 0 | 40 | 1 | 0 |

**아드리아노**(Adriano Bizerra Melo) 브라질 1981.03.07

| 대회 | 연도 | 소속 | 출전 | 교체 | 득점 | 도움 | 실점 | 파울 | 경고 | 퇴장 |
|---|---|---|---|---|---|---|---|---|---|---|
| K1 | 2004 | 부산 | 8 | 6 | 1 | 1 | 0 | 10 | 0 | 0 |
| 컵 | 2004 | 부산 | 5 | 1 | 1 | 0 | 0 | 26 | 0 | 0 |
| 통산 | | | 13 | 7 | 2 | 1 | 0 | 36 | 0 | 0 |

**아드리아노**(Antonio Adriano Antunes de Paula) 브라질 1987.04.21

| 대회 | 연도 | 소속 | 출전 | 교체 | 득점 | 도움 | 실점 | 파울 | 경고 | 퇴장 |
|---|---|---|---|---|---|---|---|---|---|---|
| K1 | 2013 | 대구 | 9 | 9 | 0 | 0 | 0 | 14 | 0 | 0 |
| 통산 | | | 9 | 9 | 0 | 0 | 0 | 14 | 0 | 0 |

**아드리아노**(Carlos Adriano de Sousa Cruz) 브라질 1987.09.28

| 대회 | 연도 | 소속 | 출전 | 교체 | 득점 | 도움 | 실점 | 파울 | 경고 | 퇴장 |
|---|---|---|---|---|---|---|---|---|---|---|
| K1 | 2015 | 서울 | 13 | 3 | 8 | 1 | 0 | 28 | 3 | 0 |
| | 2015 | 대전 | 17 | 3 | 7 | 1 | 0 | 25 | 4 | 1 |
| | 2016 | 서울 | 30 | 17 | 17 | 6 | 0 | 30 | 2 | 1 |
| | 2018 | 전북 | 25 | 23 | 8 | 2 | 0 | 19 | 3 | 0 |
| | 2019 | 전북 | 1 | 1 | 0 | 0 | 0 | 0 | 0 | 0 |
| | 2020 | 서울 | 7 | 7 | 0 | 0 | 0 | 4 | 0 | 0 |
| K2 | 2014 | 대전 | 32 | 5 | 27 | 4 | 0 | 76 | 5 | 0 |
| 통산 | | | 125 | 59 | 67 | 14 | 0 | 182 | 17 | 2 |

**아드리안**(Chaminga Adrien Zazi) 콩고민주공화국 1975.03.26

| 대회 | 연도 | 소속 | 출전 | 교체 | 득점 | 도움 | 실점 | 파울 | 경고 | 퇴장 |
|---|---|---|---|---|---|---|---|---|---|---|
| K1 | 1997 | 천안일화 | 1 | 1 | 0 | 0 | 0 | 1 | 0 | 0 |
| 컵 | 1997 | 천안일화 | 8 | 7 | 1 | 1 | 0 | 11 | 2 | 0 |
| 통산 | | | 9 | 8 | 1 | 1 | 0 | 12 | 2 | 0 |

**아드리안**(Adrian Dumitru Mihalcea) 루마니아 1976.05.24

| 대회 | 연도 | 소속 | 출전 | 교체 | 득점 | 도움 | 실점 | 파울 | 경고 | 퇴장 |
|---|---|---|---|---|---|---|---|---|---|---|
| K1 | 2005 | 전남 | 3 | 3 | 0 | 0 | 0 | 5 | 0 | 0 |
| 통산 | | | 3 | 3 | 0 | 0 | 0 | 5 | 0 | 0 |

**아디**(Adnan Oçelli) 알바니아 1966.03.06

| 대회 | 연도 | 소속 | 출전 | 교체 | 득점 | 도움 | 실점 | 파울 | 경고 | 퇴장 |
|---|---|---|---|---|---|---|---|---|---|---|
| K1 | 1996 | 수원 | 14 | 2 | 1 | 0 | 0 | 25 | 7 | 0 |
| 컵 | 1996 | 수원 | 2 | 0 | 0 | 0 | 0 | 2 | 0 | 1 |
| 통산 | | | 16 | 2 | 1 | 0 | 0 | 27 | 7 | 1 |

**아디**(Adilson dos Santos) 브라질 1976.05.12

| 대회 | 연도 | 소속 | 출전 | 교체 | 득점 | 도움 | 실점 | 파울 | 경고 | 퇴장 |
|---|---|---|---|---|---|---|---|---|---|---|
| K1 | 2006 | 서울 | 24 | 1 | 1 | 0 | 0 | 44 | 4 | 0 |
| | 2007 | 서울 | 24 | 3 | 1 | 0 | 0 | 32 | 3 | 0 |
| | 2008 | 서울 | 25 | 1 | 2 | 0 | 0 | 26 | 4 | 0 |
| | 2009 | 서울 | 23 | 0 | 2 | 1 | 0 | 27 | 1 | 1 |
| | 2010 | 서울 | 22 | 2 | 3 | 0 | 0 | 34 | 3 | 0 |
| | 2011 | 서울 | 29 | 0 | 0 | 1 | 0 | 13 | 5 | 0 |
| | 2012 | 서울 | 38 | 5 | 1 | 3 | 0 | 27 | 4 | 0 |
| | 2013 | 서울 | 33 | 3 | 3 | 2 | 0 | 27 | 5 | 0 |
| PO | 2006 | 서울 | 1 | 0 | 0 | 0 | 0 | 3 | 0 | 0 |
| | 2008 | 서울 | 3 | 1 | 1 | 1 | 0 | 2 | 1 | 0 |
| | 2009 | 서울 | 1 | 0 | 0 | 0 | 0 | 2 | 0 | 0 |
| | 2010 | 서울 | 2 | 1 | 1 | 0 | 0 | 0 | 0 | 0 |
| | 2011 | 서울 | 1 | 0 | 0 | 0 | 0 | 1 | 0 | 0 |
| 컵 | 2006 | 서울 | 9 | 2 | 0 | 2 | 0 | 20 | 0 | 0 |
| | 2007 | 서울 | 12 | 1 | 1 | 1 | 0 | 24 | 2 | 0 |
| | 2008 | 서울 | 6 | 2 | 0 | 0 | 0 | 4 | 0 | 0 |
| | 2009 | 서울 | 4 | 1 | 1 | 0 | 0 | 5 | 1 | 0 |
| | 2010 | 서울 | 7 | 1 | 1 | 1 | 0 | 14 | 2 | 0 |
| 통산 | | | 264 | 24 | 18 | 12 | 0 | 305 | 35 | 1 |

**아라불리**(Bachana Arabuli) 조지아 1994.01.05

| 대회 | 연도 | 소속 | 출전 | 교체 | 득점 | 도움 | 실점 | 파울 | 경고 | 퇴장 |
|---|---|---|---|---|---|---|---|---|---|---|
| K2 | 2024 | 경남 | 26 | 20 | 9 | 1 | 0 | 30 | 2 | 0 |
| 통산 | | | 26 | 20 | 9 | 1 | 0 | 30 | 2 | 0 |

**아라비제**(Giorgi Arabidze) 조지아 1998.03.04

| 대회 | 연도 | 소속 | 출전 | 교체 | 득점 | 도움 | 실점 | 파울 | 경고 | 퇴장 |
|---|---|---|---|---|---|---|---|---|---|---|
| K1 | 2024 | 울산 | 7 | 6 | 2 | 0 | 0 | 2 | 1 | 0 |
| 통산 | | | 7 | 6 | 2 | 0 | 0 | 2 | 1 | 0 |

**아론**(Aaron Robert Calver) 오스트레일리아 1996.01.12

| 대회 | 연도 | 소속 | 출전 | 교체 | 득점 | 도움 | 실점 | 파울 | 경고 | 퇴장 |
|---|---|---|---|---|---|---|---|---|---|---|
| K1 | 2023 | 광주 | 20 | 10 | 0 | 0 | 0 | 14 | 3 | 0 |
| | 2024 | 대전 | 19 | 6 | 0 | 0 | 0 | 11 | 3 | 0 |
| | 2025 | 대전 | 1 | 1 | 0 | 0 | 0 | 1 | 0 | 0 |
| K2 | 2022 | 광주 | 25 | 15 | 3 | 1 | 0 | 18 | 3 | 0 |
| | 2025 | 서울E | 3 | 3 | 0 | 0 | 0 | 3 | 0 | 0 |
| 통산 | | | 68 | 35 | 3 | 1 | 0 | 47 | 9 | 0 |

**아르시치**(Lazar Arsić) 세르비아 1991.09.2

| 대회 | 연도 | 소속 | 출전 | 교체 | 득점 | 도움 | 실점 | 파울 | 경고 | 퇴장 |
|---|---|---|---|---|---|---|---|---|---|---|
| K2 | 2020 | 서울E | 9 | 9 | 0 | 0 | 0 | 5 | 2 | 0 |
| 통산 | | | 9 | 9 | 0 | 0 | 0 | 5 | 2 | 0 |

**아르체**(Juan Carlos Arce Justiniano) 볼리비아 1985.04.10

| 대회 | 연도 | 소속 | 출전 | 교체 | 득점 | 도움 | 실점 | 파울 | 경고 | 퇴장 |
|---|---|---|---|---|---|---|---|---|---|---|
| K1 | 2008 | 성남일화 | 10 | 10 | 0 | 0 | 0 | 8 | 2 | 0 |
| PO | 2008 | 성남일화 | 1 | 1 | 0 | 0 | 0 | 1 | 0 | 0 |
| 컵 | 2008 | 성남일화 | 4 | 4 | 0 | 1 | 0 | 1 | 0 | 0 |
| 통산 | | | 15 | 15 | 0 | 1 | 0 | 10 | 2 | 0 |

**아르한**(Pratama Arhan Alif Rifai) 인도네시아 2001.12.21

| 대회 | 연도 | 소속 | 출전 | 교체 | 득점 | 도움 | 실점 | 파울 | 경고 | 퇴장 |
|---|---|---|---|---|---|---|---|---|---|---|
| K1 | 2024 | 수원FC | 2 | 2 | 0 | 0 | 0 | 1 | 0 | 1 |
| 통산 | | | 2 | 2 | 0 | 0 | 0 | 1 | 0 | 1 |

**아리넬송**(Arinelson Freire Nunes) 브라질 1973.01.27

| 대회 | 연도 | 소속 | 출전 | 교체 | 득점 | 도움 | 실점 | 파울 | 경고 | 퇴장 |
|---|---|---|---|---|---|---|---|---|---|---|
| K1 | 2001 | 전북 | 11 | 9 | 2 | 3 | 0 | 5 | 3 | 0 |
| 컵 | 2002 | 울산 | 8 | 10 | 0 | 2 | 0 | 7 | 2 | 0 |
| 통산 | | | 19 | 19 | 2 | 5 | 0 | 12 | 5 | 0 |

**아리아스**(Arias Moros Cesar Augusto) 콜롬비아 1988.04.02

| 대회 | 연도 | 소속 | 출전 | 교체 | 득점 | 도움 | 실점 | 파울 | 경고 | 퇴장 |
|---|---|---|---|---|---|---|---|---|---|---|
| K1 | 2013 | 대전 | 15 | 4 | 6 | 0 | 0 | 37 | 3 | 0 |
| 통산 | | | 15 | 4 | 6 | 0 | 0 | 37 | 3 | 0 |

**아마노 준**(Amano Jun, 天野純 / ← 아마노) 일본 1991.07.19

| 대회 | 연도 | 소속 | 출전 | 교체 | 득점 | 도움 | 실점 | 파울 | 경고 | 퇴장 |
|---|---|---|---|---|---|---|---|---|---|---|
| K1 | 2022 | 울산 | 30 | 19 | 9 | 1 | 0 | 29 | 6 | 0 |
| | 2023 | 전북 | 25 | 20 | 1 | 3 | 0 | 21 | 1 | 0 |
| 통산 | | | 55 | 39 | 10 | 4 | 0 | 50 | 7 | 0 |

**아미르**(Amir Teljigovic) 보스니아 헤르체고비나 1966.08.07

| 대회 | 연도 | 소속 | 출전 | 교체 | 득점 | 도움 | 실점 | 파울 | 경고 | 퇴장 |
|---|---|---|---|---|---|---|---|---|---|---|
| K1 | 1994 | 대우 | 21 | 8 | 1 | 2 | 0 | 35 | 5 | 2 |
| | 1995 | 대우 | 26 | 11 | 2 | 7 | 0 | 38 | 4 | 0 |
| | 1996 | 부산 | 11 | 8 | 0 | 1 | 0 | 15 | 1 | 0 |
| 컵 | 1994 | 대우 | 3 | 4 | 0 | 1 | 0 | 3 | 0 | 0 |
| | 1995 | 대우 | 6 | 3 | 0 | 3 | 0 | 12 | 3 | 0 |
| | 1996 | 부산 | 7 | 3 | 0 | 1 | 0 | 7 | 3 | 0 |
| 통산 | | | 74 | 37 | 3 | 15 | 0 | 110 | 16 | 2 |

**아반다**(Leroy Abanda Mfomo) 프랑스 2000.06.07

| 대회 | 연도 | 소속 | 출전 | 교체 | 득점 | 도움 | 실점 | 파울 | 경고 | 퇴장 |
|---|---|---|---|---|---|---|---|---|---|---|
| K1 | 2025 | 수원FC | 5 | 5 | 0 | 1 | 0 | 2 | 0 | 0 |
| 통산 | | | 5 | 5 | 0 | 1 | 0 | 2 | 0 | 0 |

**아보라**(Stanley Aborah) 가나/이탈리아 1969.08.25

| 대회 | 연도 | 소속 | 출전 | 교체 | 득점 | 도움 | 실점 | 파울 | 경고 | 퇴장 |
|---|---|---|---|---|---|---|---|---|---|---|
| K1 | 1997 | 천안일화 | 15 | 1 | 0 | 0 | 0 | 40 | 4 | 0 |
| 컵 | 1997 | 천안일화 | 15 | 2 | 2 | 1 | 0 | 40 | 4 | 1 |
| | 1998 | 천안일화 | 6 | 2 | 0 | 0 | 0 | 14 | 2 | 0 |
| 통산 | | | 36 | 5 | 2 | 1 | 0 | 94 | 10 | 1 |

**아사니**(Jasir Asani) 알바니아 1995.05.19

| 대회 | 연도 | 소속 | 출전 | 교체 | 득점 | 도움 | 실점 | 파울 | 경고 | 퇴장 |
|---|---|---|---|---|---|---|---|---|---|---|
| K1 | 2023 | 광주 | 33 | 27 | 7 | 3 | 0 | 34 | 6 | 0 |
| | 2024 | 광주 | 13 | 7 | 3 | 0 | 0 | 9 | 1 | 0 |
| | 2025 | 광주 | 22 | 12 | 8 | 2 | 0 | 11 | 2 | 0 |
| 통산 | | | 68 | 46 | 18 | 5 | 0 | 54 | 9 | 0 |

**아사모아**(Derek Asamoah) 잉글랜드 1981.05.01

| 대회 | 연도 | 소속 | 출전 | 교체 | 득점 | 도움 | 실점 | 파울 | 경고 | 퇴장 |
|---|---|---|---|---|---|---|---|---|---|---|
| K1 | 2011 | 포항 | 26 | 18 | 7 | 5 | 0 | 51 | 2 | 0 |
| | 2012 | 포항 | 30 | 25 | 6 | 1 | 0 | 46 | 1 | 0 |
| | 2013 | 대구 | 33 | 13 | 4 | 1 | 0 | 49 | 5 | 0 |
| PO | 2011 | 포항 | 1 | 0 | 0 | 0 | 0 | 2 | 1 | 0 |
| 컵 | 2011 | 포항 | 4 | 4 | 0 | 0 | 0 | 7 | 0 | 0 |
| 통산 | | | 94 | 60 | 17 | 7 | 0 | 155 | 9 | 0 |

**아센호**(Mauricio Gabriel Asenjo) 아르헨티나 1994.07.23

| 대회 | 연도 | 소속 | 출전 | 교체 | 득점 | 도움 | 실점 | 파울 | 경고 | 퇴장 |
|---|---|---|---|---|---|---|---|---|---|---|
| K2 | 2022 | 서울E | 19 | 17 | 2 | 0 | 0 | 25 | 5 | 0 |
| 통산 | | | 19 | 17 | 2 | 0 | 0 | 25 | 5 | 0 |

**아슐마토프**(Rustamjon Ashurmatov) 우즈베키스탄 1996.07.07

| 대회 | 연도 | 소속 | 출전 | 교체 | 득점 | 도움 | 실점 | 파울 | 경고 | 퇴장 |
|---|---|---|---|---|---|---|---|---|---|---|
| K1 | 2020 | 광주 | 21 | 0 | 1 | 1 | 0 | 13 | 2 | 0 |
| | 2021 | 강원 | 19 | 3 | 1 | 0 | 0 | 17 | 5 | 0 |
| K2 | 2019 | 광주 | 26 | 2 | 1 | 1 | 0 | 20 | 7 | 0 |
| 통산 | | | 66 | 5 | 3 | 2 | 0 | 50 | 14 | 0 |

**아스나위**(Bahar Asnawi Mangkualam) 인도네시아 1999.10.04

| 대회 | 연도 | 소속 | 출전 | 교체 | 득점 | 도움 | 실점 | 파울 | 경고 | 퇴장 |
|---|---|---|---|---|---|---|---|---|---|---|
| K2 | 2021 | 안산 | 14 | 7 | 0 | 1 | 0 | 17 | 1 | 0 |
| | 2022 | 안산 | 26 | 18 | 2 | 2 | 0 | 28 | 4 | 0 |
| | 2023 | 전남 | 26 | 9 | 0 | 2 | 0 | 29 | 7 | 1 |
| 통산 | | | 66 | 34 | 2 | 5 | 0 | 74 | 12 | 1 |

**아스프로**(Jonathan Aspropotami) 오스트레일리아 1996.06.07

| 대회 | 연도 | 소속 | 출전 | 교체 | 득점 | 도움 | 실점 | 파울 | 경고 | 퇴장 |
|---|---|---|---|---|---|---|---|---|---|---|
| K1 | 2024 | 포항 | 8 | 2 | 0 | 0 | 0 | 6 | 0 | 1 |
| | 2025 | 포항 | 5 | 2 | 0 | 0 | 0 | 1 | 0 | 0 |
| 통산 | | | 13 | 4 | 0 | 0 | 0 | 7 | 0 | 1 |

**아이데일**(John Warwick Iredale) 오스트레일리아 1999.08.01

| 대회 | 연도 | 소속 | 출전 | 교체 | 득점 | 도움 | 실점 | 파울 | 경고 | 퇴장 |
|---|---|---|---|---|---|---|---|---|---|---|
| K2 | 2025 | 서울E | 27 | 17 | 10 | 1 | 0 | 18 | 1 | 0 |
| PO | 2025 | 서울E | 1 | 1 | 0 | 0 | 0 | 0 | 0 | 0 |
| 통산 | | | 28 | 18 | 10 | 1 | 0 | 18 | 1 | 0 |

**아이에쉬**(Hosam Aiesh) 시리아 1995.04.14

| 대회 | 연도 | 소속 | 출전 | 교체 | 득점 | 도움 | 실점 | 파울 | 경고 | 퇴장 |
|---|---|---|---|---|---|---|---|---|---|---|
| K1 | 2023 | 서울 | 3 | 3 | 0 | 0 | 0 | 2 | 0 | 0 |
| 통산 | | | 3 | 3 | 0 | 0 | 0 | 2 | 0 | 0 |

**아지마**(Mohamed Semida Abdel Azim) 이집트 1968.10.17

| 대회 | 연도 | 소속 | 출전 | 교체 | 득점 | 도움 | 실점 | 파울 | 경고 | 퇴장 |
|---|---|---|---|---|---|---|---|---|---|---|
| K1 | 1996 | 울산 | 13 | 11 | 1 | 0 | 0 | 12 | 1 | 0 |
| 컵 | 1996 | 울산 | 5 | 3 | 0 | 1 | 0 | 9 | 2 | 0 |
| 통산 | | | 18 | 14 | 1 | 1 | 0 | 21 | 3 | 0 |

**아지송**(Waldison Rodrigues de Souza) 브라질 1984.06.17

| 대회 | 연도 | 소속 | 출전 | 교체 | 득점 | 도움 | 실점 | 파울 | 경고 | 퇴장 |
|---|---|---|---|---|---|---|---|---|---|---|
| K1 | 2013 | 제주 | 3 | 3 | 0 | 0 | 0 | 4 | 0 | 0 |
| 통산 | | | 3 | 3 | 0 | 0 | 0 | 4 | 0 | 0 |

**아첼**(Aczel Zoltan) 헝가리 1967.03.13

| 대회 | 연도 | 소속 | 출전 | 교체 | 득점 | 도움 | 실점 | 파울 | 경고 | 퇴장 |
|---|---|---|---|---|---|---|---|---|---|---|
| K1 | 1991 | 대우 | 6 | 0 | 0 | 1 | 0 | 4 | 2 | 0 |
| 통산 | | | 6 | 0 | 0 | 1 | 0 | 4 | 2 | 0 |

**아츠키**(Wada Atsukii, 和田篤紀) 일본 1993.02.09

| 대회 | 연도 | 소속 | 출전 | 교체 | 득점 | 도움 | 실점 | 파울 | 경고 | 퇴장 |
|---|---|---|---|---|---|---|---|---|---|---|
| K2 | 2017 | 서울E | 32 | 7 | 2 | 7 | 0 | 53 | 3 | 0 |
| 통산 | | | 32 | 7 | 2 | 7 | 0 | 53 | 3 | 0 |

**아코스**(Szarka Akos) 슬로바키아 1990.11.24

| 대회 | 연도 | 소속 | 출전 | 교체 | 득점 | 도움 | 실점 | 파울 | 경고 | 퇴장 |
|---|---|---|---|---|---|---|---|---|---|---|

| 대회 | 연도 | 소속 | 출전 | 교체 | 득점 | 도움 | 실점 | 파울 | 경고 | 퇴장 |
|---|---|---|---|---|---|---|---|---|---|---|
| K2 | 2020 | 수원FC | 3 | 3 | 0 | 0 | 0 | 8 | 1 | 0 |
| 통산 | | | 3 | 3 | 0 | 0 | 0 | 8 | 1 | 0 |

**아코스티**(Boadu Maxwell Acosty) 이탈리아 1991.09.10

| 대회 | 연도 | 소속 | 출전 | 교체 | 득점 | 도움 | 실점 | 파울 | 경고 | 퇴장 |
|---|---|---|---|---|---|---|---|---|---|---|
| K1 | 2023 | 수원 | 25 | 22 | 4 | 3 | 0 | 22 | 1 | 0 |
| K2 | 2020 | 안양 | 19 | 5 | 7 | 0 | 0 | 31 | 3 | 0 |
| | 2021 | 안양 | 15 | 9 | 5 | 1 | 0 | 16 | 1 | 0 |
| | 2022 | 안양 | 32 | 19 | 7 | 11 | 0 | 26 | 6 | 0 |
| PO | 2021 | 안양 | 1 | 1 | 0 | 0 | 0 | 2 | 1 | 0 |
| | 2022 | 안양 | 3 | 0 | 1 | 0 | 0 | 4 | 0 | 0 |
| 통산 | | | 95 | 56 | 24 | 15 | 0 | 101 | 12 | 0 |

**아키**(Ienaga Akihiro, 家長昭博) 일본 1986.06.13

| 대회 | 연도 | 소속 | 출전 | 교체 | 득점 | 도움 | 실점 | 파울 | 경고 | 퇴장 |
|---|---|---|---|---|---|---|---|---|---|---|
| K1 | 2012 | 울산 | 12 | 12 | 1 | 1 | 0 | 8 | 1 | 0 |
| 통산 | | | 12 | 12 | 1 | 1 | 0 | 8 | 1 | 0 |

**아킨슨**(Dalian Robert Atkinson) 잉글랜드 1968.03.21

| 대회 | 연도 | 소속 | 출전 | 교체 | 득점 | 도움 | 실점 | 파울 | 경고 | 퇴장 |
|---|---|---|---|---|---|---|---|---|---|---|
| K1 | 2001 | 대전 | 1 | 1 | 0 | 0 | 0 | 2 | 1 | 0 |
| | 2001 | 전북 | 4 | 4 | 0 | 0 | 0 | 1 | 0 | 0 |
| 컵 | 2001 | 대전 | 3 | 4 | 1 | 0 | 0 | 4 | 1 | 0 |
| 통산 | | | 8 | 9 | 1 | 0 | 0 | 7 | 2 | 0 |

**아타루**(Esaka Ataru, 江坂任) 일본 1992.05.31

| 대회 | 연도 | 소속 | 출전 | 교체 | 득점 | 도움 | 실점 | 파울 | 경고 | 퇴장 |
|---|---|---|---|---|---|---|---|---|---|---|
| K1 | 2023 | 울산 | 21 | 20 | 3 | 3 | 0 | 14 | 0 | 0 |
| | 2024 | 울산 | 29 | 27 | 5 | 3 | 0 | 16 | 1 | 0 |
| 통산 | | | 50 | 47 | 8 | 6 | 0 | 30 | 1 | 0 |

**아톰**(Artem Yashkin) 우크라이나 1975.04.29

| 대회 | 연도 | 소속 | 출전 | 교체 | 득점 | 도움 | 실점 | 파울 | 경고 | 퇴장 |
|---|---|---|---|---|---|---|---|---|---|---|
| K1 | 2004 | 부천SK | 15 | 10 | 0 | 2 | 0 | 22 | 2 | 0 |
| 컵 | 2004 | 부천SK | 8 | 7 | 0 | 0 | 0 | 14 | 1 | 0 |
| 통산 | | | 23 | 17 | 0 | 2 | 0 | 36 | 3 | 0 |

**아트**(Gefferson da Silva Goulart) 브라질 1978.01.09

| 대회 | 연도 | 소속 | 출전 | 교체 | 득점 | 도움 | 실점 | 파울 | 경고 | 퇴장 |
|---|---|---|---|---|---|---|---|---|---|---|
| K1 | 2006 | 부산 | 5 | 2 | 1 | 1 | 0 | 5 | 0 | 0 |
| 통산 | | | 5 | 2 | 1 | 1 | 0 | 5 | 0 | 0 |

**아틸라**(Kámán Attila) 헝가리 1969.11.20

| 대회 | 연도 | 소속 | 출전 | 교체 | 득점 | 도움 | 실점 | 파울 | 경고 | 퇴장 |
|---|---|---|---|---|---|---|---|---|---|---|
| K1 | 1994 | 유공 | 12 | 8 | 1 | 1 | 0 | 20 | 1 | 1 |
| | 1995 | 유공 | 1 | 1 | 0 | 0 | 0 | 1 | 0 | 0 |
| 컵 | 1995 | 유공 | 2 | 2 | 1 | 0 | 0 | 0 | 0 | 0 |
| 통산 | | | 15 | 11 | 2 | 1 | 0 | 21 | 1 | 1 |

**아폰자**(Wilinton Aponza Carabali) 콜롬비아 2000.03.29

| 대회 | 연도 | 소속 | 출전 | 교체 | 득점 | 도움 | 실점 | 파울 | 경고 | 퇴장 |
|---|---|---|---|---|---|---|---|---|---|---|
| K2 | 2023 | 충남아산 | 12 | 11 | 1 | 0 | 0 | 23 | 2 | 0 |
| 통산 | | | 12 | 11 | 1 | 0 | 0 | 23 | 2 | 0 |

**안**(Nguyen Canh Anh, 阮景英) 베트남 2000.01.12

| 대회 | 연도 | 소속 | 출전 | 교체 | 득점 | 도움 | 실점 | 파울 | 경고 | 퇴장 |
|---|---|---|---|---|---|---|---|---|---|---|
| K2 | 2023 | 천안 | 0 | 0 | 0 | 0 | 0 | 0 | 0 | 0 |
| 통산 | | | 0 | 0 | 0 | 0 | 0 | 0 | 0 | 0 |

**안광호**(安光鎬) 연세대 1968.12.19

| 대회 | 연도 | 소속 | 출전 | 교체 | 득점 | 도움 | 실점 | 파울 | 경고 | 퇴장 |
|---|---|---|---|---|---|---|---|---|---|---|
| K1 | 1992 | 대우 | 7 | 5 | 0 | 0 | 0 | 6 | 1 | 0 |
| | 1993 | 대우 | 4 | 3 | 0 | 0 | 0 | 8 | 1 | 0 |
| 컵 | 1992 | 대우 | 3 | 0 | 0 | 0 | 0 | 2 | 0 | 0 |
| 통산 | | | 14 | 8 | 0 | 0 | 0 | 16 | 2 | 0 |

**안광호**(安光鎬) 배재대 1979.01.10

| 대회 | 연도 | 소속 | 출전 | 교체 | 득점 | 도움 | 실점 | 파울 | 경고 | 퇴장 |
|---|---|---|---|---|---|---|---|---|---|---|
| K1 | 2002 | 전북 | 1 | 1 | 0 | 0 | 0 | 1 | 0 | 0 |
| 통산 | | | 1 | 1 | 0 | 0 | 0 | 1 | 0 | 0 |

**안기철**(安基喆) 아주대 1962.04.24

| 대회 | 연도 | 소속 | 출전 | 교체 | 득점 | 도움 | 실점 | 파울 | 경고 | 퇴장 |
|---|---|---|---|---|---|---|---|---|---|---|
| K1 | 1986 | 대우 | 6 | 3 | 0 | 0 | 0 | 8 | 0 | 0 |
| | 1987 | 대우 | 27 | 23 | 1 | 1 | 0 | 17 | 2 | 0 |
| | 1988 | 대우 | 23 | 10 | 1 | 3 | 0 | 20 | 0 | 0 |
| | 1989 | 대우 | 18 | 16 | 0 | 1 | 0 | 10 | 1 | 0 |
| 컵 | 1986 | 대우 | 11 | 6 | 2 | 1 | 0 | 9 | 2 | 0 |
| 통산 | | | 85 | 58 | 4 | 6 | 0 | 64 | 5 | 0 |

**안대현**(安大賢) 전주대 1977.08.20

| 대회 | 연도 | 소속 | 출전 | 교체 | 득점 | 도움 | 실점 | 파울 | 경고 | 퇴장 |
|---|---|---|---|---|---|---|---|---|---|---|
| K1 | 2001 | 전북 | 12 | 7 | 0 | 0 | 0 | 15 | 2 | 0 |
| | 2002 | 전북 | 1 | 1 | 0 | 0 | 0 | 1 | 0 | 0 |
| | 2003 | 전북 | 0 | 0 | 0 | 0 | 0 | 0 | 0 | 0 |
| 컵 | 2000 | 전북 | 3 | 3 | 0 | 0 | 0 | 3 | 0 | 0 |
| | 2001 | 전북 | 1 | 1 | 0 | 0 | 0 | 1 | 0 | 0 |
| 통산 | | | 17 | 12 | 0 | 0 | 0 | 20 | 2 | 0 |

**안데르손**(Anderson Ricardo dos Santos) 브라질 1983.03.22

| 대회 | 연도 | 소속 | 출전 | 교체 | 득점 | 도움 | 실점 | 파울 | 경고 | 퇴장 |
|---|---|---|---|---|---|---|---|---|---|---|
| K1 | 2009 | 서울 | 10 | 8 | 3 | 1 | 0 | 14 | 1 | 0 |
| PO | 2009 | 서울 | 1 | 1 | 0 | 0 | 0 | 3 | 1 | 0 |
| 컵 | 2009 | 서울 | 2 | 1 | 1 | 0 | 0 | 7 | 0 | 0 |
| 통산 | | | 13 | 10 | 4 | 1 | 0 | 24 | 2 | 0 |

**안데르손**(Anderson Cordeiro Costa) 브라질 1998.10.10

| 대회 | 연도 | 소속 | 출전 | 교체 | 득점 | 도움 | 실점 | 파울 | 경고 | 퇴장 |
|---|---|---|---|---|---|---|---|---|---|---|
| K2 | 2024 | 충남아산 | 5 | 5 | 0 | 0 | 0 | 2 | 1 | 0 |
| 통산 | | | 5 | 5 | 0 | 0 | 0 | 2 | 1 | 0 |

**안데르손** (Anderson de Oliveira da Silva) 브라질 1998.07.16

| 대회 | 연도 | 소속 | 출전 | 교체 | 득점 | 도움 | 실점 | 파울 | 경고 | 퇴장 |
|---|---|---|---|---|---|---|---|---|---|---|
| K1 | 2024 | 수원FC | 38 | 14 | 7 | 13 | 0 | 27 | 3 | 0 |
| | 2025 | 서울 | 17 | 5 | 1 | 2 | 0 | 18 | 4 | 0 |
| | 2025 | 수원FC | 20 | 3 | 5 | 6 | 0 | 12 | 0 | 0 |
| 통산 | | | 75 | 22 | 13 | 21 | 0 | 57 | 7 | 0 |

**안델손**(Anderson Andrade Antunes) 브라질 1981.11.15

| 대회 | 연도 | 소속 | 출전 | 교체 | 득점 | 도움 | 실점 | 파울 | 경고 | 퇴장 |
|---|---|---|---|---|---|---|---|---|---|---|
| K1 | 2010 | 대구 | 8 | 1 | 2 | 1 | 0 | 23 | 0 | 0 |
| 컵 | 2010 | 대구 | 3 | 3 | 0 | 0 | 0 | 5 | 0 | 0 |
| 통산 | | | 11 | 4 | 2 | 1 | 0 | 28 | 0 | 0 |

**안델손**(Anderson Jose Lopes de Souza) 브라질 1993.09.15

| 대회 | 연도 | 소속 | 출전 | 교체 | 득점 | 도움 | 실점 | 파울 | 경고 | 퇴장 |
|---|---|---|---|---|---|---|---|---|---|---|
| K1 | 2018 | 서울 | 30 | 12 | 6 | 4 | 0 | 40 | 5 | 0 |
| 통산 | | | 30 | 12 | 6 | 4 | 0 | 40 | 5 | 0 |

**안동민**(安東珉) 신평고 1999.05.11

| 대회 | 연도 | 소속 | 출전 | 교체 | 득점 | 도움 | 실점 | 파울 | 경고 | 퇴장 |
|---|---|---|---|---|---|---|---|---|---|---|
| K2 | 2019 | 대전 | 4 | 4 | 0 | 1 | 0 | 3 | 0 | 0 |
| | 2020 | 대전 | 1 | 1 | 0 | 0 | 0 | 0 | 0 | 0 |
| 통산 | | | 5 | 5 | 0 | 1 | 0 | 3 | 0 | 0 |

**안동은**(安東銀) 경운대 1988.10.01

| 대회 | 연도 | 소속 | 출전 | 교체 | 득점 | 도움 | 실점 | 파울 | 경고 | 퇴장 |
|---|---|---|---|---|---|---|---|---|---|---|
| K2 | 2013 | 고양 | 28 | 9 | 0 | 0 | 0 | 52 | 4 | 0 |
| | 2014 | 안산경찰 | 6 | 5 | 0 | 0 | 0 | 4 | 1 | 0 |
| | 2015 | 고양 | 3 | 0 | 0 | 0 | 0 | 6 | 1 | 0 |
| 통산 | | | 37 | 14 | 0 | 0 | 0 | 62 | 6 | 0 |

**안동혁**(安東赫) 광운대 1988.11.11

| 대회 | 연도 | 소속 | 출전 | 교체 | 득점 | 도움 | 실점 | 파울 | 경고 | 퇴장 |
|---|---|---|---|---|---|---|---|---|---|---|
| K1 | 2011 | 광주 | 20 | 15 | 0 | 1 | 0 | 12 | 2 | 0 |
| | 2012 | 광주 | 28 | 11 | 1 | 2 | 0 | 42 | 7 | 0 |
| K2 | 2013 | 광주 | 20 | 19 | 1 | 1 | 0 | 23 | 0 | 0 |
| | 2015 | 안양 | 24 | 12 | 0 | 2 | 0 | 35 | 1 | 0 |
| | 2017 | 안양 | 6 | 3 | 0 | 0 | 0 | 3 | 1 | 0 |
| | 2018 | 서울E | 10 | 7 | 1 | 0 | 0 | 5 | 1 | 0 |
| 컵 | 2011 | 광주 | 3 | 0 | 0 | 0 | 0 | 5 | 0 | 0 |
| 통산 | | | 111 | 67 | 3 | 6 | 0 | 125 | 12 | 0 |

**안드레**(Andre Luiz Alves Santos) 브라질 1972.11.16

| 대회 | 연도 | 소속 | 출전 | 교체 | 득점 | 도움 | 실점 | 파울 | 경고 | 퇴장 |
|---|---|---|---|---|---|---|---|---|---|---|
| K1 | 2000 | 안양LG | 27 | 3 | 3 | 9 | 0 | 51 | 2 | 0 |
| | 2001 | 안양LG | 20 | 13 | 1 | 3 | 0 | 26 | 2 | 0 |
| | 2002 | 안양LG | 22 | 13 | 5 | 5 | 0 | 28 | 3 | 1 |
| PO | 2000 | 안양LG | 2 | 0 | 2 | 1 | 0 | 6 | 1 | 0 |
| 컵 | 2000 | 안양LG | 9 | 1 | 4 | 4 | 0 | 17 | 1 | 0 |
| | 2001 | 안양LG | 7 | 6 | 1 | 1 | 0 | 10 | 1 | 0 |
| | 2002 | 안양LG | 9 | 6 | 2 | 4 | 0 | 13 | 1 | 0 |
| 통산 | | | 96 | 42 | 18 | 27 | 0 | 151 | 11 | 1 |

**안드레루이스**(André Luis da Costa Alfredo / ← 안드레) 브라질 1997.04.21

| 대회 | 연도 | 소속 | 출전 | 교체 | 득점 | 도움 | 실점 | 파울 | 경고 | 퇴장 |
|---|---|---|---|---|---|---|---|---|---|---|
| K1 | 2023 | 전북 | 13 | 12 | 0 | 0 | 0 | 5 | 2 | 0 |
| K2 | 2020 | 대전 | 26 | 9 | 13 | 3 | 0 | 27 | 5 | 0 |
| 통산 | | | 39 | 21 | 13 | 3 | 0 | 32 | 7 | 0 |

**안드레이**(Andriy Sydelnykov) 우크라이나 1967.09.27

| 대회 | 연도 | 소속 | 출전 | 교체 | 득점 | 도움 | 실점 | 파울 | 경고 | 퇴장 |
|---|---|---|---|---|---|---|---|---|---|---|
| K1 | 1995 | 전남 | 23 | 7 | 4 | 1 | 0 | 51 | 6 | 1 |
| | 1996 | 전남 | 22 | 3 | 2 | 0 | 0 | 26 | 6 | 0 |
| 컵 | 1995 | 전남 | 5 | 0 | 0 | 0 | 0 | 9 | 3 | 0 |
| | 1996 | 전남 | 7 | 2 | 1 | 0 | 0 | 5 | 2 | 0 |
| 통산 | | | 57 | 12 | 7 | 1 | 0 | 91 | 17 | 1 |

**안드리고**(Andrigo Oliveira de Araújo) 브라질 1995.02.27

| 대회 | 연도 | 소속 | 출전 | 교체 | 득점 | 도움 | 실점 | 파울 | 경고 | 퇴장 |
|---|---|---|---|---|---|---|---|---|---|---|
| K1 | 2024 | 전북 | 15 | 15 | 3 | 2 | 0 | 10 | 0 | 0 |
| | 2025 | 수원FC | 16 | 16 | 0 | 3 | 0 | 12 | 1 | 0 |
| K2 | 2022 | 안양 | 28 | 22 | 7 | 4 | 0 | 33 | 3 | 0 |
| | 2023 | 안양 | 19 | 13 | 6 | 8 | 0 | 17 | 1 | 0 |
| PO | 2022 | 안양 | 2 | 3 | 0 | 0 | 0 | 0 | 0 | 0 |
| | 2024 | 전북 | 0 | 0 | 0 | 0 | 0 | 0 | 0 | 0 |
| | 2025 | 수원FC | 2 | 2 | 0 | 0 | 0 | 1 | 0 | 0 |
| 통산 | | | 82 | 71 | 16 | 17 | 0 | 73 | 5 | 0 |

**안병건**(安炳乾) 한라대 1988.12.08

| 대회 | 연도 | 소속 | 출전 | 교체 | 득점 | 도움 | 실점 | 파울 | 경고 | 퇴장 |
|---|---|---|---|---|---|---|---|---|---|---|
| K2 | 2019 | 전남 | 3 | 0 | 0 | 0 | 0 | 5 | 3 | 0 |
| 통산 | | | 3 | 0 | 0 | 0 | 0 | 5 | 3 | 0 |

**안병준**(安炳俊) 주오대(일본) 1990.05.22

| 대회 | 연도 | 소속 | 출전 | 교체 | 득점 | 도움 | 실점 | 파울 | 경고 | 퇴장 |
|---|---|---|---|---|---|---|---|---|---|---|
| K1 | 2022 | 수원 | 18 | 12 | 7 | 0 | 0 | 12 | 3 | 0 |
| | 2023 | 수원 | 29 | 20 | 5 | 0 | 0 | 22 | 1 | 0 |
| | 2024 | 수원FC | 6 | 6 | 0 | 1 | 0 | 4 | 0 | 0 |
| K2 | 2019 | 수원FC | 17 | 7 | 8 | 0 | 0 | 25 | 3 | 0 |
| | 2020 | 수원FC | 25 | 6 | 20 | 4 | 0 | 25 | 3 | 0 |
| | 2021 | 부산 | 34 | 3 | 23 | 4 | 0 | 38 | 6 | 0 |
| | 2022 | 부산 | 14 | 6 | 4 | 0 | 0 | 12 | 2 | 0 |
| | 2024 | 부산 | 12 | 13 | 0 | 1 | 0 | 5 | 1 | 0 |
| PO | 2020 | 수원FC | 1 | 0 | 1 | 0 | 0 | 0 | 0 | 0 |
| | 2022 | 수원 | 2 | 1 | 1 | 0 | 0 | 1 | 0 | 0 |
| 통산 | | | 158 | 74 | 69 | 10 | 0 | 144 | 19 | 0 |

**안병태**(安炳泰) 한양대 1959.02.22

| 대회 | 연도 | 소속 | 출전 | 교체 | 득점 | 도움 | 실점 | 파울 | 경고 | 퇴장 |
|---|---|---|---|---|---|---|---|---|---|---|
| K1 | 1983 | 포항제철 | 10 | 2 | 0 | 0 | 0 | 10 | 0 | 0 |
| | 1984 | 포항제철 | 14 | 5 | 0 | 0 | 0 | 6 | 1 | 0 |
| | 1986 | 포항제철 | 5 | 2 | 0 | 0 | 0 | 8 | 0 | 0 |
| 컵 | 1986 | 포항제철 | 7 | 2 | 0 | 0 | 0 | 4 | 1 | 0 |
| 통산 | | | 36 | 11 | 0 | 0 | 0 | 28 | 2 | 0 |

**안상민**(安相珉) 정명정보고(경기경영고) 1995.05.18

| 대회 | 연도 | 소속 | 출전 | 교체 | 득점 | 도움 | 실점 | 파울 | 경고 | 퇴장 |
|---|---|---|---|---|---|---|---|---|---|---|
| K1 | 2017 | 강원 | 2 | 2 | 0 | 0 | 0 | 3 | 1 | 0 |
| K2 | 2021 | 대전 | 2 | 2 | 0 | 0 | 0 | 0 | 0 | 0 |
| 통산 | | | 4 | 4 | 0 | 0 | 0 | 3 | 1 | 0 |

**안상현**(安相炫) 능곡중 1986.03.05

| 대회 | 연도 | 소속 | 출전 | 교체 | 득점 | 도움 | 실점 | 파울 | 경고 | 퇴장 |
|---|---|---|---|---|---|---|---|---|---|---|
| K1 | 2003 | 안양LG | 0 | 0 | 0 | 0 | 0 | 0 | 0 | 0 |
| | 2005 | 서울 | 1 | 1 | 0 | 0 | 0 | 0 | 0 | 0 |
| | 2007 | 서울 | 10 | 9 | 1 | 0 | 0 | 8 | 0 | 0 |

| | | | | | | | | | | |
|---|---|---|---|---|---|---|---|---|---|---|
| | 2009 | 경남 | 9 | 8 | 0 | 0 | 0 | 14 | 1 | 0 |
| | 2010 | 경남 | 18 | 15 | 0 | 1 | 0 | 20 | 3 | 1 |
| | 2011 | 대구 | 13 | 10 | 0 | 0 | 0 | 29 | 7 | 0 |
| | 2012 | 대구 | 32 | 10 | 0 | 1 | 0 | 57 | 14 | 0 |
| | 2013 | 대구 | 33 | 6 | 0 | 1 | 0 | 49 | 11 | 0 |
| | 2015 | 대전 | 25 | 7 | 0 | 0 | 0 | 30 | 8 | 0 |
| | 2016 | 성남 | 23 | 7 | 0 | 2 | 0 | 43 | 4 | 0 |
| K2 | 2014 | 대구 | 32 | 2 | 1 | 1 | 0 | 50 | 7 | 0 |
| | 2017 | 성남 | 23 | 6 | 1 | 0 | 0 | 42 | 7 | 0 |
| | 2018 | 대전 | 27 | 3 | 1 | 0 | 0 | 48 | 6 | 0 |
| | 2019 | 대전 | 29 | 8 | 2 | 1 | 0 | 59 | 11 | 0 |
| PO | 2010 | 경남 | 1 | 0 | 0 | 0 | 0 | 1 | 1 | 0 |
| | 2016 | 성남 | 2 | 1 | 0 | 0 | 0 | 5 | 2 | 0 |
| | 2017 | 성남 | 1 | 0 | 0 | 0 | 0 | 1 | 0 | 0 |
| 컵 | 2004 | 서울 | 1 | 1 | 0 | 0 | 0 | 3 | 0 | 0 |
| | 2006 | 서울 | 1 | 1 | 1 | 0 | 0 | 1 | 1 | 0 |
| | 2007 | 서울 | 1 | 1 | 0 | 0 | 0 | 1 | 1 | 0 |
| | 2008 | 서울 | 1 | 0 | 0 | 0 | 0 | 1 | 1 | 1 |
| | 2010 | 경남 | 5 | 3 | 0 | 0 | 0 | 10 | 1 | 0 |
| | 2011 | 대구 | 2 | 1 | 0 | 0 | 0 | 4 | 1 | 0 |
| 통산 | | | 290 | 100 | 7 | 7 | 0 | 476 | 87 | 2 |

**안선진**(安鮮鎭) 고려대 1975.09.19

| 대회 | 연도 | 소속 | 출전 | 교체 | 득점 | 도움 | 실점 | 파울 | 경고 | 퇴장 |
|---|---|---|---|---|---|---|---|---|---|---|
| K1 | 2003 | 포항 | 16 | 14 | 0 | 0 | 0 | 15 | 0 | 0 |
| 통산 | | | 16 | 14 | 0 | 0 | 0 | 15 | 0 | 0 |

**안성규**(安聖奎) 충북대

| 대회 | 연도 | 소속 | 출전 | 교체 | 득점 | 도움 | 실점 | 파울 | 경고 | 퇴장 |
|---|---|---|---|---|---|---|---|---|---|---|
| K1 | 1995 | 대우 | 1 | 1 | 0 | 0 | 0 | 2 | 1 | 0 |
| 통산 | | | 1 | 1 | 0 | 0 | 0 | 2 | 1 | 0 |

**안성남**(安成男) 중앙대 1984.04.17

| 대회 | 연도 | 소속 | 출전 | 교체 | 득점 | 도움 | 실점 | 파울 | 경고 | 퇴장 |
|---|---|---|---|---|---|---|---|---|---|---|
| K1 | 2009 | 강원 | 20 | 14 | 1 | 1 | 0 | 9 | 2 | 0 |
| | 2010 | 강원 | 23 | 20 | 5 | 3 | 0 | 12 | 2 | 0 |
| | 2011 | 광주 | 21 | 17 | 2 | 0 | 0 | 15 | 2 | 0 |
| | 2012 | 광주 | 25 | 24 | 0 | 1 | 0 | 22 | 5 | 0 |
| | 2015 | 광주 | 8 | 7 | 0 | 0 | 0 | 3 | 0 | 0 |
| | 2018 | 경남 | 6 | 5 | 0 | 0 | 0 | 1 | 0 | 0 |
| | 2019 | 경남 | 19 | 4 | 0 | 0 | 0 | 8 | 1 | 0 |
| K2 | 2014 | 광주 | 7 | 4 | 2 | 1 | 0 | 14 | 0 | 0 |
| | 2015 | 강원 | 7 | 4 | 0 | 0 | 0 | 12 | 2 | 0 |
| | 2016 | 경남 | 37 | 29 | 4 | 2 | 0 | 14 | 2 | 0 |
| | 2017 | 경남 | 30 | 16 | 1 | 1 | 0 | 18 | 4 | 0 |
| | 2020 | 경남 | 8 | 4 | 0 | 0 | 0 | 12 | 1 | 0 |
| PO | 2014 | 광주 | 1 | 1 | 0 | 0 | 0 | 0 | 0 | 0 |
| | 2019 | 경남 | 1 | 1 | 0 | 0 | 0 | 0 | 0 | 0 |
| 컵 | 2009 | 강원 | 1 | 1 | 0 | 0 | 0 | 0 | 0 | 0 |
| | 2010 | 강원 | 3 | 2 | 0 | 0 | 0 | 2 | 0 | 0 |
| | 2011 | 광주 | 1 | 1 | 0 | 0 | 0 | 2 | 1 | 0 |
| 통산 | | | 218 | 154 | 15 | 9 | 0 | 144 | 22 | 0 |

**안성민**(安成民) 건국대 1985.11.03

| 대회 | 연도 | 소속 | 출전 | 교체 | 득점 | 도움 | 실점 | 파울 | 경고 | 퇴장 |
|---|---|---|---|---|---|---|---|---|---|---|
| K1 | 2007 | 부산 | 11 | 9 | 1 | 1 | 0 | 14 | 1 | 0 |
| | 2008 | 부산 | 13 | 11 | 1 | 0 | 0 | 23 | 2 | 0 |
| | 2009 | 부산 | 14 | 6 | 1 | 0 | 0 | 29 | 7 | 0 |
| | 2010 | 대구 | 24 | 9 | 2 | 0 | 0 | 28 | 4 | 0 |
| | 2011 | 대구 | 8 | 6 | 3 | 0 | 0 | 15 | 2 | 0 |
| 컵 | 2007 | 부산 | 7 | 4 | 0 | 0 | 0 | 15 | 0 | 0 |
| | 2008 | 부산 | 4 | 3 | 0 | 0 | 0 | 5 | 2 | 0 |
| | 2009 | 부산 | 6 | 4 | 0 | 0 | 0 | 8 | 1 | 0 |
| | 2010 | 대구 | 4 | 0 | 1 | 1 | 0 | 5 | 1 | 0 |
| | 2011 | 대구 | 3 | 1 | 0 | 0 | 0 | 6 | 2 | 0 |
| 통산 | | | 94 | 53 | 9 | 2 | 0 | 148 | 22 | 0 |

**안성민**(安性玟) 경희대 1999.08.09

| 대회 | 연도 | 소속 | 출전 | 교체 | 득점 | 도움 | 실점 | 파울 | 경고 | 퇴장 |
|---|---|---|---|---|---|---|---|---|---|---|
| K2 | 2020 | 안산 | 0 | 0 | 0 | 0 | 0 | 0 | 0 | 0 |
| | 2022 | 안산 | 18 | 11 | 0 | 0 | 0 | 11 | 2 | 0 |
| 통산 | | | 18 | 11 | 0 | 0 | 0 | 11 | 2 | 0 |

**안성빈**(安聖彬) 수원대 1988.10.03

| 대회 | 연도 | 소속 | 출전 | 교체 | 득점 | 도움 | 실점 | 파울 | 경고 | 퇴장 |
|---|---|---|---|---|---|---|---|---|---|---|
| K1 | 2010 | 경남 | 7 | 7 | 0 | 0 | 0 | 5 | 1 | 0 |
| | 2011 | 경남 | 2 | 2 | 0 | 0 | 0 | 0 | 0 | 0 |
| | 2012 | 경남 | 11 | 10 | 1 | 0 | 0 | 12 | 1 | 0 |
| | 2014 | 경남 | 7 | 3 | 1 | 0 | 0 | 9 | 1 | 0 |
| K2 | 2013 | 경찰 | 23 | 13 | 1 | 2 | 0 | 31 | 2 | 0 |
| | 2014 | 안산경찰 | 15 | 15 | 1 | 3 | 0 | 13 | 3 | 0 |
| | 2015 | 안양 | 36 | 19 | 8 | 4 | 0 | 66 | 6 | 0 |
| | 2016 | 안양 | 28 | 2 | 1 | 5 | 0 | 34 | 4 | 0 |
| | 2017 | 경남 | 2 | 0 | 0 | 0 | 0 | 4 | 0 | 0 |
| | 2017 | 안양 | 18 | 6 | 0 | 1 | 0 | 20 | 1 | 0 |
| | 2018 | 서울E | 13 | 2 | 0 | 1 | 0 | 17 | 1 | 0 |
| | 2019 | 안양 | 13 | 10 | 0 | 1 | 0 | 12 | 2 | 0 |
| PO | 2014 | 경남 | 2 | 1 | 0 | 0 | 0 | 3 | 1 | 0 |
| | 2019 | 안양 | 0 | 0 | 0 | 0 | 0 | 0 | 0 | 0 |
| 컵 | 2010 | 경남 | 1 | 1 | 1 | 0 | 0 | 1 | 0 | 0 |
| | 2011 | 경남 | 3 | 3 | 0 | 0 | 0 | 2 | 0 | 0 |
| 통산 | | | 181 | 94 | 14 | 17 | 0 | 229 | 23 | 0 |

**안성열**(安星烈) 국민대 1958.08.01

| 대회 | 연도 | 소속 | 출전 | 교체 | 득점 | 도움 | 실점 | 파울 | 경고 | 퇴장 |
|---|---|---|---|---|---|---|---|---|---|---|
| K1 | 1983 | 국민은행 | 10 | 4 | 0 | 1 | 0 | 8 | 1 | 0 |
| | 1985 | 상무 | 18 | 2 | 0 | 0 | 0 | 10 | 1 | 0 |
| 통산 | | | 28 | 6 | 0 | 1 | 0 | 18 | 2 | 0 |

**안성일**(安聖逸) 아주대 1966.09.10

| 대회 | 연도 | 소속 | 출전 | 교체 | 득점 | 도움 | 실점 | 파울 | 경고 | 퇴장 |
|---|---|---|---|---|---|---|---|---|---|---|
| K1 | 1989 | 대우 | 21 | 13 | 6 | 0 | 0 | 17 | 1 | 0 |
| | 1990 | 대우 | 14 | 8 | 1 | 0 | 0 | 23 | 1 | 0 |
| | 1991 | 대우 | 36 | 7 | 2 | 3 | 0 | 49 | 5 | 1 |
| | 1992 | 대우 | 27 | 9 | 5 | 0 | 0 | 38 | 6 | 0 |
| | 1993 | 대우 | 24 | 18 | 1 | 2 | 0 | 25 | 3 | 0 |
| | 1994 | 포항제철 | 20 | 13 | 0 | 3 | 0 | 17 | 2 | 0 |
| | 1995 | 대우 | 24 | 10 | 2 | 0 | 0 | 41 | 9 | 0 |
| | 1996 | 부산 | 11 | 10 | 0 | 0 | 0 | 18 | 1 | 0 |
| 컵 | 1992 | 대우 | 8 | 3 | 0 | 0 | 0 | 11 | 1 | 0 |
| | 1994 | 포항제철 | 2 | 2 | 0 | 0 | 0 | 2 | 0 | 0 |
| | 1995 | 대우 | 6 | 1 | 2 | 0 | 0 | 11 | 2 | 0 |
| | 1996 | 부산 | 7 | 2 | 0 | 0 | 0 | 17 | 2 | 0 |
| 통산 | | | 200 | 96 | 19 | 8 | 0 | 269 | 33 | 1 |

**안성호**(安成皓) 대구대 1976.03.30

| 대회 | 연도 | 소속 | 출전 | 교체 | 득점 | 도움 | 실점 | 파울 | 경고 | 퇴장 |
|---|---|---|---|---|---|---|---|---|---|---|
| K1 | 1999 | 수원 | 1 | 1 | 0 | 0 | 0 | 2 | 0 | 0 |
| 통산 | | | 1 | 1 | 0 | 0 | 0 | 2 | 0 | 0 |

**안성훈**(安成勳) 한려대 1982.09.11

| 대회 | 연도 | 소속 | 출전 | 교체 | 득점 | 도움 | 실점 | 파울 | 경고 | 퇴장 |
|---|---|---|---|---|---|---|---|---|---|---|
| K1 | 2002 | 안양LG | 10 | 4 | 0 | 0 | 0 | 10 | 2 | 0 |
| | 2003 | 안양LG | 11 | 6 | 0 | 0 | 0 | 8 | 0 | 0 |
| | 2004 | 인천 | 14 | 10 | 0 | 0 | 0 | 15 | 1 | 0 |
| | 2005 | 인천 | 3 | 2 | 0 | 0 | 0 | 1 | 1 | 0 |
| | 2006 | 인천 | 2 | 2 | 0 | 1 | 0 | 1 | 0 | 0 |
| | 2007 | 인천 | 1 | 1 | 0 | 0 | 0 | 2 | 1 | 0 |
| 컵 | 2002 | 안양LG | 1 | 1 | 0 | 0 | 0 | 1 | 0 | 0 |
| | 2004 | 인천 | 5 | 0 | 0 | 0 | 0 | 15 | 0 | 0 |
| | 2005 | 인천 | 7 | 4 | 0 | 0 | 0 | 2 | 0 | 0 |
| | 2006 | 인천 | 7 | 5 | 0 | 1 | 0 | 18 | 1 | 0 |
| | 2007 | 인천 | 3 | 3 | 0 | 0 | 0 | 2 | 1 | 0 |
| 통산 | | | 64 | 38 | 0 | 2 | 0 | 75 | 7 | 0 |

**안세희**(安世熙) 원주한라대 1991.02.08

| 대회 | 연도 | 소속 | 출전 | 교체 | 득점 | 도움 | 실점 | 파울 | 경고 | 퇴장 |
|---|---|---|---|---|---|---|---|---|---|---|
| K1 | 2015 | 대전 | 4 | 0 | 0 | 0 | 0 | 2 | 1 | 0 |
| | 2015 | 부산 | 5 | 1 | 0 | 0 | 0 | 9 | 1 | 1 |
| | 2017 | 포항 | 2 | 1 | 0 | 0 | 0 | 2 | 0 | 0 |
| | 2019 | 상주 | 3 | 1 | 0 | 0 | 0 | 4 | 1 | 0 |
| K2 | 2016 | 안양 | 34 | 6 | 0 | 0 | 0 | 27 | 6 | 0 |
| | 2017 | 안양 | 3 | 1 | 0 | 0 | 0 | 3 | 0 | 0 |
| | 2018 | 안양 | 0 | 0 | 0 | 0 | 0 | 0 | 0 | 0 |
| | 2020 | 안양 | 4 | 2 | 1 | 0 | 0 | 4 | 1 | 0 |
| 통산 | | | 55 | 12 | 1 | 0 | 0 | 51 | 10 | 1 |

**안셀**(Nicholas Clive Ansell) 오스트레일리아 1994.02.02

| 대회 | 연도 | 소속 | 출전 | 교체 | 득점 | 도움 | 실점 | 파울 | 경고 | 퇴장 |
|---|---|---|---|---|---|---|---|---|---|---|
| K2 | 2019 | 전남 | 15 | 3 | 0 | 0 | 0 | 11 | 1 | 1 |
| | 2020 | 경남 | 5 | 4 | 0 | 0 | 0 | 6 | 2 | 0 |
| 통산 | | | 20 | 7 | 0 | 0 | 0 | 17 | 3 | 1 |

**안수민**(安首玟) 동국대 1994.05.26

| 대회 | 연도 | 소속 | 출전 | 교체 | 득점 | 도움 | 실점 | 파울 | 경고 | 퇴장 |
|---|---|---|---|---|---|---|---|---|---|---|
| K1 | 2017 | 강원 | 3 | 3 | 0 | 0 | 0 | 3 | 1 | 0 |
| 통산 | | | 3 | 3 | 0 | 0 | 0 | 3 | 1 | 0 |

**안수현**(安壽賢) 조선대 1992.06.13

| 대회 | 연도 | 소속 | 출전 | 교체 | 득점 | 도움 | 실점 | 파울 | 경고 | 퇴장 |
|---|---|---|---|---|---|---|---|---|---|---|
| K1 | 2015 | 전남 | 1 | 1 | 0 | 0 | 0 | 1 | 0 | 0 |
| 통산 | | | 1 | 1 | 0 | 0 | 0 | 1 | 0 | 0 |

**안승인**(安承仁) 경원대학원 1973.03.14

| 대회 | 연도 | 소속 | 출전 | 교체 | 득점 | 도움 | 실점 | 파울 | 경고 | 퇴장 |
|---|---|---|---|---|---|---|---|---|---|---|
| K1 | 1999 | 부천SK | 9 | 9 | 0 | 2 | 0 | 4 | 0 | 0 |
| | 2000 | 부천SK | 2 | 2 | 0 | 0 | 0 | 3 | 0 | 0 |
| | 2001 | 부천SK | 19 | 16 | 2 | 0 | 0 | 14 | 0 | 0 |
| | 2002 | 부천SK | 18 | 12 | 2 | 2 | 0 | 34 | 0 | 0 |
| | 2003 | 부천SK | 38 | 25 | 1 | 3 | 0 | 55 | 4 | 0 |
| | 2004 | 부천SK | 2 | 2 | 0 | 0 | 0 | 0 | 0 | 0 |
| PO | 1999 | 부천SK | 1 | 1 | 0 | 0 | 0 | 0 | 0 | 0 |
| | 2000 | 부천SK | 2 | 2 | 0 | 0 | 0 | 4 | 0 | 0 |
| 컵 | 1999 | 부천SK | 5 | 5 | 0 | 0 | 0 | 3 | 0 | 0 |
| | 2000 | 부천SK | 5 | 5 | 1 | 0 | 0 | 6 | 2 | 0 |
| | 2001 | 부천SK | 6 | 4 | 1 | 1 | 0 | 10 | 0 | 0 |
| | 2002 | 부천SK | 7 | 6 | 0 | 0 | 0 | 13 | 0 | 0 |
| | 2004 | 부천SK | 3 | 3 | 0 | 0 | 0 | 3 | 0 | 0 |
| 통산 | | | 117 | 92 | 7 | 8 | 0 | 149 | 6 | 0 |

**안영규**(安泳奎) 울산대 1989.12.04

| 대회 | 연도 | 소속 | 출전 | 교체 | 득점 | 도움 | 실점 | 파울 | 경고 | 퇴장 |
|---|---|---|---|---|---|---|---|---|---|---|
| K1 | 2012 | 수원 | 0 | 0 | 0 | 0 | 0 | 0 | 0 | 0 |
| | 2015 | 광주 | 33 | 6 | 2 | 0 | 0 | 36 | 6 | 0 |
| | 2017 | 광주 | 1 | 0 | 0 | 0 | 0 | 1 | 1 | 0 |
| | 2019 | 성남 | 29 | 8 | 0 | 1 | 0 | 31 | 3 | 0 |
| | 2020 | 성남 | 13 | 10 | 0 | 0 | 0 | 6 | 0 | 0 |
| | 2021 | 성남 | 21 | 11 | 0 | 0 | 0 | 29 | 3 | 0 |
| | 2023 | 광주 | 32 | 6 | 2 | 2 | 0 | 18 | 5 | 0 |
| | 2024 | 광주 | 26 | 11 | 0 | 0 | 0 | 16 | 3 | 1 |
| | 2025 | 광주 | 16 | 11 | 0 | 1 | 0 | 11 | 1 | 0 |
| K2 | 2014 | 대전 | 34 | 2 | 1 | 1 | 0 | 45 | 5 | 0 |
| | 2016 | 안산무궁 | 18 | 4 | 0 | 1 | 0 | 20 | 3 | 0 |
| | 2017 | 아산 | 10 | 4 | 0 | 1 | 0 | 7 | 2 | 0 |
| | 2018 | 광주 | 35 | 2 | 1 | 0 | 0 | 23 | 1 | 0 |
| | 2022 | 광주 | 36 | 9 | 1 | 1 | 0 | 32 | 6 | 0 |
| PO | 2018 | 광주 | 1 | 0 | 0 | 0 | 0 | 1 | 0 | 0 |
| 통산 | | | 305 | 84 | 7 | 8 | 0 | 276 | 39 | 1 |

**안영진**(安映珍) 울산대 1988.04.01

| 대회 | 연도 | 소속 | 출전 | 교체 | 득점 | 도움 | 실점 | 파울 | 경고 | 퇴장 |
|---|---|---|---|---|---|---|---|---|---|---|
| K2 | 2013 | 부천 | 7 | 7 | 0 | 0 | 0 | 1 | 0 | 0 |
| 통산 | | | 7 | 7 | 0 | 0 | 0 | 1 | 0 | 0 |

**안영학**(安英學) 릿쇼대(일본) 1978.10.25

| 대회 | 연도 | 소속 | 출전 | 교체 | 득점 | 도움 | 실점 | 파울 | 경고 | 퇴장 |
|---|---|---|---|---|---|---|---|---|---|---|
| K1 | 2006 | 부산 | 17 | 5 | 2 | 2 | 0 | 33 | 0 | 0 |
| | 2007 | 부산 | 22 | 2 | 3 | 0 | 0 | 40 | 2 | 0 |
| | 2008 | 수원 | 4 | 4 | 0 | 0 | 0 | 3 | 1 | 0 |
| | 2009 | 수원 | 14 | 6 | 2 | 0 | 0 | 24 | 1 | 0 |
| 컵 | 2006 | 부산 | 12 | 3 | 1 | 0 | 0 | 24 | 0 | 0 |
| | 2007 | 부산 | 8 | 1 | 1 | 0 | 0 | 25 | 0 | 0 |
| | 2008 | 수원 | 5 | 3 | 0 | 0 | 0 | 10 | 1 | 0 |
| 통산 | | | 82 | 24 | 9 | 2 | 0 | 159 | 5 | 0 |

**안용우**(安庸佑) 동의대 1991.08.10

| 대회 | 연도 | 소속 | 출전 | 교체 | 득점 | 도움 | 실점 | 파울 | 경고 | 퇴장 |
|---|---|---|---|---|---|---|---|---|---|---|
| K1 | 2014 | 전남 | 31 | 7 | 6 | 6 | 0 | 19 | 4 | 0 |
| | 2015 | 전남 | 34 | 18 | 3 | 4 | 0 | 22 | 1 | 0 |

| | | | | | | | | | | |
|---|---|---|---|---|---|---|---|---|---|---|
| | 2016 | 전남 | 32 | 24 | 4 | 0 | 0 | 24 | 2 | 0 |
| | 2017 | 전남 | 14 | 10 | 0 | 1 | 0 | 14 | 0 | 0 |
| | 2021 | 대구 | 33 | 25 | 0 | 1 | 0 | 22 | 2 | 0 |
| | 2022 | 대구 | 12 | 10 | 2 | 2 | 0 | 3 | 0 | 0 |
| K2 | 2023 | 안양 | 16 | 16 | 1 | 1 | 0 | 6 | 0 | 0 |
| | 2024 | 안양 | 1 | 1 | 0 | 0 | 0 | 0 | 0 | 0 |
| | 2024 | 충남아산 | 7 | 9 | 0 | 1 | 0 | 5 | 0 | 1 |
| PO | 2024 | 충남아산 | 1 | 1 | 0 | 0 | 0 | 0 | 0 | 0 |
| 통산 | | | 181 | 121 | 16 | 16 | 0 | 115 | 9 | 1 |

**안원응**(安元應) 성균관대 1961.01.14

| 대회 | 연도 | 소속 | 출전 | 교체 | 득점 | 도움 | 실점 | 파울 | 경고 | 퇴장 |
|---|---|---|---|---|---|---|---|---|---|---|
| K1 | 1984 | 한일은행 | 6 | 2 | 0 | 0 | 0 | 5 | 2 | 0 |
| 통산 | | | 6 | 2 | 0 | 0 | 0 | 5 | 2 | 0 |

**안은산**(安恩山) 고려대1996.10.04

| 대회 | 연도 | 소속 | 출전 | 교체 | 득점 | 도움 | 실점 | 파울 | 경고 | 퇴장 |
|---|---|---|---|---|---|---|---|---|---|---|
| K2 | 2019 | 수원FC | 4 | 2 | 0 | 0 | 0 | 5 | 0 | 0 |
| 통산 | | | 4 | 2 | 0 | 0 | 0 | 5 | 0 | 0 |

**안익수**(安益秀) 인천대 1965.05.06

| 대회 | 연도 | 소속 | 출전 | 교체 | 득점 | 도움 | 실점 | 파울 | 경고 | 퇴장 |
|---|---|---|---|---|---|---|---|---|---|---|
| K1 | 1989 | 일화 | 22 | 6 | 0 | 0 | 0 | 23 | 3 | 0 |
| | 1990 | 일화 | 29 | 1 | 0 | 1 | 0 | 35 | 2 | 0 |
| | 1991 | 일화 | 12 | 4 | 0 | 0 | 0 | 19 | 1 | 0 |
| | 1992 | 일화 | 19 | 1 | 0 | 0 | 0 | 37 | 4 | 0 |
| | 1993 | 일화 | 23 | 2 | 0 | 0 | 0 | 34 | 2 | 1 |
| | 1994 | 일화 | 20 | 3 | 1 | 1 | 0 | 31 | 3 | 0 |
| | 1995 | 일화 | 17 | 3 | 0 | 0 | 0 | 25 | 4 | 0 |
| | 1996 | 포항 | 23 | 7 | 0 | 0 | 0 | 34 | 3 | 0 |
| | 1997 | 포항 | 15 | 1 | 0 | 0 | 0 | 29 | 4 | 0 |
| | 1998 | 포항 | 17 | 1 | 0 | 1 | 0 | 26 | 1 | 0 |
| PO | 1995 | 일화 | 2 | 3 | 0 | 0 | 0 | 3 | 1 | 0 |
| | 1998 | 포항 | 3 | 0 | 0 | 0 | 0 | 9 | 1 | 0 |
| 컵 | 1992 | 일화 | 10 | 2 | 0 | 0 | 0 | 12 | 2 | 0 |
| | 1993 | 일화 | 3 | 1 | 0 | 0 | 0 | 3 | 0 | 0 |
| | 1996 | 포항 | 7 | 4 | 0 | 0 | 0 | 5 | 0 | 0 |
| | 1997 | 포항 | 19 | 5 | 1 | 0 | 0 | 23 | 2 | 0 |
| | 1998 | 포항 | 16 | 0 | 0 | 0 | 0 | 28 | 4 | 0 |
| 통산 | | | 257 | 44 | 2 | 3 | 0 | 376 | 37 | 1 |

**안일주**(安一柱) 동국대 1988.05.02

| 대회 | 연도 | 소속 | 출전 | 교체 | 득점 | 도움 | 실점 | 파울 | 경고 | 퇴장 |
|---|---|---|---|---|---|---|---|---|---|---|
| K1 | 2012 | 상주 | 1 | 1 | 0 | 0 | 0 | 0 | 0 | 0 |
| K2 | 2013 | 상주 | 0 | 0 | 0 | 0 | 0 | 0 | 0 | 0 |
| | 2014 | 부천 | 20 | 1 | 0 | 0 | 0 | 21 | 2 | 0 |
| | 2015 | 부천 | 16 | 5 | 0 | 0 | 0 | 16 | 2 | 0 |
| 컵 | 2011 | 포항 | 0 | 0 | 0 | 0 | 0 | 0 | 0 | 0 |
| 통산 | | | 37 | 7 | 0 | 0 | 0 | 37 | 4 | 0 |

**안재곤**(安栽坤) 아주대 1984.08.15

| 대회 | 연도 | 소속 | 출전 | 교체 | 득점 | 도움 | 실점 | 파울 | 경고 | 퇴장 |
|---|---|---|---|---|---|---|---|---|---|---|
| K1 | 2010 | 인천 | 1 | 1 | 0 | 0 | 0 | 0 | 0 | 0 |
| | 2011 | 인천 | 5 | 4 | 0 | 0 | 0 | 12 | 1 | 0 |
| | 2012 | 인천 | 0 | 0 | 0 | 0 | 0 | 0 | 0 | 0 |
| 컵 | 2008 | 인천 | 4 | 1 | 0 | 0 | 0 | 9 | 1 | 0 |
| 통산 | | | 10 | 6 | 0 | 0 | 0 | 21 | 2 | 0 |

**안재민**(安在民) 동국대 2003.01.23

| 대회 | 연도 | 소속 | 출전 | 교체 | 득점 | 도움 | 실점 | 파울 | 경고 | 퇴장 |
|---|---|---|---|---|---|---|---|---|---|---|
| K1 | 2023 | 서울 | 1 | 1 | 0 | 0 | 0 | 0 | 0 | 0 |
| | 2024 | 서울 | 0 | 0 | 0 | 0 | 0 | 0 | 0 | 0 |
| K2 | 2024 | 김포 | 15 | 9 | 0 | 0 | 0 | 18 | 0 | 0 |
| | 2025 | 전남 | 27 | 26 | 1 | 0 | 0 | 13 | 4 | 0 |
| 통산 | | | 43 | 36 | 1 | 0 | 0 | 31 | 4 | 0 |

**안재민**(安材民) 선문대 2005.02.10

| 대회 | 연도 | 소속 | 출전 | 교체 | 득점 | 도움 | 실점 | 파울 | 경고 | 퇴장 |
|---|---|---|---|---|---|---|---|---|---|---|
| K2 | 2025 | 성남 | 1 | 1 | 0 | 0 | 0 | 0 | 0 | 0 |
| 통산 | | | 1 | 1 | 0 | 0 | 0 | 0 | 0 | 0 |

**안재준**(安宰畯) 고려대 1986.02.08

| 대회 | 연도 | 소속 | 출전 | 교체 | 득점 | 도움 | 실점 | 파울 | 경고 | 퇴장 |
|---|---|---|---|---|---|---|---|---|---|---|
| K1 | 2008 | 인천 | 21 | 1 | 0 | 0 | 0 | 39 | 7 | 0 |
| | 2009 | 인천 | 26 | 0 | 0 | 0 | 0 | 43 | 5 | 0 |
| | 2010 | 인천 | 24 | 0 | 1 | 2 | 0 | 51 | 3 | 1 |
| | 2011 | 전남 | 27 | 2 | 1 | 0 | 0 | 35 | 5 | 0 |
| | 2012 | 전남 | 32 | 1 | 1 | 0 | 0 | 40 | 4 | 0 |
| | 2013 | 인천 | 31 | 0 | 4 | 0 | 0 | 64 | 8 | 0 |
| | 2014 | 인천 | 36 | 1 | 0 | 0 | 0 | 49 | 5 | 0 |
| K2 | 2015 | 안산경찰 | 35 | 0 | 1 | 0 | 0 | 55 | 10 | 0 |
| | 2016 | 안산무궁 | 8 | 2 | 0 | 0 | 0 | 8 | 2 | 0 |
| | 2017 | 성남 | 13 | 3 | 1 | 1 | 0 | 18 | 4 | 0 |
| | 2018 | 대전 | 10 | 5 | 0 | 0 | 0 | 9 | 1 | 0 |
| PO | 2009 | 인천 | 1 | 1 | 0 | 0 | 0 | 0 | 0 | 0 |
| | 2017 | 성남 | 0 | 0 | 0 | 0 | 0 | 0 | 0 | 0 |
| 컵 | 2008 | 인천 | 7 | 0 | 0 | 0 | 0 | 5 | 2 | 0 |
| | 2009 | 인천 | 6 | 0 | 0 | 1 | 0 | 7 | 1 | 0 |
| | 2010 | 인천 | 4 | 0 | 0 | 1 | 0 | 7 | 1 | 0 |
| | 2011 | 전남 | 0 | 0 | 0 | 0 | 0 | 0 | 0 | 0 |
| 통산 | | | 281 | 16 | 9 | 5 | 0 | 430 | 58 | 1 |

**안재준**(安在俊) 현대고 2001.04.03

| 대회 | 연도 | 소속 | 출전 | 교체 | 득점 | 도움 | 실점 | 파울 | 경고 | 퇴장 |
|---|---|---|---|---|---|---|---|---|---|---|
| K1 | 2024 | 포항 | 8 | 7 | 1 | 1 | 0 | 2 | 0 | 0 |
| | 2025 | 포항 | 6 | 6 | 0 | 0 | 0 | 0 | 0 | 0 |
| K2 | 2021 | 부천 | 19 | 15 | 0 | 1 | 0 | 9 | 1 | 0 |
| | 2022 | 부천 | 23 | 22 | 4 | 1 | 0 | 10 | 1 | 0 |
| | 2023 | 부천 | 22 | 14 | 11 | 4 | 0 | 14 | 3 | 0 |
| | 2024 | 부천 | 8 | 8 | 1 | 0 | 0 | 4 | 1 | 0 |
| PO | 2022 | 부천 | 1 | 1 | 0 | 0 | 0 | 0 | 0 | 0 |
| | 2023 | 부천 | 1 | 1 | 0 | 0 | 0 | 1 | 0 | 0 |
| 통산 | | | 88 | 74 | 17 | 7 | 0 | 40 | 6 | 0 |

**안재준**(安在俊) 선문대 2003.01.23

| 대회 | 연도 | 소속 | 출전 | 교체 | 득점 | 도움 | 실점 | 파울 | 경고 | 퇴장 |
|---|---|---|---|---|---|---|---|---|---|---|
| K2 | 2025 | 안산 | 2 | 2 | 0 | 0 | 0 | 0 | 0 | 0 |
| 통산 | | | 2 | 2 | 0 | 0 | 0 | 0 | 0 | 0 |

**안재홍**(安宰弘) 영남대 1998.03.01

| 대회 | 연도 | 소속 | 출전 | 교체 | 득점 | 도움 | 실점 | 파울 | 경고 | 퇴장 |
|---|---|---|---|---|---|---|---|---|---|---|
| K2 | 2020 | 전남 | 0 | 0 | 0 | 0 | 0 | 0 | 0 | 0 |
| 통산 | | | 0 | 0 | 0 | 0 | 0 | 0 | 0 | 0 |

**안재훈**(安在勳) 건국대 1988.02.01

| 대회 | 연도 | 소속 | 출전 | 교체 | 득점 | 도움 | 실점 | 파울 | 경고 | 퇴장 |
|---|---|---|---|---|---|---|---|---|---|---|
| K1 | 2011 | 대구 | 18 | 1 | 0 | 2 | 0 | 23 | 2 | 0 |
| | 2012 | 대구 | 9 | 3 | 1 | 0 | 0 | 11 | 2 | 0 |
| | 2013 | 대구 | 5 | 1 | 0 | 0 | 0 | 5 | 1 | 0 |
| | 2014 | 상주 | 22 | 3 | 1 | 0 | 0 | 25 | 4 | 1 |
| K2 | 2013 | 수원FC | 16 | 1 | 0 | 0 | 0 | 18 | 2 | 0 |
| | 2015 | 대구 | 3 | 0 | 0 | 0 | 0 | 2 | 0 | 0 |
| | 2015 | 상주 | 8 | 3 | 0 | 0 | 0 | 8 | 1 | 0 |
| | 2017 | 서울E | 9 | 3 | 0 | 0 | 0 | 10 | 1 | 0 |
| | 2017 | 수원FC | 5 | 4 | 0 | 0 | 0 | 2 | 0 | 0 |
| PO | 2015 | 대구 | 0 | 0 | 0 | 0 | 0 | 0 | 0 | 0 |
| 컵 | 2011 | 대구 | 2 | 0 | 0 | 0 | 0 | 4 | 0 | 0 |
| 통산 | | | 97 | 19 | 2 | 2 | 0 | 108 | 13 | 1 |

**안정환**(安貞桓) 아주대 1976.01.27

| 대회 | 연도 | 소속 | 출전 | 교체 | 득점 | 도움 | 실점 | 파울 | 경고 | 퇴장 |
|---|---|---|---|---|---|---|---|---|---|---|
| K1 | 1998 | 부산 | 17 | 0 | 5 | 2 | 0 | 17 | 2 | 0 |
| | 1999 | 부산 | 19 | 3 | 14 | 5 | 0 | 16 | 3 | 0 |
| | 2000 | 부산 | 13 | 5 | 8 | 0 | 0 | 11 | 0 | 0 |
| | 2007 | 수원 | 15 | 15 | 0 | 0 | 0 | 12 | 2 | 0 |
| | 2008 | 부산 | 19 | 4 | 4 | 3 | 0 | 37 | 3 | 1 |
| PO | 1999 | 부산 | 5 | 3 | 0 | 2 | 0 | 4 | 0 | 0 |
| | 2007 | 수원 | 0 | 0 | 0 | 0 | 0 | 0 | 0 | 0 |
| 컵 | 1998 | 부산 | 16 | 8 | 8 | 2 | 0 | 14 | 2 | 0 |
| | 1999 | 부산 | 10 | 3 | 7 | 0 | 0 | 6 | 0 | 1 |
| | 2000 | 부산 | 7 | 3 | 2 | 0 | 0 | 9 | 0 | 0 |
| | 2007 | 수원 | 10 | 5 | 5 | 0 | 0 | 10 | 2 | 0 |
| | 2008 | 부산 | 8 | 4 | 2 | 0 | 0 | 10 | 3 | 0 |
| 통산 | | | 139 | 53 | 55 | 14 | 0 | 146 | 17 | 2 |

**안젤코비치**(Miodrag Andjelković) 세르비아 몬테네그로 1977.12.07

| 대회 | 연도 | 소속 | 출전 | 교체 | 득점 | 도움 | 실점 | 파울 | 경고 | 퇴장 |
|---|---|---|---|---|---|---|---|---|---|---|
| K1 | 2004 | 인천 | 11 | 5 | 4 | 0 | 0 | 26 | 1 | 1 |
| 통산 | | | 11 | 5 | 4 | 0 | 0 | 26 | 1 | 1 |

**안종관**(安種官) 광운대 1966.08.30

| 대회 | 연도 | 소속 | 출전 | 교체 | 득점 | 도움 | 실점 | 파울 | 경고 | 퇴장 |
|---|---|---|---|---|---|---|---|---|---|---|
| K1 | 1989 | 현대 | 28 | 6 | 0 | 1 | 0 | 31 | 2 | 0 |
| | 1990 | 현대 | 20 | 6 | 0 | 1 | 0 | 21 | 0 | 0 |
| 통산 | | | 48 | 12 | 0 | 2 | 0 | 52 | 2 | 0 |

**안종훈**(安鐘薰) 조선대 1989.07.05

| 대회 | 연도 | 소속 | 출전 | 교체 | 득점 | 도움 | 실점 | 파울 | 경고 | 퇴장 |
|---|---|---|---|---|---|---|---|---|---|---|
| K1 | 2011 | 제주 | 1 | 1 | 0 | 0 | 0 | 3 | 0 | 0 |
| | 2013 | 제주 | 15 | 14 | 1 | 0 | 0 | 17 | 0 | 0 |
| K2 | 2014 | 광주 | 15 | 8 | 0 | 2 | 0 | 17 | 1 | 0 |
| 컵 | 2011 | 제주 | 1 | 1 | 0 | 0 | 0 | 0 | 0 | 0 |
| 통산 | | | 32 | 24 | 1 | 2 | 0 | 37 | 1 | 0 |

**안주형**(安主形) 신갈고 1999.01.02

| 대회 | 연도 | 소속 | 출전 | 교체 | 득점 | 도움 | 실점 | 파울 | 경고 | 퇴장 |
|---|---|---|---|---|---|---|---|---|---|---|
| K2 | 2018 | 대전 | 2 | 1 | 1 | 0 | 0 | 6 | 1 | 0 |
| | 2019 | 대전 | 1 | 1 | 0 | 0 | 0 | 0 | 1 | 0 |
| PO | 2018 | 대전 | 1 | 1 | 0 | 0 | 0 | 2 | 0 | 0 |
| 통산 | | | 4 | 3 | 1 | 0 | 0 | 8 | 2 | 0 |

**안준수**(安俊洙) 영석고 1998.01.28

| 대회 | 연도 | 소속 | 출전 | 교체 | 득점 | 도움 | 실점 | 파울 | 경고 | 퇴장 |
|---|---|---|---|---|---|---|---|---|---|---|
| K1 | 2024 | 수원FC | 34 | 0 | 0 | 0 | 45 | 1 | 3 | 0 |
| | 2025 | 수원FC | 31 | 1 | 0 | 0 | 44 | 1 | 6 | 0 |
| K2 | 2021 | 부산 | 15 | 0 | 0 | 0 | 23 | 1 | 1 | 0 |
| | 2022 | 부산 | 17 | 1 | 0 | 0 | 24 | 0 | 1 | 0 |
| | 2023 | 전남 | 18 | 1 | 0 | 0 | 26 | 0 | 1 | 0 |
| PO | 2025 | 수원FC | 1 | 0 | 0 | 0 | 1 | 0 | 0 | 0 |
| 통산 | | | 116 | 3 | 0 | 0 | 163 | 3 | 12 | 0 |

**안준원**(安俊垣) 부산상고 1961.03.10

| 대회 | 연도 | 소속 | 출전 | 교체 | 득점 | 도움 | 실점 | 파울 | 경고 | 퇴장 |
|---|---|---|---|---|---|---|---|---|---|---|
| K1 | 1985 | 상무 | 20 | 0 | 1 | 0 | 0 | 11 | 2 | 0 |
| | 1986 | 포항제철 | 3 | 0 | 0 | 0 | 0 | 5 | 0 | 0 |
| 컵 | 1986 | 포항제철 | 4 | 2 | 0 | 0 | 0 | 3 | 1 | 0 |
| 통산 | | | 27 | 2 | 1 | 0 | 0 | 19 | 3 | 0 |

**안지만**(安知萬) 오산고 2003.01.11

| 대회 | 연도 | 소속 | 출전 | 교체 | 득점 | 도움 | 실점 | 파울 | 경고 | 퇴장 |
|---|---|---|---|---|---|---|---|---|---|---|
| K1 | 2022 | 서울 | 0 | 0 | 0 | 0 | 0 | 0 | 0 | 0 |
| K2 | 2025 | 화성 | 4 | 4 | 0 | 0 | 0 | 6 | 2 | 0 |
| 통산 | | | 4 | 4 | 0 | 0 | 0 | 6 | 2 | 0 |

**안지현**(安祉炫) 건국대 1994.03.25

| 대회 | 연도 | 소속 | 출전 | 교체 | 득점 | 도움 | 실점 | 파울 | 경고 | 퇴장 |
|---|---|---|---|---|---|---|---|---|---|---|
| K2 | 2016 | 강원 | 0 | 0 | 0 | 0 | 0 | 0 | 0 | 0 |
| | 2017 | 서울E | 0 | 0 | 0 | 0 | 0 | 0 | 0 | 0 |
| | 2018 | 서울E | 0 | 0 | 0 | 0 | 0 | 0 | 0 | 0 |
| PO | 2016 | 강원 | 0 | 0 | 0 | 0 | 0 | 0 | 0 | 0 |
| 통산 | | | 0 | 0 | 0 | 0 | 0 | 0 | 0 | 0 |

**안지호**(安顯植, ←안현식) 연세대 1987.04.24

| 대회 | 연도 | 소속 | 출전 | 교체 | 득점 | 도움 | 실점 | 파울 | 경고 | 퇴장 |
|---|---|---|---|---|---|---|---|---|---|---|
| K1 | 2008 | 인천 | 14 | 4 | 0 | 0 | 0 | 27 | 2 | 0 |
| | 2009 | 인천 | 2 | 0 | 0 | 0 | 0 | 0 | 0 | 0 |
| | 2010 | 인천 | 11 | 3 | 0 | 0 | 0 | 11 | 3 | 0 |
| | 2011 | 경남 | 10 | 0 | 0 | 0 | 0 | 19 | 4 | 1 |
| | 2017 | 강원 | 24 | 5 | 3 | 0 | 0 | 23 | 6 | 0 |
| K2 | 2014 | 고양 | 25 | 4 | 0 | 0 | 0 | 34 | 4 | 0 |
| | 2015 | 고양 | 30 | 1 | 0 | 0 | 0 | 30 | 5 | 1 |
| | 2016 | 강원 | 34 | 0 | 2 | 0 | 0 | 38 | 6 | 1 |
| | 2018 | 서울E | 27 | 2 | 1 | 1 | 0 | 28 | 7 | 1 |
| | 2019 | 서울E | 14 | 3 | 0 | 0 | 0 | 9 | 0 | 1 |
| PO | 2016 | 강원 | 2 | 0 | 0 | 0 | 0 | 2 | 0 | 0 |
| 컵 | 2008 | 인천 | 7 | 0 | 0 | 0 | 0 | 14 | 1 | 0 |
| | 2010 | 인천 | 1 | 0 | 0 | 0 | 0 | 2 | 0 | 0 |
| | 2011 | 경남 | 4 | 1 | 1 | 0 | 0 | 4 | 1 | 0 |
| 통산 | | | 205 | 23 | 7 | 1 | 0 | 241 | 39 | 5 |

**안진규**(安眞圭) 연세대 1970.10.18

| 대회 | 연도 | 소속 | 출전 | 교체 | 득점 | 도움 | 실점 | 파울 | 경고 | 퇴장 |
|---|---|---|---|---|---|---|---|---|---|---|
| K1 | 1994 | 현대 | 4 | 4 | 0 | 0 | 0 | 2 | 0 | 0 |

| | | | | | | | | | | |
|---|---|---|---|---|---|---|---|---|---|---|
| | 1995 | 현대 | 7 | 7 | 0 | 0 | 0 | 4 | 0 | 1 |
| | 1996 | 울산 | 1 | 1 | 0 | 0 | 0 | 0 | 0 | 0 |
| | 1996 | 전남 | 3 | 3 | 0 | 0 | 0 | 1 | 0 | 0 |
| 컵 | 1996 | 울산 | 2 | 0 | 0 | 0 | 0 | 2 | 1 | 0 |
| 통산 | | | 17 | 15 | 0 | 0 | 0 | 9 | 1 | 1 |

**안진범**(安進範) 고려대 1992.03.10

| 대회 | 연도 | 소속 | 출전 | 교체 | 득점 | 도움 | 실점 | 파울 | 경고 | 퇴장 |
|---|---|---|---|---|---|---|---|---|---|---|
| K1 | 2014 | 울산 | 24 | 18 | 2 | 2 | 0 | 23 | 1 | 0 |
| | 2015 | 인천 | 9 | 8 | 0 | 0 | 0 | 10 | 1 | 0 |
| | 2018 | 상주 | 3 | 3 | 0 | 0 | 0 | 4 | 0 | 0 |
| | 2019 | 상주 | 18 | 12 | 0 | 2 | 0 | 22 | 2 | 0 |
| | 2020 | 인천 | 3 | 3 | 0 | 0 | 0 | 2 | 0 | 0 |
| | 2021 | 성남 | 17 | 15 | 1 | 1 | 0 | 16 | 1 | 0 |
| | 2022 | 성남 | 14 | 12 | 0 | 1 | 0 | 13 | 0 | 0 |
| K2 | 2016 | 안양 | 27 | 16 | 0 | 3 | 0 | 35 | 3 | 0 |
| | 2017 | 안양 | 9 | 8 | 0 | 0 | 0 | 11 | 1 | 0 |
| | 2018 | 안양 | 9 | 2 | 0 | 0 | 0 | 19 | 1 | 0 |
| 통산 | | | 133 | 97 | 3 | 9 | 0 | 155 | 10 | 0 |

**안찬기**(安燦基) 인천대 1998.04.06

| 대회 | 연도 | 소속 | 출전 | 교체 | 득점 | 도움 | 실점 | 파울 | 경고 | 퇴장 |
|---|---|---|---|---|---|---|---|---|---|---|
| K1 | 2020 | 수원 | 0 | 0 | 0 | 0 | 0 | 0 | 0 | 0 |
| | 2021 | 수원 | 0 | 0 | 0 | 0 | 0 | 0 | 0 | 0 |
| | 2023 | 수원 | 3 | 1 | 0 | 0 | 3 | 0 | 2 | 0 |
| | 2024 | 제주 | 7 | 0 | 0 | 0 | 11 | 0 | 0 | 0 |
| | 2025 | 제주 | 8 | 1 | 0 | 0 | 12 | 1 | 1 | 0 |
| PO | 2025 | 제주 | 0 | 0 | 0 | 0 | 0 | 0 | 0 | 0 |
| 통산 | | | 18 | 2 | 0 | 0 | 26 | 1 | 3 | 0 |

**안창민**(安倉民) 부평고 2001.06.28

| 대회 | 연도 | 소속 | 출전 | 교체 | 득점 | 도움 | 실점 | 파울 | 경고 | 퇴장 |
|---|---|---|---|---|---|---|---|---|---|---|
| K1 | 2023 | 대구 | 0 | 0 | 0 | 0 | 0 | 0 | 0 | 0 |
| | 2024 | 대구 | 7 | 7 | 0 | 0 | 0 | 5 | 1 | 0 |
| K2 | 2025 | 김포 | 18 | 17 | 1 | 1 | 0 | 14 | 1 | 0 |
| PO | 2024 | 대구 | 1 | 1 | 0 | 0 | 0 | 1 | 0 | 0 |
| 통산 | | | 26 | 25 | 1 | 1 | 0 | 20 | 2 | 0 |

**안치우**(安致佑) 수원공고 2005.10.23

| 대회 | 연도 | 소속 | 출전 | 교체 | 득점 | 도움 | 실점 | 파울 | 경고 | 퇴장 |
|---|---|---|---|---|---|---|---|---|---|---|
| K1 | 2023 | 수원FC | 3 | 3 | 0 | 0 | 0 | 1 | 0 | 0 |
| 통산 | | | 3 | 3 | 0 | 0 | 0 | 1 | 0 | 0 |

**안태윤**(安兌胤) 충남기계공고 2001.03.02

| 대회 | 연도 | 소속 | 출전 | 교체 | 득점 | 도움 | 실점 | 파울 | 경고 | 퇴장 |
|---|---|---|---|---|---|---|---|---|---|---|
| K1 | 2024 | 대전 | 0 | 0 | 0 | 0 | 0 | 0 | 0 | 0 |
| 통산 | | | 0 | 0 | 0 | 0 | 0 | 0 | 0 | 0 |

**안태은**(安太銀) 조선대 1985.09.17

| 대회 | 연도 | 소속 | 출전 | 교체 | 득점 | 도움 | 실점 | 파울 | 경고 | 퇴장 |
|---|---|---|---|---|---|---|---|---|---|---|
| K1 | 2006 | 서울 | 14 | 6 | 0 | 0 | 0 | 16 | 2 | 0 |
| | 2007 | 서울 | 2 | 2 | 0 | 0 | 0 | 1 | 0 | 0 |
| | 2008 | 서울 | 8 | 2 | 0 | 1 | 0 | 15 | 4 | 0 |
| | 2009 | 서울 | 18 | 8 | 0 | 1 | 0 | 23 | 2 | 0 |
| | 2010 | 포항 | 4 | 2 | 0 | 0 | 0 | 6 | 1 | 1 |
| | 2011 | 인천 | 7 | 6 | 0 | 1 | 0 | 11 | 0 | 0 |
| 컵 | 2006 | 서울 | 12 | 1 | 0 | 0 | 0 | 23 | 2 | 0 |
| | 2007 | 서울 | 2 | 1 | 0 | 0 | 0 | 2 | 0 | 0 |
| | 2008 | 서울 | 2 | 1 | 0 | 0 | 0 | 4 | 0 | 0 |
| | 2009 | 서울 | 1 | 0 | 0 | 0 | 0 | 1 | 1 | 0 |
| | 2010 | 포항 | 4 | 1 | 0 | 0 | 0 | 7 | 2 | 0 |
| | 2011 | 인천 | 2 | 2 | 0 | 0 | 0 | 2 | 0 | 0 |
| 통산 | | | 76 | 32 | 0 | 3 | 0 | 111 | 14 | 1 |

**안태현**(安邰鉉) 홍익대 1993.03.01

| 대회 | 연도 | 소속 | 출전 | 교체 | 득점 | 도움 | 실점 | 파울 | 경고 | 퇴장 |
|---|---|---|---|---|---|---|---|---|---|---|
| K1 | 2020 | 상주 | 22 | 4 | 1 | 1 | 0 | 25 | 5 | 0 |
| | 2022 | 제주 | 4 | 2 | 0 | 1 | 0 | 2 | 0 | 0 |
| | 2023 | 제주 | 24 | 14 | 1 | 2 | 0 | 14 | 2 | 0 |
| | 2024 | 제주 | 33 | 2 | 4 | 0 | 0 | 26 | 4 | 0 |
| | 2025 | 제주 | 25 | 13 | 0 | 2 | 0 | 20 | 5 | 0 |
| K2 | 2016 | 서울E | 31 | 25 | 3 | 1 | 0 | 18 | 4 | 0 |
| | 2017 | 부천 | 36 | 2 | 1 | 1 | 0 | 41 | 2 | 0 |
| | 2018 | 부천 | 35 | 0 | 0 | 2 | 0 | 50 | 4 | 0 |
| | 2019 | 부천 | 35 | 10 | 3 | 2 | 0 | 40 | 3 | 0 |
| | 2021 | 김천 | 6 | 1 | 0 | 0 | 0 | 7 | 1 | 0 |
| | 2021 | 부천 | 17 | 3 | 1 | 0 | 0 | 12 | 2 | 0 |
| PO | 2019 | 부천 | 1 | 0 | 1 | 0 | 0 | 3 | 0 | 0 |
| 통산 | | | 269 | 76 | 15 | 12 | 0 | 258 | 32 | 0 |

**안토니스**(Terry Antonis) 오스트레일리아 1993.11.26

| 대회 | 연도 | 소속 | 출전 | 교체 | 득점 | 도움 | 실점 | 파울 | 경고 | 퇴장 |
|---|---|---|---|---|---|---|---|---|---|---|
| K1 | 2019 | 수원 | 11 | 6 | 0 | 3 | 0 | 8 | 1 | 0 |
| | 2020 | 수원 | 16 | 13 | 0 | 0 | 0 | 10 | 1 | 1 |
| | 2021 | 수원 | 4 | 4 | 0 | 0 | 0 | 0 | 2 | 0 |
| 통산 | | | 31 | 23 | 0 | 3 | 0 | 18 | 4 | 1 |

**안토니오**(Matheus Antonio de Souza Santos) 브라질 1978.10.23

| 대회 | 연도 | 소속 | 출전 | 교체 | 득점 | 도움 | 실점 | 파울 | 경고 | 퇴장 |
|---|---|---|---|---|---|---|---|---|---|---|
| K1 | 2005 | 전북 | 1 | 1 | 0 | 0 | 0 | 0 | 0 | 0 |
| 컵 | 2005 | 전북 | 4 | 3 | 1 | 0 | 0 | 4 | 0 | 0 |
| 통산 | | | 5 | 4 | 1 | 0 | 0 | 4 | 0 | 0 |

**안톤**(Anton Kryvotsyuk) 아제르바이잔/우크라이나 1998.08.20

| 대회 | 연도 | 소속 | 출전 | 교체 | 득점 | 도움 | 실점 | 파울 | 경고 | 퇴장 |
|---|---|---|---|---|---|---|---|---|---|---|
| K1 | 2023 | 대전 | 33 | 6 | 1 | 1 | 0 | 30 | 9 | 1 |
| | 2024 | 대전 | 26 | 5 | 2 | 1 | 0 | 28 | 8 | 1 |
| | 2025 | 대전 | 30 | 4 | 2 | 1 | 0 | 21 | 4 | 0 |
| 통산 | | | 89 | 15 | 5 | 3 | 0 | 79 | 21 | 2 |

**안툰** (Antun Matthew Kovacic) 오스트레일리아 1981.07.10

| 대회 | 연도 | 소속 | 출전 | 교체 | 득점 | 도움 | 실점 | 파울 | 경고 | 퇴장 |
|---|---|---|---|---|---|---|---|---|---|---|
| K1 | 2009 | 울산 | 4 | 3 | 0 | 0 | 0 | 2 | 1 | 0 |
| 통산 | | | 4 | 3 | 0 | 0 | 0 | 2 | 1 | 0 |

**안해성**(安海盛) 인천대 1999.03.09

| 대회 | 연도 | 소속 | 출전 | 교체 | 득점 | 도움 | 실점 | 파울 | 경고 | 퇴장 |
|---|---|---|---|---|---|---|---|---|---|---|
| K1 | 2021 | 포항 | 0 | 0 | 0 | 0 | 0 | 0 | 0 | 0 |
| 통산 | | | 0 | 0 | 0 | 0 | 0 | 0 | 0 | 0 |

**안혁주**(安奕柱) 고려대 2004.09.03

| 대회 | 연도 | 소속 | 출전 | 교체 | 득점 | 도움 | 실점 | 파울 | 경고 | 퇴장 |
|---|---|---|---|---|---|---|---|---|---|---|
| K1 | 2024 | 광주 | 13 | 13 | 0 | 0 | 0 | 4 | 0 | 0 |
| | 2025 | 광주 | 6 | 6 | 0 | 1 | 0 | 3 | 0 | 0 |
| 통산 | | | 19 | 19 | 0 | 1 | 0 | 7 | 0 | 0 |

**안현범**(安鉉範) 동국대 1994.12.21

| 대회 | 연도 | 소속 | 출전 | 교체 | 득점 | 도움 | 실점 | 파울 | 경고 | 퇴장 |
|---|---|---|---|---|---|---|---|---|---|---|
| K1 | 2015 | 울산 | 17 | 16 | 0 | 1 | 0 | 16 | 2 | 0 |
| | 2016 | 제주 | 28 | 15 | 8 | 4 | 0 | 30 | 2 | 0 |
| | 2017 | 제주 | 27 | 10 | 2 | 2 | 0 | 18 | 1 | 0 |
| | 2019 | 제주 | 13 | 2 | 4 | 0 | 0 | 8 | 1 | 0 |
| | 2021 | 제주 | 29 | 16 | 2 | 3 | 0 | 12 | 1 | 0 |
| | 2022 | 제주 | 30 | 16 | 1 | 0 | 0 | 23 | 5 | 0 |
| | 2023 | 전북 | 10 | 6 | 2 | 1 | 0 | 5 | 0 | 0 |
| | 2023 | 제주 | 16 | 6 | 2 | 2 | 0 | 7 | 2 | 0 |
| | 2024 | 전북 | 25 | 14 | 2 | 3 | 0 | 12 | 0 | 0 |
| | 2025 | 전북 | 1 | 1 | 0 | 0 | 0 | 1 | 0 | 0 |
| | 2025 | 수원FC | 18 | 18 | 1 | 2 | 0 | 11 | 1 | 0 |
| K2 | 2018 | 아산 | 27 | 16 | 5 | 2 | 0 | 28 | 2 | 0 |
| | 2019 | 아산 | 13 | 2 | 0 | 2 | 0 | 16 | 1 | 0 |
| | 2020 | 제주 | 22 | 2 | 3 | 1 | 0 | 19 | 1 | 0 |
| PO | 2024 | 전북 | 2 | 2 | 0 | 0 | 0 | 0 | 0 | 0 |
| | 2025 | 수원FC | 2 | 2 | 0 | 0 | 0 | 0 | 0 | 0 |
| 통산 | | | 280 | 144 | 32 | 23 | 0 | 206 | 19 | 0 |

**안호진**(安虎眞) 의정부FC U18 2003.01.13

| 대회 | 연도 | 소속 | 출전 | 교체 | 득점 | 도움 | 실점 | 파울 | 경고 | 퇴장 |
|---|---|---|---|---|---|---|---|---|---|---|
| K2 | 2022 | 경남 | 0 | 0 | 0 | 0 | 0 | 0 | 0 | 0 |
| | 2024 | 경남 | 0 | 0 | 0 | 0 | 0 | 0 | 0 | 0 |
| | 2025 | 경남 | 0 | 0 | 0 | 0 | 0 | 0 | 0 | 0 |
| PO | 2022 | 경남 | 0 | 0 | 0 | 0 | 0 | 0 | 0 | 0 |
| 통산 | | | 0 | 0 | 0 | 0 | 0 | 0 | 0 | 0 |

**안홍민**(安洪珉) 관동대(가톨릭관동대) 1971.09.06

| 대회 | 연도 | 소속 | 출전 | 교체 | 득점 | 도움 | 실점 | 파울 | 경고 | 퇴장 |
|---|---|---|---|---|---|---|---|---|---|---|
| K1 | 1996 | 울산 | 20 | 12 | 9 | 1 | 0 | 35 | 2 | 0 |
| | 1997 | 울산 | 11 | 10 | 2 | 1 | 0 | 17 | 2 | 1 |
| | 1998 | 울산 | 8 | 8 | 2 | 1 | 0 | 13 | 2 | 0 |
| | 1999 | 울산 | 22 | 18 | 0 | 3 | 0 | 31 | 3 | 0 |
| | 2000 | 울산 | 10 | 7 | 1 | 1 | 0 | 10 | 0 | 0 |
| | 2001 | 전북 | 12 | 12 | 1 | 0 | 0 | 6 | 1 | 0 |
| PO | 1996 | 울산 | 2 | 2 | 0 | 0 | 0 | 12 | 1 | 0 |
| | 1998 | 울산 | 1 | 1 | 0 | 0 | 0 | 0 | 0 | 0 |
| 컵 | 1996 | 울산 | 5 | 4 | 1 | 0 | 0 | 5 | 0 | 0 |
| | 1997 | 울산 | 13 | 13 | 0 | 2 | 0 | 24 | 1 | 0 |
| | 1998 | 울산 | 14 | 13 | 1 | 1 | 0 | 25 | 1 | 0 |
| | 1999 | 울산 | 6 | 6 | 2 | 2 | 0 | 11 | 0 | 0 |
| | 2000 | 울산 | 9 | 7 | 0 | 2 | 0 | 26 | 2 | 0 |
| | 2001 | 전북 | 6 | 6 | 0 | 0 | 0 | 3 | 1 | 0 |
| 통산 | | | 139 | 119 | 19 | 14 | 0 | 218 | 16 | 1 |

**안효연**(安孝鍊) 동국대 1978.04.16

| 대회 | 연도 | 소속 | 출전 | 교체 | 득점 | 도움 | 실점 | 파울 | 경고 | 퇴장 |
|---|---|---|---|---|---|---|---|---|---|---|
| K1 | 2003 | 부산 | 14 | 12 | 0 | 2 | 0 | 8 | 0 | 0 |
| | 2004 | 부산 | 18 | 13 | 4 | 1 | 0 | 13 | 0 | 0 |
| | 2005 | 수원 | 18 | 15 | 2 | 1 | 0 | 9 | 1 | 0 |
| | 2006 | 성남일화 | 16 | 16 | 0 | 1 | 0 | 3 | 0 | 0 |
| | 2007 | 수원 | 10 | 9 | 1 | 2 | 0 | 1 | 0 | 0 |
| | 2008 | 수원 | 10 | 10 | 1 | 1 | 0 | 7 | 0 | 0 |
| | 2009 | 전남 | 3 | 3 | 0 | 0 | 0 | 0 | 0 | 0 |
| 컵 | 2004 | 부산 | 12 | 7 | 2 | 2 | 0 | 9 | 1 | 0 |
| | 2005 | 수원 | 12 | 5 | 1 | 4 | 0 | 15 | 0 | 0 |
| | 2006 | 성남일화 | 12 | 10 | 1 | 0 | 0 | 10 | 1 | 0 |
| | 2007 | 수원 | 2 | 1 | 0 | 0 | 0 | 2 | 0 | 0 |
| | 2008 | 수원 | 5 | 5 | 1 | 1 | 0 | 2 | 0 | 0 |
| | 2009 | 전남 | 2 | 2 | 0 | 0 | 0 | 0 | 0 | 0 |
| 통산 | | | 134 | 108 | 13 | 15 | 0 | 79 | 3 | 0 |

**안효철**(安孝哲) 성균관대 1965.05.15

| 대회 | 연도 | 소속 | 출전 | 교체 | 득점 | 도움 | 실점 | 파울 | 경고 | 퇴장 |
|---|---|---|---|---|---|---|---|---|---|---|
| K1 | 1989 | 일화 | 1 | 0 | 0 | 0 | 1 | 0 | 0 | 0 |
| 통산 | | | 1 | 0 | 0 | 0 | 1 | 0 | 0 | 0 |

**알도**(Clodoaldo Paulino de Lima) 브라질 1978.11.25

| 대회 | 연도 | 소속 | 출전 | 교체 | 득점 | 도움 | 실점 | 파울 | 경고 | 퇴장 |
|---|---|---|---|---|---|---|---|---|---|---|
| K1 | 2008 | 포항 | 2 | 1 | 0 | 0 | 0 | 5 | 0 | 0 |
| 통산 | | | 2 | 1 | 0 | 0 | 0 | 5 | 0 | 0 |

**알뚤**(Arthur de Moura) 브라질 2000.08.22

| 대회 | 연도 | 소속 | 출전 | 교체 | 득점 | 도움 | 실점 | 파울 | 경고 | 퇴장 |
|---|---|---|---|---|---|---|---|---|---|---|
| K2 | 2025 | 화성 | 27 | 25 | 6 | 1 | 0 | 15 | 0 | 0 |
| 통산 | | | 27 | 25 | 6 | 1 | 0 | 15 | 0 | 0 |

**알라올**(Alaor Palacio Junior) 브라질 1968.12.12

| 대회 | 연도 | 소속 | 출전 | 교체 | 득점 | 도움 | 실점 | 파울 | 경고 | 퇴장 |
|---|---|---|---|---|---|---|---|---|---|---|
| K1 | 1996 | 수원 | 6 | 6 | 1 | 0 | 0 | 7 | 1 | 0 |
| 컵 | 1996 | 수원 | 3 | 2 | 0 | 0 | 0 | 7 | 0 | 0 |
| 통산 | | | 9 | 8 | 1 | 0 | 0 | 14 | 1 | 0 |

**알란**(Allan Rodrigo Aal) 브라질 1979.03.12

| 대회 | 연도 | 소속 | 출전 | 교체 | 득점 | 도움 | 실점 | 파울 | 경고 | 퇴장 |
|---|---|---|---|---|---|---|---|---|---|---|
| K1 | 2004 | 대전 | 4 | 1 | 0 | 0 | 0 | 11 | 1 | 0 |
| 통산 | | | 4 | 1 | 0 | 0 | 0 | 11 | 1 | 0 |

**알랭**(Noudjeu Mbianda Nicolas Alain) 카메룬 1976.07.12

| 대회 | 연도 | 소속 | 출전 | 교체 | 득점 | 도움 | 실점 | 파울 | 경고 | 퇴장 |
|---|---|---|---|---|---|---|---|---|---|---|
| K1 | 2000 | 전북 | 12 | 10 | 0 | 0 | 0 | 13 | 0 | 0 |
| 컵 | 2000 | 전북 | 5 | 3 | 0 | 0 | 0 | 12 | 0 | 0 |
| 통산 | | | 17 | 13 | 0 | 0 | 0 | 25 | 0 | 0 |

**알레**(Alexandre Garcia Ribeiro) 브라질 1984.05.08

| 대회 | 연도 | 소속 | 출전 | 교체 | 득점 | 도움 | 실점 | 파울 | 경고 | 퇴장 |
|---|---|---|---|---|---|---|---|---|---|---|
| K1 | 2009 | 대전 | 10 | 8 | 0 | 4 | 0 | 20 | 0 | 0 |
| | 2010 | 대전 | 17 | 9 | 0 | 2 | 0 | 37 | 2 | 1 |
| 컵 | 2010 | 대전 | 4 | 1 | 1 | 1 | 0 | 3 | 0 | 0 |
| 통산 | | | 31 | 18 | 1 | 7 | 0 | 60 | 2 | 1 |

**알레망**(Berger Rafael) 브라질 1986.07.14

| 대회 | 연도 | 소속 | 출전 | 교체 | 득점 | 도움 | 실점 | 파울 | 경고 | 퇴장 |
|---|---|---|---|---|---|---|---|---|---|---|

| 대회 | 연도 | 소속 | 출전 | 교체 | 득점 | 도움 | 실점 | 파울 | 경고 | 퇴장 |
|---|---|---|---|---|---|---|---|---|---|---|
| K1 | 2018 | 포항 | 9 | 2 | 1 | 0 | 0 | 16 | 3 | 0 |
| 통산 | | | 9 | 2 | 1 | 0 | 0 | 16 | 3 | 0 |

**알레망**(Rafael Berger) 브라질 1986.07.14

| 대회 | 연도 | 소속 | 출전 | 교체 | 득점 | 도움 | 실점 | 파울 | 경고 | 퇴장 |
|---|---|---|---|---|---|---|---|---|---|---|
| K2 | 2018 | 부산 | 8 | 5 | 2 | 0 | 0 | 17 | 0 | 0 |
| 통산 | | | 8 | 5 | 2 | 0 | 0 | 17 | 0 | 0 |

**알렉산더**(Aleksandar Petrović) 세르비아 1983.03.22

| 대회 | 연도 | 소속 | 출전 | 교체 | 득점 | 도움 | 실점 | 파울 | 경고 | 퇴장 |
|---|---|---|---|---|---|---|---|---|---|---|
| K1 | 2008 | 전북 | 11 | 1 | 0 | 0 | 0 | 17 | 3 | 0 |
| | 2009 | 전북 | 6 | 4 | 0 | 0 | 0 | 7 | 1 | 0 |
| | 2009 | 전남 | 6 | 5 | 1 | 0 | 0 | 13 | 2 | 0 |
| PO | 2008 | 전북 | 2 | 0 | 0 | 0 | 0 | 3 | 1 | 0 |
| 컵 | 2008 | 전북 | 2 | 0 | 0 | 0 | 0 | 2 | 2 | 0 |
| | 2009 | 전북 | 3 | 1 | 0 | 0 | 0 | 4 | 1 | 0 |
| 통산 | | | 30 | 11 | 1 | 0 | 0 | 46 | 10 | 0 |

**알렉산드로**(Alexsandro Ribeiro da Silva) 브라질 1980.04.13

| 대회 | 연도 | 소속 | 출전 | 교체 | 득점 | 도움 | 실점 | 파울 | 경고 | 퇴장 |
|---|---|---|---|---|---|---|---|---|---|---|
| K1 | 2008 | 대구 | 8 | 7 | 0 | 0 | 0 | 5 | 0 | 0 |
| 컵 | 2008 | 대구 | 6 | 2 | 1 | 1 | 0 | 6 | 0 | 0 |
| 통산 | | | 14 | 9 | 1 | 1 | 0 | 11 | 0 | 0 |

**알렉산드로**(Alexandro da Silva Batista) 브라질 1986.11.06

| 대회 | 연도 | 소속 | 출전 | 교체 | 득점 | 도움 | 실점 | 파울 | 경고 | 퇴장 |
|---|---|---|---|---|---|---|---|---|---|---|
| K1 | 2010 | 포항 | 9 | 6 | 1 | 1 | 0 | 20 | 2 | 0 |
| 통산 | | | 9 | 6 | 1 | 1 | 0 | 20 | 2 | 0 |

**알렉산드로**(Alessandro Lopes Pereira) 브라질 1984.02.13

| 대회 | 연도 | 소속 | 출전 | 교체 | 득점 | 도움 | 실점 | 파울 | 경고 | 퇴장 |
|---|---|---|---|---|---|---|---|---|---|---|
| K1 | 2012 | 대전 | 21 | 2 | 0 | 0 | 0 | 51 | 8 | 0 |
| K2 | 2013 | 충주 | 11 | 1 | 0 | 0 | 0 | 26 | 2 | 0 |
| 통산 | | | 32 | 3 | 0 | 0 | 0 | 77 | 10 | 0 |

**알렉산드로**(Alex Sandro de Oliveira) 브라질 1995.08.20

| 대회 | 연도 | 소속 | 출전 | 교체 | 득점 | 도움 | 실점 | 파울 | 경고 | 퇴장 |
|---|---|---|---|---|---|---|---|---|---|---|
| K2 | 2021 | 충남아산 | 30 | 18 | 7 | 0 | 0 | 27 | 0 | 0 |
| 통산 | | | 30 | 18 | 7 | 0 | 0 | 27 | 0 | 0 |

**알렉세이**(Alexey Sudarikov) 러시아 1971.05.01

| 대회 | 연도 | 소속 | 출전 | 교체 | 득점 | 도움 | 실점 | 파울 | 경고 | 퇴장 |
|---|---|---|---|---|---|---|---|---|---|---|
| K1 | 1994 | LG | 3 | 3 | 0 | 0 | 0 | 4 | 0 | 0 |
| 통산 | | | 3 | 3 | 0 | 0 | 0 | 4 | 0 | 0 |

**알렉세이**(Aleksei Prudnikov) 러시아 1960.03.20

| 대회 | 연도 | 소속 | 출전 | 교체 | 득점 | 도움 | 실점 | 파울 | 경고 | 퇴장 |
|---|---|---|---|---|---|---|---|---|---|---|
| K1 | 1995 | 전북 | 10 | 0 | 0 | 0 | 11 | 0 | 0 | 0 |
| | 1996 | 전북 | 20 | 1 | 0 | 0 | 27 | 2 | 2 | 0 |
| | 1997 | 전북 | 14 | 0 | 0 | 0 | 17 | 0 | 0 | 0 |
| | 1998 | 전북 | 1 | 0 | 0 | 0 | 2 | 0 | 0 | 0 |
| 컵 | 1996 | 전북 | 7 | 0 | 0 | 0 | 7 | 0 | 0 | 0 |
| | 1997 | 전북 | 4 | 0 | 0 | 0 | 6 | 0 | 0 | 0 |
| 통산 | | | 56 | 1 | 0 | 0 | 70 | 2 | 2 | 0 |

**알렉세이**(Aleksey Shichogolev) 러시아 1972.09.18

| 대회 | 연도 | 소속 | 출전 | 교체 | 득점 | 도움 | 실점 | 파울 | 경고 | 퇴장 |
|---|---|---|---|---|---|---|---|---|---|---|
| K1 | 1996 | 부천유공 | 15 | 5 | 0 | 0 | 0 | 10 | 3 | 0 |
| 컵 | 1996 | 부천유공 | 7 | 0 | 0 | 0 | 0 | 6 | 2 | 0 |
| 통산 | | | 22 | 5 | 0 | 0 | 0 | 16 | 5 | 0 |

**알렉스**(Aleksandar Jozevic) 유고슬라비아 1968.07.14

| 대회 | 연도 | 소속 | 출전 | 교체 | 득점 | 도움 | 실점 | 파울 | 경고 | 퇴장 |
|---|---|---|---|---|---|---|---|---|---|---|
| K1 | 1993 | 대우 | 6 | 4 | 0 | 0 | 0 | 9 | 2 | 0 |
| 통산 | | | 6 | 4 | 0 | 0 | 0 | 9 | 2 | 0 |

**알렉스**(Aleksandar Vlahovic) 유고슬라비아 1969.07.24

| 대회 | 연도 | 소속 | 출전 | 교체 | 득점 | 도움 | 실점 | 파울 | 경고 | 퇴장 |
|---|---|---|---|---|---|---|---|---|---|---|
| 컵 | 1997 | 부산 | 1 | 1 | 1 | 0 | 0 | 1 | 0 | 0 |
| 통산 | | | 1 | 1 | 1 | 0 | 0 | 1 | 0 | 0 |

**알렉스**(Alexander Popovich) 몰도바 1977.04.09

| 대회 | 연도 | 소속 | 출전 | 교체 | 득점 | 도움 | 실점 | 파울 | 경고 | 퇴장 |
|---|---|---|---|---|---|---|---|---|---|---|
| K1 | 2001 | 성남일화 | 1 | 1 | 0 | 0 | 0 | 0 | 0 | 0 |
| 컵 | 2001 | 성남일화 | 5 | 4 | 0 | 0 | 0 | 3 | 0 | 0 |
| 통산 | | | 6 | 5 | 0 | 0 | 0 | 3 | 0 | 0 |

**알렉스**(Alex Chandre de Oliveira) 브라질 1977.12.21

| 대회 | 연도 | 소속 | 출전 | 교체 | 득점 | 도움 | 실점 | 파울 | 경고 | 퇴장 |
|---|---|---|---|---|---|---|---|---|---|---|
| K1 | 2003 | 대전 | 28 | 23 | 4 | 2 | 0 | 60 | 1 | 0 |
| 통산 | | | 28 | 23 | 4 | 2 | 0 | 60 | 1 | 0 |

**알렉스**(Alexsandro Marques de Oliveira) 브라질 1978.06.17

| 대회 | 연도 | 소속 | 출전 | 교체 | 득점 | 도움 | 실점 | 파울 | 경고 | 퇴장 |
|---|---|---|---|---|---|---|---|---|---|---|
| K1 | 2007 | 제주 | 1 | 1 | 0 | 0 | 0 | 0 | 0 | 0 |
| 통산 | | | 1 | 1 | 0 | 0 | 0 | 0 | 0 | 0 |

**알렉스**(Alex Asamoah) 가나 1986.08.28

| 대회 | 연도 | 소속 | 출전 | 교체 | 득점 | 도움 | 실점 | 파울 | 경고 | 퇴장 |
|---|---|---|---|---|---|---|---|---|---|---|
| K1 | 2010 | 경남 | 2 | 3 | 0 | 0 | 0 | 2 | 1 | 0 |
| 통산 | | | 2 | 3 | 0 | 0 | 0 | 2 | 1 | 0 |

**알렉스**(Aleksandar JovanoviSarić) 오스트레일리아 1989.08.04

| 대회 | 연도 | 소속 | 출전 | 교체 | 득점 | 도움 | 실점 | 파울 | 경고 | 퇴장 |
|---|---|---|---|---|---|---|---|---|---|---|
| K1 | 2014 | 제주 | 31 | 3 | 1 | 1 | 0 | 36 | 4 | 1 |
| | 2015 | 제주 | 22 | 6 | 0 | 0 | 0 | 16 | 4 | 0 |
| | 2017 | 제주 | 12 | 2 | 1 | 0 | 0 | 6 | 0 | 0 |
| | 2018 | 제주 | 16 | 5 | 1 | 0 | 0 | 5 | 0 | 0 |
| | 2019 | 제주 | 23 | 6 | 0 | 0 | 0 | 16 | 3 | 0 |
| K2 | 2013 | 수원FC | 24 | 3 | 0 | 0 | 0 | 30 | 6 | 0 |
| 통산 | | | 128 | 25 | 3 | 1 | 0 | 109 | 17 | 1 |

**알렉스**(Wesley Alex Maiolino) 브라질 1988.02.10

| 대회 | 연도 | 소속 | 출전 | 교체 | 득점 | 도움 | 실점 | 파울 | 경고 | 퇴장 |
|---|---|---|---|---|---|---|---|---|---|---|
| K2 | 2013 | 고양 | 32 | 10 | 15 | 6 | 0 | 44 | 4 | 0 |
| | 2014 | 고양 | 14 | 0 | 11 | 3 | 0 | 24 | 1 | 0 |
| | 2014 | 강원 | 14 | 4 | 5 | 1 | 0 | 19 | 1 | 0 |
| | 2016 | 대구 | 20 | 10 | 5 | 0 | 0 | 20 | 2 | 0 |
| | 2017 | 안양 | 5 | 5 | 0 | 0 | 0 | 5 | 0 | 0 |
| | 2017 | 서울E | 14 | 7 | 7 | 0 | 0 | 14 | 3 | 0 |
| | 2018 | 안양 | 28 | 8 | 15 | 3 | 0 | 30 | 2 | 0 |
| | 2019 | 서울E | 25 | 20 | 6 | 0 | 0 | 24 | 1 | 0 |
| PO | 2014 | 강원 | 1 | 1 | 0 | 0 | 0 | 1 | 0 | 0 |
| 통산 | | | 153 | 65 | 64 | 13 | 0 | 181 | 14 | 0 |

**알렉스**(Alexandre Monteiro de Lima) 브라질 1988.12.15

| 대회 | 연도 | 소속 | 출전 | 교체 | 득점 | 도움 | 실점 | 파울 | 경고 | 퇴장 |
|---|---|---|---|---|---|---|---|---|---|---|
| K2 | 2018 | 수원FC | 30 | 9 | 5 | 1 | 0 | 48 | 4 | 0 |
| | 2019 | 안양 | 31 | 6 | 13 | 5 | 0 | 27 | 2 | 0 |
| PO | 2019 | 안양 | 2 | 1 | 0 | 0 | 0 | 2 | 0 | 0 |
| 통산 | | | 63 | 16 | 18 | 6 | 0 | 77 | 6 | 0 |

**알렉스** (Alex Martins Ferreira) 브라질 1993.07.08

| 대회 | 연도 | 소속 | 출전 | 교체 | 득점 | 도움 | 실점 | 파울 | 경고 | 퇴장 |
|---|---|---|---|---|---|---|---|---|---|---|
| K2 | 2021 | 전남 | 18 | 16 | 3 | 1 | 0 | 12 | 0 | 0 |
| 통산 | | | 18 | 16 | 3 | 1 | 0 | 12 | 0 | 0 |

**알렉스**(Aleksandar Andrejević) 세르비아 1992.03.28

| 대회 | 연도 | 소속 | 출전 | 교체 | 득점 | 도움 | 실점 | 파울 | 경고 | 퇴장 |
|---|---|---|---|---|---|---|---|---|---|---|
| K1 | 2021 | 광주 | 31 | 4 | 1 | 0 | 0 | 21 | 2 | 0 |
| 통산 | | | 31 | 4 | 1 | 0 | 0 | 21 | 2 | 0 |

**알렌**(Alen Avdić) 보스니아 헤르체고비나 1977.04.03

| 대회 | 연도 | 소속 | 출전 | 교체 | 득점 | 도움 | 실점 | 파울 | 경고 | 퇴장 |
|---|---|---|---|---|---|---|---|---|---|---|
| K1 | 2001 | 수원 | 3 | 3 | 0 | 0 | 0 | 4 | 1 | 0 |
| | 2003 | 수원 | 2 | 2 | 0 | 0 | 0 | 6 | 0 | 0 |
| 컵 | 2001 | 수원 | 2 | 2 | 1 | 0 | 0 | 2 | 0 | 0 |
| | 2002 | 수원 | 3 | 3 | 0 | 0 | 0 | 10 | 1 | 0 |
| 통산 | | | 10 | 10 | 1 | 0 | 0 | 22 | 2 | 0 |

**알리**(Marian Aliuta) 루마니아 1978.02.04

| 대회 | 연도 | 소속 | 출전 | 교체 | 득점 | 도움 | 실점 | 파울 | 경고 | 퇴장 |
|---|---|---|---|---|---|---|---|---|---|---|
| 컵 | 2005 | 전남 | 0 | 0 | 0 | 0 | 0 | 0 | 0 | 0 |
| 통산 | | | 0 | 0 | 0 | 0 | 0 | 0 | 0 | 0 |

**알리**(Al Hilfi Ali Abbas Mshehid) 오스트레일리아 1986.08.30

| 대회 | 연도 | 소속 | 출전 | 교체 | 득점 | 도움 | 실점 | 파울 | 경고 | 퇴장 |
|---|---|---|---|---|---|---|---|---|---|---|
| K1 | 2016 | 포항 | 10 | 3 | 1 | 0 | 0 | 9 | 2 | 0 |
| 통산 | | | 10 | 3 | 1 | 0 | 0 | 9 | 2 | 0 |

**알리바예프**(Ikromjon Alibaev) 우즈베키스탄 1994.01.09

| 대회 | 연도 | 소속 | 출전 | 교체 | 득점 | 도움 | 실점 | 파울 | 경고 | 퇴장 |
|---|---|---|---|---|---|---|---|---|---|---|
| K1 | 2019 | 서울 | 35 | 9 | 3 | 5 | 0 | 49 | 5 | 0 |
| | 2020 | 서울 | 11 | 8 | 0 | 0 | 0 | 12 | 2 | 0 |
| | 2023 | 강원 | 23 | 19 | 1 | 0 | 0 | 18 | 1 | 0 |
| K2 | 2021 | 대전 | 17 | 7 | 1 | 1 | 0 | 32 | 2 | 0 |
| | 2024 | 성남 | 17 | 5 | 0 | 1 | 0 | 25 | 3 | 0 |
| PO | 2021 | 대전 | 0 | 0 | 0 | 0 | 0 | 0 | 0 | 0 |
| | 2023 | 강원 | 2 | 0 | 0 | 0 | 0 | 1 | 0 | 0 |
| 통산 | | | 105 | 48 | 5 | 7 | 0 | 137 | 13 | 0 |

**알리송**(Alison Barros Moraes) 브라질 1982.06.30

| 대회 | 연도 | 소속 | 출전 | 교체 | 득점 | 도움 | 실점 | 파울 | 경고 | 퇴장 |
|---|---|---|---|---|---|---|---|---|---|---|
| K1 | 2002 | 울산 | 10 | 11 | 2 | 3 | 0 | 9 | 0 | 0 |
| | 2003 | 대전 | 19 | 18 | 5 | 2 | 0 | 10 | 1 | 0 |
| | 2003 | 울산 | 7 | 8 | 0 | 0 | 0 | 3 | 1 | 0 |
| | 2004 | 대전 | 17 | 17 | 0 | 1 | 0 | 8 | 2 | 0 |
| | 2005 | 대전 | 10 | 10 | 1 | 0 | 0 | 11 | 2 | 0 |
| 컵 | 2004 | 대전 | 7 | 6 | 1 | 0 | 0 | 7 | 1 | 0 |
| | 2005 | 대전 | 8 | 8 | 1 | 0 | 0 | 3 | 0 | 0 |
| 통산 | | | 78 | 78 | 10 | 6 | 0 | 51 | 7 | 0 |

**알리쿨로프**(Mukhammadali Ruzi Ugli Alikulov) 우즈베키스탄 1997.03.14

| 대회 | 연도 | 소속 | 출전 | 교체 | 득점 | 도움 | 실점 | 파울 | 경고 | 퇴장 |
|---|---|---|---|---|---|---|---|---|---|---|
| K2 | 2024 | 전남 | 8 | 4 | 0 | 1 | 0 | 6 | 0 | 0 |
| | 2024 | 부산 | 4 | 4 | 0 | 0 | 0 | 0 | 0 | 0 |
| 통산 | | | 12 | 8 | 0 | 1 | 0 | 6 | 0 | 0 |

**알미르**(Almir Kayumov) 러시아 1964.12.30

| 대회 | 연도 | 소속 | 출전 | 교체 | 득점 | 도움 | 실점 | 파울 | 경고 | 퇴장 |
|---|---|---|---|---|---|---|---|---|---|---|
| K1 | 1993 | 대우 | 16 | 2 | 0 | 0 | 0 | 31 | 8 | 0 |
| 컵 | 1993 | 대우 | 2 | 1 | 0 | 0 | 0 | 4 | 0 | 0 |
| 통산 | | | 18 | 3 | 0 | 0 | 0 | 35 | 8 | 0 |

**알미르**(Almir Lopes de Luna) 브라질 1982.05.20

| 대회 | 연도 | 소속 | 출전 | 교체 | 득점 | 도움 | 실점 | 파울 | 경고 | 퇴장 |
|---|---|---|---|---|---|---|---|---|---|---|
| K1 | 2007 | 울산 | 24 | 15 | 5 | 5 | 0 | 48 | 2 | 0 |
| | 2008 | 울산 | 11 | 4 | 5 | 2 | 0 | 23 | 0 | 0 |
| | 2009 | 울산 | 26 | 12 | 7 | 2 | 0 | 53 | 3 | 0 |
| | 2010 | 포항 | 22 | 17 | 4 | 4 | 0 | 13 | 1 | 0 |
| | 2011 | 인천 | 5 | 3 | 0 | 0 | 0 | 2 | 0 | 0 |
| PO | 2007 | 울산 | 2 | 2 | 0 | 0 | 0 | 5 | 0 | 0 |
| | 2008 | 울산 | 3 | 3 | 0 | 0 | 0 | 5 | 0 | 0 |
| 컵 | 2007 | 울산 | 10 | 7 | 3 | 1 | 0 | 16 | 1 | 0 |
| | 2008 | 울산 | 3 | 1 | 1 | 0 | 0 | 3 | 0 | 0 |
| | 2009 | 울산 | 3 | 1 | 0 | 0 | 0 | 8 | 2 | 0 |
| | 2010 | 포항 | 3 | 1 | 0 | 0 | 0 | 3 | 0 | 0 |
| 통산 | | | 112 | 66 | 25 | 14 | 0 | 179 | 9 | 0 |

**알미르**(Jose Almir Barros Neto) 브라질 1985.08.22

| 대회 | 연도 | 소속 | 출전 | 교체 | 득점 | 도움 | 실점 | 파울 | 경고 | 퇴장 |
|---|---|---|---|---|---|---|---|---|---|---|
| K1 | 2008 | 경남 | 5 | 3 | 1 | 1 | 0 | 14 | 1 | 0 |
| | 2014 | 울산 | 2 | 2 | 0 | 0 | 0 | 3 | 0 | 0 |
| K2 | 2013 | 고양 | 18 | 6 | 6 | 3 | 0 | 40 | 3 | 0 |
| | 2014 | 강원 | 11 | 6 | 3 | 0 | 0 | 30 | 2 | 0 |
| | 2015 | 부천 | 28 | 19 | 1 | 3 | 0 | 43 | 2 | 0 |
| PO | 2014 | 강원 | 1 | 1 | 0 | 0 | 0 | 0 | 0 | 0 |
| 컵 | 2008 | 경남 | 2 | 1 | 0 | 0 | 0 | 4 | 0 | 0 |
| 통산 | | | 67 | 38 | 11 | 7 | 0 | 134 | 8 | 0 |

**알베르띠**(José Alberti Loyarte) 우루과이 1997.03.29

| 대회 | 연도 | 소속 | 출전 | 교체 | 득점 | 도움 | 실점 | 파울 | 경고 | 퇴장 |
|---|---|---|---|---|---|---|---|---|---|---|

| K2 | 2025 | 전남 | 38 | 2 | 3 | 8 | 0 | 23 | 5 | 0 |
|---|---|---|---|---|---|---|---|---|---|---|
| 통산 | | | 38 | 2 | 3 | 8 | 0 | 23 | 5 | 0 |

**알베스**(Jorge Luiz Alves Justino) 브라질 1982.04.02

| 대회 | 연도 | 소속 | 출전 | 교체 | 득점 | 도움 | 실점 | 파울 | 경고 | 퇴장 |
|---|---|---|---|---|---|---|---|---|---|---|
| K1 | 2009 | 수원 | 4 | 2 | 0 | 0 | 0 | 10 | 1 | 0 |
| 통산 | | | 4 | 2 | 0 | 0 | 0 | 10 | 1 | 0 |

**알파이**(Fehmi Alpay Özalan) 터키 1973.05.29

| 대회 | 연도 | 소속 | 출전 | 교체 | 득점 | 도움 | 실점 | 파울 | 경고 | 퇴장 |
|---|---|---|---|---|---|---|---|---|---|---|
| K1 | 2004 | 인천 | 8 | 0 | 0 | 0 | 0 | 17 | 2 | 1 |
| 통산 | | | 8 | 0 | 0 | 0 | 0 | 17 | 2 | 1 |

**알핫산** (George Alhassan) 가나 1955.11.11

| 대회 | 연도 | 소속 | 출전 | 교체 | 득점 | 도움 | 실점 | 파울 | 경고 | 퇴장 |
|---|---|---|---|---|---|---|---|---|---|---|
| K1 | 1984 | 현대 | 11 | 4 | 4 | 3 | 0 | 2 | 0 | 0 |
| 통산 | | | 11 | 4 | 4 | 3 | 0 | 2 | 0 | 0 |

**애드깔로스**(Edcarlos Conceicao Santos) 브라질 1985.05.10

| 대회 | 연도 | 소속 | 출전 | 교체 | 득점 | 도움 | 실점 | 파울 | 경고 | 퇴장 |
|---|---|---|---|---|---|---|---|---|---|---|
| K1 | 2013 | 성남일화 | 17 | 6 | 0 | 0 | 0 | 14 | 2 | 0 |
| 통산 | | | 17 | 6 | 0 | 0 | 0 | 14 | 2 | 0 |

**야고**(Moreira Silva Yago) 브라질 1994.04.28

| 대회 | 연도 | 소속 | 출전 | 교체 | 득점 | 도움 | 실점 | 파울 | 경고 | 퇴장 |
|---|---|---|---|---|---|---|---|---|---|---|
| K2 | 2017 | 서울E | 3 | 2 | 0 | 0 | 0 | 7 | 0 | 0 |
| 통산 | | | 3 | 2 | 0 | 0 | 0 | 7 | 0 | 0 |

**야고**(Yago Cesar da Silva) 브라질 1997.05.26

| 대회 | 연도 | 소속 | 출전 | 교체 | 득점 | 도움 | 실점 | 파울 | 경고 | 퇴장 |
|---|---|---|---|---|---|---|---|---|---|---|
| K1 | 2025 | 안양 | 31 | 30 | 4 | 6 | 0 | 7 | 0 | 0 |
| K2 | 2023 | 안양 | 31 | 27 | 6 | 7 | 0 | 21 | 3 | 0 |
| | 2024 | 안양 | 33 | 31 | 6 | 6 | 0 | 11 | 3 | 0 |
| 통산 | | | 95 | 88 | 16 | 19 | 0 | 39 | 6 | 0 |

**야고**(Yago Cariello Ribeiro) 브라질 1999.07.27

| 대회 | 연도 | 소속 | 출전 | 교체 | 득점 | 도움 | 실점 | 파울 | 경고 | 퇴장 |
|---|---|---|---|---|---|---|---|---|---|---|
| K1 | 2023 | 강원 | 11 | 10 | 1 | 1 | 0 | 6 | 0 | 0 |
| | 2024 | 울산 | 12 | 10 | 4 | 1 | 0 | 11 | 2 | 0 |
| | 2024 | 강원 | 18 | 4 | 9 | 1 | 0 | 30 | 2 | 0 |
| | 2025 | 울산 | 5 | 5 | 0 | 0 | 0 | 1 | 0 | 0 |
| 통산 | | | 46 | 29 | 14 | 3 | 0 | 48 | 4 | 0 |

**야스다**(Yasuda Michihiro, 安田理大) 일본 1987.12.20

| 대회 | 연도 | 소속 | 출전 | 교체 | 득점 | 도움 | 실점 | 파울 | 경고 | 퇴장 |
|---|---|---|---|---|---|---|---|---|---|---|
| K2 | 2017 | 부산 | 20 | 5 | 1 | 4 | 0 | 16 | 2 | 0 |
| PO | 2017 | 부산 | 3 | 0 | 0 | 0 | 0 | 4 | 1 | 0 |
| 통산 | | | 23 | 5 | 1 | 4 | 0 | 20 | 3 | 0 |

**야잔**(Yazan Mousa Mahmoud Abu Al-Arab) 요르단 1996.01.31

| 대회 | 연도 | 소속 | 출전 | 교체 | 득점 | 도움 | 실점 | 파울 | 경고 | 퇴장 |
|---|---|---|---|---|---|---|---|---|---|---|
| K1 | 2024 | 서울 | 12 | 0 | 0 | 0 | 0 | 9 | 2 | 0 |
| | 2025 | 서울 | 34 | 2 | 1 | 1 | 0 | 18 | 2 | 0 |
| 통산 | | | 46 | 2 | 1 | 1 | 0 | 27 | 4 | 0 |

**야치다** (Yachida Teppei, 谷内田哲平) 일본 2001.11.01

| 대회 | 연도 | 소속 | 출전 | 교체 | 득점 | 도움 | 실점 | 파울 | 경고 | 퇴장 |
|---|---|---|---|---|---|---|---|---|---|---|
| K2 | 2024 | 안양 | 7 | 7 | 1 | 0 | 0 | 1 | 0 | 0 |
| 통산 | | | 7 | 7 | 1 | 0 | 0 | 1 | 0 | 0 |

**얀**(Kraus Jan) 체코 1979.08.28

| 대회 | 연도 | 소속 | 출전 | 교체 | 득점 | 도움 | 실점 | 파울 | 경고 | 퇴장 |
|---|---|---|---|---|---|---|---|---|---|---|
| K1 | 2003 | 대구 | 28 | 24 | 5 | 1 | 0 | 43 | 6 | 0 |
| 통산 | | | 28 | 24 | 5 | 1 | 0 | 43 | 6 | 0 |

**양기훈**(梁璂勳) 성균관대 1992.04.09

| 대회 | 연도 | 소속 | 출전 | 교체 | 득점 | 도움 | 실점 | 파울 | 경고 | 퇴장 |
|---|---|---|---|---|---|---|---|---|---|---|
| K2 | 2015 | 서울E | 17 | 4 | 0 | 1 | 0 | 17 | 4 | 0 |
| | 2016 | 서울E | 1 | 0 | 0 | 0 | 0 | 2 | 0 | 0 |
| PO | 2015 | 서울E | 0 | 0 | 0 | 0 | 0 | 0 | 0 | 0 |
| 통산 | | | 18 | 4 | 0 | 1 | 0 | 19 | 4 | 0 |

**양동연**(梁東燕) 경희대 1970.04.30

| 대회 | 연도 | 소속 | 출전 | 교체 | 득점 | 도움 | 실점 | 파울 | 경고 | 퇴장 |
|---|---|---|---|---|---|---|---|---|---|---|
| K1 | 1995 | 전남 | 7 | 5 | 0 | 0 | 0 | 5 | 0 | 0 |
| | 1996 | 전남 | 28 | 3 | 0 | 0 | 0 | 40 | 5 | 0 |
| | 1997 | 전남 | 14 | 0 | 0 | 1 | 0 | 33 | 4 | 0 |
| | 1998 | 전남 | 7 | 6 | 0 | 0 | 0 | 7 | 0 | 0 |
| 컵 | 1995 | 전남 | 5 | 2 | 0 | 0 | 0 | 4 | 0 | 1 |
| | 1996 | 전남 | 7 | 2 | 0 | 0 | 0 | 14 | 3 | 0 |
| | 1997 | 전남 | 11 | 2 | 0 | 1 | 0 | 15 | 0 | 0 |
| | 1998 | 전남 | 16 | 3 | 1 | 0 | 0 | 45 | 4 | 0 |
| | 2000 | 전남 | 4 | 4 | 0 | 0 | 0 | 1 | 0 | 0 |
| 통산 | | | 99 | 27 | 1 | 2 | 0 | 164 | 16 | 1 |

**양동원**(梁棟原) 백암고 1987.02.05

| 대회 | 연도 | 소속 | 출전 | 교체 | 득점 | 도움 | 실점 | 파울 | 경고 | 퇴장 |
|---|---|---|---|---|---|---|---|---|---|---|
| K1 | 2005 | 대전 | 0 | 0 | 0 | 0 | 0 | 0 | 0 | 0 |
| | 2006 | 대전 | 0 | 0 | 0 | 0 | 0 | 0 | 0 | 0 |
| | 2007 | 대전 | 2 | 1 | 0 | 0 | 1 | 0 | 0 | 0 |
| | 2008 | 대전 | 1 | 0 | 0 | 0 | 2 | 0 | 0 | 0 |
| | 2009 | 대전 | 1 | 0 | 0 | 0 | 3 | 0 | 0 | 0 |
| | 2010 | 대전 | 9 | 0 | 0 | 0 | 17 | 0 | 1 | 0 |
| | 2011 | 수원 | 2 | 0 | 0 | 0 | 2 | 0 | 0 | 0 |
| | 2012 | 수원 | 11 | 0 | 0 | 0 | 13 | 0 | 1 | 0 |
| | 2013 | 수원 | 3 | 0 | 0 | 0 | 2 | 0 | 1 | 0 |
| | 2016 | 상주 | 14 | 0 | 0 | 0 | 26 | 0 | 0 | 0 |
| K2 | 2014 | 강원 | 16 | 1 | 0 | 0 | 26 | 0 | 0 | 0 |
| | 2015 | 상주 | 17 | 0 | 0 | 0 | 29 | 0 | 1 | 0 |
| | 2016 | 강원 | 2 | 0 | 0 | 0 | 1 | 0 | 0 | 0 |
| | 2017 | 성남 | 2 | 1 | 0 | 0 | 2 | 0 | 0 | 0 |
| | 2018 | 안양 | 1 | 0 | 0 | 0 | 1 | 1 | 0 | 0 |
| | 2019 | 안양 | 30 | 0 | 0 | 0 | 39 | 1 | 1 | 0 |
| | 2020 | 안양 | 13 | 0 | 0 | 0 | 21 | 0 | 1 | 0 |
| | 2021 | 안양 | 3 | 0 | 0 | 0 | 2 | 0 | 0 | 0 |
| PO | 2007 | 대전 | 0 | 0 | 0 | 0 | 0 | 0 | 0 | 0 |
| | 2011 | 수원 | 0 | 0 | 0 | 0 | 0 | 0 | 0 | 0 |
| | 2014 | 강원 | 0 | 0 | 0 | 0 | 0 | 0 | 0 | 0 |
| | 2017 | 성남 | 0 | 0 | 0 | 0 | 0 | 0 | 0 | 0 |
| | 2019 | 안양 | 2 | 0 | 0 | 0 | 2 | 0 | 0 | 0 |
| 컵 | 2005 | 대전 | 0 | 0 | 0 | 0 | 0 | 0 | 0 | 0 |
| | 2006 | 대전 | 0 | 0 | 0 | 0 | 0 | 0 | 0 | 0 |
| | 2007 | 대전 | 1 | 0 | 0 | 0 | 0 | 0 | 0 | 0 |
| | 2008 | 대전 | 5 | 1 | 0 | 0 | 8 | 0 | 1 | 0 |
| | 2009 | 대전 | 0 | 0 | 0 | 0 | 0 | 0 | 0 | 0 |
| | 2010 | 대전 | 1 | 0 | 0 | 0 | 4 | 0 | 0 | 0 |
| | 2011 | 수원 | 1 | 0 | 0 | 0 | 2 | 0 | 0 | 0 |
| 통산 | | | 137 | 4 | 0 | 0 | 203 | 2 | 7 | 0 |

**양동철**(梁東哲) 부경대 1985.08.26

| 대회 | 연도 | 소속 | 출전 | 교체 | 득점 | 도움 | 실점 | 파울 | 경고 | 퇴장 |
|---|---|---|---|---|---|---|---|---|---|---|
| K1 | 2010 | 전북 | 2 | 1 | 0 | 0 | 0 | 3 | 0 | 0 |
| 컵 | 2010 | 전북 | 1 | 0 | 0 | 0 | 0 | 4 | 1 | 0 |
| 통산 | | | 3 | 1 | 0 | 0 | 0 | 7 | 1 | 0 |

**양동현**(梁東炫) 동북고 1986.03.28

| 대회 | 연도 | 소속 | 출전 | 교체 | 득점 | 도움 | 실점 | 파울 | 경고 | 퇴장 |
|---|---|---|---|---|---|---|---|---|---|---|
| K1 | 2005 | 울산 | 0 | 0 | 0 | 0 | 0 | 0 | 0 | 0 |
| | 2006 | 울산 | 10 | 10 | 1 | 0 | 0 | 15 | 0 | 0 |
| | 2007 | 울산 | 7 | 6 | 2 | 0 | 0 | 17 | 1 | 0 |
| | 2008 | 울산 | 9 | 9 | 0 | 2 | 0 | 15 | 0 | 0 |
| | 2009 | 부산 | 25 | 14 | 5 | 3 | 0 | 30 | 2 | 0 |
| | 2010 | 부산 | 22 | 18 | 0 | 3 | 0 | 12 | 2 | 0 |
| | 2011 | 부산 | 24 | 19 | 9 | 3 | 0 | 15 | 5 | 0 |
| | 2013 | 부산 | 9 | 2 | 3 | 3 | 0 | 19 | 2 | 0 |
| | 2014 | 부산 | 14 | 2 | 4 | 1 | 0 | 25 | 2 | 0 |
| | 2014 | 울산 | 16 | 7 | 5 | 2 | 0 | 20 | 3 | 0 |
| | 2015 | 울산 | 30 | 18 | 8 | 3 | 0 | 51 | 2 | 0 |
| | 2016 | 포항 | 32 | 9 | 13 | 4 | 0 | 37 | 6 | 0 |
| | 2017 | 포항 | 36 | 4 | 19 | 2 | 0 | 38 | 5 | 0 |
| | 2020 | 성남 | 23 | 19 | 3 | 0 | 0 | 19 | 0 | 0 |
| | 2021 | 수원FC | 29 | 32 | 7 | 1 | 0 | 19 | 1 | 0 |
| | 2022 | 수원FC | 8 | 8 | 0 | 0 | 0 | 5 | 1 | 0 |
| | 2023 | 수원FC | 1 | 1 | 0 | 0 | 0 | 0 | 0 | 0 |
| K2 | 2013 | 경찰 | 21 | 10 | 11 | 4 | 0 | 39 | 3 | 0 |
| PO | 2008 | 울산 | 2 | 2 | 0 | 0 | 0 | 0 | 0 | 0 |
| | 2011 | 부산 | 1 | 1 | 0 | 0 | 0 | 2 | 0 | 0 |
| 컵 | 2006 | 울산 | 3 | 3 | 0 | 0 | 0 | 4 | 0 | 0 |
| | 2007 | 울산 | 9 | 7 | 4 | 0 | 0 | 14 | 1 | 0 |
| | 2008 | 울산 | 3 | 2 | 0 | 0 | 0 | 3 | 0 | 0 |
| | 2009 | 부산 | 8 | 4 | 3 | 2 | 0 | 8 | 0 | 0 |
| | 2010 | 부산 | 5 | 5 | 1 | 1 | 0 | 4 | 0 | 0 |
| | 2011 | 부산 | 6 | 5 | 2 | 1 | 0 | 13 | 0 | 0 |
| 통산 | | | 353 | 217 | 100 | 35 | 0 | 424 | 36 | 0 |

**양동협**(梁棟硤) 관동대(가톨릭관동대) 1989.04.25

| 대회 | 연도 | 소속 | 출전 | 교체 | 득점 | 도움 | 실점 | 파울 | 경고 | 퇴장 |
|---|---|---|---|---|---|---|---|---|---|---|
| K2 | 2013 | 충주 | 20 | 14 | 1 | 4 | 0 | 21 | 3 | 0 |
| | 2014 | 충주 | 7 | 6 | 1 | 1 | 0 | 14 | 0 | 0 |
| 통산 | | | 27 | 20 | 2 | 5 | 0 | 35 | 3 | 0 |

**양민혁**(梁民革) 강릉제일고 2006.04.16

| 대회 | 연도 | 소속 | 출전 | 교체 | 득점 | 도움 | 실점 | 파울 | 경고 | 퇴장 |
|---|---|---|---|---|---|---|---|---|---|---|
| K1 | 2024 | 강원 | 38 | 21 | 12 | 6 | 0 | 36 | 2 | 0 |
| 통산 | | | 38 | 21 | 12 | 6 | 0 | 36 | 2 | 0 |

**양상민**(梁相珉) 숭실대 1984.02.24

| 대회 | 연도 | 소속 | 출전 | 교체 | 득점 | 도움 | 실점 | 파울 | 경고 | 퇴장 |
|---|---|---|---|---|---|---|---|---|---|---|
| K1 | 2005 | 전남 | 17 | 5 | 1 | 3 | 0 | 40 | 4 | 0 |
| | 2006 | 전남 | 21 | 2 | 2 | 2 | 0 | 39 | 6 | 0 |
| | 2007 | 수원 | 21 | 2 | 0 | 3 | 0 | 38 | 2 | 0 |
| | 2007 | 전남 | 2 | 0 | 0 | 0 | 0 | 7 | 1 | 0 |
| | 2008 | 수원 | 15 | 5 | 0 | 1 | 0 | 27 | 3 | 0 |
| | 2009 | 수원 | 16 | 5 | 0 | 0 | 0 | 18 | 4 | 0 |
| | 2010 | 수원 | 20 | 3 | 0 | 3 | 0 | 40 | 8 | 0 |
| | 2011 | 수원 | 21 | 8 | 0 | 1 | 0 | 37 | 9 | 0 |
| | 2012 | 수원 | 29 | 5 | 2 | 3 | 0 | 62 | 14 | 0 |
| | 2014 | 수원 | 3 | 2 | 0 | 0 | 0 | 3 | 1 | 0 |
| | 2015 | 수원 | 28 | 11 | 3 | 0 | 0 | 16 | 2 | 0 |
| | 2016 | 수원 | 16 | 6 | 0 | 0 | 0 | 17 | 4 | 0 |
| | 2017 | 수원 | 6 | 3 | 0 | 1 | 0 | 3 | 0 | 0 |
| | 2018 | 수원 | 10 | 2 | 1 | 0 | 0 | 12 | 0 | 0 |
| | 2019 | 수원 | 21 | 7 | 0 | 0 | 0 | 21 | 6 | 0 |
| | 2020 | 수원 | 14 | 2 | 0 | 0 | 0 | 20 | 2 | 0 |
| | 2021 | 수원 | 9 | 5 | 0 | 0 | 0 | 9 | 0 | 0 |
| | 2022 | 수원 | 5 | 3 | 0 | 0 | 0 | 7 | 0 | 0 |
| K2 | 2013 | 경찰 | 27 | 1 | 1 | 2 | 0 | 46 | 15 | 0 |
| | 2014 | 안산경찰 | 14 | 1 | 1 | 0 | 0 | 30 | 4 | 0 |
| PO | 2007 | 수원 | 1 | 0 | 0 | 0 | 0 | 3 | 0 | 0 |
| | 2008 | 수원 | 0 | 0 | 0 | 0 | 0 | 0 | 0 | 0 |
| | 2011 | 수원 | 2 | 0 | 0 | 0 | 0 | 1 | 0 | 0 |
| | 2022 | 수원 | 2 | 2 | 0 | 0 | 0 | 0 | 0 | 0 |
| 컵 | 2005 | 전남 | 12 | 1 | 0 | 2 | 0 | 26 | 2 | 0 |
| | 2006 | 전남 | 5 | 0 | 1 | 0 | 0 | 15 | 3 | 0 |
| | 2007 | 수원 | 9 | 0 | 0 | 2 | 0 | 14 | 1 | 0 |
| | 2008 | 수원 | 7 | 2 | 0 | 1 | 0 | 9 | 0 | 1 |
| | 2009 | 수원 | 2 | 0 | 0 | 0 | 0 | 5 | 1 | 1 |
| | 2010 | 수원 | 3 | 1 | 0 | 0 | 0 | 11 | 2 | 0 |
| | 2011 | 수원 | 1 | 0 | 0 | 0 | 0 | 2 | 1 | 0 |
| 통산 | | | 359 | 84 | 12 | 24 | 0 | 578 | 95 | 2 |

**양상준**(梁相俊) 홍익대 1988.11.21

| 대회 | 연도 | 소속 | 출전 | 교체 | 득점 | 도움 | 실점 | 파울 | 경고 | 퇴장 |
|---|---|---|---|---|---|---|---|---|---|---|
| K1 | 2010 | 경남 | 3 | 3 | 0 | 0 | 0 | 5 | 0 | 0 |
| K2 | 2014 | 충주 | 7 | 5 | 0 | 0 | 0 | 12 | 0 | 0 |
| | 2015 | 충주 | 5 | 5 | 0 | 1 | 0 | 10 | 0 | 0 |
| 컵 | 2010 | 경남 | 1 | 1 | 0 | 0 | 0 | 3 | 0 | 0 |
| 통산 | | | 16 | 14 | 0 | 1 | 0 | 30 | 0 | 0 |

**양세근**(梁世根) 탐라대 1988.10.08

| 대회 | 연도 | 소속 | 출전 | 교체 | 득점 | 도움 | 실점 | 파울 | 경고 | 퇴장 |
|---|---|---|---|---|---|---|---|---|---|---|
| K1 | 2009 | 제주 | 6 | 4 | 0 | 0 | 0 | 10 | 2 | 0 |
| | 2010 | 제주 | 3 | 3 | 0 | 0 | 0 | 3 | 0 | 0 |
| PO | 2010 | 제주 | 0 | 0 | 0 | 0 | 0 | 0 | 0 | 0 |
| 컵 | 2009 | 제주 | 1 | 0 | 0 | 0 | 0 | 1 | 0 | 0 |
| | 2010 | 제주 | 0 | 0 | 0 | 0 | 0 | 0 | 0 | 0 |
| 통산 | | | 10 | 7 | 0 | 0 | 0 | 14 | 2 | 0 |

**양세영**(梁世英) 용인대 2002.10.03

| 대회 | 연도 | 소속 | 출전 | 교체 | 득점 | 도움 | 실점 | 파울 | 경고 | 퇴장 |
|---|---|---|---|---|---|---|---|---|---|---|
| K2 | 2023 | 부산 | 1 | 1 | 0 | 0 | 0 | 0 | 0 | 0 |
| | 2024 | 안산 | 23 | 22 | 3 | 0 | 0 | 15 | 3 | 0 |
| | 2025 | 안산 | 20 | 16 | 0 | 0 | 0 | 16 | 3 | 0 |
| 통산 | | | 44 | 39 | 3 | 0 | 0 | 31 | 6 | 0 |

**양세운**(梁世運) 남부대 1990.12.23

| 대회 | 연도 | 소속 | 출전 | 교체 | 득점 | 도움 | 실점 | 파울 | 경고 | 퇴장 |
|---|---|---|---|---|---|---|---|---|---|---|
| K2 | 2013 | 광주 | 1 | 1 | 0 | 0 | 0 | 0 | 0 | 0 |
| | 2015 | 충주 | 0 | 0 | 0 | 0 | 0 | 0 | 0 | 0 |
| | 2016 | 충주 | 1 | 1 | 0 | 0 | 0 | 1 | 0 | 0 |
| 통산 | | | 2 | 2 | 0 | 0 | 0 | 1 | 0 | 0 |

**양승원**(梁勝源) 대구대 1985.07.15

| 대회 | 연도 | 소속 | 출전 | 교체 | 득점 | 도움 | 실점 | 파울 | 경고 | 퇴장 |
|---|---|---|---|---|---|---|---|---|---|---|
| K1 | 2008 | 대구 | 7 | 3 | 1 | 0 | 0 | 7 | 2 | 0 |
| | 2009 | 대구 | 18 | 3 | 0 | 1 | 0 | 32 | 4 | 0 |
| | 2010 | 대구 | 16 | 5 | 0 | 0 | 0 | 26 | 3 | 0 |
| | 2013 | 대구 | 1 | 1 | 0 | 0 | 0 | 0 | 0 | 0 |
| 컵 | 2008 | 대구 | 3 | 2 | 0 | 0 | 0 | 7 | 1 | 0 |
| | 2009 | 대구 | 2 | 0 | 0 | 0 | 0 | 1 | 0 | 0 |
| 통산 | | | 47 | 14 | 1 | 1 | 0 | 73 | 10 | 0 |

**양시후**(梁時侯) 단국대 2000.04.04

| 대회 | 연도 | 소속 | 출전 | 교체 | 득점 | 도움 | 실점 | 파울 | 경고 | 퇴장 |
|---|---|---|---|---|---|---|---|---|---|---|
| K1 | 2022 | 성남 | 9 | 8 | 0 | 0 | 0 | 3 | 1 | 0 |
| K2 | 2023 | 성남 | 6 | 6 | 0 | 0 | 0 | 3 | 2 | 0 |
| | 2024 | 성남 | 13 | 13 | 1 | 0 | 0 | 9 | 1 | 0 |
| | 2025 | 성남 | 4 | 2 | 0 | 0 | 0 | 2 | 0 | 0 |
| 통산 | | | 32 | 29 | 1 | 0 | 0 | 17 | 4 | 0 |

**양영민**(楊泳民) 명지대 1974.07.19

| 대회 | 연도 | 소속 | 출전 | 교체 | 득점 | 도움 | 실점 | 파울 | 경고 | 퇴장 |
|---|---|---|---|---|---|---|---|---|---|---|
| K1 | 1999 | 천안일화 | 0 | 0 | 0 | 0 | 0 | 0 | 0 | 0 |
| | 2000 | 성남일화 | 0 | 0 | 0 | 0 | 0 | 0 | 0 | 0 |
| | 2002 | 성남일화 | 0 | 0 | 0 | 0 | 0 | 0 | 0 | 0 |
| | 2003 | 성남일화 | 0 | 0 | 0 | 0 | 0 | 0 | 0 | 0 |
| | 2004 | 성남일화 | 5 | 2 | 0 | 0 | 3 | 1 | 0 | 0 |
| | 2005 | 성남일화 | 0 | 0 | 0 | 0 | 0 | 0 | 0 | 0 |
| 컵 | 1999 | 천안일화 | 0 | 0 | 0 | 0 | 0 | 0 | 0 | 0 |
| | 2000 | 성남일화 | 0 | 0 | 0 | 0 | 0 | 0 | 0 | 0 |
| | 2004 | 성남일화 | 3 | 0 | 0 | 0 | 3 | 0 | 0 | 0 |
| | 2005 | 성남일화 | 1 | 0 | 0 | 0 | 1 | 0 | 0 | 0 |
| 통산 | | | 9 | 2 | 0 | 0 | 7 | 1 | 0 | 0 |

**양영빈**(梁永彬) 거창중앙고 2006.02.07

| 대회 | 연도 | 소속 | 출전 | 교체 | 득점 | 도움 | 실점 | 파울 | 경고 | 퇴장 |
|---|---|---|---|---|---|---|---|---|---|---|
| K2 | 2025 | 충북청주 | 7 | 6 | 0 | 0 | 0 | 12 | 1 | 0 |
| 통산 | | | 7 | 6 | 0 | 0 | 0 | 12 | 1 | 0 |

**양유민**(梁裕敏) 숭실대 1999.10.11

| 대회 | 연도 | 소속 | 출전 | 교체 | 득점 | 도움 | 실점 | 파울 | 경고 | 퇴장 |
|---|---|---|---|---|---|---|---|---|---|---|
| K1 | 2020 | 서울 | 4 | 4 | 0 | 0 | 0 | 5 | 0 | 0 |
| | 2021 | 서울 | 1 | 1 | 0 | 0 | 0 | 1 | 0 | 0 |
| | 2022 | 서울 | 1 | 1 | 0 | 0 | 0 | 4 | 1 | 0 |
| 통산 | | | 6 | 6 | 0 | 0 | 0 | 10 | 1 | 0 |

**양익전**(梁益銓) 서울대 1966.03.20

| 대회 | 연도 | 소속 | 출전 | 교체 | 득점 | 도움 | 실점 | 파울 | 경고 | 퇴장 |
|---|---|---|---|---|---|---|---|---|---|---|
| K1 | 1989 | 유공 | 2 | 2 | 0 | 0 | 0 | 0 | 0 | 0 |
| 통산 | | | 2 | 2 | 0 | 0 | 0 | 0 | 0 | 0 |

**양정민**(梁正玟) 부경대 1986.05.21

| 대회 | 연도 | 소속 | 출전 | 교체 | 득점 | 도움 | 실점 | 파울 | 경고 | 퇴장 |
|---|---|---|---|---|---|---|---|---|---|---|
| K1 | 2009 | 대전 | 19 | 6 | 0 | 0 | 0 | 55 | 5 | 0 |
| | 2010 | 대전 | 19 | 3 | 0 | 0 | 0 | 49 | 10 | 0 |
| | 2011 | 대전 | 3 | 3 | 0 | 0 | 0 | 4 | 2 | 0 |
| 컵 | 2009 | 대전 | 3 | 0 | 0 | 0 | 0 | 9 | 0 | 0 |
| | 2010 | 대전 | 2 | 1 | 0 | 0 | 0 | 6 | 2 | 0 |
| | 2011 | 대전 | 2 | 0 | 0 | 0 | 0 | 6 | 2 | 1 |
| 통산 | | | 48 | 13 | 0 | 0 | 0 | 129 | 21 | 1 |

**양정민**(梁政民) 대신고 1992.07.22

| 대회 | 연도 | 소속 | 출전 | 교체 | 득점 | 도움 | 실점 | 파울 | 경고 | 퇴장 |
|---|---|---|---|---|---|---|---|---|---|---|
| 컵 | 2011 | 강원 | 1 | 1 | 0 | 0 | 0 | 0 | 0 | 0 |
| 통산 | | | 1 | 1 | 0 | 0 | 0 | 0 | 0 | 0 |

**양정운**(梁正運) 단국대 2001.05.14

| 대회 | 연도 | 소속 | 출전 | 교체 | 득점 | 도움 | 실점 | 파울 | 경고 | 퇴장 |
|---|---|---|---|---|---|---|---|---|---|---|
| K2 | 2022 | 안양 | 1 | 1 | 0 | 0 | 0 | 1 | 0 | 0 |
| | 2022 | 충남아산 | 7 | 7 | 0 | 0 | 0 | 4 | 0 | 0 |
| 통산 | | | 8 | 8 | 0 | 0 | 0 | 5 | 0 | 0 |

**양정원**(梁政元) 단국대 1976.05.22

| 대회 | 연도 | 소속 | 출전 | 교체 | 득점 | 도움 | 실점 | 파울 | 경고 | 퇴장 |
|---|---|---|---|---|---|---|---|---|---|---|
| K1 | 1999 | 부산 | 2 | 2 | 0 | 0 | 0 | 1 | 0 | 0 |
| 컵 | 1999 | 부산 | 1 | 1 | 0 | 0 | 0 | 0 | 0 | 0 |
| 통산 | | | 3 | 3 | 0 | 0 | 0 | 1 | 0 | 0 |

**양정환**(梁禎桓) 고려대 1966.07.26

| 대회 | 연도 | 소속 | 출전 | 교체 | 득점 | 도움 | 실점 | 파울 | 경고 | 퇴장 |
|---|---|---|---|---|---|---|---|---|---|---|
| K1 | 1988 | 럭키금성 | 9 | 8 | 0 | 2 | 0 | 6 | 0 | 0 |
| | 1989 | 럭키금성 | 5 | 5 | 0 | 0 | 0 | 3 | 0 | 0 |
| 통산 | | | 14 | 13 | 0 | 2 | 0 | 9 | 0 | 0 |

**양종후**(梁鐘厚) 고려대 1974.04.05

| 대회 | 연도 | 소속 | 출전 | 교체 | 득점 | 도움 | 실점 | 파울 | 경고 | 퇴장 |
|---|---|---|---|---|---|---|---|---|---|---|
| K1 | 1999 | 수원 | 20 | 3 | 1 | 0 | 0 | 39 | 2 | 0 |
| | 2000 | 수원 | 21 | 3 | 2 | 0 | 0 | 57 | 9 | 0 |
| | 2001 | 수원 | 2 | 1 | 0 | 0 | 0 | 1 | 1 | 0 |
| PO | 1998 | 수원 | 1 | 1 | 0 | 0 | 0 | 0 | 0 | 0 |
| | 1999 | 수원 | 0 | 0 | 0 | 0 | 0 | 0 | 0 | 0 |
| 컵 | 1998 | 수원 | 3 | 2 | 0 | 0 | 0 | 4 | 1 | 0 |
| | 1999 | 수원 | 6 | 0 | 0 | 0 | 0 | 8 | 3 | 0 |
| | 2000 | 수원 | 8 | 1 | 1 | 0 | 0 | 24 | 2 | 0 |
| | 2001 | 수원 | 3 | 1 | 0 | 0 | 0 | 6 | 1 | 0 |
| 통산 | | | 64 | 12 | 4 | 0 | 0 | 139 | 19 | 0 |

**양준아**(梁準我) 고려대 1989.06.13

| 대회 | 연도 | 소속 | 출전 | 교체 | 득점 | 도움 | 실점 | 파울 | 경고 | 퇴장 |
|---|---|---|---|---|---|---|---|---|---|---|
| K1 | 2010 | 수원 | 9 | 7 | 0 | 1 | 0 | 13 | 3 | 0 |
| | 2011 | 제주 | 6 | 3 | 1 | 0 | 0 | 17 | 3 | 1 |
| | 2011 | 수원 | 6 | 3 | 1 | 0 | 0 | 10 | 1 | 0 |
| | 2012 | 제주 | 0 | 0 | 0 | 0 | 0 | 0 | 0 | 0 |
| | 2012 | 전남 | 9 | 4 | 0 | 1 | 0 | 12 | 2 | 0 |
| | 2013 | 제주 | 2 | 0 | 1 | 0 | 0 | 7 | 2 | 0 |
| | 2014 | 상주 | 30 | 3 | 3 | 1 | 0 | 47 | 6 | 1 |
| | 2015 | 제주 | 31 | 9 | 0 | 0 | 0 | 35 | 4 | 0 |
| | 2016 | 전남 | 17 | 6 | 2 | 0 | 0 | 27 | 6 | 0 |
| | 2017 | 전남 | 13 | 8 | 0 | 0 | 0 | 9 | 1 | 0 |
| | 2018 | 전남 | 24 | 6 | 0 | 0 | 0 | 24 | 5 | 0 |
| | 2019 | 인천 | 12 | 5 | 0 | 0 | 0 | 9 | 0 | 0 |
| | 2020 | 인천 | 18 | 0 | 0 | 0 | 0 | 14 | 4 | 0 |
| K2 | 2013 | 상주 | 4 | 1 | 0 | 0 | 0 | 7 | 1 | 0 |
| | 2022 | 김포 | 17 | 9 | 2 | 1 | 0 | 15 | 4 | 0 |
| PO | 2013 | 상주 | 2 | 0 | 0 | 0 | 0 | 0 | 0 | 0 |
| 컵 | 2010 | 수원 | 0 | 0 | 0 | 0 | 0 | 0 | 0 | 0 |
| | 2011 | 수원 | 1 | 0 | 1 | 0 | 0 | 5 | 1 | 0 |
| 통산 | | | 201 | 64 | 11 | 4 | 0 | 251 | 43 | 2 |

**양준영**(梁峻榮) 광운대 2002.10.24

| 대회 | 연도 | 소속 | 출전 | 교체 | 득점 | 도움 | 실점 | 파울 | 경고 | 퇴장 |
|---|---|---|---|---|---|---|---|---|---|---|
| K2 | 2025 | 천안 | 6 | 5 | 0 | 0 | 0 | 0 | 0 | 0 |
| 통산 | | | 6 | 5 | 0 | 0 | 0 | 0 | 0 | 0 |

**양지산**(←양지훈) 연세대 1999.05.05

| 대회 | 연도 | 소속 | 출전 | 교체 | 득점 | 도움 | 실점 | 파울 | 경고 | 퇴장 |
|---|---|---|---|---|---|---|---|---|---|---|
| K2 | 2022 | 대전 | 2 | 2 | 0 | 0 | 0 | 3 | 0 | 0 |
| | 2023 | 충북청주 | 26 | 25 | 4 | 3 | 0 | 15 | 3 | 0 |
| | 2024 | 충북청주 | 23 | 21 | 0 | 0 | 0 | 7 | 0 | 0 |
| | 2025 | 전남 | 5 | 6 | 0 | 0 | 0 | 2 | 1 | 0 |
| 통산 | | | 56 | 54 | 4 | 3 | 0 | 27 | 4 | 0 |

**양지원**(梁志源) 울산대 1974.04.28

| 대회 | 연도 | 소속 | 출전 | 교체 | 득점 | 도움 | 실점 | 파울 | 경고 | 퇴장 |
|---|---|---|---|---|---|---|---|---|---|---|
| K1 | 1999 | 울산 | 14 | 1 | 0 | 0 | 20 | 0 | 0 | 0 |
| | 2000 | 울산 | 1 | 0 | 0 | 0 | 3 | 0 | 0 | 0 |
| | 2001 | 울산 | 15 | 0 | 0 | 0 | 19 | 1 | 2 | 0 |
| 컵 | 1998 | 울산 | 15 | 0 | 0 | 0 | 20 | 3 | 0 | 0 |
| | 1999 | 울산 | 2 | 0 | 0 | 0 | 2 | 0 | 0 | 0 |
| | 2000 | 울산 | 3 | 0 | 0 | 0 | 5 | 1 | 0 | 1 |
| | 2001 | 울산 | 6 | 0 | 0 | 0 | 7 | 1 | 1 | 0 |
| | 2002 | 울산 | 0 | 0 | 0 | 0 | 0 | 0 | 0 | 0 |
| 통산 | | | 56 | 1 | 0 | 0 | 76 | 6 | 3 | 1 |

**양진웅**(梁眞熊) 울산대 1991.01.24

| 대회 | 연도 | 소속 | 출전 | 교체 | 득점 | 도움 | 실점 | 파울 | 경고 | 퇴장 |
|---|---|---|---|---|---|---|---|---|---|---|
| K2 | 2013 | 부천 | 7 | 0 | 0 | 0 | 10 | 0 | 0 | 0 |
| | 2014 | 부천 | 4 | 0 | 0 | 0 | 8 | 0 | 0 | 0 |
| 통산 | | | 11 | 0 | 0 | 0 | 18 | 0 | 0 | 0 |

**양창훈**(梁昌勳) 중앙대 1999.01.24

| 대회 | 연도 | 소속 | 출전 | 교체 | 득점 | 도움 | 실점 | 파울 | 경고 | 퇴장 |
|---|---|---|---|---|---|---|---|---|---|---|
| K2 | 2022 | 광주 | 1 | 1 | 0 | 0 | 0 | 2 | 0 | 0 |
| 통산 | | | 1 | 1 | 0 | 0 | 0 | 2 | 0 | 0 |

**양태렬**(梁兌列) 언남고 1995.05.25

| 대회 | 연도 | 소속 | 출전 | 교체 | 득점 | 도움 | 실점 | 파울 | 경고 | 퇴장 |
|---|---|---|---|---|---|---|---|---|---|---|
| K1 | 2018 | 포항 | 2 | 2 | 0 | 0 | 0 | 0 | 0 | 0 |
| | 2020 | 포항 | 0 | 0 | 0 | 0 | 0 | 0 | 0 | 0 |
| K2 | 2019 | 아산 | 15 | 6 | 3 | 0 | 0 | 20 | 2 | 0 |
| 통산 | | | 17 | 8 | 3 | 0 | 0 | 20 | 2 | 0 |

**양태양**(梁太陽) 신평고 2004.04.08

| 대회 | 연도 | 소속 | 출전 | 교체 | 득점 | 도움 | 실점 | 파울 | 경고 | 퇴장 |
|---|---|---|---|---|---|---|---|---|---|---|
| K2 | 2023 | 성남 | 6 | 6 | 1 | 0 | 0 | 3 | 0 | 0 |
| | 2024 | 성남 | 18 | 15 | 0 | 0 | 0 | 9 | 1 | 0 |
| | 2025 | 성남 | 6 | 6 | 0 | 0 | 0 | 2 | 0 | 0 |
| 통산 | | | 30 | 27 | 1 | 0 | 0 | 14 | 1 | 0 |

**양한빈**(梁韓彬) 백암고 1991.08.30

| 대회 | 연도 | 소속 | 출전 | 교체 | 득점 | 도움 | 실점 | 파울 | 경고 | 퇴장 |
|---|---|---|---|---|---|---|---|---|---|---|
| K1 | 2011 | 강원 | 0 | 0 | 0 | 0 | 0 | 0 | 0 | 0 |
| | 2012 | 강원 | 1 | 0 | 0 | 0 | 1 | 0 | 0 | 0 |
| | 2013 | 성남일화 | 1 | 1 | 0 | 0 | 1 | 0 | 0 | 0 |
| | 2014 | 서울 | 0 | 0 | 0 | 0 | 0 | 0 | 0 | 0 |
| | 2015 | 서울 | 0 | 0 | 0 | 0 | 0 | 0 | 0 | 0 |
| | 2017 | 서울 | 27 | 0 | 0 | 0 | 29 | 0 | 2 | 0 |
| | 2018 | 서울 | 37 | 0 | 0 | 0 | 46 | 1 | 0 | 0 |
| | 2019 | 서울 | 7 | 1 | 0 | 0 | 11 | 0 | 0 | 0 |
| | 2020 | 서울 | 16 | 0 | 0 | 0 | 19 | 1 | 1 | 1 |
| | 2021 | 서울 | 36 | 0 | 0 | 0 | 43 | 0 | 2 | 0 |
| | 2022 | 서울 | 35 | 1 | 0 | 0 | 44 | 0 | 3 | 0 |
| K2 | 2025 | 성남 | 25 | 0 | 0 | 0 | 20 | 1 | 3 | 0 |
| PO | 2018 | 서울 | 2 | 0 | 0 | 0 | 2 | 0 | 0 | 0 |
| | 2025 | 성남 | 2 | 0 | 0 | 0 | 0 | 0 | 1 | 0 |
| 컵 | 2011 | 강원 | 0 | 0 | 0 | 0 | 0 | 0 | 0 | 0 |
| 통산 | | | 189 | 3 | 0 | 0 | 216 | 3 | 12 | 1 |

**양현정**(梁鉉正) 단국대 1977.07.25

| 대회 | 연도 | 소속 | 출전 | 교체 | 득점 | 도움 | 실점 | 파울 | 경고 | 퇴장 |
|---|---|---|---|---|---|---|---|---|---|---|
| K1 | 2000 | 전북 | 23 | 18 | 5 | 4 | 0 | 21 | 2 | 0 |
| | 2001 | 전북 | 14 | 12 | 1 | 2 | 0 | 11 | 0 | 0 |
| | 2002 | 전북 | 19 | 18 | 1 | 2 | 0 | 27 | 4 | 0 |
| | 2003 | 전북 | 1 | 1 | 0 | 0 | 0 | 1 | 0 | 0 |
| | 2005 | 대구 | 1 | 1 | 0 | 0 | 0 | 2 | 0 | 0 |
| PO | 2000 | 전북 | 0 | 0 | 0 | 0 | 0 | 0 | 0 | 0 |
| 컵 | 2000 | 전북 | 9 | 5 | 1 | 3 | 0 | 6 | 1 | 0 |
| | 2001 | 전북 | 9 | 8 | 1 | 0 | 0 | 11 | 0 | 0 |
| | 2002 | 전북 | 6 | 6 | 2 | 2 | 0 | 9 | 3 | 0 |
| | 2005 | 대구 | 4 | 4 | 0 | 0 | 0 | 5 | 0 | 0 |
| 통산 | | | 86 | 73 | 11 | 13 | 0 | 93 | 10 | 0 |

**양현준**(梁玄準) 부산정보고 2002.05.25

| 대회 | 연도 | 소속 | 출전 | 교체 | 득점 | 도움 | 실점 | 파울 | 경고 | 퇴장 |
|---|---|---|---|---|---|---|---|---|---|---|
| K1 | 2021 | 강원 | 9 | 9 | 0 | 0 | 0 | 6 | 2 | 0 |
| | 2022 | 강원 | 36 | 22 | 8 | 4 | 0 | 38 | 3 | 0 |
| | 2023 | 강원 | 21 | 10 | 1 | 1 | 0 | 24 | 1 | 0 |
| PO | 2021 | 강원 | 0 | 0 | 0 | 0 | 0 | 0 | 0 | 0 |
| 통산 | | | 66 | 41 | 9 | 5 | 0 | 68 | 6 | 0 |

**양형모**(梁馨模) 충북대 1991.07.16

| 대회 | 연도 | 소속 | 출전 | 교체 | 득점 | 도움 | 실점 | 파울 | 경고 | 퇴장 |
|---|---|---|---|---|---|---|---|---|---|---|
| K1 | 2016 | 수원 | 17 | 1 | 0 | 0 | 22 | 0 | 1 | 0 |
| | 2017 | 수원 | 7 | 2 | 0 | 0 | 11 | 1 | 1 | 0 |

| 대회 | 연도 | 소속 | 출전 | 교체 | 득점 | 도움 | 실점 | 파울 | 경고 | 퇴장 |
|---|---|---|---|---|---|---|---|---|---|---|
| | 2019 | 수원 | 1 | 0 | 0 | 0 | 2 | 0 | 0 | 0 |
| | 2020 | 수원 | 16 | 0 | 0 | 0 | 15 | 0 | 1 | 0 |
| | 2021 | 수원 | 23 | 0 | 0 | 0 | 33 | 3 | 0 | 0 |
| | 2022 | 수원 | 35 | 1 | 0 | 0 | 45 | 0 | 1 | 0 |
| | 2023 | 수원 | 36 | 1 | 0 | 0 | 54 | 0 | 0 | 0 |
| K2 | 2018 | 아산 | 4 | 0 | 0 | 0 | 1 | 0 | 0 | 0 |
| | 2019 | 아산 | 7 | 0 | 0 | 0 | 15 | 1 | 0 | 0 |
| | 2024 | 수원 | 28 | 1 | 0 | 0 | 23 | 0 | 2 | 0 |
| | 2025 | 수원 | 29 | 0 | 0 | 0 | 36 | 0 | 2 | 0 |
| PO | 2022 | 수원 | 2 | 0 | 0 | 0 | 1 | 0 | 0 | 0 |
| 통산 | | | 205 | 6 | 0 | 0 | 258 | 5 | 8 | 0 |

**얜**(Yan Song, 阎嵩) 중국 1981.03.20

| 대회 | 연도 | 소속 | 출전 | 교체 | 득점 | 도움 | 실점 | 파울 | 경고 | 퇴장 |
|---|---|---|---|---|---|---|---|---|---|---|
| 컵 | 2010 | 제주 | 0 | 0 | 0 | 0 | 0 | 0 | 0 | 0 |
| 통산 | | | 0 | 0 | 0 | 0 | 0 | 0 | 0 | 0 |

**어경준**(魚慶俊) 용강중 1987.12.10

| 대회 | 연도 | 소속 | 출전 | 교체 | 득점 | 도움 | 실점 | 파울 | 경고 | 퇴장 |
|---|---|---|---|---|---|---|---|---|---|---|
| K1 | 2009 | 성남일화 | 7 | 7 | 0 | 0 | 0 | 5 | 1 | 0 |
| | 2009 | 서울 | 1 | 1 | 0 | 0 | 0 | 1 | 0 | 0 |
| | 2010 | 서울 | 1 | 1 | 0 | 0 | 0 | 1 | 0 | 0 |
| | 2010 | 대전 | 16 | 4 | 4 | 1 | 0 | 11 | 2 | 0 |
| | 2011 | 서울 | 8 | 8 | 0 | 0 | 0 | 6 | 0 | 0 |
| 컵 | 2009 | 성남일화 | 4 | 3 | 0 | 0 | 0 | 5 | 1 | 0 |
| | 2011 | 서울 | 1 | 2 | 0 | 0 | 0 | 1 | 0 | 0 |
| 통산 | | | 38 | 26 | 4 | 1 | 0 | 30 | 4 | 0 |

**어정원**(魚禎元) 동국대 1999.07.08

| 대회 | 연도 | 소속 | 출전 | 교체 | 득점 | 도움 | 실점 | 파울 | 경고 | 퇴장 |
|---|---|---|---|---|---|---|---|---|---|---|
| K1 | 2024 | 포항 | 28 | 16 | 1 | 2 | 0 | 20 | 2 | 0 |
| | 2025 | 포항 | 34 | 11 | 1 | 1 | 0 | 35 | 4 | 0 |
| K2 | 2021 | 부산 | 6 | 6 | 0 | 0 | 0 | 2 | 1 | 0 |
| | 2022 | 부산 | 17 | 9 | 0 | 2 | 0 | 12 | 2 | 0 |
| | 2022 | 김포 | 8 | 5 | 0 | 1 | 0 | 12 | 2 | 0 |
| | 2023 | 부산 | 29 | 18 | 0 | 1 | 0 | 20 | 4 | 0 |
| PO | 2023 | 부산 | 2 | 2 | 0 | 0 | 0 | 3 | 0 | 0 |
| 통산 | | | 124 | 67 | 2 | 7 | 0 | 104 | 15 | 0 |

**엄승민**(嚴勝民) 2000.06.07

| 대회 | 연도 | 소속 | 출전 | 교체 | 득점 | 도움 | 실점 | 파울 | 경고 | 퇴장 |
|---|---|---|---|---|---|---|---|---|---|---|
| K2 | 2019 | 수원FC | 1 | 1 | 0 | 0 | 0 | 0 | 0 | 0 |
| 통산 | | | 1 | 1 | 0 | 0 | 0 | 0 | 0 | 0 |

**엄승민**(嚴承民) 인천남고 2003.05.02

| 대회 | 연도 | 소속 | 출전 | 교체 | 득점 | 도움 | 실점 | 파울 | 경고 | 퇴장 |
|---|---|---|---|---|---|---|---|---|---|---|
| K1 | 2022 | 성남 | 5 | 6 | 0 | 0 | 0 | 5 | 0 | 0 |
| 통산 | | | 5 | 6 | 0 | 0 | 0 | 5 | 0 | 0 |

**엄영식**(嚴泳植) 풍기고 1970.06.23

| 대회 | 연도 | 소속 | 출전 | 교체 | 득점 | 도움 | 실점 | 파울 | 경고 | 퇴장 |
|---|---|---|---|---|---|---|---|---|---|---|
| K1 | 1995 | 전남 | 1 | 1 | 0 | 0 | 0 | 0 | 0 | 0 |
| | 1996 | 전남 | 11 | 6 | 0 | 0 | 0 | 8 | 1 | 0 |
| 컵 | 1994 | LG | 1 | 1 | 0 | 0 | 0 | 0 | 0 | 0 |
| | 1995 | 전남 | 5 | 5 | 0 | 0 | 0 | 3 | 0 | 0 |
| | 1997 | 전남 | 3 | 3 | 0 | 0 | 0 | 2 | 0 | 0 |
| 통산 | | | 21 | 16 | 0 | 0 | 0 | 13 | 1 | 0 |

**엄예훈**(嚴叡勳) 보인고 2002.09.23

| 대회 | 연도 | 소속 | 출전 | 교체 | 득점 | 도움 | 실점 | 파울 | 경고 | 퇴장 |
|---|---|---|---|---|---|---|---|---|---|---|
| K2 | 2024 | 서울E | 0 | 0 | 0 | 0 | 0 | 0 | 0 | 0 |
| | 2025 | 서울E | 0 | 0 | 0 | 0 | 0 | 0 | 0 | 0 |
| 통산 | | | 0 | 0 | 0 | 0 | 0 | 0 | 0 | 0 |

**엄원상**(嚴原上) 아주대 1999.01.06

| 대회 | 연도 | 소속 | 출전 | 교체 | 득점 | 도움 | 실점 | 파울 | 경고 | 퇴장 |
|---|---|---|---|---|---|---|---|---|---|---|
| K1 | 2020 | 광주 | 23 | 18 | 7 | 2 | 0 | 6 | 1 | 0 |
| | 2021 | 광주 | 26 | 13 | 6 | 1 | 0 | 13 | 0 | 0 |
| | 2022 | 울산 | 33 | 24 | 12 | 6 | 0 | 19 | 1 | 0 |
| | 2023 | 울산 | 28 | 28 | 4 | 4 | 0 | 10 | 1 | 0 |
| | 2024 | 울산 | 26 | 21 | 4 | 2 | 0 | 12 | 3 | 0 |
| | 2025 | 울산 | 30 | 28 | 1 | 5 | 0 | 6 | 0 | 0 |
| K2 | 2019 | 광주 | 16 | 13 | 2 | 0 | 0 | 5 | 0 | 0 |
| 통산 | | | 182 | 145 | 36 | 20 | 0 | 71 | 6 | 0 |

**엄지성**(嚴志成) 금호고 2002.05.09

| 대회 | 연도 | 소속 | 출전 | 교체 | 득점 | 도움 | 실점 | 파울 | 경고 | 퇴장 |
|---|---|---|---|---|---|---|---|---|---|---|
| K1 | 2021 | 광주 | 37 | 34 | 4 | 1 | 0 | 34 | 2 | 0 |
| | 2023 | 광주 | 28 | 18 | 5 | 3 | 0 | 19 | 3 | 0 |
| | 2024 | 광주 | 15 | 6 | 2 | 3 | 0 | 7 | 0 | 0 |
| K2 | 2022 | 광주 | 28 | 18 | 9 | 1 | 0 | 29 | 1 | 0 |
| 통산 | | | 108 | 76 | 20 | 8 | 0 | 89 | 6 | 0 |

**엄진태**(嚴鎭泰) 경희대 1992.03.28

| 대회 | 연도 | 소속 | 출전 | 교체 | 득점 | 도움 | 실점 | 파울 | 경고 | 퇴장 |
|---|---|---|---|---|---|---|---|---|---|---|
| K2 | 2015 | 충주 | 15 | 8 | 0 | 1 | 0 | 14 | 1 | 0 |
| | 2016 | 충주 | 21 | 6 | 0 | 0 | 0 | 23 | 5 | 0 |
| 통산 | | | 36 | 14 | 0 | 1 | 0 | 37 | 6 | 0 |

**에니키**(Henrique Dias de Carvalho) 브라질 1984.05.23

| 대회 | 연도 | 소속 | 출전 | 교체 | 득점 | 도움 | 실점 | 파울 | 경고 | 퇴장 |
|---|---|---|---|---|---|---|---|---|---|---|
| K1 | 2004 | 대전 | 12 | 8 | 2 | 2 | 0 | 33 | 1 | 0 |
| | 2005 | 대전 | 5 | 6 | 0 | 0 | 0 | 6 | 0 | 0 |
| 컵 | 2004 | 대전 | 3 | 3 | 0 | 0 | 0 | 6 | 0 | 0 |
| | 2005 | 대전 | 9 | 8 | 1 | 0 | 0 | 16 | 3 | 0 |
| 통산 | | | 29 | 25 | 3 | 2 | 0 | 61 | 4 | 0 |

**에닝요**(Enio Oliveira Junior/←에니오) 브라질 1981.05.16

| 대회 | 연도 | 소속 | 출전 | 교체 | 득점 | 도움 | 실점 | 파울 | 경고 | 퇴장 |
|---|---|---|---|---|---|---|---|---|---|---|
| K1 | 2003 | 수원 | 21 | 19 | 2 | 2 | 0 | 20 | 2 | 1 |
| | 2007 | 대구 | 20 | 4 | 3 | 6 | 0 | 23 | 4 | 0 |
| | 2008 | 대구 | 19 | 10 | 8 | 6 | 0 | 17 | 4 | 0 |
| | 2009 | 전북 | 23 | 14 | 5 | 10 | 0 | 13 | 4 | 0 |
| | 2010 | 전북 | 24 | 10 | 15 | 6 | 0 | 14 | 3 | 0 |
| | 2011 | 전북 | 24 | 17 | 8 | 5 | 0 | 20 | 3 | 0 |
| | 2012 | 전북 | 38 | 17 | 15 | 13 | 0 | 34 | 11 | 0 |
| | 2013 | 전북 | 13 | 11 | 3 | 6 | 0 | 10 | 2 | 0 |
| | 2015 | 전북 | 17 | 14 | 1 | 2 | 0 | 9 | 3 | 0 |
| PO | 2009 | 전북 | 2 | 2 | 2 | 0 | 0 | 2 | 0 | 0 |
| | 2010 | 전북 | 3 | 0 | 1 | 1 | 0 | 4 | 1 | 0 |
| | 2011 | 전북 | 2 | 0 | 3 | 0 | 0 | 3 | 1 | 0 |
| 컵 | 2007 | 대구 | 8 | 3 | 1 | 2 | 0 | 11 | 3 | 0 |
| | 2008 | 대구 | 8 | 3 | 9 | 2 | 0 | 8 | 2 | 1 |
| | 2009 | 전북 | 3 | 1 | 3 | 2 | 0 | 2 | 0 | 1 |
| | 2010 | 전북 | 6 | 2 | 2 | 3 | 0 | 5 | 2 | 0 |
| 통산 | | | 231 | 127 | 81 | 66 | 0 | 195 | 45 | 3 |

**에델**(Eder Luis Carvalho) 브라질 1984.05.14

| 대회 | 연도 | 소속 | 출전 | 교체 | 득점 | 도움 | 실점 | 파울 | 경고 | 퇴장 |
|---|---|---|---|---|---|---|---|---|---|---|
| K1 | 2011 | 부산 | 11 | 0 | 1 | 0 | 0 | 18 | 1 | 0 |
| | 2012 | 부산 | 41 | 1 | 0 | 0 | 0 | 54 | 10 | 0 |
| PO | 2011 | 부산 | 1 | 0 | 0 | 0 | 0 | 2 | 0 | 0 |
| 통산 | | | 53 | 1 | 1 | 0 | 0 | 74 | 11 | 0 |

**에델**(Eder Luiz Lima de Sousa) 브라질 1987.01.09

| 대회 | 연도 | 소속 | 출전 | 교체 | 득점 | 도움 | 실점 | 파울 | 경고 | 퇴장 |
|---|---|---|---|---|---|---|---|---|---|---|
| K1 | 2017 | 전북 | 24 | 20 | 3 | 3 | 0 | 36 | 3 | 0 |
| | 2019 | 성남 | 21 | 11 | 5 | 1 | 0 | 29 | 1 | 0 |
| K2 | 2015 | 대구 | 39 | 24 | 10 | 4 | 0 | 59 | 3 | 0 |
| | 2016 | 대구 | 37 | 24 | 6 | 2 | 0 | 54 | 4 | 1 |
| | 2018 | 성남 | 28 | 15 | 7 | 2 | 0 | 53 | 5 | 0 |
| | 2020 | 제주 | 4 | 4 | 1 | 0 | 0 | 1 | 0 | 0 |
| 통산 | | | 153 | 98 | 32 | 12 | 0 | 232 | 16 | 1 |

**에두**(Eduardo Goncalves de Oliveira) 브라질 1981.11.30

| 대회 | 연도 | 소속 | 출전 | 교체 | 득점 | 도움 | 실점 | 파울 | 경고 | 퇴장 |
|---|---|---|---|---|---|---|---|---|---|---|
| K1 | 2007 | 수원 | 22 | 8 | 6 | 3 | 0 | 45 | 2 | 1 |
| | 2008 | 수원 | 25 | 5 | 12 | 5 | 0 | 36 | 4 | 0 |
| | 2009 | 수원 | 23 | 7 | 7 | 4 | 0 | 40 | 3 | 1 |
| | 2015 | 전북 | 20 | 6 | 11 | 3 | 0 | 23 | 3 | 0 |
| | 2016 | 전북 | 11 | 11 | 1 | 1 | 0 | 12 | 2 | 0 |
| | 2017 | 전북 | 31 | 28 | 13 | 2 | 0 | 37 | 3 | 0 |
| PO | 2007 | 수원 | 1 | 0 | 0 | 0 | 0 | 2 | 0 | 0 |
| | 2008 | 수원 | 2 | 0 | 1 | 0 | 0 | 7 | 0 | 0 |
| 컵 | 2007 | 수원 | 11 | 7 | 1 | 1 | 0 | 24 | 1 | 0 |
| | 2008 | 수원 | 11 | 3 | 3 | 2 | 0 | 14 | 2 | 0 |
| 통산 | | | 157 | 75 | 55 | 21 | 0 | 240 | 20 | 2 |

**에두**(Eduardo Henrique Silverio) 브라질 2002.07.19

| 대회 | 연도 | 소속 | 출전 | 교체 | 득점 | 도움 | 실점 | 파울 | 경고 | 퇴장 |
|---|---|---|---|---|---|---|---|---|---|---|
| K2 | 2025 | 안산 | 17 | 12 | 1 | 0 | 0 | 8 | 1 | 0 |
| 통산 | | | 17 | 12 | 1 | 0 | 0 | 8 | 1 | 0 |

**에두아르도**(Eduardo Jacinto de Biasi) 브라질 1997.01.09

| 대회 | 연도 | 소속 | 출전 | 교체 | 득점 | 도움 | 실점 | 파울 | 경고 | 퇴장 |
|---|---|---|---|---|---|---|---|---|---|---|
| K1 | 2025 | 안양 | 18 | 15 | 0 | 0 | 0 | 25 | 2 | 0 |
| 통산 | | | 18 | 15 | 0 | 0 | 0 | 25 | 2 | 0 |

**에듀**(Eduardo J. Salles) 브라질 1977.12.13

| 대회 | 연도 | 소속 | 출전 | 교체 | 득점 | 도움 | 실점 | 파울 | 경고 | 퇴장 |
|---|---|---|---|---|---|---|---|---|---|---|
| K1 | 2004 | 전북 | 18 | 17 | 4 | 1 | 0 | 27 | 2 | 0 |
| 컵 | 2004 | 전북 | 3 | 2 | 0 | 0 | 0 | 7 | 0 | 0 |
| 통산 | | | 21 | 19 | 4 | 1 | 0 | 34 | 2 | 0 |

**에듀**(Eduardo Marques de Jesus Passos) 브라질 1976.06.26

| 대회 | 연도 | 소속 | 출전 | 교체 | 득점 | 도움 | 실점 | 파울 | 경고 | 퇴장 |
|---|---|---|---|---|---|---|---|---|---|---|
| K1 | 2006 | 대구 | 24 | 14 | 3 | 1 | 0 | 55 | 5 | 0 |
| 컵 | 2006 | 대구 | 4 | 1 | 0 | 0 | 0 | 6 | 0 | 0 |
| 통산 | | | 28 | 15 | 3 | 1 | 0 | 61 | 5 | 0 |

**에드가** (Edgar Bruno da Silva) 브라질 1987.01.03

| 대회 | 연도 | 소속 | 출전 | 교체 | 득점 | 도움 | 실점 | 파울 | 경고 | 퇴장 |
|---|---|---|---|---|---|---|---|---|---|---|
| K1 | 2018 | 대구 | 18 | 2 | 8 | 3 | 0 | 32 | 3 | 0 |
| | 2019 | 대구 | 24 | 7 | 11 | 4 | 0 | 52 | 4 | 0 |
| | 2020 | 대구 | 16 | 6 | 5 | 3 | 0 | 28 | 3 | 0 |
| | 2021 | 대구 | 32 | 12 | 10 | 5 | 0 | 59 | 5 | 0 |
| | 2022 | 대구 | 5 | 3 | 1 | 0 | 0 | 13 | 1 | 0 |
| | 2023 | 대구 | 34 | 13 | 9 | 3 | 0 | 49 | 4 | 1 |
| | 2024 | 대구 | 30 | 25 | 5 | 1 | 0 | 19 | 1 | 0 |
| | 2025 | 대구 | 31 | 26 | 6 | 2 | 0 | 28 | 4 | 0 |
| PO | 2024 | 대구 | 2 | 1 | 1 | 0 | 0 | 3 | 2 | 0 |
| 통산 | | | 192 | 95 | 56 | 21 | 0 | 283 | 27 | 1 |

**에드밀손**(Edmilson Dias de Lucena) 포르투갈 1968.05.29

| 대회 | 연도 | 소속 | 출전 | 교체 | 득점 | 도움 | 실점 | 파울 | 경고 | 퇴장 |
|---|---|---|---|---|---|---|---|---|---|---|
| K1 | 2002 | 전북 | 27 | 9 | 14 | 3 | 0 | 36 | 2 | 0 |
| | 2003 | 전북 | 39 | 4 | 17 | 14 | 0 | 59 | 7 | 1 |
| | 2004 | 전북 | 1 | 1 | 0 | 0 | 0 | 0 | 0 | 0 |
| | 2005 | 전북 | 3 | 3 | 0 | 0 | 0 | 0 | 0 | 0 |
| 통산 | | | 70 | 17 | 31 | 17 | 0 | 95 | 9 | 1 |

**에드손**(Edson Araujo da Silva) 브라질 1980.07.26

| 대회 | 연도 | 소속 | 출전 | 교체 | 득점 | 도움 | 실점 | 파울 | 경고 | 퇴장 |
|---|---|---|---|---|---|---|---|---|---|---|
| K1 | 2008 | 대전 | 8 | 4 | 0 | 1 | 0 | 17 | 2 | 0 |
| 컵 | 2008 | 대전 | 2 | 1 | 0 | 0 | 0 | 5 | 0 | 0 |
| 통산 | | | 10 | 5 | 0 | 1 | 0 | 22 | 2 | 0 |

**에드손**(Edson Rodrigues Farias) 브라질 1992.01.12

| 대회 | 연도 | 소속 | 출전 | 교체 | 득점 | 도움 | 실점 | 파울 | 경고 | 퇴장 |
|---|---|---|---|---|---|---|---|---|---|---|
| K2 | 2016 | 부천 | 4 | 4 | 0 | 0 | 0 | 3 | 0 | 0 |
| 통산 | | | 4 | 4 | 0 | 0 | 0 | 3 | 0 | 0 |

**에드워즈**(Ryan Marc Edwards) 오스트레일리아 1993.11.17

| 대회 | 연도 | 소속 | 출전 | 교체 | 득점 | 도움 | 실점 | 파울 | 경고 | 퇴장 |
|---|---|---|---|---|---|---|---|---|---|---|
| K2 | 2021 | 부산 | 16 | 4 | 0 | 1 | 0 | 24 | 6 | 0 |
| | 2022 | 부산 | 34 | 19 | 0 | 3 | 0 | 29 | 5 | 0 |
| 통산 | | | 50 | 23 | 0 | 4 | 0 | 53 | 11 | 0 |

**에디**(Edmilson Akves) 브라질 1976.02.17

| 대회 | 연도 | 소속 | 출전 | 교체 | 득점 | 도움 | 실점 | 파울 | 경고 | 퇴장 |
|---|---|---|---|---|---|---|---|---|---|---|
| K1 | 2002 | 울산 | 19 | 4 | 4 | 0 | 0 | 27 | 3 | 0 |
| | 2003 | 울산 | 22 | 16 | 0 | 0 | 0 | 20 | 0 | 0 |
| 통산 | | | 41 | 20 | 4 | 0 | 0 | 47 | 3 | 0 |

**에디뉴**(Franciscoedson Moreiradasilva) 브라질 1994.08.08

| 대회 | 연도 | 소속 | 출전 | 교체 | 득점 | 도움 | 실점 | 파울 | 경고 | 퇴장 |
|---|---|---|---|---|---|---|---|---|---|---|

| 대회 | 연도 | 소속 | 출전 | 교체 | 득점 | 도움 | 실점 | 파울 | 경고 | 퇴장 |
|---|---|---|---|---|---|---|---|---|---|---|
| K2 | 2020 | 대전 | 14 | 11 | 4 | 1 | 0 | 9 | 1 | 0 |
| | 2021 | 대전 | 10 | 7 | 2 | 0 | 0 | 5 | 0 | 0 |
| PO | 2020 | 대전 | 1 | 1 | 1 | 0 | 0 | 0 | 0 | 0 |
| 통산 | | | 25 | 19 | 7 | 1 | 0 | 14 | 1 | 0 |

**에딘**(Edin Junuzovic) 크로아티아 1986.04.28

| 대회 | 연도 | 소속 | 출전 | 교체 | 득점 | 도움 | 실점 | 파울 | 경고 | 퇴장 |
|---|---|---|---|---|---|---|---|---|---|---|
| K1 | 2014 | 경남 | 15 | 14 | 2 | 0 | 0 | 26 | 1 | 0 |
| 통산 | | | 15 | 14 | 2 | 0 | 0 | 26 | 1 | 0 |

**에레라**(Herrera Fernandez Ignacio Jose) 칠레 1987.10.14

| 대회 | 연도 | 소속 | 출전 | 교체 | 득점 | 도움 | 실점 | 파울 | 경고 | 퇴장 |
|---|---|---|---|---|---|---|---|---|---|---|
| K2 | 2018 | 서울E | 11 | 10 | 1 | 0 | 0 | 5 | 1 | 0 |
| 통산 | | | 11 | 10 | 1 | 0 | 0 | 5 | 1 | 0 |

**에르난데스**(Hernandes Rodrigues da Silva) 브라질 1999.09.02

| 대회 | 연도 | 소속 | 출전 | 교체 | 득점 | 도움 | 실점 | 파울 | 경고 | 퇴장 |
|---|---|---|---|---|---|---|---|---|---|---|
| K1 | 2022 | 인천 | 8 | 5 | 4 | 4 | 0 | 2 | 2 | 0 |
| | 2023 | 인천 | 33 | 19 | 6 | 5 | 0 | 20 | 4 | 0 |
| | 2024 | 전북 | 14 | 13 | 2 | 2 | 0 | 4 | 1 | 0 |
| | 2025 | 대전 | 15 | 16 | 4 | 3 | 0 | 9 | 1 | 0 |
| | 2025 | 전북 | 3 | 3 | 0 | 0 | 0 | 2 | 1 | 0 |
| K2 | 2020 | 전남 | 16 | 13 | 3 | 3 | 0 | 10 | 0 | 0 |
| | 2021 | 경남 | 27 | 21 | 10 | 1 | 0 | 18 | 1 | 0 |
| | 2022 | 경남 | 20 | 7 | 8 | 4 | 0 | 16 | 4 | 1 |
| 통산 | | | 136 | 97 | 37 | 22 | 0 | 81 | 14 | 1 |

**에리키**(Erikys da Silva Ferreira) 브라질 1995.05.15

| 대회 | 연도 | 소속 | 출전 | 교체 | 득점 | 도움 | 실점 | 파울 | 경고 | 퇴장 |
|---|---|---|---|---|---|---|---|---|---|---|
| K2 | 2024 | 천안 | 5 | 5 | 1 | 1 | 0 | 5 | 1 | 0 |
| 통산 | | | 5 | 5 | 1 | 1 | 0 | 5 | 1 | 0 |

**에릭**(Eriks Pelcis) 라트비아 1978.06.25

| 대회 | 연도 | 소속 | 출전 | 교체 | 득점 | 도움 | 실점 | 파울 | 경고 | 퇴장 |
|---|---|---|---|---|---|---|---|---|---|---|
| K1 | 1999 | 안양LG | 14 | 14 | 2 | 0 | 0 | 16 | 1 | 0 |
| | 2000 | 안양LG | 1 | 1 | 0 | 0 | 0 | 1 | 0 | 0 |
| 컵 | 1999 | 안양LG | 8 | 1 | 2 | 0 | 0 | 16 | 0 | 0 |
| 통산 | | | 23 | 16 | 4 | 0 | 0 | 33 | 1 | 0 |

**에릭**(Eric Obinna) 프랑스 1981.06.10

| 대회 | 연도 | 소속 | 출전 | 교체 | 득점 | 도움 | 실점 | 파울 | 경고 | 퇴장 |
|---|---|---|---|---|---|---|---|---|---|---|
| K1 | 2008 | 대전 | 14 | 12 | 2 | 0 | 0 | 15 | 0 | 0 |
| 컵 | 2008 | 대전 | 4 | 3 | 0 | 0 | 0 | 6 | 0 | 0 |
| 통산 | | | 18 | 15 | 2 | 0 | 0 | 21 | 0 | 0 |

**에릭**(Erick Samuel Corrêa Farias) 브라질 1997.01.03

| 대회 | 연도 | 소속 | 출전 | 교체 | 득점 | 도움 | 실점 | 파울 | 경고 | 퇴장 |
|---|---|---|---|---|---|---|---|---|---|---|
| K1 | 2025 | 울산 | 28 | 18 | 10 | 0 | 0 | 14 | 3 | 0 |
| 통산 | | | 28 | 18 | 10 | 0 | 0 | 14 | 3 | 0 |

**에반드로**(Evandro Silva do Nascimento) 브라질 1987.09.26

| 대회 | 연도 | 소속 | 출전 | 교체 | 득점 | 도움 | 실점 | 파울 | 경고 | 퇴장 |
|---|---|---|---|---|---|---|---|---|---|---|
| K1 | 2017 | 대구 | 29 | 6 | 11 | 2 | 0 | 53 | 5 | 0 |
| | 2018 | 서울 | 30 | 23 | 3 | 2 | 0 | 35 | 1 | 0 |
| PO | 2018 | 서울 | 2 | 2 | 0 | 0 | 0 | 1 | 0 | 0 |
| 통산 | | | 61 | 31 | 14 | 4 | 0 | 89 | 6 | 0 |

**에반드로**(Evandro da Silva) 브라질 1997.01.14

| 대회 | 연도 | 소속 | 출전 | 교체 | 득점 | 도움 | 실점 | 파울 | 경고 | 퇴장 |
|---|---|---|---|---|---|---|---|---|---|---|
| K1 | 2025 | 제주 | 5 | 5 | 0 | 0 | 0 | 7 | 0 | 0 |
| 통산 | | | 5 | 5 | 0 | 0 | 0 | 7 | 0 | 0 |

**에벨찡요**(Heverton Duraes Coutinho Alves) 브라질 1985.10.28

| 대회 | 연도 | 소속 | 출전 | 교체 | 득점 | 도움 | 실점 | 파울 | 경고 | 퇴장 |
|---|---|---|---|---|---|---|---|---|---|---|
| K1 | 2011 | 성남일화 | 12 | 5 | 6 | 2 | 0 | 22 | 2 | 0 |
| | 2012 | 성남일화 | 18 | 12 | 1 | 1 | 0 | 27 | 5 | 0 |
| 통산 | | | 30 | 17 | 7 | 3 | 0 | 49 | 7 | 0 |

**에벨톤** (Everton Leandro dos Santos Pinto) 브라질 1986.10.14

| 대회 | 연도 | 소속 | 출전 | 교체 | 득점 | 도움 | 실점 | 파울 | 경고 | 퇴장 |
|---|---|---|---|---|---|---|---|---|---|---|
| K1 | 2011 | 성남일화 | 25 | 9 | 5 | 1 | 0 | 28 | 3 | 0 |
| | 2012 | 성남일화 | 36 | 7 | 12 | 2 | 0 | 51 | 2 | 0 |
| | 2014 | 서울 | 16 | 7 | 3 | 1 | 0 | 22 | 0 | 0 |
| | 2015 | 서울 | 16 | 14 | 4 | 0 | 0 | 4 | 0 | 0 |
| | 2015 | 울산 | 8 | 8 | 0 | 0 | 0 | 4 | 0 | 0 |
| 컵 | 2011 | 성남일화 | 3 | 2 | 0 | 0 | 0 | 3 | 0 | 0 |
| 통산 | | | 104 | 47 | 24 | 4 | 0 | 112 | 5 | 0 |

**에벨톤** (Everton Nascimento de Mendonca) 브라질 1993.07.03

| 대회 | 연도 | 소속 | 출전 | 교체 | 득점 | 도움 | 실점 | 파울 | 경고 | 퇴장 |
|---|---|---|---|---|---|---|---|---|---|---|
| K2 | 2016 | 부천 | 2 | 2 | 1 | 0 | 0 | 0 | 0 | 0 |
| 통산 | | | 2 | 2 | 1 | 0 | 0 | 0 | 0 | 0 |

**에벨톤C** (Everton Cardoso da Silva) 브라질 1988.12.11

| 대회 | 연도 | 소속 | 출전 | 교체 | 득점 | 도움 | 실점 | 파울 | 경고 | 퇴장 |
|---|---|---|---|---|---|---|---|---|---|---|
| K1 | 2012 | 수원 | 29 | 18 | 7 | 4 | 0 | 55 | 6 | 0 |
| 통산 | | | 29 | 18 | 7 | 4 | 0 | 55 | 6 | 0 |

**에스쿠데로**(Sergio Ariel Escudero) 일본 1988.09.01

| 대회 | 연도 | 소속 | 출전 | 교체 | 득점 | 도움 | 실점 | 파울 | 경고 | 퇴장 |
|---|---|---|---|---|---|---|---|---|---|---|
| K1 | 2012 | 서울 | 20 | 18 | 4 | 3 | 0 | 48 | 1 | 0 |
| | 2013 | 서울 | 34 | 23 | 4 | 7 | 0 | 56 | 2 | 0 |
| | 2014 | 서울 | 32 | 20 | 6 | 4 | 0 | 42 | 2 | 0 |
| | 2018 | 울산 | 14 | 12 | 3 | 1 | 0 | 11 | 0 | 1 |
| 통산 | | | 100 | 73 | 17 | 15 | 0 | 157 | 5 | 1 |

**에스테베즈**(Ricardo Felipe dos Santos Esteves) 포르투갈 1979

| 대회 | 연도 | 소속 | 출전 | 교체 | 득점 | 도움 | 실점 | 파울 | 경고 | 퇴장 |
|---|---|---|---|---|---|---|---|---|---|---|
| K1 | 2010 | 서울 | 11 | 3 | 4 | 4 | 0 | 23 | 2 | 0 |
| 컵 | 2010 | 서울 | 3 | 1 | 0 | 1 | 0 | 7 | 2 | 0 |
| 통산 | | | 14 | 4 | 4 | 5 | 0 | 30 | 4 | 0 |

**에스티벤**(Juan Estiven Velez Upegui) 콜롬비아 1982.02.09

| 대회 | 연도 | 소속 | 출전 | 교체 | 득점 | 도움 | 실점 | 파울 | 경고 | 퇴장 |
|---|---|---|---|---|---|---|---|---|---|---|
| K1 | 2010 | 울산 | 26 | 8 | 1 | 1 | 0 | 27 | 2 | 0 |
| | 2011 | 울산 | 25 | 9 | 0 | 0 | 0 | 41 | 4 | 0 |
| | 2012 | 울산 | 39 | 13 | 0 | 0 | 0 | 42 | 3 | 0 |
| | 2014 | 제주 | 12 | 8 | 0 | 0 | 0 | 11 | 0 | 0 |
| PO | 2010 | 울산 | 1 | 1 | 0 | 0 | 0 | 0 | 0 | 0 |
| | 2011 | 울산 | 5 | 1 | 0 | 0 | 0 | 8 | 1 | 0 |
| 컵 | 2010 | 울산 | 5 | 1 | 0 | 0 | 0 | 5 | 0 | 0 |
| | 2011 | 울산 | 5 | 2 | 0 | 0 | 0 | 4 | 1 | 0 |
| 통산 | | | 118 | 43 | 1 | 1 | 0 | 138 | 11 | 0 |

**에울레르**(Elosman Euller Silva Cavalcanti) 브라질 1995.01.04

| 대회 | 연도 | 소속 | 출전 | 교체 | 득점 | 도움 | 실점 | 파울 | 경고 | 퇴장 |
|---|---|---|---|---|---|---|---|---|---|---|
| K2 | 2025 | 서울E | 37 | 30 | 12 | 11 | 0 | 44 | 9 | 0 |
| PO | 2025 | 서울E | 1 | 1 | 0 | 0 | 0 | 0 | 0 | 0 |
| 통산 | | | 38 | 31 | 12 | 11 | 0 | 44 | 9 | 0 |

**엔리끼**(Luciano Henrique de Gouvea) 브라질 1978.10.10

| 대회 | 연도 | 소속 | 출전 | 교체 | 득점 | 도움 | 실점 | 파울 | 경고 | 퇴장 |
|---|---|---|---|---|---|---|---|---|---|---|
| K1 | 2006 | 포항 | 18 | 14 | 2 | 3 | 0 | 21 | 1 | 0 |
| 컵 | 2006 | 포항 | 11 | 5 | 5 | 3 | 0 | 12 | 2 | 0 |
| 통산 | | | 29 | 19 | 7 | 6 | 0 | 33 | 3 | 0 |

**엔조**(Maidana Enzo Damian) 아르헨티나 1988.01.13

| 대회 | 연도 | 소속 | 출전 | 교체 | 득점 | 도움 | 실점 | 파울 | 경고 | 퇴장 |
|---|---|---|---|---|---|---|---|---|---|---|
| K1 | 2017 | 인천 | 6 | 6 | 1 | 0 | 0 | 5 | 1 | 0 |
| 통산 | | | 6 | 6 | 1 | 0 | 0 | 5 | 1 | 0 |

**엘리아르도**(Heliardo Vieira da Silva) 브라질 1991.12.14

| 대회 | 연도 | 소속 | 출전 | 교체 | 득점 | 도움 | 실점 | 파울 | 경고 | 퇴장 |
|---|---|---|---|---|---|---|---|---|---|---|
| K2 | 2022 | 경남 | 10 | 11 | 0 | 1 | 0 | 6 | 0 | 0 |
| 통산 | | | 10 | 11 | 0 | 1 | 0 | 6 | 0 | 0 |

**엘리아스**(Fernandes de Oliveira Elias) 브라질 1992.05.22

| 대회 | 연도 | 소속 | 출전 | 교체 | 득점 | 도움 | 실점 | 파울 | 경고 | 퇴장 |
|---|---|---|---|---|---|---|---|---|---|---|
| K1 | 2015 | 부산 | 8 | 8 | 0 | 0 | 0 | 3 | 1 | 0 |
| PO | 2015 | 부산 | 0 | 0 | 0 | 0 | 0 | 0 | 0 | 0 |
| 통산 | | | 8 | 8 | 0 | 0 | 0 | 3 | 1 | 0 |

**엘리오**(Eionar Nascimento Ribeiro) 브라질 1982.06.10

| 대회 | 연도 | 소속 | 출전 | 교체 | 득점 | 도움 | 실점 | 파울 | 경고 | 퇴장 |
|---|---|---|---|---|---|---|---|---|---|---|
| K1 | 2011 | 인천 | 6 | 4 | 1 | 0 | 0 | 7 | 0 | 0 |
| 통산 | | | 6 | 4 | 1 | 0 | 0 | 7 | 0 | 0 |

**엘리오**(Helio Cunha Borges) 브라질 2000.05.15

| 대회 | 연도 | 소속 | 출전 | 교체 | 득점 | 도움 | 실점 | 파울 | 경고 | 퇴장 |
|---|---|---|---|---|---|---|---|---|---|---|
| K2 | 2024 | 경남 | 4 | 4 | 0 | 0 | 0 | 2 | 0 | 0 |
| 통산 | | | 4 | 4 | 0 | 0 | 0 | 2 | 0 | 0 |

**엘리치**(Ahmad Elrich) 오스트레일리아 1981.05.30

| 대회 | 연도 | 소속 | 출전 | 교체 | 득점 | 도움 | 실점 | 파울 | 경고 | 퇴장 |
|---|---|---|---|---|---|---|---|---|---|---|
| K1 | 2004 | 부산 | 10 | 3 | 1 | 3 | 0 | 24 | 4 | 0 |
| 통산 | | | 10 | 3 | 1 | 3 | 0 | 24 | 4 | 0 |

**여름**(呂름) 광주대 1989.06.22

| 대회 | 연도 | 소속 | 출전 | 교체 | 득점 | 도움 | 실점 | 파울 | 경고 | 퇴장 |
|---|---|---|---|---|---|---|---|---|---|---|
| K1 | 2015 | 광주 | 31 | 8 | 1 | 2 | 0 | 48 | 6 | 0 |
| | 2016 | 광주 | 30 | 8 | 2 | 0 | 0 | 40 | 5 | 0 |
| | 2017 | 상주 | 24 | 9 | 1 | 1 | 0 | 41 | 8 | 1 |
| | 2018 | 상주 | 11 | 3 | 0 | 1 | 0 | 19 | 0 | 0 |
| | 2020 | 광주 | 25 | 1 | 0 | 0 | 0 | 37 | 3 | 0 |
| | 2021 | 서울 | 12 | 9 | 0 | 0 | 0 | 9 | 1 | 0 |
| | 2021 | 제주 | 10 | 8 | 0 | 0 | 0 | 18 | 3 | 0 |
| | 2022 | 인천 | 14 | 10 | 0 | 0 | 0 | 19 | 1 | 0 |
| | 2023 | 인천 | 2 | 2 | 0 | 0 | 0 | 0 | 0 | 0 |
| K2 | 2013 | 광주 | 29 | 22 | 2 | 1 | 0 | 50 | 8 | 0 |
| | 2014 | 광주 | 25 | 10 | 0 | 2 | 0 | 41 | 4 | 0 |
| | 2018 | 광주 | 8 | 7 | 1 | 1 | 0 | 13 | 0 | 0 |
| | 2019 | 광주 | 29 | 12 | 3 | 3 | 0 | 22 | 2 | 0 |
| | 2023 | 부산 | 14 | 13 | 0 | 0 | 0 | 11 | 0 | 0 |
| PO | 2014 | 광주 | 4 | 1 | 0 | 2 | 0 | 7 | 1 | 0 |
| | 2017 | 상주 | 2 | 0 | 1 | 0 | 0 | 2 | 0 | 0 |
| | 2018 | 광주 | 1 | 1 | 0 | 0 | 0 | 2 | 0 | 0 |
| | 2023 | 부산 | 2 | 2 | 0 | 0 | 0 | 0 | 0 | 0 |
| 통산 | | | 273 | 126 | 11 | 13 | 0 | 379 | 42 | 1 |

**여명용**(呂明龍) 한양대 1987.06.11

| 대회 | 연도 | 소속 | 출전 | 교체 | 득점 | 도움 | 실점 | 파울 | 경고 | 퇴장 |
|---|---|---|---|---|---|---|---|---|---|---|
| K2 | 2013 | 고양 | 23 | 1 | 0 | 0 | 35 | 1 | 1 | 0 |
| | 2014 | 고양 | 20 | 1 | 0 | 0 | 22 | 0 | 4 | 0 |
| | 2015 | 고양 | 22 | 0 | 0 | 0 | 33 | 0 | 3 | 0 |
| 통산 | | | 65 | 2 | 0 | 0 | 90 | 1 | 8 | 0 |

**여범규**(余範奎) 연세대 1962.06.24

| 대회 | 연도 | 소속 | 출전 | 교체 | 득점 | 도움 | 실점 | 파울 | 경고 | 퇴장 |
|---|---|---|---|---|---|---|---|---|---|---|
| K1 | 1986 | 대우 | 13 | 1 | 0 | 1 | 0 | 19 | 4 | 0 |
| | 1987 | 대우 | 27 | 11 | 3 | 0 | 0 | 25 | 0 | 0 |
| | 1988 | 대우 | 12 | 5 | 1 | 0 | 0 | 16 | 0 | 0 |
| | 1989 | 대우 | 38 | 15 | 4 | 3 | 0 | 69 | 1 | 0 |
| | 1990 | 대우 | 10 | 7 | 1 | 0 | 0 | 18 | 3 | 0 |
| | 1991 | 대우 | 16 | 14 | 1 | 0 | 0 | 24 | 3 | 0 |
| | 1992 | 대우 | 8 | 5 | 0 | 0 | 0 | 11 | 1 | 0 |
| 컵 | 1986 | 대우 | 14 | 0 | 1 | 4 | 0 | 11 | 1 | 0 |
| | 1992 | 대우 | 3 | 3 | 0 | 0 | 0 | 2 | 0 | 0 |
| 통산 | | | 141 | 61 | 11 | 8 | 0 | 195 | 13 | 0 |

**여봉훈**(余奉訓) 안동고 1994.03.12

| 대회 | 연도 | 소속 | 출전 | 교체 | 득점 | 도움 | 실점 | 파울 | 경고 | 퇴장 |
|---|---|---|---|---|---|---|---|---|---|---|
| K1 | 2017 | 광주 | 31 | 11 | 1 | 1 | 0 | 62 | 8 | 0 |
| | 2020 | 광주 | 14 | 9 | 0 | 0 | 0 | 15 | 0 | 1 |
| | 2021 | 광주 | 21 | 17 | 1 | 0 | 0 | 18 | 3 | 0 |
| | 2024 | 광주 | 0 | 0 | 0 | 0 | 0 | 0 | 0 | 0 |
| K2 | 2018 | 광주 | 26 | 12 | 0 | 1 | 0 | 46 | 7 | 0 |
| | 2019 | 광주 | 23 | 8 | 1 | 1 | 0 | 43 | 7 | 0 |
| | 2025 | 충북청주 | 3 | 3 | 0 | 0 | 0 | 5 | 2 | 0 |
| 통산 | | | 118 | 60 | 3 | 3 | 0 | 189 | 27 | 1 |

**여성해**(呂成海) 한양대 1987.08.06

| 대회 | 연도 | 소속 | 출전 | 교체 | 득점 | 도움 | 실점 | 파울 | 경고 | 퇴장 |
|---|---|---|---|---|---|---|---|---|---|---|
| K1 | 2014 | 경남 | 20 | 3 | 1 | 0 | 0 | 28 | 3 | 0 |

| 대회 | 연도 | 소속 | 출전 | 교체 | 득점 | 도움 | 실점 | 파울 | 경고 | 퇴장 |
|---|---|---|---|---|---|---|---|---|---|---|
| | 2016 | 상주 | 4 | 0 | 0 | 0 | 0 | 2 | 0 | 0 |
| | 2018 | 경남 | 13 | 0 | 0 | 0 | 0 | 11 | 2 | 0 |
| | 2019 | 인천 | 12 | 0 | 0 | 1 | 0 | 8 | 1 | 0 |
| | 2019 | 경남 | 11 | 2 | 0 | 0 | 0 | 10 | 2 | 0 |
| K2 | 2015 | 상주 | 19 | 2 | 2 | 0 | 0 | 27 | 2 | 0 |
| | 2016 | 경남 | 8 | 0 | 0 | 0 | 0 | 12 | 0 | 0 |
| PO | 2014 | 경남 | 1 | 0 | 0 | 0 | 0 | 3 | 1 | 0 |
| 통산 | | | 88 | 7 | 3 | 1 | 0 | 101 | 11 | 0 |

**여승원**(呂承垣) 광운대 1984.05.01

| 대회 | 연도 | 소속 | 출전 | 교체 | 득점 | 도움 | 실점 | 파울 | 경고 | 퇴장 |
|---|---|---|---|---|---|---|---|---|---|---|
| K1 | 2004 | 인천 | 8 | 3 | 1 | 0 | 0 | 20 | 0 | 0 |
| | 2005 | 인천 | 1 | 1 | 0 | 0 | 0 | 1 | 0 | 0 |
| | 2006 | 광주상무 | 13 | 9 | 1 | 2 | 0 | 25 | 3 | 0 |
| | 2007 | 광주상무 | 20 | 17 | 0 | 1 | 0 | 34 | 4 | 0 |
| | 2008 | 인천 | 7 | 7 | 0 | 0 | 0 | 3 | 0 | 0 |
| | 2010 | 수원 | 5 | 4 | 0 | 0 | 0 | 3 | 0 | 0 |
| 컵 | 2004 | 인천 | 1 | 1 | 0 | 0 | 0 | 0 | 0 | 0 |
| | 2005 | 인천 | 3 | 3 | 0 | 0 | 0 | 4 | 0 | 0 |
| | 2006 | 광주상무 | 8 | 7 | 1 | 0 | 0 | 7 | 1 | 0 |
| | 2007 | 광주상무 | 7 | 4 | 2 | 0 | 0 | 14 | 0 | 0 |
| | 2008 | 인천 | 5 | 3 | 0 | 0 | 0 | 9 | 2 | 0 |
| 통산 | | | 78 | 59 | 5 | 3 | 0 | 120 | 10 | 0 |

**여승원**(余承原) 명지대 2000.05.05

| 대회 | 연도 | 소속 | 출전 | 교체 | 득점 | 도움 | 실점 | 파울 | 경고 | 퇴장 |
|---|---|---|---|---|---|---|---|---|---|---|
| K2 | 2022 | 전남 | 13 | 10 | 0 | 0 | 0 | 10 | 2 | 0 |
| | 2023 | 전남 | 12 | 5 | 2 | 0 | 0 | 12 | 2 | 0 |
| | 2024 | 전남 | 13 | 10 | 0 | 0 | 0 | 6 | 2 | 0 |
| | 2025 | 충북청주 | 14 | 8 | 2 | 3 | 0 | 9 | 4 | 0 |
| 통산 | | | 52 | 33 | 4 | 3 | 0 | 37 | 10 | 0 |

**여인언**(呂仁言) 한남대 1992.04.29

| 대회 | 연도 | 소속 | 출전 | 교체 | 득점 | 도움 | 실점 | 파울 | 경고 | 퇴장 |
|---|---|---|---|---|---|---|---|---|---|---|
| K1 | 2016 | 수원FC | 0 | 0 | 0 | 0 | 0 | 0 | 0 | 0 |
| 통산 | | | 0 | 0 | 0 | 0 | 0 | 0 | 0 | 0 |

**여재항**(余在恒) 서울시립대 1962.06.28

| 대회 | 연도 | 소속 | 출전 | 교체 | 득점 | 도움 | 실점 | 파울 | 경고 | 퇴장 |
|---|---|---|---|---|---|---|---|---|---|---|
| K1 | 1985 | 상무 | 2 | 0 | 0 | 0 | 0 | 3 | 0 | 0 |
| 통산 | | | 2 | 0 | 0 | 0 | 0 | 3 | 0 | 0 |

**여현준**(呂賢俊) 충남아산 U18 2005.05.13

| 대회 | 연도 | 소속 | 출전 | 교체 | 득점 | 도움 | 실점 | 파울 | 경고 | 퇴장 |
|---|---|---|---|---|---|---|---|---|---|---|
| K2 | 2025 | 충남아산 | 1 | 1 | 0 | 0 | 0 | 0 | 0 | 0 |
| 통산 | | | 1 | 1 | 0 | 0 | 0 | 0 | 0 | 0 |

**여홍규**(呂弘圭) 순복음총회신학교 2002.05.25

| 대회 | 연도 | 소속 | 출전 | 교체 | 득점 | 도움 | 실점 | 파울 | 경고 | 퇴장 |
|---|---|---|---|---|---|---|---|---|---|---|
| K1 | 2024 | 제주 | 11 | 11 | 2 | 0 | 0 | 16 | 2 | 0 |
| K2 | 2025 | 화성 | 12 | 12 | 0 | 0 | 0 | 10 | 3 | 0 |
| 통산 | | | 23 | 23 | 2 | 0 | 0 | 26 | 5 | 0 |

**여효진**(余孝珍) 고려대 1983.04.25

| 대회 | 연도 | 소속 | 출전 | 교체 | 득점 | 도움 | 실점 | 파울 | 경고 | 퇴장 |
|---|---|---|---|---|---|---|---|---|---|---|
| K1 | 2007 | 광주상무 | 19 | 3 | 2 | 1 | 0 | 39 | 6 | 0 |
| | 2008 | 광주상무 | 2 | 2 | 0 | 0 | 0 | 3 | 0 | 0 |
| | 2011 | 서울 | 9 | 2 | 0 | 1 | 0 | 22 | 5 | 0 |
| | 2012 | 부산 | 0 | 0 | 0 | 0 | 0 | 0 | 0 | 0 |
| K2 | 2013 | 고양 | 14 | 6 | 0 | 0 | 0 | 19 | 2 | 0 |
| | 2014 | 고양 | 30 | 5 | 1 | 1 | 0 | 54 | 12 | 0 |
| | 2015 | 고양 | 27 | 1 | 0 | 0 | 0 | 31 | 6 | 0 |
| 컵 | 2007 | 광주상무 | 8 | 3 | 0 | 0 | 0 | 16 | 1 | 0 |
| | 2008 | 광주상무 | 2 | 1 | 0 | 0 | 0 | 0 | 1 | 0 |
| 통산 | | | 111 | 23 | 3 | 3 | 0 | 184 | 33 | 0 |

**연응빈**(延應彬) 충남기계공고 2003.04.10

| 대회 | 연도 | 소속 | 출전 | 교체 | 득점 | 도움 | 실점 | 파울 | 경고 | 퇴장 |
|---|---|---|---|---|---|---|---|---|---|---|
| K2 | 2025 | 김포 | 3 | 3 | 0 | 0 | 0 | 0 | 0 | 0 |
| 통산 | | | 3 | 3 | 0 | 0 | 0 | 0 | 0 | 0 |

**연재천**(延才千) 울산대 1978.01.17

| 대회 | 연도 | 소속 | 출전 | 교체 | 득점 | 도움 | 실점 | 파울 | 경고 | 퇴장 |
|---|---|---|---|---|---|---|---|---|---|---|
| K1 | 2000 | 울산 | 2 | 1 | 0 | 0 | 0 | 3 | 0 | 0 |
| | 2001 | 울산 | 2 | 1 | 0 | 0 | 0 | 3 | 0 | 0 |
| | 2003 | 광주상무 | 1 | 1 | 0 | 0 | 0 | 1 | 0 | 0 |
| 컵 | 2000 | 울산 | 0 | 0 | 0 | 0 | 0 | 0 | 0 | 0 |
| 통산 | | | 5 | 3 | 0 | 0 | 0 | 7 | 0 | 0 |

**연제민**(延濟民) 한남대 1993.05.28

| 대회 | 연도 | 소속 | 출전 | 교체 | 득점 | 도움 | 실점 | 파울 | 경고 | 퇴장 |
|---|---|---|---|---|---|---|---|---|---|---|
| K1 | 2013 | 수원 | 4 | 4 | 0 | 0 | 0 | 2 | 0 | 0 |
| | 2014 | 수원 | 0 | 0 | 0 | 0 | 0 | 0 | 0 | 0 |
| | 2014 | 부산 | 20 | 0 | 0 | 0 | 0 | 28 | 2 | 0 |
| | 2015 | 수원 | 22 | 7 | 0 | 0 | 0 | 23 | 1 | 0 |
| | 2016 | 수원 | 10 | 5 | 1 | 0 | 0 | 10 | 2 | 0 |
| | 2017 | 전남 | 7 | 2 | 0 | 0 | 0 | 7 | 1 | 0 |
| K2 | 2018 | 부산 | 3 | 3 | 0 | 0 | 0 | 0 | 0 | 0 |
| | 2020 | 안산 | 13 | 2 | 0 | 0 | 0 | 20 | 4 | 0 |
| | 2021 | 안산 | 33 | 3 | 0 | 0 | 0 | 22 | 9 | 0 |
| | 2022 | 안양 | 15 | 8 | 0 | 0 | 0 | 18 | 1 | 0 |
| | 2023 | 안양 | 5 | 4 | 0 | 0 | 0 | 4 | 1 | 0 |
| | 2025 | 화성 | 18 | 11 | 0 | 0 | 0 | 12 | 2 | 1 |
| PO | 2022 | 안양 | 1 | 1 | 0 | 0 | 0 | 0 | 0 | 0 |
| 통산 | | | 151 | 50 | 1 | 0 | 0 | 146 | 23 | 1 |

**연제운**(延濟運) 선문대 1994.08.28

| 대회 | 연도 | 소속 | 출전 | 교체 | 득점 | 도움 | 실점 | 파울 | 경고 | 퇴장 |
|---|---|---|---|---|---|---|---|---|---|---|
| K1 | 2016 | 성남 | 16 | 5 | 1 | 0 | 0 | 16 | 4 | 0 |
| | 2019 | 성남 | 38 | 1 | 0 | 0 | 0 | 24 | 0 | 0 |
| | 2020 | 성남 | 25 | 0 | 0 | 0 | 0 | 9 | 3 | 1 |
| | 2022 | 김천 | 11 | 4 | 1 | 1 | 0 | 5 | 0 | 0 |
| | 2022 | 성남 | 8 | 3 | 0 | 0 | 0 | 3 | 1 | 0 |
| | 2023 | 제주 | 13 | 1 | 2 | 0 | 0 | 4 | 0 | 0 |
| | 2024 | 제주 | 16 | 1 | 0 | 0 | 0 | 4 | 0 | 0 |
| | 2024 | 전북 | 4 | 3 | 0 | 0 | 0 | 2 | 0 | 0 |
| | 2025 | 전북 | 20 | 13 | 0 | 0 | 0 | 12 | 2 | 0 |
| K2 | 2017 | 성남 | 32 | 1 | 0 | 0 | 0 | 18 | 2 | 0 |
| | 2018 | 성남 | 29 | 1 | 2 | 1 | 0 | 18 | 2 | 0 |
| PO | 2016 | 성남 | 0 | 0 | 0 | 0 | 0 | 0 | 0 | 0 |
| | 2017 | 성남 | 1 | 0 | 0 | 0 | 0 | 3 | 0 | 0 |
| | 2024 | 전북 | 2 | 0 | 0 | 0 | 0 | 0 | 0 | 0 |
| 통산 | | | 215 | 33 | 6 | 2 | 0 | 118 | 14 | 1 |

**염기훈**(廉基勳) 호남대 1983.03.30

| 대회 | 연도 | 소속 | 출전 | 교체 | 득점 | 도움 | 실점 | 파울 | 경고 | 퇴장 |
|---|---|---|---|---|---|---|---|---|---|---|
| K1 | 2006 | 전북 | 20 | 6 | 3 | 1 | 0 | 23 | 0 | 0 |
| | 2007 | 전북 | 13 | 1 | 4 | 3 | 0 | 17 | 1 | 0 |
| | 2007 | 울산 | 1 | 1 | 1 | 0 | 0 | 0 | 0 | 0 |
| | 2008 | 울산 | 13 | 8 | 2 | 1 | 0 | 8 | 0 | 0 |
| | 2009 | 울산 | 16 | 7 | 2 | 3 | 0 | 17 | 0 | 0 |
| | 2010 | 수원 | 17 | 4 | 0 | 8 | 0 | 20 | 0 | 0 |
| | 2011 | 수원 | 27 | 11 | 9 | 13 | 0 | 22 | 0 | 0 |
| | 2013 | 수원 | 9 | 1 | 1 | 1 | 0 | 8 | 0 | 0 |
| | 2014 | 수원 | 35 | 5 | 4 | 8 | 0 | 15 | 1 | 0 |
| | 2015 | 수원 | 35 | 4 | 8 | 17 | 0 | 26 | 1 | 0 |
| | 2016 | 수원 | 34 | 10 | 4 | 15 | 0 | 21 | 1 | 0 |
| | 2017 | 수원 | 38 | 18 | 6 | 11 | 0 | 19 | 1 | 0 |
| | 2018 | 수원 | 34 | 18 | 6 | 4 | 0 | 17 | 1 | 0 |
| | 2019 | 수원 | 26 | 14 | 6 | 3 | 0 | 10 | 1 | 0 |
| | 2020 | 수원 | 25 | 15 | 3 | 4 | 0 | 18 | 0 | 0 |
| | 2021 | 수원 | 27 | 27 | 1 | 0 | 0 | 9 | 1 | 0 |
| | 2022 | 수원 | 19 | 20 | 0 | 0 | 0 | 5 | 2 | 0 |
| | 2023 | 수원 | 3 | 3 | 0 | 0 | 0 | 0 | 0 | 0 |
| K2 | 2013 | 경찰 | 21 | 1 | 7 | 11 | 0 | 14 | 1 | 0 |
| PO | 2007 | 울산 | 2 | 2 | 0 | 0 | 0 | 1 | 0 | 0 |
| | 2008 | 울산 | 3 | 2 | 2 | 0 | 0 | 2 | 0 | 0 |
| | 2011 | 수원 | 2 | 0 | 0 | 1 | 0 | 2 | 0 | 0 |
| 컵 | 2006 | 전북 | 11 | 1 | 4 | 4 | 0 | 14 | 1 | 0 |
| | 2007 | 전북 | 5 | 2 | 1 | 0 | 0 | 6 | 0 | 0 |
| | 2008 | 울산 | 3 | 1 | 1 | 0 | 0 | 1 | 0 | 0 |
| | 2009 | 울산 | 4 | 3 | 1 | 0 | 0 | 7 | 0 | 0 |
| | 2010 | 수원 | 2 | 0 | 1 | 2 | 0 | 3 | 0 | 0 |
| 통산 | | | 445 | 185 | 77 | 110 | 0 | 305 | 12 | 0 |

**염동균**(廉東均) 강릉상고 1983.09.06

| 대회 | 연도 | 소속 | 출전 | 교체 | 득점 | 도움 | 실점 | 파울 | 경고 | 퇴장 |
|---|---|---|---|---|---|---|---|---|---|---|
| K1 | 2002 | 전남 | 0 | 0 | 0 | 0 | 0 | 0 | 0 | 0 |
| | 2003 | 전남 | 0 | 0 | 0 | 0 | 0 | 0 | 0 | 0 |
| | 2005 | 광주상무 | 7 | 0 | 0 | 0 | 12 | 1 | 2 | 0 |
| | 2006 | 전남 | 16 | 0 | 0 | 0 | 13 | 1 | 2 | 0 |
| | 2007 | 전남 | 26 | 0 | 0 | 0 | 27 | 0 | 0 | 0 |
| | 2008 | 전남 | 23 | 1 | 0 | 0 | 38 | 0 | 1 | 0 |
| | 2009 | 전남 | 20 | 0 | 0 | 0 | 27 | 1 | 1 | 0 |
| | 2010 | 전남 | 23 | 1 | 0 | 0 | 41 | 0 | 2 | 0 |
| | 2011 | 전북 | 14 | 0 | 0 | 0 | 17 | 0 | 0 | 0 |
| PO | 2009 | 전남 | 2 | 0 | 0 | 0 | 2 | 0 | 0 | 0 |
| 컵 | 2002 | 전남 | 1 | 1 | 0 | 0 | 0 | 0 | 0 | 0 |
| | 2005 | 광주상무 | 2 | 0 | 0 | 0 | 3 | 0 | 0 | 0 |
| | 2006 | 전남 | 9 | 0 | 0 | 0 | 5 | 0 | 0 | 0 |
| | 2007 | 전남 | 1 | 0 | 0 | 0 | 2 | 0 | 0 | 0 |
| | 2008 | 전남 | 3 | 0 | 0 | 0 | 3 | 0 | 1 | 0 |
| | 2009 | 전남 | 2 | 0 | 0 | 0 | 6 | 0 | 0 | 0 |
| | 2010 | 전남 | 1 | 0 | 0 | 0 | 3 | 0 | 0 | 0 |
| 통산 | | | 150 | 3 | 0 | 0 | 199 | 3 | 9 | 0 |

**염유신**(廉裕申) 선문대 1992.08.10

| 대회 | 연도 | 소속 | 출전 | 교체 | 득점 | 도움 | 실점 | 파울 | 경고 | 퇴장 |
|---|---|---|---|---|---|---|---|---|---|---|
| K1 | 2014 | 성남 | 0 | 0 | 0 | 0 | 0 | 0 | 0 | 0 |
| 통산 | | | 0 | 0 | 0 | 0 | 0 | 0 | 0 | 0 |

**염호덕**(廉皓德/←염강륜) 연세대 1992.04.13

| 대회 | 연도 | 소속 | 출전 | 교체 | 득점 | 도움 | 실점 | 파울 | 경고 | 퇴장 |
|---|---|---|---|---|---|---|---|---|---|---|
| K2 | 2013 | 안양 | 1 | 1 | 0 | 0 | 0 | 0 | 0 | 0 |
| 통산 | | | 1 | 1 | 0 | 0 | 0 | 0 | 0 | 0 |

**예병원**(芮柄瑗) 대륜고 1998.03.25

| 대회 | 연도 | 소속 | 출전 | 교체 | 득점 | 도움 | 실점 | 파울 | 경고 | 퇴장 |
|---|---|---|---|---|---|---|---|---|---|---|
| K1 | 2018 | 대구 | 0 | 0 | 0 | 0 | 0 | 0 | 0 | 0 |
| 통산 | | | 0 | 0 | 0 | 0 | 0 | 0 | 0 | 0 |

**옐라**(Josko Jelicic) 크로아티아 1971.01.05

| 대회 | 연도 | 소속 | 출전 | 교체 | 득점 | 도움 | 실점 | 파울 | 경고 | 퇴장 |
|---|---|---|---|---|---|---|---|---|---|---|
| K1 | 2002 | 포항 | 2 | 1 | 0 | 0 | 0 | 1 | 0 | 0 |
| 컵 | 2002 | 포항 | 3 | 3 | 0 | 0 | 0 | 2 | 0 | 0 |
| 통산 | | | 5 | 4 | 0 | 0 | 0 | 3 | 0 | 0 |

**오경석**(吳敬錫) 동아대 1973.02.24

| 대회 | 연도 | 소속 | 출전 | 교체 | 득점 | 도움 | 실점 | 파울 | 경고 | 퇴장 |
|---|---|---|---|---|---|---|---|---|---|---|
| K1 | 1995 | 전남 | 20 | 13 | 3 | 0 | 0 | 14 | 2 | 0 |
| | 1996 | 부천유공 | 2 | 3 | 0 | 1 | 0 | 2 | 0 | 0 |
| | 1996 | 전남 | 8 | 6 | 0 | 0 | 0 | 3 | 0 | 0 |
| | 1997 | 부천SK | 8 | 8 | 0 | 0 | 0 | 5 | 0 | 0 |
| 컵 | 1995 | 전남 | 2 | 2 | 1 | 0 | 0 | 1 | 0 | 0 |
| | 1996 | 전남 | 7 | 6 | 2 | 0 | 0 | 5 | 2 | 0 |
| | 1997 | 부천SK | 8 | 7 | 2 | 0 | 0 | 7 | 1 | 0 |
| 통산 | | | 55 | 45 | 8 | 1 | 0 | 37 | 5 | 0 |

**오광진**(吳光珍) 울산대 1987.06.04

| 대회 | 연도 | 소속 | 출전 | 교체 | 득점 | 도움 | 실점 | 파울 | 경고 | 퇴장 |
|---|---|---|---|---|---|---|---|---|---|---|
| K1 | 2017 | 대구 | 20 | 11 | 0 | 0 | 0 | 17 | 7 | 0 |
| | 2018 | 대구 | 4 | 2 | 0 | 0 | 0 | 8 | 2 | 0 |
| K2 | 2013 | 수원FC | 20 | 6 | 0 | 0 | 0 | 23 | 2 | 0 |
| | 2014 | 수원FC | 2 | 1 | 0 | 0 | 0 | 3 | 0 | 0 |
| | 2015 | 수원FC | 21 | 8 | 0 | 2 | 0 | 22 | 2 | 0 |
| | 2016 | 대구 | 7 | 6 | 0 | 0 | 0 | 4 | 0 | 0 |
| PO | 2015 | 수원FC | 1 | 0 | 0 | 0 | 0 | 4 | 0 | 0 |
| 통산 | | | 75 | 34 | 0 | 2 | 0 | 81 | 13 | 0 |

**오광훈**(吳侊勳) 단국대 1973.12.12

| 대회 | 연도 | 소속 | 출전 | 교체 | 득점 | 도움 | 실점 | 파울 | 경고 | 퇴장 |
|---|---|---|---|---|---|---|---|---|---|---|
| K1 | 1999 | 전북 | 23 | 17 | 3 | 0 | 0 | 17 | 0 | 0 |
| | 2000 | 전북 | 9 | 8 | 1 | 0 | 0 | 8 | 0 | 0 |
| | 2001 | 전북 | 4 | 4 | 0 | 0 | 0 | 5 | 1 | 0 |
| PO | 2000 | 전북 | 0 | 0 | 0 | 0 | 0 | 0 | 0 | 0 |
| 컵 | 1999 | 전북 | 8 | 6 | 0 | 0 | 0 | 3 | 0 | 0 |
| | 2000 | 전북 | 5 | 5 | 0 | 0 | 0 | 1 | 1 | 0 |
| 통산 | | | 49 | 40 | 4 | 0 | 0 | 34 | 2 | 0 |

**오군지미**(Marvin Ogunjimi) 벨기에 1987.10.12

| 대회 | 연도 | 소속 | 출전 | 교체 | 득점 | 도움 | 실점 | 파울 | 경고 | 퇴장 |
|---|---|---|---|---|---|---|---|---|---|---|
| K1 | 2016 | 수원FC | 10 | 8 | 3 | 0 | 0 | 8 | 3 | 0 |

| 대회 | 연도 | 소속 | 출전 | 교체 | 득점 | 도움 | 실점 | 파울 | 경고 | 퇴장 |
|---|---|---|---|---|---|---|---|---|---|---|
| 통산 | | | 10 | 8 | 3 | 0 | 0 | 8 | 3 | 0 |

**오규빈**(吳圭彬) 가톨릭관동대 1992.09.04

| 대회 | 연도 | 소속 | 출전 | 교체 | 득점 | 도움 | 실점 | 파울 | 경고 | 퇴장 |
|---|---|---|---|---|---|---|---|---|---|---|
| K2 | 2015 | 서울E | 0 | 0 | 0 | 0 | 0 | 0 | 0 | 0 |
| | 2016 | 충주 | 21 | 4 | 1 | 0 | 0 | 20 | 5 | 0 |
| 통산 | | | 21 | 4 | 1 | 0 | 0 | 20 | 5 | 0 |

**오규찬**(吳圭贊) 수원공고 1982.08.28

| 대회 | 연도 | 소속 | 출전 | 교체 | 득점 | 도움 | 실점 | 파울 | 경고 | 퇴장 |
|---|---|---|---|---|---|---|---|---|---|---|
| K1 | 2001 | 수원 | 3 | 3 | 0 | 0 | 0 | 1 | 0 | 0 |
| | 2003 | 수원 | 6 | 6 | 1 | 0 | 0 | 8 | 0 | 0 |
| 통산 | | | 9 | 9 | 1 | 0 | 0 | 9 | 0 | 0 |

**오기재**(吳起在) 영남대 1983.09.26

| 대회 | 연도 | 소속 | 출전 | 교체 | 득점 | 도움 | 실점 | 파울 | 경고 | 퇴장 |
|---|---|---|---|---|---|---|---|---|---|---|
| K2 | 2013 | 고양 | 32 | 9 | 3 | 2 | 0 | 47 | 2 | 0 |
| | 2014 | 고양 | 22 | 12 | 0 | 1 | 0 | 29 | 5 | 0 |
| | 2015 | 고양 | 37 | 8 | 4 | 2 | 0 | 47 | 6 | 0 |
| | 2016 | 고양 | 23 | 1 | 0 | 1 | 0 | 31 | 6 | 0 |
| 통산 | | | 114 | 30 | 7 | 6 | 0 | 154 | 19 | 0 |

**오까야마**(Okayama Kazunari, 岡山一成) 일본 1978.04.24

| 대회 | 연도 | 소속 | 출전 | 교체 | 득점 | 도움 | 실점 | 파울 | 경고 | 퇴장 |
|---|---|---|---|---|---|---|---|---|---|---|
| K1 | 2009 | 포항 | 7 | 4 | 1 | 0 | 0 | 9 | 1 | 0 |
| | 2010 | 포항 | 6 | 2 | 0 | 0 | 0 | 6 | 1 | 0 |
| PO | 2009 | 포항 | 0 | 0 | 0 | 0 | 0 | 0 | 0 | 0 |
| 컵 | 2009 | 포항 | 2 | 1 | 0 | 0 | 0 | 2 | 1 | 0 |
| | 2010 | 포항 | 2 | 0 | 0 | 0 | 0 | 4 | 0 | 0 |
| 통산 | | | 17 | 7 | 1 | 0 | 0 | 21 | 3 | 0 |

**오닐**(Brandon Oneill) 오스트레일리아 1994.04.12

| 대회 | 연도 | 소속 | 출전 | 교체 | 득점 | 도움 | 실점 | 파울 | 경고 | 퇴장 |
|---|---|---|---|---|---|---|---|---|---|---|
| K1 | 2020 | 포항 | 13 | 6 | 0 | 0 | 0 | 24 | 3 | 0 |
| 통산 | | | 13 | 6 | 0 | 0 | 0 | 24 | 3 | 0 |

**오도현**(吳到炫) 금호고 1994.12.06

| 대회 | 연도 | 소속 | 출전 | 교체 | 득점 | 도움 | 실점 | 파울 | 경고 | 퇴장 |
|---|---|---|---|---|---|---|---|---|---|---|
| K1 | 2015 | 광주 | 23 | 22 | 0 | 0 | 0 | 17 | 1 | 0 |
| | 2016 | 광주 | 13 | 12 | 2 | 0 | 0 | 2 | 0 | 0 |
| | 2017 | 포항 | 5 | 2 | 0 | 0 | 0 | 2 | 0 | 1 |
| K2 | 2013 | 광주 | 13 | 7 | 0 | 0 | 0 | 22 | 2 | 0 |
| | 2014 | 광주 | 19 | 14 | 0 | 0 | 0 | 26 | 3 | 0 |
| | 2017 | 성남 | 5 | 2 | 0 | 0 | 0 | 7 | 1 | 0 |
| PO | 2014 | 광주 | 3 | 3 | 0 | 0 | 0 | 1 | 0 | 0 |
| 통산 | | | 81 | 62 | 2 | 0 | 0 | 77 | 7 | 1 |

**오동천**(吳東天) 영남상고 1966.01.20

| 대회 | 연도 | 소속 | 출전 | 교체 | 득점 | 도움 | 실점 | 파울 | 경고 | 퇴장 |
|---|---|---|---|---|---|---|---|---|---|---|
| K1 | 1989 | 일화 | 27 | 13 | 1 | 2 | 0 | 26 | 1 | 0 |
| | 1990 | 일화 | 25 | 10 | 0 | 1 | 0 | 27 | 1 | 0 |
| | 1991 | 일화 | 37 | 14 | 6 | 6 | 0 | 49 | 4 | 0 |
| | 1992 | 일화 | 27 | 14 | 3 | 0 | 0 | 31 | 5 | 0 |
| | 1993 | 일화 | 25 | 17 | 4 | 2 | 0 | 29 | 1 | 1 |
| | 1994 | 일화 | 19 | 16 | 1 | 0 | 0 | 15 | 1 | 0 |
| | 1995 | 전북 | 21 | 12 | 1 | 1 | 0 | 15 | 2 | 0 |
| | 1996 | 전북 | 17 | 16 | 3 | 1 | 0 | 7 | 0 | 0 |
| 컵 | 1992 | 일화 | 8 | 7 | 0 | 2 | 0 | 7 | 1 | 0 |
| | 1993 | 일화 | 5 | 2 | 0 | 1 | 0 | 6 | 0 | 0 |
| | 1994 | 일화 | 5 | 2 | 1 | 0 | 0 | 6 | 0 | 0 |
| | 1995 | 전북 | 7 | 3 | 0 | 1 | 0 | 13 | 0 | 0 |
| | 1996 | 전북 | 6 | 4 | 0 | 0 | 0 | 5 | 0 | 0 |
| 통산 | | | 229 | 130 | 20 | 17 | 0 | 236 | 16 | 1 |

**오두**(Kelede Nathan Oduwa) 잉글랜드 1996.03.05

| 대회 | 연도 | 소속 | 출전 | 교체 | 득점 | 도움 | 실점 | 파울 | 경고 | 퇴장 |
|---|---|---|---|---|---|---|---|---|---|---|
| K2 | 2024 | 충북청주 | 10 | 10 | 2 | 0 | 0 | 18 | 2 | 0 |
| 통산 | | | 10 | 10 | 2 | 0 | 0 | 18 | 2 | 0 |

**오르샤**(Mislav Oršić) 크로아티아 1992.12.29

| 대회 | 연도 | 소속 | 출전 | 교체 | 득점 | 도움 | 실점 | 파울 | 경고 | 퇴장 |
|---|---|---|---|---|---|---|---|---|---|---|
| K1 | 2015 | 전남 | 33 | 17 | 9 | 7 | 0 | 29 | 4 | 0 |
| | 2016 | 전남 | 16 | 3 | 5 | 4 | 0 | 12 | 1 | 0 |
| | 2017 | 울산 | 38 | 16 | 10 | 3 | 0 | 21 | 1 | 0 |
| | 2018 | 울산 | 14 | 6 | 4 | 1 | 0 | 6 | 0 | 0 |
| 통산 | | | 101 | 42 | 28 | 15 | 0 | 68 | 6 | 0 |

**오르슐리치**(Marin Oršulić) 크로아티아 1987.08.25

| 대회 | 연도 | 소속 | 출전 | 교체 | 득점 | 도움 | 실점 | 파울 | 경고 | 퇴장 |
|---|---|---|---|---|---|---|---|---|---|---|
| K2 | 2017 | 성남 | 15 | 5 | 0 | 0 | 0 | 15 | 7 | 0 |
| | 2018 | 성남 | 2 | 1 | 0 | 0 | 0 | 3 | 0 | 0 |
| 통산 | | | 17 | 6 | 0 | 0 | 0 | 18 | 7 | 0 |

**오르시니**(Nicolas Orsini) 아르헨티나 1994.09.12

| 대회 | 연도 | 소속 | 출전 | 교체 | 득점 | 도움 | 실점 | 파울 | 경고 | 퇴장 |
|---|---|---|---|---|---|---|---|---|---|---|
| K2 | 2016 | 안양 | 7 | 3 | 1 | 0 | 0 | 11 | 1 | 0 |
| 통산 | | | 7 | 3 | 1 | 0 | 0 | 11 | 1 | 0 |

**오르티고사**(Jose Maria Ortigoza Ortiz) 파라과이 1987.04.01

| 대회 | 연도 | 소속 | 출전 | 교체 | 득점 | 도움 | 실점 | 파울 | 경고 | 퇴장 |
|---|---|---|---|---|---|---|---|---|---|---|
| K1 | 2010 | 울산 | 25 | 11 | 17 | 2 | 0 | 61 | 5 | 0 |
| PO | 2010 | 울산 | 1 | 1 | 0 | 1 | 0 | 2 | 0 | 0 |
| 컵 | 2010 | 울산 | 1 | 1 | 0 | 0 | 0 | 2 | 0 | 0 |
| 통산 | | | 27 | 13 | 17 | 3 | 0 | 65 | 5 | 0 |

**오명관**(吳明官) 한양대 1974.04.29

| 대회 | 연도 | 소속 | 출전 | 교체 | 득점 | 도움 | 실점 | 파울 | 경고 | 퇴장 |
|---|---|---|---|---|---|---|---|---|---|---|
| K1 | 1997 | 안양LG | 12 | 6 | 0 | 0 | 0 | 11 | 1 | 0 |
| | 1998 | 안양LG | 1 | 1 | 0 | 0 | 0 | 1 | 0 | 0 |
| | 1999 | 포항 | 11 | 4 | 0 | 0 | 0 | 12 | 1 | 0 |
| | 2000 | 포항 | 16 | 7 | 0 | 0 | 0 | 10 | 2 | 0 |
| | 2001 | 포항 | 20 | 3 | 0 | 0 | 0 | 39 | 3 | 0 |
| | 2002 | 포항 | 1 | 2 | 0 | 0 | 0 | 0 | 0 | 0 |
| | 2003 | 부천SK | 11 | 2 | 0 | 0 | 0 | 20 | 2 | 0 |
| | 2004 | 부천SK | 1 | 1 | 0 | 0 | 0 | 1 | 0 | 0 |
| PO | 1998 | 포항 | 3 | 2 | 0 | 1 | 0 | 8 | 1 | 0 |
| 컵 | 1997 | 안양LG | 12 | 3 | 0 | 0 | 0 | 31 | 4 | 0 |
| | 1998 | 안양LG | 9 | 5 | 0 | 1 | 0 | 16 | 1 | 1 |
| | 1999 | 포항 | 3 | 1 | 0 | 0 | 0 | 6 | 1 | 0 |
| | 2000 | 포항 | 2 | 1 | 0 | 0 | 0 | 3 | 0 | 1 |
| | 2001 | 포항 | 4 | 0 | 0 | 0 | 0 | 3 | 0 | 0 |
| 통산 | | | 106 | 38 | 0 | 2 | 0 | 161 | 16 | 2 |

**오민엽**(吳民曄) 명지대 1990.06.23

| 대회 | 연도 | 소속 | 출전 | 교체 | 득점 | 도움 | 실점 | 파울 | 경고 | 퇴장 |
|---|---|---|---|---|---|---|---|---|---|---|
| K2 | 2013 | 충주 | 3 | 1 | 0 | 0 | 0 | 1 | 0 | 0 |
| 통산 | | | 3 | 1 | 0 | 0 | 0 | 1 | 0 | 0 |

**오반석**(吳反錫) 건국대 1988.05.20

| 대회 | 연도 | 소속 | 출전 | 교체 | 득점 | 도움 | 실점 | 파울 | 경고 | 퇴장 |
|---|---|---|---|---|---|---|---|---|---|---|
| K1 | 2012 | 제주 | 25 | 5 | 1 | 0 | 0 | 32 | 6 | 0 |
| | 2013 | 제주 | 30 | 3 | 1 | 0 | 0 | 48 | 8 | 0 |
| | 2014 | 제주 | 36 | 4 | 0 | 1 | 0 | 40 | 4 | 0 |
| | 2015 | 제주 | 34 | 2 | 1 | 0 | 0 | 32 | 4 | 1 |
| | 2016 | 제주 | 16 | 2 | 1 | 0 | 0 | 16 | 0 | 0 |
| | 2017 | 제주 | 33 | 2 | 2 | 0 | 0 | 20 | 3 | 0 |
| | 2018 | 제주 | 24 | 1 | 1 | 0 | 0 | 15 | 2 | 0 |
| | 2020 | 인천 | 14 | 2 | 0 | 0 | 0 | 11 | 3 | 0 |
| | 2021 | 인천 | 30 | 6 | 0 | 0 | 0 | 16 | 4 | 0 |
| | 2022 | 인천 | 13 | 3 | 0 | 0 | 0 | 9 | 3 | 0 |
| | 2023 | 인천 | 27 | 6 | 3 | 0 | 0 | 15 | 1 | 0 |
| | 2024 | 인천 | 16 | 9 | 0 | 0 | 0 | 5 | 1 | 1 |
| K2 | 2025 | 부산 | 22 | 15 | 1 | 0 | 0 | 7 | 1 | 0 |
| 통산 | | | 320 | 60 | 11 | 1 | 0 | 266 | 40 | 2 |

**오범석**(吳範錫) 포철공고 1984.07.29

| 대회 | 연도 | 소속 | 출전 | 교체 | 득점 | 도움 | 실점 | 파울 | 경고 | 퇴장 |
|---|---|---|---|---|---|---|---|---|---|---|
| K1 | 2003 | 포항 | 1 | 1 | 0 | 0 | 0 | 1 | 0 | 0 |
| | 2004 | 포항 | 11 | 2 | 0 | 0 | 0 | 26 | 2 | 0 |
| | 2005 | 포항 | 21 | 1 | 2 | 0 | 0 | 52 | 5 | 0 |
| | 2006 | 포항 | 22 | 6 | 1 | 1 | 0 | 85 | 8 | 0 |
| | 2007 | 포항 | 11 | 6 | 0 | 0 | 0 | 29 | 2 | 0 |
| | 2009 | 울산 | 12 | 1 | 0 | 0 | 0 | 34 | 2 | 0 |
| | 2010 | 울산 | 21 | 3 | 4 | 2 | 0 | 33 | 5 | 0 |
| | 2011 | 수원 | 26 | 3 | 0 | 1 | 0 | 60 | 5 | 0 |
| | 2012 | 수원 | 39 | 1 | 0 | 1 | 0 | 101 | 11 | 0 |
| | 2014 | 수원 | 11 | 0 | 0 | 0 | 0 | 17 | 2 | 0 |
| | 2015 | 수원 | 29 | 5 | 1 | 1 | 0 | 53 | 9 | 0 |
| | 2017 | 강원 | 28 | 4 | 0 | 1 | 0 | 53 | 7 | 0 |
| | 2018 | 강원 | 32 | 6 | 1 | 1 | 0 | 52 | 5 | 0 |
| | 2019 | 강원 | 20 | 10 | 0 | 0 | 0 | 25 | 3 | 0 |
| | 2020 | 포항 | 9 | 6 | 0 | 0 | 0 | 13 | 2 | 0 |
| | 2021 | 포항 | 18 | 17 | 0 | 0 | 0 | 19 | 5 | 0 |
| K2 | 2013 | 경찰 | 23 | 3 | 2 | 2 | 0 | 69 | 10 | 0 |
| | 2014 | 안산경찰 | 16 | 1 | 2 | 0 | 0 | 36 | 9 | 0 |
| PO | 2004 | 포항 | 3 | 0 | 0 | 0 | 0 | 3 | 0 | 0 |
| | 2006 | 포항 | 1 | 0 | 0 | 0 | 0 | 5 | 0 | 0 |
| | 2011 | 수원 | 2 | 0 | 0 | 0 | 0 | 6 | 1 | 0 |
| 컵 | 2004 | 포항 | 11 | 5 | 1 | 0 | 0 | 20 | 1 | 0 |
| | 2005 | 포항 | 12 | 1 | 0 | 0 | 0 | 26 | 2 | 0 |
| | 2006 | 포항 | 10 | 1 | 1 | 1 | 0 | 38 | 2 | 0 |
| | 2007 | 포항 | 5 | 2 | 0 | 0 | 0 | 13 | 4 | 0 |
| | 2009 | 울산 | 2 | 0 | 0 | 0 | 0 | 3 | 0 | 0 |
| | 2011 | 수원 | 1 | 0 | 0 | 0 | 0 | 0 | 0 | 0 |
| 통산 | | | 397 | 85 | 15 | 11 | 0 | 872 | 102 | 0 |

**오베라**(Jobson Leandro Pereira de Oliveira) 브라질 1988.02.15

| 대회 | 연도 | 소속 | 출전 | 교체 | 득점 | 도움 | 실점 | 파울 | 경고 | 퇴장 |
|---|---|---|---|---|---|---|---|---|---|---|
| K1 | 2009 | 제주 | 17 | 5 | 4 | 2 | 0 | 32 | 2 | 0 |
| 컵 | 2009 | 제주 | 6 | 4 | 3 | 2 | 0 | 14 | 1 | 0 |
| 통산 | | | 23 | 9 | 7 | 4 | 0 | 46 | 3 | 0 |

**오베르단**(Oberdan Alionco de Lima) 브라질 1995.07.30

| 대회 | 연도 | 소속 | 출전 | 교체 | 득점 | 도움 | 실점 | 파울 | 경고 | 퇴장 |
|---|---|---|---|---|---|---|---|---|---|---|
| K1 | 2023 | 포항 | 33 | 1 | 1 | 2 | 0 | 24 | 4 | 0 |
| | 2024 | 포항 | 35 | 6 | 3 | 2 | 0 | 30 | 4 | 0 |
| | 2025 | 포항 | 31 | 2 | 6 | 0 | 0 | 33 | 5 | 1 |
| 통산 | | | 99 | 9 | 10 | 4 | 0 | 87 | 13 | 1 |

**오병민**(吳秉旻) 선문대 1988.06.28

| 대회 | 연도 | 소속 | 출전 | 교체 | 득점 | 도움 | 실점 | 파울 | 경고 | 퇴장 |
|---|---|---|---|---|---|---|---|---|---|---|
| K1 | 2012 | 경남 | 0 | 0 | 0 | 0 | 0 | 0 | 0 | 0 |
| 통산 | | | 0 | 0 | 0 | 0 | 0 | 0 | 0 | 0 |

**오봉진**(吳鳳鎭) 유성생명과학고 1989.06.30

| 대회 | 연도 | 소속 | 출전 | 교체 | 득점 | 도움 | 실점 | 파울 | 경고 | 퇴장 |
|---|---|---|---|---|---|---|---|---|---|---|
| K1 | 2008 | 제주 | 0 | 0 | 0 | 0 | 0 | 0 | 0 | 0 |
| | 2009 | 제주 | 2 | 2 | 0 | 0 | 0 | 6 | 0 | 0 |
| | 2011 | 상주 | 1 | 1 | 0 | 0 | 0 | 1 | 0 | 0 |
| | 2012 | 상주 | 0 | 0 | 0 | 0 | 0 | 0 | 0 | 0 |
| | 2013 | 대전 | 1 | 1 | 0 | 0 | 0 | 0 | 0 | 0 |
| 컵 | 2008 | 제주 | 0 | 0 | 0 | 0 | 0 | 0 | 0 | 0 |
| | 2009 | 제주 | 2 | 0 | 1 | 0 | 0 | 9 | 1 | 0 |
| | 2011 | 상주 | 1 | 0 | 0 | 0 | 0 | 2 | 0 | 0 |
| 통산 | | | 7 | 4 | 1 | 0 | 0 | 18 | 1 | 0 |

**오봉철**(吳奉哲) 건국대 1966.12.17

| 대회 | 연도 | 소속 | 출전 | 교체 | 득점 | 도움 | 실점 | 파울 | 경고 | 퇴장 |
|---|---|---|---|---|---|---|---|---|---|---|
| K1 | 1989 | 현대 | 25 | 8 | 0 | 2 | 0 | 27 | 2 | 0 |
| | 1991 | 현대 | 3 | 2 | 0 | 0 | 0 | 3 | 0 | 0 |
| 통산 | | | 28 | 10 | 0 | 2 | 0 | 30 | 2 | 0 |

**오비나**(Obinna John Nkedoi) 나이지리아 1980.06.03

| 대회 | 연도 | 소속 | 출전 | 교체 | 득점 | 도움 | 실점 | 파울 | 경고 | 퇴장 |
|---|---|---|---|---|---|---|---|---|---|---|
| K1 | 2002 | 대전 | 2 | 2 | 0 | 0 | 0 | 2 | 0 | 0 |
| 통산 | | | 2 | 2 | 0 | 0 | 0 | 2 | 0 | 0 |

**오사구오나**(Ighodaro Christian Osaguona) 나이지리아 1990.10.10

| 대회 | 연도 | 소속 | 출전 | 교체 | 득점 | 도움 | 실점 | 파울 | 경고 | 퇴장 |
|---|---|---|---|---|---|---|---|---|---|---|
| K1 | 2019 | 제주 | 11 | 8 | 1 | 0 | 0 | 18 | 3 | 0 |
| 통산 | | | 11 | 8 | 1 | 0 | 0 | 18 | 3 | 0 |

**오상헌**(吳尙憲) 문성대 1994.08.31

| 대회 | 연도 | 소속 | 출전 | 교체 | 득점 | 도움 | 실점 | 파울 | 경고 | 퇴장 |
|---|---|---|---|---|---|---|---|---|---|---|
| K2 | 2016 | 경남 | 0 | 0 | 0 | 0 | 0 | 0 | 0 | 0 |
| 통산 | | | 0 | 0 | 0 | 0 | 0 | 0 | 0 | 0 |

**오석재**(吳錫載) 건국대 1958.10.13

| 대회 | 연도 | 소속 | 출전 | 교체 | 득점 | 도움 | 실점 | 파울 | 경고 | 퇴장 |
|---|---|---|---|---|---|---|---|---|---|---|
| K1 | 1983 | 할렐루야 | 16 | 2 | 6 | 2 | 0 | 19 | 0 | 0 |
| | 1984 | 할렐루야 | 22 | 5 | 9 | 3 | 0 | 24 | 0 | 0 |
| | 1985 | 할렐루야 | 17 | 4 | 3 | 1 | 0 | 35 | 3 | 0 |
| 통산 | | | 55 | 11 | 18 | 6 | 0 | 78 | 3 | 0 |

**오세종**(吳世宗) 경기대 1976.03.09

| 대회 | 연도 | 소속 | 출전 | 교체 | 득점 | 도움 | 실점 | 파울 | 경고 | 퇴장 |
|---|---|---|---|---|---|---|---|---|---|---|
| K1 | 1999 | 대전 | 1 | 1 | 0 | 0 | 0 | 0 | 0 | 0 |
| 통산 | | | 1 | 1 | 0 | 0 | 0 | 0 | 0 | 0 |

**오세훈**(吳世勳) 현대고 1999.01.15

| 대회 | 연도 | 소속 | 출전 | 교체 | 득점 | 도움 | 실점 | 파울 | 경고 | 퇴장 |
|---|---|---|---|---|---|---|---|---|---|---|
| K1 | 2018 | 울산 | 3 | 3 | 0 | 0 | 0 | 4 | 0 | 0 |
| | 2020 | 상주 | 13 | 4 | 4 | 2 | 0 | 21 | 2 | 0 |
| | 2021 | 울산 | 19 | 11 | 7 | 1 | 0 | 22 | 0 | 0 |
| K2 | 2019 | 아산 | 30 | 11 | 7 | 3 | 0 | 56 | 1 | 0 |
| | 2021 | 김천 | 4 | 1 | 0 | 0 | 0 | 6 | 2 | 0 |
| 통산 | | | 69 | 30 | 18 | 6 | 0 | 109 | 5 | 0 |

**오셀리**(Adnan Ocelli) 알바니아 1966.03.06

| 대회 | 연도 | 소속 | 출전 | 교체 | 득점 | 도움 | 실점 | 파울 | 경고 | 퇴장 |
|---|---|---|---|---|---|---|---|---|---|---|
| K1 | 1996 | 수원 | 0 | 0 | 0 | 0 | 0 | 0 | 0 | 0 |
| 통산 | | | 0 | 0 | 0 | 0 | 0 | 0 | 0 | 0 |

**오스마르**(Osmar Ibáñez Barba) 스페인 1988.06.05

| 대회 | 연도 | 소속 | 출전 | 교체 | 득점 | 도움 | 실점 | 파울 | 경고 | 퇴장 |
|---|---|---|---|---|---|---|---|---|---|---|
| K1 | 2014 | 서울 | 34 | 3 | 2 | 1 | 0 | 33 | 5 | 0 |
| | 2015 | 서울 | 38 | 0 | 3 | 1 | 0 | 42 | 2 | 0 |
| | 2016 | 서울 | 37 | 1 | 4 | 3 | 0 | 31 | 6 | 0 |
| | 2017 | 서울 | 33 | 1 | 4 | 0 | 0 | 39 | 3 | 0 |
| | 2019 | 서울 | 31 | 1 | 4 | 5 | 0 | 32 | 3 | 0 |
| | 2020 | 서울 | 15 | 3 | 1 | 1 | 0 | 15 | 4 | 0 |
| | 2021 | 서울 | 35 | 2 | 1 | 1 | 0 | 29 | 3 | 0 |
| | 2022 | 서울 | 24 | 3 | 1 | 0 | 0 | 22 | 5 | 0 |
| | 2023 | 서울 | 35 | 4 | 2 | 0 | 0 | 28 | 4 | 1 |
| K2 | 2024 | 서울E | 28 | 2 | 7 | 0 | 0 | 17 | 2 | 1 |
| | 2025 | 서울E | 36 | 17 | 3 | 1 | 0 | 21 | 3 | 0 |
| PO | 2024 | 서울E | 3 | 0 | 1 | 0 | 0 | 0 | 0 | 0 |
| | 2025 | 서울E | 1 | 0 | 0 | 0 | 0 | 0 | 0 | 0 |
| 통산 | | | 350 | 37 | 33 | 13 | 0 | 309 | 40 | 2 |

**오스만**(Osman de Menezes Venancio Junior) 브라질 1992.10.29

| 대회 | 연도 | 소속 | 출전 | 교체 | 득점 | 도움 | 실점 | 파울 | 경고 | 퇴장 |
|---|---|---|---|---|---|---|---|---|---|---|
| K1 | 2019 | 경남 | 7 | 3 | 1 | 0 | 0 | 8 | 1 | 0 |
| 통산 | | | 7 | 3 | 1 | 0 | 0 | 8 | 1 | 0 |

**오승민**(吳承珉) 배재대 1995.03.10

| 대회 | 연도 | 소속 | 출전 | 교체 | 득점 | 도움 | 실점 | 파울 | 경고 | 퇴장 |
|---|---|---|---|---|---|---|---|---|---|---|
| K2 | 2018 | 성남 | 0 | 0 | 0 | 0 | 0 | 0 | 0 | 0 |
| 통산 | | | 0 | 0 | 0 | 0 | 0 | 0 | 0 | 0 |

**오승범**(吳承範) 오현고 1981.02.26

| 대회 | 연도 | 소속 | 출전 | 교체 | 득점 | 도움 | 실점 | 파울 | 경고 | 퇴장 |
|---|---|---|---|---|---|---|---|---|---|---|
| K1 | 1999 | 천안일화 | 0 | 0 | 0 | 0 | 0 | 0 | 0 | 0 |
| | 2003 | 광주상무 | 40 | 4 | 2 | 1 | 0 | 73 | 3 | 0 |
| | 2004 | 성남일화 | 12 | 6 | 0 | 0 | 0 | 24 | 1 | 0 |
| | 2005 | 포항 | 20 | 14 | 2 | 0 | 0 | 15 | 1 | 0 |
| | 2006 | 포항 | 23 | 16 | 2 | 0 | 0 | 23 | 0 | 0 |
| | 2007 | 포항 | 22 | 14 | 1 | 0 | 0 | 21 | 2 | 0 |
| | 2008 | 제주 | 18 | 11 | 1 | 1 | 0 | 21 | 2 | 0 |
| | 2009 | 제주 | 24 | 5 | 1 | 2 | 0 | 41 | 2 | 0 |
| | 2010 | 제주 | 24 | 14 | 1 | 0 | 0 | 26 | 5 | 0 |
| | 2011 | 제주 | 29 | 1 | 0 | 4 | 0 | 55 | 5 | 0 |
| | 2012 | 제주 | 37 | 22 | 0 | 3 | 0 | 32 | 2 | 0 |
| | 2013 | 제주 | 31 | 12 | 0 | 1 | 0 | 24 | 2 | 0 |
| | 2014 | 제주 | 15 | 12 | 0 | 0 | 0 | 12 | 0 | 0 |
| | 2017 | 강원 | 22 | 15 | 0 | 1 | 0 | 16 | 1 | 0 |
| K2 | 2015 | 충주 | 37 | 6 | 3 | 4 | 0 | 44 | 6 | 0 |
| | 2016 | 강원 | 34 | 4 | 1 | 1 | 0 | 34 | 3 | 0 |
| PO | 2006 | 포항 | 0 | 0 | 0 | 0 | 0 | 0 | 0 | 0 |
| | 2007 | 포항 | 4 | 4 | 0 | 0 | 0 | 0 | 0 | 0 |
| | 2010 | 제주 | 3 | 3 | 0 | 0 | 0 | 1 | 0 | 0 |
| | 2016 | 강원 | 4 | 0 | 0 | 0 | 0 | 7 | 1 | 0 |
| 컵 | 2004 | 성남일화 | 2 | 1 | 0 | 0 | 0 | 2 | 0 | 0 |
| | 2005 | 포항 | 9 | 5 | 0 | 0 | 0 | 13 | 3 | 0 |
| | 2006 | 포항 | 11 | 4 | 0 | 0 | 0 | 17 | 0 | 0 |
| | 2007 | 포항 | 9 | 2 | 0 | 0 | 0 | 19 | 1 | 0 |
| | 2008 | 제주 | 6 | 4 | 0 | 0 | 0 | 8 | 0 | 0 |
| | 2009 | 제주 | 5 | 1 | 0 | 0 | 0 | 10 | 0 | 0 |
| | 2010 | 제주 | 5 | 1 | 0 | 2 | 0 | 18 | 1 | 0 |
| 통산 | | | 446 | 181 | 14 | 20 | 0 | 556 | 41 | 0 |

**오승인**(吳承仁) 광운대 1965.12.20

| 대회 | 연도 | 소속 | 출전 | 교체 | 득점 | 도움 | 실점 | 파울 | 경고 | 퇴장 |
|---|---|---|---|---|---|---|---|---|---|---|
| K1 | 1988 | 포항제철 | 1 | 1 | 0 | 0 | 0 | 0 | 0 | 0 |
| | 1991 | 유공 | 4 | 4 | 0 | 0 | 0 | 8 | 0 | 0 |
| | 1992 | 유공 | 23 | 16 | 2 | 0 | 0 | 13 | 0 | 0 |
| | 1993 | 유공 | 10 | 4 | 0 | 0 | 0 | 6 | 1 | 0 |
| | 1994 | 유공 | 10 | 2 | 0 | 0 | 0 | 8 | 1 | 0 |
| 컵 | 1992 | 유공 | 4 | 2 | 0 | 0 | 0 | 1 | 1 | 0 |
| | 1993 | 유공 | 4 | 1 | 0 | 0 | 0 | 5 | 0 | 0 |
| | 1994 | 유공 | 5 | 1 | 0 | 0 | 0 | 5 | 0 | 0 |
| 통산 | | | 61 | 31 | 2 | 0 | 0 | 46 | 3 | 0 |

**오승혁**(吳昇爀) 중앙대 1961.02.08

| 대회 | 연도 | 소속 | 출전 | 교체 | 득점 | 도움 | 실점 | 파울 | 경고 | 퇴장 |
|---|---|---|---|---|---|---|---|---|---|---|
| K1 | 1985 | 상무 | 4 | 1 | 0 | 0 | 6 | 1 | 0 | 0 |
| 통산 | | | 4 | 1 | 0 | 0 | 6 | 1 | 0 | 0 |

**오승훈**(吳承訓) 호남대 1988.06.30

| 대회 | 연도 | 소속 | 출전 | 교체 | 득점 | 도움 | 실점 | 파울 | 경고 | 퇴장 |
|---|---|---|---|---|---|---|---|---|---|---|
| K1 | 2015 | 대전 | 16 | 0 | 0 | 0 | 31 | 2 | 1 | 0 |
| | 2016 | 상주 | 18 | 0 | 0 | 0 | 30 | 1 | 2 | 0 |
| | 2017 | 상주 | 21 | 0 | 0 | 0 | 32 | 3 | 2 | 1 |
| | 2018 | 울산 | 17 | 0 | 0 | 0 | 20 | 0 | 0 | 0 |
| | 2019 | 울산 | 20 | 0 | 0 | 0 | 17 | 0 | 2 | 0 |
| | 2019 | 제주 | 11 | 0 | 0 | 0 | 21 | 0 | 0 | 0 |
| | 2021 | 제주 | 25 | 0 | 0 | 0 | 26 | 0 | 2 | 0 |
| | 2022 | 대구 | 36 | 1 | 0 | 1 | 53 | 1 | 3 | 0 |
| | 2023 | 대구 | 21 | 1 | 0 | 0 | 25 | 0 | 3 | 0 |
| | 2024 | 대구 | 27 | 1 | 0 | 0 | 38 | 0 | 2 | 0 |
| | 2025 | 대구 | 17 | 0 | 0 | 0 | 31 | 1 | 3 | 0 |
| K2 | 2020 | 제주 | 25 | 0 | 0 | 0 | 20 | 0 | 2 | 0 |
| PO | 2024 | 대구 | 2 | 0 | 0 | 0 | 5 | 0 | 1 | 0 |
| 통산 | | | 256 | 3 | 0 | 1 | 349 | 8 | 23 | 1 |

**오연교**(吳連敎) 한양대 1960.05.25

| 대회 | 연도 | 소속 | 출전 | 교체 | 득점 | 도움 | 실점 | 파울 | 경고 | 퇴장 |
|---|---|---|---|---|---|---|---|---|---|---|
| K1 | 1983 | 유공 | 9 | 0 | 0 | 0 | 10 | 0 | 0 | 0 |
| | 1984 | 유공 | 28 | 0 | 0 | 0 | 22 | 1 | 0 | 0 |
| | 1985 | 유공 | 5 | 0 | 0 | 0 | 5 | 0 | 0 | 0 |
| | 1987 | 유공 | 3 | 1 | 0 | 0 | 8 | 0 | 0 | 0 |
| | 1988 | 현대 | 17 | 0 | 0 | 0 | 12 | 0 | 0 | 0 |
| | 1989 | 현대 | 13 | 1 | 0 | 0 | 13 | 1 | 1 | 0 |
| | 1990 | 현대 | 19 | 0 | 0 | 1 | 24 | 1 | 0 | 0 |
| PO | 1984 | 유공 | 2 | 0 | 0 | 0 | 2 | 0 | 0 | 0 |
| 컵 | 1986 | 유공 | 3 | 0 | 0 | 0 | 3 | 0 | 0 | 0 |
| 통산 | | | 99 | 2 | 0 | 1 | 99 | 3 | 1 | 0 |

**오영섭**(吳榮燮) 전남대 1962.05.12

| 대회 | 연도 | 소속 | 출전 | 교체 | 득점 | 도움 | 실점 | 파울 | 경고 | 퇴장 |
|---|---|---|---|---|---|---|---|---|---|---|
| K1 | 1984 | 국민은행 | 17 | 7 | 1 | 6 | 0 | 15 | 0 | 0 |
| 통산 | | | 17 | 7 | 1 | 6 | 0 | 15 | 0 | 0 |

**오영준**(吳泳俊) 광양제철고 1993.01.16

| 대회 | 연도 | 소속 | 출전 | 교체 | 득점 | 도움 | 실점 | 파울 | 경고 | 퇴장 |
|---|---|---|---|---|---|---|---|---|---|---|
| K1 | 2015 | 전남 | 4 | 3 | 0 | 0 | 0 | 0 | 0 | 0 |
| | 2016 | 전남 | 1 | 1 | 0 | 0 | 0 | 0 | 0 | 0 |
| 통산 | | | 5 | 4 | 0 | 0 | 0 | 0 | 0 | 0 |

**오원종**(吳源鐘) 연세대 1983.06.17

| 대회 | 연도 | 소속 | 출전 | 교체 | 득점 | 도움 | 실점 | 파울 | 경고 | 퇴장 |
|---|---|---|---|---|---|---|---|---|---|---|
| K1 | 2006 | 경남 | 4 | 3 | 0 | 0 | 0 | 4 | 0 | 0 |
| | 2009 | 강원 | 16 | 16 | 4 | 1 | 0 | 7 | 0 | 0 |
| | 2010 | 강원 | 8 | 7 | 0 | 1 | 0 | 4 | 1 | 0 |
| | 2011 | 상주 | 3 | 3 | 0 | 0 | 0 | 0 | 0 | 0 |
| 컵 | 2006 | 경남 | 4 | 3 | 0 | 0 | 0 | 5 | 0 | 0 |
| | 2009 | 강원 | 3 | 3 | 0 | 0 | 0 | 0 | 0 | 0 |
| | 2010 | 강원 | 1 | 1 | 0 | 0 | 0 | 0 | 0 | 0 |
| | 2011 | 상주 | 2 | 1 | 0 | 0 | 0 | 1 | 1 | 0 |
| 통산 | | | 41 | 37 | 4 | 2 | 0 | 21 | 2 | 0 |

**오유진**(吳柳珍) 국민대 1970.07.30

| 대회 | 연도 | 소속 | 출전 | 교체 | 득점 | 도움 | 실점 | 파울 | 경고 | 퇴장 |
|---|---|---|---|---|---|---|---|---|---|---|
| K1 | 1994 | 버팔로 | 2 | 2 | 0 | 0 | 0 | 2 | 0 | 0 |
| 컵 | 1994 | 버팔로 | 2 | 2 | 0 | 0 | 0 | 2 | 0 | 0 |
| 통산 | | | 4 | 4 | 0 | 0 | 0 | 4 | 0 | 0 |

**오윤기**(吳潤基) 전주대학원 1971.04.13

| 대회 | 연도 | 소속 | 출전 | 교체 | 득점 | 도움 | 실점 | 파울 | 경고 | 퇴장 |
|---|---|---|---|---|---|---|---|---|---|---|
| K1 | 1998 | 수원 | 1 | 1 | 0 | 0 | 0 | 1 | 0 | 0 |
| 컵 | 1999 | 수원 | 1 | 1 | 0 | 0 | 0 | 1 | 0 | 0 |
| 통산 | | | 2 | 2 | 0 | 0 | 0 | 2 | 0 | 0 |

**오윤석**(吳允錫) 아주대 1990.12.03

| 대회 | 연도 | 소속 | 출전 | 교체 | 득점 | 도움 | 실점 | 파울 | 경고 | 퇴장 |
|---|---|---|---|---|---|---|---|---|---|---|
| K2 | 2017 | 안산 | 11 | 4 | 0 | 1 | 0 | 10 | 1 | 0 |
| | 2023 | 천안 | 27 | 21 | 1 | 1 | 0 | 26 | 1 | 0 |
| | 2024 | 천안 | 15 | 8 | 0 | 1 | 0 | 10 | 1 | 0 |
| 통산 | | | 53 | 33 | 1 | 3 | 0 | 46 | 3 | 0 |

**오인표**(吳仁標) 성균관대 1997.03.18

| 대회 | 연도 | 소속 | 출전 | 교체 | 득점 | 도움 | 실점 | 파울 | 경고 | 퇴장 |
|---|---|---|---|---|---|---|---|---|---|---|
| K1 | 2022 | 울산 | 3 | 3 | 0 | 0 | 0 | 2 | 0 | 0 |
| | 2023 | 수원FC | 30 | 32 | 2 | 2 | 0 | 15 | 1 | 0 |
| | 2024 | 김천 | 4 | 4 | 0 | 1 | 0 | 0 | 0 | 0 |
| | 2025 | 김천 | 13 | 9 | 0 | 1 | 0 | 6 | 1 | 0 |
| K2 | 2024 | 서울E | 3 | 2 | 0 | 1 | 0 | 0 | 0 | 0 |
| | 2025 | 서울E | 3 | 2 | 0 | 0 | 0 | 0 | 0 | 0 |
| PO | 2023 | 수원FC | 2 | 2 | 0 | 0 | 0 | 2 | 0 | 0 |
| | 2025 | 서울E | 1 | 0 | 0 | 0 | 0 | 0 | 0 | 0 |
| 통산 | | | 59 | 54 | 2 | 5 | 0 | 25 | 2 | 0 |

**오인환**(吳仁煥) 홍익대 1976.11.30

| 대회 | 연도 | 소속 | 출전 | 교체 | 득점 | 도움 | 실점 | 파울 | 경고 | 퇴장 |
|---|---|---|---|---|---|---|---|---|---|---|
| K1 | 1999 | 포항 | 1 | 1 | 0 | 0 | 0 | 2 | 0 | 0 |
| 컵 | 1999 | 포항 | 2 | 1 | 0 | 0 | 0 | 0 | 0 | 0 |
| 통산 | | | 3 | 2 | 0 | 0 | 0 | 2 | 0 | 0 |

**오장은**(吳章銀) 조천중 1985.07.24

| 대회 | 연도 | 소속 | 출전 | 교체 | 득점 | 도움 | 실점 | 파울 | 경고 | 퇴장 |
|---|---|---|---|---|---|---|---|---|---|---|
| K1 | 2005 | 대구 | 16 | 6 | 3 | 1 | 0 | 34 | 0 | 0 |
| | 2006 | 대구 | 24 | 7 | 6 | 1 | 0 | 36 | 2 | 0 |
| | 2007 | 울산 | 15 | 5 | 0 | 1 | 0 | 24 | 3 | 0 |
| | 2008 | 울산 | 22 | 1 | 2 | 1 | 0 | 47 | 3 | 0 |
| | 2009 | 울산 | 24 | 4 | 4 | 3 | 0 | 49 | 4 | 0 |
| | 2010 | 울산 | 27 | 1 | 1 | 3 | 0 | 63 | 4 | 0 |
| | 2011 | 수원 | 28 | 4 | 4 | 2 | 0 | 45 | 2 | 0 |
| | 2012 | 수원 | 26 | 5 | 1 | 0 | 0 | 40 | 5 | 0 |
| | 2013 | 수원 | 34 | 6 | 1 | 4 | 0 | 60 | 6 | 0 |
| | 2014 | 수원 | 12 | 2 | 0 | 0 | 0 | 16 | 2 | 0 |
| | 2016 | 수원 | 7 | 5 | 1 | 0 | 0 | 11 | 1 | 0 |
| K2 | 2017 | 성남 | 3 | 2 | 0 | 0 | 0 | 5 | 1 | 0 |
| | 2018 | 대전 | 6 | 3 | 0 | 0 | 0 | 6 | 2 | 0 |
| PO | 2007 | 울산 | 2 | 1 | 0 | 0 | 0 | 3 | 0 | 0 |
| | 2008 | 울산 | 2 | 0 | 0 | 0 | 0 | 8 | 0 | 0 |
| | 2010 | 울산 | 1 | 0 | 0 | 0 | 0 | 2 | 0 | 0 |
| | 2011 | 수원 | 2 | 1 | 0 | 0 | 0 | 3 | 0 | 0 |
| 컵 | 2005 | 대구 | 7 | 7 | 0 | 1 | 0 | 6 | 1 | 0 |
| | 2006 | 대구 | 8 | 2 | 0 | 1 | 0 | 15 | 1 | 0 |
| | 2007 | 울산 | 7 | 3 | 0 | 0 | 0 | 18 | 2 | 0 |
| | 2008 | 울산 | 9 | 2 | 0 | 0 | 0 | 11 | 2 | 0 |
| | 2009 | 울산 | 4 | 0 | 0 | 3 | 0 | 8 | 1 | 0 |
| | 2010 | 울산 | 5 | 2 | 1 | 0 | 0 | 9 | 0 | 0 |
| 통산 | | | 291 | 69 | 24 | 21 | 0 | 519 | 42 | 0 |

**오재석**(吳宰碩) 경희대 1990.01.04

| 대회 | 연도 | 소속 | 출전 | 교체 | 득점 | 도움 | 실점 | 파울 | 경고 | 퇴장 |
|---|---|---|---|---|---|---|---|---|---|---|
| K1 | 2010 | 수원 | 5 | 4 | 0 | 0 | 0 | 7 | 1 | 0 |

| 대회 | 연도 | 소속 | 출전 | 교체 | 득점 | 도움 | 실점 | 파울 | 경고 | 퇴장 |
|---|---|---|---|---|---|---|---|---|---|---|
| | 2011 | 강원 | 22 | 1 | 1 | 1 | 0 | 40 | 5 | 0 |
| | 2012 | 강원 | 31 | 4 | 2 | 3 | 0 | 43 | 3 | 0 |
| | 2021 | 인천 | 26 | 7 | 0 | 2 | 0 | 28 | 0 | 0 |
| | 2022 | 인천 | 3 | 3 | 0 | 1 | 0 | 1 | 0 | 0 |
| | 2023 | 대전 | 25 | 12 | 0 | 0 | 0 | 22 | 6 | 0 |
| | 2024 | 대전 | 21 | 16 | 0 | 1 | 0 | 16 | 1 | 0 |
| | 2025 | 대전 | 12 | 7 | 0 | 1 | 0 | 3 | 1 | 0 |
| 컵 | 2010 | 수원 | 2 | 1 | 0 | 0 | 0 | 3 | 0 | 0 |
| | 2011 | 강원 | 2 | 0 | 0 | 0 | 0 | 1 | 0 | 0 |
| 통산 | | | 149 | 55 | 3 | 9 | 0 | 164 | 17 | 0 |

**오재혁**(吳宰赫) 건동대 1989.02.20

| 대회 | 연도 | 소속 | 출전 | 교체 | 득점 | 도움 | 실점 | 파울 | 경고 | 퇴장 |
|---|---|---|---|---|---|---|---|---|---|---|
| K2 | 2013 | 부천 | 8 | 3 | 0 | 0 | 0 | 13 | 1 | 0 |
| 통산 | | | 8 | 3 | 0 | 0 | 0 | 13 | 1 | 0 |

**오재혁**(吳宰奕) 포항제철고 2002.06.21

| 대회 | 연도 | 소속 | 출전 | 교체 | 득점 | 도움 | 실점 | 파울 | 경고 | 퇴장 |
|---|---|---|---|---|---|---|---|---|---|---|
| K1 | 2023 | 전북 | 4 | 4 | 0 | 0 | 0 | 3 | 0 | 0 |
| | 2025 | 제주 | 31 | 32 | 1 | 3 | 0 | 26 | 1 | 0 |
| K2 | 2021 | 부천 | 17 | 10 | 0 | 1 | 0 | 21 | 3 | 0 |
| | 2022 | 부천 | 33 | 22 | 2 | 3 | 0 | 30 | 3 | 0 |
| | 2024 | 성남 | 12 | 5 | 0 | 0 | 0 | 9 | 1 | 0 |
| PO | 2025 | 제주 | 2 | 2 | 0 | 0 | 0 | 0 | 0 | 0 |
| 통산 | | | 99 | 75 | 3 | 7 | 0 | 89 | 8 | 0 |

**오정석**(吳政錫) 아주대 1978.09.05

| 대회 | 연도 | 소속 | 출전 | 교체 | 득점 | 도움 | 실점 | 파울 | 경고 | 퇴장 |
|---|---|---|---|---|---|---|---|---|---|---|
| K1 | 2001 | 부산 | 6 | 6 | 1 | 0 | 0 | 4 | 1 | 0 |
| | 2002 | 부산 | 1 | 1 | 0 | 0 | 0 | 0 | 0 | 0 |
| | 2003 | 부산 | 1 | 1 | 0 | 0 | 0 | 2 | 0 | 0 |
| | 2004 | 광주상무 | 1 | 1 | 0 | 0 | 0 | 0 | 0 | 0 |
| | 2005 | 광주상무 | 3 | 3 | 0 | 0 | 0 | 1 | 0 | 0 |
| 컵 | 2002 | 부산 | 4 | 4 | 0 | 0 | 0 | 4 | 1 | 0 |
| 통산 | | | 16 | 16 | 1 | 0 | 0 | 11 | 2 | 0 |

**오종철**(吳宗哲) 한양대 1988.08.21

| 대회 | 연도 | 소속 | 출전 | 교체 | 득점 | 도움 | 실점 | 파울 | 경고 | 퇴장 |
|---|---|---|---|---|---|---|---|---|---|---|
| K1 | 2012 | 전북 | 0 | 0 | 0 | 0 | 0 | 0 | 0 | 0 |
| K2 | 2013 | 충주 | 3 | 1 | 0 | 0 | 0 | 2 | 2 | 0 |
| 통산 | | | 3 | 1 | 0 | 0 | 0 | 2 | 2 | 0 |

**오주포**(吳柱捕) 건국대 1973.06.21

| 대회 | 연도 | 소속 | 출전 | 교체 | 득점 | 도움 | 실점 | 파울 | 경고 | 퇴장 |
|---|---|---|---|---|---|---|---|---|---|---|
| K1 | 1995 | 일화 | 6 | 5 | 0 | 0 | 0 | 11 | 3 | 0 |
| | 1998 | 전남 | 7 | 5 | 0 | 0 | 0 | 14 | 3 | 0 |
| | 1999 | 전남 | 4 | 2 | 0 | 0 | 0 | 5 | 0 | 0 |
| | 2000 | 전남 | 7 | 5 | 0 | 0 | 0 | 8 | 1 | 0 |
| | 2003 | 대구 | 16 | 12 | 1 | 1 | 0 | 25 | 3 | 0 |
| | 2004 | 대구 | 2 | 1 | 0 | 0 | 0 | 5 | 1 | 0 |
| | 2006 | 대구 | 2 | 2 | 0 | 0 | 0 | 3 | 0 | 0 |
| PO | 1998 | 전남 | 1 | 0 | 0 | 0 | 0 | 5 | 1 | 0 |
| 컵 | 1996 | 천안일화 | 1 | 1 | 0 | 0 | 0 | 1 | 0 | 0 |
| | 1999 | 전남 | 2 | 1 | 0 | 0 | 0 | 4 | 0 | 0 |
| | 2000 | 전남 | 0 | 0 | 0 | 0 | 0 | 0 | 0 | 0 |
| | 2004 | 대구 | 1 | 1 | 0 | 0 | 0 | 1 | 0 | 0 |
| 통산 | | | 49 | 35 | 1 | 1 | 0 | 82 | 12 | 0 |

**오주현**(吳周炫) 고려대 1987.04.02

| 대회 | 연도 | 소속 | 출전 | 교체 | 득점 | 도움 | 실점 | 파울 | 경고 | 퇴장 |
|---|---|---|---|---|---|---|---|---|---|---|
| K1 | 2010 | 대구 | 14 | 5 | 0 | 0 | 0 | 26 | 4 | 1 |
| | 2011 | 대구 | 1 | 0 | 0 | 0 | 0 | 1 | 1 | 0 |
| | 2013 | 제주 | 18 | 3 | 0 | 0 | 0 | 32 | 4 | 0 |
| 컵 | 2010 | 대구 | 5 | 1 | 0 | 2 | 0 | 6 | 1 | 0 |
| | 2011 | 대구 | 3 | 0 | 0 | 0 | 0 | 3 | 1 | 0 |
| 통산 | | | 41 | 9 | 0 | 2 | 0 | 68 | 11 | 1 |

**오주호**(吳周昊) 동아대 1992.04.02

| 대회 | 연도 | 소속 | 출전 | 교체 | 득점 | 도움 | 실점 | 파울 | 경고 | 퇴장 |
|---|---|---|---|---|---|---|---|---|---|---|
| K2 | 2015 | 고양 | 7 | 2 | 0 | 0 | 0 | 11 | 0 | 0 |
| 통산 | | | 7 | 2 | 0 | 0 | 0 | 11 | 0 | 0 |

**오찬식**(吳贊植) 광운대 1997.01.24

| 대회 | 연도 | 소속 | 출전 | 교체 | 득점 | 도움 | 실점 | 파울 | 경고 | 퇴장 |
|---|---|---|---|---|---|---|---|---|---|---|
| K2 | 2020 | 전남 | 3 | 0 | 0 | 0 | 3 | 0 | 0 | 0 |
| | 2021 | 전남 | 0 | 0 | 0 | 0 | 0 | 0 | 0 | 0 |
| | 2022 | 전남 | 1 | 0 | 0 | 0 | 3 | 0 | 0 | 0 |
| 통산 | | | 4 | 0 | 0 | 0 | 6 | 0 | 0 | 0 |

**오창식**(吳昶食) 건국대 1984.03.27

| 대회 | 연도 | 소속 | 출전 | 교체 | 득점 | 도움 | 실점 | 파울 | 경고 | 퇴장 |
|---|---|---|---|---|---|---|---|---|---|---|
| K1 | 2007 | 울산 | 0 | 0 | 0 | 0 | 0 | 0 | 0 | 0 |
| | 2008 | 울산 | 9 | 0 | 0 | 0 | 0 | 12 | 1 | 0 |
| | 2009 | 울산 | 4 | 1 | 0 | 0 | 0 | 1 | 0 | 0 |
| | 2010 | 광주상무 | 2 | 0 | 0 | 0 | 0 | 5 | 0 | 0 |
| | 2011 | 상주 | 1 | 0 | 0 | 0 | 0 | 1 | 0 | 0 |
| PO | 2008 | 울산 | 3 | 0 | 0 | 0 | 0 | 5 | 1 | 0 |
| 컵 | 2007 | 울산 | 1 | 0 | 0 | 0 | 0 | 3 | 0 | 0 |
| | 2008 | 울산 | 2 | 0 | 0 | 0 | 0 | 3 | 1 | 0 |
| | 2011 | 상주 | 2 | 1 | 0 | 0 | 0 | 1 | 1 | 0 |
| 통산 | | | 24 | 2 | 0 | 0 | 0 | 31 | 4 | 0 |

**오창현**(吳昌炫) 광운대 1989.05.04

| 대회 | 연도 | 소속 | 출전 | 교체 | 득점 | 도움 | 실점 | 파울 | 경고 | 퇴장 |
|---|---|---|---|---|---|---|---|---|---|---|
| K2 | 2015 | 서울E | 3 | 3 | 0 | 0 | 0 | 2 | 0 | 0 |
| | 2016 | 대전 | 27 | 5 | 0 | 0 | 0 | 31 | 4 | 0 |
| 통산 | | | 30 | 8 | 0 | 0 | 0 | 33 | 4 | 0 |

**오창현**(吳昌炫) 단국대 1993.03.02

| 대회 | 연도 | 소속 | 출전 | 교체 | 득점 | 도움 | 실점 | 파울 | 경고 | 퇴장 |
|---|---|---|---|---|---|---|---|---|---|---|
| K1 | 2016 | 포항 | 15 | 15 | 2 | 2 | 0 | 5 | 1 | 0 |
| | 2017 | 포항 | 5 | 5 | 0 | 0 | 0 | 0 | 1 | 0 |
| 통산 | | | 20 | 20 | 2 | 2 | 0 | 5 | 2 | 0 |

**오철석**(吳哲錫) 연세대 1982.03.23

| 대회 | 연도 | 소속 | 출전 | 교체 | 득점 | 도움 | 실점 | 파울 | 경고 | 퇴장 |
|---|---|---|---|---|---|---|---|---|---|---|
| K1 | 2005 | 부산 | 0 | 0 | 0 | 0 | 0 | 0 | 0 | 0 |
| | 2006 | 부산 | 12 | 11 | 1 | 1 | 0 | 15 | 0 | 0 |
| | 2008 | 부산 | 5 | 5 | 0 | 0 | 0 | 9 | 0 | 0 |
| | 2009 | 부산 | 11 | 11 | 0 | 0 | 0 | 17 | 0 | 0 |
| 컵 | 2006 | 부산 | 8 | 6 | 0 | 2 | 0 | 16 | 2 | 0 |
| | 2008 | 부산 | 1 | 1 | 0 | 0 | 0 | 1 | 0 | 0 |
| | 2009 | 부산 | 3 | 3 | 0 | 0 | 0 | 4 | 1 | 0 |
| 통산 | | | 40 | 37 | 1 | 3 | 0 | 62 | 3 | 0 |

**오태동**(吳太東) 전주대 1972.07.14

| 대회 | 연도 | 소속 | 출전 | 교체 | 득점 | 도움 | 실점 | 파울 | 경고 | 퇴장 |
|---|---|---|---|---|---|---|---|---|---|---|
| K1 | 1995 | 전남 | 0 | 0 | 0 | 0 | 0 | 0 | 0 | 0 |
| 통산 | | | 0 | 0 | 0 | 0 | 0 | 0 | 0 | 0 |

**오프키르**(Mohamed Ofkir) 노르웨이 1996.08.04

| 대회 | 연도 | 소속 | 출전 | 교체 | 득점 | 도움 | 실점 | 파울 | 경고 | 퇴장 |
|---|---|---|---|---|---|---|---|---|---|---|
| K1 | 2025 | 수원FC | 10 | 10 | 0 | 0 | 0 | 2 | 1 | 0 |
| 통산 | | | 10 | 10 | 0 | 0 | 0 | 2 | 1 | 0 |

**오필환**(吳必煥) 청주상고 1958.11.12

| 대회 | 연도 | 소속 | 출전 | 교체 | 득점 | 도움 | 실점 | 파울 | 경고 | 퇴장 |
|---|---|---|---|---|---|---|---|---|---|---|
| K1 | 1983 | 할렐루야 | 12 | 9 | 2 | 1 | 0 | 5 | 0 | 0 |
| | 1984 | 할렐루야 | 13 | 11 | 1 | 0 | 0 | 6 | 0 | 0 |
| | 1985 | 할렐루야 | 9 | 5 | 2 | 0 | 0 | 7 | 0 | 0 |
| 통산 | | | 34 | 25 | 5 | 1 | 0 | 18 | 0 | 0 |

**오혁진**(吳赫鎭) 조선대 1994.01.21

| 대회 | 연도 | 소속 | 출전 | 교체 | 득점 | 도움 | 실점 | 파울 | 경고 | 퇴장 |
|---|---|---|---|---|---|---|---|---|---|---|
| K2 | 2016 | 대전 | 0 | 0 | 0 | 0 | 0 | 0 | 0 | 0 |
| 통산 | | | 0 | 0 | 0 | 0 | 0 | 0 | 0 | 0 |

**오현교**(吳賢教) 호남대 1999.07.24

| 대회 | 연도 | 소속 | 출전 | 교체 | 득점 | 도움 | 실점 | 파울 | 경고 | 퇴장 |
|---|---|---|---|---|---|---|---|---|---|---|
| K2 | 2023 | 천안 | 25 | 18 | 1 | 0 | 0 | 25 | 3 | 0 |
| | 2024 | 천안 | 8 | 5 | 0 | 0 | 0 | 12 | 1 | 0 |
| 통산 | | | 33 | 23 | 1 | 0 | 0 | 37 | 4 | 0 |

**오현규**(吳賢揆) 매탄고 2001.04.12

| 대회 | 연도 | 소속 | 출전 | 교체 | 득점 | 도움 | 실점 | 파울 | 경고 | 퇴장 |
|---|---|---|---|---|---|---|---|---|---|---|
| K1 | 2019 | 수원 | 11 | 11 | 0 | 0 | 0 | 6 | 2 | 0 |
| | 2020 | 상주 | 5 | 5 | 2 | 0 | 0 | 6 | 0 | 0 |
| | 2021 | 수원 | 2 | 2 | 0 | 0 | 0 | 0 | 0 | 0 |
| | 2022 | 수원 | 36 | 27 | 13 | 3 | 0 | 32 | 5 | 0 |
| K2 | 2021 | 김천 | 33 | 27 | 5 | 3 | 0 | 20 | 4 | 0 |
| PO | 2022 | 수원 | 2 | 0 | 1 | 0 | 0 | 2 | 1 | 0 |
| 통산 | | | 89 | 72 | 21 | 6 | 0 | 66 | 12 | 0 |

**오현민**(吳玹旼) 건국대 1996.04.23

| 대회 | 연도 | 소속 | 출전 | 교체 | 득점 | 도움 | 실점 | 파울 | 경고 | 퇴장 |
|---|---|---|---|---|---|---|---|---|---|---|
| K2 | 2021 | 안산 | 0 | 0 | 0 | 0 | 0 | 0 | 0 | 0 |
| 통산 | | | 0 | 0 | 0 | 0 | 0 | 0 | 0 | 0 |

**오후성**(吳厚性) 현풍고 1999.08.25

| 대회 | 연도 | 소속 | 출전 | 교체 | 득점 | 도움 | 실점 | 파울 | 경고 | 퇴장 |
|---|---|---|---|---|---|---|---|---|---|---|
| K1 | 2018 | 대구 | 1 | 1 | 0 | 0 | 0 | 2 | 0 | 0 |
| | 2019 | 대구 | 8 | 8 | 0 | 1 | 0 | 0 | 0 | 0 |
| | 2020 | 대구 | 6 | 6 | 0 | 0 | 0 | 0 | 0 | 0 |
| | 2021 | 대구 | 22 | 22 | 1 | 1 | 0 | 9 | 0 | 0 |
| | 2022 | 대구 | 8 | 7 | 1 | 0 | 0 | 2 | 0 | 0 |
| | 2023 | 광주 | 6 | 6 | 0 | 0 | 0 | 4 | 0 | 0 |
| | 2024 | 광주 | 9 | 9 | 0 | 0 | 0 | 4 | 0 | 0 |
| | 2025 | 광주 | 33 | 25 | 4 | 3 | 0 | 10 | 1 | 0 |
| 통산 | | | 93 | 84 | 6 | 5 | 0 | 31 | 1 | 0 |

**온병훈**(溫炳勳) 숭실대 1985.08.07

| 대회 | 연도 | 소속 | 출전 | 교체 | 득점 | 도움 | 실점 | 파울 | 경고 | 퇴장 |
|---|---|---|---|---|---|---|---|---|---|---|
| K1 | 2008 | 전북 | 6 | 6 | 1 | 0 | 0 | 5 | 0 | 0 |
| | 2009 | 전북 | 2 | 2 | 0 | 0 | 0 | 1 | 0 | 0 |
| | 2010 | 대구 | 23 | 14 | 1 | 2 | 0 | 26 | 4 | 0 |
| | 2011 | 대구 | 8 | 6 | 0 | 0 | 0 | 6 | 0 | 0 |
| | 2013 | 대구 | 2 | 2 | 0 | 0 | 0 | 3 | 1 | 0 |
| 컵 | 2006 | 포항 | 1 | 1 | 0 | 0 | 0 | 0 | 0 | 0 |
| | 2007 | 포항 | 1 | 1 | 0 | 0 | 0 | 4 | 1 | 0 |
| | 2008 | 전북 | 3 | 3 | 1 | 0 | 0 | 6 | 1 | 0 |
| | 2009 | 전북 | 1 | 1 | 0 | 0 | 0 | 0 | 0 | 0 |
| | 2010 | 대구 | 5 | 4 | 3 | 0 | 0 | 4 | 1 | 0 |
| | 2011 | 대구 | 5 | 2 | 0 | 1 | 0 | 11 | 1 | 0 |
| 통산 | | | 57 | 42 | 6 | 3 | 0 | 66 | 9 | 0 |

**올레그**(Oleg Elyshev) 러시아 1971.05.30

| 대회 | 연도 | 소속 | 출전 | 교체 | 득점 | 도움 | 실점 | 파울 | 경고 | 퇴장 |
|---|---|---|---|---|---|---|---|---|---|---|
| K1 | 1997 | 안양LG | 11 | 2 | 2 | 1 | 0 | 20 | 3 | 1 |
| | 1998 | 안양LG | 16 | 3 | 4 | 3 | 0 | 24 | 3 | 0 |
| | 1999 | 안양LG | 20 | 7 | 5 | 4 | 0 | 19 | 4 | 0 |
| 컵 | 1997 | 안양LG | 7 | 0 | 0 | 5 | 0 | 11 | 2 | 0 |
| | 1998 | 안양LG | 18 | 6 | 3 | 1 | 0 | 29 | 2 | 0 |
| | 1999 | 안양LG | 11 | 7 | 0 | 1 | 0 | 24 | 1 | 0 |
| 통산 | | | 83 | 25 | 14 | 15 | 0 | 127 | 15 | 1 |

**올렉** (Oleg Zoteev) 우즈베키스탄 1989.07.05

| 대회 | 연도 | 소속 | 출전 | 교체 | 득점 | 도움 | 실점 | 파울 | 경고 | 퇴장 |
|---|---|---|---|---|---|---|---|---|---|---|
| K2 | 2020 | 전남 | 8 | 4 | 0 | 1 | 0 | 8 | 0 | 0 |
| | 2021 | 전남 | 24 | 8 | 1 | 1 | 0 | 22 | 3 | 0 |
| PO | 2021 | 전남 | 1 | 0 | 0 | 0 | 0 | 0 | 0 | 0 |
| 통산 | | | 33 | 12 | 1 | 2 | 0 | 30 | 3 | 0 |

**올리**(Aurelian Cosmi Olaroiu) 루마니아 1969.06.10

| 대회 | 연도 | 소속 | 출전 | 교체 | 득점 | 도움 | 실점 | 파울 | 경고 | 퇴장 |
|---|---|---|---|---|---|---|---|---|---|---|
| K1 | 1997 | 수원 | 16 | 0 | 2 | 0 | 0 | 36 | 5 | 0 |
| | 1998 | 수원 | 10 | 6 | 0 | 0 | 0 | 17 | 1 | 0 |
| | 1999 | 수원 | 20 | 0 | 2 | 0 | 0 | 56 | 8 | 1 |
| | 2000 | 수원 | 6 | 1 | 0 | 1 | 0 | 9 | 1 | 0 |
| PO | 1998 | 수원 | 2 | 0 | 0 | 0 | 0 | 5 | 0 | 0 |
| | 1999 | 수원 | 2 | 0 | 0 | 0 | 0 | 1 | 1 | 0 |
| 컵 | 1997 | 수원 | 16 | 4 | 3 | 0 | 0 | 25 | 4 | 0 |
| | 1998 | 수원 | 13 | 5 | 0 | 1 | 0 | 33 | 5 | 1 |
| | 1999 | 수원 | 8 | 0 | 0 | 0 | 0 | 19 | 2 | 0 |
| | 2000 | 수원 | 5 | 2 | 0 | 0 | 0 | 6 | 2 | 0 |
| 통산 | | | 98 | 18 | 7 | 2 | 0 | 207 | 29 | 2 |

**올리베**(Alcir de Oliveira Fonseca) 브라질 1977.11.14

| 대회 | 연도 | 소속 | 출전 | 교체 | 득점 | 도움 | 실점 | 파울 | 경고 | 퇴장 |
|---|---|---|---|---|---|---|---|---|---|---|
| K1 | 2002 | 성남일화 | 7 | 7 | 0 | 0 | 0 | 10 | 2 | 0 |
| 컵 | 2002 | 성남일화 | 11 | 11 | 0 | 2 | 0 | 28 | 3 | 0 |
| 통산 | | | 18 | 18 | 0 | 2 | 0 | 38 | 5 | 0 |

**올리베라**(Juan Manuel Olivera Lopez) 우루과이 1981.08.14

| 대회 | 연도 | 소속 | 출전 | 교체 | 득점 | 도움 | 실점 | 파울 | 경고 | 퇴장 |
|---|---|---|---|---|---|---|---|---|---|---|
| K1 | 2006 | 수원 | 13 | 11 | 4 | 0 | 0 | 22 | 1 | 0 |

| PO | 2006 | 수원 | 1 | 0 | 0 | 0 | 0 | 2 | 0 | 0 |
|---|---|---|---|---|---|---|---|---|---|---|
| 컵 | 2006 | 수원 | 1 | 1 | 1 | 0 | 0 | 1 | 0 | 0 |
| 통산 | | | 15 | 12 | 5 | 0 | 0 | 25 | 1 | 0 |

**옹동균**(邕東均) 건국대 1991.11.23

| 대회 | 연도 | 소속 | 출전 | 교체 | 득점 | 도움 | 실점 | 파울 | 경고 | 퇴장 |
|---|---|---|---|---|---|---|---|---|---|---|
| K1 | 2015 | 전북 | 1 | 1 | 0 | 0 | 0 | 1 | 0 | 0 |
| K2 | 2016 | 충주 | 2 | 2 | 0 | 0 | 0 | 1 | 0 | 0 |
| 통산 | | | 3 | 3 | 0 | 0 | 0 | 2 | 0 | 0 |

**와타루**(Wataru Murofushi, 室伏航) 일본 1995.06.13

| 대회 | 연도 | 소속 | 출전 | 교체 | 득점 | 도움 | 실점 | 파울 | 경고 | 퇴장 |
|---|---|---|---|---|---|---|---|---|---|---|
| K2 | 2021 | 부천 | 3 | 3 | 0 | 0 | 0 | 0 | 0 | 0 |
| 통산 | | | 3 | 3 | 0 | 0 | 0 | 0 | 0 | 0 |

**완델손**(Wanderson Carvalho Oliveira/←완델손C) 브라질 1989.03.31

| 대회 | 연도 | 소속 | 출전 | 교체 | 득점 | 도움 | 실점 | 파울 | 경고 | 퇴장 |
|---|---|---|---|---|---|---|---|---|---|---|
| K1 | 2015 | 대전 | 15 | 2 | 6 | 1 | 0 | 25 | 2 | 0 |
| | 2016 | 제주 | 14 | 10 | 4 | 3 | 0 | 18 | 0 | 0 |
| | 2017 | 포항 | 19 | 9 | 1 | 4 | 0 | 11 | 2 | 0 |
| | 2018 | 전남 | 33 | 7 | 4 | 5 | 0 | 38 | 3 | 1 |
| | 2019 | 포항 | 38 | 7 | 15 | 9 | 0 | 49 | 2 | 0 |
| | 2022 | 포항 | 27 | 18 | 2 | 1 | 0 | 27 | 3 | 0 |
| | 2023 | 포항 | 20 | 6 | 2 | 3 | 0 | 14 | 3 | 0 |
| | 2024 | 포항 | 38 | 3 | 4 | 2 | 0 | 29 | 2 | 0 |
| | 2025 | 포항 | 2 | 1 | 0 | 0 | 0 | 0 | 0 | 0 |
| K2 | 2016 | 대전 | 18 | 5 | 5 | 2 | 0 | 24 | 3 | 0 |
| 통산 | | | 224 | 68 | 43 | 30 | 0 | 235 | 20 | 1 |

**완드류** (Wandrew Laurindo Silva Mendona) 브라질 2000.05.24

| 대회 | 연도 | 소속 | 출전 | 교체 | 득점 | 도움 | 실점 | 파울 | 경고 | 퇴장 |
|---|---|---|---|---|---|---|---|---|---|---|
| K2 | 2023 | 안산 | 3 | 3 | 0 | 0 | 0 | 4 | 0 | 0 |
| 통산 | | | 3 | 3 | 0 | 0 | 0 | 4 | 0 | 0 |

**완호우량**(Wan Houliang, 万厚良) 중국 1986.02.25

| 대회 | 연도 | 소속 | 출전 | 교체 | 득점 | 도움 | 실점 | 파울 | 경고 | 퇴장 |
|---|---|---|---|---|---|---|---|---|---|---|
| K1 | 2009 | 전북 | 4 | 1 | 0 | 0 | 0 | 18 | 3 | 0 |
| 통산 | | | 4 | 1 | 0 | 0 | 0 | 18 | 3 | 0 |

**왕건명**(王件明) 단국대 1993.07.04

| 대회 | 연도 | 소속 | 출전 | 교체 | 득점 | 도움 | 실점 | 파울 | 경고 | 퇴장 |
|---|---|---|---|---|---|---|---|---|---|---|
| K2 | 2018 | 광주 | 3 | 1 | 0 | 0 | 0 | 1 | 1 | 0 |
| PO | 2018 | 광주 | 0 | 0 | 0 | 0 | 0 | 0 | 0 | 0 |
| 통산 | | | 3 | 1 | 0 | 0 | 0 | 1 | 1 | 0 |

**왕선재**(王善財) 연세대 1959.03.16

| 대회 | 연도 | 소속 | 출전 | 교체 | 득점 | 도움 | 실점 | 파울 | 경고 | 퇴장 |
|---|---|---|---|---|---|---|---|---|---|---|
| K1 | 1984 | 한일은행 | 27 | 6 | 7 | 8 | 0 | 20 | 0 | 0 |
| | 1985 | 럭키금성 | 14 | 6 | 1 | 5 | 0 | 9 | 0 | 0 |
| | 1986 | 럭키금성 | 5 | 4 | 0 | 2 | 0 | 2 | 0 | 0 |
| | 1987 | 포항제철 | 2 | 2 | 0 | 0 | 0 | 4 | 0 | 0 |
| | 1988 | 현대 | 5 | 5 | 0 | 0 | 0 | 4 | 0 | 1 |
| | 1988 | 포항제철 | 1 | 1 | 0 | 0 | 0 | 2 | 0 | 0 |
| | 1989 | 현대 | 18 | 16 | 0 | 1 | 0 | 13 | 2 | 0 |
| 컵 | 1986 | 럭키금성 | 2 | 2 | 0 | 0 | 0 | 3 | 0 | 0 |
| 통산 | | | 74 | 42 | 8 | 16 | 0 | 57 | 2 | 1 |

**왕정현**(王淨鉉) 배재대 1976.08.30

| 대회 | 연도 | 소속 | 출전 | 교체 | 득점 | 도움 | 실점 | 파울 | 경고 | 퇴장 |
|---|---|---|---|---|---|---|---|---|---|---|
| K1 | 1999 | 안양LG | 12 | 12 | 0 | 2 | 0 | 15 | 0 | 0 |
| | 2000 | 안양LG | 17 | 14 | 6 | 1 | 0 | 19 | 2 | 0 |
| | 2001 | 안양LG | 11 | 10 | 0 | 0 | 0 | 9 | 1 | 0 |
| | 2002 | 안양LG | 19 | 5 | 1 | 2 | 0 | 24 | 2 | 0 |
| | 2003 | 안양LG | 24 | 6 | 1 | 1 | 0 | 27 | 1 | 0 |
| | 2004 | 서울 | 5 | 5 | 0 | 0 | 0 | 4 | 0 | 0 |
| | 2005 | 전북 | 13 | 10 | 2 | 0 | 0 | 15 | 0 | 0 |
| | 2006 | 전북 | 15 | 5 | 0 | 1 | 0 | 19 | 2 | 0 |
| PO | 2000 | 안양LG | 2 | 1 | 1 | 0 | 0 | 0 | 0 | 0 |
| 컵 | 1999 | 안양LG | 1 | 1 | 0 | 0 | 0 | 1 | 0 | 0 |
| | 2000 | 안양LG | 6 | 6 | 2 | 1 | 0 | 13 | 0 | 0 |
| | 2001 | 안양LG | 7 | 6 | 0 | 0 | 0 | 13 | 0 | 0 |
| | 2002 | 안양LG | 6 | 3 | 0 | 0 | 0 | 4 | 1 | 0 |
| | 2004 | 서울 | 9 | 9 | 2 | 0 | 0 | 7 | 2 | 0 |
| | 2005 | 전북 | 11 | 9 | 1 | 2 | 0 | 11 | 1 | 0 |
| | 2006 | 전북 | 8 | 2 | 0 | 0 | 0 | 5 | 1 | 0 |
| 통산 | | | 166 | 104 | 16 | 10 | 0 | 186 | 13 | 0 |

**외슬** (Weslley Braz de Almeida) 브라질 1981.05.07

| 대회 | 연도 | 소속 | 출전 | 교체 | 득점 | 도움 | 실점 | 파울 | 경고 | 퇴장 |
|---|---|---|---|---|---|---|---|---|---|---|
| K1 | 2011 | 대전 | 1 | 1 | 0 | 0 | 0 | 0 | 1 | 0 |
| 컵 | 2011 | 대전 | 1 | 1 | 0 | 0 | 0 | 1 | 0 | 0 |
| 통산 | | | 2 | 2 | 0 | 0 | 0 | 1 | 1 | 0 |

**요니치**(Matej Jonjic) 크로아티아 1991.01.29

| 대회 | 연도 | 소속 | 출전 | 교체 | 득점 | 도움 | 실점 | 파울 | 경고 | 퇴장 |
|---|---|---|---|---|---|---|---|---|---|---|
| K1 | 2015 | 인천 | 37 | 0 | 0 | 0 | 0 | 23 | 4 | 0 |
| | 2016 | 인천 | 34 | 0 | 0 | 0 | 0 | 24 | 6 | 0 |
| | 2024 | 인천 | 29 | 3 | 1 | 0 | 0 | 17 | 2 | 1 |
| 통산 | | | 100 | 3 | 1 | 0 | 0 | 64 | 12 | 1 |

**요르만**(Jorman Israel Aguilar Bustamante) 파나마 1994.09.11

| 대회 | 연도 | 소속 | 출전 | 교체 | 득점 | 도움 | 실점 | 파울 | 경고 | 퇴장 |
|---|---|---|---|---|---|---|---|---|---|---|
| K2 | 2022 | 부천 | 28 | 27 | 4 | 0 | 0 | 10 | 0 | 0 |
| PO | 2022 | 부천 | 1 | 1 | 0 | 0 | 0 | 0 | 0 | 0 |
| 통산 | | | 29 | 28 | 4 | 0 | 0 | 10 | 0 | 0 |

**요바노비치**(Igor Jovanović) 독일 1989.05.03

| 대회 | 연도 | 소속 | 출전 | 교체 | 득점 | 도움 | 실점 | 파울 | 경고 | 퇴장 |
|---|---|---|---|---|---|---|---|---|---|---|
| K1 | 2020 | 성남 | 2 | 0 | 0 | 0 | 0 | 3 | 1 | 0 |
| 통산 | | | 2 | 0 | 0 | 0 | 0 | 3 | 1 | 0 |

**요반치치**(Madimir Jovancić) 세르비아 1987.05.31

| 대회 | 연도 | 소속 | 출전 | 교체 | 득점 | 도움 | 실점 | 파울 | 경고 | 퇴장 |
|---|---|---|---|---|---|---|---|---|---|---|
| K1 | 2012 | 성남일화 | 16 | 11 | 3 | 0 | 0 | 26 | 5 | 0 |
| 통산 | | | 16 | 11 | 3 | 0 | 0 | 26 | 5 | 0 |

**요시노**(Yoshino Kyohei, 吉野恭平) 일본 1994.11.08

| 대회 | 연도 | 소속 | 출전 | 교체 | 득점 | 도움 | 실점 | 파울 | 경고 | 퇴장 |
|---|---|---|---|---|---|---|---|---|---|---|
| K1 | 2024 | 대구 | 30 | 18 | 5 | 3 | 0 | 27 | 7 | 1 |
| | 2025 | 대구 | 16 | 12 | 2 | 0 | 0 | 16 | 4 | 0 |
| PO | 2024 | 대구 | 2 | 1 | 0 | 0 | 0 | 2 | 0 | 0 |
| 통산 | | | 48 | 31 | 7 | 3 | 0 | 45 | 11 | 1 |

**요한**(Jovan Sarcevic) 유고슬라비아 1966.01.07

| 대회 | 연도 | 소속 | 출전 | 교체 | 득점 | 도움 | 실점 | 파울 | 경고 | 퇴장 |
|---|---|---|---|---|---|---|---|---|---|---|
| K1 | 1994 | LG | 11 | 2 | 1 | 0 | 0 | 22 | 3 | 0 |
| | 1995 | LG | 20 | 4 | 0 | 0 | 0 | 38 | 2 | 1 |
| 컵 | 1995 | LG | 4 | 0 | 0 | 1 | 0 | 5 | 0 | 0 |
| 통산 | | | 35 | 6 | 1 | 1 | 0 | 65 | 5 | 1 |

**용재현**(龍齎弦/←용현진) 건국대 1988.07.19

| 대회 | 연도 | 소속 | 출전 | 교체 | 득점 | 도움 | 실점 | 파울 | 경고 | 퇴장 |
|---|---|---|---|---|---|---|---|---|---|---|
| K1 | 2010 | 성남일화 | 7 | 1 | 0 | 1 | 0 | 20 | 4 | 0 |
| | 2011 | 성남일화 | 12 | 5 | 0 | 0 | 0 | 16 | 3 | 0 |
| | 2012 | 상주 | 12 | 2 | 0 | 0 | 0 | 29 | 4 | 0 |
| | 2014 | 인천 | 24 | 3 | 0 | 0 | 0 | 33 | 6 | 0 |
| | 2015 | 인천 | 5 | 1 | 0 | 0 | 0 | 3 | 3 | 0 |
| K2 | 2013 | 상주 | 1 | 1 | 0 | 0 | 0 | 0 | 0 | 0 |
| | 2016 | 부산 | 29 | 0 | 1 | 1 | 0 | 36 | 9 | 0 |
| | 2017 | 안양 | 18 | 0 | 0 | 0 | 0 | 28 | 9 | 1 |
| PO | 2010 | 성남일화 | 0 | 0 | 0 | 0 | 0 | 0 | 0 | 0 |
| | 2016 | 부산 | 1 | 0 | 0 | 0 | 0 | 2 | 1 | 0 |
| 컵 | 2011 | 성남일화 | 4 | 2 | 0 | 0 | 0 | 7 | 1 | 0 |
| 통산 | | | 113 | 15 | 1 | 2 | 0 | 174 | 40 | 1 |

**우고고메스**(Hugo Domingos Gomes) 브라질 1995.01.04

| 대회 | 연도 | 소속 | 출전 | 교체 | 득점 | 도움 | 실점 | 파울 | 경고 | 퇴장 |
|---|---|---|---|---|---|---|---|---|---|---|
| K1 | 2023 | 수원FC | 15 | 1 | 1 | 0 | 0 | 9 | 3 | 1 |
| PO | 2023 | 수원FC | 2 | 1 | 0 | 0 | 0 | 1 | 0 | 0 |
| 통산 | | | 17 | 2 | 1 | 0 | 0 | 10 | 3 | 1 |

**우르모브**(Zoran Urumov) 유고슬라비아 1977.08.30

| 대회 | 연도 | 소속 | 출전 | 교체 | 득점 | 도움 | 실점 | 파울 | 경고 | 퇴장 |
|---|---|---|---|---|---|---|---|---|---|---|
| K1 | 1999 | 부산 | 9 | 6 | 1 | 0 | 0 | 17 | 4 | 0 |
| | 2000 | 부산 | 18 | 11 | 3 | 2 | 0 | 27 | 6 | 0 |
| | 2001 | 부산 | 23 | 8 | 0 | 10 | 0 | 28 | 6 | 0 |
| | 2002 | 부산 | 17 | 8 | 1 | 1 | 0 | 16 | 2 | 1 |
| | 2003 | 수원 | 8 | 8 | 1 | 0 | 0 | 6 | 0 | 0 |
| | 2003 | 부산 | 14 | 7 | 7 | 1 | 0 | 8 | 2 | 1 |
| | 2004 | 수원 | 9 | 9 | 0 | 0 | 0 | 9 | 0 | 0 |
| PO | 1999 | 부산 | 2 | 2 | 0 | 0 | 0 | 2 | 0 | 0 |
| | 2004 | 수원 | 2 | 2 | 0 | 0 | 0 | 0 | 0 | 0 |
| 컵 | 1999 | 부산 | 1 | 0 | 0 | 0 | 0 | 1 | 0 | 0 |
| | 2000 | 부산 | 3 | 2 | 0 | 0 | 0 | 4 | 1 | 0 |
| | 2001 | 부산 | 10 | 4 | 3 | 1 | 0 | 18 | 5 | 0 |
| | 2002 | 부산 | 8 | 1 | 2 | 2 | 0 | 8 | 2 | 0 |
| | 2004 | 수원 | 10 | 9 | 1 | 3 | 0 | 6 | 2 | 0 |
| 통산 | | | 134 | 77 | 19 | 20 | 0 | 150 | 30 | 2 |

**우르코 베라**(Urko Vera Mateos) 스페인 1987.05.14

| 대회 | 연도 | 소속 | 출전 | 교체 | 득점 | 도움 | 실점 | 파울 | 경고 | 퇴장 |
|---|---|---|---|---|---|---|---|---|---|---|
| K1 | 2015 | 전북 | 6 | 6 | 0 | 0 | 0 | 7 | 0 | 0 |
| 통산 | | | 6 | 6 | 0 | 0 | 0 | 7 | 0 | 0 |

**우민걸**(禹敏傑) 문경대 1999.08.24

| 대회 | 연도 | 소속 | 출전 | 교체 | 득점 | 도움 | 실점 | 파울 | 경고 | 퇴장 |
|---|---|---|---|---|---|---|---|---|---|---|
| K1 | 2022 | 제주 | 0 | 0 | 0 | 0 | 0 | 0 | 0 | 0 |
| 통산 | | | 0 | 0 | 0 | 0 | 0 | 0 | 0 | 0 |

**우병철**(禹昞哲) 숭실대 2000.11.05

| 대회 | 연도 | 소속 | 출전 | 교체 | 득점 | 도움 | 실점 | 파울 | 경고 | 퇴장 |
|---|---|---|---|---|---|---|---|---|---|---|
| K1 | 2022 | 강원 | 0 | 0 | 0 | 0 | 0 | 0 | 0 | 0 |
| 통산 | | | 0 | 0 | 0 | 0 | 0 | 0 | 0 | 0 |

**우상호**(禹相皓) 메이카이대(일본) 1992.12.07

| 대회 | 연도 | 소속 | 출전 | 교체 | 득점 | 도움 | 실점 | 파울 | 경고 | 퇴장 |
|---|---|---|---|---|---|---|---|---|---|---|
| K1 | 2017 | 대구 | 17 | 12 | 0 | 0 | 0 | 30 | 3 | 0 |
| K2 | 2016 | 대구 | 17 | 5 | 1 | 0 | 0 | 30 | 4 | 0 |
| 통산 | | | 34 | 17 | 1 | 0 | 0 | 60 | 7 | 0 |

**우성문**(禹成汶) 경희대 1975.10.19

| 대회 | 연도 | 소속 | 출전 | 교체 | 득점 | 도움 | 실점 | 파울 | 경고 | 퇴장 |
|---|---|---|---|---|---|---|---|---|---|---|
| K1 | 1998 | 부산 | 15 | 12 | 0 | 1 | 0 | 23 | 0 | 0 |
| | 1999 | 부산 | 18 | 8 | 1 | 0 | 0 | 18 | 2 | 0 |
| | 2000 | 성남일화 | 24 | 8 | 1 | 2 | 0 | 38 | 2 | 0 |
| | 2005 | 부산 | 2 | 0 | 0 | 0 | 0 | 3 | 0 | 0 |
| PO | 1999 | 부산 | 5 | 1 | 0 | 0 | 0 | 11 | 1 | 0 |
| | 2000 | 성남일화 | 2 | 0 | 1 | 0 | 0 | 3 | 0 | 0 |
| 컵 | 1998 | 부산 | 13 | 7 | 1 | 0 | 0 | 27 | 2 | 1 |
| | 1999 | 부산 | 7 | 2 | 0 | 0 | 0 | 5 | 1 | 0 |
| | 2000 | 성남일화 | 12 | 1 | 0 | 3 | 0 | 21 | 1 | 0 |
| | 2005 | 부산 | 1 | 1 | 0 | 0 | 0 | 1 | 0 | 0 |
| 통산 | | | 99 | 40 | 4 | 6 | 0 | 150 | 9 | 1 |

**우성용**(禹成用) 아주대 1973.08.18

| 대회 | 연도 | 소속 | 출전 | 교체 | 득점 | 도움 | 실점 | 파울 | 경고 | 퇴장 |
|---|---|---|---|---|---|---|---|---|---|---|
| K1 | 1996 | 부산 | 26 | 16 | 3 | 2 | 0 | 23 | 2 | 0 |
| | 1997 | 부산 | 15 | 8 | 0 | 0 | 0 | 22 | 1 | 0 |
| | 1998 | 부산 | 13 | 10 | 2 | 3 | 0 | 20 | 2 | 0 |
| | 1999 | 부산 | 21 | 13 | 6 | 0 | 0 | 33 | 4 | 0 |
| | 2000 | 부산 | 24 | 7 | 6 | 3 | 0 | 40 | 2 | 0 |
| | 2001 | 부산 | 22 | 8 | 11 | 3 | 0 | 19 | 1 | 0 |
| | 2002 | 부산 | 25 | 3 | 13 | 3 | 0 | 31 | 3 | 0 |
| | 2003 | 포항 | 40 | 3 | 15 | 8 | 0 | 78 | 4 | 0 |
| | 2004 | 포항 | 23 | 1 | 10 | 0 | 0 | 38 | 4 | 0 |
| | 2005 | 성남일화 | 17 | 14 | 2 | 1 | 0 | 24 | 0 | 0 |
| | 2006 | 성남일화 | 25 | 8 | 15 | 4 | 0 | 49 | 3 | 0 |
| | 2007 | 울산 | 24 | 10 | 7 | 5 | 0 | 32 | 3 | 0 |
| | 2008 | 울산 | 20 | 16 | 3 | 3 | 0 | 22 | 2 | 0 |
| | 2009 | 인천 | 14 | 13 | 0 | 0 | 0 | 6 | 1 | 0 |
| PO | 1999 | 부산 | 5 | 1 | 1 | 1 | 0 | 6 | 0 | 0 |
| | 2004 | 포항 | 3 | 0 | 0 | 0 | 0 | 11 | 0 | 0 |
| | 2005 | 성남일화 | 1 | 0 | 0 | 1 | 0 | 5 | 0 | 0 |
| | 2006 | 성남일화 | 3 | 2 | 1 | 0 | 0 | 4 | 0 | 0 |
| | 2007 | 울산 | 2 | 0 | 1 | 1 | 0 | 7 | 1 | 0 |
| | 2008 | 울산 | 3 | 3 | 0 | 0 | 0 | 3 | 1 | 0 |

| 컵 | 1996 | 부산 | 5 | 5 | 1 | 0 | 0 | 11 | 0 | 0 |
|---|---|---|---|---|---|---|---|---|---|---|
| | 1997 | 부산 | 15 | 5 | 2 | 1 | 0 | 15 | 2 | 0 |
| | 1998 | 부산 | 12 | 10 | 2 | 0 | 0 | 21 | 0 | 0 |
| | 1999 | 부산 | 12 | 10 | 2 | 1 | 0 | 13 | 0 | 0 |
| | 2000 | 부산 | 10 | 3 | 0 | 0 | 0 | 11 | 1 | 0 |
| | 2001 | 부산 | 11 | 0 | 5 | 0 | 0 | 18 | 0 | 0 |
| | 2002 | 부산 | 1 | 1 | 0 | 0 | 0 | 0 | 0 | 0 |
| | 2004 | 포항 | 1 | 1 | 0 | 0 | 0 | 1 | 0 | 0 |
| | 2005 | 성남일화 | 12 | 7 | 1 | 0 | 0 | 31 | 0 | 0 |
| | 2006 | 성남일화 | 13 | 7 | 3 | 1 | 0 | 19 | 0 | 0 |
| | 2007 | 울산 | 9 | 5 | 1 | 2 | 0 | 16 | 1 | 0 |
| | 2008 | 울산 | 8 | 7 | 2 | 0 | 0 | 5 | 3 | 0 |
| | 2009 | 인천 | 4 | 3 | 1 | 0 | 0 | 9 | 0 | 0 |
| 통산 | | | 439 | 200 | 116 | 43 | 0 | 643 | 41 | 0 |

**우승제**(禹承濟) 배재대 1982.10.23

| 대회 | 연도 | 소속 | 출전 | 교체 | 득점 | 도움 | 실점 | 파울 | 경고 | 퇴장 |
|---|---|---|---|---|---|---|---|---|---|---|
| K1 | 2005 | 대전 | 3 | 1 | 0 | 0 | 0 | 3 | 0 | 0 |
| | 2006 | 대전 | 6 | 6 | 0 | 0 | 0 | 7 | 1 | 0 |
| | 2007 | 대전 | 14 | 11 | 1 | 1 | 0 | 19 | 2 | 0 |
| | 2008 | 대전 | 19 | 3 | 0 | 0 | 0 | 21 | 3 | 0 |
| | 2009 | 대전 | 24 | 7 | 1 | 1 | 0 | 27 | 2 | 0 |
| | 2010 | 대전 | 22 | 0 | 1 | 1 | 0 | 23 | 2 | 1 |
| | 2011 | 수원 | 13 | 9 | 0 | 0 | 0 | 6 | 0 | 0 |
| 컵 | 2005 | 대전 | 3 | 2 | 0 | 0 | 0 | 3 | 0 | 0 |
| | 2006 | 대전 | 6 | 6 | 0 | 0 | 0 | 7 | 0 | 0 |
| | 2007 | 대전 | 6 | 6 | 0 | 1 | 0 | 7 | 1 | 0 |
| | 2008 | 대전 | 6 | 3 | 0 | 0 | 0 | 11 | 2 | 0 |
| | 2009 | 대전 | 4 | 3 | 0 | 0 | 0 | 3 | 0 | 0 |
| | 2010 | 대전 | 2 | 0 | 0 | 0 | 0 | 10 | 2 | 0 |
| | 2011 | 수원 | 2 | 2 | 0 | 0 | 0 | 0 | 0 | 0 |
| 통산 | | | 130 | 59 | 3 | 4 | 0 | 147 | 15 | 1 |

**우예찬**(禹藝燦) 충북대 1996.03.30

| 대회 | 연도 | 소속 | 출전 | 교체 | 득점 | 도움 | 실점 | 파울 | 경고 | 퇴장 |
|---|---|---|---|---|---|---|---|---|---|---|
| K2 | 2019 | 수원FC | 2 | 2 | 0 | 0 | 0 | 1 | 0 | 0 |
| 통산 | | | 2 | 2 | 0 | 0 | 0 | 1 | 0 | 0 |

**우정연** 천안U18 2007.05.12

| 대회 | 연도 | 소속 | 출전 | 교체 | 득점 | 도움 | 실점 | 파울 | 경고 | 퇴장 |
|---|---|---|---|---|---|---|---|---|---|---|
| K2 | 2025 | 천안 | 13 | 13 | 1 | 1 | 0 | 7 | 0 | 0 |
| 통산 | | | 13 | 13 | 1 | 1 | 0 | 7 | 0 | 0 |

**우제욱**(禹濟旭) 부경대 1994.05.04

| 대회 | 연도 | 소속 | 출전 | 교체 | 득점 | 도움 | 실점 | 파울 | 경고 | 퇴장 |
|---|---|---|---|---|---|---|---|---|---|---|
| K2 | 2025 | 화성 | 32 | 24 | 2 | 0 | 0 | 21 | 7 | 0 |
| 통산 | | | 32 | 24 | 2 | 0 | 0 | 21 | 7 | 0 |

**우제원**(禹濟元) 성보고 1972.08.09

| 대회 | 연도 | 소속 | 출전 | 교체 | 득점 | 도움 | 실점 | 파울 | 경고 | 퇴장 |
|---|---|---|---|---|---|---|---|---|---|---|
| K1 | 1998 | 안양LG | 1 | 1 | 0 | 0 | 0 | 0 | 0 | 0 |
| | 1999 | 안양LG | 3 | 3 | 0 | 0 | 0 | 4 | 0 | 0 |
| 컵 | 1999 | 안양LG | 1 | 1 | 0 | 0 | 0 | 0 | 0 | 0 |
| 통산 | | | 5 | 5 | 0 | 0 | 0 | 4 | 0 | 0 |

**우주성**(禹周成) 중앙대 1993.06.08

| 대회 | 연도 | 소속 | 출전 | 교체 | 득점 | 도움 | 실점 | 파울 | 경고 | 퇴장 |
|---|---|---|---|---|---|---|---|---|---|---|
| K1 | 2014 | 경남 | 9 | 0 | 0 | 0 | 0 | 6 | 1 | 0 |
| | 2018 | 경남 | 28 | 1 | 0 | 1 | 0 | 14 | 2 | 0 |
| | 2019 | 경남 | 26 | 3 | 1 | 1 | 0 | 18 | 4 | 1 |
| | 2020 | 상주 | 8 | 6 | 0 | 0 | 0 | 3 | 1 | 0 |
| | 2025 | 대구 | 18 | 0 | 0 | 0 | 0 | 9 | 1 | 0 |
| K2 | 2015 | 경남 | 33 | 0 | 2 | 1 | 0 | 26 | 5 | 0 |
| | 2016 | 경남 | 33 | 3 | 0 | 2 | 0 | 26 | 4 | 0 |
| | 2017 | 경남 | 31 | 1 | 3 | 3 | 0 | 37 | 6 | 0 |
| | 2020 | 경남 | 1 | 0 | 0 | 0 | 0 | 1 | 0 | 0 |
| | 2021 | 김천 | 24 | 3 | 1 | 3 | 0 | 15 | 1 | 0 |
| | 2022 | 경남 | 10 | 7 | 0 | 0 | 0 | 6 | 0 | 0 |
| | 2023 | 경남 | 28 | 13 | 0 | 3 | 0 | 20 | 0 | 0 |
| | 2024 | 경남 | 32 | 14 | 2 | 0 | 0 | 17 | 3 | 0 |
| | 2025 | 경남 | 17 | 5 | 0 | 1 | 0 | 9 | 5 | 0 |
| PO | 2022 | 경남 | 2 | 0 | 0 | 0 | 0 | 2 | 0 | 0 |
| | 2023 | 경남 | 2 | 2 | 0 | 0 | 0 | 0 | 0 | 0 |
| 통산 | | | 302 | 58 | 9 | 15 | 0 | 209 | 33 | 1 |

**우찬양**(禹贊梁) 포항제철고 1997.04.27

| 대회 | 연도 | 소속 | 출전 | 교체 | 득점 | 도움 | 실점 | 파울 | 경고 | 퇴장 |
|---|---|---|---|---|---|---|---|---|---|---|
| K1 | 2016 | 포항 | 2 | 1 | 0 | 0 | 0 | 2 | 0 | 0 |
| | 2017 | 포항 | 4 | 2 | 0 | 0 | 0 | 5 | 1 | 0 |
| | 2018 | 포항 | 10 | 2 | 0 | 0 | 0 | 10 | 1 | 0 |
| | 2019 | 포항 | 0 | 0 | 0 | 0 | 0 | 0 | 0 | 0 |
| K2 | 2019 | 수원FC | 7 | 0 | 0 | 0 | 0 | 7 | 0 | 0 |
| 통산 | | | 23 | 5 | 0 | 0 | 0 | 24 | 2 | 0 |

**우치체**(Nebojša Vučićević) 유고슬라비아 1962.07.30

| 대회 | 연도 | 소속 | 출전 | 교체 | 득점 | 도움 | 실점 | 파울 | 경고 | 퇴장 |
|---|---|---|---|---|---|---|---|---|---|---|
| K1 | 1991 | 대우 | 6 | 6 | 0 | 0 | 0 | 3 | 2 | 0 |
| | 1992 | 대우 | 19 | 16 | 1 | 0 | 0 | 24 | 3 | 0 |
| | 1993 | 대우 | 13 | 11 | 0 | 1 | 0 | 15 | 3 | 0 |
| 컵 | 1992 | 대우 | 7 | 6 | 0 | 0 | 0 | 11 | 1 | 0 |
| 통산 | | | 45 | 39 | 1 | 1 | 0 | 53 | 9 | 0 |

**우현**(禹賢) 태성고 1987.01.05

| 대회 | 연도 | 소속 | 출전 | 교체 | 득점 | 도움 | 실점 | 파울 | 경고 | 퇴장 |
|---|---|---|---|---|---|---|---|---|---|---|
| K2 | 2016 | 대전 | 11 | 9 | 0 | 1 | 0 | 12 | 4 | 0 |
| 통산 | | | 11 | 9 | 0 | 1 | 0 | 12 | 4 | 0 |

**우혜성**(禹惠成) 홍익대 1992.01.21

| 대회 | 연도 | 소속 | 출전 | 교체 | 득점 | 도움 | 실점 | 파울 | 경고 | 퇴장 |
|---|---|---|---|---|---|---|---|---|---|---|
| K2 | 2016 | 고양 | 19 | 1 | 0 | 0 | 0 | 28 | 7 | 0 |
| 통산 | | | 19 | 1 | 0 | 0 | 0 | 28 | 7 | 0 |

**우홍균**(郵弘均) 전주대 1969.07.21

| 대회 | 연도 | 소속 | 출전 | 교체 | 득점 | 도움 | 실점 | 파울 | 경고 | 퇴장 |
|---|---|---|---|---|---|---|---|---|---|---|
| 컵 | 1997 | 포항 | 1 | 1 | 0 | 0 | 0 | 1 | 0 | 0 |
| 통산 | | | 1 | 1 | 0 | 0 | 0 | 1 | 0 | 0 |

**원기종**(元基鍾) 건국대 1996.01.06

| 대회 | 연도 | 소속 | 출전 | 교체 | 득점 | 도움 | 실점 | 파울 | 경고 | 퇴장 |
|---|---|---|---|---|---|---|---|---|---|---|
| K1 | 2024 | 김천 | 1 | 1 | 0 | 0 | 0 | 0 | 0 | 0 |
| | 2025 | 김천 | 21 | 20 | 6 | 0 | 0 | 3 | 2 | 0 |
| K2 | 2018 | 서울E | 6 | 5 | 0 | 0 | 0 | 3 | 2 | 0 |
| | 2019 | 서울E | 26 | 20 | 4 | 3 | 0 | 16 | 1 | 0 |
| | 2020 | 서울E | 20 | 19 | 4 | 2 | 0 | 7 | 2 | 0 |
| | 2021 | 대전 | 22 | 19 | 4 | 1 | 0 | 6 | 0 | 0 |
| | 2022 | 경남 | 6 | 4 | 1 | 2 | 0 | 3 | 0 | 0 |
| | 2022 | 대전 | 21 | 21 | 2 | 1 | 0 | 9 | 3 | 0 |
| | 2023 | 경남 | 32 | 18 | 10 | 3 | 0 | 14 | 3 | 0 |
| | 2024 | 경남 | 8 | 2 | 5 | 1 | 0 | 11 | 1 | 0 |
| | 2025 | 경남 | 3 | 0 | 1 | 0 | 0 | 1 | 1 | 0 |
| PO | 2021 | 대전 | 4 | 1 | 0 | 1 | 0 | 5 | 0 | 0 |
| | 2022 | 경남 | 1 | 1 | 0 | 0 | 0 | 0 | 0 | 0 |
| | 2023 | 경남 | 2 | 1 | 1 | 0 | 0 | 0 | 0 | 0 |
| 통산 | | | 173 | 132 | 38 | 14 | 0 | 78 | 15 | 0 |

**원두재**(元斗載) 한양대 1997.11.18

| 대회 | 연도 | 소속 | 출전 | 교체 | 득점 | 도움 | 실점 | 파울 | 경고 | 퇴장 |
|---|---|---|---|---|---|---|---|---|---|---|
| K1 | 2020 | 울산 | 23 | 6 | 0 | 1 | 0 | 32 | 3 | 0 |
| | 2021 | 울산 | 30 | 5 | 1 | 1 | 0 | 32 | 3 | 1 |
| | 2022 | 울산 | 21 | 12 | 0 | 0 | 0 | 13 | 2 | 0 |
| | 2024 | 울산 | 5 | 3 | 0 | 0 | 0 | 7 | 2 | 0 |
| | 2024 | 김천 | 12 | 2 | 1 | 0 | 0 | 11 | 1 | 0 |
| K2 | 2023 | 김천 | 34 | 9 | 1 | 0 | 0 | 32 | 7 | 0 |
| 통산 | | | 125 | 37 | 3 | 2 | 0 | 127 | 18 | 1 |

**원종덕**(元鍾悳) 홍익대 1977.08.16

| 대회 | 연도 | 소속 | 출전 | 교체 | 득점 | 도움 | 실점 | 파울 | 경고 | 퇴장 |
|---|---|---|---|---|---|---|---|---|---|---|
| K1 | 2001 | 안양LG | 0 | 0 | 0 | 0 | 0 | 0 | 0 | 0 |
| | 2004 | 서울 | 12 | 0 | 0 | 0 | 10 | 0 | 0 | 0 |
| | 2005 | 서울 | 11 | 0 | 0 | 0 | 19 | 0 | 0 | 0 |
| | 2007 | 서울 | 0 | 0 | 0 | 0 | 0 | 0 | 0 | 0 |
| 컵 | 2004 | 서울 | 5 | 0 | 0 | 0 | 6 | 0 | 0 | 0 |
| | 2005 | 서울 | 1 | 0 | 0 | 0 | 0 | 0 | 0 | 0 |
| | 2007 | 서울 | 0 | 0 | 0 | 0 | 0 | 0 | 0 | 0 |
| 통산 | | | 29 | 0 | 0 | 0 | 35 | 0 | 0 | 0 |

**원태랑**(元太朗) 전주대 2002.07.05

| 대회 | 연도 | 소속 | 출전 | 교체 | 득점 | 도움 | 실점 | 파울 | 경고 | 퇴장 |
|---|---|---|---|---|---|---|---|---|---|---|
| K2 | 2024 | 부산 | 2 | 2 | 0 | 0 | 0 | 0 | 0 | 0 |
| 통산 | | | 2 | 2 | 0 | 0 | 0 | 0 | 0 | 0 |

**월신요**(Wilson Costa de Mendonça) 브라질 1956.10.03

| 대회 | 연도 | 소속 | 출전 | 교체 | 득점 | 도움 | 실점 | 파울 | 경고 | 퇴장 |
|---|---|---|---|---|---|---|---|---|---|---|
| K1 | 1984 | 포항제철 | 7 | 5 | 1 | 1 | 0 | 7 | 1 | 0 |
| 통산 | | | 7 | 5 | 1 | 1 | 0 | 7 | 1 | 0 |

**웨릭포포**(Werik Silva Pinto) 브라질 2001.10.17

| 대회 | 연도 | 소속 | 출전 | 교체 | 득점 | 도움 | 실점 | 파울 | 경고 | 퇴장 |
|---|---|---|---|---|---|---|---|---|---|---|
| K1 | 2023 | 수원 | 7 | 7 | 0 | 0 | 0 | 5 | 1 | 0 |
| 통산 | | | 7 | 7 | 0 | 0 | 0 | 5 | 1 | 0 |

**웨슬리**(Wesley Barbosa de Morais) 브라질 1981.11.10

| 대회 | 연도 | 소속 | 출전 | 교체 | 득점 | 도움 | 실점 | 파울 | 경고 | 퇴장 |
|---|---|---|---|---|---|---|---|---|---|---|
| K1 | 2009 | 전남 | 20 | 10 | 3 | 2 | 0 | 40 | 3 | 0 |
| | 2013 | 강원 | 32 | 16 | 2 | 1 | 0 | 70 | 8 | 0 |
| PO | 2009 | 전남 | 2 | 0 | 0 | 1 | 0 | 7 | 1 | 0 |
| 컵 | 2009 | 전남 | 4 | 1 | 0 | 1 | 0 | 10 | 1 | 0 |
| 통산 | | | 58 | 27 | 5 | 5 | 0 | 127 | 13 | 0 |

**웨슬리**(Weslley Smith Alves Feitosa) 브라질 1992.04.21

| 대회 | 연도 | 소속 | 출전 | 교체 | 득점 | 도움 | 실점 | 파울 | 경고 | 퇴장 |
|---|---|---|---|---|---|---|---|---|---|---|
| K1 | 2011 | 전남 | 24 | 12 | 4 | 1 | 0 | 66 | 5 | 0 |
| | 2012 | 강원 | 36 | 13 | 9 | 4 | 0 | 101 | 9 | 0 |
| | 2013 | 전남 | 23 | 15 | 5 | 3 | 0 | 58 | 7 | 0 |
| | 2015 | 부산 | 30 | 11 | 8 | 1 | 0 | 58 | 10 | 0 |
| | 2017 | 인천 | 27 | 19 | 2 | 1 | 0 | 67 | 9 | 0 |
| PO | 2015 | 부산 | 2 | 1 | 0 | 0 | 0 | 4 | 1 | 0 |
| 컵 | 2011 | 전남 | 1 | 0 | 0 | 0 | 0 | 6 | 1 | 0 |
| 통산 | | | 143 | 71 | 28 | 10 | 0 | 360 | 42 | 0 |

**웨일스**(Lachlan Andrew Wales) 오스트레일리아 1997.10.19

| 대회 | 연도 | 소속 | 출전 | 교체 | 득점 | 도움 | 실점 | 파울 | 경고 | 퇴장 |
|---|---|---|---|---|---|---|---|---|---|---|
| K2 | 2024 | 경남 | 7 | 6 | 1 | 5 | 0 | 3 | 0 | 0 |
| 통산 | | | 7 | 6 | 1 | 5 | 0 | 3 | 0 | 0 |

**웰링턴**(Welington Goncalves Amorim) 브라질 1977.01.23

| 대회 | 연도 | 소속 | 출전 | 교체 | 득점 | 도움 | 실점 | 파울 | 경고 | 퇴장 |
|---|---|---|---|---|---|---|---|---|---|---|
| K1 | 2005 | 포항 | 12 | 7 | 2 | 2 | 0 | 30 | 2 | 0 |
| 통산 | | | 12 | 7 | 2 | 2 | 0 | 30 | 2 | 0 |

**웰링턴**(Welinton Junior Ferreira Santos) 브라질 1993.06.08

| 대회 | 연도 | 소속 | 출전 | 교체 | 득점 | 도움 | 실점 | 파울 | 경고 | 퇴장 |
|---|---|---|---|---|---|---|---|---|---|---|
| K1 | 2023 | 강원 | 9 | 11 | 0 | 1 | 0 | 9 | 1 | 0 |
| | 2024 | 강원 | 3 | 3 | 0 | 0 | 0 | 1 | 0 | 0 |
| 통산 | | | 12 | 14 | 0 | 1 | 0 | 10 | 1 | 0 |

**웰링톤**(Wellington Cirino Priori) 브라질 1990.02.21

| 대회 | 연도 | 소속 | 출전 | 교체 | 득점 | 도움 | 실점 | 파울 | 경고 | 퇴장 |
|---|---|---|---|---|---|---|---|---|---|---|
| K1 | 2016 | 광주 | 3 | 3 | 0 | 0 | 0 | 1 | 0 | 0 |
| 통산 | | | 3 | 3 | 0 | 0 | 0 | 1 | 0 | 0 |

**윌리안**(William Junior Salles de Lima Souza) 브라질 1983.05.14

| 대회 | 연도 | 소속 | 출전 | 교체 | 득점 | 도움 | 실점 | 파울 | 경고 | 퇴장 |
|---|---|---|---|---|---|---|---|---|---|---|
| K1 | 2007 | 부산 | 2 | 2 | 0 | 0 | 0 | 7 | 0 | 0 |
| 컵 | 2007 | 부산 | 2 | 1 | 0 | 0 | 0 | 7 | 2 | 0 |
| 통산 | | | 4 | 3 | 0 | 0 | 0 | 14 | 2 | 0 |

**윌리안**(Willyan da Silva Barbosa) 브라질 1994.02.17

| 대회 | 연도 | 소속 | 출전 | 교체 | 득점 | 도움 | 실점 | 파울 | 경고 | 퇴장 |
|---|---|---|---|---|---|---|---|---|---|---|
| K1 | 2020 | 광주 | 17 | 13 | 5 | 3 | 0 | 27 | 6 | 1 |
| | 2023 | 서울 | 33 | 31 | 8 | 2 | 0 | 20 | 4 | 0 |
| | 2024 | 서울 | 24 | 24 | 5 | 0 | 0 | 19 | 4 | 0 |
| | 2025 | 서울 | 7 | 7 | 0 | 1 | 0 | 5 | 1 | 0 |
| | 2025 | 수원FC | 11 | 9 | 8 | 2 | 0 | 11 | 2 | 0 |
| K2 | 2019 | 광주 | 25 | 16 | 8 | 2 | 0 | 52 | 6 | 0 |
| | 2021 | 경남 | 27 | 10 | 11 | 2 | 0 | 46 | 5 | 0 |

| 대회 | 연도 | 소속 | 출전 | 교체 | 득점 | 도움 | 실점 | 파울 | 경고 | 퇴장 |
|---|---|---|---|---|---|---|---|---|---|---|
| | 2022 | 경남 | 10 | 4 | 5 | 4 | 0 | 19 | 1 | 0 |
| | 2022 | 대전 | 17 | 10 | 8 | 1 | 0 | 30 | 3 | 0 |
| PO | 2025 | 수원FC | 2 | 1 | 0 | 0 | 0 | 1 | 0 | 0 |
| 통산 | | | 173 | 125 | 58 | 17 | 0 | 230 | 32 | 1 |

**윌리암**(William Fernando ca Silva) 브라질 1986.11.20

| 대회 | 연도 | 소속 | 출전 | 교체 | 득점 | 도움 | 실점 | 파울 | 경고 | 퇴장 |
|---|---|---|---|---|---|---|---|---|---|---|
| K1 | 2013 | 부산 | 25 | 25 | 2 | 0 | 0 | 34 | 4 | 0 |
| 통산 | | | 25 | 25 | 2 | 0 | 0 | 34 | 4 | 0 |

**윌리엄**(William Henrique Rodrigues da Silva) 브라질 1992.01.28

| 대회 | 연도 | 소속 | 출전 | 교체 | 득점 | 도움 | 실점 | 파울 | 경고 | 퇴장 |
|---|---|---|---|---|---|---|---|---|---|---|
| K2 | 2017 | 안산 | 2 | 2 | 0 | 0 | 0 | 1 | 0 | 0 |
| 통산 | | | 2 | 2 | 0 | 0 | 0 | 1 | 0 | 0 |

**윌킨슨**(Alexander William Wilkinson) 오스트레일리아 1984.08.13

| 대회 | 연도 | 소속 | 출전 | 교체 | 득점 | 도움 | 실점 | 파울 | 경고 | 퇴장 |
|---|---|---|---|---|---|---|---|---|---|---|
| K1 | 2012 | 전북 | 15 | 3 | 0 | 0 | 0 | 8 | 0 | 0 |
| | 2013 | 전북 | 25 | 1 | 2 | 2 | 0 | 18 | 3 | 0 |
| | 2014 | 전북 | 25 | 1 | 0 | 0 | 0 | 23 | 4 | 0 |
| | 2015 | 전북 | 21 | 3 | 0 | 0 | 0 | 9 | 1 | 0 |
| 통산 | | | 86 | 8 | 2 | 2 | 0 | 58 | 8 | 0 |

**유강현**(柳侊儇) 서해고 1996.04.27

| 대회 | 연도 | 소속 | 출전 | 교체 | 득점 | 도움 | 실점 | 파울 | 경고 | 퇴장 |
|---|---|---|---|---|---|---|---|---|---|---|
| K1 | 2023 | 대전 | 26 | 25 | 1 | 2 | 0 | 13 | 2 | 0 |
| | 2024 | 김천 | 27 | 26 | 6 | 1 | 0 | 19 | 0 | 0 |
| | 2025 | 김천 | 17 | 16 | 4 | 2 | 0 | 29 | 1 | 1 |
| | 2025 | 대전 | 12 | 11 | 2 | 1 | 0 | 9 | 1 | 0 |
| K2 | 2021 | 경남 | 5 | 5 | 0 | 0 | 0 | 2 | 0 | 0 |
| | 2022 | 충남아산 | 40 | 33 | 19 | 2 | 0 | 51 | 3 | 0 |
| 통산 | | | 127 | 116 | 32 | 8 | 0 | 123 | 7 | 1 |

**유경렬**(柳俓烈) 단국대 1978.08.15

| 대회 | 연도 | 소속 | 출전 | 교체 | 득점 | 도움 | 실점 | 파울 | 경고 | 퇴장 |
|---|---|---|---|---|---|---|---|---|---|---|
| K1 | 2003 | 울산 | 34 | 0 | 1 | 1 | 0 | 83 | 7 | 0 |
| | 2004 | 울산 | 24 | 0 | 1 | 0 | 0 | 51 | 1 | 0 |
| | 2005 | 울산 | 20 | 0 | 0 | 0 | 0 | 44 | 6 | 0 |
| | 2006 | 울산 | 23 | 0 | 0 | 1 | 0 | 48 | 6 | 0 |
| | 2007 | 울산 | 25 | 0 | 2 | 0 | 0 | 55 | 4 | 0 |
| | 2008 | 울산 | 23 | 0 | 4 | 1 | 0 | 58 | 4 | 0 |
| | 2009 | 울산 | 22 | 2 | 1 | 0 | 0 | 38 | 4 | 0 |
| | 2010 | 울산 | 23 | 2 | 1 | 2 | 0 | 45 | 6 | 0 |
| | 2011 | 대구 | 17 | 1 | 2 | 0 | 0 | 24 | 4 | 0 |
| | 2012 | 대구 | 31 | 1 | 1 | 2 | 0 | 88 | 8 | 0 |
| | 2013 | 대구 | 20 | 2 | 1 | 0 | 0 | 36 | 5 | 0 |
| PO | 2004 | 울산 | 1 | 0 | 0 | 0 | 0 | 1 | 0 | 0 |
| | 2005 | 울산 | 3 | 0 | 0 | 0 | 0 | 6 | 0 | 0 |
| | 2007 | 울산 | 2 | 0 | 0 | 0 | 0 | 6 | 1 | 0 |
| | 2008 | 울산 | 3 | 0 | 0 | 0 | 0 | 10 | 0 | 0 |
| | 2010 | 울산 | 1 | 0 | 0 | 0 | 0 | 2 | 0 | 0 |
| 컵 | 2004 | 울산 | 11 | 0 | 1 | 0 | 0 | 20 | 2 | 0 |
| | 2005 | 울산 | 9 | 0 | 2 | 0 | 0 | 22 | 2 | 0 |
| | 2006 | 울산 | 11 | 2 | 1 | 0 | 0 | 27 | 4 | 0 |
| | 2007 | 울산 | 11 | 1 | 0 | 0 | 0 | 33 | 1 | 0 |
| | 2008 | 울산 | 9 | 2 | 0 | 0 | 0 | 15 | 1 | 0 |
| | 2009 | 울산 | 4 | 0 | 0 | 0 | 0 | 11 | 1 | 0 |
| | 2010 | 울산 | 4 | 0 | 0 | 0 | 0 | 11 | 3 | 1 |
| | 2011 | 대구 | 4 | 0 | 0 | 0 | 0 | 7 | 0 | 0 |
| 통산 | | | 335 | 13 | 18 | 7 | 0 | 741 | 70 | 1 |

**유경민** 초당대 2003.12.15

| 대회 | 연도 | 소속 | 출전 | 교체 | 득점 | 도움 | 실점 | 파울 | 경고 | 퇴장 |
|---|---|---|---|---|---|---|---|---|---|---|
| K2 | 2025 | 전남 | 1 | 1 | 0 | 0 | 0 | 1 | 0 | 0 |
| 통산 | | | 1 | 1 | 0 | 0 | 0 | 1 | 0 | 0 |

**유고비치**(Vedran Jugovic) 크로아티아 1989.07.31

| 대회 | 연도 | 소속 | 출전 | 교체 | 득점 | 도움 | 실점 | 파울 | 경고 | 퇴장 |
|---|---|---|---|---|---|---|---|---|---|---|
| K1 | 2016 | 전남 | 33 | 10 | 5 | 3 | 0 | 25 | 6 | 0 |
| | 2017 | 전남 | 28 | 7 | 3 | 0 | 0 | 19 | 3 | 0 |
| | 2018 | 전남 | 27 | 8 | 1 | 0 | 0 | 25 | 3 | 0 |
| K2 | 2019 | 전남 | 7 | 4 | 0 | 0 | 0 | 4 | 3 | 0 |
| 통산 | | | 95 | 29 | 9 | 3 | 0 | 73 | 15 | 0 |

**유대순**(劉大淳) 고려대 1965.03.04

| 대회 | 연도 | 소속 | 출전 | 교체 | 득점 | 도움 | 실점 | 파울 | 경고 | 퇴장 |
|---|---|---|---|---|---|---|---|---|---|---|
| K1 | 1989 | 유공 | 23 | 0 | 0 | 0 | 22 | 1 | 1 | 0 |
| | 1990 | 유공 | 22 | 0 | 0 | 0 | 18 | 0 | 0 | 0 |
| | 1991 | 유공 | 12 | 0 | 0 | 0 | 9 | 1 | 1 | 0 |
| | 1992 | 유공 | 11 | 0 | 0 | 0 | 18 | 1 | 0 | 0 |
| | 1993 | 유공 | 22 | 1 | 0 | 0 | 26 | 1 | 0 | 0 |
| | 1994 | 유공 | 5 | 0 | 0 | 0 | 7 | 1 | 0 | 0 |
| 컵 | 1992 | 유공 | 2 | 0 | 0 | 0 | 3 | 1 | 1 | 0 |
| | 1993 | 유공 | 5 | 0 | 0 | 0 | 5 | 0 | 0 | 0 |
| 통산 | | | 102 | 1 | 0 | 0 | 108 | 6 | 3 | 0 |

**유대현**(柳大鉉) 홍익대 1990.02.28

| 대회 | 연도 | 소속 | 출전 | 교체 | 득점 | 도움 | 실점 | 파울 | 경고 | 퇴장 |
|---|---|---|---|---|---|---|---|---|---|---|
| K2 | 2014 | 부천 | 29 | 5 | 0 | 3 | 0 | 37 | 2 | 0 |
| | 2015 | 부천 | 27 | 13 | 0 | 0 | 0 | 31 | 4 | 0 |
| | 2016 | 부천 | 21 | 5 | 0 | 0 | 0 | 22 | 4 | 0 |
| PO | 2016 | 부천 | 1 | 1 | 0 | 0 | 0 | 2 | 0 | 0 |
| 통산 | | | 78 | 24 | 0 | 3 | 0 | 92 | 10 | 0 |

**유동관**(柳東官) 한양대 1963.05.12

| 대회 | 연도 | 소속 | 출전 | 교체 | 득점 | 도움 | 실점 | 파울 | 경고 | 퇴장 |
|---|---|---|---|---|---|---|---|---|---|---|
| K1 | 1986 | 포항제철 | 9 | 4 | 0 | 1 | 0 | 12 | 0 | 0 |
| | 1987 | 포항제철 | 25 | 10 | 1 | 1 | 0 | 18 | 0 | 0 |
| | 1988 | 포항제철 | 16 | 5 | 1 | 2 | 0 | 19 | 2 | 0 |
| | 1989 | 포항제철 | 30 | 9 | 0 | 0 | 0 | 29 | 3 | 0 |
| | 1990 | 포항제철 | 13 | 3 | 0 | 0 | 0 | 26 | 3 | 0 |
| | 1991 | 포항제철 | 34 | 4 | 2 | 0 | 0 | 52 | 6 | 0 |
| | 1992 | 포항제철 | 17 | 9 | 0 | 0 | 0 | 31 | 2 | 0 |
| | 1993 | 포항제철 | 25 | 4 | 1 | 0 | 0 | 39 | 3 | 0 |
| | 1994 | 포항제철 | 14 | 8 | 0 | 0 | 0 | 19 | 3 | 0 |
| | 1995 | 포항 | 3 | 2 | 0 | 0 | 0 | 8 | 0 | 0 |
| PO | 1986 | 포항제철 | 2 | 0 | 0 | 0 | 0 | 2 | 0 | 0 |
| | 1995 | 포항 | 1 | 1 | 0 | 0 | 0 | 0 | 1 | 0 |
| 컵 | 1986 | 포항제철 | 6 | 2 | 0 | 0 | 0 | 6 | 1 | 0 |
| | 1992 | 포항제철 | 3 | 1 | 0 | 0 | 0 | 6 | 0 | 0 |
| | 1993 | 포항제철 | 4 | 0 | 0 | 0 | 0 | 6 | 2 | 0 |
| | 1994 | 포항제철 | 5 | 0 | 0 | 0 | 0 | 8 | 0 | 0 |
| | 1995 | 포항 | 3 | 1 | 0 | 0 | 0 | 6 | 0 | 0 |
| 통산 | | | 210 | 63 | 5 | 4 | 0 | 287 | 26 | 0 |

**유동규**(柳東奎) 대신고 1995.05.25

| 대회 | 연도 | 소속 | 출전 | 교체 | 득점 | 도움 | 실점 | 파울 | 경고 | 퇴장 |
|---|---|---|---|---|---|---|---|---|---|---|
| K1 | 2021 | 인천 | 6 | 5 | 1 | 0 | 0 | 8 | 0 | 0 |
| K2 | 2022 | 충남아산 | 8 | 8 | 0 | 0 | 0 | 7 | 2 | 0 |
| | 2024 | 충남아산 | 7 | 7 | 0 | 1 | 0 | 2 | 0 | 0 |
| | 2025 | 충남아산 | 5 | 5 | 0 | 0 | 0 | 1 | 0 | 0 |
| 통산 | | | 26 | 25 | 1 | 1 | 0 | 18 | 2 | 0 |

**유동민**(柳東玟) 초당대 1989.03.27

| 대회 | 연도 | 소속 | 출전 | 교체 | 득점 | 도움 | 실점 | 파울 | 경고 | 퇴장 |
|---|---|---|---|---|---|---|---|---|---|---|
| K1 | 2011 | 광주 | 16 | 16 | 1 | 0 | 0 | 10 | 0 | 0 |
| | 2012 | 광주 | 2 | 2 | 0 | 0 | 0 | 0 | 0 | 0 |
| 컵 | 2011 | 광주 | 2 | 2 | 1 | 0 | 0 | 2 | 0 | 0 |
| 통산 | | | 20 | 20 | 2 | 0 | 0 | 12 | 0 | 0 |

**유동우**(柳東雨) 한양대 1968.03.07

| 대회 | 연도 | 소속 | 출전 | 교체 | 득점 | 도움 | 실점 | 파울 | 경고 | 퇴장 |
|---|---|---|---|---|---|---|---|---|---|---|
| K1 | 1995 | 전남 | 27 | 1 | 0 | 0 | 0 | 21 | 3 | 0 |
| | 1996 | 전남 | 19 | 1 | 0 | 0 | 0 | 12 | 1 | 0 |
| | 1997 | 전남 | 11 | 6 | 0 | 0 | 0 | 6 | 1 | 0 |
| | 1998 | 전남 | 16 | 5 | 0 | 0 | 0 | 9 | 0 | 0 |
| | 1999 | 대전 | 25 | 2 | 0 | 0 | 0 | 14 | 2 | 0 |
| | 2000 | 대전 | 24 | 0 | 0 | 0 | 0 | 17 | 1 | 0 |
| | 2001 | 대전 | 5 | 1 | 0 | 0 | 0 | 5 | 0 | 0 |
| PO | 1998 | 전남 | 1 | 0 | 0 | 0 | 0 | 0 | 0 | 0 |
| 컵 | 1995 | 전남 | 7 | 2 | 0 | 0 | 0 | 9 | 0 | 0 |
| | 1996 | 전남 | 5 | 1 | 0 | 0 | 0 | 2 | 0 | 1 |
| | 1997 | 전남 | 11 | 6 | 0 | 1 | 0 | 3 | 1 | 0 |
| | 1998 | 전남 | 14 | 2 | 0 | 0 | 0 | 8 | 0 | 0 |
| | 1999 | 대전 | 7 | 1 | 0 | 0 | 0 | 4 | 0 | 0 |
| | 2000 | 대전 | 8 | 0 | 0 | 1 | 0 | 6 | 1 | 0 |
| 통산 | | | 180 | 28 | 0 | 2 | 0 | 116 | 10 | 1 |

**유리**(Yuri Matveev) 러시아 1967.06.08

| 대회 | 연도 | 소속 | 출전 | 교체 | 득점 | 도움 | 실점 | 파울 | 경고 | 퇴장 |
|---|---|---|---|---|---|---|---|---|---|---|
| K1 | 1996 | 수원 | 10 | 2 | 2 | 2 | 0 | 32 | 4 | 0 |
| | 1997 | 수원 | 9 | 7 | 0 | 0 | 0 | 22 | 2 | 0 |
| PO | 1996 | 수원 | 1 | 0 | 0 | 0 | 0 | 3 | 2 | 0 |
| 컵 | 1997 | 수원 | 11 | 9 | 4 | 0 | 0 | 18 | 4 | 0 |
| 통산 | | | 31 | 18 | 6 | 2 | 0 | 75 | 12 | 0 |

**유리조나탄**(Yuri Jonathan Vitor Coelho) 브라질 1998.06.12

| 대회 | 연도 | 소속 | 출전 | 교체 | 득점 | 도움 | 실점 | 파울 | 경고 | 퇴장 |
|---|---|---|---|---|---|---|---|---|---|---|
| K1 | 2023 | 제주 | 33 | 24 | 10 | 4 | 0 | 40 | 3 | 0 |
| | 2024 | 제주 | 28 | 15 | 7 | 2 | 0 | 36 | 4 | 0 |
| | 2025 | 제주 | 33 | 19 | 13 | 0 | 0 | 42 | 8 | 0 |
| PO | 2025 | 제주 | 2 | 2 | 1 | 1 | 0 | 4 | 1 | 0 |
| 통산 | | | 96 | 60 | 31 | 7 | 0 | 122 | 16 | 0 |

**유리쉬쉬킨**(Yuri Nikolayevich Shishkin) 러시아 1963.09.01

| 대회 | 연도 | 소속 | 출전 | 교체 | 득점 | 도움 | 실점 | 파울 | 경고 | 퇴장 |
|---|---|---|---|---|---|---|---|---|---|---|
| K1 | 1995 | 전남 | 12 | 0 | 0 | 0 | 14 | 0 | 0 | 0 |
| 컵 | 1995 | 전남 | 7 | 1 | 0 | 0 | 12 | 1 | 1 | 0 |
| 통산 | | | 19 | 1 | 0 | 0 | 26 | 1 | 1 | 0 |

**유리치치**(Luka Juričić) 크로아티아 1996.11.25

| 대회 | 연도 | 소속 | 출전 | 교체 | 득점 | 도움 | 실점 | 파울 | 경고 | 퇴장 |
|---|---|---|---|---|---|---|---|---|---|---|
| K2 | 2022 | 김포 | 6 | 7 | 0 | 0 | 0 | 7 | 2 | 0 |
| 통산 | | | 6 | 7 | 0 | 0 | 0 | 7 | 2 | 0 |

**유만기**(劉萬基) 성균관대 1988.03.22

| 대회 | 연도 | 소속 | 출전 | 교체 | 득점 | 도움 | 실점 | 파울 | 경고 | 퇴장 |
|---|---|---|---|---|---|---|---|---|---|---|
| K2 | 2013 | 고양 | 28 | 25 | 3 | 0 | 0 | 25 | 0 | 0 |
| 통산 | | | 28 | 25 | 3 | 0 | 0 | 25 | 0 | 0 |

**유민준**(柳玟準) 풍생고 2006.03.21

| 대회 | 연도 | 소속 | 출전 | 교체 | 득점 | 도움 | 실점 | 파울 | 경고 | 퇴장 |
|---|---|---|---|---|---|---|---|---|---|---|
| K2 | 2024 | 성남 | 0 | 0 | 0 | 0 | 0 | 0 | 0 | 0 |
| | 2025 | 성남 | 0 | 0 | 0 | 0 | 0 | 0 | 0 | 0 |
| 통산 | | | 0 | 0 | 0 | 0 | 0 | 0 | 0 | 0 |

**유민철**(柳敏哲) 중앙대 1984.09.16

| 대회 | 연도 | 소속 | 출전 | 교체 | 득점 | 도움 | 실점 | 파울 | 경고 | 퇴장 |
|---|---|---|---|---|---|---|---|---|---|---|
| K1 | 2009 | 대전 | 1 | 1 | 0 | 0 | 0 | 1 | 0 | 0 |
| 통산 | | | 1 | 1 | 0 | 0 | 0 | 1 | 0 | 0 |

**유병수**(兪炳守) 홍익대 1988.03.26

| 대회 | 연도 | 소속 | 출전 | 교체 | 득점 | 도움 | 실점 | 파울 | 경고 | 퇴장 |
|---|---|---|---|---|---|---|---|---|---|---|
| K1 | 2009 | 인천 | 26 | 14 | 12 | 4 | 0 | 53 | 5 | 0 |
| | 2010 | 인천 | 28 | 9 | 22 | 0 | 0 | 60 | 2 | 0 |
| | 2011 | 인천 | 12 | 6 | 3 | 1 | 0 | 19 | 2 | 0 |
| K2 | 2025 | 화성 | 3 | 3 | 0 | 0 | 0 | 3 | 0 | 0 |
| PO | 2009 | 인천 | 1 | 0 | 0 | 0 | 0 | 4 | 0 | 0 |
| 컵 | 2009 | 인천 | 7 | 5 | 2 | 0 | 0 | 10 | 2 | 0 |
| | 2010 | 인천 | 3 | 0 | 0 | 0 | 0 | 13 | 2 | 0 |
| | 2011 | 인천 | 1 | 0 | 1 | 1 | 0 | 3 | 1 | 0 |
| 통산 | | | 81 | 37 | 40 | 6 | 0 | 165 | 14 | 0 |

**유병옥**(兪炳玉) 한양대 1964.03.02

| 대회 | 연도 | 소속 | 출전 | 교체 | 득점 | 도움 | 실점 | 파울 | 경고 | 퇴장 |
|---|---|---|---|---|---|---|---|---|---|---|
| K1 | 1987 | 포항제철 | 27 | 5 | 0 | 0 | 0 | 13 | 1 | 0 |
| | 1988 | 포항제철 | 14 | 1 | 0 | 0 | 0 | 16 | 0 | 0 |
| | 1989 | 포항제철 | 29 | 4 | 0 | 1 | 0 | 28 | 2 | 0 |
| | 1990 | 포항제철 | 8 | 5 | 0 | 0 | 0 | 6 | 0 | 0 |
| | 1991 | 포항제철 | 23 | 17 | 0 | 0 | 0 | 13 | 0 | 0 |
| | 1992 | LG | 13 | 7 | 0 | 1 | 0 | 9 | 2 | 0 |
| | 1993 | LG | 14 | 4 | 0 | 0 | 0 | 7 | 1 | 0 |
| | 1994 | LG | 22 | 6 | 0 | 2 | 0 | 25 | 2 | 0 |
| | 1995 | LG | 11 | 8 | 0 | 0 | 0 | 13 | 0 | 0 |
| 컵 | 1992 | LG | 5 | 2 | 0 | 0 | 0 | 10 | 0 | 0 |
| | 1993 | LG | 5 | 0 | 0 | 0 | 0 | 3 | 0 | 0 |
| | 1994 | LG | 6 | 1 | 0 | 0 | 0 | 11 | 1 | 0 |

| 1995 | LG | 6 | 0 | 0 | 0 | 0 | 18 | 3 | 0 |
|---|---|---|---|---|---|---|---|---|---|
| 통산 | | 183 | 60 | 0 | 4 | 0 | 172 | 12 | 0 |

**유병훈**(柳炳勳) 원주공고 1976.07.03

| 대회 연도 | 소속 | 출전 | 교체 | 득점 | 도움 | 실점 | 파울 | 경고 | 퇴장 |
|---|---|---|---|---|---|---|---|---|---|
| K1 1995 | 대우 | 2 | 2 | 0 | 0 | 0 | 4 | 1 | 0 |
| 1996 | 부산 | 13 | 7 | 0 | 0 | 0 | 19 | 3 | 0 |
| 1997 | 부산 | 4 | 4 | 1 | 0 | 0 | 2 | 0 | 0 |
| 1998 | 부산 | 8 | 6 | 0 | 0 | 0 | 10 | 2 | 0 |
| 1999 | 부산 | 6 | 4 | 0 | 0 | 0 | 5 | 0 | 0 |
| 2000 | 부산 | 7 | 4 | 0 | 0 | 0 | 4 | 0 | 0 |
| 2001 | 부산 | 0 | 0 | 0 | 0 | 0 | 0 | 0 | 0 |
| 2002 | 부산 | 5 | 5 | 0 | 0 | 0 | 1 | 0 | 0 |
| 2003 | 부산 | 20 | 8 | 0 | 0 | 0 | 19 | 1 | 1 |
| PO 1999 | 부산 | 1 | 1 | 0 | 0 | 0 | 0 | 0 | 0 |
| 컵 1995 | 대우 | 0 | 0 | 0 | 0 | 0 | 0 | 0 | 0 |
| 1996 | 부산 | 0 | 0 | 0 | 0 | 0 | 0 | 0 | 0 |
| 1997 | 부산 | 6 | 5 | 0 | 0 | 0 | 4 | 1 | 0 |
| 1998 | 부산 | 4 | 1 | 0 | 0 | 0 | 4 | 0 | 0 |
| 1999 | 부산 | 1 | 0 | 0 | 0 | 0 | 1 | 0 | 0 |
| 2000 | 부산 | 4 | 3 | 0 | 0 | 0 | 2 | 0 | 0 |
| 2001 | 부산 | 0 | 0 | 0 | 0 | 0 | 0 | 0 | 0 |
| 2002 | 부산 | 5 | 1 | 0 | 0 | 0 | 5 | 0 | 1 |
| 통산 | | 86 | 51 | 1 | 0 | 0 | 80 | 8 | 2 |

**유상수**(柳商秀) 고려대 1973.08.28

| 대회 연도 | 소속 | 출전 | 교체 | 득점 | 도움 | 실점 | 파울 | 경고 | 퇴장 |
|---|---|---|---|---|---|---|---|---|---|
| K1 1996 | 부천유공 | 29 | 3 | 0 | 2 | 0 | 77 | 6 | 0 |
| 1997 | 부천SK | 17 | 3 | 0 | 0 | 0 | 39 | 8 | 0 |
| 1998 | 부천SK | 18 | 1 | 0 | 0 | 0 | 27 | 1 | 0 |
| 1999 | 안양LG | 9 | 6 | 0 | 0 | 0 | 16 | 2 | 0 |
| 2000 | 안양LG | 10 | 10 | 0 | 0 | 0 | 8 | 0 | 1 |
| 2001 | 안양LG | 8 | 6 | 0 | 0 | 0 | 16 | 2 | 0 |
| 2002 | 안양LG | 13 | 13 | 0 | 1 | 0 | 12 | 1 | 0 |
| 2003 | 전남 | 39 | 12 | 3 | 1 | 0 | 59 | 6 | 0 |
| 2004 | 전남 | 22 | 2 | 0 | 0 | 0 | 29 | 3 | 1 |
| 2005 | 전남 | 23 | 2 | 2 | 1 | 0 | 22 | 3 | 0 |
| 2006 | 전남 | 22 | 2 | 0 | 1 | 0 | 22 | 5 | 0 |
| PO 2000 | 안양LG | 2 | 2 | 0 | 1 | 0 | 7 | 1 | 0 |
| 2004 | 전남 | 1 | 0 | 0 | 0 | 0 | 1 | 0 | 0 |
| 컵 1996 | 부천유공 | 4 | 2 | 0 | 0 | 0 | 6 | 1 | 0 |
| 1997 | 부천SK | 13 | 1 | 0 | 2 | 0 | 19 | 2 | 0 |
| 1998 | 부천SK | 20 | 0 | 0 | 0 | 0 | 24 | 0 | 0 |
| 1999 | 안양LG | 2 | 0 | 0 | 0 | 0 | 1 | 1 | 0 |
| 2000 | 안양LG | 3 | 1 | 0 | 0 | 0 | 7 | 0 | 0 |
| 2001 | 안양LG | 7 | 7 | 0 | 0 | 0 | 10 | 0 | 0 |
| 2002 | 안양LG | 8 | 0 | 0 | 0 | 0 | 22 | 1 | 0 |
| 2004 | 전남 | 8 | 1 | 0 | 0 | 0 | 11 | 1 | 0 |
| 2005 | 전남 | 10 | 0 | 1 | 0 | 0 | 10 | 1 | 0 |
| 2006 | 전남 | 9 | 2 | 0 | 0 | 0 | 3 | 1 | 0 |
| 통산 | | 297 | 76 | 6 | 9 | 0 | 448 | 46 | 2 |

**유상철**(柳想鐵) 건국대 1971.10.18

| 대회 연도 | 소속 | 출전 | 교체 | 득점 | 도움 | 실점 | 파울 | 경고 | 퇴장 |
|---|---|---|---|---|---|---|---|---|---|
| K1 1994 | 현대 | 20 | 9 | 5 | 0 | 0 | 25 | 1 | 0 |
| 1995 | 현대 | 26 | 1 | 1 | 2 | 0 | 30 | 3 | 0 |
| 1996 | 울산 | 2 | 2 | 0 | 0 | 0 | 4 | 0 | 0 |
| 1997 | 울산 | 7 | 1 | 1 | 0 | 0 | 3 | 0 | 0 |
| 1998 | 울산 | 16 | 1 | 14 | 3 | 0 | 32 | 1 | 1 |
| 2002 | 울산 | 8 | 1 | 9 | 0 | 0 | 19 | 0 | 0 |
| 2003 | 울산 | 10 | 2 | 3 | 2 | 0 | 23 | 1 | 1 |
| 2005 | 울산 | 12 | 6 | 1 | 1 | 0 | 10 | 1 | 0 |
| 2006 | 울산 | 1 | 1 | 0 | 0 | 0 | 1 | 0 | 0 |
| PO 1996 | 울산 | 2 | 0 | 1 | 0 | 0 | 1 | 2 | 0 |
| 1998 | 울산 | 4 | 0 | 0 | 0 | 0 | 10 | 1 | 0 |
| 컵 1994 | 현대 | 6 | 0 | 0 | 1 | 0 | 4 | 1 | 0 |
| 1995 | 현대 | 7 | 0 | 1 | 0 | 0 | 10 | 2 | 0 |
| 1996 | 울산 | 4 | 0 | 1 | 0 | 0 | 7 | 2 | 0 |
| 1997 | 울산 | 10 | 0 | 0 | 0 | 0 | 15 | 1 | 0 |
| 1998 | 울산 | 3 | 1 | 1 | 0 | 0 | 7 | 0 | 0 |
| 2005 | 울산 | 6 | 2 | 0 | 0 | 0 | 5 | 0 | 0 |
| 통산 | | 144 | 27 | 38 | 9 | 0 | 206 | 16 | 2 |

**유상훈**(柳相勳) 홍익대 1989.05.25

| 대회 연도 | 소속 | 출전 | 교체 | 득점 | 도움 | 실점 | 파울 | 경고 | 퇴장 |
|---|---|---|---|---|---|---|---|---|---|
| K1 2011 | 서울 | 1 | 1 | 0 | 0 | 0 | 0 | 0 | 0 |
| 2013 | 서울 | 3 | 0 | 0 | 0 | 4 | 0 | 0 | 0 |
| 2014 | 서울 | 15 | 1 | 0 | 0 | 9 | 0 | 0 | 0 |
| 2015 | 서울 | 26 | 0 | 0 | 0 | 23 | 0 | 2 | 0 |
| 2016 | 서울 | 21 | 1 | 0 | 0 | 28 | 0 | 1 | 0 |
| 2017 | 상주 | 8 | 1 | 0 | 0 | 16 | 0 | 0 | 0 |
| 2018 | 서울 | 1 | 0 | 0 | 0 | 2 | 0 | 0 | 0 |
| 2018 | 상주 | 13 | 0 | 0 | 0 | 15 | 2 | 2 | 0 |
| 2019 | 서울 | 32 | 1 | 0 | 0 | 38 | 0 | 1 | 0 |
| 2020 | 서울 | 11 | 0 | 0 | 0 | 25 | 1 | 0 | 0 |
| 2021 | 서울 | 2 | 0 | 0 | 0 | 3 | 0 | 0 | 0 |
| 2022 | 강원 | 35 | 1 | 0 | 0 | 45 | 0 | 1 | 0 |
| 2023 | 강원 | 20 | 0 | 0 | 0 | 24 | 0 | 1 | 0 |
| K2 2024 | 성남 | 13 | 0 | 0 | 0 | 19 | 0 | 0 | 0 |
| 2025 | 성남 | 7 | 0 | 0 | 0 | 7 | 0 | 0 | 0 |
| PO 2017 | 상주 | 2 | 0 | 0 | 0 | 1 | 0 | 0 | 0 |
| 2023 | 강원 | 0 | 0 | 0 | 0 | 0 | 0 | 0 | 0 |
| 컵 2011 | 서울 | 0 | 0 | 0 | 0 | 0 | 0 | 0 | 0 |
| 통산 | | 210 | 6 | 0 | 0 | 259 | 3 | 8 | 0 |

**유선**(愉善) 신평고 2004.07.24

| 대회 연도 | 소속 | 출전 | 교체 | 득점 | 도움 | 실점 | 파울 | 경고 | 퇴장 |
|---|---|---|---|---|---|---|---|---|---|
| K1 2025 | 김천 | 0 | 0 | 0 | 0 | 0 | 0 | 0 | 0 |
| K2 2023 | 성남 | 7 | 3 | 0 | 0 | 0 | 3 | 3 | 0 |
| 2024 | 성남 | 5 | 1 | 0 | 0 | 0 | 1 | 1 | 0 |
| 통산 | | 12 | 4 | 0 | 0 | 0 | 4 | 4 | 0 |

**유선우**(兪善優) 안동중 2004.06.18

| 대회 연도 | 소속 | 출전 | 교체 | 득점 | 도움 | 실점 | 파울 | 경고 | 퇴장 |
|---|---|---|---|---|---|---|---|---|---|
| K1 2023 | 대전 | 0 | 0 | 0 | 0 | 0 | 0 | 0 | 0 |
| 2024 | 대전 | 1 | 1 | 0 | 0 | 0 | 0 | 0 | 0 |
| 통산 | | 1 | 1 | 0 | 0 | 0 | 0 | 0 | 0 |

**유성민**(柳聖敏) 호남대 1972.05.11

| 대회 연도 | 소속 | 출전 | 교체 | 득점 | 도움 | 실점 | 파울 | 경고 | 퇴장 |
|---|---|---|---|---|---|---|---|---|---|
| K1 1995 | 전남 | 1 | 1 | 0 | 0 | 0 | 0 | 0 | 0 |
| 통산 | | 1 | 1 | 0 | 0 | 0 | 0 | 0 | 0 |

**유성우**(劉成佑) 서울시립대 1971.05.23

| 대회 연도 | 소속 | 출전 | 교체 | 득점 | 도움 | 실점 | 파울 | 경고 | 퇴장 |
|---|---|---|---|---|---|---|---|---|---|
| K1 1994 | 대우 | 5 | 1 | 0 | 0 | 0 | 7 | 1 | 0 |
| 1995 | 전북 | 9 | 8 | 0 | 1 | 0 | 10 | 1 | 0 |
| 1996 | 전북 | 1 | 1 | 0 | 0 | 0 | 2 | 0 | 0 |
| 1997 | 전북 | 8 | 5 | 0 | 1 | 0 | 12 | 1 | 0 |
| 컵 1995 | 전북 | 0 | 0 | 0 | 0 | 0 | 0 | 0 | 0 |
| 1996 | 전북 | 0 | 0 | 0 | 0 | 0 | 0 | 0 | 0 |
| 1997 | 전북 | 3 | 2 | 0 | 0 | 0 | 3 | 0 | 0 |
| 1998 | 전북 | 1 | 1 | 0 | 0 | 0 | 1 | 0 | 0 |
| 통산 | | 27 | 18 | 0 | 2 | 0 | 35 | 3 | 0 |

**유성조**(兪誠朝) 동국대 1957.12.27

| 대회 연도 | 소속 | 출전 | 교체 | 득점 | 도움 | 실점 | 파울 | 경고 | 퇴장 |
|---|---|---|---|---|---|---|---|---|---|
| K1 1985 | 한일은행 | 13 | 4 | 0 | 0 | 0 | 13 | 3 | 0 |
| 통산 | | 13 | 4 | 0 | 0 | 0 | 13 | 3 | 0 |

**유수상**(柳秀相) 연세대 1967.12.10

| 대회 연도 | 소속 | 출전 | 교체 | 득점 | 도움 | 실점 | 파울 | 경고 | 퇴장 |
|---|---|---|---|---|---|---|---|---|---|
| K1 1990 | 대우 | 18 | 11 | 2 | 0 | 0 | 10 | 0 | 0 |
| 1991 | 대우 | 35 | 25 | 2 | 5 | 0 | 22 | 1 | 0 |
| 1992 | 대우 | 9 | 6 | 1 | 0 | 0 | 8 | 0 | 0 |
| 1995 | 대우 | 18 | 10 | 1 | 1 | 0 | 14 | 1 | 0 |
| 1996 | 부산 | 21 | 12 | 0 | 2 | 0 | 20 | 2 | 0 |
| 1997 | 부산 | 3 | 3 | 0 | 0 | 0 | 1 | 1 | 0 |
| 컵 1992 | 대우 | 4 | 2 | 1 | 0 | 0 | 4 | 0 | 0 |
| 1995 | 대우 | 7 | 3 | 0 | 0 | 0 | 1 | 0 | 0 |
| 1996 | 부산 | 7 | 1 | 0 | 0 | 0 | 5 | 0 | 0 |
| 1997 | 부산 | 6 | 5 | 0 | 1 | 0 | 4 | 0 | 0 |
| 1998 | 부산 | 1 | 1 | 0 | 0 | 0 | 1 | 0 | 0 |
| 통산 | | 129 | 79 | 7 | 9 | 0 | 90 | 5 | 0 |

**유수철**(柳手喆) 동아대 1992.08.08

| 대회 연도 | 소속 | 출전 | 교체 | 득점 | 도움 | 실점 | 파울 | 경고 | 퇴장 |
|---|---|---|---|---|---|---|---|---|---|
| K2 2019 | 부산 | 1 | 1 | 0 | 0 | 0 | 2 | 1 | 0 |
| 통산 | | 1 | 1 | 0 | 0 | 0 | 2 | 1 | 0 |

**유수현**(柳秀賢) 선문대 1986.05.13

| 대회 연도 | 소속 | 출전 | 교체 | 득점 | 도움 | 실점 | 파울 | 경고 | 퇴장 |
|---|---|---|---|---|---|---|---|---|---|
| K1 2010 | 전남 | 1 | 1 | 0 | 0 | 0 | 1 | 0 | 0 |
| 2014 | 상주 | 3 | 3 | 0 | 0 | 0 | 2 | 0 | 0 |
| 2016 | 수원FC | 2 | 1 | 0 | 0 | 0 | 4 | 0 | 0 |
| K2 2013 | 수원FC | 34 | 4 | 5 | 6 | 0 | 67 | 5 | 0 |
| 2014 | 수원FC | 7 | 1 | 1 | 0 | 0 | 8 | 1 | 0 |
| 2015 | 상주 | 1 | 0 | 0 | 0 | 0 | 2 | 0 | 0 |
| 2016 | 안양 | 15 | 9 | 1 | 1 | 0 | 18 | 1 | 0 |
| 2017 | 안양 | 17 | 16 | 0 | 0 | 0 | 12 | 5 | 0 |
| 통산 | | 80 | 35 | 7 | 7 | 0 | 114 | 12 | 0 |

**유순열**(柳洵烈) 청주대 1959.01.07

| 대회 연도 | 소속 | 출전 | 교체 | 득점 | 도움 | 실점 | 파울 | 경고 | 퇴장 |
|---|---|---|---|---|---|---|---|---|---|
| K1 1983 | 포항제철 | 1 | 1 | 0 | 0 | 0 | 0 | 0 | 0 |
| 통산 | | 1 | 1 | 0 | 0 | 0 | 0 | 0 | 0 |

**유승관**(劉承官) 건국대 1966.01.22

| 대회 연도 | 소속 | 출전 | 교체 | 득점 | 도움 | 실점 | 파울 | 경고 | 퇴장 |
|---|---|---|---|---|---|---|---|---|---|
| K1 1989 | 일화 | 25 | 22 | 5 | 1 | 0 | 16 | 0 | 0 |
| 1990 | 일화 | 11 | 12 | 0 | 0 | 0 | 6 | 0 | 0 |
| 1991 | 일화 | 1 | 1 | 0 | 0 | 0 | 0 | 0 | 0 |
| 1994 | 버팔로 | 15 | 16 | 1 | 1 | 0 | 3 | 0 | 0 |
| 1995 | 전북 | 4 | 4 | 0 | 0 | 0 | 3 | 0 | 0 |
| 컵 1994 | 버팔로 | 2 | 0 | 1 | 0 | 0 | 2 | 0 | 0 |
| 1995 | 전북 | 1 | 1 | 0 | 0 | 0 | 1 | 0 | 0 |
| 통산 | | 59 | 56 | 7 | 2 | 0 | 31 | 0 | 0 |

**유승민**(柳昇旻) 영생고 1998.09.24

| 대회 연도 | 소속 | 출전 | 교체 | 득점 | 도움 | 실점 | 파울 | 경고 | 퇴장 |
|---|---|---|---|---|---|---|---|---|---|
| K1 2018 | 전북 | 1 | 1 | 0 | 0 | 0 | 0 | 0 | 0 |
| 통산 | | 1 | 1 | 0 | 0 | 0 | 0 | 0 | 0 |

**유승완**(劉丞婉) 성균관대 1992.02.06

| 대회 연도 | 소속 | 출전 | 교체 | 득점 | 도움 | 실점 | 파울 | 경고 | 퇴장 |
|---|---|---|---|---|---|---|---|---|---|
| K2 2016 | 대전 | 22 | 22 | 2 | 1 | 0 | 11 | 2 | 0 |
| 통산 | | 22 | 22 | 2 | 1 | 0 | 11 | 2 | 0 |

**유승현**(兪勝峴) 덕영고 2003.06.04

| 대회 연도 | 소속 | 출전 | 교체 | 득점 | 도움 | 실점 | 파울 | 경고 | 퇴장 |
|---|---|---|---|---|---|---|---|---|---|
| K2 2022 | 부천 | 1 | 0 | 0 | 0 | 0 | 1 | 0 | 0 |
| 2023 | 부천 | 11 | 5 | 1 | 0 | 0 | 11 | 1 | 0 |
| 2024 | 부천 | 12 | 12 | 0 | 0 | 0 | 3 | 0 | 0 |
| 2025 | 부천 | 9 | 8 | 0 | 0 | 0 | 5 | 1 | 0 |
| 통산 | | 33 | 25 | 1 | 0 | 0 | 20 | 2 | 0 |

**유양준**(兪亮濬) 경기대 1985.09.22

| 대회 연도 | 소속 | 출전 | 교체 | 득점 | 도움 | 실점 | 파울 | 경고 | 퇴장 |
|---|---|---|---|---|---|---|---|---|---|
| K1 2008 | 수원 | 0 | 0 | 0 | 0 | 0 | 0 | 0 | 0 |
| 컵 2008 | 수원 | 1 | 0 | 0 | 0 | 0 | 1 | 0 | 0 |
| 통산 | | 1 | 0 | 0 | 0 | 0 | 1 | 0 | 0 |

**유연수**(柳然修) 호남대 1998.02.26

| 대회 연도 | 소속 | 출전 | 교체 | 득점 | 도움 | 실점 | 파울 | 경고 | 퇴장 |
|---|---|---|---|---|---|---|---|---|---|
| K1 2021 | 제주 | 4 | 1 | 0 | 0 | 3 | 0 | 0 | 0 |
| 2022 | 제주 | 3 | 1 | 0 | 0 | 8 | 0 | 0 | 0 |
| K2 2020 | 제주 | 1 | 0 | 0 | 0 | 0 | 0 | 0 | 0 |
| 통산 | | 8 | 2 | 0 | 0 | 11 | 0 | 0 | 0 |

**유연승**(兪嚥昇, ← 유성기) 연세대 1991.12.21

| 대회 연도 | 소속 | 출전 | 교체 | 득점 | 도움 | 실점 | 파울 | 경고 | 퇴장 |
|---|---|---|---|---|---|---|---|---|---|
| K1 2015 | 대전 | 16 | 10 | 1 | 2 | 0 | 17 | 4 | 0 |
| K2 2014 | 대전 | 9 | 6 | 0 | 2 | 0 | 19 | 1 | 0 |
| 2017 | 안산 | 26 | 8 | 1 | 1 | 0 | 38 | 7 | 0 |
| 2018 | 안양 | 5 | 2 | 0 | 1 | 0 | 11 | 3 | 0 |
| 2019 | 안양 | 8 | 8 | 0 | 0 | 0 | 2 | 0 | 0 |
| 2020 | 안양 | 7 | 6 | 1 | 1 | 0 | 6 | 2 | 0 |
| 통산 | | 71 | 40 | 3 | 7 | 0 | 93 | 17 | 0 |

**유용현**(柳龍賢) 경기 SOL FC U18 2000.02.27

| 대회 연도 | 소속 | 출전 | 교체 | 득점 | 도움 | 실점 | 파울 | 경고 | 퇴장 |
|---|---|---|---|---|---|---|---|---|---|
| K2 2024 | 천안 | 7 | 1 | 0 | 1 | 0 | 10 | 1 | 0 |

| 대회 | 연도 | 소속 | 출전 | 교체 | 득점 | 도움 | 실점 | 파울 | 경고 | 퇴장 |
|---|---|---|---|---|---|---|---|---|---|---|
| 통산 | | | 7 | 1 | 0 | 1 | 0 | 10 | 1 | 0 |

**유우람**(兪우람) 인천대 1984.03.16

| 대회 | 연도 | 소속 | 출전 | 교체 | 득점 | 도움 | 실점 | 파울 | 경고 | 퇴장 |
|---|---|---|---|---|---|---|---|---|---|---|
| K1 | 2009 | 대전 | 3 | 2 | 0 | 0 | 0 | 4 | 2 | 0 |
| | 2012 | 대전 | 0 | 0 | 0 | 0 | 0 | 0 | 0 | 0 |
| 컵 | 2009 | 대전 | 1 | 1 | 0 | 0 | 0 | 3 | 0 | 0 |
| 통산 | | | 4 | 3 | 0 | 0 | 0 | 7 | 2 | 0 |

**유은상**(柳銀相) 아주대 2003.02.03

| 대회 | 연도 | 소속 | 출전 | 교체 | 득점 | 도움 | 실점 | 파울 | 경고 | 퇴장 |
|---|---|---|---|---|---|---|---|---|---|---|
| K2 | 2025 | 천안 | 3 | 3 | 0 | 0 | 0 | 0 | 0 | 0 |
| 통산 | | | 3 | 3 | 0 | 0 | 0 | 0 | 0 | 0 |

**유인**(劉人) 연세대 1975.08.08

| 대회 | 연도 | 소속 | 출전 | 교체 | 득점 | 도움 | 실점 | 파울 | 경고 | 퇴장 |
|---|---|---|---|---|---|---|---|---|---|---|
| K1 | 1998 | 천안일화 | 3 | 2 | 0 | 0 | 0 | 6 | 1 | 0 |
| | 1999 | 울산 | 0 | 0 | 0 | 0 | 0 | 0 | 0 | 0 |
| 컵 | 1998 | 천안일화 | 12 | 9 | 1 | 1 | 0 | 10 | 0 | 0 |
| | 1999 | 울산 | 1 | 1 | 0 | 0 | 0 | 0 | 0 | 0 |
| 통산 | | | 16 | 12 | 1 | 1 | 0 | 16 | 1 | 0 |

**유인수**(兪仁秀) 광운대 1994.12.28

| 대회 | 연도 | 소속 | 출전 | 교체 | 득점 | 도움 | 실점 | 파울 | 경고 | 퇴장 |
|---|---|---|---|---|---|---|---|---|---|---|
| K1 | 2020 | 성남 | 23 | 6 | 2 | 3 | 0 | 28 | 2 | 0 |
| | 2022 | 김천 | 19 | 8 | 2 | 0 | 0 | 11 | 1 | 0 |
| | 2022 | 성남 | 6 | 1 | 1 | 0 | 0 | 8 | 2 | 0 |
| | 2023 | 강원 | 25 | 22 | 1 | 0 | 0 | 19 | 1 | 0 |
| | 2024 | 강원 | 28 | 21 | 2 | 4 | 0 | 26 | 4 | 0 |
| | 2025 | 제주 | 34 | 15 | 4 | 1 | 0 | 24 | 2 | 1 |
| K2 | 2021 | 김천 | 19 | 2 | 1 | 0 | 0 | 17 | 2 | 0 |
| PO | 2023 | 강원 | 2 | 2 | 0 | 0 | 0 | 2 | 0 | 0 |
| | 2025 | 제주 | 2 | 2 | 0 | 0 | 0 | 3 | 1 | 0 |
| 통산 | | | 158 | 79 | 13 | 8 | 0 | 138 | 15 | 1 |

**유재영**(劉在永) 성균관대 1958.12.06

| 대회 | 연도 | 소속 | 출전 | 교체 | 득점 | 도움 | 실점 | 파울 | 경고 | 퇴장 |
|---|---|---|---|---|---|---|---|---|---|---|
| K1 | 1985 | 한일은행 | 17 | 12 | 2 | 1 | 0 | 10 | 0 | 0 |
| | 1986 | 한일은행 | 19 | 2 | 0 | 0 | 0 | 27 | 1 | 0 |
| 통산 | | | 36 | 14 | 2 | 1 | 0 | 37 | 1 | 0 |

**유재원**(柳在垣) 고려대 1990.02.24

| 대회 | 연도 | 소속 | 출전 | 교체 | 득점 | 도움 | 실점 | 파울 | 경고 | 퇴장 |
|---|---|---|---|---|---|---|---|---|---|---|
| K1 | 2013 | 강원 | 2 | 2 | 0 | 0 | 0 | 0 | 0 | 0 |
| 통산 | | | 2 | 2 | 0 | 0 | 0 | 0 | 0 | 0 |

**유재형**(劉在炯) 명지대 1977.08.24

| 대회 | 연도 | 소속 | 출전 | 교체 | 득점 | 도움 | 실점 | 파울 | 경고 | 퇴장 |
|---|---|---|---|---|---|---|---|---|---|---|
| K1 | 2002 | 울산 | 2 | 2 | 0 | 0 | 0 | 6 | 0 | 0 |
| 컵 | 2002 | 울산 | 3 | 3 | 0 | 0 | 0 | 1 | 1 | 0 |
| 통산 | | | 5 | 5 | 0 | 0 | 0 | 7 | 1 | 0 |

**유재호**(柳載澔) 우석대 1989.05.07

| 대회 | 연도 | 소속 | 출전 | 교체 | 득점 | 도움 | 실점 | 파울 | 경고 | 퇴장 |
|---|---|---|---|---|---|---|---|---|---|---|
| K1 | 2013 | 인천 | 3 | 3 | 0 | 0 | 0 | 0 | 0 | 0 |
| | 2016 | 인천 | 1 | 0 | 0 | 0 | 0 | 0 | 0 | 0 |
| 통산 | | | 4 | 3 | 0 | 0 | 0 | 0 | 0 | 0 |

**유재훈**(兪在勳) 울산대 1983.07.07

| 대회 | 연도 | 소속 | 출전 | 교체 | 득점 | 도움 | 실점 | 파울 | 경고 | 퇴장 |
|---|---|---|---|---|---|---|---|---|---|---|
| K1 | 2006 | 대전 | 0 | 0 | 0 | 0 | 0 | 0 | 0 | 0 |
| | 2007 | 대전 | 2 | 0 | 0 | 0 | 1 | 0 | 0 | 0 |
| | 2008 | 대전 | 0 | 0 | 0 | 0 | 0 | 0 | 0 | 0 |
| | 2009 | 대전 | 0 | 0 | 0 | 0 | 0 | 0 | 0 | 0 |
| 컵 | 2006 | 대전 | 0 | 0 | 0 | 0 | 0 | 0 | 0 | 0 |
| | 2007 | 대전 | 1 | 0 | 0 | 0 | 1 | 0 | 0 | 0 |
| | 2008 | 대전 | 0 | 0 | 0 | 0 | 0 | 0 | 0 | 0 |
| | 2009 | 대전 | 1 | 0 | 0 | 0 | 3 | 0 | 0 | 0 |
| 통산 | | | 4 | 0 | 0 | 0 | 5 | 0 | 0 | 0 |

**유정완**(柳政完) 1996.04.05

| 대회 | 연도 | 소속 | 출전 | 교체 | 득점 | 도움 | 실점 | 파울 | 경고 | 퇴장 |
|---|---|---|---|---|---|---|---|---|---|---|
| K2 | 2018 | 서울E | 13 | 11 | 0 | 1 | 0 | 7 | 0 | 0 |
| | 2019 | 서울E | 11 | 9 | 1 | 0 | 0 | 7 | 2 | 0 |
| | 2020 | 서울E | 1 | 1 | 0 | 0 | 0 | 0 | 0 | 0 |
| | 2021 | 서울E | 11 | 11 | 3 | 0 | 0 | 11 | 1 | 0 |
| | 2022 | 서울E | 30 | 30 | 2 | 0 | 0 | 15 | 4 | 0 |
| | 2023 | 서울E | 30 | 16 | 4 | 1 | 0 | 31 | 6 | 0 |
| | 2024 | 안양 | 13 | 13 | 4 | 1 | 0 | 4 | 2 | 0 |
| 통산 | | | 109 | 91 | 14 | 3 | 0 | 75 | 15 | 0 |

**유제호**(劉齊昊) 아주대 1992.08.10

| 대회 | 연도 | 소속 | 출전 | 교체 | 득점 | 도움 | 실점 | 파울 | 경고 | 퇴장 |
|---|---|---|---|---|---|---|---|---|---|---|
| K1 | 2014 | 포항 | 0 | 0 | 0 | 0 | 0 | 0 | 0 | 0 |
| | 2015 | 포항 | 1 | 1 | 0 | 0 | 0 | 1 | 0 | 0 |
| K2 | 2016 | 서울E | 8 | 7 | 0 | 0 | 0 | 7 | 0 | 0 |
| 통산 | | | 9 | 8 | 0 | 0 | 0 | 8 | 0 | 0 |

**유제호**(劉帝護) 동국대 2000.08.15

| 대회 | 연도 | 소속 | 출전 | 교체 | 득점 | 도움 | 실점 | 파울 | 경고 | 퇴장 |
|---|---|---|---|---|---|---|---|---|---|---|
| K1 | 2022 | 수원 | 6 | 6 | 0 | 0 | 0 | 8 | 1 | 0 |
| | 2023 | 수원 | 22 | 19 | 1 | 0 | 0 | 25 | 2 | 0 |
| | 2024 | 전북 | 5 | 5 | 0 | 0 | 0 | 4 | 1 | 0 |
| | 2025 | 광주 | 15 | 14 | 0 | 0 | 0 | 5 | 2 | 0 |
| K2 | 2024 | 수원 | 17 | 16 | 0 | 0 | 0 | 18 | 2 | 0 |
| 통산 | | | 65 | 60 | 1 | 0 | 0 | 60 | 8 | 0 |

**유종완**(兪鍾完) 경희대 1959.08.12

| 대회 | 연도 | 소속 | 출전 | 교체 | 득점 | 도움 | 실점 | 파울 | 경고 | 퇴장 |
|---|---|---|---|---|---|---|---|---|---|---|
| K1 | 1983 | 대우 | 7 | 3 | 0 | 0 | 0 | 4 | 1 | 1 |
| | 1984 | 대우 | 2 | 1 | 0 | 0 | 0 | 1 | 0 | 0 |
| | 1985 | 대우 | 4 | 2 | 0 | 0 | 0 | 5 | 0 | 0 |
| 통산 | | | 13 | 6 | 0 | 0 | 0 | 10 | 1 | 1 |

**유종우**(柳鐘宇) 숭실대 1998.02.14

| 대회 | 연도 | 소속 | 출전 | 교체 | 득점 | 도움 | 실점 | 파울 | 경고 | 퇴장 |
|---|---|---|---|---|---|---|---|---|---|---|
| K2 | 2020 | 안양 | 9 | 9 | 0 | 0 | 0 | 7 | 1 | 0 |
| | 2021 | 안양 | 2 | 2 | 0 | 0 | 0 | 0 | 0 | 0 |
| | 2022 | 안양 | 3 | 3 | 0 | 0 | 0 | 1 | 1 | 0 |
| 통산 | | | 14 | 14 | 0 | 0 | 0 | 8 | 2 | 0 |

**유종현**(劉宗賢) 건국대 1988.03.14

| 대회 | 연도 | 소속 | 출전 | 교체 | 득점 | 도움 | 실점 | 파울 | 경고 | 퇴장 |
|---|---|---|---|---|---|---|---|---|---|---|
| K1 | 2011 | 광주 | 23 | 4 | 1 | 1 | 0 | 32 | 11 | 0 |
| | 2012 | 광주 | 21 | 10 | 0 | 0 | 0 | 30 | 6 | 0 |
| K2 | 2013 | 광주 | 20 | 2 | 1 | 1 | 0 | 32 | 6 | 0 |
| | 2014 | 충주 | 30 | 2 | 2 | 0 | 0 | 42 | 3 | 0 |
| | 2015 | 안양 | 15 | 5 | 0 | 0 | 0 | 13 | 3 | 0 |
| | 2016 | 안양 | 9 | 3 | 0 | 0 | 0 | 14 | 3 | 0 |
| | 2019 | 안양 | 27 | 11 | 0 | 1 | 0 | 32 | 8 | 0 |
| | 2020 | 안양 | 18 | 8 | 1 | 0 | 0 | 25 | 5 | 1 |
| | 2021 | 안양 | 8 | 6 | 0 | 0 | 0 | 6 | 3 | 0 |
| PO | 2019 | 안양 | 1 | 0 | 0 | 0 | 0 | 1 | 1 | 0 |
| | 2021 | 안양 | 0 | 0 | 0 | 0 | 0 | 0 | 0 | 0 |
| 컵 | 2011 | 광주 | 3 | 0 | 1 | 0 | 0 | 4 | 2 | 0 |
| 통산 | | | 175 | 51 | 6 | 3 | 0 | 231 | 51 | 1 |

**유주안**(柳宙岸) 매탄고 1998.10.01

| 대회 | 연도 | 소속 | 출전 | 교체 | 득점 | 도움 | 실점 | 파울 | 경고 | 퇴장 |
|---|---|---|---|---|---|---|---|---|---|---|
| K1 | 2017 | 수원 | 15 | 15 | 2 | 2 | 0 | 10 | 1 | 0 |
| | 2018 | 수원 | 14 | 12 | 2 | 1 | 0 | 7 | 0 | 0 |
| | 2019 | 수원 | 8 | 8 | 0 | 1 | 0 | 6 | 0 | 0 |
| | 2020 | 수원 | 1 | 1 | 0 | 0 | 0 | 0 | 0 | 0 |
| | 2021 | 수원 | 8 | 8 | 0 | 1 | 0 | 2 | 0 | 0 |
| | 2022 | 수원 | 6 | 6 | 0 | 0 | 0 | 0 | 0 | 0 |
| K2 | 2020 | 수원FC | 9 | 9 | 0 | 2 | 0 | 3 | 0 | 0 |
| | 2025 | 성남 | 2 | 2 | 0 | 0 | 0 | 0 | 0 | 0 |
| PO | 2025 | 성남 | 2 | 2 | 0 | 0 | 0 | 0 | 0 | 0 |
| 통산 | | | 65 | 63 | 4 | 7 | 0 | 28 | 1 | 0 |

**유준수**(柳俊秀) 고려대 1988.05.08

| 대회 | 연도 | 소속 | 출전 | 교체 | 득점 | 도움 | 실점 | 파울 | 경고 | 퇴장 |
|---|---|---|---|---|---|---|---|---|---|---|
| K1 | 2011 | 인천 | 14 | 12 | 0 | 1 | 0 | 18 | 3 | 0 |
| | 2012 | 인천 | 9 | 8 | 0 | 0 | 0 | 14 | 0 | 0 |
| | 2014 | 울산 | 23 | 10 | 3 | 1 | 0 | 19 | 1 | 0 |
| | 2015 | 울산 | 16 | 1 | 1 | 0 | 0 | 7 | 1 | 2 |
| | 2016 | 상주 | 11 | 3 | 1 | 0 | 0 | 4 | 0 | 0 |
| | 2017 | 상주 | 25 | 22 | 1 | 2 | 0 | 32 | 4 | 0 |
| | 2019 | 포항 | 6 | 3 | 0 | 0 | 0 | 4 | 1 | 0 |
| K2 | 2021 | 충남아산 | 33 | 2 | 2 | 0 | 0 | 33 | 9 | 0 |
| | 2022 | 충남아산 | 7 | 6 | 0 | 0 | 0 | 0 | 0 | 0 |
| | 2023 | 안산 | 16 | 0 | 1 | 0 | 0 | 11 | 3 | 0 |
| PO | 2017 | 상주 | 2 | 2 | 0 | 0 | 0 | 2 | 0 | 0 |
| 컵 | 2011 | 인천 | 4 | 2 | 0 | 0 | 0 | 9 | 1 | 0 |
| 통산 | | | 166 | 71 | 9 | 4 | 0 | 153 | 23 | 2 |

**유준영**(柳晙永) 경희대 1990.02.17

| 대회 | 연도 | 소속 | 출전 | 교체 | 득점 | 도움 | 실점 | 파울 | 경고 | 퇴장 |
|---|---|---|---|---|---|---|---|---|---|---|
| K2 | 2013 | 부천 | 15 | 9 | 3 | 1 | 0 | 14 | 1 | 0 |
| | 2014 | 부천 | 31 | 24 | 3 | 5 | 0 | 23 | 3 | 0 |
| | 2015 | 부천 | 4 | 5 | 0 | 0 | 0 | 0 | 0 | 0 |
| | 2015 | 경남 | 3 | 3 | 0 | 0 | 0 | 2 | 0 | 0 |
| 통산 | | | 53 | 41 | 6 | 6 | 0 | 39 | 4 | 0 |

**유준하**(劉遵河) 서울대 2001.11.16

| 대회 | 연도 | 소속 | 출전 | 교체 | 득점 | 도움 | 실점 | 파울 | 경고 | 퇴장 |
|---|---|---|---|---|---|---|---|---|---|---|
| K2 | 2023 | 경남 | 8 | 7 | 0 | 0 | 0 | 3 | 0 | 0 |
| | 2024 | 경남 | 5 | 5 | 0 | 0 | 0 | 2 | 1 | 0 |
| PO | 2023 | 경남 | 1 | 1 | 0 | 0 | 0 | 2 | 0 | 0 |
| 통산 | | | 14 | 13 | 0 | 0 | 0 | 7 | 1 | 0 |

**유지노**(柳志弩) 광양제철고 1989.11.06

| 대회 | 연도 | 소속 | 출전 | 교체 | 득점 | 도움 | 실점 | 파울 | 경고 | 퇴장 |
|---|---|---|---|---|---|---|---|---|---|---|
| K1 | 2008 | 전남 | 8 | 1 | 0 | 1 | 0 | 4 | 0 | 0 |
| | 2009 | 전남 | 13 | 3 | 0 | 0 | 0 | 13 | 1 | 0 |
| | 2010 | 전남 | 12 | 5 | 0 | 0 | 0 | 11 | 2 | 0 |
| | 2011 | 전남 | 16 | 2 | 0 | 1 | 0 | 13 | 3 | 0 |
| | 2012 | 전남 | 12 | 2 | 0 | 0 | 0 | 19 | 4 | 0 |
| | 2013 | 부산 | 6 | 1 | 0 | 0 | 0 | 8 | 1 | 0 |
| | 2014 | 부산 | 19 | 1 | 0 | 0 | 0 | 23 | 3 | 0 |
| | 2015 | 부산 | 26 | 2 | 1 | 0 | 0 | 35 | 3 | 0 |
| | 2016 | 수원FC | 4 | 1 | 0 | 0 | 0 | 7 | 1 | 0 |
| PO | 2015 | 부산 | 1 | 1 | 0 | 0 | 0 | 1 | 0 | 0 |
| 컵 | 2008 | 전남 | 3 | 1 | 0 | 0 | 0 | 2 | 1 | 0 |
| | 2009 | 전남 | 3 | 2 | 0 | 0 | 0 | 2 | 0 | 0 |
| | 2010 | 전남 | 1 | 0 | 0 | 0 | 0 | 1 | 1 | 0 |
| | 2011 | 전남 | 4 | 1 | 0 | 0 | 0 | 0 | 0 | 0 |
| 통산 | | | 128 | 23 | 1 | 2 | 0 | 139 | 20 | 0 |

**유지민**(柳知民) 숭실대 1993.08.27

| 대회 | 연도 | 소속 | 출전 | 교체 | 득점 | 도움 | 실점 | 파울 | 경고 | 퇴장 |
|---|---|---|---|---|---|---|---|---|---|---|
| K2 | 2017 | 부천 | 13 | 13 | 0 | 1 | 0 | 7 | 2 | 0 |
| | 2019 | 안산 | 4 | 4 | 0 | 0 | 0 | 4 | 0 | 0 |
| 통산 | | | 17 | 17 | 0 | 1 | 0 | 11 | 2 | 0 |

**유지운**(有地運) 현풍고 2004.07.22

| 대회 | 연도 | 소속 | 출전 | 교체 | 득점 | 도움 | 실점 | 파울 | 경고 | 퇴장 |
|---|---|---|---|---|---|---|---|---|---|---|
| K1 | 2023 | 대구 | 0 | 0 | 0 | 0 | 0 | 0 | 0 | 0 |
| | 2025 | 대구 | 2 | 2 | 0 | 0 | 0 | 0 | 0 | 0 |
| 통산 | | | 2 | 2 | 0 | 0 | 0 | 0 | 0 | 0 |

**유지원**(柳智元) 천안제일고 2004.01.07

| 대회 | 연도 | 소속 | 출전 | 교체 | 득점 | 도움 | 실점 | 파울 | 경고 | 퇴장 |
|---|---|---|---|---|---|---|---|---|---|---|
| K2 | 2023 | 충북청주 | 1 | 1 | 0 | 0 | 0 | 0 | 0 | 0 |
| 통산 | | | 1 | 1 | 0 | 0 | 0 | 0 | 0 | 0 |

**유지하**(柳知荷) 동경한국학교(일본) 1999.06.01

| 대회 | 연도 | 소속 | 출전 | 교체 | 득점 | 도움 | 실점 | 파울 | 경고 | 퇴장 |
|---|---|---|---|---|---|---|---|---|---|---|
| K2 | 2022 | 전남 | 1 | 1 | 0 | 0 | 0 | 1 | 0 | 0 |
| | 2023 | 전남 | 20 | 0 | 2 | 0 | 0 | 22 | 7 | 0 |
| | 2024 | 전남 | 7 | 1 | 0 | 0 | 0 | 4 | 0 | 1 |
| | 2025 | 전남 | 31 | 7 | 1 | 0 | 0 | 28 | 4 | 0 |
| PO | 2024 | 전남 | 2 | 1 | 0 | 0 | 0 | 1 | 0 | 0 |
| 통산 | | | 61 | 10 | 3 | 0 | 0 | 56 | 11 | 1 |

**유지훈**(柳志訓) 한양대 1988.06.09

| 대회 | 연도 | 소속 | 출전 | 교체 | 득점 | 도움 | 실점 | 파울 | 경고 | 퇴장 |
|---|---|---|---|---|---|---|---|---|---|---|
| K1 | 2010 | 경남 | 2 | 2 | 0 | 0 | 0 | 3 | 0 | 0 |
| | 2011 | 부산 | 4 | 2 | 0 | 0 | 0 | 7 | 1 | 0 |
| | 2012 | 부산 | 31 | 16 | 1 | 0 | 0 | 28 | 2 | 0 |
| | 2014 | 상주 | 18 | 2 | 1 | 4 | 0 | 25 | 6 | 2 |
| | 2014 | 부산 | 9 | 0 | 0 | 0 | 0 | 9 | 0 | 0 |
| | 2015 | 부산 | 23 | 4 | 1 | 1 | 0 | 37 | 7 | 0 |
| | 2018 | 경남 | 13 | 4 | 0 | 1 | 0 | 2 | 0 | 0 |
| K2 | 2013 | 상주 | 5 | 2 | 0 | 0 | 0 | 7 | 0 | 0 |
| | 2016 | 부산 | 14 | 9 | 0 | 0 | 0 | 13 | 1 | 0 |

| 대회 | 연도 | 소속 | 출전 | 교체 | 득점 | 도움 | 실점 | 파울 | 경고 | 퇴장 |
|---|---|---|---|---|---|---|---|---|---|---|
| | 2017 | 서울E | 12 | 2 | 0 | 1 | 0 | 12 | 0 | 0 |
| | 2017 | 부산 | 9 | 4 | 0 | 1 | 0 | 7 | 2 | 0 |
| | 2018 | 서울E | 10 | 2 | 0 | 0 | 0 | 10 | 2 | 0 |
| | 2020 | 경남 | 15 | 1 | 1 | 0 | 0 | 22 | 2 | 0 |
| | 2021 | 경남 | 4 | 3 | 0 | 0 | 0 | 1 | 1 | 0 |
| PO | 2011 | 부산 | 1 | 1 | 0 | 0 | 0 | 1 | 1 | 0 |
| | 2013 | 상주 | 0 | 0 | 0 | 0 | 0 | 0 | 0 | 0 |
| | 2015 | 부산 | 2 | 0 | 0 | 0 | 0 | 5 | 2 | 0 |
| | 2020 | 경남 | 2 | 0 | 0 | 0 | 0 | 3 | 0 | 0 |
| 통산 | | | 174 | 54 | 4 | 8 | 0 | 192 | 27 | 2 |

**유진석**(柳珍錫) 경희대 1996.02.17

| 대회 | 연도 | 소속 | 출전 | 교체 | 득점 | 도움 | 실점 | 파울 | 경고 | 퇴장 |
|---|---|---|---|---|---|---|---|---|---|---|
| K2 | 2018 | 대전 | 3 | 3 | 0 | 0 | 0 | 2 | 1 | 0 |
| PO | 2018 | 대전 | 1 | 1 | 0 | 0 | 0 | 0 | 0 | 0 |
| 통산 | | | 4 | 4 | 0 | 0 | 0 | 2 | 1 | 0 |

**유진오**(兪鎭午) 연세대 1976.03.10

| 대회 | 연도 | 소속 | 출전 | 교체 | 득점 | 도움 | 실점 | 파울 | 경고 | 퇴장 |
|---|---|---|---|---|---|---|---|---|---|---|
| K1 | 1999 | 안양LG | 11 | 5 | 0 | 0 | 0 | 36 | 2 | 0 |
| | 2000 | 안양LG | 1 | 1 | 0 | 0 | 0 | 0 | 0 | 0 |
| 컵 | 1999 | 안양LG | 3 | 2 | 0 | 0 | 0 | 6 | 1 | 0 |
| | 2000 | 안양LG | 1 | 1 | 0 | 0 | 0 | 0 | 0 | 0 |
| 통산 | | | 16 | 9 | 0 | 0 | 0 | 42 | 3 | 0 |

**유진홍**(柳進弘) 선문대 2000.11.19

| 대회 | 연도 | 소속 | 출전 | 교체 | 득점 | 도움 | 실점 | 파울 | 경고 | 퇴장 |
|---|---|---|---|---|---|---|---|---|---|---|
| K2 | 2024 | 전남 | 1 | 1 | 0 | 0 | 0 | 0 | 0 | 0 |
| 통산 | | | 1 | 1 | 0 | 0 | 0 | 0 | 0 | 0 |

**유창균**(劉昶均) 울산대 1992.07.02

| 대회 | 연도 | 소속 | 출전 | 교체 | 득점 | 도움 | 실점 | 파울 | 경고 | 퇴장 |
|---|---|---|---|---|---|---|---|---|---|---|
| K2 | 2015 | 부천 | 0 | 0 | 0 | 0 | 0 | 0 | 0 | 0 |
| 통산 | | | 0 | 0 | 0 | 0 | 0 | 0 | 0 | 0 |

**유창현**(柳昌鉉) 대구대 1985.05.14

| 대회 | 연도 | 소속 | 출전 | 교체 | 득점 | 도움 | 실점 | 파울 | 경고 | 퇴장 |
|---|---|---|---|---|---|---|---|---|---|---|
| K1 | 2009 | 포항 | 19 | 14 | 7 | 5 | 0 | 19 | 0 | 0 |
| | 2010 | 포항 | 11 | 10 | 2 | 1 | 0 | 3 | 0 | 0 |
| | 2011 | 상주 | 18 | 12 | 2 | 2 | 0 | 16 | 4 | 0 |
| | 2012 | 포항 | 10 | 9 | 1 | 1 | 0 | 6 | 0 | 0 |
| | 2012 | 상주 | 24 | 16 | 4 | 2 | 0 | 33 | 5 | 0 |
| | 2013 | 포항 | 4 | 4 | 0 | 0 | 0 | 3 | 0 | 0 |
| | 2014 | 포항 | 28 | 27 | 4 | 3 | 0 | 25 | 1 | 0 |
| | 2015 | 전북 | 7 | 7 | 2 | 0 | 0 | 10 | 0 | 0 |
| | 2016 | 성남 | 3 | 3 | 0 | 0 | 0 | 2 | 1 | 0 |
| K2 | 2016 | 서울E | 9 | 9 | 0 | 0 | 0 | 7 | 1 | 0 |
| PO | 2009 | 포항 | 1 | 1 | 0 | 0 | 0 | 0 | 0 | 0 |
| 컵 | 2009 | 포항 | 5 | 3 | 4 | 0 | 0 | 5 | 0 | 0 |
| | 2010 | 포항 | 4 | 2 | 0 | 1 | 0 | 3 | 0 | 0 |
| | 2011 | 상주 | 3 | 1 | 0 | 0 | 0 | 0 | 0 | 0 |
| 통산 | | | 146 | 118 | 26 | 15 | 0 | 132 | 12 | 0 |

**유청윤**(柳淸潤) 경희대 1992.09.07

| 대회 | 연도 | 소속 | 출전 | 교체 | 득점 | 도움 | 실점 | 파울 | 경고 | 퇴장 |
|---|---|---|---|---|---|---|---|---|---|---|
| K1 | 2014 | 성남 | 2 | 1 | 0 | 0 | 0 | 1 | 0 | 0 |
| | 2015 | 성남 | 0 | 0 | 0 | 0 | 0 | 0 | 0 | 0 |
| 통산 | | | 2 | 1 | 0 | 0 | 0 | 1 | 0 | 0 |

**유청인**(柳靑忍) 숭실대 1996.08.06

| 대회 | 연도 | 소속 | 출전 | 교체 | 득점 | 도움 | 실점 | 파울 | 경고 | 퇴장 |
|---|---|---|---|---|---|---|---|---|---|---|
| K1 | 2017 | 강원 | 0 | 0 | 0 | 0 | 0 | 0 | 0 | 0 |
| K2 | 2019 | 안산 | 0 | 0 | 0 | 0 | 0 | 0 | 0 | 0 |
| 통산 | | | 0 | 0 | 0 | 0 | 0 | 0 | 0 | 0 |

**유카**(Jukka Koskinen) 핀란드 1972.11.29

| 대회 | 연도 | 소속 | 출전 | 교체 | 득점 | 도움 | 실점 | 파울 | 경고 | 퇴장 |
|---|---|---|---|---|---|---|---|---|---|---|
| K1 | 1999 | 안양LG | 12 | 3 | 0 | 0 | 0 | 12 | 1 | 0 |
| 컵 | 1999 | 안양LG | 2 | 2 | 0 | 0 | 0 | 2 | 0 | 0 |
| 통산 | | | 14 | 5 | 0 | 0 | 0 | 14 | 1 | 0 |

**유키야**(Sugita Yukiya, 杉田祐希也) 일본 1993.04.22

| 대회 | 연도 | 소속 | 출전 | 교체 | 득점 | 도움 | 실점 | 파울 | 경고 | 퇴장 |
|---|---|---|---|---|---|---|---|---|---|---|
| K2 | 2024 | 경남 | 1 | 1 | 0 | 0 | 0 | 0 | 0 | 0 |
| 통산 | | | 1 | 1 | 0 | 0 | 0 | 0 | 0 | 0 |

**유키치**(Ivan Jukić) 크로아티아/보스니아 헤르체고비나 1996.06.21

| 대회 | 연도 | 소속 | 출전 | 교체 | 득점 | 도움 | 실점 | 파울 | 경고 | 퇴장 |
|---|---|---|---|---|---|---|---|---|---|---|
| K1 | 2025 | 안양 | 11 | 11 | 3 | 1 | 0 | 10 | 1 | 0 |
| 통산 | | | 11 | 11 | 3 | 1 | 0 | 10 | 1 | 0 |

**유태목**(柳泰穆) 연세대 1957.04.30

| 대회 | 연도 | 소속 | 출전 | 교체 | 득점 | 도움 | 실점 | 파울 | 경고 | 퇴장 |
|---|---|---|---|---|---|---|---|---|---|---|
| K1 | 1983 | 대우 | 16 | 0 | 1 | 0 | 0 | 7 | 0 | 0 |
| | 1984 | 대우 | 22 | 5 | 2 | 0 | 0 | 23 | 1 | 0 |
| | 1985 | 대우 | 9 | 3 | 0 | 0 | 0 | 6 | 0 | 0 |
| | 1986 | 현대 | 15 | 1 | 0 | 0 | 0 | 13 | 0 | 0 |
| | 1987 | 현대 | 19 | 9 | 1 | 0 | 0 | 7 | 1 | 0 |
| PO | 1984 | 대우 | 2 | 0 | 0 | 0 | 0 | 1 | 0 | 0 |
| 컵 | 1986 | 현대 | 14 | 0 | 0 | 1 | 0 | 14 | 0 | 0 |
| 통산 | | | 97 | 18 | 4 | 1 | 0 | 71 | 2 | 0 |

**유해성**(劉海成) KC대 1996.01.01

| 대회 | 연도 | 소속 | 출전 | 교체 | 득점 | 도움 | 실점 | 파울 | 경고 | 퇴장 |
|---|---|---|---|---|---|---|---|---|---|---|
| K2 | 2018 | 대전 | 7 | 7 | 0 | 0 | 0 | 2 | 0 | 0 |
| | 2019 | 대전 | 7 | 7 | 1 | 0 | 0 | 3 | 0 | 0 |
| 통산 | | | 14 | 14 | 1 | 0 | 0 | 5 | 0 | 0 |

**유헤이**(Sato Yuhei, 佐藤優平) 일본 1990.10.29

| 대회 | 연도 | 소속 | 출전 | 교체 | 득점 | 도움 | 실점 | 파울 | 경고 | 퇴장 |
|---|---|---|---|---|---|---|---|---|---|---|
| K2 | 2022 | 전남 | 36 | 15 | 1 | 4 | 0 | 25 | 3 | 0 |
| | 2023 | 전남 | 34 | 18 | 1 | 2 | 0 | 16 | 0 | 0 |
| | 2024 | 부산 | 14 | 12 | 1 | 1 | 0 | 9 | 1 | 0 |
| | 2024 | 전남 | 11 | 7 | 0 | 0 | 0 | 4 | 0 | 0 |
| PO | 2024 | 부산 | 1 | 1 | 0 | 0 | 0 | 2 | 1 | 0 |
| 통산 | | | 96 | 53 | 3 | 7 | 0 | 56 | 5 | 0 |

**유현**(劉賢) 중앙대 1984.08.01

| 대회 | 연도 | 소속 | 출전 | 교체 | 득점 | 도움 | 실점 | 파울 | 경고 | 퇴장 |
|---|---|---|---|---|---|---|---|---|---|---|
| K1 | 2009 | 강원 | 27 | 0 | 0 | 1 | 54 | 0 | 0 | 0 |
| | 2010 | 강원 | 24 | 2 | 0 | 0 | 40 | 0 | 0 | 0 |
| | 2011 | 강원 | 22 | 0 | 0 | 0 | 31 | 0 | 0 | 0 |
| | 2012 | 인천 | 35 | 0 | 0 | 0 | 32 | 1 | 1 | 0 |
| | 2014 | 인천 | 10 | 0 | 0 | 0 | 11 | 1 | 0 | 0 |
| | 2015 | 인천 | 26 | 1 | 0 | 0 | 25 | 2 | 2 | 0 |
| | 2016 | 서울 | 18 | 1 | 0 | 0 | 18 | 0 | 0 | 0 |
| | 2017 | 서울 | 11 | 0 | 0 | 0 | 13 | 0 | 0 | 0 |
| | 2018 | 서울 | 0 | 0 | 0 | 0 | 0 | 0 | 0 | 0 |
| | 2021 | 수원FC | 23 | 0 | 0 | 0 | 34 | 2 | 5 | 0 |
| | 2022 | 수원FC | 11 | 0 | 0 | 0 | 19 | 1 | 0 | 0 |
| K2 | 2013 | 경찰 | 23 | 2 | 0 | 0 | 31 | 0 | 1 | 0 |
| | 2014 | 안산경찰 | 20 | 1 | 0 | 0 | 23 | 3 | 2 | 0 |
| | 2020 | 수원FC | 16 | 1 | 0 | 1 | 17 | 0 | 1 | 0 |
| PO | 2018 | 서울 | 0 | 0 | 0 | 0 | 0 | 0 | 0 | 0 |
| | 2020 | 수원FC | 1 | 0 | 0 | 0 | 1 | 0 | 0 | 0 |
| 컵 | 2009 | 강원 | 2 | 0 | 0 | 0 | 2 | 0 | 0 | 0 |
| | 2010 | 강원 | 4 | 0 | 0 | 0 | 11 | 0 | 0 | 0 |
| | 2011 | 강원 | 1 | 0 | 0 | 0 | 2 | 0 | 0 | 0 |
| 통산 | | | 274 | 8 | 0 | 2 | 364 | 10 | 12 | 0 |

**유현구**(柳鉉口) 보인정보산업고(보인고) 1983.01.25

| 대회 | 연도 | 소속 | 출전 | 교체 | 득점 | 도움 | 실점 | 파울 | 경고 | 퇴장 |
|---|---|---|---|---|---|---|---|---|---|---|
| K1 | 2005 | 부천SK | 7 | 7 | 0 | 0 | 0 | 8 | 0 | 0 |
| | 2006 | 제주 | 7 | 6 | 1 | 0 | 0 | 7 | 1 | 0 |
| | 2007 | 광주상무 | 15 | 14 | 0 | 1 | 0 | 17 | 1 | 0 |
| | 2008 | 광주상무 | 5 | 4 | 1 | 0 | 0 | 4 | 1 | 0 |
| 컵 | 2006 | 제주 | 4 | 3 | 0 | 0 | 0 | 3 | 1 | 0 |
| | 2007 | 광주상무 | 4 | 4 | 0 | 0 | 0 | 0 | 0 | 0 |
| | 2008 | 광주상무 | 2 | 2 | 0 | 0 | 0 | 2 | 0 | 0 |
| 통산 | | | 44 | 40 | 2 | 1 | 0 | 41 | 4 | 0 |

**유호준**(柳好俊) 광운대 1985.01.14

| 대회 | 연도 | 소속 | 출전 | 교체 | 득점 | 도움 | 실점 | 파울 | 경고 | 퇴장 |
|---|---|---|---|---|---|---|---|---|---|---|
| K1 | 2008 | 울산 | 20 | 11 | 1 | 3 | 0 | 21 | 3 | 0 |
| | 2009 | 울산 | 6 | 5 | 0 | 0 | 0 | 2 | 0 | 0 |
| | 2010 | 부산 | 24 | 4 | 4 | 3 | 0 | 47 | 3 | 0 |
| | 2011 | 부산 | 13 | 10 | 0 | 0 | 0 | 13 | 0 | 0 |
| | 2012 | 경남 | 17 | 16 | 0 | 0 | 0 | 16 | 3 | 0 |
| | 2013 | 경남 | 5 | 5 | 0 | 1 | 0 | 3 | 1 | 0 |
| K2 | 2014 | 안산경찰 | 12 | 9 | 0 | 0 | 0 | 17 | 1 | 0 |
| | 2015 | 안산경찰 | 10 | 8 | 0 | 0 | 0 | 14 | 2 | 0 |
| | 2015 | 경남 | 1 | 1 | 0 | 0 | 0 | 2 | 1 | 0 |
| PO | 2008 | 울산 | 3 | 1 | 0 | 0 | 0 | 6 | 1 | 0 |
| | 2014 | 안산경찰 | 1 | 0 | 0 | 0 | 0 | 0 | 0 | 0 |
| 컵 | 2008 | 울산 | 8 | 4 | 1 | 0 | 0 | 11 | 1 | 0 |
| | 2009 | 울산 | 0 | 0 | 0 | 0 | 0 | 0 | 0 | 0 |
| | 2010 | 부산 | 5 | 1 | 1 | 0 | 0 | 6 | 1 | 0 |
| | 2011 | 부산 | 5 | 0 | 0 | 0 | 0 | 10 | 1 | 0 |
| 통산 | | | 130 | 75 | 7 | 7 | 0 | 168 | 18 | 0 |

**유홍열**(柳弘烈) 숭실대 1983.12.30

| 대회 | 연도 | 소속 | 출전 | 교체 | 득점 | 도움 | 실점 | 파울 | 경고 | 퇴장 |
|---|---|---|---|---|---|---|---|---|---|---|
| K1 | 2006 | 전남 | 3 | 3 | 0 | 0 | 0 | 5 | 0 | 0 |
| | 2007 | 전남 | 0 | 0 | 0 | 0 | 0 | 0 | 0 | 0 |
| | 2008 | 전남 | 9 | 6 | 1 | 2 | 0 | 9 | 1 | 0 |
| | 2009 | 전남 | 4 | 4 | 0 | 0 | 0 | 4 | 0 | 0 |
| | 2010 | 전남 | 0 | 0 | 0 | 0 | 0 | 0 | 0 | 0 |
| PO | 2009 | 전남 | 0 | 0 | 0 | 0 | 0 | 0 | 0 | 0 |
| 컵 | 2006 | 전남 | 1 | 1 | 0 | 0 | 0 | 0 | 0 | 0 |
| | 2009 | 전남 | 2 | 2 | 0 | 0 | 0 | 1 | 0 | 0 |
| | 2010 | 전남 | 1 | 1 | 0 | 0 | 0 | 1 | 0 | 0 |
| 통산 | | | 20 | 17 | 1 | 2 | 0 | 20 | 1 | 0 |

**윤경보**(尹慶保) 호남대 1995.08.16

| 대회 | 연도 | 소속 | 출전 | 교체 | 득점 | 도움 | 실점 | 파울 | 경고 | 퇴장 |
|---|---|---|---|---|---|---|---|---|---|---|
| K2 | 2018 | 대전 | 2 | 2 | 0 | 0 | 0 | 1 | 0 | 0 |
| | 2019 | 대전 | 15 | 4 | 0 | 0 | 0 | 16 | 2 | 0 |
| | 2020 | 대전 | 2 | 1 | 0 | 0 | 0 | 2 | 0 | 0 |
| PO | 2018 | 대전 | 2 | 0 | 0 | 0 | 0 | 4 | 0 | 0 |
| 통산 | | | 21 | 7 | 0 | 0 | 0 | 23 | 2 | 0 |

**윤경원**(尹經原) 현대고 2001.04.09

| 대회 | 연도 | 소속 | 출전 | 교체 | 득점 | 도움 | 실점 | 파울 | 경고 | 퇴장 |
|---|---|---|---|---|---|---|---|---|---|---|
| K2 | 2022 | 안산 | 3 | 4 | 0 | 0 | 0 | 3 | 0 | 0 |
| 통산 | | | 3 | 4 | 0 | 0 | 0 | 3 | 0 | 0 |

**윤광복**(尹光卜) 조선대 1989.01.25

| 대회 | 연도 | 소속 | 출전 | 교체 | 득점 | 도움 | 실점 | 파울 | 경고 | 퇴장 |
|---|---|---|---|---|---|---|---|---|---|---|
| 컵 | 2011 | 광주 | 0 | 0 | 0 | 0 | 0 | 0 | 0 | 0 |
| 통산 | | | 0 | 0 | 0 | 0 | 0 | 0 | 0 | 0 |

**윤근호**(尹根鎬) 동국대 1977.11.08

| 대회 | 연도 | 소속 | 출전 | 교체 | 득점 | 도움 | 실점 | 파울 | 경고 | 퇴장 |
|---|---|---|---|---|---|---|---|---|---|---|
| K1 | 2000 | 전북 | 1 | 1 | 0 | 0 | 0 | 0 | 1 | 0 |
| | 2001 | 전북 | 1 | 1 | 0 | 0 | 0 | 0 | 0 | 0 |
| 컵 | 2000 | 전북 | 0 | 0 | 0 | 0 | 0 | 0 | 0 | 0 |
| 통산 | | | 2 | 2 | 0 | 0 | 0 | 0 | 1 | 0 |

**윤기원**(尹基源) 아주대 1987.05.20

| 대회 | 연도 | 소속 | 출전 | 교체 | 득점 | 도움 | 실점 | 파울 | 경고 | 퇴장 |
|---|---|---|---|---|---|---|---|---|---|---|
| K1 | 2010 | 인천 | 1 | 0 | 0 | 0 | 0 | 0 | 1 | 0 |
| | 2011 | 인천 | 5 | 0 | 0 | 0 | 7 | 0 | 0 | 0 |
| 컵 | 2011 | 인천 | 2 | 0 | 0 | 0 | 0 | 0 | 0 | 0 |
| 통산 | | | 8 | 0 | 0 | 0 | 7 | 0 | 1 | 0 |

**윤기해**(尹期海) 초당대 1991.02.09

| 대회 | 연도 | 소속 | 출전 | 교체 | 득점 | 도움 | 실점 | 파울 | 경고 | 퇴장 |
|---|---|---|---|---|---|---|---|---|---|---|
| K1 | 2012 | 광주 | 5 | 0 | 0 | 0 | 9 | 1 | 0 | 0 |
| K2 | 2013 | 광주 | 5 | 0 | 0 | 0 | 11 | 0 | 0 | 0 |
| 통산 | | | 10 | 0 | 0 | 0 | 20 | 1 | 0 | 0 |

**윤덕여**(尹德汝) 성균관대 1961.03.25

| 대회 | 연도 | 소속 | 출전 | 교체 | 득점 | 도움 | 실점 | 파울 | 경고 | 퇴장 |
|---|---|---|---|---|---|---|---|---|---|---|
| K1 | 1984 | 한일은행 | 26 | 4 | 0 | 0 | 0 | 23 | 2 | 0 |
| | 1985 | 한일은행 | 19 | 0 | 0 | 0 | 0 | 23 | 1 | 0 |
| | 1986 | 현대 | 4 | 0 | 0 | 0 | 0 | 0 | 0 | 0 |
| | 1987 | 현대 | 18 | 7 | 1 | 0 | 0 | 14 | 0 | 0 |
| | 1988 | 현대 | 17 | 2 | 1 | 1 | 0 | 31 | 2 | 0 |
| | 1989 | 현대 | 8 | 1 | 1 | 0 | 0 | 7 | 2 | 0 |
| | 1990 | 현대 | 10 | 0 | 0 | 0 | 0 | 13 | 0 | 0 |
| | 1991 | 현대 | 14 | 3 | 0 | 0 | 0 | 16 | 2 | 0 |
| | 1992 | 포항제철 | 7 | 6 | 0 | 0 | 0 | 6 | 0 | 0 |

| 대회 | 연도 | 소속 | 출전 | 교체 | 득점 | 도움 | 실점 | 파울 | 경고 | 퇴장 |
|---|---|---|---|---|---|---|---|---|---|---|
| 컵 | 1986 | 현대 | 1 | 1 | 0 | 0 | 0 | 2 | 0 | 0 |
| | 1992 | 포항제철 | 5 | 3 | 0 | 0 | 0 | 8 | 1 | 0 |
| 통산 | | | 129 | 27 | 3 | 1 | 0 | 143 | 10 | 0 |

**윤도영**(尹棹泳) 충남기계공고 2006.10.28

| 대회 | 연도 | 소속 | 출전 | 교체 | 득점 | 도움 | 실점 | 파울 | 경고 | 퇴장 |
|---|---|---|---|---|---|---|---|---|---|---|
| K1 | 2024 | 대전 | 19 | 19 | 1 | 3 | 0 | 18 | 0 | 0 |
| | 2025 | 대전 | 12 | 12 | 0 | 1 | 0 | 19 | 0 | 0 |
| 통산 | | | 31 | 31 | 1 | 4 | 0 | 37 | 0 | 0 |

**윤동권**(尹東權) 선문대 1999.02.11

| 대회 | 연도 | 소속 | 출전 | 교체 | 득점 | 도움 | 실점 | 파울 | 경고 | 퇴장 |
|---|---|---|---|---|---|---|---|---|---|---|
| K2 | 2021 | 충남아산 | 0 | 0 | 0 | 0 | 0 | 0 | 0 | 0 |
| 통산 | | | 0 | 0 | 0 | 0 | 0 | 0 | 0 | 0 |

**윤동민**(尹東民) 경희대 1988.07.24

| 대회 | 연도 | 소속 | 출전 | 교체 | 득점 | 도움 | 실점 | 파울 | 경고 | 퇴장 |
|---|---|---|---|---|---|---|---|---|---|---|
| K1 | 2011 | 부산 | 12 | 12 | 1 | 0 | 0 | 3 | 0 | 0 |
| | 2012 | 부산 | 22 | 22 | 4 | 0 | 0 | 19 | 1 | 0 |
| | 2013 | 부산 | 14 | 15 | 0 | 3 | 0 | 8 | 1 | 0 |
| | 2014 | 부산 | 2 | 2 | 0 | 0 | 0 | 2 | 0 | 0 |
| | 2015 | 부산 | 16 | 16 | 0 | 0 | 0 | 7 | 0 | 0 |
| | 2016 | 상주 | 6 | 4 | 1 | 0 | 0 | 2 | 0 | 0 |
| | 2017 | 상주 | 12 | 12 | 1 | 0 | 0 | 5 | 0 | 0 |
| | 2018 | 전남 | 13 | 13 | 0 | 0 | 0 | 3 | 1 | 0 |
| K2 | 2017 | 부산 | 3 | 3 | 0 | 1 | 0 | 6 | 1 | 0 |
| PO | 2011 | 부산 | 1 | 1 | 0 | 0 | 0 | 0 | 0 | 0 |
| | 2015 | 부산 | 1 | 1 | 0 | 0 | 0 | 0 | 0 | 0 |
| 컵 | 2011 | 부산 | 5 | 3 | 1 | 0 | 0 | 5 | 0 | 0 |
| 통산 | | | 107 | 104 | 8 | 4 | 0 | 60 | 4 | 0 |

**윤동민**(尹東珉) 성균관대 1986.07.18

| 대회 | 연도 | 소속 | 출전 | 교체 | 득점 | 도움 | 실점 | 파울 | 경고 | 퇴장 |
|---|---|---|---|---|---|---|---|---|---|---|
| K2 | 2013 | 수원FC | 8 | 7 | 1 | 1 | 0 | 3 | 0 | 0 |
| 통산 | | | 8 | 7 | 1 | 1 | 0 | 3 | 0 | 0 |

**윤동헌**(尹東憲) 고려대 1983.05.02

| 대회 | 연도 | 소속 | 출전 | 교체 | 득점 | 도움 | 실점 | 파울 | 경고 | 퇴장 |
|---|---|---|---|---|---|---|---|---|---|---|
| K2 | 2013 | 고양 | 32 | 6 | 2 | 3 | 0 | 23 | 3 | 0 |
| | 2014 | 고양 | 33 | 20 | 3 | 5 | 0 | 18 | 1 | 0 |
| 컵 | 2007 | 울산 | 1 | 0 | 0 | 0 | 0 | 2 | 0 | 0 |
| 통산 | | | 66 | 26 | 5 | 8 | 0 | 43 | 4 | 0 |

**윤민호**(尹旼顥) 전주대 1995.12.06

| 대회 | 연도 | 소속 | 출전 | 교체 | 득점 | 도움 | 실점 | 파울 | 경고 | 퇴장 |
|---|---|---|---|---|---|---|---|---|---|---|
| K2 | 2022 | 김포 | 33 | 16 | 8 | 2 | 0 | 46 | 3 | 1 |
| | 2023 | 김포 | 19 | 16 | 2 | 4 | 0 | 16 | 2 | 0 |
| | 2024 | 충북청주 | 29 | 26 | 5 | 0 | 0 | 23 | 0 | 1 |
| | 2025 | 부산 | 18 | 18 | 3 | 0 | 0 | 20 | 0 | 0 |
| PO | 2023 | 김포 | 2 | 2 | 0 | 0 | 0 | 1 | 0 | 0 |
| 통산 | | | 101 | 78 | 18 | 6 | 0 | 106 | 5 | 2 |

**윤민호**(尹珉皓) 현대고 1999.10.17

| 대회 | 연도 | 소속 | 출전 | 교체 | 득점 | 도움 | 실점 | 파울 | 경고 | 퇴장 |
|---|---|---|---|---|---|---|---|---|---|---|
| K1 | 2022 | 포항 | 2 | 2 | 0 | 0 | 0 | 3 | 1 | 0 |
| | 2023 | 포항 | 6 | 6 | 0 | 1 | 0 | 5 | 1 | 0 |
| | 2024 | 포항 | 17 | 16 | 1 | 1 | 0 | 12 | 2 | 0 |
| K2 | 2025 | 전남 | 32 | 28 | 1 | 1 | 0 | 33 | 8 | 0 |
| 통산 | | | 57 | 52 | 2 | 3 | 0 | 53 | 12 | 0 |

**윤병기**(尹炳基) 숭실대 1973.04.22

| 대회 | 연도 | 소속 | 출전 | 교체 | 득점 | 도움 | 실점 | 파울 | 경고 | 퇴장 |
|---|---|---|---|---|---|---|---|---|---|---|
| K1 | 1999 | 전남 | 6 | 6 | 0 | 1 | 0 | 6 | 2 | 0 |
| | 2000 | 전남 | 10 | 7 | 0 | 0 | 0 | 7 | 1 | 0 |
| 컵 | 1999 | 전남 | 6 | 3 | 0 | 0 | 0 | 8 | 1 | 0 |
| | 2000 | 전남 | 1 | 1 | 0 | 0 | 0 | 0 | 0 | 0 |
| | 2001 | 전남 | 2 | 1 | 0 | 0 | 0 | 4 | 1 | 0 |
| 통산 | | | 25 | 18 | 0 | 1 | 0 | 25 | 5 | 0 |

**윤보상**(尹普相) 울산대 1993.09.09

| 대회 | 연도 | 소속 | 출전 | 교체 | 득점 | 도움 | 실점 | 파울 | 경고 | 퇴장 |
|---|---|---|---|---|---|---|---|---|---|---|
| K1 | 2016 | 광주 | 22 | 1 | 0 | 0 | 21 | 0 | 2 | 0 |
| | 2017 | 광주 | 26 | 1 | 0 | 0 | 42 | 1 | 2 | 0 |
| | 2018 | 상주 | 15 | 1 | 0 | 0 | 25 | 0 | 1 | 0 |
| | 2019 | 상주 | 29 | 1 | 0 | 0 | 37 | 0 | 1 | 0 |
| | 2021 | 광주 | 22 | 0 | 0 | 0 | 32 | 0 | 1 | 0 |
| K2 | 2018 | 광주 | 7 | 0 | 0 | 0 | 7 | 0 | 0 | 0 |
| | 2020 | 제주 | 1 | 0 | 0 | 0 | 3 | 0 | 0 | 0 |
| | 2022 | 서울E | 37 | 2 | 0 | 0 | 36 | 0 | 3 | 0 |
| | 2023 | 서울E | 6 | 0 | 0 | 0 | 12 | 0 | 0 | 0 |
| | 2024 | 서울E | 7 | 0 | 0 | 0 | 12 | 0 | 0 | 0 |
| | 2025 | 김포 | 11 | 1 | 0 | 0 | 11 | 0 | 0 | 0 |
| PO | 2024 | 서울E | 0 | 0 | 0 | 0 | 0 | 0 | 0 | 0 |
| 통산 | | | 183 | 7 | 0 | 0 | 238 | 1 | 10 | 0 |

**윤보영**(尹寶營) 울산대 1978.04.29

| 대회 | 연도 | 소속 | 출전 | 교체 | 득점 | 도움 | 실점 | 파울 | 경고 | 퇴장 |
|---|---|---|---|---|---|---|---|---|---|---|
| K1 | 2001 | 포항 | 4 | 4 | 0 | 0 | 0 | 0 | 0 | 0 |
| | 2002 | 포항 | 23 | 13 | 4 | 2 | 0 | 22 | 1 | 0 |
| | 2003 | 포항 | 11 | 11 | 0 | 1 | 0 | 4 | 0 | 0 |
| 컵 | 2002 | 포항 | 7 | 0 | 1 | 0 | 0 | 6 | 1 | 0 |
| 통산 | | | 45 | 28 | 5 | 3 | 0 | 32 | 2 | 0 |

**윤빛가람**(尹빛가람) 부산외대 1990.05.07

| 대회 | 연도 | 소속 | 출전 | 교체 | 득점 | 도움 | 실점 | 파울 | 경고 | 퇴장 |
|---|---|---|---|---|---|---|---|---|---|---|
| K1 | 2010 | 경남 | 24 | 3 | 6 | 5 | 0 | 23 | 1 | 0 |
| | 2011 | 경남 | 25 | 5 | 6 | 6 | 0 | 27 | 9 | 0 |
| | 2012 | 성남일화 | 31 | 20 | 1 | 3 | 0 | 34 | 5 | 1 |
| | 2013 | 제주 | 31 | 14 | 1 | 2 | 0 | 30 | 5 | 0 |
| | 2014 | 제주 | 37 | 11 | 4 | 4 | 0 | 28 | 3 | 0 |
| | 2015 | 제주 | 36 | 3 | 6 | 7 | 0 | 31 | 7 | 0 |
| | 2017 | 제주 | 17 | 3 | 2 | 3 | 0 | 11 | 1 | 1 |
| | 2018 | 상주 | 33 | 2 | 7 | 3 | 0 | 18 | 2 | 0 |
| | 2019 | 상주 | 27 | 1 | 8 | 4 | 0 | 19 | 3 | 0 |
| | 2019 | 제주 | 9 | 2 | 1 | 1 | 0 | 6 | 0 | 0 |
| | 2020 | 울산 | 24 | 6 | 4 | 0 | 0 | 36 | 1 | 0 |
| | 2021 | 울산 | 29 | 16 | 3 | 5 | 0 | 20 | 2 | 0 |
| | 2022 | 제주 | 15 | 11 | 3 | 2 | 0 | 8 | 0 | 0 |
| | 2023 | 수원FC | 35 | 3 | 8 | 5 | 0 | 30 | 5 | 0 |
| | 2024 | 수원FC | 36 | 12 | 1 | 2 | 0 | 19 | 4 | 0 |
| | 2025 | 수원FC | 11 | 5 | 1 | 0 | 0 | 7 | 1 | 0 |
| PO | 2023 | 수원FC | 1 | 0 | 0 | 0 | 0 | 3 | 0 | 0 |
| | 2025 | 수원FC | 2 | 1 | 0 | 0 | 0 | 2 | 0 | 0 |
| 컵 | 2010 | 경남 | 5 | 2 | 3 | 2 | 0 | 5 | 0 | 0 |
| | 2011 | 경남 | 7 | 4 | 2 | 1 | 0 | 11 | 1 | 0 |
| 통산 | | | 435 | 124 | 67 | 55 | 0 | 368 | 50 | 2 |

**윤상철**(尹相喆) 건국대 1965.06.14

| 대회 | 연도 | 소속 | 출전 | 교체 | 득점 | 도움 | 실점 | 파울 | 경고 | 퇴장 |
|---|---|---|---|---|---|---|---|---|---|---|
| K1 | 1988 | 럭키금성 | 18 | 6 | 4 | 1 | 0 | 23 | 0 | 0 |
| | 1989 | 럭키금성 | 38 | 10 | 17 | 6 | 0 | 60 | 3 | 0 |
| | 1990 | 럭키금성 | 30 | 4 | 12 | 2 | 0 | 45 | 0 | 0 |
| | 1991 | LG | 31 | 16 | 7 | 2 | 0 | 38 | 0 | 0 |
| | 1992 | LG | 28 | 16 | 6 | 2 | 0 | 37 | 2 | 0 |
| | 1993 | LG | 27 | 4 | 9 | 8 | 0 | 43 | 0 | 1 |
| | 1994 | LG | 28 | 6 | 21 | 1 | 0 | 30 | 2 | 0 |
| | 1995 | LG | 24 | 15 | 4 | 2 | 0 | 12 | 0 | 0 |
| | 1996 | 안양LG | 30 | 19 | 12 | 3 | 0 | 22 | 1 | 0 |
| | 1997 | 안양LG | 7 | 4 | 0 | 0 | 0 | 8 | 0 | 0 |
| 컵 | 1992 | LG | 8 | 6 | 1 | 0 | 0 | 8 | 0 | 0 |
| | 1993 | LG | 5 | 2 | 0 | 0 | 0 | 7 | 0 | 0 |
| | 1994 | LG | 6 | 0 | 3 | 0 | 0 | 4 | 1 | 0 |
| | 1995 | LG | 7 | 4 | 0 | 0 | 0 | 8 | 0 | 0 |
| | 1996 | 안양LG | 3 | 2 | 2 | 1 | 0 | 1 | 0 | 0 |
| | 1997 | 안양LG | 12 | 9 | 3 | 3 | 0 | 7 | 0 | 0 |
| 통산 | | | 302 | 123 | 101 | 31 | 0 | 353 | 9 | 1 |

**윤상혁**(尹尙爀) 남부대 1997.02.26

| 대회 | 연도 | 소속 | 출전 | 교체 | 득점 | 도움 | 실점 | 파울 | 경고 | 퇴장 |
|---|---|---|---|---|---|---|---|---|---|---|
| K2 | 2022 | 김포 | 13 | 11 | 0 | 0 | 0 | 8 | 3 | 0 |
| 통산 | | | 13 | 11 | 0 | 0 | 0 | 8 | 3 | 0 |

**윤상호**(尹相皓) 호남대 1992.06.04

| 대회 | 연도 | 소속 | 출전 | 교체 | 득점 | 도움 | 실점 | 파울 | 경고 | 퇴장 |
|---|---|---|---|---|---|---|---|---|---|---|
| K1 | 2015 | 인천 | 13 | 9 | 0 | 1 | 0 | 16 | 2 | 0 |
| | 2016 | 인천 | 28 | 16 | 0 | 0 | 0 | 44 | 6 | 0 |
| | 2017 | 인천 | 11 | 7 | 0 | 0 | 0 | 14 | 1 | 0 |
| | 2018 | 인천 | 3 | 2 | 0 | 0 | 0 | 5 | 0 | 0 |
| K2 | 2014 | 광주 | 12 | 11 | 0 | 0 | 0 | 16 | 1 | 0 |
| | 2019 | 서울E | 15 | 10 | 0 | 1 | 0 | 12 | 2 | 0 |
| PO | 2014 | 광주 | 1 | 1 | 0 | 0 | 0 | 0 | 0 | 0 |
| 통산 | | | 83 | 56 | 0 | 2 | 0 | 107 | 12 | 0 |

**윤서호**(尹壻鎬) 경희대 1998.02.02

| 대회 | 연도 | 소속 | 출전 | 교체 | 득점 | 도움 | 실점 | 파울 | 경고 | 퇴장 |
|---|---|---|---|---|---|---|---|---|---|---|
| K1 | 2019 | 수원 | 0 | 0 | 0 | 0 | 0 | 0 | 0 | 0 |
| 통산 | | | 0 | 0 | 0 | 0 | 0 | 0 | 0 | 0 |

**윤석**(尹石) 전북대 1985.02.28

| 대회 | 연도 | 소속 | 출전 | 교체 | 득점 | 도움 | 실점 | 파울 | 경고 | 퇴장 |
|---|---|---|---|---|---|---|---|---|---|---|
| K1 | 2007 | 제주 | 1 | 1 | 0 | 0 | 0 | 0 | 0 | 0 |
| 컵 | 2007 | 제주 | 0 | 0 | 0 | 0 | 0 | 0 | 0 | 0 |
| 통산 | | | 1 | 1 | 0 | 0 | 0 | 0 | 0 | 0 |

**윤석영**(尹錫榮) 광양제철고 1990.02.13

| 대회 | 연도 | 소속 | 출전 | 교체 | 득점 | 도움 | 실점 | 파울 | 경고 | 퇴장 |
|---|---|---|---|---|---|---|---|---|---|---|
| K1 | 2009 | 전남 | 20 | 4 | 1 | 0 | 0 | 15 | 0 | 0 |
| | 2010 | 전남 | 16 | 5 | 0 | 5 | 0 | 14 | 1 | 0 |
| | 2011 | 전남 | 19 | 1 | 1 | 1 | 0 | 10 | 5 | 0 |
| | 2012 | 전남 | 25 | 1 | 2 | 4 | 0 | 14 | 4 | 0 |
| | 2018 | 서울 | 22 | 2 | 1 | 3 | 0 | 16 | 5 | 0 |
| | 2019 | 강원 | 28 | 12 | 0 | 1 | 0 | 16 | 3 | 0 |
| | 2020 | 부산 | 6 | 1 | 0 | 0 | 0 | 2 | 1 | 0 |
| | 2021 | 강원 | 31 | 11 | 1 | 1 | 0 | 8 | 1 | 0 |
| | 2022 | 강원 | 32 | 5 | 1 | 2 | 0 | 14 | 4 | 0 |
| | 2023 | 강원 | 30 | 6 | 0 | 0 | 0 | 11 | 3 | 0 |
| | 2024 | 강원 | 17 | 5 | 2 | 2 | 0 | 7 | 2 | 0 |
| K2 | 2025 | 충북청주 | 25 | 15 | 0 | 0 | 0 | 13 | 1 | 0 |
| PO | 2018 | 서울 | 1 | 0 | 0 | 0 | 0 | 0 | 0 | 0 |
| | 2021 | 강원 | 2 | 0 | 0 | 0 | 0 | 1 | 1 | 0 |
| | 2023 | 강원 | 2 | 0 | 0 | 0 | 0 | 2 | 0 | 0 |
| 컵 | 2009 | 전남 | 1 | 0 | 0 | 0 | 0 | 2 | 0 | 0 |
| | 2010 | 전남 | 3 | 0 | 0 | 0 | 0 | 2 | 0 | 0 |
| | 2011 | 전남 | 2 | 1 | 0 | 0 | 0 | 1 | 1 | 0 |
| 통산 | | | 282 | 69 | 9 | 19 | 0 | 148 | 32 | 0 |

**윤석주**(尹碩珠) 포항제철고 2002.02.25

| 대회 | 연도 | 소속 | 출전 | 교체 | 득점 | 도움 | 실점 | 파울 | 경고 | 퇴장 |
|---|---|---|---|---|---|---|---|---|---|---|
| K1 | 2022 | 김천 | 12 | 11 | 0 | 0 | 0 | 6 | 0 | 0 |
| | 2024 | 포항 | 2 | 2 | 0 | 0 | 0 | 1 | 0 | 0 |
| K2 | 2021 | 경남 | 9 | 9 | 0 | 1 | 0 | 8 | 2 | 0 |
| | 2023 | 김천 | 16 | 14 | 0 | 1 | 0 | 6 | 1 | 0 |
| | 2025 | 서울E | 8 | 7 | 0 | 0 | 0 | 12 | 0 | 0 |
| PO | 2022 | 김천 | 1 | 1 | 0 | 0 | 0 | 0 | 0 | 0 |
| 통산 | | | 48 | 44 | 0 | 2 | 0 | 33 | 3 | 0 |

**윤석희**(尹錫熙) 울산대 1993.07.21

| 대회 | 연도 | 소속 | 출전 | 교체 | 득점 | 도움 | 실점 | 파울 | 경고 | 퇴장 |
|---|---|---|---|---|---|---|---|---|---|---|
| K2 | 2015 | 고양 | 6 | 6 | 2 | 0 | 0 | 3 | 0 | 0 |
| | 2016 | 고양 | 0 | 0 | 0 | 0 | 0 | 0 | 0 | 0 |
| 통산 | | | 6 | 6 | 2 | 0 | 0 | 3 | 0 | 0 |

**윤선호**(尹銑皓) 숭실대 1995.11.08

| 대회 | 연도 | 소속 | 출전 | 교체 | 득점 | 도움 | 실점 | 파울 | 경고 | 퇴장 |
|---|---|---|---|---|---|---|---|---|---|---|
| K2 | 2019 | 안산 | 1 | 0 | 0 | 0 | 0 | 2 | 0 | 0 |
| 통산 | | | 1 | 0 | 0 | 0 | 0 | 2 | 0 | 0 |

**윤성열**(尹誠悅) 배재대 1987.12.22

| 대회 | 연도 | 소속 | 출전 | 교체 | 득점 | 도움 | 실점 | 파울 | 경고 | 퇴장 |
|---|---|---|---|---|---|---|---|---|---|---|
| K2 | 2015 | 서울E | 37 | 3 | 0 | 3 | 0 | 14 | 2 | 0 |
| | 2016 | 서울E | 15 | 2 | 1 | 4 | 0 | 6 | 0 | 0 |
| | 2018 | 서울E | 2 | 0 | 0 | 0 | 0 | 0 | 0 | 0 |
| | 2019 | 서울E | 10 | 1 | 0 | 1 | 0 | 4 | 0 | 0 |
| PO | 2015 | 서울E | 1 | 0 | 1 | 0 | 0 | 0 | 0 | 0 |
| 통산 | | | 65 | 6 | 2 | 8 | 0 | 24 | 2 | 0 |

**윤성우**(尹星宇) 상지대 1989.11.08

| 대회 | 연도 | 소속 | 출전 | 교체 | 득점 | 도움 | 실점 | 파울 | 경고 | 퇴장 |
|---|---|---|---|---|---|---|---|---|---|---|
| K1 | 2012 | 서울 | 1 | 1 | 0 | 0 | 0 | 0 | 0 | 0 |
| K2 | 2013 | 고양 | 22 | 21 | 0 | 1 | 0 | 2 | 2 | 0 |
| 통산 | | | 23 | 22 | 0 | 1 | 0 | 2 | 2 | 0 |

**윤성한**(尹成韓) 경희대 1998.01.17

| 대회 | 연도 | 소속 | 출전 | 교체 | 득점 | 도움 | 실점 | 파울 | 경고 | 퇴장 |
|---|---|---|---|---|---|---|---|---|---|---|

| | | | | | | | | | | |
|---|---|---|---|---|---|---|---|---|---|---|
| K2 | 2019 | 대전 | 6 | 6 | 1 | 0 | 0 | 3 | 1 | 0 |
| | 2020 | 대전 | 5 | 4 | 0 | 1 | 0 | 7 | 1 | 0 |
| 통산 | | | 11 | 10 | 1 | 1 | 0 | 10 | 2 | 0 |

**윤성효**(尹星孝) 연세대 1962.05.18

| 대회 | 연도 | 소속 | 출전 | 교체 | 득점 | 도움 | 실점 | 파울 | 경고 | 퇴장 |
|---|---|---|---|---|---|---|---|---|---|---|
| K1 | 1986 | 한일은행 | 20 | 1 | 5 | 1 | 0 | 31 | 3 | 0 |
| | 1987 | 포항제철 | 20 | 8 | 2 | 1 | 0 | 21 | 0 | 0 |
| | 1988 | 포항제철 | 7 | 1 | 1 | 0 | 0 | 12 | 1 | 0 |
| | 1989 | 포항제철 | 22 | 9 | 1 | 2 | 0 | 31 | 1 | 0 |
| | 1990 | 포항제철 | 25 | 7 | 0 | 0 | 0 | 35 | 2 | 0 |
| | 1991 | 포항제철 | 21 | 10 | 0 | 1 | 0 | 28 | 2 | 0 |
| | 1992 | 포항제철 | 26 | 5 | 0 | 1 | 0 | 43 | 2 | 0 |
| | 1993 | 포항제철 | 29 | 20 | 0 | 0 | 0 | 18 | 1 | 0 |
| | 1994 | 대우 | 16 | 2 | 2 | 0 | 0 | 26 | 2 | 0 |
| | 1995 | 대우 | 22 | 7 | 0 | 1 | 0 | 30 | 4 | 0 |
| | 1996 | 수원 | 28 | 2 | 5 | 1 | 0 | 61 | 9 | 0 |
| | 1997 | 수원 | 12 | 1 | 2 | 0 | 0 | 23 | 0 | 0 |
| | 1998 | 수원 | 10 | 7 | 0 | 0 | 0 | 22 | 1 | 0 |
| | 2000 | 수원 | 3 | 3 | 0 | 0 | 0 | 2 | 1 | 0 |
| PO | 1996 | 수원 | 2 | 0 | 0 | 0 | 0 | 7 | 0 | 1 |
| | 1998 | 수원 | 2 | 2 | 0 | 0 | 0 | 7 | 1 | 0 |
| 컵 | 1992 | 포항제철 | 7 | 5 | 0 | 2 | 0 | 11 | 2 | 0 |
| | 1993 | 포항제철 | 5 | 1 | 2 | 1 | 0 | 5 | 0 | 0 |
| | 1994 | 대우 | 4 | 2 | 0 | 1 | 0 | 8 | 0 | 0 |
| | 1995 | 대우 | 5 | 0 | 0 | 1 | 0 | 10 | 3 | 0 |
| | 1996 | 수원 | 6 | 0 | 0 | 0 | 0 | 11 | 0 | 0 |
| | 1997 | 수원 | 14 | 1 | 1 | 1 | 0 | 30 | 3 | 0 |
| | 1998 | 수원 | 7 | 7 | 2 | 0 | 0 | 8 | 0 | 0 |
| 통산 | | | 313 | 101 | 23 | 14 | 0 | 480 | 38 | 1 |

**윤승원**(尹承圓/←윤현오) 오산고 1995.02.11

| 대회 | 연도 | 소속 | 출전 | 교체 | 득점 | 도움 | 실점 | 파울 | 경고 | 퇴장 |
|---|---|---|---|---|---|---|---|---|---|---|
| K1 | 2016 | 서울 | 1 | 1 | 0 | 0 | 0 | 1 | 1 | 0 |
| | 2017 | 서울 | 17 | 17 | 3 | 1 | 0 | 18 | 3 | 0 |
| | 2018 | 서울 | 10 | 10 | 0 | 0 | 0 | 4 | 0 | 0 |
| K2 | 2020 | 대전 | 7 | 5 | 2 | 0 | 0 | 12 | 2 | 0 |
| 통산 | | | 35 | 33 | 5 | 1 | 0 | 35 | 6 | 0 |

**윤승현**(尹勝鉉) 연세대 1988.12.13

| 대회 | 연도 | 소속 | 출전 | 교체 | 득점 | 도움 | 실점 | 파울 | 경고 | 퇴장 |
|---|---|---|---|---|---|---|---|---|---|---|
| K1 | 2012 | 성남일화 | 5 | 5 | 0 | 0 | 0 | 7 | 0 | 0 |
| | 2012 | 서울 | 1 | 1 | 0 | 0 | 0 | 1 | 0 | 0 |
| 통산 | | | 6 | 6 | 0 | 0 | 0 | 8 | 0 | 0 |

**윤시호**(尹施淏/←윤홍창) 동북고 1984.05.12

| 대회 | 연도 | 소속 | 출전 | 교체 | 득점 | 도움 | 실점 | 파울 | 경고 | 퇴장 |
|---|---|---|---|---|---|---|---|---|---|---|
| K1 | 2007 | 서울 | 2 | 2 | 0 | 0 | 0 | 1 | 2 | 0 |
| | 2008 | 서울 | 3 | 3 | 0 | 0 | 0 | 4 | 0 | 0 |
| | 2009 | 서울 | 0 | 0 | 0 | 0 | 0 | 0 | 0 | 0 |
| | 2011 | 대구 | 20 | 3 | 0 | 3 | 0 | 19 | 4 | 0 |
| | 2012 | 서울 | 3 | 3 | 0 | 0 | 0 | 1 | 0 | 0 |
| 컵 | 2007 | 서울 | 5 | 5 | 0 | 0 | 0 | 4 | 0 | 0 |
| | 2008 | 서울 | 8 | 7 | 0 | 0 | 0 | 6 | 1 | 0 |
| | 2010 | 서울 | 0 | 0 | 0 | 0 | 0 | 0 | 0 | 0 |
| | 2011 | 대구 | 5 | 0 | 0 | 0 | 0 | 4 | 0 | 0 |
| 통산 | | | 46 | 23 | 0 | 3 | 0 | 39 | 7 | 0 |

**윤신영**(尹信榮) 경기대 1987.05.22

| 대회 | 연도 | 소속 | 출전 | 교체 | 득점 | 도움 | 실점 | 파울 | 경고 | 퇴장 |
|---|---|---|---|---|---|---|---|---|---|---|
| K1 | 2009 | 대전 | 6 | 5 | 0 | 0 | 0 | 4 | 1 | 0 |
| | 2010 | 광주상무 | 0 | 0 | 0 | 0 | 0 | 0 | 0 | 0 |
| | 2011 | 상주 | 13 | 7 | 0 | 0 | 0 | 14 | 3 | 0 |
| | 2012 | 경남 | 31 | 0 | 0 | 0 | 0 | 44 | 6 | 0 |
| | 2013 | 경남 | 32 | 2 | 2 | 2 | 0 | 51 | 7 | 0 |
| | 2015 | 대전 | 15 | 4 | 0 | 0 | 0 | 10 | 1 | 0 |
| K2 | 2017 | 대전 | 21 | 4 | 0 | 0 | 0 | 23 | 2 | 0 |
| | 2018 | 대전 | 16 | 2 | 0 | 1 | 0 | 12 | 1 | 0 |
| | 2019 | 대전 | 22 | 7 | 0 | 0 | 0 | 14 | 3 | 0 |
| | 2020 | 부천 | 6 | 3 | 0 | 0 | 0 | 6 | 1 | 0 |
| PO | 2018 | 대전 | 2 | 0 | 0 | 0 | 0 | 2 | 0 | 0 |
| 컵 | 2009 | 대전 | 0 | 0 | 0 | 0 | 0 | 0 | 0 | 0 |
| | 2010 | 광주상무 | 2 | 2 | 0 | 0 | 0 | 1 | 0 | 0 |
| | 2011 | 상주 | 4 | 1 | 0 | 0 | 0 | 6 | 2 | 0 |
| 통산 | | | 170 | 37 | 2 | 3 | 0 | 187 | 27 | 0 |

**윤여산**(尹如山) 한남대 1982.07.09

| 대회 | 연도 | 소속 | 출전 | 교체 | 득점 | 도움 | 실점 | 파울 | 경고 | 퇴장 |
|---|---|---|---|---|---|---|---|---|---|---|
| K1 | 2005 | 인천 | 0 | 0 | 0 | 0 | 0 | 0 | 0 | 0 |
| | 2006 | 대구 | 5 | 0 | 0 | 0 | 0 | 14 | 0 | 0 |
| | 2007 | 대구 | 15 | 9 | 0 | 0 | 0 | 28 | 3 | 0 |
| | 2008 | 대구 | 10 | 4 | 1 | 0 | 0 | 17 | 1 | 0 |
| | 2009 | 대구 | 20 | 3 | 0 | 1 | 0 | 41 | 7 | 0 |
| | 2010 | 광주상무 | 12 | 4 | 0 | 0 | 0 | 17 | 6 | 0 |
| | 2011 | 상주 | 11 | 1 | 0 | 0 | 0 | 17 | 6 | 1 |
| 컵 | 2005 | 인천 | 0 | 0 | 0 | 0 | 0 | 0 | 0 | 0 |
| | 2006 | 대구 | 6 | 3 | 0 | 0 | 0 | 8 | 0 | 0 |
| | 2007 | 대구 | 3 | 3 | 0 | 0 | 0 | 1 | 0 | 0 |
| | 2008 | 대구 | 3 | 2 | 0 | 0 | 0 | 5 | 0 | 0 |
| | 2009 | 대구 | 4 | 0 | 0 | 0 | 0 | 9 | 0 | 0 |
| | 2010 | 광주상무 | 4 | 0 | 0 | 0 | 0 | 6 | 1 | 0 |
| | 2011 | 상주 | 1 | 0 | 0 | 0 | 0 | 5 | 0 | 0 |
| 통산 | | | 94 | 29 | 1 | 1 | 0 | 168 | 24 | 1 |

**윤영노**(尹英老) 숭실대 1989.05.01

| 대회 | 연도 | 소속 | 출전 | 교체 | 득점 | 도움 | 실점 | 파울 | 경고 | 퇴장 |
|---|---|---|---|---|---|---|---|---|---|---|
| K1 | 2012 | 부산 | 1 | 1 | 0 | 0 | 0 | 2 | 0 | 0 |
| 통산 | | | 1 | 1 | 0 | 0 | 0 | 2 | 0 | 0 |

**윤영선**() 단국대 1988.10.04

| 대회 | 연도 | 소속 | 출전 | 교체 | 득점 | 도움 | 실점 | 파울 | 경고 | 퇴장 |
|---|---|---|---|---|---|---|---|---|---|---|
| K1 | 2010 | 성남일화 | 5 | 2 | 0 | 0 | 0 | 6 | 0 | 0 |
| | 2011 | 성남일화 | 16 | 2 | 0 | 0 | 0 | 29 | 2 | 0 |
| | 2012 | 성남일화 | 34 | 5 | 0 | 0 | 0 | 45 | 3 | 1 |
| | 2013 | 성남일화 | 36 | 6 | 2 | 0 | 0 | 41 | 7 | 0 |
| | 2014 | 성남 | 19 | 3 | 0 | 0 | 0 | 17 | 2 | 0 |
| | 2015 | 성남 | 35 | 1 | 2 | 0 | 0 | 37 | 11 | 0 |
| | 2016 | 상주 | 6 | 0 | 0 | 0 | 0 | 7 | 4 | 0 |
| | 2016 | 성남 | 16 | 0 | 1 | 0 | 0 | 12 | 5 | 0 |
| | 2017 | 상주 | 17 | 6 | 0 | 0 | 0 | 13 | 2 | 0 |
| | 2018 | 상주 | 3 | 0 | 0 | 0 | 0 | 1 | 0 | 0 |
| | 2019 | 울산 | 27 | 2 | 0 | 0 | 0 | 24 | 9 | 0 |
| | 2020 | 서울 | 9 | 1 | 0 | 0 | 0 | 19 | 3 | 0 |
| | 2020 | 울산 | 0 | 0 | 0 | 0 | 0 | 0 | 0 | 0 |
| | 2021 | 수원FC | 6 | 2 | 0 | 1 | 0 | 8 | 2 | 0 |
| | 2022 | 전북 | 20 | 6 | 0 | 0 | 0 | 9 | 2 | 0 |
| | 2023 | 전북 | 1 | 1 | 0 | 0 | 0 | 0 | 0 | 0 |
| K2 | 2018 | 성남 | 17 | 2 | 1 | 0 | 0 | 20 | 2 | 0 |
| | 2024 | 성남 | 13 | 9 | 0 | 0 | 0 | 10 | 2 | 0 |
| PO | 2010 | 성남일화 | 0 | 0 | 0 | 0 | 0 | 0 | 0 | 0 |
| | 2017 | 상주 | 2 | 0 | 0 | 0 | 0 | 3 | 0 | 0 |
| 컵 | 2011 | 성남일화 | 2 | 1 | 0 | 0 | 0 | 2 | 0 | 0 |
| 통산 | | | 284 | 49 | 6 | 1 | 0 | 303 | 56 | 1 |

**윤영승**(尹英勝) 도쿄조선대(일본) 1991.08.13

| 대회 | 연도 | 소속 | 출전 | 교체 | 득점 | 도움 | 실점 | 파울 | 경고 | 퇴장 |
|---|---|---|---|---|---|---|---|---|---|---|
| K1 | 2013 | 대구 | 1 | 1 | 0 | 0 | 0 | 0 | 0 | 0 |
| K2 | 2014 | 대구 | 8 | 8 | 0 | 0 | 0 | 9 | 2 | 0 |
| 통산 | | | 9 | 9 | 0 | 0 | 0 | 9 | 2 | 0 |

**윤영종**(尹英鍾) 인천대 1979.01.23

| 대회 | 연도 | 소속 | 출전 | 교체 | 득점 | 도움 | 실점 | 파울 | 경고 | 퇴장 |
|---|---|---|---|---|---|---|---|---|---|---|
| 컵 | 2001 | 전남 | 1 | 1 | 0 | 0 | 0 | 0 | 0 | 0 |
| 통산 | | | 1 | 1 | 0 | 0 | 0 | 0 | 0 | 0 |

**윤영준**(尹詠準) 상지대 1993.09.01

| 대회 | 연도 | 소속 | 출전 | 교체 | 득점 | 도움 | 실점 | 파울 | 경고 | 퇴장 |
|---|---|---|---|---|---|---|---|---|---|---|
| K2 | 2016 | 고양 | 23 | 16 | 2 | 0 | 0 | 31 | 4 | 0 |
| 통산 | | | 23 | 16 | 2 | 0 | 0 | 31 | 4 | 0 |

**윤용구**(尹勇九) 건국대 1977.08.08

| 대회 | 연도 | 소속 | 출전 | 교체 | 득점 | 도움 | 실점 | 파울 | 경고 | 퇴장 |
|---|---|---|---|---|---|---|---|---|---|---|
| K1 | 2000 | 전남 | 6 | 6 | 0 | 0 | 0 | 1 | 0 | 0 |
| | 2001 | 전남 | 2 | 2 | 1 | 0 | 0 | 1 | 0 | 0 |
| | 2004 | 부천SK | 12 | 6 | 0 | 1 | 0 | 17 | 2 | 0 |
| 컵 | 2000 | 전남 | 7 | 7 | 0 | 0 | 0 | 2 | 0 | 0 |
| | 2001 | 전남 | 0 | 0 | 0 | 0 | 0 | 0 | 0 | 0 |
| | 2004 | 부천SK | 8 | 8 | 0 | 0 | 0 | 8 | 0 | 0 |
| 통산 | | | 35 | 29 | 1 | 1 | 0 | 29 | 2 | 0 |

**윤용호**(尹龍鎬) 한양대 1996.03.06

| 대회 | 연도 | 소속 | 출전 | 교체 | 득점 | 도움 | 실점 | 파울 | 경고 | 퇴장 |
|---|---|---|---|---|---|---|---|---|---|---|
| K1 | 2017 | 수원 | 3 | 3 | 1 | 0 | 0 | 2 | 0 | 0 |
| | 2018 | 수원 | 5 | 4 | 0 | 0 | 0 | 7 | 0 | 0 |
| | 2020 | 성남 | 5 | 5 | 0 | 0 | 0 | 7 | 0 | 0 |
| K2 | 2019 | 전남 | 5 | 5 | 1 | 0 | 0 | 3 | 1 | 0 |
| | 2019 | 대전 | 12 | 9 | 1 | 0 | 0 | 11 | 1 | 0 |
| | 2023 | 천안 | 28 | 27 | 2 | 2 | 0 | 15 | 1 | 0 |
| | 2024 | 천안 | 6 | 6 | 0 | 0 | 0 | 1 | 0 | 0 |
| 통산 | | | 64 | 59 | 5 | 2 | 0 | 46 | 3 | 0 |

**윤원일**(尹元一) 포철공고 1983.03.31

| 대회 | 연도 | 소속 | 출전 | 교체 | 득점 | 도움 | 실점 | 파울 | 경고 | 퇴장 |
|---|---|---|---|---|---|---|---|---|---|---|
| K1 | 2003 | 수원 | 0 | 0 | 0 | 0 | 0 | 0 | 0 | 0 |
| | 2004 | 대구 | 16 | 10 | 1 | 1 | 0 | 32 | 2 | 0 |
| | 2005 | 대구 | 6 | 2 | 0 | 0 | 0 | 9 | 1 | 0 |
| | 2006 | 인천 | 9 | 6 | 0 | 0 | 0 | 15 | 0 | 0 |
| | 2007 | 인천 | 11 | 3 | 0 | 0 | 0 | 29 | 4 | 0 |
| | 2008 | 인천 | 8 | 5 | 0 | 0 | 0 | 14 | 2 | 0 |
| | 2009 | 인천 | 13 | 3 | 1 | 0 | 0 | 20 | 5 | 0 |
| | 2010 | 인천 | 14 | 2 | 0 | 2 | 0 | 22 | 3 | 1 |
| | 2011 | 포항 | 1 | 1 | 0 | 0 | 0 | 2 | 1 | 0 |
| | 2012 | 포항 | 1 | 1 | 0 | 0 | 0 | 2 | 1 | 0 |
| PO | 2009 | 인천 | 0 | 0 | 0 | 0 | 0 | 0 | 0 | 0 |
| 컵 | 2004 | 대구 | 7 | 2 | 0 | 0 | 0 | 22 | 3 | 0 |
| | 2006 | 인천 | 9 | 5 | 0 | 1 | 0 | 19 | 2 | 0 |
| | 2007 | 인천 | 9 | 5 | 0 | 0 | 0 | 20 | 2 | 0 |
| | 2008 | 인천 | 9 | 2 | 0 | 0 | 0 | 19 | 2 | 0 |
| | 2009 | 인천 | 5 | 0 | 0 | 0 | 0 | 14 | 2 | 0 |
| | 2010 | 인천 | 3 | 1 | 0 | 0 | 0 | 6 | 1 | 0 |
| 통산 | | | 121 | 48 | 2 | 4 | 0 | 245 | 31 | 1 |

**윤원일**(尹遠溢) 선문대 1986.10.23

| 대회 | 연도 | 소속 | 출전 | 교체 | 득점 | 도움 | 실점 | 파울 | 경고 | 퇴장 |
|---|---|---|---|---|---|---|---|---|---|---|
| K1 | 2008 | 제주 | 4 | 4 | 0 | 0 | 0 | 7 | 1 | 0 |
| | 2009 | 제주 | 1 | 2 | 0 | 0 | 0 | 2 | 0 | 0 |
| | 2011 | 제주 | 5 | 4 | 0 | 0 | 0 | 4 | 1 | 0 |
| | 2012 | 제주 | 2 | 2 | 0 | 0 | 0 | 0 | 0 | 0 |
| | 2013 | 대전 | 20 | 3 | 1 | 0 | 0 | 14 | 3 | 0 |
| | 2015 | 대전 | 3 | 0 | 0 | 0 | 0 | 3 | 1 | 0 |
| K2 | 2014 | 대전 | 27 | 3 | 0 | 0 | 0 | 23 | 1 | 0 |
| 컵 | 2008 | 제주 | 1 | 1 | 0 | 0 | 0 | 0 | 0 | 0 |
| | 2009 | 제주 | 1 | 1 | 0 | 0 | 0 | 0 | 0 | 0 |
| | 2011 | 제주 | 1 | 0 | 0 | 0 | 0 | 4 | 1 | 0 |
| 통산 | | | 65 | 20 | 1 | 0 | 0 | 57 | 8 | 0 |

**윤원철**(尹元喆) 경희대 1979.01.06

| 대회 | 연도 | 소속 | 출전 | 교체 | 득점 | 도움 | 실점 | 파울 | 경고 | 퇴장 |
|---|---|---|---|---|---|---|---|---|---|---|
| K1 | 2001 | 부천SK | 3 | 3 | 0 | 0 | 0 | 8 | 0 | 0 |
| | 2002 | 부천SK | 2 | 2 | 0 | 0 | 0 | 1 | 0 | 0 |
| | 2003 | 부천SK | 13 | 6 | 0 | 0 | 0 | 33 | 2 | 0 |
| | 2004 | 부천SK | 8 | 7 | 1 | 0 | 0 | 16 | 2 | 0 |
| 컵 | 2001 | 부천SK | 1 | 1 | 0 | 0 | 0 | 1 | 0 | 0 |
| | 2004 | 부천SK | 1 | 1 | 0 | 0 | 0 | 0 | 0 | 0 |
| 통산 | | | 28 | 20 | 1 | 0 | 0 | 59 | 4 | 0 |

**윤일록**(尹日錄) 진주고 1992.03.07

| 대회 | 연도 | 소속 | 출전 | 교체 | 득점 | 도움 | 실점 | 파울 | 경고 | 퇴장 |
|---|---|---|---|---|---|---|---|---|---|---|
| K1 | 2011 | 경남 | 21 | 12 | 4 | 6 | 0 | 25 | 1 | 0 |
| | 2012 | 경남 | 42 | 18 | 6 | 2 | 0 | 40 | 5 | 0 |
| | 2013 | 서울 | 29 | 23 | 2 | 0 | 0 | 19 | 1 | 0 |
| | 2014 | 서울 | 27 | 15 | 7 | 2 | 0 | 35 | 0 | 0 |
| | 2015 | 서울 | 20 | 13 | 1 | 3 | 0 | 27 | 2 | 0 |
| | 2016 | 서울 | 26 | 14 | 6 | 7 | 0 | 30 | 1 | 0 |
| | 2017 | 서울 | 35 | 15 | 5 | 12 | 0 | 36 | 5 | 0 |
| | 2019 | 제주 | 34 | 7 | 11 | 3 | 0 | 58 | 3 | 0 |
| | 2021 | 울산 | 12 | 12 | 0 | 2 | 0 | 3 | 0 | 0 |
| | 2022 | 울산 | 14 | 13 | 1 | 1 | 0 | 7 | 1 | 0 |

| 대회 | 연도 | 소속 | 출전 | 교체 | 득점 | 도움 | 실점 | 파울 | 경고 | 퇴장 |
|---|---|---|---|---|---|---|---|---|---|---|
| | 2023 | 울산 | 1 | 1 | 0 | 0 | 0 | 0 | 0 | 0 |
| | 2023 | 강원 | 5 | 7 | 0 | 0 | 0 | 2 | 1 | 0 |
| | 2024 | 울산 | 26 | 7 | 0 | 1 | 0 | 28 | 5 | 0 |
| | 2025 | 강원 | 6 | 6 | 0 | 0 | 0 | 6 | 0 | 0 |
| PO | 2023 | 강원 | 1 | 2 | 0 | 0 | 0 | 1 | 1 | 0 |
| 컵 | 2011 | 경남 | 5 | 3 | 0 | 0 | 0 | 9 | 1 | 0 |
| 통산 | | | 304 | 168 | 43 | 39 | 0 | 326 | 27 | 0 |

**윤재석**(尹宰碩) 중앙대 2003.10.22

| 대회 | 연도 | 소속 | 출전 | 교체 | 득점 | 도움 | 실점 | 파울 | 경고 | 퇴장 |
|---|---|---|---|---|---|---|---|---|---|---|
| K1 | 2025 | 울산 | 30 | 30 | 1 | 0 | 0 | 17 | 3 | 0 |
| K2 | 2024 | 전남 | 13 | 10 | 3 | 0 | 0 | 12 | 4 | 0 |
| | 2024 | 천안 | 16 | 13 | 3 | 1 | 0 | 11 | 0 | 0 |
| PO | 2024 | 전남 | 2 | 1 | 1 | 0 | 0 | 1 | 0 | 0 |
| 통산 | | | 61 | 54 | 8 | 1 | 0 | 41 | 7 | 0 |

**윤재운**(尹在運) 아주대 2002.04.01

| 대회 | 연도 | 소속 | 출전 | 교체 | 득점 | 도움 | 실점 | 파울 | 경고 | 퇴장 |
|---|---|---|---|---|---|---|---|---|---|---|
| K1 | 2023 | 포항 | 6 | 6 | 0 | 1 | 0 | 3 | 0 | 0 |
| K2 | 2024 | 부천 | 5 | 5 | 0 | 0 | 0 | 2 | 0 | 0 |
| | 2025 | 김포 | 25 | 13 | 1 | 3 | 0 | 14 | 2 | 0 |
| 통산 | | | 36 | 24 | 1 | 4 | 0 | 19 | 2 | 0 |

**윤재훈**(尹在訓) 울산대 1973.12.25

| 대회 | 연도 | 소속 | 출전 | 교체 | 득점 | 도움 | 실점 | 파울 | 경고 | 퇴장 |
|---|---|---|---|---|---|---|---|---|---|---|
| K1 | 1996 | 울산 | 26 | 3 | 0 | 1 | 0 | 67 | 6 | 0 |
| | 1997 | 울산 | 15 | 5 | 0 | 0 | 0 | 35 | 4 | 0 |
| | 1998 | 울산 | 9 | 3 | 0 | 1 | 0 | 28 | 3 | 0 |
| | 1999 | 울산 | 18 | 8 | 0 | 1 | 0 | 26 | 6 | 0 |
| | 2000 | 전북 | 23 | 3 | 0 | 1 | 0 | 49 | 7 | 0 |
| PO | 1996 | 울산 | 2 | 0 | 0 | 0 | 0 | 4 | 3 | 0 |
| | 1998 | 울산 | 3 | 0 | 0 | 0 | 0 | 9 | 0 | 0 |
| | 2000 | 전북 | 1 | 0 | 0 | 0 | 0 | 1 | 0 | 0 |
| 컵 | 1996 | 울산 | 4 | 0 | 0 | 0 | 0 | 11 | 2 | 0 |
| | 1997 | 울산 | 7 | 1 | 0 | 0 | 0 | 16 | 2 | 0 |
| | 1998 | 울산 | 13 | 3 | 0 | 2 | 0 | 37 | 4 | 0 |
| | 1999 | 울산 | 5 | 2 | 0 | 0 | 0 | 9 | 3 | 0 |
| | 2000 | 전북 | 2 | 1 | 0 | 0 | 0 | 4 | 0 | 0 |
| | 2001 | 전북 | 0 | 0 | 0 | 0 | 0 | 0 | 0 | 0 |
| 통산 | | | 128 | 29 | 0 | 6 | 0 | 296 | 40 | 0 |

**윤정규**(尹正奎) 명지대 1991.12.04

| 대회 | 연도 | 소속 | 출전 | 교체 | 득점 | 도움 | 실점 | 파울 | 경고 | 퇴장 |
|---|---|---|---|---|---|---|---|---|---|---|
| K1 | 2014 | 부산 | 0 | 0 | 0 | 0 | 0 | 0 | 0 | 0 |
| 통산 | | | 0 | 0 | 0 | 0 | 0 | 0 | 0 | 0 |

**윤정춘**(尹晶椿) 순천고 1973.02.18

| 대회 | 연도 | 소속 | 출전 | 교체 | 득점 | 도움 | 실점 | 파울 | 경고 | 퇴장 |
|---|---|---|---|---|---|---|---|---|---|---|
| K1 | 1994 | 유공 | 1 | 1 | 0 | 0 | 0 | 0 | 0 | 0 |
| | 1995 | 유공 | 9 | 8 | 2 | 0 | 0 | 7 | 0 | 0 |
| | 1996 | 부천유공 | 22 | 14 | 2 | 2 | 0 | 15 | 1 | 0 |
| | 1997 | 부천SK | 13 | 3 | 2 | 1 | 0 | 15 | 2 | 0 |
| | 1998 | 부천SK | 16 | 11 | 4 | 1 | 0 | 13 | 2 | 0 |
| | 1999 | 부천SK | 24 | 13 | 4 | 3 | 0 | 29 | 3 | 0 |
| | 2000 | 부천SK | 25 | 10 | 3 | 1 | 0 | 39 | 4 | 0 |
| | 2001 | 부천SK | 24 | 14 | 0 | 2 | 0 | 27 | 5 | 0 |
| | 2002 | 부천SK | 23 | 12 | 1 | 2 | 0 | 20 | 2 | 0 |
| | 2003 | 부천SK | 32 | 16 | 1 | 1 | 0 | 32 | 0 | 0 |
| | 2004 | 부천SK | 2 | 1 | 0 | 0 | 0 | 2 | 0 | 0 |
| | 2005 | 대전 | 7 | 6 | 1 | 0 | 0 | 11 | 1 | 0 |
| PO | 1999 | 부천SK | 2 | 1 | 0 | 0 | 0 | 0 | 0 | 0 |
| | 2000 | 부천SK | 5 | 4 | 0 | 2 | 0 | 8 | 1 | 0 |
| 컵 | 1996 | 부천유공 | 8 | 4 | 1 | 3 | 0 | 8 | 1 | 0 |
| | 1997 | 부천SK | 16 | 7 | 6 | 4 | 0 | 26 | 1 | 0 |
| | 1998 | 부천SK | 16 | 11 | 1 | 2 | 0 | 17 | 0 | 0 |
| | 1999 | 부천SK | 9 | 4 | 1 | 0 | 0 | 12 | 1 | 0 |
| | 2000 | 부천SK | 11 | 10 | 1 | 0 | 0 | 12 | 0 | 0 |
| | 2001 | 부천SK | 8 | 3 | 1 | 1 | 0 | 9 | 1 | 0 |
| | 2002 | 부천SK | 4 | 1 | 0 | 2 | 0 | 9 | 0 | 0 |
| | 2004 | 부천SK | 3 | 2 | 0 | 0 | 0 | 6 | 0 | 0 |
| | 2005 | 대전 | 5 | 5 | 0 | 0 | 0 | 2 | 0 | 0 |
| 통산 | | | 285 | 161 | 31 | 27 | 0 | 319 | 25 | 0 |

**윤정환**(宋善榮) 동아대 1973.02.16

| 대회 | 연도 | 소속 | 출전 | 교체 | 득점 | 도움 | 실점 | 파울 | 경고 | 퇴장 |
|---|---|---|---|---|---|---|---|---|---|---|
| K1 | 1995 | 유공 | 19 | 5 | 3 | 2 | 0 | 37 | 7 | 0 |
| | 1996 | 부천유공 | 15 | 1 | 0 | 5 | 0 | 26 | 1 | 0 |
| | 1997 | 부천SK | 7 | 4 | 2 | 2 | 0 | 15 | 1 | 0 |
| | 1998 | 부천SK | 16 | 7 | 1 | 3 | 0 | 19 | 1 | 0 |
| | 1999 | 부천SK | 11 | 2 | 2 | 3 | 0 | 19 | 1 | 0 |
| | 2003 | 성남일화 | 30 | 26 | 1 | 3 | 0 | 44 | 2 | 0 |
| | 2004 | 전북 | 23 | 4 | 2 | 4 | 0 | 54 | 5 | 0 |
| | 2005 | 전북 | 19 | 14 | 1 | 4 | 0 | 27 | 4 | 0 |
| 컵 | 1995 | 유공 | 5 | 2 | 0 | 3 | 0 | 10 | 2 | 0 |
| | 1996 | 부천유공 | 7 | 0 | 2 | 3 | 0 | 16 | 1 | 0 |
| | 1997 | 부천SK | 9 | 6 | 1 | 1 | 0 | 23 | 3 | 0 |
| | 1998 | 부천SK | 12 | 6 | 3 | 5 | 0 | 22 | 3 | 0 |
| | 1999 | 부천SK | 7 | 1 | 1 | 1 | 0 | 18 | 0 | 0 |
| | 2004 | 전북 | 11 | 1 | 0 | 4 | 0 | 22 | 1 | 0 |
| | 2005 | 전북 | 12 | 6 | 1 | 1 | 0 | 18 | 2 | 0 |
| 통산 | | | 203 | 85 | 20 | 44 | 0 | 370 | 34 | 0 |

**윤종규**(尹鍾奎) 신갈고 1998.03.20

| 대회 | 연도 | 소속 | 출전 | 교체 | 득점 | 도움 | 실점 | 파울 | 경고 | 퇴장 |
|---|---|---|---|---|---|---|---|---|---|---|
| K1 | 2018 | 서울 | 5 | 0 | 0 | 0 | 0 | 7 | 0 | 0 |
| | 2019 | 서울 | 29 | 6 | 0 | 2 | 0 | 20 | 1 | 0 |
| | 2020 | 서울 | 17 | 0 | 0 | 0 | 0 | 13 | 1 | 0 |
| | 2021 | 서울 | 32 | 5 | 1 | 2 | 0 | 30 | 1 | 0 |
| | 2022 | 서울 | 32 | 2 | 1 | 1 | 0 | 40 | 10 | 0 |
| | 2024 | 서울 | 12 | 7 | 0 | 1 | 0 | 9 | 0 | 0 |
| | 2024 | 김천 | 9 | 6 | 0 | 0 | 0 | 1 | 2 | 0 |
| | 2025 | 울산 | 12 | 5 | 0 | 0 | 0 | 12 | 3 | 0 |
| K2 | 2017 | 경남 | 5 | 1 | 0 | 0 | 0 | 6 | 3 | 0 |
| | 2023 | 김천 | 17 | 10 | 2 | 4 | 0 | 11 | 1 | 0 |
| PO | 2018 | 서울 | 2 | 0 | 0 | 0 | 0 | 1 | 1 | 0 |
| 통산 | | | 172 | 42 | 4 | 10 | 0 | 150 | 23 | 0 |

**윤종태**(尹鐘太) 환태평양대(일본) 1998.02.12

| 대회 | 연도 | 소속 | 출전 | 교체 | 득점 | 도움 | 실점 | 파울 | 경고 | 퇴장 |
|---|---|---|---|---|---|---|---|---|---|---|
| K1 | 2020 | 대구 | 4 | 4 | 0 | 0 | 0 | 5 | 0 | 0 |
| | 2021 | 대구 | 0 | 0 | 0 | 0 | 0 | 0 | 0 | 0 |
| 통산 | | | 4 | 4 | 0 | 0 | 0 | 5 | 0 | 0 |

**윤종현**(尹鐘玄) 동아대 1961.07.03

| 대회 | 연도 | 소속 | 출전 | 교체 | 득점 | 도움 | 실점 | 파울 | 경고 | 퇴장 |
|---|---|---|---|---|---|---|---|---|---|---|
| K1 | 1984 | 국민은행 | 1 | 1 | 0 | 0 | 0 | 0 | 0 | 0 |
| 통산 | | | 1 | 1 | 0 | 0 | 0 | 0 | 0 | 0 |

**윤주열**(尹周烈) 인천대 1992.05.10

| 대회 | 연도 | 소속 | 출전 | 교체 | 득점 | 도움 | 실점 | 파울 | 경고 | 퇴장 |
|---|---|---|---|---|---|---|---|---|---|---|
| K1 | 2015 | 인천 | 0 | 0 | 0 | 0 | 0 | 0 | 0 | 0 |
| 통산 | | | 0 | 0 | 0 | 0 | 0 | 0 | 0 | 0 |

**윤주일**(尹柱日) 동아대 1980.03.10

| 대회 | 연도 | 소속 | 출전 | 교체 | 득점 | 도움 | 실점 | 파울 | 경고 | 퇴장 |
|---|---|---|---|---|---|---|---|---|---|---|
| K1 | 2003 | 대구 | 36 | 16 | 5 | 3 | 0 | 74 | 8 | 0 |
| | 2004 | 대구 | 20 | 4 | 2 | 2 | 0 | 38 | 3 | 0 |
| | 2005 | 대구 | 14 | 8 | 0 | 1 | 0 | 23 | 2 | 0 |
| | 2006 | 대구 | 12 | 8 | 1 | 1 | 0 | 18 | 2 | 0 |
| | 2007 | 인천 | 4 | 4 | 0 | 0 | 0 | 2 | 0 | 0 |
| | 2007 | 전남 | 8 | 6 | 0 | 0 | 0 | 15 | 1 | 0 |
| | 2008 | 전남 | 4 | 1 | 0 | 0 | 0 | 4 | 0 | 0 |
| | 2009 | 전남 | 2 | 2 | 0 | 0 | 0 | 3 | 0 | 0 |
| | 2010 | 부산 | 0 | 0 | 0 | 0 | 0 | 0 | 0 | 0 |
| 컵 | 2004 | 대구 | 9 | 4 | 1 | 1 | 0 | 18 | 2 | 0 |
| | 2005 | 대구 | 12 | 2 | 1 | 1 | 0 | 11 | 2 | 0 |
| | 2006 | 대구 | 1 | 1 | 0 | 0 | 0 | 1 | 0 | 0 |
| | 2007 | 인천 | 2 | 1 | 0 | 0 | 0 | 5 | 0 | 0 |
| | 2008 | 전남 | 0 | 0 | 0 | 0 | 0 | 0 | 0 | 0 |
| | 2009 | 전남 | 2 | 0 | 0 | 0 | 0 | 7 | 2 | 0 |
| 통산 | | | 126 | 57 | 10 | 9 | 0 | 219 | 22 | 0 |

**윤주태**(尹柱泰) 연세대 1990.06.22

| 대회 | 연도 | 소속 | 출전 | 교체 | 득점 | 도움 | 실점 | 파울 | 경고 | 퇴장 |
|---|---|---|---|---|---|---|---|---|---|---|
| K1 | 2014 | 서울 | 10 | 9 | 2 | 0 | 0 | 2 | 0 | 0 |
| | 2015 | 서울 | 26 | 26 | 9 | 1 | 0 | 17 | 0 | 0 |
| | 2016 | 서울 | 17 | 16 | 3 | 2 | 0 | 11 | 3 | 0 |
| | 2017 | 상주 | 8 | 8 | 0 | 1 | 0 | 2 | 0 | 0 |
| | 2018 | 서울 | 7 | 5 | 2 | 0 | 0 | 6 | 0 | 0 |
| | 2018 | 상주 | 8 | 8 | 0 | 1 | 0 | 1 | 0 | 0 |
| | 2019 | 서울 | 14 | 14 | 1 | 1 | 0 | 9 | 1 | 0 |
| | 2020 | 서울 | 18 | 14 | 3 | 1 | 0 | 10 | 1 | 0 |
| K2 | 2021 | 경남 | 14 | 14 | 2 | 0 | 0 | 6 | 0 | 0 |
| | 2023 | 안산 | 25 | 24 | 9 | 1 | 0 | 7 | 2 | 0 |
| | 2024 | 경남 | 17 | 14 | 1 | 0 | 0 | 10 | 1 | 0 |
| PO | 2017 | 상주 | 1 | 2 | 0 | 0 | 0 | 1 | 0 | 0 |
| | 2018 | 서울 | 2 | 2 | 0 | 0 | 0 | 5 | 1 | 0 |
| 통산 | | | 167 | 156 | 32 | 8 | 0 | 87 | 9 | 0 |

**윤준성**(尹准聖) 경희대 1989.09.28

| 대회 | 연도 | 소속 | 출전 | 교체 | 득점 | 도움 | 실점 | 파울 | 경고 | 퇴장 |
|---|---|---|---|---|---|---|---|---|---|---|
| K1 | 2012 | 포항 | 1 | 0 | 0 | 0 | 0 | 1 | 1 | 0 |
| | 2013 | 포항 | 1 | 1 | 0 | 0 | 0 | 0 | 0 | 0 |
| | 2014 | 포항 | 11 | 11 | 0 | 1 | 0 | 2 | 1 | 0 |
| | 2015 | 대전 | 15 | 1 | 0 | 0 | 0 | 9 | 2 | 0 |
| | 2016 | 상주 | 10 | 1 | 0 | 0 | 0 | 10 | 0 | 0 |
| | 2017 | 상주 | 15 | 3 | 0 | 0 | 0 | 15 | 2 | 0 |
| K2 | 2017 | 대전 | 6 | 1 | 0 | 0 | 0 | 4 | 0 | 0 |
| | 2018 | 대전 | 18 | 3 | 1 | 0 | 0 | 14 | 5 | 0 |
| | 2019 | 수원FC | 21 | 5 | 0 | 0 | 0 | 27 | 6 | 0 |
| | 2021 | 안양 | 4 | 2 | 0 | 0 | 0 | 0 | 0 | 0 |
| | 2022 | 안양 | 5 | 1 | 0 | 0 | 0 | 7 | 1 | 0 |
| 통산 | | | 107 | 29 | 1 | 1 | 0 | 89 | 18 | 0 |

**윤준수**(尹晙洙) 경기대 1986.03.28

| 대회 | 연도 | 소속 | 출전 | 교체 | 득점 | 도움 | 실점 | 파울 | 경고 | 퇴장 |
|---|---|---|---|---|---|---|---|---|---|---|
| K1 | 2007 | 전남 | 1 | 1 | 0 | 0 | 0 | 1 | 0 | 0 |
| 통산 | | | 1 | 1 | 0 | 0 | 0 | 1 | 0 | 0 |

**윤준하**(尹俊河) 대구대 1987.01.04

| 대회 | 연도 | 소속 | 출전 | 교체 | 득점 | 도움 | 실점 | 파울 | 경고 | 퇴장 |
|---|---|---|---|---|---|---|---|---|---|---|
| K1 | 2009 | 강원 | 28 | 20 | 7 | 5 | 0 | 19 | 2 | 0 |
| | 2010 | 강원 | 14 | 12 | 0 | 1 | 0 | 8 | 1 | 0 |
| | 2011 | 강원 | 26 | 19 | 1 | 3 | 0 | 32 | 2 | 0 |
| | 2012 | 인천 | 3 | 3 | 0 | 0 | 0 | 8 | 1 | 0 |
| | 2013 | 대전 | 6 | 6 | 0 | 0 | 0 | 1 | 0 | 0 |
| | 2015 | 대전 | 0 | 0 | 0 | 0 | 0 | 0 | 0 | 0 |
| K2 | 2014 | 안산경찰 | 22 | 17 | 4 | 3 | 0 | 42 | 1 | 0 |
| | 2015 | 안산경찰 | 15 | 14 | 1 | 1 | 0 | 18 | 4 | 0 |
| PO | 2014 | 안산경찰 | 1 | 1 | 0 | 0 | 0 | 0 | 0 | 0 |
| 컵 | 2009 | 강원 | 2 | 0 | 0 | 0 | 0 | 2 | 0 | 0 |
| | 2010 | 강원 | 3 | 2 | 0 | 0 | 0 | 4 | 0 | 0 |
| | 2011 | 강원 | 4 | 4 | 0 | 1 | 0 | 0 | 0 | 0 |
| 통산 | | | 124 | 98 | 13 | 14 | 0 | 134 | 11 | 0 |

**윤중희**(尹重熙) 중앙대 1975.12.08

| 대회 | 연도 | 소속 | 출전 | 교체 | 득점 | 도움 | 실점 | 파울 | 경고 | 퇴장 |
|---|---|---|---|---|---|---|---|---|---|---|
| K1 | 1999 | 부천SK | 7 | 6 | 0 | 0 | 0 | 3 | 0 | 0 |
| | 2000 | 부천SK | 5 | 2 | 0 | 0 | 0 | 6 | 1 | 0 |
| | 2001 | 부천SK | 14 | 6 | 0 | 0 | 0 | 16 | 3 | 0 |
| | 2002 | 부천SK | 5 | 3 | 0 | 0 | 0 | 7 | 1 | 0 |
| | 2003 | 부천SK | 21 | 3 | 0 | 1 | 0 | 23 | 6 | 0 |
| | 2004 | 부천SK | 1 | 1 | 0 | 0 | 0 | 1 | 0 | 0 |
| PO | 1999 | 부천SK | 0 | 0 | 0 | 0 | 0 | 0 | 0 | 0 |
| | 2000 | 부천SK | 3 | 2 | 0 | 0 | 0 | 4 | 0 | 0 |
| 컵 | 1999 | 부천SK | 2 | 1 | 0 | 0 | 0 | 1 | 0 | 0 |
| | 2000 | 부천SK | 3 | 2 | 0 | 0 | 0 | 10 | 0 | 0 |
| | 2001 | 부천SK | 8 | 2 | 1 | 0 | 0 | 14 | 0 | 0 |
| | 2004 | 부천SK | 1 | 1 | 0 | 0 | 0 | 0 | 0 | 0 |
| 통산 | | | 70 | 29 | 1 | 1 | 0 | 85 | 11 | 0 |

**윤지혁**(尹志赫) 숭실대 1998.02.07

| 대회 | 연도 | 소속 | 출전 | 교체 | 득점 | 도움 | 실점 | 파울 | 경고 | 퇴장 |
|---|---|---|---|---|---|---|---|---|---|---|
| K1 | 2018 | 전북 | 0 | 0 | 0 | 0 | 0 | 0 | 0 | 0 |
| | 2019 | 전북 | 0 | 0 | 0 | 0 | 0 | 0 | 0 | 0 |
| K2 | 2019 | 부천 | 1 | 1 | 0 | 0 | 0 | 0 | 0 | 0 |
| | 2021 | 부천 | 12 | 5 | 0 | 0 | 0 | 10 | 0 | 0 |
| | 2022 | 부천 | 2 | 1 | 1 | 0 | 0 | 0 | 0 | 0 |

| 대회 | 연도 | 소속 | 출전 | 교체 | 득점 | 도움 | 실점 | 파울 | 경고 | 퇴장 |
|---|---|---|---|---|---|---|---|---|---|---|
| PO | 2019 | 부천 | 0 | 0 | 0 | 0 | 0 | 0 | 0 | 0 |
| 통산 | | | 15 | 7 | 1 | 0 | 0 | 10 | 0 | 0 |

**윤태수**(尹太秀) 아주대 1993.04.16

| 대회 | 연도 | 소속 | 출전 | 교체 | 득점 | 도움 | 실점 | 파울 | 경고 | 퇴장 |
|---|---|---|---|---|---|---|---|---|---|---|
| K1 | 2016 | 수원FC | 6 | 6 | 0 | 0 | 0 | 5 | 1 | 0 |
| K2 | 2017 | 수원FC | 5 | 4 | 0 | 0 | 0 | 4 | 0 | 0 |
| 통산 | | | 11 | 10 | 0 | 0 | 0 | 9 | 1 | 0 |

**윤태웅**(尹跆熊) 연세대 1999.05.03

| 대회 | 연도 | 소속 | 출전 | 교체 | 득점 | 도움 | 실점 | 파울 | 경고 | 퇴장 |
|---|---|---|---|---|---|---|---|---|---|---|
| K2 | 2022 | 김포 | 2 | 2 | 0 | 0 | 0 | 2 | 0 | 0 |
| 통산 | | | 2 | 2 | 0 | 0 | 0 | 2 | 0 | 0 |

**윤평국**(尹平國) 인천대 1992.02.08

| 대회 | 연도 | 소속 | 출전 | 교체 | 득점 | 도움 | 실점 | 파울 | 경고 | 퇴장 |
|---|---|---|---|---|---|---|---|---|---|---|
| K1 | 2016 | 상주 | 0 | 0 | 0 | 0 | 0 | 0 | 0 | 0 |
| | 2017 | 광주 | 3 | 1 | 0 | 0 | 4 | 0 | 0 | 0 |
| | 2020 | 광주 | 14 | 0 | 0 | 0 | 24 | 0 | 0 | 0 |
| | 2021 | 광주 | 11 | 0 | 0 | 0 | 14 | 0 | 2 | 0 |
| | 2022 | 포항 | 18 | 0 | 0 | 0 | 17 | 0 | 0 | 0 |
| | 2023 | 포항 | 0 | 0 | 0 | 0 | 0 | 0 | 0 | 0 |
| | 2024 | 포항 | 8 | 0 | 0 | 0 | 10 | 0 | 1 | 0 |
| | 2025 | 포항 | 3 | 0 | 0 | 0 | 7 | 0 | 0 | 0 |
| K2 | 2015 | 상주 | 2 | 0 | 0 | 0 | 2 | 0 | 1 | 0 |
| | 2018 | 광주 | 23 | 0 | 0 | 0 | 25 | 1 | 0 | 0 |
| | 2019 | 광주 | 26 | 1 | 0 | 0 | 24 | 0 | 0 | 0 |
| PO | 2018 | 광주 | 1 | 0 | 0 | 0 | 1 | 1 | 1 | 0 |
| 통산 | | | 109 | 2 | 0 | 0 | 128 | 2 | 5 | 0 |

**윤화평**(尹和平) 강릉농공고 1983.03.26

| 대회 | 연도 | 소속 | 출전 | 교체 | 득점 | 도움 | 실점 | 파울 | 경고 | 퇴장 |
|---|---|---|---|---|---|---|---|---|---|---|
| 컵 | 2002 | 수원 | 1 | 1 | 0 | 0 | 0 | 0 | 0 | 0 |
| | 2006 | 수원 | 4 | 4 | 0 | 0 | 0 | 3 | 0 | 0 |
| 통산 | | | 5 | 5 | 0 | 0 | 0 | 3 | 0 | 0 |

**윤희준**(尹熙俊) 연세대 1972.11.01

| 대회 | 연도 | 소속 | 출전 | 교체 | 득점 | 도움 | 실점 | 파울 | 경고 | 퇴장 |
|---|---|---|---|---|---|---|---|---|---|---|
| K1 | 1995 | 대우 | 6 | 0 | 0 | 1 | 0 | 14 | 1 | 0 |
| | 1996 | 부산 | 15 | 3 | 1 | 0 | 0 | 35 | 6 | 2 |
| | 1997 | 부산 | 12 | 3 | 0 | 2 | 0 | 17 | 1 | 0 |
| | 2000 | 부산 | 23 | 2 | 1 | 0 | 0 | 36 | 4 | 0 |
| | 2001 | 부산 | 22 | 3 | 1 | 2 | 0 | 37 | 5 | 0 |
| | 2002 | 부산 | 24 | 4 | 0 | 1 | 0 | 43 | 3 | 0 |
| | 2003 | 부산 | 36 | 5 | 2 | 1 | 0 | 52 | 7 | 0 |
| | 2004 | 부산 | 24 | 0 | 0 | 0 | 0 | 48 | 4 | 0 |
| | 2005 | 부산 | 4 | 1 | 0 | 0 | 0 | 2 | 1 | 1 |
| | 2006 | 전남 | 17 | 15 | 0 | 0 | 0 | 11 | 3 | 0 |
| PO | 2005 | 부산 | 1 | 0 | 0 | 0 | 0 | 1 | 1 | 0 |
| 컵 | 1995 | 대우 | 2 | 1 | 0 | 0 | 0 | 7 | 1 | 0 |
| | 1996 | 부산 | 8 | 0 | 0 | 0 | 0 | 13 | 2 | 0 |
| | 1997 | 부산 | 10 | 5 | 0 | 0 | 0 | 19 | 2 | 0 |
| | 2000 | 부산 | 1 | 1 | 0 | 0 | 0 | 3 | 2 | 0 |
| | 2001 | 부산 | 11 | 2 | 2 | 0 | 0 | 21 | 1 | 0 |
| | 2002 | 부산 | 7 | 0 | 1 | 0 | 0 | 13 | 3 | 0 |
| | 2004 | 부산 | 10 | 0 | 1 | 0 | 0 | 21 | 2 | 0 |
| | 2005 | 부산 | 10 | 0 | 0 | 0 | 0 | 8 | 4 | 0 |
| | 2006 | 전남 | 9 | 5 | 1 | 1 | 0 | 12 | 1 | 0 |
| 통산 | | | 252 | 50 | 10 | 8 | 0 | 413 | 54 | 3 |

**율리안**(Iulian Arhire) 루마니아 1976.03.17

| 대회 | 연도 | 소속 | 출전 | 교체 | 득점 | 도움 | 실점 | 파울 | 경고 | 퇴장 |
|---|---|---|---|---|---|---|---|---|---|---|
| K1 | 1999 | 포항 | 4 | 4 | 0 | 0 | 0 | 4 | 1 | 0 |
| 컵 | 1999 | 포항 | 3 | 2 | 0 | 0 | 0 | 2 | 1 | 0 |
| 통산 | | | 7 | 6 | 0 | 0 | 0 | 6 | 2 | 0 |

**은고이**(Charles Lokoli Ngoy) 오스트레일리아 1997.03.02

| 대회 | 연도 | 소속 | 출전 | 교체 | 득점 | 도움 | 실점 | 파울 | 경고 | 퇴장 |
|---|---|---|---|---|---|---|---|---|---|---|
| K2 | 2025 | 충남아산 | 19 | 8 | 8 | 2 | 0 | 18 | 1 | 0 |
| 통산 | | | 19 | 8 | 8 | 2 | 0 | 18 | 1 | 0 |

**은나마니**(Samuel Onyedikachuwu Nnamani/← 사무엘) 나이지리아 1995.06.03

| 대회 | 연도 | 소속 | 출전 | 교체 | 득점 | 도움 | 실점 | 파울 | 경고 | 퇴장 |
|---|---|---|---|---|---|---|---|---|---|---|
| K2 | 2021 | 전남 | 30 | 18 | 4 | 1 | 0 | 46 | 4 | 0 |
| | 2022 | 부천 | 27 | 24 | 3 | 2 | 0 | 40 | 5 | 0 |
| PO | 2021 | 전남 | 1 | 1 | 0 | 0 | 0 | 0 | 0 | 0 |
| 통산 | | | 58 | 43 | 7 | 3 | 0 | 86 | 9 | 0 |

**은성수**(殷成洙) 숭실대 1993.06.22

| 대회 | 연도 | 소속 | 출전 | 교체 | 득점 | 도움 | 실점 | 파울 | 경고 | 퇴장 |
|---|---|---|---|---|---|---|---|---|---|---|
| K1 | 2017 | 수원 | 0 | 0 | 0 | 0 | 0 | 0 | 0 | 0 |
| K2 | 2018 | 안양 | 11 | 4 | 1 | 0 | 0 | 12 | 0 | 0 |
| | 2019 | 안양 | 3 | 3 | 0 | 0 | 0 | 0 | 0 | 0 |
| 통산 | | | 14 | 7 | 1 | 0 | 0 | 12 | 0 | 0 |

**은종구**(殷鍾九) 전주대 1968.08.01

| 대회 | 연도 | 소속 | 출전 | 교체 | 득점 | 도움 | 실점 | 파울 | 경고 | 퇴장 |
|---|---|---|---|---|---|---|---|---|---|---|
| K1 | 1993 | 현대 | 16 | 14 | 0 | 1 | 0 | 10 | 0 | 0 |
| 컵 | 1993 | 현대 | 1 | 1 | 0 | 1 | 0 | 0 | 0 | 0 |
| | 1994 | 현대 | 1 | 1 | 0 | 0 | 0 | 1 | 0 | 0 |
| 통산 | | | 18 | 16 | 0 | 2 | 0 | 11 | 0 | 0 |

**음라파**(Peniel Kokou Mlapa) 독일 1991.02.20

| 대회 | 연도 | 소속 | 출전 | 교체 | 득점 | 도움 | 실점 | 파울 | 경고 | 퇴장 |
|---|---|---|---|---|---|---|---|---|---|---|
| K1 | 2024 | 대전 | 16 | 16 | 4 | 0 | 0 | 7 | 1 | 0 |
| K2 | 2024 | 부산 | 13 | 11 | 4 | 1 | 0 | 6 | 0 | 0 |
| PO | 2024 | 부산 | 1 | 0 | 0 | 0 | 0 | 0 | 0 | 0 |
| 통산 | | | 30 | 27 | 8 | 1 | 0 | 13 | 1 | 0 |

**음밤바**(Emile Bertrand Mbamba) 카메룬 1982.10.27

| 대회 | 연도 | 소속 | 출전 | 교체 | 득점 | 도움 | 실점 | 파울 | 경고 | 퇴장 |
|---|---|---|---|---|---|---|---|---|---|---|
| K1 | 2009 | 대구 | 5 | 5 | 0 | 0 | 0 | 3 | 0 | 0 |
| 컵 | 2009 | 대구 | 2 | 1 | 0 | 0 | 0 | 9 | 1 | 0 |
| 통산 | | | 7 | 6 | 0 | 0 | 0 | 12 | 1 | 0 |

**음포쿠**(Paul-José M'Poku Ebunge) 벨기에 1992.04.19

| 대회 | 연도 | 소속 | 출전 | 교체 | 득점 | 도움 | 실점 | 파울 | 경고 | 퇴장 |
|---|---|---|---|---|---|---|---|---|---|---|
| K1 | 2023 | 인천 | 24 | 21 | 3 | 2 | 0 | 11 | 5 | 0 |
| | 2024 | 인천 | 28 | 23 | 1 | 0 | 0 | 7 | 1 | 0 |
| 통산 | | | 52 | 44 | 4 | 2 | 0 | 18 | 6 | 0 |

**이가람**(李가람) 대건고 2005.08.06

| 대회 | 연도 | 소속 | 출전 | 교체 | 득점 | 도움 | 실점 | 파울 | 경고 | 퇴장 |
|---|---|---|---|---|---|---|---|---|---|---|
| K1 | 2024 | 인천 | 0 | 0 | 0 | 0 | 0 | 0 | 0 | 0 |
| 통산 | | | 0 | 0 | 0 | 0 | 0 | 0 | 0 | 0 |

**이강민**(李康敏) 연세대 1954.07.21

| 대회 | 연도 | 소속 | 출전 | 교체 | 득점 | 도움 | 실점 | 파울 | 경고 | 퇴장 |
|---|---|---|---|---|---|---|---|---|---|---|
| K1 | 1984 | 현대 | 10 | 8 | 3 | 1 | 0 | 2 | 0 | 0 |
| 통산 | | | 10 | 8 | 3 | 1 | 0 | 2 | 0 | 0 |

**이강민**(李康敏) 경희대 1985.08.29

| 대회 | 연도 | 소속 | 출전 | 교체 | 득점 | 도움 | 실점 | 파울 | 경고 | 퇴장 |
|---|---|---|---|---|---|---|---|---|---|---|
| K1 | 2009 | 강원 | 6 | 5 | 0 | 0 | 0 | 3 | 0 | 0 |
| 컵 | 2009 | 강원 | 4 | 2 | 0 | 1 | 0 | 4 | 0 | 0 |
| 통산 | | | 10 | 7 | 0 | 1 | 0 | 7 | 0 | 0 |

**이강석**(李康錫) 서울대 1958.05.21

| 대회 | 연도 | 소속 | 출전 | 교체 | 득점 | 도움 | 실점 | 파울 | 경고 | 퇴장 |
|---|---|---|---|---|---|---|---|---|---|---|
| K1 | 1983 | 할렐루야 | 16 | 7 | 2 | 3 | 0 | 11 | 1 | 0 |
| | 1984 | 할렐루야 | 15 | 10 | 1 | 1 | 0 | 20 | 2 | 0 |
| | 1985 | 할렐루야 | 11 | 8 | 1 | 0 | 0 | 12 | 0 | 0 |
| 통산 | | | 42 | 25 | 4 | 4 | 0 | 43 | 3 | 0 |

**이강연**(李康衍) 세종대 1991.01.26

| 대회 | 연도 | 소속 | 출전 | 교체 | 득점 | 도움 | 실점 | 파울 | 경고 | 퇴장 |
|---|---|---|---|---|---|---|---|---|---|---|
| K2 | 2022 | 김포 | 25 | 11 | 1 | 0 | 0 | 17 | 5 | 0 |
| | 2023 | 김포 | 9 | 5 | 0 | 0 | 0 | 14 | 2 | 0 |
| | 2024 | 김포 | 13 | 9 | 0 | 1 | 0 | 5 | 3 | 0 |
| | 2025 | 김포 | 6 | 6 | 1 | 0 | 0 | 8 | 1 | 0 |
| PO | 2023 | 김포 | 1 | 1 | 0 | 0 | 0 | 0 | 0 | 0 |
| 통산 | | | 54 | 32 | 2 | 1 | 0 | 44 | 11 | 0 |

**이강욱**(李康旭) 서울대 1963.05.07

| 대회 | 연도 | 소속 | 출전 | 교체 | 득점 | 도움 | 실점 | 파울 | 경고 | 퇴장 |
|---|---|---|---|---|---|---|---|---|---|---|
| 컵 | 1986 | 유공 | 5 | 5 | 0 | 0 | 0 | 3 | 0 | 0 |
| 통산 | | | 5 | 5 | 0 | 0 | 0 | 3 | 0 | 0 |

**이강일**(李康一) 광운대 1981.06.26

| 대회 | 연도 | 소속 | 출전 | 교체 | 득점 | 도움 | 실점 | 파울 | 경고 | 퇴장 |
|---|---|---|---|---|---|---|---|---|---|---|
| 컵 | 2004 | 대전 | 1 | 1 | 0 | 0 | 0 | 0 | 0 | 0 |
| 통산 | | | 1 | 1 | 0 | 0 | 0 | 0 | 0 | 0 |

**이강조**(李康助) 고려대 1954.10.27

| 대회 | 연도 | 소속 | 출전 | 교체 | 득점 | 도움 | 실점 | 파울 | 경고 | 퇴장 |
|---|---|---|---|---|---|---|---|---|---|---|
| K1 | 1983 | 유공 | 16 | 0 | 2 | 3 | 0 | 6 | 0 | 0 |
| | 1984 | 유공 | 27 | 0 | 4 | 5 | 0 | 19 | 0 | 0 |
| | 1985 | 유공 | 7 | 5 | 1 | 3 | 0 | 3 | 0 | 0 |
| PO | 1984 | 유공 | 2 | 0 | 0 | 1 | 0 | 2 | 0 | 0 |
| 통산 | | | 52 | 5 | 7 | 12 | 0 | 30 | 0 | 0 |

**이강한**(李剛漢) 가톨릭관동대 2000.04.07

| 대회 | 연도 | 소속 | 출전 | 교체 | 득점 | 도움 | 실점 | 파울 | 경고 | 퇴장 |
|---|---|---|---|---|---|---|---|---|---|---|
| K1 | 2023 | 강원 | 3 | 3 | 0 | 0 | 0 | 0 | 0 | 0 |
| K2 | 2024 | 충북청주 | 17 | 8 | 3 | 0 | 0 | 14 | 4 | 0 |
| | 2025 | 충북청주 | 36 | 18 | 1 | 1 | 0 | 43 | 4 | 0 |
| PO | 2023 | 강원 | 0 | 0 | 0 | 0 | 0 | 0 | 0 | 0 |
| 통산 | | | 56 | 29 | 4 | 1 | 0 | 57 | 8 | 0 |

**이강현**(李剛玹) 호남대 1998.07.31

| 대회 | 연도 | 소속 | 출전 | 교체 | 득점 | 도움 | 실점 | 파울 | 경고 | 퇴장 |
|---|---|---|---|---|---|---|---|---|---|---|
| K1 | 2021 | 인천 | 16 | 15 | 0 | 0 | 0 | 27 | 2 | 0 |
| | 2022 | 인천 | 22 | 18 | 2 | 1 | 0 | 17 | 2 | 0 |
| | 2023 | 광주 | 26 | 22 | 1 | 1 | 0 | 16 | 3 | 0 |
| | 2024 | 광주 | 13 | 12 | 1 | 0 | 0 | 8 | 0 | 0 |
| | 2025 | 광주 | 33 | 29 | 0 | 1 | 0 | 31 | 6 | 0 |
| 통산 | | | 110 | 96 | 4 | 3 | 0 | 99 | 13 | 0 |

**이강희**(李康熙) 신평고 2001.08.24

| 대회 | 연도 | 소속 | 출전 | 교체 | 득점 | 도움 | 실점 | 파울 | 경고 | 퇴장 |
|---|---|---|---|---|---|---|---|---|---|---|
| K2 | 2022 | 부산 | 18 | 10 | 0 | 0 | 0 | 14 | 5 | 0 |
| | 2023 | 경남 | 34 | 12 | 0 | 0 | 0 | 20 | 1 | 0 |
| | 2024 | 경남 | 31 | 10 | 0 | 1 | 0 | 36 | 3 | 0 |
| | 2025 | 경남 | 15 | 0 | 2 | 2 | 0 | 24 | 6 | 0 |
| PO | 2023 | 경남 | 2 | 0 | 0 | 0 | 0 | 1 | 0 | 0 |
| 통산 | | | 100 | 32 | 2 | 3 | 0 | 95 | 15 | 0 |

**이건**(李健) 중앙대 1996.01.08

| 대회 | 연도 | 소속 | 출전 | 교체 | 득점 | 도움 | 실점 | 파울 | 경고 | 퇴장 |
|---|---|---|---|---|---|---|---|---|---|---|
| K1 | 2019 | 성남 | 0 | 0 | 0 | 0 | 0 | 0 | 0 | 0 |
| K2 | 2017 | 안산 | 21 | 1 | 0 | 0 | 0 | 39 | 8 | 0 |
| | 2018 | 안산 | 20 | 4 | 3 | 1 | 0 | 21 | 5 | 0 |
| 통산 | | | 41 | 5 | 3 | 1 | 0 | 60 | 13 | 0 |

**이건영**(李健渶) 홍익대 2000.02.26

| 대회 | 연도 | 소속 | 출전 | 교체 | 득점 | 도움 | 실점 | 파울 | 경고 | 퇴장 |
|---|---|---|---|---|---|---|---|---|---|---|
| K2 | 2022 | 안산 | 1 | 1 | 0 | 0 | 0 | 1 | 0 | 0 |
| 통산 | | | 1 | 1 | 0 | 0 | 0 | 1 | 0 | 0 |

**이건웅**(李鍵熊) 수원대 2003.01.14

| 대회 | 연도 | 소속 | 출전 | 교체 | 득점 | 도움 | 실점 | 파울 | 경고 | 퇴장 |
|---|---|---|---|---|---|---|---|---|---|---|
| K2 | 2023 | 안산 | 3 | 3 | 0 | 0 | 0 | 3 | 1 | 0 |
| 통산 | | | 3 | 3 | 0 | 0 | 0 | 3 | 1 | 0 |

**이건철**(李建澈) 경희대 1996.02.21

| 대회 | 연도 | 소속 | 출전 | 교체 | 득점 | 도움 | 실점 | 파울 | 경고 | 퇴장 |
|---|---|---|---|---|---|---|---|---|---|---|
| K2 | 2018 | 대전 | 1 | 1 | 0 | 0 | 0 | 0 | 0 | 0 |
| 통산 | | | 1 | 1 | 0 | 0 | 0 | 0 | 0 | 0 |

**이건희**(李建喜) 한양대 1998.02.17

| 대회 | 연도 | 소속 | 출전 | 교체 | 득점 | 도움 | 실점 | 파울 | 경고 | 퇴장 |
|---|---|---|---|---|---|---|---|---|---|---|
| K1 | 2023 | 광주 | 26 | 26 | 5 | 0 | 0 | 8 | 1 | 0 |
| | 2024 | 광주 | 30 | 28 | 5 | 1 | 0 | 18 | 5 | 0 |
| | 2025 | 제주 | 6 | 6 | 2 | 1 | 0 | 13 | 2 | 0 |
| | 2025 | 김천 | 5 | 3 | 0 | 1 | 0 | 0 | 0 | 0 |
| K2 | 2020 | 서울E | 5 | 5 | 0 | 0 | 0 | 4 | 0 | 0 |
| | 2021 | 서울E | 9 | 8 | 1 | 1 | 0 | 20 | 4 | 0 |
| | 2022 | 광주 | 15 | 15 | 6 | 1 | 0 | 9 | 0 | 0 |
| 통산 | | | 96 | 91 | 19 | 5 | 0 | 72 | 12 | 0 |

**이건희**(李建熙) 매탄고 2005.03.11

| 대회 | 연도 | 소속 | 출전 | 교체 | 득점 | 도움 | 실점 | 파울 | 경고 | 퇴장 |
|---|---|---|---|---|---|---|---|---|---|---|
| K2 | 2024 | 수원 | 1 | 1 | 0 | 0 | 0 | 0 | 0 | 0 |
| | 2025 | 수원 | 27 | 7 | 1 | 3 | 0 | 26 | 4 | 0 |
| PO | 2025 | 수원 | 2 | 0 | 0 | 0 | 0 | 0 | 0 | 0 |
| 통산 | | | 30 | 8 | 1 | 3 | 0 | 26 | 4 | 0 |

**이겨레**(李겨레) 동북중 1985.08.22

| 대회 | 연도 | 소속 | 출전 | 교체 | 득점 | 도움 | 실점 | 파울 | 경고 | 퇴장 |
|---|---|---|---|---|---|---|---|---|---|---|
| 컵 | 2008 | 대전 | 1 | 1 | 0 | 0 | 0 | 0 | 0 | 0 |
| 통산 | | | 1 | 1 | 0 | 0 | 0 | 0 | 0 | 0 |

**이경근**(李景根) 숭실고 1978.06.16

| 대회 | 연도 | 소속 | 출전 | 교체 | 득점 | 도움 | 실점 | 파울 | 경고 | 퇴장 |
|---|---|---|---|---|---|---|---|---|---|---|
| K1 | 1999 | 수원 | 1 | 0 | 0 | 0 | 0 | 5 | 0 | 0 |
| | 2000 | 수원 | 1 | 0 | 0 | 0 | 0 | 2 | 0 | 0 |
| PO | 1999 | 수원 | 0 | 0 | 0 | 0 | 0 | 0 | 0 | 0 |
| 컵 | 2000 | 수원 | 5 | 1 | 0 | 0 | 0 | 8 | 2 | 0 |
| 통산 | | | 7 | 1 | 0 | 0 | 0 | 15 | 2 | 0 |

**이경남**(李敬男) 경희대 1961.11.04

| 대회 | 연도 | 소속 | 출전 | 교체 | 득점 | 도움 | 실점 | 파울 | 경고 | 퇴장 |
|---|---|---|---|---|---|---|---|---|---|---|
| K1 | 1985 | 현대 | 10 | 9 | 1 | 0 | 0 | 3 | 0 | 0 |
| 컵 | 1986 | 현대 | 1 | 1 | 0 | 0 | 0 | 0 | 0 | 0 |
| 통산 | | | 11 | 10 | 1 | 0 | 0 | 3 | 0 | 0 |

**이경렬**(李京烈) 고려대 1988.01.16

| 대회 | 연도 | 소속 | 출전 | 교체 | 득점 | 도움 | 실점 | 파울 | 경고 | 퇴장 |
|---|---|---|---|---|---|---|---|---|---|---|
| K1 | 2010 | 경남 | 5 | 2 | 0 | 0 | 0 | 7 | 1 | 0 |
| | 2011 | 경남 | 20 | 7 | 2 | 0 | 0 | 15 | 3 | 0 |
| | 2012 | 부산 | 39 | 6 | 1 | 0 | 0 | 25 | 6 | 0 |
| | 2013 | 부산 | 22 | 3 | 0 | 1 | 0 | 35 | 4 | 0 |
| | 2014 | 부산 | 30 | 1 | 2 | 0 | 0 | 39 | 8 | 0 |
| | 2015 | 부산 | 34 | 0 | 3 | 0 | 0 | 31 | 10 | 0 |
| | 2016 | 상주 | 8 | 3 | 1 | 0 | 0 | 4 | 2 | 0 |
| | 2017 | 상주 | 11 | 3 | 0 | 0 | 0 | 9 | 5 | 0 |
| | 2018 | 전남 | 4 | 0 | 1 | 1 | 0 | 2 | 0 | 0 |
| K2 | 2017 | 부산 | 4 | 0 | 1 | 0 | 0 | 10 | 2 | 0 |
| | 2019 | 서울E | 15 | 0 | 0 | 1 | 0 | 13 | 6 | 0 |
| PO | 2015 | 부산 | 2 | 0 | 0 | 0 | 0 | 5 | 1 | 0 |
| | 2017 | 부산 | 1 | 1 | 0 | 0 | 0 | 1 | 1 | 0 |
| 컵 | 2010 | 경남 | 1 | 0 | 0 | 0 | 0 | 1 | 0 | 0 |
| | 2011 | 경남 | 6 | 0 | 0 | 0 | 0 | 5 | 1 | 0 |
| 통산 | | | 202 | 26 | 11 | 3 | 0 | 202 | 50 | 0 |

**이경수**(李慶洙) 숭실대 1973.10.28

| 대회 | 연도 | 소속 | 출전 | 교체 | 득점 | 도움 | 실점 | 파울 | 경고 | 퇴장 |
|---|---|---|---|---|---|---|---|---|---|---|
| K1 | 1996 | 수원 | 0 | 0 | 0 | 0 | 0 | 0 | 0 | 0 |
| | 1998 | 울산 | 10 | 9 | 0 | 0 | 0 | 12 | 1 | 0 |
| | 1999 | 천안일화 | 9 | 7 | 0 | 0 | 0 | 9 | 0 | 0 |
| | 2001 | 전북 | 5 | 5 | 0 | 0 | 0 | 9 | 0 | 0 |
| | 2003 | 대구 | 22 | 17 | 1 | 0 | 0 | 34 | 4 | 0 |
| | 2004 | 대구 | 8 | 4 | 1 | 0 | 0 | 18 | 3 | 0 |
| | 2005 | 대전 | 17 | 8 | 0 | 0 | 0 | 31 | 4 | 0 |
| PO | 1996 | 수원 | 1 | 1 | 0 | 0 | 0 | 0 | 0 | 0 |
| 컵 | 1996 | 수원 | 6 | 2 | 0 | 0 | 0 | 7 | 1 | 0 |
| | 1998 | 울산 | 15 | 6 | 0 | 0 | 0 | 25 | 3 | 0 |
| | 1999 | 천안일화 | 7 | 4 | 1 | 0 | 0 | 13 | 0 | 0 |
| | 2000 | 전북 | 3 | 2 | 0 | 0 | 0 | 8 | 0 | 0 |
| | 2001 | 전북 | 9 | 6 | 1 | 0 | 0 | 28 | 2 | 0 |
| | 2004 | 대구 | 5 | 4 | 0 | 0 | 0 | 1 | 0 | 0 |
| | 2005 | 대전 | 12 | 2 | 1 | 1 | 0 | 21 | 2 | 0 |
| 통산 | | | 129 | 77 | 5 | 1 | 0 | 216 | 20 | 0 |

**이경수**(李炅秀) 천안제일고 1992.10.23

| 대회 | 연도 | 소속 | 출전 | 교체 | 득점 | 도움 | 실점 | 파울 | 경고 | 퇴장 |
|---|---|---|---|---|---|---|---|---|---|---|
| 컵 | 2011 | 강원 | 0 | 0 | 0 | 0 | 0 | 0 | 0 | 0 |
| 통산 | | | 0 | 0 | 0 | 0 | 0 | 0 | 0 | 0 |

**이경수**(李經受) 수원대 1991.07.21

| 대회 | 연도 | 소속 | 출전 | 교체 | 득점 | 도움 | 실점 | 파울 | 경고 | 퇴장 |
|---|---|---|---|---|---|---|---|---|---|---|
| K2 | 2014 | 부천 | 9 | 8 | 0 | 0 | 0 | 7 | 2 | 0 |
| 통산 | | | 9 | 8 | 0 | 0 | 0 | 7 | 2 | 0 |

**이경우**(李庚祐) 주문진수도공고 1977.05.03

| 대회 | 연도 | 소속 | 출전 | 교체 | 득점 | 도움 | 실점 | 파울 | 경고 | 퇴장 |
|---|---|---|---|---|---|---|---|---|---|---|
| K1 | 1999 | 수원 | 2 | 2 | 0 | 0 | 0 | 0 | 0 | 0 |
| | 2000 | 수원 | 9 | 8 | 1 | 0 | 0 | 6 | 0 | 0 |
| 컵 | 1999 | 수원 | 1 | 1 | 0 | 0 | 0 | 1 | 0 | 0 |
| | 2000 | 수원 | 4 | 1 | 2 | 1 | 0 | 12 | 2 | 0 |
| | 2001 | 수원 | 0 | 0 | 0 | 0 | 0 | 0 | 0 | 0 |
| | 2004 | 수원 | 1 | 1 | 0 | 0 | 0 | 1 | 1 | 0 |
| 통산 | | | 17 | 13 | 3 | 1 | 0 | 20 | 3 | 0 |

**이경춘**(李炅春) 아주대 1969.04.14

| 대회 | 연도 | 소속 | 출전 | 교체 | 득점 | 도움 | 실점 | 파울 | 경고 | 퇴장 |
|---|---|---|---|---|---|---|---|---|---|---|
| K1 | 1992 | 대우 | 11 | 10 | 0 | 0 | 0 | 9 | 2 | 0 |
| | 1993 | 대우 | 4 | 4 | 0 | 0 | 0 | 2 | 0 | 0 |
| | 1994 | 버팔로 | 21 | 0 | 2 | 0 | 0 | 38 | 5 | 0 |
| | 1995 | 전북 | 24 | 2 | 0 | 0 | 0 | 51 | 7 | 0 |
| | 1996 | 전북 | 26 | 2 | 0 | 0 | 0 | 51 | 3 | 0 |
| | 1997 | 전북 | 14 | 1 | 0 | 0 | 0 | 29 | 4 | 0 |
| | 1998 | 전북 | 16 | 2 | 1 | 2 | 0 | 39 | 2 | 0 |
| | 1999 | 전북 | 11 | 4 | 0 | 0 | 0 | 25 | 3 | 0 |
| 컵 | 1992 | 대우 | 3 | 2 | 0 | 0 | 0 | 2 | 0 | 0 |
| | 1994 | 버팔로 | 2 | 1 | 0 | 0 | 0 | 0 | 0 | 0 |
| | 1995 | 전북 | 7 | 0 | 0 | 0 | 0 | 19 | 1 | 0 |
| | 1996 | 전북 | 7 | 0 | 0 | 0 | 0 | 11 | 2 | 0 |
| | 1997 | 전북 | 17 | 0 | 2 | 0 | 0 | 33 | 3 | 0 |
| | 1998 | 전북 | 16 | 3 | 0 | 0 | 0 | 42 | 3 | 0 |
| | 1999 | 전북 | 5 | 2 | 0 | 0 | 0 | 14 | 1 | 0 |
| | 2000 | 전북 | 1 | 1 | 0 | 0 | 0 | 3 | 0 | 0 |
| 통산 | | | 185 | 34 | 5 | 2 | 0 | 368 | 36 | 0 |

**이경태**(李京泰) 개성고 1995.03.02

| 대회 | 연도 | 소속 | 출전 | 교체 | 득점 | 도움 | 실점 | 파울 | 경고 | 퇴장 |
|---|---|---|---|---|---|---|---|---|---|---|
| K1 | 2025 | 대전 | 1 | 1 | 0 | 0 | 2 | 0 | 0 | 0 |
| 통산 | | | 1 | 1 | 0 | 0 | 2 | 0 | 0 | 0 |

**이경환**(李京煥) 명신대 1988.03.21

| 대회 | 연도 | 소속 | 출전 | 교체 | 득점 | 도움 | 실점 | 파울 | 경고 | 퇴장 |
|---|---|---|---|---|---|---|---|---|---|---|
| K1 | 2009 | 대전 | 18 | 14 | 0 | 1 | 0 | 23 | 6 | 0 |
| | 2010 | 대전 | 19 | 14 | 1 | 1 | 0 | 31 | 4 | 0 |
| | 2011 | 수원 | 1 | 1 | 0 | 0 | 0 | 0 | 0 | 0 |
| 컵 | 2009 | 대전 | 4 | 2 | 0 | 0 | 0 | 7 | 1 | 0 |
| | 2010 | 대전 | 1 | 1 | 0 | 0 | 0 | 0 | 0 | 0 |
| | 2011 | 수원 | 1 | 0 | 0 | 0 | 0 | 1 | 0 | 0 |
| 통산 | | | 44 | 32 | 1 | 2 | 0 | 62 | 11 | 0 |

**이계원**(李啓源) 인천대 1965.03.16

| 대회 | 연도 | 소속 | 출전 | 교체 | 득점 | 도움 | 실점 | 파울 | 경고 | 퇴장 |
|---|---|---|---|---|---|---|---|---|---|---|
| K1 | 1985 | 상무 | 17 | 2 | 2 | 2 | 0 | 19 | 1 | 0 |
| | 1988 | 포항제철 | 19 | 13 | 0 | 0 | 0 | 11 | 0 | 0 |
| | 1989 | 포항제철 | 20 | 11 | 1 | 2 | 0 | 19 | 1 | 0 |
| | 1990 | 포항제철 | 26 | 5 | 4 | 2 | 0 | 30 | 1 | 0 |
| | 1991 | 포항제철 | 30 | 11 | 2 | 2 | 0 | 26 | 1 | 0 |
| | 1992 | 포항제철 | 9 | 6 | 1 | 0 | 0 | 7 | 0 | 0 |
| | 1993 | 포항제철 | 8 | 6 | 0 | 0 | 0 | 4 | 1 | 0 |
| 컵 | 1992 | 포항제철 | 7 | 4 | 0 | 0 | 0 | 7 | 0 | 0 |
| | 1993 | 포항제철 | 5 | 5 | 1 | 1 | 0 | 4 | 0 | 0 |
| 통산 | | | 141 | 63 | 11 | 9 | 0 | 127 | 5 | 0 |

**이고르**(Garcia Silva Hygor Cleber) 브라질 1992.08.13

| 대회 | 연도 | 소속 | 출전 | 교체 | 득점 | 도움 | 실점 | 파울 | 경고 | 퇴장 |
|---|---|---|---|---|---|---|---|---|---|---|
| K1 | 2016 | 수원 | 2 | 2 | 1 | 0 | 0 | 0 | 0 | 0 |
| 통산 | | | 2 | 2 | 1 | 0 | 0 | 0 | 0 | 0 |

**이관우**(李官雨) 한양대 1978.02.25

| 대회 | 연도 | 소속 | 출전 | 교체 | 득점 | 도움 | 실점 | 파울 | 경고 | 퇴장 |
|---|---|---|---|---|---|---|---|---|---|---|
| K1 | 2000 | 대전 | 9 | 7 | 0 | 1 | 0 | 11 | 2 | 0 |
| | 2001 | 대전 | 5 | 4 | 3 | 1 | 0 | 6 | 1 | 0 |
| | 2002 | 대전 | 19 | 8 | 2 | 1 | 0 | 15 | 6 | 0 |
| | 2003 | 대전 | 38 | 30 | 4 | 5 | 0 | 47 | 5 | 0 |
| | 2004 | 대전 | 21 | 11 | 3 | 2 | 0 | 32 | 7 | 0 |
| | 2005 | 대전 | 21 | 8 | 2 | 3 | 0 | 33 | 5 | 0 |
| | 2006 | 수원 | 11 | 5 | 2 | 4 | 0 | 12 | 2 | 0 |
| | 2006 | 대전 | 13 | 7 | 1 | 2 | 0 | 15 | 1 | 0 |
| | 2007 | 수원 | 24 | 17 | 4 | 2 | 0 | 39 | 1 | 0 |
| | 2008 | 수원 | 21 | 21 | 2 | 3 | 0 | 19 | 3 | 0 |
| | 2009 | 수원 | 3 | 2 | 0 | 0 | 0 | 4 | 1 | 0 |
| | 2010 | 수원 | 1 | 1 | 0 | 0 | 0 | 1 | 0 | 0 |
| PO | 2006 | 수원 | 3 | 1 | 0 | 0 | 0 | 6 | 0 | 0 |
| | 2007 | 수원 | 1 | 0 | 0 | 0 | 0 | 1 | 0 | 0 |
| | 2008 | 수원 | 1 | 1 | 0 | 0 | 0 | 1 | 0 | 0 |
| 컵 | 2000 | 대전 | 3 | 2 | 1 | 0 | 0 | 3 | 0 | 0 |
| | 2001 | 대전 | 7 | 4 | 3 | 3 | 0 | 9 | 1 | 0 |
| | 2004 | 대전 | 8 | 8 | 2 | 0 | 0 | 2 | 1 | 0 |
| | 2005 | 대전 | 11 | 2 | 2 | 2 | 0 | 31 | 4 | 0 |
| | 2006 | 수원 | 1 | 1 | 0 | 0 | 0 | 0 | 0 | 0 |
| | 2006 | 대전 | 10 | 5 | 2 | 1 | 0 | 13 | 1 | 0 |
| | 2007 | 수원 | 10 | 6 | 0 | 3 | 0 | 10 | 1 | 0 |
| | 2008 | 수원 | 6 | 6 | 0 | 0 | 0 | 4 | 0 | 0 |
| | 2010 | 수원 | 4 | 4 | 0 | 0 | 0 | 8 | 2 | 0 |
| 통산 | | | 251 | 161 | 33 | 33 | 0 | 322 | 44 | 0 |

**이관표**(李官表) 중앙대 1994.09.07

| 대회 | 연도 | 소속 | 출전 | 교체 | 득점 | 도움 | 실점 | 파울 | 경고 | 퇴장 |
|---|---|---|---|---|---|---|---|---|---|---|
| K2 | 2015 | 수원FC | 23 | 11 | 2 | 3 | 0 | 25 | 3 | 0 |
| | 2016 | 경남 | 19 | 10 | 2 | 1 | 0 | 14 | 3 | 0 |
| | 2017 | 경남 | 4 | 4 | 0 | 0 | 0 | 2 | 0 | 0 |
| 통산 | | | 46 | 25 | 4 | 4 | 0 | 41 | 6 | 0 |

**이관호**(李寬鎬) 명지대 1960.06.28

| 대회 | 연도 | 소속 | 출전 | 교체 | 득점 | 도움 | 실점 | 파울 | 경고 | 퇴장 |
|---|---|---|---|---|---|---|---|---|---|---|
| K1 | 1985 | 상무 | 18 | 1 | 0 | 0 | 24 | 0 | 0 | 0 |
| 통산 | | | 18 | 1 | 0 | 0 | 24 | 0 | 0 | 0 |

**이광래**(李光來) 중앙고 1972.05.24

| 대회 | 연도 | 소속 | 출전 | 교체 | 득점 | 도움 | 실점 | 파울 | 경고 | 퇴장 |
|---|---|---|---|---|---|---|---|---|---|---|
| K1 | 1993 | LG | 2 | 2 | 0 | 0 | 0 | 0 | 0 | 0 |
| 컵 | 1992 | LG | 2 | 2 | 0 | 0 | 0 | 7 | 1 | 0 |
| 통산 | | | 4 | 4 | 0 | 0 | 0 | 7 | 1 | 0 |

**이광석**(李光錫) 중앙대 1975.03.05

| 대회 | 연도 | 소속 | 출전 | 교체 | 득점 | 도움 | 실점 | 파울 | 경고 | 퇴장 |
|---|---|---|---|---|---|---|---|---|---|---|
| K1 | 1998 | 전북 | 17 | 0 | 0 | 0 | 33 | 3 | 1 | 0 |
| | 1999 | 전북 | 24 | 0 | 0 | 0 | 41 | 0 | 1 | 0 |
| | 2000 | 전북 | 5 | 1 | 0 | 0 | 7 | 1 | 1 | 0 |
| | 2001 | 전북 | 7 | 0 | 0 | 0 | 10 | 0 | 0 | 0 |
| | 2003 | 광주상무 | 33 | 0 | 0 | 0 | 43 | 2 | 2 | 0 |
| | 2004 | 전북 | 5 | 0 | 0 | 0 | 5 | 0 | 1 | 0 |
| | 2005 | 전북 | 10 | 1 | 0 | 0 | 17 | 1 | 0 | 0 |
| | 2006 | 전북 | 2 | 0 | 0 | 0 | 4 | 0 | 0 | 0 |
| | 2007 | 경남 | 2 | 0 | 0 | 0 | 2 | 0 | 0 | 0 |
| | 2008 | 경남 | 25 | 0 | 0 | 0 | 36 | 2 | 3 | 0 |
| | 2009 | 경남 | 1 | 0 | 0 | 0 | 2 | 0 | 0 | 0 |
| PO | 2000 | 전북 | 1 | 0 | 0 | 0 | 2 | 0 | 0 | 0 |
| | 2007 | 경남 | 1 | 1 | 0 | 0 | 0 | 0 | 0 | 0 |
| 컵 | 1998 | 전북 | 17 | 0 | 0 | 0 | 25 | 1 | 1 | 0 |
| | 1999 | 전북 | 9 | 0 | 0 | 0 | 13 | 1 | 0 | 0 |
| | 2000 | 전북 | 2 | 0 | 0 | 0 | 3 | 0 | 0 | 0 |
| | 2001 | 전북 | 4 | 1 | 0 | 0 | 4 | 0 | 0 | 0 |
| | 2004 | 전북 | 0 | 0 | 0 | 0 | 0 | 0 | 0 | 0 |
| | 2005 | 전북 | 10 | 0 | 0 | 0 | 11 | 0 | 0 | 0 |
| | 2006 | 전북 | 0 | 0 | 0 | 0 | 0 | 0 | 0 | 0 |
| | 2007 | 경남 | 5 | 0 | 0 | 0 | 8 | 0 | 0 | 0 |
| | 2008 | 경남 | 8 | 0 | 0 | 0 | 9 | 0 | 0 | 0 |
| | 2009 | 경남 | 1 | 1 | 0 | 0 | 2 | 0 | 0 | 0 |
| 통산 | | | 189 | 5 | 0 | 0 | 277 | 11 | 10 | 0 |

**이광선**(李光善) 경희대 1989.09.06

| 대회 | 연도 | 소속 | 출전 | 교체 | 득점 | 도움 | 실점 | 파울 | 경고 | 퇴장 |
|---|---|---|---|---|---|---|---|---|---|---|
| K1 | 2016 | 제주 | 34 | 3 | 5 | 1 | 0 | 52 | 2 | 0 |
| | 2017 | 상주 | 7 | 2 | 0 | 0 | 0 | 4 | 1 | 0 |
| | 2018 | 상주 | 21 | 13 | 2 | 1 | 0 | 31 | 2 | 0 |
| | 2018 | 제주 | 12 | 8 | 2 | 0 | 0 | 12 | 0 | 0 |
| | 2019 | 경남 | 29 | 4 | 0 | 0 | 0 | 38 | 8 | 0 |
| K2 | 2020 | 경남 | 25 | 2 | 1 | 1 | 0 | 38 | 7 | 0 |
| | 2021 | 경남 | 18 | 2 | 0 | 1 | 0 | 17 | 3 | 0 |
| | 2022 | 경남 | 15 | 11 | 0 | 0 | 0 | 4 | 1 | 0 |
| | 2023 | 경남 | 11 | 4 | 0 | 0 | 0 | 9 | 3 | 0 |
| | 2024 | 경남 | 2 | 2 | 0 | 0 | 0 | 0 | 0 | 0 |
| PO | 2017 | 상주 | 2 | 2 | 0 | 0 | 0 | 0 | 0 | 0 |
| | 2019 | 경남 | 2 | 0 | 0 | 0 | 0 | 3 | 0 | 0 |
| | 2020 | 경남 | 2 | 0 | 0 | 0 | 0 | 0 | 0 | 0 |
| 통산 | | | 180 | 53 | 10 | 4 | 0 | 208 | 27 | 0 |

**이광연**(李光淵) 인천대 1999.09.11

| 대회 | 연도 | 소속 | 출전 | 교체 | 득점 | 도움 | 실점 | 파울 | 경고 | 퇴장 |
|---|---|---|---|---|---|---|---|---|---|---|
| K1 | 2019 | 강원 | 8 | 0 | 0 | 0 | 19 | 0 | 1 | 0 |
| | 2020 | 강원 | 11 | 0 | 0 | 0 | 16 | 0 | 0 | 0 |
| | 2021 | 강원 | 4 | 1 | 0 | 0 | 7 | 0 | 1 | 0 |
| | 2022 | 강원 | 2 | 1 | 0 | 0 | 2 | 0 | 0 | 0 |
| | 2023 | 강원 | 18 | 0 | 0 | 0 | 17 | 0 | 1 | 0 |
| | 2024 | 강원 | 28 | 0 | 0 | 0 | 37 | 0 | 3 | 0 |
| | 2025 | 강원 | 20 | 1 | 0 | 1 | 22 | 1 | 2 | 0 |
| PO | 2021 | 강원 | 2 | 0 | 0 | 0 | 2 | 0 | 1 | 0 |
| | 2023 | 강원 | 2 | 0 | 0 | 0 | 1 | 0 | 0 | 0 |
| 통산 | | | 95 | 3 | 0 | 1 | 123 | 1 | 9 | 0 |

**이광재**(李珖載) 대구대 1980.01.01

| 대회 | 연도 | 소속 | 출전 | 교체 | 득점 | 도움 | 실점 | 파울 | 경고 | 퇴장 |
|---|---|---|---|---|---|---|---|---|---|---|
| K1 | 2003 | 광주상무 | 17 | 5 | 5 | 1 | 0 | 33 | 4 | 0 |
| | 2004 | 전남 | 4 | 5 | 0 | 0 | 0 | 4 | 0 | 0 |
| | 2005 | 전남 | 9 | 9 | 1 | 0 | 0 | 16 | 2 | 0 |
| | 2006 | 전남 | 12 | 8 | 4 | 1 | 0 | 24 | 0 | 0 |
| | 2007 | 포항 | 19 | 16 | 4 | 1 | 0 | 24 | 2 | 0 |
| | 2008 | 포항 | 8 | 9 | 0 | 1 | 0 | 3 | 2 | 0 |
| | 2009 | 포항 | 4 | 4 | 0 | 0 | 0 | 5 | 0 | 0 |
| | 2009 | 전북 | 10 | 9 | 1 | 1 | 0 | 10 | 3 | 0 |
| | 2010 | 전북 | 9 | 8 | 1 | 0 | 0 | 7 | 2 | 0 |
| | 2012 | 대구 | 8 | 8 | 0 | 0 | 0 | 7 | 1 | 0 |
| K2 | 2013 | 고양 | 12 | 9 | 0 | 0 | 0 | 17 | 1 | 0 |
| | 2014 | 고양 | 28 | 18 | 2 | 4 | 0 | 29 | 3 | 0 |
| | 2015 | 고양 | 25 | 24 | 3 | 0 | 0 | 21 | 2 | 0 |
| PO | 2007 | 포항 | 5 | 5 | 3 | 0 | 0 | 7 | 1 | 0 |
| | 2009 | 전북 | 1 | 1 | 0 | 0 | 0 | 0 | 0 | 0 |
| 컵 | 2004 | 전남 | 5 | 5 | 0 | 0 | 0 | 3 | 0 | 0 |
| | 2005 | 전남 | 6 | 5 | 0 | 2 | 0 | 15 | 2 | 0 |
| | 2006 | 전남 | 10 | 9 | 1 | 0 | 0 | 19 | 3 | 0 |
| | 2007 | 포항 | 5 | 3 | 0 | 0 | 0 | 5 | 1 | 0 |
| | 2008 | 포항 | 1 | 1 | 0 | 0 | 0 | 2 | 0 | 0 |
| | 2010 | 전북 | 3 | 3 | 0 | 1 | 0 | 3 | 0 | 0 |
| 통산 | | | 201 | 164 | 25 | 12 | 0 | 254 | 29 | 0 |

**이광재**(李曠載) 배재대 1998.06.10

| 대회 | 연도 | 소속 | 출전 | 교체 | 득점 | 도움 | 실점 | 파울 | 경고 | 퇴장 |
|---|---|---|---|---|---|---|---|---|---|---|
| K2 | 2018 | 부천 | 28 | 28 | 3 | 0 | 0 | 32 | 2 | 0 |
| | 2019 | 부천 | 7 | 7 | 0 | 0 | 0 | 11 | 2 | 0 |
| | 2020 | 부천 | 3 | 3 | 0 | 0 | 0 | 0 | 0 | 0 |
| 통산 | | | 38 | 38 | 3 | 0 | 0 | 43 | 4 | 0 |

**이광조**(李光照) 한양대 1962.08.20

| 대회 | 연도 | 소속 | 출전 | 교체 | 득점 | 도움 | 실점 | 파울 | 경고 | 퇴장 |
|---|---|---|---|---|---|---|---|---|---|---|
| K1 | 1987 | 현대 | 2 | 1 | 0 | 0 | 0 | 2 | 0 | 0 |
| | 1988 | 현대 | 8 | 5 | 0 | 0 | 0 | 11 | 1 | 0 |
| | 1989 | 유공 | 24 | 7 | 0 | 0 | 0 | 17 | 2 | 0 |
| | 1990 | 유공 | 20 | 2 | 0 | 0 | 0 | 31 | 2 | 0 |
| | 1991 | 유공 | 16 | 6 | 0 | 0 | 0 | 12 | 1 | 0 |
| | 1992 | 유공 | 9 | 1 | 0 | 0 | 0 | 4 | 1 | 0 |
| | 1993 | LG | 20 | 3 | 0 | 0 | 0 | 4 | 4 | 0 |
| 컵 | 1986 | 현대 | 3 | 2 | 0 | 0 | 0 | 2 | 0 | 0 |
| 통산 | | | 102 | 27 | 0 | 0 | 0 | 83 | 11 | 0 |

**이광종**(李光鍾) 중앙대 1964.04.01

| 대회 | 연도 | 소속 | 출전 | 교체 | 득점 | 도움 | 실점 | 파울 | 경고 | 퇴장 |
|---|---|---|---|---|---|---|---|---|---|---|
| K1 | 1988 | 유공 | 24 | 5 | 1 | 2 | 0 | 34 | 1 | 0 |
| | 1989 | 유공 | 37 | 7 | 2 | 6 | 0 | 40 | 1 | 1 |
| | 1990 | 유공 | 25 | 8 | 4 | 1 | 0 | 35 | 1 | 0 |
| | 1991 | 유공 | 11 | 6 | 1 | 0 | 0 | 8 | 1 | 0 |
| | 1992 | 유공 | 19 | 10 | 3 | 0 | 0 | 23 | 1 | 0 |
| | 1993 | 유공 | 30 | 9 | 4 | 1 | 0 | 35 | 1 | 0 |
| | 1994 | 유공 | 29 | 10 | 8 | 2 | 0 | 45 | 2 | 0 |
| | 1995 | 유공 | 21 | 3 | 3 | 1 | 0 | 37 | 1 | 0 |
| | 1996 | 수원 | 30 | 16 | 5 | 4 | 0 | 51 | 3 | 0 |
| | 1997 | 수원 | 8 | 9 | 1 | 0 | 0 | 12 | 0 | 0 |
| PO | 1996 | 수원 | 2 | 3 | 0 | 0 | 0 | 0 | 0 | 0 |
| 컵 | 1992 | 유공 | 9 | 5 | 2 | 1 | 0 | 10 | 0 | 0 |
| | 1993 | 유공 | 5 | 1 | 0 | 1 | 0 | 13 | 0 | 0 |
| | 1994 | 유공 | 6 | 4 | 1 | 1 | 0 | 9 | 0 | 0 |
| | 1995 | 유공 | 7 | 0 | 1 | 1 | 0 | 12 | 1 | 0 |
| | 1997 | 수원 | 5 | 5 | 0 | 0 | 0 | 5 | 0 | 0 |
| 통산 | | | 268 | 101 | 36 | 21 | 0 | 369 | 13 | 1 |

**이광준**(李侊俊) 단국대 1996.01.08

| 대회 | 연도 | 소속 | 출전 | 교체 | 득점 | 도움 | 실점 | 파울 | 경고 | 퇴장 |
|---|---|---|---|---|---|---|---|---|---|---|
| K1 | 2021 | 포항 | 20 | 11 | 0 | 0 | 0 | 16 | 2 | 0 |
| | 2022 | 포항 | 3 | 2 | 0 | 0 | 0 | 1 | 0 | 0 |
| K2 | 2023 | 천안 | 26 | 7 | 1 | 1 | 0 | 8 | 4 | 0 |
| 통산 | | | 49 | 20 | 1 | 1 | 0 | 25 | 6 | 0 |

**이광진**(李光振) 경일대 1972.05.27

| 대회 | 연도 | 소속 | 출전 | 교체 | 득점 | 도움 | 실점 | 파울 | 경고 | 퇴장 |
|---|---|---|---|---|---|---|---|---|---|---|
| K1 | 2002 | 대전 | 5 | 5 | 0 | 0 | 0 | 6 | 0 | 0 |
| 컵 | 2002 | 대전 | 2 | 2 | 0 | 0 | 0 | 1 | 0 | 0 |
| 통산 | | | 7 | 7 | 0 | 0 | 0 | 7 | 0 | 0 |

**이광진**(李廣鎭) 동북고 1991.07.23

| 대회 | 연도 | 소속 | 출전 | 교체 | 득점 | 도움 | 실점 | 파울 | 경고 | 퇴장 |
|---|---|---|---|---|---|---|---|---|---|---|
| K1 | 2010 | 서울 | 0 | 0 | 0 | 0 | 0 | 0 | 0 | 0 |
| | 2011 | 대구 | 0 | 0 | 0 | 0 | 0 | 0 | 0 | 0 |
| | 2012 | 대구 | 1 | 1 | 0 | 0 | 0 | 0 | 0 | 0 |
| | 2015 | 대전 | 2 | 2 | 0 | 0 | 0 | 2 | 0 | 0 |
| | 2016 | 수원FC | 25 | 11 | 0 | 0 | 0 | 26 | 5 | 0 |
| | 2018 | 경남 | 20 | 1 | 0 | 2 | 0 | 16 | 1 | 0 |
| | 2019 | 경남 | 21 | 5 | 0 | 2 | 0 | 18 | 4 | 0 |
| K2 | 2013 | 광주 | 16 | 3 | 4 | 2 | 0 | 29 | 2 | 0 |
| | 2014 | 대전 | 7 | 1 | 0 | 0 | 0 | 9 | 1 | 0 |
| | 2015 | 대구 | 4 | 4 | 0 | 0 | 0 | 3 | 0 | 0 |
| | 2017 | 수원FC | 31 | 9 | 0 | 3 | 0 | 51 | 11 | 0 |
| | 2018 | 수원FC | 11 | 5 | 0 | 0 | 0 | 16 | 3 | 0 |
| | 2021 | 경남 | 8 | 3 | 0 | 1 | 0 | 12 | 3 | 0 |
| | 2022 | 경남 | 35 | 15 | 1 | 8 | 0 | 36 | 6 | 0 |
| | 2023 | 경남 | 16 | 14 | 0 | 4 | 0 | 10 | 0 | 0 |
| | 2024 | 천안 | 22 | 12 | 2 | 2 | 0 | 19 | 3 | 0 |
| | 2025 | 천안 | 27 | 18 | 0 | 1 | 0 | 40 | 7 | 0 |
| PO | 2015 | 대구 | 1 | 0 | 0 | 0 | 0 | 1 | 0 | 0 |
| | 2019 | 경남 | 2 | 0 | 0 | 0 | 0 | 3 | 0 | 0 |
| | 2022 | 경남 | 2 | 1 | 1 | 0 | 0 | 1 | 0 | 0 |
| 컵 | 2010 | 서울 | 0 | 0 | 0 | 0 | 0 | 0 | 0 | 0 |
| | 2011 | 서울 | 0 | 0 | 0 | 0 | 0 | 0 | 0 | 0 |
| 통산 | | | 251 | 105 | 8 | 25 | 0 | 292 | 46 | 0 |

**이광혁**(李侊赫) 포항제철고 1995.09.11

| 대회 | 연도 | 소속 | 출전 | 교체 | 득점 | 도움 | 실점 | 파울 | 경고 | 퇴장 |
|---|---|---|---|---|---|---|---|---|---|---|
| K1 | 2014 | 포항 | 9 | 9 | 0 | 0 | 0 | 6 | 1 | 0 |
| | 2015 | 포항 | 19 | 16 | 2 | 0 | 0 | 11 | 0 | 0 |
| | 2016 | 포항 | 12 | 9 | 0 | 2 | 0 | 14 | 3 | 0 |
| | 2017 | 포항 | 30 | 28 | 1 | 6 | 0 | 16 | 1 | 0 |
| | 2018 | 포항 | 16 | 15 | 1 | 2 | 0 | 7 | 1 | 0 |
| | 2019 | 포항 | 23 | 22 | 2 | 1 | 0 | 18 | 3 | 0 |
| | 2020 | 포항 | 25 | 24 | 1 | 4 | 0 | 17 | 4 | 0 |
| | 2022 | 포항 | 21 | 22 | 1 | 0 | 0 | 19 | 1 | 0 |
| | 2023 | 수원FC | 25 | 29 | 2 | 4 | 0 | 18 | 6 | 0 |
| | 2024 | 수원FC | 6 | 6 | 0 | 0 | 0 | 1 | 0 | 0 |
| PO | 2023 | 수원FC | 2 | 2 | 1 | 0 | 0 | 1 | 0 | 0 |
| 통산 | | | 188 | 182 | 11 | 19 | 0 | 128 | 20 | 0 |

**이광현**(李光鉉) 중앙대 1973.03.16

| 대회 | 연도 | 소속 | 출전 | 교체 | 득점 | 도움 | 실점 | 파울 | 경고 | 퇴장 |
|---|---|---|---|---|---|---|---|---|---|---|
| K1 | 1996 | 천안일화 | 4 | 4 | 1 | 0 | 0 | 1 | 1 | 0 |
| | 1997 | 천안일화 | 6 | 4 | 0 | 0 | 0 | 6 | 0 | 0 |
| 컵 | 1996 | 천안일화 | 5 | 5 | 0 | 0 | 0 | 2 | 0 | 0 |
| | 1997 | 천안일화 | 6 | 4 | 0 | 0 | 0 | 2 | 0 | 0 |
| 통산 | | | 21 | 17 | 1 | 0 | 0 | 11 | 1 | 0 |

**이광현**(李光鉉) 고려대 1981.07.18

| 대회 | 연도 | 소속 | 출전 | 교체 | 득점 | 도움 | 실점 | 파울 | 경고 | 퇴장 |
|---|---|---|---|---|---|---|---|---|---|---|
| K1 | 2004 | 전북 | 1 | 1 | 0 | 0 | 0 | 2 | 0 | 0 |
| | 2005 | 전북 | 7 | 2 | 0 | 0 | 0 | 11 | 0 | 0 |
| | 2006 | 전북 | 4 | 1 | 0 | 0 | 0 | 2 | 0 | 0 |
| | 2008 | 광주상무 | 5 | 0 | 0 | 0 | 0 | 5 | 1 | 0 |
| | 2009 | 전북 | 2 | 1 | 0 | 0 | 0 | 1 | 1 | 0 |
| | 2010 | 전북 | 5 | 4 | 0 | 0 | 0 | 2 | 0 | 0 |
| | 2011 | 전북 | 3 | 2 | 0 | 0 | 0 | 2 | 0 | 0 |
| | 2012 | 대전 | 2 | 0 | 0 | 0 | 0 | 2 | 1 | 0 |
| PO | 2009 | 전북 | 1 | 1 | 0 | 0 | 0 | 0 | 0 | 0 |
| 컵 | 2004 | 전북 | 1 | 0 | 0 | 0 | 0 | 1 | 0 | 0 |
| | 2006 | 전북 | 5 | 3 | 0 | 0 | 0 | 5 | 0 | 0 |
| | 2008 | 광주상무 | 2 | 0 | 0 | 0 | 0 | 2 | 1 | 0 |
| | 2009 | 전북 | 1 | 0 | 0 | 0 | 0 | 1 | 0 | 0 |
| | 2010 | 전북 | 1 | 0 | 0 | 0 | 0 | 3 | 0 | 0 |
| | 2011 | 전북 | 1 | 0 | 0 | 0 | 0 | 3 | 0 | 0 |
| 통산 | | | 41 | 15 | 0 | 0 | 0 | 42 | 4 | 0 |

**이광호**(李光好) 상지대 1977.05.24

| 대회 | 연도 | 소속 | 출전 | 교체 | 득점 | 도움 | 실점 | 파울 | 경고 | 퇴장 |
|---|---|---|---|---|---|---|---|---|---|---|
| 컵 | 2000 | 수원 | 1 | 0 | 0 | 0 | 0 | 2 | 0 | 0 |
| 통산 | | | 1 | 0 | 0 | 0 | 0 | 2 | 0 | 0 |

**이광훈**(李侊勳) 포철공고 1993.11.26

| 대회 | 연도 | 소속 | 출전 | 교체 | 득점 | 도움 | 실점 | 파울 | 경고 | 퇴장 |
|---|---|---|---|---|---|---|---|---|---|---|
| K1 | 2012 | 포항 | 0 | 0 | 0 | 0 | 0 | 0 | 0 | 0 |
| | 2013 | 포항 | 1 | 1 | 0 | 0 | 0 | 0 | 0 | 0 |
| | 2014 | 포항 | 4 | 4 | 0 | 0 | 0 | 4 | 0 | 0 |
| | 2015 | 대전 | 1 | 1 | 0 | 0 | 0 | 1 | 0 | 0 |
| | 2016 | 수원FC | 3 | 3 | 0 | 0 | 0 | 0 | 0 | 0 |
| 통산 | | | 9 | 9 | 0 | 0 | 0 | 5 | 0 | 0 |

**이규동**(李奎東) 영생고 2004.01.24

| 대회 | 연도 | 소속 | 출전 | 교체 | 득점 | 도움 | 실점 | 파울 | 경고 | 퇴장 |
|---|---|---|---|---|---|---|---|---|---|---|
| K1 | 2024 | 전북 | 6 | 6 | 0 | 0 | 0 | 4 | 1 | 0 |
| | 2025 | 전북 | 0 | 0 | 0 | 0 | 0 | 0 | 0 | 0 |
| K2 | 2024 | 수원 | 14 | 13 | 2 | 1 | 0 | 16 | 2 | 0 |
| 통산 | | | 20 | 19 | 2 | 1 | 0 | 20 | 3 | 0 |

**이규로**(李奎魯) 광양제철고 1988.08.20

| 대회 | 연도 | 소속 | 출전 | 교체 | 득점 | 도움 | 실점 | 파울 | 경고 | 퇴장 |
|---|---|---|---|---|---|---|---|---|---|---|
| K1 | 2007 | 전남 | 8 | 3 | 1 | 0 | 0 | 9 | 0 | 0 |
| | 2008 | 전남 | 16 | 9 | 0 | 1 | 0 | 14 | 1 | 0 |
| | 2009 | 전남 | 22 | 3 | 3 | 0 | 0 | 31 | 5 | 0 |
| | 2010 | 서울 | 2 | 1 | 0 | 0 | 0 | 2 | 0 | 0 |
| | 2011 | 서울 | 14 | 6 | 0 | 1 | 0 | 23 | 2 | 0 |
| | 2012 | 인천 | 23 | 3 | 1 | 2 | 0 | 39 | 5 | 0 |
| | 2013 | 전북 | 15 | 5 | 0 | 0 | 0 | 17 | 1 | 0 |
| | 2014 | 전북 | 14 | 4 | 0 | 1 | 0 | 16 | 3 | 0 |
| | 2015 | 전북 | 2 | 0 | 0 | 0 | 0 | 3 | 0 | 0 |
| | 2016 | 서울 | 8 | 6 | 0 | 0 | 0 | 10 | 2 | 0 |
| | 2017 | 서울 | 18 | 5 | 0 | 3 | 0 | 40 | 4 | 0 |
| K2 | 2016 | 서울E | 11 | 4 | 2 | 0 | 0 | 12 | 3 | 0 |
| | 2020 | 대전 | 11 | 5 | 0 | 1 | 0 | 13 | 2 | 0 |
| | 2021 | 대전 | 5 | 2 | 0 | 0 | 0 | 7 | 2 | 0 |
| | 2021 | 서울E | 11 | 2 | 0 | 2 | 0 | 13 | 1 | 1 |
| | 2022 | 김포 | 17 | 9 | 1 | 0 | 0 | 11 | 2 | 0 |
| PO | 2009 | 전남 | 2 | 1 | 1 | 0 | 0 | 1 | 1 | 0 |
| | 2020 | 대전 | 1 | 1 | 0 | 0 | 0 | 0 | 0 | 0 |
| 컵 | 2008 | 전남 | 3 | 2 | 1 | 0 | 0 | 5 | 1 | 0 |
| | 2009 | 전남 | 4 | 2 | 1 | 0 | 0 | 2 | 1 | 0 |
| | 2010 | 서울 | 0 | 0 | 0 | 0 | 0 | 0 | 0 | 0 |
| 통산 | | | 207 | 73 | 11 | 11 | 0 | 268 | 36 | 1 |

**이규민**(李圭慜) 진위고 2005.09.28

| 대회 | 연도 | 소속 | 출전 | 교체 | 득점 | 도움 | 실점 | 파울 | 경고 | 퇴장 |
|---|---|---|---|---|---|---|---|---|---|---|
| K1 | 2024 | 포항 | 1 | 1 | 0 | 0 | 0 | 2 | 1 | 0 |
| | 2025 | 포항 | 1 | 1 | 0 | 0 | 0 | 0 | 0 | 0 |
| 통산 | | | 2 | 2 | 0 | 0 | 0 | 2 | 1 | 0 |

**이규백**(李圭白) 포항제철고 2004.02.10

| 대회 | 연도 | 소속 | 출전 | 교체 | 득점 | 도움 | 실점 | 파울 | 경고 | 퇴장 |
|---|---|---|---|---|---|---|---|---|---|---|
| K1 | 2023 | 포항 | 0 | 0 | 0 | 0 | 0 | 0 | 0 | 0 |
| | 2024 | 포항 | 6 | 2 | 0 | 0 | 0 | 8 | 2 | 1 |
| | 2025 | 포항 | 1 | 1 | 0 | 0 | 0 | 2 | 0 | 0 |
| K2 | 2025 | 경남 | 9 | 6 | 0 | 0 | 0 | 8 | 1 | 0 |
| 통산 | | | 16 | 9 | 0 | 0 | 0 | 18 | 3 | 1 |

**이규빈**(李圭彬) 동국대 2000.05.30

| 대회 | 연도 | 소속 | 출전 | 교체 | 득점 | 도움 | 실점 | 파울 | 경고 | 퇴장 |
|---|---|---|---|---|---|---|---|---|---|---|
| K2 | 2023 | 안산 | 7 | 7 | 0 | 1 | 0 | 4 | 1 | 0 |
| | 2024 | 안산 | 6 | 6 | 1 | 0 | 0 | 1 | 1 | 0 |
| | 2025 | 안산 | 3 | 3 | 0 | 0 | 0 | 2 | 0 | 0 |
| 통산 | | | 16 | 16 | 1 | 1 | 0 | 7 | 2 | 0 |

**이규석**(李奎錫) 홍익대 2001.04.23

| 대회 | 연도 | 소속 | 출전 | 교체 | 득점 | 도움 | 실점 | 파울 | 경고 | 퇴장 |
|---|---|---|---|---|---|---|---|---|---|---|
| K1 | 2023 | 수원 | 5 | 4 | 0 | 0 | 0 | 2 | 0 | 0 |
| 통산 | | | 5 | 4 | 0 | 0 | 0 | 2 | 0 | 0 |

**이규성**(李奎成) 홍익대 1994.05.10

| 대회 | 연도 | 소속 | 출전 | 교체 | 득점 | 도움 | 실점 | 파울 | 경고 | 퇴장 |
|---|---|---|---|---|---|---|---|---|---|---|
| K1 | 2015 | 부산 | 18 | 10 | 1 | 2 | 0 | 14 | 2 | 0 |
| | 2018 | 상주 | 12 | 7 | 0 | 1 | 0 | 5 | 1 | 0 |
| | 2019 | 상주 | 35 | 4 | 0 | 3 | 0 | 24 | 3 | 0 |
| | 2020 | 부산 | 22 | 10 | 1 | 1 | 0 | 17 | 2 | 0 |
| | 2021 | 성남 | 32 | 17 | 0 | 2 | 0 | 23 | 4 | 0 |
| | 2022 | 울산 | 31 | 17 | 1 | 1 | 0 | 40 | 6 | 0 |
| | 2023 | 울산 | 32 | 26 | 0 | 2 | 0 | 20 | 4 | 0 |
| | 2024 | 울산 | 25 | 19 | 0 | 1 | 0 | 11 | 2 | 0 |
| K2 | 2016 | 부산 | 31 | 16 | 1 | 3 | 0 | 27 | 4 | 0 |
| | 2017 | 부산 | 15 | 11 | 3 | 0 | 0 | 15 | 2 | 0 |
| | 2018 | 부산 | 8 | 6 | 0 | 1 | 0 | 9 | 0 | 0 |
| | 2025 | 수원 | 33 | 17 | 1 | 4 | 0 | 16 | 3 | 0 |
| PO | 2015 | 부산 | 2 | 2 | 0 | 0 | 0 | 2 | 0 | 0 |
| | 2016 | 부산 | 1 | 1 | 0 | 0 | 0 | 2 | 0 | 0 |
| | 2017 | 부산 | 0 | 0 | 0 | 0 | 0 | 0 | 0 | 0 |
| | 2025 | 수원 | 1 | 1 | 0 | 0 | 0 | 1 | 0 | 0 |
| 통산 | | | 298 | 164 | 8 | 21 | 0 | 226 | 33 | 0 |

**이규철**(李揆喆) 울산대 1982.05.01

| 대회 | 연도 | 소속 | 출전 | 교체 | 득점 | 도움 | 실점 | 파울 | 경고 | 퇴장 |
|---|---|---|---|---|---|---|---|---|---|---|
| K1 | 2006 | 대전 | 4 | 2 | 0 | 0 | 0 | 5 | 0 | 0 |
| 컵 | 2006 | 대전 | 1 | 1 | 0 | 0 | 0 | 0 | 0 | 0 |
| 통산 | | | 5 | 3 | 0 | 0 | 0 | 5 | 0 | 0 |

**이규칠**(李圭七) 영남대 1975.11.28

| 대회 | 연도 | 소속 | 출전 | 교체 | 득점 | 도움 | 실점 | 파울 | 경고 | 퇴장 |
|---|---|---|---|---|---|---|---|---|---|---|
| K1 | 1998 | 포항 | 5 | 5 | 0 | 0 | 0 | 5 | 0 | 0 |
| | 1999 | 포항 | 1 | 1 | 0 | 0 | 0 | 0 | 0 | 0 |
| PO | 1998 | 포항 | 2 | 2 | 0 | 0 | 0 | 3 | 1 | 0 |
| 컵 | 1999 | 포항 | 4 | 3 | 0 | 0 | 0 | 8 | 0 | 0 |
| 통산 | | | 12 | 11 | 0 | 0 | 0 | 16 | 1 | 0 |

**이규혁**(李揆奕) 동국대 1999.05.04

| 대회 | 연도 | 소속 | 출전 | 교체 | 득점 | 도움 | 실점 | 파울 | 경고 | 퇴장 |
|---|---|---|---|---|---|---|---|---|---|---|
| K1 | 2019 | 제주 | 0 | 0 | 0 | 0 | 0 | 0 | 0 | 0 |
| | 2021 | 제주 | 9 | 11 | 0 | 1 | 0 | 8 | 0 | 0 |
| K2 | 2020 | 제주 | 6 | 6 | 0 | 1 | 0 | 10 | 0 | 0 |
| | 2021 | 충남아산 | 11 | 6 | 0 | 1 | 0 | 8 | 1 | 0 |
| | 2022 | 전남 | 10 | 7 | 0 | 0 | 0 | 9 | 1 | 0 |
| | 2023 | 전남 | 21 | 5 | 1 | 1 | 0 | 8 | 1 | 0 |
| | 2024 | 전남 | 10 | 7 | 0 | 0 | 0 | 7 | 0 | 0 |
| PO | 2024 | 전남 | 0 | 0 | 0 | 0 | 0 | 0 | 0 | 0 |
| 통산 | | | 67 | 42 | 1 | 4 | 0 | 50 | 3 | 0 |

**이규호**(李圭鎬) 연세대 1979.07.13

| 대회 | 연도 | 소속 | 출전 | 교체 | 득점 | 도움 | 실점 | 파울 | 경고 | 퇴장 |
|---|---|---|---|---|---|---|---|---|---|---|
| K1 | 2002 | 부산 | 19 | 3 | 0 | 0 | 0 | 12 | 2 | 0 |
| 컵 | 2002 | 부산 | 5 | 0 | 0 | 0 | 0 | 3 | 1 | 0 |
| | 2004 | 부산 | 0 | 0 | 0 | 0 | 0 | 0 | 0 | 0 |
| 통산 | | | 24 | 3 | 0 | 0 | 0 | 15 | 3 | 0 |

**이근표**(李根杓) 수원대 1992.02.06

| 대회 | 연도 | 소속 | 출전 | 교체 | 득점 | 도움 | 실점 | 파울 | 경고 | 퇴장 |
|---|---|---|---|---|---|---|---|---|---|---|
| K1 | 2012 | 경남 | 0 | 0 | 0 | 0 | 0 | 0 | 0 | 0 |
| | 2013 | 강원 | 0 | 0 | 0 | 0 | 0 | 0 | 0 | 0 |
| 통산 | | | 0 | 0 | 0 | 0 | 0 | 0 | 0 | 0 |

**이근호**(李根鎬) 부평고 1985.04.11

| 대회 | 연도 | 소속 | 출전 | 교체 | 득점 | 도움 | 실점 | 파울 | 경고 | 퇴장 |
|---|---|---|---|---|---|---|---|---|---|---|
| K1 | 2006 | 인천 | 2 | 2 | 0 | 0 | 0 | 1 | 0 | 0 |
| | 2007 | 대구 | 20 | 3 | 8 | 1 | 0 | 23 | 3 | 0 |
| | 2008 | 대구 | 26 | 2 | 11 | 6 | 0 | 28 | 2 | 0 |
| | 2012 | 울산 | 33 | 11 | 8 | 6 | 0 | 41 | 3 | 0 |
| | 2014 | 상주 | 18 | 6 | 4 | 2 | 0 | 13 | 1 | 0 |
| | 2015 | 전북 | 15 | 7 | 4 | 1 | 0 | 14 | 0 | 0 |
| | 2016 | 제주 | 35 | 19 | 5 | 6 | 0 | 39 | 1 | 0 |
| | 2017 | 강원 | 37 | 4 | 8 | 9 | 0 | 51 | 3 | 0 |
| | 2018 | 울산 | 22 | 17 | 4 | 0 | 0 | 17 | 1 | 0 |
| | 2018 | 강원 | 13 | 3 | 0 | 4 | 0 | 17 | 0 | 0 |
| | 2019 | 울산 | 18 | 18 | 2 | 5 | 0 | 13 | 1 | 0 |
| | 2020 | 울산 | 12 | 12 | 0 | 3 | 0 | 6 | 1 | 0 |
| | 2021 | 대구 | 30 | 31 | 3 | 0 | 0 | 12 | 1 | 0 |
| | 2022 | 대구 | 31 | 31 | 2 | 0 | 0 | 9 | 2 | 0 |
| | 2023 | 대구 | 32 | 34 | 2 | 1 | 0 | 13 | 2 | 0 |
| K2 | 2013 | 상주 | 25 | 6 | 15 | 6 | 0 | 26 | 3 | 0 |
| PO | 2013 | 상주 | 2 | 0 | 0 | 1 | 0 | 2 | 1 | 0 |
| 컵 | 2005 | 인천 | 5 | 5 | 0 | 0 | 0 | 3 | 0 | 0 |
| | 2006 | 인천 | 1 | 1 | 0 | 0 | 0 | 2 | 0 | 0 |
| | 2007 | 대구 | 7 | 2 | 2 | 2 | 0 | 9 | 0 | 0 |
| | 2008 | 대구 | 6 | 2 | 2 | 0 | 0 | 3 | 0 | 0 |
| 통산 | | | 390 | 216 | 80 | 53 | 0 | 342 | 25 | 0 |

**이근호**(李根好) 연세대 1996.05.21

| 대회 | 연도 | 소속 | 출전 | 교체 | 득점 | 도움 | 실점 | 파울 | 경고 | 퇴장 |
|---|---|---|---|---|---|---|---|---|---|---|
| K1 | 2018 | 포항 | 30 | 26 | 3 | 4 | 0 | 14 | 2 | 0 |
| | 2019 | 제주 | 13 | 12 | 1 | 1 | 0 | 8 | 1 | 0 |
| | 2019 | 전북 | 2 | 2 | 0 | 0 | 0 | 1 | 0 | 0 |
| | 2020 | 상주 | 7 | 6 | 0 | 1 | 0 | 4 | 1 | 0 |
| K2 | 2021 | 김천 | 2 | 2 | 1 | 0 | 0 | 2 | 0 | 0 |
| | 2023 | 안산 | 5 | 6 | 0 | 0 | 0 | 2 | 0 | 0 |
| 통산 | | | 59 | 54 | 5 | 6 | 0 | 31 | 4 | 0 |

**이기근**(李基根) 한양대 1965.08.13

| 대회 | 연도 | 소속 | 출전 | 교체 | 득점 | 도움 | 실점 | 파울 | 경고 | 퇴장 |
|---|---|---|---|---|---|---|---|---|---|---|
| K1 | 1987 | 포항제철 | 26 | 19 | 6 | 0 | 0 | 18 | 2 | 0 |
| | 1988 | 포항제철 | 23 | 6 | 12 | 1 | 0 | 22 | 1 | 0 |
| | 1989 | 포항제철 | 33 | 16 | 6 | 2 | 0 | 32 | 4 | 0 |
| | 1990 | 포항제철 | 21 | 17 | 3 | 0 | 0 | 11 | 0 | 0 |
| | 1991 | 포항제철 | 37 | 19 | 16 | 1 | 0 | 38 | 1 | 0 |
| | 1992 | 포항제철 | 10 | 6 | 1 | 0 | 0 | 5 | 1 | 0 |
| | 1993 | 대우 | 23 | 16 | 7 | 2 | 0 | 29 | 3 | 0 |
| | 1994 | 대우 | 17 | 16 | 3 | 2 | 0 | 11 | 0 | 0 |
| | 1996 | 수원 | 26 | 22 | 10 | 5 | 0 | 42 | 3 | 0 |
| | 1997 | 수원 | 10 | 10 | 1 | 0 | 0 | 10 | 0 | 0 |
| PO | 1996 | 수원 | 1 | 1 | 1 | 0 | 0 | 3 | 0 | 0 |
| 컵 | 1992 | 포항제철 | 6 | 4 | 1 | 3 | 0 | 4 | 0 | 0 |
| | 1993 | 대우 | 5 | 5 | 0 | 0 | 0 | 3 | 0 | 0 |
| | 1994 | 대우 | 6 | 6 | 1 | 2 | 0 | 10 | 0 | 0 |
| | 1996 | 수원 | 6 | 5 | 1 | 1 | 0 | 7 | 0 | 0 |
| | 1997 | 수원 | 15 | 14 | 2 | 0 | 0 | 17 | 1 | 0 |
| 통산 | | | 265 | 182 | 71 | 19 | 0 | 262 | 16 | 0 |

**이기동**(李期東) 연세대 1984.05.11

| 대회 | 연도 | 소속 | 출전 | 교체 | 득점 | 도움 | 실점 | 파울 | 경고 | 퇴장 |
|---|---|---|---|---|---|---|---|---|---|---|
| K1 | 2010 | 포항 | 2 | 1 | 1 | 0 | 0 | 3 | 2 | 0 |
| 컵 | 2010 | 포항 | 1 | 1 | 0 | 0 | 0 | 0 | 0 | 0 |
| | 2011 | 포항 | 1 | 1 | 0 | 0 | 0 | 0 | 0 | 0 |
| 통산 | | | 4 | 3 | 1 | 0 | 0 | 3 | 2 | 0 |

**이기범**(李基汎) 경북산업대(경일대) 1970.08.08

| 대회 | 연도 | 소속 | 출전 | 교체 | 득점 | 도움 | 실점 | 파울 | 경고 | 퇴장 |
|---|---|---|---|---|---|---|---|---|---|---|
| K1 | 1993 | 일화 | 9 | 6 | 1 | 1 | 0 | 14 | 0 | 1 |
| | 1994 | 일화 | 19 | 15 | 2 | 2 | 0 | 10 | 1 | 0 |
| | 1995 | 일화 | 7 | 5 | 1 | 0 | 0 | 11 | 1 | 0 |
| | 1996 | 천안일화 | 27 | 19 | 5 | 0 | 0 | 35 | 3 | 0 |
| | 1997 | 천안일화 | 15 | 7 | 1 | 3 | 0 | 30 | 3 | 0 |
| | 1998 | 천안일화 | 14 | 9 | 0 | 1 | 0 | 19 | 5 | 0 |
| | 1999 | 울산 | 19 | 18 | 1 | 4 | 0 | 21 | 1 | 0 |
| | 2000 | 수원 | 6 | 6 | 0 | 0 | 0 | 9 | 3 | 0 |
| 컵 | 1993 | 일화 | 1 | 1 | 0 | 1 | 0 | 0 | 0 | 0 |
| | 1994 | 일화 | 2 | 1 | 0 | 0 | 0 | 2 | 0 | 0 |
| | 1996 | 천안일화 | 7 | 6 | 0 | 0 | 0 | 10 | 0 | 0 |
| | 1997 | 천안일화 | 5 | 4 | 0 | 0 | 0 | 11 | 0 | 0 |
| | 1998 | 천안일화 | 12 | 9 | 0 | 2 | 0 | 18 | 3 | 0 |
| | 1999 | 울산 | 8 | 8 | 0 | 0 | 0 | 13 | 0 | 0 |
| | 2000 | 수원 | 8 | 6 | 0 | 0 | 0 | 12 | 0 | 0 |
| 통산 | | | 159 | 120 | 11 | 14 | 0 | 215 | 20 | 1 |

**이기부**(李基富) 아주대 1976.03.16

| 대회 | 연도 | 소속 | 출전 | 교체 | 득점 | 도움 | 실점 | 파울 | 경고 | 퇴장 |
|---|---|---|---|---|---|---|---|---|---|---|
| K1 | 1999 | 부산 | 9 | 9 | 0 | 0 | 0 | 5 | 1 | 0 |
| | 2000 | 부산 | 25 | 10 | 5 | 4 | 0 | 48 | 4 | 0 |
| | 2001 | 부산 | 16 | 9 | 1 | 0 | 0 | 19 | 1 | 0 |
| | 2004 | 인천 | 1 | 1 | 0 | 0 | 0 | 0 | 0 | 0 |
| PO | 1999 | 부산 | 4 | 2 | 1 | 0 | 0 | 12 | 0 | 0 |
| 컵 | 1999 | 부산 | 4 | 3 | 0 | 0 | 0 | 8 | 0 | 0 |
| | 2000 | 부산 | 9 | 1 | 3 | 0 | 0 | 16 | 1 | 0 |
| | 2001 | 부산 | 10 | 8 | 0 | 0 | 0 | 9 | 1 | 0 |
| | 2002 | 포항 | 6 | 6 | 1 | 1 | 0 | 13 | 1 | 0 |
| 통산 | | | 84 | 49 | 11 | 5 | 0 | 130 | 9 | 0 |

**이기제**(李基濟) 동국대 1991.07.09

| 대회 | 연도 | 소속 | 출전 | 교체 | 득점 | 도움 | 실점 | 파울 | 경고 | 퇴장 |
|---|---|---|---|---|---|---|---|---|---|---|
| K1 | 2016 | 울산 | 35 | 5 | 0 | 2 | 0 | 40 | 6 | 0 |
| | 2017 | 울산 | 8 | 2 | 0 | 1 | 0 | 7 | 2 | 0 |
| | 2018 | 수원 | 19 | 5 | 2 | 3 | 0 | 21 | 1 | 0 |
| | 2020 | 수원 | 4 | 1 | 0 | 0 | 0 | 4 | 1 | 0 |
| | 2021 | 수원 | 38 | 2 | 5 | 5 | 0 | 31 | 3 | 0 |
| | 2022 | 수원 | 35 | 8 | 1 | 14 | 0 | 19 | 3 | 0 |
| | 2023 | 수원 | 31 | 5 | 2 | 4 | 0 | 22 | 5 | 0 |
| K2 | 2024 | 수원 | 21 | 4 | 2 | 0 | 0 | 11 | 0 | 0 |
| | 2025 | 수원 | 34 | 9 | 3 | 7 | 0 | 15 | 1 | 1 |
| PO | 2022 | 수원 | 2 | 0 | 0 | 1 | 0 | 0 | 0 | 0 |
| | 2025 | 수원 | 2 | 0 | 0 | 0 | 0 | 2 | 0 | 1 |
| 통산 | | | 229 | 41 | 15 | 37 | 0 | 172 | 22 | 2 |

**이기혁**(李期奕) 울산대 2000.07.07

| 대회 | 연도 | 소속 | 출전 | 교체 | 득점 | 도움 | 실점 | 파울 | 경고 | 퇴장 |
|---|---|---|---|---|---|---|---|---|---|---|
| K1 | 2021 | 수원FC | 15 | 16 | 0 | 0 | 0 | 11 | 3 | 0 |
| | 2022 | 수원FC | 20 | 20 | 0 | 1 | 0 | 14 | 2 | 0 |
| | 2023 | 제주 | 19 | 16 | 0 | 1 | 0 | 21 | 3 | 0 |
| | 2024 | 강원 | 35 | 9 | 0 | 4 | 0 | 35 | 6 | 0 |
| | 2025 | 강원 | 31 | 11 | 0 | 1 | 0 | 39 | 6 | 0 |
| 통산 | | | 120 | 72 | 0 | 7 | 0 | 120 | 20 | 0 |

**이기현**(李起現) 동국대 1993.12.16

| 대회 | 연도 | 소속 | 출전 | 교체 | 득점 | 도움 | 실점 | 파울 | 경고 | 퇴장 |
|---|---|---|---|---|---|---|---|---|---|---|
| K1 | 2017 | 제주 | 0 | 0 | 0 | 0 | 0 | 0 | 0 | 0 |
| K2 | 2015 | 부천 | 12 | 0 | 0 | 0 | 17 | 0 | 0 | 0 |
| | 2016 | 경남 | 5 | 0 | 0 | 0 | 7 | 0 | 0 | 0 |
| | 2018 | 부천 | 2 | 0 | 0 | 0 | 4 | 0 | 0 | 0 |
| | 2019 | 아산 | 11 | 0 | 0 | 1 | 21 | 1 | 0 | 0 |
| | 2020 | 충남아산 | 18 | 0 | 0 | 0 | 25 | 1 | 2 | 0 |
| | 2021 | 충남아산 | 16 | 0 | 0 | 0 | 17 | 0 | 1 | 0 |
| | 2024 | 서울E | 2 | 0 | 0 | 0 | 5 | 0 | 0 | 0 |
| | 2025 | 화성 | 5 | 0 | 0 | 0 | 7 | 0 | 1 | 0 |
| PO | 2024 | 서울E | 0 | 0 | 0 | 0 | 0 | 0 | 0 | 0 |
| 통산 | | | 71 | 0 | 0 | 1 | 103 | 2 | 4 | 0 |

**이기형**(李祺炯) 고려대 1974.09.28

| 대회 | 연도 | 소속 | 출전 | 교체 | 득점 | 도움 | 실점 | 파울 | 경고 | 퇴장 |
|---|---|---|---|---|---|---|---|---|---|---|
| K1 | 1996 | 수원 | 16 | 0 | 3 | 1 | 0 | 21 | 0 | 0 |
| | 1997 | 수원 | 6 | 2 | 1 | 0 | 0 | 16 | 2 | 0 |
| | 1998 | 수원 | 12 | 7 | 1 | 2 | 0 | 28 | 0 | 0 |
| | 1999 | 수원 | 22 | 4 | 2 | 1 | 0 | 38 | 2 | 0 |
| | 2000 | 수원 | 3 | 4 | 0 | 0 | 0 | 2 | 0 | 0 |
| | 2001 | 수원 | 27 | 12 | 1 | 1 | 0 | 30 | 1 | 0 |
| | 2002 | 수원 | 20 | 6 | 4 | 1 | 0 | 26 | 4 | 0 |
| | 2003 | 성남일화 | 38 | 1 | 3 | 4 | 0 | 53 | 5 | 0 |
| | 2004 | 성남일화 | 16 | 1 | 2 | 2 | 0 | 24 | 3 | 0 |
| | 2005 | 서울 | 9 | 3 | 0 | 1 | 0 | 20 | 2 | 0 |
| | 2006 | 서울 | 8 | 3 | 0 | 1 | 0 | 6 | 0 | 0 |
| PO | 1998 | 수원 | 2 | 1 | 0 | 0 | 0 | 4 | 1 | 0 |
| | 1999 | 수원 | 2 | 0 | 0 | 0 | 0 | 3 | 0 | 0 |

| 대회 | 연도 | 소속 | 출전 | 교체 | 득점 | 도움 | 실점 | 파울 | 경고 | 퇴장 |
|---|---|---|---|---|---|---|---|---|---|---|
| 컵 | 1996 | 수원 | 6 | 0 | 0 | 1 | 0 | 10 | 0 | 0 |
| | 1997 | 수원 | 9 | 1 | 0 | 0 | 0 | 8 | 1 | 0 |
| | 1998 | 수원 | 10 | 2 | 3 | 2 | 0 | 16 | 0 | 0 |
| | 1999 | 수원 | 12 | 2 | 1 | 3 | 0 | 14 | 1 | 0 |
| | 2001 | 수원 | 0 | 0 | 0 | 0 | 0 | 0 | 0 | 0 |
| | 2002 | 수원 | 9 | 1 | 2 | 2 | 0 | 12 | 0 | 0 |
| | 2004 | 성남일화 | 11 | 4 | 0 | 0 | 0 | 13 | 2 | 0 |
| | 2005 | 서울 | 7 | 5 | 0 | 0 | 0 | 10 | 2 | 0 |
| | 2006 | 서울 | 9 | 7 | 0 | 1 | 0 | 7 | 0 | 0 |
| 통산 | | | 254 | 66 | 23 | 23 | 0 | 361 | 26 | 0 |

**이기형**(李奇炯) 한양대 1957.06.11

| 대회 | 연도 | 소속 | 출전 | 교체 | 득점 | 도움 | 실점 | 파울 | 경고 | 퇴장 |
|---|---|---|---|---|---|---|---|---|---|---|
| K1 | 1984 | 한일은행 | 4 | 0 | 0 | 0 | 4 | 0 | 0 | 0 |
| PO | 1996 | 수원 | 2 | 0 | 0 | 0 | 0 | 4 | 2 | 0 |
| 통산 | | | 6 | 0 | 0 | 0 | 4 | 4 | 2 | 0 |

**이기형**(李基炯) 동국대 1981.05.09

| 대회 | 연도 | 소속 | 출전 | 교체 | 득점 | 도움 | 실점 | 파울 | 경고 | 퇴장 |
|---|---|---|---|---|---|---|---|---|---|---|
| K1 | 2004 | 수원 | 1 | 1 | 0 | 0 | 0 | 1 | 0 | 0 |
| | 2005 | 수원 | 0 | 0 | 0 | 0 | 0 | 0 | 0 | 0 |
| 컵 | 2004 | 수원 | 1 | 1 | 0 | 0 | 0 | 2 | 0 | 0 |
| 통산 | | | 2 | 2 | 0 | 0 | 0 | 3 | 0 | 0 |

**이길용**(李吉龍) 고려대 1959.09.29

| 대회 | 연도 | 소속 | 출전 | 교체 | 득점 | 도움 | 실점 | 파울 | 경고 | 퇴장 |
|---|---|---|---|---|---|---|---|---|---|---|
| K1 | 1983 | 포항제철 | 13 | 3 | 7 | 1 | 0 | 15 | 2 | 0 |
| | 1984 | 포항제철 | 22 | 10 | 5 | 7 | 0 | 15 | 1 | 0 |
| | 1985 | 포항제철 | 13 | 11 | 0 | 1 | 0 | 19 | 1 | 0 |
| | 1986 | 포항제철 | 5 | 3 | 1 | 0 | 0 | 5 | 1 | 0 |
| | 1987 | 포항제철 | 18 | 16 | 3 | 3 | 0 | 12 | 3 | 0 |
| | 1988 | 포항제철 | 7 | 8 | 0 | 0 | 0 | 1 | 0 | 0 |
| | 1989 | 포항제철 | 5 | 5 | 0 | 0 | 0 | 1 | 0 | 0 |
| PO | 1986 | 포항제철 | 1 | 1 | 0 | 0 | 0 | 2 | 0 | 0 |
| 컵 | 1986 | 포항제철 | 9 | 8 | 1 | 0 | 0 | 5 | 0 | 0 |
| 통산 | | | 93 | 65 | 17 | 12 | 0 | 75 | 8 | 0 |

**이길용**(李佶勇) 광운대 1976.03.30

| 대회 | 연도 | 소속 | 출전 | 교체 | 득점 | 도움 | 실점 | 파울 | 경고 | 퇴장 |
|---|---|---|---|---|---|---|---|---|---|---|
| K1 | 1999 | 울산 | 14 | 14 | 1 | 2 | 0 | 12 | 1 | 0 |
| | 2000 | 울산 | 14 | 12 | 1 | 0 | 0 | 13 | 1 | 0 |
| | 2001 | 울산 | 11 | 8 | 5 | 0 | 0 | 8 | 0 | 0 |
| | 2002 | 울산 | 24 | 17 | 3 | 0 | 0 | 26 | 1 | 0 |
| | 2003 | 포항 | 26 | 22 | 2 | 3 | 0 | 31 | 1 | 1 |
| | 2004 | 포항 | 1 | 1 | 0 | 0 | 0 | 1 | 0 | 0 |
| | 2004 | 부천SK | 7 | 7 | 0 | 0 | 0 | 5 | 0 | 0 |
| 컵 | 1999 | 울산 | 7 | 3 | 4 | 0 | 0 | 7 | 0 | 0 |
| | 2000 | 울산 | 4 | 3 | 0 | 0 | 0 | 4 | 0 | 0 |
| | 2001 | 울산 | 4 | 3 | 0 | 0 | 0 | 3 | 0 | 0 |
| | 2002 | 울산 | 10 | 3 | 5 | 1 | 0 | 14 | 0 | 0 |
| | 2004 | 부천SK | 4 | 4 | 1 | 0 | 0 | 2 | 0 | 0 |
| 통산 | | | 126 | 97 | 22 | 6 | 0 | 126 | 4 | 1 |

**이길훈**(李吉薰) 고려대 1983.03.06

| 대회 | 연도 | 소속 | 출전 | 교체 | 득점 | 도움 | 실점 | 파울 | 경고 | 퇴장 |
|---|---|---|---|---|---|---|---|---|---|---|
| K1 | 2006 | 수원 | 11 | 9 | 0 | 1 | 0 | 17 | 2 | 0 |
| | 2007 | 광주상무 | 24 | 17 | 0 | 1 | 0 | 37 | 0 | 0 |
| | 2008 | 광주상무 | 10 | 9 | 1 | 0 | 0 | 9 | 2 | 0 |
| | 2009 | 수원 | 9 | 7 | 1 | 2 | 0 | 6 | 2 | 0 |
| | 2010 | 부산 | 1 | 1 | 0 | 0 | 0 | 1 | 0 | 0 |
| | 2010 | 수원 | 5 | 5 | 0 | 0 | 0 | 8 | 0 | 0 |
| | 2011 | 부산 | 1 | 1 | 0 | 0 | 0 | 1 | 0 | 0 |
| 컵 | 2006 | 수원 | 10 | 6 | 0 | 0 | 0 | 15 | 0 | 0 |
| | 2007 | 광주상무 | 9 | 7 | 0 | 0 | 0 | 21 | 1 | 0 |
| | 2008 | 광주상무 | 3 | 2 | 0 | 0 | 0 | 2 | 0 | 0 |
| | 2009 | 수원 | 1 | 1 | 0 | 0 | 0 | 0 | 0 | 0 |
| | 2011 | 부산 | 0 | 0 | 0 | 0 | 0 | 0 | 0 | 0 |
| 통산 | | | 84 | 65 | 2 | 4 | 0 | 117 | 7 | 0 |

**이남규**(李南揆) 한양대 1993.03.18

| 대회 | 연도 | 소속 | 출전 | 교체 | 득점 | 도움 | 실점 | 파울 | 경고 | 퇴장 |
|---|---|---|---|---|---|---|---|---|---|---|
| K1 | 2015 | 포항 | 0 | 0 | 0 | 0 | 0 | 0 | 0 | 0 |
| | 2016 | 포항 | 2 | 2 | 0 | 0 | 0 | 0 | 0 | 0 |
| 통산 | | | 2 | 2 | 0 | 0 | 0 | 0 | 0 | 0 |

**이남수**(李南洙) 광운대 1987.03.15

| 대회 | 연도 | 소속 | 출전 | 교체 | 득점 | 도움 | 실점 | 파울 | 경고 | 퇴장 |
|---|---|---|---|---|---|---|---|---|---|---|
| 컵 | 2010 | 전북 | 0 | 0 | 0 | 0 | 0 | 0 | 0 | 0 |
| 통산 | | | 0 | 0 | 0 | 0 | 0 | 0 | 0 | 0 |

**이남용**(李南容) 중앙대 1988.06.13

| 대회 | 연도 | 소속 | 출전 | 교체 | 득점 | 도움 | 실점 | 파울 | 경고 | 퇴장 |
|---|---|---|---|---|---|---|---|---|---|---|
| K1 | 2011 | 전남 | 0 | 0 | 0 | 0 | 0 | 0 | 0 | 0 |
| 통산 | | | 0 | 0 | 0 | 0 | 0 | 0 | 0 | 0 |

**이다원**(李多元) 배재대 1995.09.21

| 대회 | 연도 | 소속 | 출전 | 교체 | 득점 | 도움 | 실점 | 파울 | 경고 | 퇴장 |
|---|---|---|---|---|---|---|---|---|---|---|
| K2 | 2018 | 성남 | 16 | 13 | 0 | 1 | 0 | 14 | 0 | 0 |
| 통산 | | | 16 | 13 | 0 | 1 | 0 | 14 | 0 | 0 |

**이대광**(李大光) 광운대 2003.02.23

| 대회 | 연도 | 소속 | 출전 | 교체 | 득점 | 도움 | 실점 | 파울 | 경고 | 퇴장 |
|---|---|---|---|---|---|---|---|---|---|---|
| K1 | 2023 | 수원FC | 10 | 10 | 0 | 0 | 0 | 3 | 1 | 0 |
| 통산 | | | 10 | 10 | 0 | 0 | 0 | 3 | 1 | 0 |

**이대명**(李大明) 홍익대 1991.01.08

| 대회 | 연도 | 소속 | 출전 | 교체 | 득점 | 도움 | 실점 | 파울 | 경고 | 퇴장 |
|---|---|---|---|---|---|---|---|---|---|---|
| K1 | 2013 | 인천 | 0 | 0 | 0 | 0 | 0 | 0 | 0 | 0 |
| 통산 | | | 0 | 0 | 0 | 0 | 0 | 0 | 0 | 0 |

**이대희**(李岱憙) 아주대 1974.04.26

| 대회 | 연도 | 소속 | 출전 | 교체 | 득점 | 도움 | 실점 | 파울 | 경고 | 퇴장 |
|---|---|---|---|---|---|---|---|---|---|---|
| K1 | 1997 | 부천SK | 1 | 0 | 0 | 0 | 5 | 0 | 0 | 0 |
| | 2001 | 포항 | 0 | 0 | 0 | 0 | 0 | 0 | 0 | 0 |
| | 2002 | 포항 | 0 | 0 | 0 | 0 | 0 | 0 | 0 | 0 |
| | 2003 | 포항 | 0 | 0 | 0 | 0 | 0 | 0 | 0 | 0 |
| 컵 | 1997 | 부천SK | 9 | 0 | 0 | 0 | 17 | 1 | 0 | 0 |
| | 1998 | 부천SK | 2 | 0 | 0 | 0 | 3 | 0 | 0 | 0 |
| | 2001 | 포항 | 0 | 0 | 0 | 0 | 0 | 0 | 0 | 0 |
| | 2002 | 포항 | 8 | 0 | 0 | 0 | 11 | 0 | 0 | 0 |
| 통산 | | | 20 | 0 | 0 | 0 | 36 | 1 | 0 | 0 |

**이도권**(李度權) 성균관대 1979.08.08

| 대회 | 연도 | 소속 | 출전 | 교체 | 득점 | 도움 | 실점 | 파울 | 경고 | 퇴장 |
|---|---|---|---|---|---|---|---|---|---|---|
| K1 | 2006 | 전북 | 4 | 3 | 0 | 0 | 0 | 2 | 1 | 0 |
| 컵 | 2006 | 전북 | 1 | 1 | 0 | 0 | 0 | 1 | 0 | 0 |
| 통산 | | | 5 | 4 | 0 | 0 | 0 | 3 | 1 | 0 |

**이도성**(李道成) 배재대 1984.03.22

| 대회 | 연도 | 소속 | 출전 | 교체 | 득점 | 도움 | 실점 | 파울 | 경고 | 퇴장 |
|---|---|---|---|---|---|---|---|---|---|---|
| K1 | 2007 | 대전 | 1 | 0 | 0 | 0 | 0 | 1 | 0 | 0 |
| K2 | 2013 | 고양 | 33 | 10 | 0 | 0 | 0 | 74 | 8 | 0 |
| | 2014 | 고양 | 33 | 3 | 1 | 1 | 0 | 63 | 10 | 0 |
| | 2015 | 고양 | 34 | 10 | 0 | 1 | 0 | 48 | 10 | 0 |
| | 2016 | 고양 | 29 | 17 | 1 | 3 | 0 | 35 | 6 | 0 |
| 컵 | 2007 | 대전 | 1 | 1 | 0 | 0 | 0 | 3 | 0 | 0 |
| 통산 | | | 131 | 41 | 2 | 5 | 0 | 224 | 34 | 0 |

**이도현**(李途炫) 경희대 1996.02.17

| 대회 | 연도 | 소속 | 출전 | 교체 | 득점 | 도움 | 실점 | 파울 | 경고 | 퇴장 |
|---|---|---|---|---|---|---|---|---|---|---|
| K1 | 2019 | 포항 | 0 | 0 | 0 | 0 | 0 | 0 | 0 | 0 |
| 통산 | | | 0 | 0 | 0 | 0 | 0 | 0 | 0 | 0 |

**이돈철**(李敦哲) 동아대 1961.01.13

| 대회 | 연도 | 소속 | 출전 | 교체 | 득점 | 도움 | 실점 | 파울 | 경고 | 퇴장 |
|---|---|---|---|---|---|---|---|---|---|---|
| K1 | 1985 | 현대 | 14 | 1 | 0 | 0 | 0 | 12 | 0 | 0 |
| | 1986 | 현대 | 11 | 0 | 0 | 0 | 0 | 18 | 1 | 0 |
| | 1988 | 현대 | 6 | 3 | 0 | 0 | 0 | 6 | 0 | 0 |
| 컵 | 1986 | 현대 | 6 | 0 | 0 | 1 | 0 | 7 | 0 | 0 |
| 통산 | | | 37 | 4 | 0 | 1 | 0 | 43 | 1 | 0 |

**이동건**(李動建) 신갈고 1999.02.07

| 대회 | 연도 | 소속 | 출전 | 교체 | 득점 | 도움 | 실점 | 파울 | 경고 | 퇴장 |
|---|---|---|---|---|---|---|---|---|---|---|
| K1 | 2018 | 대구 | 0 | 0 | 0 | 0 | 0 | 0 | 0 | 0 |
| 통산 | | | 0 | 0 | 0 | 0 | 0 | 0 | 0 | 0 |

**이동경**(李東炅) 홍익대 1997.09.20

| 대회 | 연도 | 소속 | 출전 | 교체 | 득점 | 도움 | 실점 | 파울 | 경고 | 퇴장 |
|---|---|---|---|---|---|---|---|---|---|---|
| K1 | 2018 | 울산 | 1 | 1 | 0 | 0 | 0 | 2 | 0 | 0 |
| | 2019 | 울산 | 25 | 25 | 3 | 2 | 0 | 25 | 4 | 0 |
| | 2020 | 울산 | 18 | 19 | 2 | 1 | 0 | 15 | 2 | 0 |
| | 2021 | 울산 | 28 | 23 | 6 | 3 | 0 | 22 | 4 | 0 |
| | 2023 | 울산 | 9 | 8 | 2 | 1 | 0 | 6 | 1 | 0 |
| | 2024 | 울산 | 8 | 6 | 7 | 5 | 0 | 7 | 0 | 0 |
| | 2024 | 김천 | 18 | 11 | 5 | 1 | 0 | 8 | 5 | 0 |
| | 2025 | 울산 | 2 | 0 | 0 | 1 | 0 | 3 | 0 | 0 |
| | 2025 | 김천 | 34 | 18 | 13 | 11 | 0 | 29 | 1 | 0 |
| K2 | 2018 | 안양 | 10 | 10 | 0 | 0 | 0 | 5 | 0 | 0 |
| 통산 | | | 153 | 121 | 38 | 25 | 0 | 122 | 17 | 0 |

**이동국**(李同國) 위덕대 1979.04.29

| 대회 | 연도 | 소속 | 출전 | 교체 | 득점 | 도움 | 실점 | 파울 | 경고 | 퇴장 |
|---|---|---|---|---|---|---|---|---|---|---|
| K1 | 1998 | 포항 | 15 | 6 | 7 | 2 | 0 | 16 | 1 | 0 |
| | 1999 | 포항 | 15 | 4 | 7 | 3 | 0 | 21 | 1 | 0 |
| | 2000 | 포항 | 7 | 1 | 4 | 1 | 0 | 7 | 0 | 0 |
| | 2001 | 포항 | 17 | 5 | 3 | 1 | 0 | 23 | 1 | 0 |
| | 2002 | 포항 | 21 | 12 | 7 | 3 | 0 | 24 | 4 | 0 |
| | 2003 | 광주상무 | 27 | 4 | 11 | 6 | 0 | 33 | 1 | 0 |
| | 2004 | 광주상무 | 19 | 5 | 1 | 5 | 0 | 27 | 1 | 0 |
| | 2005 | 포항 | 17 | 4 | 3 | 3 | 0 | 29 | 2 | 0 |
| | 2006 | 포항 | 9 | 3 | 7 | 1 | 0 | 17 | 1 | 0 |
| | 2008 | 성남일화 | 10 | 7 | 2 | 2 | 0 | 18 | 0 | 0 |
| | 2009 | 전북 | 27 | 4 | 20 | 0 | 0 | 41 | 2 | 0 |
| | 2010 | 전북 | 25 | 6 | 12 | 2 | 0 | 16 | 1 | 1 |
| | 2011 | 전북 | 27 | 5 | 16 | 15 | 0 | 31 | 1 | 0 |
| | 2012 | 전북 | 40 | 12 | 26 | 6 | 0 | 69 | 7 | 0 |
| | 2013 | 전북 | 30 | 10 | 13 | 2 | 0 | 32 | 2 | 0 |
| | 2014 | 전북 | 31 | 15 | 13 | 6 | 0 | 25 | 1 | 0 |
| | 2015 | 전북 | 33 | 17 | 13 | 5 | 0 | 26 | 4 | 0 |
| | 2016 | 전북 | 27 | 19 | 12 | 0 | 0 | 17 | 1 | 0 |
| | 2017 | 전북 | 30 | 30 | 10 | 5 | 0 | 23 | 2 | 0 |
| | 2018 | 전북 | 35 | 27 | 13 | 4 | 0 | 22 | 4 | 0 |
| | 2019 | 전북 | 33 | 29 | 9 | 2 | 0 | 22 | 2 | 0 |
| | 2020 | 전북 | 11 | 10 | 4 | 0 | 0 | 3 | 1 | 0 |
| PO | 2006 | 포항 | 1 | 1 | 0 | 0 | 0 | 0 | 0 | 0 |
| | 2009 | 전북 | 2 | 0 | 1 | 0 | 0 | 1 | 0 | 0 |
| | 2010 | 전북 | 3 | 1 | 0 | 0 | 0 | 1 | 1 | 0 |
| | 2011 | 전북 | 2 | 1 | 0 | 0 | 0 | 2 | 1 | 0 |
| 컵 | 1998 | 포항 | 9 | 4 | 4 | 0 | 0 | 9 | 0 | 0 |
| | 1999 | 포항 | 4 | 1 | 1 | 1 | 0 | 7 | 0 | 0 |
| | 2000 | 포항 | 1 | 0 | 0 | 0 | 0 | 2 | 0 | 0 |
| | 2002 | 포항 | 0 | 0 | 0 | 0 | 0 | 0 | 0 | 0 |
| | 2004 | 광주상무 | 4 | 2 | 3 | 0 | 0 | 5 | 1 | 0 |
| | 2005 | 포항 | 7 | 0 | 4 | 1 | 0 | 11 | 1 | 0 |
| | 2005 | 광주상무 | 1 | 1 | 0 | 0 | 0 | 0 | 0 | 0 |
| | 2008 | 성남일화 | 3 | 3 | 0 | 0 | 0 | 2 | 0 | 0 |
| | 2009 | 전북 | 3 | 1 | 1 | 0 | 0 | 4 | 0 | 0 |
| | 2010 | 전북 | 2 | 1 | 1 | 1 | 0 | 3 | 0 | 0 |
| 통산 | | | 548 | 251 | 228 | 77 | 0 | 589 | 44 | 1 |

**이동근**(李東根) 경희대 1981.01.23

| 대회 | 연도 | 소속 | 출전 | 교체 | 득점 | 도움 | 실점 | 파울 | 경고 | 퇴장 |
|---|---|---|---|---|---|---|---|---|---|---|
| K1 | 2003 | 부천SK | 21 | 9 | 2 | 1 | 0 | 26 | 3 | 0 |
| | 2004 | 부천SK | 6 | 6 | 0 | 0 | 0 | 3 | 1 | 0 |
| | 2005 | 광주상무 | 2 | 2 | 0 | 0 | 0 | 2 | 0 | 0 |
| | 2006 | 광주상무 | 5 | 3 | 0 | 0 | 0 | 3 | 1 | 0 |
| | 2008 | 대전 | 9 | 6 | 0 | 0 | 0 | 7 | 1 | 0 |
| | 2009 | 울산 | 3 | 3 | 0 | 0 | 0 | 4 | 0 | 0 |
| 컵 | 2008 | 대전 | 7 | 2 | 0 | 2 | 0 | 11 | 0 | 0 |
| 통산 | | | 53 | 31 | 2 | 3 | 0 | 56 | 6 | 0 |

**이동근**(李東根) 울산대 1988.11.28

| 대회 | 연도 | 소속 | 출전 | 교체 | 득점 | 도움 | 실점 | 파울 | 경고 | 퇴장 |
|---|---|---|---|---|---|---|---|---|---|---|
| K1 | 2011 | 경남 | 2 | 2 | 0 | 0 | 0 | 0 | 0 | 0 |
| 컵 | 2011 | 경남 | 1 | 1 | 1 | 0 | 0 | 0 | 0 | 0 |
| 통산 | | | 3 | 3 | 1 | 0 | 0 | 0 | 0 | 0 |

**이동률**(李東律) 제주U18 2000.06.09

| 대회 | 연도 | 소속 | 출전 | 교체 | 득점 | 도움 | 실점 | 파울 | 경고 | 퇴장 |
|---|---|---|---|---|---|---|---|---|---|---|
| K1 | 2019 | 제주 | 5 | 5 | 0 | 0 | 0 | 2 | 0 | 0 |
| | 2021 | 제주 | 19 | 21 | 0 | 0 | 0 | 12 | 0 | 0 |
| K2 | 2020 | 제주 | 14 | 13 | 5 | 3 | 0 | 17 | 0 | 0 |
| | 2022 | 서울E | 34 | 34 | 6 | 5 | 0 | 24 | 2 | 1 |

| 대회 | 연도 | 소속 | 출전 | 교체 | 득점 | 도움 | 실점 | 파울 | 경고 | 퇴장 |
|---|---|---|---|---|---|---|---|---|---|---|
| | 2023 | 서울E | 20 | 18 | 2 | 0 | 0 | 10 | 1 | 1 |
| | 2024 | 서울E | 27 | 27 | 4 | 1 | 0 | 4 | 0 | 0 |
| | 2025 | 인천 | 9 | 9 | 3 | 0 | 0 | 2 | 0 | 0 |
| 통산 | | | 128 | 127 | 20 | 9 | 0 | 71 | 3 | 2 |

**이동명**(李東明) 부평고 1987.10.04

| 대회 | 연도 | 소속 | 출전 | 교체 | 득점 | 도움 | 실점 | 파울 | 경고 | 퇴장 |
|---|---|---|---|---|---|---|---|---|---|---|
| K1 | 2006 | 제주 | 3 | 2 | 0 | 0 | 0 | 2 | 0 | 0 |
| | 2007 | 제주 | 7 | 7 | 0 | 0 | 0 | 3 | 0 | 0 |
| | 2008 | 부산 | 5 | 5 | 0 | 0 | 0 | 4 | 0 | 0 |
| | 2009 | 부산 | 5 | 5 | 0 | 0 | 0 | 7 | 1 | 0 |
| | 2013 | 대구 | 2 | 1 | 0 | 0 | 0 | 2 | 0 | 0 |
| K2 | 2014 | 대구 | 4 | 1 | 0 | 0 | 0 | 5 | 1 | 0 |
| 컵 | 2006 | 제주 | 2 | 2 | 0 | 0 | 0 | 0 | 0 | 0 |
| | 2007 | 제주 | 3 | 1 | 0 | 0 | 0 | 5 | 0 | 0 |
| | 2008 | 부산 | 3 | 3 | 0 | 0 | 0 | 2 | 1 | 0 |
| | 2009 | 부산 | 0 | 0 | 0 | 0 | 0 | 0 | 0 | 0 |
| 통산 | | | 34 | 27 | 0 | 0 | 0 | 30 | 3 | 0 |

**이동수**(李東洙) 가톨릭관동대 1994.06.03

| 대회 | 연도 | 소속 | 출전 | 교체 | 득점 | 도움 | 실점 | 파울 | 경고 | 퇴장 |
|---|---|---|---|---|---|---|---|---|---|---|
| K1 | 2017 | 제주 | 11 | 8 | 0 | 0 | 0 | 8 | 0 | 0 |
| | 2018 | 제주 | 28 | 25 | 2 | 0 | 0 | 23 | 3 | 0 |
| | 2019 | 제주 | 14 | 9 | 0 | 0 | 0 | 18 | 0 | 0 |
| | 2020 | 상주 | 12 | 5 | 0 | 0 | 0 | 10 | 1 | 0 |
| | 2021 | 제주 | 12 | 12 | 0 | 0 | 0 | 10 | 1 | 0 |
| | 2022 | 인천 | 31 | 28 | 1 | 0 | 0 | 9 | 1 | 0 |
| | 2023 | 인천 | 6 | 5 | 0 | 0 | 0 | 6 | 1 | 0 |
| K2 | 2016 | 대전 | 36 | 4 | 1 | 2 | 0 | 40 | 4 | 0 |
| | 2021 | 김천 | 6 | 3 | 0 | 1 | 0 | 9 | 2 | 0 |
| | 2023 | 안양 | 16 | 11 | 3 | 0 | 0 | 15 | 1 | 0 |
| | 2024 | 부산 | 30 | 12 | 5 | 0 | 0 | 13 | 4 | 0 |
| | 2025 | 부산 | 36 | 14 | 1 | 1 | 0 | 36 | 5 | 1 |
| PO | 2024 | 부산 | 1 | 0 | 0 | 0 | 0 | 1 | 0 | 0 |
| 통산 | | | 239 | 136 | 13 | 4 | 0 | 198 | 23 | 1 |

**이동식**(李東植) 홍익대 1979.03.15

| 대회 | 연도 | 소속 | 출전 | 교체 | 득점 | 도움 | 실점 | 파울 | 경고 | 퇴장 |
|---|---|---|---|---|---|---|---|---|---|---|
| K1 | 2002 | 포항 | 0 | 0 | 0 | 0 | 0 | 0 | 0 | 0 |
| | 2003 | 포항 | 0 | 0 | 0 | 0 | 0 | 0 | 0 | 0 |
| | 2004 | 부천SK | 13 | 5 | 1 | 1 | 0 | 29 | 3 | 0 |
| | 2005 | 부천SK | 18 | 4 | 3 | 1 | 0 | 38 | 2 | 0 |
| | 2006 | 광주상무 | 23 | 4 | 0 | 0 | 0 | 56 | 5 | 0 |
| | 2007 | 광주상무 | 12 | 5 | 1 | 1 | 0 | 29 | 3 | 1 |
| | 2008 | 제주 | 21 | 1 | 0 | 1 | 0 | 68 | 7 | 0 |
| | 2009 | 제주 | 16 | 6 | 0 | 0 | 0 | 31 | 6 | 0 |
| | 2010 | 수원 | 4 | 3 | 0 | 0 | 0 | 11 | 1 | 0 |
| 컵 | 2002 | 포항 | 0 | 0 | 0 | 0 | 0 | 0 | 0 | 0 |
| | 2004 | 부천SK | 5 | 5 | 0 | 0 | 0 | 10 | 1 | 0 |
| | 2005 | 부천SK | 8 | 6 | 0 | 0 | 0 | 12 | 1 | 0 |
| | 2006 | 광주상무 | 5 | 2 | 0 | 0 | 0 | 14 | 0 | 0 |
| | 2007 | 광주상무 | 6 | 4 | 1 | 1 | 0 | 15 | 0 | 0 |
| | 2008 | 제주 | 6 | 1 | 0 | 0 | 0 | 23 | 4 | 0 |
| | 2009 | 제주 | 5 | 2 | 0 | 0 | 0 | 11 | 1 | 0 |
| 통산 | | | 142 | 48 | 6 | 5 | 0 | 347 | 34 | 1 |

**이동우**(李東雨) 동국대 1985.07.31

| 대회 | 연도 | 소속 | 출전 | 교체 | 득점 | 도움 | 실점 | 파울 | 경고 | 퇴장 |
|---|---|---|---|---|---|---|---|---|---|---|
| K2 | 2013 | 충주 | 11 | 1 | 0 | 0 | 0 | 10 | 3 | 0 |
| 통산 | | | 11 | 1 | 0 | 0 | 0 | 10 | 3 | 0 |

**이동욱**(李東昱) 연세대 1976.04.10

| 대회 | 연도 | 소속 | 출전 | 교체 | 득점 | 도움 | 실점 | 파울 | 경고 | 퇴장 |
|---|---|---|---|---|---|---|---|---|---|---|
| K1 | 2001 | 수원 | 3 | 3 | 0 | 0 | 0 | 1 | 0 | 0 |
| | 2002 | 수원 | 1 | 1 | 0 | 0 | 0 | 0 | 0 | 0 |
| 통산 | | | 4 | 4 | 0 | 0 | 0 | 1 | 0 | 0 |

**이동원**(李東遠) 숭실대 1983.11.07

| 대회 | 연도 | 소속 | 출전 | 교체 | 득점 | 도움 | 실점 | 파울 | 경고 | 퇴장 |
|---|---|---|---|---|---|---|---|---|---|---|
| K1 | 2005 | 전남 | 4 | 2 | 0 | 2 | 0 | 3 | 0 | 0 |
| | 2006 | 전남 | 18 | 7 | 2 | 0 | 0 | 30 | 0 | 0 |
| | 2007 | 인천 | 21 | 9 | 1 | 1 | 0 | 40 | 3 | 0 |
| | 2008 | 대전 | 21 | 1 | 2 | 0 | 0 | 42 | 4 | 0 |
| | 2009 | 울산 | 23 | 6 | 0 | 0 | 0 | 47 | 5 | 0 |
| | 2010 | 울산 | 2 | 0 | 0 | 0 | 0 | 6 | 1 | 0 |
| | 2011 | 울산 | 0 | 0 | 0 | 0 | 0 | 0 | 0 | 0 |
| | 2011 | 부산 | 6 | 1 | 0 | 0 | 0 | 7 | 2 | 0 |
| 컵 | 2005 | 전남 | 6 | 1 | 0 | 0 | 0 | 15 | 0 | 0 |
| | 2006 | 전남 | 6 | 2 | 0 | 0 | 0 | 15 | 3 | 0 |
| | 2007 | 인천 | 9 | 4 | 0 | 0 | 0 | 20 | 1 | 0 |
| | 2008 | 대전 | 7 | 1 | 1 | 0 | 0 | 13 | 2 | 0 |
| | 2009 | 울산 | 4 | 1 | 1 | 0 | 0 | 6 | 1 | 0 |
| | 2010 | 울산 | 2 | 1 | 0 | 0 | 0 | 1 | 0 | 0 |
| | 2011 | 울산 | 0 | 0 | 0 | 0 | 0 | 0 | 0 | 0 |
| 통산 | | | 129 | 36 | 7 | 3 | 0 | 245 | 22 | 0 |

**이동원**(李東洹) 선문대 2002.10.30

| 대회 | 연도 | 소속 | 출전 | 교체 | 득점 | 도움 | 실점 | 파울 | 경고 | 퇴장 |
|---|---|---|---|---|---|---|---|---|---|---|
| K1 | 2023 | 대전 | 8 | 9 | 0 | 0 | 0 | 8 | 1 | 0 |
| | 2024 | 대전 | 11 | 11 | 0 | 0 | 0 | 9 | 1 | 0 |
| K2 | 2025 | 충북청주 | 19 | 19 | 0 | 0 | 0 | 11 | 2 | 0 |
| 통산 | | | 38 | 39 | 0 | 0 | 0 | 28 | 4 | 0 |

**이동일**(李東日) 성균관대 1995.08.01

| 대회 | 연도 | 소속 | 출전 | 교체 | 득점 | 도움 | 실점 | 파울 | 경고 | 퇴장 |
|---|---|---|---|---|---|---|---|---|---|---|
| K2 | 2016 | 부산 | 1 | 1 | 0 | 0 | 0 | 0 | 0 | 0 |
| | 2017 | 부산 | 0 | 0 | 0 | 0 | 0 | 0 | 0 | 0 |
| 통산 | | | 1 | 1 | 0 | 0 | 0 | 0 | 0 | 0 |

**이동재**(李動在) 문성고 1996.07.20

| 대회 | 연도 | 소속 | 출전 | 교체 | 득점 | 도움 | 실점 | 파울 | 경고 | 퇴장 |
|---|---|---|---|---|---|---|---|---|---|---|
| K2 | 2015 | 강원 | 1 | 1 | 0 | 0 | 0 | 1 | 0 | 0 |
| 통산 | | | 1 | 1 | 0 | 0 | 0 | 1 | 0 | 0 |

**이동준**(李東俊) 숭실대 1997.02.01

| 대회 | 연도 | 소속 | 출전 | 교체 | 득점 | 도움 | 실점 | 파울 | 경고 | 퇴장 |
|---|---|---|---|---|---|---|---|---|---|---|
| K1 | 2020 | 부산 | 26 | 5 | 5 | 4 | 0 | 46 | 7 | 0 |
| | 2021 | 울산 | 32 | 19 | 11 | 4 | 0 | 45 | 4 | 0 |
| | 2023 | 전북 | 23 | 23 | 0 | 2 | 0 | 17 | 0 | 0 |
| | 2024 | 전북 | 6 | 5 | 1 | 0 | 0 | 9 | 1 | 0 |
| | 2024 | 김천 | 8 | 8 | 1 | 0 | 0 | 4 | 0 | 0 |
| | 2025 | 김천 | 29 | 29 | 5 | 2 | 0 | 23 | 3 | 0 |
| | 2025 | 전북 | 4 | 3 | 2 | 0 | 0 | 5 | 0 | 0 |
| K2 | 2017 | 부산 | 7 | 6 | 0 | 0 | 0 | 5 | 2 | 0 |
| | 2018 | 부산 | 23 | 23 | 4 | 1 | 0 | 14 | 1 | 0 |
| | 2019 | 부산 | 36 | 15 | 13 | 7 | 0 | 40 | 1 | 0 |
| PO | 2017 | 부산 | 3 | 3 | 2 | 0 | 0 | 4 | 1 | 0 |
| | 2018 | 부산 | 2 | 2 | 0 | 0 | 0 | 0 | 0 | 0 |
| | 2019 | 부산 | 3 | 1 | 0 | 0 | 0 | 3 | 0 | 0 |
| 통산 | | | 202 | 142 | 44 | 20 | 0 | 215 | 20 | 0 |

**이동진**(李東珍) 광운대 2000.12.17

| 대회 | 연도 | 소속 | 출전 | 교체 | 득점 | 도움 | 실점 | 파울 | 경고 | 퇴장 |
|---|---|---|---|---|---|---|---|---|---|---|
| K1 | 2024 | 강원 | 0 | 0 | 0 | 0 | 0 | 0 | 0 | 0 |
| 통산 | | | 0 | 0 | 0 | 0 | 0 | 0 | 0 | 0 |

**이동하**(李東夏) 조선대 1995.09.30

| 대회 | 연도 | 소속 | 출전 | 교체 | 득점 | 도움 | 실점 | 파울 | 경고 | 퇴장 |
|---|---|---|---|---|---|---|---|---|---|---|
| K2 | 2018 | 광주 | 0 | 0 | 0 | 0 | 0 | 0 | 0 | 0 |
| 통산 | | | 0 | 0 | 0 | 0 | 0 | 0 | 0 | 0 |

**이동현**(李東炫) 경희대 1989.11.19

| 대회 | 연도 | 소속 | 출전 | 교체 | 득점 | 도움 | 실점 | 파울 | 경고 | 퇴장 |
|---|---|---|---|---|---|---|---|---|---|---|
| K1 | 2010 | 강원 | 3 | 3 | 0 | 0 | 0 | 1 | 1 | 0 |
| | 2013 | 대전 | 27 | 23 | 3 | 3 | 0 | 33 | 3 | 0 |
| K2 | 2014 | 대전 | 2 | 1 | 0 | 0 | 0 | 2 | 0 | 0 |
| | 2015 | 안양 | 12 | 12 | 1 | 0 | 0 | 10 | 1 | 0 |
| 컵 | 2010 | 강원 | 2 | 2 | 0 | 0 | 0 | 0 | 0 | 0 |
| 통산 | | | 46 | 41 | 4 | 3 | 0 | 46 | 5 | 0 |

**이동현**(李東炫) 상문고 2005.10.05

| 대회 | 연도 | 소속 | 출전 | 교체 | 득점 | 도움 | 실점 | 파울 | 경고 | 퇴장 |
|---|---|---|---|---|---|---|---|---|---|---|
| K2 | 2024 | 안양 | 3 | 3 | 0 | 0 | 0 | 2 | 0 | 0 |
| 통산 | | | 3 | 3 | 0 | 0 | 0 | 2 | 0 | 0 |

**이동협**(李洞協) 광운대 2003.03.12

| 대회 | 연도 | 소속 | 출전 | 교체 | 득점 | 도움 | 실점 | 파울 | 경고 | 퇴장 |
|---|---|---|---|---|---|---|---|---|---|---|
| K1 | 2024 | 포항 | 1 | 1 | 0 | 0 | 0 | 1 | 0 | 0 |
| | 2025 | 포항 | 3 | 3 | 0 | 0 | 0 | 2 | 0 | 0 |
| 통산 | | | 4 | 4 | 0 | 0 | 0 | 3 | 0 | 0 |

**이동훈**(李東勳) 보인고 2005.06.19

| 대회 | 연도 | 소속 | 출전 | 교체 | 득점 | 도움 | 실점 | 파울 | 경고 | 퇴장 |
|---|---|---|---|---|---|---|---|---|---|---|
| K2 | 2024 | 부산 | 7 | 7 | 0 | 0 | 0 | 2 | 1 | 0 |
| 통산 | | | 7 | 7 | 0 | 0 | 0 | 2 | 1 | 0 |

**이동희**(李東熙) 한양대 1996.07.03

| 대회 | 연도 | 소속 | 출전 | 교체 | 득점 | 도움 | 실점 | 파울 | 경고 | 퇴장 |
|---|---|---|---|---|---|---|---|---|---|---|
| K1 | 2018 | 제주 | 12 | 8 | 0 | 0 | 0 | 12 | 1 | 0 |
| | 2019 | 제주 | 10 | 3 | 0 | 0 | 0 | 11 | 2 | 1 |
| K2 | 2020 | 제주 | 2 | 1 | 0 | 0 | 0 | 3 | 0 | 0 |
| 통산 | | | 24 | 12 | 0 | 0 | 0 | 26 | 3 | 1 |

**이동희**(李東熙) 호남대 2000.02.07

| 대회 | 연도 | 소속 | 출전 | 교체 | 득점 | 도움 | 실점 | 파울 | 경고 | 퇴장 |
|---|---|---|---|---|---|---|---|---|---|---|
| K1 | 2024 | 포항 | 23 | 3 | 0 | 0 | 0 | 10 | 3 | 0 |
| | 2025 | 포항 | 14 | 8 | 1 | 0 | 0 | 10 | 2 | 1 |
| K2 | 2022 | 부천 | 20 | 5 | 0 | 0 | 0 | 20 | 2 | 0 |
| | 2023 | 부천 | 32 | 2 | 0 | 1 | 0 | 38 | 5 | 0 |
| PO | 2022 | 부천 | 1 | 0 | 1 | 0 | 0 | 1 | 0 | 0 |
| | 2023 | 부천 | 0 | 0 | 0 | 0 | 0 | 0 | 0 | 0 |
| 통산 | | | 90 | 18 | 2 | 1 | 0 | 79 | 12 | 1 |

**이따마르**(Itamar Batista da Silva) 브라질 1980.04.12

| 대회 | 연도 | 소속 | 출전 | 교체 | 득점 | 도움 | 실점 | 파울 | 경고 | 퇴장 |
|---|---|---|---|---|---|---|---|---|---|---|
| K1 | 2003 | 전남 | 34 | 6 | 23 | 5 | 0 | 67 | 9 | 1 |
| | 2004 | 전남 | 21 | 8 | 6 | 2 | 0 | 41 | 6 | 0 |
| | 2005 | 수원 | 10 | 1 | 4 | 0 | 0 | 23 | 2 | 0 |
| | 2005 | 포항 | 8 | 5 | 2 | 2 | 0 | 14 | 1 | 0 |
| | 2006 | 성남일화 | 11 | 5 | 3 | 2 | 0 | 19 | 3 | 0 |
| | 2006 | 수원 | 11 | 4 | 4 | 0 | 0 | 23 | 3 | 0 |
| | 2007 | 성남일화 | 18 | 13 | 5 | 2 | 0 | 36 | 1 | 0 |
| PO | 2004 | 전남 | 1 | 0 | 0 | 0 | 0 | 3 | 1 | 0 |
| | 2006 | 성남일화 | 3 | 3 | 0 | 0 | 0 | 7 | 0 | 0 |
| | 2007 | 성남일화 | 2 | 2 | 0 | 0 | 0 | 1 | 2 | 0 |
| 컵 | 2004 | 전남 | 9 | 2 | 5 | 1 | 0 | 20 | 2 | 0 |
| | 2005 | 포항 | 8 | 5 | 2 | 0 | 0 | 16 | 2 | 0 |
| | 2006 | 수원 | 6 | 5 | 0 | 0 | 0 | 10 | 1 | 0 |
| 통산 | | | 142 | 59 | 54 | 14 | 0 | 280 | 33 | 1 |

**이래준**(李萊俊) 동래고 1997.03.19

| 대회 | 연도 | 소속 | 출전 | 교체 | 득점 | 도움 | 실점 | 파울 | 경고 | 퇴장 |
|---|---|---|---|---|---|---|---|---|---|---|
| K1 | 2016 | 포항 | 0 | 0 | 0 | 0 | 0 | 0 | 0 | 0 |
| | 2017 | 포항 | 4 | 4 | 0 | 0 | 0 | 4 | 1 | 0 |
| | 2018 | 포항 | 3 | 3 | 0 | 1 | 0 | 2 | 0 | 0 |
| | 2020 | 부산 | 0 | 0 | 0 | 0 | 0 | 0 | 0 | 0 |
| K2 | 2020 | 안산 | 9 | 5 | 1 | 0 | 0 | 4 | 2 | 0 |
| | 2021 | 부산 | 17 | 14 | 0 | 1 | 0 | 15 | 2 | 1 |
| 통산 | | | 33 | 26 | 1 | 2 | 0 | 25 | 5 | 1 |

**이레마**(Oleg Eremin) 러시아 1967.10.28

| 대회 | 연도 | 소속 | 출전 | 교체 | 득점 | 도움 | 실점 | 파울 | 경고 | 퇴장 |
|---|---|---|---|---|---|---|---|---|---|---|
| K1 | 1997 | 포항 | 3 | 3 | 0 | 0 | 0 | 9 | 1 | 0 |
| 컵 | 1997 | 포항 | 1 | 0 | 0 | 0 | 0 | 2 | 0 | 0 |
| 통산 | | | 4 | 3 | 0 | 0 | 0 | 11 | 1 | 0 |

**이리네**(Irineu Ricardo) 브라질 1977.07.12

| 대회 | 연도 | 소속 | 출전 | 교체 | 득점 | 도움 | 실점 | 파울 | 경고 | 퇴장 |
|---|---|---|---|---|---|---|---|---|---|---|
| K1 | 2001 | 성남일화 | 15 | 3 | 3 | 0 | 0 | 55 | 2 | 0 |
| | 2002 | 성남일화 | 20 | 13 | 8 | 4 | 0 | 43 | 3 | 0 |
| | 2003 | 성남일화 | 38 | 22 | 9 | 5 | 0 | 90 | 3 | 0 |
| | 2004 | 성남일화 | 12 | 9 | 4 | 1 | 0 | 17 | 2 | 0 |
| | 2004 | 부천SK | 10 | 1 | 3 | 0 | 0 | 30 | 2 | 0 |
| | 2006 | 제주 | 11 | 6 | 4 | 0 | 0 | 16 | 0 | 0 |
| | 2007 | 제주 | 23 | 11 | 4 | 1 | 0 | 41 | 8 | 0 |
| 컵 | 2004 | 성남일화 | 4 | 0 | 1 | 0 | 0 | 11 | 0 | 0 |
| | 2004 | 부천SK | 5 | 1 | 1 | 0 | 0 | 15 | 0 | 0 |
| | 2005 | 부천SK | 9 | 1 | 4 | 1 | 0 | 26 | 1 | 0 |
| | 2006 | 제주 | 8 | 4 | 2 | 0 | 0 | 9 | 0 | 0 |
| | 2007 | 제주 | 8 | 5 | 2 | 0 | 0 | 18 | 1 | 0 |
| 통산 | | | 163 | 76 | 45 | 12 | 0 | 371 | 22 | 0 |

**이림**(李林) 울산대 2003.08.12

| 대회 | 연도 | 소속 | 출전 | 교체 | 득점 | 도움 | 실점 | 파울 | 경고 | 퇴장 |
|---|---|---|---|---|---|---|---|---|---|---|
| K1 | 2025 | 대구 | 9 | 8 | 0 | 0 | 0 | 2 | 0 | 0 |
| 통산 | | | 9 | 8 | 0 | 0 | 0 | 2 | 0 | 0 |

**이명건**(李明建) 동의대 1994.07.27

| 대회 | 연도 | 소속 | 출전 | 교체 | 득점 | 도움 | 실점 | 파울 | 경고 | 퇴장 |
|---|---|---|---|---|---|---|---|---|---|---|
| K1 | 2017 | 포항 | 1 | 1 | 0 | 0 | 0 | 0 | 0 | 0 |
| K2 | 2020 | 충남아산 | 4 | 4 | 0 | 0 | 0 | 2 | 0 | 0 |
| 통산 | | | 5 | 5 | 0 | 0 | 0 | 2 | 0 | 0 |

**이명열**(李明烈) 인천대 1968.06.25

| 대회 | 연도 | 소속 | 출전 | 교체 | 득점 | 도움 | 실점 | 파울 | 경고 | 퇴장 |
|---|---|---|---|---|---|---|---|---|---|---|
| K1 | 1991 | 포항제철 | 1 | 0 | 0 | 0 | 2 | 0 | 0 | 0 |
| | 1992 | 포항제철 | 1 | 0 | 0 | 0 | 0 | 0 | 0 | 0 |
| | 1993 | 포항제철 | 21 | 0 | 0 | 0 | 18 | 0 | 0 | 0 |
| | 1994 | 포항제철 | 30 | 0 | 0 | 0 | 37 | 1 | 0 | 0 |
| | 1995 | 포항 | 1 | 0 | 0 | 0 | 2 | 0 | 0 | 0 |
| | 1996 | 포항 | 22 | 2 | 0 | 0 | 23 | 1 | 0 | 0 |
| | 1999 | 포항 | 5 | 0 | 0 | 0 | 10 | 0 | 0 | 0 |
| PO | 1995 | 포항 | 0 | 0 | 0 | 0 | 0 | 0 | 0 | 0 |
| 컵 | 1992 | 포항제철 | 5 | 0 | 0 | 0 | 4 | 0 | 1 | 0 |
| | 1993 | 포항제철 | 5 | 0 | 0 | 0 | 4 | 0 | 1 | 0 |
| | 1994 | 포항제철 | 5 | 0 | 0 | 0 | 5 | 0 | 0 | 0 |
| | 1995 | 포항 | 1 | 0 | 0 | 0 | 2 | 0 | 1 | 0 |
| | 1996 | 포항 | 3 | 0 | 0 | 0 | 1 | 1 | 1 | 0 |
| 통산 | | | 100 | 2 | 0 | 0 | 108 | 3 | 4 | 0 |

**이명재**(李明載) 홍익대 1993.11.04

| 대회 | 연도 | 소속 | 출전 | 교체 | 득점 | 도움 | 실점 | 파울 | 경고 | 퇴장 |
|---|---|---|---|---|---|---|---|---|---|---|
| K1 | 2014 | 울산 | 2 | 2 | 0 | 0 | 0 | 2 | 0 | 0 |
| | 2015 | 울산 | 19 | 10 | 0 | 3 | 0 | 23 | 2 | 0 |
| | 2016 | 울산 | 5 | 3 | 0 | 1 | 0 | 6 | 0 | 0 |
| | 2017 | 울산 | 32 | 1 | 1 | 4 | 0 | 26 | 2 | 0 |
| | 2018 | 울산 | 32 | 2 | 0 | 5 | 0 | 25 | 3 | 0 |
| | 2019 | 울산 | 24 | 2 | 0 | 3 | 0 | 19 | 0 | 0 |
| | 2021 | 울산 | 2 | 1 | 0 | 0 | 0 | 0 | 0 | 0 |
| | 2022 | 울산 | 19 | 6 | 0 | 3 | 0 | 8 | 2 | 0 |
| | 2023 | 울산 | 30 | 12 | 0 | 5 | 0 | 12 | 2 | 0 |
| | 2024 | 울산 | 28 | 4 | 0 | 3 | 0 | 13 | 3 | 0 |
| | 2025 | 대전 | 15 | 1 | 2 | 3 | 0 | 5 | 0 | 0 |
| K2 | 2021 | 김천 | 8 | 0 | 0 | 1 | 0 | 4 | 1 | 1 |
| 통산 | | | 216 | 44 | 3 | 31 | 0 | 143 | 15 | 1 |

**이명주**(李明周) 영남대 1990.04.24

| 대회 | 연도 | 소속 | 출전 | 교체 | 득점 | 도움 | 실점 | 파울 | 경고 | 퇴장 |
|---|---|---|---|---|---|---|---|---|---|---|
| K1 | 2012 | 포항 | 35 | 12 | 5 | 6 | 0 | 71 | 4 | 0 |
| | 2013 | 포항 | 34 | 4 | 7 | 4 | 0 | 61 | 7 | 0 |
| | 2014 | 포항 | 11 | 2 | 5 | 9 | 0 | 19 | 3 | 0 |
| | 2017 | 서울 | 13 | 5 | 2 | 1 | 0 | 21 | 0 | 0 |
| | 2019 | 서울 | 10 | 4 | 1 | 1 | 0 | 19 | 3 | 0 |
| | 2022 | 인천 | 34 | 17 | 4 | 5 | 0 | 35 | 0 | 0 |
| | 2023 | 인천 | 25 | 15 | 2 | 1 | 0 | 27 | 5 | 0 |
| | 2024 | 인천 | 27 | 15 | 0 | 1 | 0 | 32 | 2 | 0 |
| K2 | 2018 | 아산 | 30 | 8 | 5 | 5 | 0 | 64 | 5 | 0 |
| | 2019 | 아산 | 19 | 5 | 2 | 1 | 0 | 26 | 5 | 0 |
| | 2025 | 인천 | 34 | 11 | 2 | 3 | 0 | 41 | 6 | 0 |
| 통산 | | | 272 | 98 | 35 | 37 | 0 | 416 | 40 | 0 |

**이명철**(李明哲) 인제대 1989.05.29

| 대회 | 연도 | 소속 | 출전 | 교체 | 득점 | 도움 | 실점 | 파울 | 경고 | 퇴장 |
|---|---|---|---|---|---|---|---|---|---|---|
| 컵 | 2011 | 대전 | 2 | 1 | 0 | 0 | 0 | 4 | 0 | 0 |
| 통산 | | | 2 | 1 | 0 | 0 | 0 | 4 | 0 | 0 |

**이무형**(李武炯) 배재대 1980.11.08

| 대회 | 연도 | 소속 | 출전 | 교체 | 득점 | 도움 | 실점 | 파울 | 경고 | 퇴장 |
|---|---|---|---|---|---|---|---|---|---|---|
| K1 | 2003 | 대전 | 2 | 2 | 0 | 0 | 0 | 1 | 0 | 0 |
| | 2004 | 대전 | 4 | 4 | 0 | 0 | 0 | 3 | 0 | 0 |
| 컵 | 2004 | 대전 | 6 | 2 | 0 | 0 | 0 | 10 | 1 | 0 |
| 통산 | | | 12 | 8 | 0 | 0 | 0 | 14 | 1 | 0 |

**이문석**(李文奭) 인천대 1970.03.06

| 대회 | 연도 | 소속 | 출전 | 교체 | 득점 | 도움 | 실점 | 파울 | 경고 | 퇴장 |
|---|---|---|---|---|---|---|---|---|---|---|
| K1 | 1993 | 현대 | 3 | 3 | 0 | 0 | 0 | 1 | 0 | 0 |
| | 1994 | 현대 | 6 | 5 | 0 | 0 | 0 | 2 | 0 | 0 |
| | 1995 | 현대 | 9 | 9 | 0 | 1 | 0 | 3 | 0 | 0 |
| | 1996 | 울산 | 24 | 8 | 0 | 0 | 0 | 22 | 1 | 1 |
| | 1997 | 울산 | 9 | 4 | 0 | 1 | 0 | 5 | 1 | 0 |
| | 1998 | 울산 | 18 | 6 | 2 | 0 | 0 | 33 | 0 | 0 |
| | 1999 | 울산 | 21 | 9 | 0 | 0 | 0 | 25 | 3 | 0 |
| PO | 1996 | 울산 | 1 | 0 | 0 | 0 | 0 | 2 | 0 | 0 |
| | 1998 | 울산 | 4 | 0 | 0 | 0 | 0 | 7 | 0 | 0 |
| 컵 | 1994 | 현대 | 4 | 3 | 0 | 0 | 0 | 2 | 0 | 0 |
| | 1995 | 현대 | 3 | 3 | 0 | 0 | 0 | 1 | 0 | 0 |
| | 1996 | 울산 | 7 | 0 | 0 | 0 | 0 | 2 | 1 | 0 |
| | 1997 | 울산 | 13 | 2 | 0 | 0 | 0 | 10 | 1 | 1 |
| | 1998 | 울산 | 20 | 7 | 0 | 1 | 0 | 32 | 2 | 0 |
| | 1999 | 울산 | 10 | 8 | 0 | 1 | 0 | 16 | 3 | 0 |
| | 2000 | 부산 | 0 | 0 | 0 | 0 | 0 | 0 | 0 | 0 |
| 통산 | | | 152 | 67 | 2 | 4 | 0 | 163 | 12 | 2 |

**이문선**(李文善) 단국대 1983.01.21

| 대회 | 연도 | 소속 | 출전 | 교체 | 득점 | 도움 | 실점 | 파울 | 경고 | 퇴장 |
|---|---|---|---|---|---|---|---|---|---|---|
| K1 | 2005 | 대구 | 4 | 2 | 0 | 0 | 0 | 4 | 2 | 0 |
| | 2006 | 대구 | 10 | 4 | 0 | 1 | 0 | 13 | 1 | 0 |
| 컵 | 2005 | 대구 | 3 | 1 | 0 | 0 | 0 | 1 | 0 | 0 |
| | 2006 | 대구 | 2 | 2 | 0 | 0 | 0 | 6 | 0 | 0 |
| 통산 | | | 19 | 9 | 0 | 1 | 0 | 24 | 3 | 0 |

**이문영**(李文榮) 서울시립대 1965.05.05

| 대회 | 연도 | 소속 | 출전 | 교체 | 득점 | 도움 | 실점 | 파울 | 경고 | 퇴장 |
|---|---|---|---|---|---|---|---|---|---|---|
| K1 | 1987 | 유공 | 30 | 1 | 0 | 0 | 35 | 0 | 2 | 0 |
| | 1988 | 유공 | 24 | 0 | 0 | 0 | 24 | 0 | 1 | 0 |
| | 1989 | 유공 | 17 | 0 | 0 | 0 | 18 | 0 | 1 | 0 |
| | 1990 | 유공 | 8 | 0 | 0 | 0 | 12 | 0 | 2 | 0 |
| | 1991 | 유공 | 28 | 0 | 0 | 0 | 31 | 0 | 1 | 0 |
| | 1992 | 유공 | 19 | 0 | 0 | 0 | 20 | 1 | 0 | 0 |
| 컵 | 1992 | 유공 | 8 | 0 | 0 | 0 | 11 | 0 | 0 | 0 |
| 통산 | | | 134 | 1 | 0 | 0 | 151 | 1 | 7 | 0 |

**이민규**(李敏圭) 홍익대 1989.01.06

| 대회 | 연도 | 소속 | 출전 | 교체 | 득점 | 도움 | 실점 | 파울 | 경고 | 퇴장 |
|---|---|---|---|---|---|---|---|---|---|---|
| K1 | 2011 | 강원 | 12 | 2 | 0 | 0 | 0 | 10 | 2 | 0 |
| | 2012 | 강원 | 9 | 5 | 0 | 0 | 0 | 2 | 2 | 0 |
| K2 | 2013 | 충주 | 16 | 0 | 0 | 1 | 0 | 26 | 4 | 1 |
| | 2014 | 충주 | 11 | 4 | 0 | 0 | 0 | 12 | 2 | 0 |
| 컵 | 2011 | 강원 | 2 | 0 | 0 | 0 | 0 | 3 | 0 | 0 |
| 통산 | | | 50 | 11 | 0 | 1 | 0 | 53 | 10 | 1 |

**이민규**(李敏圭) 고려대 1992.04.24

| 대회 | 연도 | 소속 | 출전 | 교체 | 득점 | 도움 | 실점 | 파울 | 경고 | 퇴장 |
|---|---|---|---|---|---|---|---|---|---|---|
| K2 | 2019 | 안산 | 0 | 0 | 0 | 0 | 0 | 0 | 0 | 0 |
| 통산 | | | 0 | 0 | 0 | 0 | 0 | 0 | 0 | 0 |

**이민규**(李敏圭) 용인대 1996.02.09

| 대회 | 연도 | 소속 | 출전 | 교체 | 득점 | 도움 | 실점 | 파울 | 경고 | 퇴장 |
|---|---|---|---|---|---|---|---|---|---|---|
| K2 | 2019 | 서울E | 2 | 1 | 0 | 0 | 0 | 3 | 0 | 0 |
| 통산 | | | 2 | 1 | 0 | 0 | 0 | 3 | 0 | 0 |

**이민기**(李旼氣) 전주대 1993.05.19

| 대회 | 연도 | 소속 | 출전 | 교체 | 득점 | 도움 | 실점 | 파울 | 경고 | 퇴장 |
|---|---|---|---|---|---|---|---|---|---|---|
| K1 | 2016 | 광주 | 9 | 6 | 1 | 0 | 0 | 8 | 1 | 0 |
| | 2017 | 광주 | 28 | 3 | 0 | 2 | 0 | 49 | 7 | 0 |
| | 2018 | 상주 | 6 | 0 | 0 | 0 | 0 | 9 | 2 | 0 |
| | 2019 | 상주 | 11 | 4 | 0 | 1 | 0 | 11 | 0 | 0 |
| | 2020 | 광주 | 13 | 1 | 0 | 0 | 0 | 8 | 2 | 1 |
| | 2021 | 광주 | 32 | 15 | 1 | 2 | 0 | 29 | 5 | 0 |
| | 2023 | 광주 | 28 | 12 | 1 | 1 | 0 | 24 | 4 | 0 |
| | 2024 | 광주 | 15 | 9 | 0 | 0 | 0 | 14 | 0 | 0 |
| | 2025 | 광주 | 10 | 8 | 0 | 0 | 0 | 1 | 2 | 0 |
| K2 | 2018 | 광주 | 11 | 2 | 0 | 0 | 0 | 10 | 2 | 0 |
| | 2022 | 광주 | 26 | 16 | 1 | 1 | 0 | 19 | 4 | 0 |
| 통산 | | | 189 | 76 | 4 | 7 | 0 | 182 | 29 | 1 |

**이민기**(李旼紀) 한양대 2001.01.06

| 대회 | 연도 | 소속 | 출전 | 교체 | 득점 | 도움 | 실점 | 파울 | 경고 | 퇴장 |
|---|---|---|---|---|---|---|---|---|---|---|
| K2 | 2021 | 경남 | 1 | 1 | 0 | 0 | 0 | 0 | 1 | 0 |
| | 2022 | 경남 | 35 | 21 | 1 | 1 | 0 | 32 | 8 | 0 |
| | 2023 | 경남 | 16 | 16 | 0 | 0 | 0 | 10 | 2 | 0 |
| | 2024 | 경남 | 16 | 14 | 2 | 0 | 0 | 12 | 1 | 0 |
| | 2025 | 경남 | 6 | 4 | 0 | 0 | 0 | 3 | 2 | 0 |
| PO | 2022 | 경남 | 2 | 1 | 0 | 0 | 0 | 1 | 0 | 0 |
| | 2023 | 경남 | 1 | 1 | 0 | 0 | 0 | 0 | 0 | 0 |
| 통산 | | | 77 | 58 | 3 | 1 | 0 | 58 | 14 | 0 |

**이민선**(李珉善) 선문대 1983.10.21

| 대회 | 연도 | 소속 | 출전 | 교체 | 득점 | 도움 | 실점 | 파울 | 경고 | 퇴장 |
|---|---|---|---|---|---|---|---|---|---|---|
| K1 | 2004 | 대구 | 2 | 1 | 0 | 0 | 0 | 1 | 1 | 0 |
| | 2006 | 대전 | 0 | 0 | 0 | 0 | 0 | 0 | 0 | 0 |
| 컵 | 2004 | 대구 | 2 | 3 | 0 | 0 | 0 | 1 | 0 | 0 |
| 통산 | | | 4 | 4 | 0 | 0 | 0 | 2 | 1 | 0 |

**이민섭**(李珉攝) 동아대 1990.08.24

| 대회 | 연도 | 소속 | 출전 | 교체 | 득점 | 도움 | 실점 | 파울 | 경고 | 퇴장 |
|---|---|---|---|---|---|---|---|---|---|---|
| K1 | 2013 | 대구 | 0 | 0 | 0 | 0 | 0 | 0 | 0 | 0 |
| 통산 | | | 0 | 0 | 0 | 0 | 0 | 0 | 0 | 0 |

**이민성**(李敏成) 아주대 1973.06.23

| 대회 | 연도 | 소속 | 출전 | 교체 | 득점 | 도움 | 실점 | 파울 | 경고 | 퇴장 |
|---|---|---|---|---|---|---|---|---|---|---|
| K1 | 1996 | 부산 | 21 | 3 | 3 | 0 | 0 | 45 | 6 | 0 |
| | 1997 | 부산 | 4 | 1 | 0 | 0 | 0 | 11 | 1 | 0 |
| | 1998 | 부산 | 9 | 7 | 1 | 0 | 0 | 12 | 2 | 0 |
| | 2001 | 부산 | 22 | 2 | 1 | 0 | 0 | 19 | 3 | 0 |
| | 2002 | 부산 | 21 | 12 | 1 | 0 | 0 | 18 | 4 | 0 |
| | 2003 | 포항 | 39 | 7 | 1 | 1 | 0 | 53 | 11 | 0 |
| | 2004 | 포항 | 20 | 2 | 1 | 2 | 0 | 24 | 0 | 1 |
| | 2005 | 서울 | 22 | 2 | 0 | 0 | 0 | 23 | 5 | 0 |
| | 2006 | 서울 | 25 | 1 | 0 | 1 | 0 | 19 | 2 | 0 |
| | 2007 | 서울 | 4 | 0 | 0 | 0 | 0 | 9 | 0 | 0 |
| | 2008 | 서울 | 13 | 5 | 0 | 0 | 0 | 17 | 2 | 0 |
| PO | 2004 | 포항 | 3 | 0 | 0 | 0 | 0 | 7 | 0 | 0 |
| | 2006 | 서울 | 1 | 0 | 0 | 0 | 0 | 3 | 1 | 0 |
| 컵 | 1996 | 부산 | 8 | 0 | 0 | 0 | 0 | 19 | 2 | 0 |
| | 1997 | 부산 | 8 | 1 | 0 | 1 | 0 | 19 | 2 | 0 |
| | 1998 | 부산 | 1 | 0 | 0 | 0 | 0 | 1 | 1 | 0 |
| | 2002 | 부산 | 1 | 1 | 0 | 0 | 0 | 2 | 0 | 0 |
| | 2004 | 포항 | 3 | 2 | 1 | 0 | 0 | 3 | 1 | 0 |
| | 2005 | 서울 | 10 | 4 | 0 | 0 | 0 | 22 | 3 | 0 |
| | 2006 | 서울 | 8 | 2 | 0 | 0 | 0 | 5 | 1 | 0 |
| | 2007 | 서울 | 3 | 2 | 0 | 1 | 0 | 2 | 1 | 0 |
| | 2008 | 서울 | 1 | 0 | 0 | 0 | 0 | 2 | 0 | 0 |
| 통산 | | | 247 | 54 | 9 | 6 | 0 | 335 | 48 | 1 |

**이민수**(李泯洙) 한남대 1992.01.11

| 대회 | 연도 | 소속 | 출전 | 교체 | 득점 | 도움 | 실점 | 파울 | 경고 | 퇴장 |
|---|---|---|---|---|---|---|---|---|---|---|
| K1 | 2018 | 강원 | 1 | 1 | 0 | 0 | 0 | 2 | 0 | 0 |
| | 2025 | 안양 | 7 | 8 | 0 | 0 | 0 | 2 | 0 | 0 |
| K2 | 2023 | 천안 | 19 | 13 | 1 | 0 | 0 | 16 | 3 | 0 |
| | 2024 | 안양 | 3 | 3 | 0 | 0 | 0 | 0 | 0 | 0 |
| 통산 | | | 30 | 25 | 1 | 0 | 0 | 20 | 3 | 0 |

**이민우**(李珉雨) 광주대 1991.12.01

| 대회 | 연도 | 소속 | 출전 | 교체 | 득점 | 도움 | 실점 | 파울 | 경고 | 퇴장 |
|---|---|---|---|---|---|---|---|---|---|---|
| K1 | 2014 | 성남 | 15 | 15 | 0 | 0 | 0 | 6 | 0 | 0 |
| K2 | 2015 | 부천 | 17 | 16 | 2 | 0 | 0 | 16 | 1 | 0 |
| | 2017 | 안산 | 24 | 20 | 0 | 1 | 0 | 20 | 1 | 0 |
| | 2018 | 안산 | 2 | 2 | 0 | 0 | 0 | 1 | 0 | 0 |
| 통산 | | | 58 | 53 | 2 | 1 | 0 | 43 | 2 | 0 |

**이민혁**(李民赫) 연세대 2002.01.19

| 대회 | 연도 | 소속 | 출전 | 교체 | 득점 | 도움 | 실점 | 파울 | 경고 | 퇴장 |
|---|---|---|---|---|---|---|---|---|---|---|
| K1 | 2023 | 전북 | 3 | 3 | 0 | 0 | 0 | 3 | 0 | 0 |
| K2 | 2023 | 경남 | 8 | 7 | 0 | 0 | 0 | 8 | 0 | 0 |
| | 2024 | 경남 | 27 | 20 | 2 | 2 | 0 | 26 | 3 | 0 |
| | 2025 | 수원 | 32 | 29 | 2 | 3 | 0 | 25 | 6 | 0 |
| PO | 2023 | 경남 | 1 | 0 | 0 | 0 | 0 | 0 | 0 | 0 |
| | 2025 | 수원 | 2 | 1 | 0 | 0 | 0 | 2 | 0 | 0 |
| 통산 | | | 73 | 60 | 4 | 5 | 0 | 64 | 9 | 0 |

**이민혁**(李敏赫) 보인고 2006.06.20

| 대회 | 연도 | 소속 | 출전 | 교체 | 득점 | 도움 | 실점 | 파울 | 경고 | 퇴장 |
|---|---|---|---|---|---|---|---|---|---|---|
| K2 | 2025 | 충남아산 | 3 | 3 | 0 | 0 | 0 | 2 | 0 | 0 |
| 통산 | | | 3 | 3 | 0 | 0 | 0 | 2 | 0 | 0 |

**이민형**(李玟炯) 동국대 1997.04.04

| 대회 | 연도 | 소속 | 출전 | 교체 | 득점 | 도움 | 실점 | 파울 | 경고 | 퇴장 |
|---|---|---|---|---|---|---|---|---|---|---|
| K2 | 2023 | 충북청주 | 26 | 18 | 2 | 0 | 0 | 7 | 4 | 0 |
| | 2024 | 충북청주 | 28 | 23 | 1 | 0 | 0 | 8 | 5 | 0 |
| 통산 | | | 54 | 41 | 3 | 0 | 0 | 15 | 9 | 0 |

**이바노프**(Dimitar Vladev Ivanov) 불가리아 1970.10.07

| 대회 | 연도 | 소속 | 출전 | 교체 | 득점 | 도움 | 실점 | 파울 | 경고 | 퇴장 |
|---|---|---|---|---|---|---|---|---|---|---|
| K1 | 1998 | 부천SK | 3 | 3 | 0 | 0 | 0 | 3 | 0 | 0 |
| 컵 | 1998 | 부천SK | 9 | 10 | 2 | 1 | 0 | 10 | 0 | 0 |
| 통산 | | | 12 | 13 | 2 | 1 | 0 | 13 | 0 | 0 |

**이반**(Testemitanu Ivan) 몰도바 1974.04.27

| 대회 | 연도 | 소속 | 출전 | 교체 | 득점 | 도움 | 실점 | 파울 | 경고 | 퇴장 |
|---|---|---|---|---|---|---|---|---|---|---|
| K1 | 2001 | 성남일화 | 22 | 7 | 2 | 2 | 0 | 28 | 3 | 0 |
| | 2004 | 성남일화 | 15 | 9 | 1 | 0 | 0 | 25 | 3 | 0 |
| 컵 | 2001 | 성남일화 | 8 | 0 | 0 | 0 | 0 | 14 | 2 | 0 |
| | 2004 | 성남일화 | 12 | 0 | 0 | 0 | 0 | 16 | 0 | 0 |
| 통산 | | | 57 | 16 | 3 | 2 | 0 | 83 | 8 | 0 |

**이반**(Ivan Ricardo Alves de Oliveira) 브라질 1974.10.27

| 대회 | 연도 | 소속 | 출전 | 교체 | 득점 | 도움 | 실점 | 파울 | 경고 | 퇴장 |
|---|---|---|---|---|---|---|---|---|---|---|
| K1 | 2001 | 전남 | 15 | 9 | 4 | 1 | 0 | 10 | 0 | 0 |
| | 2002 | 전남 | 19 | 16 | 0 | 0 | 0 | 12 | 0 | 0 |
| 컵 | 2002 | 전남 | 8 | 5 | 0 | 1 | 0 | 10 | 1 | 0 |
| 통산 | | | 42 | 30 | 4 | 2 | 0 | 32 | 1 | 0 |

**이반**(Ivan Peric) 세르비아 1982.05.05

| 대회 | 연도 | 소속 | 출전 | 교체 | 득점 | 도움 | 실점 | 파울 | 경고 | 퇴장 |
|---|---|---|---|---|---|---|---|---|---|---|
| K1 | 2007 | 제주 | 2 | 2 | 0 | 0 | 0 | 9 | 1 | 0 |
| 컵 | 2007 | 제주 | 5 | 4 | 0 | 0 | 0 | 13 | 1 | 0 |
| 통산 | | | 7 | 6 | 0 | 0 | 0 | 22 | 2 | 0 |

**이반**(Ivan Herceg) 크로아티아 1990.02.10

| 대회 | 연도 | 소속 | 출전 | 교체 | 득점 | 도움 | 실점 | 파울 | 경고 | 퇴장 |
|---|---|---|---|---|---|---|---|---|---|---|
| K1 | 2018 | 경남 | 0 | 0 | 0 | 0 | 0 | 0 | 0 | 0 |
| K2 | 2016 | 경남 | 22 | 7 | 0 | 1 | 0 | 23 | 5 | 0 |
| | 2017 | 경남 | 30 | 1 | 1 | 0 | 0 | 14 | 6 | 0 |
| | 2018 | 서울E | 10 | 4 | 0 | 0 | 0 | 6 | 1 | 0 |
| 통산 | | | 62 | 12 | 1 | 1 | 0 | 43 | 12 | 0 |

**이반코비치**(Mario Ivanković) 크로아티아 1975.02.08

| 대회 | 연도 | 소속 | 출전 | 교체 | 득점 | 도움 | 실점 | 파울 | 경고 | 퇴장 |
|---|---|---|---|---|---|---|---|---|---|---|
| 컵 | 2001 | 수원 | 3 | 3 | 0 | 0 | 0 | 2 | 0 | 0 |
| | 2002 | 수원 | 2 | 2 | 0 | 0 | 0 | 0 | 0 | 0 |
| 통산 | | | 5 | 5 | 0 | 0 | 0 | 2 | 0 | 0 |

**이범수**(李範洙) 울산대 1978.01.27

| 대회 | 연도 | 소속 | 출전 | 교체 | 득점 | 도움 | 실점 | 파울 | 경고 | 퇴장 |
|---|---|---|---|---|---|---|---|---|---|---|
| K1 | 2000 | 울산 | 6 | 6 | 0 | 1 | 0 | 7 | 0 | 0 |
| | 2001 | 울산 | 2 | 2 | 0 | 0 | 0 | 2 | 0 | 0 |
| 통산 | | | 8 | 8 | 0 | 1 | 0 | 9 | 0 | 0 |

**이범수**(李範守) 경희대 1990.12.10

| 대회 | 연도 | 소속 | 출전 | 교체 | 득점 | 도움 | 실점 | 파울 | 경고 | 퇴장 |
|---|---|---|---|---|---|---|---|---|---|---|
| K1 | 2010 | 전북 | 1 | 0 | 0 | 0 | 3 | 0 | 0 | 0 |
| | 2011 | 전북 | 1 | 0 | 0 | 0 | 0 | 0 | 0 | 0 |
| | 2012 | 전북 | 0 | 0 | 0 | 0 | 0 | 0 | 0 | 0 |
| | 2013 | 전북 | 0 | 0 | 0 | 0 | 0 | 0 | 0 | 0 |
| | 2014 | 전북 | 0 | 0 | 0 | 0 | 0 | 0 | 0 | 0 |
| | 2018 | 경남 | 13 | 0 | 0 | 0 | 19 | 0 | 0 | 0 |
| | 2019 | 경남 | 25 | 0 | 0 | 0 | 35 | 0 | 2 | 0 |
| | 2020 | 강원 | 16 | 0 | 0 | 0 | 25 | 1 | 1 | 0 |
| | 2021 | 강원 | 29 | 1 | 0 | 0 | 35 | 0 | 1 | 0 |
| | 2022 | 전북 | 3 | 1 | 0 | 0 | 1 | 0 | 0 | 0 |
| | 2024 | 인천 | 28 | 1 | 0 | 0 | 33 | 0 | 1 | 0 |
| K2 | 2015 | 서울E | 2 | 0 | 0 | 0 | 4 | 0 | 0 | 0 |
| | 2016 | 대전 | 13 | 0 | 0 | 0 | 18 | 1 | 1 | 0 |
| | 2017 | 경남 | 21 | 0 | 0 | 0 | 18 | 0 | 1 | 0 |
| | 2023 | 부천 | 31 | 0 | 0 | 0 | 32 | 0 | 2 | 0 |
| | 2025 | 인천 | 1 | 0 | 0 | 0 | 0 | 0 | 0 | 0 |
| PO | 2011 | 전북 | 0 | 0 | 0 | 0 | 0 | 0 | 0 | 0 |
| | 2019 | 경남 | 2 | 0 | 0 | 0 | 2 | 0 | 0 | 0 |
| | 2021 | 강원 | 0 | 0 | 0 | 0 | 0 | 0 | 0 | 0 |
| | 2023 | 부천 | 1 | 0 | 0 | 0 | 0 | 0 | 0 | 0 |
| 컵 | 2010 | 전북 | 0 | 0 | 0 | 0 | 0 | 0 | 0 | 0 |
| | 2011 | 전북 | 1 | 0 | 0 | 0 | 4 | 0 | 0 | 0 |
| 통산 | | | 188 | 3 | 0 | 0 | 229 | 2 | 9 | 0 |

**이범영**(李範永) 신갈고 1989.04.02

| 대회 | 연도 | 소속 | 출전 | 교체 | 득점 | 도움 | 실점 | 파울 | 경고 | 퇴장 |
|---|---|---|---|---|---|---|---|---|---|---|
| K1 | 2008 | 부산 | 10 | 0 | 0 | 0 | 17 | 0 | 1 | 0 |
| | 2009 | 부산 | 3 | 0 | 0 | 0 | 5 | 0 | 0 | 0 |
| | 2010 | 부산 | 6 | 0 | 0 | 0 | 8 | 0 | 0 | 0 |
| | 2011 | 부산 | 14 | 0 | 0 | 0 | 25 | 0 | 1 | 0 |
| | 2012 | 부산 | 12 | 0 | 0 | 0 | 17 | 0 | 0 | 0 |
| | 2013 | 부산 | 31 | 0 | 0 | 0 | 33 | 1 | 1 | 0 |
| | 2014 | 부산 | 31 | 0 | 0 | 0 | 38 | 0 | 3 | 0 |
| | 2015 | 부산 | 27 | 0 | 0 | 1 | 37 | 0 | 2 | 0 |
| | 2017 | 강원 | 36 | 0 | 0 | 0 | 58 | 0 | 1 | 0 |
| | 2018 | 강원 | 30 | 2 | 0 | 0 | 42 | 0 | 1 | 0 |
| | 2020 | 전북 | 0 | 0 | 0 | 0 | 0 | 0 | 0 | 0 |
| | 2021 | 전북 | 1 | 0 | 0 | 0 | 1 | 0 | 0 | 0 |
| | 2022 | 수원FC | 2 | 0 | 0 | 0 | 7 | 0 | 0 | 0 |
| | 2023 | 수원FC | 3 | 0 | 0 | 0 | 9 | 1 | 0 | 0 |
| PO | 2015 | 부산 | 2 | 0 | 0 | 0 | 3 | 0 | 0 | 0 |
| 컵 | 2008 | 부산 | 6 | 0 | 0 | 0 | 8 | 0 | 0 | 0 |
| | 2009 | 부산 | 3 | 1 | 0 | 0 | 2 | 0 | 0 | 0 |
| | 2010 | 부산 | 0 | 0 | 0 | 0 | 0 | 0 | 0 | 0 |
| | 2011 | 부산 | 4 | 0 | 0 | 0 | 4 | 0 | 0 | 0 |
| 통산 | | | 221 | 3 | 0 | 1 | 314 | 2 | 10 | 0 |

**이병근**(李昞根) 한양대 1973.04.28

| 대회 | 연도 | 소속 | 출전 | 교체 | 득점 | 도움 | 실점 | 파울 | 경고 | 퇴장 |
|---|---|---|---|---|---|---|---|---|---|---|
| K1 | 1996 | 수원 | 24 | 7 | 0 | 1 | 0 | 47 | 5 | 1 |
| | 1997 | 수원 | 17 | 9 | 1 | 0 | 0 | 13 | 1 | 0 |
| | 1998 | 수원 | 13 | 8 | 1 | 1 | 0 | 22 | 4 | 0 |
| | 1999 | 수원 | 25 | 16 | 2 | 2 | 0 | 37 | 1 | 0 |
| | 2000 | 수원 | 22 | 1 | 0 | 1 | 0 | 38 | 1 | 0 |
| | 2001 | 수원 | 24 | 4 | 0 | 0 | 0 | 39 | 4 | 0 |
| | 2002 | 수원 | 27 | 6 | 0 | 1 | 0 | 24 | 1 | 0 |
| | 2003 | 수원 | 38 | 2 | 2 | 5 | 0 | 81 | 4 | 0 |
| | 2004 | 수원 | 7 | 2 | 0 | 0 | 0 | 17 | 2 | 0 |
| | 2005 | 수원 | 21 | 10 | 0 | 1 | 0 | 31 | 3 | 0 |
| | 2006 | 수원 | 4 | 3 | 0 | 0 | 0 | 4 | 0 | 0 |
| | 2006 | 대구 | 10 | 3 | 2 | 1 | 0 | 23 | 3 | 0 |
| | 2007 | 대구 | 3 | 0 | 1 | 0 | 0 | 5 | 0 | 0 |
| PO | 1996 | 수원 | 0 | 0 | 0 | 0 | 0 | 0 | 0 | 0 |
| | 1998 | 수원 | 1 | 0 | 0 | 0 | 0 | 4 | 0 | 0 |
| | 1999 | 수원 | 2 | 0 | 0 | 0 | 0 | 5 | 0 | 0 |
| | 2004 | 수원 | 1 | 1 | 0 | 0 | 0 | 0 | 0 | 0 |
| 컵 | 1996 | 수원 | 6 | 3 | 0 | 0 | 0 | 10 | 2 | 0 |
| | 1997 | 수원 | 16 | 5 | 1 | 1 | 0 | 30 | 3 | 0 |
| | 1998 | 수원 | 15 | 5 | 0 | 0 | 0 | 21 | 1 | 0 |
| | 1999 | 수원 | 12 | 5 | 0 | 0 | 0 | 15 | 1 | 0 |
| | 2000 | 수원 | 3 | 2 | 0 | 0 | 0 | 2 | 0 | 0 |
| | 2001 | 수원 | 7 | 1 | 0 | 0 | 0 | 16 | 1 | 0 |
| | 2002 | 수원 | 9 | 2 | 0 | 1 | 0 | 15 | 1 | 0 |
| | 2004 | 수원 | 8 | 6 | 0 | 0 | 0 | 7 | 1 | 0 |
| | 2005 | 수원 | 7 | 5 | 0 | 0 | 0 | 7 | 0 | 0 |
| | 2007 | 대구 | 2 | 2 | 0 | 0 | 0 | 2 | 0 | 0 |
| 통산 | | | 324 | 108 | 10 | 15 | 0 | 515 | 39 | 1 |

**이병기**(李丙基) 고려대 1963.02.22

| 대회 | 연도 | 소속 | 출전 | 교체 | 득점 | 도움 | 실점 | 파울 | 경고 | 퇴장 |
|---|---|---|---|---|---|---|---|---|---|---|
| K1 | 1986 | 대우 | 3 | 3 | 0 | 1 | 0 | 0 | 0 | 0 |
| | 1988 | 대우 | 8 | 7 | 0 | 0 | 0 | 14 | 0 | 0 |
| 컵 | 1986 | 대우 | 8 | 8 | 0 | 0 | 0 | 2 | 0 | 0 |
| 통산 | | | 19 | 18 | 0 | 1 | 0 | 16 | 0 | 0 |

**이병욱**(李秉煜) 영남대 1996.11.14

| 대회 | 연도 | 소속 | 출전 | 교체 | 득점 | 도움 | 실점 | 파울 | 경고 | 퇴장 |
|---|---|---|---|---|---|---|---|---|---|---|
| K1 | 2020 | 강원 | 0 | 0 | 0 | 0 | 0 | 0 | 0 | 0 |
| | 2021 | 강원 | 4 | 3 | 0 | 0 | 0 | 0 | 0 | 0 |
| K2 | 2018 | 서울E | 1 | 1 | 0 | 0 | 0 | 3 | 1 | 0 |
| | 2019 | 서울E | 11 | 6 | 0 | 0 | 0 | 7 | 0 | 1 |
| | 2022 | 김포 | 0 | 0 | 0 | 0 | 0 | 0 | 0 | 0 |
| 통산 | | | 16 | 10 | 0 | 0 | 0 | 10 | 1 | 1 |

**이병윤**(李炳允) 부경대 1986.04.26

| 대회 | 연도 | 소속 | 출전 | 교체 | 득점 | 도움 | 실점 | 파울 | 경고 | 퇴장 |
|---|---|---|---|---|---|---|---|---|---|---|
| K1 | 2011 | 전남 | 5 | 5 | 1 | 0 | 0 | 3 | 0 | 0 |
| 컵 | 2011 | 전남 | 2 | 1 | 0 | 0 | 0 | 5 | 1 | 0 |
| 통산 | | | 7 | 6 | 1 | 0 | 0 | 8 | 1 | 0 |

**이보**(Olivio da Rosa) 브라질 1986.10.02

| 대회 | 연도 | 소속 | 출전 | 교체 | 득점 | 도움 | 실점 | 파울 | 경고 | 퇴장 |
|---|---|---|---|---|---|---|---|---|---|---|
| K1 | 2012 | 인천 | 27 | 16 | 4 | 6 | 0 | 26 | 2 | 0 |
| | 2014 | 인천 | 33 | 12 | 7 | 6 | 0 | 39 | 2 | 0 |
| 통산 | | | 60 | 28 | 11 | 12 | 0 | 65 | 4 | 0 |

**이봉준**(李奉埈) 삼일고 1992.04.11

| 대회 | 연도 | 소속 | 출전 | 교체 | 득점 | 도움 | 실점 | 파울 | 경고 | 퇴장 |
|---|---|---|---|---|---|---|---|---|---|---|
| K1 | 2012 | 강원 | 1 | 1 | 0 | 0 | 0 | 0 | 0 | 0 |
| 통산 | | | 1 | 1 | 0 | 0 | 0 | 0 | 0 | 0 |

**이부열**(李富烈) 마산공고 1958.10.16

| 대회 | 연도 | 소속 | 출전 | 교체 | 득점 | 도움 | 실점 | 파울 | 경고 | 퇴장 |
|---|---|---|---|---|---|---|---|---|---|---|
| K1 | 1983 | 국민은행 | 15 | 3 | 1 | 1 | 0 | 9 | 2 | 0 |
| | 1984 | 국민은행 | 28 | 3 | 3 | 3 | 0 | 12 | 0 | 0 |
| | 1985 | 럭키금성 | 19 | 6 | 1 | 0 | 0 | 20 | 0 | 0 |
| | 1986 | 럭키금성 | 15 | 3 | 1 | 0 | 0 | 9 | 0 | 0 |
| | 1987 | 럭키금성 | 10 | 4 | 0 | 0 | 0 | 4 | 1 | 0 |
| | 1988 | 럭키금성 | 7 | 4 | 0 | 0 | 0 | 4 | 0 | 0 |
| PO | 1986 | 럭키금성 | 1 | 1 | 0 | 0 | 0 | 1 | 0 | 0 |
| 컵 | 1986 | 럭키금성 | 15 | 2 | 0 | 0 | 0 | 11 | 1 | 0 |
| 통산 | | | 110 | 26 | 6 | 4 | 0 | 70 | 4 | 0 |

**이비니**(Bernie Alpha Ibini-Isei) 오스트레일리아 1992.09.12

| 대회 | 연도 | 소속 | 출전 | 교체 | 득점 | 도움 | 실점 | 파울 | 경고 | 퇴장 |
|---|---|---|---|---|---|---|---|---|---|---|
| K1 | 2019 | 전북 | 13 | 11 | 1 | 1 | 0 | 7 | 0 | 0 |
| 통산 | | | 13 | 11 | 1 | 1 | 0 | 7 | 0 | 0 |

**이삭**(Victor Issac Acosta) 아르헨티나 1986.12.04

| 대회 | 연도 | 소속 | 출전 | 교체 | 득점 | 도움 | 실점 | 파울 | 경고 | 퇴장 |
|---|---|---|---|---|---|---|---|---|---|---|
| K1 | 2010 | 대구 | 3 | 3 | 0 | 0 | 0 | 7 | 0 | 0 |
| 통산 | | | 3 | 3 | 0 | 0 | 0 | 7 | 0 | 0 |

**이상규**(李相奎) 광운대 1977.09.05

| 대회 | 연도 | 소속 | 출전 | 교체 | 득점 | 도움 | 실점 | 파울 | 경고 | 퇴장 |
|---|---|---|---|---|---|---|---|---|---|---|
| K1 | 2000 | 대전 | 4 | 4 | 0 | 0 | 0 | 1 | 0 | 0 |
| | 2001 | 대전 | 11 | 7 | 0 | 0 | 0 | 11 | 1 | 0 |
| | 2002 | 대전 | 1 | 0 | 0 | 0 | 0 | 1 | 0 | 0 |
| 컵 | 2000 | 대전 | 2 | 2 | 0 | 0 | 0 | 0 | 0 | 0 |
| | 2001 | 대전 | 0 | 0 | 0 | 0 | 0 | 0 | 0 | 0 |
| | 2002 | 대전 | 1 | 1 | 0 | 0 | 0 | 0 | 0 | 0 |
| 통산 | | | 19 | 14 | 0 | 0 | 0 | 13 | 1 | 0 |

**이상기**(李相紀) 관동대(가톨릭관동대) 1970.03.20

| 대회 | 연도 | 소속 | 출전 | 교체 | 득점 | 도움 | 실점 | 파울 | 경고 | 퇴장 |
|---|---|---|---|---|---|---|---|---|---|---|
| K1 | 1992 | 포항제철 | 7 | 7 | 0 | 0 | 0 | 7 | 0 | 0 |
| 컵 | 1992 | 포항제철 | 1 | 0 | 0 | 0 | 0 | 3 | 0 | 0 |
| 통산 | | | 8 | 7 | 0 | 0 | 0 | 10 | 0 | 0 |

**이상기**(李相基) 성균관대 1987.03.08

| 대회 | 연도 | 소속 | 출전 | 교체 | 득점 | 도움 | 실점 | 파울 | 경고 | 퇴장 |
|---|---|---|---|---|---|---|---|---|---|---|
| K1 | 2011 | 상주 | 4 | 1 | 0 | 0 | 7 | 0 | 0 | 0 |
| | 2012 | 상주 | 6 | 1 | 0 | 0 | 10 | 0 | 1 | 0 |
| | 2013 | 수원 | 1 | 0 | 0 | 0 | 0 | 0 | 0 | 0 |
| K2 | 2013 | 상주 | 0 | 0 | 0 | 0 | 0 | 0 | 0 | 0 |
| | 2014 | 수원FC | 19 | 1 | 0 | 0 | 28 | 0 | 2 | 0 |
| | 2015 | 수원FC | 1 | 0 | 0 | 0 | 2 | 0 | 0 | 0 |
| | 2015 | 강원 | 12 | 3 | 0 | 0 | 15 | 0 | 1 | 0 |
| | 2016 | 서울E | 1 | 0 | 0 | 0 | 3 | 0 | 0 | 0 |
| | 2017 | 서울E | 0 | 0 | 0 | 0 | 0 | 0 | 0 | 0 |
| 통산 | | | 44 | 6 | 0 | 0 | 65 | 0 | 4 | 0 |

**이상기**(李相基) 영남대 1996.05.07

| 대회 | 연도 | 소속 | 출전 | 교체 | 득점 | 도움 | 실점 | 파울 | 경고 | 퇴장 |
|---|---|---|---|---|---|---|---|---|---|---|

| K1 | 2017 | 포항 | 28 | 28 | 2 | 3 | 0 | 14 | 3 | 0 |
|---|---|---|---|---|---|---|---|---|---|---|
| | 2018 | 포항 | 28 | 12 | 1 | 1 | 0 | 25 | 7 | 0 |
| | 2019 | 포항 | 16 | 5 | 0 | 0 | 0 | 22 | 3 | 1 |
| | 2020 | 상주 | 9 | 4 | 1 | 0 | 0 | 12 | 2 | 0 |
| | 2021 | 대구 | 2 | 2 | 0 | 0 | 0 | 0 | 0 | 0 |
| | 2023 | 광주 | 19 | 16 | 0 | 0 | 0 | 8 | 0 | 0 |
| | 2024 | 광주 | 16 | 8 | 0 | 0 | 0 | 14 | 3 | 0 |
| K2 | 2021 | 김천 | 3 | 1 | 0 | 0 | 0 | 3 | 0 | 0 |
| | 2022 | 광주 | 28 | 22 | 1 | 1 | 0 | 25 | 1 | 0 |
| | 2025 | 인천 | 16 | 11 | 0 | 0 | 0 | 12 | 3 | 0 |
| 통산 | | | 165 | 109 | 5 | 5 | 0 | 135 | 22 | 1 |

**이상덕**(李相德) 동아대 1986.11.05

| 대회 | 연도 | 소속 | 출전 | 교체 | 득점 | 도움 | 실점 | 파울 | 경고 | 퇴장 |
|---|---|---|---|---|---|---|---|---|---|---|
| K1 | 2009 | 대구 | 5 | 2 | 1 | 0 | 0 | 2 | 0 | 0 |
| | 2010 | 대구 | 21 | 5 | 1 | 0 | 0 | 29 | 3 | 0 |
| | 2011 | 대구 | 13 | 0 | 1 | 0 | 0 | 15 | 3 | 0 |
| 컵 | 2009 | 대구 | 2 | 1 | 2 | 0 | 0 | 0 | 0 | 0 |
| | 2010 | 대구 | 5 | 1 | 0 | 1 | 0 | 2 | 0 | 0 |
| | 2011 | 대구 | 3 | 1 | 0 | 0 | 0 | 3 | 0 | 0 |
| 통산 | | | 49 | 10 | 5 | 1 | 0 | 51 | 6 | 0 |

**이상돈**(李相燉) 울산대 1985.08.12

| 대회 | 연도 | 소속 | 출전 | 교체 | 득점 | 도움 | 실점 | 파울 | 경고 | 퇴장 |
|---|---|---|---|---|---|---|---|---|---|---|
| K1 | 2008 | 울산 | 5 | 2 | 0 | 0 | 0 | 14 | 0 | 0 |
| | 2009 | 울산 | 7 | 6 | 0 | 1 | 0 | 8 | 1 | 0 |
| | 2010 | 수원 | 2 | 2 | 0 | 0 | 0 | 0 | 0 | 0 |
| | 2010 | 강원 | 16 | 1 | 0 | 1 | 0 | 12 | 1 | 0 |
| | 2011 | 강원 | 21 | 1 | 0 | 2 | 0 | 23 | 2 | 0 |
| | 2012 | 강원 | 11 | 4 | 0 | 0 | 0 | 8 | 1 | 0 |
| K2 | 2015 | 고양 | 32 | 1 | 1 | 0 | 0 | 18 | 3 | 0 |
| | 2016 | 고양 | 38 | 7 | 0 | 1 | 0 | 24 | 2 | 0 |
| 컵 | 2008 | 울산 | 3 | 3 | 0 | 0 | 0 | 1 | 1 | 0 |
| | 2009 | 울산 | 1 | 1 | 0 | 0 | 0 | 3 | 1 | 0 |
| | 2010 | 수원 | 3 | 0 | 1 | 0 | 0 | 2 | 2 | 0 |
| | 2011 | 강원 | 2 | 0 | 0 | 0 | 0 | 1 | 0 | 0 |
| 통산 | | | 141 | 28 | 2 | 5 | 0 | 114 | 14 | 0 |

**이상래**(李相來) 중앙고 1961.07.12

| 대회 | 연도 | 소속 | 출전 | 교체 | 득점 | 도움 | 실점 | 파울 | 경고 | 퇴장 |
|---|---|---|---|---|---|---|---|---|---|---|
| K1 | 1984 | 럭키금성 | 15 | 15 | 0 | 0 | 0 | 9 | 1 | 0 |
| | 1985 | 럭키금성 | 21 | 6 | 7 | 5 | 0 | 17 | 0 | 0 |
| | 1986 | 럭키금성 | 19 | 6 | 5 | 3 | 0 | 20 | 1 | 0 |
| | 1987 | 럭키금성 | 19 | 8 | 0 | 1 | 0 | 24 | 0 | 0 |
| | 1988 | 유공 | 15 | 8 | 0 | 0 | 0 | 24 | 3 | 0 |
| PO | 1986 | 럭키금성 | 2 | 1 | 0 | 0 | 0 | 0 | 0 | 0 |
| 컵 | 1986 | 럭키금성 | 16 | 5 | 2 | 3 | 0 | 19 | 0 | 0 |
| 통산 | | | 107 | 49 | 14 | 12 | 0 | 113 | 5 | 0 |

**이상명**(李相命) 경기항공고 2003.04.23

| 대회 | 연도 | 소속 | 출전 | 교체 | 득점 | 도움 | 실점 | 파울 | 경고 | 퇴장 |
|---|---|---|---|---|---|---|---|---|---|---|
| K2 | 2025 | 천안 | 33 | 6 | 0 | 2 | 0 | 42 | 6 | 0 |
| 통산 | | | 33 | 6 | 0 | 2 | 0 | 42 | 6 | 0 |

**이상민**(李相敏) 묵호중 1986.09.14

| 대회 | 연도 | 소속 | 출전 | 교체 | 득점 | 도움 | 실점 | 파울 | 경고 | 퇴장 |
|---|---|---|---|---|---|---|---|---|---|---|
| K1 | 2008 | 경남 | 6 | 5 | 0 | 0 | 0 | 7 | 1 | 0 |
| 컵 | 2008 | 경남 | 1 | 1 | 0 | 0 | 0 | 4 | 0 | 0 |
| 통산 | | | 7 | 6 | 0 | 0 | 0 | 11 | 1 | 0 |

**이상민**(李尙旻) 고려대 1995.05.02

| 대회 | 연도 | 소속 | 출전 | 교체 | 득점 | 도움 | 실점 | 파울 | 경고 | 퇴장 |
|---|---|---|---|---|---|---|---|---|---|---|
| K1 | 2017 | 수원 | 3 | 3 | 0 | 0 | 0 | 1 | 0 | 0 |
| | 2019 | 수원 | 1 | 0 | 0 | 0 | 0 | 5 | 2 | 0 |
| | 2020 | 수원 | 6 | 3 | 0 | 0 | 0 | 10 | 1 | 0 |
| K2 | 2018 | 수원FC | 12 | 6 | 0 | 0 | 0 | 13 | 2 | 0 |
| | 2021 | 안산 | 35 | 0 | 4 | 6 | 0 | 54 | 5 | 0 |
| | 2022 | 안산 | 36 | 3 | 5 | 2 | 0 | 56 | 3 | 0 |
| | 2023 | 서울E | 36 | 6 | 0 | 2 | 0 | 40 | 3 | 0 |
| | 2024 | 서울E | 1 | 1 | 0 | 0 | 0 | 1 | 0 | 0 |
| | 2025 | 김포 | 31 | 20 | 0 | 3 | 0 | 30 | 1 | 0 |
| 통산 | | | 161 | 42 | 9 | 13 | 0 | 210 | 17 | 0 |

**이상민**(李相珉) 숭실대 1998.01.01

| 대회 | 연도 | 소속 | 출전 | 교체 | 득점 | 도움 | 실점 | 파울 | 경고 | 퇴장 |
|---|---|---|---|---|---|---|---|---|---|---|
| K1 | 2018 | 울산 | 0 | 0 | 0 | 0 | 0 | 0 | 0 | 0 |
| | 2022 | 서울 | 25 | 3 | 1 | 4 | 0 | 23 | 3 | 0 |
| K2 | 2020 | 서울E | 26 | 0 | 0 | 2 | 0 | 22 | 0 | 0 |
| | 2021 | 서울E | 28 | 2 | 1 | 1 | 0 | 29 | 9 | 0 |
| | 2023 | 김천 | 29 | 2 | 2 | 0 | 0 | 12 | 2 | 0 |
| 통산 | | | 108 | 7 | 4 | 7 | 0 | 86 | 14 | 0 |

**이상민**(李相旻) 중앙대 1999.08.30

| 대회 | 연도 | 소속 | 출전 | 교체 | 득점 | 도움 | 실점 | 파울 | 경고 | 퇴장 |
|---|---|---|---|---|---|---|---|---|---|---|
| K1 | 2024 | 김천 | 3 | 3 | 0 | 1 | 0 | 1 | 0 | 0 |
| K2 | 2020 | 충남아산 | 4 | 3 | 1 | 0 | 0 | 2 | 0 | 0 |
| | 2021 | 충남아산 | 23 | 6 | 0 | 0 | 0 | 23 | 5 | 1 |
| | 2022 | 충남아산 | 36 | 0 | 1 | 0 | 0 | 31 | 3 | 0 |
| | 2023 | 성남 | 23 | 3 | 0 | 0 | 0 | 16 | 1 | 0 |
| | 2025 | 성남 | 19 | 5 | 0 | 0 | 0 | 7 | 4 | 0 |
| PO | 2025 | 성남 | 2 | 1 | 0 | 0 | 0 | 1 | 0 | 0 |
| 통산 | | | 110 | 21 | 2 | 1 | 0 | 81 | 13 | 1 |

**이상민**(李尙珉) 매탄고 2004.06.29

| 대회 | 연도 | 소속 | 출전 | 교체 | 득점 | 도움 | 실점 | 파울 | 경고 | 퇴장 |
|---|---|---|---|---|---|---|---|---|---|---|
| K1 | 2023 | 수원 | 22 | 22 | 0 | 3 | 0 | 13 | 2 | 0 |
| | 2024 | 대전 | 10 | 8 | 0 | 0 | 0 | 10 | 3 | 0 |
| K2 | 2024 | 수원 | 16 | 8 | 1 | 2 | 0 | 11 | 1 | 0 |
| | 2025 | 수원 | 4 | 4 | 0 | 0 | 0 | 6 | 1 | 0 |
| 통산 | | | 52 | 42 | 1 | 5 | 0 | 40 | 7 | 0 |

**이상석**(李相錫) 고려대 1985.01.06

| 대회 | 연도 | 소속 | 출전 | 교체 | 득점 | 도움 | 실점 | 파울 | 경고 | 퇴장 |
|---|---|---|---|---|---|---|---|---|---|---|
| K1 | 2007 | 대구 | 1 | 1 | 0 | 0 | 0 | 1 | 0 | 0 |
| 컵 | 2007 | 대구 | 0 | 0 | 0 | 0 | 0 | 0 | 0 | 0 |
| 통산 | | | 1 | 1 | 0 | 0 | 0 | 1 | 0 | 0 |

**이상수**(李上水) 포항제철고 1999.03.08

| 대회 | 연도 | 소속 | 출전 | 교체 | 득점 | 도움 | 실점 | 파울 | 경고 | 퇴장 |
|---|---|---|---|---|---|---|---|---|---|---|
| K2 | 2020 | 충남아산 | 3 | 1 | 0 | 0 | 0 | 0 | 0 | 0 |
| | 2021 | 충남아산 | 1 | 1 | 0 | 0 | 0 | 0 | 0 | 0 |
| 통산 | | | 4 | 2 | 0 | 0 | 0 | 0 | 0 | 0 |

**이상용**(李相龍) 조선대 1963.04.29

| 대회 | 연도 | 소속 | 출전 | 교체 | 득점 | 도움 | 실점 | 파울 | 경고 | 퇴장 |
|---|---|---|---|---|---|---|---|---|---|---|
| K1 | 1985 | 럭키금성 | 5 | 5 | 0 | 0 | 0 | 4 | 0 | 0 |
| | 1986 | 럭키금성 | 3 | 4 | 0 | 0 | 0 | 2 | 0 | 0 |
| | 1987 | 유공 | 1 | 1 | 0 | 0 | 0 | 0 | 0 | 0 |
| PO | 1984 | 유공 | 1 | 1 | 1 | 0 | 0 | 1 | 0 | 0 |
| 컵 | 1986 | 럭키금성 | 2 | 2 | 0 | 0 | 0 | 2 | 0 | 0 |
| 통산 | | | 12 | 13 | 1 | 0 | 0 | 9 | 0 | 0 |

**이상용**(李相龍) 고려대 1961.01.25

| 대회 | 연도 | 소속 | 출전 | 교체 | 득점 | 도움 | 실점 | 파울 | 경고 | 퇴장 |
|---|---|---|---|---|---|---|---|---|---|---|
| K1 | 1984 | 유공 | 11 | 5 | 2 | 0 | 0 | 8 | 0 | 0 |
| | 1985 | 유공 | 7 | 6 | 0 | 0 | 0 | 4 | 1 | 0 |
| | 1987 | 유공 | 5 | 5 | 0 | 0 | 0 | 4 | 0 | 0 |
| 통산 | | | 23 | 16 | 2 | 0 | 0 | 16 | 1 | 0 |

**이상용**(李相容) 연세대 1986.01.09

| 대회 | 연도 | 소속 | 출전 | 교체 | 득점 | 도움 | 실점 | 파울 | 경고 | 퇴장 |
|---|---|---|---|---|---|---|---|---|---|---|
| K1 | 2008 | 전남 | 1 | 1 | 0 | 0 | 0 | 0 | 0 | 0 |
| 통산 | | | 1 | 1 | 0 | 0 | 0 | 0 | 0 | 0 |

**이상용**(李相龍) 전주대 1994.03.19

| 대회 | 연도 | 소속 | 출전 | 교체 | 득점 | 도움 | 실점 | 파울 | 경고 | 퇴장 |
|---|---|---|---|---|---|---|---|---|---|---|
| K1 | 2025 | 안양 | 2 | 2 | 0 | 0 | 0 | 1 | 0 | 0 |
| K2 | 2017 | 안양 | 24 | 1 | 1 | 1 | 0 | 30 | 7 | 0 |
| | 2018 | 안양 | 13 | 1 | 2 | 0 | 0 | 15 | 1 | 0 |
| | 2019 | 안양 | 11 | 4 | 0 | 0 | 0 | 10 | 4 | 0 |
| | 2020 | 안양 | 12 | 5 | 0 | 0 | 0 | 11 | 2 | 0 |
| | 2021 | 안양 | 1 | 1 | 0 | 0 | 0 | 0 | 1 | 0 |
| | 2022 | 안양 | 11 | 8 | 0 | 0 | 0 | 2 | 0 | 0 |
| | 2023 | 안양 | 0 | 0 | 0 | 0 | 0 | 0 | 0 | 0 |
| PO | 2019 | 안양 | 1 | 0 | 0 | 0 | 0 | 1 | 0 | 0 |
| 통산 | | | 75 | 22 | 3 | 1 | 0 | 70 | 15 | 0 |

**이상우**(李相禹) 한양대 1976.08.01

| 대회 | 연도 | 소속 | 출전 | 교체 | 득점 | 도움 | 실점 | 파울 | 경고 | 퇴장 |
|---|---|---|---|---|---|---|---|---|---|---|
| K1 | 1999 | 안양LG | 0 | 0 | 0 | 0 | 0 | 0 | 0 | 0 |
| 컵 | 1999 | 안양LG | 0 | 0 | 0 | 0 | 0 | 0 | 0 | 0 |
| 통산 | | | 0 | 0 | 0 | 0 | 0 | 0 | 0 | 0 |

**이상우**(李相雨) 홍익대 1985.04.10

| 대회 | 연도 | 소속 | 출전 | 교체 | 득점 | 도움 | 실점 | 파울 | 경고 | 퇴장 |
|---|---|---|---|---|---|---|---|---|---|---|
| K1 | 2008 | 서울 | 0 | 0 | 0 | 0 | 0 | 0 | 0 | 0 |
| K2 | 2013 | 안양 | 18 | 2 | 2 | 1 | 0 | 16 | 3 | 0 |
| | 2016 | 안양 | 20 | 5 | 1 | 3 | 0 | 16 | 5 | 0 |
| 컵 | 2008 | 서울 | 3 | 3 | 0 | 0 | 0 | 2 | 1 | 0 |
| 통산 | | | 41 | 10 | 3 | 4 | 0 | 34 | 9 | 0 |

**이상욱**(李商旭) 연세대 1973.05.27

| 대회 | 연도 | 소속 | 출전 | 교체 | 득점 | 도움 | 실점 | 파울 | 경고 | 퇴장 |
|---|---|---|---|---|---|---|---|---|---|---|
| K1 | 1999 | 수원 | 1 | 1 | 0 | 0 | 0 | 2 | 0 | 0 |
| 컵 | 1999 | 수원 | 4 | 4 | 0 | 0 | 0 | 1 | 0 | 0 |
| 통산 | | | 5 | 5 | 0 | 0 | 0 | 3 | 0 | 0 |

**이상욱**(李相旭) 호남대 1990.03.09

| 대회 | 연도 | 소속 | 출전 | 교체 | 득점 | 도움 | 실점 | 파울 | 경고 | 퇴장 |
|---|---|---|---|---|---|---|---|---|---|---|
| K1 | 2014 | 수원 | 0 | 0 | 0 | 0 | 0 | 0 | 0 | 0 |
| | 2015 | 수원 | 0 | 0 | 0 | 0 | 0 | 0 | 0 | 0 |
| | 2016 | 수원 | 0 | 0 | 0 | 0 | 0 | 0 | 0 | 0 |
| K2 | 2017 | 수원FC | 24 | 0 | 0 | 0 | 33 | 0 | 0 | 0 |
| | 2018 | 수원FC | 5 | 0 | 0 | 0 | 14 | 0 | 0 | 0 |
| | 2022 | 김포 | 29 | 0 | 0 | 0 | 40 | 1 | 3 | 1 |
| | 2023 | 김포 | 3 | 1 | 0 | 0 | 4 | 0 | 0 | 0 |
| | 2024 | 김포 | 3 | 0 | 0 | 0 | 7 | 0 | 0 | 0 |
| PO | 2023 | 김포 | 0 | 0 | 0 | 0 | 0 | 0 | 0 | 0 |
| 통산 | | | 64 | 1 | 0 | 0 | 98 | 1 | 3 | 1 |

**이상원**(李相元) 아주대 1991.04.24

| 대회 | 연도 | 소속 | 출전 | 교체 | 득점 | 도움 | 실점 | 파울 | 경고 | 퇴장 |
|---|---|---|---|---|---|---|---|---|---|---|
| K2 | 2014 | 안양 | 2 | 2 | 0 | 0 | 0 | 2 | 1 | 0 |
| 통산 | | | 2 | 2 | 0 | 0 | 0 | 2 | 1 | 0 |

**이상윤**(李相潤) 건국대 1969.04.10

| 대회 | 연도 | 소속 | 출전 | 교체 | 득점 | 도움 | 실점 | 파울 | 경고 | 퇴장 |
|---|---|---|---|---|---|---|---|---|---|---|
| K1 | 1990 | 일화 | 14 | 7 | 4 | 1 | 0 | 16 | 1 | 0 |
| | 1991 | 일화 | 35 | 15 | 15 | 5 | 0 | 41 | 4 | 0 |
| | 1992 | 일화 | 28 | 18 | 9 | 1 | 0 | 29 | 3 | 0 |
| | 1993 | 일화 | 29 | 12 | 7 | 6 | 0 | 34 | 3 | 0 |
| | 1994 | 일화 | 27 | 11 | 6 | 5 | 0 | 25 | 2 | 0 |
| | 1995 | 일화 | 24 | 16 | 1 | 5 | 0 | 39 | 2 | 0 |
| | 1996 | 천안일화 | 25 | 16 | 5 | 7 | 0 | 28 | 1 | 0 |
| | 1997 | 천안일화 | 7 | 0 | 1 | 0 | 0 | 10 | 1 | 0 |
| | 1998 | 천안일화 | 12 | 1 | 3 | 0 | 0 | 33 | 3 | 1 |
| | 1999 | 천안일화 | 15 | 4 | 3 | 2 | 0 | 17 | 2 | 0 |
| | 2000 | 성남일화 | 23 | 8 | 9 | 4 | 0 | 27 | 2 | 0 |
| | 2001 | 부천SK | 16 | 15 | 1 | 3 | 0 | 14 | 0 | 0 |
| PO | 1995 | 일화 | 3 | 3 | 1 | 0 | 0 | 2 | 1 | 0 |
| | 2000 | 성남일화 | 2 | 1 | 0 | 0 | 0 | 3 | 1 | 0 |
| 컵 | 1992 | 일화 | 9 | 4 | 4 | 2 | 0 | 7 | 0 | 0 |
| | 1993 | 일화 | 3 | 3 | 0 | 0 | 0 | 0 | 0 | 0 |
| | 1994 | 일화 | 4 | 4 | 0 | 0 | 0 | 4 | 0 | 0 |
| | 1997 | 천안일화 | 5 | 0 | 0 | 0 | 0 | 9 | 1 | 0 |
| | 1998 | 천안일화 | 1 | 0 | 0 | 0 | 0 | 3 | 0 | 0 |
| | 1999 | 천안일화 | 1 | 1 | 0 | 0 | 0 | 0 | 0 | 0 |
| | 2000 | 성남일화 | 11 | 5 | 4 | 2 | 0 | 14 | 1 | 0 |
| | 2001 | 부천SK | 4 | 5 | 0 | 1 | 0 | 3 | 0 | 0 |
| 통산 | | | 298 | 149 | 73 | 44 | 0 | 358 | 28 | 1 |

**이상일**(李相一) 중앙대 1979.05.25

| 대회 | 연도 | 소속 | 출전 | 교체 | 득점 | 도움 | 실점 | 파울 | 경고 | 퇴장 |
|---|---|---|---|---|---|---|---|---|---|---|
| K1 | 2003 | 대구 | 28 | 7 | 2 | 1 | 0 | 43 | 2 | 0 |
| | 2004 | 대구 | 11 | 3 | 0 | 2 | 0 | 15 | 2 | 0 |
| | 2005 | 대구 | 14 | 14 | 1 | 0 | 0 | 10 | 1 | 0 |
| | 2006 | 대구 | 20 | 7 | 0 | 4 | 0 | 36 | 5 | 0 |
| | 2007 | 전남 | 15 | 6 | 0 | 1 | 0 | 15 | 1 | 0 |
| | 2008 | 전남 | 18 | 7 | 1 | 0 | 0 | 22 | 3 | 0 |
| 컵 | 2004 | 대구 | 6 | 1 | 1 | 1 | 0 | 3 | 0 | 0 |
| | 2006 | 대구 | 12 | 7 | 1 | 0 | 0 | 13 | 0 | 0 |
| | 2007 | 전남 | 1 | 0 | 0 | 0 | 0 | 1 | 1 | 0 |
| 통산 | | | 125 | 52 | 6 | 9 | 0 | 158 | 15 | 0 |

**이상준**(李常俊) 개성고 1999.10.14

| 대회 | 연도 | 소속 | 출전 | 교체 | 득점 | 도움 | 실점 | 파울 | 경고 | 퇴장 |
|---|---|---|---|---|---|---|---|---|---|---|
| K1 | 2020 | 부산 | 16 | 7 | 0 | 0 | 0 | 13 | 1 | 0 |
| K2 | 2018 | 부산 | 1 | 1 | 0 | 0 | 0 | 0 | 0 | 0 |
| | 2019 | 부산 | 4 | 0 | 1 | 1 | 0 | 3 | 0 | 0 |
| | 2021 | 부산 | 7 | 1 | 0 | 0 | 0 | 4 | 2 | 0 |
| | 2024 | 부산 | 28 | 27 | 2 | 0 | 0 | 10 | 0 | 0 |
| | 2025 | 천안 | 34 | 34 | 7 | 0 | 0 | 17 | 5 | 1 |
| PO | 2024 | 부산 | 0 | 0 | 0 | 0 | 0 | 0 | 0 | 0 |
| 통산 | | | 90 | 70 | 10 | 1 | 0 | 47 | 8 | 1 |

**이상철**(李相哲) 고려대 1958.08.04

| 대회 | 연도 | 소속 | 출전 | 교체 | 득점 | 도움 | 실점 | 파울 | 경고 | 퇴장 |
|---|---|---|---|---|---|---|---|---|---|---|
| K1 | 1984 | 현대 | 12 | 9 | 2 | 2 | 0 | 4 | 0 | 0 |
| | 1985 | 현대 | 15 | 7 | 5 | 0 | 0 | 12 | 0 | 0 |
| | 1986 | 현대 | 15 | 9 | 3 | 2 | 0 | 15 | 1 | 0 |
| | 1987 | 현대 | 28 | 13 | 8 | 1 | 0 | 16 | 2 | 0 |
| 컵 | 1986 | 현대 | 13 | 7 | 4 | 1 | 0 | 13 | 1 | 0 |
| 통산 | | | 83 | 45 | 22 | 6 | 0 | 60 | 4 | 0 |

**이상태**(李相泰) 대구대 1977.10.25

| 대회 | 연도 | 소속 | 출전 | 교체 | 득점 | 도움 | 실점 | 파울 | 경고 | 퇴장 |
|---|---|---|---|---|---|---|---|---|---|---|
| K1 | 2000 | 수원 | 1 | 1 | 0 | 0 | 0 | 0 | 0 | 0 |
| | 2004 | 수원 | 9 | 4 | 0 | 0 | 0 | 21 | 3 | 0 |
| | 2005 | 수원 | 1 | 1 | 0 | 0 | 0 | 0 | 0 | 0 |
| | 2006 | 수원 | 4 | 3 | 0 | 0 | 0 | 9 | 0 | 0 |
| | 2006 | 경남 | 5 | 4 | 0 | 0 | 0 | 7 | 2 | 0 |
| 컵 | 2000 | 수원 | 3 | 2 | 0 | 0 | 0 | 4 | 2 | 0 |
| | 2004 | 수원 | 1 | 1 | 0 | 0 | 0 | 1 | 0 | 0 |
| | 2006 | 수원 | 1 | 1 | 0 | 0 | 0 | 0 | 0 | 0 |
| 통산 | | | 25 | 17 | 0 | 0 | 0 | 42 | 7 | 0 |

**이상헌**(李相憲) 동국대 1975.10.11

| 대회 | 연도 | 소속 | 출전 | 교체 | 득점 | 도움 | 실점 | 파울 | 경고 | 퇴장 |
|---|---|---|---|---|---|---|---|---|---|---|
| K1 | 1998 | 안양LG | 2 | 2 | 0 | 0 | 0 | 2 | 0 | 0 |
| | 1999 | 안양LG | 10 | 3 | 0 | 0 | 0 | 18 | 4 | 0 |
| | 2000 | 안양LG | 19 | 5 | 0 | 0 | 0 | 35 | 2 | 0 |
| | 2001 | 안양LG | 1 | 1 | 0 | 0 | 0 | 3 | 1 | 0 |
| | 2002 | 안양LG | 1 | 1 | 0 | 0 | 0 | 1 | 1 | 0 |
| | 2003 | 안양LG | 20 | 5 | 1 | 1 | 0 | 46 | 4 | 0 |
| | 2004 | 인천 | 17 | 6 | 1 | 0 | 0 | 32 | 3 | 0 |
| | 2005 | 인천 | 7 | 6 | 0 | 0 | 0 | 3 | 0 | 0 |
| | 2006 | 인천 | 10 | 2 | 1 | 0 | 0 | 21 | 1 | 0 |
| PO | 2000 | 안양LG | 2 | 0 | 0 | 0 | 0 | 7 | 1 | 0 |
| | 2005 | 인천 | 1 | 0 | 1 | 0 | 0 | 3 | 1 | 0 |
| 컵 | 1998 | 안양LG | 1 | 1 | 0 | 0 | 0 | 1 | 0 | 0 |
| | 1999 | 안양LG | 9 | 1 | 0 | 0 | 0 | 16 | 2 | 0 |
| | 2000 | 안양LG | 10 | 3 | 2 | 0 | 0 | 16 | 3 | 0 |
| | 2004 | 인천 | 3 | 2 | 0 | 0 | 0 | 3 | 0 | 0 |
| | 2006 | 인천 | 1 | 0 | 0 | 0 | 0 | 0 | 0 | 1 |
| 통산 | | | 114 | 38 | 6 | 1 | 0 | 207 | 23 | 1 |

**이상헌**(李尙憲) 현대고 1998.02.26

| 대회 | 연도 | 소속 | 출전 | 교체 | 득점 | 도움 | 실점 | 파울 | 경고 | 퇴장 |
|---|---|---|---|---|---|---|---|---|---|---|
| K1 | 2017 | 울산 | 0 | 0 | 0 | 0 | 0 | 0 | 0 | 0 |
| | 2018 | 전남 | 21 | 19 | 5 | 2 | 0 | 15 | 4 | 0 |
| | 2018 | 울산 | 2 | 2 | 0 | 0 | 0 | 2 | 0 | 0 |
| | 2019 | 울산 | 5 | 5 | 1 | 0 | 0 | 6 | 0 | 0 |
| | 2020 | 울산 | 8 | 8 | 1 | 0 | 0 | 8 | 1 | 0 |
| | 2024 | 강원 | 37 | 33 | 13 | 6 | 0 | 27 | 1 | 0 |
| | 2025 | 강원 | 30 | 26 | 4 | 2 | 0 | 23 | 4 | 0 |
| K2 | 2021 | 부산 | 33 | 27 | 3 | 3 | 0 | 30 | 3 | 0 |
| | 2022 | 부산 | 31 | 19 | 7 | 3 | 0 | 34 | 7 | 0 |
| | 2023 | 부산 | 5 | 5 | 0 | 1 | 0 | 2 | 0 | 0 |
| 통산 | | | 172 | 144 | 34 | 17 | 0 | 147 | 20 | 0 |

**이상혁**(李常赫) 현대고 2001.01.06

| 대회 | 연도 | 소속 | 출전 | 교체 | 득점 | 도움 | 실점 | 파울 | 경고 | 퇴장 |
|---|---|---|---|---|---|---|---|---|---|---|
| K2 | 2023 | 김포 | 13 | 12 | 0 | 2 | 0 | 5 | 0 | 0 |
| | 2024 | 부천 | 19 | 5 | 0 | 0 | 0 | 11 | 1 | 0 |
| | 2025 | 부천 | 28 | 7 | 1 | 1 | 0 | 23 | 5 | 0 |
| PO | 2025 | 부천 | 3 | 3 | 0 | 0 | 0 | 0 | 0 | 0 |
| 통산 | | | 63 | 27 | 1 | 3 | 0 | 39 | 6 | 0 |

**이상현**(李相賢) 진주고 1996.03.13

| 대회 | 연도 | 소속 | 출전 | 교체 | 득점 | 도움 | 실점 | 파울 | 경고 | 퇴장 |
|---|---|---|---|---|---|---|---|---|---|---|
| K2 | 2015 | 경남 | 12 | 9 | 1 | 0 | 0 | 7 | 0 | 0 |
| | 2016 | 경남 | 0 | 0 | 0 | 0 | 0 | 0 | 0 | 0 |
| | 2017 | 경남 | 1 | 1 | 0 | 0 | 0 | 0 | 0 | 0 |
| 통산 | | | 13 | 10 | 1 | 0 | 0 | 7 | 0 | 0 |

**이상현**(李相弦) 통진고 2006.07.19

| 대회 | 연도 | 소속 | 출전 | 교체 | 득점 | 도움 | 실점 | 파울 | 경고 | 퇴장 |
|---|---|---|---|---|---|---|---|---|---|---|
| K2 | 2025 | 인천 | 0 | 0 | 0 | 0 | 0 | 0 | 0 | 0 |
| 통산 | | | 0 | 0 | 0 | 0 | 0 | 0 | 0 | 0 |

**이상협**(李相俠) 동북고 1986.08.03

| 대회 | 연도 | 소속 | 출전 | 교체 | 득점 | 도움 | 실점 | 파울 | 경고 | 퇴장 |
|---|---|---|---|---|---|---|---|---|---|---|
| K1 | 2006 | 서울 | 0 | 0 | 0 | 0 | 0 | 0 | 0 | 0 |
| | 2007 | 서울 | 18 | 15 | 5 | 1 | 0 | 41 | 4 | 0 |
| | 2008 | 서울 | 10 | 9 | 2 | 0 | 0 | 7 | 1 | 0 |
| | 2009 | 서울 | 18 | 16 | 2 | 1 | 0 | 25 | 5 | 0 |
| | 2010 | 제주 | 14 | 12 | 5 | 1 | 0 | 22 | 4 | 0 |
| | 2011 | 제주 | 3 | 3 | 0 | 0 | 0 | 5 | 1 | 0 |
| | 2011 | 대전 | 7 | 7 | 1 | 0 | 0 | 6 | 1 | 1 |
| | 2012 | 상주 | 9 | 6 | 3 | 1 | 0 | 20 | 3 | 0 |
| | 2014 | 전북 | 23 | 22 | 3 | 0 | 0 | 17 | 0 | 0 |
| | 2014 | 상주 | 1 | 1 | 0 | 0 | 0 | 1 | 1 | 0 |
| | 2015 | 전북 | 8 | 8 | 0 | 0 | 0 | 4 | 2 | 0 |
| | 2015 | 성남 | 3 | 3 | 0 | 0 | 0 | 1 | 0 | 0 |
| K2 | 2013 | 상주 | 29 | 25 | 15 | 3 | 0 | 34 | 3 | 0 |
| | 2016 | 경남 | 1 | 1 | 0 | 0 | 0 | 0 | 0 | 0 |
| PO | 2008 | 서울 | 3 | 3 | 0 | 0 | 0 | 6 | 0 | 0 |
| | 2009 | 서울 | 1 | 1 | 0 | 0 | 0 | 1 | 0 | 0 |
| | 2013 | 상주 | 2 | 2 | 2 | 0 | 0 | 1 | 0 | 0 |
| 컵 | 2006 | 서울 | 2 | 1 | 1 | 0 | 0 | 8 | 0 | 0 |
| | 2007 | 서울 | 6 | 4 | 1 | 1 | 0 | 19 | 1 | 0 |
| | 2008 | 서울 | 4 | 4 | 1 | 1 | 0 | 6 | 2 | 0 |
| | 2009 | 서울 | 2 | 2 | 0 | 0 | 0 | 0 | 0 | 0 |
| | 2010 | 제주 | 3 | 2 | 1 | 0 | 0 | 7 | 0 | 0 |
| 통산 | | | 167 | 147 | 42 | 9 | 0 | 231 | 28 | 1 |

**이상협**(李相協) 고려대 1990.01.01

| 대회 | 연도 | 소속 | 출전 | 교체 | 득점 | 도움 | 실점 | 파울 | 경고 | 퇴장 |
|---|---|---|---|---|---|---|---|---|---|---|
| K1 | 2013 | 서울 | 5 | 4 | 0 | 0 | 0 | 4 | 0 | 0 |
| | 2014 | 서울 | 21 | 19 | 1 | 0 | 0 | 16 | 2 | 0 |
| | 2015 | 서울 | 10 | 11 | 0 | 0 | 0 | 7 | 0 | 0 |
| | 2016 | 서울 | 3 | 3 | 0 | 0 | 0 | 3 | 0 | 0 |
| | 2017 | 인천 | 20 | 8 | 0 | 0 | 0 | 15 | 1 | 0 |
| | 2018 | 상주 | 5 | 4 | 0 | 0 | 0 | 4 | 1 | 0 |
| | 2019 | 상주 | 3 | 3 | 0 | 0 | 0 | 1 | 0 | 0 |
| 통산 | | | 67 | 52 | 1 | 0 | 0 | 50 | 4 | 0 |

**이상호**(李尙浩) 단국대 1981.11.18

| 대회 | 연도 | 소속 | 출전 | 교체 | 득점 | 도움 | 실점 | 파울 | 경고 | 퇴장 |
|---|---|---|---|---|---|---|---|---|---|---|
| K1 | 2004 | 부천SK | 0 | 0 | 0 | 0 | 0 | 0 | 0 | 0 |
| | 2005 | 부천SK | 22 | 1 | 0 | 0 | 0 | 36 | 2 | 0 |
| | 2006 | 제주 | 17 | 0 | 0 | 0 | 0 | 21 | 1 | 0 |
| | 2007 | 제주 | 23 | 1 | 0 | 0 | 0 | 24 | 5 | 0 |
| | 2008 | 제주 | 16 | 4 | 0 | 0 | 0 | 13 | 4 | 0 |
| | 2009 | 제주 | 25 | 8 | 0 | 0 | 0 | 31 | 4 | 1 |
| | 2010 | 제주 | 25 | 2 | 0 | 1 | 0 | 31 | 3 | 0 |
| | 2011 | 전남 | 8 | 1 | 0 | 0 | 0 | 6 | 0 | 0 |
| | 2012 | 전남 | 16 | 3 | 0 | 0 | 0 | 19 | 3 | 0 |
| | 2013 | 전남 | 3 | 1 | 0 | 0 | 0 | 1 | 0 | 0 |
| PO | 2010 | 제주 | 3 | 0 | 0 | 0 | 0 | 3 | 0 | 0 |
| 컵 | 2005 | 부천SK | 5 | 0 | 0 | 1 | 0 | 8 | 2 | 0 |
| | 2006 | 제주 | 6 | 0 | 1 | 0 | 0 | 12 | 3 | 1 |
| | 2007 | 제주 | 7 | 0 | 0 | 0 | 0 | 9 | 3 | 0 |
| | 2008 | 제주 | 4 | 2 | 0 | 0 | 0 | 4 | 2 | 1 |
| | 2009 | 제주 | 5 | 2 | 0 | 0 | 0 | 8 | 2 | 0 |
| | 2010 | 제주 | 5 | 2 | 0 | 0 | 0 | 3 | 1 | 0 |
| | 2011 | 전남 | 1 | 1 | 0 | 0 | 0 | 1 | 0 | 0 |
| 통산 | | | 191 | 28 | 1 | 2 | 0 | 230 | 35 | 3 |

**이상호**(李相湖) 울산대 1987.05.09

| 대회 | 연도 | 소속 | 출전 | 교체 | 득점 | 도움 | 실점 | 파울 | 경고 | 퇴장 |
|---|---|---|---|---|---|---|---|---|---|---|
| K1 | 2006 | 울산 | 10 | 8 | 0 | 1 | 0 | 10 | 3 | 0 |
| | 2007 | 울산 | 15 | 10 | 2 | 0 | 0 | 30 | 1 | 0 |
| | 2008 | 울산 | 12 | 3 | 3 | 0 | 0 | 30 | 4 | 0 |
| | 2009 | 수원 | 20 | 10 | 1 | 1 | 0 | 32 | 1 | 0 |
| | 2010 | 수원 | 15 | 4 | 1 | 3 | 0 | 23 | 1 | 0 |
| | 2011 | 수원 | 26 | 11 | 6 | 3 | 0 | 47 | 5 | 0 |
| | 2012 | 수원 | 16 | 2 | 2 | 0 | 0 | 25 | 4 | 0 |
| | 2014 | 수원 | 9 | 8 | 1 | 1 | 0 | 10 | 0 | 0 |
| | 2014 | 상주 | 17 | 5 | 5 | 2 | 0 | 18 | 2 | 0 |
| | 2015 | 수원 | 30 | 17 | 5 | 2 | 0 | 30 | 3 | 0 |
| | 2016 | 수원 | 29 | 15 | 4 | 2 | 0 | 34 | 2 | 0 |
| | 2017 | 서울 | 28 | 14 | 3 | 1 | 0 | 27 | 1 | 0 |
| | 2018 | 서울 | 23 | 16 | 2 | 1 | 0 | 26 | 2 | 0 |
| K2 | 2013 | 상주 | 21 | 10 | 3 | 4 | 0 | 36 | 1 | 0 |
| PO | 2007 | 울산 | 2 | 1 | 1 | 1 | 0 | 3 | 0 | 0 |
| | 2008 | 울산 | 2 | 2 | 0 | 0 | 0 | 6 | 0 | 0 |
| | 2011 | 수원 | 2 | 1 | 0 | 0 | 0 | 3 | 0 | 0 |
| | 2013 | 상주 | 2 | 2 | 1 | 1 | 0 | 2 | 0 | 0 |
| 컵 | 2006 | 울산 | 7 | 1 | 2 | 1 | 0 | 29 | 1 | 0 |
| | 2007 | 울산 | 5 | 3 | 1 | 0 | 0 | 16 | 2 | 0 |
| | 2008 | 울산 | 6 | 2 | 2 | 0 | 0 | 14 | 0 | 0 |
| | 2010 | 수원 | 5 | 5 | 0 | 0 | 0 | 6 | 2 | 0 |
| | 2011 | 수원 | 1 | 1 | 0 | 0 | 0 | 1 | 0 | 0 |
| 통산 | | | 303 | 151 | 45 | 24 | 0 | 458 | 35 | 0 |

**이상홍**(李相洪) 연세대 1979.02.04

| 대회 | 연도 | 소속 | 출전 | 교체 | 득점 | 도움 | 실점 | 파울 | 경고 | 퇴장 |
|---|---|---|---|---|---|---|---|---|---|---|
| K1 | 2003 | 부천SK | 11 | 4 | 0 | 1 | 0 | 33 | 3 | 0 |
| | 2004 | 부천SK | 13 | 4 | 0 | 0 | 0 | 43 | 2 | 0 |
| | 2005 | 부천SK | 5 | 1 | 0 | 1 | 0 | 11 | 1 | 0 |
| | 2006 | 제주 | 15 | 8 | 0 | 0 | 0 | 29 | 0 | 0 |
| | 2007 | 경남 | 25 | 1 | 0 | 0 | 0 | 47 | 3 | 0 |
| | 2008 | 경남 | 20 | 5 | 0 | 1 | 0 | 38 | 2 | 0 |
| | 2009 | 경남 | 21 | 1 | 0 | 0 | 0 | 50 | 4 | 0 |
| | 2010 | 전남 | 22 | 4 | 0 | 1 | 0 | 58 | 6 | 0 |
| | 2011 | 부산 | 9 | 1 | 0 | 0 | 0 | 9 | 3 | 0 |
| PO | 2007 | 경남 | 1 | 0 | 0 | 0 | 0 | 5 | 0 | 0 |
| 컵 | 2004 | 부천SK | 9 | 4 | 0 | 0 | 0 | 13 | 1 | 0 |
| | 2005 | 부천SK | 1 | 0 | 0 | 0 | 0 | 1 | 0 | 0 |
| | 2006 | 제주 | 10 | 10 | 0 | 0 | 0 | 6 | 1 | 0 |
| | 2007 | 경남 | 5 | 0 | 0 | 0 | 0 | 5 | 0 | 0 |
| | 2008 | 경남 | 6 | 0 | 0 | 0 | 0 | 9 | 2 | 0 |
| | 2009 | 경남 | 3 | 2 | 0 | 0 | 0 | 1 | 0 | 0 |
| | 2010 | 전남 | 3 | 1 | 0 | 0 | 0 | 7 | 0 | 0 |
| | 2011 | 부산 | 2 | 2 | 0 | 0 | 0 | 0 | 0 | 0 |
| 통산 | | | 181 | 48 | 0 | 4 | 0 | 365 | 28 | 0 |

**이상희**(李祥喜) 홍익대 1988.05.18

| 대회 | 연도 | 소속 | 출전 | 교체 | 득점 | 도움 | 실점 | 파울 | 경고 | 퇴장 |
|---|---|---|---|---|---|---|---|---|---|---|
| K1 | 2011 | 대전 | 3 | 2 | 0 | 0 | 0 | 3 | 0 | 1 |
| | 2014 | 인천 | 0 | 0 | 0 | 0 | 0 | 0 | 0 | 0 |
| 컵 | 2011 | 대전 | 3 | 0 | 0 | 0 | 0 | 8 | 1 | 0 |
| 통산 | | | 6 | 2 | 0 | 0 | 0 | 11 | 1 | 1 |

**이석**(李錫) 전주대 1979.02.01

| 대회 | 연도 | 소속 | 출전 | 교체 | 득점 | 도움 | 실점 | 파울 | 경고 | 퇴장 |
|---|---|---|---|---|---|---|---|---|---|---|
| K1 | 2001 | 전북 | 3 | 3 | 0 | 0 | 0 | 1 | 0 | 0 |
| | 2002 | 대전 | 9 | 8 | 0 | 0 | 0 | 8 | 0 | 0 |
| 컵 | 2001 | 전북 | 5 | 5 | 1 | 0 | 0 | 2 | 0 | 0 |
| | 2002 | 대전 | 2 | 2 | 0 | 0 | 0 | 1 | 0 | 0 |
| 통산 | | | 19 | 18 | 1 | 0 | 0 | 12 | 0 | 0 |

**이석경**(李錫景) 경희대 1969.01.19

| 대회 | 연도 | 소속 | 출전 | 교체 | 득점 | 도움 | 실점 | 파울 | 경고 | 퇴장 |
|---|---|---|---|---|---|---|---|---|---|---|
| K1 | 1991 | 유공 | 3 | 3 | 0 | 0 | 0 | 2 | 0 | 0 |
| | 1991 | 포항제철 | 4 | 4 | 0 | 0 | 0 | 2 | 0 | 0 |
| | 1992 | 유공 | 3 | 3 | 0 | 0 | 0 | 0 | 0 | 0 |
| | 1993 | 유공 | 5 | 5 | 0 | 0 | 0 | 5 | 0 | 0 |
| | 1994 | 유공 | 9 | 9 | 0 | 0 | 0 | 8 | 0 | 0 |

| 대회 | 연도 | 소속 | 출전 | 교체 | 득점 | 도움 | 실점 | 파울 | 경고 | 퇴장 |
|---|---|---|---|---|---|---|---|---|---|---|
| | 1995 | 유공 | 14 | 5 | 0 | 0 | 0 | 18 | 5 | 0 |
| | 1996 | 부천유공 | 1 | 1 | 1 | 0 | 0 | 0 | 0 | 0 |
| | 1997 | 부천SK | 8 | 8 | 0 | 0 | 0 | 8 | 1 | 0 |
| | 1998 | 천안일화 | 13 | 8 | 5 | 0 | 0 | 13 | 1 | 0 |
| | 1999 | 천안일화 | 9 | 8 | 2 | 0 | 0 | 9 | 0 | 0 |
| 컵 | 1994 | 유공 | 3 | 3 | 0 | 0 | 0 | 4 | 0 | 0 |
| | 1995 | 유공 | 1 | 1 | 2 | 0 | 0 | 1 | 0 | 0 |
| | 1996 | 부천유공 | 6 | 5 | 0 | 2 | 0 | 6 | 2 | 0 |
| | 1997 | 부천SK | 4 | 4 | 0 | 0 | 0 | 4 | 0 | 0 |
| | 1998 | 천안일화 | 15 | 9 | 4 | 3 | 0 | 31 | 3 | 0 |
| | 1999 | 천안일화 | 6 | 6 | 2 | 1 | 0 | 8 | 2 | 0 |
| | 2000 | 성남일화 | 3 | 4 | 0 | 0 | 0 | 1 | 0 | 0 |
| 통산 | | | 107 | 86 | 16 | 6 | 0 | 120 | 14 | 0 |

**이석규**(李石圭) 인천대 1999.12.14

| 대회 | 연도 | 소속 | 출전 | 교체 | 득점 | 도움 | 실점 | 파울 | 경고 | 퇴장 |
|---|---|---|---|---|---|---|---|---|---|---|
| K1 | 2021 | 포항 | 5 | 5 | 0 | 0 | 0 | 5 | 0 | 0 |
| K2 | 2023 | 천안 | 25 | 21 | 2 | 0 | 0 | 9 | 3 | 0 |
| 통산 | | | 30 | 26 | 2 | 0 | 0 | 14 | 3 | 0 |

**이석종**(李碩鐘) 광운대 1960.02.20

| 대회 | 연도 | 소속 | 출전 | 교체 | 득점 | 도움 | 실점 | 파울 | 경고 | 퇴장 |
|---|---|---|---|---|---|---|---|---|---|---|
| K1 | 1984 | 한일은행 | 6 | 4 | 0 | 0 | 0 | 5 | 0 | 0 |
| 통산 | | | 6 | 4 | 0 | 0 | 0 | 5 | 0 | 0 |

**이석현**(李碩賢) 선문대 1990.06.13

| 대회 | 연도 | 소속 | 출전 | 교체 | 득점 | 도움 | 실점 | 파울 | 경고 | 퇴장 |
|---|---|---|---|---|---|---|---|---|---|---|
| K1 | 2013 | 인천 | 33 | 15 | 7 | 3 | 0 | 19 | 1 | 0 |
| | 2014 | 인천 | 25 | 21 | 1 | 1 | 0 | 6 | 0 | 0 |
| | 2015 | 서울 | 9 | 9 | 0 | 0 | 0 | 4 | 0 | 0 |
| | 2016 | 서울 | 20 | 14 | 2 | 0 | 0 | 13 | 1 | 0 |
| | 2017 | 서울 | 17 | 10 | 1 | 0 | 0 | 10 | 0 | 0 |
| | 2018 | 포항 | 18 | 4 | 5 | 4 | 0 | 11 | 1 | 0 |
| | 2018 | 서울 | 3 | 3 | 0 | 0 | 0 | 1 | 0 | 0 |
| | 2019 | 포항 | 16 | 15 | 2 | 0 | 0 | 9 | 0 | 0 |
| K2 | 2021 | 전남 | 10 | 8 | 1 | 0 | 0 | 4 | 0 | 0 |
| | 2022 | 전남 | 12 | 9 | 0 | 0 | 0 | 6 | 0 | 0 |
| | 2023 | 전남 | 10 | 10 | 0 | 1 | 0 | 3 | 0 | 0 |
| | 2024 | 전남 | 16 | 16 | 0 | 0 | 0 | 5 | 0 | 0 |
| 통산 | | | 189 | 134 | 19 | 9 | 0 | 91 | 3 | 0 |

**이선걸**(李善傑) 가톨릭관동대 1997.08.06

| 대회 | 연도 | 소속 | 출전 | 교체 | 득점 | 도움 | 실점 | 파울 | 경고 | 퇴장 |
|---|---|---|---|---|---|---|---|---|---|---|
| K2 | 2019 | 안양 | 10 | 7 | 1 | 1 | 0 | 7 | 2 | 0 |
| | 2020 | 안양 | 16 | 10 | 1 | 2 | 0 | 11 | 1 | 0 |
| | 2021 | 안양 | 2 | 1 | 0 | 0 | 0 | 1 | 0 | 0 |
| | 2022 | 전남 | 1 | 1 | 0 | 0 | 0 | 1 | 0 | 0 |
| PO | 2019 | 안양 | 1 | 1 | 0 | 0 | 0 | 0 | 0 | 0 |
| 통산 | | | 30 | 20 | 2 | 3 | 0 | 20 | 3 | 0 |

**이선우**(李善雨) 모모야마대(일본) 1978.04.01

| 대회 | 연도 | 소속 | 출전 | 교체 | 득점 | 도움 | 실점 | 파울 | 경고 | 퇴장 |
|---|---|---|---|---|---|---|---|---|---|---|
| K1 | 2002 | 수원 | 5 | 5 | 0 | 1 | 0 | 9 | 0 | 0 |
| | 2003 | 수원 | 3 | 3 | 0 | 0 | 0 | 3 | 0 | 0 |
| 컵 | 2002 | 수원 | 2 | 3 | 0 | 0 | 0 | 3 | 0 | 0 |
| | 2006 | 수원 | 3 | 4 | 0 | 0 | 0 | 2 | 0 | 0 |
| 통산 | | | 13 | 15 | 0 | 1 | 0 | 17 | 0 | 0 |

**이선유**(李善有) 한양대 2001.03.05

| 대회 | 연도 | 소속 | 출전 | 교체 | 득점 | 도움 | 실점 | 파울 | 경고 | 퇴장 |
|---|---|---|---|---|---|---|---|---|---|---|
| K1 | 2023 | 대전 | 2 | 2 | 0 | 0 | 0 | 1 | 0 | 0 |
| K2 | 2022 | 대전 | 3 | 3 | 0 | 0 | 0 | 1 | 0 | 0 |
| 통산 | | | 5 | 5 | 0 | 0 | 0 | 2 | 0 | 0 |

**이선재**(李善宰) 대구대 1972.03.28

| 대회 | 연도 | 소속 | 출전 | 교체 | 득점 | 도움 | 실점 | 파울 | 경고 | 퇴장 |
|---|---|---|---|---|---|---|---|---|---|---|
| K1 | 1999 | 부산 | 0 | 0 | 0 | 0 | 0 | 0 | 0 | 0 |
| 컵 | 1997 | 부산 | 1 | 0 | 0 | 0 | 0 | 2 | 0 | 0 |
| 통산 | | | 1 | 0 | 0 | 0 | 0 | 2 | 0 | 0 |

**이성길**(李聖吉) 동아대 1958.04.20

| 대회 | 연도 | 소속 | 출전 | 교체 | 득점 | 도움 | 실점 | 파울 | 경고 | 퇴장 |
|---|---|---|---|---|---|---|---|---|---|---|
| K1 | 1983 | 국민은행 | 9 | 5 | 0 | 0 | 0 | 4 | 0 | 0 |
| | 1985 | 상무 | 5 | 4 | 0 | 1 | 0 | 4 | 0 | 0 |
| 통산 | | | 14 | 9 | 0 | 1 | 0 | 8 | 0 | 0 |

**이성덕**(李成德) 동국대 1976.05.09

| 대회 | 연도 | 소속 | 출전 | 교체 | 득점 | 도움 | 실점 | 파울 | 경고 | 퇴장 |
|---|---|---|---|---|---|---|---|---|---|---|
| K1 | 1999 | 울산 | 1 | 1 | 0 | 0 | 0 | 0 | 0 | 0 |
| 컵 | 1999 | 울산 | 3 | 4 | 0 | 0 | 0 | 1 | 1 | 0 |
| | 2000 | 울산 | 0 | 0 | 0 | 0 | 0 | 0 | 0 | 0 |
| 통산 | | | 4 | 5 | 0 | 0 | 0 | 1 | 1 | 0 |

**이성민**(李聖敏) 호남대 1986.05.16

| 대회 | 연도 | 소속 | 출전 | 교체 | 득점 | 도움 | 실점 | 파울 | 경고 | 퇴장 |
|---|---|---|---|---|---|---|---|---|---|---|
| K1 | 2009 | 강원 | 12 | 12 | 0 | 0 | 0 | 22 | 2 | 0 |
| 컵 | 2009 | 강원 | 4 | 3 | 2 | 0 | 0 | 6 | 0 | 0 |
| | 2011 | 대구 | 1 | 1 | 0 | 0 | 0 | 2 | 1 | 0 |
| 통산 | | | 17 | 16 | 2 | 0 | 0 | 30 | 3 | 0 |

**이성민**(李性旻) 제주국제대 1998.06.29

| 대회 | 연도 | 소속 | 출전 | 교체 | 득점 | 도움 | 실점 | 파울 | 경고 | 퇴장 |
|---|---|---|---|---|---|---|---|---|---|---|
| K2 | 2021 | 안산 | 1 | 1 | 0 | 0 | 0 | 0 | 0 | 0 |
| 통산 | | | 1 | 1 | 0 | 0 | 0 | 0 | 0 | 0 |

**이성우**(安成佑) 단국대 1992.07.11

| 대회 | 연도 | 소속 | 출전 | 교체 | 득점 | 도움 | 실점 | 파울 | 경고 | 퇴장 |
|---|---|---|---|---|---|---|---|---|---|---|
| K1 | 2015 | 인천 | 7 | 8 | 0 | 0 | 0 | 3 | 0 | 0 |
| 통산 | | | 7 | 8 | 0 | 0 | 0 | 3 | 0 | 0 |

**이성운**(李城芸) 경기대 1978.12.25

| 대회 | 연도 | 소속 | 출전 | 교체 | 득점 | 도움 | 실점 | 파울 | 경고 | 퇴장 |
|---|---|---|---|---|---|---|---|---|---|---|
| K1 | 2001 | 성남일화 | 0 | 0 | 0 | 0 | 0 | 0 | 0 | 0 |
| | 2002 | 성남일화 | 1 | 1 | 0 | 0 | 0 | 2 | 0 | 0 |
| | 2003 | 성남일화 | 10 | 10 | 0 | 0 | 0 | 17 | 0 | 0 |
| | 2004 | 성남일화 | 3 | 3 | 0 | 0 | 0 | 5 | 1 | 0 |
| | 2007 | 대전 | 17 | 7 | 0 | 2 | 0 | 38 | 4 | 0 |
| | 2008 | 대전 | 21 | 4 | 1 | 0 | 0 | 50 | 4 | 0 |
| | 2009 | 대전 | 16 | 10 | 1 | 0 | 0 | 25 | 1 | 0 |
| | 2011 | 부산 | 5 | 5 | 0 | 0 | 0 | 6 | 2 | 0 |
| | 2012 | 부산 | 9 | 7 | 0 | 0 | 0 | 10 | 1 | 0 |
| | 2013 | 부산 | 1 | 0 | 0 | 0 | 0 | 1 | 0 | 0 |
| PO | 2007 | 대전 | 1 | 1 | 0 | 0 | 0 | 3 | 0 | 0 |
| | 2011 | 부산 | 1 | 1 | 0 | 0 | 0 | 1 | 0 | 0 |
| 컵 | 2004 | 성남일화 | 1 | 1 | 0 | 0 | 0 | 0 | 0 | 0 |
| | 2007 | 대전 | 6 | 6 | 0 | 0 | 0 | 10 | 0 | 0 |
| | 2008 | 대전 | 5 | 3 | 0 | 0 | 0 | 7 | 2 | 0 |
| 통산 | | | 97 | 59 | 2 | 2 | 0 | 175 | 15 | 0 |

**이성윤**(李聖允) 영생고 2000.10.31

| 대회 | 연도 | 소속 | 출전 | 교체 | 득점 | 도움 | 실점 | 파울 | 경고 | 퇴장 |
|---|---|---|---|---|---|---|---|---|---|---|
| K1 | 2019 | 전북 | 0 | 0 | 0 | 0 | 0 | 0 | 0 | 0 |
| | 2020 | 전북 | 5 | 5 | 1 | 0 | 0 | 6 | 0 | 0 |
| | 2021 | 전북 | 10 | 10 | 1 | 0 | 0 | 10 | 0 | 0 |
| | 2023 | 전북 | 0 | 0 | 0 | 0 | 0 | 0 | 0 | 0 |
| K2 | 2022 | 서울E | 8 | 8 | 1 | 0 | 0 | 8 | 1 | 0 |
| | 2024 | 전남 | 2 | 2 | 0 | 0 | 0 | 2 | 1 | 0 |
| 통산 | | | 25 | 25 | 3 | 0 | 0 | 26 | 2 | 0 |

**이성재**(李成宰) 고려대 1976.05.16

| 대회 | 연도 | 소속 | 출전 | 교체 | 득점 | 도움 | 실점 | 파울 | 경고 | 퇴장 |
|---|---|---|---|---|---|---|---|---|---|---|
| K1 | 1999 | 부천SK | 22 | 22 | 7 | 2 | 0 | 28 | 1 | 0 |
| | 2000 | 부천SK | 24 | 23 | 5 | 1 | 0 | 32 | 0 | 0 |
| | 2001 | 부천SK | 3 | 3 | 1 | 0 | 0 | 1 | 0 | 0 |
| | 2002 | 부천SK | 8 | 1 | 0 | 0 | 0 | 23 | 2 | 0 |
| | 2003 | 부천SK | 20 | 17 | 1 | 0 | 0 | 15 | 0 | 0 |
| | 2004 | 부산 | 8 | 8 | 0 | 0 | 0 | 3 | 1 | 0 |
| | 2006 | 울산 | 4 | 2 | 0 | 0 | 0 | 6 | 0 | 0 |
| PO | 1999 | 부천SK | 2 | 2 | 0 | 0 | 0 | 2 | 0 | 0 |
| | 2000 | 부천SK | 5 | 5 | 1 | 0 | 0 | 4 | 0 | 0 |
| 컵 | 1999 | 부천SK | 8 | 8 | 2 | 0 | 0 | 11 | 0 | 0 |
| | 2000 | 부천SK | 10 | 9 | 1 | 1 | 0 | 10 | 2 | 0 |
| | 2001 | 부천SK | 6 | 5 | 0 | 0 | 0 | 7 | 0 | 0 |
| | 2002 | 부천SK | 7 | 7 | 1 | 0 | 0 | 12 | 1 | 0 |
| | 2004 | 부산 | 10 | 6 | 2 | 2 | 0 | 17 | 0 | 0 |
| | 2006 | 울산 | 2 | 2 | 0 | 0 | 0 | 1 | 0 | 0 |
| 통산 | | | 139 | 120 | 21 | 6 | 0 | 172 | 7 | 0 |

**이성재**(李成宰) 고양고 1987.09.16

| 대회 | 연도 | 소속 | 출전 | 교체 | 득점 | 도움 | 실점 | 파울 | 경고 | 퇴장 |
|---|---|---|---|---|---|---|---|---|---|---|
| K1 | 2008 | 포항 | 1 | 1 | 0 | 0 | 0 | 0 | 1 | 0 |
| | 2010 | 포항 | 5 | 5 | 0 | 0 | 0 | 6 | 0 | 0 |
| | 2011 | 상주 | 10 | 10 | 2 | 0 | 0 | 14 | 2 | 0 |
| | 2012 | 상주 | 17 | 17 | 3 | 1 | 0 | 12 | 0 | 0 |
| K2 | 2013 | 수원FC | 6 | 6 | 0 | 0 | 0 | 7 | 1 | 0 |
| | 2014 | 고양 | 15 | 13 | 2 | 0 | 0 | 25 | 5 | 0 |
| 컵 | 2007 | 포항 | 0 | 0 | 0 | 0 | 0 | 0 | 0 | 0 |
| | 2009 | 인천 | 1 | 1 | 0 | 0 | 0 | 1 | 0 | 0 |
| | 2011 | 상주 | 2 | 2 | 0 | 0 | 0 | 3 | 1 | 0 |
| 통산 | | | 57 | 55 | 7 | 1 | 0 | 68 | 10 | 0 |

**이성재**(李晟宰) 선문대 1995.05.07

| 대회 | 연도 | 소속 | 출전 | 교체 | 득점 | 도움 | 실점 | 파울 | 경고 | 퇴장 |
|---|---|---|---|---|---|---|---|---|---|---|
| K2 | 2017 | 성남 | 18 | 14 | 0 | 0 | 0 | 19 | 4 | 0 |
| | 2022 | 김포 | 10 | 8 | 0 | 0 | 0 | 11 | 2 | 0 |
| | 2023 | 김포 | 11 | 9 | 0 | 0 | 0 | 10 | 1 | 0 |
| 통산 | | | 39 | 31 | 0 | 0 | 0 | 40 | 7 | 0 |

**이성주**(李聖柱) 동국대 1999.04.03

| 대회 | 연도 | 소속 | 출전 | 교체 | 득점 | 도움 | 실점 | 파울 | 경고 | 퇴장 |
|---|---|---|---|---|---|---|---|---|---|---|
| K1 | 2021 | 수원 | 0 | 0 | 0 | 0 | 0 | 0 | 0 | 0 |
| | 2022 | 수원 | 0 | 0 | 0 | 0 | 0 | 0 | 0 | 0 |
| | 2023 | 수원 | 0 | 0 | 0 | 0 | 0 | 0 | 0 | 0 |
| K2 | 2024 | 수원 | 0 | 0 | 0 | 0 | 0 | 0 | 0 | 0 |
| 통산 | | | 0 | 0 | 0 | 0 | 0 | 0 | 0 | 0 |

**이성현**(李聖賢) 연세대 1989.10.09

| 대회 | 연도 | 소속 | 출전 | 교체 | 득점 | 도움 | 실점 | 파울 | 경고 | 퇴장 |
|---|---|---|---|---|---|---|---|---|---|---|
| K1 | 2013 | 제주 | 3 | 1 | 0 | 0 | 0 | 4 | 0 | 0 |
| 통산 | | | 3 | 1 | 0 | 0 | 0 | 4 | 0 | 0 |

**이성환**(李星煥) 건국대 1984.05.28

| 대회 | 연도 | 소속 | 출전 | 교체 | 득점 | 도움 | 실점 | 파울 | 경고 | 퇴장 |
|---|---|---|---|---|---|---|---|---|---|---|
| K1 | 2007 | 대구 | 0 | 0 | 0 | 0 | 0 | 0 | 0 | 0 |
| 통산 | | | 0 | 0 | 0 | 0 | 0 | 0 | 0 | 0 |

**이세인**(李世仁) 한양대 1980.06.16

| 대회 | 연도 | 소속 | 출전 | 교체 | 득점 | 도움 | 실점 | 파울 | 경고 | 퇴장 |
|---|---|---|---|---|---|---|---|---|---|---|
| K1 | 2005 | 대전 | 2 | 1 | 0 | 0 | 0 | 1 | 0 | 0 |
| | 2006 | 대전 | 5 | 2 | 0 | 0 | 0 | 8 | 2 | 0 |
| | 2007 | 대전 | 6 | 1 | 0 | 0 | 0 | 13 | 4 | 0 |
| | 2008 | 부산 | 3 | 3 | 0 | 0 | 0 | 4 | 0 | 0 |
| | 2009 | 강원 | 7 | 2 | 1 | 0 | 0 | 2 | 0 | 0 |
| PO | 2007 | 대전 | 0 | 0 | 0 | 0 | 0 | 0 | 0 | 0 |
| 컵 | 2005 | 대전 | 1 | 1 | 0 | 0 | 0 | 3 | 0 | 0 |
| | 2006 | 대전 | 5 | 2 | 0 | 0 | 0 | 13 | 1 | 0 |
| | 2007 | 대전 | 2 | 2 | 0 | 0 | 0 | 1 | 0 | 0 |
| | 2008 | 부산 | 2 | 1 | 0 | 0 | 0 | 2 | 1 | 0 |
| | 2009 | 강원 | 3 | 0 | 0 | 0 | 0 | 2 | 0 | 0 |
| 통산 | | | 36 | 15 | 1 | 0 | 0 | 49 | 8 | 0 |

**이세주**(李世周) 주엽공고 1987.10.02

| 대회 | 연도 | 소속 | 출전 | 교체 | 득점 | 도움 | 실점 | 파울 | 경고 | 퇴장 |
|---|---|---|---|---|---|---|---|---|---|---|
| K1 | 2007 | 인천 | 4 | 2 | 0 | 0 | 0 | 2 | 0 | 0 |
| | 2009 | 인천 | 11 | 4 | 0 | 1 | 0 | 14 | 2 | 0 |
| | 2010 | 인천 | 13 | 7 | 1 | 0 | 0 | 8 | 2 | 0 |
| PO | 2009 | 인천 | 1 | 0 | 0 | 0 | 0 | 3 | 0 | 0 |
| 컵 | 2006 | 인천 | 1 | 1 | 0 | 0 | 0 | 0 | 0 | 0 |
| | 2008 | 인천 | 3 | 1 | 0 | 0 | 0 | 2 | 1 | 0 |
| | 2009 | 인천 | 1 | 0 | 0 | 0 | 0 | 1 | 1 | 0 |
| | 2010 | 인천 | 2 | 1 | 0 | 0 | 0 | 2 | 0 | 0 |
| 통산 | | | 36 | 16 | 1 | 1 | 0 | 32 | 6 | 0 |

**이세준**(李世俊) 포철공고 1984.07.24

| 대회 | 연도 | 소속 | 출전 | 교체 | 득점 | 도움 | 실점 | 파울 | 경고 | 퇴장 |
|---|---|---|---|---|---|---|---|---|---|---|
| K1 | 2004 | 포항 | 1 | 1 | 0 | 0 | 0 | 0 | 0 | 0 |
| 컵 | 2004 | 포항 | 4 | 4 | 0 | 1 | 0 | 3 | 0 | 0 |
| 통산 | | | 5 | 5 | 0 | 1 | 0 | 3 | 0 | 0 |

**이세환**(李世煥) 고려대 1986.04.21

| 대회 | 연도 | 소속 | 출전 | 교체 | 득점 | 도움 | 실점 | 파울 | 경고 | 퇴장 |
|---|---|---|---|---|---|---|---|---|---|---|
| K1 | 2008 | 울산 | 12 | 11 | 0 | 0 | 0 | 11 | 2 | 0 |
| | 2009 | 울산 | 7 | 3 | 0 | 1 | 0 | 10 | 1 | 0 |
| K2 | 2013 | 고양 | 25 | 4 | 3 | 0 | 0 | 27 | 4 | 0 |
| | 2014 | 고양 | 25 | 3 | 1 | 0 | 0 | 28 | 5 | 0 |

| | | | | | | | | | | |
|---|---|---|---|---|---|---|---|---|---|---|
| PO | 2008 | 울산 | 0 | 0 | 0 | 0 | 0 | 0 | 0 | 0 |
| 컵 | 2008 | 울산 | 4 | 2 | 0 | 0 | 0 | 4 | 1 | 0 |
| 통산 | | | 73 | 23 | 4 | 1 | 0 | 80 | 13 | 0 |

**이수길**(李秀吉) 경일대 1979.04.09

| 대회 | 연도 | 소속 | 출전 | 교체 | 득점 | 도움 | 실점 | 파울 | 경고 | 퇴장 |
|---|---|---|---|---|---|---|---|---|---|---|
| K2 | 2013 | 수원FC | 9 | 6 | 0 | 0 | 0 | 9 | 1 | 0 |
| 통산 | | | 9 | 6 | 0 | 0 | 0 | 9 | 1 | 0 |

**이수빈**(李秀彬) 포항제철고 2000.05.07

| 대회 | 연도 | 소속 | 출전 | 교체 | 득점 | 도움 | 실점 | 파울 | 경고 | 퇴장 |
|---|---|---|---|---|---|---|---|---|---|---|
| K1 | 2019 | 포항 | 28 | 10 | 1 | 1 | 0 | 54 | 5 | 0 |
| | 2020 | 전북 | 4 | 4 | 0 | 0 | 0 | 2 | 0 | 0 |
| | 2021 | 포항 | 24 | 20 | 0 | 1 | 0 | 23 | 4 | 0 |
| | 2022 | 포항 | 32 | 24 | 0 | 1 | 0 | 31 | 7 | 0 |
| | 2023 | 전북 | 14 | 11 | 0 | 0 | 0 | 12 | 4 | 0 |
| | 2024 | 전북 | 23 | 13 | 0 | 1 | 0 | 27 | 6 | 0 |
| | 2025 | 김천 | 4 | 4 | 0 | 0 | 0 | 2 | 0 | 0 |
| 통산 | | | 129 | 86 | 1 | 4 | 0 | 151 | 26 | 0 |

**이수아**(李秀峨) 한남대 2005.05.28

| 대회 | 연도 | 소속 | 출전 | 교체 | 득점 | 도움 | 실점 | 파울 | 경고 | 퇴장 |
|---|---|---|---|---|---|---|---|---|---|---|
| K2 | 2025 | 부산 | 8 | 8 | 0 | 0 | 0 | 1 | 1 | 0 |
| 통산 | | | 8 | 8 | 0 | 0 | 0 | 1 | 1 | 0 |

**이수철**(李壽澈) 영남대 1966.05.20

| 대회 | 연도 | 소속 | 출전 | 교체 | 득점 | 도움 | 실점 | 파울 | 경고 | 퇴장 |
|---|---|---|---|---|---|---|---|---|---|---|
| K1 | 1989 | 현대 | 27 | 15 | 4 | 1 | 0 | 24 | 2 | 0 |
| | 1990 | 현대 | 3 | 3 | 0 | 0 | 0 | 1 | 0 | 0 |
| | 1991 | 현대 | 8 | 7 | 1 | 0 | 0 | 2 | 1 | 0 |
| | 1992 | 현대 | 6 | 6 | 2 | 0 | 0 | 0 | 0 | 0 |
| | 1993 | 현대 | 24 | 17 | 1 | 2 | 0 | 21 | 2 | 0 |
| | 1994 | 현대 | 7 | 2 | 1 | 0 | 0 | 6 | 0 | 0 |
| | 1995 | 현대 | 6 | 6 | 0 | 0 | 0 | 1 | 0 | 0 |
| 컵 | 1992 | 현대 | 1 | 2 | 0 | 0 | 0 | 1 | 0 | 0 |
| | 1993 | 현대 | 2 | 1 | 0 | 0 | 0 | 2 | 1 | 0 |
| | 1994 | 현대 | 6 | 1 | 0 | 1 | 0 | 8 | 1 | 0 |
| | 1995 | 현대 | 1 | 1 | 0 | 0 | 0 | 0 | 0 | 0 |
| 통산 | | | 91 | 61 | 9 | 4 | 0 | 66 | 7 | 0 |

**이수철**(李洙澈) 단국대 1979.05.26

| 대회 | 연도 | 소속 | 출전 | 교체 | 득점 | 도움 | 실점 | 파울 | 경고 | 퇴장 |
|---|---|---|---|---|---|---|---|---|---|---|
| 컵 | 2002 | 전북 | 1 | 1 | 0 | 0 | 0 | 1 | 0 | 0 |
| 통산 | | | 1 | 1 | 0 | 0 | 0 | 1 | 0 | 0 |

**이수환**(李受奐) 포철공고 1984.03.03

| 대회 | 연도 | 소속 | 출전 | 교체 | 득점 | 도움 | 실점 | 파울 | 경고 | 퇴장 |
|---|---|---|---|---|---|---|---|---|---|---|
| K1 | 2004 | 포항 | 1 | 1 | 0 | 0 | 0 | 1 | 0 | 0 |
| | 2005 | 포항 | 1 | 1 | 0 | 0 | 0 | 0 | 0 | 0 |
| | 2008 | 광주상무 | 0 | 0 | 0 | 0 | 0 | 0 | 0 | 0 |
| 컵 | 2004 | 포항 | 5 | 3 | 0 | 0 | 0 | 4 | 0 | 0 |
| | 2006 | 포항 | 0 | 0 | 0 | 0 | 0 | 0 | 0 | 0 |
| | 2008 | 광주상무 | 1 | 1 | 0 | 0 | 0 | 1 | 0 | 0 |
| 통산 | | | 8 | 6 | 0 | 0 | 0 | 6 | 0 | 0 |

**이순민**(李淳敏) 영남대 1994.05.22

| 대회 | 연도 | 소속 | 출전 | 교체 | 득점 | 도움 | 실점 | 파울 | 경고 | 퇴장 |
|---|---|---|---|---|---|---|---|---|---|---|
| K1 | 2017 | 광주 | 0 | 0 | 0 | 0 | 0 | 0 | 0 | 0 |
| | 2020 | 광주 | 2 | 0 | 0 | 0 | 0 | 5 | 2 | 0 |
| | 2021 | 광주 | 28 | 22 | 1 | 1 | 0 | 31 | 3 | 0 |
| | 2023 | 광주 | 35 | 11 | 1 | 2 | 0 | 43 | 10 | 0 |
| | 2024 | 대전 | 26 | 9 | 0 | 0 | 0 | 35 | 7 | 0 |
| | 2025 | 대전 | 24 | 7 | 0 | 1 | 0 | 41 | 5 | 0 |
| K2 | 2022 | 광주 | 32 | 14 | 2 | 0 | 0 | 36 | 8 | 0 |
| 통산 | | | 147 | 63 | 4 | 4 | 0 | 191 | 35 | 0 |

**이순석**(李淳碩) 여의도고 1991.12.22

| 대회 | 연도 | 소속 | 출전 | 교체 | 득점 | 도움 | 실점 | 파울 | 경고 | 퇴장 |
|---|---|---|---|---|---|---|---|---|---|---|
| K2 | 2013 | 부천 | 6 | 4 | 0 | 0 | 0 | 12 | 2 | 0 |
| 통산 | | | 6 | 4 | 0 | 0 | 0 | 12 | 2 | 0 |

**이순우**(李淳雨) 건국대 1974.08.23

| 대회 | 연도 | 소속 | 출전 | 교체 | 득점 | 도움 | 실점 | 파울 | 경고 | 퇴장 |
|---|---|---|---|---|---|---|---|---|---|---|
| K1 | 1999 | 부천SK | 0 | 0 | 0 | 0 | 0 | 0 | 0 | 0 |
| 통산 | | | 0 | 0 | 0 | 0 | 0 | 0 | 0 | 0 |

**이순행**(李順行) 국민대 1974.04.02

| 대회 | 연도 | 소속 | 출전 | 교체 | 득점 | 도움 | 실점 | 파울 | 경고 | 퇴장 |
|---|---|---|---|---|---|---|---|---|---|---|
| K1 | 2000 | 포항 | 1 | 1 | 0 | 0 | 0 | 0 | 0 | 0 |
| 컵 | 2000 | 포항 | 5 | 5 | 0 | 0 | 0 | 7 | 0 | 0 |
| 통산 | | | 6 | 6 | 0 | 0 | 0 | 7 | 0 | 0 |

**이스칸데로프**(Jamshid Iskanderov) 우즈베키스탄 1993.10.16

| 대회 | 연도 | 소속 | 출전 | 교체 | 득점 | 도움 | 실점 | 파울 | 경고 | 퇴장 |
|---|---|---|---|---|---|---|---|---|---|---|
| K1 | 2020 | 성남 | 21 | 9 | 0 | 2 | 0 | 10 | 0 | 0 |
| | 2021 | 성남 | 25 | 21 | 1 | 4 | 0 | 14 | 1 | 0 |
| 통산 | | | 46 | 30 | 1 | 6 | 0 | 24 | 1 | 0 |

**이스트반**(Nyúl István) 헝가리 1961.02.25

| 대회 | 연도 | 소속 | 출전 | 교체 | 득점 | 도움 | 실점 | 파울 | 경고 | 퇴장 |
|---|---|---|---|---|---|---|---|---|---|---|
| K1 | 1990 | 럭키금성 | 6 | 4 | 2 | 0 | 0 | 10 | 0 | 0 |
| 통산 | | | 6 | 4 | 2 | 0 | 0 | 10 | 0 | 0 |

**이슬기**(李슬기) 동국대 1986.09.24

| 대회 | 연도 | 소속 | 출전 | 교체 | 득점 | 도움 | 실점 | 파울 | 경고 | 퇴장 |
|---|---|---|---|---|---|---|---|---|---|---|
| K1 | 2009 | 대구 | 25 | 0 | 3 | 4 | 0 | 41 | 4 | 0 |
| | 2010 | 대구 | 21 | 17 | 1 | 3 | 0 | 34 | 1 | 0 |
| | 2011 | 포항 | 1 | 1 | 0 | 0 | 0 | 1 | 0 | 0 |
| | 2012 | 대전 | 1 | 1 | 0 | 0 | 0 | 0 | 0 | 0 |
| | 2013 | 대전 | 4 | 2 | 0 | 0 | 0 | 7 | 1 | 0 |
| | 2015 | 인천 | 1 | 0 | 0 | 0 | 0 | 3 | 0 | 0 |
| K2 | 2016 | 안양 | 2 | 2 | 0 | 0 | 0 | 2 | 1 | 0 |
| 컵 | 2009 | 대구 | 4 | 1 | 0 | 3 | 0 | 9 | 0 | 0 |
| | 2010 | 대구 | 2 | 3 | 0 | 1 | 0 | 2 | 1 | 0 |
| | 2011 | 포항 | 4 | 2 | 0 | 0 | 0 | 11 | 2 | 0 |
| 통산 | | | 65 | 29 | 4 | 11 | 0 | 110 | 10 | 0 |

**이슬찬**(李슬찬) 광양제철고 1993.08.15

| 대회 | 연도 | 소속 | 출전 | 교체 | 득점 | 도움 | 실점 | 파울 | 경고 | 퇴장 |
|---|---|---|---|---|---|---|---|---|---|---|
| K1 | 2012 | 전남 | 4 | 4 | 0 | 0 | 0 | 6 | 0 | 0 |
| | 2013 | 전남 | 3 | 3 | 0 | 0 | 0 | 3 | 0 | 0 |
| | 2014 | 전남 | 1 | 1 | 0 | 0 | 0 | 1 | 0 | 0 |
| | 2015 | 전남 | 22 | 9 | 0 | 0 | 0 | 40 | 7 | 0 |
| | 2016 | 전남 | 14 | 8 | 0 | 1 | 0 | 14 | 3 | 0 |
| | 2017 | 전남 | 33 | 2 | 4 | 2 | 0 | 28 | 10 | 0 |
| | 2018 | 전남 | 28 | 4 | 0 | 2 | 0 | 18 | 4 | 1 |
| K2 | 2019 | 전남 | 20 | 3 | 0 | 1 | 0 | 17 | 3 | 0 |
| | 2020 | 대전 | 17 | 7 | 0 | 1 | 0 | 16 | 1 | 0 |
| | 2021 | 대전 | 0 | 0 | 0 | 0 | 0 | 0 | 0 | 0 |
| PO | 2020 | 대전 | 0 | 0 | 0 | 0 | 0 | 0 | 0 | 0 |
| 통산 | | | 142 | 41 | 4 | 7 | 0 | 143 | 28 | 1 |

**이승규**(李承奎) 중앙대 1970.01.17

| 대회 | 연도 | 소속 | 출전 | 교체 | 득점 | 도움 | 실점 | 파울 | 경고 | 퇴장 |
|---|---|---|---|---|---|---|---|---|---|---|
| K1 | 1994 | 버팔로 | 29 | 0 | 0 | 1 | 0 | 25 | 2 | 0 |
| | 1995 | 전남 | 1 | 1 | 0 | 0 | 0 | 0 | 0 | 0 |
| 컵 | 1994 | 버팔로 | 6 | 0 | 0 | 0 | 0 | 4 | 1 | 0 |
| 통산 | | | 36 | 1 | 0 | 1 | 0 | 29 | 3 | 0 |

**이승규**(李承圭) 선문대 1992.07.27

| 대회 | 연도 | 소속 | 출전 | 교체 | 득점 | 도움 | 실점 | 파울 | 경고 | 퇴장 |
|---|---|---|---|---|---|---|---|---|---|---|
| K1 | 2019 | 강원 | 0 | 0 | 0 | 0 | 0 | 0 | 0 | 0 |
| K2 | 2015 | 고양 | 1 | 1 | 0 | 0 | 0 | 0 | 0 | 0 |
| | 2016 | 고양 | 3 | 0 | 0 | 0 | 8 | 0 | 0 | 0 |
| | 2024 | 부산 | 1 | 1 | 0 | 0 | 0 | 0 | 0 | 0 |
| | 2025 | 부산 | 0 | 0 | 0 | 0 | 0 | 0 | 0 | 0 |
| 통산 | | | 5 | 2 | 0 | 0 | 8 | 0 | 0 | 0 |

**이승근**(李昇根) 한남대 1981.11.10

| 대회 | 연도 | 소속 | 출전 | 교체 | 득점 | 도움 | 실점 | 파울 | 경고 | 퇴장 |
|---|---|---|---|---|---|---|---|---|---|---|
| K1 | 2004 | 대구 | 14 | 7 | 0 | 0 | 0 | 17 | 3 | 0 |
| | 2005 | 대구 | 2 | 1 | 0 | 0 | 0 | 2 | 0 | 0 |
| 컵 | 2004 | 대구 | 8 | 3 | 0 | 0 | 0 | 9 | 1 | 0 |
| | 2005 | 대구 | 4 | 3 | 0 | 0 | 0 | 2 | 1 | 0 |
| 통산 | | | 28 | 14 | 0 | 0 | 0 | 30 | 5 | 0 |

**이승기**(李承琪) 울산대 1988.06.02

| 대회 | 연도 | 소속 | 출전 | 교체 | 득점 | 도움 | 실점 | 파울 | 경고 | 퇴장 |
|---|---|---|---|---|---|---|---|---|---|---|
| K1 | 2011 | 광주 | 25 | 3 | 8 | 2 | 0 | 30 | 0 | 0 |
| | 2012 | 광주 | 40 | 6 | 4 | 12 | 0 | 49 | 1 | 0 |
| | 2013 | 전북 | 21 | 5 | 5 | 3 | 0 | 19 | 2 | 0 |
| | 2014 | 전북 | 26 | 8 | 5 | 10 | 0 | 30 | 0 | 0 |
| | 2016 | 상주 | 15 | 10 | 1 | 1 | 0 | 12 | 1 | 0 |
| | 2016 | 전북 | 4 | 4 | 0 | 1 | 0 | 3 | 0 | 0 |
| | 2017 | 전북 | 31 | 22 | 9 | 3 | 0 | 26 | 2 | 0 |
| | 2018 | 전북 | 27 | 13 | 1 | 6 | 0 | 7 | 0 | 0 |
| | 2019 | 전북 | 25 | 13 | 4 | 5 | 0 | 15 | 1 | 0 |
| | 2020 | 전북 | 24 | 13 | 5 | 2 | 0 | 14 | 1 | 0 |
| | 2021 | 전북 | 27 | 22 | 4 | 4 | 0 | 15 | 0 | 0 |
| | 2022 | 전북 | 16 | 16 | 0 | 1 | 0 | 4 | 1 | 0 |
| K2 | 2015 | 상주 | 22 | 11 | 5 | 5 | 0 | 18 | 1 | 0 |
| | 2023 | 부산 | 6 | 6 | 1 | 0 | 0 | 1 | 0 | 0 |
| | 2024 | 부산 | 10 | 10 | 0 | 1 | 0 | 5 | 0 | 0 |
| PO | 2023 | 부산 | 2 | 2 | 0 | 0 | 0 | 0 | 0 | 0 |
| 컵 | 2011 | 광주 | 2 | 1 | 0 | 0 | 0 | 3 | 0 | 0 |
| 통산 | | | 323 | 165 | 52 | 56 | 0 | 251 | 10 | 0 |

**이승렬**(李承烈) 한라대 1983.09.28

| 대회 | 연도 | 소속 | 출전 | 교체 | 득점 | 도움 | 실점 | 파울 | 경고 | 퇴장 |
|---|---|---|---|---|---|---|---|---|---|---|
| 컵 | 2007 | 포항 | 1 | 1 | 0 | 0 | 0 | 0 | 0 | 0 |
| 통산 | | | 1 | 1 | 0 | 0 | 0 | 0 | 0 | 0 |

**이승렬**(李昇烈) 신갈고 1989.03.06

| 대회 | 연도 | 소속 | 출전 | 교체 | 득점 | 도움 | 실점 | 파울 | 경고 | 퇴장 |
|---|---|---|---|---|---|---|---|---|---|---|
| K1 | 2008 | 서울 | 21 | 21 | 3 | 1 | 0 | 16 | 1 | 0 |
| | 2009 | 서울 | 21 | 16 | 5 | 0 | 0 | 28 | 3 | 0 |
| | 2010 | 서울 | 23 | 16 | 7 | 5 | 0 | 27 | 5 | 0 |
| | 2011 | 서울 | 17 | 19 | 1 | 0 | 0 | 20 | 1 | 0 |
| | 2012 | 울산 | 14 | 9 | 2 | 1 | 0 | 24 | 2 | 0 |
| | 2013 | 성남일화 | 23 | 16 | 3 | 1 | 0 | 39 | 6 | 0 |
| | 2014 | 전북 | 9 | 9 | 0 | 1 | 0 | 13 | 2 | 0 |
| | 2015 | 전북 | 3 | 3 | 0 | 0 | 0 | 2 | 1 | 1 |
| | 2016 | 수원FC | 4 | 3 | 0 | 0 | 0 | 8 | 3 | 0 |
| PO | 2009 | 서울 | 1 | 0 | 0 | 0 | 0 | 1 | 1 | 0 |
| | 2010 | 서울 | 2 | 2 | 0 | 0 | 0 | 4 | 1 | 0 |
| | 2011 | 서울 | 1 | 1 | 0 | 0 | 0 | 2 | 0 | 0 |
| 컵 | 2008 | 서울 | 10 | 3 | 2 | 0 | 0 | 27 | 0 | 0 |
| | 2009 | 서울 | 4 | 4 | 2 | 1 | 0 | 4 | 2 | 0 |
| | 2010 | 서울 | 3 | 3 | 3 | 1 | 0 | 1 | 0 | 0 |
| | 2011 | 서울 | 1 | 0 | 0 | 0 | 0 | 0 | 1 | 0 |
| 통산 | | | 157 | 125 | 28 | 11 | 0 | 216 | 29 | 1 |

**이승모**(李勝模) 포항제철고 1998.03.30

| 대회 | 연도 | 소속 | 출전 | 교체 | 득점 | 도움 | 실점 | 파울 | 경고 | 퇴장 |
|---|---|---|---|---|---|---|---|---|---|---|
| K1 | 2017 | 포항 | 3 | 2 | 0 | 0 | 0 | 2 | 1 | 0 |
| | 2019 | 포항 | 2 | 2 | 0 | 0 | 0 | 4 | 0 | 0 |
| | 2020 | 포항 | 19 | 13 | 2 | 2 | 0 | 26 | 4 | 0 |
| | 2021 | 포항 | 35 | 28 | 1 | 2 | 0 | 36 | 1 | 0 |
| | 2022 | 포항 | 27 | 21 | 1 | 3 | 0 | 26 | 7 | 0 |
| | 2023 | 포항 | 11 | 11 | 0 | 0 | 0 | 10 | 3 | 0 |
| | 2023 | 서울 | 9 | 9 | 2 | 0 | 0 | 2 | 1 | 0 |
| | 2024 | 서울 | 26 | 20 | 3 | 1 | 0 | 14 | 2 | 0 |
| | 2025 | 서울 | 33 | 29 | 1 | 0 | 0 | 20 | 3 | 0 |
| K2 | 2018 | 광주 | 9 | 9 | 1 | 1 | 0 | 4 | 1 | 0 |
| PO | 2018 | 광주 | 1 | 1 | 0 | 0 | 0 | 0 | 0 | 0 |
| 통산 | | | 175 | 145 | 11 | 9 | 0 | 144 | 23 | 0 |

**이승목**(李昇穆) 관동대(가톨릭관동대) 1984.07.18

| 대회 | 연도 | 소속 | 출전 | 교체 | 득점 | 도움 | 실점 | 파울 | 경고 | 퇴장 |
|---|---|---|---|---|---|---|---|---|---|---|
| K1 | 2007 | 제주 | 2 | 1 | 0 | 0 | 0 | 3 | 0 | 0 |
| | 2010 | 대전 | 0 | 0 | 0 | 0 | 0 | 0 | 0 | 0 |
| 컵 | 2007 | 제주 | 3 | 3 | 0 | 0 | 0 | 8 | 1 | 0 |
| 통산 | | | 5 | 4 | 0 | 0 | 0 | 11 | 1 | 0 |

**이승민**(李承民) 풍생고 1996.11.16

| 대회 | 연도 | 소속 | 출전 | 교체 | 득점 | 도움 | 실점 | 파울 | 경고 | 퇴장 |
|---|---|---|---|---|---|---|---|---|---|---|
| K2 | 2023 | 안산 | 7 | 6 | 0 | 0 | 0 | 2 | 0 | 0 |
| 통산 | | | 7 | 6 | 0 | 0 | 0 | 2 | 0 | 0 |

**이승빈**(李承鹹/←이희성) 숭실대 1990.05.27

| 대회 | 연도 | 소속 | 출전 | 교체 | 득점 | 도움 | 실점 | 파울 | 경고 | 퇴장 |
|---|---|---|---|---|---|---|---|---|---|---|
| K1 | 2014 | 울산 | 9 | 1 | 0 | 0 | 14 | 0 | 1 | 0 |
| | 2015 | 울산 | 1 | 1 | 0 | 0 | 0 | 0 | 0 | 0 |
| K2 | 2018 | 안산 | 17 | 2 | 0 | 0 | 19 | 0 | 2 | 0 |

| 대회 | 연도 | 소속 | 출전 | 교체 | 득점 | 도움 | 실점 | 파울 | 경고 | 퇴장 |
|---|---|---|---|---|---|---|---|---|---|---|
| | 2019 | 안산 | 18 | 0 | 0 | 0 | 25 | 0 | 0 | 0 |
| | 2020 | 안산 | 17 | 1 | 0 | 0 | 20 | 0 | 3 | 0 |
| | 2021 | 안산 | 25 | 1 | 0 | 0 | 29 | 0 | 2 | 0 |
| | 2022 | 안산 | 30 | 1 | 0 | 0 | 45 | 0 | 2 | 0 |
| | 2023 | 안산 | 35 | 0 | 0 | 0 | 69 | 2 | 0 | 0 |
| | 2024 | 안산 | 12 | 1 | 0 | 0 | 18 | 0 | 0 | 0 |
| | 2025 | 안산 | 33 | 2 | 0 | 0 | 45 | 0 | 1 | 0 |
| 통산 | | | 197 | 10 | 0 | 0 | 284 | 2 | 11 | 0 |

**이승엽**(李昇燁) 연세대 1975.10.12

| 대회 | 연도 | 소속 | 출전 | 교체 | 득점 | 도움 | 실점 | 파울 | 경고 | 퇴장 |
|---|---|---|---|---|---|---|---|---|---|---|
| K1 | 1998 | 포항 | 7 | 5 | 0 | 1 | 0 | 11 | 3 | 0 |
| | 1999 | 포항 | 19 | 8 | 0 | 0 | 0 | 24 | 1 | 0 |
| | 2000 | 포항 | 17 | 3 | 0 | 1 | 0 | 29 | 3 | 0 |
| | 2001 | 포항 | 26 | 6 | 1 | 0 | 0 | 52 | 4 | 0 |
| | 2002 | 포항 | 22 | 10 | 0 | 1 | 0 | 42 | 2 | 1 |
| | 2003 | 부천SK | 2 | 2 | 0 | 0 | 0 | 1 | 0 | 0 |
| 컵 | 1998 | 포항 | 4 | 4 | 0 | 0 | 0 | 6 | 0 | 0 |
| | 1999 | 포항 | 6 | 1 | 0 | 1 | 0 | 12 | 1 | 0 |
| | 2000 | 포항 | 9 | 2 | 0 | 1 | 0 | 16 | 1 | 0 |
| | 2001 | 포항 | 3 | 3 | 0 | 0 | 0 | 1 | 0 | 0 |
| | 2002 | 포항 | 0 | 0 | 0 | 0 | 0 | 0 | 0 | 0 |
| 통산 | | | 115 | 44 | 1 | 5 | 0 | 194 | 15 | 1 |

**이승엽** 진주고 2000.07.20

| 대회 | 연도 | 소속 | 출전 | 교체 | 득점 | 도움 | 실점 | 파울 | 경고 | 퇴장 |
|---|---|---|---|---|---|---|---|---|---|---|
| K1 | 2019 | 경남 | 1 | 1 | 0 | 0 | 0 | 1 | 0 | 0 |
| 통산 | | | 1 | 1 | 0 | 0 | 0 | 1 | 0 | 0 |

**이승엽**(李勝燁) 대구예술대 2000.03.21

| 대회 | 연도 | 소속 | 출전 | 교체 | 득점 | 도움 | 실점 | 파울 | 경고 | 퇴장 |
|---|---|---|---|---|---|---|---|---|---|---|
| K2 | 2023 | 충북청주 | 9 | 9 | 0 | 0 | 0 | 1 | 0 | 0 |
| 통산 | | | 9 | 9 | 0 | 0 | 0 | 1 | 0 | 0 |

**이승우**(李承우) 광성중 1998.01.06

| 대회 | 연도 | 소속 | 출전 | 교체 | 득점 | 도움 | 실점 | 파울 | 경고 | 퇴장 |
|---|---|---|---|---|---|---|---|---|---|---|
| K1 | 2022 | 수원FC | 35 | 27 | 14 | 3 | 0 | 48 | 7 | 1 |
| | 2023 | 수원FC | 35 | 25 | 10 | 3 | 0 | 46 | 5 | 1 |
| | 2024 | 수원FC | 18 | 13 | 10 | 2 | 0 | 20 | 1 | 0 |
| | 2024 | 전북 | 12 | 13 | 2 | 4 | 0 | 9 | 1 | 0 |
| | 2025 | 전북 | 25 | 25 | 4 | 1 | 0 | 25 | 6 | 0 |
| PO | 2023 | 수원FC | 1 | 1 | 0 | 0 | 0 | 1 | 2 | 0 |
| | 2024 | 전북 | 1 | 1 | 0 | 0 | 0 | 3 | 0 | 0 |
| 통산 | | | 127 | 105 | 40 | 13 | 0 | 152 | 22 | 2 |

**이승원**(李昇元) 숭실대 1986.10.14

| 대회 | 연도 | 소속 | 출전 | 교체 | 득점 | 도움 | 실점 | 파울 | 경고 | 퇴장 |
|---|---|---|---|---|---|---|---|---|---|---|
| K1 | 2010 | 대전 | 1 | 0 | 0 | 0 | 0 | 2 | 0 | 0 |
| 컵 | 2010 | 대전 | 1 | 1 | 0 | 0 | 0 | 1 | 0 | 0 |
| 통산 | | | 2 | 1 | 0 | 0 | 0 | 3 | 0 | 0 |

**이승원**(李承原) 단국대 2003.03.06

| 대회 | 연도 | 소속 | 출전 | 교체 | 득점 | 도움 | 실점 | 파울 | 경고 | 퇴장 |
|---|---|---|---|---|---|---|---|---|---|---|
| K1 | 2023 | 강원 | 13 | 13 | 0 | 0 | 0 | 7 | 0 | 0 |
| | 2024 | 김천 | 8 | 7 | 1 | 0 | 0 | 6 | 2 | 0 |
| | 2025 | 김천 | 32 | 22 | 1 | 6 | 0 | 21 | 6 | 0 |
| | 2025 | 강원 | 3 | 2 | 0 | 0 | 0 | 2 | 0 | 0 |
| PO | 2023 | 강원 | 1 | 1 | 0 | 0 | 0 | 0 | 0 | 0 |
| 통산 | | | 57 | 45 | 2 | 6 | 0 | 36 | 8 | 0 |

**이승재** 광운대 1971.11.02

| 대회 | 연도 | 소속 | 출전 | 교체 | 득점 | 도움 | 실점 | 파울 | 경고 | 퇴장 |
|---|---|---|---|---|---|---|---|---|---|---|
| K1 | 1999 | 전북 | 6 | 6 | 0 | 0 | 0 | 3 | 0 | 0 |
| 컵 | 1999 | 전북 | 8 | 8 | 0 | 0 | 0 | 6 | 2 | 0 |
| 통산 | | | 14 | 14 | 0 | 0 | 0 | 9 | 2 | 0 |

**이승재**(李承宰) 홍익대 1998.02.06

| 대회 | 연도 | 소속 | 출전 | 교체 | 득점 | 도움 | 실점 | 파울 | 경고 | 퇴장 |
|---|---|---|---|---|---|---|---|---|---|---|
| K1 | 2020 | 서울 | 1 | 1 | 0 | 0 | 0 | 0 | 0 | 0 |
| | 2022 | 서울 | 1 | 1 | 0 | 1 | 0 | 0 | 0 | 0 |
| K2 | 2021 | 충남아산 | 16 | 15 | 1 | 1 | 0 | 19 | 2 | 0 |
| | 2022 | 충남아산 | 6 | 8 | 0 | 0 | 0 | 1 | 0 | 0 |
| | 2023 | 충북청주 | 33 | 33 | 3 | 3 | 0 | 18 | 2 | 0 |
| | 2025 | 충북청주 | 21 | 21 | 3 | 0 | 0 | 9 | 1 | 0 |
| | 2025 | 화성 | 5 | 5 | 0 | 0 | 0 | 6 | 0 | 0 |
| 통산 | | | 83 | 84 | 7 | 5 | 0 | 53 | 5 | 0 |

**이승준**(李承俊) 성균관대 1972.09.01

| 대회 | 연도 | 소속 | 출전 | 교체 | 득점 | 도움 | 실점 | 파울 | 경고 | 퇴장 |
|---|---|---|---|---|---|---|---|---|---|---|
| K1 | 2000 | 대전 | 3 | 1 | 0 | 0 | 3 | 0 | 0 | 0 |
| | 2001 | 대전 | 2 | 0 | 0 | 0 | 4 | 0 | 0 | 0 |
| | 2002 | 대전 | 3 | 0 | 0 | 0 | 6 | 0 | 0 | 0 |
| | 2003 | 대전 | 8 | 1 | 0 | 0 | 12 | 0 | 0 | 0 |
| | 2004 | 대전 | 2 | 0 | 0 | 0 | 5 | 0 | 0 | 0 |
| | 2005 | 대전 | 3 | 1 | 0 | 0 | 3 | 0 | 0 | 0 |
| | 2006 | 부산 | 1 | 0 | 0 | 0 | 2 | 0 | 0 | 0 |
| 컵 | 2000 | 대전 | 1 | 0 | 0 | 0 | 2 | 0 | 1 | 0 |
| | 2001 | 대전 | 0 | 0 | 0 | 0 | 0 | 0 | 0 | 0 |
| | 2002 | 대전 | 6 | 0 | 0 | 0 | 8 | 0 | 0 | 0 |
| | 2004 | 대전 | 2 | 0 | 0 | 0 | 4 | 0 | 0 | 0 |
| | 2005 | 대전 | 1 | 0 | 0 | 0 | 2 | 0 | 0 | 0 |
| | 2006 | 부산 | 1 | 0 | 0 | 0 | 2 | 0 | 0 | 0 |
| 통산 | | | 33 | 3 | 0 | 0 | 53 | 0 | 1 | 0 |

**이승준**(李承俊) 오산고 2004.08.11

| 대회 | 연도 | 소속 | 출전 | 교체 | 득점 | 도움 | 실점 | 파울 | 경고 | 퇴장 |
|---|---|---|---|---|---|---|---|---|---|---|
| K1 | 2023 | 서울 | 2 | 2 | 0 | 0 | 0 | 0 | 0 | 0 |
| | 2024 | 서울 | 8 | 8 | 0 | 0 | 0 | 7 | 2 | 0 |
| 통산 | | | 10 | 10 | 0 | 0 | 0 | 7 | 2 | 0 |

**이승태**(李承泰) 연세대 1972.03.28

| 대회 | 연도 | 소속 | 출전 | 교체 | 득점 | 도움 | 실점 | 파울 | 경고 | 퇴장 |
|---|---|---|---|---|---|---|---|---|---|---|
| K1 | 1996 | 부산 | 9 | 0 | 0 | 0 | 19 | 0 | 0 | 0 |
| 컵 | 1996 | 부산 | 0 | 0 | 0 | 0 | 0 | 0 | 0 | 0 |
| 통산 | | | 9 | 0 | 0 | 0 | 19 | 0 | 0 | 0 |

**이승현**(李昇鉉) 한양대 1985.07.25

| 대회 | 연도 | 소속 | 출전 | 교체 | 득점 | 도움 | 실점 | 파울 | 경고 | 퇴장 |
|---|---|---|---|---|---|---|---|---|---|---|
| K1 | 2006 | 부산 | 23 | 16 | 4 | 3 | 0 | 23 | 0 | 0 |
| | 2007 | 부산 | 13 | 11 | 0 | 0 | 0 | 11 | 0 | 0 |
| | 2008 | 부산 | 14 | 10 | 3 | 1 | 0 | 13 | 0 | 0 |
| | 2009 | 부산 | 24 | 16 | 4 | 0 | 0 | 28 | 1 | 0 |
| | 2010 | 부산 | 15 | 13 | 0 | 0 | 0 | 10 | 1 | 0 |
| | 2011 | 전북 | 27 | 19 | 7 | 3 | 0 | 27 | 1 | 0 |
| | 2012 | 전북 | 32 | 24 | 5 | 5 | 0 | 25 | 4 | 0 |
| | 2014 | 상주 | 17 | 14 | 2 | 2 | 0 | 18 | 1 | 0 |
| | 2014 | 전북 | 7 | 6 | 1 | 0 | 0 | 4 | 0 | 0 |
| | 2015 | 전북 | 10 | 10 | 0 | 0 | 0 | 11 | 0 | 0 |
| | 2016 | 수원FC | 31 | 17 | 6 | 1 | 0 | 28 | 1 | 0 |
| K2 | 2013 | 상주 | 26 | 22 | 4 | 0 | 0 | 17 | 1 | 0 |
| | 2017 | 수원FC | 34 | 6 | 7 | 1 | 0 | 42 | 4 | 0 |
| | 2018 | 수원FC | 32 | 19 | 0 | 1 | 0 | 24 | 1 | 0 |
| | 2019 | 수원FC | 3 | 2 | 0 | 0 | 0 | 1 | 0 | 0 |
| PO | 2011 | 전북 | 2 | 2 | 0 | 0 | 0 | 0 | 0 | 0 |
| | 2013 | 상주 | 2 | 2 | 1 | 0 | 0 | 2 | 0 | 0 |
| 컵 | 2006 | 부산 | 13 | 6 | 3 | 0 | 0 | 15 | 1 | 0 |
| | 2007 | 부산 | 5 | 4 | 0 | 0 | 0 | 5 | 0 | 0 |
| | 2008 | 부산 | 5 | 4 | 0 | 0 | 0 | 7 | 0 | 0 |
| | 2009 | 부산 | 9 | 4 | 1 | 1 | 0 | 14 | 0 | 0 |
| | 2010 | 부산 | 4 | 3 | 1 | 1 | 0 | 4 | 0 | 0 |
| 통산 | | | 348 | 230 | 49 | 19 | 0 | 329 | 16 | 0 |

**이승현**(李承炫) 홍익대 1995.04.04

| 대회 | 연도 | 소속 | 출전 | 교체 | 득점 | 도움 | 실점 | 파울 | 경고 | 퇴장 |
|---|---|---|---|---|---|---|---|---|---|---|
| K2 | 2017 | 성남 | 0 | 0 | 0 | 0 | 0 | 0 | 0 | 0 |
| 통산 | | | 0 | 0 | 0 | 0 | 0 | 0 | 0 | 0 |

**이승협**(李承協) 연세대 1971.04.15

| 대회 | 연도 | 소속 | 출전 | 교체 | 득점 | 도움 | 실점 | 파울 | 경고 | 퇴장 |
|---|---|---|---|---|---|---|---|---|---|---|
| K1 | 1995 | 포항 | 10 | 6 | 0 | 1 | 0 | 7 | 2 | 0 |
| | 1996 | 포항 | 1 | 0 | 0 | 0 | 0 | 1 | 0 | 0 |
| | 1997 | 포항 | 4 | 1 | 0 | 0 | 0 | 4 | 0 | 0 |
| | 1998 | 포항 | 6 | 3 | 0 | 0 | 0 | 5 | 1 | 0 |
| PO | 1995 | 포항 | 0 | 0 | 0 | 0 | 0 | 0 | 0 | 0 |
| 컵 | 1996 | 포항 | 1 | 1 | 0 | 0 | 0 | 0 | 0 | 0 |
| | 1997 | 포항 | 4 | 1 | 0 | 0 | 0 | 7 | 0 | 0 |
| | 1998 | 포항 | 14 | 3 | 0 | 0 | 0 | 23 | 3 | 0 |
| 통산 | | | 40 | 15 | 0 | 1 | 0 | 47 | 6 | 0 |

**이승호**(李承鎬) 충북대 1970.08.25

| 대회 | 연도 | 소속 | 출전 | 교체 | 득점 | 도움 | 실점 | 파울 | 경고 | 퇴장 |
|---|---|---|---|---|---|---|---|---|---|---|
| K1 | 1997 | 대전 | 9 | 9 | 1 | 0 | 0 | 5 | 0 | 0 |
| 컵 | 1997 | 대전 | 9 | 9 | 0 | 0 | 0 | 4 | 0 | 0 |
| 통산 | | | 18 | 18 | 1 | 0 | 0 | 9 | 0 | 0 |

**이승환**(李承桓) 포항제철고 2003.04.05

| 대회 | 연도 | 소속 | 출전 | 교체 | 득점 | 도움 | 실점 | 파울 | 경고 | 퇴장 |
|---|---|---|---|---|---|---|---|---|---|---|
| K1 | 2022 | 포항 | 0 | 0 | 0 | 0 | 0 | 0 | 0 | 0 |
| | 2024 | 포항 | 1 | 0 | 0 | 0 | 2 | 0 | 1 | 0 |
| K2 | 2025 | 충북청주 | 22 | 1 | 0 | 0 | 39 | 0 | 3 | 0 |
| 통산 | | | 23 | 1 | 0 | 0 | 41 | 0 | 4 | 0 |

**이승희**(李承熙) 홍익대 1988.06.10

| 대회 | 연도 | 소속 | 출전 | 교체 | 득점 | 도움 | 실점 | 파울 | 경고 | 퇴장 |
|---|---|---|---|---|---|---|---|---|---|---|
| K1 | 2010 | 전남 | 19 | 6 | 0 | 1 | 0 | 20 | 7 | 0 |
| | 2011 | 전남 | 26 | 1 | 0 | 1 | 0 | 50 | 9 | 0 |
| | 2012 | 전남 | 7 | 4 | 0 | 0 | 0 | 6 | 1 | 0 |
| | 2012 | 제주 | 10 | 6 | 0 | 0 | 0 | 19 | 2 | 0 |
| | 2013 | 전남 | 33 | 1 | 0 | 1 | 0 | 43 | 6 | 0 |
| | 2014 | 전남 | 31 | 6 | 1 | 0 | 0 | 51 | 9 | 0 |
| | 2017 | 포항 | 13 | 4 | 1 | 0 | 0 | 21 | 3 | 0 |
| 컵 | 2010 | 전남 | 2 | 1 | 0 | 0 | 0 | 2 | 0 | 0 |
| | 2011 | 전남 | 2 | 1 | 0 | 0 | 0 | 6 | 0 | 0 |
| 통산 | | | 143 | 30 | 2 | 3 | 0 | 218 | 37 | 0 |

**이시영**(李時榮) 전주대 1997.04.21

| 대회 | 연도 | 소속 | 출전 | 교체 | 득점 | 도움 | 실점 | 파울 | 경고 | 퇴장 |
|---|---|---|---|---|---|---|---|---|---|---|
| K1 | 2021 | 성남 | 23 | 9 | 0 | 2 | 0 | 22 | 3 | 0 |
| | 2022 | 성남 | 30 | 14 | 0 | 2 | 0 | 20 | 3 | 0 |
| | 2023 | 서울 | 15 | 11 | 0 | 2 | 0 | 6 | 2 | 0 |
| | 2025 | 서울 | 1 | 1 | 0 | 0 | 0 | 1 | 1 | 0 |
| | 2025 | 수원FC | 17 | 8 | 0 | 1 | 0 | 11 | 2 | 0 |
| K2 | 2018 | 성남 | 4 | 3 | 0 | 0 | 0 | 1 | 0 | 0 |
| | 2019 | 광주 | 13 | 1 | 0 | 3 | 0 | 17 | 2 | 0 |
| | 2020 | 서울E | 11 | 2 | 0 | 1 | 0 | 13 | 3 | 0 |
| | 2024 | 수원 | 31 | 4 | 1 | 1 | 0 | 33 | 3 | 0 |
| PO | 2025 | 수원FC | 2 | 0 | 0 | 0 | 0 | 0 | 0 | 0 |
| 통산 | | | 147 | 53 | 1 | 12 | 0 | 124 | 19 | 0 |

**이시헌**(李始憲) 중앙대 1998.05.04

| 대회 | 연도 | 소속 | 출전 | 교체 | 득점 | 도움 | 실점 | 파울 | 경고 | 퇴장 |
|---|---|---|---|---|---|---|---|---|---|---|
| K1 | 2019 | 전북 | 0 | 0 | 0 | 0 | 0 | 0 | 0 | 0 |
| | 2020 | 전북 | 2 | 2 | 0 | 0 | 0 | 0 | 0 | 0 |
| K2 | 2019 | 부천 | 11 | 11 | 0 | 0 | 0 | 7 | 0 | 0 |
| | 2021 | 부천 | 24 | 18 | 4 | 3 | 0 | 26 | 4 | 0 |
| | 2022 | 부천 | 32 | 30 | 4 | 3 | 0 | 19 | 1 | 0 |
| | 2023 | 서울E | 22 | 22 | 3 | 1 | 0 | 20 | 3 | 0 |
| | 2024 | 경남 | 6 | 6 | 1 | 2 | 0 | 6 | 2 | 0 |
| | 2025 | 경남 | 16 | 16 | 0 | 1 | 0 | 12 | 2 | 0 |
| PO | 2019 | 부천 | 0 | 0 | 0 | 0 | 0 | 0 | 0 | 0 |
| | 2022 | 부천 | 1 | 1 | 0 | 0 | 0 | 0 | 0 | 0 |
| 통산 | | | 114 | 106 | 12 | 10 | 0 | 90 | 12 | 0 |

**이시환**(李視煥) 풍생고 1998.05.25

| 대회 | 연도 | 소속 | 출전 | 교체 | 득점 | 도움 | 실점 | 파울 | 경고 | 퇴장 |
|---|---|---|---|---|---|---|---|---|---|---|
| K2 | 2017 | 성남 | 0 | 0 | 0 | 0 | 0 | 0 | 0 | 0 |
| | 2020 | 수원FC | 1 | 1 | 0 | 0 | 0 | 0 | 0 | 0 |
| 통산 | | | 1 | 1 | 0 | 0 | 0 | 0 | 0 | 0 |

**이싸빅**(李싸빅/←싸빅[Jasenko Sabitović]) 1973.03.29

| 대회 | 연도 | 소속 | 출전 | 교체 | 득점 | 도움 | 실점 | 파울 | 경고 | 퇴장 |
|---|---|---|---|---|---|---|---|---|---|---|
| K1 | 1998 | 포항 | 13 | 4 | 0 | 1 | 0 | 29 | 4 | 0 |
| | 1999 | 포항 | 18 | 0 | 0 | 0 | 0 | 28 | 3 | 0 |
| | 2000 | 포항 | 25 | 1 | 1 | 1 | 0 | 35 | 4 | 0 |
| | 2001 | 포항 | 26 | 0 | 2 | 0 | 0 | 45 | 1 | 0 |
| | 2002 | 포항 | 24 | 4 | 1 | 0 | 0 | 83 | 4 | 0 |
| | 2003 | 성남일화 | 33 | 7 | 2 | 1 | 0 | 67 | 4 | 0 |
| | 2004 | 성남일화 | 23 | 12 | 0 | 1 | 0 | 39 | 3 | 0 |
| | 2005 | 수원 | 8 | 1 | 0 | 1 | 0 | 34 | 2 | 0 |
| | 2005 | 성남일화 | 1 | 1 | 0 | 0 | 0 | 1 | 0 | 0 |
| | 2006 | 수원 | 13 | 6 | 0 | 0 | 0 | 12 | 2 | 0 |

| | | | | | | | | | | |
|---|---|---|---|---|---|---|---|---|---|---|
| | 2007 | 수원 | 7 | 1 | 0 | 0 | 0 | 20 | 2 | 0 |
| | 2008 | 전남 | 5 | 2 | 0 | 0 | 0 | 9 | 2 | 0 |
| PO | 1998 | 포항 | 3 | 2 | 0 | 0 | 0 | 3 | 0 | 0 |
| | 2006 | 수원 | 2 | 1 | 0 | 0 | 0 | 2 | 0 | 0 |
| | 2007 | 수원 | 1 | 1 | 0 | 0 | 0 | 1 | 0 | 0 |
| 컵 | 1998 | 포항 | 16 | 0 | 1 | 0 | 0 | 30 | 2 | 0 |
| | 1999 | 포항 | 11 | 0 | 0 | 0 | 0 | 19 | 2 | 0 |
| | 2000 | 포항 | 9 | 0 | 0 | 0 | 0 | 11 | 1 | 0 |
| | 2001 | 포항 | 7 | 0 | 1 | 0 | 0 | 14 | 2 | 0 |
| | 2004 | 성남일화 | 11 | 10 | 0 | 1 | 0 | 8 | 1 | 0 |
| | 2005 | 성남일화 | 8 | 0 | 0 | 0 | 0 | 16 | 1 | 0 |
| | 2006 | 수원 | 5 | 0 | 1 | 1 | 0 | 8 | 0 | 0 |
| | 2007 | 수원 | 2 | 1 | 0 | 0 | 0 | 4 | 1 | 0 |
| 통산 | | | 271 | 54 | 9 | 7 | 0 | 518 | 41 | 0 |

**이안**(Iain Stuart Fyfe) 오스트레일리아 1982.04.03

| 대회 | 연도 | 소속 | 출전 | 교체 | 득점 | 도움 | 실점 | 파울 | 경고 | 퇴장 |
|---|---|---|---|---|---|---|---|---|---|---|
| K1 | 2011 | 부산 | 8 | 2 | 1 | 0 | 0 | 6 | 0 | 0 |
| 컵 | 2011 | 부산 | 7 | 2 | 0 | 0 | 0 | 14 | 1 | 0 |
| 통산 | | | 15 | 4 | 1 | 0 | 0 | 20 | 1 | 0 |

**이양종**(李洋鍾) 관동대(가톨릭관동대) 1989.07.17

| 대회 | 연도 | 소속 | 출전 | 교체 | 득점 | 도움 | 실점 | 파울 | 경고 | 퇴장 |
|---|---|---|---|---|---|---|---|---|---|---|
| K1 | 2011 | 대구 | 1 | 0 | 0 | 0 | 1 | 0 | 1 | 0 |
| | 2012 | 대구 | 2 | 1 | 0 | 0 | 1 | 0 | 0 | 0 |
| | 2013 | 대구 | 24 | 0 | 0 | 0 | 35 | 1 | 1 | 0 |
| | 2017 | 대구 | 3 | 0 | 0 | 0 | 4 | 0 | 0 | 0 |
| K2 | 2014 | 대구 | 19 | 1 | 0 | 0 | 21 | 0 | 0 | 0 |
| | 2015 | 대구 | 1 | 1 | 0 | 0 | 0 | 0 | 0 | 0 |
| | 2016 | 대구 | 1 | 0 | 0 | 0 | 1 | 0 | 0 | 0 |
| PO | 2015 | 대구 | 0 | 0 | 0 | 0 | 0 | 0 | 0 | 0 |
| 통산 | | | 51 | 3 | 0 | 0 | 63 | 1 | 2 | 0 |

**이여성**(李如星) 대신고 1983.01.05

| 대회 | 연도 | 소속 | 출전 | 교체 | 득점 | 도움 | 실점 | 파울 | 경고 | 퇴장 |
|---|---|---|---|---|---|---|---|---|---|---|
| K1 | 2002 | 수원 | 3 | 2 | 0 | 0 | 0 | 4 | 0 | 0 |
| | 2006 | 부산 | 7 | 6 | 0 | 0 | 0 | 6 | 0 | 0 |
| | 2007 | 부산 | 15 | 8 | 0 | 2 | 0 | 15 | 0 | 0 |
| | 2008 | 대전 | 18 | 14 | 1 | 1 | 0 | 21 | 2 | 0 |
| | 2009 | 대전 | 3 | 3 | 0 | 0 | 0 | 3 | 1 | 0 |
| 컵 | 2006 | 부산 | 4 | 3 | 0 | 0 | 0 | 5 | 0 | 0 |
| | 2007 | 부산 | 9 | 4 | 1 | 2 | 0 | 10 | 0 | 0 |
| | 2008 | 대전 | 8 | 3 | 0 | 0 | 0 | 6 | 1 | 0 |
| | 2009 | 대전 | 1 | 1 | 0 | 0 | 0 | 0 | 0 | 0 |
| 통산 | | | 68 | 44 | 2 | 5 | 0 | 70 | 4 | 0 |

**이연우**(李演旴) 광명시민 U18 2006.04.29

| 대회 | 연도 | 소속 | 출전 | 교체 | 득점 | 도움 | 실점 | 파울 | 경고 | 퇴장 |
|---|---|---|---|---|---|---|---|---|---|---|
| K2 | 2025 | 충남아산 | 2 | 2 | 0 | 0 | 0 | 0 | 0 | 0 |
| 통산 | | | 2 | 2 | 0 | 0 | 0 | 0 | 0 | 0 |

**이영길**(李永吉) 경희대 1957.03.01

| 대회 | 연도 | 소속 | 출전 | 교체 | 득점 | 도움 | 실점 | 파울 | 경고 | 퇴장 |
|---|---|---|---|---|---|---|---|---|---|---|
| K1 | 1983 | 할렐루야 | 1 | 1 | 0 | 0 | 0 | 0 | 0 | 0 |
| | 1984 | 할렐루야 | 1 | 1 | 0 | 0 | 0 | 0 | 0 | 0 |
| 통산 | | | 2 | 2 | 0 | 0 | 0 | 0 | 0 | 0 |

**이영덕**(李永德) 동국대 1990.03.18

| 대회 | 연도 | 소속 | 출전 | 교체 | 득점 | 도움 | 실점 | 파울 | 경고 | 퇴장 |
|---|---|---|---|---|---|---|---|---|---|---|
| K2 | 2013 | 충주 | 22 | 13 | 0 | 2 | 0 | 22 | 0 | 0 |
| 통산 | | | 22 | 13 | 0 | 2 | 0 | 22 | 0 | 0 |

**이영배**(李映培) 명지대 1975.03.25

| 대회 | 연도 | 소속 | 출전 | 교체 | 득점 | 도움 | 실점 | 파울 | 경고 | 퇴장 |
|---|---|---|---|---|---|---|---|---|---|---|
| K1 | 1999 | 천안일화 | 16 | 16 | 3 | 1 | 0 | 22 | 1 | 0 |
| | 2000 | 성남일화 | 2 | 2 | 0 | 0 | 0 | 0 | 0 | 0 |
| 통산 | | | 18 | 18 | 3 | 1 | 0 | 22 | 1 | 0 |

**이영상**(李永相) 한양대 1967.02.24

| 대회 | 연도 | 소속 | 출전 | 교체 | 득점 | 도움 | 실점 | 파울 | 경고 | 퇴장 |
|---|---|---|---|---|---|---|---|---|---|---|
| K1 | 1990 | 포항제철 | 18 | 11 | 0 | 0 | 0 | 14 | 1 | 0 |
| | 1991 | 포항제철 | 4 | 2 | 0 | 0 | 0 | 8 | 0 | 0 |
| | 1992 | 포항제철 | 19 | 7 | 0 | 0 | 0 | 23 | 1 | 0 |
| | 1993 | 포항제철 | 22 | 3 | 1 | 0 | 0 | 45 | 5 | 0 |
| | 1994 | 포항제철 | 26 | 1 | 1 | 0 | 0 | 43 | 6 | 0 |
| | 1995 | 포항 | 24 | 1 | 1 | 0 | 0 | 39 | 4 | 1 |
| | 1996 | 포항 | 26 | 8 | 2 | 1 | 0 | 34 | 5 | 0 |
| | 1997 | 포항 | 13 | 7 | 0 | 0 | 0 | 13 | 2 | 0 |
| | 1998 | 포항 | 16 | 1 | 0 | 0 | 0 | 17 | 4 | 0 |
| | 1999 | 포항 | 19 | 4 | 0 | 0 | 0 | 25 | 3 | 0 |
| PO | 1995 | 포항 | 3 | 0 | 0 | 0 | 0 | 11 | 1 | 0 |
| | 1998 | 포항 | 2 | 0 | 0 | 0 | 0 | 4 | 0 | 0 |
| 컵 | 1992 | 포항제철 | 8 | 5 | 1 | 0 | 0 | 13 | 1 | 0 |
| | 1993 | 포항제철 | 5 | 0 | 0 | 0 | 0 | 3 | 1 | 0 |
| | 1994 | 포항제철 | 5 | 4 | 0 | 0 | 0 | 11 | 2 | 0 |
| | 1995 | 포항 | 3 | 1 | 0 | 0 | 0 | 3 | 0 | 0 |
| | 1996 | 포항 | 4 | 0 | 0 | 0 | 0 | 4 | 2 | 0 |
| | 1997 | 포항 | 7 | 4 | 0 | 0 | 0 | 11 | 1 | 0 |
| | 1998 | 포항 | 12 | 6 | 0 | 0 | 0 | 13 | 2 | 0 |
| | 1999 | 포항 | 3 | 2 | 0 | 0 | 0 | 3 | 0 | 0 |
| 통산 | | | 239 | 67 | 6 | 1 | 0 | 337 | 41 | 1 |

**이영수**(李榮洙) 호남대 1978.07.30

| 대회 | 연도 | 소속 | 출전 | 교체 | 득점 | 도움 | 실점 | 파울 | 경고 | 퇴장 |
|---|---|---|---|---|---|---|---|---|---|---|
| K1 | 2001 | 전남 | 6 | 5 | 0 | 1 | 0 | 3 | 0 | 0 |
| | 2002 | 전남 | 27 | 2 | 0 | 4 | 0 | 47 | 1 | 0 |
| | 2003 | 전남 | 18 | 6 | 0 | 0 | 0 | 37 | 3 | 0 |
| | 2004 | 전남 | 10 | 2 | 0 | 0 | 0 | 22 | 2 | 0 |
| | 2007 | 전남 | 8 | 3 | 0 | 0 | 0 | 9 | 2 | 0 |
| 컵 | 2001 | 전남 | 1 | 1 | 0 | 0 | 0 | 0 | 0 | 0 |
| | 2004 | 전남 | 4 | 0 | 0 | 0 | 0 | 11 | 2 | 0 |
| 통산 | | | 74 | 19 | 0 | 5 | 0 | 129 | 10 | 0 |

**이영우**(李英雨) 동아대 1972.01.19

| 대회 | 연도 | 소속 | 출전 | 교체 | 득점 | 도움 | 실점 | 파울 | 경고 | 퇴장 |
|---|---|---|---|---|---|---|---|---|---|---|
| K1 | 1994 | 대우 | 1 | 0 | 0 | 0 | 0 | 1 | 0 | 0 |
| 통산 | | | 1 | 0 | 0 | 0 | 0 | 1 | 0 | 0 |

**이영익**(李榮益) 고려대 1966.08.30

| 대회 | 연도 | 소속 | 출전 | 교체 | 득점 | 도움 | 실점 | 파울 | 경고 | 퇴장 |
|---|---|---|---|---|---|---|---|---|---|---|
| K1 | 1989 | 럭키금성 | 39 | 1 | 3 | 0 | 0 | 56 | 3 | 0 |
| | 1990 | 럭키금성 | 26 | 5 | 1 | 2 | 0 | 31 | 1 | 0 |
| | 1991 | LG | 17 | 4 | 0 | 0 | 0 | 27 | 3 | 0 |
| | 1992 | LG | 5 | 0 | 0 | 0 | 0 | 8 | 2 | 0 |
| | 1993 | LG | 28 | 2 | 1 | 0 | 0 | 36 | 1 | 0 |
| | 1994 | LG | 2 | 2 | 0 | 0 | 0 | 3 | 0 | 0 |
| | 1995 | LG | 26 | 9 | 0 | 3 | 0 | 48 | 5 | 0 |
| | 1996 | 안양LG | 16 | 7 | 0 | 0 | 0 | 7 | 1 | 0 |
| | 1997 | 안양LG | 2 | 2 | 0 | 0 | 0 | 0 | 0 | 0 |
| 컵 | 1992 | LG | 6 | 3 | 2 | 1 | 0 | 7 | 1 | 0 |
| | 1993 | LG | 5 | 0 | 0 | 0 | 0 | 7 | 0 | 0 |
| | 1995 | LG | 6 | 3 | 0 | 0 | 0 | 4 | 0 | 0 |
| | 1996 | 안양LG | 5 | 1 | 0 | 0 | 0 | 3 | 0 | 0 |
| | 1997 | 안양LG | 9 | 5 | 0 | 0 | 0 | 6 | 0 | 0 |
| 통산 | | | 192 | 44 | 7 | 6 | 0 | 243 | 17 | 0 |

**이영재**(李英才) 용인대 1994.09.13

| 대회 | 연도 | 소속 | 출전 | 교체 | 득점 | 도움 | 실점 | 파울 | 경고 | 퇴장 |
|---|---|---|---|---|---|---|---|---|---|---|
| K1 | 2015 | 울산 | 10 | 8 | 1 | 2 | 0 | 7 | 0 | 0 |
| | 2017 | 울산 | 30 | 21 | 2 | 2 | 0 | 19 | 4 | 0 |
| | 2018 | 울산 | 22 | 17 | 2 | 2 | 0 | 16 | 3 | 0 |
| | 2019 | 경남 | 11 | 7 | 2 | 1 | 0 | 7 | 1 | 0 |
| | 2019 | 강원 | 13 | 5 | 6 | 5 | 0 | 6 | 0 | 0 |
| | 2020 | 강원 | 23 | 17 | 2 | 1 | 0 | 14 | 3 | 0 |
| | 2021 | 수원FC | 30 | 17 | 5 | 7 | 0 | 21 | 1 | 0 |
| | 2022 | 김천 | 37 | 17 | 3 | 7 | 0 | 17 | 2 | 0 |
| | 2023 | 수원FC | 14 | 2 | 1 | 3 | 0 | 9 | 1 | 0 |
| | 2024 | 전북 | 34 | 28 | 4 | 1 | 0 | 21 | 4 | 0 |
| | 2025 | 전북 | 32 | 31 | 2 | 1 | 0 | 9 | 0 | 0 |
| K2 | 2016 | 부산 | 17 | 7 | 1 | 2 | 0 | 7 | 1 | 0 |
| | 2023 | 김천 | 13 | 8 | 1 | 2 | 0 | 6 | 0 | 0 |
| PO | 2022 | 김천 | 2 | 1 | 0 | 1 | 0 | 1 | 0 | 0 |
| | 2023 | 수원FC | 2 | 0 | 1 | 1 | 0 | 3 | 1 | 0 |
| | 2024 | 전북 | 2 | 1 | 0 | 0 | 0 | 0 | 0 | 0 |
| 통산 | | | 292 | 187 | 33 | 38 | 0 | 163 | 21 | 0 |

**이영준**(李泳俊) 신평고 2003.05.23

| 대회 | 연도 | 소속 | 출전 | 교체 | 득점 | 도움 | 실점 | 파울 | 경고 | 퇴장 |
|---|---|---|---|---|---|---|---|---|---|---|
| K1 | 2021 | 수원FC | 13 | 13 | 0 | 1 | 0 | 4 | 1 | 0 |
| | 2022 | 수원FC | 16 | 17 | 1 | 1 | 0 | 6 | 0 | 0 |
| | 2024 | 김천 | 8 | 7 | 1 | 0 | 0 | 11 | 0 | 0 |
| K2 | 2023 | 김천 | 13 | 11 | 3 | 2 | 0 | 12 | 0 | 0 |
| 통산 | | | 50 | 48 | 5 | 4 | 0 | 33 | 1 | 0 |

**이영진**(李永眞) 인천대 1963.10.27

| 대회 | 연도 | 소속 | 출전 | 교체 | 득점 | 도움 | 실점 | 파울 | 경고 | 퇴장 |
|---|---|---|---|---|---|---|---|---|---|---|
| K1 | 1986 | 럭키금성 | 15 | 2 | 3 | 2 | 0 | 10 | 2 | 0 |
| | 1987 | 럭키금성 | 26 | 11 | 2 | 1 | 0 | 18 | 2 | 1 |
| | 1988 | 럭키금성 | 19 | 0 | 1 | 2 | 0 | 37 | 4 | 0 |
| | 1989 | 럭키금성 | 13 | 0 | 0 | 2 | 0 | 28 | 1 | 0 |
| | 1990 | 럭키금성 | 5 | 0 | 0 | 2 | 0 | 13 | 2 | 0 |
| | 1991 | LG | 34 | 1 | 3 | 7 | 0 | 57 | 8 | 0 |
| | 1992 | LG | 26 | 3 | 1 | 2 | 0 | 32 | 6 | 0 |
| | 1993 | LG | 17 | 4 | 0 | 1 | 0 | 23 | 3 | 0 |
| | 1994 | LG | 15 | 1 | 0 | 3 | 0 | 22 | 3 | 1 |
| | 1995 | LG | 11 | 6 | 0 | 1 | 0 | 9 | 1 | 0 |
| | 1997 | 안양LG | 5 | 5 | 0 | 0 | 0 | 7 | 2 | 0 |
| PO | 1986 | 럭키금성 | 2 | 0 | 1 | 0 | 0 | 5 | 1 | 0 |
| | 1995 | 일화 | 3 | 0 | 0 | 0 | 0 | 12 | 0 | 0 |
| 컵 | 1986 | 럭키금성 | 13 | 4 | 0 | 1 | 0 | 9 | 2 | 0 |
| | 1992 | LG | 8 | 2 | 1 | 1 | 0 | 10 | 2 | 1 |
| | 1993 | LG | 5 | 1 | 0 | 2 | 0 | 9 | 1 | 0 |
| | 1995 | LG | 6 | 2 | 0 | 0 | 0 | 7 | 0 | 0 |
| | 1997 | 안양LG | 4 | 4 | 0 | 1 | 0 | 7 | 1 | 0 |
| 통산 | | | 227 | 46 | 12 | 28 | 0 | 315 | 41 | 3 |

**이영진**(李永鎭) 대구대 1972.03.27

| 대회 | 연도 | 소속 | 출전 | 교체 | 득점 | 도움 | 실점 | 파울 | 경고 | 퇴장 |
|---|---|---|---|---|---|---|---|---|---|---|
| K1 | 1994 | 일화 | 26 | 3 | 1 | 3 | 0 | 32 | 4 | 0 |
| | 1995 | 일화 | 24 | 3 | 0 | 0 | 0 | 30 | 7 | 0 |
| | 1996 | 천안일화 | 17 | 6 | 1 | 0 | 0 | 28 | 5 | 0 |
| | 1999 | 천안일화 | 13 | 8 | 0 | 0 | 0 | 13 | 2 | 1 |
| | 2002 | 성남일화 | 0 | 0 | 0 | 0 | 0 | 0 | 0 | 0 |
| | 2003 | 성남일화 | 27 | 7 | 0 | 1 | 0 | 27 | 3 | 0 |
| | 2004 | 성남일화 | 4 | 2 | 0 | 0 | 0 | 7 | 0 | 0 |
| 컵 | 1994 | 일화 | 5 | 3 | 0 | 0 | 0 | 7 | 2 | 0 |
| | 1995 | 일화 | 7 | 1 | 0 | 0 | 0 | 7 | 1 | 0 |
| | 1999 | 천안일화 | 4 | 2 | 0 | 0 | 0 | 7 | 1 | 0 |
| | 2000 | 성남일화 | 0 | 0 | 0 | 0 | 0 | 0 | 0 | 0 |
| | 2002 | 성남일화 | 4 | 4 | 0 | 0 | 0 | 5 | 1 | 0 |
| 통산 | | | 131 | 39 | 2 | 4 | 0 | 163 | 26 | 1 |

**이영창**(李伶昶) 홍익대 1993.01.10

| 대회 | 연도 | 소속 | 출전 | 교체 | 득점 | 도움 | 실점 | 파울 | 경고 | 퇴장 |
|---|---|---|---|---|---|---|---|---|---|---|
| K2 | 2015 | 충주 | 3 | 0 | 0 | 0 | 4 | 1 | 0 | 0 |
| | 2016 | 충주 | 27 | 0 | 0 | 0 | 44 | 1 | 1 | 0 |
| | 2017 | 대전 | 10 | 0 | 0 | 0 | 18 | 1 | 0 | 0 |
| | 2018 | 부천 | 4 | 0 | 0 | 0 | 7 | 0 | 0 | 0 |
| | 2019 | 부천 | 2 | 0 | 0 | 0 | 3 | 0 | 0 | 0 |
| | 2020 | 부천 | 3 | 1 | 0 | 0 | 2 | 0 | 0 | 0 |
| | 2024 | 충남아산 | 1 | 0 | 0 | 0 | 5 | 0 | 0 | 0 |
| PO | 2019 | 부천 | 0 | 0 | 0 | 0 | 0 | 0 | 0 | 0 |
| 통산 | | | 50 | 1 | 0 | 0 | 83 | 3 | 1 | 0 |

**이영표**(李榮杓) 건국대 1977.04.23

| 대회 | 연도 | 소속 | 출전 | 교체 | 득점 | 도움 | 실점 | 파울 | 경고 | 퇴장 |
|---|---|---|---|---|---|---|---|---|---|---|
| K1 | 2000 | 안양LG | 13 | 0 | 2 | 1 | 0 | 20 | 2 | 0 |
| | 2001 | 안양LG | 22 | 3 | 0 | 1 | 0 | 35 | 0 | 0 |
| | 2002 | 안양LG | 23 | 2 | 1 | 5 | 0 | 24 | 3 | 0 |
| PO | 2000 | 안양LG | 2 | 0 | 0 | 0 | 0 | 2 | 0 | 0 |
| 컵 | 2000 | 안양LG | 3 | 0 | 0 | 0 | 0 | 4 | 0 | 0 |
| | 2001 | 안양LG | 7 | 0 | 0 | 0 | 0 | 12 | 2 | 0 |
| 통산 | | | 70 | 5 | 3 | 7 | 0 | 97 | 7 | 0 |

**이영훈**(李映勳) 광양제철고 1980.03.23

| 대회 | 연도 | 소속 | 출전 | 교체 | 득점 | 도움 | 실점 | 파울 | 경고 | 퇴장 |
|---|---|---|---|---|---|---|---|---|---|---|
| K1 | 1999 | 전남 | 1 | 1 | 0 | 0 | 0 | 0 | 0 | 0 |
| | 2001 | 전남 | 0 | 0 | 0 | 0 | 0 | 0 | 0 | 0 |
| | 2003 | 광주상무 | 0 | 0 | 0 | 0 | 0 | 0 | 0 | 0 |

| 대회 | 연도 | 소속 | 출전 | 교체 | 득점 | 도움 | 실점 | 파울 | 경고 | 퇴장 |
|---|---|---|---|---|---|---|---|---|---|---|
| | 2005 | 전남 | 3 | 2 | 0 | 0 | 0 | 1 | 1 | 0 |
| PO | 1999 | 전남 | 0 | 0 | 0 | 0 | 0 | 0 | 0 | 0 |
| 컵 | 1999 | 전남 | 2 | 1 | 0 | 0 | 0 | 6 | 0 | 0 |
| | 2001 | 전남 | 2 | 2 | 0 | 0 | 0 | 2 | 0 | 0 |
| | 2004 | 전남 | 1 | 1 | 0 | 0 | 0 | 1 | 1 | 0 |
| | 2005 | 전남 | 1 | 1 | 0 | 0 | 0 | 2 | 0 | 0 |
| 통산 | | | 10 | 8 | 0 | 0 | 0 | 12 | 2 | 0 |

**이예찬**(李예찬) 대신고 1996.05.01

| 대회 | 연도 | 소속 | 출전 | 교체 | 득점 | 도움 | 실점 | 파울 | 경고 | 퇴장 |
|---|---|---|---|---|---|---|---|---|---|---|
| K2 | 2016 | 고양 | 37 | 13 | 1 | 1 | 0 | 34 | 3 | 0 |
| | 2017 | 서울E | 24 | 13 | 0 | 2 | 0 | 13 | 2 | 0 |
| | 2018 | 서울E | 9 | 5 | 0 | 0 | 0 | 9 | 2 | 0 |
| | 2025 | 천안 | 12 | 5 | 0 | 1 | 0 | 15 | 4 | 1 |
| 통산 | | | 82 | 36 | 1 | 4 | 0 | 71 | 11 | 1 |

**이예찬**(李叡燦) 영등포공고 2005.05.23

| 대회 | 연도 | 소속 | 출전 | 교체 | 득점 | 도움 | 실점 | 파울 | 경고 | 퇴장 |
|---|---|---|---|---|---|---|---|---|---|---|
| K2 | 2025 | 부천 | 3 | 2 | 0 | 0 | 0 | 3 | 0 | 1 |
| 통산 | | | 3 | 2 | 0 | 0 | 0 | 3 | 0 | 1 |

**이와세**(IWASE Go) 일본 1995.06.28

| 대회 | 연도 | 소속 | 출전 | 교체 | 득점 | 도움 | 실점 | 파울 | 경고 | 퇴장 |
|---|---|---|---|---|---|---|---|---|---|---|
| K2 | 2021 | 안산 | 26 | 14 | 1 | 1 | 0 | 39 | 6 | 0 |
| | 2022 | 안산 | 22 | 9 | 0 | 0 | 0 | 24 | 7 | 0 |
| 통산 | | | 48 | 23 | 1 | 1 | 0 | 63 | 13 | 0 |

**이완**(李宛) 연세대 1984.05.03

| 대회 | 연도 | 소속 | 출전 | 교체 | 득점 | 도움 | 실점 | 파울 | 경고 | 퇴장 |
|---|---|---|---|---|---|---|---|---|---|---|
| K1 | 2006 | 전남 | 3 | 3 | 0 | 0 | 0 | 7 | 1 | 0 |
| | 2007 | 전남 | 6 | 4 | 0 | 0 | 0 | 10 | 0 | 0 |
| | 2008 | 광주상무 | 5 | 0 | 1 | 0 | 0 | 7 | 0 | 0 |
| | 2009 | 전남 | 2 | 0 | 0 | 1 | 0 | 3 | 0 | 0 |
| | 2009 | 광주상무 | 25 | 9 | 1 | 1 | 0 | 26 | 1 | 0 |
| | 2010 | 전남 | 17 | 3 | 0 | 1 | 0 | 14 | 4 | 0 |
| | 2011 | 전남 | 16 | 2 | 1 | 1 | 0 | 17 | 6 | 0 |
| | 2012 | 전남 | 8 | 4 | 0 | 0 | 0 | 9 | 1 | 0 |
| | 2013 | 울산 | 4 | 2 | 0 | 0 | 0 | 3 | 1 | 0 |
| K2 | 2014 | 광주 | 17 | 4 | 3 | 2 | 0 | 26 | 2 | 0 |
| | 2015 | 강원 | 4 | 0 | 0 | 0 | 0 | 3 | 0 | 0 |
| PO | 2009 | 전남 | 2 | 1 | 0 | 0 | 0 | 4 | 0 | 0 |
| | 2014 | 광주 | 4 | 0 | 0 | 0 | 0 | 3 | 1 | 0 |
| 컵 | 2006 | 전남 | 1 | 1 | 0 | 0 | 0 | 0 | 1 | 0 |
| | 2007 | 전남 | 0 | 0 | 0 | 0 | 0 | 0 | 0 | 0 |
| | 2009 | 광주상무 | 4 | 3 | 0 | 1 | 0 | 1 | 0 | 0 |
| | 2010 | 전남 | 1 | 0 | 0 | 0 | 0 | 0 | 0 | 0 |
| | 2011 | 전남 | 2 | 1 | 0 | 1 | 0 | 0 | 0 | 0 |
| 통산 | | | 121 | 37 | 6 | 8 | 0 | 133 | 18 | 0 |

**이완희**(李完熙) 홍익대 1987.07.10

| 대회 | 연도 | 소속 | 출전 | 교체 | 득점 | 도움 | 실점 | 파울 | 경고 | 퇴장 |
|---|---|---|---|---|---|---|---|---|---|---|
| K2 | 2013 | 안양 | 14 | 12 | 1 | 1 | 0 | 15 | 0 | 0 |
| | 2014 | 충주 | 17 | 15 | 3 | 1 | 0 | 16 | 1 | 0 |
| | 2015 | 충주 | 1 | 1 | 0 | 0 | 0 | 1 | 0 | 0 |
| 통산 | | | 32 | 28 | 4 | 2 | 0 | 32 | 1 | 0 |

**이요한**(李曜漢) 동북고 1985.12.18

| 대회 | 연도 | 소속 | 출전 | 교체 | 득점 | 도움 | 실점 | 파울 | 경고 | 퇴장 |
|---|---|---|---|---|---|---|---|---|---|---|
| K1 | 2004 | 인천 | 1 | 1 | 0 | 0 | 0 | 0 | 0 | 0 |
| | 2005 | 인천 | 7 | 6 | 0 | 0 | 0 | 3 | 1 | 0 |
| | 2006 | 인천 | 11 | 9 | 0 | 0 | 0 | 12 | 0 | 1 |
| | 2007 | 제주 | 17 | 7 | 0 | 1 | 0 | 27 | 3 | 0 |
| | 2008 | 전북 | 10 | 1 | 0 | 0 | 0 | 17 | 1 | 1 |
| | 2009 | 전북 | 13 | 4 | 0 | 0 | 0 | 11 | 2 | 0 |
| | 2010 | 전북 | 6 | 3 | 1 | 0 | 0 | 9 | 1 | 0 |
| | 2011 | 부산 | 14 | 7 | 0 | 1 | 0 | 14 | 2 | 0 |
| | 2012 | 부산 | 0 | 0 | 0 | 0 | 0 | 0 | 0 | 0 |
| | 2013 | 성남일화 | 3 | 2 | 0 | 0 | 0 | 6 | 2 | 0 |
| | 2014 | 성남 | 17 | 12 | 0 | 0 | 0 | 10 | 5 | 0 |
| | 2015 | 성남 | 6 | 6 | 0 | 0 | 0 | 1 | 0 | 0 |
| PO | 2005 | 인천 | 1 | 0 | 0 | 0 | 0 | 4 | 1 | 0 |
| | 2010 | 전북 | 0 | 0 | 0 | 0 | 0 | 0 | 0 | 0 |
| | 2011 | 부산 | 1 | 1 | 0 | 0 | 0 | 1 | 0 | 0 |
| 컵 | 2004 | 인천 | 7 | 6 | 0 | 0 | 0 | 8 | 0 | 0 |
| | 2005 | 인천 | 9 | 3 | 0 | 0 | 0 | 15 | 2 | 0 |
| | 2006 | 인천 | 6 | 0 | 0 | 0 | 0 | 5 | 1 | 0 |
| | 2007 | 제주 | 4 | 0 | 0 | 0 | 0 | 9 | 2 | 0 |
| | 2008 | 전북 | 5 | 0 | 1 | 0 | 0 | 10 | 2 | 0 |
| | 2010 | 전북 | 4 | 1 | 1 | 0 | 0 | 9 | 1 | 0 |
| | 2011 | 부산 | 3 | 1 | 0 | 0 | 0 | 5 | 1 | 0 |
| 통산 | | | 145 | 70 | 3 | 2 | 0 | 176 | 27 | 2 |

**이용**(李龍) 명지대 1960.03.16

| 대회 | 연도 | 소속 | 출전 | 교체 | 득점 | 도움 | 실점 | 파울 | 경고 | 퇴장 |
|---|---|---|---|---|---|---|---|---|---|---|
| K1 | 1984 | 국민은행 | 9 | 4 | 3 | 0 | 0 | 4 | 0 | 0 |
| 통산 | | | 9 | 4 | 3 | 0 | 0 | 4 | 0 | 0 |

**이용**(李鎔) 중앙대 1986.12.24

| 대회 | 연도 | 소속 | 출전 | 교체 | 득점 | 도움 | 실점 | 파울 | 경고 | 퇴장 |
|---|---|---|---|---|---|---|---|---|---|---|
| K1 | 2010 | 울산 | 19 | 3 | 0 | 1 | 0 | 26 | 5 | 0 |
| | 2011 | 울산 | 17 | 10 | 0 | 0 | 0 | 13 | 1 | 0 |
| | 2012 | 울산 | 22 | 5 | 0 | 5 | 0 | 24 | 1 | 0 |
| | 2013 | 울산 | 37 | 1 | 1 | 2 | 0 | 36 | 3 | 0 |
| | 2014 | 울산 | 31 | 5 | 0 | 3 | 0 | 32 | 4 | 0 |
| | 2016 | 울산 | 1 | 0 | 0 | 1 | 0 | 0 | 0 | 0 |
| | 2016 | 상주 | 23 | 2 | 2 | 2 | 0 | 21 | 4 | 0 |
| | 2017 | 전북 | 8 | 3 | 0 | 0 | 0 | 7 | 0 | 0 |
| | 2018 | 전북 | 32 | 2 | 0 | 9 | 0 | 35 | 4 | 0 |
| | 2019 | 전북 | 20 | 1 | 0 | 3 | 0 | 23 | 5 | 0 |
| | 2020 | 전북 | 20 | 1 | 0 | 1 | 0 | 26 | 5 | 0 |
| | 2021 | 전북 | 25 | 2 | 0 | 2 | 0 | 24 | 2 | 0 |
| | 2022 | 전북 | 8 | 2 | 0 | 0 | 0 | 6 | 3 | 0 |
| | 2022 | 수원FC | 13 | 1 | 0 | 2 | 0 | 18 | 2 | 0 |
| | 2023 | 수원FC | 25 | 8 | 1 | 1 | 0 | 15 | 3 | 0 |
| | 2024 | 수원FC | 30 | 3 | 1 | 1 | 0 | 17 | 3 | 0 |
| | 2025 | 수원FC | 19 | 6 | 0 | 1 | 0 | 7 | 2 | 0 |
| K2 | 2015 | 상주 | 33 | 1 | 0 | 4 | 0 | 31 | 9 | 0 |
| PO | 2010 | 울산 | 1 | 0 | 0 | 0 | 0 | 2 | 0 | 0 |
| | 2011 | 울산 | 5 | 0 | 0 | 0 | 0 | 9 | 0 | 0 |
| | 2023 | 수원FC | 1 | 0 | 0 | 0 | 0 | 0 | 0 | 0 |
| | 2025 | 수원FC | 1 | 0 | 0 | 0 | 0 | 1 | 0 | 0 |
| 컵 | 2010 | 울산 | 5 | 0 | 0 | 2 | 0 | 3 | 0 | 0 |
| | 2011 | 울산 | 6 | 2 | 0 | 1 | 0 | 4 | 0 | 0 |
| 통산 | | | 402 | 58 | 5 | 41 | 0 | 380 | 56 | 0 |

**이용**(李龍) 고려대 1989.01.21

| 대회 | 연도 | 소속 | 출전 | 교체 | 득점 | 도움 | 실점 | 파울 | 경고 | 퇴장 |
|---|---|---|---|---|---|---|---|---|---|---|
| K1 | 2011 | 광주 | 27 | 1 | 0 | 0 | 0 | 23 | 4 | 0 |
| | 2012 | 광주 | 18 | 7 | 1 | 1 | 0 | 24 | 7 | 0 |
| | 2013 | 제주 | 27 | 2 | 2 | 0 | 0 | 31 | 4 | 0 |
| | 2014 | 제주 | 18 | 8 | 0 | 0 | 0 | 10 | 2 | 1 |
| | 2015 | 제주 | 7 | 3 | 1 | 0 | 0 | 8 | 2 | 0 |
| | 2016 | 성남 | 0 | 0 | 0 | 0 | 0 | 0 | 0 | 0 |
| | 2017 | 강원 | 1 | 1 | 0 | 0 | 0 | 1 | 0 | 0 |
| K2 | 2017 | 아산 | 1 | 1 | 0 | 0 | 0 | 0 | 0 | 0 |
| | 2018 | 아산 | 2 | 1 | 0 | 1 | 0 | 1 | 0 | 0 |
| | 2019 | 수원FC | 7 | 6 | 1 | 0 | 0 | 5 | 1 | 0 |
| PO | 2016 | 성남 | 0 | 0 | 0 | 0 | 0 | 0 | 0 | 0 |
| 컵 | 2011 | 광주 | 2 | 0 | 0 | 0 | 0 | 2 | 0 | 0 |
| 통산 | | | 110 | 30 | 5 | 2 | 0 | 105 | 20 | 1 |

**이용기**(李龍起) 연세대 1985.05.30

| 대회 | 연도 | 소속 | 출전 | 교체 | 득점 | 도움 | 실점 | 파울 | 경고 | 퇴장 |
|---|---|---|---|---|---|---|---|---|---|---|
| K1 | 2009 | 경남 | 0 | 0 | 0 | 0 | 0 | 0 | 0 | 0 |
| | 2010 | 경남 | 16 | 5 | 0 | 0 | 0 | 29 | 3 | 0 |
| | 2011 | 경남 | 6 | 4 | 0 | 0 | 0 | 6 | 3 | 0 |
| | 2012 | 경남 | 7 | 3 | 0 | 0 | 0 | 14 | 2 | 1 |
| | 2014 | 상주 | 5 | 3 | 0 | 0 | 0 | 8 | 4 | 0 |
| K2 | 2013 | 상주 | 1 | 1 | 0 | 0 | 0 | 1 | 0 | 0 |
| | 2015 | 충주 | 16 | 2 | 0 | 0 | 0 | 11 | 4 | 0 |
| PO | 2010 | 경남 | 1 | 1 | 0 | 0 | 0 | 1 | 0 | 0 |
| | 2013 | 상주 | 0 | 0 | 0 | 0 | 0 | 0 | 0 | 0 |
| 컵 | 2010 | 경남 | 3 | 0 | 0 | 0 | 0 | 5 | 4 | 0 |
| | 2011 | 경남 | 3 | 0 | 0 | 0 | 0 | 5 | 2 | 0 |
| 통산 | | | 58 | 19 | 0 | 0 | 0 | 80 | 22 | 1 |

**이용래**(李容來) 고려대 1986.04.17

| 대회 | 연도 | 소속 | 출전 | 교체 | 득점 | 도움 | 실점 | 파울 | 경고 | 퇴장 |
|---|---|---|---|---|---|---|---|---|---|---|
| K1 | 2009 | 경남 | 26 | 3 | 6 | 4 | 0 | 35 | 4 | 0 |
| | 2010 | 경남 | 26 | 2 | 4 | 0 | 0 | 29 | 4 | 0 |
| | 2011 | 수원 | 26 | 2 | 0 | 3 | 0 | 50 | 4 | 0 |
| | 2012 | 수원 | 25 | 1 | 2 | 2 | 0 | 41 | 5 | 0 |
| | 2013 | 수원 | 20 | 9 | 1 | 1 | 0 | 24 | 1 | 0 |
| | 2016 | 수원 | 13 | 7 | 0 | 0 | 0 | 9 | 1 | 0 |
| | 2017 | 수원 | 19 | 12 | 2 | 1 | 0 | 19 | 1 | 0 |
| | 2021 | 대구 | 24 | 21 | 0 | 0 | 0 | 45 | 8 | 0 |
| | 2022 | 대구 | 28 | 22 | 0 | 1 | 0 | 24 | 2 | 0 |
| | 2023 | 대구 | 29 | 29 | 0 | 1 | 0 | 19 | 2 | 0 |
| | 2024 | 대구 | 17 | 16 | 0 | 0 | 0 | 4 | 1 | 0 |
| | 2025 | 대구 | 14 | 14 | 0 | 0 | 0 | 4 | 0 | 0 |
| K2 | 2014 | 안산경찰 | 32 | 3 | 3 | 3 | 0 | 36 | 5 | 0 |
| | 2015 | 안산경찰 | 14 | 4 | 1 | 1 | 0 | 23 | 3 | 0 |
| PO | 2010 | 경남 | 1 | 0 | 0 | 0 | 0 | 1 | 0 | 0 |
| | 2011 | 수원 | 2 | 0 | 0 | 0 | 0 | 3 | 1 | 0 |
| | 2014 | 안산경찰 | 1 | 0 | 0 | 0 | 0 | 1 | 1 | 0 |
| | 2024 | 대구 | 1 | 1 | 0 | 1 | 0 | 0 | 0 | 0 |
| 컵 | 2009 | 경남 | 4 | 0 | 0 | 2 | 0 | 3 | 0 | 0 |
| | 2010 | 경남 | 5 | 2 | 0 | 1 | 0 | 3 | 0 | 0 |
| 통산 | | | 327 | 148 | 19 | 21 | 0 | 373 | 43 | 0 |

**이용발**(李容跋) 동아대 1973.03.15

| 대회 | 연도 | 소속 | 출전 | 교체 | 득점 | 도움 | 실점 | 파울 | 경고 | 퇴장 |
|---|---|---|---|---|---|---|---|---|---|---|
| K1 | 1994 | 유공 | 2 | 0 | 0 | 0 | 3 | 0 | 0 | 0 |
| | 1995 | 유공 | 0 | 0 | 0 | 0 | 0 | 0 | 0 | 0 |
| | 1996 | 부천유공 | 6 | 1 | 0 | 0 | 12 | 2 | 1 | 0 |
| | 1999 | 부천SK | 27 | 0 | 0 | 0 | 39 | 1 | 1 | 0 |
| | 2000 | 부천SK | 27 | 0 | 1 | 2 | 35 | 1 | 1 | 0 |
| | 2001 | 부천SK | 27 | 0 | 0 | 0 | 29 | 0 | 0 | 0 |
| | 2002 | 전북 | 27 | 0 | 0 | 0 | 36 | 0 | 1 | 0 |
| | 2003 | 전북 | 25 | 0 | 0 | 0 | 30 | 0 | 0 | 0 |
| | 2004 | 전북 | 19 | 0 | 0 | 0 | 13 | 0 | 1 | 0 |
| | 2005 | 전북 | 15 | 1 | 0 | 0 | 24 | 0 | 0 | 0 |
| | 2006 | 경남 | 0 | 0 | 0 | 0 | 0 | 0 | 0 | 0 |
| PO | 1999 | 부천SK | 2 | 0 | 0 | 0 | 2 | 0 | 0 | 0 |
| | 2000 | 부천SK | 5 | 0 | 0 | 1 | 10 | 1 | 0 | 0 |
| 컵 | 1995 | 유공 | 0 | 0 | 0 | 0 | 0 | 0 | 0 | 0 |
| | 1996 | 부천유공 | 8 | 0 | 0 | 0 | 7 | 0 | 0 | 0 |
| | 1999 | 부천SK | 9 | 0 | 0 | 0 | 14 | 0 | 0 | 0 |
| | 2000 | 부천SK | 11 | 0 | 0 | 0 | 14 | 1 | 0 | 0 |
| | 2001 | 부천SK | 8 | 0 | 0 | 0 | 13 | 2 | 1 | 0 |
| | 2002 | 전북 | 8 | 0 | 0 | 0 | 12 | 0 | 0 | 0 |
| | 2004 | 전북 | 12 | 0 | 0 | 0 | 12 | 0 | 0 | 0 |
| | 2005 | 전북 | 2 | 0 | 0 | 0 | 3 | 0 | 1 | 0 |
| | 2006 | 경남 | 0 | 0 | 0 | 0 | 0 | 0 | 0 | 0 |
| 통산 | | | 240 | 2 | 1 | 3 | 308 | 8 | 7 | 0 |

**이용설**(李容設) 중앙대 1958.01.26

| 대회 | 연도 | 소속 | 출전 | 교체 | 득점 | 도움 | 실점 | 파울 | 경고 | 퇴장 |
|---|---|---|---|---|---|---|---|---|---|---|
| K1 | 1983 | 대우 | 2 | 1 | 0 | 0 | 0 | 1 | 0 | 0 |
| | 1984 | 럭키금성 | 2 | 1 | 0 | 0 | 0 | 1 | 0 | 0 |
| 통산 | | | 4 | 2 | 0 | 0 | 0 | 2 | 0 | 0 |

**이용성**(李龍成) 단국대 1956.03.27

| 대회 | 연도 | 소속 | 출전 | 교체 | 득점 | 도움 | 실점 | 파울 | 경고 | 퇴장 |
|---|---|---|---|---|---|---|---|---|---|---|
| K1 | 1983 | 국민은행 | 6 | 1 | 0 | 0 | 0 | 3 | 0 | 0 |
| 통산 | | | 6 | 1 | 0 | 0 | 0 | 3 | 0 | 0 |

**이용수**(李容秀) 서울대 1959.12.27

| 대회 | 연도 | 소속 | 출전 | 교체 | 득점 | 도움 | 실점 | 파울 | 경고 | 퇴장 |
|---|---|---|---|---|---|---|---|---|---|---|
| K1 | 1984 | 럭키금성 | 25 | 3 | 8 | 0 | 0 | 8 | 0 | 0 |
| | 1985 | 할렐루야 | 10 | 8 | 0 | 2 | 0 | 4 | 0 | 0 |
| 통산 | | | 35 | 11 | 8 | 2 | 0 | 12 | 0 | 0 |

**이용승**(李勇承) 영남대 1984.08.28

| 대회 | 연도 | 소속 | 출전 | 교체 | 득점 | 도움 | 실점 | 파울 | 경고 | 퇴장 |
|---|---|---|---|---|---|---|---|---|---|---|
| K1 | 2007 | 경남 | 21 | 16 | 1 | 1 | 0 | 44 | 3 | 0 |
| | 2008 | 경남 | 7 | 6 | 0 | 0 | 0 | 11 | 1 | 0 |

| 대회 | 연도 | 소속 | 출전 | 교체 | 득점 | 도움 | 실점 | 파울 | 경고 | 퇴장 |
|---|---|---|---|---|---|---|---|---|---|---|
| | 2013 | 전남 | 3 | 2 | 0 | 0 | 0 | 2 | 1 | 0 |
| PO | 2007 | 경남 | 1 | 1 | 0 | 0 | 0 | 6 | 0 | 0 |
| 컵 | 2007 | 경남 | 7 | 6 | 0 | 1 | 0 | 10 | 3 | 0 |
| | 2008 | 경남 | 4 | 3 | 0 | 0 | 0 | 5 | 1 | 0 |
| 통산 | | | 43 | 34 | 1 | 2 | 0 | 78 | 9 | 0 |

**이용우**(李鎔宇) 수원공고 1977.07.20

| 대회 | 연도 | 소속 | 출전 | 교체 | 득점 | 도움 | 실점 | 파울 | 경고 | 퇴장 |
|---|---|---|---|---|---|---|---|---|---|---|
| K1 | 2001 | 수원 | 2 | 2 | 0 | 0 | 0 | 0 | 0 | 0 |
| | 2002 | 수원 | 4 | 4 | 0 | 0 | 0 | 6 | 0 | 0 |
| | 2003 | 수원 | 3 | 3 | 0 | 0 | 0 | 7 | 0 | 0 |
| 컵 | 1998 | 수원 | 2 | 1 | 0 | 0 | 0 | 9 | 0 | 0 |
| 통산 | | | 11 | 10 | 0 | 0 | 0 | 22 | 0 | 0 |

**이용재**(李龍宰) 관동대(가톨릭관동대) 1971.03.30

| 대회 | 연도 | 소속 | 출전 | 교체 | 득점 | 도움 | 실점 | 파울 | 경고 | 퇴장 |
|---|---|---|---|---|---|---|---|---|---|---|
| K1 | 1996 | 전남 | 1 | 0 | 0 | 0 | 0 | 2 | 0 | 0 |
| 통산 | | | 1 | 0 | 0 | 0 | 0 | 2 | 0 | 0 |

**이용재**(李勇載) 포철공고 1991.06.08

| 대회 | 연도 | 소속 | 출전 | 교체 | 득점 | 도움 | 실점 | 파울 | 경고 | 퇴장 |
|---|---|---|---|---|---|---|---|---|---|---|
| K1 | 2022 | 인천 | 20 | 20 | 1 | 2 | 0 | 13 | 1 | 0 |
| K2 | 2023 | 전남 | 9 | 9 | 3 | 0 | 0 | 8 | 1 | 0 |
| 통산 | | | 29 | 29 | 4 | 2 | 0 | 21 | 2 | 0 |

**이용준**(李鎔駿) 현대고 1990.04.03

| 대회 | 연도 | 소속 | 출전 | 교체 | 득점 | 도움 | 실점 | 파울 | 경고 | 퇴장 |
|---|---|---|---|---|---|---|---|---|---|---|
| 컵 | 2010 | 울산 | 0 | 0 | 0 | 0 | 0 | 0 | 0 | 0 |
| 통산 | | | 0 | 0 | 0 | 0 | 0 | 0 | 0 | 0 |

**이용하**(李龍河) 전북대 1973.12.15

| 대회 | 연도 | 소속 | 출전 | 교체 | 득점 | 도움 | 실점 | 파울 | 경고 | 퇴장 |
|---|---|---|---|---|---|---|---|---|---|---|
| K1 | 1998 | 부산 | 10 | 9 | 2 | 0 | 0 | 6 | 3 | 0 |
| | 1999 | 부산 | 22 | 20 | 1 | 1 | 0 | 21 | 2 | 0 |
| | 2000 | 부산 | 7 | 7 | 1 | 0 | 0 | 6 | 1 | 0 |
| | 2001 | 부산 | 23 | 19 | 3 | 2 | 0 | 25 | 5 | 0 |
| | 2002 | 부산 | 6 | 6 | 0 | 0 | 0 | 9 | 1 | 0 |
| | 2003 | 부산 | 20 | 16 | 0 | 0 | 0 | 25 | 5 | 0 |
| | 2004 | 인천 | 6 | 6 | 0 | 0 | 0 | 2 | 1 | 0 |
| PO | 1999 | 부산 | 2 | 2 | 0 | 0 | 0 | 1 | 0 | 0 |
| 컵 | 1997 | 부산 | 1 | 1 | 0 | 0 | 0 | 1 | 0 | 0 |
| | 1998 | 부산 | 3 | 2 | 0 | 0 | 0 | 6 | 1 | 0 |
| | 1999 | 부산 | 9 | 8 | 0 | 0 | 0 | 7 | 2 | 0 |
| | 2000 | 부산 | 7 | 6 | 0 | 0 | 0 | 10 | 0 | 0 |
| | 2001 | 부산 | 8 | 8 | 0 | 0 | 0 | 8 | 2 | 0 |
| | 2002 | 부산 | 8 | 5 | 0 | 0 | 0 | 20 | 0 | 0 |
| | 2004 | 인천 | 7 | 5 | 1 | 1 | 0 | 8 | 0 | 0 |
| 통산 | | | 139 | 120 | 8 | 4 | 0 | 155 | 23 | 0 |

**이용혁**(李鎔赫) 전주기전대 1996.08.03

| 대회 | 연도 | 소속 | 출전 | 교체 | 득점 | 도움 | 실점 | 파울 | 경고 | 퇴장 |
|---|---|---|---|---|---|---|---|---|---|---|
| K1 | 2020 | 수원 | 0 | 0 | 0 | 0 | 0 | 0 | 0 | 0 |
| K2 | 2022 | 부천 | 23 | 6 | 1 | 0 | 0 | 22 | 12 | 0 |
| | 2023 | 부천 | 21 | 11 | 0 | 0 | 0 | 10 | 1 | 0 |
| | 2024 | 김포 | 20 | 9 | 2 | 1 | 0 | 27 | 4 | 0 |
| PO | 2022 | 부천 | 1 | 1 | 0 | 0 | 0 | 0 | 0 | 0 |
| | 2023 | 부천 | 1 | 0 | 0 | 0 | 0 | 1 | 0 | 0 |
| 통산 | | | 66 | 27 | 3 | 1 | 0 | 60 | 17 | 0 |

**이우영**(李宇暎) 연세대 1973.08.19

| 대회 | 연도 | 소속 | 출전 | 교체 | 득점 | 도움 | 실점 | 파울 | 경고 | 퇴장 |
|---|---|---|---|---|---|---|---|---|---|---|
| K1 | 1998 | 안양LG | 1 | 2 | 0 | 0 | 0 | 0 | 0 | 0 |
| 컵 | 1998 | 안양LG | 1 | 1 | 0 | 0 | 0 | 0 | 0 | 0 |
| 통산 | | | 2 | 3 | 0 | 0 | 0 | 0 | 0 | 0 |

**이우진**(李玗晉/←이강진) 중동중 1986.04.25

| 대회 | 연도 | 소속 | 출전 | 교체 | 득점 | 도움 | 실점 | 파울 | 경고 | 퇴장 |
|---|---|---|---|---|---|---|---|---|---|---|
| K1 | 2003 | 수원 | 1 | 1 | 0 | 0 | 0 | 2 | 0 | 0 |
| | 2006 | 부산 | 12 | 0 | 0 | 1 | 0 | 8 | 0 | 0 |
| | 2007 | 부산 | 6 | 2 | 0 | 0 | 0 | 11 | 2 | 0 |
| | 2008 | 부산 | 17 | 4 | 0 | 0 | 0 | 17 | 0 | 0 |
| | 2009 | 부산 | 24 | 2 | 1 | 0 | 0 | 34 | 4 | 0 |
| | 2012 | 전북 | 0 | 0 | 0 | 0 | 0 | 0 | 0 | 0 |
| | 2013 | 대전 | 32 | 5 | 1 | 0 | 0 | 29 | 2 | 0 |
| | 2014 | 전북 | 2 | 1 | 0 | 0 | 0 | 2 | 1 | 0 |
| | 2015 | 대전 | 20 | 6 | 0 | 0 | 0 | 8 | 3 | 0 |
| | 2016 | 제주 | 3 | 3 | 1 | 0 | 0 | 1 | 0 | 0 |
| 컵 | 2006 | 부산 | 8 | 0 | 0 | 0 | 0 | 12 | 0 | 0 |
| | 2008 | 부산 | 4 | 2 | 0 | 0 | 0 | 4 | 1 | 0 |
| | 2009 | 부산 | 8 | 1 | 1 | 1 | 0 | 8 | 0 | 0 |
| 통산 | | | 137 | 27 | 4 | 2 | 0 | 136 | 13 | 0 |

**이우찬**(李又燦) 영남상고 1963.06.09

| 대회 | 연도 | 소속 | 출전 | 교체 | 득점 | 도움 | 실점 | 파울 | 경고 | 퇴장 |
|---|---|---|---|---|---|---|---|---|---|---|
| K1 | 1984 | 대우 | 2 | 2 | 0 | 0 | 0 | 0 | 0 | 0 |
| | 1985 | 대우 | 9 | 5 | 2 | 1 | 0 | 5 | 2 | 0 |
| | 1986 | 대우 | 7 | 5 | 3 | 1 | 0 | 6 | 0 | 0 |
| 컵 | 1986 | 대우 | 4 | 3 | 0 | 0 | 0 | 5 | 0 | 0 |
| 통산 | | | 22 | 15 | 5 | 2 | 0 | 16 | 2 | 0 |

**이우혁**(李愚赫) 강릉문성고 1993.02.24

| 대회 | 연도 | 소속 | 출전 | 교체 | 득점 | 도움 | 실점 | 파울 | 경고 | 퇴장 |
|---|---|---|---|---|---|---|---|---|---|---|
| K1 | 2011 | 강원 | 7 | 7 | 0 | 0 | 0 | 5 | 1 | 0 |
| | 2012 | 강원 | 8 | 6 | 0 | 0 | 0 | 3 | 1 | 0 |
| | 2013 | 강원 | 12 | 8 | 1 | 1 | 0 | 12 | 3 | 0 |
| | 2016 | 전북 | 2 | 0 | 0 | 0 | 0 | 2 | 0 | 0 |
| | 2017 | 광주 | 19 | 8 | 1 | 0 | 0 | 31 | 4 | 0 |
| | 2018 | 인천 | 1 | 0 | 0 | 0 | 0 | 2 | 0 | 0 |
| | 2019 | 인천 | 8 | 3 | 2 | 0 | 0 | 5 | 1 | 0 |
| | 2020 | 인천 | 8 | 4 | 0 | 0 | 0 | 11 | 1 | 0 |
| K2 | 2014 | 강원 | 30 | 8 | 2 | 5 | 0 | 38 | 0 | 0 |
| | 2015 | 강원 | 21 | 14 | 0 | 5 | 0 | 29 | 2 | 0 |
| | 2021 | 경남 | 26 | 7 | 0 | 0 | 0 | 21 | 4 | 0 |
| | 2022 | 경남 | 31 | 14 | 0 | 1 | 3 | 31 | 5 | 0 |
| PO | 2013 | 강원 | 2 | 2 | 0 | 0 | 0 | 1 | 0 | 0 |
| | 2014 | 강원 | 0 | 0 | 0 | 0 | 0 | 0 | 0 | 0 |
| | 2022 | 경남 | 2 | 2 | 0 | 0 | 0 | 1 | 1 | 0 |
| 컵 | 2011 | 강원 | 0 | 0 | 0 | 0 | 0 | 0 | 0 | 0 |
| 통산 | | | 177 | 83 | 6 | 12 | 3 | 192 | 23 | 0 |

**이운재**(李雲在)경희대 1973.04.26

| 대회 | 연도 | 소속 | 출전 | 교체 | 득점 | 도움 | 실점 | 파울 | 경고 | 퇴장 |
|---|---|---|---|---|---|---|---|---|---|---|
| K1 | 1996 | 수원 | 12 | 0 | 0 | 0 | 12 | 0 | 0 | 0 |
| | 1997 | 수원 | 7 | 0 | 0 | 0 | 9 | 0 | 0 | 0 |
| | 1998 | 수원 | 16 | 1 | 0 | 0 | 19 | 1 | 0 | 1 |
| | 1999 | 수원 | 25 | 0 | 0 | 0 | 22 | 0 | 0 | 0 |
| | 2002 | 수원 | 19 | 0 | 0 | 0 | 17 | 0 | 0 | 0 |
| | 2003 | 수원 | 41 | 0 | 0 | 0 | 44 | 2 | 0 | 0 |
| | 2004 | 수원 | 20 | 0 | 0 | 0 | 22 | 0 | 0 | 0 |
| | 2005 | 수원 | 17 | 0 | 0 | 0 | 23 | 0 | 0 | 0 |
| | 2006 | 수원 | 13 | 0 | 0 | 0 | 13 | 0 | 1 | 0 |
| | 2007 | 수원 | 24 | 0 | 0 | 0 | 20 | 0 | 1 | 0 |
| | 2008 | 수원 | 26 | 0 | 0 | 0 | 24 | 0 | 0 | 0 |
| | 2009 | 수원 | 25 | 0 | 0 | 0 | 25 | 1 | 2 | 0 |
| | 2010 | 수원 | 12 | 0 | 0 | 0 | 22 | 0 | 0 | 0 |
| | 2011 | 전남 | 30 | 0 | 0 | 0 | 29 | 0 | 0 | 0 |
| | 2012 | 전남 | 33 | 0 | 0 | 0 | 38 | 0 | 0 | 0 |
| PO | 1996 | 수원 | 0 | 0 | 0 | 0 | 0 | 0 | 0 | 0 |
| | 1998 | 수원 | 2 | 0 | 0 | 0 | 0 | 0 | 0 | 0 |
| | 1999 | 수원 | 2 | 0 | 0 | 0 | 2 | 0 | 0 | 0 |
| | 2004 | 수원 | 3 | 0 | 0 | 0 | 0 | 0 | 0 | 0 |
| | 2006 | 수원 | 0 | 0 | 0 | 0 | 0 | 0 | 0 | 0 |
| | 2007 | 수원 | 1 | 0 | 0 | 0 | 1 | 0 | 0 | 0 |
| | 2008 | 수원 | 2 | 0 | 0 | 0 | 2 | 1 | 0 | 0 |
| 컵 | 1996 | 수원 | 1 | 0 | 0 | 0 | 2 | 1 | 1 | 0 |
| | 1997 | 수원 | 10 | 0 | 0 | 0 | 18 | 2 | 1 | 0 |
| | 1998 | 수원 | 16 | 0 | 0 | 0 | 12 | 1 | 0 | 0 |
| | 1999 | 수원 | 12 | 0 | 0 | 0 | 13 | 2 | 2 | 0 |
| | 2002 | 수원 | 0 | 0 | 0 | 0 | 0 | 0 | 0 | 0 |
| | 2004 | 수원 | 3 | 0 | 0 | 0 | 2 | 0 | 0 | 0 |
| | 2005 | 수원 | 9 | 0 | 0 | 0 | 10 | 0 | 0 | 0 |
| | 2006 | 수원 | 1 | 1 | 0 | 0 | 1 | 0 | 0 | 0 |
| | 2007 | 수원 | 10 | 0 | 0 | 0 | 12 | 0 | 0 | 0 |
| | 2008 | 수원 | 11 | 0 | 0 | 0 | 3 | 0 | 0 | 0 |
| | 2009 | 수원 | 1 | 0 | 0 | 0 | 1 | 0 | 0 | 0 |
| | 2010 | 수원 | 2 | 0 | 0 | 0 | 7 | 0 | 0 | 0 |
| | 2011 | 전남 | 4 | 0 | 0 | 0 | 0 | 0 | 0 | 0 |
| 통산 | | | 410 | 2 | 0 | 0 | 425 | 11 | 8 | 1 |

**이웅희**(李雄熙) 배재대 1988.07.18

| 대회 | 연도 | 소속 | 출전 | 교체 | 득점 | 도움 | 실점 | 파울 | 경고 | 퇴장 |
|---|---|---|---|---|---|---|---|---|---|---|
| K1 | 2011 | 대전 | 13 | 10 | 1 | 0 | 0 | 4 | 0 | 0 |
| | 2012 | 대전 | 34 | 5 | 0 | 0 | 0 | 52 | 9 | 0 |
| | 2013 | 대전 | 32 | 3 | 3 | 1 | 0 | 29 | 2 | 0 |
| | 2014 | 서울 | 24 | 1 | 0 | 1 | 0 | 28 | 2 | 0 |
| | 2015 | 서울 | 32 | 1 | 0 | 1 | 0 | 29 | 5 | 0 |
| | 2016 | 상주 | 23 | 1 | 2 | 0 | 0 | 14 | 3 | 0 |
| | 2017 | 서울 | 5 | 0 | 0 | 0 | 0 | 13 | 1 | 0 |
| | 2017 | 상주 | 5 | 0 | 0 | 0 | 0 | 4 | 0 | 0 |
| | 2018 | 서울 | 11 | 2 | 0 | 0 | 0 | 12 | 2 | 0 |
| | 2019 | 서울 | 20 | 8 | 0 | 0 | 0 | 24 | 3 | 0 |
| | 2022 | 강원 | 11 | 11 | 0 | 0 | 0 | 2 | 0 | 0 |
| | 2023 | 강원 | 11 | 5 | 1 | 0 | 0 | 9 | 2 | 0 |
| K2 | 2020 | 대전 | 15 | 2 | 0 | 0 | 0 | 10 | 2 | 0 |
| | 2021 | 대전 | 20 | 1 | 1 | 1 | 0 | 22 | 5 | 0 |
| | 2024 | 천안 | 32 | 1 | 1 | 1 | 0 | 18 | 4 | 0 |
| | 2025 | 천안 | 29 | 8 | 1 | 1 | 0 | 12 | 4 | 1 |
| PO | 2018 | 서울 | 2 | 0 | 0 | 0 | 0 | 1 | 0 | 0 |
| | 2020 | 대전 | 1 | 0 | 0 | 0 | 0 | 0 | 0 | 0 |
| | 2021 | 대전 | 4 | 1 | 0 | 0 | 0 | 0 | 0 | 0 |
| 컵 | 2011 | 대전 | 4 | 1 | 0 | 0 | 0 | 4 | 1 | 0 |
| 통산 | | | 328 | 61 | 10 | 6 | 0 | 287 | 45 | 1 |

**이원규**(李源規) 연세대 1988.05.01

| 대회 | 연도 | 소속 | 출전 | 교체 | 득점 | 도움 | 실점 | 파울 | 경고 | 퇴장 |
|---|---|---|---|---|---|---|---|---|---|---|
| K1 | 2011 | 부산 | 3 | 1 | 1 | 0 | 0 | 3 | 0 | 0 |
| | 2012 | 부산 | 1 | 2 | 0 | 0 | 0 | 1 | 0 | 0 |
| 컵 | 2011 | 부산 | 0 | 0 | 0 | 0 | 0 | 0 | 0 | 0 |
| 통산 | | | 4 | 3 | 1 | 0 | 0 | 4 | 0 | 0 |

**이원식**(李元植) 한양대 1973.05.16

| 대회 | 연도 | 소속 | 출전 | 교체 | 득점 | 도움 | 실점 | 파울 | 경고 | 퇴장 |
|---|---|---|---|---|---|---|---|---|---|---|
| K1 | 1996 | 부천유공 | 15 | 15 | 2 | 1 | 0 | 12 | 2 | 0 |
| | 1997 | 부천SK | 15 | 4 | 4 | 1 | 0 | 21 | 2 | 0 |
| | 1998 | 부천SK | 18 | 12 | 8 | 1 | 0 | 14 | 1 | 0 |
| | 1999 | 부천SK | 27 | 23 | 8 | 2 | 0 | 27 | 1 | 0 |
| | 2000 | 부천SK | 16 | 16 | 4 | 1 | 0 | 11 | 0 | 0 |
| | 2001 | 부천SK | 21 | 20 | 3 | 2 | 0 | 14 | 2 | 0 |
| | 2002 | 부천SK | 21 | 19 | 2 | 2 | 0 | 15 | 1 | 0 |
| | 2003 | 부천SK | 38 | 35 | 10 | 2 | 0 | 29 | 4 | 0 |
| | 2004 | 서울 | 7 | 7 | 1 | 0 | 0 | 5 | 0 | 0 |
| | 2005 | 서울 | 11 | 11 | 2 | 0 | 0 | 7 | 2 | 0 |
| | 2006 | 대전 | 1 | 1 | 0 | 0 | 0 | 2 | 1 | 0 |
| PO | 1999 | 부천SK | 2 | 0 | 0 | 0 | 0 | 3 | 0 | 0 |
| | 2000 | 부천SK | 5 | 5 | 2 | 0 | 0 | 5 | 0 | 0 |
| 컵 | 1996 | 부천유공 | 6 | 6 | 5 | 0 | 0 | 7 | 0 | 0 |
| | 1997 | 부천SK | 14 | 10 | 7 | 1 | 0 | 17 | 2 | 1 |
| | 1998 | 부천SK | 8 | 7 | 2 | 2 | 0 | 8 | 0 | 0 |
| | 1999 | 부천SK | 9 | 8 | 1 | 2 | 0 | 3 | 1 | 0 |
| | 2000 | 부천SK | 11 | 12 | 7 | 0 | 0 | 8 | 1 | 0 |
| | 2001 | 부천SK | 8 | 7 | 2 | 0 | 0 | 7 | 1 | 0 |
| | 2002 | 부천SK | 8 | 8 | 2 | 0 | 0 | 2 | 1 | 0 |
| | 2004 | 서울 | 3 | 1 | 0 | 1 | 0 | 3 | 0 | 0 |
| | 2005 | 서울 | 6 | 6 | 1 | 0 | 0 | 4 | 3 | 0 |
| 통산 | | | 270 | 233 | 73 | 18 | 0 | 224 | 25 | 1 |

**이원영**(李元煐/←이정호) 보인정보산업고(보인고) 1981.03.13

| 대회 | 연도 | 소속 | 출전 | 교체 | 득점 | 도움 | 실점 | 파울 | 경고 | 퇴장 |
|---|---|---|---|---|---|---|---|---|---|---|
| K1 | 2005 | 포항 | 17 | 6 | 2 | 0 | 0 | 35 | 2 | 0 |
| | 2006 | 포항 | 12 | 1 | 2 | 0 | 0 | 34 | 5 | 0 |
| | 2007 | 전북 | 20 | 10 | 1 | 1 | 0 | 22 | 2 | 0 |
| | 2008 | 제주 | 24 | 2 | 1 | 0 | 0 | 32 | 6 | 0 |
| | 2009 | 부산 | 18 | 1 | 2 | 2 | 0 | 31 | 3 | 0 |
| | 2010 | 부산 | 22 | 3 | 0 | 1 | 0 | 33 | 4 | 0 |
| | 2011 | 부산 | 12 | 1 | 2 | 1 | 0 | 16 | 2 | 0 |

| 대회 | 연도 | 소속 | 출전 | 교체 | 득점 | 도움 | 실점 | 파울 | 경고 | 퇴장 |
|---|---|---|---|---|---|---|---|---|---|---|
| | 2013 | 부산 | 32 | 7 | 2 | 1 | 0 | 40 | 7 | 0 |
| | 2014 | 부산 | 14 | 5 | 0 | 0 | 0 | 14 | 4 | 0 |
| K2 | 2016 | 부산 | 23 | 6 | 2 | 1 | 0 | 15 | 4 | 0 |
| PO | 2006 | 포항 | 0 | 0 | 0 | 0 | 0 | 0 | 0 | 0 |
| | 2016 | 부산 | 1 | 1 | 0 | 0 | 0 | 1 | 0 | 0 |
| 컵 | 2005 | 포항 | 3 | 3 | 0 | 0 | 0 | 2 | 0 | 0 |
| | 2006 | 포항 | 9 | 2 | 1 | 0 | 0 | 26 | 2 | 0 |
| | 2007 | 전북 | 5 | 1 | 1 | 0 | 0 | 11 | 3 | 0 |
| | 2008 | 제주 | 8 | 1 | 1 | 0 | 0 | 9 | 0 | 0 |
| | 2009 | 부산 | 7 | 2 | 1 | 0 | 0 | 8 | 1 | 0 |
| | 2010 | 부산 | 5 | 0 | 1 | 0 | 0 | 9 | 0 | 0 |
| | 2011 | 부산 | 2 | 1 | 0 | 0 | 0 | 2 | 1 | 0 |
| 통산 | | | 234 | 53 | 19 | 7 | 0 | 340 | 46 | 0 |

**이원우**(李源友) 장훈고 2003.03.16

| 대회 | 연도 | 소속 | 출전 | 교체 | 득점 | 도움 | 실점 | 파울 | 경고 | 퇴장 |
|---|---|---|---|---|---|---|---|---|---|---|
| K1 | 2022 | 대구 | 4 | 4 | 0 | 0 | 0 | 1 | 0 | 0 |
| | 2023 | 대구 | 2 | 2 | 0 | 0 | 0 | 1 | 0 | 0 |
| | 2024 | 대구 | 3 | 2 | 0 | 0 | 0 | 0 | 0 | 0 |
| | 2025 | 대구 | 10 | 6 | 0 | 0 | 0 | 4 | 1 | 0 |
| 통산 | | | 19 | 14 | 0 | 0 | 0 | 6 | 1 | 0 |

**이원재**(李源在) 포철공고 1986.02.24

| 대회 | 연도 | 소속 | 출전 | 교체 | 득점 | 도움 | 실점 | 파울 | 경고 | 퇴장 |
|---|---|---|---|---|---|---|---|---|---|---|
| K1 | 2005 | 포항 | 2 | 2 | 0 | 0 | 0 | 1 | 0 | 0 |
| | 2006 | 포항 | 4 | 1 | 0 | 0 | 0 | 4 | 2 | 0 |
| | 2007 | 포항 | 0 | 0 | 0 | 0 | 0 | 0 | 0 | 0 |
| | 2008 | 전북 | 4 | 4 | 0 | 0 | 0 | 2 | 1 | 0 |
| | 2009 | 울산 | 17 | 4 | 2 | 0 | 0 | 19 | 3 | 0 |
| | 2010 | 포항 | 3 | 0 | 0 | 0 | 0 | 3 | 1 | 0 |
| | 2010 | 울산 | 0 | 0 | 0 | 0 | 0 | 0 | 0 | 0 |
| | 2011 | 포항 | 2 | 2 | 0 | 0 | 0 | 0 | 0 | 0 |
| | 2012 | 포항 | 3 | 1 | 0 | 0 | 0 | 4 | 1 | 0 |
| K2 | 2013 | 경찰 | 28 | 6 | 0 | 0 | 0 | 34 | 9 | 0 |
| | 2014 | 안산경찰 | 11 | 3 | 1 | 0 | 0 | 8 | 1 | 0 |
| | 2015 | 대구 | 25 | 5 | 1 | 0 | 0 | 22 | 6 | 0 |
| | 2016 | 경남 | 13 | 3 | 1 | 0 | 0 | 12 | 1 | 0 |
| PO | 2007 | 포항 | 0 | 0 | 0 | 0 | 0 | 0 | 0 | 0 |
| | 2008 | 전북 | 0 | 0 | 0 | 0 | 0 | 0 | 0 | 0 |
| | 2011 | 포항 | 0 | 0 | 0 | 0 | 0 | 0 | 0 | 0 |
| | 2015 | 대구 | 1 | 1 | 0 | 0 | 0 | 1 | 1 | 0 |
| 컵 | 2005 | 포항 | 0 | 0 | 0 | 0 | 0 | 0 | 0 | 0 |
| | 2006 | 포항 | 5 | 0 | 0 | 0 | 0 | 8 | 3 | 0 |
| | 2007 | 포항 | 5 | 0 | 1 | 0 | 0 | 7 | 0 | 0 |
| | 2008 | 전북 | 2 | 1 | 0 | 0 | 0 | 2 | 0 | 0 |
| | 2009 | 울산 | 1 | 1 | 0 | 0 | 0 | 1 | 0 | 0 |
| | 2011 | 포항 | 0 | 0 | 0 | 0 | 0 | 0 | 0 | 0 |
| 통산 | | | 126 | 34 | 6 | 0 | 0 | 128 | 29 | 0 |

**이원준**(李元準) 중앙대 1972.04.02

| 대회 | 연도 | 소속 | 출전 | 교체 | 득점 | 도움 | 실점 | 파울 | 경고 | 퇴장 |
|---|---|---|---|---|---|---|---|---|---|---|
| K1 | 1995 | LG | 12 | 10 | 0 | 0 | 0 | 3 | 1 | 0 |
| | 1996 | 안양LG | 7 | 7 | 0 | 0 | 0 | 3 | 0 | 0 |
| | 1997 | 안양LG | 5 | 3 | 0 | 0 | 0 | 7 | 1 | 0 |
| | 1998 | 안양LG | 1 | 1 | 0 | 0 | 0 | 1 | 0 | 0 |
| 컵 | 1995 | LG | 3 | 3 | 0 | 0 | 0 | 2 | 0 | 0 |
| | 1996 | 안양LG | 4 | 4 | 0 | 0 | 0 | 1 | 1 | 0 |
| | 1997 | 안양LG | 3 | 2 | 0 | 0 | 0 | 0 | 0 | 0 |
| 통산 | | | 35 | 30 | 0 | 0 | 0 | 17 | 3 | 0 |

**이원준**(李元俊) 청주대 2003.08.13

| 대회 | 연도 | 소속 | 출전 | 교체 | 득점 | 도움 | 실점 | 파울 | 경고 | 퇴장 |
|---|---|---|---|---|---|---|---|---|---|---|
| K2 | 2025 | 충북청주 | 2 | 2 | 0 | 0 | 0 | 2 | 0 | 0 |
| 통산 | | | 2 | 2 | 0 | 0 | 0 | 2 | 0 | 0 |

**이원철**(李元哲) 전주대 1967.05.10

| 대회 | 연도 | 소속 | 출전 | 교체 | 득점 | 도움 | 실점 | 파울 | 경고 | 퇴장 |
|---|---|---|---|---|---|---|---|---|---|---|
| K1 | 1990 | 포항제철 | 16 | 14 | 1 | 1 | 0 | 26 | 1 | 0 |
| | 1991 | 포항제철 | 34 | 14 | 7 | 1 | 0 | 43 | 2 | 0 |
| | 1992 | 포항제철 | 19 | 9 | 5 | 3 | 0 | 31 | 1 | 0 |
| | 1993 | 포항제철 | 27 | 15 | 4 | 1 | 0 | 38 | 0 | 0 |
| | 1994 | 포항제철 | 12 | 12 | 1 | 0 | 0 | 12 | 0 | 0 |
| | 1995 | 포항 | 15 | 12 | 3 | 1 | 0 | 21 | 1 | 0 |
| | 1996 | 포항 | 8 | 9 | 0 | 0 | 0 | 9 | 1 | 0 |
| 컵 | 1992 | 포항제철 | 6 | 2 | 3 | 0 | 0 | 11 | 0 | 1 |
| | 1993 | 포항제철 | 3 | 2 | 0 | 0 | 0 | 11 | 1 | 0 |
| | 1994 | 포항제철 | 6 | 1 | 2 | 0 | 0 | 12 | 0 | 0 |
| | 1995 | 포항 | 4 | 4 | 0 | 0 | 0 | 8 | 0 | 0 |
| | 1996 | 포항 | 6 | 5 | 0 | 1 | 0 | 8 | 0 | 0 |
| 통산 | | | 156 | 99 | 26 | 8 | 0 | 230 | 7 | 1 |

**이유민**(李裕珉) 동국대 1971.01.09

| 대회 | 연도 | 소속 | 출전 | 교체 | 득점 | 도움 | 실점 | 파울 | 경고 | 퇴장 |
|---|---|---|---|---|---|---|---|---|---|---|
| K1 | 1995 | 포항 | 1 | 1 | 0 | 0 | 0 | 5 | 0 | 0 |
| 컵 | 1995 | 포항 | 1 | 1 | 0 | 0 | 0 | 1 | 0 | 0 |
| 통산 | | | 2 | 2 | 0 | 0 | 0 | 6 | 0 | 0 |

**이유성**(李有成) 중앙대 1977.05.20

| 대회 | 연도 | 소속 | 출전 | 교체 | 득점 | 도움 | 실점 | 파울 | 경고 | 퇴장 |
|---|---|---|---|---|---|---|---|---|---|---|
| K1 | 2001 | 전북 | 2 | 2 | 0 | 0 | 0 | 1 | 0 | 0 |
| 컵 | 2000 | 전북 | 0 | 0 | 0 | 0 | 0 | 0 | 0 | 0 |
| 통산 | | | 2 | 2 | 0 | 0 | 0 | 1 | 0 | 0 |

**이유준**(李洧樽) 오산중 1989.09.26

| 대회 | 연도 | 소속 | 출전 | 교체 | 득점 | 도움 | 실점 | 파울 | 경고 | 퇴장 |
|---|---|---|---|---|---|---|---|---|---|---|
| K1 | 2013 | 강원 | 10 | 7 | 0 | 0 | 0 | 3 | 0 | 0 |
| K2 | 2014 | 강원 | 2 | 2 | 0 | 0 | 0 | 1 | 0 | 0 |
| | 2016 | 충주 | 1 | 1 | 0 | 0 | 0 | 0 | 0 | 0 |
| 통산 | | | 13 | 10 | 0 | 0 | 0 | 4 | 0 | 0 |

**이유현**(李裕賢) 단국대 1997.02.08

| 대회 | 연도 | 소속 | 출전 | 교체 | 득점 | 도움 | 실점 | 파울 | 경고 | 퇴장 |
|---|---|---|---|---|---|---|---|---|---|---|
| K1 | 2017 | 전남 | 5 | 2 | 0 | 0 | 0 | 6 | 1 | 0 |
| | 2018 | 전남 | 28 | 18 | 0 | 2 | 0 | 37 | 2 | 0 |
| | 2021 | 전북 | 13 | 2 | 0 | 2 | 0 | 21 | 2 | 0 |
| | 2022 | 김천 | 10 | 3 | 0 | 0 | 0 | 11 | 1 | 0 |
| | 2024 | 강원 | 25 | 10 | 0 | 1 | 0 | 20 | 4 | 0 |
| | 2025 | 강원 | 29 | 8 | 1 | 1 | 0 | 26 | 3 | 0 |
| K2 | 2019 | 전남 | 22 | 8 | 1 | 1 | 0 | 32 | 6 | 0 |
| | 2020 | 전남 | 20 | 0 | 1 | 1 | 0 | 32 | 5 | 0 |
| | 2023 | 김천 | 19 | 7 | 2 | 2 | 0 | 10 | 2 | 0 |
| PO | 2022 | 김천 | 2 | 1 | 0 | 0 | 0 | 2 | 1 | 0 |
| 통산 | | | 173 | 59 | 5 | 10 | 0 | 197 | 27 | 0 |

**이윤권**(李倫券) 조선대 2000.01.16

| 대회 | 연도 | 소속 | 출전 | 교체 | 득점 | 도움 | 실점 | 파울 | 경고 | 퇴장 |
|---|---|---|---|---|---|---|---|---|---|---|
| K1 | 2022 | 전북 | 5 | 5 | 0 | 0 | 0 | 0 | 0 | 0 |
| 통산 | | | 5 | 5 | 0 | 0 | 0 | 0 | 0 | 0 |

**이윤규**(李允揆) 관동대(가톨릭관동대) 1989.05.29

| 대회 | 연도 | 소속 | 출전 | 교체 | 득점 | 도움 | 실점 | 파울 | 경고 | 퇴장 |
|---|---|---|---|---|---|---|---|---|---|---|
| K1 | 2012 | 대구 | 0 | 0 | 0 | 0 | 0 | 0 | 0 | 0 |
| K2 | 2013 | 충주 | 1 | 0 | 0 | 0 | 3 | 0 | 0 | 0 |
| 통산 | | | 1 | 0 | 0 | 0 | 3 | 0 | 0 | 0 |

**이윤섭**(李允燮) 순천향대학원 1979.07.30

| 대회 | 연도 | 소속 | 출전 | 교체 | 득점 | 도움 | 실점 | 파울 | 경고 | 퇴장 |
|---|---|---|---|---|---|---|---|---|---|---|
| K1 | 2002 | 울산 | 0 | 0 | 0 | 0 | 0 | 0 | 0 | 0 |
| | 2003 | 울산 | 6 | 2 | 0 | 0 | 0 | 6 | 0 | 0 |
| | 2004 | 울산 | 6 | 3 | 0 | 0 | 0 | 5 | 1 | 0 |
| | 2005 | 울산 | 0 | 0 | 0 | 0 | 0 | 0 | 0 | 0 |
| | 2006 | 광주상무 | 2 | 0 | 0 | 0 | 0 | 3 | 1 | 0 |
| | 2007 | 광주상무 | 18 | 4 | 1 | 0 | 0 | 20 | 5 | 0 |
| 컵 | 2004 | 울산 | 9 | 2 | 1 | 0 | 0 | 11 | 0 | 0 |
| | 2005 | 울산 | 1 | 1 | 0 | 0 | 0 | 0 | 0 | 0 |
| | 2006 | 광주상무 | 7 | 2 | 1 | 0 | 0 | 12 | 1 | 0 |
| | 2007 | 광주상무 | 7 | 1 | 1 | 0 | 0 | 15 | 4 | 0 |
| 통산 | | | 56 | 15 | 4 | 0 | 0 | 72 | 12 | 0 |

**이윤오**(李潤旿) 중동고 1999.03.23

| 대회 | 연도 | 소속 | 출전 | 교체 | 득점 | 도움 | 실점 | 파울 | 경고 | 퇴장 |
|---|---|---|---|---|---|---|---|---|---|---|
| K1 | 2021 | 대구 | 1 | 1 | 0 | 0 | 0 | 0 | 0 | 0 |
| | 2022 | 대구 | 1 | 0 | 0 | 0 | 4 | 0 | 0 | 0 |
| | 2025 | 안양 | 1 | 1 | 0 | 0 | 1 | 0 | 0 | 0 |
| K2 | 2023 | 경남 | 1 | 1 | 0 | 0 | 2 | 0 | 0 | 0 |
| | 2024 | 안양 | 0 | 0 | 0 | 0 | 0 | 0 | 0 | 0 |
| 통산 | | | 4 | 3 | 0 | 0 | 7 | 0 | 0 | 0 |

**이윤의**(李阭儀) 광운대 1987.07.25

| 대회 | 연도 | 소속 | 출전 | 교체 | 득점 | 도움 | 실점 | 파울 | 경고 | 퇴장 |
|---|---|---|---|---|---|---|---|---|---|---|
| K1 | 2010 | 강원 | 0 | 0 | 0 | 0 | 0 | 0 | 0 | 0 |
| | 2011 | 상주 | 3 | 2 | 0 | 0 | 3 | 2 | 0 | 0 |
| | 2012 | 강원 | 4 | 4 | 0 | 0 | 0 | 7 | 0 | 0 |
| | 2012 | 상주 | 1 | 2 | 0 | 0 | 0 | 0 | 0 | 0 |
| K2 | 2013 | 부천 | 21 | 3 | 2 | 3 | 0 | 27 | 4 | 0 |
| 컵 | 2010 | 강원 | 0 | 0 | 0 | 0 | 0 | 0 | 0 | 0 |
| | 2011 | 상주 | 1 | 1 | 0 | 0 | 0 | 2 | 0 | 0 |
| 통산 | | | 30 | 12 | 2 | 3 | 3 | 38 | 4 | 0 |

**이윤표**(李允杓) 한남대 1984.09.04

| 대회 | 연도 | 소속 | 출전 | 교체 | 득점 | 도움 | 실점 | 파울 | 경고 | 퇴장 |
|---|---|---|---|---|---|---|---|---|---|---|
| K1 | 2008 | 전남 | 1 | 1 | 0 | 0 | 0 | 0 | 0 | 0 |
| | 2009 | 대전 | 13 | 3 | 0 | 0 | 0 | 24 | 3 | 0 |
| | 2010 | 서울 | 0 | 0 | 0 | 0 | 0 | 0 | 0 | 0 |
| | 2011 | 인천 | 22 | 5 | 0 | 1 | 0 | 36 | 5 | 0 |
| | 2012 | 인천 | 37 | 1 | 3 | 1 | 0 | 70 | 12 | 0 |
| | 2013 | 인천 | 30 | 1 | 1 | 1 | 0 | 57 | 10 | 0 |
| | 2014 | 인천 | 37 | 1 | 0 | 1 | 0 | 56 | 2 | 0 |
| | 2015 | 인천 | 15 | 3 | 0 | 0 | 0 | 10 | 2 | 0 |
| | 2016 | 인천 | 24 | 2 | 1 | 0 | 0 | 40 | 8 | 0 |
| | 2017 | 인천 | 32 | 1 | 0 | 2 | 0 | 35 | 4 | 0 |
| | 2018 | 인천 | 15 | 2 | 1 | 2 | 0 | 12 | 3 | 0 |
| 컵 | 2009 | 대전 | 4 | 1 | 0 | 0 | 0 | 10 | 3 | 0 |
| | 2010 | 서울 | 0 | 0 | 0 | 0 | 0 | 0 | 0 | 0 |
| | 2011 | 인천 | 2 | 0 | 0 | 0 | 0 | 4 | 2 | 0 |
| 통산 | | | 232 | 21 | 6 | 8 | 0 | 354 | 54 | 0 |

**이윤호**(李尹鎬) 고려대 1990.03.20

| 대회 | 연도 | 소속 | 출전 | 교체 | 득점 | 도움 | 실점 | 파울 | 경고 | 퇴장 |
|---|---|---|---|---|---|---|---|---|---|---|
| 컵 | 2011 | 제주 | 0 | 0 | 0 | 0 | 0 | 0 | 0 | 0 |
| 통산 | | | 0 | 0 | 0 | 0 | 0 | 0 | 0 | 0 |

**이윤환**(李閏煥) 대신고 1996.10.16

| 대회 | 연도 | 소속 | 출전 | 교체 | 득점 | 도움 | 실점 | 파울 | 경고 | 퇴장 |
|---|---|---|---|---|---|---|---|---|---|---|
| K2 | 2016 | 부천 | 0 | 0 | 0 | 0 | 0 | 0 | 0 | 0 |
| | 2017 | 부천 | 1 | 1 | 1 | 0 | 0 | 0 | 0 | 0 |
| 통산 | | | 1 | 1 | 1 | 0 | 0 | 0 | 0 | 0 |

**이으뜸**(李으뜸) 용인대 1989.09.02

| 대회 | 연도 | 소속 | 출전 | 교체 | 득점 | 도움 | 실점 | 파울 | 경고 | 퇴장 |
|---|---|---|---|---|---|---|---|---|---|---|
| K1 | 2015 | 광주 | 24 | 6 | 0 | 4 | 0 | 27 | 5 | 0 |
| | 2016 | 광주 | 24 | 9 | 0 | 4 | 0 | 21 | 7 | 0 |
| | 2020 | 광주 | 15 | 5 | 0 | 3 | 0 | 9 | 0 | 0 |
| | 2021 | 광주 | 28 | 12 | 0 | 3 | 0 | 14 | 3 | 0 |
| | 2023 | 광주 | 2 | 2 | 0 | 0 | 0 | 0 | 0 | 0 |
| | 2024 | 광주 | 3 | 3 | 0 | 0 | 0 | 1 | 1 | 0 |
| K2 | 2013 | 안양 | 10 | 1 | 0 | 1 | 0 | 12 | 2 | 0 |
| | 2014 | 안양 | 31 | 3 | 1 | 2 | 0 | 33 | 4 | 0 |
| | 2017 | 아산 | 9 | 3 | 0 | 0 | 0 | 12 | 1 | 0 |
| | 2018 | 광주 | 10 | 3 | 0 | 4 | 0 | 10 | 0 | 0 |
| | 2018 | 아산 | 2 | 0 | 0 | 1 | 0 | 3 | 1 | 0 |
| | 2019 | 광주 | 30 | 4 | 5 | 3 | 0 | 21 | 3 | 0 |
| | 2022 | 광주 | 30 | 16 | 2 | 9 | 0 | 24 | 3 | 0 |
| PO | 2017 | 아산 | 1 | 0 | 0 | 0 | 0 | 2 | 0 | 1 |
| 통산 | | | 219 | 67 | 8 | 34 | 0 | 189 | 30 | 1 |

**이은범**(李殷汎) 서남대 1996.01.30

| 대회 | 연도 | 소속 | 출전 | 교체 | 득점 | 도움 | 실점 | 파울 | 경고 | 퇴장 |
|---|---|---|---|---|---|---|---|---|---|---|
| K1 | 2017 | 제주 | 14 | 14 | 2 | 0 | 0 | 18 | 4 | 0 |
| | 2018 | 제주 | 9 | 7 | 0 | 0 | 0 | 11 | 1 | 0 |
| | 2019 | 성남 | 7 | 3 | 0 | 0 | 0 | 8 | 5 | 0 |
| | 2019 | 제주 | 7 | 6 | 0 | 1 | 0 | 3 | 1 | 0 |
| K2 | 2020 | 제주 | 1 | 1 | 0 | 0 | 0 | 0 | 0 | 0 |
| | 2020 | 충남아산 | 15 | 1 | 1 | 1 | 0 | 25 | 2 | 0 |
| | 2021 | 충남아산 | 25 | 0 | 1 | 0 | 0 | 24 | 4 | 0 |
| | 2022 | 충남아산 | 38 | 2 | 0 | 0 | 0 | 30 | 8 | 0 |
| | 2023 | 충남아산 | 28 | 3 | 1 | 0 | 0 | 30 | 10 | 0 |
| | 2024 | 충남아산 | 31 | 5 | 1 | 1 | 0 | 18 | 5 | 0 |
| | 2025 | 충남아산 | 14 | 0 | 0 | 1 | 0 | 10 | 2 | 0 |
| PO | 2024 | 충남아산 | 2 | 0 | 0 | 0 | 0 | 2 | 0 | 0 |

| 대회 | 연도 | 소속 | 출전 | 교체 | 득점 | 도움 | 실점 | 파울 | 경고 | 퇴장 |
|---|---|---|---|---|---|---|---|---|---|---|
| 통산 | | | 191 | 42 | 6 | 4 | 0 | 179 | 42 | 0 |

**이은재**(李恩宰) 진위고 2003.03.13

| 대회 | 연도 | 소속 | 출전 | 교체 | 득점 | 도움 | 실점 | 파울 | 경고 | 퇴장 |
|---|---|---|---|---|---|---|---|---|---|---|
| K2 | 2022 | 대전 | 0 | 0 | 0 | 0 | 0 | 0 | 0 | 0 |
| | 2025 | 화성 | 2 | 2 | 0 | 0 | 0 | 0 | 0 | 0 |
| 통산 | | | 2 | 2 | 0 | 0 | 0 | 0 | 0 | 0 |

**이을용**(李乙容) 강릉상고 1975.09.08

| 대회 | 연도 | 소속 | 출전 | 교체 | 득점 | 도움 | 실점 | 파울 | 경고 | 퇴장 |
|---|---|---|---|---|---|---|---|---|---|---|
| K1 | 1998 | 부천SK | 14 | 5 | 3 | 0 | 0 | 23 | 4 | 0 |
| | 1999 | 부천SK | 15 | 2 | 1 | 0 | 0 | 31 | 2 | 0 |
| | 2000 | 부천SK | 22 | 3 | 3 | 0 | 0 | 45 | 3 | 0 |
| | 2001 | 부천SK | 26 | 4 | 2 | 1 | 0 | 39 | 3 | 0 |
| | 2002 | 부천SK | 6 | 3 | 0 | 1 | 0 | 5 | 1 | 0 |
| | 2003 | 안양LG | 17 | 2 | 0 | 2 | 0 | 38 | 5 | 0 |
| | 2004 | 서울 | 10 | 1 | 0 | 0 | 0 | 25 | 3 | 0 |
| | 2006 | 서울 | 13 | 0 | 0 | 0 | 0 | 29 | 3 | 0 |
| | 2007 | 서울 | 22 | 4 | 0 | 2 | 0 | 28 | 4 | 0 |
| | 2008 | 서울 | 19 | 9 | 0 | 1 | 0 | 30 | 3 | 0 |
| | 2009 | 강원 | 22 | 3 | 0 | 2 | 0 | 22 | 3 | 0 |
| | 2010 | 강원 | 17 | 10 | 0 | 0 | 0 | 16 | 2 | 0 |
| | 2011 | 강원 | 19 | 10 | 1 | 1 | 0 | 26 | 1 | 0 |
| PO | 1999 | 부천SK | 2 | 1 | 0 | 0 | 0 | 4 | 0 | 0 |
| | 2000 | 부천SK | 5 | 0 | 2 | 1 | 0 | 10 | 0 | 0 |
| | 2006 | 서울 | 1 | 0 | 0 | 0 | 0 | 5 | 1 | 0 |
| | 2008 | 서울 | 2 | 2 | 0 | 0 | 0 | 1 | 0 | 0 |
| 컵 | 1998 | 부천SK | 19 | 1 | 0 | 0 | 0 | 51 | 3 | 0 |
| | 1999 | 부천SK | 8 | 2 | 0 | 0 | 0 | 14 | 0 | 0 |
| | 2000 | 부천SK | 10 | 3 | 0 | 0 | 0 | 16 | 1 | 0 |
| | 2002 | 부천SK | 1 | 0 | 0 | 0 | 0 | 0 | 0 | 0 |
| | 2007 | 서울 | 8 | 4 | 1 | 0 | 0 | 14 | 2 | 0 |
| | 2008 | 서울 | 9 | 5 | 0 | 1 | 0 | 9 | 0 | 0 |
| | 2009 | 강원 | 2 | 0 | 0 | 0 | 0 | 4 | 0 | 0 |
| | 2011 | 강원 | 1 | 0 | 0 | 0 | 0 | 1 | 1 | 0 |
| 통산 | | | 290 | 74 | 13 | 12 | 0 | 486 | 45 | 0 |

**이응제**(李應濟) 고려대 1980.04.07

| 대회 | 연도 | 소속 | 출전 | 교체 | 득점 | 도움 | 실점 | 파울 | 경고 | 퇴장 |
|---|---|---|---|---|---|---|---|---|---|---|
| K1 | 2003 | 전북 | 3 | 1 | 0 | 0 | 0 | 5 | 1 | 0 |
| | 2004 | 전북 | 1 | 1 | 0 | 0 | 0 | 0 | 0 | 0 |
| | 2005 | 광주상무 | 8 | 4 | 0 | 0 | 0 | 10 | 3 | 0 |
| | 2006 | 광주상무 | 2 | 1 | 0 | 0 | 0 | 0 | 0 | 0 |
| 컵 | 2004 | 전북 | 2 | 0 | 0 | 0 | 0 | 6 | 0 | 0 |
| | 2005 | 광주상무 | 5 | 4 | 0 | 0 | 0 | 8 | 1 | 0 |
| | 2006 | 광주상무 | 4 | 1 | 0 | 0 | 0 | 3 | 1 | 0 |
| | 2007 | 전북 | 5 | 3 | 0 | 0 | 0 | 6 | 0 | 0 |
| 통산 | | | 30 | 15 | 0 | 0 | 0 | 38 | 6 | 0 |

**이의형**(李宜炯) 단국대 1998.03.03

| 대회 | 연도 | 소속 | 출전 | 교체 | 득점 | 도움 | 실점 | 파울 | 경고 | 퇴장 |
|---|---|---|---|---|---|---|---|---|---|---|
| K2 | 2021 | 경남 | 6 | 6 | 0 | 0 | 0 | 1 | 1 | 0 |
| | 2022 | 경남 | 9 | 5 | 2 | 0 | 0 | 15 | 2 | 0 |
| | 2022 | 부천 | 13 | 13 | 0 | 0 | 0 | 10 | 2 | 0 |
| | 2023 | 부천 | 23 | 20 | 4 | 2 | 0 | 14 | 1 | 0 |
| | 2024 | 부천 | 19 | 19 | 2 | 2 | 0 | 10 | 2 | 0 |
| | 2025 | 부천 | 23 | 23 | 4 | 0 | 0 | 10 | 3 | 1 |
| PO | 2023 | 부천 | 1 | 1 | 0 | 0 | 0 | 0 | 0 | 0 |
| | 2025 | 부천 | 3 | 3 | 0 | 0 | 0 | 1 | 0 | 0 |
| 통산 | | | 97 | 90 | 12 | 4 | 0 | 61 | 11 | 1 |

**이인규**(李寅圭) 남부대 1992.09.16

| 대회 | 연도 | 소속 | 출전 | 교체 | 득점 | 도움 | 실점 | 파울 | 경고 | 퇴장 |
|---|---|---|---|---|---|---|---|---|---|---|
| K1 | 2014 | 전남 | 4 | 4 | 0 | 0 | 0 | 2 | 0 | 0 |
| K2 | 2018 | 광주 | 9 | 9 | 0 | 1 | 0 | 5 | 1 | 0 |
| | 2019 | 대전 | 12 | 4 | 0 | 0 | 0 | 9 | 1 | 0 |
| | 2019 | 부천 | 16 | 3 | 0 | 0 | 0 | 11 | 0 | 0 |
| | 2020 | 대전 | 1 | 1 | 0 | 0 | 0 | 0 | 0 | 0 |
| 통산 | | | 42 | 21 | 0 | 1 | 0 | 27 | 2 | 0 |

**이인규**(李仁揆) 오산고 2000.01.16

| 대회 | 연도 | 소속 | 출전 | 교체 | 득점 | 도움 | 실점 | 파울 | 경고 | 퇴장 |
|---|---|---|---|---|---|---|---|---|---|---|
| K1 | 2019 | 서울 | 6 | 6 | 1 | 0 | 0 | 3 | 0 | 0 |
| | 2020 | 서울 | 0 | 0 | 0 | 0 | 0 | 0 | 0 | 0 |
| | 2021 | 서울 | 8 | 9 | 0 | 0 | 0 | 3 | 1 | 0 |
| 통산 | | | 14 | 15 | 1 | 0 | 0 | 6 | 1 | 0 |

**이인수**(李寅洙) 선문대 1993.11.16

| 대회 | 연도 | 소속 | 출전 | 교체 | 득점 | 도움 | 실점 | 파울 | 경고 | 퇴장 |
|---|---|---|---|---|---|---|---|---|---|---|
| K1 | 2016 | 수원FC | 5 | 0 | 0 | 0 | 9 | 0 | 0 | 0 |
| K2 | 2015 | 수원FC | 19 | 0 | 0 | 0 | 33 | 0 | 0 | 0 |
| | 2017 | 수원FC | 0 | 0 | 0 | 0 | 0 | 0 | 0 | 0 |
| | 2018 | 수원FC | 0 | 0 | 0 | 0 | 0 | 0 | 0 | 0 |
| PO | 2015 | 수원FC | 0 | 0 | 0 | 0 | 0 | 0 | 0 | 0 |
| 통산 | | | 24 | 0 | 0 | 0 | 42 | 0 | 0 | 0 |

**이인식**(李仁植) 단국대 1983.02.14

| 대회 | 연도 | 소속 | 출전 | 교체 | 득점 | 도움 | 실점 | 파울 | 경고 | 퇴장 |
|---|---|---|---|---|---|---|---|---|---|---|
| K1 | 2005 | 전북 | 0 | 0 | 0 | 0 | 0 | 0 | 0 | 0 |
| | 2008 | 제주 | 0 | 0 | 0 | 0 | 0 | 0 | 0 | 0 |
| | 2010 | 제주 | 3 | 3 | 0 | 0 | 0 | 0 | 0 | 0 |
| PO | 2010 | 제주 | 0 | 0 | 0 | 0 | 0 | 0 | 0 | 0 |
| 컵 | 2006 | 전북 | 2 | 1 | 0 | 0 | 0 | 5 | 0 | 0 |
| | 2008 | 제주 | 2 | 1 | 0 | 0 | 0 | 3 | 0 | 0 |
| 통산 | | | 7 | 5 | 0 | 0 | 0 | 8 | 0 | 0 |

**이인식**(李仁植) 중앙대 1991.09.20

| 대회 | 연도 | 소속 | 출전 | 교체 | 득점 | 도움 | 실점 | 파울 | 경고 | 퇴장 |
|---|---|---|---|---|---|---|---|---|---|---|
| K2 | 2014 | 대전 | 6 | 5 | 0 | 0 | 0 | 11 | 1 | 0 |
| 통산 | | | 6 | 5 | 0 | 0 | 0 | 11 | 1 | 0 |

**이인재**(李仁載) 중앙대 1967.01.02

| 대회 | 연도 | 소속 | 출전 | 교체 | 득점 | 도움 | 실점 | 파울 | 경고 | 퇴장 |
|---|---|---|---|---|---|---|---|---|---|---|
| K1 | 1989 | 럭키금성 | 30 | 19 | 5 | 3 | 0 | 27 | 2 | 0 |
| | 1990 | 럭키금성 | 17 | 16 | 2 | 2 | 0 | 5 | 0 | 0 |
| | 1991 | LG | 14 | 13 | 0 | 0 | 0 | 3 | 0 | 0 |
| | 1992 | LG | 14 | 13 | 0 | 0 | 0 | 9 | 1 | 0 |
| | 1993 | LG | 16 | 16 | 0 | 0 | 0 | 17 | 1 | 0 |
| | 1994 | LG | 14 | 6 | 3 | 1 | 0 | 7 | 2 | 0 |
| | 1996 | 안양LG | 4 | 3 | 0 | 0 | 0 | 1 | 0 | 0 |
| | 1997 | 안양LG | 1 | 1 | 0 | 0 | 0 | 2 | 0 | 0 |
| 컵 | 1992 | LG | 7 | 3 | 0 | 3 | 0 | 9 | 0 | 0 |
| | 1993 | LG | 5 | 5 | 1 | 0 | 0 | 5 | 1 | 0 |
| | 1994 | LG | 5 | 2 | 1 | 0 | 0 | 8 | 1 | 0 |
| | 1996 | 안양LG | 7 | 7 | 0 | 1 | 0 | 4 | 0 | 0 |
| | 1997 | 안양LG | 3 | 4 | 0 | 0 | 0 | 2 | 1 | 0 |
| 통산 | | | 137 | 108 | 12 | 10 | 0 | 99 | 9 | 0 |

**이인재**(李仁在) 단국대 1992.05.13

| 대회 | 연도 | 소속 | 출전 | 교체 | 득점 | 도움 | 실점 | 파울 | 경고 | 퇴장 |
|---|---|---|---|---|---|---|---|---|---|---|
| K2 | 2017 | 안산 | 16 | 3 | 2 | 0 | 0 | 12 | 3 | 0 |
| | 2018 | 안산 | 29 | 1 | 1 | 0 | 0 | 18 | 3 | 0 |
| | 2019 | 안산 | 36 | 0 | 2 | 0 | 0 | 25 | 2 | 0 |
| | 2020 | 안산 | 21 | 0 | 0 | 0 | 0 | 17 | 4 | 0 |
| | 2021 | 서울E | 21 | 4 | 0 | 1 | 0 | 18 | 3 | 0 |
| | 2022 | 서울E | 14 | 5 | 0 | 0 | 0 | 8 | 1 | 0 |
| | 2023 | 서울E | 25 | 5 | 0 | 3 | 0 | 16 | 3 | 0 |
| | 2024 | 서울E | 18 | 7 | 1 | 0 | 0 | 10 | 2 | 0 |
| | 2025 | 김포 | 1 | 1 | 0 | 0 | 0 | 0 | 0 | 0 |
| PO | 2024 | 서울E | 2 | 2 | 0 | 0 | 0 | 1 | 0 | 0 |
| 통산 | | | 183 | 28 | 6 | 4 | 0 | 125 | 21 | 0 |

**이임생**(李林生) 고려대학원 1971.11.18

| 대회 | 연도 | 소속 | 출전 | 교체 | 득점 | 도움 | 실점 | 파울 | 경고 | 퇴장 |
|---|---|---|---|---|---|---|---|---|---|---|
| K1 | 1994 | 유공 | 13 | 0 | 0 | 0 | 0 | 19 | 1 | 0 |
| | 1995 | 유공 | 18 | 3 | 0 | 1 | 0 | 24 | 3 | 0 |
| | 1996 | 부천유공 | 17 | 5 | 0 | 0 | 0 | 33 | 4 | 0 |
| | 1998 | 부천SK | 17 | 1 | 0 | 1 | 0 | 27 | 1 | 0 |
| | 1999 | 부천SK | 23 | 3 | 2 | 0 | 0 | 42 | 1 | 0 |
| | 2000 | 부천SK | 24 | 0 | 2 | 0 | 0 | 45 | 3 | 1 |
| | 2001 | 부천SK | 3 | 0 | 1 | 0 | 0 | 6 | 1 | 0 |
| | 2002 | 부천SK | 24 | 2 | 2 | 0 | 0 | 32 | 4 | 0 |
| | 2003 | 부산 | 29 | 2 | 0 | 1 | 0 | 38 | 6 | 0 |
| PO | 1999 | 부천SK | 2 | 0 | 0 | 0 | 0 | 3 | 0 | 0 |
| | 2000 | 부천SK | 5 | 0 | 1 | 0 | 0 | 8 | 1 | 0 |
| 컵 | 1995 | 유공 | 6 | 2 | 0 | 0 | 0 | 6 | 0 | 0 |
| | 1996 | 부천유공 | 5 | 2 | 0 | 0 | 0 | 5 | 2 | 0 |
| | 1997 | 부천SK | 2 | 2 | 0 | 0 | 0 | 0 | 0 | 0 |
| | 1998 | 부천SK | 9 | 2 | 0 | 0 | 0 | 20 | 1 | 0 |
| | 1999 | 부천SK | 9 | 0 | 0 | 0 | 0 | 17 | 3 | 0 |
| | 2000 | 부천SK | 10 | 0 | 2 | 2 | 0 | 24 | 0 | 0 |
| | 2001 | 부천SK | 8 | 0 | 0 | 0 | 0 | 10 | 0 | 0 |
| | 2002 | 부천SK | 5 | 0 | 1 | 0 | 0 | 12 | 2 | 0 |
| 통산 | | | 229 | 24 | 11 | 5 | 0 | 371 | 33 | 1 |

**이장관**(李將寬) 아주대 1974.07.04

| 대회 | 연도 | 소속 | 출전 | 교체 | 득점 | 도움 | 실점 | 파울 | 경고 | 퇴장 |
|---|---|---|---|---|---|---|---|---|---|---|
| K1 | 1997 | 부산 | 11 | 10 | 1 | 0 | 0 | 14 | 2 | 0 |
| | 1998 | 부산 | 16 | 3 | 0 | 0 | 0 | 26 | 3 | 0 |
| | 1999 | 부산 | 19 | 4 | 0 | 0 | 0 | 35 | 5 | 0 |
| | 2000 | 부산 | 23 | 5 | 1 | 0 | 0 | 45 | 7 | 0 |
| | 2001 | 부산 | 21 | 14 | 0 | 0 | 0 | 28 | 2 | 0 |
| | 2002 | 부산 | 17 | 16 | 0 | 1 | 0 | 15 | 1 | 0 |
| | 2003 | 부산 | 41 | 1 | 0 | 1 | 0 | 55 | 4 | 1 |
| | 2004 | 부산 | 23 | 2 | 0 | 0 | 0 | 35 | 3 | 0 |
| | 2005 | 부산 | 21 | 0 | 0 | 0 | 0 | 17 | 2 | 0 |
| | 2006 | 부산 | 22 | 1 | 0 | 1 | 0 | 31 | 3 | 0 |
| | 2007 | 부산 | 19 | 2 | 0 | 1 | 0 | 19 | 0 | 0 |
| | 2008 | 인천 | 3 | 2 | 0 | 0 | 0 | 5 | 0 | 0 |
| PO | 1999 | 부산 | 5 | 2 | 0 | 0 | 0 | 12 | 2 | 0 |
| | 2005 | 부산 | 1 | 0 | 0 | 0 | 0 | 0 | 0 | 0 |
| 컵 | 1997 | 부산 | 15 | 10 | 1 | 0 | 0 | 16 | 1 | 0 |
| | 1998 | 부산 | 16 | 2 | 0 | 2 | 0 | 27 | 1 | 0 |
| | 1999 | 부산 | 10 | 1 | 0 | 1 | 0 | 15 | 1 | 0 |
| | 2000 | 부산 | 10 | 1 | 0 | 1 | 0 | 14 | 1 | 0 |
| | 2001 | 부산 | 11 | 8 | 0 | 0 | 0 | 11 | 0 | 0 |
| | 2002 | 부산 | 8 | 5 | 0 | 0 | 0 | 11 | 1 | 0 |
| | 2004 | 부산 | 11 | 0 | 0 | 1 | 0 | 15 | 3 | 0 |
| | 2005 | 부산 | 10 | 1 | 0 | 0 | 0 | 16 | 3 | 0 |
| | 2006 | 부산 | 11 | 2 | 1 | 0 | 0 | 13 | 0 | 0 |
| | 2007 | 부산 | 7 | 1 | 0 | 0 | 0 | 6 | 2 | 0 |
| | 2008 | 인천 | 3 | 1 | 0 | 0 | 0 | 6 | 0 | 0 |
| 통산 | | | 354 | 94 | 4 | 9 | 0 | 487 | 47 | 1 |

**이장군**(李長君) 조선대 1971.03.15

| 대회 | 연도 | 소속 | 출전 | 교체 | 득점 | 도움 | 실점 | 파울 | 경고 | 퇴장 |
|---|---|---|---|---|---|---|---|---|---|---|
| K1 | 1995 | 유공 | 0 | 0 | 0 | 0 | 0 | 0 | 0 | 0 |
| 컵 | 1994 | 유공 | 1 | 1 | 0 | 0 | 0 | 0 | 0 | 0 |
| 통산 | | | 1 | 1 | 0 | 0 | 0 | 0 | 0 | 0 |

**이장수**(李章洙) 연세대 1956.10.15

| 대회 | 연도 | 소속 | 출전 | 교체 | 득점 | 도움 | 실점 | 파울 | 경고 | 퇴장 |
|---|---|---|---|---|---|---|---|---|---|---|
| K1 | 1983 | 유공 | 10 | 0 | 6 | 1 | 0 | 9 | 3 | 0 |
| | 1984 | 유공 | 24 | 9 | 2 | 1 | 0 | 20 | 0 | 0 |
| | 1985 | 유공 | 12 | 2 | 0 | 0 | 0 | 17 | 1 | 0 |
| | 1986 | 유공 | 7 | 2 | 0 | 1 | 0 | 2 | 1 | 0 |
| PO | 1984 | 유공 | 1 | 1 | 0 | 0 | 0 | 0 | 0 | 0 |
| 컵 | 1986 | 유공 | 5 | 1 | 0 | 0 | 0 | 5 | 0 | 0 |
| 통산 | | | 59 | 15 | 8 | 3 | 0 | 53 | 5 | 0 |

**이장욱**(李章旭) 통진종고 1970.07.02

| 대회 | 연도 | 소속 | 출전 | 교체 | 득점 | 도움 | 실점 | 파울 | 경고 | 퇴장 |
|---|---|---|---|---|---|---|---|---|---|---|
| K1 | 1989 | 럭키금성 | 19 | 17 | 1 | 0 | 0 | 7 | 2 | 0 |
| | 1990 | 럭키금성 | 8 | 6 | 0 | 0 | 0 | 5 | 0 | 0 |
| | 1991 | LG | 27 | 21 | 2 | 0 | 0 | 23 | 3 | 0 |
| 통산 | | | 54 | 44 | 3 | 0 | 0 | 35 | 5 | 0 |

**이재건**(李載建) 송호대 1997.02.22

| 대회 | 연도 | 소속 | 출전 | 교체 | 득점 | 도움 | 실점 | 파울 | 경고 | 퇴장 |
|---|---|---|---|---|---|---|---|---|---|---|
| K2 | 2019 | 아산 | 16 | 15 | 0 | 2 | 0 | 11 | 2 | 0 |
| | 2020 | 충남아산 | 24 | 12 | 4 | 1 | 0 | 20 | 2 | 0 |
| | 2021 | 충남아산 | 1 | 1 | 0 | 0 | 0 | 0 | 0 | 0 |
| 통산 | | | 41 | 28 | 4 | 3 | 0 | 31 | 4 | 0 |

**이재광**(李在光) 인천대 1989.10.19

| 대회 | 연도 | 소속 | 출전 | 교체 | 득점 | 도움 | 실점 | 파울 | 경고 | 퇴장 |
|---|---|---|---|---|---|---|---|---|---|---|
| K1 | 2012 | 성남일화 | 3 | 2 | 0 | 0 | 0 | 3 | 0 | 0 |
| 통산 | | | 3 | 2 | 0 | 0 | 0 | 3 | 0 | 0 |

**이재권**(李在權) 고려대 1987.07.30

| 대회 | 연도 | 소속 | 출전 | 교체 | 득점 | 도움 | 실점 | 파울 | 경고 | 퇴장 |
|---|---|---|---|---|---|---|---|---|---|---|
| K1 | 2010 | 인천 | 27 | 8 | 1 | 1 | 0 | 49 | 4 | 0 |
| | 2011 | 인천 | 27 | 6 | 0 | 3 | 0 | 42 | 8 | 0 |
| | 2012 | 서울 | 6 | 6 | 0 | 0 | 0 | 5 | 1 | 0 |
| | 2013 | 서울 | 1 | 1 | 0 | 0 | 0 | 0 | 0 | 0 |
| | 2017 | 대구 | 11 | 8 | 0 | 0 | 0 | 11 | 1 | 0 |
| | 2019 | 강원 | 6 | 3 | 0 | 0 | 0 | 6 | 0 | 1 |
| | 2020 | 강원 | 14 | 6 | 1 | 2 | 0 | 33 | 5 | 0 |
| K2 | 2014 | 안산경찰 | 34 | 12 | 6 | 2 | 0 | 47 | 8 | 0 |
| | 2015 | 안산경찰 | 10 | 7 | 0 | 1 | 0 | 9 | 4 | 0 |
| | 2016 | 대구 | 39 | 12 | 2 | 3 | 0 | 53 | 4 | 0 |
| | 2017 | 부산 | 13 | 2 | 2 | 0 | 0 | 22 | 4 | 0 |
| | 2018 | 부산 | 27 | 2 | 0 | 5 | 0 | 42 | 8 | 1 |
| PO | 2014 | 안산경찰 | 1 | 0 | 0 | 0 | 0 | 2 | 2 | 0 |
| | 2017 | 부산 | 3 | 0 | 0 | 0 | 0 | 7 | 0 | 0 |
| | 2018 | 부산 | 3 | 0 | 0 | 1 | 0 | 8 | 0 | 0 |
| 컵 | 2010 | 인천 | 3 | 0 | 0 | 0 | 0 | 4 | 1 | 0 |
| | 2011 | 인천 | 2 | 0 | 0 | 1 | 0 | 1 | 1 | 0 |
| 통산 | | | 227 | 73 | 12 | 19 | 0 | 341 | 51 | 2 |

**이재명**(李在明) 진주고 1991.07.25

| 대회 | 연도 | 소속 | 출전 | 교체 | 득점 | 도움 | 실점 | 파울 | 경고 | 퇴장 |
|---|---|---|---|---|---|---|---|---|---|---|
| K1 | 2010 | 경남 | 9 | 4 | 0 | 0 | 0 | 11 | 1 | 0 |
| | 2011 | 경남 | 13 | 6 | 0 | 0 | 0 | 21 | 1 | 0 |
| | 2012 | 경남 | 33 | 1 | 0 | 3 | 0 | 35 | 2 | 0 |
| | 2013 | 전북 | 23 | 1 | 0 | 2 | 0 | 32 | 4 | 0 |
| | 2014 | 전북 | 8 | 1 | 0 | 2 | 0 | 12 | 2 | 0 |
| | 2015 | 전북 | 3 | 1 | 1 | 0 | 0 | 3 | 0 | 0 |
| | 2016 | 상주 | 9 | 5 | 0 | 0 | 0 | 7 | 2 | 0 |
| | 2017 | 전북 | 1 | 1 | 0 | 0 | 0 | 1 | 0 | 0 |
| | 2017 | 상주 | 1 | 1 | 0 | 0 | 0 | 1 | 0 | 0 |
| | 2018 | 경남 | 5 | 1 | 0 | 1 | 0 | 5 | 1 | 0 |
| | 2019 | 경남 | 8 | 2 | 0 | 0 | 0 | 9 | 2 | 0 |
| K2 | 2020 | 경남 | 10 | 1 | 0 | 0 | 0 | 16 | 2 | 0 |
| | 2022 | 경남 | 17 | 14 | 0 | 1 | 0 | 10 | 1 | 0 |
| | 2023 | 경남 | 0 | 0 | 0 | 0 | 0 | 0 | 0 | 0 |
| PO | 2010 | 경남 | 0 | 0 | 0 | 0 | 0 | 0 | 0 | 0 |
| | 2019 | 경남 | 2 | 1 | 0 | 0 | 0 | 5 | 1 | 0 |
| 컵 | 2010 | 경남 | 0 | 0 | 0 | 0 | 0 | 0 | 0 | 0 |
| | 2011 | 경남 | 5 | 0 | 0 | 0 | 0 | 12 | 2 | 0 |
| 통산 | | | 147 | 40 | 1 | 9 | 0 | 180 | 21 | 0 |

**이재민**(李載珉) 명지대 1991.02.05

| 대회 | 연도 | 소속 | 출전 | 교체 | 득점 | 도움 | 실점 | 파울 | 경고 | 퇴장 |
|---|---|---|---|---|---|---|---|---|---|---|
| K1 | 2013 | 경남 | 3 | 2 | 0 | 0 | 0 | 2 | 0 | 0 |
| 통산 | | | 3 | 2 | 0 | 0 | 0 | 2 | 0 | 0 |

**이재성**(李在成) 한양대 1985.06.06

| 대회 | 연도 | 소속 | 출전 | 교체 | 득점 | 도움 | 실점 | 파울 | 경고 | 퇴장 |
|---|---|---|---|---|---|---|---|---|---|---|
| K1 | 2008 | 전남 | 2 | 2 | 0 | 0 | 0 | 2 | 0 | 0 |
| 컵 | 2008 | 전남 | 1 | 1 | 0 | 0 | 0 | 1 | 0 | 0 |
| | 2009 | 전남 | 1 | 1 | 0 | 0 | 0 | 1 | 0 | 0 |
| 통산 | | | 4 | 4 | 0 | 0 | 0 | 4 | 0 | 0 |

**이재성**(李宰誠) 고려대 1988.07.05

| 대회 | 연도 | 소속 | 출전 | 교체 | 득점 | 도움 | 실점 | 파울 | 경고 | 퇴장 |
|---|---|---|---|---|---|---|---|---|---|---|
| K1 | 2009 | 수원 | 11 | 2 | 1 | 0 | 0 | 16 | 3 | 0 |
| | 2010 | 울산 | 13 | 7 | 0 | 0 | 0 | 9 | 1 | 0 |
| | 2011 | 울산 | 19 | 4 | 2 | 0 | 0 | 16 | 3 | 0 |
| | 2012 | 울산 | 35 | 9 | 2 | 0 | 0 | 46 | 4 | 0 |
| | 2014 | 울산 | 9 | 1 | 1 | 0 | 0 | 8 | 0 | 0 |
| | 2014 | 상주 | 10 | 1 | 0 | 0 | 0 | 7 | 0 | 1 |
| | 2015 | 울산 | 11 | 2 | 0 | 0 | 0 | 8 | 3 | 0 |
| | 2016 | 울산 | 25 | 2 | 2 | 0 | 0 | 15 | 3 | 0 |
| | 2017 | 전북 | 21 | 4 | 2 | 0 | 0 | 20 | 3 | 0 |
| | 2018 | 전북 | 5 | 3 | 0 | 0 | 0 | 5 | 2 | 1 |
| | 2019 | 인천 | 20 | 0 | 1 | 0 | 0 | 19 | 4 | 0 |
| | 2020 | 인천 | 9 | 0 | 0 | 0 | 0 | 12 | 2 | 0 |
| | 2023 | 수원FC | 7 | 2 | 0 | 0 | 0 | 3 | 0 | 0 |
| K2 | 2013 | 상주 | 27 | 3 | 2 | 1 | 0 | 21 | 3 | 0 |
| | 2022 | 충남아산 | 20 | 2 | 0 | 0 | 0 | 14 | 2 | 0 |
| | 2023 | 충남아산 | 7 | 1 | 1 | 0 | 0 | 10 | 3 | 0 |
| PO | 2010 | 울산 | 1 | 1 | 0 | 0 | 0 | 1 | 0 | 0 |
| | 2011 | 울산 | 4 | 0 | 0 | 1 | 0 | 9 | 2 | 0 |
| | 2013 | 상주 | 2 | 0 | 0 | 0 | 0 | 3 | 0 | 0 |
| 컵 | 2010 | 울산 | 1 | 1 | 0 | 0 | 0 | 0 | 0 | 0 |
| | 2011 | 울산 | 4 | 1 | 0 | 0 | 0 | 6 | 0 | 0 |
| 통산 | | | 261 | 46 | 14 | 2 | 0 | 248 | 38 | 2 |

**이재성**(李在成) 고려대 1992.08.10

| 대회 | 연도 | 소속 | 출전 | 교체 | 득점 | 도움 | 실점 | 파울 | 경고 | 퇴장 |
|---|---|---|---|---|---|---|---|---|---|---|
| K1 | 2014 | 전북 | 26 | 4 | 4 | 3 | 0 | 25 | 2 | 0 |
| | 2015 | 전북 | 34 | 4 | 7 | 5 | 0 | 37 | 2 | 0 |
| | 2016 | 전북 | 32 | 3 | 3 | 11 | 0 | 40 | 6 | 0 |
| | 2017 | 전북 | 28 | 6 | 8 | 10 | 0 | 23 | 2 | 0 |
| | 2018 | 전북 | 17 | 10 | 4 | 3 | 0 | 13 | 0 | 0 |
| 통산 | | | 137 | 27 | 26 | 32 | 0 | 138 | 12 | 0 |

**이재안**(李宰安) 한라대 1988.06.21

| 대회 | 연도 | 소속 | 출전 | 교체 | 득점 | 도움 | 실점 | 파울 | 경고 | 퇴장 |
|---|---|---|---|---|---|---|---|---|---|---|
| K1 | 2011 | 서울 | 7 | 7 | 0 | 0 | 0 | 0 | 0 | 0 |
| | 2012 | 경남 | 24 | 20 | 3 | 0 | 0 | 14 | 2 | 0 |
| | 2013 | 경남 | 37 | 14 | 7 | 1 | 0 | 15 | 3 | 0 |
| | 2014 | 경남 | 26 | 15 | 3 | 3 | 0 | 19 | 0 | 0 |
| | 2016 | 수원FC | 24 | 17 | 0 | 2 | 0 | 9 | 1 | 0 |
| K2 | 2015 | 서울E | 9 | 7 | 1 | 1 | 0 | 4 | 2 | 0 |
| | 2017 | 아산 | 22 | 19 | 6 | 1 | 0 | 8 | 1 | 0 |
| | 2018 | 아산 | 14 | 11 | 2 | 3 | 0 | 8 | 0 | 0 |
| | 2018 | 수원FC | 14 | 7 | 2 | 1 | 0 | 7 | 2 | 0 |
| | 2019 | 수원FC | 14 | 12 | 0 | 2 | 0 | 5 | 0 | 0 |
| PO | 2014 | 경남 | 1 | 1 | 0 | 0 | 0 | 0 | 0 | 0 |
| | 2015 | 서울E | 0 | 0 | 0 | 0 | 0 | 0 | 0 | 0 |
| | 2017 | 아산 | 2 | 0 | 0 | 0 | 0 | 2 | 0 | 0 |
| 컵 | 2011 | 서울 | 0 | 0 | 0 | 0 | 0 | 0 | 0 | 0 |
| 통산 | | | 194 | 130 | 24 | 14 | 0 | 91 | 11 | 0 |

**이재억**(李在億) 아주대 1989.06.03

| 대회 | 연도 | 소속 | 출전 | 교체 | 득점 | 도움 | 실점 | 파울 | 경고 | 퇴장 |
|---|---|---|---|---|---|---|---|---|---|---|
| K1 | 2013 | 전남 | 5 | 3 | 0 | 0 | 0 | 9 | 1 | 0 |
| | 2014 | 전남 | 6 | 2 | 0 | 0 | 0 | 7 | 1 | 0 |
| | 2015 | 전남 | 2 | 2 | 0 | 0 | 0 | 3 | 1 | 0 |
| K2 | 2016 | 안양 | 12 | 6 | 0 | 0 | 0 | 6 | 0 | 0 |
| 통산 | | | 25 | 13 | 0 | 0 | 0 | 25 | 3 | 0 |

**이재용**(李在用) 한라대 2002.09.20

| 대회 | 연도 | 소속 | 출전 | 교체 | 득점 | 도움 | 실점 | 파울 | 경고 | 퇴장 |
|---|---|---|---|---|---|---|---|---|---|---|
| K2 | 2022 | 안양 | 4 | 4 | 0 | 0 | 0 | 4 | 0 | 0 |
| | 2023 | 안양 | 5 | 5 | 0 | 0 | 0 | 0 | 0 | 0 |
| | 2024 | 안양 | 3 | 3 | 0 | 0 | 0 | 1 | 0 | 0 |
| 통산 | | | 12 | 12 | 0 | 0 | 0 | 5 | 0 | 0 |

**이재욱**(李在昱) 용인대 2001.03.09

| 대회 | 연도 | 소속 | 출전 | 교체 | 득점 | 도움 | 실점 | 파울 | 경고 | 퇴장 |
|---|---|---|---|---|---|---|---|---|---|---|
| K1 | 2023 | 울산 | 2 | 2 | 0 | 0 | 0 | 1 | 0 | 0 |
| | 2024 | 울산 | 1 | 1 | 0 | 0 | 0 | 2 | 0 | 0 |
| K2 | 2024 | 수원 | 4 | 4 | 0 | 0 | 0 | 2 | 1 | 0 |
| | 2025 | 성남 | 12 | 12 | 0 | 0 | 0 | 4 | 0 | 0 |
| PO | 2025 | 성남 | 1 | 1 | 0 | 0 | 0 | 0 | 0 | 0 |
| 통산 | | | 20 | 20 | 0 | 0 | 0 | 9 | 1 | 0 |

**이재원**(李哉沅) 고려대 1983.03.04

| 대회 | 연도 | 소속 | 출전 | 교체 | 득점 | 도움 | 실점 | 파울 | 경고 | 퇴장 |
|---|---|---|---|---|---|---|---|---|---|---|
| K1 | 2006 | 울산 | 6 | 6 | 0 | 0 | 0 | 5 | 1 | 0 |
| | 2007 | 울산 | 0 | 0 | 0 | 0 | 0 | 0 | 0 | 0 |
| | 2014 | 울산 | 13 | 3 | 1 | 0 | 0 | 17 | 5 | 1 |
| | 2015 | 포항 | 9 | 5 | 0 | 0 | 0 | 7 | 0 | 0 |
| | 2016 | 포항 | 10 | 6 | 0 | 0 | 0 | 10 | 0 | 0 |
| K2 | 2017 | 부천 | 3 | 3 | 0 | 0 | 0 | 3 | 1 | 0 |
| 컵 | 2006 | 울산 | 2 | 2 | 0 | 1 | 0 | 0 | 0 | 0 |
| | 2007 | 울산 | 1 | 1 | 0 | 0 | 0 | 2 | 0 | 0 |
| 통산 | | | 44 | 26 | 1 | 1 | 0 | 44 | 7 | 1 |

**이재원**(李宰源) 숭실대 1989.04.05

| 대회 | 연도 | 소속 | 출전 | 교체 | 득점 | 도움 | 실점 | 파울 | 경고 | 퇴장 |
|---|---|---|---|---|---|---|---|---|---|---|
| K2 | 2013 | 수원FC | 22 | 13 | 1 | 3 | 0 | 29 | 0 | 0 |
| 통산 | | | 22 | 13 | 1 | 3 | 0 | 29 | 0 | 0 |

**이재원**(李材元) 경희대 1997.02.21

| 대회 | 연도 | 소속 | 출전 | 교체 | 득점 | 도움 | 실점 | 파울 | 경고 | 퇴장 |
|---|---|---|---|---|---|---|---|---|---|---|
| K1 | 2019 | 성남 | 16 | 10 | 2 | 0 | 0 | 26 | 5 | 0 |
| | 2020 | 성남 | 16 | 8 | 1 | 0 | 0 | 26 | 3 | 0 |
| | 2021 | 성남 | 4 | 4 | 0 | 0 | 0 | 3 | 0 | 0 |
| | 2022 | 성남 | 19 | 14 | 0 | 0 | 0 | 14 | 1 | 0 |
| | 2023 | 강원 | 2 | 2 | 0 | 0 | 0 | 0 | 0 | 0 |
| | 2024 | 수원FC | 32 | 18 | 1 | 4 | 0 | 38 | 5 | 0 |
| | 2025 | 수원FC | 35 | 14 | 2 | 0 | 0 | 38 | 6 | 0 |
| K2 | 2023 | 성남 | 19 | 4 | 0 | 0 | 0 | 25 | 2 | 0 |
| PO | 2025 | 수원FC | 2 | 2 | 0 | 0 | 0 | 2 | 1 | 0 |
| 통산 | | | 145 | 76 | 6 | 4 | 0 | 172 | 23 | 0 |

**이재원**(李在原) 울산대 2002.05.05

| 대회 | 연도 | 소속 | 출전 | 교체 | 득점 | 도움 | 실점 | 파울 | 경고 | 퇴장 |
|---|---|---|---|---|---|---|---|---|---|---|
| K2 | 2023 | 천안 | 28 | 13 | 0 | 0 | 0 | 27 | 9 | 0 |
| | 2024 | 천안 | 15 | 11 | 0 | 0 | 0 | 9 | 0 | 1 |
| | 2025 | 부천 | 18 | 9 | 0 | 0 | 0 | 14 | 2 | 1 |
| 통산 | | | 61 | 33 | 0 | 0 | 0 | 50 | 11 | 2 |

**이재익**(李在翊) 보인고 1999.05.21

| 대회 | 연도 | 소속 | 출전 | 교체 | 득점 | 도움 | 실점 | 파울 | 경고 | 퇴장 |
|---|---|---|---|---|---|---|---|---|---|---|
| K1 | 2018 | 강원 | 8 | 6 | 0 | 0 | 0 | 9 | 2 | 0 |
| | 2019 | 강원 | 3 | 0 | 0 | 0 | 0 | 1 | 0 | 0 |
| | 2024 | 전북 | 17 | 4 | 1 | 0 | 0 | 9 | 4 | 0 |
| | 2025 | 울산 | 12 | 8 | 0 | 0 | 0 | 11 | 3 | 0 |
| K2 | 2021 | 서울E | 15 | 4 | 0 | 0 | 0 | 19 | 6 | 0 |
| | 2022 | 서울E | 29 | 6 | 1 | 0 | 0 | 27 | 0 | 1 |
| | 2023 | 서울E | 21 | 4 | 0 | 0 | 0 | 14 | 4 | 0 |
| 통산 | | | 105 | 32 | 2 | 0 | 0 | 90 | 19 | 1 |

**이재일**(李在日) 건국대 1968.03.15

| 대회 | 연도 | 소속 | 출전 | 교체 | 득점 | 도움 | 실점 | 파울 | 경고 | 퇴장 |
|---|---|---|---|---|---|---|---|---|---|---|
| K1 | 1990 | 현대 | 7 | 1 | 0 | 0 | 0 | 13 | 0 | 0 |
| | 1991 | 현대 | 11 | 8 | 0 | 1 | 0 | 9 | 2 | 0 |
| | 1992 | 현대 | 5 | 3 | 0 | 0 | 0 | 4 | 1 | 0 |
| 컵 | 1992 | 현대 | 4 | 2 | 0 | 0 | 0 | 4 | 1 | 0 |
| 통산 | | | 27 | 14 | 0 | 1 | 0 | 30 | 4 | 0 |

**이재일**(李栽一) 이리고 1955.05.30

| 대회 | 연도 | 소속 | 출전 | 교체 | 득점 | 도움 | 실점 | 파울 | 경고 | 퇴장 |
|---|---|---|---|---|---|---|---|---|---|---|
| K1 | 1983 | 할렐루야 | 1 | 0 | 0 | 0 | 1 | 0 | 0 | 1 |
| | 1984 | 포항제철 | 13 | 0 | 0 | 0 | 16 | 0 | 1 | 0 |
| 통산 | | | 14 | 0 | 0 | 0 | 17 | 0 | 1 | 1 |

**이재일**(李在日) 성균관대 1988.11.16

| 대회 | 연도 | 소속 | 출전 | 교체 | 득점 | 도움 | 실점 | 파울 | 경고 | 퇴장 |
|---|---|---|---|---|---|---|---|---|---|---|
| K1 | 2011 | 수원 | 0 | 0 | 0 | 0 | 0 | 0 | 0 | 0 |
| 컵 | 2011 | 수원 | 2 | 0 | 0 | 0 | 0 | 3 | 1 | 0 |
| 통산 | | | 2 | 0 | 0 | 0 | 0 | 3 | 1 | 0 |

**이재천** 한성대 1977.03.08

| 대회 | 연도 | 소속 | 출전 | 교체 | 득점 | 도움 | 실점 | 파울 | 경고 | 퇴장 |
|---|---|---|---|---|---|---|---|---|---|---|
| 컵 | 2000 | 안양LG | 0 | 0 | 0 | 0 | 0 | 0 | 0 | 0 |
| 통산 | | | 0 | 0 | 0 | 0 | 0 | 0 | 0 | 0 |

**이재철**(李在哲) 광운대 1975.12.25

| 대회 | 연도 | 소속 | 출전 | 교체 | 득점 | 도움 | 실점 | 파울 | 경고 | 퇴장 |
|---|---|---|---|---|---|---|---|---|---|---|
| K1 | 1999 | 수원 | 1 | 1 | 0 | 0 | 0 | 2 | 0 | 0 |
| PO | 1999 | 수원 | 0 | 0 | 0 | 0 | 0 | 0 | 0 | 0 |
| 컵 | 1999 | 수원 | 2 | 1 | 0 | 0 | 0 | 0 | 0 | 0 |
| 통산 | | | 3 | 2 | 0 | 0 | 0 | 2 | 0 | 0 |

**이재현**(李在玹) 건국대 1981.01.25

| 대회 | 연도 | 소속 | 출전 | 교체 | 득점 | 도움 | 실점 | 파울 | 경고 | 퇴장 |
|---|---|---|---|---|---|---|---|---|---|---|
| K1 | 2003 | 전북 | 1 | 0 | 0 | 0 | 0 | 5 | 0 | 0 |
| 컵 | 2004 | 전북 | 1 | 0 | 0 | 0 | 0 | 1 | 0 | 0 |
| 통산 | | | 2 | 0 | 0 | 0 | 0 | 6 | 0 | 0 |

**이재현**(李在玄) 전주대 1983.05.13

| 대회 | 연도 | 소속 | 출전 | 교체 | 득점 | 도움 | 실점 | 파울 | 경고 | 퇴장 |
|---|---|---|---|---|---|---|---|---|---|---|
| K1 | 2006 | 전북 | 2 | 1 | 0 | 0 | 0 | 3 | 1 | 0 |
| 통산 | | | 2 | 1 | 0 | 0 | 0 | 3 | 1 | 0 |

**이재형**(李宰馨) 한양대 1976.09.06

| 대회 | 연도 | 소속 | 출전 | 교체 | 득점 | 도움 | 실점 | 파울 | 경고 | 퇴장 |
|---|---|---|---|---|---|---|---|---|---|---|

| 대회 | 연도 | 소속 | 출전 | 교체 | 득점 | 도움 | 실점 | 파울 | 경고 | 퇴장 |
|---|---|---|---|---|---|---|---|---|---|---|
| 컵 | 1998 | 대전 | 1 | 1 | 0 | 0 | 0 | 0 | 0 | 0 |
| 통산 | | | 1 | 1 | 0 | 0 | 0 | 0 | 0 | 0 |

**이재형**(李在形) 영생고 1998.04.05

| 대회 | 연도 | 소속 | 출전 | 교체 | 득점 | 도움 | 실점 | 파울 | 경고 | 퇴장 |
|---|---|---|---|---|---|---|---|---|---|---|
| K1 | 2017 | 전북 | 0 | 0 | 0 | 0 | 0 | 0 | 0 | 0 |
| | 2018 | 전북 | 0 | 0 | 0 | 0 | 0 | 0 | 0 | 0 |
| | 2019 | 전북 | 0 | 0 | 0 | 0 | 0 | 0 | 0 | 0 |
| 통산 | | | 0 | 0 | 0 | 0 | 0 | 0 | 0 | 0 |

**이재훈**(李在勳) 연세대 1990.01.10

| 대회 | 연도 | 소속 | 출전 | 교체 | 득점 | 도움 | 실점 | 파울 | 경고 | 퇴장 |
|---|---|---|---|---|---|---|---|---|---|---|
| K1 | 2012 | 강원 | 10 | 2 | 0 | 0 | 0 | 15 | 1 | 0 |
| | 2013 | 강원 | 7 | 4 | 0 | 0 | 0 | 8 | 1 | 0 |
| K2 | 2014 | 강원 | 33 | 1 | 0 | 3 | 0 | 39 | 3 | 0 |
| | 2015 | 강원 | 31 | 1 | 0 | 0 | 0 | 65 | 5 | 0 |
| | 2016 | 서울E | 11 | 1 | 0 | 0 | 0 | 20 | 3 | 0 |
| | 2019 | 서울E | 5 | 0 | 0 | 0 | 0 | 11 | 1 | 0 |
| | 2021 | 서울E | 2 | 2 | 0 | 0 | 0 | 1 | 0 | 0 |
| PO | 2013 | 강원 | 1 | 0 | 0 | 0 | 0 | 2 | 0 | 0 |
| | 2014 | 강원 | 1 | 0 | 0 | 0 | 0 | 0 | 0 | 0 |
| 통산 | | | 101 | 11 | 0 | 3 | 0 | 161 | 14 | 0 |

**이재희**(李在熙) 경희대 1959.04.15

| 대회 | 연도 | 소속 | 출전 | 교체 | 득점 | 도움 | 실점 | 파울 | 경고 | 퇴장 |
|---|---|---|---|---|---|---|---|---|---|---|
| K1 | 1983 | 대우 | 13 | 2 | 0 | 1 | 0 | 15 | 1 | 0 |
| | 1984 | 대우 | 28 | 4 | 0 | 4 | 0 | 38 | 2 | 0 |
| | 1985 | 대우 | 1 | 0 | 0 | 0 | 0 | 3 | 0 | 0 |
| | 1986 | 대우 | 15 | 3 | 0 | 0 | 0 | 36 | 4 | 0 |
| | 1987 | 대우 | 26 | 2 | 1 | 1 | 0 | 54 | 5 | 0 |
| | 1988 | 대우 | 13 | 2 | 0 | 0 | 0 | 24 | 3 | 0 |
| | 1989 | 대우 | 27 | 5 | 0 | 0 | 0 | 39 | 4 | 0 |
| | 1990 | 대우 | 27 | 8 | 0 | 1 | 0 | 45 | 5 | 0 |
| | 1991 | 대우 | 28 | 7 | 0 | 0 | 0 | 57 | 3 | 0 |
| | 1992 | 대우 | 11 | 5 | 0 | 0 | 0 | 21 | 2 | 0 |
| PO | 1984 | 대우 | 2 | 0 | 0 | 0 | 0 | 6 | 1 | 0 |
| 컵 | 1986 | 대우 | 8 | 1 | 0 | 0 | 0 | 13 | 3 | 0 |
| | 1992 | 대우 | 1 | 1 | 0 | 0 | 0 | 1 | 0 | 0 |
| 통산 | | | 200 | 40 | 1 | 7 | 0 | 352 | 33 | 0 |

**이정**(李定) 성균관대 2001.03.02

| 대회 | 연도 | 소속 | 출전 | 교체 | 득점 | 도움 | 실점 | 파울 | 경고 | 퇴장 |
|---|---|---|---|---|---|---|---|---|---|---|
| K2 | 2024 | 부산 | 2 | 2 | 0 | 1 | 0 | 2 | 1 | 0 |
| 통산 | | | 2 | 2 | 0 | 1 | 0 | 2 | 1 | 0 |

**이정국**(李政國) 한양대 1973.03.22

| 대회 | 연도 | 소속 | 출전 | 교체 | 득점 | 도움 | 실점 | 파울 | 경고 | 퇴장 |
|---|---|---|---|---|---|---|---|---|---|---|
| K1 | 1999 | 포항 | 1 | 1 | 0 | 0 | 0 | 1 | 0 | 0 |
| 컵 | 1999 | 포항 | 3 | 2 | 0 | 0 | 0 | 3 | 2 | 0 |
| 통산 | | | 4 | 3 | 0 | 0 | 0 | 4 | 2 | 0 |

**이정근**(李禎根) 건국대 1990.02.02

| 대회 | 연도 | 소속 | 출전 | 교체 | 득점 | 도움 | 실점 | 파울 | 경고 | 퇴장 |
|---|---|---|---|---|---|---|---|---|---|---|
| K1 | 2015 | 대전 | 10 | 0 | 0 | 0 | 0 | 5 | 1 | 0 |
| 통산 | | | 10 | 0 | 0 | 0 | 0 | 5 | 1 | 0 |

**이정근**(李正根) 문경대 1994.04.22

| 대회 | 연도 | 소속 | 출전 | 교체 | 득점 | 도움 | 실점 | 파울 | 경고 | 퇴장 |
|---|---|---|---|---|---|---|---|---|---|---|
| K2 | 2016 | 부산 | 13 | 8 | 0 | 0 | 0 | 24 | 4 | 0 |
| 통산 | | | 13 | 8 | 0 | 0 | 0 | 24 | 4 | 0 |

**이정래**(李廷來) 건국대 1979.11.12

| 대회 | 연도 | 소속 | 출전 | 교체 | 득점 | 도움 | 실점 | 파울 | 경고 | 퇴장 |
|---|---|---|---|---|---|---|---|---|---|---|
| K1 | 2002 | 전남 | 0 | 0 | 0 | 0 | 0 | 0 | 0 | 0 |
| | 2003 | 전남 | 0 | 0 | 0 | 0 | 0 | 0 | 0 | 0 |
| | 2004 | 전남 | 0 | 0 | 0 | 0 | 0 | 0 | 0 | 0 |
| | 2005 | 전남 | 1 | 0 | 0 | 0 | 2 | 0 | 0 | 0 |
| | 2006 | 경남 | 26 | 0 | 0 | 0 | 35 | 1 | 0 | 0 |
| | 2007 | 경남 | 24 | 0 | 0 | 0 | 29 | 0 | 1 | 0 |
| | 2008 | 광주상무 | 1 | 0 | 0 | 0 | 1 | 0 | 0 | 0 |
| | 2009 | 광주상무 | 0 | 0 | 0 | 0 | 0 | 0 | 0 | 0 |
| | 2010 | 경남 | 0 | 0 | 0 | 0 | 0 | 0 | 0 | 0 |
| | 2011 | 경남 | 0 | 0 | 0 | 0 | 0 | 0 | 0 | 0 |
| | 2012 | 광주 | 2 | 0 | 0 | 0 | 6 | 0 | 0 | 0 |
| K2 | 2014 | 충주 | 7 | 0 | 0 | 0 | 11 | 0 | 1 | 0 |
| | 2015 | 충주 | 0 | 0 | 0 | 0 | 0 | 0 | 0 | 0 |
| PO | 2007 | 경남 | 1 | 1 | 0 | 0 | 1 | 0 | 0 | 0 |
| | 2010 | 경남 | 0 | 0 | 0 | 0 | 0 | 0 | 0 | 0 |
| 컵 | 2002 | 전남 | 2 | 1 | 0 | 0 | 2 | 0 | 0 | 0 |
| | 2004 | 전남 | 2 | 0 | 0 | 0 | 3 | 0 | 0 | 0 |
| | 2005 | 전남 | 0 | 0 | 0 | 0 | 0 | 0 | 0 | 0 |
| | 2006 | 경남 | 13 | 0 | 0 | 0 | 14 | 0 | 1 | 0 |
| | 2007 | 경남 | 4 | 0 | 0 | 0 | 2 | 0 | 1 | 0 |
| | 2008 | 광주상무 | 2 | 0 | 0 | 0 | 6 | 0 | 0 | 0 |
| | 2009 | 광주상무 | 4 | 0 | 0 | 0 | 9 | 0 | 0 | 0 |
| | 2010 | 경남 | 0 | 0 | 0 | 0 | 0 | 0 | 0 | 0 |
| | 2011 | 경남 | 4 | 0 | 0 | 0 | 2 | 0 | 0 | 0 |
| 통산 | | | 93 | 2 | 0 | 0 | 123 | 1 | 4 | 0 |

**이정문**(李廷文) 숭실대 1971.03.05

| 대회 | 연도 | 소속 | 출전 | 교체 | 득점 | 도움 | 실점 | 파울 | 경고 | 퇴장 |
|---|---|---|---|---|---|---|---|---|---|---|
| K1 | 1995 | 현대 | 0 | 0 | 0 | 0 | 0 | 0 | 0 | 0 |
| | 1996 | 울산 | 3 | 0 | 0 | 0 | 8 | 1 | 0 | 0 |
| 컵 | 1994 | 현대 | 3 | 0 | 0 | 0 | 5 | 0 | 0 | 0 |
| | 1996 | 울산 | 0 | 0 | 0 | 0 | 0 | 0 | 0 | 0 |
| 통산 | | | 6 | 0 | 0 | 0 | 13 | 1 | 0 | 0 |

**이정문**(李政文) 연세대 1998.03.18

| 대회 | 연도 | 소속 | 출전 | 교체 | 득점 | 도움 | 실점 | 파울 | 경고 | 퇴장 |
|---|---|---|---|---|---|---|---|---|---|---|
| K1 | 2021 | 제주 | 10 | 10 | 1 | 0 | 0 | 5 | 2 | 0 |
| | 2022 | 제주 | 1 | 1 | 0 | 0 | 0 | 0 | 0 | 0 |
| K2 | 2019 | 대전 | 23 | 15 | 1 | 0 | 0 | 19 | 4 | 0 |
| | 2020 | 대전 | 20 | 8 | 2 | 1 | 0 | 20 | 3 | 0 |
| | 2022 | 서울E | 5 | 5 | 0 | 0 | 0 | 4 | 1 | 0 |
| | 2023 | 서울E | 7 | 7 | 0 | 0 | 0 | 1 | 0 | 0 |
| PO | 2020 | 대전 | 1 | 1 | 0 | 0 | 0 | 1 | 0 | 0 |
| 통산 | | | 67 | 47 | 4 | 1 | 0 | 50 | 10 | 0 |

**이정빈**(李正斌) 인천대 1995.01.11

| 대회 | 연도 | 소속 | 출전 | 교체 | 득점 | 도움 | 실점 | 파울 | 경고 | 퇴장 |
|---|---|---|---|---|---|---|---|---|---|---|
| K1 | 2017 | 인천 | 8 | 8 | 0 | 0 | 0 | 7 | 1 | 0 |
| | 2018 | 인천 | 13 | 10 | 1 | 0 | 0 | 7 | 1 | 0 |
| | 2019 | 인천 | 8 | 7 | 0 | 0 | 0 | 7 | 1 | 0 |
| K2 | 2019 | 안양 | 20 | 11 | 4 | 2 | 0 | 26 | 2 | 0 |
| | 2020 | 안양 | 3 | 1 | 2 | 0 | 0 | 2 | 0 | 0 |
| | 2021 | 김천 | 2 | 2 | 0 | 0 | 0 | 2 | 0 | 0 |
| | 2022 | 안양 | 23 | 21 | 0 | 0 | 0 | 11 | 0 | 0 |
| | 2023 | 부천 | 18 | 17 | 3 | 2 | 0 | 8 | 3 | 0 |
| | 2024 | 부천 | 18 | 17 | 4 | 2 | 0 | 6 | 2 | 0 |
| | 2025 | 성남 | 26 | 26 | 7 | 3 | 0 | 17 | 4 | 0 |
| PO | 2019 | 안양 | 2 | 0 | 0 | 0 | 0 | 7 | 0 | 0 |
| | 2025 | 성남 | 2 | 2 | 0 | 0 | 0 | 1 | 0 | 0 |
| 통산 | | | 143 | 122 | 21 | 9 | 0 | 101 | 14 | 0 |

**이정수**(李正秀) 경희대 1980.01.08

| 대회 | 연도 | 소속 | 출전 | 교체 | 득점 | 도움 | 실점 | 파울 | 경고 | 퇴장 |
|---|---|---|---|---|---|---|---|---|---|---|
| K1 | 2002 | 안양LG | 9 | 9 | 1 | 2 | 0 | 8 | 0 | 1 |
| | 2003 | 안양LG | 18 | 1 | 1 | 0 | 0 | 22 | 2 | 0 |
| | 2004 | 서울 | 2 | 2 | 0 | 0 | 0 | 1 | 0 | 0 |
| | 2004 | 인천 | 11 | 1 | 0 | 0 | 0 | 18 | 4 | 0 |
| | 2005 | 인천 | 9 | 1 | 1 | 1 | 0 | 16 | 0 | 0 |
| | 2006 | 수원 | 20 | 4 | 2 | 0 | 0 | 36 | 3 | 0 |
| | 2007 | 수원 | 6 | 2 | 0 | 0 | 0 | 12 | 3 | 0 |
| | 2008 | 수원 | 15 | 0 | 1 | 1 | 0 | 30 | 4 | 0 |
| | 2016 | 수원 | 27 | 5 | 3 | 0 | 0 | 22 | 9 | 0 |
| | 2017 | 수원 | 3 | 1 | 0 | 0 | 0 | 3 | 0 | 0 |
| PO | 2006 | 수원 | 3 | 0 | 0 | 0 | 0 | 8 | 0 | 0 |
| | 2008 | 수원 | 2 | 0 | 0 | 0 | 0 | 4 | 0 | 0 |
| 컵 | 2002 | 안양LG | 2 | 3 | 0 | 0 | 0 | 2 | 0 | 0 |
| | 2004 | 인천 | 9 | 0 | 0 | 0 | 0 | 23 | 5 | 0 |
| | 2005 | 인천 | 8 | 2 | 0 | 0 | 0 | 21 | 1 | 0 |
| | 2006 | 수원 | 13 | 3 | 0 | 0 | 0 | 19 | 2 | 0 |
| | 2007 | 수원 | 4 | 0 | 0 | 0 | 0 | 7 | 3 | 0 |
| | 2008 | 수원 | 7 | 0 | 0 | 0 | 0 | 16 | 3 | 0 |
| 통산 | | | 168 | 34 | 9 | 4 | 0 | 268 | 39 | 1 |

**이정열**(李定悅) 숭실대 1981.08.16

| 대회 | 연도 | 소속 | 출전 | 교체 | 득점 | 도움 | 실점 | 파울 | 경고 | 퇴장 |
|---|---|---|---|---|---|---|---|---|---|---|
| K1 | 2004 | 서울 | 20 | 4 | 0 | 0 | 0 | 14 | 0 | 0 |
| | 2005 | 서울 | 8 | 2 | 0 | 0 | 0 | 18 | 2 | 0 |
| | 2007 | 서울 | 15 | 8 | 0 | 0 | 0 | 13 | 1 | 0 |
| | 2008 | 인천 | 3 | 3 | 0 | 0 | 0 | 1 | 0 | 0 |
| | 2008 | 성남일화 | 0 | 0 | 0 | 0 | 0 | 0 | 0 | 0 |
| | 2009 | 전남 | 4 | 2 | 0 | 0 | 0 | 2 | 0 | 0 |
| | 2010 | 서울 | 5 | 2 | 0 | 0 | 0 | 1 | 0 | 0 |
| | 2011 | 서울 | 2 | 2 | 0 | 0 | 0 | 0 | 0 | 0 |
| | 2012 | 서울 | 0 | 0 | 0 | 0 | 0 | 0 | 0 | 0 |
| | 2012 | 대전 | 12 | 0 | 0 | 0 | 0 | 1 | 1 | 0 |
| | 2013 | 대전 | 1 | 1 | 0 | 0 | 0 | 0 | 0 | 0 |
| PO | 2008 | 성남일화 | 1 | 1 | 0 | 0 | 0 | 1 | 0 | 0 |
| | 2011 | 서울 | 0 | 0 | 0 | 0 | 0 | 0 | 0 | 0 |
| 컵 | 2005 | 서울 | 11 | 1 | 0 | 0 | 0 | 15 | 1 | 0 |
| | 2007 | 서울 | 6 | 2 | 0 | 0 | 0 | 3 | 1 | 0 |
| | 2008 | 인천 | 5 | 1 | 0 | 0 | 0 | 3 | 0 | 0 |
| | 2009 | 전남 | 3 | 0 | 1 | 0 | 0 | 6 | 1 | 0 |
| | 2010 | 서울 | 0 | 0 | 0 | 0 | 0 | 0 | 0 | 0 |
| | 2011 | 서울 | 1 | 0 | 0 | 0 | 0 | 0 | 0 | 0 |
| 통산 | | | 97 | 29 | 1 | 0 | 0 | 78 | 7 | 0 |

**이정용**(李貞龍) 연세대 1983.07.06

| 대회 | 연도 | 소속 | 출전 | 교체 | 득점 | 도움 | 실점 | 파울 | 경고 | 퇴장 |
|---|---|---|---|---|---|---|---|---|---|---|
| 컵 | 2004 | 울산 | 4 | 1 | 0 | 1 | 0 | 11 | 0 | 0 |
| 통산 | | | 4 | 1 | 0 | 1 | 0 | 11 | 0 | 0 |

**이정운**(李正雲) 호남대 1978.04.19

| 대회 | 연도 | 소속 | 출전 | 교체 | 득점 | 도움 | 실점 | 파울 | 경고 | 퇴장 |
|---|---|---|---|---|---|---|---|---|---|---|
| K1 | 2001 | 포항 | 11 | 11 | 1 | 2 | 0 | 14 | 2 | 1 |
| | 2002 | 포항 | 15 | 10 | 0 | 2 | 0 | 20 | 2 | 0 |
| | 2005 | 광주상무 | 0 | 0 | 0 | 0 | 0 | 0 | 0 | 0 |
| 컵 | 2002 | 포항 | 6 | 5 | 0 | 0 | 0 | 7 | 0 | 0 |
| 통산 | | | 32 | 26 | 1 | 4 | 0 | 41 | 4 | 1 |

**이정운**(李楨雲) 성균관대 1980.05.05

| 대회 | 연도 | 소속 | 출전 | 교체 | 득점 | 도움 | 실점 | 파울 | 경고 | 퇴장 |
|---|---|---|---|---|---|---|---|---|---|---|
| K1 | 2003 | 전남 | 1 | 1 | 0 | 0 | 0 | 0 | 0 | 0 |
| | 2004 | 전남 | 4 | 3 | 1 | 0 | 0 | 5 | 0 | 0 |
| | 2005 | 전남 | 19 | 14 | 4 | 0 | 0 | 39 | 4 | 0 |
| | 2010 | 강원 | 1 | 1 | 0 | 0 | 0 | 0 | 1 | 0 |
| | 2011 | 강원 | 11 | 5 | 1 | 0 | 0 | 8 | 0 | 0 |
| | 2012 | 강원 | 0 | 0 | 0 | 0 | 0 | 0 | 0 | 0 |
| PO | 2004 | 전남 | 0 | 0 | 0 | 0 | 0 | 0 | 0 | 0 |
| 컵 | 2004 | 전남 | 4 | 3 | 0 | 0 | 0 | 2 | 0 | 0 |
| | 2005 | 전남 | 3 | 1 | 0 | 0 | 0 | 8 | 0 | 0 |
| 통산 | | | 43 | 28 | 6 | 0 | 0 | 62 | 5 | 0 |

**이정원**(李楨源) 서울대 1993.10.28

| 대회 | 연도 | 소속 | 출전 | 교체 | 득점 | 도움 | 실점 | 파울 | 경고 | 퇴장 |
|---|---|---|---|---|---|---|---|---|---|---|
| K2 | 2017 | 부천 | 0 | 0 | 0 | 0 | 0 | 0 | 0 | 0 |
| 통산 | | | 0 | 0 | 0 | 0 | 0 | 0 | 0 | 0 |

**이정인**(李正寅) 안동대 1973.02.10

| 대회 | 연도 | 소속 | 출전 | 교체 | 득점 | 도움 | 실점 | 파울 | 경고 | 퇴장 |
|---|---|---|---|---|---|---|---|---|---|---|
| 컵 | 1996 | 전북 | 3 | 3 | 0 | 0 | 0 | 3 | 0 | 0 |
| | 1997 | 전북 | 1 | 1 | 0 | 0 | 0 | 1 | 0 | 0 |
| 통산 | | | 4 | 4 | 0 | 0 | 0 | 4 | 0 | 0 |

**이정일**(李正日) 고려대 1956.11.04

| 대회 | 연도 | 소속 | 출전 | 교체 | 득점 | 도움 | 실점 | 파울 | 경고 | 퇴장 |
|---|---|---|---|---|---|---|---|---|---|---|
| K1 | 1983 | 할렐루야 | 9 | 2 | 3 | 0 | 0 | 5 | 0 | 0 |
| | 1984 | 할렐루야 | 21 | 9 | 2 | 4 | 0 | 11 | 1 | 0 |
| | 1985 | 할렐루야 | 12 | 3 | 0 | 0 | 0 | 12 | 0 | 0 |
| 통산 | | | 42 | 14 | 5 | 4 | 0 | 28 | 1 | 0 |

**이정진**(李正進) 배재대 1993.12.23

| 대회 | 연도 | 소속 | 출전 | 교체 | 득점 | 도움 | 실점 | 파울 | 경고 | 퇴장 |
|---|---|---|---|---|---|---|---|---|---|---|
| K2 | 2016 | 부산 | 14 | 10 | 2 | 0 | 0 | 14 | 4 | 0 |
| PO | 2016 | 부산 | 0 | 0 | 0 | 0 | 0 | 0 | 0 | 0 |
| 통산 | | | 14 | 10 | 2 | 0 | 0 | 14 | 4 | 0 |

**이정찬**(李正燦) 홍익대 1995.06.28

| 대회 | 연도 | 소속 | 출전 | 교체 | 득점 | 도움 | 실점 | 파울 | 경고 | 퇴장 |
|---|---|---|---|---|---|---|---|---|---|---|
| K2 | 2017 | 부천 | 12 | 12 | 0 | 0 | 0 | 12 | 1 | 0 |

| | | | | | | | | | |
|---|---|---|---|---|---|---|---|---|---|
| | 2018 | 부천 | 26 | 26 | 1 | 1 | 0 | 20 | 3 | 0 |
| | 2019 | 부천 | 8 | 7 | 0 | 0 | 0 | 9 | 0 | 0 |
| | 2020 | 부천 | 14 | 13 | 1 | 0 | 0 | 16 | 2 | 0 |
| PO | 2019 | 부천 | 1 | 1 | 0 | 0 | 0 | 4 | 0 | 0 |
| 통산 | | | 61 | 59 | 2 | 1 | 0 | 61 | 6 | 0 |

**이정태**(李正太) 세한대 1995.02.15

| 대회 | 연도 | 소속 | 출전 | 교체 | 득점 | 도움 | 실점 | 파울 | 경고 | 퇴장 |
|---|---|---|---|---|---|---|---|---|---|---|
| K2 | 2018 | 성남 | 1 | 1 | 0 | 0 | 0 | 0 | 0 | 0 |
| 통산 | | | 1 | 1 | 0 | 0 | 0 | 0 | 0 | 0 |

**이정택**(李政宅) 상지대 1998.05.23

| 대회 | 연도 | 소속 | 출전 | 교체 | 득점 | 도움 | 실점 | 파울 | 경고 | 퇴장 |
|---|---|---|---|---|---|---|---|---|---|---|
| K1 | 2024 | 대전 | 29 | 8 | 0 | 1 | 0 | 19 | 4 | 0 |
| | 2025 | 김천 | 18 | 5 | 0 | 0 | 0 | 14 | 1 | 0 |
| K2 | 2023 | 충북청주 | 33 | 8 | 0 | 2 | 0 | 47 | 4 | 0 |
| 통산 | | | 80 | 21 | 0 | 3 | 0 | 80 | 9 | 0 |

**이정필**(李正泌) 울산대 1992.07.28

| 대회 | 연도 | 소속 | 출전 | 교체 | 득점 | 도움 | 실점 | 파울 | 경고 | 퇴장 |
|---|---|---|---|---|---|---|---|---|---|---|
| K2 | 2015 | 서울E | 1 | 0 | 0 | 0 | 0 | 4 | 1 | 0 |
| 통산 | | | 1 | 0 | 0 | 0 | 0 | 4 | 1 | 0 |

**이정헌**(李柾憲) 조선대 1990.05.16

| 대회 | 연도 | 소속 | 출전 | 교체 | 득점 | 도움 | 실점 | 파울 | 경고 | 퇴장 |
|---|---|---|---|---|---|---|---|---|---|---|
| K2 | 2013 | 수원FC | 17 | 5 | 0 | 0 | 0 | 28 | 3 | 0 |
| 통산 | | | 17 | 5 | 0 | 0 | 0 | 28 | 3 | 0 |

**이정협**(李庭協/←이정기) 숭실대 1991.06.24

| 대회 | 연도 | 소속 | 출전 | 교체 | 득점 | 도움 | 실점 | 파울 | 경고 | 퇴장 |
|---|---|---|---|---|---|---|---|---|---|---|
| K1 | 2013 | 부산 | 27 | 25 | 2 | 2 | 0 | 18 | 2 | 0 |
| | 2014 | 상주 | 25 | 23 | 4 | 0 | 0 | 15 | 2 | 0 |
| | 2015 | 부산 | 3 | 2 | 0 | 1 | 0 | 2 | 0 | 0 |
| | 2016 | 울산 | 30 | 25 | 4 | 1 | 0 | 25 | 4 | 0 |
| | 2020 | 부산 | 22 | 9 | 6 | 2 | 0 | 15 | 0 | 0 |
| | 2021 | 강원 | 18 | 17 | 1 | 1 | 0 | 17 | 3 | 0 |
| | 2022 | 강원 | 31 | 28 | 5 | 1 | 0 | 25 | 4 | 0 |
| | 2023 | 강원 | 18 | 18 | 2 | 1 | 0 | 8 | 2 | 0 |
| K2 | 2015 | 상주 | 17 | 8 | 7 | 6 | 0 | 19 | 0 | 0 |
| | 2017 | 부산 | 25 | 14 | 9 | 3 | 0 | 22 | 5 | 0 |
| | 2019 | 부산 | 30 | 17 | 13 | 4 | 0 | 31 | 6 | 0 |
| | 2021 | 경남 | 14 | 10 | 1 | 0 | 0 | 11 | 0 | 0 |
| | 2024 | 성남 | 22 | 20 | 0 | 0 | 0 | 7 | 3 | 0 |
| | 2025 | 천안 | 30 | 27 | 5 | 1 | 0 | 9 | 1 | 0 |
| PO | 2017 | 부산 | 3 | 1 | 1 | 0 | 0 | 5 | 0 | 0 |
| | 2019 | 부산 | 3 | 0 | 0 | 0 | 0 | 0 | 0 | 0 |
| | 2021 | 강원 | 2 | 1 | 0 | 0 | 0 | 2 | 1 | 0 |
| | 2023 | 강원 | 2 | 2 | 0 | 0 | 0 | 1 | 0 | 0 |
| 통산 | | | 322 | 247 | 60 | 23 | 0 | 232 | 33 | 0 |

**이정형**(李正螢) 고려대 1981.04.16

| 대회 | 연도 | 소속 | 출전 | 교체 | 득점 | 도움 | 실점 | 파울 | 경고 | 퇴장 |
|---|---|---|---|---|---|---|---|---|---|---|
| K2 | 2013 | 수원FC | 9 | 0 | 0 | 0 | 13 | 0 | 1 | 0 |
| | 2014 | 수원FC | 0 | 0 | 0 | 0 | 0 | 0 | 0 | 0 |
| 통산 | | | 9 | 0 | 0 | 0 | 13 | 0 | 1 | 0 |

**이정호**(李正鎬) 명지대 1972.11.10

| 대회 | 연도 | 소속 | 출전 | 교체 | 득점 | 도움 | 실점 | 파울 | 경고 | 퇴장 |
|---|---|---|---|---|---|---|---|---|---|---|
| K1 | 1995 | LG | 17 | 12 | 1 | 0 | 0 | 7 | 1 | 0 |
| | 1996 | 안양LG | 28 | 2 | 0 | 5 | 0 | 34 | 4 | 0 |
| | 1997 | 안양LG | 1 | 0 | 0 | 0 | 0 | 4 | 0 | 0 |
| 컵 | 1995 | LG | 7 | 1 | 1 | 0 | 0 | 10 | 0 | 0 |
| | 1996 | 안양LG | 5 | 2 | 0 | 0 | 0 | 3 | 1 | 0 |
| | 1997 | 안양LG | 3 | 1 | 0 | 0 | 0 | 1 | 0 | 0 |
| 통산 | | | 61 | 18 | 2 | 5 | 0 | 59 | 6 | 0 |

**이정환**(李楨桓) 경기대 1988.12.02

| 대회 | 연도 | 소속 | 출전 | 교체 | 득점 | 도움 | 실점 | 파울 | 경고 | 퇴장 |
|---|---|---|---|---|---|---|---|---|---|---|
| K1 | 2013 | 경남 | 2 | 2 | 0 | 0 | 0 | 4 | 0 | 0 |
| 통산 | | | 2 | 2 | 0 | 0 | 0 | 4 | 0 | 0 |

**이정환**(李政桓) 숭실대 1991.03.23

| 대회 | 연도 | 소속 | 출전 | 교체 | 득점 | 도움 | 실점 | 파울 | 경고 | 퇴장 |
|---|---|---|---|---|---|---|---|---|---|---|
| K1 | 2014 | 부산 | 0 | 0 | 0 | 0 | 0 | 0 | 0 | 0 |
| 통산 | | | 0 | 0 | 0 | 0 | 0 | 0 | 0 | 0 |

**이정효**(李正孝) 아주대 1975.07.23

| 대회 | 연도 | 소속 | 출전 | 교체 | 득점 | 도움 | 실점 | 파울 | 경고 | 퇴장 |
|---|---|---|---|---|---|---|---|---|---|---|
| K1 | 1999 | 부산 | 10 | 4 | 0 | 0 | 0 | 9 | 1 | 0 |
| | 2000 | 부산 | 4 | 1 | 0 | 0 | 0 | 4 | 0 | 0 |
| | 2001 | 부산 | 22 | 17 | 0 | 0 | 0 | 23 | 0 | 0 |
| | 2002 | 부산 | 25 | 2 | 2 | 1 | 0 | 56 | 5 | 0 |
| | 2003 | 부산 | 19 | 9 | 0 | 0 | 0 | 29 | 4 | 0 |
| | 2004 | 부산 | 14 | 6 | 2 | 0 | 0 | 30 | 2 | 0 |
| | 2005 | 부산 | 20 | 6 | 1 | 2 | 0 | 35 | 2 | 0 |
| | 2006 | 부산 | 19 | 9 | 3 | 3 | 0 | 32 | 4 | 0 |
| | 2007 | 부산 | 24 | 8 | 2 | 2 | 0 | 43 | 4 | 0 |
| | 2008 | 부산 | 8 | 2 | 0 | 0 | 0 | 11 | 1 | 0 |
| PO | 1999 | 부산 | 5 | 1 | 0 | 0 | 0 | 14 | 0 | 0 |
| | 2005 | 부산 | 1 | 1 | 0 | 0 | 0 | 1 | 0 | 0 |
| 컵 | 1999 | 부산 | 0 | 0 | 0 | 0 | 0 | 0 | 0 | 0 |
| | 2000 | 부산 | 5 | 0 | 0 | 0 | 0 | 8 | 0 | 0 |
| | 2002 | 부산 | 7 | 6 | 0 | 0 | 0 | 2 | 0 | 0 |
| | 2004 | 부산 | 8 | 6 | 1 | 0 | 0 | 9 | 2 | 0 |
| | 2005 | 부산 | 11 | 2 | 1 | 1 | 0 | 28 | 3 | 0 |
| | 2006 | 부산 | 9 | 3 | 0 | 0 | 0 | 17 | 2 | 0 |
| | 2007 | 부산 | 8 | 5 | 1 | 0 | 0 | 4 | 2 | 0 |
| | 2008 | 부산 | 3 | 0 | 0 | 0 | 0 | 6 | 2 | 0 |
| 통산 | | | 222 | 88 | 13 | 9 | 0 | 361 | 34 | 0 |

**이제규**(李濟圭) 청주대 1986.07.10

| 대회 | 연도 | 소속 | 출전 | 교체 | 득점 | 도움 | 실점 | 파울 | 경고 | 퇴장 |
|---|---|---|---|---|---|---|---|---|---|---|
| K1 | 2009 | 대전 | 10 | 10 | 1 | 0 | 0 | 10 | 0 | 0 |
| | 2010 | 광주상무 | 0 | 0 | 0 | 0 | 0 | 0 | 0 | 0 |
| | 2011 | 상주 | 8 | 6 | 0 | 0 | 0 | 15 | 2 | 0 |
| 컵 | 2009 | 대전 | 2 | 1 | 0 | 0 | 0 | 5 | 0 | 1 |
| 통산 | | | 20 | 17 | 1 | 0 | 0 | 30 | 2 | 1 |

**이제승**(李濟承) 중앙대 1973.04.25

| 대회 | 연도 | 소속 | 출전 | 교체 | 득점 | 도움 | 실점 | 파울 | 경고 | 퇴장 |
|---|---|---|---|---|---|---|---|---|---|---|
| K1 | 1996 | 전남 | 3 | 2 | 0 | 0 | 0 | 6 | 1 | 0 |
| 컵 | 1996 | 전남 | 0 | 0 | 0 | 0 | 0 | 0 | 0 | 0 |
| 통산 | | | 3 | 2 | 0 | 0 | 0 | 6 | 1 | 0 |

**이제승**(李濟昇) 청주대 1991.11.29

| 대회 | 연도 | 소속 | 출전 | 교체 | 득점 | 도움 | 실점 | 파울 | 경고 | 퇴장 |
|---|---|---|---|---|---|---|---|---|---|---|
| K2 | 2014 | 부천 | 28 | 21 | 1 | 2 | 0 | 40 | 1 | 0 |
| 통산 | | | 28 | 21 | 1 | 2 | 0 | 40 | 1 | 0 |

**이제호**(李濟豪) 호남대 1997.07.10

| 대회 | 연도 | 소속 | 출전 | 교체 | 득점 | 도움 | 실점 | 파울 | 경고 | 퇴장 |
|---|---|---|---|---|---|---|---|---|---|---|
| K1 | 2019 | 인천 | 3 | 2 | 1 | 0 | 0 | 4 | 1 | 0 |
| | 2020 | 인천 | 1 | 1 | 0 | 0 | 0 | 1 | 0 | 1 |
| 통산 | | | 4 | 3 | 1 | 0 | 0 | 5 | 1 | 1 |

**이종광**(李鍾光) 광운대 1961.04.19

| 대회 | 연도 | 소속 | 출전 | 교체 | 득점 | 도움 | 실점 | 파울 | 경고 | 퇴장 |
|---|---|---|---|---|---|---|---|---|---|---|
| K1 | 1984 | 럭키금성 | 17 | 10 | 0 | 1 | 0 | 6 | 0 | 0 |
| | 1985 | 럭키금성 | 4 | 4 | 0 | 0 | 0 | 2 | 0 | 0 |
| 통산 | | | 21 | 14 | 0 | 1 | 0 | 8 | 0 | 0 |

**이종묵**(李鍾默) 강원대 1973.06.16

| 대회 | 연도 | 소속 | 출전 | 교체 | 득점 | 도움 | 실점 | 파울 | 경고 | 퇴장 |
|---|---|---|---|---|---|---|---|---|---|---|
| K1 | 1998 | 안양LG | 4 | 4 | 0 | 0 | 0 | 6 | 1 | 0 |
| 통산 | | | 4 | 4 | 0 | 0 | 0 | 6 | 1 | 0 |

**이종민**(李宗珉) 서귀포고 1983.09.01

| 대회 | 연도 | 소속 | 출전 | 교체 | 득점 | 도움 | 실점 | 파울 | 경고 | 퇴장 |
|---|---|---|---|---|---|---|---|---|---|---|
| K1 | 2003 | 수원 | 16 | 12 | 0 | 2 | 0 | 16 | 0 | 0 |
| | 2004 | 수원 | 3 | 3 | 0 | 0 | 0 | 1 | 0 | 0 |
| | 2005 | 울산 | 21 | 15 | 2 | 3 | 0 | 25 | 3 | 0 |
| | 2006 | 울산 | 11 | 2 | 1 | 1 | 0 | 18 | 3 | 0 |
| | 2007 | 울산 | 23 | 5 | 2 | 3 | 0 | 25 | 4 | 0 |
| | 2008 | 서울 | 13 | 3 | 0 | 1 | 0 | 13 | 2 | 0 |
| | 2008 | 울산 | 2 | 0 | 0 | 1 | 0 | 1 | 0 | 0 |
| | 2009 | 서울 | 6 | 3 | 0 | 0 | 0 | 5 | 0 | 0 |
| | 2010 | 서울 | 3 | 1 | 0 | 0 | 0 | 2 | 0 | 0 |
| | 2011 | 상주 | 21 | 14 | 0 | 1 | 0 | 14 | 2 | 0 |
| | 2012 | 서울 | 3 | 2 | 0 | 0 | 0 | 3 | 0 | 0 |
| | 2012 | 상주 | 15 | 11 | 0 | 0 | 0 | 12 | 4 | 0 |
| | 2013 | 수원 | 7 | 2 | 1 | 0 | 0 | 10 | 1 | 0 |

| | | | | | | | | | | |
|---|---|---|---|---|---|---|---|---|---|---|
| | 2015 | 광주 | 33 | 5 | 5 | 4 | 0 | 41 | 6 | 0 |
| | 2016 | 광주 | 21 | 13 | 0 | 1 | 0 | 19 | 2 | 0 |
| | 2017 | 광주 | 20 | 12 | 0 | 1 | 0 | 18 | 3 | 0 |
| K2 | 2014 | 광주 | 26 | 2 | 3 | 5 | 0 | 38 | 4 | 1 |
| | 2018 | 부산 | 23 | 8 | 0 | 3 | 0 | 26 | 4 | 0 |
| | 2019 | 부산 | 4 | 3 | 0 | 0 | 0 | 0 | 0 | 0 |
| PO | 2005 | 울산 | 3 | 0 | 0 | 0 | 0 | 8 | 0 | 0 |
| | 2007 | 울산 | 2 | 0 | 0 | 0 | 0 | 7 | 0 | 0 |
| | 2009 | 서울 | 1 | 0 | 0 | 0 | 0 | 3 | 0 | 0 |
| | 2014 | 광주 | 4 | 0 | 0 | 1 | 0 | 4 | 0 | 0 |
| | 2018 | 부산 | 1 | 1 | 0 | 0 | 0 | 0 | 0 | 0 |
| 컵 | 2002 | 수원 | 0 | 0 | 0 | 0 | 0 | 0 | 0 | 0 |
| | 2004 | 수원 | 2 | 2 | 0 | 0 | 0 | 2 | 0 | 0 |
| | 2005 | 울산 | 11 | 10 | 3 | 0 | 0 | 19 | 2 | 0 |
| | 2006 | 울산 | 13 | 2 | 1 | 3 | 0 | 19 | 1 | 0 |
| | 2007 | 울산 | 8 | 0 | 0 | 1 | 0 | 14 | 4 | 0 |
| | 2008 | 울산 | 1 | 0 | 0 | 0 | 0 | 2 | 0 | 0 |
| | 2008 | 서울 | 2 | 1 | 0 | 0 | 0 | 3 | 0 | 0 |
| | 2009 | 서울 | 3 | 1 | 0 | 0 | 0 | 4 | 1 | 0 |
| | 2010 | 서울 | 3 | 3 | 0 | 1 | 0 | 2 | 2 | 0 |
| | 2011 | 상주 | 2 | 0 | 0 | 0 | 0 | 1 | 0 | 0 |
| 통산 | | | 327 | 136 | 18 | 32 | 0 | 375 | 48 | 1 |

**이종민**(李鐘敏) 정명고 1983.08.01

| 대회 | 연도 | 소속 | 출전 | 교체 | 득점 | 도움 | 실점 | 파울 | 경고 | 퇴장 |
|---|---|---|---|---|---|---|---|---|---|---|
| K1 | 2003 | 부천SK | 7 | 6 | 0 | 0 | 0 | 2 | 1 | 0 |
| | 2004 | 부천SK | 4 | 3 | 0 | 0 | 0 | 4 | 0 | 0 |
| 통산 | | | 11 | 9 | 0 | 0 | 0 | 6 | 1 | 0 |

**이종성**(李宗成) 매탄고 1992.08.05

| 대회 | 연도 | 소속 | 출전 | 교체 | 득점 | 도움 | 실점 | 파울 | 경고 | 퇴장 |
|---|---|---|---|---|---|---|---|---|---|---|
| K1 | 2011 | 수원 | 0 | 0 | 0 | 0 | 0 | 0 | 0 | 0 |
| | 2012 | 상주 | 0 | 0 | 0 | 0 | 0 | 0 | 0 | 0 |
| | 2014 | 수원 | 3 | 3 | 0 | 0 | 0 | 1 | 0 | 0 |
| | 2016 | 수원 | 19 | 2 | 0 | 1 | 0 | 30 | 7 | 0 |
| | 2017 | 수원 | 35 | 10 | 2 | 2 | 0 | 48 | 8 | 0 |
| | 2018 | 수원 | 24 | 5 | 3 | 0 | 0 | 38 | 9 | 0 |
| | 2019 | 수원 | 5 | 2 | 0 | 0 | 0 | 6 | 2 | 0 |
| | 2020 | 수원 | 6 | 0 | 0 | 0 | 0 | 8 | 3 | 0 |
| | 2021 | 성남 | 26 | 14 | 1 | 0 | 0 | 40 | 8 | 0 |
| | 2022 | 성남 | 10 | 6 | 0 | 0 | 0 | 19 | 5 | 0 |
| | 2022 | 수원 | 15 | 5 | 2 | 0 | 0 | 19 | 6 | 0 |
| | 2023 | 수원 | 21 | 11 | 0 | 2 | 0 | 23 | 10 | 0 |
| K2 | 2015 | 대구 | 31 | 3 | 0 | 2 | 0 | 51 | 10 | 0 |
| | 2024 | 수원 | 21 | 15 | 1 | 3 | 0 | 20 | 5 | 0 |
| | 2025 | 천안 | 31 | 23 | 1 | 1 | 0 | 40 | 8 | 0 |
| PO | 2022 | 수원 | 2 | 0 | 0 | 0 | 0 | 3 | 1 | 0 |
| 컵 | 2011 | 수원 | 2 | 0 | 0 | 0 | 0 | 8 | 1 | 0 |
| 통산 | | | 251 | 99 | 10 | 11 | 0 | 354 | 83 | 0 |

**이종언**(李鍾言) 명지대 2001.05.08

| 대회 | 연도 | 소속 | 출전 | 교체 | 득점 | 도움 | 실점 | 파울 | 경고 | 퇴장 |
|---|---|---|---|---|---|---|---|---|---|---|
| K2 | 2023 | 경남 | 9 | 7 | 1 | 1 | 0 | 9 | 0 | 0 |
| | 2024 | 경남 | 8 | 6 | 1 | 0 | 0 | 6 | 1 | 0 |
| | 2025 | 경남 | 11 | 8 | 2 | 0 | 0 | 10 | 1 | 0 |
| 통산 | | | 28 | 21 | 4 | 1 | 0 | 25 | 2 | 0 |

**이종욱**(李鐘旭) 고려대 1999.01.26

| 대회 | 연도 | 소속 | 출전 | 교체 | 득점 | 도움 | 실점 | 파울 | 경고 | 퇴장 |
|---|---|---|---|---|---|---|---|---|---|---|
| K1 | 2020 | 인천 | 2 | 2 | 0 | 0 | 0 | 2 | 0 | 0 |
| | 2021 | 인천 | 6 | 6 | 0 | 0 | 0 | 4 | 0 | 0 |
| | 2024 | 인천 | 2 | 2 | 0 | 0 | 0 | 3 | 0 | 0 |
| 통산 | | | 10 | 10 | 0 | 0 | 0 | 9 | 0 | 0 |

**이종원**(李鐘元) 성균관대 1989.03.14

| 대회 | 연도 | 소속 | 출전 | 교체 | 득점 | 도움 | 실점 | 파울 | 경고 | 퇴장 |
|---|---|---|---|---|---|---|---|---|---|---|
| K1 | 2011 | 부산 | 1 | 1 | 0 | 0 | 0 | 0 | 0 | 0 |
| | 2012 | 부산 | 37 | 17 | 2 | 3 | 0 | 69 | 9 | 0 |
| | 2013 | 부산 | 11 | 2 | 0 | 0 | 0 | 17 | 5 | 0 |
| | 2013 | 성남일화 | 13 | 12 | 4 | 1 | 0 | 19 | 1 | 0 |
| | 2014 | 성남 | 22 | 8 | 0 | 0 | 0 | 34 | 2 | 0 |
| | 2015 | 성남 | 21 | 10 | 0 | 1 | 0 | 24 | 2 | 0 |

| 대회 | 연도 | 소속 | 출전 | 교체 | 득점 | 도움 | 실점 | 파울 | 경고 | 퇴장 |
|---|---|---|---|---|---|---|---|---|---|---|
| | 2016 | 성남 | 25 | 9 | 0 | 0 | 0 | 39 | 8 | 2 |
| | 2017 | 상주 | 15 | 5 | 0 | 1 | 0 | 18 | 2 | 2 |
| | 2018 | 상주 | 3 | 3 | 0 | 0 | 0 | 0 | 0 | 0 |
| K2 | 2018 | 수원FC | 1 | 0 | 0 | 0 | 0 | 4 | 0 | 0 |
| | 2019 | 수원FC | 10 | 8 | 0 | 0 | 0 | 16 | 1 | 0 |
| PO | 2011 | 부산 | 0 | 0 | 0 | 0 | 0 | 0 | 0 | 0 |
| | 2017 | 상주 | 0 | 0 | 0 | 0 | 0 | 0 | 0 | 0 |
| 컵 | 2011 | 부산 | 3 | 2 | 1 | 1 | 0 | 1 | 1 | 0 |
| 통산 | | | 162 | 77 | 7 | 7 | 0 | 241 | 31 | 4 |

**이종찬**(李鍾贊) 배재대 1987.05.26

| 대회 | 연도 | 소속 | 출전 | 교체 | 득점 | 도움 | 실점 | 파울 | 경고 | 퇴장 |
|---|---|---|---|---|---|---|---|---|---|---|
| K1 | 2010 | 대전 | 1 | 1 | 0 | 0 | 0 | 2 | 1 | 0 |
| | 2011 | 상주 | 5 | 0 | 0 | 0 | 0 | 5 | 0 | 0 |
| | 2012 | 상주 | 1 | 1 | 0 | 0 | 0 | 0 | 0 | 0 |
| 컵 | 2007 | 제주 | 0 | 0 | 0 | 0 | 0 | 0 | 0 | 0 |
| | 2008 | 제주 | 0 | 0 | 0 | 0 | 0 | 0 | 0 | 0 |
| | 2010 | 대전 | 1 | 1 | 0 | 1 | 0 | 4 | 0 | 0 |
| 통산 | | | 8 | 3 | 0 | 1 | 0 | 11 | 1 | 0 |

**이종찬**(李種讚) 단국대 1989.08.17

| 대회 | 연도 | 소속 | 출전 | 교체 | 득점 | 도움 | 실점 | 파울 | 경고 | 퇴장 |
|---|---|---|---|---|---|---|---|---|---|---|
| K1 | 2013 | 강원 | 6 | 4 | 0 | 0 | 0 | 2 | 0 | 0 |
| 통산 | | | 6 | 4 | 0 | 0 | 0 | 2 | 0 | 0 |

**이종현**(李鐘賢) 파울리스치나 축구학교(브라질) 1987.01.08

| 대회 | 연도 | 소속 | 출전 | 교체 | 득점 | 도움 | 실점 | 파울 | 경고 | 퇴장 |
|---|---|---|---|---|---|---|---|---|---|---|
| K1 | 2011 | 인천 | 2 | 2 | 0 | 0 | 0 | 1 | 0 | 0 |
| 컵 | 2011 | 인천 | 3 | 2 | 0 | 0 | 0 | 4 | 0 | 0 |
| 통산 | | | 5 | 4 | 0 | 0 | 0 | 5 | 0 | 0 |

**이종현**(李鐘賢) 인천대 1997.01.24

| 대회 | 연도 | 소속 | 출전 | 교체 | 득점 | 도움 | 실점 | 파울 | 경고 | 퇴장 |
|---|---|---|---|---|---|---|---|---|---|---|
| K2 | 2020 | 대전 | 5 | 4 | 0 | 0 | 0 | 17 | 2 | 0 |
| | 2021 | 대전 | 26 | 2 | 2 | 3 | 0 | 57 | 8 | 0 |
| | 2022 | 대전 | 23 | 3 | 1 | 1 | 0 | 36 | 7 | 0 |
| | 2024 | 김포 | 15 | 9 | 0 | 0 | 0 | 11 | 1 | 0 |
| | 2025 | 김포 | 8 | 8 | 0 | 0 | 0 | 5 | 0 | 0 |
| PO | 2020 | 대전 | 1 | 1 | 0 | 0 | 0 | 3 | 0 | 0 |
| | 2021 | 대전 | 4 | 0 | 1 | 0 | 0 | 4 | 0 | 0 |
| 통산 | | | 82 | 27 | 4 | 4 | 0 | 133 | 18 | 0 |

**이종호**(李宗浩) 광양제철고 1992.02.24

| 대회 | 연도 | 소속 | 출전 | 교체 | 득점 | 도움 | 실점 | 파울 | 경고 | 퇴장 |
|---|---|---|---|---|---|---|---|---|---|---|
| K1 | 2011 | 전남 | 18 | 17 | 2 | 3 | 0 | 20 | 5 | 0 |
| | 2012 | 전남 | 33 | 24 | 6 | 2 | 0 | 63 | 3 | 1 |
| | 2013 | 전남 | 32 | 21 | 6 | 4 | 0 | 50 | 3 | 0 |
| | 2014 | 전남 | 31 | 18 | 10 | 2 | 0 | 43 | 2 | 0 |
| | 2015 | 전남 | 31 | 15 | 12 | 3 | 0 | 54 | 6 | 0 |
| | 2016 | 전북 | 22 | 18 | 5 | 3 | 0 | 28 | 5 | 0 |
| | 2017 | 울산 | 34 | 24 | 8 | 3 | 0 | 51 | 4 | 0 |
| | 2018 | 울산 | 3 | 3 | 0 | 0 | 0 | 0 | 0 | 0 |
| | 2022 | 성남 | 14 | 14 | 0 | 2 | 0 | 8 | 1 | 0 |
| K2 | 2020 | 전남 | 19 | 10 | 4 | 0 | 0 | 14 | 1 | 1 |
| | 2021 | 전남 | 27 | 19 | 8 | 1 | 0 | 19 | 1 | 0 |
| | 2023 | 성남 | 28 | 26 | 7 | 3 | 0 | 23 | 0 | 1 |
| PO | 2021 | 전남 | 1 | 0 | 0 | 0 | 0 | 2 | 0 | 0 |
| 컵 | 2011 | 전남 | 3 | 3 | 0 | 0 | 0 | 4 | 0 | 0 |
| 통산 | | | 296 | 212 | 58 | 26 | 0 | 379 | 31 | 3 |

**이종화**(李鍾和) 인천대 1963.07.20

| 대회 | 연도 | 소속 | 출전 | 교체 | 득점 | 도움 | 실점 | 파울 | 경고 | 퇴장 |
|---|---|---|---|---|---|---|---|---|---|---|
| K1 | 1986 | 현대 | 3 | 0 | 0 | 0 | 0 | 2 | 0 | 0 |
| | 1989 | 현대 | 35 | 8 | 4 | 1 | 0 | 64 | 7 | 1 |
| | 1990 | 현대 | 16 | 8 | 2 | 1 | 0 | 26 | 6 | 0 |
| | 1991 | 현대 | 1 | 1 | 0 | 0 | 0 | 0 | 1 | 0 |
| | 1991 | 일화 | 15 | 11 | 1 | 0 | 0 | 20 | 3 | 0 |
| | 1992 | 일화 | 26 | 2 | 0 | 0 | 0 | 22 | 3 | 0 |
| | 1993 | 일화 | 27 | 0 | 0 | 0 | 0 | 22 | 5 | 0 |
| | 1994 | 일화 | 21 | 3 | 0 | 1 | 0 | 23 | 3 | 0 |
| | 1995 | 일화 | 18 | 1 | 0 | 0 | 0 | 14 | 4 | 1 |
| | 1996 | 천안일화 | 9 | 3 | 0 | 0 | 0 | 8 | 2 | 0 |
| 컵 | 1986 | 현대 | 3 | 1 | 1 | 0 | 0 | 4 | 0 | 0 |
| | 1992 | 일화 | 7 | 0 | 0 | 1 | 0 | 7 | 0 | 0 |
| | 1993 | 일화 | 5 | 0 | 0 | 0 | 0 | 6 | 1 | 0 |
| | 1995 | 일화 | 7 | 1 | 1 | 0 | 0 | 8 | 1 | 0 |
| 통산 | | | 193 | 39 | 9 | 4 | 0 | 226 | 36 | 2 |

**이종훈**(李鍾勳) 중앙대 1970.09.03

| 대회 | 연도 | 소속 | 출전 | 교체 | 득점 | 도움 | 실점 | 파울 | 경고 | 퇴장 |
|---|---|---|---|---|---|---|---|---|---|---|
| K1 | 1994 | 버팔로 | 10 | 7 | 0 | 0 | 0 | 15 | 1 | 0 |
| 컵 | 1994 | 버팔로 | 1 | 1 | 0 | 0 | 0 | 1 | 0 | 0 |
| 통산 | | | 11 | 8 | 0 | 0 | 0 | 16 | 1 | 0 |

**이종훈**(李宗勳) 현풍고 2002.03.21

| 대회 | 연도 | 소속 | 출전 | 교체 | 득점 | 도움 | 실점 | 파울 | 경고 | 퇴장 |
|---|---|---|---|---|---|---|---|---|---|---|
| K1 | 2021 | 대구 | 0 | 0 | 0 | 0 | 0 | 0 | 0 | 0 |
| | 2022 | 대구 | 0 | 0 | 0 | 0 | 0 | 0 | 0 | 0 |
| | 2023 | 대구 | 2 | 2 | 0 | 0 | 0 | 0 | 0 | 0 |
| 통산 | | | 2 | 2 | 0 | 0 | 0 | 0 | 0 | 0 |

**이종훈**(李鐘訓) 중원대 2001.02.01

| 대회 | 연도 | 소속 | 출전 | 교체 | 득점 | 도움 | 실점 | 파울 | 경고 | 퇴장 |
|---|---|---|---|---|---|---|---|---|---|---|
| K2 | 2023 | 충북청주 | 1 | 1 | 0 | 0 | 0 | 1 | 0 | 0 |
| 통산 | | | 1 | 1 | 0 | 0 | 0 | 1 | 0 | 0 |

**이주상**(李柱尙) 전주대 1981.11.11

| 대회 | 연도 | 소속 | 출전 | 교체 | 득점 | 도움 | 실점 | 파울 | 경고 | 퇴장 |
|---|---|---|---|---|---|---|---|---|---|---|
| K1 | 2006 | 제주 | 7 | 6 | 0 | 1 | 0 | 6 | 0 | 0 |
| 컵 | 2006 | 제주 | 3 | 3 | 0 | 0 | 0 | 6 | 0 | 0 |
| 통산 | | | 10 | 9 | 0 | 1 | 0 | 12 | 0 | 0 |

**이주영**(李柱永) 영남대 1970.07.25

| 대회 | 연도 | 소속 | 출전 | 교체 | 득점 | 도움 | 실점 | 파울 | 경고 | 퇴장 |
|---|---|---|---|---|---|---|---|---|---|---|
| K1 | 1994 | 버팔로 | 21 | 17 | 3 | 0 | 0 | 5 | 1 | 0 |
| 컵 | 1994 | 버팔로 | 5 | 5 | 0 | 0 | 0 | 0 | 0 | 0 |
| 통산 | | | 26 | 22 | 3 | 0 | 0 | 5 | 1 | 0 |

**이주영**(李柱永) 관동대(가톨릭관동대) 1977.09.15

| 대회 | 연도 | 소속 | 출전 | 교체 | 득점 | 도움 | 실점 | 파울 | 경고 | 퇴장 |
|---|---|---|---|---|---|---|---|---|---|---|
| K1 | 2000 | 성남일화 | 6 | 6 | 0 | 1 | 0 | 2 | 0 | 0 |
| 컵 | 2000 | 성남일화 | 0 | 0 | 0 | 0 | 0 | 0 | 0 | 0 |
| 통산 | | | 6 | 6 | 0 | 1 | 0 | 2 | 0 | 0 |

**이주영**(李走永) 진주고 2004.04.25

| 대회 | 연도 | 소속 | 출전 | 교체 | 득점 | 도움 | 실점 | 파울 | 경고 | 퇴장 |
|---|---|---|---|---|---|---|---|---|---|---|
| K2 | 2023 | 경남 | 0 | 0 | 0 | 0 | 0 | 0 | 0 | 0 |
| 통산 | | | 0 | 0 | 0 | 0 | 0 | 0 | 0 | 0 |

**이주영**(李株榮) 시흥시민축구단 2002.11.28

| 대회 | 연도 | 소속 | 출전 | 교체 | 득점 | 도움 | 실점 | 파울 | 경고 | 퇴장 |
|---|---|---|---|---|---|---|---|---|---|---|
| K2 | 2023 | 충북청주 | 1 | 2 | 0 | 0 | 0 | 0 | 0 | 0 |
| 통산 | | | 1 | 2 | 0 | 0 | 0 | 0 | 0 | 0 |

**이주용**(李周勇) 동아대 1992.09.26

| 대회 | 연도 | 소속 | 출전 | 교체 | 득점 | 도움 | 실점 | 파울 | 경고 | 퇴장 |
|---|---|---|---|---|---|---|---|---|---|---|
| K1 | 2014 | 전북 | 22 | 0 | 1 | 1 | 0 | 42 | 4 | 0 |
| | 2015 | 전북 | 20 | 4 | 1 | 0 | 0 | 36 | 4 | 0 |
| | 2016 | 전북 | 7 | 1 | 0 | 0 | 0 | 12 | 2 | 0 |
| | 2018 | 전북 | 3 | 2 | 0 | 0 | 0 | 3 | 0 | 0 |
| | 2019 | 전북 | 15 | 4 | 0 | 3 | 0 | 25 | 4 | 0 |
| | 2020 | 전북 | 10 | 4 | 0 | 1 | 0 | 7 | 1 | 0 |
| | 2021 | 전북 | 6 | 3 | 0 | 0 | 0 | 9 | 0 | 0 |
| | 2022 | 인천 | 10 | 3 | 0 | 0 | 0 | 12 | 0 | 0 |
| | 2023 | 제주 | 33 | 17 | 0 | 1 | 0 | 23 | 5 | 0 |
| | 2024 | 제주 | 16 | 5 | 1 | 0 | 0 | 17 | 3 | 0 |
| K2 | 2017 | 아산 | 24 | 3 | 0 | 5 | 0 | 42 | 2 | 0 |
| | 2018 | 아산 | 19 | 0 | 1 | 0 | 0 | 35 | 4 | 0 |
| | 2025 | 인천 | 36 | 1 | 0 | 5 | 0 | 38 | 6 | 0 |
| PO | 2017 | 아산 | 1 | 0 | 0 | 0 | 0 | 0 | 0 | 0 |
| 통산 | | | 222 | 47 | 4 | 16 | 0 | 301 | 35 | 0 |

**이주용**(李周勇) 홍익대 1992.05.18

| 대회 | 연도 | 소속 | 출전 | 교체 | 득점 | 도움 | 실점 | 파울 | 경고 | 퇴장 |
|---|---|---|---|---|---|---|---|---|---|---|
| K1 | 2015 | 부산 | 1 | 1 | 0 | 0 | 0 | 2 | 0 | 0 |
| 통산 | | | 1 | 1 | 0 | 0 | 0 | 2 | 0 | 0 |

**이주한**(李柱翰) 동국대 1962.04.27

| 대회 | 연도 | 소속 | 출전 | 교체 | 득점 | 도움 | 실점 | 파울 | 경고 | 퇴장 |
|---|---|---|---|---|---|---|---|---|---|---|
| K1 | 1985 | 한일은행 | 14 | 1 | 0 | 0 | 16 | 0 | 0 | 0 |
| | 1986 | 한일은행 | 5 | 1 | 0 | 0 | 10 | 0 | 0 | 0 |
| 통산 | | | 19 | 2 | 0 | 0 | 26 | 0 | 0 | 0 |

**이주혁**(李柱赫) 선문대 2004.06.02

| 대회 | 연도 | 소속 | 출전 | 교체 | 득점 | 도움 | 실점 | 파울 | 경고 | 퇴장 |
|---|---|---|---|---|---|---|---|---|---|---|
| K2 | 2025 | 서울E | 15 | 14 | 2 | 0 | 0 | 10 | 1 | 0 |
| PO | 2025 | 서울E | 1 | 1 | 0 | 0 | 0 | 0 | 0 | 0 |
| 통산 | | | 16 | 15 | 2 | 0 | 0 | 10 | 1 | 0 |

**이주현**(李周賢) 중앙대 1998.12.06

| 대회 | 연도 | 소속 | 출전 | 교체 | 득점 | 도움 | 실점 | 파울 | 경고 | 퇴장 |
|---|---|---|---|---|---|---|---|---|---|---|
| K1 | 2025 | 김천 | 14 | 0 | 0 | 0 | 15 | 0 | 2 | 0 |
| K2 | 2019 | 부천 | 0 | 0 | 0 | 0 | 0 | 0 | 0 | 0 |
| | 2020 | 부천 | 0 | 0 | 0 | 0 | 0 | 0 | 0 | 0 |
| | 2021 | 부천 | 2 | 0 | 0 | 0 | 3 | 0 | 0 | 0 |
| | 2022 | 부천 | 3 | 1 | 0 | 0 | 7 | 0 | 0 | 0 |
| | 2023 | 부천 | 5 | 0 | 0 | 0 | 3 | 0 | 0 | 0 |
| | 2025 | 부천 | 0 | 0 | 0 | 0 | 0 | 0 | 0 | 0 |
| PO | 2022 | 부천 | 0 | 0 | 0 | 0 | 0 | 0 | 0 | 0 |
| | 2023 | 부천 | 0 | 0 | 0 | 0 | 0 | 0 | 0 | 0 |
| 통산 | | | 24 | 1 | 0 | 0 | 28 | 0 | 2 | 0 |

**이준**(李俊) 고려대 1974.05.28

| 대회 | 연도 | 소속 | 출전 | 교체 | 득점 | 도움 | 실점 | 파울 | 경고 | 퇴장 |
|---|---|---|---|---|---|---|---|---|---|---|
| K1 | 1997 | 대전 | 8 | 6 | 3 | 0 | 0 | 8 | 2 | 0 |
| | 1998 | 대전 | 8 | 8 | 0 | 0 | 0 | 7 | 0 | 0 |
| 컵 | 1997 | 대전 | 6 | 3 | 1 | 0 | 0 | 14 | 2 | 0 |
| | 1998 | 대전 | 7 | 6 | 0 | 0 | 0 | 6 | 2 | 0 |
| 통산 | | | 29 | 23 | 4 | 0 | 0 | 35 | 6 | 0 |

**이준**(李準) 연세대 1997.07.14

| 대회 | 연도 | 소속 | 출전 | 교체 | 득점 | 도움 | 실점 | 파울 | 경고 | 퇴장 |
|---|---|---|---|---|---|---|---|---|---|---|
| K1 | 2019 | 포항 | 0 | 0 | 0 | 0 | 0 | 0 | 0 | 0 |
| | 2021 | 포항 | 6 | 0 | 0 | 0 | 7 | 1 | 0 | 1 |
| | 2023 | 광주 | 13 | 1 | 0 | 0 | 13 | 0 | 2 | 0 |
| | 2024 | 광주 | 2 | 0 | 0 | 0 | 4 | 0 | 0 | 0 |
| K2 | 2022 | 광주 | 5 | 0 | 0 | 0 | 4 | 0 | 1 | 0 |
| | 2025 | 전남 | 2 | 0 | 0 | 0 | 3 | 0 | 0 | 0 |
| 통산 | | | 28 | 1 | 0 | 0 | 31 | 1 | 3 | 1 |

**이준규** 충남기계공고 2003.08.04

| 대회 | 연도 | 소속 | 출전 | 교체 | 득점 | 도움 | 실점 | 파울 | 경고 | 퇴장 |
|---|---|---|---|---|---|---|---|---|---|---|
| K1 | 2024 | 대전 | 8 | 5 | 1 | 0 | 0 | 8 | 0 | 0 |
| | 2025 | 대전 | 19 | 19 | 1 | 0 | 0 | 6 | 1 | 0 |
| 통산 | | | 27 | 24 | 2 | 0 | 0 | 14 | 1 | 0 |

**이준근**(李埈根) 초당대 1987.03.30

| 대회 | 연도 | 소속 | 출전 | 교체 | 득점 | 도움 | 실점 | 파울 | 경고 | 퇴장 |
|---|---|---|---|---|---|---|---|---|---|---|
| K1 | 2010 | 대전 | 0 | 0 | 0 | 0 | 0 | 0 | 0 | 0 |
| 통산 | | | 0 | 0 | 0 | 0 | 0 | 0 | 0 | 0 |

**이준기**(李俊基) 단국대 1982.04.25

| 대회 | 연도 | 소속 | 출전 | 교체 | 득점 | 도움 | 실점 | 파울 | 경고 | 퇴장 |
|---|---|---|---|---|---|---|---|---|---|---|
| K1 | 2006 | 서울 | 0 | 0 | 0 | 0 | 0 | 0 | 0 | 0 |
| | 2006 | 전남 | 6 | 5 | 0 | 0 | 0 | 2 | 1 | 0 |
| | 2007 | 전남 | 16 | 6 | 0 | 0 | 0 | 16 | 2 | 0 |
| | 2008 | 전남 | 14 | 4 | 0 | 0 | 0 | 16 | 2 | 0 |
| | 2009 | 전남 | 5 | 1 | 0 | 0 | 0 | 6 | 0 | 0 |
| | 2010 | 전남 | 18 | 12 | 0 | 0 | 0 | 7 | 1 | 0 |
| | 2011 | 전남 | 4 | 3 | 0 | 0 | 0 | 2 | 0 | 0 |
| 컵 | 2002 | 안양LG | 2 | 2 | 0 | 0 | 0 | 1 | 0 | 0 |
| | 2006 | 서울 | 0 | 0 | 0 | 0 | 0 | 0 | 0 | 0 |
| | 2007 | 전남 | 0 | 0 | 0 | 0 | 0 | 0 | 0 | 0 |
| | 2008 | 전남 | 3 | 0 | 0 | 0 | 0 | 4 | 0 | 0 |
| | 2009 | 전남 | 4 | 0 | 0 | 0 | 0 | 7 | 1 | 0 |
| | 2010 | 전남 | 2 | 0 | 0 | 0 | 0 | 4 | 0 | 0 |
| | 2011 | 전남 | 4 | 4 | 0 | 0 | 0 | 4 | 0 | 0 |
| 통산 | | | 78 | 37 | 0 | 0 | 0 | 69 | 7 | 0 |

**이준상**(李俊尙) 단국대 2003.11.19

| 대회 | 연도 | 소속 | 출전 | 교체 | 득점 | 도움 | 실점 | 파울 | 경고 | 퇴장 |
|---|---|---|---|---|---|---|---|---|---|---|
| K2 | 2023 | 성남 | 12 | 12 | 0 | 1 | 0 | 3 | 0 | 0 |
| | 2024 | 성남 | 22 | 22 | 1 | 1 | 0 | 6 | 0 | 0 |
| | 2025 | 성남 | 21 | 21 | 1 | 1 | 0 | 3 | 2 | 0 |
| 통산 | | | 55 | 55 | 2 | 3 | 0 | 12 | 2 | 0 |

**이준서**(李俊敍) 동국대 1998.03.07

| 대회 | 연도 | 소속 | 출전 | 교체 | 득점 | 도움 | 실점 | 파울 | 경고 | 퇴장 |
|---|---|---|---|---|---|---|---|---|---|---|
| K1 | 2023 | 대전 | 0 | 0 | 0 | 0 | 0 | 0 | 0 | 0 |
| | 2024 | 대전 | 3 | 0 | 0 | 0 | 5 | 0 | 0 | 0 |
| | 2025 | 대전 | 11 | 0 | 0 | 0 | 15 | 0 | 0 | 0 |
| K2 | 2021 | 대전 | 9 | 0 | 0 | 0 | 7 | 0 | 1 | 0 |
| | 2022 | 대전 | 9 | 0 | 0 | 0 | 12 | 0 | 1 | 0 |
| PO | 2021 | 대전 | 0 | 0 | 0 | 0 | 0 | 0 | 0 | 0 |
| | 2022 | 대전 | 0 | 0 | 0 | 0 | 0 | 0 | 0 | 0 |
| 통산 | | | 32 | 0 | 0 | 0 | 39 | 0 | 2 | 0 |

**이준석**(李俊錫) 광주대 1995.03.06

| 대회 | 연도 | 소속 | 출전 | 교체 | 득점 | 도움 | 실점 | 파울 | 경고 | 퇴장 |
|---|---|---|---|---|---|---|---|---|---|---|
| K2 | 2018 | 광주 | 0 | 0 | 0 | 0 | 0 | 0 | 0 | 0 |
| 통산 | | | 0 | 0 | 0 | 0 | 0 | 0 | 0 | 0 |

**이준석**(李俊石) 대건고 2000.04.07

| 대회 | 연도 | 소속 | 출전 | 교체 | 득점 | 도움 | 실점 | 파울 | 경고 | 퇴장 |
|---|---|---|---|---|---|---|---|---|---|---|
| K1 | 2019 | 인천 | 12 | 8 | 0 | 0 | 0 | 13 | 0 | 0 |
| | 2020 | 인천 | 8 | 8 | 0 | 1 | 0 | 5 | 0 | 0 |
| | 2021 | 인천 | 8 | 8 | 1 | 0 | 0 | 5 | 0 | 0 |
| | 2022 | 인천 | 1 | 1 | 0 | 0 | 0 | 0 | 0 | 0 |
| | 2022 | 김천 | 11 | 12 | 0 | 1 | 0 | 11 | 1 | 0 |
| | 2024 | 수원FC | 7 | 7 | 0 | 0 | 0 | 5 | 0 | 0 |
| | 2025 | 수원FC | 6 | 6 | 0 | 0 | 0 | 5 | 0 | 0 |
| K2 | 2023 | 김천 | 22 | 22 | 6 | 3 | 0 | 12 | 0 | 0 |
| | 2024 | 서울E | 17 | 17 | 2 | 0 | 0 | 8 | 1 | 0 |
| PO | 2022 | 김천 | 1 | 1 | 0 | 0 | 0 | 0 | 0 | 0 |
| | 2024 | 서울E | 3 | 3 | 0 | 0 | 0 | 1 | 0 | 1 |
| 통산 | | | 96 | 93 | 9 | 5 | 0 | 65 | 2 | 1 |

**이준식**(李俊植) 남부대 1991.10.14

| 대회 | 연도 | 소속 | 출전 | 교체 | 득점 | 도움 | 실점 | 파울 | 경고 | 퇴장 |
|---|---|---|---|---|---|---|---|---|---|---|
| K1 | 2014 | 울산 | 1 | 1 | 0 | 0 | 1 | 1 | 1 | 0 |
| 통산 | | | 1 | 1 | 0 | 0 | 1 | 1 | 1 | 0 |

**이준엽**(李埈燁) 명지대 1990.05.21

| 대회 | 연도 | 소속 | 출전 | 교체 | 득점 | 도움 | 실점 | 파울 | 경고 | 퇴장 |
|---|---|---|---|---|---|---|---|---|---|---|
| K1 | 2013 | 강원 | 27 | 20 | 1 | 1 | 0 | 36 | 4 | 0 |
| K2 | 2014 | 강원 | 1 | 1 | 0 | 0 | 0 | 2 | 0 | 0 |
| 통산 | | | 28 | 21 | 1 | 1 | 0 | 38 | 4 | 0 |

**이준영**(李俊永) 경희대 1982.12.26

| 대회 | 연도 | 소속 | 출전 | 교체 | 득점 | 도움 | 실점 | 파울 | 경고 | 퇴장 |
|---|---|---|---|---|---|---|---|---|---|---|
| K1 | 2003 | 안양LG | 33 | 23 | 7 | 1 | 0 | 42 | 1 | 0 |
| | 2004 | 서울 | 15 | 15 | 0 | 1 | 0 | 20 | 2 | 0 |
| | 2005 | 인천 | 9 | 10 | 1 | 0 | 0 | 6 | 0 | 0 |
| | 2006 | 인천 | 18 | 15 | 1 | 0 | 0 | 15 | 0 | 0 |
| | 2007 | 인천 | 16 | 14 | 1 | 0 | 0 | 10 | 4 | 0 |
| | 2008 | 인천 | 24 | 4 | 2 | 2 | 0 | 32 | 4 | 0 |
| | 2009 | 인천 | 11 | 8 | 0 | 1 | 0 | 5 | 2 | 0 |
| | 2010 | 인천 | 25 | 13 | 0 | 3 | 0 | 26 | 3 | 0 |
| PO | 2005 | 인천 | 2 | 2 | 0 | 0 | 0 | 1 | 0 | 0 |
| | 2009 | 인천 | 1 | 1 | 0 | 0 | 0 | 1 | 0 | 0 |
| 컵 | 2004 | 서울 | 7 | 5 | 0 | 0 | 0 | 11 | 1 | 0 |
| | 2005 | 인천 | 3 | 2 | 0 | 0 | 0 | 6 | 1 | 0 |
| | 2006 | 인천 | 7 | 6 | 1 | 0 | 0 | 7 | 0 | 0 |
| | 2007 | 인천 | 10 | 6 | 1 | 1 | 0 | 10 | 2 | 0 |
| | 2008 | 인천 | 4 | 2 | 0 | 0 | 0 | 7 | 0 | 0 |
| | 2010 | 인천 | 4 | 2 | 4 | 0 | 0 | 7 | 0 | 0 |
| 통산 | | | 189 | 128 | 18 | 9 | 0 | 206 | 20 | 0 |

**이준용**(李俊容) 대구대 1995.07.09

| 대회 | 연도 | 소속 | 출전 | 교체 | 득점 | 도움 | 실점 | 파울 | 경고 | 퇴장 |
|---|---|---|---|---|---|---|---|---|---|---|
| K1 | 2021 | 광주 | 2 | 2 | 0 | 0 | 0 | 0 | 0 | 0 |
| 통산 | | | 2 | 2 | 0 | 0 | 0 | 0 | 0 | 0 |

**이준재**(李準宰) 진주고 2003.07.14

| 대회 | 연도 | 소속 | 출전 | 교체 | 득점 | 도움 | 실점 | 파울 | 경고 | 퇴장 |
|---|---|---|---|---|---|---|---|---|---|---|
| K2 | 2022 | 경남 | 31 | 22 | 1 | 1 | 0 | 22 | 4 | 0 |
| | 2023 | 경남 | 29 | 12 | 2 | 1 | 0 | 23 | 4 | 1 |
| | 2024 | 경남 | 26 | 16 | 1 | 0 | 0 | 5 | 0 | 1 |
| | 2025 | 경남 | 25 | 15 | 0 | 0 | 0 | 9 | 3 | 0 |
| PO | 2022 | 경남 | 1 | 0 | 0 | 0 | 0 | 1 | 1 | 0 |
| | 2023 | 경남 | 2 | 1 | 0 | 0 | 0 | 0 | 0 | 0 |
| 통산 | | | 114 | 66 | 4 | 2 | 0 | 60 | 12 | 2 |

**이준택**(李濬澤) 울산대 1966.01.24

| 대회 | 연도 | 소속 | 출전 | 교체 | 득점 | 도움 | 실점 | 파울 | 경고 | 퇴장 |
|---|---|---|---|---|---|---|---|---|---|---|
| K1 | 1989 | 현대 | 17 | 17 | 0 | 1 | 0 | 12 | 1 | 0 |
| | 1990 | 현대 | 11 | 10 | 2 | 0 | 0 | 15 | 2 | 0 |
| | 1992 | 현대 | 8 | 7 | 0 | 0 | 0 | 4 | 1 | 0 |
| | 1993 | 현대 | 4 | 4 | 0 | 0 | 0 | 2 | 0 | 0 |
| 컵 | 1992 | 현대 | 6 | 4 | 0 | 0 | 0 | 8 | 0 | 0 |
| | 1994 | 현대 | 2 | 1 | 0 | 0 | 0 | 4 | 0 | 0 |
| 통산 | | | 48 | 43 | 2 | 1 | 0 | 45 | 4 | 0 |

**이준협**(李俊協) 관동대(가톨릭관동대) 1989.03.30

| 대회 | 연도 | 소속 | 출전 | 교체 | 득점 | 도움 | 실점 | 파울 | 경고 | 퇴장 |
|---|---|---|---|---|---|---|---|---|---|---|
| K1 | 2010 | 강원 | 3 | 3 | 0 | 0 | 0 | 3 | 1 | 0 |
| 컵 | 2010 | 강원 | 0 | 0 | 0 | 0 | 0 | 0 | 0 | 0 |
| 통산 | | | 3 | 3 | 0 | 0 | 0 | 3 | 1 | 0 |

**이준형**(李濬榮) 조선대 1988.08.24

| 대회 | 연도 | 소속 | 출전 | 교체 | 득점 | 도움 | 실점 | 파울 | 경고 | 퇴장 |
|---|---|---|---|---|---|---|---|---|---|---|
| K1 | 2011 | 강원 | 2 | 2 | 0 | 0 | 0 | 1 | 0 | 0 |
| | 2012 | 강원 | 1 | 1 | 0 | 0 | 0 | 0 | 0 | 0 |
| 컵 | 2011 | 강원 | 1 | 1 | 0 | 0 | 0 | 0 | 0 | 0 |
| 통산 | | | 4 | 4 | 0 | 0 | 0 | 1 | 0 | 0 |

**이준호**(李峻豪) 연세대 1967.06.06

| 대회 | 연도 | 소속 | 출전 | 교체 | 득점 | 도움 | 실점 | 파울 | 경고 | 퇴장 |
|---|---|---|---|---|---|---|---|---|---|---|
| K1 | 1990 | 대우 | 5 | 1 | 0 | 0 | 0 | 6 | 2 | 0 |
| 통산 | | | 5 | 1 | 0 | 0 | 0 | 6 | 2 | 0 |

**이준호**(李俊浩) 중앙대 1989.01.27

| 대회 | 연도 | 소속 | 출전 | 교체 | 득점 | 도움 | 실점 | 파울 | 경고 | 퇴장 |
|---|---|---|---|---|---|---|---|---|---|---|
| K1 | 2016 | 수원FC | 28 | 2 | 0 | 0 | 0 | 26 | 6 | 0 |
| K2 | 2013 | 수원FC | 22 | 4 | 3 | 0 | 0 | 28 | 5 | 0 |
| | 2014 | 수원FC | 19 | 2 | 0 | 1 | 0 | 20 | 1 | 0 |
| | 2015 | 수원FC | 23 | 3 | 1 | 1 | 0 | 32 | 7 | 0 |
| PO | 2015 | 수원FC | 4 | 0 | 0 | 0 | 0 | 4 | 1 | 0 |
| 통산 | | | 96 | 11 | 4 | 2 | 0 | 110 | 20 | 0 |

**이준호**(李準鎬) 중앙대 1991.11.07

| 대회 | 연도 | 소속 | 출전 | 교체 | 득점 | 도움 | 실점 | 파울 | 경고 | 퇴장 |
|---|---|---|---|---|---|---|---|---|---|---|
| K2 | 2014 | 충주 | 10 | 10 | 0 | 0 | 0 | 3 | 1 | 0 |
| | 2015 | 안산경찰 | 5 | 5 | 0 | 0 | 0 | 5 | 1 | 0 |
| | 2016 | 안산무궁 | 0 | 0 | 0 | 0 | 0 | 0 | 0 | 0 |
| 통산 | | | 15 | 15 | 0 | 0 | 0 | 8 | 2 | 0 |

**이준호**(李俊昊) 광양제철고 1994.07.27

| 대회 | 연도 | 소속 | 출전 | 교체 | 득점 | 도움 | 실점 | 파울 | 경고 | 퇴장 |
|---|---|---|---|---|---|---|---|---|---|---|
| K2 | 2018 | 대전 | 1 | 1 | 0 | 0 | 0 | 1 | 0 | 0 |
| 통산 | | | 1 | 1 | 0 | 0 | 0 | 1 | 0 | 0 |

**이준호**(李俊湖) 중앙대 2000.04.06

| 대회 | 연도 | 소속 | 출전 | 교체 | 득점 | 도움 | 실점 | 파울 | 경고 | 퇴장 |
|---|---|---|---|---|---|---|---|---|---|---|
| K2 | 2020 | 충남아산 | 2 | 2 | 0 | 0 | 0 | 0 | 0 | 0 |
| 통산 | | | 2 | 2 | 0 | 0 | 0 | 0 | 0 | 0 |

**이준호**(李俊護) 중앙대 2002.09.28

| 대회 | 연도 | 소속 | 출전 | 교체 | 득점 | 도움 | 실점 | 파울 | 경고 | 퇴장 |
|---|---|---|---|---|---|---|---|---|---|---|
| K1 | 2022 | 전북 | 5 | 5 | 0 | 0 | 0 | 1 | 0 | 0 |
| | 2023 | 전북 | 8 | 8 | 0 | 1 | 0 | 2 | 1 | 0 |
| | 2024 | 전북 | 4 | 4 | 0 | 0 | 0 | 1 | 0 | 0 |
| K2 | 2023 | 전남 | 4 | 4 | 1 | 1 | 0 | 3 | 0 | 0 |
| | 2024 | 부산 | 15 | 13 | 3 | 1 | 0 | 10 | 0 | 0 |
| PO | 2024 | 부산 | 1 | 1 | 0 | 0 | 0 | 1 | 0 | 0 |
| 통산 | | | 37 | 35 | 4 | 3 | 0 | 18 | 1 | 0 |

**이준희**(李準熙) 경희대 1988.06.01

| 대회 | 연도 | 소속 | 출전 | 교체 | 득점 | 도움 | 실점 | 파울 | 경고 | 퇴장 |
|---|---|---|---|---|---|---|---|---|---|---|
| K1 | 2012 | 대구 | 19 | 2 | 0 | 0 | 0 | 44 | 6 | 0 |
| | 2013 | 대구 | 30 | 1 | 0 | 2 | 0 | 34 | 5 | 0 |
| K2 | 2014 | 대구 | 31 | 2 | 1 | 4 | 0 | 49 | 8 | 0 |
| | 2015 | 대구 | 28 | 4 | 3 | 1 | 0 | 44 | 9 | 0 |
| | 2016 | 경남 | 3 | 3 | 0 | 0 | 0 | 4 | 1 | 0 |
| | 2017 | 부산 | 2 | 0 | 0 | 0 | 0 | 1 | 0 | 0 |
| | 2017 | 서울E | 4 | 1 | 0 | 0 | 0 | 2 | 2 | 0 |
| | 2019 | 안산 | 11 | 3 | 0 | 1 | 0 | 12 | 4 | 0 |
| | 2020 | 안산 | 12 | 2 | 1 | 0 | 0 | 9 | 1 | 0 |
| | 2021 | 안산 | 30 | 12 | 1 | 0 | 0 | 29 | 3 | 0 |
| | 2022 | 안산 | 30 | 13 | 1 | 4 | 0 | 31 | 3 | 0 |
| | 2023 | 안산 | 19 | 15 | 0 | 1 | 0 | 14 | 3 | 0 |
| PO | 2015 | 대구 | 1 | 0 | 0 | 0 | 0 | 3 | 1 | 0 |
| 통산 | | | 220 | 58 | 7 | 13 | 0 | 276 | 46 | 0 |

**이준희**(李俊喜) 인천대 1993.12.10

| 대회 | 연도 | 소속 | 출전 | 교체 | 득점 | 도움 | 실점 | 파울 | 경고 | 퇴장 |
|---|---|---|---|---|---|---|---|---|---|---|
| K1 | 2015 | 포항 | 0 | 0 | 0 | 0 | 0 | 0 | 0 | 0 |
| | 2018 | 경남 | 0 | 0 | 0 | 0 | 0 | 0 | 0 | 0 |
| | 2019 | 대구 | 0 | 0 | 0 | 0 | 0 | 0 | 0 | 0 |
| | 2020 | 대구 | 0 | 0 | 0 | 0 | 0 | 0 | 0 | 0 |
| | 2023 | 대구 | 0 | 0 | 0 | 0 | 0 | 0 | 0 | 0 |
| K2 | 2016 | 경남 | 14 | 0 | 0 | 0 | 15 | 1 | 1 | 0 |
| | 2017 | 경남 | 13 | 0 | 0 | 0 | 15 | 0 | 2 | 0 |
| | 2024 | 안산 | 21 | 2 | 0 | 0 | 24 | 1 | 3 | 1 |
| 통산 | | | 48 | 2 | 0 | 0 | 54 | 2 | 6 | 1 |

**이준희**(李俊熙) 안산U18 2004.01.20

| 대회 | 연도 | 소속 | 출전 | 교체 | 득점 | 도움 | 실점 | 파울 | 경고 | 퇴장 |
|---|---|---|---|---|---|---|---|---|---|---|
| K2 | 2024 | 안산 | 6 | 6 | 0 | 2 | 0 | 1 | 0 | 0 |
| 통산 | | | 6 | 6 | 0 | 2 | 0 | 1 | 0 | 0 |

**이중갑**(李中甲) 명지대 1962.07.06

| 대회 | 연도 | 소속 | 출전 | 교체 | 득점 | 도움 | 실점 | 파울 | 경고 | 퇴장 |
|---|---|---|---|---|---|---|---|---|---|---|
| K1 | 1983 | 국민은행 | 2 | 0 | 0 | 0 | 0 | 0 | 0 | 0 |
| | 1986 | 현대 | 14 | 1 | 0 | 0 | 0 | 7 | 0 | 0 |
| | 1987 | 현대 | 25 | 6 | 1 | 0 | 0 | 17 | 0 | 0 |
| | 1988 | 현대 | 6 | 3 | 0 | 1 | 0 | 7 | 2 | 0 |
| 컵 | 1986 | 현대 | 5 | 0 | 0 | 0 | 0 | 4 | 0 | 0 |
| 통산 | | | 52 | 10 | 1 | 1 | 0 | 35 | 2 | 0 |

**이중권**(李重券) 명지대 1992.01.01

| 대회 | 연도 | 소속 | 출전 | 교체 | 득점 | 도움 | 실점 | 파울 | 경고 | 퇴장 |
|---|---|---|---|---|---|---|---|---|---|---|
| K1 | 2013 | 전남 | 11 | 7 | 0 | 1 | 0 | 8 | 1 | 0 |
| | 2014 | 전남 | 1 | 1 | 0 | 0 | 0 | 0 | 0 | 0 |
| | 2016 | 인천 | 1 | 1 | 0 | 0 | 0 | 1 | 0 | 0 |
| 통산 | | | 13 | 9 | 0 | 1 | 0 | 9 | 1 | 0 |

**이중민**(李重旻) 광주대 1999.11.03

| 대회 | 연도 | 소속 | 출전 | 교체 | 득점 | 도움 | 실점 | 파울 | 경고 | 퇴장 |
|---|---|---|---|---|---|---|---|---|---|---|
| K1 | 2021 | 성남 | 23 | 24 | 1 | 0 | 0 | 18 | 1 | 0 |
| | 2024 | 김천 | 15 | 16 | 3 | 0 | 0 | 6 | 0 | 0 |
| K2 | 2022 | 전남 | 26 | 25 | 5 | 2 | 0 | 15 | 1 | 0 |
| | 2023 | 김천 | 9 | 9 | 1 | 0 | 0 | 3 | 0 | 0 |
| | 2024 | 성남 | 14 | 8 | 4 | 0 | 0 | 5 | 0 | 0 |
| | 2025 | 경남 | 30 | 28 | 4 | 2 | 0 | 19 | 3 | 0 |
| 통산 | | | 117 | 110 | 18 | 4 | 0 | 66 | 5 | 0 |

**이중서**(李重瑞) 영남대 1995.06.09

| 대회 | 연도 | 소속 | 출전 | 교체 | 득점 | 도움 | 실점 | 파울 | 경고 | 퇴장 |
|---|---|---|---|---|---|---|---|---|---|---|
| K1 | 2017 | 광주 | 8 | 8 | 0 | 0 | 0 | 3 | 0 | 0 |
| 통산 | | | 8 | 8 | 0 | 0 | 0 | 3 | 0 | 0 |

**이중원**(李重元) 숭실대 1989.07.27

| 대회 | 연도 | 소속 | 출전 | 교체 | 득점 | 도움 | 실점 | 파울 | 경고 | 퇴장 |
|---|---|---|---|---|---|---|---|---|---|---|
| K1 | 2010 | 대전 | 7 | 7 | 0 | 0 | 0 | 2 | 0 | 0 |
| | 2011 | 대전 | 4 | 4 | 0 | 0 | 0 | 1 | 0 | 0 |
| 컵 | 2011 | 대전 | 4 | 2 | 0 | 0 | 0 | 3 | 1 | 0 |
| 통산 | | | 15 | 13 | 0 | 0 | 0 | 6 | 1 | 0 |

**이중재**(李重宰) 경성고 1963.01.27

| 대회 | 연도 | 소속 | 출전 | 교체 | 득점 | 도움 | 실점 | 파울 | 경고 | 퇴장 |
|---|---|---|---|---|---|---|---|---|---|---|
| K1 | 1985 | 상무 | 11 | 4 | 1 | 3 | 0 | 10 | 0 | 0 |
| 통산 | | | 11 | 4 | 1 | 3 | 0 | 10 | 0 | 0 |

**이중호**(李仲豪) 청주대 1998.05.16

| 대회 | 연도 | 소속 | 출전 | 교체 | 득점 | 도움 | 실점 | 파울 | 경고 | 퇴장 |
|---|---|---|---|---|---|---|---|---|---|---|
| K2 | 2022 | 김포 | 5 | 3 | 0 | 0 | 0 | 2 | 0 | 0 |
| 통산 | | | 5 | 3 | 0 | 0 | 0 | 2 | 0 | 0 |

**이지남**(李指南) 안양공고 1984.11.21

| 대회 | 연도 | 소속 | 출전 | 교체 | 득점 | 도움 | 실점 | 파울 | 경고 | 퇴장 |
|---|---|---|---|---|---|---|---|---|---|---|
| K1 | 2004 | 서울 | 0 | 0 | 0 | 0 | 0 | 0 | 0 | 0 |
| | 2008 | 경남 | 5 | 4 | 1 | 0 | 0 | 10 | 1 | 0 |
| | 2009 | 경남 | 7 | 3 | 0 | 0 | 0 | 7 | 0 | 0 |

| 대회 | 연도 | 소속 | 출전 | 교체 | 득점 | 도움 | 실점 | 파울 | 경고 | 퇴장 |
|---|---|---|---|---|---|---|---|---|---|---|
| | 2010 | 경남 | 19 | 7 | 1 | 0 | 0 | 27 | 5 | 0 |
| | 2011 | 대구 | 26 | 7 | 2 | 1 | 0 | 31 | 3 | 0 |
| | 2012 | 대구 | 32 | 0 | 3 | 0 | 0 | 41 | 13 | 0 |
| | 2013 | 대구 | 28 | 2 | 2 | 0 | 0 | 31 | 1 | 0 |
| | 2015 | 전남 | 19 | 3 | 0 | 0 | 0 | 22 | 3 | 0 |
| | 2016 | 전남 | 30 | 5 | 0 | 0 | 0 | 24 | 8 | 0 |
| | 2017 | 전남 | 20 | 3 | 1 | 0 | 0 | 17 | 4 | 0 |
| | 2018 | 전남 | 18 | 3 | 2 | 0 | 0 | 13 | 2 | 0 |
| K2 | 2019 | 전남 | 16 | 5 | 1 | 0 | 0 | 25 | 1 | 0 |
| PO | 2010 | 경남 | 1 | 0 | 0 | 0 | 0 | 1 | 0 | 0 |
| 컵 | 2004 | 서울 | 4 | 1 | 0 | 0 | 0 | 2 | 0 | 0 |
| | 2008 | 경남 | 3 | 1 | 0 | 0 | 0 | 8 | 1 | 0 |
| | 2010 | 경남 | 3 | 1 | 0 | 0 | 0 | 4 | 2 | 0 |
| | 2011 | 대구 | 2 | 0 | 0 | 0 | 0 | 2 | 1 | 0 |
| 통산 | | | 233 | 45 | 13 | 1 | 0 | 265 | 45 | 0 |

**이지민**(李智旼) 아주대 1993.09.04

| 대회 | 연도 | 소속 | 출전 | 교체 | 득점 | 도움 | 실점 | 파울 | 경고 | 퇴장 |
|---|---|---|---|---|---|---|---|---|---|---|
| K1 | 2015 | 전남 | 14 | 11 | 1 | 1 | 0 | 9 | 1 | 0 |
| | 2016 | 전남 | 20 | 11 | 1 | 0 | 0 | 20 | 3 | 0 |
| | 2020 | 부산 | 2 | 2 | 0 | 0 | 0 | 0 | 0 | 0 |
| K2 | 2017 | 성남 | 31 | 5 | 1 | 4 | 0 | 33 | 5 | 0 |
| | 2018 | 성남 | 9 | 6 | 0 | 0 | 0 | 6 | 0 | 1 |
| PO | 2017 | 성남 | 1 | 0 | 0 | 0 | 0 | 3 | 0 | 0 |
| 통산 | | | 77 | 35 | 3 | 5 | 0 | 71 | 9 | 1 |

**이지성**(李知成) 용인대 1999.05.05

| 대회 | 연도 | 소속 | 출전 | 교체 | 득점 | 도움 | 실점 | 파울 | 경고 | 퇴장 |
|---|---|---|---|---|---|---|---|---|---|---|
| K2 | 2022 | 안산 | 6 | 7 | 0 | 0 | 0 | 5 | 1 | 0 |
| | 2025 | 안산 | 3 | 3 | 0 | 0 | 0 | 1 | 1 | 0 |
| 통산 | | | 9 | 10 | 0 | 0 | 0 | 6 | 2 | 0 |

**이지솔**(李志率) 언남고 1999.07.09

| 대회 | 연도 | 소속 | 출전 | 교체 | 득점 | 도움 | 실점 | 파울 | 경고 | 퇴장 |
|---|---|---|---|---|---|---|---|---|---|---|
| K1 | 2022 | 제주 | 16 | 15 | 0 | 0 | 0 | 4 | 1 | 0 |
| | 2023 | 제주 | 0 | 0 | 0 | 0 | 0 | 0 | 0 | 0 |
| | 2023 | 강원 | 6 | 3 | 1 | 0 | 0 | 4 | 1 | 0 |
| | 2024 | 강원 | 6 | 4 | 0 | 0 | 0 | 3 | 2 | 0 |
| | 2025 | 수원FC | 25 | 9 | 1 | 0 | 0 | 14 | 6 | 0 |
| K2 | 2018 | 대전 | 2 | 2 | 0 | 0 | 0 | 1 | 1 | 0 |
| | 2019 | 대전 | 23 | 2 | 1 | 0 | 0 | 38 | 6 | 1 |
| | 2020 | 대전 | 20 | 1 | 0 | 0 | 0 | 21 | 5 | 0 |
| | 2021 | 대전 | 22 | 3 | 0 | 0 | 0 | 28 | 6 | 0 |
| PO | 2018 | 대전 | 2 | 2 | 0 | 0 | 0 | 0 | 0 | 0 |
| | 2020 | 대전 | 1 | 0 | 0 | 0 | 0 | 1 | 1 | 0 |
| | 2021 | 대전 | 4 | 0 | 0 | 0 | 0 | 5 | 2 | 0 |
| 통산 | | | 127 | 41 | 3 | 0 | 0 | 119 | 31 | 1 |

**이지승**(李志承) 호남대 1999.01.11

| 대회 | 연도 | 소속 | 출전 | 교체 | 득점 | 도움 | 실점 | 파울 | 경고 | 퇴장 |
|---|---|---|---|---|---|---|---|---|---|---|
| K1 | 2020 | 부산 | 1 | 1 | 0 | 0 | 0 | 0 | 0 | 0 |
| K2 | 2021 | 부산 | 12 | 5 | 0 | 1 | 0 | 21 | 3 | 0 |
| | 2022 | 경남 | 15 | 10 | 0 | 0 | 0 | 24 | 4 | 0 |
| | 2023 | 경남 | 1 | 1 | 0 | 0 | 0 | 1 | 0 | 0 |
| | 2024 | 안산 | 32 | 17 | 2 | 2 | 0 | 27 | 8 | 0 |
| | 2025 | 충북청주 | 16 | 16 | 0 | 0 | 0 | 9 | 0 | 0 |
| PO | 2022 | 경남 | 2 | 2 | 0 | 0 | 0 | 2 | 0 | 0 |
| | 2023 | 경남 | 1 | 1 | 0 | 0 | 0 | 2 | 0 | 0 |
| 통산 | | | 80 | 53 | 2 | 3 | 0 | 86 | 15 | 0 |

**이지용**(李知容) 숭실대 1999.04.01

| 대회 | 연도 | 소속 | 출전 | 교체 | 득점 | 도움 | 실점 | 파울 | 경고 | 퇴장 |
|---|---|---|---|---|---|---|---|---|---|---|
| K1 | 2020 | 포항 | 0 | 0 | 0 | 0 | 0 | 0 | 0 | 0 |
| 통산 | | | 0 | 0 | 0 | 0 | 0 | 0 | 0 | 0 |

**이지한**(李知翰) 보인고 2003.01.08

| 대회 | 연도 | 소속 | 출전 | 교체 | 득점 | 도움 | 실점 | 파울 | 경고 | 퇴장 |
|---|---|---|---|---|---|---|---|---|---|---|
| K2 | 2025 | 화성 | 1 | 1 | 0 | 0 | 0 | 0 | 0 | 0 |
| 통산 | | | 1 | 1 | 0 | 0 | 0 | 0 | 0 | 0 |

**이지호**(李志鎬) 고려대 2002.04.16

| 대회 | 연도 | 소속 | 출전 | 교체 | 득점 | 도움 | 실점 | 파울 | 경고 | 퇴장 |
|---|---|---|---|---|---|---|---|---|---|---|
| K1 | 2025 | 강원 | 27 | 23 | 4 | 3 | 0 | 20 | 2 | 0 |
| 통산 | | | 27 | 23 | 4 | 3 | 0 | 20 | 2 | 0 |

**이지훈**(李知勳) 울산대 1994.03.24

| 대회 | 연도 | 소속 | 출전 | 교체 | 득점 | 도움 | 실점 | 파울 | 경고 | 퇴장 |
|---|---|---|---|---|---|---|---|---|---|---|
| K1 | 2017 | 울산 | 3 | 2 | 0 | 0 | 0 | 4 | 1 | 0 |
| | 2018 | 울산 | 1 | 0 | 0 | 0 | 0 | 2 | 0 | 0 |
| | 2019 | 인천 | 7 | 7 | 0 | 0 | 0 | 3 | 1 | 0 |
| | 2021 | 광주 | 33 | 10 | 0 | 0 | 0 | 19 | 4 | 0 |
| | 2022 | 성남 | 16 | 14 | 0 | 0 | 0 | 4 | 0 | 0 |
| K2 | 2020 | 수원FC | 21 | 8 | 0 | 1 | 0 | 15 | 4 | 0 |
| | 2023 | 성남 | 23 | 16 | 0 | 1 | 0 | 19 | 5 | 0 |
| 통산 | | | 104 | 57 | 0 | 2 | 0 | 66 | 15 | 0 |

**이지훈**(李知訓) 울산대 1995.06.19

| 대회 | 연도 | 소속 | 출전 | 교체 | 득점 | 도움 | 실점 | 파울 | 경고 | 퇴장 |
|---|---|---|---|---|---|---|---|---|---|---|
| K2 | 2020 | 안산 | 16 | 6 | 1 | 1 | 0 | 16 | 4 | 0 |
| | 2024 | 안산 | 9 | 9 | 0 | 0 | 0 | 3 | 0 | 0 |
| 통산 | | | 25 | 15 | 1 | 1 | 0 | 19 | 4 | 0 |

**이지훈**(李知勳) 영생고 2002.03.02

| 대회 | 연도 | 소속 | 출전 | 교체 | 득점 | 도움 | 실점 | 파울 | 경고 | 퇴장 |
|---|---|---|---|---|---|---|---|---|---|---|
| K1 | 2021 | 전북 | 17 | 17 | 0 | 0 | 0 | 16 | 2 | 0 |
| | 2022 | 전북 | 2 | 2 | 0 | 0 | 0 | 0 | 0 | 0 |
| | 2022 | 김천 | 5 | 5 | 0 | 0 | 0 | 2 | 0 | 0 |
| | 2024 | 전북 | 1 | 1 | 0 | 0 | 0 | 0 | 0 | 0 |
| K2 | 2023 | 김천 | 2 | 2 | 0 | 0 | 0 | 1 | 0 | 0 |
| | 2024 | 천안 | 14 | 9 | 3 | 1 | 0 | 13 | 1 | 0 |
| | 2025 | 천안 | 25 | 21 | 2 | 0 | 0 | 30 | 2 | 1 |
| PO | 2022 | 김천 | 1 | 1 | 0 | 0 | 0 | 1 | 0 | 0 |
| 통산 | | | 67 | 58 | 5 | 1 | 0 | 63 | 5 | 1 |

**이진규**(李眞奎) 동의대 1988.05.20

| 대회 | 연도 | 소속 | 출전 | 교체 | 득점 | 도움 | 실점 | 파울 | 경고 | 퇴장 |
|---|---|---|---|---|---|---|---|---|---|---|
| K1 | 2012 | 성남일화 | 0 | 0 | 0 | 0 | 0 | 0 | 0 | 0 |
| 통산 | | | 0 | 0 | 0 | 0 | 0 | 0 | 0 | 0 |

**이진석**(李振錫) 영남대 1991.09.10

| 대회 | 연도 | 소속 | 출전 | 교체 | 득점 | 도움 | 실점 | 파울 | 경고 | 퇴장 |
|---|---|---|---|---|---|---|---|---|---|---|
| K1 | 2013 | 포항 | 0 | 0 | 0 | 0 | 0 | 0 | 0 | 0 |
| | 2014 | 포항 | 1 | 1 | 0 | 0 | 0 | 1 | 0 | 0 |
| 통산 | | | 1 | 1 | 0 | 0 | 0 | 1 | 0 | 0 |

**이진섭**(李進燮) 안산U18 2002.01.23

| 대회 | 연도 | 소속 | 출전 | 교체 | 득점 | 도움 | 실점 | 파울 | 경고 | 퇴장 |
|---|---|---|---|---|---|---|---|---|---|---|
| K2 | 2021 | 안산 | 0 | 0 | 0 | 0 | 0 | 0 | 0 | 0 |
| | 2022 | 안산 | 3 | 3 | 0 | 0 | 0 | 2 | 0 | 0 |
| 통산 | | | 3 | 3 | 0 | 0 | 0 | 2 | 0 | 0 |

**이진용**(李珍鎔) 현풍고 2001.05.01

| 대회 | 연도 | 소속 | 출전 | 교체 | 득점 | 도움 | 실점 | 파울 | 경고 | 퇴장 |
|---|---|---|---|---|---|---|---|---|---|---|
| K1 | 2020 | 대구 | 0 | 0 | 0 | 0 | 0 | 0 | 0 | 0 |
| | 2021 | 대구 | 29 | 21 | 0 | 0 | 0 | 52 | 10 | 0 |
| | 2022 | 대구 | 33 | 23 | 0 | 0 | 0 | 69 | 10 | 0 |
| | 2023 | 대구 | 31 | 28 | 0 | 1 | 0 | 49 | 8 | 0 |
| | 2024 | 김천 | 10 | 10 | 0 | 0 | 0 | 5 | 1 | 0 |
| | 2025 | 김천 | 0 | 0 | 0 | 0 | 0 | 0 | 0 | 0 |
| | 2025 | 대구 | 7 | 7 | 0 | 0 | 0 | 5 | 1 | 0 |
| 통산 | | | 110 | 89 | 0 | 1 | 0 | 180 | 30 | 0 |

**이진우**(李鎭宇) 고려대 1982.09.03

| 대회 | 연도 | 소속 | 출전 | 교체 | 득점 | 도움 | 실점 | 파울 | 경고 | 퇴장 |
|---|---|---|---|---|---|---|---|---|---|---|
| K1 | 2007 | 울산 | 7 | 7 | 0 | 1 | 0 | 9 | 1 | 0 |
| | 2008 | 울산 | 2 | 2 | 0 | 0 | 0 | 2 | 0 | 0 |
| | 2009 | 대전 | 0 | 0 | 0 | 0 | 0 | 0 | 0 | 0 |
| 컵 | 2007 | 울산 | 1 | 1 | 0 | 0 | 0 | 3 | 0 | 0 |
| | 2008 | 울산 | 1 | 1 | 0 | 0 | 0 | 0 | 0 | 0 |
| | 2009 | 대전 | 1 | 1 | 0 | 0 | 0 | 3 | 0 | 0 |
| 통산 | | | 12 | 12 | 0 | 1 | 0 | 17 | 1 | 0 |

**이진욱**(李眞旭) 가톨릭관동대 1992.09.11

| 대회 | 연도 | 소속 | 출전 | 교체 | 득점 | 도움 | 실점 | 파울 | 경고 | 퇴장 |
|---|---|---|---|---|---|---|---|---|---|---|
| K1 | 2015 | 인천 | 4 | 4 | 1 | 0 | 0 | 0 | 0 | 0 |
| | 2016 | 인천 | 2 | 2 | 0 | 0 | 0 | 1 | 0 | 0 |
| 통산 | | | 6 | 6 | 1 | 0 | 0 | 1 | 0 | 0 |

**이진행**(李晉行) 연세대 1971.07.10

| 대회 | 연도 | 소속 | 출전 | 교체 | 득점 | 도움 | 실점 | 파울 | 경고 | 퇴장 |
|---|---|---|---|---|---|---|---|---|---|---|
| K1 | 1996 | 수원 | 17 | 12 | 4 | 0 | 0 | 23 | 2 | 0 |
| | 1997 | 수원 | 15 | 6 | 3 | 2 | 0 | 20 | 0 | 0 |
| | 1998 | 수원 | 9 | 5 | 1 | 0 | 0 | 12 | 2 | 0 |
| | 1999 | 수원 | 4 | 2 | 0 | 0 | 0 | 3 | 0 | 0 |
| PO | 1998 | 수원 | 2 | 1 | 0 | 0 | 0 | 5 | 0 | 0 |
| 컵 | 1996 | 수원 | 4 | 4 | 0 | 0 | 0 | 4 | 1 | 0 |
| | 1997 | 수원 | 10 | 8 | 0 | 1 | 0 | 11 | 2 | 0 |
| | 1998 | 수원 | 12 | 10 | 1 | 0 | 0 | 14 | 0 | 0 |
| | 1999 | 수원 | 10 | 8 | 2 | 1 | 0 | 14 | 0 | 0 |
| | 2000 | 수원 | 1 | 0 | 0 | 0 | 0 | 2 | 0 | 0 |
| 통산 | | | 84 | 56 | 11 | 4 | 0 | 108 | 7 | 0 |

**이진현**(李鎭賢) 성균관대 1997.08.26

| 대회 | 연도 | 소속 | 출전 | 교체 | 득점 | 도움 | 실점 | 파울 | 경고 | 퇴장 |
|---|---|---|---|---|---|---|---|---|---|---|
| K1 | 2018 | 포항 | 17 | 6 | 5 | 1 | 0 | 17 | 1 | 0 |
| | 2019 | 포항 | 20 | 17 | 1 | 2 | 0 | 21 | 0 | 0 |
| | 2020 | 대구 | 21 | 18 | 1 | 0 | 0 | 18 | 3 | 0 |
| | 2023 | 대전 | 29 | 14 | 3 | 5 | 0 | 31 | 3 | 0 |
| | 2025 | 울산 | 26 | 15 | 1 | 2 | 0 | 16 | 2 | 0 |
| K2 | 2021 | 대전 | 22 | 8 | 1 | 3 | 0 | 16 | 2 | 0 |
| | 2022 | 대전 | 27 | 16 | 4 | 5 | 0 | 30 | 3 | 0 |
| PO | 2021 | 대전 | 0 | 0 | 0 | 0 | 0 | 0 | 0 | 0 |
| | 2022 | 대전 | 2 | 0 | 2 | 0 | 0 | 2 | 2 | 0 |
| 통산 | | | 164 | 94 | 18 | 18 | 0 | 151 | 16 | 0 |

**이진형**(李鎭亨) 단국대 1988.02.22

| 대회 | 연도 | 소속 | 출전 | 교체 | 득점 | 도움 | 실점 | 파울 | 경고 | 퇴장 |
|---|---|---|---|---|---|---|---|---|---|---|
| K1 | 2011 | 제주 | 0 | 0 | 0 | 0 | 0 | 0 | 0 | 0 |
| | 2012 | 제주 | 0 | 0 | 0 | 0 | 0 | 0 | 0 | 0 |
| | 2017 | 인천 | 16 | 0 | 0 | 0 | 15 | 0 | 1 | 0 |
| | 2018 | 인천 | 13 | 0 | 0 | 0 | 27 | 0 | 1 | 0 |
| | 2020 | 광주 | 13 | 0 | 0 | 0 | 22 | 1 | 1 | 0 |
| | 2021 | 광주 | 4 | 0 | 0 | 0 | 5 | 0 | 0 | 0 |
| K2 | 2013 | 안양 | 25 | 1 | 0 | 0 | 31 | 2 | 1 | 0 |
| | 2014 | 안양 | 34 | 0 | 0 | 0 | 50 | 0 | 1 | 0 |
| | 2015 | 안산경찰 | 23 | 1 | 0 | 0 | 26 | 0 | 2 | 0 |
| | 2016 | 안산무궁 | 26 | 0 | 0 | 0 | 24 | 0 | 2 | 0 |
| | 2016 | 안양 | 7 | 0 | 0 | 0 | 11 | 0 | 1 | 0 |
| | 2019 | 광주 | 9 | 1 | 0 | 0 | 4 | 0 | 0 | 0 |
| 통산 | | | 170 | 3 | 0 | 0 | 215 | 3 | 10 | 0 |

**이진호**(李鎭鎬) 호남대 1969.03.01

| 대회 | 연도 | 소속 | 출전 | 교체 | 득점 | 도움 | 실점 | 파울 | 경고 | 퇴장 |
|---|---|---|---|---|---|---|---|---|---|---|
| K1 | 1992 | 대우 | 11 | 1 | 0 | 0 | 0 | 8 | 1 | 0 |
| | 1993 | 대우 | 7 | 2 | 0 | 0 | 0 | 16 | 5 | 0 |
| | 1995 | 대우 | 10 | 3 | 0 | 0 | 0 | 15 | 3 | 0 |
| | 1996 | 부산 | 4 | 2 | 0 | 0 | 0 | 8 | 1 | 0 |
| 컵 | 1992 | 대우 | 6 | 3 | 0 | 0 | 0 | 3 | 0 | 0 |
| | 1993 | 대우 | 5 | 1 | 0 | 0 | 0 | 4 | 1 | 0 |
| | 1996 | 부산 | 0 | 0 | 0 | 0 | 0 | 0 | 0 | 0 |
| 통산 | | | 43 | 12 | 0 | 0 | 0 | 54 | 11 | 0 |

**이진호**(李珍浩) 울산과학대 1984.09.03

| 대회 | 연도 | 소속 | 출전 | 교체 | 득점 | 도움 | 실점 | 파울 | 경고 | 퇴장 |
|---|---|---|---|---|---|---|---|---|---|---|
| K1 | 2003 | 울산 | 1 | 2 | 0 | 0 | 0 | 1 | 0 | 0 |
| | 2004 | 울산 | 3 | 3 | 0 | 0 | 0 | 8 | 0 | 0 |
| | 2005 | 울산 | 17 | 15 | 4 | 0 | 0 | 16 | 0 | 0 |
| | 2006 | 광주상무 | 9 | 8 | 2 | 1 | 0 | 12 | 1 | 0 |
| | 2007 | 광주상무 | 20 | 13 | 2 | 0 | 0 | 25 | 2 | 0 |
| | 2008 | 울산 | 23 | 20 | 7 | 3 | 0 | 30 | 5 | 0 |
| | 2009 | 울산 | 19 | 17 | 5 | 0 | 0 | 35 | 1 | 0 |
| | 2010 | 울산 | 7 | 6 | 2 | 0 | 0 | 11 | 2 | 0 |
| | 2010 | 포항 | 12 | 10 | 4 | 1 | 0 | 18 | 4 | 1 |
| | 2011 | 울산 | 19 | 18 | 3 | 0 | 0 | 21 | 3 | 0 |
| | 2012 | 대구 | 39 | 23 | 9 | 1 | 0 | 94 | 9 | 0 |
| | 2013 | 제주 | 17 | 14 | 3 | 3 | 0 | 23 | 2 | 1 |
| | 2013 | 대구 | 10 | 7 | 0 | 0 | 0 | 19 | 4 | 0 |
| K2 | 2014 | 광주 | 7 | 4 | 0 | 0 | 0 | 17 | 1 | 0 |
| PO | 2005 | 울산 | 2 | 3 | 1 | 0 | 0 | 6 | 1 | 0 |
| | 2008 | 울산 | 3 | 3 | 0 | 1 | 0 | 7 | 0 | 0 |
| | 2011 | 울산 | 1 | 1 | 0 | 0 | 0 | 1 | 0 | 0 |
| 컵 | 2005 | 울산 | 6 | 6 | 0 | 1 | 0 | 8 | 0 | 0 |

| 대회 | 연도 | 소속 | 출전 | 교체 | 득점 | 도움 | 실점 | 파울 | 경고 | 퇴장 |
|---|---|---|---|---|---|---|---|---|---|---|
| | 2006 | 광주상무 | 2 | 1 | 0 | 0 | 0 | 6 | 0 | 0 |
| | 2007 | 광주상무 | 4 | 4 | 0 | 0 | 0 | 2 | 0 | 0 |
| | 2008 | 울산 | 8 | 5 | 0 | 2 | 0 | 10 | 3 | 0 |
| | 2009 | 울산 | 4 | 3 | 1 | 0 | 0 | 6 | 1 | 0 |
| | 2010 | 울산 | 3 | 3 | 0 | 0 | 0 | 3 | 0 | 0 |
| | 2011 | 울산 | 6 | 4 | 2 | 0 | 0 | 7 | 0 | 0 |
| 통산 | | | 242 | 193 | 45 | 13 | 0 | 386 | 39 | 2 |

**이찬동**(李燦東) 인천대 1993.01.10

| 대회 | 연도 | 소속 | 출전 | 교체 | 득점 | 도움 | 실점 | 파울 | 경고 | 퇴장 |
|---|---|---|---|---|---|---|---|---|---|---|
| K1 | 2015 | 광주 | 30 | 5 | 0 | 1 | 0 | 57 | 10 | 0 |
| | 2016 | 광주 | 25 | 9 | 0 | 0 | 0 | 55 | 9 | 0 |
| | 2017 | 제주 | 28 | 14 | 2 | 1 | 0 | 39 | 8 | 0 |
| | 2018 | 제주 | 18 | 8 | 1 | 0 | 0 | 33 | 3 | 0 |
| | 2019 | 상주 | 4 | 1 | 0 | 0 | 0 | 4 | 1 | 0 |
| | 2020 | 상주 | 8 | 6 | 0 | 0 | 0 | 12 | 3 | 0 |
| | 2021 | 광주 | 21 | 18 | 2 | 0 | 0 | 26 | 5 | 0 |
| | 2024 | 대구 | 8 | 8 | 0 | 0 | 0 | 3 | 1 | 0 |
| | 2025 | 대구 | 12 | 10 | 0 | 1 | 0 | 9 | 3 | 0 |
| K2 | 2014 | 광주 | 29 | 13 | 1 | 0 | 0 | 67 | 10 | 0 |
| | 2020 | 제주 | 4 | 3 | 0 | 0 | 0 | 4 | 1 | 0 |
| | 2022 | 광주 | 2 | 2 | 0 | 0 | 0 | 3 | 0 | 0 |
| | 2025 | 경남 | 19 | 5 | 1 | 0 | 0 | 33 | 8 | 0 |
| PO | 2014 | 광주 | 4 | 1 | 0 | 0 | 0 | 13 | 1 | 0 |
| | 2024 | 대구 | 2 | 2 | 1 | 1 | 0 | 0 | 0 | 0 |
| 통산 | | | 214 | 105 | 8 | 4 | 0 | 358 | 63 | 0 |

**이찬우**(李燦玗) 아주대 1997.06.27

| 대회 | 연도 | 소속 | 출전 | 교체 | 득점 | 도움 | 실점 | 파울 | 경고 | 퇴장 |
|---|---|---|---|---|---|---|---|---|---|---|
| K2 | 2022 | 안산 | 1 | 0 | 0 | 0 | 2 | 0 | 0 | 0 |
| 통산 | | | 1 | 0 | 0 | 0 | 2 | 0 | 0 | 0 |

**이찬우**(李讚雨) 진위고 2004.11.30

| 대회 | 연도 | 소속 | 출전 | 교체 | 득점 | 도움 | 실점 | 파울 | 경고 | 퇴장 |
|---|---|---|---|---|---|---|---|---|---|---|
| K2 | 2023 | 충북청주 | 5 | 5 | 0 | 0 | 0 | 3 | 1 | 0 |
| | 2024 | 충북청주 | 0 | 0 | 0 | 0 | 0 | 0 | 0 | 0 |
| 통산 | | | 5 | 5 | 0 | 0 | 0 | 3 | 1 | 0 |

**이찬욱**(異燦煜) 진주고 2003.02.03

| 대회 | 연도 | 소속 | 출전 | 교체 | 득점 | 도움 | 실점 | 파울 | 경고 | 퇴장 |
|---|---|---|---|---|---|---|---|---|---|---|
| K1 | 2025 | 김천 | 5 | 4 | 0 | 0 | 0 | 2 | 1 | 0 |
| K2 | 2022 | 경남 | 2 | 2 | 0 | 0 | 0 | 0 | 0 | 0 |
| | 2023 | 경남 | 7 | 2 | 1 | 0 | 0 | 2 | 1 | 0 |
| | 2024 | 경남 | 15 | 8 | 1 | 0 | 0 | 8 | 0 | 0 |
| PO | 2022 | 경남 | 0 | 0 | 0 | 0 | 0 | 0 | 0 | 0 |
| | 2023 | 경남 | 1 | 0 | 0 | 0 | 0 | 1 | 1 | 0 |
| 통산 | | | 30 | 16 | 2 | 0 | 0 | 13 | 3 | 0 |

**이찬행**(李粲行) 단국대 1968.07.14

| 대회 | 연도 | 소속 | 출전 | 교체 | 득점 | 도움 | 실점 | 파울 | 경고 | 퇴장 |
|---|---|---|---|---|---|---|---|---|---|---|
| K1 | 1991 | 유공 | 6 | 4 | 0 | 0 | 0 | 7 | 2 | 0 |
| | 1992 | 유공 | 1 | 1 | 0 | 0 | 0 | 1 | 0 | 0 |
| | 1993 | 유공 | 3 | 3 | 0 | 0 | 0 | 2 | 0 | 0 |
| | 1994 | 유공 | 8 | 7 | 1 | 0 | 0 | 5 | 1 | 0 |
| | 1995 | 유공 | 9 | 6 | 0 | 0 | 0 | 4 | 2 | 0 |
| | 1996 | 부천유공 | 16 | 5 | 1 | 1 | 0 | 21 | 1 | 0 |
| | 1997 | 부천SK | 4 | 2 | 0 | 1 | 0 | 6 | 1 | 0 |
| 컵 | 1993 | 유공 | 5 | 3 | 0 | 0 | 0 | 9 | 0 | 0 |
| | 1994 | 유공 | 3 | 1 | 1 | 0 | 0 | 2 | 0 | 0 |
| | 1996 | 부천유공 | 1 | 0 | 0 | 0 | 0 | 1 | 0 | 0 |
| | 1997 | 부천SK | 7 | 1 | 1 | 0 | 0 | 12 | 4 | 0 |
| 통산 | | | 63 | 33 | 4 | 2 | 0 | 70 | 11 | 0 |

**이찬협**(李讚俠) 한양대 2001.02.21

| 대회 | 연도 | 소속 | 출전 | 교체 | 득점 | 도움 | 실점 | 파울 | 경고 | 퇴장 |
|---|---|---|---|---|---|---|---|---|---|---|
| K2 | 2023 | 천안 | 7 | 7 | 0 | 0 | 0 | 6 | 2 | 0 |
| 통산 | | | 7 | 7 | 0 | 0 | 0 | 6 | 2 | 0 |

**이찬형**(李燦炯) 중경고 2004.07.23

| 대회 | 연도 | 소속 | 출전 | 교체 | 득점 | 도움 | 실점 | 파울 | 경고 | 퇴장 |
|---|---|---|---|---|---|---|---|---|---|---|
| K2 | 2025 | 김포 | 37 | 9 | 0 | 0 | 0 | 31 | 5 | 0 |
| 통산 | | | 37 | 9 | 0 | 0 | 0 | 31 | 5 | 0 |

**이창근**(李昌根) 동래고 1993.08.30

| 대회 | 연도 | 소속 | 출전 | 교체 | 득점 | 도움 | 실점 | 파울 | 경고 | 퇴장 |
|---|---|---|---|---|---|---|---|---|---|---|
| K1 | 2012 | 부산 | 0 | 0 | 0 | 0 | 0 | 0 | 0 | 0 |
| | 2013 | 부산 | 5 | 0 | 0 | 0 | 5 | 0 | 1 | 0 |
| | 2014 | 부산 | 7 | 0 | 0 | 0 | 11 | 0 | 0 | 0 |
| | 2015 | 부산 | 11 | 0 | 0 | 0 | 18 | 1 | 0 | 0 |
| | 2016 | 수원FC | 21 | 0 | 0 | 0 | 31 | 1 | 1 | 0 |
| | 2017 | 제주 | 19 | 0 | 0 | 0 | 15 | 1 | 2 | 0 |
| | 2018 | 제주 | 35 | 0 | 0 | 0 | 39 | 2 | 3 | 0 |
| | 2019 | 제주 | 23 | 0 | 0 | 0 | 45 | 0 | 1 | 0 |
| | 2020 | 상주 | 18 | 0 | 0 | 0 | 25 | 0 | 1 | 0 |
| | 2021 | 제주 | 10 | 1 | 0 | 0 | 16 | 0 | 0 | 0 |
| | 2023 | 대전 | 38 | 0 | 0 | 0 | 58 | 0 | 1 | 0 |
| | 2024 | 대전 | 35 | 0 | 0 | 1 | 42 | 1 | 1 | 0 |
| | 2025 | 대전 | 27 | 1 | 0 | 0 | 29 | 0 | 4 | 0 |
| K2 | 2016 | 부산 | 3 | 0 | 0 | 0 | 6 | 0 | 0 | 0 |
| | 2021 | 김천 | 8 | 0 | 0 | 0 | 11 | 0 | 1 | 0 |
| | 2022 | 대전 | 30 | 0 | 0 | 0 | 32 | 0 | 2 | 0 |
| PO | 2015 | 부산 | 0 | 0 | 0 | 0 | 0 | 0 | 0 | 0 |
| | 2022 | 대전 | 2 | 0 | 0 | 0 | 1 | 0 | 0 | 0 |
| 통산 | | | 292 | 2 | 0 | 1 | 384 | 6 | 18 | 0 |

**이창덕**(李昌德) 수원공고 1981.06.05

| 대회 | 연도 | 소속 | 출전 | 교체 | 득점 | 도움 | 실점 | 파울 | 경고 | 퇴장 |
|---|---|---|---|---|---|---|---|---|---|---|
| 컵 | 2000 | 수원 | 0 | 0 | 0 | 0 | 0 | 0 | 0 | 0 |
| | 2001 | 수원 | 0 | 0 | 0 | 0 | 0 | 0 | 0 | 0 |
| 통산 | | | 0 | 0 | 0 | 0 | 0 | 0 | 0 | 0 |

**이창무**(李昌茂) 홍익대 1993.03.01

| 대회 | 연도 | 소속 | 출전 | 교체 | 득점 | 도움 | 실점 | 파울 | 경고 | 퇴장 |
|---|---|---|---|---|---|---|---|---|---|---|
| K1 | 2016 | 수원FC | 2 | 2 | 0 | 0 | 0 | 0 | 0 | 0 |
| 통산 | | | 2 | 2 | 0 | 0 | 0 | 0 | 0 | 0 |

**이창민**(李昌民) 울산대 1980.01.25

| 대회 | 연도 | 소속 | 출전 | 교체 | 득점 | 도움 | 실점 | 파울 | 경고 | 퇴장 |
|---|---|---|---|---|---|---|---|---|---|---|
| 컵 | 2002 | 전북 | 0 | 0 | 0 | 0 | 0 | 0 | 0 | 0 |
| 통산 | | | 0 | 0 | 0 | 0 | 0 | 0 | 0 | 0 |

**이창민**(李昌珉) 진주고 1984.06.01

| 대회 | 연도 | 소속 | 출전 | 교체 | 득점 | 도움 | 실점 | 파울 | 경고 | 퇴장 |
|---|---|---|---|---|---|---|---|---|---|---|
| K1 | 2004 | 부산 | 0 | 0 | 0 | 0 | 0 | 0 | 0 | 0 |
| | 2005 | 부산 | 0 | 0 | 0 | 0 | 0 | 0 | 0 | 0 |
| | 2006 | 부산 | 0 | 0 | 0 | 0 | 0 | 0 | 0 | 0 |
| 컵 | 2004 | 부산 | 0 | 0 | 0 | 0 | 0 | 0 | 0 | 0 |
| | 2005 | 부산 | 0 | 0 | 0 | 0 | 0 | 0 | 0 | 0 |
| | 2006 | 부산 | 0 | 0 | 0 | 0 | 0 | 0 | 0 | 0 |
| 통산 | | | 0 | 0 | 0 | 0 | 0 | 0 | 0 | 0 |

**이창민**(李昌珉) 중앙대 1994.01.20

| 대회 | 연도 | 소속 | 출전 | 교체 | 득점 | 도움 | 실점 | 파울 | 경고 | 퇴장 |
|---|---|---|---|---|---|---|---|---|---|---|
| K1 | 2014 | 경남 | 32 | 11 | 2 | 3 | 0 | 26 | 3 | 0 |
| | 2015 | 전남 | 21 | 15 | 2 | 2 | 0 | 13 | 2 | 0 |
| | 2016 | 제주 | 21 | 10 | 2 | 3 | 0 | 7 | 3 | 0 |
| | 2017 | 제주 | 26 | 15 | 5 | 3 | 0 | 26 | 6 | 1 |
| | 2018 | 제주 | 23 | 8 | 3 | 6 | 0 | 22 | 2 | 0 |
| | 2019 | 제주 | 32 | 6 | 5 | 1 | 0 | 21 | 2 | 1 |
| | 2021 | 제주 | 34 | 2 | 4 | 2 | 0 | 17 | 0 | 0 |
| | 2022 | 제주 | 31 | 13 | 3 | 4 | 0 | 29 | 4 | 0 |
| | 2023 | 제주 | 13 | 1 | 0 | 0 | 0 | 6 | 2 | 0 |
| | 2025 | 제주 | 31 | 16 | 2 | 3 | 0 | 27 | 6 | 1 |
| K2 | 2020 | 제주 | 24 | 1 | 4 | 2 | 0 | 26 | 1 | 1 |
| PO | 2014 | 경남 | 2 | 2 | 0 | 0 | 0 | 7 | 0 | 0 |
| | 2025 | 제주 | 2 | 2 | 0 | 0 | 0 | 1 | 0 | 0 |
| 통산 | | | 292 | 102 | 32 | 29 | 0 | 228 | 31 | 4 |

**이창엽**(李昌燁) 홍익대 1974.11.19

| 대회 | 연도 | 소속 | 출전 | 교체 | 득점 | 도움 | 실점 | 파울 | 경고 | 퇴장 |
|---|---|---|---|---|---|---|---|---|---|---|
| K1 | 1997 | 대전 | 17 | 0 | 0 | 1 | 0 | 34 | 3 | 0 |
| | 1998 | 대전 | 15 | 2 | 0 | 2 | 0 | 25 | 2 | 0 |
| | 1999 | 대전 | 8 | 5 | 0 | 1 | 0 | 7 | 0 | 0 |
| | 2000 | 대전 | 23 | 2 | 0 | 0 | 0 | 20 | 3 | 0 |
| | 2001 | 대전 | 10 | 6 | 0 | 1 | 0 | 19 | 3 | 0 |
| | 2002 | 대전 | 16 | 11 | 1 | 3 | 0 | 27 | 1 | 0 |
| | 2003 | 대전 | 33 | 15 | 2 | 3 | 0 | 62 | 3 | 0 |
| | 2004 | 대전 | 19 | 12 | 2 | 1 | 0 | 29 | 2 | 0 |
| | 2005 | 대전 | 4 | 4 | 0 | 0 | 0 | 4 | 1 | 0 |
| | 2006 | 경남 | 5 | 4 | 0 | 0 | 0 | 12 | 0 | 0 |
| 컵 | 1997 | 대전 | 17 | 1 | 0 | 2 | 0 | 26 | 0 | 0 |
| | 1998 | 대전 | 15 | 1 | 0 | 1 | 0 | 18 | 0 | 0 |
| | 1999 | 대전 | 6 | 0 | 0 | 0 | 0 | 6 | 0 | 0 |
| | 2000 | 대전 | 8 | 0 | 0 | 0 | 0 | 7 | 1 | 0 |
| | 2001 | 대전 | 1 | 1 | 0 | 0 | 0 | 0 | 0 | 0 |
| | 2002 | 대전 | 3 | 3 | 0 | 0 | 0 | 5 | 1 | 0 |
| | 2004 | 대전 | 8 | 6 | 0 | 0 | 0 | 12 | 0 | 0 |
| | 2005 | 대전 | 4 | 4 | 0 | 0 | 0 | 4 | 2 | 0 |
| | 2006 | 경남 | 1 | 1 | 0 | 0 | 0 | 0 | 0 | 0 |
| 통산 | | | 213 | 78 | 5 | 15 | 0 | 317 | 22 | 0 |

**이창용**(李昌勇) 용인대 1990.08.27

| 대회 | 연도 | 소속 | 출전 | 교체 | 득점 | 도움 | 실점 | 파울 | 경고 | 퇴장 |
|---|---|---|---|---|---|---|---|---|---|---|
| K1 | 2013 | 강원 | 15 | 6 | 0 | 0 | 0 | 25 | 6 | 0 |
| | 2015 | 울산 | 17 | 10 | 0 | 0 | 0 | 16 | 3 | 0 |
| | 2016 | 울산 | 16 | 13 | 0 | 0 | 0 | 14 | 1 | 0 |
| | 2018 | 울산 | 2 | 0 | 1 | 0 | 0 | 4 | 1 | 0 |
| | 2019 | 성남 | 25 | 8 | 2 | 0 | 0 | 29 | 2 | 0 |
| | 2020 | 성남 | 19 | 3 | 2 | 1 | 0 | 19 | 4 | 1 |
| | 2021 | 성남 | 27 | 11 | 0 | 1 | 0 | 28 | 6 | 0 |
| | 2025 | 안양 | 37 | 6 | 2 | 0 | 0 | 25 | 4 | 0 |
| K2 | 2014 | 강원 | 22 | 4 | 1 | 1 | 0 | 41 | 3 | 1 |
| | 2017 | 아산 | 26 | 8 | 2 | 0 | 0 | 35 | 5 | 0 |
| | 2018 | 아산 | 15 | 2 | 0 | 0 | 0 | 17 | 3 | 0 |
| | 2022 | 안양 | 29 | 6 | 3 | 0 | 0 | 27 | 6 | 1 |
| | 2023 | 안양 | 21 | 2 | 0 | 2 | 0 | 20 | 3 | 0 |
| | 2024 | 안양 | 25 | 4 | 0 | 0 | 0 | 20 | 1 | 0 |
| PO | 2014 | 강원 | 0 | 0 | 0 | 0 | 0 | 0 | 0 | 0 |
| | 2017 | 아산 | 2 | 0 | 0 | 0 | 0 | 1 | 0 | 0 |
| | 2022 | 안양 | 3 | 1 | 0 | 0 | 0 | 1 | 1 | 0 |
| 통산 | | | 301 | 84 | 13 | 5 | 0 | 322 | 49 | 3 |

**이창우**(李昌宇) 보인고 2006.03.12

| 대회 | 연도 | 소속 | 출전 | 교체 | 득점 | 도움 | 실점 | 파울 | 경고 | 퇴장 |
|---|---|---|---|---|---|---|---|---|---|---|
| K1 | 2025 | 포항 | 11 | 11 | 0 | 1 | 0 | 8 | 1 | 0 |
| 통산 | | | 11 | 11 | 0 | 1 | 0 | 8 | 1 | 0 |

**이창원**(李昌源) 영남대 1975.07.10

| 대회 | 연도 | 소속 | 출전 | 교체 | 득점 | 도움 | 실점 | 파울 | 경고 | 퇴장 |
|---|---|---|---|---|---|---|---|---|---|---|
| K1 | 2001 | 전남 | 14 | 1 | 0 | 0 | 0 | 11 | 0 | 0 |
| | 2002 | 전남 | 6 | 3 | 0 | 0 | 0 | 11 | 2 | 0 |
| | 2003 | 전남 | 8 | 2 | 0 | 0 | 0 | 18 | 0 | 0 |
| | 2004 | 전남 | 18 | 3 | 0 | 1 | 0 | 29 | 2 | 0 |
| | 2005 | 전남 | 16 | 1 | 0 | 0 | 0 | 46 | 4 | 0 |
| | 2006 | 포항 | 16 | 5 | 0 | 0 | 0 | 35 | 5 | 0 |
| | 2007 | 포항 | 16 | 5 | 0 | 0 | 0 | 26 | 3 | 0 |
| | 2008 | 포항 | 5 | 0 | 0 | 0 | 0 | 7 | 1 | 0 |
| | 2009 | 포항 | 0 | 0 | 0 | 0 | 0 | 0 | 0 | 0 |
| PO | 2004 | 전남 | 0 | 0 | 0 | 0 | 0 | 0 | 0 | 0 |
| | 2006 | 포항 | 1 | 1 | 0 | 0 | 0 | 1 | 0 | 0 |
| | 2007 | 포항 | 3 | 1 | 0 | 0 | 0 | 3 | 0 | 0 |
| 컵 | 2001 | 전남 | 1 | 1 | 0 | 0 | 0 | 0 | 0 | 0 |
| | 2002 | 전남 | 5 | 0 | 0 | 0 | 0 | 9 | 1 | 0 |
| | 2004 | 전남 | 11 | 0 | 0 | 0 | 0 | 14 | 1 | 0 |
| | 2005 | 전남 | 10 | 0 | 1 | 0 | 0 | 24 | 3 | 0 |
| | 2006 | 포항 | 10 | 2 | 0 | 0 | 0 | 24 | 3 | 0 |
| | 2007 | 포항 | 3 | 0 | 0 | 0 | 0 | 6 | 0 | 0 |
| 통산 | | | 143 | 25 | 1 | 1 | 0 | 264 | 25 | 0 |

**이창훈**(李昶勳) 인천대 1986.12.17

| 대회 | 연도 | 소속 | 출전 | 교체 | 득점 | 도움 | 실점 | 파울 | 경고 | 퇴장 |
|---|---|---|---|---|---|---|---|---|---|---|
| K1 | 2009 | 강원 | 21 | 16 | 1 | 3 | 0 | 17 | 3 | 0 |
| | 2010 | 강원 | 21 | 20 | 1 | 1 | 0 | 9 | 0 | 0 |
| | 2011 | 성남일화 | 9 | 9 | 0 | 2 | 0 | 7 | 1 | 0 |
| | 2011 | 강원 | 12 | 8 | 0 | 0 | 0 | 11 | 0 | 0 |
| | 2012 | 성남일화 | 23 | 19 | 2 | 2 | 0 | 25 | 2 | 0 |
| | 2013 | 성남일화 | 7 | 7 | 0 | 0 | 0 | 4 | 2 | 0 |
| | 2014 | 성남 | 21 | 14 | 0 | 1 | 0 | 21 | 4 | 0 |
| | 2016 | 성남 | 2 | 1 | 0 | 0 | 0 | 3 | 1 | 0 |

| 대회 | 연도 | 소속 | 출전 | 교체 | 득점 | 도움 | 실점 | 파울 | 경고 | 퇴장 |
|---|---|---|---|---|---|---|---|---|---|---|
| K2 | 2015 | 상주 | 22 | 17 | 4 | 1 | 0 | 20 | 2 | 0 |
| | 2017 | 성남 | 15 | 15 | 1 | 0 | 0 | 11 | 2 | 0 |
| PO | 2016 | 성남 | 1 | 0 | 0 | 0 | 0 | 2 | 0 | 0 |
| | 2017 | 성남 | 1 | 1 | 0 | 0 | 0 | 0 | 0 | 0 |
| 컵 | 2009 | 강원 | 3 | 2 | 0 | 1 | 0 | 3 | 0 | 0 |
| | 2010 | 강원 | 4 | 3 | 1 | 0 | 0 | 4 | 0 | 0 |
| | 2011 | 강원 | 4 | 4 | 1 | 2 | 0 | 1 | 0 | 0 |
| 통산 | | | 166 | 136 | 11 | 13 | 0 | 138 | 17 | 0 |

**이창훈**(李昌勳) 수원대 1995.11.16

| 대회 | 연도 | 소속 | 출전 | 교체 | 득점 | 도움 | 실점 | 파울 | 경고 | 퇴장 |
|---|---|---|---|---|---|---|---|---|---|---|
| K2 | 2018 | 안산 | 11 | 11 | 1 | 1 | 0 | 4 | 1 | 0 |
| | 2019 | 안산 | 22 | 11 | 2 | 0 | 0 | 4 | 2 | 0 |
| | 2020 | 안산 | 11 | 2 | 0 | 0 | 0 | 7 | 0 | 0 |
| | 2023 | 충남아산 | 5 | 6 | 0 | 0 | 0 | 4 | 1 | 0 |
| | 2024 | 전남 | 6 | 4 | 0 | 1 | 0 | 2 | 1 | 0 |
| | 2025 | 충북청주 | 38 | 12 | 1 | 0 | 0 | 20 | 5 | 0 |
| PO | 2024 | 전남 | 1 | 1 | 0 | 0 | 0 | 1 | 0 | 0 |
| 통산 | | | 94 | 47 | 4 | 2 | 0 | 42 | 10 | 0 |

**이천수**(李天秀) 고려대 1981.07.09

| 대회 | 연도 | 소속 | 출전 | 교체 | 득점 | 도움 | 실점 | 파울 | 경고 | 퇴장 |
|---|---|---|---|---|---|---|---|---|---|---|
| K1 | 2002 | 울산 | 18 | 5 | 7 | 9 | 0 | 35 | 2 | 0 |
| | 2003 | 울산 | 18 | 8 | 8 | 6 | 0 | 24 | 0 | 0 |
| | 2005 | 울산 | 11 | 5 | 4 | 1 | 0 | 27 | 4 | 0 |
| | 2006 | 울산 | 18 | 3 | 5 | 1 | 0 | 47 | 5 | 1 |
| | 2007 | 울산 | 16 | 8 | 5 | 2 | 0 | 33 | 2 | 0 |
| | 2008 | 수원 | 3 | 2 | 0 | 0 | 0 | 4 | 0 | 0 |
| | 2009 | 전남 | 7 | 5 | 4 | 1 | 0 | 12 | 1 | 0 |
| | 2013 | 인천 | 19 | 13 | 2 | 5 | 0 | 18 | 2 | 0 |
| | 2014 | 인천 | 28 | 23 | 1 | 3 | 0 | 41 | 5 | 1 |
| | 2015 | 인천 | 20 | 19 | 2 | 2 | 0 | 22 | 4 | 0 |
| PO | 2005 | 울산 | 3 | 1 | 3 | 4 | 0 | 7 | 1 | 0 |
| 컵 | 2006 | 울산 | 6 | 2 | 2 | 0 | 0 | 11 | 1 | 0 |
| | 2007 | 울산 | 10 | 4 | 2 | 1 | 0 | 19 | 2 | 0 |
| | 2008 | 수원 | 1 | 1 | 1 | 0 | 0 | 1 | 0 | 0 |
| | 2009 | 전남 | 1 | 1 | 0 | 0 | 0 | 1 | 0 | 0 |
| 통산 | | | 179 | 100 | 46 | 35 | 0 | 302 | 29 | 2 |

**이천흥**(李千興) 명지대 1960.10.22

| 대회 | 연도 | 소속 | 출전 | 교체 | 득점 | 도움 | 실점 | 파울 | 경고 | 퇴장 |
|---|---|---|---|---|---|---|---|---|---|---|
| K1 | 1983 | 대우 | 1 | 1 | 0 | 0 | 0 | 0 | 0 | 0 |
| | 1984 | 대우 | 10 | 6 | 0 | 0 | 0 | 2 | 0 | 0 |
| | 1985 | 대우 | 13 | 8 | 0 | 0 | 0 | 5 | 0 | 0 |
| | 1986 | 대우 | 5 | 1 | 0 | 1 | 0 | 7 | 0 | 0 |
| 컵 | 1986 | 대우 | 8 | 4 | 1 | 1 | 0 | 7 | 2 | 0 |
| 통산 | | | 37 | 20 | 1 | 2 | 0 | 21 | 2 | 0 |

**이철희**(李喆熙) 배재대 1985.08.06

| 대회 | 연도 | 소속 | 출전 | 교체 | 득점 | 도움 | 실점 | 파울 | 경고 | 퇴장 |
|---|---|---|---|---|---|---|---|---|---|---|
| 컵 | 2008 | 대전 | 2 | 2 | 0 | 0 | 0 | 2 | 0 | 0 |
| 통산 | | | 2 | 2 | 0 | 0 | 0 | 2 | 0 | 0 |

**이청용**(李靑龍) 도봉중 1988.07.02

| 대회 | 연도 | 소속 | 출전 | 교체 | 득점 | 도움 | 실점 | 파울 | 경고 | 퇴장 |
|---|---|---|---|---|---|---|---|---|---|---|
| K1 | 2006 | 서울 | 2 | 1 | 0 | 0 | 0 | 6 | 2 | 0 |
| | 2007 | 서울 | 15 | 7 | 3 | 1 | 0 | 23 | 3 | 0 |
| | 2008 | 서울 | 20 | 4 | 5 | 6 | 0 | 33 | 5 | 2 |
| | 2009 | 서울 | 15 | 4 | 3 | 4 | 0 | 9 | 0 | 0 |
| | 2020 | 울산 | 20 | 14 | 4 | 1 | 0 | 12 | 2 | 0 |
| | 2021 | 울산 | 25 | 21 | 3 | 1 | 0 | 18 | 2 | 0 |
| | 2022 | 울산 | 35 | 23 | 3 | 2 | 0 | 14 | 5 | 0 |
| | 2023 | 울산 | 34 | 31 | 1 | 2 | 0 | 9 | 5 | 0 |
| | 2024 | 울산 | 23 | 22 | 0 | 4 | 0 | 10 | 3 | 0 |
| | 2025 | 울산 | 24 | 23 | 4 | 2 | 0 | 8 | 1 | 0 |
| PO | 2008 | 서울 | 2 | 0 | 0 | 0 | 0 | 0 | 0 | 0 |
| 컵 | 2004 | 서울 | 0 | 0 | 0 | 0 | 0 | 0 | 0 | 0 |
| | 2006 | 서울 | 2 | 1 | 0 | 1 | 0 | 3 | 0 | 0 |
| | 2007 | 서울 | 8 | 4 | 0 | 5 | 0 | 16 | 3 | 0 |
| | 2008 | 서울 | 3 | 1 | 1 | 0 | 0 | 3 | 0 | 0 |
| | 2009 | 서울 | 1 | 1 | 0 | 0 | 0 | 0 | 0 | 0 |
| 통산 | | | 229 | 157 | 27 | 29 | 0 | 164 | 31 | 2 |

**이청웅**(李淸熊) 영남대 1993.03.15

| 대회 | 연도 | 소속 | 출전 | 교체 | 득점 | 도움 | 실점 | 파울 | 경고 | 퇴장 |
|---|---|---|---|---|---|---|---|---|---|---|
| K1 | 2015 | 부산 | 6 | 1 | 0 | 0 | 0 | 10 | 1 | 0 |
| K2 | 2016 | 부산 | 7 | 4 | 0 | 0 | 0 | 13 | 1 | 0 |
| | 2017 | 부산 | 13 | 3 | 0 | 1 | 0 | 25 | 1 | 0 |
| | 2018 | 부산 | 11 | 5 | 1 | 0 | 0 | 10 | 3 | 0 |
| | 2021 | 부산 | 3 | 1 | 0 | 0 | 0 | 1 | 2 | 0 |
| | 2022 | 부산 | 15 | 10 | 0 | 0 | 0 | 8 | 1 | 0 |
| PO | 2015 | 부산 | 2 | 0 | 0 | 0 | 0 | 3 | 1 | 0 |
| | 2018 | 부산 | 2 | 1 | 0 | 0 | 0 | 1 | 0 | 0 |
| 통산 | | | 59 | 25 | 1 | 1 | 0 | 71 | 10 | 0 |

**이총희**(李聰熙) 통진고 1992.04.21

| 대회 | 연도 | 소속 | 출전 | 교체 | 득점 | 도움 | 실점 | 파울 | 경고 | 퇴장 |
|---|---|---|---|---|---|---|---|---|---|---|
| 컵 | 2011 | 수원 | 1 | 1 | 0 | 0 | 0 | 3 | 0 | 0 |
| 통산 | | | 1 | 1 | 0 | 0 | 0 | 3 | 0 | 0 |

**이춘석**(李春錫) 연세대 1959.02.03

| 대회 | 연도 | 소속 | 출전 | 교체 | 득점 | 도움 | 실점 | 파울 | 경고 | 퇴장 |
|---|---|---|---|---|---|---|---|---|---|---|
| K1 | 1983 | 대우 | 16 | 3 | 8 | 1 | 0 | 10 | 0 | 0 |
| | 1985 | 상무 | 19 | 3 | 5 | 1 | 0 | 24 | 2 | 0 |
| | 1986 | 대우 | 3 | 0 | 0 | 0 | 0 | 2 | 0 | 0 |
| | 1987 | 대우 | 23 | 22 | 3 | 2 | 0 | 15 | 0 | 0 |
| 컵 | 1986 | 대우 | 6 | 4 | 0 | 0 | 0 | 7 | 0 | 0 |
| 통산 | | | 67 | 32 | 16 | 4 | 0 | 58 | 2 | 0 |

**이춘섭**(李春燮) 동국대 1958.11.17

| 대회 | 연도 | 소속 | 출전 | 교체 | 득점 | 도움 | 실점 | 파울 | 경고 | 퇴장 |
|---|---|---|---|---|---|---|---|---|---|---|
| K1 | 1984 | 한일은행 | 24 | 0 | 0 | 0 | 41 | 0 | 0 | 0 |
| | 1985 | 한일은행 | 8 | 1 | 0 | 0 | 14 | 1 | 1 | 0 |
| 통산 | | | 32 | 1 | 0 | 0 | 55 | 1 | 1 | 0 |

**이충현**(李忠炫) 경기경영고 2007.09.12

| 대회 | 연도 | 소속 | 출전 | 교체 | 득점 | 도움 | 실점 | 파울 | 경고 | 퇴장 |
|---|---|---|---|---|---|---|---|---|---|---|
| K2 | 2025 | 부천 | 1 | 1 | 0 | 0 | 0 | 0 | 0 | 0 |
| 통산 | | | 1 | 1 | 0 | 0 | 0 | 0 | 0 | 0 |

**이충호**(李忠昊) 한양대 1968.07.04

| 대회 | 연도 | 소속 | 출전 | 교체 | 득점 | 도움 | 실점 | 파울 | 경고 | 퇴장 |
|---|---|---|---|---|---|---|---|---|---|---|
| K1 | 1991 | 현대 | 5 | 1 | 0 | 0 | 10 | 0 | 0 | 0 |
| 통산 | | | 5 | 1 | 0 | 0 | 10 | 0 | 0 | 0 |

**이치준**(李治準) 중앙대 1985.01.20

| 대회 | 연도 | 소속 | 출전 | 교체 | 득점 | 도움 | 실점 | 파울 | 경고 | 퇴장 |
|---|---|---|---|---|---|---|---|---|---|---|
| K1 | 2009 | 성남일화 | 1 | 1 | 0 | 0 | 0 | 0 | 0 | 0 |
| | 2010 | 성남일화 | 0 | 0 | 0 | 0 | 0 | 0 | 0 | 0 |
| | 2011 | 성남일화 | 0 | 0 | 0 | 0 | 0 | 0 | 0 | 0 |
| K2 | 2013 | 경찰 | 20 | 9 | 0 | 1 | 0 | 37 | 8 | 1 |
| | 2014 | 수원FC | 21 | 9 | 0 | 0 | 0 | 26 | 5 | 0 |
| 컵 | 2011 | 성남일화 | 0 | 0 | 0 | 0 | 0 | 0 | 0 | 0 |
| 통산 | | | 42 | 19 | 0 | 1 | 0 | 63 | 13 | 1 |

**이칠성**(李七星) 서울시립대 1963.08.25

| 대회 | 연도 | 소속 | 출전 | 교체 | 득점 | 도움 | 실점 | 파울 | 경고 | 퇴장 |
|---|---|---|---|---|---|---|---|---|---|---|
| K1 | 1987 | 유공 | 20 | 5 | 4 | 3 | 0 | 12 | 0 | 0 |
| | 1988 | 유공 | 5 | 4 | 0 | 1 | 0 | 3 | 0 | 0 |
| | 1989 | 유공 | 2 | 1 | 0 | 0 | 0 | 0 | 0 | 0 |
| 통산 | | | 27 | 10 | 4 | 4 | 0 | 15 | 0 | 0 |

**이코바**(Eduvie Marho Ikoba) 미국 1997.10.26

| 대회 | 연도 | 소속 | 출전 | 교체 | 득점 | 도움 | 실점 | 파울 | 경고 | 퇴장 |
|---|---|---|---|---|---|---|---|---|---|---|
| K2 | 2024 | 서울E | 17 | 16 | 6 | 2 | 0 | 20 | 4 | 0 |
| 통산 | | | 17 | 16 | 6 | 2 | 0 | 20 | 4 | 0 |

**이탈로**(Italo Moreira Barcelos) 브라질 1997.08.03

| 대회 | 연도 | 소속 | 출전 | 교체 | 득점 | 도움 | 실점 | 파울 | 경고 | 퇴장 |
|---|---|---|---|---|---|---|---|---|---|---|
| K1 | 2024 | 제주 | 37 | 12 | 3 | 1 | 0 | 32 | 7 | 0 |
| | 2025 | 제주 | 31 | 9 | 1 | 0 | 0 | 31 | 7 | 0 |
| PO | 2025 | 제주 | 2 | 0 | 1 | 0 | 0 | 4 | 1 | 0 |
| 통산 | | | 70 | 21 | 5 | 1 | 0 | 67 | 15 | 0 |

**이탈로**(Italo de Carvalho Rocha Lima) 브라질 1996.11.07

| 대회 | 연도 | 소속 | 출전 | 교체 | 득점 | 도움 | 실점 | 파울 | 경고 | 퇴장 |
|---|---|---|---|---|---|---|---|---|---|---|
| K1 | 2024 | 대구 | 9 | 9 | 2 | 1 | 0 | 6 | 0 | 0 |
| K2 | 2025 | 서울E | 5 | 5 | 1 | 1 | 0 | 2 | 0 | 0 |
| 통산 | | | 14 | 14 | 3 | 2 | 0 | 8 | 0 | 0 |

**이태권**(李泰權) 연세대 1980.07.14

| 대회 | 연도 | 소속 | 출전 | 교체 | 득점 | 도움 | 실점 | 파울 | 경고 | 퇴장 |
|---|---|---|---|---|---|---|---|---|---|---|
| K1 | 2005 | 수원 | 1 | 1 | 0 | 0 | 0 | 1 | 0 | 0 |
| 통산 | | | 1 | 1 | 0 | 0 | 0 | 1 | 0 | 0 |

**이태민**(李泰旼) 개성고 2003.05.09

| 대회 | 연도 | 소속 | 출전 | 교체 | 득점 | 도움 | 실점 | 파울 | 경고 | 퇴장 |
|---|---|---|---|---|---|---|---|---|---|---|
| K2 | 2021 | 부산 | 16 | 16 | 0 | 0 | 0 | 15 | 4 | 0 |
| | 2022 | 부산 | 8 | 8 | 0 | 0 | 0 | 11 | 0 | 0 |
| | 2022 | 김포 | 18 | 19 | 0 | 1 | 0 | 12 | 2 | 0 |
| 통산 | | | 42 | 43 | 0 | 1 | 0 | 38 | 6 | 0 |

**이태석**(李太錫) 오산고 2002.07.28

| 대회 | 연도 | 소속 | 출전 | 교체 | 득점 | 도움 | 실점 | 파울 | 경고 | 퇴장 |
|---|---|---|---|---|---|---|---|---|---|---|
| K1 | 2021 | 서울 | 19 | 8 | 0 | 2 | 0 | 21 | 5 | 0 |
| | 2022 | 서울 | 27 | 20 | 0 | 0 | 0 | 17 | 3 | 0 |
| | 2023 | 서울 | 30 | 15 | 0 | 1 | 0 | 25 | 4 | 0 |
| | 2024 | 서울 | 13 | 9 | 0 | 1 | 0 | 12 | 2 | 0 |
| | 2024 | 포항 | 12 | 11 | 1 | 2 | 0 | 10 | 3 | 0 |
| | 2025 | 포항 | 22 | 5 | 1 | 2 | 0 | 15 | 5 | 0 |
| 통산 | | | 123 | 68 | 2 | 8 | 0 | 100 | 22 | 0 |

**이태엽**(李太燁) 서울시립대 1959.06.16

| 대회 | 연도 | 소속 | 출전 | 교체 | 득점 | 도움 | 실점 | 파울 | 경고 | 퇴장 |
|---|---|---|---|---|---|---|---|---|---|---|
| K1 | 1983 | 국민은행 | 15 | 2 | 1 | 0 | 0 | 7 | 1 | 0 |
| | 1984 | 국민은행 | 17 | 10 | 2 | 0 | 0 | 15 | 3 | 0 |
| 통산 | | | 32 | 12 | 3 | 0 | 0 | 22 | 4 | 0 |

**이태영**(李太永) 풍생고 1987.07.01

| 대회 | 연도 | 소속 | 출전 | 교체 | 득점 | 도움 | 실점 | 파울 | 경고 | 퇴장 |
|---|---|---|---|---|---|---|---|---|---|---|
| 컵 | 2007 | 포항 | 0 | 0 | 0 | 0 | 0 | 0 | 0 | 0 |
| 통산 | | | 0 | 0 | 0 | 0 | 0 | 0 | 0 | 0 |

**이태영**(李泰英) 가톨릭관동대 1992.05.15

| 대회 | 연도 | 소속 | 출전 | 교체 | 득점 | 도움 | 실점 | 파울 | 경고 | 퇴장 |
|---|---|---|---|---|---|---|---|---|---|---|
| K2 | 2015 | 안양 | 1 | 1 | 0 | 0 | 0 | 1 | 0 | 0 |
| | 2016 | 충주 | 10 | 9 | 1 | 4 | 0 | 8 | 0 | 0 |
| 통산 | | | 11 | 10 | 1 | 4 | 0 | 9 | 0 | 0 |

**이태우**(李泰雨) 경희대 1984.01.08

| 대회 | 연도 | 소속 | 출전 | 교체 | 득점 | 도움 | 실점 | 파울 | 경고 | 퇴장 |
|---|---|---|---|---|---|---|---|---|---|---|
| K1 | 2006 | 대구 | 0 | 0 | 0 | 0 | 0 | 0 | 0 | 0 |
| | 2007 | 대구 | 2 | 1 | 0 | 0 | 0 | 1 | 0 | 0 |
| 컵 | 2006 | 대구 | 2 | 2 | 0 | 0 | 0 | 2 | 1 | 0 |
| | 2007 | 대구 | 1 | 1 | 0 | 0 | 0 | 0 | 0 | 0 |
| 통산 | | | 5 | 4 | 0 | 0 | 0 | 3 | 1 | 0 |

**이태윤**(李泰潤) 성균관대 2000.08.21

| 대회 | 연도 | 소속 | 출전 | 교체 | 득점 | 도움 | 실점 | 파울 | 경고 | 퇴장 |
|---|---|---|---|---|---|---|---|---|---|---|
| K2 | 2022 | 충남아산 | 0 | 0 | 0 | 0 | 0 | 0 | 0 | 0 |
| 통산 | | | 0 | 0 | 0 | 0 | 0 | 0 | 0 | 0 |

**이태현**(李太賢) 한남대 1993.03.13

| 대회 | 연도 | 소속 | 출전 | 교체 | 득점 | 도움 | 실점 | 파울 | 경고 | 퇴장 |
|---|---|---|---|---|---|---|---|---|---|---|
| K2 | 2016 | 안양 | 4 | 3 | 0 | 0 | 0 | 6 | 1 | 0 |
| | 2017 | 안양 | 2 | 1 | 0 | 0 | 0 | 1 | 0 | 0 |
| 통산 | | | 6 | 4 | 0 | 0 | 0 | 7 | 1 | 0 |

**이태형**(李太炯) 한양대 1964.09.01

| 대회 | 연도 | 소속 | 출전 | 교체 | 득점 | 도움 | 실점 | 파울 | 경고 | 퇴장 |
|---|---|---|---|---|---|---|---|---|---|---|
| K1 | 1987 | 대우 | 19 | 18 | 1 | 0 | 0 | 23 | 0 | 0 |
| | 1988 | 대우 | 18 | 14 | 1 | 1 | 0 | 18 | 1 | 0 |
| | 1989 | 대우 | 19 | 15 | 2 | 0 | 0 | 20 | 1 | 0 |
| | 1990 | 대우 | 8 | 6 | 1 | 0 | 0 | 13 | 2 | 0 |
| | 1991 | 포항제철 | 8 | 6 | 1 | 1 | 0 | 9 | 0 | 0 |
| | 1992 | 포항제철 | 4 | 4 | 0 | 0 | 0 | 4 | 0 | 0 |
| | 1994 | 버팔로 | 3 | 2 | 0 | 0 | 0 | 1 | 0 | 0 |
| 컵 | 1992 | 포항제철 | 2 | 0 | 0 | 0 | 0 | 5 | 1 | 0 |
| | 1994 | 버팔로 | 5 | 4 | 0 | 0 | 0 | 3 | 1 | 0 |
| 통산 | | | 86 | 69 | 6 | 2 | 0 | 96 | 6 | 0 |

**이태호**(李泰昊) 고려대 1961.01.29

| 대회 | 연도 | 소속 | 출전 | 교체 | 득점 | 도움 | 실점 | 파울 | 경고 | 퇴장 |
|---|---|---|---|---|---|---|---|---|---|---|
| K1 | 1983 | 대우 | 8 | 2 | 3 | 3 | 0 | 13 | 2 | 0 |
| | 1984 | 대우 | 20 | 1 | 11 | 3 | 0 | 15 | 4 | 0 |
| | 1985 | 대우 | 5 | 1 | 4 | 0 | 0 | 3 | 0 | 0 |
| | 1986 | 대우 | 10 | 2 | 2 | 4 | 0 | 16 | 1 | 0 |

| 대회 | 연도 | 소속 | 출전 | 교체 | 득점 | 도움 | 실점 | 파울 | 경고 | 퇴장 |
|---|---|---|---|---|---|---|---|---|---|---|
| | 1987 | 대우 | 19 | 14 | 6 | 2 | 0 | 10 | 0 | 1 |
| | 1988 | 대우 | 12 | 6 | 5 | 3 | 0 | 12 | 0 | 0 |
| | 1989 | 대우 | 25 | 7 | 8 | 3 | 0 | 34 | 1 | 0 |
| | 1990 | 대우 | 19 | 1 | 6 | 3 | 0 | 19 | 0 | 0 |
| | 1991 | 대우 | 33 | 26 | 5 | 5 | 0 | 28 | 0 | 0 |
| | 1992 | 대우 | 19 | 17 | 3 | 1 | 0 | 21 | 1 | 0 |
| PO | 1984 | 대우 | 2 | 0 | 0 | 0 | 0 | 4 | 1 | 0 |
| 컵 | 1986 | 대우 | 2 | 0 | 1 | 0 | 0 | 2 | 1 | 0 |
| | 1992 | 대우 | 9 | 7 | 3 | 0 | 0 | 7 | 0 | 0 |
| 통산 | | | 183 | 84 | 57 | 27 | 0 | 184 | 11 | 1 |

**이태호**(李太浩/←이주영) 성균관대 1991.03.16

| 대회 | 연도 | 소속 | 출전 | 교체 | 득점 | 도움 | 실점 | 파울 | 경고 | 퇴장 |
|---|---|---|---|---|---|---|---|---|---|---|
| K1 | 2018 | 강원 | 11 | 4 | 1 | 0 | 0 | 9 | 2 | 0 |
| K2 | 2019 | 서울E | 15 | 2 | 1 | 0 | 0 | 22 | 4 | 0 |
| | 2020 | 부천 | 4 | 4 | 0 | 0 | 0 | 4 | 1 | 0 |
| 통산 | | | 30 | 10 | 2 | 0 | 0 | 35 | 7 | 0 |

**이태홍**(李太洪) 대구대 1971.10.01

| 대회 | 연도 | 소속 | 출전 | 교체 | 득점 | 도움 | 실점 | 파울 | 경고 | 퇴장 |
|---|---|---|---|---|---|---|---|---|---|---|
| K1 | 1992 | 일화 | 25 | 20 | 2 | 1 | 0 | 31 | 2 | 0 |
| | 1993 | 일화 | 25 | 5 | 4 | 4 | 0 | 53 | 4 | 0 |
| | 1994 | 일화 | 12 | 12 | 1 | 0 | 0 | 15 | 5 | 0 |
| | 1995 | 일화 | 20 | 17 | 3 | 1 | 0 | 19 | 2 | 1 |
| | 1996 | 천안일화 | 25 | 7 | 3 | 0 | 0 | 55 | 5 | 0 |
| | 1997 | 부천SK | 7 | 3 | 1 | 0 | 0 | 16 | 3 | 1 |
| | 1999 | 부천SK | 9 | 8 | 3 | 1 | 0 | 9 | 1 | 0 |
| PO | 1995 | 일화 | 1 | 1 | 0 | 0 | 0 | 0 | 0 | 0 |
| | 1999 | 부천SK | 2 | 2 | 0 | 0 | 0 | 1 | 0 | 0 |
| 컵 | 1992 | 일화 | 9 | 8 | 1 | 1 | 0 | 11 | 3 | 0 |
| | 1993 | 일화 | 2 | 1 | 2 | 0 | 0 | 2 | 0 | 0 |
| | 1994 | 일화 | 6 | 2 | 0 | 0 | 0 | 15 | 1 | 0 |
| | 1995 | 일화 | 6 | 3 | 0 | 0 | 0 | 5 | 1 | 0 |
| | 1996 | 천안일화 | 7 | 6 | 0 | 0 | 0 | 5 | 0 | 0 |
| | 1997 | 부천SK | 4 | 1 | 0 | 0 | 0 | 8 | 0 | 0 |
| | 1999 | 부천SK | 5 | 5 | 1 | 0 | 0 | 9 | 1 | 0 |
| 통산 | | | 165 | 101 | 21 | 8 | 0 | 254 | 28 | 2 |

**이태훈**(李太燻) 전북대 1971.06.07

| 대회 | 연도 | 소속 | 출전 | 교체 | 득점 | 도움 | 실점 | 파울 | 경고 | 퇴장 |
|---|---|---|---|---|---|---|---|---|---|---|
| K1 | 1994 | 버팔로 | 17 | 5 | 1 | 1 | 0 | 11 | 0 | 0 |
| | 1996 | 전북 | 9 | 7 | 0 | 0 | 0 | 14 | 0 | 0 |
| | 1997 | 전북 | 5 | 1 | 0 | 1 | 0 | 12 | 1 | 0 |
| | 1998 | 전북 | 6 | 5 | 1 | 0 | 0 | 2 | 1 | 0 |
| 컵 | 1997 | 전북 | 2 | 2 | 0 | 0 | 0 | 1 | 0 | 0 |
| 통산 | | | 39 | 20 | 2 | 2 | 0 | 40 | 2 | 0 |

**이태희**(李台熙) 서울시립대 1959.08.10

| 대회 | 연도 | 소속 | 출전 | 교체 | 득점 | 도움 | 실점 | 파울 | 경고 | 퇴장 |
|---|---|---|---|---|---|---|---|---|---|---|
| K1 | 1983 | 국민은행 | 14 | 7 | 1 | 0 | 0 | 9 | 2 | 0 |
| | 1984 | 국민은행 | 14 | 7 | 1 | 1 | 0 | 15 | 0 | 0 |
| 통산 | | | 28 | 14 | 2 | 1 | 0 | 24 | 2 | 0 |

**이태희**(李太凞) 대건고 1995.04.26

| 대회 | 연도 | 소속 | 출전 | 교체 | 득점 | 도움 | 실점 | 파울 | 경고 | 퇴장 |
|---|---|---|---|---|---|---|---|---|---|---|
| K1 | 2015 | 인천 | 4 | 1 | 0 | 0 | 3 | 0 | 0 | 0 |
| | 2016 | 인천 | 8 | 0 | 0 | 0 | 9 | 1 | 1 | 0 |
| | 2017 | 인천 | 10 | 0 | 0 | 0 | 17 | 0 | 1 | 0 |
| | 2018 | 인천 | 7 | 0 | 0 | 0 | 14 | 0 | 0 | 0 |
| | 2019 | 인천 | 12 | 1 | 0 | 0 | 14 | 0 | 1 | 0 |
| | 2020 | 인천 | 12 | 0 | 0 | 0 | 11 | 0 | 2 | 0 |
| | 2021 | 인천 | 26 | 2 | 0 | 0 | 35 | 1 | 0 | 0 |
| | 2022 | 인천 | 12 | 0 | 0 | 0 | 18 | 0 | 0 | 0 |
| | 2023 | 인천 | 9 | 0 | 0 | 1 | 12 | 0 | 0 | 0 |
| 통산 | | | 100 | 4 | 0 | 1 | 133 | 2 | 5 | 0 |

**이태희**(李台熙) 숭실대 1992.06.16

| 대회 | 연도 | 소속 | 출전 | 교체 | 득점 | 도움 | 실점 | 파울 | 경고 | 퇴장 |
|---|---|---|---|---|---|---|---|---|---|---|
| K1 | 2015 | 성남 | 13 | 1 | 1 | 1 | 0 | 23 | 0 | 0 |
| | 2016 | 성남 | 28 | 5 | 1 | 3 | 0 | 24 | 4 | 0 |
| | 2018 | 상주 | 9 | 3 | 1 | 1 | 0 | 8 | 2 | 0 |
| | 2019 | 상주 | 27 | 0 | 2 | 5 | 0 | 23 | 3 | 0 |
| | 2019 | 성남 | 9 | 0 | 0 | 0 | 0 | 20 | 1 | 0 |
| | 2020 | 성남 | 26 | 1 | 0 | 2 | 0 | 24 | 0 | 0 |
| | 2021 | 성남 | 27 | 7 | 1 | 1 | 0 | 16 | 3 | 0 |
| | 2022 | 대구 | 13 | 9 | 0 | 1 | 0 | 6 | 1 | 0 |
| | 2025 | 안양 | 32 | 4 | 0 | 1 | 0 | 38 | 6 | 0 |
| K2 | 2017 | 성남 | 28 | 1 | 0 | 1 | 0 | 30 | 3 | 0 |
| | 2023 | 안양 | 17 | 11 | 0 | 2 | 0 | 24 | 1 | 0 |
| | 2024 | 안양 | 36 | 9 | 2 | 2 | 0 | 35 | 4 | 0 |
| PO | 2016 | 성남 | 0 | 0 | 0 | 0 | 0 | 0 | 0 | 0 |
| | 2017 | 성남 | 1 | 0 | 0 | 0 | 0 | 1 | 0 | 0 |
| 통산 | | | 266 | 51 | 8 | 20 | 0 | 272 | 28 | 0 |

**이택근**(李宅根) 용인대 2001.12.15

| 대회 | 연도 | 소속 | 출전 | 교체 | 득점 | 도움 | 실점 | 파울 | 경고 | 퇴장 |
|---|---|---|---|---|---|---|---|---|---|---|
| K1 | 2025 | 수원FC | 11 | 11 | 1 | 1 | 0 | 6 | 0 | 0 |
| K2 | 2023 | 안산 | 9 | 4 | 1 | 0 | 0 | 9 | 2 | 0 |
| | 2024 | 안산 | 27 | 23 | 0 | 4 | 0 | 18 | 1 | 0 |
| 통산 | | | 47 | 38 | 2 | 5 | 0 | 33 | 3 | 0 |

**이택기**(李宅基) 아주대 1989.03.31

| 대회 | 연도 | 소속 | 출전 | 교체 | 득점 | 도움 | 실점 | 파울 | 경고 | 퇴장 |
|---|---|---|---|---|---|---|---|---|---|---|
| K1 | 2012 | 서울 | 1 | 0 | 0 | 0 | 0 | 1 | 1 | 0 |
| | 2013 | 서울 | 1 | 1 | 0 | 0 | 0 | 1 | 0 | 0 |
| K2 | 2014 | 충주 | 15 | 1 | 0 | 0 | 0 | 5 | 1 | 0 |
| | 2015 | 충주 | 29 | 2 | 0 | 0 | 0 | 17 | 1 | 0 |
| 통산 | | | 46 | 4 | 0 | 0 | 0 | 24 | 3 | 0 |

**이평재**(李平宰) 동아대 1969.03.24

| 대회 | 연도 | 소속 | 출전 | 교체 | 득점 | 도움 | 실점 | 파울 | 경고 | 퇴장 |
|---|---|---|---|---|---|---|---|---|---|---|
| K1 | 1991 | 현대 | 8 | 6 | 0 | 0 | 0 | 9 | 1 | 0 |
| | 1995 | 전남 | 6 | 5 | 0 | 0 | 0 | 7 | 1 | 0 |
| | 1996 | 전남 | 15 | 13 | 2 | 1 | 0 | 12 | 1 | 0 |
| 컵 | 1996 | 전남 | 4 | 0 | 1 | 0 | 0 | 3 | 1 | 0 |
| 통산 | | | 33 | 24 | 3 | 1 | 0 | 31 | 4 | 0 |

**이풍범**(李豊犯) 제주국제대 1996.07.18

| 대회 | 연도 | 소속 | 출전 | 교체 | 득점 | 도움 | 실점 | 파울 | 경고 | 퇴장 |
|---|---|---|---|---|---|---|---|---|---|---|
| K2 | 2024 | 천안 | 9 | 9 | 0 | 0 | 0 | 4 | 1 | 0 |
| | 2025 | 천안 | 4 | 3 | 0 | 0 | 0 | 1 | 0 | 0 |
| 통산 | | | 13 | 12 | 0 | 0 | 0 | 5 | 1 | 0 |

**이풍연**(李豊衍) 숭실대 2000.05.04

| 대회 | 연도 | 소속 | 출전 | 교체 | 득점 | 도움 | 실점 | 파울 | 경고 | 퇴장 |
|---|---|---|---|---|---|---|---|---|---|---|
| K1 | 2020 | 수원 | 0 | 0 | 0 | 0 | 0 | 0 | 0 | 0 |
| | 2021 | 수원 | 0 | 0 | 0 | 0 | 0 | 0 | 0 | 0 |
| K2 | 2022 | 부천 | 6 | 5 | 0 | 0 | 0 | 4 | 1 | 0 |
| | 2023 | 부천 | 1 | 1 | 0 | 0 | 0 | 0 | 0 | 0 |
| | 2024 | 부천 | 1 | 1 | 0 | 0 | 0 | 2 | 1 | 0 |
| | 2025 | 안산 | 8 | 3 | 0 | 1 | 0 | 8 | 0 | 0 |
| 통산 | | | 16 | 10 | 0 | 1 | 0 | 14 | 2 | 0 |

**이필주**(李泌周) 동아대 1982.03.11

| 대회 | 연도 | 소속 | 출전 | 교체 | 득점 | 도움 | 실점 | 파울 | 경고 | 퇴장 |
|---|---|---|---|---|---|---|---|---|---|---|
| K1 | 2005 | 대전 | 1 | 1 | 0 | 0 | 0 | 2 | 0 | 0 |
| 통산 | | | 1 | 1 | 0 | 0 | 0 | 2 | 0 | 0 |

**이하늘**(李하늘) 원광대 1993.02.08

| 대회 | 연도 | 소속 | 출전 | 교체 | 득점 | 도움 | 실점 | 파울 | 경고 | 퇴장 |
|---|---|---|---|---|---|---|---|---|---|---|
| K2 | 2015 | 안양 | 0 | 0 | 0 | 0 | 0 | 0 | 0 | 0 |
| 통산 | | | 0 | 0 | 0 | 0 | 0 | 0 | 0 | 0 |

**이학민**(李學玟) 상지대 1991.03.11

| 대회 | 연도 | 소속 | 출전 | 교체 | 득점 | 도움 | 실점 | 파울 | 경고 | 퇴장 |
|---|---|---|---|---|---|---|---|---|---|---|
| K1 | 2014 | 경남 | 19 | 8 | 1 | 0 | 0 | 32 | 5 | 0 |
| | 2017 | 인천 | 7 | 0 | 0 | 0 | 0 | 2 | 0 | 0 |
| K2 | 2015 | 부천 | 38 | 2 | 2 | 6 | 0 | 37 | 5 | 0 |
| | 2016 | 부천 | 35 | 1 | 2 | 2 | 0 | 39 | 9 | 0 |
| | 2017 | 성남 | 1 | 1 | 0 | 0 | 0 | 1 | 0 | 0 |
| | 2018 | 성남 | 32 | 7 | 0 | 4 | 0 | 53 | 2 | 0 |
| | 2019 | 수원FC | 22 | 4 | 0 | 2 | 0 | 51 | 6 | 0 |
| | 2022 | 충남아산 | 27 | 11 | 2 | 1 | 0 | 26 | 4 | 0 |
| | 2023 | 충남아산 | 25 | 18 | 0 | 1 | 0 | 17 | 4 | 0 |
| | 2024 | 충남아산 | 28 | 15 | 4 | 0 | 0 | 22 | 2 | 0 |
| | 2025 | 충남아산 | 34 | 20 | 3 | 3 | 0 | 23 | 3 | 0 |
| PO | 2014 | 경남 | 1 | 0 | 0 | 0 | 0 | 1 | 0 | 0 |
| | 2016 | 부천 | 1 | 0 | 0 | 0 | 0 | 2 | 0 | 0 |
| | 2024 | 충남아산 | 1 | 1 | 0 | 0 | 0 | 1 | 1 | 0 |
| 통산 | | | 271 | 88 | 14 | 19 | 0 | 307 | 41 | 0 |

**이학종**(李學種) 고려대 1961.02.17

| 대회 | 연도 | 소속 | 출전 | 교체 | 득점 | 도움 | 실점 | 파울 | 경고 | 퇴장 |
|---|---|---|---|---|---|---|---|---|---|---|
| K1 | 1985 | 한일은행 | 19 | 0 | 1 | 3 | 0 | 21 | 2 | 0 |
| | 1986 | 한일은행 | 10 | 0 | 4 | 2 | 0 | 12 | 1 | 0 |
| | 1987 | 현대 | 6 | 6 | 0 | 0 | 0 | 1 | 0 | 0 |
| | 1988 | 현대 | 17 | 3 | 7 | 1 | 0 | 18 | 2 | 0 |
| | 1989 | 현대 | 16 | 1 | 2 | 1 | 0 | 32 | 2 | 0 |
| | 1990 | 현대 | 3 | 1 | 0 | 0 | 0 | 2 | 0 | 0 |
| | 1991 | 현대 | 16 | 12 | 0 | 1 | 0 | 9 | 0 | 0 |
| 컵 | 1986 | 현대 | 3 | 2 | 0 | 1 | 0 | 3 | 0 | 0 |
| 통산 | | | 90 | 25 | 14 | 9 | 0 | 98 | 7 | 0 |

**이한도**(李韓道) 용인대 1994.03.16

| 대회 | 연도 | 소속 | 출전 | 교체 | 득점 | 도움 | 실점 | 파울 | 경고 | 퇴장 |
|---|---|---|---|---|---|---|---|---|---|---|
| K1 | 2016 | 전북 | 0 | 0 | 0 | 0 | 0 | 0 | 0 | 0 |
| | 2017 | 광주 | 25 | 3 | 0 | 0 | 0 | 19 | 5 | 0 |
| | 2020 | 광주 | 10 | 2 | 0 | 0 | 0 | 3 | 1 | 0 |
| | 2021 | 광주 | 33 | 3 | 2 | 0 | 0 | 27 | 3 | 0 |
| | 2022 | 수원 | 13 | 5 | 0 | 0 | 0 | 6 | 2 | 0 |
| | 2025 | 서울 | 7 | 2 | 0 | 0 | 0 | 4 | 1 | 0 |
| K2 | 2018 | 광주 | 23 | 4 | 1 | 1 | 0 | 21 | 4 | 1 |
| | 2019 | 광주 | 26 | 2 | 1 | 0 | 0 | 24 | 4 | 1 |
| | 2022 | 부산 | 16 | 1 | 1 | 0 | 0 | 8 | 2 | 0 |
| | 2023 | 부산 | 35 | 0 | 2 | 0 | 0 | 22 | 4 | 0 |
| | 2024 | 부산 | 34 | 1 | 2 | 0 | 0 | 13 | 6 | 0 |
| PO | 2018 | 광주 | 1 | 0 | 0 | 0 | 0 | 0 | 0 | 0 |
| | 2023 | 부산 | 2 | 0 | 0 | 0 | 0 | 1 | 0 | 0 |
| | 2024 | 부산 | 1 | 0 | 0 | 0 | 0 | 0 | 0 | 0 |
| 통산 | | | 226 | 23 | 9 | 1 | 0 | 148 | 32 | 2 |

**이한범**(李韓汎) 보인고 2002.06.17

| 대회 | 연도 | 소속 | 출전 | 교체 | 득점 | 도움 | 실점 | 파울 | 경고 | 퇴장 |
|---|---|---|---|---|---|---|---|---|---|---|
| K1 | 2021 | 서울 | 10 | 2 | 0 | 0 | 0 | 7 | 1 | 0 |
| | 2022 | 서울 | 23 | 5 | 1 | 1 | 0 | 26 | 2 | 0 |
| | 2023 | 서울 | 18 | 4 | 0 | 1 | 0 | 22 | 5 | 0 |
| 통산 | | | 51 | 11 | 1 | 2 | 0 | 55 | 8 | 0 |

**이한빈**(李韓斌) 용인대 1997.07.25

| 대회 | 연도 | 소속 | 출전 | 교체 | 득점 | 도움 | 실점 | 파울 | 경고 | 퇴장 |
|---|---|---|---|---|---|---|---|---|---|---|
| K2 | 2018 | 수원FC | 5 | 3 | 0 | 0 | 0 | 5 | 0 | 0 |
| 통산 | | | 5 | 3 | 0 | 0 | 0 | 5 | 0 | 0 |

**이한빈**(李韓彬) 진위고 2003.02.07

| 대회 | 연도 | 소속 | 출전 | 교체 | 득점 | 도움 | 실점 | 파울 | 경고 | 퇴장 |
|---|---|---|---|---|---|---|---|---|---|---|
| K2 | 2022 | 대전 | 0 | 0 | 0 | 0 | 0 | 0 | 0 | 0 |
| 통산 | | | 0 | 0 | 0 | 0 | 0 | 0 | 0 | 0 |

**이한샘**(李한샘) 건국대 1989.10.18

| 대회 | 연도 | 소속 | 출전 | 교체 | 득점 | 도움 | 실점 | 파울 | 경고 | 퇴장 |
|---|---|---|---|---|---|---|---|---|---|---|
| K1 | 2012 | 광주 | 29 | 3 | 2 | 0 | 0 | 87 | 14 | 0 |
| | 2013 | 경남 | 16 | 7 | 0 | 2 | 0 | 47 | 6 | 0 |
| | 2014 | 경남 | 12 | 4 | 0 | 0 | 0 | 14 | 4 | 0 |
| | 2021 | 광주 | 3 | 0 | 0 | 0 | 0 | 3 | 0 | 0 |
| K2 | 2015 | 강원 | 33 | 1 | 1 | 0 | 0 | 57 | 12 | 0 |
| | 2016 | 강원 | 37 | 0 | 2 | 1 | 0 | 47 | 11 | 0 |
| | 2017 | 수원FC | 9 | 4 | 0 | 0 | 0 | 7 | 3 | 0 |
| | 2018 | 아산 | 23 | 3 | 3 | 0 | 0 | 31 | 7 | 0 |
| | 2019 | 아산 | 14 | 0 | 1 | 0 | 0 | 17 | 4 | 0 |
| | 2019 | 수원FC | 7 | 1 | 0 | 0 | 0 | 9 | 1 | 0 |
| | 2020 | 수원FC | 18 | 2 | 0 | 0 | 0 | 17 | 4 | 0 |
| | 2023 | 충북청주 | 31 | 9 | 0 | 0 | 0 | 29 | 7 | 0 |
| | 2024 | 충북청주 | 30 | 18 | 0 | 0 | 0 | 24 | 6 | 0 |
| PO | 2016 | 강원 | 4 | 0 | 0 | 0 | 0 | 12 | 3 | 0 |
| | 2020 | 수원FC | 1 | 0 | 0 | 0 | 0 | 0 | 0 | 0 |
| 통산 | | | 267 | 52 | 9 | 3 | 0 | 401 | 82 | 0 |

**이한수**(李韓洙) 동의대 1986.12.17

| 대회 | 연도 | 소속 | 출전 | 교체 | 득점 | 도움 | 실점 | 파울 | 경고 | 퇴장 |
|---|---|---|---|---|---|---|---|---|---|---|
| K1 | 2009 | 경남 | 2 | 0 | 0 | 0 | 0 | 2 | 0 | 0 |
| 컵 | 2009 | 경남 | 1 | 1 | 0 | 0 | 0 | 2 | 0 | 0 |
| 통산 | | | 3 | 1 | 0 | 0 | 0 | 4 | 0 | 0 |

**이한음**(李漢音) 광운대 1991.02.22

| 대회 | 연도 | 소속 | 출전 | 교체 | 득점 | 도움 | 실점 | 파울 | 경고 | 퇴장 |
|---|---|---|---|---|---|---|---|---|---|---|
| K2 | 2015 | 강원 | 4 | 4 | 0 | 0 | 0 | 2 | 0 | 0 |
| | 2016 | 충주 | 16 | 16 | 1 | 0 | 0 | 4 | 1 | 0 |
| 통산 | | | 20 | 20 | 1 | 0 | 0 | 6 | 1 | 0 |

**이해담**(李海談) 장안대 2005.03.22

| 대회 | 연도 | 소속 | 출전 | 교체 | 득점 | 도움 | 실점 | 파울 | 경고 | 퇴장 |
|---|---|---|---|---|---|---|---|---|---|---|
| K2 | 2025 | 천안 | 0 | 0 | 0 | 0 | 0 | 0 | 0 | 0 |
| 통산 | | | 0 | 0 | 0 | 0 | 0 | 0 | 0 | 0 |

**이해웅**(李海雄) 신갈고 1998.11.20

| 대회 | 연도 | 소속 | 출전 | 교체 | 득점 | 도움 | 실점 | 파울 | 경고 | 퇴장 |
|---|---|---|---|---|---|---|---|---|---|---|
| K1 | 2017 | 대구 | 1 | 1 | 0 | 0 | 0 | 0 | 0 | 0 |
| | 2018 | 대구 | 1 | 1 | 0 | 0 | 0 | 1 | 0 | 0 |
| 통산 | | | 2 | 2 | 0 | 0 | 0 | 1 | 0 | 0 |

**이행수**(李炘守) 남부대 1990.08.27

| 대회 | 연도 | 소속 | 출전 | 교체 | 득점 | 도움 | 실점 | 파울 | 경고 | 퇴장 |
|---|---|---|---|---|---|---|---|---|---|---|
| K1 | 2012 | 대구 | 6 | 6 | 0 | 0 | 0 | 3 | 0 | 0 |
| 통산 | | | 6 | 6 | 0 | 0 | 0 | 3 | 0 | 0 |

**이헌구**(李憲球) 한양대 1961.04.13

| 대회 | 연도 | 소속 | 출전 | 교체 | 득점 | 도움 | 실점 | 파울 | 경고 | 퇴장 |
|---|---|---|---|---|---|---|---|---|---|---|
| K1 | 1985 | 상무 | 4 | 4 | 0 | 0 | 0 | 2 | 0 | 0 |
| 통산 | | | 4 | 4 | 0 | 0 | 0 | 2 | 0 | 0 |

**이헌재**(李憲宰) 중대부고 2006.03.23

| 대회 | 연도 | 소속 | 출전 | 교체 | 득점 | 도움 | 실점 | 파울 | 경고 | 퇴장 |
|---|---|---|---|---|---|---|---|---|---|---|
| K1 | 2025 | 포항 | 2 | 2 | 0 | 0 | 0 | 0 | 0 | 0 |
| 통산 | | | 2 | 2 | 0 | 0 | 0 | 0 | 0 | 0 |

**이혁주**(李爀柱) 선문대 1996.08.05

| 대회 | 연도 | 소속 | 출전 | 교체 | 득점 | 도움 | 실점 | 파울 | 경고 | 퇴장 |
|---|---|---|---|---|---|---|---|---|---|---|
| K2 | 2018 | 부천 | 1 | 1 | 0 | 0 | 0 | 0 | 0 | 0 |
| 통산 | | | 1 | 1 | 0 | 0 | 0 | 0 | 0 | 0 |

**이현규**(李鉉奎) 강원대 1970.08.16

| 대회 | 연도 | 소속 | 출전 | 교체 | 득점 | 도움 | 실점 | 파울 | 경고 | 퇴장 |
|---|---|---|---|---|---|---|---|---|---|---|
| K1 | 1993 | 대우 | 2 | 2 | 0 | 0 | 0 | 0 | 0 | 0 |
| 통산 | | | 2 | 2 | 0 | 0 | 0 | 0 | 0 | 0 |

**이현규**(李弦奎) 숭실대 2002.07.31

| 대회 | 연도 | 소속 | 출전 | 교체 | 득점 | 도움 | 실점 | 파울 | 경고 | 퇴장 |
|---|---|---|---|---|---|---|---|---|---|---|
| K2 | 2024 | 부산 | 3 | 3 | 0 | 0 | 0 | 1 | 0 | 0 |
| | 2025 | 부산 | 4 | 4 | 0 | 0 | 0 | 4 | 0 | 0 |
| 통산 | | | 7 | 7 | 0 | 0 | 0 | 5 | 0 | 0 |

**이현규**(李顯圭) 울산대 2002.10.09

| 대회 | 연도 | 소속 | 출전 | 교체 | 득점 | 도움 | 실점 | 파울 | 경고 | 퇴장 |
|---|---|---|---|---|---|---|---|---|---|---|
| K2 | 2023 | 안산 | 24 | 26 | 3 | 1 | 0 | 7 | 2 | 0 |
| | 2024 | 김포 | 16 | 17 | 0 | 1 | 0 | 3 | 0 | 0 |
| 통산 | | | 40 | 43 | 3 | 2 | 0 | 10 | 2 | 0 |

**이현기**(李鉉基) 수원공고 2003.11.21

| 대회 | 연도 | 소속 | 출전 | 교체 | 득점 | 도움 | 실점 | 파울 | 경고 | 퇴장 |
|---|---|---|---|---|---|---|---|---|---|---|
| K2 | 2022 | 부천 | 1 | 1 | 0 | 0 | 0 | 1 | 0 | 0 |
| 통산 | | | 1 | 1 | 0 | 0 | 0 | 1 | 0 | 0 |

**이현도**(李泫都) 영남대 1989.03.06

| 대회 | 연도 | 소속 | 출전 | 교체 | 득점 | 도움 | 실점 | 파울 | 경고 | 퇴장 |
|---|---|---|---|---|---|---|---|---|---|---|
| K1 | 2012 | 부산 | 0 | 0 | 0 | 0 | 0 | 0 | 0 | 0 |
| 통산 | | | 0 | 0 | 0 | 0 | 0 | 0 | 0 | 0 |

**이현동**(李炫東) 청주대 1976.03.30

| 대회 | 연도 | 소속 | 출전 | 교체 | 득점 | 도움 | 실점 | 파울 | 경고 | 퇴장 |
|---|---|---|---|---|---|---|---|---|---|---|
| K1 | 1999 | 포항 | 3 | 2 | 0 | 1 | 0 | 10 | 0 | 0 |
| | 2000 | 포항 | 11 | 8 | 1 | 0 | 0 | 25 | 1 | 0 |
| | 2001 | 포항 | 6 | 5 | 0 | 0 | 0 | 6 | 0 | 0 |
| | 2003 | 광주상무 | 7 | 8 | 0 | 0 | 0 | 8 | 1 | 0 |
| 컵 | 2000 | 포항 | 2 | 1 | 0 | 0 | 0 | 8 | 1 | 0 |
| | 2001 | 포항 | 3 | 3 | 0 | 1 | 0 | 5 | 2 | 0 |
| | 2004 | 대구 | 3 | 2 | 0 | 0 | 0 | 7 | 0 | 0 |
| 통산 | | | 35 | 29 | 1 | 2 | 0 | 69 | 5 | 0 |

**이현민**(李賢民) 울산대 1984.07.09

| 대회 | 연도 | 소속 | 출전 | 교체 | 득점 | 도움 | 실점 | 파울 | 경고 | 퇴장 |
|---|---|---|---|---|---|---|---|---|---|---|
| K1 | 2006 | 울산 | 4 | 4 | 0 | 0 | 0 | 4 | 0 | 0 |
| | 2007 | 울산 | 2 | 2 | 0 | 0 | 0 | 0 | 0 | 0 |
| | 2008 | 광주상무 | 4 | 2 | 0 | 0 | 0 | 6 | 0 | 0 |
| 컵 | 2006 | 울산 | 0 | 0 | 0 | 0 | 0 | 0 | 0 | 0 |
| | 2007 | 울산 | 1 | 1 | 0 | 0 | 0 | 0 | 0 | 0 |
| | 2008 | 광주상무 | 3 | 1 | 0 | 0 | 0 | 3 | 0 | 0 |
| 통산 | | | 14 | 10 | 0 | 0 | 0 | 13 | 0 | 0 |

**이현민**(李賢民) 예원예술대 1991.05.21

| 대회 | 연도 | 소속 | 출전 | 교체 | 득점 | 도움 | 실점 | 파울 | 경고 | 퇴장 |
|---|---|---|---|---|---|---|---|---|---|---|
| K2 | 2013 | 충주 | 15 | 1 | 0 | 1 | 0 | 9 | 0 | 0 |
| 통산 | | | 15 | 1 | 0 | 1 | 0 | 9 | 0 | 0 |

**이현석**(李玄錫) 서울대 1968.05.17

| 대회 | 연도 | 소속 | 출전 | 교체 | 득점 | 도움 | 실점 | 파울 | 경고 | 퇴장 |
|---|---|---|---|---|---|---|---|---|---|---|
| K1 | 1991 | 현대 | 9 | 9 | 0 | 0 | 0 | 4 | 0 | 0 |
| | 1996 | 울산 | 14 | 15 | 3 | 1 | 0 | 5 | 0 | 0 |
| | 1997 | 울산 | 3 | 3 | 1 | 0 | 0 | 0 | 0 | 0 |
| 컵 | 1992 | 현대 | 1 | 1 | 0 | 0 | 0 | 0 | 0 | 0 |
| | 1996 | 울산 | 4 | 4 | 1 | 0 | 0 | 0 | 0 | 0 |
| | 1997 | 울산 | 12 | 12 | 2 | 0 | 0 | 7 | 0 | 0 |
| 통산 | | | 43 | 44 | 7 | 1 | 0 | 16 | 0 | 0 |

**이현성**(李現星) 용인대 1993.05.20

| 대회 | 연도 | 소속 | 출전 | 교체 | 득점 | 도움 | 실점 | 파울 | 경고 | 퇴장 |
|---|---|---|---|---|---|---|---|---|---|---|
| K1 | 2016 | 인천 | 9 | 9 | 0 | 0 | 0 | 9 | 0 | 0 |
| | 2018 | 경남 | 0 | 0 | 0 | 0 | 0 | 0 | 0 | 0 |
| K2 | 2017 | 경남 | 14 | 13 | 0 | 1 | 0 | 6 | 0 | 0 |
| | 2018 | 서울E | 21 | 6 | 1 | 1 | 0 | 21 | 2 | 0 |
| | 2019 | 서울E | 20 | 13 | 0 | 1 | 0 | 23 | 8 | 0 |
| 통산 | | | 64 | 41 | 1 | 3 | 0 | 59 | 10 | 0 |

**이현승**(李弦昇) 수원공고 1988.12.14

| 대회 | 연도 | 소속 | 출전 | 교체 | 득점 | 도움 | 실점 | 파울 | 경고 | 퇴장 |
|---|---|---|---|---|---|---|---|---|---|---|
| K1 | 2006 | 전북 | 9 | 9 | 1 | 0 | 0 | 9 | 2 | 0 |
| | 2007 | 전북 | 19 | 14 | 1 | 3 | 0 | 28 | 1 | 0 |
| | 2008 | 전북 | 13 | 11 | 2 | 2 | 0 | 20 | 1 | 0 |
| | 2009 | 전북 | 17 | 18 | 3 | 2 | 0 | 10 | 1 | 0 |
| | 2010 | 서울 | 1 | 1 | 0 | 0 | 0 | 0 | 0 | 0 |
| | 2011 | 전남 | 24 | 13 | 3 | 1 | 0 | 35 | 2 | 0 |
| | 2012 | 전남 | 32 | 15 | 1 | 4 | 0 | 63 | 6 | 0 |
| | 2013 | 전남 | 27 | 23 | 1 | 1 | 0 | 29 | 1 | 0 |
| | 2014 | 전남 | 19 | 11 | 2 | 2 | 0 | 20 | 3 | 0 |
| | 2015 | 대전 | 14 | 10 | 0 | 1 | 0 | 7 | 2 | 0 |
| K2 | 2015 | 부천 | 17 | 7 | 3 | 0 | 0 | 24 | 1 | 0 |
| | 2016 | 안산무궁 | 38 | 16 | 8 | 6 | 0 | 49 | 3 | 0 |
| | 2017 | 아산 | 14 | 4 | 2 | 0 | 0 | 23 | 3 | 0 |
| | 2017 | 대전 | 6 | 3 | 1 | 0 | 0 | 7 | 1 | 0 |
| | 2018 | 부천 | 32 | 28 | 1 | 1 | 0 | 48 | 3 | 0 |
| PO | 2008 | 전북 | 1 | 1 | 0 | 0 | 0 | 2 | 0 | 0 |
| 컵 | 2006 | 전북 | 8 | 4 | 2 | 1 | 0 | 12 | 0 | 0 |
| | 2007 | 전북 | 9 | 7 | 0 | 3 | 0 | 13 | 2 | 0 |
| | 2008 | 전북 | 5 | 3 | 0 | 0 | 0 | 8 | 0 | 0 |
| | 2009 | 전북 | 3 | 3 | 1 | 0 | 0 | 0 | 0 | 0 |
| | 2010 | 서울 | 2 | 2 | 0 | 0 | 0 | 2 | 1 | 0 |
| | 2011 | 전남 | 4 | 1 | 1 | 1 | 0 | 12 | 0 | 0 |
| 통산 | | | 314 | 204 | 33 | 28 | 0 | 421 | 33 | 0 |

**이현식**(李炫植) 용인대 1996.03.21

| 대회 | 연도 | 소속 | 출전 | 교체 | 득점 | 도움 | 실점 | 파울 | 경고 | 퇴장 |
|---|---|---|---|---|---|---|---|---|---|---|
| K1 | 2018 | 강원 | 27 | 17 | 0 | 2 | 0 | 31 | 4 | 0 |
| | 2019 | 강원 | 32 | 9 | 6 | 2 | 0 | 51 | 7 | 0 |
| | 2020 | 강원 | 20 | 14 | 1 | 1 | 0 | 31 | 5 | 0 |
| | 2023 | 대전 | 29 | 11 | 2 | 1 | 0 | 45 | 10 | 0 |
| | 2024 | 대전 | 5 | 3 | 0 | 1 | 0 | 8 | 4 | 0 |
| | 2024 | 김천 | 0 | 0 | 0 | 0 | 0 | 0 | 0 | 0 |
| | 2025 | 김천 | 1 | 1 | 0 | 0 | 0 | 1 | 0 | 0 |
| K2 | 2021 | 대전 | 27 | 16 | 5 | 5 | 0 | 50 | 8 | 0 |
| | 2022 | 대전 | 31 | 23 | 1 | 4 | 0 | 51 | 9 | 0 |
| PO | 2021 | 대전 | 4 | 0 | 1 | 1 | 0 | 11 | 0 | 0 |
| | 2022 | 대전 | 2 | 0 | 0 | 0 | 0 | 5 | 1 | 0 |
| 통산 | | | 178 | 94 | 16 | 17 | 0 | 284 | 48 | 0 |

**이현용**(李弦容) 광문고 2003.12.29

| 대회 | 연도 | 소속 | 출전 | 교체 | 득점 | 도움 | 실점 | 파울 | 경고 | 퇴장 |
|---|---|---|---|---|---|---|---|---|---|---|
| K1 | 2024 | 수원FC | 5 | 2 | 0 | 0 | 0 | 4 | 0 | 0 |
| | 2025 | 수원FC | 31 | 9 | 1 | 0 | 0 | 23 | 4 | 0 |
| PO | 2025 | 수원FC | 2 | 0 | 0 | 0 | 0 | 1 | 1 | 0 |
| 통산 | | | 38 | 11 | 1 | 0 | 0 | 28 | 5 | 0 |

**이현우**(李炫雨) 용인대 1994.03.20

| 대회 | 연도 | 소속 | 출전 | 교체 | 득점 | 도움 | 실점 | 파울 | 경고 | 퇴장 |
|---|---|---|---|---|---|---|---|---|---|---|
| K1 | 2017 | 대구 | 0 | 0 | 0 | 0 | 0 | 0 | 0 | 0 |
| | 2018 | 대구 | 0 | 0 | 0 | 0 | 0 | 0 | 0 | 0 |
| 통산 | | | 0 | 0 | 0 | 0 | 0 | 0 | 0 | 0 |

**이현웅**(李鉉雄) 연세대 1988.04.27

| 대회 | 연도 | 소속 | 출전 | 교체 | 득점 | 도움 | 실점 | 파울 | 경고 | 퇴장 |
|---|---|---|---|---|---|---|---|---|---|---|
| K1 | 2010 | 대전 | 24 | 19 | 1 | 1 | 0 | 20 | 1 | 0 |
| | 2011 | 대전 | 5 | 4 | 0 | 1 | 0 | 6 | 0 | 0 |
| | 2012 | 대전 | 36 | 13 | 0 | 4 | 0 | 68 | 8 | 0 |
| | 2013 | 수원 | 3 | 3 | 0 | 0 | 0 | 0 | 0 | 0 |
| | 2014 | 상주 | 5 | 5 | 0 | 1 | 0 | 2 | 0 | 0 |
| | 2018 | 경남 | 0 | 0 | 0 | 0 | 0 | 0 | 0 | 0 |
| K2 | 2015 | 상주 | 1 | 1 | 0 | 0 | 0 | 1 | 0 | 0 |
| | 2017 | 경남 | 1 | 2 | 0 | 0 | 0 | 1 | 0 | 0 |
| | 2017 | 안양 | 1 | 1 | 0 | 0 | 0 | 0 | 0 | 0 |
| 컵 | 2010 | 대전 | 4 | 2 | 1 | 0 | 0 | 10 | 0 | 0 |
| 통산 | | | 80 | 50 | 2 | 7 | 0 | 108 | 9 | 0 |

**이현일**(李炫一) 용인대 1994.09.13

| 대회 | 연도 | 소속 | 출전 | 교체 | 득점 | 도움 | 실점 | 파울 | 경고 | 퇴장 |
|---|---|---|---|---|---|---|---|---|---|---|
| K1 | 2019 | 성남 | 7 | 6 | 0 | 0 | 0 | 10 | 3 | 0 |
| | 2021 | 포항 | 3 | 3 | 0 | 0 | 0 | 3 | 0 | 0 |
| K2 | 2017 | 성남 | 14 | 11 | 3 | 0 | 0 | 12 | 2 | 0 |
| | 2018 | 성남 | 14 | 14 | 4 | 1 | 0 | 14 | 0 | 0 |
| | 2020 | 부천 | 24 | 19 | 4 | 0 | 0 | 34 | 4 | 0 |
| | 2021 | 충남아산 | 11 | 9 | 1 | 1 | 0 | 18 | 1 | 0 |
| | 2024 | 김포 | 7 | 7 | 1 | 0 | 0 | 3 | 0 | 0 |
| 통산 | | | 80 | 69 | 13 | 2 | 0 | 94 | 10 | 0 |

**이현준**(李玹準) 개성고 2004.04.23

| 대회 | 연도 | 소속 | 출전 | 교체 | 득점 | 도움 | 실점 | 파울 | 경고 | 퇴장 |
|---|---|---|---|---|---|---|---|---|---|---|
| K2 | 2022 | 부산 | 9 | 9 | 0 | 0 | 0 | 6 | 1 | 0 |
| | 2023 | 부산 | 1 | 1 | 0 | 0 | 0 | 0 | 0 | 0 |
| | 2025 | 부산 | 4 | 5 | 0 | 0 | 0 | 5 | 0 | 0 |
| 통산 | | | 14 | 15 | 0 | 0 | 0 | 11 | 1 | 0 |

**이현진**(李炫珍) 고려대 1984.05.15

| 대회 | 연도 | 소속 | 출전 | 교체 | 득점 | 도움 | 실점 | 파울 | 경고 | 퇴장 |
|---|---|---|---|---|---|---|---|---|---|---|
| K1 | 2005 | 수원 | 9 | 9 | 0 | 1 | 0 | 10 | 1 | 0 |
| | 2006 | 수원 | 9 | 9 | 0 | 0 | 0 | 12 | 0 | 0 |
| | 2007 | 수원 | 9 | 6 | 1 | 1 | 0 | 11 | 0 | 0 |
| | 2008 | 수원 | 0 | 0 | 0 | 0 | 0 | 0 | 0 | 0 |
| | 2009 | 수원 | 2 | 2 | 0 | 0 | 0 | 3 | 0 | 0 |
| | 2010 | 수원 | 21 | 20 | 3 | 1 | 0 | 13 | 2 | 0 |
| | 2011 | 수원 | 6 | 6 | 0 | 0 | 0 | 4 | 0 | 0 |
| | 2012 | 수원 | 11 | 11 | 0 | 0 | 0 | 2 | 0 | 0 |
| | 2013 | 제주 | 7 | 7 | 0 | 0 | 0 | 9 | 2 | 0 |
| PO | 2006 | 수원 | 2 | 2 | 0 | 0 | 0 | 1 | 0 | 0 |
| 컵 | 2005 | 수원 | 1 | 1 | 0 | 0 | 0 | 0 | 0 | 0 |
| | 2006 | 수원 | 12 | 3 | 2 | 0 | 0 | 16 | 1 | 0 |
| | 2007 | 수원 | 6 | 6 | 0 | 0 | 0 | 8 | 0 | 0 |
| | 2008 | 수원 | 2 | 2 | 0 | 0 | 0 | 5 | 0 | 0 |
| | 2009 | 수원 | 0 | 0 | 0 | 0 | 0 | 0 | 0 | 0 |
| | 2010 | 수원 | 4 | 4 | 0 | 1 | 0 | 7 | 1 | 0 |
| 통산 | | | 101 | 88 | 6 | 4 | 0 | 101 | 7 | 0 |

**이현창**(李炫昌) 영남대 1985.11.02

| 대회 | 연도 | 소속 | 출전 | 교체 | 득점 | 도움 | 실점 | 파울 | 경고 | 퇴장 |
|---|---|---|---|---|---|---|---|---|---|---|
| K1 | 2009 | 대구 | 19 | 5 | 1 | 0 | 0 | 38 | 3 | 0 |
| | 2010 | 대구 | 19 | 2 | 1 | 0 | 0 | 26 | 2 | 0 |
| K2 | 2013 | 고양 | 12 | 0 | 0 | 1 | 0 | 13 | 3 | 0 |
| | 2015 | 충주 | 24 | 10 | 1 | 2 | 0 | 25 | 2 | 0 |
| 컵 | 2009 | 대구 | 2 | 1 | 0 | 0 | 0 | 5 | 0 | 0 |
| | 2010 | 대구 | 3 | 1 | 0 | 0 | 0 | 4 | 0 | 0 |
| 통산 | | | 79 | 19 | 3 | 3 | 0 | 111 | 10 | 0 |

**이현호**(李賢虎) 인천대 1984.02.08

| 대회 | 연도 | 소속 | 출전 | 교체 | 득점 | 도움 | 실점 | 파울 | 경고 | 퇴장 |
|---|---|---|---|---|---|---|---|---|---|---|

| 대회 | 연도 | 소속 | 출전 | 교체 | 득점 | 도움 | 실점 | 파울 | 경고 | 퇴장 |
|---|---|---|---|---|---|---|---|---|---|---|
| K1 | 2006 | 수원 | 0 | 0 | 0 | 0 | 0 | 0 | 0 | 0 |
| 통산 | | | 0 | 0 | 0 | 0 | 0 | 0 | 0 | 0 |

**이현호**(李賢虎) 동아대 1987.05.11

| 대회 | 연도 | 소속 | 출전 | 교체 | 득점 | 도움 | 실점 | 파울 | 경고 | 퇴장 |
|---|---|---|---|---|---|---|---|---|---|---|
| K1 | 2010 | 대전 | 0 | 0 | 0 | 0 | 0 | 0 | 0 | 0 |
| 컵 | 2011 | 대전 | 1 | 1 | 0 | 0 | 0 | 2 | 0 | 0 |
| 통산 | | | 1 | 1 | 0 | 0 | 0 | 2 | 0 | 0 |

**이현호**(李賢皓) 탐라대 1988.11.29

| 대회 | 연도 | 소속 | 출전 | 교체 | 득점 | 도움 | 실점 | 파울 | 경고 | 퇴장 |
|---|---|---|---|---|---|---|---|---|---|---|
| K1 | 2010 | 제주 | 24 | 24 | 4 | 2 | 0 | 13 | 1 | 0 |
| | 2011 | 제주 | 27 | 23 | 2 | 2 | 0 | 7 | 1 | 0 |
| | 2012 | 성남일화 | 10 | 9 | 0 | 1 | 0 | 4 | 0 | 0 |
| | 2013 | 성남일화 | 6 | 6 | 0 | 0 | 0 | 3 | 0 | 0 |
| | 2014 | 제주 | 11 | 9 | 0 | 0 | 0 | 1 | 0 | 0 |
| | 2015 | 대전 | 12 | 12 | 0 | 1 | 0 | 3 | 1 | 0 |
| PO | 2010 | 제주 | 2 | 2 | 0 | 0 | 0 | 1 | 0 | 0 |
| 컵 | 2010 | 제주 | 5 | 5 | 0 | 1 | 0 | 1 | 0 | 0 |
| | 2011 | 제주 | 1 | 1 | 0 | 0 | 0 | 1 | 0 | 0 |
| 통산 | | | 98 | 91 | 6 | 7 | 0 | 34 | 3 | 0 |

**이형경**(李亨慶) 성균관대 1998.05.11

| 대회 | 연도 | 소속 | 출전 | 교체 | 득점 | 도움 | 실점 | 파울 | 경고 | 퇴장 |
|---|---|---|---|---|---|---|---|---|---|---|
| K2 | 2025 | 충북청주 | 12 | 12 | 0 | 1 | 0 | 4 | 1 | 0 |
| 통산 | | | 12 | 12 | 0 | 1 | 0 | 4 | 1 | 0 |

**이형기**(李炯奇) 한라대 1989.07.22

| 대회 | 연도 | 소속 | 출전 | 교체 | 득점 | 도움 | 실점 | 파울 | 경고 | 퇴장 |
|---|---|---|---|---|---|---|---|---|---|---|
| K1 | 2012 | 전북 | 0 | 0 | 0 | 0 | 0 | 0 | 0 | 0 |
| 통산 | | | 0 | 0 | 0 | 0 | 0 | 0 | 0 | 0 |

**이형상**(李形象) 브라질 유학 1985.05.05

| 대회 | 연도 | 소속 | 출전 | 교체 | 득점 | 도움 | 실점 | 파울 | 경고 | 퇴장 |
|---|---|---|---|---|---|---|---|---|---|---|
| K1 | 2011 | 대구 | 4 | 4 | 0 | 1 | 0 | 2 | 1 | 0 |
| 컵 | 2006 | 대전 | 1 | 1 | 0 | 0 | 0 | 0 | 0 | 0 |
| | 2007 | 대전 | 0 | 0 | 0 | 0 | 0 | 0 | 0 | 0 |
| | 2011 | 대구 | 3 | 3 | 0 | 0 | 0 | 9 | 0 | 0 |
| 통산 | | | 8 | 8 | 0 | 1 | 0 | 11 | 1 | 0 |

**이형진**(李炯瑨) 성균관대 1992.08.30

| 대회 | 연도 | 소속 | 출전 | 교체 | 득점 | 도움 | 실점 | 파울 | 경고 | 퇴장 |
|---|---|---|---|---|---|---|---|---|---|---|
| K1 | 2015 | 대전 | 3 | 3 | 0 | 0 | 0 | 0 | 0 | 0 |
| 통산 | | | 3 | 3 | 0 | 0 | 0 | 0 | 0 | 0 |

**이혜강**(李慧剛) 동의대 1987.03.28

| 대회 | 연도 | 소속 | 출전 | 교체 | 득점 | 도움 | 실점 | 파울 | 경고 | 퇴장 |
|---|---|---|---|---|---|---|---|---|---|---|
| K1 | 2010 | 경남 | 4 | 4 | 0 | 0 | 0 | 3 | 1 | 0 |
| | 2011 | 경남 | 6 | 4 | 0 | 0 | 0 | 5 | 0 | 0 |
| PO | 2010 | 경남 | 0 | 0 | 0 | 0 | 0 | 0 | 0 | 0 |
| 컵 | 2011 | 경남 | 1 | 1 | 0 | 0 | 0 | 0 | 0 | 0 |
| 통산 | | | 11 | 9 | 0 | 0 | 0 | 8 | 1 | 0 |

**이호**(李浩) 울산과학대 1984.10.22

| 대회 | 연도 | 소속 | 출전 | 교체 | 득점 | 도움 | 실점 | 파울 | 경고 | 퇴장 |
|---|---|---|---|---|---|---|---|---|---|---|
| K1 | 2003 | 울산 | 9 | 5 | 1 | 0 | 0 | 9 | 2 | 0 |
| | 2004 | 울산 | 18 | 5 | 1 | 0 | 0 | 27 | 5 | 0 |
| | 2005 | 울산 | 22 | 2 | 1 | 1 | 0 | 51 | 3 | 0 |
| | 2006 | 울산 | 7 | 0 | 1 | 2 | 0 | 17 | 1 | 1 |
| | 2009 | 성남일화 | 24 | 3 | 2 | 2 | 0 | 64 | 7 | 0 |
| | 2011 | 울산 | 28 | 13 | 0 | 0 | 0 | 29 | 4 | 0 |
| | 2012 | 울산 | 30 | 9 | 0 | 0 | 0 | 44 | 4 | 0 |
| | 2014 | 상주 | 17 | 2 | 2 | 1 | 0 | 13 | 3 | 0 |
| | 2014 | 울산 | 10 | 1 | 1 | 0 | 0 | 10 | 1 | 0 |
| | 2015 | 전북 | 11 | 7 | 0 | 0 | 0 | 17 | 4 | 0 |
| | 2016 | 전북 | 11 | 5 | 0 | 0 | 0 | 22 | 3 | 0 |
| | 2022 | 울산 | 1 | 2 | 0 | 0 | 0 | 0 | 0 | 0 |
| K2 | 2013 | 상주 | 32 | 7 | 0 | 2 | 0 | 44 | 6 | 0 |
| PO | 2004 | 울산 | 1 | 0 | 0 | 0 | 0 | 2 | 0 | 0 |
| | 2005 | 울산 | 3 | 1 | 0 | 0 | 0 | 4 | 2 | 0 |
| | 2009 | 성남일화 | 4 | 0 | 0 | 0 | 0 | 16 | 2 | 0 |
| | 2011 | 울산 | 5 | 0 | 0 | 0 | 0 | 12 | 1 | 0 |
| | 2013 | 상주 | 2 | 0 | 0 | 0 | 0 | 2 | 0 | 0 |
| 컵 | 2004 | 울산 | 10 | 0 | 0 | 0 | 0 | 28 | 0 | 1 |
| | 2005 | 울산 | 11 | 0 | 0 | 2 | 0 | 29 | 4 | 0 |
| | 2009 | 성남일화 | 7 | 0 | 0 | 0 | 0 | 13 | 1 | 0 |
| | 2011 | 울산 | 7 | 1 | 0 | 3 | 0 | 5 | 0 | 0 |
| 통산 | | | 270 | 63 | 9 | 13 | 0 | 458 | 53 | 2 |

**이호**(李虎) 경희대 1986.01.06

| 대회 | 연도 | 소속 | 출전 | 교체 | 득점 | 도움 | 실점 | 파울 | 경고 | 퇴장 |
|---|---|---|---|---|---|---|---|---|---|---|
| K1 | 2010 | 대전 | 5 | 3 | 0 | 0 | 0 | 7 | 1 | 0 |
| | 2011 | 대전 | 25 | 3 | 1 | 1 | 0 | 41 | 9 | 0 |
| | 2012 | 대전 | 23 | 5 | 0 | 0 | 0 | 47 | 10 | 0 |
| K2 | 2013 | 경찰 | 25 | 18 | 2 | 2 | 0 | 27 | 8 | 0 |
| | 2014 | 대전 | 5 | 1 | 0 | 0 | 0 | 5 | 1 | 0 |
| | 2014 | 안산경찰 | 3 | 2 | 0 | 0 | 0 | 2 | 1 | 0 |
| 컵 | 2009 | 강원 | 1 | 0 | 0 | 0 | 0 | 1 | 0 | 0 |
| | 2010 | 대전 | 2 | 1 | 0 | 0 | 0 | 2 | 1 | 0 |
| | 2011 | 대전 | 0 | 0 | 0 | 0 | 0 | 0 | 0 | 0 |
| 통산 | | | 89 | 33 | 3 | 3 | 0 | 132 | 31 | 0 |

**이호빈**(李鎬彬) 신갈고 1999.11.25

| 대회 | 연도 | 소속 | 출전 | 교체 | 득점 | 도움 | 실점 | 파울 | 경고 | 퇴장 |
|---|---|---|---|---|---|---|---|---|---|---|
| K2 | 2019 | 대전 | 3 | 2 | 1 | 0 | 0 | 1 | 0 | 0 |
| | 2020 | 대전 | 3 | 1 | 0 | 0 | 0 | 6 | 0 | 0 |
| | 2021 | 대전 | 1 | 1 | 0 | 0 | 0 | 0 | 0 | 0 |
| 통산 | | | 7 | 4 | 1 | 0 | 0 | 7 | 0 | 0 |

**이호석**(李鎬碩) 동국대 1991.05.21

| 대회 | 연도 | 소속 | 출전 | 교체 | 득점 | 도움 | 실점 | 파울 | 경고 | 퇴장 |
|---|---|---|---|---|---|---|---|---|---|---|
| K1 | 2014 | 경남 | 12 | 11 | 0 | 0 | 0 | 21 | 3 | 0 |
| | 2019 | 상주 | 0 | 0 | 0 | 0 | 0 | 0 | 0 | 0 |
| | 2020 | 인천 | 3 | 3 | 0 | 0 | 0 | 5 | 0 | 0 |
| K2 | 2015 | 경남 | 16 | 12 | 2 | 1 | 0 | 21 | 4 | 0 |
| | 2016 | 경남 | 27 | 16 | 9 | 10 | 0 | 39 | 3 | 0 |
| | 2017 | 대전 | 27 | 10 | 5 | 6 | 0 | 32 | 7 | 0 |
| PO | 2014 | 경남 | 1 | 1 | 0 | 0 | 0 | 0 | 0 | 0 |
| 통산 | | | 86 | 53 | 16 | 17 | 0 | 118 | 17 | 0 |

**이호성**(李浩成) 중앙대 1974.09.12

| 대회 | 연도 | 소속 | 출전 | 교체 | 득점 | 도움 | 실점 | 파울 | 경고 | 퇴장 |
|---|---|---|---|---|---|---|---|---|---|---|
| K1 | 1997 | 대전 | 9 | 8 | 1 | 0 | 0 | 12 | 1 | 0 |
| | 1998 | 대전 | 5 | 5 | 1 | 0 | 0 | 4 | 0 | 0 |
| | 1999 | 대전 | 19 | 11 | 5 | 1 | 0 | 21 | 2 | 0 |
| | 2000 | 대전 | 7 | 6 | 1 | 0 | 0 | 14 | 1 | 0 |
| | 2001 | 대전 | 3 | 3 | 0 | 0 | 0 | 2 | 0 | 0 |
| 컵 | 1997 | 대전 | 9 | 8 | 0 | 0 | 0 | 13 | 0 | 0 |
| | 1998 | 대전 | 10 | 10 | 1 | 0 | 0 | 7 | 0 | 0 |
| | 1999 | 대전 | 4 | 4 | 0 | 0 | 0 | 2 | 0 | 0 |
| | 2000 | 대전 | 6 | 6 | 0 | 0 | 0 | 13 | 0 | 0 |
| | 2001 | 대전 | 2 | 2 | 0 | 0 | 0 | 5 | 0 | 0 |
| 통산 | | | 74 | 63 | 9 | 1 | 0 | 93 | 4 | 0 |

**이호승**(李昊乘) 동국대 1989.12.21

| 대회 | 연도 | 소속 | 출전 | 교체 | 득점 | 도움 | 실점 | 파울 | 경고 | 퇴장 |
|---|---|---|---|---|---|---|---|---|---|---|
| K1 | 2016 | 전남 | 28 | 1 | 0 | 1 | 34 | 0 | 1 | 0 |
| | 2017 | 전남 | 32 | 0 | 0 | 1 | 56 | 1 | 1 | 0 |
| | 2018 | 전남 | 28 | 0 | 0 | 0 | 44 | 0 | 0 | 0 |
| K2 | 2019 | 전남 | 5 | 0 | 0 | 0 | 9 | 0 | 0 | 0 |
| 통산 | | | 93 | 1 | 0 | 2 | 143 | 1 | 2 | 0 |

**이호인**(李浩因) 상지대 1995.12.29

| 대회 | 연도 | 소속 | 출전 | 교체 | 득점 | 도움 | 실점 | 파울 | 경고 | 퇴장 |
|---|---|---|---|---|---|---|---|---|---|---|
| K1 | 2018 | 강원 | 3 | 3 | 0 | 0 | 0 | 2 | 0 | 0 |
| | 2019 | 강원 | 16 | 5 | 1 | 1 | 0 | 13 | 1 | 0 |
| | 2020 | 강원 | 7 | 5 | 1 | 0 | 0 | 3 | 0 | 0 |
| K2 | 2021 | 대전 | 7 | 1 | 0 | 1 | 0 | 7 | 2 | 0 |
| | 2022 | 충남아산 | 20 | 6 | 0 | 1 | 0 | 17 | 4 | 1 |
| | 2023 | 충남아산 | 24 | 7 | 0 | 0 | 0 | 21 | 5 | 0 |
| | 2025 | 충남아산 | 17 | 1 | 0 | 1 | 0 | 11 | 4 | 0 |
| 통산 | | | 94 | 28 | 2 | 4 | 0 | 74 | 16 | 1 |

**이호재**(李昊宰) 고려대 2000.10.14

| 대회 | 연도 | 소속 | 출전 | 교체 | 득점 | 도움 | 실점 | 파울 | 경고 | 퇴장 |
|---|---|---|---|---|---|---|---|---|---|---|
| K1 | 2021 | 포항 | 15 | 16 | 2 | 0 | 0 | 10 | 1 | 0 |
| | 2022 | 포항 | 16 | 16 | 1 | 0 | 0 | 3 | 1 | 0 |
| | 2023 | 포항 | 37 | 35 | 8 | 1 | 0 | 12 | 1 | 1 |
| | 2024 | 포항 | 27 | 24 | 9 | 5 | 0 | 13 | 2 | 0 |
| | 2025 | 포항 | 34 | 23 | 15 | 1 | 0 | 26 | 5 | 0 |
| 통산 | | | 129 | 114 | 35 | 7 | 0 | 64 | 10 | 1 |

**이호창**(李浩昌) 동국대 1988.10.11

| 대회 | 연도 | 소속 | 출전 | 교체 | 득점 | 도움 | 실점 | 파울 | 경고 | 퇴장 |
|---|---|---|---|---|---|---|---|---|---|---|
| 컵 | 2011 | 인천 | 2 | 1 | 0 | 0 | 0 | 2 | 1 | 0 |
| 통산 | | | 2 | 1 | 0 | 0 | 0 | 2 | 1 | 0 |

**이화열**(李化烈) 관동대(가톨릭관동대) 1962.11.20

| 대회 | 연도 | 소속 | 출전 | 교체 | 득점 | 도움 | 실점 | 파울 | 경고 | 퇴장 |
|---|---|---|---|---|---|---|---|---|---|---|
| K1 | 1989 | 포항제철 | 13 | 6 | 2 | 0 | 0 | 13 | 2 | 0 |
| 컵 | 1986 | 포항제철 | 1 | 1 | 0 | 0 | 0 | 0 | 0 | 0 |
| 통산 | | | 14 | 7 | 2 | 0 | 0 | 13 | 2 | 0 |

**이환희**(李奐希) 아주대 2002.09.14

| 대회 | 연도 | 소속 | 출전 | 교체 | 득점 | 도움 | 실점 | 파울 | 경고 | 퇴장 |
|---|---|---|---|---|---|---|---|---|---|---|
| K2 | 2024 | 김포 | 13 | 14 | 0 | 2 | 0 | 8 | 0 | 0 |
| | 2025 | 김포 | 0 | 0 | 0 | 0 | 0 | 0 | 0 | 0 |
| 통산 | | | 13 | 14 | 0 | 2 | 0 | 8 | 0 | 0 |

**이효균**(李孝均) 동아대 1988.03.12

| 대회 | 연도 | 소속 | 출전 | 교체 | 득점 | 도움 | 실점 | 파울 | 경고 | 퇴장 |
|---|---|---|---|---|---|---|---|---|---|---|
| K1 | 2011 | 경남 | 12 | 7 | 2 | 0 | 0 | 28 | 2 | 0 |
| | 2012 | 인천 | 1 | 1 | 0 | 0 | 0 | 1 | 0 | 0 |
| | 2013 | 인천 | 13 | 13 | 3 | 0 | 0 | 2 | 0 | 0 |
| | 2014 | 인천 | 29 | 20 | 4 | 1 | 0 | 31 | 4 | 0 |
| | 2015 | 인천 | 11 | 9 | 1 | 1 | 0 | 13 | 1 | 0 |
| | 2016 | 인천 | 4 | 3 | 0 | 0 | 0 | 5 | 0 | 1 |
| | 2017 | 인천 | 7 | 5 | 1 | 0 | 0 | 7 | 0 | 0 |
| | 2018 | 인천 | 1 | 1 | 0 | 0 | 0 | 0 | 0 | 0 |
| K2 | 2015 | 안양 | 15 | 13 | 2 | 1 | 0 | 28 | 2 | 0 |
| | 2016 | 부천 | 11 | 11 | 2 | 0 | 0 | 11 | 1 | 0 |
| PO | 2016 | 부천 | 0 | 0 | 0 | 0 | 0 | 0 | 0 | 0 |
| 컵 | 2011 | 경남 | 1 | 1 | 1 | 0 | 0 | 3 | 0 | 0 |
| 통산 | | | 105 | 84 | 16 | 3 | 0 | 129 | 10 | 1 |

**이효용**(李孝用) 창신고 1970.06.06

| 대회 | 연도 | 소속 | 출전 | 교체 | 득점 | 도움 | 실점 | 파울 | 경고 | 퇴장 |
|---|---|---|---|---|---|---|---|---|---|---|
| K1 | 1989 | 현대 | 14 | 12 | 1 | 2 | 0 | 5 | 0 | 0 |
| | 1990 | 현대 | 4 | 4 | 0 | 0 | 0 | 2 | 1 | 0 |
| 통산 | | | 18 | 16 | 1 | 2 | 0 | 7 | 1 | 0 |

**이후권**(李厚權) 광운대 1990.10.30

| 대회 | 연도 | 소속 | 출전 | 교체 | 득점 | 도움 | 실점 | 파울 | 경고 | 퇴장 |
|---|---|---|---|---|---|---|---|---|---|---|
| K1 | 2014 | 상주 | 15 | 9 | 0 | 0 | 0 | 18 | 5 | 0 |
| | 2016 | 성남 | 10 | 4 | 0 | 0 | 0 | 12 | 3 | 0 |
| | 2018 | 포항 | 20 | 19 | 0 | 1 | 0 | 23 | 0 | 0 |
| K2 | 2013 | 부천 | 31 | 3 | 3 | 3 | 0 | 98 | 8 | 0 |
| | 2015 | 상주 | 0 | 0 | 0 | 0 | 0 | 0 | 0 | 0 |
| | 2015 | 부천 | 3 | 3 | 0 | 0 | 0 | 1 | 0 | 0 |
| | 2016 | 부천 | 3 | 1 | 0 | 0 | 0 | 3 | 0 | 0 |
| | 2017 | 성남 | 29 | 3 | 1 | 3 | 0 | 50 | 2 | 0 |
| | 2019 | 부산 | 5 | 5 | 0 | 0 | 0 | 10 | 2 | 0 |
| | 2019 | 전남 | 10 | 7 | 0 | 0 | 0 | 12 | 1 | 0 |
| | 2020 | 전남 | 22 | 11 | 2 | 0 | 0 | 24 | 7 | 0 |
| | 2021 | 전남 | 27 | 15 | 1 | 3 | 0 | 46 | 2 | 0 |
| | 2022 | 전남 | 31 | 14 | 3 | 1 | 0 | 45 | 6 | 1 |
| | 2023 | 전남 | 23 | 12 | 0 | 1 | 0 | 22 | 5 | 1 |
| | 2024 | 전남 | 6 | 5 | 0 | 0 | 0 | 3 | 2 | 0 |
| PO | 2021 | 전남 | 0 | 0 | 0 | 0 | 0 | 0 | 0 | 0 |
| 통산 | | | 235 | 111 | 10 | 12 | 0 | 367 | 43 | 2 |

**이훈**(李勳) 성균관대 1970.04.07

| 대회 | 연도 | 소속 | 출전 | 교체 | 득점 | 도움 | 실점 | 파울 | 경고 | 퇴장 |
|---|---|---|---|---|---|---|---|---|---|---|
| K1 | 1993 | LG | 4 | 4 | 0 | 1 | 0 | 1 | 0 | 0 |
| 컵 | 1993 | LG | 1 | 1 | 0 | 0 | 0 | 0 | 0 | 0 |
| 통산 | | | 5 | 5 | 0 | 1 | 0 | 1 | 0 | 0 |

**이훈**(李訓) 연세대 1986.04.29

| 대회 | 연도 | 소속 | 출전 | 교체 | 득점 | 도움 | 실점 | 파울 | 경고 | 퇴장 |
|---|---|---|---|---|---|---|---|---|---|---|
| K1 | 2009 | 경남 | 20 | 15 | 3 | 0 | 0 | 38 | 0 | 0 |
| | 2010 | 경남 | 16 | 13 | 1 | 0 | 0 | 19 | 0 | 0 |
| | 2011 | 경남 | 14 | 8 | 3 | 1 | 0 | 23 | 1 | 0 |
| PO | 2010 | 경남 | 1 | 1 | 0 | 0 | 0 | 0 | 0 | 0 |
| 컵 | 2009 | 경남 | 0 | 0 | 0 | 0 | 0 | 0 | 0 | 0 |

| 대회 | 연도 | 소속 | 출전 | 교체 | 득점 | 도움 | 실점 | 파울 | 경고 | 퇴장 |
|---|---|---|---|---|---|---|---|---|---|---|
| | 2010 | 경남 | 6 | 4 | 0 | 0 | 0 | 7 | 1 | 0 |
| | 2011 | 경남 | 4 | 2 | 0 | 0 | 0 | 6 | 0 | 0 |
| 통산 | | | 61 | 43 | 7 | 1 | 0 | 93 | 2 | 0 |

**이훈**(李訓) 제주중앙고 1991.09.22

| 대회 | 연도 | 소속 | 출전 | 교체 | 득점 | 도움 | 실점 | 파울 | 경고 | 퇴장 |
|---|---|---|---|---|---|---|---|---|---|---|
| 컵 | 2011 | 강원 | 0 | 0 | 0 | 0 | 0 | 0 | 0 | 0 |
| 통산 | | | 0 | 0 | 0 | 0 | 0 | 0 | 0 | 0 |

**이훈**(李訓) 아주대 1991.04.02

| 대회 | 연도 | 소속 | 출전 | 교체 | 득점 | 도움 | 실점 | 파울 | 경고 | 퇴장 |
|---|---|---|---|---|---|---|---|---|---|---|
| K2 | 2014 | 고양 | 9 | 6 | 0 | 0 | 0 | 8 | 0 | 0 |
| 통산 | | | 9 | 6 | 0 | 0 | 0 | 8 | 0 | 0 |

**이휘수**(李輝洙) 대구대 1990.05.28

| 대회 | 연도 | 소속 | 출전 | 교체 | 득점 | 도움 | 실점 | 파울 | 경고 | 퇴장 |
|---|---|---|---|---|---|---|---|---|---|---|
| K1 | 2013 | 전남 | 0 | 0 | 0 | 0 | 0 | 0 | 0 | 0 |
| 통산 | | | 0 | 0 | 0 | 0 | 0 | 0 | 0 | 0 |

**이흥실**(李興實) 한양대 1961.07.10

| 대회 | 연도 | 소속 | 출전 | 교체 | 득점 | 도움 | 실점 | 파울 | 경고 | 퇴장 |
|---|---|---|---|---|---|---|---|---|---|---|
| K1 | 1985 | 포항제철 | 21 | 5 | 10 | 2 | 0 | 19 | 1 | 0 |
| | 1986 | 포항제철 | 17 | 3 | 5 | 0 | 0 | 7 | 0 | 0 |
| | 1987 | 포항제철 | 29 | 4 | 12 | 6 | 0 | 20 | 3 | 0 |
| | 1988 | 포항제철 | 16 | 6 | 1 | 2 | 0 | 14 | 2 | 0 |
| | 1989 | 포항제철 | 39 | 6 | 4 | 11 | 0 | 33 | 3 | 0 |
| | 1990 | 포항제철 | 19 | 1 | 7 | 5 | 0 | 17 | 1 | 0 |
| | 1991 | 포항제철 | 15 | 11 | 4 | 6 | 0 | 6 | 0 | 0 |
| | 1992 | 포항제철 | 13 | 5 | 4 | 0 | 0 | 14 | 0 | 0 |
| PO | 1986 | 포항제철 | 2 | 1 | 0 | 1 | 0 | 1 | 0 | 0 |
| 컵 | 1986 | 포항제철 | 11 | 0 | 1 | 3 | 0 | 10 | 0 | 0 |
| | 1992 | 포항제철 | 2 | 2 | 0 | 0 | 0 | 2 | 0 | 0 |
| 통산 | | | 184 | 44 | 48 | 36 | 0 | 143 | 10 | 0 |

**이희균**(李熙均) 단국대 1998.04.29

| 대회 | 연도 | 소속 | 출전 | 교체 | 득점 | 도움 | 실점 | 파울 | 경고 | 퇴장 |
|---|---|---|---|---|---|---|---|---|---|---|
| K1 | 2020 | 광주 | 2 | 2 | 0 | 0 | 0 | 2 | 0 | 0 |
| | 2021 | 광주 | 26 | 24 | 2 | 1 | 0 | 17 | 4 | 0 |
| | 2023 | 광주 | 34 | 29 | 2 | 1 | 0 | 20 | 6 | 0 |
| | 2024 | 광주 | 29 | 27 | 5 | 0 | 0 | 16 | 4 | 0 |
| | 2025 | 울산 | 26 | 25 | 1 | 1 | 0 | 8 | 3 | 0 |
| K2 | 2019 | 광주 | 16 | 16 | 0 | 2 | 0 | 16 | 4 | 0 |
| | 2022 | 광주 | 23 | 24 | 0 | 0 | 0 | 19 | 5 | 0 |
| 통산 | | | 156 | 147 | 10 | 5 | 0 | 98 | 26 | 0 |

**이희선**(李禧善) KC대 1997.03.21

| 대회 | 연도 | 소속 | 출전 | 교체 | 득점 | 도움 | 실점 | 파울 | 경고 | 퇴장 |
|---|---|---|---|---|---|---|---|---|---|---|
| K2 | 2020 | 안산 | 0 | 0 | 0 | 0 | 0 | 0 | 0 | 0 |
| 통산 | | | 0 | 0 | 0 | 0 | 0 | 0 | 0 | 0 |

**이희찬**(李熙燦) 포항제철고 1995.03.02

| 대회 | 연도 | 소속 | 출전 | 교체 | 득점 | 도움 | 실점 | 파울 | 경고 | 퇴장 |
|---|---|---|---|---|---|---|---|---|---|---|
| K2 | 2014 | 고양 | 0 | 0 | 0 | 0 | 0 | 0 | 0 | 0 |
| | 2014 | 부천 | 6 | 4 | 0 | 0 | 0 | 11 | 2 | 1 |
| | 2015 | 부천 | 0 | 0 | 0 | 0 | 0 | 0 | 0 | 0 |
| 통산 | | | 6 | 4 | 0 | 0 | 0 | 11 | 2 | 1 |

**이희현**(李熙鉉) 한려대 1986.10.07

| 대회 | 연도 | 소속 | 출전 | 교체 | 득점 | 도움 | 실점 | 파울 | 경고 | 퇴장 |
|---|---|---|---|---|---|---|---|---|---|---|
| K2 | 2014 | 부천 | 0 | 0 | 0 | 0 | 0 | 0 | 0 | 0 |
| 통산 | | | 0 | 0 | 0 | 0 | 0 | 0 | 0 | 0 |

**인디오**(Antonio Rogerio Silva Oliveira) 브라질 1981.11.21

| 대회 | 연도 | 소속 | 출전 | 교체 | 득점 | 도움 | 실점 | 파울 | 경고 | 퇴장 |
|---|---|---|---|---|---|---|---|---|---|---|
| K1 | 2008 | 경남 | 21 | 8 | 6 | 5 | 0 | 19 | 2 | 0 |
| | 2009 | 경남 | 27 | 12 | 9 | 5 | 0 | 26 | 2 | 0 |
| | 2010 | 전남 | 23 | 9 | 8 | 4 | 0 | 16 | 1 | 0 |
| | 2011 | 전남 | 15 | 15 | 2 | 1 | 0 | 5 | 1 | 0 |
| 컵 | 2008 | 경남 | 6 | 4 | 4 | 1 | 0 | 5 | 0 | 0 |
| | 2009 | 경남 | 3 | 0 | 0 | 0 | 0 | 1 | 0 | 0 |
| | 2010 | 전남 | 2 | 2 | 0 | 1 | 0 | 1 | 0 | 0 |
| | 2011 | 전남 | 2 | 2 | 0 | 0 | 0 | 0 | 0 | 0 |
| 통산 | | | 99 | 52 | 29 | 17 | 0 | 73 | 6 | 0 |

**인준연**(印峻延) 신평고 1991.03.12

| 대회 | 연도 | 소속 | 출전 | 교체 | 득점 | 도움 | 실점 | 파울 | 경고 | 퇴장 |
|---|---|---|---|---|---|---|---|---|---|---|
| K1 | 2012 | 대구 | 11 | 8 | 1 | 0 | 0 | 16 | 1 | 0 |
| K2 | 2013 | 충주 | 14 | 11 | 2 | 1 | 0 | 17 | 3 | 0 |
| | 2014 | 대구 | 2 | 2 | 0 | 0 | 0 | 1 | 0 | 0 |
| | 2016 | 고양 | 30 | 14 | 2 | 1 | 0 | 45 | 9 | 1 |
| 통산 | | | 57 | 35 | 5 | 2 | 0 | 79 | 13 | 1 |

**인지오**(Jose Satiro do Nascimento) 브라질 1975.04.03

| 대회 | 연도 | 소속 | 출전 | 교체 | 득점 | 도움 | 실점 | 파울 | 경고 | 퇴장 |
|---|---|---|---|---|---|---|---|---|---|---|
| K1 | 2003 | 대구 | 19 | 2 | 3 | 3 | 0 | 28 | 1 | 0 |
| | 2004 | 대구 | 20 | 3 | 0 | 2 | 0 | 48 | 2 | 0 |
| | 2005 | 대구 | 10 | 8 | 0 | 0 | 0 | 8 | 1 | 0 |
| 컵 | 2004 | 대구 | 9 | 5 | 1 | 1 | 0 | 14 | 2 | 0 |
| | 2005 | 대구 | 5 | 0 | 0 | 1 | 0 | 6 | 1 | 0 |
| 통산 | | | 63 | 18 | 4 | 7 | 0 | 104 | 7 | 0 |

**일류첸코**(Stanislav Iljutcenko) 독일 1990.08.13

| 대회 | 연도 | 소속 | 출전 | 교체 | 득점 | 도움 | 실점 | 파울 | 경고 | 퇴장 |
|---|---|---|---|---|---|---|---|---|---|---|
| K1 | 2019 | 포항 | 18 | 9 | 9 | 2 | 0 | 30 | 5 | 0 |
| | 2020 | 포항 | 26 | 3 | 19 | 6 | 0 | 61 | 6 | 0 |
| | 2021 | 전북 | 34 | 20 | 15 | 4 | 0 | 48 | 4 | 0 |
| | 2022 | 전북 | 17 | 13 | 2 | 0 | 0 | 22 | 3 | 0 |
| | 2022 | 서울 | 16 | 9 | 7 | 1 | 0 | 19 | 3 | 0 |
| | 2023 | 서울 | 24 | 23 | 5 | 0 | 0 | 9 | 0 | 0 |
| | 2024 | 서울 | 36 | 28 | 14 | 5 | 0 | 35 | 5 | 0 |
| K2 | 2025 | 수원 | 35 | 23 | 13 | 6 | 0 | 22 | 4 | 2 |
| PO | 2025 | 수원 | 2 | 2 | 0 | 0 | 0 | 1 | 0 | 0 |
| 통산 | | | 208 | 130 | 84 | 24 | 0 | 247 | 30 | 2 |

**일리안**(Iliyan Emilov Mitsanski) 불가리아 1985.12.20

| 대회 | 연도 | 소속 | 출전 | 교체 | 득점 | 도움 | 실점 | 파울 | 경고 | 퇴장 |
|---|---|---|---|---|---|---|---|---|---|---|
| K1 | 2015 | 수원 | 8 | 7 | 0 | 0 | 0 | 11 | 1 | 0 |
| 통산 | | | 8 | 7 | 0 | 0 | 0 | 11 | 1 | 0 |

**일리치**(Sasa Ilić) 마케도니아 1970.09.05

| 대회 | 연도 | 소속 | 출전 | 교체 | 득점 | 도움 | 실점 | 파울 | 경고 | 퇴장 |
|---|---|---|---|---|---|---|---|---|---|---|
| K1 | 1995 | 대우 | 23 | 1 | 0 | 0 | 34 | 0 | 0 | 0 |
| | 1996 | 부산 | 19 | 0 | 0 | 0 | 25 | 0 | 0 | 0 |
| | 1997 | 부산 | 7 | 0 | 0 | 0 | 2 | 0 | 1 | 0 |
| 컵 | 1995 | 대우 | 7 | 0 | 0 | 0 | 8 | 0 | 0 | 0 |
| | 1996 | 부산 | 8 | 0 | 0 | 0 | 10 | 0 | 1 | 0 |
| | 1997 | 부산 | 10 | 0 | 0 | 0 | 9 | 0 | 0 | 0 |
| 통산 | | | 74 | 1 | 0 | 0 | 88 | 0 | 2 | 0 |

**임경현**(林京鉉) 숭실대 1986.10.06

| 대회 | 연도 | 소속 | 출전 | 교체 | 득점 | 도움 | 실점 | 파울 | 경고 | 퇴장 |
|---|---|---|---|---|---|---|---|---|---|---|
| K1 | 2009 | 부산 | 7 | 8 | 0 | 0 | 0 | 8 | 1 | 0 |
| | 2010 | 수원 | 5 | 4 | 0 | 0 | 0 | 7 | 2 | 0 |
| | 2010 | 부산 | 1 | 1 | 0 | 0 | 0 | 1 | 0 | 0 |
| | 2011 | 수원 | 2 | 1 | 0 | 1 | 0 | 10 | 2 | 0 |
| | 2012 | 수원 | 1 | 1 | 0 | 0 | 0 | 1 | 1 | 0 |
| | 2013 | 전남 | 13 | 10 | 2 | 3 | 0 | 28 | 1 | 0 |
| | 2013 | 수원 | 2 | 2 | 0 | 0 | 0 | 0 | 0 | 0 |
| K2 | 2015 | 부천 | 13 | 13 | 2 | 1 | 0 | 19 | 5 | 0 |
| PO | 2011 | 수원 | 1 | 1 | 0 | 0 | 0 | 0 | 0 | 0 |
| 컵 | 2009 | 부산 | 2 | 2 | 0 | 0 | 0 | 2 | 0 | 0 |
| | 2010 | 수원 | 1 | 1 | 0 | 0 | 0 | 0 | 0 | 0 |
| 통산 | | | 48 | 44 | 4 | 5 | 0 | 76 | 12 | 0 |

**임경훈**(林敬勳) 포철공고 1984.03.19

| 대회 | 연도 | 소속 | 출전 | 교체 | 득점 | 도움 | 실점 | 파울 | 경고 | 퇴장 |
|---|---|---|---|---|---|---|---|---|---|---|
| K1 | 2006 | 경남 | 0 | 0 | 0 | 0 | 0 | 0 | 0 | 0 |
| 컵 | 2004 | 포항 | 0 | 0 | 0 | 0 | 0 | 0 | 0 | 0 |
| | 2007 | 경남 | 0 | 0 | 0 | 0 | 0 | 0 | 0 | 0 |
| 통산 | | | 0 | 0 | 0 | 0 | 0 | 0 | 0 | 0 |

**임고석**(林告石) 성균관대 1960.02.18

| 대회 | 연도 | 소속 | 출전 | 교체 | 득점 | 도움 | 실점 | 파울 | 경고 | 퇴장 |
|---|---|---|---|---|---|---|---|---|---|---|
| K1 | 1983 | 대우 | 9 | 8 | 0 | 0 | 0 | 9 | 2 | 0 |
| | 1984 | 대우 | 11 | 8 | 4 | 0 | 0 | 4 | 0 | 0 |
| | 1985 | 대우 | 13 | 6 | 2 | 0 | 0 | 17 | 0 | 0 |
| | 1986 | 대우 | 11 | 6 | 2 | 2 | 0 | 12 | 0 | 0 |
| | 1987 | 현대 | 14 | 4 | 4 | 0 | 0 | 26 | 3 | 0 |
| | 1988 | 현대 | 19 | 10 | 4 | 1 | 0 | 31 | 1 | 0 |
| | 1989 | 유공 | 15 | 12 | 5 | 1 | 0 | 22 | 0 | 0 |
| | 1990 | 유공 | 5 | 5 | 0 | 0 | 0 | 5 | 2 | 0 |
| PO | 1984 | 대우 | 1 | 1 | 0 | 0 | 0 | 1 | 0 | 0 |
| 컵 | 1986 | 대우 | 14 | 2 | 3 | 0 | 0 | 23 | 1 | 0 |
| 통산 | | | 112 | 62 | 24 | 4 | 0 | 150 | 9 | 0 |

**임관식**(林官植) 호남대 1975.07.28

| 대회 | 연도 | 소속 | 출전 | 교체 | 득점 | 도움 | 실점 | 파울 | 경고 | 퇴장 |
|---|---|---|---|---|---|---|---|---|---|---|
| K1 | 1998 | 전남 | 14 | 4 | 0 | 1 | 0 | 28 | 3 | 0 |
| | 1999 | 전남 | 26 | 2 | 3 | 1 | 0 | 42 | 0 | 0 |
| | 2000 | 전남 | 22 | 3 | 1 | 1 | 0 | 41 | 4 | 0 |
| | 2001 | 전남 | 18 | 7 | 0 | 0 | 0 | 25 | 3 | 0 |
| | 2002 | 전남 | 23 | 11 | 0 | 0 | 0 | 45 | 1 | 0 |
| | 2003 | 전남 | 8 | 6 | 1 | 0 | 0 | 13 | 0 | 0 |
| | 2004 | 부산 | 16 | 11 | 0 | 0 | 0 | 30 | 1 | 0 |
| | 2005 | 부산 | 19 | 5 | 1 | 0 | 0 | 35 | 1 | 0 |
| | 2006 | 부산 | 17 | 10 | 0 | 1 | 0 | 24 | 1 | 0 |
| | 2007 | 전남 | 14 | 13 | 0 | 0 | 0 | 21 | 2 | 1 |
| | 2008 | 전남 | 3 | 3 | 0 | 0 | 0 | 3 | 1 | 0 |
| PO | 1998 | 전남 | 1 | 0 | 0 | 0 | 0 | 3 | 0 | 0 |
| | 1999 | 전남 | 1 | 0 | 0 | 0 | 0 | 4 | 0 | 0 |
| | 2005 | 부산 | 1 | 1 | 0 | 0 | 0 | 1 | 0 | 0 |
| 컵 | 1998 | 전남 | 12 | 10 | 0 | 0 | 0 | 8 | 1 | 0 |
| | 1999 | 전남 | 8 | 2 | 0 | 0 | 0 | 14 | 2 | 0 |
| | 2000 | 전남 | 12 | 6 | 0 | 1 | 0 | 20 | 0 | 0 |
| | 2001 | 전남 | 6 | 3 | 0 | 0 | 0 | 9 | 1 | 0 |
| | 2002 | 전남 | 4 | 3 | 0 | 0 | 0 | 10 | 0 | 0 |
| | 2004 | 부산 | 12 | 5 | 0 | 3 | 0 | 35 | 1 | 0 |
| | 2005 | 부산 | 6 | 5 | 0 | 0 | 0 | 12 | 3 | 0 |
| | 2006 | 부산 | 12 | 5 | 0 | 2 | 0 | 31 | 1 | 0 |
| | 2007 | 전남 | 0 | 0 | 0 | 0 | 0 | 0 | 0 | 0 |
| 통산 | | | 255 | 115 | 6 | 10 | 0 | 454 | 26 | 1 |

**임규식**(林奎植) 중앙대 1975.05.09

| 대회 | 연도 | 소속 | 출전 | 교체 | 득점 | 도움 | 실점 | 파울 | 경고 | 퇴장 |
|---|---|---|---|---|---|---|---|---|---|---|
| K1 | 1998 | 천안일화 | 6 | 5 | 0 | 0 | 0 | 4 | 1 | 0 |
| 컵 | 1998 | 천안일화 | 5 | 5 | 0 | 0 | 0 | 2 | 1 | 0 |
| 통산 | | | 11 | 10 | 0 | 0 | 0 | 6 | 2 | 0 |

**임근영**(林根永) 울산현대고 1995.05.15

| 대회 | 연도 | 소속 | 출전 | 교체 | 득점 | 도움 | 실점 | 파울 | 경고 | 퇴장 |
|---|---|---|---|---|---|---|---|---|---|---|
| K2 | 2014 | 대구 | 0 | 0 | 0 | 0 | 0 | 0 | 0 | 0 |
| 통산 | | | 0 | 0 | 0 | 0 | 0 | 0 | 0 | 0 |

**임근재**(林根載) 연세대 1969.11.05

| 대회 | 연도 | 소속 | 출전 | 교체 | 득점 | 도움 | 실점 | 파울 | 경고 | 퇴장 |
|---|---|---|---|---|---|---|---|---|---|---|
| K1 | 1992 | LG | 30 | 14 | 10 | 2 | 0 | 30 | 0 | 0 |
| | 1993 | LG | 19 | 16 | 3 | 1 | 0 | 14 | 1 | 0 |
| | 1994 | LG | 18 | 16 | 2 | 1 | 0 | 7 | 0 | 0 |
| | 1995 | 포항 | 2 | 2 | 0 | 0 | 0 | 1 | 0 | 0 |
| | 1996 | 포항 | 4 | 4 | 0 | 0 | 0 | 3 | 1 | 0 |
| 컵 | 1992 | LG | 7 | 6 | 0 | 0 | 0 | 4 | 0 | 0 |
| | 1993 | LG | 5 | 4 | 3 | 0 | 0 | 6 | 0 | 0 |
| | 1994 | LG | 6 | 6 | 0 | 0 | 0 | 1 | 0 | 0 |
| | 1995 | 포항 | 0 | 0 | 0 | 0 | 0 | 0 | 0 | 0 |
| 통산 | | | 91 | 68 | 18 | 4 | 0 | 66 | 2 | 0 |

**임기한**(林基漢) 대구대 1973.11.20

| 대회 | 연도 | 소속 | 출전 | 교체 | 득점 | 도움 | 실점 | 파울 | 경고 | 퇴장 |
|---|---|---|---|---|---|---|---|---|---|---|
| K1 | 1994 | 유공 | 4 | 4 | 1 | 0 | 0 | 1 | 0 | 0 |
| | 1995 | 유공 | 1 | 1 | 0 | 0 | 0 | 0 | 0 | 0 |
| | 1999 | 부천SK | 6 | 6 | 0 | 0 | 0 | 2 | 0 | 0 |
| 컵 | 1994 | 유공 | 1 | 1 | 1 | 0 | 0 | 0 | 0 | 0 |
| | 1995 | 유공 | 0 | 0 | 0 | 0 | 0 | 0 | 0 | 0 |
| | 1999 | 부천SK | 0 | 0 | 0 | 0 | 0 | 0 | 0 | 0 |
| 통산 | | | 12 | 12 | 2 | 0 | 0 | 3 | 0 | 0 |

**임대준**(林大準) 건국대 1994.05.04

| 대회 | 연도 | 소속 | 출전 | 교체 | 득점 | 도움 | 실점 | 파울 | 경고 | 퇴장 |
|---|---|---|---|---|---|---|---|---|---|---|
| K1 | 2017 | 광주 | 5 | 4 | 0 | 0 | 0 | 4 | 1 | 0 |
| K2 | 2018 | 성남 | 1 | 1 | 0 | 0 | 0 | 2 | 0 | 0 |
| 통산 | | | 6 | 5 | 0 | 0 | 0 | 6 | 1 | 0 |

**임덕근**(林德近) 천안제일고 2000.02.25

| 대회 | 연도 | 소속 | 출전 | 교체 | 득점 | 도움 | 실점 | 파울 | 경고 | 퇴장 |
|---|---|---|---|---|---|---|---|---|---|---|
| K1 | 2023 | 대전 | 20 | 12 | 0 | 0 | 0 | 17 | 1 | 0 |
| | 2024 | 대전 | 23 | 17 | 1 | 0 | 0 | 10 | 1 | 0 |
| | 2025 | 대전 | 3 | 2 | 0 | 0 | 0 | 0 | 0 | 0 |
| K2 | 2020 | 제주 | 3 | 0 | 0 | 0 | 0 | 3 | 0 | 0 |
| | 2021 | 대전 | 11 | 2 | 0 | 1 | 0 | 4 | 1 | 0 |
| | 2022 | 대전 | 34 | 14 | 2 | 4 | 0 | 26 | 5 | 1 |
| PO | 2022 | 대전 | 2 | 2 | 0 | 0 | 0 | 0 | 0 | 0 |
| 통산 | | | 96 | 49 | 3 | 5 | 0 | 60 | 8 | 1 |

**임도훈**(林導訓) 오산고 2001.01.22

| 대회 | 연도 | 소속 | 출전 | 교체 | 득점 | 도움 | 실점 | 파울 | 경고 | 퇴장 |
|---|---|---|---|---|---|---|---|---|---|---|
| K2 | 2023 | 김포 | 1 | 1 | 0 | 0 | 0 | 1 | 0 | 0 |
| | 2024 | 김포 | 13 | 9 | 0 | 0 | 0 | 16 | 3 | 0 |
| 통산 | | | 14 | 10 | 0 | 0 | 0 | 17 | 3 | 0 |

**임동준**(任東俊) 단국대 1987.07.13

| 대회 | 연도 | 소속 | 출전 | 교체 | 득점 | 도움 | 실점 | 파울 | 경고 | 퇴장 |
|---|---|---|---|---|---|---|---|---|---|---|
| 컵 | 2011 | 전북 | 1 | 1 | 0 | 0 | 0 | 1 | 0 | 0 |
| 통산 | | | 1 | 1 | 0 | 0 | 0 | 1 | 0 | 0 |

**임동진**(任東鎭) 명지대 1976.03.21

| 대회 | 연도 | 소속 | 출전 | 교체 | 득점 | 도움 | 실점 | 파울 | 경고 | 퇴장 |
|---|---|---|---|---|---|---|---|---|---|---|
| K1 | 1999 | 천안일화 | 1 | 1 | 0 | 0 | 0 | 0 | 0 | 0 |
| 컵 | 1999 | 천안일화 | 5 | 1 | 0 | 0 | 0 | 14 | 1 | 0 |
| 통산 | | | 6 | 2 | 0 | 0 | 0 | 14 | 1 | 0 |

**임동천**(林東天) 고려대 1992.11.13

| 대회 | 연도 | 소속 | 출전 | 교체 | 득점 | 도움 | 실점 | 파울 | 경고 | 퇴장 |
|---|---|---|---|---|---|---|---|---|---|---|
| K1 | 2014 | 울산 | 0 | 0 | 0 | 0 | 0 | 0 | 0 | 0 |
| 통산 | | | 0 | 0 | 0 | 0 | 0 | 0 | 0 | 0 |

**임동혁**(林東奕) 숭실대 1993.06.08

| 대회 | 연도 | 소속 | 출전 | 교체 | 득점 | 도움 | 실점 | 파울 | 경고 | 퇴장 |
|---|---|---|---|---|---|---|---|---|---|---|
| K1 | 2023 | 제주 | 5 | 5 | 0 | 0 | 0 | 1 | 2 | 0 |
| K2 | 2016 | 부천 | 8 | 7 | 0 | 0 | 0 | 3 | 0 | 0 |
| | 2017 | 부천 | 34 | 1 | 2 | 0 | 0 | 35 | 6 | 0 |
| | 2018 | 부천 | 33 | 0 | 2 | 1 | 0 | 32 | 4 | 1 |
| | 2019 | 부천 | 32 | 2 | 3 | 1 | 0 | 31 | 1 | 0 |
| | 2020 | 제주 | 16 | 13 | 2 | 0 | 0 | 15 | 2 | 0 |
| PO | 2016 | 부천 | 0 | 0 | 0 | 0 | 0 | 0 | 0 | 0 |
| 통산 | | | 128 | 28 | 9 | 2 | 0 | 117 | 15 | 1 |

**임민혁**(林旼赫) 수원공고 1997.03.05

| 대회 | 연도 | 소속 | 출전 | 교체 | 득점 | 도움 | 실점 | 파울 | 경고 | 퇴장 |
|---|---|---|---|---|---|---|---|---|---|---|
| K1 | 2016 | 서울 | 3 | 2 | 0 | 0 | 0 | 5 | 2 | 0 |
| | 2017 | 서울 | 4 | 4 | 0 | 0 | 0 | 4 | 0 | 0 |
| | 2020 | 광주 | 16 | 14 | 1 | 3 | 0 | 19 | 4 | 0 |
| | 2022 | 서울 | 10 | 11 | 0 | 0 | 0 | 8 | 4 | 0 |
| | 2025 | 안양 | 6 | 6 | 0 | 0 | 0 | 1 | 0 | 0 |
| K2 | 2018 | 광주 | 27 | 17 | 2 | 2 | 0 | 31 | 2 | 0 |
| | 2019 | 광주 | 18 | 13 | 2 | 0 | 0 | 26 | 2 | 0 |
| | 2021 | 경남 | 19 | 13 | 0 | 0 | 0 | 23 | 3 | 0 |
| | 2023 | 부산 | 24 | 11 | 2 | 2 | 0 | 23 | 3 | 0 |
| | 2024 | 부산 | 36 | 16 | 5 | 3 | 0 | 40 | 1 | 0 |
| | 2025 | 부산 | 16 | 12 | 0 | 0 | 0 | 14 | 3 | 0 |
| PO | 2018 | 광주 | 1 | 1 | 0 | 0 | 0 | 2 | 0 | 0 |
| | 2023 | 부산 | 2 | 1 | 0 | 0 | 0 | 3 | 0 | 0 |
| | 2024 | 부산 | 1 | 1 | 0 | 0 | 0 | 1 | 0 | 0 |
| 통산 | | | 183 | 122 | 12 | 10 | 0 | 200 | 24 | 0 |

**임민혁**(林民奕) 고려대 1994.03.05

| 대회 | 연도 | 소속 | 출전 | 교체 | 득점 | 도움 | 실점 | 파울 | 경고 | 퇴장 |
|---|---|---|---|---|---|---|---|---|---|---|
| K1 | 2017 | 전남 | 3 | 0 | 0 | 0 | 6 | 0 | 0 | 0 |
| K2 | 2018 | 대전 | 9 | 2 | 0 | 0 | 11 | 0 | 2 | 0 |
| | 2022 | 전남 | 12 | 0 | 0 | 0 | 19 | 0 | 1 | 0 |
| | 2023 | 천안 | 6 | 0 | 0 | 0 | 10 | 0 | 0 | 0 |
| 통산 | | | 30 | 2 | 0 | 0 | 46 | 0 | 3 | 0 |

**임상협**(林相協) 류츠케이자이대(일본) 1988.07.08

| 대회 | 연도 | 소속 | 출전 | 교체 | 득점 | 도움 | 실점 | 파울 | 경고 | 퇴장 |
|---|---|---|---|---|---|---|---|---|---|---|
| K1 | 2009 | 전북 | 13 | 12 | 1 | 1 | 0 | 7 | 1 | 0 |
| | 2010 | 전북 | 6 | 4 | 0 | 0 | 0 | 3 | 0 | 0 |
| | 2011 | 부산 | 27 | 9 | 9 | 1 | 0 | 51 | 7 | 0 |
| | 2012 | 부산 | 39 | 19 | 3 | 1 | 0 | 41 | 6 | 0 |
| | 2013 | 부산 | 36 | 6 | 9 | 4 | 0 | 36 | 5 | 0 |
| | 2014 | 부산 | 35 | 5 | 11 | 2 | 0 | 64 | 4 | 1 |
| | 2016 | 상주 | 25 | 19 | 8 | 3 | 0 | 14 | 3 | 0 |
| | 2018 | 수원 | 19 | 14 | 2 | 1 | 0 | 6 | 2 | 0 |
| | 2019 | 제주 | 4 | 3 | 0 | 0 | 0 | 3 | 0 | 0 |
| | 2019 | 수원 | 2 | 2 | 0 | 0 | 0 | 1 | 1 | 0 |
| | 2020 | 수원 | 6 | 5 | 0 | 0 | 0 | 8 | 0 | 0 |
| | 2021 | 포항 | 36 | 25 | 11 | 4 | 0 | 28 | 4 | 0 |
| | 2022 | 포항 | 36 | 22 | 8 | 2 | 0 | 18 | 6 | 0 |
| | 2023 | 서울 | 22 | 17 | 3 | 2 | 0 | 14 | 2 | 0 |
| | 2024 | 서울 | 30 | 28 | 3 | 4 | 0 | 11 | 1 | 0 |
| K2 | 2015 | 상주 | 34 | 20 | 12 | 3 | 0 | 29 | 4 | 0 |
| | 2016 | 부산 | 8 | 7 | 1 | 0 | 0 | 4 | 0 | 0 |
| | 2017 | 부산 | 30 | 15 | 6 | 4 | 0 | 39 | 2 | 0 |
| PO | 2010 | 전북 | 0 | 0 | 0 | 0 | 0 | 0 | 0 | 0 |
| | 2011 | 부산 | 1 | 0 | 0 | 0 | 0 | 5 | 1 | 0 |
| | 2016 | 부산 | 0 | 0 | 0 | 0 | 0 | 0 | 0 | 0 |
| 컵 | 2009 | 전북 | 4 | 4 | 0 | 0 | 0 | 3 | 0 | 0 |
| | 2010 | 전북 | 1 | 1 | 0 | 0 | 0 | 1 | 0 | 0 |
| | 2011 | 부산 | 6 | 2 | 1 | 1 | 0 | 10 | 1 | 0 |
| 통산 | | | 420 | 239 | 88 | 33 | 0 | 396 | 50 | 1 |

**임석현**(林錫炫) 연세대 1960.10.13

| 대회 | 연도 | 소속 | 출전 | 교체 | 득점 | 도움 | 실점 | 파울 | 경고 | 퇴장 |
|---|---|---|---|---|---|---|---|---|---|---|
| K1 | 1983 | 국민은행 | 12 | 6 | 3 | 2 | 0 | 7 | 0 | 0 |
| | 1984 | 국민은행 | 22 | 7 | 3 | 1 | 0 | 10 | 1 | 0 |
| | 1985 | 상무 | 2 | 2 | 0 | 0 | 0 | 1 | 0 | 0 |
| 통산 | | | 36 | 15 | 6 | 3 | 0 | 18 | 1 | 0 |

**임선영**(林善永) 수원대 1988.03.21

| 대회 | 연도 | 소속 | 출전 | 교체 | 득점 | 도움 | 실점 | 파울 | 경고 | 퇴장 |
|---|---|---|---|---|---|---|---|---|---|---|
| K1 | 2011 | 광주 | 15 | 11 | 0 | 1 | 0 | 12 | 2 | 0 |
| | 2012 | 광주 | 23 | 23 | 1 | 0 | 0 | 19 | 0 | 0 |
| | 2015 | 광주 | 29 | 11 | 4 | 1 | 0 | 31 | 0 | 0 |
| | 2017 | 광주 | 8 | 4 | 0 | 0 | 0 | 4 | 0 | 0 |
| | 2018 | 전북 | 19 | 12 | 3 | 2 | 0 | 20 | 2 | 0 |
| | 2019 | 전북 | 22 | 16 | 5 | 3 | 0 | 25 | 0 | 0 |
| | 2020 | 성남 | 6 | 3 | 0 | 0 | 0 | 2 | 0 | 0 |
| K2 | 2013 | 광주 | 21 | 11 | 4 | 5 | 0 | 27 | 3 | 0 |
| | 2014 | 광주 | 20 | 6 | 7 | 0 | 0 | 31 | 1 | 0 |
| | 2016 | 안산무궁 | 7 | 4 | 1 | 0 | 0 | 8 | 0 | 0 |
| | 2017 | 아산 | 13 | 7 | 3 | 1 | 0 | 9 | 0 | 0 |
| | 2021 | 안양 | 3 | 3 | 0 | 0 | 0 | 1 | 0 | 0 |
| PO | 2014 | 광주 | 4 | 1 | 0 | 1 | 0 | 6 | 0 | 0 |
| 컵 | 2011 | 광주 | 5 | 3 | 0 | 0 | 0 | 2 | 0 | 0 |
| 통산 | | | 195 | 115 | 28 | 14 | 0 | 197 | 8 | 0 |

**임성근**(林聖根) 경상대 1963.10.01

| 대회 | 연도 | 소속 | 출전 | 교체 | 득점 | 도움 | 실점 | 파울 | 경고 | 퇴장 |
|---|---|---|---|---|---|---|---|---|---|---|
| K1 | 1987 | 럭키금성 | 11 | 11 | 1 | 0 | 0 | 3 | 0 | 0 |
| 통산 | | | 11 | 11 | 1 | 0 | 0 | 3 | 0 | 0 |

**임성택**(林成澤) 아주대 1988.07.19

| 대회 | 연도 | 소속 | 출전 | 교체 | 득점 | 도움 | 실점 | 파울 | 경고 | 퇴장 |
|---|---|---|---|---|---|---|---|---|---|---|
| K1 | 2016 | 상주 | 4 | 5 | 0 | 0 | 0 | 0 | 0 | 0 |
| | 2017 | 상주 | 7 | 7 | 1 | 0 | 0 | 4 | 0 | 0 |
| K2 | 2013 | 수원FC | 28 | 18 | 4 | 4 | 0 | 28 | 2 | 0 |
| | 2014 | 수원FC | 34 | 17 | 6 | 3 | 0 | 35 | 2 | 0 |
| | 2015 | 수원FC | 20 | 14 | 8 | 2 | 0 | 14 | 2 | 0 |
| | 2017 | 수원FC | 4 | 4 | 0 | 0 | 0 | 3 | 0 | 0 |
| PO | 2015 | 수원FC | 4 | 1 | 2 | 0 | 0 | 8 | 0 | 0 |
| 컵 | 2011 | 대구 | 0 | 0 | 0 | 0 | 0 | 0 | 0 | 0 |
| 통산 | | | 101 | 66 | 21 | 9 | 0 | 92 | 6 | 0 |

**임세진**(任世鎭) 성균관대 1977.09.20

| 대회 | 연도 | 소속 | 출전 | 교체 | 득점 | 도움 | 실점 | 파울 | 경고 | 퇴장 |
|---|---|---|---|---|---|---|---|---|---|---|
| 컵 | 2000 | 수원 | 0 | 0 | 0 | 0 | 0 | 0 | 0 | 0 |
| 통산 | | | 0 | 0 | 0 | 0 | 0 | 0 | 0 | 0 |

**임세현**(任世賢) 선문대 1988.05.30

| 대회 | 연도 | 소속 | 출전 | 교체 | 득점 | 도움 | 실점 | 파울 | 경고 | 퇴장 |
|---|---|---|---|---|---|---|---|---|---|---|
| K1 | 2011 | 성남일화 | 4 | 4 | 0 | 0 | 0 | 3 | 0 | 0 |
| 컵 | 2011 | 성남일화 | 1 | 1 | 0 | 0 | 0 | 0 | 0 | 0 |
| 통산 | | | 5 | 5 | 0 | 0 | 0 | 3 | 0 | 0 |

**임승겸**(林昇謙) 현대고 1995.04.26

| 대회 | 연도 | 소속 | 출전 | 교체 | 득점 | 도움 | 실점 | 파울 | 경고 | 퇴장 |
|---|---|---|---|---|---|---|---|---|---|---|
| K1 | 2019 | 성남 | 17 | 7 | 0 | 0 | 0 | 15 | 5 | 0 |
| | 2020 | 성남 | 16 | 2 | 0 | 0 | 0 | 21 | 2 | 0 |
| | 2022 | 김천 | 9 | 1 | 0 | 0 | 0 | 5 | 2 | 0 |
| | 2025 | 안양 | 1 | 1 | 0 | 0 | 0 | 0 | 0 | 0 |
| K2 | 2021 | 안양 | 3 | 3 | 0 | 0 | 0 | 5 | 0 | 0 |
| | 2022 | 안양 | 6 | 6 | 0 | 0 | 0 | 1 | 0 | 0 |
| | 2023 | 김천 | 15 | 8 | 0 | 0 | 0 | 5 | 3 | 0 |
| | 2024 | 안양 | 9 | 7 | 0 | 0 | 0 | 3 | 0 | 0 |
| PO | 2022 | 김천 | 0 | 0 | 0 | 0 | 0 | 0 | 0 | 0 |
| 통산 | | | 76 | 35 | 0 | 0 | 0 | 55 | 12 | 0 |

**임영주**(林暎周) 동국대 1976.03.08

| 대회 | 연도 | 소속 | 출전 | 교체 | 득점 | 도움 | 실점 | 파울 | 경고 | 퇴장 |
|---|---|---|---|---|---|---|---|---|---|---|
| K1 | 1999 | 대전 | 21 | 15 | 2 | 2 | 0 | 23 | 0 | 0 |
| | 2000 | 대전 | 16 | 16 | 0 | 0 | 0 | 13 | 1 | 0 |
| | 2001 | 대전 | 4 | 2 | 0 | 2 | 0 | 2 | 0 | 0 |
| | 2002 | 대전 | 9 | 5 | 0 | 0 | 0 | 14 | 0 | 0 |
| | 2003 | 대전 | 26 | 17 | 2 | 0 | 0 | 29 | 2 | 0 |
| | 2004 | 대전 | 13 | 9 | 0 | 0 | 0 | 18 | 0 | 0 |
| | 2005 | 대전 | 14 | 12 | 0 | 0 | 0 | 13 | 3 | 0 |
| | 2006 | 대전 | 15 | 12 | 0 | 1 | 0 | 20 | 1 | 0 |
| | 2007 | 대전 | 19 | 12 | 1 | 1 | 0 | 26 | 2 | 0 |
| 컵 | 1999 | 대전 | 6 | 6 | 1 | 0 | 0 | 1 | 0 | 0 |
| | 2000 | 대전 | 5 | 5 | 0 | 0 | 0 | 4 | 1 | 0 |
| | 2001 | 대전 | 0 | 0 | 0 | 0 | 0 | 0 | 0 | 0 |
| | 2002 | 대전 | 0 | 0 | 0 | 0 | 0 | 0 | 0 | 0 |
| | 2004 | 대전 | 5 | 1 | 0 | 0 | 0 | 7 | 0 | 0 |
| | 2005 | 대전 | 6 | 4 | 0 | 0 | 0 | 3 | 0 | 0 |
| | 2006 | 대전 | 9 | 8 | 0 | 0 | 0 | 6 | 0 | 0 |
| | 2007 | 대전 | 6 | 1 | 0 | 0 | 0 | 5 | 0 | 0 |
| 통산 | | | 174 | 125 | 6 | 6 | 0 | 184 | 10 | 0 |

**임용주**(林龍柱) 경원고 1959.03.08

| 대회 | 연도 | 소속 | 출전 | 교체 | 득점 | 도움 | 실점 | 파울 | 경고 | 퇴장 |
|---|---|---|---|---|---|---|---|---|---|---|
| K1 | 1983 | 포항제철 | 4 | 0 | 0 | 0 | 3 | 0 | 0 | 0 |
| 통산 | | | 4 | 0 | 0 | 0 | 3 | 0 | 0 | 0 |

**임유석**(林侑奭) 동의대 2001.01.15

| 대회 | 연도 | 소속 | 출전 | 교체 | 득점 | 도움 | 실점 | 파울 | 경고 | 퇴장 |
|---|---|---|---|---|---|---|---|---|---|---|
| K1 | 2023 | 대전 | 3 | 1 | 0 | 0 | 0 | 5 | 1 | 0 |
| | 2024 | 대전 | 3 | 2 | 0 | 0 | 0 | 3 | 0 | 0 |
| 통산 | | | 6 | 3 | 0 | 0 | 0 | 8 | 1 | 0 |

**임유환**(林裕煥) 한양대 1983.12.02

| 대회 | 연도 | 소속 | 출전 | 교체 | 득점 | 도움 | 실점 | 파울 | 경고 | 퇴장 |
|---|---|---|---|---|---|---|---|---|---|---|
| K1 | 2004 | 전북 | 12 | 3 | 1 | 0 | 0 | 29 | 1 | 0 |
| | 2005 | 전북 | 10 | 2 | 0 | 0 | 0 | 13 | 2 | 1 |
| | 2006 | 전북 | 3 | 0 | 1 | 0 | 0 | 10 | 2 | 0 |
| | 2007 | 울산 | 8 | 4 | 0 | 0 | 0 | 11 | 2 | 0 |
| | 2007 | 전북 | 7 | 2 | 0 | 0 | 0 | 13 | 1 | 0 |
| | 2008 | 전북 | 22 | 1 | 3 | 0 | 0 | 30 | 4 | 0 |
| | 2009 | 전북 | 19 | 3 | 0 | 0 | 0 | 15 | 4 | 0 |
| | 2010 | 전북 | 14 | 2 | 0 | 1 | 0 | 27 | 2 | 0 |
| | 2011 | 전북 | 11 | 1 | 2 | 0 | 0 | 14 | 2 | 0 |
| | 2012 | 전북 | 27 | 3 | 2 | 0 | 0 | 32 | 5 | 0 |
| | 2013 | 전북 | 8 | 0 | 0 | 1 | 0 | 16 | 4 | 0 |
| K2 | 2017 | 부산 | 5 | 4 | 0 | 0 | 0 | 3 | 1 | 0 |
| PO | 2008 | 전북 | 2 | 0 | 0 | 0 | 0 | 4 | 0 | 0 |
| | 2009 | 전북 | 2 | 0 | 0 | 0 | 0 | 0 | 0 | 0 |
| | 2011 | 전북 | 0 | 0 | 0 | 0 | 0 | 0 | 0 | 0 |
| | 2017 | 부산 | 2 | 0 | 0 | 0 | 0 | 2 | 0 | 0 |
| 컵 | 2005 | 전북 | 6 | 4 | 0 | 0 | 0 | 7 | 0 | 0 |
| | 2007 | 울산 | 8 | 1 | 0 | 0 | 0 | 8 | 0 | 0 |
| | 2008 | 전북 | 10 | 0 | 0 | 0 | 0 | 16 | 2 | 0 |
| | 2009 | 전북 | 2 | 0 | 0 | 0 | 0 | 1 | 1 | 0 |
| | 2010 | 전북 | 5 | 1 | 0 | 0 | 0 | 8 | 1 | 0 |
| 통산 | | | 183 | 31 | 9 | 2 | 0 | 259 | 34 | 1 |

**임은수**(林恩水) 동국대 1996.04.01

| 대회 | 연도 | 소속 | 출전 | 교체 | 득점 | 도움 | 실점 | 파울 | 경고 | 퇴장 |
|---|---|---|---|---|---|---|---|---|---|---|
| K1 | 2018 | 인천 | 21 | 8 | 1 | 0 | 0 | 32 | 6 | 0 |
| | 2019 | 인천 | 13 | 0 | 0 | 0 | 0 | 18 | 3 | 0 |
| | 2020 | 인천 | 5 | 3 | 0 | 0 | 0 | 6 | 2 | 0 |
| | 2021 | 인천 | 0 | 0 | 0 | 0 | 0 | 0 | 0 | 0 |
| | 2023 | 대전 | 10 | 4 | 0 | 0 | 0 | 12 | 3 | 0 |
| K2 | 2021 | 대전 | 11 | 4 | 1 | 0 | 0 | 9 | 2 | 0 |
| | 2022 | 대전 | 23 | 11 | 1 | 1 | 0 | 16 | 3 | 0 |
| PO | 2021 | 대전 | 0 | 0 | 0 | 0 | 0 | 0 | 0 | 0 |
| | 2022 | 대전 | 0 | 0 | 0 | 0 | 0 | 0 | 0 | 0 |
| 통산 | | | 83 | 30 | 3 | 1 | 0 | 93 | 19 | 0 |

**임인성**(林忍星) 홍익대 1985.07.23

| 대회 | 연도 | 소속 | 출전 | 교체 | 득점 | 도움 | 실점 | 파울 | 경고 | 퇴장 |
|---|---|---|---|---|---|---|---|---|---|---|
| K1 | 2010 | 광주상무 | 1 | 0 | 0 | 0 | 3 | 0 | 0 | 0 |
| | 2011 | 상주 | 0 | 0 | 0 | 0 | 0 | 0 | 0 | 0 |
| 컵 | 2011 | 상주 | 1 | 0 | 0 | 0 | 2 | 0 | 0 | 0 |
| 통산 | | | 2 | 0 | 0 | 0 | 5 | 0 | 0 | 0 |

**임장묵**(林張默) 경희대 1961.05.10

| 대회 | 연도 | 소속 | 출전 | 교체 | 득점 | 도움 | 실점 | 파울 | 경고 | 퇴장 |
|---|---|---|---|---|---|---|---|---|---|---|
| K1 | 1985 | 한일은행 | 4 | 4 | 0 | 0 | 0 | 1 | 0 | 0 |
| | 1986 | 한일은행 | 1 | 0 | 0 | 0 | 0 | 0 | 0 | 0 |
| 통산 | | | 5 | 4 | 0 | 0 | 0 | 1 | 0 | 0 |

**임재선**(林財善) 인천대 1968.06.10

| 대회 | 연도 | 소속 | 출전 | 교체 | 득점 | 도움 | 실점 | 파울 | 경고 | 퇴장 |
|---|---|---|---|---|---|---|---|---|---|---|
| K1 | 1991 | 현대 | 16 | 11 | 1 | 1 | 0 | 16 | 2 | 0 |
| | 1991 | LG | 3 | 3 | 0 | 0 | 0 | 3 | 0 | 0 |
| | 1992 | 현대 | 18 | 5 | 3 | 1 | 0 | 28 | 1 | 0 |
| | 1993 | 현대 | 26 | 6 | 6 | 2 | 0 | 45 | 5 | 0 |
| | 1994 | 현대 | 17 | 6 | 3 | 1 | 0 | 23 | 4 | 0 |
| | 1995 | 현대 | 16 | 17 | 1 | 0 | 0 | 16 | 2 | 0 |
| | 1996 | 울산 | 19 | 16 | 2 | 4 | 0 | 20 | 1 | 0 |
| | 1997 | 전남 | 10 | 7 | 1 | 0 | 0 | 18 | 2 | 0 |
| | 1998 | 천안일화 | 1 | 1 | 0 | 1 | 0 | 1 | 0 | 0 |
| 컵 | 1992 | 현대 | 9 | 0 | 0 | 1 | 0 | 21 | 1 | 0 |
| | 1993 | 현대 | 5 | 1 | 0 | 1 | 0 | 5 | 0 | 0 |
| | 1994 | 현대 | 6 | 1 | 4 | 0 | 0 | 8 | 1 | 0 |
| | 1995 | 현대 | 5 | 4 | 0 | 1 | 0 | 5 | 0 | 0 |
| | 1996 | 울산 | 4 | 2 | 2 | 0 | 0 | 5 | 0 | 0 |
| | 1997 | 전남 | 12 | 10 | 0 | 1 | 0 | 13 | 0 | 0 |
| | 1998 | 천안일화 | 8 | 8 | 0 | 0 | 0 | 6 | 0 | 0 |
| 통산 | | | 175 | 98 | 23 | 14 | 0 | 233 | 19 | 0 |

**임재혁**(任宰赫) 신갈고 1999.02.06

| 대회 | 연도 | 소속 | 출전 | 교체 | 득점 | 도움 | 실점 | 파울 | 경고 | 퇴장 |
|---|---|---|---|---|---|---|---|---|---|---|
| K1 | 2018 | 대구 | 8 | 7 | 1 | 0 | 0 | 10 | 0 | 0 |
| | 2019 | 대구 | 0 | 0 | 0 | 0 | 0 | 0 | 0 | 0 |
| K2 | 2021 | 안산 | 19 | 18 | 0 | 0 | 0 | 19 | 0 | 0 |
| | 2022 | 김포 | 1 | 1 | 0 | 0 | 0 | 1 | 0 | 0 |
| 통산 | | | 28 | 26 | 1 | 0 | 0 | 30 | 0 | 0 |

**임재훈**(林在勳) 명지대 1987.01.01

| 대회 | 연도 | 소속 | 출전 | 교체 | 득점 | 도움 | 실점 | 파울 | 경고 | 퇴장 |
|---|---|---|---|---|---|---|---|---|---|---|
| K1 | 2009 | 성남일화 | 1 | 1 | 0 | 0 | 0 | 0 | 0 | 0 |
| 컵 | 2009 | 성남일화 | 1 | 1 | 0 | 0 | 0 | 0 | 0 | 0 |
| 통산 | | | 2 | 2 | 0 | 0 | 0 | 0 | 0 | 0 |

**임종국**(林鐘國) 단국대학원 1968.04.13

| 대회 | 연도 | 소속 | 출전 | 교체 | 득점 | 도움 | 실점 | 파울 | 경고 | 퇴장 |
|---|---|---|---|---|---|---|---|---|---|---|
| K1 | 1991 | LG | 4 | 1 | 0 | 0 | 6 | 0 | 0 | 0 |
| | 1992 | LG | 9 | 1 | 0 | 0 | 10 | 0 | 0 | 0 |
| | 1995 | LG | 4 | 0 | 0 | 0 | 11 | 0 | 0 | 0 |
| | 1996 | 안양LG | 14 | 0 | 0 | 0 | 21 | 0 | 0 | 0 |
| | 1997 | 안양LG | 15 | 0 | 0 | 0 | 23 | 0 | 1 | 0 |
| | 1998 | 안양LG | 14 | 2 | 0 | 0 | 16 | 2 | 1 | 0 |
| | 1999 | 안양LG | 19 | 0 | 0 | 0 | 32 | 3 | 1 | 0 |
| | 2001 | 부산 | 0 | 0 | 0 | 0 | 0 | 0 | 0 | 0 |
| 컵 | 1992 | LG | 6 | 1 | 0 | 0 | 7 | 0 | 0 | 0 |
| | 1995 | LG | 2 | 0 | 0 | 0 | 2 | 0 | 0 | 0 |
| | 1996 | 안양LG | 2 | 0 | 0 | 0 | 0 | 0 | 0 | 0 |
| | 1997 | 안양LG | 10 | 0 | 0 | 0 | 15 | 1 | 1 | 0 |
| | 1998 | 안양LG | 5 | 0 | 0 | 0 | 4 | 0 | 0 | 0 |
| | 1999 | 안양LG | 8 | 0 | 0 | 0 | 9 | 0 | 2 | 0 |
| | 2001 | 부산 | 0 | 0 | 0 | 0 | 0 | 0 | 0 | 0 |
| 통산 | | | 112 | 5 | 0 | 0 | 156 | 6 | 6 | 0 |

**임종욱**(林鐘旭) 경희대 1986.08.26

| 대회 | 연도 | 소속 | 출전 | 교체 | 득점 | 도움 | 실점 | 파울 | 경고 | 퇴장 |
|---|---|---|---|---|---|---|---|---|---|---|
| K2 | 2013 | 충주 | 30 | 23 | 4 | 2 | 0 | 50 | 10 | 0 |
| 통산 | | | 30 | 23 | 4 | 2 | 0 | 50 | 10 | 0 |

**임종은**(林宗垠) 현대고 1990.06.18

| 대회 | 연도 | 소속 | 출전 | 교체 | 득점 | 도움 | 실점 | 파울 | 경고 | 퇴장 |
|---|---|---|---|---|---|---|---|---|---|---|
| K1 | 2009 | 울산 | 15 | 0 | 0 | 0 | 0 | 20 | 3 | 1 |
| | 2012 | 성남일화 | 38 | 5 | 2 | 1 | 0 | 30 | 4 | 0 |
| | 2013 | 전남 | 34 | 3 | 2 | 0 | 0 | 24 | 4 | 0 |
| | 2014 | 전남 | 29 | 6 | 0 | 0 | 0 | 19 | 2 | 0 |
| | 2015 | 전남 | 28 | 5 | 1 | 0 | 0 | 24 | 5 | 0 |
| | 2016 | 전북 | 28 | 3 | 0 | 0 | 0 | 28 | 8 | 0 |
| | 2017 | 전북 | 20 | 6 | 0 | 0 | 0 | 18 | 1 | 0 |
| | 2018 | 울산 | 31 | 5 | 2 | 1 | 0 | 17 | 2 | 0 |
| | 2021 | 울산 | 11 | 2 | 1 | 0 | 0 | 3 | 1 | 0 |
| | 2022 | 울산 | 15 | 3 | 1 | 1 | 0 | 7 | 0 | 0 |
| | 2023 | 울산 | 5 | 3 | 0 | 0 | 0 | 0 | 0 | 0 |
| | 2024 | 울산 | 24 | 7 | 0 | 0 | 0 | 8 | 0 | 0 |
| | 2025 | 대전 | 13 | 7 | 0 | 1 | 0 | 3 | 0 | 0 |
| 컵 | 2009 | 울산 | 4 | 1 | 0 | 0 | 0 | 5 | 0 | 0 |
| 통산 | | | 295 | 56 | 9 | 4 | 0 | 206 | 30 | 1 |

**임종헌**(林鐘憲) 고려대 1966.03.08

| 대회 | 연도 | 소속 | 출전 | 교체 | 득점 | 도움 | 실점 | 파울 | 경고 | 퇴장 |
|---|---|---|---|---|---|---|---|---|---|---|
| K1 | 1989 | 일화 | 40 | 0 | 0 | 1 | 0 | 19 | 0 | 0 |
| | 1990 | 일화 | 28 | 1 | 0 | 2 | 0 | 23 | 4 | 0 |
| | 1991 | 일화 | 30 | 4 | 0 | 0 | 0 | 19 | 2 | 0 |
| | 1992 | 일화 | 10 | 6 | 0 | 0 | 0 | 3 | 0 | 0 |
| | 1993 | 일화 | 5 | 4 | 0 | 0 | 0 | 1 | 0 | 0 |
| | 1994 | 현대 | 14 | 4 | 0 | 0 | 0 | 7 | 3 | 0 |
| | 1995 | 현대 | 22 | 2 | 0 | 1 | 0 | 14 | 4 | 0 |
| | 1996 | 울산 | 10 | 4 | 1 | 0 | 0 | 4 | 4 | 0 |
| PO | 1996 | 울산 | 1 | 0 | 0 | 0 | 0 | 0 | 0 | 0 |
| 컵 | 1992 | 일화 | 6 | 3 | 0 | 0 | 0 | 5 | 1 | 0 |
| | 1993 | 일화 | 2 | 2 | 0 | 0 | 0 | 0 | 0 | 0 |
| | 1994 | 현대 | 2 | 0 | 0 | 0 | 0 | 1 | 0 | 0 |
| | 1995 | 현대 | 7 | 4 | 0 | 0 | 0 | 0 | 0 | 0 |
| | 1996 | 울산 | 3 | 2 | 0 | 0 | 0 | 3 | 0 | 0 |
| 통산 | | | 180 | 36 | 1 | 4 | 0 | 99 | 18 | 0 |

**임종훈**(林鍾勳) 배재대 1976.06.14

| 대회 | 연도 | 소속 | 출전 | 교체 | 득점 | 도움 | 실점 | 파울 | 경고 | 퇴장 |
|---|---|---|---|---|---|---|---|---|---|---|
| K1 | 1999 | 전북 | 0 | 0 | 0 | 0 | 0 | 0 | 0 | 0 |
| | 2002 | 전북 | 11 | 4 | 0 | 1 | 0 | 12 | 3 | 0 |
| | 2003 | 전북 | 21 | 9 | 1 | 0 | 0 | 23 | 4 | 0 |
| | 2004 | 인천 | 3 | 1 | 0 | 0 | 0 | 5 | 1 | 0 |
| | 2004 | 전북 | 9 | 3 | 0 | 0 | 0 | 10 | 0 | 0 |
| | 2005 | 전북 | 3 | 0 | 0 | 0 | 0 | 7 | 2 | 0 |
| 컵 | 1999 | 전북 | 0 | 0 | 0 | 0 | 0 | 0 | 0 | 0 |
| | 2002 | 전북 | 0 | 0 | 0 | 0 | 0 | 0 | 0 | 0 |
| | 2004 | 전북 | 8 | 1 | 0 | 0 | 0 | 16 | 4 | 0 |
| | 2005 | 전북 | 4 | 3 | 0 | 0 | 0 | 3 | 1 | 0 |
| 통산 | | | 59 | 21 | 1 | 1 | 0 | 76 | 15 | 0 |

**임준석**(林峻奭) 충남기계공고 1994.10.20

| 대회 | 연도 | 소속 | 출전 | 교체 | 득점 | 도움 | 실점 | 파울 | 경고 | 퇴장 |
|---|---|---|---|---|---|---|---|---|---|---|
| K2 | 2020 | 안양 | 0 | 0 | 0 | 0 | 0 | 0 | 0 | 0 |
| 통산 | | | 0 | 0 | 0 | 0 | 0 | 0 | 0 | 0 |

**임준석**(林俊釋) 건국대 2003.02.19

| 대회 | 연도 | 소속 | 출전 | 교체 | 득점 | 도움 | 실점 | 파울 | 경고 | 퇴장 |
|---|---|---|---|---|---|---|---|---|---|---|
| K2 | 2024 | 충남아산 | 0 | 0 | 0 | 0 | 0 | 0 | 0 | 0 |
| 통산 | | | 0 | 0 | 0 | 0 | 0 | 0 | 0 | 0 |

**임준섭**(林俊燮) 제주U18 2003.08.22

| 대회 | 연도 | 소속 | 출전 | 교체 | 득점 | 도움 | 실점 | 파울 | 경고 | 퇴장 |
|---|---|---|---|---|---|---|---|---|---|---|
| K1 | 2022 | 제주 | 0 | 0 | 0 | 0 | 0 | 0 | 0 | 0 |
| | 2023 | 제주 | 0 | 0 | 0 | 0 | 0 | 0 | 0 | 0 |
| | 2024 | 제주 | 0 | 0 | 0 | 0 | 0 | 0 | 0 | 0 |
| 통산 | | | 0 | 0 | 0 | 0 | 0 | 0 | 0 | 0 |

**임준식**(林俊植) 영남대 1981.09.13

| 대회 | 연도 | 소속 | 출전 | 교체 | 득점 | 도움 | 실점 | 파울 | 경고 | 퇴장 |
|---|---|---|---|---|---|---|---|---|---|---|
| 컵 | 2004 | 전남 | 1 | 0 | 0 | 0 | 0 | 0 | 1 | 0 |
| 통산 | | | 1 | 0 | 0 | 0 | 0 | 0 | 1 | 0 |

**임준식**(林俊植) 충남기계공고 1997.02.14

| 대회 | 연도 | 소속 | 출전 | 교체 | 득점 | 도움 | 실점 | 파울 | 경고 | 퇴장 |
|---|---|---|---|---|---|---|---|---|---|---|
| K2 | 2016 | 대전 | 0 | 0 | 0 | 0 | 0 | 0 | 0 | 0 |
| 통산 | | | 0 | 0 | 0 | 0 | 0 | 0 | 0 | 0 |

**임준영**(林俊永) 경북미용예술고 2005.11.14

| 대회 | 연도 | 소속 | 출전 | 교체 | 득점 | 도움 | 실점 | 파울 | 경고 | 퇴장 |
|---|---|---|---|---|---|---|---|---|---|---|
| K2 | 2025 | 충북청주 | 15 | 6 | 0 | 0 | 0 | 11 | 6 | 0 |
| 통산 | | | 15 | 6 | 0 | 0 | 0 | 11 | 6 | 0 |

**임준우**(林俊優) 위덕대 2002.01.05

| 대회 | 연도 | 소속 | 출전 | 교체 | 득점 | 도움 | 실점 | 파울 | 경고 | 퇴장 |
|---|---|---|---|---|---|---|---|---|---|---|
| K2 | 2024 | 김포 | 11 | 11 | 0 | 0 | 0 | 9 | 1 | 0 |
| 통산 | | | 11 | 11 | 0 | 0 | 0 | 9 | 1 | 0 |

**임중용**(林重容) 성균관대 1975.04.21

| 대회 | 연도 | 소속 | 출전 | 교체 | 득점 | 도움 | 실점 | 파울 | 경고 | 퇴장 |
|---|---|---|---|---|---|---|---|---|---|---|
| K1 | 1999 | 부산 | 24 | 12 | 1 | 2 | 0 | 35 | 1 | 0 |
| | 2000 | 부산 | 16 | 7 | 0 | 0 | 0 | 22 | 2 | 0 |
| | 2001 | 부산 | 2 | 1 | 0 | 0 | 0 | 0 | 0 | 0 |
| | 2003 | 대구 | 15 | 9 | 1 | 0 | 0 | 33 | 2 | 0 |
| | 2004 | 인천 | 17 | 3 | 1 | 0 | 0 | 14 | 2 | 0 |
| | 2005 | 인천 | 24 | 0 | 3 | 1 | 0 | 21 | 1 | 0 |
| | 2006 | 인천 | 25 | 0 | 1 | 0 | 0 | 15 | 2 | 0 |
| | 2007 | 인천 | 23 | 1 | 0 | 0 | 0 | 20 | 1 | 1 |
| | 2008 | 인천 | 23 | 3 | 0 | 0 | 0 | 19 | 4 | 0 |
| | 2009 | 인천 | 27 | 0 | 1 | 0 | 0 | 29 | 3 | 0 |
| | 2010 | 인천 | 23 | 2 | 0 | 0 | 0 | 18 | 4 | 0 |
| | 2011 | 인천 | 1 | 1 | 0 | 0 | 0 | 0 | 0 | 0 |
| PO | 1999 | 부산 | 1 | 1 | 0 | 0 | 0 | 5 | 0 | 0 |
| | 2005 | 인천 | 3 | 0 | 0 | 1 | 0 | 1 | 0 | 0 |
| | 2009 | 인천 | 1 | 0 | 0 | 0 | 0 | 1 | 1 | 0 |
| 컵 | 1999 | 부산 | 9 | 1 | 0 | 0 | 0 | 13 | 4 | 0 |
| | 2000 | 부산 | 8 | 7 | 0 | 1 | 0 | 11 | 1 | 1 |
| | 2001 | 부산 | 0 | 0 | 0 | 0 | 0 | 0 | 0 | 0 |
| | 2004 | 인천 | 12 | 1 | 0 | 0 | 0 | 15 | 1 | 1 |
| | 2005 | 인천 | 12 | 1 | 0 | 0 | 0 | 9 | 1 | 0 |
| | 2006 | 인천 | 7 | 0 | 0 | 0 | 0 | 3 | 1 | 0 |
| | 2007 | 인천 | 10 | 1 | 0 | 0 | 0 | 7 | 2 | 0 |
| | 2008 | 인천 | 2 | 0 | 0 | 0 | 0 | 2 | 0 | 0 |
| | 2009 | 인천 | 6 | 0 | 0 | 0 | 0 | 14 | 3 | 0 |
| | 2010 | 인천 | 3 | 0 | 0 | 0 | 0 | 3 | 0 | 0 |
| 통산 | | | 294 | 51 | 8 | 5 | 0 | 310 | 36 | 3 |

**임지민**(林志敏) 인천대 2002.05.13

| 대회 | 연도 | 소속 | 출전 | 교체 | 득점 | 도움 | 실점 | 파울 | 경고 | 퇴장 |
|---|---|---|---|---|---|---|---|---|---|---|
| K1 | 2024 | 대구 | 0 | 0 | 0 | 0 | 0 | 0 | 0 | 0 |
| K2 | 2025 | 안산 | 19 | 9 | 0 | 0 | 0 | 11 | 2 | 0 |
| 통산 | | | 19 | 9 | 0 | 0 | 0 | 11 | 2 | 0 |

**임지훈**(林知訓) 통진고 2000.04.22

| 대회 | 연도 | 소속 | 출전 | 교체 | 득점 | 도움 | 실점 | 파울 | 경고 | 퇴장 |
|---|---|---|---|---|---|---|---|---|---|---|
| K2 | 2019 | 수원FC | 0 | 0 | 0 | 0 | 0 | 0 | 0 | 0 |
| 통산 | | | 0 | 0 | 0 | 0 | 0 | 0 | 0 | 0 |

**임진영**(林眞穎) 울산과학대 1980.05.11

| 대회 | 연도 | 소속 | 출전 | 교체 | 득점 | 도움 | 실점 | 파울 | 경고 | 퇴장 |
|---|---|---|---|---|---|---|---|---|---|---|
| 컵 | 2006 | 성남일화 | 7 | 5 | 0 | 0 | 0 | 13 | 1 | 0 |
| 통산 | | | 7 | 5 | 0 | 0 | 0 | 13 | 1 | 0 |

**임진우**(林珍佑) 영남대 1993.06.15

| 대회 | 연도 | 소속 | 출전 | 교체 | 득점 | 도움 | 실점 | 파울 | 경고 | 퇴장 |
|---|---|---|---|---|---|---|---|---|---|---|
| K1 | 2021 | 광주 | 1 | 1 | 0 | 0 | 0 | 0 | 0 | 0 |
| K2 | 2019 | 광주 | 0 | 0 | 0 | 0 | 0 | 0 | 0 | 0 |
| 통산 | | | 1 | 1 | 0 | 0 | 0 | 0 | 0 | 0 |

**임진욱**(林珍旭) 동국대 1991.04.22

| 대회 | 연도 | 소속 | 출전 | 교체 | 득점 | 도움 | 실점 | 파울 | 경고 | 퇴장 |
|---|---|---|---|---|---|---|---|---|---|---|

| 대회 | 연도 | 소속 | 출전 | 교체 | 득점 | 도움 | 실점 | 파울 | 경고 | 퇴장 |
|---|---|---|---|---|---|---|---|---|---|---|
| K2 | 2014 | 충주 | 21 | 11 | 7 | 0 | 0 | 22 | 0 | 0 |
| | 2015 | 충주 | 18 | 11 | 2 | 1 | 0 | 9 | 2 | 0 |
| 통산 | | | 39 | 22 | 9 | 1 | 0 | 31 | 2 | 0 |

**임찬울**(任찬울) 한양대 1994.07.14

| 대회 | 연도 | 소속 | 출전 | 교체 | 득점 | 도움 | 실점 | 파울 | 경고 | 퇴장 |
|---|---|---|---|---|---|---|---|---|---|---|
| K1 | 2017 | 강원 | 18 | 18 | 2 | 2 | 0 | 8 | 2 | 0 |
| | 2018 | 강원 | 13 | 13 | 0 | 2 | 0 | 3 | 0 | 0 |
| | 2019 | 제주 | 11 | 10 | 0 | 1 | 0 | 5 | 1 | 0 |
| K2 | 2020 | 제주 | 3 | 3 | 0 | 0 | 0 | 2 | 0 | 0 |
| | 2020 | 전남 | 2 | 2 | 1 | 0 | 0 | 0 | 0 | 0 |
| | 2021 | 전남 | 0 | 0 | 0 | 0 | 0 | 0 | 0 | 0 |
| | 2022 | 전남 | 29 | 24 | 5 | 5 | 0 | 20 | 3 | 0 |
| | 2023 | 전남 | 9 | 8 | 1 | 2 | 0 | 2 | 0 | 0 |
| | 2024 | 전남 | 19 | 18 | 2 | 4 | 0 | 3 | 1 | 0 |
| | 2025 | 전남 | 11 | 11 | 1 | 1 | 0 | 1 | 0 | 0 |
| 통산 | | | 115 | 107 | 12 | 17 | 0 | 44 | 7 | 0 |

**임창균**(林昌均) 경희대 1990.04.19

| 대회 | 연도 | 소속 | 출전 | 교체 | 득점 | 도움 | 실점 | 파울 | 경고 | 퇴장 |
|---|---|---|---|---|---|---|---|---|---|---|
| K1 | 2014 | 경남 | 5 | 5 | 0 | 0 | 0 | 4 | 1 | 0 |
| | 2016 | 수원FC | 12 | 8 | 1 | 1 | 0 | 14 | 2 | 0 |
| K2 | 2013 | 부천 | 32 | 10 | 5 | 7 | 0 | 24 | 6 | 0 |
| | 2015 | 경남 | 35 | 24 | 4 | 9 | 0 | 18 | 3 | 0 |
| | 2016 | 경남 | 18 | 8 | 0 | 3 | 0 | 12 | 1 | 0 |
| | 2017 | 수원FC | 27 | 23 | 3 | 2 | 0 | 29 | 4 | 0 |
| | 2018 | 아산 | 4 | 3 | 2 | 0 | 0 | 0 | 1 | 0 |
| | 2019 | 수원FC | 11 | 11 | 0 | 2 | 0 | 12 | 2 | 0 |
| | 2019 | 아산 | 12 | 12 | 0 | 0 | 0 | 8 | 0 | 0 |
| | 2020 | 전남 | 18 | 9 | 0 | 4 | 0 | 16 | 2 | 0 |
| 통산 | | | 174 | 113 | 15 | 28 | 0 | 137 | 22 | 0 |

**임창석**(林昶錫) 김천대 1999.12.07

| 대회 | 연도 | 소속 | 출전 | 교체 | 득점 | 도움 | 실점 | 파울 | 경고 | 퇴장 |
|---|---|---|---|---|---|---|---|---|---|---|
| K2 | 2025 | 화성 | 32 | 14 | 5 | 0 | 0 | 14 | 0 | 0 |
| 통산 | | | 32 | 14 | 5 | 0 | 0 | 14 | 0 | 0 |

**임창우**(任倉佑) 현대고 1992.02.13

| 대회 | 연도 | 소속 | 출전 | 교체 | 득점 | 도움 | 실점 | 파울 | 경고 | 퇴장 |
|---|---|---|---|---|---|---|---|---|---|---|
| K1 | 2011 | 울산 | 0 | 0 | 0 | 0 | 0 | 0 | 0 | 0 |
| | 2012 | 울산 | 6 | 1 | 0 | 0 | 0 | 5 | 1 | 0 |
| | 2013 | 울산 | 0 | 0 | 0 | 0 | 0 | 0 | 0 | 0 |
| | 2015 | 울산 | 27 | 3 | 1 | 0 | 0 | 25 | 6 | 0 |
| | 2021 | 강원 | 28 | 3 | 1 | 2 | 0 | 26 | 4 | 0 |
| | 2022 | 강원 | 37 | 2 | 2 | 1 | 0 | 20 | 1 | 0 |
| | 2023 | 제주 | 8 | 4 | 0 | 1 | 0 | 2 | 0 | 0 |
| | 2023 | 강원 | 13 | 4 | 0 | 1 | 0 | 13 | 2 | 0 |
| | 2024 | 제주 | 24 | 13 | 1 | 0 | 0 | 17 | 1 | 0 |
| | 2025 | 제주 | 24 | 14 | 1 | 2 | 0 | 19 | 5 | 0 |
| K2 | 2014 | 대전 | 28 | 3 | 2 | 0 | 0 | 29 | 1 | 0 |
| PO | 2021 | 강원 | 2 | 0 | 0 | 0 | 0 | 2 | 1 | 0 |
| | 2025 | 제주 | 2 | 2 | 0 | 0 | 0 | 2 | 0 | 0 |
| 컵 | 2011 | 울산 | 0 | 0 | 0 | 0 | 0 | 0 | 0 | 0 |
| 통산 | | | 199 | 49 | 8 | 7 | 0 | 160 | 22 | 0 |

**임채관**(林埰寬) 한남대 1995.10.28

| 대회 | 연도 | 소속 | 출전 | 교체 | 득점 | 도움 | 실점 | 파울 | 경고 | 퇴장 |
|---|---|---|---|---|---|---|---|---|---|---|
| K2 | 2020 | 안산 | 2 | 2 | 0 | 0 | 0 | 5 | 1 | 0 |
| | 2021 | 안산 | 0 | 0 | 0 | 0 | 0 | 0 | 0 | 0 |
| 통산 | | | 2 | 2 | 0 | 0 | 0 | 5 | 1 | 0 |

**임채민**(林採民) 영남대 1990.11.18

| 대회 | 연도 | 소속 | 출전 | 교체 | 득점 | 도움 | 실점 | 파울 | 경고 | 퇴장 |
|---|---|---|---|---|---|---|---|---|---|---|
| K1 | 2013 | 성남일화 | 21 | 3 | 3 | 0 | 0 | 20 | 5 | 2 |
| | 2014 | 성남 | 34 | 1 | 0 | 1 | 0 | 37 | 9 | 0 |
| | 2015 | 성남 | 13 | 0 | 0 | 1 | 0 | 13 | 3 | 0 |
| | 2016 | 성남 | 21 | 3 | 0 | 0 | 0 | 14 | 4 | 0 |
| | 2017 | 상주 | 20 | 3 | 1 | 0 | 0 | 23 | 3 | 0 |
| | 2018 | 상주 | 17 | 1 | 2 | 0 | 0 | 19 | 3 | 0 |
| | 2019 | 성남 | 25 | 3 | 2 | 0 | 0 | 24 | 6 | 0 |
| | 2020 | 강원 | 26 | 0 | 1 | 0 | 0 | 23 | 7 | 0 |
| | 2021 | 강원 | 28 | 1 | 1 | 0 | 0 | 15 | 5 | 1 |
| | 2023 | 제주 | 26 | 2 | 1 | 0 | 0 | 26 | 6 | 0 |
| | 2024 | 제주 | 18 | 2 | 0 | 0 | 0 | 12 | 6 | 0 |
| | 2025 | 제주 | 33 | 7 | 0 | 0 | 0 | 22 | 4 | 1 |
| K2 | 2018 | 성남 | 10 | 0 | 0 | 0 | 0 | 13 | 0 | 0 |
| PO | 2016 | 성남 | 2 | 0 | 0 | 0 | 0 | 4 | 2 | 0 |
| | 2017 | 상주 | 2 | 0 | 0 | 0 | 0 | 2 | 2 | 0 |
| | 2021 | 강원 | 2 | 0 | 1 | 0 | 0 | 2 | 0 | 0 |
| | 2025 | 제주 | 2 | 0 | 0 | 0 | 0 | 4 | 0 | 0 |
| 통산 | | | 300 | 26 | 12 | 2 | 0 | 273 | 65 | 4 |

**임충현**(林忠炫) 광운대 1983.07.20

| 대회 | 연도 | 소속 | 출전 | 교체 | 득점 | 도움 | 실점 | 파울 | 경고 | 퇴장 |
|---|---|---|---|---|---|---|---|---|---|---|
| K1 | 2007 | 대전 | 9 | 2 | 0 | 0 | 0 | 21 | 2 | 0 |
| 컵 | 2007 | 대전 | 6 | 0 | 0 | 0 | 0 | 17 | 1 | 0 |
| 통산 | | | 15 | 2 | 0 | 0 | 0 | 38 | 3 | 0 |

**임태섭**(林太燮) 홍익대 1990.06.23

| 대회 | 연도 | 소속 | 출전 | 교체 | 득점 | 도움 | 실점 | 파울 | 경고 | 퇴장 |
|---|---|---|---|---|---|---|---|---|---|---|
| K2 | 2013 | 충주 | 12 | 12 | 2 | 1 | 0 | 12 | 1 | 0 |
| 통산 | | | 12 | 12 | 2 | 1 | 0 | 12 | 1 | 0 |

**임하람**(林하람) 연세대 1990.11.18

| 대회 | 연도 | 소속 | 출전 | 교체 | 득점 | 도움 | 실점 | 파울 | 경고 | 퇴장 |
|---|---|---|---|---|---|---|---|---|---|---|
| K1 | 2011 | 광주 | 11 | 4 | 0 | 0 | 0 | 24 | 3 | 0 |
| | 2012 | 광주 | 12 | 2 | 0 | 0 | 0 | 20 | 2 | 0 |
| | 2014 | 인천 | 12 | 8 | 0 | 0 | 0 | 10 | 1 | 0 |
| | 2016 | 수원FC | 17 | 3 | 0 | 0 | 0 | 21 | 3 | 0 |
| K2 | 2013 | 광주 | 28 | 3 | 0 | 0 | 0 | 46 | 3 | 0 |
| | 2015 | 수원FC | 29 | 7 | 0 | 0 | 0 | 48 | 10 | 0 |
| | 2017 | 수원FC | 14 | 5 | 0 | 0 | 0 | 15 | 2 | 0 |
| | 2018 | 수원FC | 4 | 2 | 0 | 0 | 0 | 8 | 1 | 0 |
| PO | 2015 | 수원FC | 3 | 1 | 0 | 0 | 0 | 4 | 0 | 1 |
| 컵 | 2011 | 광주 | 3 | 0 | 0 | 0 | 0 | 10 | 2 | 0 |
| 통산 | | | 133 | 35 | 0 | 0 | 0 | 206 | 27 | 1 |

**임현우**(林炫佑) 아주대 1983.03.26

| 대회 | 연도 | 소속 | 출전 | 교체 | 득점 | 도움 | 실점 | 파울 | 경고 | 퇴장 |
|---|---|---|---|---|---|---|---|---|---|---|
| K1 | 2005 | 대구 | 1 | 1 | 0 | 0 | 0 | 0 | 0 | 0 |
| | 2006 | 대구 | 1 | 1 | 0 | 0 | 0 | 0 | 0 | 0 |
| | 2007 | 대구 | 13 | 10 | 0 | 1 | 0 | 5 | 0 | 0 |
| | 2008 | 대구 | 14 | 6 | 0 | 0 | 0 | 11 | 1 | 0 |
| | 2009 | 대구 | 2 | 2 | 0 | 0 | 0 | 0 | 0 | 0 |
| 컵 | 2006 | 대구 | 1 | 1 | 0 | 0 | 0 | 2 | 0 | 0 |
| | 2007 | 대구 | 6 | 2 | 0 | 0 | 0 | 3 | 0 | 0 |
| | 2008 | 대구 | 6 | 5 | 0 | 1 | 0 | 3 | 0 | 0 |
| | 2009 | 대구 | 1 | 1 | 0 | 0 | 0 | 0 | 0 | 0 |
| 통산 | | | 45 | 29 | 0 | 2 | 0 | 24 | 1 | 0 |

**임형진**(任形進) 동국대 2001.07.23

| 대회 | 연도 | 소속 | 출전 | 교체 | 득점 | 도움 | 실점 | 파울 | 경고 | 퇴장 |
|---|---|---|---|---|---|---|---|---|---|---|
| K1 | 2023 | 인천 | 1 | 0 | 0 | 0 | 0 | 1 | 0 | 0 |
| | 2024 | 인천 | 0 | 0 | 0 | 0 | 0 | 0 | 0 | 0 |
| K2 | 2025 | 인천 | 4 | 4 | 0 | 0 | 0 | 1 | 0 | 0 |
| 통산 | | | 5 | 4 | 0 | 0 | 0 | 2 | 0 | 0 |

**임호**(林虎) 경상대 1979.04.25

| 대회 | 연도 | 소속 | 출전 | 교체 | 득점 | 도움 | 실점 | 파울 | 경고 | 퇴장 |
|---|---|---|---|---|---|---|---|---|---|---|
| K1 | 2005 | 대구 | 6 | 0 | 0 | 0 | 0 | 21 | 2 | 0 |
| 컵 | 2000 | 전남 | 4 | 4 | 0 | 1 | 0 | 2 | 0 | 0 |
| | 2001 | 전남 | 3 | 3 | 0 | 0 | 0 | 0 | 0 | 0 |
| | 2005 | 대구 | 5 | 5 | 0 | 0 | 0 | 14 | 1 | 0 |
| 통산 | | | 18 | 12 | 0 | 1 | 0 | 37 | 3 | 0 |

**임홍현**(林弘賢) 홍익대 1994.01.03

| 대회 | 연도 | 소속 | 출전 | 교체 | 득점 | 도움 | 실점 | 파울 | 경고 | 퇴장 |
|---|---|---|---|---|---|---|---|---|---|---|
| K2 | 2016 | 고양 | 4 | 0 | 0 | 0 | 7 | 0 | 0 | 0 |
| 통산 | | | 4 | 0 | 0 | 0 | 7 | 0 | 0 | 0 |

**자심**(Abbas Jassim) 이라크 1973.12.10

| 대회 | 연도 | 소속 | 출전 | 교체 | 득점 | 도움 | 실점 | 파울 | 경고 | 퇴장 |
|---|---|---|---|---|---|---|---|---|---|---|
| K1 | 1996 | 안양LG | 25 | 15 | 3 | 4 | 0 | 22 | 2 | 0 |
| | 1997 | 안양LG | 2 | 2 | 0 | 0 | 0 | 2 | 0 | 0 |
| | 1997 | 포항 | 9 | 7 | 1 | 0 | 0 | 7 | 2 | 0 |
| | 1998 | 포항 | 13 | 12 | 1 | 0 | 0 | 19 | 3 | 0 |
| | 1999 | 포항 | 15 | 14 | 2 | 3 | 0 | 12 | 0 | 0 |
| | 2000 | 포항 | 19 | 10 | 2 | 1 | 0 | 23 | 0 | 0 |
| | 2001 | 포항 | 4 | 3 | 0 | 1 | 0 | 0 | 0 | 0 |
| PO | 1998 | 포항 | 1 | 1 | 0 | 0 | 0 | 0 | 0 | 0 |
| 컵 | 1996 | 안양LG | 6 | 3 | 1 | 1 | 0 | 4 | 1 | 0 |
| | 1997 | 포항 | 6 | 4 | 1 | 1 | 0 | 5 | 1 | 0 |
| | 1997 | 안양LG | 3 | 3 | 0 | 0 | 0 | 5 | 0 | 0 |
| | 1998 | 포항 | 12 | 6 | 1 | 2 | 0 | 15 | 3 | 0 |
| | 1999 | 포항 | 4 | 4 | 0 | 1 | 0 | 2 | 0 | 0 |
| | 2000 | 포항 | 8 | 8 | 1 | 0 | 0 | 11 | 0 | 0 |
| | 2001 | 포항 | 3 | 2 | 2 | 0 | 0 | 3 | 1 | 0 |
| 통산 | | | 130 | 94 | 15 | 14 | 0 | 130 | 13 | 0 |

**자엘**(Jael Ferreira Vieira) 브라질 1988.10.30

| 대회 | 연도 | 소속 | 출전 | 교체 | 득점 | 도움 | 실점 | 파울 | 경고 | 퇴장 |
|---|---|---|---|---|---|---|---|---|---|---|
| K1 | 2012 | 성남일화 | 15 | 4 | 2 | 4 | 0 | 41 | 5 | 0 |
| 통산 | | | 15 | 4 | 2 | 4 | 0 | 41 | 5 | 0 |

**자와다**(Oskar Zawada) 폴란드 1996.02.01

| 대회 | 연도 | 소속 | 출전 | 교체 | 득점 | 도움 | 실점 | 파울 | 경고 | 퇴장 |
|---|---|---|---|---|---|---|---|---|---|---|
| K1 | 2021 | 제주 | 10 | 10 | 0 | 1 | 0 | 16 | 0 | 0 |
| 통산 | | | 10 | 10 | 0 | 1 | 0 | 16 | 0 | 0 |

**자이로**(Jairo Silva Santos) 브라질 1989.10.31

| 대회 | 연도 | 소속 | 출전 | 교체 | 득점 | 도움 | 실점 | 파울 | 경고 | 퇴장 |
|---|---|---|---|---|---|---|---|---|---|---|
| K2 | 2016 | 안양 | 12 | 9 | 0 | 2 | 0 | 27 | 4 | 0 |
| 통산 | | | 12 | 9 | 0 | 2 | 0 | 27 | 4 | 0 |

**자일**(Jair Eduardo Britto da Silva) 브라질 1988.06.10

| 대회 | 연도 | 소속 | 출전 | 교체 | 득점 | 도움 | 실점 | 파울 | 경고 | 퇴장 |
|---|---|---|---|---|---|---|---|---|---|---|
| K1 | 2011 | 제주 | 11 | 10 | 2 | 2 | 0 | 11 | 3 | 0 |
| | 2012 | 제주 | 44 | 16 | 18 | 9 | 0 | 49 | 0 | 0 |
| | 2016 | 전남 | 20 | 10 | 10 | 6 | 0 | 13 | 2 | 0 |
| | 2017 | 전남 | 35 | 19 | 16 | 3 | 0 | 25 | 4 | 0 |
| 통산 | | | 110 | 55 | 46 | 20 | 0 | 98 | 9 | 0 |

**자크미치**(Muhamed Dzakmic) 보스니아 헤르체고비나 1985.08.23

| 대회 | 연도 | 소속 | 출전 | 교체 | 득점 | 도움 | 실점 | 파울 | 경고 | 퇴장 |
|---|---|---|---|---|---|---|---|---|---|---|
| K1 | 2011 | 강원 | 14 | 7 | 0 | 1 | 0 | 24 | 4 | 0 |
| | 2012 | 강원 | 21 | 9 | 0 | 0 | 0 | 41 | 3 | 0 |
| 컵 | 2011 | 강원 | 3 | 1 | 0 | 1 | 0 | 3 | 0 | 0 |
| 통산 | | | 38 | 17 | 0 | 2 | 0 | 68 | 7 | 0 |

**자파**(Jonas Augusto Bouvie) 브라질 1986.10.05

| 대회 | 연도 | 소속 | 출전 | 교체 | 득점 | 도움 | 실점 | 파울 | 경고 | 퇴장 |
|---|---|---|---|---|---|---|---|---|---|---|
| K2 | 2014 | 수원FC | 18 | 5 | 7 | 1 | 0 | 27 | 2 | 0 |
| | 2015 | 수원FC | 33 | 14 | 19 | 7 | 0 | 31 | 3 | 0 |
| PO | 2015 | 수원FC | 4 | 2 | 3 | 1 | 0 | 2 | 1 | 0 |
| 통산 | | | 55 | 21 | 29 | 9 | 0 | 60 | 6 | 0 |

**잔코**(Zanko Savov) 마케도니아 1965.10.14

| 대회 | 연도 | 소속 | 출전 | 교체 | 득점 | 도움 | 실점 | 파울 | 경고 | 퇴장 |
|---|---|---|---|---|---|---|---|---|---|---|
| K1 | 1995 | 전북 | 8 | 1 | 1 | 1 | 0 | 17 | 2 | 0 |
| | 1996 | 전북 | 25 | 9 | 3 | 2 | 0 | 31 | 2 | 0 |
| | 1997 | 전북 | 14 | 7 | 6 | 3 | 0 | 19 | 0 | 0 |
| | 1998 | 전북 | 11 | 11 | 1 | 0 | 0 | 4 | 0 | 0 |
| 컵 | 1996 | 전북 | 7 | 6 | 0 | 0 | 0 | 2 | 0 | 0 |
| | 1997 | 전북 | 14 | 6 | 2 | 0 | 0 | 17 | 2 | 0 |
| | 1998 | 전북 | 14 | 10 | 3 | 0 | 0 | 15 | 1 | 0 |
| 통산 | | | 93 | 50 | 16 | 6 | 0 | 105 | 7 | 0 |

**장경영**(張景寧) 선문대 1982.03.12

| 대회 | 연도 | 소속 | 출전 | 교체 | 득점 | 도움 | 실점 | 파울 | 경고 | 퇴장 |
|---|---|---|---|---|---|---|---|---|---|---|
| 컵 | 2006 | 인천 | 1 | 1 | 0 | 0 | 0 | 0 | 0 | 0 |
| 통산 | | | 1 | 1 | 0 | 0 | 0 | 0 | 0 | 0 |

**장경진**(張敬珍) 광양제철고 1983.08.31

| 대회 | 연도 | 소속 | 출전 | 교체 | 득점 | 도움 | 실점 | 파울 | 경고 | 퇴장 |
|---|---|---|---|---|---|---|---|---|---|---|
| K1 | 2002 | 전남 | 0 | 0 | 0 | 0 | 0 | 0 | 0 | 0 |
| | 2004 | 전남 | 0 | 0 | 0 | 0 | 0 | 0 | 0 | 0 |
| | 2005 | 인천 | 13 | 1 | 1 | 0 | 0 | 16 | 2 | 0 |
| | 2006 | 인천 | 16 | 1 | 0 | 0 | 0 | 31 | 2 | 0 |
| | 2007 | 인천 | 22 | 4 | 3 | 0 | 0 | 51 | 3 | 0 |
| | 2008 | 광주상무 | 10 | 1 | 0 | 0 | 0 | 12 | 5 | 0 |
| | 2009 | 광주상무 | 9 | 8 | 0 | 0 | 0 | 3 | 0 | 0 |
| | 2011 | 인천 | 12 | 7 | 0 | 0 | 0 | 15 | 3 | 0 |

| 대회 | 연도 | 소속 | 출전 | 교체 | 득점 | 도움 | 실점 | 파울 | 경고 | 퇴장 |
|---|---|---|---|---|---|---|---|---|---|---|
| | 2012 | 광주 | 6 | 3 | 0 | 0 | 0 | 8 | 2 | 0 |
| PO | 2005 | 인천 | 1 | 1 | 0 | 0 | 0 | 1 | 0 | 0 |
| 컵 | 2004 | 전남 | 2 | 1 | 0 | 0 | 0 | 1 | 0 | 0 |
| | 2006 | 인천 | 11 | 0 | 0 | 0 | 0 | 22 | 3 | 0 |
| | 2007 | 인천 | 7 | 1 | 0 | 0 | 0 | 11 | 0 | 0 |
| | 2008 | 광주상무 | 2 | 0 | 0 | 0 | 0 | 3 | 1 | 0 |
| | 2009 | 광주상무 | 4 | 2 | 0 | 0 | 0 | 11 | 0 | 0 |
| | 2011 | 인천 | 2 | 0 | 0 | 0 | 0 | 5 | 2 | 0 |
| 통산 | | | 117 | 30 | 4 | 0 | 0 | 190 | 23 | 0 |

**장기봉**(張基奉) 중앙대 1977.07.08

| 대회 | 연도 | 소속 | 출전 | 교체 | 득점 | 도움 | 실점 | 파울 | 경고 | 퇴장 |
|---|---|---|---|---|---|---|---|---|---|---|
| K1 | 2001 | 부산 | 1 | 1 | 0 | 0 | 0 | 1 | 0 | 0 |
| 컵 | 2000 | 부산 | 0 | 0 | 0 | 0 | 0 | 0 | 0 | 0 |
| 통산 | | | 1 | 1 | 0 | 0 | 0 | 1 | 0 | 0 |

**장기정**(張起淨) 전주대 1971.06.27

| 대회 | 연도 | 소속 | 출전 | 교체 | 득점 | 도움 | 실점 | 파울 | 경고 | 퇴장 |
|---|---|---|---|---|---|---|---|---|---|---|
| K1 | 1994 | 버팔로 | 1 | 1 | 0 | 0 | 0 | 2 | 0 | 0 |
| 통산 | | | 1 | 1 | 0 | 0 | 0 | 2 | 0 | 0 |

**장남석**(張南錫) 중앙대 1983.04.18

| 대회 | 연도 | 소속 | 출전 | 교체 | 득점 | 도움 | 실점 | 파울 | 경고 | 퇴장 |
|---|---|---|---|---|---|---|---|---|---|---|
| K1 | 2006 | 대구 | 23 | 18 | 5 | 3 | 0 | 23 | 2 | 0 |
| | 2007 | 대구 | 12 | 10 | 2 | 2 | 0 | 17 | 0 | 0 |
| | 2008 | 대구 | 24 | 17 | 0 | 4 | 0 | 38 | 2 | 0 |
| | 2009 | 대구 | 14 | 6 | 0 | 0 | 0 | 17 | 2 | 0 |
| | 2010 | 대구 | 19 | 11 | 2 | 1 | 0 | 28 | 2 | 0 |
| | 2011 | 상주 | 15 | 4 | 3 | 3 | 0 | 26 | 0 | 0 |
| 컵 | 2006 | 대구 | 13 | 5 | 4 | 1 | 0 | 16 | 1 | 0 |
| | 2007 | 대구 | 4 | 3 | 0 | 0 | 0 | 3 | 1 | 0 |
| | 2008 | 대구 | 5 | 4 | 1 | 0 | 0 | 6 | 0 | 0 |
| | 2009 | 대구 | 1 | 1 | 0 | 0 | 0 | 1 | 1 | 0 |
| | 2010 | 대구 | 5 | 1 | 2 | 4 | 0 | 8 | 0 | 0 |
| | 2011 | 상주 | 1 | 0 | 0 | 1 | 0 | 3 | 1 | 0 |
| 통산 | | | 136 | 80 | 29 | 19 | 0 | 186 | 12 | 0 |

**장남웅**(張南雄) 영생고 2004.02.09

| 대회 | 연도 | 소속 | 출전 | 교체 | 득점 | 도움 | 실점 | 파울 | 경고 | 퇴장 |
|---|---|---|---|---|---|---|---|---|---|---|
| K1 | 2024 | 전북 | 0 | 0 | 0 | 0 | 0 | 0 | 0 | 0 |
| 통산 | | | 0 | 0 | 0 | 0 | 0 | 0 | 0 | 0 |

**장대일**(張大一) 연세대 1975.03.09

| 대회 | 연도 | 소속 | 출전 | 교체 | 득점 | 도움 | 실점 | 파울 | 경고 | 퇴장 |
|---|---|---|---|---|---|---|---|---|---|---|
| K1 | 1998 | 천안일화 | 13 | 5 | 2 | 0 | 0 | 10 | 0 | 0 |
| | 1999 | 천안일화 | 15 | 5 | 2 | 2 | 0 | 36 | 4 | 0 |
| | 2000 | 부산 | 9 | 1 | 0 | 0 | 0 | 8 | 1 | 0 |
| | 2000 | 성남일화 | 0 | 0 | 0 | 0 | 0 | 0 | 0 | 0 |
| | 2001 | 부산 | 6 | 2 | 1 | 0 | 0 | 3 | 1 | 0 |
| | 2002 | 부산 | 2 | 3 | 0 | 0 | 0 | 1 | 0 | 0 |
| | 2003 | 부산 | 24 | 6 | 0 | 2 | 0 | 19 | 2 | 0 |
| 컵 | 1998 | 천안일화 | 1 | 0 | 0 | 0 | 0 | 0 | 0 | 0 |
| | 1999 | 천안일화 | 6 | 5 | 1 | 0 | 0 | 5 | 0 | 0 |
| | 2000 | 성남일화 | 5 | 3 | 0 | 0 | 0 | 1 | 0 | 0 |
| | 2000 | 부산 | 2 | 0 | 0 | 0 | 0 | 1 | 0 | 0 |
| | 2001 | 부산 | 9 | 1 | 0 | 0 | 0 | 6 | 2 | 0 |
| | 2002 | 부산 | 3 | 0 | 0 | 0 | 0 | 1 | 0 | 0 |
| 통산 | | | 95 | 31 | 6 | 4 | 0 | 91 | 10 | 0 |

**장대희**(張大熙) 중앙대 1994.04.19

| 대회 | 연도 | 소속 | 출전 | 교체 | 득점 | 도움 | 실점 | 파울 | 경고 | 퇴장 |
|---|---|---|---|---|---|---|---|---|---|---|
| K1 | 2015 | 울산 | 3 | 0 | 0 | 0 | 1 | 0 | 0 | 0 |
| | 2016 | 울산 | 3 | 0 | 0 | 0 | 6 | 0 | 0 | 0 |
| | 2017 | 울산 | 0 | 0 | 0 | 0 | 0 | 0 | 0 | 0 |
| | 2018 | 전남 | 5 | 0 | 0 | 0 | 13 | 0 | 0 | 0 |
| 통산 | | | 11 | 0 | 0 | 0 | 20 | 0 | 0 | 0 |

**장동찬**(張東燦) 울산대 2000.10.17

| 대회 | 연도 | 소속 | 출전 | 교체 | 득점 | 도움 | 실점 | 파울 | 경고 | 퇴장 |
|---|---|---|---|---|---|---|---|---|---|---|
| K1 | 2021 | 광주 | 0 | 0 | 0 | 0 | 0 | 0 | 0 | 0 |
| 통산 | | | 0 | 0 | 0 | 0 | 0 | 0 | 0 | 0 |

**장동혁**(張東爀) 명지대 1983.05.20

| 대회 | 연도 | 소속 | 출전 | 교체 | 득점 | 도움 | 실점 | 파울 | 경고 | 퇴장 |
|---|---|---|---|---|---|---|---|---|---|---|
| K1 | 2006 | 전남 | 6 | 6 | 0 | 0 | 0 | 13 | 0 | 0 |
| | 2007 | 전남 | 8 | 6 | 0 | 0 | 0 | 21 | 2 | 0 |
| | 2008 | 전남 | 1 | 1 | 0 | 0 | 0 | 0 | 0 | 0 |
| 컵 | 2006 | 전남 | 6 | 3 | 0 | 0 | 0 | 13 | 3 | 0 |
| 통산 | | | 21 | 16 | 0 | 0 | 0 | 47 | 5 | 0 |

**장동혁**(張東赫) 연세대 1999.08.28

| 대회 | 연도 | 소속 | 출전 | 교체 | 득점 | 도움 | 실점 | 파울 | 경고 | 퇴장 |
|---|---|---|---|---|---|---|---|---|---|---|
| K2 | 2021 | 안산 | 9 | 3 | 1 | 0 | 0 | 17 | 2 | 0 |
| | 2022 | 안산 | 3 | 3 | 0 | 0 | 0 | 1 | 0 | 0 |
| | 2025 | 안산 | 1 | 1 | 0 | 0 | 0 | 0 | 0 | 0 |
| 통산 | | | 13 | 7 | 1 | 0 | 0 | 18 | 2 | 0 |

**장동혁**(張東爀) 중앙고 2003.11.03

| 대회 | 연도 | 소속 | 출전 | 교체 | 득점 | 도움 | 실점 | 파울 | 경고 | 퇴장 |
|---|---|---|---|---|---|---|---|---|---|---|
| K2 | 2022 | 안산 | 8 | 8 | 0 | 0 | 0 | 4 | 0 | 0 |
| 통산 | | | 8 | 8 | 0 | 0 | 0 | 4 | 0 | 0 |

**장동현**(張東炫) 원주공고 1982.03.19

| 대회 | 연도 | 소속 | 출전 | 교체 | 득점 | 도움 | 실점 | 파울 | 경고 | 퇴장 |
|---|---|---|---|---|---|---|---|---|---|---|
| K1 | 2004 | 성남일화 | 1 | 1 | 0 | 0 | 0 | 1 | 0 | 0 |
| 컵 | 2004 | 성남일화 | 3 | 3 | 1 | 0 | 0 | 4 | 0 | 0 |
| 통산 | | | 4 | 4 | 1 | 0 | 0 | 5 | 0 | 0 |

**장민규**(張敏圭) 한양대 1999.03.06

| 대회 | 연도 | 소속 | 출전 | 교체 | 득점 | 도움 | 실점 | 파울 | 경고 | 퇴장 |
|---|---|---|---|---|---|---|---|---|---|---|
| K1 | 2025 | 제주 | 35 | 22 | 0 | 1 | 0 | 19 | 3 | 0 |
| PO | 2025 | 제주 | 2 | 2 | 0 | 0 | 0 | 0 | 0 | 0 |
| 통산 | | | 37 | 24 | 0 | 1 | 0 | 19 | 3 | 0 |

**장민석**(張緡碩) 홍익대 1976.03.31

| 대회 | 연도 | 소속 | 출전 | 교체 | 득점 | 도움 | 실점 | 파울 | 경고 | 퇴장 |
|---|---|---|---|---|---|---|---|---|---|---|
| K1 | 1999 | 전북 | 9 | 9 | 1 | 0 | 0 | 12 | 0 | 0 |
| 컵 | 1999 | 전북 | 4 | 4 | 0 | 0 | 0 | 5 | 1 | 0 |
| 통산 | | | 13 | 13 | 1 | 0 | 0 | 17 | 1 | 0 |

**장민준**(張珉準) 진주고 2002.07.11

| 대회 | 연도 | 소속 | 출전 | 교체 | 득점 | 도움 | 실점 | 파울 | 경고 | 퇴장 |
|---|---|---|---|---|---|---|---|---|---|---|
| K2 | 2021 | 경남 | 0 | 0 | 0 | 0 | 0 | 0 | 0 | 0 |
| | 2025 | 안산 | 34 | 7 | 2 | 0 | 0 | 38 | 8 | 0 |
| 통산 | | | 34 | 7 | 2 | 0 | 0 | 38 | 8 | 0 |

**장백규**(張伯圭) 선문대 1991.10.09

| 대회 | 연도 | 소속 | 출전 | 교체 | 득점 | 도움 | 실점 | 파울 | 경고 | 퇴장 |
|---|---|---|---|---|---|---|---|---|---|---|
| K2 | 2014 | 대구 | 18 | 10 | 3 | 4 | 0 | 16 | 0 | 0 |
| | 2015 | 대구 | 28 | 25 | 2 | 7 | 0 | 16 | 1 | 0 |
| | 2016 | 충주 | 28 | 21 | 4 | 0 | 0 | 23 | 1 | 0 |
| | 2019 | 부천 | 3 | 2 | 0 | 1 | 0 | 4 | 1 | 0 |
| | 2023 | 천안 | 24 | 22 | 2 | 3 | 0 | 8 | 0 | 0 |
| | 2024 | 천안 | 3 | 3 | 0 | 2 | 0 | 1 | 0 | 0 |
| PO | 2015 | 대구 | 1 | 1 | 0 | 0 | 0 | 0 | 0 | 0 |
| 통산 | | | 105 | 84 | 11 | 17 | 0 | 68 | 3 | 0 |

**장부성**(張富成) 덕영고 2004.06.07

| 대회 | 연도 | 소속 | 출전 | 교체 | 득점 | 도움 | 실점 | 파울 | 경고 | 퇴장 |
|---|---|---|---|---|---|---|---|---|---|---|
| K2 | 2025 | 김포 | 14 | 7 | 0 | 2 | 0 | 11 | 1 | 0 |
| 통산 | | | 14 | 7 | 0 | 2 | 0 | 11 | 1 | 0 |

**장상원**(張相元) 전주대 1977.09.30

| 대회 | 연도 | 소속 | 출전 | 교체 | 득점 | 도움 | 실점 | 파울 | 경고 | 퇴장 |
|---|---|---|---|---|---|---|---|---|---|---|
| K1 | 2003 | 울산 | 9 | 3 | 0 | 0 | 0 | 16 | 0 | 0 |
| | 2004 | 울산 | 8 | 7 | 0 | 0 | 0 | 9 | 0 | 0 |
| | 2005 | 울산 | 16 | 9 | 2 | 0 | 0 | 14 | 1 | 0 |
| | 2006 | 울산 | 19 | 13 | 2 | 0 | 0 | 22 | 4 | 0 |
| | 2007 | 울산 | 7 | 6 | 0 | 0 | 0 | 3 | 1 | 0 |
| | 2008 | 대구 | 6 | 6 | 0 | 0 | 0 | 2 | 1 | 0 |
| | 2009 | 대구 | 2 | 2 | 0 | 0 | 0 | 0 | 0 | 0 |
| PO | 2004 | 울산 | 0 | 0 | 0 | 0 | 0 | 0 | 0 | 0 |
| | 2005 | 울산 | 2 | 2 | 0 | 0 | 0 | 0 | 0 | 0 |
| | 2007 | 울산 | 0 | 0 | 0 | 0 | 0 | 0 | 0 | 0 |
| 컵 | 2004 | 울산 | 6 | 6 | 1 | 0 | 0 | 12 | 1 | 0 |
| | 2005 | 울산 | 7 | 4 | 0 | 0 | 0 | 7 | 2 | 0 |
| | 2006 | 울산 | 11 | 7 | 0 | 0 | 0 | 3 | 0 | 0 |
| | 2007 | 울산 | 5 | 3 | 0 | 0 | 0 | 5 | 0 | 0 |
| | 2008 | 대구 | 4 | 3 | 0 | 0 | 0 | 4 | 1 | 0 |
| | 2009 | 대구 | 0 | 0 | 0 | 0 | 0 | 0 | 0 | 0 |
| 통산 | | | 102 | 71 | 5 | 0 | 0 | 97 | 11 | 0 |

**장석민**(張錫珉) 초당대 1989.07.25

| 대회 | 연도 | 소속 | 출전 | 교체 | 득점 | 도움 | 실점 | 파울 | 경고 | 퇴장 |
|---|---|---|---|---|---|---|---|---|---|---|
| 컵 | 2011 | 강원 | 1 | 1 | 0 | 0 | 0 | 0 | 0 | 0 |
| 통산 | | | 1 | 1 | 0 | 0 | 0 | 0 | 0 | 0 |

**장석원**(張碩元) 단국대 1989.08.11

| 대회 | 연도 | 소속 | 출전 | 교체 | 득점 | 도움 | 실점 | 파울 | 경고 | 퇴장 |
|---|---|---|---|---|---|---|---|---|---|---|
| K1 | 2010 | 성남일화 | 3 | 3 | 0 | 0 | 0 | 0 | 0 | 0 |
| | 2011 | 성남일화 | 0 | 0 | 0 | 0 | 0 | 0 | 0 | 0 |
| | 2012 | 상주 | 2 | 2 | 0 | 0 | 0 | 1 | 0 | 0 |
| | 2014 | 성남 | 20 | 6 | 0 | 0 | 0 | 15 | 2 | 0 |
| | 2015 | 성남 | 18 | 3 | 0 | 0 | 0 | 14 | 2 | 0 |
| | 2016 | 성남 | 14 | 11 | 0 | 0 | 0 | 5 | 2 | 0 |
| 컵 | 2011 | 성남일화 | 1 | 0 | 0 | 0 | 0 | 0 | 0 | 0 |
| 통산 | | | 58 | 25 | 0 | 0 | 0 | 35 | 6 | 0 |

**장석환**(張碩桓) 덕영고 2004.10.11

| 대회 | 연도 | 소속 | 출전 | 교체 | 득점 | 도움 | 실점 | 파울 | 경고 | 퇴장 |
|---|---|---|---|---|---|---|---|---|---|---|
| K2 | 2024 | 수원 | 16 | 7 | 0 | 0 | 0 | 7 | 0 | 0 |
| | 2025 | 수원 | 8 | 5 | 0 | 0 | 0 | 3 | 0 | 0 |
| PO | 2025 | 수원 | 2 | 2 | 0 | 0 | 0 | 0 | 0 | 0 |
| 통산 | | | 26 | 14 | 0 | 0 | 0 | 10 | 0 | 0 |

**장석훈**(張晳訓) 전주기전대 2006.09.04

| 대회 | 연도 | 소속 | 출전 | 교체 | 득점 | 도움 | 실점 | 파울 | 경고 | 퇴장 |
|---|---|---|---|---|---|---|---|---|---|---|
| K2 | 2024 | 서울E | 1 | 1 | 0 | 0 | 0 | 0 | 0 | 0 |
| 통산 | | | 1 | 1 | 0 | 0 | 0 | 0 | 0 | 0 |

**장성록**(張成綠) 경희고 2001.11.13

| 대회 | 연도 | 소속 | 출전 | 교체 | 득점 | 도움 | 실점 | 파울 | 경고 | 퇴장 |
|---|---|---|---|---|---|---|---|---|---|---|
| K2 | 2021 | 전남 | 11 | 9 | 0 | 0 | 0 | 3 | 0 | 0 |
| 통산 | | | 11 | 9 | 0 | 0 | 0 | 3 | 0 | 0 |

**장성욱**(張成旭) 한성대 1979.09.01

| 대회 | 연도 | 소속 | 출전 | 교체 | 득점 | 도움 | 실점 | 파울 | 경고 | 퇴장 |
|---|---|---|---|---|---|---|---|---|---|---|
| 컵 | 2002 | 울산 | 0 | 0 | 0 | 0 | 0 | 0 | 0 | 0 |
| 통산 | | | 0 | 0 | 0 | 0 | 0 | 0 | 0 | 0 |

**장성원**(張成源) 한남대 1997.06.17

| 대회 | 연도 | 소속 | 출전 | 교체 | 득점 | 도움 | 실점 | 파울 | 경고 | 퇴장 |
|---|---|---|---|---|---|---|---|---|---|---|
| K1 | 2018 | 대구 | 9 | 5 | 0 | 1 | 0 | 7 | 2 | 0 |
| | 2019 | 대구 | 18 | 13 | 0 | 1 | 0 | 11 | 3 | 0 |
| | 2020 | 대구 | 2 | 2 | 0 | 0 | 0 | 1 | 0 | 0 |
| | 2021 | 대구 | 22 | 8 | 0 | 2 | 0 | 21 | 2 | 0 |
| | 2022 | 대구 | 21 | 16 | 0 | 2 | 0 | 14 | 3 | 0 |
| | 2023 | 대구 | 29 | 23 | 1 | 4 | 0 | 14 | 3 | 0 |
| | 2024 | 대구 | 31 | 21 | 2 | 0 | 0 | 12 | 3 | 0 |
| | 2025 | 대구 | 21 | 12 | 1 | 1 | 0 | 10 | 1 | 0 |
| PO | 2024 | 대구 | 2 | 1 | 0 | 0 | 0 | 1 | 0 | 0 |
| 통산 | | | 155 | 101 | 4 | 11 | 0 | 91 | 17 | 0 |

**장성재**(張成載) 고려대 1995.09.12

| 대회 | 연도 | 소속 | 출전 | 교체 | 득점 | 도움 | 실점 | 파울 | 경고 | 퇴장 |
|---|---|---|---|---|---|---|---|---|---|---|
| K1 | 2017 | 울산 | 2 | 2 | 0 | 0 | 0 | 2 | 0 | 0 |
| | 2018 | 울산 | 2 | 2 | 0 | 0 | 0 | 0 | 0 | 0 |
| K2 | 2018 | 수원FC | 11 | 10 | 0 | 1 | 0 | 8 | 0 | 0 |
| | 2019 | 수원FC | 31 | 8 | 1 | 0 | 0 | 38 | 2 | 0 |
| | 2020 | 수원FC | 19 | 10 | 0 | 3 | 0 | 11 | 2 | 0 |
| | 2021 | 전남 | 15 | 8 | 0 | 3 | 0 | 16 | 1 | 0 |
| | 2022 | 전남 | 21 | 8 | 1 | 2 | 0 | 15 | 1 | 0 |
| | 2023 | 전남 | 18 | 4 | 0 | 0 | 0 | 14 | 2 | 0 |
| | 2024 | 천안 | 24 | 16 | 2 | 0 | 0 | 30 | 4 | 0 |
| PO | 2020 | 수원FC | 1 | 1 | 0 | 0 | 0 | 0 | 0 | 0 |
| | 2021 | 전남 | 0 | 0 | 0 | 0 | 0 | 0 | 0 | 0 |
| 통산 | | | 144 | 69 | 4 | 9 | 0 | 134 | 12 | 0 |

**장성천**(張誠泉) 부산개성고 1989.05.05

| 대회 | 연도 | 소속 | 출전 | 교체 | 득점 | 도움 | 실점 | 파울 | 경고 | 퇴장 |
|---|---|---|---|---|---|---|---|---|---|---|
| 컵 | 2008 | 제주 | 0 | 0 | 0 | 0 | 0 | 0 | 0 | 0 |
| 통산 | | | 0 | 0 | 0 | 0 | 0 | 0 | 0 | 0 |

**장성현**(章誠玹) 원광대 1995.07.16

| 대회 | 연도 | 소속 | 출전 | 교체 | 득점 | 도움 | 실점 | 파울 | 경고 | 퇴장 |
|---|---|---|---|---|---|---|---|---|---|---|
| K2 | 2018 | 광주 | 1 | 1 | 0 | 0 | 0 | 0 | 0 | 0 |
| 통산 | | | 1 | 1 | 0 | 0 | 0 | 0 | 0 | 0 |

**장순혁**(張淳赫) 중원대 1993.04.16

| 대회 | 연도 | 소속 | 출전 | 교체 | 득점 | 도움 | 실점 | 파울 | 경고 | 퇴장 |
|---|---|---|---|---|---|---|---|---|---|---|
| K1 | 2016 | 울산 | 0 | 0 | 0 | 0 | 0 | 0 | 0 | 0 |
| K2 | 2018 | 부천 | 17 | 8 | 0 | 0 | 0 | 16 | 2 | 2 |
| | 2019 | 아산 | 28 | 6 | 0 | 0 | 0 | 24 | 3 | 0 |
| | 2020 | 충남아산 | 15 | 3 | 1 | 0 | 0 | 9 | 4 | 0 |
| | 2021 | 전남 | 27 | 5 | 2 | 0 | 0 | 26 | 7 | 0 |
| | 2022 | 전남 | 20 | 4 | 0 | 0 | 0 | 12 | 3 | 0 |
| | 2024 | 전남 | 2 | 2 | 0 | 0 | 0 | 2 | 0 | 0 |
| | 2025 | 전남 | 7 | 7 | 0 | 0 | 0 | 6 | 3 | 0 |
| PO | 2021 | 전남 | 1 | 0 | 0 | 0 | 0 | 0 | 0 | 0 |
| 통산 | | | 117 | 35 | 3 | 0 | 0 | 95 | 22 | 2 |

**장시영**(張時榮) 현대고 2002.03.31

| 대회 | 연도 | 소속 | 출전 | 교체 | 득점 | 도움 | 실점 | 파울 | 경고 | 퇴장 |
|---|---|---|---|---|---|---|---|---|---|---|
| K1 | 2023 | 울산 | 10 | 10 | 1 | 0 | 0 | 5 | 2 | 0 |
| | 2024 | 울산 | 18 | 18 | 1 | 0 | 0 | 7 | 2 | 0 |
| | 2025 | 울산 | 2 | 2 | 0 | 0 | 0 | 0 | 0 | 0 |
| K2 | 2025 | 부천 | 18 | 14 | 0 | 0 | 0 | 5 | 1 | 0 |
| PO | 2025 | 부천 | 3 | 0 | 0 | 0 | 0 | 1 | 1 | 0 |
| 통산 | | | 51 | 44 | 2 | 0 | 0 | 18 | 6 | 0 |

**장영기**(張榮基) 풍생고 2003.03.04

| 대회 | 연도 | 소속 | 출전 | 교체 | 득점 | 도움 | 실점 | 파울 | 경고 | 퇴장 |
|---|---|---|---|---|---|---|---|---|---|---|
| K2 | 2023 | 성남 | 5 | 5 | 0 | 0 | 0 | 2 | 1 | 0 |
| | 2024 | 성남 | 8 | 8 | 1 | 0 | 0 | 8 | 2 | 0 |
| | 2025 | 성남 | 3 | 3 | 0 | 0 | 0 | 1 | 0 | 0 |
| 통산 | | | 16 | 16 | 1 | 0 | 0 | 11 | 3 | 0 |

**장영우**(張永祐) 보인고 2002.08.21

| 대회 | 연도 | 소속 | 출전 | 교체 | 득점 | 도움 | 실점 | 파울 | 경고 | 퇴장 |
|---|---|---|---|---|---|---|---|---|---|---|
| K1 | 2024 | 수원FC | 26 | 19 | 1 | 0 | 0 | 14 | 4 | 0 |
| | 2025 | 수원FC | 6 | 6 | 0 | 0 | 0 | 4 | 0 | 0 |
| PO | 2025 | 수원FC | 1 | 1 | 0 | 0 | 0 | 1 | 0 | 0 |
| 통산 | | | 33 | 26 | 1 | 0 | 0 | 19 | 4 | 0 |

**장영훈**(張永勳) 경북산업대(경일대) 1972.02.04

| 대회 | 연도 | 소속 | 출전 | 교체 | 득점 | 도움 | 실점 | 파울 | 경고 | 퇴장 |
|---|---|---|---|---|---|---|---|---|---|---|
| K1 | 1992 | 포항제철 | 16 | 13 | 1 | 2 | 0 | 11 | 1 | 0 |
| | 1993 | 포항제철 | 22 | 15 | 3 | 2 | 0 | 28 | 2 | 0 |
| | 1994 | 포항제철 | 5 | 3 | 0 | 0 | 0 | 8 | 2 | 0 |
| | 1995 | 포항 | 17 | 14 | 3 | 1 | 0 | 23 | 1 | 0 |
| | 1996 | 포항 | 17 | 13 | 0 | 1 | 0 | 30 | 3 | 0 |
| | 1997 | 포항 | 12 | 3 | 2 | 3 | 0 | 24 | 2 | 0 |
| | 1998 | 포항 | 3 | 3 | 1 | 0 | 0 | 0 | 0 | 0 |
| | 1998 | 안양LG | 5 | 4 | 0 | 0 | 0 | 6 | 2 | 0 |
| | 1999 | 안양LG | 8 | 6 | 0 | 1 | 0 | 9 | 1 | 0 |
| PO | 1995 | 포항 | 3 | 2 | 0 | 0 | 0 | 4 | 0 | 0 |
| 컵 | 1992 | 포항제철 | 5 | 2 | 0 | 0 | 0 | 8 | 0 | 0 |
| | 1993 | 포항제철 | 5 | 4 | 1 | 0 | 0 | 3 | 0 | 0 |
| | 1996 | 포항 | 7 | 6 | 1 | 1 | 0 | 13 | 2 | 0 |
| | 1997 | 포항 | 16 | 7 | 2 | 0 | 0 | 18 | 1 | 0 |
| | 1998 | 포항 | 4 | 2 | 0 | 1 | 0 | 3 | 0 | 0 |
| | 1999 | 안양LG | 3 | 3 | 1 | 0 | 0 | 4 | 0 | 0 |
| 통산 | | | 148 | 100 | 15 | 12 | 0 | 192 | 17 | 0 |

**장외룡**(張外龍) 연세대 1959.04.05

| 대회 | 연도 | 소속 | 출전 | 교체 | 득점 | 도움 | 실점 | 파울 | 경고 | 퇴장 |
|---|---|---|---|---|---|---|---|---|---|---|
| K1 | 1983 | 대우 | 15 | 0 | 0 | 1 | 0 | 26 | 1 | 0 |
| | 1984 | 대우 | 18 | 3 | 0 | 0 | 0 | 14 | 4 | 1 |
| | 1985 | 대우 | 20 | 0 | 0 | 0 | 0 | 17 | 3 | 0 |
| | 1986 | 대우 | 14 | 3 | 0 | 0 | 0 | 7 | 1 | 0 |
| PO | 1984 | 대우 | 2 | 0 | 0 | 0 | 0 | 3 | 0 | 0 |
| 컵 | 1986 | 대우 | 10 | 3 | 0 | 1 | 0 | 11 | 2 | 0 |
| 통산 | | | 79 | 9 | 0 | 2 | 0 | 78 | 11 | 1 |

**장용익**(張勇翼) 수원대 1989.01.01

| 대회 | 연도 | 소속 | 출전 | 교체 | 득점 | 도움 | 실점 | 파울 | 경고 | 퇴장 |
|---|---|---|---|---|---|---|---|---|---|---|
| 컵 | 2011 | 전남 | 0 | 0 | 0 | 0 | 0 | 0 | 0 | 0 |
| 통산 | | | 0 | 0 | 0 | 0 | 0 | 0 | 0 | 0 |

**장우창**(張佑暢) 광운대 1978.10.18

| 대회 | 연도 | 소속 | 출전 | 교체 | 득점 | 도움 | 실점 | 파울 | 경고 | 퇴장 |
|---|---|---|---|---|---|---|---|---|---|---|
| K1 | 2004 | 인천 | 7 | 4 | 0 | 1 | 0 | 15 | 2 | 0 |
| | 2005 | 인천 | 9 | 6 | 0 | 0 | 0 | 10 | 0 | 0 |
| | 2006 | 부산 | 3 | 2 | 0 | 0 | 0 | 0 | 0 | 0 |
| 컵 | 2004 | 인천 | 1 | 1 | 0 | 0 | 0 | 1 | 1 | 0 |
| | 2005 | 인천 | 3 | 2 | 0 | 0 | 0 | 2 | 1 | 0 |
| | 2006 | 부산 | 4 | 2 | 0 | 0 | 0 | 3 | 1 | 0 |
| 통산 | | | 27 | 17 | 0 | 1 | 0 | 31 | 5 | 0 |

**장원석**(張原碩) 호남대 1986.04.16

| 대회 | 연도 | 소속 | 출전 | 교체 | 득점 | 도움 | 실점 | 파울 | 경고 | 퇴장 |
|---|---|---|---|---|---|---|---|---|---|---|
| K1 | 2009 | 인천 | 13 | 5 | 1 | 0 | 0 | 34 | 5 | 0 |
| | 2010 | 인천 | 10 | 5 | 0 | 0 | 0 | 26 | 5 | 0 |
| | 2011 | 인천 | 22 | 5 | 2 | 3 | 0 | 46 | 7 | 0 |
| | 2012 | 제주 | 9 | 2 | 0 | 1 | 0 | 13 | 1 | 0 |
| | 2012 | 인천 | 1 | 1 | 0 | 0 | 0 | 3 | 1 | 0 |
| | 2013 | 제주 | 10 | 5 | 0 | 0 | 0 | 10 | 1 | 0 |
| K2 | 2014 | 대전 | 31 | 9 | 1 | 4 | 0 | 33 | 4 | 0 |
| | 2017 | 대전 | 14 | 4 | 0 | 1 | 0 | 19 | 5 | 0 |
| | 2018 | 대전 | 8 | 4 | 0 | 0 | 0 | 6 | 0 | 0 |
| PO | 2009 | 인천 | 1 | 1 | 0 | 0 | 0 | 0 | 0 | 0 |
| 컵 | 2009 | 인천 | 2 | 1 | 0 | 0 | 0 | 3 | 1 | 0 |
| | 2011 | 인천 | 2 | 0 | 0 | 0 | 0 | 5 | 1 | 0 |
| 통산 | | | 123 | 42 | 4 | 9 | 0 | 198 | 31 | 0 |

**장유섭**(張裕攝/←장준수) 명지대 1996.06.24

| 대회 | 연도 | 소속 | 출전 | 교체 | 득점 | 도움 | 실점 | 파울 | 경고 | 퇴장 |
|---|---|---|---|---|---|---|---|---|---|---|
| K2 | 2019 | 안산 | 0 | 0 | 0 | 0 | 0 | 0 | 0 | 0 |
| | 2022 | 안산 | 24 | 17 | 1 | 0 | 0 | 19 | 3 | 0 |
| | 2023 | 안산 | 30 | 3 | 1 | 0 | 0 | 26 | 1 | 1 |
| | 2024 | 안산 | 22 | 10 | 1 | 2 | 0 | 13 | 3 | 1 |
| 통산 | | | 76 | 30 | 3 | 2 | 0 | 58 | 7 | 2 |

**장윤호**(張潤鎬) 영생고 1996.08.25

| 대회 | 연도 | 소속 | 출전 | 교체 | 득점 | 도움 | 실점 | 파울 | 경고 | 퇴장 |
|---|---|---|---|---|---|---|---|---|---|---|
| K1 | 2015 | 전북 | 10 | 7 | 2 | 0 | 0 | 20 | 2 | 0 |
| | 2016 | 전북 | 11 | 6 | 1 | 2 | 0 | 25 | 7 | 0 |
| | 2017 | 전북 | 17 | 11 | 1 | 3 | 0 | 28 | 2 | 0 |
| | 2018 | 전북 | 12 | 8 | 0 | 0 | 0 | 15 | 1 | 0 |
| | 2019 | 인천 | 14 | 3 | 0 | 0 | 0 | 18 | 4 | 0 |
| | 2019 | 전북 | 2 | 2 | 0 | 0 | 0 | 1 | 0 | 0 |
| | 2022 | 전북 | 0 | 0 | 0 | 0 | 0 | 0 | 0 | 0 |
| | 2025 | 수원FC | 8 | 8 | 0 | 1 | 0 | 10 | 1 | 0 |
| K2 | 2020 | 서울E | 19 | 6 | 0 | 1 | 0 | 29 | 4 | 0 |
| | 2021 | 서울E | 24 | 11 | 1 | 2 | 0 | 38 | 3 | 1 |
| | 2023 | 김포 | 25 | 22 | 2 | 0 | 0 | 27 | 2 | 0 |
| | 2024 | 김포 | 23 | 16 | 2 | 1 | 0 | 29 | 3 | 0 |
| PO | 2023 | 김포 | 3 | 3 | 0 | 0 | 0 | 1 | 0 | 0 |
| 통산 | | | 168 | 103 | 9 | 10 | 0 | 241 | 29 | 1 |

**장은규**(張殷圭) 건국대 1992.08.15

| 대회 | 연도 | 소속 | 출전 | 교체 | 득점 | 도움 | 실점 | 파울 | 경고 | 퇴장 |
|---|---|---|---|---|---|---|---|---|---|---|
| K1 | 2014 | 제주 | 22 | 5 | 0 | 0 | 0 | 51 | 7 | 0 |
| | 2015 | 제주 | 10 | 7 | 0 | 0 | 0 | 14 | 4 | 0 |
| | 2018 | 상주 | 0 | 0 | 0 | 0 | 0 | 0 | 0 | 0 |
| | 2019 | 상주 | 0 | 0 | 0 | 0 | 0 | 0 | 0 | 0 |
| K2 | 2016 | 경남 | 36 | 10 | 1 | 1 | 0 | 61 | 8 | 1 |
| | 2017 | 성남 | 9 | 5 | 0 | 1 | 0 | 7 | 0 | 0 |
| | 2018 | 안양 | 5 | 4 | 0 | 0 | 0 | 1 | 1 | 0 |
| PO | 2017 | 성남 | 0 | 0 | 0 | 0 | 0 | 0 | 0 | 0 |
| 통산 | | | 82 | 31 | 1 | 2 | 0 | 134 | 20 | 1 |

**장재완**(張在完) 고려대 1983.06.04

| 대회 | 연도 | 소속 | 출전 | 교체 | 득점 | 도움 | 실점 | 파울 | 경고 | 퇴장 |
|---|---|---|---|---|---|---|---|---|---|---|
| K1 | 2006 | 울산 | 0 | 0 | 0 | 0 | 0 | 0 | 0 | 0 |
| 통산 | | | 0 | 0 | 0 | 0 | 0 | 0 | 0 | 0 |

**장재우**(張在佑) 숭실대 1988.01.07

| 대회 | 연도 | 소속 | 출전 | 교체 | 득점 | 도움 | 실점 | 파울 | 경고 | 퇴장 |
|---|---|---|---|---|---|---|---|---|---|---|
| K1 | 2010 | 인천 | 0 | 0 | 0 | 0 | 0 | 0 | 0 | 0 |
| 통산 | | | 0 | 0 | 0 | 0 | 0 | 0 | 0 | 0 |

**장재웅**(張在熊) 제주국제대 2001.01.08

| 대회 | 연도 | 소속 | 출전 | 교체 | 득점 | 도움 | 실점 | 파울 | 경고 | 퇴장 |
|---|---|---|---|---|---|---|---|---|---|---|
| K1 | 2022 | 수원FC | 11 | 11 | 0 | 1 | 0 | 6 | 0 | 0 |
| | 2023 | 수원FC | 27 | 28 | 0 | 1 | 0 | 14 | 2 | 0 |
| PO | 2023 | 수원FC | 2 | 3 | 1 | 0 | 0 | 2 | 1 | 0 |
| 통산 | | | 40 | 42 | 1 | 2 | 0 | 22 | 3 | 0 |

**장재학**(張在學) 중앙대 1967.01.15

| 대회 | 연도 | 소속 | 출전 | 교체 | 득점 | 도움 | 실점 | 파울 | 경고 | 퇴장 |
|---|---|---|---|---|---|---|---|---|---|---|
| K1 | 1989 | 포항제철 | 15 | 7 | 0 | 1 | 0 | 17 | 1 | 0 |
| | 1991 | 현대 | 10 | 6 | 0 | 0 | 0 | 8 | 0 | 0 |
| 통산 | | | 25 | 13 | 0 | 1 | 0 | 25 | 1 | 0 |

**장정**(張政) 아주대 1964.05.05

| 대회 | 연도 | 소속 | 출전 | 교체 | 득점 | 도움 | 실점 | 파울 | 경고 | 퇴장 |
|---|---|---|---|---|---|---|---|---|---|---|
| K1 | 1987 | 럭키금성 | 26 | 3 | 0 | 0 | 0 | 46 | 4 | 0 |
| | 1988 | 럭키금성 | 7 | 1 | 0 | 0 | 0 | 8 | 0 | 0 |
| 통산 | | | 33 | 4 | 0 | 0 | 0 | 54 | 4 | 0 |

**장정우**(張晶雨) 대구대 2004.11.09

| 대회 | 연도 | 소속 | 출전 | 교체 | 득점 | 도움 | 실점 | 파울 | 경고 | 퇴장 |
|---|---|---|---|---|---|---|---|---|---|---|
| K1 | 2025 | 안양 | 1 | 1 | 0 | 0 | 0 | 0 | 0 | 0 |
| 통산 | | | 1 | 1 | 0 | 0 | 0 | 0 | 0 | 0 |

**장조윤**(張朝潤) 보인정보산업고(보인고) 1988.01.01

| 대회 | 연도 | 소속 | 출전 | 교체 | 득점 | 도움 | 실점 | 파울 | 경고 | 퇴장 |
|---|---|---|---|---|---|---|---|---|---|---|
| K2 | 2015 | 충주 | 11 | 10 | 1 | 0 | 0 | 4 | 0 | 0 |
| 컵 | 2007 | 전북 | 2 | 2 | 0 | 0 | 0 | 0 | 0 | 0 |
| 통산 | | | 13 | 12 | 1 | 0 | 0 | 4 | 0 | 0 |

**장주영**(張柱泳) 청주대 1992.09.02

| 대회 | 연도 | 소속 | 출전 | 교체 | 득점 | 도움 | 실점 | 파울 | 경고 | 퇴장 |
|---|---|---|---|---|---|---|---|---|---|---|
| K2 | 2019 | 대전 | 6 | 3 | 0 | 0 | 0 | 5 | 0 | 0 |
| 통산 | | | 6 | 3 | 0 | 0 | 0 | 5 | 0 | 0 |

**장준영**(張竣營) 용인대 1993.02.04

| 대회 | 연도 | 소속 | 출전 | 교체 | 득점 | 도움 | 실점 | 파울 | 경고 | 퇴장 |
|---|---|---|---|---|---|---|---|---|---|---|
| K1 | 2021 | 수원FC | 2 | 1 | 0 | 0 | 0 | 3 | 0 | 0 |
| K2 | 2016 | 대전 | 20 | 1 | 1 | 0 | 0 | 33 | 4 | 0 |
| | 2017 | 대전 | 23 | 3 | 1 | 0 | 0 | 16 | 7 | 0 |
| | 2019 | 수원FC | 25 | 5 | 3 | 3 | 0 | 29 | 5 | 0 |
| | 2020 | 수원FC | 19 | 5 | 1 | 0 | 0 | 16 | 4 | 0 |
| | 2023 | 충남아산 | 20 | 4 | 2 | 0 | 0 | 13 | 3 | 0 |
| | 2024 | 충남아산 | 15 | 11 | 0 | 0 | 0 | 7 | 1 | 0 |
| | 2025 | 충남아산 | 9 | 5 | 0 | 0 | 0 | 5 | 0 | 0 |
| PO | 2020 | 수원FC | 0 | 0 | 0 | 0 | 0 | 0 | 0 | 0 |
| | 2024 | 충남아산 | 2 | 2 | 0 | 0 | 0 | 1 | 0 | 0 |
| 통산 | | | 135 | 37 | 8 | 3 | 0 | 123 | 24 | 0 |

**장지현**(張地鉉) 성균관대 1975.04.11

| 대회 | 연도 | 소속 | 출전 | 교체 | 득점 | 도움 | 실점 | 파울 | 경고 | 퇴장 |
|---|---|---|---|---|---|---|---|---|---|---|
| K1 | 1999 | 수원 | 14 | 6 | 0 | 1 | 0 | 26 | 4 | 0 |
| | 2000 | 수원 | 21 | 7 | 2 | 0 | 0 | 51 | 3 | 0 |
| | 2004 | 수원 | 2 | 0 | 0 | 0 | 0 | 4 | 0 | 0 |
| | 2005 | 수원 | 8 | 4 | 0 | 0 | 0 | 19 | 1 | 0 |
| | 2006 | 전북 | 8 | 6 | 1 | 0 | 0 | 17 | 2 | 0 |
| | 2007 | 전북 | 8 | 4 | 0 | 0 | 0 | 7 | 2 | 0 |
| PO | 1999 | 수원 | 2 | 0 | 0 | 1 | 0 | 4 | 0 | 0 |
| 컵 | 1999 | 수원 | 2 | 2 | 0 | 0 | 0 | 1 | 0 | 0 |
| | 2000 | 수원 | 9 | 6 | 1 | 0 | 0 | 19 | 1 | 1 |
| | 2001 | 수원 | 8 | 7 | 0 | 1 | 0 | 16 | 0 | 0 |
| | 2006 | 전북 | 7 | 4 | 2 | 0 | 0 | 24 | 1 | 0 |
| | 2007 | 전북 | 5 | 5 | 0 | 1 | 0 | 10 | 1 | 0 |
| 통산 | | | 94 | 51 | 6 | 4 | 0 | 198 | 15 | 1 |

**장창순**(張暢純) 전북대 1962.09.01

| 대회 | 연도 | 소속 | 출전 | 교체 | 득점 | 도움 | 실점 | 파울 | 경고 | 퇴장 |
|---|---|---|---|---|---|---|---|---|---|---|
| K1 | 1985 | 상무 | 10 | 6 | 0 | 2 | 0 | 9 | 1 | 0 |
| | 1989 | 일화 | 9 | 10 | 0 | 0 | 0 | 2 | 0 | 0 |
| 통산 | | | 19 | 16 | 0 | 2 | 0 | 11 | 1 | 0 |

**장철민**(張鐵民) 부산공대(부경대) 1972.05.19

| 대회 | 연도 | 소속 | 출전 | 교체 | 득점 | 도움 | 실점 | 파울 | 경고 | 퇴장 |
|---|---|---|---|---|---|---|---|---|---|---|
| K1 | 1995 | 전북 | 13 | 11 | 1 | 0 | 0 | 11 | 1 | 0 |
| | 1997 | 울산 | 3 | 3 | 0 | 0 | 0 | 1 | 0 | 0 |
| | 1998 | 울산 | 7 | 6 | 1 | 1 | 0 | 6 | 1 | 0 |
| | 1999 | 울산 | 4 | 4 | 0 | 0 | 0 | 1 | 0 | 0 |
| | 2000 | 울산 | 20 | 13 | 1 | 1 | 0 | 8 | 0 | 0 |
| | 2001 | 울산 | 9 | 7 | 1 | 3 | 0 | 11 | 0 | 0 |
| | 2002 | 울산 | 6 | 6 | 0 | 0 | 0 | 9 | 0 | 0 |

| 대회 | 연도 | 소속 | 출전 | 교체 | 득점 | 도움 | 실점 | 파울 | 경고 | 퇴장 |
|---|---|---|---|---|---|---|---|---|---|---|
| PO | 1998 | 울산 | 2 | 2 | 0 | 0 | 0 | 2 | 0 | 0 |
| 컵 | 1995 | 전북 | 4 | 4 | 0 | 0 | 0 | 1 | 0 | 0 |
| | 1996 | 전북 | 5 | 5 | 1 | 0 | 0 | 3 | 0 | 0 |
| | 1997 | 울산 | 4 | 3 | 0 | 1 | 0 | 4 | 0 | 0 |
| | 1998 | 울산 | 17 | 14 | 3 | 5 | 0 | 25 | 1 | 0 |
| | 1999 | 울산 | 2 | 1 | 0 | 0 | 0 | 1 | 0 | 0 |
| | 2000 | 울산 | 6 | 6 | 0 | 1 | 0 | 4 | 0 | 0 |
| 통산 | | | 102 | 85 | 8 | 12 | 0 | 87 | 3 | 0 |

**장철용**(張喆榕) 남부대 1995.11.13

| 대회 | 연도 | 소속 | 출전 | 교체 | 득점 | 도움 | 실점 | 파울 | 경고 | 퇴장 |
|---|---|---|---|---|---|---|---|---|---|---|
| K1 | 2017 | 포항 | 11 | 8 | 0 | 0 | 0 | 8 | 1 | 0 |
| 통산 | | | 11 | 8 | 0 | 0 | 0 | 8 | 1 | 0 |

**장철우**(張鐵雨) 아주대 1971.04.01

| 대회 | 연도 | 소속 | 출전 | 교체 | 득점 | 도움 | 실점 | 파울 | 경고 | 퇴장 |
|---|---|---|---|---|---|---|---|---|---|---|
| K1 | 1997 | 대전 | 17 | 2 | 2 | 3 | 0 | 17 | 0 | 0 |
| | 1998 | 대전 | 16 | 3 | 3 | 3 | 0 | 18 | 1 | 0 |
| | 1999 | 대전 | 21 | 5 | 8 | 3 | 0 | 32 | 4 | 1 |
| | 2000 | 대전 | 15 | 4 | 4 | 0 | 0 | 23 | 2 | 0 |
| | 2001 | 대전 | 23 | 2 | 1 | 0 | 0 | 60 | 4 | 0 |
| | 2002 | 대전 | 24 | 1 | 2 | 2 | 0 | 42 | 5 | 0 |
| | 2003 | 대전 | 40 | 3 | 0 | 1 | 0 | 66 | 6 | 0 |
| | 2004 | 대전 | 21 | 1 | 0 | 3 | 0 | 28 | 5 | 0 |
| | 2005 | 대전 | 21 | 4 | 0 | 0 | 0 | 37 | 4 | 0 |
| 컵 | 1997 | 대전 | 15 | 3 | 0 | 0 | 0 | 16 | 3 | 0 |
| | 1998 | 대전 | 12 | 6 | 2 | 0 | 0 | 15 | 1 | 0 |
| | 1999 | 대전 | 9 | 4 | 0 | 2 | 0 | 7 | 0 | 0 |
| | 2000 | 대전 | 6 | 2 | 1 | 0 | 0 | 9 | 1 | 0 |
| | 2001 | 대전 | 8 | 0 | 0 | 1 | 0 | 9 | 1 | 0 |
| | 2002 | 대전 | 8 | 4 | 0 | 1 | 0 | 16 | 2 | 0 |
| | 2004 | 대전 | 10 | 1 | 0 | 3 | 0 | 11 | 0 | 0 |
| | 2005 | 대전 | 8 | 2 | 0 | 0 | 0 | 17 | 1 | 0 |
| 통산 | | | 274 | 47 | 23 | 22 | 0 | 423 | 40 | 1 |

**장클로드**(Jane Claude Adrimer Bozga) 루마니아 1984.06.01

| 대회 | 연도 | 소속 | 출전 | 교체 | 득점 | 도움 | 실점 | 파울 | 경고 | 퇴장 |
|---|---|---|---|---|---|---|---|---|---|---|
| K2 | 2016 | 대전 | 37 | 4 | 2 | 1 | 0 | 57 | 12 | 0 |
| 통산 | | | 37 | 4 | 2 | 1 | 0 | 57 | 12 | 0 |

**장태규**(張汰圭) 아주대 1976.04.25

| 대회 | 연도 | 소속 | 출전 | 교체 | 득점 | 도움 | 실점 | 파울 | 경고 | 퇴장 |
|---|---|---|---|---|---|---|---|---|---|---|
| K1 | 1999 | 부산 | 1 | 2 | 0 | 0 | 0 | 1 | 1 | 0 |
| 컵 | 1999 | 부산 | 1 | 1 | 0 | 0 | 0 | 0 | 0 | 0 |
| | 2000 | 부산 | 0 | 0 | 0 | 0 | 0 | 0 | 0 | 0 |
| 통산 | | | 2 | 3 | 0 | 0 | 0 | 1 | 1 | 0 |

**장하늘**(張하늘) 숭실고 2002.03.02

| 대회 | 연도 | 소속 | 출전 | 교체 | 득점 | 도움 | 실점 | 파울 | 경고 | 퇴장 |
|---|---|---|---|---|---|---|---|---|---|---|
| K2 | 2021 | 경남 | 2 | 2 | 0 | 0 | 0 | 4 | 1 | 0 |
| 통산 | | | 2 | 2 | 0 | 0 | 0 | 4 | 1 | 0 |

**장학영**(張學榮) 경기대 1981.08.24

| 대회 | 연도 | 소속 | 출전 | 교체 | 득점 | 도움 | 실점 | 파울 | 경고 | 퇴장 |
|---|---|---|---|---|---|---|---|---|---|---|
| K1 | 2004 | 성남일화 | 9 | 2 | 0 | 0 | 0 | 7 | 0 | 0 |
| | 2005 | 성남일화 | 23 | 1 | 0 | 0 | 0 | 27 | 3 | 0 |
| | 2006 | 성남일화 | 26 | 1 | 1 | 3 | 0 | 35 | 0 | 0 |
| | 2007 | 성남일화 | 26 | 0 | 2 | 2 | 0 | 28 | 2 | 0 |
| | 2008 | 성남일화 | 25 | 0 | 1 | 1 | 0 | 34 | 2 | 0 |
| | 2009 | 성남일화 | 26 | 1 | 0 | 3 | 0 | 30 | 2 | 0 |
| | 2010 | 성남일화 | 11 | 0 | 2 | 1 | 0 | 9 | 2 | 0 |
| | 2012 | 부산 | 23 | 2 | 0 | 0 | 0 | 32 | 7 | 0 |
| | 2013 | 부산 | 37 | 0 | 3 | 2 | 0 | 16 | 3 | 0 |
| | 2014 | 부산 | 33 | 4 | 0 | 3 | 0 | 23 | 2 | 0 |
| | 2015 | 성남 | 17 | 2 | 0 | 1 | 0 | 14 | 3 | 0 |
| | 2016 | 성남 | 31 | 2 | 0 | 2 | 0 | 36 | 4 | 0 |
| K2 | 2017 | 성남 | 11 | 7 | 0 | 0 | 0 | 6 | 2 | 0 |
| PO | 2005 | 성남일화 | 1 | 0 | 0 | 0 | 0 | 3 | 0 | 0 |
| | 2006 | 성남일화 | 3 | 0 | 0 | 0 | 0 | 9 | 1 | 0 |
| | 2007 | 성남일화 | 2 | 0 | 1 | 0 | 0 | 2 | 0 | 0 |
| | 2008 | 성남일화 | 1 | 0 | 0 | 0 | 0 | 0 | 0 | 0 |
| | 2009 | 성남일화 | 3 | 0 | 0 | 1 | 0 | 7 | 0 | 1 |
| | 2016 | 성남 | 2 | 0 | 0 | 0 | 0 | 1 | 1 | 0 |
| | 2017 | 성남 | 0 | 0 | 0 | 0 | 0 | 0 | 0 | 0 |
| 컵 | 2004 | 성남일화 | 7 | 6 | 0 | 0 | 0 | 6 | 1 | 0 |
| | 2005 | 성남일화 | 12 | 1 | 0 | 0 | 0 | 18 | 1 | 0 |
| | 2006 | 성남일화 | 13 | 0 | 1 | 0 | 0 | 16 | 0 | 0 |
| | 2007 | 성남일화 | 1 | 0 | 0 | 0 | 0 | 1 | 0 | 0 |
| | 2008 | 성남일화 | 11 | 1 | 0 | 0 | 0 | 11 | 1 | 0 |
| | 2009 | 성남일화 | 7 | 1 | 0 | 0 | 0 | 5 | 1 | 0 |
| | 2010 | 성남일화 | 4 | 0 | 1 | 0 | 0 | 8 | 0 | 0 |
| 통산 | | | 365 | 31 | 12 | 19 | 0 | 384 | 38 | 1 |

**장혁진**(張爀鎭) 배재대 1989.12.06

| 대회 | 연도 | 소속 | 출전 | 교체 | 득점 | 도움 | 실점 | 파울 | 경고 | 퇴장 |
|---|---|---|---|---|---|---|---|---|---|---|
| K1 | 2011 | 강원 | 5 | 5 | 0 | 0 | 0 | 4 | 0 | 0 |
| | 2012 | 강원 | 15 | 12 | 1 | 1 | 0 | 15 | 1 | 0 |
| | 2014 | 상주 | 7 | 7 | 0 | 1 | 0 | 6 | 0 | 0 |
| | 2022 | 수원FC | 21 | 21 | 1 | 1 | 0 | 15 | 0 | 0 |
| K2 | 2013 | 상주 | 10 | 10 | 1 | 0 | 0 | 13 | 0 | 0 |
| | 2014 | 강원 | 8 | 3 | 0 | 2 | 0 | 9 | 1 | 0 |
| | 2015 | 강원 | 29 | 11 | 2 | 2 | 0 | 43 | 6 | 0 |
| | 2016 | 강원 | 36 | 20 | 2 | 5 | 0 | 30 | 2 | 0 |
| | 2017 | 안산 | 33 | 1 | 2 | 13 | 0 | 52 | 5 | 0 |
| | 2018 | 안산 | 34 | 12 | 3 | 8 | 0 | 42 | 1 | 0 |
| | 2019 | 안산 | 34 | 12 | 5 | 9 | 0 | 31 | 6 | 0 |
| | 2020 | 경남 | 24 | 4 | 0 | 3 | 0 | 45 | 5 | 0 |
| | 2021 | 경남 | 32 | 6 | 0 | 3 | 0 | 46 | 4 | 0 |
| | 2022 | 경남 | 1 | 1 | 0 | 0 | 0 | 0 | 0 | 0 |
| | 2023 | 충북청주 | 34 | 13 | 0 | 5 | 0 | 33 | 5 | 0 |
| | 2024 | 충북청주 | 29 | 19 | 0 | 3 | 0 | 23 | 1 | 0 |
| PO | 2014 | 강원 | 1 | 0 | 0 | 0 | 0 | 1 | 0 | 0 |
| | 2016 | 강원 | 3 | 3 | 0 | 0 | 0 | 0 | 0 | 0 |
| | 2020 | 경남 | 2 | 0 | 0 | 0 | 0 | 4 | 1 | 0 |
| 컵 | 2011 | 강원 | 3 | 2 | 0 | 0 | 0 | 4 | 0 | 0 |
| 통산 | | | 361 | 162 | 17 | 56 | 0 | 416 | 38 | 0 |

**장현규**(張鉉奎) 울산대 1981.08.22

| 대회 | 연도 | 소속 | 출전 | 교체 | 득점 | 도움 | 실점 | 파울 | 경고 | 퇴장 |
|---|---|---|---|---|---|---|---|---|---|---|
| K1 | 2004 | 대전 | 14 | 5 | 2 | 0 | 0 | 17 | 1 | 0 |
| | 2005 | 대전 | 15 | 3 | 0 | 0 | 0 | 29 | 2 | 0 |
| | 2006 | 대전 | 24 | 5 | 0 | 0 | 0 | 23 | 2 | 0 |
| | 2007 | 대전 | 15 | 4 | 0 | 0 | 0 | 18 | 4 | 0 |
| | 2008 | 포항 | 19 | 2 | 1 | 0 | 0 | 29 | 1 | 0 |
| | 2009 | 광주상무 | 26 | 7 | 3 | 2 | 0 | 22 | 0 | 0 |
| | 2010 | 포항 | 1 | 1 | 0 | 0 | 0 | 3 | 1 | 0 |
| | 2010 | 광주상무 | 21 | 2 | 0 | 0 | 0 | 23 | 2 | 0 |
| | 2011 | 포항 | 2 | 2 | 0 | 0 | 0 | 2 | 1 | 0 |
| PO | 2007 | 대전 | 1 | 0 | 0 | 0 | 0 | 1 | 0 | 0 |
| | 2008 | 포항 | 1 | 1 | 0 | 0 | 0 | 1 | 0 | 0 |
| 컵 | 2004 | 대전 | 8 | 1 | 0 | 0 | 0 | 14 | 1 | 0 |
| | 2005 | 대전 | 9 | 1 | 0 | 0 | 0 | 16 | 3 | 0 |
| | 2006 | 대전 | 12 | 2 | 0 | 0 | 0 | 29 | 1 | 0 |
| | 2007 | 대전 | 3 | 1 | 0 | 0 | 0 | 8 | 0 | 0 |
| | 2008 | 포항 | 2 | 0 | 0 | 0 | 0 | 8 | 2 | 0 |
| | 2009 | 광주상무 | 3 | 0 | 0 | 0 | 0 | 2 | 0 | 0 |
| | 2010 | 광주상무 | 0 | 0 | 0 | 0 | 0 | 0 | 0 | 0 |
| | 2011 | 포항 | 3 | 0 | 0 | 0 | 0 | 2 | 0 | 0 |
| 통산 | | | 179 | 37 | 6 | 2 | 0 | 247 | 21 | 0 |

**장현수**(張鉉洙) 용인대 1993.01.01

| 대회 | 연도 | 소속 | 출전 | 교체 | 득점 | 도움 | 실점 | 파울 | 경고 | 퇴장 |
|---|---|---|---|---|---|---|---|---|---|---|
| K1 | 2015 | 수원 | 4 | 4 | 0 | 1 | 0 | 2 | 0 | 0 |
| | 2016 | 수원 | 1 | 1 | 0 | 0 | 0 | 2 | 1 | 0 |
| | 2017 | 수원 | 1 | 1 | 1 | 0 | 0 | 3 | 0 | 0 |
| K2 | 2016 | 부산 | 13 | 11 | 2 | 1 | 0 | 11 | 1 | 0 |
| | 2019 | 부천 | 24 | 21 | 1 | 0 | 0 | 20 | 2 | 0 |
| | 2020 | 부천 | 23 | 12 | 0 | 1 | 0 | 39 | 3 | 0 |
| | 2021 | 부천 | 15 | 7 | 0 | 2 | 0 | 19 | 1 | 0 |
| PO | 2016 | 부산 | 0 | 0 | 0 | 0 | 0 | 0 | 0 | 0 |
| | 2019 | 부천 | 1 | 0 | 0 | 0 | 0 | 2 | 0 | 0 |
| 통산 | | | 82 | 57 | 4 | 5 | 0 | 98 | 8 | 0 |

**장현우**(張現宇) 동북고 1993.05.26

| 대회 | 연도 | 소속 | 출전 | 교체 | 득점 | 도움 | 실점 | 파울 | 경고 | 퇴장 |
|---|---|---|---|---|---|---|---|---|---|---|
| K1 | 2014 | 상주 | 0 | 0 | 0 | 0 | 0 | 0 | 0 | 0 |
| K2 | 2015 | 상주 | 1 | 1 | 0 | 0 | 0 | 3 | 0 | 0 |
| | 2016 | 부산 | 1 | 0 | 0 | 0 | 0 | 2 | 0 | 0 |
| 통산 | | | 2 | 1 | 0 | 0 | 0 | 5 | 0 | 0 |

**장현호**(張現浩) 고려대 1972.10.14

| 대회 | 연도 | 소속 | 출전 | 교체 | 득점 | 도움 | 실점 | 파울 | 경고 | 퇴장 |
|---|---|---|---|---|---|---|---|---|---|---|
| K1 | 1995 | 포항 | 23 | 2 | 0 | 1 | 0 | 23 | 2 | 0 |
| | 1996 | 포항 | 21 | 4 | 0 | 0 | 0 | 29 | 2 | 1 |
| | 1997 | 포항 | 12 | 3 | 0 | 0 | 0 | 22 | 0 | 0 |
| | 2000 | 포항 | 8 | 0 | 0 | 0 | 0 | 9 | 3 | 0 |
| | 2001 | 성남일화 | 0 | 0 | 0 | 0 | 0 | 0 | 0 | 0 |
| PO | 1995 | 포항 | 3 | 1 | 0 | 0 | 0 | 3 | 0 | 0 |
| 컵 | 1995 | 포항 | 3 | 0 | 0 | 0 | 0 | 3 | 0 | 0 |
| | 1996 | 포항 | 5 | 0 | 0 | 0 | 0 | 2 | 0 | 0 |
| | 1997 | 포항 | 11 | 3 | 0 | 0 | 0 | 10 | 1 | 0 |
| | 2000 | 포항 | 2 | 2 | 0 | 0 | 0 | 1 | 0 | 0 |
| 통산 | | | 88 | 15 | 0 | 1 | 0 | 102 | 8 | 1 |

**장형곤**(張炯坤) 경희고 1961.01.29

| 대회 | 연도 | 소속 | 출전 | 교체 | 득점 | 도움 | 실점 | 파울 | 경고 | 퇴장 |
|---|---|---|---|---|---|---|---|---|---|---|
| K1 | 1984 | 현대 | 1 | 1 | 0 | 0 | 0 | 2 | 0 | 0 |
| 통산 | | | 1 | 1 | 0 | 0 | 0 | 2 | 0 | 0 |

**장형관**(張馨官) 인천대 1980.07.19

| 대회 | 연도 | 소속 | 출전 | 교체 | 득점 | 도움 | 실점 | 파울 | 경고 | 퇴장 |
|---|---|---|---|---|---|---|---|---|---|---|
| K1 | 2003 | 대구 | 14 | 12 | 0 | 0 | 0 | 10 | 2 | 0 |
| | 2004 | 대구 | 1 | 1 | 0 | 0 | 0 | 0 | 0 | 0 |
| 컵 | 2004 | 대구 | 2 | 1 | 0 | 0 | 0 | 4 | 0 | 0 |
| 통산 | | | 17 | 14 | 0 | 0 | 0 | 14 | 2 | 0 |

**장형석**(張亨碩) 성보고 1972.07.07

| 대회 | 연도 | 소속 | 출전 | 교체 | 득점 | 도움 | 실점 | 파울 | 경고 | 퇴장 |
|---|---|---|---|---|---|---|---|---|---|---|
| K1 | 1992 | 현대 | 8 | 7 | 1 | 0 | 0 | 4 | 1 | 0 |
| | 1993 | 현대 | 1 | 1 | 0 | 1 | 0 | 0 | 0 | 0 |
| | 1995 | 현대 | 3 | 1 | 0 | 0 | 0 | 7 | 1 | 0 |
| | 1996 | 울산 | 26 | 9 | 5 | 0 | 0 | 47 | 5 | 0 |
| | 1997 | 울산 | 12 | 1 | 0 | 0 | 0 | 25 | 2 | 0 |
| | 1998 | 울산 | 12 | 9 | 0 | 0 | 0 | 23 | 2 | 0 |
| | 1999 | 안양LG | 7 | 2 | 0 | 0 | 0 | 16 | 2 | 0 |
| | 1999 | 울산 | 13 | 4 | 0 | 0 | 0 | 23 | 1 | 0 |
| | 2002 | 부천SK | 10 | 6 | 0 | 0 | 0 | 12 | 3 | 0 |
| PO | 1996 | 울산 | 1 | 0 | 0 | 1 | 0 | 3 | 0 | 0 |
| | 1998 | 울산 | 3 | 3 | 0 | 0 | 0 | 2 | 0 | 0 |
| 컵 | 1992 | 현대 | 4 | 2 | 0 | 0 | 0 | 6 | 0 | 0 |
| | 1996 | 울산 | 2 | 0 | 0 | 0 | 0 | 5 | 0 | 1 |
| | 1997 | 울산 | 13 | 0 | 1 | 2 | 0 | 21 | 4 | 0 |
| | 1998 | 울산 | 3 | 1 | 0 | 0 | 0 | 5 | 0 | 0 |
| | 1999 | 안양LG | 3 | 2 | 0 | 1 | 0 | 2 | 1 | 0 |
| | 1999 | 울산 | 8 | 1 | 1 | 0 | 0 | 10 | 0 | 0 |
| | 2002 | 부천SK | 7 | 4 | 0 | 0 | 0 | 7 | 0 | 0 |
| 통산 | | | 136 | 53 | 8 | 5 | 0 | 218 | 22 | 1 |

**장호익**(張鎬翼) 호남대 1993.12.04

| 대회 | 연도 | 소속 | 출전 | 교체 | 득점 | 도움 | 실점 | 파울 | 경고 | 퇴장 |
|---|---|---|---|---|---|---|---|---|---|---|
| K1 | 2016 | 수원 | 16 | 2 | 0 | 0 | 0 | 27 | 2 | 0 |
| | 2017 | 수원 | 19 | 6 | 0 | 1 | 0 | 27 | 4 | 0 |
| | 2018 | 수원 | 24 | 5 | 0 | 2 | 0 | 27 | 4 | 1 |
| | 2019 | 상주 | 0 | 0 | 0 | 0 | 0 | 0 | 0 | 0 |
| | 2020 | 수원 | 18 | 4 | 0 | 0 | 0 | 26 | 4 | 0 |
| | 2021 | 수원 | 34 | 8 | 0 | 0 | 0 | 38 | 12 | 0 |
| | 2022 | 수원 | 29 | 19 | 0 | 2 | 0 | 30 | 3 | 0 |
| | 2023 | 수원 | 17 | 9 | 0 | 0 | 0 | 7 | 1 | 0 |
| K2 | 2024 | 수원 | 13 | 7 | 0 | 0 | 0 | 4 | 0 | 0 |
| | 2025 | 부산 | 37 | 3 | 1 | 0 | 0 | 33 | 5 | 0 |
| PO | 2022 | 수원 | 2 | 1 | 0 | 0 | 0 | 1 | 0 | 0 |
| 통산 | | | 209 | 64 | 1 | 5 | 0 | 220 | 35 | 1 |

**장효준**(張孝俊) 동국대 2000.02.09

| 대회 | 연도 | 소속 | 출전 | 교체 | 득점 | 도움 | 실점 | 파울 | 경고 | 퇴장 |
|---|---|---|---|---|---|---|---|---|---|---|
| K1 | 2022 | 성남 | 17 | 11 | 0 | 0 | 0 | 10 | 4 | 0 |

| 대회 | 연도 | 소속 | 출전 | 교체 | 득점 | 도움 | 실점 | 파울 | 경고 | 퇴장 |
|---|---|---|---|---|---|---|---|---|---|---|
| K2 | 2023 | 성남 | 5 | 3 | 0 | 0 | 0 | 3 | 0 | 0 |
| | 2024 | 성남 | 9 | 4 | 1 | 1 | 0 | 5 | 0 | 1 |
| 통산 | | | 31 | 18 | 1 | 1 | 0 | 18 | 4 | 1 |

**잭슨**(Lachlan Robert Tua Jackson) 오스트레일리아 1995.03.12

| 대회 | 연도 | 소속 | 출전 | 교체 | 득점 | 도움 | 실점 | 파울 | 경고 | 퇴장 |
|---|---|---|---|---|---|---|---|---|---|---|
| K1 | 2021 | 수원FC | 19 | 3 | 2 | 1 | 0 | 22 | 2 | 0 |
| | 2022 | 수원FC | 21 | 5 | 2 | 1 | 0 | 14 | 6 | 0 |
| | 2023 | 수원FC | 23 | 4 | 0 | 0 | 0 | 11 | 5 | 0 |
| | 2024 | 수원FC | 22 | 8 | 1 | 0 | 0 | 5 | 0 | 0 |
| PO | 2023 | 수원FC | 2 | 0 | 0 | 0 | 0 | 2 | 0 | 0 |
| 통산 | | | 87 | 20 | 5 | 2 | 0 | 54 | 13 | 0 |

**쟈스민**(Mujdza Jasmin) 크로아티아 1974.03.02

| 대회 | 연도 | 소속 | 출전 | 교체 | 득점 | 도움 | 실점 | 파울 | 경고 | 퇴장 |
|---|---|---|---|---|---|---|---|---|---|---|
| K1 | 2002 | 성남일화 | 16 | 5 | 0 | 0 | 0 | 25 | 0 | 0 |
| 통산 | | | 16 | 5 | 0 | 0 | 0 | 25 | 0 | 0 |

**전경준**(全慶埈) 경북산업대(경일대) 1973.09.10

| 대회 | 연도 | 소속 | 출전 | 교체 | 득점 | 도움 | 실점 | 파울 | 경고 | 퇴장 |
|---|---|---|---|---|---|---|---|---|---|---|
| K1 | 1993 | 포항제철 | 8 | 7 | 0 | 1 | 0 | 5 | 0 | 0 |
| | 1994 | 포항제철 | 2 | 2 | 0 | 0 | 0 | 1 | 0 | 0 |
| | 1995 | 포항 | 13 | 14 | 0 | 1 | 0 | 9 | 2 | 0 |
| | 1996 | 포항 | 30 | 23 | 5 | 3 | 0 | 35 | 1 | 0 |
| | 1997 | 포항 | 16 | 8 | 0 | 0 | 0 | 20 | 2 | 0 |
| | 1998 | 포항 | 11 | 11 | 1 | 0 | 0 | 4 | 0 | 0 |
| | 1999 | 포항 | 4 | 2 | 0 | 0 | 0 | 6 | 0 | 0 |
| | 1999 | 부천SK | 14 | 12 | 2 | 4 | 0 | 16 | 1 | 0 |
| | 2000 | 부천SK | 26 | 25 | 5 | 8 | 0 | 14 | 1 | 0 |
| | 2001 | 부천SK | 25 | 25 | 3 | 2 | 0 | 15 | 0 | 1 |
| | 2002 | 전북 | 24 | 9 | 3 | 2 | 0 | 24 | 1 | 0 |
| | 2003 | 전북 | 25 | 18 | 2 | 4 | 0 | 32 | 1 | 0 |
| | 2004 | 전북 | 8 | 8 | 1 | 0 | 0 | 5 | 0 | 0 |
| | 2005 | 전북 | 3 | 3 | 0 | 0 | 0 | 0 | 0 | 0 |
| PO | 1998 | 포항 | 3 | 2 | 0 | 0 | 0 | 5 | 0 | 0 |
| | 1999 | 부천SK | 2 | 2 | 0 | 0 | 0 | 0 | 0 | 0 |
| | 2000 | 부천SK | 2 | 2 | 1 | 1 | 0 | 2 | 0 | 1 |
| 컵 | 1995 | 포항 | 6 | 5 | 0 | 0 | 0 | 4 | 1 | 0 |
| | 1996 | 포항 | 2 | 2 | 0 | 0 | 0 | 1 | 0 | 0 |
| | 1997 | 포항 | 17 | 10 | 2 | 3 | 0 | 13 | 1 | 0 |
| | 1998 | 포항 | 9 | 5 | 1 | 2 | 0 | 7 | 0 | 0 |
| | 1999 | 부천SK | 1 | 1 | 0 | 0 | 0 | 1 | 0 | 0 |
| | 1999 | 포항 | 6 | 5 | 0 | 0 | 0 | 4 | 0 | 0 |
| | 2000 | 부천SK | 10 | 10 | 1 | 4 | 0 | 8 | 3 | 0 |
| | 2001 | 부천SK | 5 | 3 | 0 | 1 | 0 | 3 | 0 | 0 |
| | 2002 | 전북 | 8 | 4 | 1 | 1 | 0 | 9 | 2 | 0 |
| | 2004 | 전북 | 3 | 3 | 0 | 0 | 0 | 1 | 0 | 0 |
| | 2005 | 전북 | 4 | 4 | 0 | 0 | 0 | 5 | 1 | 0 |
| 통산 | | | 287 | 225 | 28 | 37 | 0 | 249 | 17 | 2 |

**전경진**(全景鎭) 한양대 1976.02.10

| 대회 | 연도 | 소속 | 출전 | 교체 | 득점 | 도움 | 실점 | 파울 | 경고 | 퇴장 |
|---|---|---|---|---|---|---|---|---|---|---|
| K1 | 2000 | 성남일화 | 2 | 2 | 0 | 0 | 0 | 1 | 0 | 0 |
| 통산 | | | 2 | 2 | 0 | 0 | 0 | 1 | 0 | 0 |

**전경택**(田坰澤) 성균관대 1970.06.20

| 대회 | 연도 | 소속 | 출전 | 교체 | 득점 | 도움 | 실점 | 파울 | 경고 | 퇴장 |
|---|---|---|---|---|---|---|---|---|---|---|
| K1 | 1997 | 대전 | 15 | 3 | 0 | 0 | 0 | 26 | 1 | 0 |
| | 1998 | 대전 | 13 | 3 | 0 | 0 | 0 | 15 | 3 | 0 |
| | 1999 | 대전 | 5 | 4 | 0 | 0 | 0 | 7 | 1 | 0 |
| 컵 | 1997 | 대전 | 7 | 2 | 0 | 0 | 0 | 10 | 1 | 0 |
| | 1998 | 대전 | 14 | 2 | 0 | 0 | 0 | 24 | 0 | 0 |
| 통산 | | | 54 | 14 | 0 | 0 | 0 | 82 | 6 | 0 |

**전광진**(全光眞) 명지대 1981.06.30

| 대회 | 연도 | 소속 | 출전 | 교체 | 득점 | 도움 | 실점 | 파울 | 경고 | 퇴장 |
|---|---|---|---|---|---|---|---|---|---|---|
| K1 | 2004 | 성남일화 | 10 | 6 | 0 | 0 | 0 | 18 | 2 | 0 |
| | 2005 | 성남일화 | 2 | 3 | 0 | 0 | 0 | 1 | 0 | 0 |
| | 2006 | 광주상무 | 25 | 9 | 0 | 3 | 0 | 25 | 3 | 0 |
| | 2007 | 광주상무 | 16 | 4 | 0 | 1 | 0 | 28 | 7 | 0 |
| | 2008 | 성남일화 | 7 | 4 | 0 | 0 | 0 | 10 | 2 | 0 |
| | 2009 | 성남일화 | 16 | 2 | 0 | 0 | 0 | 21 | 1 | 1 |
| | 2010 | 성남일화 | 26 | 7 | 1 | 4 | 0 | 30 | 5 | 0 |
| PO | 2009 | 성남일화 | 4 | 1 | 0 | 0 | 0 | 5 | 3 | 0 |
| | 2010 | 성남일화 | 2 | 0 | 0 | 0 | 0 | 1 | 2 | 0 |
| 컵 | 2004 | 성남일화 | 9 | 3 | 0 | 1 | 0 | 25 | 1 | 0 |
| | 2005 | 성남일화 | 7 | 4 | 0 | 0 | 0 | 10 | 0 | 0 |
| | 2006 | 광주상무 | 9 | 5 | 0 | 1 | 0 | 13 | 0 | 1 |
| | 2007 | 광주상무 | 9 | 2 | 0 | 1 | 0 | 15 | 5 | 0 |
| | 2008 | 성남일화 | 2 | 2 | 0 | 0 | 0 | 0 | 0 | 0 |
| | 2009 | 성남일화 | 3 | 1 | 0 | 0 | 0 | 1 | 0 | 0 |
| | 2010 | 성남일화 | 4 | 0 | 1 | 0 | 0 | 3 | 1 | 0 |
| 통산 | | | 151 | 53 | 2 | 11 | 0 | 206 | 32 | 2 |

**전광철**(全光哲) 경신고 1982.07.16

| 대회 | 연도 | 소속 | 출전 | 교체 | 득점 | 도움 | 실점 | 파울 | 경고 | 퇴장 |
|---|---|---|---|---|---|---|---|---|---|---|
| K1 | 2001 | 울산 | 1 | 1 | 0 | 0 | 0 | 0 | 0 | 0 |
| 컵 | 2002 | 울산 | 1 | 1 | 0 | 0 | 0 | 3 | 0 | 0 |
| 통산 | | | 2 | 2 | 0 | 0 | 0 | 3 | 0 | 0 |

**전광환**(田廣煥) 울산대 1982.07.29

| 대회 | 연도 | 소속 | 출전 | 교체 | 득점 | 도움 | 실점 | 파울 | 경고 | 퇴장 |
|---|---|---|---|---|---|---|---|---|---|---|
| K1 | 2005 | 전북 | 0 | 0 | 0 | 0 | 0 | 0 | 0 | 0 |
| | 2006 | 전북 | 10 | 2 | 0 | 0 | 0 | 21 | 2 | 0 |
| | 2007 | 전북 | 22 | 6 | 0 | 3 | 0 | 36 | 2 | 0 |
| | 2008 | 전북 | 3 | 1 | 0 | 0 | 0 | 3 | 0 | 0 |
| | 2009 | 광주상무 | 26 | 15 | 0 | 0 | 0 | 14 | 2 | 0 |
| | 2010 | 광주상무 | 25 | 4 | 0 | 0 | 0 | 28 | 1 | 0 |
| | 2011 | 전북 | 6 | 1 | 0 | 0 | 0 | 8 | 1 | 0 |
| | 2012 | 전북 | 31 | 2 | 0 | 1 | 0 | 33 | 1 | 0 |
| | 2013 | 전북 | 19 | 7 | 0 | 0 | 0 | 17 | 1 | 0 |
| K2 | 2014 | 부천 | 20 | 4 | 0 | 0 | 0 | 24 | 1 | 0 |
| | 2015 | 부천 | 33 | 2 | 0 | 0 | 0 | 21 | 5 | 0 |
| PO | 2010 | 전북 | 1 | 0 | 0 | 0 | 0 | 0 | 0 | 0 |
| 컵 | 2006 | 전북 | 8 | 1 | 0 | 0 | 0 | 14 | 1 | 0 |
| | 2007 | 전북 | 1 | 0 | 0 | 1 | 0 | 1 | 0 | 0 |
| | 2008 | 전북 | 1 | 0 | 0 | 0 | 0 | 1 | 1 | 0 |
| | 2009 | 광주상무 | 2 | 0 | 0 | 0 | 0 | 1 | 0 | 0 |
| | 2010 | 광주상무 | 1 | 1 | 0 | 0 | 0 | 0 | 0 | 0 |
| | 2011 | 전북 | 1 | 0 | 0 | 0 | 0 | 2 | 0 | 0 |
| 통산 | | | 210 | 46 | 0 | 5 | 0 | 224 | 18 | 0 |

**전기성**(全基成) 광주대 1993.04.29

| 대회 | 연도 | 소속 | 출전 | 교체 | 득점 | 도움 | 실점 | 파울 | 경고 | 퇴장 |
|---|---|---|---|---|---|---|---|---|---|---|
| K2 | 2015 | 서울E | 1 | 0 | 0 | 0 | 0 | 1 | 0 | 0 |
| | 2016 | 부천 | 0 | 0 | 0 | 0 | 0 | 0 | 0 | 0 |
| 통산 | | | 1 | 0 | 0 | 0 | 0 | 1 | 0 | 0 |

**전덕찬**(全德燦) 계성고 1963.05.05

| 대회 | 연도 | 소속 | 출전 | 교체 | 득점 | 도움 | 실점 | 파울 | 경고 | 퇴장 |
|---|---|---|---|---|---|---|---|---|---|---|
| K1 | 1984 | 대우 | 1 | 1 | 0 | 0 | 0 | 1 | 0 | 0 |
| | 1986 | 대우 | 1 | 1 | 0 | 0 | 0 | 0 | 0 | 0 |
| 통산 | | | 2 | 2 | 0 | 0 | 0 | 1 | 0 | 0 |

**전만호**(田萬浩) 대구공고 1967.01.07

| 대회 | 연도 | 소속 | 출전 | 교체 | 득점 | 도움 | 실점 | 파울 | 경고 | 퇴장 |
|---|---|---|---|---|---|---|---|---|---|---|
| K1 | 1990 | 대우 | 1 | 1 | 0 | 0 | 0 | 1 | 1 | 0 |
| 통산 | | | 1 | 1 | 0 | 0 | 0 | 1 | 1 | 0 |

**전명근**(田明根) 호남대 1990.04.30

| 대회 | 연도 | 소속 | 출전 | 교체 | 득점 | 도움 | 실점 | 파울 | 경고 | 퇴장 |
|---|---|---|---|---|---|---|---|---|---|---|
| K2 | 2013 | 광주 | 10 | 9 | 0 | 0 | 0 | 8 | 0 | 0 |
| 통산 | | | 10 | 9 | 0 | 0 | 0 | 8 | 0 | 0 |

**전민관**(全珉寬) 고려대 1990.10.19

| 대회 | 연도 | 소속 | 출전 | 교체 | 득점 | 도움 | 실점 | 파울 | 경고 | 퇴장 |
|---|---|---|---|---|---|---|---|---|---|---|
| K2 | 2013 | 부천 | 13 | 1 | 0 | 1 | 0 | 12 | 2 | 0 |
| | 2014 | 부천 | 1 | 1 | 0 | 0 | 0 | 0 | 0 | 0 |
| 통산 | | | 14 | 2 | 0 | 1 | 0 | 12 | 2 | 0 |

**전민광**(全珉洸) 중원대 1993.01.17

| 대회 | 연도 | 소속 | 출전 | 교체 | 득점 | 도움 | 실점 | 파울 | 경고 | 퇴장 |
|---|---|---|---|---|---|---|---|---|---|---|
| K1 | 2019 | 포항 | 18 | 0 | 0 | 0 | 0 | 9 | 1 | 0 |
| | 2020 | 포항 | 16 | 6 | 0 | 1 | 0 | 9 | 2 | 1 |
| | 2021 | 포항 | 32 | 11 | 0 | 3 | 0 | 20 | 5 | 0 |
| | 2024 | 포항 | 32 | 0 | 2 | 1 | 0 | 11 | 2 | 0 |
| | 2025 | 포항 | 37 | 2 | 0 | 0 | 0 | 38 | 4 | 0 |
| K2 | 2015 | 서울E | 17 | 7 | 0 | 1 | 0 | 14 | 1 | 0 |
| | 2016 | 서울E | 26 | 11 | 0 | 0 | 0 | 21 | 1 | 0 |
| | 2017 | 서울E | 29 | 5 | 1 | 0 | 0 | 21 | 2 | 0 |
| | 2018 | 서울E | 31 | 1 | 1 | 2 | 0 | 29 | 4 | 1 |
| PO | 2015 | 서울E | 1 | 0 | 1 | 0 | 0 | 0 | 0 | 0 |
| 통산 | | | 239 | 43 | 5 | 8 | 0 | 172 | 22 | 2 |

**전민수**(全珉秀) 선문대 2005.09.22

| 대회 | 연도 | 소속 | 출전 | 교체 | 득점 | 도움 | 실점 | 파울 | 경고 | 퇴장 |
|---|---|---|---|---|---|---|---|---|---|---|
| K2 | 2025 | 경남 | 2 | 2 | 0 | 0 | 0 | 0 | 0 | 0 |
| 통산 | | | 2 | 2 | 0 | 0 | 0 | 0 | 0 | 0 |

**전병관**(全炳關) 덕영고 2002.11.10

| 대회 | 연도 | 소속 | 출전 | 교체 | 득점 | 도움 | 실점 | 파울 | 경고 | 퇴장 |
|---|---|---|---|---|---|---|---|---|---|---|
| K1 | 2023 | 대전 | 23 | 21 | 2 | 3 | 0 | 21 | 2 | 0 |
| | 2024 | 전북 | 29 | 25 | 5 | 1 | 0 | 36 | 6 | 0 |
| | 2025 | 전북 | 7 | 6 | 1 | 2 | 0 | 8 | 1 | 0 |
| | 2025 | 김천 | 13 | 13 | 0 | 2 | 0 | 14 | 0 | 0 |
| K2 | 2021 | 대전 | 7 | 7 | 1 | 0 | 0 | 6 | 0 | 0 |
| | 2022 | 대전 | 1 | 1 | 0 | 0 | 0 | 0 | 0 | 0 |
| PO | 2024 | 전북 | 1 | 1 | 0 | 0 | 0 | 1 | 0 | 0 |
| 통산 | | | 81 | 74 | 9 | 8 | 0 | 86 | 9 | 0 |

**전병수**(全昞壽) 동국대 1992.03.14

| 대회 | 연도 | 소속 | 출전 | 교체 | 득점 | 도움 | 실점 | 파울 | 경고 | 퇴장 |
|---|---|---|---|---|---|---|---|---|---|---|
| K2 | 2015 | 강원 | 8 | 8 | 0 | 0 | 0 | 16 | 0 | 0 |
| 통산 | | | 8 | 8 | 0 | 0 | 0 | 16 | 0 | 0 |

**전보민**(田甫珉) 제주국제대 2000.05.10

| 대회 | 연도 | 소속 | 출전 | 교체 | 득점 | 도움 | 실점 | 파울 | 경고 | 퇴장 |
|---|---|---|---|---|---|---|---|---|---|---|
| K2 | 2022 | 안양 | 1 | 1 | 0 | 0 | 0 | 0 | 0 | 0 |
| | 2023 | 안양 | 1 | 1 | 0 | 0 | 0 | 2 | 0 | 0 |
| | 2024 | 안양 | 2 | 2 | 0 | 0 | 0 | 1 | 0 | 0 |
| 통산 | | | 4 | 4 | 0 | 0 | 0 | 3 | 0 | 0 |

**전보훈**(全寶訓) 숭실대 1988.03.10

| 대회 | 연도 | 소속 | 출전 | 교체 | 득점 | 도움 | 실점 | 파울 | 경고 | 퇴장 |
|---|---|---|---|---|---|---|---|---|---|---|
| K1 | 2011 | 대전 | 5 | 5 | 0 | 0 | 0 | 6 | 0 | 0 |
| 통산 | | | 5 | 5 | 0 | 0 | 0 | 6 | 0 | 0 |

**전봉성**(全峰星) 경운대 1985.03.18

| 대회 | 연도 | 소속 | 출전 | 교체 | 득점 | 도움 | 실점 | 파울 | 경고 | 퇴장 |
|---|---|---|---|---|---|---|---|---|---|---|
| K1 | 2008 | 전남 | 0 | 0 | 0 | 0 | 0 | 0 | 0 | 0 |
| 통산 | | | 0 | 0 | 0 | 0 | 0 | 0 | 0 | 0 |

**전상대**(田相大) 숭실대 1982.04.10

| 대회 | 연도 | 소속 | 출전 | 교체 | 득점 | 도움 | 실점 | 파울 | 경고 | 퇴장 |
|---|---|---|---|---|---|---|---|---|---|---|
| K1 | 2006 | 경남 | 2 | 2 | 0 | 0 | 0 | 2 | 0 | 0 |
| 컵 | 2008 | 대구 | 0 | 0 | 0 | 0 | 0 | 0 | 0 | 0 |
| 통산 | | | 2 | 2 | 0 | 0 | 0 | 2 | 0 | 0 |

**전상욱**(全相煜) 단국대 1979.09.22

| 대회 | 연도 | 소속 | 출전 | 교체 | 득점 | 도움 | 실점 | 파울 | 경고 | 퇴장 |
|---|---|---|---|---|---|---|---|---|---|---|
| K1 | 2005 | 성남일화 | 0 | 0 | 0 | 0 | 0 | 0 | 0 | 0 |
| | 2008 | 성남일화 | 0 | 0 | 0 | 0 | 0 | 0 | 0 | 0 |
| | 2009 | 성남일화 | 3 | 0 | 0 | 0 | 2 | 0 | 0 | 0 |
| | 2010 | 부산 | 21 | 0 | 0 | 0 | 28 | 1 | 3 | 0 |
| | 2011 | 부산 | 16 | 0 | 0 | 0 | 18 | 1 | 5 | 0 |
| | 2012 | 부산 | 32 | 0 | 0 | 0 | 34 | 1 | 2 | 0 |
| | 2013 | 성남일화 | 38 | 1 | 0 | 0 | 41 | 1 | 1 | 0 |
| | 2014 | 성남 | 3 | 0 | 0 | 0 | 6 | 0 | 0 | 0 |
| | 2015 | 성남 | 6 | 0 | 0 | 0 | 7 | 0 | 3 | 0 |
| | 2016 | 성남 | 1 | 1 | 0 | 0 | 0 | 0 | 0 | 0 |
| PO | 2008 | 성남일화 | 0 | 0 | 0 | 0 | 0 | 0 | 0 | 0 |
| | 2011 | 부산 | 1 | 0 | 0 | 0 | 1 | 0 | 0 | 0 |
| 컵 | 2006 | 성남일화 | 3 | 1 | 0 | 0 | 2 | 0 | 0 | 0 |
| | 2008 | 성남일화 | 0 | 0 | 0 | 0 | 0 | 0 | 0 | 0 |
| | 2009 | 성남일화 | 0 | 0 | 0 | 0 | 0 | 0 | 0 | 0 |
| | 2010 | 부산 | 5 | 0 | 0 | 0 | 8 | 0 | 1 | 0 |
| | 2011 | 부산 | 4 | 0 | 0 | 0 | 4 | 0 | 0 | 0 |
| 통산 | | | 133 | 3 | 0 | 0 | 151 | 4 | 15 | 0 |

**전상훈**(田尙勳) 연세대 1989.09.10

| 대회 | 연도 | 소속 | 출전 | 교체 | 득점 | 도움 | 실점 | 파울 | 경고 | 퇴장 |
|---|---|---|---|---|---|---|---|---|---|---|
| K1 | 2014 | 경남 | 0 | 0 | 0 | 0 | 0 | 0 | 0 | 0 |
| K2 | 2013 | 경찰 | 2 | 2 | 0 | 0 | 0 | 1 | 0 | 0 |

| 대회 | 연도 | 소속 | 출전 | 교체 | 득점 | 도움 | 실점 | 파울 | 경고 | 퇴장 |
|---|---|---|---|---|---|---|---|---|---|---|
| | 2015 | 경남 | 26 | 9 | 0 | 1 | 0 | 21 | 3 | 0 |
| | 2016 | 경남 | 9 | 3 | 0 | 0 | 0 | 8 | 0 | 0 |
| | 2017 | 대전 | 11 | 2 | 0 | 0 | 0 | 4 | 2 | 0 |
| | 2018 | 대전 | 6 | 2 | 0 | 1 | 0 | 1 | 1 | 0 |
| | 2019 | 대전 | 1 | 0 | 0 | 0 | 0 | 1 | 1 | 0 |
| 컵 | 2011 | 대전 | 4 | 0 | 0 | 0 | 0 | 4 | 0 | 0 |
| 통산 | | | 59 | 18 | 0 | 2 | 0 | 40 | 7 | 0 |

**전석훈**(全錫訓) 영남대 1997.12.03

| 대회 | 연도 | 소속 | 출전 | 교체 | 득점 | 도움 | 실점 | 파울 | 경고 | 퇴장 |
|---|---|---|---|---|---|---|---|---|---|---|
| K2 | 2018 | 서울E | 3 | 3 | 0 | 0 | 0 | 3 | 0 | 0 |
| | 2019 | 서울E | 13 | 13 | 1 | 1 | 0 | 7 | 1 | 0 |
| | 2020 | 서울E | 5 | 5 | 0 | 0 | 0 | 4 | 0 | 0 |
| 통산 | | | 21 | 21 | 1 | 1 | 0 | 14 | 1 | 0 |

**전성수**(田成秀) 계명고 2000.07.13

| 대회 | 연도 | 소속 | 출전 | 교체 | 득점 | 도움 | 실점 | 파울 | 경고 | 퇴장 |
|---|---|---|---|---|---|---|---|---|---|---|
| K1 | 2019 | 성남 | 0 | 0 | 0 | 0 | 0 | 0 | 0 | 0 |
| | 2022 | 성남 | 19 | 20 | 2 | 0 | 0 | 10 | 2 | 0 |
| K2 | 2023 | 성남 | 17 | 16 | 0 | 2 | 0 | 5 | 1 | 0 |
| | 2024 | 성남 | 3 | 3 | 0 | 0 | 0 | 0 | 0 | 0 |
| | 2024 | 부천 | 5 | 5 | 1 | 0 | 0 | 2 | 0 | 0 |
| 통산 | | | 44 | 44 | 3 | 2 | 0 | 17 | 3 | 0 |

**전성진**(田聖眞) 현대고 2001.07.19

| 대회 | 연도 | 소속 | 출전 | 교체 | 득점 | 도움 | 실점 | 파울 | 경고 | 퇴장 |
|---|---|---|---|---|---|---|---|---|---|---|
| K1 | 2023 | 제주 | 6 | 6 | 0 | 0 | 0 | 0 | 0 | 0 |
| | 2024 | 제주 | 9 | 9 | 0 | 0 | 0 | 2 | 1 | 0 |
| K2 | 2025 | 부산 | 36 | 21 | 3 | 2 | 0 | 27 | 6 | 0 |
| 통산 | | | 51 | 36 | 3 | 2 | 0 | 29 | 7 | 0 |

**전성진**(全成進) 대구예술대 2003.03.21

| 대회 | 연도 | 소속 | 출전 | 교체 | 득점 | 도움 | 실점 | 파울 | 경고 | 퇴장 |
|---|---|---|---|---|---|---|---|---|---|---|
| K2 | 2025 | 화성 | 39 | 28 | 0 | 4 | 0 | 36 | 4 | 0 |
| 통산 | | | 39 | 28 | 0 | 4 | 0 | 36 | 4 | 0 |

**전수현**(全首泫/←전태현) 울산대 1986.08.18

| 대회 | 연도 | 소속 | 출전 | 교체 | 득점 | 도움 | 실점 | 파울 | 경고 | 퇴장 |
|---|---|---|---|---|---|---|---|---|---|---|
| K1 | 2009 | 제주 | 5 | 1 | 0 | 0 | 13 | 1 | 0 | 0 |
| | 2011 | 제주 | 6 | 0 | 0 | 0 | 9 | 0 | 1 | 0 |
| | 2012 | 제주 | 15 | 1 | 0 | 0 | 19 | 1 | 1 | 0 |
| | 2013 | 제주 | 7 | 0 | 0 | 0 | 8 | 0 | 1 | 0 |
| | 2015 | 제주 | 0 | 0 | 0 | 0 | 0 | 0 | 0 | 0 |
| | 2016 | 제주 | 1 | 0 | 0 | 0 | 0 | 0 | 0 | 0 |
| K2 | 2014 | 안산경찰 | 13 | 1 | 0 | 0 | 16 | 2 | 0 | 0 |
| | 2015 | 안산경찰 | 17 | 0 | 0 | 0 | 21 | 0 | 1 | 0 |
| | 2017 | 대전 | 21 | 0 | 0 | 0 | 30 | 0 | 1 | 0 |
| | 2018 | 안양 | 32 | 0 | 0 | 0 | 41 | 0 | 0 | 0 |
| | 2019 | 수원FC | 8 | 0 | 0 | 0 | 14 | 0 | 0 | 0 |
| PO | 2014 | 안산경찰 | 1 | 0 | 0 | 0 | 3 | 0 | 0 | 0 |
| 컵 | 2009 | 제주 | 0 | 0 | 0 | 0 | 0 | 0 | 0 | 0 |
| | 2010 | 제주 | 0 | 0 | 0 | 0 | 0 | 0 | 0 | 0 |
| | 2011 | 제주 | 1 | 1 | 0 | 0 | 0 | 0 | 0 | 0 |
| 통산 | | | 127 | 4 | 0 | 0 | 174 | 4 | 5 | 0 |

**전승민**(田昇閔) 용인대 2000.12.15

| 대회 | 연도 | 소속 | 출전 | 교체 | 득점 | 도움 | 실점 | 파울 | 경고 | 퇴장 |
|---|---|---|---|---|---|---|---|---|---|---|
| K1 | 2020 | 성남 | 1 | 1 | 0 | 0 | 0 | 0 | 0 | 0 |
| | 2021 | 성남 | 2 | 2 | 0 | 0 | 0 | 0 | 0 | 0 |
| K2 | 2022 | 전남 | 34 | 23 | 3 | 1 | 0 | 15 | 2 | 0 |
| | 2023 | 전남 | 9 | 8 | 0 | 0 | 0 | 3 | 0 | 0 |
| | 2023 | 부산 | 4 | 4 | 0 | 1 | 0 | 2 | 0 | 0 |
| | 2024 | 안양 | 3 | 3 | 0 | 0 | 0 | 0 | 0 | 0 |
| | 2025 | 부산 | 9 | 9 | 0 | 2 | 0 | 2 | 0 | 0 |
| 통산 | | | 62 | 50 | 3 | 4 | 0 | 22 | 2 | 0 |

**전영수**(全榮秀) 성균관대 1963.02.19

| 대회 | 연도 | 소속 | 출전 | 교체 | 득점 | 도움 | 실점 | 파울 | 경고 | 퇴장 |
|---|---|---|---|---|---|---|---|---|---|---|
| K1 | 1986 | 현대 | 10 | 8 | 1 | 3 | 0 | 8 | 0 | 0 |
| | 1989 | 유공 | 12 | 11 | 1 | 1 | 0 | 7 | 0 | 0 |
| | 1990 | 유공 | 6 | 4 | 1 | 1 | 0 | 3 | 0 | 0 |
| | 1991 | 유공 | 3 | 3 | 0 | 0 | 0 | 4 | 0 | 0 |
| 컵 | 1986 | 현대 | 12 | 6 | 0 | 4 | 0 | 8 | 1 | 0 |
| 통산 | | | 43 | 32 | 3 | 9 | 0 | 30 | 1 | 0 |

**전용운**(全龍雲) 안산U18 2002.11.05

| 대회 | 연도 | 소속 | 출전 | 교체 | 득점 | 도움 | 실점 | 파울 | 경고 | 퇴장 |
|---|---|---|---|---|---|---|---|---|---|---|
| K2 | 2021 | 안산 | 0 | 0 | 0 | 0 | 0 | 0 | 0 | 0 |
| | 2022 | 안산 | 2 | 2 | 0 | 0 | 0 | 0 | 0 | 0 |
| 통산 | | | 2 | 2 | 0 | 0 | 0 | 0 | 0 | 0 |

**전용준**(全勇俊) 진위고 2003.07.16

| 대회 | 연도 | 소속 | 출전 | 교체 | 득점 | 도움 | 실점 | 파울 | 경고 | 퇴장 |
|---|---|---|---|---|---|---|---|---|---|---|
| K1 | 2024 | 대구 | 1 | 1 | 0 | 0 | 0 | 0 | 0 | 0 |
| | 2025 | 대구 | 2 | 2 | 0 | 0 | 0 | 1 | 0 | 0 |
| 통산 | | | 3 | 3 | 0 | 0 | 0 | 1 | 0 | 0 |

**전우근**(全雨根) 인천대 1977.02.25

| 대회 | 연도 | 소속 | 출전 | 교체 | 득점 | 도움 | 실점 | 파울 | 경고 | 퇴장 |
|---|---|---|---|---|---|---|---|---|---|---|
| K1 | 1999 | 부산 | 16 | 5 | 1 | 2 | 0 | 23 | 3 | 0 |
| | 2000 | 부산 | 23 | 8 | 5 | 1 | 0 | 37 | 1 | 0 |
| | 2001 | 부산 | 24 | 6 | 6 | 2 | 0 | 38 | 1 | 1 |
| | 2002 | 부산 | 15 | 7 | 0 | 1 | 0 | 18 | 2 | 0 |
| | 2003 | 부산 | 27 | 13 | 2 | 1 | 0 | 30 | 1 | 0 |
| | 2004 | 광주상무 | 12 | 10 | 1 | 0 | 0 | 15 | 0 | 0 |
| | 2006 | 부산 | 10 | 10 | 1 | 2 | 0 | 19 | 0 | 0 |
| | 2007 | 부산 | 14 | 13 | 1 | 0 | 0 | 17 | 1 | 0 |
| | 2008 | 부산 | 1 | 1 | 0 | 0 | 0 | 1 | 0 | 0 |
| PO | 1999 | 부산 | 1 | 1 | 0 | 0 | 0 | 4 | 1 | 0 |
| 컵 | 1999 | 부산 | 1 | 0 | 0 | 0 | 0 | 1 | 0 | 0 |
| | 2000 | 부산 | 6 | 4 | 1 | 0 | 0 | 8 | 0 | 0 |
| | 2001 | 부산 | 11 | 7 | 2 | 0 | 0 | 15 | 0 | 0 |
| | 2002 | 부산 | 8 | 0 | 1 | 0 | 0 | 14 | 1 | 0 |
| | 2004 | 광주상무 | 7 | 7 | 0 | 0 | 0 | 15 | 0 | 0 |
| | 2005 | 광주상무 | 8 | 7 | 0 | 0 | 0 | 10 | 0 | 0 |
| | 2007 | 부산 | 7 | 4 | 0 | 0 | 0 | 7 | 0 | 0 |
| | 2008 | 부산 | 0 | 0 | 0 | 0 | 0 | 0 | 0 | 0 |
| 통산 | | | 191 | 103 | 21 | 9 | 0 | 272 | 11 | 1 |

**전우영**(全旴營/←전성찬) 광운대 1987.12.27

| 대회 | 연도 | 소속 | 출전 | 교체 | 득점 | 도움 | 실점 | 파울 | 경고 | 퇴장 |
|---|---|---|---|---|---|---|---|---|---|---|
| K1 | 2011 | 성남일화 | 22 | 6 | 3 | 1 | 0 | 35 | 3 | 0 |
| | 2012 | 성남일화 | 6 | 6 | 0 | 0 | 0 | 6 | 0 | 0 |
| | 2013 | 부산 | 11 | 10 | 0 | 0 | 0 | 10 | 0 | 0 |
| | 2013 | 성남일화 | 0 | 0 | 0 | 0 | 0 | 0 | 0 | 0 |
| | 2014 | 부산 | 17 | 16 | 0 | 0 | 0 | 14 | 0 | 0 |
| | 2015 | 부산 | 24 | 12 | 0 | 1 | 0 | 20 | 3 | 0 |
| | 2016 | 전남 | 3 | 2 | 0 | 0 | 0 | 8 | 1 | 0 |
| PO | 2015 | 부산 | 1 | 1 | 0 | 0 | 0 | 2 | 1 | 0 |
| 컵 | 2011 | 성남일화 | 2 | 1 | 0 | 1 | 0 | 3 | 1 | 0 |
| 통산 | | | 86 | 54 | 3 | 3 | 0 | 98 | 9 | 0 |

**전운선**(全雲仙) 국민대 1960.12.23

| 대회 | 연도 | 소속 | 출전 | 교체 | 득점 | 도움 | 실점 | 파울 | 경고 | 퇴장 |
|---|---|---|---|---|---|---|---|---|---|---|
| K1 | 1984 | 국민은행 | 15 | 0 | 0 | 0 | 26 | 0 | 0 | 0 |
| 통산 | | | 15 | 0 | 0 | 0 | 26 | 0 | 0 | 0 |

**전원근**(全源根) 고려대 1986.11.13

| 대회 | 연도 | 소속 | 출전 | 교체 | 득점 | 도움 | 실점 | 파울 | 경고 | 퇴장 |
|---|---|---|---|---|---|---|---|---|---|---|
| K1 | 2009 | 강원 | 26 | 4 | 1 | 2 | 0 | 28 | 1 | 0 |
| | 2010 | 대구 | 3 | 1 | 0 | 0 | 0 | 7 | 3 | 0 |
| 컵 | 2009 | 강원 | 2 | 0 | 0 | 0 | 0 | 3 | 0 | 0 |
| 통산 | | | 31 | 5 | 1 | 2 | 0 | 38 | 4 | 0 |

**전유상**(全有上) 경신고 2004.01.11

| 대회 | 연도 | 소속 | 출전 | 교체 | 득점 | 도움 | 실점 | 파울 | 경고 | 퇴장 |
|---|---|---|---|---|---|---|---|---|---|---|
| K2 | 2024 | 전남 | 1 | 1 | 1 | 0 | 0 | 0 | 0 | 0 |
| 통산 | | | 1 | 1 | 1 | 0 | 0 | 0 | 0 | 0 |

**전인규**(全寅圭) 남부대 1993.11.14

| 대회 | 연도 | 소속 | 출전 | 교체 | 득점 | 도움 | 실점 | 파울 | 경고 | 퇴장 |
|---|---|---|---|---|---|---|---|---|---|---|
| K2 | 2024 | 부천 | 20 | 3 | 0 | 0 | 0 | 22 | 1 | 0 |
| | 2025 | 부천 | 9 | 4 | 0 | 0 | 0 | 9 | 2 | 0 |
| 통산 | | | 29 | 7 | 0 | 0 | 0 | 31 | 3 | 0 |

**전인석**(田仁錫) 고려대 1955.09.25

| 대회 | 연도 | 소속 | 출전 | 교체 | 득점 | 도움 | 실점 | 파울 | 경고 | 퇴장 |
|---|---|---|---|---|---|---|---|---|---|---|
| K1 | 1984 | 대우 | 18 | 3 | 0 | 0 | 0 | 17 | 0 | 0 |
| | 1985 | 대우 | 13 | 2 | 0 | 0 | 0 | 21 | 1 | 0 |
| 통산 | | | 31 | 5 | 0 | 0 | 0 | 38 | 1 | 0 |

**전재복**(全在福) 경희대 1972.11.05

| 대회 | 연도 | 소속 | 출전 | 교체 | 득점 | 도움 | 실점 | 파울 | 경고 | 퇴장 |
|---|---|---|---|---|---|---|---|---|---|---|
| K1 | 1996 | 수원 | 23 | 8 | 0 | 1 | 0 | 27 | 0 | 0 |
| | 1997 | 수원 | 2 | 1 | 0 | 0 | 0 | 6 | 0 | 0 |
| 컵 | 1996 | 수원 | 4 | 2 | 0 | 0 | 0 | 6 | 1 | 0 |
| | 1997 | 수원 | 4 | 2 | 0 | 0 | 0 | 3 | 0 | 0 |
| 통산 | | | 33 | 13 | 0 | 1 | 0 | 42 | 1 | 0 |

**전재운**(全才雲) 울산대 1981.03.18

| 대회 | 연도 | 소속 | 출전 | 교체 | 득점 | 도움 | 실점 | 파울 | 경고 | 퇴장 |
|---|---|---|---|---|---|---|---|---|---|---|
| K1 | 2002 | 울산 | 22 | 14 | 3 | 3 | 0 | 21 | 2 | 0 |
| | 2003 | 울산 | 26 | 23 | 2 | 4 | 0 | 12 | 3 | 0 |
| | 2004 | 울산 | 19 | 15 | 1 | 2 | 0 | 24 | 4 | 0 |
| | 2005 | 수원 | 8 | 7 | 1 | 2 | 0 | 5 | 1 | 0 |
| | 2005 | 전북 | 10 | 6 | 0 | 1 | 0 | 21 | 1 | 0 |
| | 2006 | 전북 | 3 | 3 | 1 | 0 | 0 | 4 | 2 | 0 |
| | 2007 | 제주 | 19 | 8 | 3 | 2 | 0 | 18 | 3 | 0 |
| | 2008 | 제주 | 19 | 16 | 2 | 1 | 0 | 13 | 3 | 0 |
| | 2009 | 제주 | 13 | 13 | 0 | 0 | 0 | 3 | 1 | 0 |
| PO | 2004 | 울산 | 1 | 1 | 0 | 0 | 0 | 0 | 0 | 0 |
| 컵 | 2005 | 수원 | 2 | 2 | 0 | 0 | 0 | 1 | 0 | 0 |
| | 2006 | 전북 | 1 | 0 | 0 | 0 | 0 | 0 | 0 | 0 |
| | 2007 | 제주 | 4 | 3 | 0 | 0 | 0 | 5 | 1 | 0 |
| | 2008 | 제주 | 7 | 2 | 0 | 1 | 0 | 11 | 3 | 0 |
| | 2009 | 제주 | 4 | 4 | 0 | 0 | 0 | 4 | 0 | 0 |
| 통산 | | | 158 | 117 | 13 | 16 | 0 | 142 | 24 | 0 |

**전재호**(田在浩) 홍익대 1979.08.08

| 대회 | 연도 | 소속 | 출전 | 교체 | 득점 | 도움 | 실점 | 파울 | 경고 | 퇴장 |
|---|---|---|---|---|---|---|---|---|---|---|
| K1 | 2003 | 성남일화 | 31 | 6 | 0 | 0 | 0 | 74 | 5 | 0 |
| | 2004 | 인천 | 20 | 2 | 1 | 1 | 0 | 32 | 1 | 1 |
| | 2005 | 인천 | 20 | 3 | 1 | 1 | 0 | 21 | 4 | 0 |
| | 2006 | 인천 | 12 | 3 | 0 | 0 | 0 | 21 | 3 | 0 |
| | 2007 | 인천 | 21 | 2 | 0 | 2 | 0 | 32 | 3 | 1 |
| | 2008 | 인천 | 22 | 3 | 0 | 0 | 0 | 36 | 3 | 0 |
| | 2009 | 인천 | 25 | 3 | 0 | 2 | 0 | 36 | 7 | 0 |
| | 2010 | 인천 | 22 | 3 | 0 | 2 | 0 | 35 | 2 | 0 |
| | 2011 | 인천 | 20 | 3 | 1 | 1 | 0 | 29 | 5 | 0 |
| | 2012 | 부산 | 3 | 3 | 0 | 0 | 0 | 1 | 0 | 0 |
| | 2012 | 강원 | 13 | 1 | 0 | 0 | 0 | 18 | 5 | 0 |
| | 2013 | 강원 | 26 | 13 | 2 | 3 | 0 | 32 | 6 | 1 |
| PO | 2005 | 인천 | 3 | 0 | 0 | 0 | 0 | 7 | 1 | 0 |
| | 2009 | 인천 | 1 | 1 | 0 | 0 | 0 | 4 | 1 | 0 |
| | 2013 | 강원 | 2 | 2 | 0 | 0 | 0 | 3 | 1 | 0 |
| 컵 | 2002 | 성남일화 | 3 | 3 | 0 | 0 | 0 | 4 | 1 | 0 |
| | 2004 | 인천 | 10 | 2 | 0 | 1 | 0 | 17 | 2 | 0 |
| | 2005 | 인천 | 12 | 0 | 0 | 0 | 0 | 21 | 1 | 0 |
| | 2006 | 인천 | 2 | 2 | 0 | 0 | 0 | 3 | 0 | 0 |
| | 2007 | 인천 | 10 | 3 | 0 | 1 | 0 | 9 | 1 | 0 |
| | 2008 | 인천 | 2 | 2 | 1 | 0 | 0 | 3 | 0 | 0 |
| | 2009 | 인천 | 5 | 0 | 0 | 1 | 0 | 8 | 3 | 0 |
| | 2010 | 인천 | 4 | 0 | 0 | 0 | 0 | 2 | 0 | 0 |
| | 2011 | 인천 | 1 | 1 | 0 | 0 | 0 | 0 | 0 | 0 |
| 통산 | | | 290 | 61 | 6 | 15 | 0 | 448 | 55 | 3 |

**전정호**(全廷鎬) 1999.01.06

| 대회 | 연도 | 소속 | 출전 | 교체 | 득점 | 도움 | 실점 | 파울 | 경고 | 퇴장 |
|---|---|---|---|---|---|---|---|---|---|---|
| K1 | 2021 | 수원FC | 9 | 11 | 0 | 0 | 0 | 3 | 0 | 0 |
| K2 | 2020 | 수원FC | 1 | 1 | 0 | 0 | 0 | 1 | 0 | 0 |
| PO | 2020 | 수원FC | 0 | 0 | 0 | 0 | 0 | 0 | 0 | 0 |
| 통산 | | | 10 | 12 | 0 | 0 | 0 | 4 | 0 | 0 |

**전종선**(全鐘善) 서울체고 1962.02.15

| 대회 | 연도 | 소속 | 출전 | 교체 | 득점 | 도움 | 실점 | 파울 | 경고 | 퇴장 |
|---|---|---|---|---|---|---|---|---|---|---|
| K1 | 1983 | 유공 | 3 | 1 | 0 | 0 | 0 | 0 | 0 | 0 |
| | 1984 | 유공 | 11 | 6 | 0 | 1 | 0 | 4 | 0 | 0 |
| | 1985 | 유공 | 5 | 2 | 0 | 1 | 0 | 2 | 0 | 0 |
| PO | 1984 | 유공 | 1 | 0 | 0 | 0 | 0 | 0 | 0 | 0 |
| 통산 | | | 20 | 9 | 0 | 2 | 0 | 6 | 0 | 0 |

**전종혁**(全鐘赫) 연세대 1996.03.21

| 대회 | 연도 | 소속 | 출전 | 교체 | 득점 | 도움 | 실점 | 파울 | 경고 | 퇴장 |
|---|---|---|---|---|---|---|---|---|---|---|

| 대회 | 연도 | 소속 | 출전 | 교체 | 득점 | 도움 | 실점 | 파울 | 경고 | 퇴장 |
|---|---|---|---|---|---|---|---|---|---|---|
| K1 | 2019 | 성남 | 10 | 2 | 0 | 0 | 9 | 0 | 0 | 0 |
| | 2020 | 성남 | 4 | 0 | 0 | 0 | 4 | 0 | 0 | 0 |
| K2 | 2018 | 성남 | 8 | 0 | 0 | 0 | 6 | 0 | 1 | 0 |
| | 2021 | 부천 | 16 | 0 | 0 | 0 | 23 | 1 | 2 | 0 |
| | 2022 | 부산 | 0 | 0 | 0 | 0 | 0 | 0 | 0 | 0 |
| 통산 | | | 38 | 2 | 0 | 0 | 42 | 1 | 3 | 0 |

**전준형**(田俊亨) 용문중 1986.08.28

| 대회 | 연도 | 소속 | 출전 | 교체 | 득점 | 도움 | 실점 | 파울 | 경고 | 퇴장 |
|---|---|---|---|---|---|---|---|---|---|---|
| K1 | 2009 | 경남 | 4 | 1 | 0 | 0 | 0 | 5 | 0 | 0 |
| | 2010 | 경남 | 16 | 4 | 1 | 0 | 0 | 18 | 3 | 0 |
| | 2011 | 인천 | 8 | 3 | 0 | 0 | 0 | 8 | 0 | 0 |
| | 2012 | 인천 | 11 | 4 | 0 | 0 | 0 | 14 | 1 | 0 |
| | 2013 | 인천 | 8 | 2 | 0 | 0 | 0 | 10 | 1 | 0 |
| K2 | 2014 | 광주 | 8 | 2 | 0 | 0 | 0 | 8 | 1 | 0 |
| PO | 2010 | 경남 | 1 | 0 | 0 | 0 | 0 | 0 | 0 | 0 |
| | 2014 | 광주 | 0 | 0 | 0 | 0 | 0 | 0 | 0 | 0 |
| 컵 | 2010 | 경남 | 6 | 0 | 1 | 1 | 0 | 5 | 2 | 0 |
| | 2011 | 인천 | 1 | 0 | 0 | 0 | 0 | 0 | 0 | 0 |
| 통산 | | | 63 | 16 | 2 | 1 | 0 | 68 | 8 | 0 |

**전지현**(全志晛) 호남대 1995.05.03

| 대회 | 연도 | 소속 | 출전 | 교체 | 득점 | 도움 | 실점 | 파울 | 경고 | 퇴장 |
|---|---|---|---|---|---|---|---|---|---|---|
| K1 | 2018 | 전남 | 5 | 5 | 0 | 0 | 0 | 3 | 0 | 0 |
| 통산 | | | 5 | 5 | 0 | 0 | 0 | 3 | 0 | 0 |

**전진우**(全晉旴/← 전세진) 매탄고 1999.09.09

| 대회 | 연도 | 소속 | 출전 | 교체 | 득점 | 도움 | 실점 | 파울 | 경고 | 퇴장 |
|---|---|---|---|---|---|---|---|---|---|---|
| K1 | 2018 | 수원 | 12 | 10 | 2 | 0 | 0 | 11 | 1 | 0 |
| | 2019 | 수원 | 20 | 14 | 0 | 2 | 0 | 10 | 3 | 0 |
| | 2020 | 상주 | 1 | 1 | 0 | 0 | 0 | 0 | 0 | 0 |
| | 2021 | 수원 | 8 | 8 | 0 | 0 | 0 | 6 | 1 | 0 |
| | 2022 | 수원 | 25 | 22 | 6 | 3 | 0 | 23 | 3 | 0 |
| | 2023 | 수원 | 21 | 20 | 1 | 1 | 0 | 11 | 2 | 0 |
| | 2024 | 전북 | 12 | 12 | 2 | 0 | 0 | 4 | 0 | 0 |
| | 2025 | 전북 | 36 | 28 | 16 | 2 | 0 | 29 | 9 | 0 |
| K2 | 2021 | 김천 | 1 | 1 | 0 | 0 | 0 | 3 | 0 | 0 |
| | 2024 | 수원 | 16 | 13 | 1 | 1 | 0 | 5 | 3 | 0 |
| PO | 2022 | 수원 | 2 | 3 | 0 | 0 | 0 | 0 | 0 | 0 |
| | 2024 | 전북 | 2 | 2 | 1 | 1 | 0 | 0 | 0 | 0 |
| 통산 | | | 156 | 134 | 29 | 10 | 0 | 102 | 22 | 0 |

**전차식**(全且植) 동래고 1959.09.27

| 대회 | 연도 | 소속 | 출전 | 교체 | 득점 | 도움 | 실점 | 파울 | 경고 | 퇴장 |
|---|---|---|---|---|---|---|---|---|---|---|
| K1 | 1983 | 포항제철 | 13 | 2 | 0 | 0 | 0 | 8 | 1 | 0 |
| | 1984 | 포항제철 | 16 | 1 | 0 | 0 | 0 | 10 | 0 | 0 |
| | 1985 | 포항제철 | 21 | 0 | 0 | 1 | 0 | 13 | 1 | 0 |
| | 1986 | 포항제철 | 17 | 1 | 0 | 2 | 0 | 17 | 1 | 0 |
| PO | 1986 | 포항제철 | 1 | 1 | 0 | 0 | 0 | 1 | 0 | 0 |
| 컵 | 1986 | 포항제철 | 7 | 1 | 0 | 0 | 0 | 8 | 1 | 0 |
| 통산 | | | 75 | 6 | 0 | 3 | 0 | 57 | 4 | 0 |

**전현근**(全炫懃) 진주고 1997.02.25

| 대회 | 연도 | 소속 | 출전 | 교체 | 득점 | 도움 | 실점 | 파울 | 경고 | 퇴장 |
|---|---|---|---|---|---|---|---|---|---|---|
| K1 | 2019 | 성남 | 0 | 0 | 0 | 0 | 0 | 0 | 0 | 0 |
| 통산 | | | 0 | 0 | 0 | 0 | 0 | 0 | 0 | 0 |

**전현병**(全炫丙) 연세대 2000.05.07

| 대회 | 연도 | 소속 | 출전 | 교체 | 득점 | 도움 | 실점 | 파울 | 경고 | 퇴장 |
|---|---|---|---|---|---|---|---|---|---|---|
| K1 | 2023 | 강원 | 0 | 0 | 0 | 0 | 0 | 0 | 0 | 0 |
| K2 | 2024 | 충북청주 | 20 | 14 | 0 | 1 | 0 | 22 | 6 | 0 |
| | 2025 | 충북청주 | 9 | 6 | 1 | 0 | 0 | 8 | 1 | 0 |
| 통산 | | | 29 | 20 | 1 | 1 | 0 | 30 | 7 | 0 |

**전현석**(田鉉錫) 울산대 1974.03.29

| 대회 | 연도 | 소속 | 출전 | 교체 | 득점 | 도움 | 실점 | 파울 | 경고 | 퇴장 |
|---|---|---|---|---|---|---|---|---|---|---|
| K1 | 1997 | 전북 | 9 | 8 | 1 | 2 | 0 | 3 | 3 | 0 |
| | 1998 | 전북 | 5 | 5 | 0 | 1 | 0 | 1 | 1 | 0 |
| | 1999 | 전북 | 17 | 18 | 3 | 3 | 0 | 10 | 1 | 0 |
| | 2000 | 전북 | 11 | 11 | 0 | 1 | 0 | 6 | 2 | 0 |
| 컵 | 1997 | 전북 | 7 | 5 | 0 | 1 | 0 | 8 | 0 | 0 |
| | 1998 | 전북 | 8 | 8 | 2 | 0 | 0 | 6 | 1 | 0 |
| | 1999 | 전북 | 2 | 2 | 0 | 0 | 0 | 0 | 0 | 0 |
| | 2000 | 전북 | 1 | 1 | 0 | 0 | 0 | 0 | 0 | 0 |
| 통산 | | | 60 | 58 | 6 | 8 | 0 | 34 | 8 | 0 |

**전현욱**(田鉉煜) 전주대 1992.03.16

| 대회 | 연도 | 소속 | 출전 | 교체 | 득점 | 도움 | 실점 | 파울 | 경고 | 퇴장 |
|---|---|---|---|---|---|---|---|---|---|---|
| K1 | 2015 | 수원 | 0 | 0 | 0 | 0 | 0 | 0 | 0 | 0 |
| 통산 | | | 0 | 0 | 0 | 0 | 0 | 0 | 0 | 0 |

**전현재**(全玄載) 광운대 1992.07.12

| 대회 | 연도 | 소속 | 출전 | 교체 | 득점 | 도움 | 실점 | 파울 | 경고 | 퇴장 |
|---|---|---|---|---|---|---|---|---|---|---|
| K2 | 2015 | 서울E | 0 | 0 | 0 | 0 | 0 | 0 | 0 | 0 |
| 통산 | | | 0 | 0 | 0 | 0 | 0 | 0 | 0 | 0 |

**전현철**(全玄哲) 아주대 1990.07.03

| 대회 | 연도 | 소속 | 출전 | 교체 | 득점 | 도움 | 실점 | 파울 | 경고 | 퇴장 |
|---|---|---|---|---|---|---|---|---|---|---|
| K1 | 2012 | 성남일화 | 22 | 20 | 3 | 0 | 0 | 15 | 0 | 0 |
| | 2013 | 전남 | 30 | 26 | 6 | 1 | 0 | 8 | 1 | 0 |
| | 2014 | 전남 | 21 | 19 | 2 | 0 | 0 | 13 | 0 | 0 |
| | 2015 | 전남 | 20 | 19 | 1 | 0 | 0 | 7 | 0 | 0 |
| | 2017 | 대구 | 11 | 10 | 2 | 1 | 0 | 2 | 0 | 0 |
| | 2018 | 대구 | 13 | 13 | 0 | 0 | 0 | 2 | 0 | 0 |
| | 2019 | 대구 | 2 | 2 | 0 | 0 | 0 | 0 | 0 | 0 |
| K2 | 2016 | 부산 | 8 | 8 | 0 | 0 | 0 | 1 | 0 | 0 |
| | 2017 | 부산 | 11 | 12 | 0 | 2 | 0 | 5 | 0 | 0 |
| 통산 | | | 138 | 129 | 14 | 4 | 0 | 53 | 1 | 0 |

**전형섭**(全亨涉) 성균관대 1990.02.21

| 대회 | 연도 | 소속 | 출전 | 교체 | 득점 | 도움 | 실점 | 파울 | 경고 | 퇴장 |
|---|---|---|---|---|---|---|---|---|---|---|
| K2 | 2014 | 대구 | 0 | 0 | 0 | 0 | 0 | 0 | 0 | 0 |
| 통산 | | | 0 | 0 | 0 | 0 | 0 | 0 | 0 | 0 |

**전홍석**(全弘錫) 선문대 1989.03.25

| 대회 | 연도 | 소속 | 출전 | 교체 | 득점 | 도움 | 실점 | 파울 | 경고 | 퇴장 |
|---|---|---|---|---|---|---|---|---|---|---|
| K1 | 2011 | 울산 | 0 | 0 | 0 | 0 | 0 | 0 | 0 | 0 |
| | 2012 | 울산 | 0 | 0 | 0 | 0 | 0 | 0 | 0 | 0 |
| | 2013 | 울산 | 0 | 0 | 0 | 0 | 0 | 0 | 0 | 0 |
| 컵 | 2011 | 울산 | 0 | 0 | 0 | 0 | 0 | 0 | 0 | 0 |
| 통산 | | | 0 | 0 | 0 | 0 | 0 | 0 | 0 | 0 |

**전효석**(全效奭) 제주국제대 1997.05.28

| 대회 | 연도 | 소속 | 출전 | 교체 | 득점 | 도움 | 실점 | 파울 | 경고 | 퇴장 |
|---|---|---|---|---|---|---|---|---|---|---|
| K2 | 2019 | 아산 | 15 | 4 | 0 | 0 | 0 | 9 | 0 | 0 |
| 통산 | | | 15 | 4 | 0 | 0 | 0 | 9 | 0 | 0 |

**정강민**(鄭康玟) 진위고 2004.12.18

| 대회 | 연도 | 소속 | 출전 | 교체 | 득점 | 도움 | 실점 | 파울 | 경고 | 퇴장 |
|---|---|---|---|---|---|---|---|---|---|---|
| K1 | 2024 | 대전 | 5 | 5 | 1 | 0 | 0 | 3 | 2 | 0 |
| K2 | 2024 | 김포 | 10 | 10 | 0 | 1 | 0 | 1 | 0 | 0 |
| | 2025 | 전남 | 25 | 25 | 4 | 1 | 0 | 11 | 0 | 0 |
| 통산 | | | 40 | 40 | 5 | 2 | 0 | 15 | 2 | 0 |

**정건우**(鄭建禹) 선문대 2002.09.02

| 대회 | 연도 | 소속 | 출전 | 교체 | 득점 | 도움 | 실점 | 파울 | 경고 | 퇴장 |
|---|---|---|---|---|---|---|---|---|---|---|
| K2 | 2022 | 충남아산 | 15 | 18 | 0 | 0 | 0 | 7 | 0 | 0 |
| | 2024 | 충남아산 | 1 | 1 | 0 | 0 | 0 | 1 | 0 | 0 |
| 통산 | | | 16 | 19 | 0 | 0 | 0 | 8 | 0 | 0 |

**정경구**(鄭敬九) 서울시립대 1970.06.17

| 대회 | 연도 | 소속 | 출전 | 교체 | 득점 | 도움 | 실점 | 파울 | 경고 | 퇴장 |
|---|---|---|---|---|---|---|---|---|---|---|
| K1 | 1995 | 전북 | 18 | 14 | 0 | 0 | 0 | 16 | 0 | 0 |
| | 1996 | 전북 | 18 | 15 | 1 | 2 | 0 | 16 | 0 | 0 |
| | 1997 | 전북 | 10 | 10 | 4 | 0 | 0 | 8 | 1 | 0 |
| | 1998 | 전북 | 7 | 7 | 0 | 0 | 0 | 7 | 1 | 0 |
| 컵 | 1995 | 전북 | 7 | 7 | 0 | 0 | 0 | 5 | 0 | 0 |
| | 1996 | 전북 | 3 | 3 | 0 | 0 | 0 | 2 | 0 | 0 |
| | 1997 | 전북 | 11 | 9 | 0 | 0 | 0 | 10 | 0 | 0 |
| | 1998 | 전북 | 14 | 12 | 0 | 1 | 0 | 27 | 2 | 0 |
| 통산 | | | 88 | 77 | 5 | 3 | 0 | 91 | 4 | 0 |

**정경호**(鄭暻鎬) 울산대 1980.05.22

| 대회 | 연도 | 소속 | 출전 | 교체 | 득점 | 도움 | 실점 | 파울 | 경고 | 퇴장 |
|---|---|---|---|---|---|---|---|---|---|---|
| K1 | 2003 | 울산 | 38 | 38 | 5 | 4 | 0 | 28 | 2 | 0 |
| | 2004 | 울산 | 18 | 7 | 3 | 1 | 0 | 36 | 4 | 0 |
| | 2005 | 광주상무 | 18 | 9 | 4 | 1 | 0 | 16 | 0 | 1 |
| | 2006 | 광주상무 | 19 | 6 | 4 | 1 | 0 | 15 | 1 | 0 |
| | 2007 | 전북 | 11 | 2 | 2 | 3 | 0 | 12 | 1 | 0 |
| | 2007 | 울산 | 12 | 6 | 2 | 0 | 0 | 17 | 2 | 0 |
| | 2008 | 전북 | 21 | 15 | 3 | 1 | 0 | 15 | 1 | 0 |
| | 2009 | 강원 | 9 | 4 | 0 | 0 | 0 | 10 | 0 | 0 |
| | 2010 | 강원 | 24 | 8 | 3 | 1 | 0 | 18 | 4 | 0 |
| | 2011 | 강원 | 10 | 6 | 0 | 0 | 0 | 7 | 3 | 0 |
| | 2012 | 대전 | 22 | 7 | 0 | 0 | 0 | 18 | 2 | 1 |
| PO | 2008 | 전북 | 2 | 1 | 0 | 0 | 0 | 2 | 1 | 0 |
| 컵 | 2005 | 광주상무 | 9 | 2 | 0 | 0 | 0 | 14 | 0 | 0 |
| | 2007 | 울산 | 11 | 8 | 0 | 0 | 0 | 8 | 0 | 0 |
| | 2008 | 전북 | 9 | 4 | 2 | 1 | 0 | 14 | 2 | 0 |
| | 2009 | 강원 | 2 | 2 | 2 | 0 | 0 | 1 | 0 | 0 |
| | 2010 | 강원 | 2 | 0 | 0 | 0 | 0 | 2 | 0 | 0 |
| | 2011 | 강원 | 1 | 1 | 0 | 1 | 0 | 2 | 0 | 0 |
| 통산 | | | 238 | 126 | 30 | 14 | 0 | 235 | 23 | 2 |

**정경호**(鄭卿浩) 청구고 1987.01.12

| 대회 | 연도 | 소속 | 출전 | 교체 | 득점 | 도움 | 실점 | 파울 | 경고 | 퇴장 |
|---|---|---|---|---|---|---|---|---|---|---|
| K1 | 2006 | 경남 | 18 | 14 | 1 | 1 | 0 | 18 | 0 | 0 |
| | 2007 | 경남 | 21 | 20 | 0 | 0 | 0 | 14 | 3 | 0 |
| | 2009 | 전남 | 6 | 3 | 1 | 2 | 0 | 6 | 0 | 0 |
| | 2010 | 광주상무 | 22 | 16 | 0 | 2 | 0 | 11 | 3 | 0 |
| | 2011 | 상주 | 9 | 1 | 0 | 1 | 0 | 16 | 0 | 0 |
| | 2012 | 제주 | 5 | 4 | 0 | 0 | 0 | 6 | 2 | 0 |
| K2 | 2013 | 광주 | 17 | 15 | 0 | 0 | 0 | 23 | 1 | 0 |
| | 2017 | 안산 | 23 | 21 | 3 | 0 | 0 | 20 | 2 | 0 |
| 컵 | 2006 | 경남 | 5 | 5 | 0 | 0 | 0 | 3 | 1 | 0 |
| | 2007 | 경남 | 9 | 5 | 0 | 0 | 0 | 10 | 0 | 0 |
| | 2009 | 전남 | 3 | 2 | 0 | 0 | 0 | 1 | 0 | 0 |
| | 2010 | 광주상무 | 3 | 2 | 0 | 0 | 0 | 2 | 0 | 0 |
| | 2011 | 상주 | 2 | 0 | 0 | 1 | 0 | 3 | 3 | 0 |
| 통산 | | | 143 | 108 | 5 | 7 | 0 | 133 | 15 | 0 |

**정광민**(丁光民) 명지대 1976.01.08

| 대회 | 연도 | 소속 | 출전 | 교체 | 득점 | 도움 | 실점 | 파울 | 경고 | 퇴장 |
|---|---|---|---|---|---|---|---|---|---|---|
| K1 | 1998 | 안양LG | 17 | 2 | 6 | 1 | 0 | 33 | 0 | 0 |
| | 1999 | 안양LG | 26 | 10 | 5 | 4 | 0 | 39 | 2 | 0 |
| | 2000 | 안양LG | 24 | 16 | 9 | 3 | 0 | 22 | 2 | 0 |
| | 2001 | 안양LG | 12 | 11 | 0 | 2 | 0 | 6 | 2 | 0 |
| | 2002 | 안양LG | 5 | 5 | 0 | 0 | 0 | 4 | 0 | 0 |
| | 2007 | 대구 | 2 | 3 | 0 | 0 | 0 | 2 | 0 | 0 |
| | 2007 | 서울 | 3 | 3 | 0 | 0 | 0 | 2 | 1 | 0 |
| PO | 2000 | 안양LG | 2 | 1 | 1 | 0 | 0 | 0 | 0 | 0 |
| 컵 | 1998 | 안양LG | 18 | 6 | 5 | 0 | 0 | 35 | 1 | 0 |
| | 1999 | 안양LG | 12 | 5 | 3 | 3 | 0 | 10 | 2 | 0 |
| | 2000 | 안양LG | 8 | 6 | 3 | 0 | 0 | 4 | 0 | 0 |
| | 2001 | 안양LG | 4 | 4 | 0 | 0 | 0 | 5 | 1 | 0 |
| | 2002 | 안양LG | 9 | 2 | 2 | 1 | 0 | 10 | 1 | 0 |
| | 2007 | 서울 | 5 | 2 | 0 | 0 | 0 | 4 | 1 | 0 |
| 통산 | | | 147 | 76 | 34 | 14 | 0 | 176 | 13 | 0 |

**정광석**(鄭光錫) 성균관대 1970.12.01

| 대회 | 연도 | 소속 | 출전 | 교체 | 득점 | 도움 | 실점 | 파울 | 경고 | 퇴장 |
|---|---|---|---|---|---|---|---|---|---|---|
| K1 | 1993 | 대우 | 21 | 0 | 0 | 0 | 0 | 35 | 4 | 1 |
| | 1994 | 대우 | 9 | 4 | 0 | 0 | 0 | 10 | 0 | 0 |
| | 1997 | 부산 | 11 | 7 | 1 | 0 | 0 | 9 | 0 | 0 |
| | 1998 | 부산 | 5 | 3 | 0 | 0 | 0 | 5 | 1 | 0 |
| 컵 | 1993 | 대우 | 5 | 2 | 0 | 1 | 0 | 9 | 0 | 0 |
| | 1994 | 대우 | 5 | 1 | 1 | 0 | 0 | 8 | 0 | 0 |
| | 1997 | 부산 | 15 | 8 | 1 | 1 | 0 | 10 | 1 | 0 |
| | 1998 | 부산 | 8 | 2 | 0 | 0 | 0 | 8 | 0 | 0 |
| 통산 | | | 79 | 27 | 3 | 2 | 0 | 94 | 6 | 1 |

**정규민**(鄭奎民) 서해고 1995.04.01

| 대회 | 연도 | 소속 | 출전 | 교체 | 득점 | 도움 | 실점 | 파울 | 경고 | 퇴장 |
|---|---|---|---|---|---|---|---|---|---|---|
| K2 | 2014 | 고양 | 0 | 0 | 0 | 0 | 0 | 0 | 0 | 0 |
| 통산 | | | 0 | 0 | 0 | 0 | 0 | 0 | 0 | 0 |

**정규진**(政圭振) 상지대 1989.06.20

| 대회 | 연도 | 소속 | 출전 | 교체 | 득점 | 도움 | 실점 | 파울 | 경고 | 퇴장 |
|---|---|---|---|---|---|---|---|---|---|---|
| K1 | 2011 | 대전 | 0 | 0 | 0 | 0 | 0 | 0 | 0 | 0 |
| 컵 | 2011 | 대전 | 0 | 0 | 0 | 0 | 0 | 0 | 0 | 0 |
| 통산 | | | 0 | 0 | 0 | 0 | 0 | 0 | 0 | 0 |

**정근희**(鄭根熹) 건국대 1988.12.08

| 대회 | 연도 | 소속 | 출전 | 교체 | 득점 | 도움 | 실점 | 파울 | 경고 | 퇴장 |
|---|---|---|---|---|---|---|---|---|---|---|

| 대회 | 연도 | 소속 | 출전 | 교체 | 득점 | 도움 | 실점 | 파울 | 경고 | 퇴장 |
|---|---|---|---|---|---|---|---|---|---|---|
| K1 | 2011 | 전남 | 1 | 0 | 0 | 0 | 0 | 0 | 0 | 0 |
| | 2012 | 전남 | 4 | 0 | 0 | 0 | 0 | 6 | 1 | 0 |
| | 2013 | 전남 | 2 | 2 | 0 | 0 | 0 | 2 | 0 | 0 |
| K2 | 2014 | 충주 | 0 | 0 | 0 | 0 | 0 | 0 | 0 | 0 |
| 컵 | 2011 | 전남 | 0 | 0 | 0 | 0 | 0 | 0 | 0 | 0 |
| 통산 | | | 7 | 2 | 0 | 0 | 0 | 8 | 1 | 0 |

**정기동**(鄭基東) 청주상고 1961.05.13

| 대회 | 연도 | 소속 | 출전 | 교체 | 득점 | 도움 | 실점 | 파울 | 경고 | 퇴장 |
|---|---|---|---|---|---|---|---|---|---|---|
| K1 | 1983 | 포항제철 | 11 | 0 | 0 | 0 | 14 | 0 | 0 | 0 |
| | 1984 | 포항제철 | 15 | 0 | 0 | 0 | 28 | 0 | 1 | 0 |
| | 1985 | 포항제철 | 10 | 0 | 0 | 0 | 10 | 0 | 0 | 0 |
| | 1986 | 포항제철 | 18 | 0 | 0 | 0 | 20 | 0 | 1 | 0 |
| | 1987 | 포항제철 | 16 | 2 | 0 | 0 | 17 | 1 | 0 | 0 |
| | 1988 | 포항제철 | 18 | 0 | 0 | 0 | 24 | 0 | 0 | 0 |
| | 1989 | 포항제철 | 14 | 0 | 0 | 0 | 12 | 0 | 0 | 0 |
| | 1990 | 포항제철 | 7 | 0 | 0 | 0 | 5 | 0 | 0 | 0 |
| | 1991 | 포항제철 | 12 | 1 | 0 | 0 | 14 | 2 | 0 | 0 |
| 컵 | 1986 | 포항제철 | 14 | 0 | 0 | 0 | 16 | 0 | 0 | 0 |
| 통산 | | | 135 | 3 | 0 | 0 | 160 | 3 | 2 | 0 |

**정기운**(鄭氣云) 광운대 1992.07.05

| 대회 | 연도 | 소속 | 출전 | 교체 | 득점 | 도움 | 실점 | 파울 | 경고 | 퇴장 |
|---|---|---|---|---|---|---|---|---|---|---|
| K1 | 2016 | 수원FC | 5 | 5 | 0 | 0 | 0 | 2 | 1 | 0 |
| K2 | 2015 | 수원FC | 34 | 28 | 6 | 4 | 0 | 16 | 1 | 0 |
| | 2018 | 안산 | 4 | 4 | 0 | 0 | 0 | 2 | 0 | 0 |
| | 2023 | 충북청주 | 12 | 12 | 0 | 0 | 0 | 3 | 2 | 0 |
| PO | 2015 | 수원FC | 1 | 1 | 0 | 0 | 0 | 1 | 1 | 0 |
| 통산 | | | 56 | 50 | 6 | 4 | 0 | 24 | 5 | 0 |

**정길용**(鄭吉容) 광운대 1975.06.21

| 대회 | 연도 | 소속 | 출전 | 교체 | 득점 | 도움 | 실점 | 파울 | 경고 | 퇴장 |
|---|---|---|---|---|---|---|---|---|---|---|
| K1 | 2000 | 안양LG | 4 | 0 | 0 | 0 | 4 | 1 | 0 | 0 |
| PO | 2000 | 안양LG | 1 | 0 | 0 | 0 | 1 | 0 | 0 | 0 |
| 컵 | 2000 | 안양LG | 2 | 0 | 0 | 0 | 5 | 1 | 0 | 0 |
| | 2001 | 안양LG | 0 | 0 | 0 | 0 | 0 | 0 | 0 | 0 |
| 통산 | | | 7 | 0 | 0 | 0 | 10 | 2 | 0 | 0 |

**정다슬**(鄭다슬) 한양대 1987.04.18

| 대회 | 연도 | 소속 | 출전 | 교체 | 득점 | 도움 | 실점 | 파울 | 경고 | 퇴장 |
|---|---|---|---|---|---|---|---|---|---|---|
| K2 | 2013 | 안양 | 23 | 10 | 3 | 0 | 0 | 30 | 4 | 0 |
| | 2014 | 안양 | 7 | 6 | 0 | 0 | 0 | 1 | 0 | 0 |
| | 2015 | 안양 | 0 | 0 | 0 | 0 | 0 | 0 | 0 | 0 |
| 컵 | 2011 | 제주 | 0 | 0 | 0 | 0 | 0 | 0 | 0 | 0 |
| 통산 | | | 30 | 16 | 3 | 0 | 0 | 31 | 4 | 0 |

**정다운**(鄭다운) 대구예술대 1989.07.13

| 대회 | 연도 | 소속 | 출전 | 교체 | 득점 | 도움 | 실점 | 파울 | 경고 | 퇴장 |
|---|---|---|---|---|---|---|---|---|---|---|
| K1 | 2013 | 수원 | 0 | 0 | 0 | 0 | 0 | 0 | 0 | 0 |
| 통산 | | | 0 | 0 | 0 | 0 | 0 | 0 | 0 | 0 |

**정다훈**(鄭多勛) 수원대 1995.06.16

| 대회 | 연도 | 소속 | 출전 | 교체 | 득점 | 도움 | 실점 | 파울 | 경고 | 퇴장 |
|---|---|---|---|---|---|---|---|---|---|---|
| K2 | 2018 | 광주 | 1 | 1 | 0 | 0 | 0 | 0 | 0 | 0 |
| 통산 | | | 1 | 1 | 0 | 0 | 0 | 0 | 0 | 0 |

**정다훤**(鄭多烜) 충북대 1987.12.22

| 대회 | 연도 | 소속 | 출전 | 교체 | 득점 | 도움 | 실점 | 파울 | 경고 | 퇴장 |
|---|---|---|---|---|---|---|---|---|---|---|
| K1 | 2009 | 서울 | 0 | 0 | 0 | 0 | 0 | 0 | 0 | 0 |
| | 2011 | 경남 | 28 | 6 | 0 | 4 | 0 | 36 | 6 | 0 |
| | 2012 | 경남 | 29 | 9 | 0 | 0 | 0 | 48 | 4 | 0 |
| | 2013 | 경남 | 34 | 5 | 1 | 0 | 0 | 73 | 9 | 0 |
| | 2014 | 제주 | 34 | 5 | 1 | 0 | 0 | 55 | 4 | 0 |
| | 2015 | 제주 | 25 | 4 | 2 | 0 | 0 | 38 | 8 | 0 |
| | 2018 | 제주 | 10 | 3 | 0 | 0 | 0 | 17 | 4 | 0 |
| K2 | 2016 | 안산무궁 | 31 | 4 | 2 | 3 | 0 | 39 | 8 | 1 |
| | 2017 | 아산 | 11 | 5 | 1 | 1 | 0 | 18 | 5 | 0 |
| | 2019 | 아산 | 9 | 0 | 0 | 0 | 0 | 14 | 3 | 0 |
| | 2020 | 충남아산 | 18 | 3 | 0 | 0 | 0 | 28 | 8 | 0 |
| 컵 | 2009 | 서울 | 0 | 0 | 0 | 0 | 0 | 0 | 0 | 0 |
| | 2011 | 경남 | 4 | 2 | 0 | 0 | 0 | 5 | 2 | 0 |
| 통산 | | | 233 | 46 | 7 | 8 | 0 | 371 | 61 | 1 |

**정대교**(政代敎) 영남대 1992.04.27

| 대회 | 연도 | 소속 | 출전 | 교체 | 득점 | 도움 | 실점 | 파울 | 경고 | 퇴장 |
|---|---|---|---|---|---|---|---|---|---|---|
| K2 | 2014 | 대구 | 13 | 13 | 0 | 1 | 0 | 10 | 1 | 0 |
| | 2015 | 대구 | 0 | 0 | 0 | 0 | 0 | 0 | 0 | 0 |
| 통산 | | | 13 | 13 | 0 | 1 | 0 | 10 | 1 | 0 |

**정대선**(鄭大善) 중앙대 1987.06.27

| 대회 | 연도 | 소속 | 출전 | 교체 | 득점 | 도움 | 실점 | 파울 | 경고 | 퇴장 |
|---|---|---|---|---|---|---|---|---|---|---|
| K1 | 2010 | 울산 | 13 | 11 | 1 | 1 | 0 | 15 | 3 | 0 |
| | 2011 | 경남 | 11 | 11 | 1 | 1 | 0 | 4 | 0 | 0 |
| | 2011 | 울산 | 7 | 7 | 0 | 0 | 0 | 8 | 1 | 0 |
| | 2012 | 경남 | 7 | 6 | 1 | 0 | 0 | 7 | 1 | 0 |
| | 2013 | 경남 | 10 | 10 | 0 | 0 | 0 | 8 | 1 | 0 |
| K2 | 2014 | 안양 | 25 | 20 | 2 | 1 | 0 | 33 | 3 | 0 |
| 컵 | 2010 | 울산 | 5 | 2 | 0 | 0 | 0 | 2 | 0 | 0 |
| | 2011 | 울산 | 3 | 1 | 1 | 0 | 0 | 1 | 0 | 0 |
| 통산 | | | 81 | 68 | 6 | 3 | 0 | 78 | 9 | 0 |

**정대세**(鄭大世) 일본조선대 1984.03.02

| 대회 | 연도 | 소속 | 출전 | 교체 | 득점 | 도움 | 실점 | 파울 | 경고 | 퇴장 |
|---|---|---|---|---|---|---|---|---|---|---|
| K1 | 2013 | 수원 | 23 | 10 | 10 | 2 | 0 | 42 | 6 | 0 |
| | 2014 | 수원 | 28 | 16 | 7 | 1 | 0 | 55 | 2 | 0 |
| | 2015 | 수원 | 21 | 10 | 6 | 5 | 0 | 42 | 2 | 0 |
| 통산 | | | 72 | 36 | 23 | 8 | 0 | 139 | 10 | 0 |

**정대훈**(鄭大勳) 포철공고 1977.12.21

| 대회 | 연도 | 소속 | 출전 | 교체 | 득점 | 도움 | 실점 | 파울 | 경고 | 퇴장 |
|---|---|---|---|---|---|---|---|---|---|---|
| K1 | 1999 | 포항 | 17 | 15 | 4 | 3 | 0 | 18 | 3 | 0 |
| | 2000 | 포항 | 5 | 4 | 0 | 0 | 0 | 2 | 0 | 0 |
| | 2001 | 포항 | 8 | 8 | 0 | 0 | 0 | 10 | 2 | 0 |
| | 2003 | 대구 | 0 | 0 | 0 | 0 | 0 | 0 | 0 | 0 |
| 컵 | 1999 | 포항 | 9 | 6 | 1 | 1 | 0 | 8 | 1 | 0 |
| | 2000 | 포항 | 3 | 3 | 0 | 0 | 0 | 1 | 1 | 0 |
| 통산 | | | 42 | 36 | 5 | 4 | 0 | 39 | 7 | 0 |

**정도진**(鄭禱辰) 광주대 2002.07.16

| 대회 | 연도 | 소속 | 출전 | 교체 | 득점 | 도움 | 실점 | 파울 | 경고 | 퇴장 |
|---|---|---|---|---|---|---|---|---|---|---|
| K2 | 2025 | 충남아산 | 0 | 0 | 0 | 0 | 0 | 0 | 0 | 0 |
| 통산 | | | 0 | 0 | 0 | 0 | 0 | 0 | 0 | 0 |

**정동복**(鄭東福) 연세대 1962.01.22

| 대회 | 연도 | 소속 | 출전 | 교체 | 득점 | 도움 | 실점 | 파울 | 경고 | 퇴장 |
|---|---|---|---|---|---|---|---|---|---|---|
| K1 | 1986 | 현대 | 10 | 7 | 0 | 0 | 0 | 8 | 1 | 0 |
| | 1987 | 현대 | 16 | 9 | 2 | 1 | 0 | 17 | 0 | 0 |
| | 1988 | 현대 | 6 | 4 | 0 | 2 | 0 | 4 | 0 | 0 |
| | 1989 | 현대 | 30 | 21 | 1 | 0 | 0 | 37 | 3 | 0 |
| | 1990 | 현대 | 22 | 16 | 6 | 1 | 0 | 23 | 1 | 0 |
| | 1991 | 현대 | 4 | 4 | 0 | 1 | 0 | 6 | 0 | 0 |
| | 1992 | 현대 | 2 | 3 | 0 | 0 | 0 | 2 | 0 | 0 |
| 컵 | 1986 | 현대 | 1 | 1 | 0 | 0 | 0 | 1 | 0 | 0 |
| 통산 | | | 91 | 65 | 9 | 5 | 0 | 98 | 5 | 0 |

**정동윤**(鄭東潤) 성균관대 1994.04.03

| 대회 | 연도 | 소속 | 출전 | 교체 | 득점 | 도움 | 실점 | 파울 | 경고 | 퇴장 |
|---|---|---|---|---|---|---|---|---|---|---|
| K1 | 2016 | 광주 | 29 | 9 | 0 | 0 | 0 | 34 | 5 | 0 |
| | 2017 | 광주 | 24 | 6 | 0 | 1 | 0 | 28 | 4 | 0 |
| | 2018 | 인천 | 15 | 2 | 1 | 1 | 0 | 14 | 3 | 0 |
| | 2019 | 인천 | 22 | 4 | 0 | 2 | 0 | 29 | 5 | 0 |
| | 2020 | 인천 | 21 | 2 | 1 | 2 | 0 | 26 | 4 | 1 |
| | 2021 | 인천 | 11 | 3 | 0 | 0 | 0 | 14 | 1 | 0 |
| | 2022 | 김천 | 10 | 5 | 0 | 0 | 0 | 12 | 0 | 0 |
| | 2023 | 인천 | 28 | 20 | 0 | 1 | 0 | 15 | 3 | 0 |
| | 2024 | 인천 | 33 | 12 | 0 | 1 | 0 | 27 | 5 | 0 |
| K2 | 2018 | 광주 | 2 | 2 | 0 | 0 | 0 | 1 | 0 | 0 |
| | 2021 | 김천 | 4 | 0 | 0 | 1 | 0 | 4 | 0 | 0 |
| | 2025 | 수원 | 22 | 12 | 0 | 2 | 0 | 21 | 8 | 0 |
| PO | 2022 | 김천 | 1 | 1 | 0 | 0 | 0 | 0 | 0 | 0 |
| 통산 | | | 222 | 78 | 2 | 11 | 0 | 225 | 38 | 1 |

**정동진**(鄭東珍) 조선대 1990.06.06

| 대회 | 연도 | 소속 | 출전 | 교체 | 득점 | 도움 | 실점 | 파울 | 경고 | 퇴장 |
|---|---|---|---|---|---|---|---|---|---|---|
| K2 | 2013 | 광주 | 1 | 1 | 0 | 0 | 0 | 0 | 0 | 0 |
| 통산 | | | 1 | 1 | 0 | 0 | 0 | 0 | 0 | 0 |

**정동호**(鄭東浩) 부경고 1990.03.07

| 대회 | 연도 | 소속 | 출전 | 교체 | 득점 | 도움 | 실점 | 파울 | 경고 | 퇴장 |
|---|---|---|---|---|---|---|---|---|---|---|
| K1 | 2014 | 울산 | 20 | 6 | 0 | 1 | 0 | 24 | 3 | 0 |
| | 2015 | 울산 | 28 | 1 | 2 | 4 | 0 | 40 | 7 | 0 |
| | 2016 | 울산 | 29 | 6 | 0 | 2 | 0 | 30 | 3 | 0 |
| | 2017 | 울산 | 4 | 2 | 0 | 0 | 0 | 3 | 2 | 0 |
| | 2018 | 울산 | 11 | 3 | 0 | 3 | 0 | 10 | 3 | 0 |
| | 2019 | 울산 | 15 | 5 | 0 | 0 | 0 | 14 | 2 | 0 |
| | 2020 | 울산 | 1 | 0 | 0 | 0 | 0 | 1 | 0 | 0 |
| | 2021 | 수원FC | 24 | 6 | 0 | 3 | 0 | 21 | 5 | 0 |
| | 2022 | 수원FC | 21 | 15 | 2 | 0 | 0 | 7 | 0 | 0 |
| | 2023 | 수원FC | 28 | 7 | 0 | 2 | 0 | 15 | 5 | 0 |
| | 2024 | 수원FC | 2 | 2 | 0 | 0 | 0 | 3 | 0 | 0 |
| PO | 2023 | 수원FC | 2 | 2 | 0 | 0 | 0 | 0 | 0 | 0 |
| 통산 | | | 185 | 55 | 4 | 15 | 0 | 168 | 30 | 0 |

**정마호**(鄭馬護) 신평고 2005.01.14

| 대회 | 연도 | 소속 | 출전 | 교체 | 득점 | 도움 | 실점 | 파울 | 경고 | 퇴장 |
|---|---|---|---|---|---|---|---|---|---|---|
| K2 | 2024 | 충남아산 | 19 | 16 | 3 | 0 | 0 | 22 | 1 | 0 |
| | 2025 | 충남아산 | 18 | 7 | 2 | 0 | 0 | 12 | 3 | 0 |
| 통산 | | | 37 | 23 | 5 | 0 | 0 | 34 | 4 | 0 |

**정명오**(鄭明五) 아주대 1986.10.29

| 대회 | 연도 | 소속 | 출전 | 교체 | 득점 | 도움 | 실점 | 파울 | 경고 | 퇴장 |
|---|---|---|---|---|---|---|---|---|---|---|
| K1 | 2009 | 경남 | 6 | 5 | 0 | 0 | 0 | 10 | 0 | 0 |
| | 2012 | 전남 | 22 | 8 | 0 | 0 | 0 | 24 | 6 | 0 |
| 컵 | 2009 | 경남 | 1 | 1 | 0 | 0 | 0 | 0 | 0 | 0 |
| | 2010 | 경남 | 1 | 1 | 0 | 0 | 0 | 0 | 0 | 0 |
| 통산 | | | 30 | 15 | 0 | 0 | 0 | 34 | 6 | 0 |

**정명원**(鄭明元) 수일고 1999.01.18

| 대회 | 연도 | 소속 | 출전 | 교체 | 득점 | 도움 | 실점 | 파울 | 경고 | 퇴장 |
|---|---|---|---|---|---|---|---|---|---|---|
| K2 | 2018 | 수원FC | 0 | 0 | 0 | 0 | 0 | 0 | 0 | 0 |
| 통산 | | | 0 | 0 | 0 | 0 | 0 | 0 | 0 | 0 |

**정명제**(鄭明題) 풍생고 2002.06.30

| 대회 | 연도 | 소속 | 출전 | 교체 | 득점 | 도움 | 실점 | 파울 | 경고 | 퇴장 |
|---|---|---|---|---|---|---|---|---|---|---|
| K1 | 2021 | 성남 | 0 | 0 | 0 | 0 | 0 | 0 | 0 | 0 |
| | 2022 | 성남 | 0 | 0 | 0 | 0 | 0 | 0 | 0 | 0 |
| | 2024 | 김천 | 1 | 0 | 0 | 0 | 3 | 0 | 0 | 0 |
| | 2025 | 김천 | 0 | 0 | 0 | 0 | 0 | 0 | 0 | 0 |
| K2 | 2023 | 성남 | 0 | 0 | 0 | 0 | 0 | 0 | 0 | 0 |
| | 2025 | 성남 | 0 | 0 | 0 | 0 | 0 | 0 | 0 | 0 |
| 통산 | | | 1 | 0 | 0 | 0 | 3 | 0 | 0 | 0 |

**정민**(鄭珉) 조선대 1970.11.29

| 대회 | 연도 | 소속 | 출전 | 교체 | 득점 | 도움 | 실점 | 파울 | 경고 | 퇴장 |
|---|---|---|---|---|---|---|---|---|---|---|
| K1 | 1993 | 대우 | 1 | 1 | 0 | 0 | 0 | 1 | 0 | 0 |
| 통산 | | | 1 | 1 | 0 | 0 | 0 | 1 | 0 | 0 |

**정민교**(鄭敏教) 배재대 1987.04.22

| 대회 | 연도 | 소속 | 출전 | 교체 | 득점 | 도움 | 실점 | 파울 | 경고 | 퇴장 |
|---|---|---|---|---|---|---|---|---|---|---|
| K2 | 2013 | 안양 | 7 | 1 | 0 | 0 | 13 | 0 | 1 | 0 |
| | 2014 | 안양 | 0 | 0 | 0 | 0 | 0 | 0 | 0 | 0 |
| 통산 | | | 7 | 1 | 0 | 0 | 13 | 0 | 1 | 0 |

**정민기**(鄭民基) 중앙대 1996.02.09

| 대회 | 연도 | 소속 | 출전 | 교체 | 득점 | 도움 | 실점 | 파울 | 경고 | 퇴장 |
|---|---|---|---|---|---|---|---|---|---|---|
| K1 | 2023 | 전북 | 9 | 0 | 0 | 0 | 10 | 0 | 0 | 0 |
| | 2024 | 전북 | 17 | 0 | 0 | 0 | 31 | 1 | 2 | 0 |
| | 2024 | 수원FC | 1 | 0 | 0 | 0 | 4 | 0 | 0 | 0 |
| K2 | 2018 | 안양 | 3 | 0 | 0 | 0 | 8 | 0 | 0 | 0 |
| | 2019 | 안양 | 3 | 0 | 0 | 0 | 4 | 0 | 1 | 0 |
| | 2020 | 안양 | 14 | 0 | 0 | 0 | 17 | 0 | 0 | 0 |
| | 2021 | 안양 | 33 | 0 | 0 | 0 | 35 | 0 | 0 | 0 |
| | 2022 | 안양 | 40 | 0 | 0 | 0 | 41 | 1 | 1 | 0 |
| PO | 2019 | 안양 | 0 | 0 | 0 | 0 | 0 | 0 | 0 | 0 |
| | 2021 | 안양 | 1 | 0 | 0 | 0 | 3 | 0 | 0 | 0 |
| | 2022 | 안양 | 3 | 0 | 0 | 0 | 2 | 0 | 0 | 0 |
| 통산 | | | 124 | 0 | 0 | 0 | 155 | 2 | 4 | 0 |

**정민무**(鄭旻武) 포철공고 1985.03.03

| 대회 | 연도 | 소속 | 출전 | 교체 | 득점 | 도움 | 실점 | 파울 | 경고 | 퇴장 |
|---|---|---|---|---|---|---|---|---|---|---|
| K2 | 2013 | 고양 | 17 | 13 | 3 | 1 | 0 | 28 | 4 | 0 |
| | 2014 | 고양 | 16 | 15 | 1 | 1 | 0 | 21 | 3 | 0 |
| 통산 | | | 33 | 28 | 4 | 2 | 0 | 49 | 7 | 0 |

**정민우**(鄭珉優) 호남대 1992.12.01

| 대회 | 연도 | 소속 | 출전 | 교체 | 득점 | 도움 | 실점 | 파울 | 경고 | 퇴장 |
|---|---|---|---|---|---|---|---|---|---|---|

| 대회 | 연도 | 소속 | 출전 | 교체 | 득점 | 도움 | 실점 | 파울 | 경고 | 퇴장 |
|---|---|---|---|---|---|---|---|---|---|---|
| K1 | 2016 | 수원FC | 11 | 8 | 1 | 0 | 0 | 10 | 0 | 0 |
| K2 | 2014 | 수원FC | 31 | 22 | 8 | 5 | 0 | 26 | 3 | 0 |
| | 2015 | 수원FC | 19 | 18 | 2 | 0 | 0 | 24 | 3 | 0 |
| | 2017 | 대전 | 14 | 12 | 4 | 0 | 0 | 16 | 2 | 0 |
| | 2018 | 대전 | 0 | 0 | 0 | 0 | 0 | 0 | 0 | 0 |
| PO | 2015 | 수원FC | 3 | 3 | 1 | 0 | 0 | 1 | 0 | 0 |
| 통산 | | | 78 | 63 | 16 | 5 | 0 | 77 | 8 | 0 |

**정민우**(鄭暋優) 중동고 2000.09.27

| 대회 | 연도 | 소속 | 출전 | 교체 | 득점 | 도움 | 실점 | 파울 | 경고 | 퇴장 |
|---|---|---|---|---|---|---|---|---|---|---|
| K1 | 2019 | 강원 | 0 | 0 | 0 | 0 | 0 | 0 | 0 | 0 |
| | 2021 | 강원 | 6 | 6 | 0 | 0 | 0 | 2 | 0 | 0 |
| K2 | 2023 | 충북청주 | 12 | 12 | 1 | 1 | 0 | 7 | 1 | 0 |
| | 2024 | 충북청주 | 18 | 18 | 1 | 1 | 0 | 15 | 1 | 0 |
| 통산 | | | 36 | 36 | 2 | 2 | 0 | 24 | 2 | 0 |

**정민형**(鄭敏亨) 한국국제대 1987.05.14

| 대회 | 연도 | 소속 | 출전 | 교체 | 득점 | 도움 | 실점 | 파울 | 경고 | 퇴장 |
|---|---|---|---|---|---|---|---|---|---|---|
| K1 | 2011 | 부산 | 5 | 4 | 0 | 0 | 0 | 4 | 0 | 0 |
| | 2012 | 부산 | 2 | 2 | 0 | 0 | 0 | 0 | 0 | 0 |
| PO | 2011 | 부산 | 0 | 0 | 0 | 0 | 0 | 0 | 0 | 0 |
| 컵 | 2011 | 부산 | 1 | 0 | 0 | 0 | 0 | 2 | 0 | 0 |
| 통산 | | | 8 | 6 | 0 | 0 | 0 | 6 | 0 | 0 |

**정산**(鄭山) 경희대 1989.02.10

| 대회 | 연도 | 소속 | 출전 | 교체 | 득점 | 도움 | 실점 | 파울 | 경고 | 퇴장 |
|---|---|---|---|---|---|---|---|---|---|---|
| K1 | 2009 | 강원 | 0 | 0 | 0 | 0 | 0 | 0 | 0 | 0 |
| | 2011 | 성남일화 | 1 | 0 | 0 | 0 | 3 | 0 | 0 | 0 |
| | 2012 | 성남일화 | 19 | 0 | 0 | 0 | 21 | 0 | 1 | 0 |
| | 2013 | 성남일화 | 0 | 0 | 0 | 0 | 0 | 0 | 0 | 0 |
| | 2014 | 성남 | 0 | 0 | 0 | 0 | 0 | 0 | 0 | 0 |
| | 2015 | 성남 | 0 | 0 | 0 | 0 | 0 | 0 | 0 | 0 |
| | 2016 | 울산 | 11 | 0 | 0 | 1 | 16 | 1 | 2 | 0 |
| | 2017 | 인천 | 12 | 0 | 0 | 0 | 21 | 0 | 1 | 0 |
| | 2018 | 인천 | 18 | 0 | 0 | 1 | 28 | 1 | 0 | 0 |
| | 2019 | 인천 | 27 | 1 | 0 | 0 | 40 | 1 | 2 | 0 |
| | 2020 | 인천 | 12 | 0 | 0 | 0 | 20 | 0 | 0 | 0 |
| | 2021 | 인천 | 1 | 1 | 0 | 0 | 0 | 0 | 0 | 0 |
| | 2023 | 대전 | 0 | 0 | 0 | 0 | 0 | 0 | 0 | 0 |
| | 2024 | 대전 | 0 | 0 | 0 | 0 | 0 | 0 | 0 | 0 |
| | 2025 | 대전 | 0 | 0 | 0 | 0 | 0 | 0 | 0 | 0 |
| K2 | 2022 | 대전 | 1 | 0 | 0 | 0 | 1 | 0 | 0 | 0 |
| PO | 2022 | 대전 | 0 | 0 | 0 | 0 | 0 | 0 | 0 | 0 |
| 컵 | 2009 | 강원 | 0 | 0 | 0 | 0 | 0 | 0 | 0 | 0 |
| | 2010 | 강원 | 0 | 0 | 0 | 0 | 0 | 0 | 0 | 0 |
| | 2011 | 성남일화 | 0 | 0 | 0 | 0 | 0 | 0 | 0 | 0 |
| 통산 | | | 102 | 2 | 0 | 2 | 150 | 3 | 6 | 0 |

**정상규**(鄭尙奎) 경희대 1998.09.08

| 대회 | 연도 | 소속 | 출전 | 교체 | 득점 | 도움 | 실점 | 파울 | 경고 | 퇴장 |
|---|---|---|---|---|---|---|---|---|---|---|
| K2 | 2020 | 제주 | 1 | 1 | 0 | 0 | 0 | 2 | 1 | 0 |
| 통산 | | | 1 | 1 | 0 | 0 | 0 | 2 | 1 | 0 |

**정상남**(丁祥楠) 연세대 1975.09.07

| 대회 | 연도 | 소속 | 출전 | 교체 | 득점 | 도움 | 실점 | 파울 | 경고 | 퇴장 |
|---|---|---|---|---|---|---|---|---|---|---|
| K1 | 1998 | 포항 | 2 | 2 | 0 | 0 | 0 | 3 | 0 | 0 |
| | 1999 | 포항 | 2 | 2 | 0 | 0 | 0 | 2 | 0 | 0 |
| 컵 | 1999 | 포항 | 6 | 3 | 3 | 0 | 0 | 6 | 0 | 0 |
| 통산 | | | 10 | 7 | 3 | 0 | 0 | 11 | 0 | 0 |

**정상모**(鄭相摸) 울산대 1975.02.24

| 대회 | 연도 | 소속 | 출전 | 교체 | 득점 | 도움 | 실점 | 파울 | 경고 | 퇴장 |
|---|---|---|---|---|---|---|---|---|---|---|
| K1 | 1998 | 천안일화 | 8 | 4 | 1 | 0 | 0 | 10 | 0 | 0 |
| | 1999 | 천안일화 | 0 | 0 | 0 | 0 | 0 | 0 | 0 | 0 |
| 컵 | 1998 | 천안일화 | 3 | 3 | 0 | 0 | 0 | 4 | 0 | 0 |
| 통산 | | | 11 | 7 | 1 | 0 | 0 | 14 | 0 | 0 |

**정상빈**(鄭想賓) 매탄고 2002.04.01

| 대회 | 연도 | 소속 | 출전 | 교체 | 득점 | 도움 | 실점 | 파울 | 경고 | 퇴장 |
|---|---|---|---|---|---|---|---|---|---|---|
| K1 | 2021 | 수원 | 28 | 23 | 6 | 2 | 0 | 30 | 6 | 0 |
| 통산 | | | 28 | 23 | 6 | 2 | 0 | 30 | 6 | 0 |

**정상훈**(鄭相勳) 성균관대 1985.03.22

| 대회 | 연도 | 소속 | 출전 | 교체 | 득점 | 도움 | 실점 | 파울 | 경고 | 퇴장 |
|---|---|---|---|---|---|---|---|---|---|---|
| K1 | 2008 | 경남 | 4 | 3 | 0 | 0 | 0 | 6 | 1 | 0 |
| 컵 | 2008 | 경남 | 2 | 1 | 0 | 0 | 0 | 1 | 0 | 0 |
| 통산 | | | 6 | 4 | 0 | 0 | 0 | 7 | 1 | 0 |

**정서운**(鄭署運) 서남대 1993.12.08

| 대회 | 연도 | 소속 | 출전 | 교체 | 득점 | 도움 | 실점 | 파울 | 경고 | 퇴장 |
|---|---|---|---|---|---|---|---|---|---|---|
| K1 | 2015 | 대전 | 11 | 10 | 0 | 0 | 0 | 7 | 1 | 0 |
| 통산 | | | 11 | 10 | 0 | 0 | 0 | 7 | 1 | 0 |

**정석근**(鄭石根) 아주대 1977.11.25

| 대회 | 연도 | 소속 | 출전 | 교체 | 득점 | 도움 | 실점 | 파울 | 경고 | 퇴장 |
|---|---|---|---|---|---|---|---|---|---|---|
| K1 | 2000 | 부산 | 6 | 6 | 1 | 0 | 0 | 4 | 2 | 0 |
| | 2001 | 부산 | 2 | 2 | 0 | 0 | 0 | 1 | 0 | 0 |
| | 2003 | 광주상무 | 1 | 1 | 0 | 0 | 0 | 0 | 0 | 0 |
| 컵 | 2000 | 부산 | 4 | 3 | 0 | 0 | 0 | 1 | 0 | 0 |
| | 2001 | 부산 | 0 | 0 | 0 | 0 | 0 | 0 | 0 | 0 |
| 통산 | | | 13 | 12 | 1 | 0 | 0 | 6 | 2 | 0 |

**정석민**(鄭錫珉) 인제대 1988.01.27

| 대회 | 연도 | 소속 | 출전 | 교체 | 득점 | 도움 | 실점 | 파울 | 경고 | 퇴장 |
|---|---|---|---|---|---|---|---|---|---|---|
| K1 | 2010 | 포항 | 3 | 2 | 1 | 0 | 0 | 4 | 0 | 0 |
| | 2011 | 포항 | 2 | 2 | 0 | 0 | 0 | 1 | 0 | 0 |
| | 2012 | 제주 | 3 | 3 | 0 | 0 | 0 | 1 | 0 | 0 |
| | 2013 | 대전 | 36 | 14 | 4 | 1 | 0 | 49 | 4 | 0 |
| | 2015 | 전남 | 26 | 18 | 0 | 0 | 0 | 27 | 3 | 0 |
| | 2016 | 전남 | 6 | 5 | 0 | 0 | 0 | 15 | 2 | 0 |
| K2 | 2014 | 대전 | 33 | 2 | 5 | 2 | 0 | 55 | 6 | 0 |
| 컵 | 2010 | 포항 | 2 | 1 | 0 | 0 | 0 | 3 | 1 | 0 |
| | 2011 | 포항 | 6 | 2 | 2 | 0 | 0 | 5 | 2 | 0 |
| 통산 | | | 117 | 49 | 12 | 3 | 0 | 160 | 18 | 0 |

**정석화**(鄭錫華) 고려대 1991.05.17

| 대회 | 연도 | 소속 | 출전 | 교체 | 득점 | 도움 | 실점 | 파울 | 경고 | 퇴장 |
|---|---|---|---|---|---|---|---|---|---|---|
| K1 | 2013 | 부산 | 32 | 20 | 0 | 1 | 0 | 20 | 2 | 0 |
| | 2014 | 부산 | 26 | 19 | 1 | 0 | 0 | 14 | 3 | 0 |
| | 2015 | 부산 | 24 | 19 | 2 | 1 | 0 | 11 | 1 | 0 |
| | 2018 | 강원 | 35 | 12 | 2 | 5 | 0 | 19 | 3 | 0 |
| | 2019 | 강원 | 7 | 1 | 0 | 2 | 0 | 5 | 0 | 0 |
| | 2020 | 강원 | 13 | 10 | 0 | 1 | 0 | 11 | 1 | 0 |
| | 2021 | 성남 | 10 | 8 | 0 | 0 | 0 | 9 | 0 | 0 |
| | 2022 | 성남 | 4 | 4 | 0 | 0 | 0 | 4 | 0 | 0 |
| K2 | 2016 | 부산 | 39 | 20 | 4 | 10 | 0 | 14 | 5 | 0 |
| | 2017 | 부산 | 23 | 14 | 1 | 0 | 0 | 13 | 1 | 0 |
| | 2022 | 안양 | 12 | 12 | 2 | 1 | 0 | 8 | 2 | 0 |
| | 2023 | 천안 | 19 | 14 | 0 | 2 | 0 | 13 | 2 | 0 |
| | 2024 | 천안 | 24 | 22 | 0 | 1 | 0 | 18 | 1 | 0 |
| | 2025 | 천안 | 10 | 10 | 0 | 0 | 0 | 6 | 0 | 0 |
| PO | 2015 | 부산 | 1 | 1 | 0 | 0 | 0 | 0 | 0 | 0 |
| | 2016 | 부산 | 1 | 0 | 0 | 0 | 0 | 2 | 0 | 0 |
| | 2017 | 부산 | 3 | 3 | 0 | 0 | 0 | 4 | 1 | 0 |
| | 2022 | 안양 | 1 | 1 | 0 | 0 | 0 | 2 | 0 | 0 |
| 통산 | | | 284 | 190 | 12 | 24 | 0 | 173 | 22 | 0 |

**정선호**(鄭先皓) 동의대 1989.03.25

| 대회 | 연도 | 소속 | 출전 | 교체 | 득점 | 도움 | 실점 | 파울 | 경고 | 퇴장 |
|---|---|---|---|---|---|---|---|---|---|---|
| K1 | 2013 | 성남일화 | 1 | 1 | 0 | 0 | 0 | 0 | 0 | 0 |
| | 2014 | 성남 | 28 | 6 | 2 | 2 | 0 | 30 | 5 | 0 |
| | 2015 | 성남 | 31 | 14 | 1 | 0 | 0 | 23 | 4 | 0 |
| | 2016 | 성남 | 15 | 10 | 1 | 1 | 0 | 8 | 0 | 0 |
| | 2017 | 상주 | 2 | 2 | 0 | 0 | 0 | 0 | 0 | 0 |
| | 2018 | 대구 | 13 | 11 | 0 | 0 | 0 | 8 | 0 | 0 |
| | 2019 | 대구 | 5 | 5 | 0 | 0 | 0 | 4 | 0 | 0 |
| K2 | 2020 | 수원FC | 3 | 3 | 0 | 0 | 0 | 1 | 0 | 0 |
| PO | 2016 | 성남 | 2 | 1 | 0 | 0 | 0 | 2 | 1 | 0 |
| | 2020 | 수원FC | 1 | 1 | 0 | 0 | 0 | 0 | 0 | 0 |
| 통산 | | | 101 | 54 | 4 | 3 | 0 | 76 | 10 | 0 |

**정섭의**(鄭燮義) 전주농전 1954.12.20

| 대회 | 연도 | 소속 | 출전 | 교체 | 득점 | 도움 | 실점 | 파울 | 경고 | 퇴장 |
|---|---|---|---|---|---|---|---|---|---|---|
| K1 | 1983 | 국민은행 | 12 | 5 | 0 | 0 | 0 | 11 | 1 | 0 |
| | 1984 | 국민은행 | 10 | 1 | 0 | 0 | 0 | 10 | 0 | 0 |
| 통산 | | | 22 | 6 | 0 | 0 | 0 | 21 | 1 | 0 |

**정성교**(鄭聖較) 연세대 1960.05.30

| 대회 | 연도 | 소속 | 출전 | 교체 | 득점 | 도움 | 실점 | 파울 | 경고 | 퇴장 |
|---|---|---|---|---|---|---|---|---|---|---|
| K1 | 1983 | 대우 | 15 | 0 | 0 | 0 | 14 | 0 | 0 | 0 |
| | 1984 | 대우 | 11 | 0 | 0 | 0 | 14 | 0 | 0 | 0 |
| | 1986 | 대우 | 7 | 0 | 0 | 0 | 9 | 1 | 0 | 0 |
| | 1987 | 대우 | 16 | 1 | 0 | 0 | 11 | 2 | 1 | 0 |
| | 1988 | 대우 | 8 | 1 | 0 | 0 | 12 | 0 | 0 | 0 |
| | 1989 | 대우 | 8 | 0 | 0 | 0 | 11 | 1 | 0 | 0 |
| PO | 1984 | 대우 | 1 | 1 | 0 | 0 | 1 | 0 | 0 | 0 |
| 컵 | 1986 | 대우 | 5 | 0 | 0 | 0 | 7 | 0 | 0 | 0 |
| 통산 | | | 71 | 3 | 0 | 0 | 79 | 4 | 1 | 0 |

**정성룡**(鄭成龍) 서귀포고 1985.01.04

| 대회 | 연도 | 소속 | 출전 | 교체 | 득점 | 도움 | 실점 | 파울 | 경고 | 퇴장 |
|---|---|---|---|---|---|---|---|---|---|---|
| K1 | 2004 | 포항 | 0 | 0 | 0 | 0 | 0 | 0 | 0 | 0 |
| | 2005 | 포항 | 0 | 0 | 0 | 0 | 0 | 0 | 0 | 0 |
| | 2006 | 포항 | 14 | 0 | 0 | 0 | 9 | 1 | 1 | 0 |
| | 2007 | 포항 | 9 | 0 | 0 | 0 | 12 | 0 | 0 | 0 |
| | 2008 | 성남일화 | 26 | 0 | 0 | 0 | 21 | 0 | 1 | 0 |
| | 2009 | 성남일화 | 24 | 0 | 0 | 0 | 32 | 1 | 1 | 1 |
| | 2010 | 성남일화 | 28 | 0 | 0 | 0 | 26 | 1 | 1 | 0 |
| | 2011 | 수원 | 28 | 0 | 0 | 0 | 31 | 1 | 2 | 0 |
| | 2012 | 수원 | 33 | 0 | 0 | 0 | 38 | 0 | 1 | 0 |
| | 2013 | 수원 | 34 | 0 | 0 | 1 | 41 | 0 | 0 | 0 |
| | 2014 | 수원 | 34 | 0 | 0 | 0 | 33 | 1 | 1 | 0 |
| | 2015 | 수원 | 22 | 0 | 0 | 0 | 23 | 0 | 2 | 0 |
| PO | 2006 | 포항 | 1 | 0 | 0 | 0 | 1 | 0 | 0 | 0 |
| | 2007 | 포항 | 5 | 1 | 0 | 0 | 3 | 1 | 1 | 0 |
| | 2008 | 성남일화 | 1 | 0 | 0 | 0 | 2 | 0 | 0 | 0 |
| | 2009 | 성남일화 | 5 | 0 | 0 | 0 | 4 | 0 | 0 | 0 |
| | 2010 | 성남일화 | 2 | 0 | 0 | 0 | 2 | 1 | 1 | 0 |
| | 2011 | 수원 | 2 | 0 | 0 | 0 | 1 | 0 | 0 | 0 |
| 컵 | 2004 | 포항 | 0 | 0 | 0 | 0 | 0 | 0 | 0 | 0 |
| | 2006 | 포항 | 11 | 0 | 0 | 0 | 17 | 0 | 0 | 0 |
| | 2007 | 포항 | 2 | 0 | 0 | 0 | 3 | 0 | 0 | 0 |
| | 2008 | 성남일화 | 7 | 0 | 0 | 0 | 6 | 0 | 0 | 0 |
| | 2009 | 성남일화 | 7 | 0 | 0 | 0 | 5 | 0 | 0 | 0 |
| | 2011 | 수원 | 1 | 0 | 0 | 0 | 0 | 0 | 0 | 0 |
| 통산 | | | 296 | 1 | 0 | 1 | 310 | 7 | 12 | 1 |

**정성민**(鄭成民) 광운대 1989.05.02

| 대회 | 연도 | 소속 | 출전 | 교체 | 득점 | 도움 | 실점 | 파울 | 경고 | 퇴장 |
|---|---|---|---|---|---|---|---|---|---|---|
| K1 | 2011 | 강원 | 10 | 7 | 1 | 0 | 0 | 4 | 0 | 0 |
| | 2012 | 강원 | 25 | 17 | 5 | 3 | 0 | 17 | 1 | 0 |
| | 2013 | 경남 | 1 | 1 | 0 | 0 | 0 | 1 | 0 | 0 |
| | 2020 | 부산 | 3 | 3 | 0 | 0 | 0 | 3 | 0 | 0 |
| K2 | 2013 | 충주 | 14 | 1 | 6 | 1 | 0 | 16 | 3 | 0 |
| | 2014 | 충주 | 30 | 15 | 7 | 0 | 0 | 29 | 2 | 0 |
| | 2015 | 경남 | 18 | 9 | 0 | 0 | 0 | 12 | 5 | 0 |
| | 2016 | 안산무궁 | 17 | 13 | 5 | 0 | 0 | 12 | 0 | 0 |
| | 2016 | 경남 | 1 | 1 | 0 | 0 | 0 | 0 | 0 | 0 |
| | 2017 | 아산 | 19 | 17 | 1 | 1 | 0 | 18 | 3 | 0 |
| | 2018 | 성남 | 23 | 19 | 10 | 0 | 0 | 24 | 4 | 0 |
| | 2019 | 부산 | 1 | 1 | 0 | 0 | 0 | 0 | 0 | 0 |
| PO | 2017 | 아산 | 2 | 1 | 1 | 0 | 0 | 0 | 0 | 0 |
| | 2019 | 부산 | 1 | 1 | 0 | 0 | 0 | 0 | 0 | 0 |
| 컵 | 2011 | 강원 | 3 | 2 | 0 | 0 | 0 | 0 | 0 | 0 |
| 통산 | | | 168 | 108 | 36 | 5 | 0 | 136 | 18 | 0 |

**정성빈** 현대고 2007.05.12

| 대회 | 연도 | 소속 | 출전 | 교체 | 득점 | 도움 | 실점 | 파울 | 경고 | 퇴장 |
|---|---|---|---|---|---|---|---|---|---|---|
| K1 | 2025 | 울산 | 0 | 0 | 0 | 0 | 0 | 0 | 0 | 0 |
| 통산 | | | 0 | 0 | 0 | 0 | 0 | 0 | 0 | 0 |

**정성우**(鄭成宇) 선문대 2003.12.08

| 대회 | 연도 | 소속 | 출전 | 교체 | 득점 | 도움 | 실점 | 파울 | 경고 | 퇴장 |
|---|---|---|---|---|---|---|---|---|---|---|
| K2 | 2025 | 충북청주 | 11 | 10 | 0 | 0 | 0 | 4 | 1 | 0 |
| 통산 | | | 11 | 10 | 0 | 0 | 0 | 4 | 1 | 0 |

**정성원**(鄭盛元) 제주대 1976.05.26

| 대회 | 연도 | 소속 | 출전 | 교체 | 득점 | 도움 | 실점 | 파울 | 경고 | 퇴장 |
|---|---|---|---|---|---|---|---|---|---|---|
| K1 | 2000 | 수원 | 0 | 0 | 0 | 0 | 0 | 0 | 0 | 0 |
| 컵 | 2000 | 수원 | 0 | 0 | 0 | 0 | 0 | 0 | 0 | 0 |
| 통산 | | | 0 | 0 | 0 | 0 | 0 | 0 | 0 | 0 |

**정성원**(鄭盛元) 대건고 2001.01.29

| 대회 | 연도 | 소속 | 출전 | 교체 | 득점 | 도움 | 실점 | 파울 | 경고 | 퇴장 |
|---|---|---|---|---|---|---|---|---|---|---|
| K1 | 2021 | 인천 | 1 | 1 | 0 | 0 | 0 | 2 | 0 | 0 |
| 통산 | | | 1 | 1 | 0 | 0 | 0 | 2 | 0 | 0 |

**정성준**(鄭星準) 보인고 2000.03.01

| 대회 | 연도 | 소속 | 출전 | 교체 | 득점 | 도움 | 실점 | 파울 | 경고 | 퇴장 |
|---|---|---|---|---|---|---|---|---|---|---|
| K1 | 2019 | 경남 | 0 | 0 | 0 | 0 | 0 | 0 | 0 | 0 |
| 통산 | | | 0 | 0 | 0 | 0 | 0 | 0 | 0 | 0 |

**정성진**(鄭聖鎭) 단국대 1964.07.06

| 대회 | 연도 | 소속 | 출전 | 교체 | 득점 | 도움 | 실점 | 파울 | 경고 | 퇴장 |
|---|---|---|---|---|---|---|---|---|---|---|
| K1 | 1990 | 현대 | 1 | 0 | 0 | 0 | 3 | 0 | 0 | 0 |
| | 1991 | 현대 | 6 | 0 | 0 | 0 | 7 | 0 | 0 | 0 |
| 컵 | 1992 | 현대 | 4 | 1 | 0 | 0 | 7 | 1 | 2 | 0 |
| 통산 | | | 11 | 1 | 0 | 0 | 17 | 1 | 2 | 0 |

**정성천**(鄭性天) 성균관대 1971.05.30

| 대회 | 연도 | 소속 | 출전 | 교체 | 득점 | 도움 | 실점 | 파울 | 경고 | 퇴장 |
|---|---|---|---|---|---|---|---|---|---|---|
| K1 | 1997 | 대전 | 14 | 1 | 2 | 1 | 0 | 18 | 0 | 0 |
| | 1998 | 대전 | 14 | 6 | 4 | 1 | 0 | 23 | 1 | 0 |
| | 1999 | 대전 | 19 | 17 | 2 | 0 | 0 | 26 | 1 | 0 |
| | 2000 | 대전 | 23 | 10 | 4 | 1 | 0 | 48 | 3 | 0 |
| | 2001 | 대전 | 2 | 2 | 0 | 0 | 0 | 4 | 1 | 0 |
| 컵 | 1997 | 대전 | 16 | 0 | 3 | 1 | 0 | 19 | 2 | 0 |
| | 1998 | 대전 | 14 | 11 | 1 | 0 | 0 | 14 | 1 | 0 |
| | 1999 | 대전 | 8 | 5 | 0 | 2 | 0 | 16 | 1 | 0 |
| | 2000 | 대전 | 8 | 6 | 2 | 0 | 0 | 13 | 0 | 0 |
| | 2001 | 대전 | 3 | 3 | 0 | 0 | 0 | 3 | 0 | 0 |
| 통산 | | | 121 | 61 | 8 | 6 | 0 | 184 | 10 | 0 |

**정성현**(鄭成賢) 동국대 1996.03.25

| 대회 | 연도 | 소속 | 출전 | 교체 | 득점 | 도움 | 실점 | 파울 | 경고 | 퇴장 |
|---|---|---|---|---|---|---|---|---|---|---|
| K2 | 2019 | 아산 | 0 | 0 | 0 | 0 | 0 | 0 | 0 | 0 |
| 통산 | | | 0 | 0 | 0 | 0 | 0 | 0 | 0 | 0 |

**정성호**(鄭成浩) 대륜중 1986.04.07

| 대회 | 연도 | 소속 | 출전 | 교체 | 득점 | 도움 | 실점 | 파울 | 경고 | 퇴장 |
|---|---|---|---|---|---|---|---|---|---|---|
| K1 | 2007 | 서울 | 0 | 0 | 0 | 0 | 0 | 0 | 0 | 0 |
| 컵 | 2007 | 서울 | 1 | 0 | 0 | 0 | 0 | 0 | 0 | 0 |
| | 2008 | 서울 | 1 | 0 | 0 | 0 | 0 | 0 | 0 | 0 |
| 통산 | | | 2 | 0 | 0 | 0 | 0 | 0 | 0 | 0 |

**정성호**(丁星豪) 용인대 2001.07.06

| 대회 | 연도 | 소속 | 출전 | 교체 | 득점 | 도움 | 실점 | 파울 | 경고 | 퇴장 |
|---|---|---|---|---|---|---|---|---|---|---|
| K2 | 2022 | 서울E | 6 | 5 | 1 | 0 | 0 | 5 | 0 | 0 |
| | 2023 | 충남아산 | 20 | 21 | 1 | 0 | 0 | 20 | 1 | 0 |
| | 2024 | 충북청주 | 10 | 9 | 2 | 0 | 0 | 10 | 2 | 0 |
| | 2025 | 안산 | 11 | 11 | 0 | 0 | 0 | 7 | 1 | 0 |
| 통산 | | | 47 | 46 | 4 | 0 | 0 | 42 | 4 | 0 |

**정성훈**(鄭聖勳) 인천대 1968.09.14

| 대회 | 연도 | 소속 | 출전 | 교체 | 득점 | 도움 | 실점 | 파울 | 경고 | 퇴장 |
|---|---|---|---|---|---|---|---|---|---|---|
| K1 | 1993 | 포항제철 | 2 | 2 | 0 | 0 | 0 | 2 | 0 | 0 |
| | 1994 | 유공 | 7 | 6 | 0 | 0 | 0 | 2 | 0 | 0 |
| | 1995 | 유공 | 4 | 2 | 0 | 0 | 0 | 3 | 1 | 0 |
| | 1996 | 수원 | 29 | 2 | 0 | 0 | 0 | 42 | 3 | 0 |
| | 1997 | 수원 | 14 | 0 | 0 | 0 | 0 | 23 | 2 | 0 |
| | 1998 | 수원 | 7 | 4 | 0 | 0 | 0 | 12 | 1 | 0 |
| PO | 1996 | 수원 | 2 | 0 | 0 | 0 | 0 | 2 | 0 | 0 |
| | 1998 | 수원 | 1 | 0 | 0 | 0 | 0 | 5 | 1 | 0 |
| 컵 | 1997 | 수원 | 13 | 1 | 0 | 0 | 0 | 15 | 1 | 0 |
| | 1998 | 수원 | 12 | 3 | 0 | 0 | 0 | 19 | 1 | 0 |
| 통산 | | | 91 | 20 | 0 | 0 | 0 | 125 | 10 | 0 |

**정성훈**(丁成勳) 경희대 1979.07.04

| 대회 | 연도 | 소속 | 출전 | 교체 | 득점 | 도움 | 실점 | 파울 | 경고 | 퇴장 |
|---|---|---|---|---|---|---|---|---|---|---|
| K1 | 2002 | 울산 | 15 | 12 | 0 | 1 | 0 | 16 | 3 | 0 |
| | 2003 | 울산 | 15 | 15 | 0 | 1 | 0 | 20 | 2 | 0 |
| | 2004 | 대전 | 7 | 7 | 0 | 0 | 0 | 9 | 0 | 0 |
| | 2005 | 대전 | 4 | 4 | 1 | 0 | 0 | 4 | 1 | 0 |
| | 2006 | 대전 | 18 | 13 | 3 | 0 | 0 | 22 | 2 | 0 |
| | 2007 | 대전 | 13 | 10 | 2 | 0 | 0 | 20 | 2 | 0 |
| | 2008 | 부산 | 22 | 12 | 5 | 3 | 0 | 37 | 5 | 0 |
| | 2009 | 부산 | 12 | 7 | 7 | 1 | 0 | 14 | 4 | 0 |
| | 2010 | 부산 | 26 | 17 | 7 | 3 | 0 | 54 | 5 | 0 |
| | 2011 | 전북 | 24 | 22 | 5 | 5 | 0 | 27 | 1 | 0 |
| | 2012 | 전북 | 14 | 12 | 2 | 2 | 0 | 14 | 3 | 0 |
| | 2012 | 전남 | 13 | 9 | 3 | 2 | 0 | 12 | 1 | 0 |
| | 2013 | 대전 | 6 | 4 | 2 | 0 | 0 | 6 | 0 | 0 |
| | 2013 | 경남 | 10 | 11 | 1 | 0 | 0 | 16 | 1 | 0 |
| K2 | 2017 | 부천 | 9 | 8 | 1 | 0 | 0 | 6 | 1 | 0 |
| PO | 2011 | 전북 | 2 | 2 | 0 | 0 | 0 | 1 | 0 | 0 |
| 컵 | 2002 | 울산 | 9 | 9 | 2 | 2 | 0 | 16 | 0 | 0 |
| | 2004 | 대전 | 6 | 6 | 2 | 0 | 0 | 8 | 0 | 0 |
| | 2005 | 대전 | 1 | 1 | 0 | 0 | 0 | 2 | 0 | 0 |
| | 2006 | 대전 | 8 | 5 | 5 | 1 | 0 | 16 | 0 | 0 |
| | 2007 | 대전 | 6 | 5 | 1 | 0 | 0 | 10 | 0 | 1 |
| | 2008 | 부산 | 9 | 4 | 3 | 1 | 0 | 11 | 1 | 0 |
| | 2009 | 부산 | 4 | 3 | 1 | 0 | 0 | 3 | 0 | 0 |
| | 2010 | 부산 | 5 | 5 | 4 | 1 | 0 | 12 | 2 | 0 |
| | 2011 | 전북 | 1 | 0 | 0 | 1 | 0 | 1 | 0 | 0 |
| 통산 | | | 259 | 203 | 57 | 24 | 0 | 357 | 34 | 1 |

**정세준**(鄭世俊) 전주대 2002.06.27

| 대회 | 연도 | 소속 | 출전 | 교체 | 득점 | 도움 | 실점 | 파울 | 경고 | 퇴장 |
|---|---|---|---|---|---|---|---|---|---|---|
| K2 | 2024 | 충남아산 | 11 | 11 | 1 | 1 | 0 | 13 | 1 | 0 |
| | 2025 | 충남아산 | 5 | 5 | 0 | 0 | 0 | 7 | 1 | 0 |
| 통산 | | | 16 | 16 | 1 | 1 | 0 | 20 | 2 | 0 |

**정수남**(鄭壽男) 중동고 1960.07.05

| 대회 | 연도 | 소속 | 출전 | 교체 | 득점 | 도움 | 실점 | 파울 | 경고 | 퇴장 |
|---|---|---|---|---|---|---|---|---|---|---|
| K1 | 1984 | 한일은행 | 16 | 6 | 0 | 0 | 0 | 11 | 1 | 0 |
| | 1985 | 한일은행 | 10 | 9 | 1 | 1 | 0 | 3 | 0 | 0 |
| 통산 | | | 26 | 15 | 1 | 1 | 0 | 14 | 1 | 0 |

**정수종**(鄭壽鍾) 수원고 1987.05.01

| 대회 | 연도 | 소속 | 출전 | 교체 | 득점 | 도움 | 실점 | 파울 | 경고 | 퇴장 |
|---|---|---|---|---|---|---|---|---|---|---|
| K1 | 2006 | 전북 | 8 | 4 | 0 | 0 | 0 | 7 | 2 | 0 |
| | 2007 | 전북 | 3 | 0 | 0 | 0 | 0 | 1 | 0 | 0 |
| | 2008 | 전북 | 2 | 1 | 0 | 0 | 0 | 2 | 0 | 0 |
| | 2009 | 전북 | 2 | 2 | 0 | 0 | 0 | 3 | 0 | 0 |
| 컵 | 2006 | 전북 | 2 | 2 | 0 | 0 | 0 | 1 | 0 | 0 |
| | 2007 | 전북 | 3 | 0 | 0 | 0 | 0 | 5 | 1 | 0 |
| | 2008 | 전북 | 1 | 0 | 0 | 0 | 0 | 1 | 1 | 0 |
| | 2009 | 전북 | 1 | 1 | 0 | 0 | 0 | 0 | 0 | 0 |
| 통산 | | | 22 | 10 | 0 | 0 | 0 | 20 | 4 | 0 |

**정수호**(鄭修昊/←정현윤) 한양대 1990.04.09

| 대회 | 연도 | 소속 | 출전 | 교체 | 득점 | 도움 | 실점 | 파울 | 경고 | 퇴장 |
|---|---|---|---|---|---|---|---|---|---|---|
| K1 | 2012 | 전남 | 2 | 0 | 0 | 0 | 0 | 1 | 0 | 0 |
| K2 | 2013 | 안양 | 11 | 1 | 2 | 0 | 0 | 13 | 2 | 0 |
| | 2014 | 안양 | 4 | 0 | 0 | 0 | 0 | 2 | 0 | 0 |
| 통산 | | | 17 | 1 | 2 | 0 | 0 | 16 | 2 | 0 |

**정승배**(丁升培) 한남대 2003.11.09

| 대회 | 연도 | 소속 | 출전 | 교체 | 득점 | 도움 | 실점 | 파울 | 경고 | 퇴장 |
|---|---|---|---|---|---|---|---|---|---|---|
| K1 | 2024 | 수원FC | 10 | 11 | 1 | 0 | 0 | 4 | 0 | 0 |
| | 2025 | 수원FC | 14 | 14 | 1 | 0 | 0 | 1 | 0 | 0 |
| 통산 | | | 24 | 25 | 2 | 0 | 0 | 5 | 0 | 0 |

**정승용**(鄭昇勇) 동북고 1991.03.25

| 대회 | 연도 | 소속 | 출전 | 교체 | 득점 | 도움 | 실점 | 파울 | 경고 | 퇴장 |
|---|---|---|---|---|---|---|---|---|---|---|
| K1 | 2011 | 경남 | 3 | 3 | 0 | 1 | 0 | 8 | 1 | 0 |
| | 2012 | 서울 | 1 | 1 | 0 | 0 | 0 | 2 | 1 | 0 |
| | 2013 | 서울 | 1 | 1 | 0 | 0 | 0 | 0 | 0 | 0 |
| | 2014 | 서울 | 0 | 0 | 0 | 0 | 0 | 0 | 0 | 0 |
| | 2017 | 강원 | 31 | 4 | 0 | 0 | 0 | 38 | 4 | 0 |
| | 2018 | 강원 | 34 | 2 | 3 | 4 | 0 | 33 | 5 | 0 |
| | 2019 | 강원 | 29 | 13 | 0 | 6 | 0 | 29 | 6 | 0 |
| | 2021 | 강원 | 3 | 2 | 0 | 0 | 0 | 1 | 0 | 0 |
| | 2022 | 강원 | 38 | 5 | 2 | 1 | 0 | 37 | 4 | 0 |
| | 2023 | 강원 | 22 | 7 | 1 | 0 | 0 | 17 | 2 | 0 |
| K2 | 2016 | 강원 | 39 | 1 | 3 | 2 | 0 | 50 | 4 | 0 |
| | 2023 | 성남 | 14 | 5 | 1 | 0 | 0 | 8 | 3 | 0 |
| | 2024 | 성남 | 25 | 5 | 0 | 3 | 0 | 20 | 5 | 0 |
| | 2025 | 성남 | 38 | 5 | 1 | 1 | 0 | 34 | 6 | 0 |
| PO | 2016 | 강원 | 4 | 0 | 1 | 0 | 0 | 7 | 0 | 0 |
| | 2021 | 강원 | 1 | 1 | 0 | 0 | 0 | 0 | 0 | 0 |
| | 2025 | 성남 | 2 | 0 | 0 | 0 | 0 | 4 | 0 | 0 |
| 컵 | 2011 | 경남 | 2 | 1 | 0 | 0 | 0 | 4 | 0 | 0 |
| 통산 | | | 287 | 56 | 12 | 18 | 0 | 292 | 41 | 0 |

**정승원**(鄭承原) 안동고 1997.02.27

| 대회 | 연도 | 소속 | 출전 | 교체 | 득점 | 도움 | 실점 | 파울 | 경고 | 퇴장 |
|---|---|---|---|---|---|---|---|---|---|---|
| K1 | 2017 | 대구 | 9 | 9 | 0 | 0 | 0 | 7 | 2 | 0 |
| | 2018 | 대구 | 31 | 18 | 4 | 3 | 0 | 30 | 3 | 0 |
| | 2019 | 대구 | 33 | 9 | 3 | 2 | 0 | 41 | 0 | 0 |
| | 2020 | 대구 | 26 | 5 | 0 | 7 | 0 | 32 | 5 | 0 |
| | 2021 | 대구 | 22 | 4 | 1 | 2 | 0 | 22 | 2 | 0 |
| | 2022 | 수원 | 29 | 7 | 0 | 1 | 0 | 15 | 5 | 0 |
| | 2023 | 수원 | 17 | 13 | 0 | 0 | 0 | 13 | 4 | 0 |
| | 2024 | 수원FC | 38 | 20 | 11 | 6 | 0 | 31 | 3 | 0 |
| | 2025 | 서울 | 33 | 14 | 2 | 5 | 0 | 23 | 3 | 0 |
| 통산 | | | 238 | 99 | 21 | 26 | 0 | 214 | 27 | 0 |

**정승현**(鄭昇炫) 현대고 1994.04.03

| 대회 | 연도 | 소속 | 출전 | 교체 | 득점 | 도움 | 실점 | 파울 | 경고 | 퇴장 |
|---|---|---|---|---|---|---|---|---|---|---|
| K1 | 2015 | 울산 | 18 | 8 | 0 | 0 | 0 | 24 | 1 | 0 |
| | 2016 | 울산 | 19 | 4 | 1 | 0 | 0 | 26 | 6 | 1 |
| | 2017 | 울산 | 12 | 1 | 0 | 0 | 0 | 22 | 5 | 0 |
| | 2020 | 울산 | 23 | 0 | 2 | 0 | 0 | 27 | 6 | 0 |
| | 2022 | 김천 | 16 | 2 | 1 | 0 | 0 | 15 | 5 | 0 |
| | 2022 | 울산 | 5 | 0 | 0 | 0 | 0 | 3 | 3 | 0 |
| | 2023 | 울산 | 23 | 6 | 1 | 0 | 0 | 16 | 4 | 0 |
| | 2025 | 울산 | 13 | 2 | 0 | 0 | 0 | 17 | 4 | 0 |
| K2 | 2021 | 김천 | 29 | 0 | 5 | 0 | 0 | 28 | 6 | 0 |
| 통산 | | | 158 | 23 | 10 | 0 | 0 | 178 | 40 | 1 |

**정안모**(鄭按模) 인천대 1989.03.17

| 대회 | 연도 | 소속 | 출전 | 교체 | 득점 | 도움 | 실점 | 파울 | 경고 | 퇴장 |
|---|---|---|---|---|---|---|---|---|---|---|
| K1 | 2012 | 대구 | 1 | 1 | 0 | 0 | 0 | 0 | 0 | 0 |
| 통산 | | | 1 | 1 | 0 | 0 | 0 | 0 | 0 | 0 |

**정연웅**(鄭然雄) 충남기계공고 1992.08.31

| 대회 | 연도 | 소속 | 출전 | 교체 | 득점 | 도움 | 실점 | 파울 | 경고 | 퇴장 |
|---|---|---|---|---|---|---|---|---|---|---|
| 컵 | 2011 | 대전 | 1 | 1 | 0 | 0 | 0 | 2 | 0 | 0 |
| 통산 | | | 1 | 1 | 0 | 0 | 0 | 2 | 0 | 0 |

**정영총**(鄭永寵) 한양대 1992.06.24

| 대회 | 연도 | 소속 | 출전 | 교체 | 득점 | 도움 | 실점 | 파울 | 경고 | 퇴장 |
|---|---|---|---|---|---|---|---|---|---|---|
| K1 | 2015 | 제주 | 17 | 15 | 0 | 0 | 0 | 15 | 1 | 0 |
| | 2016 | 제주 | 13 | 14 | 1 | 0 | 0 | 5 | 0 | 0 |
| | 2017 | 광주 | 6 | 7 | 0 | 0 | 0 | 7 | 1 | 0 |
| K2 | 2018 | 광주 | 25 | 17 | 4 | 0 | 0 | 30 | 5 | 0 |
| | 2019 | 광주 | 3 | 3 | 1 | 0 | 0 | 0 | 0 | 0 |
| 통산 | | | 64 | 56 | 6 | 0 | 0 | 57 | 7 | 0 |

**정영호**(鄭鈴湖) 서울시립대 1968.08.15

| 대회 | 연도 | 소속 | 출전 | 교체 | 득점 | 도움 | 실점 | 파울 | 경고 | 퇴장 |
|---|---|---|---|---|---|---|---|---|---|---|
| K1 | 1990 | 일화 | 29 | 5 | 0 | 0 | 0 | 55 | 3 | 0 |
| | 1991 | 일화 | 17 | 3 | 0 | 2 | 0 | 23 | 0 | 0 |
| | 1992 | 일화 | 22 | 3 | 0 | 0 | 0 | 36 | 5 | 0 |
| | 1993 | 일화 | 19 | 14 | 1 | 0 | 0 | 30 | 2 | 0 |
| | 1994 | 일화 | 20 | 3 | 0 | 0 | 0 | 29 | 1 | 0 |
| | 1995 | 전남 | 8 | 1 | 0 | 0 | 0 | 10 | 2 | 0 |
| | 1996 | 전남 | 5 | 2 | 0 | 0 | 0 | 7 | 2 | 0 |
| 컵 | 1992 | 일화 | 4 | 0 | 0 | 0 | 0 | 7 | 0 | 0 |
| | 1993 | 일화 | 3 | 2 | 0 | 0 | 0 | 2 | 0 | 0 |
| | 1996 | 전남 | 3 | 2 | 0 | 0 | 0 | 5 | 2 | 0 |
| 통산 | | | 130 | 35 | 1 | 2 | 0 | 204 | 17 | 0 |

**정영훈**(丁永勳) 동의대 1975.05.01

| 대회 | 연도 | 소속 | 출전 | 교체 | 득점 | 도움 | 실점 | 파울 | 경고 | 퇴장 |
|---|---|---|---|---|---|---|---|---|---|---|
| K1 | 2001 | 대전 | 20 | 9 | 2 | 2 | 0 | 26 | 6 | 0 |
| | 2002 | 대전 | 21 | 16 | 2 | 2 | 0 | 18 | 3 | 0 |
| | 2003 | 대전 | 1 | 1 | 0 | 0 | 0 | 1 | 0 | 0 |
| | 2004 | 대구 | 6 | 7 | 1 | 2 | 0 | 2 | 0 | 0 |
| 컵 | 2001 | 대전 | 8 | 4 | 1 | 0 | 0 | 12 | 2 | 0 |
| | 2004 | 대구 | 1 | 1 | 0 | 0 | 0 | 0 | 0 | 0 |
| 통산 | | | 57 | 38 | 6 | 6 | 0 | 59 | 11 | 0 |

**정용대**(鄭容臺) 일본조선대 1978.02.04

| 대회 | 연도 | 소속 | 출전 | 교체 | 득점 | 도움 | 실점 | 파울 | 경고 | 퇴장 |
|---|---|---|---|---|---|---|---|---|---|---|
| K1 | 2001 | 포항 | 4 | 2 | 0 | 0 | 0 | 5 | 2 | 0 |
| 통산 | | | 4 | 2 | 0 | 0 | 0 | 5 | 2 | 0 |

**정용환**(鄭龍煥) 고려대 1960.02.10

| 대회 | 연도 | 소속 | 출전 | 교체 | 득점 | 도움 | 실점 | 파울 | 경고 | 퇴장 |
|---|---|---|---|---|---|---|---|---|---|---|
| K1 | 1984 | 대우 | 22 | 1 | 0 | 0 | 0 | 20 | 0 | 0 |
| | 1985 | 대우 | 2 | 0 | 0 | 0 | 0 | 1 | 0 | 0 |
| | 1986 | 대우 | 1 | 1 | 0 | 0 | 0 | 1 | 0 | 0 |
| | 1987 | 대우 | 19 | 0 | 1 | 1 | 0 | 22 | 0 | 0 |
| | 1988 | 대우 | 11 | 1 | 0 | 0 | 0 | 12 | 0 | 0 |
| | 1989 | 대우 | 9 | 0 | 0 | 1 | 0 | 14 | 0 | 0 |
| | 1990 | 대우 | 8 | 3 | 0 | 0 | 0 | 7 | 0 | 0 |
| | 1991 | 대우 | 33 | 1 | 2 | 0 | 0 | 40 | 0 | 0 |
| | 1992 | 대우 | 25 | 2 | 1 | 2 | 0 | 32 | 3 | 0 |
| | 1993 | 대우 | 6 | 3 | 2 | 0 | 0 | 11 | 2 | 0 |
| | 1994 | 대우 | 14 | 5 | 1 | 0 | 0 | 13 | 0 | 0 |
| PO | 1984 | 대우 | 2 | 0 | 0 | 0 | 0 | 5 | 0 | 0 |
| 컵 | 1986 | 대우 | 2 | 0 | 1 | 0 | 0 | 3 | 0 | 0 |
| | 1992 | 대우 | 10 | 0 | 1 | 0 | 0 | 12 | 0 | 0 |
| | 1994 | 대우 | 6 | 0 | 0 | 0 | 0 | 1 | 1 | 0 |
| 통산 | | | 170 | 17 | 9 | 4 | 0 | 194 | 6 | 0 |

**정용훈**(鄭湧勳) 대신고 1979.03.11

| 대회 | 연도 | 소속 | 출전 | 교체 | 득점 | 도움 | 실점 | 파울 | 경고 | 퇴장 |
|---|---|---|---|---|---|---|---|---|---|---|
| K1 | 1998 | 수원 | 10 | 9 | 1 | 2 | 0 | 6 | 0 | 0 |
| | 1999 | 수원 | 2 | 2 | 0 | 0 | 0 | 0 | 0 | 0 |
| | 2002 | 수원 | 13 | 9 | 0 | 0 | 0 | 16 | 0 | 0 |
| | 2003 | 수원 | 20 | 16 | 2 | 0 | 0 | 15 | 1 | 0 |
| 컵 | 1998 | 수원 | 16 | 10 | 2 | 1 | 0 | 18 | 1 | 0 |
| | 1999 | 수원 | 0 | 0 | 0 | 0 | 0 | 0 | 0 | 0 |
| | 2002 | 수원 | 3 | 3 | 0 | 0 | 0 | 1 | 0 | 0 |
| 통산 | | | 64 | 49 | 5 | 3 | 0 | 56 | 2 | 0 |

**정용희**(鄭用熙) 용인대 2002.05.10

| 대회 | 연도 | 소속 | 출전 | 교체 | 득점 | 도움 | 실점 | 파울 | 경고 | 퇴장 |
|---|---|---|---|---|---|---|---|---|---|---|
| K2 | 2023 | 안산 | 19 | 13 | 0 | 0 | 0 | 10 | 2 | 0 |
| | 2024 | 안산 | 17 | 13 | 0 | 0 | 0 | 11 | 3 | 0 |
| | 2025 | 안산 | 28 | 19 | 0 | 0 | 0 | 16 | 1 | 0 |
| 통산 | | | 64 | 45 | 0 | 0 | 0 | 37 | 6 | 0 |

**정우근**(鄭于根) 충남기계공고 1991.03.01

| 대회 | 연도 | 소속 | 출전 | 교체 | 득점 | 도움 | 실점 | 파울 | 경고 | 퇴장 |
|---|---|---|---|---|---|---|---|---|---|---|
| K2 | 2018 | 수원FC | 14 | 11 | 2 | 0 | 0 | 22 | 0 | 0 |
| 통산 | | | 14 | 11 | 2 | 0 | 0 | 22 | 0 | 0 |

**정우빈**(鄭優斌) 중앙대 2001.05.08

| 대회 | 연도 | 소속 | 출전 | 교체 | 득점 | 도움 | 실점 | 파울 | 경고 | 퇴장 |
|---|---|---|---|---|---|---|---|---|---|---|
| K1 | 2024 | 대전 | 1 | 1 | 0 | 0 | 0 | 0 | 0 | 0 |
| K2 | 2022 | 전남 | 5 | 5 | 0 | 0 | 0 | 1 | 0 | 0 |
| | 2025 | 김포 | 3 | 3 | 0 | 0 | 0 | 3 | 0 | 0 |
| 통산 | | | 9 | 9 | 0 | 0 | 0 | 4 | 0 | 0 |

**정우성**(鄭宇星) 중앙대 1986.06.19

| 대회 | 연도 | 소속 | 출전 | 교체 | 득점 | 도움 | 실점 | 파울 | 경고 | 퇴장 |
|---|---|---|---|---|---|---|---|---|---|---|
| K1 | 2009 | 대구 | 0 | 0 | 0 | 0 | 0 | 0 | 0 | 0 |
| 통산 | | | 0 | 0 | 0 | 0 | 0 | 0 | 0 | 0 |

**정우승**(鄭雨承) 단국대 1984.03.14

| 대회 | 연도 | 소속 | 출전 | 교체 | 득점 | 도움 | 실점 | 파울 | 경고 | 퇴장 |
|---|---|---|---|---|---|---|---|---|---|---|
| K1 | 2007 | 경남 | 0 | 0 | 0 | 0 | 0 | 0 | 0 | 0 |
| | 2008 | 경남 | 4 | 3 | 0 | 0 | 0 | 2 | 1 | 0 |
| 컵 | 2007 | 경남 | 2 | 0 | 0 | 0 | 0 | 2 | 0 | 0 |
| 통산 | | | 6 | 3 | 0 | 0 | 0 | 4 | 1 | 0 |

**정우영**(鄭宇榮) 고려대 1971.12.08

| 대회 | 연도 | 소속 | 출전 | 교체 | 득점 | 도움 | 실점 | 파울 | 경고 | 퇴장 |
|---|---|---|---|---|---|---|---|---|---|---|
| K1 | 1994 | 현대 | 5 | 5 | 0 | 1 | 0 | 1 | 0 | 0 |
| | 1995 | 현대 | 0 | 0 | 0 | 0 | 0 | 0 | 0 | 0 |
| | 1998 | 울산 | 3 | 2 | 0 | 0 | 0 | 8 | 1 | 0 |
| 컵 | 1994 | 현대 | 1 | 1 | 0 | 0 | 0 | 0 | 0 | 0 |
| | 1995 | 현대 | 0 | 0 | 0 | 0 | 0 | 0 | 0 | 0 |
| 통산 | | | 9 | 8 | 0 | 1 | 0 | 9 | 1 | 0 |

**정우영**(鄭又榮) 경희대 1989.12.14

| 대회 | 연도 | 소속 | 출전 | 교체 | 득점 | 도움 | 실점 | 파울 | 경고 | 퇴장 |
|---|---|---|---|---|---|---|---|---|---|---|
| K1 | 2024 | 울산 | 8 | 6 | 0 | 0 | 0 | 12 | 1 | 0 |
| | 2025 | 울산 | 17 | 15 | 0 | 1 | 0 | 17 | 3 | 0 |
| 통산 | | | 25 | 21 | 0 | 1 | 0 | 29 | 4 | 0 |

**정우인**(鄭愚仁) 경희대 1988.02.01

| 대회 | 연도 | 소속 | 출전 | 교체 | 득점 | 도움 | 실점 | 파울 | 경고 | 퇴장 |
|---|---|---|---|---|---|---|---|---|---|---|
| K1 | 2011 | 광주 | 22 | 5 | 1 | 0 | 0 | 48 | 4 | 0 |
| | 2012 | 광주 | 34 | 6 | 1 | 0 | 0 | 62 | 15 | 0 |
| K2 | 2013 | 광주 | 18 | 4 | 0 | 0 | 0 | 26 | 1 | 0 |
| | 2014 | 강원 | 27 | 5 | 1 | 1 | 0 | 40 | 6 | 0 |
| | 2015 | 강원 | 11 | 3 | 1 | 0 | 0 | 24 | 4 | 0 |
| | 2016 | 충주 | 21 | 8 | 0 | 0 | 0 | 19 | 4 | 0 |
| PO | 2014 | 강원 | 1 | 0 | 0 | 0 | 0 | 3 | 0 | 0 |
| 컵 | 2011 | 광주 | 1 | 0 | 0 | 0 | 0 | 2 | 0 | 0 |
| 통산 | | | 135 | 31 | 4 | 1 | 0 | 224 | 34 | 0 |

**정우재**(鄭宇宰) 예원예술대 1992.06.28

| 대회 | 연도 | 소속 | 출전 | 교체 | 득점 | 도움 | 실점 | 파울 | 경고 | 퇴장 |
|---|---|---|---|---|---|---|---|---|---|---|
| K1 | 2014 | 성남 | 2 | 2 | 0 | 0 | 0 | 1 | 1 | 0 |
| | 2017 | 대구 | 33 | 4 | 1 | 5 | 0 | 25 | 3 | 0 |
| | 2018 | 대구 | 32 | 6 | 1 | 3 | 0 | 24 | 3 | 0 |
| | 2019 | 제주 | 11 | 2 | 0 | 0 | 0 | 8 | 1 | 0 |
| | 2021 | 제주 | 38 | 6 | 3 | 2 | 0 | 28 | 1 | 0 |
| | 2022 | 제주 | 28 | 11 | 0 | 1 | 0 | 13 | 3 | 0 |
| | 2023 | 전북 | 26 | 13 | 0 | 1 | 0 | 12 | 1 | 0 |
| | 2024 | 전북 | 11 | 10 | 0 | 0 | 0 | 4 | 1 | 0 |
| | 2025 | 대구 | 16 | 9 | 0 | 0 | 0 | 6 | 0 | 0 |
| K2 | 2015 | 충주 | 26 | 4 | 1 | 1 | 0 | 23 | 2 | 0 |
| | 2016 | 대구 | 37 | 4 | 3 | 3 | 0 | 41 | 7 | 0 |
| | 2020 | 제주 | 21 | 3 | 3 | 4 | 0 | 18 | 2 | 0 |
| 통산 | | | 281 | 74 | 12 | 20 | 0 | 203 | 25 | 0 |

**정우진**(鄭禹鎭) 전주대 1969.01.20

| 대회 | 연도 | 소속 | 출전 | 교체 | 득점 | 도움 | 실점 | 파울 | 경고 | 퇴장 |
|---|---|---|---|---|---|---|---|---|---|---|
| K1 | 1996 | 부천유공 | 14 | 9 | 2 | 0 | 0 | 11 | 2 | 0 |
| | 1997 | 전북 | 6 | 6 | 1 | 0 | 0 | 3 | 0 | 0 |
| | 1997 | 부천SK | 4 | 3 | 0 | 0 | 0 | 1 | 1 | 0 |
| | 1998 | 전북 | 1 | 1 | 0 | 0 | 0 | 1 | 0 | 0 |
| 컵 | 1996 | 부천유공 | 1 | 1 | 0 | 0 | 0 | 1 | 0 | 0 |
| | 1997 | 부천SK | 2 | 2 | 0 | 0 | 0 | 0 | 0 | 0 |
| | 1997 | 전북 | 2 | 2 | 0 | 0 | 0 | 2 | 0 | 0 |
| | 1998 | 전북 | 3 | 3 | 0 | 0 | 0 | 7 | 0 | 0 |
| 통산 | | | 33 | 27 | 3 | 0 | 0 | 26 | 3 | 0 |

**정운**(鄭澐/←정부식) 명지대 1989.06.30

| 대회 | 연도 | 소속 | 출전 | 교체 | 득점 | 도움 | 실점 | 파울 | 경고 | 퇴장 |
|---|---|---|---|---|---|---|---|---|---|---|
| K1 | 2012 | 울산 | 0 | 0 | 0 | 0 | 0 | 0 | 0 | 0 |
| | 2016 | 제주 | 32 | 3 | 1 | 5 | 0 | 38 | 3 | 0 |
| | 2017 | 제주 | 30 | 4 | 1 | 3 | 0 | 21 | 4 | 0 |
| | 2018 | 제주 | 12 | 0 | 0 | 2 | 0 | 9 | 2 | 0 |
| | 2021 | 제주 | 35 | 5 | 1 | 2 | 0 | 40 | 7 | 0 |
| | 2022 | 제주 | 32 | 1 | 0 | 2 | 0 | 16 | 7 | 0 |
| | 2023 | 제주 | 25 | 8 | 2 | 0 | 0 | 18 | 6 | 0 |
| | 2024 | 제주 | 23 | 3 | 0 | 1 | 0 | 5 | 3 | 0 |
| | 2025 | 제주 | 11 | 11 | 0 | 0 | 0 | 6 | 1 | 0 |
| K2 | 2020 | 제주 | 24 | 2 | 2 | 0 | 0 | 33 | 6 | 0 |
| PO | 2025 | 제주 | 0 | 0 | 0 | 0 | 0 | 0 | 0 | 0 |
| 통산 | | | 224 | 37 | 7 | 15 | 0 | 186 | 39 | 0 |

**정웅일**(鄭雄一) 연세대 1962.11.05

| 대회 | 연도 | 소속 | 출전 | 교체 | 득점 | 도움 | 실점 | 파울 | 경고 | 퇴장 |
|---|---|---|---|---|---|---|---|---|---|---|
| K1 | 1986 | 대우 | 2 | 2 | 0 | 0 | 0 | 0 | 0 | 0 |
| 컵 | 1986 | 대우 | 2 | 0 | 0 | 0 | 0 | 4 | 0 | 0 |
| 통산 | | | 4 | 2 | 0 | 0 | 0 | 4 | 0 | 0 |

**정원서**(鄭源緖) 동아대 1959.04.16

| 대회 | 연도 | 소속 | 출전 | 교체 | 득점 | 도움 | 실점 | 파울 | 경고 | 퇴장 |
|---|---|---|---|---|---|---|---|---|---|---|
| K1 | 1983 | 포항제철 | 4 | 3 | 0 | 0 | 0 | 1 | 0 | 0 |
| 통산 | | | 4 | 3 | 0 | 0 | 0 | 1 | 0 | 0 |

**정원영**(鄭元寧) 선문대 1992.05.26

| 대회 | 연도 | 소속 | 출전 | 교체 | 득점 | 도움 | 실점 | 파울 | 경고 | 퇴장 |
|---|---|---|---|---|---|---|---|---|---|---|
| K2 | 2019 | 아산 | 8 | 2 | 0 | 0 | 0 | 5 | 0 | 0 |
| 통산 | | | 8 | 2 | 0 | 0 | 0 | 5 | 0 | 0 |

**정원진**(鄭願眞) 영남대 1994.08.10

| 대회 | 연도 | 소속 | 출전 | 교체 | 득점 | 도움 | 실점 | 파울 | 경고 | 퇴장 |
|---|---|---|---|---|---|---|---|---|---|---|
| K1 | 2016 | 포항 | 11 | 9 | 0 | 0 | 0 | 11 | 2 | 0 |
| | 2018 | 포항 | 18 | 13 | 1 | 0 | 0 | 15 | 2 | 0 |
| | 2018 | 서울 | 1 | 2 | 0 | 0 | 0 | 1 | 0 | 0 |
| | 2019 | 서울 | 16 | 16 | 3 | 2 | 0 | 9 | 2 | 0 |
| | 2020 | 상주 | 6 | 5 | 1 | 0 | 0 | 6 | 0 | 0 |
| | 2021 | 서울 | 2 | 2 | 0 | 0 | 0 | 0 | 0 | 0 |
| | 2022 | 서울 | 3 | 3 | 0 | 0 | 0 | 0 | 0 | 0 |
| K2 | 2017 | 경남 | 34 | 10 | 10 | 10 | 0 | 44 | 2 | 0 |
| | 2021 | 김천 | 15 | 10 | 1 | 0 | 0 | 15 | 3 | 0 |
| | 2022 | 부산 | 17 | 7 | 3 | 2 | 0 | 7 | 0 | 0 |
| | 2023 | 부산 | 30 | 20 | 1 | 2 | 0 | 17 | 2 | 0 |
| | 2024 | 성남 | 22 | 9 | 0 | 2 | 0 | 11 | 1 | 0 |
| | 2025 | 성남 | 11 | 9 | 0 | 1 | 0 | 3 | 0 | 0 |
| | 2025 | 인천 | 19 | 14 | 1 | 0 | 0 | 15 | 2 | 0 |
| PO | 2018 | 서울 | 0 | 0 | 0 | 0 | 0 | 0 | 0 | 0 |
| | 2023 | 부산 | 2 | 2 | 0 | 0 | 0 | 1 | 0 | 0 |
| 통산 | | | 207 | 131 | 21 | 19 | 0 | 155 | 16 | 0 |

**정유석**(鄭裕錫) 아주대 1977.10.25

| 대회 | 연도 | 소속 | 출전 | 교체 | 득점 | 도움 | 실점 | 파울 | 경고 | 퇴장 |
|---|---|---|---|---|---|---|---|---|---|---|
| K1 | 2000 | 부산 | 20 | 4 | 0 | 0 | 26 | 1 | 1 | 0 |
| | 2001 | 부산 | 24 | 0 | 0 | 0 | 29 | 1 | 0 | 0 |
| | 2002 | 부산 | 20 | 1 | 0 | 0 | 31 | 1 | 2 | 0 |
| | 2003 | 부산 | 8 | 0 | 0 | 0 | 17 | 0 | 1 | 0 |
| | 2004 | 광주상무 | 11 | 1 | 0 | 0 | 8 | 0 | 0 | 0 |
| | 2005 | 광주상무 | 14 | 0 | 0 | 0 | 23 | 0 | 0 | 0 |
| | 2006 | 부산 | 22 | 0 | 0 | 0 | 33 | 1 | 3 | 0 |
| | 2007 | 부산 | 21 | 0 | 0 | 0 | 32 | 0 | 0 | 0 |
| | 2008 | 부산 | 4 | 0 | 0 | 0 | 6 | 0 | 1 | 0 |
| | 2009 | 부산 | 1 | 1 | 0 | 0 | 2 | 0 | 0 | 0 |
| | 2011 | 울산 | 5 | 0 | 0 | 0 | 5 | 0 | 0 | 0 |
| PO | 2011 | 울산 | 0 | 0 | 0 | 0 | 0 | 0 | 0 | 0 |
| 컵 | 2000 | 부산 | 2 | 0 | 0 | 0 | 2 | 0 | 0 | 0 |
| | 2001 | 부산 | 11 | 0 | 0 | 0 | 17 | 1 | 0 | 0 |
| | 2002 | 부산 | 7 | 0 | 0 | 0 | 12 | 0 | 0 | 0 |
| | 2004 | 광주상무 | 3 | 0 | 0 | 0 | 5 | 0 | 0 | 0 |
| | 2005 | 광주상무 | 10 | 0 | 0 | 0 | 10 | 1 | 1 | 0 |
| | 2006 | 부산 | 12 | 0 | 0 | 0 | 15 | 2 | 1 | 0 |
| | 2007 | 부산 | 5 | 1 | 0 | 0 | 4 | 0 | 0 | 0 |
| | 2008 | 부산 | 3 | 0 | 0 | 0 | 3 | 0 | 1 | 0 |
| | 2009 | 부산 | 0 | 0 | 0 | 0 | 0 | 0 | 0 | 0 |
| | 2011 | 울산 | 2 | 0 | 0 | 0 | 2 | 0 | 1 | 0 |
| 통산 | | | 205 | 8 | 0 | 0 | 282 | 8 | 12 | 0 |

**정윤길**(鄭允吉) 호남대 1976.10.23

| 대회 | 연도 | 소속 | 출전 | 교체 | 득점 | 도움 | 실점 | 파울 | 경고 | 퇴장 |
|---|---|---|---|---|---|---|---|---|---|---|
| K1 | 1999 | 전남 | 0 | 0 | 0 | 0 | 0 | 0 | 0 | 0 |
| 컵 | 1999 | 전남 | 4 | 3 | 0 | 0 | 0 | 10 | 0 | 0 |
| 통산 | | | 4 | 3 | 0 | 0 | 0 | 10 | 0 | 0 |

**정윤성**(鄭允成) 수원공고 1984.06.01

| 대회 | 연도 | 소속 | 출전 | 교체 | 득점 | 도움 | 실점 | 파울 | 경고 | 퇴장 |
|---|---|---|---|---|---|---|---|---|---|---|
| K1 | 2003 | 수원 | 11 | 9 | 1 | 1 | 0 | 18 | 1 | 0 |
| | 2004 | 수원 | 0 | 0 | 0 | 0 | 0 | 0 | 0 | 0 |
| | 2005 | 광주상무 | 22 | 18 | 4 | 1 | 0 | 39 | 2 | 0 |
| | 2006 | 광주상무 | 9 | 10 | 0 | 0 | 0 | 10 | 0 | 0 |
| | 2007 | 경남 | 13 | 8 | 6 | 3 | 0 | 23 | 1 | 0 |
| | 2007 | 수원 | 1 | 1 | 0 | 0 | 0 | 2 | 0 | 0 |
| | 2008 | 경남 | 10 | 8 | 1 | 2 | 0 | 12 | 2 | 0 |
| | 2009 | 전남 | 10 | 8 | 2 | 0 | 0 | 12 | 2 | 0 |
| | 2010 | 전남 | 18 | 14 | 3 | 1 | 0 | 23 | 3 | 1 |
| | 2011 | 전남 | 5 | 3 | 0 | 1 | 0 | 8 | 1 | 0 |
| PO | 2007 | 경남 | 1 | 0 | 0 | 0 | 0 | 1 | 0 | 0 |
| | 2009 | 전남 | 2 | 2 | 0 | 0 | 0 | 1 | 1 | 0 |
| 컵 | 2004 | 수원 | 0 | 0 | 0 | 0 | 0 | 0 | 0 | 0 |
| | 2005 | 광주상무 | 8 | 6 | 2 | 0 | 0 | 10 | 1 | 0 |
| | 2006 | 광주상무 | 7 | 4 | 0 | 0 | 0 | 11 | 1 | 0 |
| | 2007 | 수원 | 1 | 0 | 0 | 0 | 0 | 3 | 0 | 0 |

| 대회 | 연도 | 소속 | 출전 | 교체 | 득점 | 도움 | 실점 | 파울 | 경고 | 퇴장 |
|---|---|---|---|---|---|---|---|---|---|---|
| | 2008 | 경남 | 4 | 3 | 0 | 0 | 0 | 6 | 1 | 0 |
| | 2009 | 전남 | 3 | 2 | 1 | 2 | 0 | 4 | 0 | 0 |
| | 2010 | 전남 | 4 | 3 | 1 | 2 | 0 | 4 | 0 | 0 |
| | 2011 | 전남 | 3 | 2 | 0 | 0 | 0 | 9 | 0 | 0 |
| 통산 | | | 132 | 101 | 21 | 13 | 0 | 196 | 16 | 1 |

**정은우**(鄭恩宇) 거창FC U18 2003.04.22

| 대회 | 연도 | 소속 | 출전 | 교체 | 득점 | 도움 | 실점 | 파울 | 경고 | 퇴장 |
|---|---|---|---|---|---|---|---|---|---|---|
| K1 | 2023 | 수원FC | 1 | 1 | 0 | 0 | 0 | 0 | 0 | 0 |
| 통산 | | | 1 | 1 | 0 | 0 | 0 | 0 | 0 | 0 |

**정의도**(鄭義道) 연세대 1987.04.08

| 대회 | 연도 | 소속 | 출전 | 교체 | 득점 | 도움 | 실점 | 파울 | 경고 | 퇴장 |
|---|---|---|---|---|---|---|---|---|---|---|
| K1 | 2009 | 성남일화 | 1 | 1 | 0 | 0 | 0 | 0 | 0 | 0 |
| | 2010 | 성남일화 | 0 | 0 | 0 | 0 | 0 | 0 | 0 | 0 |
| K2 | 2013 | 수원FC | 11 | 1 | 0 | 0 | 18 | 0 | 0 | 0 |
| 컵 | 2010 | 성남일화 | 1 | 0 | 0 | 0 | 3 | 0 | 0 | 0 |
| 통산 | | | 13 | 2 | 0 | 0 | 21 | 0 | 0 | 0 |

**정의찬**(鄭義贊) 초당대 1996.12.18

| 대회 | 연도 | 소속 | 출전 | 교체 | 득점 | 도움 | 실점 | 파울 | 경고 | 퇴장 |
|---|---|---|---|---|---|---|---|---|---|---|
| K2 | 2022 | 김포 | 20 | 20 | 0 | 2 | 0 | 16 | 1 | 0 |
| 통산 | | | 20 | 20 | 0 | 2 | 0 | 16 | 1 | 0 |

**정인권**(鄭寅權) 제주U18 1996.04.24

| 대회 | 연도 | 소속 | 출전 | 교체 | 득점 | 도움 | 실점 | 파울 | 경고 | 퇴장 |
|---|---|---|---|---|---|---|---|---|---|---|
| K2 | 2016 | 충주 | 0 | 0 | 0 | 0 | 0 | 0 | 0 | 0 |
| 통산 | | | 0 | 0 | 0 | 0 | 0 | 0 | 0 | 0 |

**정인탁**(鄭因託) 성균관대 1994.01.24

| 대회 | 연도 | 소속 | 출전 | 교체 | 득점 | 도움 | 실점 | 파울 | 경고 | 퇴장 |
|---|---|---|---|---|---|---|---|---|---|---|
| K2 | 2016 | 충주 | 2 | 1 | 0 | 0 | 0 | 3 | 0 | 0 |
| 통산 | | | 2 | 1 | 0 | 0 | 0 | 3 | 0 | 0 |

**정인호**(鄭寅浩) 중앙대 1971.03.21

| 대회 | 연도 | 소속 | 출전 | 교체 | 득점 | 도움 | 실점 | 파울 | 경고 | 퇴장 |
|---|---|---|---|---|---|---|---|---|---|---|
| K1 | 1994 | 유공 | 7 | 3 | 0 | 0 | 0 | 3 | 1 | 0 |
| | 1995 | 유공 | 14 | 6 | 0 | 0 | 0 | 25 | 3 | 0 |
| 컵 | 1994 | 유공 | 1 | 1 | 0 | 0 | 0 | 0 | 0 | 0 |
| | 1995 | 유공 | 7 | 0 | 0 | 0 | 0 | 16 | 0 | 0 |
| | 1996 | 부천유공 | 0 | 0 | 0 | 0 | 0 | 0 | 0 | 0 |
| 통산 | | | 29 | 10 | 0 | 0 | 0 | 44 | 4 | 0 |

**정인환**(鄭仁煥) 연세대 1986.12.15

| 대회 | 연도 | 소속 | 출전 | 교체 | 득점 | 도움 | 실점 | 파울 | 경고 | 퇴장 |
|---|---|---|---|---|---|---|---|---|---|---|
| K1 | 2006 | 전북 | 4 | 2 | 0 | 0 | 0 | 2 | 0 | 0 |
| | 2007 | 전북 | 8 | 2 | 0 | 0 | 0 | 29 | 3 | 0 |
| | 2008 | 전남 | 18 | 2 | 0 | 2 | 0 | 21 | 5 | 0 |
| | 2009 | 전남 | 8 | 4 | 0 | 0 | 0 | 12 | 2 | 0 |
| | 2010 | 전남 | 17 | 2 | 3 | 0 | 0 | 30 | 6 | 0 |
| | 2011 | 인천 | 22 | 1 | 2 | 0 | 0 | 43 | 6 | 0 |
| | 2012 | 인천 | 38 | 0 | 4 | 1 | 0 | 41 | 7 | 0 |
| | 2013 | 전북 | 25 | 2 | 4 | 0 | 0 | 28 | 3 | 0 |
| | 2014 | 전북 | 18 | 3 | 0 | 0 | 0 | 19 | 2 | 0 |
| | 2016 | 서울 | 7 | 0 | 0 | 0 | 0 | 8 | 2 | 0 |
| | 2017 | 서울 | 6 | 1 | 0 | 0 | 0 | 8 | 3 | 0 |
| PO | 2009 | 전남 | 1 | 1 | 0 | 0 | 0 | 1 | 0 | 0 |
| 컵 | 2006 | 전북 | 6 | 2 | 0 | 0 | 0 | 10 | 3 | 0 |
| | 2007 | 전북 | 5 | 0 | 1 | 1 | 0 | 16 | 3 | 0 |
| | 2008 | 전남 | 3 | 0 | 0 | 0 | 0 | 2 | 2 | 0 |
| | 2010 | 전남 | 4 | 0 | 0 | 0 | 0 | 4 | 1 | 0 |
| | 2011 | 인천 | 2 | 1 | 0 | 1 | 0 | 0 | 0 | 0 |
| 통산 | | | 192 | 23 | 14 | 5 | 0 | 274 | 48 | 0 |

**정일영**

| 대회 | 연도 | 소속 | 출전 | 교체 | 득점 | 도움 | 실점 | 파울 | 경고 | 퇴장 |
|---|---|---|---|---|---|---|---|---|---|---|
| K1 | 1984 | 국민은행 | 1 | 0 | 0 | 0 | 0 | 0 | 0 | 0 |
| 통산 | | | 1 | 0 | 0 | 0 | 0 | 0 | 0 | 0 |

**정재곤**(鄭在坤) 연세대 1976.03.17

| 대회 | 연도 | 소속 | 출전 | 교체 | 득점 | 도움 | 실점 | 파울 | 경고 | 퇴장 |
|---|---|---|---|---|---|---|---|---|---|---|
| K1 | 1999 | 포항 | 10 | 6 | 0 | 0 | 0 | 13 | 1 | 0 |
| | 2000 | 포항 | 4 | 4 | 0 | 0 | 0 | 5 | 2 | 0 |
| 컵 | 1999 | 포항 | 6 | 1 | 3 | 0 | 0 | 10 | 0 | 0 |
| 통산 | | | 20 | 11 | 3 | 0 | 0 | 28 | 3 | 0 |

**정재권**(鄭在權) 한양대 1970.11.05

| 대회 | 연도 | 소속 | 출전 | 교체 | 득점 | 도움 | 실점 | 파울 | 경고 | 퇴장 |
|---|---|---|---|---|---|---|---|---|---|---|
| K1 | 1994 | 대우 | 10 | 6 | 1 | 2 | 0 | 11 | 0 | 0 |
| | 1995 | 대우 | 23 | 12 | 5 | 1 | 0 | 48 | 2 | 0 |
| | 1996 | 부산 | 27 | 5 | 8 | 5 | 0 | 44 | 4 | 0 |
| | 1997 | 부산 | 14 | 7 | 2 | 3 | 0 | 23 | 2 | 0 |
| | 1998 | 부산 | 14 | 2 | 4 | 4 | 0 | 27 | 2 | 0 |
| | 1999 | 부산 | 8 | 7 | 0 | 0 | 0 | 6 | 0 | 0 |
| | 2000 | 포항 | 11 | 12 | 1 | 0 | 0 | 11 | 0 | 0 |
| | 2001 | 포항 | 6 | 5 | 0 | 0 | 0 | 4 | 0 | 0 |
| PO | 1999 | 부산 | 3 | 3 | 0 | 0 | 0 | 7 | 0 | 0 |
| 컵 | 1994 | 대우 | 4 | 2 | 0 | 0 | 0 | 7 | 1 | 0 |
| | 1995 | 대우 | 2 | 2 | 0 | 0 | 0 | 5 | 0 | 0 |
| | 1996 | 부산 | 4 | 3 | 0 | 1 | 0 | 2 | 0 | 0 |
| | 1997 | 부산 | 14 | 7 | 4 | 2 | 0 | 18 | 1 | 0 |
| | 1998 | 부산 | 15 | 4 | 4 | 4 | 0 | 24 | 2 | 0 |
| | 1999 | 부산 | 9 | 7 | 0 | 0 | 0 | 8 | 0 | 0 |
| | 2000 | 포항 | 9 | 5 | 1 | 1 | 0 | 18 | 1 | 0 |
| | 2001 | 포항 | 6 | 4 | 0 | 0 | 0 | 10 | 0 | 0 |
| 통산 | | | 179 | 93 | 30 | 23 | 0 | 273 | 15 | 0 |

**정재민**(政載民) 성균관대 2001.10.28

| 대회 | 연도 | 소속 | 출전 | 교체 | 득점 | 도움 | 실점 | 파울 | 경고 | 퇴장 |
|---|---|---|---|---|---|---|---|---|---|---|
| K1 | 2024 | 수원FC | 12 | 13 | 2 | 0 | 0 | 5 | 0 | 0 |
| K2 | 2023 | 안산 | 27 | 24 | 5 | 1 | 0 | 16 | 1 | 0 |
| | 2024 | 서울E | 18 | 19 | 3 | 0 | 0 | 7 | 1 | 0 |
| | 2025 | 서울E | 28 | 23 | 8 | 4 | 0 | 15 | 2 | 0 |
| PO | 2024 | 서울E | 3 | 3 | 0 | 0 | 0 | 1 | 0 | 0 |
| | 2025 | 서울E | 1 | 1 | 0 | 0 | 0 | 2 | 0 | 0 |
| 통산 | | | 89 | 83 | 18 | 5 | 0 | 46 | 4 | 0 |

**정재상**(丁在相) 단국대 2004.05.25

| 대회 | 연도 | 소속 | 출전 | 교체 | 득점 | 도움 | 실점 | 파울 | 경고 | 퇴장 |
|---|---|---|---|---|---|---|---|---|---|---|
| K1 | 2024 | 대구 | 18 | 17 | 2 | 0 | 0 | 11 | 1 | 0 |
| | 2025 | 대구 | 25 | 25 | 2 | 1 | 0 | 20 | 0 | 0 |
| PO | 2024 | 대구 | 2 | 2 | 0 | 0 | 0 | 0 | 0 | 0 |
| 통산 | | | 45 | 44 | 4 | 1 | 0 | 31 | 1 | 0 |

**정재성**(鄭在星) 홍익대 1992.02.21

| 대회 | 연도 | 소속 | 출전 | 교체 | 득점 | 도움 | 실점 | 파울 | 경고 | 퇴장 |
|---|---|---|---|---|---|---|---|---|---|---|
| K1 | 2015 | 대전 | 2 | 2 | 0 | 0 | 0 | 0 | 0 | 0 |
| 통산 | | | 2 | 2 | 0 | 0 | 0 | 0 | 0 | 0 |

**정재열**(鄭在烈) 연세대 1972.08.10

| 대회 | 연도 | 소속 | 출전 | 교체 | 득점 | 도움 | 실점 | 파울 | 경고 | 퇴장 |
|---|---|---|---|---|---|---|---|---|---|---|
| K1 | 1995 | 전북 | 0 | 0 | 0 | 0 | 0 | 0 | 0 | 0 |
| | 1996 | 전북 | 0 | 0 | 0 | 0 | 0 | 0 | 0 | 0 |
| 컵 | 1995 | 전북 | 0 | 0 | 0 | 0 | 0 | 0 | 0 | 0 |
| | 1996 | 전북 | 0 | 0 | 0 | 0 | 0 | 0 | 0 | 0 |
| 통산 | | | 0 | 0 | 0 | 0 | 0 | 0 | 0 | 0 |

**정재용**(鄭宰溶) 고려대 1990.09.14

| 대회 | 연도 | 소속 | 출전 | 교체 | 득점 | 도움 | 실점 | 파울 | 경고 | 퇴장 |
|---|---|---|---|---|---|---|---|---|---|---|
| K1 | 2016 | 울산 | 10 | 5 | 0 | 1 | 0 | 12 | 3 | 0 |
| | 2017 | 울산 | 32 | 5 | 3 | 0 | 0 | 43 | 8 | 0 |
| | 2018 | 울산 | 10 | 3 | 0 | 0 | 0 | 13 | 2 | 1 |
| | 2019 | 울산 | 2 | 1 | 0 | 0 | 0 | 2 | 1 | 0 |
| | 2019 | 포항 | 30 | 5 | 0 | 2 | 0 | 26 | 1 | 0 |
| | 2021 | 수원FC | 16 | 15 | 4 | 1 | 0 | 10 | 3 | 0 |
| | 2022 | 수원FC | 34 | 20 | 5 | 2 | 0 | 18 | 3 | 0 |
| | 2023 | 수원FC | 13 | 12 | 0 | 0 | 0 | 5 | 0 | 0 |
| K2 | 2013 | 안양 | 16 | 8 | 0 | 1 | 0 | 24 | 4 | 0 |
| | 2014 | 안양 | 25 | 10 | 6 | 2 | 0 | 40 | 6 | 0 |
| | 2015 | 안양 | 29 | 13 | 0 | 0 | 0 | 33 | 3 | 0 |
| | 2016 | 안양 | 16 | 4 | 4 | 0 | 0 | 35 | 6 | 0 |
| | 2020 | 수원FC | 14 | 12 | 1 | 1 | 0 | 11 | 3 | 0 |
| | 2024 | 부천 | 16 | 16 | 2 | 0 | 0 | 2 | 5 | 0 |
| | 2024 | 서울E | 10 | 9 | 0 | 0 | 0 | 6 | 1 | 0 |
| PO | 2023 | 수원FC | 1 | 1 | 1 | 0 | 0 | 1 | 0 | 0 |
| 통산 | | | 274 | 139 | 26 | 10 | 0 | 281 | 49 | 1 |

**정재원**(鄭載園) 제주중앙고 1993.08.16

| 대회 | 연도 | 소속 | 출전 | 교체 | 득점 | 도움 | 실점 | 파울 | 경고 | 퇴장 |
|---|---|---|---|---|---|---|---|---|---|---|
| K1 | 2013 | 전북 | 0 | 0 | 0 | 0 | 0 | 0 | 0 | 0 |
| 통산 | | | 0 | 0 | 0 | 0 | 0 | 0 | 0 | 0 |

**정재윤**(鄭載潤) 홍익대 1981.05.28

| 대회 | 연도 | 소속 | 출전 | 교체 | 득점 | 도움 | 실점 | 파울 | 경고 | 퇴장 |
|---|---|---|---|---|---|---|---|---|---|---|
| 컵 | 2004 | 서울 | 0 | 0 | 0 | 0 | 0 | 0 | 0 | 0 |
| 통산 | | | 0 | 0 | 0 | 0 | 0 | 0 | 0 | 0 |

**정재윤**(鄭載潤) 청주대 2002.05.07

| 대회 | 연도 | 소속 | 출전 | 교체 | 득점 | 도움 | 실점 | 파울 | 경고 | 퇴장 |
|---|---|---|---|---|---|---|---|---|---|---|
| K1 | 2022 | 수원FC | 12 | 12 | 1 | 0 | 0 | 2 | 0 | 0 |
| | 2023 | 수원FC | 8 | 9 | 0 | 0 | 0 | 3 | 0 | 0 |
| K2 | 2024 | 성남 | 3 | 3 | 0 | 0 | 0 | 2 | 1 | 0 |
| 통산 | | | 23 | 24 | 1 | 0 | 0 | 7 | 1 | 0 |

**정재희**(鄭在熙) 상지대 1994.04.28

| 대회 | 연도 | 소속 | 출전 | 교체 | 득점 | 도움 | 실점 | 파울 | 경고 | 퇴장 |
|---|---|---|---|---|---|---|---|---|---|---|
| K1 | 2020 | 상주 | 9 | 6 | 3 | 0 | 0 | 3 | 0 | 0 |
| | 2022 | 포항 | 37 | 31 | 7 | 3 | 0 | 6 | 0 | 0 |
| | 2023 | 포항 | 7 | 8 | 2 | 0 | 0 | 4 | 1 | 0 |
| | 2024 | 포항 | 36 | 35 | 8 | 3 | 0 | 4 | 0 | 0 |
| | 2025 | 대전 | 24 | 24 | 2 | 2 | 0 | 1 | 0 | 0 |
| K2 | 2016 | 안양 | 36 | 23 | 3 | 1 | 0 | 14 | 1 | 0 |
| | 2017 | 안양 | 35 | 16 | 8 | 5 | 0 | 15 | 2 | 0 |
| | 2018 | 안양 | 30 | 23 | 1 | 1 | 0 | 13 | 1 | 0 |
| | 2019 | 전남 | 29 | 12 | 5 | 10 | 0 | 21 | 2 | 0 |
| | 2020 | 전남 | 3 | 3 | 0 | 0 | 0 | 0 | 0 | 0 |
| | 2021 | 김천 | 25 | 17 | 4 | 3 | 0 | 7 | 0 | 0 |
| 통산 | | | 271 | 198 | 43 | 28 | 0 | 88 | 7 | 0 |

**정정석**(鄭井碩) 건국대 1988.01.20

| 대회 | 연도 | 소속 | 출전 | 교체 | 득점 | 도움 | 실점 | 파울 | 경고 | 퇴장 |
|---|---|---|---|---|---|---|---|---|---|---|
| K1 | 2010 | 포항 | 1 | 1 | 0 | 0 | 0 | 0 | 0 | 0 |
| 통산 | | | 1 | 1 | 0 | 0 | 0 | 0 | 0 | 0 |

**정정수**(鄭正洙) 고려대 1969.11.20

| 대회 | 연도 | 소속 | 출전 | 교체 | 득점 | 도움 | 실점 | 파울 | 경고 | 퇴장 |
|---|---|---|---|---|---|---|---|---|---|---|
| K1 | 1994 | 현대 | 26 | 23 | 3 | 0 | 0 | 17 | 4 | 0 |
| | 1995 | 현대 | 21 | 14 | 2 | 2 | 0 | 27 | 2 | 0 |
| | 1996 | 울산 | 20 | 18 | 4 | 1 | 0 | 19 | 3 | 0 |
| | 1997 | 울산 | 14 | 9 | 0 | 5 | 0 | 26 | 6 | 0 |
| | 1998 | 울산 | 15 | 11 | 3 | 9 | 0 | 20 | 3 | 0 |
| | 1999 | 울산 | 23 | 14 | 4 | 6 | 0 | 19 | 1 | 0 |
| | 2000 | 울산 | 19 | 11 | 2 | 2 | 0 | 12 | 1 | 0 |
| | 2001 | 울산 | 24 | 7 | 4 | 5 | 0 | 30 | 2 | 0 |
| | 2002 | 울산 | 4 | 4 | 0 | 0 | 0 | 2 | 0 | 0 |
| PO | 1996 | 울산 | 2 | 2 | 0 | 0 | 0 | 0 | 0 | 0 |
| | 1998 | 울산 | 4 | 2 | 1 | 0 | 0 | 2 | 0 | 0 |
| 컵 | 1994 | 현대 | 3 | 2 | 0 | 0 | 0 | 0 | 0 | 0 |
| | 1995 | 현대 | 4 | 4 | 0 | 0 | 0 | 0 | 0 | 0 |
| | 1996 | 울산 | 1 | 1 | 0 | 0 | 0 | 0 | 0 | 0 |
| | 1997 | 울산 | 5 | 2 | 0 | 0 | 0 | 9 | 1 | 0 |
| | 1998 | 울산 | 15 | 12 | 2 | 0 | 0 | 31 | 2 | 0 |
| | 1999 | 울산 | 3 | 3 | 0 | 1 | 0 | 3 | 0 | 0 |
| | 2000 | 울산 | 10 | 6 | 5 | 0 | 0 | 11 | 2 | 0 |
| | 2001 | 울산 | 7 | 6 | 3 | 0 | 0 | 2 | 0 | 0 |
| | 2002 | 울산 | 5 | 5 | 0 | 0 | 0 | 6 | 0 | 0 |
| 통산 | | | 225 | 156 | 33 | 31 | 0 | 236 | 27 | 0 |

**정조국**(鄭조국) 대신고 1984.04.23

| 대회 | 연도 | 소속 | 출전 | 교체 | 득점 | 도움 | 실점 | 파울 | 경고 | 퇴장 |
|---|---|---|---|---|---|---|---|---|---|---|
| K1 | 2003 | 안양LG | 32 | 25 | 12 | 2 | 0 | 37 | 3 | 0 |
| | 2004 | 서울 | 18 | 15 | 2 | 1 | 0 | 19 | 0 | 0 |
| | 2005 | 서울 | 16 | 13 | 3 | 0 | 0 | 30 | 0 | 0 |
| | 2006 | 서울 | 17 | 16 | 4 | 0 | 0 | 24 | 0 | 0 |
| | 2007 | 서울 | 12 | 8 | 2 | 1 | 0 | 19 | 2 | 0 |
| | 2008 | 서울 | 11 | 9 | 6 | 4 | 0 | 16 | 2 | 0 |
| | 2009 | 서울 | 20 | 17 | 6 | 1 | 0 | 19 | 2 | 0 |
| | 2010 | 서울 | 24 | 19 | 11 | 3 | 0 | 23 | 0 | 0 |
| | 2012 | 서울 | 17 | 17 | 4 | 0 | 0 | 12 | 2 | 0 |
| | 2014 | 서울 | 2 | 2 | 0 | 0 | 0 | 0 | 0 | 0 |
| | 2015 | 서울 | 11 | 10 | 1 | 1 | 0 | 4 | 0 | 0 |
| | 2016 | 광주 | 31 | 16 | 20 | 1 | 0 | 38 | 4 | 0 |
| | 2017 | 강원 | 18 | 10 | 7 | 1 | 0 | 14 | 2 | 1 |

| 대회 | 연도 | 소속 | 출전 | 교체 | 득점 | 도움 | 실점 | 파울 | 경고 | 퇴장 |
|---|---|---|---|---|---|---|---|---|---|---|
| | 2018 | 강원 | 25 | 21 | 4 | 1 | 0 | 5 | 2 | 0 |
| | 2019 | 강원 | 31 | 27 | 5 | 3 | 0 | 8 | 0 | 0 |
| K2 | 2013 | 경찰 | 24 | 9 | 9 | 2 | 0 | 29 | 3 | 1 |
| | 2014 | 안산경찰 | 12 | 11 | 7 | 1 | 0 | 12 | 1 | 0 |
| | 2020 | 제주 | 12 | 11 | 1 | 0 | 0 | 2 | 0 | 0 |
| PO | 2008 | 서울 | 3 | 2 | 2 | 0 | 0 | 3 | 0 | 0 |
| | 2009 | 서울 | 1 | 1 | 1 | 0 | 0 | 0 | 0 | 0 |
| | 2010 | 서울 | 2 | 2 | 1 | 0 | 0 | 1 | 1 | 0 |
| 컵 | 2004 | 서울 | 12 | 7 | 6 | 1 | 0 | 23 | 2 | 0 |
| | 2005 | 서울 | 10 | 9 | 0 | 1 | 0 | 11 | 1 | 0 |
| | 2006 | 서울 | 10 | 9 | 2 | 3 | 0 | 21 | 2 | 0 |
| | 2007 | 서울 | 7 | 5 | 3 | 0 | 0 | 16 | 2 | 0 |
| | 2008 | 서울 | 7 | 2 | 1 | 1 | 0 | 15 | 2 | 0 |
| | 2009 | 서울 | 4 | 3 | 0 | 0 | 0 | 7 | 0 | 0 |
| | 2010 | 서울 | 3 | 2 | 1 | 1 | 0 | 2 | 0 | 0 |
| 통산 | | | 392 | 298 | 121 | 29 | 0 | 410 | 33 | 2 |

**정종관**(鄭鍾寬) 숭실대 1981.09.09

| 대회 | 연도 | 소속 | 출전 | 교체 | 득점 | 도움 | 실점 | 파울 | 경고 | 퇴장 |
|---|---|---|---|---|---|---|---|---|---|---|
| K1 | 2004 | 전북 | 8 | 8 | 0 | 0 | 0 | 5 | 0 | 0 |
| | 2005 | 전북 | 20 | 4 | 4 | 1 | 0 | 25 | 3 | 0 |
| | 2006 | 전북 | 15 | 7 | 0 | 1 | 0 | 25 | 2 | 0 |
| | 2007 | 전북 | 18 | 7 | 2 | 4 | 0 | 14 | 2 | 0 |
| 컵 | 2004 | 전북 | 8 | 8 | 0 | 1 | 0 | 1 | 0 | 0 |
| | 2005 | 전북 | 4 | 4 | 0 | 1 | 0 | 2 | 1 | 0 |
| | 2006 | 전북 | 2 | 0 | 0 | 0 | 0 | 2 | 1 | 0 |
| | 2007 | 전북 | 4 | 3 | 0 | 0 | 0 | 4 | 0 | 0 |
| 통산 | | | 79 | 41 | 6 | 8 | 0 | 78 | 9 | 0 |

**정종선**(鄭鍾先) 연세대 1966.03.20

| 대회 | 연도 | 소속 | 출전 | 교체 | 득점 | 도움 | 실점 | 파울 | 경고 | 퇴장 |
|---|---|---|---|---|---|---|---|---|---|---|
| K1 | 1985 | 포항제철 | 1 | 1 | 0 | 0 | 0 | 0 | 0 | 0 |
| | 1989 | 현대 | 18 | 2 | 0 | 0 | 0 | 20 | 1 | 0 |
| | 1990 | 현대 | 28 | 2 | 0 | 0 | 0 | 33 | 3 | 0 |
| | 1991 | 현대 | 32 | 4 | 0 | 0 | 0 | 39 | 1 | 0 |
| | 1992 | 현대 | 30 | 0 | 1 | 1 | 0 | 27 | 1 | 0 |
| | 1993 | 현대 | 11 | 1 | 0 | 0 | 0 | 9 | 1 | 0 |
| | 1994 | 현대 | 18 | 0 | 0 | 0 | 0 | 17 | 0 | 0 |
| | 1995 | 전북 | 26 | 1 | 0 | 0 | 0 | 41 | 5 | 0 |
| | 1996 | 전북 | 18 | 1 | 0 | 0 | 0 | 25 | 2 | 0 |
| | 1997 | 전북 | 17 | 0 | 0 | 0 | 0 | 13 | 2 | 0 |
| | 1998 | 안양LG | 12 | 3 | 0 | 0 | 0 | 11 | 4 | 1 |
| 컵 | 1992 | 현대 | 8 | 0 | 0 | 0 | 0 | 13 | 1 | 1 |
| | 1993 | 현대 | 2 | 1 | 0 | 0 | 0 | 4 | 0 | 0 |
| | 1994 | 현대 | 2 | 1 | 0 | 0 | 0 | 2 | 0 | 0 |
| | 1995 | 전북 | 6 | 1 | 0 | 1 | 0 | 5 | 2 | 0 |
| | 1996 | 전북 | 8 | 0 | 0 | 0 | 0 | 14 | 1 | 0 |
| | 1997 | 전북 | 16 | 0 | 0 | 0 | 0 | 9 | 0 | 0 |
| | 1998 | 안양LG | 18 | 3 | 0 | 0 | 0 | 10 | 1 | 0 |
| 통산 | | | 271 | 21 | 1 | 2 | 0 | 292 | 25 | 2 |

**정종수**(鄭種洙) 고려대 1961.03.27

| 대회 | 연도 | 소속 | 출전 | 교체 | 득점 | 도움 | 실점 | 파울 | 경고 | 퇴장 |
|---|---|---|---|---|---|---|---|---|---|---|
| K1 | 1984 | 유공 | 23 | 1 | 0 | 1 | 0 | 23 | 2 | 0 |
| | 1985 | 유공 | 5 | 0 | 0 | 2 | 0 | 8 | 1 | 0 |
| | 1986 | 유공 | 6 | 1 | 0 | 0 | 0 | 14 | 0 | 0 |
| | 1987 | 유공 | 28 | 0 | 1 | 1 | 0 | 45 | 2 | 1 |
| | 1988 | 유공 | 23 | 1 | 0 | 0 | 0 | 30 | 2 | 0 |
| | 1989 | 유공 | 17 | 0 | 0 | 0 | 0 | 24 | 2 | 0 |
| | 1990 | 현대 | 8 | 1 | 0 | 1 | 0 | 13 | 0 | 0 |
| | 1991 | 현대 | 29 | 4 | 0 | 1 | 0 | 37 | 6 | 0 |
| | 1992 | 현대 | 23 | 3 | 0 | 2 | 0 | 30 | 1 | 1 |
| | 1993 | 현대 | 24 | 4 | 0 | 0 | 0 | 28 | 3 | 0 |
| | 1994 | 현대 | 20 | 6 | 1 | 1 | 0 | 23 | 2 | 0 |
| PO | 1984 | 유공 | 2 | 0 | 0 | 0 | 0 | 3 | 0 | 0 |
| 컵 | 1986 | 유공 | 3 | 0 | 0 | 0 | 0 | 6 | 0 | 0 |
| | 1992 | 현대 | 6 | 1 | 1 | 2 | 0 | 4 | 2 | 0 |
| | 1993 | 현대 | 5 | 0 | 0 | 0 | 0 | 6 | 0 | 0 |
| | 1994 | 현대 | 4 | 1 | 0 | 0 | 0 | 4 | 0 | 0 |
| | 1995 | 현대 | 1 | 1 | 0 | 0 | 0 | 0 | 0 | 0 |
| 통산 | | | 227 | 24 | 3 | 11 | 0 | 298 | 23 | 2 |

**정종식**

| 대회 | 연도 | 소속 | 출전 | 교체 | 득점 | 도움 | 실점 | 파울 | 경고 | 퇴장 |
|---|---|---|---|---|---|---|---|---|---|---|
| K1 | 1984 | 대우 | 1 | 1 | 0 | 0 | 0 | 0 | 0 | 0 |
| | 1985 | 대우 | 1 | 0 | 0 | 0 | 0 | 2 | 0 | 0 |
| 통산 | | | 2 | 1 | 0 | 0 | 0 | 2 | 0 | 0 |

**정종훈**(鄭鍾勳) 금호고 2003.09.17

| 대회 | 연도 | 소속 | 출전 | 교체 | 득점 | 도움 | 실점 | 파울 | 경고 | 퇴장 |
|---|---|---|---|---|---|---|---|---|---|---|
| K2 | 2022 | 광주 | 1 | 1 | 0 | 0 | 0 | 0 | 0 | 0 |
| 통산 | | | 1 | 1 | 0 | 0 | 0 | 0 | 0 | 0 |

**정주영**(丁主榮) 배재대 1979.05.03

| 대회 | 연도 | 소속 | 출전 | 교체 | 득점 | 도움 | 실점 | 파울 | 경고 | 퇴장 |
|---|---|---|---|---|---|---|---|---|---|---|
| 컵 | 2002 | 울산 | 1 | 1 | 0 | 0 | 0 | 1 | 0 | 0 |
| 통산 | | | 1 | 1 | 0 | 0 | 0 | 1 | 0 | 0 |

**정주완**(鄭朱完) 중앙대 1974.03.08

| 대회 | 연도 | 소속 | 출전 | 교체 | 득점 | 도움 | 실점 | 파울 | 경고 | 퇴장 |
|---|---|---|---|---|---|---|---|---|---|---|
| K1 | 1998 | 전북 | 8 | 6 | 0 | 0 | 0 | 6 | 1 | 0 |
| 통산 | | | 8 | 6 | 0 | 0 | 0 | 6 | 1 | 0 |

**정주일**(鄭柱日) 조선대 1991.03.06

| 대회 | 연도 | 소속 | 출전 | 교체 | 득점 | 도움 | 실점 | 파울 | 경고 | 퇴장 |
|---|---|---|---|---|---|---|---|---|---|---|
| K2 | 2014 | 부천 | 15 | 9 | 0 | 1 | 0 | 18 | 1 | 0 |
| 통산 | | | 15 | 9 | 0 | 1 | 0 | 18 | 1 | 0 |

**정준연**(鄭俊硯) 광양제철고 1989.04.30

| 대회 | 연도 | 소속 | 출전 | 교체 | 득점 | 도움 | 실점 | 파울 | 경고 | 퇴장 |
|---|---|---|---|---|---|---|---|---|---|---|
| K1 | 2008 | 전남 | 3 | 3 | 0 | 0 | 0 | 1 | 0 | 0 |
| | 2009 | 전남 | 5 | 2 | 0 | 0 | 0 | 14 | 2 | 0 |
| | 2010 | 전남 | 19 | 7 | 0 | 2 | 0 | 29 | 2 | 0 |
| | 2011 | 전남 | 14 | 4 | 0 | 1 | 0 | 21 | 0 | 0 |
| | 2012 | 전남 | 11 | 1 | 0 | 0 | 0 | 20 | 3 | 0 |
| | 2013 | 전남 | 23 | 6 | 1 | 1 | 0 | 28 | 3 | 0 |
| | 2015 | 광주 | 26 | 5 | 0 | 0 | 0 | 29 | 7 | 0 |
| | 2016 | 상주 | 9 | 6 | 0 | 0 | 0 | 8 | 3 | 0 |
| | 2017 | 광주 | 1 | 1 | 0 | 0 | 0 | 3 | 0 | 0 |
| | 2017 | 상주 | 5 | 3 | 0 | 0 | 0 | 5 | 2 | 0 |
| | 2020 | 광주 | 3 | 0 | 0 | 0 | 0 | 2 | 0 | 0 |
| K2 | 2014 | 광주 | 28 | 5 | 0 | 0 | 0 | 26 | 4 | 0 |
| | 2018 | 광주 | 21 | 6 | 0 | 0 | 0 | 29 | 1 | 0 |
| | 2019 | 광주 | 10 | 1 | 0 | 0 | 0 | 13 | 3 | 0 |
| | 2021 | 안양 | 24 | 5 | 2 | 1 | 0 | 33 | 6 | 1 |
| | 2022 | 안양 | 14 | 10 | 0 | 0 | 0 | 10 | 2 | 0 |
| | 2023 | 안양 | 10 | 9 | 0 | 0 | 0 | 7 | 0 | 0 |
| PO | 2009 | 전남 | 1 | 1 | 0 | 0 | 0 | 0 | 0 | 0 |
| | 2014 | 광주 | 4 | 0 | 0 | 0 | 0 | 3 | 0 | 0 |
| | 2018 | 광주 | 1 | 0 | 0 | 0 | 0 | 2 | 0 | 0 |
| | 2021 | 안양 | 1 | 0 | 0 | 0 | 0 | 2 | 1 | 0 |
| 컵 | 2010 | 전남 | 3 | 2 | 0 | 0 | 0 | 5 | 1 | 0 |
| | 2011 | 전남 | 3 | 1 | 0 | 0 | 0 | 5 | 1 | 0 |
| 통산 | | | 239 | 78 | 3 | 5 | 0 | 295 | 41 | 1 |

**정준현**(鄭埈炫) 중앙대 1994.08.26

| 대회 | 연도 | 소속 | 출전 | 교체 | 득점 | 도움 | 실점 | 파울 | 경고 | 퇴장 |
|---|---|---|---|---|---|---|---|---|---|---|
| K2 | 2016 | 부천 | 0 | 0 | 0 | 0 | 0 | 0 | 0 | 0 |
| | 2017 | 부천 | 0 | 0 | 0 | 0 | 0 | 0 | 0 | 0 |
| | 2018 | 부천 | 20 | 6 | 0 | 0 | 0 | 17 | 1 | 0 |
| 통산 | | | 20 | 6 | 0 | 0 | 0 | 17 | 1 | 0 |

**정지안**(鄭至安) 대구대 1989.06.17

| 대회 | 연도 | 소속 | 출전 | 교체 | 득점 | 도움 | 실점 | 파울 | 경고 | 퇴장 |
|---|---|---|---|---|---|---|---|---|---|---|
| K1 | 2013 | 성남일화 | 0 | 0 | 0 | 0 | 0 | 0 | 0 | 0 |
| 통산 | | | 0 | 0 | 0 | 0 | 0 | 0 | 0 | 0 |

**정지용**(鄭智鏞) 동국대 1998.12.15

| 대회 | 연도 | 소속 | 출전 | 교체 | 득점 | 도움 | 실점 | 파울 | 경고 | 퇴장 |
|---|---|---|---|---|---|---|---|---|---|---|
| K1 | 2019 | 강원 | 0 | 0 | 0 | 0 | 0 | 0 | 0 | 0 |
| | 2020 | 강원 | 8 | 8 | 0 | 0 | 0 | 9 | 0 | 0 |
| | 2021 | 강원 | 6 | 7 | 0 | 0 | 0 | 5 | 1 | 0 |
| | 2024 | 광주 | 8 | 9 | 0 | 0 | 0 | 10 | 2 | 0 |
| K2 | 2023 | 안산 | 30 | 27 | 1 | 4 | 0 | 26 | 2 | 0 |
| | 2025 | 전남 | 31 | 30 | 6 | 4 | 0 | 36 | 6 | 0 |
| 통산 | | | 83 | 81 | 7 | 8 | 0 | 86 | 11 | 0 |

**정지훈**(鄭支訓) 유성생명과학고 2004.04.09

| 대회 | 연도 | 소속 | 출전 | 교체 | 득점 | 도움 | 실점 | 파울 | 경고 | 퇴장 |
|---|---|---|---|---|---|---|---|---|---|---|
| K1 | 2023 | 광주 | 12 | 12 | 0 | 0 | 0 | 3 | 0 | 0 |
| | 2024 | 광주 | 9 | 9 | 0 | 0 | 0 | 5 | 1 | 0 |
| | 2025 | 광주 | 23 | 23 | 1 | 1 | 0 | 9 | 4 | 0 |
| 통산 | | | 44 | 44 | 1 | 1 | 0 | 17 | 5 | 0 |

**정진구**(鄭珍九) 명지대 1998.03.10

| 대회 | 연도 | 소속 | 출전 | 교체 | 득점 | 도움 | 실점 | 파울 | 경고 | 퇴장 |
|---|---|---|---|---|---|---|---|---|---|---|
| K2 | 2020 | 안양 | 0 | 0 | 0 | 0 | 0 | 0 | 0 | 0 |
| 통산 | | | 0 | 0 | 0 | 0 | 0 | 0 | 0 | 0 |

**정진욱**(鄭鎭旭) 중앙대 1997.05.28

| 대회 | 연도 | 소속 | 출전 | 교체 | 득점 | 도움 | 실점 | 파울 | 경고 | 퇴장 |
|---|---|---|---|---|---|---|---|---|---|---|
| K1 | 2018 | 서울 | 0 | 0 | 0 | 0 | 0 | 0 | 0 | 0 |
| K2 | 2023 | 충북청주 | 1 | 0 | 0 | 0 | 1 | 0 | 1 | 0 |
| | 2024 | 충북청주 | 6 | 0 | 0 | 0 | 5 | 0 | 1 | 0 |
| | 2025 | 충북청주 | 13 | 0 | 0 | 0 | 15 | 0 | 2 | 0 |
| 통산 | | | 20 | 0 | 0 | 0 | 21 | 0 | 4 | 0 |

**정찬일**(丁粲佾) 동국대 1991.04.27

| 대회 | 연도 | 소속 | 출전 | 교체 | 득점 | 도움 | 실점 | 파울 | 경고 | 퇴장 |
|---|---|---|---|---|---|---|---|---|---|---|
| K2 | 2014 | 강원 | 6 | 6 | 0 | 1 | 0 | 15 | 1 | 0 |
| | 2015 | 강원 | 13 | 9 | 1 | 1 | 0 | 9 | 2 | 0 |
| | 2016 | 강원 | 3 | 3 | 0 | 0 | 0 | 0 | 0 | 0 |
| PO | 2014 | 강원 | 1 | 1 | 0 | 0 | 0 | 0 | 0 | 0 |
| 통산 | | | 23 | 19 | 1 | 2 | 0 | 24 | 3 | 0 |

**정창근**(丁昌根) 황지중 1983.08.10

| 대회 | 연도 | 소속 | 출전 | 교체 | 득점 | 도움 | 실점 | 파울 | 경고 | 퇴장 |
|---|---|---|---|---|---|---|---|---|---|---|
| K1 | 1999 | 안양LG | 1 | 1 | 0 | 0 | 0 | 0 | 0 | 0 |
| 통산 | | | 1 | 1 | 0 | 0 | 0 | 0 | 0 | 0 |

**정창용**(丁昶溶) 용인대 1998.07.13

| 대회 | 연도 | 소속 | 출전 | 교체 | 득점 | 도움 | 실점 | 파울 | 경고 | 퇴장 |
|---|---|---|---|---|---|---|---|---|---|---|
| K1 | 2020 | 인천 | 1 | 1 | 0 | 0 | 0 | 0 | 0 | 0 |
| K2 | 2021 | 경남 | 1 | 1 | 0 | 0 | 0 | 1 | 0 | 0 |
| 통산 | | | 2 | 2 | 0 | 0 | 0 | 1 | 0 | 0 |

**정철운**(鄭喆云) 광운대 1986.07.30

| 대회 | 연도 | 소속 | 출전 | 교체 | 득점 | 도움 | 실점 | 파울 | 경고 | 퇴장 |
|---|---|---|---|---|---|---|---|---|---|---|
| K1 | 2009 | 강원 | 3 | 3 | 0 | 0 | 0 | 1 | 0 | 0 |
| | 2010 | 강원 | 7 | 4 | 0 | 0 | 0 | 3 | 0 | 0 |
| 컵 | 2009 | 강원 | 3 | 1 | 0 | 0 | 0 | 2 | 0 | 0 |
| | 2010 | 강원 | 4 | 0 | 0 | 0 | 0 | 0 | 1 | 0 |
| 통산 | | | 17 | 8 | 0 | 0 | 0 | 6 | 1 | 0 |

**정철호**(鄭喆鎬) 서울시립대 1968.12.01

| 대회 | 연도 | 소속 | 출전 | 교체 | 득점 | 도움 | 실점 | 파울 | 경고 | 퇴장 |
|---|---|---|---|---|---|---|---|---|---|---|
| K1 | 1991 | 일화 | 5 | 5 | 0 | 0 | 0 | 4 | 0 | 0 |
| | 1992 | 일화 | 2 | 2 | 0 | 0 | 0 | 2 | 0 | 0 |
| | 1993 | 일화 | 3 | 2 | 0 | 0 | 0 | 4 | 0 | 0 |
| | 1995 | 전북 | 8 | 2 | 0 | 0 | 0 | 11 | 4 | 0 |
| | 1996 | 전북 | 2 | 2 | 0 | 0 | 0 | 0 | 0 | 0 |
| 컵 | 1992 | 일화 | 2 | 1 | 0 | 0 | 0 | 3 | 0 | 0 |
| | 1995 | 전북 | 2 | 1 | 0 | 0 | 0 | 2 | 1 | 0 |
| 통산 | | | 24 | 15 | 0 | 0 | 0 | 26 | 5 | 0 |

**정철호**(鄭喆鎬) 조선대 1994.02.01

| 대회 | 연도 | 소속 | 출전 | 교체 | 득점 | 도움 | 실점 | 파울 | 경고 | 퇴장 |
|---|---|---|---|---|---|---|---|---|---|---|
| K2 | 2017 | 수원FC | 16 | 5 | 0 | 2 | 0 | 19 | 3 | 0 |
| 통산 | | | 16 | 5 | 0 | 2 | 0 | 19 | 3 | 0 |

**정충근**(鄭充根) FC마치다젤비아(일본) 1995.03.01

| 대회 | 연도 | 소속 | 출전 | 교체 | 득점 | 도움 | 실점 | 파울 | 경고 | 퇴장 |
|---|---|---|---|---|---|---|---|---|---|---|
| K1 | 2021 | 수원FC | 14 | 15 | 0 | 0 | 0 | 5 | 1 | 0 |
| K2 | 2022 | 경남 | 20 | 16 | 3 | 1 | 0 | 15 | 1 | 0 |
| | 2024 | 경남 | 4 | 4 | 0 | 0 | 0 | 1 | 0 | 0 |
| | 2025 | 경남 | 20 | 19 | 1 | 0 | 0 | 7 | 0 | 0 |
| PO | 2022 | 경남 | 1 | 1 | 0 | 0 | 0 | 2 | 0 | 0 |
| 통산 | | | 59 | 55 | 4 | 1 | 0 | 30 | 2 | 0 |

**정치인**(鄭治仁) 대구공고 1997.08.21

| 대회 | 연도 | 소속 | 출전 | 교체 | 득점 | 도움 | 실점 | 파울 | 경고 | 퇴장 |
|---|---|---|---|---|---|---|---|---|---|---|
| K1 | 2018 | 대구 | 6 | 4 | 0 | 0 | 0 | 5 | 2 | 1 |
| | 2019 | 대구 | 6 | 6 | 0 | 1 | 0 | 6 | 0 | 0 |
| | 2020 | 대구 | 2 | 2 | 0 | 0 | 0 | 3 | 0 | 0 |

| 대회 | 연도 | 소속 | 출전 | 교체 | 득점 | 도움 | 실점 | 파울 | 경고 | 퇴장 |
|---|---|---|---|---|---|---|---|---|---|---|
| | 2021 | 대구 | 23 | 22 | 2 | 0 | 0 | 21 | 3 | 0 |
| | 2022 | 대구 | 16 | 16 | 0 | 0 | 0 | 6 | 1 | 0 |
| | 2024 | 대구 | 14 | 12 | 3 | 3 | 0 | 8 | 1 | 0 |
| | 2024 | 김천 | 15 | 11 | 2 | 1 | 0 | 15 | 1 | 0 |
| | 2025 | 대구 | 31 | 29 | 3 | 1 | 0 | 26 | 3 | 0 |
| K2 | 2023 | 김천 | 27 | 27 | 5 | 1 | 0 | 14 | 2 | 0 |
| PO | 2024 | 대구 | 2 | 2 | 0 | 0 | 0 | 1 | 1 | 0 |
| 통산 | | | 142 | 131 | 15 | 7 | 0 | 105 | 14 | 1 |

**정태영**(鄭泰榮) 한양대 1956.08.04

| 대회 | 연도 | 소속 | 출전 | 교체 | 득점 | 도움 | 실점 | 파울 | 경고 | 퇴장 |
|---|---|---|---|---|---|---|---|---|---|---|
| K1 | 1984 | 럭키금성 | 14 | 4 | 0 | 0 | 0 | 5 | 0 | 0 |
| | 1985 | 럭키금성 | 13 | 2 | 0 | 0 | 0 | 11 | 1 | 0 |
| 통산 | | | 27 | 6 | 0 | 0 | 0 | 16 | 1 | 0 |

**정태욱**(鄭泰昱) 아주대 1997.05.16

| 대회 | 연도 | 소속 | 출전 | 교체 | 득점 | 도움 | 실점 | 파울 | 경고 | 퇴장 |
|---|---|---|---|---|---|---|---|---|---|---|
| K1 | 2018 | 제주 | 5 | 5 | 0 | 0 | 0 | 1 | 1 | 0 |
| | 2019 | 대구 | 27 | 5 | 1 | 0 | 0 | 33 | 3 | 0 |
| | 2020 | 대구 | 27 | 1 | 1 | 0 | 0 | 37 | 3 | 0 |
| | 2021 | 대구 | 33 | 3 | 1 | 2 | 0 | 26 | 2 | 0 |
| | 2022 | 대구 | 36 | 5 | 1 | 1 | 0 | 36 | 5 | 0 |
| | 2023 | 전북 | 31 | 2 | 1 | 0 | 0 | 36 | 5 | 0 |
| | 2024 | 전북 | 14 | 5 | 0 | 1 | 0 | 11 | 2 | 0 |
| | 2025 | 서울 | 2 | 0 | 0 | 0 | 0 | 1 | 1 | 0 |
| 통산 | | | 175 | 26 | 5 | 4 | 0 | 181 | 22 | 0 |

**정택훈**(鄭澤勳) 고려대 1995.05.26

| 대회 | 연도 | 소속 | 출전 | 교체 | 득점 | 도움 | 실점 | 파울 | 경고 | 퇴장 |
|---|---|---|---|---|---|---|---|---|---|---|
| K2 | 2018 | 부천 | 2 | 2 | 0 | 0 | 0 | 1 | 1 | 0 |
| | 2019 | 부천 | 12 | 12 | 1 | 0 | 0 | 6 | 1 | 0 |
| 통산 | | | 14 | 14 | 1 | 0 | 0 | 7 | 2 | 0 |

**정필석**(鄭弼釋) 단국대 1978.07.23

| 대회 | 연도 | 소속 | 출전 | 교체 | 득점 | 도움 | 실점 | 파울 | 경고 | 퇴장 |
|---|---|---|---|---|---|---|---|---|---|---|
| K1 | 2001 | 부천SK | 3 | 3 | 0 | 0 | 0 | 7 | 0 | 0 |
| | 2003 | 부천SK | 4 | 4 | 0 | 0 | 0 | 3 | 0 | 0 |
| 컵 | 2001 | 부천SK | 2 | 3 | 0 | 0 | 0 | 3 | 1 | 0 |
| 통산 | | | 9 | 10 | 0 | 0 | 0 | 13 | 1 | 0 |

**정한민**(鄭翰旻) 오산고 2001.01.08

| 대회 | 연도 | 소속 | 출전 | 교체 | 득점 | 도움 | 실점 | 파울 | 경고 | 퇴장 |
|---|---|---|---|---|---|---|---|---|---|---|
| K1 | 2020 | 서울 | 11 | 8 | 2 | 0 | 0 | 6 | 1 | 0 |
| | 2021 | 서울 | 15 | 17 | 1 | 0 | 0 | 14 | 1 | 0 |
| | 2022 | 서울 | 20 | 20 | 2 | 0 | 0 | 11 | 1 | 0 |
| | 2024 | 강원 | 14 | 14 | 3 | 1 | 0 | 3 | 0 | 0 |
| | 2025 | 서울 | 13 | 13 | 0 | 0 | 0 | 3 | 0 | 0 |
| K2 | 2023 | 성남 | 25 | 23 | 2 | 2 | 0 | 9 | 1 | 0 |
| 통산 | | | 98 | 95 | 10 | 3 | 0 | 46 | 4 | 0 |

**정한철**(丁翰澈) 성균관대 1996.06.20

| 대회 | 연도 | 소속 | 출전 | 교체 | 득점 | 도움 | 실점 | 파울 | 경고 | 퇴장 |
|---|---|---|---|---|---|---|---|---|---|---|
| K2 | 2024 | 김포 | 15 | 10 | 2 | 0 | 0 | 5 | 1 | 0 |
| 통산 | | | 15 | 10 | 2 | 0 | 0 | 5 | 1 | 0 |

**정한호** 조선대 1970.06.04

| 대회 | 연도 | 소속 | 출전 | 교체 | 득점 | 도움 | 실점 | 파울 | 경고 | 퇴장 |
|---|---|---|---|---|---|---|---|---|---|---|
| K1 | 1994 | 버팔로 | 4 | 5 | 0 | 0 | 0 | 0 | 0 | 0 |
| 컵 | 1994 | 버팔로 | 1 | 1 | 0 | 0 | 0 | 0 | 0 | 0 |
| 통산 | | | 5 | 6 | 0 | 0 | 0 | 0 | 0 | 0 |

**정해성**(鄭海成) 고려대 1958.03.04

| 대회 | 연도 | 소속 | 출전 | 교체 | 득점 | 도움 | 실점 | 파울 | 경고 | 퇴장 |
|---|---|---|---|---|---|---|---|---|---|---|
| K1 | 1984 | 럭키금성 | 10 | 2 | 0 | 1 | 0 | 12 | 4 | 0 |
| | 1985 | 럭키금성 | 16 | 5 | 0 | 0 | 0 | 23 | 2 | 0 |
| | 1986 | 럭키금성 | 18 | 0 | 0 | 1 | 0 | 26 | 4 | 0 |
| | 1987 | 럭키금성 | 13 | 1 | 0 | 0 | 0 | 21 | 3 | 0 |
| | 1988 | 럭키금성 | 21 | 2 | 1 | 0 | 0 | 27 | 1 | 1 |
| | 1989 | 럭키금성 | 28 | 5 | 1 | 2 | 0 | 43 | 3 | 0 |
| PO | 1986 | 럭키금성 | 2 | 0 | 0 | 0 | 0 | 3 | 1 | 0 |
| 컵 | 1986 | 럭키금성 | 12 | 0 | 0 | 0 | 0 | 22 | 1 | 0 |
| 통산 | | | 120 | 15 | 2 | 4 | 0 | 177 | 19 | 1 |

**정해원**(丁海遠) 연세대 1959.07.01

| 대회 | 연도 | 소속 | 출전 | 교체 | 득점 | 도움 | 실점 | 파울 | 경고 | 퇴장 |
|---|---|---|---|---|---|---|---|---|---|---|
| K1 | 1983 | 대우 | 13 | 3 | 4 | 1 | 0 | 19 | 3 | 0 |
| | 1984 | 대우 | 23 | 3 | 5 | 4 | 0 | 18 | 0 | 0 |
| | 1985 | 대우 | 17 | 1 | 7 | 1 | 0 | 17 | 1 | 1 |
| | 1986 | 대우 | 19 | 1 | 10 | 0 | 0 | 21 | 1 | 0 |
| | 1987 | 대우 | 28 | 1 | 6 | 4 | 0 | 48 | 4 | 0 |
| | 1988 | 대우 | 10 | 2 | 1 | 0 | 0 | 18 | 2 | 0 |
| | 1989 | 대우 | 24 | 11 | 1 | 1 | 0 | 29 | 3 | 0 |
| | 1990 | 대우 | 12 | 11 | 0 | 0 | 0 | 14 | 0 | 0 |
| | 1991 | 대우 | 1 | 1 | 0 | 0 | 0 | 0 | 0 | 0 |
| PO | 1984 | 대우 | 2 | 0 | 1 | 1 | 0 | 5 | 1 | 0 |
| 컵 | 1986 | 대우 | 7 | 1 | 0 | 0 | 0 | 8 | 1 | 0 |
| 통산 | | | 156 | 35 | 35 | 12 | 0 | 197 | 16 | 1 |

**정헌식**(鄭軒植) 한양대 1991.03.03

| 대회 | 연도 | 소속 | 출전 | 교체 | 득점 | 도움 | 실점 | 파울 | 경고 | 퇴장 |
|---|---|---|---|---|---|---|---|---|---|---|
| K2 | 2014 | 강원 | 12 | 1 | 0 | 0 | 0 | 20 | 4 | 0 |
| 통산 | | | 12 | 1 | 0 | 0 | 0 | 20 | 4 | 0 |

**정헌택**(鄭軒宅) 선문대 2002.07.31

| 대회 | 연도 | 소속 | 출전 | 교체 | 득점 | 도움 | 실점 | 파울 | 경고 | 퇴장 |
|---|---|---|---|---|---|---|---|---|---|---|
| K1 | 2025 | 대구 | 10 | 6 | 0 | 1 | 0 | 11 | 3 | 0 |
| 통산 | | | 10 | 6 | 0 | 1 | 0 | 11 | 3 | 0 |

**정혁**(鄭赫) 전주대 1986.05.21

| 대회 | 연도 | 소속 | 출전 | 교체 | 득점 | 도움 | 실점 | 파울 | 경고 | 퇴장 |
|---|---|---|---|---|---|---|---|---|---|---|
| K1 | 2009 | 인천 | 12 | 9 | 1 | 1 | 0 | 23 | 4 | 0 |
| | 2010 | 인천 | 25 | 7 | 4 | 4 | 0 | 48 | 8 | 0 |
| | 2011 | 인천 | 15 | 8 | 1 | 2 | 0 | 25 | 3 | 1 |
| | 2012 | 인천 | 23 | 14 | 2 | 1 | 0 | 27 | 5 | 0 |
| | 2013 | 전북 | 28 | 5 | 2 | 3 | 0 | 55 | 9 | 0 |
| | 2014 | 전북 | 19 | 7 | 3 | 0 | 0 | 44 | 3 | 0 |
| | 2016 | 전북 | 4 | 0 | 0 | 1 | 0 | 8 | 1 | 0 |
| | 2017 | 전북 | 24 | 8 | 2 | 0 | 0 | 45 | 10 | 0 |
| | 2018 | 전북 | 12 | 7 | 2 | 1 | 0 | 27 | 3 | 1 |
| | 2019 | 전북 | 13 | 8 | 1 | 2 | 0 | 24 | 4 | 0 |
| | 2020 | 전북 | 1 | 1 | 0 | 0 | 0 | 0 | 0 | 0 |
| | 2021 | 전북 | 2 | 2 | 0 | 0 | 0 | 4 | 0 | 0 |
| | 2021 | 인천 | 14 | 13 | 0 | 0 | 0 | 21 | 3 | 0 |
| | 2022 | 인천 | 4 | 4 | 0 | 0 | 0 | 1 | 0 | 0 |
| K2 | 2015 | 안산경찰 | 19 | 16 | 1 | 1 | 0 | 15 | 3 | 0 |
| | 2016 | 안산무궁 | 23 | 13 | 2 | 2 | 0 | 19 | 4 | 0 |
| | 2020 | 경남 | 16 | 5 | 2 | 0 | 0 | 32 | 7 | 0 |
| PO | 2009 | 인천 | 1 | 1 | 0 | 0 | 0 | 4 | 1 | 0 |
| | 2020 | 경남 | 1 | 1 | 0 | 0 | 0 | 2 | 1 | 0 |
| 컵 | 2009 | 인천 | 3 | 3 | 0 | 0 | 0 | 4 | 0 | 0 |
| | 2010 | 인천 | 4 | 2 | 0 | 0 | 0 | 7 | 1 | 0 |
| 통산 | | | 263 | 134 | 23 | 18 | 0 | 435 | 70 | 2 |

**정현식**(鄭賢植) 우석대 1990.11.22

| 대회 | 연도 | 소속 | 출전 | 교체 | 득점 | 도움 | 실점 | 파울 | 경고 | 퇴장 |
|---|---|---|---|---|---|---|---|---|---|---|
| K2 | 2017 | 안산 | 28 | 10 | 0 | 2 | 0 | 31 | 3 | 0 |
| 통산 | | | 28 | 10 | 0 | 2 | 0 | 31 | 3 | 0 |

**정현우**(鄭賢佑) 금호고 2000.07.12

| 대회 | 연도 | 소속 | 출전 | 교체 | 득점 | 도움 | 실점 | 파울 | 경고 | 퇴장 |
|---|---|---|---|---|---|---|---|---|---|---|
| K1 | 2020 | 광주 | 1 | 1 | 0 | 0 | 0 | 0 | 0 | 0 |
| | 2021 | 광주 | 5 | 5 | 0 | 0 | 0 | 0 | 0 | 0 |
| K2 | 2019 | 광주 | 2 | 2 | 0 | 0 | 0 | 0 | 0 | 0 |
| 통산 | | | 8 | 8 | 0 | 0 | 0 | 0 | 0 | 0 |

**정현욱**(鄭鉉昱) 레가네스 후베닐A (스페인) 2001.04.12

| 대회 | 연도 | 소속 | 출전 | 교체 | 득점 | 도움 | 실점 | 파울 | 경고 | 퇴장 |
|---|---|---|---|---|---|---|---|---|---|---|
| K2 | 2021 | 안양 | 0 | 0 | 0 | 0 | 0 | 0 | 0 | 0 |
| 통산 | | | 0 | 0 | 0 | 0 | 0 | 0 | 0 | 0 |

**정현욱**(鄭鉉煜) 대륜고 2004.02.04

| 대회 | 연도 | 소속 | 출전 | 교체 | 득점 | 도움 | 실점 | 파울 | 경고 | 퇴장 |
|---|---|---|---|---|---|---|---|---|---|---|
| K2 | 2023 | 경남 | 1 | 1 | 0 | 0 | 0 | 1 | 0 | 0 |
| | 2024 | 경남 | 1 | 1 | 0 | 0 | 0 | 0 | 0 | 0 |
| 통산 | | | 2 | 2 | 0 | 0 | 0 | 1 | 0 | 0 |

**정현철**(鄭鉉哲) 동국대 1993.04.26

| 대회 | 연도 | 소속 | 출전 | 교체 | 득점 | 도움 | 실점 | 파울 | 경고 | 퇴장 |
|---|---|---|---|---|---|---|---|---|---|---|
| K1 | 2018 | 서울 | 14 | 9 | 0 | 0 | 0 | 16 | 3 | 0 |
| | 2019 | 서울 | 30 | 10 | 1 | 0 | 0 | 26 | 6 | 0 |
| | 2020 | 서울 | 10 | 3 | 0 | 1 | 0 | 20 | 1 | 0 |
| | 2022 | 김천 | 15 | 9 | 1 | 0 | 0 | 8 | 2 | 0 |
| | 2022 | 서울 | 5 | 4 | 0 | 0 | 0 | 8 | 3 | 0 |
| | 2023 | 서울 | 3 | 3 | 0 | 0 | 0 | 0 | 0 | 0 |
| | 2025 | 대구 | 1 | 1 | 0 | 0 | 0 | 1 | 0 | 0 |
| K2 | 2015 | 경남 | 14 | 10 | 1 | 0 | 0 | 19 | 4 | 0 |
| | 2016 | 경남 | 32 | 13 | 5 | 4 | 0 | 22 | 3 | 0 |
| | 2017 | 경남 | 33 | 2 | 7 | 3 | 0 | 50 | 7 | 0 |
| | 2021 | 김천 | 19 | 4 | 1 | 0 | 0 | 24 | 5 | 0 |
| | 2024 | 경남 | 16 | 11 | 0 | 0 | 0 | 17 | 2 | 1 |
| PO | 2018 | 서울 | 2 | 1 | 1 | 0 | 0 | 5 | 0 | 0 |
| 통산 | | | 194 | 80 | 17 | 8 | 0 | 216 | 36 | 1 |

**정현철**(鄭鉉澈) 명지대 1993.05.25

| 대회 | 연도 | 소속 | 출전 | 교체 | 득점 | 도움 | 실점 | 파울 | 경고 | 퇴장 |
|---|---|---|---|---|---|---|---|---|---|---|
| K1 | 2016 | 울산 | 0 | 0 | 0 | 0 | 0 | 0 | 0 | 0 |
| 통산 | | | 0 | 0 | 0 | 0 | 0 | 0 | 0 | 0 |

**정현호**(丁玄浩) 건국대 1974.02.13

| 대회 | 연도 | 소속 | 출전 | 교체 | 득점 | 도움 | 실점 | 파울 | 경고 | 퇴장 |
|---|---|---|---|---|---|---|---|---|---|---|
| K1 | 1996 | 안양LG | 15 | 6 | 0 | 0 | 0 | 27 | 3 | 0 |
| | 1997 | 안양LG | 4 | 3 | 0 | 0 | 0 | 5 | 1 | 0 |
| | 1998 | 안양LG | 5 | 5 | 0 | 0 | 0 | 5 | 0 | 0 |
| | 1999 | 안양LG | 10 | 1 | 1 | 0 | 0 | 32 | 1 | 0 |
| | 2000 | 안양LG | 3 | 3 | 0 | 0 | 0 | 1 | 0 | 0 |
| 컵 | 1996 | 안양LG | 6 | 4 | 0 | 0 | 0 | 12 | 0 | 0 |
| | 1999 | 안양LG | 0 | 0 | 0 | 0 | 0 | 0 | 0 | 0 |
| | 2000 | 안양LG | 2 | 2 | 0 | 0 | 0 | 1 | 0 | 0 |
| 통산 | | | 45 | 24 | 1 | 0 | 0 | 83 | 5 | 0 |

**정현호**(鄭賢鎬) 청주 대성고 2004.11.26

| 대회 | 연도 | 소속 | 출전 | 교체 | 득점 | 도움 | 실점 | 파울 | 경고 | 퇴장 |
|---|---|---|---|---|---|---|---|---|---|---|
| K2 | 2023 | 충북청주 | 0 | 0 | 0 | 0 | 0 | 0 | 0 | 0 |
| | 2024 | 충북청주 | 0 | 0 | 0 | 0 | 0 | 0 | 0 | 0 |
| 통산 | | | 0 | 0 | 0 | 0 | 0 | 0 | 0 | 0 |

**정형준**(丁瀅準) 숭실대 1986.04.26

| 대회 | 연도 | 소속 | 출전 | 교체 | 득점 | 도움 | 실점 | 파울 | 경고 | 퇴장 |
|---|---|---|---|---|---|---|---|---|---|---|
| K1 | 2010 | 대전 | 3 | 2 | 0 | 0 | 0 | 3 | 1 | 0 |
| 컵 | 2010 | 대전 | 0 | 0 | 0 | 0 | 0 | 0 | 0 | 0 |
| 통산 | | | 3 | 2 | 0 | 0 | 0 | 3 | 1 | 0 |

**정호근**(鄭虎根) 안동과학대 1999.03.17

| 대회 | 연도 | 소속 | 출전 | 교체 | 득점 | 도움 | 실점 | 파울 | 경고 | 퇴장 |
|---|---|---|---|---|---|---|---|---|---|---|
| K2 | 2020 | 부천 | 0 | 0 | 0 | 0 | 0 | 0 | 0 | 0 |
| | 2021 | 부천 | 0 | 0 | 0 | 0 | 0 | 0 | 0 | 0 |
| | 2025 | 부산 | 6 | 5 | 0 | 0 | 0 | 7 | 2 | 0 |
| 통산 | | | 6 | 5 | 0 | 0 | 0 | 7 | 2 | 0 |

**정호민**(鄭鎬敏) 광주대 1994.03.31

| 대회 | 연도 | 소속 | 출전 | 교체 | 득점 | 도움 | 실점 | 파울 | 경고 | 퇴장 |
|---|---|---|---|---|---|---|---|---|---|---|
| K1 | 2017 | 광주 | 3 | 1 | 0 | 0 | 0 | 5 | 1 | 0 |
| K2 | 2020 | 안산 | 6 | 2 | 0 | 0 | 0 | 11 | 1 | 0 |
| 통산 | | | 9 | 3 | 0 | 0 | 0 | 16 | 2 | 0 |

**정호연**(鄭好淵) 단국대 2000.09.28

| 대회 | 연도 | 소속 | 출전 | 교체 | 득점 | 도움 | 실점 | 파울 | 경고 | 퇴장 |
|---|---|---|---|---|---|---|---|---|---|---|
| K1 | 2023 | 광주 | 34 | 6 | 2 | 4 | 0 | 52 | 5 | 0 |
| | 2024 | 광주 | 36 | 3 | 0 | 5 | 0 | 52 | 5 | 0 |
| K2 | 2022 | 광주 | 36 | 21 | 1 | 4 | 0 | 65 | 10 | 0 |
| 통산 | | | 106 | 30 | 3 | 13 | 0 | 169 | 20 | 0 |

**정호영**(鄭昊泳) 중원대 1994.11.03

| 대회 | 연도 | 소속 | 출전 | 교체 | 득점 | 도움 | 실점 | 파울 | 경고 | 퇴장 |
|---|---|---|---|---|---|---|---|---|---|---|
| K2 | 2017 | 수원FC | 0 | 0 | 0 | 0 | 0 | 0 | 0 | 0 |
| 통산 | | | 0 | 0 | 0 | 0 | 0 | 0 | 0 | 0 |

**정호영**(鄭浩英) 전주대 1997.01.16

| 대회 | 연도 | 소속 | 출전 | 교체 | 득점 | 도움 | 실점 | 파울 | 경고 | 퇴장 |
|---|---|---|---|---|---|---|---|---|---|---|
| K1 | 2018 | 전북 | 1 | 0 | 0 | 0 | 0 | 2 | 0 | 0 |
| 통산 | | | 1 | 0 | 0 | 0 | 0 | 2 | 0 | 0 |

**정호정**(鄭好正) 광운대 1988.09.01

| 대회 | 연도 | 소속 | 출전 | 교체 | 득점 | 도움 | 실점 | 파울 | 경고 | 퇴장 |
|---|---|---|---|---|---|---|---|---|---|---|
| K1 | 2010 | 성남일화 | 0 | 0 | 0 | 0 | 0 | 0 | 0 | 0 |
| | 2011 | 성남일화 | 7 | 0 | 0 | 0 | 0 | 13 | 1 | 0 |
| | 2012 | 상주 | 15 | 7 | 0 | 0 | 0 | 12 | 1 | 0 |

| 대회 | 연도 | 소속 | 출전 | 교체 | 득점 | 도움 | 실점 | 파울 | 경고 | 퇴장 |
|---|---|---|---|---|---|---|---|---|---|---|
| | 2015 | 광주 | 28 | 7 | 0 | 0 | 0 | 18 | 2 | 0 |
| | 2016 | 광주 | 28 | 2 | 0 | 1 | 0 | 13 | 2 | 0 |
| K2 | 2013 | 상주 | 6 | 2 | 0 | 0 | 0 | 1 | 0 | 0 |
| | 2014 | 광주 | 28 | 3 | 0 | 2 | 0 | 22 | 2 | 0 |
| | 2017 | 부산 | 25 | 5 | 0 | 0 | 0 | 20 | 1 | 0 |
| | 2018 | 부산 | 21 | 4 | 0 | 0 | 0 | 12 | 2 | 0 |
| | 2019 | 부산 | 7 | 4 | 0 | 0 | 0 | 1 | 1 | 0 |
| PO | 2014 | 광주 | 0 | 0 | 0 | 0 | 0 | 0 | 0 | 0 |
| | 2017 | 부산 | 1 | 1 | 0 | 0 | 0 | 1 | 0 | 0 |
| 컵 | 2011 | 성남일화 | 3 | 0 | 0 | 0 | 0 | 2 | 0 | 0 |
| 통산 | | | 169 | 35 | 0 | 3 | 0 | 115 | 12 | 0 |

**정호진**(鄭豪鎭) 동의대 1984.05.30

| 대회 | 연도 | 소속 | 출전 | 교체 | 득점 | 도움 | 실점 | 파울 | 경고 | 퇴장 |
|---|---|---|---|---|---|---|---|---|---|---|
| K1 | 2007 | 대구 | 1 | 1 | 0 | 0 | 0 | 0 | 0 | 0 |
| 통산 | | | 1 | 1 | 0 | 0 | 0 | 0 | 0 | 0 |

**정호진**(鄭好軫) 고려대 1999.08.06

| 대회 | 연도 | 소속 | 출전 | 교체 | 득점 | 도움 | 실점 | 파울 | 경고 | 퇴장 |
|---|---|---|---|---|---|---|---|---|---|---|
| K1 | 2022 | 수원 | 2 | 1 | 0 | 0 | 0 | 4 | 3 | 0 |
| K2 | 2020 | 전남 | 12 | 6 | 0 | 0 | 0 | 29 | 3 | 0 |
| | 2021 | 전남 | 13 | 8 | 0 | 0 | 0 | 17 | 2 | 0 |
| | 2022 | 전남 | 10 | 7 | 0 | 0 | 0 | 8 | 3 | 0 |
| | 2023 | 전남 | 6 | 5 | 1 | 0 | 0 | 4 | 1 | 0 |
| | 2024 | 부천 | 27 | 13 | 0 | 0 | 0 | 24 | 4 | 0 |
| | 2025 | 부천 | 25 | 10 | 0 | 0 | 0 | 25 | 5 | 0 |
| PO | 2021 | 전남 | 1 | 1 | 0 | 0 | 0 | 1 | 1 | 0 |
| | 2025 | 부천 | 3 | 0 | 0 | 0 | 0 | 1 | 0 | 0 |
| 통산 | | | 99 | 51 | 1 | 0 | 0 | 113 | 22 | 0 |

**정홍연**(鄭洪然) 동의대 1983.08.18

| 대회 | 연도 | 소속 | 출전 | 교체 | 득점 | 도움 | 실점 | 파울 | 경고 | 퇴장 |
|---|---|---|---|---|---|---|---|---|---|---|
| K1 | 2006 | 제주 | 17 | 7 | 1 | 0 | 0 | 22 | 2 | 0 |
| | 2007 | 제주 | 13 | 6 | 0 | 0 | 0 | 9 | 2 | 0 |
| | 2009 | 부산 | 0 | 0 | 0 | 0 | 0 | 0 | 0 | 0 |
| | 2010 | 포항 | 11 | 0 | 1 | 2 | 0 | 14 | 3 | 0 |
| | 2011 | 포항 | 4 | 3 | 0 | 0 | 0 | 5 | 1 | 0 |
| | 2012 | 포항 | 12 | 6 | 0 | 1 | 0 | 15 | 2 | 0 |
| | 2013 | 전남 | 4 | 1 | 0 | 0 | 0 | 5 | 2 | 0 |
| | 2013 | 포항 | 1 | 0 | 0 | 0 | 0 | 0 | 0 | 0 |
| K2 | 2014 | 부천 | 30 | 3 | 0 | 1 | 0 | 19 | 5 | 0 |
| | 2015 | 부천 | 18 | 9 | 1 | 0 | 0 | 7 | 2 | 0 |
| 컵 | 2006 | 제주 | 12 | 1 | 0 | 0 | 0 | 13 | 0 | 0 |
| | 2007 | 제주 | 8 | 4 | 0 | 0 | 0 | 6 | 0 | 0 |
| | 2011 | 포항 | 6 | 1 | 0 | 0 | 0 | 3 | 0 | 0 |
| 통산 | | | 136 | 41 | 3 | 4 | 0 | 118 | 19 | 0 |

**정후균**(鄭候均) 조선대 1961.02.21

| 대회 | 연도 | 소속 | 출전 | 교체 | 득점 | 도움 | 실점 | 파울 | 경고 | 퇴장 |
|---|---|---|---|---|---|---|---|---|---|---|
| K1 | 1984 | 국민은행 | 5 | 5 | 0 | 0 | 0 | 0 | 0 | 0 |
| 통산 | | | 5 | 5 | 0 | 0 | 0 | 0 | 0 | 0 |

**정훈**(鄭勳) 동아대 1985.08.31

| 대회 | 연도 | 소속 | 출전 | 교체 | 득점 | 도움 | 실점 | 파울 | 경고 | 퇴장 |
|---|---|---|---|---|---|---|---|---|---|---|
| K1 | 2008 | 전북 | 8 | 3 | 0 | 1 | 0 | 11 | 2 | 0 |
| | 2009 | 전북 | 21 | 8 | 1 | 0 | 0 | 60 | 8 | 0 |
| | 2010 | 전북 | 9 | 8 | 0 | 0 | 0 | 21 | 3 | 0 |
| | 2011 | 전북 | 20 | 7 | 0 | 1 | 0 | 46 | 7 | 0 |
| | 2012 | 전북 | 34 | 11 | 0 | 1 | 0 | 65 | 8 | 0 |
| | 2014 | 상주 | 5 | 4 | 0 | 0 | 0 | 10 | 1 | 0 |
| | 2014 | 전북 | 2 | 2 | 0 | 0 | 0 | 3 | 2 | 0 |
| | 2015 | 전북 | 20 | 13 | 0 | 1 | 0 | 27 | 2 | 0 |
| K2 | 2013 | 상주 | 19 | 15 | 0 | 1 | 0 | 26 | 3 | 0 |
| | 2017 | 수원FC | 23 | 12 | 0 | 1 | 0 | 39 | 8 | 0 |
| | 2018 | 수원FC | 8 | 1 | 0 | 0 | 0 | 8 | 0 | 0 |
| PO | 2008 | 전북 | 1 | 1 | 0 | 0 | 0 | 6 | 1 | 0 |
| | 2009 | 전북 | 2 | 1 | 0 | 0 | 0 | 5 | 0 | 0 |
| | 2010 | 전북 | 2 | 0 | 0 | 0 | 0 | 9 | 2 | 0 |
| | 2011 | 전북 | 2 | 2 | 0 | 0 | 0 | 3 | 1 | 0 |
| | 2013 | 상주 | 2 | 2 | 0 | 0 | 0 | 2 | 0 | 0 |
| 컵 | 2008 | 전북 | 4 | 1 | 0 | 0 | 0 | 5 | 1 | 0 |
| | 2009 | 전북 | 3 | 1 | 1 | 0 | 0 | 4 | 1 | 0 |
| | 2010 | 전북 | 3 | 3 | 0 | 0 | 0 | 5 | 1 | 0 |
| 통산 | | | 188 | 95 | 2 | 6 | 0 | 355 | 51 | 0 |

**정훈성**(鄭薰聖) 신갈고 1994.02.22

| 대회 | 연도 | 소속 | 출전 | 교체 | 득점 | 도움 | 실점 | 파울 | 경고 | 퇴장 |
|---|---|---|---|---|---|---|---|---|---|---|
| K1 | 2019 | 인천 | 16 | 11 | 1 | 0 | 0 | 17 | 1 | 0 |
| | 2020 | 울산 | 5 | 5 | 1 | 0 | 0 | 11 | 0 | 0 |
| | 2021 | 제주 | 1 | 1 | 0 | 0 | 0 | 0 | 0 | 0 |
| K2 | 2021 | 부산 | 6 | 5 | 1 | 0 | 0 | 8 | 1 | 0 |
| | 2022 | 부산 | 5 | 5 | 0 | 0 | 0 | 4 | 0 | 0 |
| 통산 | | | 33 | 27 | 3 | 0 | 0 | 40 | 2 | 0 |

**정훈찬**(鄭薰瓚) 능곡고 1993.07.24

| 대회 | 연도 | 소속 | 출전 | 교체 | 득점 | 도움 | 실점 | 파울 | 경고 | 퇴장 |
|---|---|---|---|---|---|---|---|---|---|---|
| K1 | 2012 | 전남 | 2 | 2 | 0 | 0 | 0 | 2 | 0 | 0 |
| 통산 | | | 2 | 2 | 0 | 0 | 0 | 2 | 0 | 0 |

**정희웅**(鄭喜熊) 청주대 1995.05.18

| 대회 | 연도 | 소속 | 출전 | 교체 | 득점 | 도움 | 실점 | 파울 | 경고 | 퇴장 |
|---|---|---|---|---|---|---|---|---|---|---|
| K2 | 2017 | 서울E | 2 | 2 | 0 | 0 | 0 | 0 | 0 | 0 |
| | 2018 | 안양 | 33 | 20 | 6 | 3 | 0 | 35 | 2 | 0 |
| | 2019 | 전남 | 13 | 9 | 0 | 1 | 0 | 16 | 2 | 0 |
| | 2020 | 대전 | 24 | 17 | 1 | 2 | 0 | 25 | 1 | 0 |
| | 2021 | 대전 | 6 | 5 | 1 | 0 | 0 | 6 | 0 | 0 |
| | 2023 | 부천 | 13 | 3 | 0 | 0 | 0 | 9 | 3 | 0 |
| | 2024 | 부천 | 8 | 7 | 1 | 1 | 0 | 2 | 0 | 0 |
| PO | 2020 | 대전 | 0 | 0 | 0 | 0 | 0 | 0 | 0 | 0 |
| | 2023 | 부천 | 1 | 0 | 0 | 0 | 0 | 1 | 0 | 0 |
| 통산 | | | 100 | 63 | 9 | 7 | 0 | 94 | 8 | 0 |

**제갈재민**(諸葛在珉) 전주대 2000.08.12

| 대회 | 연도 | 소속 | 출전 | 교체 | 득점 | 도움 | 실점 | 파울 | 경고 | 퇴장 |
|---|---|---|---|---|---|---|---|---|---|---|
| K1 | 2024 | 제주 | 3 | 3 | 0 | 0 | 0 | 0 | 0 | 0 |
| K2 | 2024 | 김포 | 8 | 8 | 0 | 0 | 0 | 3 | 1 | 0 |
| | 2025 | 김포 | 19 | 19 | 1 | 1 | 0 | 13 | 2 | 0 |
| 통산 | | | 30 | 30 | 1 | 1 | 0 | 16 | 3 | 0 |

**제니아**(Yevgeny Zhirov) 러시아 1969.01.10

| 대회 | 연도 | 소속 | 출전 | 교체 | 득점 | 도움 | 실점 | 파울 | 경고 | 퇴장 |
|---|---|---|---|---|---|---|---|---|---|---|
| K1 | 1994 | LG | 4 | 2 | 0 | 1 | 0 | 6 | 1 | 0 |
| 통산 | | | 4 | 2 | 0 | 1 | 0 | 6 | 1 | 0 |

**제르소**(Gerso Fernandes) 기니비사우/포르투갈 1991.02.23

| 대회 | 연도 | 소속 | 출전 | 교체 | 득점 | 도움 | 실점 | 파울 | 경고 | 퇴장 |
|---|---|---|---|---|---|---|---|---|---|---|
| K1 | 2021 | 제주 | 32 | 32 | 5 | 2 | 0 | 62 | 3 | 0 |
| | 2022 | 제주 | 37 | 28 | 8 | 7 | 0 | 61 | 7 | 0 |
| | 2023 | 인천 | 34 | 28 | 7 | 6 | 0 | 41 | 2 | 0 |
| | 2024 | 인천 | 27 | 14 | 7 | 4 | 0 | 38 | 2 | 1 |
| K2 | 2025 | 인천 | 37 | 26 | 12 | 10 | 0 | 38 | 4 | 0 |
| 통산 | | | 167 | 128 | 39 | 29 | 0 | 240 | 18 | 1 |

**제르손**(Gerson Guimaraes Ferreira Junior) 브라질 1992.01.07

| 대회 | 연도 | 소속 | 출전 | 교체 | 득점 | 도움 | 실점 | 파울 | 경고 | 퇴장 |
|---|---|---|---|---|---|---|---|---|---|---|
| K1 | 2017 | 강원 | 10 | 0 | 1 | 0 | 0 | 10 | 1 | 0 |
| 통산 | | | 10 | 0 | 1 | 0 | 0 | 10 | 1 | 0 |

**제리치**(Uros Derić) 세르비아 1992.05.28

| 대회 | 연도 | 소속 | 출전 | 교체 | 득점 | 도움 | 실점 | 파울 | 경고 | 퇴장 |
|---|---|---|---|---|---|---|---|---|---|---|
| K1 | 2018 | 강원 | 36 | 13 | 24 | 4 | 0 | 39 | 4 | 0 |
| | 2019 | 경남 | 17 | 5 | 9 | 1 | 0 | 24 | 2 | 0 |
| | 2019 | 강원 | 14 | 10 | 4 | 0 | 0 | 16 | 0 | 0 |
| | 2021 | 수원 | 27 | 24 | 6 | 1 | 0 | 25 | 0 | 0 |
| K2 | 2020 | 경남 | 6 | 5 | 1 | 1 | 0 | 7 | 2 | 0 |
| PO | 2019 | 경남 | 2 | 0 | 0 | 0 | 0 | 4 | 0 | 0 |
| | 2020 | 경남 | 0 | 0 | 0 | 0 | 0 | 0 | 0 | 0 |
| 통산 | | | 102 | 57 | 44 | 7 | 0 | 115 | 8 | 0 |

**제영진**(諸泳珍) 경일대 1975.03.10

| 대회 | 연도 | 소속 | 출전 | 교체 | 득점 | 도움 | 실점 | 파울 | 경고 | 퇴장 |
|---|---|---|---|---|---|---|---|---|---|---|
| K1 | 1998 | 울산 | 3 | 3 | 0 | 0 | 0 | 6 | 1 | 0 |
| | 1999 | 울산 | 2 | 2 | 1 | 0 | 0 | 0 | 0 | 0 |
| | 2000 | 울산 | 9 | 9 | 1 | 1 | 0 | 6 | 2 | 0 |
| 컵 | 1998 | 울산 | 9 | 10 | 1 | 0 | 0 | 9 | 0 | 0 |
| | 1999 | 울산 | 0 | 0 | 0 | 0 | 0 | 0 | 0 | 0 |
| | 2000 | 울산 | 3 | 3 | 0 | 0 | 0 | 0 | 0 | 0 |
| 통산 | | | 26 | 27 | 3 | 1 | 0 | 21 | 3 | 0 |

**제용삼**(諸龍三) 한성대 1972.01.25

| 대회 | 연도 | 소속 | 출전 | 교체 | 득점 | 도움 | 실점 | 파울 | 경고 | 퇴장 |
|---|---|---|---|---|---|---|---|---|---|---|
| K1 | 1998 | 안양LG | 16 | 13 | 2 | 3 | 0 | 19 | 1 | 0 |
| | 1999 | 안양LG | 11 | 11 | 1 | 1 | 0 | 10 | 1 | 0 |
| | 2000 | 안양LG | 9 | 9 | 1 | 0 | 0 | 4 | 0 | 0 |
| 컵 | 1998 | 안양LG | 17 | 7 | 8 | 1 | 0 | 38 | 3 | 0 |
| | 1999 | 안양LG | 4 | 4 | 0 | 0 | 0 | 4 | 0 | 0 |
| | 2000 | 안양LG | 2 | 2 | 0 | 0 | 0 | 0 | 1 | 0 |
| 통산 | | | 59 | 46 | 12 | 5 | 0 | 75 | 6 | 0 |

**제이드**(Jade Bronson North) 오스트레일리아 1982.01.07

| 대회 | 연도 | 소속 | 출전 | 교체 | 득점 | 도움 | 실점 | 파울 | 경고 | 퇴장 |
|---|---|---|---|---|---|---|---|---|---|---|
| K1 | 2009 | 인천 | 6 | 1 | 0 | 0 | 0 | 6 | 1 | 0 |
| 컵 | 2009 | 인천 | 3 | 0 | 0 | 0 | 0 | 1 | 0 | 0 |
| 통산 | | | 9 | 1 | 0 | 0 | 0 | 7 | 1 | 0 |

**제이미**(Jamie Cureton) 잉글랜드 1975.08.28

| 대회 | 연도 | 소속 | 출전 | 교체 | 득점 | 도움 | 실점 | 파울 | 경고 | 퇴장 |
|---|---|---|---|---|---|---|---|---|---|---|
| K1 | 2003 | 부산 | 21 | 12 | 4 | 1 | 0 | 20 | 2 | 0 |
| 통산 | | | 21 | 12 | 4 | 1 | 0 | 20 | 2 | 0 |

**제이훈**(Ceyhun Eris) 터키 1977.05.15

| 대회 | 연도 | 소속 | 출전 | 교체 | 득점 | 도움 | 실점 | 파울 | 경고 | 퇴장 |
|---|---|---|---|---|---|---|---|---|---|---|
| K1 | 2008 | 서울 | 5 | 5 | 0 | 0 | 0 | 7 | 1 | 0 |
| 컵 | 2008 | 서울 | 3 | 2 | 1 | 0 | 0 | 6 | 0 | 0 |
| 통산 | | | 8 | 7 | 1 | 0 | 0 | 13 | 1 | 0 |

**제임스**(Augustine James) 나이지리아 1984.01.18

| 대회 | 연도 | 소속 | 출전 | 교체 | 득점 | 도움 | 실점 | 파울 | 경고 | 퇴장 |
|---|---|---|---|---|---|---|---|---|---|---|
| K1 | 2003 | 부천SK | 13 | 12 | 1 | 0 | 0 | 20 | 1 | 0 |
| 통산 | | | 13 | 12 | 1 | 0 | 0 | 20 | 1 | 0 |

**제제**(Zeze Gomes) 브라질

| 대회 | 연도 | 소속 | 출전 | 교체 | 득점 | 도움 | 실점 | 파울 | 경고 | 퇴장 |
|---|---|---|---|---|---|---|---|---|---|---|
| K1 | 1984 | 포항제철 | 9 | 3 | 4 | 2 | 0 | 14 | 1 | 0 |
| 통산 | | | 9 | 3 | 4 | 2 | 0 | 14 | 1 | 0 |

**제종현**(諸鐘炫) 숭실대 1991.12.06

| 대회 | 연도 | 소속 | 출전 | 교체 | 득점 | 도움 | 실점 | 파울 | 경고 | 퇴장 |
|---|---|---|---|---|---|---|---|---|---|---|
| K1 | 2015 | 광주 | 8 | 0 | 0 | 0 | 11 | 0 | 1 | 0 |
| | 2016 | 상주 | 6 | 0 | 0 | 0 | 9 | 0 | 0 | 0 |
| | 2017 | 상주 | 0 | 0 | 0 | 0 | 0 | 0 | 0 | 0 |
| | 2017 | 광주 | 0 | 0 | 0 | 0 | 0 | 0 | 0 | 0 |
| K2 | 2013 | 광주 | 5 | 0 | 0 | 0 | 4 | 0 | 1 | 0 |
| | 2014 | 광주 | 22 | 0 | 0 | 0 | 17 | 0 | 1 | 0 |
| | 2018 | 광주 | 6 | 0 | 0 | 0 | 9 | 0 | 0 | 0 |
| | 2019 | 아산 | 3 | 0 | 0 | 0 | 5 | 0 | 0 | 0 |
| | 2024 | 천안 | 14 | 1 | 0 | 0 | 24 | 0 | 1 | 0 |
| | 2025 | 천안 | 2 | 0 | 0 | 0 | 3 | 0 | 0 | 0 |
| PO | 2014 | 광주 | 4 | 0 | 0 | 0 | 2 | 0 | 1 | 0 |
| | 2018 | 광주 | 0 | 0 | 0 | 0 | 0 | 0 | 0 | 0 |
| 통산 | | | 70 | 1 | 0 | 0 | 84 | 0 | 5 | 0 |

**제카**(José Joaquim de Carvalho) 브라질 1997.03.06

| 대회 | 연도 | 소속 | 출전 | 교체 | 득점 | 도움 | 실점 | 파울 | 경고 | 퇴장 |
|---|---|---|---|---|---|---|---|---|---|---|
| K1 | 2022 | 대구 | 28 | 12 | 7 | 7 | 0 | 72 | 8 | 0 |
| | 2023 | 포항 | 37 | 31 | 12 | 7 | 0 | 62 | 4 | 0 |
| 통산 | | | 65 | 43 | 19 | 14 | 0 | 134 | 12 | 0 |

**제칼로**(Jose Carlos Ferreira/← 카르로스) 브라질 1983.04.24

| 대회 | 연도 | 소속 | 출전 | 교체 | 득점 | 도움 | 실점 | 파울 | 경고 | 퇴장 |
|---|---|---|---|---|---|---|---|---|---|---|
| K1 | 2004 | 울산 | 11 | 5 | 7 | 0 | 0 | 25 | 2 | 0 |
| | 2005 | 울산 | 1 | 0 | 0 | 0 | 0 | 4 | 2 | 0 |
| | 2006 | 전북 | 15 | 6 | 3 | 1 | 0 | 42 | 5 | 0 |
| | 2007 | 전북 | 15 | 10 | 7 | 0 | 0 | 31 | 5 | 0 |
| | 2008 | 전북 | 5 | 5 | 0 | 0 | 0 | 6 | 0 | 0 |
| PO | 2004 | 울산 | 1 | 0 | 0 | 0 | 0 | 5 | 1 | 0 |
| 컵 | 2004 | 울산 | 7 | 1 | 7 | 1 | 0 | 25 | 3 | 0 |
| | 2005 | 울산 | 8 | 2 | 5 | 0 | 0 | 28 | 6 | 0 |
| | 2006 | 전북 | 9 | 5 | 3 | 0 | 0 | 15 | 5 | 0 |

| | 2007 | 전북 | 6 | 1 | 1 | 0 | 0 | 20 | 2 | 1 |
|---|---|---|---|---|---|---|---|---|---|---|
| | 2008 | 전북 | 2 | 1 | 1 | 0 | 0 | 3 | 1 | 0 |
| 통산 | | | 80 | 36 | 34 | 2 | 0 | 204 | 32 | 1 |

**제테르손** (Getterson Alves dos Santos) 브라질 1991.05.16

| 대회 | 연도 | 소속 | 출전 | 교체 | 득점 | 도움 | 실점 | 파울 | 경고 | 퇴장 |
|---|---|---|---|---|---|---|---|---|---|---|
| K1 | 2018 | 포항 | 9 | 7 | 1 | 0 | 0 | 4 | 0 | 0 |
| 통산 | | | 9 | 7 | 1 | 0 | 0 | 4 | 0 | 0 |

**제파로프**(Server Resatovich Djeparov) 우즈베키스탄 1982.10.03

| 대회 | 연도 | 소속 | 출전 | 교체 | 득점 | 도움 | 실점 | 파울 | 경고 | 퇴장 |
|---|---|---|---|---|---|---|---|---|---|---|
| K1 | 2010 | 서울 | 14 | 6 | 1 | 4 | 0 | 16 | 4 | 0 |
| | 2011 | 서울 | 15 | 5 | 0 | 1 | 0 | 21 | 2 | 0 |
| | 2013 | 성남일화 | 31 | 16 | 6 | 2 | 0 | 37 | 7 | 0 |
| | 2014 | 성남 | 24 | 9 | 7 | 3 | 0 | 26 | 2 | 0 |
| | 2015 | 울산 | 22 | 13 | 6 | 3 | 0 | 17 | 2 | 0 |
| PO | 2010 | 서울 | 2 | 0 | 0 | 2 | 0 | 5 | 0 | 0 |
| 컵 | 2010 | 서울 | 2 | 1 | 0 | 1 | 0 | 3 | 0 | 0 |
| 통산 | | | 110 | 50 | 20 | 16 | 0 | 125 | 17 | 0 |

**제페르손**(Jefferson Ferreira de Souza) 브라질 2001.11.16

| 대회 | 연도 | 소속 | 출전 | 교체 | 득점 | 도움 | 실점 | 파울 | 경고 | 퇴장 |
|---|---|---|---|---|---|---|---|---|---|---|
| K2 | 2025 | 안산 | 21 | 12 | 4 | 0 | 0 | 19 | 3 | 0 |
| 통산 | | | 21 | 12 | 4 | 0 | 0 | 19 | 3 | 0 |

**제펠손**(Jefferson Gama Rodrigues) 브라질 1981.01.26

| 대회 | 연도 | 소속 | 출전 | 교체 | 득점 | 도움 | 실점 | 파울 | 경고 | 퇴장 |
|---|---|---|---|---|---|---|---|---|---|---|
| K1 | 2006 | 대구 | 1 | 1 | 0 | 0 | 0 | 0 | 0 | 0 |
| 컵 | 2006 | 대구 | 2 | 2 | 0 | 0 | 0 | 2 | 0 | 0 |
| 통산 | | | 3 | 3 | 0 | 0 | 0 | 2 | 0 | 0 |

**제프유**(Jeff Yoo, Yu Ji Young) 미국 1978.10.30

| 대회 | 연도 | 소속 | 출전 | 교체 | 득점 | 도움 | 실점 | 파울 | 경고 | 퇴장 |
|---|---|---|---|---|---|---|---|---|---|---|
| K1 | 2000 | 울산 | 3 | 3 | 0 | 0 | 0 | 3 | 0 | 0 |
| | 2001 | 부천SK | 2 | 2 | 0 | 0 | 0 | 2 | 0 | 0 |
| 통산 | | | 5 | 5 | 0 | 0 | 0 | 5 | 0 | 0 |

**제해성**(諸海成) 용인대 2002.04.26

| 대회 | 연도 | 소속 | 출전 | 교체 | 득점 | 도움 | 실점 | 파울 | 경고 | 퇴장 |
|---|---|---|---|---|---|---|---|---|---|---|
| K2 | 2022 | 경남 | 0 | 0 | 0 | 0 | 0 | 0 | 0 | 0 |
| 통산 | | | 0 | 0 | 0 | 0 | 0 | 0 | 0 | 0 |

**젠토이**(Zentai Lajos) 헝가리 1966.08.02

| 대회 | 연도 | 소속 | 출전 | 교체 | 득점 | 도움 | 실점 | 파울 | 경고 | 퇴장 |
|---|---|---|---|---|---|---|---|---|---|---|
| K1 | 1991 | LG | 23 | 9 | 1 | 0 | 0 | 25 | 2 | 0 |
| 통산 | | | 23 | 9 | 1 | 0 | 0 | 25 | 2 | 0 |

**젤리코** (Zeljko Bajceta) 유고슬라비아 1967.01.01

| 대회 | 연도 | 소속 | 출전 | 교체 | 득점 | 도움 | 실점 | 파울 | 경고 | 퇴장 |
|---|---|---|---|---|---|---|---|---|---|---|
| K1 | 1994 | LG | 8 | 7 | 3 | 0 | 0 | 2 | 1 | 0 |
| 컵 | 1994 | LG | 1 | 1 | 0 | 0 | 0 | 0 | 0 | 0 |
| 통산 | | | 9 | 8 | 3 | 0 | 0 | 2 | 1 | 0 |

**젤리코**(Zeljko Simović) 유고슬라비아 1967.02.02

| 대회 | 연도 | 소속 | 출전 | 교체 | 득점 | 도움 | 실점 | 파울 | 경고 | 퇴장 |
|---|---|---|---|---|---|---|---|---|---|---|
| K1 | 1994 | 대우 | 2 | 0 | 1 | 0 | 0 | 5 | 1 | 0 |
| 컵 | 1994 | 대우 | 1 | 1 | 0 | 0 | 0 | 1 | 0 | 0 |
| 통산 | | | 3 | 1 | 1 | 0 | 0 | 6 | 1 | 0 |

**조건규**(趙建規) 호남대 1998.10.15

| 대회 | 연도 | 소속 | 출전 | 교체 | 득점 | 도움 | 실점 | 파울 | 경고 | 퇴장 |
|---|---|---|---|---|---|---|---|---|---|---|
| K2 | 2019 | 부천 | 5 | 5 | 0 | 0 | 0 | 4 | 1 | 0 |
| | 2020 | 부천 | 12 | 11 | 2 | 1 | 0 | 12 | 4 | 0 |
| | 2021 | 부천 | 11 | 10 | 0 | 0 | 0 | 11 | 2 | 0 |
| | 2022 | 충남아산 | 1 | 1 | 0 | 0 | 0 | 0 | 0 | 0 |
| 통산 | | | 29 | 27 | 2 | 1 | 0 | 27 | 7 | 0 |

**조광래**(趙廣來) 연세대 1954.03.19

| 대회 | 연도 | 소속 | 출전 | 교체 | 득점 | 도움 | 실점 | 파울 | 경고 | 퇴장 |
|---|---|---|---|---|---|---|---|---|---|---|
| K1 | 1983 | 대우 | 15 | 1 | 2 | 1 | 0 | 28 | 3 | 0 |
| | 1984 | 대우 | 13 | 6 | 1 | 1 | 0 | 23 | 1 | 0 |
| | 1985 | 대우 | 5 | 1 | 0 | 2 | 0 | 12 | 1 | 0 |
| | 1986 | 대우 | 7 | 2 | 0 | 0 | 0 | 13 | 1 | 0 |
| | 1987 | 대우 | 4 | 3 | 0 | 0 | 0 | 7 | 1 | 0 |
| PO | 1984 | 대우 | 2 | 0 | 0 | 0 | 0 | 5 | 0 | 0 |
| 컵 | 1986 | 대우 | 2 | 0 | 0 | 0 | 0 | 6 | 0 | 0 |
| 통산 | | | 48 | 13 | 3 | 4 | 0 | 94 | 7 | 0 |

**조귀범**(趙貴範) 예원예술대 1996.08.09

| 대회 | 연도 | 소속 | 출전 | 교체 | 득점 | 도움 | 실점 | 파울 | 경고 | 퇴장 |
|---|---|---|---|---|---|---|---|---|---|---|
| K1 | 2017 | 대구 | 0 | 0 | 0 | 0 | 0 | 0 | 0 | 0 |
| K2 | 2018 | 대전 | 3 | 2 | 1 | 0 | 0 | 5 | 0 | 0 |
| | 2019 | 대전 | 2 | 1 | 0 | 0 | 0 | 2 | 1 | 0 |
| 통산 | | | 5 | 3 | 1 | 0 | 0 | 7 | 1 | 0 |

**조규성**(曺圭成) 광주대 1998.01.25

| 대회 | 연도 | 소속 | 출전 | 교체 | 득점 | 도움 | 실점 | 파울 | 경고 | 퇴장 |
|---|---|---|---|---|---|---|---|---|---|---|
| K1 | 2020 | 전북 | 23 | 19 | 4 | 2 | 0 | 36 | 3 | 0 |
| | 2022 | 김천 | 23 | 9 | 13 | 4 | 0 | 32 | 1 | 0 |
| | 2022 | 전북 | 8 | 4 | 4 | 1 | 0 | 10 | 1 | 0 |
| | 2023 | 전북 | 12 | 5 | 5 | 0 | 0 | 17 | 0 | 0 |
| K2 | 2019 | 안양 | 31 | 6 | 14 | 4 | 0 | 59 | 3 | 1 |
| | 2021 | 김천 | 25 | 9 | 8 | 3 | 0 | 36 | 3 | 0 |
| PO | 2019 | 안양 | 2 | 1 | 0 | 0 | 0 | 3 | 0 | 0 |
| 통산 | | | 124 | 53 | 48 | 14 | 0 | 193 | 11 | 1 |

**조규승**(曺圭承) 선문대 1991.10.30

| 대회 | 연도 | 소속 | 출전 | 교체 | 득점 | 도움 | 실점 | 파울 | 경고 | 퇴장 |
|---|---|---|---|---|---|---|---|---|---|---|
| K1 | 2013 | 대전 | 2 | 2 | 0 | 0 | 0 | 4 | 0 | 0 |
| 통산 | | | 2 | 2 | 0 | 0 | 0 | 4 | 0 | 0 |

**조규태**(曺圭泰) 고려대 1957.01.18

| 대회 | 연도 | 소속 | 출전 | 교체 | 득점 | 도움 | 실점 | 파울 | 경고 | 퇴장 |
|---|---|---|---|---|---|---|---|---|---|---|
| K1 | 1985 | 할렐루야 | 3 | 1 | 0 | 0 | 5 | 0 | 0 | 0 |
| 통산 | | | 3 | 1 | 0 | 0 | 5 | 0 | 0 | 0 |

**조긍연**(趙兢衍) 고려대 1961.03.18

| 대회 | 연도 | 소속 | 출전 | 교체 | 득점 | 도움 | 실점 | 파울 | 경고 | 퇴장 |
|---|---|---|---|---|---|---|---|---|---|---|
| K1 | 1985 | 포항제철 | 14 | 9 | 2 | 1 | 0 | 23 | 1 | 0 |
| | 1986 | 포항제철 | 18 | 11 | 4 | 1 | 0 | 17 | 0 | 0 |
| | 1987 | 포항제철 | 20 | 19 | 3 | 2 | 0 | 14 | 1 | 0 |
| | 1988 | 포항제철 | 15 | 12 | 5 | 0 | 0 | 13 | 1 | 0 |
| | 1989 | 포항제철 | 39 | 11 | 20 | 1 | 0 | 41 | 2 | 0 |
| | 1990 | 포항제철 | 13 | 8 | 0 | 1 | 0 | 16 | 1 | 0 |
| | 1991 | 포항제철 | 15 | 15 | 0 | 1 | 0 | 10 | 1 | 0 |
| | 1992 | 현대 | 8 | 8 | 1 | 0 | 0 | 5 | 0 | 0 |
| PO | 1986 | 포항제철 | 1 | 0 | 0 | 0 | 0 | 0 | 0 | 0 |
| 컵 | 1986 | 포항제철 | 9 | 3 | 4 | 0 | 0 | 12 | 0 | 0 |
| | 1992 | 현대 | 2 | 2 | 0 | 0 | 0 | 2 | 0 | 0 |
| 통산 | | | 154 | 98 | 39 | 7 | 0 | 153 | 7 | 0 |

**조나탄**(Johnathan Aparecido da Silva Vilela) 브라질 1990.03.29

| 대회 | 연도 | 소속 | 출전 | 교체 | 득점 | 도움 | 실점 | 파울 | 경고 | 퇴장 |
|---|---|---|---|---|---|---|---|---|---|---|
| K1 | 2016 | 수원 | 14 | 8 | 10 | 2 | 0 | 19 | 4 | 0 |
| | 2017 | 수원 | 29 | 11 | 22 | 3 | 0 | 35 | 5 | 0 |
| | 2021 | 광주 | 2 | 2 | 0 | 0 | 0 | 2 | 0 | 0 |
| K2 | 2014 | 대구 | 29 | 17 | 14 | 2 | 0 | 56 | 1 | 0 |
| | 2015 | 대구 | 39 | 4 | 26 | 6 | 0 | 77 | 4 | 0 |
| 통산 | | | 113 | 42 | 72 | 13 | 0 | 189 | 14 | 0 |

**조나탄**(Jonathan Alonso Moya Aguilar) 코스타리카 1992.01.06

| 대회 | 연도 | 소속 | 출전 | 교체 | 득점 | 도움 | 실점 | 파울 | 경고 | 퇴장 |
|---|---|---|---|---|---|---|---|---|---|---|
| K2 | 2021 | 안양 | 28 | 9 | 13 | 1 | 0 | 40 | 5 | 0 |
| | 2022 | 안양 | 30 | 13 | 9 | 4 | 0 | 21 | 1 | 0 |
| | 2023 | 안양 | 5 | 3 | 5 | 1 | 0 | 3 | 1 | 0 |
| PO | 2021 | 안양 | 1 | 0 | 1 | 0 | 0 | 0 | 0 | 0 |
| | 2022 | 안양 | 3 | 2 | 0 | 0 | 0 | 8 | 0 | 0 |
| 통산 | | | 67 | 27 | 28 | 6 | 0 | 72 | 7 | 0 |

**조나탄 링**(Erik Jonathan Ring) 스웨덴 1991.12.05

| 대회 | 연도 | 소속 | 출전 | 교체 | 득점 | 도움 | 실점 | 파울 | 경고 | 퇴장 |
|---|---|---|---|---|---|---|---|---|---|---|
| K1 | 2022 | 제주 | 28 | 31 | 5 | 2 | 0 | 17 | 2 | 0 |
| | 2023 | 제주 | 11 | 13 | 0 | 0 | 0 | 3 | 0 | 0 |
| 통산 | | | 39 | 44 | 5 | 2 | 0 | 20 | 2 | 0 |

**조남현**(趙南眩) 전북대 1981.09.20

| 대회 | 연도 | 소속 | 출전 | 교체 | 득점 | 도움 | 실점 | 파울 | 경고 | 퇴장 |
|---|---|---|---|---|---|---|---|---|---|---|
| K1 | 2005 | 전북 | 5 | 4 | 0 | 0 | 0 | 7 | 0 | 0 |
| 컵 | 2005 | 전북 | 2 | 2 | 0 | 0 | 0 | 2 | 0 | 0 |
| 통산 | | | 7 | 6 | 0 | 0 | 0 | 9 | 0 | 0 |

**조네스**(Jonhes Elias Pinto Santos) 브라질 1979.09.28

| 대회 | 연도 | 소속 | 출전 | 교체 | 득점 | 도움 | 실점 | 파울 | 경고 | 퇴장 |
|---|---|---|---|---|---|---|---|---|---|---|
| K1 | 2007 | 포항 | 10 | 7 | 4 | 0 | 0 | 22 | 1 | 0 |
| PO | 2007 | 포항 | 4 | 4 | 0 | 0 | 0 | 11 | 0 | 0 |
| 통산 | | | 14 | 11 | 4 | 0 | 0 | 33 | 1 | 0 |

**조대현**(趙大現) 동국대 1974.02.24

| 대회 | 연도 | 소속 | 출전 | 교체 | 득점 | 도움 | 실점 | 파울 | 경고 | 퇴장 |
|---|---|---|---|---|---|---|---|---|---|---|
| K1 | 1996 | 수원 | 12 | 10 | 0 | 0 | 0 | 16 | 0 | 0 |
| | 1997 | 수원 | 7 | 7 | 1 | 0 | 0 | 11 | 1 | 0 |
| | 1999 | 수원 | 17 | 16 | 2 | 1 | 0 | 24 | 2 | 0 |
| | 2001 | 울산 | 2 | 2 | 0 | 0 | 0 | 1 | 0 | 0 |
| 컵 | 1996 | 수원 | 4 | 2 | 1 | 0 | 0 | 8 | 1 | 0 |
| | 1997 | 수원 | 5 | 6 | 0 | 0 | 0 | 5 | 1 | 0 |
| | 1998 | 수원 | 7 | 6 | 0 | 0 | 0 | 8 | 0 | 0 |
| | 1999 | 수원 | 2 | 1 | 0 | 0 | 0 | 4 | 0 | 0 |
| | 2000 | 수원 | 3 | 3 | 0 | 0 | 0 | 2 | 0 | 0 |
| | 2001 | 울산 | 2 | 2 | 0 | 0 | 0 | 7 | 0 | 0 |
| 통산 | | | 61 | 55 | 4 | 1 | 0 | 86 | 5 | 0 |

**조덕제**(趙德濟) 아주대 1965.10.26

| 대회 | 연도 | 소속 | 출전 | 교체 | 득점 | 도움 | 실점 | 파울 | 경고 | 퇴장 |
|---|---|---|---|---|---|---|---|---|---|---|
| K1 | 1988 | 대우 | 18 | 4 | 1 | 1 | 0 | 25 | 2 | 0 |
| | 1989 | 대우 | 39 | 5 | 1 | 4 | 0 | 71 | 3 | 0 |
| | 1990 | 대우 | 20 | 14 | 0 | 2 | 0 | 18 | 1 | 0 |
| | 1991 | 대우 | 33 | 14 | 2 | 0 | 0 | 32 | 1 | 0 |
| | 1992 | 대우 | 20 | 3 | 2 | 0 | 0 | 34 | 3 | 0 |
| | 1993 | 대우 | 24 | 0 | 0 | 0 | 0 | 23 | 2 | 0 |
| | 1994 | 대우 | 29 | 0 | 1 | 2 | 0 | 22 | 3 | 0 |
| | 1995 | 대우 | 8 | 3 | 2 | 1 | 0 | 10 | 2 | 1 |
| 컵 | 1992 | 대우 | 4 | 3 | 0 | 0 | 0 | 4 | 2 | 0 |
| | 1993 | 대우 | 5 | 0 | 0 | 1 | 0 | 6 | 0 | 0 |
| | 1994 | 대우 | 6 | 0 | 1 | 0 | 0 | 11 | 1 | 0 |
| | 1995 | 대우 | 7 | 0 | 0 | 0 | 0 | 5 | 1 | 0 |
| 통산 | | | 213 | 46 | 10 | 11 | 0 | 261 | 21 | 1 |

**조동건**(趙東建) 건국대 1986.04.16

| 대회 | 연도 | 소속 | 출전 | 교체 | 득점 | 도움 | 실점 | 파울 | 경고 | 퇴장 |
|---|---|---|---|---|---|---|---|---|---|---|
| K1 | 2008 | 성남일화 | 10 | 9 | 4 | 4 | 0 | 8 | 1 | 0 |
| | 2009 | 성남일화 | 27 | 8 | 6 | 4 | 0 | 39 | 2 | 0 |
| | 2010 | 성남일화 | 16 | 12 | 2 | 1 | 0 | 27 | 1 | 0 |
| | 2011 | 성남일화 | 27 | 13 | 7 | 2 | 0 | 36 | 0 | 0 |
| | 2012 | 수원 | 20 | 18 | 2 | 2 | 0 | 22 | 2 | 0 |
| | 2013 | 수원 | 25 | 15 | 5 | 4 | 0 | 18 | 3 | 0 |
| | 2014 | 수원 | 4 | 4 | 0 | 1 | 0 | 0 | 0 | 0 |
| | 2014 | 상주 | 19 | 6 | 3 | 1 | 0 | 22 | 0 | 0 |
| | 2016 | 수원 | 24 | 21 | 4 | 1 | 0 | 20 | 1 | 0 |
| K2 | 2015 | 상주 | 14 | 11 | 6 | 0 | 0 | 11 | 1 | 0 |
| PO | 2008 | 성남일화 | 1 | 1 | 0 | 0 | 0 | 1 | 0 | 0 |
| | 2009 | 성남일화 | 5 | 4 | 0 | 0 | 0 | 12 | 0 | 0 |
| | 2010 | 성남일화 | 2 | 2 | 0 | 0 | 0 | 2 | 0 | 0 |
| 컵 | 2008 | 성남일화 | 1 | 1 | 0 | 0 | 0 | 0 | 0 | 0 |
| | 2009 | 성남일화 | 7 | 4 | 2 | 1 | 0 | 6 | 0 | 0 |
| | 2011 | 성남일화 | 5 | 0 | 1 | 0 | 0 | 3 | 0 | 0 |
| 통산 | | | 207 | 129 | 42 | 21 | 0 | 227 | 11 | 0 |

**조동재**(趙東宰) 용인시축구센터 덕영U18 2003.05.16

| 대회 | 연도 | 소속 | 출전 | 교체 | 득점 | 도움 | 실점 | 파울 | 경고 | 퇴장 |
|---|---|---|---|---|---|---|---|---|---|---|
| K2 | 2022 | 서울E | 7 | 5 | 0 | 0 | 0 | 4 | 2 | 0 |
| | 2023 | 서울E | 14 | 10 | 0 | 1 | 0 | 6 | 4 | 0 |
| | 2024 | 서울E | 10 | 7 | 1 | 0 | 0 | 6 | 0 | 0 |
| | 2025 | 화성 | 33 | 12 | 1 | 0 | 0 | 24 | 6 | 0 |
| 통산 | | | 64 | 34 | 2 | 1 | 0 | 40 | 12 | 0 |

**조란**(Zoran Durisić) 유고슬라비아 1971.04.29

| 대회 | 연도 | 소속 | 출전 | 교체 | 득점 | 도움 | 실점 | 파울 | 경고 | 퇴장 |
|---|---|---|---|---|---|---|---|---|---|---|
| K1 | 1996 | 울산 | 19 | 16 | 3 | 1 | 0 | 35 | 4 | 0 |

| 대회 | 연도 | 소속 | 출전 | 교체 | 득점 | 도움 | 실점 | 파울 | 경고 | 퇴장 |
|---|---|---|---|---|---|---|---|---|---|---|
| PO | 1996 | 울산 | 1 | 1 | 0 | 0 | 0 | 2 | 1 | 0 |
| 컵 | 1996 | 울산 | 5 | 4 | 1 | 1 | 0 | 4 | 0 | 0 |
| 통산 | | | 25 | 21 | 4 | 2 | 0 | 41 | 5 | 0 |

**조란**(Zoran Milosević) 유고슬라비아 1975.11.23

| 대회 | 연도 | 소속 | 출전 | 교체 | 득점 | 도움 | 실점 | 파울 | 경고 | 퇴장 |
|---|---|---|---|---|---|---|---|---|---|---|
| K1 | 1998 | 부산 | 2 | 2 | 0 | 0 | 0 | 2 | 0 | 0 |
| | 1999 | 부산 | 7 | 6 | 0 | 0 | 0 | 15 | 1 | 0 |
| 컵 | 1998 | 부산 | 4 | 3 | 0 | 0 | 0 | 7 | 1 | 0 |
| | 1999 | 부산 | 2 | 2 | 0 | 0 | 0 | 3 | 0 | 0 |
| 통산 | | | 15 | 13 | 0 | 0 | 0 | 27 | 2 | 0 |

**조란**(Zoran Vukcević) 유고슬라비아 1972.02.07

| 대회 | 연도 | 소속 | 출전 | 교체 | 득점 | 도움 | 실점 | 파울 | 경고 | 퇴장 |
|---|---|---|---|---|---|---|---|---|---|---|
| K1 | 1993 | 현대 | 10 | 10 | 1 | 0 | 0 | 6 | 0 | 0 |
| 통산 | | | 10 | 10 | 1 | 0 | 0 | 6 | 0 | 0 |

**조란**(Zoran Milosević) 유고슬라비아 1975.11.23

| 대회 | 연도 | 소속 | 출전 | 교체 | 득점 | 도움 | 실점 | 파울 | 경고 | 퇴장 |
|---|---|---|---|---|---|---|---|---|---|---|
| K1 | 1999 | 전북 | 23 | 1 | 0 | 0 | 0 | 44 | 6 | 0 |
| | 2000 | 전북 | 15 | 11 | 0 | 0 | 0 | 12 | 0 | 1 |
| | 2001 | 전북 | 12 | 3 | 0 | 0 | 0 | 14 | 0 | 0 |
| PO | 2000 | 전북 | 0 | 0 | 0 | 0 | 0 | 0 | 0 | 0 |
| 컵 | 1999 | 전북 | 7 | 1 | 0 | 0 | 0 | 9 | 0 | 0 |
| | 2000 | 전북 | 3 | 2 | 0 | 0 | 0 | 6 | 1 | 0 |
| | 2001 | 전북 | 6 | 1 | 1 | 0 | 0 | 8 | 1 | 0 |
| 통산 | | | 66 | 19 | 1 | 0 | 0 | 93 | 8 | 1 |

**조란**(Zoran Sprko Rendulić) 세르비아 1984.05.22

| 대회 | 연도 | 소속 | 출전 | 교체 | 득점 | 도움 | 실점 | 파울 | 경고 | 퇴장 |
|---|---|---|---|---|---|---|---|---|---|---|
| K1 | 2012 | 포항 | 15 | 2 | 0 | 0 | 0 | 34 | 4 | 0 |
| 통산 | | | 15 | 2 | 0 | 0 | 0 | 34 | 4 | 0 |

**조르단**(Wilmar Jordan Gil) 콜롬비아 1990.10.17

| 대회 | 연도 | 소속 | 출전 | 교체 | 득점 | 도움 | 실점 | 파울 | 경고 | 퇴장 |
|---|---|---|---|---|---|---|---|---|---|---|
| K1 | 2011 | 경남 | 10 | 7 | 3 | 2 | 0 | 17 | 2 | 0 |
| | 2012 | 경남 | 22 | 19 | 2 | 0 | 0 | 31 | 1 | 0 |
| | 2013 | 성남일화 | 2 | 2 | 0 | 0 | 0 | 0 | 0 | 0 |
| 통산 | | | 34 | 28 | 5 | 2 | 0 | 48 | 3 | 0 |

**조르지** (Jorge Luiz Barbosa Teixeira) 브라질 1999.06.21

| 대회 | 연도 | 소속 | 출전 | 교체 | 득점 | 도움 | 실점 | 파울 | 경고 | 퇴장 |
|---|---|---|---|---|---|---|---|---|---|---|
| K1 | 2024 | 포항 | 34 | 26 | 4 | 3 | 0 | 21 | 1 | 0 |
| | 2025 | 포항 | 36 | 20 | 5 | 5 | 0 | 54 | 3 | 0 |
| K2 | 2023 | 충북청주 | 34 | 13 | 13 | 2 | 0 | 37 | 4 | 0 |
| 통산 | | | 104 | 59 | 22 | 10 | 0 | 112 | 8 | 0 |

**조르징요** (Jorge Xavier de Sousa) 브라질 1991.01.05

| 대회 | 연도 | 소속 | 출전 | 교체 | 득점 | 도움 | 실점 | 파울 | 경고 | 퇴장 |
|---|---|---|---|---|---|---|---|---|---|---|
| K1 | 2015 | 성남 | 11 | 7 | 1 | 0 | 0 | 12 | 3 | 0 |
| 통산 | | | 11 | 7 | 1 | 0 | 0 | 12 | 3 | 0 |

**조만근**(趙萬根) 한양대 1977.11.28

| 대회 | 연도 | 소속 | 출전 | 교체 | 득점 | 도움 | 실점 | 파울 | 경고 | 퇴장 |
|---|---|---|---|---|---|---|---|---|---|---|
| K1 | 1999 | 수원 | 2 | 1 | 0 | 1 | 0 | 3 | 0 | 0 |
| | 2002 | 수원 | 2 | 2 | 0 | 0 | 0 | 2 | 0 | 0 |
| 컵 | 1998 | 수원 | 3 | 3 | 0 | 0 | 0 | 4 | 0 | 0 |
| | 1999 | 수원 | 0 | 0 | 0 | 0 | 0 | 0 | 0 | 0 |
| | 2002 | 수원 | 0 | 0 | 0 | 0 | 0 | 0 | 0 | 0 |
| 통산 | | | 7 | 6 | 0 | 1 | 0 | 9 | 0 | 0 |

**조민국**(曺敏國) 고려대 1963.07.05

| 대회 | 연도 | 소속 | 출전 | 교체 | 득점 | 도움 | 실점 | 파울 | 경고 | 퇴장 |
|---|---|---|---|---|---|---|---|---|---|---|
| K1 | 1986 | 럭키금성 | 10 | 0 | 5 | 0 | 0 | 8 | 1 | 0 |
| | 1987 | 럭키금성 | 19 | 1 | 0 | 0 | 0 | 16 | 3 | 0 |
| | 1988 | 럭키금성 | 10 | 1 | 0 | 0 | 0 | 15 | 2 | 0 |
| | 1989 | 럭키금성 | 9 | 1 | 1 | 2 | 0 | 8 | 1 | 0 |
| | 1990 | 럭키금성 | 23 | 6 | 1 | 3 | 0 | 17 | 3 | 0 |
| | 1991 | LG | 32 | 4 | 6 | 2 | 0 | 31 | 7 | 1 |
| | 1992 | LG | 26 | 1 | 1 | 2 | 0 | 17 | 1 | 0 |
| PO | 1986 | 럭키금성 | 2 | 0 | 0 | 0 | 0 | 2 | 1 | 0 |
| 컵 | 1986 | 럭키금성 | 2 | 0 | 0 | 2 | 0 | 4 | 2 | 0 |
| | 1992 | LG | 9 | 0 | 1 | 0 | 0 | 9 | 3 | 0 |
| 통산 | | | 142 | 14 | 15 | 11 | 0 | 127 | 24 | 1 |

**조민규**(趙玟奎) 상지대 2003.04.30

| 대회 | 연도 | 소속 | 출전 | 교체 | 득점 | 도움 | 실점 | 파울 | 경고 | 퇴장 |
|---|---|---|---|---|---|---|---|---|---|---|
| K1 | 2023 | 강원 | 0 | 0 | 0 | 0 | 0 | 0 | 0 | 0 |
| | 2025 | 강원 | 0 | 0 | 0 | 0 | 0 | 0 | 0 | 0 |
| 통산 | | | 0 | 0 | 0 | 0 | 0 | 0 | 0 | 0 |

**조민우**(趙民宇) 동국대 1992.05.13

| 대회 | 연도 | 소속 | 출전 | 교체 | 득점 | 도움 | 실점 | 파울 | 경고 | 퇴장 |
|---|---|---|---|---|---|---|---|---|---|---|
| K1 | 2017 | 포항 | 14 | 2 | 1 | 0 | 0 | 12 | 1 | 0 |
| K2 | 2014 | 강원 | 2 | 2 | 0 | 0 | 0 | 1 | 0 | 0 |
| PO | 2014 | 강원 | 1 | 1 | 0 | 0 | 0 | 2 | 0 | 0 |
| 통산 | | | 17 | 5 | 1 | 0 | 0 | 15 | 1 | 0 |

**조민혁**(趙民爀) 홍익대 1982.05.05

| 대회 | 연도 | 소속 | 출전 | 교체 | 득점 | 도움 | 실점 | 파울 | 경고 | 퇴장 |
|---|---|---|---|---|---|---|---|---|---|---|
| K1 | 2005 | 부천SK | 0 | 0 | 0 | 0 | 0 | 0 | 0 | 0 |
| | 2006 | 제주 | 0 | 0 | 0 | 0 | 0 | 0 | 0 | 0 |
| | 2007 | 전남 | 0 | 0 | 0 | 0 | 0 | 0 | 0 | 0 |
| | 2008 | 전남 | 0 | 0 | 0 | 0 | 0 | 0 | 0 | 0 |
| 통산 | | | 0 | 0 | 0 | 0 | 0 | 0 | 0 | 0 |

**조민형**(曺民亨) 전주기전대 1993.04.07

| 대회 | 연도 | 소속 | 출전 | 교체 | 득점 | 도움 | 실점 | 파울 | 경고 | 퇴장 |
|---|---|---|---|---|---|---|---|---|---|---|
| K2 | 2014 | 수원FC | 0 | 0 | 0 | 0 | 0 | 0 | 0 | 0 |
| 통산 | | | 0 | 0 | 0 | 0 | 0 | 0 | 0 | 0 |

**조민호**(曺旻湖) 개성고 2004.04.10

| 대회 | 연도 | 소속 | 출전 | 교체 | 득점 | 도움 | 실점 | 파울 | 경고 | 퇴장 |
|---|---|---|---|---|---|---|---|---|---|---|
| K2 | 2025 | 부산 | 3 | 4 | 0 | 0 | 0 | 0 | 0 | 0 |
| 통산 | | | 3 | 4 | 0 | 0 | 0 | 0 | 0 | 0 |

**조범석**(曺帆奭) 신갈고 1990.01.09

| 대회 | 연도 | 소속 | 출전 | 교체 | 득점 | 도움 | 실점 | 파울 | 경고 | 퇴장 |
|---|---|---|---|---|---|---|---|---|---|---|
| K1 | 2011 | 인천 | 3 | 3 | 0 | 0 | 0 | 3 | 0 | 0 |
| K2 | 2016 | 부천 | 35 | 10 | 1 | 2 | 0 | 17 | 2 | 0 |
| | 2017 | 부천 | 32 | 18 | 0 | 4 | 0 | 19 | 3 | 0 |
| | 2018 | 아산 | 5 | 5 | 0 | 1 | 0 | 0 | 0 | 0 |
| | 2019 | 부천 | 12 | 2 | 0 | 0 | 0 | 9 | 1 | 0 |
| | 2019 | 아산 | 20 | 5 | 0 | 0 | 0 | 3 | 0 | 0 |
| | 2020 | 부천 | 23 | 0 | 0 | 0 | 0 | 8 | 0 | 2 |
| | 2021 | 부천 | 6 | 3 | 0 | 0 | 0 | 8 | 1 | 0 |
| PO | 2016 | 부천 | 1 | 0 | 0 | 0 | 0 | 0 | 0 | 0 |
| | 2019 | 부천 | 1 | 0 | 0 | 0 | 0 | 0 | 0 | 0 |
| 컵 | 2011 | 인천 | 3 | 0 | 0 | 0 | 0 | 7 | 0 | 0 |
| 통산 | | | 141 | 46 | 1 | 7 | 0 | 74 | 7 | 2 |

**조병국**(曺秉局) 연세대 1981.07.01

| 대회 | 연도 | 소속 | 출전 | 교체 | 득점 | 도움 | 실점 | 파울 | 경고 | 퇴장 |
|---|---|---|---|---|---|---|---|---|---|---|
| K1 | 2002 | 수원 | 18 | 2 | 2 | 1 | 0 | 30 | 0 | 0 |
| | 2003 | 수원 | 29 | 5 | 0 | 1 | 0 | 47 | 1 | 0 |
| | 2004 | 수원 | 14 | 2 | 1 | 0 | 0 | 32 | 3 | 0 |
| | 2005 | 성남일화 | 11 | 11 | 0 | 0 | 0 | 2 | 0 | 0 |
| | 2006 | 성남일화 | 25 | 0 | 0 | 0 | 0 | 31 | 3 | 0 |
| | 2007 | 성남일화 | 23 | 1 | 0 | 0 | 0 | 33 | 3 | 0 |
| | 2008 | 성남일화 | 17 | 0 | 0 | 0 | 0 | 24 | 2 | 0 |
| | 2009 | 성남일화 | 15 | 0 | 2 | 0 | 0 | 27 | 7 | 0 |
| | 2010 | 성남일화 | 24 | 1 | 0 | 0 | 0 | 41 | 5 | 0 |
| | 2016 | 인천 | 29 | 5 | 1 | 2 | 0 | 21 | 5 | 0 |
| | 2018 | 경남 | 0 | 0 | 0 | 0 | 0 | 0 | 0 | 0 |
| K2 | 2017 | 경남 | 8 | 2 | 1 | 0 | 0 | 10 | 4 | 0 |
| | 2018 | 수원FC | 13 | 4 | 0 | 0 | 0 | 13 | 0 | 0 |
| PO | 2004 | 수원 | 0 | 0 | 0 | 0 | 0 | 0 | 0 | 0 |
| | 2005 | 성남일화 | 1 | 1 | 0 | 0 | 0 | 0 | 0 | 0 |
| | 2006 | 성남일화 | 3 | 0 | 0 | 1 | 0 | 4 | 0 | 0 |
| | 2007 | 성남일화 | 2 | 0 | 0 | 0 | 0 | 3 | 0 | 0 |
| | 2008 | 성남일화 | 1 | 0 | 0 | 0 | 0 | 2 | 0 | 0 |
| | 2009 | 성남일화 | 4 | 1 | 0 | 0 | 0 | 8 | 4 | 0 |
| | 2010 | 성남일화 | 2 | 0 | 0 | 0 | 0 | 5 | 0 | 0 |
| 컵 | 2002 | 수원 | 5 | 0 | 1 | 0 | 0 | 8 | 1 | 1 |
| | 2006 | 성남일화 | 12 | 0 | 0 | 0 | 0 | 12 | 2 | 0 |
| | 2007 | 성남일화 | 1 | 0 | 1 | 0 | 0 | 2 | 0 | 0 |
| | 2008 | 성남일화 | 7 | 0 | 0 | 1 | 0 | 11 | 1 | 0 |
| | 2009 | 성남일화 | 7 | 0 | 0 | 0 | 0 | 15 | 3 | 0 |
| | 2010 | 성남일화 | 4 | 1 | 0 | 0 | 0 | 3 | 0 | 0 |
| 통산 | | | 275 | 36 | 9 | 6 | 0 | 384 | 44 | 1 |

**조병득**(趙炳得) 명지대 1958.05.26

| 대회 | 연도 | 소속 | 출전 | 교체 | 득점 | 도움 | 실점 | 파울 | 경고 | 퇴장 |
|---|---|---|---|---|---|---|---|---|---|---|
| K1 | 1983 | 할렐루야 | 15 | 0 | 0 | 0 | 19 | 0 | 0 | 0 |
| | 1984 | 할렐루야 | 28 | 0 | 0 | 0 | 35 | 0 | 0 | 0 |
| | 1985 | 할렐루야 | 19 | 1 | 0 | 0 | 25 | 0 | 0 | 0 |
| | 1987 | 포항제철 | 18 | 2 | 0 | 0 | 24 | 1 | 0 | 0 |
| | 1988 | 포항제철 | 6 | 0 | 0 | 0 | 1 | 0 | 0 | 0 |
| | 1989 | 포항제철 | 25 | 0 | 0 | 1 | 35 | 0 | 0 | 0 |
| | 1990 | 포항제철 | 23 | 0 | 0 | 0 | 23 | 1 | 0 | 0 |
| 통산 | | | 134 | 3 | 0 | 1 | 162 | 2 | 0 | 0 |

**조병영**(趙炳瑛) 안동대 1966.01.22

| 대회 | 연도 | 소속 | 출전 | 교체 | 득점 | 도움 | 실점 | 파울 | 경고 | 퇴장 |
|---|---|---|---|---|---|---|---|---|---|---|
| K1 | 1988 | 럭키금성 | 18 | 1 | 1 | 0 | 0 | 27 | 1 | 0 |
| | 1989 | 럭키금성 | 17 | 13 | 0 | 0 | 0 | 13 | 0 | 0 |
| | 1990 | 럭키금성 | 1 | 0 | 0 | 0 | 0 | 4 | 0 | 0 |
| | 1991 | LG | 13 | 5 | 0 | 1 | 0 | 12 | 2 | 1 |
| | 1992 | LG | 11 | 6 | 1 | 0 | 0 | 14 | 1 | 0 |
| | 1993 | LG | 21 | 4 | 0 | 0 | 0 | 33 | 5 | 0 |
| | 1994 | LG | 15 | 2 | 0 | 0 | 0 | 28 | 2 | 0 |
| | 1995 | LG | 16 | 3 | 0 | 0 | 0 | 34 | 5 | 0 |
| | 1996 | 안양LG | 26 | 5 | 0 | 0 | 0 | 38 | 6 | 1 |
| | 1997 | 안양LG | 14 | 8 | 0 | 0 | 0 | 39 | 3 | 0 |
| 컵 | 1992 | LG | 6 | 5 | 0 | 0 | 0 | 7 | 0 | 0 |
| | 1993 | LG | 2 | 0 | 0 | 0 | 0 | 1 | 0 | 1 |
| | 1995 | LG | 2 | 0 | 0 | 0 | 0 | 2 | 1 | 0 |
| | 1996 | 안양LG | 7 | 1 | 0 | 0 | 0 | 10 | 1 | 0 |
| | 1997 | 안양LG | 11 | 8 | 1 | 0 | 0 | 17 | 2 | 0 |
| 통산 | | | 180 | 61 | 3 | 1 | 0 | 279 | 29 | 3 |

**조블론**(Jovlon Ibrokhimov) 우즈베키스탄 1990.12.10

| 대회 | 연도 | 소속 | 출전 | 교체 | 득점 | 도움 | 실점 | 파울 | 경고 | 퇴장 |
|---|---|---|---|---|---|---|---|---|---|---|
| K2 | 2019 | 수원FC | 8 | 5 | 0 | 2 | 0 | 9 | 2 | 0 |
| 통산 | | | 8 | 5 | 0 | 2 | 0 | 9 | 2 | 0 |

**조상범**(趙尙範) 호남대 1994.01.01

| 대회 | 연도 | 소속 | 출전 | 교체 | 득점 | 도움 | 실점 | 파울 | 경고 | 퇴장 |
|---|---|---|---|---|---|---|---|---|---|---|
| K2 | 2017 | 대전 | 11 | 8 | 0 | 1 | 0 | 8 | 1 | 0 |
| | 2018 | 수원FC | 10 | 3 | 0 | 1 | 0 | 10 | 0 | 0 |
| | 2019 | 수원FC | 0 | 0 | 0 | 0 | 0 | 0 | 0 | 0 |
| 통산 | | | 21 | 11 | 0 | 2 | 0 | 18 | 1 | 0 |

**조상원**(趙相圓) 호남대 1976.05.06

| 대회 | 연도 | 소속 | 출전 | 교체 | 득점 | 도움 | 실점 | 파울 | 경고 | 퇴장 |
|---|---|---|---|---|---|---|---|---|---|---|
| K1 | 1999 | 전북 | 3 | 0 | 0 | 0 | 3 | 0 | 0 | 0 |
| | 2000 | 전북 | 0 | 0 | 0 | 0 | 0 | 0 | 0 | 0 |
| | 2001 | 전북 | 1 | 1 | 0 | 0 | 2 | 0 | 0 | 0 |
| 통산 | | | 4 | 1 | 0 | 0 | 5 | 0 | 0 | 0 |

**조상준**(曺祥準) 대구대 1988.07.24

| 대회 | 연도 | 소속 | 출전 | 교체 | 득점 | 도움 | 실점 | 파울 | 경고 | 퇴장 |
|---|---|---|---|---|---|---|---|---|---|---|
| K1 | 2011 | 광주 | 0 | 0 | 0 | 0 | 0 | 0 | 0 | 0 |
| K2 | 2013 | 경찰 | 4 | 3 | 0 | 0 | 1 | 0 | 1 | 0 |
| 컵 | 2011 | 광주 | 0 | 0 | 0 | 0 | 0 | 0 | 0 | 0 |
| 통산 | | | 4 | 3 | 0 | 0 | 1 | 0 | 1 | 0 |

**조상준**(趙相俊) 제주국제대 1999.07.11

| 대회 | 연도 | 소속 | 출전 | 교체 | 득점 | 도움 | 실점 | 파울 | 경고 | 퇴장 |
|---|---|---|---|---|---|---|---|---|---|---|
| K1 | 2021 | 수원FC | 26 | 28 | 2 | 0 | 0 | 5 | 0 | 0 |
| | 2022 | 성남 | 4 | 5 | 0 | 0 | 0 | 1 | 0 | 0 |
| K2 | 2023 | 경남 | 25 | 27 | 1 | 2 | 0 | 12 | 1 | 0 |
| | 2024 | 경남 | 11 | 11 | 0 | 0 | 0 | 7 | 0 | 0 |
| | 2025 | 서울E | 4 | 4 | 0 | 0 | 0 | 3 | 1 | 0 |
| PO | 2023 | 경남 | 2 | 2 | 0 | 0 | 0 | 1 | 0 | 0 |
| 통산 | | | 72 | 77 | 3 | 2 | 0 | 29 | 2 | 0 |

**조상혁**(趙上赫) 아주대 2004.01.23

| 대회 | 연도 | 소속 | 출전 | 교체 | 득점 | 도움 | 실점 | 파울 | 경고 | 퇴장 |
|---|---|---|---|---|---|---|---|---|---|---|
| K1 | 2025 | 포항 | 25 | 25 | 2 | 1 | 0 | 20 | 0 | 0 |
| 통산 | | | 25 | 25 | 2 | 1 | 0 | 20 | 0 | 0 |

**조석영**(趙奭泳) 광운대 1997.04.09

| 대회 | 연도 | 소속 | 출전 | 교체 | 득점 | 도움 | 실점 | 파울 | 경고 | 퇴장 |
|---|---|---|---|---|---|---|---|---|---|---|
| K1 | 2020 | 서울 | 1 | 1 | 0 | 0 | 0 | 1 | 0 | 0 |
| | 2021 | 서울 | 1 | 1 | 0 | 0 | 0 | 2 | 1 | 0 |
| 통산 | | | 2 | 2 | 0 | 0 | 0 | 3 | 1 | 0 |

**조석재**(趙錫宰) 건국대 1993.03.24

| 대회 | 연도 | 소속 | 출전 | 교체 | 득점 | 도움 | 실점 | 파울 | 경고 | 퇴장 |
|---|---|---|---|---|---|---|---|---|---|---|
| K1 | 2016 | 전남 | 9 | 9 | 1 | 0 | 0 | 3 | 1 | 0 |
| | 2018 | 대구 | 6 | 6 | 0 | 0 | 0 | 0 | 0 | 0 |
| K2 | 2015 | 충주 | 36 | 18 | 19 | 5 | 0 | 44 | 6 | 0 |
| | 2017 | 안양 | 28 | 24 | 7 | 1 | 0 | 22 | 2 | 0 |
| 통산 | | | 79 | 57 | 27 | 6 | 0 | 69 | 9 | 0 |

**조성권**(趙誠權) 금호고 2001.02.24

| 대회 | 연도 | 소속 | 출전 | 교체 | 득점 | 도움 | 실점 | 파울 | 경고 | 퇴장 |
|---|---|---|---|---|---|---|---|---|---|---|
| K1 | 2024 | 광주 | 6 | 5 | 0 | 0 | 0 | 0 | 0 | 0 |
| | 2025 | 광주 | 34 | 8 | 2 | 1 | 0 | 35 | 6 | 0 |
| K2 | 2023 | 김포 | 34 | 2 | 0 | 0 | 0 | 32 | 3 | 0 |
| PO | 2023 | 김포 | 3 | 0 | 1 | 0 | 0 | 3 | 1 | 0 |
| 통산 | | | 77 | 15 | 3 | 1 | 0 | 70 | 10 | 0 |

**조성규**(趙星奎) 동국대 1959.05.22

| 대회 | 연도 | 소속 | 출전 | 교체 | 득점 | 도움 | 실점 | 파울 | 경고 | 퇴장 |
|---|---|---|---|---|---|---|---|---|---|---|
| K1 | 1984 | 한일은행 | 9 | 4 | 1 | 2 | 0 | 8 | 1 | 0 |
| | 1985 | 한일은행 | 21 | 4 | 3 | 4 | 0 | 25 | 0 | 0 |
| | 1986 | 한일은행 | 18 | 5 | 2 | 5 | 0 | 20 | 3 | 0 |
| 통산 | | | 48 | 13 | 6 | 11 | 0 | 53 | 4 | 0 |

**조성래**(趙成來) 홍익대 1979.08.10

| 대회 | 연도 | 소속 | 출전 | 교체 | 득점 | 도움 | 실점 | 파울 | 경고 | 퇴장 |
|---|---|---|---|---|---|---|---|---|---|---|
| K1 | 2004 | 성남일화 | 7 | 3 | 0 | 0 | 0 | 13 | 2 | 0 |
| 컵 | 2004 | 성남일화 | 2 | 2 | 0 | 0 | 0 | 4 | 0 | 0 |
| 통산 | | | 9 | 5 | 0 | 0 | 0 | 17 | 2 | 0 |

**조성빈**(趙盛濱) 아주대 2001.01.05

| 대회 | 연도 | 소속 | 출전 | 교체 | 득점 | 도움 | 실점 | 파울 | 경고 | 퇴장 |
|---|---|---|---|---|---|---|---|---|---|---|
| K1 | 2025 | 제주 | 0 | 0 | 0 | 0 | 0 | 0 | 0 | 0 |
| K2 | 2023 | 전남 | 9 | 9 | 0 | 0 | 2 | 0 | 4 | 0 |
| | 2024 | 전남 | 1 | 0 | 0 | 0 | 2 | 0 | 0 | 0 |
| 통산 | | | 10 | 9 | 0 | 0 | 4 | 0 | 4 | 0 |

**조성욱**(趙成昱) 단국대 1995.03.22

| 대회 | 연도 | 소속 | 출전 | 교체 | 득점 | 도움 | 실점 | 파울 | 경고 | 퇴장 |
|---|---|---|---|---|---|---|---|---|---|---|
| K1 | 2022 | 성남 | 9 | 3 | 0 | 0 | 0 | 6 | 1 | 0 |
| | 2025 | 포항 | 2 | 2 | 0 | 0 | 0 | 0 | 0 | 0 |
| K2 | 2018 | 성남 | 11 | 9 | 0 | 0 | 0 | 7 | 3 | 0 |
| | 2023 | 성남 | 33 | 5 | 4 | 0 | 0 | 46 | 7 | 0 |
| | 2024 | 성남 | 10 | 7 | 0 | 0 | 0 | 7 | 1 | 0 |
| | 2025 | 성남 | 1 | 1 | 0 | 0 | 0 | 0 | 0 | 0 |
| 통산 | | | 66 | 27 | 4 | 0 | 0 | 66 | 12 | 0 |

**조성윤**(趙成閏) 숭실대 1984.04.26

| 대회 | 연도 | 소속 | 출전 | 교체 | 득점 | 도움 | 실점 | 파울 | 경고 | 퇴장 |
|---|---|---|---|---|---|---|---|---|---|---|
| K1 | 2006 | 광주상무 | 0 | 0 | 0 | 0 | 0 | 0 | 0 | 0 |
| 컵 | 2005 | 인천 | 2 | 1 | 0 | 0 | 0 | 1 | 0 | 0 |
| | 2006 | 광주상무 | 0 | 0 | 0 | 0 | 0 | 0 | 0 | 0 |
| 통산 | | | 2 | 1 | 0 | 0 | 0 | 1 | 0 | 0 |

**조성준**(趙星俊) 주엽공고 1988.06.07

| 대회 | 연도 | 소속 | 출전 | 교체 | 득점 | 도움 | 실점 | 파울 | 경고 | 퇴장 |
|---|---|---|---|---|---|---|---|---|---|---|
| K1 | 2007 | 전북 | 1 | 0 | 0 | 1 | 0 | 2 | 0 | 0 |
| | 2008 | 전북 | 5 | 1 | 0 | 0 | 0 | 14 | 4 | 0 |
| 컵 | 2007 | 전북 | 2 | 0 | 0 | 0 | 0 | 10 | 2 | 0 |
| | 2008 | 전북 | 3 | 1 | 0 | 0 | 0 | 4 | 1 | 0 |
| 통산 | | | 11 | 2 | 0 | 1 | 0 | 30 | 7 | 0 |

**조성준**(趙聖俊) 청주대 1990.11.27

| 대회 | 연도 | 소속 | 출전 | 교체 | 득점 | 도움 | 실점 | 파울 | 경고 | 퇴장 |
|---|---|---|---|---|---|---|---|---|---|---|
| K1 | 2016 | 광주 | 32 | 28 | 1 | 2 | 0 | 34 | 4 | 0 |
| | 2017 | 광주 | 12 | 8 | 2 | 0 | 0 | 14 | 1 | 0 |
| | 2019 | 성남 | 14 | 6 | 1 | 1 | 0 | 11 | 2 | 0 |
| | 2021 | 제주 | 23 | 26 | 1 | 3 | 0 | 10 | 0 | 0 |
| | 2022 | 제주 | 30 | 24 | 0 | 5 | 0 | 9 | 1 | 0 |
| | 2024 | 포항 | 6 | 5 | 0 | 0 | 0 | 3 | 0 | 0 |
| K2 | 2013 | 안양 | 24 | 20 | 4 | 2 | 0 | 35 | 4 | 0 |
| | 2014 | 안양 | 22 | 17 | 4 | 2 | 0 | 25 | 3 | 0 |
| | 2015 | 안양 | 36 | 26 | 2 | 3 | 0 | 29 | 3 | 0 |
| | 2017 | 아산 | 8 | 7 | 1 | 0 | 0 | 6 | 1 | 0 |
| | 2018 | 아산 | 24 | 20 | 4 | 6 | 0 | 15 | 3 | 1 |
| | 2023 | 안양 | 27 | 22 | 3 | 3 | 0 | 13 | 1 | 0 |
| | 2025 | 김포 | 29 | 29 | 1 | 1 | 0 | 9 | 1 | 0 |
| PO | 2017 | 아산 | 0 | 0 | 0 | 0 | 0 | 0 | 0 | 0 |
| 통산 | | | 287 | 238 | 24 | 28 | 0 | 213 | 24 | 1 |

**조성진**(趙成鎭) 유성생명과학고 1990.12.14

| 대회 | 연도 | 소속 | 출전 | 교체 | 득점 | 도움 | 실점 | 파울 | 경고 | 퇴장 |
|---|---|---|---|---|---|---|---|---|---|---|
| K1 | 2014 | 수원 | 37 | 0 | 0 | 0 | 0 | 50 | 3 | 0 |
| | 2015 | 수원 | 29 | 2 | 3 | 0 | 0 | 56 | 11 | 0 |
| | 2017 | 수원 | 7 | 0 | 0 | 0 | 0 | 5 | 0 | 0 |
| | 2018 | 수원 | 30 | 3 | 0 | 0 | 0 | 33 | 3 | 0 |
| | 2019 | 수원 | 10 | 5 | 0 | 0 | 0 | 8 | 1 | 0 |
| | 2020 | 수원 | 9 | 5 | 0 | 0 | 0 | 4 | 1 | 0 |
| | 2021 | 수원 | 6 | 4 | 0 | 0 | 0 | 9 | 1 | 0 |
| K2 | 2016 | 안산무궁 | 18 | 0 | 0 | 0 | 0 | 27 | 3 | 1 |
| | 2017 | 아산 | 18 | 1 | 0 | 0 | 0 | 13 | 4 | 0 |
| 통산 | | | 164 | 20 | 3 | 0 | 0 | 205 | 27 | 1 |

**조성채**(趙誠彩) 대신고 1995.06.13

| 대회 | 연도 | 소속 | 출전 | 교체 | 득점 | 도움 | 실점 | 파울 | 경고 | 퇴장 |
|---|---|---|---|---|---|---|---|---|---|---|
| K2 | 2016 | 고양 | 0 | 0 | 0 | 0 | 0 | 0 | 0 | 0 |
| 통산 | | | 0 | 0 | 0 | 0 | 0 | 0 | 0 | 0 |

**조성환**(趙成煥) 아주대 1970.10.16

| 대회 | 연도 | 소속 | 출전 | 교체 | 득점 | 도움 | 실점 | 파울 | 경고 | 퇴장 |
|---|---|---|---|---|---|---|---|---|---|---|
| K1 | 1993 | 유공 | 11 | 4 | 0 | 1 | 0 | 12 | 4 | 0 |
| | 1994 | 유공 | 27 | 7 | 0 | 1 | 0 | 44 | 5 | 0 |
| | 1997 | 부천SK | 15 | 2 | 0 | 1 | 0 | 43 | 4 | 0 |
| | 1998 | 부천SK | 3 | 3 | 0 | 0 | 0 | 1 | 0 | 0 |
| | 1999 | 부천SK | 25 | 0 | 0 | 2 | 0 | 69 | 4 | 1 |
| | 2000 | 부천SK | 27 | 0 | 1 | 1 | 0 | 47 | 1 | 0 |
| | 2001 | 부천SK | 23 | 0 | 1 | 2 | 0 | 47 | 6 | 0 |
| | 2003 | 전북 | 31 | 5 | 0 | 2 | 0 | 82 | 12 | 0 |
| PO | 1999 | 부천SK | 2 | 0 | 0 | 0 | 0 | 8 | 1 | 0 |
| | 2000 | 부천SK | 5 | 0 | 0 | 1 | 0 | 15 | 1 | 0 |
| 컵 | 1993 | 유공 | 5 | 0 | 0 | 0 | 0 | 5 | 0 | 0 |
| | 1994 | 유공 | 6 | 4 | 1 | 0 | 0 | 6 | 0 | 0 |
| | 1997 | 부천SK | 17 | 3 | 0 | 3 | 0 | 43 | 4 | 0 |
| | 1998 | 부천SK | 6 | 6 | 0 | 0 | 0 | 12 | 0 | 0 |
| | 1999 | 부천SK | 8 | 0 | 0 | 4 | 0 | 24 | 0 | 0 |
| | 2000 | 부천SK | 11 | 0 | 0 | 1 | 0 | 29 | 3 | 0 |
| | 2001 | 부천SK | 8 | 0 | 1 | 0 | 0 | 18 | 3 | 0 |
| 통산 | | | 230 | 34 | 4 | 19 | 0 | 505 | 48 | 1 |

**조성환**(趙星桓) 초당대 1982.04.09

| 대회 | 연도 | 소속 | 출전 | 교체 | 득점 | 도움 | 실점 | 파울 | 경고 | 퇴장 |
|---|---|---|---|---|---|---|---|---|---|---|
| K1 | 2001 | 수원 | 23 | 2 | 0 | 0 | 0 | 31 | 3 | 0 |
| | 2002 | 수원 | 18 | 1 | 1 | 0 | 0 | 43 | 5 | 0 |
| | 2003 | 수원 | 19 | 6 | 0 | 0 | 0 | 25 | 6 | 0 |
| | 2004 | 수원 | 8 | 4 | 0 | 0 | 0 | 14 | 0 | 0 |
| | 2005 | 포항 | 4 | 2 | 0 | 0 | 0 | 8 | 1 | 0 |
| | 2005 | 수원 | 0 | 0 | 0 | 0 | 0 | 0 | 0 | 0 |
| | 2006 | 포항 | 22 | 1 | 0 | 0 | 0 | 61 | 7 | 0 |
| | 2007 | 포항 | 18 | 1 | 0 | 0 | 0 | 25 | 3 | 1 |
| | 2008 | 포항 | 15 | 0 | 1 | 0 | 0 | 14 | 8 | 0 |
| | 2010 | 전북 | 8 | 0 | 0 | 0 | 0 | 20 | 1 | 0 |
| | 2011 | 전북 | 25 | 0 | 1 | 1 | 0 | 30 | 11 | 0 |
| | 2012 | 전북 | 9 | 1 | 0 | 1 | 0 | 15 | 3 | 0 |
| | 2015 | 전북 | 17 | 4 | 0 | 0 | 0 | 17 | 7 | 0 |
| | 2016 | 전북 | 14 | 1 | 1 | 0 | 0 | 11 | 5 | 0 |
| | 2017 | 전북 | 11 | 6 | 0 | 1 | 0 | 8 | 4 | 0 |
| | 2018 | 전북 | 5 | 4 | 0 | 0 | 0 | 6 | 2 | 0 |
| PO | 2004 | 수원 | 2 | 1 | 0 | 0 | 0 | 3 | 0 | 0 |
| | 2006 | 포항 | 1 | 0 | 0 | 0 | 0 | 2 | 1 | 0 |
| | 2007 | 포항 | 3 | 0 | 0 | 0 | 0 | 6 | 1 | 0 |
| | 2008 | 포항 | 1 | 0 | 0 | 0 | 0 | 2 | 0 | 0 |
| | 2010 | 전북 | 3 | 0 | 2 | 0 | 0 | 8 | 2 | 0 |
| | 2011 | 전북 | 2 | 0 | 0 | 0 | 0 | 4 | 1 | 0 |
| 컵 | 2001 | 수원 | 9 | 1 | 0 | 0 | 0 | 14 | 2 | 0 |
| | 2002 | 수원 | 5 | 1 | 1 | 0 | 0 | 4 | 0 | 0 |
| | 2004 | 수원 | 9 | 1 | 1 | 0 | 0 | 10 | 3 | 0 |
| | 2005 | 수원 | 6 | 3 | 0 | 0 | 0 | 12 | 1 | 0 |
| | 2006 | 포항 | 5 | 1 | 0 | 0 | 0 | 8 | 1 | 0 |
| | 2007 | 포항 | 6 | 0 | 0 | 0 | 0 | 12 | 3 | 0 |
| | 2008 | 포항 | 2 | 0 | 0 | 0 | 0 | 6 | 0 | 0 |
| | 2010 | 전북 | 0 | 0 | 0 | 0 | 0 | 0 | 0 | 0 |
| 통산 | | | 270 | 41 | 8 | 3 | 0 | 419 | 81 | 1 |

**조성훈**(趙晟訓) 숭실대 1998.04.21

| 대회 | 연도 | 소속 | 출전 | 교체 | 득점 | 도움 | 실점 | 파울 | 경고 | 퇴장 |
|---|---|---|---|---|---|---|---|---|---|---|
| K1 | 2021 | 포항 | 5 | 1 | 0 | 0 | 8 | 1 | 0 | 0 |
| | 2022 | 포항 | 0 | 0 | 0 | 0 | 0 | 0 | 0 | 0 |
| K2 | 2024 | 수원 | 1 | 1 | 0 | 0 | 1 | 0 | 0 | 0 |
| | 2025 | 안산 | 8 | 3 | 0 | 0 | 15 | 1 | 0 | 0 |
| 통산 | | | 14 | 5 | 0 | 0 | 24 | 2 | 0 | 0 |

**조세**(Jose Roberto Assunção de Araujo Filho) 브라질 1993.09.14

| 대회 | 연도 | 소속 | 출전 | 교체 | 득점 | 도움 | 실점 | 파울 | 경고 | 퇴장 |
|---|---|---|---|---|---|---|---|---|---|---|
| K1 | 2018 | 대구 | 11 | 6 | 3 | 0 | 0 | 24 | 2 | 0 |
| 통산 | | | 11 | 6 | 3 | 0 | 0 | 24 | 2 | 0 |

**조세권**(趙世權) 고려대 1978.06.26

| 대회 | 연도 | 소속 | 출전 | 교체 | 득점 | 도움 | 실점 | 파울 | 경고 | 퇴장 |
|---|---|---|---|---|---|---|---|---|---|---|
| K1 | 2001 | 울산 | 24 | 2 | 0 | 0 | 0 | 21 | 7 | 0 |
| | 2002 | 울산 | 21 | 1 | 0 | 0 | 0 | 34 | 6 | 0 |
| | 2003 | 울산 | 39 | 2 | 1 | 1 | 0 | 57 | 7 | 0 |
| | 2004 | 울산 | 22 | 0 | 0 | 0 | 0 | 36 | 6 | 0 |
| | 2005 | 울산 | 17 | 0 | 0 | 0 | 0 | 28 | 3 | 0 |
| | 2006 | 울산 | 12 | 3 | 0 | 1 | 0 | 22 | 2 | 0 |
| | 2007 | 전남 | 1 | 1 | 0 | 0 | 0 | 1 | 0 | 0 |
| PO | 2004 | 울산 | 1 | 0 | 0 | 0 | 0 | 0 | 0 | 0 |
| | 2005 | 울산 | 3 | 0 | 0 | 0 | 0 | 13 | 1 | 0 |
| 컵 | 2001 | 울산 | 4 | 0 | 0 | 0 | 0 | 4 | 0 | 0 |
| | 2002 | 울산 | 6 | 3 | 0 | 0 | 0 | 7 | 0 | 0 |
| | 2004 | 울산 | 9 | 1 | 0 | 0 | 0 | 9 | 2 | 0 |
| | 2005 | 울산 | 11 | 2 | 0 | 0 | 0 | 22 | 1 | 0 |
| | 2006 | 울산 | 10 | 4 | 0 | 0 | 0 | 18 | 4 | 0 |
| 통산 | | | 180 | 19 | 1 | 2 | 0 | 272 | 39 | 0 |

**조셉**(Somogyi József) 헝가리 1968.05.23

| 대회 | 연도 | 소속 | 출전 | 교체 | 득점 | 도움 | 실점 | 파울 | 경고 | 퇴장 |
|---|---|---|---|---|---|---|---|---|---|---|
| K1 | 1994 | 유공 | 20 | 8 | 3 | 3 | 0 | 21 | 3 | 0 |
| | 1995 | 유공 | 15 | 4 | 2 | 5 | 0 | 20 | 4 | 0 |
| | 1996 | 부천유공 | 28 | 9 | 11 | 5 | 0 | 59 | 7 | 0 |
| | 1997 | 부천SK | 10 | 3 | 0 | 1 | 0 | 15 | 2 | 0 |
| 컵 | 1994 | 유공 | 5 | 3 | 0 | 0 | 0 | 7 | 0 | 0 |
| | 1995 | 유공 | 6 | 4 | 1 | 0 | 0 | 5 | 0 | 0 |
| | 1996 | 부천유공 | 7 | 0 | 1 | 1 | 0 | 11 | 3 | 0 |
| | 1997 | 부천SK | 14 | 5 | 1 | 2 | 0 | 22 | 2 | 0 |
| 통산 | | | 105 | 36 | 19 | 17 | 0 | 160 | 21 | 0 |

**조수철**(趙秀哲) 우석대 1990.10.30

| 대회 | 연도 | 소속 | 출전 | 교체 | 득점 | 도움 | 실점 | 파울 | 경고 | 퇴장 |
|---|---|---|---|---|---|---|---|---|---|---|
| K1 | 2013 | 성남일화 | 0 | 0 | 0 | 0 | 0 | 0 | 0 | 0 |
| | 2014 | 인천 | 6 | 4 | 1 | 0 | 0 | 3 | 0 | 0 |
| | 2015 | 인천 | 27 | 6 | 2 | 1 | 0 | 28 | 4 | 0 |
| | 2016 | 포항 | 14 | 3 | 1 | 1 | 0 | 13 | 3 | 0 |
| | 2018 | 상주 | 1 | 1 | 0 | 0 | 0 | 1 | 1 | 0 |
| | 2019 | 상주 | 1 | 1 | 0 | 0 | 0 | 2 | 0 | 0 |
| K2 | 2017 | 부천 | 10 | 7 | 1 | 0 | 0 | 11 | 2 | 0 |
| | 2019 | 부천 | 7 | 2 | 2 | 0 | 0 | 12 | 3 | 0 |
| | 2020 | 부천 | 26 | 5 | 3 | 0 | 0 | 23 | 6 | 0 |
| | 2021 | 부천 | 27 | 7 | 1 | 0 | 0 | 20 | 3 | 0 |
| | 2022 | 부천 | 25 | 16 | 2 | 2 | 0 | 21 | 2 | 0 |
| | 2023 | 부천 | 15 | 15 | 1 | 2 | 0 | 14 | 1 | 0 |
| PO | 2023 | 부천 | 1 | 1 | 0 | 0 | 0 | 1 | 0 | 0 |
| 통산 | | | 160 | 68 | 14 | 6 | 0 | 149 | 25 | 0 |

**조수혁**(趙秀赫) 건국대 1987.03.18

| 대회 | 연도 | 소속 | 출전 | 교체 | 득점 | 도움 | 실점 | 파울 | 경고 | 퇴장 |
|---|---|---|---|---|---|---|---|---|---|---|

| 대회 | 연도 | 소속 | 출전 | 교체 | 득점 | 도움 | 실점 | 파울 | 경고 | 퇴장 |
|---|---|---|---|---|---|---|---|---|---|---|
| K1 | 2008 | 서울 | 0 | 0 | 0 | 0 | 0 | 0 | 0 | 0 |
| | 2010 | 서울 | 0 | 0 | 0 | 0 | 0 | 0 | 0 | 0 |
| | 2011 | 서울 | 0 | 0 | 0 | 0 | 0 | 0 | 0 | 0 |
| | 2012 | 서울 | 0 | 0 | 0 | 0 | 0 | 0 | 0 | 0 |
| | 2013 | 인천 | 0 | 0 | 0 | 0 | 0 | 0 | 0 | 0 |
| | 2014 | 인천 | 0 | 0 | 0 | 0 | 0 | 0 | 0 | 0 |
| | 2015 | 인천 | 10 | 2 | 0 | 0 | 4 | 0 | 2 | 0 |
| | 2016 | 인천 | 26 | 0 | 0 | 0 | 32 | 2 | 2 | 0 |
| | 2017 | 울산 | 10 | 0 | 0 | 0 | 10 | 0 | 0 | 0 |
| | 2018 | 울산 | 8 | 1 | 0 | 0 | 6 | 0 | 0 | 0 |
| | 2019 | 울산 | 2 | 0 | 0 | 0 | 1 | 0 | 0 | 0 |
| | 2020 | 울산 | 0 | 0 | 0 | 0 | 0 | 0 | 0 | 0 |
| | 2021 | 울산 | 0 | 0 | 0 | 0 | 0 | 0 | 0 | 0 |
| | 2022 | 울산 | 3 | 1 | 0 | 0 | 0 | 0 | 1 | 0 |
| | 2023 | 울산 | 2 | 0 | 0 | 0 | 4 | 0 | 0 | 0 |
| | 2024 | 울산 | 0 | 0 | 0 | 0 | 0 | 0 | 0 | 0 |
| K2 | 2025 | 충북청주 | 5 | 1 | 0 | 0 | 8 | 0 | 1 | 0 |
| PO | 2008 | 서울 | 0 | 0 | 0 | 0 | 0 | 0 | 0 | 0 |
| | 2010 | 서울 | 0 | 0 | 0 | 0 | 0 | 0 | 0 | 0 |
| 컵 | 2008 | 서울 | 2 | 0 | 0 | 0 | 1 | 0 | 0 | 0 |
| | 2010 | 서울 | 0 | 0 | 0 | 0 | 0 | 0 | 0 | 0 |
| | 2011 | 서울 | 1 | 0 | 0 | 0 | 1 | 0 | 0 | 0 |
| 통산 | | | 69 | 5 | 0 | 0 | 67 | 2 | 6 | 0 |

**조시마**(Josimar de Carvalho Ferreira) 브라질 1972.04.09

| 대회 | 연도 | 소속 | 출전 | 교체 | 득점 | 도움 | 실점 | 파울 | 경고 | 퇴장 |
|---|---|---|---|---|---|---|---|---|---|---|
| K1 | 2000 | 포항 | 4 | 4 | 0 | 1 | 0 | 4 | 0 | 0 |
| 통산 | | | 4 | 4 | 0 | 1 | 0 | 4 | 0 | 0 |

**조시엘** (Josiel Alves de Oliveira) 브라질 1988.09.19

| 대회 | 연도 | 소속 | 출전 | 교체 | 득점 | 도움 | 실점 | 파울 | 경고 | 퇴장 |
|---|---|---|---|---|---|---|---|---|---|---|
| K2 | 2017 | 안양 | 16 | 13 | 2 | 1 | 0 | 26 | 4 | 0 |
| 통산 | | | 16 | 13 | 2 | 1 | 0 | 26 | 4 | 0 |

**조엘손**(Joelson Franca Dias) 브라질 1988.05.29

| 대회 | 연도 | 소속 | 출전 | 교체 | 득점 | 도움 | 실점 | 파울 | 경고 | 퇴장 |
|---|---|---|---|---|---|---|---|---|---|---|
| K2 | 2014 | 강원 | 19 | 17 | 6 | 0 | 0 | 26 | 0 | 0 |
| 통산 | | | 19 | 17 | 6 | 0 | 0 | 26 | 0 | 0 |

**조영광**(趙營光) 동국대 2003.03.28

| 대회 | 연도 | 소속 | 출전 | 교체 | 득점 | 도움 | 실점 | 파울 | 경고 | 퇴장 |
|---|---|---|---|---|---|---|---|---|---|---|
| K2 | 2024 | 서울E | 8 | 8 | 0 | 0 | 0 | 3 | 1 | 0 |
| | 2025 | 경남 | 17 | 17 | 1 | 0 | 0 | 14 | 0 | 0 |
| PO | 2024 | 서울E | 1 | 1 | 0 | 0 | 0 | 0 | 0 | 0 |
| 통산 | | | 26 | 26 | 1 | 0 | 0 | 17 | 1 | 0 |

**조영민**(趙永玟) 동아대 1982.08.20

| 대회 | 연도 | 소속 | 출전 | 교체 | 득점 | 도움 | 실점 | 파울 | 경고 | 퇴장 |
|---|---|---|---|---|---|---|---|---|---|---|
| K1 | 2006 | 부산 | 11 | 6 | 0 | 1 | 0 | 9 | 3 | 0 |
| | 2007 | 부산 | 1 | 1 | 0 | 0 | 0 | 1 | 0 | 0 |
| 컵 | 2005 | 부산 | 1 | 1 | 0 | 0 | 0 | 0 | 0 | 0 |
| | 2006 | 부산 | 1 | 1 | 0 | 0 | 0 | 3 | 0 | 0 |
| | 2007 | 부산 | 0 | 0 | 0 | 0 | 0 | 0 | 0 | 0 |
| 통산 | | | 14 | 9 | 0 | 1 | 0 | 13 | 3 | 0 |

**조영우**(曺永雨) 전북대 1973.02.19

| 대회 | 연도 | 소속 | 출전 | 교체 | 득점 | 도움 | 실점 | 파울 | 경고 | 퇴장 |
|---|---|---|---|---|---|---|---|---|---|---|
| K1 | 1995 | 전북 | 6 | 5 | 1 | 0 | 0 | 0 | 0 | 0 |
| 통산 | | | 6 | 5 | 1 | 0 | 0 | 0 | 0 | 0 |

**조영욱**(曺永旭) 고려대 1999.02.05

| 대회 | 연도 | 소속 | 출전 | 교체 | 득점 | 도움 | 실점 | 파울 | 경고 | 퇴장 |
|---|---|---|---|---|---|---|---|---|---|---|
| K1 | 2018 | 서울 | 30 | 22 | 3 | 2 | 0 | 6 | 1 | 0 |
| | 2019 | 서울 | 18 | 17 | 2 | 1 | 0 | 5 | 3 | 0 |
| | 2020 | 서울 | 20 | 11 | 3 | 1 | 0 | 16 | 2 | 0 |
| | 2021 | 서울 | 36 | 23 | 8 | 1 | 0 | 23 | 2 | 0 |
| | 2022 | 서울 | 37 | 16 | 6 | 7 | 0 | 25 | 2 | 0 |
| | 2024 | 서울 | 29 | 26 | 4 | 4 | 0 | 11 | 2 | 0 |
| | 2025 | 서울 | 34 | 29 | 7 | 2 | 0 | 10 | 1 | 0 |
| K2 | 2023 | 김천 | 28 | 15 | 13 | 5 | 0 | 4 | 1 | 0 |
| PO | 2018 | 서울 | 2 | 1 | 1 | 0 | 0 | 3 | 0 | 0 |
| 통산 | | | 234 | 160 | 47 | 23 | 0 | 103 | 14 | 0 |

**조영준**(曺泳俊) 경일대 1985.05.23

| 대회 | 연도 | 소속 | 출전 | 교체 | 득점 | 도움 | 실점 | 파울 | 경고 | 퇴장 |
|---|---|---|---|---|---|---|---|---|---|---|
| K1 | 2008 | 대구 | 0 | 0 | 0 | 0 | 0 | 0 | 0 | 0 |
| | 2009 | 대구 | 0 | 0 | 0 | 0 | 0 | 0 | 0 | 0 |
| 컵 | 2008 | 대구 | 0 | 0 | 0 | 0 | 0 | 0 | 0 | 0 |
| | 2009 | 대구 | 0 | 0 | 0 | 0 | 0 | 0 | 0 | 0 |
| | 2010 | 대구 | 0 | 0 | 0 | 0 | 0 | 0 | 0 | 0 |
| 통산 | | | 0 | 0 | 0 | 0 | 0 | 0 | 0 | 0 |

**조영증**(趙榮增) 중앙대 1954.08.18

| 대회 | 연도 | 소속 | 출전 | 교체 | 득점 | 도움 | 실점 | 파울 | 경고 | 퇴장 |
|---|---|---|---|---|---|---|---|---|---|---|
| K1 | 1984 | 럭키금성 | 28 | 2 | 9 | 4 | 0 | 28 | 1 | 0 |
| | 1985 | 럭키금성 | 5 | 1 | 1 | 1 | 0 | 8 | 0 | 0 |
| | 1986 | 럭키금성 | 10 | 0 | 3 | 0 | 0 | 13 | 0 | 0 |
| | 1987 | 럭키금성 | 7 | 2 | 0 | 0 | 0 | 2 | 0 | 0 |
| PO | 1986 | 럭키금성 | 2 | 0 | 0 | 0 | 0 | 2 | 0 | 0 |
| 컵 | 1986 | 럭키금성 | 2 | 0 | 1 | 0 | 0 | 2 | 1 | 0 |
| 통산 | | | 54 | 5 | 14 | 5 | 0 | 55 | 2 | 0 |

**조영진**(曺瀠璡) 광명공고 1996.05.09

| 대회 | 연도 | 소속 | 출전 | 교체 | 득점 | 도움 | 실점 | 파울 | 경고 | 퇴장 |
|---|---|---|---|---|---|---|---|---|---|---|
| K2 | 2025 | 화성 | 3 | 2 | 0 | 0 | 0 | 0 | 0 | 0 |
| 통산 | | | 3 | 2 | 0 | 0 | 0 | 0 | 0 | 0 |

**조영철**(曺永哲) 학성고 1989.05.31

| 대회 | 연도 | 소속 | 출전 | 교체 | 득점 | 도움 | 실점 | 파울 | 경고 | 퇴장 |
|---|---|---|---|---|---|---|---|---|---|---|
| K1 | 2015 | 울산 | 2 | 2 | 0 | 0 | 0 | 0 | 0 | 0 |
| | 2016 | 상주 | 27 | 21 | 3 | 0 | 0 | 26 | 1 | 0 |
| | 2017 | 울산 | 3 | 3 | 0 | 0 | 0 | 5 | 1 | 0 |
| | 2017 | 상주 | 15 | 10 | 2 | 0 | 0 | 6 | 0 | 0 |
| | 2018 | 울산 | 2 | 2 | 0 | 0 | 0 | 2 | 0 | 0 |
| | 2018 | 경남 | 9 | 9 | 0 | 1 | 0 | 6 | 2 | 0 |
| 통산 | | | 58 | 47 | 5 | 1 | 0 | 45 | 4 | 0 |

**조영훈**(趙榮勳) 동국대 1989.04.13

| 대회 | 연도 | 소속 | 출전 | 교체 | 득점 | 도움 | 실점 | 파울 | 경고 | 퇴장 |
|---|---|---|---|---|---|---|---|---|---|---|
| K1 | 2012 | 대구 | 10 | 7 | 0 | 0 | 0 | 12 | 2 | 0 |
| | 2013 | 대구 | 26 | 2 | 1 | 1 | 0 | 37 | 2 | 0 |
| K2 | 2014 | 대구 | 7 | 2 | 1 | 0 | 0 | 9 | 0 | 0 |
| | 2015 | 대구 | 26 | 3 | 0 | 1 | 0 | 29 | 6 | 0 |
| | 2016 | 대구 | 4 | 4 | 0 | 0 | 0 | 1 | 0 | 0 |
| | 2017 | 안양 | 7 | 2 | 0 | 0 | 0 | 7 | 2 | 0 |
| PO | 2015 | 대구 | 1 | 1 | 0 | 0 | 0 | 1 | 1 | 0 |
| 통산 | | | 81 | 21 | 2 | 2 | 0 | 96 | 13 | 0 |

**조예찬**(趙藝燦) 용인대 1992.10.30

| 대회 | 연도 | 소속 | 출전 | 교체 | 득점 | 도움 | 실점 | 파울 | 경고 | 퇴장 |
|---|---|---|---|---|---|---|---|---|---|---|
| K2 | 2016 | 대전 | 24 | 18 | 1 | 0 | 0 | 24 | 4 | 0 |
| | 2017 | 대전 | 3 | 3 | 0 | 1 | 0 | 1 | 0 | 0 |
| | 2018 | 대전 | 0 | 0 | 0 | 0 | 0 | 0 | 0 | 0 |
| 통산 | | | 27 | 21 | 1 | 1 | 0 | 25 | 4 | 0 |

**조용기**(曺龍起) 아주대 1983.08.28

| 대회 | 연도 | 소속 | 출전 | 교체 | 득점 | 도움 | 실점 | 파울 | 경고 | 퇴장 |
|---|---|---|---|---|---|---|---|---|---|---|
| 컵 | 2006 | 대구 | 0 | 0 | 0 | 0 | 0 | 0 | 0 | 0 |
| 통산 | | | 0 | 0 | 0 | 0 | 0 | 0 | 0 | 0 |

**조용민**(趙庸珉) 광주대 1992.01.15

| 대회 | 연도 | 소속 | 출전 | 교체 | 득점 | 도움 | 실점 | 파울 | 경고 | 퇴장 |
|---|---|---|---|---|---|---|---|---|---|---|
| K2 | 2014 | 수원FC | 6 | 6 | 1 | 0 | 0 | 0 | 0 | 0 |
| 통산 | | | 6 | 6 | 1 | 0 | 0 | 0 | 0 | 0 |

**조용석**(曺庸碩) 경상대 1977.07.14

| 대회 | 연도 | 소속 | 출전 | 교체 | 득점 | 도움 | 실점 | 파울 | 경고 | 퇴장 |
|---|---|---|---|---|---|---|---|---|---|---|
| K1 | 2000 | 전남 | 10 | 6 | 0 | 0 | 0 | 13 | 0 | 0 |
| | 2001 | 전남 | 3 | 3 | 0 | 0 | 0 | 6 | 0 | 0 |
| 컵 | 2000 | 전남 | 6 | 5 | 1 | 0 | 0 | 9 | 1 | 0 |
| 통산 | | | 19 | 14 | 1 | 0 | 0 | 28 | 1 | 0 |

**조용태**(趙容泰) 연세대 1986.03.31

| 대회 | 연도 | 소속 | 출전 | 교체 | 득점 | 도움 | 실점 | 파울 | 경고 | 퇴장 |
|---|---|---|---|---|---|---|---|---|---|---|
| K1 | 2008 | 수원 | 11 | 11 | 1 | 3 | 0 | 7 | 0 | 0 |
| | 2009 | 수원 | 9 | 9 | 1 | 0 | 0 | 7 | 0 | 0 |
| | 2010 | 광주상무 | 12 | 8 | 2 | 1 | 0 | 7 | 0 | 0 |
| | 2011 | 수원 | 2 | 3 | 0 | 0 | 0 | 1 | 0 | 0 |
| | 2011 | 상주 | 8 | 7 | 1 | 0 | 0 | 6 | 0 | 0 |
| | 2012 | 수원 | 12 | 12 | 1 | 1 | 0 | 5 | 0 | 0 |
| | 2013 | 수원 | 14 | 12 | 1 | 1 | 0 | 10 | 0 | 0 |
| | 2014 | 경남 | 1 | 1 | 0 | 0 | 0 | 1 | 0 | 0 |
| | 2015 | 광주 | 22 | 22 | 2 | 2 | 0 | 9 | 0 | 0 |
| | 2016 | 광주 | 10 | 10 | 0 | 1 | 0 | 8 | 1 | 0 |
| K2 | 2014 | 광주 | 15 | 12 | 2 | 0 | 0 | 9 | 0 | 0 |
| | 2017 | 서울E | 5 | 4 | 0 | 0 | 0 | 3 | 0 | 0 |
| | 2018 | 서울E | 10 | 9 | 0 | 0 | 0 | 6 | 0 | 0 |
| PO | 2014 | 광주 | 4 | 4 | 1 | 0 | 0 | 1 | 0 | 0 |
| 컵 | 2008 | 수원 | 6 | 6 | 1 | 0 | 0 | 3 | 0 | 0 |
| | 2009 | 수원 | 0 | 0 | 0 | 0 | 0 | 0 | 0 | 0 |
| | 2010 | 광주상무 | 3 | 3 | 1 | 0 | 0 | 2 | 0 | 0 |
| | 2011 | 상주 | 4 | 4 | 0 | 0 | 0 | 1 | 0 | 0 |
| 통산 | | | 148 | 137 | 14 | 9 | 0 | 86 | 1 | 0 |

**조용형**(趙容亨) 고려대 1983.11.03

| 대회 | 연도 | 소속 | 출전 | 교체 | 득점 | 도움 | 실점 | 파울 | 경고 | 퇴장 |
|---|---|---|---|---|---|---|---|---|---|---|
| K1 | 2005 | 부천SK | 22 | 0 | 0 | 0 | 0 | 21 | 4 | 0 |
| | 2006 | 제주 | 25 | 0 | 0 | 0 | 0 | 33 | 5 | 0 |
| | 2007 | 성남일화 | 17 | 9 | 0 | 0 | 0 | 13 | 0 | 0 |
| | 2008 | 제주 | 24 | 0 | 0 | 1 | 0 | 26 | 2 | 1 |
| | 2009 | 제주 | 19 | 0 | 1 | 0 | 0 | 31 | 4 | 0 |
| | 2010 | 제주 | 14 | 2 | 0 | 0 | 0 | 27 | 1 | 0 |
| | 2017 | 제주 | 17 | 4 | 0 | 0 | 0 | 18 | 3 | 0 |
| | 2018 | 제주 | 16 | 2 | 0 | 0 | 0 | 15 | 4 | 1 |
| | 2019 | 제주 | 5 | 0 | 0 | 1 | 0 | 11 | 3 | 0 |
| PO | 2007 | 성남일화 | 1 | 1 | 0 | 0 | 0 | 2 | 0 | 0 |
| 컵 | 2005 | 부천SK | 12 | 1 | 0 | 0 | 0 | 12 | 2 | 0 |
| | 2006 | 제주 | 10 | 0 | 0 | 0 | 0 | 11 | 3 | 0 |
| | 2007 | 성남일화 | 1 | 1 | 0 | 0 | 0 | 0 | 0 | 0 |
| | 2008 | 제주 | 7 | 1 | 0 | 0 | 0 | 7 | 2 | 0 |
| | 2009 | 제주 | 4 | 0 | 0 | 0 | 0 | 6 | 0 | 0 |
| | 2010 | 제주 | 1 | 0 | 0 | 0 | 0 | 1 | 0 | 0 |
| 통산 | | | 195 | 21 | 1 | 2 | 0 | 234 | 33 | 2 |

**조우석**(趙祐奭) 대구대 1968.10.08

| 대회 | 연도 | 소속 | 출전 | 교체 | 득점 | 도움 | 실점 | 파울 | 경고 | 퇴장 |
|---|---|---|---|---|---|---|---|---|---|---|
| K1 | 1991 | 일화 | 37 | 6 | 3 | 4 | 0 | 42 | 2 | 0 |
| | 1992 | 일화 | 7 | 7 | 0 | 0 | 0 | 6 | 0 | 0 |
| | 1994 | 일화 | 11 | 7 | 0 | 2 | 0 | 13 | 5 | 0 |
| | 1995 | 일화 | 13 | 8 | 1 | 1 | 0 | 14 | 2 | 0 |
| | 1996 | 천안일화 | 17 | 6 | 1 | 1 | 0 | 22 | 1 | 0 |
| | 1997 | 천안일화 | 15 | 6 | 0 | 0 | 0 | 29 | 2 | 0 |
| | 1998 | 천안일화 | 13 | 3 | 0 | 0 | 0 | 10 | 1 | 0 |
| PO | 1995 | 일화 | 0 | 0 | 0 | 0 | 0 | 0 | 0 | 0 |
| 컵 | 1992 | 일화 | 8 | 3 | 0 | 2 | 0 | 5 | 1 | 0 |
| | 1994 | 일화 | 4 | 2 | 0 | 0 | 0 | 3 | 0 | 0 |
| | 1996 | 천안일화 | 3 | 2 | 0 | 0 | 0 | 1 | 0 | 0 |
| | 1997 | 천안일화 | 14 | 2 | 0 | 2 | 0 | 18 | 3 | 0 |
| | 1998 | 천안일화 | 14 | 4 | 1 | 1 | 0 | 11 | 1 | 0 |
| 통산 | | | 156 | 56 | 6 | 13 | 0 | 174 | 18 | 0 |

**조우실바**(Jorge Santos Silva) 브라질 1988.02.23

| 대회 | 연도 | 소속 | 출전 | 교체 | 득점 | 도움 | 실점 | 파울 | 경고 | 퇴장 |
|---|---|---|---|---|---|---|---|---|---|---|
| K1 | 2008 | 대구 | 2 | 2 | 0 | 0 | 0 | 0 | 0 | 0 |
| 컵 | 2008 | 대구 | 0 | 0 | 0 | 0 | 0 | 0 | 0 | 0 |
| 통산 | | | 2 | 2 | 0 | 0 | 0 | 0 | 0 | 0 |

**조우진**(趙佑鎭) 포철공고 1987.07.07

| 대회 | 연도 | 소속 | 출전 | 교체 | 득점 | 도움 | 실점 | 파울 | 경고 | 퇴장 |
|---|---|---|---|---|---|---|---|---|---|---|
| K1 | 2011 | 광주 | 8 | 8 | 0 | 0 | 0 | 2 | 0 | 0 |
| | 2012 | 광주 | 9 | 9 | 1 | 0 | 0 | 3 | 1 | 0 |
| | 2013 | 대구 | 3 | 3 | 0 | 0 | 0 | 0 | 0 | 0 |
| K2 | 2017 | 안산 | 14 | 5 | 0 | 0 | 0 | 6 | 1 | 0 |
| | 2018 | 안산 | 11 | 10 | 0 | 0 | 0 | 3 | 0 | 0 |
| 컵 | 2011 | 광주 | 3 | 3 | 0 | 1 | 0 | 1 | 0 | 0 |
| 통산 | | | 48 | 38 | 1 | 1 | 0 | 15 | 2 | 0 |

**조우진**(趙佑辰) 한남대 1993.11.25

| 대회 | 연도 | 소속 | 출전 | 교체 | 득점 | 도움 | 실점 | 파울 | 경고 | 퇴장 |
|---|---|---|---|---|---|---|---|---|---|---|
| K2 | 2015 | 서울E | 0 | 0 | 0 | 0 | 0 | 0 | 0 | 0 |
| | 2016 | 서울E | 8 | 7 | 0 | 0 | 0 | 5 | 3 | 0 |

| 통산 | | | 8 | 7 | 0 | 0 | 0 | 5 | 3 | 0 |
|---|---|---|---|---|---|---|---|---|---|---|

**조원광**(趙源光) 한양중 1985.08.23

| 대회 | 연도 | 소속 | 출전 | 교체 | 득점 | 도움 | 실점 | 파울 | 경고 | 퇴장 |
|---|---|---|---|---|---|---|---|---|---|---|
| K1 | 2008 | 인천 | 2 | 3 | 0 | 0 | 0 | 1 | 0 | 0 |
| 컵 | 2008 | 인천 | 2 | 2 | 0 | 0 | 0 | 3 | 0 | 0 |
| 통산 | | | 4 | 5 | 0 | 0 | 0 | 4 | 0 | 0 |

**조원득**(趙元得) 단국대 1991.06.21

| 대회 | 연도 | 소속 | 출전 | 교체 | 득점 | 도움 | 실점 | 파울 | 경고 | 퇴장 |
|---|---|---|---|---|---|---|---|---|---|---|
| K1 | 2015 | 대전 | 7 | 4 | 0 | 0 | 0 | 7 | 1 | 0 |
| 통산 | | | 7 | 4 | 0 | 0 | 0 | 7 | 1 | 0 |

**조원희**(趙源熙) 배재고 1983.04.17

| 대회 | 연도 | 소속 | 출전 | 교체 | 득점 | 도움 | 실점 | 파울 | 경고 | 퇴장 |
|---|---|---|---|---|---|---|---|---|---|---|
| K1 | 2002 | 울산 | 1 | 1 | 0 | 0 | 0 | 1 | 0 | 0 |
| | 2003 | 광주상무 | 23 | 12 | 2 | 0 | 0 | 32 | 3 | 0 |
| | 2004 | 광주상무 | 10 | 3 | 0 | 0 | 0 | 11 | 0 | 0 |
| | 2005 | 수원 | 20 | 7 | 0 | 1 | 0 | 30 | 2 | 0 |
| | 2006 | 수원 | 22 | 3 | 0 | 1 | 0 | 17 | 2 | 0 |
| | 2007 | 수원 | 13 | 0 | 0 | 1 | 0 | 29 | 3 | 0 |
| | 2008 | 수원 | 23 | 1 | 1 | 0 | 0 | 56 | 6 | 0 |
| | 2010 | 수원 | 20 | 2 | 1 | 0 | 0 | 34 | 2 | 0 |
| | 2014 | 경남 | 12 | 1 | 0 | 1 | 0 | 16 | 2 | 0 |
| | 2016 | 수원 | 26 | 5 | 1 | 0 | 0 | 33 | 3 | 0 |
| | 2017 | 수원 | 11 | 5 | 0 | 0 | 0 | 10 | 2 | 0 |
| | 2018 | 수원 | 23 | 11 | 0 | 1 | 0 | 27 | 3 | 0 |
| K2 | 2015 | 서울E | 37 | 0 | 5 | 2 | 0 | 40 | 4 | 0 |
| | 2020 | 수원FC | 2 | 2 | 0 | 0 | 0 | 2 | 1 | 0 |
| PO | 2006 | 수원 | 1 | 0 | 0 | 0 | 0 | 0 | 0 | 0 |
| | 2007 | 수원 | 1 | 0 | 0 | 0 | 0 | 4 | 0 | 0 |
| | 2008 | 수원 | 2 | 0 | 0 | 0 | 0 | 5 | 1 | 0 |
| | 2015 | 서울E | 1 | 0 | 0 | 1 | 0 | 1 | 0 | 0 |
| 컵 | 2004 | 광주상무 | 11 | 5 | 0 | 0 | 0 | 3 | 2 | 0 |
| | 2005 | 수원 | 9 | 6 | 0 | 0 | 0 | 9 | 0 | 0 |
| | 2006 | 수원 | 4 | 0 | 0 | 0 | 0 | 6 | 1 | 0 |
| | 2007 | 수원 | 5 | 1 | 0 | 0 | 0 | 6 | 1 | 0 |
| | 2008 | 수원 | 10 | 0 | 0 | 1 | 0 | 28 | 2 | 0 |
| | 2010 | 수원 | 6 | 1 | 0 | 0 | 0 | 7 | 0 | 0 |
| 통산 | | | 293 | 66 | 10 | 9 | 0 | 407 | 40 | 0 |

**조위제**(趙偉濟) 용인대 2001.08.25

| 대회 | 연도 | 소속 | 출전 | 교체 | 득점 | 도움 | 실점 | 파울 | 경고 | 퇴장 |
|---|---|---|---|---|---|---|---|---|---|---|
| K2 | 2022 | 부산 | 25 | 8 | 0 | 0 | 0 | 17 | 4 | 0 |
| | 2023 | 부산 | 32 | 5 | 1 | 0 | 0 | 33 | 7 | 0 |
| | 2024 | 부산 | 11 | 2 | 1 | 0 | 0 | 12 | 1 | 0 |
| | 2025 | 부산 | 36 | 3 | 1 | 0 | 0 | 37 | 9 | 0 |
| PO | 2023 | 부산 | 1 | 0 | 0 | 0 | 0 | 1 | 0 | 0 |
| | 2024 | 부산 | 1 | 0 | 0 | 0 | 0 | 0 | 0 | 0 |
| 통산 | | | 106 | 18 | 3 | 0 | 0 | 100 | 21 | 0 |

**조유민**(曺侑珉) 중앙대 1996.11.17

| 대회 | 연도 | 소속 | 출전 | 교체 | 득점 | 도움 | 실점 | 파울 | 경고 | 퇴장 |
|---|---|---|---|---|---|---|---|---|---|---|
| K1 | 2021 | 수원FC | 31 | 14 | 4 | 0 | 0 | 23 | 4 | 0 |
| | 2023 | 대전 | 21 | 3 | 2 | 1 | 0 | 15 | 6 | 0 |
| K2 | 2018 | 수원FC | 26 | 0 | 0 | 0 | 0 | 39 | 8 | 1 |
| | 2019 | 수원FC | 31 | 2 | 2 | 0 | 0 | 55 | 7 | 0 |
| | 2020 | 수원FC | 23 | 1 | 2 | 1 | 0 | 23 | 3 | 0 |
| | 2022 | 대전 | 33 | 1 | 6 | 0 | 0 | 26 | 4 | 0 |
| PO | 2020 | 수원FC | 1 | 0 | 0 | 0 | 0 | 1 | 0 | 0 |
| | 2022 | 대전 | 2 | 0 | 1 | 0 | 0 | 3 | 1 | 0 |
| 통산 | | | 168 | 21 | 17 | 2 | 0 | 185 | 33 | 1 |

**조윤성**(趙允晟) 청주대 1999.01.12

| 대회 | 연도 | 소속 | 출전 | 교체 | 득점 | 도움 | 실점 | 파울 | 경고 | 퇴장 |
|---|---|---|---|---|---|---|---|---|---|---|
| K1 | 2021 | 강원 | 0 | 0 | 0 | 0 | 0 | 0 | 0 | 0 |
| K2 | 2023 | 충남아산 | 31 | 2 | 0 | 1 | 0 | 17 | 3 | 2 |
| | 2024 | 수원 | 26 | 3 | 2 | 0 | 0 | 18 | 3 | 1 |
| | 2025 | 수원 | 6 | 3 | 0 | 0 | 0 | 3 | 0 | 1 |
| 통산 | | | 63 | 8 | 2 | 1 | 0 | 38 | 6 | 4 |

**조윤형**(趙允亨) 안동과학대 1996.06.02

| 대회 | 연도 | 소속 | 출전 | 교체 | 득점 | 도움 | 실점 | 파울 | 경고 | 퇴장 |
|---|---|---|---|---|---|---|---|---|---|---|
| K2 | 2019 | 전남 | 7 | 7 | 0 | 0 | 0 | 3 | 1 | 0 |
| | 2020 | 전남 | 5 | 5 | 0 | 0 | 0 | 2 | 0 | 1 |
| | 2021 | 부천 | 11 | 5 | 0 | 0 | 0 | 20 | 5 | 0 |
| 통산 | | | 23 | 17 | 0 | 0 | 0 | 25 | 6 | 1 |

**조윤환**(趙允煥) 명지대 1961.05.24

| 대회 | 연도 | 소속 | 출전 | 교체 | 득점 | 도움 | 실점 | 파울 | 경고 | 퇴장 |
|---|---|---|---|---|---|---|---|---|---|---|
| K1 | 1985 | 할렐루야 | 14 | 0 | 0 | 0 | 0 | 21 | 2 | 0 |
| | 1987 | 유공 | 20 | 9 | 3 | 1 | 0 | 28 | 2 | 0 |
| | 1988 | 유공 | 21 | 0 | 0 | 0 | 0 | 24 | 4 | 1 |
| | 1989 | 유공 | 30 | 3 | 5 | 6 | 0 | 44 | 2 | 0 |
| | 1990 | 유공 | 17 | 3 | 1 | 2 | 0 | 38 | 2 | 2 |
| 통산 | | | 102 | 15 | 9 | 9 | 0 | 155 | 12 | 3 |

**조인정**(趙仁貞) 신평고 2005.11.08

| 대회 | 연도 | 소속 | 출전 | 교체 | 득점 | 도움 | 실점 | 파울 | 경고 | 퇴장 |
|---|---|---|---|---|---|---|---|---|---|---|
| K1 | 2024 | 제주 | 2 | 2 | 0 | 0 | 0 | 0 | 1 | 0 |
| | 2025 | 제주 | 0 | 0 | 0 | 0 | 0 | 0 | 0 | 0 |
| 통산 | | | 2 | 2 | 0 | 0 | 0 | 0 | 1 | 0 |

**조인형**(趙仁衡) 인천대 1990.02.01

| 대회 | 연도 | 소속 | 출전 | 교체 | 득점 | 도움 | 실점 | 파울 | 경고 | 퇴장 |
|---|---|---|---|---|---|---|---|---|---|---|
| K1 | 2013 | 울산 | 3 | 3 | 0 | 0 | 0 | 0 | 0 | 0 |
| | 2014 | 울산 | 1 | 1 | 0 | 0 | 0 | 3 | 0 | 0 |
| K2 | 2015 | 수원FC | 5 | 5 | 0 | 0 | 0 | 7 | 0 | 0 |
| 통산 | | | 9 | 9 | 0 | 0 | 0 | 10 | 0 | 0 |

**조인홍**(趙仁洪) 원광대 1998.05.04

| 대회 | 연도 | 소속 | 출전 | 교체 | 득점 | 도움 | 실점 | 파울 | 경고 | 퇴장 |
|---|---|---|---|---|---|---|---|---|---|---|
| K2 | 2020 | 안산 | 0 | 0 | 0 | 0 | 0 | 0 | 0 | 0 |
| | 2021 | 안산 | 1 | 1 | 0 | 0 | 0 | 0 | 0 | 0 |
| 통산 | | | 1 | 1 | 0 | 0 | 0 | 0 | 0 | 0 |

**조일수**(趙日秀) 춘천고 1972.11.05

| 대회 | 연도 | 소속 | 출전 | 교체 | 득점 | 도움 | 실점 | 파울 | 경고 | 퇴장 |
|---|---|---|---|---|---|---|---|---|---|---|
| K1 | 1991 | 일화 | 3 | 3 | 0 | 0 | 0 | 2 | 0 | 0 |
| | 1993 | 일화 | 3 | 3 | 1 | 0 | 0 | 1 | 0 | 0 |
| | 1994 | 일화 | 1 | 1 | 0 | 0 | 0 | 0 | 0 | 0 |
| | 1996 | 천안일화 | 5 | 2 | 0 | 0 | 0 | 7 | 0 | 0 |
| | 1997 | 천안일화 | 7 | 5 | 0 | 1 | 0 | 7 | 1 | 0 |
| 컵 | 1993 | 일화 | 1 | 2 | 0 | 0 | 0 | 0 | 0 | 0 |
| | 1994 | 일화 | 2 | 2 | 0 | 0 | 0 | 0 | 0 | 0 |
| | 1997 | 천안일화 | 11 | 10 | 1 | 0 | 0 | 15 | 1 | 0 |
| 통산 | | | 33 | 28 | 2 | 1 | 0 | 32 | 2 | 0 |

**조재민**(趙在珉) 중동고 1978.05.22

| 대회 | 연도 | 소속 | 출전 | 교체 | 득점 | 도움 | 실점 | 파울 | 경고 | 퇴장 |
|---|---|---|---|---|---|---|---|---|---|---|
| K1 | 2001 | 수원 | 3 | 2 | 0 | 0 | 0 | 2 | 1 | 0 |
| | 2002 | 수원 | 2 | 1 | 0 | 0 | 0 | 9 | 2 | 0 |
| | 2003 | 수원 | 6 | 5 | 0 | 0 | 0 | 14 | 1 | 0 |
| | 2004 | 수원 | 0 | 0 | 0 | 0 | 0 | 0 | 0 | 0 |
| | 2005 | 수원 | 11 | 6 | 0 | 0 | 0 | 15 | 2 | 0 |
| | 2006 | 수원 | 2 | 0 | 0 | 0 | 0 | 5 | 1 | 0 |
| | 2007 | 대전 | 12 | 9 | 0 | 0 | 0 | 22 | 1 | 0 |
| 컵 | 2001 | 수원 | 0 | 0 | 0 | 0 | 0 | 0 | 0 | 0 |
| | 2002 | 수원 | 2 | 2 | 0 | 0 | 0 | 1 | 1 | 0 |
| | 2004 | 수원 | 5 | 3 | 0 | 0 | 0 | 7 | 1 | 0 |
| | 2005 | 수원 | 0 | 0 | 0 | 0 | 0 | 0 | 0 | 0 |
| | 2006 | 수원 | 4 | 2 | 0 | 0 | 0 | 3 | 1 | 0 |
| | 2007 | 대전 | 5 | 2 | 0 | 0 | 0 | 8 | 1 | 0 |
| 통산 | | | 52 | 32 | 0 | 0 | 0 | 86 | 12 | 0 |

**조재성**(趙載晟) 관동대(가톨릭관동대) 1972.05.25

| 대회 | 연도 | 소속 | 출전 | 교체 | 득점 | 도움 | 실점 | 파울 | 경고 | 퇴장 |
|---|---|---|---|---|---|---|---|---|---|---|
| K1 | 1995 | 일화 | 0 | 0 | 0 | 0 | 0 | 0 | 0 | 0 |
| 컵 | 1995 | 일화 | 1 | 1 | 0 | 0 | 0 | 1 | 1 | 0 |
| 통산 | | | 1 | 1 | 0 | 0 | 0 | 1 | 1 | 0 |

**조재완**(趙在玩) 상지대 1995.08.29

| 대회 | 연도 | 소속 | 출전 | 교체 | 득점 | 도움 | 실점 | 파울 | 경고 | 퇴장 |
|---|---|---|---|---|---|---|---|---|---|---|
| K1 | 2019 | 강원 | 17 | 5 | 8 | 2 | 0 | 19 | 1 | 0 |
| | 2020 | 강원 | 22 | 6 | 5 | 3 | 0 | 13 | 0 | 0 |
| | 2021 | 강원 | 22 | 16 | 4 | 2 | 0 | 15 | 3 | 0 |
| K2 | 2018 | 서울E | 28 | 15 | 6 | 0 | 0 | 23 | 2 | 0 |
| 통산 | | | 89 | 42 | 23 | 7 | 0 | 70 | 6 | 0 |

**조재용**(趙在勇) 연세대 1984.04.21

| 대회 | 연도 | 소속 | 출전 | 교체 | 득점 | 도움 | 실점 | 파울 | 경고 | 퇴장 |
|---|---|---|---|---|---|---|---|---|---|---|
| K1 | 2007 | 경남 | 1 | 1 | 0 | 0 | 0 | 1 | 0 | 0 |
| | 2009 | 경남 | 7 | 2 | 0 | 0 | 0 | 8 | 0 | 0 |
| | 2010 | 광주상무 | 3 | 1 | 0 | 0 | 0 | 2 | 0 | 0 |
| | 2011 | 상주 | 0 | 0 | 0 | 0 | 0 | 0 | 0 | 0 |
| | 2012 | 경남 | 8 | 4 | 0 | 0 | 0 | 6 | 1 | 0 |
| | 2013 | 경남 | 0 | 0 | 0 | 0 | 0 | 0 | 0 | 0 |
| 컵 | 2007 | 경남 | 6 | 5 | 0 | 0 | 0 | 3 | 0 | 0 |
| | 2009 | 경남 | 2 | 1 | 0 | 0 | 0 | 1 | 0 | 0 |
| | 2011 | 상주 | 1 | 0 | 0 | 0 | 0 | 3 | 0 | 0 |
| 통산 | | | 28 | 14 | 0 | 0 | 0 | 24 | 1 | 0 |

**조재진**(曺宰溱) 대신고 1981.07.09

| 대회 | 연도 | 소속 | 출전 | 교체 | 득점 | 도움 | 실점 | 파울 | 경고 | 퇴장 |
|---|---|---|---|---|---|---|---|---|---|---|
| K1 | 2000 | 수원 | 5 | 4 | 0 | 0 | 0 | 10 | 0 | 0 |
| | 2001 | 수원 | 3 | 3 | 0 | 0 | 0 | 0 | 0 | 0 |
| | 2003 | 광주상무 | 31 | 8 | 3 | 3 | 0 | 57 | 5 | 0 |
| | 2004 | 수원 | 8 | 7 | 1 | 0 | 0 | 9 | 0 | 0 |
| | 2008 | 전북 | 24 | 6 | 8 | 3 | 0 | 43 | 4 | 0 |
| PO | 2008 | 전북 | 2 | 0 | 0 | 0 | 0 | 7 | 0 | 0 |
| 컵 | 2008 | 전북 | 5 | 1 | 2 | 0 | 0 | 7 | 0 | 0 |
| 통산 | | | 78 | 29 | 14 | 6 | 0 | 133 | 9 | 0 |

**조재철**(趙載喆) 아주대 1986.05.18

| 대회 | 연도 | 소속 | 출전 | 교체 | 득점 | 도움 | 실점 | 파울 | 경고 | 퇴장 |
|---|---|---|---|---|---|---|---|---|---|---|
| K1 | 2010 | 성남일화 | 27 | 11 | 4 | 2 | 0 | 32 | 3 | 0 |
| | 2011 | 성남일화 | 28 | 11 | 0 | 5 | 0 | 24 | 0 | 0 |
| | 2012 | 경남 | 17 | 12 | 2 | 1 | 0 | 17 | 2 | 0 |
| | 2013 | 경남 | 30 | 21 | 0 | 2 | 0 | 40 | 4 | 0 |
| | 2016 | 성남 | 23 | 13 | 3 | 0 | 0 | 20 | 2 | 0 |
| | 2018 | 경남 | 16 | 14 | 3 | 1 | 0 | 5 | 1 | 0 |
| | 2019 | 경남 | 18 | 7 | 1 | 1 | 0 | 21 | 2 | 0 |
| K2 | 2014 | 안산경찰 | 31 | 7 | 7 | 1 | 0 | 35 | 4 | 0 |
| | 2015 | 안산경찰 | 21 | 19 | 0 | 3 | 0 | 21 | 1 | 0 |
| | 2015 | 경남 | 6 | 3 | 1 | 0 | 0 | 7 | 2 | 0 |
| | 2017 | 성남 | 13 | 9 | 1 | 1 | 0 | 16 | 4 | 0 |
| | 2020 | 대전 | 19 | 8 | 0 | 0 | 0 | 18 | 2 | 0 |
| PO | 2010 | 성남일화 | 2 | 2 | 0 | 0 | 0 | 3 | 0 | 0 |
| | 2014 | 안산경찰 | 1 | 0 | 0 | 0 | 0 | 0 | 0 | 0 |
| | 2016 | 성남 | 1 | 1 | 0 | 0 | 0 | 1 | 0 | 0 |
| | 2017 | 성남 | 1 | 1 | 0 | 0 | 0 | 1 | 0 | 0 |
| | 2019 | 경남 | 2 | 0 | 0 | 0 | 0 | 3 | 1 | 0 |
| | 2020 | 대전 | 0 | 0 | 0 | 0 | 0 | 0 | 0 | 0 |
| 컵 | 2010 | 성남일화 | 4 | 3 | 0 | 0 | 0 | 2 | 1 | 0 |
| | 2011 | 성남일화 | 5 | 2 | 0 | 0 | 0 | 9 | 1 | 0 |
| 통산 | | | 265 | 144 | 22 | 17 | 0 | 275 | 30 | 0 |

**조재현**(趙宰賢) 부경대 1985.05.13

| 대회 | 연도 | 소속 | 출전 | 교체 | 득점 | 도움 | 실점 | 파울 | 경고 | 퇴장 |
|---|---|---|---|---|---|---|---|---|---|---|
| K1 | 2006 | 부산 | 3 | 3 | 0 | 0 | 0 | 1 | 0 | 0 |
| 컵 | 2006 | 부산 | 5 | 5 | 0 | 0 | 0 | 4 | 0 | 0 |
| 통산 | | | 8 | 8 | 0 | 0 | 0 | 5 | 0 | 0 |

**조재훈**(趙宰焄) 덕영고 2003.06.29

| 대회 | 연도 | 소속 | 출전 | 교체 | 득점 | 도움 | 실점 | 파울 | 경고 | 퇴장 |
|---|---|---|---|---|---|---|---|---|---|---|
| K1 | 2021 | 포항 | 2 | 2 | 0 | 0 | 0 | 2 | 0 | 0 |
| | 2022 | 포항 | 2 | 3 | 0 | 0 | 0 | 0 | 0 | 0 |
| | 2023 | 포항 | 13 | 13 | 0 | 0 | 0 | 7 | 2 | 0 |
| | 2025 | 포항 | 3 | 3 | 0 | 0 | 0 | 3 | 0 | 0 |
| K2 | 2024 | 전남 | 13 | 13 | 0 | 2 | 0 | 8 | 0 | 0 |
| PO | 2024 | 전남 | 1 | 1 | 0 | 0 | 0 | 1 | 0 | 0 |
| 통산 | | | 34 | 35 | 0 | 2 | 0 | 21 | 2 | 0 |

**조정현**(曺丁鉉) 대구대 1969.11.12

| 대회 | 연도 | 소속 | 출전 | 교체 | 득점 | 도움 | 실점 | 파울 | 경고 | 퇴장 |
|---|---|---|---|---|---|---|---|---|---|---|
| K1 | 1992 | 유공 | 14 | 9 | 3 | 1 | 0 | 23 | 1 | 0 |
| | 1993 | 유공 | 19 | 11 | 3 | 1 | 0 | 31 | 3 | 1 |
| | 1994 | 유공 | 24 | 7 | 7 | 5 | 0 | 40 | 1 | 0 |
| | 1995 | 유공 | 13 | 6 | 2 | 1 | 0 | 23 | 1 | 0 |
| | 1996 | 부천유공 | 29 | 11 | 8 | 3 | 0 | 52 | 4 | 0 |
| | 1997 | 부천SK | 5 | 2 | 0 | 0 | 0 | 15 | 0 | 0 |
| | 1998 | 부천SK | 15 | 11 | 2 | 2 | 0 | 20 | 2 | 0 |

| | | | | | | | | | | |
|---|---|---|---|---|---|---|---|---|---|---|
| | 1999 | 전남 | 11 | 12 | 0 | 0 | 0 | 16 | 1 | 0 |
| | 2000 | 포항 | 9 | 8 | 1 | 1 | 0 | 16 | 0 | 0 |
| PO | 1999 | 전남 | 0 | 0 | 0 | 0 | 0 | 0 | 0 | 0 |
| 컵 | 1992 | 유공 | 4 | 3 | 1 | 1 | 0 | 4 | 1 | 0 |
| | 1993 | 유공 | 5 | 0 | 1 | 0 | 0 | 13 | 1 | 0 |
| | 1994 | 유공 | 5 | 1 | 0 | 4 | 0 | 9 | 2 | 0 |
| | 1995 | 유공 | 4 | 2 | 1 | 0 | 0 | 6 | 2 | 0 |
| | 1996 | 부천유공 | 5 | 2 | 0 | 1 | 0 | 7 | 1 | 0 |
| | 1997 | 부천SK | 1 | 1 | 0 | 0 | 0 | 0 | 0 | 0 |
| | 1998 | 부천SK | 20 | 8 | 7 | 3 | 0 | 34 | 2 | 0 |
| | 1999 | 전남 | 1 | 0 | 0 | 0 | 0 | 0 | 0 | 0 |
| | 2000 | 포항 | 4 | 4 | 0 | 0 | 0 | 6 | 0 | 0 |
| 통산 | | | 188 | 98 | 36 | 23 | 0 | 315 | 22 | 1 |

**조제**(Dorde Vasić) 유고슬라비아 1964.05.02

| 대회 | 연도 | 소속 | 출전 | 교체 | 득점 | 도움 | 실점 | 파울 | 경고 | 퇴장 |
|---|---|---|---|---|---|---|---|---|---|---|
| K1 | 1994 | 일화 | 8 | 8 | 0 | 0 | 0 | 4 | 1 | 0 |
| 통산 | | | 8 | 8 | 0 | 0 | 0 | 4 | 1 | 0 |

**조종화**(趙鍾和) 고려대 1974.04.04

| 대회 | 연도 | 소속 | 출전 | 교체 | 득점 | 도움 | 실점 | 파울 | 경고 | 퇴장 |
|---|---|---|---|---|---|---|---|---|---|---|
| K1 | 1997 | 포항 | 1 | 0 | 0 | 0 | 0 | 0 | 0 | 0 |
| | 1998 | 포항 | 3 | 4 | 0 | 0 | 0 | 0 | 0 | 0 |
| | 2002 | 포항 | 2 | 0 | 0 | 0 | 0 | 2 | 0 | 0 |
| 컵 | 1997 | 포항 | 5 | 4 | 0 | 0 | 0 | 2 | 0 | 0 |
| | 1998 | 포항 | 2 | 2 | 0 | 0 | 0 | 1 | 0 | 0 |
| | 2002 | 포항 | 3 | 1 | 0 | 0 | 0 | 3 | 0 | 0 |
| 통산 | | | 16 | 11 | 0 | 0 | 0 | 8 | 0 | 0 |

**조주영**(曺主煐) 아주대 1994.02.04

| 대회 | 연도 | 소속 | 출전 | 교체 | 득점 | 도움 | 실점 | 파울 | 경고 | 퇴장 |
|---|---|---|---|---|---|---|---|---|---|---|
| K1 | 2016 | 광주 | 15 | 14 | 2 | 2 | 0 | 6 | 4 | 0 |
| | 2017 | 광주 | 22 | 19 | 5 | 2 | 0 | 24 | 1 | 0 |
| | 2018 | 인천 | 1 | 1 | 0 | 0 | 0 | 0 | 0 | 0 |
| K2 | 2019 | 광주 | 10 | 9 | 1 | 0 | 0 | 4 | 0 | 0 |
| | 2022 | 충남아산 | 23 | 23 | 1 | 0 | 0 | 8 | 1 | 0 |
| | 2025 | 충남아산 | 15 | 7 | 0 | 0 | 0 | 10 | 0 | 0 |
| 통산 | | | 86 | 73 | 9 | 4 | 0 | 52 | 6 | 0 |

**조주영**(曺周永) 송호대 2003.08.03

| 대회 | 연도 | 소속 | 출전 | 교체 | 득점 | 도움 | 실점 | 파울 | 경고 | 퇴장 |
|---|---|---|---|---|---|---|---|---|---|---|
| K2 | 2025 | 김포 | 0 | 0 | 0 | 0 | 0 | 0 | 0 | 0 |
| 통산 | | | 0 | 0 | 0 | 0 | 0 | 0 | 0 | 0 |

**조준재**(趙儁宰) 홍익대 1990.08.31

| 대회 | 연도 | 소속 | 출전 | 교체 | 득점 | 도움 | 실점 | 파울 | 경고 | 퇴장 |
|---|---|---|---|---|---|---|---|---|---|---|
| K2 | 2014 | 충주 | 14 | 6 | 1 | 2 | 0 | 11 | 0 | 0 |
| 통산 | | | 14 | 6 | 1 | 2 | 0 | 11 | 0 | 0 |

**조준현**(曺準鉉) 한남대 1989.09.26

| 대회 | 연도 | 소속 | 출전 | 교체 | 득점 | 도움 | 실점 | 파울 | 경고 | 퇴장 |
|---|---|---|---|---|---|---|---|---|---|---|
| K1 | 2013 | 제주 | 0 | 0 | 0 | 0 | 0 | 0 | 0 | 0 |
| K2 | 2013 | 충주 | 3 | 2 | 0 | 0 | 0 | 3 | 0 | 0 |
| 통산 | | | 3 | 2 | 0 | 0 | 0 | 3 | 0 | 0 |

**조준현**(趙潤鎬) 숭실대 2004.02.04

| 대회 | 연도 | 소속 | 출전 | 교체 | 득점 | 도움 | 실점 | 파울 | 경고 | 퇴장 |
|---|---|---|---|---|---|---|---|---|---|---|
| K1 | 2024 | 수원FC | 4 | 4 | 0 | 0 | 0 | 6 | 0 | 0 |
| | 2025 | 수원FC | 4 | 5 | 0 | 0 | 0 | 3 | 1 | 0 |
| 통산 | | | 8 | 9 | 0 | 0 | 0 | 9 | 1 | 0 |

**조준호**(趙俊浩) 홍익대 1973.04.28

| 대회 | 연도 | 소속 | 출전 | 교체 | 득점 | 도움 | 실점 | 파울 | 경고 | 퇴장 |
|---|---|---|---|---|---|---|---|---|---|---|
| K1 | 1999 | 포항 | 12 | 0 | 0 | 0 | 16 | 0 | 0 | 0 |
| | 2000 | 포항 | 20 | 0 | 0 | 0 | 26 | 3 | 1 | 1 |
| | 2001 | 포항 | 6 | 1 | 0 | 0 | 7 | 0 | 0 | 0 |
| | 2002 | 포항 | 6 | 0 | 0 | 0 | 7 | 0 | 0 | 0 |
| | 2003 | 포항 | 2 | 1 | 0 | 0 | 3 | 0 | 0 | 0 |
| | 2004 | 부천SK | 24 | 0 | 0 | 0 | 27 | 0 | 0 | 0 |
| | 2005 | 부천SK | 24 | 0 | 0 | 0 | 18 | 0 | 0 | 0 |
| | 2006 | 제주 | 21 | 2 | 0 | 0 | 23 | 0 | 0 | 0 |
| | 2007 | 제주 | 9 | 0 | 0 | 0 | 14 | 0 | 0 | 0 |
| | 2008 | 제주 | 21 | 2 | 0 | 0 | 25 | 0 | 0 | 0 |
| | 2009 | 대구 | 14 | 1 | 0 | 0 | 29 | 1 | 2 | 0 |
| | 2010 | 대구 | 0 | 0 | 0 | 0 | 0 | 0 | 0 | 0 |
| 컵 | 1999 | 포항 | 8 | 0 | 0 | 0 | 14 | 1 | 1 | 0 |
| | 2000 | 포항 | 10 | 0 | 0 | 0 | 12 | 0 | 0 | 0 |
| | 2001 | 포항 | 5 | 0 | 0 | 0 | 6 | 0 | 0 | 0 |
| | 2002 | 포항 | 0 | 0 | 0 | 0 | 0 | 0 | 0 | 0 |
| | 2004 | 부천SK | 12 | 0 | 0 | 0 | 9 | 0 | 0 | 0 |
| | 2005 | 부천SK | 12 | 0 | 0 | 0 | 13 | 0 | 0 | 0 |
| | 2006 | 제주 | 12 | 0 | 0 | 0 | 10 | 0 | 0 | 0 |
| | 2007 | 제주 | 6 | 1 | 0 | 0 | 3 | 0 | 0 | 0 |
| | 2008 | 제주 | 6 | 1 | 0 | 0 | 4 | 0 | 0 | 0 |
| | 2009 | 대구 | 0 | 0 | 0 | 0 | 0 | 0 | 0 | 0 |
| | 2010 | 대구 | 0 | 0 | 0 | 0 | 0 | 0 | 0 | 0 |
| 통산 | | | 230 | 9 | 0 | 0 | 266 | 5 | 4 | 1 |

**조지훈**(趙志焄) 연세대 1990.05.29

| 대회 | 연도 | 소속 | 출전 | 교체 | 득점 | 도움 | 실점 | 파울 | 경고 | 퇴장 |
|---|---|---|---|---|---|---|---|---|---|---|
| K1 | 2011 | 수원 | 1 | 1 | 0 | 0 | 0 | 0 | 0 | 0 |
| | 2012 | 수원 | 11 | 11 | 0 | 1 | 0 | 6 | 1 | 0 |
| | 2013 | 수원 | 20 | 18 | 1 | 1 | 0 | 15 | 3 | 0 |
| | 2014 | 수원 | 16 | 16 | 0 | 0 | 0 | 10 | 4 | 0 |
| | 2015 | 수원 | 4 | 4 | 0 | 1 | 0 | 0 | 1 | 0 |
| | 2016 | 상주 | 10 | 9 | 0 | 0 | 0 | 5 | 1 | 0 |
| | 2017 | 수원 | 3 | 3 | 0 | 0 | 0 | 1 | 0 | 0 |
| | 2017 | 상주 | 8 | 5 | 0 | 0 | 0 | 5 | 0 | 0 |
| | 2018 | 수원 | 6 | 6 | 0 | 0 | 0 | 3 | 0 | 0 |
| | 2019 | 강원 | 15 | 11 | 0 | 0 | 0 | 14 | 0 | 0 |
| | 2020 | 강원 | 8 | 7 | 0 | 0 | 0 | 8 | 2 | 0 |
| | 2022 | 서울 | 5 | 4 | 0 | 0 | 0 | 1 | 0 | 0 |
| K2 | 2023 | 전남 | 25 | 12 | 0 | 0 | 0 | 11 | 2 | 0 |
| | 2024 | 전남 | 32 | 9 | 3 | 1 | 0 | 16 | 1 | 0 |
| | 2025 | 안산 | 36 | 0 | 1 | 2 | 0 | 11 | 10 | 0 |
| PO | 2024 | 전남 | 2 | 1 | 0 | 0 | 0 | 0 | 0 | 0 |
| 통산 | | | 202 | 117 | 5 | 6 | 0 | 106 | 25 | 0 |

**조진수**(趙珍洙) 건국대 1983.09.02

| 대회 | 연도 | 소속 | 출전 | 교체 | 득점 | 도움 | 실점 | 파울 | 경고 | 퇴장 |
|---|---|---|---|---|---|---|---|---|---|---|
| K1 | 2003 | 전북 | 2 | 2 | 0 | 0 | 0 | 0 | 0 | 0 |
| | 2005 | 전북 | 5 | 5 | 0 | 0 | 0 | 10 | 1 | 0 |
| | 2006 | 전북 | 18 | 15 | 1 | 1 | 0 | 43 | 4 | 0 |
| | 2007 | 제주 | 19 | 6 | 3 | 3 | 0 | 41 | 3 | 0 |
| | 2008 | 제주 | 23 | 8 | 2 | 2 | 0 | 39 | 2 | 0 |
| | 2009 | 울산 | 18 | 15 | 1 | 1 | 0 | 17 | 4 | 0 |
| | 2010 | 울산 | 5 | 5 | 0 | 0 | 0 | 6 | 0 | 0 |
| K2 | 2014 | 수원FC | 8 | 8 | 0 | 0 | 0 | 5 | 0 | 0 |
| 컵 | 2004 | 전북 | 0 | 0 | 0 | 0 | 0 | 0 | 0 | 0 |
| | 2006 | 전북 | 5 | 5 | 0 | 0 | 0 | 9 | 0 | 0 |
| | 2007 | 제주 | 5 | 3 | 0 | 0 | 0 | 12 | 1 | 0 |
| | 2008 | 제주 | 7 | 2 | 1 | 0 | 0 | 12 | 1 | 0 |
| | 2009 | 울산 | 2 | 2 | 1 | 0 | 0 | 3 | 0 | 0 |
| | 2010 | 울산 | 1 | 0 | 0 | 1 | 0 | 1 | 0 | 0 |
| 통산 | | | 118 | 76 | 9 | 8 | 0 | 198 | 16 | 0 |

**조진우**(趙進優) 인천남고 1999.11.17

| 대회 | 연도 | 소속 | 출전 | 교체 | 득점 | 도움 | 실점 | 파울 | 경고 | 퇴장 |
|---|---|---|---|---|---|---|---|---|---|---|
| K1 | 2020 | 대구 | 19 | 6 | 0 | 0 | 0 | 13 | 5 | 0 |
| | 2021 | 대구 | 16 | 10 | 1 | 0 | 0 | 21 | 2 | 1 |
| | 2022 | 대구 | 26 | 7 | 2 | 1 | 0 | 20 | 4 | 0 |
| | 2023 | 대구 | 33 | 5 | 0 | 1 | 0 | 29 | 8 | 0 |
| | 2024 | 김천 | 2 | 2 | 0 | 0 | 0 | 0 | 0 | 0 |
| | 2025 | 대구 | 5 | 4 | 0 | 0 | 0 | 1 | 2 | 0 |
| 통산 | | | 101 | 34 | 3 | 2 | 0 | 84 | 21 | 1 |

**조진혁**(趙進革) 단국대 2000.08.10

| 대회 | 연도 | 소속 | 출전 | 교체 | 득점 | 도움 | 실점 | 파울 | 경고 | 퇴장 |
|---|---|---|---|---|---|---|---|---|---|---|
| K1 | 2023 | 강원 | 2 | 2 | 0 | 0 | 0 | 0 | 0 | 0 |
| | 2024 | 강원 | 27 | 28 | 2 | 1 | 0 | 28 | 2 | 0 |
| | 2025 | 강원 | 5 | 5 | 2 | 0 | 0 | 2 | 1 | 0 |
| 통산 | | | 34 | 35 | 4 | 1 | 0 | 30 | 3 | 0 |

**조진호**(趙眞浩) 경희대 1973.08.02

| 대회 | 연도 | 소속 | 출전 | 교체 | 득점 | 도움 | 실점 | 파울 | 경고 | 퇴장 |
|---|---|---|---|---|---|---|---|---|---|---|
| K1 | 1994 | 포항제철 | 16 | 11 | 2 | 0 | 0 | 25 | 2 | 0 |
| | 1995 | 포항 | 7 | 6 | 2 | 0 | 0 | 10 | 0 | 0 |
| | 1996 | 포항 | 10 | 8 | 0 | 0 | 0 | 9 | 0 | 0 |
| | 1999 | 포항 | 12 | 8 | 0 | 2 | 0 | 19 | 1 | 0 |
| | 2000 | 부천SK | 16 | 16 | 2 | 2 | 0 | 23 | 2 | 0 |
| | 2001 | 성남일화 | 15 | 15 | 2 | 1 | 0 | 16 | 1 | 0 |
| | 2002 | 성남일화 | 3 | 3 | 0 | 0 | 0 | 4 | 0 | 0 |
| PO | 2000 | 부천SK | 1 | 1 | 0 | 0 | 0 | 1 | 0 | 0 |
| 컵 | 1995 | 포항 | 6 | 5 | 0 | 0 | 0 | 11 | 2 | 0 |
| | 1996 | 포항 | 6 | 4 | 1 | 0 | 0 | 5 | 2 | 0 |
| | 1999 | 포항 | 9 | 5 | 2 | 1 | 0 | 16 | 2 | 0 |
| | 2000 | 부천SK | 9 | 9 | 4 | 1 | 0 | 6 | 0 | 0 |
| | 2001 | 성남일화 | 6 | 5 | 0 | 1 | 0 | 7 | 2 | 0 |
| | 2002 | 성남일화 | 3 | 3 | 0 | 0 | 0 | 9 | 1 | 0 |
| 통산 | | | 119 | 99 | 15 | 8 | 0 | 161 | 15 | 0 |

**조징요**(Jorge Claudio) 브라질 1975.10.01

| 대회 | 연도 | 소속 | 출전 | 교체 | 득점 | 도움 | 실점 | 파울 | 경고 | 퇴장 |
|---|---|---|---|---|---|---|---|---|---|---|
| K1 | 2002 | 포항 | 3 | 2 | 0 | 0 | 0 | 4 | 1 | 0 |
| 통산 | | | 3 | 2 | 0 | 0 | 0 | 4 | 1 | 0 |

**조찬호**(趙澯鎬) 연세대 1986.04.10

| 대회 | 연도 | 소속 | 출전 | 교체 | 득점 | 도움 | 실점 | 파울 | 경고 | 퇴장 |
|---|---|---|---|---|---|---|---|---|---|---|
| K1 | 2009 | 포항 | 7 | 7 | 3 | 3 | 0 | 3 | 0 | 0 |
| | 2010 | 포항 | 12 | 10 | 0 | 2 | 0 | 6 | 0 | 0 |
| | 2011 | 포항 | 19 | 17 | 2 | 1 | 0 | 13 | 0 | 0 |
| | 2012 | 포항 | 20 | 17 | 6 | 4 | 0 | 20 | 3 | 0 |
| | 2013 | 포항 | 34 | 30 | 9 | 1 | 0 | 23 | 1 | 0 |
| | 2014 | 포항 | 3 | 2 | 0 | 0 | 0 | 6 | 0 | 0 |
| | 2015 | 포항 | 13 | 12 | 0 | 1 | 0 | 6 | 0 | 0 |
| | 2015 | 수원 | 6 | 6 | 2 | 2 | 0 | 5 | 1 | 0 |
| | 2016 | 서울 | 11 | 11 | 0 | 1 | 0 | 1 | 0 | 0 |
| | 2017 | 서울 | 11 | 11 | 0 | 0 | 0 | 6 | 0 | 0 |
| K2 | 2018 | 서울E | 23 | 17 | 5 | 5 | 0 | 7 | 0 | 0 |
| PO | 2011 | 포항 | 1 | 1 | 0 | 0 | 0 | 0 | 0 | 0 |
| 컵 | 2009 | 포항 | 4 | 4 | 0 | 3 | 0 | 3 | 0 | 0 |
| | 2010 | 포항 | 4 | 3 | 1 | 0 | 0 | 4 | 0 | 0 |
| | 2011 | 포항 | 6 | 5 | 2 | 1 | 0 | 5 | 0 | 0 |
| 통산 | | | 174 | 153 | 30 | 24 | 0 | 108 | 5 | 0 |

**조창근**(趙昌根) 동아고 1964.11.07

| 대회 | 연도 | 소속 | 출전 | 교체 | 득점 | 도움 | 실점 | 파울 | 경고 | 퇴장 |
|---|---|---|---|---|---|---|---|---|---|---|
| K1 | 1993 | 대우 | 2 | 2 | 0 | 0 | 0 | 0 | 0 | 0 |
| | 1994 | 대우 | 3 | 3 | 0 | 0 | 0 | 0 | 0 | 0 |
| 컵 | 1993 | 대우 | 4 | 5 | 1 | 0 | 0 | 1 | 0 | 0 |
| 통산 | | | 9 | 10 | 1 | 0 | 0 | 1 | 0 | 0 |

**조철인**(趙哲仁) 영남대 1990.09.15

| 대회 | 연도 | 소속 | 출전 | 교체 | 득점 | 도움 | 실점 | 파울 | 경고 | 퇴장 |
|---|---|---|---|---|---|---|---|---|---|---|
| K2 | 2014 | 안양 | 1 | 1 | 0 | 0 | 0 | 0 | 0 | 0 |
| 통산 | | | 1 | 1 | 0 | 0 | 0 | 0 | 0 | 0 |

**조태근**(曺泰根) 전주대 1985.04.26

| 대회 | 연도 | 소속 | 출전 | 교체 | 득점 | 도움 | 실점 | 파울 | 경고 | 퇴장 |
|---|---|---|---|---|---|---|---|---|---|---|
| K2 | 2018 | 대전 | 2 | 1 | 0 | 0 | 0 | 0 | 0 | 0 |
| 통산 | | | 2 | 1 | 0 | 0 | 0 | 0 | 0 | 0 |

**조태우**(趙太羽) 아주대 1987.01.19

| 대회 | 연도 | 소속 | 출전 | 교체 | 득점 | 도움 | 실점 | 파울 | 경고 | 퇴장 |
|---|---|---|---|---|---|---|---|---|---|---|
| K2 | 2013 | 수원FC | 28 | 2 | 1 | 0 | 0 | 34 | 5 | 1 |
| | 2014 | 수원FC | 16 | 2 | 0 | 0 | 0 | 19 | 1 | 0 |
| 통산 | | | 44 | 4 | 1 | 0 | 0 | 53 | 6 | 1 |

**조태천**(曺太千) 청구고 1956.07.19

| 대회 | 연도 | 소속 | 출전 | 교체 | 득점 | 도움 | 실점 | 파울 | 경고 | 퇴장 |
|---|---|---|---|---|---|---|---|---|---|---|
| K1 | 1983 | 포항제철 | 14 | 4 | 1 | 2 | 0 | 6 | 0 | 0 |
| | 1984 | 포항제철 | 18 | 8 | 0 | 1 | 0 | 8 | 0 | 0 |
| 통산 | | | 32 | 12 | 1 | 3 | 0 | 14 | 0 | 0 |

**조한범**(趙漢範) 중앙대 1985.03.28

| 대회 | 연도 | 소속 | 출전 | 교체 | 득점 | 도움 | 실점 | 파울 | 경고 | 퇴장 |
|---|---|---|---|---|---|---|---|---|---|---|
| K1 | 2008 | 포항 | 1 | 1 | 0 | 0 | 0 | 0 | 0 | 0 |
| | 2009 | 대구 | 5 | 3 | 0 | 0 | 0 | 5 | 1 | 0 |
| | 2009 | 포항 | 1 | 1 | 0 | 0 | 0 | 0 | 0 | 0 |
| 컵 | 2008 | 포항 | 1 | 1 | 0 | 0 | 0 | 1 | 0 | 0 |
| 통산 | | | 8 | 6 | 0 | 0 | 0 | 6 | 1 | 0 |

**조향기**(趙香氣) 광운대 1992.03.23

| 대회 | 연도 | 소속 | 출전 | 교체 | 득점 | 도움 | 실점 | 파울 | 경고 | 퇴장 |
|---|---|---|---|---|---|---|---|---|---|---|
| K2 | 2015 | 서울E | 5 | 5 | 1 | 0 | 0 | 3 | 0 | 0 |
| | 2016 | 서울E | 10 | 8 | 0 | 0 | 0 | 5 | 0 | 0 |
| | 2017 | 서울E | 14 | 9 | 1 | 0 | 0 | 3 | 0 | 0 |
| | 2021 | 서울E | 1 | 0 | 0 | 0 | 0 | 0 | 0 | 0 |
| | 2022 | 김포 | 25 | 21 | 3 | 1 | 0 | 16 | 3 | 0 |
| | 2023 | 경남 | 8 | 8 | 2 | 0 | 0 | 1 | 0 | 0 |
| | 2024 | 경남 | 6 | 5 | 1 | 0 | 0 | 5 | 1 | 0 |
| PO | 2015 | 서울E | 1 | 1 | 0 | 0 | 0 | 0 | 0 | 0 |
| | 2023 | 경남 | 2 | 2 | 0 | 0 | 0 | 0 | 0 | 0 |
| 통산 | | | 72 | 59 | 8 | 1 | 0 | 33 | 4 | 0 |

**조현두**(趙顯斗) 한양대 1973.11.23

| 대회 | 연도 | 소속 | 출전 | 교체 | 득점 | 도움 | 실점 | 파울 | 경고 | 퇴장 |
|---|---|---|---|---|---|---|---|---|---|---|
| K1 | 1996 | 수원 | 23 | 9 | 4 | 1 | 0 | 33 | 2 | 0 |
| | 1997 | 수원 | 17 | 7 | 3 | 1 | 0 | 40 | 3 | 0 |
| | 1998 | 수원 | 1 | 1 | 0 | 0 | 0 | 0 | 0 | 0 |
| | 1999 | 수원 | 14 | 13 | 3 | 2 | 0 | 15 | 0 | 0 |
| | 2000 | 수원 | 18 | 13 | 0 | 4 | 0 | 29 | 1 | 0 |
| | 2001 | 수원 | 4 | 4 | 0 | 0 | 0 | 2 | 1 | 0 |
| | 2002 | 수원 | 8 | 8 | 1 | 2 | 0 | 13 | 0 | 0 |
| | 2003 | 부천SK | 25 | 10 | 5 | 3 | 0 | 47 | 5 | 0 |
| | 2003 | 전남 | 3 | 3 | 0 | 0 | 0 | 0 | 0 | 0 |
| | 2004 | 부천SK | 16 | 7 | 3 | 1 | 0 | 36 | 3 | 0 |
| | 2005 | 부천SK | 11 | 8 | 0 | 1 | 0 | 18 | 3 | 0 |
| PO | 1996 | 수원 | 2 | 1 | 1 | 0 | 0 | 1 | 0 | 0 |
| 컵 | 1996 | 수원 | 6 | 2 | 3 | 1 | 0 | 3 | 0 | 0 |
| | 1997 | 수원 | 15 | 6 | 4 | 1 | 0 | 30 | 0 | 0 |
| | 1998 | 수원 | 13 | 5 | 0 | 3 | 0 | 30 | 2 | 0 |
| | 1999 | 수원 | 6 | 4 | 1 | 0 | 0 | 9 | 0 | 0 |
| | 2000 | 수원 | 1 | 1 | 0 | 0 | 0 | 1 | 0 | 0 |
| | 2001 | 수원 | 3 | 3 | 1 | 0 | 0 | 3 | 1 | 0 |
| | 2002 | 수원 | 6 | 6 | 0 | 1 | 0 | 6 | 0 | 0 |
| | 2004 | 부천SK | 10 | 6 | 0 | 1 | 0 | 24 | 1 | 0 |
| | 2005 | 부천SK | 7 | 5 | 0 | 2 | 0 | 8 | 0 | 0 |
| 통산 | | | 209 | 122 | 29 | 24 | 0 | 348 | 22 | 0 |

**조현우**(趙賢祐) 선문대 1991.09.25

| 대회 | 연도 | 소속 | 출전 | 교체 | 득점 | 도움 | 실점 | 파울 | 경고 | 퇴장 |
|---|---|---|---|---|---|---|---|---|---|---|
| K1 | 2013 | 대구 | 14 | 0 | 0 | 0 | 22 | 0 | 0 | 0 |
| | 2017 | 대구 | 35 | 0 | 0 | 0 | 48 | 1 | 2 | 0 |
| | 2018 | 대구 | 28 | 0 | 0 | 0 | 42 | 1 | 0 | 1 |
| | 2019 | 대구 | 38 | 1 | 0 | 0 | 34 | 0 | 2 | 0 |
| | 2020 | 울산 | 27 | 0 | 0 | 0 | 23 | 0 | 2 | 0 |
| | 2021 | 울산 | 38 | 0 | 0 | 0 | 41 | 0 | 2 | 0 |
| | 2022 | 울산 | 36 | 1 | 0 | 0 | 33 | 0 | 1 | 0 |
| | 2023 | 울산 | 36 | 0 | 0 | 0 | 38 | 0 | 1 | 0 |
| | 2024 | 울산 | 38 | 0 | 0 | 0 | 40 | 2 | 3 | 0 |
| | 2025 | 울산 | 33 | 0 | 0 | 0 | 45 | 0 | 2 | 0 |
| K2 | 2014 | 대구 | 15 | 0 | 0 | 0 | 21 | 0 | 1 | 0 |
| | 2015 | 대구 | 40 | 1 | 0 | 1 | 47 | 0 | 2 | 0 |
| | 2016 | 대구 | 39 | 0 | 0 | 0 | 35 | 0 | 2 | 0 |
| PO | 2015 | 대구 | 1 | 0 | 0 | 0 | 2 | 0 | 0 | 0 |
| 통산 | | | 418 | 3 | 0 | 1 | 471 | 4 | 20 | 1 |

**조현태**(趙炫泰) 강릉제일고 2004.10.27

| 대회 | 연도 | 소속 | 출전 | 교체 | 득점 | 도움 | 실점 | 파울 | 경고 | 퇴장 |
|---|---|---|---|---|---|---|---|---|---|---|
| K1 | 2023 | 강원 | 8 | 8 | 0 | 0 | 0 | 0 | 0 | 0 |
| | 2024 | 강원 | 3 | 3 | 0 | 0 | 0 | 0 | 0 | 0 |
| | 2025 | 강원 | 3 | 3 | 0 | 0 | 0 | 2 | 0 | 0 |
| PO | 2023 | 강원 | 2 | 2 | 0 | 0 | 0 | 0 | 0 | 0 |
| 통산 | | | 16 | 16 | 0 | 0 | 0 | 2 | 0 | 0 |

**조현택**(趙玹澤) 신갈고 2001.08.02

| 대회 | 연도 | 소속 | 출전 | 교체 | 득점 | 도움 | 실점 | 파울 | 경고 | 퇴장 |
|---|---|---|---|---|---|---|---|---|---|---|
| K1 | 2023 | 울산 | 30 | 30 | 0 | 0 | 0 | 13 | 0 | 0 |
| | 2024 | 김천 | 12 | 8 | 0 | 0 | 0 | 2 | 1 | 1 |
| | 2025 | 김천 | 18 | 13 | 1 | 2 | 0 | 16 | 1 | 0 |
| | 2025 | 울산 | 11 | 8 | 1 | 1 | 0 | 5 | 0 | 0 |
| K2 | 2021 | 부천 | 30 | 6 | 1 | 3 | 0 | 41 | 1 | 0 |
| | 2022 | 부천 | 33 | 10 | 6 | 4 | 0 | 29 | 3 | 0 |
| PO | 2022 | 부천 | 1 | 0 | 0 | 0 | 0 | 1 | 0 | 0 |
| 통산 | | | 135 | 75 | 9 | 10 | 0 | 107 | 6 | 1 |

**조형익**(趙亨翼) 명지대 1985.09.13

| 대회 | 연도 | 소속 | 출전 | 교체 | 득점 | 도움 | 실점 | 파울 | 경고 | 퇴장 |
|---|---|---|---|---|---|---|---|---|---|---|
| K1 | 2008 | 대구 | 22 | 22 | 1 | 3 | 0 | 5 | 0 | 0 |
| | 2009 | 대구 | 27 | 15 | 3 | 0 | 0 | 34 | 4 | 0 |
| | 2010 | 대구 | 25 | 7 | 8 | 4 | 0 | 35 | 7 | 0 |
| | 2011 | 대구 | 13 | 6 | 1 | 2 | 0 | 28 | 4 | 0 |
| | 2013 | 대구 | 27 | 21 | 1 | 5 | 0 | 34 | 3 | 0 |
| K2 | 2014 | 대구 | 31 | 20 | 3 | 3 | 0 | 35 | 1 | 0 |
| 컵 | 2008 | 대구 | 10 | 6 | 0 | 2 | 0 | 13 | 1 | 0 |
| | 2009 | 대구 | 5 | 2 | 3 | 0 | 0 | 10 | 1 | 0 |
| | 2010 | 대구 | 5 | 2 | 1 | 0 | 0 | 3 | 1 | 0 |
| | 2011 | 대구 | 4 | 2 | 0 | 0 | 0 | 9 | 0 | 0 |
| 통산 | | | 169 | 103 | 21 | 19 | 0 | 206 | 22 | 0 |

**조형재**(趙亨在) 한려대 1985.01.08

| 대회 | 연도 | 소속 | 출전 | 교체 | 득점 | 도움 | 실점 | 파울 | 경고 | 퇴장 |
|---|---|---|---|---|---|---|---|---|---|---|
| K1 | 2006 | 제주 | 5 | 4 | 1 | 1 | 0 | 3 | 1 | 0 |
| | 2007 | 제주 | 8 | 8 | 0 | 0 | 0 | 0 | 0 | 0 |
| | 2008 | 제주 | 20 | 14 | 1 | 2 | 0 | 23 | 5 | 0 |
| | 2009 | 제주 | 9 | 7 | 2 | 0 | 0 | 4 | 1 | 0 |
| 컵 | 2007 | 제주 | 4 | 4 | 0 | 0 | 0 | 2 | 0 | 0 |
| | 2008 | 제주 | 7 | 4 | 0 | 1 | 0 | 11 | 0 | 0 |
| | 2009 | 제주 | 2 | 1 | 0 | 1 | 0 | 0 | 0 | 0 |
| 통산 | | | 55 | 42 | 4 | 5 | 0 | 43 | 7 | 0 |

**조혜성**(趙慧成) 개성고 2003.01.30

| 대회 | 연도 | 소속 | 출전 | 교체 | 득점 | 도움 | 실점 | 파울 | 경고 | 퇴장 |
|---|---|---|---|---|---|---|---|---|---|---|
| K2 | 2021 | 부산 | 0 | 0 | 0 | 0 | 0 | 0 | 0 | 0 |
| 통산 | | | 0 | 0 | 0 | 0 | 0 | 0 | 0 | 0 |

**조호연**(趙晧衍) 광운대 1988.06.05

| 대회 | 연도 | 소속 | 출전 | 교체 | 득점 | 도움 | 실점 | 파울 | 경고 | 퇴장 |
|---|---|---|---|---|---|---|---|---|---|---|
| K1 | 2014 | 상주 | 0 | 0 | 0 | 0 | 0 | 0 | 0 | 0 |
| K2 | 2013 | 상주 | 0 | 0 | 0 | 0 | 0 | 0 | 0 | 0 |
| 통산 | | | 0 | 0 | 0 | 0 | 0 | 0 | 0 | 0 |

**조홍규**(曺弘圭) 상지대 1983.07.24

| 대회 | 연도 | 소속 | 출전 | 교체 | 득점 | 도움 | 실점 | 파울 | 경고 | 퇴장 |
|---|---|---|---|---|---|---|---|---|---|---|
| K1 | 2006 | 대구 | 11 | 0 | 0 | 0 | 0 | 27 | 4 | 0 |
| | 2007 | 대구 | 18 | 4 | 0 | 1 | 0 | 25 | 2 | 0 |
| | 2008 | 대구 | 5 | 2 | 0 | 0 | 0 | 5 | 2 | 0 |
| | 2009 | 포항 | 4 | 0 | 0 | 0 | 0 | 8 | 1 | 0 |
| | 2010 | 포항 | 3 | 1 | 0 | 0 | 0 | 8 | 1 | 0 |
| | 2011 | 대전 | 7 | 4 | 1 | 0 | 0 | 6 | 2 | 0 |
| 컵 | 2006 | 대구 | 1 | 1 | 0 | 0 | 0 | 0 | 0 | 0 |
| | 2007 | 대구 | 9 | 4 | 0 | 0 | 0 | 16 | 2 | 0 |
| | 2008 | 대구 | 1 | 0 | 0 | 0 | 0 | 0 | 0 | 0 |
| | 2009 | 포항 | 3 | 3 | 0 | 0 | 0 | 4 | 0 | 0 |
| | 2010 | 포항 | 1 | 1 | 0 | 0 | 0 | 0 | 0 | 0 |
| | 2011 | 대전 | 1 | 0 | 0 | 0 | 0 | 2 | 0 | 0 |
| 통산 | | | 64 | 20 | 1 | 1 | 0 | 101 | 14 | 0 |

**존**(Jon Olav Hjelde) 노르웨이 1972.04.30

| 대회 | 연도 | 소속 | 출전 | 교체 | 득점 | 도움 | 실점 | 파울 | 경고 | 퇴장 |
|---|---|---|---|---|---|---|---|---|---|---|
| K1 | 2003 | 부산 | 16 | 2 | 0 | 0 | 0 | 22 | 3 | 1 |
| 통산 | | | 16 | 2 | 0 | 0 | 0 | 22 | 3 | 1 |

**존자키**(John Jaki) 나이지리아 1973.07.10

| 대회 | 연도 | 소속 | 출전 | 교체 | 득점 | 도움 | 실점 | 파울 | 경고 | 퇴장 |
|---|---|---|---|---|---|---|---|---|---|---|
| K1 | 2000 | 전북 | 1 | 1 | 0 | 0 | 0 | 0 | 0 | 0 |
| 컵 | 2000 | 전북 | 2 | 3 | 0 | 0 | 0 | 3 | 0 | 0 |
| 통산 | | | 3 | 4 | 0 | 0 | 0 | 3 | 0 | 0 |

**졸리**(Zoltan Sabo) 유고슬라비아 1972.05.26

| 대회 | 연도 | 소속 | 출전 | 교체 | 득점 | 도움 | 실점 | 파울 | 경고 | 퇴장 |
|---|---|---|---|---|---|---|---|---|---|---|
| K1 | 2000 | 수원 | 19 | 1 | 0 | 0 | 0 | 31 | 4 | 0 |
| | 2001 | 수원 | 16 | 1 | 0 | 1 | 0 | 35 | 9 | 0 |
| 컵 | 2000 | 수원 | 3 | 0 | 0 | 0 | 0 | 6 | 2 | 0 |
| | 2001 | 수원 | 8 | 0 | 0 | 0 | 0 | 10 | 2 | 1 |
| | 2002 | 수원 | 2 | 1 | 0 | 0 | 0 | 5 | 0 | 1 |
| 통산 | | | 48 | 3 | 0 | 1 | 0 | 87 | 17 | 2 |

**좌준협**(左峻協) 전주대 1991.05.07

| 대회 | 연도 | 소속 | 출전 | 교체 | 득점 | 도움 | 실점 | 파울 | 경고 | 퇴장 |
|---|---|---|---|---|---|---|---|---|---|---|
| K1 | 2013 | 제주 | 2 | 0 | 0 | 0 | 0 | 6 | 1 | 0 |
| | 2014 | 제주 | 0 | 0 | 0 | 0 | 0 | 0 | 0 | 0 |
| | 2016 | 제주 | 1 | 1 | 0 | 0 | 0 | 2 | 1 | 0 |
| | 2017 | 제주 | 3 | 2 | 0 | 0 | 0 | 8 | 0 | 0 |
| | 2018 | 경남 | 0 | 0 | 0 | 0 | 0 | 0 | 0 | 0 |
| K2 | 2014 | 안산경찰 | 4 | 2 | 0 | 0 | 0 | 4 | 0 | 0 |
| | 2015 | 안산경찰 | 15 | 12 | 0 | 0 | 0 | 17 | 2 | 0 |
| PO | 2014 | 안산경찰 | 0 | 0 | 0 | 0 | 0 | 0 | 0 | 0 |
| 통산 | | | 25 | 17 | 0 | 0 | 0 | 37 | 4 | 0 |

**죠다쉬**(Idarko Cordas) 크로아티아 1976.12.16

| 대회 | 연도 | 소속 | 출전 | 교체 | 득점 | 도움 | 실점 | 파울 | 경고 | 퇴장 |
|---|---|---|---|---|---|---|---|---|---|---|
| 컵 | 2001 | 포항 | 3 | 2 | 0 | 0 | 0 | 3 | 1 | 0 |
| 통산 | | | 3 | 2 | 0 | 0 | 0 | 3 | 1 | 0 |

**죠이**(Joilson Rodrigues da Silva) 브라질 1976.12.08

| 대회 | 연도 | 소속 | 출전 | 교체 | 득점 | 도움 | 실점 | 파울 | 경고 | 퇴장 |
|---|---|---|---|---|---|---|---|---|---|---|
| K1 | 2000 | 성남일화 | 25 | 14 | 7 | 1 | 0 | 42 | 1 | 0 |
| PO | 2000 | 성남일화 | 2 | 2 | 0 | 0 | 0 | 4 | 0 | 0 |
| 컵 | 2000 | 성남일화 | 3 | 3 | 0 | 0 | 0 | 4 | 1 | 0 |
| 통산 | | | 30 | 19 | 7 | 1 | 0 | 50 | 2 | 0 |

**주경철**(周景喆) 영남대 1965.02.22

| 대회 | 연도 | 소속 | 출전 | 교체 | 득점 | 도움 | 실점 | 파울 | 경고 | 퇴장 |
|---|---|---|---|---|---|---|---|---|---|---|
| K1 | 1988 | 럭키금성 | 4 | 2 | 0 | 0 | 0 | 4 | 0 | 0 |
| | 1989 | 럭키금성 | 27 | 21 | 4 | 3 | 0 | 21 | 3 | 0 |
| | 1990 | 럭키금성 | 7 | 6 | 0 | 0 | 0 | 7 | 0 | 0 |
| | 1991 | 유공 | 10 | 7 | 0 | 0 | 0 | 14 | 1 | 0 |
| | 1994 | 버팔로 | 29 | 6 | 1 | 6 | 0 | 32 | 3 | 0 |
| | 1995 | LG | 7 | 5 | 0 | 1 | 0 | 9 | 0 | 0 |
| 컵 | 1994 | 버팔로 | 6 | 3 | 1 | 1 | 0 | 6 | 0 | 0 |
| 통산 | | | 90 | 50 | 6 | 11 | 0 | 93 | 7 | 0 |

**주광선**(朱廣先) 전주대 1991.04.13

| 대회 | 연도 | 소속 | 출전 | 교체 | 득점 | 도움 | 실점 | 파울 | 경고 | 퇴장 |
|---|---|---|---|---|---|---|---|---|---|---|
| K2 | 2015 | 부천 | 7 | 7 | 0 | 0 | 0 | 5 | 0 | 0 |
| 통산 | | | 7 | 7 | 0 | 0 | 0 | 5 | 0 | 0 |

**주광윤**(朱光潤) 고려대 1982.10.23

| 대회 | 연도 | 소속 | 출전 | 교체 | 득점 | 도움 | 실점 | 파울 | 경고 | 퇴장 |
|---|---|---|---|---|---|---|---|---|---|---|
| K1 | 2003 | 전남 | 13 | 13 | 1 | 0 | 0 | 5 | 0 | 0 |
| | 2004 | 전남 | 5 | 4 | 0 | 1 | 0 | 4 | 1 | 0 |
| | 2005 | 전남 | 15 | 12 | 1 | 0 | 0 | 27 | 3 | 0 |
| | 2006 | 전남 | 18 | 17 | 0 | 1 | 0 | 22 | 5 | 0 |
| | 2007 | 전남 | 18 | 18 | 2 | 1 | 0 | 14 | 2 | 0 |
| | 2008 | 전남 | 15 | 12 | 0 | 0 | 0 | 16 | 2 | 0 |
| | 2009 | 전남 | 13 | 13 | 2 | 1 | 0 | 9 | 3 | 0 |
| | 2010 | 광주상무 | 15 | 11 | 0 | 1 | 0 | 26 | 4 | 0 |
| | 2011 | 상주 | 3 | 3 | 0 | 1 | 0 | 3 | 0 | 0 |
| PO | 2004 | 전남 | 1 | 1 | 0 | 0 | 0 | 2 | 0 | 0 |
| | 2009 | 전남 | 2 | 2 | 0 | 0 | 0 | 2 | 0 | 0 |
| 컵 | 2004 | 전남 | 1 | 1 | 0 | 0 | 0 | 1 | 0 | 0 |
| | 2005 | 전남 | 0 | 0 | 0 | 0 | 0 | 0 | 0 | 0 |
| | 2006 | 전남 | 13 | 11 | 5 | 1 | 0 | 13 | 1 | 0 |
| | 2007 | 전남 | 1 | 1 | 0 | 0 | 0 | 0 | 0 | 0 |
| | 2008 | 전남 | 3 | 2 | 0 | 0 | 0 | 6 | 0 | 0 |
| | 2009 | 전남 | 1 | 1 | 0 | 0 | 0 | 1 | 0 | 0 |
| | 2010 | 광주상무 | 1 | 1 | 0 | 0 | 0 | 0 | 0 | 0 |
| | 2011 | 상주 | 1 | 1 | 0 | 0 | 0 | 0 | 0 | 0 |
| 통산 | | | 139 | 124 | 11 | 7 | 0 | 151 | 21 | 0 |

**주기환**(朱基煥) 경일대 1981.12.20

| 대회 | 연도 | 소속 | 출전 | 교체 | 득점 | 도움 | 실점 | 파울 | 경고 | 퇴장 |
|---|---|---|---|---|---|---|---|---|---|---|
| K1 | 2005 | 전북 | 0 | 0 | 0 | 0 | 0 | 0 | 0 | 0 |
| 통산 | | | 0 | 0 | 0 | 0 | 0 | 0 | 0 | 0 |

**주니오**(Figueiredo Pinto Júnior) 브라질 1986.12.30

| 대회 | 연도 | 소속 | 출전 | 교체 | 득점 | 도움 | 실점 | 파울 | 경고 | 퇴장 |
|---|---|---|---|---|---|---|---|---|---|---|
| K1 | 2017 | 대구 | 16 | 10 | 12 | 1 | 0 | 17 | 2 | 0 |
| | 2018 | 울산 | 32 | 12 | 22 | 1 | 0 | 31 | 2 | 0 |
| | 2019 | 울산 | 35 | 16 | 19 | 5 | 0 | 48 | 3 | 0 |

| 대회 | 연도 | 소속 | 출전 | 교체 | 득점 | 도움 | 실점 | 파울 | 경고 | 퇴장 |
|---|---|---|---|---|---|---|---|---|---|---|
| | 2020 | 울산 | 27 | 15 | 26 | 2 | 0 | 21 | 0 | 0 |
| 통산 | | | 110 | 53 | 79 | 9 | 0 | 117 | 7 | 0 |

**주닝요**(Aselmo Vendrechovski Junior) 브라질 1982.09.16

| 대회 | 연도 | 소속 | 출전 | 교체 | 득점 | 도움 | 실점 | 파울 | 경고 | 퇴장 |
|---|---|---|---|---|---|---|---|---|---|---|
| K1 | 2010 | 수원 | 11 | 4 | 3 | 2 | 0 | 13 | 2 | 0 |
| 컵 | 2010 | 수원 | 2 | 2 | 0 | 0 | 0 | 3 | 0 | 0 |
| 통산 | | | 13 | 6 | 3 | 2 | 0 | 16 | 2 | 0 |

**주닝요**(Junio Cesar Arcanjo) 브라질 1983.01.11

| 대회 | 연도 | 소속 | 출전 | 교체 | 득점 | 도움 | 실점 | 파울 | 경고 | 퇴장 |
|---|---|---|---|---|---|---|---|---|---|---|
| K1 | 2011 | 대구 | 15 | 10 | 2 | 2 | 0 | 18 | 4 | 0 |
| 컵 | 2011 | 대구 | 2 | 1 | 0 | 0 | 0 | 1 | 0 | 0 |
| 통산 | | | 17 | 11 | 2 | 2 | 0 | 19 | 4 | 0 |

**주닝요**(Paulo Afonso Rocha Junior) 브라질 1997.11.05

| 대회 | 연도 | 소속 | 출전 | 교체 | 득점 | 도움 | 실점 | 파울 | 경고 | 퇴장 |
|---|---|---|---|---|---|---|---|---|---|---|
| K1 | 2025 | 포항 | 28 | 24 | 2 | 2 | 0 | 31 | 4 | 0 |
| K2 | 2023 | 김포 | 29 | 25 | 3 | 2 | 0 | 31 | 6 | 0 |
| | 2024 | 충남아산 | 36 | 25 | 12 | 8 | 0 | 38 | 4 | 0 |
| PO | 2023 | 김포 | 3 | 1 | 0 | 0 | 0 | 12 | 1 | 0 |
| | 2024 | 충남아산 | 2 | 1 | 2 | 1 | 0 | 6 | 1 | 0 |
| 통산 | | | 98 | 76 | 19 | 13 | 0 | 118 | 16 | 0 |

**주민규**(周敏圭) 한양대 1990.04.13

| 대회 | 연도 | 소속 | 출전 | 교체 | 득점 | 도움 | 실점 | 파울 | 경고 | 퇴장 |
|---|---|---|---|---|---|---|---|---|---|---|
| K1 | 2017 | 상주 | 32 | 11 | 17 | 6 | 0 | 44 | 3 | 0 |
| | 2018 | 상주 | 11 | 4 | 4 | 0 | 0 | 10 | 0 | 0 |
| | 2019 | 울산 | 28 | 22 | 5 | 5 | 0 | 23 | 0 | 0 |
| | 2021 | 제주 | 34 | 11 | 22 | 1 | 0 | 40 | 3 | 0 |
| | 2022 | 제주 | 37 | 19 | 17 | 7 | 0 | 19 | 0 | 0 |
| | 2023 | 울산 | 36 | 25 | 17 | 2 | 0 | 29 | 5 | 0 |
| | 2024 | 울산 | 33 | 14 | 10 | 4 | 0 | 16 | 1 | 1 |
| | 2025 | 대전 | 34 | 24 | 14 | 3 | 0 | 30 | 3 | 0 |
| K2 | 2013 | 고양 | 26 | 15 | 2 | 1 | 0 | 38 | 1 | 0 |
| | 2014 | 고양 | 30 | 8 | 5 | 1 | 0 | 67 | 5 | 0 |
| | 2015 | 서울E | 39 | 16 | 23 | 7 | 0 | 65 | 5 | 0 |
| | 2016 | 서울E | 29 | 8 | 14 | 3 | 0 | 38 | 2 | 0 |
| | 2018 | 서울E | 3 | 3 | 0 | 0 | 0 | 1 | 0 | 0 |
| | 2020 | 제주 | 18 | 10 | 8 | 2 | 0 | 29 | 1 | 0 |
| PO | 2015 | 서울E | 1 | 1 | 0 | 0 | 0 | 1 | 0 | 0 |
| | 2017 | 상주 | 2 | 0 | 0 | 0 | 0 | 4 | 0 | 0 |
| 통산 | | | 393 | 191 | 158 | 42 | 0 | 454 | 29 | 1 |

**주성환**(朱性奐) 한양대 1990.08.24

| 대회 | 연도 | 소속 | 출전 | 교체 | 득점 | 도움 | 실점 | 파울 | 경고 | 퇴장 |
|---|---|---|---|---|---|---|---|---|---|---|
| K1 | 2012 | 전남 | 17 | 16 | 2 | 1 | 0 | 12 | 1 | 0 |
| 통산 | | | 17 | 16 | 2 | 1 | 0 | 12 | 1 | 0 |

**주세종**(朱世鐘) 건국대 1990.10.30

| 대회 | 연도 | 소속 | 출전 | 교체 | 득점 | 도움 | 실점 | 파울 | 경고 | 퇴장 |
|---|---|---|---|---|---|---|---|---|---|---|
| K1 | 2012 | 부산 | 1 | 1 | 0 | 0 | 0 | 0 | 0 | 0 |
| | 2013 | 부산 | 0 | 0 | 0 | 0 | 0 | 0 | 0 | 0 |
| | 2014 | 부산 | 22 | 11 | 2 | 5 | 0 | 41 | 5 | 0 |
| | 2015 | 부산 | 35 | 3 | 3 | 6 | 0 | 60 | 7 | 0 |
| | 2016 | 서울 | 30 | 9 | 4 | 1 | 0 | 46 | 5 | 0 |
| | 2017 | 서울 | 35 | 5 | 0 | 5 | 0 | 31 | 2 | 1 |
| | 2019 | 서울 | 9 | 2 | 1 | 0 | 0 | 15 | 3 | 0 |
| | 2020 | 서울 | 16 | 8 | 0 | 1 | 0 | 22 | 4 | 0 |
| | 2023 | 대전 | 30 | 23 | 1 | 2 | 0 | 25 | 5 | 0 |
| | 2024 | 대전 | 22 | 12 | 1 | 0 | 0 | 24 | 5 | 0 |
| | 2025 | 광주 | 21 | 21 | 0 | 0 | 0 | 6 | 2 | 0 |
| K2 | 2018 | 아산 | 19 | 6 | 1 | 2 | 0 | 22 | 5 | 0 |
| | 2019 | 아산 | 21 | 2 | 2 | 5 | 0 | 19 | 3 | 1 |
| | 2022 | 대전 | 17 | 12 | 0 | 3 | 0 | 19 | 2 | 0 |
| PO | 2015 | 부산 | 1 | 0 | 0 | 0 | 0 | 5 | 0 | 0 |
| | 2022 | 대전 | 2 | 2 | 1 | 0 | 0 | 5 | 1 | 0 |
| 통산 | | | 281 | 117 | 16 | 30 | 0 | 340 | 49 | 2 |

**주승진**(朱承進) 전주대 1975.03.12

| 대회 | 연도 | 소속 | 출전 | 교체 | 득점 | 도움 | 실점 | 파울 | 경고 | 퇴장 |
|---|---|---|---|---|---|---|---|---|---|---|
| K1 | 2003 | 대전 | 38 | 1 | 0 | 3 | 0 | 65 | 8 | 0 |
| | 2004 | 대전 | 15 | 1 | 0 | 2 | 0 | 31 | 0 | 0 |
| | 2005 | 대전 | 20 | 6 | 0 | 0 | 0 | 60 | 4 | 0 |
| | 2006 | 대전 | 21 | 3 | 2 | 2 | 0 | 43 | 4 | 0 |
| | 2007 | 대전 | 16 | 6 | 0 | 0 | 0 | 41 | 4 | 0 |
| | 2008 | 대전 | 9 | 2 | 0 | 0 | 0 | 11 | 0 | 0 |
| | 2008 | 부산 | 12 | 1 | 0 | 1 | 0 | 23 | 1 | 0 |
| | 2009 | 부산 | 5 | 2 | 0 | 0 | 0 | 5 | 0 | 1 |
| PO | 2007 | 대전 | 1 | 0 | 0 | 0 | 0 | 1 | 0 | 0 |
| 컵 | 2004 | 대전 | 11 | 1 | 1 | 0 | 0 | 29 | 1 | 0 |
| | 2005 | 대전 | 12 | 0 | 0 | 0 | 0 | 27 | 1 | 0 |
| | 2006 | 대전 | 11 | 1 | 0 | 1 | 0 | 26 | 1 | 0 |
| | 2007 | 대전 | 6 | 1 | 0 | 0 | 0 | 10 | 0 | 0 |
| | 2008 | 대전 | 2 | 0 | 0 | 0 | 0 | 4 | 1 | 0 |
| | 2008 | 부산 | 6 | 0 | 0 | 0 | 0 | 8 | 1 | 0 |
| | 2009 | 부산 | 1 | 1 | 0 | 0 | 0 | 4 | 0 | 0 |
| 통산 | | | 186 | 26 | 3 | 9 | 0 | 388 | 26 | 1 |

**주앙빅토르**(Joao Victor Lima Ferreira) 브라질 1999.02.25

| 대회 | 연도 | 소속 | 출전 | 교체 | 득점 | 도움 | 실점 | 파울 | 경고 | 퇴장 |
|---|---|---|---|---|---|---|---|---|---|---|
| K1 | 2025 | 대전 | 13 | 12 | 4 | 2 | 0 | 10 | 1 | 0 |
| 통산 | | | 13 | 12 | 4 | 2 | 0 | 10 | 1 | 0 |

**주앙파울로**(Joao Paulo da Silva Araujo) 브라질 1988.06.02

| 대회 | 연도 | 소속 | 출전 | 교체 | 득점 | 도움 | 실점 | 파울 | 경고 | 퇴장 |
|---|---|---|---|---|---|---|---|---|---|---|
| K1 | 2011 | 광주 | 27 | 25 | 8 | 1 | 0 | 29 | 0 | 0 |
| | 2012 | 광주 | 40 | 40 | 8 | 7 | 0 | 47 | 5 | 0 |
| | 2013 | 대전 | 35 | 17 | 6 | 3 | 0 | 44 | 2 | 0 |
| | 2014 | 인천 | 5 | 5 | 0 | 0 | 0 | 1 | 0 | 0 |
| 컵 | 2011 | 광주 | 3 | 2 | 0 | 0 | 0 | 6 | 1 | 0 |
| 통산 | | | 110 | 89 | 22 | 11 | 0 | 127 | 8 | 0 |

**주영만**(朱榮萬) 국민대 1961.04.01

| 대회 | 연도 | 소속 | 출전 | 교체 | 득점 | 도움 | 실점 | 파울 | 경고 | 퇴장 |
|---|---|---|---|---|---|---|---|---|---|---|
| K1 | 1984 | 국민은행 | 17 | 1 | 0 | 0 | 0 | 15 | 0 | 0 |
| 통산 | | | 17 | 1 | 0 | 0 | 0 | 15 | 0 | 0 |

**주영재**(朱英宰) John Paul College(오스트레일리아) 1990.07.12

| 대회 | 연도 | 소속 | 출전 | 교체 | 득점 | 도움 | 실점 | 파울 | 경고 | 퇴장 |
|---|---|---|---|---|---|---|---|---|---|---|
| K1 | 2011 | 성남일화 | 0 | 0 | 0 | 0 | 0 | 0 | 0 | 0 |
| 통산 | | | 0 | 0 | 0 | 0 | 0 | 0 | 0 | 0 |

**주영재** 금호고 2002.07.12

| 대회 | 연도 | 소속 | 출전 | 교체 | 득점 | 도움 | 실점 | 파울 | 경고 | 퇴장 |
|---|---|---|---|---|---|---|---|---|---|---|
| K1 | 2023 | 광주 | 8 | 8 | 1 | 0 | 0 | 5 | 0 | 0 |
| 통산 | | | 8 | 8 | 1 | 0 | 0 | 5 | 0 | 0 |

**주영호**(周永昊) 숭실대 1975.10.24

| 대회 | 연도 | 소속 | 출전 | 교체 | 득점 | 도움 | 실점 | 파울 | 경고 | 퇴장 |
|---|---|---|---|---|---|---|---|---|---|---|
| K1 | 1998 | 전남 | 4 | 4 | 0 | 0 | 0 | 1 | 1 | 0 |
| | 1999 | 전남 | 19 | 9 | 0 | 0 | 0 | 28 | 3 | 0 |
| | 2000 | 전남 | 22 | 0 | 0 | 0 | 0 | 38 | 4 | 0 |
| | 2001 | 전남 | 12 | 2 | 0 | 0 | 0 | 21 | 0 | 0 |
| | 2002 | 전남 | 17 | 3 | 2 | 2 | 0 | 28 | 3 | 0 |
| | 2003 | 전남 | 19 | 6 | 0 | 0 | 0 | 42 | 2 | 0 |
| | 2004 | 전남 | 6 | 2 | 0 | 0 | 0 | 16 | 2 | 0 |
| | 2007 | 전남 | 0 | 0 | 0 | 0 | 0 | 0 | 0 | 0 |
| PO | 1998 | 전남 | 1 | 1 | 0 | 0 | 0 | 2 | 1 | 0 |
| 컵 | 1998 | 전남 | 2 | 1 | 0 | 0 | 0 | 0 | 1 | 0 |
| | 1999 | 전남 | 8 | 4 | 0 | 0 | 0 | 9 | 1 | 0 |
| | 2000 | 전남 | 12 | 4 | 0 | 0 | 0 | 21 | 2 | 0 |
| | 2001 | 전남 | 8 | 0 | 0 | 0 | 0 | 17 | 2 | 0 |
| | 2002 | 전남 | 2 | 0 | 0 | 0 | 0 | 5 | 0 | 0 |
| 통산 | | | 132 | 36 | 2 | 2 | 0 | 228 | 22 | 0 |

**주용국**(朱龍國) 경희대 1970.01.27

| 대회 | 연도 | 소속 | 출전 | 교체 | 득점 | 도움 | 실점 | 파울 | 경고 | 퇴장 |
|---|---|---|---|---|---|---|---|---|---|---|
| K1 | 1996 | 수원 | 0 | 0 | 0 | 0 | 0 | 0 | 0 | 0 |
| 컵 | 1996 | 수원 | 0 | 0 | 0 | 0 | 0 | 0 | 0 | 0 |
| 통산 | | | 0 | 0 | 0 | 0 | 0 | 0 | 0 | 0 |

**주용선**(朱容善) 동아대 1974.03.03

| 대회 | 연도 | 소속 | 출전 | 교체 | 득점 | 도움 | 실점 | 파울 | 경고 | 퇴장 |
|---|---|---|---|---|---|---|---|---|---|---|
| 컵 | 1997 | 전남 | 1 | 1 | 0 | 0 | 0 | 0 | 0 | 0 |
| 통산 | | | 1 | 1 | 0 | 0 | 0 | 0 | 0 | 0 |

**주원석**(朱源錫) 청주대 1996.01.19

| 대회 | 연도 | 소속 | 출전 | 교체 | 득점 | 도움 | 실점 | 파울 | 경고 | 퇴장 |
|---|---|---|---|---|---|---|---|---|---|---|
| K2 | 2019 | 아산 | 1 | 1 | 0 | 0 | 0 | 1 | 0 | 0 |
| | 2020 | 충남아산 | 3 | 3 | 0 | 0 | 0 | 1 | 0 | 0 |
| 통산 | | | 4 | 4 | 0 | 0 | 0 | 2 | 0 | 0 |

**주익성**(朱益成) 태성고 1992.09.10

| 대회 | 연도 | 소속 | 출전 | 교체 | 득점 | 도움 | 실점 | 파울 | 경고 | 퇴장 |
|---|---|---|---|---|---|---|---|---|---|---|
| K2 | 2014 | 대전 | 2 | 2 | 0 | 0 | 0 | 0 | 0 | 0 |
| 통산 | | | 2 | 2 | 0 | 0 | 0 | 0 | 0 | 0 |

**주인배**(朱仁培) 광주대 1989.09.16

| 대회 | 연도 | 소속 | 출전 | 교체 | 득점 | 도움 | 실점 | 파울 | 경고 | 퇴장 |
|---|---|---|---|---|---|---|---|---|---|---|
| K1 | 2012 | 경남 | 1 | 1 | 0 | 0 | 0 | 1 | 0 | 0 |
| 통산 | | | 1 | 1 | 0 | 0 | 0 | 1 | 0 | 0 |

**주일태**(朱一泰) 수원대 1991.11.28

| 대회 | 연도 | 소속 | 출전 | 교체 | 득점 | 도움 | 실점 | 파울 | 경고 | 퇴장 |
|---|---|---|---|---|---|---|---|---|---|---|
| K2 | 2013 | 부천 | 3 | 2 | 0 | 0 | 0 | 3 | 1 | 0 |
| | 2014 | 부천 | 4 | 4 | 0 | 0 | 0 | 2 | 1 | 0 |
| 통산 | | | 7 | 6 | 0 | 0 | 0 | 5 | 2 | 0 |

**주재덕**(周載德) 연세대 1985.07.25

| 대회 | 연도 | 소속 | 출전 | 교체 | 득점 | 도움 | 실점 | 파울 | 경고 | 퇴장 |
|---|---|---|---|---|---|---|---|---|---|---|
| K1 | 2009 | 전북 | 0 | 0 | 0 | 0 | 0 | 0 | 0 | 0 |
| 컵 | 2006 | 경남 | 0 | 0 | 0 | 0 | 0 | 0 | 0 | 0 |
| | 2007 | 경남 | 1 | 0 | 0 | 0 | 1 | 0 | 0 | 0 |
| | 2009 | 전북 | 0 | 0 | 0 | 0 | 0 | 0 | 0 | 0 |
| 통산 | | | 1 | 0 | 0 | 0 | 1 | 0 | 0 | 0 |

**주재현** 경기항공고 2002.02.26

| 대회 | 연도 | 소속 | 출전 | 교체 | 득점 | 도움 | 실점 | 파울 | 경고 | 퇴장 |
|---|---|---|---|---|---|---|---|---|---|---|
| K2 | 2023 | 안산 | 1 | 1 | 0 | 0 | 0 | 1 | 1 | 0 |
| 통산 | | | 1 | 1 | 0 | 0 | 0 | 1 | 1 | 0 |

**주종대**(朱倧大) 인천대 1996.04.23

| 대회 | 연도 | 소속 | 출전 | 교체 | 득점 | 도움 | 실점 | 파울 | 경고 | 퇴장 |
|---|---|---|---|---|---|---|---|---|---|---|
| K1 | 2019 | 인천 | 2 | 2 | 0 | 0 | 0 | 2 | 1 | 0 |
| K2 | 2020 | 부천 | 5 | 6 | 0 | 0 | 0 | 4 | 3 | 0 |
| 통산 | | | 7 | 8 | 0 | 0 | 0 | 6 | 4 | 0 |

**주한성**(朱漢成) 영남대 1995.06.07

| 대회 | 연도 | 소속 | 출전 | 교체 | 득점 | 도움 | 실점 | 파울 | 경고 | 퇴장 |
|---|---|---|---|---|---|---|---|---|---|---|
| K2 | 2017 | 서울E | 26 | 14 | 2 | 2 | 0 | 26 | 3 | 0 |
| 통산 | | | 26 | 14 | 2 | 2 | 0 | 26 | 3 | 0 |

**주현성**(朱賢城) 용인대 1999.03.31

| 대회 | 연도 | 소속 | 출전 | 교체 | 득점 | 도움 | 실점 | 파울 | 경고 | 퇴장 |
|---|---|---|---|---|---|---|---|---|---|---|
| K2 | 2021 | 서울E | 0 | 0 | 0 | 0 | 0 | 0 | 0 | 0 |
| | 2022 | 서울E | 0 | 0 | 0 | 0 | 0 | 0 | 0 | 0 |
| | 2023 | 서울E | 4 | 0 | 0 | 0 | 5 | 0 | 1 | 0 |
| | 2024 | 안산 | 5 | 1 | 0 | 0 | 6 | 0 | 1 | 0 |
| 통산 | | | 9 | 1 | 0 | 0 | 11 | 0 | 2 | 0 |

**주현우**(朱眩宇) 동신대 1990.09.12

| 대회 | 연도 | 소속 | 출전 | 교체 | 득점 | 도움 | 실점 | 파울 | 경고 | 퇴장 |
|---|---|---|---|---|---|---|---|---|---|---|
| K1 | 2015 | 광주 | 28 | 25 | 0 | 1 | 0 | 14 | 1 | 0 |
| | 2016 | 광주 | 20 | 17 | 2 | 2 | 0 | 17 | 3 | 0 |
| | 2017 | 광주 | 25 | 25 | 1 | 4 | 0 | 9 | 1 | 0 |
| | 2019 | 성남 | 30 | 11 | 1 | 4 | 0 | 20 | 0 | 0 |
| | 2025 | 안양 | 7 | 6 | 0 | 0 | 0 | 5 | 0 | 0 |
| K2 | 2018 | 성남 | 31 | 21 | 2 | 1 | 0 | 12 | 2 | 0 |
| | 2020 | 안양 | 19 | 3 | 0 | 1 | 0 | 14 | 0 | 0 |
| | 2021 | 안양 | 36 | 4 | 0 | 8 | 0 | 21 | 4 | 0 |
| | 2022 | 안양 | 40 | 23 | 1 | 3 | 0 | 27 | 3 | 0 |
| | 2023 | 안양 | 36 | 27 | 3 | 9 | 0 | 20 | 1 | 0 |
| | 2024 | 안양 | 31 | 19 | 0 | 2 | 0 | 14 | 2 | 0 |
| PO | 2021 | 안양 | 1 | 0 | 0 | 0 | 0 | 1 | 0 | 0 |
| | 2022 | 안양 | 3 | 3 | 0 | 1 | 0 | 0 | 0 | 0 |
| 통산 | | | 307 | 184 | 10 | 36 | 0 | 174 | 17 | 0 |

**주현재**(周鉉宰) 홍익대 1989.05.26

| 대회 | 연도 | 소속 | 출전 | 교체 | 득점 | 도움 | 실점 | 파울 | 경고 | 퇴장 |
|---|---|---|---|---|---|---|---|---|---|---|
| K1 | 2011 | 인천 | 0 | 0 | 0 | 0 | 0 | 0 | 0 | 0 |
| | 2012 | 인천 | 4 | 3 | 0 | 0 | 0 | 4 | 0 | 0 |

| | | | | | | | | | | |
|---|---|---|---|---|---|---|---|---|---|---|
| K2 | 2013 | 안양 | 11 | 10 | [illegible] | 0 | 0 | 12 | 1 | 0 |
| | 2014 | 안양 | 16 | 15 | 3 | 1 | 0 | 28 | 2 | 1 |
| | 2015 | 안양 | 36 | 17 | 4 | 3 | 1 | 50 | 6 | 0 |
| | 2016 | 안산무궁 | 32 | 24 | 2 | 2 | 0 | 34 | 6 | 0 |
| | 2017 | 아산 | 15 | 7 | 2 | 1 | 0 | 24 | 6 | 0 |
| | 2017 | 안양 | 4 | 2 | [illegible] | 0 | 0 | 10 | 1 | 0 |
| | 2018 | 안양 | 1 | 0 | 0 | 0 | 0 | 3 | 0 | 0 |
| | 2019 | 안양 | 9 | 7 | 0 | 0 | 0 | 7 | 0 | 0 |
| | 2020 | 안양 | 6 | 7 | 0 | 0 | 0 | 1 | 0 | 0 |
| 컵 | 2011 | 인천 | 0 | 0 | 0 | 0 | 0 | 0 | 0 | 0 |
| 통산 | | | 134 | 92 | 13 | 7 | 1 | 173 | 22 | 1 |

**주현호**(朱玹澔) 동국대 1996.03.01

| 대회 | 연도 | 소속 | 출전 | 교체 | 득점 | 도움 | 실점 | 파울 | 경고 | 퇴장 |
|---|---|---|---|---|---|---|---|---|---|---|
| K1 | 2017 | 수원 | 1 | 1 | 0 | 0 | 0 | 0 | 0 | 0 |
| | 2019 | 수원 | 0 | 0 | 0 | 0 | 0 | 0 | 0 | 0 |
| K2 | 2020 | 안산 | 2 | 2 | 0 | 0 | 0 | 2 | 1 | 0 |
| | 2021 | 안산 | 1 | 1 | 0 | 0 | 0 | 0 | 0 | 0 |
| 통산 | | | 4 | 4 | 0 | 0 | 0 | 2 | 1 | 0 |

**주호연**(朱淏淵) 제주국제대 2003.01.23

| 대회 | 연도 | 소속 | 출전 | 교체 | 득점 | 도움 | 실점 | 파울 | 경고 | 퇴장 |
|---|---|---|---|---|---|---|---|---|---|---|
| K1 | 2025 | 수원FC | 0 | 0 | 0 | 0 | 0 | 0 | 0 | 0 |
| 통산 | | | 0 | 0 | 0 | 0 | 0 | 0 | 0 | 0 |

**주호진**(朱浩眞) 인천대 1981.01.01

| 대회 | 연도 | 소속 | 출전 | 교체 | 득점 | 도움 | 실점 | 파울 | 경고 | 퇴장 |
|---|---|---|---|---|---|---|---|---|---|---|
| K1 | 2004 | 인천 | 0 | 0 | 0 | 0 | 0 | 0 | 0 | 0 |
| | 2005 | 인천 | 0 | 0 | 0 | 0 | 0 | 0 | 0 | 0 |
| 컵 | 2004 | 인천 | 1 | 0 | 0 | 0 | 0 | 0 | 1 | 0 |
| 통산 | | | 1 | 0 | 0 | 0 | 0 | 0 | 1 | 0 |

**주홍렬**(朱洪烈) 아주대 1972.08.02

| 대회 | 연도 | 소속 | 출전 | 교체 | 득점 | 도움 | 실점 | 파울 | 경고 | 퇴장 |
|---|---|---|---|---|---|---|---|---|---|---|
| K1 | 1995 | 전남 | 8 | 9 | 0 | 0 | 0 | 2 | 0 | 0 |
| | 1996 | 전남 | 17 | 10 | 0 | 1 | 0 | 30 | 3 | 0 |
| | 1997 | 전남 | 1 | 0 | 1 | 0 | 0 | 5 | 1 | 0 |
| | 1998 | 전남 | 1 | 1 | 0 | 0 | 0 | 1 | 1 | 0 |
| | 1999 | 천안일화 | 1 | 1 | 0 | 0 | 0 | 0 | 0 | 0 |
| 컵 | 1995 | 전남 | 6 | 5 | 0 | 0 | 0 | 9 | 1 | 0 |
| | 1997 | 전남 | 2 | 1 | 0 | 0 | 0 | 1 | 0 | 0 |
| | 1998 | 전남 | 9 | 6 | 0 | 0 | 0 | 15 | 3 | 0 |
| | 1999 | 천안일화 | 1 | 1 | 0 | 0 | 0 | 0 | 0 | 0 |
| 통산 | | | 46 | 34 | 1 | 1 | 0 | 63 | 9 | 0 |

**줄루**(Carlos Eduardo Alves Albina) 브라질 1983.08.18

| 대회 | 연도 | 소속 | 출전 | 교체 | 득점 | 도움 | 실점 | 파울 | 경고 | 퇴장 |
|---|---|---|---|---|---|---|---|---|---|---|
| K1 | 2010 | 포항 | 1 | 1 | 0 | 0 | 0 | 0 | 0 | 0 |
| 통산 | | | 1 | 1 | 0 | 0 | 0 | 0 | 0 | 0 |

**줄리안**(Julian Kristoffersen) 노르웨이 1997.05.10

| 대회 | 연도 | 소속 | 출전 | 교체 | 득점 | 도움 | 실점 | 파울 | 경고 | 퇴장 |
|---|---|---|---|---|---|---|---|---|---|---|
| K2 | 2020 | 전남 | 24 | 18 | 5 | 2 | 0 | 35 | 1 | 0 |
| 통산 | | | 24 | 18 | 5 | 2 | 0 | 35 | 1 | 0 |

**지경득**(池炅得) 배재대 1988.07.18

| 대회 | 연도 | 소속 | 출전 | 교체 | 득점 | 도움 | 실점 | 파울 | 경고 | 퇴장 |
|---|---|---|---|---|---|---|---|---|---|---|
| K1 | 2011 | 인천 | 2 | 2 | 0 | 0 | 0 | 2 | 0 | 0 |
| | 2012 | 대전 | 40 | 31 | 2 | 1 | 0 | 28 | 1 | 0 |
| | 2013 | 대전 | 9 | 10 | 0 | 0 | 0 | 3 | 0 | 0 |
| K2 | 2014 | 충주 | 12 | 12 | 0 | 3 | 0 | 6 | 0 | 0 |
| 컵 | 2011 | 인천 | 2 | 1 | 0 | 0 | 0 | 1 | 1 | 0 |
| 통산 | | | 65 | 56 | 2 | 4 | 0 | 40 | 2 | 0 |

**지구민**(池求民) 용인대 1993.04.18

| 대회 | 연도 | 소속 | 출전 | 교체 | 득점 | 도움 | 실점 | 파울 | 경고 | 퇴장 |
|---|---|---|---|---|---|---|---|---|---|---|
| K2 | 2016 | 고양 | 5 | 4 | 0 | 0 | 0 | 5 | 0 | 0 |
| 통산 | | | 5 | 4 | 0 | 0 | 0 | 5 | 0 | 0 |

**지네이**(Ednet Luis de Oliveira) 브라질 1981.02.14

| 대회 | 연도 | 소속 | 출전 | 교체 | 득점 | 도움 | 실점 | 파울 | 경고 | 퇴장 |
|---|---|---|---|---|---|---|---|---|---|---|
| K1 | 2006 | 대구 | 14 | 9 | 1 | 0 | 0 | 36 | 2 | 0 |
| 컵 | 2006 | 대구 | 12 | 5 | 3 | 1 | 0 | 27 | 0 | 0 |
| 통산 | | | 26 | 14 | 4 | 1 | 0 | 63 | 2 | 0 |

**지넬손**(Dinelson dos Santos Lima) 브라질 1986.02.04

| 대회 | 연도 | 소속 | 출전 | 교체 | 득점 | 도움 | 실점 | 파울 | 경고 | 퇴장 |
|---|---|---|---|---|---|---|---|---|---|---|
| K1 | 2012 | 대구 | 26 | 21 | 3 | 5 | 0 | 32 | 2 | 0 |
| 통산 | | | 26 | 21 | 3 | 5 | 0 | 32 | 2 | 0 |

**지뉴**(Claudio Wanderley Sarmento Neto) 브라질 1982.11.03

| 대회 | 연도 | 소속 | 출전 | 교체 | 득점 | 도움 | 실점 | 파울 | 경고 | 퇴장 |
|---|---|---|---|---|---|---|---|---|---|---|
| K1 | 2009 | 경남 | 6 | 3 | 0 | 0 | 0 | 15 | 0 | 0 |
| 컵 | 2009 | 경남 | 2 | 1 | 0 | 0 | 0 | 8 | 1 | 0 |
| 통산 | | | 8 | 4 | 0 | 0 | 0 | 23 | 1 | 0 |

**지동원**(池東沅) 광양제철고 1991.05.28

| 대회 | 연도 | 소속 | 출전 | 교체 | 득점 | 도움 | 실점 | 파울 | 경고 | 퇴장 |
|---|---|---|---|---|---|---|---|---|---|---|
| K1 | 2010 | 전남 | 22 | 3 | 7 | 3 | 0 | 35 | 2 | 0 |
| | 2011 | 전남 | 11 | 2 | 3 | 1 | 0 | 13 | 1 | 0 |
| | 2021 | 서울 | 12 | 10 | 1 | 1 | 0 | 14 | 2 | 0 |
| | 2022 | 서울 | 3 | 4 | 0 | 0 | 0 | 2 | 0 | 0 |
| | 2023 | 서울 | 10 | 9 | 1 | 1 | 0 | 5 | 1 | 0 |
| | 2024 | 수원FC | 36 | 36 | 6 | 3 | 0 | 32 | 1 | 0 |
| | 2025 | 수원FC | 11 | 11 | 0 | 1 | 0 | 8 | 0 | 0 |
| 컵 | 2010 | 전남 | 4 | 0 | 1 | 1 | 0 | 8 | 1 | 0 |
| | 2011 | 전남 | 2 | 2 | 0 | 0 | 0 | 0 | 0 | 0 |
| 통산 | | | 111 | 77 | 19 | 11 | 0 | 117 | 8 | 0 |

**지병주**(池秉珠) 인천대 1990.03.20

| 대회 | 연도 | 소속 | 출전 | 교체 | 득점 | 도움 | 실점 | 파울 | 경고 | 퇴장 |
|---|---|---|---|---|---|---|---|---|---|---|
| K1 | 2015 | 인천 | 1 | 1 | 0 | 0 | 0 | 2 | 1 | 0 |
| K2 | 2014 | 대구 | 0 | 0 | 0 | 0 | 0 | 0 | 0 | 0 |
| | 2016 | 부천 | 12 | 1 | 1 | 0 | 0 | 23 | 4 | 1 |
| | 2017 | 부천 | 12 | 8 | 0 | 0 | 0 | 12 | 1 | 0 |
| PO | 2016 | 부천 | 1 | 0 | 0 | 0 | 0 | 4 | 1 | 0 |
| 통산 | | | 26 | 10 | 1 | 0 | 0 | 41 | 7 | 1 |

**지상욱**(池尙昱) 제주U18 2003.01.13

| 대회 | 연도 | 소속 | 출전 | 교체 | 득점 | 도움 | 실점 | 파울 | 경고 | 퇴장 |
|---|---|---|---|---|---|---|---|---|---|---|
| K1 | 2023 | 제주 | 9 | 9 | 0 | 0 | 0 | 4 | 0 | 0 |
| | 2024 | 제주 | 1 | 1 | 0 | 0 | 0 | 0 | 0 | 0 |
| | 2025 | 제주 | 1 | 1 | 0 | 0 | 0 | 0 | 0 | 0 |
| K2 | 2023 | 전남 | 12 | 12 | 1 | 2 | 0 | 8 | 0 | 0 |
| | 2024 | 충북청주 | 14 | 14 | 0 | 2 | 0 | 6 | 1 | 0 |
| 통산 | | | 37 | 37 | 1 | 4 | 0 | 18 | 1 | 0 |

**지아고**(Tiago Cipreste Pereira) 브라질 1980.02.01

| 대회 | 연도 | 소속 | 출전 | 교체 | 득점 | 도움 | 실점 | 파울 | 경고 | 퇴장 |
|---|---|---|---|---|---|---|---|---|---|---|
| K1 | 2004 | 대전 | 9 | 6 | 3 | 1 | 0 | 31 | 2 | 0 |
| 통산 | | | 9 | 6 | 3 | 1 | 0 | 31 | 2 | 0 |

**지안**(Barbu Constantin) 루마니아 1971.05.16

| 대회 | 연도 | 소속 | 출전 | 교체 | 득점 | 도움 | 실점 | 파울 | 경고 | 퇴장 |
|---|---|---|---|---|---|---|---|---|---|---|
| K1 | 1997 | 수원 | 5 | 4 | 2 | 0 | 0 | 3 | 1 | 0 |
| 컵 | 1997 | 수원 | 1 | 0 | 0 | 0 | 0 | 0 | 0 | 0 |
| 통산 | | | 6 | 4 | 2 | 0 | 0 | 3 | 1 | 0 |

**지안**(Jean Carlos Cloth Goncalves) 브라질 1993.07.02

| 대회 | 연도 | 소속 | 출전 | 교체 | 득점 | 도움 | 실점 | 파울 | 경고 | 퇴장 |
|---|---|---|---|---|---|---|---|---|---|---|
| K1 | 2018 | 대구 | 4 | 2 | 0 | 0 | 0 | 8 | 0 | 0 |
| 통산 | | | 4 | 2 | 0 | 0 | 0 | 8 | 0 | 0 |

**지언학**(池彦學) 경희대 1994.03.22

| 대회 | 연도 | 소속 | 출전 | 교체 | 득점 | 도움 | 실점 | 파울 | 경고 | 퇴장 |
|---|---|---|---|---|---|---|---|---|---|---|
| K1 | 2019 | 인천 | 20 | 10 | 1 | 2 | 0 | 21 | 1 | 0 |
| | 2020 | 인천 | 16 | 8 | 2 | 1 | 0 | 7 | 0 | 0 |
| | 2021 | 인천 | 11 | 11 | 0 | 0 | 0 | 4 | 0 | 0 |
| | 2022 | 김천 | 4 | 5 | 0 | 0 | 0 | 0 | 0 | 0 |
| | 2024 | 인천 | 6 | 6 | 1 | 0 | 0 | 3 | 0 | 0 |
| K2 | 2021 | 김천 | 5 | 5 | 0 | 0 | 0 | 2 | 1 | 0 |
| | 2023 | 충남아산 | 10 | 10 | 2 | 1 | 0 | 0 | 0 | 0 |
| | 2025 | 충북청주 | 14 | 12 | 0 | 1 | 0 | 7 | 1 | 0 |
| 통산 | | | 86 | 67 | 6 | 5 | 0 | 44 | 3 | 0 |

**지오바니**(Jose Thomaz Geovane de Oliveira) 브라질 1985.08.05

| 대회 | 연도 | 소속 | 출전 | 교체 | 득점 | 도움 | 실점 | 파울 | 경고 | 퇴장 |
|---|---|---|---|---|---|---|---|---|---|---|
| K1 | 2008 | 대구 | 10 | 8 | 3 | 1 | 0 | 6 | 0 | 0 |
| 컵 | 2008 | 대구 | 2 | 0 | 0 | 1 | 0 | 1 | 0 | 0 |
| 통산 | | | 12 | 8 | 3 | 2 | 0 | 7 | 0 | 0 |

**지오바니**(Geovani Reis Nascimento Junior) 브라질 2001.05.15

| 대회 | 연도 | 소속 | 출전 | 교체 | 득점 | 도움 | 실점 | 파울 | 경고 | 퇴장 |
|---|---|---|---|---|---|---|---|---|---|---|
| K1 | 2025 | 대구 | 11 | 11 | 2 | 0 | 0 | 13 | 0 | 0 |
| 통산 | | | 11 | 11 | 2 | 0 | 0 | 13 | 0 | 0 |

**지우**(Givanilton Martins Ferreira: Gil) 브라질 1991.04.13

| 대회 | 연도 | 소속 | 출전 | 교체 | 득점 | 도움 | 실점 | 파울 | 경고 | 퇴장 |
|---|---|---|---|---|---|---|---|---|---|---|
| K2 | 2015 | 강원 | 18 | 9 | 9 | 5 | 0 | 10 | 2 | 0 |
| | 2018 | 광주 | 8 | 7 | 0 | 1 | 0 | 0 | 0 | 0 |
| 통산 | | | 26 | 16 | 9 | 6 | 0 | 10 | 2 | 0 |

**지의수**(池宜水) 중경고 2000.03.25

| 대회 | 연도 | 소속 | 출전 | 교체 | 득점 | 도움 | 실점 | 파울 | 경고 | 퇴장 |
|---|---|---|---|---|---|---|---|---|---|---|
| K1 | 2019 | 강원 | 0 | 0 | 0 | 0 | 0 | 0 | 0 | 0 |
| | 2020 | 강원 | 0 | 0 | 0 | 0 | 0 | 0 | 0 | 0 |
| 통산 | | | 0 | 0 | 0 | 0 | 0 | 0 | 0 | 0 |

**지쿠**(Ianis Alin Zicu) 루마니아 1983.10.23

| 대회 | 연도 | 소속 | 출전 | 교체 | 득점 | 도움 | 실점 | 파울 | 경고 | 퇴장 |
|---|---|---|---|---|---|---|---|---|---|---|
| K1 | 2012 | 포항 | 15 | 12 | 6 | 0 | 0 | 12 | 1 | 0 |
| | 2012 | 강원 | 17 | 1 | 9 | 4 | 0 | 20 | 2 | 0 |
| | 2013 | 강원 | 27 | 3 | 6 | 3 | 0 | 42 | 3 | 0 |
| PO | 2013 | 강원 | 2 | 2 | 0 | 0 | 0 | 2 | 0 | 0 |
| 통산 | | | 61 | 18 | 21 | 7 | 0 | 76 | 6 | 0 |

**진경선**(陳慶先) 아주대 1980.04.10

| 대회 | 연도 | 소속 | 출전 | 교체 | 득점 | 도움 | 실점 | 파울 | 경고 | 퇴장 |
|---|---|---|---|---|---|---|---|---|---|---|
| K1 | 2003 | 부천SK | 4 | 1 | 0 | 0 | 0 | 10 | 2 | 0 |
| | 2006 | 대구 | 12 | 2 | 1 | 0 | 0 | 32 | 3 | 0 |
| | 2007 | 대구 | 21 | 5 | 0 | 2 | 0 | 38 | 2 | 0 |
| | 2008 | 대구 | 25 | 0 | 0 | 5 | 0 | 35 | 3 | 0 |
| | 2009 | 전북 | 22 | 0 | 0 | 1 | 0 | 45 | 5 | 0 |
| | 2010 | 전북 | 20 | 2 | 0 | 0 | 0 | 45 | 6 | 0 |
| | 2011 | 전북 | 7 | 4 | 0 | 0 | 0 | 13 | 2 | 0 |
| | 2012 | 전북 | 22 | 2 | 1 | 1 | 0 | 38 | 6 | 0 |
| | 2013 | 강원 | 35 | 5 | 1 | 1 | 0 | 55 | 7 | 0 |
| | 2014 | 경남 | 23 | 5 | 1 | 1 | 0 | 32 | 4 | 0 |
| K2 | 2015 | 경남 | 22 | 3 | 0 | 0 | 0 | 31 | 2 | 0 |
| | 2016 | 경남 | 21 | 15 | 1 | 0 | 0 | 11 | 1 | 0 |
| | 2017 | 경남 | 1 | 1 | 0 | 0 | 0 | 1 | 0 | 0 |
| PO | 2009 | 전북 | 2 | 0 | 0 | 0 | 0 | 6 | 1 | 0 |
| | 2010 | 전북 | 3 | 1 | 0 | 0 | 0 | 8 | 1 | 0 |
| | 2013 | 강원 | 2 | 0 | 0 | 0 | 0 | 2 | 0 | 0 |
| | 2014 | 경남 | 2 | 0 | 0 | 0 | 0 | 3 | 0 | 0 |
| 컵 | 2006 | 대구 | 5 | 1 | 0 | 0 | 0 | 19 | 1 | 0 |
| | 2007 | 대구 | 6 | 3 | 0 | 0 | 0 | 20 | 2 | 0 |
| | 2008 | 대구 | 9 | 0 | 0 | 0 | 0 | 17 | 1 | 0 |
| | 2009 | 전북 | 2 | 0 | 0 | 0 | 0 | 2 | 0 | 0 |
| | 2010 | 전북 | 6 | 2 | 0 | 0 | 0 | 10 | 1 | 0 |
| 통산 | | | 272 | 52 | 5 | 11 | 0 | 473 | 50 | 0 |

**진대성**(晋大星) 전주대 1989.09.19

| 대회 | 연도 | 소속 | 출전 | 교체 | 득점 | 도움 | 실점 | 파울 | 경고 | 퇴장 |
|---|---|---|---|---|---|---|---|---|---|---|
| K1 | 2012 | 제주 | 1 | 1 | 0 | 0 | 0 | 1 | 0 | 0 |
| | 2013 | 제주 | 0 | 0 | 0 | 0 | 0 | 0 | 0 | 0 |
| | 2014 | 제주 | 19 | 19 | 3 | 0 | 0 | 4 | 0 | 0 |
| | 2015 | 제주 | 11 | 9 | 2 | 1 | 0 | 8 | 0 | 0 |
| | 2017 | 상주 | 2 | 2 | 0 | 0 | 0 | 3 | 0 | 0 |
| K2 | 2016 | 대전 | 24 | 20 | 3 | 5 | 0 | 21 | 1 | 0 |
| PO | 2017 | 상주 | 1 | 1 | 0 | 0 | 0 | 1 | 0 | 0 |
| 통산 | | | 58 | 52 | 8 | 6 | 0 | 38 | 1 | 0 |

**진민호**(陳珉虎) 덕산중 1985.08.12

| 대회 | 연도 | 소속 | 출전 | 교체 | 득점 | 도움 | 실점 | 파울 | 경고 | 퇴장 |
|---|---|---|---|---|---|---|---|---|---|---|
| K1 | 2005 | 부산 | 0 | 0 | 0 | 0 | 0 | 0 | 0 | 0 |
| 통산 | | | 0 | 0 | 0 | 0 | 0 | 0 | 0 | 0 |

**진성욱**(陳成昱) 대건고 1993.12.16

| 대회 | 연도 | 소속 | 출전 | 교체 | 득점 | 도움 | 실점 | 파울 | 경고 | 퇴장 |
|---|---|---|---|---|---|---|---|---|---|---|

| 대회 | 연도 | 소속 | 출전 | 교체 | 득점 | 도움 | 실점 | 파울 | 경고 | 퇴장 |
|---|---|---|---|---|---|---|---|---|---|---|
| K1 | 2012 | 인천 | 2 | 2 | 0 | 0 | 0 | 2 | 0 | 0 |
| | 2014 | 인천 | 26 | 25 | 6 | 0 | 0 | 25 | 3 | 0 |
| | 2015 | 인천 | 27 | 27 | 4 | 1 | 0 | 31 | 3 | 0 |
| | 2016 | 인천 | 31 | 21 | 5 | 3 | 0 | 47 | 3 | 0 |
| | 2017 | 제주 | 29 | 26 | 5 | 1 | 0 | 45 | 4 | 0 |
| | 2018 | 제주 | 25 | 22 | 2 | 2 | 0 | 20 | 1 | 0 |
| | 2019 | 상주 | 6 | 4 | 0 | 0 | 0 | 8 | 0 | 0 |
| | 2020 | 상주 | 5 | 1 | 0 | 1 | 0 | 10 | 0 | 0 |
| | 2021 | 제주 | 23 | 23 | 0 | 3 | 0 | 25 | 1 | 1 |
| | 2022 | 제주 | 19 | 18 | 2 | 1 | 0 | 19 | 5 | 0 |
| | 2023 | 제주 | 1 | 2 | 0 | 0 | 0 | 0 | 0 | 0 |
| | 2024 | 제주 | 16 | 16 | 2 | 0 | 0 | 10 | 4 | 1 |
| K2 | 2020 | 제주 | 8 | 6 | 5 | 2 | 0 | 16 | 2 | 0 |
| | 2023 | 성남 | 15 | 13 | 3 | 1 | 0 | 13 | 3 | 0 |
| | 2025 | 성남 | 4 | 5 | 0 | 0 | 0 | 6 | 0 | 0 |
| 통산 | | | 237 | 211 | 34 | 15 | 0 | 277 | 29 | 2 |

**진세민**(陳垚玟) 용인대 1998.05.23

| 대회 | 연도 | 소속 | 출전 | 교체 | 득점 | 도움 | 실점 | 파울 | 경고 | 퇴장 |
|---|---|---|---|---|---|---|---|---|---|---|
| K2 | 2021 | 경남 | 2 | 2 | 0 | 1 | 0 | 1 | 1 | 0 |
| 통산 | | | 2 | 2 | 0 | 1 | 0 | 1 | 1 | 0 |

**진순진**(陳順珍) 상지대 1974.03.01

| 대회 | 연도 | 소속 | 출전 | 교체 | 득점 | 도움 | 실점 | 파울 | 경고 | 퇴장 |
|---|---|---|---|---|---|---|---|---|---|---|
| K1 | 1999 | 안양LG | 8 | 6 | 0 | 0 | 0 | 10 | 0 | 0 |
| | 2000 | 안양LG | 2 | 0 | 0 | 0 | 0 | 5 | 2 | 0 |
| | 2002 | 안양LG | 17 | 9 | 6 | 0 | 0 | 36 | 2 | 0 |
| | 2003 | 안양LG | 40 | 28 | 10 | 2 | 0 | 67 | 3 | 0 |
| | 2004 | 대구 | 19 | 18 | 4 | 2 | 0 | 23 | 1 | 0 |
| | 2005 | 대구 | 17 | 17 | 3 | 1 | 0 | 16 | 3 | 0 |
| | 2006 | 전남 | 1 | 1 | 0 | 0 | 0 | 2 | 0 | 0 |
| PO | 2000 | 안양LG | 2 | 1 | 0 | 0 | 1 | 4 | 0 | 0 |
| 컵 | 1999 | 안양LG | 3 | 3 | 1 | 0 | 0 | 1 | 0 | 0 |
| | 2000 | 안양LG | 2 | 2 | 0 | 0 | 0 | 3 | 1 | 0 |
| | 2002 | 안양LG | 1 | 1 | 0 | 0 | 0 | 0 | 0 | 0 |
| | 2004 | 대구 | 8 | 7 | 3 | 1 | 0 | 10 | 1 | 0 |
| | 2005 | 대구 | 11 | 10 | 4 | 0 | 0 | 17 | 0 | 0 |
| 통산 | | | 131 | 103 | 31 | 6 | 1 | 194 | 13 | 0 |

**진시우**(進時宇) 경기항공고 2002.08.05

| 대회 | 연도 | 소속 | 출전 | 교체 | 득점 | 도움 | 실점 | 파울 | 경고 | 퇴장 |
|---|---|---|---|---|---|---|---|---|---|---|
| K1 | 2024 | 전북 | 3 | 3 | 0 | 0 | 0 | 2 | 0 | 0 |
| | 2025 | 광주 | 23 | 5 | 0 | 0 | 0 | 20 | 7 | 0 |
| 통산 | | | 26 | 8 | 0 | 0 | 0 | 22 | 7 | 0 |

**진의준**(陳義準) 연세대 2003.04.21

| 대회 | 연도 | 소속 | 출전 | 교체 | 득점 | 도움 | 실점 | 파울 | 경고 | 퇴장 |
|---|---|---|---|---|---|---|---|---|---|---|
| K2 | 2025 | 천안 | 5 | 3 | 0 | 0 | 0 | 5 | 1 | 1 |
| 통산 | | | 5 | 3 | 0 | 0 | 0 | 5 | 1 | 1 |

**진장상곤**(陳章相坤) 경희대 1958.06.20

| 대회 | 연도 | 소속 | 출전 | 교체 | 득점 | 도움 | 실점 | 파울 | 경고 | 퇴장 |
|---|---|---|---|---|---|---|---|---|---|---|
| K1 | 1983 | 국민은행 | 3 | 1 | 0 | 0 | 0 | 4 | 0 | 0 |
| | 1984 | 현대 | 27 | 3 | 0 | 2 | 0 | 18 | 0 | 0 |
| | 1985 | 현대 | 20 | 1 | 0 | 0 | 0 | 22 | 1 | 0 |
| | 1986 | 현대 | 14 | 1 | 0 | 0 | 0 | 21 | 1 | 0 |
| | 1987 | 현대 | 16 | 5 | 0 | 0 | 0 | 12 | 3 | 0 |
| | 1988 | 현대 | 15 | 0 | 0 | 1 | 0 | 20 | 0 | 0 |
| | 1989 | 현대 | 18 | 8 | 0 | 0 | 0 | 24 | 1 | 0 |
| 컵 | 1986 | 현대 | 15 | 2 | 0 | 0 | 0 | 25 | 1 | 0 |
| 통산 | | | 128 | 21 | 0 | 3 | 0 | 146 | 7 | 0 |

**진준서**(陳俊㥠) 인천대 2005.02.01

| 대회 | 연도 | 소속 | 출전 | 교체 | 득점 | 도움 | 실점 | 파울 | 경고 | 퇴장 |
|---|---|---|---|---|---|---|---|---|---|---|
| K1 | 2024 | 강원 | 6 | 6 | 1 | 0 | 0 | 4 | 2 | 0 |
| | 2025 | 강원 | 2 | 2 | 0 | 0 | 0 | 0 | 0 | 0 |
| 통산 | | | 8 | 8 | 1 | 0 | 0 | 4 | 2 | 0 |

**진창수**(秦昌守) 도쿄조선고(일본) 1985.10.26

| 대회 | 연도 | 소속 | 출전 | 교체 | 득점 | 도움 | 실점 | 파울 | 경고 | 퇴장 |
|---|---|---|---|---|---|---|---|---|---|---|
| K2 | 2013 | 고양 | 33 | 26 | 5 | 3 | 0 | 57 | 3 | 0 |
| | 2015 | 고양 | 39 | 20 | 7 | 6 | 0 | 60 | 2 | 0 |
| | 2016 | 부천 | 37 | 25 | 7 | 6 | 0 | 71 | 3 | 0 |
| | 2017 | 부천 | 35 | 25 | 9 | 3 | 0 | 52 | 4 | 0 |
| | 2018 | 부천 | 31 | 30 | 7 | 2 | 0 | 26 | 2 | 0 |
| | 2019 | 안산 | 8 | 8 | 1 | 0 | 0 | 10 | 1 | 0 |
| PO | 2016 | 부천 | 1 | 1 | 0 | 0 | 0 | 0 | 0 | 0 |
| 통산 | | | 184 | 135 | 36 | 20 | 0 | 276 | 15 | 0 |

**진태호**(陳泰浩) 영생고 2006.01.20

| 대회 | 연도 | 소속 | 출전 | 교체 | 득점 | 도움 | 실점 | 파울 | 경고 | 퇴장 |
|---|---|---|---|---|---|---|---|---|---|---|
| K1 | 2025 | 전북 | 12 | 12 | 0 | 1 | 0 | 1 | 0 | 0 |
| 통산 | | | 12 | 12 | 0 | 1 | 0 | 1 | 0 | 0 |

**진필립**(陳必立) 중원대 2000.09.02

| 대회 | 연도 | 소속 | 출전 | 교체 | 득점 | 도움 | 실점 | 파울 | 경고 | 퇴장 |
|---|---|---|---|---|---|---|---|---|---|---|
| K2 | 2021 | 부산 | 0 | 0 | 0 | 0 | 0 | 0 | 0 | 0 |
| | 2022 | 부산 | 0 | 0 | 0 | 0 | 0 | 0 | 0 | 0 |
| 통산 | | | 0 | 0 | 0 | 0 | 0 | 0 | 0 | 0 |

**질베르**(Gilbert Massock) 카메룬 1977.06.05

| 대회 | 연도 | 소속 | 출전 | 교체 | 득점 | 도움 | 실점 | 파울 | 경고 | 퇴장 |
|---|---|---|---|---|---|---|---|---|---|---|
| K1 | 1997 | 안양LG | 2 | 2 | 0 | 0 | 0 | 9 | 0 | 0 |
| 컵 | 1997 | 안양LG | 2 | 2 | 0 | 0 | 0 | 5 | 0 | 0 |
| 통산 | | | 4 | 4 | 0 | 0 | 0 | 14 | 0 | 0 |

**질베르토**(Gilberto Valdenesio Fortunato) 브라질 1987.07.11

| 대회 | 연도 | 소속 | 출전 | 교체 | 득점 | 도움 | 실점 | 파울 | 경고 | 퇴장 |
|---|---|---|---|---|---|---|---|---|---|---|
| K1 | 2015 | 광주 | 6 | 5 | 1 | 0 | 0 | 19 | 1 | 0 |
| 통산 | | | 6 | 5 | 1 | 0 | 0 | 19 | 1 | 0 |

**짜시오** (Jacio Marcos de Jesus) 브라질 1989.07.30

| 대회 | 연도 | 소속 | 출전 | 교체 | 득점 | 도움 | 실점 | 파울 | 경고 | 퇴장 |
|---|---|---|---|---|---|---|---|---|---|---|
| K1 | 2014 | 부산 | 6 | 6 | 0 | 0 | 0 | 3 | 1 | 0 |
| 통산 | | | 6 | 6 | 0 | 0 | 0 | 3 | 1 | 0 |

**쯔엉**(Luong Xuan Truong, 梁春長) 베트남 1995.04.28

| 대회 | 연도 | 소속 | 출전 | 교체 | 득점 | 도움 | 실점 | 파울 | 경고 | 퇴장 |
|---|---|---|---|---|---|---|---|---|---|---|
| K1 | 2016 | 인천 | 4 | 4 | 0 | 0 | 0 | 2 | 0 | 0 |
| | 2017 | 강원 | 2 | 2 | 0 | 0 | 0 | 1 | 0 | 0 |
| 통산 | | | 6 | 6 | 0 | 0 | 0 | 3 | 0 | 0 |

**찌아고**(Thiago Gentil) 브라질 1980.04.08

| 대회 | 연도 | 소속 | 출전 | 교체 | 득점 | 도움 | 실점 | 파울 | 경고 | 퇴장 |
|---|---|---|---|---|---|---|---|---|---|---|
| K1 | 2005 | 대구 | 23 | 11 | 4 | 0 | 0 | 29 | 1 | 0 |
| 컵 | 2005 | 대구 | 7 | 4 | 2 | 0 | 0 | 11 | 0 | 0 |
| 통산 | | | 30 | 15 | 6 | 0 | 0 | 40 | 1 | 0 |

**찌아고** (Thiago Elias do Nascimento Sil) 브라질 1987.06.09

| 대회 | 연도 | 소속 | 출전 | 교체 | 득점 | 도움 | 실점 | 파울 | 경고 | 퇴장 |
|---|---|---|---|---|---|---|---|---|---|---|
| K1 | 2013 | 인천 | 19 | 19 | 1 | 3 | 0 | 8 | 0 | 0 |
| 통산 | | | 19 | 19 | 1 | 3 | 0 | 8 | 0 | 0 |

**찌아구**(Tiago Marques Rezende) 브라질 1988.03.03

| 대회 | 연도 | 소속 | 출전 | 교체 | 득점 | 도움 | 실점 | 파울 | 경고 | 퇴장 |
|---|---|---|---|---|---|---|---|---|---|---|
| K1 | 2018 | 제주 | 31 | 26 | 8 | 1 | 0 | 31 | 1 | 0 |
| | 2019 | 제주 | 15 | 11 | 4 | 0 | 0 | 11 | 0 | 0 |
| 통산 | | | 46 | 37 | 12 | 1 | 0 | 42 | 1 | 0 |

**찌코**(Dilmar dos Santos Machado) 브라질 1975.01.26

| 대회 | 연도 | 소속 | 출전 | 교체 | 득점 | 도움 | 실점 | 파울 | 경고 | 퇴장 |
|---|---|---|---|---|---|---|---|---|---|---|
| K1 | 2001 | 전남 | 23 | 8 | 8 | 1 | 0 | 31 | 4 | 1 |
| | 2002 | 전남 | 12 | 9 | 3 | 0 | 0 | 17 | 3 | 0 |
| | 2003 | 전남 | 4 | 2 | 0 | 0 | 0 | 7 | 0 | 0 |
| 통산 | | | 39 | 19 | 11 | 1 | 0 | 55 | 7 | 1 |

**차강**(車嫝) 한양대 1994.01.06

| 대회 | 연도 | 소속 | 출전 | 교체 | 득점 | 도움 | 실점 | 파울 | 경고 | 퇴장 |
|---|---|---|---|---|---|---|---|---|---|---|
| K2 | 2017 | 안산 | 0 | 0 | 0 | 0 | 0 | 0 | 0 | 0 |
| 통산 | | | 0 | 0 | 0 | 0 | 0 | 0 | 0 | 0 |

**차건명**(車建明) 관동대(가톨릭관동대) 1981.12.26

| 대회 | 연도 | 소속 | 출전 | 교체 | 득점 | 도움 | 실점 | 파울 | 경고 | 퇴장 |
|---|---|---|---|---|---|---|---|---|---|---|
| K1 | 2009 | 제주 | 1 | 1 | 0 | 0 | 0 | 2 | 0 | 0 |
| 컵 | 2009 | 제주 | 1 | 0 | 0 | 0 | 0 | 6 | 1 | 0 |
| 통산 | | | 2 | 1 | 0 | 0 | 0 | 8 | 1 | 0 |

**차광식**(車光植) 광운대 1963.05.09

| 대회 | 연도 | 소속 | 출전 | 교체 | 득점 | 도움 | 실점 | 파울 | 경고 | 퇴장 |
|---|---|---|---|---|---|---|---|---|---|---|
| K1 | 1986 | 한일은행 | 19 | 0 | 0 | 0 | 0 | 11 | 0 | 0 |
| | 1988 | 럭키금성 | 7 | 5 | 0 | 0 | 0 | 3 | 0 | 0 |
| | 1989 | 럭키금성 | 35 | 3 | 1 | 2 | 0 | 22 | 1 | 0 |
| | 1990 | 럭키금성 | 29 | 6 | 1 | 1 | 0 | 9 | 1 | 0 |
| | 1991 | LG | 23 | 8 | 0 | 0 | 0 | 11 | 0 | 0 |
| | 1992 | LG | 7 | 3 | 0 | 0 | 0 | 6 | 1 | 0 |
| 통산 | | | 120 | 25 | 2 | 3 | 0 | 62 | 3 | 0 |

**차귀현**(車貴鉉) 한양대 1975.01.12

| 대회 | 연도 | 소속 | 출전 | 교체 | 득점 | 도움 | 실점 | 파울 | 경고 | 퇴장 |
|---|---|---|---|---|---|---|---|---|---|---|
| K1 | 1997 | 대전 | 5 | 5 | 0 | 0 | 0 | 6 | 0 | 0 |
| | 1998 | 대전 | 8 | 11 | 0 | 0 | 0 | 4 | 0 | 0 |
| | 1999 | 전남 | 13 | 15 | 1 | 0 | 0 | 10 | 0 | 0 |
| 컵 | 1997 | 대전 | 12 | 7 | 3 | 1 | 0 | 18 | 1 | 0 |
| | 1999 | 전남 | 2 | 1 | 0 | 0 | 0 | 2 | 0 | 0 |
| 통산 | | | 40 | 39 | 4 | 1 | 0 | 40 | 1 | 0 |

**차기석**(車奇錫) 서울체고 1986.12.26

| 대회 | 연도 | 소속 | 출전 | 교체 | 득점 | 도움 | 실점 | 파울 | 경고 | 퇴장 |
|---|---|---|---|---|---|---|---|---|---|---|
| K1 | 2005 | 전남 | 0 | 0 | 0 | 0 | 0 | 0 | 0 | 0 |
| 통산 | | | 0 | 0 | 0 | 0 | 0 | 0 | 0 | 0 |

**차두리**(車두리) 고려대 1980.07.25

| 대회 | 연도 | 소속 | 출전 | 교체 | 득점 | 도움 | 실점 | 파울 | 경고 | 퇴장 |
|---|---|---|---|---|---|---|---|---|---|---|
| K1 | 2013 | 서울 | 30 | 7 | 0 | 3 | 0 | 25 | 2 | 0 |
| | 2014 | 서울 | 28 | 5 | 0 | 2 | 0 | 29 | 3 | 0 |
| | 2015 | 서울 | 24 | 5 | 2 | 2 | 0 | 23 | 6 | 0 |
| 통산 | | | 82 | 17 | 2 | 7 | 0 | 77 | 11 | 0 |

**차상광** (車相光) 한양대 1963.05.31

| 대회 | 연도 | 소속 | 출전 | 교체 | 득점 | 도움 | 실점 | 파울 | 경고 | 퇴장 |
|---|---|---|---|---|---|---|---|---|---|---|
| K1 | 1986 | 럭키금성 | 6 | 1 | 0 | 0 | 5 | 1 | 0 | 0 |
| | 1987 | 럭키금성 | 15 | 1 | 0 | 0 | 19 | 0 | 0 | 0 |
| | 1988 | 럭키금성 | 16 | 0 | 0 | 0 | 17 | 0 | 0 | 0 |
| | 1989 | 럭키금성 | 32 | 1 | 0 | 0 | 31 | 0 | 1 | 0 |
| | 1990 | 럭키금성 | 28 | 0 | 0 | 0 | 23 | 0 | 1 | 0 |
| | 1991 | LG | 36 | 3 | 0 | 0 | 43 | 0 | 1 | 0 |
| | 1992 | 포항제철 | 29 | 0 | 0 | 0 | 28 | 1 | 0 | 0 |
| | 1993 | 포항제철 | 7 | 0 | 0 | 0 | 8 | 0 | 0 | 0 |
| | 1994 | 유공 | 16 | 0 | 0 | 0 | 14 | 0 | 0 | 0 |
| | 1995 | LG | 10 | 0 | 0 | 0 | 14 | 0 | 0 | 0 |
| | 1996 | 부천유공 | 1 | 0 | 0 | 0 | 1 | 0 | 0 | 0 |
| | 1997 | 천안일화 | 9 | 1 | 0 | 0 | 12 | 0 | 0 | 0 |
| 컵 | 1986 | 럭키금성 | 1 | 0 | 0 | 0 | 2 | 0 | 0 | 0 |
| | 1992 | 포항제철 | 4 | 0 | 0 | 0 | 4 | 0 | 0 | 0 |
| | 1994 | 유공 | 6 | 0 | 0 | 0 | 7 | 1 | 0 | 0 |
| | 1995 | LG | 5 | 0 | 0 | 0 | 7 | 0 | 0 | 0 |
| | 1996 | 부천유공 | 0 | 0 | 0 | 0 | 0 | 0 | 0 | 0 |
| | 1997 | 천안일화 | 5 | 0 | 0 | 0 | 5 | 0 | 0 | 0 |
| 통산 | | | 226 | 7 | 0 | 0 | 240 | 3 | 3 | 0 |

**차상해**(車相海) 중동고 1965.10.20

| 대회 | 연도 | 소속 | 출전 | 교체 | 득점 | 도움 | 실점 | 파울 | 경고 | 퇴장 |
|---|---|---|---|---|---|---|---|---|---|---|
| K1 | 1989 | 럭키금성 | 22 | 16 | 6 | 4 | 0 | 22 | 0 | 0 |
| | 1991 | 대우 | 7 | 7 | 0 | 0 | 0 | 7 | 0 | 0 |
| | 1992 | 대우 | 1 | 1 | 0 | 0 | 0 | 1 | 0 | 0 |
| | 1992 | 포항제철 | 11 | 6 | 3 | 1 | 0 | 29 | 3 | 0 |
| | 1993 | 포항제철 | 23 | 16 | 10 | 2 | 0 | 32 | 1 | 0 |
| | 1994 | 포항제철 | 18 | 14 | 3 | 1 | 0 | 14 | 0 | 0 |
| | 1995 | 유공 | 12 | 6 | 1 | 1 | 0 | 18 | 2 | 0 |
| | 1995 | 대우 | 6 | 5 | 1 | 0 | 0 | 10 | 3 | 0 |
| | 1996 | 부천유공 | 5 | 5 | 0 | 0 | 0 | 5 | 0 | 0 |
| | 1996 | 안양LG | 3 | 3 | 0 | 0 | 0 | 2 | 0 | 0 |
| 컵 | 1992 | 포항제철 | 5 | 3 | 1 | 1 | 0 | 11 | 1 | 0 |
| | 1993 | 포항제철 | 4 | 3 | 0 | 0 | 0 | 1 | 0 | 0 |
| | 1994 | 포항제철 | 3 | 2 | 0 | 0 | 0 | 2 | 0 | 0 |
| | 1995 | 대우 | 4 | 3 | 0 | 0 | 0 | 5 | 0 | 0 |
| | 1996 | 부천유공 | 6 | 5 | 1 | 0 | 0 | 3 | 0 | 0 |
| 통산 | | | 130 | 95 | 26 | 10 | 0 | 162 | 10 | 0 |

**차석준**(車錫俊) 동국대 1966.08.24

| 대회 | 연도 | 소속 | 출전 | 교체 | 득점 | 도움 | 실점 | 파울 | 경고 | 퇴장 |
|---|---|---|---|---|---|---|---|---|---|---|

| 대회 | 연도 | 소속 | 출전 | 교체 | 득점 | 도움 | 실점 | 파울 | 경고 | 퇴장 |
|---|---|---|---|---|---|---|---|---|---|---|
| K1 | 1989 | 유공 | 29 | 9 | 0 | 1 | 0 | 37 | 1 | 0 |
| | 1990 | 유공 | 19 | 5 | 0 | 0 | 0 | 23 | 3 | 0 |
| | 1991 | 유공 | 20 | 9 | 1 | 1 | 0 | 19 | 1 | 0 |
| | 1992 | 유공 | 10 | 4 | 2 | 0 | 0 | 20 | 2 | 0 |
| | 1993 | 유공 | 12 | 7 | 0 | 1 | 0 | 10 | 2 | 0 |
| | 1994 | 유공 | 11 | 6 | 0 | 1 | 0 | 17 | 0 | 0 |
| | 1995 | 유공 | 4 | 0 | 0 | 0 | 0 | 5 | 2 | 0 |
| 컵 | 1992 | 유공 | 6 | 1 | 0 | 0 | 0 | 14 | 0 | 0 |
| | 1994 | 유공 | 1 | 0 | 0 | 0 | 0 | 0 | 0 | 0 |
| | 1995 | 유공 | 0 | 0 | 0 | 0 | 0 | 0 | 0 | 0 |
| 통산 | | | 112 | 41 | 3 | 4 | 0 | 145 | 11 | 0 |

**차승현**(車昇賢) 연세대 2000.02.26

| 대회 | 연도 | 소속 | 출전 | 교체 | 득점 | 도움 | 실점 | 파울 | 경고 | 퇴장 |
|---|---|---|---|---|---|---|---|---|---|---|
| K2 | 2023 | 서울E | 23 | 12 | 3 | 1 | 0 | 8 | 2 | 0 |
| | 2024 | 서울E | 26 | 16 | 1 | 3 | 0 | 18 | 5 | 0 |
| | 2025 | 서울E | 20 | 18 | 1 | 1 | 0 | 2 | 2 | 0 |
| 통산 | | | 69 | 46 | 5 | 5 | 0 | 28 | 9 | 0 |

**차영환**(車永煥) 홍익대 1990.07.16

| 대회 | 연도 | 소속 | 출전 | 교체 | 득점 | 도움 | 실점 | 파울 | 경고 | 퇴장 |
|---|---|---|---|---|---|---|---|---|---|---|
| K1 | 2018 | 상주 | 5 | 2 | 0 | 0 | 0 | 5 | 1 | 0 |
| | 2019 | 상주 | 1 | 0 | 0 | 0 | 0 | 1 | 0 | 0 |
| K2 | 2016 | 부산 | 32 | 1 | 1 | 0 | 0 | 26 | 3 | 0 |
| | 2017 | 부산 | 26 | 9 | 2 | 0 | 0 | 27 | 3 | 0 |
| | 2019 | 부산 | 2 | 1 | 0 | 0 | 0 | 0 | 0 | 0 |
| | 2020 | 충남아산 | 17 | 2 | 0 | 1 | 0 | 18 | 2 | 0 |
| PO | 2016 | 부산 | 1 | 0 | 0 | 0 | 0 | 0 | 0 | 0 |
| | 2017 | 부산 | 0 | 0 | 0 | 0 | 0 | 0 | 0 | 0 |
| 통산 | | | 84 | 15 | 3 | 1 | 0 | 77 | 9 | 0 |

**차오연**(車五硏) 한양대 1998.04.15

| 대회 | 연도 | 소속 | 출전 | 교체 | 득점 | 도움 | 실점 | 파울 | 경고 | 퇴장 |
|---|---|---|---|---|---|---|---|---|---|---|
| K1 | 2020 | 서울 | 3 | 3 | 0 | 0 | 0 | 3 | 1 | 0 |
| | 2021 | 서울 | 9 | 8 | 0 | 0 | 0 | 10 | 2 | 0 |
| K2 | 2023 | 천안 | 23 | 9 | 0 | 0 | 0 | 25 | 5 | 0 |
| 통산 | | | 35 | 20 | 0 | 0 | 0 | 38 | 8 | 0 |

**차종윤**(車鐘允) 성균관대 1981.09.25

| 대회 | 연도 | 소속 | 출전 | 교체 | 득점 | 도움 | 실점 | 파울 | 경고 | 퇴장 |
|---|---|---|---|---|---|---|---|---|---|---|
| K1 | 2004 | 성남일화 | 1 | 1 | 0 | 0 | 0 | 2 | 0 | 0 |
| 통산 | | | 1 | 1 | 0 | 0 | 0 | 2 | 0 | 0 |

**차준엽**(車俊燁) 조선대 1992.02.20

| 대회 | 연도 | 소속 | 출전 | 교체 | 득점 | 도움 | 실점 | 파울 | 경고 | 퇴장 |
|---|---|---|---|---|---|---|---|---|---|---|
| K2 | 2014 | 수원FC | 6 | 5 | 0 | 0 | 0 | 4 | 0 | 0 |
| 통산 | | | 6 | 5 | 0 | 0 | 0 | 4 | 0 | 0 |

**차철호**(車哲昊) 영남대 1980.05.08

| 대회 | 연도 | 소속 | 출전 | 교체 | 득점 | 도움 | 실점 | 파울 | 경고 | 퇴장 |
|---|---|---|---|---|---|---|---|---|---|---|
| K1 | 2003 | 포항 | 2 | 2 | 0 | 0 | 0 | 1 | 0 | 0 |
| | 2004 | 포항 | 8 | 8 | 0 | 0 | 0 | 6 | 0 | 0 |
| | 2005 | 광주상무 | 2 | 2 | 0 | 0 | 0 | 2 | 0 | 0 |
| | 2006 | 광주상무 | 6 | 6 | 0 | 0 | 0 | 2 | 0 | 0 |
| 컵 | 2004 | 포항 | 3 | 3 | 0 | 0 | 0 | 5 | 0 | 0 |
| | 2005 | 광주상무 | 3 | 3 | 0 | 0 | 0 | 1 | 0 | 0 |
| | 2006 | 광주상무 | 6 | 4 | 1 | 0 | 0 | 9 | 0 | 0 |
| | 2007 | 포항 | 1 | 1 | 0 | 0 | 0 | 1 | 0 | 0 |
| 통산 | | | 31 | 29 | 1 | 0 | 0 | 27 | 0 | 0 |

**차치치**(Frane Cacic) 크로아티아 1980.06.25

| 대회 | 연도 | 소속 | 출전 | 교체 | 득점 | 도움 | 실점 | 파울 | 경고 | 퇴장 |
|---|---|---|---|---|---|---|---|---|---|---|
| K1 | 2007 | 부산 | 10 | 7 | 1 | 0 | 0 | 12 | 1 | 0 |
| 통산 | | | 10 | 7 | 1 | 0 | 0 | 12 | 1 | 0 |

**차태영**(車泰泳) 울산대 1991.02.06

| 대회 | 연도 | 소속 | 출전 | 교체 | 득점 | 도움 | 실점 | 파울 | 경고 | 퇴장 |
|---|---|---|---|---|---|---|---|---|---|---|
| K2 | 2015 | 경남 | 2 | 2 | 0 | 0 | 0 | 0 | 0 | 0 |
| 통산 | | | 2 | 2 | 0 | 0 | 0 | 0 | 0 | 0 |

**차희철**(車喜哲) 여주상고 1966.11.24

| 대회 | 연도 | 소속 | 출전 | 교체 | 득점 | 도움 | 실점 | 파울 | 경고 | 퇴장 |
|---|---|---|---|---|---|---|---|---|---|---|
| K1 | 1984 | 유공 | 22 | 10 | 1 | 3 | 0 | 10 | 0 | 0 |
| | 1985 | 유공 | 12 | 5 | 0 | 3 | 0 | 8 | 0 | 0 |
| | 1988 | 유공 | 13 | 8 | 1 | 0 | 0 | 13 | 1 | 0 |
| | 1989 | 유공 | 34 | 13 | 1 | 2 | 0 | 33 | 2 | 0 |
| | 1990 | 유공 | 15 | 13 | 0 | 0 | 0 | 9 | 1 | 0 |
| | 1991 | 유공 | 1 | 1 | 0 | 0 | 0 | 0 | 0 | 0 |
| PO | 1984 | 유공 | 2 | 0 | 0 | 0 | 0 | 0 | 0 | 0 |
| 통산 | | | 99 | 50 | 3 | 8 | 0 | 73 | 4 | 0 |

**채광훈**(蔡光勳) 상지대 1993.08.17

| 대회 | 연도 | 소속 | 출전 | 교체 | 득점 | 도움 | 실점 | 파울 | 경고 | 퇴장 |
|---|---|---|---|---|---|---|---|---|---|---|
| K1 | 2020 | 강원 | 13 | 10 | 1 | 1 | 0 | 9 | 1 | 0 |
| K2 | 2016 | 안양 | 9 | 3 | 0 | 0 | 0 | 7 | 2 | 0 |
| | 2017 | 안양 | 13 | 2 | 0 | 2 | 0 | 15 | 0 | 1 |
| | 2018 | 안양 | 30 | 2 | 0 | 4 | 0 | 24 | 1 | 1 |
| | 2019 | 안양 | 26 | 3 | 2 | 3 | 0 | 16 | 2 | 0 |
| | 2021 | 경남 | 27 | 6 | 1 | 4 | 0 | 28 | 2 | 0 |
| | 2022 | 서울E | 28 | 12 | 0 | 2 | 0 | 12 | 1 | 0 |
| | 2024 | 서울E | 9 | 6 | 0 | 0 | 0 | 1 | 0 | 0 |
| | 2025 | 서울E | 31 | 23 | 0 | 3 | 0 | 17 | 1 | 0 |
| PO | 2019 | 안양 | 2 | 0 | 0 | 0 | 0 | 3 | 1 | 0 |
| | 2024 | 서울E | 3 | 1 | 0 | 0 | 0 | 2 | 0 | 0 |
| | 2025 | 서울E | 1 | 1 | 0 | 0 | 0 | 0 | 0 | 0 |
| 통산 | | | 192 | 69 | 4 | 19 | 0 | 134 | 11 | 2 |

**채선일**(蔡善一) 배재대 1994.08.03

| 대회 | 연도 | 소속 | 출전 | 교체 | 득점 | 도움 | 실점 | 파울 | 경고 | 퇴장 |
|---|---|---|---|---|---|---|---|---|---|---|
| K2 | 2018 | 수원FC | 1 | 1 | 0 | 0 | 0 | 0 | 0 | 0 |
| | 2019 | 수원FC | 5 | 4 | 0 | 0 | 0 | 3 | 0 | 0 |
| 통산 | | | 6 | 5 | 0 | 0 | 0 | 3 | 0 | 0 |

**채프먼**(Connor Edward Chapman / ← 채프만) 오스트레일리아 1994.10.31

| 대회 | 연도 | 소속 | 출전 | 교체 | 득점 | 도움 | 실점 | 파울 | 경고 | 퇴장 |
|---|---|---|---|---|---|---|---|---|---|---|
| K1 | 2017 | 인천 | 27 | 8 | 2 | 0 | 0 | 32 | 5 | 0 |
| | 2018 | 포항 | 33 | 5 | 0 | 4 | 0 | 44 | 9 | 0 |
| | 2021 | 서울 | 2 | 0 | 0 | 0 | 0 | 2 | 0 | 0 |
| K2 | 2020 | 대전 | 15 | 5 | 0 | 0 | 0 | 16 | 5 | 0 |
| | 2024 | 김포 | 18 | 7 | 0 | 0 | 0 | 15 | 2 | 0 |
| | 2025 | 김포 | 32 | 3 | 1 | 0 | 0 | 29 | 12 | 0 |
| PO | 2020 | 대전 | 1 | 0 | 0 | 0 | 0 | 3 | 1 | 0 |
| 통산 | | | 128 | 28 | 3 | 4 | 0 | 141 | 34 | 0 |

**채현우**(蔡現宇) 상지대 2004.08.19

| 대회 | 연도 | 소속 | 출전 | 교체 | 득점 | 도움 | 실점 | 파울 | 경고 | 퇴장 |
|---|---|---|---|---|---|---|---|---|---|---|
| K1 | 2025 | 안양 | 33 | 33 | 4 | 0 | 0 | 24 | 4 | 0 |
| K2 | 2024 | 안양 | 26 | 24 | 3 | 0 | 0 | 12 | 0 | 1 |
| 통산 | | | 59 | 57 | 7 | 0 | 0 | 36 | 4 | 1 |

**챠디**(Dragan Cadikovski) 마케도니아 1982.01.13

| 대회 | 연도 | 소속 | 출전 | 교체 | 득점 | 도움 | 실점 | 파울 | 경고 | 퇴장 |
|---|---|---|---|---|---|---|---|---|---|---|
| K1 | 2009 | 인천 | 17 | 12 | 4 | 0 | 0 | 20 | 3 | 0 |
| | 2010 | 인천 | 4 | 4 | 0 | 0 | 0 | 3 | 0 | 0 |
| PO | 2009 | 인천 | 1 | 1 | 0 | 1 | 0 | 2 | 0 | 0 |
| 컵 | 2009 | 인천 | 2 | 1 | 1 | 0 | 0 | 5 | 1 | 0 |
| 통산 | | | 24 | 18 | 5 | 1 | 0 | 30 | 4 | 0 |

**천대환**(千大桓) 아주대 1980.12.06

| 대회 | 연도 | 소속 | 출전 | 교체 | 득점 | 도움 | 실점 | 파울 | 경고 | 퇴장 |
|---|---|---|---|---|---|---|---|---|---|---|
| K1 | 2003 | 성남일화 | 2 | 2 | 0 | 0 | 0 | 2 | 1 | 0 |
| | 2004 | 성남일화 | 1 | 0 | 0 | 0 | 0 | 1 | 0 | 0 |
| 컵 | 2004 | 성남일화 | 3 | 3 | 0 | 0 | 0 | 4 | 0 | 0 |
| | 2005 | 성남일화 | 7 | 1 | 0 | 0 | 0 | 10 | 1 | 0 |
| 통산 | | | 13 | 6 | 0 | 0 | 0 | 17 | 2 | 0 |

**천병호**(千秉浩) 중앙대 1958.08.10

| 대회 | 연도 | 소속 | 출전 | 교체 | 득점 | 도움 | 실점 | 파울 | 경고 | 퇴장 |
|---|---|---|---|---|---|---|---|---|---|---|
| K1 | 1983 | 국민은행 | 12 | 5 | 0 | 0 | 0 | 3 | 1 | 0 |
| 통산 | | | 12 | 5 | 0 | 0 | 0 | 3 | 1 | 0 |

**천성권**(千成權) 단국대 1976.09.26

| 대회 | 연도 | 소속 | 출전 | 교체 | 득점 | 도움 | 실점 | 파울 | 경고 | 퇴장 |
|---|---|---|---|---|---|---|---|---|---|---|
| K1 | 2000 | 부산 | 1 | 1 | 0 | 0 | 0 | 0 | 0 | 0 |
| 컵 | 2000 | 부산 | 2 | 2 | 0 | 0 | 0 | 3 | 0 | 0 |
| 통산 | | | 3 | 3 | 0 | 0 | 0 | 3 | 0 | 0 |

**천성훈**(千成薰) 대건고 2000.09.21

| 대회 | 연도 | 소속 | 출전 | 교체 | 득점 | 도움 | 실점 | 파울 | 경고 | 퇴장 |
|---|---|---|---|---|---|---|---|---|---|---|
| K1 | 2023 | 인천 | 18 | 17 | 6 | 0 | 0 | 5 | 1 | 0 |
| | 2024 | 인천 | 10 | 10 | 0 | 0 | 0 | 3 | 0 | 0 |
| | 2024 | 대전 | 12 | 8 | 2 | 0 | 0 | 3 | 0 | 0 |
| | 2025 | 대전 | 0 | 0 | 0 | 0 | 0 | 0 | 0 | 0 |
| | 2025 | 서울 | 9 | 9 | 1 | 0 | 0 | 1 | 0 | 0 |
| 통산 | | | 49 | 44 | 9 | 0 | 0 | 12 | 1 | 0 |

**천정욱**(天貞郁) 2003.02.24

| 대회 | 연도 | 소속 | 출전 | 교체 | 득점 | 도움 | 실점 | 파울 | 경고 | 퇴장 |
|---|---|---|---|---|---|---|---|---|---|---|
| K2 | 2025 | 경남 | 1 | 1 | 0 | 0 | 0 | 0 | 0 | 0 |
| 통산 | | | 1 | 1 | 0 | 0 | 0 | 0 | 0 | 0 |

**천정희**(千丁熙) 한양대 1974.06.23

| 대회 | 연도 | 소속 | 출전 | 교체 | 득점 | 도움 | 실점 | 파울 | 경고 | 퇴장 |
|---|---|---|---|---|---|---|---|---|---|---|
| K1 | 1997 | 울산 | 6 | 3 | 0 | 0 | 0 | 9 | 1 | 0 |
| | 1998 | 울산 | 15 | 3 | 0 | 0 | 0 | 10 | 1 | 0 |
| | 1999 | 울산 | 9 | 3 | 0 | 0 | 0 | 10 | 1 | 0 |
| | 2000 | 울산 | 13 | 5 | 0 | 1 | 0 | 6 | 1 | 0 |
| PO | 1998 | 울산 | 3 | 2 | 0 | 1 | 0 | 2 | 0 | 0 |
| 컵 | 1997 | 울산 | 6 | 1 | 0 | 1 | 0 | 9 | 0 | 0 |
| | 1998 | 울산 | 12 | 4 | 0 | 0 | 0 | 5 | 0 | 0 |
| | 1999 | 울산 | 1 | 0 | 0 | 0 | 0 | 2 | 0 | 0 |
| | 2000 | 울산 | 8 | 2 | 0 | 0 | 0 | 6 | 1 | 0 |
| 통산 | | | 73 | 23 | 0 | 3 | 0 | 59 | 5 | 0 |

**천제훈**(千制訓) 한남대 1985.07.13

| 대회 | 연도 | 소속 | 출전 | 교체 | 득점 | 도움 | 실점 | 파울 | 경고 | 퇴장 |
|---|---|---|---|---|---|---|---|---|---|---|
| K1 | 2006 | 서울 | 2 | 2 | 0 | 0 | 0 | 1 | 0 | 0 |
| | 2007 | 서울 | 1 | 1 | 0 | 0 | 0 | 1 | 0 | 0 |
| | 2008 | 서울 | 0 | 0 | 0 | 0 | 0 | 0 | 0 | 0 |
| | 2009 | 광주상무 | 2 | 2 | 0 | 0 | 0 | 1 | 1 | 0 |
| | 2010 | 광주상무 | 1 | 1 | 0 | 0 | 0 | 0 | 0 | 0 |
| PO | 2006 | 서울 | 1 | 1 | 0 | 0 | 0 | 2 | 0 | 0 |
| 컵 | 2006 | 서울 | 3 | 2 | 1 | 0 | 0 | 8 | 0 | 0 |
| | 2008 | 서울 | 1 | 0 | 0 | 0 | 0 | 0 | 0 | 0 |
| 통산 | | | 11 | 9 | 1 | 0 | 0 | 13 | 1 | 0 |

**천지현**(千知鉉) 한남대 1999.07.02

| 대회 | 연도 | 소속 | 출전 | 교체 | 득점 | 도움 | 실점 | 파울 | 경고 | 퇴장 |
|---|---|---|---|---|---|---|---|---|---|---|
| K2 | 2021 | 부산 | 0 | 0 | 0 | 0 | 0 | 0 | 0 | 0 |
| | 2023 | 부산 | 5 | 5 | 0 | 0 | 0 | 3 | 1 | 0 |
| | 2024 | 부산 | 27 | 19 | 1 | 0 | 0 | 18 | 2 | 0 |
| | 2025 | 김포 | 20 | 19 | 2 | 0 | 0 | 19 | 5 | 0 |
| PO | 2024 | 부산 | 0 | 0 | 0 | 0 | 0 | 0 | 0 | 0 |
| 통산 | | | 52 | 43 | 3 | 0 | 0 | 40 | 8 | 0 |

**최강민**(崔剛民) 대구예술대 2002.04.24

| 대회 | 연도 | 소속 | 출전 | 교체 | 득점 | 도움 | 실점 | 파울 | 경고 | 퇴장 |
|---|---|---|---|---|---|---|---|---|---|---|
| K1 | 2024 | 울산 | 21 | 21 | 1 | 0 | 0 | 11 | 2 | 0 |
| K2 | 2025 | 충북청주 | 25 | 7 | 1 | 3 | 0 | 14 | 2 | 0 |
| 통산 | | | 46 | 28 | 2 | 3 | 0 | 25 | 4 | 0 |

**최강희**(崔康熙) 우신고 1959.04.12

| 대회 | 연도 | 소속 | 출전 | 교체 | 득점 | 도움 | 실점 | 파울 | 경고 | 퇴장 |
|---|---|---|---|---|---|---|---|---|---|---|
| K1 | 1983 | 포항제철 | 3 | 0 | 0 | 0 | 0 | 2 | 0 | 0 |
| | 1984 | 현대 | 26 | 1 | 0 | 2 | 0 | 17 | 1 | 0 |
| | 1985 | 현대 | 21 | 0 | 0 | 2 | 0 | 23 | 0 | 0 |
| | 1986 | 현대 | 16 | 1 | 0 | 1 | 0 | 26 | 1 | 0 |
| | 1987 | 현대 | 25 | 0 | 3 | 6 | 0 | 28 | 3 | 0 |
| | 1988 | 현대 | 20 | 1 | 0 | 2 | 0 | 27 | 1 | 0 |
| | 1989 | 현대 | 9 | 0 | 0 | 0 | 0 | 11 | 1 | 0 |
| | 1990 | 현대 | 13 | 1 | 2 | 3 | 0 | 19 | 2 | 1 |
| | 1991 | 현대 | 37 | 5 | 5 | 4 | 0 | 43 | 2 | 0 |
| | 1992 | 현대 | 17 | 5 | 0 | 0 | 0 | 12 | 1 | 0 |
| 컵 | 1986 | 현대 | 15 | 0 | 0 | 2 | 0 | 21 | 0 | 0 |
| | 1992 | 현대 | 3 | 1 | 0 | 0 | 0 | 2 | 0 | 0 |
| 통산 | | | 205 | 15 | 10 | 22 | 0 | 231 | 12 | 1 |

**최거룩**(崔거룩) 중앙대 1976.06.26

| 대회 | 연도 | 소속 | 출전 | 교체 | 득점 | 도움 | 실점 | 파울 | 경고 | 퇴장 |
|---|---|---|---|---|---|---|---|---|---|---|
| K1 | 1999 | 부천SK | 18 | 12 | 1 | 0 | 0 | 20 | 3 | 0 |
| | 2000 | 부천SK | 14 | 2 | 0 | 0 | 0 | 19 | 3 | 0 |
| | 2001 | 부천SK | 14 | 2 | 1 | 0 | 0 | 13 | 1 | 1 |
| | 2002 | 부천SK | 15 | 7 | 0 | 0 | 0 | 32 | 5 | 0 |
| | 2003 | 부천SK | 3 | 0 | 1 | 0 | 0 | 9 | 2 | 1 |
| | 2003 | 전남 | 20 | 2 | 0 | 2 | 0 | 31 | 5 | 0 |

| 대회 | 연도 | 소속 | 출전 | 교체 | 득점 | 도움 | 실점 | 파울 | 경고 | 퇴장 |
|---|---|---|---|---|---|---|---|---|---|---|
| | 2004 | 전남 | 7 | 0 | 0 | 0 | 0 | 15 | 3 | 0 |
| | 2005 | 대전 | 13 | 0 | 0 | 0 | 0 | 27 | 2 | 0 |
| | 2006 | 대전 | 12 | 8 | 0 | 0 | 0 | 27 | 3 | 0 |
| | 2007 | 대전 | 9 | 3 | 0 | 0 | 0 | 19 | 5 | 0 |
| PO | 1999 | 부천SK | 0 | 0 | 0 | 0 | 0 | 0 | 0 | 0 |
| | 2000 | 부천SK | 3 | 0 | 0 | 0 | 0 | 2 | 0 | 1 |
| 컵 | 1999 | 부천SK | 3 | 1 | 0 | 0 | 0 | 6 | 2 | 0 |
| | 2000 | 부천SK | 10 | 2 | 0 | 0 | 0 | 16 | 2 | 0 |
| | 2001 | 부천SK | 5 | 0 | 0 | 0 | 0 | 5 | 0 | 0 |
| | 2002 | 부천SK | 2 | 0 | 0 | 0 | 0 | 5 | 0 | 0 |
| | 2004 | 전남 | 10 | 0 | 0 | 0 | 0 | 25 | 4 | 0 |
| | 2006 | 대전 | 0 | 0 | 0 | 0 | 0 | 0 | 0 | 0 |
| | 2007 | 대전 | 7 | 4 | 0 | 0 | 0 | 14 | 1 | 0 |
| 통산 | | | 165 | 43 | 3 | 2 | 0 | 285 | 41 | 3 |

**최건주**(崔建柱) 건국대 1999.06.26

| 대회 | 연도 | 소속 | 출전 | 교체 | 득점 | 도움 | 실점 | 파울 | 경고 | 퇴장 |
|---|---|---|---|---|---|---|---|---|---|---|
| K1 | 2024 | 대전 | 15 | 15 | 1 | 2 | 0 | 14 | 1 | 0 |
| | 2025 | 대전 | 15 | 14 | 4 | 0 | 0 | 15 | 2 | 0 |
| K2 | 2020 | 안산 | 20 | 10 | 3 | 1 | 0 | 17 | 1 | 0 |
| | 2021 | 안산 | 25 | 17 | 3 | 1 | 0 | 23 | 3 | 1 |
| | 2022 | 안산 | 39 | 33 | 7 | 3 | 0 | 26 | 2 | 0 |
| | 2023 | 부산 | 27 | 27 | 1 | 1 | 0 | 15 | 2 | 0 |
| | 2024 | 부산 | 18 | 20 | 1 | 0 | 0 | 11 | 0 | 0 |
| 통산 | | | 159 | 136 | 20 | 8 | 0 | 121 | 11 | 1 |

**최건택**(崔建澤) 중앙대 1965.03.23

| 대회 | 연도 | 소속 | 출전 | 교체 | 득점 | 도움 | 실점 | 파울 | 경고 | 퇴장 |
|---|---|---|---|---|---|---|---|---|---|---|
| K1 | 1988 | 현대 | 14 | 11 | 1 | 1 | 0 | 19 | 0 | 0 |
| | 1989 | 현대 | 15 | 13 | 1 | 1 | 0 | 18 | 0 | 0 |
| 통산 | | | 29 | 24 | 2 | 2 | 0 | 37 | 0 | 0 |

**최경록**(崔慶祿) 아주대 1995.03.15

| 대회 | 연도 | 소속 | 출전 | 교체 | 득점 | 도움 | 실점 | 파울 | 경고 | 퇴장 |
|---|---|---|---|---|---|---|---|---|---|---|
| K1 | 2024 | 광주 | 34 | 30 | 3 | 2 | 0 | 26 | 6 | 0 |
| | 2025 | 광주 | 32 | 21 | 1 | 4 | 0 | 18 | 2 | 0 |
| 통산 | | | 66 | 51 | 4 | 6 | 0 | 44 | 8 | 0 |

**최경복**(崔景福) 광양제철고 1988.03.13

| 대회 | 연도 | 소속 | 출전 | 교체 | 득점 | 도움 | 실점 | 파울 | 경고 | 퇴장 |
|---|---|---|---|---|---|---|---|---|---|---|
| K1 | 2007 | 전남 | 2 | 2 | 0 | 0 | 0 | 1 | 0 | 0 |
| | 2008 | 전남 | 9 | 8 | 0 | 0 | 0 | 9 | 1 | 0 |
| 통산 | | | 11 | 10 | 0 | 0 | 0 | 10 | 1 | 0 |

**최경식**(崔景植) 건국대 1957.02.01

| 대회 | 연도 | 소속 | 출전 | 교체 | 득점 | 도움 | 실점 | 파울 | 경고 | 퇴장 |
|---|---|---|---|---|---|---|---|---|---|---|
| K1 | 1983 | 유공 | 5 | 3 | 0 | 0 | 0 | 1 | 0 | 0 |
| | 1984 | 국민은행 | 26 | 4 | 0 | 0 | 0 | 21 | 0 | 0 |
| | 1985 | 포항제철 | 12 | 0 | 1 | 0 | 0 | 14 | 1 | 0 |
| 통산 | | | 43 | 7 | 1 | 0 | 0 | 36 | 1 | 0 |

**최광수**(崔光洙) 동의대 1979.09.25

| 대회 | 연도 | 소속 | 출전 | 교체 | 득점 | 도움 | 실점 | 파울 | 경고 | 퇴장 |
|---|---|---|---|---|---|---|---|---|---|---|
| K1 | 2002 | 부산 | 6 | 6 | 0 | 0 | 0 | 1 | 0 | 0 |
| | 2003 | 부산 | 2 | 2 | 0 | 0 | 0 | 2 | 0 | 0 |
| 컵 | 2002 | 부산 | 6 | 3 | 1 | 0 | 0 | 13 | 1 | 0 |
| 통산 | | | 14 | 11 | 1 | 0 | 0 | 16 | 1 | 0 |

**최광지**(崔光志) 광운대 1963.06.05

| 대회 | 연도 | 소속 | 출전 | 교체 | 득점 | 도움 | 실점 | 파울 | 경고 | 퇴장 |
|---|---|---|---|---|---|---|---|---|---|---|
| K1 | 1986 | 현대 | 4 | 3 | 1 | 0 | 0 | 2 | 0 | 0 |
| | 1987 | 현대 | 5 | 4 | 0 | 0 | 0 | 4 | 1 | 0 |
| | 1989 | 현대 | 7 | 0 | 1 | 0 | 0 | 13 | 0 | 0 |
| | 1990 | 현대 | 5 | 5 | 0 | 0 | 0 | 6 | 0 | 0 |
| 통산 | | | 21 | 12 | 2 | 0 | 0 | 25 | 1 | 0 |

**최광훈**(崔光勳) 인천대 1982.11.03

| 대회 | 연도 | 소속 | 출전 | 교체 | 득점 | 도움 | 실점 | 파울 | 경고 | 퇴장 |
|---|---|---|---|---|---|---|---|---|---|---|
| K1 | 2004 | 인천 | 0 | 0 | 0 | 0 | 0 | 0 | 0 | 0 |
| 통산 | | | 0 | 0 | 0 | 0 | 0 | 0 | 0 | 0 |

**최광희**(崔光熙) 울산대 1984.05.17

| 대회 | 연도 | 소속 | 출전 | 교체 | 득점 | 도움 | 실점 | 파울 | 경고 | 퇴장 |
|---|---|---|---|---|---|---|---|---|---|---|
| K1 | 2006 | 울산 | 3 | 3 | 0 | 0 | 0 | 0 | 0 | 0 |
| | 2007 | 전북 | 0 | 0 | 0 | 0 | 0 | 0 | 0 | 0 |
| | 2008 | 부산 | 8 | 7 | 2 | 0 | 0 | 9 | 1 | 0 |
| | 2009 | 부산 | 4 | 1 | 0 | 0 | 0 | 1 | 1 | 0 |
| | 2010 | 부산 | 6 | 6 | 0 | 1 | 0 | 3 | 0 | 0 |
| | 2011 | 부산 | 9 | 5 | 0 | 0 | 0 | 4 | 0 | 0 |
| | 2012 | 부산 | 36 | 22 | 0 | 3 | 0 | 21 | 2 | 0 |
| | 2014 | 부산 | 8 | 6 | 0 | 2 | 0 | 10 | 0 | 0 |
| | 2015 | 부산 | 24 | 14 | 1 | 0 | 0 | 16 | 3 | 0 |
| K2 | 2013 | 경찰 | 33 | 4 | 2 | 1 | 0 | 30 | 5 | 0 |
| | 2014 | 안산경찰 | 20 | 7 | 0 | 5 | 0 | 22 | 5 | 0 |
| | 2016 | 부산 | 18 | 3 | 1 | 3 | 0 | 17 | 2 | 0 |
| | 2017 | 부산 | 6 | 3 | 0 | 1 | 0 | 5 | 2 | 0 |
| PO | 2011 | 부산 | 1 | 1 | 0 | 0 | 0 | 0 | 0 | 0 |
| | 2015 | 부산 | 2 | 0 | 0 | 0 | 0 | 3 | 0 | 0 |
| | 2016 | 부산 | 1 | 0 | 0 | 0 | 0 | 0 | 0 | 0 |
| 컵 | 2006 | 울산 | 0 | 0 | 0 | 0 | 0 | 0 | 0 | 0 |
| | 2007 | 전북 | 2 | 2 | 0 | 0 | 0 | 1 | 0 | 0 |
| | 2008 | 부산 | 4 | 3 | 1 | 0 | 0 | 9 | 1 | 0 |
| | 2009 | 부산 | 0 | 0 | 0 | 0 | 0 | 0 | 0 | 0 |
| | 2010 | 부산 | 0 | 0 | 0 | 0 | 0 | 0 | 0 | 0 |
| | 2011 | 부산 | 3 | 3 | 0 | 0 | 0 | 0 | 0 | 0 |
| 통산 | | | 188 | 90 | 7 | 16 | 0 | 151 | 22 | 0 |

**최규백**(崔圭伯) 대구대 1994.01.23

| 대회 | 연도 | 소속 | 출전 | 교체 | 득점 | 도움 | 실점 | 파울 | 경고 | 퇴장 |
|---|---|---|---|---|---|---|---|---|---|---|
| K1 | 2016 | 전북 | 15 | 1 | 1 | 0 | 0 | 21 | 8 | 1 |
| | 2017 | 울산 | 11 | 4 | 0 | 0 | 0 | 12 | 1 | 1 |
| | 2019 | 제주 | 8 | 2 | 0 | 0 | 0 | 6 | 1 | 0 |
| | 2024 | 수원FC | 23 | 7 | 1 | 0 | 0 | 11 | 2 | 0 |
| | 2025 | 수원FC | 28 | 6 | 1 | 1 | 0 | 19 | 2 | 0 |
| K2 | 2020 | 수원FC | 9 | 7 | 1 | 0 | 0 | 3 | 1 | 0 |
| | 2021 | 충남아산 | 18 | 1 | 1 | 0 | 0 | 22 | 4 | 0 |
| | 2022 | 충남아산 | 1 | 1 | 0 | 0 | 0 | 1 | 2 | 0 |
| PO | 2020 | 수원FC | 0 | 0 | 0 | 0 | 0 | 0 | 0 | 0 |
| | 2025 | 수원FC | 1 | 1 | 0 | 0 | 0 | 0 | 0 | 0 |
| 통산 | | | 114 | 30 | 5 | 1 | 0 | 95 | 21 | 2 |

**최규현**(崔規賢) 숭실대 2000.09.19

| 대회 | 연도 | 소속 | 출전 | 교체 | 득점 | 도움 | 실점 | 파울 | 경고 | 퇴장 |
|---|---|---|---|---|---|---|---|---|---|---|
| K1 | 2025 | 안양 | 19 | 15 | 2 | 0 | 0 | 16 | 3 | 0 |
| K2 | 2024 | 안양 | 23 | 18 | 1 | 0 | 0 | 27 | 5 | 0 |
| 통산 | | | 42 | 33 | 3 | 0 | 0 | 43 | 8 | 0 |

**최규환**(崔奎奐) 홍익대 1987.03.28

| 대회 | 연도 | 소속 | 출전 | 교체 | 득점 | 도움 | 실점 | 파울 | 경고 | 퇴장 |
|---|---|---|---|---|---|---|---|---|---|---|
| K2 | 2013 | 충주 | 15 | 0 | 0 | 0 | 26 | 1 | 1 | 0 |
| 통산 | | | 15 | 0 | 0 | 0 | 26 | 1 | 1 | 0 |

**최근식**(崔根植) 건국대 1981.04.25

| 대회 | 연도 | 소속 | 출전 | 교체 | 득점 | 도움 | 실점 | 파울 | 경고 | 퇴장 |
|---|---|---|---|---|---|---|---|---|---|---|
| K1 | 2006 | 대전 | 2 | 2 | 0 | 0 | 0 | 2 | 0 | 0 |
| | 2007 | 대전 | 6 | 6 | 0 | 0 | 0 | 9 | 0 | 0 |
| | 2008 | 대전 | 12 | 7 | 0 | 0 | 0 | 34 | 3 | 0 |
| PO | 2007 | 대전 | 1 | 1 | 0 | 0 | 0 | 0 | 0 | 0 |
| 컵 | 2007 | 대전 | 2 | 2 | 0 | 0 | 0 | 2 | 0 | 0 |
| | 2008 | 대전 | 5 | 1 | 0 | 1 | 0 | 7 | 1 | 0 |
| 통산 | | | 28 | 19 | 0 | 1 | 0 | 54 | 4 | 0 |

**최기봉**(崔基奉) 서울시립대 1958.11.13

| 대회 | 연도 | 소속 | 출전 | 교체 | 득점 | 도움 | 실점 | 파울 | 경고 | 퇴장 |
|---|---|---|---|---|---|---|---|---|---|---|
| K1 | 1983 | 유공 | 16 | 0 | 0 | 0 | 0 | 12 | 1 | 0 |
| | 1984 | 유공 | 28 | 0 | 0 | 0 | 0 | 19 | 1 | 0 |
| | 1985 | 유공 | 15 | 0 | 0 | 0 | 0 | 18 | 1 | 0 |
| | 1986 | 유공 | 17 | 0 | 0 | 0 | 0 | 11 | 3 | 0 |
| | 1987 | 유공 | 32 | 0 | 0 | 0 | 0 | 18 | 1 | 0 |
| PO | 1984 | 유공 | 2 | 0 | 0 | 0 | 0 | 2 | 1 | 0 |
| 컵 | 1986 | 유공 | 16 | 0 | 0 | 0 | 0 | 9 | 1 | 0 |
| 통산 | | | 126 | 0 | 0 | 0 | 0 | 89 | 9 | 0 |

**최기석**(崔記碩) 한남대 1986.03.28

| 대회 | 연도 | 소속 | 출전 | 교체 | 득점 | 도움 | 실점 | 파울 | 경고 | 퇴장 |
|---|---|---|---|---|---|---|---|---|---|---|
| K1 | 2006 | 제주 | 8 | 8 | 0 | 0 | 0 | 1 | 1 | 0 |
| | 2007 | 제주 | 1 | 1 | 0 | 0 | 0 | 1 | 0 | 0 |
| | 2008 | 부산 | 6 | 6 | 0 | 0 | 0 | 7 | 2 | 0 |
| | 2009 | 부산 | 2 | 2 | 0 | 0 | 0 | 1 | 0 | 0 |
| | 2010 | 울산 | 0 | 0 | 0 | 0 | 0 | 0 | 0 | 0 |
| 컵 | 2006 | 제주 | 1 | 1 | 0 | 0 | 0 | 1 | 0 | 0 |
| | 2007 | 제주 | 2 | 0 | 0 | 0 | 0 | 3 | 1 | 0 |
| | 2008 | 부산 | 1 | 2 | 0 | 0 | 0 | 0 | 0 | 0 |
| | 2009 | 부산 | 2 | 2 | 0 | 0 | 0 | 1 | 0 | 0 |
| 통산 | | | 23 | 22 | 0 | 0 | 0 | 15 | 4 | 0 |

**최기윤**(崔起綸) 용인대 2002.04.09

| 대회 | 연도 | 소속 | 출전 | 교체 | 득점 | 도움 | 실점 | 파울 | 경고 | 퇴장 |
|---|---|---|---|---|---|---|---|---|---|---|
| K1 | 2022 | 울산 | 19 | 19 | 1 | 1 | 0 | 11 | 1 | 0 |
| | 2024 | 김천 | 22 | 23 | 4 | 0 | 0 | 9 | 2 | 0 |
| K2 | 2023 | 부산 | 16 | 17 | 1 | 1 | 0 | 6 | 2 | 0 |
| | 2025 | 부산 | 21 | 20 | 2 | 0 | 0 | 7 | 1 | 0 |
| 통산 | | | 78 | 79 | 8 | 2 | 0 | 33 | 6 | 0 |

**최낙민**(崔洛玟) 경기대 1989.05.27

| 대회 | 연도 | 소속 | 출전 | 교체 | 득점 | 도움 | 실점 | 파울 | 경고 | 퇴장 |
|---|---|---|---|---|---|---|---|---|---|---|
| K2 | 2013 | 부천 | 27 | 20 | 4 | 2 | 0 | 17 | 0 | 0 |
| | 2014 | 부천 | 1 | 1 | 0 | 0 | 0 | 3 | 0 | 0 |
| 통산 | | | 28 | 21 | 4 | 2 | 0 | 20 | 0 | 0 |

**최남철**(崔南哲) 관동대(가톨릭관동대) 1977.11.15

| 대회 | 연도 | 소속 | 출전 | 교체 | 득점 | 도움 | 실점 | 파울 | 경고 | 퇴장 |
|---|---|---|---|---|---|---|---|---|---|---|
| K1 | 2000 | 수원 | 1 | 1 | 0 | 0 | 0 | 4 | 1 | 0 |
| 통산 | | | 1 | 1 | 0 | 0 | 0 | 4 | 1 | 0 |

**최대식**(崔大植) 고려대 1965.01.10

| 대회 | 연도 | 소속 | 출전 | 교체 | 득점 | 도움 | 실점 | 파울 | 경고 | 퇴장 |
|---|---|---|---|---|---|---|---|---|---|---|
| K1 | 1988 | 대우 | 13 | 12 | 0 | 0 | 0 | 21 | 0 | 0 |
| | 1989 | 대우 | 10 | 10 | 0 | 0 | 0 | 5 | 0 | 0 |
| | 1990 | 럭키금성 | 29 | 2 | 4 | 7 | 0 | 26 | 3 | 0 |
| | 1991 | LG | 38 | 17 | 0 | 4 | 0 | 35 | 0 | 0 |
| | 1992 | LG | 28 | 13 | 1 | 5 | 0 | 32 | 3 | 0 |
| | 1993 | LG | 28 | 7 | 1 | 4 | 0 | 22 | 1 | 1 |
| | 1994 | LG | 12 | 4 | 0 | 4 | 0 | 7 | 0 | 0 |
| | 1995 | LG | 16 | 8 | 1 | 2 | 0 | 13 | 2 | 1 |
| 컵 | 1992 | LG | 8 | 8 | 0 | 1 | 0 | 3 | 0 | 0 |
| | 1993 | LG | 3 | 1 | 1 | 0 | 0 | 2 | 0 | 0 |
| | 1995 | LG | 6 | 4 | 0 | 1 | 0 | 9 | 1 | 0 |
| 통산 | | | 191 | 86 | 8 | 28 | 0 | 175 | 10 | 2 |

**최덕주**(崔德柱) 중앙대 1960.01.03

| 대회 | 연도 | 소속 | 출전 | 교체 | 득점 | 도움 | 실점 | 파울 | 경고 | 퇴장 |
|---|---|---|---|---|---|---|---|---|---|---|
| K1 | 1984 | 한일은행 | 19 | 3 | 7 | 1 | 0 | 19 | 1 | 0 |
| | 1985 | 포항제철 | 8 | 8 | 0 | 1 | 0 | 5 | 0 | 0 |
| 통산 | | | 27 | 11 | 7 | 2 | 0 | 24 | 1 | 0 |

**최동근**(崔東根) 디지털서울문화예술대 1995.01.04

| 대회 | 연도 | 소속 | 출전 | 교체 | 득점 | 도움 | 실점 | 파울 | 경고 | 퇴장 |
|---|---|---|---|---|---|---|---|---|---|---|
| K1 | 2016 | 전북 | 1 | 0 | 0 | 0 | 0 | 1 | 0 | 0 |
| 통산 | | | 1 | 0 | 0 | 0 | 0 | 1 | 0 | 0 |

**최동렬**(崔動烈) 아주대 2004.11.21

| 대회 | 연도 | 소속 | 출전 | 교체 | 득점 | 도움 | 실점 | 파울 | 경고 | 퇴장 |
|---|---|---|---|---|---|---|---|---|---|---|
| K2 | 2024 | 부산 | 0 | 0 | 0 | 0 | 0 | 0 | 0 | 0 |
| 통산 | | | 0 | 0 | 0 | 0 | 0 | 0 | 0 | 0 |

**최동필**(崔東弼) 인천대 1971.03.25

| 대회 | 연도 | 소속 | 출전 | 교체 | 득점 | 도움 | 실점 | 파울 | 경고 | 퇴장 |
|---|---|---|---|---|---|---|---|---|---|---|
| K1 | 1997 | 대전 | 6 | 5 | 1 | 0 | 0 | 6 | 1 | 0 |
| | 1998 | 대전 | 10 | 10 | 2 | 0 | 0 | 13 | 2 | 0 |
| | 1999 | 대전 | 9 | 9 | 0 | 1 | 0 | 6 | 0 | 0 |
| | 2000 | 대전 | 1 | 1 | 0 | 0 | 0 | 2 | 1 | 0 |
| 컵 | 1997 | 대전 | 4 | 4 | 0 | 0 | 0 | 4 | 0 | 0 |
| | 1998 | 대전 | 5 | 4 | 0 | 1 | 0 | 7 | 1 | 0 |
| | 1999 | 대전 | 4 | 5 | 0 | 0 | 0 | 5 | 0 | 0 |
| | 2000 | 대전 | 2 | 3 | 0 | 0 | 0 | 0 | 0 | 0 |
| 통산 | | | 41 | 41 | 3 | 2 | 0 | 43 | 5 | 0 |

**최동혁**(崔東爀) 우석대 1993.12.25

| 대회 | 연도 | 소속 | 출전 | 교체 | 득점 | 도움 | 실점 | 파울 | 경고 | 퇴장 |
|---|---|---|---|---|---|---|---|---|---|---|
| K2 | 2015 | 안양 | 1 | 1 | 0 | 0 | 0 | 1 | 1 | 0 |
| 통산 | | | 1 | 1 | 0 | 0 | 0 | 1 | 1 | 0 |

**최동호**(崔東昊) 아주대 1968.08.12

| 대회 | 연도 | 소속 | 출전 | 교체 | 득점 | 도움 | 실점 | 파울 | 경고 | 퇴장 |
|---|---|---|---|---|---|---|---|---|---|---|

| 대회 | 연도 | 소속 | 출전 | 교체 | 득점 | 도움 | 실점 | 파울 | 경고 | 퇴장 |
|---|---|---|---|---|---|---|---|---|---|---|
| K1 | 1993 | 현대 | 20 | 4 | 0 | 0 | 0 | 38 | 3 | 0 |
| | 1994 | 현대 | 25 | 4 | 2 | 0 | 0 | 29 | 1 | 0 |
| | 1995 | 현대 | 26 | 0 | 0 | 0 | 0 | 30 | 0 | 1 |
| | 1996 | 울산 | 24 | 6 | 0 | 3 | 0 | 27 | 1 | 1 |
| | 1997 | 울산 | 14 | 1 | 0 | 0 | 0 | 30 | 4 | 0 |
| | 1998 | 울산 | 15 | 4 | 0 | 0 | 0 | 24 | 2 | 0 |
| | 1999 | 울산 | 24 | 0 | 0 | 0 | 0 | 32 | 4 | 1 |
| PO | 1996 | 울산 | 1 | 1 | 0 | 0 | 0 | 2 | 0 | 0 |
| | 1998 | 울산 | 4 | 1 | 0 | 0 | 0 | 8 | 1 | 0 |
| 컵 | 1993 | 현대 | 4 | 2 | 0 | 0 | 0 | 3 | 2 | 0 |
| | 1994 | 현대 | 6 | 0 | 1 | 0 | 0 | 11 | 1 | 0 |
| | 1995 | 현대 | 7 | 1 | 0 | 1 | 0 | 10 | 1 | 0 |
| | 1996 | 울산 | 6 | 0 | 0 | 0 | 0 | 14 | 2 | 0 |
| | 1997 | 울산 | 9 | 2 | 0 | 0 | 0 | 15 | 0 | 0 |
| | 1998 | 울산 | 15 | 5 | 0 | 0 | 0 | 31 | 3 | 0 |
| | 1999 | 울산 | 9 | 0 | 0 | 0 | 0 | 16 | 0 | 0 |
| 통산 | | | 209 | 31 | 3 | 4 | 0 | 320 | 25 | 3 |

**최명훈**(崔明訓) 숭실대 1993.01.03

| 대회 | 연도 | 소속 | 출전 | 교체 | 득점 | 도움 | 실점 | 파울 | 경고 | 퇴장 |
|---|---|---|---|---|---|---|---|---|---|---|
| K1 | 2014 | 서울 | 0 | 0 | 0 | 0 | 0 | 0 | 0 | 0 |
| K2 | 2015 | 수원FC | 4 | 5 | 0 | 0 | 0 | 3 | 0 | 0 |
| 통산 | | | 4 | 5 | 0 | 0 | 0 | 3 | 0 | 0 |

**최명희**(崔明姬) 동국대 1990.09.04

| 대회 | 연도 | 소속 | 출전 | 교체 | 득점 | 도움 | 실점 | 파울 | 경고 | 퇴장 |
|---|---|---|---|---|---|---|---|---|---|---|
| K2 | 2018 | 안산 | 30 | 5 | 1 | 1 | 0 | 37 | 3 | 1 |
| | 2019 | 안산 | 30 | 7 | 0 | 1 | 0 | 14 | 2 | 0 |
| | 2020 | 안산 | 23 | 9 | 0 | 0 | 0 | 16 | 3 | 0 |
| | 2025 | 화성 | 38 | 19 | 1 | 0 | 0 | 32 | 6 | 0 |
| 통산 | | | 121 | 40 | 2 | 2 | 0 | 99 | 14 | 1 |

**최무림**(崔茂林) 대구대 1979.04.15

| 대회 | 연도 | 소속 | 출전 | 교체 | 득점 | 도움 | 실점 | 파울 | 경고 | 퇴장 |
|---|---|---|---|---|---|---|---|---|---|---|
| K1 | 2002 | 울산 | 0 | 0 | 0 | 0 | 0 | 0 | 0 | 0 |
| | 2003 | 울산 | 0 | 0 | 0 | 0 | 0 | 0 | 0 | 0 |
| | 2004 | 울산 | 0 | 0 | 0 | 0 | 0 | 0 | 0 | 0 |
| | 2005 | 울산 | 0 | 0 | 0 | 0 | 0 | 0 | 0 | 0 |
| | 2007 | 광주상무 | 12 | 1 | 0 | 0 | 19 | 0 | 2 | 0 |
| | 2008 | 울산 | 4 | 0 | 0 | 0 | 5 | 0 | 1 | 0 |
| | 2009 | 울산 | 0 | 0 | 0 | 0 | 0 | 0 | 0 | 0 |
| | 2010 | 울산 | 0 | 0 | 0 | 0 | 0 | 0 | 0 | 0 |
| | 2011 | 울산 | 1 | 0 | 0 | 0 | 2 | 0 | 0 | 0 |
| PO | 2004 | 울산 | 0 | 0 | 0 | 0 | 0 | 0 | 0 | 0 |
| | 2010 | 울산 | 0 | 0 | 0 | 0 | 0 | 0 | 0 | 0 |
| 컵 | 2002 | 울산 | 4 | 0 | 0 | 0 | 5 | 0 | 0 | 0 |
| | 2004 | 울산 | 0 | 0 | 0 | 0 | 0 | 0 | 0 | 0 |
| | 2005 | 울산 | 10 | 0 | 0 | 0 | 10 | 0 | 0 | 0 |
| | 2007 | 광주상무 | 4 | 0 | 0 | 0 | 10 | 0 | 1 | 0 |
| | 2008 | 울산 | 2 | 0 | 0 | 0 | 2 | 0 | 0 | 0 |
| | 2009 | 울산 | 0 | 0 | 0 | 0 | 0 | 0 | 0 | 0 |
| | 2010 | 울산 | 0 | 0 | 0 | 0 | 0 | 0 | 0 | 0 |
| | 2011 | 울산 | 0 | 0 | 0 | 0 | 0 | 0 | 0 | 0 |
| 통산 | | | 37 | 1 | 0 | 0 | 53 | 0 | 4 | 0 |

**최문수**(崔門水) 대건고 2000.09.23

| 대회 | 연도 | 소속 | 출전 | 교체 | 득점 | 도움 | 실점 | 파울 | 경고 | 퇴장 |
|---|---|---|---|---|---|---|---|---|---|---|
| K2 | 2019 | 수원FC | 0 | 0 | 0 | 0 | 0 | 0 | 0 | 0 |
| 통산 | | | 0 | 0 | 0 | 0 | 0 | 0 | 0 | 0 |

**최문식**(崔文植) 동대부고 1971.01.06

| 대회 | 연도 | 소속 | 출전 | 교체 | 득점 | 도움 | 실점 | 파울 | 경고 | 퇴장 |
|---|---|---|---|---|---|---|---|---|---|---|
| K1 | 1989 | 포항제철 | 17 | 13 | 6 | 1 | 0 | 6 | 0 | 0 |
| | 1990 | 포항제철 | 20 | 19 | 2 | 2 | 0 | 8 | 1 | 0 |
| | 1991 | 포항제철 | 18 | 15 | 1 | 1 | 0 | 9 | 0 | 0 |
| | 1992 | 포항제철 | 24 | 19 | 5 | 1 | 0 | 11 | 0 | 0 |
| | 1993 | 포항제철 | 11 | 3 | 2 | 1 | 0 | 12 | 0 | 0 |
| | 1994 | 포항제철 | 19 | 9 | 6 | 6 | 0 | 7 | 1 | 0 |
| | 1998 | 포항 | 15 | 14 | 3 | 0 | 0 | 8 | 0 | 0 |
| | 1999 | 전남 | 25 | 6 | 5 | 2 | 0 | 14 | 0 | 0 |
| | 2000 | 전남 | 22 | 13 | 3 | 1 | 0 | 9 | 0 | 0 |
| | 2001 | 수원 | 12 | 9 | 0 | 1 | 0 | 6 | 0 | 0 |
| | 2002 | 부천SK | 20 | 10 | 2 | 1 | 0 | 12 | 0 | 0 |
| PO | 1998 | 포항 | 3 | 2 | 1 | 0 | 0 | 5 | 0 | 0 |
| | 1999 | 전남 | 1 | 0 | 0 | 0 | 0 | 0 | 0 | 0 |
| 컵 | 1992 | 포항제철 | 7 | 2 | 1 | 1 | 0 | 4 | 3 | 0 |
| | 1993 | 포항제철 | 2 | 1 | 3 | 0 | 0 | 1 | 0 | 0 |
| | 1995 | 포항 | 6 | 4 | 1 | 0 | 0 | 2 | 1 | 0 |
| | 1998 | 포항 | 18 | 10 | 2 | 2 | 0 | 11 | 1 | 0 |
| | 1999 | 전남 | 7 | 5 | 2 | 1 | 0 | 2 | 0 | 0 |
| | 2000 | 전남 | 10 | 1 | 1 | 4 | 0 | 6 | 1 | 0 |
| | 2002 | 부천SK | 7 | 2 | 1 | 0 | 0 | 3 | 0 | 0 |
| 통산 | | | 264 | 157 | 47 | 25 | 0 | 136 | 8 | 0 |

**최민기**(崔珉綺) 장훈고 2002.11.08

| 대회 | 연도 | 소속 | 출전 | 교체 | 득점 | 도움 | 실점 | 파울 | 경고 | 퇴장 |
|---|---|---|---|---|---|---|---|---|---|---|
| K1 | 2022 | 대구 | 1 | 1 | 0 | 0 | 0 | 1 | 0 | 0 |
| | 2024 | 대구 | 0 | 0 | 0 | 0 | 0 | 0 | 0 | 0 |
| 통산 | | | 1 | 1 | 0 | 0 | 0 | 1 | 0 | 0 |

**최민서**(崔民胥) 포항제철고 2002.03.05

| 대회 | 연도 | 소속 | 출전 | 교체 | 득점 | 도움 | 실점 | 파울 | 경고 | 퇴장 |
|---|---|---|---|---|---|---|---|---|---|---|
| K2 | 2021 | 안양 | 11 | 11 | 0 | 0 | 0 | 3 | 0 | 0 |
| | 2022 | 김포 | 10 | 11 | 0 | 0 | 0 | 3 | 0 | 0 |
| 통산 | | | 21 | 22 | 0 | 0 | 0 | 6 | 0 | 0 |

**최배식**(崔培植) 학성고 1982.05.15

| 대회 | 연도 | 소속 | 출전 | 교체 | 득점 | 도움 | 실점 | 파울 | 경고 | 퇴장 |
|---|---|---|---|---|---|---|---|---|---|---|
| K1 | 2001 | 울산 | 0 | 0 | 0 | 0 | 0 | 0 | 0 | 0 |
| | 2003 | 광주상무 | 8 | 8 | 0 | 1 | 0 | 4 | 0 | 0 |
| 컵 | 2001 | 울산 | 3 | 2 | 0 | 0 | 0 | 4 | 1 | 0 |
| 통산 | | | 11 | 10 | 0 | 1 | 0 | 8 | 1 | 0 |

**최범경**(崔凡境) 광운대 1997.06.24

| 대회 | 연도 | 소속 | 출전 | 교체 | 득점 | 도움 | 실점 | 파울 | 경고 | 퇴장 |
|---|---|---|---|---|---|---|---|---|---|---|
| K1 | 2018 | 인천 | 1 | 1 | 0 | 0 | 0 | 3 | 1 | 0 |
| | 2019 | 인천 | 11 | 9 | 0 | 0 | 0 | 5 | 1 | 0 |
| | 2020 | 인천 | 9 | 9 | 0 | 0 | 0 | 2 | 1 | 0 |
| | 2021 | 인천 | 4 | 5 | 0 | 0 | 0 | 3 | 1 | 0 |
| K2 | 2022 | 충남아산 | 30 | 26 | 1 | 2 | 0 | 15 | 1 | 0 |
| 통산 | | | 55 | 50 | 1 | 2 | 0 | 28 | 5 | 0 |

**최병도**(崔炳燾) 경기대 1984.01.18

| 대회 | 연도 | 소속 | 출전 | 교체 | 득점 | 도움 | 실점 | 파울 | 경고 | 퇴장 |
|---|---|---|---|---|---|---|---|---|---|---|
| K1 | 2006 | 인천 | 3 | 1 | 0 | 0 | 0 | 8 | 1 | 0 |
| | 2007 | 인천 | 2 | 3 | 0 | 0 | 0 | 7 | 1 | 0 |
| | 2008 | 광주상무 | 11 | 0 | 0 | 0 | 0 | 7 | 0 | 0 |
| | 2010 | 인천 | 2 | 3 | 0 | 0 | 0 | 0 | 0 | 0 |
| K2 | 2013 | 고양 | 30 | 3 | 1 | 0 | 0 | 27 | 6 | 0 |
| | 2014 | 고양 | 34 | 2 | 1 | 2 | 0 | 11 | 2 | 0 |
| | 2015 | 부천 | 33 | 1 | 0 | 1 | 0 | 28 | 4 | 0 |
| | 2017 | 서울E | 2 | 2 | 0 | 0 | 0 | 2 | 1 | 0 |
| 컵 | 2006 | 인천 | 6 | 1 | 0 | 0 | 0 | 4 | 2 | 0 |
| | 2007 | 인천 | 7 | 4 | 0 | 0 | 0 | 11 | 0 | 0 |
| | 2008 | 광주상무 | 5 | 0 | 0 | 0 | 0 | 8 | 2 | 0 |
| | 2009 | 광주상무 | 1 | 1 | 0 | 0 | 0 | 1 | 0 | 0 |
| 통산 | | | 136 | 21 | 2 | 3 | 0 | 114 | 19 | 0 |

**최병욱**(崔炳旭) 숭실대 2005.04.11

| 대회 | 연도 | 소속 | 출전 | 교체 | 득점 | 도움 | 실점 | 파울 | 경고 | 퇴장 |
|---|---|---|---|---|---|---|---|---|---|---|
| K1 | 2025 | 제주 | 28 | 28 | 0 | 1 | 0 | 14 | 3 | 1 |
| PO | 2025 | 제주 | 2 | 2 | 0 | 0 | 0 | 3 | 2 | 0 |
| 통산 | | | 30 | 30 | 0 | 1 | 0 | 17 | 5 | 1 |

**최병찬**(崔炳贊) 홍익대 1996.04.04

| 대회 | 연도 | 소속 | 출전 | 교체 | 득점 | 도움 | 실점 | 파울 | 경고 | 퇴장 |
|---|---|---|---|---|---|---|---|---|---|---|
| K1 | 2019 | 성남 | 24 | 18 | 1 | 2 | 0 | 22 | 5 | 0 |
| | 2020 | 성남 | 5 | 5 | 0 | 0 | 0 | 5 | 0 | 0 |
| | 2022 | 김천 | 7 | 7 | 0 | 0 | 0 | 7 | 2 | 0 |
| | 2025 | 강원 | 10 | 10 | 1 | 0 | 0 | 10 | 1 | 0 |
| K2 | 2018 | 성남 | 19 | 14 | 5 | 2 | 0 | 31 | 3 | 0 |
| | 2020 | 부천 | 12 | 12 | 1 | 1 | 0 | 9 | 1 | 0 |
| | 2021 | 부천 | 20 | 17 | 0 | 0 | 0 | 19 | 4 | 0 |
| | 2022 | 부천 | 3 | 1 | 0 | 0 | 0 | 2 | 0 | 0 |
| | 2023 | 김천 | 11 | 10 | 4 | 0 | 0 | 9 | 2 | 0 |
| | 2024 | 부천 | 31 | 15 | 3 | 4 | 0 | 21 | 3 | 1 |
| PO | 2022 | 김천 | 0 | 0 | 0 | 0 | 0 | 0 | 0 | 0 |
| 통산 | | | 142 | 109 | 15 | 9 | 0 | 135 | 21 | 1 |

**최병호**(崔炳鎬) 충북대 1983.11.23

| 대회 | 연도 | 소속 | 출전 | 교체 | 득점 | 도움 | 실점 | 파울 | 경고 | 퇴장 |
|---|---|---|---|---|---|---|---|---|---|---|
| K1 | 2006 | 경남 | 0 | 0 | 0 | 0 | 0 | 0 | 0 | 0 |
| 컵 | 2007 | 경남 | 0 | 0 | 0 | 0 | 0 | 0 | 0 | 0 |
| 통산 | | | 0 | 0 | 0 | 0 | 0 | 0 | 0 | 0 |

**최보경**(崔普慶) 동국대 1988.04.12

| 대회 | 연도 | 소속 | 출전 | 교체 | 득점 | 도움 | 실점 | 파울 | 경고 | 퇴장 |
|---|---|---|---|---|---|---|---|---|---|---|
| K1 | 2012 | 울산 | 7 | 2 | 0 | 0 | 0 | 17 | 2 | 0 |
| | 2013 | 울산 | 29 | 23 | 0 | 3 | 0 | 34 | 5 | 0 |
| | 2014 | 전북 | 19 | 8 | 0 | 1 | 0 | 18 | 2 | 0 |
| | 2015 | 전북 | 26 | 10 | 0 | 0 | 0 | 40 | 7 | 0 |
| | 2017 | 전북 | 7 | 0 | 0 | 0 | 0 | 7 | 2 | 0 |
| | 2018 | 전북 | 32 | 5 | 1 | 1 | 0 | 35 | 6 | 0 |
| | 2019 | 전북 | 13 | 4 | 0 | 0 | 0 | 6 | 1 | 0 |
| | 2020 | 전북 | 18 | 1 | 0 | 0 | 0 | 8 | 2 | 0 |
| | 2021 | 전북 | 10 | 3 | 1 | 0 | 0 | 8 | 2 | 0 |
| | 2022 | 전북 | 7 | 3 | 0 | 0 | 0 | 4 | 0 | 0 |
| | 2023 | 수원FC | 13 | 13 | 0 | 0 | 0 | 3 | 0 | 0 |
| K2 | 2016 | 안산무궁 | 19 | 1 | 2 | 2 | 0 | 15 | 4 | 0 |
| | 2017 | 아산 | 20 | 0 | 0 | 1 | 0 | 14 | 3 | 0 |
| | 2025 | 충남아산 | 1 | 1 | 0 | 0 | 0 | 0 | 0 | 0 |
| 컵 | 2011 | 울산 | 0 | 0 | 0 | 0 | 0 | 0 | 0 | 0 |
| 통산 | | | 221 | 74 | 4 | 8 | 0 | 209 | 36 | 0 |

**최봉균**(崔逢均) 한양대 1991.06.24

| 대회 | 연도 | 소속 | 출전 | 교체 | 득점 | 도움 | 실점 | 파울 | 경고 | 퇴장 |
|---|---|---|---|---|---|---|---|---|---|---|
| K2 | 2014 | 고양 | 0 | 0 | 0 | 0 | 0 | 0 | 0 | 0 |
| | 2017 | 경남 | 1 | 1 | 0 | 0 | 0 | 1 | 0 | 0 |
| 통산 | | | 1 | 1 | 0 | 0 | 0 | 1 | 0 | 0 |

**최봉진**(崔鳳珍) 중앙대 1992.04.06

| 대회 | 연도 | 소속 | 출전 | 교체 | 득점 | 도움 | 실점 | 파울 | 경고 | 퇴장 |
|---|---|---|---|---|---|---|---|---|---|---|
| K1 | 2015 | 광주 | 13 | 0 | 0 | 0 | 17 | 0 | 1 | 0 |
| | 2016 | 광주 | 17 | 1 | 0 | 0 | 24 | 1 | 2 | 1 |
| | 2017 | 광주 | 10 | 0 | 0 | 0 | 15 | 0 | 0 | 0 |
| | 2021 | 수원FC | 0 | 0 | 0 | 0 | 0 | 0 | 0 | 0 |
| K2 | 2015 | 경남 | 0 | 0 | 0 | 0 | 0 | 0 | 0 | 0 |
| | 2018 | 아산 | 1 | 0 | 0 | 0 | 0 | 0 | 0 | 0 |
| | 2019 | 광주 | 2 | 0 | 0 | 0 | 3 | 0 | 1 | 0 |
| | 2019 | 아산 | 15 | 0 | 0 | 0 | 15 | 0 | 2 | 0 |
| | 2020 | 부천 | 25 | 0 | 0 | 0 | 34 | 2 | 4 | 1 |
| | 2022 | 김포 | 11 | 0 | 0 | 0 | 25 | 0 | 0 | 0 |
| | 2023 | 전남 | 8 | 3 | 0 | 0 | 13 | 0 | 0 | 0 |
| | 2024 | 전남 | 17 | 0 | 0 | 1 | 23 | 0 | 0 | 0 |
| | 2025 | 전남 | 34 | 4 | 0 | 0 | 43 | 0 | 1 | 0 |
| PO | 2024 | 전남 | 0 | 0 | 0 | 0 | 0 | 0 | 0 | 0 |
| 통산 | | | 153 | 8 | 0 | 1 | 212 | 3 | 11 | 2 |

**최산**(崔山) 수원공고 2006.05.15

| 대회 | 연도 | 소속 | 출전 | 교체 | 득점 | 도움 | 실점 | 파울 | 경고 | 퇴장 |
|---|---|---|---|---|---|---|---|---|---|---|
| K1 | 2025 | 수원FC | 2 | 2 | 0 | 0 | 0 | 3 | 0 | 0 |
| 통산 | | | 2 | 2 | 0 | 0 | 0 | 3 | 0 | 0 |

**최상국**(崔相國) 청주상고 1961.02.15

| 대회 | 연도 | 소속 | 출전 | 교체 | 득점 | 도움 | 실점 | 파울 | 경고 | 퇴장 |
|---|---|---|---|---|---|---|---|---|---|---|
| K1 | 1983 | 포항제철 | 16 | 1 | 2 | 4 | 0 | 15 | 0 | 0 |
| | 1984 | 포항제철 | 23 | 3 | 4 | 1 | 0 | 28 | 2 | 0 |
| | 1985 | 포항제철 | 20 | 3 | 2 | 2 | 0 | 24 | 0 | 0 |
| | 1986 | 포항제철 | 9 | 1 | 1 | 3 | 0 | 11 | 1 | 0 |
| | 1987 | 포항제철 | 30 | 7 | 15 | 8 | 0 | 29 | 3 | 0 |
| | 1988 | 포항제철 | 11 | 3 | 2 | 1 | 0 | 23 | 1 | 0 |
| | 1989 | 포항제철 | 8 | 3 | 2 | 0 | 0 | 14 | 2 | 0 |
| | 1990 | 포항제철 | 19 | 6 | 3 | 0 | 0 | 18 | 1 | 0 |
| | 1991 | 포항제철 | 13 | 10 | 0 | 2 | 0 | 20 | 0 | 0 |
| 컵 | 1986 | 포항제철 | 10 | 2 | 1 | 1 | 0 | 9 | 0 | 0 |
| 통산 | | | 159 | 39 | 32 | 22 | 0 | 191 | 10 | 0 |

**최상헌**(崔尙憲) 울산대 2001.07.16

| 대회 | 연도 | 소속 | 출전 | 교체 | 득점 | 도움 | 실점 | 파울 | 경고 | 퇴장 |
|---|---|---|---|---|---|---|---|---|---|---|
| K2 | 2023 | 천안 | 2 | 3 | 0 | 0 | 0 | 1 | 0 | 0 |

| | 2024 | 천안 | 11 | 12 | 0 | 0 | 0 | 1 | 0 | 0 |
|---|---|---|---|---|---|---|---|---|---|---|
| 통산 | | | 13 | 15 | 0 | 0 | 0 | 2 | 0 | 0 |

**최상현**(崔相賢) 연세대 1984.03.18

| 대회 | 연도 | 소속 | 출전 | 교체 | 득점 | 도움 | 실점 | 파울 | 경고 | 퇴장 |
|---|---|---|---|---|---|---|---|---|---|---|
| K1 | 2009 | 대구 | 4 | 4 | 0 | 0 | 0 | 5 | 1 | 0 |
| 통산 | | | 4 | 4 | 0 | 0 | 0 | 5 | 1 | 0 |

**최상훈**(崔相勳) 국민대 1971.09.28

| 대회 | 연도 | 소속 | 출전 | 교체 | 득점 | 도움 | 실점 | 파울 | 경고 | 퇴장 |
|---|---|---|---|---|---|---|---|---|---|---|
| K1 | 1996 | 포항 | 2 | 2 | 1 | 0 | 0 | 4 | 0 | 0 |
| | 1997 | 안양LG | 3 | 3 | 0 | 0 | 0 | 2 | 1 | 0 |
| 컵 | 1994 | 포항제철 | 3 | 3 | 0 | 0 | 0 | 6 | 2 | 0 |
| | 1995 | 포항 | 2 | 2 | 0 | 0 | 0 | 0 | 0 | 0 |
| 통산 | | | 10 | 10 | 1 | 0 | 0 | 12 | 3 | 0 |

**최서준**(崔舒儁) 풍생고 2007.02.22

| 대회 | 연도 | 소속 | 출전 | 교체 | 득점 | 도움 | 실점 | 파울 | 경고 | 퇴장 |
|---|---|---|---|---|---|---|---|---|---|---|
| K2 | 2025 | 성남 | 0 | 0 | 0 | 0 | 0 | 0 | 0 | 0 |
| 통산 | | | 0 | 0 | 0 | 0 | 0 | 0 | 0 | 0 |

**최석도**(崔錫道) 중앙대 1982.05.01

| 대회 | 연도 | 소속 | 출전 | 교체 | 득점 | 도움 | 실점 | 파울 | 경고 | 퇴장 |
|---|---|---|---|---|---|---|---|---|---|---|
| K1 | 2005 | 대구 | 0 | 0 | 0 | 0 | 0 | 0 | 0 | 0 |
| 컵 | 2005 | 대구 | 1 | 1 | 0 | 0 | 0 | 1 | 1 | 0 |
| | 2006 | 대구 | 2 | 1 | 0 | 0 | 0 | 0 | 0 | 0 |
| 통산 | | | 3 | 2 | 0 | 0 | 0 | 1 | 1 | 0 |

**최석현**(崔錫鉉) 단국대 2003.01.13

| 대회 | 연도 | 소속 | 출전 | 교체 | 득점 | 도움 | 실점 | 파울 | 경고 | 퇴장 |
|---|---|---|---|---|---|---|---|---|---|---|
| K1 | 2025 | 울산 | 23 | 21 | 0 | 0 | 0 | 4 | 3 | 0 |
| K2 | 2024 | 충북청주 | 16 | 6 | 0 | 1 | 0 | 16 | 5 | 0 |
| 통산 | | | 39 | 27 | 0 | 1 | 0 | 20 | 8 | 0 |

**최선걸**(崔善傑) 서울시립대 1973.03.27

| 대회 | 연도 | 소속 | 출전 | 교체 | 득점 | 도움 | 실점 | 파울 | 경고 | 퇴장 |
|---|---|---|---|---|---|---|---|---|---|---|
| K1 | 2000 | 전남 | 16 | 8 | 3 | 2 | 0 | 40 | 1 | 0 |
| | 2001 | 전남 | 15 | 8 | 1 | 0 | 0 | 29 | 3 | 0 |
| 컵 | 1998 | 울산 | 4 | 4 | 0 | 0 | 0 | 5 | 0 | 0 |
| | 1999 | 울산 | 1 | 1 | 0 | 0 | 0 | 2 | 0 | 0 |
| | 2000 | 전남 | 1 | 1 | 0 | 0 | 0 | 1 | 0 | 0 |
| | 2001 | 전남 | 8 | 4 | 1 | 1 | 0 | 21 | 2 | 0 |
| 통산 | | | 45 | 26 | 5 | 3 | 0 | 98 | 6 | 0 |

**최선규**(崔善圭) 중앙대 2001.03.28

| 대회 | 연도 | 소속 | 출전 | 교체 | 득점 | 도움 | 실점 | 파울 | 경고 | 퇴장 |
|---|---|---|---|---|---|---|---|---|---|---|
| K2 | 2025 | 김포 | 0 | 0 | 0 | 0 | 0 | 0 | 0 | 0 |
| 통산 | | | 0 | 0 | 0 | 0 | 0 | 0 | 0 | 0 |

**최성국**(崔成國) 고려대 1983.02.08

| 대회 | 연도 | 소속 | 출전 | 교체 | 득점 | 도움 | 실점 | 파울 | 경고 | 퇴장 |
|---|---|---|---|---|---|---|---|---|---|---|
| K1 | 2003 | 울산 | 27 | 22 | 7 | 1 | 0 | 30 | 5 | 0 |
| | 2004 | 울산 | 18 | 10 | 1 | 4 | 0 | 18 | 2 | 0 |
| | 2005 | 울산 | 13 | 11 | 0 | 2 | 0 | 21 | 3 | 0 |
| | 2006 | 울산 | 22 | 9 | 1 | 2 | 0 | 27 | 1 | 0 |
| | 2007 | 성남일화 | 25 | 19 | 3 | 2 | 0 | 25 | 3 | 0 |
| | 2008 | 성남일화 | 18 | 18 | 4 | 3 | 0 | 6 | 2 | 0 |
| | 2009 | 광주상무 | 26 | 3 | 9 | 3 | 0 | 39 | 2 | 0 |
| | 2010 | 광주상무 | 22 | 3 | 4 | 2 | 0 | 40 | 5 | 1 |
| | 2010 | 성남일화 | 2 | 2 | 0 | 0 | 0 | 0 | 0 | 0 |
| | 2011 | 수원 | 12 | 9 | 1 | 2 | 0 | 11 | 2 | 0 |
| PO | 2004 | 울산 | 1 | 0 | 0 | 0 | 0 | 1 | 0 | 0 |
| | 2005 | 울산 | 3 | 3 | 1 | 1 | 0 | 5 | 1 | 0 |
| | 2007 | 성남일화 | 2 | 1 | 0 | 0 | 0 | 8 | 0 | 0 |
| | 2010 | 성남일화 | 2 | 1 | 0 | 1 | 0 | 4 | 1 | 0 |
| 컵 | 2006 | 울산 | 13 | 4 | 8 | 2 | 0 | 13 | 2 | 0 |
| | 2007 | 성남일화 | 1 | 0 | 0 | 0 | 0 | 3 | 0 | 0 |
| | 2008 | 성남일화 | 8 | 6 | 3 | 0 | 0 | 2 | 1 | 0 |
| | 2009 | 광주상무 | 2 | 2 | 0 | 0 | 0 | 2 | 0 | 0 |
| | 2010 | 광주상무 | 2 | 1 | 0 | 0 | 0 | 3 | 0 | 0 |
| 통산 | | | 219 | 124 | 42 | 25 | 0 | 258 | 30 | 1 |

**최성근**(崔成根) 고려대 1991.07.28

| 대회 | 연도 | 소속 | 출전 | 교체 | 득점 | 도움 | 실점 | 파울 | 경고 | 퇴장 |
|---|---|---|---|---|---|---|---|---|---|---|
| K1 | 2017 | 수원 | 22 | 6 | 0 | 1 | 0 | 45 | 5 | 0 |
| | 2018 | 수원 | 20 | 9 | 0 | 1 | 0 | 38 | 6 | 1 |
| | 2019 | 수원 | 30 | 7 | 2 | 0 | 0 | 80 | 7 | 0 |
| | 2020 | 수원 | 5 | 4 | 0 | 0 | 0 | 3 | 0 | 0 |
| | 2021 | 수원 | 21 | 9 | 0 | 0 | 0 | 42 | 5 | 1 |
| | 2022 | 수원 | 4 | 3 | 0 | 0 | 0 | 6 | 1 | 0 |
| | 2023 | 수원 | 1 | 1 | 0 | 0 | 0 | 1 | 0 | 0 |
| K2 | 2024 | 수원 | 2 | 2 | 0 | 0 | 0 | 1 | 0 | 0 |
| | 2025 | 충북청주 | 7 | 6 | 0 | 0 | 0 | 6 | 2 | 0 |
| 통산 | | | 112 | 47 | 2 | 2 | 0 | 222 | 26 | 2 |

**최성민**(崔晟旼) 동국대 1991.08.20

| 대회 | 연도 | 소속 | 출전 | 교체 | 득점 | 도움 | 실점 | 파울 | 경고 | 퇴장 |
|---|---|---|---|---|---|---|---|---|---|---|
| K1 | 2014 | 경남 | 3 | 2 | 0 | 0 | 0 | 5 | 1 | 0 |
| K2 | 2015 | 경남 | 9 | 4 | 0 | 1 | 0 | 9 | 1 | 0 |
| | 2015 | 부천 | 2 | 2 | 0 | 0 | 0 | 1 | 0 | 0 |
| | 2018 | 안산 | 17 | 4 | 0 | 0 | 0 | 7 | 2 | 0 |
| | 2019 | 안산 | 15 | 2 | 0 | 0 | 0 | 30 | 5 | 0 |
| PO | 2014 | 경남 | 0 | 0 | 0 | 0 | 0 | 0 | 0 | 0 |
| 통산 | | | 46 | 14 | 0 | 1 | 0 | 52 | 9 | 0 |

**최성민**(崔成敏) 강릉제일고 2003.09.25

| 대회 | 연도 | 소속 | 출전 | 교체 | 득점 | 도움 | 실점 | 파울 | 경고 | 퇴장 |
|---|---|---|---|---|---|---|---|---|---|---|
| K1 | 2024 | 강원 | 1 | 1 | 0 | 0 | 0 | 0 | 0 | 0 |
| 통산 | | | 1 | 1 | 0 | 0 | 0 | 0 | 0 | 0 |

**최성범**(崔聖範) 성균관대 2001.12.24

| 대회 | 연도 | 소속 | 출전 | 교체 | 득점 | 도움 | 실점 | 파울 | 경고 | 퇴장 |
|---|---|---|---|---|---|---|---|---|---|---|
| K1 | 2025 | 안양 | 19 | 20 | 2 | 2 | 0 | 11 | 3 | 0 |
| K2 | 2023 | 안양 | 10 | 10 | 0 | 1 | 0 | 6 | 0 | 0 |
| | 2024 | 안양 | 15 | 15 | 2 | 2 | 0 | 7 | 1 | 0 |
| 통산 | | | 44 | 45 | 4 | 5 | 0 | 24 | 4 | 0 |

**최성용**(崔成勇) 고려대 1975.12.25

| 대회 | 연도 | 소속 | 출전 | 교체 | 득점 | 도움 | 실점 | 파울 | 경고 | 퇴장 |
|---|---|---|---|---|---|---|---|---|---|---|
| K1 | 2002 | 수원 | 11 | 2 | 0 | 0 | 0 | 10 | 1 | 0 |
| | 2003 | 수원 | 23 | 5 | 0 | 0 | 0 | 17 | 2 | 0 |
| | 2004 | 수원 | 20 | 5 | 1 | 2 | 0 | 28 | 1 | 0 |
| | 2005 | 수원 | 16 | 4 | 0 | 0 | 0 | 23 | 4 | 0 |
| | 2006 | 수원 | 8 | 7 | 0 | 1 | 0 | 7 | 0 | 0 |
| | 2007 | 울산 | 8 | 8 | 0 | 0 | 0 | 2 | 0 | 0 |
| PO | 2004 | 수원 | 3 | 0 | 0 | 0 | 0 | 8 | 1 | 0 |
| | 2007 | 울산 | 0 | 0 | 0 | 0 | 0 | 0 | 0 | 0 |
| 컵 | 2004 | 수원 | 12 | 1 | 0 | 2 | 0 | 15 | 1 | 0 |
| | 2005 | 수원 | 7 | 4 | 0 | 0 | 0 | 5 | 1 | 0 |
| | 2006 | 수원 | 4 | 3 | 0 | 0 | 0 | 2 | 0 | 0 |
| | 2007 | 울산 | 1 | 0 | 0 | 0 | 0 | 1 | 0 | 0 |
| 통산 | | | 113 | 39 | 1 | 5 | 0 | 118 | 11 | 0 |

**최성진**(崔成眞) 광양제철고 2002.06.24

| 대회 | 연도 | 소속 | 출전 | 교체 | 득점 | 도움 | 실점 | 파울 | 경고 | 퇴장 |
|---|---|---|---|---|---|---|---|---|---|---|
| K2 | 2021 | 전남 | 1 | 0 | 0 | 0 | 0 | 1 | 0 | 0 |
| | 2022 | 전남 | 3 | 3 | 0 | 0 | 0 | 4 | 0 | 0 |
| | 2023 | 전남 | 18 | 18 | 0 | 1 | 0 | 11 | 1 | 0 |
| | 2024 | 전남 | 10 | 10 | 2 | 0 | 0 | 4 | 0 | 0 |
| | 2025 | 충남아산 | 3 | 2 | 0 | 0 | 0 | 4 | 0 | 0 |
| PO | 2021 | 전남 | 0 | 0 | 0 | 0 | 0 | 0 | 0 | 0 |
| 통산 | | | 35 | 33 | 2 | 1 | 0 | 24 | 1 | 0 |

**최성현**(崔星玄) 호남대 1982.05.02

| 대회 | 연도 | 소속 | 출전 | 교체 | 득점 | 도움 | 실점 | 파울 | 경고 | 퇴장 |
|---|---|---|---|---|---|---|---|---|---|---|
| K1 | 2005 | 수원 | 1 | 1 | 0 | 0 | 0 | 4 | 1 | 0 |
| | 2008 | 수원 | 4 | 3 | 0 | 0 | 0 | 4 | 0 | 0 |
| | 2009 | 수원 | 9 | 4 | 0 | 0 | 0 | 13 | 1 | 0 |
| | 2010 | 제주 | 1 | 1 | 0 | 0 | 0 | 1 | 0 | 0 |
| PO | 2008 | 수원 | 1 | 1 | 0 | 0 | 0 | 0 | 0 | 0 |
| 컵 | 2005 | 수원 | 1 | 1 | 0 | 0 | 0 | 0 | 0 | 0 |
| | 2006 | 광주상무 | 1 | 1 | 0 | 0 | 0 | 2 | 1 | 0 |
| | 2008 | 수원 | 3 | 2 | 0 | 0 | 0 | 2 | 0 | 0 |
| | 2009 | 수원 | 1 | 1 | 0 | 0 | 0 | 1 | 0 | 0 |
| 통산 | | | 22 | 15 | 0 | 0 | 0 | 27 | 3 | 0 |

**최성호**(崔聖鎬) 동아대 1969.07.17

| 대회 | 연도 | 소속 | 출전 | 교체 | 득점 | 도움 | 실점 | 파울 | 경고 | 퇴장 |
|---|---|---|---|---|---|---|---|---|---|---|
| K1 | 1993 | 일화 | 2 | 3 | 0 | 0 | 0 | 0 | 0 | 0 |
| | 1995 | 일화 | 7 | 8 | 4 | 0 | 0 | 5 | 0 | 0 |
| | 1996 | 천안일화 | 4 | 4 | 0 | 0 | 0 | 3 | 0 | 0 |
| | 1997 | 수원 | 2 | 2 | 0 | 0 | 0 | 0 | 0 | 0 |
| 컵 | 1992 | 일화 | 1 | 1 | 0 | 0 | 0 | 0 | 0 | 0 |
| | 1996 | 천안일화 | 2 | 2 | 0 | 0 | 0 | 4 | 1 | 0 |
| | 1997 | 수원 | 2 | 2 | 0 | 0 | 0 | 0 | 1 | 0 |
| 통산 | | | 20 | 22 | 4 | 0 | 0 | 12 | 2 | 0 |

**최성환**(崔成煥) 전주대 1981.10.06

| 대회 | 연도 | 소속 | 출전 | 교체 | 득점 | 도움 | 실점 | 파울 | 경고 | 퇴장 |
|---|---|---|---|---|---|---|---|---|---|---|
| K1 | 2005 | 대구 | 9 | 3 | 0 | 0 | 0 | 35 | 7 | 0 |
| | 2006 | 대구 | 19 | 3 | 1 | 2 | 0 | 43 | 6 | 0 |
| | 2007 | 수원 | 0 | 0 | 0 | 0 | 0 | 0 | 0 | 0 |
| | 2008 | 수원 | 5 | 1 | 0 | 0 | 0 | 12 | 4 | 0 |
| | 2009 | 수원 | 12 | 4 | 0 | 0 | 0 | 20 | 4 | 0 |
| | 2010 | 수원 | 8 | 5 | 0 | 0 | 0 | 14 | 1 | 0 |
| | 2011 | 수원 | 17 | 9 | 0 | 0 | 0 | 27 | 6 | 0 |
| | 2012 | 수원 | 0 | 0 | 0 | 0 | 0 | 0 | 0 | 0 |
| | 2012 | 울산 | 4 | 1 | 0 | 0 | 0 | 6 | 2 | 0 |
| | 2013 | 울산 | 1 | 1 | 0 | 0 | 0 | 0 | 1 | 0 |
| K2 | 2014 | 광주 | 5 | 1 | 0 | 0 | 0 | 6 | 2 | 0 |
| | 2015 | 경남 | 28 | 6 | 1 | 0 | 0 | 33 | 6 | 1 |
| PO | 2008 | 수원 | 0 | 0 | 0 | 0 | 0 | 0 | 0 | 0 |
| | 2011 | 수원 | 2 | 2 | 0 | 0 | 0 | 1 | 1 | 0 |
| 컵 | 2005 | 대구 | 6 | 2 | 0 | 0 | 0 | 24 | 2 | 0 |
| | 2006 | 대구 | 10 | 1 | 1 | 0 | 0 | 26 | 4 | 0 |
| | 2007 | 수원 | 3 | 3 | 0 | 0 | 0 | 4 | 0 | 0 |
| | 2008 | 수원 | 3 | 0 | 0 | 0 | 0 | 8 | 1 | 0 |
| | 2009 | 수원 | 2 | 0 | 0 | 0 | 0 | 2 | 1 | 0 |
| | 2010 | 수원 | 4 | 3 | 0 | 0 | 0 | 2 | 1 | 0 |
| | 2011 | 수원 | 2 | 0 | 0 | 0 | 0 | 5 | 2 | 0 |
| 통산 | | | 140 | 45 | 3 | 2 | 0 | 268 | 51 | 1 |

**최수현**(崔守現) 명지대 1993.12.09

| 대회 | 연도 | 소속 | 출전 | 교체 | 득점 | 도움 | 실점 | 파울 | 경고 | 퇴장 |
|---|---|---|---|---|---|---|---|---|---|---|
| K1 | 2017 | 대구 | 0 | 0 | 0 | 0 | 0 | 0 | 0 | 0 |
| 통산 | | | 0 | 0 | 0 | 0 | 0 | 0 | 0 | 0 |

**최순호**(崔淳鎬) 광운대 1962.01.10

| 대회 | 연도 | 소속 | 출전 | 교체 | 득점 | 도움 | 실점 | 파울 | 경고 | 퇴장 |
|---|---|---|---|---|---|---|---|---|---|---|
| K1 | 1983 | 포항제철 | 2 | 1 | 2 | 0 | 0 | 3 | 0 | 0 |
| | 1984 | 포항제철 | 24 | 0 | 14 | 6 | 0 | 25 | 1 | 0 |
| | 1985 | 포항제철 | 5 | 1 | 2 | 0 | 0 | 3 | 1 | 0 |
| | 1986 | 포항제철 | 8 | 1 | 1 | 2 | 0 | 7 | 0 | 0 |
| | 1987 | 포항제철 | 16 | 7 | 2 | 5 | 0 | 23 | 0 | 0 |
| | 1988 | 럭키금성 | 11 | 0 | 1 | 2 | 0 | 16 | 0 | 0 |
| | 1989 | 럭키금성 | 9 | 0 | 0 | 1 | 0 | 17 | 1 | 0 |
| | 1990 | 럭키금성 | 8 | 4 | 1 | 2 | 0 | 7 | 1 | 0 |
| | 1991 | 포항제철 | 16 | 11 | 0 | 1 | 0 | 3 | 1 | 0 |
| PO | 1986 | 포항제철 | 2 | 0 | 0 | 0 | 0 | 7 | 0 | 0 |
| 컵 | 1986 | 포항제철 | 1 | 1 | 0 | 0 | 0 | 1 | 0 | 0 |
| 통산 | | | 102 | 26 | 23 | 19 | 0 | 112 | 5 | 0 |

**최승구**(崔勝究) 진위고 2005.09.28

| 대회 | 연도 | 소속 | 출전 | 교체 | 득점 | 도움 | 실점 | 파울 | 경고 | 퇴장 |
|---|---|---|---|---|---|---|---|---|---|---|
| K2 | 2025 | 인천 | 23 | 18 | 0 | 1 | 0 | 14 | 3 | 0 |
| 통산 | | | 23 | 18 | 0 | 1 | 0 | 14 | 3 | 0 |

**최승범**(崔勝範) 홍익대 1974.09.23

| 대회 | 연도 | 소속 | 출전 | 교체 | 득점 | 도움 | 실점 | 파울 | 경고 | 퇴장 |
|---|---|---|---|---|---|---|---|---|---|---|
| 컵 | 2000 | 안양LG | 1 | 1 | 0 | 0 | 0 | 2 | 0 | 0 |
| 통산 | | | 1 | 1 | 0 | 0 | 0 | 2 | 0 | 0 |

**최승인**(崔承仁) 동래고 1991.03.05

| 대회 | 연도 | 소속 | 출전 | 교체 | 득점 | 도움 | 실점 | 파울 | 경고 | 퇴장 |
|---|---|---|---|---|---|---|---|---|---|---|
| K1 | 2013 | 강원 | 10 | 10 | 2 | 1 | 0 | 5 | 1 | 0 |
| K2 | 2014 | 강원 | 20 | 21 | 2 | 2 | 0 | 19 | 1 | 0 |
| | 2015 | 강원 | 31 | 20 | 11 | 3 | 0 | 34 | 4 | 0 |
| | 2016 | 부산 | 13 | 11 | 2 | 1 | 0 | 13 | 1 | 0 |
| | 2017 | 부산 | 14 | 11 | 1 | 0 | 0 | 21 | 2 | 0 |
| | 2018 | 부산 | 18 | 17 | 5 | 0 | 0 | 16 | 3 | 1 |
| | 2019 | 부산 | 3 | 3 | 0 | 0 | 0 | 1 | 0 | 0 |
| PO | 2013 | 강원 | 2 | 1 | 2 | 0 | 0 | 2 | 0 | 0 |
| | 2016 | 부산 | 1 | 1 | 0 | 0 | 0 | 2 | 0 | 0 |

| 대회 | 연도 | 소속 | 출전 | 교체 | 득점 | 도움 | 실점 | 파울 | 경고 | 퇴장 |
|---|---|---|---|---|---|---|---|---|---|---|
| | 2017 | 부산 | 2 | 2 | 0 | 0 | 0 | 0 | 0 | 0 |
| | 2018 | 부산 | 1 | 1 | 0 | 0 | 0 | 0 | 0 | 0 |
| 통산 | | | 115 | 98 | 25 | 7 | 0 | 113 | 12 | 1 |

**최승호**(崔勝湖) 예원예술대 1992.03.31

| 대회 | 연도 | 소속 | 출전 | 교체 | 득점 | 도움 | 실점 | 파울 | 경고 | 퇴장 |
|---|---|---|---|---|---|---|---|---|---|---|
| K2 | 2014 | 충주 | 24 | 11 | 0 | 3 | 0 | 22 | 5 | 0 |
| | 2015 | 충주 | 32 | 16 | 1 | 1 | 0 | 17 | 3 | 0 |
| | 2016 | 충주 | 31 | 10 | 0 | 0 | 0 | 33 | 4 | 0 |
| | 2017 | 안양 | 19 | 14 | 0 | 0 | 0 | 14 | 2 | 0 |
| | 2018 | 안양 | 1 | 1 | 0 | 0 | 0 | 0 | 0 | 0 |
| | 2019 | 안양 | 0 | 0 | 0 | 0 | 0 | 0 | 0 | 0 |
| 통산 | | | 107 | 52 | 1 | 4 | 0 | 86 | 14 | 0 |

**최승훈**(崔勝勳) 기전대 2000.01.16

| 대회 | 연도 | 소속 | 출전 | 교체 | 득점 | 도움 | 실점 | 파울 | 경고 | 퇴장 |
|---|---|---|---|---|---|---|---|---|---|---|
| K2 | 2021 | 안양 | 1 | 1 | 0 | 0 | 0 | 0 | 0 | 0 |
| 통산 | | | 1 | 1 | 0 | 0 | 0 | 0 | 0 | 0 |

**최연근**(崔延瑾) 중앙대 1988.04.01

| 대회 | 연도 | 소속 | 출전 | 교체 | 득점 | 도움 | 실점 | 파울 | 경고 | 퇴장 |
|---|---|---|---|---|---|---|---|---|---|---|
| K1 | 2011 | 성남일화 | 0 | 0 | 0 | 0 | 0 | 0 | 0 | 0 |
| 컵 | 2011 | 성남일화 | 0 | 0 | 0 | 0 | 0 | 0 | 0 | 0 |
| 통산 | | | 0 | 0 | 0 | 0 | 0 | 0 | 0 | 0 |

**최영광**(崔榮光) 한남대 1990.05.20

| 대회 | 연도 | 소속 | 출전 | 교체 | 득점 | 도움 | 실점 | 파울 | 경고 | 퇴장 |
|---|---|---|---|---|---|---|---|---|---|---|
| K2 | 2016 | 강원 | 0 | 0 | 0 | 0 | 0 | 0 | 0 | 0 |
| 통산 | | | 0 | 0 | 0 | 0 | 0 | 0 | 0 | 0 |

**최영근**(崔永根) 한양대 1972.07.16

| 대회 | 연도 | 소속 | 출전 | 교체 | 득점 | 도움 | 실점 | 파울 | 경고 | 퇴장 |
|---|---|---|---|---|---|---|---|---|---|---|
| K1 | 1998 | 부산 | 1 | 0 | 0 | 0 | 0 | 1 | 1 | 0 |
| | 1999 | 부산 | 4 | 4 | 0 | 0 | 0 | 1 | 0 | 0 |
| 컵 | 1998 | 부산 | 7 | 3 | 0 | 0 | 0 | 15 | 0 | 0 |
| | 1999 | 부산 | 2 | 2 | 0 | 0 | 0 | 0 | 0 | 0 |
| 통산 | | | 14 | 9 | 0 | 0 | 0 | 17 | 1 | 0 |

**최영남**(崔永男) 아주대 1984.07.27

| 대회 | 연도 | 소속 | 출전 | 교체 | 득점 | 도움 | 실점 | 파울 | 경고 | 퇴장 |
|---|---|---|---|---|---|---|---|---|---|---|
| K1 | 2010 | 강원 | 10 | 1 | 1 | 2 | 0 | 6 | 0 | 0 |
| 컵 | 2010 | 강원 | 3 | 1 | 0 | 0 | 0 | 1 | 0 | 0 |
| 통산 | | | 13 | 2 | 1 | 2 | 0 | 7 | 0 | 0 |

**최영은**(崔永恩) 성균관대 1995.09.26

| 대회 | 연도 | 소속 | 출전 | 교체 | 득점 | 도움 | 실점 | 파울 | 경고 | 퇴장 |
|---|---|---|---|---|---|---|---|---|---|---|
| K1 | 2018 | 대구 | 10 | 0 | 0 | 0 | 13 | 0 | 2 | 0 |
| | 2019 | 대구 | 1 | 0 | 0 | 0 | 3 | 2 | 2 | 0 |
| | 2020 | 대구 | 10 | 0 | 0 | 0 | 12 | 1 | 1 | 0 |
| | 2021 | 대구 | 36 | 1 | 0 | 0 | 44 | 1 | 1 | 0 |
| | 2022 | 대구 | 2 | 1 | 0 | 0 | 2 | 0 | 1 | 0 |
| | 2023 | 대구 | 18 | 1 | 0 | 0 | 18 | 0 | 4 | 0 |
| | 2024 | 대구 | 12 | 1 | 0 | 0 | 14 | 0 | 1 | 0 |
| | 2025 | 대구 | 0 | 0 | 0 | 0 | 0 | 0 | 0 | 0 |
| PO | 2024 | 대구 | 0 | 0 | 0 | 0 | 0 | 0 | 0 | 0 |
| 통산 | | | 89 | 4 | 0 | 0 | 106 | 4 | 12 | 0 |

**최영일**(崔英一) 동아대 1966.04.25

| 대회 | 연도 | 소속 | 출전 | 교체 | 득점 | 도움 | 실점 | 파울 | 경고 | 퇴장 |
|---|---|---|---|---|---|---|---|---|---|---|
| K1 | 1989 | 현대 | 29 | 3 | 0 | 0 | 0 | 62 | 4 | 0 |
| | 1990 | 현대 | 21 | 5 | 0 | 0 | 0 | 26 | 2 | 0 |
| | 1991 | 현대 | 34 | 5 | 0 | 0 | 0 | 59 | 6 | 0 |
| | 1992 | 현대 | 28 | 5 | 1 | 0 | 0 | 38 | 1 | 0 |
| | 1993 | 현대 | 30 | 0 | 0 | 1 | 0 | 31 | 1 | 0 |
| | 1994 | 현대 | 17 | 1 | 0 | 1 | 0 | 27 | 7 | 0 |
| | 1995 | 현대 | 26 | 0 | 0 | 1 | 0 | 41 | 4 | 0 |
| | 1996 | 울산 | 24 | 0 | 2 | 1 | 0 | 44 | 6 | 0 |
| | 1997 | 부산 | 6 | 2 | 0 | 0 | 0 | 7 | 2 | 0 |
| | 1998 | 부산 | 8 | 1 | 0 | 1 | 0 | 13 | 1 | 1 |
| PO | 1996 | 울산 | 2 | 0 | 0 | 0 | 0 | 7 | 0 | 0 |
| 컵 | 1992 | 현대 | 9 | 1 | 0 | 0 | 0 | 12 | 0 | 0 |
| | 1993 | 현대 | 5 | 0 | 0 | 0 | 0 | 9 | 0 | 0 |
| | 1995 | 현대 | 7 | 0 | 0 | 0 | 0 | 8 | 1 | 0 |
| | 1996 | 울산 | 7 | 0 | 0 | 1 | 0 | 16 | 1 | 0 |
| | 1997 | 부산 | 10 | 1 | 0 | 0 | 0 | 22 | 0 | 0 |
| | 2000 | 안양LG | 5 | 4 | 0 | 0 | 0 | 2 | 1 | 0 |
| 통산 | | | 268 | 28 | 3 | 6 | 0 | 424 | 37 | 1 |

**최영일**(崔永一) 관동대(가톨릭관동대) 1984.03.10

| 대회 | 연도 | 소속 | 출전 | 교체 | 득점 | 도움 | 실점 | 파울 | 경고 | 퇴장 |
|---|---|---|---|---|---|---|---|---|---|---|
| 컵 | 2007 | 서울 | 0 | 0 | 0 | 0 | 0 | 0 | 0 | 0 |
| 통산 | | | 0 | 0 | 0 | 0 | 0 | 0 | 0 | 0 |

**최영준**(崔榮俊) 연세대 1965.08.16

| 대회 | 연도 | 소속 | 출전 | 교체 | 득점 | 도움 | 실점 | 파울 | 경고 | 퇴장 |
|---|---|---|---|---|---|---|---|---|---|---|
| K1 | 1988 | 럭키금성 | 22 | 0 | 0 | 0 | 0 | 18 | 0 | 0 |
| | 1989 | 럭키금성 | 27 | 2 | 0 | 1 | 0 | 19 | 2 | 0 |
| | 1990 | 럭키금성 | 23 | 0 | 1 | 0 | 0 | 23 | 0 | 0 |
| | 1991 | LG | 37 | 5 | 0 | 1 | 0 | 34 | 1 | 0 |
| | 1992 | LG | 18 | 1 | 0 | 0 | 0 | 36 | 2 | 0 |
| | 1993 | LG | 22 | 0 | 1 | 0 | 0 | 32 | 2 | 0 |
| | 1994 | LG | 14 | 3 | 0 | 0 | 0 | 14 | 3 | 0 |
| | 1995 | 현대 | 14 | 2 | 1 | 0 | 0 | 10 | 0 | 0 |
| | 1996 | 울산 | 12 | 3 | 0 | 1 | 0 | 12 | 2 | 0 |
| PO | 1996 | 울산 | 0 | 0 | 0 | 0 | 0 | 0 | 0 | 0 |
| 컵 | 1992 | LG | 11 | 3 | 1 | 0 | 0 | 19 | 1 | 0 |
| | 1993 | LG | 5 | 0 | 0 | 0 | 0 | 7 | 1 | 0 |
| | 1995 | 현대 | 7 | 0 | 0 | 1 | 0 | 2 | 0 | 0 |
| 통산 | | | 212 | 19 | 4 | 4 | 0 | 226 | 14 | 0 |

**최영준**(崔榮峻) 건국대 1991.12.15

| 대회 | 연도 | 소속 | 출전 | 교체 | 득점 | 도움 | 실점 | 파울 | 경고 | 퇴장 |
|---|---|---|---|---|---|---|---|---|---|---|
| K1 | 2011 | 경남 | 13 | 6 | 0 | 1 | 0 | 17 | 2 | 0 |
| | 2012 | 경남 | 35 | 9 | 0 | 1 | 0 | 39 | 3 | 0 |
| | 2013 | 경남 | 18 | 10 | 0 | 0 | 0 | 22 | 3 | 0 |
| | 2014 | 경남 | 21 | 11 | 0 | 2 | 0 | 21 | 1 | 0 |
| | 2018 | 경남 | 37 | 7 | 3 | 2 | 0 | 31 | 4 | 0 |
| | 2019 | 전북 | 7 | 5 | 0 | 0 | 0 | 8 | 0 | 0 |
| | 2019 | 포항 | 14 | 3 | 0 | 1 | 0 | 19 | 2 | 0 |
| | 2020 | 포항 | 23 | 0 | 0 | 1 | 0 | 27 | 5 | 0 |
| | 2021 | 전북 | 23 | 15 | 0 | 1 | 0 | 23 | 4 | 0 |
| | 2022 | 제주 | 36 | 4 | 0 | 1 | 0 | 43 | 5 | 0 |
| | 2023 | 제주 | 9 | 4 | 0 | 1 | 0 | 6 | 3 | 0 |
| | 2024 | 제주 | 12 | 10 | 0 | 0 | 0 | 12 | 2 | 0 |
| K2 | 2015 | 안산경찰 | 20 | 11 | 1 | 0 | 0 | 12 | 4 | 0 |
| | 2016 | 안산무궁 | 7 | 6 | 0 | 1 | 0 | 7 | 0 | 0 |
| | 2016 | 경남 | 3 | 1 | 0 | 0 | 0 | 4 | 0 | 0 |
| | 2017 | 경남 | 31 | 9 | 3 | 1 | 0 | 29 | 5 | 0 |
| | 2025 | 수원 | 32 | 28 | 1 | 0 | 0 | 26 | 5 | 0 |
| PO | 2014 | 경남 | 2 | 1 | 0 | 1 | 0 | 5 | 1 | 0 |
| | 2025 | 수원 | 0 | 0 | 0 | 0 | 0 | 0 | 0 | 0 |
| 컵 | 2011 | 경남 | 4 | 0 | 0 | 0 | 0 | 8 | 1 | 0 |
| 통산 | | | 347 | 140 | 8 | 14 | 0 | 359 | 50 | 0 |

**최영회**(崔永回) 고려대 1960.02.14

| 대회 | 연도 | 소속 | 출전 | 교체 | 득점 | 도움 | 실점 | 파울 | 경고 | 퇴장 |
|---|---|---|---|---|---|---|---|---|---|---|
| K1 | 1984 | 한일은행 | 26 | 2 | 0 | 0 | 0 | 19 | 1 | 0 |
| | 1985 | 한일은행 | 21 | 0 | 3 | 2 | 0 | 14 | 0 | 0 |
| | 1986 | 한일은행 | 16 | 0 | 1 | 0 | 0 | 8 | 0 | 0 |
| 통산 | | | 63 | 2 | 4 | 2 | 0 | 41 | 1 | 0 |

**최영훈**(崔榮勳) 이리고 1981.03.18

| 대회 | 연도 | 소속 | 출전 | 교체 | 득점 | 도움 | 실점 | 파울 | 경고 | 퇴장 |
|---|---|---|---|---|---|---|---|---|---|---|
| K1 | 2000 | 전북 | 2 | 2 | 0 | 0 | 0 | 0 | 0 | 0 |
| | 2001 | 전북 | 4 | 4 | 0 | 0 | 0 | 1 | 0 | 0 |
| | 2002 | 전북 | 6 | 7 | 0 | 0 | 0 | 7 | 1 | 0 |
| | 2003 | 전북 | 23 | 23 | 1 | 1 | 0 | 22 | 1 | 0 |
| | 2004 | 전북 | 11 | 7 | 0 | 0 | 0 | 11 | 0 | 0 |
| | 2005 | 전북 | 2 | 2 | 0 | 0 | 0 | 1 | 1 | 0 |
| | 2006 | 전북 | 8 | 4 | 0 | 1 | 0 | 11 | 1 | 0 |
| | 2007 | 인천 | 4 | 4 | 0 | 0 | 0 | 2 | 0 | 0 |
| | 2008 | 인천 | 0 | 0 | 0 | 0 | 0 | 0 | 0 | 0 |
| 컵 | 2001 | 전북 | 1 | 1 | 0 | 0 | 0 | 1 | 0 | 0 |
| | 2004 | 전북 | 10 | 8 | 1 | 0 | 0 | 5 | 1 | 0 |
| | 2006 | 전북 | 13 | 9 | 0 | 2 | 0 | 25 | 1 | 0 |
| | 2007 | 인천 | 1 | 1 | 0 | 0 | 0 | 1 | 0 | 0 |
| | 2008 | 인천 | 3 | 2 | 0 | 0 | 0 | 6 | 0 | 0 |
| 통산 | | | 88 | 74 | 2 | 4 | 0 | 93 | 6 | 0 |

**최영훈**(崔榮熏) 연세대 1993.05.29

| 대회 | 연도 | 소속 | 출전 | 교체 | 득점 | 도움 | 실점 | 파울 | 경고 | 퇴장 |
|---|---|---|---|---|---|---|---|---|---|---|
| K2 | 2016 | 안양 | 25 | 8 | 0 | 1 | 0 | 74 | 9 | 0 |
| | 2017 | 안양 | 5 | 4 | 0 | 0 | 0 | 12 | 0 | 0 |
| 통산 | | | 30 | 12 | 0 | 1 | 0 | 86 | 9 | 0 |

**최영희**(崔營喜) 아주대 1969.02.26

| 대회 | 연도 | 소속 | 출전 | 교체 | 득점 | 도움 | 실점 | 파울 | 경고 | 퇴장 |
|---|---|---|---|---|---|---|---|---|---|---|
| K1 | 1992 | 대우 | 12 | 10 | 1 | 0 | 0 | 2 | 0 | 0 |
| | 1993 | 대우 | 6 | 6 | 0 | 0 | 0 | 2 | 1 | 0 |
| | 1994 | 대우 | 14 | 1 | 2 | 0 | 0 | 18 | 0 | 0 |
| | 1995 | 대우 | 6 | 6 | 0 | 0 | 0 | 4 | 1 | 0 |
| | 1996 | 부산 | 10 | 5 | 0 | 0 | 0 | 4 | 0 | 0 |
| | 1997 | 전남 | 6 | 4 | 0 | 0 | 0 | 13 | 2 | 0 |
| 컵 | 1992 | 대우 | 5 | 3 | 0 | 0 | 0 | 5 | 1 | 0 |
| | 1993 | 대우 | 5 | 5 | 0 | 0 | 0 | 2 | 0 | 0 |
| | 1995 | 대우 | 4 | 3 | 0 | 0 | 0 | 2 | 0 | 0 |
| | 1996 | 부산 | 2 | 2 | 0 | 0 | 0 | 1 | 0 | 0 |
| | 1997 | 전남 | 3 | 3 | 0 | 0 | 0 | 4 | 0 | 0 |
| | 1998 | 전남 | 3 | 2 | 0 | 0 | 0 | 6 | 0 | 0 |
| 통산 | | | 76 | 50 | 3 | 0 | 0 | 63 | 5 | 0 |

**최예훈**(崔豫勳) 보인고 2003.08.19

| 대회 | 연도 | 소속 | 출전 | 교체 | 득점 | 도움 | 실점 | 파울 | 경고 | 퇴장 |
|---|---|---|---|---|---|---|---|---|---|---|
| K1 | 2025 | 김천 | 21 | 21 | 0 | 0 | 0 | 9 | 0 | 0 |
| K2 | 2022 | 부산 | 9 | 7 | 0 | 0 | 0 | 2 | 1 | 0 |
| | 2024 | 충남아산 | 1 | 1 | 0 | 0 | 0 | 0 | 0 | 0 |
| | 2025 | 부산 | 2 | 1 | 0 | 0 | 0 | 2 | 1 | 0 |
| 통산 | | | 33 | 30 | 0 | 0 | 0 | 13 | 2 | 0 |

**최오백**(崔午百) 조선대 1992.03.10

| 대회 | 연도 | 소속 | 출전 | 교체 | 득점 | 도움 | 실점 | 파울 | 경고 | 퇴장 |
|---|---|---|---|---|---|---|---|---|---|---|
| K1 | 2019 | 성남 | 14 | 10 | 0 | 0 | 0 | 9 | 1 | 0 |
| | 2020 | 성남 | 8 | 7 | 0 | 0 | 0 | 2 | 0 | 0 |
| K2 | 2015 | 서울E | 7 | 7 | 0 | 1 | 0 | 4 | 0 | 0 |
| | 2016 | 서울E | 18 | 14 | 2 | 4 | 0 | 15 | 4 | 0 |
| | 2017 | 서울E | 15 | 4 | 5 | 2 | 0 | 12 | 5 | 0 |
| | 2018 | 서울E | 35 | 7 | 4 | 3 | 0 | 28 | 4 | 0 |
| 통산 | | | 97 | 49 | 11 | 10 | 0 | 70 | 14 | 0 |

**최왕길**(催王吉) 한라대 1987.01.08

| 대회 | 연도 | 소속 | 출전 | 교체 | 득점 | 도움 | 실점 | 파울 | 경고 | 퇴장 |
|---|---|---|---|---|---|---|---|---|---|---|
| 컵 | 2011 | 대전 | 1 | 1 | 0 | 0 | 0 | 0 | 0 | 0 |
| 통산 | | | 1 | 1 | 0 | 0 | 0 | 0 | 0 | 0 |

**최요셉**(崔요셉/←최진호) 관동대(가톨릭관동대) 1989.09.22

| 대회 | 연도 | 소속 | 출전 | 교체 | 득점 | 도움 | 실점 | 파울 | 경고 | 퇴장 |
|---|---|---|---|---|---|---|---|---|---|---|
| K1 | 2011 | 부산 | 8 | 8 | 0 | 0 | 0 | 2 | 0 | 0 |
| | 2012 | 부산 | 7 | 7 | 1 | 0 | 0 | 2 | 0 | 0 |
| | 2013 | 강원 | 22 | 16 | 6 | 1 | 0 | 11 | 3 | 0 |
| | 2017 | 상주 | 2 | 2 | 0 | 0 | 0 | 0 | 0 | 0 |
| | 2018 | 강원 | 1 | 1 | 0 | 0 | 0 | 0 | 0 | 0 |
| | 2018 | 상주 | 7 | 8 | 0 | 0 | 0 | 2 | 0 | 0 |
| K2 | 2014 | 강원 | 32 | 13 | 13 | 9 | 0 | 23 | 1 | 0 |
| | 2015 | 강원 | 26 | 19 | 1 | 0 | 0 | 15 | 3 | 0 |
| | 2016 | 강원 | 20 | 19 | 6 | 0 | 0 | 12 | 2 | 0 |
| | 2019 | 아산 | 8 | 8 | 1 | 1 | 0 | 1 | 0 | 0 |
| PO | 2011 | 부산 | 0 | 0 | 0 | 0 | 0 | 0 | 0 | 0 |
| | 2013 | 강원 | 2 | 1 | 0 | 1 | 0 | 5 | 0 | 0 |
| | 2014 | 강원 | 1 | 0 | 0 | 0 | 0 | 0 | 0 | 0 |
| | 2016 | 강원 | 0 | 0 | 0 | 0 | 0 | 0 | 0 | 0 |
| | 2017 | 상주 | 0 | 0 | 0 | 0 | 0 | 0 | 0 | 0 |
| 컵 | 2011 | 부산 | 4 | 2 | 1 | 0 | 0 | 4 | 1 | 0 |
| 통산 | | | 140 | 104 | 29 | 12 | 0 | 77 | 10 | 0 |

**최용길**(崔溶吉) 연세대 1965.03.15

| 대회 | 연도 | 소속 | 출전 | 교체 | 득점 | 도움 | 실점 | 파울 | 경고 | 퇴장 |
|---|---|---|---|---|---|---|---|---|---|---|
| K1 | 1986 | 한일은행 | 12 | 9 | 1 | 0 | 0 | 9 | 0 | 0 |
| 통산 | | | 12 | 9 | 1 | 0 | 0 | 9 | 0 | 0 |

**최용수**(崔龍洙) 연세대 1973.09.10

| 대회 | 연도 | 소속 | 출전 | 교체 | 득점 | 도움 | 실점 | 파울 | 경고 | 퇴장 |
|---|---|---|---|---|---|---|---|---|---|---|

| 대회 | 연도 | 소속 | 출전 | 교체 | 득점 | 도움 | 실점 | 파울 | 경고 | 퇴장 |
|---|---|---|---|---|---|---|---|---|---|---|
| K1 | 1994 | LG | 29 | 10 | 9 | 4 | 0 | 27 | 2 | 0 |
| | 1995 | LG | 21 | 1 | 9 | 0 | 0 | 31 | 4 | 0 |
| | 1996 | 안양LG | 16 | 6 | 4 | 3 | 0 | 16 | 1 | 0 |
| | 1999 | 안양LG | 20 | 4 | 12 | 2 | 0 | 34 | 2 | 0 |
| | 2000 | 안양LG | 23 | 8 | 9 | 6 | 0 | 33 | 5 | 0 |
| | 2006 | 서울 | 2 | 2 | 0 | 0 | 0 | 2 | 0 | 0 |
| PO | 2000 | 안양LG | 2 | 1 | 1 | 2 | 0 | 5 | 0 | 0 |
| 컵 | 1994 | LG | 6 | 0 | 1 | 3 | 0 | 4 | 0 | 0 |
| | 1995 | LG | 7 | 0 | 2 | 2 | 0 | 7 | 1 | 0 |
| | 1996 | 안양LG | 6 | 1 | 1 | 0 | 0 | 5 | 1 | 0 |
| | 1999 | 안양LG | 7 | 1 | 2 | 2 | 0 | 14 | 0 | 0 |
| | 2000 | 안양LG | 9 | 1 | 4 | 2 | 0 | 24 | 1 | 0 |
| 통산 | | | 148 | 35 | 54 | 26 | 0 | 202 | 17 | 0 |

**최용우**(崔容瑀) 인제대 1988.10.14

| 대회 | 연도 | 소속 | 출전 | 교체 | 득점 | 도움 | 실점 | 파울 | 경고 | 퇴장 |
|---|---|---|---|---|---|---|---|---|---|---|
| K1 | 2019 | 포항 | 8 | 9 | 0 | 0 | 0 | 7 | 0 | 0 |
| 통산 | | | 8 | 9 | 0 | 0 | 0 | 7 | 0 | 0 |

**최우재**(崔佑在) 중앙대 1990.03.27

| 대회 | 연도 | 소속 | 출전 | 교체 | 득점 | 도움 | 실점 | 파울 | 경고 | 퇴장 |
|---|---|---|---|---|---|---|---|---|---|---|
| K1 | 2013 | 강원 | 16 | 4 | 0 | 0 | 0 | 25 | 6 | 0 |
| K2 | 2014 | 강원 | 14 | 8 | 1 | 0 | 0 | 14 | 4 | 0 |
| | 2015 | 강원 | 8 | 3 | 0 | 0 | 0 | 5 | 0 | 0 |
| | 2016 | 강원 | 4 | 1 | 0 | 0 | 0 | 5 | 1 | 0 |
| | 2019 | 안양 | 2 | 1 | 0 | 0 | 0 | 2 | 0 | 0 |
| | 2020 | 안양 | 1 | 1 | 0 | 0 | 0 | 0 | 0 | 0 |
| PO | 2013 | 강원 | 1 | 0 | 0 | 0 | 0 | 3 | 0 | 0 |
| | 2014 | 강원 | 1 | 0 | 0 | 0 | 0 | 1 | 0 | 0 |
| | 2016 | 강원 | 1 | 1 | 0 | 0 | 0 | 0 | 0 | 0 |
| 통산 | | | 48 | 19 | 1 | 0 | 0 | 55 | 11 | 0 |

**최우진**(崔禹進) 진위고 2004.07.18

| 대회 | 연도 | 소속 | 출전 | 교체 | 득점 | 도움 | 실점 | 파울 | 경고 | 퇴장 |
|---|---|---|---|---|---|---|---|---|---|---|
| K1 | 2023 | 인천 | 5 | 3 | 1 | 1 | 0 | 0 | 0 | 0 |
| | 2024 | 인천 | 26 | 16 | 0 | 4 | 0 | 11 | 1 | 0 |
| | 2025 | 전북 | 12 | 10 | 0 | 1 | 0 | 7 | 2 | 0 |
| 통산 | | | 43 | 29 | 1 | 6 | 0 | 18 | 3 | 0 |

**최원권**(崔源權) 동북고 1981.11.08

| 대회 | 연도 | 소속 | 출전 | 교체 | 득점 | 도움 | 실점 | 파울 | 경고 | 퇴장 |
|---|---|---|---|---|---|---|---|---|---|---|
| K1 | 2000 | 안양LG | 1 | 1 | 0 | 0 | 0 | 0 | 0 | 0 |
| | 2001 | 안양LG | 14 | 13 | 0 | 1 | 0 | 18 | 0 | 0 |
| | 2002 | 안양LG | 11 | 8 | 0 | 1 | 0 | 15 | 2 | 0 |
| | 2003 | 안양LG | 25 | 15 | 2 | 1 | 0 | 38 | 3 | 0 |
| | 2004 | 서울 | 19 | 8 | 1 | 2 | 0 | 41 | 3 | 0 |
| | 2005 | 서울 | 5 | 5 | 0 | 0 | 0 | 3 | 0 | 0 |
| | 2006 | 서울 | 12 | 3 | 0 | 3 | 0 | 15 | 1 | 0 |
| | 2007 | 서울 | 23 | 2 | 0 | 1 | 0 | 44 | 3 | 0 |
| | 2008 | 서울 | 10 | 7 | 0 | 3 | 0 | 19 | 1 | 0 |
| | 2009 | 광주상무 | 26 | 2 | 5 | 5 | 0 | 27 | 6 | 0 |
| | 2010 | 광주상무 | 20 | 8 | 3 | 0 | 0 | 25 | 4 | 0 |
| | 2011 | 제주 | 15 | 9 | 0 | 0 | 0 | 21 | 1 | 0 |
| | 2012 | 제주 | 27 | 11 | 0 | 0 | 0 | 31 | 7 | 0 |
| | 2013 | 대구 | 12 | 2 | 0 | 0 | 0 | 16 | 2 | 0 |
| | 2013 | 제주 | 2 | 2 | 0 | 0 | 0 | 3 | 1 | 0 |
| K2 | 2014 | 대구 | 15 | 1 | 1 | 0 | 0 | 16 | 4 | 0 |
| | 2015 | 대구 | 2 | 0 | 0 | 0 | 0 | 1 | 0 | 0 |
| PO | 2006 | 서울 | 1 | 1 | 0 | 0 | 0 | 3 | 1 | 0 |
| | 2008 | 서울 | 3 | 0 | 0 | 0 | 0 | 4 | 0 | 0 |
| 컵 | 2000 | 안양LG | 3 | 2 | 0 | 0 | 0 | 1 | 0 | 0 |
| | 2001 | 안양LG | 8 | 8 | 0 | 0 | 0 | 5 | 0 | 0 |
| | 2002 | 안양LG | 9 | 2 | 0 | 1 | 0 | 12 | 1 | 0 |
| | 2005 | 서울 | 6 | 2 | 0 | 0 | 0 | 16 | 2 | 0 |
| | 2006 | 서울 | 1 | 0 | 0 | 0 | 0 | 1 | 1 | 0 |
| | 2007 | 서울 | 10 | 2 | 0 | 1 | 0 | 16 | 0 | 0 |
| | 2008 | 서울 | 7 | 2 | 0 | 0 | 0 | 15 | 3 | 0 |
| | 2009 | 광주상무 | 0 | 0 | 0 | 0 | 0 | 0 | 0 | 0 |
| | 2010 | 광주상무 | 4 | 0 | 0 | 0 | 0 | 4 | 2 | 0 |
| 통산 | | | 291 | 116 | 12 | 19 | 0 | 410 | 48 | 0 |

**최원우**(崔原友) 포철공고 1988.10.13

| 대회 | 연도 | 소속 | 출전 | 교체 | 득점 | 도움 | 실점 | 파울 | 경고 | 퇴장 |
|---|---|---|---|---|---|---|---|---|---|---|
| K1 | 2008 | 광주상무 | 1 | 1 | 0 | 0 | 0 | 1 | 0 | 0 |
| | 2010 | 경남 | 0 | 0 | 0 | 0 | 0 | 0 | 0 | 0 |
| PO | 2010 | 경남 | 0 | 0 | 0 | 0 | 0 | 0 | 0 | 0 |
| 컵 | 2007 | 경남 | 1 | 1 | 0 | 0 | 0 | 1 | 0 | 0 |
| | 2008 | 광주상무 | 1 | 1 | 0 | 0 | 0 | 0 | 0 | 0 |
| | 2010 | 경남 | 1 | 1 | 0 | 0 | 0 | 1 | 0 | 0 |
| 통산 | | | 4 | 4 | 0 | 0 | 0 | 3 | 0 | 0 |

**최원욱**(崔源旭) 숭실대 1990.04.27

| 대회 | 연도 | 소속 | 출전 | 교체 | 득점 | 도움 | 실점 | 파울 | 경고 | 퇴장 |
|---|---|---|---|---|---|---|---|---|---|---|
| K2 | 2013 | 경찰 | 1 | 1 | 0 | 0 | 0 | 4 | 0 | 0 |
| 컵 | 2011 | 서울 | 0 | 0 | 0 | 0 | 0 | 0 | 0 | 0 |
| 통산 | | | 1 | 1 | 0 | 0 | 0 | 4 | 0 | 0 |

**최원창**(崔原昌) 대건고 2001.05.09

| 대회 | 연도 | 소속 | 출전 | 교체 | 득점 | 도움 | 실점 | 파울 | 경고 | 퇴장 |
|---|---|---|---|---|---|---|---|---|---|---|
| K1 | 2021 | 인천 | 1 | 0 | 0 | 0 | 0 | 0 | 0 | 0 |
| 통산 | | | 1 | 0 | 0 | 0 | 0 | 0 | 0 | 0 |

**최원철**(崔源哲) 용인대 1995.05.26

| 대회 | 연도 | 소속 | 출전 | 교체 | 득점 | 도움 | 실점 | 파울 | 경고 | 퇴장 |
|---|---|---|---|---|---|---|---|---|---|---|
| K2 | 2017 | 수원FC | 9 | 5 | 1 | 1 | 0 | 6 | 2 | 0 |
| | 2018 | 수원FC | 12 | 7 | 0 | 0 | 0 | 8 | 1 | 0 |
| | 2024 | 전남 | 18 | 4 | 1 | 1 | 0 | 13 | 2 | 0 |
| | 2025 | 부천 | 25 | 22 | 1 | 2 | 0 | 9 | 2 | 0 |
| PO | 2024 | 전남 | 2 | 0 | 0 | 0 | 0 | 2 | 0 | 0 |
| | 2025 | 부천 | 0 | 0 | 0 | 0 | 0 | 0 | 0 | 0 |
| 통산 | | | 66 | 38 | 3 | 4 | 0 | 38 | 7 | 0 |

**최월규**(崔月奎) 아주대 1973.06.28

| 대회 | 연도 | 소속 | 출전 | 교체 | 득점 | 도움 | 실점 | 파울 | 경고 | 퇴장 |
|---|---|---|---|---|---|---|---|---|---|---|
| K1 | 1996 | 부산 | 16 | 15 | 0 | 0 | 0 | 7 | 0 | 0 |
| | 2000 | 부천SK | 2 | 2 | 0 | 0 | 0 | 0 | 0 | 0 |
| 컵 | 1996 | 부산 | 6 | 5 | 2 | 0 | 0 | 5 | 0 | 0 |
| | 1997 | 부산 | 3 | 3 | 0 | 0 | 0 | 3 | 0 | 0 |
| | 2000 | 부천SK | 1 | 1 | 0 | 0 | 0 | 0 | 0 | 0 |
| 통산 | | | 28 | 26 | 2 | 0 | 0 | 15 | 0 | 0 |

**최유상**(崔楡尙) 가톨릭관동대 1989.08.25

| 대회 | 연도 | 소속 | 출전 | 교체 | 득점 | 도움 | 실점 | 파울 | 경고 | 퇴장 |
|---|---|---|---|---|---|---|---|---|---|---|
| K2 | 2015 | 서울E | 4 | 3 | 2 | 0 | 0 | 3 | 0 | 0 |
| | 2016 | 충주 | 30 | 13 | 3 | 1 | 0 | 53 | 4 | 0 |
| PO | 2015 | 서울E | 0 | 0 | 0 | 0 | 0 | 0 | 0 | 0 |
| 통산 | | | 34 | 16 | 5 | 1 | 0 | 56 | 4 | 0 |

**최윤겸**(崔允謙) 인천대학원 1962.04.21

| 대회 | 연도 | 소속 | 출전 | 교체 | 득점 | 도움 | 실점 | 파울 | 경고 | 퇴장 |
|---|---|---|---|---|---|---|---|---|---|---|
| K1 | 1986 | 유공 | 9 | 0 | 0 | 0 | 0 | 17 | 1 | 0 |
| | 1987 | 유공 | 27 | 7 | 1 | 0 | 0 | 40 | 4 | 0 |
| | 1988 | 유공 | 11 | 1 | 0 | 1 | 0 | 11 | 1 | 0 |
| | 1989 | 유공 | 30 | 6 | 1 | 0 | 0 | 45 | 3 | 0 |
| | 1990 | 유공 | 21 | 2 | 0 | 0 | 0 | 41 | 2 | 0 |
| | 1991 | 유공 | 37 | 12 | 1 | 0 | 0 | 63 | 3 | 0 |
| | 1992 | 유공 | 18 | 7 | 2 | 0 | 0 | 31 | 2 | 0 |
| 컵 | 1986 | 유공 | 1 | 1 | 0 | 0 | 0 | 1 | 0 | 0 |
| | 1992 | 유공 | 8 | 3 | 0 | 0 | 0 | 14 | 1 | 0 |
| 통산 | | | 162 | 39 | 5 | 1 | 0 | 263 | 17 | 0 |

**최윤열**(崔潤烈) 경희대 1974.04.17

| 대회 | 연도 | 소속 | 출전 | 교체 | 득점 | 도움 | 실점 | 파울 | 경고 | 퇴장 |
|---|---|---|---|---|---|---|---|---|---|---|
| K1 | 1997 | 전남 | 13 | 4 | 0 | 1 | 0 | 33 | 2 | 0 |
| | 1998 | 전남 | 17 | 1 | 0 | 0 | 0 | 56 | 3 | 0 |
| | 1999 | 전남 | 14 | 5 | 0 | 0 | 0 | 28 | 2 | 0 |
| | 2000 | 안양LG | 7 | 3 | 0 | 0 | 0 | 13 | 1 | 0 |
| | 2000 | 전남 | 0 | 0 | 0 | 0 | 0 | 0 | 0 | 0 |
| | 2001 | 안양LG | 22 | 2 | 0 | 0 | 0 | 58 | 6 | 1 |
| | 2002 | 안양LG | 20 | 5 | 0 | 0 | 0 | 34 | 0 | 0 |
| | 2003 | 포항 | 34 | 6 | 2 | 0 | 0 | 51 | 5 | 0 |
| | 2004 | 대전 | 11 | 0 | 0 | 0 | 0 | 21 | 2 | 0 |
| | 2005 | 대전 | 18 | 0 | 1 | 0 | 0 | 46 | 6 | 0 |
| | 2006 | 대전 | 8 | 0 | 1 | 0 | 0 | 19 | 1 | 0 |
| | 2007 | 대전 | 15 | 2 | 0 | 0 | 0 | 27 | 3 | 0 |
| PO | 1998 | 전남 | 1 | 0 | 0 | 0 | 0 | 5 | 0 | 0 |
| | 2007 | 대전 | 0 | 0 | 0 | 0 | 0 | 0 | 0 | 0 |
| 컵 | 1997 | 전남 | 16 | 2 | 0 | 0 | 0 | 39 | 4 | 0 |
| | 1998 | 전남 | 13 | 2 | 0 | 0 | 0 | 44 | 5 | 0 |
| | 1999 | 전남 | 7 | 0 | 1 | 0 | 0 | 18 | 1 | 0 |
| | 2002 | 안양LG | 7 | 2 | 0 | 0 | 0 | 14 | 0 | 0 |
| | 2004 | 대전 | 2 | 0 | 0 | 0 | 0 | 6 | 0 | 0 |
| | 2005 | 대전 | 8 | 1 | 0 | 0 | 0 | 10 | 1 | 0 |
| | 2006 | 대전 | 12 | 2 | 0 | 0 | 0 | 23 | 2 | 0 |
| | 2007 | 대전 | 5 | 0 | 0 | 0 | 0 | 10 | 1 | 0 |
| 통산 | | | 250 | 37 | 5 | 1 | 0 | 555 | 45 | 1 |

**최윤호**(崔允浩) 아주대 1974.09.15

| 대회 | 연도 | 소속 | 출전 | 교체 | 득점 | 도움 | 실점 | 파울 | 경고 | 퇴장 |
|---|---|---|---|---|---|---|---|---|---|---|
| K1 | 1997 | 부산 | 4 | 4 | 0 | 0 | 0 | 2 | 0 | 0 |
| 컵 | 1997 | 부산 | 6 | 6 | 0 | 0 | 0 | 6 | 0 | 0 |
| 통산 | | | 10 | 10 | 0 | 0 | 0 | 8 | 0 | 0 |

**최은성**(崔殷誠) 인천대 1971.04.05

| 대회 | 연도 | 소속 | 출전 | 교체 | 득점 | 도움 | 실점 | 파울 | 경고 | 퇴장 |
|---|---|---|---|---|---|---|---|---|---|---|
| K1 | 1997 | 대전 | 18 | 0 | 0 | 0 | 25 | 0 | 0 | 0 |
| | 1998 | 대전 | 17 | 0 | 0 | 0 | 31 | 0 | 1 | 0 |
| | 1999 | 대전 | 23 | 0 | 0 | 0 | 44 | 1 | 0 | 1 |
| | 2000 | 대전 | 25 | 0 | 0 | 0 | 37 | 1 | 0 | 1 |
| | 2001 | 대전 | 25 | 0 | 0 | 0 | 32 | 0 | 0 | 0 |
| | 2002 | 대전 | 24 | 0 | 0 | 0 | 34 | 0 | 1 | 0 |
| | 2003 | 대전 | 37 | 1 | 0 | 0 | 39 | 1 | 2 | 0 |
| | 2004 | 대전 | 22 | 0 | 0 | 0 | 21 | 1 | 1 | 0 |
| | 2005 | 대전 | 22 | 1 | 0 | 0 | 17 | 1 | 1 | 0 |
| | 2006 | 대전 | 26 | 0 | 0 | 0 | 32 | 1 | 0 | 0 |
| | 2007 | 대전 | 23 | 1 | 0 | 0 | 25 | 0 | 1 | 0 |
| | 2008 | 대전 | 25 | 0 | 0 | 0 | 33 | 0 | 0 | 0 |
| | 2009 | 대전 | 24 | 0 | 0 | 0 | 31 | 0 | 2 | 0 |
| | 2010 | 대전 | 12 | 0 | 0 | 1 | 23 | 0 | 0 | 0 |
| | 2011 | 대전 | 28 | 1 | 0 | 0 | 53 | 0 | 0 | 0 |
| | 2012 | 전북 | 34 | 1 | 0 | 0 | 36 | 1 | 4 | 0 |
| | 2013 | 전북 | 31 | 1 | 0 | 0 | 32 | 0 | 0 | 0 |
| | 2014 | 전북 | 3 | 1 | 0 | 0 | 3 | 0 | 0 | 0 |
| PO | 2007 | 대전 | 1 | 0 | 0 | 0 | 2 | 0 | 0 | 0 |
| 컵 | 1997 | 대전 | 17 | 2 | 0 | 0 | 23 | 0 | 0 | 0 |
| | 1998 | 대전 | 16 | 1 | 0 | 0 | 24 | 1 | 1 | 0 |
| | 1999 | 대전 | 9 | 0 | 0 | 0 | 11 | 0 | 0 | 0 |
| | 2000 | 대전 | 8 | 0 | 0 | 0 | 9 | 1 | 1 | 0 |
| | 2001 | 대전 | 8 | 0 | 0 | 0 | 10 | 0 | 0 | 0 |
| | 2002 | 대전 | 1 | 0 | 0 | 0 | 1 | 0 | 0 | 0 |
| | 2004 | 대전 | 10 | 0 | 0 | 0 | 9 | 0 | 0 | 0 |
| | 2005 | 대전 | 11 | 0 | 0 | 0 | 9 | 1 | 0 | 0 |
| | 2006 | 대전 | 13 | 0 | 0 | 0 | 9 | 2 | 1 | 0 |
| | 2007 | 대전 | 8 | 0 | 0 | 0 | 9 | 0 | 0 | 0 |
| | 2008 | 대전 | 6 | 1 | 0 | 0 | 6 | 0 | 0 | 0 |
| | 2009 | 대전 | 4 | 0 | 0 | 0 | 4 | 0 | 0 | 0 |
| | 2010 | 대전 | 1 | 0 | 0 | 0 | 2 | 0 | 1 | 0 |
| 통산 | | | 532 | 11 | 0 | 1 | 676 | 12 | 17 | 2 |

**최익진**(崔益震) 아주대 1997.05.03

| 대회 | 연도 | 소속 | 출전 | 교체 | 득점 | 도움 | 실점 | 파울 | 경고 | 퇴장 |
|---|---|---|---|---|---|---|---|---|---|---|
| K2 | 2019 | 전남 | 6 | 4 | 0 | 0 | 0 | 13 | 2 | 0 |
| | 2020 | 전남 | 3 | 0 | 0 | 0 | 0 | 3 | 2 | 0 |
| | 2021 | 대전 | 5 | 2 | 0 | 0 | 0 | 8 | 1 | 0 |
| 통산 | | | 14 | 6 | 0 | 0 | 0 | 24 | 5 | 0 |

**최익형**(崔益馨) 고려대 1973.08.05

| 대회 | 연도 | 소속 | 출전 | 교체 | 득점 | 도움 | 실점 | 파울 | 경고 | 퇴장 |
|---|---|---|---|---|---|---|---|---|---|---|
| K1 | 1999 | 전남 | 0 | 0 | 0 | 0 | 0 | 0 | 0 | 0 |
| 컵 | 1999 | 전남 | 0 | 0 | 0 | 0 | 0 | 0 | 0 | 0 |
| 통산 | | | 0 | 0 | 0 | 0 | 0 | 0 | 0 | 0 |

**최인석**(崔仁碩) 경일대 1979.08.07

| 대회 | 연도 | 소속 | 출전 | 교체 | 득점 | 도움 | 실점 | 파울 | 경고 | 퇴장 |
|---|---|---|---|---|---|---|---|---|---|---|
| K1 | 2002 | 울산 | 3 | 2 | 0 | 0 | 0 | 2 | 0 | 0 |
| 컵 | 2002 | 울산 | 1 | 1 | 0 | 0 | 0 | 2 | 1 | 0 |
| 통산 | | | 4 | 3 | 0 | 0 | 0 | 4 | 1 | 0 |

**최인영**(崔仁榮) 서울시립대 1962.03.05

| 대회 | 연도 | 소속 | 출전 | 교체 | 득점 | 도움 | 실점 | 파울 | 경고 | 퇴장 |
|---|---|---|---|---|---|---|---|---|---|---|
| K1 | 1983 | 국민은행 | 2 | 0 | 0 | 0 | 4 | 0 | 0 | 0 |
| | 1984 | 현대 | 22 | 0 | 0 | 0 | 26 | 0 | 0 | 1 |
| | 1985 | 현대 | 4 | 1 | 0 | 0 | 3 | 0 | 0 | 0 |
| | 1986 | 현대 | 12 | 0 | 0 | 0 | 10 | 0 | 1 | 0 |
| | 1987 | 현대 | 13 | 1 | 0 | 0 | 20 | 0 | 1 | 0 |
| | 1988 | 현대 | 4 | 0 | 0 | 0 | 7 | 1 | 0 | 0 |
| | 1989 | 현대 | 27 | 1 | 0 | 0 | 32 | 0 | 1 | 0 |
| | 1990 | 현대 | 10 | 0 | 0 | 0 | 11 | 1 | 1 | 0 |
| | 1991 | 현대 | 30 | 1 | 0 | 0 | 17 | 2 | 0 | 0 |
| | 1992 | 현대 | 24 | 0 | 0 | 0 | 24 | 0 | 1 | 0 |
| | 1993 | 현대 | 10 | 1 | 0 | 0 | 7 | 0 | 0 | 0 |
| | 1994 | 현대 | 6 | 0 | 0 | 0 | 6 | 0 | 0 | 0 |
| | 1995 | 현대 | 1 | 1 | 0 | 0 | 0 | 0 | 0 | 0 |
| | 1996 | 울산 | 0 | 0 | 0 | 0 | 0 | 0 | 0 | 0 |
| 컵 | 1986 | 현대 | 5 | 0 | 0 | 0 | 4 | 0 | 0 | 0 |
| | 1992 | 현대 | 4 | 2 | 0 | 0 | 2 | 1 | 2 | 0 |
| | 1993 | 현대 | 2 | 1 | 0 | 0 | 1 | 0 | 0 | 0 |
| | 1995 | 현대 | 0 | 0 | 0 | 0 | 0 | 0 | 0 | 0 |
| 통산 | | | 176 | 9 | 0 | 0 | 174 | 5 | 7 | 1 |

**최인창**(崔仁暢) 한양대 1990.04.11

| 대회 | 연도 | 소속 | 출전 | 교체 | 득점 | 도움 | 실점 | 파울 | 경고 | 퇴장 |
|---|---|---|---|---|---|---|---|---|---|---|
| K2 | 2013 | 부천 | 10 | 9 | 1 | 0 | 0 | 7 | 2 | 0 |
| | 2014 | 부천 | 31 | 20 | 4 | 2 | 0 | 70 | 5 | 0 |
| 통산 | | | 41 | 29 | 5 | 2 | 0 | 77 | 7 | 0 |

**최인후**(崔仁厚) 동북고 1995.05.04

| 대회 | 연도 | 소속 | 출전 | 교체 | 득점 | 도움 | 실점 | 파울 | 경고 | 퇴장 |
|---|---|---|---|---|---|---|---|---|---|---|
| K2 | 2014 | 강원 | 0 | 0 | 0 | 0 | 0 | 0 | 0 | 0 |
| | 2015 | 경남 | 7 | 7 | 0 | 0 | 0 | 0 | 0 | 0 |
| 통산 | | | 7 | 7 | 0 | 0 | 0 | 0 | 0 | 0 |

**최재수**(崔在洙) 연세대 1983.05.02

| 대회 | 연도 | 소속 | 출전 | 교체 | 득점 | 도움 | 실점 | 파울 | 경고 | 퇴장 |
|---|---|---|---|---|---|---|---|---|---|---|
| K1 | 2005 | 서울 | 17 | 6 | 1 | 1 | 0 | 29 | 6 | 0 |
| | 2006 | 서울 | 3 | 1 | 0 | 0 | 0 | 3 | 1 | 0 |
| | 2007 | 서울 | 0 | 0 | 0 | 0 | 0 | 0 | 0 | 0 |
| | 2008 | 광주상무 | 19 | 12 | 0 | 4 | 0 | 24 | 2 | 0 |
| | 2009 | 광주상무 | 14 | 9 | 3 | 2 | 0 | 16 | 1 | 0 |
| | 2010 | 울산 | 23 | 16 | 0 | 6 | 0 | 23 | 6 | 0 |
| | 2011 | 울산 | 29 | 4 | 0 | 7 | 0 | 32 | 2 | 0 |
| | 2012 | 울산 | 11 | 6 | 1 | 1 | 0 | 13 | 0 | 0 |
| | 2012 | 수원 | 19 | 12 | 1 | 1 | 0 | 19 | 5 | 0 |
| | 2013 | 수원 | 26 | 7 | 0 | 0 | 0 | 34 | 7 | 0 |
| | 2014 | 수원 | 10 | 2 | 0 | 0 | 0 | 8 | 1 | 1 |
| | 2015 | 수원 | 5 | 2 | 0 | 1 | 0 | 8 | 1 | 0 |
| | 2015 | 포항 | 11 | 3 | 2 | 0 | 0 | 15 | 5 | 0 |
| | 2016 | 전북 | 12 | 6 | 0 | 1 | 0 | 16 | 3 | 0 |
| | 2018 | 경남 | 25 | 11 | 0 | 4 | 0 | 13 | 3 | 0 |
| | 2019 | 경남 | 15 | 8 | 1 | 1 | 0 | 6 | 3 | 0 |
| K2 | 2017 | 경남 | 20 | 10 | 1 | 3 | 0 | 16 | 5 | 1 |
| PO | 2006 | 서울 | 1 | 1 | 0 | 0 | 0 | 0 | 0 | 0 |
| | 2010 | 울산 | 0 | 0 | 0 | 0 | 0 | 0 | 0 | 0 |
| | 2011 | 울산 | 5 | 2 | 0 | 0 | 0 | 3 | 2 | 0 |
| 컵 | 2004 | 서울 | 7 | 7 | 0 | 0 | 0 | 5 | 0 | 0 |
| | 2006 | 서울 | 7 | 1 | 0 | 0 | 0 | 12 | 3 | 0 |
| | 2007 | 서울 | 1 | 0 | 0 | 0 | 0 | 1 | 0 | 0 |
| | 2008 | 광주상무 | 7 | 2 | 0 | 0 | 0 | 9 | 1 | 0 |
| | 2009 | 광주상무 | 4 | 0 | 0 | 1 | 0 | 5 | 1 | 0 |
| | 2010 | 울산 | 5 | 1 | 0 | 0 | 0 | 13 | 1 | 0 |
| | 2011 | 울산 | 6 | 0 | 1 | 4 | 0 | 9 | 4 | 0 |
| 통산 | | | 302 | 129 | 11 | 37 | 0 | 332 | 63 | 2 |

**최재영**(崔宰榮) 홍익대 1983.07.14

| 대회 | 연도 | 소속 | 출전 | 교체 | 득점 | 도움 | 실점 | 파울 | 경고 | 퇴장 |
|---|---|---|---|---|---|---|---|---|---|---|
| K1 | 2005 | 광주상무 | 0 | 0 | 0 | 0 | 0 | 0 | 0 | 0 |
| | 2009 | 성남일화 | 2 | 1 | 0 | 0 | 0 | 5 | 0 | 0 |
| PO | 2009 | 성남일화 | 0 | 0 | 0 | 0 | 0 | 0 | 0 | 0 |
| 컵 | 2005 | 광주상무 | 2 | 2 | 0 | 0 | 0 | 1 | 0 | 0 |
| 통산 | | | 4 | 3 | 0 | 0 | 0 | 6 | 0 | 0 |

**최재영**(崔在榮) 홍익대 1983.09.22

| 대회 | 연도 | 소속 | 출전 | 교체 | 득점 | 도움 | 실점 | 파울 | 경고 | 퇴장 |
|---|---|---|---|---|---|---|---|---|---|---|
| K1 | 2007 | 제주 | 1 | 1 | 0 | 0 | 0 | 2 | 1 | 0 |
| 컵 | 2006 | 제주 | 9 | 8 | 0 | 1 | 0 | 12 | 1 | 0 |
| 통산 | | | 10 | 9 | 0 | 1 | 0 | 14 | 2 | 0 |

**최재영**(崔載瑩) 중앙대 1998.03.18

| 대회 | 연도 | 소속 | 출전 | 교체 | 득점 | 도움 | 실점 | 파울 | 경고 | 퇴장 |
|---|---|---|---|---|---|---|---|---|---|---|
| K2 | 2021 | 부천 | 9 | 6 | 0 | 0 | 0 | 13 | 5 | 0 |
| | 2022 | 부천 | 17 | 16 | 0 | 0 | 0 | 25 | 3 | 0 |
| | 2023 | 부천 | 25 | 16 | 1 | 1 | 0 | 36 | 5 | 0 |
| | 2024 | 부천 | 10 | 4 | 1 | 0 | 0 | 11 | 1 | 0 |
| | 2025 | 부천 | 22 | 22 | 0 | 0 | 0 | 17 | 2 | 0 |
| PO | 2022 | 부천 | 1 | 1 | 0 | 0 | 0 | 1 | 0 | 0 |
| | 2023 | 부천 | 1 | 1 | 0 | 0 | 0 | 0 | 0 | 0 |
| | 2025 | 부천 | 3 | 3 | 0 | 0 | 0 | 3 | 0 | 0 |
| 통산 | | | 88 | 69 | 2 | 1 | 0 | 106 | 16 | 0 |

**최재은**(崔宰銀) 광운대 1988.06.08

| 대회 | 연도 | 소속 | 출전 | 교체 | 득점 | 도움 | 실점 | 파울 | 경고 | 퇴장 |
|---|---|---|---|---|---|---|---|---|---|---|
| K1 | 2010 | 인천 | 1 | 1 | 0 | 0 | 0 | 3 | 0 | 0 |
| 컵 | 2010 | 인천 | 1 | 1 | 0 | 0 | 0 | 1 | 0 | 0 |
| 통산 | | | 2 | 2 | 0 | 0 | 0 | 4 | 0 | 0 |

**최재혁**(崔宰赫) 통진종고 1964.09.17

| 대회 | 연도 | 소속 | 출전 | 교체 | 득점 | 도움 | 실점 | 파울 | 경고 | 퇴장 |
|---|---|---|---|---|---|---|---|---|---|---|
| K1 | 1984 | 현대 | 8 | 5 | 2 | 0 | 0 | 7 | 0 | 0 |
| | 1985 | 현대 | 15 | 9 | 0 | 3 | 0 | 15 | 1 | 0 |
| | 1986 | 현대 | 9 | 5 | 0 | 1 | 0 | 4 | 0 | 0 |
| 컵 | 1986 | 현대 | 1 | 1 | 0 | 0 | 0 | 1 | 0 | 0 |
| 통산 | | | 33 | 20 | 2 | 4 | 0 | 27 | 1 | 0 |

**최재현**(崔在現) 광운대 1994.04.20

| 대회 | 연도 | 소속 | 출전 | 교체 | 득점 | 도움 | 실점 | 파울 | 경고 | 퇴장 |
|---|---|---|---|---|---|---|---|---|---|---|
| K1 | 2017 | 전남 | 23 | 17 | 3 | 2 | 0 | 37 | 5 | 0 |
| | 2018 | 전남 | 25 | 17 | 5 | 2 | 0 | 22 | 4 | 1 |
| K2 | 2019 | 전남 | 19 | 13 | 3 | 0 | 0 | 22 | 2 | 0 |
| | 2020 | 대전 | 9 | 6 | 0 | 1 | 0 | 10 | 1 | 0 |
| 통산 | | | 76 | 53 | 11 | 5 | 0 | 91 | 12 | 1 |

**최재훈**(崔宰熏) 중앙대 1995.11.20

| 대회 | 연도 | 소속 | 출전 | 교체 | 득점 | 도움 | 실점 | 파울 | 경고 | 퇴장 |
|---|---|---|---|---|---|---|---|---|---|---|
| K2 | 2017 | 안양 | 32 | 8 | 2 | 2 | 0 | 51 | 6 | 0 |
| | 2018 | 안양 | 27 | 11 | 2 | 2 | 0 | 39 | 6 | 0 |
| | 2019 | 안양 | 17 | 15 | 0 | 1 | 0 | 8 | 0 | 0 |
| | 2020 | 서울E | 24 | 6 | 1 | 1 | 0 | 48 | 4 | 1 |
| | 2021 | 서울E | 22 | 19 | 1 | 0 | 0 | 17 | 2 | 0 |
| | 2022 | 김포 | 33 | 17 | 1 | 0 | 0 | 30 | 8 | 0 |
| | 2023 | 김포 | 16 | 5 | 0 | 0 | 0 | 21 | 3 | 0 |
| | 2024 | 김포 | 35 | 14 | 2 | 2 | 0 | 40 | 4 | 0 |
| | 2025 | 김포 | 29 | 15 | 2 | 1 | 0 | 44 | 7 | 0 |
| PO | 2019 | 안양 | 0 | 0 | 0 | 0 | 0 | 0 | 0 | 0 |
| | 2023 | 김포 | 3 | 2 | 0 | 0 | 0 | 3 | 0 | 0 |
| 통산 | | | 238 | 112 | 11 | 9 | 0 | 301 | 40 | 1 |

**최정민**(崔禎珉) 중앙대 1977.10.07

| 대회 | 연도 | 소속 | 출전 | 교체 | 득점 | 도움 | 실점 | 파울 | 경고 | 퇴장 |
|---|---|---|---|---|---|---|---|---|---|---|
| K1 | 2000 | 부천SK | 3 | 2 | 0 | 0 | 0 | 2 | 1 | 0 |
| | 2001 | 부천SK | 16 | 2 | 1 | 0 | 0 | 26 | 1 | 0 |
| | 2002 | 부천SK | 9 | 2 | 0 | 0 | 0 | 15 | 0 | 0 |
| | 2003 | 부천SK | 20 | 3 | 0 | 0 | 0 | 32 | 3 | 0 |
| PO | 2000 | 부천SK | 0 | 0 | 0 | 0 | 0 | 0 | 0 | 0 |
| 컵 | 2000 | 부천SK | 0 | 0 | 0 | 0 | 0 | 0 | 0 | 0 |
| | 2001 | 부천SK | 1 | 1 | 0 | 0 | 0 | 0 | 0 | 0 |
| | 2002 | 부천SK | 3 | 2 | 0 | 0 | 0 | 6 | 2 | 0 |
| 통산 | | | 52 | 12 | 1 | 0 | 0 | 81 | 7 | 0 |

**최정원**(崔定原) 건국대 1995.08.16

| 대회 | 연도 | 소속 | 출전 | 교체 | 득점 | 도움 | 실점 | 파울 | 경고 | 퇴장 |
|---|---|---|---|---|---|---|---|---|---|---|
| K1 | 2021 | 수원 | 19 | 13 | 1 | 0 | 0 | 9 | 1 | 0 |
| K2 | 2022 | 전남 | 21 | 5 | 0 | 0 | 0 | 17 | 2 | 0 |
| | 2025 | 전남 | 18 | 5 | 0 | 0 | 0 | 11 | 0 | 0 |
| 통산 | | | 58 | 23 | 1 | 0 | 0 | 37 | 3 | 0 |

**최정한**(崔正漢) 연세대 1989.06.03

| 대회 | 연도 | 소속 | 출전 | 교체 | 득점 | 도움 | 실점 | 파울 | 경고 | 퇴장 |
|---|---|---|---|---|---|---|---|---|---|---|
| K1 | 2014 | 서울 | 7 | 7 | 1 | 1 | 0 | 8 | 1 | 0 |
| | 2015 | 서울 | 0 | 0 | 0 | 0 | 0 | 0 | 0 | 0 |
| K2 | 2016 | 대구 | 26 | 24 | 1 | 2 | 0 | 9 | 0 | 0 |
| 통산 | | | 33 | 31 | 2 | 3 | 0 | 17 | 1 | 0 |

**최정호**(崔貞鎬) 한양대 1978.04.06

| 대회 | 연도 | 소속 | 출전 | 교체 | 득점 | 도움 | 실점 | 파울 | 경고 | 퇴장 |
|---|---|---|---|---|---|---|---|---|---|---|
| 컵 | 2001 | 전남 | 0 | 0 | 0 | 0 | 0 | 0 | 0 | 0 |
| 통산 | | | 0 | 0 | 0 | 0 | 0 | 0 | 0 | 0 |

**최정훈**(崔晶勛) 매탄고 1999.03.09

| 대회 | 연도 | 소속 | 출전 | 교체 | 득점 | 도움 | 실점 | 파울 | 경고 | 퇴장 |
|---|---|---|---|---|---|---|---|---|---|---|
| K1 | 2019 | 수원 | 1 | 1 | 0 | 0 | 0 | 0 | 0 | 0 |
| | 2025 | 강원 | 0 | 0 | 0 | 0 | 0 | 0 | 0 | 0 |
| 통산 | | | 1 | 1 | 0 | 0 | 0 | 0 | 0 | 0 |

**최종덕**(崔鍾德) 고려대 1954.06.24

| 대회 | 연도 | 소속 | 출전 | 교체 | 득점 | 도움 | 실점 | 파울 | 경고 | 퇴장 |
|---|---|---|---|---|---|---|---|---|---|---|
| K1 | 1983 | 할렐루야 | 16 | 2 | 1 | 1 | 0 | 7 | 0 | 0 |
| | 1984 | 할렐루야 | 25 | 1 | 3 | 0 | 0 | 18 | 1 | 1 |
| | 1985 | 럭키금성 | 17 | 3 | 1 | 0 | 0 | 11 | 1 | 0 |
| 통산 | | | 58 | 6 | 5 | 1 | 0 | 36 | 2 | 1 |

**최종범**(崔鍾範) 영남대 1978.03.27

| 대회 | 연도 | 소속 | 출전 | 교체 | 득점 | 도움 | 실점 | 파울 | 경고 | 퇴장 |
|---|---|---|---|---|---|---|---|---|---|---|
| K1 | 2001 | 포항 | 4 | 4 | 0 | 0 | 0 | 2 | 0 | 1 |
| | 2002 | 포항 | 11 | 8 | 0 | 0 | 0 | 15 | 0 | 0 |
| | 2003 | 포항 | 30 | 12 | 1 | 1 | 0 | 45 | 3 | 0 |
| | 2004 | 포항 | 6 | 5 | 0 | 1 | 0 | 6 | 1 | 0 |
| | 2005 | 광주상무 | 23 | 5 | 2 | 2 | 0 | 39 | 2 | 0 |
| | 2006 | 광주상무 | 10 | 7 | 0 | 1 | 0 | 8 | 0 | 0 |
| | 2008 | 포항 | 0 | 0 | 0 | 0 | 0 | 0 | 0 | 0 |
| | 2009 | 대구 | 2 | 2 | 0 | 0 | 0 | 1 | 0 | 0 |
| 컵 | 2002 | 포항 | 6 | 6 | 0 | 0 | 0 | 1 | 0 | 0 |
| | 2004 | 포항 | 4 | 1 | 0 | 0 | 0 | 3 | 1 | 0 |
| | 2005 | 광주상무 | 7 | 2 | 0 | 0 | 0 | 8 | 1 | 0 |
| | 2006 | 광주상무 | 1 | 1 | 0 | 0 | 0 | 1 | 0 | 0 |
| | 2009 | 대구 | 2 | 2 | 0 | 0 | 0 | 1 | 0 | 0 |
| 통산 | | | 106 | 55 | 3 | 5 | 0 | 130 | 8 | 1 |

**최종학**(崔種學) 서울대 1962.05.10

| 대회 | 연도 | 소속 | 출전 | 교체 | 득점 | 도움 | 실점 | 파울 | 경고 | 퇴장 |
|---|---|---|---|---|---|---|---|---|---|---|
| K1 | 1984 | 현대 | 3 | 2 | 0 | 0 | 0 | 2 | 0 | 0 |
| | 1985 | 현대 | 1 | 0 | 0 | 0 | 0 | 2 | 0 | 0 |
| 통산 | | | 4 | 2 | 0 | 0 | 0 | 4 | 0 | 0 |

**최종혁**(崔鍾赫) 호남대 1984.09.03

| 대회 | 연도 | 소속 | 출전 | 교체 | 득점 | 도움 | 실점 | 파울 | 경고 | 퇴장 |
|---|---|---|---|---|---|---|---|---|---|---|
| K1 | 2007 | 대구 | 12 | 9 | 0 | 1 | 0 | 20 | 4 | 0 |
| | 2008 | 대구 | 9 | 7 | 0 | 0 | 0 | 7 | 1 | 0 |
| | 2009 | 대구 | 13 | 6 | 0 | 0 | 0 | 16 | 4 | 0 |
| 컵 | 2007 | 대구 | 5 | 2 | 0 | 1 | 0 | 7 | 1 | 0 |
| | 2008 | 대구 | 7 | 6 | 0 | 0 | 0 | 3 | 0 | 0 |
| | 2009 | 대구 | 5 | 2 | 0 | 0 | 0 | 4 | 2 | 0 |
| 통산 | | | 51 | 32 | 0 | 2 | 0 | 57 | 12 | 0 |

**최종호**(崔鍾鎬) 고려대 1968.04.07

| 대회 | 연도 | 소속 | 출전 | 교체 | 득점 | 도움 | 실점 | 파울 | 경고 | 퇴장 |
|---|---|---|---|---|---|---|---|---|---|---|
| K1 | 1991 | LG | 1 | 1 | 0 | 0 | 0 | 0 | 0 | 0 |
| 컵 | 1992 | LG | 1 | 1 | 0 | 0 | 0 | 1 | 0 | 0 |
| 통산 | | | 2 | 2 | 0 | 0 | 0 | 1 | 0 | 0 |

**최종환**(催鍾桓) 부경대 1987.08.12

| 대회 | 연도 | 소속 | 출전 | 교체 | 득점 | 도움 | 실점 | 파울 | 경고 | 퇴장 |
|---|---|---|---|---|---|---|---|---|---|---|
| K1 | 2011 | 서울 | 7 | 5 | 1 | 0 | 0 | 11 | 1 | 0 |
| | 2012 | 인천 | 13 | 11 | 1 | 0 | 0 | 20 | 1 | 0 |
| | 2013 | 인천 | 21 | 0 | 0 | 2 | 0 | 43 | 2 | 0 |
| | 2014 | 인천 | 30 | 11 | 3 | 1 | 0 | 38 | 1 | 1 |
| | 2016 | 상주 | 11 | 5 | 0 | 0 | 0 | 8 | 3 | 0 |
| | 2016 | 인천 | 5 | 2 | 0 | 0 | 0 | 2 | 0 | 0 |
| | 2017 | 인천 | 29 | 2 | 3 | 3 | 0 | 36 | 5 | 1 |
| | 2018 | 인천 | 15 | 6 | 0 | 1 | 0 | 23 | 2 | 0 |
| K2 | 2015 | 상주 | 14 | 8 | 0 | 0 | 0 | 12 | 3 | 0 |
| | 2019 | 서울E | 19 | 1 | 1 | 1 | 0 | 32 | 3 | 0 |

| 대회 | 연도 | 소속 | 출전 | 교체 | 득점 | 도움 | 실점 | 파울 | 경고 | 퇴장 |
|---|---|---|---|---|---|---|---|---|---|---|
| | 2020 | 수원FC | 8 | 3 | 0 | 0 | 0 | 7 | 1 | 0 |
| 컵 | 2011 | 서울 | 1 | 0 | 0 | 0 | 0 | 3 | 0 | 0 |
| 통산 | | | 173 | 54 | 9 | 8 | 0 | 235 | 22 | 2 |

**최준**(崔俊) 연세대 1999.04.17

| 대회 | 연도 | 소속 | 출전 | 교체 | 득점 | 도움 | 실점 | 파울 | 경고 | 퇴장 |
|---|---|---|---|---|---|---|---|---|---|---|
| K1 | 2024 | 서울 | 36 | 4 | 1 | 4 | 0 | 38 | 6 | 0 |
| | 2025 | 서울 | 32 | 6 | 1 | 1 | 0 | 42 | 7 | 0 |
| K2 | 2020 | 경남 | 18 | 2 | 1 | 3 | 0 | 20 | 6 | 0 |
| | 2021 | 부산 | 30 | 2 | 2 | 4 | 0 | 33 | 5 | 0 |
| | 2022 | 부산 | 31 | 6 | 0 | 6 | 0 | 36 | 9 | 0 |
| | 2023 | 부산 | 31 | 4 | 2 | 5 | 0 | 30 | 6 | 0 |
| PO | 2020 | 경남 | 2 | 0 | 1 | 0 | 0 | 0 | 0 | 0 |
| | 2023 | 부산 | 2 | 0 | 1 | 1 | 0 | 2 | 0 | 0 |
| 통산 | | | 182 | 24 | 9 | 24 | 0 | 201 | 39 | 0 |

**최준기**(崔俊基) 연세대 1994.04.13

| 대회 | 연도 | 소속 | 출전 | 교체 | 득점 | 도움 | 실점 | 파울 | 경고 | 퇴장 |
|---|---|---|---|---|---|---|---|---|---|---|
| K1 | 2019 | 성남 | 1 | 1 | 0 | 0 | 0 | 1 | 0 | 0 |
| K2 | 2018 | 성남 | 21 | 2 | 0 | 0 | 0 | 24 | 5 | 0 |
| | 2019 | 전남 | 4 | 1 | 0 | 0 | 0 | 1 | 0 | 0 |
| 통산 | | | 26 | 4 | 0 | 0 | 0 | 26 | 5 | 0 |

**최준영**(崔俊榮) 오산고 2005.07.16

| 대회 | 연도 | 소속 | 출전 | 교체 | 득점 | 도움 | 실점 | 파울 | 경고 | 퇴장 |
|---|---|---|---|---|---|---|---|---|---|---|
| K2 | 2024 | 성남 | 11 | 6 | 0 | 0 | 0 | 8 | 1 | 1 |
| 통산 | | | 11 | 6 | 0 | 0 | 0 | 8 | 1 | 1 |

**최준혁**(崔峻赫) 단국대 1994.09.05

| 대회 | 연도 | 소속 | 출전 | 교체 | 득점 | 도움 | 실점 | 파울 | 경고 | 퇴장 |
|---|---|---|---|---|---|---|---|---|---|---|
| K1 | 2020 | 광주 | 10 | 6 | 0 | 1 | 0 | 3 | 1 | 0 |
| | 2022 | 김천 | 1 | 1 | 0 | 0 | 0 | 0 | 0 | 0 |
| K2 | 2018 | 광주 | 12 | 3 | 1 | 1 | 0 | 13 | 3 | 0 |
| | 2019 | 광주 | 31 | 7 | 0 | 1 | 0 | 41 | 6 | 0 |
| | 2021 | 김천 | 9 | 2 | 0 | 1 | 0 | 12 | 1 | 0 |
| | 2024 | 충북청주 | 7 | 6 | 0 | 0 | 0 | 2 | 1 | 0 |
| | 2025 | 화성 | 26 | 12 | 2 | 0 | 0 | 40 | 8 | 1 |
| PO | 2018 | 광주 | 1 | 1 | 0 | 0 | 0 | 0 | 0 | 0 |
| 통산 | | | 97 | 38 | 3 | 4 | 0 | 111 | 20 | 1 |

**최지묵**(崔祗默) 울산대 1998.10.09

| 대회 | 연도 | 소속 | 출전 | 교체 | 득점 | 도움 | 실점 | 파울 | 경고 | 퇴장 |
|---|---|---|---|---|---|---|---|---|---|---|
| K1 | 2020 | 성남 | 10 | 3 | 0 | 0 | 0 | 10 | 2 | 0 |
| | 2021 | 성남 | 22 | 6 | 1 | 0 | 0 | 20 | 3 | 0 |
| | 2022 | 성남 | 23 | 14 | 0 | 0 | 0 | 28 | 4 | 0 |
| K2 | 2023 | 부산 | 26 | 15 | 1 | 0 | 0 | 18 | 3 | 0 |
| | 2024 | 수원 | 1 | 1 | 0 | 0 | 0 | 1 | 0 | 0 |
| | 2025 | 수원 | 2 | 2 | 0 | 0 | 0 | 0 | 0 | 0 |
| 통산 | | | 84 | 41 | 2 | 0 | 0 | 77 | 12 | 0 |

**최지훈**(崔智薰) 경기대 1984.09.20

| 대회 | 연도 | 소속 | 출전 | 교체 | 득점 | 도움 | 실점 | 파울 | 경고 | 퇴장 |
|---|---|---|---|---|---|---|---|---|---|---|
| K1 | 2007 | 인천 | 2 | 2 | 0 | 0 | 0 | 1 | 0 | 0 |
| 컵 | 2007 | 인천 | 5 | 3 | 0 | 0 | 0 | 4 | 1 | 0 |
| 통산 | | | 7 | 5 | 0 | 0 | 0 | 5 | 1 | 0 |

**최진규**(崔軫圭) 동국대 1969.05.11

| 대회 | 연도 | 소속 | 출전 | 교체 | 득점 | 도움 | 실점 | 파울 | 경고 | 퇴장 |
|---|---|---|---|---|---|---|---|---|---|---|
| K1 | 1995 | 전북 | 26 | 1 | 0 | 3 | 0 | 15 | 4 | 0 |
| | 1996 | 전북 | 28 | 2 | 1 | 0 | 0 | 17 | 2 | 0 |
| | 1997 | 전북 | 17 | 10 | 0 | 2 | 0 | 35 | 3 | 0 |
| | 1998 | 전북 | 10 | 4 | 0 | 1 | 0 | 7 | 1 | 0 |
| | 1999 | 전북 | 3 | 1 | 0 | 0 | 0 | 3 | 2 | 0 |
| 컵 | 1995 | 전북 | 7 | 0 | 1 | 1 | 0 | 3 | 0 | 0 |
| | 1996 | 전북 | 8 | 0 | 0 | 0 | 0 | 6 | 1 | 0 |
| | 1997 | 전북 | 7 | 3 | 0 | 0 | 0 | 3 | 0 | 0 |
| | 1998 | 전북 | 7 | 1 | 0 | 1 | 0 | 6 | 0 | 0 |
| | 1999 | 전북 | 0 | 0 | 0 | 0 | 0 | 0 | 0 | 0 |
| 통산 | | | 113 | 22 | 2 | 8 | 0 | 95 | 13 | 0 |

**최진백**(崔鎭百) 숭실대 1994.05.27

| 대회 | 연도 | 소속 | 출전 | 교체 | 득점 | 도움 | 실점 | 파울 | 경고 | 퇴장 |
|---|---|---|---|---|---|---|---|---|---|---|
| K1 | 2017 | 강원 | 0 | 0 | 0 | 0 | 0 | 0 | 0 | 0 |
| 통산 | | | 0 | 0 | 0 | 0 | 0 | 0 | 0 | 0 |

**최진수**(崔津樹) 현대고 1990.06.17

| 대회 | 연도 | 소속 | 출전 | 교체 | 득점 | 도움 | 실점 | 파울 | 경고 | 퇴장 |
|---|---|---|---|---|---|---|---|---|---|---|
| K1 | 2010 | 울산 | 3 | 2 | 0 | 0 | 0 | 1 | 0 | 0 |
| | 2011 | 울산 | 0 | 0 | 0 | 0 | 0 | 0 | 0 | 0 |
| | 2012 | 울산 | 4 | 4 | 0 | 0 | 0 | 0 | 0 | 0 |
| K2 | 2013 | 안양 | 31 | 14 | 6 | 8 | 0 | 47 | 10 | 0 |
| | 2014 | 안양 | 31 | 6 | 5 | 8 | 0 | 55 | 11 | 0 |
| | 2015 | 안양 | 34 | 16 | 1 | 7 | 0 | 39 | 6 | 0 |
| | 2016 | 안산무궁 | 12 | 10 | 3 | 0 | 0 | 7 | 0 | 0 |
| | 2017 | 아산 | 3 | 3 | 0 | 1 | 0 | 0 | 1 | 0 |
| 컵 | 2010 | 울산 | 4 | 4 | 1 | 0 | 0 | 2 | 0 | 0 |
| | 2011 | 울산 | 1 | 1 | 0 | 0 | 0 | 0 | 0 | 0 |
| 통산 | | | 123 | 60 | 16 | 24 | 0 | 151 | 28 | 0 |

**최진욱**(崔珍煜) 관동대(가톨릭관동대) 1981.08.17

| 대회 | 연도 | 소속 | 출전 | 교체 | 득점 | 도움 | 실점 | 파울 | 경고 | 퇴장 |
|---|---|---|---|---|---|---|---|---|---|---|
| 컵 | 2004 | 울산 | 0 | 0 | 0 | 0 | 0 | 0 | 0 | 0 |
| 통산 | | | 0 | 0 | 0 | 0 | 0 | 0 | 0 | 0 |

**최진웅**(崔鎭雄) 2004.12.23

| 대회 | 연도 | 소속 | 출전 | 교체 | 득점 | 도움 | 실점 | 파울 | 경고 | 퇴장 |
|---|---|---|---|---|---|---|---|---|---|---|
| K2 | 2025 | 천안 | 18 | 11 | 1 | 1 | 0 | 12 | 1 | 0 |
| 통산 | | | 18 | 11 | 1 | 1 | 0 | 12 | 1 | 0 |

**최진철**(崔眞喆) 숭실대 1971.03.26

| 대회 | 연도 | 소속 | 출전 | 교체 | 득점 | 도움 | 실점 | 파울 | 경고 | 퇴장 |
|---|---|---|---|---|---|---|---|---|---|---|
| K1 | 1996 | 전북 | 27 | 5 | 0 | 1 | 0 | 64 | 4 | 0 |
| | 1997 | 전북 | 9 | 1 | 0 | 0 | 0 | 28 | 3 | 0 |
| | 1998 | 전북 | 11 | 8 | 6 | 0 | 0 | 20 | 2 | 0 |
| | 1999 | 전북 | 26 | 13 | 7 | 5 | 0 | 47 | 2 | 0 |
| | 2000 | 전북 | 24 | 1 | 2 | 0 | 0 | 37 | 4 | 0 |
| | 2001 | 전북 | 21 | 4 | 0 | 0 | 0 | 39 | 5 | 0 |
| | 2002 | 전북 | 23 | 3 | 0 | 1 | 0 | 37 | 4 | 0 |
| | 2003 | 전북 | 33 | 2 | 1 | 1 | 0 | 85 | 7 | 0 |
| | 2004 | 전북 | 17 | 0 | 1 | 0 | 0 | 43 | 11 | 0 |
| | 2005 | 전북 | 19 | 2 | 0 | 0 | 0 | 35 | 6 | 0 |
| | 2006 | 전북 | 16 | 1 | 1 | 0 | 0 | 33 | 4 | 0 |
| | 2007 | 전북 | 14 | 2 | 0 | 0 | 0 | 22 | 5 | 0 |
| PO | 2000 | 전북 | 1 | 0 | 0 | 0 | 0 | 3 | 0 | 0 |
| 컵 | 1996 | 전북 | 2 | 0 | 1 | 0 | 0 | 6 | 2 | 0 |
| | 1997 | 전북 | 12 | 0 | 2 | 0 | 0 | 39 | 3 | 0 |
| | 1998 | 전북 | 16 | 0 | 2 | 2 | 0 | 33 | 3 | 0 |
| | 1999 | 전북 | 9 | 3 | 2 | 1 | 0 | 9 | 1 | 0 |
| | 2000 | 전북 | 7 | 0 | 1 | 0 | 0 | 17 | 3 | 0 |
| | 2001 | 전북 | 4 | 1 | 0 | 0 | 0 | 5 | 1 | 0 |
| | 2002 | 전북 | 1 | 0 | 0 | 0 | 0 | 2 | 1 | 0 |
| | 2004 | 전북 | 4 | 0 | 1 | 0 | 0 | 2 | 0 | 0 |
| | 2005 | 전북 | 11 | 0 | 1 | 0 | 0 | 23 | 3 | 0 |
| | 2006 | 전북 | 4 | 2 | 0 | 0 | 0 | 3 | 1 | 0 |
| | 2007 | 전북 | 1 | 0 | 0 | 0 | 0 | 0 | 0 | 1 |
| 통산 | | | 312 | 48 | 28 | 11 | 0 | 632 | 75 | 1 |

**최진한**(崔震瀚) 명지대 1961.06.22

| 대회 | 연도 | 소속 | 출전 | 교체 | 득점 | 도움 | 실점 | 파울 | 경고 | 퇴장 |
|---|---|---|---|---|---|---|---|---|---|---|
| K1 | 1985 | 럭키금성 | 5 | 3 | 0 | 0 | 0 | 5 | 0 | 0 |
| | 1986 | 럭키금성 | 14 | 7 | 4 | 1 | 0 | 30 | 3 | 0 |
| | 1987 | 럭키금성 | 29 | 10 | 2 | 1 | 0 | 38 | 5 | 0 |
| | 1988 | 럭키금성 | 23 | 7 | 4 | 1 | 0 | 26 | 1 | 0 |
| | 1989 | 럭키금성 | 38 | 15 | 5 | 4 | 0 | 65 | 3 | 0 |
| | 1990 | 럭키금성 | 27 | 5 | 6 | 5 | 0 | 37 | 0 | 0 |
| | 1991 | 유공 | 18 | 8 | 12 | 0 | 0 | 17 | 2 | 0 |
| | 1991 | LG | 6 | 5 | 0 | 1 | 0 | 5 | 1 | 0 |
| | 1992 | 유공 | 13 | 8 | 2 | 1 | 0 | 22 | 1 | 0 |
| PO | 1986 | 럭키금성 | 1 | 1 | 0 | 0 | 0 | 3 | 1 | 0 |
| 컵 | 1986 | 럭키금성 | 9 | 1 | 0 | 2 | 0 | 15 | 0 | 0 |
| | 1992 | 유공 | 4 | 3 | 0 | 0 | 0 | 3 | 0 | 0 |
| 통산 | | | 187 | 73 | 35 | 16 | 0 | 266 | 17 | 0 |

**최창수**(崔昌壽) 영남대 1955.11.20

| 대회 | 연도 | 소속 | 출전 | 교체 | 득점 | 도움 | 실점 | 파울 | 경고 | 퇴장 |
|---|---|---|---|---|---|---|---|---|---|---|
| K1 | 1983 | 포항제철 | 10 | 5 | 1 | 0 | 0 | 3 | 0 | 0 |
| | 1984 | 포항제철 | 6 | 4 | 0 | 0 | 0 | 2 | 1 | 0 |
| 통산 | | | 16 | 9 | 1 | 0 | 0 | 5 | 1 | 0 |

**최창용**(崔昌鎔) 연세대 1985.09.17

| 대회 | 연도 | 소속 | 출전 | 교체 | 득점 | 도움 | 실점 | 파울 | 경고 | 퇴장 |
|---|---|---|---|---|---|---|---|---|---|---|
| K1 | 2008 | 수원 | 2 | 2 | 0 | 0 | 0 | 1 | 1 | 0 |
| 컵 | 2008 | 수원 | 1 | 0 | 0 | 0 | 0 | 2 | 0 | 0 |
| 통산 | | | 3 | 2 | 0 | 0 | 0 | 3 | 1 | 0 |

**최창환**(崔昌煥) 광운대 1962.08.09

| 대회 | 연도 | 소속 | 출전 | 교체 | 득점 | 도움 | 실점 | 파울 | 경고 | 퇴장 |
|---|---|---|---|---|---|---|---|---|---|---|
| K1 | 1985 | 현대 | 3 | 3 | 0 | 0 | 0 | 3 | 0 | 0 |
| 통산 | | | 3 | 3 | 0 | 0 | 0 | 3 | 0 | 0 |

**최철순**(崔喆淳) 충북대 1987.02.08

| 대회 | 연도 | 소속 | 출전 | 교체 | 득점 | 도움 | 실점 | 파울 | 경고 | 퇴장 |
|---|---|---|---|---|---|---|---|---|---|---|
| K1 | 2006 | 전북 | 12 | 2 | 0 | 0 | 0 | 17 | 2 | 0 |
| | 2007 | 전북 | 15 | 5 | 0 | 1 | 0 | 25 | 3 | 0 |
| | 2008 | 전북 | 25 | 1 | 0 | 1 | 0 | 34 | 4 | 0 |
| | 2009 | 전북 | 21 | 5 | 0 | 1 | 0 | 38 | 4 | 0 |
| | 2010 | 전북 | 17 | 0 | 0 | 0 | 0 | 46 | 7 | 0 |
| | 2011 | 전북 | 21 | 2 | 1 | 1 | 0 | 39 | 8 | 0 |
| | 2012 | 전북 | 12 | 2 | 0 | 0 | 0 | 13 | 1 | 0 |
| | 2012 | 상주 | 10 | 0 | 1 | 0 | 0 | 17 | 2 | 0 |
| | 2014 | 상주 | 4 | 0 | 0 | 0 | 0 | 1 | 1 | 0 |
| | 2014 | 전북 | 30 | 1 | 0 | 2 | 0 | 39 | 5 | 0 |
| | 2015 | 전북 | 29 | 1 | 0 | 0 | 0 | 40 | 5 | 0 |
| | 2016 | 전북 | 30 | 1 | 1 | 4 | 0 | 58 | 10 | 0 |
| | 2017 | 전북 | 35 | 0 | 0 | 4 | 0 | 42 | 8 | 0 |
| | 2018 | 전북 | 28 | 0 | 0 | 0 | 0 | 41 | 5 | 0 |
| | 2019 | 전북 | 18 | 4 | 0 | 0 | 0 | 22 | 6 | 0 |
| | 2020 | 전북 | 13 | 1 | 0 | 2 | 0 | 14 | 2 | 0 |
| | 2021 | 전북 | 18 | 4 | 0 | 1 | 0 | 16 | 3 | 0 |
| | 2022 | 전북 | 17 | 8 | 0 | 0 | 0 | 7 | 0 | 0 |
| | 2023 | 전북 | 19 | 16 | 0 | 1 | 0 | 7 | 1 | 0 |
| | 2024 | 전북 | 5 | 3 | 0 | 0 | 0 | 3 | 0 | 0 |
| | 2025 | 전북 | 9 | 6 | 0 | 0 | 0 | 5 | 0 | 0 |
| K2 | 2013 | 상주 | 29 | 3 | 0 | 2 | 0 | 37 | 6 | 0 |
| PO | 2008 | 전북 | 2 | 0 | 0 | 0 | 0 | 9 | 1 | 0 |
| | 2009 | 전북 | 2 | 0 | 0 | 0 | 0 | 3 | 0 | 0 |
| | 2010 | 전북 | 3 | 0 | 0 | 0 | 0 | 3 | 0 | 0 |
| | 2011 | 전북 | 2 | 0 | 0 | 0 | 0 | 0 | 0 | 0 |
| | 2013 | 상주 | 2 | 0 | 0 | 0 | 0 | 3 | 0 | 0 |
| 컵 | 2006 | 전북 | 11 | 0 | 0 | 1 | 0 | 22 | 2 | 1 |
| | 2007 | 전북 | 4 | 0 | 0 | 0 | 0 | 11 | 1 | 0 |
| | 2008 | 전북 | 9 | 0 | 0 | 0 | 0 | 20 | 2 | 0 |
| | 2009 | 전북 | 4 | 0 | 0 | 0 | 0 | 10 | 2 | 0 |
| | 2010 | 전북 | 1 | 0 | 0 | 0 | 0 | 0 | 0 | 0 |
| 통산 | | | 457 | 65 | 3 | 21 | 0 | 642 | 91 | 1 |

**최철우**(崔喆宇) 고려대 1977.11.30

| 대회 | 연도 | 소속 | 출전 | 교체 | 득점 | 도움 | 실점 | 파울 | 경고 | 퇴장 |
|---|---|---|---|---|---|---|---|---|---|---|
| K1 | 2000 | 울산 | 9 | 4 | 4 | 0 | 0 | 14 | 2 | 0 |
| | 2001 | 울산 | 7 | 7 | 0 | 0 | 0 | 11 | 0 | 0 |
| | 2002 | 포항 | 19 | 15 | 2 | 0 | 0 | 19 | 0 | 0 |
| | 2003 | 포항 | 21 | 16 | 4 | 1 | 0 | 31 | 0 | 0 |
| | 2004 | 부천SK | 5 | 5 | 0 | 1 | 0 | 2 | 0 | 0 |
| | 2005 | 부천SK | 18 | 10 | 5 | 0 | 0 | 23 | 1 | 0 |
| | 2006 | 제주 | 19 | 11 | 3 | 0 | 0 | 24 | 3 | 0 |
| | 2007 | 전북 | 5 | 3 | 0 | 0 | 0 | 7 | 0 | 0 |
| | 2008 | 부산 | 5 | 4 | 0 | 0 | 0 | 7 | 1 | 0 |
| 컵 | 2000 | 울산 | 3 | 3 | 1 | 0 | 0 | 1 | 0 | 0 |
| | 2001 | 울산 | 1 | 1 | 0 | 0 | 0 | 2 | 0 | 0 |
| | 2002 | 포항 | 8 | 6 | 2 | 1 | 0 | 10 | 0 | 0 |
| | 2004 | 부천SK | 0 | 0 | 0 | 0 | 0 | 0 | 0 | 0 |
| | 2005 | 부천SK | 7 | 5 | 1 | 0 | 0 | 14 | 0 | 0 |
| | 2006 | 제주 | 5 | 2 | 1 | 1 | 0 | 4 | 0 | 0 |
| | 2007 | 전북 | 7 | 4 | 1 | 0 | 0 | 7 | 1 | 0 |
| | 2008 | 부산 | 4 | 3 | 0 | 0 | 0 | 5 | 1 | 0 |
| 통산 | | | 143 | 99 | 24 | 4 | 0 | 181 | 9 | 0 |

**최철원**(崔喆原) 광주대 1994.07.23

| 대회 | 연도 | 소속 | 출전 | 교체 | 득점 | 도움 | 실점 | 파울 | 경고 | 퇴장 |
|---|---|---|---|---|---|---|---|---|---|---|
| K1 | 2023 | 서울 | 11 | 0 | 0 | 0 | 10 | 1 | 0 | 0 |

| 대회 | 연도 | 소속 | 출전 | 교체 | 득점 | 도움 | 실점 | 파울 | 경고 | 퇴장 |
|---|---|---|---|---|---|---|---|---|---|---|
| | 2024 | 서울 | 8 | 0 | 0 | 0 | 11 | 0 | 0 | 0 |
| | 2025 | 서울 | 9 | 2 | 0 | 0 | 12 | 0 | 1 | 0 |
| K2 | 2016 | 부천 | 2 | 1 | 0 | 0 | 0 | 0 | 0 | 0 |
| | 2017 | 부천 | 3 | 1 | 0 | 0 | 3 | 0 | 0 | 0 |
| | 2018 | 부천 | 30 | 0 | 0 | 0 | 39 | 0 | 0 | 0 |
| | 2019 | 부천 | 34 | 0 | 0 | 0 | 48 | 0 | 1 | 0 |
| | 2021 | 부천 | 14 | 0 | 0 | 0 | 20 | 1 | 1 | 0 |
| | 2021 | 김천 | 2 | 0 | 0 | 0 | 2 | 0 | 0 | 0 |
| | 2022 | 부천 | 37 | 0 | 0 | 0 | 37 | 0 | 0 | 0 |
| PO | 2016 | 부천 | 0 | 0 | 0 | 0 | 0 | 0 | 0 | 0 |
| | 2019 | 부천 | 1 | 0 | 0 | 0 | 1 | 0 | 0 | 0 |
| | 2022 | 부천 | 1 | 0 | 0 | 0 | 3 | 0 | 1 | 0 |
| 통산 | | | 152 | 4 | 0 | 0 | 186 | 2 | 4 | 0 |

**최철주**(崔澈柱) 광양농고 1961.05.26

| 대회 | 연도 | 소속 | 출전 | 교체 | 득점 | 도움 | 실점 | 파울 | 경고 | 퇴장 |
|---|---|---|---|---|---|---|---|---|---|---|
| K1 | 1984 | 현대 | 1 | 1 | 0 | 0 | 0 | 0 | 0 | 0 |
| | 1985 | 현대 | 2 | 0 | 2 | 0 | 0 | 0 | 0 | 0 |
| 통산 | | | 3 | 1 | 2 | 0 | 0 | 0 | 0 | 0 |

**최철희**(崔哲熙) 동아대 1961.10.03

| 대회 | 연도 | 소속 | 출전 | 교체 | 득점 | 도움 | 실점 | 파울 | 경고 | 퇴장 |
|---|---|---|---|---|---|---|---|---|---|---|
| K1 | 1984 | 국민은행 | 18 | 15 | 1 | 0 | 0 | 12 | 0 | 0 |
| 통산 | | | 18 | 15 | 1 | 0 | 0 | 12 | 0 | 0 |

**최청일**(崔青一) 연세대 1968.04.25

| 대회 | 연도 | 소속 | 출전 | 교체 | 득점 | 도움 | 실점 | 파울 | 경고 | 퇴장 |
|---|---|---|---|---|---|---|---|---|---|---|
| K1 | 1989 | 일화 | 13 | 11 | 1 | 1 | 0 | 15 | 0 | 0 |
| | 1990 | 일화 | 17 | 15 | 2 | 1 | 0 | 15 | 0 | 0 |
| | 1991 | 일화 | 7 | 8 | 0 | 0 | 0 | 2 | 0 | 0 |
| | 1991 | 현대 | 1 | 1 | 0 | 0 | 0 | 3 | 0 | 0 |
| | 1992 | 현대 | 1 | 1 | 0 | 0 | 0 | 1 | 0 | 0 |
| | 1993 | 현대 | 10 | 5 | 0 | 1 | 0 | 14 | 2 | 0 |
| | 1994 | 현대 | 2 | 2 | 0 | 1 | 0 | 0 | 0 | 0 |
| | 1996 | 전남 | 2 | 2 | 0 | 0 | 0 | 1 | 1 | 0 |
| 컵 | 1992 | 현대 | 5 | 5 | 0 | 1 | 0 | 8 | 0 | 0 |
| | 1993 | 현대 | 3 | 3 | 0 | 0 | 0 | 1 | 0 | 0 |
| | 1994 | 현대 | 1 | 0 | 0 | 0 | 0 | 2 | 1 | 0 |
| | 1996 | 전남 | 4 | 4 | 0 | 0 | 0 | 8 | 2 | 1 |
| 통산 | | | 66 | 57 | 3 | 5 | 0 | 70 | 6 | 1 |

**최치웅**(崔治雄) 숭실대 2001.07.24

| 대회 | 연도 | 소속 | 출전 | 교체 | 득점 | 도움 | 실점 | 파울 | 경고 | 퇴장 |
|---|---|---|---|---|---|---|---|---|---|---|
| K1 | 2025 | 수원FC | 13 | 13 | 1 | 0 | 0 | 6 | 1 | 0 |
| PO | 2025 | 수원FC | 1 | 1 | 1 | 0 | 0 | 1 | 0 | 0 |
| 통산 | | | 14 | 14 | 2 | 0 | 0 | 7 | 1 | 0 |

**최치원**(崔致遠) 연세대 1993.06.11

| 대회 | 연도 | 소속 | 출전 | 교체 | 득점 | 도움 | 실점 | 파울 | 경고 | 퇴장 |
|---|---|---|---|---|---|---|---|---|---|---|
| K1 | 2015 | 전북 | 1 | 1 | 0 | 0 | 0 | 1 | 0 | 0 |
| | 2019 | 강원 | 8 | 6 | 1 | 0 | 0 | 7 | 3 | 0 |
| K2 | 2015 | 서울E | 8 | 8 | 1 | 1 | 0 | 11 | 1 | 0 |
| | 2016 | 서울E | 0 | 0 | 0 | 0 | 0 | 0 | 0 | 0 |
| | 2017 | 서울E | 17 | 10 | 6 | 1 | 0 | 29 | 1 | 0 |
| | 2018 | 서울E | 19 | 12 | 3 | 1 | 0 | 25 | 3 | 0 |
| | 2024 | 충남아산 | 24 | 21 | 2 | 0 | 0 | 16 | 3 | 0 |
| | 2025 | 충남아산 | 8 | 8 | 0 | 0 | 0 | 0 | 0 | 0 |
| PO | 2024 | 충남아산 | 2 | 2 | 0 | 0 | 0 | 2 | 0 | 0 |
| 통산 | | | 87 | 68 | 13 | 3 | 0 | 91 | 11 | 0 |

**최태섭**(崔台燮) 성균관대 1962.01.12

| 대회 | 연도 | 소속 | 출전 | 교체 | 득점 | 도움 | 실점 | 파울 | 경고 | 퇴장 |
|---|---|---|---|---|---|---|---|---|---|---|
| K1 | 1985 | 한일은행 | 1 | 1 | 0 | 0 | 0 | 0 | 0 | 0 |
| 통산 | | | 1 | 1 | 0 | 0 | 0 | 0 | 0 | 0 |

**최태성**(崔泰成) 신한고 1977.06.16

| 대회 | 연도 | 소속 | 출전 | 교체 | 득점 | 도움 | 실점 | 파울 | 경고 | 퇴장 |
|---|---|---|---|---|---|---|---|---|---|---|
| K1 | 1998 | 부산 | 2 | 2 | 0 | 0 | 0 | 1 | 0 | 0 |
| | 2002 | 부산 | 0 | 0 | 0 | 0 | 0 | 0 | 0 | 0 |
| 컵 | 1997 | 부산 | 2 | 2 | 0 | 0 | 0 | 2 | 0 | 0 |
| | 1998 | 부산 | 5 | 4 | 0 | 0 | 0 | 2 | 0 | 0 |
| 통산 | | | 9 | 8 | 0 | 0 | 0 | 5 | 0 | 0 |

**최태욱**(崔兌旭) 부평고 1981.03.13

| 대회 | 연도 | 소속 | 출전 | 교체 | 득점 | 도움 | 실점 | 파울 | 경고 | 퇴장 |
|---|---|---|---|---|---|---|---|---|---|---|
| K1 | 2000 | 안양LG | 12 | 12 | 1 | 2 | 0 | 7 | 0 | 0 |
| | 2001 | 안양LG | 26 | 4 | 0 | 3 | 0 | 16 | 3 | 0 |
| | 2002 | 안양LG | 22 | 13 | 2 | 1 | 0 | 6 | 0 | 0 |
| | 2003 | 안양LG | 36 | 17 | 3 | 5 | 0 | 16 | 2 | 0 |
| | 2004 | 인천 | 23 | 11 | 5 | 3 | 0 | 29 | 1 | 0 |
| | 2006 | 포항 | 21 | 16 | 1 | 2 | 0 | 15 | 0 | 0 |
| | 2007 | 포항 | 12 | 8 | 0 | 1 | 0 | 2 | 0 | 0 |
| | 2008 | 전북 | 16 | 12 | 3 | 2 | 0 | 13 | 0 | 0 |
| | 2009 | 전북 | 26 | 13 | 9 | 9 | 0 | 24 | 1 | 0 |
| | 2010 | 서울 | 14 | 9 | 6 | 2 | 0 | 16 | 0 | 0 |
| | 2010 | 전북 | 12 | 7 | 2 | 5 | 0 | 14 | 0 | 0 |
| | 2011 | 서울 | 12 | 12 | 0 | 3 | 0 | 10 | 0 | 0 |
| | 2012 | 서울 | 28 | 29 | 2 | 7 | 0 | 11 | 0 | 0 |
| | 2013 | 서울 | 10 | 11 | 0 | 0 | 0 | 0 | 0 | 0 |
| | 2014 | 울산 | 1 | 1 | 0 | 0 | 0 | 0 | 0 | 0 |
| PO | 2007 | 포항 | 1 | 1 | 0 | 0 | 0 | 1 | 0 | 0 |
| | 2008 | 전북 | 2 | 0 | 1 | 0 | 0 | 1 | 0 | 0 |
| | 2009 | 전북 | 2 | 1 | 0 | 1 | 0 | 1 | 0 | 0 |
| | 2010 | 서울 | 2 | 1 | 0 | 0 | 0 | 3 | 0 | 0 |
| | 2011 | 서울 | 1 | 1 | 0 | 0 | 0 | 0 | 0 | 0 |
| 컵 | 2000 | 안양LG | 4 | 4 | 0 | 1 | 0 | 2 | 0 | 0 |
| | 2001 | 안양LG | 5 | 5 | 0 | 0 | 0 | 5 | 0 | 0 |
| | 2006 | 포항 | 4 | 3 | 1 | 0 | 0 | 2 | 0 | 0 |
| | 2007 | 포항 | 6 | 2 | 1 | 0 | 0 | 2 | 0 | 0 |
| | 2008 | 전북 | 8 | 8 | 0 | 1 | 0 | 10 | 1 | 0 |
| | 2009 | 전북 | 4 | 2 | 0 | 2 | 0 | 5 | 0 | 0 |
| | 2010 | 전북 | 3 | 2 | 0 | 1 | 0 | 1 | 0 | 0 |
| 통산 | | | 313 | 205 | 37 | 51 | 0 | 212 | 8 | 0 |

**최태진**(崔泰鎭) 고려대 1961.05.14

| 대회 | 연도 | 소속 | 출전 | 교체 | 득점 | 도움 | 실점 | 파울 | 경고 | 퇴장 |
|---|---|---|---|---|---|---|---|---|---|---|
| K1 | 1985 | 대우 | 21 | 1 | 1 | 2 | 0 | 37 | 1 | 0 |
| | 1986 | 대우 | 12 | 4 | 2 | 2 | 0 | 18 | 0 | 1 |
| | 1987 | 대우 | 6 | 5 | 0 | 0 | 0 | 6 | 0 | 0 |
| | 1988 | 대우 | 22 | 4 | 5 | 1 | 0 | 29 | 2 | 0 |
| | 1989 | 럭키금성 | 34 | 2 | 3 | 0 | 0 | 37 | 3 | 0 |
| | 1990 | 럭키금성 | 29 | 1 | 4 | 2 | 0 | 31 | 2 | 0 |
| | 1991 | LG | 26 | 5 | 1 | 1 | 0 | 24 | 2 | 0 |
| | 1992 | LG | 16 | 9 | 0 | 0 | 0 | 14 | 0 | 0 |
| 컵 | 1986 | 대우 | 14 | 1 | 2 | 0 | 0 | 14 | 1 | 0 |
| | 1992 | LG | 1 | 1 | 0 | 0 | 0 | 0 | 0 | 0 |
| 통산 | | | 181 | 33 | 18 | 8 | 0 | 210 | 11 | 1 |

**최필수**(崔弼守) 성균관대 1991.06.20

| 대회 | 연도 | 소속 | 출전 | 교체 | 득점 | 도움 | 실점 | 파울 | 경고 | 퇴장 |
|---|---|---|---|---|---|---|---|---|---|---|
| K1 | 2017 | 상주 | 10 | 0 | 0 | 0 | 18 | 0 | 0 | 0 |
| | 2018 | 상주 | 9 | 0 | 0 | 0 | 10 | 0 | 1 | 0 |
| | 2020 | 부산 | 13 | 0 | 0 | 0 | 22 | 0 | 0 | 0 |
| | 2022 | 성남 | 6 | 0 | 0 | 0 | 12 | 0 | 0 | 0 |
| K2 | 2014 | 안양 | 2 | 0 | 0 | 0 | 2 | 0 | 0 | 0 |
| | 2015 | 안양 | 34 | 0 | 0 | 0 | 44 | 0 | 1 | 0 |
| | 2016 | 안양 | 13 | 1 | 0 | 0 | 18 | 1 | 2 | 0 |
| | 2018 | 안양 | 0 | 0 | 0 | 0 | 0 | 0 | 0 | 0 |
| | 2019 | 안양 | 3 | 0 | 0 | 0 | 7 | 0 | 0 | 0 |
| | 2019 | 부산 | 16 | 0 | 0 | 0 | 16 | 0 | 1 | 0 |
| | 2021 | 부산 | 20 | 0 | 0 | 0 | 31 | 2 | 0 | 0 |
| | 2023 | 성남 | 20 | 1 | 0 | 0 | 26 | 0 | 1 | 0 |
| | 2024 | 성남 | 23 | 0 | 0 | 0 | 47 | 0 | 2 | 0 |
| | 2025 | 경남 | 21 | 0 | 0 | 0 | 34 | 0 | 2 | 0 |
| PO | 2017 | 상주 | 0 | 0 | 0 | 0 | 0 | 0 | 0 | 0 |
| | 2019 | 부산 | 3 | 0 | 0 | 0 | 0 | 0 | 1 | 0 |
| 통산 | | | 193 | 2 | 0 | 0 | 287 | 3 | 11 | 0 |

**최한솔**(崔한솔) 영남대 1997.03.16

| 대회 | 연도 | 소속 | 출전 | 교체 | 득점 | 도움 | 실점 | 파울 | 경고 | 퇴장 |
|---|---|---|---|---|---|---|---|---|---|---|
| K1 | 2025 | 강원 | 6 | 6 | 0 | 0 | 0 | 6 | 2 | 0 |
| K2 | 2018 | 서울E | 12 | 9 | 1 | 0 | 0 | 12 | 5 | 0 |
| | 2019 | 서울E | 13 | 4 | 1 | 0 | 0 | 17 | 4 | 0 |
| | 2020 | 서울E | 7 | 5 | 0 | 0 | 0 | 3 | 0 | 0 |
| | 2023 | 안산 | 15 | 4 | 2 | 0 | 0 | 7 | 2 | 0 |
| | 2024 | 안산 | 34 | 13 | 3 | 2 | 0 | 21 | 6 | 0 |
| | 2025 | 전남 | 20 | 12 | 0 | 0 | 0 | 11 | 2 | 0 |
| 통산 | | | 107 | 53 | 7 | 2 | 0 | 77 | 21 | 0 |

**최한욱**(崔漢旭) 선문대 1981.03.02

| 대회 | 연도 | 소속 | 출전 | 교체 | 득점 | 도움 | 실점 | 파울 | 경고 | 퇴장 |
|---|---|---|---|---|---|---|---|---|---|---|
| K1 | 2004 | 대구 | 2 | 2 | 0 | 0 | 0 | 4 | 0 | 0 |
| | 2005 | 대구 | 1 | 1 | 0 | 0 | 0 | 1 | 0 | 0 |
| 컵 | 2004 | 대구 | 3 | 1 | 0 | 1 | 0 | 5 | 0 | 0 |
| 통산 | | | 6 | 4 | 0 | 1 | 0 | 10 | 0 | 0 |

**최현**(崔炫) 중앙대 1978.11.07

| 대회 | 연도 | 소속 | 출전 | 교체 | 득점 | 도움 | 실점 | 파울 | 경고 | 퇴장 |
|---|---|---|---|---|---|---|---|---|---|---|
| K1 | 2002 | 부천SK | 18 | 0 | 0 | 0 | 25 | 1 | 1 | 0 |
| | 2003 | 부천SK | 13 | 1 | 0 | 0 | 24 | 0 | 1 | 0 |
| | 2004 | 부천SK | 0 | 0 | 0 | 0 | 0 | 0 | 0 | 0 |
| | 2006 | 제주 | 7 | 2 | 0 | 0 | 7 | 0 | 0 | 0 |
| | 2007 | 제주 | 11 | 0 | 0 | 0 | 13 | 0 | 3 | 0 |
| | 2008 | 경남 | 0 | 0 | 0 | 0 | 0 | 0 | 0 | 0 |
| | 2008 | 부산 | 4 | 0 | 0 | 0 | 3 | 0 | 0 | 0 |
| | 2009 | 부산 | 25 | 1 | 0 | 0 | 35 | 0 | 4 | 0 |
| | 2010 | 부산 | 1 | 0 | 0 | 0 | 1 | 0 | 0 | 0 |
| | 2011 | 대전 | 2 | 0 | 0 | 0 | 6 | 0 | 0 | 0 |
| | 2012 | 대전 | 8 | 1 | 0 | 0 | 12 | 0 | 1 | 0 |
| 컵 | 2002 | 부천SK | 8 | 0 | 0 | 0 | 15 | 0 | 0 | 0 |
| | 2004 | 부천SK | 0 | 0 | 0 | 0 | 0 | 0 | 0 | 0 |
| | 2005 | 부천SK | 0 | 0 | 0 | 0 | 0 | 0 | 0 | 0 |
| | 2006 | 제주 | 0 | 0 | 0 | 0 | 0 | 0 | 0 | 0 |
| | 2007 | 제주 | 5 | 1 | 0 | 0 | 6 | 0 | 1 | 0 |
| | 2008 | 경남 | 0 | 0 | 0 | 0 | 0 | 0 | 0 | 0 |
| | 2009 | 부산 | 8 | 1 | 0 | 0 | 11 | 0 | 1 | 0 |
| | 2010 | 부산 | 0 | 0 | 0 | 0 | 0 | 0 | 0 | 0 |
| | 2011 | 대전 | 3 | 0 | 0 | 0 | 7 | 0 | 0 | 0 |
| 통산 | | | 113 | 7 | 0 | 0 | 165 | 1 | 12 | 0 |

**최현연**(崔玹蓮) 울산대 1984.04.16

| 대회 | 연도 | 소속 | 출전 | 교체 | 득점 | 도움 | 실점 | 파울 | 경고 | 퇴장 |
|---|---|---|---|---|---|---|---|---|---|---|
| K1 | 2006 | 제주 | 15 | 12 | 0 | 3 | 0 | 20 | 4 | 0 |
| | 2007 | 제주 | 18 | 10 | 3 | 0 | 0 | 16 | 1 | 0 |
| | 2008 | 제주 | 21 | 14 | 2 | 0 | 0 | 18 | 0 | 0 |
| | 2009 | 제주 | 14 | 9 | 0 | 4 | 0 | 24 | 3 | 0 |
| | 2010 | 포항 | 4 | 4 | 0 | 0 | 0 | 3 | 0 | 0 |
| | 2012 | 경남 | 26 | 20 | 1 | 1 | 0 | 29 | 3 | 0 |
| | 2013 | 경남 | 17 | 9 | 0 | 1 | 0 | 19 | 5 | 0 |
| | 2014 | 경남 | 1 | 0 | 0 | 0 | 0 | 1 | 0 | 0 |
| 컵 | 2006 | 제주 | 2 | 2 | 0 | 0 | 0 | 1 | 0 | 0 |
| | 2007 | 제주 | 2 | 1 | 0 | 0 | 0 | 3 | 0 | 0 |
| | 2008 | 제주 | 5 | 3 | 0 | 1 | 0 | 4 | 0 | 0 |
| | 2009 | 제주 | 3 | 1 | 1 | 0 | 0 | 7 | 0 | 0 |
| | 2010 | 포항 | 1 | 1 | 0 | 0 | 0 | 2 | 0 | 0 |
| 통산 | | | 129 | 86 | 7 | 10 | 0 | 147 | 16 | 0 |

**최현웅**(崔賢雄) 천안한마음고 2003.10.09

| 대회 | 연도 | 소속 | 출전 | 교체 | 득점 | 도움 | 실점 | 파울 | 경고 | 퇴장 |
|---|---|---|---|---|---|---|---|---|---|---|
| K1 | 2023 | 포항 | 2 | 2 | 0 | 0 | 0 | 0 | 0 | 0 |
| | 2024 | 포항 | 3 | 3 | 0 | 0 | 0 | 0 | 0 | 0 |
| 통산 | | | 5 | 5 | 0 | 0 | 0 | 0 | 0 | 0 |

**최현태**(崔玹態) 동아대 1987.09.15

| 대회 | 연도 | 소속 | 출전 | 교체 | 득점 | 도움 | 실점 | 파울 | 경고 | 퇴장 |
|---|---|---|---|---|---|---|---|---|---|---|
| K1 | 2010 | 서울 | 14 | 9 | 0 | 0 | 0 | 13 | 0 | 0 |
| | 2011 | 서울 | 26 | 9 | 1 | 0 | 0 | 25 | 3 | 0 |
| | 2012 | 서울 | 27 | 11 | 0 | 1 | 0 | 36 | 4 | 0 |
| | 2013 | 서울 | 14 | 10 | 0 | 1 | 0 | 11 | 1 | 0 |
| | 2014 | 서울 | 17 | 14 | 0 | 0 | 0 | 16 | 1 | 0 |
| | 2016 | 서울 | 0 | 0 | 0 | 0 | 0 | 0 | 0 | 0 |
| | 2016 | 상주 | 6 | 6 | 0 | 0 | 0 | 5 | 1 | 0 |
| | 2019 | 제주 | 5 | 4 | 0 | 0 | 0 | 10 | 1 | 0 |
| K2 | 2015 | 상주 | 26 | 17 | 2 | 1 | 0 | 23 | 1 | 0 |
| PO | 2010 | 서울 | 1 | 1 | 0 | 0 | 0 | 1 | 1 | 0 |
| | 2011 | 서울 | 1 | 1 | 0 | 0 | 0 | 1 | 1 | 0 |
| 컵 | 2010 | 서울 | 7 | 6 | 0 | 0 | 0 | 7 | 2 | 0 |

| 대회 | 연도 | 소속 | 출전 | 교체 | 득점 | 도움 | 실점 | 파울 | 경고 | 퇴장 |
|---|---|---|---|---|---|---|---|---|---|---|
| | 2011 | 서울 | 1 | 0 | 0 | 0 | 0 | 0 | 0 | 0 |
| 통산 | | | 145 | 88 | 3 | 3 | 0 | 148 | 16 | 0 |

**최형준**(崔亨俊) 경희대 1980.06.04

| 대회 | 연도 | 소속 | 출전 | 교체 | 득점 | 도움 | 실점 | 파울 | 경고 | 퇴장 |
|---|---|---|---|---|---|---|---|---|---|---|
| K1 | 2003 | 부천SK | 14 | 2 | 0 | 0 | 0 | 23 | 1 | 2 |
| | 2004 | 부천SK | 1 | 0 | 0 | 0 | 0 | 1 | 1 | 0 |
| | 2005 | 대전 | 1 | 1 | 0 | 0 | 0 | 0 | 0 | 0 |
| 컵 | 2004 | 부천SK | 0 | 0 | 0 | 0 | 0 | 0 | 0 | 0 |
| | 2005 | 대전 | 3 | 2 | 0 | 0 | 0 | 10 | 1 | 0 |
| 통산 | | | 19 | 5 | 0 | 0 | 0 | 34 | 3 | 2 |

**최호정**(崔皓程) 관동대(가톨릭관동대) 1989.12.08

| 대회 | 연도 | 소속 | 출전 | 교체 | 득점 | 도움 | 실점 | 파울 | 경고 | 퇴장 |
|---|---|---|---|---|---|---|---|---|---|---|
| K1 | 2010 | 대구 | 14 | 2 | 0 | 0 | 0 | 25 | 5 | 0 |
| | 2011 | 대구 | 6 | 6 | 0 | 0 | 0 | 2 | 0 | 0 |
| | 2012 | 대구 | 31 | 4 | 4 | 0 | 0 | 47 | 5 | 0 |
| | 2013 | 대구 | 25 | 2 | 1 | 3 | 0 | 22 | 6 | 0 |
| | 2014 | 상주 | 27 | 7 | 0 | 1 | 0 | 36 | 3 | 0 |
| | 2016 | 성남 | 10 | 4 | 0 | 0 | 0 | 9 | 1 | 0 |
| K2 | 2015 | 대구 | 5 | 1 | 1 | 0 | 0 | 5 | 0 | 0 |
| | 2015 | 상주 | 18 | 0 | 0 | 1 | 0 | 13 | 1 | 0 |
| | 2017 | 서울E | 33 | 1 | 2 | 0 | 0 | 29 | 6 | 0 |
| | 2018 | 안양 | 25 | 2 | 0 | 1 | 0 | 24 | 5 | 1 |
| | 2019 | 안양 | 33 | 0 | 0 | 1 | 0 | 18 | 4 | 2 |
| | 2020 | 안양 | 25 | 11 | 0 | 0 | 0 | 28 | 4 | 0 |
| | 2021 | 전남 | 18 | 3 | 1 | 0 | 0 | 10 | 3 | 0 |
| | 2021 | 안양 | 0 | 0 | 0 | 0 | 0 | 0 | 0 | 0 |
| | 2022 | 전남 | 7 | 5 | 0 | 0 | 0 | 3 | 0 | 0 |
| PO | 2015 | 대구 | 0 | 0 | 0 | 0 | 0 | 0 | 0 | 0 |
| | 2016 | 성남 | 1 | 0 | 0 | 0 | 0 | 2 | 0 | 0 |
| | 2019 | 안양 | 2 | 0 | 0 | 0 | 0 | 4 | 0 | 0 |
| | 2021 | 전남 | 1 | 1 | 0 | 0 | 0 | 0 | 0 | 0 |
| 컵 | 2010 | 대구 | 3 | 0 | 0 | 0 | 0 | 2 | 1 | 0 |
| | 2011 | 대구 | 2 | 1 | 0 | 0 | 0 | 3 | 1 | 0 |
| 통산 | | | 286 | 50 | 9 | 7 | 0 | 282 | 45 | 3 |

**최호주**(崔浩周) 단국대 1992.03.10

| 대회 | 연도 | 소속 | 출전 | 교체 | 득점 | 도움 | 실점 | 파울 | 경고 | 퇴장 |
|---|---|---|---|---|---|---|---|---|---|---|
| K1 | 2015 | 포항 | 0 | 0 | 0 | 0 | 0 | 0 | 0 | 0 |
| | 2016 | 포항 | 13 | 13 | 0 | 1 | 0 | 4 | 0 | 0 |
| K2 | 2018 | 안산 | 24 | 8 | 7 | 1 | 0 | 19 | 1 | 0 |
| | 2019 | 안산 | 13 | 12 | 1 | 1 | 0 | 7 | 0 | 0 |
| | 2019 | 광주 | 3 | 3 | 0 | 0 | 0 | 0 | 0 | 0 |
| 통산 | | | 53 | 36 | 8 | 3 | 0 | 30 | 1 | 0 |

**최홍식**(崔洪植) 강릉상고 1959.09.06

| 대회 | 연도 | 소속 | 출전 | 교체 | 득점 | 도움 | 실점 | 파울 | 경고 | 퇴장 |
|---|---|---|---|---|---|---|---|---|---|---|
| K1 | 1984 | 유공 | 10 | 8 | 1 | 1 | 0 | 7 | 0 | 0 |
| | 1985 | 할렐루야 | 15 | 8 | 0 | 1 | 0 | 3 | 0 | 0 |
| PO | 1984 | 유공 | 1 | 0 | 0 | 0 | 0 | 2 | 0 | 0 |
| 통산 | | | 26 | 16 | 1 | 2 | 0 | 12 | 0 | 0 |

**최효진**(崔孝鎭) 아주대 1983.08.18

| 대회 | 연도 | 소속 | 출전 | 교체 | 득점 | 도움 | 실점 | 파울 | 경고 | 퇴장 |
|---|---|---|---|---|---|---|---|---|---|---|
| K1 | 2005 | 인천 | 22 | 3 | 1 | 2 | 0 | 45 | 3 | 0 |
| | 2006 | 인천 | 24 | 2 | 4 | 1 | 0 | 40 | 5 | 0 |
| | 2007 | 포항 | 13 | 4 | 1 | 1 | 0 | 22 | 1 | 0 |
| | 2008 | 포항 | 24 | 2 | 2 | 3 | 0 | 39 | 4 | 0 |
| | 2009 | 포항 | 21 | 1 | 2 | 2 | 0 | 44 | 5 | 0 |
| | 2010 | 서울 | 26 | 0 | 2 | 3 | 0 | 47 | 5 | 0 |
| | 2011 | 상주 | 25 | 5 | 2 | 1 | 0 | 31 | 3 | 0 |
| | 2012 | 서울 | 6 | 5 | 0 | 0 | 0 | 10 | 0 | 0 |
| | 2012 | 상주 | 23 | 2 | 0 | 1 | 0 | 33 | 5 | 0 |
| | 2013 | 서울 | 24 | 20 | 0 | 2 | 0 | 14 | 3 | 0 |
| | 2014 | 서울 | 13 | 3 | 0 | 1 | 0 | 15 | 2 | 0 |
| | 2015 | 전남 | 27 | 3 | 2 | 0 | 0 | 33 | 5 | 0 |
| | 2016 | 전남 | 31 | 1 | 2 | 4 | 0 | 41 | 9 | 0 |
| | 2017 | 전남 | 22 | 2 | 1 | 3 | 0 | 21 | 2 | 0 |
| | 2018 | 전남 | 12 | 1 | 0 | 0 | 0 | 13 | 1 | 0 |
| K2 | 2019 | 전남 | 28 | 2 | 1 | 3 | 0 | 32 | 2 | 0 |
| | 2020 | 전남 | 14 | 4 | 0 | 1 | 0 | 17 | 4 | 0 |
| | 2021 | 전남 | 3 | 3 | 0 | 0 | 0 | 3 | 0 | 0 |
| PO | 2005 | 인천 | 2 | 1 | 0 | 0 | 0 | 1 | 0 | 0 |
| | 2007 | 포항 | 5 | 0 | 0 | 0 | 0 | 11 | 0 | 0 |
| | 2008 | 포항 | 1 | 0 | 0 | 0 | 0 | 2 | 0 | 0 |
| | 2009 | 포항 | 1 | 0 | 0 | 0 | 0 | 4 | 1 | 0 |
| | 2010 | 서울 | 2 | 0 | 0 | 0 | 0 | 2 | 1 | 0 |
| 컵 | 2005 | 인천 | 10 | 3 | 0 | 0 | 0 | 19 | 1 | 0 |
| | 2006 | 인천 | 12 | 4 | 0 | 0 | 0 | 19 | 0 | 0 |
| | 2007 | 포항 | 8 | 6 | 2 | 0 | 0 | 11 | 4 | 0 |
| | 2008 | 포항 | 1 | 1 | 0 | 0 | 0 | 1 | 0 | 0 |
| | 2009 | 포항 | 5 | 1 | 0 | 0 | 0 | 11 | 1 | 0 |
| | 2010 | 서울 | 6 | 1 | 1 | 1 | 0 | 9 | 3 | 0 |
| | 2011 | 상주 | 5 | 4 | 0 | 1 | 0 | 3 | 0 | 0 |
| 통산 | | | 416 | 84 | 23 | 30 | 0 | 593 | 70 | 0 |

**최훈**(崔勳) 건국대 1977.10.22

| 대회 | 연도 | 소속 | 출전 | 교체 | 득점 | 도움 | 실점 | 파울 | 경고 | 퇴장 |
|---|---|---|---|---|---|---|---|---|---|---|
| K1 | 1999 | 전남 | 1 | 1 | 0 | 0 | 0 | 0 | 0 | 0 |
| 컵 | 1999 | 전남 | 0 | 0 | 0 | 0 | 0 | 0 | 0 | 0 |
| 통산 | | | 1 | 1 | 0 | 0 | 0 | 0 | 0 | 0 |

**최희원**(崔熙願) 중앙대 1999.05.11

| 대회 | 연도 | 소속 | 출전 | 교체 | 득점 | 도움 | 실점 | 파울 | 경고 | 퇴장 |
|---|---|---|---|---|---|---|---|---|---|---|
| K1 | 2020 | 성남 | 0 | 0 | 0 | 0 | 0 | 0 | 0 | 0 |
| | 2021 | 전북 | 1 | 1 | 0 | 0 | 0 | 0 | 0 | 0 |
| K2 | 2022 | 전남 | 6 | 5 | 0 | 0 | 0 | 2 | 0 | 0 |
| | 2023 | 전남 | 13 | 1 | 0 | 0 | 0 | 12 | 3 | 0 |
| | 2024 | 충남아산 | 34 | 8 | 0 | 0 | 0 | 29 | 3 | 0 |
| | 2025 | 충남아산 | 15 | 6 | 0 | 0 | 0 | 11 | 3 | 0 |
| PO | 2024 | 충남아산 | 2 | 0 | 0 | 0 | 0 | 2 | 0 | 0 |
| 통산 | | | 71 | 21 | 0 | 0 | 0 | 56 | 9 | 0 |

**추민열**(秋旻悅) 경기경영고 1999.01.10

| 대회 | 연도 | 소속 | 출전 | 교체 | 득점 | 도움 | 실점 | 파울 | 경고 | 퇴장 |
|---|---|---|---|---|---|---|---|---|---|---|
| K2 | 2018 | 부천 | 5 | 3 | 0 | 0 | 0 | 4 | 0 | 0 |
| 통산 | | | 5 | 3 | 0 | 0 | 0 | 4 | 0 | 0 |

**추상훈**(秋相熏) 조선대 2000.02.03

| 대회 | 연도 | 소속 | 출전 | 교체 | 득점 | 도움 | 실점 | 파울 | 경고 | 퇴장 |
|---|---|---|---|---|---|---|---|---|---|---|
| K1 | 2021 | 제주 | 6 | 6 | 0 | 1 | 0 | 1 | 0 | 0 |
| | 2022 | 제주 | 8 | 8 | 0 | 0 | 0 | 3 | 0 | 0 |
| | 2024 | 김천 | 7 | 7 | 0 | 0 | 0 | 2 | 0 | 0 |
| | 2025 | 김천 | 0 | 0 | 0 | 0 | 0 | 0 | 0 | 0 |
| K2 | 2022 | 전남 | 11 | 11 | 0 | 0 | 0 | 9 | 2 | 0 |
| | 2023 | 전남 | 25 | 25 | 3 | 1 | 0 | 7 | 1 | 0 |
| | 2024 | 전남 | 1 | 0 | 0 | 0 | 0 | 1 | 1 | 0 |
| 통산 | | | 58 | 57 | 3 | 2 | 0 | 23 | 4 | 0 |

**추성호**(秋性昊) 동아대 1987.08.26

| 대회 | 연도 | 소속 | 출전 | 교체 | 득점 | 도움 | 실점 | 파울 | 경고 | 퇴장 |
|---|---|---|---|---|---|---|---|---|---|---|
| K1 | 2010 | 부산 | 4 | 2 | 1 | 0 | 0 | 6 | 0 | 0 |
| | 2011 | 부산 | 6 | 3 | 0 | 0 | 0 | 4 | 3 | 0 |
| 컵 | 2011 | 부산 | 5 | 1 | 1 | 0 | 0 | 2 | 1 | 0 |
| 통산 | | | 15 | 6 | 2 | 0 | 0 | 12 | 4 | 0 |

**추운기**(秋云基) 한양대 1978.04.03

| 대회 | 연도 | 소속 | 출전 | 교체 | 득점 | 도움 | 실점 | 파울 | 경고 | 퇴장 |
|---|---|---|---|---|---|---|---|---|---|---|
| K1 | 2001 | 전북 | 17 | 15 | 1 | 1 | 0 | 6 | 1 | 0 |
| | 2002 | 전북 | 27 | 20 | 3 | 1 | 0 | 17 | 0 | 0 |
| | 2003 | 전북 | 31 | 30 | 2 | 4 | 0 | 24 | 2 | 0 |
| | 2004 | 전북 | 3 | 3 | 0 | 0 | 0 | 3 | 0 | 0 |
| | 2005 | 전북 | 9 | 9 | 0 | 1 | 0 | 6 | 0 | 0 |
| | 2006 | 전북 | 4 | 3 | 0 | 0 | 0 | 3 | 1 | 0 |
| | 2007 | 제주 | 3 | 3 | 0 | 0 | 0 | 4 | 2 | 0 |
| 컵 | 2001 | 전북 | 5 | 4 | 0 | 2 | 0 | 4 | 0 | 0 |
| | 2002 | 전북 | 5 | 5 | 0 | 0 | 0 | 2 | 0 | 0 |
| | 2004 | 전북 | 7 | 7 | 1 | 0 | 0 | 5 | 0 | 0 |
| | 2005 | 전북 | 4 | 4 | 0 | 0 | 0 | 2 | 0 | 0 |
| | 2006 | 전북 | 2 | 2 | 0 | 0 | 0 | 0 | 0 | 0 |
| | 2007 | 제주 | 2 | 1 | 0 | 0 | 0 | 2 | 0 | 1 |
| 통산 | | | 119 | 106 | 7 | 9 | 0 | 78 | 6 | 1 |

**추정현**(鄒正賢) 명지대 1988.01.28

| 대회 | 연도 | 소속 | 출전 | 교체 | 득점 | 도움 | 실점 | 파울 | 경고 | 퇴장 |
|---|---|---|---|---|---|---|---|---|---|---|
| 컵 | 2009 | 강원 | 2 | 2 | 0 | 0 | 0 | 1 | 0 | 0 |
| 통산 | | | 2 | 2 | 0 | 0 | 0 | 1 | 0 | 0 |

**추정호**(秋正浩) 중앙대 1997.12.09

| 대회 | 연도 | 소속 | 출전 | 교체 | 득점 | 도움 | 실점 | 파울 | 경고 | 퇴장 |
|---|---|---|---|---|---|---|---|---|---|---|
| K2 | 2019 | 전남 | 10 | 10 | 0 | 1 | 0 | 4 | 0 | 0 |
| | 2020 | 전남 | 18 | 17 | 1 | 3 | 0 | 8 | 0 | 0 |
| | 2021 | 부천 | 21 | 18 | 2 | 0 | 0 | 19 | 0 | 0 |
| | 2023 | 부천 | 1 | 1 | 0 | 0 | 0 | 0 | 0 | 0 |
| 통산 | | | 50 | 46 | 3 | 4 | 0 | 31 | 0 | 0 |

**추종호**(秋種浩) 건국대 1960.01.22

| 대회 | 연도 | 소속 | 출전 | 교체 | 득점 | 도움 | 실점 | 파울 | 경고 | 퇴장 |
|---|---|---|---|---|---|---|---|---|---|---|
| K1 | 1984 | 현대 | 26 | 2 | 3 | 0 | 0 | 18 | 0 | 0 |
| | 1985 | 현대 | 10 | 6 | 0 | 1 | 0 | 3 | 2 | 0 |
| | 1986 | 유공 | 7 | 2 | 2 | 1 | 0 | 6 | 0 | 0 |
| | 1987 | 유공 | 7 | 6 | 0 | 0 | 0 | 3 | 0 | 0 |
| 컵 | 1986 | 유공 | 7 | 3 | 1 | 1 | 0 | 7 | 1 | 0 |
| 통산 | | | 57 | 19 | 6 | 3 | 0 | 37 | 3 | 0 |

**추평강**(秋平康) 동국대 1990.04.22

| 대회 | 연도 | 소속 | 출전 | 교체 | 득점 | 도움 | 실점 | 파울 | 경고 | 퇴장 |
|---|---|---|---|---|---|---|---|---|---|---|
| K1 | 2013 | 수원 | 14 | 14 | 0 | 0 | 0 | 7 | 1 | 0 |
| 통산 | | | 14 | 14 | 0 | 0 | 0 | 7 | 1 | 0 |

**츄마시**(Patrick Twumasi) 가나 1994.05.09

| 대회 | 연도 | 소속 | 출전 | 교체 | 득점 | 도움 | 실점 | 파울 | 경고 | 퇴장 |
|---|---|---|---|---|---|---|---|---|---|---|
| K1 | 2025 | 전북 | 4 | 4 | 0 | 0 | 0 | 3 | 1 | 0 |
| 통산 | | | 4 | 4 | 0 | 0 | 0 | 3 | 1 | 0 |

**츠바사**(Nishi Tsubasa, 西翼) 일본 1990.04.08

| 대회 | 연도 | 소속 | 출전 | 교체 | 득점 | 도움 | 실점 | 파울 | 경고 | 퇴장 |
|---|---|---|---|---|---|---|---|---|---|---|
| K1 | 2018 | 대구 | 9 | 9 | 0 | 0 | 0 | 10 | 1 | 0 |
| | 2019 | 대구 | 13 | 8 | 1 | 1 | 0 | 17 | 2 | 0 |
| | 2020 | 대구 | 24 | 18 | 0 | 3 | 0 | 23 | 2 | 0 |
| | 2021 | 대구 | 34 | 28 | 3 | 2 | 0 | 20 | 1 | 0 |
| K2 | 2022 | 서울E | 37 | 29 | 5 | 1 | 0 | 21 | 2 | 1 |
| | 2023 | 서울E | 17 | 11 | 1 | 0 | 0 | 7 | 1 | 0 |
| 통산 | | | 134 | 103 | 10 | 7 | 0 | 98 | 9 | 1 |

**츠베타노프**(Momchil Emilov Tsvetanov) 불가리아 1990.12.03

| 대회 | 연도 | 소속 | 출전 | 교체 | 득점 | 도움 | 실점 | 파울 | 경고 | 퇴장 |
|---|---|---|---|---|---|---|---|---|---|---|
| K1 | 2021 | 강원 | 12 | 4 | 0 | 1 | 0 | 12 | 1 | 0 |
| | 2022 | 강원 | 6 | 6 | 0 | 0 | 0 | 3 | 2 | 0 |
| PO | 2021 | 강원 | 2 | 1 | 0 | 0 | 0 | 1 | 1 | 0 |
| 통산 | | | 20 | 11 | 0 | 1 | 0 | 16 | 4 | 0 |

**치솜**(Chisom Charles Egbuchunam) 나이지리아 1992.02.22

| 대회 | 연도 | 소속 | 출전 | 교체 | 득점 | 도움 | 실점 | 파울 | 경고 | 퇴장 |
|---|---|---|---|---|---|---|---|---|---|---|
| K2 | 2019 | 수원FC | 33 | 15 | 18 | 1 | 0 | 52 | 3 | 0 |
| 통산 | | | 33 | 15 | 18 | 1 | 0 | 52 | 3 | 0 |

**치치**(Mion Varella Costa) 브라질 1982.06.17

| 대회 | 연도 | 소속 | 출전 | 교체 | 득점 | 도움 | 실점 | 파울 | 경고 | 퇴장 |
|---|---|---|---|---|---|---|---|---|---|---|
| K1 | 2009 | 대전 | 7 | 2 | 0 | 0 | 0 | 11 | 0 | 0 |
| 컵 | 2009 | 대전 | 4 | 3 | 1 | 0 | 0 | 12 | 0 | 0 |
| 통산 | | | 11 | 5 | 1 | 0 | 0 | 23 | 0 | 0 |

**치프리안**(Ciprian Vasilache) 루마니아 1983.09.14

| 대회 | 연도 | 소속 | 출전 | 교체 | 득점 | 도움 | 실점 | 파울 | 경고 | 퇴장 |
|---|---|---|---|---|---|---|---|---|---|---|
| K2 | 2014 | 강원 | 13 | 11 | 0 | 1 | 0 | 17 | 2 | 0 |
| | 2014 | 충주 | 13 | 10 | 0 | 0 | 0 | 18 | 3 | 0 |
| 통산 | | | 26 | 21 | 0 | 1 | 0 | 35 | 5 | 0 |

**카르모나**(Pedro Carmona da Silva Neto) 브라질 1988.04.15

| 대회 | 연도 | 소속 | 출전 | 교체 | 득점 | 도움 | 실점 | 파울 | 경고 | 퇴장 |
|---|---|---|---|---|---|---|---|---|---|---|
| K2 | 2017 | 수원FC | 9 | 7 | 1 | 1 | 0 | 3 | 1 | 0 |
| 통산 | | | 9 | 7 | 1 | 1 | 0 | 3 | 1 | 0 |

**카를로스**(Carlos Eduardo Costro da Silva) 브라질 1982.04.23

| 대회 | 연도 | 소속 | 출전 | 교체 | 득점 | 도움 | 실점 | 파울 | 경고 | 퇴장 |
|---|---|---|---|---|---|---|---|---|---|---|
| K1 | 2003 | 전북 | 13 | 13 | 3 | 0 | 0 | 7 | 1 | 0 |
| 통산 | | | 13 | 13 | 3 | 0 | 0 | 7 | 1 | 0 |

**카를로스**(Carlos Eduardo BACILA JATOBA) 브라질 1995.09.15

| 대회 | 연도 | 소속 | 출전 | 교체 | 득점 | 도움 | 실점 | 파울 | 경고 | 퇴장 |
|---|---|---|---|---|---|---|---|---|---|---|
| K1 | 2025 | 대구 | 8 | 8 | 0 | 0 | 0 | 4 | 1 | 0 |
| 통산 | | | 8 | 8 | 0 | 0 | 0 | 4 | 1 | 0 |

**카릴**(Leonardo Kalil Abdala) 브라질 1996.04.10

| 대회 | 연도 | 소속 | 출전 | 교체 | 득점 | 도움 | 실점 | 파울 | 경고 | 퇴장 |
|---|---|---|---|---|---|---|---|---|---|---|
| K2 | 2023 | 부천 | 15 | 15 | 2 | 0 | 0 | 10 | 0 | 0 |
| | 2025 | 경남 | 28 | 24 | 2 | 1 | 0 | 22 | 4 | 0 |
| 통산 | | | 43 | 39 | 4 | 1 | 0 | 32 | 4 | 0 |

**카미야**(Kamiya Yuta, 神谷優太) 일본 1997.04.24

| 대회 | 연도 | 소속 | 출전 | 교체 | 득점 | 도움 | 실점 | 파울 | 경고 | 퇴장 |
|---|---|---|---|---|---|---|---|---|---|---|
| K1 | 2024 | 강원 | 10 | 10 | 0 | 0 | 0 | 3 | 1 | 0 |
| 통산 | | | 10 | 10 | 0 | 0 | 0 | 3 | 1 | 0 |

**카사**(Filip Kasalica) 몬테네그로 1988.12.17

| 대회 | 연도 | 소속 | 출전 | 교체 | 득점 | 도움 | 실점 | 파울 | 경고 | 퇴장 |
|---|---|---|---|---|---|---|---|---|---|---|
| K1 | 2014 | 울산 | 12 | 8 | 0 | 2 | 0 | 23 | 5 | 0 |
| | 2015 | 울산 | 2 | 2 | 0 | 0 | 0 | 3 | 1 | 0 |
| 통산 | | | 14 | 10 | 0 | 2 | 0 | 26 | 6 | 0 |

**카송고**(Jean-Kasongo Banza) 콩고민주공화국 1974.06.26

| 대회 | 연도 | 소속 | 출전 | 교체 | 득점 | 도움 | 실점 | 파울 | 경고 | 퇴장 |
|---|---|---|---|---|---|---|---|---|---|---|
| K1 | 1997 | 천안일화 | 1 | 1 | 0 | 0 | 0 | 2 | 1 | 0 |
| | 1997 | 전남 | 1 | 1 | 0 | 0 | 0 | 2 | 0 | 0 |
| 컵 | 1997 | 전남 | 3 | 4 | 0 | 0 | 0 | 5 | 3 | 0 |
| 통산 | | | 5 | 6 | 0 | 0 | 0 | 9 | 4 | 0 |

**카스텔렌**(Romeo Erwin Marius Castelen) 네덜란드 1983.05.03

| 대회 | 연도 | 소속 | 출전 | 교체 | 득점 | 도움 | 실점 | 파울 | 경고 | 퇴장 |
|---|---|---|---|---|---|---|---|---|---|---|
| K1 | 2016 | 수원 | 5 | 5 | 0 | 0 | 0 | 2 | 1 | 0 |
| 통산 | | | 5 | 5 | 0 | 0 | 0 | 2 | 1 | 0 |

**카스트로**(Guilherme Nascimento de Castro) 브라질 1995.02.17

| 대회 | 연도 | 소속 | 출전 | 교체 | 득점 | 도움 | 실점 | 파울 | 경고 | 퇴장 |
|---|---|---|---|---|---|---|---|---|---|---|
| K2 | 2022 | 경남 | 12 | 10 | 1 | 0 | 0 | 5 | 0 | 0 |
| | 2023 | 경남 | 34 | 29 | 6 | 4 | 0 | 24 | 2 | 0 |
| PO | 2022 | 경남 | 2 | 2 | 0 | 0 | 0 | 0 | 0 | 0 |
| | 2023 | 경남 | 2 | 1 | 0 | 0 | 0 | 1 | 0 | 0 |
| 통산 | | | 50 | 42 | 7 | 4 | 0 | 30 | 2 | 0 |

**카시오**(Cassio Vargas Barbosa) 브라질 1983.11.25

| 대회 | 연도 | 소속 | 출전 | 교체 | 득점 | 도움 | 실점 | 파울 | 경고 | 퇴장 |
|---|---|---|---|---|---|---|---|---|---|---|
| K2 | 2013 | 광주 | 2 | 2 | 0 | 0 | 0 | 7 | 1 | 0 |
| 통산 | | | 2 | 2 | 0 | 0 | 0 | 7 | 1 | 0 |

**카이나**(Yoshio Kaina, 吉尾海夏) 일본 1998.06.28

| 대회 | 연도 | 소속 | 출전 | 교체 | 득점 | 도움 | 실점 | 파울 | 경고 | 퇴장 |
|---|---|---|---|---|---|---|---|---|---|---|
| K1 | 2024 | 제주 | 18 | 17 | 1 | 0 | 0 | 9 | 1 | 0 |
| 통산 | | | 18 | 17 | 1 | 0 | 0 | 9 | 1 | 0 |

**카이오**(Kaio Felipe Gonçalves) 브라질 1987.07.06

| 대회 | 연도 | 소속 | 출전 | 교체 | 득점 | 도움 | 실점 | 파울 | 경고 | 퇴장 |
|---|---|---|---|---|---|---|---|---|---|---|
| K1 | 2014 | 전북 | 32 | 27 | 9 | 1 | 0 | 42 | 6 | 0 |
| | 2015 | 수원 | 21 | 13 | 4 | 0 | 0 | 14 | 3 | 0 |
| 통산 | | | 53 | 40 | 13 | 1 | 0 | 56 | 9 | 0 |

**카이오**(Pinheiro Caio) 브라질 1998.03.14

| 대회 | 연도 | 소속 | 출전 | 교체 | 득점 | 도움 | 실점 | 파울 | 경고 | 퇴장 |
|---|---|---|---|---|---|---|---|---|---|---|
| K1 | 2024 | 대구 | 16 | 3 | 1 | 0 | 0 | 11 | 4 | 0 |
| | 2025 | 대구 | 32 | 2 | 5 | 2 | 0 | 24 | 3 | 2 |
| PO | 2024 | 대구 | 2 | 0 | 0 | 0 | 0 | 3 | 0 | 0 |
| 통산 | | | 50 | 5 | 6 | 2 | 0 | 38 | 7 | 2 |

**카이온**(Herlison Caion de Sousa Ferreira) 브라질 1990.10.05

| 대회 | 연도 | 소속 | 출전 | 교체 | 득점 | 도움 | 실점 | 파울 | 경고 | 퇴장 |
|---|---|---|---|---|---|---|---|---|---|---|
| K1 | 2009 | 강원 | 7 | 7 | 1 | 1 | 0 | 10 | 1 | 0 |
| | 2018 | 대구 | 5 | 1 | 0 | 0 | 0 | 16 | 1 | 0 |
| 컵 | 2009 | 강원 | 2 | 0 | 0 | 1 | 0 | 4 | 0 | 0 |
| 통산 | | | 14 | 8 | 1 | 2 | 0 | 30 | 2 | 0 |

**카이저**(Renato Kayzer de Souza) 브라질 1996.02.17

| 대회 | 연도 | 소속 | 출전 | 교체 | 득점 | 도움 | 실점 | 파울 | 경고 | 퇴장 |
|---|---|---|---|---|---|---|---|---|---|---|
| K2 | 2022 | 대전 | 13 | 9 | 4 | 1 | 0 | 13 | 1 | 0 |
| 통산 | | | 13 | 9 | 4 | 1 | 0 | 13 | 1 | 0 |

**카자란**(Krzysztof Kasztelan) 폴란드 1961.08.10

| 대회 | 연도 | 소속 | 출전 | 교체 | 득점 | 도움 | 실점 | 파울 | 경고 | 퇴장 |
|---|---|---|---|---|---|---|---|---|---|---|
| K1 | 1992 | 유공 | 2 | 2 | 0 | 0 | 0 | 3 | 0 | 0 |
| 통산 | | | 2 | 2 | 0 | 0 | 0 | 3 | 0 | 0 |

**카즈**(Kazuki Takahashi, 高橋一輝) 일본 1996.10.06

| 대회 | 연도 | 소속 | 출전 | 교체 | 득점 | 도움 | 실점 | 파울 | 경고 | 퇴장 |
|---|---|---|---|---|---|---|---|---|---|---|
| K2 | 2023 | 부천 | 35 | 2 | 1 | 3 | 0 | 42 | 4 | 0 |
| | 2024 | 부천 | 33 | 7 | 0 | 1 | 0 | 44 | 9 | 0 |
| | 2025 | 부천 | 36 | 27 | 1 | 1 | 0 | 39 | 7 | 0 |
| PO | 2023 | 부천 | 1 | 0 | 0 | 0 | 0 | 4 | 0 | 0 |
| | 2025 | 부천 | 3 | 0 | 0 | 0 | 0 | 5 | 1 | 0 |
| 통산 | | | 108 | 36 | 2 | 5 | 0 | 134 | 21 | 0 |

**카즈키**(Kozuka Kazuki, 小塚和季) 일본 1994.08.02

| 대회 | 연도 | 소속 | 출전 | 교체 | 득점 | 도움 | 실점 | 파울 | 경고 | 퇴장 |
|---|---|---|---|---|---|---|---|---|---|---|
| K1 | 2023 | 수원 | 16 | 4 | 1 | 2 | 0 | 20 | 2 | 1 |
| K2 | 2024 | 서울E | 19 | 16 | 1 | 3 | 0 | 17 | 0 | 0 |
| | 2024 | 수원 | 11 | 6 | 0 | 2 | 0 | 12 | 0 | 1 |
| PO | 2024 | 서울E | 1 | 1 | 0 | 0 | 0 | 1 | 0 | 0 |
| 통산 | | | 47 | 27 | 2 | 7 | 0 | 50 | 2 | 2 |

**카차라바**(Nikoloz(Nika) Kacharava) 조지아 1994.01.13

| 대회 | 연도 | 소속 | 출전 | 교체 | 득점 | 도움 | 실점 | 파울 | 경고 | 퇴장 |
|---|---|---|---|---|---|---|---|---|---|---|
| K2 | 2022 | 전남 | 10 | 9 | 2 | 0 | 0 | 12 | 1 | 0 |
| 통산 | | | 10 | 9 | 2 | 0 | 0 | 12 | 1 | 0 |

**카파제**(Timur Tajhirovich Kapadze) 우즈베키스탄 1981.09.05

| 대회 | 연도 | 소속 | 출전 | 교체 | 득점 | 도움 | 실점 | 파울 | 경고 | 퇴장 |
|---|---|---|---|---|---|---|---|---|---|---|
| K1 | 2011 | 인천 | 28 | 8 | 4 | 3 | 0 | 52 | 4 | 0 |
| 컵 | 2011 | 인천 | 2 | 2 | 1 | 0 | 0 | 1 | 0 | 0 |
| 통산 | | | 30 | 10 | 5 | 3 | 0 | 53 | 4 | 0 |

**칼라일미첼**(Carlyle Mitchell) 트리니다드토바고 1987.08.08

| 대회 | 연도 | 소속 | 출전 | 교체 | 득점 | 도움 | 실점 | 파울 | 경고 | 퇴장 |
|---|---|---|---|---|---|---|---|---|---|---|
| K2 | 2015 | 서울E | 28 | 3 | 4 | 0 | 1 | 31 | 7 | 0 |
| | 2016 | 서울E | 28 | 4 | 3 | 0 | 0 | 31 | 11 | 0 |
| PO | 2015 | 서울E | 1 | 0 | 0 | 0 | 0 | 1 | 1 | 0 |
| 통산 | | | 57 | 7 | 7 | 0 | 1 | 63 | 19 | 0 |

**칼레**(Zeljko Kalajdzic) 세르비아 1978.05.11

| 대회 | 연도 | 소속 | 출전 | 교체 | 득점 | 도움 | 실점 | 파울 | 경고 | 퇴장 |
|---|---|---|---|---|---|---|---|---|---|---|
| K1 | 2007 | 인천 | 12 | 4 | 0 | 0 | 0 | 31 | 4 | 0 |
| 통산 | | | 12 | 4 | 0 | 0 | 0 | 31 | 4 | 0 |

**칼레드**(Khaled Shafiei) 이란 1987.03.29

| 대회 | 연도 | 소속 | 출전 | 교체 | 득점 | 도움 | 실점 | 파울 | 경고 | 퇴장 |
|---|---|---|---|---|---|---|---|---|---|---|
| K1 | 2017 | 서울 | 2 | 2 | 0 | 0 | 0 | 1 | 0 | 0 |
| 통산 | | | 2 | 2 | 0 | 0 | 0 | 1 | 0 | 0 |

**칼렝가**(N'Dayi Kalenga) 콩고민주공화국 1978.09.29

| 대회 | 연도 | 소속 | 출전 | 교체 | 득점 | 도움 | 실점 | 파울 | 경고 | 퇴장 |
|---|---|---|---|---|---|---|---|---|---|---|
| K1 | 1999 | 천안일화 | 7 | 8 | 0 | 1 | 0 | 13 | 0 | 0 |
| 컵 | 1999 | 천안일화 | 0 | 0 | 0 | 0 | 0 | 0 | 0 | 0 |
| 통산 | | | 7 | 8 | 0 | 1 | 0 | 13 | 0 | 0 |

**캄포스**(Jeaustin Campos) 코스타리카 1971.06.30

| 대회 | 연도 | 소속 | 출전 | 교체 | 득점 | 도움 | 실점 | 파울 | 경고 | 퇴장 |
|---|---|---|---|---|---|---|---|---|---|---|
| K1 | 1995 | LG | 12 | 7 | 2 | 4 | 0 | 7 | 2 | 0 |
| | 1996 | 안양LG | 5 | 4 | 0 | 1 | 0 | 8 | 1 | 0 |
| 컵 | 1996 | 안양LG | 2 | 2 | 0 | 0 | 0 | 2 | 1 | 0 |
| 통산 | | | 19 | 13 | 2 | 5 | 0 | 17 | 4 | 0 |

**케빈**(Kevin Hatchi) 프랑스 1981.08.06

| 대회 | 연도 | 소속 | 출전 | 교체 | 득점 | 도움 | 실점 | 파울 | 경고 | 퇴장 |
|---|---|---|---|---|---|---|---|---|---|---|
| K1 | 2009 | 서울 | 11 | 6 | 0 | 2 | 0 | 24 | 2 | 1 |
| 컵 | 2009 | 서울 | 0 | 0 | 0 | 0 | 0 | 0 | 0 | 0 |
| 통산 | | | 11 | 6 | 0 | 2 | 0 | 24 | 2 | 1 |

**케빈**(Kevin Julienne Henricus Oris) 벨기에 1984.12.06

| 대회 | 연도 | 소속 | 출전 | 교체 | 득점 | 도움 | 실점 | 파울 | 경고 | 퇴장 |
|---|---|---|---|---|---|---|---|---|---|---|
| K1 | 2012 | 대전 | 37 | 15 | 16 | 4 | 0 | 128 | 11 | 0 |
| | 2013 | 전북 | 31 | 17 | 14 | 5 | 0 | 59 | 4 | 0 |
| | 2015 | 인천 | 35 | 15 | 6 | 4 | 0 | 75 | 8 | 0 |
| | 2016 | 인천 | 33 | 7 | 9 | 10 | 0 | 73 | 9 | 0 |
| 통산 | | | 136 | 54 | 45 | 23 | 0 | 335 | 32 | 0 |

**케빈**(Kevin Nils Lennart Höög Jansson) 스웨덴 2000.09.29

| 대회 | 연도 | 소속 | 출전 | 교체 | 득점 | 도움 | 실점 | 파울 | 경고 | 퇴장 |
|---|---|---|---|---|---|---|---|---|---|---|
| K1 | 2022 | 강원 | 21 | 19 | 1 | 0 | 0 | 14 | 2 | 0 |
| | 2023 | 강원 | 1 | 1 | 0 | 0 | 0 | 0 | 0 | 0 |
| 통산 | | | 22 | 20 | 1 | 0 | 0 | 14 | 2 | 0 |

**케이지로**(Ogawa Keijiro, 小川慶治朗) 일본 1992.07.14

| 대회 | 연도 | 소속 | 출전 | 교체 | 득점 | 도움 | 실점 | 파울 | 경고 | 퇴장 |
|---|---|---|---|---|---|---|---|---|---|---|
| K1 | 2022 | 서울 | 12 | 13 | 0 | 0 | 0 | 8 | 0 | 0 |
| 통산 | | | 12 | 13 | 0 | 0 | 0 | 8 | 0 | 0 |

**케이타**(Suzuki Keita, 鈴木圭太) 일본 1997.12.20

| 대회 | 연도 | 소속 | 출전 | 교체 | 득점 | 도움 | 실점 | 파울 | 경고 | 퇴장 |
|---|---|---|---|---|---|---|---|---|---|---|
| K1 | 2022 | 대구 | 27 | 23 | 0 | 0 | 0 | 29 | 7 | 0 |
| | 2023 | 대구 | 26 | 23 | 2 | 0 | 0 | 9 | 5 | 0 |
| 통산 | | | 53 | 46 | 2 | 0 | 0 | 38 | 12 | 0 |

**케힌데**(Olanrewaju Muhammed Kehinde) 나이지리아 1994.05.07

| 대회 | 연도 | 소속 | 출전 | 교체 | 득점 | 도움 | 실점 | 파울 | 경고 | 퇴장 |
|---|---|---|---|---|---|---|---|---|---|---|
| K1 | 2019 | 인천 | 14 | 11 | 1 | 0 | 0 | 8 | 1 | 0 |
| | 2020 | 인천 | 3 | 3 | 0 | 0 | 0 | 2 | 0 | 0 |
| 통산 | | | 17 | 14 | 1 | 0 | 0 | 10 | 1 | 0 |

**켄자바예프**(Islom Kenjabaev) 우즈베키스탄 1999.09.01

| 대회 | 연도 | 소속 | 출전 | 교체 | 득점 | 도움 | 실점 | 파울 | 경고 | 퇴장 |
|---|---|---|---|---|---|---|---|---|---|---|
| K1 | 2021 | 제주 | 1 | 1 | 0 | 0 | 0 | 0 | 0 | 0 |
| 통산 | | | 1 | 1 | 0 | 0 | 0 | 0 | 0 | 0 |

**켈빈**(Kelvin Giacobe Alves dos Santos) 브라질 1997.08.18

| 대회 | 연도 | 소속 | 출전 | 교체 | 득점 | 도움 | 실점 | 파울 | 경고 | 퇴장 |
|---|---|---|---|---|---|---|---|---|---|---|
| K1 | 2024 | 울산 | 10 | 10 | 1 | 0 | 0 | 1 | 1 | 0 |
| | 2024 | 대전 | 5 | 5 | 1 | 0 | 0 | 0 | 0 | 0 |
| | 2025 | 대전 | 9 | 10 | 0 | 1 | 0 | 1 | 0 | 0 |
| 통산 | | | 24 | 25 | 2 | 1 | 0 | 2 | 1 | 0 |

**코난**(Goran Petreski) 마케도니아 1972.05.23

| 대회 | 연도 | 소속 | 출전 | 교체 | 득점 | 도움 | 실점 | 파울 | 경고 | 퇴장 |
|---|---|---|---|---|---|---|---|---|---|---|
| K1 | 2001 | 포항 | 25 | 20 | 8 | 2 | 0 | 35 | 1 | 0 |
| | 2002 | 포항 | 23 | 10 | 9 | 3 | 0 | 40 | 2 | 0 |
| | 2003 | 포항 | 40 | 29 | 10 | 3 | 0 | 54 | 4 | 1 |
| | 2004 | 포항 | 23 | 18 | 1 | 3 | 0 | 19 | 1 | 0 |
| PO | 2004 | 포항 | 3 | 2 | 0 | 0 | 0 | 5 | 0 | 0 |
| 컵 | 2001 | 포항 | 8 | 1 | 2 | 0 | 0 | 13 | 1 | 0 |
| | 2002 | 포항 | 8 | 2 | 3 | 1 | 0 | 10 | 2 | 0 |
| | 2004 | 포항 | 11 | 4 | 5 | 0 | 0 | 11 | 1 | 0 |
| 통산 | | | 141 | 86 | 38 | 12 | 0 | 187 | 12 | 1 |

**코네**(Seku Conneh) 라이베리아 1995.11.10

| 대회 | 연도 | 소속 | 출전 | 교체 | 득점 | 도움 | 실점 | 파울 | 경고 | 퇴장 |
|---|---|---|---|---|---|---|---|---|---|---|
| K2 | 2018 | 안산 | 26 | 22 | 2 | 0 | 0 | 53 | 3 | 0 |
| 통산 | | | 26 | 22 | 2 | 0 | 0 | 53 | 3 | 0 |

**코놀**(Serguei Konovalov) 우크라이나 1972.03.01

| 대회 | 연도 | 소속 | 출전 | 교체 | 득점 | 도움 | 실점 | 파울 | 경고 | 퇴장 |
|---|---|---|---|---|---|---|---|---|---|---|
| K1 | 1996 | 포항 | 13 | 11 | 0 | 1 | 0 | 15 | 0 | 0 |
| | 1997 | 포항 | 12 | 6 | 4 | 1 | 0 | 28 | 3 | 0 |
| 컵 | 1997 | 포항 | 14 | 4 | 8 | 0 | 0 | 16 | 0 | 0 |
| | 1998 | 포항 | 13 | 8 | 2 | 1 | 0 | 22 | 0 | 0 |

| 대회 | 연도 | 소속 | 출전 | 교체 | 득점 | 도움 | 실점 | 파울 | 경고 | 퇴장 |
|---|---|---|---|---|---|---|---|---|---|---|
| 통산 | | | 52 | 29 | 14 | 3 | 0 | 81 | 3 | 0 |

**코니**(Robert Richard Cornthwaite) 오스트레일리아 1985.10.24

| 대회 | 연도 | 소속 | 출전 | 교체 | 득점 | 도움 | 실점 | 파울 | 경고 | 퇴장 |
|---|---|---|---|---|---|---|---|---|---|---|
| K1 | 2011 | 전남 | 17 | 0 | 1 | 2 | 0 | 22 | 6 | 2 |
| | 2012 | 전남 | 31 | 6 | 3 | 1 | 0 | 47 | 10 | 0 |
| | 2013 | 전남 | 22 | 17 | 1 | 0 | 0 | 11 | 3 | 1 |
| | 2014 | 전남 | 21 | 13 | 2 | 1 | 0 | 10 | 2 | 0 |
| 컵 | 2011 | 전남 | 4 | 0 | 2 | 0 | 0 | 6 | 1 | 0 |
| 통산 | | | 95 | 36 | 9 | 4 | 0 | 96 | 22 | 3 |

**코레아**(Toni Correia Gomes) 포르투갈 1998.11.16

| 대회 | 연도 | 소속 | 출전 | 교체 | 득점 | 도움 | 실점 | 파울 | 경고 | 퇴장 |
|---|---|---|---|---|---|---|---|---|---|---|
| K2 | 2024 | 성남 | 12 | 12 | 0 | 1 | 0 | 6 | 0 | 0 |
| 통산 | | | 12 | 12 | 0 | 1 | 0 | 6 | 0 | 0 |

**코로만**(Ognjen Koroman) 세르비아 1978.09.19

| 대회 | 연도 | 소속 | 출전 | 교체 | 득점 | 도움 | 실점 | 파울 | 경고 | 퇴장 |
|---|---|---|---|---|---|---|---|---|---|---|
| K1 | 2009 | 인천 | 10 | 1 | 3 | 2 | 0 | 10 | 3 | 0 |
| | 2010 | 인천 | 12 | 6 | 1 | 1 | 0 | 15 | 2 | 0 |
| 컵 | 2009 | 인천 | 2 | 2 | 0 | 0 | 0 | 1 | 0 | 0 |
| | 2010 | 인천 | 3 | 3 | 0 | 0 | 0 | 0 | 0 | 0 |
| 통산 | | | 27 | 12 | 4 | 3 | 0 | 26 | 5 | 0 |

**코마젝**(Nikola Komazec) 세르비아 1987.11.15

| 대회 | 연도 | 소속 | 출전 | 교체 | 득점 | 도움 | 실점 | 파울 | 경고 | 퇴장 |
|---|---|---|---|---|---|---|---|---|---|---|
| K1 | 2014 | 부산 | 1 | 1 | 0 | 0 | 0 | 0 | 0 | 0 |
| 통산 | | | 1 | 1 | 0 | 0 | 0 | 0 | 0 | 0 |

**코바**(Ivan Kovačec) 크로아티아 1988.06.27

| 대회 | 연도 | 소속 | 출전 | 교체 | 득점 | 도움 | 실점 | 파울 | 경고 | 퇴장 |
|---|---|---|---|---|---|---|---|---|---|---|
| K1 | 2015 | 울산 | 17 | 7 | 6 | 6 | 0 | 7 | 1 | 0 |
| | 2016 | 울산 | 36 | 20 | 7 | 9 | 0 | 18 | 2 | 0 |
| | 2017 | 서울 | 7 | 6 | 0 | 3 | 0 | 5 | 0 | 0 |
| | 2017 | 울산 | 7 | 5 | 0 | 2 | 0 | 2 | 0 | 0 |
| | 2018 | 서울 | 5 | 5 | 0 | 0 | 0 | 2 | 0 | 0 |
| 통산 | | | 72 | 43 | 13 | 20 | 0 | 34 | 3 | 0 |

**코바야시**(Kobayashi Yuki, 小林祐希/←유키) 일본 1992.04.24

| 대회 | 연도 | 소속 | 출전 | 교체 | 득점 | 도움 | 실점 | 파울 | 경고 | 퇴장 |
|---|---|---|---|---|---|---|---|---|---|---|
| K1 | 2022 | 강원 | 12 | 11 | 0 | 1 | 0 | 9 | 2 | 0 |
| K2 | 2021 | 서울E | 8 | 6 | 0 | 1 | 0 | 14 | 2 | 0 |
| 통산 | | | 20 | 17 | 0 | 2 | 0 | 23 | 4 | 0 |

**코바체비치**(Franko Kovačević) 크로아티아 1999.08.08

| 대회 | 연도 | 소속 | 출전 | 교체 | 득점 | 도움 | 실점 | 파울 | 경고 | 퇴장 |
|---|---|---|---|---|---|---|---|---|---|---|
| K1 | 2024 | 강원 | 15 | 11 | 4 | 0 | 0 | 12 | 0 | 0 |
| | 2025 | 강원 | 12 | 11 | 1 | 0 | 0 | 14 | 1 | 0 |
| 통산 | | | 27 | 22 | 5 | 0 | 0 | 26 | 1 | 0 |

**코스타**(Koszta Mark) 헝가리 1996.09.26

| 대회 | 연도 | 소속 | 출전 | 교체 | 득점 | 도움 | 실점 | 파울 | 경고 | 퇴장 |
|---|---|---|---|---|---|---|---|---|---|---|
| K1 | 2022 | 울산 | 0 | 0 | 0 | 0 | 0 | 0 | 0 | 0 |
| 통산 | | | 0 | 0 | 0 | 0 | 0 | 0 | 0 | 0 |

**콜리**(Papa Oumar Coly) 세네갈 1975.05.20

| 대회 | 연도 | 소속 | 출전 | 교체 | 득점 | 도움 | 실점 | 파울 | 경고 | 퇴장 |
|---|---|---|---|---|---|---|---|---|---|---|
| K1 | 2001 | 대전 | 17 | 4 | 0 | 0 | 0 | 33 | 5 | 1 |
| | 2002 | 대전 | 21 | 3 | 1 | 0 | 0 | 39 | 4 | 0 |
| | 2003 | 대전 | 20 | 16 | 0 | 0 | 0 | 17 | 3 | 0 |
| 컵 | 2001 | 대전 | 1 | 1 | 0 | 0 | 0 | 2 | 1 | 0 |
| | 2002 | 대전 | 8 | 0 | 0 | 0 | 0 | 14 | 3 | 0 |
| 통산 | | | 67 | 24 | 1 | 0 | 0 | 105 | 16 | 1 |

**콤파뇨**(Andrea Compagno) 이탈리아 1996.04.22

| 대회 | 연도 | 소속 | 출전 | 교체 | 득점 | 도움 | 실점 | 파울 | 경고 | 퇴장 |
|---|---|---|---|---|---|---|---|---|---|---|
| K1 | 2025 | 전북 | 26 | 22 | 13 | 0 | 0 | 34 | 3 | 0 |
| 통산 | | | 26 | 22 | 13 | 0 | 0 | 34 | 3 | 0 |

**콩푸엉**(Nguyen Cong Phuong, 阮公鳳) 베트남 1995.01.21

| 대회 | 연도 | 소속 | 출전 | 교체 | 득점 | 도움 | 실점 | 파울 | 경고 | 퇴장 |
|---|---|---|---|---|---|---|---|---|---|---|
| K1 | 2019 | 인천 | 8 | 6 | 0 | 0 | 0 | 7 | 1 | 0 |
| 통산 | | | 8 | 6 | 0 | 0 | 0 | 7 | 1 | 0 |

**쿠니모토** (Takahiro Kunimoto, 邦本宜裕) 일본 1997.10.08

| 대회 | 연도 | 소속 | 출전 | 교체 | 득점 | 도움 | 실점 | 파울 | 경고 | 퇴장 |
|---|---|---|---|---|---|---|---|---|---|---|
| K1 | 2018 | 경남 | 35 | 16 | 5 | 2 | 0 | 41 | 7 | 0 |
| | 2019 | 경남 | 26 | 8 | 2 | 2 | 0 | 28 | 2 | 0 |
| | 2020 | 전북 | 25 | 15 | 2 | 1 | 0 | 36 | 2 | 0 |
| | 2021 | 전북 | 25 | 19 | 4 | 5 | 0 | 34 | 2 | 0 |
| | 2022 | 전북 | 14 | 9 | 4 | 1 | 0 | 20 | 2 | 0 |
| PO | 2019 | 경남 | 2 | 0 | 0 | 0 | 0 | 4 | 1 | 0 |
| 통산 | | | 127 | 67 | 17 | 11 | 0 | 163 | 16 | 0 |

**쿠벡**(František Koubek) 체코 1969.11.06

| 대회 | 연도 | 소속 | 출전 | 교체 | 득점 | 도움 | 실점 | 파울 | 경고 | 퇴장 |
|---|---|---|---|---|---|---|---|---|---|---|
| K1 | 2000 | 안양LG | 10 | 6 | 6 | 0 | 0 | 6 | 0 | 0 |
| | 2001 | 안양LG | 12 | 13 | 1 | 0 | 0 | 8 | 0 | 0 |
| PO | 2000 | 안양LG | 1 | 1 | 0 | 0 | 0 | 3 | 0 | 0 |
| 컵 | 2000 | 안양LG | 2 | 2 | 0 | 0 | 0 | 0 | 0 | 0 |
| | 2001 | 안양LG | 8 | 6 | 2 | 0 | 0 | 3 | 0 | 0 |
| 통산 | | | 33 | 28 | 9 | 0 | 0 | 20 | 0 | 0 |

**쿠비**(Kwabena Appiah-Cubi) 오스트레일리아 1992.05.19

| 대회 | 연도 | 소속 | 출전 | 교체 | 득점 | 도움 | 실점 | 파울 | 경고 | 퇴장 |
|---|---|---|---|---|---|---|---|---|---|---|
| K1 | 2018 | 인천 | 25 | 23 | 1 | 2 | 0 | 35 | 3 | 0 |
| 통산 | | | 25 | 23 | 1 | 2 | 0 | 35 | 3 | 0 |

**쿠아쿠**(Aubin Kouakou) 코트디부아르 1991.06.01

| 대회 | 연도 | 소속 | 출전 | 교체 | 득점 | 도움 | 실점 | 파울 | 경고 | 퇴장 |
|---|---|---|---|---|---|---|---|---|---|---|
| K2 | 2016 | 충주 | 17 | 3 | 2 | 0 | 0 | 36 | 6 | 0 |
| | 2017 | 안양 | 25 | 8 | 0 | 0 | 0 | 59 | 11 | 0 |
| 통산 | | | 42 | 11 | 2 | 0 | 0 | 95 | 17 | 0 |

**쿠키**(Silvio Luis Borba de Silva) 브라질 1971.04.30

| 대회 | 연도 | 소속 | 출전 | 교체 | 득점 | 도움 | 실점 | 파울 | 경고 | 퇴장 |
|---|---|---|---|---|---|---|---|---|---|---|
| 컵 | 2002 | 전북 | 2 | 2 | 0 | 0 | 0 | 0 | 0 | 0 |
| 통산 | | | 2 | 2 | 0 | 0 | 0 | 0 | 0 | 0 |

**쿠키**(Andrew Roy Cook) 잉글랜드 1974.01.20

| 대회 | 연도 | 소속 | 출전 | 교체 | 득점 | 도움 | 실점 | 파울 | 경고 | 퇴장 |
|---|---|---|---|---|---|---|---|---|---|---|
| K1 | 2003 | 부산 | 22 | 2 | 13 | 0 | 0 | 88 | 6 | 0 |
| | 2004 | 부산 | 20 | 2 | 6 | 0 | 0 | 49 | 9 | 1 |
| 컵 | 2004 | 부산 | 7 | 1 | 2 | 0 | 0 | 19 | 1 | 1 |
| 통산 | | | 49 | 5 | 21 | 0 | 0 | 156 | 16 | 2 |

**쿠티뉴**(Douglas Coutinho Gomes de Souza) 브라질 1994.02.08

| 대회 | 연도 | 소속 | 출전 | 교체 | 득점 | 도움 | 실점 | 파울 | 경고 | 퇴장 |
|---|---|---|---|---|---|---|---|---|---|---|
| K2 | 2019 | 서울E | 18 | 6 | 8 | 1 | 0 | 7 | 2 | 0 |
| 통산 | | | 18 | 6 | 8 | 1 | 0 | 7 | 2 | 0 |

**쿤티치**(Zoran Kuntić) 유고슬라비아 1967.03.23

| 대회 | 연도 | 소속 | 출전 | 교체 | 득점 | 도움 | 실점 | 파울 | 경고 | 퇴장 |
|---|---|---|---|---|---|---|---|---|---|---|
| K1 | 1993 | 포항제철 | 6 | 4 | 1 | 1 | 0 | 10 | 0 | 0 |
| 컵 | 1993 | 포항제철 | 1 | 1 | 0 | 0 | 0 | 1 | 0 | 0 |
| 통산 | | | 7 | 5 | 1 | 1 | 0 | 11 | 0 | 0 |

**크르피치**(Sulejman Krpić) 보스니아 헤르체고비나 1991.01.01

| 대회 | 연도 | 소속 | 출전 | 교체 | 득점 | 도움 | 실점 | 파울 | 경고 | 퇴장 |
|---|---|---|---|---|---|---|---|---|---|---|
| K1 | 2020 | 수원 | 13 | 10 | 2 | 1 | 0 | 13 | 1 | 0 |
| 통산 | | | 13 | 10 | 2 | 1 | 0 | 13 | 1 | 0 |

**크리스**(Cristiano Espindola Avalos Passos) 브라질 1977.12.27

| 대회 | 연도 | 소속 | 출전 | 교체 | 득점 | 도움 | 실점 | 파울 | 경고 | 퇴장 |
|---|---|---|---|---|---|---|---|---|---|---|
| K1 | 2004 | 수원 | 1 | 1 | 0 | 0 | 0 | 2 | 1 | 0 |
| 통산 | | | 1 | 1 | 0 | 0 | 0 | 2 | 1 | 0 |

**크리스**(Christy Rodolphe Manzinga) 프랑스 1995.01.31

| 대회 | 연도 | 소속 | 출전 | 교체 | 득점 | 도움 | 실점 | 파울 | 경고 | 퇴장 |
|---|---|---|---|---|---|---|---|---|---|---|
| K2 | 2023 | 성남 | 19 | 14 | 6 | 0 | 0 | 22 | 3 | 1 |
| | 2024 | 성남 | 19 | 19 | 2 | 0 | 0 | 14 | 3 | 0 |
| 통산 | | | 38 | 33 | 8 | 0 | 0 | 36 | 6 | 1 |

**크리스찬**(Cristian Costin Danalache) 루마니아 1982.07.15

| 대회 | 연도 | 소속 | 출전 | 교체 | 득점 | 도움 | 실점 | 파울 | 경고 | 퇴장 |
|---|---|---|---|---|---|---|---|---|---|---|
| K2 | 2016 | 경남 | 38 | 4 | 19 | 6 | 0 | 52 | 4 | 0 |
| | 2017 | 대전 | 25 | 7 | 9 | 3 | 0 | 41 | 3 | 1 |
| 통산 | | | 63 | 11 | 28 | 9 | 0 | 93 | 7 | 1 |

**크리스토밤**(Cristovam Roberto Ribeiro da Silva) 브라질 1990.07.25

| 대회 | 연도 | 소속 | 출전 | 교체 | 득점 | 도움 | 실점 | 파울 | 경고 | 퇴장 |
|---|---|---|---|---|---|---|---|---|---|---|
| K1 | 2018 | 수원 | 4 | 1 | 0 | 1 | 0 | 7 | 1 | 0 |
| K2 | 2018 | 부천 | 9 | 4 | 2 | 0 | 0 | 17 | 1 | 0 |
| 통산 | | | 13 | 5 | 2 | 1 | 0 | 24 | 2 | 0 |

**크리슬란**(Crislan Henrique da Silva da Sousa) 브라질 1992.03.13

| 대회 | 연도 | 소속 | 출전 | 교체 | 득점 | 도움 | 실점 | 파울 | 경고 | 퇴장 |
|---|---|---|---|---|---|---|---|---|---|---|
| K2 | 2021 | 부천 | 20 | 15 | 5 | 0 | 0 | 13 | 3 | 1 |
| 통산 | | | 20 | 15 | 5 | 0 | 0 | 13 | 3 | 1 |

**크리즈만**(Sandi Krizman) 크로아티아 1989.08.17

| 대회 | 연도 | 소속 | 출전 | 교체 | 득점 | 도움 | 실점 | 파울 | 경고 | 퇴장 |
|---|---|---|---|---|---|---|---|---|---|---|
| K1 | 2014 | 전남 | 8 | 7 | 0 | 0 | 0 | 8 | 1 | 0 |
| 통산 | | | 8 | 7 | 0 | 0 | 0 | 8 | 1 | 0 |

**크베시치**(Mario Kvesić) 크로아티아 1992.01.12

| 대회 | 연도 | 소속 | 출전 | 교체 | 득점 | 도움 | 실점 | 파울 | 경고 | 퇴장 |
|---|---|---|---|---|---|---|---|---|---|---|
| K1 | 2021 | 포항 | 26 | 25 | 2 | 1 | 0 | 28 | 0 | 0 |
| 통산 | | | 26 | 25 | 2 | 1 | 0 | 28 | 0 | 0 |

**클라우디**(Claude Parfait Ngon A Djam) 카메룬 1980.01.24

| 대회 | 연도 | 소속 | 출전 | 교체 | 득점 | 도움 | 실점 | 파울 | 경고 | 퇴장 |
|---|---|---|---|---|---|---|---|---|---|---|
| 컵 | 1999 | 천안일화 | 4 | 4 | 0 | 0 | 0 | 7 | 0 | 0 |
| 통산 | | | 4 | 4 | 0 | 0 | 0 | 7 | 0 | 0 |

**클리말라**(Patryk Klimala) 폴란드 1998.08.05

| 대회 | 연도 | 소속 | 출전 | 교체 | 득점 | 도움 | 실점 | 파울 | 경고 | 퇴장 |
|---|---|---|---|---|---|---|---|---|---|---|
| K1 | 2025 | 서울 | 4 | 4 | 1 | 1 | 0 | 3 | 0 | 0 |
| 통산 | | | 4 | 4 | 1 | 1 | 0 | 3 | 0 | 0 |

**키요모토**(Kiyomoto Takumi, 清本拓己) 일본 1993.06.07

| 대회 | 연도 | 소속 | 출전 | 교체 | 득점 | 도움 | 실점 | 파울 | 경고 | 퇴장 |
|---|---|---|---|---|---|---|---|---|---|---|
| K1 | 2019 | 강원 | 0 | 0 | 0 | 0 | 0 | 0 | 0 | 0 |
| 통산 | | | 0 | 0 | 0 | 0 | 0 | 0 | 0 | 0 |

**키쭈**(Aurelian Ionut Chitu) 루마니아 1991.03.25

| 대회 | 연도 | 소속 | 출전 | 교체 | 득점 | 도움 | 실점 | 파울 | 경고 | 퇴장 |
|---|---|---|---|---|---|---|---|---|---|---|
| K2 | 2018 | 대전 | 30 | 4 | 11 | 4 | 0 | 64 | 3 | 0 |
| | 2019 | 대전 | 25 | 7 | 6 | 0 | 0 | 41 | 4 | 0 |
| PO | 2018 | 대전 | 2 | 0 | 1 | 0 | 0 | 3 | 0 | 0 |
| 통산 | | | 57 | 11 | 18 | 4 | 0 | 108 | 7 | 0 |

**타가트**(Adam Jake Taggart) 오스트레일리아 1993.06.02

| 대회 | 연도 | 소속 | 출전 | 교체 | 득점 | 도움 | 실점 | 파울 | 경고 | 퇴장 |
|---|---|---|---|---|---|---|---|---|---|---|
| K1 | 2019 | 수원 | 33 | 16 | 20 | 1 | 0 | 62 | 2 | 0 |
| | 2020 | 수원 | 23 | 16 | 9 | 0 | 0 | 26 | 2 | 0 |
| 통산 | | | 56 | 32 | 29 | 1 | 0 | 88 | 4 | 0 |

**타라바이**(Edison Luis dos Santos) 브라질 1985.12.09

| 대회 | 연도 | 소속 | 출전 | 교체 | 득점 | 도움 | 실점 | 파울 | 경고 | 퇴장 |
|---|---|---|---|---|---|---|---|---|---|---|
| K2 | 2015 | 서울E | 34 | 18 | 17 | 3 | 0 | 73 | 7 | 0 |
| | 2016 | 서울E | 38 | 17 | 12 | 3 | 0 | 51 | 6 | 0 |
| PO | 2015 | 서울E | 1 | 0 | 1 | 0 | 0 | 2 | 0 | 0 |
| 통산 | | | 73 | 35 | 30 | 6 | 0 | 126 | 13 | 0 |

**타르델리**(Tardeli Barros Machado Reis) 브라질 1990.03.02

| 대회 | 연도 | 소속 | 출전 | 교체 | 득점 | 도움 | 실점 | 파울 | 경고 | 퇴장 |
|---|---|---|---|---|---|---|---|---|---|---|
| K1 | 2021 | 수원FC | 6 | 7 | 1 | 0 | 0 | 3 | 1 | 0 |
| 통산 | | | 6 | 7 | 1 | 0 | 0 | 3 | 1 | 0 |

**타무라**(Tamura Ryosuke, 田村亮介) 일본 1995.05.08

| 대회 | 연도 | 소속 | 출전 | 교체 | 득점 | 도움 | 실점 | 파울 | 경고 | 퇴장 |
|---|---|---|---|---|---|---|---|---|---|---|
| K2 | 2021 | 안양 | 18 | 14 | 2 | 2 | 0 | 16 | 0 | 0 |
| PO | 2021 | 안양 | 1 | 1 | 0 | 0 | 0 | 1 | 0 | 0 |

| 대회 | 연도 | 소속 | 출전 | 교체 | 득점 | 도움 | 실점 | 파울 | 경고 | 퇴장 |
|---|---|---|---|---|---|---|---|---|---|---|
| 통산 | | | 19 | 15 | 2 | 2 | 0 | 17 | 0 | 0 |

**타쉬** (Boris Borisov Tashti/Borys Borysovych Tashchy) 불가리아 1993.07.26

| 대회 | 연도 | 소속 | 출전 | 교체 | 득점 | 도움 | 실점 | 파울 | 경고 | 퇴장 |
|---|---|---|---|---|---|---|---|---|---|---|
| K1 | 2021 | 포항 | 20 | 20 | 1 | 1 | 0 | 21 | 1 | 0 |
| 통산 | | | 20 | 20 | 1 | 1 | 0 | 21 | 1 | 0 |

**타이슨**(Fabian Caballero) 스페인 1978.01.31

| 대회 | 연도 | 소속 | 출전 | 교체 | 득점 | 도움 | 실점 | 파울 | 경고 | 퇴장 |
|---|---|---|---|---|---|---|---|---|---|---|
| K1 | 2007 | 대전 | 3 | 3 | 0 | 0 | 0 | 4 | 0 | 0 |
| 컵 | 2007 | 대전 | 3 | 3 | 0 | 0 | 0 | 5 | 0 | 0 |
| 통산 | | | 6 | 6 | 0 | 0 | 0 | 9 | 0 | 0 |

**타쿠마** (Abe Takuma, 阿部拓馬) 일본 1987.12.05

| 대회 | 연도 | 소속 | 출전 | 교체 | 득점 | 도움 | 실점 | 파울 | 경고 | 퇴장 |
|---|---|---|---|---|---|---|---|---|---|---|
| K1 | 2017 | 울산 | 12 | 10 | 1 | 1 | 0 | 14 | 2 | 0 |
| 통산 | | | 12 | 10 | 1 | 1 | 0 | 14 | 2 | 0 |

**탁우선** (卓佑宣) 선문대 1995.09.28

| 대회 | 연도 | 소속 | 출전 | 교체 | 득점 | 도움 | 실점 | 파울 | 경고 | 퇴장 |
|---|---|---|---|---|---|---|---|---|---|---|
| K2 | 2018 | 서울E | 6 | 6 | 0 | 0 | 0 | 8 | 0 | 0 |
| 통산 | | | 6 | 6 | 0 | 0 | 0 | 8 | 0 | 0 |

**탁준석**(卓俊錫) 고려대 1978.03.24

| 대회 | 연도 | 소속 | 출전 | 교체 | 득점 | 도움 | 실점 | 파울 | 경고 | 퇴장 |
|---|---|---|---|---|---|---|---|---|---|---|
| K1 | 2001 | 대전 | 19 | 18 | 2 | 3 | 0 | 16 | 1 | 0 |
| | 2002 | 대전 | 8 | 7 | 0 | 0 | 0 | 10 | 0 | 0 |
| | 2003 | 대전 | 2 | 2 | 0 | 0 | 0 | 0 | 0 | 0 |
| 컵 | 2001 | 대전 | 8 | 8 | 1 | 1 | 0 | 9 | 2 | 0 |
| | 2002 | 대전 | 6 | 7 | 1 | 0 | 0 | 3 | 0 | 0 |
| 통산 | | | 43 | 42 | 4 | 4 | 0 | 38 | 3 | 0 |

**탈레스** (Tales Jose da Siva) 브라질 1998.09.28

| 대회 | 연도 | 소속 | 출전 | 교체 | 득점 | 도움 | 실점 | 파울 | 경고 | 퇴장 |
|---|---|---|---|---|---|---|---|---|---|---|
| K1 | 2024 | 제주 | 8 | 9 | 0 | 0 | 0 | 1 | 0 | 0 |
| K2 | 2024 | 충북청주 | 15 | 10 | 0 | 2 | 0 | 8 | 1 | 0 |
| 통산 | | | 23 | 19 | 0 | 2 | 0 | 9 | 1 | 0 |

**태현찬**(太現贊) 중앙대 1990.09.14

| 대회 | 연도 | 소속 | 출전 | 교체 | 득점 | 도움 | 실점 | 파울 | 경고 | 퇴장 |
|---|---|---|---|---|---|---|---|---|---|---|
| K1 | 2012 | 경남 | 2 | 2 | 0 | 0 | 0 | 0 | 0 | 0 |
| 통산 | | | 2 | 2 | 0 | 0 | 0 | 0 | 0 | 0 |

**테드**(Tadeusz Swiatek) 폴란드 1961.11.08

| 대회 | 연도 | 소속 | 출전 | 교체 | 득점 | 도움 | 실점 | 파울 | 경고 | 퇴장 |
|---|---|---|---|---|---|---|---|---|---|---|
| K1 | 1989 | 유공 | 18 | 7 | 1 | 0 | 0 | 16 | 2 | 0 |
| | 1990 | 유공 | 20 | 3 | 1 | 3 | 0 | 19 | 0 | 0 |
| | 1991 | 유공 | 34 | 5 | 5 | 3 | 0 | 34 | 3 | 0 |
| 통산 | | | 72 | 15 | 7 | 6 | 0 | 69 | 5 | 0 |

**테하**(Alex Barboza de azevedo Terra) 브라질 1982.09.02

| 대회 | 연도 | 소속 | 출전 | 교체 | 득점 | 도움 | 실점 | 파울 | 경고 | 퇴장 |
|---|---|---|---|---|---|---|---|---|---|---|
| K1 | 2012 | 대전 | 21 | 14 | 4 | 1 | 0 | 21 | 1 | 0 |
| 통산 | | | 21 | 14 | 4 | 1 | 0 | 21 | 1 | 0 |

**토니**(Antonio Franja) 크로아티아 1978.06.08

| 대회 | 연도 | 소속 | 출전 | 교체 | 득점 | 도움 | 실점 | 파울 | 경고 | 퇴장 |
|---|---|---|---|---|---|---|---|---|---|---|
| K1 | 2007 | 전북 | 11 | 11 | 3 | 1 | 0 | 15 | 3 | 0 |
| | 2008 | 전북 | 2 | 2 | 0 | 1 | 0 | 1 | 0 | 0 |
| 컵 | 2008 | 전북 | 1 | 0 | 0 | 0 | 0 | 0 | 0 | 0 |
| 통산 | | | 14 | 13 | 3 | 2 | 0 | 16 | 3 | 0 |

**토다** (Toda Kazuyuki, 戸田和幸) 일본 1977.12.30

| 대회 | 연도 | 소속 | 출전 | 교체 | 득점 | 도움 | 실점 | 파울 | 경고 | 퇴장 |
|---|---|---|---|---|---|---|---|---|---|---|
| K1 | 2009 | 경남 | 6 | 4 | 0 | 0 | 0 | 4 | 2 | 0 |
| 컵 | 2009 | 경남 | 1 | 1 | 0 | 0 | 0 | 0 | 0 | 0 |
| 통산 | | | 7 | 5 | 0 | 0 | 0 | 4 | 2 | 0 |

**토마스** (Tomáš Janda) 체코 1973.06.27

| 대회 | 연도 | 소속 | 출전 | 교체 | 득점 | 도움 | 실점 | 파울 | 경고 | 퇴장 |
|---|---|---|---|---|---|---|---|---|---|---|
| 컵 | 2001 | 안양LG | 1 | 1 | 0 | 0 | 0 | 0 | 0 | 0 |
| 통산 | | | 1 | 1 | 0 | 0 | 0 | 0 | 0 | 0 |

**토마스** (Thomas Jaguaribe Bedinelli) 브라질 1993.02.24

| 대회 | 연도 | 소속 | 출전 | 교체 | 득점 | 도움 | 실점 | 파울 | 경고 | 퇴장 |
|---|---|---|---|---|---|---|---|---|---|---|
| K1 | 2023 | 광주 | 28 | 27 | 2 | 1 | 0 | 17 | 4 | 0 |
| 통산 | | | 28 | 27 | 2 | 1 | 0 | 17 | 4 | 0 |

**토마스**(Thomas Oude Kotte) 네덜란드 1996.03.20

| 대회 | 연도 | 소속 | 출전 | 교체 | 득점 | 도움 | 실점 | 파울 | 경고 | 퇴장 |
|---|---|---|---|---|---|---|---|---|---|---|
| K1 | 2025 | 안양 | 37 | 3 | 3 | 2 | 0 | 26 | 6 | 0 |
| 통산 | | | 37 | 3 | 3 | 2 | 0 | 26 | 6 | 0 |

**토모키**(Wada Tomoki, 和田倫季/←와다) 일본 1994.10.30

| 대회 | 연도 | 소속 | 출전 | 교체 | 득점 | 도움 | 실점 | 파울 | 경고 | 퇴장 |
|---|---|---|---|---|---|---|---|---|---|---|
| K1 | 2015 | 인천 | 3 | 3 | 1 | 0 | 0 | 0 | 0 | 0 |
| | 2016 | 광주 | 5 | 4 | 0 | 0 | 0 | 1 | 0 | 0 |
| | 2017 | 광주 | 2 | 1 | 0 | 0 | 0 | 2 | 0 | 0 |
| K2 | 2017 | 서울E | 2 | 2 | 0 | 0 | 0 | 1 | 0 | 0 |
| 통산 | | | 12 | 10 | 1 | 0 | 0 | 4 | 0 | 0 |

**토미**(Tommy Mosquera Lozono) 콜롬비아 1976.09.27

| 대회 | 연도 | 소속 | 출전 | 교체 | 득점 | 도움 | 실점 | 파울 | 경고 | 퇴장 |
|---|---|---|---|---|---|---|---|---|---|---|
| K1 | 2003 | 부산 | 11 | 6 | 4 | 1 | 0 | 41 | 1 | 0 |
| 통산 | | | 11 | 6 | 4 | 1 | 0 | 41 | 1 | 0 |

**토미**(Tomislav Mrcela) 오스트레일리아 1990.10.01

| 대회 | 연도 | 소속 | 출전 | 교체 | 득점 | 도움 | 실점 | 파울 | 경고 | 퇴장 |
|---|---|---|---|---|---|---|---|---|---|---|
| K1 | 2016 | 전남 | 21 | 1 | 0 | 2 | 0 | 13 | 1 | 0 |
| | 2017 | 전남 | 28 | 7 | 3 | 1 | 0 | 16 | 6 | 2 |
| | 2018 | 전남 | 2 | 1 | 0 | 1 | 0 | 0 | 0 | 0 |
| 통산 | | | 51 | 9 | 3 | 4 | 0 | 29 | 7 | 2 |

**토미**(Tomislav Kiš) 크로아티아 1994.04.04

| 대회 | 연도 | 소속 | 출전 | 교체 | 득점 | 도움 | 실점 | 파울 | 경고 | 퇴장 |
|---|---|---|---|---|---|---|---|---|---|---|
| K1 | 2020 | 성남 | 14 | 14 | 3 | 0 | 0 | 5 | 0 | 0 |
| 통산 | | | 14 | 14 | 3 | 0 | 0 | 5 | 0 | 0 |

**토미치**(Djordje Tomić) 세르비아 몬테네그로 1972.11.11

| 대회 | 연도 | 소속 | 출전 | 교체 | 득점 | 도움 | 실점 | 파울 | 경고 | 퇴장 |
|---|---|---|---|---|---|---|---|---|---|---|
| K1 | 2004 | 인천 | 7 | 7 | 0 | 0 | 0 | 8 | 1 | 0 |
| 컵 | 2004 | 인천 | 2 | 2 | 0 | 1 | 0 | 3 | 0 | 0 |
| 통산 | | | 9 | 9 | 0 | 1 | 0 | 11 | 1 | 0 |

**토요다**(Toyoda Yoheii, 豊田陽平) 일본 1985.04.11

| 대회 | 연도 | 소속 | 출전 | 교체 | 득점 | 도움 | 실점 | 파울 | 경고 | 퇴장 |
|---|---|---|---|---|---|---|---|---|---|---|
| K1 | 2018 | 울산 | 9 | 8 | 2 | 1 | 0 | 10 | 2 | 0 |
| 통산 | | | 9 | 8 | 2 | 1 | 0 | 10 | 2 | 0 |

**토체프**(Slavchev Toshev) 불가리아 1960.06.13

| 대회 | 연도 | 소속 | 출전 | 교체 | 득점 | 도움 | 실점 | 파울 | 경고 | 퇴장 |
|---|---|---|---|---|---|---|---|---|---|---|
| K1 | 1993 | 유공 | 9 | 1 | 0 | 0 | 5 | 1 | 0 | 0 |
| 통산 | | | 9 | 1 | 0 | 0 | 5 | 1 | 0 | 0 |

**투무**(Bertin Tomou Bayard) 카메룬 1978.08.08

| 대회 | 연도 | 소속 | 출전 | 교체 | 득점 | 도움 | 실점 | 파울 | 경고 | 퇴장 |
|---|---|---|---|---|---|---|---|---|---|---|
| K1 | 1997 | 포항 | 3 | 0 | 4 | 0 | 0 | 10 | 1 | 0 |
| 컵 | 1997 | 포항 | 1 | 1 | 0 | 0 | 0 | 1 | 0 | 0 |
| 통산 | | | 4 | 1 | 4 | 0 | 0 | 11 | 1 | 0 |

**툰가라**(Aboubacar Ibrahima Toungara) 말리 1994.11.15

| 대회 | 연도 | 소속 | 출전 | 교체 | 득점 | 도움 | 실점 | 파울 | 경고 | 퇴장 |
|---|---|---|---|---|---|---|---|---|---|---|
| K2 | 2024 | 수원 | 16 | 13 | 0 | 0 | 0 | 19 | 1 | 0 |
| | 2024 | 천안 | 13 | 1 | 4 | 3 | 0 | 17 | 0 | 0 |
| | 2025 | 천안 | 33 | 14 | 8 | 1 | 0 | 49 | 6 | 0 |
| 통산 | | | 62 | 28 | 12 | 4 | 0 | 85 | 7 | 0 |

**트로야크**(Milosz Trojak) 폴란드 1994.05.05

| 대회 | 연도 | 소속 | 출전 | 교체 | 득점 | 도움 | 실점 | 파울 | 경고 | 퇴장 |
|---|---|---|---|---|---|---|---|---|---|---|
| K1 | 2025 | 울산 | 11 | 5 | 0 | 0 | 0 | 11 | 1 | 0 |
| 통산 | | | 11 | 5 | 0 | 0 | 0 | 11 | 1 | 0 |

**트린다지**(Matheus Trindade Gonalves) 브라질 1996.03.05

| 대회 | 연도 | 소속 | 출전 | 교체 | 득점 | 도움 | 실점 | 파울 | 경고 | 퇴장 |
|---|---|---|---|---|---|---|---|---|---|---|
| K1 | 2024 | 수원FC | 3 | 3 | 0 | 0 | 0 | 1 | 1 | 0 |
| 통산 | | | 3 | 3 | 0 | 0 | 0 | 1 | 1 | 0 |

**티모**(Timo Letschert) 네덜란드 1993.05.25

| 대회 | 연도 | 소속 | 출전 | 교체 | 득점 | 도움 | 실점 | 파울 | 경고 | 퇴장 |
|---|---|---|---|---|---|---|---|---|---|---|
| K1 | 2023 | 광주 | 27 | 5 | 3 | 1 | 0 | 19 | 7 | 0 |
| 통산 | | | 27 | 5 | 3 | 1 | 0 | 19 | 7 | 0 |

**티아고**(Tiago Jorge Honorio) 브라질 1977.12.04

| 대회 | 연도 | 소속 | 출전 | 교체 | 득점 | 도움 | 실점 | 파울 | 경고 | 퇴장 |
|---|---|---|---|---|---|---|---|---|---|---|
| K1 | 2009 | 수원 | 14 | 8 | 4 | 0 | 0 | 43 | 3 | 0 |
| 컵 | 2009 | 수원 | 1 | 1 | 0 | 0 | 0 | 4 | 0 | 0 |
| 통산 | | | 15 | 9 | 4 | 0 | 0 | 47 | 3 | 0 |

**티아고**(Thiago Jefferson da Silva) 브라질 1985.05.27

| 대회 | 연도 | 소속 | 출전 | 교체 | 득점 | 도움 | 실점 | 파울 | 경고 | 퇴장 |
|---|---|---|---|---|---|---|---|---|---|---|
| K1 | 2013 | 전북 | 14 | 13 | 1 | 2 | 0 | 4 | 0 | 0 |
| 통산 | | | 14 | 13 | 1 | 2 | 0 | 4 | 0 | 0 |

**티아고**(Alves Sales de Lima Tiago) 브라질 1993.01.12

| 대회 | 연도 | 소속 | 출전 | 교체 | 득점 | 도움 | 실점 | 파울 | 경고 | 퇴장 |
|---|---|---|---|---|---|---|---|---|---|---|
| K1 | 2015 | 포항 | 25 | 24 | 4 | 3 | 0 | 12 | 6 | 0 |
| | 2016 | 성남 | 19 | 8 | 13 | 5 | 0 | 16 | 0 | 0 |
| | 2018 | 전북 | 18 | 13 | 2 | 3 | 0 | 13 | 2 | 0 |
| | 2019 | 전북 | 2 | 2 | 0 | 0 | 0 | 0 | 1 | 0 |
| | 2025 | 제주 | 4 | 4 | 0 | 0 | 0 | 1 | 0 | 0 |
| 통산 | | | 68 | 51 | 19 | 11 | 0 | 42 | 9 | 0 |

**티아고**(Thiago Henrique do Espirito Santo) 브라질 1995.08.15

| 대회 | 연도 | 소속 | 출전 | 교체 | 득점 | 도움 | 실점 | 파울 | 경고 | 퇴장 |
|---|---|---|---|---|---|---|---|---|---|---|
| K2 | 2022 | 안산 | 21 | 19 | 5 | 1 | 0 | 12 | 5 | 1 |
| | 2023 | 안산 | 16 | 19 | 1 | 1 | 0 | 8 | 1 | 0 |
| 통산 | | | 37 | 38 | 6 | 2 | 0 | 20 | 6 | 1 |

**티아고**(Tiago Pereira da Silva) 브라질 1993.10.28

| 대회 | 연도 | 소속 | 출전 | 교체 | 득점 | 도움 | 실점 | 파울 | 경고 | 퇴장 |
|---|---|---|---|---|---|---|---|---|---|---|
| K1 | 2023 | 대전 | 36 | 18 | 17 | 7 | 0 | 45 | 4 | 0 |
| | 2024 | 전북 | 32 | 28 | 7 | 1 | 0 | 28 | 4 | 0 |
| | 2025 | 전북 | 30 | 24 | 9 | 5 | 0 | 33 | 8 | 0 |
| K2 | 2022 | 경남 | 35 | 15 | 18 | 2 | 0 | 44 | 6 | 0 |
| PO | 2022 | 경남 | 2 | 1 | 1 | 1 | 0 | 4 | 1 | 0 |
| | 2024 | 전북 | 2 | 0 | 2 | 0 | 0 | 0 | 1 | 0 |
| 통산 | | | 137 | 86 | 54 | 16 | 0 | 154 | 24 | 0 |

**티아깅요**(Thiago Nascimento dos Santos) 브라질 2000.01.04

| 대회 | 연도 | 소속 | 출전 | 교체 | 득점 | 도움 | 실점 | 파울 | 경고 | 퇴장 |
|---|---|---|---|---|---|---|---|---|---|---|
| K2 | 2025 | 부천 | 37 | 17 | 1 | 1 | 0 | 23 | 6 | 0 |
| PO | 2025 | 부천 | 2 | 2 | 0 | 0 | 0 | 1 | 0 | 0 |
| 통산 | | | 39 | 19 | 1 | 1 | 0 | 24 | 6 | 0 |

**파그너**(Jose Fagner Silva da Luz) 브라질 1988.05.25

| 대회 | 연도 | 소속 | 출전 | 교체 | 득점 | 도움 | 실점 | 파울 | 경고 | 퇴장 |
|---|---|---|---|---|---|---|---|---|---|---|
| K1 | 2011 | 부산 | 10 | 2 | 6 | 0 | 0 | 25 | 5 | 0 |
| | 2012 | 부산 | 25 | 23 | 2 | 1 | 0 | 35 | 7 | 0 |
| | 2013 | 부산 | 31 | 26 | 8 | 1 | 0 | 23 | 5 | 1 |
| | 2014 | 부산 | 34 | 19 | 10 | 3 | 0 | 23 | 3 | 1 |
| PO | 2011 | 부산 | 1 | 0 | 0 | 0 | 0 | 3 | 1 | 0 |
| 통산 | | | 101 | 70 | 26 | 5 | 0 | 109 | 21 | 2 |

**파다예프**(Bakhodir Pardaev) 우즈베키스탄 1987.04.26

| 대회 | 연도 | 소속 | 출전 | 교체 | 득점 | 도움 | 실점 | 파울 | 경고 | 퇴장 |
|---|---|---|---|---|---|---|---|---|---|---|
| K2 | 2017 | 부천 | 5 | 5 | 1 | 0 | 0 | 1 | 0 | 0 |
| 통산 | | | 5 | 5 | 1 | 0 | 0 | 1 | 0 | 0 |

**파브레**(Pavle Ivelja) 세르비아 1998.01.20

| 대회 | 연도 | 소속 | 출전 | 교체 | 득점 | 도움 | 실점 | 파울 | 경고 | 퇴장 |
|---|---|---|---|---|---|---|---|---|---|---|
| K2 | 2025 | 천안 | 5 | 5 | 0 | 0 | 0 | 4 | 0 | 0 |
| 통산 | | | 5 | 5 | 0 | 0 | 0 | 4 | 0 | 0 |

**파브리시오**(Fabricio da Silva Cabral) 브라질 1981.09.16

| 대회 | 연도 | 소속 | 출전 | 교체 | 득점 | 도움 | 실점 | 파울 | 경고 | 퇴장 |
|---|---|---|---|---|---|---|---|---|---|---|
| K1 | 2005 | 성남일화 | 3 | 3 | 1 | 0 | 0 | 4 | 0 | 0 |
| PO | 2005 | 성남일화 | 0 | 0 | 0 | 0 | 0 | 0 | 0 | 0 |
| 통산 | | | 3 | 3 | 1 | 0 | 0 | 4 | 0 | 0 |

**파브리시오**(Fabricio Eduardo Souza) 브라질

1980.01.04

| 대회 | 연도 | 소속 | 출전 | 교체 | 득점 | 도움 | 실점 | 파울 | 경고 | 퇴장 |
|---|---|---|---|---|---|---|---|---|---|---|
| K1 | 2009 | 성남일화 | 11 | 10 | 0 | 1 | 0 | 15 | 0 | 0 |
| | 2010 | 성남일화 | 8 | 5 | 5 | 2 | 0 | 12 | 4 | 0 |
| PO | 2009 | 성남일화 | 3 | 3 | 0 | 0 | 0 | 4 | 1 | 0 |
| 컵 | 2009 | 성남일화 | 1 | 1 | 0 | 0 | 0 | 1 | 0 | 0 |
| | 2010 | 성남일화 | 3 | 3 | 0 | 0 | 0 | 6 | 2 | 0 |
| 통산 | | | 26 | 22 | 5 | 3 | 0 | 38 | 7 | 0 |

**파블로**(Pablo Matas Gonzalez Maciel) 우루과이 1996.09.13

| 대회 | 연도 | 소속 | 출전 | 교체 | 득점 | 도움 | 실점 | 파울 | 경고 | 퇴장 |
|---|---|---|---|---|---|---|---|---|---|---|
| K2 | 2023 | 김포 | 18 | 13 | 2 | 5 | 0 | 16 | 2 | 0 |
| 통산 | | | 18 | 13 | 2 | 5 | 0 | 16 | 2 | 0 |

**파비아노**(Fabiano Ferreira Gadelha) 브라질 1979.01.09

| 대회 | 연도 | 소속 | 출전 | 교체 | 득점 | 도움 | 실점 | 파울 | 경고 | 퇴장 |
|---|---|---|---|---|---|---|---|---|---|---|
| K1 | 2008 | 포항 | 0 | 0 | 0 | 0 | 0 | 0 | 0 | 0 |
| 통산 | | | 0 | 0 | 0 | 0 | 0 | 0 | 0 | 0 |

**파비안**(Fabijan Komljenović) 크로아티아 1968.01.16

| 대회 | 연도 | 소속 | 출전 | 교체 | 득점 | 도움 | 실점 | 파울 | 경고 | 퇴장 |
|---|---|---|---|---|---|---|---|---|---|---|
| K1 | 2000 | 포항 | 7 | 7 | 0 | 0 | 0 | 9 | 0 | 0 |
| 통산 | | | 7 | 7 | 0 | 0 | 0 | 9 | 0 | 0 |

**파비오**(Fabio Junior dos Santos) 브라질 1982.10.06

| 대회 | 연도 | 소속 | 출전 | 교체 | 득점 | 도움 | 실점 | 파울 | 경고 | 퇴장 |
|---|---|---|---|---|---|---|---|---|---|---|
| K1 | 2005 | 전남 | 3 | 3 | 0 | 1 | 0 | 2 | 0 | 0 |
| 컵 | 2005 | 전남 | 6 | 6 | 0 | 0 | 0 | 6 | 0 | 0 |
| 통산 | | | 9 | 9 | 0 | 1 | 0 | 8 | 0 | 0 |

**파비오**(Fabio Pereira da Silva) 브라질 1982.03.21

| 대회 | 연도 | 소속 | 출전 | 교체 | 득점 | 도움 | 실점 | 파울 | 경고 | 퇴장 |
|---|---|---|---|---|---|---|---|---|---|---|
| K1 | 2005 | 전남 | 7 | 3 | 0 | 0 | 0 | 16 | 3 | 0 |
| 통산 | | | 7 | 3 | 0 | 0 | 0 | 16 | 3 | 0 |

**파비오**(Joao Paulo di Fabio) 브라질 1979.02.10

| 대회 | 연도 | 소속 | 출전 | 교체 | 득점 | 도움 | 실점 | 파울 | 경고 | 퇴장 |
|---|---|---|---|---|---|---|---|---|---|---|
| K1 | 2008 | 부산 | 11 | 0 | 0 | 1 | 0 | 20 | 2 | 0 |
| | 2009 | 부산 | 9 | 2 | 0 | 1 | 0 | 13 | 0 | 0 |
| 컵 | 2008 | 부산 | 4 | 0 | 0 | 0 | 0 | 5 | 1 | 0 |
| | 2009 | 부산 | 1 | 0 | 0 | 0 | 0 | 1 | 1 | 0 |
| 통산 | | | 25 | 2 | 0 | 2 | 0 | 39 | 4 | 0 |

**파비오**(Fabio Luis Santos de Almeida) 브라질 1983.08.02

| 대회 | 연도 | 소속 | 출전 | 교체 | 득점 | 도움 | 실점 | 파울 | 경고 | 퇴장 |
|---|---|---|---|---|---|---|---|---|---|---|
| K1 | 2009 | 울산 | 5 | 5 | 1 | 1 | 0 | 6 | 0 | 0 |
| 통산 | | | 5 | 5 | 1 | 1 | 0 | 6 | 0 | 0 |

**파비오**(Fabio Rogerio Correa Lopes) 브라질 1985.05.24

| 대회 | 연도 | 소속 | 출전 | 교체 | 득점 | 도움 | 실점 | 파울 | 경고 | 퇴장 |
|---|---|---|---|---|---|---|---|---|---|---|
| K1 | 2010 | 대전 | 13 | 10 | 5 | 1 | 0 | 33 | 1 | 0 |
| 통산 | | | 13 | 10 | 5 | 1 | 0 | 33 | 1 | 0 |

**파비오**(Jose Fabio Santos de Oliveira) 브라질 1987.06.13

| 대회 | 연도 | 소속 | 출전 | 교체 | 득점 | 도움 | 실점 | 파울 | 경고 | 퇴장 |
|---|---|---|---|---|---|---|---|---|---|---|
| K1 | 2013 | 대구 | 2 | 2 | 0 | 0 | 0 | 6 | 1 | 0 |
| 통산 | | | 2 | 2 | 0 | 0 | 0 | 6 | 1 | 0 |

**파비오**(Fabio Neves Florentino) 브라질 1986.10.04

| 대회 | 연도 | 소속 | 출전 | 교체 | 득점 | 도움 | 실점 | 파울 | 경고 | 퇴장 |
|---|---|---|---|---|---|---|---|---|---|---|
| K1 | 2015 | 광주 | 37 | 30 | 2 | 1 | 0 | 31 | 2 | 0 |
| | 2016 | 광주 | 14 | 12 | 1 | 1 | 0 | 17 | 1 | 0 |
| K2 | 2014 | 광주 | 25 | 19 | 8 | 1 | 0 | 30 | 1 | 0 |
| PO | 2014 | 광주 | 3 | 3 | 2 | 1 | 0 | 1 | 0 | 0 |
| 통산 | | | 79 | 64 | 13 | 4 | 0 | 79 | 4 | 0 |

**파우벨**(Fauver Frank Mendes Braga) 브라질 1994.09.14

| 대회 | 연도 | 소속 | 출전 | 교체 | 득점 | 도움 | 실점 | 파울 | 경고 | 퇴장 |
|---|---|---|---|---|---|---|---|---|---|---|
| K2 | 2015 | 경남 | 6 | 6 | 0 | 0 | 0 | 3 | 0 | 0 |
| | 2019 | 안산 | 21 | 20 | 1 | 0 | 0 | 14 | 0 | 0 |
| 통산 | | | 27 | 26 | 1 | 0 | 0 | 17 | 0 | 0 |

**파울로**(Paulo Cesar da Silva) 브라질 1976.01.02

| 대회 | 연도 | 소속 | 출전 | 교체 | 득점 | 도움 | 실점 | 파울 | 경고 | 퇴장 |
|---|---|---|---|---|---|---|---|---|---|---|
| 컵 | 2002 | 성남일화 | 4 | 3 | 0 | 1 | 0 | 16 | 2 | 0 |
| 통산 | | | 4 | 3 | 0 | 1 | 0 | 16 | 2 | 0 |

**파울로**(Paulo Sergio Luiz de Souza) 브라질 1989.06.11

| 대회 | 연도 | 소속 | 출전 | 교체 | 득점 | 도움 | 실점 | 파울 | 경고 | 퇴장 |
|---|---|---|---|---|---|---|---|---|---|---|
| K2 | 2016 | 대구 | 33 | 18 | 17 | 4 | 0 | 46 | 7 | 0 |
| | 2017 | 성남 | 7 | 5 | 0 | 0 | 0 | 8 | 1 | 0 |
| 통산 | | | 40 | 23 | 17 | 4 | 0 | 54 | 8 | 0 |

**파울리뇨**(Paulo Henrique do Pilar Silva) 브라질 1996.06.24

| 대회 | 연도 | 소속 | 출전 | 교체 | 득점 | 도움 | 실점 | 파울 | 경고 | 퇴장 |
|---|---|---|---|---|---|---|---|---|---|---|
| K2 | 2023 | 천안 | 19 | 4 | 8 | 5 | 0 | 30 | 4 | 0 |
| | 2024 | 천안 | 18 | 6 | 9 | 1 | 0 | 12 | 4 | 1 |
| | 2024 | 수원 | 12 | 7 | 1 | 3 | 0 | 7 | 0 | 0 |
| | 2025 | 수원 | 32 | 25 | 8 | 2 | 0 | 30 | 2 | 0 |
| PO | 2025 | 수원 | 2 | 2 | 0 | 0 | 0 | 1 | 0 | 0 |
| 통산 | | | 83 | 44 | 26 | 11 | 0 | 80 | 10 | 1 |

**파울리뉴**(Paulo Victor de Menezes Melo) 브라질 1993.05.29

| 대회 | 연도 | 소속 | 출전 | 교체 | 득점 | 도움 | 실점 | 파울 | 경고 | 퇴장 |
|---|---|---|---|---|---|---|---|---|---|---|
| K2 | 2023 | 충북청주 | 10 | 2 | 2 | 1 | 0 | 8 | 0 | 0 |
| | 2024 | 충북청주 | 12 | 12 | 2 | 0 | 0 | 5 | 2 | 0 |
| 통산 | | | 22 | 14 | 4 | 1 | 0 | 13 | 2 | 0 |

**파울링뇨**(Marcos Paulo Paulini) 브라질 1977.03.04

| 대회 | 연도 | 소속 | 출전 | 교체 | 득점 | 도움 | 실점 | 파울 | 경고 | 퇴장 |
|---|---|---|---|---|---|---|---|---|---|---|
| K1 | 2001 | 울산 | 22 | 15 | 11 | 2 | 0 | 27 | 0 | 0 |
| | 2002 | 울산 | 25 | 19 | 4 | 5 | 0 | 32 | 1 | 0 |
| 컵 | 2001 | 울산 | 6 | 5 | 2 | 0 | 0 | 10 | 1 | 0 |
| | 2002 | 울산 | 10 | 9 | 4 | 0 | 0 | 11 | 1 | 0 |
| 통산 | | | 63 | 48 | 21 | 7 | 0 | 80 | 3 | 0 |

**파울링요**(Beraldo Santos Paulo Luiz) 브라질 1988.06.14

| 대회 | 연도 | 소속 | 출전 | 교체 | 득점 | 도움 | 실점 | 파울 | 경고 | 퇴장 |
|---|---|---|---|---|---|---|---|---|---|---|
| K1 | 2018 | 경남 | 23 | 16 | 2 | 1 | 0 | 13 | 2 | 0 |
| 통산 | | | 23 | 16 | 2 | 1 | 0 | 13 | 2 | 0 |

**파체코**(Edgar Ivan Pacheco Rodriguez) 멕시코 1990.01.22

| 대회 | 연도 | 소속 | 출전 | 교체 | 득점 | 도움 | 실점 | 파울 | 경고 | 퇴장 |
|---|---|---|---|---|---|---|---|---|---|---|
| K2 | 2016 | 강원 | 1 | 1 | 0 | 0 | 0 | 1 | 1 | 0 |
| 통산 | | | 1 | 1 | 0 | 0 | 0 | 1 | 1 | 0 |

**파탈루**(Erik Endel Paartalu) 오스트레일리아 1986.05.03

| 대회 | 연도 | 소속 | 출전 | 교체 | 득점 | 도움 | 실점 | 파울 | 경고 | 퇴장 |
|---|---|---|---|---|---|---|---|---|---|---|
| K1 | 2016 | 전북 | 2 | 2 | 0 | 0 | 0 | 2 | 1 | 0 |
| 통산 | | | 2 | 2 | 0 | 0 | 0 | 2 | 1 | 0 |

**파투**(Matheus Antonio de Souza Santos/←안토니오) 브라질 1995.06.08

| 대회 | 연도 | 소속 | 출전 | 교체 | 득점 | 도움 | 실점 | 파울 | 경고 | 퇴장 |
|---|---|---|---|---|---|---|---|---|---|---|
| K2 | 2019 | 대전 | 15 | 9 | 6 | 3 | 0 | 15 | 1 | 0 |
| | 2021 | 대전 | 25 | 20 | 3 | 2 | 0 | 25 | 2 | 0 |
| PO | 2021 | 대전 | 2 | 2 | 0 | 0 | 0 | 2 | 0 | 0 |
| 통산 | | | 42 | 31 | 9 | 5 | 0 | 42 | 3 | 0 |

**팔라시오스**(Manuel Emilio Palacios Murillo) 콜롬비아 1993.02.13

| 대회 | 연도 | 소속 | 출전 | 교체 | 득점 | 도움 | 실점 | 파울 | 경고 | 퇴장 |
|---|---|---|---|---|---|---|---|---|---|---|
| K1 | 2020 | 포항 | 25 | 22 | 5 | 6 | 0 | 34 | 5 | 1 |
| | 2021 | 포항 | 26 | 22 | 1 | 0 | 0 | 33 | 2 | 1 |
| | 2022 | 포항 | 1 | 1 | 1 | 0 | 0 | 1 | 0 | 0 |
| | 2022 | 성남 | 29 | 24 | 3 | 3 | 0 | 28 | 2 | 0 |
| K2 | 2019 | 안양 | 32 | 7 | 10 | 6 | 0 | 38 | 4 | 0 |
| PO | 2019 | 안양 | 2 | 1 | 1 | 0 | 0 | 5 | 1 | 0 |
| 통산 | | | 115 | 77 | 21 | 15 | 0 | 139 | 14 | 2 |

**팔로세비치**(Aleksandar Paločević) 세르비아 1993.08.22

| 대회 | 연도 | 소속 | 출전 | 교체 | 득점 | 도움 | 실점 | 파울 | 경고 | 퇴장 |
|---|---|---|---|---|---|---|---|---|---|---|
| K1 | 2019 | 포항 | 16 | 14 | 5 | 4 | 0 | 9 | 0 | 0 |
| | 2020 | 포항 | 22 | 7 | 14 | 6 | 0 | 12 | 3 | 0 |
| | 2021 | 서울 | 34 | 25 | 10 | 4 | 0 | 18 | 5 | 0 |
| | 2022 | 서울 | 38 | 29 | 5 | 2 | 0 | 31 | 3 | 0 |
| | 2023 | 서울 | 35 | 25 | 4 | 1 | 0 | 20 | 5 | 0 |
| | 2024 | 서울 | 21 | 17 | 1 | 3 | 0 | 17 | 2 | 0 |
| 통산 | | | 166 | 117 | 39 | 20 | 0 | 107 | 18 | 0 |

**패트릭**(Patrick Villars) 가나 1984.05.21

| 대회 | 연도 | 소속 | 출전 | 교체 | 득점 | 도움 | 실점 | 파울 | 경고 | 퇴장 |
|---|---|---|---|---|---|---|---|---|---|---|
| K1 | 2003 | 부천SK | 11 | 3 | 0 | 0 | 0 | 23 | 4 | 0 |
| 통산 | | | 11 | 3 | 0 | 0 | 0 | 23 | 4 | 0 |

**패트릭**(Partrik Camilo Cornelio da Silva) 브라질 1990.07.19

| 대회 | 연도 | 소속 | 출전 | 교체 | 득점 | 도움 | 실점 | 파울 | 경고 | 퇴장 |
|---|---|---|---|---|---|---|---|---|---|---|
| K1 | 2013 | 강원 | 11 | 8 | 1 | 1 | 0 | 16 | 2 | 0 |
| 통산 | | | 11 | 8 | 1 | 1 | 0 | 16 | 2 | 0 |

**패트릭**(Patrick Stacey Murnane Flottmann) 오스트레일리아 1997.04.19

| 대회 | 연도 | 소속 | 출전 | 교체 | 득점 | 도움 | 실점 | 파울 | 경고 | 퇴장 |
|---|---|---|---|---|---|---|---|---|---|---|
| K2 | 2023 | 성남 | 22 | 4 | 2 | 0 | 0 | 18 | 5 | 0 |
| 통산 | | | 22 | 4 | 2 | 0 | 0 | 18 | 5 | 0 |

**펑샤오팅**(Feng Xiaoting, 冯潇霆) 중국 1985.10.22

| 대회 | 연도 | 소속 | 출전 | 교체 | 득점 | 도움 | 실점 | 파울 | 경고 | 퇴장 |
|---|---|---|---|---|---|---|---|---|---|---|
| K1 | 2009 | 대구 | 19 | 2 | 0 | 0 | 0 | 11 | 3 | 0 |
| | 2010 | 전북 | 11 | 0 | 0 | 0 | 0 | 9 | 1 | 0 |
| PO | 2010 | 전북 | 0 | 0 | 0 | 0 | 0 | 0 | 0 | 0 |
| 컵 | 2009 | 대구 | 1 | 0 | 0 | 0 | 0 | 1 | 0 | 0 |
| | 2010 | 전북 | 1 | 0 | 0 | 0 | 0 | 1 | 0 | 0 |
| 통산 | | | 32 | 2 | 0 | 0 | 0 | 22 | 4 | 0 |

**페냐**(Daniel dos Santos Penha) 브라질 1998.10.177

| 대회 | 연도 | 소속 | 출전 | 교체 | 득점 | 도움 | 실점 | 파울 | 경고 | 퇴장 |
|---|---|---|---|---|---|---|---|---|---|---|
| K1 | 2022 | 대구 | 10 | 5 | 1 | 1 | 0 | 16 | 4 | 0 |
| 통산 | | | 10 | 5 | 1 | 1 | 0 | 16 | 4 | 0 |

**페드로**(Pedro Bispo Moreira Junior) 브라질 1987.01.29

| 대회 | 연도 | 소속 | 출전 | 교체 | 득점 | 도움 | 실점 | 파울 | 경고 | 퇴장 |
|---|---|---|---|---|---|---|---|---|---|---|
| K1 | 2013 | 제주 | 29 | 13 | 17 | 0 | 0 | 56 | 3 | 0 |
| 통산 | | | 29 | 13 | 17 | 0 | 0 | 56 | 3 | 0 |

**페드로**(Pedro Henrique Cortes Oliveira Gois) 동티모르 1992.01.17

| 대회 | 연도 | 소속 | 출전 | 교체 | 득점 | 도움 | 실점 | 파울 | 경고 | 퇴장 |
|---|---|---|---|---|---|---|---|---|---|---|
| K2 | 2017 | 대전 | 0 | 0 | 0 | 0 | 0 | 0 | 0 | 0 |
| 통산 | | | 0 | 0 | 0 | 0 | 0 | 0 | 0 | 0 |

**페드로**(Pedro Henrique de Santana Almeida) 브라질 1991.03.25

| 대회 | 연도 | 소속 | 출전 | 교체 | 득점 | 도움 | 실점 | 파울 | 경고 | 퇴장 |
|---|---|---|---|---|---|---|---|---|---|---|
| K2 | 2018 | 대전 | 4 | 3 | 1 | 0 | 0 | 9 | 1 | 0 |
| 통산 | | | 4 | 3 | 1 | 0 | 0 | 9 | 1 | 0 |

**페드로**(Pedro Vitor Ferreira da Silva) 브라질 1998.03.20

| 대회 | 연도 | 소속 | 출전 | 교체 | 득점 | 도움 | 실점 | 파울 | 경고 | 퇴장 |
|---|---|---|---|---|---|---|---|---|---|---|
| K2 | 2025 | 충북청주 | 35 | 32 | 4 | 2 | 0 | 24 | 3 | 0 |
| 통산 | | | 35 | 32 | 4 | 2 | 0 | 24 | 3 | 0 |

**페드링요**(Pedro Antonio Pimentel Ferreira) 브라질 2002.02.20

| 대회 | 연도 | 소속 | 출전 | 교체 | 득점 | 도움 | 실점 | 파울 | 경고 | 퇴장 |
|---|---|---|---|---|---|---|---|---|---|---|
| K1 | 2025 | 제주 | 9 | 9 | 0 | 2 | 0 | 2 | 0 | 0 |
| K2 | 2025 | 서울E | 17 | 16 | 2 | 1 | 0 | 8 | 1 | 0 |
| 통산 | | | 26 | 25 | 2 | 3 | 0 | 10 | 1 | 0 |

**페라소**(Walter Osvaldo Perazzo Otero) 아르헨티나 1962.08.02

| 대회 | 연도 | 소속 | 출전 | 교체 | 득점 | 도움 | 실점 | 파울 | 경고 | 퇴장 |
|---|---|---|---|---|---|---|---|---|---|---|
| K1 | 1994 | 대우 | 2 | 2 | 0 | 0 | 0 | 1 | 0 | 0 |
| 통산 | | | 2 | 2 | 0 | 0 | 0 | 1 | 0 | 0 |

**페레이라**(Josiesley Ferreira Rosa) 브라질 1979.02.21

| 대회 | 연도 | 소속 | 출전 | 교체 | 득점 | 도움 | 실점 | 파울 | 경고 | 퇴장 |
|---|---|---|---|---|---|---|---|---|---|---|
| K1 | 2008 | 울산 | 7 | 8 | 0 | 1 | 0 | 10 | 2 | 0 |
| 컵 | 2008 | 울산 | 3 | 4 | 0 | 1 | 0 | 11 | 1 | 0 |
| 통산 | | | 10 | 12 | 0 | 2 | 0 | 21 | 3 | 0 |

**페르난데스**(Rodrigo Fernandes) 브라질 1978.03.03

| 대회 | 연도 | 소속 | 출전 | 교체 | 득점 | 도움 | 실점 | 파울 | 경고 | 퇴장 |
|---|---|---|---|---|---|---|---|---|---|---|
| K1 | 2003 | 전북 | 29 | 25 | 3 | 4 | 0 | 15 | 0 | 0 |
| 통산 | | | 29 | 25 | 3 | 4 | 0 | 15 | 0 | 0 |

**페르난도**(Luiz Fernando Acuña Egidio) 브라질 1977.11.25

| 대회 | 연도 | 소속 | 출전 | 교체 | 득점 | 도움 | 실점 | 파울 | 경고 | 퇴장 |
|---|---|---|---|---|---|---|---|---|---|---|
| K1 | 2007 | 부산 | 4 | 4 | 0 | 1 | 0 | 5 | 0 | 0 |
| 컵 | 2007 | 부산 | 5 | 4 | 0 | 0 | 0 | 13 | 1 | 0 |
| 통산 | | | 9 | 8 | 0 | 1 | 0 | 18 | 1 | 0 |

**페르난도**(Luiz Fernando Pereira da Silva) 브라질 1985.11.25

| 대회 | 연도 | 소속 | 출전 | 교체 | 득점 | 도움 | 실점 | 파울 | 경고 | 퇴장 |
|---|---|---|---|---|---|---|---|---|---|---|
| K1 | 2007 | 대전 | 9 | 9 | 1 | 1 | 0 | 27 | 2 | 0 |
| 컵 | 2007 | 대전 | 6 | 6 | 0 | 0 | 0 | 15 | 0 | 0 |
| 통산 | | | 15 | 15 | 1 | 1 | 0 | 42 | 2 | 0 |

**페블레스**(Daniel Ricardo Febles Argüelles) 베네수엘라 1991.02.08

| 대회 | 연도 | 소속 | 출전 | 교체 | 득점 | 도움 | 실점 | 파울 | 경고 | 퇴장 |
|---|---|---|---|---|---|---|---|---|---|---|
| K2 | 2018 | 서울E | 5 | 2 | 0 | 1 | 0 | 8 | 0 | 0 |
| 통산 | | | 5 | 2 | 0 | 1 | 0 | 8 | 0 | 0 |

**페시치**(Aleksandar Pešić) 세르비아 1992.05.21

| 대회 | 연도 | 소속 | 출전 | 교체 | 득점 | 도움 | 실점 | 파울 | 경고 | 퇴장 |
|---|---|---|---|---|---|---|---|---|---|---|
| K1 | 2019 | 서울 | 25 | 13 | 10 | 1 | 0 | 27 | 1 | 0 |
| | 2020 | 서울 | 1 | 1 | 0 | 0 | 0 | 0 | 0 | 0 |
| 통산 | | | 26 | 14 | 10 | 1 | 0 | 27 | 1 | 0 |

**페신**(Jefferson Gabriel Nascimento Brito) 브라질 1999.01.04

| 대회 | 연도 | 소속 | 출전 | 교체 | 득점 | 도움 | 실점 | 파울 | 경고 | 퇴장 |
|---|---|---|---|---|---|---|---|---|---|---|
| K2 | 2023 | 부산 | 23 | 23 | 7 | 2 | 0 | 6 | 2 | 0 |
| | 2024 | 부산 | 34 | 22 | 11 | 5 | 0 | 19 | 0 | 0 |
| | 2025 | 부산 | 35 | 23 | 12 | 3 | 0 | 17 | 0 | 0 |
| PO | 2024 | 부산 | 1 | 0 | 0 | 0 | 0 | 0 | 0 | 0 |
| 통산 | | | 93 | 68 | 30 | 10 | 0 | 42 | 2 | 0 |

**페체신**(Feczesin Róbert) 헝가리 1986.02.22

| 대회 | 연도 | 소속 | 출전 | 교체 | 득점 | 도움 | 실점 | 파울 | 경고 | 퇴장 |
|---|---|---|---|---|---|---|---|---|---|---|
| K1 | 2017 | 전남 | 32 | 19 | 10 | 4 | 0 | 56 | 3 | 0 |
| 통산 | | | 32 | 19 | 10 | 4 | 0 | 56 | 3 | 0 |

**페트라섹**(Tomáš Petrášek) 체코 1992.03.02

| 대회 | 연도 | 소속 | 출전 | 교체 | 득점 | 도움 | 실점 | 파울 | 경고 | 퇴장 |
|---|---|---|---|---|---|---|---|---|---|---|
| K1 | 2023 | 전북 | 7 | 3 | 0 | 0 | 0 | 2 | 1 | 0 |
| | 2024 | 전북 | 1 | 0 | 0 | 0 | 0 | 0 | 0 | 0 |
| 통산 | | | 8 | 3 | 0 | 0 | 0 | 2 | 1 | 0 |

**페트라토스**(Petratos Dimitrios) 오스트레일리아 1992.11.10

| 대회 | 연도 | 소속 | 출전 | 교체 | 득점 | 도움 | 실점 | 파울 | 경고 | 퇴장 |
|---|---|---|---|---|---|---|---|---|---|---|
| K1 | 2017 | 울산 | 4 | 4 | 0 | 1 | 0 | 5 | 0 | 0 |
| 통산 | | | 4 | 4 | 0 | 1 | 0 | 5 | 0 | 0 |

**페트로**(Sasa Petrović) 유고슬라비아 1966.12.31

| 대회 | 연도 | 소속 | 출전 | 교체 | 득점 | 도움 | 실점 | 파울 | 경고 | 퇴장 |
|---|---|---|---|---|---|---|---|---|---|---|
| K1 | 1996 | 전남 | 24 | 0 | 0 | 0 | 33 | 2 | 3 | 0 |
| | 1997 | 전남 | 3 | 0 | 0 | 0 | 3 | 0 | 0 | 0 |
| 컵 | 1997 | 전남 | 5 | 0 | 0 | 0 | 6 | 0 | 0 | 0 |
| 통산 | | | 32 | 0 | 0 | 0 | 42 | 2 | 3 | 0 |

**펠리삐**(Felipe Martins Dorta) 오스트리아 1996.06.17

| 대회 | 연도 | 소속 | 출전 | 교체 | 득점 | 도움 | 실점 | 파울 | 경고 | 퇴장 |
|---|---|---|---|---|---|---|---|---|---|---|
| K2 | 2019 | 안산 | 5 | 5 | 0 | 0 | 0 | 2 | 0 | 0 |
| 통산 | | | 5 | 5 | 0 | 0 | 0 | 2 | 0 | 0 |

**펠리팡**(Felipe Augusto Souza da Silva: Felipão) 브라질 1995.02.18

| 대회 | 연도 | 소속 | 출전 | 교체 | 득점 | 도움 | 실점 | 파울 | 경고 | 퇴장 |
|---|---|---|---|---|---|---|---|---|---|---|
| K2 | 2020 | 안산 | 20 | 12 | 2 | 3 | 0 | 20 | 4 | 1 |
| 통산 | | | 20 | 12 | 2 | 3 | 0 | 20 | 4 | 1 |

**펠리페**(Felipe de Sousa Silva) 브라질 1992.04.03

| 대회 | 연도 | 소속 | 출전 | 교체 | 득점 | 도움 | 실점 | 파울 | 경고 | 퇴장 |
|---|---|---|---|---|---|---|---|---|---|---|
| K1 | 2020 | 광주 | 24 | 3 | 12 | 1 | 0 | 53 | 4 | 1 |
| | 2021 | 광주 | 13 | 5 | 3 | 1 | 0 | 28 | 3 | 0 |
| K2 | 2018 | 광주 | 14 | 4 | 7 | 2 | 0 | 31 | 6 | 0 |
| | 2019 | 광주 | 27 | 7 | 19 | 3 | 0 | 77 | 4 | 2 |
| PO | 2018 | 광주 | 1 | 0 | 0 | 0 | 0 | 2 | 0 | 0 |
| 통산 | | | 79 | 19 | 41 | 7 | 0 | 191 | 17 | 3 |

**펠리페**(Felipe Sambudio Rosalen) 브라질 2000.10.27

| 대회 | 연도 | 소속 | 출전 | 교체 | 득점 | 도움 | 실점 | 파울 | 경고 | 퇴장 |
|---|---|---|---|---|---|---|---|---|---|---|
| K2 | 2025 | 천안 | 14 | 11 | 1 | 3 | 0 | 12 | 4 | 0 |
| 통산 | | | 14 | 11 | 1 | 3 | 0 | 12 | 4 | 0 |

**펠리피**(Felipe Azevedo dos Santos) 브라질 1987.01.10

| 대회 | 연도 | 소속 | 출전 | 교체 | 득점 | 도움 | 실점 | 파울 | 경고 | 퇴장 |
|---|---|---|---|---|---|---|---|---|---|---|
| K1 | 2010 | 부산 | 9 | 8 | 3 | 0 | 0 | 15 | 1 | 0 |
| | 2011 | 부산 | 5 | 5 | 0 | 1 | 0 | 6 | 0 | 0 |
| 컵 | 2011 | 부산 | 0 | 0 | 0 | 0 | 0 | 0 | 0 | 0 |
| 통산 | | | 14 | 13 | 3 | 1 | 0 | 21 | 1 | 0 |

**펠리피**(Felipe Barreto Adao) 브라질 1985.11.26

| 대회 | 연도 | 소속 | 출전 | 교체 | 득점 | 도움 | 실점 | 파울 | 경고 | 퇴장 |
|---|---|---|---|---|---|---|---|---|---|---|
| K2 | 2014 | 안양 | 23 | 20 | 3 | 0 | 0 | 34 | 3 | 0 |
| 통산 | | | 23 | 20 | 3 | 0 | 0 | 34 | 3 | 0 |

**펠릭스**(Felix Nzeina) 카메룬 1980.12.11

| 대회 | 연도 | 소속 | 출전 | 교체 | 득점 | 도움 | 실점 | 파울 | 경고 | 퇴장 |
|---|---|---|---|---|---|---|---|---|---|---|
| K1 | 2005 | 부산 | 13 | 11 | 1 | 1 | 0 | 23 | 3 | 0 |
| 컵 | 2005 | 부산 | 11 | 11 | 1 | 0 | 0 | 27 | 1 | 0 |
| 통산 | | | 24 | 22 | 2 | 1 | 0 | 50 | 4 | 0 |

**포섹**(Peter Fousek) 체코 1972.08.11

| 대회 | 연도 | 소속 | 출전 | 교체 | 득점 | 도움 | 실점 | 파울 | 경고 | 퇴장 |
|---|---|---|---|---|---|---|---|---|---|---|
| K1 | 2001 | 전남 | 2 | 2 | 0 | 0 | 0 | 3 | 0 | 0 |
| 통산 | | | 2 | 2 | 0 | 0 | 0 | 3 | 0 | 0 |

**포파**(Daniel Iliuță Popa) 루마니아 1995.07.14

| 대회 | 연도 | 소속 | 출전 | 교체 | 득점 | 도움 | 실점 | 파울 | 경고 | 퇴장 |
|---|---|---|---|---|---|---|---|---|---|---|
| K2 | 2022 | 대전 | 9 | 9 | 0 | 0 | 0 | 6 | 0 | 0 |
| 통산 | | | 9 | 9 | 0 | 0 | 0 | 6 | 0 | 0 |

**포포비치**(Lazar Popovic) 세르비아 1983.01.10

| 대회 | 연도 | 소속 | 출전 | 교체 | 득점 | 도움 | 실점 | 파울 | 경고 | 퇴장 |
|---|---|---|---|---|---|---|---|---|---|---|
| K1 | 2009 | 대구 | 9 | 7 | 1 | 0 | 0 | 13 | 2 | 0 |
| 컵 | 2009 | 대구 | 4 | 2 | 1 | 0 | 0 | 8 | 1 | 0 |
| 통산 | | | 13 | 9 | 2 | 0 | 0 | 21 | 3 | 0 |

**포포비치**(Alexandar Popovic) 오스트레일리아 2002.09.07

| 대회 | 연도 | 소속 | 출전 | 교체 | 득점 | 도움 | 실점 | 파울 | 경고 | 퇴장 |
|---|---|---|---|---|---|---|---|---|---|---|
| K1 | 2024 | 광주 | 10 | 3 | 0 | 0 | 0 | 4 | 1 | 0 |
| 통산 | | | 10 | 3 | 0 | 0 | 0 | 4 | 1 | 0 |

**포프** (Willan Popp) 브라질 1994.04.13

| 대회 | 연도 | 소속 | 출전 | 교체 | 득점 | 도움 | 실점 | 파울 | 경고 | 퇴장 |
|---|---|---|---|---|---|---|---|---|---|---|
| K2 | 2016 | 부산 | 37 | 21 | 18 | 4 | 0 | 61 | 6 | 0 |
| | 2018 | 부천 | 30 | 10 | 10 | 2 | 0 | 48 | 3 | 0 |
| PO | 2016 | 부산 | 1 | 1 | 0 | 0 | 0 | 2 | 0 | 0 |
| 통산 | | | 68 | 32 | 28 | 6 | 0 | 111 | 9 | 0 |

**폰세카**(Felipe Guilherme Santos Fonseca) 브라질 2003.05.24

| 대회 | 연도 | 소속 | 출전 | 교체 | 득점 | 도움 | 실점 | 파울 | 경고 | 퇴장 |
|---|---|---|---|---|---|---|---|---|---|---|
| K2 | 2024 | 경남 | 12 | 11 | 1 | 2 | 0 | 3 | 0 | 0 |
| | 2025 | 경남 | 4 | 4 | 0 | 1 | 0 | 1 | 0 | 0 |
| 통산 | | | 16 | 15 | 1 | 3 | 0 | 4 | 0 | 0 |

**표건희**(表健熙) 인천대 1997.08.06

| 대회 | 연도 | 소속 | 출전 | 교체 | 득점 | 도움 | 실점 | 파울 | 경고 | 퇴장 |
|---|---|---|---|---|---|---|---|---|---|---|
| K1 | 2021 | 인천 | 2 | 1 | 0 | 0 | 0 | 1 | 0 | 0 |
| 통산 | | | 2 | 1 | 0 | 0 | 0 | 1 | 0 | 0 |

**푸마갈리**(Jose Fernando Fumagalli) 브라질 1977.10.05

| 대회 | 연도 | 소속 | 출전 | 교체 | 득점 | 도움 | 실점 | 파울 | 경고 | 퇴장 |
|---|---|---|---|---|---|---|---|---|---|---|
| K1 | 2004 | 서울 | 11 | 10 | 0 | 0 | 0 | 19 | 2 | 0 |
| 컵 | 2004 | 서울 | 6 | 3 | 2 | 0 | 0 | 3 | 0 | 0 |
| 통산 | | | 17 | 13 | 2 | 0 | 0 | 22 | 2 | 0 |

**프라니치**(Ivan Frankie Franjić) 오스트레일리아 1987.09.10

| 대회 | 연도 | 소속 | 출전 | 교체 | 득점 | 도움 | 실점 | 파울 | 경고 | 퇴장 |
|---|---|---|---|---|---|---|---|---|---|---|
| K1 | 2017 | 대구 | 2 | 2 | 0 | 0 | 0 | 1 | 1 | 0 |
| 통산 | | | 2 | 2 | 0 | 0 | 0 | 1 | 1 | 0 |

**프랑코**(Pedro Filipe Antunes Matias Silva Franco) 포르투갈 1974.04.18

| 대회 | 연도 | 소속 | 출전 | 교체 | 득점 | 도움 | 실점 | 파울 | 경고 | 퇴장 |
|---|---|---|---|---|---|---|---|---|---|---|
| K1 | 2005 | 서울 | 11 | 2 | 1 | 0 | 0 | 23 | 3 | 0 |
| 컵 | 2005 | 서울 | 8 | 0 | 1 | 0 | 0 | 6 | 1 | 0 |
| 통산 | | | 19 | 2 | 2 | 0 | 0 | 29 | 4 | 0 |

**프랑크**(Frank Lieberam) 독일 1962.12.17

| 대회 | 연도 | 소속 | 출전 | 교체 | 득점 | 도움 | 실점 | 파울 | 경고 | 퇴장 |
|---|---|---|---|---|---|---|---|---|---|---|
| K1 | 1992 | 현대 | 12 | 1 | 0 | 0 | 0 | 9 | 3 | 1 |
| 컵 | 1992 | 현대 | 7 | 1 | 1 | 1 | 0 | 3 | 1 | 0 |
| 통산 | | | 19 | 2 | 1 | 1 | 0 | 12 | 4 | 1 |

**프랭클린**(Franklin Geovane de Santana Chagas) 브라질 1996.08

| 대회 | 연도 | 소속 | 출전 | 교체 | 득점 | 도움 | 실점 | 파울 | 경고 | 퇴장 |
|---|---|---|---|---|---|---|---|---|---|---|
| K2 | 2023 | 부산 | 13 | 13 | 1 | 1 | 0 | 2 | 0 | 0 |
| 통산 | | | 13 | 13 | 1 | 1 | 0 | 2 | 0 | 0 |

**프레이타스**(Elionay Freitas da Sliva) 브라질 1997.05.23

| 대회 | 연도 | 소속 | 출전 | 교체 | 득점 | 도움 | 실점 | 파울 | 경고 | 퇴장 |
|---|---|---|---|---|---|---|---|---|---|---|
| K2 | 2025 | 성남 | 20 | 16 | 4 | 0 | 0 | 27 | 6 | 0 |
| PO | 2025 | 성남 | 2 | 0 | 0 | 0 | 0 | 1 | 1 | 0 |
| 통산 | | | 22 | 16 | 4 | 0 | 0 | 28 | 7 | 0 |

**프론티니**(Carbs Esteban Frontini) 브라질 1981.08.19

| 대회 | 연도 | 소속 | 출전 | 교체 | 득점 | 도움 | 실점 | 파울 | 경고 | 퇴장 |
|---|---|---|---|---|---|---|---|---|---|---|
| K1 | 2006 | 포항 | 19 | 18 | 6 | 3 | 0 | 37 | 4 | 0 |
| | 2007 | 포항 | 3 | 2 | 0 | 0 | 0 | 6 | 0 | 0 |
| PO | 2006 | 포항 | 1 | 1 | 0 | 0 | 0 | 0 | 0 | 0 |
| 컵 | 2006 | 포항 | 9 | 7 | 2 | 1 | 0 | 28 | 3 | 0 |
| | 2007 | 포항 | 6 | 5 | 0 | 0 | 0 | 6 | 1 | 0 |
| 통산 | | | 38 | 33 | 8 | 4 | 0 | 77 | 8 | 0 |

**프리드욘슨**(Hólmbert Aron Briem Friðjónsson) 아이슬란드 1993.04.19

| 대회 | 연도 | 소속 | 출전 | 교체 | 득점 | 도움 | 실점 | 파울 | 경고 | 퇴장 |
|---|---|---|---|---|---|---|---|---|---|---|
| K1 | 2025 | 광주 | 9 | 9 | 2 | 0 | 0 | 6 | 0 | 0 |
| 통산 | | | 9 | 9 | 2 | 0 | 0 | 6 | 0 | 0 |

**플라나**(Leonard Arben Pllana) 코소보 1996.08.26

| 대회 | 연도 | 소속 | 출전 | 교체 | 득점 | 도움 | 실점 | 파울 | 경고 | 퇴장 |
|---|---|---|---|---|---|---|---|---|---|---|
| K2 | 2022 | 전남 | 30 | 22 | 6 | 1 | 0 | 13 | 1 | 0 |
| | 2023 | 전남 | 36 | 27 | 8 | 7 | 0 | 30 | 2 | 0 |
| | 2024 | 김포 | 35 | 23 | 9 | 5 | 0 | 23 | 1 | 0 |
| | 2025 | 김포 | 33 | 33 | 5 | 4 | 0 | 34 | 3 | 0 |
| 통산 | | | 134 | 105 | 28 | 17 | 0 | 100 | 7 | 0 |

**플라마**(Flamarion Petriv de Abreu) 브라질 1976.10.16

| 대회 | 연도 | 소속 | 출전 | 교체 | 득점 | 도움 | 실점 | 파울 | 경고 | 퇴장 |
|---|---|---|---|---|---|---|---|---|---|---|
| K1 | 2004 | 대전 | 9 | 2 | 0 | 0 | 0 | 20 | 1 | 0 |
| 컵 | 2004 | 대전 | 8 | 0 | 0 | 0 | 0 | 17 | 2 | 0 |
| 통산 | | | 17 | 2 | 0 | 0 | 0 | 37 | 3 | 0 |

**플라비오**(Flávio Almeida) 브라질 1959.01.01

| 대회 | 연도 | 소속 | 출전 | 교체 | 득점 | 도움 | 실점 | 파울 | 경고 | 퇴장 |
|---|---|---|---|---|---|---|---|---|---|---|
| K1 | 1985 | 포항제철 | 1 | 1 | 0 | 0 | 0 | 1 | 0 | 0 |

| 대회 | 연도 | 소속 | 출전 | 교체 | 득점 | 도움 | 실점 | 파울 | 경고 | 퇴장 |
|---|---|---|---|---|---|---|---|---|---|---|
| 통산 | | | 1 | 1 | 0 | 0 | 0 | 1 | 0 | 0 |

**플라카**(Fessou Meme Euloge Placca) 벨기에 1994.12.31

| 대회 | 연도 | 소속 | 출전 | 교체 | 득점 | 도움 | 실점 | 파울 | 경고 | 퇴장 |
|---|---|---|---|---|---|---|---|---|---|---|
| K2 | 2024 | 전남 | 15 | 13 | 6 | 1 | 0 | 10 | 0 | 0 |
| PO | 2024 | 전남 | 2 | 1 | 1 | 0 | 0 | 2 | 1 | 0 |
| 통산 | | | 17 | 14 | 7 | 1 | 0 | 12 | 1 | 0 |

**플라타**(Anderson Daniel Plata Guillen) 콜롬비아 1990.11.08

| 대회 | 연도 | 소속 | 출전 | 교체 | 득점 | 도움 | 실점 | 파울 | 경고 | 퇴장 |
|---|---|---|---|---|---|---|---|---|---|---|
| K1 | 2013 | 대전 | 21 | 7 | 1 | 1 | 0 | 56 | 4 | 0 |
| 통산 | | | 21 | 7 | 1 | 1 | 0 | 56 | 4 | 0 |

**피델**(Fidel Rocha dos Santos) 브라질 1993.07.06

| 대회 | 연도 | 소속 | 출전 | 교체 | 득점 | 도움 | 실점 | 파울 | 경고 | 퇴장 |
|---|---|---|---|---|---|---|---|---|---|---|
| K2 | 2018 | 안산 | 7 | 6 | 0 | 1 | 0 | 4 | 0 | 0 |
| 통산 | | | 7 | 6 | 0 | 1 | 0 | 4 | 0 | 0 |

**피아퐁**(Piyapong Pue-On) 태국 1959.11.14

| 대회 | 연도 | 소속 | 출전 | 교체 | 득점 | 도움 | 실점 | 파울 | 경고 | 퇴장 |
|---|---|---|---|---|---|---|---|---|---|---|
| K1 | 1984 | 럭키금성 | 5 | 1 | 4 | 0 | 0 | 0 | 0 | 0 |
| | 1985 | 럭키금성 | 21 | 4 | 12 | 6 | 0 | 10 | 1 | 0 |
| | 1986 | 럭키금성 | 8 | 2 | 1 | 0 | 0 | 3 | 0 | 1 |
| 컵 | 1986 | 럭키금성 | 9 | 2 | 1 | 0 | 0 | 4 | 0 | 0 |
| 통산 | | | 43 | 9 | 18 | 6 | 0 | 17 | 1 | 1 |

**피터**(Peter Makrillos) 오스트레일리아 1995.09.04

| 대회 | 연도 | 소속 | 출전 | 교체 | 득점 | 도움 | 실점 | 파울 | 경고 | 퇴장 |
|---|---|---|---|---|---|---|---|---|---|---|
| K2 | 2023 | 충북청주 | 32 | 20 | 7 | 1 | 0 | 52 | 9 | 0 |
| | 2024 | 서울E | 10 | 8 | 0 | 2 | 0 | 15 | 2 | 0 |
| | 2024 | 수원 | 14 | 13 | 1 | 3 | 0 | 14 | 4 | 0 |
| 통산 | | | 56 | 41 | 8 | 6 | 0 | 81 | 15 | 0 |

**피투**(Miguel Sebastian Garcia) 아르헨티나 1984.01.27

| 대회 | 연도 | 소속 | 출전 | 교체 | 득점 | 도움 | 실점 | 파울 | 경고 | 퇴장 |
|---|---|---|---|---|---|---|---|---|---|---|
| K1 | 2016 | 성남 | 33 | 20 | 3 | 7 | 0 | 18 | 3 | 0 |
| PO | 2016 | 성남 | 1 | 1 | 0 | 0 | 0 | 0 | 0 | 0 |
| 통산 | | | 34 | 21 | 3 | 7 | 0 | 18 | 3 | 0 |

**필립**(Filip Filipov) 불가리아 1971.01.31

| 대회 | 연도 | 소속 | 출전 | 교체 | 득점 | 도움 | 실점 | 파울 | 경고 | 퇴장 |
|---|---|---|---|---|---|---|---|---|---|---|
| K1 | 1992 | 유공 | 6 | 0 | 0 | 0 | 0 | 13 | 1 | 0 |
| | 1993 | 유공 | 7 | 3 | 0 | 0 | 0 | 7 | 0 | 0 |
| | 1998 | 부천SK | 8 | 4 | 0 | 0 | 0 | 9 | 2 | 0 |
| | 1999 | 부천SK | 7 | 4 | 0 | 0 | 0 | 5 | 2 | 0 |
| PO | 1999 | 부천SK | 2 | 0 | 0 | 0 | 0 | 1 | 2 | 0 |
| 컵 | 1998 | 부천SK | 18 | 8 | 0 | 0 | 0 | 43 | 5 | 0 |
| | 1999 | 부천SK | 2 | 1 | 0 | 0 | 0 | 1 | 0 | 0 |
| 통산 | | | 50 | 20 | 0 | 0 | 0 | 79 | 12 | 0 |

**필립**(Filip Hlohovsky) 슬로바키아 1988.06.13

| 대회 | 연도 | 소속 | 출전 | 교체 | 득점 | 도움 | 실점 | 파울 | 경고 | 퇴장 |
|---|---|---|---|---|---|---|---|---|---|---|
| K2 | 2017 | 성남 | 15 | 9 | 4 | 0 | 0 | 22 | 2 | 0 |
| | 2018 | 대전 | 3 | 3 | 0 | 0 | 0 | 4 | 0 | 0 |
| PO | 2017 | 성남 | 1 | 1 | 0 | 0 | 0 | 3 | 1 | 0 |
| 통산 | | | 19 | 13 | 4 | 0 | 0 | 29 | 3 | 0 |

**핑구**(Erison Carlos dos Santos Silva) 브라질 1980.05.22

| 대회 | 연도 | 소속 | 출전 | 교체 | 득점 | 도움 | 실점 | 파울 | 경고 | 퇴장 |
|---|---|---|---|---|---|---|---|---|---|---|
| K1 | 2008 | 부산 | 17 | 9 | 0 | 0 | 0 | 12 | 1 | 0 |
| 컵 | 2008 | 부산 | 7 | 4 | 0 | 0 | 0 | 7 | 0 | 0 |
| 통산 | | | 24 | 13 | 0 | 0 | 0 | 19 | 1 | 0 |

**핑팡**(Rodrigo Pimpão Vianna) 브라질 1987.10.23

| 대회 | 연도 | 소속 | 출전 | 교체 | 득점 | 도움 | 실점 | 파울 | 경고 | 퇴장 |
|---|---|---|---|---|---|---|---|---|---|---|
| K1 | 2013 | 수원 | 1 | 1 | 0 | 0 | 0 | 1 | 0 | 0 |
| 통산 | | | 1 | 1 | 0 | 0 | 0 | 1 | 0 | 0 |

**하강진**(河康鎭) 숭실대 1989.01.30

| 대회 | 연도 | 소속 | 출전 | 교체 | 득점 | 도움 | 실점 | 파울 | 경고 | 퇴장 |
|---|---|---|---|---|---|---|---|---|---|---|
| K1 | 2010 | 수원 | 14 | 0 | 0 | 0 | 18 | 1 | 1 | 0 |
| | 2011 | 성남일화 | 27 | 0 | 0 | 0 | 41 | 0 | 2 | 0 |
| | 2012 | 성남일화 | 23 | 0 | 0 | 0 | 35 | 0 | 0 | 0 |
| | 2013 | 경남 | 7 | 0 | 0 | 0 | 14 | 0 | 0 | 0 |
| K2 | 2014 | 부천 | 13 | 0 | 0 | 0 | 18 | 0 | 1 | 0 |
| | 2016 | 경남 | 8 | 0 | 0 | 0 | 15 | 1 | 1 | 0 |
| 컵 | 2010 | 수원 | 0 | 0 | 0 | 0 | 0 | 0 | 0 | 0 |
| | 2011 | 성남일화 | 3 | 0 | 0 | 0 | 2 | 0 | 0 | 0 |
| 통산 | | | 95 | 0 | 0 | 0 | 143 | 2 | 5 | 0 |

**하광운**(河光云) 단국대 1972.03.21

| 대회 | 연도 | 소속 | 출전 | 교체 | 득점 | 도움 | 실점 | 파울 | 경고 | 퇴장 |
|---|---|---|---|---|---|---|---|---|---|---|
| K1 | 1995 | 전남 | 0 | 0 | 0 | 0 | 0 | 0 | 0 | 0 |
| 통산 | | | 0 | 0 | 0 | 0 | 0 | 0 | 0 | 0 |

**하금진**(河今鎭) 홍익대 1974.08.16

| 대회 | 연도 | 소속 | 출전 | 교체 | 득점 | 도움 | 실점 | 파울 | 경고 | 퇴장 |
|---|---|---|---|---|---|---|---|---|---|---|
| K1 | 1997 | 대전 | 11 | 1 | 0 | 0 | 0 | 20 | 1 | 0 |
| | 1998 | 대전 | 4 | 3 | 0 | 0 | 0 | 7 | 1 | 0 |
| 컵 | 1997 | 대전 | 15 | 2 | 1 | 0 | 0 | 32 | 4 | 0 |
| | 1998 | 대전 | 9 | 2 | 0 | 0 | 0 | 16 | 0 | 0 |
| 통산 | | | 39 | 8 | 1 | 0 | 0 | 75 | 6 | 0 |

**하기윤**(河基允) 금호고 1982.03.10

| 대회 | 연도 | 소속 | 출전 | 교체 | 득점 | 도움 | 실점 | 파울 | 경고 | 퇴장 |
|---|---|---|---|---|---|---|---|---|---|---|
| K1 | 2002 | 전남 | 0 | 0 | 0 | 0 | 0 | 0 | 0 | 0 |
| | 2003 | 광주상무 | 0 | 0 | 0 | 0 | 0 | 0 | 0 | 0 |
| 통산 | | | 0 | 0 | 0 | 0 | 0 | 0 | 0 | 0 |

**하남**(河男) 남부대 1998.12.07

| 대회 | 연도 | 소속 | 출전 | 교체 | 득점 | 도움 | 실점 | 파울 | 경고 | 퇴장 |
|---|---|---|---|---|---|---|---|---|---|---|
| K2 | 2020 | 안양 | 2 | 2 | 0 | 0 | 0 | 0 | 0 | 0 |
| | 2021 | 안양 | 16 | 15 | 3 | 0 | 0 | 17 | 2 | 0 |
| | 2022 | 경남 | 19 | 18 | 2 | 0 | 0 | 31 | 1 | 0 |
| | 2023 | 전남 | 31 | 26 | 7 | 3 | 0 | 22 | 2 | 0 |
| | 2024 | 전남 | 28 | 18 | 9 | 0 | 0 | 22 | 3 | 0 |
| | 2025 | 전남 | 27 | 25 | 8 | 1 | 0 | 24 | 3 | 0 |
| PO | 2021 | 안양 | 0 | 0 | 0 | 0 | 0 | 0 | 0 | 0 |
| 통산 | | | 123 | 104 | 29 | 4 | 0 | 116 | 11 | 0 |

**하대성**(河大成) 부평고 1985.03.02

| 대회 | 연도 | 소속 | 출전 | 교체 | 득점 | 도움 | 실점 | 파울 | 경고 | 퇴장 |
|---|---|---|---|---|---|---|---|---|---|---|
| K1 | 2005 | 울산 | 0 | 0 | 0 | 0 | 0 | 0 | 0 | 0 |
| | 2006 | 대구 | 11 | 9 | 0 | 0 | 0 | 18 | 5 | 0 |
| | 2007 | 대구 | 17 | 7 | 1 | 2 | 0 | 35 | 1 | 0 |
| | 2008 | 대구 | 24 | 8 | 4 | 1 | 0 | 35 | 2 | 0 |
| | 2009 | 전북 | 24 | 19 | 1 | 2 | 0 | 32 | 4 | 1 |
| | 2010 | 서울 | 24 | 6 | 5 | 2 | 0 | 48 | 8 | 0 |
| | 2011 | 서울 | 18 | 9 | 6 | 2 | 0 | 29 | 2 | 0 |
| | 2012 | 서울 | 39 | 8 | 5 | 7 | 0 | 51 | 8 | 0 |
| | 2013 | 서울 | 29 | 4 | 3 | 2 | 0 | 50 | 6 | 0 |
| | 2017 | 서울 | 7 | 5 | 1 | 0 | 0 | 8 | 1 | 0 |
| | 2018 | 서울 | 8 | 5 | 0 | 0 | 0 | 16 | 2 | 0 |
| | 2019 | 서울 | 2 | 3 | 0 | 0 | 0 | 1 | 0 | 0 |
| PO | 2009 | 전북 | 2 | 2 | 0 | 0 | 0 | 8 | 1 | 0 |
| | 2010 | 서울 | 2 | 0 | 0 | 0 | 0 | 4 | 0 | 0 |
| | 2018 | 서울 | 2 | 1 | 0 | 1 | 0 | 4 | 0 | 0 |
| 컵 | 2004 | 울산 | 2 | 2 | 0 | 0 | 0 | 1 | 0 | 0 |
| | 2006 | 대구 | 7 | 6 | 0 | 0 | 0 | 15 | 0 | 0 |
| | 2007 | 대구 | 8 | 3 | 1 | 0 | 0 | 17 | 2 | 0 |
| | 2008 | 대구 | 7 | 4 | 1 | 1 | 0 | 9 | 1 | 0 |
| | 2009 | 전북 | 4 | 1 | 1 | 0 | 0 | 5 | 2 | 0 |
| | 2010 | 서울 | 7 | 2 | 3 | 1 | 0 | 6 | 2 | 0 |
| 통산 | | | 244 | 104 | 32 | 21 | 0 | 392 | 47 | 1 |

**하리**(Harry German Castillo Vallejo) 콜롬비아 1974.05.14

| 대회 | 연도 | 소속 | 출전 | 교체 | 득점 | 도움 | 실점 | 파울 | 경고 | 퇴장 |
|---|---|---|---|---|---|---|---|---|---|---|
| K1 | 2000 | 수원 | 2 | 2 | 1 | 0 | 0 | 0 | 0 | 0 |
| | 2000 | 부산 | 9 | 8 | 1 | 2 | 0 | 4 | 1 | 0 |
| | 2001 | 부산 | 23 | 2 | 5 | 4 | 0 | 36 | 4 | 1 |
| | 2002 | 부산 | 20 | 2 | 4 | 5 | 0 | 29 | 3 | 1 |
| | 2003 | 부산 | 27 | 11 | 4 | 2 | 0 | 51 | 5 | 0 |
| | 2004 | 성남일화 | 6 | 5 | 0 | 0 | 0 | 8 | 0 | 0 |
| | 2006 | 경남 | 20 | 13 | 1 | 3 | 0 | 32 | 4 | 0 |
| 컵 | 2000 | 수원 | 3 | 2 | 0 | 0 | 0 | 7 | 0 | 1 |
| | 2000 | 부산 | 1 | 0 | 0 | 0 | 0 | 1 | 0 | 0 |
| | 2001 | 부산 | 11 | 1 | 0 | 1 | 0 | 16 | 2 | 0 |
| | 2002 | 부산 | 3 | 1 | 1 | 0 | 0 | 3 | 0 | 0 |
| | 2004 | 성남일화 | 2 | 1 | 0 | 0 | 0 | 2 | 0 | 0 |
| | 2006 | 경남 | 8 | 5 | 0 | 1 | 0 | 22 | 0 | 0 |
| 통산 | | | 135 | 53 | 17 | 18 | 0 | 211 | 19 | 3 |

**하리스**(Haris Harba) 보스니아 헤르체고비나 1988.07.14

| 대회 | 연도 | 소속 | 출전 | 교체 | 득점 | 도움 | 실점 | 파울 | 경고 | 퇴장 |
|---|---|---|---|---|---|---|---|---|---|---|
| K2 | 2017 | 부천 | 2 | 2 | 0 | 0 | 0 | 2 | 0 | 0 |
| 통산 | | | 2 | 2 | 0 | 0 | 0 | 2 | 0 | 0 |

**하마드**(Jiloan Mohamed Hamad) 스웨덴 1990.11.06

| 대회 | 연도 | 소속 | 출전 | 교체 | 득점 | 도움 | 실점 | 파울 | 경고 | 퇴장 |
|---|---|---|---|---|---|---|---|---|---|---|
| K1 | 2019 | 인천 | 11 | 7 | 1 | 2 | 0 | 8 | 1 | 0 |
| 통산 | | | 11 | 7 | 1 | 2 | 0 | 8 | 1 | 0 |

**하마조치**(Rafael Ramazotti de Quadros) 브라질 1988.08.09

| 대회 | 연도 | 소속 | 출전 | 교체 | 득점 | 도움 | 실점 | 파울 | 경고 | 퇴장 |
|---|---|---|---|---|---|---|---|---|---|---|
| K2 | 2019 | 대전 | 10 | 5 | 3 | 1 | 0 | 15 | 3 | 0 |
| 통산 | | | 10 | 5 | 3 | 1 | 0 | 15 | 3 | 0 |

**하명래**(河明來) 경희고 1999.05.05

| 대회 | 연도 | 소속 | 출전 | 교체 | 득점 | 도움 | 실점 | 파울 | 경고 | 퇴장 |
|---|---|---|---|---|---|---|---|---|---|---|
| K1 | 2020 | 대구 | 0 | 0 | 0 | 0 | 0 | 0 | 0 | 0 |
| 통산 | | | 0 | 0 | 0 | 0 | 0 | 0 | 0 | 0 |

**하명훈**(河明勳) 명지대 1971.05.18

| 대회 | 연도 | 소속 | 출전 | 교체 | 득점 | 도움 | 실점 | 파울 | 경고 | 퇴장 |
|---|---|---|---|---|---|---|---|---|---|---|
| K1 | 1994 | LG | 1 | 1 | 0 | 1 | 0 | 1 | 0 | 0 |
| | 1995 | LG | 1 | 1 | 0 | 0 | 0 | 0 | 0 | 0 |
| 컵 | 1995 | LG | 4 | 4 | 0 | 0 | 0 | 1 | 0 | 0 |
| 통산 | | | 6 | 6 | 0 | 1 | 0 | 2 | 0 | 0 |

**하모스**(Gabriel Ramos da Penha) 브라질 1996.03.20

| 대회 | 연도 | 소속 | 출전 | 교체 | 득점 | 도움 | 실점 | 파울 | 경고 | 퇴장 |
|---|---|---|---|---|---|---|---|---|---|---|
| K2 | 2023 | 부천 | 20 | 19 | 2 | 3 | 0 | 16 | 1 | 0 |
| 통산 | | | 20 | 19 | 2 | 3 | 0 | 16 | 1 | 0 |

**하밀**(Brendan Hamill) 오스트레일리아 1992.09.18

| 대회 | 연도 | 소속 | 출전 | 교체 | 득점 | 도움 | 실점 | 파울 | 경고 | 퇴장 |
|---|---|---|---|---|---|---|---|---|---|---|
| K1 | 2012 | 성남일화 | 8 | 8 | 1 | 0 | 0 | 9 | 2 | 0 |
| 통산 | | | 8 | 8 | 1 | 0 | 0 | 9 | 2 | 0 |

**하상수**(河相秀) 아주대 1973.07.25

| 대회 | 연도 | 소속 | 출전 | 교체 | 득점 | 도움 | 실점 | 파울 | 경고 | 퇴장 |
|---|---|---|---|---|---|---|---|---|---|---|
| K1 | 1996 | 부산 | 6 | 3 | 0 | 1 | 0 | 7 | 0 | 0 |
| 컵 | 1996 | 부산 | 0 | 0 | 0 | 0 | 0 | 0 | 0 | 0 |
| 통산 | | | 6 | 3 | 0 | 1 | 0 | 7 | 0 | 0 |

**하석주**(河錫舟) 아주대 1968.02.20

| 대회 | 연도 | 소속 | 출전 | 교체 | 득점 | 도움 | 실점 | 파울 | 경고 | 퇴장 |
|---|---|---|---|---|---|---|---|---|---|---|
| K1 | 1990 | 대우 | 24 | 12 | 4 | 3 | 0 | 36 | 0 | 0 |
| | 1991 | 대우 | 34 | 10 | 7 | 5 | 0 | 36 | 1 | 0 |
| | 1992 | 대우 | 22 | 2 | 5 | 2 | 0 | 30 | 3 | 0 |
| | 1993 | 대우 | 9 | 1 | 0 | 0 | 0 | 13 | 3 | 0 |
| | 1994 | 대우 | 16 | 3 | 4 | 2 | 0 | 17 | 1 | 0 |
| | 1995 | 대우 | 27 | 1 | 3 | 3 | 0 | 31 | 3 | 0 |
| | 1996 | 부산 | 22 | 5 | 11 | 2 | 0 | 32 | 1 | 0 |
| | 1997 | 부산 | 4 | 1 | 0 | 1 | 0 | 5 | 0 | 0 |
| | 2001 | 포항 | 25 | 0 | 3 | 1 | 0 | 41 | 6 | 0 |
| | 2002 | 포항 | 26 | 2 | 0 | 3 | 0 | 48 | 3 | 0 |
| | 2003 | 포항 | 6 | 6 | 0 | 0 | 0 | 5 | 0 | 0 |
| 컵 | 1992 | 대우 | 7 | 4 | 0 | 0 | 0 | 10 | 0 | 0 |
| | 1993 | 대우 | 2 | 2 | 0 | 0 | 0 | 1 | 0 | 0 |
| | 1995 | 대우 | 7 | 1 | 4 | 0 | 0 | 9 | 1 | 0 |
| | 1996 | 부산 | 4 | 0 | 0 | 0 | 0 | 14 | 2 | 0 |
| | 1997 | 부산 | 9 | 5 | 4 | 2 | 0 | 2 | 0 | 0 |
| | 2001 | 포항 | 6 | 0 | 0 | 1 | 0 | 5 | 0 | 0 |
| | 2002 | 포항 | 8 | 1 | 0 | 0 | 0 | 12 | 1 | 0 |
| 통산 | | | 258 | 56 | 45 | 25 | 0 | 347 | 25 | 0 |

**하성룡**(河成龍) 금호고 1982.02.03

| 대회 | 연도 | 소속 | 출전 | 교체 | 득점 | 도움 | 실점 | 파울 | 경고 | 퇴장 |
|---|---|---|---|---|---|---|---|---|---|---|

| 대회 | 연도 | 소속 | 출전 | 교체 | 득점 | 도움 | 실점 | 파울 | 경고 | 퇴장 |
|---|---|---|---|---|---|---|---|---|---|---|
| K1 | 2002 | 전남 | 0 | 0 | 0 | 0 | 0 | 0 | 0 | 0 |
| | 2003 | 전남 | 2 | 2 | 0 | 0 | 0 | 2 | 0 | 0 |
| 컵 | 2002 | 전남 | 3 | 3 | 0 | 0 | 0 | 2 | 0 | 0 |
| 통산 | | | 5 | 5 | 0 | 0 | 0 | 4 | 0 | 0 |

**하성민**(河成敏) 부평고 1987.06.13

| 대회 | 연도 | 소속 | 출전 | 교체 | 득점 | 도움 | 실점 | 파울 | 경고 | 퇴장 |
|---|---|---|---|---|---|---|---|---|---|---|
| K1 | 2008 | 전북 | 6 | 3 | 0 | 0 | 0 | 12 | 1 | 0 |
| | 2009 | 전북 | 0 | 0 | 0 | 0 | 0 | 0 | 0 | 0 |
| | 2010 | 부산 | 1 | 1 | 0 | 0 | 0 | 1 | 0 | 0 |
| | 2011 | 전북 | 0 | 0 | 0 | 0 | 0 | 0 | 0 | 0 |
| | 2012 | 상주 | 26 | 7 | 0 | 2 | 0 | 47 | 9 | 0 |
| | 2013 | 전북 | 1 | 1 | 0 | 0 | 0 | 2 | 0 | 0 |
| | 2014 | 울산 | 17 | 5 | 0 | 1 | 0 | 35 | 5 | 0 |
| | 2015 | 울산 | 28 | 9 | 0 | 0 | 0 | 39 | 8 | 0 |
| | 2016 | 울산 | 24 | 15 | 2 | 0 | 0 | 34 | 5 | 1 |
| | 2018 | 경남 | 24 | 14 | 0 | 0 | 0 | 24 | 3 | 0 |
| | 2019 | 경남 | 21 | 12 | 0 | 0 | 0 | 36 | 4 | 0 |
| K2 | 2013 | 상주 | 13 | 6 | 0 | 2 | 0 | 22 | 2 | 0 |
| | 2020 | 경남 | 9 | 4 | 0 | 0 | 0 | 10 | 0 | 1 |
| PO | 2019 | 경남 | 0 | 0 | 0 | 0 | 0 | 0 | 0 | 0 |
| 컵 | 2008 | 전북 | 4 | 3 | 0 | 1 | 0 | 7 | 0 | 0 |
| | 2011 | 전북 | 1 | 0 | 0 | 0 | 0 | 2 | 1 | 0 |
| 통산 | | | 175 | 80 | 2 | 6 | 0 | 271 | 38 | 2 |

**하성용**(河誠容) 광운대 1976.10.05

| 대회 | 연도 | 소속 | 출전 | 교체 | 득점 | 도움 | 실점 | 파울 | 경고 | 퇴장 |
|---|---|---|---|---|---|---|---|---|---|---|
| K1 | 2000 | 울산 | 18 | 2 | 1 | 0 | 0 | 34 | 2 | 0 |
| | 2001 | 울산 | 2 | 0 | 0 | 0 | 0 | 1 | 0 | 0 |
| | 2002 | 울산 | 8 | 4 | 0 | 0 | 0 | 12 | 0 | 0 |
| | 2003 | 울산 | 5 | 5 | 0 | 0 | 0 | 5 | 0 | 0 |
| 컵 | 2000 | 울산 | 2 | 0 | 0 | 0 | 0 | 3 | 0 | 0 |
| | 2001 | 울산 | 1 | 0 | 0 | 0 | 0 | 0 | 0 | 0 |
| | 2002 | 울산 | 1 | 0 | 0 | 0 | 0 | 2 | 0 | 0 |
| 통산 | | | 37 | 11 | 1 | 0 | 0 | 57 | 2 | 0 |

**하성준**(河成俊) 중대부고 1963.08.15

| 대회 | 연도 | 소속 | 출전 | 교체 | 득점 | 도움 | 실점 | 파울 | 경고 | 퇴장 |
|---|---|---|---|---|---|---|---|---|---|---|
| K1 | 1989 | 일화 | 28 | 14 | 1 | 2 | 0 | 35 | 3 | 0 |
| | 1990 | 일화 | 17 | 6 | 1 | 0 | 0 | 19 | 0 | 0 |
| | 1991 | 일화 | 38 | 6 | 1 | 2 | 0 | 61 | 2 | 0 |
| | 1992 | 일화 | 29 | 1 | 0 | 1 | 0 | 53 | 2 | 0 |
| | 1993 | 일화 | 21 | 5 | 1 | 0 | 0 | 20 | 3 | 0 |
| | 1994 | 일화 | 25 | 2 | 0 | 1 | 0 | 21 | 1 | 0 |
| | 1995 | 일화 | 23 | 4 | 1 | 1 | 0 | 33 | 2 | 0 |
| | 1996 | 천안일화 | 20 | 5 | 0 | 0 | 0 | 17 | 1 | 0 |
| PO | 1995 | 일화 | 3 | 0 | 0 | 0 | 0 | 4 | 0 | 0 |
| 컵 | 1992 | 일화 | 11 | 2 | 1 | 1 | 0 | 11 | 1 | 0 |
| | 1993 | 일화 | 4 | 2 | 0 | 0 | 0 | 2 | 0 | 0 |
| | 1994 | 일화 | 6 | 0 | 1 | 0 | 0 | 10 | 1 | 0 |
| | 1995 | 일화 | 6 | 1 | 0 | 0 | 0 | 6 | 2 | 0 |
| | 1996 | 천안일화 | 7 | 0 | 0 | 0 | 0 | 7 | 1 | 0 |
| 통산 | | | 238 | 48 | 7 | 8 | 0 | 299 | 19 | 0 |

**하승운**(河勝云) 연세대 1998.05.04

| 대회 | 연도 | 소속 | 출전 | 교체 | 득점 | 도움 | 실점 | 파울 | 경고 | 퇴장 |
|---|---|---|---|---|---|---|---|---|---|---|
| K1 | 2019 | 포항 | 15 | 15 | 0 | 1 | 0 | 12 | 1 | 0 |
| | 2023 | 광주 | 18 | 18 | 2 | 1 | 0 | 8 | 1 | 0 |
| | 2024 | 광주 | 4 | 4 | 0 | 0 | 0 | 1 | 1 | 0 |
| | 2025 | 광주 | 19 | 17 | 1 | 1 | 0 | 8 | 3 | 0 |
| K2 | 2020 | 전남 | 23 | 17 | 2 | 0 | 0 | 17 | 3 | 0 |
| | 2021 | 안양 | 14 | 12 | 0 | 0 | 0 | 8 | 0 | 0 |
| | 2022 | 광주 | 30 | 29 | 2 | 4 | 0 | 18 | 3 | 0 |
| 통산 | | | 123 | 112 | 7 | 7 | 0 | 72 | 12 | 0 |

**하용우**(河龍雨) 경희대 1977.04.30

| 대회 | 연도 | 소속 | 출전 | 교체 | 득점 | 도움 | 실점 | 파울 | 경고 | 퇴장 |
|---|---|---|---|---|---|---|---|---|---|---|
| K1 | 2000 | 포항 | 6 | 4 | 0 | 0 | 0 | 8 | 0 | 0 |
| 컵 | 2000 | 포항 | 4 | 3 | 0 | 0 | 0 | 2 | 2 | 0 |
| 통산 | | | 10 | 7 | 0 | 0 | 0 | 10 | 2 | 0 |

**하은철**(河恩哲) 성균관대 1975.06.23

| 대회 | 연도 | 소속 | 출전 | 교체 | 득점 | 도움 | 실점 | 파울 | 경고 | 퇴장 |
|---|---|---|---|---|---|---|---|---|---|---|
| K1 | 1998 | 전북 | 16 | 11 | 5 | 2 | 0 | 23 | 2 | 0 |
| | 1999 | 전북 | 24 | 23 | 8 | 0 | 0 | 16 | 0 | 0 |
| | 2000 | 울산 | 20 | 11 | 4 | 1 | 0 | 26 | 0 | 0 |
| | 2001 | 전북 | 2 | 2 | 0 | 0 | 0 | 0 | 0 | 0 |
| | 2003 | 전북 | 0 | 0 | 0 | 0 | 0 | 0 | 0 | 0 |
| | 2003 | 대구 | 12 | 12 | 3 | 0 | 0 | 10 | 0 | 0 |
| | 2004 | 대구 | 5 | 4 | 0 | 0 | 0 | 8 | 0 | 0 |
| 컵 | 1998 | 전북 | 5 | 5 | 2 | 0 | 0 | 5 | 1 | 0 |
| | 1999 | 전북 | 8 | 8 | 2 | 0 | 0 | 7 | 0 | 0 |
| | 2000 | 울산 | 3 | 1 | 1 | 0 | 0 | 3 | 0 | 0 |
| | 2001 | 울산 | 3 | 3 | 0 | 0 | 0 | 1 | 0 | 0 |
| | 2004 | 대구 | 2 | 2 | 1 | 0 | 0 | 0 | 0 | 0 |
| 통산 | | | 100 | 82 | 26 | 3 | 0 | 99 | 3 | 0 |

**하인호**(河仁鎬) 인천대 1989.10.10

| 대회 | 연도 | 소속 | 출전 | 교체 | 득점 | 도움 | 실점 | 파울 | 경고 | 퇴장 |
|---|---|---|---|---|---|---|---|---|---|---|
| K1 | 2012 | 경남 | 0 | 0 | 0 | 0 | 0 | 0 | 0 | 0 |
| K2 | 2015 | 고양 | 26 | 3 | 1 | 1 | 0 | 45 | 4 | 0 |
| | 2016 | 안산무궁 | 3 | 1 | 0 | 0 | 0 | 3 | 1 | 0 |
| | 2017 | 아산 | 1 | 1 | 0 | 0 | 0 | 1 | 0 | 0 |
| 통산 | | | 30 | 5 | 1 | 1 | 0 | 49 | 5 | 0 |

**하재민**(河材旼) 연세대 2002.07.21

| 대회 | 연도 | 소속 | 출전 | 교체 | 득점 | 도움 | 실점 | 파울 | 경고 | 퇴장 |
|---|---|---|---|---|---|---|---|---|---|---|
| K2 | 2025 | 천안 | 4 | 4 | 0 | 0 | 0 | 1 | 0 | 0 |
| 통산 | | | 4 | 4 | 0 | 0 | 0 | 1 | 0 | 0 |

**하재훈**(河在勳) 조선대 1965.08.15

| 대회 | 연도 | 소속 | 출전 | 교체 | 득점 | 도움 | 실점 | 파울 | 경고 | 퇴장 |
|---|---|---|---|---|---|---|---|---|---|---|
| K1 | 1987 | 유공 | 20 | 3 | 0 | 1 | 0 | 18 | 2 | 0 |
| | 1988 | 유공 | 15 | 1 | 0 | 3 | 0 | 27 | 1 | 0 |
| | 1989 | 유공 | 11 | 3 | 0 | 0 | 0 | 11 | 0 | 0 |
| | 1990 | 유공 | 18 | 10 | 3 | 4 | 0 | 22 | 2 | 0 |
| | 1991 | 유공 | 25 | 18 | 1 | 1 | 0 | 15 | 1 | 0 |
| | 1992 | 유공 | 14 | 8 | 0 | 1 | 0 | 26 | 2 | 0 |
| | 1993 | 유공 | 18 | 16 | 1 | 1 | 0 | 7 | 2 | 0 |
| | 1994 | 유공 | 6 | 4 | 0 | 0 | 0 | 3 | 0 | 0 |
| 컵 | 1992 | 유공 | 7 | 5 | 0 | 0 | 0 | 11 | 1 | 0 |
| | 1993 | 유공 | 5 | 3 | 0 | 0 | 0 | 6 | 1 | 0 |
| 통산 | | | 139 | 71 | 5 | 11 | 0 | 146 | 12 | 0 |

**하재훈**(河在勳) 동국대 1984.10.03

| 대회 | 연도 | 소속 | 출전 | 교체 | 득점 | 도움 | 실점 | 파울 | 경고 | 퇴장 |
|---|---|---|---|---|---|---|---|---|---|---|
| K1 | 2009 | 강원 | 16 | 1 | 0 | 1 | 0 | 8 | 2 | 0 |
| | 2010 | 강원 | 9 | 1 | 0 | 1 | 0 | 6 | 0 | 0 |
| 컵 | 2009 | 강원 | 2 | 0 | 0 | 0 | 0 | 0 | 0 | 0 |
| | 2010 | 강원 | 2 | 1 | 0 | 0 | 0 | 0 | 0 | 0 |
| 통산 | | | 29 | 3 | 0 | 2 | 0 | 14 | 2 | 0 |

**하정우**(河定佑) 대동세무고 2005.11.08

| 대회 | 연도 | 소속 | 출전 | 교체 | 득점 | 도움 | 실점 | 파울 | 경고 | 퇴장 |
|---|---|---|---|---|---|---|---|---|---|---|
| K1 | 2024 | 수원FC | 4 | 4 | 1 | 0 | 0 | 2 | 0 | 0 |
| K2 | 2025 | 성남 | 7 | 6 | 0 | 0 | 0 | 3 | 2 | 0 |
| PO | 2025 | 성남 | 1 | 1 | 0 | 0 | 0 | 0 | 0 | 0 |
| 통산 | | | 12 | 11 | 1 | 0 | 0 | 5 | 2 | 0 |

**하정헌**(河廷憲) 우석대 1987.10.14

| 대회 | 연도 | 소속 | 출전 | 교체 | 득점 | 도움 | 실점 | 파울 | 경고 | 퇴장 |
|---|---|---|---|---|---|---|---|---|---|---|
| K1 | 2010 | 강원 | 13 | 10 | 2 | 1 | 0 | 15 | 2 | 0 |
| | 2011 | 강원 | 4 | 5 | 0 | 0 | 0 | 2 | 1 | 0 |
| K2 | 2013 | 수원FC | 16 | 16 | 4 | 0 | 0 | 32 | 7 | 0 |
| | 2014 | 수원FC | 14 | 14 | 2 | 0 | 0 | 13 | 3 | 0 |
| | 2015 | 안산경찰 | 13 | 9 | 2 | 0 | 0 | 23 | 5 | 0 |
| | 2016 | 안산무궁 | 6 | 7 | 0 | 1 | 0 | 10 | 3 | 0 |
| 컵 | 2010 | 강원 | 4 | 2 | 0 | 0 | 0 | 12 | 0 | 0 |
| | 2011 | 강원 | 1 | 0 | 1 | 0 | 0 | 4 | 0 | 0 |
| 통산 | | | 71 | 63 | 11 | 2 | 0 | 111 | 21 | 0 |

**하준호**(河晙鎬) 충북대 1998.07.18

| 대회 | 연도 | 소속 | 출전 | 교체 | 득점 | 도움 | 실점 | 파울 | 경고 | 퇴장 |
|---|---|---|---|---|---|---|---|---|---|---|
| K2 | 2019 | 안산 | 0 | 0 | 0 | 0 | 0 | 0 | 0 | 0 |
| 통산 | | | 0 | 0 | 0 | 0 | 0 | 0 | 0 | 0 |

**하지치**(Hadzic Irfan) 보스니아 헤르체고비나 1993.06.15

| 대회 | 연도 | 소속 | 출전 | 교체 | 득점 | 도움 | 실점 | 파울 | 경고 | 퇴장 |
|---|---|---|---|---|---|---|---|---|---|---|
| K1 | 2024 | 강원 | 3 | 3 | 0 | 0 | 0 | 1 | 1 | 0 |
| 통산 | | | 3 | 3 | 0 | 0 | 0 | 1 | 1 | 0 |

**하쩽요**(Luciano Ferreira Gabriel: Luciano Ratinho) 브라질 1979.10.18

| 대회 | 연도 | 소속 | 출전 | 교체 | 득점 | 도움 | 실점 | 파울 | 경고 | 퇴장 |
|---|---|---|---|---|---|---|---|---|---|---|
| K1 | 2005 | 대전 | 14 | 14 | 1 | 2 | 0 | 26 | 1 | 1 |
| 컵 | 2005 | 대전 | 8 | 8 | 1 | 2 | 0 | 15 | 0 | 0 |
| 통산 | | | 22 | 22 | 2 | 4 | 0 | 41 | 1 | 1 |

**하창래**(河昌來) 중앙대 1994.10.16

| 대회 | 연도 | 소속 | 출전 | 교체 | 득점 | 도움 | 실점 | 파울 | 경고 | 퇴장 |
|---|---|---|---|---|---|---|---|---|---|---|
| K1 | 2017 | 인천 | 20 | 0 | 1 | 0 | 0 | 28 | 8 | 0 |
| | 2018 | 포항 | 28 | 5 | 1 | 0 | 0 | 32 | 5 | 0 |
| | 2019 | 포항 | 31 | 0 | 1 | 0 | 0 | 40 | 11 | 0 |
| | 2020 | 포항 | 26 | 1 | 1 | 0 | 0 | 44 | 8 | 0 |
| | 2021 | 포항 | 2 | 0 | 1 | 0 | 0 | 3 | 1 | 0 |
| | 2022 | 포항 | 8 | 1 | 0 | 0 | 0 | 7 | 3 | 0 |
| | 2022 | 김천 | 12 | 4 | 0 | 0 | 0 | 11 | 3 | 0 |
| | 2023 | 포항 | 29 | 3 | 2 | 0 | 0 | 31 | 6 | 2 |
| | 2025 | 대전 | 24 | 2 | 0 | 0 | 0 | 20 | 8 | 0 |
| K2 | 2021 | 김천 | 8 | 2 | 0 | 0 | 0 | 15 | 0 | 0 |
| 통산 | | | 188 | 18 | 7 | 0 | 0 | 231 | 53 | 2 |

**하칭요**(Jurani Francisco Ferreira) 브라질 1996.10.01

| 대회 | 연도 | 소속 | 출전 | 교체 | 득점 | 도움 | 실점 | 파울 | 경고 | 퇴장 |
|---|---|---|---|---|---|---|---|---|---|---|
| K2 | 2019 | 광주 | 8 | 6 | 2 | 0 | 0 | 11 | 0 | 0 |
| 통산 | | | 8 | 6 | 2 | 0 | 0 | 11 | 0 | 0 |

**하태균**(河太均) 단국대 1987.11.02

| 대회 | 연도 | 소속 | 출전 | 교체 | 득점 | 도움 | 실점 | 파울 | 경고 | 퇴장 |
|---|---|---|---|---|---|---|---|---|---|---|
| K1 | 2007 | 수원 | 15 | 10 | 3 | 0 | 0 | 23 | 1 | 0 |
| | 2008 | 수원 | 5 | 5 | 0 | 0 | 0 | 7 | 3 | 0 |
| | 2009 | 수원 | 10 | 10 | 2 | 1 | 0 | 16 | 1 | 0 |
| | 2010 | 수원 | 11 | 9 | 1 | 0 | 0 | 14 | 1 | 0 |
| | 2011 | 수원 | 15 | 15 | 2 | 1 | 0 | 8 | 0 | 1 |
| | 2012 | 수원 | 31 | 29 | 6 | 0 | 0 | 25 | 0 | 0 |
| | 2014 | 상주 | 11 | 6 | 4 | 0 | 0 | 18 | 1 | 0 |
| | 2014 | 수원 | 3 | 3 | 0 | 0 | 0 | 3 | 1 | 0 |
| | 2018 | 전남 | 8 | 6 | 0 | 0 | 0 | 6 | 1 | 0 |
| K2 | 2013 | 상주 | 19 | 14 | 8 | 4 | 0 | 33 | 2 | 0 |
| PO | 2011 | 수원 | 2 | 1 | 1 | 0 | 0 | 5 | 2 | 0 |
| | 2013 | 상주 | 1 | 1 | 0 | 0 | 0 | 0 | 0 | 0 |
| 컵 | 2007 | 수원 | 3 | 3 | 2 | 1 | 0 | 10 | 0 | 0 |
| | 2008 | 수원 | 1 | 1 | 0 | 0 | 0 | 2 | 1 | 0 |
| | 2009 | 수원 | 2 | 1 | 0 | 0 | 0 | 5 | 0 | 0 |
| | 2010 | 수원 | 4 | 4 | 1 | 0 | 0 | 9 | 0 | 0 |
| | 2011 | 수원 | 2 | 2 | 0 | 0 | 0 | 6 | 1 | 0 |
| 통산 | | | 143 | 120 | 30 | 7 | 0 | 190 | 15 | 1 |

**하파 실바**(Rafael da Silva) 브라질 1992.04.04

| 대회 | 연도 | 소속 | 출전 | 교체 | 득점 | 도움 | 실점 | 파울 | 경고 | 퇴장 |
|---|---|---|---|---|---|---|---|---|---|---|
| K1 | 2023 | 전북 | 25 | 22 | 3 | 1 | 0 | 21 | 5 | 0 |
| 통산 | | | 25 | 22 | 3 | 1 | 0 | 21 | 5 | 0 |

**하파엘**(Rafael Costa dos Santos) 브라질 1987.08.23

| 대회 | 연도 | 소속 | 출전 | 교체 | 득점 | 도움 | 실점 | 파울 | 경고 | 퇴장 |
|---|---|---|---|---|---|---|---|---|---|---|
| K1 | 2014 | 서울 | 9 | 9 | 0 | 0 | 0 | 9 | 3 | 0 |
| 통산 | | | 9 | 9 | 0 | 0 | 0 | 9 | 3 | 0 |

**하파엘**(Raphael Assis Martins Xavier) 브라질 1992.03.28

| 대회 | 연도 | 소속 | 출전 | 교체 | 득점 | 도움 | 실점 | 파울 | 경고 | 퇴장 |
|---|---|---|---|---|---|---|---|---|---|---|
| K2 | 2014 | 충주 | 2 | 1 | 0 | 0 | 0 | 0 | 0 | 0 |
| 통산 | | | 2 | 1 | 0 | 0 | 0 | 0 | 0 | 0 |

**하파엘**(Rafael Rogerio da Silva) 브라질 1995.11.30

| 대회 | 연도 | 소속 | 출전 | 교체 | 득점 | 도움 | 실점 | 파울 | 경고 | 퇴장 |
|---|---|---|---|---|---|---|---|---|---|---|
| K2 | 2016 | 충주 | 17 | 15 | 5 | 2 | 0 | 13 | 2 | 0 |
| 통산 | | | 17 | 15 | 5 | 2 | 0 | 13 | 2 | 0 |

**하파엘**(Raphael Schorr Utzig) 브라질 1996.08.08

| 대회 | 연도 | 소속 | 출전 | 교체 | 득점 | 도움 | 실점 | 파울 | 경고 | 퇴장 |
|---|---|---|---|---|---|---|---|---|---|---|
| K2 | 2023 | 충남아산 | 16 | 17 | 1 | 1 | 0 | 7 | 1 | 0 |
| 통산 | | | 16 | 17 | 1 | 1 | 0 | 7 | 1 | 0 |

**하피냐**(Rafael dos Santos de Oliveira) 브라질 1987.06.30

| 대회 | 연도 | 소속 | 출전 | 교체 | 득점 | 도움 | 실점 | 파울 | 경고 | 퇴장 |
|---|---|---|---|---|---|---|---|---|---|---|
| K1 | 2012 | 울산 | 17 | 13 | 6 | 2 | 0 | 23 | 2 | 0 |
| | 2013 | 울산 | 24 | 8 | 11 | 4 | 0 | 45 | 3 | 0 |
| | 2014 | 울산 | 12 | 8 | 1 | 1 | 0 | 20 | 0 | 0 |
| 통산 | | | 53 | 29 | 18 | 7 | 0 | 88 | 5 | 0 |

**하피냐**(Rafael Lima Pereira) 브라질 1993.04.01

| 대회 | 연도 | 소속 | 출전 | 교체 | 득점 | 도움 | 실점 | 파울 | 경고 | 퇴장 |
|---|---|---|---|---|---|---|---|---|---|---|
| K1 | 2015 | 대전 | 7 | 8 | 0 | 0 | 0 | 3 | 0 | 0 |
| 통산 | | | 7 | 8 | 0 | 0 | 0 | 3 | 0 | 0 |

**한가람**(韓가람) 브레멘대(독일) 1998.02.09

| 대회 | 연도 | 소속 | 출전 | 교체 | 득점 | 도움 | 실점 | 파울 | 경고 | 퇴장 |
|---|---|---|---|---|---|---|---|---|---|---|
| K1 | 2025 | 안양 | 12 | 10 | 1 | 0 | 0 | 4 | 1 | 0 |
| K2 | 2024 | 안양 | 8 | 7 | 0 | 0 | 0 | 6 | 1 | 0 |
| 통산 | | | 20 | 17 | 1 | 0 | 0 | 10 | 2 | 0 |

**한건용**(韓健鏞) 동아대 1991.06.28

| 대회 | 연도 | 소속 | 출전 | 교체 | 득점 | 도움 | 실점 | 파울 | 경고 | 퇴장 |
|---|---|---|---|---|---|---|---|---|---|---|
| K2 | 2017 | 안산 | 24 | 13 | 3 | 2 | 0 | 23 | 3 | 0 |
| | 2018 | 안산 | 4 | 3 | 0 | 0 | 0 | 1 | 0 | 0 |
| 통산 | | | 28 | 16 | 3 | 2 | 0 | 24 | 3 | 0 |

**한경인**(韓京仁) 명지대 1987.05.28

| 대회 | 연도 | 소속 | 출전 | 교체 | 득점 | 도움 | 실점 | 파울 | 경고 | 퇴장 |
|---|---|---|---|---|---|---|---|---|---|---|
| K1 | 2011 | 경남 | 18 | 16 | 1 | 0 | 0 | 9 | 0 | 0 |
| | 2012 | 대전 | 12 | 11 | 1 | 0 | 0 | 5 | 1 | 0 |
| | 2013 | 대전 | 6 | 6 | 2 | 0 | 0 | 7 | 1 | 0 |
| | 2014 | 상주 | 9 | 8 | 0 | 0 | 0 | 4 | 2 | 0 |
| K2 | 2015 | 상주 | 1 | 1 | 0 | 0 | 0 | 0 | 0 | 0 |
| 컵 | 2011 | 경남 | 5 | 3 | 1 | 0 | 0 | 4 | 0 | 0 |
| 통산 | | | 51 | 45 | 5 | 0 | 0 | 29 | 4 | 0 |

**한교원**(韓敎元) 조선이공대 1990.06.15

| 대회 | 연도 | 소속 | 출전 | 교체 | 득점 | 도움 | 실점 | 파울 | 경고 | 퇴장 |
|---|---|---|---|---|---|---|---|---|---|---|
| K1 | 2011 | 인천 | 27 | 22 | 3 | 2 | 0 | 36 | 2 | 0 |
| | 2012 | 인천 | 28 | 10 | 6 | 2 | 0 | 52 | 4 | 0 |
| | 2013 | 인천 | 36 | 14 | 6 | 2 | 0 | 64 | 8 | 0 |
| | 2014 | 전북 | 32 | 20 | 11 | 3 | 0 | 44 | 1 | 0 |
| | 2015 | 전북 | 26 | 16 | 1 | 4 | 0 | 15 | 3 | 1 |
| | 2016 | 전북 | 19 | 8 | 4 | 0 | 0 | 24 | 5 | 0 |
| | 2017 | 전북 | 12 | 8 | 1 | 1 | 0 | 18 | 1 | 0 |
| | 2018 | 전북 | 23 | 13 | 7 | 6 | 0 | 19 | 3 | 0 |
| | 2019 | 전북 | 14 | 12 | 0 | 2 | 0 | 2 | 0 | 0 |
| | 2020 | 전북 | 24 | 10 | 11 | 4 | 0 | 30 | 1 | 0 |
| | 2021 | 전북 | 29 | 25 | 9 | 2 | 0 | 21 | 0 | 0 |
| | 2022 | 전북 | 20 | 17 | 5 | 0 | 0 | 11 | 0 | 0 |
| | 2023 | 전북 | 28 | 26 | 5 | 2 | 0 | 23 | 1 | 0 |
| | 2024 | 수원FC | 10 | 10 | 0 | 1 | 0 | 4 | 2 | 0 |
| | 2024 | 전북 | 15 | 15 | 0 | 1 | 0 | 10 | 0 | 0 |
| K2 | 2025 | 충남아산 | 33 | 33 | 8 | 6 | 0 | 20 | 0 | 0 |
| 컵 | 2011 | 인천 | 2 | 0 | 0 | 0 | 0 | 4 | 0 | 0 |
| 통산 | | | 378 | 259 | 77 | 38 | 0 | 397 | 31 | 1 |

**한국영**(韓國榮) 숭실대 1990.04.19

| 대회 | 연도 | 소속 | 출전 | 교체 | 득점 | 도움 | 실점 | 파울 | 경고 | 퇴장 |
|---|---|---|---|---|---|---|---|---|---|---|
| K1 | 2017 | 강원 | 18 | 4 | 2 | 0 | 0 | 23 | 6 | 0 |
| | 2019 | 강원 | 38 | 0 | 1 | 4 | 0 | 45 | 3 | 0 |
| | 2020 | 강원 | 22 | 2 | 1 | 2 | 0 | 27 | 2 | 0 |
| | 2021 | 강원 | 31 | 5 | 1 | 0 | 0 | 38 | 4 | 0 |
| | 2022 | 강원 | 6 | 6 | 0 | 0 | 0 | 3 | 0 | 0 |
| | 2023 | 강원 | 35 | 12 | 1 | 2 | 0 | 35 | 3 | 0 |
| | 2024 | 강원 | 6 | 5 | 0 | 0 | 0 | 5 | 0 | 0 |
| | 2024 | 전북 | 20 | 8 | 0 | 0 | 0 | 25 | 2 | 0 |
| | 2025 | 전북 | 16 | 13 | 0 | 0 | 0 | 11 | 3 | 1 |
| PO | 2021 | 강원 | 2 | 1 | 1 | 0 | 0 | 3 | 0 | 0 |
| | 2023 | 강원 | 1 | 1 | 0 | 0 | 0 | 1 | 0 | 0 |
| | 2024 | 전북 | 2 | 2 | 0 | 0 | 0 | 2 | 0 | 0 |
| 통산 | | | 197 | 59 | 7 | 8 | 0 | 218 | 23 | 1 |

**한규진** 강서대 2001.11.10

| 대회 | 연도 | 소속 | 출전 | 교체 | 득점 | 도움 | 실점 | 파울 | 경고 | 퇴장 |
|---|---|---|---|---|---|---|---|---|---|---|
| K2 | 2023 | 천안 | 0 | 0 | 0 | 0 | 0 | 0 | 0 | 0 |
| 통산 | | | 0 | 0 | 0 | 0 | 0 | 0 | 0 | 0 |

**한그루**(韓그루) 단국대 1988.04.29

| 대회 | 연도 | 소속 | 출전 | 교체 | 득점 | 도움 | 실점 | 파울 | 경고 | 퇴장 |
|---|---|---|---|---|---|---|---|---|---|---|
| K1 | 2011 | 성남일화 | 4 | 4 | 0 | 0 | 0 | 1 | 1 | 0 |
| | 2012 | 대전 | 9 | 8 | 0 | 0 | 0 | 11 | 1 | 0 |
| | 2013 | 대전 | 5 | 5 | 0 | 0 | 0 | 4 | 0 | 0 |
| 통산 | | | 18 | 17 | 0 | 0 | 0 | 16 | 2 | 0 |

**한길동**(韓吉童) 서울대 1963.01.15

| 대회 | 연도 | 소속 | 출전 | 교체 | 득점 | 도움 | 실점 | 파울 | 경고 | 퇴장 |
|---|---|---|---|---|---|---|---|---|---|---|
| K1 | 1986 | 럭키금성 | 7 | 1 | 0 | 0 | 0 | 8 | 0 | 0 |
| | 1987 | 럭키금성 | 16 | 5 | 0 | 3 | 0 | 12 | 0 | 0 |
| 컵 | 1986 | 럭키금성 | 13 | 5 | 0 | 0 | 0 | 8 | 1 | 0 |
| 통산 | | | 36 | 11 | 0 | 3 | 0 | 28 | 1 | 0 |

**한덕희**(韓德熙) 아주대 1987.02.20

| 대회 | 연도 | 소속 | 출전 | 교체 | 득점 | 도움 | 실점 | 파울 | 경고 | 퇴장 |
|---|---|---|---|---|---|---|---|---|---|---|
| K1 | 2011 | 대전 | 14 | 5 | 1 | 2 | 0 | 23 | 2 | 0 |
| | 2012 | 대전 | 14 | 12 | 0 | 0 | 0 | 22 | 4 | 0 |
| | 2013 | 대전 | 20 | 14 | 0 | 1 | 0 | 31 | 2 | 0 |
| | 2015 | 대전 | 4 | 2 | 0 | 0 | 0 | 6 | 1 | 0 |
| K2 | 2014 | 안산경찰 | 7 | 6 | 0 | 0 | 0 | 5 | 2 | 0 |
| | 2015 | 안산경찰 | 23 | 10 | 0 | 0 | 0 | 36 | 4 | 0 |
| PO | 2014 | 안산경찰 | 1 | 1 | 0 | 0 | 0 | 0 | 0 | 0 |
| 컵 | 2011 | 대전 | 2 | 1 | 0 | 0 | 0 | 3 | 1 | 0 |
| 통산 | | | 85 | 51 | 1 | 3 | 0 | 126 | 16 | 0 |

**한동원**(韓東元) 남수원중 1986.04.06

| 대회 | 연도 | 소속 | 출전 | 교체 | 득점 | 도움 | 실점 | 파울 | 경고 | 퇴장 |
|---|---|---|---|---|---|---|---|---|---|---|
| K1 | 2002 | 안양LG | 0 | 0 | 0 | 0 | 0 | 0 | 0 | 0 |
| | 2003 | 안양LG | 4 | 4 | 0 | 0 | 0 | 3 | 1 | 0 |
| | 2005 | 서울 | 3 | 3 | 0 | 0 | 0 | 0 | 0 | 0 |
| | 2006 | 서울 | 12 | 10 | 2 | 1 | 0 | 8 | 1 | 0 |
| | 2007 | 성남일화 | 13 | 13 | 1 | 0 | 0 | 3 | 0 | 0 |
| | 2008 | 성남일화 | 17 | 15 | 6 | 0 | 0 | 20 | 1 | 0 |
| | 2009 | 성남일화 | 19 | 17 | 4 | 1 | 0 | 12 | 1 | 0 |
| | 2011 | 대구 | 12 | 12 | 0 | 0 | 0 | 6 | 1 | 0 |
| | 2012 | 강원 | 7 | 7 | 1 | 0 | 0 | 3 | 0 | 0 |
| | 2013 | 강원 | 8 | 8 | 0 | 0 | 0 | 4 | 0 | 0 |
| K2 | 2013 | 안양 | 2 | 2 | 0 | 0 | 0 | 0 | 0 | 0 |
| PO | 2006 | 서울 | 1 | 1 | 0 | 0 | 0 | 0 | 0 | 0 |
| | 2007 | 성남일화 | 1 | 1 | 0 | 0 | 0 | 0 | 0 | 0 |
| | 2008 | 성남일화 | 1 | 1 | 0 | 0 | 0 | 3 | 0 | 0 |
| | 2009 | 성남일화 | 2 | 2 | 0 | 0 | 0 | 1 | 0 | 0 |
| 컵 | 2002 | 안양LG | 1 | 1 | 0 | 0 | 0 | 0 | 0 | 0 |
| | 2004 | 서울 | 4 | 3 | 0 | 0 | 0 | 2 | 0 | 0 |
| | 2006 | 서울 | 8 | 2 | 3 | 0 | 0 | 12 | 1 | 0 |
| | 2007 | 성남일화 | 1 | 1 | 0 | 0 | 0 | 4 | 0 | 0 |
| | 2008 | 성남일화 | 8 | 7 | 0 | 1 | 0 | 4 | 1 | 0 |
| | 2009 | 성남일화 | 5 | 5 | 3 | 0 | 0 | 1 | 1 | 0 |
| | 2011 | 대구 | 2 | 1 | 0 | 0 | 0 | 2 | 0 | 0 |
| 통산 | | | 131 | 116 | 20 | 3 | 0 | 88 | 8 | 0 |

**한동진**(韓動鎭) 상지대 1979.08.25

| 대회 | 연도 | 소속 | 출전 | 교체 | 득점 | 도움 | 실점 | 파울 | 경고 | 퇴장 |
|---|---|---|---|---|---|---|---|---|---|---|
| K1 | 2002 | 부천SK | 9 | 0 | 0 | 0 | 15 | 0 | 2 | 0 |
| | 2003 | 부천SK | 31 | 1 | 0 | 0 | 45 | 3 | 1 | 0 |
| | 2004 | 부천SK | 0 | 0 | 0 | 0 | 0 | 0 | 0 | 0 |
| | 2005 | 광주상무 | 3 | 0 | 0 | 0 | 3 | 0 | 0 | 0 |
| | 2006 | 광주상무 | 10 | 1 | 0 | 0 | 11 | 0 | 0 | 0 |
| | 2007 | 제주 | 6 | 0 | 0 | 0 | 8 | 1 | 0 | 0 |
| | 2008 | 제주 | 7 | 2 | 0 | 0 | 6 | 0 | 0 | 0 |
| | 2009 | 제주 | 12 | 1 | 0 | 0 | 10 | 0 | 0 | 0 |
| | 2010 | 제주 | 0 | 0 | 0 | 0 | 0 | 0 | 0 | 0 |
| | 2011 | 제주 | 0 | 0 | 0 | 0 | 0 | 0 | 0 | 0 |
| | 2012 | 제주 | 30 | 0 | 0 | 0 | 37 | 2 | 1 | 1 |
| | 2013 | 제주 | 0 | 0 | 0 | 0 | 0 | 0 | 0 | 0 |
| PO | 2010 | 제주 | 0 | 0 | 0 | 0 | 0 | 0 | 0 | 0 |
| 컵 | 2002 | 부천SK | 0 | 0 | 0 | 0 | 0 | 0 | 0 | 0 |
| | 2006 | 광주상무 | 5 | 0 | 0 | 0 | 7 | 0 | 0 | 0 |
| | 2008 | 제주 | 5 | 1 | 0 | 0 | 7 | 0 | 0 | 0 |
| | 2009 | 제주 | 2 | 0 | 0 | 0 | 1 | 0 | 1 | 0 |
| | 2010 | 제주 | 1 | 0 | 0 | 0 | 5 | 0 | 0 | 0 |
| | 2011 | 제주 | 1 | 1 | 0 | 0 | 0 | 0 | 0 | 0 |
| 통산 | | | 122 | 7 | 0 | 0 | 155 | 6 | 5 | 1 |

**한문배**(韓文培) 한양대 1954.03.22

| 대회 | 연도 | 소속 | 출전 | 교체 | 득점 | 도움 | 실점 | 파울 | 경고 | 퇴장 |
|---|---|---|---|---|---|---|---|---|---|---|
| K1 | 1984 | 럭키금성 | 27 | 4 | 6 | 2 | 0 | 25 | 2 | 0 |
| | 1985 | 럭키금성 | 21 | 3 | 0 | 2 | 0 | 19 | 1 | 0 |
| | 1986 | 럭키금성 | 12 | 1 | 1 | 0 | 0 | 16 | 1 | 0 |
| 컵 | 1986 | 럭키금성 | 15 | 4 | 0 | 0 | 0 | 21 | 2 | 0 |
| 통산 | | | 75 | 12 | 7 | 4 | 0 | 81 | 6 | 0 |

**한병용**(韓炳容) 건국대 1983.11.27

| 대회 | 연도 | 소속 | 출전 | 교체 | 득점 | 도움 | 실점 | 파울 | 경고 | 퇴장 |
|---|---|---|---|---|---|---|---|---|---|---|
| K1 | 2006 | 수원 | 5 | 4 | 0 | 0 | 0 | 5 | 0 | 0 |
| | 2007 | 수원 | 1 | 1 | 0 | 0 | 0 | 0 | 0 | 0 |
| 컵 | 2006 | 수원 | 7 | 3 | 0 | 0 | 0 | 10 | 1 | 0 |
| | 2007 | 수원 | 1 | 1 | 0 | 0 | 0 | 1 | 0 | 0 |
| 통산 | | | 14 | 9 | 0 | 0 | 0 | 16 | 1 | 0 |

**한봉현**(韓鳳顯) 학성고 1981.12.04

| 대회 | 연도 | 소속 | 출전 | 교체 | 득점 | 도움 | 실점 | 파울 | 경고 | 퇴장 |
|---|---|---|---|---|---|---|---|---|---|---|
| K1 | 2001 | 울산 | 2 | 2 | 0 | 0 | 0 | 0 | 0 | 0 |
| | 2003 | 광주상무 | 1 | 1 | 0 | 0 | 0 | 2 | 0 | 0 |
| 컵 | 2000 | 울산 | 0 | 0 | 0 | 0 | 0 | 0 | 0 | 0 |
| 통산 | | | 3 | 3 | 0 | 0 | 0 | 2 | 0 | 0 |

**한빛**(韓빛) 건국대 1992.03.17

| 대회 | 연도 | 소속 | 출전 | 교체 | 득점 | 도움 | 실점 | 파울 | 경고 | 퇴장 |
|---|---|---|---|---|---|---|---|---|---|---|
| K2 | 2014 | 고양 | 16 | 15 | 1 | 0 | 0 | 16 | 2 | 0 |
| 통산 | | | 16 | 15 | 1 | 0 | 0 | 16 | 2 | 0 |

**한상건**(韓相健) 영등포공고 1975.01.22

| 대회 | 연도 | 소속 | 출전 | 교체 | 득점 | 도움 | 실점 | 파울 | 경고 | 퇴장 |
|---|---|---|---|---|---|---|---|---|---|---|
| 컵 | 1994 | 포항제철 | 1 | 1 | 0 | 0 | 0 | 0 | 0 | 0 |
| 통산 | | | 1 | 1 | 0 | 0 | 0 | 0 | 0 | 0 |

**한상구**(韓相九) 충남대 1976.08.15

| 대회 | 연도 | 소속 | 출전 | 교체 | 득점 | 도움 | 실점 | 파울 | 경고 | 퇴장 |
|---|---|---|---|---|---|---|---|---|---|---|
| K1 | 1999 | 안양LG | 11 | 8 | 0 | 0 | 0 | 14 | 2 | 0 |
| | 2000 | 안양LG | 22 | 1 | 0 | 0 | 0 | 25 | 1 | 0 |
| | 2001 | 안양LG | 4 | 2 | 0 | 0 | 0 | 3 | 2 | 0 |
| | 2003 | 광주상무 | 40 | 8 | 3 | 3 | 0 | 31 | 4 | 0 |
| | 2004 | 서울 | 4 | 2 | 0 | 0 | 0 | 9 | 1 | 0 |
| PO | 2000 | 안양LG | 2 | 0 | 0 | 0 | 0 | 0 | 0 | 0 |
| 컵 | 2000 | 안양LG | 5 | 3 | 0 | 0 | 0 | 5 | 1 | 0 |
| | 2001 | 안양LG | 0 | 0 | 0 | 0 | 0 | 0 | 0 | 0 |
| | 2004 | 서울 | 9 | 6 | 0 | 1 | 0 | 8 | 1 | 0 |
| 통산 | | | 97 | 30 | 3 | 4 | 0 | 95 | 12 | 0 |

**한상민**(韓相旻) 천안농고 1985.03.10

| 대회 | 연도 | 소속 | 출전 | 교체 | 득점 | 도움 | 실점 | 파울 | 경고 | 퇴장 |
|---|---|---|---|---|---|---|---|---|---|---|
| K1 | 2009 | 울산 | 8 | 8 | 0 | 0 | 0 | 5 | 1 | 0 |
| 컵 | 2009 | 울산 | 1 | 1 | 0 | 0 | 0 | 1 | 0 | 0 |
| 통산 | | | 9 | 9 | 0 | 0 | 0 | 6 | 1 | 0 |

**한상수**(韓尙樹) 충북대 1977.02.27

| 대회 | 연도 | 소속 | 출전 | 교체 | 득점 | 도움 | 실점 | 파울 | 경고 | 퇴장 |
|---|---|---|---|---|---|---|---|---|---|---|
| K1 | 1999 | 부산 | 5 | 3 | 0 | 0 | 4 | 0 | 0 | 0 |
| | 2000 | 부산 | 3 | 3 | 0 | 0 | 0 | 0 | 0 | 0 |
| PO | 1999 | 부산 | 0 | 0 | 0 | 0 | 0 | 0 | 0 | 0 |
| 컵 | 1999 | 부산 | 1 | 1 | 0 | 0 | 0 | 0 | 0 | 0 |
| 통산 | | | 9 | 7 | 0 | 0 | 4 | 0 | 0 | 0 |

**한상열**(韓相烈) 고려대 1972.09.24

| 대회 | 연도 | 소속 | 출전 | 교체 | 득점 | 도움 | 실점 | 파울 | 경고 | 퇴장 |
|---|---|---|---|---|---|---|---|---|---|---|
| K1 | 1997 | 수원 | 10 | 6 | 0 | 1 | 0 | 11 | 0 | 1 |
| | 1998 | 수원 | 1 | 1 | 0 | 0 | 0 | 4 | 2 | 0 |
| 컵 | 1997 | 수원 | 13 | 11 | 3 | 0 | 0 | 11 | 0 | 0 |
| | 1998 | 수원 | 5 | 5 | 0 | 0 | 0 | 3 | 0 | 0 |
| | 1999 | 수원 | 0 | 0 | 0 | 0 | 0 | 0 | 0 | 0 |

| 통산 | | | 29 | 23 | 3 | 1 | 0 | 29 | 2 | 1 |
|---|---|---|---|---|---|---|---|---|---|---|

**한상운**(韓相云) 단국대 1986.05.03

| 대회 | 연도 | 소속 | 출전 | 교체 | 득점 | 도움 | 실점 | 파울 | 경고 | 퇴장 |
|---|---|---|---|---|---|---|---|---|---|---|
| K1 | 2009 | 부산 | 23 | 16 | 2 | 3 | 0 | 21 | 4 | 0 |
| | 2010 | 부산 | 26 | 7 | 5 | 3 | 0 | 28 | 1 | 0 |
| | 2011 | 부산 | 27 | 11 | 9 | 7 | 0 | 30 | 0 | 0 |
| | 2012 | 성남일화 | 16 | 11 | 1 | 1 | 0 | 12 | 1 | 0 |
| | 2013 | 울산 | 34 | 21 | 8 | 8 | 0 | 36 | 3 | 0 |
| | 2014 | 울산 | 12 | 5 | 2 | 2 | 0 | 7 | 0 | 0 |
| | 2014 | 상주 | 17 | 5 | 0 | 4 | 0 | 14 | 3 | 0 |
| | 2016 | 울산 | 22 | 14 | 1 | 4 | 0 | 20 | 3 | 0 |
| | 2017 | 울산 | 18 | 14 | 1 | 1 | 0 | 12 | 0 | 0 |
| K2 | 2015 | 상주 | 29 | 19 | 7 | 6 | 0 | 21 | 3 | 0 |
| | 2018 | 수원FC | 11 | 8 | 0 | 0 | 0 | 4 | 0 | 0 |
| | 2019 | 부산 | 5 | 4 | 0 | 0 | 0 | 5 | 0 | 0 |
| PO | 2011 | 부산 | 1 | 0 | 0 | 0 | 0 | 2 | 1 | 0 |
| 컵 | 2009 | 부산 | 8 | 7 | 1 | 2 | 0 | 11 | 0 | 0 |
| | 2010 | 부산 | 5 | 5 | 2 | 2 | 0 | 5 | 0 | 0 |
| | 2011 | 부산 | 4 | 3 | 0 | 1 | 0 | 2 | 1 | 0 |
| 통산 | | | 258 | 150 | 39 | 44 | 0 | 230 | 20 | 0 |

**한상진**(韓相振) 세종대 1995.08.01

| 대회 | 연도 | 소속 | 출전 | 교체 | 득점 | 도움 | 실점 | 파울 | 경고 | 퇴장 |
|---|---|---|---|---|---|---|---|---|---|---|
| K2 | 2016 | 부천 | 0 | 0 | 0 | 0 | 0 | 0 | 0 | 0 |
| | 2017 | 부천 | 0 | 0 | 0 | 0 | 0 | 0 | 0 | 0 |
| 통산 | | | 0 | 0 | 0 | 0 | 0 | 0 | 0 | 0 |

**한상학**(韓尙學) 숭실대 1990.07.16

| 대회 | 연도 | 소속 | 출전 | 교체 | 득점 | 도움 | 실점 | 파울 | 경고 | 퇴장 |
|---|---|---|---|---|---|---|---|---|---|---|
| K2 | 2014 | 충주 | 6 | 5 | 1 | 0 | 0 | 10 | 2 | 0 |
| 통산 | | | 6 | 5 | 1 | 0 | 0 | 10 | 2 | 0 |

**한상혁**(韓祥赫) 배재대 1991.11.19

| 대회 | 연도 | 소속 | 출전 | 교체 | 득점 | 도움 | 실점 | 파울 | 경고 | 퇴장 |
|---|---|---|---|---|---|---|---|---|---|---|
| K1 | 2015 | 대전 | 0 | 0 | 0 | 0 | 0 | 0 | 0 | 0 |
| K2 | 2014 | 대전 | 0 | 0 | 0 | 0 | 0 | 0 | 0 | 0 |
| 통산 | | | 0 | 0 | 0 | 0 | 0 | 0 | 0 | 0 |

**한상현**(韓相晛) 성균관대 1991.08.25

| 대회 | 연도 | 소속 | 출전 | 교체 | 득점 | 도움 | 실점 | 파울 | 경고 | 퇴장 |
|---|---|---|---|---|---|---|---|---|---|---|
| K1 | 2015 | 성남 | 0 | 0 | 0 | 0 | 0 | 0 | 0 | 0 |
| K2 | 2014 | 부천 | 1 | 1 | 0 | 0 | 0 | 0 | 0 | 0 |
| 통산 | | | 1 | 1 | 0 | 0 | 0 | 0 | 0 | 0 |

**한석종**(韓石種) 숭실대 1992.07.19

| 대회 | 연도 | 소속 | 출전 | 교체 | 득점 | 도움 | 실점 | 파울 | 경고 | 퇴장 |
|---|---|---|---|---|---|---|---|---|---|---|
| K1 | 2017 | 인천 | 32 | 1 | 3 | 1 | 0 | 46 | 5 | 1 |
| | 2018 | 인천 | 31 | 9 | 1 | 1 | 0 | 34 | 2 | 0 |
| | 2019 | 상주 | 14 | 5 | 0 | 0 | 0 | 19 | 1 | 0 |
| | 2020 | 상주 | 14 | 3 | 0 | 0 | 0 | 21 | 2 | 0 |
| | 2020 | 수원 | 10 | 0 | 1 | 0 | 0 | 12 | 2 | 0 |
| | 2021 | 수원 | 29 | 15 | 0 | 1 | 0 | 37 | 5 | 0 |
| | 2022 | 수원 | 20 | 15 | 0 | 0 | 0 | 20 | 2 | 0 |
| | 2023 | 수원 | 6 | 3 | 0 | 0 | 0 | 5 | 1 | 0 |
| K2 | 2014 | 강원 | 21 | 10 | 0 | 1 | 0 | 25 | 2 | 0 |
| | 2015 | 강원 | 25 | 12 | 4 | 1 | 0 | 34 | 7 | 0 |
| | 2016 | 강원 | 34 | 9 | 1 | 3 | 0 | 39 | 9 | 0 |
| | 2024 | 성남 | 20 | 14 | 0 | 0 | 0 | 9 | 0 | 0 |
| | 2025 | 경남 | 17 | 16 | 0 | 0 | 0 | 10 | 1 | 0 |
| PO | 2016 | 강원 | 4 | 2 | 1 | 0 | 0 | 5 | 1 | 0 |
| 통산 | | | 277 | 114 | 11 | 8 | 0 | 316 | 40 | 1 |

**한석희**(韓碩熙) 호남대 1996.05.16

| 대회 | 연도 | 소속 | 출전 | 교체 | 득점 | 도움 | 실점 | 파울 | 경고 | 퇴장 |
|---|---|---|---|---|---|---|---|---|---|---|
| K1 | 2019 | 수원 | 11 | 11 | 4 | 0 | 0 | 9 | 1 | 0 |
| | 2020 | 수원 | 14 | 11 | 0 | 0 | 0 | 16 | 2 | 0 |
| | 2021 | 수원 | 0 | 0 | 0 | 0 | 0 | 0 | 0 | 0 |
| | 2022 | 수원 | 2 | 3 | 0 | 0 | 0 | 0 | 0 | 0 |
| K2 | 2022 | 전남 | 3 | 3 | 0 | 0 | 0 | 2 | 0 | 0 |
| | 2023 | 천안 | 8 | 9 | 0 | 0 | 0 | 4 | 2 | 0 |
| 통산 | | | 38 | 37 | 4 | 0 | 0 | 31 | 5 | 0 |

**한설**(韓雪) 동의대 1983.07.15

| 대회 | 연도 | 소속 | 출전 | 교체 | 득점 | 도움 | 실점 | 파울 | 경고 | 퇴장 |
|---|---|---|---|---|---|---|---|---|---|---|
| K1 | 2006 | 부산 | 4 | 3 | 0 | 0 | 0 | 3 | 0 | 0 |
| 컵 | 2006 | 부산 | 3 | 4 | 0 | 0 | 0 | 3 | 1 | 0 |
| | 2008 | 광주상무 | 1 | 1 | 0 | 0 | 0 | 0 | 0 | 0 |
| 통산 | | | 8 | 8 | 0 | 0 | 0 | 6 | 1 | 0 |

**한성규**(韓成圭) 광운대 1993.01.27

| 대회 | 연도 | 소속 | 출전 | 교체 | 득점 | 도움 | 실점 | 파울 | 경고 | 퇴장 |
|---|---|---|---|---|---|---|---|---|---|---|
| K1 | 2015 | 수원 | 0 | 0 | 0 | 0 | 0 | 0 | 0 | 0 |
| K2 | 2016 | 부천 | 2 | 2 | 0 | 0 | 0 | 0 | 0 | 0 |
| 통산 | | | 2 | 2 | 0 | 0 | 0 | 0 | 0 | 0 |

**한승규**(韓承規) 연세대 1996.09.28

| 대회 | 연도 | 소속 | 출전 | 교체 | 득점 | 도움 | 실점 | 파울 | 경고 | 퇴장 |
|---|---|---|---|---|---|---|---|---|---|---|
| K1 | 2017 | 울산 | 9 | 8 | 1 | 1 | 0 | 9 | 0 | 0 |
| | 2018 | 울산 | 31 | 28 | 5 | 7 | 0 | 24 | 4 | 0 |
| | 2019 | 전북 | 19 | 16 | 2 | 0 | 0 | 13 | 3 | 0 |
| | 2020 | 서울 | 22 | 10 | 3 | 2 | 0 | 25 | 3 | 0 |
| | 2021 | 수원FC | 26 | 23 | 2 | 3 | 0 | 17 | 2 | 0 |
| | 2022 | 서울 | 10 | 9 | 1 | 0 | 0 | 3 | 0 | 0 |
| | 2022 | 전북 | 1 | 1 | 0 | 0 | 0 | 2 | 0 | 0 |
| | 2023 | 서울 | 17 | 17 | 1 | 0 | 0 | 10 | 2 | 0 |
| | 2024 | 서울 | 15 | 11 | 1 | 4 | 0 | 10 | 3 | 0 |
| 통산 | | | 150 | 123 | 16 | 17 | 0 | 113 | 17 | 0 |

**한승엽**(韓承燁) 경기대 1990.11.04

| 대회 | 연도 | 소속 | 출전 | 교체 | 득점 | 도움 | 실점 | 파울 | 경고 | 퇴장 |
|---|---|---|---|---|---|---|---|---|---|---|
| K1 | 2013 | 대구 | 26 | 22 | 3 | 1 | 0 | 43 | 4 | 0 |
| K2 | 2014 | 대구 | 8 | 8 | 0 | 0 | 0 | 13 | 0 | 0 |
| | 2017 | 대전 | 3 | 2 | 0 | 0 | 0 | 3 | 0 | 0 |
| 통산 | | | 37 | 32 | 3 | 1 | 0 | 59 | 4 | 0 |

**한승욱**(韓承旭) 아주대 1995.08.24

| 대회 | 연도 | 소속 | 출전 | 교체 | 득점 | 도움 | 실점 | 파울 | 경고 | 퇴장 |
|---|---|---|---|---|---|---|---|---|---|---|
| K1 | 2018 | 전남 | 3 | 1 | 0 | 0 | 0 | 4 | 0 | 0 |
| K2 | 2019 | 전남 | 8 | 8 | 1 | 0 | 0 | 4 | 1 | 0 |
| 통산 | | | 11 | 9 | 1 | 0 | 0 | 8 | 1 | 0 |

**한연수**(韓練洙) 동국대 1966.11.17

| 대회 | 연도 | 소속 | 출전 | 교체 | 득점 | 도움 | 실점 | 파울 | 경고 | 퇴장 |
|---|---|---|---|---|---|---|---|---|---|---|
| K1 | 1989 | 일화 | 6 | 4 | 0 | 0 | 0 | 7 | 1 | 0 |
| 통산 | | | 6 | 4 | 0 | 0 | 0 | 7 | 1 | 0 |

**한연철**(韓煉哲) 고려대 1972.03.30

| 대회 | 연도 | 소속 | 출전 | 교체 | 득점 | 도움 | 실점 | 파울 | 경고 | 퇴장 |
|---|---|---|---|---|---|---|---|---|---|---|
| 컵 | 1997 | 울산 | 2 | 2 | 0 | 0 | 0 | 3 | 0 | 0 |
| 통산 | | | 2 | 2 | 0 | 0 | 0 | 3 | 0 | 0 |

**한영구**(韓英九) 호남대 1987.11.16

| 대회 | 연도 | 소속 | 출전 | 교체 | 득점 | 도움 | 실점 | 파울 | 경고 | 퇴장 |
|---|---|---|---|---|---|---|---|---|---|---|
| K2 | 2013 | 고양 | 11 | 5 | 0 | 0 | 0 | 6 | 0 | 0 |
| 통산 | | | 11 | 5 | 0 | 0 | 0 | 6 | 0 | 0 |

**한영국**(韓榮國) 국민대 1964.11.26

| 대회 | 연도 | 소속 | 출전 | 교체 | 득점 | 도움 | 실점 | 파울 | 경고 | 퇴장 |
|---|---|---|---|---|---|---|---|---|---|---|
| K1 | 1993 | 현대 | 6 | 0 | 0 | 0 | 0 | 4 | 0 | 0 |
| | 1994 | 현대 | 8 | 1 | 0 | 0 | 0 | 6 | 2 | 0 |
| 통산 | | | 14 | 1 | 0 | 0 | 0 | 10 | 2 | 0 |

**한영수**(韓英洙) 전북대 1960.08.14

| 대회 | 연도 | 소속 | 출전 | 교체 | 득점 | 도움 | 실점 | 파울 | 경고 | 퇴장 |
|---|---|---|---|---|---|---|---|---|---|---|
| K1 | 1985 | 유공 | 19 | 3 | 4 | 1 | 0 | 19 | 0 | 0 |
| | 1986 | 유공 | 9 | 5 | 0 | 0 | 0 | 3 | 0 | 0 |
| | 1987 | 유공 | 3 | 3 | 1 | 0 | 0 | 1 | 0 | 0 |
| 컵 | 1986 | 유공 | 1 | 1 | 0 | 0 | 0 | 1 | 0 | 0 |
| 통산 | | | 32 | 12 | 5 | 1 | 0 | 24 | 0 | 0 |

**한영훈**(韓英勳) 대신대 2001.10.05

| 대회 | 연도 | 소속 | 출전 | 교체 | 득점 | 도움 | 실점 | 파울 | 경고 | 퇴장 |
|---|---|---|---|---|---|---|---|---|---|---|
| K2 | 2024 | 안산 | 8 | 9 | 0 | 0 | 0 | 5 | 0 | 0 |
| 통산 | | | 8 | 9 | 0 | 0 | 0 | 5 | 0 | 0 |

**한용수**(韓龍洙) 한양대 1990.05.05

| 대회 | 연도 | 소속 | 출전 | 교체 | 득점 | 도움 | 실점 | 파울 | 경고 | 퇴장 |
|---|---|---|---|---|---|---|---|---|---|---|
| K1 | 2012 | 제주 | 23 | 6 | 0 | 1 | 0 | 33 | 4 | 0 |
| | 2018 | 강원 | 12 | 0 | 0 | 0 | 0 | 10 | 1 | 0 |
| | 2019 | 강원 | 2 | 1 | 0 | 0 | 0 | 4 | 0 | 0 |
| K2 | 2021 | 충남아산 | 35 | 1 | 3 | 0 | 0 | 31 | 6 | 0 |
| | 2022 | 서울E | 22 | 6 | 0 | 0 | 0 | 14 | 2 | 0 |
| | 2023 | 서울E | 4 | 4 | 1 | 0 | 0 | 1 | 0 | 0 |
| | 2024 | 경남 | 11 | 3 | 0 | 0 | 0 | 13 | 4 | 0 |
| | 2025 | 경남 | 10 | 1 | 0 | 0 | 0 | 5 | 0 | 0 |
| 통산 | | | 119 | 22 | 4 | 1 | 0 | 111 | 17 | 0 |

**한유성**(韓侑成) 경희대 1991.06.09

| 대회 | 연도 | 소속 | 출전 | 교체 | 득점 | 도움 | 실점 | 파울 | 경고 | 퇴장 |
|---|---|---|---|---|---|---|---|---|---|---|
| K1 | 2014 | 전남 | 0 | 0 | 0 | 0 | 0 | 0 | 0 | 0 |
| | 2015 | 전남 | 1 | 0 | 0 | 0 | 0 | 0 | 1 | 0 |
| | 2016 | 전남 | 3 | 1 | 0 | 0 | 6 | 0 | 0 | 0 |
| 통산 | | | 4 | 1 | 0 | 0 | 6 | 0 | 1 | 0 |

**한의권**(韓義權) 관동대(가톨릭관동대) 1994.06.30

| 대회 | 연도 | 소속 | 출전 | 교체 | 득점 | 도움 | 실점 | 파울 | 경고 | 퇴장 |
|---|---|---|---|---|---|---|---|---|---|---|
| K1 | 2014 | 경남 | 11 | 11 | 0 | 1 | 0 | 11 | 0 | 0 |
| | 2015 | 대전 | 18 | 6 | 3 | 1 | 0 | 41 | 4 | 0 |
| | 2018 | 수원 | 22 | 17 | 1 | 1 | 0 | 23 | 2 | 0 |
| | 2019 | 수원 | 29 | 19 | 3 | 1 | 0 | 40 | 3 | 0 |
| | 2020 | 수원 | 6 | 6 | 0 | 0 | 0 | 4 | 1 | 0 |
| K2 | 2015 | 경남 | 10 | 6 | 0 | 1 | 0 | 13 | 3 | 0 |
| | 2016 | 대전 | 6 | 4 | 0 | 0 | 0 | 8 | 1 | 0 |
| | 2017 | 아산 | 18 | 12 | 7 | 0 | 0 | 34 | 3 | 0 |
| | 2018 | 아산 | 16 | 11 | 7 | 1 | 0 | 25 | 5 | 0 |
| | 2021 | 서울E | 28 | 14 | 6 | 0 | 0 | 18 | 2 | 0 |
| | 2024 | 안양 | 14 | 15 | 2 | 1 | 0 | 10 | 2 | 0 |
| PO | 2014 | 경남 | 2 | 2 | 0 | 0 | 0 | 0 | 0 | 0 |
| | 2017 | 아산 | 1 | 1 | 0 | 0 | 0 | 1 | 1 | 0 |
| 통산 | | | 181 | 124 | 29 | 7 | 0 | 228 | 27 | 0 |

**한의혁**(韓義赫) 열린사이버대 1995.01.23

| 대회 | 연도 | 소속 | 출전 | 교체 | 득점 | 도움 | 실점 | 파울 | 경고 | 퇴장 |
|---|---|---|---|---|---|---|---|---|---|---|
| K2 | 2017 | 안양 | 11 | 10 | 0 | 1 | 0 | 9 | 1 | 0 |
| 통산 | | | 11 | 10 | 0 | 1 | 0 | 9 | 1 | 0 |

**한일구**(韓壹九) 고려대 1987.02.18

| 대회 | 연도 | 소속 | 출전 | 교체 | 득점 | 도움 | 실점 | 파울 | 경고 | 퇴장 |
|---|---|---|---|---|---|---|---|---|---|---|
| K1 | 2011 | 서울 | 2 | 0 | 0 | 0 | 4 | 1 | 0 | 0 |
| | 2012 | 서울 | 0 | 0 | 0 | 0 | 0 | 0 | 0 | 0 |
| | 2013 | 서울 | 0 | 0 | 0 | 0 | 0 | 0 | 0 | 0 |
| | 2014 | 서울 | 0 | 0 | 0 | 0 | 0 | 0 | 0 | 0 |
| PO | 2011 | 서울 | 0 | 0 | 0 | 0 | 0 | 0 | 0 | 0 |
| 컵 | 2010 | 서울 | 0 | 0 | 0 | 0 | 0 | 0 | 0 | 0 |
| 통산 | | | 2 | 0 | 0 | 0 | 4 | 1 | 0 | 0 |

**한재만**(韓載滿) 동국대 1989.03.20

| 대회 | 연도 | 소속 | 출전 | 교체 | 득점 | 도움 | 실점 | 파울 | 경고 | 퇴장 |
|---|---|---|---|---|---|---|---|---|---|---|
| K1 | 2010 | 제주 | 3 | 3 | 0 | 0 | 0 | 1 | 0 | 0 |
| | 2011 | 제주 | 0 | 0 | 0 | 0 | 0 | 0 | 0 | 0 |
| 컵 | 2010 | 제주 | 4 | 3 | 0 | 1 | 0 | 1 | 0 | 0 |
| | 2011 | 제주 | 1 | 1 | 0 | 0 | 0 | 0 | 0 | 0 |
| 통산 | | | 8 | 7 | 0 | 1 | 0 | 2 | 0 | 0 |

**한재식**(韓在植) 명지대 1968.03.17

| 대회 | 연도 | 소속 | 출전 | 교체 | 득점 | 도움 | 실점 | 파울 | 경고 | 퇴장 |
|---|---|---|---|---|---|---|---|---|---|---|
| K1 | 1990 | 포항제철 | 1 | 1 | 0 | 0 | 0 | 0 | 0 | 0 |
| 통산 | | | 1 | 1 | 0 | 0 | 0 | 0 | 0 | 0 |

**한재웅**(韓載雄) 부평고 1984.09.28

| 대회 | 연도 | 소속 | 출전 | 교체 | 득점 | 도움 | 실점 | 파울 | 경고 | 퇴장 |
|---|---|---|---|---|---|---|---|---|---|---|
| K1 | 2003 | 부산 | 1 | 1 | 0 | 0 | 0 | 0 | 0 | 0 |
| | 2004 | 부산 | 2 | 2 | 0 | 0 | 0 | 3 | 0 | 0 |
| | 2005 | 부산 | 8 | 6 | 2 | 0 | 0 | 4 | 1 | 0 |
| | 2007 | 부산 | 1 | 1 | 0 | 0 | 0 | 3 | 0 | 1 |
| | 2008 | 대전 | 10 | 10 | 0 | 1 | 0 | 15 | 3 | 0 |
| | 2009 | 대전 | 16 | 13 | 3 | 1 | 0 | 17 | 2 | 0 |
| | 2010 | 대전 | 20 | 5 | 2 | 1 | 0 | 33 | 5 | 0 |
| | 2011 | 대전 | 23 | 12 | 3 | 1 | 0 | 31 | 6 | 0 |
| | 2012 | 전남 | 24 | 12 | 0 | 1 | 0 | 27 | 4 | 0 |
| | 2013 | 인천 | 3 | 3 | 0 | 0 | 0 | 0 | 0 | 0 |
| | 2014 | 울산 | 7 | 7 | 0 | 1 | 0 | 4 | 0 | 0 |
| | 2017 | 대구 | 0 | 0 | 0 | 0 | 0 | 0 | 0 | 0 |
| K2 | 2016 | 대구 | 15 | 13 | 0 | 0 | 0 | 12 | 2 | 0 |
| PO | 2005 | 부산 | 1 | 1 | 0 | 0 | 0 | 2 | 0 | 0 |
| 컵 | 2004 | 부산 | 2 | 2 | 0 | 0 | 0 | 1 | 0 | 0 |

| | | | | | | | | | | |
|---|---|---|---|---|---|---|---|---|---|---|
| | 2005 | 부산 | 4 | 4 | 0 | 0 | 0 | 2 | 0 | 0 |
| | 2008 | 부산 | 2 | 2 | 0 | 0 | 0 | 1 | 0 | 0 |
| | 2008 | 대전 | 3 | 3 | 1 | 0 | 0 | 5 | 0 | 0 |
| | 2009 | 대전 | 3 | 2 | 0 | 0 | 0 | 5 | 0 | 0 |
| | 2010 | 대전 | 3 | 3 | 1 | 0 | 0 | 3 | 0 | 0 |
| | 2011 | 대전 | 1 | 0 | 0 | 0 | 0 | 2 | 0 | 0 |
| 통산 | | | 149 | 102 | 12 | 6 | 0 | 170 | 23 | 1 |

**한재훈**(韓載馴) 천안제일고 2004.01.25

| 대회 | 연도 | 소속 | 출전 | 교체 | 득점 | 도움 | 실점 | 파울 | 경고 | 퇴장 |
|---|---|---|---|---|---|---|---|---|---|---|
| K2 | 2023 | 천안 | 4 | 4 | 0 | 0 | 0 | 2 | 1 | 0 |
| | 2024 | 천안 | 7 | 8 | 0 | 1 | 0 | 4 | 1 | 0 |
| 통산 | | | 11 | 12 | 0 | 1 | 0 | 6 | 2 | 0 |

**한정국**(韓鄭國) 한양대 1971.07.19

| 대회 | 연도 | 소속 | 출전 | 교체 | 득점 | 도움 | 실점 | 파울 | 경고 | 퇴장 |
|---|---|---|---|---|---|---|---|---|---|---|
| K1 | 1994 | 일화 | 19 | 14 | 1 | 1 | 0 | 21 | 2 | 0 |
| | 1995 | 일화 | 11 | 9 | 2 | 0 | 0 | 9 | 1 | 0 |
| | 1996 | 천안일화 | 30 | 17 | 1 | 3 | 0 | 27 | 3 | 0 |
| | 1999 | 천안일화 | 4 | 3 | 0 | 1 | 0 | 6 | 1 | 0 |
| | 1999 | 전남 | 11 | 11 | 1 | 1 | 0 | 7 | 0 | 0 |
| | 2000 | 전남 | 1 | 1 | 0 | 0 | 0 | 0 | 0 | 0 |
| | 2001 | 대전 | 15 | 13 | 1 | 3 | 0 | 24 | 2 | 0 |
| | 2002 | 대전 | 18 | 15 | 0 | 0 | 0 | 18 | 1 | 0 |
| | 2003 | 대전 | 28 | 17 | 3 | 1 | 0 | 55 | 2 | 1 |
| | 2004 | 대전 | 13 | 10 | 1 | 0 | 0 | 11 | 1 | 0 |
| PO | 1995 | 일화 | 3 | 2 | 1 | 0 | 0 | 4 | 0 | 0 |
| | 1999 | 전남 | 1 | 1 | 0 | 0 | 0 | 2 | 0 | 0 |
| 컵 | 1994 | 일화 | 6 | 1 | 0 | 0 | 0 | 13 | 2 | 0 |
| | 1996 | 천안일화 | 4 | 4 | 0 | 0 | 0 | 4 | 0 | 0 |
| | 1999 | 전남 | 2 | 1 | 1 | 0 | 0 | 6 | 1 | 0 |
| | 1999 | 천안일화 | 2 | 2 | 0 | 0 | 0 | 1 | 0 | 0 |
| | 2000 | 전남 | 3 | 3 | 0 | 0 | 0 | 2 | 0 | 0 |
| | 2002 | 대전 | 8 | 4 | 0 | 2 | 0 | 20 | 1 | 0 |
| | 2004 | 대전 | 6 | 6 | 1 | 1 | 0 | 9 | 0 | 0 |
| 통산 | | | 185 | 134 | 13 | 13 | 0 | 239 | 17 | 1 |

**한정우**(韓整宇) 숭실대 1998.12.26

| 대회 | 연도 | 소속 | 출전 | 교체 | 득점 | 도움 | 실점 | 파울 | 경고 | 퇴장 |
|---|---|---|---|---|---|---|---|---|---|---|
| K2 | 2020 | 수원FC | 17 | 16 | 1 | 2 | 0 | 7 | 1 | 0 |
| | 2022 | 김포 | 21 | 18 | 1 | 2 | 0 | 7 | 0 | 0 |
| PO | 2020 | 수원FC | 1 | 1 | 0 | 0 | 0 | 0 | 0 | 0 |
| 통산 | | | 39 | 35 | 2 | 4 | 0 | 14 | 1 | 0 |

**한정화**(韓廷和) 안양공고 1982.10.31

| 대회 | 연도 | 소속 | 출전 | 교체 | 득점 | 도움 | 실점 | 파울 | 경고 | 퇴장 |
|---|---|---|---|---|---|---|---|---|---|---|
| K1 | 2001 | 안양LG | 11 | 11 | 0 | 0 | 0 | 5 | 1 | 0 |
| | 2002 | 안양LG | 3 | 3 | 0 | 0 | 0 | 0 | 1 | 0 |
| | 2003 | 안양LG | 2 | 2 | 0 | 0 | 0 | 0 | 0 | 0 |
| | 2004 | 광주상무 | 1 | 1 | 0 | 0 | 0 | 0 | 0 | 0 |
| | 2005 | 광주상무 | 1 | 1 | 0 | 0 | 0 | 0 | 0 | 0 |
| | 2007 | 부산 | 23 | 18 | 2 | 1 | 0 | 20 | 1 | 0 |
| | 2008 | 부산 | 17 | 7 | 2 | 1 | 0 | 29 | 0 | 0 |
| | 2009 | 대구 | 15 | 13 | 0 | 1 | 0 | 10 | 0 | 0 |
| 컵 | 2002 | 안양LG | 4 | 6 | 1 | 0 | 0 | 3 | 0 | 0 |
| | 2004 | 광주상무 | 0 | 0 | 0 | 0 | 0 | 0 | 0 | 0 |
| | 2007 | 부산 | 6 | 5 | 2 | 1 | 0 | 2 | 0 | 0 |
| | 2008 | 부산 | 9 | 7 | 0 | 0 | 0 | 7 | 1 | 0 |
| | 2009 | 대구 | 5 | 4 | 0 | 1 | 0 | 4 | 0 | 0 |
| 통산 | | | 97 | 78 | 7 | 5 | 0 | 80 | 4 | 0 |

**한제광**(韓濟光) 울산대 1985.03.18

| 대회 | 연도 | 소속 | 출전 | 교체 | 득점 | 도움 | 실점 | 파울 | 경고 | 퇴장 |
|---|---|---|---|---|---|---|---|---|---|---|
| K1 | 2006 | 전북 | 2 | 1 | 0 | 0 | 0 | 3 | 0 | 0 |
| 통산 | | | 2 | 1 | 0 | 0 | 0 | 3 | 0 | 0 |

**한종무**(韓宗武) 제주U18 2003.05.02

| 대회 | 연도 | 소속 | 출전 | 교체 | 득점 | 도움 | 실점 | 파울 | 경고 | 퇴장 |
|---|---|---|---|---|---|---|---|---|---|---|
| K1 | 2022 | 제주 | 14 | 14 | 1 | 0 | 0 | 7 | 0 | 0 |
| | 2023 | 제주 | 17 | 17 | 0 | 0 | 0 | 6 | 1 | 0 |
| | 2024 | 제주 | 31 | 32 | 2 | 1 | 0 | 17 | 3 | 0 |
| | 2025 | 대구 | 25 | 22 | 0 | 2 | 0 | 6 | 3 | 0 |
| 통산 | | | 87 | 85 | 3 | 3 | 0 | 36 | 7 | 0 |

**한종성**(韓鐘聲) 성균관대 1977.01.30

| 대회 | 연도 | 소속 | 출전 | 교체 | 득점 | 도움 | 실점 | 파울 | 경고 | 퇴장 |
|---|---|---|---|---|---|---|---|---|---|---|
| K1 | 2002 | 전북 | 14 | 2 | 0 | 0 | 0 | 22 | 2 | 0 |
| | 2003 | 전북 | 24 | 10 | 0 | 2 | 0 | 45 | 4 | 0 |
| | 2004 | 전북 | 1 | 1 | 0 | 0 | 0 | 0 | 0 | 0 |
| | 2005 | 전남 | 2 | 2 | 0 | 0 | 0 | 1 | 0 | 0 |
| 컵 | 2004 | 전북 | 7 | 4 | 0 | 0 | 0 | 12 | 0 | 0 |
| | 2005 | 전남 | 4 | 3 | 0 | 0 | 0 | 6 | 1 | 0 |
| 통산 | | | 52 | 22 | 0 | 2 | 0 | 86 | 7 | 0 |

**한종우**(韓宗佑) 상지대 1986.03.17

| 대회 | 연도 | 소속 | 출전 | 교체 | 득점 | 도움 | 실점 | 파울 | 경고 | 퇴장 |
|---|---|---|---|---|---|---|---|---|---|---|
| K2 | 2013 | 부천 | 27 | 6 | 2 | 0 | 0 | 29 | 10 | 0 |
| | 2014 | 부천 | 6 | 3 | 0 | 0 | 0 | 9 | 0 | 0 |
| 통산 | | | 33 | 9 | 2 | 0 | 0 | 38 | 10 | 0 |

**한주영**(韓周怜) 고려대 1976.06.10

| 대회 | 연도 | 소속 | 출전 | 교체 | 득점 | 도움 | 실점 | 파울 | 경고 | 퇴장 |
|---|---|---|---|---|---|---|---|---|---|---|
| K1 | 2000 | 전북 | 1 | 1 | 0 | 0 | 0 | 0 | 0 | 0 |
| 통산 | | | 1 | 1 | 0 | 0 | 0 | 0 | 0 | 0 |

**한준규**(韓俊奎) 개성고 1996.02.10

| 대회 | 연도 | 소속 | 출전 | 교체 | 득점 | 도움 | 실점 | 파울 | 경고 | 퇴장 |
|---|---|---|---|---|---|---|---|---|---|---|
| K2 | 2018 | 부산 | 0 | 0 | 0 | 0 | 0 | 0 | 0 | 0 |
| 통산 | | | 0 | 0 | 0 | 0 | 0 | 0 | 0 | 0 |

**한지륜**(韓地淪) 한남대 1996.08.22

| 대회 | 연도 | 소속 | 출전 | 교체 | 득점 | 도움 | 실점 | 파울 | 경고 | 퇴장 |
|---|---|---|---|---|---|---|---|---|---|---|
| K2 | 2018 | 서울E | 1 | 1 | 0 | 0 | 0 | 0 | 0 | 0 |
| | 2019 | 서울E | 7 | 5 | 0 | 0 | 0 | 12 | 1 | 0 |
| 통산 | | | 8 | 6 | 0 | 0 | 0 | 12 | 1 | 0 |

**한지원**(韓知員) 건국대 1994.04.09

| 대회 | 연도 | 소속 | 출전 | 교체 | 득점 | 도움 | 실점 | 파울 | 경고 | 퇴장 |
|---|---|---|---|---|---|---|---|---|---|---|
| K1 | 2016 | 전남 | 5 | 4 | 0 | 0 | 0 | 2 | 1 | 0 |
| | 2017 | 전남 | 3 | 3 | 0 | 0 | 0 | 1 | 0 | 0 |
| K2 | 2018 | 안산 | 13 | 9 | 0 | 1 | 0 | 22 | 4 | 0 |
| | 2021 | 안산 | 0 | 0 | 0 | 0 | 0 | 0 | 0 | 0 |
| | 2021 | 경남 | 0 | 0 | 0 | 0 | 0 | 0 | 0 | 0 |
| 통산 | | | 21 | 16 | 0 | 1 | 0 | 25 | 5 | 0 |

**한지호**(韓志皓) 홍익대 1988.12.15

| 대회 | 연도 | 소속 | 출전 | 교체 | 득점 | 도움 | 실점 | 파울 | 경고 | 퇴장 |
|---|---|---|---|---|---|---|---|---|---|---|
| K1 | 2010 | 부산 | 9 | 9 | 0 | 0 | 0 | 6 | 1 | 0 |
| | 2011 | 부산 | 27 | 23 | 2 | 4 | 0 | 24 | 3 | 0 |
| | 2012 | 부산 | 44 | 20 | 6 | 3 | 0 | 47 | 2 | 0 |
| | 2013 | 부산 | 28 | 17 | 5 | 1 | 0 | 23 | 1 | 0 |
| | 2014 | 부산 | 22 | 14 | 0 | 0 | 0 | 24 | 3 | 0 |
| | 2015 | 부산 | 20 | 16 | 2 | 0 | 0 | 14 | 1 | 0 |
| | 2020 | 부산 | 3 | 3 | 0 | 0 | 0 | 0 | 0 | 0 |
| K2 | 2016 | 안산무궁 | 38 | 12 | 10 | 6 | 0 | 52 | 4 | 0 |
| | 2017 | 아산 | 20 | 14 | 1 | 3 | 0 | 14 | 2 | 0 |
| | 2017 | 부산 | 4 | 2 | 1 | 1 | 0 | 5 | 2 | 0 |
| | 2018 | 부산 | 29 | 23 | 4 | 2 | 0 | 23 | 1 | 0 |
| | 2019 | 부산 | 31 | 25 | 4 | 3 | 0 | 27 | 3 | 0 |
| | 2020 | 경남 | 11 | 10 | 1 | 1 | 0 | 10 | 2 | 0 |
| | 2021 | 부천 | 29 | 12 | 4 | 3 | 0 | 44 | 7 | 0 |
| | 2022 | 부천 | 29 | 20 | 6 | 3 | 0 | 39 | 6 | 0 |
| | 2023 | 부천 | 17 | 14 | 2 | 2 | 0 | 15 | 2 | 0 |
| | 2024 | 부천 | 29 | 28 | 2 | 2 | 0 | 29 | 6 | 0 |
| | 2025 | 부천 | 9 | 9 | 0 | 1 | 0 | 6 | 1 | 0 |
| PO | 2011 | 부산 | 0 | 0 | 0 | 0 | 0 | 0 | 0 | 0 |
| | 2015 | 부산 | 1 | 1 | 0 | 0 | 0 | 1 | 0 | 0 |
| | 2017 | 부산 | 3 | 2 | 0 | 0 | 0 | 5 | 0 | 0 |
| | 2018 | 부산 | 3 | 2 | 0 | 1 | 0 | 3 | 0 | 0 |
| | 2019 | 부산 | 2 | 2 | 0 | 0 | 0 | 1 | 0 | 0 |
| | 2022 | 부천 | 1 | 1 | 0 | 0 | 0 | 3 | 1 | 0 |
| | 2023 | 부천 | 1 | 1 | 0 | 0 | 0 | 0 | 0 | 0 |
| | 2025 | 부천 | 1 | 1 | 0 | 0 | 0 | 1 | 1 | 0 |
| 컵 | 2011 | 부산 | 5 | 3 | 2 | 0 | 0 | 6 | 1 | 0 |
| 통산 | | | 416 | 284 | 52 | 36 | 0 | 422 | 50 | 0 |

**한찬희**(韓贊熙) 광양제철고 1997.03.17

| 대회 | 연도 | 소속 | 출전 | 교체 | 득점 | 도움 | 실점 | 파울 | 경고 | 퇴장 |
|---|---|---|---|---|---|---|---|---|---|---|
| K1 | 2016 | 전남 | 23 | 18 | 1 | 1 | 0 | 9 | 2 | 0 |
| | 2017 | 전남 | 29 | 19 | 3 | 2 | 0 | 23 | 2 | 1 |
| | 2018 | 전남 | 31 | 9 | 2 | 6 | 0 | 44 | 6 | 1 |
| | 2020 | 서울 | 12 | 11 | 1 | 0 | 0 | 10 | 0 | 0 |
| | 2021 | 서울 | 6 | 6 | 0 | 0 | 0 | 5 | 0 | 0 |
| | 2022 | 김천 | 10 | 8 | 0 | 0 | 0 | 7 | 2 | 0 |
| | 2023 | 서울 | 8 | 8 | 1 | 0 | 0 | 4 | 2 | 0 |
| | 2023 | 포항 | 19 | 16 | 2 | 0 | 0 | 13 | 3 | 0 |
| | 2024 | 포항 | 30 | 27 | 0 | 0 | 0 | 25 | 6 | 0 |
| | 2025 | 포항 | 9 | 9 | 0 | 1 | 0 | 7 | 1 | 0 |
| | 2025 | 수원FC | 18 | 14 | 0 | 0 | 0 | 11 | 1 | 0 |
| K2 | 2019 | 전남 | 30 | 10 | 3 | 2 | 0 | 44 | 10 | 0 |
| | 2021 | 김천 | 2 | 1 | 1 | 0 | 0 | 2 | 0 | 0 |
| PO | 2025 | 수원FC | 2 | 1 | 0 | 0 | 0 | 1 | 1 | 0 |
| 통산 | | | 229 | 157 | 14 | 12 | 0 | 205 | 36 | 2 |

**한창우**(韓昌祐) 광운대 1966.12.05

| 대회 | 연도 | 소속 | 출전 | 교체 | 득점 | 도움 | 실점 | 파울 | 경고 | 퇴장 |
|---|---|---|---|---|---|---|---|---|---|---|
| K1 | 1989 | 현대 | 5 | 5 | 0 | 0 | 0 | 6 | 2 | 0 |
| | 1991 | 현대 | 24 | 18 | 2 | 0 | 0 | 28 | 2 | 0 |
| | 1992 | 현대 | 15 | 12 | 0 | 0 | 0 | 23 | 1 | 0 |
| 컵 | 1992 | 현대 | 4 | 5 | 0 | 0 | 0 | 4 | 0 | 0 |
| 통산 | | | 48 | 40 | 2 | 0 | 0 | 61 | 5 | 0 |

**한창우**(韓昌祐) 동아대 1965.10.25

| 대회 | 연도 | 소속 | 출전 | 교체 | 득점 | 도움 | 실점 | 파울 | 경고 | 퇴장 |
|---|---|---|---|---|---|---|---|---|---|---|
| K1 | 1988 | 대우 | 9 | 1 | 0 | 0 | 0 | 4 | 0 | 0 |
| 통산 | | | 9 | 1 | 0 | 0 | 0 | 4 | 0 | 0 |

**한창우**(韓昌佑) 중앙대 1996.07.28

| 대회 | 연도 | 소속 | 출전 | 교체 | 득점 | 도움 | 실점 | 파울 | 경고 | 퇴장 |
|---|---|---|---|---|---|---|---|---|---|---|
| K1 | 2018 | 전남 | 4 | 4 | 0 | 0 | 0 | 1 | 0 | 0 |
| K2 | 2019 | 전남 | 3 | 3 | 0 | 0 | 0 | 1 | 1 | 0 |
| 통산 | | | 7 | 7 | 0 | 0 | 0 | 2 | 1 | 0 |

**한태유**(韓泰酉) 명지대 1981.03.31

| 대회 | 연도 | 소속 | 출전 | 교체 | 득점 | 도움 | 실점 | 파울 | 경고 | 퇴장 |
|---|---|---|---|---|---|---|---|---|---|---|
| K1 | 2004 | 서울 | 13 | 4 | 0 | 0 | 0 | 21 | 2 | 0 |
| | 2005 | 서울 | 16 | 7 | 2 | 1 | 0 | 40 | 7 | 0 |
| | 2006 | 서울 | 19 | 16 | 0 | 1 | 0 | 24 | 3 | 0 |
| | 2007 | 광주상무 | 21 | 6 | 1 | 0 | 0 | 38 | 4 | 0 |
| | 2008 | 광주상무 | 21 | 3 | 1 | 0 | 0 | 55 | 7 | 0 |
| | 2009 | 서울 | 9 | 2 | 0 | 1 | 0 | 19 | 2 | 0 |
| | 2010 | 서울 | 8 | 7 | 0 | 0 | 0 | 10 | 5 | 0 |
| | 2011 | 서울 | 2 | 0 | 0 | 0 | 0 | 2 | 0 | 0 |
| | 2012 | 서울 | 26 | 15 | 0 | 0 | 0 | 21 | 3 | 0 |
| | 2013 | 서울 | 15 | 12 | 0 | 0 | 0 | 7 | 2 | 0 |
| | 2014 | 서울 | 0 | 0 | 0 | 0 | 0 | 0 | 0 | 0 |
| PO | 2008 | 서울 | 2 | 2 | 0 | 0 | 0 | 2 | 0 | 0 |
| | 2009 | 서울 | 1 | 1 | 0 | 0 | 0 | 4 | 1 | 0 |
| | 2011 | 서울 | 1 | 1 | 0 | 0 | 0 | 0 | 0 | 0 |
| 컵 | 2004 | 서울 | 12 | 0 | 0 | 0 | 0 | 28 | 2 | 0 |
| | 2005 | 서울 | 6 | 4 | 1 | 0 | 0 | 12 | 2 | 0 |
| | 2006 | 서울 | 9 | 7 | 0 | 1 | 0 | 18 | 2 | 0 |
| | 2007 | 광주상무 | 9 | 2 | 0 | 0 | 0 | 17 | 1 | 0 |
| | 2008 | 광주상무 | 2 | 2 | 0 | 0 | 0 | 1 | 1 | 0 |
| 통산 | | | 192 | 91 | 5 | 4 | 0 | 319 | 44 | 0 |

**한태진**(韓台鎭) 1961.04.08

| 대회 | 연도 | 소속 | 출전 | 교체 | 득점 | 도움 | 실점 | 파울 | 경고 | 퇴장 |
|---|---|---|---|---|---|---|---|---|---|---|
| K1 | 1983 | 포항제철 | 1 | 0 | 0 | 0 | 4 | 0 | 0 | 0 |
| 통산 | | | 1 | 0 | 0 | 0 | 4 | 0 | 0 | 0 |

**한태희**(韓太熙) 장훈고 2004.07.05

| 대회 | 연도 | 소속 | 출전 | 교체 | 득점 | 도움 | 실점 | 파울 | 경고 | 퇴장 |
|---|---|---|---|---|---|---|---|---|---|---|
| K1 | 2023 | 대구 | 0 | 0 | 0 | 0 | 0 | 0 | 0 | 0 |
| | 2024 | 대구 | 0 | 0 | 0 | 0 | 0 | 0 | 0 | 0 |
| | 2025 | 대구 | 19 | 0 | 0 | 0 | 30 | 1 | 1 | 0 |
| 통산 | | | 19 | 0 | 0 | 0 | 30 | 1 | 1 | 0 |

**한현서**(韓現舒) 동명대 2004.01.02

| 대회 | 연도 | 소속 | 출전 | 교체 | 득점 | 도움 | 실점 | 파울 | 경고 | 퇴장 |
|---|---|---|---|---|---|---|---|---|---|---|
| K1 | 2025 | 포항 | 21 | 8 | 0 | 1 | 0 | 11 | 1 | 0 |
| 통산 | | | 21 | 8 | 0 | 1 | 0 | 11 | 1 | 0 |

**한호강**(韓浩康) 조선대(일본) 1993.09.18

| 대회 | 연도 | 소속 | 출전 | 교체 | 득점 | 도움 | 실점 | 파울 | 경고 | 퇴장 |
|---|---|---|---|---|---|---|---|---|---|---|
| K1 | 2023 | 수원 | 23 | 7 | 3 | 0 | 0 | 23 | 3 | 1 |
| K2 | 2022 | 전남 | 15 | 8 | 0 | 0 | 0 | 15 | 0 | 0 |
|  | 2024 | 수원 | 21 | 2 | 2 | 0 | 0 | 14 | 3 | 0 |
|  | 2025 | 수원 | 15 | 3 | 0 | 0 | 0 | 13 | 0 | 1 |
| 통산 |  |  | 74 | 20 | 5 | 0 | 0 | 65 | 6 | 2 |

**한홍규**(韓洪奎) 성균관대 1990.07.26

| 대회 | 연도 | 소속 | 출전 | 교체 | 득점 | 도움 | 실점 | 파울 | 경고 | 퇴장 |
|---|---|---|---|---|---|---|---|---|---|---|
| K2 | 2013 | 충주 | 29 | 7 | 5 | 3 | 0 | 63 | 5 | 0 |
|  | 2014 | 충주 | 32 | 30 | 7 | 1 | 0 | 45 | 5 | 0 |
|  | 2015 | 안산경찰 | 12 | 6 | 1 | 0 | 0 | 18 | 4 | 0 |
|  | 2016 | 안산무궁 | 9 | 10 | 0 | 0 | 0 | 9 | 2 | 0 |
| 통산 |  |  | 82 | 53 | 13 | 4 | 0 | 135 | 16 | 0 |

**한효혁**(韓孝赫) 동신대 1989.12.12

| 대회 | 연도 | 소속 | 출전 | 교체 | 득점 | 도움 | 실점 | 파울 | 경고 | 퇴장 |
|---|---|---|---|---|---|---|---|---|---|---|
| K2 | 2013 | 광주 | 2 | 2 | 0 | 0 | 0 | 1 | 0 | 0 |
| 통산 |  |  | 2 | 2 | 0 | 0 | 0 | 1 | 0 | 0 |

**한희훈**(韓熙訓) 상지대 1990.08.10

| 대회 | 연도 | 소속 | 출전 | 교체 | 득점 | 도움 | 실점 | 파울 | 경고 | 퇴장 |
|---|---|---|---|---|---|---|---|---|---|---|
| K1 | 2017 | 대구 | 36 | 2 | 1 | 0 | 0 | 31 | 4 | 0 |
|  | 2018 | 대구 | 29 | 7 | 1 | 0 | 0 | 24 | 3 | 0 |
|  | 2019 | 대구 | 22 | 22 | 0 | 0 | 0 | 14 | 5 | 0 |
|  | 2020 | 광주 | 9 | 4 | 0 | 1 | 0 | 5 | 1 | 0 |
|  | 2021 | 광주 | 18 | 10 | 1 | 0 | 0 | 8 | 4 | 0 |
| K2 | 2016 | 부천 | 39 | 0 | 2 | 0 | 0 | 19 | 4 | 0 |
|  | 2022 | 부산 | 3 | 3 | 0 | 0 | 0 | 2 | 1 | 0 |
| PO | 2016 | 부천 | 1 | 0 | 1 | 0 | 0 | 2 | 0 | 0 |
| 통산 |  |  | 157 | 48 | 6 | 1 | 0 | 105 | 22 | 0 |

**함민석**(咸珉奭) 아주대 1985.08.03

| 대회 | 연도 | 소속 | 출전 | 교체 | 득점 | 도움 | 실점 | 파울 | 경고 | 퇴장 |
|---|---|---|---|---|---|---|---|---|---|---|
| K1 | 2012 | 강원 | 0 | 0 | 0 | 0 | 0 | 0 | 0 | 0 |
| 컵 | 2008 | 인천 | 0 | 0 | 0 | 0 | 0 | 0 | 0 | 0 |
| 통산 |  |  | 0 | 0 | 0 | 0 | 0 | 0 | 0 | 0 |

**함상헌**(咸相憲) 서울시립대 1971.03.20

| 대회 | 연도 | 소속 | 출전 | 교체 | 득점 | 도움 | 실점 | 파울 | 경고 | 퇴장 |
|---|---|---|---|---|---|---|---|---|---|---|
| K1 | 1994 | 대우 | 9 | 8 | 2 | 0 | 0 | 12 | 2 | 0 |
|  | 1995 | LG | 18 | 16 | 2 | 0 | 0 | 16 | 5 | 0 |
|  | 1996 | 안양LG | 10 | 9 | 2 | 0 | 0 | 9 | 1 | 0 |
|  | 1997 | 안양LG | 11 | 7 | 2 | 1 | 0 | 17 | 4 | 0 |
|  | 1998 | 안양LG | 1 | 1 | 0 | 0 | 0 | 1 | 0 | 0 |
| 컵 | 1995 | 포항 | 1 | 1 | 0 | 0 | 0 | 1 | 0 | 0 |
|  | 1996 | 안양LG | 7 | 6 | 0 | 1 | 0 | 6 | 2 | 0 |
|  | 1997 | 안양LG | 15 | 8 | 0 | 1 | 0 | 27 | 4 | 0 |
|  | 1998 | 안양LG | 1 | 2 | 0 | 0 | 0 | 1 | 0 | 0 |
| 통산 |  |  | 73 | 58 | 8 | 3 | 0 | 90 | 18 | 0 |

**함석민**(咸錫敏) 숭실대 1994.02.14

| 대회 | 연도 | 소속 | 출전 | 교체 | 득점 | 도움 | 실점 | 파울 | 경고 | 퇴장 |
|---|---|---|---|---|---|---|---|---|---|---|
| K1 | 2017 | 수원 | 0 | 0 | 0 | 0 | 0 | 0 | 0 | 0 |
|  | 2018 | 강원 | 4 | 0 | 0 | 0 | 8 | 0 | 0 | 0 |
|  | 2019 | 강원 | 3 | 1 | 0 | 0 | 4 | 0 | 0 | 0 |
| K2 | 2016 | 강원 | 23 | 0 | 0 | 0 | 20 | 0 | 3 | 0 |
|  | 2020 | 충남아산 | 9 | 0 | 0 | 0 | 15 | 1 | 0 | 0 |
| PO | 2016 | 강원 | 4 | 0 | 0 | 0 | 2 | 0 | 0 | 0 |
| 통산 |  |  | 43 | 1 | 0 | 0 | 49 | 1 | 3 | 0 |

**함선우**(咸宣宇) 신평고 2005.01.28

| 대회 | 연도 | 소속 | 출전 | 교체 | 득점 | 도움 | 실점 | 파울 | 경고 | 퇴장 |
|---|---|---|---|---|---|---|---|---|---|---|
| K2 | 2025 | 화성 | 24 | 4 | 1 | 2 | 0 | 30 | 3 | 1 |
| 통산 |  |  | 24 | 4 | 1 | 2 | 0 | 30 | 3 | 1 |

**함준영**(咸儁渶) 원광대 1986.03.15

| 대회 | 연도 | 소속 | 출전 | 교체 | 득점 | 도움 | 실점 | 파울 | 경고 | 퇴장 |
|---|---|---|---|---|---|---|---|---|---|---|
| K1 | 2009 | 인천 | 0 | 0 | 0 | 0 | 0 | 0 | 0 | 0 |
| 컵 | 2009 | 인천 | 0 | 0 | 0 | 0 | 0 | 0 | 0 | 0 |
| 통산 |  |  | 0 | 0 | 0 | 0 | 0 | 0 | 0 | 0 |

**함현기**(咸鉉起) 고려대 1963.04.26

| 대회 | 연도 | 소속 | 출전 | 교체 | 득점 | 도움 | 실점 | 파울 | 경고 | 퇴장 |
|---|---|---|---|---|---|---|---|---|---|---|
| K1 | 1986 | 현대 | 20 | 1 | 8 | 1 | 0 | 19 | 1 | 0 |
|  | 1987 | 현대 | 29 | 10 | 1 | 2 | 0 | 26 | 0 | 0 |
|  | 1988 | 현대 | 23 | 5 | 10 | 5 | 0 | 28 | 1 | 0 |
|  | 1989 | 현대 | 13 | 4 | 0 | 0 | 0 | 21 | 0 | 0 |
|  | 1990 | 현대 | 28 | 8 | 3 | 3 | 0 | 27 | 1 | 0 |
|  | 1991 | 현대 | 5 | 5 | 0 | 0 | 0 | 2 | 0 | 0 |
|  | 1991 | LG | 10 | 8 | 0 | 0 | 0 | 1 | 0 | 0 |
|  | 1992 | LG | 14 | 14 | 0 | 1 | 0 | 4 | 0 | 0 |
| 컵 | 1986 | 현대 | 15 | 2 | 9 | 1 | 0 | 15 | 0 | 0 |
|  | 1992 | LG | 4 | 0 | 0 | 0 | 0 | 8 | 0 | 0 |
| 통산 |  |  | 161 | 57 | 31 | 13 | 0 | 151 | 3 | 0 |

**허건**(許建) 관동대(가톨릭관동대) 1988.01.03

| 대회 | 연도 | 소속 | 출전 | 교체 | 득점 | 도움 | 실점 | 파울 | 경고 | 퇴장 |
|---|---|---|---|---|---|---|---|---|---|---|
| K2 | 2013 | 부천 | 18 | 10 | 5 | 2 | 0 | 25 | 3 | 0 |
| 통산 |  |  | 18 | 10 | 5 | 2 | 0 | 25 | 3 | 0 |

**허기수**(許起洙) 명지대 1965.01.05

| 대회 | 연도 | 소속 | 출전 | 교체 | 득점 | 도움 | 실점 | 파울 | 경고 | 퇴장 |
|---|---|---|---|---|---|---|---|---|---|---|
| K1 | 1989 | 현대 | 20 | 8 | 1 | 0 | 0 | 23 | 1 | 0 |
|  | 1990 | 현대 | 19 | 5 | 1 | 0 | 0 | 22 | 2 | 0 |
|  | 1991 | 현대 | 2 | 1 | 0 | 0 | 0 | 1 | 0 | 0 |
|  | 1992 | 현대 | 7 | 5 | 0 | 1 | 0 | 7 | 1 | 0 |
| 컵 | 1992 | 현대 | 2 | 2 | 1 | 0 | 0 | 0 | 0 | 0 |
| 통산 |  |  | 50 | 21 | 3 | 1 | 0 | 53 | 4 | 0 |

**허기태**(許起泰) 고려대 1967.07.13

| 대회 | 연도 | 소속 | 출전 | 교체 | 득점 | 도움 | 실점 | 파울 | 경고 | 퇴장 |
|---|---|---|---|---|---|---|---|---|---|---|
| K1 | 1990 | 유공 | 7 | 1 | 0 | 0 | 0 | 12 | 1 | 0 |
|  | 1991 | 유공 | 34 | 2 | 1 | 0 | 0 | 39 | 2 | 0 |
|  | 1992 | 유공 | 28 | 4 | 1 | 0 | 0 | 43 | 2 | 0 |
|  | 1993 | 유공 | 28 | 0 | 2 | 1 | 0 | 26 | 3 | 0 |
|  | 1994 | 유공 | 28 | 0 | 2 | 2 | 0 | 23 | 4 | 0 |
|  | 1995 | 유공 | 27 | 2 | 3 | 0 | 0 | 20 | 2 | 0 |
|  | 1996 | 부천유공 | 26 | 2 | 0 | 0 | 0 | 28 | 1 | 0 |
|  | 1997 | 부천SK | 13 | 1 | 0 | 0 | 0 | 23 | 3 | 0 |
|  | 1998 | 수원 | 9 | 3 | 0 | 0 | 0 | 7 | 0 | 0 |
| PO | 1998 | 수원 | 2 | 0 | 0 | 0 | 0 | 3 | 0 | 0 |
| 컵 | 1992 | 유공 | 9 | 1 | 1 | 0 | 0 | 9 | 0 | 0 |
|  | 1993 | 유공 | 5 | 1 | 0 | 0 | 0 | 5 | 0 | 0 |
|  | 1994 | 유공 | 6 | 0 | 0 | 0 | 0 | 3 | 0 | 0 |
|  | 1995 | 유공 | 7 | 1 | 0 | 0 | 0 | 1 | 0 | 0 |
|  | 1996 | 부천유공 | 5 | 1 | 0 | 0 | 0 | 6 | 0 | 0 |
|  | 1997 | 부천SK | 9 | 2 | 0 | 0 | 0 | 21 | 3 | 0 |
|  | 1999 | 수원 | 3 | 2 | 0 | 0 | 0 | 4 | 2 | 0 |
| 통산 |  |  | 246 | 23 | 10 | 3 | 0 | 273 | 23 | 0 |

**허동호**(許桐豪) 선문대 2000.06.24

| 대회 | 연도 | 소속 | 출전 | 교체 | 득점 | 도움 | 실점 | 파울 | 경고 | 퇴장 |
|---|---|---|---|---|---|---|---|---|---|---|
| K2 | 2024 | 김포 | 7 | 7 | 0 | 0 | 0 | 4 | 1 | 0 |
| 통산 |  |  | 7 | 7 | 0 | 0 | 0 | 4 | 1 | 0 |

**허범산**(許範山) 우석대 1989.09.14

| 대회 | 연도 | 소속 | 출전 | 교체 | 득점 | 도움 | 실점 | 파울 | 경고 | 퇴장 |
|---|---|---|---|---|---|---|---|---|---|---|
| K1 | 2012 | 대전 | 8 | 6 | 1 | 0 | 0 | 11 | 2 | 0 |
|  | 2013 | 대전 | 29 | 15 | 0 | 5 | 0 | 53 | 6 | 0 |
|  | 2014 | 제주 | 1 | 1 | 0 | 0 | 0 | 1 | 0 | 0 |
|  | 2015 | 제주 | 16 | 11 | 0 | 1 | 0 | 23 | 6 | 0 |
| K2 | 2016 | 강원 | 35 | 29 | 3 | 0 | 0 | 61 | 12 | 0 |
|  | 2017 | 아산 | 4 | 1 | 0 | 0 | 0 | 5 | 2 | 0 |
|  | 2017 | 부산 | 13 | 3 | 1 | 4 | 0 | 22 | 4 | 0 |
|  | 2018 | 아산 | 8 | 8 | 1 | 0 | 0 | 6 | 2 | 0 |
|  | 2019 | 서울E | 29 | 6 | 0 | 3 | 0 | 46 | 7 | 0 |
|  | 2020 | 안양 | 8 | 7 | 0 | 0 | 0 | 8 | 0 | 0 |
|  | 2020 | 서울E | 3 | 3 | 0 | 0 | 0 | 3 | 0 | 0 |
| PO | 2016 | 강원 | 4 | 4 | 0 | 2 | 0 | 6 | 2 | 0 |
|  | 2017 | 아산 | 0 | 0 | 0 | 0 | 0 | 0 | 0 | 0 |
| 통산 |  |  | 158 | 94 | 6 | 15 | 0 | 245 | 43 | 0 |

**허승우**(許勝宇) 울산대 2001.08.04

| 대회 | 연도 | 소속 | 출전 | 교체 | 득점 | 도움 | 실점 | 파울 | 경고 | 퇴장 |
|---|---|---|---|---|---|---|---|---|---|---|
| K2 | 2023 | 천안 | 7 | 7 | 0 | 0 | 0 | 4 | 0 | 0 |
|  | 2024 | 천안 | 9 | 9 | 0 | 0 | 0 | 10 | 1 | 0 |
| 통산 |  |  | 16 | 16 | 0 | 0 | 0 | 14 | 1 | 0 |

**허승찬**(許丞瓚) 개성고 2003.03.26

| 대회 | 연도 | 소속 | 출전 | 교체 | 득점 | 도움 | 실점 | 파울 | 경고 | 퇴장 |
|---|---|---|---|---|---|---|---|---|---|---|
| K2 | 2021 | 부산 | 0 | 0 | 0 | 0 | 0 | 0 | 0 | 0 |
|  | 2024 | 부산 | 18 | 18 | 0 | 0 | 0 | 8 | 1 | 0 |
|  | 2025 | 충북청주 | 18 | 4 | 0 | 0 | 0 | 6 | 1 | 0 |
| 통산 |  |  | 36 | 22 | 0 | 0 | 0 | 14 | 2 | 0 |

**허영석**(許榮碩) 마산공고 1993.04.29

| 대회 | 연도 | 소속 | 출전 | 교체 | 득점 | 도움 | 실점 | 파울 | 경고 | 퇴장 |
|---|---|---|---|---|---|---|---|---|---|---|
| K1 | 2012 | 경남 | 2 | 2 | 0 | 0 | 0 | 0 | 0 | 0 |
| K2 | 2015 | 경남 | 3 | 2 | 0 | 0 | 0 | 4 | 0 | 0 |
| 통산 |  |  | 5 | 4 | 0 | 0 | 0 | 4 | 0 | 0 |

**허영철**(許榮哲) 한남대 1992.09.07

| 대회 | 연도 | 소속 | 출전 | 교체 | 득점 | 도움 | 실점 | 파울 | 경고 | 퇴장 |
|---|---|---|---|---|---|---|---|---|---|---|
| K1 | 2015 | 대전 | 2 | 1 | 0 | 0 | 0 | 0 | 0 | 0 |
| 통산 |  |  | 2 | 1 | 0 | 0 | 0 | 0 | 0 | 0 |

**허용준**(許榕埈) 고려대 1993.01.08

| 대회 | 연도 | 소속 | 출전 | 교체 | 득점 | 도움 | 실점 | 파울 | 경고 | 퇴장 |
|---|---|---|---|---|---|---|---|---|---|---|
| K1 | 2016 | 전남 | 28 | 22 | 4 | 3 | 0 | 18 | 4 | 0 |
|  | 2017 | 전남 | 35 | 29 | 3 | 3 | 0 | 32 | 8 | 0 |
|  | 2018 | 전남 | 23 | 18 | 9 | 2 | 0 | 11 | 2 | 0 |
|  | 2019 | 포항 | 15 | 15 | 1 | 0 | 0 | 7 | 1 | 0 |
|  | 2019 | 인천 | 10 | 6 | 0 | 0 | 0 | 8 | 0 | 0 |
|  | 2020 | 포항 | 2 | 2 | 0 | 0 | 0 | 0 | 0 | 0 |
|  | 2020 | 상주 | 2 | 1 | 0 | 0 | 0 | 3 | 0 | 0 |
|  | 2022 | 포항 | 30 | 26 | 10 | 5 | 0 | 38 | 7 | 0 |
|  | 2024 | 포항 | 23 | 21 | 3 | 3 | 0 | 13 | 4 | 0 |
| K2 | 2021 | 김천 | 18 | 8 | 7 | 3 | 0 | 22 | 5 | 0 |
|  | 2025 | 서울E | 20 | 20 | 2 | 2 | 0 | 15 | 4 | 0 |
| 통산 |  |  | 206 | 168 | 39 | 21 | 0 | 167 | 35 | 0 |

**허율**(許律) 금호고 2001.04.12

| 대회 | 연도 | 소속 | 출전 | 교체 | 득점 | 도움 | 실점 | 파울 | 경고 | 퇴장 |
|---|---|---|---|---|---|---|---|---|---|---|
| K1 | 2021 | 광주 | 18 | 11 | 2 | 1 | 0 | 22 | 3 | 0 |
|  | 2023 | 광주 | 33 | 32 | 3 | 3 | 0 | 30 | 6 | 0 |
|  | 2024 | 광주 | 32 | 17 | 2 | 0 | 0 | 27 | 3 | 0 |
|  | 2025 | 울산 | 26 | 15 | 4 | 1 | 0 | 54 | 5 | 0 |
| K2 | 2022 | 광주 | 33 | 32 | 6 | 4 | 0 | 34 | 4 | 0 |
| 통산 |  |  | 142 | 107 | 17 | 9 | 0 | 167 | 21 | 0 |

**허인무**(許寅戊) 명지대 1978.04.14

| 대회 | 연도 | 소속 | 출전 | 교체 | 득점 | 도움 | 실점 | 파울 | 경고 | 퇴장 |
|---|---|---|---|---|---|---|---|---|---|---|
| 컵 | 2001 | 포항 | 0 | 0 | 0 | 0 | 0 | 0 | 0 | 0 |
| 통산 |  |  | 0 | 0 | 0 | 0 | 0 | 0 | 0 | 0 |

**허자웅**(許仔雄) 청주대 1998.05.12

| 대회 | 연도 | 소속 | 출전 | 교체 | 득점 | 도움 | 실점 | 파울 | 경고 | 퇴장 |
|---|---|---|---|---|---|---|---|---|---|---|
| K1 | 2020 | 성남 | 0 | 0 | 0 | 0 | 0 | 0 | 0 | 0 |
|  | 2021 | 성남 | 0 | 0 | 0 | 0 | 0 | 0 | 0 | 0 |
|  | 2022 | 성남 | 0 | 0 | 0 | 0 | 0 | 0 | 0 | 0 |
| K2 | 2024 | 성남 | 0 | 0 | 0 | 0 | 0 | 0 | 0 | 0 |
|  | 2025 | 천안 | 24 | 1 | 0 | 0 | 40 | 0 | 2 | 0 |
| 통산 |  |  | 24 | 1 | 0 | 0 | 40 | 0 | 2 | 0 |

**허재녕**(許財寧) 아주대 1992.05.14

| 대회 | 연도 | 소속 | 출전 | 교체 | 득점 | 도움 | 실점 | 파울 | 경고 | 퇴장 |
|---|---|---|---|---|---|---|---|---|---|---|
| K1 | 2015 | 광주 | 3 | 3 | 0 | 0 | 0 | 5 | 1 | 0 |
| 통산 |  |  | 3 | 3 | 0 | 0 | 0 | 5 | 1 | 0 |

**허재원**(許宰源) 광운대 1984.07.01

| 대회 | 연도 | 소속 | 출전 | 교체 | 득점 | 도움 | 실점 | 파울 | 경고 | 퇴장 |
|---|---|---|---|---|---|---|---|---|---|---|
| K1 | 2006 | 수원 | 0 | 0 | 0 | 0 | 0 | 0 | 0 | 0 |
|  | 2008 | 광주상무 | 4 | 4 | 0 | 0 | 0 | 1 | 0 | 0 |
|  | 2009 | 수원 | 5 | 3 | 0 | 0 | 0 | 7 | 1 | 0 |
|  | 2010 | 수원 | 1 | 1 | 0 | 0 | 0 | 0 | 0 | 0 |
|  | 2011 | 광주 | 27 | 7 | 1 | 1 | 0 | 41 | 8 | 0 |
|  | 2012 | 제주 | 36 | 2 | 2 | 2 | 0 | 57 | 5 | 0 |
|  | 2013 | 제주 | 23 | 4 | 1 | 0 | 0 | 24 | 2 | 0 |
|  | 2018 | 전남 | 15 | 3 | 0 | 0 | 0 | 9 | 3 | 0 |
| K2 | 2014 | 대구 | 33 | 2 | 3 | 2 | 0 | 31 | 8 | 0 |
|  | 2015 | 대구 | 26 | 2 | 2 | 1 | 0 | 15 | 2 | 0 |
| PO | 2015 | 대구 | 1 | 0 | 0 | 0 | 0 | 0 | 0 | 0 |
| 컵 | 2006 | 수원 | 1 | 1 | 0 | 0 | 0 | 0 | 0 | 0 |

| 대회 | 연도 | 소속 | 출전 | 교체 | 득점 | 도움 | 실점 | 파울 | 경고 | 퇴장 |
|---|---|---|---|---|---|---|---|---|---|---|
| | 2008 | 광주상무 | 3 | 2 | 0 | 0 | 0 | 2 | 1 | 0 |
| | 2009 | 수원 | 1 | 0 | 0 | 0 | 0 | 1 | 0 | 0 |
| | 2010 | 수원 | 1 | 0 | 1 | 0 | 0 | 1 | 1 | 0 |
| | 2011 | 광주 | 2 | 0 | 0 | 0 | 0 | 4 | 0 | 0 |
| 통산 | | | 179 | 31 | 10 | 6 | 0 | 193 | 31 | 0 |

**허재원**(許宰源) 탐라대 1992.04.04

| 대회 | 연도 | 소속 | 출전 | 교체 | 득점 | 도움 | 실점 | 파울 | 경고 | 퇴장 |
|---|---|---|---|---|---|---|---|---|---|---|
| K2 | 2016 | 고양 | 25 | 9 | 0 | 0 | 0 | 25 | 2 | 0 |
| 통산 | | | 25 | 9 | 0 | 0 | 0 | 25 | 2 | 0 |

**허정무**(許丁茂) 연세대 1955.01.13

| 대회 | 연도 | 소속 | 출전 | 교체 | 득점 | 도움 | 실점 | 파울 | 경고 | 퇴장 |
|---|---|---|---|---|---|---|---|---|---|---|
| K1 | 1984 | 현대 | 23 | 3 | 3 | 2 | 0 | 37 | 3 | 0 |
| | 1985 | 현대 | 5 | 0 | 1 | 0 | 0 | 7 | 0 | 0 |
| | 1986 | 현대 | 8 | 2 | 0 | 3 | 0 | 10 | 1 | 0 |
| 컵 | 1986 | 현대 | 3 | 0 | 1 | 0 | 0 | 5 | 0 | 0 |
| 통산 | | | 39 | 5 | 5 | 5 | 0 | 59 | 4 | 0 |

**허제정**(許齊廷) 건국대 1977.06.02

| 대회 | 연도 | 소속 | 출전 | 교체 | 득점 | 도움 | 실점 | 파울 | 경고 | 퇴장 |
|---|---|---|---|---|---|---|---|---|---|---|
| K1 | 2000 | 포항 | 9 | 4 | 0 | 2 | 0 | 6 | 1 | 0 |
| | 2001 | 포항 | 24 | 15 | 1 | 1 | 0 | 18 | 2 | 0 |
| | 2002 | 포항 | 7 | 7 | 2 | 1 | 0 | 4 | 0 | 0 |
| 컵 | 2000 | 포항 | 2 | 2 | 0 | 0 | 0 | 0 | 0 | 0 |
| | 2001 | 포항 | 3 | 3 | 0 | 0 | 0 | 0 | 0 | 0 |
| | 2002 | 포항 | 3 | 3 | 0 | 1 | 0 | 2 | 1 | 0 |
| 통산 | | | 48 | 34 | 3 | 5 | 0 | 30 | 4 | 0 |

**허준호**(許俊好) 호남대 1994.08.18

| 대회 | 연도 | 소속 | 출전 | 교체 | 득점 | 도움 | 실점 | 파울 | 경고 | 퇴장 |
|---|---|---|---|---|---|---|---|---|---|---|
| K1 | 2017 | 전북 | 1 | 1 | 0 | 0 | 0 | 0 | 0 | 0 |
| 통산 | | | 1 | 1 | 0 | 0 | 0 | 0 | 0 | 0 |

**허청산**(許青山) 명지대 1986.12.26

| 대회 | 연도 | 소속 | 출전 | 교체 | 득점 | 도움 | 실점 | 파울 | 경고 | 퇴장 |
|---|---|---|---|---|---|---|---|---|---|---|
| 컵 | 2011 | 수원 | 0 | 0 | 0 | 0 | 0 | 0 | 0 | 0 |
| 통산 | | | 0 | 0 | 0 | 0 | 0 | 0 | 0 | 0 |

**허태식**(許泰植) 동래고 1961.01.06

| 대회 | 연도 | 소속 | 출전 | 교체 | 득점 | 도움 | 실점 | 파울 | 경고 | 퇴장 |
|---|---|---|---|---|---|---|---|---|---|---|
| K1 | 1985 | 포항제철 | 3 | 3 | 0 | 0 | 0 | 0 | 0 | 0 |
| | 1986 | 포항제철 | 14 | 2 | 1 | 1 | 0 | 16 | 0 | 0 |
| | 1987 | 포항제철 | 1 | 1 | 0 | 0 | 0 | 0 | 0 | 0 |
| | 1991 | 포항제철 | 1 | 1 | 0 | 0 | 0 | 0 | 0 | 0 |
| PO | 1986 | 포항제철 | 1 | 1 | 0 | 0 | 0 | 1 | 0 | 0 |
| 컵 | 1986 | 포항제철 | 8 | 3 | 0 | 1 | 0 | 2 | 1 | 0 |
| 통산 | | | 28 | 11 | 1 | 2 | 0 | 19 | 1 | 0 |

**허화무**(許華武) 중앙대 1970.04.05

| 대회 | 연도 | 소속 | 출전 | 교체 | 득점 | 도움 | 실점 | 파울 | 경고 | 퇴장 |
|---|---|---|---|---|---|---|---|---|---|---|
| K1 | 1996 | 안양LG | 1 | 1 | 0 | 0 | 0 | 1 | 0 | 0 |
| 통산 | | | 1 | 1 | 0 | 0 | 0 | 1 | 0 | 0 |

**허훈구**(許訓求) 선문대 1983.06.25

| 대회 | 연도 | 소속 | 출전 | 교체 | 득점 | 도움 | 실점 | 파울 | 경고 | 퇴장 |
|---|---|---|---|---|---|---|---|---|---|---|
| K1 | 2006 | 전북 | 4 | 1 | 0 | 0 | 0 | 7 | 0 | 0 |
| 컵 | 2006 | 전북 | 2 | 2 | 0 | 0 | 0 | 2 | 1 | 0 |
| | 2007 | 전북 | 1 | 0 | 0 | 0 | 0 | 1 | 0 | 0 |
| 통산 | | | 7 | 3 | 0 | 0 | 0 | 10 | 1 | 0 |

**헙슨**(Robson Souza dos Santos) 브라질 1982.08.19

| 대회 | 연도 | 소속 | 출전 | 교체 | 득점 | 도움 | 실점 | 파울 | 경고 | 퇴장 |
|---|---|---|---|---|---|---|---|---|---|---|
| K1 | 2006 | 대전 | 6 | 6 | 1 | 0 | 0 | 3 | 0 | 0 |
| 통산 | | | 6 | 6 | 1 | 0 | 0 | 3 | 0 | 0 |

**헤나또**(Renato Netson Benatti) 브라질 1981.10.17

| 대회 | 연도 | 소속 | 출전 | 교체 | 득점 | 도움 | 실점 | 파울 | 경고 | 퇴장 |
|---|---|---|---|---|---|---|---|---|---|---|
| K1 | 2008 | 전남 | 11 | 0 | 1 | 0 | 0 | 10 | 0 | 0 |
| 컵 | 2008 | 전남 | 2 | 2 | 0 | 0 | 0 | 1 | 0 | 0 |
| 통산 | | | 13 | 2 | 1 | 0 | 0 | 11 | 0 | 0 |

**헤나우도**(Renaldo Lopes da Cruz) 브라질 1970.03.19

| 대회 | 연도 | 소속 | 출전 | 교체 | 득점 | 도움 | 실점 | 파울 | 경고 | 퇴장 |
|---|---|---|---|---|---|---|---|---|---|---|
| K1 | 2004 | 서울 | 11 | 6 | 1 | 1 | 0 | 23 | 2 | 0 |
| 통산 | | | 11 | 6 | 1 | 1 | 0 | 23 | 2 | 0 |

**헤나토**(Renato Olegário de Almeida) 브라질 1976.06.15

| 대회 | 연도 | 소속 | 출전 | 교체 | 득점 | 도움 | 실점 | 파울 | 경고 | 퇴장 |
|---|---|---|---|---|---|---|---|---|---|---|
| 컵 | 2001 | 부산 | 0 | 0 | 0 | 0 | 0 | 0 | 0 | 0 |
| 통산 | | | 0 | 0 | 0 | 0 | 0 | 0 | 0 | 0 |

**헤나토**(Renato Medeiros de Almeida) 브라질 1982.02.04

| 대회 | 연도 | 소속 | 출전 | 교체 | 득점 | 도움 | 실점 | 파울 | 경고 | 퇴장 |
|---|---|---|---|---|---|---|---|---|---|---|
| K1 | 2010 | 강원 | 4 | 4 | 0 | 0 | 0 | 4 | 0 | 0 |
| 통산 | | | 4 | 4 | 0 | 0 | 0 | 4 | 0 | 0 |

**헤나토**(Renato João Saleiro Santos) 포르투갈 1991.10.05

| 대회 | 연도 | 소속 | 출전 | 교체 | 득점 | 도움 | 실점 | 파울 | 경고 | 퇴장 |
|---|---|---|---|---|---|---|---|---|---|---|
| K2 | 2021 | 부산 | 10 | 8 | 0 | 0 | 0 | 7 | 1 | 0 |
| 통산 | | | 10 | 8 | 0 | 0 | 0 | 7 | 1 | 0 |

**헤난**(Henan Faria Silveira) 브라질 1987.04.03

| 대회 | 연도 | 소속 | 출전 | 교체 | 득점 | 도움 | 실점 | 파울 | 경고 | 퇴장 |
|---|---|---|---|---|---|---|---|---|---|---|
| K1 | 2012 | 전남 | 11 | 6 | 1 | 1 | 0 | 8 | 3 | 0 |
| | 2016 | 제주 | 4 | 4 | 0 | 0 | 0 | 4 | 0 | 0 |
| K2 | 2015 | 강원 | 22 | 10 | 8 | 3 | 0 | 15 | 1 | 0 |
| 통산 | | | 37 | 20 | 9 | 4 | 0 | 27 | 4 | 0 |

**헤난**(Renan Carvalho Areias) 브라질 1998.01.18

| 대회 | 연도 | 소속 | 출전 | 교체 | 득점 | 도움 | 실점 | 파울 | 경고 | 퇴장 |
|---|---|---|---|---|---|---|---|---|---|---|
| K2 | 2025 | 경남 | 31 | 23 | 2 | 0 | 0 | 38 | 7 | 0 |
| 통산 | | | 31 | 23 | 2 | 0 | 0 | 38 | 7 | 0 |

**헤이날도**(Reinaldo de Souza) 브라질 1980.06.08

| 대회 | 연도 | 소속 | 출전 | 교체 | 득점 | 도움 | 실점 | 파울 | 경고 | 퇴장 |
|---|---|---|---|---|---|---|---|---|---|---|
| K1 | 2005 | 울산 | 2 | 3 | 0 | 0 | 0 | 5 | 0 | 0 |
| 컵 | 2005 | 울산 | 6 | 6 | 0 | 0 | 0 | 7 | 0 | 0 |
| 통산 | | | 8 | 9 | 0 | 0 | 0 | 12 | 0 | 0 |

**헤이날도**(Reinaldo Elias da Costa) 브라질 1984.06.13

| 대회 | 연도 | 소속 | 출전 | 교체 | 득점 | 도움 | 실점 | 파울 | 경고 | 퇴장 |
|---|---|---|---|---|---|---|---|---|---|---|
| K1 | 2008 | 부산 | 7 | 7 | 0 | 0 | 0 | 10 | 1 | 0 |
| 컵 | 2008 | 부산 | 3 | 2 | 0 | 1 | 0 | 8 | 0 | 0 |
| 통산 | | | 10 | 9 | 0 | 1 | 0 | 18 | 1 | 0 |

**헤이날도**(Reinaldo da Cruz Oliveira) 브라질 1979.03.14

| 대회 | 연도 | 소속 | 출전 | 교체 | 득점 | 도움 | 실점 | 파울 | 경고 | 퇴장 |
|---|---|---|---|---|---|---|---|---|---|---|
| K1 | 2010 | 수원 | 4 | 4 | 0 | 0 | 0 | 3 | 0 | 0 |
| 통산 | | | 4 | 4 | 0 | 0 | 0 | 3 | 0 | 0 |

**헤이네르**(Reiner Ferreira Correa Gomes) 브라질 1985.11.17

| 대회 | 연도 | 소속 | 출전 | 교체 | 득점 | 도움 | 실점 | 파울 | 경고 | 퇴장 |
|---|---|---|---|---|---|---|---|---|---|---|
| K1 | 2014 | 수원 | 17 | 2 | 0 | 0 | 0 | 19 | 0 | 0 |
| 통산 | | | 17 | 2 | 0 | 0 | 0 | 19 | 0 | 0 |

**헤이스**(Jonatan Ferreira Reis) 브라질 1989.06.30

| 대회 | 연도 | 소속 | 출전 | 교체 | 득점 | 도움 | 실점 | 파울 | 경고 | 퇴장 |
|---|---|---|---|---|---|---|---|---|---|---|
| K1 | 2020 | 부산 | 1 | 1 | 0 | 0 | 0 | 0 | 0 | 0 |
| 통산 | | | 1 | 1 | 0 | 0 | 0 | 0 | 0 | 0 |

**헤이스**(Isnairo Reis Silva Morais) 브라질 1993.01.06

| 대회 | 연도 | 소속 | 출전 | 교체 | 득점 | 도움 | 실점 | 파울 | 경고 | 퇴장 |
|---|---|---|---|---|---|---|---|---|---|---|
| K1 | 2021 | 광주 | 30 | 16 | 4 | 5 | 0 | 37 | 6 | 0 |
| | 2023 | 제주 | 36 | 23 | 8 | 5 | 0 | 37 | 5 | 0 |
| | 2024 | 제주 | 28 | 24 | 4 | 2 | 0 | 19 | 1 | 1 |
| | 2025 | 광주 | 37 | 2 | 10 | 2 | 0 | 28 | 2 | 0 |
| K2 | 2022 | 광주 | 39 | 16 | 12 | 4 | 0 | 51 | 5 | 0 |
| 통산 | | | 170 | 81 | 38 | 18 | 0 | 172 | 19 | 1 |

**헤지스**(Regis Fernandes Silva) 브라질 1976.09.22

| 대회 | 연도 | 소속 | 출전 | 교체 | 득점 | 도움 | 실점 | 파울 | 경고 | 퇴장 |
|---|---|---|---|---|---|---|---|---|---|---|
| K1 | 2006 | 대전 | 7 | 7 | 0 | 0 | 0 | 6 | 0 | 0 |
| 컵 | 2006 | 대전 | 4 | 4 | 0 | 0 | 0 | 5 | 1 | 0 |
| 통산 | | | 11 | 11 | 0 | 0 | 0 | 11 | 1 | 0 |

**헨리**(Doneil Jor-Dee Ashley Henry) 캐나다 1993.04.20

| 대회 | 연도 | 소속 | 출전 | 교체 | 득점 | 도움 | 실점 | 파울 | 경고 | 퇴장 |
|---|---|---|---|---|---|---|---|---|---|---|
| K1 | 2020 | 수원 | 20 | 1 | 1 | 0 | 0 | 22 | 2 | 0 |
| | 2021 | 수원 | 21 | 6 | 2 | 0 | 0 | 22 | 7 | 0 |
| 통산 | | | 41 | 7 | 3 | 0 | 0 | 44 | 9 | 0 |

**헨리**(Jaymes Henry) 오스트레일리아 1999.08.17

| 대회 | 연도 | 소속 | 출전 | 교체 | 득점 | 도움 | 실점 | 파울 | 경고 | 퇴장 |
|---|---|---|---|---|---|---|---|---|---|---|
| K1 | 2024 | 강원 | 10 | 11 | 1 | 0 | 0 | 1 | 1 | 0 |
| 통산 | | | 10 | 11 | 1 | 0 | 0 | 1 | 1 | 0 |

**헨릭**(Henrik Jorgensen) 덴마크 1966.02.12

| 대회 | 연도 | 소속 | 출전 | 교체 | 득점 | 도움 | 실점 | 파울 | 경고 | 퇴장 |
|---|---|---|---|---|---|---|---|---|---|---|
| 컵 | 1996 | 수원 | 5 | 0 | 0 | 0 | 7 | 0 | 0 | 0 |
| 통산 | | | 5 | 0 | 0 | 0 | 7 | 0 | 0 | 0 |

**헬퀴스트**(Philip Hellqvist) 스웨덴 1991.05.21

| 대회 | 연도 | 소속 | 출전 | 교체 | 득점 | 도움 | 실점 | 파울 | 경고 | 퇴장 |
|---|---|---|---|---|---|---|---|---|---|---|
| K2 | 2020 | 충남아산 | 15 | 10 | 4 | 0 | 0 | 21 | 3 | 0 |
| 통산 | | | 15 | 10 | 4 | 0 | 0 | 21 | 3 | 0 |

**현광우**(玄光宇) 선문대 1988.02.05

| 대회 | 연도 | 소속 | 출전 | 교체 | 득점 | 도움 | 실점 | 파울 | 경고 | 퇴장 |
|---|---|---|---|---|---|---|---|---|---|---|
| K1 | 2011 | 제주 | 0 | 0 | 0 | 0 | 0 | 0 | 0 | 0 |
| 통산 | | | 0 | 0 | 0 | 0 | 0 | 0 | 0 | 0 |

**현기호**(玄基鎬) 연세대 1960.05.12

| 대회 | 연도 | 소속 | 출전 | 교체 | 득점 | 도움 | 실점 | 파울 | 경고 | 퇴장 |
|---|---|---|---|---|---|---|---|---|---|---|
| K1 | 1983 | 대우 | 7 | 3 | 1 | 3 | 0 | 7 | 0 | 0 |
| | 1984 | 대우 | 18 | 5 | 1 | 3 | 0 | 18 | 1 | 0 |
| | 1985 | 대우 | 18 | 3 | 2 | 0 | 0 | 27 | 0 | 0 |
| | 1986 | 대우 | 11 | 5 | 1 | 0 | 0 | 11 | 0 | 0 |
| | 1987 | 대우 | 2 | 2 | 0 | 0 | 0 | 1 | 0 | 0 |
| 컵 | 1986 | 대우 | 4 | 3 | 0 | 0 | 0 | 4 | 0 | 0 |
| 통산 | | | 60 | 21 | 5 | 6 | 0 | 68 | 1 | 0 |

**현영민**(玄泳民) 건국대 1979.12.25

| 대회 | 연도 | 소속 | 출전 | 교체 | 득점 | 도움 | 실점 | 파울 | 경고 | 퇴장 |
|---|---|---|---|---|---|---|---|---|---|---|
| K1 | 2002 | 울산 | 15 | 3 | 1 | 4 | 0 | 34 | 4 | 0 |
| | 2003 | 울산 | 32 | 3 | 1 | 2 | 0 | 59 | 8 | 1 |
| | 2004 | 울산 | 22 | 1 | 1 | 1 | 0 | 32 | 4 | 0 |
| | 2005 | 울산 | 23 | 0 | 0 | 3 | 0 | 35 | 2 | 0 |
| | 2007 | 울산 | 23 | 1 | 0 | 3 | 0 | 37 | 3 | 1 |
| | 2008 | 울산 | 18 | 1 | 0 | 5 | 0 | 31 | 4 | 0 |
| | 2009 | 울산 | 26 | 2 | 0 | 9 | 0 | 39 | 6 | 0 |
| | 2010 | 서울 | 25 | 3 | 1 | 4 | 0 | 37 | 6 | 0 |
| | 2011 | 서울 | 25 | 4 | 1 | 3 | 0 | 34 | 4 | 0 |
| | 2012 | 서울 | 18 | 6 | 1 | 0 | 0 | 27 | 2 | 1 |
| | 2013 | 성남일화 | 30 | 1 | 1 | 4 | 0 | 42 | 7 | 0 |
| | 2013 | 서울 | 1 | 0 | 0 | 0 | 0 | 2 | 1 | 0 |
| | 2014 | 전남 | 32 | 3 | 1 | 7 | 0 | 46 | 10 | 0 |
| | 2015 | 전남 | 29 | 1 | 0 | 2 | 0 | 28 | 6 | 0 |
| | 2016 | 전남 | 29 | 10 | 0 | 1 | 0 | 41 | 4 | 0 |
| | 2017 | 전남 | 31 | 8 | 0 | 1 | 0 | 39 | 4 | 0 |
| PO | 2004 | 울산 | 1 | 0 | 0 | 0 | 0 | 1 | 1 | 0 |
| | 2005 | 울산 | 3 | 0 | 0 | 0 | 0 | 9 | 0 | 0 |
| | 2007 | 울산 | 2 | 0 | 0 | 0 | 0 | 3 | 1 | 0 |
| | 2008 | 울산 | 2 | 0 | 0 | 0 | 0 | 9 | 0 | 0 |
| | 2010 | 서울 | 2 | 0 | 0 | 0 | 0 | 1 | 0 | 0 |
| | 2011 | 서울 | 1 | 0 | 0 | 1 | 0 | 0 | 0 | 0 |
| 컵 | 2004 | 울산 | 4 | 1 | 0 | 0 | 0 | 9 | 1 | 0 |
| | 2005 | 울산 | 12 | 1 | 0 | 1 | 0 | 22 | 2 | 0 |
| | 2007 | 울산 | 10 | 0 | 0 | 1 | 0 | 18 | 2 | 0 |
| | 2008 | 울산 | 10 | 2 | 0 | 1 | 0 | 22 | 1 | 0 |
| | 2009 | 울산 | 4 | 1 | 1 | 1 | 0 | 3 | 1 | 0 |
| | 2010 | 서울 | 6 | 3 | 0 | 1 | 0 | 11 | 1 | 0 |
| | 2011 | 서울 | 1 | 1 | 0 | 0 | 0 | 0 | 0 | 0 |
| 통산 | | | 437 | 56 | 9 | 55 | 0 | 671 | 85 | 3 |

**호나우도**(Ronaldo Marques Sereno) 브라질 1962.03.14

| 대회 | 연도 | 소속 | 출전 | 교체 | 득점 | 도움 | 실점 | 파울 | 경고 | 퇴장 |
|---|---|---|---|---|---|---|---|---|---|---|
| K1 | 1994 | 현대 | 21 | 9 | 5 | 4 | 0 | 34 | 4 | 0 |
| 컵 | 1994 | 현대 | 5 | 1 | 1 | 1 | 0 | 13 | 1 | 0 |
| 통산 | | | 26 | 10 | 6 | 5 | 0 | 47 | 5 | 0 |

**호난**(Ronan David Jerônimo) 브라질 1995.04.22

| 대회 | 연도 | 소속 | 출전 | 교체 | 득점 | 도움 | 실점 | 파울 | 경고 | 퇴장 |
|---|---|---|---|---|---|---|---|---|---|---|
| K2 | 2023 | 서울E | 29 | 27 | 7 | 2 | 0 | 15 | 2 | 0 |
|  | 2025 | 전남 | 29 | 26 | 12 | 6 | 0 | 13 | 3 | 0 |
| 통산 |  |  | 58 | 53 | 19 | 8 | 0 | 28 | 5 | 0 |

**호날두**(Ronaldo Rodrigues Tavares) 포르투갈 1997.07.22

| 대회 | 연도 | 소속 | 출전 | 교체 | 득점 | 도움 | 실점 | 파울 | 경고 | 퇴장 |
|---|---|---|---|---|---|---|---|---|---|---|
| K1 | 2024 | 서울 | 8 | 8 | 2 | 1 | 0 | 1 | 1 | 0 |
| 통산 |  |  | 8 | 8 | 2 | 1 | 0 | 1 | 1 | 0 |

**호니**(Ronieli Gomes dos santos) 브라질 1991.04.25

| 대회 | 연도 | 소속 | 출전 | 교체 | 득점 | 도움 | 실점 | 파울 | 경고 | 퇴장 |
|---|---|---|---|---|---|---|---|---|---|---|
| K1 | 2011 | 경남 | 10 | 7 | 1 | 0 | 0 | 19 | 3 | 0 |
|  | 2012 | 경남 | 6 | 6 | 0 | 0 | 0 | 6 | 1 | 0 |
| 통산 |  |  | 16 | 13 | 1 | 0 | 0 | 25 | 4 | 0 |

**호니**(Roniere Jose da Silva Filho) 브라질 1986.04.23

| 대회 | 연도 | 소속 | 출전 | 교체 | 득점 | 도움 | 실점 | 파울 | 경고 | 퇴장 |
|---|---|---|---|---|---|---|---|---|---|---|
| K2 | 2014 | 고양 | 21 | 20 | 2 | 1 | 0 | 7 | 0 | 0 |
| 통산 |  |  | 21 | 20 | 2 | 1 | 0 | 7 | 0 | 0 |

**호드리고**(Jose Luiz Rodrigo Carbone) 브라질 1974.03.17

| 대회 | 연도 | 소속 | 출전 | 교체 | 득점 | 도움 | 실점 | 파울 | 경고 | 퇴장 |
|---|---|---|---|---|---|---|---|---|---|---|
| K1 | 1999 | 전남 | 6 | 6 | 1 | 1 | 0 | 2 | 0 | 0 |
| 컵 | 1999 | 전남 | 2 | 1 | 0 | 1 | 0 | 4 | 0 | 0 |
| 통산 |  |  | 8 | 7 | 1 | 2 | 0 | 6 | 0 | 0 |

**호드리고**(Rodrigo Marcos Marques da Silva) 브라질 1977.08.02

| 대회 | 연도 | 소속 | 출전 | 교체 | 득점 | 도움 | 실점 | 파울 | 경고 | 퇴장 |
|---|---|---|---|---|---|---|---|---|---|---|
| K1 | 2003 | 대전 | 17 | 11 | 0 | 0 | 0 | 26 | 3 | 0 |
|  | 2004 | 대전 | 7 | 6 | 0 | 0 | 0 | 11 | 0 | 0 |
| 통산 |  |  | 24 | 17 | 0 | 0 | 0 | 37 | 3 | 0 |

**호드리고**(Rodrigo Leandro da Costa) 브라질 1985.09.17

| 대회 | 연도 | 소속 | 출전 | 교체 | 득점 | 도움 | 실점 | 파울 | 경고 | 퇴장 |
|---|---|---|---|---|---|---|---|---|---|---|
| K1 | 2013 | 부산 | 18 | 17 | 2 | 2 | 0 | 29 | 1 | 0 |
| 통산 |  |  | 18 | 17 | 2 | 2 | 0 | 29 | 1 | 0 |

**호드리고**(Rodrigo Batista da Cruz) 브라질 1983.02.02

| 대회 | 연도 | 소속 | 출전 | 교체 | 득점 | 도움 | 실점 | 파울 | 경고 | 퇴장 |
|---|---|---|---|---|---|---|---|---|---|---|
| K1 | 2013 | 제주 | 3 | 3 | 0 | 0 | 0 | 2 | 1 | 0 |
| 통산 |  |  | 3 | 3 | 0 | 0 | 0 | 2 | 1 | 0 |

**호드리고**(Rodrigo Domongos dos Santos) 브라질 1987.01.25

| 대회 | 연도 | 소속 | 출전 | 교체 | 득점 | 도움 | 실점 | 파울 | 경고 | 퇴장 |
|---|---|---|---|---|---|---|---|---|---|---|
| K2 | 2014 | 부천 | 31 | 6 | 11 | 2 | 0 | 77 | 2 | 0 |
|  | 2015 | 부천 | 36 | 12 | 11 | 4 | 0 | 64 | 9 | 0 |
|  | 2017 | 부천 | 14 | 14 | 2 | 1 | 0 | 16 | 2 | 0 |
| 통산 |  |  | 81 | 32 | 24 | 7 | 0 | 157 | 13 | 0 |

**호드리고**(Rodrigo Sousa Silva) 동티모르 1987.11.24

| 대회 | 연도 | 소속 | 출전 | 교체 | 득점 | 도움 | 실점 | 파울 | 경고 | 퇴장 |
|---|---|---|---|---|---|---|---|---|---|---|
| K1 | 2017 | 대구 | 1 | 1 | 0 | 0 | 0 | 4 | 0 | 0 |
| 통산 |  |  | 1 | 1 | 0 | 0 | 0 | 4 | 0 | 0 |

**호마**(Paulo Marcel Pereira Merabet) 브라질 1979.02.28

| 대회 | 연도 | 소속 | 출전 | 교체 | 득점 | 도움 | 실점 | 파울 | 경고 | 퇴장 |
|---|---|---|---|---|---|---|---|---|---|---|
| K1 | 2004 | 전북 | 16 | 15 | 5 | 1 | 0 | 17 | 1 | 0 |
| 컵 | 2004 | 전북 | 7 | 3 | 2 | 1 | 0 | 20 | 6 | 0 |
| 통산 |  |  | 23 | 18 | 7 | 2 | 0 | 37 | 7 | 0 |

**호마리우**(Romário Baldé) 포르투갈 1996.12.25

| 대회 | 연도 | 소속 | 출전 | 교체 | 득점 | 도움 | 실점 | 파울 | 경고 | 퇴장 |
|---|---|---|---|---|---|---|---|---|---|---|
| K1 | 2025 | 강원 | 1 | 1 | 0 | 0 | 0 | 0 | 0 | 0 |
| 통산 |  |  | 1 | 1 | 0 | 0 | 0 | 0 | 0 | 0 |

**호마링요**(Jefferson Jose Lopes Andrade) 브라질 1989.11.14

| 대회 | 연도 | 소속 | 출전 | 교체 | 득점 | 도움 | 실점 | 파울 | 경고 | 퇴장 |
|---|---|---|---|---|---|---|---|---|---|---|
| K2 | 2014 | 광주 | 10 | 6 | 1 | 0 | 0 | 22 | 1 | 0 |
| 통산 |  |  | 10 | 6 | 1 | 0 | 0 | 22 | 1 | 0 |

**호물로**(Romulo Marques Macedo) 브라질 1980.04.03

| 대회 | 연도 | 소속 | 출전 | 교체 | 득점 | 도움 | 실점 | 파울 | 경고 | 퇴장 |
|---|---|---|---|---|---|---|---|---|---|---|
| K1 | 2008 | 제주 | 21 | 8 | 8 | 2 | 0 | 51 | 7 | 0 |
|  | 2009 | 부산 | 21 | 18 | 4 | 1 | 0 | 40 | 3 | 0 |
|  | 2010 | 부산 | 3 | 3 | 1 | 0 | 0 | 2 | 0 | 0 |
| 컵 | 2008 | 제주 | 6 | 2 | 2 | 0 | 0 | 16 | 0 | 1 |
|  | 2009 | 부산 | 7 | 4 | 2 | 0 | 0 | 16 | 0 | 0 |
| 통산 |  |  | 58 | 35 | 17 | 3 | 0 | 125 | 10 | 1 |

**호물로**(Romulo Jose Pacheco da Silva) 브라질 1995.10.27

| 대회 | 연도 | 소속 | 출전 | 교체 | 득점 | 도움 | 실점 | 파울 | 경고 | 퇴장 |
|---|---|---|---|---|---|---|---|---|---|---|
| K1 | 2020 | 부산 | 26 | 7 | 4 | 4 | 0 | 36 | 2 | 0 |
| K2 | 2017 | 부산 | 20 | 11 | 1 | 6 | 0 | 26 | 4 | 0 |
|  | 2018 | 부산 | 35 | 3 | 9 | 9 | 0 | 35 | 3 | 0 |
|  | 2019 | 부산 | 31 | 4 | 13 | 2 | 0 | 33 | 3 | 0 |
| PO | 2017 | 부산 | 3 | 0 | 1 | 1 | 0 | 6 | 2 | 0 |
|  | 2018 | 부산 | 3 | 1 | 2 | 1 | 0 | 2 | 1 | 0 |
|  | 2019 | 부산 | 3 | 0 | 2 | 0 | 0 | 3 | 0 | 0 |
| 통산 |  |  | 121 | 26 | 32 | 23 | 0 | 141 | 15 | 0 |

**호베르또**(Roberto Cesar Zardim Rodrigues) 브라질 1985.12.19

| 대회 | 연도 | 소속 | 출전 | 교체 | 득점 | 도움 | 실점 | 파울 | 경고 | 퇴장 |
|---|---|---|---|---|---|---|---|---|---|---|
| K1 | 2013 | 울산 | 18 | 15 | 1 | 4 | 0 | 16 | 1 | 0 |
| 통산 |  |  | 18 | 15 | 1 | 4 | 0 | 16 | 1 | 0 |

**호벨손**(Roberson de Arruda Alves) 브라질 1989.04.02

| 대회 | 연도 | 소속 | 출전 | 교체 | 득점 | 도움 | 실점 | 파울 | 경고 | 퇴장 |
|---|---|---|---|---|---|---|---|---|---|---|
| K1 | 2018 | 제주 | 6 | 6 | 1 | 0 | 0 | 5 | 0 | 0 |
| 통산 |  |  | 6 | 6 | 1 | 0 | 0 | 5 | 0 | 0 |

**호벨치**(Robert de Pinho de Souza) 브라질 1981.02.27

| 대회 | 연도 | 소속 | 출전 | 교체 | 득점 | 도움 | 실점 | 파울 | 경고 | 퇴장 |
|---|---|---|---|---|---|---|---|---|---|---|
| K1 | 2012 | 제주 | 13 | 11 | 3 | 0 | 0 | 19 | 0 | 0 |
| 통산 |  |  | 13 | 11 | 3 | 0 | 0 | 19 | 0 | 0 |

**호사**(Samuel Rosa Goncalves) 브라질 1991.02.25

| 대회 | 연도 | 소속 | 출전 | 교체 | 득점 | 도움 | 실점 | 파울 | 경고 | 퇴장 |
|---|---|---|---|---|---|---|---|---|---|---|
| K1 | 2019 | 전북 | 11 | 9 | 4 | 1 | 0 | 16 | 0 | 0 |
| 통산 |  |  | 11 | 9 | 4 | 1 | 0 | 16 | 0 | 0 |

**호사**(Vieira Farley Rosa) 포르투갈 1994.01.14

| 대회 | 연도 | 소속 | 출전 | 교체 | 득점 | 도움 | 실점 | 파울 | 경고 | 퇴장 |
|---|---|---|---|---|---|---|---|---|---|---|
| K1 | 2024 | 대전 | 7 | 6 | 1 | 0 | 0 | 3 | 0 | 0 |
| 통산 |  |  | 7 | 6 | 1 | 0 | 0 | 3 | 0 | 0 |

**호샤**(Paulo Roberto Rocha: Paulinho Criciúma) 브라질 1961.08.30

| 대회 | 연도 | 소속 | 출전 | 교체 | 득점 | 도움 | 실점 | 파울 | 경고 | 퇴장 |
|---|---|---|---|---|---|---|---|---|---|---|
| K1 | 1985 | 포항제철 | 16 | 9 | 5 | 5 | 0 | 8 | 0 | 0 |
|  | 1986 | 포항제철 | 12 | 6 | 4 | 0 | 0 | 4 | 0 | 0 |
| PO | 1986 | 포항제철 | 2 | 1 | 1 | 0 | 0 | 1 | 0 | 0 |
| 컵 | 1986 | 포항제철 | 12 | 4 | 3 | 2 | 0 | 7 | 1 | 0 |
| 통산 |  |  | 42 | 20 | 13 | 7 | 0 | 20 | 1 | 0 |

**호성호**(扈成鎬) 중앙대 1962.11.04

| 대회 | 연도 | 소속 | 출전 | 교체 | 득점 | 도움 | 실점 | 파울 | 경고 | 퇴장 |
|---|---|---|---|---|---|---|---|---|---|---|
| K1 | 1986 | 현대 | 6 | 0 | 0 | 0 | 4 | 0 | 0 | 0 |
|  | 1987 | 현대 | 18 | 1 | 0 | 0 | 20 | 2 | 1 | 0 |
|  | 1988 | 현대 | 3 | 0 | 0 | 0 | 6 | 0 | 0 | 0 |
|  | 1989 | 현대 | 1 | 0 | 0 | 0 | 4 | 0 | 0 | 0 |
| 컵 | 1986 | 현대 | 10 | 0 | 0 | 0 | 5 | 0 | 0 | 0 |
| 통산 |  |  | 38 | 1 | 0 | 0 | 39 | 2 | 1 | 0 |

**호세**(Jose Roberto Alves) 브라질 1954.10.20

| 대회 | 연도 | 소속 | 출전 | 교체 | 득점 | 도움 | 실점 | 파울 | 경고 | 퇴장 |
|---|---|---|---|---|---|---|---|---|---|---|
| K1 | 1983 | 포항제철 | 5 | 5 | 0 | 0 | 0 | 1 | 0 | 0 |
| 통산 |  |  | 5 | 5 | 0 | 0 | 0 | 1 | 0 | 0 |

**호세**(Alex Jose De Paula) 브라질 1981.09.13

| 대회 | 연도 | 소속 | 출전 | 교체 | 득점 | 도움 | 실점 | 파울 | 경고 | 퇴장 |
|---|---|---|---|---|---|---|---|---|---|---|
| K1 | 2003 | 포항 | 9 | 8 | 1 | 0 | 0 | 13 | 1 | 0 |
| 통산 |  |  | 9 | 8 | 1 | 0 | 0 | 13 | 1 | 0 |

**호세**(Jose Luis Villanueva Ahumada) 칠레 1981.11.05

| 대회 | 연도 | 소속 | 출전 | 교체 | 득점 | 도움 | 실점 | 파울 | 경고 | 퇴장 |
|---|---|---|---|---|---|---|---|---|---|---|
| K1 | 2007 | 울산 | 3 | 3 | 1 | 0 | 0 | 8 | 0 | 0 |
| 컵 | 2007 | 울산 | 2 | 1 | 0 | 0 | 0 | 5 | 0 | 0 |
| 통산 |  |  | 5 | 4 | 1 | 0 | 0 | 13 | 0 | 0 |

**호세**(Jose Pablo Monreal Villablanca) 칠레 1996.04.01

| 대회 | 연도 | 소속 | 출전 | 교체 | 득점 | 도움 | 실점 | 파울 | 경고 | 퇴장 |
|---|---|---|---|---|---|---|---|---|---|---|
| K1 | 2024 | 수원FC | 11 | 9 | 0 | 0 | 0 | 9 | 2 | 0 |
| K2 | 2024 | 충남아산 | 16 | 16 | 4 | 2 | 0 | 12 | 0 | 0 |
| PO | 2024 | 충남아산 | 2 | 2 | 0 | 0 | 0 | 1 | 0 | 1 |
| 통산 |  |  | 29 | 27 | 4 | 2 | 0 | 22 | 2 | 1 |

**호제리오**(Rogerio Prateat) 브라질 1973.03.09

| 대회 | 연도 | 소속 | 출전 | 교체 | 득점 | 도움 | 실점 | 파울 | 경고 | 퇴장 |
|---|---|---|---|---|---|---|---|---|---|---|
| K1 | 1999 | 전북 | 21 | 0 | 2 | 0 | 0 | 72 | 8 | 1 |
|  | 2000 | 전북 | 24 | 0 | 0 | 0 | 0 | 59 | 6 | 0 |
|  | 2001 | 전북 | 21 | 1 | 2 | 0 | 0 | 64 | 4 | 1 |
|  | 2002 | 전북 | 23 | 1 | 0 | 0 | 0 | 62 | 7 | 0 |
|  | 2003 | 대구 | 34 | 1 | 2 | 0 | 0 | 87 | 9 | 1 |
| PO | 2000 | 전북 | 1 | 0 | 0 | 0 | 0 | 5 | 1 | 0 |
| 컵 | 1999 | 전북 | 8 | 0 | 0 | 0 | 0 | 25 | 5 | 0 |
|  | 2000 | 전북 | 9 | 0 | 0 | 0 | 0 | 18 | 2 | 0 |
|  | 2001 | 전북 | 9 | 1 | 0 | 0 | 0 | 34 | 4 | 1 |
|  | 2002 | 전북 | 8 | 0 | 0 | 0 | 0 | 21 | 2 | 0 |
| 통산 |  |  | 158 | 4 | 6 | 0 | 0 | 447 | 48 | 4 |

**호제리오**(Rogrio dos Santos Conceição) 브라질 1984.09.20

| 대회 | 연도 | 소속 | 출전 | 교체 | 득점 | 도움 | 실점 | 파울 | 경고 | 퇴장 |
|---|---|---|---|---|---|---|---|---|---|---|
| K1 | 2009 | 경남 | 8 | 0 | 0 | 0 | 0 | 17 | 4 | 0 |
| 컵 | 2009 | 경남 | 2 | 0 | 0 | 0 | 0 | 5 | 1 | 0 |
| 통산 |  |  | 10 | 0 | 0 | 0 | 0 | 22 | 5 | 0 |

**홍광철**(洪光喆) 한성대 1974.10.09

| 대회 | 연도 | 소속 | 출전 | 교체 | 득점 | 도움 | 실점 | 파울 | 경고 | 퇴장 |
|---|---|---|---|---|---|---|---|---|---|---|
| K1 | 1997 | 대전 | 9 | 4 | 0 | 0 | 0 | 8 | 1 | 0 |
|  | 1998 | 대전 | 7 | 4 | 0 | 0 | 0 | 5 | 0 | 0 |
|  | 2001 | 대전 | 10 | 5 | 0 | 1 | 0 | 13 | 2 | 0 |
|  | 2002 | 대전 | 10 | 5 | 0 | 0 | 0 | 7 | 3 | 1 |
|  | 2003 | 대전 | 6 | 1 | 0 | 0 | 0 | 9 | 1 | 0 |
| 컵 | 1997 | 대전 | 12 | 3 | 0 | 2 | 0 | 18 | 3 | 0 |
|  | 1998 | 대전 | 6 | 2 | 0 | 0 | 0 | 6 | 0 | 0 |
|  | 2001 | 대전 | 3 | 3 | 0 | 0 | 0 | 1 | 0 | 0 |
|  | 2002 | 대전 | 2 | 0 | 0 | 0 | 0 | 7 | 1 | 0 |
| 통산 |  |  | 65 | 27 | 0 | 3 | 0 | 74 | 11 | 1 |

**홍길동**(洪吉東) 청주대 1997.05.29

| 대회 | 연도 | 소속 | 출전 | 교체 | 득점 | 도움 | 실점 | 파울 | 경고 | 퇴장 |
|---|---|---|---|---|---|---|---|---|---|---|
| K2 | 2018 | 안양 | 0 | 0 | 0 | 0 | 0 | 0 | 0 | 0 |
| 통산 |  |  | 0 | 0 | 0 | 0 | 0 | 0 | 0 | 0 |

**홍도표**(洪到杓) 영남대 1973.07.24

| 대회 | 연도 | 소속 | 출전 | 교체 | 득점 | 도움 | 실점 | 파울 | 경고 | 퇴장 |
|---|---|---|---|---|---|---|---|---|---|---|
| K1 | 1996 | 포항 | 1 | 1 | 0 | 0 | 0 | 0 | 0 | 0 |
|  | 1997 | 포항 | 9 | 9 | 1 | 0 | 0 | 8 | 1 | 0 |
|  | 1998 | 천안일화 | 7 | 1 | 0 | 0 | 0 | 17 | 2 | 0 |
|  | 1999 | 천안일화 | 23 | 8 | 1 | 3 | 0 | 43 | 4 | 0 |
|  | 2000 | 성남일화 | 11 | 4 | 0 | 0 | 0 | 17 | 3 | 0 |
|  | 2001 | 성남일화 | 9 | 6 | 0 | 1 | 0 | 19 | 0 | 0 |
|  | 2002 | 성남일화 | 4 | 4 | 0 | 0 | 0 | 3 | 0 | 0 |
|  | 2003 | 성남일화 | 2 | 1 | 0 | 0 | 0 | 4 | 0 | 0 |
|  | 2004 | 성남일화 | 1 | 1 | 0 | 0 | 0 | 2 | 1 | 0 |
| PO | 2000 | 성남일화 | 1 | 0 | 0 | 1 | 0 | 5 | 0 | 0 |
| 컵 | 1997 | 포항 | 7 | 7 | 3 | 0 | 0 | 6 | 1 | 0 |
|  | 1999 | 천안일화 | 9 | 4 | 0 | 2 | 0 | 21 | 1 | 0 |
|  | 2000 | 성남일화 | 1 | 0 | 0 | 0 | 0 | 1 | 0 | 0 |
|  | 2001 | 성남일화 | 9 | 4 | 0 | 0 | 0 | 20 | 2 | 0 |

| | | | | | | | | | | |
|---|---|---|---|---|---|---|---|---|---|---|
| | 2002 | 성남일화 | 4 | 5 | 0 | 0 | 0 | 2 | 1 | 0 |
| | 2004 | 성남일화 | 1 | 1 | 0 | 0 | 0 | 1 | 0 | 0 |
| 통산 | | | 99 | 56 | 5 | 7 | 0 | 169 | 16 | 0 |

**홍동현**(洪東賢) 숭실대 1991.10.30

| 대회 | 연도 | 소속 | 출전 | 교체 | 득점 | 도움 | 실점 | 파울 | 경고 | 퇴장 |
|---|---|---|---|---|---|---|---|---|---|---|
| K1 | 2014 | 부산 | 17 | 14 | 0 | 1 | 0 | 20 | 6 | 0 |
| | 2015 | 부산 | 5 | 5 | 1 | 0 | 0 | 6 | 1 | 0 |
| K2 | 2016 | 부산 | 28 | 13 | 5 | 2 | 0 | 42 | 3 | 0 |
| | 2017 | 안산 | 9 | 7 | 0 | 0 | 0 | 10 | 2 | 0 |
| | 2017 | 부산 | 1 | 2 | 0 | 0 | 0 | 0 | 0 | 0 |
| | 2018 | 안산 | 20 | 18 | 2 | 1 | 0 | 16 | 1 | 0 |
| PO | 2015 | 부산 | 1 | 0 | 0 | 0 | 0 | 3 | 2 | 0 |
| | 2016 | 부산 | 1 | 0 | 0 | 0 | 0 | 1 | 1 | 0 |
| 통산 | | | 82 | 59 | 8 | 4 | 0 | 98 | 16 | 0 |

**홍명보**(洪明甫) 고려대 1969.02.12

| 대회 | 연도 | 소속 | 출전 | 교체 | 득점 | 도움 | 실점 | 파울 | 경고 | 퇴장 |
|---|---|---|---|---|---|---|---|---|---|---|
| K1 | 1992 | 포항제철 | 29 | 1 | 1 | 0 | 0 | 26 | 2 | 0 |
| | 1993 | 포항제철 | 11 | 0 | 1 | 0 | 0 | 8 | 1 | 0 |
| | 1994 | 포항제철 | 17 | 2 | 4 | 2 | 0 | 10 | 3 | 0 |
| | 1995 | 포항 | 24 | 0 | 1 | 0 | 0 | 16 | 4 | 0 |
| | 1996 | 포항 | 29 | 12 | 7 | 3 | 0 | 31 | 3 | 0 |
| | 2002 | 포항 | 19 | 2 | 0 | 1 | 0 | 19 | 6 | 1 |
| PO | 1995 | 포항 | 3 | 1 | 0 | 0 | 0 | 2 | 0 | 0 |
| 컵 | 1992 | 포항제철 | 8 | 6 | 0 | 0 | 0 | 8 | 1 | 0 |
| | 1993 | 포항제철 | 1 | 1 | 0 | 0 | 0 | 0 | 0 | 0 |
| | 1995 | 포항 | 7 | 1 | 0 | 2 | 0 | 3 | 0 | 0 |
| | 1996 | 포항 | 5 | 1 | 0 | 0 | 0 | 6 | 0 | 0 |
| | 1997 | 포항 | 6 | 3 | 0 | 0 | 0 | 9 | 1 | 0 |
| 통산 | | | 159 | 30 | 14 | 8 | 0 | 138 | 21 | 1 |

**홍상준**(洪尙儁) 건국대 1990.05.10

| 대회 | 연도 | 소속 | 출전 | 교체 | 득점 | 도움 | 실점 | 파울 | 경고 | 퇴장 |
|---|---|---|---|---|---|---|---|---|---|---|
| K1 | 2012 | 대전 | 0 | 0 | 0 | 0 | 0 | 0 | 0 | 0 |
| | 2013 | 대전 | 16 | 0 | 0 | 0 | 30 | 1 | 0 | 0 |
| K2 | 2014 | 강원 | 0 | 0 | 0 | 0 | 0 | 0 | 0 | 0 |
| | 2015 | 강원 | 2 | 0 | 0 | 0 | 2 | 0 | 0 | 0 |
| | 2016 | 충주 | 8 | 0 | 0 | 0 | 10 | 1 | 1 | 0 |
| 통산 | | | 26 | 0 | 0 | 0 | 42 | 2 | 1 | 0 |

**홍석민**(洪錫敏) 영남대 1961.01.06

| 대회 | 연도 | 소속 | 출전 | 교체 | 득점 | 도움 | 실점 | 파울 | 경고 | 퇴장 |
|---|---|---|---|---|---|---|---|---|---|---|
| K1 | 1984 | 포항제철 | 9 | 7 | 2 | 0 | 0 | 4 | 1 | 0 |
| | 1985 | 상무 | 18 | 11 | 6 | 2 | 0 | 18 | 0 | 0 |
| 통산 | | | 27 | 18 | 8 | 2 | 0 | 22 | 1 | 0 |

**홍석준**(洪錫俊) 청주대 2004.06.02

| 대회 | 연도 | 소속 | 출전 | 교체 | 득점 | 도움 | 실점 | 파울 | 경고 | 퇴장 |
|---|---|---|---|---|---|---|---|---|---|---|
| K2 | 2025 | 충북청주 | 17 | 18 | 1 | 0 | 0 | 23 | 2 | 0 |
| 통산 | | | 17 | 18 | 1 | 0 | 0 | 23 | 2 | 0 |

**홍석현**(洪錫鉉) 선문대 2002.02.21

| 대회 | 연도 | 소속 | 출전 | 교체 | 득점 | 도움 | 실점 | 파울 | 경고 | 퇴장 |
|---|---|---|---|---|---|---|---|---|---|---|
| K2 | 2024 | 전남 | 24 | 15 | 1 | 0 | 0 | 11 | 3 | 0 |
| | 2025 | 전남 | 14 | 8 | 0 | 0 | 0 | 12 | 1 | 0 |
| PO | 2024 | 전남 | 2 | 0 | 0 | 0 | 0 | 0 | 0 | 0 |
| 통산 | | | 40 | 23 | 1 | 0 | 0 | 23 | 4 | 0 |

**홍석환**(洪石煥) 강릉제일고 2003.06.05

| 대회 | 연도 | 소속 | 출전 | 교체 | 득점 | 도움 | 실점 | 파울 | 경고 | 퇴장 |
|---|---|---|---|---|---|---|---|---|---|---|
| K1 | 2022 | 강원 | 2 | 2 | 0 | 0 | 0 | 0 | 0 | 0 |
| 통산 | | | 2 | 2 | 0 | 0 | 0 | 0 | 0 | 0 |

**홍성민**(洪成旼) 수원공고 2004.07.08

| 대회 | 연도 | 소속 | 출전 | 교체 | 득점 | 도움 | 실점 | 파울 | 경고 | 퇴장 |
|---|---|---|---|---|---|---|---|---|---|---|
| K2 | 2023 | 충북청주 | 3 | 3 | 0 | 0 | 0 | 1 | 0 | 0 |
| | 2024 | 충북청주 | 5 | 5 | 0 | 0 | 0 | 4 | 0 | 0 |
| 통산 | | | 8 | 8 | 0 | 0 | 0 | 5 | 0 | 0 |

**홍성민**(洪性民) 포항제철고 2006.09.29

| 대회 | 연도 | 소속 | 출전 | 교체 | 득점 | 도움 | 실점 | 파울 | 경고 | 퇴장 |
|---|---|---|---|---|---|---|---|---|---|---|
| K1 | 2025 | 포항 | 2 | 0 | 0 | 0 | 8 | 0 | 0 | 0 |
| 통산 | | | 2 | 0 | 0 | 0 | 8 | 0 | 0 | 0 |

**홍성요**(洪性曜) 건국대 1979.05.26

| 대회 | 연도 | 소속 | 출전 | 교체 | 득점 | 도움 | 실점 | 파울 | 경고 | 퇴장 |
|---|---|---|---|---|---|---|---|---|---|---|
| K1 | 2004 | 전남 | 4 | 4 | 0 | 0 | 0 | 5 | 1 | 0 |
| | 2005 | 광주상무 | 11 | 1 | 0 | 0 | 0 | 20 | 3 | 0 |
| | 2006 | 광주상무 | 6 | 6 | 0 | 0 | 0 | 7 | 1 | 0 |
| | 2007 | 전남 | 12 | 5 | 0 | 0 | 0 | 27 | 8 | 0 |
| | 2008 | 부산 | 14 | 6 | 0 | 0 | 0 | 29 | 8 | 0 |
| | 2009 | 부산 | 10 | 1 | 0 | 0 | 0 | 27 | 6 | 1 |
| | 2010 | 부산 | 17 | 4 | 2 | 0 | 0 | 26 | 4 | 0 |
| | 2011 | 부산 | 4 | 3 | 0 | 0 | 0 | 1 | 1 | 1 |
| 컵 | 2004 | 전남 | 5 | 1 | 1 | 0 | 0 | 17 | 2 | 0 |
| | 2005 | 광주상무 | 4 | 3 | 0 | 0 | 0 | 3 | 0 | 0 |
| | 2006 | 광주상무 | 2 | 1 | 0 | 0 | 0 | 9 | 0 | 0 |
| | 2007 | 전남 | 1 | 1 | 0 | 0 | 0 | 3 | 0 | 0 |
| | 2008 | 부산 | 6 | 0 | 0 | 0 | 0 | 13 | 4 | 0 |
| | 2009 | 부산 | 5 | 1 | 0 | 0 | 0 | 10 | 3 | 0 |
| | 2010 | 부산 | 4 | 1 | 0 | 0 | 0 | 12 | 2 | 0 |
| | 2011 | 부산 | 3 | 0 | 0 | 0 | 0 | 4 | 0 | 0 |
| 통산 | | | 108 | 38 | 3 | 0 | 0 | 213 | 43 | 2 |

**홍성욱**(洪成旭) 부경고 2002.09.17

| 대회 | 연도 | 소속 | 출전 | 교체 | 득점 | 도움 | 실점 | 파울 | 경고 | 퇴장 |
|---|---|---|---|---|---|---|---|---|---|---|
| K1 | 2021 | 제주 | 3 | 3 | 0 | 0 | 0 | 5 | 2 | 0 |
| | 2022 | 제주 | 5 | 5 | 0 | 0 | 0 | 1 | 0 | 0 |
| K2 | 2023 | 부천 | 0 | 0 | 0 | 0 | 0 | 0 | 0 | 0 |
| | 2024 | 부천 | 21 | 3 | 0 | 1 | 0 | 15 | 1 | 0 |
| | 2025 | 부천 | 27 | 4 | 2 | 0 | 0 | 22 | 5 | 0 |
| PO | 2025 | 부천 | 3 | 0 | 0 | 0 | 0 | 1 | 2 | 0 |
| 통산 | | | 59 | 15 | 2 | 1 | 0 | 44 | 10 | 0 |

**홍성호**(洪性號) 연세대 1954.12.20

| 대회 | 연도 | 소속 | 출전 | 교체 | 득점 | 도움 | 실점 | 파울 | 경고 | 퇴장 |
|---|---|---|---|---|---|---|---|---|---|---|
| K1 | 1983 | 할렐루야 | 16 | 2 | 0 | 0 | 0 | 11 | 1 | 0 |
| | 1984 | 할렐루야 | 14 | 3 | 0 | 0 | 0 | 8 | 0 | 0 |
| | 1985 | 할렐루야 | 10 | 2 | 0 | 0 | 0 | 15 | 1 | 0 |
| 통산 | | | 40 | 7 | 0 | 0 | 0 | 34 | 2 | 0 |

**홍성희**(洪性希) 한국국제대 1990.02.18

| 대회 | 연도 | 소속 | 출전 | 교체 | 득점 | 도움 | 실점 | 파울 | 경고 | 퇴장 |
|---|---|---|---|---|---|---|---|---|---|---|
| K2 | 2018 | 광주 | 0 | 0 | 0 | 0 | 0 | 0 | 0 | 0 |
| 통산 | | | 0 | 0 | 0 | 0 | 0 | 0 | 0 | 0 |

**홍순학**(洪淳學) 연세대 1980.09.19

| 대회 | 연도 | 소속 | 출전 | 교체 | 득점 | 도움 | 실점 | 파울 | 경고 | 퇴장 |
|---|---|---|---|---|---|---|---|---|---|---|
| K1 | 2003 | 대구 | 14 | 9 | 1 | 1 | 0 | 15 | 2 | 0 |
| | 2004 | 대구 | 18 | 10 | 0 | 6 | 0 | 28 | 3 | 1 |
| | 2005 | 대구 | 16 | 6 | 2 | 4 | 0 | 16 | 1 | 0 |
| | 2007 | 수원 | 11 | 6 | 0 | 0 | 0 | 12 | 1 | 0 |
| | 2008 | 수원 | 10 | 0 | 2 | 0 | 0 | 25 | 3 | 0 |
| | 2009 | 수원 | 13 | 7 | 0 | 1 | 0 | 11 | 3 | 0 |
| | 2010 | 수원 | 12 | 8 | 0 | 0 | 0 | 7 | 1 | 0 |
| | 2011 | 수원 | 12 | 2 | 0 | 1 | 0 | 23 | 4 | 0 |
| | 2012 | 수원 | 14 | 4 | 0 | 0 | 0 | 12 | 4 | 0 |
| | 2013 | 수원 | 15 | 5 | 0 | 2 | 0 | 25 | 4 | 0 |
| | 2014 | 수원 | 0 | 0 | 0 | 0 | 0 | 0 | 0 | 0 |
| K2 | 2015 | 고양 | 12 | 11 | 0 | 1 | 0 | 13 | 2 | 0 |
| PO | 2008 | 수원 | 2 | 2 | 0 | 0 | 0 | 3 | 1 | 0 |
| 컵 | 2004 | 대구 | 9 | 5 | 0 | 1 | 0 | 19 | 3 | 0 |
| | 2005 | 대구 | 7 | 1 | 0 | 0 | 0 | 11 | 0 | 0 |
| | 2007 | 수원 | 7 | 3 | 0 | 1 | 0 | 15 | 1 | 0 |
| | 2008 | 수원 | 5 | 2 | 0 | 0 | 0 | 3 | 1 | 0 |
| | 2009 | 수원 | 1 | 0 | 0 | 0 | 0 | 0 | 0 | 0 |
| 통산 | | | 178 | 81 | 5 | 18 | 0 | 238 | 34 | 1 |

**홍승현**(洪承鉉) 동북고 1996.12.28

| 대회 | 연도 | 소속 | 출전 | 교체 | 득점 | 도움 | 실점 | 파울 | 경고 | 퇴장 |
|---|---|---|---|---|---|---|---|---|---|---|
| K1 | 2017 | 대구 | 22 | 8 | 0 | 1 | 0 | 12 | 0 | 1 |
| | 2018 | 대구 | 4 | 4 | 0 | 0 | 0 | 2 | 1 | 0 |
| K2 | 2016 | 대구 | 0 | 0 | 0 | 0 | 0 | 0 | 0 | 0 |
| | 2018 | 안양 | 5 | 5 | 0 | 0 | 0 | 2 | 0 | 0 |
| | 2021 | 서울E | 0 | 0 | 0 | 0 | 0 | 0 | 0 | 0 |
| 통산 | | | 31 | 17 | 0 | 1 | 0 | 16 | 1 | 1 |

**홍시후**(洪施侯) 상문고 2001.01.08

| 대회 | 연도 | 소속 | 출전 | 교체 | 득점 | 도움 | 실점 | 파울 | 경고 | 퇴장 |
|---|---|---|---|---|---|---|---|---|---|---|
| K1 | 2020 | 성남 | 12 | 10 | 1 | 1 | 0 | 10 | 0 | 0 |
| | 2021 | 성남 | 25 | 23 | 0 | 0 | 0 | 13 | 1 | 0 |
| | 2022 | 인천 | 28 | 28 | 1 | 1 | 0 | 17 | 2 | 0 |
| | 2023 | 인천 | 12 | 12 | 2 | 1 | 0 | 3 | 2 | 0 |
| | 2024 | 인천 | 24 | 19 | 1 | 1 | 0 | 22 | 2 | 0 |
| K2 | 2025 | 김포 | 7 | 8 | 0 | 0 | 0 | 1 | 0 | 0 |
| 통산 | | | 108 | 100 | 5 | 4 | 0 | 66 | 7 | 0 |

**홍연기**(洪淵麒) 단국대 1975.09.25

| 대회 | 연도 | 소속 | 출전 | 교체 | 득점 | 도움 | 실점 | 파울 | 경고 | 퇴장 |
|---|---|---|---|---|---|---|---|---|---|---|
| 컵 | 1998 | 부산 | 1 | 1 | 0 | 0 | 0 | 4 | 0 | 0 |
| 통산 | | | 1 | 1 | 0 | 0 | 0 | 4 | 0 | 0 |

**홍용준**(洪勇浚) 명지대 2003.03.26

| 대회 | 연도 | 소속 | 출전 | 교체 | 득점 | 도움 | 실점 | 파울 | 경고 | 퇴장 |
|---|---|---|---|---|---|---|---|---|---|---|
| K1 | 2025 | 광주 | 2 | 3 | 0 | 0 | 0 | 2 | 0 | 0 |
| 통산 | | | 2 | 3 | 0 | 0 | 0 | 2 | 0 | 0 |

**홍욱현**(洪旭賢) 개성고 2004.01.06

| 대회 | 연도 | 소속 | 출전 | 교체 | 득점 | 도움 | 실점 | 파울 | 경고 | 퇴장 |
|---|---|---|---|---|---|---|---|---|---|---|
| K1 | 2024 | 김천 | 0 | 0 | 0 | 0 | 0 | 0 | 0 | 0 |
| | 2025 | 김천 | 6 | 6 | 0 | 0 | 0 | 5 | 0 | 0 |
| K2 | 2022 | 부산 | 11 | 6 | 0 | 1 | 0 | 14 | 0 | 0 |
| | 2023 | 부산 | 0 | 0 | 0 | 0 | 0 | 0 | 0 | 0 |
| | 2025 | 부산 | 13 | 6 | 1 | 0 | 0 | 18 | 2 | 0 |
| 통산 | | | 30 | 18 | 1 | 1 | 0 | 37 | 2 | 0 |

**홍원진**(洪元辰) 부산정보고 2000.04.04

| 대회 | 연도 | 소속 | 출전 | 교체 | 득점 | 도움 | 실점 | 파울 | 경고 | 퇴장 |
|---|---|---|---|---|---|---|---|---|---|---|
| K2 | 2023 | 충북청주 | 34 | 1 | 2 | 0 | 0 | 52 | 7 | 0 |
| | 2024 | 충북청주 | 18 | 2 | 3 | 1 | 0 | 33 | 4 | 0 |
| | 2024 | 수원 | 17 | 5 | 0 | 0 | 0 | 24 | 3 | 0 |
| | 2025 | 수원 | 25 | 13 | 2 | 1 | 0 | 36 | 3 | 0 |
| PO | 2025 | 수원 | 2 | 1 | 0 | 0 | 0 | 4 | 0 | 0 |
| 통산 | | | 96 | 22 | 7 | 2 | 0 | 149 | 17 | 0 |

**홍윤상**(洪胤相) 포항제철고 2002.03.19

| 대회 | 연도 | 소속 | 출전 | 교체 | 득점 | 도움 | 실점 | 파울 | 경고 | 퇴장 |
|---|---|---|---|---|---|---|---|---|---|---|
| K1 | 2023 | 포항 | 11 | 7 | 2 | 0 | 0 | 6 | 0 | 0 |
| | 2024 | 포항 | 33 | 31 | 6 | 2 | 0 | 31 | 3 | 0 |
| | 2025 | 포항 | 30 | 28 | 3 | 2 | 0 | 30 | 2 | 0 |
| 통산 | | | 74 | 66 | 11 | 4 | 0 | 67 | 5 | 0 |

**홍재석**(洪在石) 전주대 2003.07.03

| 대회 | 연도 | 소속 | 출전 | 교체 | 득점 | 도움 | 실점 | 파울 | 경고 | 퇴장 |
|---|---|---|---|---|---|---|---|---|---|---|
| K1 | 2024 | 울산 | 2 | 2 | 0 | 0 | 0 | 0 | 0 | 0 |
| | 2024 | 제주 | 8 | 7 | 0 | 0 | 0 | 0 | 1 | 0 |
| K2 | 2025 | 부산 | 13 | 12 | 0 | 0 | 0 | 3 | 0 | 0 |
| 통산 | | | 23 | 21 | 0 | 0 | 0 | 3 | 1 | 0 |

**홍재훈**(洪載勳) 상지대 1996.09.11

| 대회 | 연도 | 소속 | 출전 | 교체 | 득점 | 도움 | 실점 | 파울 | 경고 | 퇴장 |
|---|---|---|---|---|---|---|---|---|---|---|
| K2 | 2023 | 안산 | 1 | 1 | 0 | 0 | 0 | 0 | 0 | 0 |
| | 2024 | 안산 | 1 | 1 | 0 | 0 | 0 | 0 | 0 | 0 |
| 통산 | | | 2 | 2 | 0 | 0 | 0 | 0 | 0 | 0 |

**홍정남**(洪正男) 제주상고 1988.05.21

| 대회 | 연도 | 소속 | 출전 | 교체 | 득점 | 도움 | 실점 | 파울 | 경고 | 퇴장 |
|---|---|---|---|---|---|---|---|---|---|---|
| K1 | 2007 | 전북 | 0 | 0 | 0 | 0 | 0 | 0 | 0 | 0 |
| | 2008 | 전북 | 4 | 0 | 0 | 0 | 9 | 0 | 0 | 0 |
| | 2009 | 전북 | 0 | 0 | 0 | 0 | 0 | 0 | 0 | 0 |
| | 2010 | 전북 | 1 | 1 | 0 | 0 | 2 | 0 | 0 | 0 |
| | 2011 | 전북 | 0 | 0 | 0 | 0 | 0 | 0 | 0 | 0 |
| | 2012 | 전북 | 0 | 0 | 0 | 0 | 0 | 0 | 0 | 0 |
| | 2014 | 상주 | 14 | 0 | 0 | 0 | 20 | 1 | 1 | 0 |
| | 2015 | 전북 | 2 | 0 | 0 | 0 | 4 | 0 | 0 | 0 |
| | 2016 | 전북 | 0 | 0 | 0 | 0 | 0 | 0 | 0 | 0 |
| | 2017 | 전북 | 30 | 0 | 0 | 0 | 30 | 0 | 1 | 0 |
| | 2018 | 전북 | 1 | 0 | 0 | 0 | 0 | 0 | 0 | 0 |
| | 2019 | 전북 | 0 | 0 | 0 | 0 | 0 | 0 | 0 | 0 |
| | 2020 | 전북 | 0 | 0 | 0 | 0 | 0 | 0 | 0 | 0 |
| K2 | 2013 | 상주 | 2 | 0 | 0 | 0 | 3 | 0 | 0 | 0 |
| PO | 2013 | 상주 | 0 | 0 | 0 | 0 | 0 | 0 | 0 | 0 |
| 컵 | 2008 | 전북 | 2 | 0 | 0 | 0 | 0 | 0 | 0 | 0 |
| | 2010 | 전북 | 1 | 1 | 0 | 0 | 1 | 0 | 0 | 0 |

| 통산 | | | 57 | 2 | 0 | 0 | 69 | 1 | 2 | 0 |
|---|---|---|---|---|---|---|---|---|---|---|

**홍정운**(洪定夽) 명지대 1994.11.29

| 대회 | 연도 | 소속 | 출전 | 교체 | 득점 | 도움 | 실점 | 파울 | 경고 | 퇴장 |
|---|---|---|---|---|---|---|---|---|---|---|
| K1 | 2017 | 대구 | 6 | 5 | 0 | 0 | 0 | 7 | 3 | 0 |
| | 2018 | 대구 | 35 | 1 | 5 | 2 | 0 | 30 | 4 | 0 |
| | 2019 | 대구 | 16 | 2 | 0 | 0 | 0 | 11 | 3 | 0 |
| | 2020 | 대구 | 4 | 1 | 0 | 0 | 0 | 7 | 2 | 0 |
| | 2021 | 대구 | 24 | 4 | 1 | 0 | 0 | 20 | 4 | 0 |
| | 2022 | 대구 | 25 | 6 | 2 | 0 | 0 | 18 | 5 | 0 |
| | 2023 | 대구 | 33 | 2 | 0 | 1 | 0 | 16 | 2 | 0 |
| | 2024 | 대전 | 6 | 2 | 0 | 0 | 0 | 4 | 0 | 0 |
| | 2025 | 대구 | 8 | 7 | 0 | 0 | 0 | 7 | 2 | 0 |
| K2 | 2016 | 대구 | 20 | 7 | 0 | 0 | 0 | 21 | 1 | 0 |
| 통산 | | | 177 | 37 | 8 | 3 | 0 | 141 | 26 | 0 |

**홍정호**(洪正好) 조선대 1989.08.12

| 대회 | 연도 | 소속 | 출전 | 교체 | 득점 | 도움 | 실점 | 파울 | 경고 | 퇴장 |
|---|---|---|---|---|---|---|---|---|---|---|
| K1 | 2010 | 제주 | 13 | 0 | 1 | 1 | 0 | 10 | 2 | 0 |
| | 2011 | 제주 | 16 | 0 | 0 | 1 | 0 | 19 | 1 | 1 |
| | 2012 | 제주 | 9 | 1 | 0 | 0 | 0 | 6 | 3 | 0 |
| | 2013 | 제주 | 11 | 5 | 1 | 0 | 0 | 8 | 3 | 1 |
| | 2018 | 전북 | 25 | 5 | 1 | 0 | 0 | 32 | 6 | 0 |
| | 2019 | 전북 | 30 | 4 | 2 | 0 | 0 | 32 | 3 | 0 |
| | 2020 | 전북 | 22 | 1 | 1 | 1 | 0 | 20 | 3 | 1 |
| | 2021 | 전북 | 36 | 1 | 2 | 1 | 0 | 32 | 4 | 0 |
| | 2022 | 전북 | 19 | 3 | 1 | 2 | 0 | 14 | 4 | 1 |
| | 2023 | 전북 | 22 | 9 | 0 | 0 | 0 | 18 | 6 | 0 |
| | 2024 | 전북 | 19 | 4 | 0 | 0 | 0 | 6 | 4 | 0 |
| | 2025 | 전북 | 31 | 8 | 0 | 1 | 0 | 10 | 4 | 0 |
| PO | 2010 | 제주 | 3 | 1 | 0 | 0 | 0 | 2 | 0 | 0 |
| | 2024 | 전북 | 2 | 2 | 0 | 0 | 0 | 0 | 0 | 0 |
| 컵 | 2010 | 제주 | 5 | 1 | 0 | 0 | 0 | 3 | 1 | 0 |
| 통산 | | | 263 | 45 | 9 | 7 | 0 | 212 | 44 | 4 |

**홍종경**(洪腫境) 울산대 1973.05.11

| 대회 | 연도 | 소속 | 출전 | 교체 | 득점 | 도움 | 실점 | 파울 | 경고 | 퇴장 |
|---|---|---|---|---|---|---|---|---|---|---|
| K1 | 1996 | 천안일화 | 3 | 1 | 0 | 0 | 0 | 11 | 1 | 0 |
| | 1997 | 천안일화 | 4 | 2 | 0 | 1 | 0 | 9 | 0 | 1 |
| | 1998 | 천안일화 | 17 | 4 | 0 | 3 | 0 | 28 | 2 | 0 |
| | 1999 | 천안일화 | 0 | 0 | 0 | 0 | 0 | 0 | 0 | 0 |
| 컵 | 1996 | 천안일화 | 1 | 1 | 0 | 0 | 0 | 1 | 0 | 0 |
| | 1997 | 천안일화 | 4 | 3 | 0 | 0 | 0 | 7 | 0 | 0 |
| | 1999 | 천안일화 | 0 | 0 | 0 | 0 | 0 | 0 | 0 | 0 |
| 통산 | | | 29 | 11 | 0 | 4 | 0 | 56 | 3 | 1 |

**홍종원**(洪鍾元) 청주상고 1956.08.04

| 대회 | 연도 | 소속 | 출전 | 교체 | 득점 | 도움 | 실점 | 파울 | 경고 | 퇴장 |
|---|---|---|---|---|---|---|---|---|---|---|
| K1 | 1984 | 럭키금성 | 2 | 2 | 0 | 1 | 0 | 0 | 0 | 0 |
| 통산 | | | 2 | 2 | 0 | 1 | 0 | 0 | 0 | 0 |

**홍주빈**(洪周彬) 동의대 1989.06.07

| 대회 | 연도 | 소속 | 출전 | 교체 | 득점 | 도움 | 실점 | 파울 | 경고 | 퇴장 |
|---|---|---|---|---|---|---|---|---|---|---|
| K1 | 2012 | 전북 | 0 | 0 | 0 | 0 | 0 | 0 | 0 | 0 |
| K2 | 2013 | 충주 | 3 | 3 | 1 | 0 | 0 | 5 | 0 | 0 |
| 통산 | | | 3 | 3 | 1 | 0 | 0 | 5 | 0 | 0 |

**홍주영**(洪柱榮) 고려대 1963.01.25

| 대회 | 연도 | 소속 | 출전 | 교체 | 득점 | 도움 | 실점 | 파울 | 경고 | 퇴장 |
|---|---|---|---|---|---|---|---|---|---|---|
| K1 | 1986 | 현대 | 2 | 1 | 0 | 0 | 0 | 1 | 0 | 0 |
| 컵 | 1986 | 현대 | 1 | 0 | 0 | 0 | 0 | 1 | 0 | 0 |
| 통산 | | | 3 | 1 | 0 | 0 | 0 | 2 | 0 | 0 |

**홍주완**(洪周完) 순천고 1979.06.07

| 대회 | 연도 | 소속 | 출전 | 교체 | 득점 | 도움 | 실점 | 파울 | 경고 | 퇴장 |
|---|---|---|---|---|---|---|---|---|---|---|
| K1 | 2004 | 부천SK | 2 | 2 | 0 | 0 | 0 | 0 | 0 | 0 |
| 통산 | | | 2 | 2 | 0 | 0 | 0 | 0 | 0 | 0 |

**홍준기**(洪俊基) 장훈고 1997.05.11

| 대회 | 연도 | 소속 | 출전 | 교체 | 득점 | 도움 | 실점 | 파울 | 경고 | 퇴장 |
|---|---|---|---|---|---|---|---|---|---|---|
| K2 | 2016 | 충주 | 1 | 1 | 0 | 0 | 0 | 2 | 0 | 0 |
| 통산 | | | 1 | 1 | 0 | 0 | 0 | 2 | 0 | 0 |

**홍준형**(洪準珩/←홍복표) 광운대 1979.10.28

| 대회 | 연도 | 소속 | 출전 | 교체 | 득점 | 도움 | 실점 | 파울 | 경고 | 퇴장 |
|---|---|---|---|---|---|---|---|---|---|---|
| K1 | 2003 | 광주상무 | 4 | 4 | 0 | 0 | 0 | 5 | 0 | 0 |
| 통산 | | | 4 | 4 | 0 | 0 | 0 | 5 | 0 | 0 |

**홍준호**(洪俊豪) 전주대 1993.10.11

| 대회 | 연도 | 소속 | 출전 | 교체 | 득점 | 도움 | 실점 | 파울 | 경고 | 퇴장 |
|---|---|---|---|---|---|---|---|---|---|---|
| K1 | 2016 | 광주 | 22 | 7 | 1 | 0 | 0 | 28 | 5 | 0 |
| | 2017 | 광주 | 29 | 21 | 0 | 1 | 0 | 29 | 5 | 0 |
| | 2018 | 울산 | 2 | 2 | 0 | 0 | 0 | 3 | 1 | 0 |
| | 2020 | 광주 | 22 | 0 | 1 | 0 | 0 | 25 | 4 | 1 |
| | 2021 | 제주 | 14 | 13 | 0 | 0 | 0 | 6 | 1 | 0 |
| | 2021 | 서울 | 18 | 11 | 0 | 0 | 0 | 15 | 2 | 0 |
| | 2024 | 제주 | 17 | 14 | 1 | 0 | 0 | 3 | 0 | 1 |
| K2 | 2018 | 광주 | 1 | 1 | 0 | 0 | 0 | 0 | 0 | 0 |
| | 2019 | 광주 | 16 | 7 | 0 | 0 | 0 | 8 | 3 | 0 |
| | 2025 | 충북청주 | 21 | 3 | 1 | 0 | 0 | 22 | 4 | 0 |
| 통산 | | | 162 | 79 | 4 | 1 | 0 | 139 | 25 | 2 |

**홍지우**(洪志玗) 동명대 2003.04.17

| 대회 | 연도 | 소속 | 출전 | 교체 | 득점 | 도움 | 실점 | 파울 | 경고 | 퇴장 |
|---|---|---|---|---|---|---|---|---|---|---|
| K1 | 2025 | 포항 | 1 | 1 | 0 | 0 | 0 | 1 | 0 | 0 |
| 통산 | | | 1 | 1 | 0 | 0 | 0 | 1 | 0 | 0 |

**홍지윤**(洪智潤) 제주국제대 1997.03.27

| 대회 | 연도 | 소속 | 출전 | 교체 | 득점 | 도움 | 실점 | 파울 | 경고 | 퇴장 |
|---|---|---|---|---|---|---|---|---|---|---|
| K1 | 2018 | 강원 | 0 | 0 | 0 | 0 | 0 | 0 | 0 | 0 |
| 통산 | | | 0 | 0 | 0 | 0 | 0 | 0 | 0 | 0 |

**홍진기**(洪眞基) 홍익대 1990.10.20

| 대회 | 연도 | 소속 | 출전 | 교체 | 득점 | 도움 | 실점 | 파울 | 경고 | 퇴장 |
|---|---|---|---|---|---|---|---|---|---|---|
| K1 | 2012 | 전남 | 20 | 6 | 1 | 2 | 0 | 25 | 4 | 0 |
| | 2013 | 전남 | 30 | 5 | 2 | 2 | 0 | 34 | 6 | 0 |
| | 2014 | 전남 | 12 | 5 | 0 | 1 | 0 | 18 | 2 | 0 |
| | 2015 | 전남 | 6 | 2 | 0 | 0 | 0 | 5 | 1 | 0 |
| | 2016 | 전남 | 9 | 6 | 0 | 0 | 0 | 5 | 0 | 0 |
| K2 | 2017 | 부산 | 5 | 1 | 2 | 0 | 0 | 3 | 1 | 0 |
| | 2018 | 부산 | 10 | 3 | 0 | 0 | 0 | 16 | 3 | 0 |
| PO | 2017 | 부산 | 3 | 0 | 0 | 0 | 0 | 5 | 0 | 0 |
| 통산 | | | 95 | 28 | 5 | 5 | 0 | 111 | 17 | 0 |

**홍진섭**(洪鎭燮) 대구대 1985.10.14

| 대회 | 연도 | 소속 | 출전 | 교체 | 득점 | 도움 | 실점 | 파울 | 경고 | 퇴장 |
|---|---|---|---|---|---|---|---|---|---|---|
| K1 | 2008 | 전북 | 12 | 10 | 1 | 0 | 0 | 20 | 1 | 0 |
| | 2009 | 성남일화 | 8 | 7 | 0 | 0 | 0 | 17 | 2 | 0 |
| | 2011 | 성남일화 | 14 | 14 | 1 | 0 | 0 | 16 | 2 | 0 |
| PO | 2008 | 전북 | 2 | 2 | 0 | 0 | 0 | 0 | 1 | 0 |
| | 2009 | 성남일화 | 1 | 1 | 0 | 0 | 0 | 1 | 0 | 0 |
| 컵 | 2008 | 전북 | 6 | 3 | 1 | 1 | 0 | 11 | 0 | 0 |
| | 2011 | 성남일화 | 3 | 2 | 1 | 1 | 0 | 7 | 1 | 0 |
| 통산 | | | 46 | 39 | 4 | 2 | 0 | 72 | 7 | 0 |

**홍진혁**(洪鎭赫) 용인대 2004.03.16

| 대회 | 연도 | 소속 | 출전 | 교체 | 득점 | 도움 | 실점 | 파울 | 경고 | 퇴장 |
|---|---|---|---|---|---|---|---|---|---|---|
| K1 | 2025 | 강원 | 0 | 0 | 0 | 0 | 0 | 0 | 0 | 0 |
| 통산 | | | 0 | 0 | 0 | 0 | 0 | 0 | 0 | 0 |

**홍진호**(洪進浩) 경상대 1971.11.01

| 대회 | 연도 | 소속 | 출전 | 교체 | 득점 | 도움 | 실점 | 파울 | 경고 | 퇴장 |
|---|---|---|---|---|---|---|---|---|---|---|
| K1 | 1994 | LG | 8 | 4 | 0 | 0 | 0 | 12 | 2 | 0 |
| | 1995 | LG | 0 | 0 | 0 | 0 | 0 | 0 | 0 | 0 |
| 컵 | 1994 | LG | 2 | 2 | 0 | 0 | 0 | 4 | 2 | 0 |
| 통산 | | | 10 | 6 | 0 | 0 | 0 | 16 | 4 | 0 |

**홍창범**(洪昌汎) 성균관대 1998.10.22

| 대회 | 연도 | 소속 | 출전 | 교체 | 득점 | 도움 | 실점 | 파울 | 경고 | 퇴장 |
|---|---|---|---|---|---|---|---|---|---|---|
| K2 | 2021 | 안양 | 21 | 13 | 3 | 3 | 0 | 28 | 6 | 0 |
| | 2022 | 안양 | 27 | 26 | 0 | 2 | 0 | 32 | 5 | 0 |
| | 2023 | 안양 | 12 | 13 | 2 | 1 | 0 | 8 | 0 | 0 |
| | 2024 | 안양 | 7 | 7 | 1 | 0 | 0 | 9 | 1 | 0 |
| | 2025 | 성남 | 16 | 14 | 1 | 0 | 0 | 14 | 1 | 0 |
| PO | 2021 | 안양 | 1 | 1 | 0 | 0 | 0 | 3 | 1 | 0 |
| | 2022 | 안양 | 3 | 3 | 0 | 0 | 0 | 7 | 1 | 0 |
| 통산 | | | 87 | 77 | 7 | 6 | 0 | 101 | 15 | 0 |

**홍창오**(洪昌晤) 상지대 1995.12.16

| 대회 | 연도 | 소속 | 출전 | 교체 | 득점 | 도움 | 실점 | 파울 | 경고 | 퇴장 |
|---|---|---|---|---|---|---|---|---|---|---|
| K2 | 2022 | 김포 | 3 | 3 | 0 | 0 | 0 | 2 | 0 | 0 |
| 통산 | | | 3 | 3 | 0 | 0 | 0 | 2 | 0 | 0 |

**홍철**(洪喆) 단국대 1990.09.17

| 대회 | 연도 | 소속 | 출전 | 교체 | 득점 | 도움 | 실점 | 파울 | 경고 | 퇴장 |
|---|---|---|---|---|---|---|---|---|---|---|
| K1 | 2010 | 성남일화 | 18 | 4 | 1 | 0 | 0 | 22 | 1 | 0 |
| | 2011 | 성남일화 | 20 | 3 | 3 | 2 | 0 | 24 | 4 | 1 |
| | 2012 | 성남일화 | 30 | 13 | 2 | 2 | 0 | 43 | 6 | 1 |
| | 2013 | 수원 | 34 | 11 | 2 | 10 | 0 | 42 | 4 | 0 |
| | 2014 | 수원 | 29 | 4 | 0 | 0 | 0 | 37 | 7 | 0 |
| | 2015 | 수원 | 30 | 6 | 0 | 3 | 0 | 30 | 1 | 0 |
| | 2016 | 수원 | 12 | 5 | 0 | 3 | 0 | 10 | 0 | 0 |
| | 2017 | 상주 | 27 | 4 | 1 | 5 | 0 | 26 | 1 | 0 |
| | 2018 | 상주 | 22 | 3 | 1 | 5 | 0 | 14 | 1 | 0 |
| | 2018 | 수원 | 8 | 2 | 0 | 3 | 0 | 7 | 0 | 0 |
| | 2019 | 수원 | 30 | 4 | 1 | 4 | 0 | 29 | 3 | 0 |
| | 2020 | 수원 | 2 | 1 | 0 | 0 | 0 | 0 | 0 | 0 |
| | 2020 | 울산 | 13 | 5 | 0 | 4 | 0 | 8 | 1 | 0 |
| | 2021 | 울산 | 21 | 11 | 1 | 1 | 0 | 9 | 4 | 0 |
| | 2022 | 대구 | 28 | 14 | 0 | 1 | 0 | 21 | 3 | 0 |
| | 2023 | 대구 | 29 | 15 | 1 | 6 | 0 | 16 | 2 | 0 |
| | 2024 | 대구 | 31 | 13 | 1 | 2 | 0 | 26 | 7 | 0 |
| | 2025 | 강원 | 21 | 17 | 1 | 0 | 0 | 8 | 3 | 0 |
| PO | 2017 | 상주 | 2 | 0 | 0 | 0 | 0 | 3 | 1 | 0 |
| | 2024 | 대구 | 1 | 1 | 0 | 0 | 0 | 0 | 0 | 0 |
| 컵 | 2010 | 성남일화 | 4 | 3 | 1 | 0 | 0 | 8 | 1 | 0 |
| | 2011 | 성남일화 | 4 | 1 | 1 | 0 | 0 | 5 | 0 | 0 |
| 통산 | | | 416 | 140 | 17 | 51 | 0 | 388 | 50 | 2 |

**홍태곤**(洪兌坤) 홍익대 1992.05.05

| 대회 | 연도 | 소속 | 출전 | 교체 | 득점 | 도움 | 실점 | 파울 | 경고 | 퇴장 |
|---|---|---|---|---|---|---|---|---|---|---|
| K2 | 2014 | 광주 | 5 | 5 | 0 | 0 | 0 | 1 | 1 | 0 |
| 통산 | | | 5 | 5 | 0 | 0 | 0 | 1 | 1 | 0 |

**홍현승**(洪鉉昇/←홍성표) 한남대 1999.03.13

| 대회 | 연도 | 소속 | 출전 | 교체 | 득점 | 도움 | 실점 | 파울 | 경고 | 퇴장 |
|---|---|---|---|---|---|---|---|---|---|---|
| K1 | 2021 | 성남 | 1 | 1 | 0 | 0 | 0 | 0 | 0 | 0 |
| K2 | 2021 | 충남아산 | 12 | 12 | 0 | 1 | 0 | 10 | 0 | 0 |
| | 2025 | 성남 | 1 | 1 | 0 | 0 | 0 | 0 | 0 | 0 |
| 통산 | | | 14 | 14 | 0 | 1 | 0 | 10 | 0 | 0 |

**홍현호**(洪賢虎) 골클럽U18 2002.06.11

| 대회 | 연도 | 소속 | 출전 | 교체 | 득점 | 도움 | 실점 | 파울 | 경고 | 퇴장 |
|---|---|---|---|---|---|---|---|---|---|---|
| K2 | 2021 | 안양 | 2 | 2 | 0 | 0 | 0 | 1 | 0 | 0 |
| | 2023 | 안양 | 6 | 6 | 0 | 1 | 0 | 1 | 1 | 0 |
| 통산 | | | 8 | 8 | 0 | 1 | 0 | 2 | 1 | 0 |

**황교충**(黃敎忠) 한양대 1985.04.09

| 대회 | 연도 | 소속 | 출전 | 교체 | 득점 | 도움 | 실점 | 파울 | 경고 | 퇴장 |
|---|---|---|---|---|---|---|---|---|---|---|
| K1 | 2010 | 포항 | 4 | 0 | 0 | 0 | 4 | 0 | 0 | 0 |
| | 2011 | 포항 | 1 | 1 | 0 | 0 | 2 | 0 | 0 | 0 |
| | 2012 | 포항 | 0 | 0 | 0 | 0 | 0 | 0 | 0 | 0 |
| | 2013 | 포항 | 0 | 0 | 0 | 0 | 0 | 0 | 0 | 0 |
| K2 | 2014 | 강원 | 20 | 1 | 0 | 0 | 22 | 2 | 3 | 0 |
| | 2015 | 강원 | 14 | 0 | 0 | 0 | 25 | 1 | 4 | 0 |
| PO | 2014 | 강원 | 1 | 0 | 0 | 0 | 1 | 0 | 0 | 0 |
| 컵 | 2011 | 포항 | 0 | 0 | 0 | 0 | 0 | 0 | 0 | 0 |
| 통산 | | | 40 | 2 | 0 | 0 | 54 | 3 | 7 | 0 |

**황규룡**(黃奎龍) 광운대 1971.03.12

| 대회 | 연도 | 소속 | 출전 | 교체 | 득점 | 도움 | 실점 | 파울 | 경고 | 퇴장 |
|---|---|---|---|---|---|---|---|---|---|---|
| K1 | 1992 | 대우 | 20 | 6 | 0 | 0 | 0 | 17 | 2 | 0 |
| | 1993 | 대우 | 25 | 4 | 0 | 0 | 0 | 34 | 1 | 0 |
| | 1994 | 대우 | 3 | 0 | 0 | 1 | 0 | 2 | 0 | 0 |
| | 1995 | 대우 | 1 | 1 | 0 | 0 | 0 | 0 | 0 | 0 |
| | 1997 | 안양LG | 7 | 1 | 0 | 1 | 0 | 10 | 0 | 0 |
| 컵 | 1992 | 대우 | 2 | 1 | 0 | 0 | 0 | 3 | 0 | 0 |
| | 1993 | 대우 | 5 | 0 | 1 | 0 | 0 | 6 | 0 | 0 |
| | 1994 | 대우 | 5 | 0 | 0 | 0 | 0 | 5 | 1 | 0 |
| | 1995 | 대우 | 2 | 1 | 0 | 0 | 0 | 1 | 0 | 0 |
| | 1997 | 안양LG | 5 | 2 | 0 | 0 | 0 | 3 | 0 | 0 |
| 통산 | | | 75 | 16 | 1 | 2 | 0 | 81 | 4 | 0 |

**황규범**(黃圭範) 경희고 1989.08.30

| 대회 | 연도 | 소속 | 출전 | 교체 | 득점 | 도움 | 실점 | 파울 | 경고 | 퇴장 |
|---|---|---|---|---|---|---|---|---|---|---|
| K2 | 2013 | 고양 | 7 | 3 | 0 | 0 | 0 | 7 | 2 | 1 |

| 대회 | 연도 | 소속 | 출전 | 교체 | 득점 | 도움 | 실점 | 파울 | 경고 | 퇴장 |
|---|---|---|---|---|---|---|---|---|---|---|
| | 2014 | 고양 | 26 | 7 | 0 | 0 | 0 | 60 | 8 | 0 |
| | 2015 | 고양 | 29 | 8 | 0 | 2 | 0 | 46 | 7 | 0 |
| 통산 | | | 62 | 18 | 0 | 2 | 0 | 113 | 17 | 1 |

**황규환**(黃圭煥) 동북고 1986.06.18

| 대회 | 연도 | 소속 | 출전 | 교체 | 득점 | 도움 | 실점 | 파울 | 경고 | 퇴장 |
|---|---|---|---|---|---|---|---|---|---|---|
| K1 | 2005 | 수원 | 9 | 8 | 0 | 2 | 0 | 22 | 3 | 0 |
| | 2006 | 수원 | 0 | 0 | 0 | 0 | 0 | 0 | 0 | 0 |
| | 2007 | 대전 | 3 | 3 | 0 | 0 | 0 | 3 | 0 | 0 |
| 컵 | 2005 | 수원 | 4 | 2 | 0 | 0 | 0 | 3 | 0 | 0 |
| | 2006 | 수원 | 4 | 3 | 0 | 0 | 0 | 4 | 0 | 0 |
| | 2007 | 대전 | 1 | 1 | 0 | 0 | 0 | 2 | 0 | 0 |
| 통산 | | | 21 | 17 | 0 | 2 | 0 | 34 | 3 | 0 |

**황금성**(黃金星) 초당대 1984.04.26

| 대회 | 연도 | 소속 | 출전 | 교체 | 득점 | 도움 | 실점 | 파울 | 경고 | 퇴장 |
|---|---|---|---|---|---|---|---|---|---|---|
| 컵 | 2006 | 대구 | 2 | 1 | 0 | 0 | 0 | 2 | 1 | 0 |
| 통산 | | | 2 | 1 | 0 | 0 | 0 | 2 | 1 | 0 |

**황기욱**(黃基旭) 연세대 1996.06.10

| 대회 | 연도 | 소속 | 출전 | 교체 | 득점 | 도움 | 실점 | 파울 | 경고 | 퇴장 |
|---|---|---|---|---|---|---|---|---|---|---|
| K1 | 2017 | 서울 | 7 | 4 | 0 | 0 | 0 | 5 | 0 | 0 |
| | 2018 | 서울 | 19 | 7 | 0 | 0 | 0 | 33 | 4 | 0 |
| | 2019 | 서울 | 1 | 1 | 0 | 0 | 0 | 0 | 0 | 0 |
| K2 | 2020 | 전남 | 26 | 4 | 3 | 0 | 0 | 35 | 7 | 0 |
| | 2021 | 전남 | 27 | 7 | 0 | 0 | 0 | 24 | 6 | 0 |
| | 2022 | 안양 | 33 | 24 | 1 | 2 | 0 | 47 | 9 | 0 |
| | 2023 | 안양 | 30 | 23 | 0 | 0 | 0 | 37 | 3 | 0 |
| | 2024 | 충남아산 | 33 | 2 | 2 | 1 | 0 | 24 | 4 | 1 |
| PO | 2021 | 전남 | 1 | 0 | 0 | 0 | 0 | 2 | 0 | 0 |
| | 2022 | 안양 | 3 | 3 | 0 | 0 | 0 | 2 | 0 | 0 |
| | 2024 | 충남아산 | 2 | 0 | 0 | 0 | 0 | 2 | 1 | 0 |
| 통산 | | | 182 | 75 | 6 | 3 | 0 | 211 | 34 | 1 |

**황도연**(黃渡然) 광양제철고 1991.02.27

| 대회 | 연도 | 소속 | 출전 | 교체 | 득점 | 도움 | 실점 | 파울 | 경고 | 퇴장 |
|---|---|---|---|---|---|---|---|---|---|---|
| K1 | 2010 | 전남 | 7 | 2 | 0 | 0 | 0 | 9 | 1 | 0 |
| | 2011 | 전남 | 8 | 4 | 1 | 1 | 0 | 8 | 1 | 0 |
| | 2012 | 대전 | 10 | 4 | 0 | 0 | 0 | 9 | 3 | 0 |
| | 2013 | 전남 | 3 | 0 | 0 | 0 | 0 | 2 | 0 | 0 |
| | 2013 | 제주 | 18 | 4 | 0 | 0 | 0 | 25 | 0 | 0 |
| | 2014 | 제주 | 12 | 6 | 0 | 0 | 0 | 13 | 3 | 0 |
| | 2016 | 제주 | 0 | 0 | 0 | 0 | 0 | 0 | 0 | 0 |
| | 2018 | 제주 | 0 | 0 | 0 | 0 | 0 | 0 | 0 | 0 |
| K2 | 2015 | 서울E | 34 | 2 | 1 | 0 | 0 | 19 | 1 | 0 |
| | 2016 | 안산무궁 | 0 | 0 | 0 | 0 | 0 | 0 | 0 | 0 |
| | 2017 | 아산 | 22 | 2 | 1 | 0 | 0 | 25 | 4 | 0 |
| | 2018 | 수원FC | 16 | 2 | 0 | 0 | 0 | 11 | 0 | 0 |
| | 2019 | 대전 | 5 | 1 | 0 | 0 | 0 | 2 | 0 | 0 |
| | 2020 | 대전 | 9 | 2 | 0 | 0 | 0 | 8 | 1 | 0 |
| | 2022 | 김포 | 6 | 2 | 0 | 0 | 0 | 2 | 1 | 0 |
| 컵 | 2011 | 전남 | 2 | 1 | 0 | 0 | 0 | 2 | 0 | 0 |
| 통산 | | | 152 | 32 | 3 | 1 | 0 | 135 | 15 | 0 |

**황도윤**(黃度尹) 고려대 2003.04.09

| 대회 | 연도 | 소속 | 출전 | 교체 | 득점 | 도움 | 실점 | 파울 | 경고 | 퇴장 |
|---|---|---|---|---|---|---|---|---|---|---|
| K1 | 2023 | 서울 | 1 | 1 | 0 | 0 | 0 | 1 | 0 | 0 |
| | 2024 | 서울 | 9 | 4 | 0 | 0 | 0 | 10 | 1 | 0 |
| | 2025 | 서울 | 34 | 27 | 1 | 4 | 0 | 23 | 2 | 0 |
| 통산 | | | 44 | 32 | 1 | 4 | 0 | 34 | 3 | 0 |

**황득하**(黃得夏) 안동대 1965.06.08

| 대회 | 연도 | 소속 | 출전 | 교체 | 득점 | 도움 | 실점 | 파울 | 경고 | 퇴장 |
|---|---|---|---|---|---|---|---|---|---|---|
| K1 | 1996 | 전북 | 4 | 6 | 0 | 0 | 0 | 0 | 0 | 0 |
| | 1997 | 전북 | 1 | 1 | 0 | 0 | 0 | 0 | 0 | 0 |
| 컵 | 1996 | 전북 | 3 | 1 | 0 | 0 | 0 | 4 | 0 | 0 |
| | 1997 | 전북 | 3 | 4 | 0 | 0 | 0 | 0 | 0 | 0 |
| 통산 | | | 11 | 12 | 0 | 0 | 0 | 4 | 0 | 0 |

**황명현**(黃溟玹) 동국대 2001.11.14

| 대회 | 연도 | 소속 | 출전 | 교체 | 득점 | 도움 | 실점 | 파울 | 경고 | 퇴장 |
|---|---|---|---|---|---|---|---|---|---|---|
| K1 | 2022 | 수원 | 0 | 0 | 0 | 0 | 0 | 0 | 0 | 0 |
| K2 | 2023 | 전남 | 0 | 0 | 0 | 0 | 0 | 0 | 0 | 0 |
| 통산 | | | 0 | 0 | 0 | 0 | 0 | 0 | 0 | 0 |

**황무규**(黃舞奎) 경기대 1982.08.19

| 대회 | 연도 | 소속 | 출전 | 교체 | 득점 | 도움 | 실점 | 파울 | 경고 | 퇴장 |
|---|---|---|---|---|---|---|---|---|---|---|
| K1 | 2005 | 수원 | 3 | 3 | 0 | 0 | 0 | 4 | 0 | 0 |
| 통산 | | | 3 | 3 | 0 | 0 | 0 | 4 | 0 | 0 |

**황문기**(黃文基) 현대고 1996.12.08

| 대회 | 연도 | 소속 | 출전 | 교체 | 득점 | 도움 | 실점 | 파울 | 경고 | 퇴장 |
|---|---|---|---|---|---|---|---|---|---|---|
| K1 | 2021 | 강원 | 30 | 30 | 1 | 1 | 0 | 31 | 4 | 0 |
| | 2022 | 강원 | 34 | 33 | 3 | 0 | 0 | 20 | 2 | 0 |
| | 2023 | 강원 | 20 | 17 | 0 | 0 | 0 | 10 | 0 | 0 |
| | 2024 | 강원 | 36 | 4 | 2 | 7 | 0 | 31 | 3 | 0 |
| K2 | 2020 | 안양 | 18 | 8 | 2 | 0 | 0 | 28 | 5 | 0 |
| PO | 2021 | 강원 | 2 | 2 | 1 | 0 | 0 | 2 | 0 | 0 |
| | 2023 | 강원 | 2 | 1 | 0 | 1 | 0 | 0 | 0 | 0 |
| 통산 | | | 142 | 95 | 9 | 9 | 0 | 122 | 14 | 0 |

**황병권**(黃柄權) 보인고 2000.05.22

| 대회 | 연도 | 소속 | 출전 | 교체 | 득점 | 도움 | 실점 | 파울 | 경고 | 퇴장 |
|---|---|---|---|---|---|---|---|---|---|---|
| K2 | 2019 | 수원FC | 21 | 21 | 1 | 0 | 0 | 16 | 2 | 0 |
| 통산 | | | 21 | 21 | 1 | 0 | 0 | 16 | 2 | 0 |

**황병근**(黃秉根) 국제사이버대 1994.06.14

| 대회 | 연도 | 소속 | 출전 | 교체 | 득점 | 도움 | 실점 | 파울 | 경고 | 퇴장 |
|---|---|---|---|---|---|---|---|---|---|---|
| K1 | 2016 | 전북 | 3 | 0 | 0 | 0 | 3 | 0 | 0 | 0 |
| | 2017 | 전북 | 8 | 0 | 0 | 0 | 5 | 0 | 0 | 0 |
| | 2018 | 전북 | 7 | 0 | 0 | 0 | 13 | 0 | 0 | 0 |
| | 2019 | 상주 | 2 | 0 | 0 | 0 | 3 | 0 | 0 | 0 |
| | 2020 | 상주 | 6 | 0 | 0 | 0 | 9 | 0 | 0 | 0 |
| | 2021 | 전북 | 0 | 0 | 0 | 0 | 0 | 0 | 0 | 0 |
| | 2022 | 전북 | 0 | 0 | 0 | 0 | 0 | 0 | 0 | 0 |
| | 2025 | 안양 | 4 | 1 | 0 | 0 | 4 | 0 | 0 | 0 |
| K2 | 2022 | 부산 | 9 | 1 | 0 | 0 | 9 | 1 | 0 | 0 |
| | 2023 | 부산 | 0 | 0 | 0 | 0 | 0 | 0 | 0 | 0 |
| | 2024 | 부산 | 7 | 1 | 0 | 0 | 7 | 0 | 1 | 0 |
| PO | 2023 | 부산 | 0 | 0 | 0 | 0 | 0 | 0 | 0 | 0 |
| | 2024 | 부산 | 0 | 0 | 0 | 0 | 0 | 0 | 0 | 0 |
| 통산 | | | 46 | 3 | 0 | 0 | 53 | 1 | 1 | 0 |

**황병주**(黃炳柱) 숭실대 1984.03.05

| 대회 | 연도 | 소속 | 출전 | 교체 | 득점 | 도움 | 실점 | 파울 | 경고 | 퇴장 |
|---|---|---|---|---|---|---|---|---|---|---|
| K1 | 2008 | 대전 | 5 | 4 | 1 | 0 | 0 | 6 | 1 | 0 |
| 컵 | 2007 | 대전 | 1 | 1 | 0 | 0 | 0 | 6 | 0 | 0 |
| | 2008 | 대전 | 6 | 2 | 0 | 0 | 0 | 11 | 5 | 0 |
| 통산 | | | 12 | 7 | 1 | 0 | 0 | 23 | 6 | 0 |

**황보관**(皇甫官) 서울대 1965.03.01

| 대회 | 연도 | 소속 | 출전 | 교체 | 득점 | 도움 | 실점 | 파울 | 경고 | 퇴장 |
|---|---|---|---|---|---|---|---|---|---|---|
| K1 | 1988 | 유공 | 23 | 2 | 7 | 5 | 0 | 31 | 3 | 0 |
| | 1989 | 유공 | 8 | 2 | 2 | 1 | 0 | 7 | 0 | 0 |
| | 1990 | 유공 | 7 | 4 | 0 | 0 | 0 | 5 | 0 | 0 |
| | 1991 | 유공 | 22 | 7 | 3 | 2 | 0 | 28 | 2 | 0 |
| | 1992 | 유공 | 27 | 8 | 5 | 3 | 0 | 34 | 2 | 0 |
| | 1993 | 유공 | 18 | 2 | 2 | 3 | 0 | 32 | 1 | 0 |
| | 1994 | 유공 | 22 | 6 | 12 | 4 | 0 | 27 | 2 | 2 |
| | 1995 | 유공 | 23 | 6 | 6 | 3 | 0 | 22 | 2 | 0 |
| 컵 | 1992 | 유공 | 8 | 2 | 1 | 1 | 0 | 11 | 0 | 0 |
| | 1994 | 유공 | 6 | 1 | 3 | 3 | 0 | 5 | 0 | 0 |
| | 1995 | 유공 | 7 | 0 | 3 | 2 | 0 | 14 | 0 | 0 |
| 통산 | | | 171 | 40 | 44 | 27 | 0 | 216 | 12 | 2 |

**황보원**(Huang Bowen, 黃博文) 중국 1987.07.13

| 대회 | 연도 | 소속 | 출전 | 교체 | 득점 | 도움 | 실점 | 파울 | 경고 | 퇴장 |
|---|---|---|---|---|---|---|---|---|---|---|
| K1 | 2011 | 전북 | 20 | 5 | 2 | 1 | 0 | 37 | 5 | 0 |
| | 2012 | 전북 | 9 | 4 | 1 | 2 | 0 | 6 | 1 | 0 |
| 통산 | | | 29 | 9 | 3 | 3 | 0 | 43 | 6 | 0 |

**황부철**(黃富喆) 아주대 1971.01.20

| 대회 | 연도 | 소속 | 출전 | 교체 | 득점 | 도움 | 실점 | 파울 | 경고 | 퇴장 |
|---|---|---|---|---|---|---|---|---|---|---|
| K1 | 1996 | 부산 | 3 | 2 | 0 | 0 | 0 | 5 | 1 | 0 |
| 통산 | | | 3 | 2 | 0 | 0 | 0 | 5 | 1 | 0 |

**황상필**(黃相弼) 동국대 1981.02.01

| 대회 | 연도 | 소속 | 출전 | 교체 | 득점 | 도움 | 실점 | 파울 | 경고 | 퇴장 |
|---|---|---|---|---|---|---|---|---|---|---|
| K1 | 2003 | 광주상무 | 2 | 2 | 0 | 0 | 0 | 3 | 0 | 0 |
| 통산 | | | 2 | 2 | 0 | 0 | 0 | 3 | 0 | 0 |

**황서웅**(黃庶雄) 포항제철고 2005.01.22

| 대회 | 연도 | 소속 | 출전 | 교체 | 득점 | 도움 | 실점 | 파울 | 경고 | 퇴장 |
|---|---|---|---|---|---|---|---|---|---|---|
| K1 | 2024 | 포항 | 1 | 1 | 0 | 0 | 0 | 1 | 0 | 0 |
| | 2025 | 포항 | 12 | 12 | 0 | 0 | 0 | 4 | 1 | 0 |
| 통산 | | | 13 | 13 | 0 | 0 | 0 | 5 | 1 | 0 |

**황석근**(黃石根) 고려대 1960.09.03

| 대회 | 연도 | 소속 | 출전 | 교체 | 득점 | 도움 | 실점 | 파울 | 경고 | 퇴장 |
|---|---|---|---|---|---|---|---|---|---|---|
| K1 | 1983 | 유공 | 2 | 2 | 0 | 0 | 0 | 0 | 0 | 0 |
| | 1984 | 한일은행 | 24 | 2 | 5 | 1 | 0 | 17 | 0 | 0 |
| | 1985 | 한일은행 | 14 | 3 | 2 | 1 | 0 | 15 | 0 | 0 |
| | 1986 | 한일은행 | 18 | 6 | 1 | 4 | 0 | 12 | 0 | 0 |
| 통산 | | | 58 | 13 | 8 | 6 | 0 | 44 | 0 | 0 |

**황석기**(黃淅記) 매탄고 2005.02.26

| 대회 | 연도 | 소속 | 출전 | 교체 | 득점 | 도움 | 실점 | 파울 | 경고 | 퇴장 |
|---|---|---|---|---|---|---|---|---|---|---|
| K2 | 2025 | 성남 | 0 | 0 | 0 | 0 | 0 | 0 | 0 | 0 |
| 통산 | | | 0 | 0 | 0 | 0 | 0 | 0 | 0 | 0 |

**황석호**(黃錫鎬) 대구대 1989.06.27

| 대회 | 연도 | 소속 | 출전 | 교체 | 득점 | 도움 | 실점 | 파울 | 경고 | 퇴장 |
|---|---|---|---|---|---|---|---|---|---|---|
| K1 | 2024 | 울산 | 18 | 6 | 0 | 0 | 0 | 13 | 4 | 0 |
| | 2025 | 울산 | 3 | 1 | 0 | 0 | 0 | 5 | 0 | 0 |
| K2 | 2025 | 수원 | 13 | 5 | 0 | 0 | 0 | 4 | 0 | 0 |
| 통산 | | | 34 | 12 | 0 | 0 | 0 | 22 | 4 | 0 |

**황선일**(黃善一) 건국대 1984.07.29

| 대회 | 연도 | 소속 | 출전 | 교체 | 득점 | 도움 | 실점 | 파울 | 경고 | 퇴장 |
|---|---|---|---|---|---|---|---|---|---|---|
| K1 | 2006 | 울산 | 1 | 1 | 0 | 0 | 0 | 0 | 0 | 0 |
| | 2008 | 울산 | 3 | 2 | 0 | 0 | 0 | 5 | 0 | 0 |
| 컵 | 2008 | 울산 | 2 | 2 | 0 | 0 | 0 | 0 | 1 | 0 |
| 통산 | | | 6 | 5 | 0 | 0 | 0 | 5 | 1 | 0 |

**황선필**(黃善弼) 중앙대 1981.07.14

| 대회 | 연도 | 소속 | 출전 | 교체 | 득점 | 도움 | 실점 | 파울 | 경고 | 퇴장 |
|---|---|---|---|---|---|---|---|---|---|---|
| K1 | 2004 | 대구 | 12 | 0 | 0 | 0 | 0 | 27 | 1 | 0 |
| | 2005 | 대구 | 11 | 2 | 0 | 1 | 0 | 22 | 5 | 0 |
| | 2006 | 대구 | 14 | 5 | 0 | 0 | 0 | 18 | 2 | 0 |
| | 2007 | 대구 | 13 | 5 | 2 | 0 | 0 | 13 | 0 | 0 |
| | 2008 | 대구 | 23 | 8 | 1 | 0 | 0 | 18 | 3 | 0 |
| | 2009 | 광주상무 | 7 | 4 | 0 | 0 | 0 | 11 | 1 | 0 |
| | 2010 | 광주상무 | 10 | 5 | 0 | 0 | 0 | 7 | 4 | 0 |
| | 2011 | 전남 | 0 | 0 | 0 | 0 | 0 | 0 | 0 | 0 |
| | 2012 | 부산 | 1 | 1 | 0 | 0 | 0 | 0 | 0 | 0 |
| 컵 | 2004 | 대구 | 8 | 2 | 0 | 0 | 0 | 11 | 1 | 0 |
| | 2006 | 대구 | 10 | 2 | 0 | 0 | 0 | 21 | 1 | 0 |
| | 2008 | 대구 | 8 | 3 | 0 | 0 | 0 | 8 | 0 | 0 |
| | 2009 | 광주상무 | 1 | 0 | 0 | 0 | 0 | 0 | 1 | 0 |
| | 2010 | 광주상무 | 3 | 0 | 0 | 0 | 0 | 3 | 0 | 0 |
| | 2011 | 전남 | 1 | 0 | 0 | 0 | 0 | 0 | 0 | 0 |
| 통산 | | | 122 | 37 | 3 | 1 | 0 | 159 | 19 | 0 |

**황선홍**(黃鮮洪) 건국대 1968.07.14

| 대회 | 연도 | 소속 | 출전 | 교체 | 득점 | 도움 | 실점 | 파울 | 경고 | 퇴장 |
|---|---|---|---|---|---|---|---|---|---|---|
| K1 | 1994 | 포항제철 | 14 | 7 | 5 | 3 | 0 | 24 | 2 | 0 |
| | 1995 | 포항 | 24 | 5 | 11 | 6 | 0 | 54 | 3 | 0 |
| | 1996 | 포항 | 13 | 2 | 10 | 3 | 0 | 21 | 2 | 0 |
| | 1998 | 포항 | 1 | 1 | 0 | 1 | 0 | 3 | 0 | 0 |
| PO | 1995 | 포항 | 2 | 0 | 2 | 1 | 0 | 4 | 1 | 0 |
| 컵 | 1993 | 포항제철 | 1 | 1 | 0 | 0 | 0 | 1 | 0 | 0 |
| | 1995 | 포항 | 2 | 1 | 0 | 0 | 0 | 4 | 1 | 0 |
| | 1996 | 포항 | 5 | 0 | 3 | 2 | 0 | 9 | 2 | 0 |
| | 1997 | 포항 | 1 | 1 | 0 | 1 | 0 | 2 | 0 | 0 |
| | 1998 | 포항 | 2 | 0 | 2 | 0 | 0 | 11 | 0 | 0 |
| | 2000 | 수원 | 1 | 0 | 0 | 0 | 0 | 3 | 0 | 0 |
| 통산 | | | 66 | 18 | 33 | 17 | 0 | 136 | 11 | 0 |

**황성민**(黃聖珉) 한남대 1991.06.23

| 대회 | 연도 | 소속 | 출전 | 교체 | 득점 | 도움 | 실점 | 파울 | 경고 | 퇴장 |
|---|---|---|---|---|---|---|---|---|---|---|
| K1 | 2019 | 제주 | 4 | 0 | 0 | 0 | 6 | 0 | 0 | 0 |
| | 2022 | 서울 | 1 | 1 | 0 | 0 | 0 | 0 | 0 | 0 |
| | 2023 | 서울 | 1 | 0 | 0 | 0 | 2 | 0 | 1 | 0 |
| | 2024 | 서울 | 1 | 0 | 0 | 0 | 3 | 0 | 0 | 0 |
| K2 | 2013 | 충주 | 19 | 0 | 0 | 0 | 30 | 1 | 0 | 0 |

| 대회 | 연도 | 소속 | 출전 | 교체 | 득점 | 도움 | 실점 | 파울 | 경고 | 퇴장 |
|---|---|---|---|---|---|---|---|---|---|---|
| | 2014 | 충주 | 21 | 0 | 0 | 0 | 32 | 1 | 1 | 0 |
| | 2015 | 충주 | 33 | 0 | 0 | 0 | 57 | 0 | 2 | 0 |
| | 2017 | 안산 | 30 | 0 | 0 | 0 | 46 | 1 | 0 | 0 |
| | 2018 | 안산 | 20 | 2 | 0 | 0 | 22 | 0 | 1 | 0 |
| | 2020 | 경남 | 6 | 0 | 0 | 0 | 8 | 0 | 0 | 0 |
| | 2021 | 경남 | 7 | 0 | 0 | 0 | 8 | 0 | 0 | 0 |
| | 2025 | 인천 | 0 | 0 | 0 | 0 | 0 | 0 | 0 | 0 |
| PO | 2020 | 경남 | 0 | 0 | 0 | 0 | 0 | 0 | 0 | 0 |
| 통산 | | | 143 | 3 | 0 | 0 | 214 | 3 | 5 | 0 |

**황세하**(黃世夏) 건국대 1975.06.26

| 대회 | 연도 | 소속 | 출전 | 교체 | 득점 | 도움 | 실점 | 파울 | 경고 | 퇴장 |
|---|---|---|---|---|---|---|---|---|---|---|
| K1 | 1998 | 대전 | 1 | 0 | 0 | 0 | 4 | 1 | 1 | 0 |
| | 1999 | 대전 | 0 | 0 | 0 | 0 | 0 | 0 | 0 | 0 |
| 컵 | 1998 | 대전 | 2 | 1 | 0 | 0 | 3 | 0 | 0 | 0 |
| | 1999 | 대전 | 0 | 0 | 0 | 0 | 0 | 0 | 0 | 0 |
| 통산 | | | 3 | 1 | 0 | 0 | 7 | 1 | 1 | 0 |

**황수남**(黃秀南) 가톨릭관동대 1993.02.22

| 대회 | 연도 | 소속 | 출전 | 교체 | 득점 | 도움 | 실점 | 파울 | 경고 | 퇴장 |
|---|---|---|---|---|---|---|---|---|---|---|
| K2 | 2015 | 충주 | 5 | 2 | 0 | 0 | 0 | 2 | 0 | 0 |
| | 2016 | 충주 | 19 | 4 | 0 | 0 | 0 | 21 | 2 | 0 |
| 통산 | | | 24 | 6 | 0 | 0 | 0 | 23 | 2 | 0 |

**황순민**(黃順旻) 가미무라고(일본) 1990.09.14

| 대회 | 연도 | 소속 | 출전 | 교체 | 득점 | 도움 | 실점 | 파울 | 경고 | 퇴장 |
|---|---|---|---|---|---|---|---|---|---|---|
| K1 | 2012 | 대구 | 11 | 11 | 0 | 0 | 0 | 8 | 1 | 0 |
| | 2013 | 대구 | 30 | 23 | 6 | 1 | 0 | 23 | 3 | 0 |
| | 2016 | 상주 | 5 | 5 | 0 | 0 | 0 | 3 | 0 | 0 |
| | 2017 | 상주 | 11 | 6 | 1 | 0 | 0 | 11 | 1 | 0 |
| | 2017 | 대구 | 8 | 5 | 0 | 1 | 0 | 10 | 2 | 0 |
| | 2018 | 대구 | 36 | 22 | 1 | 3 | 0 | 31 | 3 | 0 |
| | 2019 | 대구 | 36 | 16 | 3 | 3 | 0 | 20 | 1 | 0 |
| | 2020 | 대구 | 8 | 2 | 0 | 0 | 0 | 9 | 0 | 0 |
| | 2021 | 대구 | 27 | 21 | 0 | 3 | 0 | 10 | 0 | 0 |
| | 2022 | 수원FC | 9 | 8 | 0 | 1 | 0 | 6 | 2 | 0 |
| | 2023 | 수원FC | 8 | 8 | 0 | 0 | 0 | 2 | 1 | 0 |
| | 2024 | 수원FC | 2 | 2 | 0 | 0 | 0 | 2 | 0 | 0 |
| K2 | 2014 | 대구 | 33 | 14 | 5 | 5 | 0 | 32 | 3 | 0 |
| | 2015 | 대구 | 10 | 10 | 0 | 1 | 0 | 4 | 0 | 0 |
| 통산 | | | 234 | 153 | 16 | 18 | 0 | 171 | 17 | 0 |

**황승주**(黃勝周) 한양중 1972.05.09

| 대회 | 연도 | 소속 | 출전 | 교체 | 득점 | 도움 | 실점 | 파울 | 경고 | 퇴장 |
|---|---|---|---|---|---|---|---|---|---|---|
| K1 | 1995 | 현대 | 1 | 1 | 0 | 0 | 0 | 1 | 0 | 0 |
| | 1996 | 울산 | 12 | 6 | 1 | 0 | 0 | 18 | 1 | 0 |
| | 1997 | 울산 | 14 | 11 | 0 | 0 | 0 | 19 | 2 | 0 |
| | 1998 | 울산 | 15 | 4 | 1 | 3 | 0 | 20 | 4 | 0 |
| | 1999 | 울산 | 27 | 3 | 0 | 2 | 0 | 44 | 3 | 0 |
| | 2000 | 울산 | 24 | 4 | 0 | 3 | 0 | 35 | 2 | 0 |
| | 2001 | 울산 | 26 | 3 | 0 | 1 | 0 | 33 | 3 | 0 |
| PO | 1996 | 울산 | 2 | 2 | 1 | 0 | 0 | 3 | 1 | 0 |
| | 1998 | 울산 | 4 | 2 | 0 | 0 | 0 | 9 | 0 | 0 |
| 컵 | 1996 | 울산 | 1 | 0 | 0 | 0 | 0 | 1 | 0 | 0 |
| | 1997 | 울산 | 6 | 1 | 1 | 0 | 0 | 10 | 1 | 0 |
| | 1998 | 울산 | 19 | 3 | 0 | 4 | 0 | 33 | 3 | 0 |
| | 1999 | 울산 | 9 | 1 | 0 | 1 | 0 | 14 | 1 | 0 |
| | 2000 | 울산 | 10 | 1 | 0 | 1 | 0 | 24 | 2 | 0 |
| | 2001 | 울산 | 8 | 0 | 0 | 0 | 0 | 10 | 0 | 0 |
| | 2002 | 전북 | 6 | 5 | 0 | 0 | 0 | 7 | 0 | 0 |
| 통산 | | | 184 | 47 | 4 | 15 | 0 | 281 | 23 | 0 |

**황승회**(黃勝會) 경북산업대(경일대) 1970.06.18

| 대회 | 연도 | 소속 | 출전 | 교체 | 득점 | 도움 | 실점 | 파울 | 경고 | 퇴장 |
|---|---|---|---|---|---|---|---|---|---|---|
| K1 | 1993 | 대우 | 1 | 0 | 0 | 0 | 0 | 0 | 0 | 0 |
| 통산 | | | 1 | 0 | 0 | 0 | 0 | 0 | 0 | 0 |

**황신영**(黃信永) 동북고 1994.04.04

| 대회 | 연도 | 소속 | 출전 | 교체 | 득점 | 도움 | 실점 | 파울 | 경고 | 퇴장 |
|---|---|---|---|---|---|---|---|---|---|---|
| K2 | 2015 | 부천 | 16 | 17 | 1 | 0 | 0 | 6 | 0 | 0 |
| | 2016 | 부천 | 8 | 8 | 0 | 0 | 0 | 3 | 1 | 0 |
| 통산 | | | 24 | 25 | 1 | 0 | 0 | 9 | 1 | 0 |

**황연석**(黃淵奭) 대구대 1973.10.17

| 대회 | 연도 | 소속 | 출전 | 교체 | 득점 | 도움 | 실점 | 파울 | 경고 | 퇴장 |
|---|---|---|---|---|---|---|---|---|---|---|
| K1 | 1995 | 일화 | 23 | 13 | 6 | 3 | 0 | 37 | 2 | 0 |
| | 1996 | 천안일화 | 22 | 16 | 4 | 4 | 0 | 24 | 2 | 0 |
| | 1997 | 천안일화 | 18 | 7 | 3 | 3 | 0 | 30 | 1 | 0 |
| | 1998 | 천안일화 | 13 | 6 | 1 | 0 | 0 | 17 | 1 | 0 |
| | 1999 | 천안일화 | 20 | 5 | 6 | 2 | 0 | 60 | 0 | 0 |
| | 2000 | 성남일화 | 18 | 18 | 1 | 1 | 0 | 16 | 2 | 0 |
| | 2001 | 성남일화 | 23 | 21 | 5 | 1 | 0 | 45 | 3 | 0 |
| | 2002 | 성남일화 | 21 | 22 | 6 | 1 | 0 | 16 | 1 | 0 |
| | 2003 | 성남일화 | 37 | 33 | 5 | 6 | 0 | 49 | 1 | 0 |
| | 2004 | 인천 | 5 | 5 | 1 | 0 | 0 | 3 | 0 | 0 |
| | 2005 | 인천 | 9 | 9 | 0 | 0 | 0 | 3 | 0 | 0 |
| | 2006 | 대구 | 18 | 14 | 3 | 1 | 0 | 24 | 1 | 0 |
| | 2007 | 대구 | 12 | 11 | 0 | 1 | 0 | 9 | 0 | 0 |
| PO | 1995 | 일화 | 2 | 2 | 0 | 0 | 0 | 0 | 0 | 0 |
| | 2000 | 성남일화 | 2 | 2 | 2 | 0 | 0 | 3 | 0 | 0 |
| | 2005 | 인천 | 0 | 0 | 0 | 0 | 0 | 0 | 0 | 0 |
| 컵 | 1995 | 일화 | 7 | 6 | 3 | 0 | 0 | 11 | 1 | 0 |
| | 1996 | 천안일화 | 6 | 6 | 0 | 0 | 0 | 2 | 1 | 0 |
| | 1997 | 천안일화 | 16 | 7 | 3 | 2 | 0 | 25 | 0 | 0 |
| | 1998 | 천안일화 | 10 | 4 | 3 | 0 | 0 | 23 | 1 | 0 |
| | 1999 | 천안일화 | 9 | 3 | 2 | 2 | 0 | 17 | 2 | 0 |
| | 2000 | 성남일화 | 11 | 6 | 2 | 0 | 0 | 23 | 0 | 0 |
| | 2001 | 성남일화 | 5 | 5 | 1 | 1 | 0 | 1 | 0 | 0 |
| | 2002 | 성남일화 | 9 | 9 | 2 | 2 | 0 | 10 | 0 | 0 |
| | 2004 | 인천 | 7 | 7 | 1 | 0 | 0 | 10 | 0 | 0 |
| | 2005 | 인천 | 9 | 9 | 1 | 0 | 0 | 7 | 0 | 0 |
| | 2006 | 대구 | 10 | 9 | 3 | 2 | 0 | 13 | 1 | 0 |
| | 2007 | 대구 | 8 | 7 | 0 | 0 | 0 | 9 | 0 | 0 |
| 통산 | | | 350 | 262 | 64 | 32 | 0 | 487 | 20 | 0 |

**황영우**(黃永瑀) 동아대 1964.02.20

| 대회 | 연도 | 소속 | 출전 | 교체 | 득점 | 도움 | 실점 | 파울 | 경고 | 퇴장 |
|---|---|---|---|---|---|---|---|---|---|---|
| K1 | 1987 | 포항제철 | 20 | 17 | 4 | 0 | 0 | 15 | 0 | 0 |
| | 1988 | 포항제철 | 18 | 19 | 2 | 2 | 0 | 10 | 0 | 0 |
| | 1989 | 포항제철 | 19 | 14 | 0 | 1 | 0 | 26 | 0 | 0 |
| | 1990 | 포항제철 | 11 | 11 | 2 | 0 | 0 | 11 | 0 | 0 |
| | 1991 | LG | 26 | 21 | 5 | 2 | 0 | 23 | 0 | 0 |
| | 1992 | LG | 4 | 4 | 0 | 0 | 0 | 3 | 0 | 0 |
| | 1993 | LG | 7 | 8 | 1 | 0 | 0 | 6 | 1 | 0 |
| 컵 | 1992 | LG | 6 | 5 | 1 | 2 | 0 | 7 | 0 | 0 |
| 통산 | | | 111 | 99 | 15 | 7 | 0 | 101 | 1 | 0 |

**황은총**(黃恩總) 신평고 2006.01.10

| 대회 | 연도 | 소속 | 출전 | 교체 | 득점 | 도움 | 실점 | 파울 | 경고 | 퇴장 |
|---|---|---|---|---|---|---|---|---|---|---|
| K1 | 2025 | 강원 | 0 | 0 | 0 | 0 | 0 | 0 | 0 | 0 |
| 통산 | | | 0 | 0 | 0 | 0 | 0 | 0 | 0 | 0 |

**황의조**(黃義助) 연세대 1992.08.28

| 대회 | 연도 | 소속 | 출전 | 교체 | 득점 | 도움 | 실점 | 파울 | 경고 | 퇴장 |
|---|---|---|---|---|---|---|---|---|---|---|
| K1 | 2013 | 성남일화 | 22 | 14 | 2 | 1 | 0 | 24 | 3 | 0 |
| | 2014 | 성남 | 28 | 20 | 4 | 0 | 0 | 23 | 1 | 0 |
| | 2015 | 성남 | 34 | 4 | 15 | 3 | 0 | 42 | 4 | 0 |
| | 2016 | 성남 | 37 | 6 | 9 | 3 | 0 | 36 | 1 | 0 |
| | 2023 | 서울 | 18 | 10 | 4 | 2 | 0 | 10 | 1 | 0 |
| K2 | 2017 | 성남 | 18 | 1 | 5 | 1 | 0 | 11 | 1 | 0 |
| PO | 2016 | 성남 | 1 | 0 | 0 | 0 | 0 | 1 | 0 | 0 |
| 통산 | | | 158 | 55 | 39 | 10 | 0 | 147 | 11 | 0 |

**황인범**(黃仁範) 충남기계공고 1996.09.20

| 대회 | 연도 | 소속 | 출전 | 교체 | 득점 | 도움 | 실점 | 파울 | 경고 | 퇴장 |
|---|---|---|---|---|---|---|---|---|---|---|
| K1 | 2015 | 대전 | 14 | 7 | 4 | 1 | 0 | 16 | 2 | 0 |
| | 2022 | 서울 | 9 | 9 | 0 | 0 | 0 | 6 | 3 | 0 |
| K2 | 2016 | 대전 | 35 | 7 | 5 | 5 | 0 | 31 | 4 | 0 |
| | 2017 | 대전 | 32 | 7 | 4 | 4 | 0 | 26 | 4 | 0 |
| | 2018 | 대전 | 7 | 2 | 2 | 1 | 0 | 9 | 2 | 0 |
| | 2018 | 아산 | 18 | 10 | 1 | 2 | 0 | 22 | 2 | 0 |
| 통산 | | | 115 | 42 | 16 | 13 | 0 | 110 | 17 | 0 |

**황인성**(黃仁星) 동아대 1970.04.05

| 대회 | 연도 | 소속 | 출전 | 교체 | 득점 | 도움 | 실점 | 파울 | 경고 | 퇴장 |
|---|---|---|---|---|---|---|---|---|---|---|
| K1 | 1995 | 전남 | 23 | 15 | 4 | 1 | 0 | 18 | 3 | 0 |
| | 1997 | 전남 | 4 | 4 | 0 | 1 | 0 | 1 | 0 | 0 |
| | 1998 | 부천SK | 4 | 5 | 1 | 0 | 0 | 4 | 1 | 0 |
| 컵 | 1995 | 전남 | 5 | 4 | 0 | 0 | 0 | 5 | 0 | 0 |
| | 1996 | 전남 | 1 | 1 | 0 | 0 | 0 | 0 | 0 | 0 |
| | 1997 | 전남 | 5 | 6 | 0 | 0 | 0 | 1 | 0 | 0 |
| | 1998 | 부천SK | 3 | 3 | 0 | 0 | 0 | 0 | 0 | 0 |
| 통산 | | | 45 | 38 | 5 | 2 | 0 | 29 | 4 | 0 |

**황인수**(黃仁洙) 대구대 1977.11.20

| 대회 | 연도 | 소속 | 출전 | 교체 | 득점 | 도움 | 실점 | 파울 | 경고 | 퇴장 |
|---|---|---|---|---|---|---|---|---|---|---|
| K1 | 2000 | 성남일화 | 5 | 3 | 0 | 0 | 0 | 4 | 0 | 0 |
| | 2001 | 성남일화 | 6 | 6 | 0 | 0 | 0 | 3 | 0 | 0 |
| | 2001 | 수원 | 3 | 3 | 0 | 0 | 0 | 6 | 0 | 0 |
| 컵 | 2000 | 성남일화 | 8 | 5 | 2 | 2 | 0 | 7 | 0 | 0 |
| 통산 | | | 22 | 17 | 2 | 2 | 0 | 20 | 0 | 0 |

**황인재**(黃仁具) 남부대 1994.04.22

| 대회 | 연도 | 소속 | 출전 | 교체 | 득점 | 도움 | 실점 | 파울 | 경고 | 퇴장 |
|---|---|---|---|---|---|---|---|---|---|---|
| K1 | 2016 | 광주 | 1 | 1 | 0 | 0 | 0 | 0 | 0 | 0 |
| | 2020 | 포항 | 0 | 0 | 0 | 0 | 0 | 0 | 0 | 0 |
| | 2021 | 포항 | 2 | 1 | 0 | 0 | 2 | 0 | 0 | 0 |
| | 2022 | 김천 | 16 | 1 | 0 | 0 | 22 | 1 | 2 | 0 |
| | 2023 | 포항 | 38 | 0 | 0 | 0 | 40 | 0 | 3 | 0 |
| | 2024 | 포항 | 29 | 0 | 0 | 0 | 38 | 0 | 1 | 0 |
| | 2025 | 포항 | 33 | 0 | 0 | 0 | 31 | 0 | 1 | 0 |
| K2 | 2017 | 안산 | 6 | 0 | 0 | 1 | 8 | 0 | 0 | 0 |
| | 2018 | 성남 | 1 | 0 | 0 | 0 | 4 | 0 | 0 | 0 |
| | 2019 | 안산 | 18 | 0 | 0 | 0 | 17 | 1 | 0 | 0 |
| | 2021 | 김천 | 0 | 0 | 0 | 0 | 0 | 0 | 0 | 0 |
| PO | 2022 | 김천 | 2 | 0 | 0 | 0 | 6 | 0 | 0 | 0 |
| 통산 | | | 146 | 3 | 0 | 1 | 168 | 2 | 7 | 0 |

**황인택**(黃仁澤) 매탄고 2003.04.01

| 대회 | 연도 | 소속 | 출전 | 교체 | 득점 | 도움 | 실점 | 파울 | 경고 | 퇴장 |
|---|---|---|---|---|---|---|---|---|---|---|
| K1 | 2025 | 수원FC | 9 | 9 | 0 | 0 | 0 | 4 | 1 | 0 |
| K2 | 2024 | 수원 | 3 | 3 | 0 | 0 | 0 | 1 | 1 | 0 |
| PO | 2025 | 수원FC | 1 | 1 | 0 | 0 | 0 | 1 | 0 | 0 |
| 통산 | | | 13 | 13 | 0 | 0 | 0 | 6 | 2 | 0 |

**황인혁**(黃仁赫) 동국대 1995.05.06

| 대회 | 연도 | 소속 | 출전 | 교체 | 득점 | 도움 | 실점 | 파울 | 경고 | 퇴장 |
|---|---|---|---|---|---|---|---|---|---|---|
| K1 | 2017 | 광주 | 1 | 0 | 0 | 0 | 0 | 2 | 0 | 0 |
| 통산 | | | 1 | 0 | 0 | 0 | 0 | 2 | 0 | 0 |

**황인호**(黃仁浩) 대구대 1990.03.26

| 대회 | 연도 | 소속 | 출전 | 교체 | 득점 | 도움 | 실점 | 파울 | 경고 | 퇴장 |
|---|---|---|---|---|---|---|---|---|---|---|
| K1 | 2013 | 제주 | 2 | 2 | 0 | 0 | 0 | 1 | 0 | 0 |
| 통산 | | | 2 | 2 | 0 | 0 | 0 | 1 | 0 | 0 |

**황일수**(黃一秀) 동아대 1987.08.08

| 대회 | 연도 | 소속 | 출전 | 교체 | 득점 | 도움 | 실점 | 파울 | 경고 | 퇴장 |
|---|---|---|---|---|---|---|---|---|---|---|
| K1 | 2010 | 대구 | 25 | 17 | 2 | 5 | 0 | 20 | 0 | 0 |
| | 2011 | 대구 | 27 | 24 | 2 | 3 | 0 | 23 | 5 | 0 |
| | 2012 | 대구 | 40 | 26 | 6 | 8 | 0 | 42 | 3 | 0 |
| | 2013 | 대구 | 32 | 16 | 8 | 4 | 0 | 46 | 7 | 0 |
| | 2014 | 제주 | 31 | 13 | 7 | 3 | 0 | 23 | 1 | 0 |
| | 2016 | 상주 | 21 | 15 | 2 | 4 | 0 | 14 | 1 | 0 |
| | 2017 | 제주 | 13 | 12 | 2 | 1 | 0 | 5 | 1 | 0 |
| | 2018 | 울산 | 31 | 18 | 4 | 4 | 0 | 21 | 0 | 0 |
| | 2019 | 울산 | 24 | 20 | 3 | 2 | 0 | 11 | 0 | 0 |
| K2 | 2015 | 상주 | 19 | 18 | 2 | 4 | 0 | 7 | 0 | 0 |
| | 2020 | 경남 | 21 | 10 | 5 | 5 | 0 | 16 | 1 | 0 |
| | 2021 | 경남 | 21 | 18 | 4 | 0 | 0 | 14 | 2 | 0 |
| | 2022 | 경남 | 2 | 2 | 0 | 0 | 0 | 2 | 0 | 0 |
| PO | 2022 | 경남 | 1 | 1 | 0 | 0 | 0 | 0 | 0 | 0 |
| 컵 | 2010 | 대구 | 5 | 2 | 2 | 0 | 0 | 3 | 0 | 0 |
| | 2011 | 대구 | 5 | 5 | 2 | 0 | 0 | 3 | 0 | 0 |
| 통산 | | | 318 | 217 | 51 | 43 | 0 | 250 | 21 | 0 |

**황재만**(黃在萬) 고려대 1953.01.24

| 대회 | 연도 | 소속 | 출전 | 교체 | 득점 | 도움 | 실점 | 파울 | 경고 | 퇴장 |
|---|---|---|---|---|---|---|---|---|---|---|
| K1 | 1984 | 할렐루야 | 1 | 1 | 0 | 0 | 0 | 0 | 0 | 0 |
| 통산 | | | 1 | 1 | 0 | 0 | 0 | 0 | 0 | 0 |

**황재원**(黃載元) 아주대 1981.04.13

| 대회 | 연도 | 소속 | 출전 | 교체 | 득점 | 도움 | 실점 | 파울 | 경고 | 퇴장 |
|---|---|---|---|---|---|---|---|---|---|---|
| K1 | 2004 | 포항 | 4 | 2 | 0 | 0 | 0 | 2 | 0 | 0 |
| | 2006 | 포항 | 11 | 1 | 2 | 0 | 0 | 27 | 5 | 0 |
| | 2007 | 포항 | 23 | 0 | 1 | 1 | 0 | 28 | 3 | 0 |
| | 2008 | 포항 | 18 | 0 | 1 | 0 | 0 | 22 | 4 | 0 |
| | 2009 | 포항 | 17 | 3 | 1 | 1 | 0 | 38 | 6 | 0 |
| | 2010 | 수원 | 9 | 1 | 2 | 0 | 0 | 11 | 2 | 0 |
| | 2010 | 포항 | 6 | 0 | 0 | 0 | 0 | 11 | 5 | 0 |
| | 2011 | 수원 | 9 | 1 | 0 | 0 | 0 | 10 | 2 | 0 |
| | 2012 | 성남일화 | 9 | 2 | 1 | 0 | 0 | 18 | 4 | 0 |
| | 2013 | 성남일화 | 0 | 0 | 0 | 0 | 0 | 0 | 0 | 0 |
| | 2017 | 대구 | 9 | 8 | 0 | 0 | 0 | 6 | 1 | 0 |
| K2 | 2015 | 충주 | 23 | 9 | 2 | 0 | 0 | 18 | 8 | 0 |
| | 2016 | 대구 | 27 | 6 | 2 | 1 | 0 | 17 | 5 | 0 |
| | 2018 | 대전 | 3 | 3 | 0 | 0 | 0 | 0 | 0 | 0 |
| PO | 2006 | 포항 | 1 | 0 | 0 | 0 | 0 | 1 | 0 | 0 |
| | 2007 | 포항 | 5 | 0 | 1 | 0 | 0 | 12 | 1 | 0 |
| | 2008 | 포항 | 1 | 0 | 0 | 0 | 0 | 1 | 0 | 0 |
| | 2009 | 포항 | 1 | 0 | 0 | 0 | 0 | 0 | 0 | 0 |
| 컵 | 2004 | 포항 | 10 | 5 | 2 | 0 | 0 | 8 | 1 | 0 |
| | 2006 | 포항 | 0 | 0 | 0 | 0 | 0 | 0 | 0 | 0 |
| | 2007 | 포항 | 4 | 1 | 0 | 0 | 0 | 2 | 0 | 0 |
| | 2008 | 포항 | 2 | 0 | 0 | 0 | 0 | 4 | 0 | 0 |
| | 2009 | 포항 | 5 | 1 | 0 | 0 | 0 | 19 | 1 | 0 |
| | 2010 | 포항 | 3 | 1 | 0 | 0 | 0 | 12 | 0 | 0 |
| | 2011 | 수원 | 0 | 0 | 0 | 0 | 0 | 0 | 0 | 0 |
| 통산 | | | 200 | 44 | 15 | 3 | 0 | 267 | 48 | 0 |

**황재원**(黃才媛) 홍익대 2002.08.16

| 대회 | 연도 | 소속 | 출전 | 교체 | 득점 | 도움 | 실점 | 파울 | 경고 | 퇴장 |
|---|---|---|---|---|---|---|---|---|---|---|
| K1 | 2022 | 대구 | 34 | 10 | 1 | 3 | 0 | 41 | 5 | 0 |
| | 2023 | 대구 | 33 | 7 | 1 | 3 | 0 | 29 | 8 | 0 |
| | 2024 | 대구 | 31 | 1 | 2 | 2 | 0 | 22 | 4 | 0 |
| | 2025 | 대구 | 35 | 2 | 0 | 2 | 0 | 28 | 4 | 0 |
| PO | 2024 | 대구 | 2 | 0 | 0 | 2 | 0 | 0 | 0 | 0 |
| 통산 | | | 135 | 20 | 4 | 12 | 0 | 120 | 21 | 0 |

**황재윤**(黃在閏) 고려대 2003.03.18

| 대회 | 연도 | 소속 | 출전 | 교체 | 득점 | 도움 | 실점 | 파울 | 경고 | 퇴장 |
|---|---|---|---|---|---|---|---|---|---|---|
| K1 | 2024 | 전북 | 0 | 0 | 0 | 0 | 0 | 0 | 0 | 0 |
| | 2025 | 수원FC | 8 | 1 | 0 | 0 | 14 | 0 | 2 | 0 |
| PO | 2025 | 수원FC | 1 | 0 | 0 | 0 | 3 | 0 | 0 | 0 |
| 통산 | | | 9 | 1 | 0 | 0 | 17 | 0 | 2 | 0 |

**황재필**(黃載弼) 연세대 1973.09.09

| 대회 | 연도 | 소속 | 출전 | 교체 | 득점 | 도움 | 실점 | 파울 | 경고 | 퇴장 |
|---|---|---|---|---|---|---|---|---|---|---|
| K1 | 1996 | 전남 | 0 | 0 | 0 | 0 | 0 | 0 | 0 | 0 |
| 컵 | 1996 | 전남 | 2 | 2 | 0 | 0 | 0 | 2 | 0 | 0 |
| 통산 | | | 2 | 2 | 0 | 0 | 0 | 2 | 0 | 0 |

**황재환**(黃載桓) 현대고 2001.04.12

| 대회 | 연도 | 소속 | 출전 | 교체 | 득점 | 도움 | 실점 | 파울 | 경고 | 퇴장 |
|---|---|---|---|---|---|---|---|---|---|---|
| K1 | 2022 | 울산 | 8 | 8 | 0 | 0 | 0 | 4 | 0 | 0 |
| | 2023 | 울산 | 11 | 11 | 2 | 0 | 0 | 4 | 0 | 0 |
| | 2025 | 광주 | 2 | 2 | 0 | 0 | 0 | 0 | 0 | 0 |
| K2 | 2024 | 부천 | 12 | 12 | 0 | 1 | 0 | 5 | 0 | 0 |
| | 2025 | 충남아산 | 1 | 1 | 0 | 0 | 0 | 0 | 0 | 0 |
| 통산 | | | 34 | 34 | 2 | 1 | 0 | 13 | 0 | 0 |

**황재훈**(黃在君/←황병인) 진주고 1990.11.25

| 대회 | 연도 | 소속 | 출전 | 교체 | 득점 | 도움 | 실점 | 파울 | 경고 | 퇴장 |
|---|---|---|---|---|---|---|---|---|---|---|
| K1 | 2011 | 상주 | 4 | 0 | 0 | 0 | 0 | 5 | 0 | 0 |
| | 2012 | 상주 | 1 | 1 | 0 | 0 | 0 | 0 | 0 | 0 |
| | 2012 | 경남 | 1 | 1 | 0 | 0 | 0 | 0 | 0 | 0 |
| | 2016 | 수원FC | 22 | 3 | 1 | 0 | 0 | 26 | 6 | 0 |
| K2 | 2014 | 충주 | 5 | 5 | 0 | 0 | 0 | 4 | 0 | 0 |
| | 2015 | 수원FC | 12 | 2 | 0 | 0 | 0 | 18 | 2 | 0 |
| | 2017 | 수원FC | 24 | 4 | 2 | 1 | 0 | 17 | 6 | 0 |
| | 2018 | 대전 | 18 | 1 | 1 | 0 | 0 | 16 | 2 | 0 |
| | 2019 | 대전 | 29 | 6 | 0 | 1 | 0 | 22 | 2 | 0 |
| | 2020 | 대전 | 2 | 1 | 0 | 0 | 0 | 1 | 0 | 0 |
| PO | 2015 | 수원FC | 3 | 1 | 0 | 0 | 0 | 2 | 0 | 0 |
| | 2018 | 대전 | 2 | 0 | 0 | 0 | 0 | 3 | 0 | 0 |
| 통산 | | | 123 | 25 | 4 | 2 | 0 | 114 | 18 | 0 |

**황정만**(黃晸萬) 숭실대 1978.01.05

| 대회 | 연도 | 소속 | 출전 | 교체 | 득점 | 도움 | 실점 | 파울 | 경고 | 퇴장 |
|---|---|---|---|---|---|---|---|---|---|---|
| 컵 | 2000 | 수원 | 0 | 0 | 0 | 0 | 0 | 0 | 0 | 0 |
| 통산 | | | 0 | 0 | 0 | 0 | 0 | 0 | 0 | 0 |

**황정연**(黃正然) 고려대 1953.03.13

| 대회 | 연도 | 소속 | 출전 | 교체 | 득점 | 도움 | 실점 | 파울 | 경고 | 퇴장 |
|---|---|---|---|---|---|---|---|---|---|---|
| K1 | 1983 | 할렐루야 | 13 | 1 | 0 | 1 | 0 | 17 | 1 | 0 |
| | 1984 | 할렐루야 | 25 | 0 | 0 | 2 | 0 | 33 | 2 | 0 |
| | 1985 | 할렐루야 | 21 | 0 | 0 | 0 | 0 | 25 | 1 | 0 |
| 통산 | | | 59 | 1 | 0 | 3 | 0 | 75 | 4 | 0 |

**황정욱**(黃晸昱) 대건고 2000.03.17

| 대회 | 연도 | 소속 | 출전 | 교체 | 득점 | 도움 | 실점 | 파울 | 경고 | 퇴장 |
|---|---|---|---|---|---|---|---|---|---|---|
| K2 | 2023 | 서울E | 2 | 2 | 0 | 0 | 0 | 2 | 1 | 0 |
| 통산 | | | 2 | 2 | 0 | 0 | 0 | 2 | 1 | 0 |

**황준호**(黃浚鎬) 용인대 1998.05.04

| 대회 | 연도 | 소속 | 출전 | 교체 | 득점 | 도움 | 실점 | 파울 | 경고 | 퇴장 |
|---|---|---|---|---|---|---|---|---|---|---|
| K1 | 2020 | 부산 | 0 | 0 | 0 | 0 | 0 | 0 | 0 | 0 |
| K2 | 2019 | 부산 | 15 | 8 | 0 | 0 | 0 | 5 | 2 | 0 |
| | 2021 | 부산 | 25 | 7 | 2 | 1 | 0 | 22 | 1 | 0 |
| | 2022 | 부산 | 19 | 12 | 1 | 0 | 0 | 14 | 3 | 0 |
| | 2023 | 부산 | 2 | 2 | 1 | 0 | 0 | 1 | 0 | 0 |
| | 2024 | 부산 | 18 | 14 | 0 | 0 | 0 | 10 | 1 | 0 |
| PO | 2019 | 부산 | 0 | 0 | 0 | 0 | 0 | 0 | 0 | 0 |
| | 2024 | 부산 | 1 | 1 | 0 | 0 | 0 | 0 | 0 | 0 |
| 통산 | | | 80 | 44 | 4 | 1 | 0 | 52 | 7 | 0 |

**황지수**(黃地水) 호남대 1981.03.27

| 대회 | 연도 | 소속 | 출전 | 교체 | 득점 | 도움 | 실점 | 파울 | 경고 | 퇴장 |
|---|---|---|---|---|---|---|---|---|---|---|
| K1 | 2004 | 포항 | 13 | 1 | 0 | 0 | 0 | 27 | 2 | 0 |
| | 2005 | 포항 | 19 | 1 | 1 | 0 | 0 | 37 | 1 | 0 |
| | 2006 | 포항 | 23 | 3 | 0 | 1 | 0 | 49 | 5 | 0 |
| | 2007 | 포항 | 21 | 2 | 1 | 0 | 0 | 55 | 4 | 0 |
| | 2008 | 포항 | 22 | 1 | 0 | 1 | 0 | 39 | 3 | 0 |
| | 2009 | 포항 | 17 | 3 | 0 | 0 | 0 | 37 | 2 | 0 |
| | 2012 | 포항 | 29 | 12 | 0 | 1 | 0 | 47 | 2 | 0 |
| | 2013 | 포항 | 29 | 3 | 1 | 2 | 0 | 67 | 8 | 0 |
| | 2014 | 포항 | 21 | 8 | 1 | 1 | 0 | 31 | 7 | 0 |
| | 2015 | 포항 | 30 | 19 | 0 | 4 | 0 | 48 | 2 | 0 |
| | 2016 | 포항 | 26 | 17 | 1 | 0 | 0 | 32 | 3 | 0 |
| | 2017 | 포항 | 20 | 19 | 0 | 0 | 0 | 14 | 2 | 0 |
| PO | 2004 | 포항 | 3 | 1 | 0 | 0 | 0 | 6 | 0 | 0 |
| | 2006 | 포항 | 1 | 0 | 0 | 0 | 0 | 4 | 0 | 0 |
| | 2007 | 포항 | 5 | 1 | 0 | 0 | 0 | 9 | 0 | 0 |
| | 2008 | 포항 | 1 | 1 | 0 | 0 | 0 | 2 | 0 | 0 |
| 컵 | 2004 | 포항 | 10 | 0 | 1 | 1 | 0 | 15 | 0 | 0 |
| | 2005 | 포항 | 12 | 1 | 0 | 0 | 0 | 28 | 1 | 0 |
| | 2006 | 포항 | 10 | 0 | 0 | 1 | 0 | 35 | 3 | 0 |
| | 2007 | 포항 | 5 | 2 | 0 | 0 | 0 | 14 | 1 | 0 |
| | 2008 | 포항 | 2 | 0 | 0 | 0 | 0 | 2 | 0 | 0 |
| | 2009 | 포항 | 1 | 0 | 0 | 0 | 0 | 2 | 0 | 0 |
| 통산 | | | 320 | 95 | 6 | 12 | 0 | 600 | 46 | 0 |

**황지웅**(黃明圭) 동국대 1989.04.30

| 대회 | 연도 | 소속 | 출전 | 교체 | 득점 | 도움 | 실점 | 파울 | 경고 | 퇴장 |
|---|---|---|---|---|---|---|---|---|---|---|
| K1 | 2012 | 대전 | 20 | 14 | 0 | 0 | 0 | 18 | 2 | 0 |
| | 2013 | 대전 | 8 | 4 | 3 | 0 | 0 | 8 | 2 | 0 |
| | 2015 | 대전 | 21 | 16 | 0 | 3 | 0 | 24 | 0 | 0 |
| K2 | 2014 | 대전 | 28 | 24 | 1 | 4 | 0 | 13 | 0 | 0 |
| | 2016 | 안산무궁 | 21 | 17 | 2 | 0 | 0 | 14 | 1 | 0 |
| | 2017 | 아산 | 2 | 2 | 0 | 0 | 0 | 1 | 0 | 0 |
| | 2017 | 대전 | 4 | 4 | 0 | 0 | 0 | 1 | 0 | 0 |
| 통산 | | | 104 | 81 | 6 | 7 | 0 | 79 | 5 | 0 |

**황지윤**(黃智允) 아주대 1983.05.28

| 대회 | 연도 | 소속 | 출전 | 교체 | 득점 | 도움 | 실점 | 파울 | 경고 | 퇴장 |
|---|---|---|---|---|---|---|---|---|---|---|
| K1 | 2005 | 부천SK | 0 | 0 | 0 | 0 | 0 | 0 | 0 | 0 |
| | 2006 | 제주 | 7 | 2 | 0 | 0 | 0 | 6 | 1 | 0 |
| | 2007 | 제주 | 23 | 5 | 2 | 0 | 0 | 26 | 4 | 0 |
| | 2008 | 대구 | 24 | 0 | 2 | 0 | 0 | 20 | 2 | 0 |
| | 2009 | 대전 | 24 | 1 | 1 | 0 | 0 | 29 | 8 | 0 |
| | 2010 | 대전 | 20 | 4 | 1 | 0 | 0 | 23 | 4 | 0 |
| | 2011 | 상주 | 1 | 1 | 0 | 0 | 0 | 0 | 0 | 0 |
| 컵 | 2005 | 부천SK | 0 | 0 | 0 | 0 | 0 | 0 | 0 | 0 |
| | 2006 | 제주 | 1 | 1 | 0 | 0 | 0 | 0 | 0 | 0 |
| | 2007 | 제주 | 7 | 2 | 0 | 0 | 0 | 6 | 1 | 0 |
| | 2008 | 대구 | 7 | 2 | 0 | 0 | 0 | 9 | 1 | 0 |
| | 2009 | 대전 | 4 | 0 | 0 | 0 | 0 | 4 | 0 | 0 |
| | 2010 | 대전 | 3 | 0 | 0 | 0 | 0 | 7 | 3 | 0 |
| 통산 | | | 121 | 18 | 6 | 0 | 0 | 130 | 24 | 0 |

**황지준**(黃智俊) 광주대 1990.02.23

| 대회 | 연도 | 소속 | 출전 | 교체 | 득점 | 도움 | 실점 | 파울 | 경고 | 퇴장 |
|---|---|---|---|---|---|---|---|---|---|---|
| K2 | 2013 | 광주 | 1 | 1 | 0 | 0 | 0 | 0 | 0 | 0 |
| 통산 | | | 1 | 1 | 0 | 0 | 0 | 0 | 0 | 0 |

**황진기**(黃眞基) 건국대 1986.03.10

| 대회 | 연도 | 소속 | 출전 | 교체 | 득점 | 도움 | 실점 | 파울 | 경고 | 퇴장 |
|---|---|---|---|---|---|---|---|---|---|---|
| K1 | 2010 | 포항 | 1 | 1 | 0 | 0 | 0 | 0 | 0 | 0 |
| | 2011 | 부산 | 10 | 1 | 0 | 0 | 0 | 11 | 2 | 0 |
| | 2011 | 대전 | 14 | 3 | 1 | 1 | 0 | 15 | 2 | 1 |
| | 2012 | 부산 | 0 | 0 | 0 | 0 | 0 | 0 | 0 | 0 |
| | 2013 | 부산 | 5 | 3 | 0 | 0 | 0 | 5 | 1 | 0 |
| | 2014 | 부산 | 5 | 3 | 0 | 0 | 0 | 7 | 3 | 0 |
| PO | 2011 | 부산 | 1 | 0 | 0 | 0 | 0 | 2 | 0 | 0 |
| 컵 | 2011 | 부산 | 0 | 0 | 0 | 0 | 0 | 0 | 0 | 0 |
| 통산 | | | 36 | 11 | 1 | 1 | 0 | 40 | 8 | 1 |

**황진산**(黃鎭山) 현대고 1989.02.25

| 대회 | 연도 | 소속 | 출전 | 교체 | 득점 | 도움 | 실점 | 파울 | 경고 | 퇴장 |
|---|---|---|---|---|---|---|---|---|---|---|
| K1 | 2008 | 울산 | 0 | 0 | 0 | 0 | 0 | 0 | 0 | 0 |
| | 2009 | 대전 | 4 | 2 | 0 | 0 | 0 | 7 | 0 | 0 |
| | 2010 | 대전 | 15 | 14 | 0 | 1 | 0 | 12 | 3 | 0 |
| | 2011 | 대전 | 28 | 18 | 2 | 2 | 0 | 29 | 2 | 0 |
| | 2012 | 대전 | 9 | 9 | 0 | 0 | 0 | 11 | 0 | 0 |
| | 2013 | 대전 | 18 | 10 | 1 | 4 | 0 | 20 | 2 | 0 |
| K2 | 2014 | 대전 | 21 | 17 | 1 | 2 | 0 | 11 | 2 | 0 |
| | 2018 | 부천 | 13 | 13 | 0 | 0 | 0 | 12 | 1 | 0 |
| 컵 | 2010 | 대전 | 3 | 2 | 0 | 1 | 0 | 3 | 1 | 0 |
| | 2011 | 대전 | 3 | 0 | 0 | 0 | 0 | 2 | 0 | 0 |
| 통산 | | | 114 | 85 | 4 | 10 | 0 | 107 | 11 | 0 |

**황진성**(黃辰成) 전주대 교육대학원 1984.05.05

| 대회 | 연도 | 소속 | 출전 | 교체 | 득점 | 도움 | 실점 | 파울 | 경고 | 퇴장 |
|---|---|---|---|---|---|---|---|---|---|---|
| K1 | 2003 | 포항 | 19 | 16 | 1 | 5 | 0 | 19 | 1 | 0 |
| | 2004 | 포항 | 16 | 15 | 1 | 0 | 0 | 11 | 0 | 0 |
| | 2005 | 포항 | 21 | 17 | 2 | 2 | 0 | 20 | 3 | 0 |
| | 2006 | 포항 | 11 | 8 | 3 | 3 | 0 | 21 | 1 | 0 |
| | 2007 | 포항 | 16 | 14 | 1 | 2 | 0 | 29 | 1 | 0 |
| | 2008 | 포항 | 21 | 19 | 2 | 4 | 0 | 34 | 1 | 0 |
| | 2009 | 포항 | 14 | 10 | 2 | 6 | 0 | 21 | 2 | 0 |
| | 2010 | 포항 | 22 | 14 | 4 | 4 | 0 | 31 | 1 | 0 |
| | 2011 | 포항 | 26 | 19 | 6 | 6 | 0 | 48 | 5 | 0 |
| | 2012 | 포항 | 41 | 11 | 12 | 8 | 0 | 63 | 6 | 0 |
| | 2013 | 포항 | 22 | 13 | 6 | 7 | 0 | 34 | 1 | 0 |
| | 2016 | 성남 | 10 | 9 | 1 | 2 | 0 | 9 | 0 | 0 |
| | 2017 | 강원 | 31 | 7 | 3 | 5 | 0 | 45 | 3 | 0 |
| | 2018 | 강원 | 16 | 14 | 2 | 2 | 0 | 18 | 1 | 0 |
| PO | 2004 | 포항 | 0 | 0 | 0 | 0 | 0 | 0 | 0 | 0 |
| | 2006 | 포항 | 1 | 1 | 0 | 0 | 0 | 3 | 0 | 0 |
| | 2007 | 포항 | 1 | 1 | 0 | 0 | 0 | 1 | 0 | 0 |
| | 2008 | 포항 | 1 | 1 | 0 | 0 | 0 | 0 | 0 | 0 |
| | 2009 | 포항 | 1 | 1 | 0 | 0 | 0 | 0 | 0 | 0 |
| | 2011 | 포항 | 1 | 1 | 0 | 0 | 0 | 4 | 0 | 0 |
| | 2016 | 성남 | 2 | 1 | 1 | 0 | 0 | 6 | 1 | 0 |
| 컵 | 2004 | 포항 | 8 | 5 | 2 | 2 | 0 | 6 | 0 | 0 |
| | 2005 | 포항 | 9 | 7 | 0 | 0 | 0 | 10 | 0 | 0 |
| | 2006 | 포항 | 11 | 7 | 1 | 2 | 0 | 23 | 0 | 0 |
| | 2007 | 포항 | 6 | 2 | 1 | 2 | 0 | 7 | 1 | 0 |
| | 2008 | 포항 | 2 | 2 | 0 | 0 | 0 | 1 | 0 | 0 |

| 대회 | 연도 | 소속 | 출전 | 교체 | 득점 | 도움 | 실점 | 파울 | 경고 | 퇴장 |
|---|---|---|---|---|---|---|---|---|---|---|
| | 2009 | 포항 | 3 | 2 | 2 | 1 | 0 | 5 | 2 | 0 |
| | 2010 | 포항 | 3 | 2 | 1 | 1 | 0 | 4 | 1 | 0 |
| | 2011 | 포항 | 3 | 1 | 0 | 3 | 0 | 6 | 0 | 0 |
| 통산 | | | 338 | 220 | 54 | 67 | 0 | 479 | 31 | 0 |

**황철민**(黃哲民) 동의대 1978.11.20

| 대회 | 연도 | 소속 | 출전 | 교체 | 득점 | 도움 | 실점 | 파울 | 경고 | 퇴장 |
|---|---|---|---|---|---|---|---|---|---|---|
| K1 | 2002 | 부산 | 19 | 11 | 2 | 1 | 0 | 22 | 3 | 0 |
| | 2003 | 부산 | 16 | 9 | 0 | 2 | 0 | 12 | 0 | 0 |
| | 2004 | 부산 | 2 | 2 | 0 | 0 | 0 | 0 | 0 | 0 |
| 컵 | 2002 | 부산 | 4 | 4 | 0 | 1 | 0 | 4 | 0 | 0 |
| 통산 | | | 41 | 26 | 2 | 4 | 0 | 38 | 3 | 0 |

**황태현**(黃泰顯) 중앙대 1999.01.29

| 대회 | 연도 | 소속 | 출전 | 교체 | 득점 | 도움 | 실점 | 파울 | 경고 | 퇴장 |
|---|---|---|---|---|---|---|---|---|---|---|
| K1 | 2020 | 대구 | 4 | 4 | 0 | 0 | 0 | 3 | 0 | 0 |
| K2 | 2018 | 안산 | 2 | 1 | 0 | 1 | 0 | 3 | 0 | 0 |
| | 2019 | 안산 | 18 | 5 | 0 | 3 | 0 | 14 | 1 | 0 |
| | 2021 | 서울E | 20 | 6 | 1 | 3 | 0 | 19 | 4 | 0 |
| | 2022 | 서울E | 27 | 13 | 2 | 0 | 0 | 10 | 1 | 0 |
| | 2023 | 서울E | 14 | 9 | 0 | 0 | 0 | 13 | 4 | 0 |
| | 2024 | 서울E | 6 | 6 | 0 | 0 | 0 | 3 | 0 | 0 |
| 통산 | | | 91 | 44 | 3 | 7 | 0 | 65 | 10 | 0 |

**황현수**(黃賢秀) 오산고 1995.07.22

| 대회 | 연도 | 소속 | 출전 | 교체 | 득점 | 도움 | 실점 | 파울 | 경고 | 퇴장 |
|---|---|---|---|---|---|---|---|---|---|---|
| K1 | 2014 | 서울 | 0 | 0 | 0 | 0 | 0 | 0 | 0 | 0 |
| | 2015 | 서울 | 0 | 0 | 0 | 0 | 0 | 0 | 0 | 0 |
| | 2016 | 서울 | 0 | 0 | 0 | 0 | 0 | 0 | 0 | 0 |
| | 2017 | 서울 | 26 | 2 | 3 | 0 | 0 | 34 | 6 | 1 |
| | 2018 | 서울 | 14 | 1 | 0 | 0 | 0 | 7 | 1 | 0 |
| | 2019 | 서울 | 36 | 1 | 5 | 3 | 0 | 29 | 2 | 0 |
| | 2020 | 서울 | 19 | 2 | 1 | 0 | 0 | 16 | 3 | 0 |
| | 2021 | 서울 | 22 | 4 | 0 | 0 | 0 | 17 | 4 | 0 |
| | 2022 | 서울 | 7 | 3 | 0 | 0 | 0 | 3 | 1 | 0 |
| | 2023 | 서울 | 14 | 13 | 0 | 0 | 0 | 3 | 1 | 0 |
| | 2024 | 서울 | 3 | 1 | 0 | 0 | 0 | 2 | 1 | 0 |
| 통산 | | | 141 | 27 | 9 | 3 | 0 | 111 | 19 | 1 |

**황호령**(黃虎領) 동국대 1984.10.15

| 대회 | 연도 | 소속 | 출전 | 교체 | 득점 | 도움 | 실점 | 파울 | 경고 | 퇴장 |
|---|---|---|---|---|---|---|---|---|---|---|
| K1 | 2007 | 제주 | 1 | 1 | 0 | 0 | 0 | 0 | 0 | 0 |
| | 2009 | 제주 | 1 | 1 | 0 | 0 | 0 | 0 | 0 | 0 |
| 컵 | 2007 | 제주 | 2 | 0 | 0 | 0 | 0 | 4 | 1 | 0 |
| 통산 | | | 4 | 2 | 0 | 0 | 0 | 4 | 1 | 0 |

**황훈희**(黃勳熙) 성균관대 1987.04.06

| 대회 | 연도 | 소속 | 출전 | 교체 | 득점 | 도움 | 실점 | 파울 | 경고 | 퇴장 |
|---|---|---|---|---|---|---|---|---|---|---|
| K1 | 2011 | 대전 | 1 | 1 | 0 | 0 | 0 | 0 | 0 | 0 |
| K2 | 2014 | 충주 | 4 | 3 | 0 | 0 | 0 | 2 | 0 | 0 |
| 컵 | 2011 | 대전 | 2 | 2 | 0 | 0 | 0 | 1 | 0 | 0 |
| 통산 | | | 7 | 6 | 0 | 0 | 0 | 3 | 0 | 0 |

**황희훈**(黃熙訓) 건국대 1979.09.20

| 대회 | 연도 | 소속 | 출전 | 교체 | 득점 | 도움 | 실점 | 파울 | 경고 | 퇴장 |
|---|---|---|---|---|---|---|---|---|---|---|
| K2 | 2013 | 고양 | 0 | 0 | 0 | 0 | 0 | 0 | 0 | 0 |
| 통산 | | | 0 | 0 | 0 | 0 | 0 | 0 | 0 | 0 |

**후고**(Hugo Hector Smaldone) 아르헨티나 1968.01.24

| 대회 | 연도 | 소속 | 출전 | 교체 | 득점 | 도움 | 실점 | 파울 | 경고 | 퇴장 |
|---|---|---|---|---|---|---|---|---|---|---|
| 컵 | 1993 | 대우 | 3 | 2 | 0 | 0 | 0 | 9 | 0 | 0 |
| 통산 | | | 3 | 2 | 0 | 0 | 0 | 9 | 0 | 0 |

**후이즈**(Leonardo Acevedo Ruiz) 포르투갈 1996.04.18

| 대회 | 연도 | 소속 | 출전 | 교체 | 득점 | 도움 | 실점 | 파울 | 경고 | 퇴장 |
|---|---|---|---|---|---|---|---|---|---|---|
| K2 | 2024 | 성남 | 32 | 11 | 12 | 2 | 0 | 35 | 8 | 0 |
| | 2025 | 성남 | 38 | 2 | 17 | 2 | 0 | 68 | 7 | 0 |
| PO | 2025 | 성남 | 1 | 0 | 1 | 0 | 0 | 0 | 1 | 0 |
| 통산 | | | 71 | 13 | 30 | 4 | 0 | 103 | 16 | 0 |

**후치카**(Branko Hucika) 크로아티아 1977.07.10

| 대회 | 연도 | 소속 | 출전 | 교체 | 득점 | 도움 | 실점 | 파울 | 경고 | 퇴장 |
|---|---|---|---|---|---|---|---|---|---|---|
| 컵 | 2000 | 울산 | 1 | 1 | 0 | 0 | 0 | 1 | 0 | 0 |
| 통산 | | | 1 | 1 | 0 | 0 | 0 | 1 | 0 | 0 |

**훼이종**(Jefferson Marques da Conceição) 브라질 1978.08.21

| 대회 | 연도 | 소속 | 출전 | 교체 | 득점 | 도움 | 실점 | 파울 | 경고 | 퇴장 |
|---|---|---|---|---|---|---|---|---|---|---|
| K1 | 2004 | 대구 | 19 | 11 | 5 | 2 | 0 | 57 | 3 | 0 |
| 컵 | 2004 | 대구 | 10 | 2 | 6 | 0 | 0 | 24 | 1 | 0 |
| | 2005 | 성남일화 | 5 | 4 | 1 | 0 | 0 | 13 | 1 | 0 |
| 통산 | | | 34 | 17 | 12 | 2 | 0 | 94 | 5 | 0 |

**히우두**(Rildo de Andrade Felicissimo) 브라질 1989.03.20

| 대회 | 연도 | 소속 | 출전 | 교체 | 득점 | 도움 | 실점 | 파울 | 경고 | 퇴장 |
|---|---|---|---|---|---|---|---|---|---|---|
| K1 | 2019 | 대구 | 11 | 11 | 0 | 0 | 0 | 6 | 2 | 0 |
| 통산 | | | 11 | 11 | 0 | 0 | 0 | 6 | 2 | 0 |

**히카도**(Ricardo Weslei de Campelo) 브라질 1983.11.19

| 대회 | 연도 | 소속 | 출전 | 교체 | 득점 | 도움 | 실점 | 파울 | 경고 | 퇴장 |
|---|---|---|---|---|---|---|---|---|---|---|
| K1 | 2009 | 제주 | 23 | 19 | 5 | 1 | 0 | 37 | 3 | 0 |
| 컵 | 2009 | 제주 | 3 | 2 | 1 | 0 | 0 | 6 | 2 | 0 |
| 통산 | | | 26 | 21 | 6 | 1 | 0 | 43 | 5 | 0 |

**히카르도**(Ricardo da Silva Costa) 브라질 1965.03.24

| 대회 | 연도 | 소속 | 출전 | 교체 | 득점 | 도움 | 실점 | 파울 | 경고 | 퇴장 |
|---|---|---|---|---|---|---|---|---|---|---|
| K1 | 1994 | 포항제철 | 11 | 3 | 0 | 0 | 0 | 12 | 1 | 0 |
| 통산 | | | 11 | 3 | 0 | 0 | 0 | 12 | 1 | 0 |

**히카르도**(Ricardo Campos da Costa) 브라질 1976.06.08

| 대회 | 연도 | 소속 | 출전 | 교체 | 득점 | 도움 | 실점 | 파울 | 경고 | 퇴장 |
|---|---|---|---|---|---|---|---|---|---|---|
| K1 | 2000 | 안양LG | 10 | 9 | 2 | 1 | 0 | 15 | 1 | 0 |
| | 2001 | 안양LG | 25 | 4 | 8 | 1 | 0 | 38 | 3 | 0 |
| | 2002 | 안양LG | 24 | 2 | 1 | 2 | 0 | 32 | 2 | 0 |
| | 2003 | 안양LG | 36 | 6 | 6 | 4 | 0 | 50 | 4 | 1 |
| | 2004 | 서울 | 20 | 16 | 1 | 1 | 0 | 37 | 3 | 0 |
| | 2005 | 성남일화 | 21 | 11 | 1 | 1 | 0 | 40 | 4 | 0 |
| | 2006 | 부산 | 10 | 7 | 0 | 1 | 0 | 12 | 2 | 0 |
| | 2006 | 성남일화 | 13 | 6 | 0 | 2 | 0 | 28 | 2 | 0 |
| PO | 2000 | 안양LG | 2 | 2 | 0 | 0 | 0 | 1 | 0 | 0 |
| | 2005 | 성남일화 | 1 | 1 | 0 | 0 | 0 | 3 | 0 | 0 |
| 컵 | 2000 | 안양LG | 2 | 0 | 0 | 0 | 0 | 6 | 2 | 0 |
| | 2001 | 안양LG | 8 | 0 | 0 | 1 | 0 | 25 | 3 | 0 |
| | 2002 | 안양LG | 9 | 3 | 0 | 1 | 0 | 14 | 1 | 1 |
| | 2004 | 서울 | 11 | 6 | 0 | 0 | 0 | 24 | 3 | 0 |
| | 2005 | 성남일화 | 6 | 4 | 0 | 0 | 0 | 9 | 0 | 0 |
| | 2006 | 성남일화 | 10 | 4 | 0 | 0 | 0 | 16 | 1 | 0 |
| 통산 | | | 208 | 81 | 19 | 15 | 0 | 350 | 31 | 2 |

**히카르도**(Ricardo Bueno da Silva) 브라질 1987.08.15

| 대회 | 연도 | 소속 | 출전 | 교체 | 득점 | 도움 | 실점 | 파울 | 경고 | 퇴장 |
|---|---|---|---|---|---|---|---|---|---|---|
| K1 | 2015 | 성남 | 16 | 15 | 2 | 1 | 0 | 9 | 1 | 0 |
| 통산 | | | 16 | 15 | 2 | 1 | 0 | 9 | 1 | 0 |

**히카르도**(Ricardo César Dantas da Silva) 브라질 1992.08.13

| 대회 | 연도 | 소속 | 출전 | 교체 | 득점 | 도움 | 실점 | 파울 | 경고 | 퇴장 |
|---|---|---|---|---|---|---|---|---|---|---|
| K1 | 2022 | 서울 | 1 | 0 | 0 | 0 | 0 | 2 | 0 | 0 |
| 통산 | | | 1 | 0 | 0 | 0 | 0 | 2 | 0 | 0 |

**히칼도**(Ricardo Nuno Queiros Nascimento) 포르투갈 1974.04.19

| 대회 | 연도 | 소속 | 출전 | 교체 | 득점 | 도움 | 실점 | 파울 | 경고 | 퇴장 |
|---|---|---|---|---|---|---|---|---|---|---|
| K1 | 2005 | 서울 | 16 | 8 | 1 | 9 | 0 | 13 | 6 | 0 |
| | 2006 | 서울 | 19 | 15 | 1 | 2 | 0 | 15 | 5 | 0 |
| | 2007 | 서울 | 12 | 4 | 1 | 2 | 0 | 17 | 7 | 0 |
| PO | 2006 | 서울 | 1 | 0 | 0 | 0 | 0 | 4 | 1 | 0 |
| 컵 | 2005 | 서울 | 12 | 3 | 3 | 5 | 0 | 21 | 1 | 0 |
| | 2006 | 서울 | 10 | 3 | 2 | 4 | 0 | 19 | 3 | 0 |
| | 2007 | 서울 | 1 | 0 | 0 | 1 | 0 | 3 | 0 | 0 |
| 통산 | | | 71 | 33 | 8 | 23 | 0 | 92 | 23 | 0 |

**히칼딩요**(Oliveira Jose Ricardo Santos) 브라질 1984.05.19

| 대회 | 연도 | 소속 | 출전 | 교체 | 득점 | 도움 | 실점 | 파울 | 경고 | 퇴장 |
|---|---|---|---|---|---|---|---|---|---|---|
| K1 | 2007 | 제주 | 12 | 8 | 3 | 2 | 0 | 15 | 0 | 0 |
| | 2008 | 제주 | 4 | 4 | 0 | 1 | 0 | 3 | 1 | 0 |
| 컵 | 2008 | 제주 | 1 | 1 | 0 | 0 | 0 | 0 | 1 | 0 |
| 통산 | | | 17 | 13 | 3 | 3 | 0 | 18 | 2 | 0 |

**히칼딩요**(Ricardo Alves Pereira) 브라질 1988.08.08

| 대회 | 연도 | 소속 | 출전 | 교체 | 득점 | 도움 | 실점 | 파울 | 경고 | 퇴장 |
|---|---|---|---|---|---|---|---|---|---|---|
| K1 | 2015 | 대전 | 7 | 6 | 0 | 1 | 0 | 13 | 0 | 0 |
| 통산 | | | 7 | 6 | 0 | 1 | 0 | 13 | 0 | 0 |

**힌터제어**(Lukas Hinterseer) 오스트리아 1991.03.28

| 대회 | 연도 | 소속 | 출전 | 교체 | 득점 | 도움 | 실점 | 파울 | 경고 | 퇴장 |
|---|---|---|---|---|---|---|---|---|---|---|
| K1 | 2021 | 울산 | 20 | 17 | 6 | 1 | 0 | 20 | 0 | 0 |
| 통산 | | | 20 | 17 | 6 | 1 | 0 | 20 | 0 | 0 |

**힝키**(Paulo Roberto Rink) 독일 1973.02.21

| 대회 | 연도 | 소속 | 출전 | 교체 | 득점 | 도움 | 실점 | 파울 | 경고 | 퇴장 |
|---|---|---|---|---|---|---|---|---|---|---|
| K1 | 2004 | 전북 | 11 | 8 | 1 | 2 | 0 | 31 | 2 | 0 |
| 컵 | 2004 | 전북 | 5 | 3 | 1 | 0 | 0 | 14 | 0 | 0 |
| 통산 | | | 16 | 11 | 2 | 2 | 0 | 45 | 2 | 0 |

# Section 8

## 2025년 경기기록부

**제1조 (목적)**_ 본 대회요강은 (사)한국프로축구연맹(이하 '연맹')이 K LEAGUE 1(이하 'K리그1') 대회 및 경기 운영에 관한 사항을 규정함을 목적으로 한다.

**제2조 (용어의 정의)**_ 본 대회요강에서 '대회'라 함은 정규 라운드(1~33R)와 파이널 라운드(34~38R)를 모두 말하며, '클럽'이라 함은 연맹의 회원단체인 축구단을, '팀'이라 함은 해당 클럽의 팀을, '홈 클럽'이라 함은 홈경기를 개최하는 클럽을 지칭한다.

**제3조 (명칭)**_ 본 대회명은 하나은행 K리그1 2025로 한다.

**제4조 (주최, 주관)**_ 본 대회는 연맹이 주최(대회를 총괄하여 책임지는 자)하고, 홈 클럽이 주관(주최자의 위임을 받아 대회를 운영하는 자)한다. 홈 클럽의 주관권은 제3자에게 양도할 수 없다.

**제5조 (참가 클럽)**_ 본 대회 참가 클럽(팀)은 총 12팀(강원FC, 광주FC, 김천상무, 대구FC, 대전하나시티즌, FC서울, 수원FC, FC안양, 울산HD, 전북현대, 제주유나이티드, 포항스틸러스)이다.

**제6조 (일정)**_ 1. 본 대회는 2025.02.15(토)~11.30(일)에 개최하며, 경기일정(대진)은 미리 정한 경기일정표에 의한다.

| 구분 | | 일정 | 방식 | Round | 팀수 | 경기수 | 장소 |
|---|---|---|---|---|---|---|---|
| 정규 라운드 | | 02.15(토)~10.19(일) | 3Round robin | 33R | 12팀 | 198경기 (팀당 33) | 홈 클럽 경기장 |
| 파이널 라운드 | 그룹A | 10.25(토)~11.30(일) | 1Round robin | 5R | 상위 6팀 | 15경기 (팀당 5) | |
| | 그룹B | | | | 하위 6팀 | 15경기 (팀당 5) | |
| 계 | | | | | | 228경기 (팀당 38경기) | |

※ 대내외적 환경 변화에 따라 경기일정 변경 가능성 있음.

2. 파이널 라운드(34~38R) 경기일정은 홈경기 수 불일치를 최소화하고 대진의 공정성을 확보하기 위해 정규라운드(1~33R) 홈경기 수 및 대진을 고려하여 최대한 보완되도록 생성하며, 파이널 라운드 홈 3경기 배정은 원칙적으로 정규 라운드에서 홈경기 16경기를 개최한 클럽에 배정한다. 단, 그룹 편성에 따라 파이널 라운드의 최종 홈경기 수는 조정이 가능하며, 이에 따라 시즌 최종 홈경기 수가 최소 18개, 최대 20개까지 배정이 가능하다. 또한 정규 라운드 홈, 원정 불일치가 발생하는 경우, 정규 라운드 성적 상위 클럽에 우선 배정한다.

**제7조(대회방식)**_

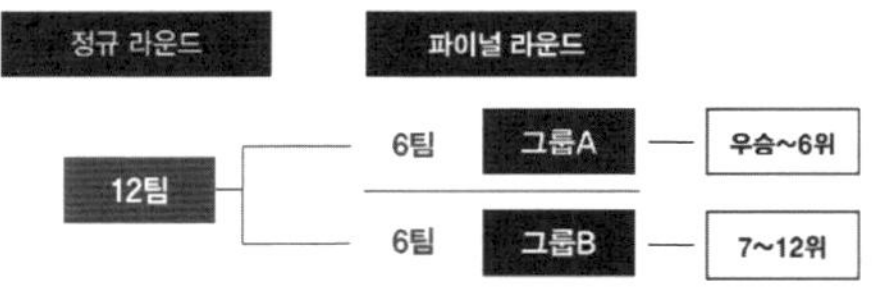


1. 12팀이 3Round robin(33라운드) 방식으로 정규 라운드를 진행한다. 정규 라운드 순위 결정은 제30조를 따른다.
2. 정규 라운드(1~33R) 성적에 따라 6팀씩 2개 그룹(1~6위가 그룹A, 7~12위가 그룹B)으로 분리하고 1Round robin(각 5라운드)으로 파이널 라운드를 진행한다.
3. 정규 라운드(1~33R)부터 파이널 라운드까지(34~38R)의 종합 성적을 기준으로 12위팀은 K리그2로 자동강등되며, 11위팀은 K리그2의 2위팀과, 10위팀은 K리그2 3~5위 플레이오프 최종 승리팀과 승강 플레이오프를 각각 진행하여 최종 강등팀을 결정한다.
3. 최종 순위 결정은 제30조에 의한다.

**제8조 (참가자격)**_ 본 대회를 참가하기 위해 클럽은 'K리그 클럽 라이선싱 규정'을 준수해야 하며, 그에 따라 라이선스를 부여받아야 한다.

**제9조 (경기장)**_ 1. 모든 클럽은 최상의 상태에서 홈경기를 실시할 수 있도록 경기장을 유지 · 관리할 책임이 있다.
2. 본 대회는 원칙적으로 축구전용경기장에서 개최되어야 한다.
3. 경기장은 법령이 정하는 시설 안전 기준을 충족하여야 한다.
4. 홈 클럽은 경기장을 방문하는 관람객을 위해 관중상해보험에 가입해야 하며, 보험증권을 시즌 개막 7일 전까지 연맹에 제출하여야 한다. 홈 클럽이 연고지역 외, 기타 경기장에서 K리그 경기를 개최하고자 할 경우에는 연맹에 경기개최 승인 요청 시 보험증권을 첨부하여 제출하여야 한다.
5. 각 클럽은 경기장 시설(물)에 대해 연맹의 승인을 득하여야 한다.
6. 경기장은 연맹의 경기장 시설 기준을 준수하여야 하며, 다음 각 호의 조건을 충족하여야 한다.
   1) 그라운드는 천연잔디구장으로 길이 105m, 너비 68m를 권고하며, 천연잔디 또는 하이브리드 잔디여야 한다. 단 하이브리드 잔디를 사용할 경우 사전에 연맹의 승인을 득해야 하며, 아래 기준을 충족시켜야 한다.
      ① 기준 - 인조잔디 내 인체 유해성분이 검출되지 않을 것
      - 전체 그라운드 면적 대비 인조잔디 함유 비율 5% 미만
      - 최초 설치 시 아래 기준치를 상회하는 성능일 것

| 충격흡수성 | 수직방향변형 | 잔디길이 |
|---|---|---|
| (51~68)% | (4~10)mm | (21~25)mm |
| **회전저항** | **수직공반발** | **공구름** |
| (25~50)N/m | (0.6~1.0)m | (4~8)m |

      ② 제출서류 - 샘플($1m^2$), 제품규격서, 유해성 검출 시험 결과표, 설치/유지 관리 계획서
      ③ 승인절차 - 신청일로부터 60일 이내 승인
      - 필요시, 현장테스트 진행(최소 $10m^2$ 이상의 예비 포지 사전 마련)
      ④ 그라운드 관리 미흡으로 인한 문제 발생 소지 있을 경우, 사용이 제한될 수 있음
   2) 공식경기의 잔디 길이는 2~2.5cm로 유지되어야 하며, 전체에 걸쳐 동일한 길이여야 한다.
   3) 그라운드 외측 주변에는 원칙적으로 축구전용경기장의 경우 5m 이상, 육상경기겸용경기장의 경우 1.5m 이상의 잔디 부분이 확보되어야 한다.
   4) 골포스트 및 바는 흰색의 둥근 모양(직경12cm)의 철제 관으로 제작되고, 원칙적으로 고정식이어야 한다. 또한 볼의 반발력에 영향을 줄 수 있는 비철제 보강재 사용을 금한다.
   5) 골네트는 원칙적으로 흰색(연맹의 승인을 득한 경우는 제외)이어야 하며, 골네트는 골대 후방에 폴을 세워 안전한 방법으로 부착하여야 한다. 폴은 골대와 구별되는 어두운 색상이어야 한다.
   6) 코너 깃발은 연맹이 지정한 것을 사용하여야 한다.
   7) 각종 라인은 국제축구연맹(이하 'FIFA') 또는 아시아축구연맹(이하 'AFC')이 정한 규격에 따라야 하며, 라인 폭은 12cm로 선명하고 명료하게 그려야 한다(원칙적으로 페인트 방식으로 한다).
7. 필드(그라운드 및 그 주변 부분)에는 경기 운영에 영향을 주거나 선수에게 위험의 우려가 있는 것을 방치 또는 설치해서는 안 된다.
8. 공식경기에서 그라운드에 살수(撒水)를 하는 경우 다음 각 호에 따라 실시한다.
   1) 살수는 경기 킥오프 전 및 하트타임에 실시하며, 경기장에 걸쳐 균등하게 해야 한다.
   2) 경기감독관은 경기 시간 및 날씨, 그라운드 상태, 당일 경기장 행사 등을 고려하여 살수 횟수와 시간을 정하고 이를 홈 클럽 및 원정 클럽 관계자들에게 사전 통보한다.
   3) 홈 클럽은 경기감독관이 정한 횟수와 시간에 따라 살수를 실시해야 하며, 이를 위반할 경우 상벌규정 유형별 징계기준 제5조 사.항에 의거 해

당 클럽에 제재를 부과할 수 있다.

9. 경기장 관중석은 좌석수 10,000석 이상을 충족하여야 한다. 이에 미달할 경우, 연맹의 사전 승인을 득하여야 한다.

10. 홈 클럽은 상대 클럽(이하 원정 클럽)을 응원하는 관중을 위해 경기장 전체 좌석수의 5% 이상의 좌석을 배분해야 하며, 원정 클럽이 경기 개최 일주일 전까지 추가 좌석 분배를 요청할 경우 홈 클럽과 협의하여 추가 좌석 분배를 결정할 수 있다. 또한, 원정 클럽 관중을 위한 전용출입문, 화장실, 매점 시설 등을 독립적으로 사용할 수 있도록 마련하여야 한다.

11. 경기장은 다음 항목의 부대시설을 갖추어야 하며, 세부사항은 K리그 경기장 시설기준을 따른다.

1) 운영 본부실
2) 양 팀 선수대기실(냉·난방 및 냉·온수 가능)
3) 심판대기실(냉·난방 및 냉·온수 가능)
4) 실내 워밍업 지역
5) 경기감독관석 및 심판평가관석, TSG 기술위원 좌석
6) 기록석 7) 의무실
8) 도핑검사실(냉·난방 및 냉·온수 가능)
9) 통제실, 경찰 대기실 소방 대기실
10) 실내 기자회견장 11) 기자실 및 가진기자실
12) 중계방송사룸(TV중계스태프룸) 13) VIP룸
14) 기자석(메인스탠드 중앙부로 경기장 전체가 관람 가능하고 지붕이 설치되어 있는 한편, 전원 및 노트북 등이 설치 가능한 테이블이 준비되어 있을 것)
15) 장내방송 시스템 및 장내방송실 16) TV중계 방송 부스
17) 전광판 18) 출전선수명단 게시판
19) 태극기, 대회 깃발, 리그 깃발, 양 팀 클럽 깃발 등을 게재할 수 있는 게양대
20) 입장권 판매소 21) 종합 안내소
22) 관중을 위한 응급실 23) 식음료 및 축구 관련 상품 판매소
24) TV카메라 설치 공간 25) TV 중계차 주차장 공간
26) 케이블 시설 공간 27) 전송용기자재 등 설치 공간
28) 경기감독관 대기실

**제10조 (조명장치)_** 1. 경기장에는 그라운드 평균 1,200lux 이상 조도를 가진 조명 장치를 설치하여 조명의 밝음을 균일하게 유지하여야 한다. 또한 정전에 대비하여 1,000lux 이상의 조도를 갖춘 비상조명 장치를 구비하여야 한다.

2. 홈 클럽은 경기장 조명 장치의 이상 유·무를 사전에 확인하여 장애를 미연에 방지하는 한편, 고장 시 신속하게 수리할 수 있도록 모든 조치와 최선의 노력을 다하여야 한다.

**제11조 (벤치)_** 1. 팀 벤치는 원칙적으로 다음의 요건을 충족하여야 한다.

1) FIFA가 정한 규격의 기술지역(테크니컬에어리어) 내에 설치하여야 한다.
2) 벤치 터치라인으로부터 5m 이상 떨어지는 한편 그 끝이 하프라인으로부터 8m 떨어지는 위치에 설치하여야 한다.
3) 최소 22인 이상 앉을 수 있는 좌석이 준비되어야 하며, 지붕을 설치할 경우 투명한 재질로 해야 한다.

2. 홈 팀 벤치는 본부석에서 그라운드를 향해 좌측에 설치하여야 한다. 단, 사전 승인 시 우측에 홈 팀 벤치의 설치가 가능하다.

3. 홈, 원정 팀 벤치에는 팀명을 표기한 안내물을 부착하여야 한다.

4. 제4의 심판(대기심판) 벤치를 준비하여야 하며, 다음 요건을 충족하여야 한다.

1) 벤치 터치라인으로부터 5m 이상 떨어지는 그라운드 중앙에 설치하여야 한다. 단, 방송사의 요청 시에는 카메라 위치에 방해가 되지 않는 위치에 설치하여야 한다.
2) 지붕을 설치할 경우 투명한 재질로 해야 하며, 지붕이 관중의 시야를 방해해서는 안 된다.
3) 대기심판 벤치 내에는 최소 3인 이상 앉을 수 있는 좌석과 테이블이 준비되어야 한다.

**제12조 (의료시설)_** 홈 클럽은 선수단, 관계자, 관중 등을 위해 경기개시 90분 전부터 경기종료 후 모든 관중 및 관계자가 퇴장할 때까지 의료진(의사, 간호사, 1급 응급구조사)과 1대의 특수구급차를 포함하여 최소 2대 이상의 구급차를 반드시 대기시켜야 한다. 이를 위반할 경우, 연맹 상벌 규정에 따라 제재할 수 있다.

**제13조 (경기장에서의 고지)_** 1. 홈 클럽은 경기장에서 다음의 각 항목 사항을 전광판 및 장내 아나운서(멘트)를 통해 고지하여야 한다.

1) 공식 대회명칭(반드시 지정된 방식 및 형태에 맞게 전광판 노출)
2) 선수, 심판 및 경기감독관, 심판평가관, TSG기술위원 소개
3) 대회방식 및 경기방식
4) K리그 선수 입장곡(K리그 앤섬 'K League Entrance' BGM)
5) 선수 및 심판 교체
6) 득점자 및 득점시간(득점 직후에)
7) 추가시간(전·후반 전광판 고지 및 장내아나운서 멘트 동시 실시)
8) 다른 공식 경기의 중간 결과 및 최종 결과
9) 공식 관중 수(유료 관중 합계, 후반전 15~30분 발표, 전광판 표출과 동시에 장내 아나운서 발표)
10) 경기 중, 경기정보 전광판 표출(양팀 출전선수명단, 경고, 퇴장, 득점)
11) 지진 등 비상상황 발생 시 대피방안
12) VAR 리뷰를 진행할 경우, VAR 영상판독 문구 전광판 표출
13) 상기 1~12호 이외 연맹이 지정하는 사항

2. 홈 클럽은 경기 전·후 및 하프타임에 다음의 각 항목 사항을 실시하는 것이 가능하다.

1) 다음 경기예정 및 안내 2) 연맹의 사전 승인을 얻은 광고 선전
3) 음악방송 4) 팀 또는 선수에 관한 정보 안내
5) 상기 1~4호 이외 연맹의 승인을 얻은 사항

**제14조 (홈 경기장에서의 경기개최)_** 각 클럽은 홈경기의 과반 이상을 홈 경기장에서 실시하여야 한다. 다만, 이사회의 승인을 얻은 경우는 제외된다.

**제15조 (경기장 점검)_** 1. 홈 클럽이 기타 경기장에서 경기를 개최하고자 할 경우 해당 경기개최 30일 전까지 연맹에 시설 점검을 요청하여 경기장 실사를 받아야 하며, 이때 제출하여야 하는 서류는 다음과 같다.

1) 경기장 시설 현황 2) 홈경기 안전계획서

2. 연맹의 보완 지시가 있을 경우 이에 대한 이행 결과를 경기개최 15일 전까지 서면 보고하여야 한다.

3. 연맹은 서면보고접수 후 재점검을 통해 문제점 보완이 미흡하다고 판단될 경우 경기 개최를 불허한다. 이 경우 홈 클럽은 연고지역 내에서 '법령', 'K리그 경기장 시설기준'에 부합하는 타 경기장(대체구장)을 선정하여 상기 1항, 2항의 절차에 따라 연맹의 승인을 받아야 한다.

4. 홈 클럽이 원하는 경기장에서 경기개최가 불가능하다고 판단될 경우, 본 대회요강 제18조 3항에 따른다(연맹 경기규정 31조 3항).

5. 상기 4항을 이행하지 않는 클럽은 본 대회요강 제20조 1항에 따른다(연맹 경기규정 33조 1항).

**제16조 (악천후의 경우 또는 경기장 시설 문제 발생 시 조치)_** 1. 홈 클럽은 강설, 강우, 폭염 등 악천후의 경우 또는 경기장에 시설 문제 등이 발생한 경우에도 홈경기를 개최할 수 있도록 최선의 노력을 해야 한다.

2. 제1항의 사유로 인하여 경기개최가 불가능할 것이 명백히 예상되는 경우, 경기감독관은 경기 개최 3시간 전까지 경기개최 중지를 결정하여야 한다.

3. 제1항의 사유로 인하여 경기 개최 시간을 연기할 필요가 있을 경우 경기감독관은 경기장 상황과 관계자 의견 등을 종합적으로 고려하여 경기 개최 시간을 각 30분씩 최대 2회 연기할 수 있다.

4. 경기 개최 시간을 2회 연기하였음에도 경기 개최가 불가능하다고 판단될 경우 경기감독관은 경기 개최 취소 결정을 할 수 있다.

5. 본 조에 따라 경기 개최가 취소된 경우 재경기 개최 절차는 제18조를 따른다.

**제17조 (경기중지 결정)_** 1. 경기 전 또는 경기 중 중대한 불상사 등으로 경기를 계속하기 어려운 사태가 발생하였을 경우, 주심은 경기 감독관에게 경기 중지를 요청할 수 있으며, 경기감독관은 동 요청에 의거하여 홈 클럽 및 원정 클럽 관계자의 의견을 참고한 후 경기 중지를 결정할 수 있다.

2. 상기 1항의 경우 또는 관중의 난동 등으로 경기장의 질서 유지가 어려운 경우, 경기감독관은 주심의 경기중지 요청이 없더라도 경기 중지를 결정할 수 있다.

3. 경기 개최 3시간 전부터 경기 종료 전까지 경기 개최 지역에 미세먼지, 초미세먼지, 황사 등에 관한 경보가 발령되었거나 경보 발령 기준농도를 초과하는 상태인 경우, 경기감독관은 경기의 취소 또는 연기를 결정할 수 있다.

4. 경기감독관은 경기중지 결정을 내린 후, 지체 없이 그 사유를 연맹에 보고하여야 한다.

**제18조 (불가항력으로 인한 경기 취소·중지 및 재경기)_** 1. 공식경기가 악천후, 천재지변, 기타 클럽의 통제범위를 벗어난 불가항력적 상황, 경기장 조건, 선수단과 관계자 및 관중의 안전이 우려되는 긴급한 상황 등 부득이한 사유로 취소·중지된 경우, 그 다음날 같은 경기장에서 재경기를 개최함을 원칙으로 한다.

2. 그다음 날 같은 경기장에서 재경기를 개최하기 어려운 사정이 있을 경우에는 연맹이 재경기의 일시 및 경기장을 정한다.

3. 경기장 준비부족, 시설미비 등 점검미비에 따른 홈 클럽의 귀책사유로 인하여 공식 경기가 취소·중지된 경우 원정 클럽은 그 시점으로부터 24시간 이내에 자신의 홈경기로 재경기를 개최할 것을 신청할 수 있으며, 이 경우 홈/원정의 변경 여부는 연맹이 결정한다.

4. 재경기 방식에 대해서는 다음 각 호에 의한다.

1) 이전 경기에서 양 클럽의 득실차가 없을 때는 90분간 재경기를 실시한다.

2) 이전 경기에서 양 클럽의 득실차가 있을 때는 중지 시점에서부터 잔여 시간만의 재경기를 실시한다.

5. 재경기 시, 상기 4항 1호의 경우 이전 경기에서 발생된 경고, 퇴장 기록만이 인정되며 선수교체는 팀당 허용하는 최대 인원수까지 가능하다. 상기 4항 2호의 경우 이전 경기에서 발생된 모든 기록이 인정되며 선수교체 횟수와 인원수 역시 이전 경기의 중지시점까지 사용한 횟수를 차감하여 남은 횟수만 사용할 수 있다.

6. 재경기 시, 이전 경기에서 발생된 경고 및 퇴장은 유효하며, 경고 및 퇴장에 대한 처벌(징계)은 경기순서대로 연계 적용한다.

**제19조 (그라운드 불량에 따른 경기장 변경)_** 연맹은 공식경기가 예정된 경기장의 그라운드 상태가 정상적인 경기를 치를 수 없을 정도로 명백히 불량하다고 판단될 경우 해당 경기 개최 장소를 원정 클럽의 홈 또는 제3의 경기장으로 변경할 수 있다. 이 경우, 경기장 변경에 대한 귀책사유는 홈 클럽에 있는 것으로 본다.

**제20조 (귀책사유가 있는 클럽의 비용 보상)_** 1. 홈 클럽의 귀책사유에 의해 공식경기가 개최불능 또는 중지(중단)되었을 경우, 홈 클럽은 원정 클럽에 교통비 및 숙식비를 보상하여야 한다.

2. 원정 클럽의 귀책사유에 의해 공식경기가 개최불능 또는 중지(중단)되었을 경우, 원정 클럽은 홈 클럽에 발생한 경기준비 비용 및 입장권 환불 수수료, 교통비 및 숙식비를 보상하여야 한다.

3. 상기 1항, 2항과 관련하여 천재지변 등 불가항력에 의한 경우는 제외한다.

**제21조 (패배로 간주되는 경우)_** 1. 공식경기 개최거부 또는 속행 거부 등(경기장 질서문란, 관중의 난동 포함) 어느 한 클럽의 귀책사유로 인하여 공식경기가 개최불능 또는 중지(중단)되었을 경우, 그 귀책사유가 있는 클럽이 0 : 3 패배한 것으로 간주한다.

2. 공식경기에 무자격선수가 출장한 것이 경기 중 또는 경기 후 발각되어 경기종료 후 48시간 이내에 상대 클럽으로부터 이의가 제기된 경우, 무자격 선수가 출장한 클럽이 0 : 3 패배한 것으로 간주한다. 다만, 경기 중 무자격선수가 출장한 것이 발각되었을 경우, 해당 선수를 퇴장시키고 경기는 속행한다.

3. 상기 1항, 2항에 따라 어느 한 클럽의 0 : 3 패배를 결정한 경우에도 양 클럽 선수의 개인기록(출장, 경고, 퇴장, 득점, 도움 등)은 그대로 인정한다.

4. 상기 2항의 무자격 선수는 K리그 미등록 선수, 경고누적 또는 퇴장으로 인하여 출전이 정지된 선수, 상벌 위원회 징계, 외국인 출전제한 규정을 위반한 선수 등 위반한 시점에서 경기출전 자격이 없는 모든 선수를 의미한다.

**제22조 (대회 중 잔여경기 포기)_** 대회 중 잔여 경기를 포기하는 경우, 다음의 각 항에 의한다.

1. 대회 전체 경기수의 3분의 2 이상을 수행하였을 경우, 지난 경기 결과를 그대로 인정하고, 잔여 경기는 포기한 클럽이 0 : 3 패배한 것으로 간주한다.

2. 대회 전체 경기수의 3분의 2 이상을 수행하지 못했을 경우, 포기한 클럽과의 경기 결과를 모두 무효 처리한다. 단, 양 클럽 선수의 개인기록(출장, 경고, 퇴장, 득점, 도움 등)은 그대로 인정한다.

**제23조 (경기결과 보고)_** 모든 공식경기의 경기결과 보고는 경기감독관 보고서, 심판 보고서, 경기기록지에 의한다.

**제24조 (경기규칙)_** 본 대회의 경기는 FIFA 및 KFA의 경기규칙에 따라 실시되며, 특별한 사항이 발생 시에는 연맹이 결정한다.

**제25조 (Video Assistant Referee 시행)_** 1. VAR는 주심 등 해당 경기 심판진을 지원하고 경기 결과를 바꿀 수 있는 명백한 오심을 변경해 공정한 판정을 증대하기 위해 시행하며 본 대회에서는 아래의 4가지 상황에 대해서만 VAR를 적용한다.

1) 득점 상황　　2) PK(Penalty Kick) 상황

3) 퇴장 상황　　4) 징계조치 오류

2. VAR의 시행과 관련하여 선수, 코칭스태프, 구단 임직원의 준수사항은 다음과 같다.

1) 'TV' 신호(Signal)를 그리는 동작을 취하거나 구두로 VAR 확인을 요청할 수 없다. 이를 위반할 시, 다음과 같은 제재가 내려진다.

① 선수 - 경고　　② 코칭스태프 및 구단 임직원 - 퇴장

2) 주심 판독 지역(Referee Review Area, 이하 'RRA')에는 오직 주심과 영상관리보조자(Review Assistant, 이하 RA), 심판진만이 진입할 수 있다. 이를 위반할 시 다음과 같은 제재가 내려진다.

① 선수 - 경고　　② 코칭스태프 및 구단 임직원 - 퇴장

3. VAR의 시행과 관련하여 홈 구단의 준수사항은 다음과 같다.

1) 홈 클럽은 VAR가 공식 심판진임을 인지하고 VAR 차량에 심판실과 동일한 안전계획을 수립해 안전관리를 제공해야 하며, 안전관리 미흡 등 홈 클럽의 귀책사유로 인한 차량 및 장비의 파손 등이 발생하는 경우 이에 따른 손해를 연맹에 배상하여야 한다.

2) 홈 클럽은 RRA에 심판진과 RA 외 다른 누구도 진입할 수 없도록 관리해야 하며, 관련 안전사고 예방의 의무와 책임이 있다.

3) 홈 클럽은 VAR 상황 발생 시 판독 중임을 뜻하는 이미지를 판독 종료 시점까지 전광판에 노출해야 하며, 관련 장면 영상을 전광판을 통해 리플레이할 수 없다.

4) 홈 클럽이 상기 제1호부터 제3호까지 명시된 준수사항을 위반하는 경우, 연맹 상벌 규정 유형별 징계 기준 11조에 따른 징계를 받을 수 있다.

4. 아래와 같은 사유로 경기 전 또는 경기 중 VAR 운영이 불가하여도 경기 진행에 영향을 미치지 않는다.

1) VAR 장비가 작동하지 않은 경우

2) VAR 판정에 오심이 발생하는 경우

3) VAR 판독을 진행하지 않겠다고 결정을 내린 경우(안전문제, 신변위협 등)

4) VAR 판독이 불가능한 경우(영상 앵글의 문제점, 노이즈현상 등)

5. VAR의 시행과 관련해 VAR 및 RO 등 구성원에 관한 사항은 다음과 같다.

1) VAR, AVAR(Assistant VAR) 또는 RO(Replay Operator)가 경기 전 또는 경기 중에 정상적인 업무를 수행할 수 없는 경우, 대체인력은 반드시 그

역할 수행이 가능한 자격을 갖춰야만 한다.

2) VAR 또는 RO의 자격을 갖춘 인원 및 대체인력이 없을 경우, 해당 경기는 VAR의 운용 없이 경기를 시작 또는 재개하여야 한다.

3) AVAR의 자격을 갖춘 인원 및 대체 인력이 없을 경우, 해당 경기는 VAR의 운용 없이 경기를 시작 또는 재개하여야 한다. 단, 이례적인 상황하에서, 양 팀이 서면으로 VAR 및 RO만으로 VAR을 운용하기로 합의할 경우는 제외한다.

6. 이 외 사항에 대해서는 IFAB(국제축구평의회)와 FIFA(국제축구연맹)이 정한 바에 따른다.

**제26조 (전자장비 사용)_** 1. 웨어러블 전자 퍼포먼스 트래킹 시스템(EPTS) 사용을 원하는 경우, FIFA 품질 프로그램(FIFA Quality Programme) 기준에 부합하는 제품만 사용 가능하다.

2. 선수들(대기 선수/교체된 선수/퇴장 선수 포함)은 전자 장비를 일절 사용하거나 착용해서는 안 된다(단, 웨어러블 EPTS 장비는 예외).

3. 스태프는 선수의 복지와 안전 및 전술적/코칭의 직접 관련이 있는 경우에 한해 소형, 이동식, 휴대용 장비(마이크, 헤드폰, 이어폰, 스마트폰, 스마트워치, 태블릿PC, 노트북 등)를 사용할 수 있다.

4. 전자장비 사용에 대하여 개막일 전까지 연맹에 승인을 받아야 한다. 단, 시즌 중 사용 승인 신청을 할 경우 경기 1일 전까지 연맹에 사용 승인을 받아야 한다.

5. 허가되지 않은 전자 장비를 사용하거나, 전자/통신 장비를 이용한 판정 항의 시 기술 지역에서 퇴장된다.

**제27조 (경기시간 준수)_** 1. 본 대회는 90분(전후반 각 45분) 경기를 실시한다.

2. 모든 클럽은 미리 정해진 경기시작 시간(킥오프 타임)과 경기 중 휴식시간(하프타임)을 반드시 준수하여야 한다. 하프타임 휴식은 15분을 초과할 수 없으며, 양 팀 출전선수는 후반전 출전을 위해 후반전 개시 3분 전(하프타임 12분)까지 심판진과 함께 대기 장소에 집결하여야 한다.

3. 클럽이 경기시작 시간 또는 하프타임 종료시간을 준수하지 않아 예정된 경기시작 또는 재개시간이 1분 이상 지연될 경우, 아래 각 호에 따라 해당 클럽에 제재금을 부과할 수 있다.

1) 1회 미준수 시 100만 원의 제재금

2) 2회 미준수 시 200만 원의 제재금

3) 3회 이상 미준수 시 400만 원의 제재금 및 상벌위원회 제소

4. 경기에 참가하는 팀(코칭스태프, 팀 스태프 포함)은 경기시작 100분 전에 경기장에 도착하여야 한다.

1) 어느 한 팀이 경기시작 40분 전까지 경기장에 도착하지 못할 경우, 해당 팀은 경기감독관에게 그 사유와 도착예정 시간을 통보하여야 하며, 경기감독관은 경기시간 변경 유무를 심판 및 양 팀 대표자와 협의를 통해 결정한 후, 연맹으로 통보한다.

2) 경기시간이 변경될 경우, 홈 클럽은 전광판 및 아나운서 멘트를 통해 변경된 경기시간과 변경사유에 대해 고지해야 한다.

3) 어느 한 팀이 경기시작 시각까지 경기장에 도착하지 않는 경우, 상대팀은 45분간 대기할 의무가 있다. 45분간 대기했음에도 불구하고 상대팀이 도착하지 않을 경우, 경기감독관은 17조 1항에 의한다.

4) 경기중지에 따라 발생되는 모든 비용에 대한 배상, 책임은 귀책사유가 있는 클럽에 있으며 19조에 따른다.

5) 홈/원정팀은 경기개최지로의 이동정보를 사전에 숙지할 책임이 있으며, 상황에 따른 추가 이동시간이 필요한지 확인해야 한다. 만일 팀의 도착 지연으로 킥오프가 지연될 경우, 연맹은 귀책사유가 있는 클럽에 연맹 상벌규정 제12조 제1항에 해당하는 재제를 부과할 수 있다.

**제28조 (승점)_** 본 대회의 승점은 승자 3점, 무승부 1점, 패자 0점을 부여한다.

**제29조 (워밍업 및 쿨다운)_** 1. 출전선수명단에 포함된 선수 및 스태프는 그라운드에서 경기 시작 전 또는 하프타임 중 몸풀기 운동(이하 '워밍업') 및 경기 종료 후 몸풀기 운동(이하 '쿨다운')을 할 수 있다.

2. 경기 시작 전 워밍업은 킥오프 50분 전에 시작하여 20분 전에 종료한다.

3. 홈 클럽은 워밍업으로 인한 잔디 훼손을 방지하기 위하여 경기감독관에게 이동식 골대 사용, 스프린트 연습 구역 지정, 워밍업 제한 구역 지정 등을 요청할 수 있다.

4. 경기감독관은 제3항에 대한 요청이 있을 경우, 잔디 상태, 양 클럽 간 형평, 기타 조건을 고려하여 이를 승인하거나 일부를 변경하여 승인할 수 있고, 양 클럽은 경기감독관이 승인한 사항을 준수하여야 한다.

5. 홈 클럽은 양 클럽의 선수단에 하프타임 이벤트의 내용, 위치, 시간 등에 관하여 사전에 고지하여야 하고, 하프타임 중 워밍업을 하는 선수 및 스태프는 고지된 이벤트와 관련된 기물 또는 사람과 충돌하거나 이벤트 진행을 방해하지 않도록 주의하여야 한다.

6. 경기 종료 후 쿨다운은 시작한 시점으로부터 20분 이내에 종료하여야 한다.

7. 쿨 다운을 할 때에는 볼을 사용할 수 없고, 경기감독관이 워밍업 제한구역을 지정한 경우 해당 구역에서는 실시할 수 없다.

**제30조 (순위결정)_** 1. 정규 라운드(1~33R) 순위는 승점 → 다득점 → 득실차 → 다승 → 승자승 → 벌점 → 추첨 순으로 결정한다.

2. 최종순위 결정방식은 다음과 같다.

1) 정규라운드(1~33R) 성적을 적용하여. 6팀씩 2개 그룹(그룹A, 그룹B)로 분할한다.

2) 분할 후 그룹A, 그룹B는 별도 운영되며, 정규 라운드 성적을 포함하여 그룹A에 속한 팀이 우승~6위, 그룹B에 속한 팀이 7~12위로 결정한다. (승점 → 다득점 → 득실차 → 다승 → 승자승 → 벌점 → 추첨 순)

3) 그룹B 팀의 승점이 그룹A 팀보다 높더라도 최종 순위는 7~12위 내에서 결정된다.

3. 벌점에 대한 기준은 다음과 같다.

1) 경고 및 퇴장 관련 벌점

① 경고 : 1점 ② 경고 2회 퇴장 : 2점

③ 직접 퇴장 : 3점 ④ 경고 1회 후 퇴장 : 4점

2) 상벌위원회 징계 관련 벌점

① 제재금 100만 원당 : 3점 ② 출장정지 1경기당 : 3점

3) 코칭스태프 및 팀 스태프 퇴장, 클럽(임직원 포함)에 부과된 징계는 팀 벌점에 포함한다.

4) 사후징계 및 감면 결과는 팀 벌점에 포함한다.

4. 개인기록 순위결정

1) 개인기록순위 결정은 본 대회(1~38R) 성적으로 결정한다.

2) 득점(Goal) 개인기록순위 결정의 우선 순서는 다음과 같다.

①최다득점선수 ②출전경기가 적은 선수 ③출전시간이 적은 선수

3) 도움(Assist) 개인기록순위 결정의 우선 순서는 다음과 같다.

①최다도움선수 ②출전경기가 적은 선수 ③출전시간이 적은 선수

**제31조 (시상)_** 1. 본 대회의 단체상 및 개인상 시상내역은 다음과 같다.

| 구분 | | 시상내역 | 비고 |
|---|---|---|---|
| 단체상 | 우승 | 상금 500,000,000원 + 트로피 + 메달 | |
| | 준우승 | 상금 200,000,000원 + 상패 | |
| | 페어플레이 | 상금 10,000,000원 + 상패 | 각 팀 페어플레이 평점 |
| 개인상 | 최다득점선수 | 상금 5,000,000원 + 상패 | 대회 개인기록 |
| | 최다도움선수 | 상금 3,000,000원 + 상패 | 대회 개인기록 |

2. 페어플레이 평점은 다음과 같다.

1) 페어플레이 평점은 각 클럽이 본 대회에서 받은 총벌점을 해당 팀 경기수로 나눈 것으로 평점이 낮은 팀이 페어플레이상을 수상한다.

2) 벌점에 대한 기준은 상기 제29조 3항에 따른다.

3) 만일 페어플레이 평점이 2개 팀 이상 동일할 경우, 성적 상위팀이 수상한다.

3. 우승 트로피 보관 및 각종 메달 수여는 다음과 같다.

1) 우승 클럽(팀)에 본 대회 우승 트로피가 수여되며, 우승 트로피를 1년 동안 보관할 수 있다. 수여된 우승 트로피가 연맹에 반납되기 전까지 우승 트로피의 관리(보관, 훼손, 분실 등)에 대한 모든 책임은 해당 클럽(팀)에 있다.

2) 전년도 우승 클럽(팀)은 우승 트로피를 정규 라운드(33R) 종료 후 연맹에 반납하여야 한다.

3) 연맹은 아래와 같이 메달을 수여한다.

① 대상: 클럽의 K리그에 등록된 선수 및 코칭스태프(우승 확정일 기준)

② 개수: 인당 1개씩 수여

**제32조 (출전자격)_** 1. K리그 선수규정 5조에 의거하여 선수 등록을 완료한 선수만이 공식경기에 출전할 자격을 갖는다.

2. K리그 선수규정 6조에 의거하여 연맹에 등록을 완료한 코칭스태프 및 팀 스태프 중 출전선수명단에 등재된 자만이 공식경기 중, 벤치에 착석할 수 있으며, 경기 중 기술지역에서의 선수지도행위는 1명만이 할 수 있다(통역 1명 대동 가능).

3. 제재 중인 지도자(코칭스태프, 팀 스태프 포함)는 다음 항목을 준수하여야 한다.

1) 출전정지제재 중이거나 경기 중 퇴장 조치된 코칭스태프는 공식경기에서 관중석을 제외한 지역에 대해 출입이 제한되며, 경기 전 훈련 지도 및 경기 중 전자장비 사용을 포함한 어떠한 지도(지시) 행위도 불가하다.

2) 징계 중인 지도자(원정팀 포함)가 경기를 관전하고자 할 경우, 홈 클럽은 본부석 쪽에 좌석을 제공하여야 하며, 해당 지도자의 안전을 위한 조치를 취해야 한다.

3) 상기 제1호를 위반할 경우, 연맹 상벌규정 제12조 제2항에 해당하는 제재를 부과할 수 있다.

4. 경고, 퇴장, 상벌위원회 징계 등에 따라 출전이 정지된 선수, 코칭스태프, 팀 스태프의 출전으로 인한 모든 책임은 해당 클럽에 있다.

5. 준프로 계약을 체결한 선수의 공식경기 출전은 선수규정 부칙 및 '유소년 클럽 소속 선수의 프로경기 출전을 위한 계약 세칙'을 따른다.

**제33조 (출전선수명단 제출 의무)_** 1. 공식경기에 참가하는 홈 클럽과 원정 클럽은 경기 개시 90분 전까지 경기감독관에게 출전선수명단을 제출하여 승인을 받아야 하며, 출전선수 스타팅 포메이션(Starting Formation)을 별도로 함께 제출하여야 한다.

2. 출전선수명단에는 출전 선수, 코칭스태프 및 팀 스태프 명단, 유니폼 색상이 포함되어야 하며, 제출된 인원만이 해당 공식경기 출전과 팀 벤치 착석 및 기술지역 출입, 선수 지도를 할 수 있다. 단, 출전선수명단에 등재할 수 있는 코칭스태프 및 팀 스태프의 수는 13명까지로 하며, 스카우트, 전력분석관, 장비담당자는 벤치에 착석할 수 없다.

3. 출전선수명단 승인 후에는 선수명단 변경을 할 수 없다. 다만, 경기 개시 전에 선발 출전선수 중 부상 등의 불가피한 사유로 경기출전이 불가능한 선수가 발생한 경우에 그 선발 선수를 후보 선수와 교체할 수 있다.

4. 본 대회의 출전선수명단은 20명을 원칙으로 하며, 다음 사항을 반드시 준수하여야 한다.

1) 골키퍼(GK)는 반드시 국내 선수이어야 하며, 후보 골키퍼(GK)는 반드시 1명이 포함되어야 한다.

2) 외국 국적 선수의 경우, 출전선수명단에 최대 6명까지 등록할 수 있으며, 경기 동시 출전은 최대 4명까지 가능하다. 단,6명 등록 및 4명 출전 시 최소 1명은 AFC 국적 선수이어야 한다.

3) 국내 U22(2003.01.01 이후 출생자) 국내선수는 출전선수명단에 최소 2명 이상 포함(등록)되어야 한다. 만일 국내 U22 선수가 출전선수명단에 포함되어 있지 않을 경우, 해당 인원만큼 출전선수명단에서 제외한다(즉, 국내 U22 선수가 1명 포함될 경우 출전선수명단은 19명으로 하며, 전혀 포함되지 않을 경우 출전선수명단은 18명으로 한다).

4) 출전선수명단에 포함된 국내 U22 선수 1명은 반드시 의무선발출전을 해야 한다. 만일 국내 U22 선수가 의무선발출전을 하지 않을 경우, 선수교체 가능인원은 3명으로 제한한다. 단, 국내 U22선수가 2명 이상 교체출전 할 경우, 선수교체 가능인원은 4명이 된다.

5) 홈그로운 선수 중 2003.01.01. 이후 출생자는 국내 U22선수로 간주하여 의무선발출전 제도의 적용을 받는다.

6) 클럽에 등록된 국내 U22 선수가 KFA 각급 대표팀 선수로 소집(소집일 ~ 해산일)될 경우, 해당 클럽은 소집 기간 동안에는 의무선발출전 규정(상기 4호)과 차출된 수(인원)만큼 엔트리 등록 규정도 적용받지 않는다. 단, 소집된 선수가 경고누적, 퇴장, 징계 등으로 인하여 출장정지 중인 경우에는 이 규정을 적용하지 않는다.

<table>
<tr><th rowspan="2">U22 선수 각급대표 소집</th><th colspan="2">출전선수명단(엔트리)</th><th colspan="2">U22선수</th><th rowspan="2">선수교체 가능인원</th></tr>
<tr><th>U22선수 포함 인원</th><th>등록가능인원</th><th>의무선발</th><th>교체 출전</th></tr>
<tr><td rowspan="10">0명</td><td>0명</td><td>18명</td><td>-</td><td>-</td><td>3명</td></tr>
<tr><td rowspan="3">1명</td><td rowspan="3">19명</td><td rowspan="2">0명</td><td>-</td><td>3명</td></tr>
<tr><td>1명</td><td>3명</td></tr>
<tr><td>1명</td><td>-</td><td>4명</td></tr>
<tr><td rowspan="6">2명 이상</td><td rowspan="6">20명</td><td rowspan="3">0명</td><td>-</td><td>3명</td></tr>
<tr><td>1명</td><td>3명</td></tr>
<tr><td>2명 이상</td><td>4명</td></tr>
<tr><td rowspan="2">1명</td><td>-</td><td>4명</td></tr>
<tr><td>1명 이상</td><td>5명</td></tr>
<tr><td>2명 이상</td><td>무관</td><td>5명</td></tr>
<tr><td rowspan="4">1명</td><td>0명</td><td>19명</td><td>0명</td><td>-</td><td>4명</td></tr>
<tr><td rowspan="3">1명 이상</td><td rowspan="3">20명</td><td rowspan="2">0명</td><td>-</td><td>4명</td></tr>
<tr><td>1명 이상</td><td>5명</td></tr>
<tr><td>1명 이상</td><td>무관</td><td>5명</td></tr>
<tr><td>2명 이상</td><td>무관</td><td>20명</td><td>무관</td><td>무관</td><td>5명</td></tr>
</table>

5. 순연 경기 및 재경기(90분 재경기에 한함)의 출전선수명단은 다시 제출하여야 한다.

**제34조 (일반 선수교체)_** 1. 본 대회의 선수 교체는 경기감독관이 승인한 출전선수명단에 의해 후보선수명단 내에서만 가능하다.

2. 본 대회요강 제33조 4항 4호에 의거, 국내 U22 선수(2003.01.01 이후 출생자)가 선발출전하지 않을 경우, 해당 클럽은 최대 3명만 선수교체가 가능하다. 단, 국내 U22선수가 2명 이상 교체출전 할 경우, 선수교체 가능인원은 4명이 된다.. 이를 위반할 경우, 제21조 2항~4항에 따른다.

3. 국내 U22 선수가 1명 선발출전 할 경우, 해당 클럽은 최대 4명 선수교체가 가능하며, 후보 명단에 포함된 U22선수가 추가로 교체출전하는 경우 교체가능 인원은 최대 5명이 된다. 만약 선발로 U22선수가 2명이상 출전 시에는 교체 출전여부와 관계없이 최대 5명의 선수교체가 가능하다.

4. 선수 교체 횟수는 경기 중에 최대 3회 가능하며, 하프타임 종료 후 후반전 킥오프 전에 한 차례 추가로 선수교체가 가능하다.

5. 출전선수명단 승인(경기감독관 서명) 후, 선발출전선수 11명 중 킥오프 전에 경기출전이 불가한 선수가 발생할 경우, 킥오프 전까지 경기감독관의 승인하에 출전선수명단의 교체 대상선수 9명에 한하여 해당 선수와 교체할 수 있으며, 교체된 선수는 후보선수명단으로 포함되나 해당 경기에 출전할 수 없다.

1) 상기 5항의 경우 선수교체 인원으로 적용되지 않으며, 3명의 선수교체 가능 인원 수는 유효하다.

2) 선발출전선수 11명 중 국내 U22 선수 의무선발출전선수가 출전이 불가하여 후보 선수명단 내의 국내 U22 선수와 교체될 경우 선수교체 가능인원은 유지되며, 이 경우 별도의 U22 선수가 출전선수명단에 없다면 상기 3항은 적용할 수 없다. 단, 국내 U22 선수가 아닌 선수와 교체될 경우 제33조 4항 4)호에 따른다.

3) 출전선수명단 내 교체 대상선수 9명 중 경기출전이 불가한 선수가 발생하더라도 해당 선수는 명단 외 선수와 교체할 수 없다.

**제35조 (뇌진탕 교체)_** 1. 클럽은 경기 중인 선수가 뇌진탕 증세를 보일 경우,

이미 사용된 교체 횟수 및 선수 숫자와 무관하게 경기당 최대 1명의 선수 교체(이하 '뇌진탕 교체')가 가능하다. 단, 클럽이 '뇌진탕 교체'와 동시에 '일반 교체'를 하는 경우, 이는 '일반 교체' 기회 중 하나를 사용한 것으로 간주한다.

2. 뇌진탕 또는 뇌진탕 증세로 의심되는 선수는 더 이상 경기에 참여할 수 없으며, 선수대기실 혹은 의료시설로 이동해야 한다.
3. 클럽이 '뇌진탕 교체'를 하는 경우, 상대 클럽은 사유와 상관없이 '추가 교체' 선수를 사용할 수 있고 '추가 교체' 기회를 받는다. 상대 클럽의 '추가 교체' 기회는 '추가 교체' 선수 1인에 대하여만 사용할 수 있고, '추가 교체' 기회를 사용하여 '일반 교체'를 진행할 수 없다.
4. '뇌진탕 교체'는 팀(의료진, 코칭스태프 등)이 결정하며 심판진은 '뇌진탕 교체' 여부를 결정하는 의사결정에 개입하지 않는다. '뇌진탕 교체'가 부적절하게 이루어진 것으로 판단되면 심판진은 경기 종료 후 대한축구협회에 제출하는 심판보고서에 기재하여야 한다.
5. '뇌진탕 교체'로 국내 U22 선수(2003.01.01 이후 출생자)가 투입될 경우, 국내 U22선수 투입에 따른 교체 가능 인원 변동은 동일하게 적용된다. 클럽의 '뇌진탕 교체'에 따른 상대 클럽의 '추가 교체' 선수로 국내 U22선수가 투입될 경우도 교체 가능 인원 변동은 동일하게 적용된다.
6. '뇌진탕 교체'의 경우라도 외국인 선수 출전 규정을 준수하여야 한다.
7. '뇌진탕 교체' 된 선수는 의료진에게 충분한 검사 및 치료를 받고 훈련 복귀 및 경기출전이 문제없다는 확인을 의사에게 진단받아야 한다. 또한, 해당 선수가 경기 출전을 위해서는 출전 대상 경기 1일 전까지 경기 출전이 가능함을 증명하는 진단서를 연맹에 제출하여야 한다.
8. '뇌진탕 교체'와 '추가 교체'는 연맹이 지정한 교체 용지를 사용하여 실시한다.
9. 본 조에 명시되지 않은 사항은 '2024/25 IFAB 경기규칙서'의 내용에 따른다.

**제36조 (주장만 심판에 접근 가능)**_ 1. 각 팀에서 한 명의 선수(일반적인 경우 주장)만이 주심에게 접근할 수 있으며, 주장 이외의 선수가 주심에게 접근하거나 주심을 둘러싸는 경우 주심은 해당 선수에게 경고를 줄 수 있다.

2. 주장을 포함한 모든 선수는 주심에게 언어나 행동으로 과격하게 항의를 할 경우 경고를 받을 수 있다.
3. 주장 외의 선수라도 경기 중 사건에 직접적인 관련이 있는 선수(해당 선수가 반칙을 저지른 경우, 반칙을 당한 경우, 부상을 당한 경우 등)는 주심과 소통할 수 있다. 단, 일반적인 소통이 아닌 언어나 행동으로 과격하게 항의를 한 선수는 경고를 받을 수 있다.
4. 골키퍼가 주장인 경우, 코인 토스 전에 주심에게 골키퍼를 대신하여 주심에게 접근할 선수를 지정하여 알려야 하며, 지정된 선수가 교체되거나 퇴장당한 경우 다른 선수를 지정해야 한다.

**제37조 (출전정지)**_ 1. 본 대회에서 경고누적에 의한 출전정지 및 퇴장(경고 2회 퇴장, 직접 퇴장, 경고 1회 후 직접 퇴장)에 의한 출전정지는 최종 라운드(1~38R)까지 연계 적용한다.

2.선수는 처음 각 5회, 3회의 경고누적 시 다음 1경기가 출전 정지되며, 이후 매 2회 누적마다 다음 1경기 출전정지와 제재금 칠십만 원(700,000원)이 부과된다. 코칭스태프의 경우, 처음 각 3회, 2회의 경고누적 시 1경기의 출전정지 제재가 적용되며, 이후 매 경고 1회마다 다음 1경기 출전정지 된다.
3. 1경기 경고 2회 퇴장에 의한 출전정지는 다음 1경기가 출전 정지되며, 제재금은 일백만 원(1,000,000원)이 부과된다. 이 경고는 누적에 산입되지 않는다.
4. 직접 퇴장에 의한 출전정지는 다음 2경기가 출전 정지되며, 제재금은 일백이십만 원(1,200,000원)이 부과된다.
5. 경고 1회 후 직접 퇴장에 의한 출전정지는 다음 2경기가 출전 정지되며, 제재금은 일백오십만 원(1,500,000원)이 부과된다. 경고 1회는 유효하며, 누적에 산입된다.
6. 제재금은 연맹이 지정한 기일까지 구단 혹은 해당자 명의로 납부하여야 한다. 이를 위반할 경우, 경기에 출전할 수 없다.
7. 상벌위원회 징계로 인한 출전정지는 시즌 및 대회에 관계없이 연계 적용한다.
8. 선수이면서 코칭스태프로 등록된 자가 선수로서 출장정지제재를 받은 경우 그 제재의 이행을 완료할 때까지 코칭스태프로서 경기에 출장할 수 없다. 코칭스태프로서 출장정지제재를 받은 경우에도 그 제재의 이행을 완료할 때까지 선수로서 경기에 출장할 수 없다.
9. 선수이면서 코칭스태프로 등록된 자의 경고누적으로 인한 출장정지 및 제재금 부과 기준은 코칭스태프의 예에 따르며, 누적에 산입되는 경고의 횟수는 선수로서 받은 경고와 코칭스태프로서 받은 경고를 모두 더한 것으로 한다.
10. 경고, 퇴장, 상벌위원회 징계 등에 따라 출전이 정지된 선수, 코칭스태프, 팀 스태프의 출전으로 인한 모든 책임은 해당 클럽에 있다.

**제38조 (유니폼)**_ 1. 본 대회는 K리그 마케팅 규정상의 팀 색상 및 유니폼 규정에 따라 반드시 연맹이 승인하고 지정한 유니폼을 착용해야 한다.

2. 선수 번호(배번은 1번~99번으로 한정하며, 배번 1번은 GK에 한함)는 출전선수명단에 기재되어 있는 선수 번호와 일치하여야 하며, 배번의 식별이 가능하도록 명확하게 표시되어 있어야 한다. 단, 특별한 사유에 따라 연맹에 사전 승인을 득한 경우 1번~99번 이외 배번 사용이 가능하다.
3. 팀의 주장은 주장인 것을 명확하게 표시하는 완장(Armband)을 착용하여야 한다.
4. 공식경기에 참가하는 모든 클럽은 제1유니폼과 제2유니폼을 필히 지참함을 원칙으로 하며, 경기 전 연맹(경기감독관) 및 상대 클럽과 유니폼 착용 색상과 관련하여 사전 조율하여야 한다. 조율이 되지 않을 경우 연맹(경기감독관)이 최종 결정한다. 이를 따르지 않을 경우 위반한 클럽에 제재금 500만 원을 부과할 수 있다.
5. 유니폼 안에 착용하는 이너웨어의 색상은 아래 각 호에 따른다.
   1) 상의 이너웨어의 색상은 유니폼 상의 소매의 주색상과 일치해야 한다. 단, 유니폼 상의 소매 부분의 주색상이 상대팀 유니폼의 주색상과 동일하거나 유사할 경우에는 유니폼 상의의 주색상으로 착용할 수 있다. 이를 위반할 경우 공식경기 출전이 불가하다.
   2) 하의 이너웨어의 색상은 반드시 하의 주 색상 또는 하의 끝부분의 색상과 동일해야 하고, 이를 위반할 경우 공식경기 출전이 불가하다.
6. 스타킹과 발목밴드(테이핑)는 동일 색상(계열)이어야 한다. 이를 위반할 경우 심판은 시정을 명할 수 있고, 이에 불응할 경우 경기출전을 금지시킬 수 있다.

**제39조 (사용구)**_ 본 대회의 공식 사용구는 '코넥스트 25 프로(CONEXT 25 PRO)'로 한다.

**제40조 (경기관계자 미팅)**_ 1. 경기시작 60~50분 전(양 팀 감독 인터뷰 진행 전) 경기감독관실에서 실시한다.

2. 참석자는 해당 경기의 경기감독관, 심판평가관, 주심, 양 팀 감독, 양 팀 팀매니저, 홈경기 운영자(필요시)로 한다.
3. 주요내용은 아래와 같다.
   1) 경기와 관련한 리그의 주요방침
   2) 판정 가이드라인 등 심판판정에 관한 사항
   3) 기타 해당경기 특이사항 공유

**제41조 (경기 전후 인터뷰 및 기자회견)**_ 1. 홈 클럽은 공동취재구역인 믹스드 존(Mixed Zone)과 기자회견실을 반드시 마련하고, 양 클럽 홍보담당자는 경기 전 인터뷰, 경기 후 플래시인터뷰, 공식기자회견, 믹스드 존 인터뷰가 원활히 이뤄질 수 있도록 협조하여야 한다.

2. 취재기자는 경기 킥오프 90분 전부터 60분 전까지 홈 클럽이 지정한 장소(라커룸 출입구 인근 통로, 그라운드 진입 통로, 그라운드 주변 등)에서 양 클럽 선수단에게 질문할 수 있고, 선수의 동의하에 인터뷰를 할 수 있다.
3. 경기 중계방송사(HB)는 아래 각 호의 인터뷰를 실시할 수 있으며, 양 클럽

은 인터뷰 실시에 적극 협조한다.

1) 경기 킥오프 전 70분 내지 60분 전 양 클럽 감독 대상 인터뷰

2) 경기 전반전 종료 직후 양 클럽 감독 또는 수훈선수 대상 인터뷰

3) 경기 후반전 종료 직후 양 클럽 감독 또는 수훈선수 대상 인터뷰

4. 경기 당일 중계방송을 하지 않는 중계권 보유 방송사(RTV)는 경기 후반전 종료 후 양 팀의 감독 또는 수훈선수를 대상으로 하는 인터뷰를 실시할 수 있으며, 양 클럽은 인터뷰 실시에 적극 협조한다. 단, RTV의 인터뷰는 HB의 인터뷰가 종료된 후에 실시한다.

5. 홈 클럽은 경기 킥오프 50분 전부터 30분 전까지 라커룸 출입구 인근 통로에서 양 팀 감독과 취재기자가 참석하는 경기 전 인터뷰를 실시한다. 단, 위 장소에서 사전 인터뷰를 진행하기 어려운 사정이 있을 경우 구단은 다른 장소에서 인터뷰를 실시할 수 있다. 이 경우 사전에 취재기자들에게 인터뷰 장소를 공지하여야 한다.

6. 홈 클럽은 경기 종료 후 20분 이내에 경기장 내 기자회견실에서 양 클럽의 감독과 미디어가 요청하는 수훈선수가 참석하는 공식기자회견을 개최한다. 단, 수훈선수는 경기에 참가한 선수에 한한다. 양 클럽 홍보담당자는 감독 및 미디어 요청 선수가 공식기자회견에 참석할 수 있도록 협조한다.

7. 공식 기자회견의 순서는 원정 - 홈 클럽 순으로 진행하는 것을 원칙으로 하되, 양 클럽 홍보담당자의 합의에 따라 변경할 수 있다.

8. 미디어 부재로 공식기자회견을 개최하지 않은 경우, 홈 클럽 홍보담당자는 양 클럽 감독의 코멘트를 경기 종료 1시간 이내에 각 언론사에 배포한다.

9. 출장정지제재 중이거나 경기 중 퇴장 조치된 코칭스태프는 공식경기 당일 위 제1항의 활동을 포함한 모든 미디어 인터뷰 활동을 해서는 안 되고, 업무대행자가 각 활동을 대신 수행해야 한다.

10. 홈 클럽은 경기 종료 후 양 팀 선수단이 라커룸에서 나와 차량에 탑승하기 위해 이동하는 동선에 믹스드 존을 설치한다. 양 클럽 선수단은 공식기자회견이 종료된 이후에 라커룸을 출발하여 믹스드 존을 통과해야 한다. 믹스드 존에서는 미디어가 선수에게 질문할 수 있다.

11. 모든 기자회견은 연맹이 지정한 인터뷰 배경막(백드롭)을 배경으로 실시하여야 한다.

12. 인터뷰를 실시하지 않거나 공식기자회견에 참석하지 않을 경우, 해당 클럽과 선수, 감독에게 제재금(50만 원 이상)을 부과할 수 있다.

13. 인터뷰에서는 경기의 판정이나 심판과 관련하여 일체의 부정적인 언급이나 표현을 할 수 없으며, 위반 시 다음 각 호에 의한다.

1) 각 클럽 소속 선수, 코칭스태프, 팀 스태프, 임직원 등 모든 관계자에게 적용되며, 위반할 시 상벌규정 유형별 징계기준 제2조 가. 항 혹은 나. 항을 적용하여 제재를 부과한다.

2) 공식 인터뷰뿐만 아니라 대중에게 공개될 수 있는 어떠한 경로를 통한 언급이나 표현에도 적용된다.

14. 그 밖의 사항은 '2025 K리그 미디어 가이드라인'을 준수하여야 한다.

15. '2025 K리그 미디어가이드라인'을 준수하지 않을 경우, 해당시즌 팀 미디어 운영에 제한을 받을 수 있다.

**제42조 (중계방송협조)_** 1. 홈 클럽은 경기시작 4시간 전부터 경기종료 후 1시간까지 연맹, 심판, 선수, 스폰서, 중계제작사, 미디어를 포함한 모든 경기관계자가 원활한 경기진행 및 중계방송을 위해 요청하는 시설 및 서비스를 반드시 제공해야 할 책임이 있다.

2. 홈경기 담당자는 중계제작사의 도착시간을 기점으로 TV컴파운드(TV Compound)에 중계제작에 필요한 전력(단상(220V) 또는 3상 4선식(380V), 배전함 메인 전원 최소 100A 이상, 배선차단기 및 백업 전압(UPS 또는 발전기) 모두 구비)을 공급해야 하며, OB밴 주차 및 설치를 위해 평지의 대형 중계차가 가능한 구역을 확보하고, OB밴의 밤샘 주차가 필요한 경우 이에 대한 관리 및 경비를 시행해야 한다. 홈경기 담당자는 중계제작사의 요청 시 중계제작사의 요구조건에 부합하는 조명을 제공해야 하며, 별도의 취소 요청이 있을 때까지 이를 유지해야 한다.

3. 홈 클럽은 중계방송의 원활한 제작과 송출을 위해 HB 전용 별도의 '중계방송사룸'(미디어룸과 별개)을 반드시 마련하여야 하며, 중계에 필요한 케이블 시설 공간, 각종 전송용 기자재를 반드시 제공해야 한다. 이 외, 기타 중계방송에 필요한 시설 또는 설비의 경우 HB에 우선 사용권을 부여한다.

4. 홈경기 담당자와 경기감독관 또는 대기심(매치 오피셜 - Match Officials)은 팀 벤치 앞 터치라인(Touchline) 및 대기심(4th official) 테이블 근처에 위치한 피치사이드 카메라(표준 카메라 플랜 기준 3, 4, 5번 카메라)와 골대 근처에 위치한 카메라(8, 9, 10번 카메라)에 대한 리뷰를 진행해야 한다. 만약 담당자들 간의 의견이 합의점을 찾지 못할 경우, 경기감독관이 최종 결정을 내린다. 단, 3번 피치사이드 카메라의 경우 일반 카메라일 시 3번 카메라의 위치는 팀 벤치 및 대기심 테이블과 동일 선상을 이루어야 하며, 하프라인을 기준으로 좌측에 위치한다(우측은 대기심 테이블 위치). 3번 피치사이드 카메라가 로바디 카메라인 경우, 카메라가 피치 중앙, 대기심이 카메라 뒤에 위치한다.

5. 홈 클럽은 사전에 연맹과 협의하에 지정한 표준 카메라 포지션은 반드시 고정하고 유지하여야 하며, 모든 카메라 포지션은 안전을 위한 안정적 플랫폼 및 우천시를 대비한 가림막 공간 또는 설비를 마련하여야 한다. 또한, 일부 경기에 한하여 기존 중계장비 이외의 특수 카메라 설치가 필요할 시 최대한 협조한다.

6. 중계제작사는 버스 도착 시 양 팀 감독과 인터뷰를 진행할 권리를 가지고 있으며, 인터뷰는 버스 도착지점과 드레싱룸 사이 공간에 K리그가 제공하는 인터뷰 백드롭 앞에서 진행해야 한다. 인터뷰는 킥오프 전 60분~20분 사이에 진행하며, 진행시간은 90초 이내로 최대 3개의 질문을 초과할 수 없다. 만약 감독 또는 감독대행이 외국인인 경우, 해당 팀은 통역 인원을 준비해야 한다.

7. 중계제작사는 경기종료 시 감독 또는 선수 중 양 팀 각각 1인과 인터뷰를 진행할 권리를 가지고 있으며, 인터뷰는 피치 또는 피치와 드레싱룸 사이 공간에 K리그가 제공하는 인터뷰 백드롭 앞에서 진행해야 한다. 중계제작사는 최소 경기 종료 15분 전까지, 양 클럽 홍보 담당자(Media Officer)에게 희망 인터뷰 선수를 전달한다. 양 클럽 홍보 담당자는 감독과 인터뷰 요청 선수를 경기종료 즉시 인터뷰 백드롭 앞으로 인계해야 한다. 만약 감독 또는 감독대행이 외국인인 경우, 해당 팀은 통역 인원을 준비해야 한다.

8. 백드롭은 2.5m × 2.5m 사이즈로 리그 로고와 스폰서 로고를 포함한 디자인으로 제작된다. 연맹에서 각 클럽에 제공하며, 홈 클럽에게 관리의 책임이 있다. 감독 도착 인터뷰 및 하프타임과 경기 종료 후 피치사이드[Pitchside]의 플래시 인터뷰 시 각 팀은 K리그 공식 백드롭을 필수로 사용해야 한다.

9. 그 밖의 중계방송 관련 사항은 'K리그 중계방송제작가이드라인'을 준수해야 한다.

**제43조 (경기장 안전과 질서유지)_** 1. 홈 클럽은 경기개시 2시간 전부터 경기 종료 후 모든 관중 및 관계자가 퇴장할 때까지 선수, 팀 스태프, 심판을 비롯한 전 관계자와 관중의 안전 및 질서 유지에 대한 의무와 책임이 있다.

2. 홈 클럽은 상기 1항의 의무 실시를 위해 최선의 노력을 다해야 하며, 경기장 안전 및 질서를 어지럽히는 관중에 대해 그 입장을 제한하고 강제 퇴장시키는 등의 적정한 조치를 취할 수 있다.

3. 연맹, 클럽, 선수, 코칭스태프 및 팀 스태프, 관계자를 비방하는 사안이나, 경기진행 및 안전에 지장을 줄 수 있는 모든 사안에 대해 관련 클럽은 즉각 이를 시정 조치하여야 한다.

4. 경기감독관은 상기 3항에 해당하는 사안을 경기 중 또는 경기 전·후에 발견하였을 경우 관련 클럽에 시정 조치를 요구할 수 있으며, 관련 클럽은 경기감독관의 지시에 따라야 한다.

5. 상기 3·4항의 사안이 시정 조치되지 않을 경우, 상벌규정 유형별 징계기준 제5조 마.항 및 바.항에 의거, 해당 클럽에 제재를 부과할 수 있다.

6. 관중의 소요, 난동으로 인해 경기 진행에 문제가 발생하거나, 선수, 심판,

코칭스태프 및 팀 스태프, 미디어를 비롯한 관중의 안전과 경기장 질서 유지에 문제가 발생할 경우에는 관련 클럽이 사유를 불문하고 그에 대한 일체의 책임을 부담한다.

7. 홈 클럽은 선수단 구역과 양 팀 선수대기실 출입구에 경호요원을 상시 배치하여야 한다. 또한 해당 구역을 확인할 수 있는 CCTV를 설치해야 하며, 관련 영상을 15일간 보관해야 한다.

8. 연맹에서 제정한 '안전 가이드라인'을 준수하지 않을 경우, 상벌규정 유형별 징계 기준 제5조 바 항 및 사 항에 의거 해당 클럽에 제재를 부과할 수 있다.

**제44조 (홈경기 관리책임자, 홈경기 안전책임자 선정 및 경기장 안전요강)**_ 모든 클럽은 경기장 안전 및 원활한 진행을 위해 홈경기 관리책임자 및 홈경기 안전책임자를 선정하여 연맹에 보고하여야 하며, 경기 관리책임자 및 홈경기 안전책임자는 경기감독관의 업무 및 지시 사항에 대해 최대한 협조하여야 한다.

1. 반입금지물: 경기장에 입장하려는 사람 또는 입장한 사람은 홈경기 관리책임자 및 홈경기 안전책임자가 특별히 필요 사항에 의해 허락했을 경우를 제외하고 다음의 각 호에 명시된 것을 가지고 입장할 수 없다.
   1) 경기장 관리자에 의해 반입을 금지하고 있는 것
   2) 정치적, 사상적, 종교적인 주의 또는 주장 또는 관념을 표시하거나 또는 연상시키고 혹은 대회의 운영에 지장을 미칠 우려가 있는 게시판, 간판, 현수막, 플래카드, 문서, 도면, 인쇄물 등
   3) 연맹의 승인을 득하지 않은 특정의 회사 또는 영리기업의 광고를 목적으로 하여 특정의 회사명, 제품명 등을 표시한 것(특정 회사, 제품 등을 연상시키는 것 포함)
   4) 그 외 경기운영 또는 진행을 방해하여 타인에게 불편을 주거나 또는 위험하게 하거나 혹은 그러한 우려가 있거나 또는 운영담당·보안담당, 경비종사원이 위험성을 인정하는 것
2. 금지행위: 경기장에 입장하려는 사람 또는 입장한 사람은 홈경기 관리책임자 및 홈경기 안전책임자가 특별히 필요 사항에 의해 허락했을 경우를 제외하고는 다음의 각 호에 명시되는 행위를 해서는 안 된다.
   1) 경기장 관리자에 의해 금지되고 있는 행위
   2) 정당한 입장권 또는 통행증을 소지하지 않고 입장하는 것
   3) 항의 집회, 데모 등 대회의 원활한 운영을 저해할 우려가 있는 행위
   4) 알코올, 약물 그 외 물질을 소유 및 복용한 상태로 경기장에 입장하는 행위 또는 경기장에 이러한 물질을 방치해 두어 이것들의 영향에 의해 경기운영 또는 타인의 행위 등을 저해하는 행위(알코올 등의 영향에 의해 정상적인 행위를 할 수 없는 우려가 있는 상태일 경우 입장 불가)
   5) 해당 경기장(시설) 및 관련 장소에서 권유, 연설, 집회, 포교 등의 행위
   6) 정해진 장소 외에서 차량을 운전하거나 주차하는 것
   7) 상행위, 기부금 모집, 광고물의 게시 등의 행위
   8) 정해진 장소 외에 쓰레기 및 오물을 폐기하는 것
   9) 연맹의 승인 없이 영리목적으로 경기장면, 식전행사, 관객 등을 사진 또는 비디오로 촬영하는 것
   10) 연맹의 승인 없이 대회의 음성, 영상의 전부 또는 일부를 인터넷 및 미디어를 통해 전달하는 것
   11) 경기운영 또는 진행을 방해하여 타인에게 폐를 끼치거나 또는 위험을 미치거나 혹은 그러한 우려가 있으면서 경비종사원이 위험성을 인정한 행위
3. 경기장 관련: 경기장에 입장하려는 사람 또는 입장한 사람은 다음 각 호에 명시하는 사항을 준수하여야 한다.
   1) 입장권, 신분증, 통행증 등의 제시가 요구되었을 때는 이것을 제시해야 함
   2) 안전 확보를 위해 수화물, 소지품 등의 검사가 요구되었을 때는 이것에 따라야 함
   3) 사건·사고가 발생하거나 또는 발생 우려가 예상되는 경우, 경비 종사원 또는 치안 당국의 지시, 안내, 유도 등에 따라 행동할 것
4. 입장거부 또는 퇴장명령
   1) 홈경기 관리책임자 및 홈경기 안전책임자는 상기 3항의 경기장 안전요강을 위반한 사람의 입장을 거부하여 경기장으로부터의 퇴장을 명할 수 있으며, 상기 3항에 의거하여 반입금지물 몰수 등 필요한 조치를 취할 수 있다.
   2) 홈경기 관리책임자 및 홈경기 안전책임자는 상기 4항 1호에 해당하는 사람 중에서 특히 고의, 상습으로 확인된 사람에 대해서는 이후 개최되는 연맹 주최의 공식경기에 입장을 거부할 수 있다.
   3) 홈경기 관리책임자 및 홈경기 안전책임자에 의해 입장이 거부되거나 경기장에서 퇴장을 받았던 사람은 입장권 구입 대금의 환불을 요구할 수 없다.
5. 권한의 위임: 홈경기 관리책임자는 특정 시설에 대해 그 권한을 타인에게 위임할 수 있다.
6. 안전 가이드라인 준수: 모든 클럽은 연맹이 정한 'K리그 안전가이드라인'을 준수하여야 한다.

**제45조 (기타 유의사항)**_ 각 클럽은 아래 사항을 숙지하고 준수하여야 한다.

1. 모든 취재 및 방송중계 활동을 위한 미디어 관련 입장자는 2025 K리그 미디어 가이드라인을 준수하여야 한다.
2. 경기에 참가하는 선수단(코칭스태프, 팀 스태프 포함)은 경기시작 100분 전에 경기장에 도착하여야 한다.
3. 오픈경기 및 축구클리닉 등 경기 진행에 영향을 미치는 행사는 본 경기 개최 1시간(60분) 전까지 반드시 종료되어야 하며, 연맹에 사전 승인을 받아야 한다.
4. 선수는 신체보호를 위해 반드시 정강이 보호대를 착용하고 경기에 임해야 한다.
5. 경기 중 클럽의 임원, 코칭스태프, 팀 스태프, 선수는 경기장 내에서 흡연을 할 수 없으며, 이를 위반할 경우 퇴장 조치한다.
6. 시상식에는 연맹이 지정한 클럽(팀)과 수상 후보자가 반드시 참석하여야 한다.
7. 체육진흥투표권(스포츠토토 등) 발매 이상 징후 대응경보 발생 시, 경기시작 90분 전 대응 미팅에 관계자(경기감독관, 양 클럽 관계자 및 감독) 등이 참석하여야 한다.
8. 경기 중, 교체대상 선수의 워밍업은 연맹이 사전에 지정한 장소에서 실시해야 한다.
9. 경기감독관은 하절기(6~8월) 기간 중, 쿨링 브레이크 제도(워터 타임)의 실시 여부를 결정할 수 있다. 감독관은 경기시작 20분 전, 기온을 측정해 32도(섭씨) 이상일 경우, 심판진과 협의해 실시할 수 있다.
10. 심판 판정에 대한 제소는 불가하다.
11. 클럽은 경기 중 전력분석용 팀 카메라 1대를 상층 카메라구역에 설치할 수 있다. 원정 클럽이 팀 카메라를 설치하는 경우 홈 클럽에 승인을 득해야 한다.

**제46조 (부칙)**_ 본 대회요강에 명시되지 않은 사항은 K리그 규정, FIFA 규정, K리그 이사회 결정을 준용한다.

2월 15일 13:00 맑음 포항 스틸야드 10,519명
주심_ 이동준 부심_ 송봉근·곽승순 대기심_ 정회수 경기감독관_ 허태식

**포항 0** (0 전반 1 / 0 후반 2) **3 대전**

| 퇴장 | 경고 | 파울 | ST(유) | 교체 | 선수명 | 배번 | 위치 | 위치 | 배번 | 선수명 | 교체 | ST(유) | 파울 | 경고 | 퇴장 |
|---|---|---|---|---|---|---|---|---|---|---|---|---|---|---|---|
| 0 | 0 | 0 | 0 |  | 윤평국 | 1 | GK | GK | 1 | 이창근 |  | 0 | 0 | 0 | 0 |
| 0 | 0 | 0 | 0 |  | 이태석 | 26 | DF | DF | 2 | 박규현 |  | 0 | 1 | 0 | 0 |
| 0 | 0 | 1 | 0 |  | 이동희 | 3 | DF | DF | 98 | 안톤 | 28 | 0 | 0 | 0 | 0 |
| 0 | 0 | 0 | 0 |  | 전민광 | 4 | DF | DF | 4 | 김현우 |  | 0 | 1 | 0 | 0 |
| 0 | 0 | 0 | 0 | 2 | 신광훈 | 17 | DF | DF | 6 | 강윤성 |  | 0 | 2 | 1 | 0 |
| 0 | 0 | 0 | 2 | 7 | 주닝요 | 97 | MF | MF | 17 | 최건주 | 11 | 1(1) | 3 | 1 | 0 |
| 0 | 0 | 0 | 0 |  | 김종우 | 6 | MF | MF | 44 | 이순민 |  | 0 | 2 | 0 | 0 |
| 0 | 0 | 0 | 1 |  | 오베르단 | 8 | MF | MF | 8 | 밥신 |  | 1(1) | 1 | 0 | 0 |
| 0 | 0 | 0 | 0 | 37 | 안재준 | 20 | MF | MF | 71 | 켈빈 | 27 | 0 | 0 | 0 | 0 |
| 0 | 0 | 0 | 4(2) |  | 완델손 | 77 | FW | FW | 7 | 마사 | 70 | 1 | 1 | 0 | 0 |
| 0 | 0 | 0 | 6(1) | 9 | 이호재 | 19 | FW | FW | 10 | 주민규 | 9 | 2(2) | 0 | 0 | 0 |
| 0 | 0 | 0 | 0 |  | 황인재 | 21 |  |  | 25 | 이준서 |  | 0 | 0 | 0 | 0 |
| 0 | 0 | 0 | 0 | 후35 | 어정원 | 2 |  |  | 28 | 아론 | 후0 | 0 | 1 | 0 | 0 |
| 0 | 0 | 0 | 0 |  | 이규백 | 34 |  |  | 3 | 하창래 |  | 0 | 0 | 0 | 0 |
| 0 | 0 | 0 | 0 |  | 한찬희 | 16 |  |  | 22 | 오재석 |  | 0 | 0 | 0 | 0 |
| 0 | 0 | 0 | 0 | 후29 | 조상혁 | 99 | 대기 | 대기 | 23 | 김민우 |  | 0 | 0 | 0 | 0 |
| 0 | 0 | 0 | 0 | 전3/99 | 홍윤상 | 37 |  |  | 11 | 김인균 | 후36 | 0 | 1 | 1 | 0 |
| 0 | 0 | 0 | 1(1) | 후0 | 김인성 | 7 |  |  | 27 | 정재희 | 후0 | 1 | 0 | 0 | 0 |
| 0 | 0 | 2 | 1 | 후35 | 조르지 | 9 |  |  | 70 | 김현욱 | 후18 | 0 | 0 | 0 | 0 |
| 0 | 0 | 0 | 0 |  | 백성동 | 10 |  |  | 9 | 구텍 | 후45 | 0 | 0 | 0 | 0 |
| 0 | 0 | 3 | 15(4) |  |  | 0 |  |  | 0 |  |  | 6(4) | 13 | 3 | 0 |

- 전반 31분 마사 PA 정면 내 ~ 최건주 GAL L-ST-G (득점: 최건주, 도움: 마사) 오른쪽
- 후반 41분 주민규 GA 정면 내 H-ST-G (득점: 주민규) 왼쪽
- 후반 44분 정재희 PAR 내 ~ 주민규 GA 정면 R-ST-G (득점: 주민규, 도움: 정재희) 왼쪽

2월 15일 16:30 흐림 광주 월드컵 4,690명
주심_ 박병진 부심_ 박상준·박균용 대기심_ 오현진 경기감독관_ 이경춘

**광주 0** (0 전반 0 / 0 후반 0) **0 수원FC**

| 퇴장 | 경고 | 파울 | ST(유) | 교체 | 선수명 | 배번 | 위치 | 위치 | 배번 | 선수명 | 교체 | ST(유) | 파울 | 경고 | 퇴장 |
|---|---|---|---|---|---|---|---|---|---|---|---|---|---|---|---|
| 0 | 0 | 0 | 0 |  | 김경민 | 1 | GK | GK | 23 | 안준수 |  | 0 | 0 | 0 | 0 |
| 0 | 0 | 0 | 0 |  | 이민기 | 3 | DF | DF | 2 | 이용 |  | 0 | 0 | 0 | 0 |
| 0 | 0 | 1 | 0 |  | 민상기 | 39 | DF | DF | 4 | 김태한 |  | 0 | 0 | 0 | 0 |
| 0 | 0 | 0 | 0 |  | 안영규 | 6 | DF | DF | 6 | 최규백 |  | 0 | 1 | 0 | 0 |
| 0 | 0 | 0 | 0 |  | 김진호 | 23 | DF | DF | 21 | 서재민 | 99 | 0 | 0 | 0 | 0 |
| 0 | 0 | 1 | 0 | 77 | 박정인 | 13 | MF | MF | 7 | 이재원 |  | 0 | 2 | 0 | 0 |
| 0 | 0 | 1 | 2(1) | 21 | 문민서 | 88 | MF | MF | 8 | 노경호 |  | 0 | 2 | 1 | 0 |
| 0 | 0 | 1 | 0 | 55 | 이강현 | 8 | MF | MF | 24 | 김주엽 | 77 | 1(1) | 0 | 0 | 0 |
| 0 | 0 | 0 | 0 | 7 | 김한길 | 22 | MF | MF | 47 | 최산 | 14 | 0 | 2 | 0 | 0 |
| 0 | 0 | 0 | 1 | 19 | 박인혁 | 18 | FW | MF | 70 | 안데르손 |  | 2(1) | 0 | 0 | 0 |
| 0 | 0 | 3 | 2(1) |  | 헤이스 | 17 | FW | FW | 10 | 지동원 | 9 | 0 | 2 | 0 | 0 |
| 0 | 0 | 0 | 0 |  | 노희동 | 12 |  |  | 1 | 황재윤 |  | 0 | 0 | 0 | 0 |
| 0 | 0 | 0 | 0 |  | 조성권 | 2 |  |  | 5 | 이현용 |  | 0 | 0 | 0 | 0 |
| 0 | 0 | 0 | 0 |  | 권성윤 | 27 |  |  | 20 | 이지솔 |  | 0 | 0 | 0 | 0 |
| 0 | 0 | 1 | 1 | 후12 | 박태준 | 55 |  |  | 99 | 아반다 | 후36 | 0 | 0 | 0 | 0 |
| 0 | 0 | 0 | 0 | 후24 | 강희수 | 21 | 대기 | 대기 | 14 | 윤빛가람 | 후0 | 1 | 1 | 0 | 0 |
| 0 | 0 | 0 | 0 |  | 신창무 | 40 |  |  | 34 | 장윤호 |  | 0 | 0 | 0 | 0 |
| 0 | 0 | 0 | 1(1) | 후33 | 황재환 | 19 |  |  | 9 | 싸박 | 후19 | 0 | 0 | 0 | 0 |
| 0 | 0 | 1 | 0 | 후12 | 오후성 | 77 |  |  | 11 | 이준석 |  | 0 | 0 | 0 | 0 |
| 0 | 0 | 1 | 0 | 후12 | 아사니 | 7 |  |  | 77 | 오프키르 | 후19 | 1 | 0 | 0 | 0 |
| 0 | 0 | 10 | 7(3) |  |  | 0 |  |  | 0 |  |  | 5(2) | 10 | 1 | 0 |

2월 15일 15:30 흐리고 비 제주 월드컵 11,049명
주심_ 최광호 부심_ 김계용·방기열 대기심_ 박종명 경기감독관_ 조성철

**제주 2** (1 전반 0 / 1 후반 0) **0 서울**

| 퇴장 | 경고 | 파울 | ST(유) | 교체 | 선수명 | 배번 | 위치 | 위치 | 배번 | 선수명 | 교체 | ST(유) | 파울 | 경고 | 퇴장 |
|---|---|---|---|---|---|---|---|---|---|---|---|---|---|---|---|
| 0 | 0 | 0 | 0 |  | 김동준 | 1 | GK | GK | 31 | 강현무 |  | 0 | 0 | 0 | 0 |
| 0 | 0 | 0 | 0 |  | 안태현 | 22 | DF | DF | 22 | 김진수 |  | 0 | 1 | 0 | 0 |
| 0 | 0 | 0 | 0 | 3 | 임채민 | 26 | DF | DF | 30 | 김주성 |  | 0 | 0 | 0 | 0 |
| 0 | 0 | 0 | 0 |  | 송주훈 | 4 | DF | DF | 5 | 야잔 |  | 0 | 0 | 0 | 0 |
| 0 | 0 | 2 | 0 | 18 | 김륜성 | 40 | DF | DF | 16 | 최준 | 23 | 0 | 0 | 0 | 0 |
| 0 | 0 | 2 | 1 |  | 이탈로 | 5 | MF | MF | 7 | 정승원 |  | 2(2) | 1 | 0 | 0 |
| 0 | 0 | 2 | 3(1) |  | 김건웅 | 14 | MF | MF | 6 | 기성용 | 8 | 0 | 0 | 0 | 0 |
| 0 | 0 | 0 | 2(1) | 7 | 김준하 | 27 | MF | MF | 77 | 루카스 | 41 | 1 | 1 | 0 | 0 |
| 0 | 0 | 1 | 1(1) | 24 | 남태희 | 10 | MF | MF | 10 | 린가드 |  | 4(1) | 4 | 0 | 0 |
| 0 | 0 | 0 | 0 |  | 유인수 | 17 | MF | MF | 27 | 문선민 | 11 | 0 | 1 | 0 | 0 |
| 0 | 0 | 0 | 0 | 35 | 박동진 | 50 | FW | FW | 9 | 조영욱 | 42 | 0 | 0 | 0 | 0 |
| 0 | 0 | 0 | 0 |  | 안찬기 | 21 |  |  | 1 | 백종범 |  | 0 | 0 | 0 | 0 |
| 0 | 0 | 0 | 0 | 후39 | 장민규 | 3 |  |  | 17 | 김진야 |  | 0 | 0 | 0 | 0 |
| 0 | 0 | 0 | 0 |  | 김태환 | 16 |  |  | 23 | 이시영 | 후17 | 0 | 1 | 1 | 0 |
| 0 | 0 | 0 | 0 |  | 임창우 | 23 |  |  | 20 | 이한도 |  | 0 | 0 | 0 | 0 |
| 0 | 0 | 0 | 0 |  | 김정민 | 6 | 대기 | 대기 | 8 | 이승모 | 후25 | 0 | 1 | 0 | 0 |
| 0 | 0 | 0 | 0 | 후23 | 서진수 | 7 |  |  | 41 | 황도윤 | 후39 | 0 | 0 | 0 | 0 |
| 0 | 0 | 0 | 0 | 후39 | 오재혁 | 18 |  |  | 14 | 손승범 |  | 0 | 0 | 0 | 0 |
| 0 | 0 | 0 | 0 | 후39 | 최병욱 | 24 |  |  | 11 | 강성진 | 후17 | 1 | 0 | 0 | 0 |
| 0 | 0 | 1 | 1(1) | 전37 | 이건희 | 35 |  |  | 42 | 김신진 | 후17 | 0 | 0 | 0 | 0 |
| 0 | 0 | 8 | 8(4) |  |  | 0 |  |  | 0 |  |  | 8(3) | 10 | 1 | 0 |

- 전반 14분 김준하 PAR 내 L-ST-G (득점: 김준하) 오른쪽
- 후반 11분 안태현 PAR ↷ 이건희 GA 정면 H-ST-G (득점: 이건희, 도움: 안태현) 왼쪽

2월 16일 14:00 맑음 울산 문수 18,718명
주심_ 김용우 부심_ 설귀선·김지욱 대기심_ 조지음 경기감독관_ 박철

**울산 0** (0 전반 0 / 0 후반 1) **1 안양**

| 퇴장 | 경고 | 파울 | ST(유) | 교체 | 선수명 | 배번 | 위치 | 위치 | 배번 | 선수명 | 교체 | ST(유) | 파울 | 경고 | 퇴장 |
|---|---|---|---|---|---|---|---|---|---|---|---|---|---|---|---|
| 0 | 0 | 0 | 0 |  | 문정인 | 23 | GK | GK | 31 | 김다솔 |  | 0 | 0 | 0 | 0 |
| 0 | 0 | 0 | 1 |  | 김영권 | 19 | DF | DF | 4 | 이창용 |  | 0 | 0 | 0 | 0 |
| 0 | 0 | 1 | 0 |  | 서명관 | 4 | DF | FW | 7 | 마테우스 | 3 | 2(2) | 0 | 0 | 0 |
| 0 | 0 | 2 | 0 |  | 강상우 | 13 | DF | MF | 8 | 김정현 |  | 0 | 2 | 0 | 0 |
| 0 | 0 | 0 | 0 |  | 윤종규 | 24 | DF | FW | 9 | 모따 |  | 3(3) | 1 | 0 | 0 |
| 0 | 0 | 0 | 1 |  | 이진현 | 14 | MF | MF | 13 | 한가람 | 37 | 0 | 0 | 0 | 0 |
| 0 | 0 | 0 | 0 |  | 김민혁 | 22 | MF | MF | 17 | 강지훈 | 11 | 0 | 2 | 0 | 0 |
| 0 | 0 | 0 | 0 |  | 이희균 | 16 | MF | DF | 22 | 김동진 |  | 0 | 1 | 0 | 0 |
| 0 | 0 | 1 | 3(1) |  | 이청용 | 27 | FW | DF | 32 | 이태희 |  | 0 | 3 | 0 | 0 |
| 0 | 0 | 0 | 0 |  | 윤재석 | 30 | FW | DF | 55 | 토마스 |  | 0 | 1 | 0 | 0 |
| 0 | 0 | 1 | 2(1) |  | 허율 | 18 | FW | MF | 71 | 채현우 | 10 | 1 | 1 | 0 | 0 |
| 0 | 0 | 0 | 0 |  | 문현호 | 37 |  |  | 41 | 황병근 |  | 0 | 0 | 0 | 0 |
| 0 | 0 | 0 | 0 |  | 정성빈 | 25 |  |  | 3 | 김지훈 | 후48 | 0 | 0 | 0 | 0 |
| 0 | 0 | 0 | 0 |  | 박민서 | 26 |  |  | 5 | 김영찬 |  | 0 | 0 | 0 | 0 |
| 0 | 0 | 0 | 0 |  | 이재익 | 28 |  |  | 10 | 야고 | 후0 | 1 | 1 | 0 | 0 |
| 0 | 0 | 0 | 0 |  | 보야니치 | 6 | 대기 | 대기 | 11 | 최성범 | 후19/21 | 0 | 0 | 0 | 0 |
| 0 | 0 | 1 | 0 | 후16 | 루빅손 | 17 |  |  | 19 | 김운 |  | 0 | 0 | 0 | 0 |
| 0 | 0 | 0 | 4(3) | 전16 | 엄원상 | 11 |  |  | 21 | 에두아르도 | 후48 | 0 | 0 | 0 | 0 |
| 0 | 0 | 0 | 2(1) | 후16 | 라카바 | 36 |  |  | 37 | 리영직 | 후27 | 0 | 1 | 0 | 0 |
| 0 | 0 | 0 | 2(2) | 후31 | 야고 | 99 |  |  | 99 | 주현우 |  | 0 | 0 | 0 | 0 |
| 0 | 0 | 6 | 15(8) |  |  | 0 |  |  | 0 |  |  | 7(5) | 13 | 0 | 0 |

- 후반 46분 야고 PAL 내 ↷ 모따 GAR H-ST-G (득점: 모따, 도움: 야고) 오른쪽

2월 16일 16:30 맑음 전주 월드컵 19,619명
주심_ 신용준 부심_ 구은석·장종필 대기심_ 정동식 경기감독관_ 구상범

**전북 2** 1 전반 1 / 1 후반 0 **1 김천**

| 퇴장 | 경고 | 파울 | ST(유) | 교체 | 선수명 | 배번 | 위치 | 위치 | 배번 | 선수명 | 교체 | ST(유) | 파울 | 경고 | 퇴장 |
|---|---|---|---|---|---|---|---|---|---|---|---|---|---|---|---|
| 0 | 0 | 0 | 0 | | 송범근 | 31 | GK | GK | 1 | 김동헌 | | 0 | 0 | 0 | 0 |
| 0 | 0 | 3 | 0 | | 김태환 | 23 | DF | DF | 26 | 조현택 | 22 | 0 | 4 | 0 | 0 |
| 0 | 0 | 1 | 0 | | 김영빈 | 2 | DF | DF | 20 | 박찬용 | | 1 | 2 | 0 | 0 |
| 0 | 1 | 1 | 1(1) | | 박진섭 | 4 | DF | DF | 25 | 박승욱 | | 0 | 0 | 0 | 0 |
| 0 | 0 | 1 | 0 | 25 | 최우진 | 3 | DF | DF | 66 | 박수일 | | 0 | 0 | 0 | 0 |
| 0 | 0 | 0 | 1 | | 한국영 | 8 | MF | MF | 7 | 김승섭 | 17 | 2(2) | 1 | 0 | 0 |
| 0 | 0 | 0 | 3 | | 이영재 | 28 | MF | MF | 4 | 서민우 | | 1(1) | 1 | 0 | 0 |
| 0 | 0 | 1 | 3(2) | 22 | 이승우 | 11 | MF | MF | 30 | 김봉수 | 18 | 0 | 0 | 0 | 0 |
| 0 | 1 | 1 | 4(2) | 94 | 전진우 | 14 | FW | MF | 8 | 이승원 | 11 | 0 | 1 | 0 | 0 |
| 0 | 0 | 1 | 0 | 9 | 콤파뇨 | 96 | FW | FW | 9 | 유강현 | 19 | 1(1) | 0 | 0 | 0 |
| 0 | 0 | 0 | 2(2) | 33 | 송민규 | 10 | FW | FW | 14 | 이동경 | | 3 | 1 | 0 | 0 |
| 0 | 0 | 0 | 0 | | 김정훈 | 1 | | | 32 | 정명제 | | 0 | 0 | 0 | 0 |
| 0 | 0 | 0 | 0 | 후46 | 최철순 | 25 | | | 5 | 김강산 | | 0 | 0 | 0 | 0 |
| 0 | 0 | 0 | 0 | 후46 | 연제운 | 94 | | | 22 | 최예훈 | 후45 | 0 | 0 | 0 | 0 |
| 0 | 0 | 0 | 0 | | 김진규 | 97 | | | 3 | 김민덕 | | 0 | 0 | 0 | 0 |
| 0 | 1 | 1 | 1 | 후17 | 전병관 | 33 | 대기 | 대기 | 28 | 맹성웅 | | 0 | 0 | 0 | 0 |
| 0 | 0 | 0 | 0 | 후36 | 권창훈 | 22 | | | 19 | 박상혁 | 후0 | 1(1) | 2 | 0 | 0 |
| 0 | 0 | 0 | 0 | | 강상윤 | 13 | | | 17 | 김대원 | 후27 | 0 | 0 | 0 | 0 |
| 0 | 0 | 1 | 1(1) | 후17 | 티아고 | 9 | | | 18 | 원기종 | 후45 | 0 | 0 | 0 | 0 |
| 0 | 0 | 0 | 0 | | 박재용 | 16 | | | 11 | 이동준 | 후15 | 2(1) | 0 | 0 | 0 |
| 0 | 3 | 11 | 16(8) | | | 0 | | | 0 | | | 11(6) | 12 | 0 | 0 |

- 전반 50분 박진섭 GAL L-ST-G (득점: 박진섭) 오른쪽
- 후반 35분 전병관 PAR ↷ 전진우 GAL H-ST-G (득점: 전진우, 도움: 전병관) 오른쪽
- 전반 13분 이동경 MFR ↷ 유강현 GA 정면 내 R-ST-G (득점: 유강현, 도움: 이동경) 오른쪽

2월 22일 14:00 맑음 제주 월드컵 5,733명
주심_ 김우성 부심_ 곽승순·김지욱 대기심_ 최철준 경기감독관_ 조성철

**제주 2** 1 전반 0 / 1 후반 3 **3 김천**

| 퇴장 | 경고 | 파울 | ST(유) | 교체 | 선수명 | 배번 | 위치 | 위치 | 배번 | 선수명 | 교체 | ST(유) | 파울 | 경고 | 퇴장 |
|---|---|---|---|---|---|---|---|---|---|---|---|---|---|---|---|
| 0 | 0 | 0 | 0 | | 김동준 | 1 | GK | GK | 1 | 김동헌 | | 0 | 0 | 0 | 0 |
| 0 | 1 | 1 | 0 | | 송주훈 | 4 | DF | DF | 22 | 최예훈 | 26 | 0 | 0 | 0 | 0 |
| 0 | 0 | 0 | 0 | | 이탈로 | 5 | DF | DF | 20 | 박찬용 | | 1(1) | 2 | 0 | 0 |
| 1 | 0 | 3 | 0 | | 임채민 | 26 | DF | DF | 25 | 박승욱 | | 0 | 1 | 0 | 0 |
| 0 | 0 | 1 | 0 | 7 | 김륜성 | 40 | MF | DF | 66 | 박수일 | | 1 | 0 | 1 | 0 |
| 0 | 0 | 1 | 0 | | 김건웅 | 14 | MF | MF | 7 | 김승섭 | 17 | 2 | 2 | 0 | 0 |
| 0 | 1 | 1 | 0 | 24 | 남태희 | 10 | MF | MF | 4 | 서민우 | 8 | 0 | 1 | 1 | 0 |
| 0 | 0 | 2 | 0 | | 안태현 | 22 | MF | MF | 30 | 김봉수 | | 0 | 1 | 0 | 0 |
| 0 | 0 | 0 | 2(1) | | 유인수 | 17 | FW | MF | 10 | 모재현 | 11 | 0 | 2 | 0 | 0 |
| 0 | 1 | 2 | 1(1) | 9 | 이건희 | 35 | FW | FW | 19 | 박상혁 | 18 | 1(1) | 2 | 0 | 0 |
| 0 | 0 | 2 | 0 | 16 | 김준하 | 27 | FW | FW | 14 | 이동경 | | 5(1) | 2 | 1 | 0 |
| 0 | 0 | 0 | 0 | | 안찬기 | 21 | | | 32 | 정명제 | | 0 | 0 | 0 | 0 |
| 0 | 0 | 0 | 0 | | 김재우 | 2 | | | 5 | 김강산 | | 0 | 0 | 0 | 0 |
| 0 | 0 | 0 | 0 | 후52 | 장민규 | 3 | | | 26 | 조현택 | 후0 | 0 | 1 | 1 | 0 |
| 0 | 0 | 0 | 1 | 후0/3 | 김태환 | 16 | | | 3 | 김민덕 | | 0 | 0 | 0 | 0 |
| 0 | 0 | 0 | 0 | | 임창우 | 23 | 대기 | 대기 | 8 | 이승원 | 후41 | 0 | 0 | 0 | 0 |
| 0 | 0 | 1 | 0 | 후20 | 서진수 | 7 | | | 17 | 김대원 | 후14 | 0 | 0 | 0 | 0 |
| 0 | 0 | 0 | 0 | 후43 | 최병욱 | 24 | | | 18 | 원기종 | 후29 | 2(2) | 0 | 0 | 0 |
| 0 | 0 | 0 | 0 | | 김진호 | 30 | | | 11 | 이동준 | 후0 | 2(2) | 2 | 0 | 0 |
| 0 | 0 | 0 | 3(2) | 후20 | 유리조나탄 | 9 | | | 9 | 유강현 | | 0 | 0 | 0 | 0 |
| 1 | 3 | 14 | 7(4) | | | 0 | | | 0 | | | 14(7) | 16 | 4 | 0 |

- 전반 29분 남태희 GAL EL ↷ 이건희 GAR 내 H-ST-G (득점: 이건희, 도움: 남태희) 오른쪽
- 후반 12분 이건희 자기 측 HL 정면 ~ 유인수 GAL L-ST-G (득점: 유인수, 도움: 이건희) 왼쪽
- 후반 4분 이동경 PA 정면 내 L-ST-G (득점: 이동경) 오른쪽
- 후반 17분 박상혁 GAL 내 H-ST-G (득점: 박상혁) 왼쪽
- 후반 44분 원기종 GAL L-ST-G (득점: 원기종) 왼쪽

2월 16일 16:30 맑음 대구iM뱅크파크 12,240명
주심_ 설태환 부심_ 윤재열·홍석찬 대기심_ 최승환 경기감독관_ 양정환

**대구 2** 0 전반 1 / 2 후반 0 **1 강원**

| 퇴장 | 경고 | 파울 | ST(유) | 교체 | 선수명 | 배번 | 위치 | 위치 | 배번 | 선수명 | 교체 | ST(유) | 파울 | 경고 | 퇴장 |
|---|---|---|---|---|---|---|---|---|---|---|---|---|---|---|---|
| 0 | 0 | 0 | 0 | | 오승훈 | 21 | GK | GK | 1 | 이광연 | | 0 | 0 | 0 | 0 |
| 0 | 0 | 0 | 0 | | 황재원 | 2 | DF | DF | 99 | 강준혁 | | 0 | 0 | 1 | 0 |
| 0 | 0 | 0 | 0 | | 박진영 | 40 | DF | DF | 23 | 강투지 | | 0 | 1 | 0 | 0 |
| 0 | 0 | 1 | 1 | | 카이오 | 4 | DF | DF | 13 | 이기혁 | | 0 | 2 | 0 | 0 |
| 0 | 0 | 0 | 0 | 22 | 정우재 | 3 | DF | DF | 33 | 홍철 | 5 | 0 | 0 | 0 | 0 |
| 0 | 0 | 1 | 1 | 8 | 요시노 | 5 | MF | MF | 6 | 김동현 | 73 | 1 | 0 | 0 | 0 |
| 0 | 0 | 0 | 3(2) | | 라마스 | 10 | MF | MF | 97 | 이유현 | 18 | 0 | 0 | 0 | 0 |
| 0 | 0 | 0 | 6(2) | | 세징야 | 11 | MF | MF | 26 | 김민준 | | 2 | 1 | 0 | 0 |
| 0 | 0 | 0 | 0 | 29 | 한종무 | 30 | FW | MF | 39 | 이지호 | 11 | 2(2) | 1 | 0 | 0 |
| 0 | 0 | 3 | 2 | 9 | 정재상 | 18 | FW | FW | 22 | 이상헌 | 15 | 1 | 2 | 0 | 0 |
| 0 | 0 | 0 | 1 | 17 | 정치인 | 32 | FW | FW | 10 | 가브리엘 | | 1(1) | 1 | 0 | 0 |
| 0 | 0 | 0 | 0 | | 한태희 | 31 | | | 21 | 박청효 | | 0 | 0 | 0 | 0 |
| 0 | 0 | 0 | 0 | 후19 | 장성원 | 22 | | | 73 | 윤일록 | 후23 | 0 | 1 | 0 | 0 |
| 0 | 0 | 0 | 0 | | 이원우 | 15 | | | 5 | 최한솔 | 후0 | 0 | 3 | 1 | 0 |
| 0 | 0 | 0 | 1 | 후41 | 박재현 | 29 | | | 24 | 박호영 | | 0 | 0 | 0 | 0 |
| 0 | 0 | 0 | 0 | | 이용래 | 74 | 대기 | 대기 | 18 | 김강국 | 후0 | 0 | 1 | 0 | 0 |
| 0 | 0 | 0 | 0 | | 박세진 | 14 | | | 19 | 김경민 | | 0 | 0 | 0 | 0 |
| 0 | 0 | 1 | 2 | 후8 | 고재현 | 17 | | | 15 | 진준서 | 후41 | 0 | 0 | 0 | 0 |
| 0 | 0 | 0 | 2 | 후19 | 에드가 | 9 | | | 9 | 코바체비치 | | 0 | 0 | 0 | 0 |
| 0 | 0 | 0 | 0 | 후19 | 이찬동 | 8 | | | 11 | 마리오 | 후23 | 1 | 0 | 0 | 0 |
| 0 | 0 | 6 | 19(4) | | | 0 | | | 0 | | | 8(3) | 13 | 2 | 0 |

- 후반 10분 세징야 PA 정면 내 가슴패스 라마스 PAR 내 L-ST-G (득점: 라마스, 도움: 세징야) 오른쪽
- 후반 48분 세징야 PAL R-ST-G (득점: 세징야) 왼쪽
- 전반 43분 이지호 PAL 내 ↷ 가브리엘 GA 정면 H-ST-G (득점: 가브리엘, 도움: 이지호) 오른쪽

2월 22일 16:30 맑음 서울 월드컵 41,415명
주심_ 고형진 부심_ 윤재열·박상준 대기심_ 설태환 경기감독관_ 양정환

**서울 2** 0 전반 0 / 2 후반 1 **1 안양**

| 퇴장 | 경고 | 파울 | ST(유) | 교체 | 선수명 | 배번 | 위치 | 위치 | 배번 | 선수명 | 교체 | ST(유) | 파울 | 경고 | 퇴장 |
|---|---|---|---|---|---|---|---|---|---|---|---|---|---|---|---|
| 0 | 0 | 0 | 0 | | 강현무 | 31 | GK | GK | 31 | 김다솔 | | 0 | 0 | 0 | 0 |
| 0 | 1 | 1 | 1 | | 김진수 | 22 | DF | DF | 4 | 이창용 | | 0 | 0 | 0 | 0 |
| 0 | 0 | 0 | 1 | | 김주성 | 30 | DF | FW | 7 | 마테우스 | 21 | 1(1) | 0 | 0 | 0 |
| 0 | 0 | 0 | 0 | | 야잔 | 5 | DF | MF | 8 | 김정현 | 13 | 1 | 2 | 1 | 0 |
| 0 | 0 | 0 | 0 | | 최준 | 16 | DF | FW | 9 | 모따 | | 1 | 0 | 0 | 0 |
| 0 | 0 | 0 | 0 | | 이승모 | 8 | MF | MF | 17 | 강지훈 | 11 | 0 | 2 | 0 | 0 |
| 0 | 0 | 1 | 0 | | 기성용 | 6 | MF | DF | 22 | 김동진 | | 0 | 1 | 0 | 0 |
| 0 | 0 | 0 | 0 | 77 | 손승범 | 14 | MF | DF | 32 | 이태희 | | 0 | 1 | 0 | 0 |
| 0 | 0 | 0 | 4(1) | | 린가드 | 10 | MF | MF | 37 | 리영직 | | 1 | 2 | 1 | 0 |
| 0 | 0 | 0 | 2 | | 정승원 | 7 | MF | DF | 55 | 토마스 | | 0 | 0 | 0 | 0 |
| 0 | 0 | 1 | 1 | 27 | 조영욱 | 9 | FW | MF | 71 | 채현우 | 10 | 0 | 1 | 0 | 0 |
| 0 | 0 | 0 | 0 | | 백종범 | 1 | | | 41 | 황병근 | | 0 | 0 | 0 | 0 |
| 0 | 0 | 0 | 0 | | 김진야 | 17 | | | 5 | 김영찬 | | 0 | 0 | 0 | 0 |
| 0 | 0 | 0 | 0 | | 이시영 | 23 | | | 10 | 야고 | 후0 | 0 | 0 | 0 | 0 |
| 0 | 0 | 0 | 0 | | 이한도 | 20 | | | 11 | 최성범 | 후24 | 1(1) | 0 | 0 | 0 |
| 0 | 0 | 0 | 0 | | 황도윤 | 41 | 대기 | 대기 | 13 | 한가람 | 후36 | 0 | 1 | 0 | 0 |
| 0 | 0 | 0 | 3(2) | 전28 | 루카스 | 77 | | | 19 | 김운 | | 0 | 0 | 0 | 0 |
| 0 | 0 | 0 | 0 | | 강성진 | 11 | | | 21 | 에두아르도 | 후24 | 0 | 1 | 0 | 0 |
| 0 | 0 | 0 | 2(1) | 후20 | 문선민 | 27 | | | 28 | 문성우 | | 0 | 0 | 0 | 0 |
| 0 | 0 | 0 | 0 | | 김신진 | 42 | | | 99 | 주현우 | | 0 | 0 | 0 | 0 |
| 0 | 1 | 3 | 14(4) | | | 0 | | | 0 | | | 5(2) | 11 | 2 | 0 |

- 후반 2분 정승원 AK 내 ~ 린가드 AKL R-ST-G (득점: 린가드, 도움: 정승원) 왼쪽
- 후반 33분 야잔 GAR ~ 루카스 GA 정면 R-ST-G (득점: 루카스, 도움: 야잔) 왼쪽
- 후반 47분 최성범 PA 정면 내 R-ST-G (득점: 최성범) 가운데

2월 22일 16:30 맑음 대구iM뱅크파크 12,098명
주심_ 김대용 부심_ 김계용·설귀선 대기심_ 정동식 경기감독관_ 이평재

**대구 3**   1 전반 0 / 2 후반 1   **1 수원FC**

| 퇴장 | 경고 | 파울 | ST(유) | 교체 | 선수명 | 배번 | 위치 | 위치 | 배번 | 선수명 | 교체 | ST(유) | 파울 | 경고 | 퇴장 |
|---|---|---|---|---|---|---|---|---|---|---|---|---|---|---|---|
| 0 | 0 | 0 | 0 | | 오승훈 | 21 | GK | GK | 23 | 안준수 | | 0 | 1 | 1 | 0 |
| 0 | 0 | 0 | 2 | | 황재원 | 2 | DF | DF | 2 | 이용 | | 0 | 0 | 0 | 0 |
| 0 | 0 | 0 | 0 | | 박진영 | 40 | DF | DF | 6 | 최규백 | | 0 | 1 | 0 | 0 |
| 0 | 0 | 1 | 1(1) | | 카이오 | 4 | DF | DF | 20 | 이지솔 | 5 | 0 | 0 | 0 | 0 |
| 0 | 0 | 2 | 0 | 22 | 정우재 | 3 | DF | DF | 21 | 서재민 | 9 | 0 | 0 | 0 | 0 |
| 0 | 0 | 0 | 0 | | 요시노 | 5 | MF | MF | 8 | 노경호 | | 1 | 1 | 1 | 0 |
| 0 | 1 | 3 | 4(2) | 74 | 라마스 | 10 | MF | MF | 14 | 윤빛가람 | | 0 | 0 | 0 | 0 |
| 0 | 0 | 0 | 6(1) | | 세징야 | 11 | MF | MF | 34 | 장윤호 | 10 | 0 | 1 | 0 | 0 |
| 0 | 1 | 1 | 2(2) | 13 | 한종무 | 30 | FW | FW | 3 | 박철우 | | 0 | 0 | 0 | 0 |
| 0 | 0 | 3 | 2(2) | 9 | 정재상 | 18 | FW | FW | 24 | 김주엽 | 17 | 1(1) | 1 | 0 | 0 |
| 0 | 0 | 0 | 0 | 17 | 박세진 | 14 | FW | FW | 47 | 최산 | 70 | 0 | 1 | 0 | 0 |
| 0 | 0 | 0 | 0 | | 한태희 | 31 | | | 1 | 황재윤 | | 0 | 0 | 0 | 0 |
| 0 | 0 | 0 | 2(1) | 후25 | 장성원 | 22 | | | 4 | 김태한 | | 0 | 0 | 0 | 0 |
| 0 | 0 | 0 | 0 | | 이원우 | 15 | | | 5 | 이현용 | 후28 | 1(1) | 0 | 0 | 0 |
| 0 | 0 | 0 | 0 | | 박재현 | 29 | | | 99 | 아반다 | | 0 | 0 | 0 | 0 |
| 0 | 0 | 0 | 0 | 후25 | 이용래 | 74 | 대기 | 대기 | 9 | 싸박 | 후13 | 0 | 0 | 0 | 0 |
| 0 | 0 | 0 | 0 | 후36 | 권태영 | 13 | | | 10 | 지동원 | 후0 | 1(1) | 1 | 0 | 0 |
| 0 | 0 | 0 | 1 | 후0 | 고재현 | 17 | | | 17 | 박용희 | 후0 | 0 | 0 | 0 | 0 |
| 0 | 0 | 0 | 0 | 후25 | 에드가 | 9 | | | 70 | 안데르손 | 전24 | 1(1) | 0 | 0 | 0 |
| 0 | 0 | 0 | 0 | | 이찬동 | 8 | | | 77 | 오프키르 | | 0 | 0 | 0 | 0 |
| 0 | 2 | 10 | 20(9) | | | 0 | | | 0 | | | 5(4) | 7 | 2 | 0 |

- 전반 18분 라마스 PK-L-G (득점: 라마스) 오른쪽
- 후반 7분 이용 GA 정면 자책골 (득점: 이용) 가운데
- 후반 24분 라마스 C.KL ↷ 카이오 GAR H-ST-G (득점: 카이오, 도움: 라마스) 오른쪽

- 후반 48분 지동원 AKL ~ 안데르손 GAL R-ST-G (득점: 안데르손, 도움: 지동원) 왼쪽

2월 23일 16:30 흐림 전주 월드컵 15,393명
주심_ 채상협 부심_ 송봉근·홍석찬 대기심_ 고민국 경기감독관_ 김성기

**전북 2**   1 전반 1 / 1 후반 1   **2 광주**

| 퇴장 | 경고 | 파울 | ST(유) | 교체 | 선수명 | 배번 | 위치 | 위치 | 배번 | 선수명 | 교체 | ST(유) | 파울 | 경고 | 퇴장 |
|---|---|---|---|---|---|---|---|---|---|---|---|---|---|---|---|
| 0 | 0 | 0 | 0 | | 송범근 | 31 | GK | GK | 1 | 김경민 | | 0 | 0 | 0 | 0 |
| 0 | 0 | 0 | 0 | | 김태환 | 23 | DF | DF | 3 | 이민기 | 23 | 0 | 0 | 0 | 0 |
| 0 | 0 | 1 | 1 | | 김영빈 | 2 | DF | DF | 39 | 민상기 | | 0 | 2 | 0 | 0 |
| 0 | 0 | 1 | 1 | | 박진섭 | 4 | DF | DF | 5 | 변준수 | | 0 | 3 | 1 | 0 |
| 0 | 0 | 2 | 1 | 77 | 최우진 | 3 | DF | DF | 2 | 조성권 | | 0 | 2 | 0 | 0 |
| 0 | 0 | 1 | 1 | | 한국영 | 8 | MF | MF | 17 | 헤이스 | | 0 | 1 | 0 | 0 |
| 0 | 0 | 1 | 4(2) | | 이영재 | 28 | MF | MF | 8 | 이강현 | 21 | 0 | 2 | 0 | 0 |
| 0 | 0 | 3 | 1 | 22 | 이승우 | 11 | MF | MF | 55 | 박태준 | | 0 | 1 | 0 | 0 |
| 0 | 0 | 1 | 0 | | 전병관 | 33 | FW | MF | 7 | 아사니 | 22 | 3(1) | 0 | 0 | 0 |
| 0 | 1 | 3 | 2(2) | | 콤파뇨 | 96 | FW | FW | 88 | 문민서 | 77 | 0 | 0 | 0 | 0 |
| 0 | 0 | 0 | 0 | 14 | 송민규 | 10 | FW | FW | 18 | 박인혁 | 13 | 0 | 2 | 0 | 0 |
| 0 | 0 | 0 | 0 | | 김정훈 | 1 | | | 12 | 노희동 | | 0 | 0 | 0 | 0 |
| 0 | 0 | 0 | 0 | | 최철순 | 25 | | | 6 | 안영규 | | 0 | 0 | 0 | 0 |
| 0 | 0 | 0 | 0 | | 연제운 | 94 | | | 23 | 김진호 | 후43 | 0 | 0 | 0 | 0 |
| 0 | 0 | 0 | 0 | 후24 | 김태현 | 77 | | | 30 | 안혁주 | | 0 | 0 | 0 | 0 |
| 0 | 0 | 0 | 1 | 후24/13 | 전진우 | 14 | 대기 | 대기 | 21 | 강희수 | 후26 | 0 | 1 | 1 | 0 |
| 0 | 0 | 1 | 1 | 후24 | 권창훈 | 22 | | | 22 | 김한길 | 후43 | 0 | 0 | 0 | 0 |
| 0 | 0 | 0 | 0 | 후37 | 강상윤 | 13 | | | 13 | 박정인 | 후14 | 0 | 1 | 0 | 0 |
| 0 | 0 | 0 | 0 | | 김진규 | 97 | | | 40 | 신창무 | | 0 | 0 | 0 | 0 |
| 0 | 0 | 0 | 0 | | 박재용 | 16 | | | 77 | 오후성 | 후0 | 1(1) | 0 | 0 | 0 |
| 0 | 1 | 14 | 13(4) | | | 0 | | | 0 | | | 4(2) | 15 | 2 | 0 |

- 전반 20분 송민규 PAL 내 ↷ 콤파뇨 GA 정면 H-ST-G (득점: 콤파뇨, 도움: 송민규) 가운데
- 후반 20분 전병관 PAR ↷ 콤파뇨 GAR H-ST-G (득점: 콤파뇨, 도움: 전병관) 가운데

- 전반 13분 아사니 AK 내 L-ST-G (득점: 아사니) 왼쪽
- 후반 17분 변준수 MFR ↷ 오후성 GA 정면 R-ST-G (득점: 오후성, 도움: 변준수) 오른쪽

2월 23일 14:00 눈 대전 월드컵 19,628명
주심_ 김종혁 부심_ 박균용·장종필 대기심_ 박종명 경기감독관_ 차상해

**대전 0**   0 전반 1 / 0 후반 1   **2 울산**

| 퇴장 | 경고 | 파울 | ST(유) | 교체 | 선수명 | 배번 | 위치 | 위치 | 배번 | 선수명 | 교체 | ST(유) | 파울 | 경고 | 퇴장 |
|---|---|---|---|---|---|---|---|---|---|---|---|---|---|---|---|
| 0 | 0 | 0 | 0 | | 이창근 | 1 | GK | GK | 23 | 문정인 | | 0 | 0 | 0 | 0 |
| 0 | 1 | 2 | 0 | 11 | 박규현 | 2 | DF | DF | 19 | 김영권 | | 1 | 0 | 0 | 0 |
| 0 | 0 | 1 | 0 | | 안톤 | 98 | DF | DF | 4 | 서명관 | | 2 | 2 | 0 | 0 |
| 0 | 0 | 1 | 0 | | 김현우 | 4 | DF | DF | 13 | 강상우 | | 2 | 2 | 0 | 0 |
| 0 | 0 | 1 | 0 | | 강윤성 | 6 | DF | DF | 24 | 윤종규 | 96 | 2(2) | 0 | 0 | 0 |
| 0 | 0 | 1 | 2 | 9 | 최건주 | 17 | MF | MF | 6 | 보야니치 | 27 | 1 | 1 | 0 | 0 |
| 0 | 0 | 3 | 0 | 22 | 이순민 | 44 | MF | MF | 30 | 윤재석 | 17 | 2(1) | 0 | 0 | 0 |
| 0 | 0 | 1 | 0 | | 밥신 | 8 | MF | MF | 22 | 김민혁 | 28 | 0 | 2 | 1 | 0 |
| 0 | 0 | 0 | 2(1) | 27 | 신상은 | 19 | MF | MF | 11 | 엄원상 | | 1 | 0 | 0 | 0 |
| 0 | 0 | 0 | 1(1) | 70 | 마사 | 7 | FW | FW | 36 | 라카바 | 16 | 1(1) | 1 | 1 | 0 |
| 0 | 0 | 0 | 2 | | 주민규 | 10 | FW | FW | 18 | 허율 | | 2(1) | 3 | 0 | 0 |
| 0 | 0 | 0 | 0 | | 이준서 | 25 | | | 37 | 문현호 | | 0 | 0 | 0 | 0 |
| 0 | 0 | 0 | 0 | | 임종은 | 5 | | | 96 | 최석현 | 후48 | 0 | 0 | 0 | 0 |
| 0 | 0 | 0 | 0 | | 하창래 | 3 | | | 26 | 박민서 | | 0 | 0 | 0 | 0 |
| 0 | 0 | 0 | 0 | 후8 | 오재석 | 22 | | | 28 | 이재익 | 후28 | 0 | 0 | 0 | 0 |
| 0 | 0 | 0 | 0 | | 김민우 | 23 | 대기 | 대기 | 14 | 이진현 | | 0 | 0 | 0 | 0 |
| 0 | 0 | 0 | 0 | 후37 | 김인균 | 11 | | | 17 | 루빅손 | 후0 | 1 | 1 | 0 | 0 |
| 0 | 0 | 0 | 1 | 후0 | 정재희 | 27 | | | 27 | 이청용 | 후43 | 0 | 0 | 0 | 0 |
| 0 | 0 | 0 | 0 | 후21 | 김현욱 | 70 | | | 16 | 이희균 | 후28 | 0 | 0 | 0 | 0 |
| 0 | 0 | 0 | 0 | 후37 | 구텍 | 9 | | | 99 | 야고 | | 0 | 0 | 0 | 0 |
| 0 | 1 | 10 | 8(2) | | | 0 | | | 0 | | | 15(5) | 12 | 2 | 0 |

- 전반 7분 보야니치 GAL ~ 윤재석 GAL 내 L-ST-G (득점: 윤재석, 도움: 보야니치) 오른쪽
- 후반 13분 보야니치 PAR FK ↷ 허율 GA 정면 내 H-ST-G (득점: 허율, 도움: 보야니치) 가운데

2월 23일 16:30 맑음 춘천 송암 6,539명
주심_ 송민석 부심_ 구은석·방기열 대기심_ 박정호 경기감독관_ 나승화

**강원 2**   0 전반 1 / 2 후반 0   **1 포항**

| 퇴장 | 경고 | 파울 | ST(유) | 교체 | 선수명 | 배번 | 위치 | 위치 | 배번 | 선수명 | 교체 | ST(유) | 파울 | 경고 | 퇴장 |
|---|---|---|---|---|---|---|---|---|---|---|---|---|---|---|---|
| 0 | 0 | 0 | 0 | | 이광연 | 1 | GK | GK | 21 | 황인재 | | 0 | 0 | 0 | 0 |
| 0 | 0 | 0 | 1 | | 강준혁 | 99 | DF | DF | 26 | 이태석 | | 0 | 1 | 1 | 0 |
| 0 | 0 | 0 | 0 | | 강투지 | 23 | DF | DF | 4 | 전민광 | | 0 | 3 | 0 | 0 |
| 0 | 0 | 0 | 0 | 9 | 최한솔 | 5 | DF | DF | 3 | 이동희 | | 0 | 0 | 0 | 0 |
| 0 | 0 | 0 | 1(1) | | 이기혁 | 13 | DF | DF | 17 | 신광훈 | | 0 | 0 | 0 | 0 |
| 0 | 0 | 2 | 0 | 16 | 김동현 | 6 | MF | MF | 37 | 홍윤상 | 18 | 0 | 2 | 1 | 0 |
| 0 | 0 | 0 | 1 | 33 | 김강국 | 18 | MF | MF | 8 | 오베르단 | | 0 | 2 | 1 | 0 |
| 0 | 0 | 4 | 1 | | 이유현 | 97 | MF | MF | 16 | 한찬희 | 6 | 1(1) | 1 | 0 | 0 |
| 0 | 0 | 2 | 3(2) | | 이지호 | 39 | FW | MF | 7 | 김인성 | 34 | 0 | 1 | 0 | 0 |
| 0 | 1 | 1 | 1(1) | 19 | 이상헌 | 22 | FW | FW | 10 | 백성동 | 77 | 1(1) | 1 | 0 | 0 |
| 0 | 0 | 1 | 6(3) | | 가브리엘 | 10 | FW | FW | 19 | 이호재 | 9 | 1(1) | 1 | 0 | 0 |
| 0 | 0 | 0 | 0 | | 박청효 | 21 | | | 1 | 윤평국 | | 0 | 0 | 0 | 0 |
| 0 | 0 | 0 | 0 | | 윤일록 | 73 | | | 77 | 완델손 | 후12 | 1(1) | 0 | 0 | 0 |
| 0 | 0 | 0 | 0 | | 조현태 | 20 | | | 2 | 어정원 | | 0 | 0 | 0 | 0 |
| 0 | 0 | 0 | 0 | 후21 | 홍철 | 33 | | | 34 | 이규백 | 후27 | 0 | 2 | 0 | 0 |
| 0 | 0 | 0 | 0 | | 송준석 | 34 | 대기 | 대기 | 6 | 김종우 | 후34 | 0 | 1 | 0 | 0 |
| 0 | 0 | 0 | 0 | 후40 | 김이석 | 16 | | | 70 | 황서웅 | | 0 | 0 | 0 | 0 |
| 0 | 0 | 0 | 0 | | 최병찬 | 96 | | | 18 | 강현제 | 후0 | 0 | 0 | 0 | 0 |
| 0 | 0 | 0 | 0 | 후21 | 코바체비치 | 9 | | | 97 | 주닝요 | | 0 | 0 | 0 | 0 |
| 0 | 0 | 1 | 0 | 후45 | 김경민 | 19 | | | 9 | 조르지 | 후34 | 1 | 1 | 0 | 0 |
| 0 | 1 | 11 | 14(7) | | | 0 | | | 0 | | | 5(4) | 16 | 3 | 0 |

- 후반 36분 김동현 자기 측 HL 정면 ↷ 이지호 GA 정면 R-ST-G (득점: 이지호, 도움: 김동현) 오른쪽
- 후반 47분 이지호 GA 정면 R-ST-G (득점: 이지호) 왼쪽

- 전반 43분 이태석 C.KR ↷ 이호재 GA 정면 내 H-ST-G (득점: 이호재, 도움: 이태석) 왼쪽

3월 01일 14:00 흐림 울산 문수 26,317명
주심_ 김우성 부심_ 윤재열·구은석 대기심_ 박진호 경기감독관_ 허기태

**울산 1** 0 전반 0 / 1 후반 0 **0 전북**

| 퇴장 | 경고 | 파울 | ST(유) | 교체 | 선수명 | 배번 | 위치 | 위치 | 배번 | 선수명 | 교체 | ST(유) | 파울 | 경고 | 퇴장 |
|---|---|---|---|---|---|---|---|---|---|---|---|---|---|---|---|
| 0 | 0 | 0 | 0 | | 문정인 | 23 | GK | GK | 31 | 송범근 | | 0 | 0 | 0 | 0 |
| 0 | 0 | 1 | 0 | | 김영권 | 19 | DF | DF | 23 | 김태환 | | 0 | 0 | 0 | 0 |
| 0 | 1 | 4 | 0 | | 서명관 | 4 | DF | DF | 2 | 김영빈 | | 0 | 0 | 0 | 0 |
| 0 | 0 | 1 | 2(1) | | 강상우 | 13 | DF | DF | 4 | 박진섭 | | 1 | 0 | 1 | 0 |
| 0 | 1 | 2 | 1 | 27 | 윤종규 | 24 | DF | DF | 3 | 최우진 | | 0 | 1 | 0 | 0 |
| 0 | 0 | 2 | 2(2) | 96 | 보야니치 | 6 | MF | MF | 8 | 한국영 | 97 | 0 | 2 | 1 | 0 |
| 0 | 0 | 1 | 2(1) | 28 | 라카바 | 36 | MF | MF | 28 | 이영재 | 13 | 1(1) | 2 | 0 | 0 |
| 0 | 1 | 3 | 1(1) | | 김민혁 | 22 | MF | MF | 11 | 이승우 | 22 | 0 | 1 | 1 | 0 |
| 0 | 0 | 0 | 2(1) | 17 | 윤재석 | 30 | MF | FW | 33 | 전병관 | 14 | 0 | 2 | 0 | 0 |
| 0 | 0 | 0 | 1(1) | 16 | 엄원상 | 11 | FW | FW | 96 | 콤파뇨 | | 3(2) | 3 | 0 | 0 |
| 0 | 1 | 3 | 0 | | 허율 | 18 | FW | FW | 10 | 송민규 | 16 | 0 | 2 | 0 | 0 |
| 0 | 0 | 0 | 0 | | 문현호 | 37 | | | 1 | 김정훈 | | 0 | 0 | 0 | 0 |
| 0 | 0 | 0 | 0 | 후45 | 최석현 | 96 | | | 25 | 최철순 | | 0 | 0 | 0 | 0 |
| 0 | 0 | 0 | 0 | | 박민서 | 26 | | | 94 | 연제운 | | 0 | 0 | 0 | 0 |
| 0 | 0 | 0 | 0 | 후39 | 이재익 | 28 | | | 21 | 안현범 | | 0 | 0 | 0 | 0 |
| 0 | 0 | 0 | 0 | | 장시영 | 29 | 대기 | 대기 | 14 | 전진우 | 후30 | 0 | 1 | 0 | 0 |
| 0 | 0 | 0 | 0 | 후0 | 루빅손 | 17 | | | 22 | 권창훈 | 후11 | 0 | 0 | 0 | 0 |
| 0 | 0 | 0 | 0 | 후45 | 이청용 | 27 | | | 13 | 강상윤 | 후30 | 0 | 0 | 0 | 0 |
| 0 | 0 | 0 | 0 | 후17 | 이희균 | 16 | | | 97 | 김진규 | 후39 | 2(1) | 0 | 0 | 0 |
| 0 | 0 | 0 | 0 | | 야고 | 99 | | | 16 | 박재용 | 후39 | 0 | 0 | 0 | 0 |
| 0 | 4 | 17 | 11(7) | | | 0 | | | 0 | | | 7(4) | 14 | 3 | 0 |

● 후반 20분 루빅손 PAL 내 ~ 보야니치 AKL R-ST-G (득점: 보야니치, 도움: 루빅손) 왼쪽

3월 01일 16:30 흐림 광주 월드컵 3,319명
주심_ 신용준 부심_ 김지욱·방기열 대기심_ 정회수 경기감독관_ 이평재

**광주 2** 0 전반 1 / 2 후반 0 **1 안양**

| 퇴장 | 경고 | 파울 | ST(유) | 교체 | 선수명 | 배번 | 위치 | 위치 | 배번 | 선수명 | 교체 | ST(유) | 파울 | 경고 | 퇴장 |
|---|---|---|---|---|---|---|---|---|---|---|---|---|---|---|---|
| 0 | 0 | 0 | 0 | | 김경민 | 1 | GK | GK | 31 | 김다솔 | | 0 | 0 | 0 | 0 |
| 0 | 0 | 0 | 0 | | 김진호 | 23 | DF | DF | 4 | 이창용 | | 0 | 2 | 0 | 0 |
| 0 | 0 | 2 | 1(1) | | 변준수 | 5 | DF | DF | 22 | 김동진 | | 1 | 0 | 0 | 0 |
| 0 | 0 | 0 | 0 | 39 | 안영규 | 6 | DF | DF | 32 | 이태희 | | 0 | 1 | 0 | 0 |
| 0 | 1 | 1 | 0 | | 이민기 | 3 | DF | DF | 55 | 토마스 | | 0 | 0 | 0 | 0 |
| 0 | 0 | 1 | 3(2) | | 아사니 | 7 | MF | MF | 8 | 김정현 | | 0 | 2 | 1 | 0 |
| 0 | 0 | 0 | 0 | 77 | 신창무 | 40 | MF | MF | 11 | 최성범 | 10 | 0 | 3 | 0 | 0 |
| 0 | 0 | 3 | 0 | 21 | 이강현 | 8 | MF | MF | 37 | 리영직 | | 1 | 0 | 0 | 0 |
| 0 | 0 | 1 | 0 | 55 | 문민서 | 88 | MF | MF | 71 | 채현우 | 17 | 0 | 3 | 0 | 0 |
| 0 | 0 | 0 | 1 | 80 | 박인혁 | 18 | FW | FW | 9 | 모따 | | 2(1) | 4 | 0 | 0 |
| 0 | 0 | 0 | 1(1) | | 헤이스 | 17 | FW | FW | 21 | 에두아르도 | 7 | 1 | 0 | 0 | 0 |
| 0 | 0 | 0 | 0 | | 노희동 | 12 | | | 88 | 김성동 | | 0 | 0 | 0 | 0 |
| 0 | 0 | 0 | 0 | | 진시우 | 20 | | | 5 | 김영찬 | | 0 | 0 | 0 | 0 |
| 0 | 0 | 0 | 0 | 후0 | 민상기 | 39 | | | 17 | 강지훈 | 후0/19 | 0 | 0 | 0 | 0 |
| 0 | 0 | 0 | 0 | 후38 | 주세종 | 80 | | | 99 | 주현우 | | 0 | 0 | 0 | 0 |
| 0 | 0 | 0 | 0 | 후24 | 강희수 | 21 | 대기 | 대기 | 7 | 마테우스 | 후27 | 1(1) | 0 | 0 | 0 |
| 0 | 0 | 0 | 0 | | 김한길 | 22 | | | 24 | 김보경 | | 0 | 0 | 0 | 0 |
| 0 | 1 | 1 | 1 | 후0 | 박태준 | 55 | | | 28 | 문성우 | | 0 | 0 | 0 | 0 |
| 0 | 0 | 0 | 0 | 후0 | 오후성 | 77 | | | 10 | 야고 | 후27 | 0 | 0 | 0 | 0 |
| 0 | 0 | 0 | 0 | | 박정인 | 13 | | | 19 | 김운 | 후47 | 0 | 0 | 0 | 0 |
| 0 | 2 | 9 | 7(4) | | | 0 | | | 0 | | | 6(2) | 15 | 1 | 0 |

● 후반 11분 오후성 PAL → 아사니 GA 정면 내 L-ST-G (득점: 아사니, 도움: 오후성) 오른쪽
● 후반 43분 아사니 AKR L-ST-G (득점: 아사니) 왼쪽
● 전반 15분 이태희 PAR EL ↷ 모따 GA 정면 내 H-ST-G (득점: 모따, 도움: 이태희) 왼쪽

3월 01일 16:30 흐림 포항 스틸야드 11,207명
주심_ 김용우 부심_ 박균용·장종필 대기심_ 오현진 경기감독관_ 허태식

**포항 0** 0 전반 0 / 0 후반 0 **0 대구**

| 퇴장 | 경고 | 파울 | ST(유) | 교체 | 선수명 | 배번 | 위치 | 위치 | 배번 | 선수명 | 교체 | ST(유) | 파울 | 경고 | 퇴장 |
|---|---|---|---|---|---|---|---|---|---|---|---|---|---|---|---|
| 0 | 0 | 0 | 0 | | 황인재 | 21 | GK | GK | 21 | 오승훈 | | 0 | 0 | 1 | 0 |
| 0 | 0 | 0 | 2 | | 이태석 | 26 | DF | DF | 2 | 황재원 | | 0 | 1 | 0 | 0 |
| 0 | 0 | 2 | 0 | | 전민광 | 4 | DF | DF | 40 | 박진영 | | 0 | 0 | 0 | 0 |
| 0 | 1 | 3 | 0 | | 이동희 | 3 | DF | DF | 4 | 카이오 | | 0 | 1 | 1 | 0 |
| 0 | 0 | 0 | 0 | | 신광훈 | 17 | DF | DF | 3 | 정우재 | 22 | 1 | 1 | 0 | 0 |
| 0 | 0 | 0 | 2(1) | 10 | 홍윤상 | 37 | MF | MF | 5 | 요시노 | 9 | 0 | 0 | 0 | 0 |
| 0 | 1 | 0 | 1(1) | | 오베르단 | 8 | MF | MF | 10 | 라마스 | | 3 | 1 | 0 | 0 |
| 0 | 0 | 3 | 0 | 6 | 한찬희 | 16 | MF | MF | 11 | 세징야 | | 0 | 2 | 1 | 0 |
| 0 | 0 | 0 | 2 | 7 | 주닝요 | 97 | MF | FW | 30 | 한종무 | 13 | 0 | 0 | 0 | 0 |
| 0 | 0 | 2 | 1(1) | 9 | 조재훈 | 12 | FW | FW | 18 | 정재상 | 8 | 0 | 1 | 0 | 0 |
| 0 | 0 | 2 | 1 | | 이호재 | 19 | FW | FW | 14 | 박세진 | 17 | 0 | 1 | 0 | 0 |
| 0 | 0 | 0 | 0 | | 윤평국 | 1 | | | 31 | 한태희 | | 0 | 0 | 0 | 0 |
| 0 | 0 | 0 | 0 | | 한현서 | 24 | | | 22 | 장성원 | 후0 | 0 | 0 | 0 | 0 |
| 0 | 0 | 0 | 0 | | 어정원 | 2 | | | 15 | 이원우 | | 0 | 0 | 0 | 0 |
| 0 | 0 | 0 | 0 | | 강민준 | 13 | | | 45 | 김현준 | | 0 | 0 | 0 | 0 |
| 0 | 0 | 0 | 0 | 후31 | 김종우 | 6 | 대기 | 대기 | 74 | 이용래 | | 0 | 0 | 0 | 0 |
| 0 | 0 | 0 | 0 | | 강현제 | 18 | | | 13 | 권태영 | 후28 | 1(1) | 0 | 0 | 0 |
| 0 | 0 | 0 | 0 | 후38 | 김인성 | 7 | | | 17 | 고재현 | 후0 | 1(1) | 0 | 0 | 0 |
| 0 | 0 | 2 | 2(1) | 후0 | 조르지 | 9 | | | 9 | 에드가 | 후22 | 1(1) | 1 | 1 | 0 |
| 0 | 0 | 0 | 0 | 후26 | 백성동 | 10 | | | 8 | 이찬동 | 후11 | 0 | 2 | 1 | 0 |
| 0 | 2 | 14 | 11(4) | | | 0 | | | 0 | | | 7(3) | 11 | 5 | 0 |

3월 02일 14:00 흐림 대전 월드컵 7,220명
주심_ 최광호 부심_ 박상준·곽승순 대기심_ 최승환 경기감독관_ 박철

**대전 1** 0 전반 0 / 1 후반 0 **0 수원FC**

| 퇴장 | 경고 | 파울 | ST(유) | 교체 | 선수명 | 배번 | 위치 | 위치 | 배번 | 선수명 | 교체 | ST(유) | 파울 | 경고 | 퇴장 |
|---|---|---|---|---|---|---|---|---|---|---|---|---|---|---|---|
| 0 | 0 | 0 | 0 | | 이창근 | 1 | GK | GK | 23 | 안준수 | | 0 | 0 | 0 | 0 |
| 0 | 0 | 1 | 3 | 5 | 박규현 | 2 | DF | DF | 2 | 이용 | | 0 | 0 | 0 | 0 |
| 0 | 0 | 1 | 0 | | 안톤 | 98 | DF | DF | 3 | 박철우 | | 0 | 0 | 0 | 0 |
| 0 | 0 | 0 | 0 | 4 | 하창래 | 3 | DF | DF | 5 | 이현용 | | 0 | 0 | 0 | 0 |
| 0 | 0 | 1 | 0 | | 강윤성 | 6 | DF | DF | 20 | 이지솔 | | 0 | 1 | 0 | 0 |
| 0 | 0 | 0 | 0 | 27 | 최건주 | 17 | MF | MF | 14 | 윤빛가람 | | 1 | 0 | 0 | 0 |
| 0 | 0 | 1 | 2(1) | | 김현욱 | 70 | MF | MF | 24 | 김주엽 | 17 | 0 | 1 | 0 | 0 |
| 0 | 1 | 0 | 1 | | 밥신 | 8 | MF | MF | 28 | 김재성 | | 0 | 1 | 0 | 0 |
| 0 | 0 | 2 | 1(1) | 14 | 윤도영 | 77 | MF | MF | 70 | 안데르손 | | 1 | 1 | 0 | 0 |
| 0 | 0 | 1 | 3(2) | 73 | 마사 | 7 | FW | MF | 77 | 오프키르 | 11 | 1 | 0 | 0 | 0 |
| 0 | 0 | 0 | 2(2) | | 주민규 | 10 | FW | FW | 9 | 싸박 | 10 | 0 | 2 | 0 | 0 |
| 0 | 0 | 0 | 0 | | 이준서 | 25 | | | 1 | 황재윤 | | 0 | 0 | 0 | 0 |
| 0 | 0 | 0 | 0 | 후29 | 임종은 | 5 | | | 4 | 김태한 | | 0 | 0 | 0 | 0 |
| 0 | 0 | 1 | 0 | 후13 | 김현우 | 4 | | | 13 | 황인택 | | 0 | 0 | 0 | 0 |
| 0 | 0 | 0 | 0 | | 오재석 | 22 | | | 99 | 아반다 | | 0 | 0 | 0 | 0 |
| 0 | 0 | 0 | 0 | 후39 | 이준규 | 73 | 대기 | 대기 | 34 | 장윤호 | | 0 | 0 | 0 | 0 |
| 0 | 0 | 0 | 0 | | 김인균 | 11 | | | 97 | 루안 | 후44 | 0 | 0 | 0 | 0 |
| 0 | 0 | 0 | 2(1) | 후0 | 정재희 | 27 | | | 10 | 지동원 | 후0 | 1 | 0 | 0 | 0 |
| 0 | 0 | 1 | 1 | 후13 | 김준범 | 14 | | | 11 | 이준석 | 후13 | 1(1) | 0 | 0 | 0 |
| 0 | 0 | 0 | 0 | | 천성훈 | 99 | | | 17 | 박용희 | 후13/97 | 1 | 1 | 0 | 0 |
| 0 | 1 | 9 | 15(7) | | | 0 | | | 0 | | | 6(1) | 7 | 0 | 0 |

● 후반 42분 주민규 GA 정면 R-ST-G (득점: 주민규) 왼쪽

3월 02일 16:30 비 춘천 송암 5,009명
주심_ 이동준 부심_ 설귀선·송봉근 대기심_ 최규현 경기감독관_ 나승화

**강원 0** 0 전반 0 / 0 후반 0 **0 제주**

| 퇴장 | 경고 | 파울 | ST(유) | 교체 | 선수명 | 배번 | 위치 | 위치 | 배번 | 선수명 | 교체 | ST(유) | 파울 | 경고 | 퇴장 |
|---|---|---|---|---|---|---|---|---|---|---|---|---|---|---|---|
| 0 | 0 | 0 | 0 | | 이광연 | 1 | GK | GK | 21 | 안찬기 | | 0 | 0 | 0 | 0 |
| 0 | 0 | 2 | 1 | | 이유현 | 97 | DF | DF | 4 | 송주훈 | | 0 | 1 | 0 | 0 |
| 0 | 0 | 1 | 0 | | 강투지 | 23 | DF | DF | 5 | 이탈로 | 2 | 1 | 1 | 0 | 0 |
| 0 | 1 | 2 | 0 | 47 | 최한솔 | 5 | DF | DF | 3 | 장민규 | | 2(1) | 1 | 0 | 0 |
| 0 | 0 | 0 | 0 | | 이기혁 | 13 | DF | MF | 22 | 안태현 | | 0 | 0 | 0 | 0 |
| 0 | 0 | 0 | 0 | 16 | 김동현 | 6 | MF | MF | 14 | 김건웅 | | 0 | 1 | 0 | 0 |
| 0 | 0 | 1 | 0 | | 김강국 | 18 | MF | MF | 18 | 오재혁 | 10 | 1(1) | 1 | 0 | 0 |
| 0 | 0 | 0 | 2(1) | | 강준혁 | 99 | MF | MF | 23 | 임창우 | 24 | 1 | 1 | 0 | 0 |
| 0 | 0 | 0 | 0 | 39 | 진준서 | 15 | MF | FW | 17 | 유인수 | | 2(1) | 1 | 0 | 0 |
| 0 | 0 | 0 | 1(1) | 96 | 이상헌 | 22 | MF | FW | 35 | 이건희 | 9 | 0 | 3 | 0 | 0 |
| 0 | 0 | 0 | 1(1) | 9 | 가브리엘 | 10 | FW | FW | 27 | 김준하 | 7 | 1(1) | 1 | 0 | 0 |
| 0 | 0 | 0 | 0 | | 박청효 | 21 | | | 31 | 조성빈 | | 0 | 0 | 0 | 0 |
| 0 | 0 | 0 | 0 | | 홍철 | 33 | | | 2 | 김재우 | 후44 | 0 | 0 | 0 | 0 |
| 0 | 0 | 0 | 0 | | 송준석 | 34 | | | 16 | 김태환 | | 0 | 0 | 0 | 0 |
| 0 | 0 | 1 | 0 | 후34 | 신민하 | 47 | | | 40 | 김륜성 | | 0 | 0 | 0 | 0 |
| 0 | 0 | 0 | 0 | | 김대우 | 14 | 대기 | 대기 | 6 | 김정민 | | 0 | 0 | 0 | 0 |
| 0 | 0 | 0 | 0 | 후34 | 김이석 | 16 | | | 7 | 서진수 | 후16 | 2(1) | 2 | 0 | 0 |
| 0 | 0 | 0 | 0 | 후39 | 최병찬 | 96 | | | 10 | 남태희 | 후16 | 0 | 0 | 0 | 0 |
| 0 | 1 | 3 | 0 | 후0 | 코바체비치 | 9 | | | 24 | 최병욱 | 후44 | 0 | 0 | 0 | 0 |
| 0 | 0 | 1 | 1(1) | 전14 | 이지호 | 39 | | | 9 | 유리조나탄 | 후16 | 1 | 0 | 0 | 0 |
| 0 | 2 | 11 | 6(4) | | | 0 | | | 0 | | | 11(5) | 13 | 0 | 0 |

3월 03일 14:00 맑음 서울 월드컵 24,889명
주심_ 설태환 부심_ 김계용·홍석찬 대기심_ 정동식 경기감독관_ 김용세

**서울 0** 0 전반 0 / 0 후반 0 **0 김천**

| 퇴장 | 경고 | 파울 | ST(유) | 교체 | 선수명 | 배번 | 위치 | 위치 | 배번 | 선수명 | 교체 | ST(유) | 파울 | 경고 | 퇴장 |
|---|---|---|---|---|---|---|---|---|---|---|---|---|---|---|---|
| 0 | 0 | 0 | 0 | | 강현무 | 31 | GK | GK | 1 | 김동헌 | | 0 | 0 | 0 | 0 |
| 0 | 0 | 0 | 0 | | 김진수 | 22 | DF | DF | 22 | 최예훈 | 26 | 0 | 0 | 0 | 0 |
| 0 | 1 | 1 | 0 | | 김주성 | 30 | DF | DF | 20 | 박찬용 | | 0 | 1 | 0 | 0 |
| 0 | 0 | 0 | 1 | | 야잔 | 5 | DF | DF | 25 | 박승욱 | | 1 | 0 | 0 | 0 |
| 0 | 0 | 0 | 1(1) | | 최준 | 16 | DF | DF | 66 | 박수일 | | 0 | 0 | 0 | 0 |
| 0 | 0 | 0 | 1 | 45 | 이승모 | 8 | MF | MF | 7 | 김승섭 | 17 | 0 | 1 | 0 | 0 |
| 0 | 0 | 0 | 0 | 6 | 황도윤 | 41 | MF | MF | 4 | 서민우 | | 0 | 3 | 0 | 0 |
| 0 | 1 | 0 | 1 | 77 | 손승범 | 14 | MF | MF | 30 | 김봉수 | | 0 | 1 | 0 | 0 |
| 0 | 0 | 1 | 2(1) | 17 | 린가드 | 10 | MF | MF | 11 | 이동준 | 10 | 0 | 1 | 1 | 0 |
| 0 | 0 | 0 | 0 | | 정승원 | 7 | MF | FW | 19 | 박상혁 | 18 | 0 | 3 | 0 | 0 |
| 0 | 0 | 0 | 0 | 27 | 조영욱 | 9 | FW | FW | 14 | 이동경 | 8 | 0 | 2 | 0 | 0 |
| 0 | 0 | 0 | 0 | | 백종범 | 1 | | | 32 | 정명제 | | 0 | 0 | 0 | 0 |
| 0 | 0 | 0 | 0 | 후44 | 김진야 | 17 | | | 26 | 조현택 | 후0 | 0 | 0 | 0 | 0 |
| 0 | 0 | 0 | 0 | | 이한도 | 20 | | | 3 | 김민덕 | | 0 | 0 | 0 | 0 |
| 0 | 0 | 0 | 1 | 후0 | 기성용 | 6 | | | 5 | 김강산 | | 0 | 0 | 0 | 0 |
| 0 | 0 | 0 | 0 | | 류재문 | 29 | 대기 | 대기 | 8 | 이승원 | 후24 | 0 | 0 | 0 | 0 |
| 0 | 0 | 0 | 1 | 후0 | 루카스 | 77 | | | 17 | 김대원 | 후12 | 0 | 1 | 0 | 0 |
| 0 | 0 | 0 | 0 | | 강성진 | 11 | | | 10 | 모재현 | 후12 | 1 | 1 | 0 | 0 |
| 0 | 0 | 1 | 2 | 후0 | 문선민 | 27 | | | 18 | 원기종 | 후43 | 0 | 1 | 1 | 0 |
| 0 | 0 | 0 | 0 | 후36 | 둑스 | 45 | | | 9 | 유강현 | | 0 | 0 | 0 | 0 |
| 0 | 2 | 3 | 10(2) | | | 0 | | | 0 | | | 2 | 15 | 2 | 0 |

3월 08일 14:00 맑음 수원 종합 8,661명
주심_ 채상협 부심_ 구은석·방기열 대기심_ 고민국 경기감독관_ 구상범

**수원FC 0** 0 전반 0 / 0 후반 0 **0 서울**

| 퇴장 | 경고 | 파울 | ST(유) | 교체 | 선수명 | 배번 | 위치 | 위치 | 배번 | 선수명 | 교체 | ST(유) | 파울 | 경고 | 퇴장 |
|---|---|---|---|---|---|---|---|---|---|---|---|---|---|---|---|
| 0 | 0 | 0 | 0 | | 안준수 | 23 | GK | GK | 31 | 강현무 | | 0 | 0 | 0 | 0 |
| 0 | 0 | 0 | 0 | | 이용 | 2 | DF | DF | 22 | 김진수 | | 1 | 0 | 0 | 0 |
| 0 | 0 | 0 | 2(1) | 13 | 박철우 | 3 | DF | DF | 30 | 김주성 | | 0 | 1 | 0 | 0 |
| 0 | 0 | 0 | 0 | | 이현용 | 5 | DF | DF | 5 | 야잔 | | 0 | 0 | 0 | 0 |
| 0 | 0 | 0 | 0 | | 이지솔 | 20 | DF | DF | 16 | 최준 | | 0 | 1 | 0 | 0 |
| 0 | 1 | 3 | 3(1) | | 윤빛가람 | 14 | MF | MF | 6 | 기성용 | | 1 | 0 | 0 | 0 |
| 0 | 0 | 0 | 1(1) | 34 | 박용희 | 17 | MF | MF | 7 | 정승원 | | 2 | 1 | 0 | 0 |
| 0 | 0 | 0 | 0 | 7 | 김재성 | 28 | MF | MF | 77 | 루카스 | 94 | 0 | 0 | 0 | 0 |
| 0 | 0 | 1 | 3(2) | | 안데르손 | 70 | MF | MF | 10 | 린가드 | 11 | 3(2) | 1 | 0 | 0 |
| 0 | 0 | 2 | 0 | 77 | 루안 | 97 | MF | MF | 28 | 바또 | 27 | 0 | 1 | 0 | 0 |
| 0 | 0 | 1 | 1 | 11 | 지동원 | 10 | FW | FW | 9 | 조영욱 | 8 | 2(1) | 1 | 0 | 0 |
| 0 | 0 | 0 | 0 | | 황재윤 | 1 | | | 1 | 백종범 | | 0 | 0 | 0 | 0 |
| 0 | 0 | 0 | 0 | | 김태한 | 4 | | | 17 | 김진야 | | 0 | 0 | 0 | 0 |
| 0 | 0 | 0 | 0 | | 최규백 | 6 | | | 20 | 이한도 | | 0 | 0 | 0 | 0 |
| 0 | 0 | 0 | 0 | 후39 | 황인택 | 13 | | | 8 | 이승모 | 후22 | 1(1) | 0 | 0 | 0 |
| 0 | 0 | 0 | 0 | | 아반다 | 99 | 대기 | 대기 | 29 | 류재문 | | 0 | 0 | 0 | 0 |
| 0 | 0 | 1 | 0 | 후0 | 이재원 | 7 | | | 41 | 황도윤 | | 0 | 0 | 0 | 0 |
| 0 | 0 | 0 | 0 | 후39 | 장윤호 | 34 | | | 11 | 강성진 | 후32 | 0 | 0 | 0 | 0 |
| 0 | 0 | 1 | 0 | 후25 | 이준석 | 11 | | | 27 | 문선민 | 후0 | 0 | 0 | 0 | 0 |
| 0 | 0 | 0 | 0 | 후18 | 오프키르 | 77 | | | 94 | 윌리안 | 후22 | 0 | 0 | 0 | 0 |
| 0 | 1 | 9 | 10(5) | | | 0 | | | 0 | | | 10(4) | 6 | 0 | 0 |

3월 08일 16:30 흐림 대구iM뱅크파크 12,168명
주심_ 고형진 부심_ 윤재열·홍석찬 대기심_ 조지음 경기감독관_ 김성기

**대구 1** 0 전반 2 / 1 후반 0 **2 대전**

| 퇴장 | 경고 | 파울 | ST(유) | 교체 | 선수명 | 배번 | 위치 | 위치 | 배번 | 선수명 | 교체 | ST(유) | 파울 | 경고 | 퇴장 |
|---|---|---|---|---|---|---|---|---|---|---|---|---|---|---|---|
| 0 | 0 | 0 | 0 | | 오승훈 | 21 | GK | GK | 1 | 이창근 | | 0 | 0 | 0 | 0 |
| 0 | 0 | 0 | 0 | | 황재원 | 2 | DF | MF | 2 | 박규현 | | 0 | 3 | 2 | 0 |
| 0 | 0 | 1 | 0 | | 박진영 | 40 | DF | DF | 98 | 안톤 | | 0 | 2 | 1 | 0 |
| 0 | 0 | 0 | 0 | | 카이오 | 4 | DF | DF | 3 | 하창래 | | 0 | 1 | 0 | 0 |
| 0 | 0 | 1 | 0 | 29 | 장성원 | 22 | DF | DF | 22 | 오재석 | 4 | 0 | 1 | 1 | 0 |
| 0 | 0 | 2 | 0 | 9 | 요시노 | 5 | MF | FW | 17 | 최건주 | 5 | 1(1) | 1 | 0 | 0 |
| 0 | 0 | 0 | 5(2) | | 라마스 | 10 | MF | MF | 6 | 강윤성 | | 0 | 2 | 0 | 0 |
| 0 | 1 | 1 | 3(1) | | 세징야 | 11 | MF | MF | 8 | 밥신 | | 0 | 1 | 1 | 0 |
| 0 | 0 | 0 | 1 | 30 | 고재현 | 17 | FW | FW | 77 | 윤도영 | 27 | 1(1) | 0 | 0 | 0 |
| 0 | 0 | 0 | 1 | 8 | 정재상 | 18 | FW | MF | 7 | 마사 | 14 | 2 | 0 | 0 | 0 |
| 0 | 0 | 1 | 0 | 19 | 권태영 | 13 | FW | FW | 10 | 주민규 | | 2(2) | 0 | 0 | 0 |
| 0 | 0 | 0 | 0 | | 한태희 | 31 | | | 25 | 이준서 | | 0 | 0 | 0 | 0 |
| 0 | 0 | 0 | 0 | | 정우재 | 3 | | | 5 | 임종은 | 후27 | 0 | 0 | 0 | 0 |
| 0 | 0 | 0 | 0 | | 이원우 | 15 | | | 4 | 김현우 | 후42 | 0 | 1 | 0 | 0 |
| 0 | 0 | 0 | 0 | 후35 | 박재현 | 29 | | | 70 | 김현욱 | | 0 | 0 | 0 | 0 |
| 0 | 0 | 0 | 0 | | 이용래 | 74 | 대기 | 대기 | 73 | 이준규 | | 0 | 0 | 0 | 0 |
| 0 | 0 | 0 | 1 | 후0 | 한종무 | 30 | | | 11 | 김인균 | | 0 | 0 | 0 | 0 |
| 0 | 0 | 0 | 3(2) | 후0 | 박대훈 | 19 | | | 27 | 정재희 | 후0 | 0 | 0 | 0 | 0 |
| 0 | 0 | 0 | 2 | 후24 | 에드가 | 9 | | | 14 | 김준범 | 후20 | 1(1) | 0 | 0 | 0 |
| 0 | 0 | 1 | 0 | 후24 | 이찬동 | 8 | | | 9 | 구텍 | | 0 | 0 | 0 | 0 |
| 0 | 1 | 7 | 16(5) | | | 0 | | | 0 | | | 7(5) | 12 | 5 | 0 |

- 후반 25분 이찬동 MFR ~ 라마스 MF 정면 L-ST-G (득점: 라마스, 도움: 이찬동) 오른쪽
- 전반 6분 박규현 PAL ~ 주민규 GAL L-ST-G (득점: 주민규, 도움: 박규현) 오른쪽
- 전반 9분 주민규 자기 측 HLL ↷ 최건주 GAL R-ST-G (득점: 최건주, 도움: 주민규) 왼쪽

3월 08일 16:30 맑음 안양 종합 13,579명
주심_ 김대용 부심_ 설귀선·송봉근 대기심_ 오현진 경기감독관_ 양정환

**안양 1** 1 전반 3 / 0 후반 0 **3 김천**

| 퇴장 | 경고 | 파울 | ST(유) | 교체 | 선수명 | 배번 | 위치 | 위치 | 배번 | 선수명 | 교체 | ST(유) | 파울 | 경고 | 퇴장 |
|---|---|---|---|---|---|---|---|---|---|---|---|---|---|---|---|
| 0 | 0 | 0 | 0 | | 김다솔 | 31 | GK | GK | 1 | 김동헌 | | 0 | 0 | 0 | 0 |
| 0 | 0 | 0 | 0 | | 이창용 | 4 | DF | DF | 22 | 최예훈 | 26 | 0 | 0 | 0 | 0 |
| 0 | 0 | 0 | 1 | 17 | 김동진 | 22 | DF | DF | 20 | 박찬용 | | 0 | 2 | 0 | 0 |
| 0 | 0 | 0 | 0 | | 이태희 | 32 | DF | DF | 25 | 박승욱 | | 0 | 2 | 0 | 0 |
| 0 | 0 | 0 | 0 | | 토마스 | 55 | DF | DF | 66 | 박수일 | | 0 | 0 | 0 | 0 |
| 0 | 0 | 2 | 0 | 3 | 김정현 | 8 | MF | MF | 7 | 김승섭 | 11 | 4(3) | 0 | 0 | 0 |
| 0 | 0 | 0 | 3(3) | 21 | 야고 | 10 | MF | MF | 4 | 서민우 | 8 | 1 | 0 | 0 | 0 |
| 0 | 0 | 0 | 2(2) | | 리영직 | 37 | MF | MF | 30 | 김봉수 | | 0 | 0 | 0 | 0 |
| 0 | 0 | 1 | 0 | 11 | 채현우 | 71 | MF | MF | 10 | 모재현 | 19 | 3(1) | 0 | 0 | 0 |
| 0 | 0 | 0 | 2(2) | 24 | 마테우스 | 7 | FW | FW | 9 | 유강현 | 18 | 1(1) | 2 | 0 | 0 |
| 0 | 1 | 3 | 1(1) | | 모따 | 9 | FW | FW | 14 | 이동경 | | 5(4) | 0 | 0 | 0 |
| 0 | 0 | 0 | 0 | | 황병근 | 41 | | | 32 | 정명제 | | 0 | 0 | 0 | 0 |
| 0 | 0 | 0 | 0 | 후37 | 김지훈 | 3 | | | 26 | 조현택 | 전27 | 0 | 1 | 0 | 0 |
| 0 | 0 | 0 | 0 | | 김영찬 | 5 | | | 3 | 김민덕 | | 0 | 0 | 0 | 0 |
| 0 | 0 | 0 | 0 | | 최규현 | 16 | | | 5 | 김강산 | | 0 | 0 | 0 | 0 |
| 0 | 0 | 0 | 1(1) | 후20 | 에두아르도 | 21 | 대기 | 대기 | 8 | 이승원 | 후40 | 0 | 0 | 0 | 0 |
| 0 | 0 | 0 | 1(1) | 후26 | 김보경 | 24 | | | 17 | 김대원 | | 0 | 0 | 0 | 0 |
| 0 | 1 | 1 | 1 | 후0 | 최성범 | 11 | | | 11 | 이동준 | 후20 | 2 | 0 | 0 | 0 |
| 0 | 0 | 0 | 0 | 후0 | 강지훈 | 17 | | | 18 | 원기종 | 후0 | 4(2) | 0 | 0 | 0 |
| 0 | 0 | 0 | 0 | | 김운 | 19 | | | 19 | 박상혁 | 후40 | 0 | 0 | 0 | 0 |
| 0 | 2 | 7 | 12(10) | | | 0 | | | 0 | | | 20(11) | 7 | 0 | 0 |

- 전반 17분 모따 AK 정면 ~ 마테우스 PA 정면 내 L-ST-G (득점: 마테우스, 도움: 모따) 오른쪽
- 전반 20분 김봉수 HLR ~ 이동경 AK 정면 L-ST-G (득점: 이동경, 도움: 김봉수) 오른쪽
- 전반 36분 박수일 MFL ~ 김승섭 PAL 내 L-ST-G (득점: 김승섭, 도움: 박수일) 왼쪽
- 전반 38분 조현택 PAL ↷ 유강현 GAR H-ST-G (득점: 유강현, 도움: 조현택) 왼쪽

3월 22일 16:30 맑음 광주 월드컵 4,544명
주심_ 박병진 부심_ 김계용·곽승순 대기심_ 최승환 경기감독관_ 박철

**광주 2** 1 전반 1 / 1 후반 2 **3 포항**

| 퇴장 | 경고 | 파울 | ST(유) | 교체 | 선수명 | 배번 | 위치 | 위치 | 배번 | 선수명 | 교체 | ST(유) | 파울 | 경고 | 퇴장 |
|---|---|---|---|---|---|---|---|---|---|---|---|---|---|---|---|
| 0 | 0 | 0 | 0 | | 김경민 | 1 | GK | GK | 21 | 황인재 | | 0 | 0 | 0 | 0 |
| 0 | 0 | 1 | 0 | | 김진호 | 23 | DF | DF | 2 | 어정원 | | 0 | 3 | 1 | 0 |
| 0 | 0 | 1 | 1(1) | 40 | 조성권 | 2 | DF | DF | 24 | 한현서 | | 0 | 0 | 0 | 0 |
| 0 | 0 | 1 | 0 | | 안영규 | 6 | DF | DF | 4 | 전민광 | | 0 | 1 | 0 | 0 |
| 0 | 1 | 0 | 0 | 4 | 이민기 | 3 | DF | DF | 13 | 강민준 | | 0 | 2 | 0 | 0 |
| 0 | 1 | 1 | 1 | 70 | 최경록 | 10 | MF | MF | 88 | 김동진 | 6 | 0 | 0 | 0 | 0 |
| 0 | 0 | 0 | 0 | | 박태준 | 55 | MF | MF | 8 | 오베르단 | | 1(1) | 1 | 0 | 0 |
| 0 | 1 | 2 | 1(1) | 80 | 이강현 | 8 | MF | MF | 9 | 조르지 | 10 | 2(1) | 2 | 0 | 0 |
| 0 | 0 | 0 | 0 | 21 | 오후성 | 77 | MF | MF | 66 | 이창우 | 99 | 1 | 0 | 0 | 0 |
| 0 | 0 | 2 | 2(1) | 13 | 박인혁 | 18 | FW | MF | 7 | 김인성 | 18 | 0 | 1 | 0 | 0 |
| 0 | 0 | 1 | 3(3) | | 헤이스 | 17 | FW | FW | 19 | 이호재 | | 1(1) | 0 | 0 | 0 |
| 0 | 0 | 0 | 0 | | 노희동 | 12 | | | 1 | 윤평국 | | 0 | 0 | 0 | 0 |
| 0 | 1 | 3 | 0 | 후0 | 브루노 | 4 | | | 5 | 아스프로 | | 0 | 0 | 0 | 0 |
| 0 | 0 | 0 | 0 | | 김한길 | 22 | | | 23 | 이동협 | | 0 | 0 | 0 | 0 |
| 0 | 0 | 0 | 0 | 후18 | 주세종 | 80 | | | 17 | 신광훈 | | 0 | 0 | 0 | 0 |
| 0 | 0 | 0 | 0 | 후53 | 강희수 | 21 | 대기 | 대기 | 6 | 김종우 | 후0 | 2(2) | 1 | 1 | 0 |
| 0 | 0 | 0 | 0 | | 황재환 | 19 | | | 70 | 황서웅 | | 0 | 0 | 0 | 0 |
| 0 | 1 | 0 | 0 | 후18 | 하승운 | 70 | | | 10 | 백성동 | 후37 | 0 | 0 | 0 | 0 |
| 0 | 0 | 1 | 0 | 후53 | 신창무 | 40 | | | 18 | 강현제 | 후6 | 3(2) | 0 | 0 | 0 |
| 0 | 0 | 1 | 0 | 후32 | 박정인 | 13 | | | 99 | 조상혁 | 후0 | 0 | 3 | 0 | 0 |
| 0 | 5 | 14 | 8(6) | | | 0 | | | 0 | | | 10(7) | 14 | 2 | 0 |

- 전반 6분 조성권 GAR 내 EL L-ST-G (득점: 조성권) 오른쪽
- 후반 46분 안영규 GAR 내 EL H↷ 헤이스 GAL 내 H-ST-G (득점: 헤이스, 도움: 안영규) 왼쪽
- 전반 21분 김동진 MFL ~ 오베르단 PA 정면 R-ST-G (득점: 오베르단, 도움: 김동진) 가운데
- 후반 22분 이호재 PK-R-G (득점: 이호재) 왼쪽
- 후반 55분 강현제 PAR 내 R-ST-G (득점: 강현제) 오른쪽

3월 09일 14:00 맑음 울산 문수 16,749명
주심_ 송민석 부심_ 박상준·김지욱 대기심_ 설태환 경기감독관_ 허태식

**울산 2** 1 전반 0 / 1 후반 0 **0 제주**

| 퇴장 | 경고 | 파울 | ST(유) | 교체 | 선수경 | 배번 | 위치 | 위치 | 배번 | 선수명 | 교체 | ST(유) | 파울 | 경고 | 퇴장 |
|---|---|---|---|---|---|---|---|---|---|---|---|---|---|---|---|
| 0 | 0 | 0 | 0 | | 조현우 | 21 | GK | GK | 21 | 안찬기 | | 0 | 0 | 0 | 0 |
| 0 | 0 | 1 | 0 | | 김영권 | 19 | DF | DF | 40 | 김륜성 | | 0 | 1 | 0 | 0 |
| 0 | 0 | 1 | 1 | | 서명관 | 4 | DF | DF | 4 | 송주훈 | 2 | 0 | 0 | 0 | 0 |
| 0 | 0 | 1 | 2 | | 강상우 | 13 | DF | DF | 3 | 장민규 | | 0 | 0 | 0 | 0 |
| 0 | 0 | 0 | 2(2) | | 윤종규 | 24 | DF | DF | 16 | 김태환 | | 2 | 0 | 0 | 0 |
| 0 | 0 | 0 | 0 | 96 | 보야니치 | 6 | MF | MF | 14 | 김건웅 | | 2(1) | 2 | 0 | 0 |
| 0 | 1 | 4 | 2(2) | 29 | 라카바 | 36 | MF | MF | 50 | 박동진 | 35 | 1(1) | 3 | 0 | 0 |
| 0 | 1 | 2 | 0 | 22 | 이진현 | 14 | MF | MF | 5 | 이탈로 | 18 | 1 | 2 | 1 | 0 |
| 0 | 0 | 0 | 1(1) | 17 | 윤재석 | 30 | MF | FW | 17 | 유인수 | 24 | 0 | 1 | 0 | 0 |
| 0 | 0 | 0 | 3(2) | 16 | 엄원상 | 11 | FW | FW | 10 | 남태희 | | 0 | 2 | 0 | 0 |
| 0 | 0 | 3 | 4(4) | | 허율 | 18 | FW | FW | 27 | 김준하 | 7 | 2(1) | 2 | 0 | 0 |
| 0 | 0 | 0 | 0 | | 문정인 | 23 | | | 31 | 조성빈 | | 0 | 0 | 0 | 0 |
| 0 | 1 | 0 | 0 | 후44 | 최석현 | 96 | | | 2 | 김재우 | 후44 | 0 | 0 | 0 | 0 |
| 0 | 0 | 0 | 0 | | 이재익 | 28 | | | 23 | 임창우 | | 0 | 0 | 0 | 0 |
| 0 | 0 | 0 | 0 | | 고승범 | 7 | | | 18 | 오재혁 | 후16 | 0 | 1 | 0 | 0 |
| 0 | 0 | 0 | 0 | 후35 | 장시영 | 29 | 대기 | 대기 | 30 | 김진호 | | 0 | 0 | 0 | 0 |
| 0 | 0 | 0 | 2(1) | 후0 | 루빅손 | 17 | | | 7 | 서진수 | 후16 | 0 | 0 | 0 | 0 |
| 0 | 1 | 2 | 0 | 후0 | 김민혁 | 22 | | | 9 | 유리조나탄 | | 0 | 0 | 0 | 0 |
| 0 | 0 | 0 | 1 | 후29 | 이희균 | 16 | | | 24 | 최병욱 | 후24 | 1 | 0 | 0 | 0 |
| 0 | 0 | 0 | 0 | | 야고 | 99 | | | 35 | 이건희 | 후16 | 1 | 1 | 0 | 0 |
| 0 | 4 | 14 | 18(12) | | | 0 | | | 0 | | | 10(3) | 15 | 1 | 0 |

- 전반 32분 이진현 C.KR ↷ 허율 GAR H-ST-G (득점: 허율, 도움: 이진현) 가운데
- 후반 25분 엄원상 PAR 내 ~ 허율 GA 정면 내 L-ST-G (득점: 허율, 도움: 엄원상) 왼쪽

3월 09일 16:30 맑음 전주 월드컵 14,090명
주심_ 김종혁 부심_ 박균용·장종필 대기심_ 안재훈 경기감독관_ 이경춘

**전북 0** 0 전반 0 / 0 후반 1 **1 강원**

| 퇴장 | 경고 | 파울 | ST(유) | 교체 | 선수명 | 배번 | 위치 | 위치 | 배번 | 선수명 | 교체 | ST(유) | 파울 | 경고 | 퇴장 |
|---|---|---|---|---|---|---|---|---|---|---|---|---|---|---|---|
| 0 | 1 | 0 | 0 | | 송범근 | 31 | GK | GK | 1 | 이광연 | | 0 | 0 | 0 | 0 |
| 0 | 0 | 1 | 0 | | 김태환 | 23 | DF | DF | 73 | 윤일록 | 96 | 0 | 0 | 0 | 0 |
| 0 | 0 | 3 | 1 | | 연제운 | 94 | DF | DF | 23 | 강투지 | | 0 | 0 | 0 | 0 |
| 0 | 0 | 1 | 0 | | 박진섭 | 4 | DF | DF | 47 | 신민하 | | 0 | 0 | 0 | 0 |
| 0 | 0 | 1 | 0 | | 최우진 | 3 | DF | DF | 13 | 이기혁 | | 0 | 0 | 0 | 0 |
| 0 | 0 | 1 | 0 | 97 | 보아텡 | 19 | MF | MF | 6 | 김동현 | | 2 | 0 | 0 | 0 |
| 0 | 0 | 3 | 1 | 13 | 한국영 | 8 | MF | MF | 97 | 이유현 | | 1 | 0 | 0 | 0 |
| 0 | 0 | 2 | 1(1) | 28 | 이승우 | 11 | MF | MF | 99 | 강준혁 | | 0 | 0 | 0 | 0 |
| 0 | 0 | 2 | 3(1) | 21 | 전병관 | 33 | MF | MF | 39 | 이지호 | 19 | 0 | 0 | 0 | 0 |
| 0 | 0 | 1 | 0 | | 박재용 | 16 | FW | FW | 22 | 이상헌 | 33 | 0 | 0 | 0 | 0 |
| 0 | 0 | 0 | 0 | 14 | 송민규 | 10 | MF | FW | 9 | 코바체비치 | 10 | 0 | 2 | 0 | 0 |
| 0 | 0 | 0 | 0 | | 김정훈 | 1 | | | 71 | 조민규 | | 0 | 0 | 0 | 0 |
| 0 | 0 | 0 | 0 | | 김영빈 | 2 | | | 33 | 홍철 | 후37 | 0 | 0 | 0 | 0 |
| 0 | 0 | 1 | 0 | 후47 | 안현범 | 21 | | | 24 | 박호영 | | 0 | 0 | 0 | 0 |
| 0 | 0 | 0 | 0 | | 김태현 | 77 | | | 18 | 김강국 | | 0 | 0 | 0 | 0 |
| 0 | 0 | 0 | 0 | 후47 | 강상윤 | 13 | 대기 | 대기 | 16 | 김이석 | | 0 | 0 | 0 | 0 |
| 0 | 0 | 0 | 1 | 후0 | 전진우 | 14 | | | 19 | 김경민 | 후18 | 1(1) | 0 | 0 | 0 |
| 0 | 0 | 0 | 0 | | 권창훈 | 22 | | | 96 | 최병찬 | 후18 | 0 | 0 | 0 | 0 |
| 0 | 0 | 0 | 1(1) | 후23 | 이영재 | 28 | | | 10 | 가브리엘 | 후0 | 1 | 2 | 0 | 0 |
| 0 | 0 | 0 | 1(1) | 후23 | 김진규 | 97 | | | 11 | 마리오 | | 0 | 0 | 0 | 0 |
| 0 | 1 | 16 | 9(4) | | | 0 | | | 0 | | | 5(1) | 4 | 0 | 0 |

- 후반 44분 가브리엘 GA 정면 ~ 김경민 GAR 내 R-ST-G (득점: 김경민, 도움: 가브리엘) 오른쪽

3월 15일 14:00 흐림 제주 월드컵 4,651명
주심_ 설태환 부심_ 박균용·장종필 대기심_ 원명희 경기감독관_ 조성철

**제주 1** 0 전반 0 / 1 후반 3 **3 대전**

| 퇴장 | 경고 | 파울 | ST(유) | 교체 | 선수명 | 배번 | 위치 | 위치 | 배번 | 선수명 | 교체 | ST(유) | 파울 | 경고 | 퇴장 |
|---|---|---|---|---|---|---|---|---|---|---|---|---|---|---|---|
| 0 | 0 | 0 | 0 | | 안찬기 | 21 | GK | GK | 1 | 이창근 | | 0 | 0 | 0 | 0 |
| 0 | 0 | 0 | 0 | | 유인수 | 17 | DF | DF | 24 | 박진성 | 27 | 0 | 0 | 0 | 0 |
| 0 | 0 | 1 | 0 | | 송주훈 | 4 | DF | DF | 98 | 안톤 | | 0 | 1 | 0 | 0 |
| 0 | 0 | 0 | 0 | | 임채민 | 26 | DF | DF | 3 | 하창래 | | 0 | 0 | 0 | 0 |
| 0 | 0 | 0 | 0 | | 임창우 | 23 | DF | DF | 22 | 오재석 | | 0 | 1 | 0 | 0 |
| 0 | 1 | 2 | 0 | 9 | 김건웅 | 14 | MF | MF | 17 | 최건주 | 73 | 0 | 0 | 0 | 0 |
| 0 | 0 | 0 | 3(1) | | 남태희 | 10 | MF | MF | 6 | 강윤성 | | 1 | 1 | 0 | 0 |
| 0 | 0 | 0 | 2 | 5 | 이창민 | 8 | MF | MF | 8 | 밥신 | | 0 | 1 | 0 | 0 |
| 0 | 0 | 1 | 1(1) | 11 | 서진수 | 7 | FW | MF | 77 | 윤도영 | 14 | 1 | 0 | 0 | 0 |
| 0 | 0 | 4 | 2(1) | 30 | 이건희 | 35 | FW | FW | 7 | 마사 | 70 | 2(1) | 0 | 0 | 0 |
| 0 | 0 | 0 | 1 | 19 | 김준하 | 27 | FW | FW | 10 | 주민규 | 9 | 1(1) | 0 | 0 | 0 |
| 0 | 0 | 0 | 0 | | 김동준 | 1 | | | 89 | 정산 | | 0 | 0 | 0 | 0 |
| 0 | 0 | 0 | 0 | | 김재우 | 2 | | | 5 | 임종은 | | 0 | 0 | 0 | 0 |
| 0 | 0 | 0 | 0 | | 장민규 | 3 | | | 4 | 김현우 | | 0 | 0 | 0 | 0 |
| 0 | 0 | 0 | 0 | | 김륜성 | 40 | | | 70 | 김현욱 | 후15 | 0 | 0 | 0 | 0 |
| 0 | 0 | 0 | 0 | 후23 | 이탈로 | 5 | 대기 | 대기 | 73 | 이준규 | 후42 | 1(1) | 0 | 0 | 0 |
| 0 | 0 | 0 | 1 | 후23 | 에반드로 | 11 | | | 11 | 김인균 | | 0 | 0 | 0 | 0 |
| 0 | 0 | 0 | 1 | 후32 | 김진호 | 30 | | | 27 | 정재희 | 후15 | 3(2) | 0 | 0 | 0 |
| 0 | 0 | 0 | 0 | 후49 | 유리조나탄 | 9 | | | 14 | 김준범 | 후15 | 0 | 0 | 0 | 0 |
| 0 | 0 | 0 | 1 | 후23 | 김주공 | 19 | | | 9 | 구텍 | 후29 | 2(1) | 0 | 0 | 0 |
| 0 | 1 | 8 | 12(3) | | | 0 | | | 0 | | | 11(6) | 4 | 0 | 0 |

- 후반 10분 서진수 PK-R-G (득점: 서진수) 왼쪽

- 후반 5분 마사 MFR ~ 주민규 PA 정면 내 L-ST-G (득점: 주민규, 도움: 마사) 왼쪽
- 후반 45분 정재희 AKR R-ST-G (득점: 정재희) 왼쪽
- 후반 48분 김현욱 AK 정면 ~ 이준규 GAL R-ST-G (득점: 이준규, 도움: 김현욱) 왼쪽

3월 15일 16:30 흐림 대구iM뱅크파크 12,183명
주심_ 김우성 부심_ 김계용·방기열 대기심_ 고민국 경기감독관_ 허기태

**대구 0** 0 전반 1 / 0 후반 0 **1 안양**

| 퇴장 | 경고 | 파울 | ST(유) | 교체 | 선수명 | 배번 | 위치 | 위치 | 배번 | 선수명 | 교체 | ST(유) | 파울 | 경고 | 퇴장 |
|---|---|---|---|---|---|---|---|---|---|---|---|---|---|---|---|
| 0 | 0 | 0 | 0 | | 오승훈 | 21 | GK | GK | 31 | 김다솔 | | 0 | 0 | 0 | 0 |
| 0 | 0 | 0 | 0 | | 황재원 | 2 | DF | DF | 4 | 이창용 | | 0 | 0 | 0 | 0 |
| 0 | 0 | 1 | 0 | | 박진영 | 40 | DF | DF | 5 | 김영찬 | | 0 | 1 | 0 | 0 |
| 0 | 1 | 1 | 3(2) | | 카이오 | 4 | DF | DF | 17 | 강지훈 | 11 | 1 | 2 | 1 | 0 |
| 0 | 0 | 0 | 0 | 29 | 장성원 | 22 | DF | DF | 32 | 이태희 | | 0 | 4 | 1 | 0 |
| 0 | 1 | 2 | 0 | 9 | 요시노 | 5 | MF | MF | 8 | 김정현 | | 0 | 0 | 1 | 0 |
| 0 | 0 | 1 | 3(1) | | 라마스 | 10 | MF | MF | 16 | 최규현 | | 0 | 0 | 0 | 0 |
| 0 | 0 | 3 | 3(2) | | 세징야 | 11 | MF | MF | 21 | 에두아르도 | 55 | 2(1) | 4 | 0 | 0 |
| 0 | 0 | 0 | 0 | 19 | 박세진 | 14 | FW | MF | 71 | 채현우 | 10 | 3(2) | 1 | 0 | 0 |
| 0 | 0 | 1 | 0 | 7 | 정재상 | 18 | FW | FW | 7 | 마테우스 | 37 | 2(1) | 0 | 0 | 0 |
| 0 | 0 | 2 | 2 | 17 | 한종무 | 30 | FW | FW | 9 | 모따 | | 2 | 2 | 1 | 0 |
| 0 | 0 | 0 | 0 | | 한태희 | 31 | | | 41 | 황병근 | | 0 | 0 | 0 | 0 |
| 0 | 0 | 0 | 1(1) | 후0 | 김진혁 | 7 | | | 3 | 김지훈 | | 0 | 0 | 0 | 0 |
| 0 | 0 | 0 | 0 | 후33 | 박재현 | 29 | | | 55 | 토마스 | 후26 | 0 | 0 | 1 | 0 |
| 0 | 0 | 0 | 0 | | 이용래 | 74 | | | 99 | 주현우 | | 0 | 0 | 0 | 0 |
| 0 | 0 | 0 | 0 | | 권태영 | 13 | 대기 | 대기 | 24 | 김보경 | | 0 | 0 | 0 | 0 |
| 0 | 0 | 2 | 3(1) | 후0 | 에드가 | 9 | | | 37 | 리영직 | 후34 | 0 | 0 | 0 | 0 |
| 0 | 0 | 0 | 1 | 후33 | 고재현 | 17 | | | 10 | 야고 | 후0 | 1 | 0 | 0 | 0 |
| 0 | 0 | 0 | 0 | | 김민준 | 33 | | | 11 | 최성범 | 후48 | 1(1) | 0 | 0 | 0 |
| 0 | 0 | 0 | 1(1) | 후0 | 박대훈 | 19 | | | 19 | 김운 | | 0 | 0 | 0 | 0 |
| 0 | 2 | 13 | 17(8) | | | 0 | | | 0 | | | 12(5) | 14 | 5 | 0 |

- 전반 19분 채현우 GA 정면 H-ST-G (득점: 채현우) 오른쪽

3월 15일 16:30 맑음 춘천 송암 10,231명
주심_ 신용준 부심_ 윤재열·김지욱 대기심_ 박정호 경기감독관_ 나승화

**강원 0** 0 전반 1 / 0 후반 0 **1 서울**

| 퇴장 | 경고 | 파울 | ST(유) | 교체 | 선수명 | 배번 | 위치 | 위치 | 배번 | 선수명 | 교체 | ST(유) | 파울 | 경고 | 퇴장 |
|---|---|---|---|---|---|---|---|---|---|---|---|---|---|---|---|
| 0 | 0 | 0 | 0 | | 이광연 | 1 | GK | GK | 31 | 강현무 | | 0 | 0 | 0 | 0 |
| 0 | 0 | 0 | 0 | 35 | 강준혁 | 99 | DF | DF | 22 | 김진수 | | 0 | 0 | 0 | 0 |
| 0 | 0 | 0 | 0 | | 신민하 | 47 | DF | DF | 30 | 김주성 | 20 | 0 | 1 | 0 | 0 |
| 0 | 1 | 1 | 1 | | 강투지 | 23 | DF | DF | 5 | 야잔 | | 0 | 0 | 0 | 0 |
| 0 | 0 | 2 | 0 | | 이기혁 | 13 | DF | DF | 16 | 최준 | | 1 | 2 | 0 | 0 |
| 0 | 0 | 1 | 0 | | 김동현 | 6 | MF | MF | 41 | 황도윤 | 6 | 0 | 0 | 0 | 0 |
| 0 | 0 | 0 | 0 | 10 | 이유현 | 97 | MF | MF | 7 | 정승원 | | 1 | 0 | 0 | 0 |
| 0 | 0 | 0 | 0 | 34 | 최병찬 | 96 | MF | MF | 77 | 루카스 | 27 | 2(1) | 2 | 0 | 0 |
| 0 | 0 | 0 | 1 | | 이지호 | 39 | MF | MF | 10 | 린가드 | 94 | 1(1) | 2 | 1 | 0 |
| 0 | 0 | 1 | 0 | 19 | 윤일록 | 73 | MF | MF | 9 | 조영욱 | | 2(2) | 0 | 0 | 0 |
| 0 | 0 | 0 | 2(1) | 11 | 이상헌 | 22 | FW | FW | 8 | 이승모 | | 2(2) | 3 | 1 | 0 |
| 0 | 0 | 0 | 0 | | 박청효 | 21 | | | 1 | 백종범 | | 0 | 0 | 0 | 0 |
| 0 | 0 | 0 | 0 | | 홍철 | 33 | | | 17 | 김진야 | | 0 | 0 | 0 | 0 |
| 0 | 0 | 0 | 0 | 후0 | 송준석 | 34 | | | 20 | 이한도 | 후40 | 0 | 0 | 0 | 0 |
| 0 | 0 | 0 | 0 | | 김강국 | 18 | | | 6 | 기성용 | 후16 | 0 | 0 | 0 | 0 |
| 0 | 0 | 0 | 0 | 후40 | 김태환 | 35 | 대기 | 대기 | 29 | 류재문 | | 0 | 0 | 0 | 0 |
| 0 | 0 | 0 | 0 | | 최한솔 | 5 | | | 11 | 강성진 | | 0 | 0 | 0 | 0 |
| 0 | 0 | 1 | 1 | 후0 | 김경민 | 19 | | | 27 | 문선민 | 후16 | 2(2) | 0 | 0 | 0 |
| 0 | 1 | 0 | 0 | 후10 | 가브리엘 | 10 | | | 94 | 윌리안 | 후47 | 0 | 0 | 0 | 0 |
| 0 | 0 | 0 | 0 | 후32 | 마리오 | 11 | | | 45 | 둑스 | | 0 | 0 | 0 | 0 |
| 0 | 2 | 6 | 5(1) | | | 0 | | | 0 | | | 11(8) | 10 | 2 | 0 |

- 전반 18분 황도윤 AKR → 조영욱 PA 정면 내 R-ST-G (득점: 조영욱, 도움: 황도윤) 왼쪽

3월 16일 14:00 흐림 수원 종합 5,557명
주심_ 김용우 부심_ 설귀선·곽승순 대기심_ 정회수 경기감독관_ 김성수

**수원FC 1** 1 전반 0 / 0 후반 1 **1 울산**

| 퇴장 | 경고 | 파울 | ST(유) | 교체 | 선수명 | 배번 | 위치 | 위치 | 배번 | 선수명 | 교체 | ST(유) | 파울 | 경고 | 퇴장 |
|---|---|---|---|---|---|---|---|---|---|---|---|---|---|---|---|
| 0 | 0 | 0 | 0 | | 안준수 | 23 | GK | GK | 21 | 조현우 | | 0 | 0 | 0 | 0 |
| 0 | 0 | 0 | 0 | | 이용 | 2 | DF | DF | 19 | 김영권 | | 1 | 0 | 0 | 0 |
| 0 | 0 | 1 | 0 | | 이현용 | 5 | DF | DF | 4 | 서명관 | | 1 | 6 | 1 | 0 |
| 0 | 0 | 1 | 1 | | 이지솔 | 20 | DF | DF | 26 | 박민서 | | 3(1) | 1 | 0 | 0 |
| 0 | 0 | 2 | 0 | 3 | 서재민 | 21 | DF | DF | 24 | 윤종규 | | 1 | 3 | 0 | 0 |
| 0 | 1 | 1 | 1(1) | | 이재원 | 7 | MF | MF | 5 | 정우영 | 16 | 0 | 0 | 0 | 0 |
| 0 | 0 | 1 | 0 | 77 | 박용희 | 17 | MF | MF | 36 | 라카바 | 97 | 3(1) | 0 | 0 | 0 |
| 0 | 0 | 0 | 0 | 8 | 김재성 | 28 | MF | MF | 7 | 고승범 | | 3(1) | 2 | 0 | 0 |
| 0 | 0 | 0 | 1 | | 안데르손 | 70 | MF | MF | 30 | 윤재석 | 17 | 1 | 1 | 0 | 0 |
| 0 | 1 | 2 | 1(1) | 34 | 루안 | 97 | MF | FW | 11 | 엄원상 | | 2 | 0 | 0 | 0 |
| 0 | 0 | 2 | 1 | | 지동원 | 10 | FW | FW | 18 | 허율 | | 1 | 3 | 0 | 0 |
| 0 | 0 | 0 | 0 | | 황재윤 | 1 | | | 37 | 문현호 | | 0 | 0 | 0 | 0 |
| 0 | 0 | 1 | 0 | 후25 | 박철우 | 3 | | | 96 | 최석현 | | 0 | 0 | 0 | 0 |
| 0 | 0 | 0 | 0 | | 김태한 | 4 | | | 28 | 이재익 | | 0 | 0 | 0 | 0 |
| 0 | 0 | 0 | 0 | | 최규백 | 6 | | | 22 | 김민혁 | | 0 | 0 | 0 | 0 |
| 0 | 0 | 0 | 0 | | 아반다 | 99 | 대기 | 대기 | 27 | 이청용 | | 0 | 0 | 0 | 0 |
| 0 | 0 | 1 | 1 | 후15 | 노경호 | 8 | | | 17 | 루빅손 | 후0 | 1 | 2 | 0 | 0 |
| 0 | 0 | 2 | 0 | 후25 | 장윤호 | 34 | | | 10 | 김민우 | | 0 | 0 | 0 | 0 |
| 0 | 0 | 0 | 0 | | 이준석 | 11 | | | 16 | 이희균 | 후0 | 0 | 1 | 1 | 0 |
| 0 | 0 | 0 | 0 | 후33 | 오프키르 | 77 | | | 97 | 에릭 | 후20 | 3(1) | 0 | 0 | 0 |
| 0 | 2 | 14 | 6(2) | | | 0 | | | 0 | | | 20(4) | 19 | 2 | 0 |

- 전반 12분 안데르손 MF 정면 ~ 루안 PAL 내 L-ST-G (득점: 루안, 도움: 안데르손) 오른쪽

- 후반 27분 루빅손 AK 정면 ~ 에릭 GAR R-ST-G (득점: 에릭, 도움: 루빅손) 왼쪽

3월 16일 16:30 흐림 김천 종합 3,193명
주심_ 이동준 부심_ 박상준·구은석 대기심_ 송민석 경기감독관_ 김용세

**김천 0** 　 0 전반 0 / 0 후반 0 　 **0 광주**

| 퇴장 | 경고 | 파울 | ST(유) | 교체 | 선수명 | 배번 | 위치 | 위치 | 배번 | 선수명 | 교체 | ST(유) | 파울 | 경고 | 퇴장 |
|---|---|---|---|---|---|---|---|---|---|---|---|---|---|---|---|
| 0 | 0 | 0 | 0 | | 김동헌 | 1 | GK | GK | 1 | 김경민 | | 0 | 0 | 0 | 0 |
| 0 | 0 | 1 | 0 | 26 | 최예훈 | 22 | DF | DF | 23 | 김진호 | | 1 | 2 | 1 | 0 |
| 0 | 0 | 0 | 1 | | 박찬용 | 20 | DF | DF | 6 | 안영규 | | 0 | 1 | 0 | 0 |
| 0 | 0 | 0 | 0 | | 박승욱 | 25 | DF | DF | 2 | 조성권 | | 0 | 0 | 0 | 0 |
| 0 | 0 | 0 | 1(1) | | 박수일 | 66 | DF | DF | 22 | 김한길 | 4 | 0 | 0 | 0 | 0 |
| 0 | 0 | 0 | 3(1) | 17 | 김승섭 | 7 | MF | MF | 7 | 아사니 | 21 | 1 | 1 | 0 | 0 |
| 0 | 0 | 3 | 0 | 8 | 서민우 | 4 | MF | MF | 55 | 박태준 | | 1 | 0 | 0 | 0 |
| 0 | 0 | 0 | 0 | | 김봉수 | 30 | MF | MF | 88 | 문민서 | 80 | 2(1) | 1 | 0 | 0 |
| 0 | 0 | 0 | 1 | 11 | 모재현 | 10 | MF | MF | 17 | 헤이스 | | 3(1) | 0 | 0 | 0 |
| 0 | 0 | 2 | 1(1) | 19 | 유강현 | 9 | FW | FW | 40 | 신창무 | 10 | 1(1) | 0 | 0 | 0 |
| 0 | 0 | 1 | 4(1) | | 이동경 | 14 | FW | FW | 18 | 박인혁 | 13 | 0 | 1 | 0 | 0 |
| 0 | 0 | 0 | 0 | | 정명제 | 32 | | | 12 | 노희동 | | 0 | 0 | 0 | 0 |
| 0 | 0 | 0 | 0 | 후0 | 조현택 | 26 | | | 4 | 브루노 | 후18 | 1 | 0 | 0 | 0 |
| 0 | 0 | 0 | 0 | | 김민덕 | 3 | | | 27 | 권성윤 | | 0 | 0 | 0 | 0 |
| 0 | 0 | 0 | 0 | | 김강산 | 5 | | | 8 | 이강현 | | 0 | 0 | 0 | 0 |
| 0 | 0 | 0 | 0 | 후41 | 이승원 | 8 | 대기 | 대기 | 10 | 최경록 | 후0 | 0 | 0 | 0 | 0 |
| 0 | 0 | 0 | 3 | 후21 | 김대원 | 17 | | | 21 | 강희수 | 후40 | 0 | 0 | 0 | 0 |
| 0 | 0 | 1 | 0 | 후21 | 이동준 | 11 | | | 80 | 주세종 | 후0 | 0 | 0 | 0 | 0 |
| 0 | 0 | 0 | 0 | | 원기종 | 18 | | | 77 | 오후성 | | 0 | 0 | 0 | 0 |
| 0 | 0 | 0 | 0 | 후28 | 박상혁 | 19 | | | 13 | 박정인 | 후18 | 0 | 0 | 0 | 0 |
| 0 | 0 | 8 | 14(4) | | | 0 | | | 0 | | | 10(3) | 6 | 1 | 0 |

3월 29일 14:00 흐림 서울 월드컵 25,258명
주심_ 김종혁 부심_ 박균용·장종필 대기심_ 최승환 경기감독관_ 김성수

**서울 3** 　 1 전반 0 / 2 후반 2 　 **2 대구**

| 퇴장 | 경고 | 파울 | ST(유) | 교체 | 선수명 | 배번 | 위치 | 위치 | 배번 | 선수명 | 교체 | ST(유) | 파울 | 경고 | 퇴장 |
|---|---|---|---|---|---|---|---|---|---|---|---|---|---|---|---|
| 0 | 0 | 0 | 0 | | 강현무 | 31 | GK | GK | 21 | 오승훈 | | 0 | 0 | 1 | 0 |
| 0 | 0 | 0 | 1(1) | | 김진수 | 22 | DF | DF | 2 | 황재원 | | 0 | 0 | 0 | 0 |
| 0 | 1 | 2 | 0 | | 김주성 | 30 | DF | DF | 40 | 박진영 | 7 | 0 | 2 | 0 | 0 |
| 0 | 0 | 0 | 0 | | 야잔 | 5 | DF | DF | 4 | 카이오 | | 0 | 2 | 0 | 0 |
| 0 | 0 | 0 | 2(1) | | 최준 | 16 | DF | DF | 3 | 정우재 | 22 | 0 | 0 | 0 | 0 |
| 0 | 0 | 0 | 3(1) | 8 | 황도윤 | 41 | MF | MF | 5 | 요시노 | | 2(2) | 2 | 1 | 0 |
| 0 | 0 | 1 | 0 | | 기성용 | 6 | MF | MF | 10 | 라마스 | | 2(1) | 2 | 0 | 0 |
| 0 | 0 | 0 | 2(1) | 27 | 루카스 | 77 | MF | MF | 11 | 세징야 | | 1(1) | 0 | 0 | 0 |
| 0 | 0 | 0 | 5(4) | 94 | 린가드 | 10 | MF | MF | 30 | 한종무 | | 0 | 0 | 0 | 0 |
| 0 | 1 | 1 | 6(2) | | 정승원 | 7 | MF | FW | 18 | 정재상 | 32 | 1 | 0 | 0 | 0 |
| 0 | 0 | 0 | 2 | 45 | 조영욱 | 9 | FW | FW | 19 | 박대훈 | 13 | 0 | 1 | 0 | 0 |
| 0 | 0 | 0 | 0 | | 백종범 | 1 | | | 31 | 한태희 | | 0 | 0 | 0 | 0 |
| 0 | 0 | 0 | 0 | | 김진야 | 17 | | | 7 | 김진혁 | 후34 | 0 | 0 | 0 | 0 |
| 0 | 0 | 0 | 0 | | 이한도 | 20 | | | 15 | 이원우 | | 0 | 0 | 0 | 0 |
| 0 | 0 | 0 | 0 | 후11 | 이승모 | 8 | | | 22 | 장성원 | 후34/29 | 0 | 0 | 0 | 0 |
| 0 | 0 | 0 | 0 | | 류재문 | 29 | 대기 | 대기 | 74 | 이용래 | | 0 | 0 | 0 | 0 |
| 0 | 0 | 0 | 0 | | 강성진 | 11 | | | 29 | 박재현 | 후45 | 0 | 0 | 0 | 0 |
| 0 | 0 | 1 | 2(2) | 후0 | 문선민 | 27 | | | 13 | 권태영 | 후34 | 0 | 1 | 0 | 0 |
| 0 | 0 | 1 | 0 | 후33 | 윌리안 | 94 | | | 32 | 정치인 | 후0 | 1(1) | 0 | 1 | 0 |
| 0 | 0 | 0 | 0 | 후39 | 둑스 | 45 | | | 9 | 에드가 | | 0 | 0 | 0 | 0 |
| 0 | 2 | 6 | 23(12) | | | 0 | | | 0 | | | 7(5) | 10 | 3 | 0 |

- ●전반 49분 린가드 PK-R-G (득점: 린가드) 왼쪽
- ●후반 45분 윌리안 PAL 내 ↷ 정승원 PAR 내 발리슛 R-ST-G (득점: 정승원, 도움: 윌리안) 왼쪽
- ●후반 48분 정승원 MFR ~ 문선민 PAR 내 R-ST-G (득점: 문선민, 도움: 정승원) 가운데
- ●후반 12분 박진영 GAL 내 H→ 요시노 GA 정면 내 R-ST-G (득점: 요시노, 도움: 박진영) 가운데
- ●후반 34분 정치인 AK 정면 L-ST-G (득점: 정치인) 왼쪽

3월 16일 16:30 맑음 전주 월드컵 10,442명
주심_ 고형진 부심_ 송봉근·홍석찬 대기심_ 이경순 경기감독관_ 이평재

**전북 2** 　 2 전반 0 / 0 후반 2 　 **2 포항**

| 퇴장 | 경고 | 파울 | ST(유) | 교체 | 선수명 | 배번 | 위치 | 위치 | 배번 | 선수명 | 교체 | ST(유) | 파울 | 경고 | 퇴장 |
|---|---|---|---|---|---|---|---|---|---|---|---|---|---|---|---|
| 0 | 0 | 0 | 0 | | 송범근 | 31 | GK | GK | 21 | 황인재 | | 0 | 0 | 0 | 0 |
| 0 | 0 | 0 | 0 | | 김태환 | 23 | DF | DF | 26 | 이태석 | | 2(1) | 0 | 0 | 0 |
| 0 | 0 | 1 | 0 | | 연제운 | 94 | DF | DF | 4 | 전민광 | | 0 | 0 | 0 | 0 |
| 0 | 0 | 0 | 0 | | 박진섭 | 4 | DF | DF | 5 | 아스프로 | | 0 | 0 | 0 | 0 |
| 0 | 0 | 1 | 2(1) | 3 | 김태현 | 77 | DF | DF | 17 | 신광훈 | 13 | 0 | 0 | 0 | 0 |
| 1 | 0 | 2 | 0 | | 한국영 | 8 | MF | MF | 6 | 김종우 | 18 | 1(1) | 1 | 0 | 0 |
| 0 | 0 | 0 | 0 | | 강상윤 | 13 | MF | MF | 8 | 오베르단 | | 0 | 2 | 0 | 0 |
| 0 | 0 | 1 | 0 | 97 | 이영재 | 28 | MF | MF | 16 | 한찬희 | 66 | 0 | 0 | 0 | 0 |
| 0 | 0 | 1 | 3(2) | 2 | 전병관 | 33 | FW | FW | 12 | 조재훈 | 9 | 0 | 1 | 0 | 0 |
| 0 | 0 | 1 | 1(1) | 19 | 박재용 | 16 | FW | FW | 19 | 이호재 | | 2(1) | 1 | 0 | 0 |
| 0 | 1 | 2 | 3(2) | 7 | 전진우 | 14 | FW | FW | 7 | 김인성 | 99 | 2 | 1 | 0 | 0 |
| 0 | 0 | 0 | 0 | | 김정훈 | 1 | | | 1 | 윤평국 | | 0 | 0 | 0 | 0 |
| 0 | 0 | 0 | 0 | 후13 | 김영빈 | 2 | | | 24 | 한현서 | | 0 | 0 | 0 | 0 |
| 0 | 0 | 0 | 0 | 후41 | 최우진 | 3 | | | 2 | 어정원 | | 0 | 0 | 0 | 0 |
| 0 | 0 | 0 | 0 | | 이승우 | 11 | | | 13 | 강민준 | 후0 | 0 | 0 | 0 | 0 |
| 0 | 0 | 0 | 0 | 후13 | 보아텡 | 19 | 대기 | 대기 | 88 | 김동진 | | 0 | 0 | 0 | 0 |
| 0 | 0 | 0 | 0 | | 권창훈 | 22 | | | 66 | 이창우 | 후14 | 1 | 1 | 0 | 0 |
| 0 | 0 | 0 | 0 | 후25 | 김진규 | 97 | | | 18 | 강현제 | 후0 | 1 | 1 | 0 | 0 |
| 0 | 0 | 1 | 0 | 후41 | 에르난데스 | 7 | | | 9 | 조르지 | 전23 | 2(1) | 1 | 1 | 0 |
| 0 | 0 | 0 | 0 | | 송민규 | 10 | | | 99 | 조상혁 | 후33 | 2(1) | 0 | 0 | 0 |
| 1 | 1 | 10 | 9(6) | | | 0 | | | 0 | | | 13(5) | 9 | 1 | 0 |

- ●전반 24분 김태현 PAL 내 ~ 전진우 GAL 내 R-ST-G (득점: 전진우, 도움: 김태현) 가운데
- ●전반 29분 박재용 GAL 내 H-ST-G (득점: 박재용) 오른쪽
- ●후반 5분 한찬희 MFR ~ 이태석 MFL L-ST-G (득점: 이태석, 도움: 한찬희) 오른쪽
- ●후반 38분 강현제 PAL ↷ 조상혁 GA 정면 H-ST-G (득점: 조상혁, 도움: 강현제) 오른쪽

3월 29일 16:30 맑음 포항 스틸야드 12,565명
주심_ 김대용 부심_ 윤재열·박상준 대기심_ 오현진 경기감독관_ 구상범

**포항 1** 　 0 전반 0 / 1 후반 0 　 **0 울산**

| 퇴장 | 경고 | 파울 | ST(유) | 교체 | 선수명 | 배번 | 위치 | 위치 | 배번 | 선수명 | 교체 | ST(유) | 파울 | 경고 | 퇴장 |
|---|---|---|---|---|---|---|---|---|---|---|---|---|---|---|---|
| 0 | 0 | 0 | 0 | | 황인재 | 21 | GK | GK | 21 | 조현우 | | 0 | 0 | 0 | 0 |
| 0 | 0 | 0 | 0 | | 강민준 | 13 | DF | DF | 19 | 김영권 | | 0 | 0 | 0 | 0 |
| 0 | 1 | 2 | 0 | | 한현서 | 24 | DF | DF | 4 | 서명관 | | 0 | 2 | 0 | 0 |
| 0 | 0 | 1 | 0 | | 전민광 | 4 | DF | DF | 13 | 강상우 | | 0 | 3 | 0 | 0 |
| 0 | 0 | 0 | 0 | | 신광훈 | 17 | DF | DF | 96 | 최석현 | 24 | 0 | 0 | 0 | 0 |
| 0 | 0 | 1 | 0 | 9 | 홍윤상 | 37 | MF | MF | 22 | 김민혁 | 27 | 0 | 0 | 0 | 0 |
| 0 | 0 | 2 | 0 | | 오베르단 | 8 | MF | MF | 11 | 엄원상 | 16 | 0 | 1 | 0 | 0 |
| 0 | 0 | 0 | 0 | | 어정원 | 2 | MF | MF | 7 | 고승범 | | 2(1) | 3 | 0 | 0 |
| 0 | 0 | 0 | 0 | 26 | 김인성 | 7 | MF | MF | 17 | 루빅손 | 99 | 0 | 0 | 0 | 0 |
| 0 | 0 | 2 | 2(1) | 44 | 이호재 | 19 | FW | FW | 97 | 에릭 | | 2 | 1 | 0 | 0 |
| 0 | 0 | 1 | 1 | 18 | 조상혁 | 99 | FW | FW | 18 | 허율 | 30 | 2 | 4 | 0 | 0 |
| 0 | 0 | 0 | 0 | | 윤평국 | 1 | | | 23 | 문정인 | | 0 | 0 | 0 | 0 |
| 0 | 0 | 0 | 0 | | 조성욱 | 33 | | | 24 | 윤종규 | 후0 | 0 | 0 | 0 | 0 |
| 0 | 0 | 2 | 2(2) | 후0 | 이태석 | 26 | | | 28 | 이재익 | | 0 | 0 | 0 | 0 |
| 0 | 0 | 0 | 0 | | 김종우 | 6 | | | 26 | 박민서 | | 0 | 0 | 0 | 0 |
| 0 | 0 | 0 | 0 | | 이창우 | 66 | 대기 | 대기 | 27 | 이청용 | 후35 | 0 | 0 | 0 | 0 |
| 0 | 0 | 0 | 0 | 후46 | 이헌재 | 44 | | | 30 | 윤재석 | 후42 | 0 | 0 | 0 | 0 |
| 0 | 0 | 0 | 0 | | 백성동 | 10 | | | 5 | 정우영 | | 0 | 0 | 0 | 0 |
| 0 | 0 | 0 | 0 | 후30 | 강현제 | 18 | | | 16 | 이희균 | 후0 | 0 | 2 | 0 | 0 |
| 0 | 0 | 0 | 2(1) | 후17 | 조르지 | 9 | | | 99 | 야고 | 후27 | 0 | 0 | 0 | 0 |
| 0 | 1 | 11 | 7(4) | | | 0 | | | 0 | | | 6(1) | 16 | 0 | 0 |

- ●후반 34분 이호재 GA 정면 R-ST-G (득점: 이호재) 오른쪽

3월 29일 16:30 흐림 대전 월드컵 11,469명
주심_ 송민석 부심_ 설귀선·방기열 대기심_ 최현재 경기감독관_ 김성기

**대전 1** 0 전반 1 / 1 후반 0 **1 광주**

| 퇴장 | 경고 | 파울 | ST(유) | 교체 | 선수명 | 배번 | 위치 | 위치 | 배번 | 선수명 | 교체 | ST(유) | 파울 | 경고 | 퇴장 |
|---|---|---|---|---|---|---|---|---|---|---|---|---|---|---|---|
| 0 | 0 | 0 | 0 | | 이 창 근 | 1 | GK | GK | 1 | 김 경 민 | | 0 | 0 | 0 | 0 |
| 0 | 0 | 1 | 1(1) | | 박 진 성 | 24 | MF | DF | 2 | 조 성 권 | | 0 | 1 | 1 | 0 |
| 0 | 0 | 0 | 0 | | 안 톤 | 98 | DF | DF | 6 | 안 영 규 | | 0 | 1 | 0 | 0 |
| 0 | 0 | 0 | 1 | | 하 창 래 | 3 | DF | DF | 4 | 브 루 노 | 5 | 1(1) | 0 | 0 | 0 |
| 0 | 0 | 1 | 0 | | 강 윤 성 | 6 | DF | DF | 23 | 김 진 호 | | 0 | 2 | 1 | 0 |
| 0 | 0 | 1 | 0 | 11 | 최 건 주 | 17 | FW | MF | 22 | 김 한 길 | 7 | 2 | 2 | 1 | 0 |
| 0 | 1 | 1 | 1 | 73 | 김 준 범 | 14 | MF | MF | 80 | 주 세 종 | 21 | 0 | 0 | 0 | 0 |
| 0 | 1 | 0 | 0 | | 밥 신 | 8 | MF | MF | 55 | 박 태 준 | | 1 | 1 | 0 | 0 |
| 0 | 0 | 3 | 1 | 27 | 윤 도 영 | 77 | MF | MF | 88 | 문 민 서 | 77 | 0 | 1 | 0 | 0 |
| 0 | 0 | 0 | 0 | 10 | 김 현 욱 | 70 | MF | FW | 10 | 최 경 록 | 18 | 1 | 0 | 0 | 0 |
| 0 | 0 | 2 | 0 | 9 | 마 사 | 7 | FW | FW | 17 | 헤 이 스 | | 1(1) | 1 | 0 | 0 |
| 0 | 0 | 0 | 0 | | 정 산 | 89 | | | 31 | 김 동 화 | | 0 | 0 | 0 | 0 |
| 0 | 0 | 0 | 0 | | 임 종 은 | 5 | | | 5 | 변 준 수 | 후33 | 0 | 0 | 0 | 0 |
| 0 | 0 | 0 | 0 | | 김 현 우 | 4 | | | 7 | 아 사 니 | 후0 | 0 | 0 | 0 | 0 |
| 0 | 0 | 0 | 0 | | 임 덕 근 | 15 | | | 8 | 이 강 현 | | 0 | 0 | 0 | 0 |
| 0 | 0 | 0 | 0 | 후35 | 이 준 규 | 73 | 대기 | 대기 | 21 | 강 희 수 | 후23 | 1 | 1 | 0 | 0 |
| 0 | 0 | 0 | 2(2) | 전45 | 김 인 균 | 11 | | | 70 | 하 승 운 | | 0 | 0 | 0 | 0 |
| 0 | 0 | 0 | 0 | 후23 | 정 재 희 | 27 | | | 77 | 오 후 성 | 후0 | 1 | 1 | 0 | 0 |
| 0 | 0 | 0 | 2(1) | 후23 | 구 텍 | 9 | | | 18 | 박 인 혁 | 후17 | 0 | 1 | 0 | 0 |
| 0 | 0 | 2 | 0 | 전45 | 주 민 규 | 10 | | | 40 | 신 창 무 | | 0 | 0 | 0 | 0 |
| 0 | 2 | 11 | 8(4) | | | 0 | | | 0 | | | 8(2) | 12 | 3 | 0 |

●후반 16분 강윤성 PAR ↷ 김인균 GA 정면 H-ST-G (득점: 김인균, 도움: 강윤성) 오른쪽

●전반 33분 박태준 AKL ~ 헤이스 PAL 내 L-ST-G (득점: 헤이스, 도움: 박태준) 왼쪽

3월 30일 16:30 맑음 김천 종합 2,026명
주심_ 박병진 부심_ 김계용·홍석찬 대기심_ 오현정 경기감독관_ 허기태

**김천 1** 0 전반 0 / 1 후반 0 **0 강원**

| 퇴장 | 경고 | 파울 | ST(유) | 교체 | 선수명 | 배번 | 위치 | 위치 | 배번 | 선수명 | 교체 | ST(유) | 파울 | 경고 | 퇴장 |
|---|---|---|---|---|---|---|---|---|---|---|---|---|---|---|---|
| 0 | 0 | 0 | 0 | | 김 동 헌 | 1 | GK | GK | 1 | 이 광 연 | | 0 | 0 | 0 | 0 |
| 0 | 0 | 2 | 0 | | 조 현 택 | 26 | DF | DF | 99 | 강 준 혁 | 27 | 0 | 1 | 0 | 0 |
| 0 | 0 | 0 | 0 | | 박 찬 용 | 20 | DF | DF | 47 | 신 민 하 | | 0 | 0 | 0 | 0 |
| 0 | 0 | 3 | 0 | | 김 민 덕 | 3 | DF | DF | 13 | 이 기 혁 | | 0 | 4 | 0 | 0 |
| 0 | 0 | 2 | 0 | | 박 수 일 | 66 | DF | DF | 33 | 홍 철 | | 1 | 0 | 0 | 0 |
| 0 | 0 | 0 | 2 | 17 | 김 승 섭 | 7 | MF | MF | 16 | 김 이 석 | 6 | 2 | 0 | 0 | 0 |
| 0 | 1 | 2 | 5(1) | 24 | 서 민 우 | 4 | MF | MF | 18 | 김 강 국 | | 0 | 1 | 0 | 0 |
| 0 | 0 | 0 | 0 | | 김 봉 수 | 30 | MF | MF | 19 | 김 경 민 | 17 | 2(1) | 0 | 0 | 0 |
| 0 | 0 | 2 | 2(2) | 11 | 모 재 현 | 10 | MF | MF | 39 | 이 지 호 | | 0 | 0 | 0 | 0 |
| 0 | 0 | 2 | 1(1) | 19 | 유 강 현 | 9 | FW | FW | 22 | 이 상 헌 | 45 | 1(1) | 1 | 0 | 0 |
| 0 | 0 | 1 | 0 | 14 | 이 승 원 | 8 | FW | FW | 10 | 가브리엘 | 9 | 1 | 2 | 0 | 0 |
| 0 | 0 | 0 | 0 | | 이 주 현 | 23 | | | 21 | 박 청 효 | | 0 | 0 | 0 | 0 |
| 0 | 0 | 0 | 0 | | 박 대 원 | 33 | | | 23 | 강 투 지 | | 0 | 0 | 0 | 0 |
| 0 | 0 | 0 | 0 | | 김 강 산 | 5 | | | 34 | 송 준 석 | | 0 | 0 | 0 | 0 |
| 0 | 0 | 0 | 0 | 후48 | 홍 욱 현 | 24 | | | 6 | 김 동 현 | 후26 | 0 | 0 | 0 | 0 |
| 0 | 0 | 0 | 0 | | 맹 성 웅 | 28 | 대기 | 대기 | 70 | 구 본 철 | | 0 | 0 | 0 | 0 |
| 0 | 0 | 1 | 1 | 후14 | 김 대 원 | 17 | | | 17 | 조 진 혁 | 후26 | 0 | 1 | 0 | 0 |
| 0 | 0 | 0 | 2(1) | 후0 | 이 동 경 | 14 | | | 45 | 호마리우 | 후35 | 0 | 0 | 0 | 0 |
| 0 | 0 | 2 | 2(2) | 후0 | 이 동 준 | 11 | | | 9 | 코바체비치 | 후22 | 0 | 1 | 0 | 0 |
| 0 | 0 | 0 | 0 | 후36 | 박 상 혁 | 19 | | | 27 | 김 도 현 | 후35 | 0 | 0 | 0 | 0 |
| 0 | 1 | 17 | 15(7) | | | 0 | | | 0 | | | 7(2) | 11 | 0 | 0 |

●후반 30분 유강현 PA 정면 ~ 이동경 GAL L-ST-G (득점: 이동경, 도움: 유강현) 오른쪽

3월 30일 14:00 맑음 제주 월드컵 10,778명
주심_ 고형진 부심_ 송봉근·김지욱 대기심_ 박종명 경기감독관_ 조성철

**제주 1** 1 전반 0 / 0 후반 0 **0 수원FC**

| 퇴장 | 경고 | 파울 | ST(유) | 교체 | 선수명 | 배번 | 위치 | 위치 | 배번 | 선수명 | 교체 | ST(유) | 파울 | 경고 | 퇴장 |
|---|---|---|---|---|---|---|---|---|---|---|---|---|---|---|---|
| 0 | 0 | 0 | 0 | | 김 동 준 | 1 | GK | GK | 23 | 안 준 수 | | 0 | 0 | 1 | 0 |
| 0 | 0 | 1 | 1 | | 김 륜 성 | 40 | DF | DF | 2 | 이 용 | | 1 | 1 | 0 | 0 |
| 0 | 0 | 0 | 0 | | 송 주 훈 | 4 | DF | DF | 6 | 최 규 백 | 4 | 0 | 0 | 0 | 0 |
| 0 | 1 | 1 | 0 | | 장 민 규 | 3 | DF | DF | 20 | 이 지 솔 | | 0 | 2 | 1 | 0 |
| 0 | 0 | 0 | 0 | | 유 인 수 | 17 | DF | DF | 21 | 서 재 민 | 13 | 0 | 1 | 0 | 0 |
| 0 | 0 | 1 | 0 | | 김 건 웅 | 14 | MF | MF | 7 | 이 재 원 | | 1 | 1 | 0 | 0 |
| 0 | 0 | 0 | 0 | 26 | 남 태 희 | 10 | MF | MF | 17 | 박 용 희 | 9 | 0 | 0 | 0 | 0 |
| 0 | 0 | 3 | 2(1) | 5 | 이 창 민 | 8 | MF | MF | 25 | 권 도 영 | 28 | 0 | 1 | 0 | 0 |
| 0 | 0 | 0 | 1 | 24 | 서 진 수 | 7 | FW | MF | 70 | 안데르손 | | 2(1) | 0 | 0 | 0 |
| 0 | 0 | 2 | 3(1) | 35 | 유리조나탄 | 9 | FW | MF | 97 | 루 안 | | 1 | 1 | 0 | 0 |
| 0 | 0 | 1 | 1(1) | 19 | 김 준 하 | 27 | FW | FW | 10 | 지 동 원 | 77 | 0 | 0 | 0 | 0 |
| 0 | 0 | 0 | 0 | | 안 찬 기 | 21 | | | 1 | 황 재 윤 | | 0 | 0 | 0 | 0 |
| 0 | 0 | 0 | 0 | | 안 태 현 | 22 | | | 4 | 김 태 한 | 후0 | 0 | 0 | 0 | 0 |
| 0 | 0 | 0 | 0 | | 임 창 우 | 23 | | | 13 | 황 인 택 | 후36 | 0 | 0 | 0 | 0 |
| 0 | 0 | 0 | 0 | 후43 | 임 채 민 | 26 | | | 33 | 이 택 근 | | 0 | 0 | 0 | 0 |
| 0 | 0 | 1 | 0 | 후26 | 이 탈 로 | 5 | 대기 | 대기 | 99 | 아 반 다 | | 0 | 0 | 0 | 0 |
| 0 | 0 | 0 | 0 | | 오 재 혁 | 18 | | | 28 | 김 재 성 | 후0 | 0 | 2 | 0 | 0 |
| 0 | 0 | 1 | 1(1) | 후0 | 최 병 욱 | 24 | | | 9 | 싸 박 | 후10 | 1 | 0 | 0 | 0 |
| 0 | 0 | 1 | 0 | 후17 | 김 주 공 | 19 | | | 11 | 이 준 석 | | 0 | 0 | 0 | 0 |
| 0 | 1 | 2 | 0 | 후17 | 이 건 희 | 35 | | | 77 | 오프키르 | 전11 | 1 | 2 | 1 | 0 |
| 0 | 2 | 14 | 9(4) | | | 0 | | | 0 | | | 7(1) | 11 | 3 | 0 |

●전반 22분 김륜성 PAL TL ↷ 김준하 GAR H-ST-G (득점: 김준하, 도움: 김륜성) 왼쪽

3월 30일 16:30 맑음 안양 종합 10,031명
주심_ 채상협 부심_ 구은석·곽승순 대기심_ 최규현 경기감독관_ 차상해

**안양 0** 0 전반 0 / 0 후반 1 **1 전북**

| 퇴장 | 경고 | 파울 | ST(유) | 교체 | 선수명 | 배번 | 위치 | 위치 | 배번 | 선수명 | 교체 | ST(유) | 파울 | 경고 | 퇴장 |
|---|---|---|---|---|---|---|---|---|---|---|---|---|---|---|---|
| 1 | 0 | 2 | 0 | | 김 다 솔 | 31 | GK | GK | 31 | 송 범 근 | | 0 | 0 | 1 | 0 |
| 0 | 0 | 0 | 0 | | 이 창 용 | 4 | DF | DF | 23 | 김 태 환 | | 1(1) | 4 | 0 | 0 |
| 0 | 0 | 1 | 0 | | 김 영 찬 | 5 | DF | DF | 4 | 박 진 섭 | | 1 | 0 | 0 | 0 |
| 0 | 0 | 2 | 0 | | 이 태 희 | 32 | DF | DF | 94 | 연 제 운 | | 0 | 0 | 0 | 0 |
| 0 | 0 | 0 | 0 | | 토 마 스 | 55 | DF | DF | 77 | 김 태 현 | 3 | 1(1) | 1 | 1 | 0 |
| 0 | 0 | 3 | 1 | | 김 정 현 | 8 | MF | MF | 19 | 보 아 텡 | | 0 | 3 | 1 | 0 |
| 0 | 0 | 1 | 0 | 7 | 최 성 범 | 11 | MF | MF | 13 | 강 상 윤 | 26 | 0 | 0 | 0 | 0 |
| 0 | 0 | 0 | 1 | 19 | 강 지 훈 | 17 | MF | MF | 28 | 이 영 재 | 22 | 0 | 1 | 0 | 0 |
| 0 | 0 | 2 | 1 | 24 | 에두아르도 | 21 | MF | FW | 33 | 전 병 관 | 2 | 1(1) | 0 | 0 | 0 |
| 0 | 0 | 0 | 1(1) | 16 | 채 현 우 | 71 | MF | FW | 16 | 박 재 용 | 96 | 1(1) | 0 | 0 | 0 |
| 0 | 0 | 0 | 1(1) | | 모 따 | 9 | FW | FW | 14 | 전 진 우 | | 1(1) | 1 | 0 | 0 |
| 0 | 0 | 0 | 0 | | 황 병 근 | 41 | | | 1 | 김 정 훈 | | 0 | 0 | 0 | 0 |
| 0 | 0 | 0 | 0 | | 김 지 훈 | 3 | | | 2 | 김 영 빈 | 후31 | 0 | 0 | 0 | 0 |
| 0 | 0 | 0 | 0 | | 박 종 현 | 6 | | | 3 | 최 우 진 | 후42 | 0 | 0 | 0 | 0 |
| 0 | 0 | 0 | 0 | | 주 현 우 | 99 | | | 26 | 홍 정 호 | 후42 | 0 | 0 | 0 | 0 |
| 0 | 0 | 0 | 2(1) | 후10 | 마테우스 | 7 | 대기 | 대기 | 22 | 권 창 훈 | 전31 | 0 | 1 | 0 | 0 |
| 0 | 0 | 1 | 1 | 후26 | 최 규 현 | 16 | | | 11 | 이 승 우 | | 0 | 0 | 0 | 0 |
| 0 | 0 | 0 | 2(1) | 후26 | 김 보 경 | 24 | | | 10 | 송 민 규 | | 0 | 0 | 0 | 0 |
| 0 | 0 | 0 | 0 | | 리 영 직 | 37 | | | 7 | 에르난데스 | | 0 | 0 | 0 | 0 |
| 0 | 0 | 0 | 0 | 후40 | 김 운 | 19 | | | 96 | 콤 파 뇨 | 후0 | 2(2) | 2 | 0 | 0 |
| 1 | 0 | 12 | 10(4) | | | 0 | | | 0 | | | 8(7) | 13 | 3 | 0 |

●후반 7분 콤파뇨 PK-R-G (득점: 콤파뇨) 오른쪽

4월 05일 14:00 흐리고 비 울산 문수 20,358명
주심_ 고형진 부심_ 설귀선·방기열 대기심_ 원명희 경기감독관_ 허기태

**울산 0** (0 전반 0 / 0 후반 0) **0 서울**

| 퇴장 | 경고 | 파울 | ST(유) | 교체 | 선수명 | 배번 | 위치 | 위치 | 배번 | 선수명 | 교체 | ST(유) | 파울 | 경고 | 퇴장 |
|---|---|---|---|---|---|---|---|---|---|---|---|---|---|---|---|
| 0 | 0 | 0 | 0 |  | 조 현 우 | 21 | GK | GK | 31 | 강 현 무 |  | 0 | 0 | 0 | 0 |
| 0 | 0 | 0 | 2(1) |  | 김 영 권 | 19 | DF | DF | 22 | 김 진 수 |  | 0 | 1 | 0 | 0 |
| 0 | 0 | 0 | 0 |  | 최 석 현 | 96 | DF | DF | 30 | 김 주 성 |  | 1(1) | 0 | 0 | 0 |
| 0 | 0 | 0 | 0 |  | 박 민 서 | 26 | DF | DF | 5 | 야 잔 |  | 0 | 1 | 0 | 0 |
| 0 | 1 | 0 | 1(1) |  | 강 상 우 | 13 | DF | DF | 16 | 최 준 |  | 1 | 2 | 0 | 0 |
| 0 | 0 | 1 | 1(1) |  | 고 승 범 | 7 | MF | MF | 41 | 황 도 윤 | 11 | 0 | 0 | 0 | 0 |
| 0 | 1 | 2 | 2(1) |  | 이 진 현 | 14 | MF | MF | 8 | 이 승 모 | 6 | 0 | 1 | 0 | 0 |
| 0 | 0 | 0 | 0 | 36 | 이 희 균 | 16 | MF | MF | 94 | 윌 리 안 | 27 | 1 | 4 | 1 | 0 |
| 0 | 0 | 1 | 0 | 17 | 이 청 용 | 27 | MF | MF | 10 | 린 가 드 | 9 | 2(1) | 0 | 0 | 0 |
| 0 | 0 | 0 | 0 | 29 | 엄 원 상 | 11 | FW | MF | 7 | 정 승 원 |  | 0 | 2 | 0 | 0 |
| 0 | 0 | 2 | 2 | 97 | 허 율 | 18 | FW | FW | 45 | 둑 스 | 77 | 0 | 1 | 0 | 0 |
| 0 | 0 | 0 | 0 |  | 문 정 인 | 23 |  |  | 21 | 최 철 원 |  | 0 | 0 | 0 | 0 |
| 0 | 0 | 0 | 0 |  | 이 재 익 | 28 |  |  | 20 | 이 한 도 |  | 0 | 0 | 0 | 0 |
| 0 | 0 | 0 | 0 |  | 윤 종 규 | 24 |  |  | 23 | 이 시 영 |  | 0 | 0 | 0 | 0 |
| 0 | 0 | 0 | 0 | 후0 | 루 빅 손 | 17 |  |  | 6 | 기 성 용 | 후0 | 1 | 0 | 0 | 0 |
| 0 | 0 | 0 | 1 | 후22 | 라 카 바 | 36 | 대기 | 대기 | 29 | 류 재 문 |  | 0 | 0 | 0 | 0 |
| 0 | 0 | 0 | 0 |  | 윤 재 석 | 30 |  |  | 11 | 강 성 진 | 후36 | 0 | 0 | 0 | 0 |
| 0 | 0 | 0 | 0 |  | 정 우 영 | 5 |  |  | 27 | 문 선 민 | 후0 | 0 | 0 | 0 | 0 |
| 0 | 0 | 0 | 0 | 후44 | 장 시 영 | 29 |  |  | 77 | 루 카 스 | 후0 | 3(2) | 3 | 0 | 0 |
| 0 | 0 | 1 | 1 | 후22 | 에 릭 | 97 |  |  | 9 | 조 영 욱 | 후26 | 1(1) | 1 | 0 | 0 |
| 0 | 2 | 7 | 10(4) |  |  | 0 |  |  | 0 |  |  | 10(5) | 16 | 1 | 0 |

4월 05일 16:30 비 대전 월드컵 14,622명
주심_ 이동준 부심_ 김계용·홍석찬 대기심_ 박진호 경기감독관_ 이경춘

**대전 0** (0 전반 0 / 0 후반 2) **2 전북**

| 퇴장 | 경고 | 파울 | ST(유) | 교체 | 선수명 | 배번 | 위치 | 위치 | 배번 | 선수명 | 교체 | ST(유) | 파울 | 경고 | 퇴장 |
|---|---|---|---|---|---|---|---|---|---|---|---|---|---|---|---|
| 0 | 0 | 0 | 0 |  | 이 창 근 | 1 | GK | GK | 31 | 송 범 근 |  | 0 | 0 | 0 | 0 |
| 0 | 0 | 0 | 0 | 11 | 박 규 현 | 2 | DF | MF | 23 | 김 태 환 |  | 0 | 2 | 0 | 0 |
| 0 | 0 | 0 | 0 |  | 하 창 래 | 3 | DF | DF | 26 | 홍 정 호 |  | 0 | 0 | 0 | 0 |
| 0 | 0 | 0 | 1 |  | 임 종 은 | 5 | DF | DF | 2 | 김 영 빈 |  | 0 | 1 | 0 | 0 |
| 0 | 0 | 2 | 0 |  | 강 윤 성 | 6 | DF | DF | 4 | 박 진 섭 |  | 0 | 2 | 0 | 0 |
| 0 | 0 | 0 | 1 | 70 | 임 덕 근 | 15 | MF | MF | 77 | 김 태 현 |  | 0 | 2 | 0 | 0 |
| 0 | 0 | 0 | 1 |  | 밥 신 | 8 | MF | MF | 13 | 강 상 윤 |  | 1 | 0 | 0 | 0 |
| 0 | 0 | 1 | 0 | 73 | 김 준 범 | 14 | FW | MF | 97 | 김 진 규 | 94 | 2 | 1 | 0 | 0 |
| 0 | 0 | 2 | 0 | 27 | 윤 도 영 | 77 | MF | FW | 14 | 전 진 우 | 33 | 1(1) | 0 | 0 | 0 |
| 0 | 0 | 3 | 2(1) |  | 주 민 규 | 10 | FW | FW | 96 | 콤 파 뇨 | 9 | 1(1) | 1 | 1 | 0 |
| 0 | 0 | 0 | 1(1) | 9 | 신 상 은 | 19 | MF | FW | 7 | 에르난데스 | 10 | 1 | 1 | 1 | 0 |
| 0 | 0 | 0 | 0 |  | 정 산 | 89 |  |  | 1 | 김 정 훈 |  | 0 | 0 | 0 | 0 |
| 0 | 0 | 0 | 0 |  | 안 톤 | 98 |  |  | 94 | 연 제 운 | 후45 | 0 | 0 | 0 | 0 |
| 0 | 0 | 0 | 0 |  | 김 현 우 | 4 |  |  | 3 | 최 우 진 |  | 0 | 0 | 0 | 0 |
| 0 | 0 | 0 | 0 |  | 오 재 석 | 22 |  |  | 19 | 보 아 텡 |  | 0 | 0 | 0 | 0 |
| 0 | 0 | 0 | 0 | 후32 | 이 준 규 | 73 | 대기 | 대기 | 22 | 권 창 훈 |  | 0 | 0 | 0 | 0 |
| 0 | 0 | 0 | 0 | 후32 | 김 인 균 | 11 |  |  | 33 | 전 병 관 | 후31 | 1(1) | 1 | 0 | 0 |
| 0 | 0 | 0 | 1 | 후0 | 정 재 희 | 27 |  |  | 11 | 이 승 우 |  | 0 | 0 | 0 | 0 |
| 0 | 0 | 1 | 0 | 전24 | 김 현 욱 | 70 |  |  | 9 | 티 아 고 | 후18 | 1(1) | 3 | 0 | 0 |
| 0 | 0 | 0 | 1 | 후12 | 구 텍 | 9 |  |  | 10 | 송 민 규 | 후18 | 1(1) | 1 | 0 | 0 |
| 0 | 0 | 9 | 8(2) |  |  | 0 |  |  | 0 |  |  | 9(5) | 15 | 2 | 0 |

●후반 40초 강상윤 MF 정면 ~ 전진우 PAR 내 R-ST-G (득점: 전진우, 도움: 강상윤) 가운데
●후반 44분 티아고 AKR ~ 전병관 GAR R-ST-G (득점: 전병관, 도움: 티아고) 왼쪽

4월 05일 16:30 비 김천 종합 3,740명
주심_ 김용우 부심_ 윤재열·송봉근 대기심_ 안재훈 경기감독관_ 김성수

**김천 2** (2 전반 0 / 0 후반 0) **0 대구**

| 퇴장 | 경고 | 파울 | ST(유) | 교체 | 선수명 | 배번 | 위치 | 위치 | 배번 | 선수명 | 교체 | ST(유) | 파울 | 경고 | 퇴장 |
|---|---|---|---|---|---|---|---|---|---|---|---|---|---|---|---|
| 0 | 0 | 0 | 0 |  | 김 동 헌 | 1 | GK | GK | 21 | 오 승 훈 |  | 0 | 0 | 0 | 0 |
| 0 | 0 | 2 | 0 | 33 | 조 현 택 | 26 | DF | DF | 2 | 황 재 원 |  | 0 | 0 | 0 | 0 |
| 0 | 0 | 0 | 0 |  | 박 찬 용 | 20 | DF | DF | 40 | 박 진 영 |  | 0 | 0 | 0 | 0 |
| 0 | 1 | 2 | 0 |  | 김 민 덕 | 3 | DF | DF | 4 | 카 이 오 |  | 0 | 0 | 0 | 0 |
| 0 | 0 | 0 | 0 | 25 | 박 수 일 | 66 | DF | DF | 3 | 정 우 재 |  | 1 | 0 | 0 | 0 |
| 0 | 0 | 0 | 3(1) | 24 | 김 승 섭 | 7 | MF | MF | 5 | 요 시 노 | 9 | 0 | 0 | 0 | 0 |
| 0 | 0 | 2 | 0 |  | 서 민 우 | 4 | MF | MF | 10 | 라 마 스 | 13 | 2(1) | 2 | 0 | 0 |
| 0 | 0 | 2 | 0 |  | 김 봉 수 | 30 | MF | MF | 30 | 한 종 무 |  | 0 | 2 | 1 | 0 |
| 0 | 0 | 1 | 1 |  | 이 동 경 | 14 | MF | FW | 33 | 김 민 준 | 44 | 0 | 0 | 0 | 0 |
| 0 | 0 | 3 | 7(5) | 17 | 유 강 현 | 9 | FW | FW | 11 | 세 징 야 |  | 0 | 0 | 0 | 0 |
| 0 | 0 | 0 | 0 | 6 | 이 승 원 | 8 | FW | FW | 19 | 박 대 훈 | 32 | 3(3) | 1 | 0 | 0 |
| 0 | 0 | 0 | 0 |  | 정 명 제 | 32 |  |  | 31 | 한 태 희 |  | 0 | 0 | 0 | 0 |
| 0 | 0 | 0 | 0 | 후49 | 박 대 원 | 33 |  |  | 7 | 김 진 혁 |  | 0 | 0 | 0 | 0 |
| 0 | 0 | 1 | 0 | 후0 | 박 승 욱 | 25 |  |  | 15 | 이 원 우 |  | 0 | 0 | 0 | 0 |
| 0 | 0 | 1 | 0 | 후49 | 홍 욱 현 | 24 |  |  | 29 | 박 재 현 |  | 0 | 0 | 0 | 0 |
| 0 | 0 | 0 | 0 |  | 맹 성 웅 | 28 | 대기 | 대기 | 74 | 이 용 래 |  | 0 | 0 | 0 | 0 |
| 0 | 0 | 0 | 0 | 후37 | 김 대 원 | 17 |  |  | 44 | 김 정 현 | 후0 | 1 | 3 | 0 | 0 |
| 0 | 0 | 0 | 1 | 후21 | 김 경 준 | 6 |  |  | 13 | 권 태 영 | 후27 | 0 | 1 | 0 | 0 |
| 0 | 0 | 0 | 0 |  | 이 동 준 | 11 |  |  | 32 | 정 치 인 | 후0 | 1 | 0 | 0 | 0 |
| 0 | 0 | 0 | 0 |  | 박 상 혁 | 19 |  |  | 9 | 에 드 가 | 후0 | 0 | 1 | 0 | 0 |
| 0 | 1 | 14 | 12(6) |  |  | 0 |  |  | 0 |  |  | 8(4) | 10 | 1 | 0 |

●전반 32분 이동경 HL 정면 ~ 김승섭 AKL R-ST-G (득점: 김승섭, 도움: 이동경) 왼쪽
●전반 44분 이동경 C.KR ↷ 유강현 GA 정면 내 H-ST-G (득점: 유강현, 도움: 이동경) 왼쪽

4월 05일 19:00 비 수원 종합 2,924명
주심_ 김종혁 부심_ 박균용·장종필 대기심_ 설태환 경기감독관_ 나승화

**수원FC 1** (1 전반 0 / 0 후반 1) **1 포항**

| 퇴장 | 경고 | 파울 | ST(유) | 교체 | 선수명 | 배번 | 위치 | 위치 | 배번 | 선수명 | 교체 | ST(유) | 파울 | 경고 | 퇴장 |
|---|---|---|---|---|---|---|---|---|---|---|---|---|---|---|---|
| 0 | 0 | 0 | 0 |  | 안 준 수 | 23 | GK | GK | 21 | 황 인 재 |  | 0 | 0 | 0 | 0 |
| 0 | 0 | 1 | 0 |  | 김 태 한 | 4 | DF | DF | 26 | 이 태 석 |  | 0 | 2 | 0 | 0 |
| 0 | 0 | 1 | 0 |  | 이 현 용 | 5 | DF | DF | 24 | 한 현 서 |  | 1 | 0 | 0 | 0 |
| 0 | 1 | 1 | 0 |  | 이 지 솔 | 20 | DF | DF | 4 | 전 민 광 |  | 0 | 0 | 0 | 0 |
| 0 | 0 | 1 | 0 | 13 | 서 재 민 | 21 | DF | DF | 13 | 강 민 준 |  | 1 | 1 | 0 | 0 |
| 0 | 0 | 4 | 0 |  | 이 재 원 | 7 | MF | MF | 97 | 주 닝 요 | 18 | 4 | 1 | 0 | 0 |
| 0 | 0 | 1 | 6(2) |  | 윤빛가람 | 14 | MF | MF | 8 | 오베르단 |  | 3(1) | 1 | 1 | 0 |
| 0 | 0 | 0 | 4(1) |  | 안데르손 | 70 | MF | MF | 17 | 신 광 훈 | 16 | 0 | 1 | 0 | 0 |
| 0 | 0 | 1 | 0 | 8 | 루 안 | 97 | MF | MF | 2 | 어 정 원 | 37 | 1 | 1 | 0 | 0 |
| 0 | 0 | 0 | 2(1) | 33 | 아 반 다 | 99 | MF | FW | 6 | 김 종 우 | 99 | 0 | 1 | 0 | 0 |
| 0 | 0 | 0 | 3(2) | 11 | 싸 박 | 9 | FW | FW | 19 | 이 호 재 |  | 1 | 0 | 0 | 0 |
| 0 | 0 | 0 | 0 |  | 황 재 윤 | 1 |  |  | 1 | 윤 평 국 |  | 0 | 0 | 0 | 0 |
| 0 | 0 | 0 | 0 | 후25 | 황 인 택 | 13 |  |  | 33 | 조 성 욱 |  | 0 | 0 | 0 | 0 |
| 0 | 0 | 2 | 0 | 후7 | 이 택 근 | 33 |  |  | 66 | 이 창 우 |  | 0 | 0 | 0 | 0 |
| 0 | 0 | 1 | 0 | 후25 | 노 경 호 | 8 |  |  | 16 | 한 찬 희 | 후0 | 2(1) | 2 | 1 | 0 |
| 0 | 0 | 0 | 0 |  | 김 재 성 | 28 | 대기 | 대기 | 37 | 홍 윤 상 | 후30 | 0 | 0 | 0 | 0 |
| 0 | 0 | 0 | 0 |  | 장 윤 호 | 34 |  |  | 7 | 김 인 성 |  | 0 | 0 | 0 | 0 |
| 0 | 0 | 0 | 2(1) | 후30 | 이 준 석 | 11 |  |  | 18 | 강 현 제 | 후30 | 0 | 0 | 0 | 0 |
| 0 | 0 | 0 | 0 |  | 박 용 희 | 17 |  |  | 10 | 백 성 동 |  | 0 | 0 | 0 | 0 |
| 0 | 0 | 0 | 0 |  | 오프키르 | 77 |  |  | 99 | 조 상 혁 | 후0 | 0 | 0 | 0 | 0 |
| 0 | 1 | 13 | 17(7) |  |  | 0 |  |  | 0 |  |  | 13(2) | 10 | 2 | 0 |

●전반 12분 아반다 GAR ~ 싸박 GA 정면 L-ST-G (득점: 싸박, 도움: 아반다) 가운데
●후반 4분 주닝요 MFR ↷ 오베르단 GA 정면 H-ST-G (득점: 오베르단, 도움: 주닝요) 왼쪽

4월 06일 16:30 맑음 안양 종합 8,127명
주심_ 설태환 부심_ 박상준·김지욱 대기심_ 박종명 경기감독관_ 차상해

**안양 2** 0 전반 0 / 2 후반 0 **0 강원**

| 퇴장 | 경고 | 파울 | ST(유) | 교체 | 선수명 | 배번 | 위치 | 위치 | 배번 | 선수명 | 교체 | ST(유) | 파울 | 경고 | 퇴장 |
|---|---|---|---|---|---|---|---|---|---|---|---|---|---|---|---|
| 0 | 0 | 0 | 0 | | 황병근 | 41 | GK | GK | 1 | 이광연 | | 0 | 0 | 0 | 0 |
| 0 | 1 | 1 | 0 | | 이창용 | 4 | DF | DF | 99 | 강준혁 | | 0 | 2 | 0 | 0 |
| 0 | 0 | 0 | 0 | | 이태희 | 32 | DF | DF | 47 | 신민하 | | 1(1) | 0 | 0 | 0 |
| 0 | 0 | 0 | 2(2) | | 토마스 | 55 | DF | DF | 23 | 강투지 | | 0 | 1 | 0 | 0 |
| 0 | 0 | 0 | 0 | 10 | 주현우 | 99 | DF | DF | 13 | 이기혁 | | 0 | 2 | 0 | 0 |
| 0 | 0 | 0 | 0 | | 박종현 | 6 | MF | MF | 6 | 김동현 | 34 | 0 | 1 | 0 | 0 |
| 0 | 0 | 0 | 4(1) | 3 | 마테우스 | 7 | MF | MF | 18 | 김강국 | | 0 | 4 | 0 | 0 |
| 0 | 0 | 2 | 1(1) | 8 | 에두아르도 | 21 | MF | MF | 19 | 김경민 | 39 | 0 | 0 | 0 | 0 |
| 0 | 0 | 3 | 0 | | 리영직 | 37 | MF | MF | 70 | 구본철 | 24 | 2(2) | 2 | 0 | 0 |
| 0 | 0 | 1 | 2(1) | 16 | 채현우 | 71 | MF | FW | 22 | 이상헌 | 9 | 2(1) | 2 | 1 | 0 |
| 0 | 0 | 1 | 4(2) | 9 | 김운 | 19 | FW | FW | 10 | 가브리엘 | | 3(1) | 0 | 0 | 0 |
| 0 | 0 | 0 | 0 | | 김성동 | 88 | | | 71 | 조민규 | | 0 | 0 | 0 | 0 |
| 0 | 0 | 0 | 0 | 후46 | 김지훈 | 3 | | | 24 | 박호영 | 후42 | 0 | 0 | 0 | 0 |
| 0 | 0 | 0 | 0 | | 김영찬 | 5 | | | 34 | 송준석 | 후6 | 1 | 0 | 0 | 0 |
| 0 | 0 | 0 | 0 | | 강지훈 | 17 | | | 14 | 김대우 | | 0 | 0 | 0 | 0 |
| 0 | 0 | 2 | 0 | 후15 | 김정현 | 8 | 대기 | 대기 | 39 | 이지호 | 후27 | 0 | 0 | 0 | 0 |
| 0 | 0 | 0 | 1(1) | 후15 | 최규현 | 16 | | | 96 | 최병찬 | | 0 | 0 | 0 | 0 |
| 0 | 0 | 0 | 0 | | 김보경 | 24 | | | 45 | 호마리우 | | 0 | 0 | 0 | 0 |
| 0 | 0 | 0 | 1(1) | 후15 | 모따 | 9 | | | 9 | 코바체비치 | 후42 | 1(1) | 0 | 0 | 0 |
| 0 | 0 | 0 | 1(1) | 후35 | 야고 | 10 | | | 27 | 김도현 | | 0 | 0 | 0 | 0 |
| 0 | 1 | 10 | 16(10) | | | 0 | | | 0 | | | 10(6) | 14 | 1 | 0 |

●후반 38분 최규현 AK 정면 R-ST-G (득점: 최규현) 왼쪽
●후반 47분 토마스 GAL 내 L-ST-G (득점: 토마스) 왼쪽

4월 12일 14:00 비 수원 종합 2,066명
주심_ 고형진 부심_ 구은석·김지욱 대기심_ 박정호 경기감독관_ 김성수

**수원FC 3** 1 전반 1 / 2 후반 1 **2 김천**

| 퇴장 | 경고 | 파울 | ST(유) | 교체 | 선수명 | 배번 | 위치 | 위치 | 배번 | 선수명 | 교체 | ST(유) | 파울 | 경고 | 퇴장 |
|---|---|---|---|---|---|---|---|---|---|---|---|---|---|---|---|
| 0 | 0 | 0 | 0 | | 안준수 | 23 | GK | GK | 1 | 김동헌 | | 0 | 0 | 0 | 0 |
| 0 | 0 | 0 | 0 | | 김태한 | 4 | DF | DF | 22 | 최예훈 | 26 | 0 | 0 | 0 | 0 |
| 0 | 1 | 2 | 1(1) | | 이현용 | 5 | DF | DF | 20 | 박찬용 | | 0 | 1 | 0 | 0 |
| 0 | 0 | 0 | 2(2) | | 이지솔 | 20 | DF | DF | 3 | 김민덕 | 66 | 1(1) | 0 | 0 | 0 |
| 0 | 0 | 0 | 0 | 21 | 이택근 | 33 | DF | DF | 25 | 박승욱 | | 0 | 0 | 1 | 0 |
| 0 | 0 | 0 | 0 | 8 | 이재원 | 7 | MF | MF | 7 | 김승섭 | | 2(1) | 0 | 0 | 0 |
| 0 | 0 | 1 | 1(1) | | 윤빛가람 | 14 | MF | MF | 4 | 서민우 | | 1(1) | 2 | 0 | 0 |
| 0 | 0 | 0 | 2(2) | | 안데르손 | 70 | MF | MF | 30 | 김봉수 | | 0 | 0 | 0 | 0 |
| 0 | 0 | 2 | 0 | 28 | 루안 | 97 | MF | MF | 10 | 모재현 | 11 | 1(1) | 1 | 0 | 0 |
| 0 | 0 | 1 | 1 | 77 | 아반다 | 99 | MF | FW | 9 | 유강현 | 19 | 1(1) | 3 | 0 | 0 |
| 0 | 0 | 1 | 5(3) | | 싸박 | 9 | FW | FW | 14 | 이동경 | 8 | 3(2) | 1 | 0 | 0 |
| 0 | 0 | 0 | 0 | | 황재윤 | 1 | | | 32 | 정명제 | | 0 | 0 | 0 | 0 |
| 0 | 0 | 0 | 0 | | 이용 | 2 | | | 66 | 박수일 | 후0 | 0 | 0 | 0 | 0 |
| 0 | 0 | 0 | 0 | | 황인택 | 13 | | | 26 | 조현택 | 후0 | 1(1) | 0 | 0 | 0 |
| 0 | 0 | 0 | 0 | 후17 | 서재민 | 21 | | | 24 | 홍욱현 | | 0 | 0 | 0 | 0 |
| 0 | 0 | 0 | 1 | 후25 | 노경호 | 8 | 대기 | 대기 | 88 | 이진용 | | 0 | 0 | 0 | 0 |
| 0 | 0 | 0 | 0 | 후34 | 김재성 | 28 | | | 18 | 원기종 | | 0 | 0 | 0 | 0 |
| 0 | 0 | 0 | 0 | | 장윤호 | 34 | | | 8 | 이승원 | 후25 | 0 | 0 | 0 | 0 |
| 0 | 0 | 0 | 0 | | 이준석 | 11 | | | 11 | 이동준 | 후0 | 1(1) | 0 | 0 | 0 |
| 0 | 0 | 0 | 0 | 후0 | 오프키르 | 77 | | | 19 | 박상혁 | 후42 | 1 | 0 | 0 | 0 |
| 0 | 1 | 7 | 13(9) | | | 0 | | | 0 | | | 12(9) | 8 | 1 | 0 |

●전반 37분 안데르손 MF 정면 ~ 싸박 AK 내 R-ST-G (득점: 싸박, 도움: 안데르손) 오른쪽
●후반 31분 윤빛가람 GA 정면 내 H-ST-G (득점: 윤빛가람) 왼쪽
●후반 52분 안데르손 PAL ↷ 이현용 GA 정면 H-ST-G (득점: 이현용, 도움: 안데르손) 왼쪽
●전반 44분 유강현 MF 정면 ~ 이동경 PK지점 L-ST-G (득점: 이동경, 도움: 유강현) 가운데
●후반 22분 이동준 GA 정면 내 H-ST-G (득점: 이동준) 오른쪽

4월 06일 16:30 맑음 광주 월드컵 3,858명
주심_ 신용준 부심_ 구은석·곽승순 대기심_ 오현진 경기감독관_ 이평재

**광주 1** 0 전반 0 / 1 후반 0 **0 제주**

| 퇴장 | 경고 | 파울 | ST(유) | 교체 | 선수명 | 배번 | 위치 | 위치 | 배번 | 선수명 | 교체 | ST(유) | 파울 | 경고 | 퇴장 |
|---|---|---|---|---|---|---|---|---|---|---|---|---|---|---|---|
| 0 | 0 | 0 | 0 | | 김경민 | 1 | GK | GK | 1 | 김동준 | | 0 | 0 | 0 | 0 |
| 0 | 0 | 0 | 0 | | 김진호 | 23 | DF | DF | 40 | 김륜성 | | 0 | 1 | 0 | 0 |
| 0 | 0 | 1 | 0 | 5 | 브루노 | 4 | DF | DF | 4 | 송주훈 | | 0 | 2 | 0 | 0 |
| 0 | 0 | 2 | 1(1) | | 안영규 | 6 | DF | DF | 3 | 장민규 | | 0 | 1 | 0 | 0 |
| 0 | 0 | 2 | 2 | 22 | 조성권 | 2 | DF | DF | 22 | 안태현 | | 0 | 3 | 1 | 0 |
| 0 | 0 | 0 | 0 | 70 | 오후성 | 77 | MF | MF | 14 | 김건웅 | 18 | 0 | 2 | 0 | 0 |
| 0 | 0 | 3 | 0 | 21 | 이강현 | 8 | MF | MF | 10 | 남태희 | | 2(2) | 2 | 0 | 0 |
| 0 | 0 | 1 | 0 | | 박태준 | 55 | MF | MF | 8 | 이창민 | | 0 | 1 | 0 | 0 |
| 0 | 0 | 0 | 0 | | 아사니 | 7 | MF | FW | 17 | 유인수 | 15 | 0 | 0 | 0 | 0 |
| 0 | 1 | 1 | 0 | 10 | 문민서 | 88 | FW | FW | 11 | 에반드로 | 50 | 1 | 2 | 0 | 0 |
| 0 | 0 | 0 | 2(2) | | 헤이스 | 17 | FW | FW | 27 | 김준하 | 19 | 0 | 1 | 0 | 0 |
| 0 | 0 | 0 | 0 | | 노희동 | 12 | | | 21 | 안찬기 | | 0 | 0 | 0 | 0 |
| 0 | 0 | 0 | 1(1) | 후0 | 변준수 | 5 | | | 23 | 임창우 | | 0 | 0 | 0 | 0 |
| 0 | 0 | 1 | 0 | 후36 | 강희수 | 21 | | | 26 | 임채민 | | 0 | 0 | 0 | 0 |
| 0 | 0 | 1 | 0 | 후28 | 김한길 | 22 | | | 5 | 이탈로 | | 0 | 0 | 0 | 0 |
| 0 | 0 | 0 | 0 | | 신창무 | 40 | 대기 | 대기 | 15 | 데닐손 | 후33 | 0 | 1 | 0 | 0 |
| 0 | 0 | 0 | 1(1) | 후25 | 하승운 | 70 | | | 18 | 오재혁 | 후33 | 0 | 0 | 0 | 0 |
| 0 | 0 | 0 | 0 | | 주세종 | 80 | | | 19 | 김주공 | 후7 | 0 | 0 | 0 | 0 |
| 0 | 0 | 0 | 2(2) | 후0 | 최경록 | 10 | | | 24 | 최병욱 | | 0 | 0 | 0 | 0 |
| 0 | 0 | 0 | 0 | | 박정인 | 13 | | | 50 | 박동진 | 후0 | 0 | 2 | 1 | 0 |
| 0 | 1 | 12 | 9(7) | | | 0 | | | 0 | | | 3(2) | 18 | 2 | 0 |

●후반 44분 변준수 자기 측 MFR ↷ 헤이스 GAR L-ST-G (득점: 헤이스, 도움: 변준수) 왼쪽

4월 12일 16:30 비 서울 월드컵 20,284명
주심_ 송민석 부심_ 박상준·곽승순 대기심_ 정회수 경기감독관_ 구상범

**서울 2** 0 전반 2 / 2 후반 0 **2 대전**

| 퇴장 | 경고 | 파울 | ST(유) | 교체 | 선수명 | 배번 | 위치 | 위치 | 배번 | 선수명 | 교체 | ST(유) | 파울 | 경고 | 퇴장 |
|---|---|---|---|---|---|---|---|---|---|---|---|---|---|---|---|
| 0 | 0 | 0 | 0 | | 강현무 | 31 | GK | GK | 1 | 이창근 | | 0 | 0 | 0 | 0 |
| 0 | 1 | 3 | 2(1) | | 김진수 | 22 | DF | DF | 2 | 박규현 | | 1 | 2 | 0 | 0 |
| 0 | 0 | 0 | 0 | | 김주성 | 30 | DF | DF | 98 | 안톤 | | 0 | 1 | 0 | 0 |
| 0 | 0 | 1 | 2(1) | | 야잔 | 5 | DF | DF | 3 | 하창래 | | 0 | 0 | 0 | 0 |
| 0 | 0 | 1 | 0 | | 최준 | 16 | DF | DF | 6 | 강윤성 | | 1 | 1 | 0 | 0 |
| 0 | 0 | 2 | 1 | | 황도윤 | 41 | MF | MF | 15 | 임덕근 | 14 | 0 | 0 | 0 | 0 |
| 0 | 0 | 0 | 0 | 8 | 기성용 | 6 | MF | MF | 8 | 밥신 | | 0 | 2 | 0 | 0 |
| 0 | 0 | 0 | 5(2) | 94 | 루카스 | 77 | MF | MF | 70 | 김현욱 | 73 | 2(1) | 1 | 0 | 0 |
| 0 | 0 | 0 | 2(1) | | 린가드 | 10 | MF | FW | 77 | 윤도영 | 11 | 0 | 5 | 0 | 0 |
| 0 | 0 | 0 | 0 | 27 | 정승원 | 7 | MF | FW | 9 | 구텍 | 10 | 3(2) | 1 | 0 | 0 |
| 0 | 0 | 1 | 0 | 45 | 조영욱 | 9 | FW | FW | 19 | 신상은 | 27 | 0 | 0 | 0 | 0 |
| 0 | 0 | 0 | 0 | | 최철원 | 21 | | | 89 | 정산 | | 0 | 0 | 0 | 0 |
| 0 | 0 | 0 | 0 | | 이한도 | 20 | | | 5 | 임종은 | | 0 | 0 | 0 | 0 |
| 0 | 0 | 0 | 0 | | 김진야 | 17 | | | 4 | 김현우 | | 0 | 0 | 0 | 0 |
| 0 | 0 | 0 | 2(1) | 전31 | 이승모 | 8 | | | 22 | 오재석 | | 0 | 0 | 0 | 0 |
| 0 | 0 | 0 | 0 | | 강성진 | 11 | 대기 | 대기 | 73 | 이준규 | 후38 | 0 | 1 | 0 | 0 |
| 0 | 0 | 0 | 0 | | 강주혁 | 19 | | | 11 | 김인균 | 후0 | 0 | 1 | 0 | 0 |
| 0 | 0 | 0 | 3(3) | 전31 | 문선민 | 27 | | | 27 | 정재희 | 후0 | 0 | 0 | 0 | 0 |
| 0 | 0 | 0 | 0 | 후34 | 윌리안 | 94 | | | 14 | 김준범 | 후29 | 0 | 1 | 0 | 0 |
| 0 | 0 | 1 | 1(1) | 후44 | 둑스 | 45 | | | 10 | 주민규 | 후17 | 0 | 0 | 0 | 0 |
| 0 | 1 | 9 | 18(10) | | | 0 | | | 0 | | | 7(3) | 16 | 0 | 0 |

●후반 12분 김진수 PAL EL ↷ 문선민 GA 정면 H-ST-G (득점: 문선민, 도움: 김진수) 왼쪽
●후반 21분 문선민 GAR EL ~ 린가드 GA 정면 R-ST-G (득점: 린가드, 도움: 문선민) 가운데
●전반 42분 구텍 PK-R-G (득점: 구텍) 왼쪽
●전반 46분 김현욱 PAR ↷ 구텍 GAL 내 L-ST-G (득점: 구텍, 도움: 김현욱) 왼쪽

4월 12일 16:30 흐리고 비 포항 스틸야드 8,354명
주심_ 박병진 부심_ 설귀선·방기열 대기심_ 오현진 경기감독관_ 허태식

**포항 2** 0 전반 1 / 2 후반 0 **1 안양**

| 퇴장 | 경고 | 파울 | ST(유) | 교체 | 선수명 | 배번 | 위치 | 위치 | 배번 | 선수명 | 교체 | ST(유) | 파울 | 경고 | 퇴장 |
|---|---|---|---|---|---|---|---|---|---|---|---|---|---|---|---|
| 0 | 0 | 0 | 0 | | 황인재 | 21 | GK | GK | 41 | 황병근 | | 0 | 0 | 0 | 0 |
| 0 | 0 | 0 | 0 | | 이태석 | 26 | DF | DF | 5 | 김영찬 | 3 | 0 | 1 | 1 | 0 |
| 0 | 0 | 2 | 0 | | 한현서 | 24 | DF | DF | 6 | 박종현 | | 0 | 1 | 1 | 0 |
| 0 | 0 | 0 | 0 | | 전민광 | 4 | DF | DF | 32 | 이태희 | | 0 | 0 | 0 | 0 |
| 0 | 0 | 0 | 0 | | 강민준 | 13 | DF | DF | 55 | 토마스 | | 0 | 1 | 1 | 0 |
| 0 | 0 | 3 | 1(1) | | 오베르단 | 8 | MF | MF | 8 | 김정현 | | 1 | 4 | 1 | 0 |
| 0 | 1 | 2 | 0 | 16 | 신광훈 | 17 | MF | MF | 16 | 최규현 | 21 | 0 | 2 | 0 | 0 |
| 0 | 0 | 0 | 1 | 7 | 주닝요 | 97 | MF | MF | 17 | 강지훈 | 4 | 0 | 1 | 0 | 0 |
| 0 | 0 | 1 | 0 | 9 | 홍윤상 | 37 | MF | MF | 71 | 채현우 | 37 | 1(1) | 1 | 1 | 0 |
| 0 | 0 | 0 | 1 | 99 | 강현제 | 18 | MF | FW | 7 | 마테우스 | | 0 | 1 | 0 | 0 |
| 0 | 0 | 2 | 3(1) | 10 | 이호재 | 19 | FW | FW | 9 | 모따 | 19 | 2(2) | 1 | 0 | 0 |
| 0 | 0 | 0 | 0 | | 윤평국 | 1 | | | 88 | 김성동 | | 0 | 0 | 0 | 0 |
| 0 | 0 | 0 | 0 | | 조성욱 | 33 | | | 3 | 김지훈 | 후38 | 0 | 0 | 0 | 0 |
| 0 | 0 | 0 | 0 | | 어정원 | 2 | | | 4 | 이창용 | 후20 | 0 | 0 | 0 | 0 |
| 0 | 0 | 0 | 1 | 후36 | 한찬희 | 16 | | | 14 | 이민수 | | 0 | 0 | 0 | 0 |
| 0 | 0 | 0 | 0 | | 이창우 | 66 | 대기 | 대기 | 21 | 에두아르도 | 후0 | 0 | 1 | 0 | 0 |
| 0 | 1 | 2 | 1(1) | 후0 | 조르지 | 9 | | | 37 | 리영직 | 후20 | 0 | 0 | 0 | 0 |
| 0 | 0 | 0 | 0 | 후40 | 백성동 | 10 | | | 10 | 야고 | | 0 | 0 | 0 | 0 |
| 0 | 0 | 0 | 1(1) | 후33 | 김인성 | 7 | | | 11 | 최성범 | | 0 | 0 | 0 | 0 |
| 0 | 0 | 1 | 1(1) | 후0 | 조상혁 | 99 | | | 19 | 김운 | 후33 | 0 | 1 | 0 | 0 |
| 0 | 2 | 13 | 10(5) | | | 0 | | | 0 | | | 4(3) | 15 | 5 | 0 |

● 후반 14분 강민준 MFR ↷ 조상혁 GAL H-ST-G (득점: 조상혁, 도움: 강민준) 왼쪽
● 후반 28분 이호재 PK-R-G (득점: 이호재) 왼쪽
● 전반 17분 모따 PK-L-G (득점: 모따) 왼쪽

4월 13일 16:30 흐림 전주 월드컵 10,958명
주심_ 김우성 부심_ 박균용·장종필 대기심_ 김희곤 경기감독관_ 박철

**전북 1** 0 전반 1 / 1 후반 0 **1 제주**

| 퇴장 | 경고 | 파울 | ST(유) | 교체 | 선수명 | 배번 | 위치 | 위치 | 배번 | 선수명 | 교체 | ST(유) | 파울 | 경고 | 퇴장 |
|---|---|---|---|---|---|---|---|---|---|---|---|---|---|---|---|
| 0 | 0 | 0 | 0 | | 송범근 | 31 | GK | GK | 1 | 김동준 | | 0 | 0 | 0 | 0 |
| 0 | 0 | 1 | 0 | | 김태환 | 23 | DF | DF | 40 | 김륜성 | | 1(1) | 3 | 0 | 0 |
| 0 | 0 | 0 | 0 | | 홍정호 | 26 | DF | DF | 4 | 송주훈 | | 0 | 1 | 0 | 0 |
| 0 | 0 | 0 | 0 | 19 | 김영빈 | 2 | DF | DF | 26 | 임채민 | | 0 | 2 | 1 | 0 |
| 0 | 0 | 2 | 0 | | 김태현 | 77 | DF | DF | 22 | 안태현 | | 1 | 0 | 0 | 0 |
| 0 | 0 | 0 | 0 | | 박진섭 | 4 | MF | MF | 5 | 이탈로 | 3 | 0 | 0 | 0 | 0 |
| 0 | 0 | 1 | 0 | 9 | 강상윤 | 13 | MF | MF | 10 | 남태희 | | 1 | 3 | 0 | 0 |
| 0 | 0 | 0 | 0 | 8 | 김진규 | 97 | MF | MF | 8 | 이창민 | 2 | 1 | 0 | 0 | 0 |
| 0 | 0 | 2 | 1(1) | | 전진우 | 14 | FW | FW | 17 | 유인수 | | 4(1) | 2 | 0 | 0 |
| 0 | 1 | 1 | 7(3) | | 콤파뇨 | 96 | FW | FW | 9 | 유리조나탄 | 50 | 4(3) | 0 | 0 | 0 |
| 0 | 0 | 0 | 1 | 11 | 송민규 | 10 | FW | FW | 24 | 최병욱 | 18 | 0 | 2 | 0 | 0 |
| 0 | 0 | 0 | 0 | | 김정훈 | 1 | | | 21 | 안찬기 | | 0 | 0 | 0 | 0 |
| 0 | 0 | 0 | 0 | | 연제운 | 94 | | | 2 | 김재우 | 후46 | 0 | 0 | 0 | 0 |
| 0 | 0 | 0 | 0 | | 최우진 | 3 | | | 3 | 장민규 | 후32 | 0 | 0 | 0 | 0 |
| 0 | 0 | 0 | 0 | | 최철순 | 25 | | | 23 | 임창우 | | 0 | 0 | 0 | 0 |
| 0 | 0 | 0 | 0 | 후33 | 보아텡 | 19 | 대기 | 대기 | 7 | 서진수 | | 0 | 0 | 0 | 0 |
| 0 | 0 | 0 | 0 | 후24 | 한국영 | 8 | | | 14 | 김건웅 | | 0 | 0 | 0 | 0 |
| 0 | 0 | 0 | 0 | | 진태호 | 17 | | | 18 | 오재혁 | 후0/2 | 0 | 1 | 1 | 0 |
| 0 | 0 | 1 | 1 | 후24 | 이승우 | 11 | | | 27 | 김준하 | 후32 | 0 | 1 | 0 | 0 |
| 0 | 0 | 1 | 0 | 후33 | 티아고 | 9 | | | 50 | 박동진 | 후32 | 1(1) | 0 | 0 | 0 |
| 0 | 1 | 9 | 10(4) | | | 0 | | | 0 | | | 13(6) | 15 | 2 | 0 |

● 후반 41분 홍정호 GAR H↷ 콤파뇨 GA 정면 내 H-ST-G (득점: 콤파뇨, 도움: 홍정호) 왼쪽
● 전반 41분 남태희 PA 정면 내 ~ 유인수 PA 정면 내 R-ST-G (득점: 유인수, 도움: 남태희) 왼쪽

4월 13일 14:00 흐림 춘천 송암 5,080명
주심_ 김대용 부심_ 윤재열·송봉근 대기심_ 박진호 경기감독관_ 나승화

**강원 1** 1 전반 0 / 0 후반 0 **0 광주**

| 퇴장 | 경고 | 파울 | ST(유) | 교체 | 선수명 | 배번 | 위치 | 위치 | 배번 | 선수명 | 교체 | ST(유) | 파울 | 경고 | 퇴장 |
|---|---|---|---|---|---|---|---|---|---|---|---|---|---|---|---|
| 0 | 0 | 0 | 0 | | 이광연 | 1 | GK | GK | 1 | 김경민 | | 0 | 0 | 0 | 0 |
| 0 | 1 | 3 | 0 | | 이유현 | 97 | DF | DF | 23 | 김진호 | | 0 | 0 | 0 | 0 |
| 0 | 0 | 2 | 0 | | 신민하 | 47 | DF | DF | 6 | 안영규 | 4 | 1(1) | 0 | 0 | 0 |
| 0 | 1 | 1 | 2(1) | | 강투지 | 23 | DF | DF | 5 | 변준수 | | 0 | 0 | 0 | 0 |
| 0 | 1 | 4 | 0 | | 이기혁 | 13 | DF | DF | 2 | 조성권 | | 0 | 2 | 0 | 0 |
| 0 | 1 | 1 | 2(1) | | 김대우 | 14 | MF | MF | 77 | 오후성 | 11 | 0 | 0 | 0 | 0 |
| 0 | 0 | 1 | 2(1) | | 김강국 | 18 | MF | MF | 55 | 박태준 | | 0 | 0 | 1 | 0 |
| 0 | 1 | 2 | 2(2) | | 김경민 | 19 | MF | MF | 21 | 강희수 | 8 | 1(1) | 0 | 0 | 0 |
| 0 | 0 | 2 | 1 | | 구본철 | 70 | MF | MF | 7 | 아사니 | | 1 | 1 | 0 | 0 |
| 0 | 0 | 1 | 1(1) | 10 | 이상헌 | 22 | FW | FW | 17 | 헤이스 | | 1(1) | 1 | 1 | 0 |
| 0 | 1 | 1 | 2(2) | 99 | 최병찬 | 96 | FW | FW | 10 | 최경록 | 18 | 0 | 1 | 0 | 0 |
| 0 | 0 | 0 | 0 | | 박청효 | 21 | | | 41 | 김태준 | | 0 | 0 | 0 | 0 |
| 0 | 0 | 0 | 0 | 후0 | 강준혁 | 99 | | | 4 | 브루노 | 후0 | 0 | 1 | 1 | 0 |
| 0 | 0 | 0 | 0 | | 홍철 | 33 | | | 8 | 이강현 | 후0 | 0 | 0 | 0 | 0 |
| 0 | 0 | 0 | 0 | | 김동현 | 6 | | | 11 | 가브리엘 | 후22 | 1(1) | 1 | 0 | 0 |
| 0 | 0 | 0 | 0 | | 최한솔 | 5 | 대기 | 대기 | 22 | 김한길 | | 0 | 0 | 0 | 0 |
| 0 | 0 | 2 | 0 | 후24/9 | 가브리엘 | 10 | | | 70 | 하승운 | | 0 | 0 | 0 | 0 |
| 0 | 0 | 0 | 0 | | 조진혁 | 17 | | | 88 | 문민서 | | 0 | 0 | 0 | 0 |
| 0 | 0 | 0 | 0 | 후42 | 코바체비치 | 9 | | | 99 | 홍용준 | | 0 | 0 | 0 | 0 |
| 0 | 0 | 0 | 0 | | 김도현 | 27 | | | 18 | 박인혁 | 후22 | 0 | 0 | 0 | 0 |
| 0 | 6 | 20 | 12(8) | | | 0 | | | 0 | | | 5(4) | 7 | 3 | 0 |

● 전반 16분 이유현 PAR ↷ 최병찬 GA 정면 H-ST-G (득점: 최병찬, 도움: 이유현) 가운데

4월 13일 16:30 흐림 대구iM뱅크파크 12,218명
주심_ 설태환 부심_ 김계용·방기열 대기심_ 김재홍 경기감독관_ 김성기

**대구 0** 0 전반 0 / 0 후반 1 **1 울산**

| 퇴장 | 경고 | 파울 | ST(유) | 교체 | 선수명 | 배번 | 위치 | 위치 | 배번 | 선수명 | 교체 | ST(유) | 파울 | 경고 | 퇴장 |
|---|---|---|---|---|---|---|---|---|---|---|---|---|---|---|---|
| 0 | 0 | 0 | 0 | | 한태희 | 31 | GK | GK | 21 | 조현우 | | 0 | 0 | 0 | 0 |
| 0 | 0 | 0 | 0 | | 박진영 | 40 | DF | DF | 19 | 김영권 | | 0 | 1 | 0 | 0 |
| 0 | 0 | 1 | 1 | | 김진혁 | 7 | DF | DF | 96 | 최석현 | | 0 | 0 | 0 | 0 |
| 0 | 0 | 1 | 0 | | 카이오 | 4 | DF | DF | 13 | 강상우 | | 1(1) | 0 | 0 | 0 |
| 0 | 0 | 2 | 0 | | 황재원 | 2 | MF | DF | 26 | 박민서 | 5 | 1 | 1 | 0 | 0 |
| 0 | 0 | 0 | 1 | 29 | 정우재 | 3 | MF | MF | 14 | 이진현 | 3 | 2 | 0 | 0 | 0 |
| 0 | 0 | 2 | 0 | 8 | 요시노 | 5 | MF | MF | 16 | 이희균 | 11 | 0 | 0 | 0 | 0 |
| 0 | 0 | 0 | 1 | 30 | 김정현 | 44 | MF | MF | 7 | 고승범 | | 0 | 1 | 0 | 0 |
| 0 | 0 | 2 | 7(2) | | 라마스 | 10 | FW | MF | 36 | 라카바 | 27 | 0 | 1 | 0 | 0 |
| 0 | 0 | 1 | 1 | 33 | 정치인 | 32 | FW | FW | 99 | 야고 | 17 | 6(3) | 0 | 0 | 0 |
| 0 | 0 | 0 | 1 | 19 | 에드가 | 9 | FW | FW | 18 | 허율 | | 3 | 4 | 0 | 0 |
| 0 | 0 | 0 | 0 | | 박만호 | 51 | | | 23 | 문정인 | | 0 | 0 | 0 | 0 |
| 0 | 0 | 0 | 0 | | 이원우 | 15 | | | 24 | 윤종규 | | 0 | 0 | 0 | 0 |
| 0 | 0 | 0 | 1 | 후42 | 박재현 | 29 | | | 28 | 이재익 | | 0 | 0 | 0 | 0 |
| 0 | 0 | 0 | 0 | 후42 | 이찬동 | 8 | | | 3 | 강민우 | 후43 | 0 | 0 | 0 | 0 |
| 0 | 0 | 0 | 0 | | 이용래 | 74 | 대기 | 대기 | 22 | 김민혁 | | 0 | 0 | 0 | 0 |
| 0 | 0 | 0 | 0 | 후14 | 한종무 | 30 | | | 5 | 정우영 | 후34 | 0 | 0 | 0 | 0 |
| 0 | 0 | 0 | 0 | | 권태영 | 13 | | | 11 | 엄원상 | 후0 | 0 | 0 | 0 | 0 |
| 0 | 0 | 2 | 1(1) | 후19 | 김민준 | 33 | | | 27 | 이청용 | 후0 | 0 | 0 | 0 | 0 |
| 0 | 0 | 0 | 0 | 후19 | 박대훈 | 19 | | | 17 | 루빅손 | 후28 | 0 | 0 | 0 | 0 |
| 0 | 0 | 11 | 14(3) | | | 0 | | | 0 | | | 13(4) | 8 | 0 | 0 |

● 후반 21분 이청용 MFR → 강상우 GAR 내 R-ST-G (득점: 강상우, 도움: 이청용) 오른쪽

4월 19일 14:00 맑음 울산 문수 13,536명
주심_ 김우성 부심_ 박상준·곽승순 대기심_ 원명희 경기감독관_ 차상해

**울산 1** 1 전반 1 / 0 후반 1 **2 강원**

| 퇴장 | 경고 | 파울 | ST(유) | 교체 | 선수명 | 배번 | 위치 | 위치 | 배번 | 선수명 | 교체 | ST(유) | 파울 | 경고 | 퇴장 |
|---|---|---|---|---|---|---|---|---|---|---|---|---|---|---|---|
| 0 | 0 | 0 | 0 | | 문정인 | 23 | GK | GK | 1 | 이광연 | | 0 | 1 | 1 | 0 |
| 0 | 0 | 0 | 0 | | 김영권 | 19 | DF | DF | 97 | 이유현 | | 0 | 0 | 0 | 0 |
| 0 | 0 | 1 | 0 | 3 | 최석현 | 96 | DF | DF | 47 | 신민하 | | 1(1) | 0 | 0 | 0 |
| 0 | 0 | 0 | 1 | 17 | 강상우 | 13 | DF | DF | 23 | 강투지 | | 0 | 1 | 1 | 0 |
| 0 | 1 | 2 | 2(1) | 16 | 윤종규 | 24 | DF | DF | 13 | 이기혁 | | 0 | 0 | 0 | 0 |
| 0 | 0 | 2 | 3(2) | | 이진현 | 14 | MF | MF | 14 | 김대우 | | 1(1) | 3 | 0 | 0 |
| 0 | 0 | 2 | 0 | | 고승범 | 7 | MF | MF | 18 | 김강국 | | 1(1) | 0 | 0 | 0 |
| 0 | 0 | 2 | 2(1) | 27 | 라카바 | 36 | MF | MF | 19 | 김경민 | 9 | 1 | 1 | 0 | 0 |
| 0 | 0 | 0 | 3(2) | | 엄원상 | 11 | FW | MF | 70 | 구본철 | 33 | 0 | 0 | 0 | 0 |
| 0 | 0 | 0 | 2(2) | | 에릭 | 97 | FW | FW | 22 | 이상헌 | 39 | 1 | 1 | 0 | 0 |
| 0 | 0 | 1 | 0 | 18 | 야고 | 99 | FW | FW | 96 | 최병찬 | 99 | 1(1) | 2 | 0 | 0 |
| 0 | 0 | 0 | 0 | | 류성민 | 31 | | | 71 | 조민규 | | 0 | 0 | 0 | 0 |
| 0 | 0 | 0 | 0 | | 박민서 | 26 | | | 99 | 강준혁 | 후23 | 0 | 0 | 0 | 0 |
| 0 | 0 | 0 | 0 | 후43 | 강민우 | 3 | | | 33 | 홍철 | 후13 | 0 | 2 | 0 | 0 |
| 0 | 0 | 0 | 1(1) | 후33 | 이희균 | 16 | | | 6 | 김동현 | | 0 | 0 | 0 | 0 |
| 0 | 0 | 0 | 0 | | 김민혁 | 22 | 대기 | 대기 | 5 | 최한솔 | | 0 | 0 | 0 | 0 |
| 0 | 0 | 0 | 0 | | 정우영 | 5 | | | 10 | 가브리엘 | | 0 | 0 | 0 | 0 |
| 0 | 0 | 0 | 1(1) | 후0 | 이청용 | 27 | | | 17 | 조진혁 | | 0 | 0 | 0 | 0 |
| 0 | 0 | 0 | 1(1) | 후0 | 루빅손 | 17 | | | 9 | 코바체비치 | 후40 | 0 | 1 | 0 | 0 |
| 0 | 0 | 2 | 1 | 후0 | 허율 | 18 | | | 39 | 이지호 | 후0 | 0 | 3 | 1 | 0 |
| 0 | 1 | 12 | 17(11) | | | 0 | | | 0 | | | 6(4) | 15 | 3 | 0 |

● 전반 47분 에릭 PK-R-G (득점: 에릭) 왼쪽

● 전반 16분 김강국 PK지점 R-ST-G (득점: 김강국) 오른쪽
● 후반 2분 김강국 PAL ↷ 신민하 GA 정면 내 H-ST-G (득점: 신민하, 도움: 김강국) 왼쪽

4월 19일 16:30 비 안양 종합 4,508명
주심_ 김종혁 부심_ 박균용·장종필 대기심_ 안재훈 경기감독관_ 김성수

**안양 3** 1 전반 1 / 2 후반 0 **1 수원FC**

| 퇴장 | 경고 | 파울 | ST(유) | 교체 | 선수명 | 배번 | 위치 | 위치 | 배번 | 선수명 | 교체 | ST(유) | 파울 | 경고 | 퇴장 |
|---|---|---|---|---|---|---|---|---|---|---|---|---|---|---|---|
| 0 | 0 | 0 | 0 | | 김다솔 | 31 | GK | GK | 23 | 안준수 | | 0 | 0 | 0 | 0 |
| 0 | 0 | 0 | 0 | | 이창용 | 4 | DF | MF | 2 | 이용 | 77 | 0 | 0 | 0 | 0 |
| 0 | 0 | 0 | 3(3) | | 강지훈 | 17 | DF | DF | 4 | 김태한 | | 0 | 1 | 0 | 0 |
| 0 | 0 | 0 | 0 | | 이태희 | 32 | DF | DF | 5 | 이현용 | | 0 | 2 | 0 | 0 |
| 0 | 0 | 1 | 0 | | 토마스 | 55 | DF | DF | 20 | 이지솔 | | 1(1) | 0 | 0 | 0 |
| 0 | 0 | 0 | 0 | 21 | 김정현 | 8 | MF | MF | 21 | 서재민 | 99 | 0 | 0 | 0 | 0 |
| 0 | 0 | 0 | 1(1) | 11 | 야고 | 10 | MF | MF | 7 | 이재원 | 19 | 1 | 1 | 0 | 0 |
| 0 | 0 | 1 | 0 | | 리영직 | 37 | MF | MF | 14 | 윤빛가람 | | 1(1) | 1 | 0 | 0 |
| 0 | 0 | 1 | 1(1) | 15 | 채현우 | 71 | MF | FW | 9 | 싸박 | | 4(4) | 1 | 0 | 0 |
| 0 | 1 | 0 | 4(3) | 14 | 마테우스 | 7 | FW | FW | 70 | 안데르손 | | 1(1) | 1 | 0 | 0 |
| 0 | 0 | 0 | 3(2) | 19 | 모따 | 9 | FW | FW | 97 | 루안 | 28 | 1(1) | 0 | 0 | 0 |
| 0 | 0 | 0 | 0 | | 황병근 | 41 | | | 1 | 황재윤 | | 0 | 0 | 0 | 0 |
| 0 | 0 | 0 | 0 | | 박종현 | 6 | | | 13 | 황인택 | | 0 | 0 | 0 | 0 |
| 0 | 0 | 0 | 0 | | 주현우 | 99 | | | 33 | 이택근 | | 0 | 0 | 0 | 0 |
| 0 | 0 | 0 | 0 | 후44 | 이민수 | 14 | | | 99 | 아반다 | 후26 | 0 | 0 | 0 | 0 |
| 0 | 1 | 2 | 0 | 후21 | 에두아르도 | 21 | 대기 | 대기 | 8 | 노경호 | | 0 | 0 | 0 | 0 |
| 0 | 0 | 0 | 0 | | 김보경 | 24 | | | 28 | 김재성 | 후26 | 1 | 1 | 0 | 0 |
| 0 | 0 | 1 | 1 | 후21 | 최성범 | 11 | | | 34 | 장윤호 | | 0 | 0 | 0 | 0 |
| 0 | 0 | 0 | 0 | 후44 | 박정훈 | 15 | | | 19 | 정승배 | 후35 | 0 | 0 | 0 | 0 |
| 0 | 0 | 2 | 0 | 후33 | 김운 | 19 | | | 77 | 오프키르 | 전47 | 4(3) | 0 | 0 | 0 |
| 0 | 2 | 8 | 13(10) | | | 0 | | | 0 | | | 14(11) | 8 | 0 | 0 |

● 전반 22분 모따 PK지점 H → 야고 GA 정면 내 L-ST-G (득점: 야고, 도움: 모따) 가운데
● 후반 3분 모따 GA 정면 내 R-ST-G (득점: 모따) 오른쪽
● 후반 37분 마테우스 PAR 내 L-ST-G (득점: 마테우스) 오른쪽

● 전반 38분 싸박 GAL 내 L-ST-G (득점: 싸박) 왼쪽

4월 19일 16:30 흐림 김천 종합 2,789명
주심_ 최광호 부심_ 윤재열·방기열 대기심_ 오현진 경기감독관_ 양정환

**김천 0** 0 전반 1 / 0 후반 1 **2 대전**

| 퇴장 | 경고 | 파울 | ST(유) | 교체 | 선수명 | 배번 | 위치 | 위치 | 배번 | 선수명 | 교체 | ST(유) | 파울 | 경고 | 퇴장 |
|---|---|---|---|---|---|---|---|---|---|---|---|---|---|---|---|
| 0 | 0 | 0 | 0 | | 김동헌 | 1 | GK | GK | 1 | 이창근 | | 0 | 0 | 1 | 0 |
| 0 | 0 | 1 | 0 | 66 | 조현택 | 26 | DF | MF | 2 | 박규현 | | 1 | 0 | 0 | 0 |
| 0 | 0 | 0 | 1 | | 박찬용 | 20 | DF | DF | 98 | 안톤 | | 1(1) | 0 | 0 | 0 |
| 0 | 0 | 1 | 0 | | 김민덕 | 3 | DF | DF | 3 | 하창래 | | 0 | 0 | 0 | 0 |
| 0 | 0 | 1 | 0 | | 박승욱 | 25 | DF | DF | 22 | 오재석 | 33 | 0 | 0 | 0 | 0 |
| 0 | 0 | 0 | 0 | 10 | 김승섭 | 7 | MF | MF | 6 | 강윤성 | 73 | 1 | 0 | 0 | 0 |
| 0 | 0 | 2 | 0 | 24 | 서민우 | 4 | MF | MF | 8 | 밥신 | | 1 | 4 | 0 | 0 |
| 0 | 0 | 1 | 0 | | 김봉수 | 30 | MF | MF | 14 | 김준범 | 70 | 1(1) | 2 | 0 | 0 |
| 0 | 0 | 1 | 3(1) | 19 | 이동경 | 14 | MF | FW | 77 | 윤도영 | 11 | 0 | 0 | 0 | 0 |
| 1 | 0 | 2 | 1 | | 유강현 | 9 | FW | FW | 10 | 주민규 | | 2(2) | 1 | 0 | 0 |
| 0 | 0 | 1 | 0 | 11 | 이승원 | 8 | FW | FW | 71 | 켈빈 | 19 | 0 | 0 | 0 | 0 |
| 0 | 0 | 0 | 0 | | 정명제 | 32 | | | 89 | 정산 | | 0 | 0 | 0 | 0 |
| 0 | 0 | 0 | 0 | 후37 | 박수일 | 66 | | | 5 | 임종은 | | 0 | 0 | 0 | 0 |
| 0 | 0 | 0 | 0 | | 박대원 | 33 | | | 28 | 아론 | | 0 | 0 | 0 | 0 |
| 0 | 0 | 0 | 0 | 후37 | 홍욱현 | 24 | | | 33 | 김문환 | 후22 | 0 | 0 | 0 | 0 |
| 0 | 0 | 0 | 0 | | 맹성웅 | 28 | 대기 | 대기 | 73 | 이준규 | 후38 | 0 | 0 | 0 | 0 |
| 0 | 0 | 1 | 2(1) | 후22 | 모재현 | 10 | | | 11 | 김인균 | 후0 | 2 | 1 | 0 | 0 |
| 0 | 0 | 0 | 0 | | 김대원 | 17 | | | 19 | 신상은 | 후13 | 1 | 0 | 0 | 0 |
| 0 | 0 | 0 | 2(1) | 후0 | 이동준 | 11 | | | 70 | 김현욱 | 후22 | 0 | 0 | 0 | 0 |
| 0 | 0 | 1 | 1 | 후22 | 박상혁 | 19 | | | 9 | 구텍 | | 0 | 0 | 0 | 0 |
| 1 | 0 | 12 | 10(3) | | | 0 | | | 0 | | | 10(4) | 8 | 1 | 0 |

● 전반 31분 오재석 PAR → 김준범 GA 정면 발리슛 R-ST-G (득점: 김준범, 도움: 오재석) 오른쪽
● 후반 9분 주민규 PK-R-G (득점: 주민규) 왼쪽

4월 19일 19:00 흐리고 비 서울 월드컵 19,234명
주심_ 이동준 부심_ 김계용·홍석찬 대기심_ 최승환 경기감독관_ 김용세

**서울 1** 0 전반 1 / 1 후반 1 **2 광주**

| 퇴장 | 경고 | 파울 | ST(유) | 교체 | 선수명 | 배번 | 위치 | 위치 | 배번 | 선수명 | 교체 | ST(유) | 파울 | 경고 | 퇴장 |
|---|---|---|---|---|---|---|---|---|---|---|---|---|---|---|---|
| 0 | 0 | 0 | 0 | | 강현무 | 31 | GK | GK | 1 | 김경민 | | 0 | 0 | 1 | 0 |
| 0 | 0 | 2 | 3(2) | | 김진수 | 22 | DF | DF | 23 | 김진호 | | 1(1) | 1 | 1 | 0 |
| 0 | 0 | 1 | 1(1) | | 김주성 | 30 | DF | DF | 4 | 브루노 | 6 | 0 | 1 | 1 | 0 |
| 0 | 0 | 0 | 3 | | 야잔 | 5 | DF | DF | 5 | 변준수 | | 0 | 0 | 0 | 0 |
| 0 | 0 | 0 | 1 | | 최준 | 16 | DF | DF | 2 | 조성권 | | 0 | 2 | 0 | 0 |
| 0 | 0 | 1 | 0 | | 황도윤 | 41 | MF | MF | 77 | 오후성 | | 1(1) | 0 | 1 | 0 |
| 0 | 0 | 1 | 3(1) | 17 | 이승모 | 8 | MF | MF | 8 | 이강현 | 88 | 1(1) | 1 | 0 | 0 |
| 0 | 0 | 1 | 1(1) | 94 | 루카스 | 77 | MF | MF | 21 | 강희수 | 10 | 0 | 1 | 1 | 0 |
| 0 | 1 | 2 | 6(3) | | 린가드 | 10 | MF | MF | 11 | 가브리엘 | 7 | 0 | 1 | 0 | 0 |
| 0 | 0 | 1 | 1 | 27 | 강주혁 | 19 | MF | FW | 55 | 박태준 | | 2(1) | 0 | 0 | 0 |
| 0 | 0 | 1 | 3(1) | 45 | 조영욱 | 9 | FW | FW | 17 | 헤이스 | | 2(1) | 0 | 0 | 0 |
| 0 | 0 | 0 | 0 | | 최철원 | 21 | | | 12 | 노희동 | | 0 | 0 | 0 | 0 |
| 0 | 0 | 0 | 0 | | 이한도 | 20 | | | 6 | 안영규 | 전19/22 | 0 | 2 | 0 | 0 |
| 0 | 0 | 0 | 0 | 후21 | 김진야 | 17 | | | 7 | 아사니 | 후12 | 0 | 2 | 1 | 0 |
| 0 | 0 | 0 | 0 | | 이시영 | 23 | | | 10 | 최경록 | 전19 | 0 | 0 | 0 | 0 |
| 0 | 0 | 0 | 0 | | 강성진 | 11 | 대기 | 대기 | 22 | 김한길 | 후12 | 0 | 1 | 1 | 0 |
| 0 | 0 | 0 | 0 | | 박장한결 | 88 | | | 70 | 하승운 | | 0 | 0 | 0 | 0 |
| 0 | 0 | 0 | 1 | 후0 | 문선민 | 27 | | | 80 | 주세종 | | 0 | 0 | 0 | 0 |
| 0 | 0 | 0 | 0 | 후44 | 윌리안 | 94 | | | 88 | 문민서 | 후35 | 0 | 0 | 0 | 0 |
| 0 | 0 | 0 | 1(1) | 후32 | 둑스 | 45 | | | 18 | 박인혁 | | 0 | 0 | 0 | 0 |
| 0 | 1 | 10 | 24(10) | | | 0 | | | 0 | | | 7(5) | 12 | 7 | 0 |

● 후반 33분 린가드 GAR 내 R-ST-G (득점: 린가드) 오른쪽

● 전반 42분 헤이스 AK 정면 L-ST-G (득점: 헤이스) 왼쪽
● 후반 18분 박태준 PK 좌측지점 R-ST-G (득점: 박태준) 오른쪽

4월20일 16:30 흐리고 비 제주 월드컵 5,531명
주심_ 김용우 부심_ 구은석·김지욱 대기심_ 이경순 경기감독관_ 조성철

**제주 2** 1 전반 0 / 1 후반 0 **0 포항**

| 퇴장 | 경고 | 파울 | ST(유) | 교체 | 선수명 | 배번 | 위치 | 위치 | 배번 | 선수명 | 교체 | ST(유) | 파울 | 경고 | 퇴장 |
|---|---|---|---|---|---|---|---|---|---|---|---|---|---|---|---|
| 0 | 0 | 0 | 0 | | 김 동 준 | 1 | GK | GK | 21 | 황 인 재 | | 0 | 0 | 0 | 0 |
| 0 | 0 | 2 | 0 | | 김 륜 성 | 40 | DF | DF | 26 | 이 태 석 | | 0 | 0 | 0 | 0 |
| 0 | 0 | 0 | 0 | 2 | 송 주 훈 | 4 | DF | DF | 24 | 한 현 서 | | 0 | 0 | 0 | 0 |
| 0 | 1 | 3 | 0 | | 임 채 민 | 26 | DF | DF | 4 | 전 민 광 | | 0 | 0 | 0 | 0 |
| 0 | 0 | 0 | 0 | 3 | 안 태 현 | 22 | DF | DF | 13 | 강 민 준 | | 0 | 0 | 0 | 0 |
| 0 | 0 | 1 | 1 | 5 | 김 건 웅 | 14 | MF | MF | 97 | 주 닝 요 | 18 | 3(2) | 2 | 0 | 0 |
| 0 | 1 | 1 | 4(1) | | 남 태 희 | 10 | MF | MF | 8 | 오베르단 | | 1 | 0 | 0 | 0 |
| 0 | 0 | 1 | 1(1) | | 이 창 민 | 8 | MF | MF | 17 | 신 광 훈 | 2 | 0 | 0 | 0 | 0 |
| 0 | 1 | 2 | 3 | 24 | 유 인 수 | 17 | FW | MF | 10 | 백 성 동 | 99 | 0 | 0 | 0 | 0 |
| 0 | 0 | 2 | 1 | | 유리조나탄 | 9 | FW | FW | 19 | 이 호 재 | 7 | 2 | 0 | 0 | 0 |
| 0 | 1 | 2 | 3(1) | 50 | 김 준 하 | 27 | FW | FW | 37 | 홍 윤 상 | 9 | 1(1) | 0 | 0 | 0 |
| 0 | 0 | 0 | 0 | | 안 찬 기 | 21 | | | 1 | 윤 평 국 | | 0 | 0 | 0 | 0 |
| 0 | 0 | 0 | 0 | 후31 | 김 재 우 | 2 | | | 33 | 조 성 욱 | | 0 | 0 | 0 | 0 |
| 0 | 0 | 0 | 0 | 후13 | 장 민 규 | 3 | | | 2 | 어 정 원 | 전24 | 0 | 1 | 0 | 0 |
| 0 | 0 | 0 | 0 | | 임 창 우 | 23 | | | 88 | 김 동 진 | | 0 | 0 | 0 | 0 |
| 0 | 0 | 0 | 0 | 후13 | 이 탈 로 | 5 | 대기 | 대기 | 66 | 이 창 우 | | 0 | 0 | 0 | 0 |
| 0 | 0 | 0 | 0 | | 서 진 수 | 7 | | | 9 | 조 르 지 | 후0 | 2 | 1 | 0 | 0 |
| 0 | 0 | 0 | 0 | | 오 재 혁 | 18 | | | 7 | 김 인 성 | 후39 | 0 | 0 | 0 | 0 |
| 0 | 0 | 0 | 0 | 후31 | 최 병 욱 | 24 | | | 18 | 강 현 제 | 후25 | 0 | 0 | 0 | 0 |
| 0 | 0 | 0 | 1 | 후45 | 박 동 진 | 50 | | | 99 | 조 상 혁 | 후0 | 2 | 3 | 0 | 0 |
| 0 | 4 | 14 | 14(3) | | | 0 | | | 0 | | | 11(3) | 7 | 0 | 0 |

- 전반 2분 유인수 AK 내 ~ 김준하 PAR 내 R-ST-G (득점: 김준하, 도움: 유인수) 왼쪽
- 후반 33분 장민규 PAR 내 ↷ 남태희 GA 정면 R-ST-G (득점: 남태희, 도움: 장민규) 왼쪽

4월26일 14:00 맑음 수원 종합 7,131명
주심_ 설태환 부심_ 김지욱·방기열 대기심_ 정동식 경기감독관_ 차상해

**수원FC 1** 0 전반 0 / 1 후반 2 **2 전북**

| 퇴장 | 경고 | 파울 | ST(유) | 교체 | 선수명 | 배번 | 위치 | 위치 | 배번 | 선수명 | 교체 | ST(유) | 파울 | 경고 | 퇴장 |
|---|---|---|---|---|---|---|---|---|---|---|---|---|---|---|---|
| 0 | 0 | 0 | 0 | | 안 준 수 | 23 | GK | GK | 31 | 송 범 근 | | 0 | 0 | 0 | 0 |
| 0 | 0 | 2 | 0 | | 김 태 한 | 4 | DF | DF | 23 | 김 태 환 | | 0 | 2 | 0 | 0 |
| 0 | 0 | 1 | 0 | | 이 현 용 | 5 | DF | DF | 26 | 홍 정 호 | | 0 | 1 | 0 | 0 |
| 0 | 0 | 1 | 0 | | 이 지 솔 | 20 | DF | DF | 2 | 김 영 빈 | 28 | 0 | 1 | 0 | 0 |
| 0 | 1 | 2 | 2 | | 이 재 원 | 7 | MF | DF | 77 | 김 태 현 | | 0 | 0 | 0 | 0 |
| 0 | 0 | 3 | 1(1) | 77 | 이 준 석 | 11 | MF | MF | 4 | 박 진 섭 | 8 | 0 | 4 | 1 | 0 |
| 0 | 0 | 1 | 1 | 33 | 서 재 민 | 21 | MF | MF | 13 | 강 상 윤 | 94 | 0 | 3 | 0 | 0 |
| 0 | 0 | 1 | 0 | 24 | 김 재 성 | 28 | MF | MF | 97 | 김 진 규 | | 2(2) | 4 | 0 | 0 |
| 0 | 0 | 1 | 1(1) | | 싸 박 | 9 | FW | FW | 14 | 전 진 우 | | 4(1) | 0 | 1 | 0 |
| 0 | 0 | 0 | 2 | | 안데르손 | 70 | FW | FW | 96 | 콤 파 뇨 | 16 | 1(1) | 3 | 0 | 0 |
| 0 | 1 | 0 | 1 | 8 | 루 안 | 97 | FW | FW | 10 | 송 민 규 | 17 | 0 | 0 | 0 | 0 |
| 0 | 0 | 0 | 0 | | 주 호 연 | 41 | | | 1 | 김 정 훈 | | 0 | 0 | 0 | 0 |
| 0 | 0 | 0 | 0 | | 최 규 백 | 6 | | | 94 | 연 제 운 | 후41 | 0 | 0 | 0 | 0 |
| 0 | 0 | 0 | 1(1) | 후33 | 이 택 근 | 33 | | | 3 | 최 우 진 | | 0 | 0 | 0 | 0 |
| 0 | 0 | 0 | 0 | 후50 | 노 경 호 | 8 | | | 8 | 한 국 영 | 후0 | 0 | 0 | 0 | 0 |
| 0 | 0 | 0 | 0 | | 장 윤 호 | 34 | 대기 | 대기 | 11 | 이 승 우 | | 0 | 0 | 0 | 0 |
| 0 | 0 | 0 | 0 | | 지 동 원 | 10 | | | 17 | 진 태 호 | 후29 | 0 | 0 | 0 | 0 |
| 0 | 0 | 0 | 0 | | 정 승 배 | 19 | | | 28 | 이 영 재 | 후48 | 0 | 0 | 0 | 0 |
| 0 | 0 | 0 | 1 | 후33 | 김 주 엽 | 24 | | | 16 | 박 재 용 | 후41 | 0 | 0 | 0 | 0 |
| 0 | 0 | 0 | 0 | 후13 | 오프키르 | 77 | | | 9 | 티 아 고 | | 0 | 0 | 0 | 0 |
| 0 | 2 | 12 | 10(3) | | | 0 | | | 0 | | | 7(4) | 18 | 2 | 0 |

- 후반 45분 이택근 GA 정면 R-ST-G (득점: 이택근) 가운데
- 후반 19분 김진규 GAL R-ST-G (득점: 김진규) 오른쪽
- 후반 50분 진태호 PAL ↷ 전진우 GA 정면 H-ST-G (득점: 전진우, 도움: 진태호) 오른쪽

4월20일 16:30 맑음 전주 월드컵 12,897명
주심_ 채상협 부심_ 설귀선·송봉근 대기심_ 김재홍 경기감독관_ 이경춘

**전북 3** 3 전반 0 / 0 후반 1 **1 대구**

| 퇴장 | 경고 | 파울 | ST(유) | 교체 | 선수명 | 배번 | 위치 | 위치 | 배번 | 선수명 | 교체 | ST(유) | 파울 | 경고 | 퇴장 |
|---|---|---|---|---|---|---|---|---|---|---|---|---|---|---|---|
| 0 | 0 | 0 | 0 | | 송 범 근 | 31 | GK | GK | 31 | 한 태 희 | | 0 | 0 | 0 | 0 |
| 0 | 0 | 2 | 0 | | 김 태 환 | 23 | DF | DF | 4 | 카 이 오 | | 0 | 3 | 0 | 0 |
| 0 | 1 | 1 | 1 | | 홍 정 호 | 26 | DF | DF | 7 | 김 진 혁 | 8 | 0 | 1 | 0 | 0 |
| 0 | 0 | 2 | 0 | | 김 영 빈 | 2 | DF | DF | 40 | 박 진 영 | 18 | 0 | 0 | 0 | 0 |
| 0 | 0 | 0 | 1 | | 김 태 현 | 77 | DF | MF | 3 | 정 우 재 | | 0 | 0 | 0 | 0 |
| 0 | 0 | 1 | 2(1) | | 박 진 섭 | 4 | MF | MF | 74 | 이 용 래 | 44 | 0 | 0 | 0 | 0 |
| 0 | 0 | 0 | 2 | 94 | 강 상 윤 | 13 | MF | MF | 5 | 요 시 노 | | 1(1) | 4 | 0 | 0 |
| 0 | 0 | 1 | 3(1) | 28 | 김 진 규 | 97 | MF | MF | 2 | 황 재 원 | | 0 | 3 | 0 | 0 |
| 0 | 0 | 0 | 4(3) | 17 | 전 진 우 | 14 | FW | FW | 10 | 라 마 스 | 30 | 2(1) | 0 | 0 | 0 |
| 0 | 0 | 4 | 3(1) | 9 | 콤 파 뇨 | 96 | FW | FW | 32 | 정 치 인 | | 1 | 0 | 0 | 0 |
| 0 | 0 | 1 | 0 | 11 | 송 민 규 | 10 | FW | FW | 9 | 에 드 가 | 19 | 1 | 0 | 0 | 0 |
| 0 | 0 | 0 | 0 | | 김 정 훈 | 1 | | | 51 | 박 만 호 | | 0 | 0 | 0 | 0 |
| 0 | 0 | 0 | 0 | 후46 | 연 제 운 | 94 | | | 22 | 장 성 원 | | 0 | 0 | 0 | 0 |
| 0 | 0 | 0 | 0 | | 김 하 준 | 44 | | | 15 | 이 원 우 | | 0 | 0 | 0 | 0 |
| 0 | 0 | 0 | 0 | | 한 국 영 | 8 | | | 29 | 박 재 현 | | 0 | 0 | 0 | 0 |
| 0 | 0 | 0 | 2(1) | 후24 | 이 승 우 | 11 | 대기 | 대기 | 8 | 이 찬 동 | 후33 | 0 | 0 | 0 | 0 |
| 0 | 0 | 0 | 0 | 후30 | 진 태 호 | 17 | | | 30 | 한 종 무 | 후22 | 0 | 0 | 0 | 0 |
| 0 | 0 | 0 | 0 | 후24 | 이 영 재 | 28 | | | 44 | 김 정 현 | 전28 | 2 | 3 | 0 | 0 |
| 0 | 0 | 0 | 0 | | 박 재 용 | 16 | | | 18 | 정 재 상 | 후0 | 1(1) | 1 | 0 | 0 |
| 0 | 1 | 1 | 0 | 후30 | 티 아 고 | 9 | | | 19 | 박 대 훈 | 후22 | 1(1) | 0 | 0 | 0 |
| 0 | 2 | 13 | 18(7) | | | 0 | | | 0 | | | 9(4) | 15 | 0 | 0 |

- 전반 4분 김진규 PAL ↷ 전진우 GA 정면 내 L-ST-G (득점: 전진우, 도움: 김진규) 왼쪽
- 전반 17분 콤파뇨 GAR 내 R-ST-G (득점: 콤파뇨) 오른쪽
- 전반 38분 김태현 GAL EL ~ 전진우 PAR 내 R-ST-G (득점: 전진우, 도움: 김태현) 오른쪽
- 후반 35분 카이오 GA 정면 내 ~ 정재상 GAL 내 R-ST-G (득점: 정재상, 도움: 카이오) 왼쪽

4월09일 19:30 흐림 광주 월드컵 1,983명
주심_ 김종혁 부심_ 박균용·장종필 대기심_ 정회수 경기감독관_ 이경춘

**광주 2** 2 전반 0 / 0 후반 1 **1 대구**

| 퇴장 | 경고 | 파울 | ST(유) | 교체 | 선수명 | 배번 | 위치 | 위치 | 배번 | 선수명 | 교체 | ST(유) | 파울 | 경고 | 퇴장 |
|---|---|---|---|---|---|---|---|---|---|---|---|---|---|---|---|
| 0 | 0 | 0 | 0 | | 김 경 민 | 1 | GK | GK | 21 | 오 승 훈 | | 0 | 0 | 0 | 0 |
| 0 | 0 | 2 | 0 | | 김 진 호 | 23 | DF | DF | 2 | 황 재 원 | | 0 | 0 | 0 | 0 |
| 0 | 0 | 0 | 0 | | 브 루 노 | 4 | DF | DF | 40 | 박 진 영 | | 0 | 1 | 1 | 0 |
| 0 | 1 | 1 | 0 | | 변 준 수 | 5 | DF | DF | 4 | 카 이 오 | | 0 | 0 | 0 | 0 |
| 0 | 1 | 1 | 0 | | 조 성 권 | 2 | DF | DF | 3 | 정 우 재 | | 1 | 2 | 0 | 0 |
| 0 | 0 | 0 | 1(1) | | 오 후 성 | 77 | MF | MF | 44 | 김 정 현 | 5 | 0 | 1 | 1 | 0 |
| 0 | 0 | 3 | 1(1) | 8 | 강 희 수 | 21 | MF | MF | 74 | 이 용 래 | 8 | 0 | 0 | 0 | 0 |
| 0 | 0 | 1 | 0 | 55 | 주 세 종 | 80 | MF | MF | 30 | 한 종 무 | 7 | 0 | 0 | 0 | 0 |
| 0 | 0 | 0 | 1(1) | 22 | 아 사 니 | 7 | MF | FW | 32 | 정 치 인 | | 2(1) | 2 | 0 | 0 |
| 0 | 0 | 1 | 2(1) | 88 | 헤 이 스 | 17 | FW | FW | 33 | 김 민 준 | 11 | 0 | 2 | 0 | 0 |
| 0 | 0 | 1 | 1(1) | 18 | 최 경 록 | 10 | FW | FW | 19 | 박 대 훈 | 10 | 0 | 1 | 0 | 0 |
| 0 | 0 | 0 | 0 | | 노 희 동 | 12 | | | 31 | 한 태 희 | | 0 | 0 | 0 | 0 |
| 0 | 0 | 0 | 0 | | 안 영 규 | 6 | | | 7 | 김 진 혁 | 후18 | 0 | 0 | 0 | 0 |
| 0 | 0 | 0 | 0 | 후0 | 이 강 현 | 8 | | | 15 | 이 원 우 | | 0 | 0 | 0 | 0 |
| 0 | 0 | 0 | 0 | 후28 | 김 한 길 | 22 | | | 29 | 박 재 현 | | 0 | 0 | 0 | 0 |
| 0 | 0 | 0 | 0 | | 신 창 무 | 40 | 대기 | 대기 | 10 | 라 마 스 | 후0 | 5(1) | 0 | 0 | 0 |
| 0 | 0 | 0 | 0 | 후0 | 박 태 준 | 55 | | | 5 | 요 시 노 | 후0 | 0 | 0 | 0 | 0 |
| 0 | 0 | 0 | 0 | | 하 승 운 | 70 | | | 8 | 이 찬 동 | 후0 | 1 | 1 | 0 | 0 |
| 0 | 0 | 0 | 0 | 후40 | 문 민 서 | 88 | | | 11 | 세 징 야 | 후0 | 1(1) | 0 | 0 | 0 |
| 0 | 1 | 2 | 0 | 후28 | 박 인 혁 | 18 | | | 13 | 권 태 영 | | 0 | 0 | 0 | 0 |
| 0 | 3 | 12 | 6(5) | | | 0 | | | 0 | | | 10(3) | 10 | 2 | 0 |

- 전반 11분 강희수 GAL R-ST-G (득점: 강희수) 오른쪽
- 전반 46분 최경록 PA 정면 내 ~ 오후성 PK 지점 L-ST-G (득점: 오후성, 도움: 최경록) 오른쪽
- 후반 42분 세징야 C,KL R-ST-G (득점: 세징야) 오른쪽

4월 26일 16:30 맑음 안양 종합 5,939명
주심_ 고형진 부심_ 박상준·곽승순 대기심_ 고민국 경기감독관_ 김성기

**안양 2** 1 전반 0 / 1 후반 1 **1 제주**

| 퇴장 | 경고 | 파울 | ST(유) | 교체 | 선수명 | 배번 | 위치 | 위치 | 배번 | 선수명 | 교체 | ST(유) | 파울 | 경고 | 퇴장 |
|---|---|---|---|---|---|---|---|---|---|---|---|---|---|---|---|
| 0 | 0 | 0 | 0 | | 김다솔 | 31 | GK | GK | 1 | 김동준 | | 0 | 0 | 0 | 0 |
| 0 | 1 | 2 | 0 | 4 | 김지훈 | 3 | DF | DF | 40 | 김륜성 | 24 | 0 | 0 | 0 | 0 |
| 0 | 0 | 0 | 0 | | 김영찬 | 5 | DF | DF | 3 | 장민규 | | 0 | 1 | 0 | 0 |
| 0 | 0 | 0 | 0 | | 박종현 | 6 | DF | DF | 26 | 임채민 | | 0 | 0 | 0 | 0 |
| 0 | 0 | 2 | 0 | | 이태희 | 32 | DF | DF | 22 | 안태현 | 23 | 1 | 3 | 1 | 0 |
| 0 | 0 | 2 | 0 | | 김정현 | 8 | MF | MF | 5 | 이탈로 | 15 | 0 | 1 | 0 | 0 |
| 0 | 0 | 1 | 1(1) | | 최규현 | 16 | MF | MF | 10 | 남태희 | | 3(2) | 0 | 0 | 0 |
| 0 | 0 | 0 | 2(1) | 15 | 채현우 | 71 | MF | MF | 8 | 이창민 | | 2(2) | 1 | 0 | 0 |
| 0 | 0 | 0 | 0 | 10 | 주현우 | 99 | MF | FW | 7 | 서진수 | 17 | 0 | 1 | 0 | 0 |
| 0 | 0 | 0 | 2(1) | 55 | 마테우스 | 7 | FW | FW | 9 | 유리조나탄 | | 2(2) | 0 | 0 | 0 |
| 0 | 0 | 3 | 4(3) | 19 | 모따 | 9 | FW | FW | 27 | 김준하 | 18 | 1(1) | 0 | 0 | 0 |
| 0 | 0 | 0 | 0 | | 황병근 | 41 | | | 21 | 안찬기 | | 0 | 0 | 0 | 0 |
| 0 | 0 | 0 | 0 | 후24 | 이창용 | 4 | | | 2 | 김재우 | | 0 | 0 | 0 | 0 |
| 0 | 1 | 0 | 0 | 후40 | 토마스 | 55 | | | 23 | 임창우 | 후41 | 0 | 0 | 0 | 0 |
| 0 | 0 | 0 | 0 | | 에두아르도 | 21 | | | 14 | 김건웅 | | 0 | 0 | 0 | 0 |
| 0 | 0 | 0 | 0 | | 김보경 | 24 | 대기 | 대기 | 15 | 데닐손 | 후27 | 3(2) | 0 | 0 | 0 |
| 0 | 0 | 0 | 0 | 후12 | 야고 | 10 | | | 17 | 유인수 | 후14 | 2(1) | 1 | 0 | 0 |
| 0 | 0 | 0 | 0 | | 최성범 | 11 | | | 18 | 오재혁 | 후14 | 2(2) | 0 | 0 | 0 |
| 0 | 0 | 0 | 0 | 후24 | 박정훈 | 15 | | | 24 | 최병욱 | 후27 | 0 | 0 | 0 | 0 |
| 0 | 0 | 0 | 0 | 후40 | 김운 | 19 | | | 50 | 박동진 | | 0 | 0 | 0 | 0 |
| 0 | 2 | 10 | 9(6) | | | 0 | | | 0 | | | 16(12) | 8 | 1 | 0 |

●전반 12분 모따 PAL 내 L-ST-G (득점: 모따) 왼쪽
●후반 15분 야고 PAL ↷ 최규현 GAL R-ST-G (득점: 최규현, 도움: 야고) 왼쪽
●후반 4분 김준하 PAR ↷ 유리 조나탄 GA 정면 H-ST-G (득점: 유리 조나탄, 도움: 김준하) 왼쪽

4월 27일 16:30 맑음 김천 종합 3,300명
주심_ 채상협 부심_ 김계용·송봉근 대기심_ 박정호 경기감독관_ 김용세

**김천 2** 1 전반 0 / 1 후반 0 **0 울산**

| 퇴장 | 경고 | 파울 | ST(유) | 교체 | 선수명 | 배번 | 위치 | 위치 | 배번 | 선수명 | 교체 | ST(유) | 파울 | 경고 | 퇴장 |
|---|---|---|---|---|---|---|---|---|---|---|---|---|---|---|---|
| 0 | 0 | 0 | 0 | | 김동헌 | 1 | GK | GK | 21 | 조현우 | | 0 | 0 | 0 | 0 |
| 0 | 0 | 1 | 0 | 26 | 최예훈 | 22 | DF | DF | 19 | 김영권 | | 0 | 2 | 1 | 0 |
| 0 | 0 | 0 | 1 | | 박찬용 | 20 | DF | DF | 3 | 강민우 | 28 | 0 | 1 | 0 | 0 |
| 0 | 0 | 0 | 1(1) | | 박승욱 | 25 | DF | DF | 13 | 강상우 | 16 | 0 | 2 | 0 | 0 |
| 0 | 0 | 1 | 0 | | 박수일 | 66 | DF | DF | 17 | 루빅손 | | 1 | 0 | 0 | 0 |
| 0 | 0 | 0 | 1(1) | 17 | 김승섭 | 7 | MF | MF | 14 | 이진현 | 36 | 0 | 0 | 0 | 0 |
| 0 | 0 | 2 | 0 | | 서민우 | 4 | MF | MF | 7 | 고승범 | | 0 | 0 | 0 | 0 |
| 0 | 0 | 1 | 0 | | 김봉수 | 30 | MF | MF | 5 | 정우영 | 22 | 1 | 1 | 0 | 0 |
| 0 | 0 | 0 | 2(1) | 11 | 모재현 | 10 | MF | MF | 30 | 윤재석 | 11 | 1(1) | 0 | 0 | 0 |
| 0 | 0 | 2 | 2(1) | 19 | 유강현 | 9 | FW | MF | 27 | 이청용 | | 1 | 0 | 0 | 0 |
| 0 | 0 | 1 | 5(1) | 8 | 이동경 | 14 | FW | FW | 97 | 에릭 | | 4(1) | 2 | 1 | 0 |
| 0 | 0 | 0 | 0 | | 정명제 | 32 | | | 23 | 문정인 | | 0 | 0 | 0 | 0 |
| 0 | 0 | 0 | 0 | | 김민덕 | 3 | | | 26 | 박민서 | | 0 | 0 | 0 | 0 |
| 0 | 0 | 1 | 1 | 후0 | 조현택 | 26 | | | 20 | 황석호 | | 0 | 0 | 0 | 0 |
| 0 | 0 | 0 | 0 | | 김강산 | 5 | | | 28 | 이재익 | 후0 | 1 | 0 | 0 | 0 |
| 0 | 0 | 0 | 0 | | 맹성웅 | 28 | 대기 | 대기 | 22 | 김민혁 | 후0 | 0 | 0 | 0 | 0 |
| 0 | 0 | 0 | 0 | 후42 | 이승원 | 8 | | | 16 | 이희균 | 후31 | 1 | 0 | 0 | 0 |
| 0 | 0 | 0 | 1 | 후18 | 김대원 | 17 | | | 36 | 라카바 | 후20 | 1 | 0 | 0 | 0 |
| 0 | 0 | 0 | 0 | 후10 | 이동준 | 11 | | | 11 | 엄원상 | 후0 | 3(3) | 0 | 0 | 0 |
| 0 | 0 | 2 | 2(1) | 후18 | 박상혁 | 19 | | | 18 | 허율 | | 0 | 0 | 0 | 0 |
| 0 | 0 | 11 | 16(6) | | | 0 | | | 0 | | | 14(5) | 8 | 2 | 0 |

●전반 29분 유강현 PAL 내 R-ST-G (득점: 유강현) 오른쪽
●후반 44분 김봉수 PAL ↷ 박상혁 GAR H-ST-G (득점: 박상혁, 도움: 김봉수) 오른쪽

4월 27일 14:00 맑음 포항 스틸야드 10,984명
주심_ 김대용 부심_ 윤재열·설귀선 대기심_ 원명희 경기감독관_ 허태식

**포항 1** 1 전반 0 / 0 후반 0 **0 서울**

| 퇴장 | 경고 | 파울 | ST(유) | 교체 | 선수명 | 배번 | 위치 | 위치 | 배번 | 선수명 | 교체 | ST(유) | 파울 | 경고 | 퇴장 |
|---|---|---|---|---|---|---|---|---|---|---|---|---|---|---|---|
| 0 | 0 | 0 | 0 | | 황인재 | 21 | GK | GK | 31 | 강현무 | | 0 | 0 | 0 | 0 |
| 0 | 1 | 1 | 0 | | 이태석 | 26 | DF | DF | 22 | 김진수 | | 0 | 3 | 1 | 0 |
| 0 | 0 | 1 | 0 | | 한현서 | 24 | DF | DF | 30 | 김주성 | | 1 | 1 | 0 | 0 |
| 0 | 0 | 2 | 0 | | 전민광 | 4 | DF | DF | 5 | 야잔 | | 1 | 1 | 1 | 0 |
| 0 | 0 | 0 | 0 | | 강민준 | 13 | DF | DF | 16 | 최준 | | 0 | 2 | 0 | 0 |
| 0 | 0 | 0 | 2(2) | 7 | 주닝요 | 97 | MF | MF | 8 | 이승모 | 17 | 0 | 0 | 0 | 0 |
| 0 | 0 | 1 | 1(1) | | 오베르단 | 8 | MF | MF | 41 | 황도윤 | | 1(1) | 0 | 0 | 0 |
| 0 | 0 | 0 | 0 | 2 | 신광훈 | 17 | MF | MF | 77 | 루카스 | 19 | 1(1) | 2 | 0 | 0 |
| 0 | 0 | 1 | 0 | 99 | 백성동 | 10 | MF | MF | 10 | 린가드 | 11 | 3(1) | 1 | 1 | 0 |
| 0 | 0 | 1 | 1(1) | 33 | 이호재 | 19 | FW | MF | 94 | 윌리안 | 27 | 1 | 0 | 0 | 0 |
| 0 | 0 | 1 | 0 | 37 | 조르지 | 9 | FW | FW | 9 | 조영욱 | 45 | 1(1) | 0 | 0 | 0 |
| 0 | 0 | 0 | 0 | | 윤평국 | 1 | | | 21 | 최철원 | | 0 | 0 | 0 | 0 |
| 0 | 0 | 0 | 0 | 후46 | 조성욱 | 33 | | | 20 | 이한도 | | 0 | 0 | 0 | 0 |
| 0 | 0 | 2 | 0 | 후0 | 어정원 | 2 | | | 17 | 김진야 | 후15 | 0 | 0 | 0 | 0 |
| 0 | 0 | 0 | 0 | | 김동진 | 88 | | | 23 | 이시영 | | 0 | 0 | 0 | 0 |
| 0 | 0 | 0 | 0 | | 황서웅 | 70 | 대기 | 대기 | 11 | 강성진 | 후15 | 0 | 0 | 0 | 0 |
| 0 | 0 | 0 | 0 | | 이창우 | 66 | | | 19 | 강주혁 | 후29 | 0 | 1 | 0 | 0 |
| 0 | 0 | 0 | 0 | 후6 | 김인성 | 7 | | | 27 | 문선민 | 전9 | 2(1) | 1 | 0 | 0 |
| 0 | 1 | 1 | 1 | 후42 | 홍윤상 | 37 | | | 29 | 류재문 | | 0 | 0 | 0 | 0 |
| 0 | 0 | 4 | 1 | 후0 | 조상혁 | 99 | | | 45 | 둑스 | 후29 | 2(2) | 0 | 0 | 0 |
| 0 | 2 | 15 | 6(4) | | | 0 | | | 0 | | | 13(7) | 12 | 3 | 0 |

●전반 6분 조르지 AKL ~ 오베르단 GAL L-ST-G (득점: 오베르단, 도움: 조르지) 오른쪽

4월 27일 16:30 맑음 대전 월드컵 9,412명
주심_ 송민석 부심_ 구은석·홍석찬 대기심_ 안재훈 경기감독관_ 박철

**대전 1** 0 전반 0 / 1 후반 0 **0 강원**

| 퇴장 | 경고 | 파울 | ST(유) | 교체 | 선수명 | 배번 | 위치 | 위치 | 배번 | 선수명 | 교체 | ST(유) | 파울 | 경고 | 퇴장 |
|---|---|---|---|---|---|---|---|---|---|---|---|---|---|---|---|
| 0 | 0 | 0 | 0 | | 이창근 | 1 | GK | GK | 1 | 이광연 | | 0 | 0 | 0 | 0 |
| 0 | 0 | 0 | 0 | 22 | 박규현 | 2 | MF | DF | 97 | 이유현 | | 0 | 1 | 1 | 0 |
| 0 | 0 | 0 | 0 | | 안톤 | 98 | DF | DF | 47 | 신민하 | | 0 | 0 | 0 | 0 |
| 0 | 0 | 1 | 0 | | 하창래 | 3 | DF | DF | 23 | 강투지 | | 0 | 1 | 0 | 0 |
| 0 | 0 | 2 | 0 | | 김문환 | 33 | DF | DF | 13 | 이기혁 | | 0 | 3 | 1 | 0 |
| 0 | 0 | 2 | 0 | | 강윤성 | 6 | MF | MF | 14 | 김대우 | | 0 | 2 | 0 | 0 |
| 0 | 0 | 2 | 0 | | 밥신 | 8 | MF | MF | 18 | 김강국 | 26 | 0 | 1 | 1 | 0 |
| 0 | 0 | 3 | 0 | 70 | 김준범 | 14 | MF | MF | 19 | 김경민 | | 0 | 2 | 0 | 1 |
| 0 | 0 | 2 | 1 | 11 | 윤도영 | 77 | FW | MF | 70 | 구본철 | 5 | 0 | 1 | 0 | 0 |
| 0 | 0 | 1 | 1(1) | 9 | 주민규 | 10 | FW | FW | 39 | 이지호 | 22 | 1 | 1 | 0 | 0 |
| 0 | 0 | 0 | 1(1) | 73 | 켈빈 | 71 | FW | FW | 96 | 최병찬 | 10 | 0 | 2 | 0 | 0 |
| 0 | 0 | 0 | 0 | | 이준서 | 25 | | | 21 | 박청효 | | 0 | 0 | 0 | 0 |
| 0 | 0 | 0 | 0 | | 임종은 | 5 | | | 34 | 송준석 | | 0 | 0 | 0 | 0 |
| 0 | 0 | 0 | 0 | | 김현우 | 4 | | | 33 | 홍철 | | 0 | 0 | 0 | 0 |
| 0 | 0 | 0 | 0 | 후38 | 오재석 | 22 | | | 6 | 김동현 | | 0 | 0 | 0 | 0 |
| 0 | 0 | 0 | 0 | 후31 | 이준규 | 73 | 대기 | 대기 | 5 | 최한솔 | 후15 | 0 | 0 | 0 | 0 |
| 0 | 0 | 0 | 1 | 후15 | 김인균 | 11 | | | 10 | 가브리엘 | 후35 | 0 | 0 | 0 | 0 |
| 0 | 0 | 0 | 0 | | 최건주 | 17 | | | 22 | 이상헌 | 후35 | 0 | 0 | 0 | 0 |
| 0 | 0 | 0 | 3 | 후15 | 김현욱 | 70 | | | 26 | 김민준 | 후35 | 0 | 0 | 0 | 0 |
| 0 | 0 | 0 | 1 | 후38 | 구텍 | 9 | | | 27 | 김도현 | | 0 | 0 | 0 | 0 |
| 0 | 0 | 13 | 8(2) | | | 0 | | | 0 | | | 1 | 14 | 3 | 1 |

●후반 28분 김현욱 C,KR ↷ 주민규 GA 정면 내 H-ST-G (득점: 주민규, 도움: 김현욱) 오른쪽

5월 02일 19:30 맑음 울산 문수 9,659명
주심_ 설태환 부심_ 설귀선·홍석찬 대기심_ 오현진 경기감독관_ 김용세

**울산 3** 1 전반 0 / 2 후반 0 **0 광주**

| 퇴장 | 경고 | 파울 | ST(유) | 교체 | 선수명 | 배번 | 위치 | 위치 | 배번 | 선수명 | 교체 | ST(유) | 파울 | 경고 | 퇴장 |
|---|---|---|---|---|---|---|---|---|---|---|---|---|---|---|---|
| 0 | 0 | 0 | 0 | | 조현우 | 21 | GK | GK | 1 | 김경민 | | 0 | 0 | 0 | 0 |
| 0 | 0 | 0 | 0 | | 김영권 | 19 | DF | DF | 22 | 김한길 | | 0 | 0 | 0 | 0 |
| 0 | 0 | 3 | 0 | | 황석호 | 20 | DF | DF | 6 | 안영규 | | 1 | 1 | 1 | 0 |
| 0 | 1 | 1 | 2(2) | 96 | 강상우 | 13 | DF | DF | 5 | 변준수 | | 0 | 1 | 0 | 0 |
| 0 | 0 | 1 | 0 | | 루빅손 | 17 | DF | DF | 2 | 조성권 | 16 | 0 | 0 | 0 | 0 |
| 0 | 0 | 0 | 3(3) | | 이진현 | 14 | MF | MF | 70 | 하승운 | | 1(1) | 2 | 0 | 0 |
| 0 | 0 | 0 | 0 | 6 | 고승범 | 7 | MF | MF | 80 | 주세종 | 8 | 0 | 0 | 1 | 0 |
| 0 | 0 | 0 | 0 | 36 | 정우영 | 5 | MF | MF | 21 | 강희수 | 13 | 1 | 1 | 1 | 0 |
| 0 | 0 | 1 | 2(2) | 16 | 윤재석 | 30 | MF | MF | 11 | 가브리엘 | 77 | 0 | 1 | 0 | 0 |
| 0 | 0 | 0 | 1(1) | 11 | 이청용 | 27 | MF | FW | 88 | 문민서 | | 0 | 2 | 0 | 0 |
| 0 | 0 | 0 | 4(3) | | 에릭 | 97 | FW | FW | 18 | 박인혁 | 19 | 0 | 2 | 0 | 0 |
| 0 | 0 | 0 | 0 | | 문정인 | 23 | | | 31 | 김동화 | | 0 | 0 | 0 | 0 |
| 0 | 0 | 0 | 0 | | 박민서 | 26 | | | 20 | 진시우 | | 0 | 0 | 0 | 0 |
| 0 | 0 | 0 | 0 | 후42 | 최석현 | 96 | | | 30 | 안혁주 | | 0 | 0 | 0 | 0 |
| 0 | 0 | 0 | 0 | | 윤종규 | 24 | | | 8 | 이강현 | 후10 | 1(1) | 1 | 0 | 0 |
| 0 | 0 | 0 | 0 | 후12 | 보야니치 | 6 | 대기 | 대기 | 16 | 정지훈 | 후35 | 1(1) | 0 | 0 | 0 |
| 0 | 0 | 0 | 0 | 후31 | 이희균 | 16 | | | 19 | 황재환 | 후21 | 0 | 0 | 0 | 0 |
| 0 | 0 | 2 | 1(1) | 후31 | 라카바 | 36 | | | 77 | 오후성 | 후10 | 1(1) | 0 | 0 | 0 |
| 0 | 0 | 0 | 0 | 후12 | 엄원상 | 11 | | | 13 | 박정인 | 후10 | 1 | 0 | 0 | 0 |
| 0 | 0 | 0 | 0 | | 허율 | 18 | | | 43 | 김윤호 | | 0 | 0 | 0 | 0 |
| 0 | 1 | 8 | 13(12) | | | 0 | | | 0 | | | 7(4) | 11 | 3 | 0 |

●전반 17분 강상우 PAR 내 ~ 이청용 GAR 내 R-ST-G (득점: 이청용, 도움: 강상우) 왼쪽
●후반 31분 라카바 GA 정면 L-ST-G (득점: 라카바) 가운데
●후반 48분 라카바 MFR ~ 에릭 PAR 내 R-ST-G (득점: 에릭, 도움: 라카바) 왼쪽

5월 03일 16:30 흐림 대전 월드컵 12,570명
주심_ 김우성 부심_ 김계용·송봉근 대기심_ 최규현 경기감독관_ 박철

**대전 2** 1 전반 0 / 1 후반 1 **1 안양**

| 퇴장 | 경고 | 파울 | ST(유) | 교체 | 선수명 | 배번 | 위치 | 위치 | 배번 | 선수명 | 교체 | ST(유) | 파울 | 경고 | 퇴장 |
|---|---|---|---|---|---|---|---|---|---|---|---|---|---|---|---|
| 0 | 0 | 0 | 0 | | 이창근 | 1 | GK | GK | 31 | 김다솔 | | 0 | 0 | 0 | 0 |
| 0 | 1 | 1 | 0 | 24 | 박규현 | 2 | DF | DF | 4 | 이창용 | | 0 | 0 | 0 | 0 |
| 0 | 0 | 1 | 0 | | 안톤 | 98 | DF | DF | 32 | 이태희 | | 0 | 1 | 1 | 0 |
| 0 | 0 | 0 | 2(1) | | 임종은 | 5 | DF | DF | 55 | 토마스 | | 0 | 1 | 1 | 0 |
| 0 | 0 | 0 | 0 | 73 | 김문환 | 33 | MF | DF | 99 | 주현우 | 6 | 0 | 0 | 0 | 0 |
| 0 | 2 | 2 | 0 | | 강윤성 | 6 | MF | MF | 8 | 김정현 | | 1(1) | 0 | 0 | 0 |
| 0 | 0 | 0 | 3(2) | | 밥신 | 8 | MF | MF | 15 | 박정훈 | 10 | 0 | 0 | 0 | 0 |
| 0 | 0 | 0 | 1(1) | 11 | 김현오 | 90 | MF | MF | 24 | 김보경 | 11 | 2(1) | 0 | 0 | 0 |
| 0 | 0 | 1 | 1 | | 김현욱 | 70 | MF | MF | 37 | 리영직 | 16 | 0 | 0 | 0 | 0 |
| 0 | 0 | 1 | 1 | 9 | 주민규 | 10 | FW | FW | 7 | 마테우스 | 71 | 4(1) | 0 | 0 | 0 |
| 0 | 0 | 0 | 2(2) | 19 | 켈빈 | 71 | FW | FW | 9 | 모따 | | 7(1) | 0 | 0 | 0 |
| 0 | 0 | 0 | 0 | | 이준서 | 25 | | | 41 | 황병근 | | 0 | 0 | 0 | 0 |
| 0 | 0 | 0 | 0 | | 김현우 | 4 | | | 6 | 박종현 | 후13 | 0 | 1 | 0 | 0 |
| 0 | 0 | 0 | 0 | | 아론 | 28 | | | 20 | 이상용 | | 0 | 0 | 0 | 0 |
| 0 | 0 | 0 | 0 | 후0 | 박진성 | 24 | | | 10 | 야고 | 전31 | 2(2) | 0 | 0 | 0 |
| 0 | 0 | 0 | 0 | 후45 | 이준규 | 73 | 대기 | 대기 | 16 | 최규현 | 후13 | 0 | 1 | 0 | 0 |
| 0 | 0 | 0 | 1(1) | 후0 | 김인균 | 11 | | | 21 | 에두아르도 | | 0 | 0 | 0 | 0 |
| 0 | 0 | 1 | 0 | 후27 | 신상은 | 19 | | | 11 | 최성범 | 후13 | 2(1) | 0 | 0 | 0 |
| 0 | 0 | 0 | 0 | | 김준범 | 14 | | | 19 | 김운 | | 0 | 0 | 0 | 0 |
| 0 | 0 | 0 | 1 | 후19 | 구텍 | 9 | | | 71 | 채현우 | 후33 | 1(1) | 0 | 0 | 0 |
| 0 | 3 | 7 | 12(7) | | | 0 | | | 0 | | | 19(8) | 4 | 2 | 0 |

●전반 36분 김문환 MFR ↷ 김현오 GA 정면 H-ST-G (득점: 김현오, 도움: 김문환) 오른쪽
●후반 34분 밥신 GAR 내 R-ST-G (득점: 밥신) 오른쪽
●후반 46분 최성범 MFL ↷ 채현우 GAL L-ST-G (득점: 채현우, 도움: 최성범) 오른쪽

5월 02일 19:30 흐림 포항 스틸야드 7,405명
주심_ 이동준 부심_ 구은석·김지욱 대기심_ 최철준 경기감독관_ 구상범

**포항 1** 0 전반 0 / 1 후반 2 **2 김천**

| 퇴장 | 경고 | 파울 | ST(유) | 교체 | 선수명 | 배번 | 위치 | 위치 | 배번 | 선수명 | 교체 | ST(유) | 파울 | 경고 | 퇴장 |
|---|---|---|---|---|---|---|---|---|---|---|---|---|---|---|---|
| 0 | 0 | 0 | 0 | | 황인재 | 21 | GK | GK | 1 | 김동헌 | | 0 | 0 | 1 | 0 |
| 0 | 0 | 0 | 0 | | 이태석 | 26 | DF | DF | 26 | 조현택 | | 0 | 0 | 0 | 0 |
| 0 | 0 | 0 | 0 | | 한현서 | 24 | DF | DF | 20 | 박찬용 | | 0 | 2 | 0 | 0 |
| 0 | 0 | 0 | 0 | | 전민광 | 4 | DF | DF | 25 | 박승욱 | | 0 | 1 | 1 | 0 |
| 0 | 0 | 1 | 1(1) | | 어정원 | 2 | DF | DF | 66 | 박수일 | 28 | 0 | 1 | 0 | 0 |
| 0 | 0 | 1 | 0 | 99 | 홍윤상 | 37 | MF | MF | 17 | 김대원 | 33 | 3(1) | 0 | 0 | 0 |
| 0 | 0 | 0 | 2(2) | | 오베르단 | 8 | MF | MF | 8 | 이승원 | 24 | 0 | 0 | 0 | 0 |
| 0 | 0 | 0 | 0 | 16 | 신광훈 | 17 | MF | MF | 30 | 김봉수 | | 0 | 1 | 0 | 0 |
| 0 | 1 | 3 | 0 | 7 | 주닝요 | 97 | MF | MF | 10 | 모재현 | 11 | 2 | 3 | 0 | 0 |
| 0 | 0 | 2 | 1 | 66 | 이호재 | 19 | FW | FW | 9 | 유강현 | 19 | 0 | 1 | 0 | 0 |
| 0 | 0 | 2 | 1 | 9 | 황서웅 | 70 | FW | FW | 14 | 이동경 | | 2(2) | 2 | 0 | 0 |
| 0 | 0 | 0 | 0 | | 윤평국 | 1 | | | 32 | 정명제 | | 0 | 0 | 0 | 0 |
| 0 | 0 | 0 | 0 | | 조성욱 | 33 | | | 3 | 김민덕 | | 0 | 0 | 0 | 0 |
| 0 | 0 | 0 | 1 | 후35 | 한찬희 | 16 | | | 24 | 홍욱현 | 후36 | 0 | 1 | 0 | 0 |
| 0 | 0 | 1 | 0 | 후35 | 이창우 | 66 | | | 5 | 김강산 | | 0 | 0 | 0 | 0 |
| 0 | 0 | 0 | 0 | | 강현제 | 18 | 대기 | 대기 | 33 | 박대원 | 후21 | 0 | 0 | 0 | 0 |
| 0 | 0 | 2 | 0 | 후7 | 조르지 | 9 | | | 28 | 맹성웅 | 후36 | 0 | 1 | 0 | 0 |
| 0 | 0 | 0 | 0 | 후21 | 김인성 | 7 | | | 7 | 김승섭 | | 0 | 0 | 0 | 0 |
| 0 | 0 | 0 | 0 | | 백성동 | 10 | | | 11 | 이동준 | 후14 | 0 | 1 | 0 | 0 |
| 0 | 0 | 0 | 0 | 후21 | 조상혁 | 99 | | | 19 | 박상혁 | 후14 | 3(2) | 1 | 0 | 0 |
| 0 | 1 | 12 | 6(3) | | | 0 | | | 0 | | | 10(5) | 15 | 2 | 0 |

●후반 30분 한현서 GAR H~ 오베르단 PK 좌측지점 R-ST-G (득점: 오베르단, 도움: 한현서) 왼쪽
●후반 27분 조현택 PAL TL ↷ 박상혁 GAL H-ST-G (득점: 박상혁, 도움: 조현택) 오른쪽
●후반 50분 이동준 PAL 내 EL ~ 박상혁 PK 좌측지점 L-ST-G (득점: 박상혁, 도움: 이동준) 오른쪽

5월 03일 16:30 흐림 대구iM뱅크파크 11,325명
주심_ 김용우 부심_ 장종필·김태형 대기심_ 김재홍 경기감독관_ 이경춘

**대구 3** 2 전반 0 / 1 후반 1 **1 제주**

| 퇴장 | 경고 | 파울 | ST(유) | 교체 | 선수명 | 배번 | 위치 | 위치 | 배번 | 선수명 | 교체 | ST(유) | 파울 | 경고 | 퇴장 |
|---|---|---|---|---|---|---|---|---|---|---|---|---|---|---|---|
| 0 | 0 | 0 | 0 | | 한태희 | 31 | GK | GK | 1 | 김동준 | | 0 | 0 | 0 | 0 |
| 0 | 1 | 2 | 0 | | 이원우 | 15 | DF | DF | 40 | 김륜성 | | 0 | 2 | 2 | 0 |
| 0 | 0 | 0 | 1 | | 카이오 | 4 | DF | DF | 4 | 송주훈 | 26 | 1(1) | 0 | 0 | 0 |
| 0 | 1 | 1 | 1 | | 김현준 | 45 | DF | DF | 3 | 장민규 | | 0 | 0 | 0 | 0 |
| 0 | 0 | 0 | 0 | | 장성원 | 22 | MF | DF | 23 | 임창우 | | 1(1) | 0 | 0 | 0 |
| 0 | 0 | 1 | 1 | 30 | 김정현 | 44 | MF | MF | 14 | 김건웅 | 18 | 0 | 0 | 0 | 0 |
| 0 | 0 | 0 | 2(1) | | 요시노 | 5 | MF | MF | 10 | 남태희 | | 2 | 0 | 0 | 0 |
| 0 | 0 | 2 | 0 | | 황재원 | 2 | MF | MF | 8 | 이창민 | | 1 | 0 | 0 | 0 |
| 0 | 0 | 1 | 1(1) | 9 | 세징야 | 11 | FW | FW | 17 | 유인수 | 22 | 0 | 0 | 0 | 0 |
| 0 | 0 | 0 | 3(2) | 8 | 정치인 | 32 | FW | FW | 50 | 박동진 | 9 | 3(1) | 0 | 0 | 0 |
| 0 | 0 | 1 | 3(1) | 19 | 정재상 | 18 | FW | FW | 27 | 김준하 | 24 | 1 | 1 | 0 | 0 |
| 0 | 0 | 0 | 0 | | 박상영 | 41 | | | 21 | 안찬기 | | 0 | 0 | 0 | 0 |
| 0 | 0 | 0 | 0 | | 박재현 | 29 | | | 2 | 김재우 | | 0 | 0 | 0 | 0 |
| 0 | 0 | 0 | 0 | | 박진영 | 40 | | | 22 | 안태현 | 후41 | 1 | 0 | 0 | 0 |
| 0 | 0 | 1 | 1 | 후42 | 이찬동 | 8 | | | 26 | 임채민 | 후41 | 0 | 1 | 0 | 0 |
| 0 | 0 | 0 | 0 | | 라마스 | 10 | 대기 | 대기 | 5 | 이탈로 | | 0 | 0 | 0 | 0 |
| 0 | 0 | 0 | 1 | 후33 | 한종무 | 30 | | | 15 | 데닐손 | | 0 | 0 | 0 | 0 |
| 0 | 0 | 0 | 1(1) | 후42 | 에드가 | 9 | | | 18 | 오재혁 | 후0 | 0 | 1 | 0 | 0 |
| 0 | 0 | 0 | 0 | | 전용준 | 16 | | | 24 | 최병욱 | 후41 | 0 | 0 | 0 | 0 |
| 0 | 0 | 0 | 0 | 후24 | 박대훈 | 19 | | | 9 | 유리조나탄 | 후0 | 2(1) | 3 | 0 | 0 |
| 0 | 2 | 9 | 15(6) | | | 0 | | | 0 | | | 12(4) | 8 | 2 | 0 |

●전반 1분 세징야 C.KL ↷ 요시노 GAR 내 H-ST-G (득점: 요시노, 도움: 세징야) 오른쪽
●전반 45분 세징야 자기 측 MF 정면 ↷ 정치인 MF 정면 L-ST-G (득점: 정치인, 도움: 세징야) 왼쪽
●후반 54분 김현준 HL 정면 → 에드가 PK 우측지점 R-ST-G (득점: 에드가, 도움: 김현준) 왼쪽
●후반 21분 임창우 PAR EL ↷ 유리 조나탄 GA 정면 H-ST-G (득점: 유리 조나탄, 도움: 임창우) 왼쪽

5월 03일 19:00 맑음 서울 월드컵 48,008명
주심_ 송민석 부심_ 박상준·방기열 대기심_ 박종명 경기감독관_ 허기태

**서울 0**   0 전반 1 / 0 후반 0   **1 전북**

| 퇴장 | 경고 | 파울 | ST(유) | 교체 | 선수명 | 배번 | 위치 | 위치 | 배번 | 선수명 | 교체 | ST(유) | 파울 | 경고 | 퇴장 |
|---|---|---|---|---|---|---|---|---|---|---|---|---|---|---|---|
| 0 | 0 | 0 | 0 | | 강현무 | 31 | GK | GK | 31 | 송범근 | | 0 | 0 | 0 | 0 |
| 0 | 0 | 1 | 2 | | 김진수 | 22 | DF | DF | 23 | 김태환 | | 0 | 2 | 0 | 0 |
| 0 | 1 | 2 | 1 | | 김주성 | 30 | DF | DF | 26 | 홍정호 | | 0 | 0 | 0 | 0 |
| 0 | 0 | 1 | 2 | | 야잔 | 5 | DF | DF | 2 | 김영빈 | | 0 | 0 | 0 | 0 |
| 0 | 0 | 1 | 1 | | 최준 | 16 | DF | DF | 77 | 김태현 | | 0 | 1 | 0 | 0 |
| 0 | 0 | 0 | 1(1) | 8 | 류재문 | 29 | MF | MF | 4 | 박진섭 | | 0 | 1 | 1 | 0 |
| 0 | 0 | 1 | 2(2) | | 황도윤 | 41 | MF | MF | 13 | 강상윤 | 17 | 0 | 2 | 0 | 0 |
| 0 | 0 | 1 | 5(3) | | 루카스 | 77 | MF | MF | 97 | 김진규 | 8 | 0 | 2 | 0 | 0 |
| 0 | 0 | 2 | 4(2) | | 린가드 | 10 | MF | FW | 14 | 전진우 | 28 | 2(1) | 0 | 0 | 0 |
| 0 | 0 | 0 | 1 | 27 | 강성진 | 11 | MF | FW | 96 | 콤파뇨 | 9 | 0 | 3 | 0 | 0 |
| 0 | 0 | 2 | 0 | 45 | 조영욱 | 9 | FW | FW | 10 | 송민규 | 94 | 1(1) | 0 | 0 | 0 |
| 0 | 0 | 0 | 0 | | 최철원 | 21 | | | 1 | 김정훈 | | 0 | 0 | 0 | 0 |
| 0 | 0 | 0 | 0 | | 이한도 | 20 | | | 94 | 연제운 | 후22 | 0 | 0 | 0 | 0 |
| 0 | 0 | 0 | 0 | | 김진야 | 17 | | | 3 | 최우진 | | 0 | 0 | 0 | 0 |
| 0 | 0 | 0 | 0 | | 이시영 | 23 | | | 8 | 한국영 | 후22 | 0 | 1 | 1 | 0 |
| 0 | 0 | 0 | 1 | 후0 | 이승모 | 8 | 대기 | 대기 | 11 | 이승우 | | 0 | 0 | 0 | 0 |
| 0 | 0 | 0 | 1(1) | 후0 | 문선민 | 27 | | | 17 | 진태호 | 후46 | 0 | 0 | 0 | 0 |
| 0 | 0 | 0 | 0 | | 바또 | 28 | | | 28 | 이영재 | 후46 | 0 | 0 | 0 | 0 |
| 0 | 0 | 0 | 0 | | 정한민 | 37 | | | 16 | 박재용 | | 0 | 0 | 0 | 0 |
| 0 | 0 | 0 | 0 | 후19 | 둑스 | 45 | | | 9 | 티아고 | 후25 | 0 | 1 | 1 | 0 |
| 0 | 1 | 11 | 21(9) | | | 0 | | | 0 | | | 3(2) | 13 | 3 | 0 |

● 전반 23분 김태환 MFR TL ↷ 송민규 GAL H-ST-G (득점: 송민규, 도움: 김태환) 왼쪽

5월 05일 16:30 비 광주 월드컵 6,238명
주심_ 고형진 부심_ 윤재열·송봉근 대기심_ 이경순 경기감독관_ 이경춘

**광주 1**   1 전반 0 / 0 후반 0   **0 김천**

| 퇴장 | 경고 | 파울 | ST(유) | 교체 | 선수명 | 배번 | 위치 | 위치 | 배번 | 선수명 | 교체 | ST(유) | 파울 | 경고 | 퇴장 |
|---|---|---|---|---|---|---|---|---|---|---|---|---|---|---|---|
| 0 | 0 | 0 | 0 | | 김경민 | 1 | GK | GK | 1 | 김동헌 | | 0 | 0 | 0 | 0 |
| 0 | 1 | 2 | 0 | | 김진호 | 23 | DF | DF | 22 | 최예훈 | 26 | 0 | 0 | 0 | 0 |
| 0 | 0 | 2 | 0 | 20 | 민상기 | 39 | DF | DF | 3 | 김민덕 | 20 | 1 | 2 | 1 | 0 |
| 0 | 0 | 0 | 0 | | 변준수 | 5 | DF | DF | 25 | 박승욱 | | 0 | 1 | 0 | 0 |
| 0 | 0 | 0 | 0 | 18 | 하승운 | 70 | DF | DF | 66 | 박수일 | | 2(1) | 0 | 0 | 0 |
| 0 | 0 | 0 | 1(1) | | 오후성 | 77 | MF | MF | 7 | 김승섭 | 17 | 2(1) | 0 | 0 | 0 |
| 0 | 0 | 0 | 0 | 80 | 이강현 | 8 | MF | MF | 4 | 서민우 | | 0 | 1 | 0 | 0 |
| 0 | 0 | 0 | 0 | | 박태준 | 55 | MF | MF | 30 | 김봉수 | | 0 | 0 | 0 | 0 |
| 0 | 0 | 0 | 0 | 7 | 최경록 | 10 | MF | MF | 11 | 이동준 | 6 | 0 | 0 | 0 | 0 |
| 0 | 0 | 0 | 0 | 2 | 문민서 | 88 | FW | FW | 19 | 박상혁 | 15 | 1(1) | 2 | 0 | 0 |
| 0 | 0 | 0 | 0 | | 헤이스 | 17 | FW | FW | 8 | 이승원 | 14 | 0 | 1 | 0 | 0 |
| 0 | 0 | 0 | 0 | | 노희동 | 12 | | | 32 | 정명제 | | 0 | 0 | 0 | 0 |
| 0 | 0 | 0 | 0 | 전29 | 조성권 | 2 | | | 26 | 조현택 | 후0 | 0 | 1 | 0 | 0 |
| 0 | 0 | 0 | 0 | | 안영규 | 6 | | | 20 | 박찬용 | 후37 | 0 | 0 | 0 | 0 |
| 0 | 0 | 0 | 0 | 후25 | 진시우 | 20 | | | 5 | 김강산 | | 0 | 0 | 0 | 0 |
| 0 | 0 | 0 | 0 | 후25 | 아사니 | 7 | 대기 | 대기 | 28 | 맹성웅 | | 0 | 0 | 0 | 0 |
| 0 | 0 | 0 | 0 | | 가브리엘 | 11 | | | 17 | 김대원 | 후25 | 0 | 0 | 0 | 0 |
| 0 | 0 | 0 | 0 | | 강희수 | 21 | | | 6 | 김경준 | 후0 | 0 | 1 | 0 | 0 |
| 0 | 0 | 1 | 0 | 후36 | 주세종 | 80 | | | 14 | 이동경 | 후0 | 2(2) | 0 | 0 | 0 |
| 0 | 0 | 0 | 0 | 후25 | 박인혁 | 18 | | | 15 | 김찬 | 후28 | 0 | 0 | 0 | 0 |
| 0 | 1 | 5 | 1(1) | | | 0 | | | 0 | | | 8(5) | 9 | 1 | 0 |

● 전반 15분 오후성 PK-R-G (득점: 오후성) 오른쪽

5월 03일 19:00 흐림 춘천 송암 5,105명
주심_ 고형진 부심_ 윤재열·곽승순 대기심_ 박정호 경기감독관_ 나승화

**강원 0**   0 전반 0 / 0 후반 0   **0 수원FC**

| 퇴장 | 경고 | 파울 | ST(유) | 교체 | 선수명 | 배번 | 위치 | 위치 | 배번 | 선수명 | 교체 | ST(유) | 파울 | 경고 | 퇴장 |
|---|---|---|---|---|---|---|---|---|---|---|---|---|---|---|---|
| 0 | 0 | 0 | 0 | | 이광연 | 1 | GK | GK | 23 | 안준수 | | 0 | 0 | 0 | 0 |
| 0 | 0 | 1 | 0 | 96 | 구본철 | 70 | DF | DF | 4 | 김태한 | | 1(1) | 0 | 1 | 0 |
| 0 | 0 | 0 | 0 | | 신민하 | 47 | DF | DF | 5 | 이현용 | | 0 | 1 | 0 | 0 |
| 0 | 0 | 0 | 0 | | 이기혁 | 13 | DF | DF | 6 | 최규백 | | 0 | 1 | 0 | 0 |
| 0 | 0 | 0 | 2 | | 홍철 | 33 | DF | DF | 33 | 이택근 | 10 | 0 | 1 | 0 | 0 |
| 0 | 0 | 4 | 0 | | 김대우 | 14 | MF | MF | 7 | 이재원 | | 2(1) | 2 | 0 | 0 |
| 0 | 0 | 1 | 0 | 6 | 김강국 | 18 | MF | MF | 28 | 김재성 | 22 | 2 | 1 | 0 | 0 |
| 0 | 0 | 1 | 0 | 39 | 조진혁 | 17 | MF | MF | 70 | 안데르손 | | 3(1) | 1 | 0 | 0 |
| 0 | 0 | 0 | 1(1) | | 송준석 | 34 | MF | MF | 97 | 루안 | | 1(1) | 0 | 0 | 0 |
| 0 | 0 | 0 | 3(1) | 26 | 이상헌 | 22 | FW | MF | 99 | 아반다 | 21 | 0 | 1 | 0 | 0 |
| 0 | 0 | 3 | 4(1) | | 코바체비치 | 9 | FW | FW | 9 | 싸박 | | 2(1) | 4 | 1 | 0 |
| 0 | 0 | 0 | 0 | | 박청효 | 21 | | | 1 | 황재윤 | | 0 | 0 | 0 | 0 |
| 0 | 0 | 0 | 0 | | 박호영 | 24 | | | 20 | 이지솔 | | 0 | 0 | 0 | 0 |
| 0 | 0 | 0 | 0 | | 최정훈 | 25 | | | 21 | 서재민 | 후0 | 0 | 1 | 0 | 0 |
| 0 | 0 | 0 | 0 | | 최한솔 | 5 | | | 22 | 장영우 | 후31 | 0 | 0 | 0 | 0 |
| 0 | 0 | 0 | 0 | 후45 | 김동현 | 6 | 대기 | 대기 | 8 | 노경호 | | 0 | 0 | 0 | 0 |
| 0 | 0 | 2 | 1 | 후10 | 이지호 | 39 | | | 10 | 지동원 | 후14/77 | 0 | 1 | 0 | 0 |
| 0 | 0 | 0 | 1 | 후22 | 최병찬 | 96 | | | 19 | 정승배 | | 0 | 0 | 0 | 0 |
| 0 | 0 | 0 | 0 | 후22 | 김민준 | 26 | | | 24 | 김주엽 | | 0 | 0 | 0 | 0 |
| 0 | 0 | 0 | 0 | | 김도현 | 27 | | | 77 | 오프키르 | 후21 | 0 | 0 | 0 | 0 |
| 0 | 0 | 12 | 12(3) | | | 0 | | | 0 | | | 11(5) | 14 | 2 | 0 |

5월 05일 16:30 흐림 울산 문수 23,442명
주심_ 김종혁 부심_ 박균용·장종필 대기심_ 정동식 경기감독관_ 김성기

**울산 1**   1 전반 1 / 0 후반 0   **1 포항**

| 퇴장 | 경고 | 파울 | ST(유) | 교체 | 선수명 | 배번 | 위치 | 위치 | 배번 | 선수명 | 교체 | ST(유) | 파울 | 경고 | 퇴장 |
|---|---|---|---|---|---|---|---|---|---|---|---|---|---|---|---|
| 0 | 0 | 0 | 0 | | 조현우 | 21 | GK | GK | 21 | 황인재 | | 0 | 0 | 0 | 0 |
| 0 | 0 | 0 | 0 | | 김영권 | 19 | DF | DF | 2 | 어정원 | | 0 | 2 | 0 | 0 |
| 0 | 0 | 0 | 0 | | 강민우 | 3 | DF | DF | 5 | 아스프로 | | 0 | 0 | 0 | 0 |
| 0 | 0 | 2 | 1(1) | | 윤종규 | 24 | DF | DF | 4 | 전민광 | | 1 | 0 | 0 | 0 |
| 0 | 1 | 2 | 0 | 17 | 박민서 | 26 | DF | DF | 33 | 조성욱 | 17 | 0 | 0 | 0 | 0 |
| 0 | 0 | 1 | 3(2) | | 고승범 | 7 | MF | MF | 88 | 김동진 | 97 | 1(1) | 1 | 0 | 0 |
| 0 | 0 | 0 | 2(2) | | 보야니치 | 6 | MF | MF | 8 | 오베르단 | | 2(2) | 2 | 0 | 0 |
| 0 | 0 | 0 | 1(1) | 11 | 이희균 | 16 | MF | MF | 37 | 홍윤상 | 99 | 0 | 1 | 0 | 0 |
| 0 | 0 | 1 | 2(2) | 14 | 이청용 | 27 | MF | MF | 66 | 이창우 | 16 | 0 | 1 | 0 | 0 |
| 0 | 1 | 1 | 2(2) | 36 | 윤재석 | 30 | FW | MF | 26 | 이태석 | | 1(1) | 2 | 0 | 0 |
| 0 | 0 | 0 | 0 | 97 | 허율 | 18 | FW | FW | 9 | 조르지 | 18 | 4(3) | 0 | 0 | 0 |
| 0 | 0 | 0 | 0 | | 문정인 | 23 | | | 1 | 윤평국 | | 0 | 0 | 0 | 0 |
| 0 | 0 | 0 | 0 | | 최석현 | 96 | | | 17 | 신광훈 | 전40 | 0 | 0 | 0 | 0 |
| 0 | 0 | 0 | 0 | | 황석호 | 20 | | | 16 | 한찬희 | 후0 | 0 | 1 | 0 | 0 |
| 0 | 0 | 0 | 0 | | 김민혁 | 22 | | | 18 | 강현제 | 후40 | 0 | 0 | 0 | 0 |
| 0 | 0 | 2 | 1(1) | 후0 | 루빅손 | 17 | 대기 | 대기 | 97 | 주닝요 | 후26 | 1(1) | 0 | 0 | 0 |
| 0 | 0 | 0 | 0 | 후44 | 이진현 | 14 | | | 7 | 김인성 | | 0 | 0 | 0 | 0 |
| 0 | 0 | 0 | 1(1) | 후22 | 라카바 | 36 | | | 70 | 황서웅 | | 0 | 0 | 0 | 0 |
| 0 | 0 | 0 | 0 | 후0 | 엄원상 | 11 | | | 10 | 백성동 | | 0 | 0 | 0 | 0 |
| 0 | 0 | 1 | 1(1) | 후0 | 에릭 | 97 | | | 99 | 조상혁 | 후26 | 0 | 0 | 0 | 0 |
| 0 | 2 | 10 | 14(13) | | | 0 | | | 0 | | | 10(8) | 10 | 0 | 0 |

● 전반 47분 보야니치 GA 정면 R-ST-G (득점: 보야니치) 오른쪽

● 전반 7분 이창우 PAL ~ 오베르단 GAL 내 R-ST-G (득점: 오베르단, 도움: 이창우) 왼쪽

5월 06일 14:00 흐림 전주 월드컵 24,338명
주심_ 박병진 부심_ 설귀선·곽승순 대기심_ 김재홍 경기감독관_ 박철

**전북 1** | 0 전반 0 / 1 후반 1 | **1 대전**

| 퇴장 | 경고 | 파울 | ST(유) | 교체 | 선수경 | 배번 | 위치 | 위치 | 배번 | 선수명 | 교체 | ST(유) | 파울 | 경고 | 퇴장 |
|---|---|---|---|---|---|---|---|---|---|---|---|---|---|---|---|
| 0 | 0 | 0 | 0 | | 송범근 | 31 | GK | GK | 1 | 이창근 | | 0 | 0 | 0 | 0 |
| 0 | 0 | 2 | 0 | | 김태환 | 23 | DF | MF | 2 | 박규현 | | 0 | 1 | 0 | 0 |
| 0 | 0 | 0 | 0 | | 홍정호 | 26 | DF | DF | 98 | 안톤 | 4 | 0 | 1 | 0 | 0 |
| 0 | 0 | 1 | 2 | | 김영빈 | 2 | DF | DF | 5 | 임종은 | | 0 | 0 | 0 | 0 |
| 0 | 0 | 2 | 0 | | 김태현 | 77 | DF | DF | 22 | 오재석 | | 0 | 1 | 0 | 0 |
| 0 | 0 | 1 | 1 | | 박진섭 | 4 | MF | MF | 14 | 김준범 | | 1(1) | 4 | 0 | 0 |
| 0 | 0 | 1 | 1(1) | | 강상윤 | 13 | MF | MF | 8 | 밥신 | | 0 | 1 | 0 | 0 |
| 0 | 0 | 0 | 0 | 28 | 김진규 | 97 | MF | MF | 17 | 최건주 | 11 | 0 | 0 | 0 | 0 |
| 0 | 0 | 1 | 4(2) | 8 | 전진우 | 14 | FW | MF | 70 | 김현욱 | 73 | 1 | 2 | 1 | 0 |
| 0 | 0 | 1 | 3 | 9 | 콤파뇨 | 96 | FW | FW | 9 | 구텍 | 10 | 0 | 1 | 0 | 0 |
| 0 | 0 | 1 | 1(1) | 7 | 송민규 | 10 | FW | FW | 90 | 김현오 | 71 | 0 | 1 | 0 | 0 |
| 0 | 0 | 0 | 0 | | 김정훈 | 1 | | | 25 | 이준서 | | 0 | 0 | 0 | 0 |
| 0 | 0 | 0 | 0 | | 연제운 | 94 | | | 4 | 김현우 | 후37 | 0 | 0 | 0 | 0 |
| 0 | 0 | 0 | 0 | | 김히준 | 44 | | | 28 | 아론 | | 0 | 0 | 0 | 0 |
| 0 | 0 | 0 | 0 | 후46 | 한국영 | 8 | | | 33 | 김문환 | | 0 | 0 | 0 | 0 |
| 0 | 0 | 0 | 0 | | 이승우 | 11 | 대기 | 대기 | 73 | 이준규 | 후37 | 0 | 0 | 0 | 0 |
| 0 | 0 | 0 | 0 | | 진타호 | 17 | | | 23 | 김민우 | | 0 | 0 | 0 | 0 |
| 0 | 0 | 0 | 0 | 후20 | 이영재 | 28 | | | 71 | 켈빈 | 전35 | 2(2) | 0 | 0 | 0 |
| 0 | 0 | 0 | 1 | 후20 | 에르난데스 | 7 | | | 11 | 김인균 | 후13 | 3(2) | 0 | 0 | 0 |
| 0 | 0 | 1 | 0 | 후20 | 티아고 | 9 | | | 10 | 주민규 | 후13 | 0 | 1 | 0 | 0 |
| 0 | 0 | 11 | 13(4) | | | 0 | | | 0 | | | 7(5) | 13 | 1 | 0 |

- 후반 42분 티아고 PK 우측지점 ~ 전진우 GA 정면 L-ST-G (득점: 전진우, 도움: 티아고) 오른쪽
- 후반 47분 임종은 AK 내 ~ 김인균 GAR R-ST-G (득점: 김인균, 도움: 임종은) 가운데

5월 06일 19:00 맑음 안양 종합 10,103명
주심_ 채상협 부심_ 구은석·김지욱 대기심_ 안재훈 경기감독관_ 김성수

**안양 1** | 0 전반 0 / 1 후반 1 | **1 서울**

| 퇴장 | 경고 | 파울 | ST(유) | 교체 | 선수명 | 배번 | 위치 | 위치 | 배번 | 선수명 | 교체 | ST(유) | 파울 | 경고 | 퇴장 |
|---|---|---|---|---|---|---|---|---|---|---|---|---|---|---|---|
| 0 | 0 | 0 | 0 | 41 | 김다솔 | 31 | GK | GK | 31 | 강현무 | | 0 | 0 | 0 | 0 |
| 0 | 1 | 1 | 0 | | 이창용 | 4 | DF | DF | 22 | 김진수 | | 0 | 1 | 0 | 0 |
| 0 | 1 | 1 | 0 | | 김영찬 | 5 | DF | DF | 30 | 김주성 | | 0 | 1 | 0 | 0 |
| 0 | 0 | 2 | 0 | | 이태희 | 32 | DF | DF | 5 | 야잔 | | 0 | 1 | 1 | 0 |
| 0 | 0 | 2 | 0 | | 토마스 | 55 | DF | DF | 16 | 최준 | | 0 | 1 | 1 | 0 |
| 0 | 0 | 0 | 0 | | 김정현 | 8 | MF | MF | 29 | 류재문 | | 2(2) | 4 | 1 | 0 |
| 0 | 0 | 1 | 0 | 6 | 강지훈 | 17 | MF | MF | 41 | 황도윤 | 17 | 2(2) | 1 | 0 | 0 |
| 0 | 0 | 1 | 1(1) | | 에두아르도 | 21 | MF | MF | 77 | 루카스 | | 1 | 1 | 0 | 0 |
| 0 | 0 | 2 | 1 | 16 | 채현우 | 71 | MF | MF | 7 | 정승원 | 27 | 3(1) | 2 | 0 | 0 |
| 0 | 1 | 1 | 3(2) | | 마테우스 | 7 | FW | FW | 37 | 정한민 | 45 | 0 | 0 | 0 | 0 |
| 0 | 0 | 0 | 0 | 9 | 김운 | 19 | FW | FW | 9 | 조영욱 | 10 | 0 | 0 | 0 | 0 |
| 0 | 0 | 0 | 0 | 후39 | 황병근 | 41 | | | 21 | 최철원 | | 0 | 0 | 0 | 0 |
| 0 | 0 | 1 | 0 | 후30 | 박종현 | 6 | | | 40 | 박성훈 | | 0 | 0 | 0 | 0 |
| 0 | 0 | 0 | 0 | | 이민수 | 14 | | | 17 | 김진야 | 후33 | 0 | 0 | 0 | 0 |
| 0 | 0 | 0 | 1(1) | 후22 | 최규현 | 16 | | | 23 | 이시영 | | 0 | 0 | 0 | 0 |
| 0 | 0 | 0 | 0 | | 김보경 | 24 | 대기 | 대기 | 88 | 박장한결 | | 0 | 0 | 0 | 0 |
| 0 | 0 | 1 | 0 | 후22 | 모따 | 9 | | | 27 | 문선민 | 후11 | 2(2) | 0 | 0 | 0 |
| 0 | 0 | 0 | 0 | | 야고 | 10 | | | 28 | 바또 | | 0 | 0 | 0 | 0 |
| 0 | 0 | 0 | 0 | | 최성범 | 11 | | | 10 | 린가드 | 후11 | 1(1) | 1 | 0 | 0 |
| 0 | 0 | 0 | 0 | | 박정훈 | 15 | | | 45 | 둑스 | 후11 | 1(1) | 1 | 0 | 0 |
| 0 | 3 | 13 | 6(4) | | | 0 | | | 0 | | | 12(9) | 14 | 3 | 0 |

- 후반 6분 토마스 자기 측 MFL ~ 마테우스 PAL 내 L-ST-G (득점: 마테우스, 도움: 토마스) 오른쪽
- 후반 35분 린가드 C,KR ↷ 문선민 GA 정면 H-ST-G (득점: 문선민, 도움: 린가드) 왼쪽

5월 06일 16:30 흐림 제주 월드컵 11,017명
주심_ 김대용 부심_ 박상준·방기열 대기심_ 최규현 경기감독관_ 조성철

**제주 0** | 0 전반 1 / 0 후반 2 | **3 강원**

| 퇴장 | 경고 | 파울 | ST(유) | 교체 | 선수명 | 배번 | 위치 | 위치 | 배번 | 선수명 | 교체 | ST(유) | 파울 | 경고 | 퇴장 |
|---|---|---|---|---|---|---|---|---|---|---|---|---|---|---|---|
| 0 | 0 | 0 | 0 | | 김동준 | 1 | GK | GK | 1 | 이광연 | | 0 | 0 | 0 | 0 |
| 0 | 0 | 0 | 0 | | 안태현 | 22 | DF | DF | 34 | 송준석 | | 0 | 1 | 1 | 0 |
| 0 | 0 | 1 | 0 | | 송주훈 | 4 | DF | DF | 47 | 신민하 | | 0 | 2 | 0 | 0 |
| 0 | 0 | 0 | 0 | | 임채민 | 26 | DF | DF | 13 | 이기혁 | 27 | 0 | 1 | 0 | 0 |
| 0 | 0 | 1 | 0 | 19 | 임창우 | 23 | DF | DF | 33 | 홍철 | | 0 | 1 | 1 | 0 |
| 0 | 0 | 0 | 3(1) | | 유인수 | 17 | MF | MF | 6 | 김동현 | 18 | 0 | 0 | 0 | 0 |
| 0 | 0 | 1 | 2(2) | 3 | 남태희 | 10 | MF | MF | 14 | 김대우 | | 0 | 3 | 0 | 0 |
| 0 | 1 | 2 | 2 | 5 | 이창민 | 8 | MF | MF | 70 | 구본철 | 17 | 0 | 0 | 0 | 0 |
| 0 | 0 | 2 | 0 | 27 | 오재혁 | 18 | MF | FW | 26 | 김민준 | 39 | 1 | 1 | 0 | 0 |
| 0 | 0 | 1 | 3(2) | | 유리조나탄 | 9 | FW | FW | 22 | 이상헌 | | 0 | 1 | 1 | 0 |
| 0 | 0 | 0 | 1(1) | 15 | 최병욱 | 24 | FW | FW | 9 | 코바체비치 | 24 | 2(1) | 1 | 0 | 0 |
| 0 | 0 | 0 | 0 | | 안찬기 | 21 | | | 21 | 박청효 | | 0 | 0 | 0 | 0 |
| 0 | 0 | 0 | 1 | 후38 | 장민규 | 3 | | | 24 | 박호영 | 후29 | 0 | 0 | 0 | 0 |
| 0 | 0 | 0 | 0 | | 정운 | 13 | | | 25 | 최정훈 | | 0 | 0 | 0 | 0 |
| 0 | 0 | 0 | 0 | 후38 | 이탈로 | 5 | | | 18 | 김강국 | 후42 | 0 | 1 | 1 | 0 |
| 0 | 0 | 0 | 0 | | 에반드로 | 11 | 대기 | 대기 | 5 | 최한솔 | | 0 | 0 | 0 | 0 |
| 0 | 0 | 1 | 1(1) | 후14 | 데닐손 | 15 | | | 17 | 조진혁 | 후0 | 1(1) | 0 | 0 | 0 |
| 0 | 0 | 0 | 0 | 후14 | 김주공 | 19 | | | 96 | 최병찬 | | 0 | 0 | 0 | 0 |
| 0 | 0 | 0 | 1 | 후38 | 김준하 | 27 | | | 39 | 이지호 | 후0 | 1(1) | 1 | 0 | 0 |
| 0 | 0 | 0 | 0 | | 박동진 | 50 | | | 27 | 김도현 | 후47 | 0 | 0 | 0 | 0 |
| 0 | 1 | 9 | 14(7) | | | 0 | | | 0 | | | 5(3) | 13 | 4 | 0 |

- 전반 6분 코바체비치 GAR 몸 맞고 골 (득점: 코바체비치) 가운데
- 후반 28초 이지호 PAL ~ 조진혁 GA 정면 R-ST-G (득점: 조진혁, 도움: 이지호) 오른쪽
- 후반 32분 이기혁 자기 측 MFL ↷ 이지호 GAL R-ST-G (득점: 이지호, 도움: 이기혁) 왼쪽

5월 06일 19:00 맑음 수원 종합 3,114명
주심_ 송민석 부심_ 김계용·홍석찬 대기심_ 박세진 경기감독관_ 허기태

**수원FC 2** | 1 전반 0 / 1 후반 1 | **1 대구**

| 퇴장 | 경고 | 파울 | ST(유) | 교체 | 선수명 | 배번 | 위치 | 위치 | 배번 | 선수명 | 교체 | ST(유) | 파울 | 경고 | 퇴장 |
|---|---|---|---|---|---|---|---|---|---|---|---|---|---|---|---|
| 0 | 1 | 0 | 0 | | 안준수 | 23 | GK | GK | 31 | 한태희 | | 0 | 0 | 0 | 0 |
| 0 | 0 | 0 | 0 | | 김태한 | 4 | DF | DF | 15 | 이원우 | | 0 | 0 | 0 | 0 |
| 0 | 0 | 0 | 0 | | 이현용 | 5 | DF | DF | 4 | 카이오 | | 2(2) | 0 | 0 | 0 |
| 0 | 0 | 1 | 0 | | 최규백 | 6 | DF | DF | 45 | 김현준 | | 1(1) | 2 | 0 | 0 |
| 0 | 0 | 2 | 1 | | 이재원 | 7 | MF | MF | 22 | 장성원 | | 1 | 1 | 0 | 0 |
| 0 | 0 | 0 | 1(1) | | 노경호 | 8 | MF | MF | 44 | 김정현 | 30 | 2 | 2 | 0 | 0 |
| 0 | 0 | 0 | 0 | 20 | 서재민 | 21 | MF | MF | 5 | 요시노 | 29 | 0 | 0 | 0 | 0 |
| 0 | 0 | 1 | 1 | 22 | 이택근 | 33 | MF | MF | 2 | 황재원 | | 0 | 2 | 1 | 0 |
| 0 | 1 | 0 | 2(1) | 28 | 루안 | 97 | MF | FW | 33 | 김민준 | 19 | 1 | 2 | 0 | 0 |
| 0 | 1 | 4 | 5(3) | 19 | 싸박 | 9 | FW | FW | 32 | 정치인 | 16 | 0 | 2 | 0 | 0 |
| 0 | 0 | 4 | 4(3) | 17 | 안데르손 | 70 | FW | FW | 18 | 정재상 | 9 | 0 | 1 | 0 | 0 |
| 0 | 0 | 0 | 0 | | 황재윤 | 1 | | | 41 | 박상영 | | 0 | 0 | 0 | 0 |
| 0 | 0 | 0 | 0 | 후37 | 이지솔 | 20 | | | 29 | 박재현 | 후0 | 0 | 0 | 0 | 0 |
| 0 | 0 | 1 | 0 | 후0 | 장영우 | 22 | | | 40 | 박진영 | | 0 | 0 | 0 | 0 |
| 0 | 0 | 1 | 0 | 후47 | 김재성 | 28 | | | 38 | 이림 | | 0 | 0 | 0 | 0 |
| 0 | 0 | 0 | 0 | | 장윤호 | 34 | 대기 | 대기 | 8 | 이찬동 | | 0 | 0 | 0 | 0 |
| 0 | 0 | 0 | 0 | 후48 | 박용희 | 17 | | | 30 | 한종무 | 후27 | 0 | 0 | 0 | 0 |
| 0 | 0 | 0 | 0 | 후37 | 정승배 | 19 | | | 9 | 에드가 | 후0 | 1 | 0 | 0 | 0 |
| 0 | 0 | 0 | 0 | | 김주엽 | 24 | | | 16 | 전용준 | 후31 | 0 | 1 | 0 | 0 |
| 0 | 0 | 0 | 0 | | 오프키르 | 77 | | | 19 | 박대훈 | 후0 | 1 | 0 | 0 | 0 |
| 0 | 3 | 14 | 14(8) | | | 0 | | | 0 | | | 9(3) | 13 | 1 | 0 |

- 전반 10분 안데르손 GAL R-ST-G (득점: 안데르손) 가운데
- 후반 31분 싸박 GAL L-ST-G (득점: 싸박) 오른쪽
- 후반 36분 황재원 C,KL ↷ 카이오 GA 정면 H-ST-G (득점: 카이오, 도움: 황재원) 오른쪽

5월 10일 16:30 맑음 포항 스틸야드 8,811명
주심_ 김용우 부심_ 곽승순·성주경 대기심_ 이경순 경기감독관_ 양정환

**포항 2** 1 전반 0 / 1 후반 0 **0 수원FC**

| 퇴장 | 경고 | 파울 | ST(유) | 교체 | 선수명 | 배번 | 위치 | 위치 | 배번 | 선수명 | 교체 | ST(유) | 파울 | 경고 | 퇴장 |
|---|---|---|---|---|---|---|---|---|---|---|---|---|---|---|---|
| 0 | 0 | 0 | 0 | | 황인재 | 21 | GK | GK | 23 | 안준수 | | 0 | 0 | 0 | 0 |
| 0 | 1 | 2 | 0 | 13 | 이태석 | 26 | DF | DF | 5 | 이현용 | | 0 | 1 | 0 | 0 |
| 0 | 0 | 1 | 0 | | 한현서 | 24 | DF | DF | 6 | 최규백 | | 0 | 2 | 1 | 0 |
| 0 | 1 | 1 | 0 | | 전민광 | 4 | DF | DF | 20 | 이지솔 | | 1(1) | 1 | 0 | 0 |
| 0 | 0 | 0 | 1 | | 어정원 | 2 | DF | MF | 7 | 이재원 | 19 | 0 | 0 | 0 | 0 |
| 0 | 0 | 1 | 0 | | 홍윤상 | 37 | MF | MF | 8 | 노경호 | 30 | 0 | 2 | 0 | 0 |
| 0 | 0 | 1 | 0 | 16 | 오베르단 | 8 | MF | MF | 22 | 장영우 | 21 | 0 | 1 | 0 | 0 |
| 0 | 0 | 0 | 0 | 17 | 김동진 | 88 | MF | MF | 33 | 이택근 | 28 | 1 | 0 | 0 | 0 |
| 0 | 0 | 1 | 0 | 5 | 김인성 | 7 | MF | MF | 97 | 루안 | 17 | 0 | 1 | 0 | 0 |
| 0 | 0 | 0 | 4(4) | | 이호재 | 19 | FW | FW | 9 | 싸박 | | 2 | 0 | 0 | 0 |
| 0 | 0 | 1 | 1(1) | 9 | 강현제 | 18 | FW | FW | 70 | 안데르손 | | 0 | 1 | 0 | 0 |
| 0 | 0 | 0 | 0 | | 윤평국 | 1 | | | 1 | 황재윤 | | 0 | 0 | 0 | 0 |
| 0 | 0 | 0 | 0 | 후18 | 아스프로 | 5 | | | 4 | 김태한 | | 0 | 0 | 0 | 0 |
| 0 | 0 | 0 | 0 | 후18 | 강민준 | 13 | | | 21 | 서재민 | 후0 | 0 | 0 | 0 | 0 |
| 0 | 0 | 0 | 0 | 후29 | 신광훈 | 17 | | | 28 | 김재성 | 후14 | 0 | 1 | 0 | 0 |
| 0 | 0 | 0 | 2 | 후0 | 한찬희 | 16 | 대기 | 대기 | 34 | 장윤호 | | 0 | 0 | 0 | 0 |
| 0 | 0 | 0 | 0 | | 주닝요 | 97 | | | 17 | 박용희 | 후14 | 0 | 0 | 0 | 0 |
| 0 | 0 | 2 | 0 | 후0 | 조르지 | 9 | | | 19 | 정승배 | 후29 | 0 | 0 | 0 | 0 |
| 0 | 0 | 0 | 0 | | 황서웅 | 70 | | | 30 | 최치웅 | 후25 | 0 | 2 | 0 | 0 |
| 0 | 0 | 0 | 0 | | 조상혁 | 99 | | | 77 | 오프키르 | | 0 | 0 | 0 | 0 |
| 0 | 2 | 10 | 8(5) | | | 0 | | | 0 | | | 4(1) | 12 | 1 | 0 |

- ●전반 41분 이호재 PK-R-G (득점: 이호재) 왼쪽
- ●후반 38초 이호재 AK 내 R-ST-G (득점: 이호재) 오른쪽

5월 10일 19:00 비 안양 종합 6,365명
주심_ 최광호 부심_ 송봉근·이영운 대기심_ 고민국 경기감독관_ 구상범

**안양 2** 0 전반 1 / 2 후반 1 **2 대구**

| 퇴장 | 경고 | 파울 | ST(유) | 교체 | 선수명 | 배번 | 위치 | 위치 | 배번 | 선수명 | 교체 | ST(유) | 파울 | 경고 | 퇴장 |
|---|---|---|---|---|---|---|---|---|---|---|---|---|---|---|---|
| 0 | 0 | 0 | 0 | | 황병근 | 41 | GK | GK | 31 | 한태희 | | 0 | 0 | 0 | 0 |
| 0 | 0 | 1 | 2(1) | | 이창용 | 4 | DF | DF | 4 | 카이오 | | 1(1) | 3 | 0 | 0 |
| 0 | 0 | 1 | 1 | | 김영찬 | 5 | DF | DF | 45 | 김현준 | | 0 | 0 | 0 | 0 |
| 0 | 0 | 1 | 0 | 3 | 이태희 | 32 | DF | DF | 40 | 박진영 | | 1(1) | 1 | 0 | 0 |
| 0 | 0 | 0 | 0 | | 토마스 | 55 | DF | MF | 22 | 장성원 | | 0 | 0 | 0 | 0 |
| 0 | 0 | 0 | 3 | 37 | 김정현 | 8 | MF | MF | 8 | 이찬동 | 44 | 1 | 2 | 0 | 0 |
| 0 | 0 | 0 | 0 | 17 | 야고 | 10 | MF | MF | 5 | 요시노 | 15 | 1(1) | 1 | 1 | 0 |
| 0 | 0 | 1 | 0 | | 최규현 | 16 | MF | MF | 2 | 황재원 | | 0 | 0 | 0 | 0 |
| 0 | 0 | 2 | 1(1) | 24 | 채현우 | 71 | MF | MF | 30 | 한종무 | 13 | 0 | 0 | 0 | 0 |
| 0 | 0 | 0 | 2(2) | 19 | 마테우스 | 7 | FW | FW | 19 | 박대훈 | 32 | 2(2) | 1 | 0 | 0 |
| 0 | 0 | 1 | 5(1) | | 모따 | 9 | FW | FW | 9 | 에드가 | | 1(1) | 2 | 1 | 0 |
| 0 | 0 | 0 | 0 | | 이윤오 | 1 | | | 51 | 박만호 | | 0 | 0 | 0 | 0 |
| 0 | 0 | 0 | 0 | 후45 | 김지훈 | 3 | | | 29 | 박재현 | | 0 | 0 | 0 | 0 |
| 0 | 0 | 0 | 0 | | 박종현 | 6 | | | 15 | 이원우 | 후49 | 0 | 0 | 0 | 0 |
| 0 | 0 | 0 | 0 | 후39 | 강지훈 | 17 | | | 38 | 이림 | | 0 | 0 | 0 | 0 |
| 0 | 0 | 0 | 0 | | 에두아르도 | 21 | 대기 | 대기 | 44 | 김정현 | 후35 | 0 | 0 | 1 | 0 |
| 0 | 0 | 2 | 0 | 후0 | 김보경 | 24 | | | 18 | 정재상 | | 0 | 0 | 0 | 0 |
| 0 | 0 | 0 | 0 | 후39 | 리영직 | 37 | | | 16 | 전용준 | | 0 | 0 | 0 | 0 |
| 0 | 0 | 0 | 0 | | 최성범 | 11 | | | 13 | 권태영 | 후20 | 1 | 2 | 0 | 0 |
| 0 | 0 | 0 | 0 | 후39 | 김운 | 19 | | | 32 | 정치인 | 후20 | 1 | 0 | 0 | 0 |
| 0 | 0 | 9 | 14(5) | | | 0 | | | 0 | | | 9(6) | 12 | 3 | 0 |

- ●후반 15분 야고 PAL 내 ~ 모따 PA 정면 내 L-ST-G (득점: 모따, 도움: 야고) 왼쪽
- ●후반 46분 에드가 GA 정면 내 H 자책골 (득점: 에드가) 오른쪽
- ●전반 5분 카이오 GAL H-ST-G (득점: 카이오) 왼쪽
- ●후반 41분 권태영 PAR ↷ 에드가 GAL H-ST-G (득점: 에드가, 도움: 권태영) 오른쪽

5월 10일 19:00 흐리고 비 대전 월드컵 13,706명
주심_ 김종혁 부심_ 박균용·장종필 대기심_ 박종명 경기감독관_ 김성수

**대전 0** 0 전반 0 / 0 후반 0 **0 서울**

| 퇴장 | 경고 | 파울 | ST(유) | 교체 | 선수명 | 배번 | 위치 | 위치 | 배번 | 선수명 | 교체 | ST(유) | 파울 | 경고 | 퇴장 |
|---|---|---|---|---|---|---|---|---|---|---|---|---|---|---|---|
| 0 | 0 | 0 | 0 | | 이창근 | 1 | GK | GK | 31 | 강현무 | | 0 | 0 | 0 | 0 |
| 0 | 0 | 0 | 0 | 22 | 박진성 | 24 | DF | DF | 22 | 김진수 | | 2(1) | 1 | 1 | 0 |
| 0 | 0 | 0 | 0 | | 하창래 | 3 | DF | DF | 30 | 김주성 | | 0 | 1 | 0 | 0 |
| 0 | 0 | 0 | 0 | | 김현우 | 4 | DF | DF | 5 | 야잔 | | 3(1) | 2 | 0 | 0 |
| 0 | 1 | 1 | 0 | | 김문환 | 33 | DF | DF | 16 | 최준 | | 1 | 2 | 0 | 0 |
| 0 | 0 | 0 | 0 | 8 | 김준범 | 14 | MF | MF | 29 | 류재문 | 77 | 0 | 3 | 1 | 0 |
| 0 | 0 | 2 | 0 | | 강윤성 | 6 | MF | MF | 41 | 황도윤 | | 1 | 1 | 0 | 0 |
| 0 | 0 | 0 | 1(1) | | 김현욱 | 70 | MF | MF | 27 | 문선민 | | 3(3) | 0 | 0 | 0 |
| 0 | 0 | 2 | 0 | 11 | 윤도영 | 77 | MF | MF | 7 | 정승원 | | 6 | 2 | 0 | 0 |
| 0 | 1 | 2 | 0 | | 최건주 | 17 | FW | FW | 10 | 린가드 | 28 | 5(3) | 0 | 0 | 0 |
| 0 | 0 | 0 | 0 | 9 | 주민규 | 10 | FW | FW | 37 | 정한민 | 9 | 0 | 0 | 0 | 0 |
| 0 | 0 | 0 | 0 | | 이준서 | 25 | | | 21 | 최철원 | | 0 | 0 | 0 | 0 |
| 0 | 0 | 0 | 0 | | 임종은 | 5 | | | 40 | 박성훈 | | 0 | 0 | 0 | 0 |
| 0 | 0 | 0 | 0 | | 아론 | 28 | | | 17 | 김진야 | | 0 | 0 | 0 | 0 |
| 0 | 0 | 0 | 0 | 후35 | 오재석 | 22 | | | 23 | 이시영 | | 0 | 0 | 0 | 0 |
| 0 | 0 | 0 | 0 | | 이준규 | 73 | 대기 | 대기 | 88 | 박장한결 | | 0 | 0 | 0 | 0 |
| 0 | 0 | 0 | 0 | 후0 | 밥신 | 8 | | | 28 | 바또 | 후47 | 0 | 0 | 0 | 0 |
| 0 | 0 | 0 | 0 | | 켈빈 | 71 | | | 11 | 강성진 | | 0 | 0 | 0 | 0 |
| 0 | 1 | 1 | 0 | 후0 | 김인균 | 11 | | | 77 | 루카스 | 후19 | 1 | 0 | 0 | 0 |
| 0 | 0 | 0 | 0 | 후11 | 구텍 | 9 | | | 9 | 조영욱 | 후31 | 1 | 0 | 0 | 0 |
| 0 | 3 | 8 | 1(1) | | | 0 | | | 0 | | | 23(8) | 12 | 2 | 0 |

5월 11일 16:30 맑음 제주 월드컵 8,012명
주심_ 신용준 부심_ 김계용·김지욱 대기심_ 정회수 경기감독관_ 조성철

**제주 1** 0 전반 1 / 1 후반 1 **2 울산**

| 퇴장 | 경고 | 파울 | ST(유) | 교체 | 선수명 | 배번 | 위치 | 위치 | 배번 | 선수명 | 교체 | ST(유) | 파울 | 경고 | 퇴장 |
|---|---|---|---|---|---|---|---|---|---|---|---|---|---|---|---|
| 0 | 0 | 0 | 0 | | 김동준 | 1 | GK | GK | 21 | 조현우 | | 0 | 0 | 0 | 0 |
| 0 | 0 | 1 | 3(1) | | 김륜성 | 40 | DF | DF | 19 | 김영권 | | 0 | 0 | 0 | 0 |
| 0 | 0 | 1 | 2 | | 송주훈 | 4 | DF | DF | 20 | 황석호 | | 1(1) | 1 | 0 | 0 |
| 0 | 0 | 0 | 0 | 24 | 임채민 | 26 | DF | DF | 13 | 강상우 | | 0 | 2 | 1 | 0 |
| 0 | 0 | 1 | 1(1) | | 장민규 | 3 | DF | DF | 17 | 루빅손 | | 2(2) | 0 | 0 | 0 |
| 0 | 0 | 1 | 0 | | 이탈로 | 5 | MF | MF | 7 | 고승범 | 4 | 1 | 1 | 1 | 0 |
| 0 | 0 | 1 | 3 | 23 | 이창민 | 8 | MF | MF | 6 | 보야니치 | | 2 | 3 | 0 | 0 |
| 0 | 0 | 1 | 1 | 50 | 유인수 | 17 | MF | MF | 5 | 정우영 | 22 | 0 | 1 | 1 | 0 |
| 0 | 0 | 2 | 1(1) | 10 | 김준하 | 27 | MF | MF | 27 | 이청용 | 36 | 0 | 0 | 0 | 0 |
| 0 | 0 | 0 | 1 | 19 | 안태현 | 22 | MF | MF | 30 | 윤재석 | 11 | 1(1) | 1 | 0 | 0 |
| 0 | 0 | 0 | 3(3) | | 유리조나탄 | 9 | FW | FW | 97 | 에릭 | 96 | 5(4) | 1 | 0 | 0 |
| 0 | 0 | 0 | 0 | | 안찬기 | 21 | | | 23 | 문정인 | | 0 | 0 | 0 | 0 |
| 0 | 0 | 0 | 0 | | 김재우 | 2 | | | 96 | 최석현 | 후45 | 1(1) | 0 | 0 | 0 |
| 0 | 0 | 0 | 1(1) | 후22 | 임창우 | 23 | | | 26 | 박민서 | | 0 | 0 | 0 | 0 |
| 0 | 0 | 0 | 0 | | 서진수 | 7 | | | 4 | 서명관 | 후35 | 0 | 0 | 0 | 0 |
| 0 | 0 | 0 | 0 | 후22 | 남태희 | 10 | 대기 | 대기 | 22 | 김민혁 | 후20 | 0 | 2 | 2 | 0 |
| 0 | 0 | 0 | 0 | | 오재혁 | 18 | | | 14 | 이진현 | | 0 | 0 | 0 | 0 |
| 0 | 0 | 0 | 0 | 후43 | 김주공 | 19 | | | 36 | 라카바 | 후20 | 1(1) | 0 | 0 | 0 |
| 0 | 0 | 0 | 0 | 후43 | 최병욱 | 24 | | | 11 | 엄원상 | 후0 | 1 | 0 | 0 | 0 |
| 0 | 0 | 0 | 1 | 후22 | 박동진 | 50 | | | 18 | 허율 | | 0 | 0 | 0 | 0 |
| 0 | 0 | 8 | 17(7) | | | 0 | | | 0 | | | 15(10) | 12 | 5 | 0 |

- ●후반 7분 이창민 MFR ↷ 유리 조나탄 GA 정면 H-ST-G (득점: 유리 조나탄, 도움: 이창민) 왼쪽
- ●전반 4분 김영권 자기 측 HLR ↷ 루빅손 GA 정면 L-ST-G (득점: 루빅손, 도움: 김영권) 가운데
- ●후반 19분 고승범 GAR H↷ 에릭 GA 정면 내 R-ST-G (득점: 에릭, 도움: 고승범) 오른쪽

5월 11일 19:00 맑음 춘천 송암 3,628명
주심_ 설태환 부심_ 설귀선·구은석 대기심_ 오현진 경기감독관_ 나승화

**강원 0** 0 전반 2 / 0 후반 2 **4 김천**

| 퇴장 | 경고 | 파울 | ST(유) | 교체 | 선수명 | 배번 | 위치 | 위치 | 배번 | 선수명 | 교체 | ST(유) | 파울 | 경고 | 퇴장 |
|---|---|---|---|---|---|---|---|---|---|---|---|---|---|---|---|
| 0 | 0 | 0 | 0 | | 이광연 | 1 | GK | GK | 1 | 김동헌 | | 0 | 0 | 1 | 0 |
| 0 | 0 | 1 | 0 | | 송준석 | 34 | DF | DF | 26 | 조현택 | | 2(2) | 1 | 0 | 0 |
| 0 | 0 | 1 | 0 | | 신민하 | 47 | DF | DF | 20 | 박찬용 | | 2 | 0 | 0 | 0 |
| 0 | 0 | 1 | 1 | | 이기혁 | 13 | DF | DF | 25 | 박승욱 | | 1(1) | 1 | 0 | 0 |
| 0 | 0 | 0 | 0 | 23 | 홍철 | 33 | DF | DF | 66 | 박수일 | | 0 | 0 | 0 | 0 |
| 0 | 0 | 0 | 0 | 6 | 김강국 | 18 | MF | MF | 7 | 김승섭 | 17 | 1 | 0 | 0 | 0 |
| 0 | 0 | 1 | 0 | | 김대우 | 14 | MF | MF | 8 | 이승원 | 24 | 1 | 0 | 0 | 0 |
| 0 | 0 | 0 | 2(2) | | 이지호 | 39 | MF | MF | 30 | 김봉수 | | 0 | 1 | 0 | 0 |
| 0 | 0 | 1 | 0 | 19 | 김민준 | 26 | MF | MF | 10 | 모재현 | 11 | 1(1) | 1 | 0 | 0 |
| 0 | 0 | 0 | 0 | | 이상헌 | 22 | FW | FW | 9 | 유강현 | 19 | 1(1) | 2 | 1 | 0 |
| 0 | 0 | 0 | 0 | 10 | 코바체비치 | 9 | FW | FW | 14 | 이동경 | 18 | 5(1) | 2 | 0 | 0 |
| 0 | 0 | 0 | 0 | | 박청효 | 21 | 대기 | 대기 | 32 | 정명제 | | 0 | 0 | 0 | 0 |
| 0 | 0 | 0 | 0 | 전28 | 강투지 | 23 | | | 24 | 홍욱현 | 후43 | 0 | 1 | 0 | 0 |
| 0 | 0 | 0 | 2(1) | 후0 | 김동현 | 6 | | | 3 | 김민덕 | | 0 | 0 | 0 | 0 |
| 0 | 0 | 0 | 0 | | 구본철 | 70 | | | 5 | 김강산 | | 0 | 0 | 0 | 0 |
| 0 | 0 | 1 | 1(1) | 후0 | 가브리엘 | 10 | | | 28 | 맹성웅 | | 0 | 0 | 0 | 0 |
| 0 | 0 | 0 | 0 | | 조진혁 | 17 | | | 17 | 김대원 | 후22 | 2(2) | 0 | 0 | 0 |
| 0 | 0 | 0 | 0 | | 최병찬 | 96 | | | 11 | 이동준 | 후22 | 1(1) | 0 | 0 | 0 |
| 0 | 0 | 0 | 1(1) | 전28/27 | 김경민 | 19 | | | 18 | 원기종 | 후30 | 0 | 1 | 0 | 0 |
| 0 | 0 | 0 | 0 | 후38 | 김도현 | 27 | | | 19 | 박상혁 | 후0 | 2(1) | 1 | 0 | 0 |
| 0 | 0 | 6 | 7(5) | | | 0 | | | 0 | | | 19(10) | 11 | 2 | 0 |

- ●전반 5분 조현택 GAL H-ST-G (득점: 조현택) 오른쪽
- ●전반 36분 이승원 PAL 내 ~ 모재현 GAR 내 R-ST-G (득점: 모재현, 도움: 이승원) 오른쪽
- ●후반 10분 이승원 PAR ~ 박상혁 AK 내 R-ST-G (득점: 박상혁, 도움: 이승원) 가운데
- ●후반 41분 박상혁 MF 정면 ~ 이동준 PAR L-ST-G (득점: 이동준, 도움: 박상혁) 왼쪽

5월 17일 16:30 맑음 전주 월드컵 21,021명
주심_ 김종혁 부심_ 박균용·장종필 대기심_ 정회수 경기감독관_ 김성기

**전북 2** 2 전반 0 / 0 후반 0 **0 안양**

| 퇴장 | 경고 | 파울 | ST(유) | 교체 | 선수명 | 배번 | 위치 | 위치 | 배번 | 선수명 | 교체 | ST(유) | 파울 | 경고 | 퇴장 |
|---|---|---|---|---|---|---|---|---|---|---|---|---|---|---|---|
| 0 | 0 | 0 | 0 | | 송범근 | 31 | GK | GK | 31 | 김다솔 | | 0 | 0 | 0 | 0 |
| 0 | 0 | 1 | 0 | | 김태환 | 23 | DF | DF | 4 | 이창용 | | 1 | 1 | 0 | 0 |
| 0 | 0 | 0 | 0 | | 홍정호 | 26 | DF | DF | 5 | 김영찬 | 28 | 0 | 0 | 0 | 0 |
| 0 | 1 | 1 | 0 | | 김영빈 | 2 | DF | DF | 32 | 이태희 | | 0 | 1 | 0 | 0 |
| 0 | 0 | 0 | 1 | | 김태현 | 77 | DF | DF | 55 | 토마스 | | 2(2) | 0 | 0 | 0 |
| 0 | 0 | 4 | 0 | | 박진섭 | 4 | MF | MF | 7 | 마테우스 | | 3 | 0 | 0 | 0 |
| 0 | 0 | 0 | 0 | | 강상윤 | 13 | MF | MF | 8 | 김정현 | 6 | 1 | 1 | 0 | 0 |
| 0 | 0 | 0 | 1 | 28 | 김진규 | 97 | MF | MF | 16 | 최규현 | 14 | 0 | 1 | 0 | 0 |
| 0 | 0 | 0 | 2(2) | 94 | 전진우 | 14 | FW | MF | 17 | 강지훈 | 10 | 0 | 0 | 0 | 0 |
| 0 | 0 | 0 | 2(1) | 9 | 콤파뇨 | 96 | FW | MF | 71 | 채현우 | 24 | 1 | 0 | 0 | 0 |
| 0 | 0 | 1 | 1 | 11 | 송민규 | 10 | FW | FW | 9 | 모따 | | 2(2) | 2 | 1 | 0 |
| 0 | 0 | 0 | 0 | | 김정훈 | 1 | 대기 | 대기 | 41 | 황병근 | | 0 | 0 | 0 | 0 |
| 0 | 0 | 0 | 0 | 후43 | 연제운 | 94 | | | 6 | 박종현 | 후10 | 0 | 0 | 0 | 0 |
| 0 | 0 | 0 | 0 | | 최철순 | 25 | | | 99 | 주현우 | | 0 | 0 | 0 | 0 |
| 0 | 0 | 0 | 0 | | 한국영 | 8 | | | 14 | 이민수 | 후0 | 2(2) | 0 | 0 | 0 |
| 0 | 0 | 2 | 0 | 후26 | 이승우 | 11 | | | 21 | 에두아르도 | | 0 | 0 | 0 | 0 |
| 0 | 0 | 0 | 0 | | 진태호 | 17 | | | 28 | 문성우 | 후23 | 1 | 0 | 0 | 0 |
| 0 | 0 | 1 | 1 | 후16 | 이영재 | 28 | | | 10 | 야고 | 후0 | 3(2) | 0 | 0 | 0 |
| 0 | 0 | 0 | 0 | | 에르난데스 | 7 | | | 19 | 김운 | | 0 | 0 | 0 | 0 |
| 0 | 0 | 1 | 2 | 후0 | 티아고 | 9 | | | 24 | 김보경 | 후0 | 0 | 0 | 0 | 0 |
| 0 | 1 | 11 | 10(3) | | | 0 | | | 0 | | | 16(8) | 6 | 1 | 0 |

- ●전반 11분 송민규 GAR ~ 전진우 GA 정면 R-ST-G (득점: 전진우, 도움: 송민규) 왼쪽
- ●전반 35분 김진규 GAR ~ 전진우 GAR L-ST-G (득점: 전진우, 도움: 김진규) 왼쪽

5월 11일 19:00 맑음 광주 월드컵 8,444명
주심_ 이동준 부심_ 홍석찬·이병주 대기심_ 안재훈 경기감독관_ 차상해

**광주 0** 0 전반 1 / 0 후반 0 **1 전북**

| 퇴장 | 경고 | 파울 | ST(유) | 교체 | 선수명 | 배번 | 위치 | 위치 | 배번 | 선수명 | 교체 | ST(유) | 파울 | 경고 | 퇴장 |
|---|---|---|---|---|---|---|---|---|---|---|---|---|---|---|---|
| 0 | 0 | 0 | 0 | | 김경민 | 1 | GK | GK | 31 | 송범근 | | 0 | 0 | 0 | 0 |
| 0 | 0 | 0 | 1(1) | | 김진호 | 23 | DF | DF | 23 | 김태환 | | 0 | 1 | 0 | 0 |
| 0 | 0 | 1 | 0 | | 민상기 | 39 | DF | DF | 26 | 홍정호 | | 0 | 0 | 0 | 0 |
| 0 | 0 | 1 | 1 | | 변준수 | 5 | DF | DF | 2 | 김영빈 | | 0 | 1 | 1 | 0 |
| 0 | 0 | 3 | 0 | 11 | 조성권 | 2 | DF | DF | 77 | 김태현 | | 0 | 0 | 0 | 0 |
| 0 | 0 | 0 | 1 | 70 | 오후성 | 77 | MF | MF | 4 | 박진섭 | | 0 | 1 | 0 | 0 |
| 0 | 0 | 0 | 0 | 8 | 문민서 | 88 | MF | MF | 13 | 강상윤 | 94 | 0 | 3 | 0 | 0 |
| 0 | 1 | 2 | 1 | | 박태준 | 55 | MF | MF | 97 | 김진규 | 17 | 0 | 4 | 0 | 0 |
| 0 | 0 | 0 | 6(1) | | 아사니 | 7 | MF | FW | 14 | 전진우 | 22 | 3(2) | 3 | 0 | 0 |
| 0 | 0 | 0 | 4(3) | | 헤이스 | 17 | FW | FW | 96 | 콤파뇨 | 9 | 2(1) | 1 | 0 | 0 |
| 0 | 0 | 1 | 1(1) | 18 | 최경록 | 10 | FW | FW | 10 | 송민규 | 28 | 0 | 0 | 0 | 0 |
| 0 | 0 | 0 | 0 | | 노희동 | 12 | 대기 | 대기 | 1 | 김정훈 | | 0 | 0 | 0 | 0 |
| 0 | 0 | 0 | 0 | | 진시우 | 20 | | | 94 | 연제운 | 후36 | 0 | 0 | 0 | 0 |
| 0 | 0 | 0 | 0 | | 김한길 | 22 | | | 44 | 김하준 | | 0 | 0 | 0 | 0 |
| 0 | 0 | 0 | 1 | 후0 | 이강현 | 8 | | | 8 | 한국영 | | 0 | 0 | 0 | 0 |
| 0 | 0 | 0 | 0 | 후31 | 가브리엘 | 11 | | | 22 | 권창훈 | 후27 | 0 | 0 | 0 | 0 |
| 0 | 0 | 0 | 0 | | 신창무 | 40 | | | 17 | 진태호 | 후21 | 0 | 0 | 0 | 0 |
| 0 | 0 | 0 | 0 | 후20 | 하승운 | 70 | | | 28 | 이영재 | 후21 | 0 | 0 | 0 | 0 |
| 0 | 0 | 0 | 0 | | 홍용준 | 99 | | | 7 | 에르난데스 | | 0 | 0 | 0 | 0 |
| 0 | 0 | 0 | 0 | 후13 | 박인혁 | 18 | | | 9 | 티아고 | 후36 | 0 | 0 | 0 | 0 |
| 0 | 1 | 8 | 16(6) | | | 0 | | | 0 | | | 5(3) | 14 | 1 | 0 |

- ●전반 39분 전진우 GAL 내 R-ST-G (득점: 전진우) 왼쪽

5월 17일 19:00 흐리고 비 춘천 송암 6,920명
주심_ 송민석 부심_ 윤재열·홍석찬 대기심_ 김희곤 경기감독관_ 양정환

**강원 1** 0 전반 0 / 1 후반 1 **1 울산**

| 퇴장 | 경고 | 파울 | ST(유) | 교체 | 선수명 | 배번 | 위치 | 위치 | 배번 | 선수명 | 교체 | ST(유) | 파울 | 경고 | 퇴장 |
|---|---|---|---|---|---|---|---|---|---|---|---|---|---|---|---|
| 0 | 1 | 0 | 0 | | 이광연 | 1 | GK | GK | 21 | 조현우 | | 0 | 0 | 0 | 0 |
| 0 | 0 | 0 | 2(1) | 24 | 홍철 | 33 | DF | DF | 19 | 김영권 | | 0 | 0 | 0 | 0 |
| 0 | 0 | 1 | 0 | | 강투지 | 23 | DF | DF | 4 | 서명관 | | 1(1) | 1 | 0 | 0 |
| 0 | 0 | 1 | 0 | | 신민하 | 47 | DF | DF | 13 | 강상우 | | 0 | 2 | 0 | 0 |
| 0 | 0 | 0 | 1(1) | | 이기혁 | 13 | DF | DF | 17 | 루빅손 | | 0 | 1 | 0 | 0 |
| 0 | 0 | 0 | 0 | 27 | 김경민 | 19 | MF | MF | 7 | 고승범 | 3 | 0 | 1 | 1 | 0 |
| 0 | 0 | 0 | 1(1) | | 김강국 | 18 | MF | MF | 6 | 보야니치 | 14 | 0 | 0 | 0 | 0 |
| 0 | 0 | 0 | 0 | 6 | 김대우 | 14 | MF | MF | 5 | 정우영 | | 0 | 1 | 0 | 0 |
| 0 | 0 | 0 | 0 | 17 | 구본철 | 70 | MF | MF | 27 | 이청용 | 36 | 0 | 0 | 0 | 0 |
| 0 | 0 | 1 | 1(1) | | 이지호 | 39 | FW | FW | 30 | 윤재석 | 11 | 1 | 3 | 1 | 0 |
| 0 | 0 | 2 | 0 | 22 | 최병찬 | 96 | FW | FW | 97 | 에릭 | 18 | 0 | 1 | 1 | 0 |
| 0 | 0 | 0 | 0 | | 박청효 | 21 | 대기 | 대기 | 23 | 문정인 | | 0 | 0 | 0 | 0 |
| 0 | 0 | 0 | 0 | | 최정훈 | 25 | | | 3 | 강민우 | 후43 | 0 | 1 | 0 | 0 |
| 0 | 0 | 0 | 0 | 후34 | 박호영 | 24 | | | 20 | 황석호 | | 0 | 0 | 0 | 0 |
| 0 | 0 | 0 | 0 | | 최한솔 | 5 | | | 10 | 김민우 | | 0 | 0 | 0 | 0 |
| 0 | 0 | 0 | 0 | 후24 | 김동현 | 6 | | | 16 | 이희균 | | 0 | 0 | 0 | 0 |
| 0 | 1 | 0 | 2(2) | 후0 | 조진혁 | 17 | | | 14 | 이진현 | 후27 | 0 | 1 | 0 | 0 |
| 0 | 0 | 4 | 2 | 후0 | 이상헌 | 22 | | | 36 | 라카바 | 후21 | 0 | 1 | 1 | 0 |
| 0 | 0 | 0 | 0 | | 코바체비치 | 9 | | | 11 | 엄원상 | 후0 | 0 | 0 | 0 | 0 |
| 0 | 0 | 0 | 0 | 후34 | 김도현 | 27 | | | 18 | 허율 | 후43 | 0 | 1 | 1 | 0 |
| 0 | 2 | 9 | 9(6) | | | 0 | | | 0 | | | 2(1) | 14 | 5 | 0 |

- ●후반 47분 이상헌 GAR ↷ 조진혁 GA 정면 R-ST-G (득점: 조진혁, 도움: 이상헌) 오른쪽
- ●후반 19분 정우영 C,KR ↷ 서명관 GA 정면 H-ST-G (득점: 서명관, 도움: 정우영) 가운데

5월 17일 19:00 맑음 김천 종합 1,771명

주심_ 박병진 부심_ 송봉근·주현민 대기심_ 김용우 경기감독관_ 허기태

**김천 1** 　 0 전반 0 / 1 후반 1 　 **1 제주**

| 퇴장 | 경고 | ST(유) | | 교체 | 선수명 | 배번 | 위치 | 위치 | 배번 | 선수명 | 교체 | ST(유) | 파울 | 경고 | 퇴장 |
|---|---|---|---|---|---|---|---|---|---|---|---|---|---|---|---|
| 0 | 0 | 0 | | | 김동헌 | 1 | GK | GK | 1 | 김동준 | | 0 | 0 | 0 | 0 |
| 0 | 0 | 0 | | 5 | 조현택 | 26 | DF | DF | 40 | 김륜성 | | 0 | 0 | 0 | 0 |
| 0 | 0 | 0 | | | 박찬용 | 20 | DF | DF | 4 | 송주훈 | | 0 | 0 | 0 | 0 |
| 0 | 0 | 0 | | | 박승욱 | 25 | DF | DF | 3 | 장민규 | | 0 | 3 | 0 | 0 |
| 0 | 0 | 1(1) | | | 박수일 | 66 | DF | DF | 22 | 안태현 | | 0 | 0 | 0 | 0 |
| 0 | 0 | 2(1) | | 17 | 김승섭 | 7 | MF | MF | 5 | 이탈로 | | 0 | 1 | 0 | 0 |
| 0 | 0 | 1 | | | 이승원 | 8 | MF | MF | 10 | 남태희 | 18 | 1 | 0 | 0 | 0 |
| 0 | 1 | 0 | | | 서민우 | 4 | MF | MF | 14 | 김건웅 | 8 | 2(1) | 2 | 0 | 0 |
| 0 | 1 | 0 | | 11 | 모재현 | 10 | MF | FW | 7 | 서진수 | 17 | 0 | 2 | 0 | 0 |
| 0 | 0 | 2 | | 19 | 유강현 | 9 | FW | FW | 50 | 박동진 | 9 | 0 | 0 | 0 | 0 |
| 0 | 0 | 5(2) | | 24 | 이동경 | 14 | FW | FW | 27 | 김준하 | 30 | 0 | 0 | 0 | 0 |
| 0 | 0 | 0 | | | 정명제 | 32 | | | 21 | 안찬기 | | 0 | 0 | 0 | 0 |
| 0 | 0 | 0 | | 후36 | 홍욱현 | 24 | | | 23 | 임창우 | | 0 | 2 | 0 | 0 |
| 0 | 0 | 0 | | | 김민덕 | 3 | | | 26 | 임채민 | | 0 | 0 | 0 | 0 |
| 0 | 0 | 0 | | 후15 | 김강산 | 5 | | | 8 | 이창민 | 후11 | 0 | 0 | 0 | 0 |
| 0 | 0 | 0 | | | 맹성웅 | 28 | 대기 | 대기 | 17 | 유인수 | 후11 | 1 | 0 | 0 | 0 |
| 0 | 0 | 2(1) | | 후15 | 김대원 | 17 | | | 18 | 오재혁 | 후34 | 0 | 0 | 0 | 0 |
| 0 | 0 | 0 | | 후28 | 이동준 | 11 | | | 19 | 김주공 | | 0 | 0 | 0 | 0 |
| 0 | 0 | 0 | | | 추상훈 | 27 | | | 30 | 김진호 | 후34 | 0 | 0 | 0 | 0 |
| 0 | 0 | 0 | | 후36 | 박상혁 | 19 | | | 9 | 유리조나탄 | 후19 | 3(2) | 0 | 0 | 0 |
| 0 | 2 | 13(5 | | | | 0 | | | 0 | | | 7(3) | 10 | 0 | 0 |

● 후반 13분 김승섭 PAL 내 ~ 이동경 PK 좌측지점 L-ST-G (득점: 이동경, 도움: 김승섭) 오른쪽

● 후반 43분 유리 조나탄 PK-R-G (득점: 유리 조나탄) 가운데

5월 18일 16:30 맑음 대구iM뱅크파크 11,699명

주심_ 고형진 부심_ 박상준·김지욱 대기심_ 신용준 경기감독관_ 김용세

**대구 0** 　 0 전반 0 / 0 후반 1 　 **1 서울**

| 퇴장 | 경고 | 파울 | ST(유) | 교체 | 선수명 | 배번 | 위치 | 위치 | 배번 | 선수명 | 교체 | ST(유) | 파울 | 경고 | 퇴장 |
|---|---|---|---|---|---|---|---|---|---|---|---|---|---|---|---|
| 0 | 0 | 0 | 0 | | 한태희 | 31 | GK | GK | 31 | 강현무 | | 0 | 0 | 1 | 0 |
| 0 | 0 | 2 | 0 | | 카이오 | 4 | DF | DF | 22 | 김진수 | | 1 | 3 | 0 | 0 |
| 0 | 0 | 0 | 0 | 18 | 김현준 | 45 | DF | DF | 30 | 김주성 | | 0 | 0 | 0 | 0 |
| 0 | 0 | 0 | 0 | | 박진영 | 40 | DF | DF | 5 | 야잔 | | 0 | 1 | 0 | 0 |
| 0 | 0 | 0 | 1(1) | | 장성원 | 22 | MF | DF | 16 | 최준 | 40 | 0 | 2 | 0 | 0 |
| 0 | 1 | 1 | 0 | 44 | 이찬동 | 8 | MF | MF | 7 | 정승원 | | 3(1) | 0 | 1 | 0 |
| 0 | 1 | 2 | 0 | 30 | 요시노 | 5 | MF | MF | 41 | 황도윤 | 77 | 1 | 0 | 0 | 0 |
| 0 | 0 | 1 | 1(1) | | 황재원 | 2 | MF | MF | 29 | 류재문 | | 1 | 2 | 0 | 0 |
| 0 | 1 | 1 | 0 | 16 | 정치인 | 32 | FW | MF | 27 | 문선민 | | 0 | 0 | 0 | 0 |
| 0 | 0 | 0 | 0 | | 에드가 | 9 | FW | FW | 10 | 린가드 | 37 | 4(2) | 2 | 0 | 0 |
| 0 | 0 | 1 | 3(1) | 10 | 박대훈 | 19 | FW | FW | 45 | 둑스 | 9 | 4(2) | 1 | 0 | 0 |
| 0 | 0 | 0 | 0 | | 박만호 | 51 | | | 21 | 최철원 | | 0 | 0 | 0 | 0 |
| 0 | 0 | 0 | 0 | | 이원우 | 15 | | | 40 | 박성훈 | 후49 | 0 | 0 | 0 | 0 |
| 0 | 0 | 0 | 0 | | 박재현 | 29 | | | 17 | 김진야 | | 0 | 0 | 0 | 0 |
| 0 | 0 | 0 | 0 | | 이림 | 38 | | | 23 | 이시영 | | 0 | 0 | 0 | 0 |
| 0 | 0 | 0 | 0 | 후11 | 라마스 | 10 | 대기 | 대기 | 88 | 박장한결 | | 0 | 0 | 0 | 0 |
| 0 | 0 | 0 | 0 | 후41 | 한종무 | 30 | | | 11 | 강성진 | | 0 | 0 | 0 | 0 |
| 0 | 0 | 1 | 1(1) | 후11 | 김정현 | 44 | | | 77 | 루카스 | 후19 | 0 | 0 | 0 | 0 |
| 0 | 0 | 0 | 0 | 후41 | 전용준 | 16 | | | 37 | 정한민 | 후26 | 1 | 0 | 0 | 0 |
| 0 | 0 | 0 | 0 | 후28 | 정재상 | 18 | | | 9 | 조영욱 | 후26 | 1 | 1 | 0 | 0 |
| 0 | 3 | 9 | 6(4) | | | 0 | | | 0 | | | 16(5) | 12 | 2 | 0 |

● 후반 2분 둑스 GAR R-ST-G (득점: 둑스) 오른쪽

5월 18일 16:30 맑음 포항 스틸야드 9,819명

주심_ 김대용 부심_ 김계용·구은석 대기심_ 박진호 경기감독관_ 허태식

**포항 0** 　 0 전반 0 / 0 후반 1 　 **1 광주**

| 퇴장 | 경고 | 파울 | ST(유) | 교체 | 선수명 | 배번 | 위치 | 위치 | 배번 | 선수명 | 교체 | ST(유) | 파울 | 경고 | 퇴장 |
|---|---|---|---|---|---|---|---|---|---|---|---|---|---|---|---|
| 0 | 0 | 0 | 0 | | 황인재 | 21 | GK | GK | 1 | 김경민 | | 0 | 0 | 0 | 0 |
| 0 | 1 | 1 | 0 | | 이태석 | 26 | DF | DF | 23 | 김진호 | 22 | 0 | 0 | 0 | 0 |
| 0 | 0 | 1 | 0 | | 한현서 | 24 | DF | DF | 20 | 진시우 | | 0 | 1 | 0 | 0 |
| 0 | 1 | 2 | 0 | | 전민광 | 4 | DF | DF | 5 | 변준수 | | 0 | 0 | 0 | 0 |
| 0 | 0 | 3 | 0 | 70 | 어정원 | 2 | DF | DF | 2 | 조성권 | | 1 | 2 | 1 | 0 |
| 0 | 1 | 4 | 3(1) | | 조르지 | 9 | MF | MF | 16 | 정지훈 | 77 | 1 | 2 | 1 | 0 |
| 0 | 0 | 0 | 0 | | 신광훈 | 17 | MF | MF | 8 | 이강현 | 10 | 0 | 1 | 0 | 0 |
| 0 | 0 | 1 | 1(1) | 16 | 김동진 | 88 | MF | MF | 55 | 박태준 | | 1 | 1 | 0 | 0 |
| 0 | 0 | 0 | 0 | 18 | 주닝요 | 97 | MF | MF | 7 | 아사니 | 88 | 1(1) | 0 | 0 | 0 |
| 0 | 0 | 2 | 0 | 7 | 조상혁 | 99 | FW | FW | 17 | 헤이스 | | 1 | 1 | 0 | 0 |
| 0 | 0 | 1 | 3(1) | | 이호재 | 19 | FW | FW | 11 | 가브리엘 | 18 | 0 | 1 | 0 | 0 |
| 0 | 0 | 0 | 0 | | 윤평국 | 1 | | | 12 | 노희동 | | 0 | 0 | 0 | 0 |
| 0 | 0 | 0 | 0 | | 아스프로 | 5 | | | 3 | 이민기 | | 0 | 0 | 0 | 0 |
| 0 | 0 | 0 | 0 | | 강민준 | 13 | | | 6 | 안영규 | | 0 | 0 | 0 | 0 |
| 0 | 0 | 0 | 0 | | 이동협 | 23 | | | 10 | 최경록 | 후19 | 0 | 0 | 0 | 0 |
| 0 | 0 | 0 | 1 | 후41 | 황서웅 | 70 | 대기 | 대기 | 22 | 김한길 | 전3 | 1 | 1 | 0 | 0 |
| 0 | 0 | 0 | 1 | 후30 | 한찬희 | 16 | | | 77 | 오후성 | 후0 | 0 | 1 | 0 | 0 |
| 0 | 0 | 0 | 0 | | 홍윤상 | 37 | | | 80 | 주세종 | | 0 | 0 | 0 | 0 |
| 0 | 0 | 1 | 0 | 후14 | 김인성 | 7 | | | 88 | 문민서 | 후45 | 0 | 0 | 0 | 0 |
| 0 | 0 | 0 | 1 | 후30 | 강현제 | 18 | | | 18 | 박인혁 | 후19 | 2(1) | 0 | 0 | 0 |
| 0 | 3 | 16 | 10(3) | | | 0 | | | 0 | | | 8(2) | 11 | 2 | 0 |

● 후반 44분 최경록 MFL FK ↷ 박인혁 GAR H-ST-G (득점: 박인혁, 도움: 최경록) 가운데

5월 18일 19:00 맑음 수원 종합 3,579명

주심_ 김우성 부심_ 설귀선·천진희 대기심_ 김재홍 경기감독관_ 구상범

**수원FC 3** 　 0 전반 0 / 3 후반 0 　 **0 대전**

| 퇴장 | 경고 | 파울 | ST(유) | 교체 | 선수명 | 배번 | 위치 | 위치 | 배번 | 선수명 | 교체 | ST(유) | 파울 | 경고 | 퇴장 |
|---|---|---|---|---|---|---|---|---|---|---|---|---|---|---|---|
| 0 | 0 | 0 | 0 | | 안준수 | 23 | GK | GK | 1 | 이창근 | | 0 | 0 | 0 | 0 |
| 0 | 0 | 1 | 0 | | 김태한 | 4 | DF | DF | 24 | 박진성 | | 0 | 1 | 0 | 0 |
| 0 | 0 | 0 | 1(1) | | 최규백 | 6 | DF | DF | 3 | 하창래 | | 0 | 1 | 1 | 0 |
| 0 | 0 | 0 | 0 | | 이지솔 | 20 | DF | DF | 5 | 임종은 | | 0 | 1 | 0 | 0 |
| 0 | 0 | 1 | 1 | 28 | 이재원 | 7 | MF | DF | 22 | 오재석 | | 0 | 0 | 0 | 0 |
| 0 | 1 | 2 | 3(2) | 19 | 노경호 | 8 | MF | MF | 14 | 김준범 | 71 | 1(1) | 2 | 0 | 0 |
| 0 | 0 | 0 | 2(2) | 33 | 서재민 | 21 | MF | MF | 44 | 이순민 | 73 | 0 | 6 | 0 | 0 |
| 0 | 0 | 1 | 1(1) | 24 | 김도윤 | 40 | MF | MF | 70 | 김현욱 | 9 | 1(1) | 0 | 0 | 0 |
| 0 | 1 | 2 | 6(3) | 30 | 싸박 | 9 | FW | MF | 77 | 윤도영 | 7 | 0 | 1 | 0 | 0 |
| 0 | 0 | 1 | 7(5) | | 안데르손 | 70 | FW | FW | 17 | 최건주 | 11 | 1(1) | 0 | 0 | 0 |
| 0 | 0 | 0 | 5(2) | | 루안 | 97 | FW | FW | 10 | 주민규 | | 1 | 2 | 0 | 0 |
| 0 | 0 | 0 | 0 | | 황재윤 | 1 | | | 25 | 이준서 | | 0 | 0 | 0 | 0 |
| 0 | 0 | 0 | 0 | | 이현용 | 5 | | | 28 | 아론 | | 0 | 0 | 0 | 0 |
| 0 | 0 | 0 | 0 | 후42 | 이택근 | 33 | | | 4 | 김현우 | | 0 | 0 | 0 | 0 |
| 0 | 0 | 1 | 1 | 후19 | 김재성 | 28 | | | 6 | 강윤성 | | 0 | 0 | 0 | 0 |
| 0 | 0 | 0 | 0 | | 장윤호 | 34 | 대기 | 대기 | 73 | 이준규 | 후49 | 1 | 0 | 0 | 0 |
| 0 | 0 | 0 | 1(1) | 후32 | 정승배 | 19 | | | 7 | 마사 | 후0 | 0 | 0 | 0 | 0 |
| 0 | 0 | 2 | 1(1) | 후0 | 김주엽 | 24 | | | 71 | 켈빈 | 후19 | 1(1) | 1 | 0 | 0 |
| 0 | 0 | 0 | 1(1) | 후42 | 최치웅 | 30 | | | 11 | 김인균 | 후19 | 0 | 0 | 0 | 0 |
| 0 | 0 | 0 | 0 | | 오프키르 | 77 | | | 9 | 구텍 | 후40 | 0 | 0 | 0 | 0 |
| 0 | 2 | 11 | 30(19) | | | 0 | | | 0 | | | 6(4) | 15 | 1 | 0 |

● 후반 37분 안데르손 MFL FK ↷ 최규백 PK 우측지점 H-ST-G (득점: 최규백, 도움: 안데르손) 왼쪽

● 후반 44분 안데르손 AK 내 R-ST-G (득점: 안데르손) 오른쪽

● 후반 48분 이택근 PAR ~ 안데르손 AK 내 L-ST-G (득점: 안데르손, 도움: 이택근) 오른쪽

5월 23일 19:30 비 제주 월드컵 6,224명
주심_ 고형진 부심_ 설귀선·구은석 대기심_ 오현정 경기감독관_ 조성철

**제주 0** 　 0 전반 0 / 0 후반 0 　 **0 전북**

| 퇴장 | 경고 | 파울 | ST(유) | 교체 | 선수경 | 배번 | 위치 | 위치 | 배번 | 선수명 | 교체 | ST(유) | 파울 | 경고 | 퇴장 |
|---|---|---|---|---|---|---|---|---|---|---|---|---|---|---|---|
| 0 | 0 | 0 | 0 | | 김동준 | 1 | GK | GK | 31 | 송범근 | | 0 | 0 | 0 | 0 |
| 0 | 1 | 1 | 0 | 3 | 김륜성 | 40 | DF | DF | 23 | 김태환 | | 0 | 1 | 1 | 0 |
| 0 | 0 | 0 | 0 | | 송주훈 | 4 | DF | DF | 26 | 홍정호 | | 0 | 1 | 1 | 0 |
| 0 | 0 | 1 | 1 | | 임채민 | 26 | DF | DF | 2 | 김영빈 | | 0 | 2 | 1 | 0 |
| 0 | 1 | 1 | 0 | 22 | 임창우 | 23 | DF | DF | 77 | 김태현 | | 0 | 1 | 0 | 0 |
| 0 | 0 | 0 | 0 | | 이탈로 | 5 | MF | MF | 4 | 박진섭 | | 0 | 2 | 0 | 0 |
| 0 | 0 | 3 | 0 | 24 | 김진호 | 30 | MF | MF | 13 | 강상윤 | | 1 | 2 | 0 | 0 |
| 0 | 0 | 0 | 3(1) | | 이창민 | 8 | MF | MF | 97 | 김진규 | 28 | 1 | 4 | 1 | 0 |
| 0 | 0 | 1 | 1 | | 유인수 | 17 | FW | FW | 14 | 전진우 | | 1(1) | 1 | 1 | 0 |
| 0 | 1 | 1 | 1 | | 유리조나탄 | 9 | FW | FW | 9 | 티아고 | 16 | 4(1) | 4 | 1 | 0 |
| 0 | 0 | 1 | 1(1) | 18 | 남타히 | 10 | FW | FW | 10 | 송민규 | | 1 | 1 | 0 | 0 |
| 0 | 0 | 0 | 0 | | 안찬기 | 21 | | | 1 | 김정훈 | | 0 | 0 | 0 | 0 |
| 0 | 0 | 0 | 0 | | 김재우 | 2 | | | 94 | 연제운 | | 0 | 0 | 0 | 0 |
| 0 | 0 | 0 | 0 | 후51 | 장민규 | 3 | | | 44 | 김하준 | | 0 | 0 | 0 | 0 |
| 0 | 0 | 0 | 0 | 후31 | 안태현 | 22 | | | 8 | 한국영 | | 0 | 0 | 0 | 0 |
| 0 | 0 | 0 | 0 | | 김건웅 | 14 | 대기 | 대기 | 11 | 이승우 | | 0 | 0 | 0 | 0 |
| 0 | 0 | 0 | 0 | 후43 | 오재혁 | 18 | | | 17 | 진태호 | | 0 | 0 | 0 | 0 |
| 0 | 0 | 0 | 0 | | 김주공 | 19 | | | 28 | 이영재 | 후21 | 1(1) | 0 | 0 | 0 |
| 0 | 0 | 0 | 0 | 후0 | 최병욱 | 24 | | | 22 | 권창훈 | | 0 | 0 | 0 | 0 |
| 0 | 0 | 0 | 0 | | 박동진 | 50 | | | 16 | 박재용 | 후37 | 0 | 1 | 0 | 0 |
| 0 | 3 | 9 | 7(2) | | | 0 | | | 0 | | | 9(3) | 20 | 6 | 0 |

5월 24일 16:30 흐림 서울 월드컵 25,578명
주심_ 최광호 부심_ 김계용·송봉근 대기심_ 오현정 경기감독관_ 차상해

**서울 1** 　 1 전반 0 / 0 후반 1 　 **1 수원FC**

| 퇴장 | 경고 | 파울 | ST(유) | 교체 | 선수명 | 배번 | 위치 | 위치 | 배번 | 선수명 | 교체 | ST(유) | 파울 | 경고 | 퇴장 |
|---|---|---|---|---|---|---|---|---|---|---|---|---|---|---|---|
| 0 | 0 | 0 | 0 | | 강현무 | 31 | GK | GK | 23 | 안준수 | | 0 | 0 | 0 | 0 |
| 0 | 0 | 0 | 3(1) | | 김진수 | 22 | DF | DF | 4 | 김태한 | | 0 | 1 | 0 | 0 |
| 0 | 0 | 0 | 1(1) | | 김주성 | 30 | DF | DF | 5 | 이현용 | | 0 | 1 | 0 | 0 |
| 0 | 0 | 0 | 0 | | 야잔 | 5 | DF | DF | 6 | 최규백 | | 0 | 0 | 0 | 0 |
| 0 | 1 | 5 | 1 | | 최준 | 16 | DF | MF | 7 | 이재원 | | 0 | 3 | 0 | 0 |
| 0 | 0 | 1 | 4(3) | 27 | 루카스 | 77 | MF | MF | 8 | 노경호 | | 1 | 4 | 1 | 0 |
| 0 | 1 | 4 | 0 | | 황도윤 | 41 | MF | MF | 21 | 서재민 | 17 | 0 | 1 | 0 | 0 |
| 0 | 0 | 1 | 0 | | 류재문 | 29 | MF | MF | 24 | 김주엽 | 97 | 0 | 0 | 0 | 0 |
| 0 | 0 | 1 | 5(3) | | 정승원 | 7 | MF | MF | 34 | 장윤호 | 30 | 1 | 0 | 0 | 0 |
| 0 | 1 | 3 | 1 | 9 | 린가드 | 10 | FW | FW | 40 | 김도윤 | 33 | 0 | 0 | 0 | 0 |
| 0 | 0 | 2 | 1 | | 둑스 | 45 | FW | FW | 77 | 오프키르 | 70 | 0 | 0 | 0 | 0 |
| 0 | 0 | 0 | 0 | | 최철원 | 21 | | | 1 | 황재윤 | | 0 | 0 | 0 | 0 |
| 0 | 0 | 0 | 0 | | 박성훈 | 40 | | | 13 | 황인택 | | 0 | 0 | 0 | 0 |
| 0 | 0 | 0 | 0 | | 김진야 | 17 | | | 33 | 이택근 | 후0 | 1(1) | 1 | 0 | 0 |
| 0 | 0 | 0 | 0 | | 이시영 | 23 | | | 28 | 김재성 | | 0 | 0 | 0 | 0 |
| 0 | 0 | 0 | 0 | | 박장한결 | 88 | 대기 | 대기 | 97 | 루안 | 전41 | 2(1) | 1 | 1 | 0 |
| 0 | 0 | 0 | 0 | | 강성진 | 11 | | | 17 | 박용희 | 전46 | 0 | 0 | 0 | 0 |
| 0 | 0 | 0 | 1(1) | 후11 | 문선민 | 27 | | | 19 | 정승배 | | 0 | 0 | 0 | 0 |
| 0 | 0 | 0 | 0 | | 정한민 | 37 | | | 30 | 최치웅 | 후29 | 0 | 1 | 1 | 0 |
| 0 | 0 | 0 | 0 | 후24 | 조영욱 | 9 | | | 70 | 안데르손 | 전41 | 2(1) | 0 | 0 | 0 |
| 0 | 3 | 17 | 17(9) | | | 0 | | | 0 | | | 7(3) | 13 | 3 | 0 |

●전반 42분 최준 PAR ↷ 루카스 GAL 내 H-ST-G (득점: 루카스, 도움: 최준) 왼쪽
●후반 9분 장윤호 GAL ~ 안데르손 GAL 내 R-ST-G (득점: 안데르손, 도움: 장윤호) 왼쪽

5월 23일 19:30 흐림 안양 종합 6,124명
주심_ 박병진 부심_ 김지욱·홍석찬 대기심_ 김재홍 경기감독관_ 양정환

**안양 0** 　 0 전반 0 / 0 후반 2 　 **2 포항**

| 퇴장 | 경고 | 파울 | ST(유) | 교체 | 선수명 | 배번 | 위치 | 위치 | 배번 | 선수명 | 교체 | ST(유) | 파울 | 경고 | 퇴장 |
|---|---|---|---|---|---|---|---|---|---|---|---|---|---|---|---|
| 0 | 0 | 0 | 0 | | 김다솔 | 31 | GK | GK | 21 | 황인재 | | 0 | 0 | 0 | 0 |
| 0 | 0 | 0 | 0 | | 이창용 | 4 | DF | DF | 2 | 어정원 | | 2(2) | 1 | 0 | 0 |
| 0 | 0 | 0 | 0 | | 리영직 | 37 | DF | DF | 24 | 한현서 | | 0 | 0 | 0 | 0 |
| 0 | 0 | 1 | 0 | | 토마스 | 55 | DF | DF | 4 | 전민광 | | 0 | 2 | 0 | 0 |
| 0 | 0 | 1 | 0 | 6 | 강지훈 | 17 | MF | DF | 17 | 신광훈 | | 0 | 2 | 0 | 0 |
| 0 | 0 | 1 | 0 | 16 | 에두가르도 | 21 | MF | MF | 26 | 이태석 | | 0 | 0 | 0 | 0 |
| 0 | 0 | 0 | 1 | 11 | 문성우 | 28 | MF | MF | 8 | 오베르단 | 70 | 1(1) | 0 | 0 | 0 |
| 0 | 1 | 2 | 0 | | 이태희 | 32 | MF | MF | 88 | 김동진 | 23 | 0 | 4 | 0 | 0 |
| 0 | 0 | 0 | 1 | 10 | 채현우 | 71 | MF | MF | 97 | 주닝요 | 7 | 1 | 0 | 0 | 0 |
| 0 | 0 | 1 | 1 | | 마테우스 | 7 | FW | FW | 19 | 이호재 | 99 | 1(1) | 0 | 0 | 0 |
| 0 | 0 | 2 | 0 | 19 | 모따 | 9 | FW | FW | 9 | 조르지 | 13 | 3(2) | 3 | 0 | 0 |
| 0 | 0 | 0 | 0 | | 황병근 | 41 | | | 1 | 윤평국 | | 0 | 0 | 0 | 0 |
| 0 | 0 | 0 | 0 | | 김영찬 | 5 | | | 5 | 아스프로 | | 0 | 0 | 0 | 0 |
| 0 | 0 | 0 | 1 | 후33 | 박종현 | 6 | | | 13 | 강민준 | 후46 | 0 | 0 | 0 | 0 |
| 0 | 0 | 0 | 0 | | 주현우 | 99 | | | 23 | 이동협 | 후46 | 0 | 0 | 0 | 0 |
| 0 | 0 | 0 | 0 | 후25 | 최성범 | 11 | 대기 | 대기 | 70 | 황서웅 | 후36 | 0 | 1 | 1 | 0 |
| 0 | 0 | 0 | 0 | 후14 | 최규현 | 16 | | | 12 | 조재훈 | | 0 | 0 | 0 | 0 |
| 0 | 0 | 0 | 0 | | 김보경 | 24 | | | 7 | 김인성 | 후14 | 1(1) | 0 | 0 | 0 |
| 0 | 0 | 1 | 1 | 후14 | 야고 | 10 | | | 37 | 홍윤상 | | 0 | 0 | 0 | 0 |
| 0 | 0 | 0 | 0 | 후33 | 김운 | 19 | | | 99 | 조상혁 | 후36 | 0 | 1 | 0 | 0 |
| 0 | 1 | 9 | 5 | | | 0 | | | 0 | | | 9(7) | 14 | 1 | 0 |

●후반 7분 이호재 PA 정면 ~ 어정원 GAR L-ST-G (득점: 어정원, 도움: 이호재) 오른쪽
●후반 15분 조르지 PAL TL ~ 김인성 GAR R-ST-G (득점: 김인성, 도움: 조르지) 가운데

5월 24일 19:00 흐리고 비 울산 문수 16,012명
주심_ 이동준 부심_ 곽승순·박상준 대기심_ 박진호 경기감독관_ 김성수

**울산 3** 　 0 전반 1 / 3 후반 1 　 **2 김천**

| 퇴장 | 경고 | 파울 | ST(유) | 교체 | 선수명 | 배번 | 위치 | 위치 | 배번 | 선수명 | 교체 | ST(유) | 파울 | 경고 | 퇴장 |
|---|---|---|---|---|---|---|---|---|---|---|---|---|---|---|---|
| 0 | 0 | 0 | 0 | | 조현우 | 21 | GK | GK | 1 | 김동헌 | | 0 | 0 | 0 | 0 |
| 0 | 0 | 0 | 0 | | 김영권 | 19 | DF | DF | 22 | 최예훈 | 26 | 0 | 1 | 0 | 0 |
| 0 | 0 | 2 | 1(1) | | 서명관 | 4 | DF | DF | 20 | 박찬용 | | 0 | 1 | 0 | 0 |
| 0 | 0 | 0 | 1(1) | 96 | 강상우 | 13 | DF | DF | 25 | 박승욱 | | 0 | 0 | 0 | 0 |
| 0 | 0 | 0 | 1(1) | 18 | 루빅손 | 17 | DF | DF | 66 | 박수일 | | 1(1) | 1 | 0 | 0 |
| 0 | 1 | 0 | 3(3) | | 고승범 | 7 | MF | MF | 7 | 김승섭 | 11 | 4(4) | 0 | 0 | 0 |
| 0 | 0 | 0 | 0 | | 보야니치 | 6 | MF | MF | 30 | 김봉수 | | 0 | 0 | 0 | 0 |
| 0 | 0 | 0 | 1 | 26 | 정우영 | 5 | MF | MF | 4 | 서민우 | 8 | 0 | 0 | 0 | 0 |
| 0 | 0 | 0 | 0 | 11 | 이청용 | 27 | MF | MF | 10 | 모재현 | 3 | 1(1) | 1 | 0 | 0 |
| 0 | 0 | 0 | 0 | 36 | 윤재석 | 30 | FW | FW | 9 | 유강현 | 19 | 2 | 3 | 0 | 0 |
| 0 | 0 | 0 | 6(5) | | 에릭 | 97 | FW | FW | 14 | 이동경 | | 2(1) | 0 | 0 | 0 |
| 0 | 0 | 0 | 0 | | 문정인 | 23 | | | 21 | 김태훈 | | 0 | 0 | 0 | 0 |
| 0 | 0 | 0 | 1(1) | 후36 | 최석현 | 96 | | | 26 | 조현택 | 전17 | 1(1) | 1 | 0 | 0 |
| 0 | 0 | 0 | 0 | | 황석호 | 20 | | | 3 | 김민덕 | 후41 | 0 | 0 | 0 | 0 |
| 0 | 0 | 1 | 0 | 후17 | 박민서 | 26 | | | 33 | 박대원 | | 0 | 0 | 0 | 0 |
| 0 | 0 | 0 | 0 | | 이희균 | 16 | 대기 | 대기 | 28 | 맹성웅 | | 0 | 0 | 0 | 0 |
| 0 | 0 | 0 | 0 | | 김민혁 | 22 | | | 8 | 이승원 | 후41 | 0 | 1 | 1 | 0 |
| 0 | 0 | 0 | 0 | 후0 | 라카바 | 36 | | | 11 | 이동준 | 후15 | 0 | 0 | 0 | 0 |
| 0 | 0 | 0 | 1(1) | 후0 | 엄원상 | 11 | | | 6 | 김경준 | | 0 | 0 | 0 | 0 |
| 0 | 0 | 0 | 1 | 후31 | 허율 | 18 | | | 19 | 박상혁 | 후15 | 0 | 3 | 1 | 0 |
| 0 | 1 | 3 | 16(13) | | | 0 | | | 0 | | | 11(8) | 12 | 2 | 0 |

●후반 27분 에릭 PK-R-G (득점: 에릭) 왼쪽
●후반 42분 엄원상 PAR ↷ 에릭 GAR H-ST-G (득점: 에릭, 도움: 엄원상) 오른쪽
●후반 44분 박민서 MFL ~ 엄원상 GAR L-ST-G (득점: 엄원상, 도움: 박민서) 왼쪽
●전반 30분 박찬용 자기 측 MFL ↷ 이동경 PAL 내 L-ST-G (득점: 이동경, 도움: 박찬용) 오른쪽
●후반 13분 박수일 GA 정면 R-ST-G (득점: 박수일) 왼쪽

5월 24일 19:00 흐림 대전 월드컵 10,417명
주심_ 신용준 부심_ 윤재열·방기열 대기심_ 박세진 경기감독관_ 이경춘

**대전 2** 1 전반 0 / 1 후반 1 **1 대구**

| 퇴장 | 경고 | 파울 | ST(유) | 교체 | 선수명 | 배번 | 위치 | 위치 | 배번 | 선수명 | 교체 | ST(유) | 파울 | 경고 | 퇴장 |
|---|---|---|---|---|---|---|---|---|---|---|---|---|---|---|---|
| 0 | 1 | 0 | 0 | | 이창근 | 1 | GK | GK | 51 | 박만호 | | 0 | 0 | 0 | 0 |
| 0 | 0 | 0 | 0 | | 오재석 | 22 | DF | DF | 15 | 이원우 | | 0 | 1 | 0 | 0 |
| 0 | 0 | 0 | 0 | | 김현우 | 4 | DF | DF | 4 | 카이오 | | 0 | 0 | 0 | 0 |
| 0 | 0 | 1 | 0 | | 하창래 | 3 | DF | DF | 45 | 김현준 | | 1(1) | 0 | 0 | 0 |
| 0 | 1 | 2 | 1 | | 박진성 | 24 | MF | MF | 29 | 박재현 | 32 | 2(1) | 3 | 0 | 0 |
| 0 | 0 | 2 | 0 | 73 | 김준범 | 14 | MF | MF | 10 | 라마스 | 5 | 1 | 1 | 1 | 0 |
| 0 | 0 | 4 | 1 | | 이순민 | 44 | MF | MF | 38 | 이림 | | 1 | 0 | 0 | 0 |
| 0 | 0 | 0 | 0 | 71 | 김현오 | 90 | MF | MF | 2 | 황재원 | | 0 | 0 | 0 | 0 |
| 0 | 0 | 1 | 2(2) | 6 | 최건주 | 17 | MF | FW | 30 | 한종무 | 22 | 0 | 0 | 0 | 0 |
| 0 | 0 | 0 | 0 | 70 | 마사 | 7 | FW | FW | 19 | 박대훈 | 18 | 0 | 1 | 0 | 0 |
| 0 | 0 | 1 | 2(2) | 5 | 주민규 | 10 | FW | FW | 44 | 김정현 | 40 | 1 | 3 | 1 | 0 |
| 0 | 0 | 0 | 0 | | 이준서 | 25 | | | 21 | 오승훈 | | 0 | 0 | 0 | 0 |
| 0 | 0 | 0 | 0 | 후35 | 임종은 | 5 | | | 22 | 장성원 | 후18 | 0 | 0 | 0 | 0 |
| 0 | 0 | 0 | 0 | | 아론 | 28 | | | 40 | 박진영 | 후33 | 0 | 0 | 0 | 0 |
| 0 | 0 | 0 | 0 | 후23 | 강윤성 | 6 | | | 5 | 요시노 | 후18 | 2(1) | 0 | 0 | 0 |
| 0 | 0 | 0 | 1(1) | 후23 | 이준규 | 73 | 대기 | 대기 | 8 | 이찬동 | | 0 | 0 | 0 | 0 |
| 0 | 1 | 1 | 1(1) | 전30 | 김현욱 | 70 | | | 9 | 에드가 | | 0 | 0 | 0 | 0 |
| 0 | 0 | 0 | 1 | 전30 | 켈빈 | 71 | | | 13 | 권태영 | | 0 | 0 | 0 | 0 |
| 0 | 0 | 0 | 0 | | 김인균 | 11 | | | 18 | 정재상 | 전20 | 1 | 2 | 0 | 0 |
| 0 | 0 | 0 | 0 | | 구텍 | 9 | | | 32 | 정치인 | 후0 | 0 | 0 | 0 | 0 |
| 0 | 3 | 12 | 9(6) | | | 0 | | | 0 | | | 9(3) | 11 | 2 | 0 |

● 전반 22분 주민규 PK-R-G (득점: 주민규) 왼쪽
● 후반 11분 켈빈 PAR ~ 최건주 AKR L-ST-G (득점: 최건주, 도움: 켈빈) 왼쪽
● 후반 25분 김정현 C.KR ↷ 김현준 GAR H-ST-G (득점: 김현준, 도움: 김정현) 오른쪽

5월 27일 19:30 맑음 수원 종합 1,884명
주심_ 김대용 부심_ 윤재열·김지욱 대기심_ 오현진 경기감독관_ 차상해

**수원FC 0** 0 전반 1 / 0 후반 0 **1 제주**

| 퇴장 | 경고 | 파울 | ST(유) | 교체 | 선수명 | 배번 | 위치 | 위치 | 배번 | 선수명 | 교체 | ST(유) | 파울 | 경고 | 퇴장 |
|---|---|---|---|---|---|---|---|---|---|---|---|---|---|---|---|
| 0 | 0 | 0 | 0 | | 안준수 | 23 | GK | GK | 1 | 김동준 | | 0 | 0 | 0 | 0 |
| 0 | 0 | 3 | 1 | | 김태한 | 4 | DF | DF | 40 | 김륜성 | | 1(1) | 3 | 0 | 0 |
| 0 | 0 | 2 | 1(1) | | 이현용 | 5 | DF | DF | 4 | 송주훈 | | 0 | 2 | 0 | 0 |
| 0 | 0 | 0 | 0 | | 최규백 | 6 | DF | DF | 3 | 장민규 | | 0 | 0 | 0 | 0 |
| 0 | 0 | 0 | 0 | 7 | 노경호 | 8 | MF | DF | 22 | 안태현 | | 0 | 0 | 0 | 0 |
| 0 | 0 | 2 | 0 | 33 | 장영우 | 22 | MF | MF | 5 | 이탈로 | | 1(1) | 1 | 1 | 0 |
| 0 | 1 | 4 | 0 | 19 | 장윤호 | 34 | MF | MF | 18 | 오재혁 | 10 | 1(1) | 4 | 0 | 0 |
| 0 | 0 | 1 | 0 | 17 | 김도윤 | 40 | MF | MF | 8 | 이창민 | 2 | 0 | 0 | 0 | 0 |
| 0 | 0 | 0 | 3(2) | | 루안 | 97 | MF | FW | 19 | 김주공 | 24 | 0 | 1 | 1 | 0 |
| 0 | 0 | 0 | 0 | 9 | 최치웅 | 30 | FW | FW | 50 | 박동진 | 9 | 2(1) | 0 | 1 | 0 |
| 0 | 0 | 0 | 2(2) | | 안데르손 | 70 | FW | FW | 27 | 김준하 | 17 | 0 | 1 | 0 | 0 |
| 0 | 0 | 0 | 0 | | 황재윤 | 1 | | | 21 | 안찬기 | | 0 | 0 | 1 | 0 |
| 0 | 0 | 0 | 0 | | 황인택 | 13 | | | 2 | 김재우 | 후45 | 0 | 0 | 0 | 0 |
| 0 | 0 | 0 | 0 | | 김대현 | 26 | | | 26 | 임채민 | | 0 | 0 | 0 | 0 |
| 0 | 0 | 1 | 1(1) | 후7 | 이택근 | 33 | | | 10 | 남태희 | 후27 | 1(1) | 1 | 0 | 0 |
| 0 | 0 | 1 | 0 | 후18 | 이재원 | 7 | 대기 | 대기 | 11 | 에반드로 | | 0 | 0 | 0 | 0 |
| 0 | 0 | 0 | 0 | | 김재성 | 28 | | | 14 | 김건웅 | | 0 | 0 | 0 | 0 |
| 0 | 0 | 2 | 0 | 후0 | 싸박 | 9 | | | 17 | 유인수 | 후9 | 0 | 0 | 0 | 0 |
| 0 | 0 | 1 | 1(1) | 전35 | 박용희 | 17 | | | 9 | 유리조나탄 | 후9 | 1 | 3 | 1 | 0 |
| 0 | 0 | 0 | 0 | 후18 | 정승배 | 19 | | | 24 | 최병욱 | 후27 | 2 | 1 | 0 | 0 |
| 0 | 1 | 17 | 9(7) | | | 0 | | | 0 | | | 9(5) | 17 | 5 | 0 |

● 전반 34분 이창민 PAL ↷ 이탈로 GA 정면 내 H-ST-G (득점: 이탈로, 도움: 이창민) 왼쪽

5월 25일 16:30 맑음 광주 월드컵 4,554명
주심_ 김종혁 부심_ 박균용·장종필 대기심_ 최철준 경기감독관_ 이평재

**광주 0** 0 전반 0 / 0 후반 1 **1 강원**

| 퇴장 | 경고 | 파울 | ST(유) | 교체 | 선수명 | 배번 | 위치 | 위치 | 배번 | 선수명 | 교체 | ST(유) | 파울 | 경고 | 퇴장 |
|---|---|---|---|---|---|---|---|---|---|---|---|---|---|---|---|
| 0 | 0 | 0 | 0 | | 김경민 | 1 | GK | GK | 1 | 이광연 | | 0 | 0 | 0 | 0 |
| 0 | 0 | 1 | 1 | | 김한길 | 22 | DF | DF | 97 | 이유현 | | 0 | 0 | 0 | 0 |
| 0 | 0 | 3 | 0 | | 변준수 | 5 | DF | DF | 47 | 신민하 | | 0 | 0 | 0 | 0 |
| 0 | 0 | 3 | 0 | | 진시우 | 20 | DF | DF | 23 | 강투지 | | 0 | 0 | 0 | 0 |
| 0 | 1 | 3 | 0 | | 조성권 | 2 | DF | DF | 13 | 이기혁 | | 0 | 0 | 0 | 0 |
| 0 | 0 | 0 | 0 | 77 | 정지훈 | 16 | MF | MF | 19 | 김경민 | 27 | 0 | 0 | 0 | 0 |
| 0 | 0 | 2 | 0 | 80 | 이강현 | 8 | MF | MF | 6 | 김동현 | | 1(1) | 3 | 1 | 0 |
| 0 | 0 | 1 | 0 | | 박태준 | 55 | MF | MF | 14 | 김대우 | 18 | 0 | 2 | 1 | 0 |
| 0 | 0 | 0 | 0 | 7 | 최경록 | 10 | MF | MF | 70 | 구본철 | 33 | 0 | 0 | 0 | 0 |
| 0 | 0 | 1 | 0 | 18 | 문민서 | 88 | FW | FW | 9 | 코바체비치 | 10 | 2 | 2 | 0 | 0 |
| 0 | 0 | 2 | 1(1) | | 헤이스 | 17 | FW | FW | 96 | 최병찬 | 39 | 0 | 2 | 0 | 0 |
| 0 | 0 | 0 | 0 | | 노희동 | 12 | | | 21 | 박청효 | | 0 | 0 | 0 | 0 |
| 0 | 0 | 0 | 0 | | 이민기 | 3 | | | 33 | 홍철 | 후29 | 0 | 1 | 1 | 0 |
| 0 | 0 | 0 | 0 | | 안영규 | 6 | | | 24 | 박호영 | | 0 | 0 | 0 | 0 |
| 0 | 0 | 0 | 0 | | 민상기 | 39 | | | 18 | 김강국 | 후16 | 0 | 1 | 1 | 0 |
| 0 | 0 | 0 | 1(1) | 후26 | 아사니 | 7 | 대기 | 대기 | 26 | 김민준 | | 0 | 0 | 0 | 0 |
| 0 | 0 | 0 | 0 | 후45 | 가브리엘 | 11 | | | 39 | 이지호 | 후0 | 0 | 1 | 0 | 0 |
| 0 | 0 | 1 | 0 | 후0 | 오후성 | 77 | | | 22 | 이상헌 | | 0 | 0 | 0 | 0 |
| 0 | 0 | 0 | 0 | 후26 | 주세종 | 80 | | | 10 | 가브리엘 | 후16 | 0 | 0 | 0 | 0 |
| 0 | 1 | 3 | 2(1) | 후0/11 | 박인혁 | 18 | | | 27 | 김도현 | 후47 | 0 | 0 | 0 | 0 |
| 0 | 2 | 20 | 5(3) | | | 0 | | | 0 | | | 3(1) | 12 | 4 | 0 |

● 후반 51분 김동현 PK-R-G (득점: 김동현) 왼쪽

5월 27일 19:30 맑음 대전 월드컵 5,833명
주심_ 최광호 부심_ 김계용·곽승순 대기심_ 최승환 경기감독관_ 이평재

**대전 1** 1 전반 2 / 0 후반 1 **3 포항**

| 퇴장 | 경고 | 파울 | ST(유) | 교체 | 선수명 | 배번 | 위치 | 위치 | 배번 | 선수명 | 교체 | ST(유) | 파울 | 경고 | 퇴장 |
|---|---|---|---|---|---|---|---|---|---|---|---|---|---|---|---|
| 0 | 0 | 0 | 0 | | 이창근 | 1 | GK | GK | 21 | 황인재 | | 0 | 0 | 0 | 0 |
| 0 | 0 | 0 | 0 | 73 | 오재석 | 22 | DF | DF | 2 | 어정원 | | 0 | 0 | 0 | 0 |
| 0 | 0 | 1 | 0 | | 김현우 | 4 | DF | DF | 24 | 한현서 | | 0 | 0 | 0 | 0 |
| 0 | 0 | 0 | 1 | | 하창래 | 3 | DF | DF | 4 | 전민광 | | 0 | 2 | 0 | 0 |
| 0 | 0 | 0 | 0 | | 박진성 | 24 | MF | DF | 17 | 신광훈 | 13 | 0 | 1 | 1 | 0 |
| 0 | 0 | 1 | 3 | | 강윤성 | 6 | MF | MF | 26 | 이태석 | | 2(1) | 1 | 0 | 0 |
| 0 | 0 | 2 | 3 | | 이순민 | 44 | MF | MF | 8 | 오베르단 | | 1(1) | 5 | 0 | 0 |
| 0 | 0 | 1 | 0 | 27 | 김준범 | 14 | MF | MF | 88 | 김동진 | 70 | 0 | 0 | 0 | 0 |
| 0 | 0 | 1 | 1 | 70 | 최건주 | 17 | MF | MF | 97 | 주닝요 | 7 | 2 | 0 | 0 | 0 |
| 0 | 0 | 4 | 1 | 71 | 김현오 | 90 | FW | FW | 19 | 이호재 | 37 | 2(1) | 0 | 0 | 0 |
| 0 | 0 | 2 | 1(1) | 9 | 주민규 | 10 | FW | FW | 9 | 조르지 | 99 | 1(1) | 3 | 0 | 0 |
| 0 | 0 | 0 | 0 | | 이준서 | 25 | | | 1 | 윤평국 | | 0 | 0 | 0 | 0 |
| 0 | 0 | 0 | 0 | | 임종은 | 5 | | | 5 | 아스프로 | | 0 | 0 | 0 | 0 |
| 0 | 0 | 0 | 0 | | 아론 | 28 | | | 13 | 강민준 | 후40 | 1 | 0 | 0 | 0 |
| 0 | 0 | 0 | 0 | | 마사 | 7 | | | 23 | 이동협 | | 0 | 0 | 0 | 0 |
| 0 | 1 | 1 | 0 | 후28 | 이준규 | 73 | 대기 | 대기 | 70 | 황서웅 | 후40 | 0 | 0 | 0 | 0 |
| 0 | 0 | 1 | 2(2) | 후0 | 김현욱 | 70 | | | 44 | 이헌재 | | 0 | 0 | 0 | 0 |
| 0 | 0 | 0 | 2(1) | 후0 | 켈빈 | 71 | | | 7 | 김인성 | 후0 | 1(1) | 0 | 0 | 0 |
| 0 | 0 | 0 | 0 | 후20 | 정재희 | 27 | | | 37 | 홍윤상 | 후20 | 0 | 1 | 0 | 0 |
| 0 | 0 | 0 | 1(1) | 후37 | 구텍 | 9 | | | 99 | 조상혁 | 후33 | 0 | 1 | 0 | 0 |
| 0 | 1 | 14 | 15(5) | | | 0 | | | 0 | | | 10(5) | 14 | 1 | 0 |

● 전반 13분 박진성 PAR TL FK ↷ 주민규 GA 정면 H-ST-G (득점: 주민규, 도움: 박진성) 왼쪽
● 전반 32분 이태석 PAL ↷ 이호재 GA 정면 H-ST-G (득점: 이호재, 도움: 이태석) 오른쪽
● 전반 36분 조르지 AKL R-ST-G (득점: 조르지) 오른쪽
● 후반 26분 조르지 MF 정면 ~ 김인성 GAR R-ST-G (득점: 김인성, 도움: 조르지) 왼쪽

5월 27일 19:30 맑음 대구iM뱅크파크 7,994명
주심_ 이동준 부심_ 송봉근·홍석찬 대기심_ 조지음 경기감독관_ 허태식

**대구 0** 0 전반 2 / 0 후반 2 **4 전북**

| 퇴장 | 경고 | 파울 | ST(유) | 교체 | 선수명 | 배번 | 위치 | 위치 | 배번 | 선수명 | 교체 | ST(유) | 파울 | 경고 | 퇴장 |
|---|---|---|---|---|---|---|---|---|---|---|---|---|---|---|---|
| 0 | 0 | 0 | 0 | | 박 만 호 | 51 | GK | GK | 31 | 송 범 근 | | 0 | 0 | 0 | 0 |
| 0 | 0 | 0 | 1 | | 이 원 우 | 15 | DF | DF | 23 | 김 태 환 | | 0 | 1 | 0 | 0 |
| 0 | 0 | 0 | 1 | | 카 이 오 | 4 | DF | DF | 26 | 홍 정 호 | | 1 | 0 | 0 | 0 |
| 0 | 0 | 0 | 1 | | 김 현 준 | 45 | DF | DF | 94 | 연 제 운 | | 0 | 2 | 0 | 0 |
| 0 | 0 | 2 | 0 | | 황 재 원 | 2 | DF | DF | 77 | 김 태 현 | | 2 | 1 | 0 | 0 |
| 0 | 0 | 1 | 1 | | 이 찬 동 | 8 | MF | MF | 4 | 박 진 섭 | | 1 | 3 | 0 | 0 |
| 0 | 0 | 0 | 0 | 33 | 이 림 | 38 | MF | MF | 13 | 강 상 윤 | 11 | 1(1) | 4 | 0 | 0 |
| 0 | 0 | 0 | 0 | 13 | 요 시 노 | 5 | MF | MF | 97 | 김 진 규 | 17 | 2 | 0 | 0 | 0 |
| 0 | 0 | 0 | 0 | 32 | 한 종 무 | 30 | FW | FW | 14 | 전 진 우 | 8 | 3(1) | 1 | 0 | 0 |
| 0 | 0 | 1 | 0 | 9 | 정 재 상 | 18 | FW | FW | 9 | 티 아 고 | 16 | 3(1) | 1 | 0 | 0 |
| 0 | 0 | 1 | 0 | 10 | 장 성 원 | 22 | FW | FW | 10 | 송 민 규 | 28 | 1 | 0 | 0 | 0 |
| 0 | 0 | 0 | 0 | | 오 승 훈 | 21 | | | 1 | 김 정 훈 | | 0 | 0 | 0 | 0 |
| 0 | 0 | 0 | 0 | | 박 재 현 | 29 | | | 25 | 최 철 순 | | 0 | 0 | 0 | 0 |
| 0 | 0 | 0 | 0 | | 심 연 원 | 34 | | | 44 | 김 하 준 | | 0 | 0 | 0 | 0 |
| 0 | 0 | 0 | 4 | 전39 | 라 마 스 | 10 | | | 8 | 한 국 영 | 후29 | 0 | 0 | 0 | 0 |
| 0 | 0 | 0 | 0 | | 손 승 민 | 25 | 대기 | 대기 | 11 | 이 승 우 | 후39 | 1 | 0 | 0 | 0 |
| 0 | 0 | 0 | 0 | 후0 | 에 드 가 | 9 | | | 17 | 진 태 호 | 후29 | 0 | 0 | 0 | 0 |
| 0 | 0 | 0 | 1 | 후21 | 권 태 영 | 13 | | | 28 | 이 영 재 | 후18 | 1(1) | 1 | 0 | 0 |
| 0 | 0 | 0 | 2(1) | 전39 | 정 치 인 | 32 | | | 22 | 권 창 훈 | | 0 | 0 | 0 | 0 |
| 0 | 0 | 1 | 2 | 후10 | 김 민 준 | 33 | | | 16 | 박 재 용 | 후39 | 0 | 0 | 0 | 0 |
| 0 | 0 | 6 | 13(1) | | | 0 | | | 0 | | | 16(4) | 14 | 0 | 0 |

- 전반 16분 황재원 GA 정면 R 자책골 (득점: 황재원) 왼쪽
- 전반 50분 강상윤 PAR 내 → 티아고 GAL R-ST-G (득점: 티아고, 도움: 강상윤) 가운데
- 후반 20분 전진우 GAL R-ST-G (득점: 전진우) 오른쪽
- 후반 26분 전진우 PAL 내 ~ 이영재 GA 정면 L-ST-G (득점: 이영재, 도움: 전진우) 가운데

5월 28일 19:30 비 춘천 송암 3,135명
주심_ 김우성 부심_ 박상준·구은석 대기심_ 오현정 경기감독관_ 나승화

**강원 1** 0 전반 2 / 1 후반 1 **3 안양**

| 퇴장 | 경고 | 파울 | ST(유) | 교체 | 선수명 | 배번 | 위치 | 위치 | 배번 | 선수명 | 교체 | ST(유) | 파울 | 경고 | 퇴장 |
|---|---|---|---|---|---|---|---|---|---|---|---|---|---|---|---|
| 0 | 0 | 0 | 0 | | 이 광 연 | 1 | GK | GK | 31 | 김 다 솔 | | 0 | 0 | 1 | 0 |
| 0 | 1 | 2 | 0 | | 이 유 현 | 97 | DF | DF | 4 | 이 창 용 | | 0 | 0 | 0 | 0 |
| 0 | 0 | 0 | 1(1) | 24 | 신 민 하 | 47 | DF | DF | 5 | 김 영 찬 | | 0 | 0 | 0 | 0 |
| 0 | 0 | 0 | 1 | | 강 투 지 | 23 | DF | DF | 55 | 토 마 스 | | 0 | 0 | 0 | 0 |
| 0 | 0 | 0 | 0 | | 홍 철 | 33 | DF | MF | 6 | 박 종 현 | 3 | 0 | 2 | 0 | 0 |
| 0 | 0 | 0 | 0 | 26 | 김 경 민 | 19 | MF | MF | 28 | 문 성 우 | 21 | 1 | 1 | 1 | 0 |
| 0 | 0 | 1 | 1(1) | 27 | 김 동 현 | 6 | MF | MF | 32 | 이 태 희 | | 1 | 0 | 1 | 0 |
| 0 | 0 | 0 | 2(1) | | 김 대 우 | 14 | MF | MF | 99 | 주 현 우 | | 0 | 2 | 0 | 0 |
| 0 | 0 | 0 | 0 | 13 | 구 본 철 | 70 | MF | FW | 7 | 마테우스 | 9 | 4(2) | 0 | 0 | 0 |
| 0 | 0 | 0 | 3(2) | | 가브리엘 | 10 | FW | FW | 19 | 김 운 | 10 | 1 | 1 | 0 | 0 |
| 0 | 0 | 2 | 0 | 9 | 이 지 호 | 39 | FW | FW | 24 | 김 보 경 | 14 | 0 | 1 | 0 | 0 |
| 0 | 0 | 0 | 0 | | 박 청 효 | 21 | | | 41 | 황 병 근 | | 0 | 0 | 0 | 0 |
| 0 | 0 | 0 | 0 | 전30 | 이 기 혁 | 13 | | | 3 | 김 지 훈 | 후36 | 0 | 0 | 0 | 0 |
| 0 | 0 | 0 | 1 | 전30 | 박 호 영 | 24 | | | 17 | 강 지 훈 | | 0 | 0 | 0 | 0 |
| 0 | 0 | 0 | 0 | | 최 한 솔 | 5 | | | 14 | 이 민 수 | 후15 | 0 | 0 | 0 | 0 |
| 0 | 0 | 0 | 0 | | 김 강 국 | 18 | 대기 | 대기 | 21 | 에두아르도 | 후15 | 1 | 0 | 0 | 0 |
| 0 | 0 | 1 | 0 | 후28 | 코바체비치 | 9 | | | 37 | 리 영 직 | | 0 | 0 | 0 | 0 |
| 0 | 0 | 0 | 0 | 후0 | 김 민 준 | 26 | | | 9 | 모 따 | 후29 | 1(1) | 0 | 0 | 0 |
| 0 | 0 | 0 | 0 | | 최 병 찬 | 96 | | | 10 | 야 고 | 후36 | 0 | 0 | 0 | 0 |
| 0 | 0 | 0 | 2 | 후0 | 김 도 현 | 27 | | | 15 | 박 정 훈 | | 0 | 0 | 0 | 0 |
| 0 | 1 | 6 | 11(5) | | | 0 | | | 0 | | | 9(3) | 7 | 3 | 0 |

- 후반 28분 김민준 C.KR ↷ 가브리엘 GA 정면 H-ST-G (득점: 가브리엘, 도움: 김민준) 왼쪽

- 전반 21분 마테우스 MFR FK L-ST-G (득점: 마테우스) 왼쪽
- 전반 25분 문성우 AKL ~ 마테우스 PA 정면 내 L-ST-G (득점: 마테우스, 도움: 문성우) 오른쪽
- 후반 43분 야고 AKR ~ 모따 PAL 내 L-ST-G (득점: 모따, 도움: 야고) 왼쪽

5월 28일 19:30 맑음 김천 종합 2,040명
주심_ 고형진 부심_ 박균용·장종필 대기심_ 박종명 경기감독관_ 박철

**김천 0** 0 전반 0 / 0 후반 1 **1 서울**

| 퇴장 | 경고 | 파울 | ST(유) | 교체 | 선수명 | 배번 | 위치 | 위치 | 배번 | 선수명 | 교체 | ST(유) | 파울 | 경고 | 퇴장 |
|---|---|---|---|---|---|---|---|---|---|---|---|---|---|---|---|
| 0 | 0 | 0 | 0 | | 김 동 헌 | 1 | GK | GK | 31 | 강 현 무 | | 0 | 0 | 0 | 0 |
| 0 | 0 | 1 | 0 | 26 | 최 예 훈 | 22 | DF | DF | 22 | 김 진 수 | | 0 | 0 | 0 | 0 |
| 0 | 0 | 2 | 0 | | 박 찬 용 | 20 | DF | DF | 30 | 김 주 성 | | 0 | 0 | 0 | 0 |
| 0 | 0 | 0 | 0 | | 박 승 욱 | 25 | DF | DF | 5 | 야 잔 | | 1 | 1 | 0 | 0 |
| 0 | 1 | 1 | 0 | 33 | 김 강 산 | 5 | DF | DF | 16 | 최 준 | | 0 | 1 | 1 | 0 |
| 0 | 0 | 1 | 0 | 11 | 김 승 섭 | 7 | MF | MF | 77 | 루 카 스 | | 4(3) | 0 | 0 | 0 |
| 0 | 0 | 0 | 0 | | 김 봉 수 | 30 | MF | MF | 41 | 황 도 윤 | 29 | 0 | 0 | 0 | 0 |
| 0 | 0 | 1 | 3 | | 서 민 우 | 4 | MF | MF | 7 | 정 승 원 | | 0 | 0 | 0 | 0 |
| 0 | 0 | 0 | 2 | 8 | 모 재 현 | 10 | MF | MF | 27 | 문 선 민 | 9 | 1(1) | 1 | 0 | 0 |
| 0 | 0 | 2 | 0 | 19 | 유 강 현 | 9 | FW | FW | 10 | 린 가 드 | 17 | 1 | 2 | 0 | 0 |
| 0 | 0 | 4 | 4(2) | | 이 동 경 | 14 | FW | FW | 37 | 정 한 민 | 45 | 0 | 1 | 0 | 0 |
| 0 | 0 | 0 | 0 | | 이 주 현 | 23 | | | 21 | 최 철 원 | | 0 | 0 | 0 | 0 |
| 0 | 0 | 0 | 1 | 후0 | 조 현 택 | 26 | | | 40 | 박 성 훈 | | 0 | 0 | 0 | 0 |
| 0 | 0 | 0 | 0 | | 김 민 덕 | 3 | | | 17 | 김 진 야 | 후53 | 1 | 0 | 0 | 0 |
| 0 | 0 | 0 | 0 | 후17 | 박 대 원 | 33 | | | 23 | 이 시 영 | | 0 | 0 | 0 | 0 |
| 0 | 0 | 0 | 0 | | 맹 성 웅 | 28 | 대기 | 대기 | 29 | 류 재 문 | 후25 | 0 | 0 | 0 | 0 |
| 0 | 0 | 0 | 0 | 후40 | 이 승 원 | 8 | | | 11 | 강 성 진 | | 0 | 0 | 0 | 0 |
| 0 | 0 | 1 | 1(1) | 후35 | 이 동 준 | 11 | | | 9 | 조 영 욱 | 후33 | 0 | 0 | 0 | 0 |
| 0 | 0 | 0 | 0 | | 김 경 준 | 6 | | | 42 | 김 신 진 | | 0 | 0 | 0 | 0 |
| 0 | 0 | 0 | 0 | 후17 | 박 상 혁 | 19 | | | 45 | 둑 스 | 후0 | 1(1) | 0 | 0 | 0 |
| 0 | 1 | 13 | 11(3) | | | 0 | | | 0 | | | 9(5) | 6 | 1 | 0 |

- 후반 35분 루카스 PAL 내 L-ST-G (득점: 루카스) 왼쪽

5월 28일 19:30 맑음 광주 월드컵 2,933명
주심_ 박병진 부심_ 설귀선·방기열 대기심_ 고민국 경기감독관_ 이경춘

**광주 1** 1 전반 0 / 0 후반 1 **1 울산**

| 퇴장 | 경고 | 파울 | ST(유) | 교체 | 선수명 | 배번 | 위치 | 위치 | 배번 | 선수명 | 교체 | ST(유) | 파울 | 경고 | 퇴장 |
|---|---|---|---|---|---|---|---|---|---|---|---|---|---|---|---|
| 0 | 0 | 0 | 0 | | 김 경 민 | 1 | GK | GK | 21 | 조 현 우 | | 0 | 0 | 0 | 0 |
| 0 | 0 | 3 | 1 | 3 | 김 한 길 | 22 | DF | DF | 20 | 황 석 호 | 19 | 0 | 1 | 0 | 0 |
| 0 | 1 | 3 | 1(1) | 88 | 변 준 수 | 5 | DF | DF | 4 | 서 명 관 | | 2 | 0 | 0 | 0 |
| 0 | 0 | 1 | 0 | | 진 시 우 | 20 | DF | DF | 13 | 강 상 우 | | 0 | 5 | 0 | 0 |
| 0 | 1 | 3 | 0 | | 조 성 권 | 2 | DF | DF | 26 | 박 민 서 | 96 | 1(1) | 6 | 1 | 0 |
| 0 | 0 | 0 | 0 | 77 | 정 지 훈 | 16 | MF | MF | 22 | 김 민 혁 | 11 | 0 | 2 | 1 | 0 |
| 0 | 0 | 1 | 2 | 10 | 이 강 현 | 8 | MF | MF | 36 | 라 카 바 | | 0 | 1 | 0 | 0 |
| 0 | 0 | 1 | 4(4) | | 박 태 준 | 55 | MF | MF | 14 | 이 진 현 | | 1(1) | 0 | 0 | 0 |
| 0 | 0 | 2 | 2(2) | 18 | 가브리엘 | 11 | MF | MF | 16 | 이 희 균 | 6 | 0 | 1 | 0 | 0 |
| 0 | 0 | 0 | 3(1) | | 헤 이 스 | 17 | FW | FW | 30 | 윤 재 석 | 97 | 1 | 2 | 0 | 0 |
| 0 | 0 | 0 | 4(2) | | 아 사 니 | 7 | FW | FW | 18 | 허 율 | | 1 | 5 | 1 | 0 |
| 0 | 0 | 0 | 0 | | 노 희 동 | 12 | | | 23 | 문 정 인 | | 0 | 0 | 0 | 0 |
| 0 | 0 | 0 | 0 | 후27 | 이 민 기 | 3 | | | 96 | 최 석 현 | 후36 | 0 | 0 | 0 | 0 |
| 0 | 0 | 0 | 0 | | 안 영 규 | 6 | | | 19 | 김 영 권 | 후0 | 0 | 0 | 0 | 0 |
| 0 | 0 | 0 | 0 | | 민 상 기 | 39 | | | 17 | 루 빅 손 | | 0 | 0 | 0 | 0 |
| 0 | 0 | 0 | 0 | 후27 | 최 경 록 | 10 | 대기 | 대기 | 7 | 고 승 범 | | 0 | 0 | 0 | 0 |
| 0 | 0 | 1 | 3 | 후0 | 오 후 성 | 77 | | | 6 | 보야니치 | 후0 | 0 | 0 | 0 | 0 |
| 0 | 0 | 0 | 0 | | 주 세 종 | 80 | | | 27 | 이 청 용 | | 0 | 0 | 0 | 0 |
| 0 | 0 | 0 | 0 | 후49 | 문 민 서 | 88 | | | 11 | 엄 원 상 | 후23 | 0 | 0 | 0 | 0 |
| 0 | 0 | 0 | 0 | 후32 | 박 인 혁 | 18 | | | 97 | 에 릭 | 후0 | 1(1) | 0 | 0 | 0 |
| 0 | 2 | 15 | 20(10) | | | 0 | | | 0 | | | 7(3) | 23 | 3 | 0 |

- 전반 30분 이강현 MFL ↷ 변준수 GAR H-ST-G (득점: 변준수, 도움: 이강현) 왼쪽

- 후반 2분 허율 MF 정면 ~ 에릭 AK 내 R-ST-G (득점: 에릭, 도움: 허율) 오른쪽

5월 31일 19:00 흐림 서울 월드컵 24,270명
주심_ 이동준 부심_ 곽승순·김종희 대기심_ 안재훈 경기감독관_ 양정환

**서울 1**   0 전반 1 / 1 후반 2   **3 제주**

| 퇴장 | 경고 | 파울 | ST(유) | 교체 | 선수명 | 배번 | 위치 | 위치 | 배번 | 선수명 | 교체 | ST(유) | 파울 | 경고 | 퇴장 |
|---|---|---|---|---|---|---|---|---|---|---|---|---|---|---|---|
| 0 | 0 | 0 | 0 | | 강현무 | 31 | GK | GK | 1 | 김동준 | 21 | 0 | 0 | 0 | 0 |
| 0 | 0 | 0 | 1(1) | | 김진수 | 22 | DF | DF | 40 | 김륜성 | 24 | 0 | 0 | 0 | 0 |
| 0 | 0 | 0 | 1(1) | | 김주성 | 30 | DF | DF | 4 | 송주훈 | | 0 | 1 | 0 | 0 |
| 0 | 0 | 1 | 3(2) | | 야잔 | 5 | DF | DF | 26 | 임채민 | | 1 | 1 | 1 | 0 |
| 0 | 0 | 1 | 1(1) | | 최준 | 16 | DF | DF | 22 | 안태현 | | 0 | 1 | 0 | 0 |
| 0 | 0 | 2 | 3(1) | | 루카스 | 77 | MF | MF | 5 | 이탈로 | | 0 | 2 | 1 | 0 |
| 0 | 0 | 0 | 0 | 8 | 황도윤 | 41 | MF | MF | 10 | 남태희 | | 2 | 1 | 1 | 0 |
| 0 | 0 | 0 | 1(1) | 27 | 류재문 | 29 | MF | MF | 8 | 이창민 | 14 | 1(1) | 0 | 0 | 0 |
| 0 | 0 | 1 | 2 | | 정승원 | 7 | MF | FW | 17 | 유인수 | | 2(2) | 0 | 0 | 0 |
| 0 | 0 | 0 | 6(1) | | 린가드 | 10 | FW | FW | 19 | 김주공 | 3 | 0 | 0 | 0 | 0 |
| 0 | 0 | 3 | 4(1) | | 둑스 | 45 | FW | FW | 27 | 김준하 | 18 | 0 | 0 | 0 | 0 |
| 0 | 0 | 0 | 0 | | 최철원 | 21 | | | 21 | 안찬기 | 후33 | 0 | 1 | 0 | 0 |
| 0 | 0 | 0 | 0 | | 박성훈 | 40 | | | 3 | 장민규 | 후11 | 0 | 0 | 0 | 0 |
| 0 | 0 | 0 | 0 | | 김진야 | 17 | | | 23 | 임창우 | | 0 | 0 | 0 | 0 |
| 0 | 0 | 0 | 0 | | 이시영 | 23 | | | 14 | 김건웅 | 후25 | 0 | 0 | 0 | 0 |
| 0 | 0 | 1 | 1(1) | 후24 | 이승모 | 8 | 대기 | 대기 | 18 | 오재혁 | 후11 | 1(1) | 1 | 0 | 0 |
| 0 | 0 | 0 | 0 | | 강성진 | 11 | | | 9 | 유리조나탄 | | 0 | 0 | 0 | 0 |
| 0 | 0 | 2 | 1(1) | 후0 | 문선민 | 27 | | | 15 | 데닐손 | | 0 | 0 | 0 | 0 |
| 0 | 0 | 0 | 0 | | 조영욱 | 9 | | | 24 | 최병욱 | 후33 | 0 | 0 | 0 | 0 |
| 0 | 0 | 0 | 0 | | 정한민 | 37 | | | 50 | 박동진 | | 0 | 0 | 0 | 0 |
| 0 | 0 | 11 | 24(11) | | | 0 | | | 0 | | | 7(4) | 8 | 3 | 0 |

●후반 25분 루카스 PAL 내 EL ↷ 야잔 GAR H-ST-G (득점: 야잔, 도움: 루카스) 오른쪽

●전반 23분 남태희 MF 정면 ~ 유인수 GAR R-ST-G (득점: 유인수, 도움: 남태희) 가운데
●후반 4분 남태희 AKL ~ 이창민 AKL R-ST-G (득점: 이창민, 도움: 남태희) 왼쪽
●후반 22분 안태현 PAR ↷ 유인수 GA 정면 H-ST-G (득점: 유인수, 도움: 안태현) 오른쪽

5월 31일 19:00 흐림 안양 종합 8,752명
주심_ 고형진 부심_ 박균용·장종필 대기심_ 오현진 경기감독관_ 이평재

**안양 1**   0 전반 1 / 1 후반 0   **1 대전**

| 퇴장 | 경고 | 파울 | ST(유) | 교체 | 선수명 | 배번 | 위치 | 위치 | 배번 | 선수명 | 교체 | ST(유) | 파울 | 경고 | 퇴장 |
|---|---|---|---|---|---|---|---|---|---|---|---|---|---|---|---|
| 0 | 0 | 0 | 0 | | 김다솔 | 31 | GK | GK | 1 | 이창근 | | 0 | 0 | 0 | 0 |
| 0 | 0 | 1 | 0 | | 이창용 | 4 | DF | DF | 2 | 박규현 | 73 | 0 | 2 | 0 | 0 |
| 0 | 0 | 2 | 1 | | 김영찬 | 5 | DF | DF | 4 | 김현우 | | 1(1) | 1 | 0 | 0 |
| 0 | 0 | 1 | 0 | | 이태희 | 32 | DF | DF | 5 | 임종은 | | 0 | 1 | 0 | 0 |
| 0 | 0 | 0 | 1(1) | | 토마스 | 55 | DF | DF | 33 | 김문환 | | 0 | 0 | 0 | 0 |
| 0 | 1 | 2 | 0 | 17 | 박종현 | 6 | MF | MF | 6 | 강윤성 | | 0 | 3 | 1 | 0 |
| 0 | 0 | 1 | 1(1) | 19 | 최규현 | 16 | MF | MF | 14 | 김준범 | | 0 | 0 | 0 | 0 |
| 0 | 0 | 3 | 2(1) | 10 | 에두아르도 | 21 | MF | MF | 7 | 마사 | 44 | 2(2) | 0 | 0 | 0 |
| 0 | 0 | 0 | 0 | 71 | 주현우 | 99 | MF | FW | 17 | 최건주 | 27 | 1 | 0 | 0 | 0 |
| 0 | 0 | 1 | 1(1) | | 모따 | 9 | FW | FW | 90 | 김현오 | 71 | 0 | 1 | 0 | 0 |
| 0 | 0 | 0 | 0 | 7 | 박정훈 | 15 | FW | FW | 10 | 주민규 | | 3(2) | 0 | 0 | 0 |
| 0 | 0 | 0 | 0 | | 황병근 | 41 | | | 25 | 이준서 | | 0 | 0 | 0 | 0 |
| 0 | 0 | 0 | 0 | | 김지훈 | 3 | | | 22 | 오재석 | | 0 | 0 | 0 | 0 |
| 0 | 1 | 1 | 0 | 후0 | 강지훈 | 17 | | | 3 | 하창래 | | 0 | 0 | 0 | 0 |
| 0 | 0 | 0 | 0 | | 이상용 | 20 | | | 44 | 이순민 | 후10 | 0 | 2 | 0 | 0 |
| 0 | 0 | 0 | 4(4) | 후0 | 마테우스 | 7 | 대기 | 대기 | 73 | 이준규 | 후28 | 1(1) | 1 | 0 | 0 |
| 0 | 0 | 0 | 0 | | 문성우 | 28 | | | 23 | 김민우 | | 0 | 0 | 0 | 0 |
| 0 | 0 | 0 | 1(1) | 후20 | 채현우 | 71 | | | 71 | 켈빈 | 후0/9 | 1(1) | 0 | 0 | 0 |
| 0 | 0 | 2 | 0 | 후20 | 야고 | 10 | | | 27 | 정재희 | 후0 | 0 | 1 | 0 | 0 |
| 0 | 0 | 1 | 0 | 후43 | 김운 | 19 | | | 9 | 구텍 | 후37 | 0 | 0 | 0 | 0 |
| 0 | 2 | 15 | 11(9) | | | 0 | | | 0 | | | 9(7) | 12 | 1 | 0 |

●후반 7분 마테우스 AK 정면 L-ST-G (득점: 마테우스) 가운데

●전반 1분 마사 PA 정면 내 R-ST-G (득점: 마사) 오른쪽

5월 31일 19:00 맑음 전주 월드컵 31,830명
주심_ 김대용 부심_ 김계용·신재환 대기심_ 최현재 경기감독관_ 구상범

**전북 3**   1 전반 1 / 2 후반 0   **1 울산**

| 퇴장 | 경고 | 파울 | ST(유) | 교체 | 선수명 | 배번 | 위치 | 위치 | 배번 | 선수명 | 교체 | ST(유) | 파울 | 경고 | 퇴장 |
|---|---|---|---|---|---|---|---|---|---|---|---|---|---|---|---|
| 0 | 0 | 0 | 0 | | 송범근 | 31 | GK | GK | 21 | 조현우 | | 0 | 0 | 0 | 0 |
| 0 | 0 | 1 | 0 | | 김태환 | 23 | DF | DF | 19 | 김영권 | | 0 | 1 | 0 | 0 |
| 0 | 1 | 0 | 1(1) | 94 | 홍정호 | 26 | DF | DF | 4 | 서명관 | | 0 | 0 | 0 | 0 |
| 0 | 0 | 1 | 0 | | 김영빈 | 2 | DF | DF | 96 | 최석현 | 13 | 0 | 0 | 0 | 0 |
| 0 | 0 | 1 | 0 | | 김태현 | 77 | DF | DF | 17 | 루빅손 | | 0 | 0 | 0 | 0 |
| 0 | 0 | 2 | 2(1) | | 박진섭 | 4 | MF | MF | 7 | 고승범 | 14 | 0 | 1 | 0 | 0 |
| 0 | 0 | 1 | 0 | 22 | 강상윤 | 13 | MF | MF | 6 | 보야니치 | | 0 | 1 | 0 | 0 |
| 0 | 0 | 0 | 1 | 28 | 김진규 | 97 | MF | MF | 5 | 정우영 | | 3(2) | 1 | 1 | 0 |
| 0 | 0 | 1 | 0 | | 전진우 | 14 | FW | MF | 27 | 이청용 | 36 | 2(1) | 0 | 0 | 0 |
| 0 | 1 | 3 | 1(1) | | 티아고 | 9 | FW | FW | 11 | 엄원상 | 30 | 3 | 1 | 0 | 0 |
| 0 | 0 | 0 | 3(3) | 11 | 송민규 | 10 | FW | FW | 97 | 에릭 | 99 | 1(1) | 0 | 0 | 0 |
| 0 | 0 | 0 | 0 | | 김정훈 | 1 | | | 23 | 문정인 | | 0 | 0 | 0 | 0 |
| 0 | 0 | 0 | 0 | | 최철순 | 25 | | | 28 | 이재익 | | 0 | 0 | 0 | 0 |
| 0 | 0 | 0 | 0 | 후40 | 연제운 | 94 | | | 20 | 황석호 | | 0 | 0 | 0 | 0 |
| 0 | 0 | 0 | 0 | | 보아텡 | 19 | | | 13 | 강상우 | 후31 | 0 | 0 | 0 | 0 |
| 0 | 0 | 1 | 1(1) | 후14 | 이승우 | 11 | 대기 | 대기 | 10 | 김민우 | | 0 | 0 | 0 | 0 |
| 0 | 0 | 0 | 0 | | 진태호 | 17 | | | 14 | 이진현 | 후43 | 0 | 0 | 0 | 0 |
| 0 | 0 | 0 | 0 | 후14 | 이영재 | 28 | | | 36 | 라카바 | 후26 | 0 | 0 | 0 | 0 |
| 0 | 0 | 0 | 0 | 후32 | 권창훈 | 22 | | | 30 | 윤재석 | 후43 | 0 | 0 | 0 | 0 |
| 0 | 0 | 0 | 0 | | 박재용 | 16 | | | 99 | 야고 | 후43 | 0 | 0 | 0 | 0 |
| 0 | 2 | 11 | 9(7) | | | 0 | | | 0 | | | 9(4) | 5 | 1 | 0 |

●전반 25분 송민규 GAR 내 R-ST-G (득점: 송민규) 오른쪽
●후반 41분 박진섭 GA 정면 내 R-ST-G (득점: 박진섭) 왼쪽
●후반 52분 이승우 PAL 내 ~ 티아고 GAR 내 R-ST-G (득점: 티아고, 도움: 이승우) 오른쪽

●전반 10분 엄원상 PAR ~ 이청용 PK 우측지점 R-ST-G (득점: 이청용, 도움: 엄원상) 오른쪽

6월 01일 19:00 맑음 김천 종합 1,533명
주심_ 박병진 부심_ 방기열·홍석찬 대기심_ 정동식 경기감독관_ 김용세

**김천 1**   0 전반 0 / 1 후반 1   **1 수원FC**

| 퇴장 | 경고 | 파울 | ST(유) | 교체 | 선수명 | 배번 | 위치 | 위치 | 배번 | 선수명 | 교체 | ST(유) | 파울 | 경고 | 퇴장 |
|---|---|---|---|---|---|---|---|---|---|---|---|---|---|---|---|
| 0 | 0 | 0 | 0 | | 김동헌 | 1 | GK | GK | 23 | 안준수 | | 0 | 0 | 0 | 0 |
| 0 | 0 | 0 | 1 | | 조현택 | 26 | DF | DF | 4 | 김태한 | | 0 | 2 | 0 | 0 |
| 0 | 0 | 0 | 0 | | 박찬용 | 20 | DF | DF | 5 | 이현용 | | 0 | 1 | 0 | 0 |
| 0 | 0 | 0 | 0 | | 박승욱 | 25 | DF | DF | 6 | 최규백 | | 1(1) | 1 | 0 | 0 |
| 0 | 0 | 4 | 0 | | 김강산 | 5 | DF | DF | 13 | 황인택 | 33 | 0 | 0 | 0 | 0 |
| 0 | 0 | 0 | 2(2) | 22 | 김승섭 | 7 | MF | MF | 7 | 이재원 | 40 | 0 | 2 | 0 | 0 |
| 0 | 1 | 1 | 0 | | 이승원 | 8 | MF | MF | 8 | 노경호 | 19 | 0 | 2 | 0 | 0 |
| 0 | 0 | 1 | 1 | 28 | 서민우 | 4 | MF | MF | 97 | 루안 | | 3(1) | 1 | 0 | 0 |
| 0 | 0 | 2 | 1(1) | 6 | 이동준 | 11 | MF | FW | 9 | 싸박 | 30 | 1 | 0 | 0 | 0 |
| 0 | 0 | 3 | 1 | 19 | 유강현 | 9 | FW | FW | 70 | 안데르손 | | 1(1) | 0 | 0 | 0 |
| 0 | 0 | 0 | 0 | 18 | 이동경 | 14 | FW | FW | 17 | 박용희 | 28 | 2(1) | 0 | 0 | 0 |
| 0 | 0 | 0 | 0 | | 김태훈 | 21 | | | 1 | 황재윤 | | 0 | 0 | 0 | 0 |
| 0 | 0 | 1 | 0 | 후41 | 최예훈 | 22 | | | 22 | 장영우 | | 0 | 0 | 0 | 0 |
| 0 | 0 | 0 | 0 | | 김민덕 | 3 | | | 26 | 김대현 | | 0 | 0 | 0 | 0 |
| 0 | 0 | 0 | 0 | | 오인표 | 13 | | | 33 | 이택근 | 후0 | 0 | 0 | 0 | 0 |
| 0 | 0 | 1 | 0 | 후37 | 맹성웅 | 28 | 대기 | 대기 | 28 | 김재성 | 후22 | 0 | 1 | 0 | 0 |
| 0 | 0 | 2 | 0 | 후16 | 김경준 | 6 | | | 34 | 장윤호 | | 0 | 0 | 0 | 0 |
| 0 | 0 | 0 | 0 | | 추상훈 | 27 | | | 40 | 김도윤 | 후42 | 0 | 0 | 0 | 0 |
| 0 | 0 | 0 | 0 | 후41 | 원기종 | 18 | | | 19 | 정승배 | 후38 | 1(1) | 0 | 0 | 0 |
| 0 | 1 | 1 | 1(1) | 후0 | 박상혁 | 19 | | | 30 | 최치웅 | 후22 | 1(1) | 0 | 0 | 0 |
| 0 | 2 | 16 | 7(4) | | | 0 | | | 0 | | | 10(6) | 10 | 0 | 0 |

●후반 31분 이동경 MFR FK ↷ 박상혁 PAL 내 L-ST-G (득점: 박상혁, 도움: 이동경) 오른쪽

●후반 43분 안데르손 MFL ↷ 정승배 GAR R-ST-G (득점: 정승배, 도움: 안데르손) 가운데

6월 01일 19:00 맑음 포항 스틸야드 8,944명
주심_ 김희곤 부심_ 설귀선·송봉근 대기심_ 조지음 경기감독관_ 허태식

**포항 2** 　 1 전반 1 / 1 후반 0 　 **1 강원**

| 퇴장 | 경고 | 파울 | ST(유) | 교체 | 선수명 | 배번 | 위치 | 위치 | 배번 | 선수명 | 교체 | ST(유) | 파울 | 경고 | 퇴장 |
|---|---|---|---|---|---|---|---|---|---|---|---|---|---|---|---|
| 0 | 0 | 0 | 0 | | 황인재 | 21 | GK | GK | 1 | 이광연 | | 0 | 0 | 0 | 0 |
| 0 | 0 | 1 | 0 | | 이태석 | 26 | DF | DF | 34 | 송준석 | 5 | 2(1) | 1 | 0 | 0 |
| 0 | 0 | 0 | 0 | | 한현서 | 24 | DF | DF | 47 | 신민하 | | 1 | 0 | 0 | 0 |
| 0 | 0 | 1 | 0 | | 전민광 | 4 | DF | DF | 23 | 강투지 | | 0 | 0 | 0 | 0 |
| 0 | 0 | 2 | 0 | 70 | 어정원 | 2 | DF | DF | 13 | 이기혁 | | 0 | 2 | 0 | 0 |
| 0 | 0 | 2 | 0 | | 오베르단 | 8 | MF | MF | 97 | 이유현 | | 0 | 0 | 0 | 0 |
| 0 | 0 | 0 | 0 | 5 | 신광훈 | 17 | MF | MF | 6 | 김동현 | 14 | 0 | 0 | 0 | 0 |
| 0 | 0 | 0 | 2(1) | 13 | 김동진 | 88 | MF | MF | 18 | 김강국 | 24 | 0 | 1 | 0 | 0 |
| 0 | 0 | 1 | 1 | 19 | 홍윤상 | 37 | FW | MF | 96 | 최병찬 | 22 | 1 | 1 | 0 | 0 |
| 0 | 0 | 1 | 2(2) | | 조르지 | 9 | FW | MF | 26 | 김민준 | 27 | 0 | 2 | 0 | 0 |
| 0 | 0 | 1 | 0 | 15 | 김인성 | 7 | FW | FW | 10 | 가브리엘 | | 1(1) | 3 | 0 | 0 |
| 0 | 0 | 0 | 0 | | 윤평국 | 1 | | | 21 | 박청효 | | 0 | 0 | 0 | 0 |
| 0 | 0 | 0 | 0 | 후45 | 아스프로 | 5 | | | 33 | 홍철 | | 0 | 0 | 0 | 0 |
| 0 | 0 | 0 | 0 | 후3 | 강민준 | 13 | | | 24 | 박호영 | 후34 | 1 | 1 | 1 | 0 |
| 0 | 0 | 0 | 0 | | 이동협 | 23 | | | 5 | 최한솔 | 후44 | 0 | 0 | 0 | 0 |
| 0 | 0 | 0 | 0 | 후33 | 황서웅 | 70 | 대기 | 대기 | 14 | 김대우 | 후25 | 0 | 0 | 0 | 0 |
| 0 | 0 | 0 | 0 | | 이헌재 | 44 | | | 22 | 이상헌 | 후0 | 0 | 1 | 0 | 0 |
| 0 | 0 | 0 | 0 | 후33 | 이규민 | 15 | | | 19 | 김경민 | | 0 | 0 | 0 | 0 |
| 0 | 1 | 1 | 1(1) | 후0 | 이호재 | 19 | | | 39 | 이지호 | | 0 | 0 | 0 | 0 |
| 0 | 0 | 0 | 0 | | 조상혁 | 99 | | | 27 | 김도현 | 후34 | 0 | 1 | 0 | 0 |
| 0 | 1 | 10 | 6(4) | | | 0 | | | 0 | | | 6(2) | 13 | 1 | 0 |

● 전반 46분 김인성 PAR 내 ↷ 조르지 PK 좌측지점 H-ST-G (득점: 조르지, 도움: 김인성) 오른쪽
● 후반 23분 김인성 PAR ↷ 이호재 GAR H-ST-G (득점: 이호재, 도움: 김인성) 오른쪽

● 전반 11분 가브리엘 PA 정면 내 R-ST-G (득점: 가브리엘) 오른쪽

6월 13일 19:30 흐림 춘천 송암 6,219명
주심_ 신용준 부심_ 윤재열·박상준 대기심_ 최승환 경기감독관_ 나승화

**강원 0** 　 0 전반 2 / 0 후반 1 　 **3 전북**

| 퇴장 | 경고 | 파울 | ST(유) | 교체 | 선수명 | 배번 | 위치 | 위치 | 배번 | 선수명 | 교체 | ST(유) | 파울 | 경고 | 퇴장 |
|---|---|---|---|---|---|---|---|---|---|---|---|---|---|---|---|
| 0 | 0 | 0 | 0 | | 이광연 | 1 | GK | GK | 31 | 송범근 | | 0 | 0 | 1 | 0 |
| 0 | 0 | 2 | 1 | | 이유현 | 97 | DF | DF | 23 | 김태환 | | 0 | 0 | 0 | 0 |
| 0 | 1 | 1 | 0 | | 강투지 | 23 | DF | DF | 26 | 홍정호 | 94 | 1 | 0 | 0 | 0 |
| 0 | 0 | 0 | 0 | | 이기혁 | 13 | DF | DF | 2 | 김영빈 | | 0 | 0 | 0 | 0 |
| 0 | 0 | 1 | 0 | 34 | 홍철 | 33 | DF | DF | 77 | 김태현 | | 0 | 1 | 0 | 0 |
| 0 | 0 | 0 | 0 | | 김대우 | 14 | MF | MF | 4 | 박진섭 | | 2 | 2 | 1 | 0 |
| 0 | 0 | 0 | 1(1) | | 김동현 | 6 | MF | MF | 13 | 강상윤 | 17 | 2(1) | 2 | 1 | 0 |
| 0 | 0 | 0 | 0 | 22 | 김민준 | 26 | MF | MF | 97 | 김진규 | 28 | 0 | 1 | 0 | 0 |
| 0 | 0 | 1 | 0 | 19 | 김도현 | 27 | MF | FW | 14 | 전진우 | 11 | 1(1) | 0 | 0 | 0 |
| 0 | 0 | 1 | 1(1) | 16 | 이지호 | 39 | FW | FW | 9 | 티아고 | | 5(4) | 3 | 0 | 0 |
| 0 | 1 | 3 | 5 | | 가브리엘 | 10 | FW | FW | 10 | 송민규 | 22 | 0 | 1 | 0 | 0 |
| 0 | 0 | 0 | 0 | | 박청효 | 21 | | | 1 | 김정훈 | | 0 | 0 | 0 | 0 |
| 0 | 0 | 0 | 0 | | 신민하 | 47 | | | 44 | 김하준 | | 0 | 0 | 0 | 0 |
| 0 | 0 | 0 | 0 | | 박호영 | 24 | | | 94 | 연제운 | 후28 | 0 | 1 | 0 | 0 |
| 0 | 0 | 0 | 1(1) | 후0 | 송준석 | 34 | | | 19 | 보아텡 | | 0 | 0 | 0 | 0 |
| 0 | 0 | 0 | 0 | | 김강국 | 18 | 대기 | 대기 | 11 | 이승우 | 후34 | 1 | 0 | 0 | 0 |
| 0 | 0 | 0 | 0 | | 구본철 | 70 | | | 17 | 진태호 | 후41 | 0 | 0 | 0 | 0 |
| 0 | 0 | 0 | 1 | 후0 | 김경민 | 19 | | | 28 | 이영재 | 후28 | 0 | 0 | 0 | 0 |
| 0 | 0 | 0 | 2 | 후22 | 이상헌 | 22 | | | 22 | 권창훈 | 후34 | 0 | 0 | 0 | 0 |
| 0 | 0 | 0 | 1 | 후22 | 김건희 | 16 | | | 16 | 박재용 | | 0 | 0 | 0 | 0 |
| 0 | 2 | 9 | 13(3) | | | 0 | | | 0 | | | 12(6) | 11 | 3 | 0 |

● 전반 5분 티아고 GAL 내 H-ST-G (득점: 티아고) 왼쪽
● 전반 31분 전진우 PAR ↷ 티아고 GA 정면 H-ST-G (득점: 티아고, 도움: 전진우) 오른쪽
● 후반 33분 전진우 AK 내 R-ST-G (득점: 전진우) 왼쪽

6월 01일 19:00 맑음 대구iM뱅크파크 11,111명
주심_ 최광호 부심_ 김지욱·구은석 대기심_ 최규현 경기감독관_ 김성기

**대구 1** 　 0 전반 1 / 1 후반 0 　 **1 광주**

| 퇴장 | 경고 | 파울 | ST(유) | 교체 | 선수명 | 배번 | 위치 | 위치 | 배번 | 선수명 | 교체 | ST(유) | 파울 | 경고 | 퇴장 |
|---|---|---|---|---|---|---|---|---|---|---|---|---|---|---|---|
| 0 | 0 | 0 | 0 | | 오승훈 | 21 | GK | GK | 1 | 김경민 | 12 | 0 | 0 | 0 | 0 |
| 0 | 0 | 1 | 0 | | 장성원 | 22 | DF | DF | 22 | 김한길 | | 0 | 3 | 1 | 0 |
| 0 | 0 | 1 | 0 | | 카이오 | 4 | DF | DF | 6 | 안영규 | 27 | 0 | 1 | 0 | 0 |
| 0 | 0 | 0 | 0 | | 이찬동 | 8 | DF | DF | 20 | 진시우 | | 1(1) | 2 | 0 | 0 |
| 0 | 0 | 1 | 1 | 15 | 김현준 | 45 | DF | DF | 5 | 변준수 | | 0 | 1 | 0 | 0 |
| 0 | 0 | 2 | 0 | | 황재원 | 2 | DF | MF | 17 | 헤이스 | | 2(1) | 0 | 0 | 0 |
| 0 | 1 | 1 | 0 | 18 | 정치인 | 32 | MF | MF | 80 | 주세종 | 8 | 0 | 0 | 0 | 0 |
| 0 | 0 | 0 | 1 | | 한종무 | 30 | MF | MF | 88 | 문민서 | 40 | 2(2) | 1 | 0 | 0 |
| 0 | 0 | 1 | 4(2) | | 라마스 | 10 | MF | MF | 16 | 정지훈 | 77 | 0 | 1 | 1 | 0 |
| 0 | 0 | 2 | 0 | 13 | 이림 | 38 | MF | FW | 18 | 박인혁 | 11 | 2 | 0 | 0 | 0 |
| 0 | 0 | 1 | 1 | | 에드가 | 9 | FW | FW | 7 | 아사니 | | 2(2) | 0 | 0 | 0 |
| 0 | 0 | 0 | 0 | | 한태희 | 31 | | | 12 | 노희동 | 후10 | 0 | 0 | 0 | 0 |
| 0 | 0 | 0 | 0 | 후52 | 이원우 | 15 | | | 29 | 곽성훈 | | 0 | 0 | 0 | 0 |
| 0 | 0 | 0 | 0 | | 박재현 | 29 | | | 27 | 권성윤 | 후29 | 0 | 1 | 0 | 0 |
| 0 | 0 | 0 | 0 | | 심연원 | 34 | | | 8 | 이강현 | 후18 | 0 | 2 | 1 | 0 |
| 0 | 0 | 0 | 0 | | 정헌택 | 27 | 대기 | 대기 | 11 | 가브리엘 | 후18 | 0 | 1 | 0 | 0 |
| 0 | 0 | 1 | 1 | 후18 | 권태영 | 13 | | | 77 | 오후성 | 전33 | 1 | 0 | 0 | 0 |
| 0 | 0 | 0 | 0 | | 전용준 | 16 | | | 10 | 최경록 | | 0 | 0 | 0 | 0 |
| 0 | 0 | 1 | 2(1) | 후18 | 정재상 | 18 | | | 13 | 박정인 | | 0 | 0 | 0 | 0 |
| 0 | 0 | 0 | 0 | | 김민준 | 33 | | | 40 | 신창무 | 후29 | 0 | 0 | 0 | 0 |
| 0 | 1 | 12 | 10(3) | | | 0 | | | 0 | | | 10(6) | 13 | 3 | 0 |

● 후반 21분 라마스 PK-L-G (득점: 라마스) 왼쪽

● 전반 43분 아사니 PK-L-G (득점: 아사니) 가운데

6월 13일 19:30 비 광주 월드컵 2,746명
주심_ 김우성 부심_ 설귀선·방기열 대기심_ 김희곤 경기감독관_ 차상해

**광주 1** 　 0 전반 1 / 1 후반 2 　 **3 서울**

| 퇴장 | 경고 | 파울 | ST(유) | 교체 | 선수명 | 배번 | 위치 | 위치 | 배번 | 선수명 | 교체 | ST(유) | 파울 | 경고 | 퇴장 |
|---|---|---|---|---|---|---|---|---|---|---|---|---|---|---|---|
| 0 | 0 | 0 | 0 | | 김동화 | 31 | GK | GK | 31 | 강현무 | | 0 | 0 | 0 | 0 |
| 0 | 0 | 0 | 0 | 94 | 민상기 | 39 | DF | DF | 22 | 김진수 | | 1(1) | 2 | 0 | 0 |
| 0 | 1 | 1 | 0 | | 진시우 | 20 | DF | DF | 30 | 김주성 | 15 | 0 | 0 | 0 | 0 |
| 0 | 0 | 0 | 1 | | 변준수 | 5 | DF | DF | 40 | 박성훈 | | 1(1) | 1 | 1 | 0 |
| 0 | 0 | 1 | 0 | | 김한길 | 22 | DF | DF | 16 | 최준 | | 0 | 0 | 0 | 0 |
| 0 | 0 | 0 | 1 | 16 | 오후성 | 77 | MF | MF | 77 | 루카스 | 27 | 0 | 3 | 0 | 0 |
| 0 | 0 | 0 | 0 | 80 | 이강현 | 8 | MF | MF | 41 | 황도윤 | 8 | 0 | 1 | 0 | 0 |
| 0 | 0 | 0 | 0 | | 최경록 | 10 | MF | MF | 7 | 정승원 | | 1(1) | 0 | 0 | 0 |
| 0 | 0 | 1 | 0 | 40 | 홍용준 | 99 | MF | MF | 63 | 박수일 | | 0 | 2 | 0 | 0 |
| 0 | 0 | 0 | 1(1) | | 헤이스 | 17 | FW | FW | 45 | 둑스 | 9 | 3(2) | 3 | 0 | 0 |
| 0 | 0 | 1 | 4(1) | 13 | 박인혁 | 18 | FW | FW | 37 | 정한민 | 10 | 1 | 0 | 0 | 0 |
| 0 | 0 | 0 | 0 | | 노희동 | 12 | | | 21 | 최철원 | | 0 | 0 | 0 | 0 |
| 0 | 0 | 0 | 0 | | 조성권 | 2 | | | 15 | 김현덕 | 후46 | 0 | 0 | 0 | 0 |
| 0 | 0 | 0 | 0 | | 안영규 | 6 | | | 17 | 김진야 | | 0 | 0 | 0 | 0 |
| 0 | 0 | 0 | 0 | 후23 | 심상민 | 94 | | | 8 | 이승모 | 후0 | 1(1) | 2 | 0 | 0 |
| 0 | 0 | 0 | 0 | 후41 | 정지훈 | 16 | 대기 | 대기 | 29 | 류재문 | | 0 | 0 | 0 | 0 |
| 0 | 0 | 0 | 0 | | 강희수 | 21 | | | 10 | 린가드 | 후31 | 1(1) | 0 | 0 | 0 |
| 0 | 0 | 2 | 1 | 후0 | 신창무 | 40 | | | 27 | 문선민 | 후0 | 1(1) | 0 | 0 | 0 |
| 0 | 0 | 0 | 0 | 후23 | 주세종 | 80 | | | 9 | 조영욱 | 후31 | 0 | 0 | 0 | 0 |
| 0 | 1 | 6 | 8(2) | | | 0 | | | 0 | | | 10(8) | 14 | 1 | 0 |

● 후반 49분 헤이스 GA 정면 내 L-ST-G (득점: 헤이스) 가운데

● 전반 10분 정승원 PA 정면 내 R-ST-G (득점: 정승원) 오른쪽
● 후반 9분 정승원 AK 내 ~ 둑스 PAR 내 L-ST-G (득점: 둑스, 도움: 정승원) 왼쪽
● 후반 23분 김진수 자기 측 HLR FK ↷ 문선민 GAR R-ST-G (득점: 문선민, 도움: 김진수) 왼쪽

6월 14일 19:00 맑음 김천 종합 2,681명
주심_ 채상협 부심_ 김계용·구은석 대기심_ 신용준 경기감독관_ 허태식

**김천 1** 1 전반 0 / 0 후반 0 **0 포항**

| 퇴장 | 경고 | 파울 | ST(유) | 교체 | 선수명 | 배번 | 위치 | 위치 | 배번 | 선수명 | 교체 | ST(유) | 파울 | 경고 | 퇴장 |
|---|---|---|---|---|---|---|---|---|---|---|---|---|---|---|---|
| 0 | 1 | 0 | 0 | | 이 주 현 | 23 | GK | GK | 21 | 황 인 재 | | 0 | 0 | 0 | 0 |
| 0 | 0 | 1 | 1 | | 조 현 택 | 26 | DF | DF | 2 | 어 정 원 | | 0 | 0 | 0 | 0 |
| 0 | 0 | 0 | 0 | | 박 찬 용 | 20 | DF | DF | 24 | 한 현 서 | | 0 | 1 | 0 | 0 |
| 0 | 0 | 1 | 0 | 13 | 김 민 덕 | 3 | DF | DF | 4 | 전 민 광 | | 0 | 1 | 0 | 0 |
| 0 | 0 | 1 | 0 | | 김 강 산 | 5 | DF | DF | 17 | 신 광 훈 | 37 | 1 | 0 | 0 | 0 |
| 0 | 0 | 0 | 2(1) | | 김 승 섭 | 7 | MF | MF | 11 | 주 닝 요 | 7 | 1(1) | 2 | 0 | 0 |
| 0 | 0 | 0 | 0 | 43 | 이 승 원 | 8 | MF | MF | 8 | 오베르단 | | 1 | 0 | 0 | 0 |
| 0 | 0 | 2 | 0 | | 맹 성 웅 | 28 | MF | MF | 88 | 김 동 진 | 70 | 1 | 0 | 0 | 0 |
| 0 | 0 | 1 | 1(1) | 40 | 이 동 준 | 11 | MF | MF | 13 | 강 민 준 | 26 | 0 | 1 | 0 | 0 |
| 0 | 0 | 1 | 2(1) | 19 | 유 강 현 | 9 | FW | FW | 19 | 이 호 재 | 44 | 0 | 0 | 0 | 0 |
| 0 | 0 | 1 | 2(2) | 18 | 이 동 경 | 14 | FW | FW | 9 | 조 르 지 | | 2 | 1 | 0 | 0 |
| 0 | 0 | 0 | 0 | | 김 태 훈 | 21 | | | 1 | 윤 평 국 | | 0 | 0 | 0 | 0 |
| 0 | 0 | 0 | 0 | | 박 철 우 | 34 | | | 5 | 아스프로 | | 0 | 0 | 0 | 0 |
| 0 | 0 | 0 | 0 | | 유 선 | 77 | | | 26 | 이 태 석 | 전26 | 0 | 1 | 0 | 0 |
| 0 | 0 | 0 | 0 | 후14 | 오 인 표 | 13 | | | 23 | 이 동 협 | | 0 | 0 | 0 | 0 |
| 0 | 0 | 0 | 0 | | 김 이 석 | 45 | 대기 | 대기 | 70 | 황 서 웅 | 후24 | 0 | 0 | 0 | 0 |
| 0 | 0 | 1 | 1(1) | 후5 | 전 병 관 | 40 | | | 44 | 이 헌 재 | 후36 | 0 | 0 | 0 | 0 |
| 0 | 0 | 0 | 0 | 후34 | 박 세 진 | 43 | | | 7 | 김 인 성 | 전26 | 1 | 0 | 0 | 0 |
| 0 | 0 | 0 | 0 | 후34 | 원 기 종 | 18 | | | 37 | 홍 윤 상 | 후24 | 0 | 1 | 0 | 0 |
| 0 | 0 | 2 | 3(1) | 후14 | 박 상 혁 | 19 | | | 99 | 조 상 혁 | | 0 | 0 | 0 | 0 |
| 0 | 1 | 11 | 12(7) | | | 0 | | | 0 | | | 7(1) | 8 | 0 | 0 |

● 전반 28분 이승원 HLR ~ 이동준 GAR R-ST-G (득점: 이동준, 도움: 이승원) 왼쪽

6월 14일 19:00 맑음 제주 월드컵 6,542명
주심_ 송민석 부심_ 박균용·장종필 대기심_ 조지음 경기감독관_ 이평재

**제주 2** 0 전반 1 / 2 후반 0 **1 대구**

| 퇴장 | 경고 | 파울 | ST(유) | 교체 | 선수명 | 배번 | 위치 | 위치 | 배번 | 선수명 | 교체 | ST(유) | 파울 | 경고 | 퇴장 |
|---|---|---|---|---|---|---|---|---|---|---|---|---|---|---|---|
| 0 | 0 | 0 | 0 | | 김 동 준 | 1 | GK | GK | 21 | 오 승 훈 | | 0 | 0 | 0 | 0 |
| 0 | 0 | 1 | 0 | 3 | 김 륜 성 | 40 | DF | DF | 22 | 장 성 원 | 15 | 0 | 0 | 0 | 0 |
| 0 | 0 | 1 | 0 | | 송 주 훈 | 4 | DF | DF | 4 | 카 이 오 | | 0 | 1 | 0 | 0 |
| 0 | 0 | 0 | 0 | | 임 채 민 | 26 | DF | DF | 40 | 박 진 영 | 74 | 0 | 0 | 0 | 0 |
| 0 | 0 | 0 | 1 | | 안 태 현 | 22 | DF | DF | 45 | 김 현 준 | | 0 | 1 | 0 | 0 |
| 0 | 1 | 1 | 1 | | 이 탈 로 | 5 | MF | DF | 2 | 황 재 원 | | 0 | 0 | 0 | 0 |
| 0 | 0 | 0 | 0 | 18 | 남 태 희 | 10 | MF | MF | 30 | 한 종 무 | 8 | 0 | 0 | 0 | 0 |
| 0 | 0 | 1 | 3(1) | | 이 창 민 | 8 | MF | MF | 10 | 라 마 스 | | 1 | 0 | 0 | 0 |
| 0 | 1 | 1 | 1(1) | | 유 인 수 | 17 | FW | FW | 32 | 정 치 인 | 13 | 1 | 3 | 0 | 0 |
| 0 | 0 | 2 | 0 | 9 | 에반드로 | 11 | FW | FW | 9 | 에 드 가 | | 1(1) | 5 | 0 | 0 |
| 0 | 0 | 1 | 0 | 15 | 김 진 호 | 30 | FW | FW | 77 | 김 주 공 | 18 | 2(2) | 1 | 0 | 0 |
| 0 | 0 | 0 | 0 | | 안 찬 기 | 21 | | | 31 | 한 태 희 | | 0 | 0 | 0 | 0 |
| 0 | 0 | 0 | 0 | 후31 | 장 민 규 | 3 | | | 15 | 이 원 우 | 후47 | 0 | 1 | 0 | 0 |
| 0 | 0 | 0 | 0 | | 정 운 | 13 | | | 47 | 정 현 철 | | 0 | 0 | 0 | 0 |
| 0 | 0 | 0 | 0 | | 임 창 우 | 23 | | | 38 | 이 림 | | 0 | 0 | 0 | 0 |
| 0 | 0 | 0 | 0 | | 김 건 웅 | 14 | 대기 | 대기 | 8 | 이 찬 동 | 후0 | 0 | 0 | 1 | 0 |
| 0 | 0 | 1 | 0 | 후31 | 오 재 혁 | 18 | | | 26 | 이 진 용 | | 0 | 0 | 0 | 0 |
| 0 | 0 | 1 | 3(3) | 후0 | 유리조나탄 | 9 | | | 74 | 이 용 래 | 후38 | 0 | 1 | 0 | 0 |
| 0 | 0 | 1 | 3(2) | 후0/27 | 데 닐 손 | 15 | | | 13 | 권 태 영 | 후31 | 2(1) | 0 | 0 | 0 |
| 0 | 0 | 0 | 0 | 후48 | 김 준 하 | 27 | | | 18 | 정 재 상 | 후47 | 0 | 0 | 0 | 0 |
| 0 | 2 | 11 | 12(7) | | | 0 | | | 0 | | | 7(4) | 13 | 1 | 0 |

● 후반 21분 송주훈 GAL 내 H↷ 유리 조나탄 GA 정면 H-ST-G (득점: 유리 조나탄, 도움: 송주훈) 왼쪽

● 후반 35분 데닐손 GAL L-ST-G (득점: 데닐손) 왼쪽

● 전반 40분 한종무 PAL 내 ~ 김주공 PA 정면 내 R-ST-G (득점: 김주공, 도움: 한종무) 왼쪽

6월 14일 19:00 맑음 수원 종합 7,524명
주심_ 김용우 부심_ 곽승순·송봉근 대기심_ 최광호 경기감독관_ 허기태

**수원FC 1** 1 전반 0 / 0 후반 2 **2 안양**

| 퇴장 | 경고 | 파울 | ST(유) | 교체 | 선수명 | 배번 | 위치 | 위치 | 배번 | 선수명 | 교체 | ST(유) | 파울 | 경고 | 퇴장 |
|---|---|---|---|---|---|---|---|---|---|---|---|---|---|---|---|
| 0 | 0 | 0 | 0 | | 안 준 수 | 23 | GK | GK | 31 | 김 다 솔 | | 0 | 0 | 0 | 0 |
| 0 | 0 | 0 | 1(1) | 19 | 김 태 한 | 4 | DF | DF | 4 | 이 창 용 | | 0 | 1 | 0 | 0 |
| 0 | 0 | 1 | 1(1) | | 이 현 용 | 5 | DF | DF | 5 | 김 영 찬 | | 0 | 2 | 1 | 0 |
| 0 | 0 | 1 | 0 | | 최 규 백 | 6 | DF | DF | 32 | 이 태 희 | | 0 | 0 | 0 | 0 |
| 0 | 0 | 0 | 0 | 20 | 서 재 민 | 21 | DF | DF | 55 | 토 마 스 | | 0 | 0 | 0 | 0 |
| 0 | 0 | 1 | 2 | 33 | 이 재 원 | 7 | MF | MF | 8 | 김 정 현 | | 0 | 4 | 1 | 0 |
| 0 | 0 | 4 | 1(1) | | 노 경 호 | 8 | MF | MF | 21 | 에두아르도 | 10 | 1 | 2 | 0 | 0 |
| 0 | 0 | 0 | 0 | 28 | 박 용 희 | 17 | MF | MF | 28 | 문 성 우 | 71 | 1 | 0 | 0 | 0 |
| 0 | 0 | 0 | 2(1) | | 안데르손 | 70 | MF | MF | 99 | 주 현 우 | 22 | 0 | 1 | 0 | 0 |
| 0 | 0 | 1 | 4(2) | | 루 안 | 97 | MF | FW | 7 | 마테우스 | 37 | 5(2) | 0 | 0 | 0 |
| 0 | 0 | 2 | 0 | 30 | 싸 박 | 9 | FW | FW | 9 | 모 따 | 19 | 2(2) | 3 | 0 | 0 |
| 0 | 0 | 0 | 0 | | 황 재 윤 | 1 | | | 41 | 황 병 근 | | 0 | 0 | 0 | 0 |
| 0 | 0 | 0 | 0 | 후27 | 이 지 솔 | 20 | | | 3 | 김 지 훈 | | 0 | 0 | 0 | 0 |
| 0 | 0 | 0 | 0 | | 장 영 우 | 22 | | | 22 | 김 동 진 | 후0 | 0 | 1 | 1 | 0 |
| 0 | 0 | 0 | 0 | 후40 | 이 택 근 | 33 | | | 24 | 김 보 경 | | 0 | 0 | 0 | 0 |
| 0 | 0 | 2 | 0 | 후0 | 김 재 성 | 28 | 대기 | 대기 | 37 | 리 영 직 | 후54 | 0 | 0 | 0 | 0 |
| 0 | 0 | 0 | 0 | | 장 윤 호 | 34 | | | 71 | 채 현 우 | 후0 | 1 | 1 | 1 | 0 |
| 0 | 0 | 0 | 0 | | 김 도 윤 | 40 | | | 10 | 야 고 | 후11 | 2 | 1 | 0 | 0 |
| 0 | 0 | 0 | 1 | 후37 | 정 승 배 | 19 | | | 11 | 최 성 범 | | 0 | 0 | 0 | 0 |
| 0 | 0 | 0 | 0 | 후37 | 최 치 웅 | 30 | | | 19 | 김 운 | 후39 | 1 | 1 | 0 | 0 |
| 0 | 0 | 12 | 12(6) | | | 0 | | | 0 | | | 13(4) | 17 | 4 | 0 |

● 전반 41분 노경호 AKR R-ST-G (득점: 노경호) 오른쪽

● 후반 19분 마테우스 MFR FK↷ 모따 PK지점 H-ST-G (득점: 모따, 도움: 마테우스) 오른쪽

● 후반 29분 야고 PAR ↷ 모따 GA 정면 H-ST-G (득점: 모따, 도움: 야고) 왼쪽

4월 01일 19:30 맑음 울산 문수 6,902명
주심_ 신용준 부심_ 곽승순·김지욱 대기심_ 설태환 경기감독관_ 이평재

**울산 2** 2 전반 2 / 0 후반 1 **3 대전**

| 퇴장 | 경고 | 파울 | ST(유) | 교체 | 선수명 | 배번 | 위치 | 위치 | 배번 | 선수명 | 교체 | ST(유) | 파울 | 경고 | 퇴장 |
|---|---|---|---|---|---|---|---|---|---|---|---|---|---|---|---|
| 0 | 0 | 0 | 0 | | 조 현 우 | 21 | GK | GK | 1 | 이 창 근 | | 0 | 0 | 1 | 0 |
| 0 | 0 | 3 | 1(1) | 96 | 이 재 익 | 28 | DF | DF | 2 | 박 규 현 | 22 | 0 | 0 | 0 | 0 |
| 0 | 0 | 0 | 0 | 19 | 서 명 관 | 4 | DF | DF | 98 | 안 톤 | | 0 | 3 | 0 | 0 |
| 0 | 0 | 1 | 3(1) | | 박 민 서 | 26 | DF | DF | 5 | 임 종 은 | | 0 | 0 | 0 | 0 |
| 0 | 0 | 2 | 1 | | 윤 종 규 | 24 | DF | MF | 6 | 강 윤 성 | | 0 | 1 | 0 | 0 |
| 0 | 0 | 0 | 1 | | 고 승 범 | 7 | MF | MF | 15 | 임 덕 근 | | 1 | 0 | 0 | 0 |
| 0 | 0 | 0 | 2(2) | | 이 진 현 | 14 | MF | MF | 14 | 김 준 범 | | 0 | 1 | 0 | 0 |
| 0 | 0 | 0 | 3(3) | 17 | 이 희 균 | 16 | MF | FW | 70 | 김 현 욱 | 73 | 1(1) | 2 | 0 | 0 |
| 0 | 0 | 0 | 0 | 11 | 윤 재 석 | 30 | FW | FW | 77 | 윤 도 영 | 11 | 0 | 1 | 0 | 0 |
| 0 | 0 | 2 | 3(2) | | 라 카 바 | 36 | FW | FW | 9 | 구 텍 | 10 | 0 | 1 | 1 | 0 |
| 0 | 0 | 0 | 1 | 18 | 에 릭 | 97 | FW | MF | 19 | 신 상 은 | 27 | 1(1) | 1 | 0 | 0 |
| 0 | 0 | 0 | 0 | | 문 정 인 | 23 | | | 89 | 정 산 | | 0 | 0 | 0 | 0 |
| 0 | 1 | 1 | 0 | 전27 | 김 영 권 | 19 | | | 28 | 아 론 | | 0 | 0 | 0 | 0 |
| 0 | 0 | 0 | 0 | 후29 | 최 석 현 | 96 | | | 4 | 김 현 우 | | 0 | 0 | 0 | 0 |
| 0 | 0 | 1 | 1 | 후29 | 루 빅 손 | 17 | | | 22 | 오 재 석 | 후44 | 0 | 0 | 0 | 0 |
| 0 | 0 | 0 | 0 | | 이 청 용 | 27 | 대기 | 대기 | 73 | 이 준 규 | 후36 | 0 | 0 | 0 | 0 |
| 0 | 0 | 0 | 1(1) | 전19 | 엄 원 상 | 11 | | | 11 | 김 인 균 | 후0 | 1(1) | 1 | 1 | 0 |
| 0 | 0 | 0 | 0 | | 정 우 영 | 5 | | | 27 | 정 재 희 | 후11 | 0 | 0 | 0 | 0 |
| 0 | 0 | 0 | 0 | | 장 시 영 | 29 | | | 23 | 김 민 우 | | 0 | 0 | 0 | 0 |
| 0 | 0 | 1 | 0 | 후29 | 허 율 | 18 | | | 10 | 주 민 규 | 후11 | 2(1) | 3 | 1 | 0 |
| 0 | 1 | 11 | 17(10) | | | 0 | | | 0 | | | 6(4) | 14 | 4 | 0 |

● 전반 41분 이희균 PAL 내 EL ~ 박민서 PA 정면 내 L-ST-G (득점: 박민서, 도움: 이희균) 오른쪽

● 전반 48분 고승범 PA 정면 내 ~ 이희균 GAR L-ST-G (득점: 이희균, 도움: 고승범) 오른쪽

● 전반 3분 윤도영 HL 정면 ~ 신상은 GAL 내 L-ST-G (득점: 신상은, 도움: 윤도영) 왼쪽

● 전반 12분 김현욱 PK-L-G (득점: 김현욱) 가운데

● 후반 18분 정재희 GA 정면 H↷ 주민규 GAL 내 R-ST-G (득점: 주민규, 도움: 정재희) 왼쪽

6월 17일 19:30 맑음 서울 월드컵 15,290명
주심_ 최광호 부심_ 구은석·홍석찬 대기심_ 김용우 경기감독관_ 허기태

**서울 1** 0 전반 1 / 1 후반 0 **1 강원**

| 퇴장 | 경고 | 파울 | ST(유) | 교체 | 선수명 | 배번 | 위치 | 위치 | 배번 | 선수명 | 교체 | ST(유) | 파울 | 경고 | 퇴장 |
|---|---|---|---|---|---|---|---|---|---|---|---|---|---|---|---|
| 0 | 0 | 0 | 0 | | 강현무 | 31 | GK | GK | 21 | 박청효 | | 0 | 0 | 0 | 0 |
| 0 | 0 | 1 | 0 | | 김진수 | 22 | DF | DF | 47 | 신민하 | | 0 | 1 | 1 | 0 |
| 0 | 0 | 1 | 0 | | 야잔 | 5 | DF | DF | 23 | 강투지 | | 1(1) | 0 | 0 | 0 |
| 0 | 0 | 1 | 0 | 30 | 박성훈 | 40 | DF | DF | 13 | 이기혁 | | 1 | 4 | 1 | 0 |
| 0 | 1 | 1 | 1 | | 최준 | 16 | DF | DF | 34 | 송준석 | | 2 | 1 | 0 | 0 |
| 0 | 0 | 2 | 5(3) | 9 | 루카스 | 77 | MF | MF | 97 | 이유현 | | 0 | 2 | 0 | 0 |
| 0 | 0 | 0 | 0 | 27 | 이승모 | 8 | MF | MF | 6 | 김동현 | 18 | 0 | 1 | 0 | 0 |
| 0 | 0 | 0 | 3 | | 정승원 | 7 | MF | MF | 26 | 김민준 | 42 | 0 | 1 | 0 | 0 |
| 0 | 0 | 0 | 0 | | 박수일 | 63 | MF | MF | 39 | 이지호 | 19 | 2(1) | 0 | 0 | 0 |
| 0 | 0 | 1 | 0 | | 둑스 | 45 | FW | FW | 22 | 이상헌 | 27 | 1(1) | 2 | 0 | 0 |
| 0 | 0 | 0 | 1(1) | 32 | 린가드 | 10 | FW | FW | 10 | 가브리엘 | 16 | 0 | 0 | 0 | 0 |
| 0 | 0 | 0 | 0 | | 최철원 | 21 | | | 1 | 이광연 | | 0 | 0 | 0 | 0 |
| 0 | 0 | 0 | 0 | | 김현덕 | 15 | | | 33 | 홍철 | | 0 | 0 | 0 | 0 |
| 0 | 0 | 0 | 0 | 전40 | 김주성 | 30 | | | 5 | 최한솔 | | 0 | 0 | 0 | 0 |
| 0 | 0 | 0 | 0 | | 김진야 | 17 | | | 14 | 김대우 | | 0 | 0 | 0 | 0 |
| 0 | 0 | 0 | 0 | | 류재문 | 29 | 대기 | 대기 | 18 | 김강국 | 후26 | 0 | 1 | 0 | 0 |
| 0 | 0 | 0 | 3(1) | 후0 | 문선민 | 27 | | | 42 | 모재현 | 후12 | 0 | 1 | 0 | 0 |
| 0 | 0 | 0 | 1 | 후44 | 조영욱 | 9 | | | 19 | 김경민 | 후26 | 0 | 0 | 0 | 0 |
| 0 | 0 | 1 | 0 | 후16 | 클리말라 | 32 | | | 27 | 김도현 | 후42 | 1(1) | 0 | 0 | 0 |
| 0 | 0 | 0 | 0 | | 정한민 | 37 | | | 16 | 김건희 | 후12 | 3(1) | 2 | 0 | 0 |
| 0 | 1 | 8 | 14(5) | | | 0 | | | 0 | | | 11(5) | 16 | 2 | 0 |

● 후반 26분 클리말라 GAL ↷ 문선민 GA 정면 H-ST-G (득점: 문선민, 도움: 클리말라) 가운데

● 전반 24분 이지호 PAL ~ 이상헌 GAL L-ST-G (득점: 이상헌, 도움: 이지호) 왼쪽

6월 17일 19:30 맑음 대구iM뱅크파크 9,384명
주심_ 신용준 부심_ 윤재열·박상준 대기심_ 김대용 경기감독관_ 허태식

**대구 1** 0 전반 1 / 1 후반 0 **1 포항**

| 퇴장 | 경고 | 파울 | ST(유) | 교체 | 선수명 | 배번 | 위치 | 위치 | 배번 | 선수명 | 교체 | ST(유) | 파울 | 경고 | 퇴장 |
|---|---|---|---|---|---|---|---|---|---|---|---|---|---|---|---|
| 0 | 0 | 0 | 0 | | 오승훈 | 21 | GK | GK | 21 | 황인재 | | 0 | 0 | 0 | 0 |
| 0 | 0 | 0 | 0 | | 카이오 | 4 | DF | DF | 26 | 이태석 | | 0 | 0 | 0 | 0 |
| 0 | 0 | 3 | 0 | | 홍정운 | 6 | DF | DF | 24 | 한현서 | 37 | 0 | 2 | 0 | 0 |
| 0 | 1 | 1 | 0 | 3 | 박진영 | 40 | DF | DF | 4 | 전민광 | | 0 | 1 | 0 | 0 |
| 0 | 0 | 2 | 0 | | 장성원 | 22 | MF | DF | 5 | 아스프로 | | 1(1) | 1 | 0 | 0 |
| 0 | 0 | 0 | 0 | 10 | 한종무 | 30 | MF | MF | 2 | 어정원 | | 0 | 3 | 1 | 0 |
| 0 | 0 | 1 | 0 | 26 | 정현철 | 47 | MF | MF | 70 | 황서웅 | 17 | 0 | 0 | 0 | 0 |
| 0 | 0 | 0 | 0 | | 황재원 | 2 | MF | MF | 8 | 오베르단 | | 3(3) | 2 | 0 | 0 |
| 0 | 0 | 1 | 0 | 13 | 정치인 | 32 | FW | MF | 7 | 김인성 | 11 | 0 | 1 | 1 | 0 |
| 0 | 0 | 2 | 0 | 9 | 정재상 | 18 | FW | FW | 19 | 이호재 | 99 | 1(1) | 0 | 0 | 0 |
| 0 | 0 | 1 | 5(1) | | 김주공 | 77 | FW | FW | 9 | 조르지 | | 2 | 4 | 0 | 0 |
| 0 | 0 | 0 | 0 | | 한태희 | 31 | | | 1 | 윤평국 | | 0 | 0 | 0 | 0 |
| 0 | 0 | 0 | 0 | | 이원우 | 15 | | | 3 | 이동희 | | 0 | 0 | 0 | 0 |
| 0 | 0 | 0 | 0 | 후30 | 정우재 | 3 | | | 13 | 강민준 | | 0 | 0 | 0 | 0 |
| 0 | 0 | 0 | 0 | | 이찬동 | 8 | | | 23 | 이동협 | | 0 | 0 | 0 | 0 |
| 0 | 0 | 0 | 3 | 후9 | 라마스 | 10 | 대기 | 대기 | 17 | 신광훈 | 후0 | 1(1) | 1 | 0 | 0 |
| 0 | 0 | 0 | 0 | 후18 | 이진용 | 26 | | | 88 | 김동진 | | 0 | 0 | 0 | 0 |
| 0 | 0 | 0 | 0 | | 이용래 | 74 | | | 11 | 주닝요 | 후26 | 1(1) | 1 | 0 | 0 |
| 0 | 1 | 1 | 1(1) | 후0 | 권태영 | 13 | | | 37 | 홍윤상 | 후41 | 0 | 0 | 0 | 0 |
| 0 | 0 | 1 | 3(2) | 후9 | 에드가 | 9 | | | 99 | 조상혁 | 후31 | 1 | 0 | 0 | 0 |
| 0 | 2 | 13 | 12(4) | | | 0 | | | 0 | | | 10(7) | 16 | 2 | 0 |

● 후반 37분 장성원 MFL TL ↷ 에드가 GAR H-ST-G (득점: 에드가, 도움: 장성원) 왼쪽

● 전반 31분 오베르단 GA 정면 R-ST-G (득점: 오베르단) 왼쪽

6월 17일 19:30 맑음 전주 월드컵 11,355명
주심_ 김종혁 부심_ 박균용·장종필 대기심_ 정회수 경기감독관_ 박철

**전북 3** 0 전반 2 / 3 후반 0 **2 수원FC**

| 퇴장 | 경고 | 파울 | ST(유) | 교체 | 선수명 | 배번 | 위치 | 위치 | 배번 | 선수명 | 교체 | ST(유) | 파울 | 경고 | 퇴장 |
|---|---|---|---|---|---|---|---|---|---|---|---|---|---|---|---|
| 0 | 0 | 0 | 0 | | 송범근 | 31 | GK | GK | 23 | 안준수 | | 0 | 0 | 1 | 0 |
| 0 | 0 | 1 | 0 | 22 | 김태환 | 23 | DF | DF | 4 | 김태한 | | 0 | 0 | 0 | 0 |
| 0 | 0 | 1 | 0 | | 홍정호 | 26 | DF | DF | 6 | 최규백 | | 0 | 0 | 0 | 0 |
| 0 | 0 | 0 | 0 | | 김영빈 | 2 | DF | DF | 20 | 이지솔 | | 0 | 0 | 0 | 0 |
| 0 | 0 | 1 | 0 | | 김태현 | 77 | DF | DF | 21 | 서재민 | 13 | 0 | 1 | 0 | 0 |
| 0 | 0 | 0 | 0 | 28 | 보아텡 | 19 | MF | MF | 7 | 이재원 | 30 | 0 | 1 | 1 | 0 |
| 0 | 1 | 5 | 0 | | 강상윤 | 13 | MF | MF | 8 | 노경호 | | 2(1) | 3 | 0 | 0 |
| 0 | 0 | 1 | 4(2) | 96 | 김진규 | 97 | MF | MF | 40 | 김도윤 | 34 | 1(1) | 0 | 0 | 0 |
| 0 | 1 | 1 | 0 | | 전진우 | 14 | FW | MF | 70 | 안데르손 | | 3(2) | 1 | 0 | 0 |
| 0 | 0 | 1 | 0 | | 티아고 | 9 | FW | MF | 97 | 루안 | 5 | 1(1) | 1 | 0 | 0 |
| 0 | 0 | 0 | 2(1) | 11 | 송민규 | 10 | FW | FW | 9 | 싸박 | 19 | 2(1) | 0 | 0 | 0 |
| 0 | 0 | 0 | 0 | | 김정훈 | 1 | | | 1 | 황재윤 | | 0 | 0 | 0 | 0 |
| 0 | 0 | 0 | 0 | | 김하준 | 44 | | | 5 | 이현용 | 후21 | 1 | 0 | 0 | 0 |
| 0 | 0 | 0 | 0 | | 연제운 | 94 | | | 13 | 황인택 | 후28 | 0 | 0 | 0 | 0 |
| 0 | 0 | 0 | 0 | 후17 | 권창훈 | 22 | | | 33 | 이택근 | | 0 | 0 | 0 | 0 |
| 0 | 0 | 2 | 1(1) | 후0 | 이승우 | 11 | 대기 | 대기 | 28 | 김재성 | | 0 | 0 | 0 | 0 |
| 0 | 0 | 0 | 0 | | 진태호 | 17 | | | 34 | 장윤호 | 후0 | 0 | 2 | 0 | 0 |
| 0 | 0 | 0 | 0 | 후0 | 이영재 | 28 | | | 11 | 이준석 | | 0 | 0 | 0 | 0 |
| 0 | 0 | 1 | 2(1) | 후24 | 콤파뇨 | 96 | | | 19 | 정승배 | 후21 | 0 | 0 | 0 | 0 |
| 0 | 0 | 0 | 0 | | 박재용 | 16 | | | 30 | 최치웅 | 후48 | 0 | 0 | 0 | 0 |
| 0 | 2 | 14 | 9(5) | | | 0 | | | 0 | | | 10(6) | 9 | 2 | 0 |

● 후반 6분 김진규 AKR FK R-ST-G (득점: 김진규) 오른쪽

● 후반 26분 강상윤 PAL ↷ 콤파뇨 GAR H-ST-G (득점: 콤파뇨, 도움: 강상윤) 오른쪽

● 후반 43분 김태한 GAL R 자책골 (득점: 김태한) 오른쪽

● 전반 4분 싸박 AKR ~ 김도윤 PK 우측지점 R-ST-G (득점: 김도윤, 도움: 싸박) 왼쪽

● 전반 30분 싸박 GAR L-ST-G (득점: 싸박) 왼쪽

6월 18일 19:30 맑음 제주 월드컵 5,307명
주심_ 박병진 부심_ 곽승순·송봉근 대기심_ 고형진 경기감독관_ 조성철

**제주 0** 0 전반 0 / 0 후반 1 **1 광주**

| 퇴장 | 경고 | 파울 | ST(유) | 교체 | 선수명 | 배번 | 위치 | 위치 | 배번 | 선수명 | 교체 | ST(유) | 파울 | 경고 | 퇴장 |
|---|---|---|---|---|---|---|---|---|---|---|---|---|---|---|---|
| 0 | 0 | 0 | 0 | | 김동준 | 1 | GK | GK | 12 | 노희동 | | 0 | 0 | 0 | 0 |
| 0 | 1 | 3 | 0 | | 김륜성 | 40 | DF | DF | 94 | 심상민 | 22 | 0 | 1 | 0 | 0 |
| 0 | 0 | 0 | 0 | | 송주훈 | 4 | DF | DF | 39 | 민상기 | | 0 | 2 | 0 | 0 |
| 0 | 0 | 1 | 0 | | 임채민 | 26 | DF | DF | 5 | 변준수 | | 0 | 0 | 0 | 0 |
| 0 | 0 | 0 | 0 | 18 | 안태현 | 22 | DF | DF | 2 | 조성권 | 20 | 0 | 1 | 0 | 0 |
| 0 | 0 | 2 | 1(1) | | 이탈로 | 5 | MF | MF | 16 | 정지훈 | 77 | 2(1) | 0 | 0 | 0 |
| 0 | 0 | 0 | 3(1) | | 남태희 | 10 | MF | MF | 8 | 이강현 | | 1 | 3 | 2 | 0 |
| 0 | 0 | 1 | 3(2) | | 이창민 | 8 | MF | MF | 10 | 최경록 | | 1(1) | 0 | 0 | 0 |
| 0 | 0 | 3 | 2(1) | 23 | 유인수 | 17 | FW | MF | 40 | 신창무 | 18 | 1(1) | 1 | 0 | 0 |
| 0 | 0 | 3 | 0 | 9 | 에반드로 | 11 | FW | FW | 17 | 헤이스 | | 0 | 3 | 0 | 0 |
| 0 | 0 | 1 | 0 | 15 | 김준하 | 27 | FW | FW | 7 | 아사니 | | 1 | 1 | 1 | 0 |
| 0 | 0 | 0 | 0 | | 안찬기 | 21 | | | 31 | 김동화 | | 0 | 0 | 0 | 0 |
| 0 | 0 | 0 | 0 | | 장민규 | 3 | | | 6 | 안영규 | | 0 | 0 | 0 | 0 |
| 0 | 0 | 0 | 0 | | 정운 | 13 | | | 20 | 진시우 | 후38 | 0 | 0 | 0 | 0 |
| 0 | 1 | 1 | 0 | 후33 | 임창우 | 23 | | | 22 | 김한길 | 후14 | 0 | 0 | 0 | 0 |
| 0 | 0 | 0 | 0 | | 김건웅 | 14 | 대기 | 대기 | 77 | 오후성 | 후11 | 1(1) | 0 | 0 | 0 |
| 0 | 0 | 2 | 1(1) | 후9 | 오재혁 | 18 | | | 80 | 주세종 | | 0 | 0 | 0 | 0 |
| 0 | 1 | 3 | 0 | 후0 | 유리조나탄 | 9 | | | 99 | 홍용준 | | 0 | 0 | 0 | 0 |
| 0 | 0 | 0 | 0 | 후0/24 | 데닐손 | 15 | | | 18 | 박인혁 | 후11 | 0 | 0 | 0 | 0 |
| 0 | 0 | 0 | 0 | 후45 | 최병욱 | 24 | | | 43 | 김윤호 | | 0 | 0 | 0 | 0 |
| 0 | 3 | 20 | 10(6) | | | 0 | | | 0 | | | 7(4) | 12 | 3 | 0 |

● 후반 37초 최경록 MFL → 정지훈 PAL 내 R-ST-G (득점: 정지훈, 도움: 최경록) 오른쪽

6월 18일 19:30 맑음 대전 월드컵 5,016명
주심_ 이동준 부심_ 김지욱·방기열 대기심_ 안재훈 경기감독관_ 차상해

**대전 0** 　0 전반 0 / 0 후반 0　 **0 김천**

| 퇴장 | 경고 | 파울 | ST(유) | 교체 | 선수명 | 배번 | 위치 | 위치 | 배번 | 선수명 | 교체 | ST(유) | 파울 | 경고 | 퇴장 |
|---|---|---|---|---|---|---|---|---|---|---|---|---|---|---|---|
| 0 | 0 | 0 | 0 | | 이 창 근 | 1 | GK | GK | 23 | 이 주 현 | | 0 | 0 | 0 | 0 |
| 0 | 0 | 0 | 0 | 33 | 박 규 현 | 2 | DF | DF | 22 | 최 예 훈 | 34 | 0 | 1 | 0 | 0 |
| 0 | 0 | 0 | 1 | 98 | 임 종 은 | 5 | DF | DF | 20 | 박 찬 용 | | 1 | 0 | 0 | 0 |
| 0 | 0 | 1 | 0 | | 하 창 래 | 3 | DF | DF | 5 | 김 강 산 | | 0 | 1 | 0 | 0 |
| 0 | 0 | 0 | 0 | | 오 재 석 | 22 | DF | DF | 13 | 오 인 표 | 42 | 0 | 0 | 0 | 0 |
| 0 | 0 | 0 | 1(1) | | 김 봉 수 | 30 | MF | MF | 7 | 김 승 섭 | 6 | 0 | 0 | 0 | 0 |
| 0 | 2 | 3 | 0 | | 이 순 민 | 44 | MF | MF | 8 | 이 승 원 | | 2 | 0 | 0 | 0 |
| 0 | 0 | 0 | 0 | 7 | 이 준 규 | 73 | MF | MF | 28 | 맹 성 웅 | | 1(1) | 3 | 1 | 0 |
| 0 | 0 | 0 | 1 | 76 | 서 진 수 | 19 | FW | MF | 18 | 원 기 종 | 40 | 0 | 0 | 0 | 0 |
| 0 | 0 | 1 | 0 | 27 | 윤 도 영 | 77 | FW | FW | 19 | 박 상 혁 | 15 | 1(1) | 2 | 0 | 0 |
| 0 | 0 | 0 | 3(1) | | 주 민 규 | 10 | FW | FW | 14 | 이 동 경 | | 3(3) | 1 | 0 | 0 |
| 0 | 0 | 0 | 0 | | 이 준 서 | 25 | | | 21 | 김 태 훈 | | 0 | 0 | 0 | 0 |
| 0 | 0 | 0 | 0 | 후6 | 안 톤 | 98 | | | 34 | 박 철 우 | 후12 | 0 | 0 | 0 | 0 |
| 0 | 0 | 0 | 0 | 후6 | 김 문 환 | 33 | | | 35 | 이 정 택 | | 0 | 0 | 0 | 0 |
| 0 | 0 | 0 | 1 | 전32 | 마 사 | 7 | | | 16 | 김 준 호 | | 0 | 0 | 0 | 0 |
| 0 | 0 | 0 | 0 | | 김 준 범 | 14 | 대기 | 대기 | 45 | 김 이 석 | | 0 | 0 | 0 | 0 |
| 0 | 0 | 0 | 0 | | 김 현 욱 | 70 | | | 40 | 전 병 관 | 후0 | 3(1) | 1 | 0 | 0 |
| 0 | 0 | 0 | 2 | 후28 | 에르난데스 | 76 | | | 6 | 김 경 준 | 후26 | 3(1) | 1 | 0 | 0 |
| 0 | 0 | 0 | 2(1) | 전32 | 정 재 희 | 27 | | | 42 | 고 재 현 | 후39 | 0 | 0 | 0 | 0 |
| 0 | 0 | 0 | 0 | | 구 텍 | 9 | | | 15 | 김 찬 | 후39 | 0 | 0 | 0 | 0 |
| 0 | 2 | 5 | 11(3) | | | 0 | | | 0 | | | 14(7) | 10 | 1 | 0 |

6월 21일 19:00 흐림 강릉하이원아레나 9,256명
주심_ 김대용 부심_ 김계용·곽승순 대기심_ 김재홍 경기감독관_ 김성수

**강원 3** 　1 전반 0 / 2 후반 0　 **0 대구**

| 퇴장 | 경고 | 파울 | ST(유) | 교체 | 선수명 | 배번 | 위치 | 위치 | 배번 | 선수명 | 교체 | ST(유) | 파울 | 경고 | 퇴장 |
|---|---|---|---|---|---|---|---|---|---|---|---|---|---|---|---|
| 0 | 0 | 0 | 0 | | 박 청 효 | 21 | GK | GK | 21 | 오 승 훈 | | 0 | 0 | 0 | 0 |
| 0 | 1 | 1 | 1 | 13 | 송 준 석 | 34 | DF | DF | 4 | 카 이 오 | | 0 | 1 | 0 | 0 |
| 0 | 0 | 1 | 0 | | 신 민 하 | 47 | DF | DF | 6 | 홍 정 운 | 18 | 0 | 3 | 1 | 0 |
| 0 | 0 | 2 | 1 | | 강 투 지 | 23 | DF | DF | 40 | 박 진 영 | | 0 | 0 | 0 | 0 |
| 0 | 0 | 1 | 0 | | 이 유 현 | 97 | DF | MF | 15 | 이 원 우 | 3 | 0 | 0 | 0 | 0 |
| 0 | 0 | 0 | 1 | 14 | 서 민 우 | 4 | MF | MF | 30 | 한 종 무 | 26 | 0 | 0 | 0 | 0 |
| 0 | 0 | 4 | 0 | | 김 동 현 | 6 | MF | MF | 10 | 라 마 스 | | 3(1) | 0 | 0 | 0 |
| 0 | 0 | 2 | 1(1) | | 모 재 현 | 42 | MF | MF | 2 | 황 재 원 | | 0 | 1 | 0 | 0 |
| 0 | 0 | 0 | 1 | | 김 대 원 | 7 | MF | FW | 13 | 권 태 영 | 32 | 0 | 1 | 0 | 0 |
| 0 | 0 | 0 | 3(2) | | 이 상 헌 | 22 | FW | FW | 9 | 에 드 가 | | 1 | 2 | 0 | 0 |
| 0 | 0 | 0 | 2 | 16 | 가브리엘 | 10 | FW | FW | 77 | 김 주 공 | | 0 | 0 | 0 | 0 |
| 0 | 0 | 0 | 0 | | 이 광 연 | 1 | | | 31 | 한 태 희 | | 0 | 0 | 0 | 0 |
| 0 | 0 | 0 | 0 | | 홍 철 | 33 | | | 47 | 정 현 철 | | 0 | 0 | 0 | 0 |
| 0 | 0 | 0 | 0 | | 박 호 영 | 24 | | | 8 | 이 찬 동 | | 0 | 0 | 0 | 0 |
| 0 | 0 | 0 | 0 | 후30 | 이 기 혁 | 13 | | | 3 | 정 우 재 | 후0 | 0 | 0 | 0 | 0 |
| 0 | 0 | 0 | 1(1) | 후35 | 김 대 우 | 14 | 대기 | 대기 | 38 | 이 림 | | 0 | 0 | 0 | 0 |
| 0 | 0 | 0 | 0 | | 이 지 호 | 39 | | | 26 | 이 진 용 | 후0 | 1(1) | 1 | 0 | 0 |
| 0 | 0 | 0 | 0 | | 김 민 준 | 26 | | | 74 | 이 용 래 | | 0 | 0 | 0 | 0 |
| 0 | 0 | 0 | 0 | | 김 도 현 | 27 | | | 32 | 정 치 인 | 후0 | 2(1) | 1 | 0 | 0 |
| 0 | 0 | 0 | 2(1) | 후15 | 김 건 희 | 16 | | | 18 | 정 재 상 | 후24 | 0 | 1 | 0 | 0 |
| 0 | 1 | 11 | 13(5) | | | 0 | | | 0 | | | 7(3) | 11 | 1 | 0 |

- 전반 44분 김대원 MFR FK ↷ 모재현 GA 정면 H-ST-G (득점: 모재현, 도움: 김대원) 오른쪽
- 후반 28분 모재현 PAR ↷ 김건희 GA 정면 H-ST-G (득점: 김건희, 도움: 모재현) 가운데
- 후반 32분 김동현 PAR 내 ~ 이상헌 PAR 내 R-ST-G (득점: 이상헌, 도움: 김동현) 왼쪽

4월 23일 19:30 맑음 안양 종합 5,592명
주심_ 김대용 부심_ 김지욱·방기열 대기심_ 정동식 경기감독관_ 김용세

**안양 0** 　0 전반 0 / 0 후반 1　 **1 울산**

| 퇴장 | 경고 | 파울 | ST(유) | 교체 | 선수명 | 배번 | 위치 | 위치 | 배번 | 선수명 | 교체 | ST(유) | 파울 | 경고 | 퇴장 |
|---|---|---|---|---|---|---|---|---|---|---|---|---|---|---|---|
| 0 | 0 | 0 | 0 | | 김 다 솔 | 31 | GK | GK | 21 | 조 현 우 | | 0 | 0 | 0 | 0 |
| 0 | 0 | 1 | 0 | | 이 창 용 | 4 | DF | DF | 19 | 김 영 권 | | 0 | 0 | 0 | 0 |
| 0 | 0 | 1 | 0 | | 김 영 찬 | 5 | DF | DF | 3 | 강 민 우 | | 0 | 0 | 1 | 0 |
| 0 | 0 | 0 | 0 | | 토 마 스 | 55 | DF | DF | 5 | 정 우 영 | 22 | 1 | 5 | 0 | 0 |
| 0 | 0 | 0 | 2(1) | 11 | 박 정 훈 | 15 | MF | MF | 17 | 루 빅 손 | | 3 | 0 | 0 | 0 |
| 0 | 0 | 1 | 1 | | 강 지 훈 | 17 | MF | MF | 14 | 이 진 현 | 28 | 0 | 0 | 0 | 0 |
| 0 | 0 | 1 | 3(3) | | 에두아르도 | 21 | MF | MF | 7 | 고 승 범 | | 0 | 0 | 1 | 0 |
| 0 | 0 | 1 | 2 | 7 | 김 보 경 | 24 | MF | MF | 13 | 강 상 우 | | 2(2) | 1 | 0 | 0 |
| 0 | 1 | 1 | 0 | 16 | 리 영 직 | 37 | MF | FW | 30 | 윤 재 석 | 16 | 0 | 0 | 0 | 0 |
| 0 | 0 | 0 | 0 | 71 | 야 고 | 10 | FW | FW | 27 | 이 청 용 | 36 | 0 | 0 | 0 | 0 |
| 0 | 1 | 1 | 1(1) | 9 | 김 운 | 19 | FW | FW | 97 | 에 릭 | 18 | 7(5) | 2 | 0 | 0 |
| 0 | 0 | 0 | 0 | | 황 병 근 | 41 | | | 23 | 문 정 인 | | 0 | 0 | 0 | 0 |
| 0 | 0 | 0 | 0 | | 김 지 훈 | 3 | | | 26 | 박 민 서 | | 0 | 0 | 0 | 0 |
| 0 | 0 | 0 | 0 | | 박 종 현 | 6 | | | 96 | 최 석 현 | | 0 | 0 | 0 | 0 |
| 0 | 0 | 0 | 0 | | 이 태 희 | 32 | | | 28 | 이 재 익 | 후33 | 0 | 0 | 0 | 0 |
| 0 | 1 | 0 | 4(2) | 후14 | 마테우스 | 7 | 대기 | 대기 | 22 | 김 민 혁 | 후33 | 0 | 0 | 0 | 0 |
| 0 | 0 | 0 | 0 | 후30 | 최 규 현 | 16 | | | 16 | 이 희 균 | 후0 | 1 | 0 | 0 | 0 |
| 0 | 1 | 2 | 1(1) | 후0 | 모 따 | 9 | | | 36 | 라 카 바 | 후43 | 0 | 0 | 0 | 0 |
| 0 | 0 | 1 | 0 | 후14 | 최 성 범 | 11 | | | 99 | 야 고 | | 0 | 0 | 0 | 0 |
| 0 | 0 | 0 | 1(1) | 후14 | 채 현 우 | 71 | | | 18 | 허 율 | 후38 | 1(1) | 1 | 0 | 0 |
| 0 | 4 | 10 | 15(9) | | | 0 | | | 0 | | | 15(8) | 9 | 2 | 0 |

- 후반 5분 에릭 PK-R-G (득점: 에릭) 왼쪽

6월 21일 19:00 비 포항 스틸야드 6,204명
주심_ 김우성 부심_ 김지욱·홍석찬 대기심_ 최철준 경기감독관_ 구상범

**포항 2** 　0 전반 0 / 2 후반 1　 **1 제주**

| 퇴장 | 경고 | 파울 | ST(유) | 교체 | 선수명 | 배번 | 위치 | 위치 | 배번 | 선수명 | 교체 | ST(유) | 파울 | 경고 | 퇴장 |
|---|---|---|---|---|---|---|---|---|---|---|---|---|---|---|---|
| 0 | 0 | 0 | 0 | | 황 인 재 | 21 | GK | GK | 1 | 김 동 준 | | 0 | 0 | 0 | 0 |
| 0 | 1 | 1 | 1 | | 이 태 석 | 26 | DF | DF | 13 | 정 운 | 15 | 0 | 1 | 1 | 0 |
| 0 | 0 | 1 | 0 | | 전 민 광 | 4 | DF | DF | 4 | 송 주 훈 | | 0 | 0 | 0 | 0 |
| 0 | 1 | 1 | 2 | | 박 승 욱 | 14 | DF | DF | 3 | 장 민 규 | | 0 | 1 | 0 | 0 |
| 0 | 0 | 2 | 0 | 3 | 신 광 훈 | 17 | DF | DF | 23 | 임 창 우 | | 1 | 1 | 0 | 0 |
| 0 | 0 | 2 | 0 | | 어 정 원 | 2 | MF | MF | 5 | 이 탈 로 | | 0 | 0 | 0 | 0 |
| 0 | 0 | 0 | 1(1) | | 오베르단 | 8 | MF | MF | 40 | 김 륜 성 | | 0 | 1 | 0 | 0 |
| 0 | 0 | 1 | 1 | 70 | 김 동 진 | 88 | MF | MF | 14 | 김 건 웅 | 26 | 0 | 2 | 0 | 0 |
| 0 | 0 | 1 | 0 | 7 | 주 닝 요 | 11 | MF | FW | 24 | 최 병 욱 | 8 | 0 | 0 | 0 | 0 |
| 0 | 0 | 1 | 4(3) | 12 | 조 르 지 | 9 | FW | FW | 50 | 박 동 진 | 9 | 1(1) | 2 | 0 | 0 |
| 0 | 0 | 0 | 2(2) | 99 | 이 호 재 | 19 | FW | FW | 27 | 김 준 하 | 10 | 0 | 2 | 0 | 0 |
| 0 | 0 | 0 | 0 | | 윤 평 국 | 1 | | | 21 | 안 찬 기 | | 0 | 0 | 0 | 0 |
| 0 | 0 | 0 | 0 | | 한 현 서 | 24 | | | 22 | 안 태 현 | | 0 | 0 | 0 | 0 |
| 0 | 0 | 0 | 0 | | 강 민 준 | 13 | | | 26 | 임 채 민 | 후44 | 0 | 0 | 1 | 0 |
| 0 | 0 | 0 | 0 | | 이 동 협 | 23 | | | 8 | 이 창 민 | 후0 | 2 | 2 | 0 | 0 |
| 0 | 0 | 0 | 0 | 후37 | 이 동 희 | 3 | 대기 | 대기 | 10 | 남 태 희 | 후0 | 1(1) | 1 | 1 | 0 |
| 0 | 0 | 0 | 0 | 후33 | 황 서 웅 | 70 | | | 18 | 오 재 혁 | | 0 | 0 | 0 | 0 |
| 0 | 0 | 0 | 3(3) | 후0 | 김 인 성 | 7 | | | 9 | 유리조나탄 | 후25 | 1 | 0 | 0 | 0 |
| 0 | 0 | 0 | 0 | 후37 | 조 재 훈 | 12 | | | 15 | 데 닐 손 | 후25 | 1(1) | 0 | 0 | 0 |
| 0 | 0 | 0 | 0 | 후42 | 조 상 혁 | 99 | | | 17 | 유 인 수 | | 0 | 0 | 0 | 0 |
| 0 | 2 | 10 | 14(9) | | | 0 | | | 0 | | | 7(3) | 13 | 3 | 0 |

- 후반 17분 조르지 GAL EL R-ST-G (득점: 조르지) 오른쪽
- 후반 46분 조상혁 PK지점 ~ 김인성 GAR 내 R-ST-G (득점: 김인성, 도움: 조상혁) 오른쪽
- 후반 52분 김륜성 PAL 내 ~ 남태희 PK 좌측지점 R-ST-G (득점: 남태희, 도움: 김륜성) 왼쪽

6월 21일 19:00 비 전주 월드컵 22,862명
주심_ 고형진 부심_ 윤재열·박상준 대기심_ 박세진 경기감독관_ 이경춘

**전북 1** 　1 전반 1 / 0 후반 0　 **1 서울**

| 퇴장 | 경고 | 파울 | ST(유) | 교체 | 선수명 | 배번 | 위치 | 위치 | 배번 | 선수명 | 교체 | ST(유) | 파울 | 경고 | 퇴장 |
|---|---|---|---|---|---|---|---|---|---|---|---|---|---|---|---|
| 0 | 0 | 0 | 0 | | 송범근 | 31 | GK | GK | 31 | 강현무 | 21 | 0 | 0 | 0 | 0 |
| 0 | 0 | 1 | 1 | | 김태현 | 77 | DF | DF | 22 | 김진수 | | 1 | 0 | 0 | 0 |
| 0 | 0 | 1 | 0 | | 홍정호 | 26 | DF | DF | 30 | 김주성 | | 0 | 0 | 0 | 0 |
| 0 | 0 | 0 | 0 | | 김영빈 | 2 | DF | DF | 5 | 야잔 | | 1 | 2 | 0 | 0 |
| 0 | 0 | 1 | 0 | | 김하준 | 44 | DF | DF | 16 | 최준 | | 0 | 0 | 0 | 0 |
| 0 | 0 | 0 | 0 | | 박진섭 | 4 | MF | MF | 14 | 손승범 | 27 | 0 | 2 | 0 | 0 |
| 0 | 0 | 0 | 1(1) | | 강상윤 | 13 | MF | MF | 41 | 황도윤 | 8 | 0 | 1 | 0 | 0 |
| 0 | 0 | 2 | 0 | 28 | 김진규 | 97 | MF | MF | 29 | 류재문 | | 1(1) | 0 | 0 | 0 |
| 0 | 0 | 1 | 3(1) | 21 | 이승우 | 11 | FW | MF | 7 | 정승원 | | 3 | 0 | 0 | 0 |
| 0 | 0 | 0 | 1 | 96 | 티아고 | 9 | FW | FW | 45 | 둑스 | 32 | 1(1) | 1 | 0 | 0 |
| 0 | 0 | 0 | 1(1) | 22 | 송민규 | 10 | FW | FW | 10 | 린가드 | 37 | 2 | 1 | 0 | 0 |
| 0 | 0 | 0 | 0 | | 김정훈 | 1 | | | 21 | 최철원 | 후0 | 0 | 0 | 0 | 0 |
| 0 | 0 | 0 | 0 | | 최철순 | 25 | | | 40 | 박성훈 | | 0 | 0 | 0 | 0 |
| 0 | 0 | 0 | 0 | | 연제운 | 94 | | | 63 | 박수일 | | 0 | 0 | 0 | 0 |
| 0 | 0 | 0 | 0 | | 진태호 | 17 | | | 8 | 이승모 | 후23 | 0 | 0 | 0 | 0 |
| 0 | 0 | 0 | 1 | 후29 | 츄마시 | 21 | 대기 | 대기 | 27 | 문선민 | 후0 | 1 | 0 | 0 | 0 |
| 0 | 0 | 0 | 0 | 후40 | 권창훈 | 22 | | | 77 | 루카스 | | 0 | 0 | 0 | 0 |
| 0 | 0 | 1 | 0 | 후14 | 이영재 | 28 | | | 9 | 조영욱 | | 0 | 0 | 0 | 0 |
| 0 | 0 | 0 | 0 | 후14 | 콤파뇨 | 96 | | | 32 | 클리말라 | 후0 | 0 | 2 | 0 | 0 |
| 0 | 0 | 0 | 0 | | 박재용 | 16 | | | 37 | 정한민 | 후37 | 0 | 0 | 0 | 0 |
| 0 | 0 | 7 | 8(3) | | | 0 | | | 0 | | | 10(2) | 9 | 0 | 0 |

● 전반 46분 송민규 AKL R-ST-G (득점: 송민규) 왼쪽
● 전반 24분 린가드 PAR ↷ 류재문 GA 정면 H-ST-G (득점: 류재문, 도움: 린가드) 오른쪽

8월 02일 19:00 맑음 울산 문수 10,197명
주심_ 신용준 부심_ 김계용·김지욱 대기심_ 박병진 경기감독관_ 허태식

**울산 2** 　0 전반 0 / 2 후반 3　 **3 수원FC**

| 퇴장 | 경고 | 파울 | ST(유) | 교체 | 선수명 | 배번 | 위치 | 위치 | 배번 | 선수명 | 교체 | ST(유) | 파울 | 경고 | 퇴장 |
|---|---|---|---|---|---|---|---|---|---|---|---|---|---|---|---|
| 0 | 0 | 0 | 0 | | 조현우 | 21 | GK | GK | 23 | 안준수 | | 0 | 0 | 0 | 0 |
| 0 | 0 | 1 | 0 | | 김영권 | 19 | DF | DF | 2 | 이용 | 6 | 0 | 0 | 0 | 0 |
| 0 | 0 | 0 | 0 | 4 | 정승현 | 15 | DF | DF | 4 | 김태한 | | 1(1) | 1 | 1 | 0 |
| 0 | 0 | 0 | 2(1) | 96 | 조현택 | 2 | DF | DF | 20 | 이지솔 | | 0 | 1 | 0 | 0 |
| 0 | 0 | 1 | 1(1) | | 강상우 | 13 | MF | DF | 72 | 이시영 | | 0 | 0 | 0 | 0 |
| 0 | 1 | 1 | 0 | 27 | 김민혁 | 22 | MF | MF | 7 | 이재원 | | 1(1) | 0 | 0 | 0 |
| 0 | 0 | 4 | 2(2) | | 고승범 | 7 | MF | MF | 15 | 안드리고 | 19 | 2(1) | 0 | 0 | 0 |
| 0 | 0 | 1 | 0 | | 보야니치 | 6 | MF | MF | 18 | 한찬희 | 97 | 0 | 0 | 0 | 0 |
| 0 | 0 | 0 | 1 | 36 | 루빅손 | 17 | MF | MF | 40 | 김도윤 | 44 | 0 | 0 | 0 | 0 |
| 0 | 0 | 0 | 2(1) | 9 | 윤재석 | 30 | FW | MF | 79 | 김경민 | 94 | 1(1) | 1 | 0 | 0 |
| 0 | 0 | 0 | 3 | | 에릭 | 97 | FW | FW | 9 | 싸박 | | 5(4) | 1 | 0 | 0 |
| 0 | 0 | 0 | 0 | | 문정인 | 23 | | | 1 | 황재윤 | | 0 | 0 | 0 | 0 |
| 0 | 0 | 0 | 0 | | 트로야크 | 66 | | | 6 | 최규백 | 후40 | 0 | 0 | 0 | 0 |
| 0 | 0 | 1 | 1 | 후32 | 최석현 | 96 | | | 21 | 서재민 | | 0 | 0 | 0 | 0 |
| 0 | 0 | 0 | 0 | 후0 | 서명관 | 4 | | | 22 | 장영우 | | 0 | 0 | 0 | 0 |
| 0 | 0 | 0 | 0 | | 정우영 | 5 | 대기 | 대기 | 94 | 안현범 | 후0 | 0 | 2 | 1 | 0 |
| 0 | 0 | 1 | 0 | 후20 | 이청용 | 27 | | | 97 | 루안 | 후13 | 2 | 0 | 0 | 0 |
| 0 | 0 | 0 | 0 | | 이진현 | 14 | | | 19 | 정승배 | 후40 | 0 | 0 | 0 | 0 |
| 0 | 0 | 0 | 0 | 후32 | 라카바 | 36 | | | 30 | 최치웅 | | 0 | 0 | 0 | 0 |
| 0 | 0 | 0 | 3(1) | 전16 | 말컹 | 9 | | | 44 | 윌리안 | 전22 | 4(3) | 1 | 0 | 0 |
| 0 | 1 | 10 | 15(6) | | | 0 | | | 0 | | | 16(11) | 7 | 2 | 0 |

● 후반 4분 고승범 PAL ~ 조현택 MFL R-ST-G (득점: 조현택, 도움: 고승범) 왼쪽
● 후반 17분 고승범 GA 정면 L-ST-G (득점: 고승범) 왼쪽
● 후반 14분 싸박 GAR R-ST-G (득점: 싸박) 가운데
● 후반 21분 안드리고 PAR EL → 싸박 PAR 내 R-ST-G (득점: 싸박, 도움: 안드리고) 왼쪽
● 후반 24분 윌리안 GA 정면 내 L-ST-G (득점: 윌리안) 왼쪽

6월 22일 19:00 맑음 김천 종합 1,774명
주심_ 송민석 부심_ 설귀선·구은석 대기심_ 정회수 경기감독관_ 김성기

**김천 1** 　0 전반 0 / 1 후반 0　 **0 안양**

| 퇴장 | 경고 | 파울 | ST(유) | 교체 | 선수명 | 배번 | 위치 | 위치 | 배번 | 선수명 | 교체 | ST(유) | 파울 | 경고 | 퇴장 |
|---|---|---|---|---|---|---|---|---|---|---|---|---|---|---|---|
| 0 | 0 | 0 | 0 | | 이주현 | 23 | GK | GK | 31 | 김다솔 | | 0 | 0 | 0 | 0 |
| 0 | 0 | 2 | 0 | 34 | 박대원 | 33 | DF | DF | 4 | 이창용 | | 0 | 0 | 0 | 0 |
| 0 | 0 | 0 | 2 | | 박찬용 | 20 | DF | DF | 5 | 김영찬 | | 0 | 0 | 0 | 0 |
| 0 | 0 | 3 | 0 | | 김강산 | 5 | DF | DF | 32 | 이태희 | | 0 | 3 | 0 | 0 |
| 0 | 0 | 1 | 0 | | 오인표 | 13 | DF | DF | 55 | 토마스 | | 0 | 0 | 0 | 0 |
| 0 | 0 | 0 | 4 | 42 | 김승섭 | 7 | MF | MF | 22 | 김동진 | 14 | 0 | 1 | 1 | 0 |
| 0 | 0 | 1 | 1(1) | | 이승원 | 8 | MF | MF | 24 | 김보경 | 11 | 0 | 1 | 0 | 0 |
| 0 | 0 | 0 | 0 | | 맹성웅 | 28 | MF | MF | 28 | 문성우 | 10 | 0 | 1 | 0 | 0 |
| 0 | 0 | 0 | 0 | 40 | 원기종 | 18 | MF | MF | 37 | 리영직 | 71 | 1 | 2 | 0 | 0 |
| 0 | 0 | 0 | 2 | 19 | 유강현 | 9 | FW | FW | 7 | 마테우스 | | 3 | 0 | 0 | 0 |
| 0 | 0 | 0 | 7 | 43 | 이동경 | 14 | FW | FW | 9 | 모따 | 19 | 1 | 2 | 0 | 0 |
| 0 | 0 | 0 | 0 | | 김태훈 | 21 | | | 41 | 황병근 | | 0 | 0 | 0 | 0 |
| 0 | 0 | 0 | 0 | 후35 | 박철우 | 34 | | | 3 | 김지훈 | | 0 | 0 | 0 | 0 |
| 0 | 0 | 0 | 0 | | 이정택 | 35 | | | 13 | 한가람 | | 0 | 0 | 0 | 0 |
| 0 | 0 | 0 | 0 | | 김준호 | 16 | | | 14 | 이민수 | 후30 | 0 | 0 | 0 | 0 |
| 0 | 0 | 0 | 0 | 후45 | 박세진 | 43 | 대기 | 대기 | 21 | 에두아르도 | | 0 | 0 | 0 | 0 |
| 0 | 0 | 1 | 0 | 후0 | 전병관 | 40 | | | 71 | 채현우 | 후41 | 1(1) | 0 | 0 | 0 |
| 0 | 0 | 0 | 0 | | 김경준 | 6 | | | 10 | 야고 | 후0 | 1 | 0 | 0 | 0 |
| 0 | 0 | 1 | 0 | 후35 | 고재현 | 42 | | | 11 | 최성범 | 후16 | 0 | 1 | 0 | 0 |
| 0 | 0 | 1 | 0 | 후16 | 박상혁 | 19 | | | 19 | 김운 | 후41 | 0 | 0 | 0 | 0 |
| 0 | 0 | 10 | 16(1) | | | 0 | | | 0 | | | 7(1) | 11 | 1 | 0 |

● 후반 38분 이승원 GAR 내 L-ST-G (득점: 이승원) 오른쪽

6월 22일 19:00 맑음 광주 월드컵 3,055명
주심_ 채상협 부심_ 박균용·장종필 대기심_ 오현진 경기감독관_ 이평재

**광주 2** 　0 전반 0 / 2 후반 2　 **2 대전**

| 퇴장 | 경고 | 파울 | ST(유) | 교체 | 선수명 | 배번 | 위치 | 위치 | 배번 | 선수명 | 교체 | ST(유) | 파울 | 경고 | 퇴장 |
|---|---|---|---|---|---|---|---|---|---|---|---|---|---|---|---|
| 0 | 0 | 0 | 0 | | 노희동 | 12 | GK | GK | 1 | 이창근 | | 0 | 0 | 0 | 0 |
| 0 | 0 | 0 | 0 | 20 | 김한길 | 22 | DF | DF | 72 | 김진야 | 33 | 0 | 1 | 0 | 0 |
| 0 | 0 | 1 | 0 | | 민상기 | 39 | DF | DF | 98 | 안톤 | | 0 | 0 | 0 | 0 |
| 0 | 0 | 0 | 1 | | 변준수 | 5 | DF | DF | 3 | 하창래 | | 1(1) | 2 | 1 | 0 |
| 0 | 0 | 0 | 0 | | 조성권 | 2 | DF | DF | 6 | 강윤성 | | 0 | 1 | 0 | 0 |
| 0 | 1 | 1 | 1 | 77 | 정지훈 | 16 | MF | MF | 30 | 김봉수 | | 1(1) | 2 | 0 | 0 |
| 0 | 0 | 1 | 2 | 99 | 주세종 | 80 | MF | MF | 66 | 김한서 | 8 | 0 | 0 | 0 | 0 |
| 0 | 0 | 1 | 0 | | 최경록 | 10 | MF | MF | 70 | 김현욱 | 10 | 0 | 0 | 0 | 0 |
| 0 | 0 | 1 | 1(1) | 18 | 신창무 | 40 | MF | FW | 17 | 최건주 | 76 | 0 | 0 | 0 | 0 |
| 0 | 0 | 0 | 1(1) | | 헤이스 | 17 | FW | FW | 73 | 이준규 | 27 | 0 | 1 | 0 | 0 |
| 0 | 0 | 0 | 3(2) | | 아사니 | 7 | FW | FW | 9 | 구텍 | | 3(2) | 3 | 0 | 0 |
| 0 | 0 | 0 | 0 | | 김동화 | 31 | | | 25 | 이준서 | | 0 | 0 | 0 | 0 |
| 0 | 0 | 0 | 0 | | 안영규 | 6 | | | 5 | 임종은 | | 0 | 0 | 0 | 0 |
| 0 | 0 | 0 | 0 | 후25 | 진시우 | 20 | | | 33 | 김문환 | 후15 | 0 | 0 | 0 | 0 |
| 0 | 0 | 0 | 0 | | 권성윤 | 27 | | | 8 | 밥신 | 전26 | 0 | 0 | 0 | 0 |
| 0 | 0 | 0 | 0 | | 강희수 | 21 | 대기 | 대기 | 14 | 김준범 | | 0 | 0 | 0 | 0 |
| 0 | 0 | 0 | 0 | 후0 | 오후성 | 77 | | | 7 | 마사 | | 0 | 0 | 0 | 0 |
| 0 | 0 | 1 | 0 | 후25/43 | 홍용준 | 99 | | | 76 | 에르난데스 | 후0 | 1 | 1 | 0 | 0 |
| 0 | 0 | 0 | 1(1) | 후13 | 박인혁 | 18 | | | 27 | 정재희 | 전26 | 3(1) | 0 | 0 | 0 |
| 0 | 0 | 1 | 0 | 후41 | 김윤호 | 43 | | | 10 | 주민규 | 후35 | 0 | 0 | 0 | 0 |
| 0 | 1 | 7 | 10(5) | | | 0 | | | 0 | | | 9(5) | 11 | 1 | 0 |

● 후반 10분 헤이스 PAR 내 EL ~ 아사니 GAR L-ST-G (득점: 아사니, 도움: 헤이스) 왼쪽
● 후반 26분 아사니 MFR ~ 박인혁 GAR R-ST-G (득점: 박인혁, 도움: 아사니) 왼쪽
● 후반 23분 에르난데스 AKL ~ 구텍 GAL L-ST-G (득점: 구텍, 도움: 에르난데스) 가운데
● 후반 33분 에르난데스 GAL ~ 구텍 GAR R-ST-G (득점: 구텍, 도움: 에르난데스) 왼쪽

6월 27일 19:30 맑음 김천 종합 3,840명
주심_ 김대용 부심_ 곽승순·송봉근 대기심_ 정동식 경기감독관_ 구상범

**김천 1** 0 전반 1 / 1 후반 1 **2 전북**

| 퇴장 | 경고 | 파울 | ST(유) | 교체 | 선수명 | 배번 | 위치 | 위치 | 배번 | 선수명 | 교체 | ST(유) | 파울 | 경고 | 퇴장 |
|---|---|---|---|---|---|---|---|---|---|---|---|---|---|---|---|
| 0 | 0 | 0 | 0 | | 이 주 현 | 23 | GK | GK | 31 | 송 범 근 | | 0 | 0 | 0 | 0 |
| 0 | 1 | 2 | 0 | 43 | 박 대 원 | 33 | DF | DF | 25 | 최 철 순 | 23 | 0 | 1 | 0 | 0 |
| 0 | 0 | 0 | 2 | | 박 찬 용 | 20 | DF | DF | 26 | 홍 정 호 | | 1 | 0 | 0 | 0 |
| 0 | 1 | 1 | 1(1) | | 김 강 산 | 5 | DF | DF | 2 | 김 영 빈 | | 0 | 2 | 0 | 0 |
| 0 | 0 | 0 | 0 | 35 | 오 인 표 | 13 | DF | DF | 77 | 김 태 현 | | 0 | 1 | 0 | 0 |
| 0 | 0 | 0 | 2 | | 김 승 섭 | 7 | MF | MF | 4 | 박 진 섭 | | 0 | 0 | 1 | 0 |
| 0 | 0 | 2 | 1 | | 이 승 원 | 8 | MF | MF | 13 | 강 상 윤 | | 1(1) | 0 | 0 | 0 |
| 0 | 0 | 2 | 0 | | 맹 성 웅 | 28 | MF | MF | 97 | 김 진 규 | 17 | 3 | 0 | 0 | 0 |
| 0 | 0 | 1 | 0 | 6 | 전 병 관 | 40 | MF | FW | 14 | 전 진 우 | 11 | 1(1) | 1 | 0 | 0 |
| 0 | 0 | 1 | 1 | 19 | 유 강 현 | 9 | FW | FW | 96 | 콤 파 뇨 | 9 | 5(3) | 1 | 0 | 0 |
| 0 | 0 | 1 | 1 | 18 | 이 동 경 | 14 | FW | FW | 10 | 송 민 규 | 22 | 1(1) | 1 | 0 | 0 |
| 0 | 0 | 0 | 0 | | 김 태 훈 | 21 | | | 1 | 김 정 훈 | | 0 | 0 | 0 | 0 |
| 0 | 0 | 0 | 0 | | 박 철 우 | 34 | | | 23 | 김 태 환 | 후41 | 0 | 0 | 0 | 0 |
| 0 | 0 | 1 | 0 | 후0 | 이 정 택 | 35 | | | 94 | 연 제 운 | | 0 | 0 | 0 | 0 |
| 0 | 0 | 0 | 0 | | 김 준 호 | 16 | | | 17 | 진 태 호 | 후48 | 0 | 0 | 0 | 0 |
| 0 | 0 | 0 | 0 | 후43 | 박 세 진 | 43 | 대기 | 대기 | 21 | 츄 마 시 | | 0 | 0 | 0 | 0 |
| 0 | 0 | 0 | 2(2) | 후31 | 원 기 종 | 18 | | | 22 | 권 창 훈 | 후32 | 0 | 0 | 0 | 0 |
| 0 | 0 | 0 | 2 | 후22 | 김 경 준 | 6 | | | 28 | 이 영 재 | | 0 | 0 | 0 | 0 |
| 0 | 0 | 0 | 0 | | 고 재 현 | 42 | | | 11 | 이 승 우 | 후32 | 0 | 1 | 0 | 0 |
| 0 | 1 | 2 | 3 | 후0 | 박 상 혁 | 19 | | | 9 | 티 아 고 | 후32 | 0 | 0 | 0 | 0 |
| 0 | 3 | 13 | 15(3) | | | 0 | | | 0 | | | 12(6) | 8 | 1 | 0 |

- 후반 34분 원기종 GAR R-ST-G (득점: 원기종) 왼쪽

- 전반 36분 콤파뇨 GAR R-ST-G (득점: 콤파뇨) 왼쪽
- 후반 8분 콤파뇨 GAR 내 R-ST-G (득점: 콤파뇨) 가운데

6월 28일 19:00 흐림 수원 종합 3,401명
주심_ 박병진 부심_ 윤재열·김지욱 대기심_ 정회수 경기감독관_ 양정환

**수원FC 1** 0 전반 1 / 1 후반 1 **2 강원**

| 퇴장 | 경고 | 파울 | ST(유) | 교체 | 선수명 | 배번 | 위치 | 위치 | 배번 | 선수명 | 교체 | ST(유) | 파울 | 경고 | 퇴장 |
|---|---|---|---|---|---|---|---|---|---|---|---|---|---|---|---|
| 0 | 1 | 0 | 0 | | 안 준 수 | 23 | GK | GK | 21 | 박 청 효 | 1 | 0 | 0 | 0 | 0 |
| 0 | 0 | 0 | 0 | | 김 태 한 | 4 | DF | DF | 34 | 송 준 석 | | 1(1) | 2 | 1 | 0 |
| 0 | 0 | 0 | 1 | | 최 규 백 | 6 | DF | DF | 47 | 신 민 하 | | 0 | 0 | 0 | 0 |
| 0 | 0 | 0 | 1 | 5 | 이 지 솔 | 20 | DF | DF | 23 | 강 투 지 | 5 | 1 | 0 | 0 | 0 |
| 0 | 0 | 0 | 1 | 21 | 장 영 우 | 22 | DF | DF | 97 | 이 유 현 | | 0 | 0 | 0 | 0 |
| 0 | 0 | 1 | 1 | 10 | 이 재 원 | 7 | MF | MF | 4 | 서 민 우 | | 0 | 0 | 0 | 0 |
| 0 | 0 | 1 | 0 | 19 | 장 윤 호 | 34 | MF | MF | 6 | 김 동 현 | 27 | 1 | 4 | 0 | 0 |
| 0 | 0 | 1 | 0 | 94 | 김 도 윤 | 40 | MF | MF | 42 | 모 재 현 | 33 | 0 | 0 | 0 | 0 |
| 0 | 0 | 1 | 4 | | 안데르손 | 70 | MF | MF | 7 | 김 대 원 | | 1(1) | 2 | 2 | 0 |
| 0 | 0 | 2 | 6(2) | | 루 안 | 97 | MF | FW | 22 | 이 상 헌 | | 1 | 0 | 0 | 0 |
| 0 | 0 | 0 | 4(2) | | 싸 박 | 9 | FW | FW | 10 | 가브리엘 | 16 | 3(1) | 3 | 0 | 0 |
| 0 | 0 | 0 | 0 | | 황 재 윤 | 1 | | | 1 | 이 광 연 | 후27 | 0 | 0 | 0 | 0 |
| 0 | 0 | 0 | 1(1) | 후36 | 이 현 용 | 5 | | | 33 | 홍 철 | 후35 | 0 | 0 | 0 | 0 |
| 0 | 0 | 1 | 0 | 후33 | 서 재 민 | 21 | | | 5 | 최 한 솔 | 후21 | 0 | 1 | 0 | 0 |
| 0 | 0 | 0 | 0 | 후0 | 안 현 범 | 94 | | | 18 | 김 강 국 | | 0 | 0 | 0 | 0 |
| 0 | 0 | 0 | 0 | | 김 재 성 | 28 | 대기 | 대기 | 14 | 김 대 우 | | 0 | 0 | 0 | 0 |
| 0 | 0 | 0 | 1 | 후43 | 지 동 원 | 10 | | | 39 | 이 지 호 | | 0 | 0 | 0 | 0 |
| 0 | 0 | 0 | 0 | | 박 용 희 | 17 | | | 26 | 김 민 준 | | 0 | 0 | 0 | 0 |
| 0 | 0 | 1 | 1 | 후33 | 정 승 배 | 19 | | | 27 | 김 도 현 | 후35 | 0 | 1 | 0 | 0 |
| 0 | 0 | 0 | 0 | | 최 치 웅 | 30 | | | 16 | 김 건 희 | 후27 | 1(1) | 1 | 0 | 0 |
| 0 | 1 | 8 | 21(5) | | | 0 | | | 0 | | | 9(4) | 14 | 3 | 0 |

- 후반 39초 안데르손 PAL ↷ 루안 GAL H-ST-G (득점: 루안, 도움: 안데르손) 오른쪽

- 전반 37분 송준석 MFL ↷ 가브리엘 GAR 내 H-ST-G (득점: 가브리엘, 도움: 송준석) 왼쪽
- 후반 45분 이광연 자기 측 GAL ↷ 김대원 MF 정면 R-ST-G (득점: 김대원, 도움: 이광연) 오른쪽

6월 27일 19:30 맑음 대전 월드컵 7,097명
주심_ 신용준 부심_ 김계용·구은석 대기심_ 김재홍 경기감독관_ 박철

**대전 1** 0 전반 0 / 1 후반 1 **1 제주**

| 퇴장 | 경고 | 파울 | ST(유) | 교체 | 선수명 | 배번 | 위치 | 위치 | 배번 | 선수명 | 교체 | ST(유) | 파울 | 경고 | 퇴장 |
|---|---|---|---|---|---|---|---|---|---|---|---|---|---|---|---|
| 0 | 1 | 0 | 0 | | 이 창 근 | 1 | GK | GK | 1 | 김 동 준 | | 0 | 0 | 0 | 0 |
| 0 | 0 | 1 | 0 | | 강 윤 성 | 6 | DF | DF | 40 | 김 륜 성 | 24 | 0 | 1 | 0 | 0 |
| 0 | 0 | 0 | 0 | | 안 톤 | 98 | DF | DF | 4 | 송 주 훈 | | 0 | 1 | 0 | 0 |
| 0 | 0 | 1 | 0 | 3 | 임 종 은 | 5 | DF | DF | 26 | 임 채 민 | | 2 | 1 | 0 | 0 |
| 0 | 0 | 1 | 0 | | 김 문 환 | 33 | DF | DF | 22 | 안 태 현 | | 0 | 1 | 0 | 0 |
| 0 | 1 | 2 | 2(1) | | 김 봉 수 | 30 | MF | MF | 5 | 이 탈 로 | 3 | 2 | 1 | 0 | 0 |
| 0 | 0 | 0 | 0 | 14 | 김 한 서 | 66 | MF | MF | 10 | 남 태 희 | | 3(2) | 0 | 0 | 0 |
| 0 | 0 | 2 | 3(2) | 10 | 마 사 | 7 | MF | MF | 8 | 이 창 민 | | 3(3) | 0 | 0 | 0 |
| 0 | 0 | 2 | 0 | 76 | 서 진 수 | 19 | FW | FW | 17 | 유 인 수 | | 2(1) | 0 | 0 | 0 |
| 1 | 0 | 1 | 0 | | 구 텍 | 9 | FW | FW | 27 | 김 준 하 | 19 | 0 | 2 | 0 | 0 |
| 0 | 0 | 0 | 3(1) | 73 | 정 재 희 | 27 | FW | FW | 18 | 오 재 혁 | 9 | 1(1) | 0 | 0 | 0 |
| 0 | 0 | 0 | 0 | | 이 준 서 | 25 | | | 21 | 안 찬 기 | | 0 | 0 | 0 | 0 |
| 0 | 0 | 1 | 0 | 후36 | 하 창 래 | 3 | | | 3 | 장 민 규 | 후20 | 1 | 0 | 0 | 0 |
| 0 | 0 | 0 | 0 | | 김 진 야 | 72 | | | 13 | 정 운 | | 0 | 0 | 0 | 0 |
| 0 | 0 | 0 | 0 | | 이 순 민 | 44 | | | 23 | 임 창 우 | | 0 | 0 | 0 | 0 |
| 0 | 0 | 0 | 2(1) | 후0 | 김 준 범 | 14 | 대기 | 대기 | 14 | 김 건 웅 | | 0 | 0 | 0 | 0 |
| 0 | 0 | 0 | 0 | | 김 현 욱 | 70 | | | 9 | 유리조나탄 | 후0 | 2(2) | 0 | 0 | 0 |
| 0 | 0 | 1 | 1 | 후0 | 에르난데스 | 76 | | | 15 | 데 닐 손 | 후36 | 1 | 0 | 0 | 0 |
| 0 | 0 | 1 | 0 | 후40 | 이 준 규 | 73 | | | 19 | 신 상 은 | 후0/15 | 1(1) | 0 | 0 | 0 |
| 0 | 0 | 1 | 1(1) | 후17 | 주 민 규 | 10 | | | 24 | 최 병 욱 | 후20 | 1 | 0 | 0 | 0 |
| 1 | 2 | 14 | 12(6) | | | 0 | | | 0 | | | 19(10) | 7 | 0 | 0 |

- 후반 33분 정재희 AKL R-ST-G (득점: 정재희) 오른쪽

- 후반 50분 남태희 GAR R-ST-G (득점: 남태희) 오른쪽

6월 28일 19:00 흐림 안양 종합 7,253명
주심_ 이동준 부심_ 박상준·방기열 대기심_ 조지음 경기감독관_ 김성기

**안양 1** 1 전반 2 / 0 후반 0 **2 광주**

| 퇴장 | 경고 | 파울 | ST(유) | 교체 | 선수명 | 배번 | 위치 | 위치 | 배번 | 선수명 | 교체 | ST(유) | 파울 | 경고 | 퇴장 |
|---|---|---|---|---|---|---|---|---|---|---|---|---|---|---|---|
| 0 | 0 | 0 | 0 | | 김 다 솔 | 31 | GK | GK | 12 | 노 희 동 | | 0 | 0 | 0 | 0 |
| 0 | 0 | 1 | 0 | | 이 창 용 | 4 | DF | DF | 39 | 민 상 기 | 22 | 0 | 1 | 0 | 0 |
| 0 | 0 | 1 | 0 | | 김 영 찬 | 5 | DF | DF | 5 | 변 준 수 | | 0 | 0 | 0 | 0 |
| 0 | 0 | 1 | 1 | | 토 마 스 | 55 | DF | DF | 20 | 진 시 우 | | 0 | 0 | 0 | 0 |
| 1 | 0 | 1 | 2 | | 마테우스 | 7 | MF | DF | 2 | 조 성 권 | | 0 | 1 | 1 | 0 |
| 0 | 0 | 2 | 0 | 13 | 김 정 현 | 8 | MF | MF | 16 | 정 지 훈 | 77 | 2(1) | 1 | 0 | 0 |
| 0 | 0 | 0 | 0 | | 김 동 진 | 22 | MF | MF | 8 | 이 강 현 | 80 | 0 | 1 | 0 | 0 |
| 0 | 0 | 1 | 0 | | 이 태 희 | 32 | MF | MF | 10 | 최 경 록 | | 0 | 0 | 0 | 0 |
| 0 | 0 | 0 | 1(1) | 26 | 채 현 우 | 71 | MF | MF | 7 | 아 사 니 | 30 | 5(3) | 1 | 0 | 0 |
| 0 | 0 | 1 | 1(1) | 19 | 모 따 | 9 | FW | FW | 40 | 신 창 무 | 18 | 4(3) | 1 | 0 | 0 |
| 0 | 0 | 0 | 2(1) | 15 | 야 고 | 10 | FW | FW | 17 | 헤 이 스 | | 2(2) | 0 | 0 | 0 |
| 0 | 0 | 0 | 0 | | 황 병 근 | 41 | | | 31 | 김 동 화 | | 0 | 0 | 0 | 0 |
| 0 | 0 | 0 | 0 | | 김 민 호 | 2 | | | 6 | 안 영 규 | | 0 | 0 | 0 | 0 |
| 0 | 0 | 0 | 0 | | 이 상 용 | 20 | | | 22 | 김 한 길 | 후18 | 0 | 0 | 0 | 0 |
| 0 | 0 | 0 | 0 | 후33 | 한 가 람 | 13 | | | 27 | 권 성 윤 | | 0 | 0 | 0 | 0 |
| 0 | 0 | 0 | 0 | | 에두아르도 | 21 | 대기 | 대기 | 30 | 안 혁 주 | 후39 | 0 | 0 | 0 | 0 |
| 0 | 0 | 0 | 0 | | 김 보 경 | 24 | | | 77 | 오 후 성 | 후9 | 2(1) | 1 | 0 | 0 |
| 0 | 0 | 0 | 0 | 후14 | 임 민 혁 | 26 | | | 80 | 주 세 종 | 후9 | 0 | 0 | 0 | 0 |
| 0 | 0 | 0 | 0 | 후39 | 박 정 훈 | 15 | | | 99 | 홍 용 준 | | 0 | 0 | 0 | 0 |
| 0 | 0 | 0 | 1 | 후14 | 김 운 | 19 | | | 18 | 박 인 혁 | 후9 | 1(1) | 1 | 0 | 0 |
| 1 | 0 | 8 | 8(3) | | | 0 | | | 0 | | | 16(11) | 8 | 1 | 0 |

- 전반 41분 김동진 PAL 내 ~ 채현우 PK 좌측 지점 L-ST-G (득점: 채현우, 도움: 김동진) 오른쪽

- 전반 11분 아사니 PAR 내 ~ 신창무 PAR 내 L-ST-G (득점: 신창무, 도움: 아사니) 왼쪽
- 전반 37분 신창무 MFL ~ 아사니 PAR 내 L-ST-G (득점: 아사니, 도움: 신창무) 왼쪽

7월 12일 19:00 맑음 울산 문수 14,555명
주심_ 김용우 부심_ 설귀선·홍석찬 대기심_ 설태환 경기감독관_ 양정환

**울산 2** 0 전반 1 / 2 후반 1 **2 대구**

| 퇴장 | 경고 | 파울 | ST(유) | 교체 | 선수명 | 배번 | 위치 | 위치 | 배번 | 선수명 | 교체 | ST(유) | 파울 | 경고 | 퇴장 |
|---|---|---|---|---|---|---|---|---|---|---|---|---|---|---|---|
| 0 | 0 | 0 | 0 | | 문정인 | 23 | GK | GK | 21 | 오승훈 | | 0 | 0 | 1 | 0 |
| 0 | 0 | 0 | 0 | | 김영권 | 19 | DF | DF | 4 | 카이오 | 66 | 1(1) | 0 | 0 | 0 |
| 0 | 0 | 3 | 2(1) | | 트로야크 | 66 | DF | DF | 6 | 홍정운 | | 0 | 0 | 0 | 0 |
| 0 | 0 | 1 | 3(2) | 5 | 이재익 | 28 | DF | DF | 55 | 우주성 | | 0 | 0 | 0 | 0 |
| 0 | 0 | 0 | 1(1) | 13 | 윤재석 | 30 | MF | MF | 3 | 정우재 | | 0 | 1 | 0 | 0 |
| 0 | 0 | 2 | 3(2) | | 박민서 | 26 | MF | MF | 88 | 카를로스 | 74 | 0 | 0 | 0 | 0 |
| 0 | 0 | 3 | 2(2) | | 고승범 | 7 | MF | MF | 44 | 김정현 | | 0 | 1 | 1 | 0 |
| 0 | 0 | 0 | 0 | 27 | 보야니치 | 6 | MF | MF | 22 | 장성원 | 15 | 0 | 1 | 0 | 0 |
| 0 | 0 | 0 | 2(1) | 16 | 이진현 | 14 | FW | FW | 77 | 김주공 | 5 | 2 | 0 | 0 | 0 |
| 0 | 0 | 2 | 5(4) | | 루빅손 | 17 | FW | FW | 11 | 세징야 | | 4(3) | 3 | 0 | 0 |
| 0 | 0 | 0 | 3(2) | | 에릭 | 97 | FW | FW | 30 | 한종무 | 10 | 0 | 1 | 1 | 0 |
| 0 | 0 | 0 | 0 | | 류성민 | 31 | | | 31 | 한태희 | | 0 | 0 | 0 | 0 |
| 0 | 0 | 0 | 0 | | 강민우 | 3 | | | 15 | 이원우 | 후40 | 0 | 0 | 0 | 0 |
| 0 | 0 | 0 | 1(1) | 후0 | 강상우 | 13 | | | 45 | 김현준 | | 0 | 0 | 0 | 0 |
| 0 | 0 | 0 | 0 | 후37 | 정우영 | 5 | | | 66 | 조진우 | 후24 | 0 | 0 | 1 | 0 |
| 0 | 0 | 0 | 0 | 후32 | 이희균 | 16 | 대기 | 대기 | 10 | 라마스 | 후12 | 0 | 0 | 0 | 0 |
| 0 | 0 | 0 | 0 | | 김민혁 | 22 | | | 74 | 이용래 | 후40 | 0 | 0 | 0 | 0 |
| 0 | 0 | 0 | 0 | | 라카바 | 36 | | | 5 | 지오바니 | 후24 | 1 | 0 | 0 | 0 |
| 0 | 0 | 1 | 3(3) | 후32 | 이청용 | 27 | | | 9 | 에드가 | | 0 | 0 | 0 | 0 |
| 0 | 0 | 0 | 0 | | 김민우 | 10 | | | 32 | 정치인 | | 0 | 0 | 0 | 0 |
| 0 | 0 | 12 | 25(19) | | | 0 | | | 0 | | | 8(4) | 7 | 4 | 0 |

- ●후반 19분 이진현 PA 정면 L-ST-G (득점: 이진현) 오른쪽
- ●후반 33분 우주성 GAL H 자책골 (득점: 우주성) 왼쪽
- ●전반 32분 김주공 PAL 내 EL ↷ 세징야 GAR 발리슛 R-ST-G (득점: 세징야, 도움: 김주공) 왼쪽
- ●후반 41분 세징야 PAL FK R-ST-G (득점: 세징야) 오른쪽

7월 18일 19:30 흐림 수원 종합 2,036명
주심_ 송민석 부심_ 곽승순·구은석 대기심_ 오현정 경기감독관_ 김용세

**수원FC 2** 0 전반 0 / 2 후반 1 **1 광주**

| 퇴장 | 경고 | 파울 | ST(유) | 교체 | 선수명 | 배번 | 위치 | 위치 | 배번 | 선수명 | 교체 | ST(유) | 파울 | 경고 | 퇴장 |
|---|---|---|---|---|---|---|---|---|---|---|---|---|---|---|---|
| 0 | 0 | 0 | 0 | | 황재윤 | 1 | GK | GK | 1 | 김경민 | | 0 | 0 | 0 | 0 |
| 0 | 0 | 0 | 0 | 5 | 이용 | 2 | DF | DF | 94 | 심상민 | 22 | 0 | 0 | 0 | 0 |
| 0 | 0 | 0 | 1 | | 최규백 | 6 | DF | DF | 39 | 민상기 | 5 | 0 | 0 | 0 | 0 |
| 0 | 1 | 1 | 1 | | 이지솔 | 20 | DF | DF | 20 | 진시우 | | 0 | 3 | 1 | 0 |
| 0 | 0 | 0 | 0 | 21 | 이시영 | 72 | DF | DF | 2 | 조성권 | | 0 | 1 | 0 | 0 |
| 0 | 0 | 2 | 2(2) | | 이재원 | 7 | MF | MF | 16 | 정지훈 | 77 | 2(1) | 1 | 0 | 0 |
| 0 | 0 | 1 | 0 | 79 | 한찬희 | 18 | MF | MF | 10 | 최경록 | | 0 | 0 | 0 | 0 |
| 0 | 1 | 1 | 1(1) | | 윌리안 | 44 | MF | MF | 8 | 이강현 | 80 | 2(1) | 1 | 1 | 0 |
| 0 | 0 | 3 | 1(1) | 15 | 안현범 | 94 | MF | MF | 7 | 아사니 | | 3(1) | 2 | 0 | 0 |
| 0 | 0 | 3 | 2(1) | | 루안 | 97 | MF | FW | 17 | 헤이스 | | 1(1) | 0 | 0 | 0 |
| 0 | 0 | 1 | 1 | 9 | 지동원 | 10 | FW | FW | 40 | 신창무 | 88 | 0 | 2 | 0 | 0 |
| 0 | 0 | 0 | 0 | | 백승민 | 31 | | | 12 | 노희동 | | 0 | 0 | 0 | 0 |
| 0 | 0 | 0 | 0 | | 김태한 | 4 | | | 5 | 변준수 | 후15 | 1(1) | 0 | 0 | 0 |
| 0 | 0 | 0 | 0 | 후37 | 이현용 | 5 | | | 22 | 김한길 | 후21 | 0 | 0 | 0 | 0 |
| 0 | 0 | 0 | 0 | 후37 | 서재민 | 21 | | | 30 | 안혁주 | | 0 | 0 | 0 | 0 |
| 0 | 0 | 0 | 0 | 후37 | 안드리고 | 15 | 대기 | 대기 | 14 | 유제호 | | 0 | 0 | 0 | 0 |
| 0 | 0 | 0 | 0 | | 김재성 | 28 | | | 77 | 오후성 | 후15 | 1(1) | 0 | 0 | 0 |
| 0 | 0 | 1 | 1(1) | 후15 | 싸박 | 9 | | | 80 | 주세종 | 후42 | 0 | 0 | 0 | 0 |
| 0 | 0 | 0 | 0 | | 정승배 | 19 | | | 88 | 문민서 | 후42 | 0 | 0 | 0 | 0 |
| 0 | 0 | 0 | 0 | 후20 | 김경민 | 79 | | | 18 | 박인혁 | | 0 | 0 | 0 | 0 |
| 0 | 2 | 13 | 10(6) | | | 0 | | | 0 | | | 10(6) | 10 | 2 | 0 |

- ●후반 39분 서재민 PAL ↷ 윌리안 PA 정면 내 R-ST-G (득점: 윌리안, 도움: 서재민) 오른쪽
- ●후반 44분 김경민 GAR 내 자책골 (득점: 김경민) 오른쪽
- ●후반 32분 아사니 PK-L-G (득점: 아사니) 왼쪽

6월 29일 19:00 맑음 서울 월드컵 20,036명
주심_ 김종혁 부심_ 박균용·장종필 대기심_ 김희곤 경기감독관_ 나승화

**서울 4** 3 전반 0 / 1 후반 1 **1 포항**

| 퇴장 | 경고 | 파울 | ST(유) | 교체 | 선수명 | 배번 | 위치 | 위치 | 배번 | 선수명 | 교체 | ST(유) | 파울 | 경고 | 퇴장 |
|---|---|---|---|---|---|---|---|---|---|---|---|---|---|---|---|
| 0 | 0 | 0 | 0 | | 강현무 | 31 | GK | GK | 21 | 황인재 | | 0 | 0 | 0 | 0 |
| 0 | 0 | 2 | 0 | | 김진수 | 22 | DF | DF | 14 | 박승욱 | | 0 | 2 | 0 | 0 |
| 0 | 1 | 2 | 0 | | 김주성 | 30 | DF | DF | 24 | 한현서 | 13 | 0 | 0 | 0 | 0 |
| 0 | 0 | 0 | 1 | | 야잔 | 5 | DF | DF | 4 | 전민광 | | 0 | 0 | 0 | 0 |
| 0 | 0 | 0 | 1 | | 박수일 | 63 | DF | DF | 17 | 신광훈 | 3 | 0 | 0 | 0 | 0 |
| 0 | 0 | 0 | 1(1) | 14 | 루카스 | 77 | MF | MF | 2 | 어정원 | | 0 | 1 | 0 | 0 |
| 0 | 0 | 0 | 1 | 8 | 황도윤 | 41 | MF | MF | 88 | 김동진 | 70 | 0 | 1 | 0 | 0 |
| 0 | 0 | 0 | 0 | | 류재문 | 29 | MF | MF | 8 | 오베르단 | | 0 | 2 | 0 | 1 |
| 0 | 0 | 1 | 1 | 27 | 정승원 | 7 | MF | MF | 11 | 주닝요 | 7 | 1(1) | 0 | 0 | 0 |
| 0 | 1 | 5 | 3(2) | 32 | 둑스 | 45 | FW | FW | 19 | 이호재 | 20 | 1 | 0 | 0 | 0 |
| 0 | 0 | 0 | 4(3) | 37 | 린가드 | 10 | FW | FW | 9 | 조르지 | | 1 | 1 | 0 | 0 |
| 0 | 0 | 0 | 0 | | 최철원 | 21 | | | 1 | 윤평국 | | 0 | 0 | 0 | 0 |
| 0 | 0 | 0 | 0 | | 박성훈 | 40 | | | 3 | 이동희 | 후23 | 1(1) | 1 | 0 | 0 |
| 0 | 0 | 0 | 0 | | 최준 | 16 | | | 13 | 강민준 | 후0 | 0 | 0 | 0 | 0 |
| 0 | 0 | 1 | 0 | 후17 | 이승모 | 8 | | | 23 | 이동협 | | 0 | 0 | 0 | 0 |
| 0 | 0 | 0 | 2(1) | 후0 | 문선민 | 27 | 대기 | 대기 | 70 | 황서웅 | 후38 | 0 | 0 | 0 | 0 |
| 0 | 1 | 1 | 1(1) | 후23 | 손승범 | 14 | | | 20 | 안재준 | 후38 | 1 | 0 | 0 | 0 |
| 0 | 0 | 0 | 0 | | 조영욱 | 9 | | | 12 | 조재훈 | | 0 | 0 | 0 | 0 |
| 0 | 0 | 0 | 3(1) | 후17 | 클리말라 | 32 | | | 7 | 김인성 | 후14 | 0 | 0 | 0 | 0 |
| 0 | 0 | 0 | 1 | 후36 | 정한민 | 37 | | | 99 | 조상혁 | | 0 | 0 | 0 | 0 |
| 0 | 3 | 12 | 19(9) | | | 0 | | | 0 | | | 5(2) | 8 | 0 | 1 |

- ●전반 16분 린가드 PK-R-G (득점: 린가드) 오른쪽
- ●전반 32분 황도윤 PAL ~ 루카스 GAL R-ST-G (득점: 루카스, 도움: 황도윤) 왼쪽
- ●전반 48분 린가드 AK 내 ~ 둑스 PA 정면 내 L-ST-G (득점: 둑스, 도움: 린가드) 왼쪽
- ●후반 39분 류재문 HLR ~ 클리말라 PAR 내 R-ST-G (득점: 클리말라, 도움: 류재문) 왼쪽
- ●후반 29분 김동진 C.KL ↷ 이동희 GAR 내 H-ST-G (득점: 이동희, 도움: 김동진) 왼쪽

7월 18일 19:30 비 대구iM뱅크파크 8,562명
주심_ 채상협 부심_ 윤재열·김지욱 대기심_ 박세진 경기감독관_ 김성기

**대구 2** 2 전반 1 / 0 후반 2 **3 김천**

| 퇴장 | 경고 | 파울 | ST(유) | 교체 | 선수명 | 배번 | 위치 | 위치 | 배번 | 선수명 | 교체 | ST(유) | 파울 | 경고 | 퇴장 |
|---|---|---|---|---|---|---|---|---|---|---|---|---|---|---|---|
| 0 | 0 | 0 | 0 | | 오승훈 | 21 | GK | GK | 23 | 이주현 | | 0 | 0 | 0 | 0 |
| 0 | 1 | 2 | 0 | | 카이오 | 4 | DF | DF | 34 | 박철우 | | 0 | 4 | 1 | 0 |
| 0 | 0 | 0 | 0 | 66 | 홍정운 | 6 | DF | DF | 35 | 이정택 | | 0 | 2 | 0 | 0 |
| 0 | 1 | 1 | 0 | | 우주성 | 55 | DF | DF | 5 | 김강산 | | 1(1) | 0 | 0 | 0 |
| 0 | 0 | 0 | 0 | 15 | 정우재 | 3 | MF | DF | 13 | 오인표 | 33 | 1 | 3 | 0 | 0 |
| 0 | 0 | 1 | 0 | 10 | 카를로스 | 88 | MF | MF | 7 | 김승섭 | 43 | 2(1) | 0 | 0 | 0 |
| 0 | 0 | 1 | 0 | | 김정현 | 44 | MF | MF | 8 | 이승원 | 2 | 0 | 3 | 1 | 0 |
| 0 | 0 | 0 | 2(1) | | 장성원 | 22 | MF | MF | 28 | 맹성웅 | | 2 | 1 | 0 | 0 |
| 0 | 0 | 0 | 2(1) | 74 | 김주공 | 77 | FW | MF | 11 | 이동준 | 40 | 0 | 0 | 0 | 0 |
| 0 | 0 | 0 | 3(1) | | 세징야 | 11 | FW | FW | 19 | 박상혁 | | 4(1) | 0 | 0 | 0 |
| 0 | 0 | 0 | 0 | 9 | 한종무 | 30 | FW | FW | 14 | 이동경 | 18 | 3(1) | 2 | 0 | 0 |
| 0 | 0 | 0 | 0 | | 최영은 | 1 | | 대기 | 21 | 김태훈 | | 0 | 0 | 0 | 0 |
| 0 | 0 | 0 | 0 | 후34 | 이원우 | 15 | | 대기 | 33 | 박대원 | 후18 | 0 | 0 | 0 | 0 |
| 0 | 0 | 0 | 0 | | 김현준 | 45 | | 대기 | 36 | 김태환 | | 0 | 0 | 0 | 0 |
| 0 | 0 | 0 | 0 | 전50 | 조진우 | 66 | | 대기 | 38 | 이찬욱 | | 0 | 0 | 0 | 0 |
| 0 | 0 | 0 | 0 | 후41 | 라마스 | 10 | 대기 | 대기 | 43 | 박세진 | 후41 | 0 | 0 | 0 | 0 |
| 0 | 0 | 0 | 1(1) | 후34 | 이용래 | 74 | | 대기 | 2 | 이현식 | 후26 | 0 | 1 | 0 | 0 |
| 0 | 0 | 0 | 0 | | 지오바니 | 5 | | 대기 | 40 | 전병관 | 후0 | 0 | 3 | 0 | 0 |
| 0 | 0 | 1 | 4 | 후0 | 에드가 | 9 | | 대기 | 18 | 원기종 | 후26 | 1(1) | 0 | 0 | 0 |
| 0 | 0 | 0 | 0 | | 정치인 | 32 | | 대기 | 15 | 김찬 | | 0 | 0 | 0 | 0 |
| 0 | 2 | 6 | 12(4) | | | 0 | | | 0 | | | 14(5) | 19 | 2 | 0 |

- ●전반 18분 세징야 PA 정면 R-ST-G (득점: 세징야) 오른쪽
- ●전반 21분 한종무 GAR H→ 김주공 GA 정면 H-ST-G (득점: 김주공, 도움: 한종무) 오른쪽
- ●전반 35분 이동준 PAR 내 ~ 박상혁 GAR 내 L-ST-G (득점: 박상혁, 도움: 이동준) 오른쪽
- ●후반 8분 오인표 PAR ~ 김강산 AKR R-ST-G (득점: 김강산, 도움: 오인표) 오른쪽
- ●후반 46분 전병관 PAR ↷ 원기종 GA 정면 내 H-ST-G (득점: 원기종, 도움: 전병관) 오른쪽

7월 19일 19:00 맑음 강릉하이원아레나 10,207명
주심_ 김종혁 부심_ 방기열·홍석찬 대기심_ 김재홍 경기감독관_ 나승화

**강원 2** | 0 전반 0 / 2 후반 2 | **2 대전**

| 퇴장 | 경고 | 파울 | ST(유) | 교체 | 선수명 | 배번 | 위치 | 위치 | 배번 | 선수명 | 교체 | ST(유) | 파울 | 경고 | 퇴장 |
|---|---|---|---|---|---|---|---|---|---|---|---|---|---|---|---|
| 0 | 0 | 1 | 0 | | 박청효 | 21 | GK | GK | 1 | 이창근 | | 0 | 0 | 0 | 0 |
| 0 | 0 | 1 | 1(1) | | 송준석 | 34 | DF | DF | 16 | 이명재 | | 0 | 1 | 0 | 0 |
| 0 | 0 | 0 | 1(1) | | 신민하 | 47 | DF | DF | 98 | 안톤 | | 0 | 0 | 0 | 0 |
| 0 | 0 | 0 | 0 | | 강투지 | 23 | DF | DF | 26 | 김민덕 | | 0 | 1 | 0 | 0 |
| 0 | 0 | 1 | 0 | 27 | 이유현 | 97 | DF | DF | 33 | 김문환 | | 0 | 0 | 0 | 0 |
| 0 | 0 | 1 | 1 | 17 | 서민우 | 4 | MF | MF | 30 | 김봉수 | | 0 | 0 | 0 | 0 |
| 0 | 0 | 0 | 2(1) | | 김동현 | 6 | MF | MF | 66 | 김한서 | 44 | 0 | 2 | 0 | 0 |
| 0 | 0 | 0 | 1(1) | | 모재현 | 42 | MF | MF | 70 | 김현욱 | 90 | 3(3) | 0 | 0 | 0 |
| 0 | 0 | 1 | 1(1) | 18 | 이지호 | 39 | MF | MF | 19 | 서진수 | 27 | 0 | 0 | 0 | 0 |
| 0 | 1 | 1 | 0 | 16 | 이상헌 | 22 | FW | FW | 76 | 에르난데스 | 29 | 3(1) | 1 | 0 | 0 |
| 0 | 0 | 0 | 1(1) | 24 | 가브리엘 | 10 | FW | FW | 10 | 주민규 | 5 | 2(2) | 0 | 0 | 0 |
| 0 | 0 | 0 | 0 | | 이광연 | 1 | | | 25 | 이준서 | | 0 | 0 | 0 | 0 |
| 0 | 0 | 0 | 0 | | 홍철 | 33 | | | 3 | 하창래 | | 0 | 0 | 0 | 0 |
| 0 | 0 | 0 | 0 | 후37 | 박호영 | 24 | | | 5 | 임종은 | 후42 | 0 | 0 | 0 | 0 |
| 0 | 0 | 0 | 1(1) | 후17 | 김강국 | 18 | | | 72 | 김진야 | | 0 | 0 | 0 | 0 |
| 0 | 0 | 0 | 0 | | 김대우 | 14 | 대기 | 대기 | 44 | 이순민 | 후0 | 0 | 0 | 0 | 0 |
| 0 | 0 | 0 | 0 | 후17 | 조진혁 | 17 | | | 14 | 김준범 | | 0 | 0 | 0 | 0 |
| 0 | 0 | 0 | 0 | | 김민준 | 26 | | | 27 | 정재희 | 후14 | 1(1) | 0 | 0 | 0 |
| 0 | 0 | 0 | 0 | 후37 | 김도현 | 27 | | | 90 | 김현오 | 후42 | 0 | 0 | 0 | 0 |
| 0 | 0 | 0 | 3(2) | 후17 | 김건희 | 16 | | | 29 | 유강현 | 후45 | 0 | 0 | 0 | 0 |
| 0 | 1 | 6 | 12(9) | | | 0 | | | 0 | | | 9(7) | 5 | 0 | 0 |

●후반 49분 모재현 GAR 내 R-ST-G (득점: 모재현) 왼쪽
●후반 50분 박호영 AKL H↷ 김건희 PK지점 L-ST-G (득점: 김건희, 도움: 박호영) 오른쪽
●후반 5분 김현욱 PK-L-G (득점: 김현욱) 왼쪽
●후반 14분 주민규 PAL 내 ~ 에르난데스 PA 정면 내 R-ST-G (득점: 에르난데스, 도움: 주민규) 왼쪽

7월 19일 19:00 맑음 제주 월드컵 7,120명
주심_ 김대용 부심_ 설귀선·장종필 대기심_ 박정호 경기감독관_ 조성철

**제주 2** | 0 전반 0 / 2 후반 0 | **0 안양**

| 퇴장 | 경고 | 파울 | ST(유) | 교체 | 선수명 | 배번 | 위치 | 위치 | 배번 | 선수명 | 교체 | ST(유) | 파울 | 경고 | 퇴장 |
|---|---|---|---|---|---|---|---|---|---|---|---|---|---|---|---|
| 0 | 0 | 0 | 0 | | 김동준 | 1 | GK | GK | 31 | 김다솔 | | 0 | 0 | 0 | 0 |
| 0 | 0 | 1 | 0 | 14 | 김륜성 | 40 | DF | DF | 4 | 이창용 | | 0 | 0 | 0 | 0 |
| 0 | 0 | 0 | 0 | | 송주훈 | 4 | DF | DF | 5 | 김영찬 | | 0 | 0 | 0 | 0 |
| 0 | 0 | 0 | 0 | | 임채민 | 26 | DF | DF | 22 | 김동진 | | 0 | 3 | 0 | 0 |
| 0 | 0 | 1 | 0 | 13 | 임창우 | 23 | DF | DF | 32 | 이태희 | | 0 | 0 | 0 | 0 |
| 0 | 0 | 1 | 2 | | 이탈로 | 5 | MF | MF | 8 | 김정현 | 19 | 0 | 4 | 1 | 0 |
| 0 | 1 | 1 | 0 | 27 | 남태희 | 10 | MF | MF | 21 | 에두아르도 | 55 | 0 | 1 | 0 | 0 |
| 0 | 0 | 1 | 3(1) | 3 | 이창민 | 8 | MF | MF | 26 | 임민혁 | 24 | 1(1) | 0 | 0 | 0 |
| 0 | 0 | 0 | 1 | | 유인수 | 17 | FW | MF | 71 | 채현우 | 17 | 0 | 0 | 0 | 0 |
| 0 | 1 | 2 | 4(3) | | 유리조나탄 | 9 | FW | FW | 9 | 모따 | | 3(2) | 2 | 0 | 0 |
| 0 | 0 | 1 | 1 | 18 | 최병욱 | 24 | FW | FW | 15 | 박정훈 | 10 | 0 | 0 | 0 | 0 |
| 0 | 0 | 0 | 0 | | 안찬기 | 21 | | | 41 | 황병근 | | 0 | 0 | 0 | 0 |
| 0 | 0 | 0 | 0 | 후30 | 장민규 | 3 | | | 17 | 강지훈 | 후19 | 0 | 0 | 0 | 0 |
| 0 | 0 | 0 | 0 | 후39 | 정운 | 13 | | | 27 | 권경원 | | 0 | 0 | 0 | 0 |
| 0 | 0 | 0 | 0 | | 안태현 | 22 | | | 55 | 토마스 | 후19 | 0 | 0 | 0 | 0 |
| 0 | 0 | 0 | 0 | | 김정민 | 6 | 대기 | 대기 | 13 | 한가람 | | 0 | 0 | 0 | 0 |
| 0 | 0 | 0 | 0 | 후21 | 페드링요 | 14 | | | 28 | 문성우 | | 0 | 0 | 0 | 0 |
| 0 | 0 | 0 | 1(1) | 후0 | 오재혁 | 18 | | | 10 | 야고 | 후0 | 0 | 0 | 0 | 0 |
| 0 | 0 | 0 | 0 | | 에반드로 | 11 | | | 19 | 김운 | 후35 | 0 | 1 | 1 | 0 |
| 0 | 1 | 1 | 1 | 후39 | 김준하 | 27 | | | 24 | 김보경 | 후19 | 0 | 0 | 0 | 0 |
| 0 | 3 | 9 | 13(5) | | | 0 | | | 0 | | | 4(3) | 11 | 2 | 0 |

●후반 23분 페드링요 AKL ~ 오재혁 GAR R-ST-G (득점: 오재혁, 도움: 페드링요) 오른쪽
●후반 33분 페드링요 PAL ~ 유리 조나탄 GA 정면 L-ST-G (득점: 유리 조나탄, 도움: 페드링요) 가운데

7월 19일 19:00 흐림 포항 스틸야드 13,973명
주심_ 이동준 부심_ 박상준·주현민 대기심_ 이경순 경기감독관_ 허태식

**포항 2** | 2 전반 0 / 0 후반 3 | **3 전북**

| 퇴장 | 경고 | 파울 | ST(유) | 교체 | 선수명 | 배번 | 위치 | 위치 | 배번 | 선수명 | 교체 | ST(유) | 파울 | 경고 | 퇴장 |
|---|---|---|---|---|---|---|---|---|---|---|---|---|---|---|---|
| 0 | 0 | 0 | 0 | | 홍성민 | 80 | GK | GK | 31 | 송범근 | | 0 | 0 | 0 | 0 |
| 0 | 1 | 0 | 1(1) | | 어정원 | 2 | DF | DF | 23 | 김태환 | | 0 | 0 | 1 | 0 |
| 0 | 0 | 2 | 0 | 70 | 전민광 | 4 | DF | DF | 26 | 홍정호 | | 0 | 0 | 0 | 0 |
| 0 | 1 | 0 | 1 | | 이동희 | 3 | DF | DF | 2 | 김영빈 | | 0 | 0 | 0 | 0 |
| 0 | 0 | 2 | 1 | 14 | 신광훈 | 17 | DF | DF | 77 | 김태현 | | 1 | 0 | 0 | 0 |
| 0 | 0 | 2 | 2(1) | | 홍윤상 | 37 | MF | MF | 4 | 박진섭 | | 0 | 0 | 0 | 0 |
| 0 | 0 | 0 | 0 | 26 | 김동진 | 88 | MF | MF | 13 | 강상윤 | 22 | 0 | 0 | 0 | 0 |
| 0 | 0 | 0 | 1 | 24 | 기성용 | 40 | MF | MF | 97 | 김진규 | 28 | 1(1) | 1 | 0 | 0 |
| 0 | 0 | 0 | 1(1) | 7 | 강민준 | 13 | MF | FW | 14 | 전진우 | 17 | 3(2) | 0 | 1 | 0 |
| 0 | 0 | 0 | 4(1) | | 이호재 | 19 | FW | FW | 96 | 콤파뇨 | 9 | 2(2) | 1 | 0 | 0 |
| 0 | 0 | 0 | 2(1) | | 조르지 | 9 | FW | FW | 10 | 송민규 | 11 | 1 | 1 | 1 | 0 |
| 0 | 0 | 0 | 0 | | 황인재 | 21 | | | 1 | 김정훈 | | 0 | 0 | 0 | 0 |
| 0 | 0 | 0 | 0 | 후31 | 한현서 | 24 | | | 25 | 최철순 | | 0 | 0 | 0 | 0 |
| 0 | 0 | 0 | 0 | 후14 | 박승욱 | 14 | | | 94 | 연제운 | | 0 | 0 | 0 | 0 |
| 0 | 0 | 0 | 0 | 후14 | 이태석 | 26 | | | 5 | 감보아 | | 0 | 0 | 0 | 0 |
| 0 | 0 | 0 | 0 | | 이창우 | 66 | 대기 | 대기 | 11 | 이승우 | 후16 | 1(1) | 0 | 1 | 0 |
| 0 | 0 | 0 | 0 | 후31 | 황서웅 | 70 | | | 17 | 진태호 | 후50 | 0 | 0 | 0 | 0 |
| 0 | 0 | 0 | 2(2) | 후20 | 김인성 | 7 | | | 22 | 권창훈 | 후31 | 1(1) | 0 | 0 | 0 |
| 0 | 0 | 0 | 0 | | 안재준 | 20 | | | 28 | 이영재 | 후16 | 1(1) | 0 | 0 | 0 |
| 0 | 0 | 0 | 0 | | 조상혁 | 99 | | | 9 | 티아고 | 후0 | 1(1) | 1 | 1 | 0 |
| 0 | 2 | 6 | 15(7) | | | 0 | | | 0 | | | 12(9) | 4 | 5 | 0 |

●전반 31분 신광훈 MFR ↷ 홍윤상 GAR R-ST-G (득점: 홍윤상, 도움: 신광훈) 가운데
●전반 43분 홍윤상 MFR ~ 이호재 AK 정면 R-ST-G (득점: 이호재, 도움: 홍윤상) 오른쪽
●후반 19분 티아고 AK 정면 ~ 이승우 GA 정면 R-ST-G (득점: 이승우, 도움: 티아고) 가운데
●후반 34분 권창훈 MFR ↷ 티아고 GA 정면 H-ST-G (득점: 티아고, 도움: 권창훈) 오른쪽
●후반 48분 이호재 GAL 내 L 자책골 (득점: 이호재) 오른쪽

7월 20일 19:00 맑음 서울 월드컵 24,047명
주심_ 고형진 부심_ 김계용·송봉근 대기심_ 정동식 경기감독관_ 허기태

**서울 1** | 1 전반 0 / 0 후반 0 | **0 울산**

| 퇴장 | 경고 | 파울 | ST(유) | 교체 | 선수명 | 배번 | 위치 | 위치 | 배번 | 선수명 | 교체 | ST(유) | 파울 | 경고 | 퇴장 |
|---|---|---|---|---|---|---|---|---|---|---|---|---|---|---|---|
| 0 | 0 | 0 | 0 | | 강현무 | 31 | GK | GK | 21 | 조현우 | | 0 | 0 | 0 | 0 |
| 0 | 1 | 1 | 0 | | 김진수 | 22 | DF | DF | 19 | 김영권 | | 0 | 2 | 1 | 0 |
| 0 | 1 | 1 | 0 | | 김주성 | 30 | DF | DF | 66 | 트로야크 | 36 | 1 | 0 | 0 | 0 |
| 0 | 0 | 0 | 0 | | 야잔 | 5 | DF | DF | 4 | 서명관 | | 0 | 1 | 1 | 0 |
| 0 | 0 | 0 | 0 | | 최준 | 16 | DF | MF | 30 | 윤재석 | 13 | 0 | 2 | 0 | 0 |
| 0 | 0 | 1 | 0 | 29 | 문선민 | 27 | MF | MF | 2 | 조현택 | 28 | 0 | 0 | 0 | 0 |
| 0 | 0 | 2 | 0 | 8 | 황도윤 | 41 | MF | MF | 7 | 고승범 | 72 | 1 | 2 | 1 | 0 |
| 0 | 0 | 1 | 0 | | 정승원 | 7 | MF | MF | 6 | 보야니치 | 9 | 0 | 2 | 0 | 0 |
| 0 | 0 | 1 | 1(1) | | 안데르손 | 70 | MF | FW | 14 | 이진현 | | 3(1) | 0 | 0 | 0 |
| 0 | 0 | 0 | 0 | 45 | 클리말라 | 32 | FW | FW | 17 | 루빅손 | | 1 | 1 | 0 | 0 |
| 0 | 0 | 0 | 2(2) | 37 | 린가드 | 10 | FW | FW | 97 | 에릭 | | 0 | 2 | 0 | 0 |
| 0 | 0 | 0 | 0 | | 최철원 | 21 | | | 23 | 문정인 | | 0 | 0 | 0 | 0 |
| 0 | 0 | 0 | 0 | | 박성훈 | 40 | | | 28 | 이재익 | 후24 | 0 | 2 | 1 | 0 |
| 0 | 0 | 0 | 0 | | 박수일 | 63 | | | 13 | 강상우 | 후0 | 1(1) | 0 | 0 | 0 |
| 0 | 0 | 0 | 0 | 후37 | 이승모 | 8 | | | 5 | 정우영 | | 0 | 0 | 0 | 0 |
| 0 | 0 | 0 | 0 | 후27 | 류재문 | 29 | 대기 | 대기 | 72 | 백인우 | 후32 | 1 | 1 | 0 | 0 |
| 0 | 0 | 0 | 0 | | 루카스 | 77 | | | 10 | 김민우 | | 0 | 0 | 0 | 0 |
| 0 | 0 | 0 | 0 | | 조영욱 | 9 | | | 36 | 라카바 | 후15 | 0 | 0 | 0 | 0 |
| 0 | 0 | 0 | 0 | 후37 | 정한민 | 37 | | | 27 | 이청용 | | 0 | 0 | 0 | 0 |
| 0 | 0 | 0 | 3(1) | 후11 | 둑스 | 45 | | | 9 | 말컹 | 후32 | 0 | 0 | 0 | 0 |
| 0 | 2 | 7 | 6(4) | | | 0 | | | 0 | | | 8(2) | 15 | 4 | 0 |

●전반 41분 황도윤 MF 정면 H→ 린가드 MFL R-ST-G (득점: 린가드, 도움: 황도윤) 오른쪽

7월22일 19:30 맑음 포항 스틸야드 8,260명
주심_ 김용우 부심_ 김계용·홍석찬 대기심_ 오현진 경기감독관_ 허태식

**포항 1** (1 전반 2 / 0 후반 3) **5 수원FC**

| 퇴장 | 경고 | 파울 | ST(유) | 교체 | 선수명 | 배번 | 위치 | 위치 | 배번 | 선수명 | 교체 | ST(유) | 파울 | 경고 | 퇴장 |
|---|---|---|---|---|---|---|---|---|---|---|---|---|---|---|---|
| 0 | 0 | 0 | 0 | | 홍성민 | 80 | GK | GK | 23 | 안준수 | | 0 | 0 | 0 | 0 |
| 0 | 0 | 0 | 0 | | 이태석 | 26 | DF | DF | 4 | 김태한 | | 0 | 1 | 0 | 0 |
| 0 | 1 | 2 | 0 | | 전민광 | 4 | DF | DF | 5 | 이현용 | | 0 | 1 | 0 | 0 |
| 0 | 0 | 1 | 0 | | 박승욱 | 14 | DF | DF | 20 | 이지솔 | 6 | 1(1) | 0 | 0 | 0 |
| 0 | 0 | 1 | 1 | 3 | 신광훈 | 17 | DF | DF | 21 | 서재민 | | 1(1) | 1 | 0 | 0 |
| 0 | 0 | 1 | 1(1) | 99 | 홍윤상 | 37 | MF | MF | 7 | 이재원 | 97 | 2(1) | 1 | 0 | 0 |
| 1 | 0 | 1 | 1(1) | | 김동진 | 88 | MF | MF | 15 | 안드리고 | 94 | 2(1) | 0 | 0 | 0 |
| 0 | 0 | 0 | 0 | 66 | 기성용 | 40 | MF | MF | 18 | 한찬희 | | 2(1) | 1 | 0 | 0 |
| 0 | 0 | 0 | 0 | 7 | 어정원 | 2 | MF | MF | 19 | 정승배 | 44 | 1 | 0 | 0 | 0 |
| 0 | 0 | 0 | 3(3) | 20 | 이호재 | 19 | FW | MF | 79 | 김경민 | | 1 | 1 | 0 | 0 |
| 0 | 0 | 1 | 1(1) | | 조르지 | 9 | FW | FW | 9 | 싸박 | 10 | 1(1) | 2 | 0 | 0 |
| 0 | 0 | 0 | 0 | | 황인재 | 21 | | | 1 | 황재윤 | | 0 | 0 | 0 | 0 |
| 0 | 0 | 1 | 0 | 후0 | 이동희 | 3 | | | 2 | 이용 | | 0 | 0 | 0 | 0 |
| 0 | 0 | 0 | 0 | | 아스프로 | 5 | | | 6 | 최규백 | 후23 | 0 | 1 | 0 | 0 |
| 0 | 0 | 0 | 0 | | 강민준 | 13 | | | 72 | 이시영 | | 0 | 0 | 0 | 0 |
| 0 | 0 | 0 | 0 | 후33 | 이창우 | 66 | 대기 | 대기 | 94 | 안현범 | 후13 | 1(1) | 0 | 0 | 0 |
| 0 | 0 | 0 | 0 | | 황서웅 | 70 | | | 34 | 장윤호 | | 0 | 0 | 0 | 0 |
| 0 | 0 | 2 | 0 | 후0 | 김인성 | 7 | | | 97 | 루안 | 후35 | 0 | 1 | 0 | 0 |
| 0 | 0 | 0 | 0 | 후32 | 안재준 | 20 | | | 10 | 지동원 | 후35 | 0 | 0 | 0 | 0 |
| 0 | 0 | 0 | 0 | 후27 | 조상혁 | 99 | | | 44 | 윌리안 | 후0 | 2(2) | 2 | 0 | 0 |
| 1 | 1 | 10 | 7(6) | | | 0 | | | 0 | | | 14(9) | 12 | 0 | 0 |

- 전반 40분 홍윤상 GAL R-ST-G (득점: 홍윤상) 오른쪽

- 전반 19분 이지솔 GA 정면 내 H-ST-G (득점: 이지솔) 왼쪽
- 전반 37분 안드리고 HLR ~ 싸박 PAL 내 L-ST-G (득점: 싸박, 도움: 안드리고) 가운데
- 후반 19분 윌리안 AK 내 FK R-ST-G (득점: 윌리안) 오른쪽
- 후반 33분 안현범 GAR ↷ 윌리안 GAL 내 H-ST-G (득점: 윌리안, 도움: 안현범) 왼쪽
- 후반 37분 안현범 PAR 내 R-ST-G (득점: 안현범) 오른쪽

7월22일 19:30 맑음 안양 종합 5,368명
주심_ 설태환 부심_ 곽승순·구은석 대기심_ 고민국 경기감독관_ 차상해

**안양 4** (2 전반 0 / 2 후반 0) **0 대구**

| 퇴장 | 경고 | 파울 | ST(유) | 교체 | 선수명 | 배번 | 위치 | 위치 | 배번 | 선수명 | 교체 | ST(유) | 파울 | 경고 | 퇴장 |
|---|---|---|---|---|---|---|---|---|---|---|---|---|---|---|---|
| 0 | 0 | 0 | 0 | | 김다솔 | 31 | GK | GK | 21 | 오승훈 | | 0 | 1 | 0 | 0 |
| 0 | 0 | 2 | 2(1) | | 김영찬 | 5 | DF | DF | 3 | 정우재 | 9 | 0 | 0 | 0 | 0 |
| 0 | 0 | 0 | 0 | | 권경원 | 27 | DF | DF | 4 | 카이오 | | 0 | 0 | 0 | 1 |
| 0 | 1 | 3 | 0 | | 토마스 | 55 | DF | DF | 55 | 우주성 | | 0 | 0 | 0 | 0 |
| 0 | 0 | 0 | 3 | 4 | 김정현 | 8 | MF | DF | 45 | 김현준 | 38 | 0 | 2 | 0 | 0 |
| 0 | 0 | 1 | 1(1) | | 김동진 | 22 | MF | MF | 5 | 지오바니 | 66 | 0 | 1 | 0 | 0 |
| 0 | 0 | 0 | 2(1) | 71 | 김보경 | 24 | MF | MF | 44 | 김정현 | | 1(1) | 3 | 0 | 0 |
| 0 | 0 | 1 | 0 | 11 | 문성우 | 28 | MF | MF | 88 | 카를로스 | 26 | 0 | 0 | 0 | 0 |
| 0 | 0 | 3 | 0 | | 이태희 | 32 | MF | MF | 30 | 한종무 | 7 | 0 | 0 | 0 | 0 |
| 0 | 0 | 0 | 1(1) | 16 | 야고 | 10 | FW | FW | 77 | 김주공 | | 0 | 0 | 0 | 0 |
| 0 | 0 | 0 | 1(1) | 9 | 김운 | 19 | FW | FW | 11 | 세징야 | | 8(3) | 1 | 0 | 0 |
| 0 | 0 | 0 | 0 | | 황병근 | 41 | | | 1 | 최영은 | | 0 | 0 | 0 | 0 |
| 0 | 0 | 1 | 0 | 후40 | 이창용 | 4 | | | 7 | 김진혁 | 후0 | 1(1) | 1 | 0 | 0 |
| 0 | 0 | 0 | 0 | | 강지훈 | 17 | | | 22 | 장성원 | | 0 | 0 | 0 | 0 |
| 0 | 0 | 0 | 0 | 후35 | 최규현 | 16 | | | 38 | 이림 | 후17 | 0 | 0 | 0 | 0 |
| 0 | 0 | 0 | 0 | | 에두아르도 | 21 | 대기 | 대기 | 66 | 조진우 | 후0 | 0 | 0 | 0 | 0 |
| 0 | 0 | 0 | 2 | 후20 | 채현우 | 71 | | | 26 | 이진용 | 후13 | 0 | 1 | 0 | 0 |
| 0 | 0 | 0 | 1(1) | 후35 | 모따 | 9 | | | 74 | 이용래 | | 0 | 0 | 0 | 0 |
| 0 | 1 | 0 | 2(2) | 후20 | 최성범 | 11 | | | 9 | 에드가 | 후31 | 0 | 0 | 0 | 0 |
| 0 | 0 | 0 | 0 | | 임민혁 | 26 | | | 32 | 정치인 | | 0 | 0 | 0 | 0 |
| 0 | 2 | 11 | 15(8) | | | 0 | | | 0 | | | 10(5) | 10 | 0 | 1 |

- 전반 29분 야고 PK-L-G (득점: 야고) 왼쪽
- 전반 48분 김보경 AKR FK L-ST-G (득점: 김보경) 오른쪽
- 후반 37분 최성범 AKL R-ST-G (득점: 최성범) 왼쪽
- 후반 47분 김동진 MFL ~ 모따 AK 정면 L-ST-G (득점: 모따, 도움: 김동진) 왼쪽

7월22일 19:30 흐림 광주 월드컵 1,710명
주심_ 이동준 부심_ 방기열·송봉근 대기심_ 이경순 경기감독관_ 구상범

**광주 1** (1 전반 0 / 0 후반 1) **1 김천**

| 퇴장 | 경고 | 파울 | ST(유) | 교체 | 선수명 | 배번 | 위치 | 위치 | 배번 | 선수명 | 교체 | ST(유) | 파울 | 경고 | 퇴장 |
|---|---|---|---|---|---|---|---|---|---|---|---|---|---|---|---|
| 0 | 1 | 0 | 0 | | 김경민 | 1 | GK | GK | 23 | 이주현 | | 0 | 0 | 0 | 0 |
| 0 | 0 | 0 | 0 | 22 | 심상민 | 94 | DF | DF | 33 | 박대원 | 34 | 0 | 1 | 0 | 0 |
| 0 | 0 | 0 | 0 | | 민상기 | 39 | DF | DF | 35 | 이정택 | | 0 | 0 | 0 | 0 |
| 0 | 0 | 1 | 0 | | 변준수 | 5 | DF | DF | 5 | 김강산 | | 1 | 1 | 0 | 0 |
| 0 | 0 | 0 | 0 | | 조성권 | 2 | DF | DF | 13 | 오인표 | | 1(1) | 0 | 0 | 0 |
| 0 | 0 | 0 | 0 | 77 | 정지훈 | 16 | MF | MF | 7 | 김승섭 | 42 | 3(2) | 0 | 1 | 0 |
| 0 | 1 | 1 | 0 | 8 | 유제호 | 14 | MF | MF | 8 | 이승원 | | 0 | 0 | 0 | 0 |
| 0 | 0 | 1 | 0 | | 최경록 | 10 | MF | MF | 28 | 맹성웅 | 43 | 0 | 3 | 0 | 0 |
| 0 | 0 | 0 | 2(2) | 30 | 아사니 | 7 | MF | MF | 11 | 이동준 | 40 | 1(1) | 2 | 0 | 0 |
| 0 | 0 | 2 | 0 | | 헤이스 | 17 | FW | FW | 19 | 박상혁 | 14 | 0 | 1 | 0 | 0 |
| 0 | 0 | 2 | 0 | 40 | 박인혁 | 18 | FW | FW | 18 | 원기종 | | 0 | 1 | 0 | 0 |
| 0 | 0 | 0 | 0 | | 노희동 | 12 | | | 21 | 김태훈 | | 0 | 0 | 0 | 0 |
| 0 | 0 | 0 | 0 | | 진시우 | 20 | | | 34 | 박철우 | 후0 | 0 | 3 | 1 | 0 |
| 0 | 0 | 0 | 0 | 후27 | 김한길 | 22 | | | 77 | 유선 | | 0 | 0 | 0 | 0 |
| 0 | 0 | 0 | 0 | 후44 | 안혁주 | 30 | | | 42 | 고재현 | 후27 | 1 | 0 | 0 | 0 |
| 0 | 0 | 1 | 1 | 후0 | 이강현 | 8 | 대기 | 대기 | 43 | 박세진 | 후40 | 0 | 0 | 0 | 0 |
| 0 | 0 | 0 | 0 | | 하승운 | 70 | | | 2 | 이현식 | | 0 | 0 | 0 | 0 |
| 0 | 0 | 0 | 0 | 후15 | 오후성 | 77 | | | 40 | 전병관 | 후20 | 1 | 1 | 0 | 0 |
| 0 | 0 | 0 | 0 | | 주시종 | 80 | | | 14 | 이동경 | 후0 | 1(1) | 2 | 0 | 0 |
| 0 | 0 | 0 | 1(1) | 후0 | 신창무 | 40 | | | 15 | 김찬 | | 0 | 0 | 0 | 0 |
| 0 | 2 | 8 | 4(3) | | | 0 | | | 0 | | | 9(5) | 15 | 2 | 0 |

- 전반 36분 최경록 MFR ~ 아사니 AKR L-ST-G (득점: 아사니, 도움: 최경록) 왼쪽

- 후반 26분 김승섭 PA 정면 내 ~ 이동경 GAL R-ST-G (득점: 이동경, 도움: 김승섭) 가운데

7월23일 19:30 맑음 울산 문수 8,127명
주심_ 송민석 부심_ 박균용·장종필 대기심_ 박진호 경기감독관_ 김성수

**울산 1** (1 전반 1 / 0 후반 1) **2 대전**

| 퇴장 | 경고 | 파울 | ST(유) | 교체 | 선수명 | 배번 | 위치 | 위치 | 배번 | 선수명 | 교체 | ST(유) | 파울 | 경고 | 퇴장 |
|---|---|---|---|---|---|---|---|---|---|---|---|---|---|---|---|
| 0 | 0 | 0 | 0 | | 조현우 | 21 | GK | GK | 1 | 이창근 | | 0 | 0 | 0 | 0 |
| 0 | 0 | 1 | 0 | | 김영권 | 19 | DF | DF | 16 | 이명재 | | 1(1) | 0 | 0 | 0 |
| 0 | 1 | 1 | 1 | | 이재익 | 28 | DF | DF | 98 | 안톤 | | 0 | 3 | 1 | 0 |
| 0 | 0 | 0 | 1 | | 서명관 | 4 | DF | DF | 26 | 김민덕 | | 0 | 1 | 0 | 0 |
| 0 | 0 | 1 | 0 | 11 | 강상우 | 13 | MF | DF | 33 | 김문환 | | 1(1) | 0 | 0 | 0 |
| 0 | 0 | 1 | 1(1) | 9 | 박민서 | 26 | MF | MF | 30 | 김봉수 | | 2(2) | 1 | 0 | 0 |
| 0 | 0 | 0 | 0 | 36 | 백인우 | 72 | MF | MF | 44 | 이순민 | | 1 | 0 | 0 | 0 |
| 0 | 0 | 0 | 0 | 5 | 보야니치 | 6 | MF | MF | 66 | 김한서 | 14 | 0 | 2 | 0 | 0 |
| 0 | 0 | 0 | 3(1) | | 이진현 | 14 | FW | FW | 19 | 서진수 | 70 | 3(1) | 0 | 0 | 0 |
| 0 | 0 | 2 | 0 | | 루빅손 | 17 | FW | FW | 90 | 김현오 | 76 | 1(1) | 2 | 0 | 0 |
| 0 | 0 | 0 | 1(1) | 96 | 에릭 | 97 | FW | FW | 29 | 유강현 | 10 | 1 | 2 | 0 | 0 |
| 0 | 0 | 0 | 0 | | 문정인 | 23 | | | 25 | 이준서 | | 0 | 0 | 0 | 0 |
| 0 | 0 | 0 | 0 | | 트로야크 | 66 | | | 3 | 하창래 | | 0 | 0 | 0 | 0 |
| 0 | 0 | 0 | 1(1) | 후39 | 최석현 | 96 | | | 72 | 김진야 | | 0 | 0 | 0 | 0 |
| 0 | 0 | 1 | 1 | 후12 | 정우영 | 5 | | | 14 | 김준범 | 후0 | 1(1) | 0 | 0 | 0 |
| 0 | 0 | 0 | 0 | 후12 | 엄원상 | 11 | 대기 | 대기 | 70 | 김현욱 | 후41 | 1(1) | 0 | 0 | 0 |
| 0 | 0 | 0 | 0 | | 이청용 | 27 | | | 27 | 정재희 | 후12 | 1 | 0 | 0 | 0 |
| 0 | 0 | 1 | 3(1) | 후0 | 라카바 | 36 | | | 76 | 에르난데스 | 전29/27 | 0 | 0 | 0 | 0 |
| 0 | 0 | 0 | 0 | | 허율 | 18 | | | 7 | 마사 | | 0 | 0 | 0 | 0 |
| 0 | 0 | 0 | 2(2) | 후12 | 말컹 | 9 | | | 10 | 주민규 | 후0 | 3(3) | 0 | 0 | 0 |
| 0 | 1 | 8 | 14(7) | | | 0 | | | 0 | | | 16(11) | 11 | 1 | 0 |

- 전반 42분 루빅손 AK 정면 ~ 에릭 GAR R-ST-G (득점: 에릭, 도움: 루빅손) 왼쪽

- 전반 44분 유강현 PAR 내 ~ 이명재 GAL 내 L-ST-G (득점: 이명재, 도움: 유강현) 왼쪽
- 후반 48분 김준범 PK 좌측지점 R-ST-G (득점: 김준범) 오른쪽

7월 23일 19:30 맑음 제주 월드컵 7,084명
주심_ 정동식 부심_ 윤재열·박상준 대기심_ 안재훈 경기감독관_ 조성철

**제주 3** 　1 전반 1 / 2 후반 1　 **2 서울**

| 퇴장 | 경고 | 파울 | ST(유) | 교체 | 선수명 | 배번 | 위치 | 위치 | 배번 | 선수명 | 교체 | ST(유) | 파울 | 경고 | 퇴장 |
|---|---|---|---|---|---|---|---|---|---|---|---|---|---|---|---|
| 0 | 0 | 0 | 0 | | 김동준 | 1 | GK | GK | 31 | 강현무 | | 0 | 0 | 0 | 0 |
| 0 | 1 | 1 | 0 | 7 | 김륜성 | 40 | DF | DF | 63 | 박수일 | | 1 | 1 | 0 | 0 |
| 0 | 0 | 0 | 1 | | 송주훈 | 4 | DF | DF | 40 | 박성훈 | | 1(1) | 2 | 1 | 0 |
| 0 | 0 | 0 | 1(1) | | 임채민 | 26 | DF | DF | 5 | 야잔 | | 0 | 0 | 0 | 0 |
| 0 | 0 | 0 | 0 | 23 | 안태현 | 22 | DF | DF | 16 | 최준 | | 0 | 3 | 1 | 0 |
| 0 | 0 | 0 | 0 | | 이탈로 | 5 | MF | MF | 77 | 루카스 | 27 | 0 | 3 | 0 | 0 |
| 0 | 0 | 0 | 1 | 3 | 오재혁 | 18 | MF | MF | 41 | 황도윤 | 8 | 1 | 0 | 0 | 0 |
| 0 | 0 | 0 | 4(2) | 14 | 이창민 | 8 | MF | MF | 7 | 정승원 | | 1 | 0 | 0 | 0 |
| 0 | 0 | 4 | 1(1) | | 유인수 | 17 | FW | MF | 9 | 조영욱 | 70 | 1(1) | 0 | 0 | 0 |
| 0 | 0 | 3 | 3(2) | | 유리조나탄 | 9 | FW | FW | 45 | 둑스 | 42 | 1 | 1 | 0 | 0 |
| 0 | 0 | 0 | 0 | 24 | 김준하 | 27 | FW | FW | 37 | 정한민 | 10 | 1(1) | 1 | 0 | 0 |
| 0 | 0 | 0 | 0 | | 안찬기 | 21 | | | 21 | 최철원 | | 0 | 0 | 0 | 0 |
| 0 | 0 | 0 | 0 | 후29 | 장민규 | 3 | | | 36 | 김지원 | | 0 | 0 | 0 | 0 |
| 0 | 0 | 0 | 0 | | 정운 | 13 | | | 33 | 배현서 | | 0 | 0 | 0 | 0 |
| 0 | 1 | 0 | 2(1) | 전5 | 임창우 | 23 | | | 8 | 이승모 | 후34 | 0 | 0 | 0 | 0 |
| 0 | 0 | 0 | 0 | | 김정민 | 6 | 대기 | 대기 | 88 | 박장한결 | | 0 | 0 | 0 | 0 |
| 0 | 0 | 0 | 0 | 후43 | 페드링요 | 14 | | | 10 | 린가드 | 후0 | 0 | 1 | 0 | 0 |
| 0 | 0 | 0 | 2(1) | 후29 | 티아고 | 7 | | | 27 | 문선민 | 후0 | 0 | 1 | 0 | 0 |
| 0 | 0 | 0 | 0 | | 에반드로 | 11 | | | 70 | 안데르손 | 후0 | 1 | 0 | 0 | 0 |
| 0 | 1 | 1 | 1 | 후0 | 최병욱 | 24 | | | 42 | 김신진 | 후34 | 0 | 0 | 0 | 0 |
| 0 | 3 | 9 | 16(8) | | | 0 | | | 0 | | | 8(3) | 13 | 2 | 0 |

- 전반 37분 이창민 PA 정면 ~ 유리 조나탄 AK 정면 L-ST-G (득점: 유리 조나탄, 도움: 이창민) 왼쪽
- 후반 18분 이창민 AKL FK R-ST-G (득점: 이창민) 오른쪽
- 후반 48분 최병욱 PAL 내 ↷ 임창우 GAR H-ST-G (득점: 임창우, 도움: 최병욱) 왼쪽
- 전반 45분 황도윤 GAL ~ 조영욱 GAR R-ST-G (득점: 조영욱, 도움: 황도윤) 오른쪽
- 후반 13분 박수일 MFL ↷ 박성훈 GA 정면 H-ST-G (득점: 박성훈, 도움: 박수일) 가운데

7월 26일 19:00 맑음 김천 종합 1,922명
주심_ 김종혁 부심_ 박균용·장종필 대기심_ 정회수 경기감독관_ 이경춘

**김천 3** 　0 전반 0 / 3 후반 1　 **1 제주**

| 퇴장 | 경고 | 파울 | ST(유) | 교체 | 선수명 | 배번 | 위치 | 위치 | 배번 | 선수명 | 교체 | ST(유) | 파울 | 경고 | 퇴장 |
|---|---|---|---|---|---|---|---|---|---|---|---|---|---|---|---|
| 0 | 1 | 0 | 0 | | 이주현 | 23 | GK | GK | 1 | 김동준 | | 0 | 0 | 0 | 0 |
| 0 | 0 | 1 | 2(1) | | 박철우 | 34 | DF | DF | 17 | 유인수 | 26 | 0 | 2 | 0 | 0 |
| 0 | 0 | 1 | 0 | | 이정택 | 35 | DF | DF | 4 | 송주훈 | | 1 | 0 | 0 | 0 |
| 0 | 0 | 1 | 2(2) | | 김강산 | 5 | DF | DF | 3 | 장민규 | | 0 | 1 | 1 | 0 |
| 0 | 0 | 1 | 0 | 42 | 오인표 | 13 | DF | DF | 23 | 임창우 | | 0 | 1 | 0 | 0 |
| 0 | 0 | 0 | 6(4) | | 김승섭 | 7 | MF | MF | 5 | 이탈로 | | 0 | 1 | 1 | 0 |
| 0 | 0 | 1 | 0 | 45 | 이승원 | 8 | MF | MF | 10 | 남태희 | | 0 | 0 | 0 | 0 |
| 0 | 0 | 0 | 1(1) | 43 | 맹성웅 | 28 | MF | MF | 8 | 이창민 | 18 | 1(1) | 0 | 0 | 0 |
| 0 | 0 | 1 | 1 | 40 | 이동준 | 11 | MF | FW | 7 | 티아고 | 40 | 4(1) | 1 | 0 | 0 |
| 0 | 0 | 0 | 3(1) | | 박상혁 | 19 | FW | FW | 9 | 유리조나탄 | 14 | 0 | 0 | 0 | 0 |
| 0 | 0 | 1 | 1(1) | 18 | 이동경 | 14 | FW | FW | 27 | 김준하 | 24 | 0 | 0 | 0 | 0 |
| 0 | 0 | 0 | 0 | | 김태훈 | 21 | | | 21 | 안찬기 | | 0 | 0 | 0 | 0 |
| 0 | 0 | 0 | 0 | | 박대원 | 33 | | | 13 | 정운 | | 0 | 0 | 0 | 0 |
| 0 | 0 | 0 | 0 | | 이찬욱 | 38 | | | 26 | 임채민 | 후34 | 0 | 0 | 0 | 0 |
| 0 | 0 | 0 | 0 | 후34 | 고재현 | 42 | | | 40 | 김륜성 | 후0 | 0 | 0 | 0 | 0 |
| 0 | 0 | 0 | 0 | 후34 | 박세진 | 43 | 대기 | 대기 | 6 | 김정민 | | 0 | 0 | 0 | 0 |
| 0 | 0 | 3 | 1(1) | 전36 | 김이석 | 45 | | | 18 | 오재혁 | 후0 | 0 | 0 | 0 | 0 |
| 0 | 0 | 2 | 1(1) | 후0 | 전병관 | 40 | | | 14 | 페드링요 | 후14 | 0 | 0 | 0 | 0 |
| 0 | 0 | 0 | 0 | 후41 | 원기종 | 18 | | | 15 | 데닐손 | | 0 | 0 | 0 | 0 |
| 0 | 0 | 0 | 0 | | 김찬 | 15 | | | 24 | 최병욱 | 후22 | 0 | 2 | 0 | 0 |
| 0 | 1 | 12 | 18(12) | | | 0 | | | 0 | | | 6(2) | 8 | 2 | 0 |

- 후반 39초 박상혁 GA 정면 H-ST-G (득점: 박상혁) 왼쪽
- 후반 16분 이동경 GAR 백패스~ 김이석 GAR L-ST-G (득점: 김이석, 도움: 이동경) 왼쪽
- 후반 20분 김강산 GAR 내 R-ST-G (득점: 김강산) 오른쪽
- 후반 31분 김강산 GAL 자책골 (득점: 김강산) 가운데

7월 23일 19:30 맑음 전주 월드컵 13,795명
주심_ 정회수 부심_ 설귀선·김지욱 대기심_ 원명희 경기감독관_ 김용세

**전북 2** 　2 전반 0 / 0 후반 0　 **0 강원**

| 퇴장 | 경고 | 파울 | ST(유) | 교체 | 선수명 | 배번 | 위치 | 위치 | 배번 | 선수명 | 교체 | ST(유) | 파울 | 경고 | 퇴장 |
|---|---|---|---|---|---|---|---|---|---|---|---|---|---|---|---|
| 0 | 0 | 0 | 0 | | 송범근 | 31 | GK | GK | 21 | 박청효 | | 0 | 0 | 0 | 0 |
| 0 | 1 | 0 | 0 | 22 | 김태환 | 23 | DF | DF | 34 | 송준석 | | 0 | 2 | 1 | 0 |
| 0 | 0 | 0 | 0 | 5 | 홍정호 | 26 | DF | DF | 47 | 신민하 | 24 | 1 | 1 | 1 | 0 |
| 0 | 0 | 1 | 0 | | 김영빈 | 2 | DF | DF | 23 | 강투지 | | 1 | 1 | 0 | 0 |
| 0 | 0 | 1 | 2(2) | | 김태현 | 77 | DF | DF | 73 | 윤일록 | 27 | 0 | 4 | 0 | 0 |
| 0 | 0 | 1 | 3(1) | | 박진섭 | 4 | MF | MF | 14 | 김대우 | | 0 | 1 | 0 | 1 |
| 0 | 0 | 1 | 1 | | 강상윤 | 13 | MF | MF | 6 | 김동현 | | 0 | 1 | 0 | 0 |
| 0 | 0 | 1 | 3(3) | 28 | 김진규 | 97 | MF | MF | 42 | 모재현 | 39 | 0 | 1 | 0 | 0 |
| 0 | 0 | 0 | 2(1) | 17 | 전진우 | 14 | FW | MF | 7 | 김대원 | | 2(1) | 1 | 0 | 0 |
| 0 | 0 | 2 | 2(2) | | 콤파뇨 | 96 | FW | FW | 22 | 이상헌 | 18 | 0 | 1 | 0 | 0 |
| 0 | 0 | 0 | 2 | 11 | 송민규 | 10 | FW | FW | 10 | 가브리엘 | 16 | 0 | 0 | 0 | 0 |
| 0 | 0 | 0 | 0 | | 김정훈 | 1 | | | 71 | 조민규 | | 0 | 0 | 0 | 0 |
| 0 | 0 | 0 | 0 | | 최철순 | 25 | | | 33 | 홍철 | | 0 | 0 | 0 | 0 |
| 0 | 0 | 0 | 0 | | 연제운 | 94 | | | 24 | 박호영 | 후0 | 0 | 0 | 0 | 0 |
| 0 | 1 | 1 | 1 | 후20 | 감보아 | 5 | | | 20 | 조현태 | | 0 | 0 | 0 | 0 |
| 0 | 0 | 0 | 0 | 후25 | 이승우 | 11 | 대기 | 대기 | 18 | 김강국 | 후0 | 0 | 1 | 0 | 0 |
| 0 | 0 | 0 | 0 | 후43 | 진태호 | 17 | | | 4 | 서민우 | | 0 | 0 | 0 | 0 |
| 0 | 0 | 0 | 1 | 후20 | 권창훈 | 22 | | | 39 | 이지호 | 후17 | 0 | 0 | 0 | 0 |
| 0 | 0 | 0 | 1 | 후25 | 이영재 | 28 | | | 27 | 김도현 | 후35 | 0 | 0 | 0 | 0 |
| 0 | 0 | 0 | 0 | | 박재용 | 16 | | | 16 | 김건희 | 후0 | 1 | 0 | 0 | 0 |
| 0 | 2 | 8 | 18(9) | | | 0 | | | 0 | | | 5(1) | 14 | 2 | 1 |

- 전반 38분 강상윤 MFL ~ 김진규 PA 정면 L-ST-G (득점: 김진규, 도움: 강상윤) 오른쪽
- 전반 42분 콤파뇨 PK-R-G (득점: 콤파뇨) 가운데

7월 26일 19:00 맑음 수원 종합 8,027명
주심_ 고형진 부심_ 윤재열·송봉근 대기심_ 이경순 경기감독관_ 허기태

**수원FC 2** 　2 전반 1 / 0 후반 0　 **1 안양**

| 퇴장 | 경고 | 파울 | ST(유) | 교체 | 선수명 | 배번 | 위치 | 위치 | 배번 | 선수명 | 교체 | ST(유) | 파울 | 경고 | 퇴장 |
|---|---|---|---|---|---|---|---|---|---|---|---|---|---|---|---|
| 0 | 0 | 0 | 0 | | 안준수 | 23 | GK | GK | 31 | 김다솔 | | 0 | 0 | 0 | 0 |
| 0 | 0 | 0 | 0 | | 이용 | 2 | DF | DF | 4 | 이창용 | | 0 | 2 | 0 | 0 |
| 0 | 0 | 0 | 0 | 20 | 이현용 | 5 | DF | DF | 17 | 강지훈 | 71 | 0 | 0 | 0 | 0 |
| 0 | 0 | 0 | 0 | | 최규백 | 6 | DF | DF | 22 | 김동진 | | 0 | 0 | 0 | 0 |
| 0 | 0 | 1 | 1(1) | | 이시영 | 72 | DF | DF | 27 | 권경원 | | 1 | 0 | 0 | 0 |
| 0 | 0 | 0 | 1 | | 이재원 | 7 | MF | MF | 8 | 김정현 | | 0 | 3 | 1 | 0 |
| 0 | 0 | 0 | 2(1) | 18 | 지동원 | 10 | MF | MF | 10 | 야고 | | 5(1) | 1 | 0 | 0 |
| 0 | 0 | 0 | 2(1) | 15 | 윌리안 | 44 | MF | MF | 16 | 최규현 | 26 | 0 | 2 | 1 | 0 |
| 0 | 0 | 1 | 1 | 79 | 안현범 | 94 | MF | MF | 28 | 문성우 | 32 | 0 | 2 | 0 | 0 |
| 0 | 0 | 1 | 3(2) | | 루안 | 97 | MF | FW | 7 | 마테우스 | 24 | 1(1) | 0 | 0 | 0 |
| 0 | 1 | 3 | 2(2) | | 싸박 | 9 | FW | FW | 19 | 김운 | 9 | 1 | 1 | 0 | 0 |
| 0 | 0 | 0 | 0 | | 황재윤 | 1 | | | 41 | 황병근 | | 0 | 0 | 0 | 0 |
| 0 | 0 | 0 | 0 | | 김태한 | 4 | | | 5 | 김영찬 | | 0 | 0 | 0 | 0 |
| 0 | 0 | 1 | 1 | 전37 | 이지솔 | 20 | | | 32 | 이태희 | 후0 | 0 | 0 | 0 | 0 |
| 0 | 0 | 0 | 0 | | 서재민 | 21 | | | 21 | 에두아르도 | | 0 | 0 | 0 | 0 |
| 0 | 0 | 1 | 2(1) | 후23 | 안드리고 | 15 | 대기 | 대기 | 24 | 김보경 | 후39 | 1(1) | 1 | 0 | 0 |
| 0 | 0 | 0 | 0 | 후0 | 한찬희 | 18 | | | 26 | 임민혁 | 후11 | 0 | 0 | 0 | 0 |
| 0 | 0 | 0 | 0 | | 정승배 | 19 | | | 71 | 채현우 | 후22 | 2(1) | 0 | 0 | 0 |
| 0 | 0 | 0 | 0 | | 최치웅 | 30 | | | 9 | 모따 | 후11 | 4(2) | 0 | 0 | 0 |
| 0 | 0 | 0 | 1(1) | 후15 | 김경민 | 79 | | | 11 | 최성범 | | 0 | 0 | 0 | 0 |
| 0 | 1 | 8 | 16(9) | | | 0 | | | 0 | | | 15(6) | 12 | 2 | 0 |

- 전반 16분 최규백 GAL H↷ 싸박 GAL 내 L-ST-G (득점: 싸박, 도움: 최규백) 왼쪽
- 전반 23분 윌리안 PAL FK R-ST-G (득점: 윌리안) 왼쪽
- 전반 7분 마테우스 GAL R-ST-G (득점: 마테우스) 오른쪽

7월 26일 19:00 맑음 광주 월드컵 9,544명
주심_ 김우성 부심_ 김계용·구은석 대기심_ 최광호 경기감독관_ 이평재

**광주 1** 0 전반 1 / 1 후반 1 **2 전북**

| 퇴장 | 경고 | 파울 | ST(유) | 교체 | 선수명 | 배번 | 위치 | 위치 | 배번 | 선수명 | 교체 | ST(유) | 파울 | 경고 | 퇴장 |
|---|---|---|---|---|---|---|---|---|---|---|---|---|---|---|---|
| 0 | 0 | 0 | 0 | | 김경민 | 1 | GK | GK | 31 | 송범근 | | 0 | 0 | 0 | 0 |
| 0 | 0 | 0 | 0 | 70 | 심상민 | 94 | DF | DF | 23 | 김태환 | | 0 | 2 | 0 | 0 |
| 0 | 0 | 2 | 0 | 39 | 진시우 | 20 | DF | DF | 26 | 홍정호 | 94 | 0 | 0 | 0 | 0 |
| 0 | 0 | 0 | 1(1) | | 변준수 | 5 | DF | DF | 2 | 김영빈 | | 0 | 1 | 1 | 0 |
| 0 | 0 | 1 | 0 | | 조성권 | 2 | DF | DF | 77 | 김태현 | | 0 | 0 | 0 | 0 |
| 0 | 0 | 0 | 0 | 77 | 정지훈 | 16 | MF | MF | 4 | 박진섭 | | 0 | 1 | 1 | 0 |
| 0 | 1 | 1 | 2(1) | | 최경록 | 10 | MF | MF | 13 | 강상윤 | | 0 | 3 | 0 | 0 |
| 0 | 0 | 0 | 1 | 80 | 이강현 | 8 | MF | MF | 97 | 김진규 | 5 | 1(1) | 1 | 0 | 0 |
| 0 | 0 | 1 | 2(2) | | 아사니 | 7 | MF | FW | 14 | 전진우 | 22 | 0 | 1 | 0 | 0 |
| 0 | 0 | 0 | 1 | | 헤이스 | 17 | FW | FW | 96 | 콤파뇨 | 9 | 1 | 1 | 0 | 0 |
| 0 | 1 | 0 | 1 | 88 | 신창무 | 40 | FW | FW | 10 | 송민규 | 17 | 2(1) | 0 | 0 | 0 |
| 0 | 0 | 0 | 0 | | 노희동 | 12 | | | 1 | 김정훈 | | 0 | 0 | 0 | 0 |
| 0 | 0 | 0 | 0 | | 안혁주 | 30 | | | 25 | 최철순 | | 0 | 0 | 0 | 0 |
| 0 | 0 | 0 | 0 | 후43 | 민상기 | 39 | | | 94 | 연제운 | 후0 | 0 | 2 | 1 | 0 |
| 0 | 0 | 0 | 0 | | 유제호 | 14 | | | 5 | 감보아 | 후21 | 0 | 0 | 0 | 0 |
| 0 | 0 | 0 | 1(1) | 후15 | 하승운 | 70 | 대기 | 대기 | 11 | 이승우 | | 0 | 0 | 0 | 0 |
| 0 | 0 | 0 | 0 | 후15 | 오후성 | 77 | | | 17 | 진태호 | 후44 | 0 | 1 | 0 | 0 |
| 0 | 0 | 0 | 0 | 후25 | 주세종 | 80 | | | 22 | 권창훈 | 후21 | 1 | 0 | 0 | 0 |
| 0 | 0 | 0 | 0 | 후43 | 문민서 | 88 | | | 28 | 이영재 | | 0 | 0 | 0 | 0 |
| 0 | 0 | 0 | 0 | | 박인혁 | 18 | | | 9 | 티아고 | 후18 | 1(1) | 2 | 0 | 0 |
| 0 | 2 | 5 | 9(5) | | | 0 | | | 0 | | | 6(3) | 15 | 3 | 0 |

- 후반 30분 하승운 AKL R-ST-G (득점: 하승운) 오른쪽
- 전반 13분 김진규 GA 정면 L-ST-G (득점: 김진규) 가운데
- 후반 48분 권창훈 C.KR ↷ 티아고 GA 정면 H-ST-G (득점: 티아고, 도움: 권창훈) 왼쪽

7월 27일 19:00 맑음 대전 월드컵 11,029명
주심_ 김대용 부심_ 설귀선·방기열 대기심_ 김우성 경기감독관_ 양정환

**대전 0** 0 전반 0 / 0 후반 1 **1 서울**

| 퇴장 | 경고 | 파울 | ST(유) | 교체 | 선수명 | 배번 | 위치 | 위치 | 배번 | 선수명 | 교체 | ST(유) | 파울 | 경고 | 퇴장 |
|---|---|---|---|---|---|---|---|---|---|---|---|---|---|---|---|
| 0 | 0 | 0 | 0 | | 이창근 | 1 | GK | GK | 31 | 강현무 | | 0 | 0 | 0 | 0 |
| 0 | 0 | 0 | 1(1) | | 이명재 | 16 | DF | DF | 22 | 김진수 | | 1 | 0 | 0 | 0 |
| 0 | 0 | 3 | 0 | | 안톤 | 98 | DF | DF | 30 | 김주성 | | 0 | 0 | 0 | 0 |
| 0 | 0 | 0 | 0 | | 김민덕 | 26 | DF | DF | 5 | 야잔 | | 0 | 0 | 0 | 0 |
| 0 | 0 | 0 | 1(1) | 72 | 김문환 | 33 | DF | DF | 63 | 박수일 | | 0 | 0 | 0 | 0 |
| 0 | 0 | 3 | 0 | | 김봉수 | 30 | MF | MF | 77 | 루카스 | 27 | 1 | 0 | 0 | 0 |
| 0 | 1 | 1 | 0 | | 이순민 | 44 | MF | MF | 41 | 황도윤 | 8 | 0 | 2 | 0 | 0 |
| 0 | 0 | 0 | 0 | 70 | 김한서 | 66 | MF | MF | 7 | 정승원 | | 2 | 2 | 0 | 0 |
| 0 | 0 | 2 | 0 | 9 | 서진수 | 19 | FW | MF | 70 | 안데르손 | | 2 | 2 | 1 | 0 |
| 0 | 0 | 1 | 0 | 27 | 김현오 | 90 | FW | FW | 9 | 조영욱 | 45 | 1(1) | 0 | 0 | 0 |
| 0 | 0 | 1 | 1 | 10 | 유강현 | 29 | FW | FW | 10 | 린가드 | 37 | 4(3) | 1 | 0 | 0 |
| 0 | 0 | 0 | 0 | | 이준서 | 25 | | | 21 | 최철원 | | 0 | 0 | 0 | 0 |
| 0 | 0 | 0 | 0 | | 하창래 | 3 | | | 18 | 정태욱 | | 0 | 0 | 0 | 0 |
| 0 | 0 | 1 | 0 | 후36 | 김진야 | 72 | | | 40 | 박성훈 | | 0 | 0 | 0 | 0 |
| 0 | 0 | 0 | 0 | | 김준범 | 14 | | | 33 | 배현서 | | 0 | 0 | 0 | 0 |
| 0 | 0 | 0 | 0 | | 마사 | 7 | 대기 | 대기 | 8 | 이승모 | 후24 | 1(1) | 0 | 0 | 0 |
| 0 | 0 | 0 | 1 | 전27 | 정재희 | 27 | | | 27 | 문선민 | 후0 | 2(1) | 1 | 1 | 0 |
| 0 | 0 | 0 | 0 | 전27 | 김현욱 | 70 | | | 19 | 강주혁 | | 0 | 0 | 0 | 0 |
| 0 | 0 | 0 | 1(1) | 후0 | 주민규 | 10 | | | 37 | 정한민 | 후37 | 0 | 1 | 0 | 0 |
| 0 | 0 | 1 | 0 | 후14 | 구텍 | 9 | | | 45 | 둑스 | 후24 | 0 | 3 | 1 | 0 |
| 0 | 1 | 13 | 5(3) | | | 0 | | | 0 | | | 14(6) | 12 | 3 | 0 |

- 후반 10분 린가드 PK-R-G (득점: 린가드) 오른쪽

7월 27일 19:00 맑음 강릉하이원아레나 9,144명
주심_ 채상협 부심_ 곽승순·홍석찬 대기심_ 오현진 경기감독관_ 나승화

**강원 2** 0 전반 1 / 2 후반 1 **2 울산**

| 퇴장 | 경고 | 파울 | ST(유) | 교체 | 선수명 | 배번 | 위치 | 위치 | 배번 | 선수명 | 교체 | ST(유) | 파울 | 경고 | 퇴장 |
|---|---|---|---|---|---|---|---|---|---|---|---|---|---|---|---|
| 0 | 0 | 0 | 0 | | 박청효 | 21 | GK | GK | 21 | 조현우 | | 0 | 0 | 1 | 0 |
| 0 | 0 | 2 | 0 | | 송준석 | 34 | DF | DF | 19 | 김영권 | 96 | 0 | 0 | 0 | 0 |
| 0 | 0 | 0 | 0 | 33 | 신민하 | 47 | DF | DF | 28 | 이재익 | | 0 | 2 | 1 | 0 |
| 0 | 0 | 2 | 0 | | 강투지 | 23 | DF | DF | 4 | 서명관 | | 1(1) | 0 | 0 | 0 |
| 0 | 0 | 0 | 2(2) | | 이유현 | 97 | DF | MF | 13 | 강상우 | | 1 | 3 | 0 | 0 |
| 0 | 1 | 1 | 1(1) | | 서민우 | 4 | MF | MF | 17 | 루빅손 | | 1 | 2 | 0 | 0 |
| 0 | 0 | 1 | 1 | 24 | 김동현 | 6 | MF | MF | 7 | 고승범 | | 0 | 0 | 0 | 0 |
| 0 | 0 | 1 | 1(1) | 39 | 모재현 | 42 | MF | MF | 6 | 보야니치 | 22 | 0 | 0 | 0 | 0 |
| 0 | 0 | 1 | 4(1) | | 김대원 | 7 | MF | MF | 14 | 이진현 | 36 | 2(1) | 4 | 0 | 0 |
| 0 | 0 | 0 | 0 | | 김건희 | 16 | FW | FW | 72 | 백인우 | 9 | 0 | 1 | 0 | 0 |
| 0 | 0 | 0 | 2(1) | 90 | 가브리엘 | 10 | FW | FW | 97 | 에릭 | 11 | 2(1) | 0 | 0 | 0 |
| 0 | 0 | 0 | 0 | | 홍진혁 | 31 | | | 23 | 문정인 | | 0 | 0 | 0 | 0 |
| 0 | 0 | 0 | 1(1) | 후0 | 홍철 | 33 | | | 66 | 트로야크 | | 0 | 0 | 0 | 0 |
| 0 | 0 | 0 | 0 | 후0 | 박호영 | 24 | | | 96 | 최석현 | 후31 | 0 | 0 | 1 | 0 |
| 0 | 0 | 0 | 0 | | 윤일록 | 73 | | | 11 | 엄원상 | 후17 | 1 | 0 | 0 | 0 |
| 0 | 0 | 0 | 0 | | 김강국 | 18 | 대기 | 대기 | 22 | 김민혁 | 후17 | 0 | 0 | 0 | 0 |
| 0 | 0 | 0 | 0 | | 이상헌 | 22 | | | 27 | 이청용 | | 0 | 0 | 0 | 0 |
| 0 | 0 | 1 | 0 | 후23 | 이지호 | 39 | | | 36 | 라카바 | 후31 | 0 | 0 | 0 | 0 |
| 0 | 0 | 0 | 0 | | 김도현 | 27 | | | 18 | 허율 | | 0 | 0 | 0 | 0 |
| 0 | 0 | 0 | 1(1) | 후23 | 김신진 | 90 | | | 9 | 말컹 | 전22 | 2(2) | 3 | 0 | 0 |
| 0 | 1 | 9 | 13(8) | | | 0 | | | 0 | | | 10(5) | 15 | 3 | 0 |

- 후반 5분 모재현 MF 정면 ~ 김대원 GAL L-ST-G (득점: 김대원, 도움: 모재현) 오른쪽
- 후반 52분 홍철 MFR FK L-ST-G (득점: 홍철) 오른쪽
- 전반 29분 보야니치 PAL 내 ~ 말컹 GAR 내 R-ST-G (득점: 말컹, 도움: 보야니치) 오른쪽
- 후반 37분 라카바 PAL ~ 말컹 GAL 내 L-ST-G (득점: 말컹, 도움: 라카바) 오른쪽

7월 27일 19:00 맑음 대구iM뱅크파크 10,153명
주심_ 이동준 부심_ 박상준·김지욱 대기심_ 박진호 경기감독관_ 박철

**대구 0** 0 전반 0 / 0 후반 1 **1 포항**

| 퇴장 | 경고 | 파울 | ST(유) | 교체 | 선수명 | 배번 | 위치 | 위치 | 배번 | 선수명 | 교체 | ST(유) | 파울 | 경고 | 퇴장 |
|---|---|---|---|---|---|---|---|---|---|---|---|---|---|---|---|
| 0 | 0 | 0 | 0 | | 오승훈 | 21 | GK | GK | 21 | 황인재 | | 0 | 0 | 0 | 0 |
| 0 | 0 | 0 | 0 | | 정우재 | 3 | DF | DF | 14 | 박승욱 | | 0 | 0 | 0 | 0 |
| 0 | 1 | 1 | 0 | | 조진우 | 66 | DF | DF | 4 | 전민광 | | 0 | 2 | 0 | 0 |
| 0 | 1 | 1 | 0 | | 김진혁 | 7 | DF | DF | 3 | 이동희 | | 0 | 1 | 0 | 0 |
| 0 | 0 | 0 | 0 | | 우주성 | 55 | DF | MF | 2 | 어정원 | 26 | 0 | 0 | 0 | 0 |
| 0 | 0 | 0 | 1(1) | 9 | 정치인 | 32 | MF | MF | 8 | 오베르단 | | 0 | 0 | 0 | 0 |
| 0 | 0 | 1 | 2(1) | | 라마스 | 10 | MF | MF | 40 | 기성용 | 66 | 1(1) | 2 | 0 | 0 |
| 0 | 0 | 1 | 1(1) | 74 | 김정현 | 44 | MF | MF | 13 | 강민준 | 17 | 0 | 0 | 0 | 0 |
| 0 | 0 | 0 | 0 | 2 | 이림 | 38 | MF | FW | 9 | 조르지 | 7 | 2(1) | 1 | 0 | 0 |
| 0 | 0 | 1 | 1 | | 세징야 | 11 | FW | FW | 99 | 조상혁 | 19 | 0 | 0 | 0 | 0 |
| 0 | 0 | 0 | 0 | 18 | 김주공 | 77 | FW | FW | 37 | 홍윤상 | | 2(1) | 2 | 0 | 0 |
| 0 | 0 | 0 | 0 | | 최영은 | 1 | | | 1 | 윤평국 | | 0 | 0 | 0 | 0 |
| 0 | 0 | 1 | 0 | 후0 | 황재원 | 2 | | | 5 | 아스프로 | | 0 | 0 | 0 | 0 |
| 0 | 0 | 0 | 0 | | 장성원 | 22 | | | 17 | 신광훈 | 후42 | 0 | 0 | 0 | 0 |
| 0 | 0 | 0 | 0 | | 이진용 | 26 | | | 26 | 이태석 | 후42 | 0 | 0 | 0 | 0 |
| 0 | 0 | 0 | 0 | | 정현철 | 47 | 대기 | 대기 | 66 | 이창우 | 후46 | 0 | 0 | 0 | 0 |
| 0 | 0 | 2 | 0 | 후34 | 이용래 | 74 | | | 70 | 황서웅 | | 0 | 0 | 0 | 0 |
| 0 | 0 | 0 | 0 | | 지오바니 | 5 | | | 7 | 김인성 | 후44 | 1(1) | 0 | 0 | 0 |
| 0 | 0 | 0 | 0 | 후34 | 에드가 | 9 | | | 20 | 안재준 | | 0 | 0 | 0 | 0 |
| 0 | 0 | 0 | 0 | 후44 | 정재상 | 18 | | | 19 | 이호재 | 후0 | 2(2) | 1 | 1 | 0 |
| 0 | 2 | 8 | 5(3) | | | 0 | | | 0 | | | 8(6) | 9 | 1 | 0 |

- 후반 22분 이호재 PK-R-G (득점: 이호재) 왼쪽

8월 08일 19:30 흐림 서울 월드컵 15,778명
주심_ 김종혁 부심_ 박균용·장종필 대기심_ 정회수 경기감독관_ 김용세

**서울 2** | 2 전반 1 / 0 후반 1 | **2 대구**

| 퇴장 | 경고 | 파울 | ST(유) | 교체 | 선수명 | 배번 | 위치 | 위치 | 배번 | 선수명 | 교체 | ST(유) | 파울 | 경고 | 퇴장 |
|---|---|---|---|---|---|---|---|---|---|---|---|---|---|---|---|
| 0 | 0 | 0 | 0 | | 강현무 | 31 | GK | GK | 21 | 오승훈 | | 0 | 0 | 0 | 0 |
| 0 | 0 | 0 | 1(1) | | 김진수 | 22 | DF | DF | 3 | 정우재 | | 0 | 0 | 0 | 0 |
| 0 | 0 | 0 | 0 | | 야잔 | 5 | DF | DF | 7 | 김진혁 | | 0 | 1 | 1 | 0 |
| 0 | 1 | 1 | 0 | | 정태욱 | 18 | DF | DF | 55 | 우주성 | | 0 | 1 | 0 | 0 |
| 0 | 1 | 1 | 1 | | 박수일 | 63 | DF | DF | 2 | 황재원 | | 0 | 1 | 0 | 0 |
| 0 | 0 | 1 | 1(1) | 45 | 루카스 | 77 | MF | MF | 32 | 정치인 | 13 | 2(1) | 0 | 0 | 0 |
| 0 | 0 | 1 | 0 | 16 | 황도윤 | 41 | MF | MF | 44 | 김정현 | 38 | 0 | 3 | 1 | 0 |
| 0 | 0 | 1 | 2 | 8 | 정승원 | 7 | MF | MF | 88 | 카를로스 | 74 | 0 | 2 | 1 | 0 |
| 0 | 0 | 0 | 2(1) | | 안데르손 | 70 | MF | MF | 18 | 정재상 | 10 | 1 | 0 | 0 | 0 |
| 0 | 0 | 1 | 0 | | 조영욱 | 9 | FW | FW | 11 | 세징야 | | 5(1) | 0 | 0 | 0 |
| 0 | 0 | 1 | 3(3) | 37 | 린가드 | 10 | FW | FW | 77 | 김주공 | 19 | 1 | 0 | 0 | 0 |
| 0 | 0 | 0 | 0 | | 최철원 | 21 | | | 31 | 한태희 | | 0 | 0 | 0 | 0 |
| 0 | 0 | 0 | 0 | | 박성훈 | 40 | | | 22 | 장성원 | | 0 | 0 | 0 | 0 |
| 0 | 0 | 0 | 0 | 후40 | 최준 | 16 | | | 38 | 이림 | 후49 | 0 | 0 | 0 | 0 |
| 0 | 0 | 0 | 0 | 후14 | 이승모 | 8 | | | 66 | 조진우 | | 0 | 0 | 0 | 0 |
| 0 | 0 | 0 | 0 | | 박장한결 | 88 | 대기 | 대기 | 10 | 라마스 | 후14 | 3(1) | 1 | 0 | 0 |
| 0 | 0 | 0 | 0 | | 손승범 | 14 | | | 74 | 이용래 | 후14 | 0 | 1 | 0 | 0 |
| 0 | 0 | 0 | 0 | | 강주혁 | 19 | | | 9 | 에드가 | | 0 | 0 | 0 | 0 |
| 0 | 0 | 0 | 1 | 후40 | 정한민 | 37 | | | 13 | 권태영 | 후36 | 0 | 0 | 0 | 0 |
| 0 | 0 | 2 | 2 | 후33 | 둑스 | 45 | | | 19 | 박대훈 | 후36 | 1(1) | 0 | 0 | 0 |
| 0 | 2 | 9 | 13(6) | | | 0 | | | 0 | | | 13(4) | 10 | 3 | 0 |

- 전반 13분 김진수 PAR FK L-ST-G (득점: 김진수) 왼쪽
- 전반 40분 김진수 PAL ~ 루카스 GAL R-ST-G (득점: 루카스, 도움: 김진수) 왼쪽
- 전반 34분 정재상 자기 측 HLR ~ 세징야 센터서클 R-ST-G (득점: 세징야, 도움: 정재상) 가운데
- 후반 19분 세징야 PAL ↷ 정치인 GAL H-ST-G (득점: 정치인, 도움: 세징야) 왼쪽

8월 09일 19:30 흐리고 비 울산 문수 10,510명
주심_ 박병진 부심_ 윤재열·구은석 대기심_ 박종명 경기감독관_ 김성수

**울산 1** | 0 전반 0 / 1 후반 0 | **0 제주**

| 퇴장 | 경고 | 파울 | ST(유) | 교체 | 선수명 | 배번 | 위치 | 위치 | 배번 | 선수명 | 교체 | ST(유) | 파울 | 경고 | 퇴장 |
|---|---|---|---|---|---|---|---|---|---|---|---|---|---|---|---|
| 0 | 0 | 0 | 0 | | 조현우 | 21 | GK | GK | 1 | 김동준 | | 0 | 0 | 0 | 0 |
| 0 | 0 | 1 | 0 | | 트로야크 | 66 | DF | DF | 4 | 송주훈 | | 0 | 2 | 1 | 0 |
| 0 | 0 | 1 | 0 | 4 | 정승현 | 15 | DF | DF | 3 | 장민규 | | 0 | 4 | 1 | 0 |
| 0 | 0 | 1 | 0 | | 이재익 | 28 | DF | DF | 26 | 임채민 | | 0 | 0 | 0 | 0 |
| 0 | 0 | 1 | 2(2) | 27 | 조현택 | 2 | MF | MF | 40 | 김륜성 | 7 | 0 | 0 | 0 | 0 |
| 0 | 0 | 1 | 1 | 13 | 최석현 | 96 | MF | MF | 10 | 남태희 | 14 | 0 | 0 | 0 | 0 |
| 0 | 0 | 2 | 0 | | 고승범 | 7 | MF | MF | 8 | 이창민 | | 1(1) | 0 | 0 | 0 |
| 0 | 0 | 0 | 0 | | 이진현 | 14 | MF | MF | 23 | 임창우 | 24 | 0 | 1 | 1 | 0 |
| 0 | 0 | 0 | 4(2) | | 에릭 | 97 | FW | FW | 17 | 유인수 | | 0 | 0 | 0 | 0 |
| 0 | 0 | 0 | 3(2) | 17 | 윤재석 | 30 | FW | FW | 9 | 유리조나탄 | | 1 | 1 | 0 | 0 |
| 0 | 0 | 2 | 8(5) | 18 | 말컹 | 9 | FW | FW | 27 | 김준하 | 18 | 1(1) | 1 | 1 | 0 |
| 0 | 0 | 0 | 0 | | 문정인 | 23 | | | 21 | 안찬기 | | 0 | 0 | 0 | 0 |
| 0 | 0 | 0 | 1 | 후0 | 서명관 | 4 | | | 2 | 김재우 | | 0 | 0 | 0 | 0 |
| 0 | 0 | 1 | 0 | 후0 | 강상우 | 13 | | | 29 | 조인정 | | 0 | 0 | 0 | 0 |
| 0 | 0 | 0 | 0 | | 보야니치 | 6 | | | 6 | 김정민 | | 0 | 0 | 0 | 0 |
| 0 | 0 | 0 | 0 | | 정우영 | 5 | 대기 | 대기 | 14 | 페드링요 | 후43 | 0 | 0 | 0 | 0 |
| 0 | 0 | 2 | 1(1) | 후12 | 루빅손 | 17 | | | 18 | 오재혁 | 후0 | 0 | 2 | 0 | 0 |
| 0 | 0 | 0 | 0 | 후49 | 이청용 | 27 | | | 7 | 티아고 | 후18 | 2(2) | 0 | 0 | 0 |
| 0 | 0 | 0 | 0 | | 라카바 | 36 | | | 15 | 데닐손 | | 0 | 0 | 0 | 0 |
| 0 | 0 | 0 | 0 | 후44 | 허율 | 18 | | | 24 | 최병욱 | 후43 | 0 | 0 | 0 | 0 |
| 0 | 0 | 12 | 20(12) | | | 0 | | | 0 | | | 5(4) | 11 | 4 | 0 |

- 후반 27분 루빅손 PK 우측지점 R-ST-G (득점: 루빅손) 가운데

8월 08일 19:30 흐림 전주 월드컵 21,346명
주심_ 김대용 부심_ 박상준·방기열 대기심_ 김희곤 경기감독관_ 이경춘

**전북 2** | 1 전반 0 / 1 후반 1 | **1 안양**

| 퇴장 | 경고 | 파울 | ST(유) | 교체 | 선수명 | 배번 | 위치 | 위치 | 배번 | 선수명 | 교체 | ST(유) | 파울 | 경고 | 퇴장 |
|---|---|---|---|---|---|---|---|---|---|---|---|---|---|---|---|
| 0 | 0 | 0 | 0 | | 송범근 | 31 | GK | GK | 31 | 김다솔 | | 0 | 0 | 0 | 0 |
| 0 | 0 | 0 | 0 | | 김태환 | 23 | DF | DF | 4 | 이창용 | | 0 | 2 | 0 | 0 |
| 0 | 0 | 0 | 2(2) | | 홍정호 | 26 | DF | DF | 27 | 권경원 | | 1 | 0 | 0 | 0 |
| 0 | 1 | 0 | 0 | | 김영빈 | 2 | DF | DF | 55 | 토마스 | | 2(2) | 1 | 0 | 0 |
| 0 | 0 | 0 | 1 | 22 | 김태현 | 77 | DF | MF | 71 | 채현우 | 10 | 2 | 1 | 0 | 0 |
| 0 | 0 | 1 | 1(1) | | 박진섭 | 4 | MF | MF | 8 | 김정현 | 26 | 0 | 0 | 0 | 0 |
| 0 | 0 | 0 | 0 | | 강상윤 | 13 | MF | MF | 11 | 최성범 | 28 | 0 | 1 | 0 | 0 |
| 0 | 0 | 1 | 2 | 28 | 김진규 | 97 | MF | MF | 22 | 김동진 | | 1 | 0 | 0 | 0 |
| 0 | 0 | 0 | 3 | | 전진우 | 14 | FW | MF | 32 | 이태희 | | 1 | 1 | 0 | 0 |
| 0 | 0 | 0 | 3(1) | 9 | 콤파뇨 | 96 | FW | FW | 9 | 모따 | 19 | 2(2) | 0 | 0 | 0 |
| 0 | 0 | 0 | 1(1) | 11 | 송민규 | 10 | FW | FW | 7 | 마테우스 | | 1(1) | 0 | 0 | 0 |
| 0 | 0 | 0 | 0 | | 김정훈 | 1 | | | 41 | 황병근 | | 0 | 0 | 0 | 0 |
| 0 | 0 | 0 | 0 | | 최철순 | 25 | | | 5 | 김영찬 | | 0 | 0 | 0 | 0 |
| 0 | 0 | 0 | 0 | | 연제운 | 94 | | | 17 | 강지훈 | | 0 | 0 | 0 | 0 |
| 0 | 0 | 0 | 0 | | 감보아 | 5 | | | 13 | 한가람 | | 0 | 0 | 0 | 0 |
| 0 | 0 | 1 | 3(1) | 후10 | 이승우 | 11 | 대기 | 대기 | 26 | 임민혁 | 후47 | 0 | 0 | 0 | 0 |
| 0 | 0 | 0 | 0 | | 진태호 | 17 | | | 28 | 문성우 | 후15/70 | 0 | 1 | 0 | 0 |
| 0 | 0 | 0 | 0 | 후31 | 권창훈 | 22 | | | 10 | 야고 | 후15 | 3(1) | 0 | 0 | 0 |
| 0 | 0 | 0 | 1 | 후25 | 이영재 | 28 | | | 19 | 김운 | 후25 | 0 | 2 | 0 | 0 |
| 0 | 0 | 1 | 3(2) | 후25 | 티아고 | 9 | | | 70 | 유키치 | 후25 | 1(1) | 1 | 0 | 0 |
| 0 | 1 | 4 | 20(8) | | | 0 | | | 0 | | | 14(7) | 10 | 0 | 0 |

- 전반 21분 김영빈 MFL ~ 박진섭 MF 정면 R-ST-G (득점: 박진섭, 도움: 김영빈) 오른쪽
- 후반 43분 이승우 GAL 내 L-ST-G (득점: 이승우) 왼쪽
- 후반 29분 야고 PAR 내 EL ↷ 토마스 GAL H-ST-G (득점: 토마스, 도움: 야고) 오른쪽

8월 09일 19:30 흐림 강릉하이원아레나 9,415명
주심_ 신용준 부심_ 김계용·김지욱 대기심_ 최규현 경기감독관_ 허기태

**강원 0** | 0 전반 0 / 0 후반 0 | **0 김천**

| 퇴장 | 경고 | 파울 | ST(유) | 교체 | 선수명 | 배번 | 위치 | 위치 | 배번 | 선수명 | 교체 | ST(유) | 파울 | 경고 | 퇴장 |
|---|---|---|---|---|---|---|---|---|---|---|---|---|---|---|---|
| 0 | 0 | 0 | 0 | | 박청효 | 21 | GK | GK | 23 | 이주현 | | 0 | 0 | 0 | 0 |
| 0 | 1 | 1 | 0 | | 송준석 | 34 | DF | DF | 22 | 최예훈 | 33 | 0 | 0 | 0 | 0 |
| 0 | 0 | 0 | 1(1) | | 신민하 | 47 | DF | DF | 35 | 이정택 | | 0 | 2 | 0 | 0 |
| 0 | 0 | 0 | 0 | | 강투지 | 23 | DF | DF | 5 | 김강산 | | 0 | 2 | 0 | 0 |
| 0 | 0 | 1 | 0 | | 이유현 | 97 | DF | DF | 13 | 오인표 | | 1 | 1 | 1 | 0 |
| 0 | 1 | 1 | 0 | | 서민우 | 4 | MF | MF | 7 | 김승섭 | 40 | 1(1) | 0 | 0 | 0 |
| 0 | 0 | 1 | 0 | 18 | 김동현 | 6 | MF | MF | 8 | 이승원 | | 0 | 0 | 1 | 0 |
| 0 | 0 | 0 | 2(2) | 27 | 이지호 | 39 | MF | MF | 28 | 맹성웅 | 45 | 0 | 1 | 1 | 0 |
| 0 | 0 | 0 | 3(1) | | 김대원 | 7 | MF | MF | 11 | 이동준 | 6 | 0 | 1 | 0 | 0 |
| 0 | 0 | 0 | 0 | 16 | 이상헌 | 22 | FW | FW | 19 | 박상혁 | 20 | 0 | 3 | 1 | 0 |
| 0 | 0 | 2 | 2(1) | 90 | 가브리엘 | 10 | FW | FW | 14 | 이동경 | | 1(1) | 0 | 0 | 0 |
| 0 | 0 | 0 | 0 | | 이광연 | 1 | | | 21 | 김태훈 | | 0 | 0 | 0 | 0 |
| 0 | 0 | 0 | 0 | | 홍철 | 33 | | | 33 | 박대원 | 후14 | 2(2) | 3 | 1 | 0 |
| 0 | 1 | 1 | 0 | 후42 | 박호영 | 24 | | | 20 | 박찬용 | 후42 | 0 | 0 | 0 | 0 |
| 0 | 0 | 0 | 0 | | 강준혁 | 99 | | | 42 | 고재현 | | 0 | 0 | 0 | 0 |
| 0 | 1 | 0 | 0 | 전7 | 김강국 | 18 | 대기 | 대기 | 2 | 이현식 | | 0 | 0 | 0 | 0 |
| 0 | 0 | 0 | 0 | 후0 | 김건희 | 16 | | | 45 | 김이석 | 후35 | 0 | 1 | 0 | 0 |
| 0 | 0 | 0 | 0 | | 김민준 | 26 | | | 40 | 전병관 | 후0 | 2(2) | 0 | 0 | 0 |
| 0 | 1 | 1 | 0 | 후28 | 김도현 | 27 | | | 18 | 원기종 | | 0 | 0 | 0 | 0 |
| 0 | 0 | 0 | 0 | 후28/24 | 김신진 | 90 | | | 6 | 김경준 | 후14 | 1 | 0 | 0 | 0 |
| 0 | 5 | 8 | 8(5) | | | 0 | | | 0 | | | 8(6) | 14 | 5 | 0 |

8월 10일 19:00 맑음 포항 스틸야드 10,020명
주심_ 송민석 부심_ 송봉근·이경운 대기심_ 오현진 경기감독관_ 김성기

**포항 1** | 1 전반 0 / 0 후반 0 | **0 광주**

| 퇴장 | 경고 | 파울 | ST(유) | 교체 | 선수명 | 배번 | 위치 | 위치 | 배번 | 선수명 | 교체 | ST(유) | 파울 | 경고 | 퇴장 |
|---|---|---|---|---|---|---|---|---|---|---|---|---|---|---|---|
| 0 | 1 | 0 | 0 | | 황인재 | 21 | GK | GK | 1 | 김경민 | | 0 | 0 | 0 | 0 |
| 0 | 0 | 0 | 1 | | 박승욱 | 14 | DF | DF | 94 | 심상민 | | 0 | 0 | 0 | 0 |
| 0 | 0 | 0 | 0 | | 전민광 | 4 | DF | DF | 39 | 민상기 | | 0 | 1 | 0 | 0 |
| 0 | 0 | 2 | 0 | 3 | 신광훈 | 17 | DF | DF | 5 | 변준수 | | 0 | 1 | 1 | 0 |
| 0 | 0 | 0 | 0 | | 어정원 | 2 | MF | DF | 2 | 조성권 | | 0 | 0 | 0 | 0 |
| 0 | 0 | 1 | 1 | 66 | 기성용 | 40 | MF | MF | 16 | 정지훈 | 14 | 0 | 0 | 0 | 0 |
| 0 | 0 | 0 | 0 | | 오베르단 | 8 | MF | MF | 8 | 이강현 | 20 | 0 | 1 | 1 | 0 |
| 0 | 0 | 1 | 0 | | 강민준 | 13 | MF | MF | 10 | 최경록 | 88 | 0 | 0 | 0 | 0 |
| 0 | 0 | 1 | 3(2) | 20 | 조르지 | 9 | FW | MF | 77 | 오후성 | 70 | 0 | 0 | 0 | 0 |
| 0 | 0 | 0 | 1(1) | 18 | 이호재 | 19 | FW | FW | 17 | 헤이스 | | 0 | 2 | 1 | 0 |
| 0 | 0 | 3 | 3(2) | 11 | 홍윤상 | 37 | FW | FW | 40 | 신창무 | 11 | 0 | 2 | 0 | 0 |
| 0 | 0 | 0 | 0 | | 윤평국 | 1 | | | 12 | 노희동 | | 0 | 0 | 0 | 0 |
| 0 | 0 | 0 | 0 | 後36 | 이동희 | 3 | | | 20 | 진시우 | 後0 | 0 | 1 | 0 | 0 |
| 0 | 0 | 0 | 0 | | 한현서 | 24 | | | 30 | 안혁주 | | 0 | 0 | 0 | 0 |
| 0 | 1 | 1 | 0 | 後0 | 이창우 | 66 | | | 14 | 유제호 | 後0 | 0 | 0 | 0 | 0 |
| 0 | 0 | 0 | 0 | | 김종우 | 6 | 대기 | 대기 | 70 | 하승운 | 後18 | 0 | 0 | 0 | 0 |
| 0 | 0 | 0 | 0 | | 김인성 | 7 | | | 80 | 주세종 | | 0 | 0 | 0 | 0 |
| 0 | 0 | 1 | 0 | 後46 | 주닝요 | 11 | | | 88 | 문민서 | 後27 | 1 | 0 | 0 | 0 |
| 0 | 0 | 0 | 0 | 後27 | 강현제 | 18 | | | 11 | 프리드욘슨 | 後35 | 0 | 2 | 0 | 0 |
| 0 | 0 | 0 | 1 | 後27 | 안재준 | 20 | | | 18 | 박인혁 | | 0 | 0 | 0 | 0 |
| 0 | 2 | 10 | 10(5) | | | 0 | | | 0 | | | 1 | 10 | 3 | 0 |

●전반 48분 조르지 PA 정면 나 ~ 홍윤상 AK 내 L-ST-G (득점: 홍윤상, 도움: 조르지) 왼쪽

8월 15일 19:00 맑음 제주 월드컵 8,093명
주심_ 김우성 부심_ 박상준·홍석찬 대기심_ 박정호 경기감독관_ 이평재

**제주 0** | 0 전반 0 / 0 후반 0 | **0 강원**

| 퇴장 | 경고 | 파울 | ST(유) | 교체 | 선수명 | 배번 | 위치 | 위치 | 배번 | 선수명 | 교체 | ST(유) | 파울 | 경고 | 퇴장 |
|---|---|---|---|---|---|---|---|---|---|---|---|---|---|---|---|
| 0 | 1 | 0 | 0 | | 김동준 | 1 | GK | GK | 21 | 박청효 | | 0 | 0 | 0 | 0 |
| 0 | 0 | 0 | 0 | 13 | 김륜성 | 40 | DF | DF | 33 | 홍철 | 14 | 0 | 0 | 0 | 0 |
| 0 | 0 | 0 | 0 | | 송주훈 | 4 | DF | DF | 47 | 신민하 | | 2(2) | 0 | 0 | 0 |
| 0 | 0 | 0 | 0 | | 임채민 | 26 | DF | DF | 24 | 박호영 | | 0 | 3 | 1 | 0 |
| 0 | 0 | 0 | 0 | | 임창우 | 23 | DF | DF | 99 | 강준혁 | 22 | 0 | 0 | 0 | 0 |
| 0 | 0 | 0 | 0 | | 이탈로 | 5 | MF | MF | 97 | 이유현 | | 0 | 0 | 0 | 0 |
| 0 | 0 | 0 | 1(1) | 15 | 남태희 | 10 | MF | MF | 18 | 김강국 | | 1(1) | 1 | 0 | 0 |
| 0 | 0 | 2 | 3 | 3 | 이창민 | 8 | MF | MF | 39 | 이지호 | 42 | 2 | 0 | 0 | 0 |
| 0 | 0 | 0 | 2(2) | 24 | 유인수 | 17 | FW | MF | 7 | 김대원 | | 6(5) | 1 | 1 | 0 |
| 0 | 0 | 0 | 0 | 18 | 유리조나탄 | 9 | FW | FW | 16 | 김건희 | | 1(1) | 3 | 1 | 0 |
| 0 | 2 | 2 | 0 | | 김준하 | 27 | FW | FW | 10 | 가브리엘 | 8 | 0 | 0 | 1 | 0 |
| 0 | 0 | 0 | 0 | | 안찬기 | 21 | | | 1 | 이광연 | | 0 | 0 | 0 | 0 |
| 0 | 0 | 0 | 0 | | 김재우 | 2 | | | 73 | 윤일록 | | 0 | 0 | 0 | 0 |
| 0 | 0 | 1 | 0 | 後36 | 장민규 | 3 | | | 20 | 조현태 | | 0 | 0 | 0 | 0 |
| 0 | 0 | 1 | 0 | 後42 | 정운 | 13 | | | 8 | 강윤구 | 後26 | 0 | 1 | 0 | 0 |
| 0 | 0 | 0 | 0 | | 김정민 | 6 | 대기 | 대기 | 14 | 김대우 | 後0/27 | 0 | 0 | 0 | 0 |
| 0 | 0 | 0 | 0 | | 페드링요 | 14 | | | 42 | 모재현 | 後10 | 0 | 0 | 1 | 0 |
| 0 | 0 | 0 | 0 | 後0 | 오재혁 | 18 | | | 90 | 김신진 | | 0 | 0 | 0 | 0 |
| 0 | 0 | 0 | 0 | 後36 | 데닐손 | 15 | | | 27 | 김도현 | 後26 | 0 | 0 | 0 | 0 |
| 0 | 0 | 2 | 0 | 後0 | 최병욱 | 24 | | | 22 | 이상헌 | 後26 | 1 | 0 | 0 | 0 |
| 0 | 3 | 8 | 6(3) | | | 0 | | | 0 | | | 13(9) | 9 | 5 | 0 |

8월 10일 19:00 맑음 대전 월드컵 9,022명
주심_ 설태환 부심_ 곽승순·홍석찬 대기심_ 고민국 경기감독관_ 양정환

**대전 3** | 1 전반 2 / 2 후반 0 | **2 수원FC**

| 퇴장 | 경고 | 파울 | ST(유) | 교체 | 선수명 | 배번 | 위치 | 위치 | 배번 | 선수명 | 교체 | ST(유) | 파울 | 경고 | 퇴장 |
|---|---|---|---|---|---|---|---|---|---|---|---|---|---|---|---|
| 0 | 0 | 0 | 0 | 40 | 이창근 | 1 | GK | GK | 23 | 안준수 | | 0 | 0 | 0 | 0 |
| 0 | 0 | 0 | 1(1) | | 이명재 | 16 | DF | DF | 2 | 이용 | | 0 | 0 | 0 | 0 |
| 0 | 0 | 0 | 1 | | 안톤 | 98 | DF | DF | 4 | 김태한 | | 0 | 0 | 0 | 0 |
| 0 | 1 | 1 | 0 | | 김민덕 | 26 | DF | DF | 20 | 이지솔 | 6 | 0 | 2 | 1 | 0 |
| 0 | 0 | 0 | 0 | | 강윤성 | 6 | DF | DF | 72 | 이시영 | | 2(1) | 1 | 1 | 0 |
| 0 | 0 | 1 | 0 | | 김봉수 | 30 | MF | MF | 7 | 이재원 | 19 | 0 | 0 | 1 | 0 |
| 0 | 0 | 0 | 0 | 44 | 김한서 | 66 | MF | MF | 18 | 한찬희 | 15 | 0 | 0 | 0 | 0 |
| 0 | 1 | 2 | 1(1) | | 김준범 | 14 | MF | MF | 40 | 김도윤 | 44 | 0 | 0 | 0 | 0 |
| 0 | 1 | 1 | 4(1) | 7 | 서진수 | 19 | FW | MF | 94 | 안현범 | 79 | 1 | 2 | 0 | 0 |
| 0 | 0 | 2 | 1(1) | 70 | 최건주 | 17 | FW | MF | 97 | 루안 | | 2(1) | 1 | 0 | 0 |
| 0 | 0 | 3 | 4(2) | | 주민규 | 10 | FW | FW | 9 | 싸박 | | 4(2) | 3 | 0 | 0 |
| 0 | 0 | 0 | 0 | 前44 | 이경태 | 40 | | | 1 | 황재윤 | | 0 | 0 | 0 | 0 |
| 0 | 0 | 0 | 0 | | 임종은 | 5 | | | 6 | 최규백 | 後43 | 0 | 0 | 0 | 0 |
| 0 | 0 | 0 | 0 | | 김진야 | 72 | | | 21 | 서재민 | | 0 | 0 | 0 | 0 |
| 0 | 0 | 0 | 0 | 前44 | 이순민 | 44 | | | 22 | 장영우 | | 0 | 0 | 0 | 0 |
| 0 | 0 | 0 | 0 | | 이준규 | 73 | 대기 | 대기 | 15 | 안드리고 | 後15 | 1 | 0 | 0 | 0 |
| 0 | 0 | 1 | 0 | 後28 | 김현욱 | 70 | | | 19 | 정승배 | 後43 | 0 | 0 | 0 | 0 |
| 0 | 0 | 0 | 0 | | 정재희 | 27 | | | 30 | 최치웅 | | 0 | 0 | 0 | 0 |
| 0 | 1 | 1 | 0 | 後28 | 마사 | 7 | | | 44 | 윌리안 | 前20 | 0 | 0 | 1 | 0 |
| 0 | 0 | 0 | 0 | | 유강현 | 29 | | | 79 | 김경민 | 後15 | 1 | 0 | 0 | 0 |
| 0 | 4 | 12 | 12(6) | | | 0 | | | 0 | | | 11(4) | 9 | 4 | 0 |

●전반 56초 최건주 GAR 내 R-ST-G (득점: 최건주) 가운데
●후반 30분 김준범 AK 정면 ◠ 주민규 GA 정면 R-ST-G (득점: 주민규, 도움: 김준범) 왼쪽
●후반 37분 이명재 자기 측 HLL ◠ 김준범 AK 내 R-ST-G (득점: 김준범, 도움: 이명재) 왼쪽

●전반 46분 윌리안 PAL 내 ~ 싸박 GA 정면 L-ST-G (득점: 싸박, 도움: 윌리안) 오른쪽
●전반 49분 이용 PAR TL 드로잉 ◠ 루안 PAR L-ST-G (득점: 루안, 도움: 이용) 오른쪽

8월 15일 19:00 맑음 안양 종합 8,122명
주심_ 김종혁 부심_ 김계용·구은석 대기심_ 최현재 경기감독관_ 구상범

**안양 0** | 0 전반 1 / 0 후반 0 | **1 포항**

| 퇴장 | 경고 | 파울 | ST(유) | 교체 | 선수명 | 배번 | 위치 | 위치 | 배번 | 선수명 | 교체 | ST(유) | 파울 | 경고 | 퇴장 |
|---|---|---|---|---|---|---|---|---|---|---|---|---|---|---|---|
| 0 | 0 | 0 | 0 | | 김다솔 | 31 | GK | GK | 21 | 황인재 | | 0 | 0 | 0 | 0 |
| 0 | 0 | 2 | 0 | | 이창용 | 4 | DF | DF | 2 | 어정원 | 11 | 0 | 1 | 0 | 0 |
| 1 | 1 | 1 | 0 | | 권경원 | 27 | DF | DF | 14 | 박승욱 | | 0 | 0 | 0 | 0 |
| 0 | 0 | 0 | 2(1) | | 토마스 | 55 | DF | DF | 4 | 전민광 | | 0 | 1 | 0 | 0 |
| 0 | 0 | 2 | 1(1) | 10 | 채현우 | 71 | MF | DF | 17 | 신광훈 | 3 | 0 | 0 | 0 | 0 |
| 0 | 0 | 1 | 0 | 26 | 김정현 | 8 | MF | MF | 37 | 홍윤상 | 24 | 0 | 0 | 0 | 0 |
| 0 | 0 | 0 | 0 | 28 | 최성범 | 11 | MF | MF | 88 | 김동진 | | 0 | 1 | 1 | 0 |
| 0 | 0 | 1 | 0 | | 김동진 | 22 | MF | MF | 8 | 오베르단 | | 1(1) | 0 | 0 | 0 |
| 0 | 0 | 1 | 0 | | 이태희 | 32 | MF | MF | 13 | 강민준 | 7 | 0 | 1 | 1 | 0 |
| 0 | 0 | 0 | 0 | 19 | 모따 | 9 | FW | FW | 19 | 이호재 | 18 | 1(1) | 2 | 1 | 0 |
| 0 | 0 | 0 | 2(2) | | 마테우스 | 7 | FW | FW | 9 | 조르지 | | 2 | 1 | 0 | 0 |
| 0 | 0 | 0 | 0 | | 황병근 | 41 | | | 1 | 윤평국 | | 0 | 0 | 0 | 0 |
| 0 | 0 | 0 | 0 | | 김영찬 | 5 | | | 3 | 이동희 | 後0 | 0 | 0 | 0 | 0 |
| 0 | 0 | 0 | 0 | | 강지훈 | 17 | | | 24 | 한현서 | 後26 | 0 | 0 | 0 | 0 |
| 0 | 0 | 0 | 0 | | 한가람 | 13 | | | 6 | 김종우 | | 0 | 0 | 0 | 0 |
| 0 | 0 | 0 | 0 | 後42 | 임민혁 | 26 | 대기 | 대기 | 66 | 이창우 | | 0 | 0 | 0 | 0 |
| 0 | 0 | 1 | 0 | 前37/70 | 문성우 | 28 | | | 7 | 김인성 | 後10 | 0 | 0 | 0 | 0 |
| 0 | 0 | 0 | 3(1) | 後0 | 야고 | 10 | | | 11 | 주닝요 | 後0 | 0 | 1 | 0 | 0 |
| 0 | 0 | 0 | 0 | 後29 | 김운 | 19 | | | 18 | 강현제 | 後36 | 0 | 0 | 0 | 0 |
| 0 | 1 | 2 | 0 | 後29 | 유키치 | 70 | | | 20 | 안재준 | | 0 | 0 | 0 | 0 |
| 1 | 2 | 11 | 8(5) | | | 0 | | | 0 | | | 4(2) | 8 | 3 | 0 |

●전반 5분 조르지 PAL ~ 이호재 GA 정면 R-ST-G (득점: 이호재, 도움: 조르지) 가운데

8월 16일 20:00 맑음 수원 종합 5,702명
주심_ 송민석 부심_ 박균용·장종필 대기심_ 정동식 경기감독관_ 박철

**수원FC 4** 1 전반 1 / 3 후반 1 **2 울산**

| 퇴장 | 경고 | 파울 | ST(유) | 교체 | 선수명 | 배번 | 위치 | 위치 | 배번 | 선수명 | 교체 | ST(유) | 파울 | 경고 | 퇴장 |
|---|---|---|---|---|---|---|---|---|---|---|---|---|---|---|---|
| 0 | 1 | 0 | 0 | | 황재윤 | 1 | GK | GK | 21 | 조현우 | | 0 | 0 | 0 | 0 |
| 0 | 0 | 0 | 0 | | 이용 | 2 | DF | DF | 66 | 트로야크 | | 3(1) | 1 | 0 | 0 |
| 0 | 0 | 0 | 0 | | 김태한 | 4 | DF | DF | 19 | 김영권 | 28 | 0 | 0 | 0 | 0 |
| 0 | 0 | 0 | 1(1) | | 최규백 | 6 | DF | DF | 4 | 서명관 | | 1(1) | 0 | 0 | 0 |
| 0 | 0 | 2 | 0 | 72 | 서재민 | 21 | DF | MF | 96 | 최석현 | 2 | 1 | 0 | 0 | 0 |
| 0 | 0 | 0 | 0 | | 이재원 | 7 | MF | MF | 6 | 보야니치 | | 1 | 0 | 0 | 0 |
| 0 | 1 | 3 | 1 | 94 | 안드리고 | 15 | MF | MF | 7 | 고승범 | | 1 | 0 | 0 | 0 |
| 0 | 0 | 0 | 4(2) | | 한찬희 | 18 | MF | MF | 17 | 루빅손 | | 5(2) | 0 | 0 | 0 |
| 0 | 0 | 1 | 3(1) | 79 | 윌리안 | 44 | MF | FW | 30 | 윤재석 | 13 | 1(1) | 1 | 0 | 0 |
| 0 | 0 | 3 | 3(1) | 8 | 루안 | 97 | MF | FW | 27 | 이청용 | 14 | 0 | 0 | 0 | 0 |
| 0 | 0 | 1 | 2(2) | | 싸박 | 9 | FW | FW | 9 | 말컹 | 97 | 3(2) | 0 | 0 | 0 |
| 0 | 0 | 0 | 0 | | 안준수 | 23 | | | 23 | 문정인 | | 0 | 0 | 0 | 0 |
| 0 | 0 | 0 | 0 | | 이현용 | 5 | | | 28 | 이재익 | 후0 | 0 | 1 | 0 | 0 |
| 0 | 0 | 0 | 0 | | 이지솔 | 20 | | | 13 | 강상우 | 후23 | 2 | 0 | 0 | 0 |
| 0 | 0 | 0 | 0 | | 장영우 | 22 | | | 2 | 조현택 | 후0 | 0 | 1 | 0 | 0 |
| 0 | 0 | 0 | 0 | 후20 | 이시영 | 72 | 대기 | 대기 | 5 | 정우영 | | 0 | 0 | 0 | 0 |
| 0 | 0 | 1 | 2(2) | 후20 | 안현범 | 94 | | | 14 | 이진현 | 후0 | 1(1) | 0 | 0 | 0 |
| 0 | 0 | 1 | 1(1) | 후41 | 노경호 | 8 | | | 16 | 이희균 | | 0 | 0 | 0 | 0 |
| 0 | 0 | 0 | 0 | | 정승배 | 19 | | | 97 | 에릭 | 후23 | 1 | 0 | 0 | 0 |
| 0 | 0 | 0 | 1(1) | 후27 | 김경민 | 79 | | | 18 | 허율 | | 0 | 0 | 0 | 0 |
| 0 | 2 | 12 | 18(11) | | | 0 | | | 0 | | | 20(8) | 4 | 0 | 0 |

- 전반 1분 윌리안 자기 측 센터서클 ~ 싸박 GAL L-ST-G (득점: 싸박, 도움: 윌리안) 왼쪽
- 후반 15분 윌리안 PK-R-G (득점: 윌리안) 오른쪽
- 후반 29분 싸박 GAR R-ST-G (득점: 싸박) 오른쪽
- 후반 45분 싸박 PAL ⌒ 노경호 GA 정면 L-ST-G (득점: 노경호, 도움: 싸박) 오른쪽
- 전반 5분 말컹 AKR R-ST-G (득점: 말컹) 왼쪽
- 후반 52분 루빅손 AKL R-ST-G (득점: 루빅손) 오른쪽

8월 17일 19:00 맑음 김천 종합 2,667명
주심_ 박병진 부심_ 방기열·곽승순 대기심_ 정회수 경기감독관_ 김용세

**김천 6** 3 전반 2 / 3 후반 0 **2 서울**

| 퇴장 | 경고 | 파울 | ST(유) | 교체 | 선수명 | 배번 | 위치 | 위치 | 배번 | 선수명 | 교체 | ST(유) | 파울 | 경고 | 퇴장 |
|---|---|---|---|---|---|---|---|---|---|---|---|---|---|---|---|
| 0 | 0 | 0 | 0 | | 이주현 | 23 | GK | GK | 31 | 강현무 | | 0 | 0 | 0 | 0 |
| 0 | 0 | 1 | 0 | 33 | 최예훈 | 22 | DF | DF | 22 | 김진수 | | 0 | 1 | 0 | 0 |
| 0 | 0 | 2 | 0 | | 이정택 | 35 | DF | DF | 5 | 야잔 | | 2(1) | 2 | 0 | 0 |
| 0 | 0 | 1 | 0 | | 김강산 | 5 | DF | DF | 18 | 정태욱 | | 1 | 0 | 0 | 0 |
| 0 | 0 | 0 | 0 | 20 | 오인표 | 13 | DF | DF | 63 | 박수일 | | 0 | 1 | 1 | 0 |
| 0 | 0 | 0 | 3(2) | 42 | 김승섭 | 7 | MF | MF | 77 | 루카스 | 19 | 2 | 0 | 0 | 0 |
| 0 | 0 | 1 | 0 | | 이승원 | 8 | MF | MF | 41 | 황도윤 | 88 | 4(1) | 0 | 0 | 0 |
| 0 | 0 | 1 | 1(1) | | 맹성웅 | 28 | MF | MF | 8 | 이승모 | 16 | 1 | 2 | 1 | 0 |
| 0 | 0 | 0 | 1(1) | 11 | 원기종 | 18 | MF | MF | 70 | 안데르손 | | 3(2) | 1 | 0 | 0 |
| 0 | 0 | 0 | 0 | 15 | 박상혁 | 19 | FW | FW | 9 | 조영욱 | 45 | 3(1) | 0 | 0 | 0 |
| 0 | 0 | 1 | 4(1) | | 이동경 | 14 | FW | FW | 10 | 린가드 | 37 | 1(1) | 1 | 1 | 0 |
| 0 | 0 | 0 | 0 | | 김태훈 | 21 | | | 21 | 최철원 | | 0 | 0 | 0 | 0 |
| 0 | 0 | 0 | 0 | 후0 | 박대원 | 33 | | | 16 | 최준 | 후0 | 0 | 1 | 0 | 0 |
| 0 | 0 | 0 | 0 | 후12 | 박찬용 | 20 | | | 33 | 배현서 | | 0 | 0 | 0 | 0 |
| 0 | 1 | 1 | 0 | 후30 | 고재현 | 42 | | | 40 | 박성훈 | | 0 | 0 | 0 | 0 |
| 0 | 0 | 0 | 0 | | 이현식 | 2 | 대기 | 대기 | 88 | 박장한결 | 후38 | 0 | 0 | 0 | 0 |
| 0 | 0 | 0 | 0 | | 김준호 | 16 | | | 14 | 손승범 | | 0 | 0 | 0 | 0 |
| 0 | 0 | 0 | 1(1) | 후48 | 김찬 | 15 | | | 19 | 강주혁 | 후24 | 0 | 0 | 0 | 0 |
| 0 | 1 | 2 | 3(2) | 후30 | 이동준 | 11 | | | 37 | 정한민 | 후38 | 1(1) | 0 | 0 | 0 |
| 0 | 0 | 0 | 0 | | 김경준 | 6 | | | 45 | 둑스 | 후30 | 1(1) | 0 | 0 | 0 |
| 0 | 2 | 10 | 13(8) | | | 0 | | | 0 | | | 19(8) | 9 | 3 | 0 |

- 전반 9분 이승원 PAL ~ 원기종 PA 정면 내 L-ST-G (득점: 원기종, 도움: 이승원) 오른쪽
- 전반 17분 맹성웅 PAR ~ 김승섭 PK지점 R-ST-G (득점: 김승섭, 도움: 맹성웅) 왼쪽
- 전반 48분 이승원 GAR ~ 맹성웅 PK지점 R-ST-G (득점: 맹성웅, 도움: 이승원) 가운데
- 후반 6분 이동경 PK-L-G (득점: 이동경) 왼쪽
- 후반 45분 이동경 AK 내 ~ 이동준 GAR R-ST-G (득점: 이동준, 도움: 이동경) 오른쪽
- 후반 58분 김찬 PK-R-G (득점: 김찬) 오른쪽
- 전반 26분 조영욱 GA 정면 내 R-ST-G (득점: 조영욱) 가운데
- 전반 39분 안데르손 GAR L-ST-G (득점: 안데르손) 오른쪽

8월 16일 19:00 맑음 전주 월드컵 23,460명
주심_ 고형진 부심_ 윤재열·송봉근 대기심_ 설태환 경기감독관_ 김성수

**전북 3** 1 전반 0 / 2 후반 0 **0 대구**

| 퇴장 | 경고 | 파울 | ST(유) | 교체 | 선수명 | 배번 | 위치 | 위치 | 배번 | 선수명 | 교체 | ST(유) | 파울 | 경고 | 퇴장 |
|---|---|---|---|---|---|---|---|---|---|---|---|---|---|---|---|
| 0 | 0 | 0 | 0 | | 송범근 | 31 | GK | GK | 31 | 한태희 | | 0 | 0 | 0 | 0 |
| 0 | 0 | 0 | 0 | | 김태환 | 23 | DF | DF | 3 | 정우재 | | 0 | 0 | 0 | 0 |
| 0 | 0 | 2 | 0 | | 박진섭 | 4 | DF | DF | 7 | 김진혁 | | 1 | 0 | 0 | 0 |
| 0 | 1 | 3 | 0 | 28 | 연제운 | 94 | DF | DF | 55 | 우주성 | | 1 | 0 | 0 | 0 |
| 0 | 0 | 1 | 0 | | 최철순 | 25 | DF | DF | 2 | 황재원 | | 0 | 0 | 0 | 0 |
| 0 | 1 | 2 | 0 | | 감보아 | 5 | MF | MF | 32 | 정치인 | 9 | 1(1) | 1 | 0 | 0 |
| 0 | 0 | 2 | 1 | | 강상윤 | 13 | MF | MF | 26 | 이진용 | 74 | 1 | 2 | 0 | 0 |
| 0 | 0 | 0 | 1(1) | 8 | 김진규 | 97 | MF | MF | 88 | 카를로스 | 10 | 0 | 1 | 0 | 0 |
| 0 | 0 | 0 | 5(3) | 17 | 전진우 | 14 | FW | MF | 5 | 지오바니 | 18 | 2(1) | 2 | 0 | 0 |
| 0 | 0 | 0 | 2(2) | 9 | 콤파뇨 | 96 | FW | FW | 11 | 세징야 | | 5(1) | 0 | 0 | 0 |
| 0 | 0 | 1 | 2(1) | 22 | 송민규 | 10 | FW | FW | 77 | 김주공 | 19 | 1 | 1 | 0 | 0 |
| 0 | 0 | 0 | 0 | | 김정훈 | 1 | | | 21 | 오승훈 | | 0 | 0 | 0 | 0 |
| 0 | 0 | 0 | 0 | | 최우진 | 3 | | | 4 | 카이오 | | 0 | 0 | 0 | 0 |
| 0 | 0 | 0 | 0 | 후20 | 한국영 | 8 | | | 22 | 장성원 | | 0 | 0 | 0 | 0 |
| 0 | 0 | 0 | 0 | | 이승우 | 11 | | | 66 | 조진우 | | 0 | 0 | 0 | 0 |
| 0 | 0 | 0 | 0 | 후46 | 진태호 | 17 | 대기 | 대기 | 10 | 라마스 | 후12 | 1 | 1 | 0 | 0 |
| 0 | 0 | 0 | 0 | | 츄마시 | 21 | | | 74 | 이용래 | 후33 | 0 | 0 | 0 | 0 |
| 0 | 0 | 0 | 0 | 후29 | 권창훈 | 22 | | | 9 | 에드가 | 후12 | 1(1) | 0 | 0 | 0 |
| 0 | 0 | 0 | 0 | 후20 | 이영재 | 28 | | | 18 | 정재상 | 후34 | 0 | 0 | 0 | 0 |
| 0 | 0 | 1 | 0 | 후20 | 티아고 | 9 | | | 19 | 박대훈 | 후12 | 1(1) | 0 | 0 | 0 |
| 0 | 2 | 12 | 11(7) | | | 0 | | | 0 | | | 15(5) | 8 | 0 | 0 |

- 전반 26분 김진규 C,KR ⌒ 콤파뇨 GA 정면 H-ST-G (득점: 콤파뇨, 도움: 김진규) 왼쪽
- 후반 9분 박진섭 GAL H⌒ 콤파뇨 GA 정면 내 R-ST-G (득점: 콤파뇨, 도움: 박진섭) 오른쪽
- 후반 37분 이영재 MF 정면 ~ 전진우 GA 정면 R-ST-G (득점: 전진우, 도움: 이영재) 가운데

8월 17일 19:00 맑음 광주 월드컵 3,278명
주심_ 신용준 부심_ 김지욱·성주경 대기심_ 조지음 경기감독관_ 이평재

**광주 2** 1 전반 0 / 1 후반 0 **0 대전**

| 퇴장 | 경고 | 파울 | ST(유) | 교체 | 선수명 | 배번 | 위치 | 위치 | 배번 | 선수명 | 교체 | ST(유) | 파울 | 경고 | 퇴장 |
|---|---|---|---|---|---|---|---|---|---|---|---|---|---|---|---|
| 0 | 0 | 0 | 0 | | 김경민 | 1 | GK | GK | 25 | 이준서 | | 0 | 0 | 0 | 0 |
| 0 | 0 | 3 | 0 | 77 | 심상민 | 94 | DF | DF | 16 | 이명재 | | 2 | 1 | 0 | 0 |
| 0 | 1 | 0 | 0 | | 진시우 | 20 | DF | DF | 98 | 안톤 | | 0 | 0 | 0 | 0 |
| 0 | 1 | 2 | 0 | | 변준수 | 5 | DF | DF | 26 | 김민덕 | | 0 | 0 | 0 | 0 |
| 0 | 0 | 0 | 0 | | 조성권 | 2 | DF | DF | 6 | 강윤성 | 33 | 0 | 2 | 0 | 0 |
| 0 | 0 | 0 | 0 | 70 | 정지훈 | 16 | MF | MF | 30 | 김봉수 | | 0 | 1 | 0 | 0 |
| 0 | 0 | 1 | 1 | | 최경록 | 10 | MF | MF | 66 | 김한서 | 44 | 0 | 0 | 0 | 0 |
| 0 | 0 | 0 | 0 | 14 | 주세종 | 80 | MF | MF | 14 | 김준범 | 77 | 0 | 0 | 0 | 0 |
| 0 | 0 | 0 | 0 | 30 | 아사니 | 7 | MF | FW | 19 | 서진수 | 73 | 2(1) | 1 | 0 | 0 |
| 0 | 0 | 2 | 4(3) | | 헤이스 | 17 | FW | FW | 17 | 최건주 | 70 | 0 | 3 | 0 | 0 |
| 0 | 0 | 2 | 0 | 8 | 신창무 | 40 | FW | FW | 10 | 주민규 | | 1 | 0 | 0 | 0 |
| 0 | 0 | 0 | 0 | | 김태준 | 41 | | | 40 | 이경태 | | 0 | 0 | 0 | 0 |
| 0 | 0 | 0 | 0 | 후49 | 안혁주 | 30 | | | 5 | 임종은 | | 0 | 0 | 0 | 0 |
| 0 | 0 | 0 | 0 | | 민상기 | 39 | | | 33 | 김문환 | 후24 | 0 | 1 | 1 | 0 |
| 0 | 0 | 0 | 0 | 후30 | 이강현 | 8 | | | 44 | 이순민 | 후0 | 0 | 2 | 1 | 0 |
| 0 | 0 | 0 | 0 | 후15 | 유제호 | 14 | 대기 | 대기 | 73 | 이준규 | 후40 | 0 | 1 | 0 | 0 |
| 0 | 0 | 1 | 0 | 후0 | 하승운 | 70 | | | 70 | 김현욱 | 후0 | 1 | 1 | 0 | 0 |
| 0 | 0 | 0 | 0 | 후15 | 오후성 | 77 | | | 77 | 주앙빅토르 | 후24 | 0 | 1 | 0 | 0 |
| 0 | 0 | 0 | 0 | | 문민서 | 88 | | | 7 | 마사 | | 0 | 0 | 0 | 0 |
| 0 | 0 | 0 | 0 | | 프리드욘슨 | 11 | | | 29 | 유강현 | | 0 | 0 | 0 | 0 |
| 0 | 2 | 11 | 5(3) | | | 0 | | | 0 | | | 6(1) | 14 | 2 | 0 |

- 전반 26분 헤이스 AK 내 L-ST-G (득점: 헤이스) 왼쪽
- 후반 19분 오후성 PAL 내 ~ 헤이스 GA 정면 L-ST-G (득점: 헤이스, 도움: 오후성) 왼쪽

8월 23일 19:00 맑음 김천 종합 2,303명
주심_ 설태환 부심_ 김계용·송봉근 대기심_ 김재홍 경기감독관_ 허기태

**김천 3** 2 전반 1 / 1 후반 1 **2 수원FC**

| 퇴장 | 경고 | 파울 | ST(유) | 교체 | 선수명 | 배번 | 위치 | 위치 | 배번 | 선수명 | 교체 | ST(유) | 파울 | 경고 | 퇴장 |
|---|---|---|---|---|---|---|---|---|---|---|---|---|---|---|---|
| 0 | 0 | 0 | 0 |  | 이주현 | 23 | GK | GK | 1 | 황재윤 |  | 0 | 0 | 0 | 0 |
| 0 | 0 | 0 | 0 | 33 | 최예훈 | 22 | DF | DF | 2 | 이 용 | 5 | 0 | 1 | 0 | 0 |
| 0 | 0 | 0 | 0 |  | 박찬용 | 20 | DF | DF | 4 | 김태한 |  | 0 | 1 | 0 | 0 |
| 0 | 0 | 3 | 1 |  | 김강산 | 5 | DF | DF | 6 | 최규백 |  | 0 | 0 | 0 | 0 |
| 0 | 0 | 0 | 0 | 35 | 오인표 | 13 | DF | DF | 21 | 서재민 | 72 | 0 | 1 | 0 | 0 |
| 0 | 0 | 0 | 2(2) |  | 김승섭 | 7 | MF | MF | 7 | 이재원 |  | 0 | 2 | 0 | 0 |
| 0 | 1 | 3 | 0 |  | 이승원 | 8 | MF | MF | 15 | 안드리고 | 8 | 1 | 2 | 0 | 0 |
| 0 | 0 | 0 | 1 | 45 | 맹성웅 | 28 | MF | MF | 18 | 한찬희 | 44 | 2 | 0 | 0 | 0 |
| 0 | 0 | 0 | 0 | 11 | 원기종 | 18 | MF | MF | 79 | 김경민 | 94 | 0 | 0 | 0 | 0 |
| 0 | 0 | 0 | 2(2) | 15 | 박상혁 | 19 | FW | MF | 97 | 루 안 |  | 2(2) | 0 | 0 | 0 |
| 0 | 0 | 1 | 7(5) |  | 이동경 | 14 | FW | FW | 9 | 싸 박 |  | 4(1) | 0 | 1 | 0 |
| 0 | 0 | 0 | 0 |  | 김태훈 | 21 | 대기 | 대기 | 23 | 안준수 |  | 0 | 0 | 0 | 0 |
| 0 | 0 | 1 | 0 | 후0 | 박대원 | 33 |  |  | 5 | 이현용 | 후48 | 1 | 0 | 0 | 0 |
| 0 | 0 | 0 | 0 | 후12 | 이정택 | 35 |  |  | 20 | 이지솔 |  | 0 | 0 | 0 | 0 |
| 0 | 0 | 0 | 0 |  | 고재현 | 42 |  |  | 22 | 장영우 |  | 0 | 0 | 0 | 0 |
| 0 | 0 | 0 | 0 |  | 이현식 | 2 |  |  | 72 | 이시영 | 후0 | 0 | 0 | 0 | 0 |
| 0 | 0 | 1 | 0 | 후22 | 김이석 | 45 |  |  | 94 | 안현범 | 후0 | 1(1) | 0 | 0 | 0 |
| 0 | 0 | 0 | 1 | 후42 | 김 찬 | 15 |  |  | 8 | 노경호 | 후34 | 0 | 0 | 0 | 0 |
| 0 | 0 | 0 | 0 | 후22 | 이동준 | 11 |  |  | 30 | 최치웅 |  | 0 | 0 | 0 | 0 |
| 0 | 0 | 0 | 0 |  | 김경준 | 6 |  |  | 44 | 윌리안 | 후11 | 3(2) | 0 | 0 | 0 |
| 0 | 1 | 9 | 14(9) |  |  | 0 |  |  | 0 |  |  | 14(6) | 7 | 1 | 0 |

- 전반 25분 이동경 AK 내 ~ 박상혁 GA 정면 R-ST-G (득점: 박상혁, 도움: 이동경) 왼쪽
- 전반 46분 이승원 AKR ~ 김승섭 AK 정면 R-ST-G (득점: 김승섭, 도움: 이승원) 오른쪽
- 후반 46분 김승섭 자기 측 MFL ↷ 이동경 MFL L-ST-G (득점: 이동경, 도움: 김승섭) 왼쪽

- 전반 8분 김경민 PAR ~ 루안 AKR L-ST-G (득점: 루안, 도움: 김경민) 오른쪽
- 후반 18분 이시영 PAL ↷ 윌리안 GAL R-ST-G (득점: 윌리안, 도움: 이시영) 오른쪽

8월 23일 19:00 맑음 대구iM뱅크파크 7,586명
주심_ 정동식 부심_ 방기열·구은석 대기심_ 고민국 경기감독관_ 김성기

**대구 2** 0 전반 0 / 2 후반 2 **2 제주**

| 퇴장 | 경고 | 파울 | ST(유) | 교체 | 선수명 | 배번 | 위치 | 위치 | 배번 | 선수명 | 교체 | ST(유) | 파울 | 경고 | 퇴장 |
|---|---|---|---|---|---|---|---|---|---|---|---|---|---|---|---|
| 0 | 0 | 0 | 0 |  | 한태희 | 31 | GK | GK | 1 | 김동준 |  | 0 | 0 | 0 | 0 |
| 0 | 0 | 1 | 1 |  | 장성원 | 22 | DF | DF | 40 | 김륜성 |  | 1(1) | 0 | 0 | 0 |
| 0 | 0 | 0 | 0 |  | 김현준 | 45 | DF | DF | 4 | 송주훈 |  | 0 | 0 | 0 | 0 |
| 0 | 0 | 0 | 0 |  | 우주성 | 55 | DF | DF | 26 | 임채민 |  | 0 | 2 | 0 | 0 |
| 0 | 0 | 0 | 4(2) |  | 황재원 | 2 | DF | DF | 23 | 임창우 |  | 0 | 1 | 0 | 0 |
| 0 | 0 | 1 | 0 | 5 | 정치인 | 32 | MF | MF | 5 | 이탈로 |  | 0 | 0 | 0 | 0 |
| 0 | 0 | 0 | 0 | 26 | 이용래 | 74 | MF | MF | 10 | 남태희 | 13 | 3 | 0 | 0 | 0 |
| 0 | 0 | 0 | 1 | 88 | 김정현 | 44 | MF | MF | 8 | 이창민 | 3 | 2(1) | 0 | 0 | 0 |
| 0 | 0 | 0 | 0 | 19 | 정재상 | 18 | MF | FW | 11 | 에반드로 | 9 | 2(1) | 0 | 0 | 0 |
| 0 | 1 | 0 | 5(1) |  | 세징야 | 11 | FW | FW | 18 | 오재혁 | 14 | 1(1) | 0 | 0 | 0 |
| 0 | 0 | 1 | 1(1) | 10 | 김주공 | 77 | FW | FW | 27 | 김준하 | 24 | 0 | 1 | 0 | 0 |
| 0 | 0 | 0 | 0 |  | 박만호 | 51 | 대기 | 대기 | 21 | 안찬기 |  | 0 | 0 | 0 | 0 |
| 0 | 0 | 0 | 0 |  | 이 림 | 38 |  |  | 2 | 김재우 |  | 0 | 0 | 0 | 0 |
| 0 | 0 | 0 | 0 |  | 정현철 | 47 |  |  | 3 | 장민규 | 후33 | 0 | 0 | 0 | 0 |
| 0 | 1 | 1 | 0 | 후22 | 이진용 | 26 |  |  | 13 | 정 운 | 후47 | 0 | 0 | 0 | 0 |
| 0 | 0 | 0 | 0 | 후37 | 카를로스 | 88 |  |  | 6 | 김정민 |  | 0 | 0 | 0 | 0 |
| 0 | 0 | 0 | 2 | 후37 | 지오바니 | 5 |  |  | 14 | 페드링요 | 후33 | 0 | 1 | 0 | 0 |
| 0 | 0 | 2 | 3 | 후22 | 라마스 | 10 |  |  | 9 | 유리조나탄 | 후0 | 2(2) | 0 | 0 | 0 |
| 0 | 0 | 0 | 0 |  | 에드가 | 9 |  |  | 15 | 데닐손 |  | 0 | 0 | 0 | 0 |
| 0 | 0 | 0 | 1(1) | 후11 | 박대훈 | 19 |  |  | 24 | 최병욱 | 후0 | 1 | 3 | 1 | 0 |
| 0 | 2 | 6 | 18(5) |  |  | 0 |  |  | 0 |  |  | 12(6) | 8 | 1 | 0 |

- 후반 5분 유리 조나탄 GAR R 자책골 (득점: 유리 조나탄) 오른쪽
- 후반 10분 정치인 PAL 내 ↷ 세징야 GAR 내 H-ST-G (득점: 세징야, 도움: 정치인) 가운데

- 후반 2분 김륜성 GAL L-ST-G (득점: 김륜성) 왼쪽
- 후반 8분 김륜성 MFL TL ↷ 유리 조나탄 GA 정면 H-ST-G (득점: 유리 조나탄, 도움: 김륜성) 가운데

8월 23일 19:30 맑음 광주 월드컵 3,044명
주심_ 김종혁 부심_ 박균용·장종필 대기심_ 원명희 경기감독관_ 이경춘

**광주 0** 0 전반 1 / 0 후반 0 **1 강원**

| 퇴장 | 경고 | 파울 | ST(유) | 교체 | 선수명 | 배번 | 위치 | 위치 | 배번 | 선수명 | 교체 | ST(유) | 파울 | 경고 | 퇴장 |
|---|---|---|---|---|---|---|---|---|---|---|---|---|---|---|---|
| 0 | 0 | 0 | 0 |  | 김경민 | 1 | GK | GK | 21 | 박청효 |  | 0 | 0 | 0 | 0 |
| 0 | 1 | 3 | 0 |  | 심상민 | 94 | DF | DF | 34 | 송준석 | 13 | 0 | 3 | 1 | 0 |
| 0 | 0 | 0 | 0 | 70 | 민상기 | 39 | DF | DF | 47 | 신민하 |  | 1 | 2 | 1 | 0 |
| 0 | 2 | 2 | 0 |  | 진시우 | 20 | DF | DF | 23 | 강투지 |  | 0 | 0 | 0 | 0 |
| 0 | 0 | 2 | 0 |  | 조성권 | 2 | DF | DF | 99 | 강준혁 | 27 | 1 | 0 | 0 | 0 |
| 0 | 0 | 0 | 0 | 77 | 정지훈 | 16 | MF | MF | 4 | 서민우 |  | 1 | 2 | 1 | 0 |
| 0 | 0 | 1 | 1 | 11 | 유제호 | 14 | MF | MF | 97 | 이유현 |  | 0 | 0 | 0 | 0 |
| 0 | 1 | 1 | 0 | 8 | 주세종 | 80 | MF | MF | 7 | 김대원 |  | 1(1) | 1 | 0 | 0 |
| 0 | 0 | 1 | 1 |  | 최경록 | 10 | MF | MF | 42 | 모재현 | 24 | 0 | 1 | 0 | 0 |
| 0 | 0 | 0 | 0 |  | 헤이스 | 17 | FW | FW | 39 | 이지호 | 8 | 1(1) | 0 | 0 | 0 |
| 0 | 0 | 2 | 2(1) | 88 | 신창무 | 40 | FW | FW | 16 | 김건희 | 90 | 1(1) | 1 | 0 | 0 |
| 0 | 0 | 0 | 0 |  | 김태준 | 41 | 대기 | 대기 | 71 | 조민규 |  | 0 | 0 | 0 | 0 |
| 0 | 0 | 0 | 0 |  | 안영규 | 6 |  |  | 13 | 이기혁 | 후25 | 0 | 0 | 0 | 0 |
| 0 | 0 | 0 | 0 |  | 안혁주 | 30 |  |  | 24 | 박호영 | 후45 | 0 | 0 | 0 | 0 |
| 0 | 0 | 0 | 1 | 후20 | 이강현 | 8 |  |  | 8 | 강윤구 | 후25 | 0 | 1 | 0 | 0 |
| 0 | 1 | 2 | 0 | 후6 | 하승운 | 70 |  |  | 14 | 김대우 |  | 0 | 0 | 0 | 0 |
| 0 | 0 | 1 | 0 | 후0 | 오후성 | 77 |  |  | 11 | 마리오 |  | 0 | 0 | 0 | 0 |
| 0 | 0 | 0 | 0 | 후34 | 문민서 | 88 |  |  | 22 | 이상헌 |  | 0 | 0 | 0 | 0 |
| 0 | 0 | 0 | 0 | 후20 | 프리드욘슨 | 11 |  |  | 27 | 김도현 | 후38 | 0 | 1 | 0 | 0 |
| 0 | 0 | 0 | 0 |  | 박인혁 | 18 |  |  | 90 | 김신진 | 후38 | 0 | 0 | 0 | 0 |
| 0 | 5 | 15 | 5(1) |  |  | 0 |  |  | 0 |  |  | 6(3) | 12 | 3 | 0 |

- 전반 20분 강준혁 PAR 내 ↷ 이지호 GAL H-ST-G (득점: 이지호, 도움: 강준혁) 왼쪽

8월 24일 19:00 맑음 서울 월드컵 20,737명
주심_ 고형진 부심_ 윤재열·박상준 대기심_ 박세진 경기감독관_ 차상해

**서울 3** 3 전반 1 / 0 후반 1 **2 울산**

| 퇴장 | 경고 | 파울 | ST(유) | 교체 | 선수명 | 배번 | 위치 | 위치 | 배번 | 선수명 | 교체 | ST(유) | 파울 | 경고 | 퇴장 |
|---|---|---|---|---|---|---|---|---|---|---|---|---|---|---|---|
| 0 | 0 | 0 | 0 |  | 최철원 | 21 | GK | GK | 21 | 조현우 |  | 0 | 0 | 0 | 0 |
| 0 | 0 | 0 | 0 |  | 김진수 | 22 | DF | DF | 4 | 서명관 |  | 0 | 2 | 0 | 0 |
| 0 | 0 | 0 | 0 |  | 야 잔 | 5 | DF | DF | 19 | 김영권 | 96 | 0 | 0 | 0 | 0 |
| 0 | 0 | 0 | 0 |  | 박성훈 | 40 | DF | DF | 17 | 루빅손 |  | 1 | 0 | 0 | 0 |
| 0 | 0 | 2 | 1(1) |  | 최 준 | 16 | DF | DF | 2 | 조현택 |  | 1(1) | 1 | 0 | 0 |
| 0 | 0 | 0 | 0 | 14 | 루카스 | 77 | MF | MF | 14 | 이진현 |  | 3(2) | 0 | 0 | 0 |
| 0 | 0 | 1 | 1(1) | 29 | 황도윤 | 41 | MF | MF | 7 | 고승범 |  | 1(1) | 3 | 1 | 0 |
| 0 | 0 | 0 | 2 | 88 | 이승모 | 8 | MF | MF | 22 | 김민혁 | 13 | 0 | 0 | 0 | 0 |
| 0 | 1 | 1 | 0 | 37 | 안데르손 | 70 | MF | MF | 97 | 에 릭 |  | 2(1) | 1 | 0 | 0 |
| 0 | 0 | 0 | 2(1) |  | 조영욱 | 9 | FW | MF | 30 | 윤재석 | 36 | 0 | 0 | 0 | 0 |
| 0 | 1 | 2 | 1(1) | 11 | 둑 스 | 45 | FW | FW | 18 | 허 율 | 16 | 0 | 0 | 0 | 0 |
| 0 | 0 | 0 | 0 |  | 강현무 | 31 | 대기 | 대기 | 23 | 문정인 |  | 0 | 0 | 0 | 0 |
| 0 | 0 | 0 | 0 |  | 정태욱 | 18 |  |  | 28 | 이재익 |  | 0 | 0 | 0 | 0 |
| 0 | 0 | 0 | 0 |  | 배현서 | 33 |  |  | 96 | 최석현 | 후27 | 1(1) | 0 | 1 | 0 |
| 0 | 0 | 0 | 0 | 후27 | 류재문 | 29 |  |  | 13 | 강상우 | 후0 | 1 | 0 | 0 | 0 |
| 0 | 0 | 0 | 0 | 후27 | 박장한결 | 88 |  |  | 6 | 보야니치 | 후20 | 0 | 0 | 0 | 0 |
| 0 | 0 | 0 | 0 | 후13 | 손승범 | 14 |  |  | 16 | 이희균 | 후0 | 1 | 1 | 0 | 0 |
| 0 | 0 | 0 | 0 |  | 강주혁 | 19 |  |  | 5 | 정우영 |  | 0 | 0 | 0 | 0 |
| 0 | 0 | 0 | 0 | 후51 | 정한민 | 37 |  |  | 36 | 라카바 | 전40/ | 2(1) | 1 | 0 | 0 |
| 0 | 0 | 0 | 0 | 후27 | 천성훈 | 11 |  |  | 27 | 이청용 |  | 0 | 0 | 0 | 0 |
| 0 | 2 | 6 | 7(4) |  |  | 0 |  |  | 0 |  |  | 13(7) | 9 | 2 | 0 |

- 전반 6분 김진수 PAL 내 EL ↷ 최준 GAR R-ST-G (득점: 최준, 도움: 김진수) 왼쪽
- 전반 30분 김진수 MFL ↷ 조영욱 PAL 내 H-ST-G (득점: 조영욱, 도움: 김진수) 오른쪽
- 전반 38분 안데르손 GAR ~ 황도윤 GAR R-ST-G (득점: 황도윤, 도움: 안데르손) 왼쪽

- 전반 22분 조현택 PAL ↷ 고승범 GAR R-ST-G (득점: 고승범, 도움: 조현택) 왼쪽
- 후반 48분 강상우 GAR EL ~ 에릭 GAL 내 R-ST-G (득점: 에릭, 도움: 강상우) 왼쪽

8월 24일 19:00 맑음 포항 스틸야드 11,582명
주심_ 박병진 부심_ 김지욱·이병주 대기심_ 김재홍 경기감독관_ 허태식

**포항 3** | 3 전반 1 / 0 후반 0 | **1 전북**

| 퇴장 | 경고 | 파울 | ST(유) | 교체 | 선수명 | 배번 | 위치 | 위치 | 배번 | 선수명 | 교체 | ST(유) | 파울 | 경고 | 퇴장 |
|---|---|---|---|---|---|---|---|---|---|---|---|---|---|---|---|
| 0 | 0 | 0 | 0 | | 황인재 | 21 | GK | GK | 31 | 송범근 | | 0 | 0 | 0 | 0 |
| 0 | 0 | 2 | 1(1) | | 박승욱 | 14 | DF | DF | 23 | 김태환 | | 0 | 0 | 0 | 0 |
| 0 | 0 | 1 | 0 | | 전민광 | 4 | DF | DF | 26 | 홍정호 | 5 | 0 | 0 | 0 | 0 |
| 0 | 0 | 3 | 0 | 3 | 신광훈 | 17 | DF | DF | 2 | 김영빈 | | 0 | 3 | 1 | 0 |
| 0 | 0 | 0 | 0 | | 어정원 | 2 | MF | DF | 77 | 김태현 | 17 | 1 | 1 | 1 | 0 |
| 0 | 0 | 0 | 0 | 40 | 김동진 | 88 | MF | MF | 4 | 박진섭 | | 0 | 2 | 0 | 0 |
| 0 | 0 | 2 | 0 | | 오베르단 | 8 | MF | MF | 13 | 강상윤 | | 1 | 1 | 0 | 0 |
| 0 | 0 | 0 | 0 | 23 | 강민준 | 13 | MF | MF | 97 | 김진규 | 22 | 0 | 0 | 0 | 0 |
| 0 | 0 | 1 | 1(1) | 99 | 홍윤상 | 37 | MF | FW | 14 | 전진우 | 96 | 0 | 1 | 0 | 0 |
| 0 | 0 | 1 | 3(3) | | 조르지 | 9 | FW | FW | 9 | 티아고 | | 3(3) | 4 | 1 | 0 |
| 0 | 1 | 2 | 0 | 7 | 주닝요 | 11 | FW | FW | 10 | 송민규 | 11 | 0 | 1 | 0 | 0 |
| 0 | 0 | 0 | 0 | | 윤평국 | 1 | | | 1 | 김정훈 | | 0 | 0 | 0 | 0 |
| 0 | 0 | 1 | 0 | 후17 | 이동희 | 3 | | | 25 | 최철순 | | 0 | 0 | 0 | 0 |
| 0 | 0 | 0 | 0 | 후44 | 이동협 | 23 | | | 5 | 감보아 | 후0 | 0 | 0 | 0 | 0 |
| 0 | 0 | 0 | 0 | | 한현서 | 24 | | | 8 | 한국영 | | 0 | 0 | 0 | 0 |
| 0 | 0 | 0 | 0 | | 김종우 | 6 | 대기 | 대기 | 11 | 이승우 | 후17 | 0 | 2 | 0 | 0 |
| 0 | 0 | 0 | 1 | 후17 | 기성용 | 40 | | | 17 | 진태호 | 후46 | 0 | 0 | 0 | 0 |
| 0 | 1 | 2 | 0 | 후25 | 김인성 | 7 | | | 22 | 권창훈 | 후17 | 0 | 0 | 0 | 0 |
| 0 | 0 | 0 | 0 | | 강현제 | 18 | | | 28 | 이영재 | | 0 | 0 | 0 | 0 |
| 0 | 0 | 0 | 0 | 후44 | 조상혁 | 99 | | | 96 | 콤파뇨 | 후28 | 0 | 0 | 0 | 0 |
| 0 | 2 | 15 | 6(5) | | | 0 | | | 0 | | | 5(3) | 15 | 3 | 0 |

- 전반 12초 어정원 MFL ~ 조르지 AKL R-ST-G (득점: 조르지, 도움: 어정원) 오른쪽
- 전반 24분 주닝요 MFR TL ↷ 박승욱 GA 정면 R-ST-G (득점: 박승욱, 도움: 주닝요) 왼쪽
- 전반 44분 조르지 PK-R-G (득점: 조르지) 왼쪽
- 전반 15분 티아고 PK-R-G (득점: 티아고) 가운데

8월 30일 19:00 맑음 울산 문수 23,294명
주심_ 설태환 부심_ 김계용·송봉근 대기심_ 정회수 경기감독관_ 이평재

**울산 0** | 0 전반 0 / 0 후반 2 | **2 전북**

| 퇴장 | 경고 | 파울 | ST(유) | 교체 | 선수명 | 배번 | 위치 | 위치 | 배번 | 선수명 | 교체 | ST(유) | 파울 | 경고 | 퇴장 |
|---|---|---|---|---|---|---|---|---|---|---|---|---|---|---|---|
| 0 | 0 | 0 | 0 | | 조현우 | 21 | GK | GK | 31 | 송범근 | | 0 | 0 | 0 | 0 |
| 0 | 0 | 0 | 0 | | 이재익 | 28 | DF | DF | 23 | 김태환 | | 0 | 0 | 0 | 0 |
| 0 | 0 | 3 | 0 | | 강상우 | 13 | DF | DF | 26 | 홍정호 | | 1(1) | 0 | 0 | 0 |
| 0 | 1 | 2 | 2(2) | | 정승현 | 15 | DF | DF | 2 | 김영빈 | | 0 | 2 | 0 | 0 |
| 0 | 0 | 0 | 0 | | 조현택 | 2 | DF | DF | 77 | 김태현 | | 1(1) | 1 | 1 | 0 |
| 0 | 0 | 0 | 0 | 5 | 김영권 | 19 | MF | MF | 4 | 박진섭 | | 1(1) | 2 | 1 | 0 |
| 0 | 1 | 1 | 4(2) | 6 | 고승범 | 7 | MF | MF | 28 | 이영재 | 11 | 1(1) | 0 | 0 | 0 |
| 0 | 1 | 0 | 2(1) | 14 | 이희균 | 16 | MF | MF | 97 | 김진규 | 8 | 1(1) | 1 | 1 | 0 |
| 0 | 0 | 2 | 0 | | 루빅손 | 17 | MF | FW | 14 | 전진우 | 5 | 3(2) | 2 | 1 | 0 |
| 0 | 0 | 0 | 1(1) | 30 | 에릭 | 97 | MF | FW | 9 | 티아고 | 96 | 1(1) | 0 | 0 | 0 |
| 0 | 0 | 1 | 0 | 18 | 말컹 | 9 | FW | FW | 10 | 송민규 | 22 | 4(3) | 0 | 0 | 0 |
| 0 | 0 | 0 | 0 | | 문정인 | 23 | | | 1 | 김정훈 | | 0 | 0 | 0 | 0 |
| 0 | 0 | 0 | 0 | | 서명관 | 4 | | | 25 | 최철순 | | 0 | 0 | 0 | 0 |
| 0 | 0 | 0 | 0 | | 최석현 | 96 | | | 5 | 감보아 | 후33 | 0 | 0 | 0 | 0 |
| 0 | 0 | 0 | 0 | | 트로야크 | 66 | | | 8 | 한국영 | 후42 | 0 | 0 | 0 | 0 |
| 0 | 0 | 0 | 1 | 후33 | 보야니치 | 6 | 대기 | 대기 | 11 | 이승우 | 후33 | 0 | 1 | 0 | 0 |
| 0 | 0 | 0 | 0 | 후33 | 이진현 | 14 | | | 21 | 츄마시 | | 0 | 0 | 0 | 0 |
| 0 | 0 | 0 | 1 | 후24 | 정우영 | 5 | | | 22 | 권창훈 | 후21 | 1 | 3 | 0 | 0 |
| 0 | 1 | 3 | 0 | 후33 | 윤재석 | 30 | | | 96 | 콤파뇨 | 후42 | 0 | 0 | 0 | 0 |
| 0 | 0 | 0 | 1 | 후12 | 허율 | 18 | | | 16 | 박재용 | | 0 | 0 | 0 | 0 |
| 0 | 4 | 12 | 12(6) | | | 0 | | | 0 | | | 14(11) | 12 | 4 | 0 |

- 후반 8분 김진규 PAL ~ 이영재 AK 정면 L-ST-G (득점: 이영재, 도움: 김진규) 왼쪽
- 후반 13분 김태현 PAL ↷ 전진우 GAR 내 R-ST-G (득점: 전진우, 도움: 김태현) 오른쪽

8월 24일 19:00 맑음 안양 종합 6,317명
주심_ 송민석 부심_ 곽승순·홍석찬 대기심_ 정회수 경기감독관_ 양정환

**안양 3** | 1 전반 1 / 2 후반 1 | **2 대전**

| 퇴장 | 경고 | 파울 | ST(유) | 교체 | 선수명 | 배번 | 위치 | 위치 | 배번 | 선수명 | 교체 | ST(유) | 파울 | 경고 | 퇴장 |
|---|---|---|---|---|---|---|---|---|---|---|---|---|---|---|---|
| 0 | 0 | 0 | 0 | | 김다솔 | 31 | GK | GK | 25 | 이준서 | | 0 | 0 | 0 | 0 |
| 0 | 1 | 1 | 0 | | 김영찬 | 5 | DF | DF | 16 | 이명재 | | 1(1) | 0 | 0 | 0 |
| 0 | 0 | 0 | 1 | | 권경원 | 27 | DF | DF | 98 | 안톤 | | 1 | 0 | 0 | 0 |
| 0 | 0 | 0 | 1 | | 토마스 | 55 | DF | DF | 3 | 하창래 | | 0 | 3 | 2 | 0 |
| 0 | 0 | 1 | 2(1) | 8 | 한가람 | 13 | MF | DF | 33 | 김문환 | | 0 | 0 | 0 | 0 |
| 0 | 1 | 2 | 0 | | 김동진 | 22 | MF | MF | 30 | 김봉수 | 73 | 0 | 0 | 0 | 0 |
| 0 | 0 | 2 | 0 | 15 | 김보경 | 24 | MF | MF | 66 | 김한서 | 44 | 0 | 0 | 0 | 0 |
| 0 | 0 | 0 | 3(2) | 7 | 문성우 | 28 | MF | MF | 7 | 마사 | 70 | 2(1) | 1 | 0 | 0 |
| 0 | 0 | 0 | 1(1) | | 이태희 | 32 | MF | FW | 77 | 주앙빅토르 | 5 | 2(1) | 0 | 0 | 0 |
| 0 | 0 | 1 | 2 | 19 | 모따 | 9 | FW | FW | 27 | 정재희 | 14 | 2(1) | 0 | 0 | 0 |
| 0 | 0 | 0 | 3(3) | 70 | 야고 | 10 | FW | FW | 29 | 유강현 | | 1(1) | 2 | 0 | 0 |
| 0 | 0 | 0 | 0 | | 황병근 | 41 | | | 40 | 이경태 | | 0 | 0 | 0 | 0 |
| 0 | 0 | 0 | 0 | | 이창용 | 4 | | | 5 | 임종은 | 후28 | 0 | 0 | 0 | 0 |
| 0 | 0 | 0 | 0 | | 강지훈 | 17 | | | 22 | 오재석 | | 0 | 0 | 0 | 0 |
| 0 | 0 | 0 | 4(3) | 후0 | 마테우스 | 7 | | | 44 | 이순민 | 후14 | 0 | 0 | 0 | 0 |
| 0 | 0 | 1 | 0 | 후0 | 김정현 | 8 | 대기 | 대기 | 73 | 이준규 | 후42 | 1(1) | 0 | 0 | 0 |
| 0 | 0 | 2 | 0 | 후17 | 박정훈 | 15 | | | 70 | 김현욱 | 후14 | 1(1) | 0 | 0 | 0 |
| 0 | 0 | 0 | 1(1) | 후41 | 김운 | 19 | | | 19 | 서진수 | | 0 | 0 | 0 | 0 |
| 0 | 0 | 0 | 3(2) | 후31 | 유키치 | 70 | | | 14 | 김준범 | 후14 | 1 | 2 | 0 | 0 |
| 0 | 0 | 0 | 0 | | 채현우 | 71 | | | 10 | 주민규 | | 0 | 0 | 0 | 0 |
| 0 | 2 | 10 | 21(13) | | | 0 | | | 0 | | | 12(7) | 8 | 2 | 0 |

- 전반 47분 모따 PAL 내 → 야고 GA 정면 L-ST-G (득점: 야고, 도움: 모따) 왼쪽
- 후반 29분 마테우스 AKL FK L-ST-G (득점: 마테우스) 오른쪽
- 후반 46분 유키치 MFL TL ~ 마테우스 PA 정면 내 L-ST-G (득점: 마테우스, 도움: 유키치) 오른쪽
- 전반 42초 주앙 빅토르 PA 정면 내 R-ST-G (득점: 주앙 빅토르) 오른쪽
- 후반 13분 이명재 PAL ↷ 유강현 GA 정면 H-ST-G (득점: 유강현, 도움: 이명재) 왼쪽

8월 30일 19:00 맑음 대구iM뱅크파크 7,324명
주심_ 김종혁 부심_ 박균용·장종필 대기심_ 박병진 경기감독관_ 구상범

**대구 3** | 0 전반 1 / 3 후반 0 | **1 수원FC**

| 퇴장 | 경고 | 파울 | ST(유) | 교체 | 선수명 | 배번 | 위치 | 위치 | 배번 | 선수명 | 교체 | ST(유) | 파울 | 경고 | 퇴장 |
|---|---|---|---|---|---|---|---|---|---|---|---|---|---|---|---|
| 0 | 0 | 0 | 0 | | 한태희 | 31 | GK | GK | 23 | 안준수 | | 0 | 0 | 0 | 0 |
| 0 | 0 | 1 | 0 | | 장성원 | 22 | DF | DF | 2 | 이용 | 5 | 0 | 2 | 1 | 0 |
| 0 | 0 | 1 | 1(1) | | 카이오 | 4 | DF | DF | 4 | 김태한 | | 0 | 1 | 0 | 0 |
| 0 | 0 | 2 | 0 | | 우주성 | 55 | DF | DF | 20 | 이지솔 | | 1 | 0 | 1 | 0 |
| 0 | 0 | 0 | 0 | 45 | 황재원 | 2 | DF | DF | 72 | 이시영 | | 0 | 0 | 0 | 0 |
| 0 | 0 | 2 | 2(2) | 19 | 정치인 | 32 | MF | MF | 7 | 이재원 | | 0 | 1 | 0 | 0 |
| 0 | 0 | 0 | 0 | 30 | 이용래 | 74 | MF | MF | 8 | 노경호 | 94 | 0 | 1 | 0 | 0 |
| 0 | 1 | 2 | 1 | | 김정현 | 44 | MF | MF | 18 | 한찬희 | 34 | 0 | 1 | 0 | 0 |
| 0 | 0 | 0 | 2(1) | 9 | 정재상 | 18 | MF | FW | 15 | 안드리고 | 79 | 1 | 2 | 0 | 0 |
| 0 | 0 | 4 | 1 | | 세징야 | 11 | FW | FW | 44 | 윌리안 | 30 | 2(2) | 1 | 0 | 0 |
| 0 | 0 | 0 | 1(1) | | 김주공 | 77 | FW | FW | 97 | 루안 | | 1(1) | 0 | 0 | 0 |
| 0 | 0 | 0 | 0 | | 박만호 | 51 | | | 1 | 황재윤 | | 0 | 0 | 0 | 0 |
| 0 | 0 | 0 | 0 | 후38 | 정헌택 | 27 | | | 5 | 이현용 | 후42 | 0 | 0 | 0 | 0 |
| 0 | 0 | 0 | 0 | 전47/27 | 김현준 | 45 | | | 6 | 최규백 | | 0 | 0 | 0 | 0 |
| 0 | 0 | 0 | 0 | 후0 | 한종무 | 30 | | | 21 | 서재민 | | 0 | 0 | 0 | 0 |
| 0 | 0 | 0 | 0 | | 카를로스 | 88 | 대기 | 대기 | 22 | 장영우 | | 0 | 0 | 0 | 0 |
| 0 | 0 | 0 | 0 | | 라마스 | 10 | | | 94 | 안현범 | 후13 | 1(1) | 1 | 0 | 0 |
| 0 | 0 | 4 | 0 | 전47 | 에드가 | 9 | | | 34 | 장윤호 | 후42 | 0 | 0 | 0 | 0 |
| 0 | 0 | 0 | 0 | | 권태영 | 13 | | | 30 | 최치웅 | 후32 | 0 | 0 | 0 | 0 |
| 0 | 0 | 0 | 3(3) | 후19 | 박대훈 | 19 | | | 79 | 김경민 | 후13 | 1(1) | 1 | 0 | 0 |
| 0 | 1 | 16 | 11(8) | | | 0 | | | 0 | | | 7(5) | 11 | 2 | 0 |

- 후반 34분 세징야 C.KL ↷ 박대훈 GA 정면 내 R-ST-G (득점: 박대훈, 도움: 세징야) 가운데
- 후반 48분 세징야 PAR → 카이오 GA 정면 H-ST-G (득점: 카이오, 도움: 세징야) 왼쪽
- 후반 52분 박대훈 AKL R-ST-G (득점: 박대훈) 왼쪽
- 전반 21분 윌리안 PK-R-G (득점: 윌리안) 왼쪽

8월 30일 19:00 맑음 제주 월드컵 6,967명
주심_ 고형진 부심_ 윤재열·곽승순 대기심_ 안재훈 경기감독관_ 허태식

**제주 0** 　 0 전반 0 / 0 후반 1 　 **1 광주**

| 퇴장 | 경고 | 파울 | ST(유) | 교체 | 선수명 | 배번 | 위치 | 위치 | 배번 | 선수명 | 교체 | ST(유) | 파울 | 경고 | 퇴장 |
|---|---|---|---|---|---|---|---|---|---|---|---|---|---|---|---|
| 0 | 0 | 0 | 0 | | 김동준 | 1 | GK | GK | 1 | 김경민 | | 0 | 0 | 0 | 0 |
| 0 | 0 | 0 | 1 | | 송주훈 | 4 | DF | DF | 94 | 심상민 | | 1 | 0 | 0 | 0 |
| 0 | 0 | 1 | 0 | | 임채민 | 26 | DF | DF | 2 | 조성권 | | 1 | 0 | 0 | 0 |
| 0 | 0 | 3 | 1(1) | | 임창우 | 23 | DF | DF | 5 | 변준수 | | 0 | 0 | 0 | 0 |
| 0 | 0 | 0 | 0 | 14 | 김륜성 | 40 | MF | DF | 70 | 하승운 | 6 | 0 | 0 | 0 | 0 |
| 0 | 0 | 1 | 2 | | 이탈로 | 5 | MF | MF | 77 | 오후성 | 88 | 1(1) | 1 | 0 | 0 |
| 0 | 0 | 0 | 0 | 24 | 이창민 | 8 | MF | MF | 10 | 최경록 | | 1 | 0 | 0 | 0 |
| 0 | 0 | 1 | 1 | | 유인수 | 17 | MF | MF | 80 | 주세종 | 11 | 0 | 1 | 0 | 0 |
| 0 | 0 | 1 | 3(1) | | 남태희 | 10 | FW | MF | 16 | 정지훈 | 18 | 0 | 1 | 1 | 0 |
| 0 | 0 | 2 | 1(1) | 3 | 오재혁 | 18 | FW | FW | 17 | 헤이스 | | 3(3) | 0 | 0 | 0 |
| 0 | 0 | 0 | 1(1) | 9 | 김준하 | 27 | FW | FW | 40 | 신창무 | 14 | 0 | 2 | 1 | 0 |
| 0 | 0 | 0 | 0 | | 안찬기 | 21 | | | 12 | 노희동 | | 0 | 0 | 0 | 0 |
| 0 | 0 | 0 | 0 | | 김재우 | 2 | | | 6 | 안영규 | 후33 | 0 | 0 | 0 | 0 |
| 0 | 0 | 1 | 0 | 후30 | 장민규 | 3 | | | 27 | 권성윤 | | 0 | 0 | 0 | 0 |
| 0 | 0 | 0 | 0 | | 정운 | 13 | | | 29 | 곽성훈 | | 0 | 0 | 0 | 0 |
| 0 | 0 | 0 | 0 | | 권순호 | 37 | 대기 | 대기 | 8 | 이강현 | | 0 | 0 | 0 | 0 |
| 0 | 0 | 0 | 0 | | 김정민 | 6 | | | 14 | 유제호 | 전36 | 2(2) | 1 | 0 | 0 |
| 0 | 0 | 0 | 1 | 후30 | 페드링요 | 14 | | | 88 | 문민서 | 후27 | 0 | 0 | 0 | 0 |
| 0 | 1 | 1 | 1 | 후0 | 유리조나탄 | 9 | | | 11 | 프리드욘슨 | 후27 | 0 | 1 | 0 | 0 |
| 0 | 0 | 0 | 0 | 후16 | 최병욱 | 24 | | | 18 | 박인혁 | 후0 | 2(1) | 2 | 1 | 0 |
| 0 | 1 | 11 | 12(4) | | | 0 | | | 0 | | | 11(7) | 9 | 3 | 0 |

●후반 46분 박인혁 PK-R-G (득점: 박인혁) 오른쪽

8월 31일 19:00 흐림 강릉하이원아레나 8,505명
주심_ 송민석 부심_ 설귀선·홍석찬 대기심_ 오현진 경기감독관_ 나승화

**강원 1** 　 1 전반 0 / 0 후반 0 　 **0 포항**

| 퇴장 | 경고 | 파울 | ST(유) | 교체 | 선수명 | 배번 | 위치 | 위치 | 배번 | 선수명 | 교체 | ST(유) | 파울 | 경고 | 퇴장 |
|---|---|---|---|---|---|---|---|---|---|---|---|---|---|---|---|
| 0 | 0 | 0 | 0 | | 박청효 | 21 | GK | GK | 21 | 황인재 | | 0 | 0 | 0 | 0 |
| 0 | 0 | 2 | 1 | | 송준석 | 34 | DF | DF | 14 | 박승욱 | | 0 | 1 | 0 | 0 |
| 0 | 0 | 1 | 0 | | 신민하 | 47 | DF | DF | 4 | 전민광 | | 0 | 2 | 0 | 0 |
| 0 | 0 | 1 | 0 | 13 | 강투지 | 23 | DF | DF | 3 | 이동희 | 17 | 0 | 0 | 0 | 0 |
| 0 | 0 | 0 | 0 | 20 | 박호영 | 24 | DF | MF | 2 | 어정원 | | 0 | 0 | 0 | 0 |
| 0 | 0 | 1 | 1(1) | | 강준혁 | 99 | MF | MF | 8 | 오베르단 | | 0 | 2 | 0 | 0 |
| 0 | 0 | 1 | 0 | | 서민우 | 4 | MF | MF | 40 | 기성용 | 6 | 0 | 0 | 0 | 0 |
| 0 | 0 | 3 | 1 | 70 | 이유현 | 97 | MF | MF | 13 | 강민준 | 7 | 0 | 2 | 1 | 0 |
| 0 | 0 | 4 | 2(2) | | 모재현 | 42 | MF | FW | 11 | 주닝요 | 18 | 0 | 2 | 0 | 0 |
| 0 | 0 | 0 | 2(1) | 27 | 김대원 | 7 | FW | FW | 9 | 조르지 | | 0 | 3 | 0 | 0 |
| 0 | 0 | 1 | 1(1) | 10 | 김건희 | 16 | FW | FW | 37 | 홍윤상 | 99 | 0 | 0 | 0 | 0 |
| 0 | 0 | 0 | 0 | | 이광연 | 1 | | | 1 | 윤평국 | | 0 | 0 | 0 | 0 |
| 0 | 1 | 1 | 0 | 후16 | 이기혁 | 13 | | | 5 | 아스프로 | | 0 | 0 | 0 | 0 |
| 0 | 0 | 0 | 0 | 후43 | 조현태 | 20 | | | 17 | 신광훈 | 후40 | 0 | 0 | 0 | 0 |
| 0 | 0 | 0 | 0 | | 강윤구 | 8 | | | 24 | 한현서 | | 0 | 0 | 0 | 0 |
| 0 | 0 | 0 | 0 | | 김대우 | 14 | 대기 | 대기 | 6 | 김종우 | 후22 | 0 | 0 | 0 | 0 |
| 0 | 0 | 1 | 0 | 후35 | 구본철 | 70 | | | 88 | 김동진 | | 0 | 0 | 0 | 0 |
| 0 | 1 | 1 | 0 | 후35 | 가브리엘 | 10 | | | 7 | 김인성 | 후9 | 1 | 0 | 0 | 0 |
| 0 | 0 | 0 | 0 | 후43 | 김도현 | 27 | | | 18 | 강현제 | 후22 | 1 | 0 | 0 | 0 |
| 0 | 0 | 0 | 0 | | 이지호 | 39 | | | 99 | 조상혁 | 후9 | 1 | 0 | 0 | 0 |
| 0 | 2 | 17 | 8(5) | | | 0 | | | 0 | | | 3 | 12 | 1 | 0 |

●전반 39분 신민하 MFL ~ 모재현 GAL L-ST-G (득점: 모재현, 도움: 신민하) 왼쪽

8월 31일 19:00 맑음 서울 월드컵 20,027명
주심_ 김용우 부심_ 방기열·구은석 대기심_ 이동준 경기감독관_ 김성수

**서울 1** 　 0 전반 1 / 1 후반 1 　 **2 안양**

| 퇴장 | 경고 | 파울 | ST(유) | 교체 | 선수명 | 배번 | 위치 | 위치 | 배번 | 선수명 | 교체 | ST(유) | 파울 | 경고 | 퇴장 |
|---|---|---|---|---|---|---|---|---|---|---|---|---|---|---|---|
| 0 | 0 | 0 | 0 | | 최철원 | 21 | GK | GK | 31 | 김다솔 | | 0 | 0 | 1 | 0 |
| 0 | 0 | 0 | 0 | | 김진수 | 22 | DF | DF | 4 | 이창용 | | 0 | 0 | 0 | 0 |
| 0 | 0 | 1 | 2 | | 야잔 | 5 | DF | DF | 27 | 권경원 | | 0 | 1 | 1 | 0 |
| 0 | 0 | 0 | 0 | | 박성훈 | 40 | DF | DF | 55 | 토마스 | | 1(1) | 2 | 1 | 0 |
| 0 | 0 | 1 | 4(2) | | 최준 | 16 | DF | MF | 7 | 마테우스 | 24 | 2(1) | 0 | 0 | 0 |
| 0 | 1 | 1 | 2 | 27 | 린가드 | 10 | MF | MF | 8 | 김정현 | 13 | 0 | 2 | 1 | 0 |
| 0 | 0 | 0 | 0 | 7 | 황도윤 | 41 | MF | MF | 22 | 김동진 | | 0 | 2 | 0 | 0 |
| 0 | 0 | 0 | 1 | 29 | 이승모 | 8 | MF | MF | 32 | 이태희 | | 0 | 3 | 1 | 0 |
| 0 | 0 | 1 | 3(1) | | 안데르손 | 70 | MF | MF | 71 | 채현우 | 10 | 0 | 0 | 0 | 0 |
| 0 | 1 | 0 | 0 | 11 | 조영욱 | 9 | FW | FW | 19 | 김운 | 9 | 1(1) | 2 | 1 | 0 |
| 0 | 0 | 1 | 1 | 77 | 둑스 | 45 | FW | FW | 70 | 유키치 | 28 | 2(2) | 3 | 0 | 0 |
| 0 | 0 | 0 | 0 | | 강현무 | 31 | | | 41 | 황병근 | | 0 | 0 | 0 | 0 |
| 0 | 0 | 0 | 0 | | 정태욱 | 18 | | | 5 | 김영찬 | | 0 | 0 | 0 | 0 |
| 0 | 0 | 0 | 0 | | 배현서 | 33 | | | 17 | 강지훈 | | 0 | 0 | 0 | 0 |
| 0 | 0 | 0 | 1 | 후0 | 류재문 | 29 | | | 13 | 한가람 | 후41 | 0 | 0 | 0 | 0 |
| 0 | 1 | 1 | 2 | 후26 | 정승원 | 7 | 대기 | 대기 | 21 | 에두아르도 | | 0 | 0 | 0 | 0 |
| 0 | 0 | 0 | 1 | 후37 | 문선민 | 27 | | | 24 | 김보경 | 후35 | 0 | 0 | 0 | 0 |
| 0 | 0 | 1 | 1(1) | 전39 | 루카스 | 77 | | | 28 | 문성우 | 후21 | 0 | 0 | 0 | 0 |
| 0 | 0 | 0 | 0 | | 정한민 | 37 | | | 9 | 모따 | 후21 | 1(1) | 2 | 1 | 0 |
| 0 | 0 | 0 | 0 | 후37 | 천성훈 | 11 | | | 10 | 야고 | 후0 | 2(2) | 0 | 0 | 0 |
| 0 | 3 | 7 | 18(4) | | | 0 | | | 0 | | | 9(8) | 17 | 7 | 0 |

●후반 2분 권경원 GA 정면 자책골 (득점: 권경원) 오른쪽

●전반 3분 마테우스 PAR ↷ 토마스 GA 정면 L-ST-G (득점: 토마스, 도움: 마테우스) 왼쪽
●후반 33분 모따 GA 정면 내 L-ST-G (득점: 모따) 가운데

8월 31일 19:00 흐림 대전 월드컵 6,534명
주심_ 김우성 부심_ 박상준·김지욱 대기심_ 박세진 경기감독관_ 박철

**대전 2** 　 0 전반 0 / 2 후반 1 　 **1 김천**

| 퇴장 | 경고 | 파울 | ST(유) | 교체 | 선수명 | 배번 | 위치 | 위치 | 배번 | 선수명 | 교체 | ST(유) | 파울 | 경고 | 퇴장 |
|---|---|---|---|---|---|---|---|---|---|---|---|---|---|---|---|
| 0 | 0 | 0 | 0 | | 이준서 | 25 | GK | GK | 23 | 이주현 | | 0 | 0 | 0 | 0 |
| 0 | 0 | 0 | 0 | | 이명재 | 16 | DF | DF | 22 | 최예훈 | 33 | 0 | 0 | 0 | 0 |
| 0 | 1 | 0 | 1(1) | | 안톤 | 98 | DF | DF | 20 | 박찬용 | 35 | 0 | 0 | 0 | 0 |
| 0 | 0 | 1 | 1 | | 김민덕 | 26 | DF | DF | 5 | 김강산 | | 0 | 0 | 0 | 0 |
| 0 | 0 | 1 | 0 | | 김문환 | 33 | DF | DF | 13 | 오인표 | | 1 | 0 | 0 | 0 |
| 0 | 0 | 1 | 2 | 14 | 김봉수 | 30 | MF | MF | 7 | 김승섭 | | 1(1) | 0 | 0 | 0 |
| 0 | 0 | 0 | 1 | | 이순민 | 44 | MF | MF | 45 | 김이석 | 43 | 1 | 2 | 1 | 0 |
| 0 | 0 | 0 | 4(2) | 66 | 마사 | 7 | FW | MF | 28 | 맹성웅 | | 1 | 2 | 0 | 0 |
| 0 | 0 | 1 | 6(1) | 70 | 주앙빅토르 | 77 | MF | MF | 11 | 이동준 | 6 | 1(1) | 1 | 0 | 0 |
| 0 | 0 | 0 | 2(1) | 27 | 서진수 | 19 | MF | FW | 18 | 원기종 | 19 | 0 | 0 | 0 | 0 |
| 0 | 0 | 0 | 2 | 10 | 유강현 | 29 | FW | FW | 14 | 이동경 | | 4(2) | 0 | 0 | 0 |
| 0 | 0 | 0 | 0 | | 이경태 | 40 | | | 21 | 김태훈 | | 0 | 0 | 0 | 0 |
| 0 | 0 | 0 | 0 | | 임종은 | 5 | | | 33 | 박대원 | 후0 | 0 | 2 | 0 | 0 |
| 0 | 0 | 0 | 0 | | 김진야 | 72 | | | 35 | 이정택 | 후36 | 0 | 0 | 0 | 0 |
| 0 | 0 | 0 | 0 | | 오재석 | 22 | | | 77 | 유선 | | 0 | 0 | 0 | 0 |
| 0 | 0 | 0 | 1 | 후45 | 김한서 | 66 | 대기 | 대기 | 2 | 이현식 | | 0 | 0 | 0 | 0 |
| 0 | 0 | 1 | 0 | 후34 | 김현욱 | 70 | | | 43 | 박세진 | 후30 | 0 | 1 | 0 | 0 |
| 0 | 0 | 0 | 2(1) | 후34 | 정재희 | 27 | | | 15 | 김찬 | | 0 | 0 | 0 | 0 |
| 0 | 0 | 1 | 1(1) | 후45 | 김준범 | 14 | | | 19 | 박상혁 | 후0 | 1 | 2 | 0 | 0 |
| 0 | 1 | 0 | 1 | 후13 | 주민규 | 10 | | | 6 | 김경준 | 후24 | 1 | 0 | 0 | 0 |
| 0 | 2 | 6 | 24(7) | | | 0 | | | 0 | | | 11(4) | 10 | 1 | 0 |

●후반 17분 주앙 빅토르 PAR 내 L-ST-G (득점: 주앙 빅토르) 왼쪽
●후반 52분 이순민 PAR ↷ 안톤 GAR 내 H-ST-G (득점: 안톤, 도움: 이순민) 오른쪽

●후반 12분 김승섭 AKL R-ST-G (득점: 김승섭) 오른쪽

9월 13일 19:00 비 강릉하이원아레나 7,572명
주심_고형진 부심_김지욱·성주경 대기심_김재홍 경기감독관_나승화

**강원 3** 1 전반 0 / 2 후반 2 **2 서울**

| 퇴장 | 경고 | 파울 | ST(유) | 교체 | 선수명 | 배번 | 위치 | 위치 | 배번 | 선수명 | 교체 | ST(유) | 파울 | 경고 | 퇴장 |
|---|---|---|---|---|---|---|---|---|---|---|---|---|---|---|---|
| 0 | 0 | 0 | 0 | | 박청효 | 21 | GK | GK | 21 | 최철원 | | 0 | 0 | 0 | 0 |
| 0 | 0 | 1 | 1 | | 송준석 | 34 | DF | DF | 22 | 김진수 | | 2(2) | 2 | 0 | 0 |
| 0 | 0 | 3 | 0 | | 이기혁 | 13 | DF | DF | 5 | 야잔 | | 0 | 0 | 0 | 0 |
| 0 | 0 | 1 | 0 | | 강투지 | 23 | DF | DF | 20 | 이한도 | | 1(1) | 1 | 0 | 0 |
| 0 | 0 | 0 | 0 | | 강준혁 | 99 | DF | DF | 16 | 최준 | 63 | 0 | 2 | 0 | 0 |
| 0 | 1 | 1 | 2(1) | 24 | 김대원 | 7 | MF | MF | 70 | 안데르손 | | 0 | 2 | 1 | 0 |
| 0 | 0 | 1 | 0 | 18 | 서민우 | 4 | MF | MF | 41 | 황도윤 | 8 | 1 | 0 | 0 | 0 |
| 0 | 0 | 0 | 1(1) | | 이유현 | 97 | MF | MF | 29 | 류재문 | | 0 | 2 | 1 | 0 |
| 0 | 0 | 2 | 1(1) | | 모재현 | 42 | MF | MF | 7 | 정승원 | 27 | 0 | 0 | 0 | 0 |
| 0 | 0 | 1 | 1(1) | 8 | 이상헌 | 22 | FW | FW | 10 | 린가드 | 45 | 0 | 0 | 0 | 0 |
| 0 | 0 | 1 | 3(2) | 10 | 김건희 | 16 | FW | FW | 9 | 조영욱 | 11 | 3(2) | 0 | 0 | 0 |
| 0 | 0 | 0 | 0 | | 이광연 | 1 | | | 31 | 강현무 | | 0 | 0 | 0 | 0 |
| 0 | 0 | 0 | 0 | | 홍철 | 33 | | | 18 | 정태욱 | | 0 | 0 | 0 | 0 |
| 0 | 0 | 0 | 0 | 후27 | 박호영 | 24 | | | 40 | 박성훈 | | 0 | 0 | 0 | 0 |
| 0 | 0 | 1 | 0 | 후21/27 | 강윤구 | 8 | | | 63 | 박수일 | 후40 | 0 | 0 | 0 | 0 |
| 0 | 0 | 0 | 0 | 후27 | 김강국 | 18 | 대기 | 대기 | 8 | 이승모 | 후30 | 1 | 1 | 0 | 0 |
| 0 | 0 | 0 | 0 | | 구본철 | 70 | | | 27 | 문선민 | 후11 | 0 | 0 | 0 | 0 |
| 0 | 0 | 0 | 0 | 후48 | 가브리엘 | 10 | | | 77 | 루카스 | | 0 | 0 | 0 | 0 |
| 0 | 0 | 0 | 0 | 후48 | 김도현 | 27 | | | 11 | 천성훈 | 후40 | 0 | 0 | 0 | 0 |
| 0 | 0 | 0 | 0 | | 최병찬 | 96 | | | 45 | 둑스 | 후11 | 0 | 1 | 1 | 0 |
| 0 | 1 | 12 | 9(6) | | | 0 | | | 0 | | | 8(5) | 11 | 3 | 0 |

● 전반 39분 이유현 PA 정면 내 L-ST-G (득점: 이유현) 왼쪽
● 후반 6분 김건희 PK-R-G (득점: 김건희) 오른쪽
● 후반 9분 김대원 AKL ~ 이상헌 GAL R-ST-G (득점: 이상헌, 도움: 김대원) 오른쪽
● 후반 20분 김진수 GAL EL ↷ 조영욱 GAR H-ST-G (득점: 조영욱, 도움: 김진수) 오른쪽
● 후반 29분 조영욱 PAR → 김진수 GA 정면 L-ST-G (득점: 김진수, 도움: 조영욱) 가운데

9월 13일 19:00 흐림 전주 월드컵 22,588명
주심_김종혁 부심_박균용·장종필 대기심_오현정 경기감독관_이경춘

**전북 1** 0 전반 0 / 1 후반 0 **0 대전**

| 퇴장 | 경고 | 파울 | ST(유) | 교체 | 선수명 | 배번 | 위치 | 위치 | 배번 | 선수명 | 교체 | ST(유) | 파울 | 경고 | 퇴장 |
|---|---|---|---|---|---|---|---|---|---|---|---|---|---|---|---|
| 0 | 1 | 0 | 0 | | 송범근 | 31 | GK | GK | 25 | 이준서 | | 0 | 0 | 0 | 0 |
| 0 | 0 | 3 | 0 | | 김태환 | 23 | DF | DF | 72 | 김진야 | 16 | 0 | 2 | 1 | 0 |
| 0 | 0 | 0 | 0 | 3 | 홍정호 | 26 | DF | DF | 26 | 김민덕 | | 0 | 1 | 0 | 0 |
| 0 | 0 | 0 | 0 | | 김영빈 | 2 | DF | DF | 3 | 하창래 | | 3(2) | 2 | 1 | 0 |
| 0 | 1 | 1 | 0 | | 김태현 | 77 | DF | DF | 6 | 강윤성 | 33 | 1 | 0 | 0 | 0 |
| 0 | 1 | 4 | 0 | | 감보아 | 5 | MF | MF | 30 | 김봉수 | | 0 | 1 | 0 | 0 |
| 0 | 0 | 0 | 3(2) | 8 | 이영재 | 28 | MF | MF | 44 | 이순민 | | 1 | 2 | 0 | 0 |
| 0 | 0 | 0 | 3 | | 김진규 | 97 | MF | FW | 7 | 마사 | 76 | 0 | 1 | 1 | 0 |
| 0 | 0 | 0 | 3 | 11 | 전진우 | 14 | FW | MF | 77 | 주앙빅토르 | | 2 | 1 | 0 | 0 |
| 0 | 0 | 0 | 2 | 96 | 티아고 | 9 | FW | MF | 19 | 서진수 | 66 | 3 | 0 | 0 | 0 |
| 0 | 0 | 0 | 0 | 22 | 송민규 | 10 | FW | FW | 29 | 유강현 | 10 | 0 | 1 | 0 | 0 |
| 0 | 0 | 0 | 0 | | 김정훈 | 1 | | | 40 | 이경태 | | 0 | 0 | 0 | 0 |
| 0 | 0 | 0 | 0 | 후41 | 최우진 | 3 | | | 5 | 임종은 | | 0 | 0 | 0 | 0 |
| 0 | 0 | 0 | 0 | | 최철순 | 25 | | | 16 | 이명재 | 후24 | 0 | 0 | 0 | 0 |
| 0 | 0 | 1 | 0 | 후41 | 한국영 | 8 | | | 33 | 김문환 | 후33 | 1 | 0 | 0 | 0 |
| 0 | 1 | 0 | 0 | 후41 | 이승우 | 11 | 대기 | 대기 | 66 | 김한서 | 후37 | 1 | 0 | 0 | 0 |
| 0 | 0 | 0 | 0 | | 츄마시 | 21 | | | 70 | 김현욱 | | 0 | 0 | 0 | 0 |
| 0 | 0 | 0 | 0 | 후26 | 권창훈 | 22 | | | 27 | 정재희 | | 0 | 0 | 0 | 0 |
| 0 | 0 | 0 | 0 | | 박재용 | 16 | | | 76 | 에르난데스 | 후24 | 2(1) | 0 | 0 | 0 |
| 0 | 0 | 2 | 1(1) | 후10 | 콤파뇨 | 96 | | | 10 | 주민규 | 후24 | 0 | 0 | 0 | 0 |
| 0 | 4 | 11 | 12(3) | | | 0 | | | 0 | | | 14(3) | 11 | 3 | 0 |

● 후반 19분 콤파뇨 PK-R-G (득점: 콤파뇨) 왼쪽

9월 13일 19:00 비 포항 스틸야드 14,166명
주심_김용우 부심_윤재열·구은석 대기심_박세진 경기감독관_차상해

**포항 1** 1 전반 1 / 0 후반 0 **1 울산**

| 퇴장 | 경고 | 파울 | ST(유) | 교체 | 선수명 | 배번 | 위치 | 위치 | 배번 | 선수명 | 교체 | ST(유) | 파울 | 경고 | 퇴장 |
|---|---|---|---|---|---|---|---|---|---|---|---|---|---|---|---|
| 0 | 0 | 0 | 0 | | 황인재 | 21 | GK | GK | 21 | 조현우 | | 0 | 0 | 0 | 0 |
| 0 | 0 | 0 | 0 | | 박승욱 | 14 | DF | DF | 66 | 트로야크 | | 0 | 3 | 0 | 0 |
| 0 | 0 | 1 | 0 | | 전민광 | 4 | DF | DF | 19 | 김영권 | | 0 | 3 | 1 | 0 |
| 0 | 1 | 3 | 0 | | 신광훈 | 17 | DF | DF | 15 | 정승현 | | 0 | 1 | 1 | 0 |
| 0 | 0 | 1 | 1(1) | | 어정원 | 2 | MF | MF | 2 | 조현택 | 17 | 0 | 0 | 0 | 0 |
| 0 | 1 | 1 | 1 | | 오베르단 | 8 | MF | MF | 13 | 강상우 | | 0 | 1 | 0 | 0 |
| 0 | 0 | 0 | 0 | 6 | 기성용 | 40 | MF | MF | 7 | 고승범 | 16 | 2(1) | 2 | 0 | 0 |
| 0 | 0 | 0 | 0 | 7 | 강민준 | 13 | MF | MF | 14 | 이진현 | | 0 | 3 | 0 | 0 |
| 0 | 0 | 1 | 0 | 11 | 홍윤상 | 37 | MF | FW | 30 | 윤재석 | 6 | 0 | 1 | 0 | 0 |
| 0 | 0 | 1 | 3(2) | 99 | 이호재 | 19 | FW | FW | 97 | 에릭 | 11 | 1 | 1 | 0 | 0 |
| 0 | 0 | 0 | 2(1) | | 조르지 | 9 | FW | FW | 18 | 허율 | | 2(1) | 3 | 0 | 0 |
| 0 | 0 | 0 | 0 | | 윤평국 | 1 | | | 23 | 문정인 | | 0 | 0 | 0 | 0 |
| 0 | 0 | 0 | 0 | | 아스프로 | 5 | | | 4 | 서명관 | | 0 | 0 | 0 | 0 |
| 0 | 0 | 0 | 0 | | 이동협 | 23 | | | 96 | 최석현 | | 0 | 0 | 0 | 0 |
| 0 | 0 | 0 | 0 | 후26 | 김종우 | 6 | | | 5 | 정우영 | | 0 | 0 | 0 | 0 |
| 0 | 0 | 0 | 0 | | 김동진 | 88 | 대기 | 대기 | 6 | 보야니치 | 후0 | 0 | 1 | 0 | 0 |
| 0 | 0 | 0 | 1 | 후15 | 김인성 | 7 | | | 16 | 이희균 | 후38 | 0 | 1 | 0 | 0 |
| 0 | 0 | 2 | 1 | 후0 | 주닝요 | 11 | | | 11 | 엄원상 | 후27 | 0 | 0 | 0 | 0 |
| 0 | 0 | 0 | 0 | | 강현제 | 18 | | | 17 | 루빅손 | 후0 | 0 | 0 | 0 | 0 |
| 0 | 0 | 0 | 0 | 후38 | 조상혁 | 99 | | | 9 | 말컹 | | 0 | 0 | 0 | 0 |
| 0 | 2 | 10 | 9(4) | | | 0 | | | 0 | | | 5(2) | 20 | 2 | 0 |

● 전반 39분 기성용 C.KL ↷ 이호재 GA 정면 H-ST-G (득점: 이호재, 도움: 기성용) 왼쪽
● 전반 43분 이진현 MFL FK ↷ 허율 GAR H-ST-G (득점: 허율, 도움: 이진현) 오른쪽

9월 14일 19:00 맑음 안양 종합 7,412명
주심_설태환 부심_김계용·송봉근 대기심_고민국 경기감독관_김용세

**안양 2** 1 전반 1 / 1 후반 0 **1 제주**

| 퇴장 | 경고 | 파울 | ST(유) | 교체 | 선수명 | 배번 | 위치 | 위치 | 배번 | 선수명 | 교체 | ST(유) | 파울 | 경고 | 퇴장 |
|---|---|---|---|---|---|---|---|---|---|---|---|---|---|---|---|
| 0 | 0 | 0 | 0 | | 김다솔 | 31 | GK | GK | 1 | 김동준 | | 0 | 0 | 0 | 0 |
| 0 | 0 | 1 | 0 | | 이창용 | 4 | DF | DF | 40 | 김륜성 | 13 | 0 | 0 | 0 | 0 |
| 0 | 0 | 2 | 0 | | 강지훈 | 17 | DF | DF | 4 | 송주훈 | | 1(1) | 1 | 1 | 0 |
| 0 | 0 | 1 | 0 | | 김동진 | 22 | DF | DF | 26 | 임채민 | | 0 | 0 | 0 | 0 |
| 0 | 1 | 1 | 0 | | 권경원 | 27 | DF | DF | 23 | 임창우 | 37 | 2(1) | 1 | 0 | 0 |
| 0 | 0 | 1 | 6(3) | 15 | 마테우스 | 7 | MF | MF | 17 | 유인수 | | 0 | 1 | 0 | 1 |
| 0 | 0 | 0 | 6(4) | 24 | 야고 | 10 | MF | MF | 5 | 이탈로 | | 0 | 3 | 1 | 0 |
| 0 | 0 | 0 | 0 | 16 | 한가람 | 13 | MF | MF | 8 | 이창민 | | 3(2) | 0 | 0 | 0 |
| 0 | 0 | 1 | 0 | 70 | 문성우 | 28 | MF | MF | 14 | 페드링요 | 3 | 1 | 0 | 0 | 0 |
| 0 | 0 | 3 | 1 | | 토마스 | 55 | MF | FW | 18 | 오재혁 | 19 | 0 | 1 | 0 | 0 |
| 0 | 0 | 5 | 3(2) | 5 | 김운 | 19 | FW | FW | 10 | 남태희 | | 1 | 0 | 0 | 0 |
| 0 | 0 | 0 | 0 | | 황병근 | 41 | | | 21 | 안찬기 | | 0 | 0 | 0 | 0 |
| 0 | 0 | 0 | 0 | 후29 | 김영찬 | 5 | | | 2 | 김재우 | 후36 | 0 | 0 | 0 | 0 |
| 0 | 0 | 0 | 0 | | 주현우 | 99 | | | 3 | 장민규 | 후0 | 0 | 0 | 0 | 0 |
| 0 | 1 | 2 | 0 | 후17 | 최규현 | 16 | | | 13 | 정운 | 후26 | 0 | 1 | 0 | 0 |
| 0 | 0 | 0 | 0 | | 에두아르도 | 21 | 대기 | 대기 | 37 | 권순호 | 후26 | 0 | 0 | 0 | 0 |
| 0 | 0 | 0 | 0 | 후29 | 김보경 | 24 | | | 6 | 김정민 | | 0 | 0 | 0 | 0 |
| 0 | 0 | 0 | 1 | 후43 | 박정훈 | 15 | | | 7 | 티아고 | | 0 | 0 | 0 | 0 |
| 0 | 0 | 0 | 3(3) | 후0 | 유키치 | 70 | | | 15 | 데닐손 | | 0 | 0 | 0 | 0 |
| 0 | 0 | 0 | 0 | | 채현우 | 71 | | | 19 | 신상은 | 후0/2 | 0 | 1 | 0 | 0 |
| 0 | 2 | 17 | 20(12) | | | 0 | | | 0 | | | 8(4) | 9 | 2 | 1 |

● 전반 35분 토마스 PK 좌측지점 ~ 야고 GA 정면 R-ST-G (득점: 야고, 도움: 토마스) 왼쪽
● 후반 35분 유키치 GA 정면 R-ST-G (득점: 유키치) 가운데
● 전반 13분 오재혁 GAL ~ 송주훈 GA 정면 내 L-ST-G (득점: 송주훈, 도움: 오재혁) 왼쪽

9월 14일 19:00 맑음 김천 종합 3,872명
주심_ 송민석 부심_ 방기열·곽승순 대기심_ 정회수 경기감독관_ 허태식

**김천 1** | 0 전반 0 / 1 후반 2 | **2 대구**

| 퇴장 | 경고 | 파울 | ST(유) | 교체 | 선수명 | 배번 | 위치 | 위치 | 배번 | 선수명 | 교체 | ST(유) | 파울 | 경고 | 퇴장 |
|---|---|---|---|---|---|---|---|---|---|---|---|---|---|---|---|
| 0 | 0 | 0 | 0 | | 김 태 훈 | 21 | GK | GK | 31 | 한 태 희 | | 0 | 0 | 0 | 0 |
| 0 | 0 | 0 | 0 | 34 | 최 예 훈 | 22 | DF | DF | 22 | 장 성 원 | | 2(1) | 0 | 0 | 0 |
| 0 | 0 | 0 | 1 | | 박 찬 용 | 20 | DF | DF | 4 | 카 이 오 | | 1(1) | 0 | 0 | 0 |
| 0 | 0 | 0 | 0 | | 이 정 택 | 35 | DF | DF | 55 | 우 주 성 | | 0 | 0 | 0 | 0 |
| 0 | 0 | 0 | 0 | | 김 강 산 | 5 | DF | DF | 2 | 황 재 원 | | 0 | 0 | 0 | 0 |
| 0 | 0 | 0 | 0 | 18 | 김 승 섭 | 7 | MF | MF | 32 | 정 치 인 | 19 | 1(1) | 1 | 0 | 0 |
| 0 | 1 | 3 | 0 | | 박 태 준 | 51 | MF | MF | 74 | 이 용 래 | 45 | 0 | 0 | 0 | 0 |
| 0 | 1 | 3 | 0 | 8 | 맹 성 웅 | 28 | MF | MF | 44 | 김 정 현 | 66 | 1 | 3 | 0 | 0 |
| 0 | 0 | 0 | 2 | 45 | 민 경 현 | 49 | MF | MF | 18 | 정 재 상 | 27 | 3(1) | 0 | 0 | 0 |
| 0 | 0 | 2 | 2(1) | | 박 상 혁 | 19 | FW | FW | 11 | 세 징 야 | | 1 | 2 | 0 | 0 |
| 0 | 1 | 2 | 0 | 14 | 이 동 준 | 11 | FW | FW | 77 | 김 주 공 | 9 | 1(1) | 0 | 0 | 0 |
| 0 | 0 | 0 | 0 | | 이 주 현 | 23 | | | 51 | 박 만 호 | | 0 | 0 | 0 | 0 |
| 0 | 0 | 0 | 0 | 후0 | 박 철 우 | 34 | | | 27 | 정 헌 택 | 후0 | 0 | 1 | 0 | 0 |
| 0 | 0 | 0 | 0 | | 이 찬 욱 | 38 | | | 45 | 김 현 준 | 후0 | 0 | 0 | 0 | 0 |
| 0 | 0 | 0 | 1 | 후29 | 김 이 석 | 45 | | | 66 | 조 진 우 | 후57 | 0 | 0 | 0 | 0 |
| 0 | 0 | 0 | 0 | | 고 재 현 | 42 | 대기 | 대기 | 88 | 카를로스 | | 0 | 0 | 0 | 0 |
| 0 | 0 | 0 | 1 | 후17 | 이 승 원 | 8 | | | 38 | 이 림 | | 0 | 0 | 0 | 0 |
| 0 | 0 | 0 | 0 | | 김 주 찬 | 37 | | | 9 | 에 드 가 | 후42 | 0 | 1 | 0 | 0 |
| 0 | 0 | 0 | 0 | 후40 | 원 기 종 | 18 | | | 10 | 라 마 스 | | 0 | 0 | 0 | 0 |
| 0 | 0 | 0 | 4(1) | 후0 | 이 동 경 | 14 | | | 19 | 박 대 훈 | 후15 | 0 | 2 | 0 | 0 |
| 0 | 3 | 10 | 11(2) | | | 0 | | | 0 | | | 10(5) | 10 | 0 | 0 |

●후반 48분 이동경 PK-L-G (득점: 이동경) 오른쪽

●후반 20분 세징야 GAL H↷ 장성원 AKL R-ST-G (득점: 장성원, 도움: 세징야) 오른쪽
●후반 41분 세징야 C.KR ↷ 카이오 GA 정면 H-ST-G (득점: 카이오, 도움: 세징야) 오른쪽

9월 20일 16:30 맑음 전주 월드컵 17,212명
주심_ 고형진 부심_ 박상준·구은석 대기심_ 박세진 경기감독관_ 이평재

**전북 1** | 0 전반 2 / 1 후반 0 | **2 김천**

| 퇴장 | 경고 | 파울 | ST(유) | 교체 | 선수명 | 배번 | 위치 | 위치 | 배번 | 선수명 | 교체 | ST(유) | 파울 | 경고 | 퇴장 |
|---|---|---|---|---|---|---|---|---|---|---|---|---|---|---|---|
| 0 | 0 | 0 | 0 | | 송 범 근 | 31 | GK | GK | 23 | 이 주 현 | | 0 | 0 | 0 | 0 |
| 0 | 1 | 0 | 0 | | 김 태 환 | 23 | DF | DF | 34 | 박 철 우 | | 0 | 2 | 0 | 0 |
| 0 | 0 | 0 | 0 | 5 | 홍 정 호 | 26 | DF | DF | 20 | 박 찬 용 | | 1 | 1 | 0 | 0 |
| 0 | 0 | 1 | 0 | | 김 영 빈 | 2 | DF | DF | 5 | 김 강 산 | | 1(1) | 2 | 1 | 0 |
| 0 | 1 | 1 | 0 | 22 | 최 우 진 | 3 | DF | DF | 35 | 이 정 택 | 49 | 0 | 0 | 0 | 0 |
| 0 | 1 | 2 | 0 | | 박 진 섭 | 4 | MF | MF | 7 | 김 승 섭 | 42 | 4(3) | 0 | 0 | 0 |
| 0 | 0 | 0 | 1 | 16 | 이 영 재 | 28 | MF | MF | 8 | 이 승 원 | | 0 | 1 | 1 | 0 |
| 0 | 0 | 0 | 2(2) | | 김 진 규 | 97 | MF | MF | 28 | 맹 성 웅 | 51 | 1 | 3 | 0 | 0 |
| 0 | 0 | 0 | 0 | | 전 진 우 | 14 | FW | MF | 11 | 이 동 준 | 22 | 2 | 1 | 0 | 0 |
| 0 | 0 | 0 | 0 | 9 | 콤 파 뇨 | 96 | FW | FW | 19 | 박 상 혁 | 18 | 2(1) | 0 | 0 | 0 |
| 0 | 0 | 1 | 4(3) | 21 | 송 민 규 | 10 | FW | FW | 14 | 이 동 경 | | 5(3) | 1 | 0 | 0 |
| 0 | 0 | 0 | 0 | | 김 정 훈 | 1 | | | 21 | 김 태 훈 | | 0 | 0 | 0 | 0 |
| 0 | 0 | 0 | 0 | | 최 철 순 | 25 | | | 22 | 최 예 훈 | 후40 | 0 | 0 | 0 | 0 |
| 0 | 0 | 0 | 0 | | 연 제 운 | 94 | | | 38 | 이 찬 욱 | | 0 | 0 | 0 | 0 |
| 0 | 0 | 0 | 0 | 후27 | 감 보 아 | 5 | | | 45 | 김 이 석 | | 0 | 0 | 0 | 0 |
| 0 | 0 | 0 | 0 | | 한 국 영 | 8 | 대기 | 대기 | 42 | 고 재 현 | 후40 | 0 | 0 | 0 | 0 |
| 0 | 1 | 1 | 0 | 후0 | 츄 마 시 | 21 | | | 49 | 민 경 현 | 후14 | 0 | 0 | 0 | 0 |
| 0 | 0 | 0 | 3 | 후0 | 권 창 훈 | 22 | | | 51 | 박 태 준 | 후14 | 0 | 2 | 1 | 0 |
| 0 | 0 | 0 | 2 | 후0 | 티 아 고 | 9 | | | 18 | 원 기 종 | 후29 | 0 | 0 | 1 | 0 |
| 0 | 0 | 0 | 0 | 후45 | 박 재 용 | 16 | | | 39 | 이 건 희 | | 0 | 0 | 0 | 0 |
| 0 | 4 | 6 | 12(5) | | | 0 | | | 0 | | | 16(8) | 13 | 4 | 0 |

●후반 17분 티아고 PA 정면 내 가슴패스 김진규 AKL L-ST-G (득점: 김진규, 도움: 티아고) 가운데

●전반 38분 박상혁 MFL ~ 김승섭 AKL R-ST-G (득점: 김승섭, 도움: 박상혁) 오른쪽
●전반 47분 이동경 C.KR ↷ 박상혁 GA 정면 내 R-ST-G (득점: 박상혁, 도움: 이동경) 왼쪽

9월 14일 19:00 맑음 수원 종합 3,354명
주심_ 김희곤 부심_ 설귀선·홍석찬 대기심_ 원명희 경기감독관_ 김성기

**수원FC 2** | 2 전반 2 / 0 후반 2 | **4 광주**

| 퇴장 | 경고 | 파울 | ST(유) | 교체 | 선수명 | 배번 | 위치 | 위치 | 배번 | 선수명 | 교체 | ST(유) | 파울 | 경고 | 퇴장 |
|---|---|---|---|---|---|---|---|---|---|---|---|---|---|---|---|
| 0 | 0 | 0 | 0 | | 안 준 수 | 23 | GK | GK | 1 | 김 경 민 | | 0 | 0 | 0 | 0 |
| 0 | 0 | 0 | 0 | | 이 용 | 2 | DF | DF | 94 | 심 상 민 | 6 | 0 | 0 | 0 | 0 |
| 0 | 0 | 0 | 0 | | 김 태 한 | 4 | DF | DF | 20 | 진 시 우 | | 1 | 0 | 0 | 0 |
| 0 | 0 | 2 | 0 | | 최 규 백 | 6 | DF | DF | 5 | 변 준 수 | | 2(2) | 0 | 0 | 0 |
| 0 | 0 | 0 | 0 | 79 | 이 시 영 | 72 | DF | DF | 70 | 하 승 운 | 2 | 0 | 0 | 0 | 0 |
| 0 | 1 | 1 | 1(1) | | 이 재 원 | 7 | MF | MF | 77 | 오 후 성 | | 1(1) | 0 | 0 | 0 |
| 0 | 0 | 0 | 3(1) | 8 | 한 찬 희 | 18 | MF | MF | 8 | 이 강 현 | 14 | 0 | 1 | 0 | 0 |
| 0 | 0 | 0 | 0 | 15 | 정 승 배 | 19 | MF | MF | 10 | 최 경 록 | | 1(1) | 2 | 0 | 0 |
| 0 | 0 | 0 | 0 | 21 | 안 현 범 | 94 | MF | MF | 18 | 박 인 혁 | 16 | 0 | 3 | 0 | 0 |
| 0 | 0 | 1 | 3 | | 루 안 | 97 | MF | FW | 17 | 헤 이 스 | | 4(3) | 0 | 0 | 0 |
| 0 | 0 | 3 | 4(3) | | 싸 박 | 9 | FW | FW | 88 | 문 민 서 | 40 | 0 | 0 | 0 | 0 |
| 0 | 0 | 0 | 0 | | 황 재 윤 | 1 | | | 12 | 노 희 동 | | 0 | 0 | 0 | 0 |
| 0 | 0 | 0 | 0 | | 이 현 용 | 5 | | | 2 | 조 성 권 | 후35 | 1(1) | 0 | 0 | 0 |
| 0 | 0 | 0 | 0 | | 황 인 택 | 13 | | | 3 | 이 민 기 | | 0 | 0 | 0 | 0 |
| 0 | 0 | 0 | 0 | 후18 | 서 재 민 | 21 | | | 6 | 안 영 규 | 후54 | 0 | 0 | 0 | 0 |
| 0 | 0 | 0 | 0 | | 장 영 우 | 22 | 대기 | 대기 | 14 | 유 제 호 | 후16 | 0 | 0 | 0 | 0 |
| 0 | 0 | 0 | 1 | 후34 | 노 경 호 | 8 | | | 16 | 정 지 훈 | 후16 | 0 | 0 | 0 | 0 |
| 0 | 0 | 0 | 1 | 전33 | 안드리고 | 15 | | | 80 | 주 세 종 | | 0 | 0 | 0 | 0 |
| 0 | 0 | 0 | 0 | | 이 준 석 | 11 | | | 11 | 프리드욘슨 | | 0 | 0 | 0 | 0 |
| 0 | 0 | 0 | 0 | 후34 | 김 경 민 | 79 | | | 40 | 신 창 무 | 후0 | 1 | 2 | 1 | 0 |
| 0 | 1 | 7 | 13(5) | | | 0 | | | 0 | | | 11(8) | 8 | 1 | 0 |

●전반 23분 싸박 PK-L-G (득점: 싸박) 왼쪽
●전반 40분 박인혁 GAL 내 H 자책골 (득점: 박인혁) 오른쪽

●전반 8분 안준수 GAL 내 EL 자책골 (득점: 안준수) 왼쪽
●전반 35분 오후성 PAR 내 ↷ 변준수 GA 정면 내 H-ST-G (득점: 변준수, 도움: 오후성) 왼쪽
●후반 37분 신창무 PAR ~ 조성권 GAR 내 R-ST-G (득점: 조성권, 도움: 신창무) 오른쪽
●후반 50분 신창무 PAR ↷ 헤이스 GAL 내 H-ST-G (득점: 헤이스, 도움: 신창무) 오른쪽

9월 20일 19:00 흐림 대전 월드컵 21,045명
주심_ 김용우 부심_ 윤재열·홍석찬 대기심_ 고민국 경기감독관_ 박철

**대전 3** | 2 전반 0 / 1 후반 2 | **2 대구**

| 퇴장 | 경고 | 파울 | ST(유) | 교체 | 선수명 | 배번 | 위치 | 위치 | 배번 | 선수명 | 교체 | ST(유) | 파울 | 경고 | 퇴장 |
|---|---|---|---|---|---|---|---|---|---|---|---|---|---|---|---|
| 0 | 0 | 0 | 0 | | 이 준 서 | 25 | GK | GK | 31 | 한 태 희 | | 0 | 0 | 0 | 0 |
| 0 | 0 | 0 | 0 | | 이 명 재 | 16 | DF | DF | 22 | 장 성 원 | 70 | 0 | 1 | 1 | 0 |
| 0 | 0 | 0 | 0 | | 안 톤 | 98 | DF | DF | 4 | 카 이 오 | | 0 | 0 | 0 | 0 |
| 0 | 0 | 1 | 0 | | 하 창 래 | 3 | DF | DF | 55 | 우 주 성 | | 3(1) | 2 | 0 | 0 |
| 0 | 0 | 1 | 0 | | 김 문 환 | 33 | DF | DF | 2 | 황 재 원 | | 0 | 2 | 0 | 0 |
| 0 | 0 | 1 | 0 | 6 | 김 봉 수 | 30 | MF | MF | 32 | 정 치 인 | 9 | 2 | 0 | 0 | 0 |
| 0 | 0 | 1 | 0 | | 이 순 민 | 44 | MF | MF | 74 | 이 용 래 | 10 | 1 | 0 | 0 | 0 |
| 0 | 0 | 2 | 1(1) | 66 | 마 사 | 7 | FW | MF | 44 | 김 정 현 | | 0 | 2 | 0 | 0 |
| 0 | 0 | 1 | 0 | 27 | 주앙빅토르 | 77 | MF | MF | 18 | 정 재 상 | 45 | 1(1) | 1 | 0 | 0 |
| 0 | 0 | 1 | 2(1) | 76 | 서 진 수 | 19 | MF | FW | 11 | 세 징 야 | | 4(1) | 1 | 0 | 0 |
| 0 | 0 | 2 | 3(3) | 9 | 주 민 규 | 10 | FW | FW | 77 | 김 주 공 | 19 | 2 | 0 | 0 | 0 |
| 0 | 0 | 0 | 0 | | 이 경 태 | 40 | | | 51 | 박 만 호 | | 0 | 0 | 0 | 0 |
| 0 | 0 | 0 | 0 | | 임 종 은 | 5 | | | 6 | 홍 정 운 | | 0 | 0 | 0 | 0 |
| 0 | 0 | 0 | 0 | | 김 민 덕 | 26 | | | 27 | 정 헌 택 | | 0 | 0 | 0 | 0 |
| 0 | 0 | 1 | 0 | 후36 | 강 윤 성 | 6 | | | 45 | 김 현 준 | 후0 | 1(1) | 0 | 0 | 0 |
| 0 | 0 | 0 | 0 | 후27 | 김 한 서 | 66 | 대기 | 대기 | 70 | 유 지 운 | 후39 | 0 | 0 | 0 | 0 |
| 0 | 0 | 0 | 0 | | 김 현 욱 | 70 | | | 38 | 이 림 | | 0 | 0 | 0 | 0 |
| 0 | 0 | 0 | 1(1) | 후17 | 정 재 희 | 27 | | | 9 | 에 드 가 | 후17 | 4(3) | 0 | 0 | 0 |
| 0 | 0 | 1 | 1 | 후0 | 에르난데스 | 76 | | | 10 | 라 마 스 | 후0 | 5(3) | 0 | 0 | 0 |
| 0 | 0 | 1 | 1 | 후27 | 구 텍 | 9 | | | 19 | 박 대 훈 | 후9 | 2 | 0 | 0 | 0 |
| 0 | 0 | 13 | 9(6) | | | 0 | | | 0 | | | 25(10) | 9 | 1 | 0 |

●전반 24분 김봉수 PAL ↷ 마사 GA 정면 H-ST-G (득점: 마사, 도움: 김봉수) 왼쪽
●전반 30분 주민규 AK 내 L-ST-G (득점: 주민규) 오른쪽
●후반 11분 주앙 빅토르 C.KR ↷ 주민규 PA 정면 내 H-ST-G (득점: 주민규, 도움: 주앙빅토르) 오른쪽

●후반 26분 세징야 C.KL ↷ 에드가 GA 정면 H-ST-G (득점: 에드가, 도움: 세징야) 오른쪽
●후반 51분 에드가 MFR H→ 김현준 AK 내 L-ST-G (득점: 김현준, 도움: 에드가) 왼쪽

9월 21일 16:30 맑음 울산 문수 13,201명
주심_ 송민석 부심_ 곽승순·방기열 대기심_ 오현진 경기감독관_ 양정환

**울산 0** 0 전반 0 / 0 후반 0 **0 안양**

| 퇴장 | 경고 | 파울 | ST(유) | 교체 | 선수명 | 배번 | 위치 | 위치 | 배번 | 선수명 | 교체 | ST(유) | 파울 | 경고 | 퇴장 |
|---|---|---|---|---|---|---|---|---|---|---|---|---|---|---|---|
| 0 | 0 | 0 | 0 | | 조 현 우 | 21 | GK | GK | 31 | 김 다 솔 | | 0 | 0 | 0 | 0 |
| 0 | 1 | 1 | 0 | | 트로야크 | 66 | DF | DF | 4 | 이 창 용 | | 0 | 0 | 0 | 0 |
| 0 | 0 | 0 | 1(1) | | 김 영 권 | 19 | DF | DF | 5 | 김 영 찬 | | 0 | 2 | 0 | 0 |
| 0 | 0 | 0 | 0 | | 정 승 현 | 15 | DF | DF | 17 | 강 지 훈 | | 1(1) | 1 | 0 | 0 |
| 0 | 1 | 1 | 0 | | 루 빅 손 | 17 | MF | DF | 22 | 김 동 진 | | 0 | 2 | 0 | 0 |
| 0 | 0 | 0 | 0 | 96 | 강 상 우 | 13 | MF | MF | 8 | 김 정 현 | 70 | 0 | 1 | 0 | 0 |
| 0 | 0 | 0 | 0 | | 고 승 범 | 7 | MF | MF | 10 | 야 고 | 7 | 3(3) | 1 | 0 | 0 |
| 0 | 0 | 0 | 0 | 16 | 이 진 현 | 14 | MF | MF | 21 | 에두아르도 | 13 | 1(1) | 1 | 0 | 0 |
| 0 | 0 | 0 | 3(2) | 6 | 백 인 우 | 72 | FW | MF | 28 | 문 성 우 | 71 | 2(1) | 2 | 0 | 0 |
| 0 | 0 | 1 | 1 | 11 | 에 릭 | 97 | FW | MF | 55 | 토 마 스 | | 0 | 1 | 0 | 0 |
| 0 | 0 | 3 | 1 | | 허 율 | 18 | FW | FW | 9 | 모 따 | 19 | 2(1) | 2 | 1 | 0 |
| 0 | 0 | 0 | 0 | | 문 정 인 | 23 | | | 1 | 이 윤 오 | | 0 | 0 | 0 | 0 |
| 0 | 0 | 0 | 0 | | 서 명 관 | 4 | | | 3 | 김 지 훈 | | 0 | 0 | 0 | 0 |
| 0 | 0 | 1 | 0 | 후26 | 최 석 현 | 96 | | | 99 | 주 현 우 | | 0 | 0 | 0 | 0 |
| 0 | 0 | 0 | 0 | | 이 재 익 | 28 | | | 7 | 마테우스 | 후20 | 1(1) | 0 | 0 | 0 |
| 0 | 0 | 0 | 0 | 후0 | 보야니치 | 6 | 대기 | 대기 | 13 | 한 가 람 | 후38 | 0 | 1 | 1 | 0 |
| 0 | 0 | 0 | 0 | | 정 우 영 | 5 | | | 24 | 김 보 경 | | 0 | 0 | 0 | 0 |
| 0 | 0 | 0 | 0 | 후20 | 엄 원 상 | 11 | | | 19 | 김 운 | 후30 | 0 | 0 | 0 | 0 |
| 0 | 1 | 1 | 1 | 후40 | 이 희 균 | 16 | | | 70 | 유 키 치 | 후30 | 1(1) | 0 | 0 | 0 |
| 0 | 0 | 0 | 0 | | 이 청 용 | 27 | | | 71 | 채 현 우 | 후0 | 2 | 1 | 1 | 0 |
| 0 | 3 | 8 | 7(3) | | | 0 | | | 0 | | | 13(9) | 15 | 3 | 0 |

9월 21일 19:00 맑음 서울 월드컵 15,221명
주심_ 김종혁 부심_ 박균용·장종필 대기심_ 박세진 경기감독관_ 구상범

**서울 3** 0 전반 0 / 3 후반 0 **0 광주**

| 퇴장 | 경고 | 파울 | ST(유) | 교체 | 선수명 | 배번 | 위치 | 위치 | 배번 | 선수명 | 교체 | ST(유) | 파울 | 경고 | 퇴장 |
|---|---|---|---|---|---|---|---|---|---|---|---|---|---|---|---|
| 0 | 1 | 0 | 0 | | 최 철 원 | 21 | GK | GK | 1 | 김 경 민 | | 0 | 0 | 0 | 0 |
| 0 | 0 | 1 | 0 | | 김 진 수 | 22 | DF | DF | 94 | 심 상 민 | | 0 | 1 | 0 | 0 |
| 0 | 0 | 1 | 1 | 40 | 야 잔 | 5 | DF | DF | 20 | 진 시 우 | | 1(1) | 0 | 0 | 0 |
| 0 | 0 | 0 | 1 | | 이 한 도 | 20 | DF | DF | 5 | 변 준 수 | | 1 | 1 | 1 | 0 |
| 0 | 0 | 0 | 0 | | 박 수 일 | 63 | DF | DF | 70 | 하 승 운 | 2 | 0 | 0 | 0 | 0 |
| 0 | 0 | 0 | 1 | | 안데르손 | 70 | MF | MF | 77 | 오 후 성 | | 1 | 0 | 0 | 0 |
| 0 | 0 | 1 | 0 | | 류 재 문 | 29 | MF | MF | 14 | 유 제 호 | 80 | 0 | 0 | 0 | 0 |
| 0 | 0 | 0 | 1(1) | 41 | 이 승 모 | 8 | MF | MF | 10 | 최 경 록 | 88 | 2 | 2 | 0 | 0 |
| 0 | 0 | 1 | 4(3) | | 정 승 원 | 7 | MF | MF | 16 | 정 지 훈 | 18 | 0 | 2 | 0 | 0 |
| 0 | 1 | 3 | 1(1) | 27 | 둑 스 | 45 | FW | FW | 17 | 헤 이 스 | | 0 | 0 | 0 | 0 |
| 0 | 0 | 0 | 4 | 11 | 조 영 욱 | 9 | FW | FW | 40 | 신 창 무 | 11 | 1(1) | 1 | 0 | 0 |
| 0 | 0 | 0 | 0 | | 강 현 무 | 31 | | | 12 | 노 희 동 | | 0 | 0 | 0 | 0 |
| 0 | 0 | 0 | 0 | | 정 태 욱 | 18 | | | 2 | 조 성 권 | 후12 | 0 | 1 | 0 | 0 |
| 0 | 0 | 0 | 0 | 후49 | 박 성 훈 | 40 | | | 3 | 이 민 기 | | 0 | 0 | 0 | 0 |
| 0 | 0 | 0 | 0 | | 최 준 | 16 | | | 6 | 안 영 규 | | 0 | 0 | 0 | 0 |
| 0 | 0 | 0 | 0 | 후44 | 황 도 윤 | 41 | 대기 | 대기 | 8 | 이 강 현 | | 0 | 0 | 0 | 0 |
| 0 | 0 | 0 | 2(2) | 후30 | 문 선 민 | 27 | | | 80 | 주 세 종 | 후28 | 1 | 0 | 0 | 0 |
| 0 | 0 | 0 | 0 | | 루 카 스 | 77 | | | 88 | 문 민 서 | 후40 | 0 | 0 | 0 | 0 |
| 0 | 0 | 0 | 0 | | 린 가 드 | 10 | | | 11 | 프리드욘슨 | 후28 | 0 | 0 | 0 | 0 |
| 0 | 0 | 0 | 0 | 후49 | 천 성 훈 | 11 | | | 18 | 박 인 혁 | 후12 | 0 | 0 | 0 | 0 |
| 0 | 2 | 7 | 15(7) | | | 0 | | | 0 | | | 7(2) | 8 | 1 | 0 |

- 후반 22분 둑스 PA 정면 내 L-ST-G (득점: 둑스) 왼쪽
- 후반 34분 김진수 C,KL ↷ 이승모 GAL H-ST-G (득점: 이승모, 도움: 김진수) 왼쪽
- 후반 38분 조영욱 MFL ~ 문선민 GAL L-ST-G (득점: 문선민, 도움: 조영욱) 왼쪽

9월 21일 16:30 맑음 수원 종합 4,005명
주심_ 설태환 부심_ 김계용·송봉근 대기심_ 박종명 경기감독관_ 나승화

**수원FC 1** 0 전반 0 / 1 후반 0 **0 강원**

| 퇴장 | 경고 | 파울 | ST(유) | 교체 | 선수명 | 배번 | 위치 | 위치 | 배번 | 선수명 | 교체 | ST(유) | 파울 | 경고 | 퇴장 |
|---|---|---|---|---|---|---|---|---|---|---|---|---|---|---|---|
| 0 | 1 | 0 | 0 | | 황 재 윤 | 1 | GK | GK | 21 | 박 청 효 | | 0 | 0 | 0 | 0 |
| 0 | 0 | 1 | 0 | | 이 용 | 2 | DF | DF | 34 | 송 준 석 | 24 | 1 | 2 | 1 | 0 |
| 0 | 0 | 1 | 0 | | 김 태 한 | 4 | DF | DF | 13 | 이 기 혁 | 33 | 0 | 1 | 1 | 0 |
| 0 | 0 | 0 | 0 | | 이 현 용 | 5 | DF | DF | 23 | 강 투 지 | | 0 | 2 | 0 | 0 |
| 0 | 0 | 3 | 0 | | 이 시 영 | 72 | DF | DF | 99 | 강 준 혁 | 27 | 0 | 1 | 0 | 0 |
| 0 | 0 | 1 | 0 | 16 | 노 경 호 | 8 | MF | MF | 7 | 김 대 원 | | 2(2) | 0 | 0 | 0 |
| 0 | 0 | 0 | 0 | 40 | 안드리고 | 15 | MF | MF | 4 | 서 민 우 | | 1(1) | 1 | 0 | 0 |
| 0 | 0 | 0 | 1 | | 한 찬 희 | 18 | MF | MF | 97 | 이 유 현 | | 3(3) | 0 | 0 | 0 |
| 0 | 0 | 0 | 2 | 94 | 김 경 민 | 79 | MF | MF | 42 | 모 재 현 | | 4(3) | 1 | 0 | 0 |
| 0 | 0 | 1 | 1(1) | 6 | 루 안 | 97 | MF | FW | 70 | 구 본 철 | 22 | 0 | 2 | 0 | 0 |
| 0 | 0 | 0 | 3(2) | 30 | 싸 박 | 9 | FW | FW | 16 | 김 건 희 | | 2(1) | 1 | 0 | 0 |
| 0 | 0 | 0 | 0 | | 백 승 민 | 31 | | | 1 | 이 광 연 | | 0 | 0 | 0 | 0 |
| 0 | 0 | 0 | 0 | 후41 | 최 규 백 | 6 | | | 33 | 홍 철 | 후11 | 0 | 0 | 0 | 0 |
| 0 | 0 | 0 | 0 | | 서 재 민 | 21 | | | 24 | 박 호 영 | 후0 | 0 | 0 | 0 | 0 |
| 0 | 0 | 0 | 0 | | 장 영 우 | 22 | | | 8 | 강 윤 구 | | 0 | 0 | 0 | 0 |
| 0 | 0 | 0 | 1 | 후15 | 안 현 범 | 94 | 대기 | 대기 | 14 | 김 대 우 | | 0 | 0 | 0 | 0 |
| 0 | 0 | 0 | 0 | 후24 | 조 준 현 | 16 | | | 39 | 이 지 호 | | 0 | 0 | 0 | 0 |
| 0 | 0 | 0 | 0 | 후24 | 김 도 윤 | 40 | | | 10 | 가브리엘 | 후35 | 1 | 0 | 0 | 0 |
| 0 | 0 | 0 | 0 | | 정 승 배 | 19 | | | 27 | 김 도 현 | 후44 | 0 | 0 | 0 | 0 |
| 0 | 0 | 1 | 0 | 후41 | 최 치 웅 | 30 | | | 22 | 이 상 헌 | 후0/10 | 0 | 0 | 0 | 0 |
| 0 | 1 | 8 | 8(3) | | | 0 | | | 0 | | | 14(10) | 11 | 2 | 0 |

- 후반 1분 강투지 GAR R 자책골 (득점: 강투지) 오른쪽

9월 21일 19:00 맑음 포항 스틸야드 9,014명
주심_ 이동준 부심_ 김지욱·설귀선 대기심_ 오현정 경기감독관_ 이경춘

**포항 1** 0 전반 0 / 1 후반 0 **0 제주**

| 퇴장 | 경고 | 파울 | ST(유) | 교체 | 선수명 | 배번 | 위치 | 위치 | 배번 | 선수명 | 교체 | ST(유) | 파울 | 경고 | 퇴장 |
|---|---|---|---|---|---|---|---|---|---|---|---|---|---|---|---|
| 0 | 0 | 0 | 0 | | 황 인 재 | 21 | GK | GK | 1 | 김 동 준 | | 0 | 0 | 0 | 0 |
| 0 | 0 | 2 | 0 | 13 | 박 승 욱 | 14 | DF | DF | 13 | 정 운 | 3 | 0 | 1 | 0 | 0 |
| 0 | 0 | 1 | 0 | | 전 민 광 | 4 | DF | DF | 4 | 송 주 훈 | | 0 | 1 | 0 | 0 |
| 0 | 1 | 1 | 0 | 7 | 신 광 훈 | 17 | DF | DF | 26 | 임 채 민 | 2 | 0 | 2 | 0 | 0 |
| 0 | 0 | 1 | 1(1) | | 어 정 원 | 2 | MF | MF | 40 | 김 륜 성 | | 0 | 0 | 0 | 0 |
| 0 | 0 | 0 | 0 | | 오베르단 | 8 | MF | MF | 5 | 이 탈 로 | | 0 | 0 | 0 | 0 |
| 0 | 0 | 0 | 0 | 6 | 기 성 용 | 40 | MF | MF | 14 | 페드링요 | 10 | 0 | 0 | 0 | 0 |
| 0 | 0 | 2 | 4(3) | | 주 닝 요 | 11 | MF | MF | 8 | 이 창 민 | | 0 | 1 | 1 | 0 |
| 0 | 0 | 2 | 3(2) | | 조 르 지 | 9 | FW | MF | 23 | 임 창 우 | | 0 | 2 | 0 | 0 |
| 0 | 0 | 0 | 3(2) | 99 | 이 호 재 | 19 | FW | FW | 18 | 오 재 혁 | 7 | 0 | 3 | 0 | 0 |
| 0 | 0 | 2 | 0 | 3 | 홍 윤 상 | 37 | FW | FW | 9 | 유리조나탄 | 19 | 0 | 1 | 0 | 0 |
| 0 | 0 | 0 | 0 | | 윤 평 국 | 1 | | | 21 | 안 찬 기 | | 0 | 0 | 0 | 0 |
| 0 | 0 | 0 | 0 | 후38 | 이 동 희 | 3 | | | 2 | 김 재 우 | 후42 | 0 | 0 | 0 | 0 |
| 0 | 0 | 0 | 0 | 후47 | 강 민 준 | 13 | | | 3 | 장 민 규 | 후18 | 0 | 1 | 0 | 0 |
| 0 | 0 | 0 | 0 | | 이 동 협 | 23 | | | 22 | 안 태 현 | | 0 | 0 | 0 | 0 |
| 0 | 0 | 0 | 0 | 후33 | 김 종 우 | 6 | 대기 | 대기 | 37 | 권 순 호 | | 0 | 0 | 0 | 0 |
| 0 | 0 | 0 | 0 | | 김 동 진 | 88 | | | 6 | 김 정 민 | | 0 | 0 | 0 | 0 |
| 0 | 0 | 0 | 0 | 후38 | 김 인 성 | 7 | | | 7 | 티 아 고 | 후18 | 1 | 0 | 0 | 0 |
| 0 | 0 | 0 | 0 | | 백 성 동 | 10 | | | 10 | 남 태 희 | 후0 | 1 | 1 | 0 | 0 |
| 0 | 0 | 2 | 0 | 후33 | 조 상 혁 | 99 | | | 19 | 신 상 은 | 후18 | 2(1) | 0 | 0 | 0 |
| 0 | 1 | 13 | 11(8) | | | 0 | | | 0 | | | 4(1) | 13 | 1 | 0 |

- 후반 10분 홍윤상 GAR 내 EL ~ 이호재 GAL R-ST-G (득점: 이호재, 도움: 홍윤상) 왼쪽

9월 27일 14:00 맑음 강릉하이원아레나 7,112명
주심_ 김대용 부심_ 곽승순·설귀선 대기심_ 정회수 경기감독관_ 김성수

**강원 0** 　 0 전반 0 / 0 후반 0 　 **0 대전**

| 퇴장 | 경고 | 파울 | ST(유) | 교체 | 선수명 | 배번 | 위치 | 위치 | 배번 | 선수명 | 교체 | ST(유) | 파울 | 경고 | 퇴장 |
|---|---|---|---|---|---|---|---|---|---|---|---|---|---|---|---|
| 0 | 0 | 0 | 0 | | 박청효 | 21 | GK | GK | 25 | 이준서 | | 0 | 0 | 0 | 0 |
| 0 | 0 | 1 | 0 | 33 | 송준석 | 34 | DF | DF | 16 | 이명재 | | 2(1) | 0 | 0 | 0 |
| 0 | 1 | 1 | 0 | | 박호영 | 24 | DF | DF | 98 | 안톤 | | 1 | 2 | 0 | 0 |
| 0 | 0 | 0 | 0 | | 강투지 | 23 | DF | DF | 3 | 하창래 | | 0 | 1 | 0 | 0 |
| 0 | 0 | 0 | 1 | | 강준혁 | 99 | DF | DF | 33 | 김문환 | | 1(1) | 1 | 0 | 0 |
| 0 | 0 | 1 | 0 | 27 | 김대원 | 7 | MF | MF | 30 | 김봉수 | | 1(1) | 0 | 0 | 0 |
| 0 | 0 | 0 | 0 | | 서민우 | 4 | MF | MF | 44 | 이순민 | | 0 | 2 | 0 | 0 |
| 0 | 0 | 0 | 1(1) | | 이유현 | 97 | MF | FW | 7 | 마사 | 70 | 4(1) | 2 | 0 | 0 |
| 0 | 0 | 0 | 0 | 70 | 이지호 | 39 | MF | MF | 77 | 주앙빅토르 | 27 | 1(1) | 0 | 0 | 0 |
| 0 | 0 | 0 | 1(1) | 42 | 이상헌 | 22 | FW | MF | 76 | 에르난데스 | 12 | 3(1) | 1 | 0 | 0 |
| 0 | 0 | 4 | 2 | | 김건희 | 16 | FW | FW | 10 | 주민규 | 29 | 0 | 0 | 0 | 0 |
| 0 | 0 | 0 | 0 | | 이광연 | 1 | | | 40 | 이경태 | | 0 | 0 | 0 | 0 |
| 0 | 0 | 0 | 0 | | 조현태 | 20 | | | 5 | 임종은 | | 0 | 0 | 0 | 0 |
| 0 | 0 | 0 | 0 | 후39 | 홍철 | 33 | | | 26 | 김민덕 | | 0 | 0 | 0 | 0 |
| 0 | 0 | 0 | 0 | | 김대우 | 14 | | | 6 | 강윤성 | | 0 | 0 | 0 | 0 |
| 0 | 0 | 0 | 0 | | 김강국 | 18 | 대기 | 대기 | 66 | 김한서 | | 0 | 0 | 0 | 0 |
| 0 | 0 | 1 | 1(1) | 후12 | 구본철 | 70 | | | 70 | 김현욱 | 후27 | 1(1) | 1 | 1 | 0 |
| 0 | 0 | 0 | 0 | 후12 | 모재현 | 42 | | | 27 | 정재희 | 후27 | 0 | 0 | 0 | 0 |
| 0 | 0 | 0 | 0 | | 강윤구 | 8 | | | 12 | 김승대 | 후27 | 0 | 1 | 0 | 0 |
| 0 | 0 | 0 | 1(1) | 후39 | 김도현 | 27 | | | 29 | 유강현 | 후41 | 0 | 1 | 0 | 0 |
| 0 | 1 | 8 | 7(4) | | | 0 | | | 0 | | | 14(7) | 12 | 1 | 0 |

9월 27일 16:30 맑음 대구iM뱅크파크 10,601명
주심_ 고형진 부심_ 김계용·김지욱 대기심_ 김재홍 경기감독관_ 박철

**대구 1** 　 1 전반 0 / 0 후반 1 　 **1 울산**

| 퇴장 | 경고 | 파울 | ST(유) | 교체 | 선수명 | 배번 | 위치 | 위치 | 배번 | 선수명 | 교체 | ST(유) | 파울 | 경고 | 퇴장 |
|---|---|---|---|---|---|---|---|---|---|---|---|---|---|---|---|
| 0 | 0 | 0 | 0 | | 한태희 | 31 | GK | GK | 21 | 조현우 | | 0 | 0 | 0 | 0 |
| 0 | 0 | 0 | 1(1) | | 카이오 | 4 | DF | DF | 66 | 트로야크 | | 0 | 2 | 0 | 0 |
| 0 | 1 | 1 | 0 | 45 | 홍정운 | 6 | DF | DF | 19 | 김영권 | | 1(1) | 0 | 0 | 0 |
| 0 | 0 | 0 | 0 | | 우주성 | 55 | DF | DF | 15 | 정승현 | | 0 | 2 | 1 | 0 |
| 0 | 1 | 1 | 1 | 9 | 정헌택 | 27 | MF | MF | 26 | 박민서 | 16 | 1 | 1 | 1 | 0 |
| 0 | 0 | 4 | 0 | | 김정현 | 44 | MF | MF | 13 | 강상우 | 96 | 0 | 0 | 0 | 0 |
| 0 | 0 | 2 | 3(1) | 74 | 라마스 | 10 | MF | MF | 7 | 고승범 | | 1 | 1 | 1 | 0 |
| 0 | 1 | 1 | 0 | | 황재원 | 2 | MF | MF | 6 | 보야니치 | 14 | 0 | 2 | 0 | 0 |
| 0 | 0 | 2 | 1(1) | 32 | 박대훈 | 19 | FW | FW | 72 | 백인우 | 17 | 1(1) | 2 | 0 | 0 |
| 0 | 0 | 2 | 5(2) | | 세징야 | 11 | FW | FW | 97 | 에릭 | 11 | 0 | 0 | 0 | 0 |
| 0 | 0 | 0 | 1(1) | 5 | 김주공 | 77 | FW | FW | 18 | 허율 | | 2 | 2 | 0 | 0 |
| 0 | 0 | 0 | 0 | | 박만호 | 51 | | | 23 | 문정인 | | 0 | 0 | 0 | 0 |
| 0 | 0 | 0 | 0 | | 이림 | 38 | | | 4 | 서명관 | | 0 | 0 | 0 | 0 |
| 0 | 0 | 0 | 0 | 후20 | 김현준 | 45 | | | 96 | 최석현 | 후0 | 1 | 0 | 0 | 0 |
| 0 | 0 | 0 | 0 | | 조진우 | 66 | | | 28 | 이재익 | | 0 | 0 | 0 | 0 |
| 0 | 0 | 0 | 0 | | 카를로스 | 88 | 대기 | 대기 | 14 | 이진현 | 후25 | 1(1) | 1 | 0 | 0 |
| 0 | 0 | 0 | 0 | 후45 | 이용래 | 74 | | | 5 | 정우영 | | 0 | 0 | 0 | 0 |
| 0 | 0 | 0 | 0 | 후45 | 에드가 | 9 | | | 11 | 엄원상 | 후11 | 0 | 0 | 0 | 0 |
| 0 | 0 | 1 | 2 | 후20 | 지오바니 | 5 | | | 16 | 이희균 | 후35 | 0 | 0 | 0 | 0 |
| 0 | 0 | 0 | 1 | 후20 | 정치인 | 32 | | | 17 | 루빅손 | 후25 | 1 | 0 | 0 | 0 |
| 0 | 3 | 14 | 15(6) | | | 0 | | | 0 | | | 9(3) | 13 | 3 | 0 |

- 전반 39분 라마스 PA 정면 ~ 세징야 PA 정면 R-ST-G (득점: 세징야, 도움: 라마스) 오른쪽
- 후반 13분 엄원상 PAR EL ↷ 백인우 GAR H-ST-G (득점: 백인우, 도움: 엄원상) 왼쪽

9월 27일 16:30 맑음 김천 종합 3,634명
주심_ 김우성 부심_ 박균용·장종필 대기심_ 이경순 경기감독관_ 김성기

**김천 2** 　 0 전반 0 / 2 후반 0 　 **0 포항**

| 퇴장 | 경고 | 파울 | ST(유) | 교체 | 선수명 | 배번 | 위치 | 위치 | 배번 | 선수명 | 교체 | ST(유) | 파울 | 경고 | 퇴장 |
|---|---|---|---|---|---|---|---|---|---|---|---|---|---|---|---|
| 0 | 0 | 0 | 0 | | 이주현 | 23 | GK | GK | 21 | 황인재 | | 0 | 0 | 0 | 0 |
| 0 | 0 | 1 | 0 | 22 | 박철우 | 34 | DF | DF | 3 | 이동희 | | 0 | 2 | 0 | 1 |
| 0 | 0 | 0 | 0 | | 박찬용 | 20 | DF | DF | 4 | 전민광 | | 0 | 0 | 0 | 0 |
| 0 | 0 | 2 | 0 | | 김강산 | 5 | DF | DF | 17 | 신광훈 | 13 | 0 | 1 | 1 | 0 |
| 0 | 0 | 0 | 0 | | 이정택 | 35 | DF | MF | 2 | 어정원 | | 0 | 1 | 0 | 0 |
| 0 | 0 | 3 | 4(2) | | 김승섭 | 7 | MF | MF | 8 | 오베르단 | | 0 | 1 | 0 | 0 |
| 0 | 0 | 2 | 0 | 42 | 이승원 | 8 | MF | MF | 88 | 김동진 | 40 | 0 | 1 | 0 | 0 |
| 0 | 0 | 0 | 1 | | 맹성웅 | 28 | MF | MF | 11 | 주닝요 | 7 | 2(1) | 1 | 0 | 0 |
| 0 | 0 | 1 | 2 | 18 | 이동준 | 11 | MF | FW | 9 | 조르지 | | 1 | 1 | 0 | 0 |
| 0 | 0 | 0 | 0 | 39 | 박상혁 | 19 | FW | FW | 19 | 이호재 | 99 | 1 | 1 | 1 | 0 |
| 0 | 0 | 0 | 6(3) | 43 | 이동경 | 14 | FW | FW | 37 | 홍윤상 | 24 | 0 | 0 | 0 | 0 |
| 0 | 0 | 0 | 0 | | 김태훈 | 21 | | | 1 | 윤평국 | | 0 | 0 | 0 | 0 |
| 0 | 0 | 1 | 0 | 후16 | 최예훈 | 22 | | | 5 | 아스프로 | | 0 | 0 | 0 | 0 |
| 0 | 0 | 0 | 0 | | 이찬욱 | 38 | | | 13 | 강민준 | 후0 | 0 | 1 | 0 | 0 |
| 0 | 0 | 0 | 0 | | 김태환 | 36 | | | 24 | 한현서 | 전47 | 0 | 0 | 0 | 0 |
| 0 | 0 | 0 | 0 | 후42 | 고재현 | 42 | 대기 | 대기 | 6 | 김종우 | | 0 | 0 | 0 | 0 |
| 0 | 0 | 0 | 0 | 후42 | 박세진 | 43 | | | 40 | 기성용 | 후0 | 0 | 0 | 0 | 0 |
| 0 | 0 | 0 | 0 | | 김주찬 | 37 | | | 7 | 김인성 | 후12 | 0 | 0 | 0 | 0 |
| 0 | 0 | 0 | 1(1) | 후16 | 원기종 | 18 | | | 18 | 강현제 | | 0 | 0 | 0 | 0 |
| 0 | 0 | 0 | 0 | 후36 | 이건희 | 39 | | | 99 | 조상혁 | 후36 | 0 | 2 | 0 | 0 |
| 0 | 0 | 10 | 14(6) | | | 0 | | | 0 | | | 4(1) | 12 | 2 | 1 |

- 후반 16분 맹성웅 GAL EL ~ 이동경 GAL 내 L-ST-G (득점: 이동경, 도움: 맹성웅) 가운데
- 후반 40분 이동경 AK 정면 ~ 원기종 GAR R-ST-G (득점: 원기종, 도움: 이동경) 왼쪽

9월 27일 19:00 흐림 서울 월드컵 31,348명
주심_ 설태환 부심_ 윤재열·송봉근 대기심_ 최규현 경기감독관_ 차상해

**서울 1** 　 0 전반 0 / 1 후반 1 　 **1 전북**

| 퇴장 | 경고 | 파울 | ST(유) | 교체 | 선수명 | 배번 | 위치 | 위치 | 배번 | 선수명 | 교체 | ST(유) | 파울 | 경고 | 퇴장 |
|---|---|---|---|---|---|---|---|---|---|---|---|---|---|---|---|
| 0 | 0 | 0 | 0 | | 최철원 | 21 | GK | GK | 31 | 송범근 | | 0 | 0 | 0 | 0 |
| 0 | 0 | 1 | 0 | | 김진수 | 22 | DF | DF | 23 | 김태환 | | 0 | 2 | 1 | 0 |
| 0 | 0 | 1 | 2 | | 이한도 | 20 | DF | DF | 26 | 홍정호 | | 0 | 0 | 0 | 0 |
| 0 | 0 | 1 | 1 | | 박성훈 | 40 | DF | DF | 2 | 김영빈 | 5 | 0 | 0 | 0 | 0 |
| 0 | 0 | 0 | 2(1) | | 박수일 | 63 | DF | DF | 25 | 최철순 | | 0 | 0 | 0 | 0 |
| 0 | 0 | 2 | 3(1) | | 안데르손 | 70 | MF | MF | 4 | 박진섭 | | 0 | 1 | 0 | 0 |
| 0 | 0 | 0 | 1 | 41 | 류재문 | 29 | MF | MF | 13 | 강상윤 | 28 | 0 | 0 | 0 | 0 |
| 0 | 1 | 3 | 2 | | 이승모 | 8 | MF | MF | 97 | 김진규 | | 0 | 0 | 0 | 0 |
| 0 | 0 | 1 | 3(2) | 77 | 정승원 | 7 | MF | FW | 14 | 전진우 | 21 | 1 | 2 | 0 | 0 |
| 0 | 0 | 1 | 4(1) | 27 | 린가드 | 10 | FW | FW | 96 | 콤파뇨 | 9 | 1 | 1 | 0 | 0 |
| 0 | 0 | 1 | 1 | 11 | 조영욱 | 9 | FW | FW | 10 | 송민규 | 94 | 1(1) | 0 | 1 | 0 |
| 0 | 0 | 0 | 0 | | 강현무 | 31 | | | 1 | 김정훈 | | 0 | 0 | 0 | 0 |
| 0 | 0 | 0 | 0 | | 최준 | 16 | | | 94 | 연제운 | 후44 | 0 | 0 | 0 | 0 |
| 0 | 0 | 0 | 0 | | 정태욱 | 18 | | | 5 | 감보아 | 후0 | 0 | 0 | 0 | 0 |
| 0 | 0 | 0 | 0 | | 김지원 | 36 | | | 8 | 한국영 | 후35 | 0 | 0 | 0 | 0 |
| 0 | 0 | 0 | 1 | 후0 | 황도윤 | 41 | 대기 | 대기 | 11 | 이승우 | | 0 | 0 | 0 | 0 |
| 0 | 0 | 0 | 0 | | 손승범 | 14 | | | 21 | 츄마시 | 후0 | 1 | 2 | 0 | 0 |
| 0 | 0 | 0 | 0 | 후24 | 문선민 | 27 | | | 22 | 권창훈 | | 0 | 0 | 0 | 0 |
| 0 | 0 | 0 | 0 | 후44 | 루카스 | 77 | | | 28 | 이영재 | 전9/8 | 1(1) | 0 | 0 | 0 |
| 0 | 0 | 0 | 0 | 후35 | 천성훈 | 11 | | | 9 | 티아고 | 후19 | 2(1) | 0 | 1 | 0 |
| 0 | 1 | 11 | 20(5) | | | 0 | | | 0 | | | 7(3) | 8 | 3 | 0 |

- 후반 50분 연제운 GAL R 자책골 (득점: 연제운) 왼쪽
- 후반 38분 김진규 C.KL ↷ 송민규 GA 정면 내 H-ST-G (득점: 송민규, 도움: 김진규) 왼쪽

9월 28일 16:30 맑음 제주 월드컵 5,142명
주심_ 신용준 부심_ 박상준·방기열 대기심_ 최승환 경기감독관_ 이평재

**제주 3** | 2 전반 2 / 1 후반 2 | **4 수원FC**

| 퇴장 | 경고 | 파울 | ST(유) | 교체 | 선수명 | 배번 | 위치 | 위치 | 배번 | 선수명 | 교체 | ST(유) | 파울 | 경고 | 퇴장 |
|---|---|---|---|---|---|---|---|---|---|---|---|---|---|---|---|
| 1 | 1 | 0 | 0 | | 김동준 | 1 | GK | GK | 1 | 황재윤 | | 0 | 0 | 0 | 0 |
| 0 | 0 | 0 | 0 | 3 | 정 운 | 13 | DF | DF | 2 | 이 용 | | 0 | 0 | 0 | 0 |
| 1 | 0 | 2 | 0 | | 송주훈 | 4 | DF | DF | 5 | 이현용 | 4 | 0 | 1 | 0 | 0 |
| 0 | 0 | 0 | 0 | | 임채민 | 26 | DF | DF | 6 | 최규백 | | 0 | 1 | 0 | 0 |
| 0 | 0 | 0 | 0 | 22 | 임창우 | 23 | DF | DF | 72 | 이시영 | | 3(2) | 2 | 0 | 0 |
| 0 | 0 | 3 | 0 | | 김륜성 | 40 | MF | MF | 7 | 이재원 | | 2(1) | 0 | 0 | 0 |
| 0 | 0 | 0 | 0 | | 이탈로 | 5 | MF | MF | 15 | 안드리고 | 16 | 5(3) | 2 | 0 | 0 |
| 1 | 1 | 1 | 1 | 6 | 이창민 | 8 | MF | MF | 18 | 한찬희 | 30 | 1(1) | 0 | 0 | 0 |
| 0 | 0 | 0 | 0 | 19 | 오재혁 | 18 | MF | MF | 79 | 김경민 | 94 | 0 | 0 | 0 | 0 |
| 0 | 0 | 1 | 3(1) | 2 | 남태희 | 10 | FW | MF | 97 | 루 안 | 40 | 1 | 0 | 0 | 0 |
| 0 | 0 | 1 | 3(3) | | 유리조나탄 | 9 | FW | FW | 9 | 싸 박 | | 6(3) | 1 | 0 | 0 |
| 0 | 0 | 0 | 0 | | 안찬기 | 21 | 대기 | 대기 | 31 | 백승민 | | 0 | 0 | 0 | 0 |
| 0 | 0 | 0 | 0 | 후33 | 김재우 | 2 | | | 4 | 김태한 | 후22 | 0 | 0 | 0 | 0 |
| 0 | 0 | 0 | 0 | 후0 | 장민규 | 3 | | | 21 | 서재민 | | 0 | 0 | 0 | 0 |
| 0 | 2 | 2 | 0 | 후8 | 안태현 | 22 | | | 22 | 장영우 | | 0 | 0 | 0 | 0 |
| 0 | 0 | 0 | 0 | | 권순호 | 37 | | | 94 | 안현범 | 후0 | 3(1) | 0 | 0 | 0 |
| 0 | 0 | 0 | 0 | 후41 | 김정민 | 6 | | | 8 | 노경호 | | 0 | 0 | 0 | 0 |
| 0 | 0 | 0 | 0 | | 페드링요 | 14 | | | 16 | 조준현 | 후22 | 0 | 2 | 1 | 0 |
| 0 | 0 | 0 | 0 | | 티아고 | 7 | | | 40 | 김도윤 | 후28 | 0 | 1 | 0 | 0 |
| 0 | 0 | 0 | 2(2) | 후8 | 신상은 | 19 | | | 30 | 최치웅 | 후42 | 1(1) | 0 | 0 | 0 |
| 3 | 4 | 10 | 9(6) | | | 0 | | | 0 | | | 22(12) | 10 | 1 | 0 |

● 전반 14분 임창우 PAR ~ 유리 조나탄 GAL L-ST-G (득점: 유리 조나탄, 도움: 임창우) 가운데
● 전반 51분 남태희 PA 정면 FK R-ST-G (득점: 남태희) 왼쪽
● 후반 36분 신상은 AKL R-ST-G (득점: 신상은) 오른쪽

● 전반 2분 안드리고 GA 정면 내 H ~ 싸박 GA 정면 내 오버헤드킥 L-ST-G (득점: 싸박, 도움: 안드리고) 왼쪽
● 전반 37분 싸박 PK-L-G (득점: 싸박) 가운데
● 후반 4분 안현범 PAR 내 ~ 이재원 GAL 내 R-ST-G (득점: 이재원, 도움: 안현범) 가운데
● 후반 47분 최치웅 GA 정면 내 R-ST-G (득점: 최치웅) 오른쪽

9월 28일 16:30 흐림 안양 종합 7,435명
주심_ 이동준 부심_ 구은석·홍석찬 대기심_ 최규현 경기감독관_ 허기태

**안양 0** | 0 전반 0 / 0 후반 0 | **0 광주**

| 퇴장 | 경고 | 파울 | ST(유) | 교체 | 선수명 | 배번 | 위치 | 위치 | 배번 | 선수명 | 교체 | ST(유) | 파울 | 경고 | 퇴장 |
|---|---|---|---|---|---|---|---|---|---|---|---|---|---|---|---|
| 0 | 0 | 0 | 0 | | 김다솔 | 31 | GK | GK | 1 | 김경민 | | 0 | 0 | 0 | 0 |
| 0 | 0 | 1 | 1(1) | | 이창용 | 4 | DF | DF | 94 | 심상민 | 3 | 0 | 0 | 0 | 0 |
| 0 | 0 | 0 | 1(1) | 19 | 김영찬 | 5 | DF | DF | 20 | 진시우 | | 0 | 1 | 0 | 0 |
| 0 | 0 | 1 | 1 | | 토마스 | 55 | DF | DF | 5 | 변준수 | | 0 | 2 | 0 | 0 |
| 0 | 1 | 0 | 1(1) | 10 | 마테우스 | 7 | MF | DF | 2 | 조성권 | | 0 | 2 | 0 | 0 |
| 0 | 0 | 0 | 0 | 20 | 강지훈 | 17 | MF | MF | 70 | 하승운 | 77 | 0 | 0 | 0 | 0 |
| 0 | 1 | 3 | 0 | | 에두아르도 | 21 | MF | MF | 10 | 최경록 | 14 | 0 | 0 | 0 | 0 |
| 0 | 0 | 0 | 0 | | 김동진 | 22 | MF | MF | 8 | 이강현 | 80 | 1(1) | 0 | 0 | 0 |
| 0 | 0 | 0 | 0 | 14 | 문성우 | 28 | MF | MF | 18 | 박인혁 | | 4(1) | 4 | 1 | 0 |
| 0 | 0 | 1 | 1 | | 모 따 | 9 | FW | FW | 88 | 문민서 | 16 | 2(2) | 1 | 0 | 0 |
| 0 | 0 | 1 | 0 | 11 | 채현우 | 71 | FW | FW | 17 | 헤이스 | | 2(1) | 2 | 0 | 0 |
| 0 | 0 | 0 | 0 | | 황병근 | 41 | 대기 | 대기 | 12 | 노희동 | | 0 | 0 | 0 | 0 |
| 0 | 0 | 0 | 0 | | 김지훈 | 3 | | | 3 | 이민기 | 후46 | 0 | 0 | 0 | 0 |
| 0 | 0 | 1 | 0 | 전25 | 이상용 | 20 | | | 6 | 안영규 | | 0 | 0 | 0 | 0 |
| 0 | 0 | 0 | 0 | | 한가람 | 13 | | | 27 | 권성윤 | | 0 | 0 | 0 | 0 |
| 0 | 0 | 0 | 0 | 후28 | 이민수 | 14 | | | 30 | 안혁주 | | 0 | 0 | 0 | 0 |
| 0 | 0 | 0 | 0 | | 김보경 | 24 | | | 14 | 유제호 | 후36 | 0 | 0 | 0 | 0 |
| 0 | 0 | 0 | 0 | 후28 | 야 고 | 10 | | | 16 | 정지훈 | 후23 | 0 | 0 | 0 | 0 |
| 0 | 0 | 0 | 0 | 후0 | 최성범 | 11 | | | 77 | 오후성 | 후23 | 0 | 0 | 0 | 0 |
| 0 | 0 | 0 | 0 | 후43 | 김 운 | 19 | | | 80 | 주세종 | 후46 | 0 | 0 | 0 | 0 |
| 0 | 2 | 8 | 5(3) | | | 0 | | | 0 | | | 9(5) | 12 | 1 | 0 |

10월 03일 14:00 비 제주 월드컵 6,102명
주심_ 이동준 부심_ 김계용·홍석찬 대기심_ 최광호 경기감독관_ 조성철

**제주 1** | 0 전반 1 / 1 후반 0 | **1 전북**

| 퇴장 | 경고 | 파울 | ST(유) | 교체 | 선수명 | 배번 | 위치 | 위치 | 배번 | 선수명 | 교체 | ST(유) | 파울 | 경고 | 퇴장 |
|---|---|---|---|---|---|---|---|---|---|---|---|---|---|---|---|
| 0 | 0 | 0 | 0 | | 안찬기 | 21 | GK | GK | 31 | 송범근 | | 0 | 0 | 0 | 0 |
| 0 | 0 | 0 | 1 | | 장민규 | 3 | DF | DF | 25 | 최철순 | | 0 | 1 | 0 | 0 |
| 0 | 0 | 0 | 1 | | 임채민 | 26 | DF | DF | 26 | 홍정호 | | 0 | 2 | 0 | 0 |
| 0 | 0 | 0 | 0 | | 임창우 | 23 | DF | DF | 94 | 연제운 | | 0 | 0 | 0 | 0 |
| 0 | 0 | 2 | 1(1) | 13 | 김륜성 | 40 | MF | DF | 22 | 권창훈 | 8 | 1 | 1 | 0 | 0 |
| 0 | 0 | 1 | 2(2) | | 이탈로 | 5 | MF | MF | 4 | 박진섭 | | 0 | 3 | 0 | 0 |
| 0 | 0 | 1 | 1 | 19 | 오재혁 | 18 | MF | MF | 13 | 강상윤 | 28 | 0 | 2 | 0 | 0 |
| 0 | 0 | 0 | 1(1) | 14 | 유인수 | 17 | MF | MF | 97 | 김진규 | 5 | 1(1) | 0 | 0 | 0 |
| 0 | 0 | 2 | 1 | 6 | 김진호 | 30 | FW | FW | 11 | 이승우 | 14 | 3(2) | 2 | 1 | 0 |
| 0 | 0 | 1 | 3 | | 유리조나탄 | 9 | FW | FW | 9 | 티아고 | | 3(3) | 0 | 0 | 0 |
| 0 | 0 | 0 | 4(4) | | 남태희 | 10 | FW | FW | 10 | 송민규 | 16 | 0 | 1 | 0 | 0 |
| 0 | 0 | 0 | 0 | | 조성빈 | 31 | 대기 | 대기 | 1 | 김정훈 | | 0 | 0 | 0 | 0 |
| 0 | 0 | 0 | 0 | | 김재우 | 2 | | | 5 | 감보아 | 후20 | 0 | 0 | 0 | 0 |
| 0 | 0 | 0 | 0 | 후43 | 정 운 | 13 | | | 8 | 한국영 | 후27 | 0 | 0 | 0 | 0 |
| 0 | 0 | 0 | 0 | | 권순호 | 37 | | | 14 | 전진우 | 후8 | 0 | 2 | 1 | 0 |
| 0 | 0 | 0 | 0 | 후0 | 김정민 | 6 | | | 21 | 츄마시 | | 0 | 0 | 0 | 0 |
| 0 | 0 | 1 | 0 | 후36 | 페드링요 | 14 | | | 3 | 최우진 | | 0 | 0 | 0 | 0 |
| 0 | 0 | 0 | 1(1) | 후43 | 지상욱 | 33 | | | 28 | 이영재 | 후8 | 0 | 1 | 0 | 0 |
| 0 | 0 | 0 | 0 | | 에반드로 | 11 | | | 96 | 콤파뇨 | | 0 | 0 | 0 | 0 |
| 0 | 0 | 2 | 2 | 후7/33 | 신상은 | 19 | | | 16 | 박재용 | 후27 | 1 | 0 | 0 | 0 |
| 0 | 0 | 10 | 18(9) | | | 0 | | | 0 | | | 9(6) | 15 | 2 | 0 |

● 후반 51분 남태희 PA 정면 내 R-ST-G (득점: 남태희) 왼쪽

● 전반 27분 권창훈 PAL 내 ~ 티아고 PK지점 L-ST-G (득점: 티아고, 도움: 권창훈) 오른쪽

10월 04일 14:00 흐림 광주 월드컵 6,731명
주심_ 채상협 부심_ 방기열·설귀선 대기심_ 신용준 경기감독관_ 이경춘

**광주 2** | 1 전반 2 / 1 후반 1 | **3 대구**

| 퇴장 | 경고 | 파울 | ST(유) | 교체 | 선수명 | 배번 | 위치 | 위치 | 배번 | 선수명 | 교체 | ST(유) | 파울 | 경고 | 퇴장 |
|---|---|---|---|---|---|---|---|---|---|---|---|---|---|---|---|
| 0 | 0 | 0 | 0 | | 김경민 | 1 | GK | GK | 31 | 한태희 | | 0 | 1 | 0 | 0 |
| 0 | 0 | 0 | 0 | 3 | 심상민 | 94 | DF | DF | 27 | 정헌택 | | 0 | 2 | 1 | 0 |
| 0 | 2 | 2 | 0 | | 진시우 | 20 | DF | DF | 4 | 카이오 | | 0 | 0 | 0 | 0 |
| 0 | 0 | 2 | 0 | | 변준수 | 5 | DF | DF | 55 | 우주성 | | 0 | 0 | 0 | 0 |
| 0 | 0 | 0 | 2 | | 조성권 | 2 | DF | DF | 2 | 황재원 | | 0 | 0 | 0 | 0 |
| 0 | 0 | 1 | 1(1) | | 오후성 | 77 | MF | MF | 32 | 정치인 | 5 | 0 | 1 | 0 | 0 |
| 0 | 0 | 0 | 0 | 70 | 이강현 | 8 | MF | MF | 44 | 김정현 | | 0 | 3 | 0 | 0 |
| 0 | 0 | 1 | 1 | 6 | 최경록 | 10 | MF | MF | 10 | 라마스 | 45 | 1 | 1 | 0 | 0 |
| 0 | 0 | 0 | 0 | 18 | 정지훈 | 16 | MF | MF | 18 | 정재상 | 6 | 1(1) | 1 | 0 | 0 |
| 0 | 0 | 0 | 0 | 14 | 문민서 | 88 | FW | FW | 11 | 세징야 | | 6(3) | 1 | 0 | 0 |
| 0 | 0 | 0 | 2(1) | | 헤이스 | 17 | FW | FW | 77 | 김주공 | 19 | 1(1) | 0 | 0 | 0 |
| 0 | 0 | 0 | 0 | | 김동화 | 31 | 대기 | 대기 | 51 | 박만호 | | 0 | 0 | 0 | 0 |
| 0 | 0 | 0 | 0 | 후45 | 이민기 | 3 | | | 6 | 홍정운 | 전44/9 | 0 | 0 | 0 | 0 |
| 0 | 0 | 0 | 0 | 후36 | 안영규 | 6 | | | 38 | 이 림 | | 0 | 0 | 0 | 0 |
| 0 | 0 | 0 | 0 | | 권성윤 | 27 | | | 45 | 김현준 | 후21 | 0 | 0 | 0 | 0 |
| 0 | 0 | 0 | 1 | 전30 | 유제호 | 14 | | | 74 | 이용래 | | 0 | 0 | 0 | 0 |
| 0 | 0 | 0 | 0 | 후36 | 하승운 | 70 | | | 88 | 카를로스 | | 0 | 0 | 0 | 0 |
| 0 | 0 | 0 | 0 | | 주세종 | 80 | | | 5 | 지오바니 | 후29 | 0 | 0 | 0 | 0 |
| 0 | 0 | 0 | 0 | | 프리드욘슨 | 11 | | | 9 | 에드가 | 후21 | 1 | 1 | 1 | 0 |
| 0 | 0 | 0 | 2(1) | 후0 | 박인혁 | 18 | | | 19 | 박대훈 | 후0 | 0 | 2 | 0 | 0 |
| 0 | 2 | 6 | 9(3) | | | 0 | | | 0 | | | 10(5) | 13 | 2 | 0 |

● 전반 40분 헤이스 PK-R-G (득점: 헤이스) 왼쪽
● 후반 6분 오후성 PK-R-G (득점: 오후성) 가운데

● 전반 4분 세징야 PK-R-G (득점: 세징야) 왼쪽
● 전반 36분 세징야 PAL 내 ~ 정재상 GA 정면 내 R-ST-G (득점: 정재상, 도움: 세징야) 왼쪽
● 후반 50분 세징야 PK-R-G (득점: 세징야) 왼쪽

10월 05일 14:00 흐림 김천 종합 4,239명
주심_ 신용준 부심_ 윤재열·박슨준 대기심_ 이경순 경기감독관_ 김용세

**김천 3** 1 전반 0 / 2 후반 0 **0 울산**

| 퇴장 | 경고 | 파울 | ST(유) | 교체 | 선수명 | 배번 | 위치 | 위치 | 배번 | 선수명 | 교체 | ST(유) | 파울 | 경고 | 퇴장 |
|---|---|---|---|---|---|---|---|---|---|---|---|---|---|---|---|
| 0 | 0 | 0 | 0 | | 김태훈 | 21 | GK | GK | 21 | 조현우 | | 0 | 0 | 0 | 0 |
| 0 | 0 | 0 | 0 | 34 | 최예훈 | 22 | DF | DF | 96 | 최석현 | 13 | 0 | 0 | 0 | 0 |
| 0 | 0 | 0 | 0 | | 박찬용 | 20 | DF | DF | 19 | 김영권 | | 0 | 1 | 0 | 0 |
| 0 | 0 | 0 | 0 | | 김강산 | 5 | DF | DF | 15 | 정승현 | | 0 | 1 | 0 | 0 |
| 0 | 0 | 1 | 0 | | 이정택 | 35 | DF | DF | 26 | 박민서 | | 1 | 0 | 0 | 0 |
| 0 | 0 | 0 | 7(3) | | 김승섭 | 7 | MF | MF | 6 | 보야니치 | | 1(1) | 0 | 0 | 0 |
| 0 | 0 | 0 | 0 | 43 | 이승원 | 8 | MF | MF | 14 | 이진현 | | 0 | 1 | 0 | 0 |
| 0 | 0 | 1 | 0 | | 맹성웅 | 28 | MF | MF | 36 | 라카바 | 16 | 2 | 2 | 0 | 0 |
| 0 | 0 | 0 | 4(3) | 18 | 이동준 | 11 | MF | MF | 17 | 루빅손 | 11 | 0 | 0 | 0 | 0 |
| 0 | 0 | 2 | 1 | 51 | 박상혁 | 19 | FW | FW | 72 | 백인우 | | 1 | 1 | 0 | 0 |
| 0 | 0 | 0 | 5(2) | 37 | 이동경 | 14 | FW | FW | 18 | 허율 | 30 | 1(1) | 1 | 0 | 0 |
| 0 | 0 | 0 | 0 | | 이주현 | 23 | | | 23 | 문정인 | | 0 | 0 | 0 | 0 |
| 0 | 0 | 2 | 0 | 후0 | 박철우 | 34 | | | 4 | 서명관 | | 0 | 0 | 0 | 0 |
| 0 | 0 | 0 | 0 | | 이찬욱 | 38 | | | 13 | 강상우 | 후23 | 0 | 0 | 1 | 0 |
| 0 | 0 | 1 | 0 | 후28 | 박태준 | 51 | | | 2 | 조현택 | | 0 | 0 | 0 | 0 |
| 0 | 0 | 0 | 0 | | 고자현 | 42 | 대기 | 대기 | 66 | 트로야크 | | 0 | 0 | 0 | 0 |
| 0 | 0 | 0 | 0 | 후38 | 박서진 | 43 | | | 11 | 엄원상 | 후8 | 1(1) | 0 | 0 | 0 |
| 0 | 0 | 0 | 0 | 후38 | 김주찬 | 37 | | | 16 | 이희균 | 후23 | 0 | 0 | 0 | 0 |
| 0 | 0 | 0 | 1 | 후23 | 원기종 | 18 | | | 30 | 윤재석 | 후34 | 1 | 0 | 0 | 0 |
| 0 | 0 | 0 | 0 | | 이건희 | 39 | | | 97 | 에릭 | | 0 | 0 | 0 | 0 |
| 0 | 0 | 7 | 18(8) | | | 0 | | | 0 | | | 8(3) | 7 | 1 | 0 |

- 전반 28분 이동경 (대기) PAL 내 ↷ 이동준 GAR L-ST-G (득점: 이동준, 도움: 이동경 (대기)) 오른쪽
- 후반 33분 이동경 PA 정면 내 ~ 김승섭 AK 내 R-ST-G (득점: 김승섭, 도움: 이동경) 왼쪽
- 후반 36분 박태준 PA 정면 ~ 이동경 PK 우측 지점 R-ST-G (득점: 이동경, 도움: 박태준) 오른쪽

10월 05일 14:00 맑음 포항 스틸야드 11,821명
주심_ 고형진 부심_ 송봉근·김지욱 대기심_ 조지음 경기감독관_ 허태식

**포항 1** 1 전반 1 / 0 후반 2 **3 대전**

| 퇴장 | 경고 | 파울 | ST(유) | 교체 | 선수명 | 배번 | 위치 | 위치 | 배번 | 선수명 | 교체 | ST(유) | 파울 | 경고 | 퇴장 |
|---|---|---|---|---|---|---|---|---|---|---|---|---|---|---|---|
| 0 | 0 | 0 | 0 | | 윤평국 | 1 | GK | GK | 25 | 이준서 | | 0 | 0 | 0 | 0 |
| 0 | 0 | 0 | 0 | 24 | 박승욱 | 14 | DF | DF | 16 | 이명재 | | 0 | 1 | 0 | 0 |
| 0 | 0 | 0 | 1 | | 전민광 | 4 | DF | DF | 98 | 안톤 | | 0 | 1 | 1 | 0 |
| 0 | 1 | 1 | 1 | | 강민준 | 13 | DF | DF | 3 | 하창래 | | 1 | 2 | 1 | 0 |
| 0 | 0 | 2 | 0 | | 어정원 | 2 | MF | DF | 33 | 김문환 | | 0 | 1 | 1 | 0 |
| 0 | 0 | 0 | 1(1) | | 오베르단 | 8 | MF | MF | 30 | 김봉수 | 66 | 0 | 2 | 0 | 0 |
| 0 | 0 | 0 | 1(1) | 7 | 기성용 | 40 | MF | MF | 44 | 이순민 | | 0 | 1 | 0 | 0 |
| 0 | 0 | 1 | 2 | | 주닝요 | 11 | MF | MF | 76 | 에르난데스 | 26 | 1(1) | 2 | 0 | 0 |
| 0 | 0 | 1 | 0 | 88 | 조르지 | 9 | FW | MF | 77 | 주앙빅토르 | 27 | 0 | 1 | 0 | 0 |
| 0 | 0 | 1 | 2(2) | | 이호재 | 19 | FW | FW | 7 | 마사 | 19 | 2(2) | 2 | 0 | 0 |
| 0 | 0 | 0 | 0 | 6 | 홍윤상 | 37 | FW | FW | 10 | 주민규 | 29 | 0 | 2 | 1 | 0 |
| 0 | 0 | 0 | 0 | | 황인재 | 21 | | | 40 | 이경태 | | 0 | 0 | 0 | 0 |
| 0 | 0 | 0 | 0 | | 아스프로 | 5 | | | 5 | 임종은 | | 0 | 0 | 0 | 0 |
| 0 | 0 | 0 | 0 | 후27 | 한현서 | 24 | | | 26 | 김민덕 | 후38 | 0 | 0 | 1 | 0 |
| 0 | 0 | 0 | 0 | | 이창우 | 66 | | | 6 | 강윤성 | | 0 | 0 | 0 | 0 |
| 0 | 0 | 0 | 1(1) | 후15 | 김종우 | 6 | 대기 | 대기 | 66 | 김한서 | 후48 | 0 | 0 | 0 | 0 |
| 0 | 0 | 0 | 0 | 후27 | 김동진 | 88 | | | 70 | 김현욱 | | 0 | 0 | 0 | 0 |
| 0 | 0 | 0 | 0 | 후27/99 | 김인성 | 7 | | | 27 | 정재희 | 후30 | 0 | 0 | 0 | 0 |
| 0 | 0 | 0 | 0 | | 백성동 | 10 | | | 19 | 서진수 | 후30 | 1 | 1 | 0 | 0 |
| 0 | 0 | 0 | 0 | 후38 | 조상혁 | 99 | | | 29 | 유강현 | 후48 | 0 | 0 | 0 | 0 |
| 0 | 1 | 6 | 9(5) | | | 0 | | | 0 | | | 5(3) | 16 | 5 | 0 |

- 전반 34분 이호재 PK-R-G (득점: 이호재) 오른쪽
- 전반 2분 주앙 빅토르 PAR ~ 마사 PAR 내 L-ST-G (득점: 마사, 도움: 주앙 빅토르) 왼쪽
- 후반 6분 마사 AK 내 L-ST-G (득점: 마사) 오른쪽
- 후반 14분 김문환 PAR ↷ 에르난데스 GAR R-ST-G (득점: 에르난데스, 도움: 김문환) 오른쪽

10월 05일 16:30 흐림 강릉하이원아레나 8,464명
주심_ 김종혁 부심_ 박균용·장종필 대기심_ 고민국 경기감독관_ 나승화

**강원 1** 0 전반 0 / 1 후반 1 **1 안양**

| 퇴장 | 경고 | 파울 | ST(유) | 교체 | 선수명 | 배번 | 위치 | 위치 | 배번 | 선수명 | 교체 | ST(유) | 파울 | 경고 | 퇴장 |
|---|---|---|---|---|---|---|---|---|---|---|---|---|---|---|---|
| 0 | 0 | 0 | 0 | | 박청효 | 21 | GK | GK | 31 | 김다솔 | | 0 | 0 | 0 | 0 |
| 0 | 0 | 1 | 1 | 33 | 송준석 | 34 | DF | DF | 4 | 이창용 | | 0 | 0 | 0 | 0 |
| 0 | 0 | 0 | 0 | 10 | 이기혁 | 13 | DF | DF | 22 | 김동진 | | 0 | 1 | 0 | 0 |
| 0 | 0 | 0 | 0 | | 강투지 | 23 | DF | DF | 55 | 토마스 | | 0 | 0 | 0 | 0 |
| 0 | 0 | 0 | 0 | | 강준혁 | 99 | DF | DF | 99 | 주현우 | 28 | 0 | 2 | 0 | 0 |
| 0 | 0 | 0 | 2(1) | 39 | 김대원 | 7 | MF | MF | 7 | 마테우스 | | 1(1) | 1 | 1 | 0 |
| 0 | 0 | 2 | 3(1) | | 이유현 | 97 | MF | MF | 8 | 김정현 | 16 | 0 | 1 | 0 | 0 |
| 0 | 1 | 2 | 0 | 18 | 서민우 | 4 | MF | MF | 13 | 한가람 | 5 | 0 | 0 | 0 | 0 |
| 0 | 0 | 1 | 2(1) | | 모재현 | 42 | MF | MF | 15 | 박정훈 | 24 | 0 | 0 | 0 | 0 |
| 0 | 0 | 1 | 1 | | 박호영 | 24 | FW | FW | 10 | 야고 | 9 | 0 | 0 | 0 | 0 |
| 0 | 0 | 2 | 1(1) | | 김건희 | 16 | FW | FW | 19 | 김운 | | 1 | 0 | 0 | 0 |
| 0 | 0 | 0 | 0 | | 이광연 | 1 | | | 41 | 황병근 | | 0 | 0 | 0 | 0 |
| 0 | 0 | 0 | 0 | 후48 | 홍철 | 33 | | | 5 | 김영찬 | 후29 | 0 | 0 | 0 | 0 |
| 0 | 0 | 0 | 0 | | 조현태 | 20 | | | 32 | 이태희 | | 0 | 0 | 0 | 0 |
| 0 | 0 | 0 | 0 | | 김도현 | 27 | | | 77 | 임승겸 | | 0 | 0 | 0 | 0 |
| 0 | 0 | 0 | 0 | 후44 | 김강국 | 18 | 대기 | 대기 | 16 | 최규현 | 전31 | 1 | 0 | 0 | 0 |
| 0 | 0 | 0 | 0 | | 구본철 | 70 | | | 24 | 김보경 | 전25 | 1(1) | 0 | 0 | 0 |
| 0 | 0 | 0 | 0 | 후20 | 이지호 | 39 | | | 9 | 모따 | 후0 | 1(1) | 0 | 0 | 0 |
| 0 | 0 | 0 | 0 | | 이상헌 | 22 | | | 11 | 최성범 | | 0 | 0 | 0 | 0 |
| 0 | 0 | 0 | 0 | 후44 | 가브리엘 | 10 | | | 28 | 문성우 | 후29 | 0 | 0 | 0 | 0 |
| 0 | 1 | 9 | 10(4) | | | 0 | | | 0 | | | 5(3) | 5 | 1 | 0 |

- 후반 28분 모재현 PAL ↷ 김건희 GA 정면 H-ST-G (득점: 김건희, 도움: 모재현) 가운데
- 후반 41분 김보경 GAR H-ST-G (득점: 김보경) 왼쪽

10월 05일 16:30 비 수원 종합 7,304명
주심_ 김대용 부심_ 곽승순·구은석 대기심_ 정동식 경기감독관_ 구상범

**수원FC 1** 1 전반 1 / 0 후반 0 **1 서울**

| 퇴장 | 경고 | 파울 | ST(유) | 교체 | 선수명 | 배번 | 위치 | 위치 | 배번 | 선수명 | 교체 | ST(유) | 파울 | 경고 | 퇴장 |
|---|---|---|---|---|---|---|---|---|---|---|---|---|---|---|---|
| 0 | 0 | 0 | 0 | | 황재윤 | 1 | GK | GK | 21 | 최철원 | | 0 | 0 | 0 | 0 |
| 0 | 1 | 3 | 1 | | 김태한 | 4 | DF | DF | 22 | 김진수 | 16 | 0 | 0 | 0 | 0 |
| 0 | 1 | 1 | 1 | | 이현용 | 5 | DF | DF | 20 | 이한도 | | 0 | 1 | 0 | 0 |
| 0 | 0 | 1 | 0 | 20 | 최규백 | 6 | DF | DF | 40 | 박성훈 | | 0 | 0 | 0 | 0 |
| 0 | 0 | 0 | 0 | 94 | 서재민 | 21 | DF | DF | 63 | 박수일 | | 3(1) | 0 | 0 | 0 |
| 0 | 0 | 0 | 0 | | 이재원 | 7 | MF | MF | 7 | 정승원 | 77 | 1(1) | 2 | 0 | 0 |
| 0 | 0 | 1 | 1 | 79 | 조준현 | 16 | MF | MF | 29 | 류재문 | | 0 | 0 | 0 | 0 |
| 0 | 0 | 1 | 2 | 15 | 한찬희 | 18 | MF | MF | 8 | 이승모 | 41 | 0 | 0 | 0 | 0 |
| 0 | 0 | 0 | 0 | 22 | 이시영 | 72 | MF | MF | 70 | 안데르손 | | 2(1) | 1 | 0 | 0 |
| 0 | 0 | 2 | 2(1) | | 루안 | 97 | MF | FW | 45 | 둑스 | 27 | 2 | 2 | 0 | 0 |
| 0 | 0 | 0 | 6(4) | | 싸박 | 9 | FW | FW | 9 | 조영욱 | 11 | 1(1) | 0 | 0 | 0 |
| 0 | 0 | 0 | 0 | | 백승민 | 31 | | | 31 | 강현무 | | 0 | 0 | 0 | 0 |
| 0 | 0 | 0 | 0 | | 황인택 | 13 | | | 16 | 최준 | 후37 | 0 | 0 | 0 | 0 |
| 0 | 0 | 0 | 0 | 후29 | 이지솔 | 20 | | | 18 | 정태욱 | | 0 | 0 | 0 | 0 |
| 0 | 0 | 0 | 0 | 후45 | 장영우 | 22 | | | 36 | 김지원 | | 0 | 0 | 0 | 0 |
| 0 | 0 | 0 | 0 | 후18 | 안현범 | 94 | 대기 | 대기 | 41 | 황도윤 | 후27 | 1 | 0 | 0 | 0 |
| 0 | 0 | 0 | 1(1) | 후18 | 안드리고 | 15 | | | 10 | 린가드 | | 0 | 0 | 0 | 0 |
| 0 | 0 | 0 | 0 | | 김도윤 | 40 | | | 27 | 문선민 | 후24 | 0 | 0 | 0 | 0 |
| 0 | 0 | 0 | 0 | | 최치웅 | 30 | | | 77 | 루카스 | 후24 | 0 | 1 | 0 | 0 |
| 0 | 0 | 0 | 3(1) | 후0 | 김경민 | 79 | | | 11 | 천성훈 | 후37 | 0 | 0 | 0 | 0 |
| 0 | 2 | 9 | 17(7) | | | 0 | | | 0 | | | 10(4) | 7 | 0 | 0 |

- 전반 17분 루안 GAL L-ST-G (득점: 루안) 왼쪽
- 전반 25분 정승원 HLR ↷ 조영욱 PA 정면 내 L-ST-G (득점: 조영욱, 도움: 정승원) 오른쪽

10월 18일 14:00 흐리고 비 울산 문수 10,294명
주심_ 김용우 부심_ 송봉근·곽승순 대기심_ 정회수 경기감독관_ 이평재

**울산 2** 1 전반 0 / 1 후반 0 **0 광주**

| 퇴장 | 경고 | 파울 | ST(유) | 교체 | 선수명 | 배번 | 위치 | 위치 | 배번 | 선수명 | 교체 | ST(유) | 파울 | 경고 | 퇴장 |
|---|---|---|---|---|---|---|---|---|---|---|---|---|---|---|---|
| 0 | 1 | 0 | 0 | | 조현우 | 21 | GK | GK | 1 | 김경민 | | 0 | 0 | 0 | 0 |
| 0 | 0 | 1 | 0 | | 정승현 | 15 | DF | DF | 94 | 심상민 | 6 | 0 | 1 | 0 | 0 |
| 0 | 0 | 0 | 1 | | 김영권 | 19 | DF | DF | 2 | 조성권 | | 0 | 0 | 0 | 0 |
| 0 | 0 | 0 | 1(1) | | 박민서 | 26 | DF | DF | 5 | 변준수 | | 0 | 5 | 1 | 0 |
| 0 | 0 | 0 | 1(1) | | 강상우 | 13 | DF | DF | 70 | 하승운 | | 0 | 0 | 1 | 0 |
| 0 | 0 | 0 | 0 | 6 | 정우영 | 5 | MF | MF | 77 | 오후성 | | 2(1) | 0 | 0 | 0 |
| 0 | 0 | 3 | 3(1) | 27 | 백인우 | 72 | MF | MF | 14 | 유제호 | 88 | 1(1) | 0 | 0 | 0 |
| 0 | 0 | 1 | 0 | | 고승범 | 7 | MF | MF | 8 | 이강현 | 40 | 0 | 0 | 0 | 0 |
| 0 | 0 | 0 | 3(3) | 16 | 루빅손 | 17 | FW | MF | 16 | 정지훈 | 3 | 1(1) | 0 | 0 | 0 |
| 0 | 0 | 1 | 0 | 11 | 윤재석 | 30 | FW | FW | 17 | 헤이스 | | 4(3) | 0 | 0 | 0 |
| 0 | 1 | 0 | 1 | 14 | 에릭 | 97 | FW | FW | 10 | 최경록 | 11 | 0 | 0 | 0 | 0 |
| 0 | 0 | 0 | 0 | | 문정인 | 23 | | | 41 | 김태준 | | 0 | 0 | 0 | 0 |
| 0 | 0 | 0 | 0 | | 서명관 | 4 | | | 3 | 이민기 | 전31 | 0 | 0 | 0 | 0 |
| 0 | 0 | 0 | 0 | | 조현택 | 2 | | | 6 | 안영규 | 후22 | 0 | 1 | 0 | 0 |
| 0 | 0 | 0 | 0 | 후37 | 이희균 | 16 | | | 22 | 김한길 | | 0 | 0 | 0 | 0 |
| 0 | 0 | 0 | 0 | 후27 | 보야니치 | 6 | 대기 | 대기 | 30 | 안혁주 | | 0 | 0 | 0 | 0 |
| 0 | 0 | 0 | 0 | 후37 | 이진현 | 14 | | | 40 | 신창무 | 후18 | 1(1) | 3 | 0 | 0 |
| 0 | 1 | 1 | 1(1) | 후10 | 이청용 | 27 | | | 80 | 주세종 | | 0 | 0 | 0 | 0 |
| 0 | 0 | 1 | 1(1) | 후0 | 엄원상 | 11 | | | 88 | 문민서 | 후22 | 1 | 1 | 1 | 0 |
| 0 | 0 | 0 | 0 | | 허율 | 18 | | | 11 | 프리드욘슨 | 후18 | 3(2) | 1 | 0 | 0 |
| 0 | 3 | 8 | 12(8) | | | 0 | | | 0 | | | 13(9) | 12 | 3 | 0 |

● 전반 20분 루빅손 GAL R-ST-G (득점: 루빅손) 오른쪽
● 후반 57분 이청용 PK-R-G (득점: 이청용) 왼쪽

10월 18일 14:00 흐림 대전 월드컵 10,425명
주심_ 정동식 부심_ 구은석·주현민 대기심_ 고민국 경기감독관_ 차상해

**대전 3** 2 전반 0 / 1 후반 1 **1 제주**

| 퇴장 | 경고 | 파울 | ST(유) | 교체 | 선수명 | 배번 | 위치 | 위치 | 배번 | 선수명 | 교체 | ST(유) | 파울 | 경고 | 퇴장 |
|---|---|---|---|---|---|---|---|---|---|---|---|---|---|---|---|
| 0 | 0 | 0 | 0 | | 이준서 | 25 | GK | GK | 21 | 안찬기 | | 0 | 0 | 0 | 0 |
| 0 | 0 | 0 | 2 | | 이명재 | 16 | DF | DF | 22 | 안태현 | 24 | 0 | 2 | 0 | 0 |
| 0 | 0 | 0 | 0 | | 김민덕 | 26 | DF | DF | 3 | 장민규 | 13 | 0 | 1 | 0 | 0 |
| 0 | 1 | 2 | 0 | | 하창래 | 3 | DF | DF | 26 | 임채민 | | 1(1) | 0 | 0 | 0 |
| 0 | 0 | 0 | 1(1) | | 김문환 | 33 | DF | DF | 23 | 임창우 | | 1 | 0 | 0 | 0 |
| 0 | 0 | 0 | 0 | | 김봉수 | 30 | MF | MF | 40 | 김륜성 | | 1 | 1 | 1 | 0 |
| 0 | 0 | 3 | 0 | | 이순민 | 44 | MF | MF | 30 | 김진호 | 19 | 0 | 1 | 0 | 0 |
| 0 | 0 | 0 | 1(1) | 12 | 주앙빅토르 | 77 | MF | MF | 18 | 오재혁 | 6 | 1 | 1 | 0 | 0 |
| 0 | 0 | 0 | 0 | 76 | 김현오 | 90 | MF | MF | 17 | 유인수 | | 4(2) | 0 | 0 | 0 |
| 0 | 0 | 1 | 4(2) | 70 | 마사 | 7 | FW | FW | 10 | 남태희 | | 2(2) | 1 | 0 | 0 |
| 0 | 0 | 0 | 1(1) | 6 | 주민규 | 10 | FW | FW | 9 | 유리조나탄 | | 5(3) | 1 | 0 | 0 |
| 0 | 0 | 0 | 0 | | 이경태 | 40 | | | 31 | 조성빈 | | 0 | 0 | 0 | 0 |
| 0 | 0 | 0 | 0 | | 임종은 | 5 | | | 2 | 김재우 | | 0 | 0 | 0 | 0 |
| 0 | 0 | 1 | 0 | 후40 | 강윤성 | 6 | | | 13 | 정운 | 후37 | 0 | 1 | 0 | 0 |
| 0 | 0 | 0 | 0 | | 김한서 | 66 | | | 37 | 권순호 | | 0 | 0 | 0 | 0 |
| 0 | 0 | 1 | 0 | 후22 | 김승대 | 12 | 대기 | 대기 | 6 | 김정민 | 후37 | 1(1) | 1 | 0 | 0 |
| 0 | 0 | 0 | 0 | | 서진수 | 19 | | | 15 | 데닐손 | | 0 | 0 | 0 | 0 |
| 0 | 0 | 0 | 6(4) | 전15 | 에르난데스 | 76 | | | 24 | 최병욱 | 후12 | 0 | 0 | 1 | 0 |
| 0 | 1 | 1 | 0 | 후22 | 김현욱 | 70 | | | 19 | 신상은 | 전23 | 3(1) | 0 | 0 | 0 |
| 0 | 0 | 0 | 0 | | 유강현 | 29 | | | 28 | 강민재 | | 0 | 0 | 0 | 0 |
| 0 | 2 | 9 | 15(9) | | | 0 | | | 0 | | | 19(10) | 10 | 2 | 0 |

● 전반 31분 에르난데스 PK-R-G (득점: 에르난데스) 왼쪽
● 전반 46분 마사 MF 정면 ~ 주앙 빅토르 GAR R-ST-G (득점: 주앙 빅토르, 도움: 마사) 오른쪽
● 후반 5분 주민규 GA 정면 ~ 마사 PA 정면 내 R-ST-G (득점: 마사, 도움: 주민규) 왼쪽
● 후반 36분 오재혁 PAR ↷ 남태희 GAR R-ST-G (득점: 남태희, 도움: 오재혁) 왼쪽

10월 18일 14:00 흐림 서울 월드컵 23,672명
주심_ 신용준 부심_ 박상준·방기열 대기심_ 박진호 경기감독관_ 허기태

**서울 1** 0 전반 1 / 1 후반 1 **2 포항**

| 퇴장 | 경고 | 파울 | ST(유) | 교체 | 선수명 | 배번 | 위치 | 위치 | 배번 | 선수명 | 교체 | ST(유) | 파울 | 경고 | 퇴장 |
|---|---|---|---|---|---|---|---|---|---|---|---|---|---|---|---|
| 0 | 0 | 0 | 0 | | 최철원 | 21 | GK | GK | 21 | 황인재 | | 0 | 0 | 0 | 0 |
| 0 | 0 | 0 | 1 | | 김진수 | 22 | DF | DF | 2 | 어정원 | | 0 | 2 | 0 | 0 |
| 0 | 1 | 1 | 0 | | 이한도 | 20 | DF | DF | 14 | 박승욱 | | 0 | 0 | 0 | 0 |
| 0 | 0 | 1 | 0 | | 박성훈 | 40 | DF | DF | 4 | 전민광 | | 0 | 0 | 0 | 0 |
| 0 | 0 | 0 | 0 | | 박수일 | 63 | DF | DF | 17 | 신광훈 | | 0 | 2 | 1 | 0 |
| 0 | 0 | 0 | 0 | 27 | 루카스 | 77 | MF | MF | 37 | 홍윤상 | 7 | 1 | 1 | 0 | 0 |
| 0 | 0 | 2 | 0 | | 류재문 | 29 | MF | MF | 8 | 오베르단 | | 1 | 0 | 1 | 0 |
| 0 | 0 | 0 | 0 | 41 | 이승모 | 8 | MF | MF | 40 | 기성용 | 88 | 1 | 0 | 0 | 0 |
| 0 | 0 | 1 | 0 | 70 | 정승원 | 7 | MF | MF | 66 | 이창우 | 13 | 0 | 0 | 0 | 0 |
| 0 | 1 | 3 | 1 | 45 | 린가드 | 10 | FW | FW | 19 | 이호재 | 20 | 2(2) | 4 | 1 | 0 |
| 0 | 0 | 0 | 2(1) | | 조영욱 | 9 | FW | FW | 9 | 조르지 | 11 | 0 | 4 | 0 | 0 |
| 0 | 0 | 0 | 0 | | 강현무 | 31 | | | 1 | 윤평국 | | 0 | 0 | 0 | 0 |
| 0 | 0 | 0 | 0 | | 최준 | 16 | | | 5 | 아스프로 | | 0 | 0 | 0 | 0 |
| 0 | 0 | 0 | 0 | | 정태욱 | 18 | | | 13 | 강민준 | 후13 | 0 | 0 | 0 | 0 |
| 0 | 0 | 0 | 0 | | 김지원 | 36 | | | 23 | 이동협 | | 0 | 0 | 0 | 0 |
| 0 | 0 | 1 | 2(1) | 후0 | 황도윤 | 41 | 대기 | 대기 | 6 | 김종우 | | 0 | 0 | 0 | 0 |
| 0 | 0 | 1 | 0 | 후18 | 문선민 | 27 | | | 88 | 김동진 | 후42 | 0 | 2 | 0 | 0 |
| 0 | 1 | 1 | 1(1) | 후0 | 안데르손 | 70 | | | 7 | 김인성 | 후23 | 1 | 0 | 0 | 0 |
| 0 | 0 | 0 | 0 | | 천성훈 | 11 | | | 11 | 주닝요 | 후23 | 1(1) | 1 | 1 | 0 |
| 0 | 0 | 0 | 0 | 후42 | 둑스 | 45 | | | 20 | 안재준 | 후42 | 0 | 0 | 0 | 0 |
| 0 | 3 | 11 | 7(3) | | | 0 | | | 0 | | | 7(3) | 16 | 4 | 0 |

● 후반 21분 안데르손 PAL ↷ 조영욱 GA 정면 H-ST-G (득점: 조영욱, 도움: 안데르손) 오른쪽
● 전반 28분 기성용 MFR FK↷ 이호재 GAL H-ST-G (득점: 이호재, 도움: 기성용) 왼쪽
● 후반 39분 강민준 GAR ~ 주닝요 GAR 내 L-ST-G (득점: 주닝요, 도움: 강민준) 오른쪽

10월 18일 14:00 흐림 전주 월드컵 21,899명
주심_ 김희곤 부심_ 성주경·설귀선 대기심_ 박정호 경기감독관_ 김성수

**전북 2** 1 전반 0 / 1 후반 0 **0 수원FC**

| 퇴장 | 경고 | 파울 | ST(유) | 교체 | 선수명 | 배번 | 위치 | 위치 | 배번 | 선수명 | 교체 | ST(유) | 파울 | 경고 | 퇴장 |
|---|---|---|---|---|---|---|---|---|---|---|---|---|---|---|---|
| 0 | 0 | 1 | 0 | | 송범근 | 31 | GK | GK | 1 | 황재윤 | | 0 | 0 | 0 | 0 |
| 0 | 0 | 0 | 0 | | 김태환 | 23 | DF | DF | 4 | 김태한 | | 0 | 2 | 1 | 0 |
| 0 | 0 | 0 | 0 | | 홍정호 | 26 | DF | DF | 13 | 황인택 | 5 | 1(1) | 1 | 0 | 0 |
| 0 | 0 | 0 | 0 | 5 | 연제운 | 94 | DF | DF | 20 | 이지솔 | | 0 | 1 | 0 | 0 |
| 0 | 0 | 0 | 0 | 3 | 최철순 | 25 | DF | DF | 72 | 이시영 | 21 | 1 | 1 | 0 | 0 |
| 0 | 0 | 2 | 0 | | 박진섭 | 4 | MF | MF | 7 | 이재원 | | 0 | 1 | 1 | 0 |
| 0 | 0 | 3 | 1 | | 강상윤 | 13 | MF | MF | 8 | 노경호 | 15 | 1 | 1 | 0 | 0 |
| 0 | 0 | 0 | 1(1) | | 김진규 | 97 | MF | MF | 18 | 한찬희 | 14 | 4 | 0 | 0 | 0 |
| 0 | 0 | 2 | 0 | 22 | 이승우 | 11 | FW | MF | 79 | 김경민 | 94 | 0 | 1 | 0 | 0 |
| 0 | 0 | 2 | 2(2) | 9 | 콤파뇨 | 96 | FW | MF | 97 | 루안 | | 4(2) | 0 | 0 | 0 |
| 0 | 1 | 1 | 1 | 8 | 송민규 | 10 | FW | FW | 9 | 싸박 | | 7(4) | 1 | 0 | 0 |
| 0 | 0 | 0 | 0 | | 김정훈 | 1 | | | 31 | 백승민 | | 0 | 0 | 0 | 0 |
| 0 | 0 | 0 | 0 | 후54 | 최우진 | 3 | | | 5 | 이현용 | 후17 | 1 | 0 | 0 | 0 |
| 0 | 0 | 2 | 0 | 후0 | 감보아 | 5 | | | 6 | 최규백 | | 0 | 0 | 0 | 0 |
| 0 | 1 | 1 | 0 | 후25 | 한국영 | 8 | | | 21 | 서재민 | 후32 | 0 | 0 | 0 | 0 |
| 0 | 0 | 0 | 0 | | 츄마시 | 21 | 대기 | 대기 | 94 | 안현범 | 후17 | 1(1) | 0 | 0 | 0 |
| 0 | 0 | 0 | 0 | 후25 | 권창훈 | 22 | | | 14 | 윤빛가람 | 후32 | 0 | 0 | 0 | 0 |
| 0 | 0 | 0 | 0 | | 이영재 | 28 | | | 15 | 안드리고 | 후0 | 1(1) | 0 | 0 | 0 |
| 0 | 0 | 0 | 2(1) | 전34 | 티아고 | 9 | | | 16 | 조준현 | | 0 | 0 | 0 | 0 |
| 0 | 0 | 0 | 0 | | 박재용 | 16 | | | 40 | 김도윤 | | 0 | 0 | 0 | 0 |
| 0 | 2 | 14 | 7(4) | | | 0 | | | 0 | | | 21(9) | 9 | 2 | 0 |

● 전반 1분 김태환 PAR EL ↷ 콤파뇨 GAL 내 H-ST-G (득점: 콤파뇨, 도움: 김태환) 가운데
● 후반 16분 티아고 PK-R-G (득점: 티아고) 왼쪽

10월 18일 14:00 흐림 대구iM뱅크파크 10,795명
주심_ 송민석 부심_ 윤재열·홍석찬 대기심_ 원명희 경기감독관_ 양정환

**대구 2** — 0 전반 2 / 2 후반 0 — **2 강원**

| 퇴장 | 경고 | 파울 | ST(유) | 교체 | 선수명 | 배번 | 위치 | 위치 | 배번 | 선수명 | 교체 | ST(유) | 파울 | 경고 | 퇴장 |
|---|---|---|---|---|---|---|---|---|---|---|---|---|---|---|---|
| 0 | 1 | 0 | 0 | | 한태희 | 31 | GK | GK | 21 | 박청효 | | 0 | 0 | 0 | 0 |
| 0 | 0 | 1 | 1 | | 정현택 | 27 | DF | DF | 34 | 송준석 | 13 | 0 | 0 | 1 | 0 |
| 0 | 0 | 1 | 1(1) | | 카이오 | 4 | DF | DF | 47 | 신민하 | | 0 | 0 | 0 | 0 |
| 0 | 0 | 1 | 1 | | 우주성 | 55 | DF | DF | 23 | 강투지 | | 0 | 1 | 0 | 0 |
| 0 | 1 | 3 | 0 | | 황재원 | 2 | DF | DF | 99 | 강준혁 | | 1 | 1 | 0 | 0 |
| 0 | 0 | 1 | 0 | 5 | 정치인 | 32 | MF | MF | 7 | 김대원 | 24 | 2(1) | 0 | 0 | 0 |
| 0 | 0 | 0 | 0 | | 김정현 | 44 | MF | MF | 18 | 김강국 | | 0 | 1 | 1 | 0 |
| 0 | 0 | 0 | 0 | 45 | 라마스 | 10 | MF | MF | 4 | 서민우 | | 1(1) | 2 | 0 | 0 |
| 0 | 0 | 0 | 1 | 9 | 한종무 | 30 | MF | MF | 42 | 모재현 | | 2(1) | 6 | 0 | 0 |
| 0 | 0 | 1 | 2(1) | | 세징야 | 11 | FW | FW | 22 | 이상헌 | 39 | 4(2) | 2 | 0 | 0 |
| 0 | 0 | 0 | 1 | 33 | 박대훈 | 19 | FW | FW | 16 | 김건희 | 10 | 0 | 1 | 1 | 0 |
| 0 | 0 | 0 | 0 | | 박만호 | 51 | | | 1 | 이광연 | | 0 | 0 | 0 | 0 |
| 0 | 0 | 0 | 0 | | 이 림 | 38 | | | 13 | 이기혁 | 후0 | 0 | 2 | 0 | 0 |
| 0 | 0 | 0 | 0 | | 홍정운 | 6 | | | 24 | 박호영 | 후30 | 0 | 0 | 0 | 0 |
| 0 | 0 | 0 | 0 | 후0 | 김현준 | 45 | | | 27 | 김도현 | 후54 | 0 | 0 | 0 | 0 |
| 0 | 1 | 1 | 0 | 후18 | 김민준 | 33 | 대기 | 대기 | 8 | 강윤구 | | 0 | 0 | 0 | 0 |
| 0 | 0 | 0 | 0 | | 카를르스 | 88 | | | 14 | 김대우 | | 0 | 0 | 0 | 0 |
| 0 | 0 | 0 | 0 | | 이용래 | 74 | | | 70 | 구본철 | | 0 | 0 | 0 | 0 |
| 0 | 0 | 1 | 0 | 후0 | 지오바니 | 5 | | | 39 | 이지호 | 후9/27 | 0 | 2 | 1 | 0 |
| 0 | 0 | 1 | 2(2) | 후0 | 에드가 | 9 | | | 10 | 가브리엘 | 후30 | 0 | 1 | 1 | 0 |
| 0 | 3 | 11 | 9(4) | | | 0 | | | 0 | | | 10(5) | 19 | 5 | 0 |

- 후반 34분 세징야 PK-R-G (득점: 세징야) 가운데
- 후반 50분 세징야 PAR 내 ↷ 에드가 GAL 내 H-ST-G (득점: 에드가, 도움: 세징야) 왼쪽
- 전반 5분 모재현 PAR EL ~ 이상헌 GA 정면 내 R-ST-G (득점: 이상헌, 도움: 모재현) 왼쪽
- 전반 15분 서민우 AKL R-ST-G (득점: 서민우) 오른쪽

10월 18일 14:00 흐림 안양 종합 7,178명
주심_ 고형진 부심_ 김계용·김지욱 대기심_ 김재홍 경기감독관_ 김성기

**안양 4** — 2 전반 0 / 2 후반 1 — **1 김천**

| 퇴장 | 경고 | 파울 | ST(유) | 교체 | 선수명 | 배번 | 위치 | 위치 | 배번 | 선수명 | 교체 | ST(유) | 파울 | 경고 | 퇴장 |
|---|---|---|---|---|---|---|---|---|---|---|---|---|---|---|---|
| 0 | 0 | 0 | 0 | | 김다솔 | 31 | GK | GK | 21 | 김태훈 | | 0 | 0 | 0 | 0 |
| 0 | 0 | 1 | 0 | 5 | 이창용 | 4 | DF | DF | 34 | 박철우 | 22 | 2 | 0 | 0 | 0 |
| 0 | 0 | 2 | 0 | 19 | 김동진 | 22 | DF | DF | 20 | 박찬용 | | 1(1) | 1 | 0 | 0 |
| 0 | 0 | 0 | 0 | | 권경원 | 27 | DF | DF | 5 | 김강산 | | 0 | 2 | 0 | 0 |
| 0 | 0 | 0 | 0 | | 이태희 | 32 | DF | DF | 35 | 이정택 | 13 | 0 | 1 | 1 | 0 |
| 0 | 1 | 1 | 0 | 71 | 최성범 | 11 | MF | MF | 7 | 김승섭 | 47 | 2 | 2 | 0 | 0 |
| 0 | 0 | 0 | 2(1) | | 한가람 | 13 | MF | MF | 8 | 이승원 | 51 | 0 | 1 | 0 | 0 |
| 0 | 0 | 0 | 1(1) | 20 | 문성우 | 28 | MF | MF | 28 | 맹성웅 | | 2(1) | 0 | 0 | 0 |
| 0 | 0 | 1 | 1 | | 토마스 | 55 | MF | MF | 11 | 이동준 | 18 | 0 | 1 | 0 | 0 |
| 0 | 0 | 1 | 8(5) | | 모따 | 9 | FW | FW | 19 | 박상혁 | | 1(1) | 1 | 0 | 0 |
| 0 | 0 | 0 | 0 | 26 | 김보경 | 24 | FW | FW | 14 | 이동경 | | 2(2) | 0 | 0 | 0 |
| 0 | 0 | 0 | 0 | | 황병근 | 41 | | | 23 | 이주현 | | 0 | 0 | 0 | 0 |
| 0 | 0 | 0 | 0 | 후26 | 김운찬 | 5 | | | 22 | 최예훈 | 후42 | 0 | 1 | 0 | 0 |
| 0 | 0 | 0 | 0 | | 강지훈 | 17 | | | 13 | 오인표 | 후16 | 1 | 0 | 0 | 0 |
| 0 | 0 | 0 | 0 | 후14 | 이상용 | 20 | | | 50 | 박진성 | | 0 | 0 | 0 | 0 |
| 0 | 0 | 0 | 0 | | 이민수 | 14 | 대기 | 대기 | 46 | 김민규 | | 0 | 0 | 0 | 0 |
| 0 | 0 | 0 | 0 | | 최규현 | 16 | | | 51 | 박태준 | 후16 | 1(1) | 1 | 1 | 0 |
| 0 | 0 | 1 | 0 | 후26 | 임민혁 | 26 | | | 40 | 전병관 | | 0 | 0 | 0 | 0 |
| 0 | 0 | 0 | 0 | 후47 | 김 운 | 19 | | | 47 | 김인균 | 후31 | 0 | 0 | 0 | 0 |
| 0 | 0 | 0 | 1 | 후14 | 채현우 | 71 | | | 18 | 원기종 | 후0 | 4(2) | 0 | 0 | 0 |
| 0 | 1 | 7 | 13(7) | | | 0 | | | 0 | | | 16(8) | 11 | 2 | 0 |

- 전반 47초 한가람 MF 정면 R-ST-G (득점: 한가람) 왼쪽
- 전반 38분 최성범 MF 정면 ~ 문성우 PA 정면 내 R-ST-G (득점: 문성우, 도움: 최성범) 왼쪽
- 후반 11분 김동진 C.KL ↷ 모따 GA 정면 H-ST-G (득점: 모따, 도움: 김동진) 가운데
- 후반 44분 김동진 PAL ↷ 모따 GAR H-ST-G (득점: 모따, 도움: 김동진) 왼쪽
- 후반 24분 원기종 PA 정면 내 L-ST-G (득점: 원기종) 왼쪽

10월 25일 14:00 맑음 전주 월드컵 8,498명
주심_ 채상협 부심_ 송봉근·곽승순 대기심_ 정회수 경기감독관_ 양정환

**전북 2** — 2 전반 1 / 0 후반 2 — **3 김천**

| 퇴장 | 경고 | 파울 | ST(유) | 교체 | 선수명 | 배번 | 위치 | 위치 | 배번 | 선수명 | 교체 | ST(유) | 파울 | 경고 | 퇴장 |
|---|---|---|---|---|---|---|---|---|---|---|---|---|---|---|---|
| 0 | 0 | 0 | 0 | | 송범근 | 31 | GK | GK | 23 | 이주현 | | 0 | 0 | 0 | 0 |
| 0 | 1 | 2 | 0 | | 김태환 | 23 | DF | DF | 34 | 박철우 | 50 | 1 | 0 | 0 | 0 |
| 0 | 0 | 1 | 1(1) | | 홍정호 | 26 | DF | DF | 46 | 김민규 | 48 | 0 | 0 | 0 | 0 |
| 0 | 0 | 0 | 1(1) | | 박진섭 | 4 | DF | DF | 35 | 이정택 | | 0 | 2 | 0 | 0 |
| 0 | 0 | 1 | 0 | 10 | 최철순 | 25 | DF | DF | 13 | 오인표 | 36 | 0 | 0 | 0 | 0 |
| 0 | 0 | 0 | 0 | | 감보아 | 5 | MF | MF | 7 | 김승섭 | | 4(2) | 0 | 0 | 0 |
| 0 | 0 | 0 | 0 | | 강상윤 | 13 | MF | MF | 51 | 박태준 | | 1 | 1 | 0 | 0 |
| 0 | 0 | 0 | 0 | 28 | 김진규 | 97 | MF | MF | 38 | 이찬욱 | 43 | 2 | 0 | 0 | 0 |
| 0 | 0 | 3 | 3(1) | | 전진우 | 14 | FW | MF | 40 | 전병관 | 42 | 0 | 2 | 0 | 0 |
| 0 | 0 | 1 | 1(1) | 16 | 티아고 | 9 | FW | FW | 19 | 박상혁 | | 1 | 3 | 0 | 0 |
| 0 | 1 | 2 | 1(1) | 22 | 이승우 | 11 | FW | FW | 14 | 이동경 | | 1(1) | 0 | 0 | 0 |
| 0 | 0 | 0 | 0 | | 김정훈 | 1 | | | 21 | 김태훈 | | 0 | 0 | 0 | 0 |
| 0 | 0 | 0 | 0 | | 최우진 | 3 | | | 50 | 박진성 | 후33 | 0 | 0 | 0 | 0 |
| 0 | 0 | 0 | 0 | | 한국영 | 8 | | | 36 | 김태환 | 후33 | 0 | 0 | 0 | 0 |
| 0 | 0 | 0 | 0 | 후31 | 송민규 | 10 | | | 48 | 김현우 | 후33 | 0 | 0 | 0 | 0 |
| 0 | 0 | 0 | 0 | | 츄마시 | 21 | 대기 | 대기 | 43 | 박세진 | 후15 | 0 | 1 | 0 | 0 |
| 0 | 0 | 0 | 0 | 후17 | 권창훈 | 22 | | | 42 | 고재현 | 전31 | 1 | 2 | 0 | 0 |
| 0 | 0 | 0 | 0 | | 이규동 | 27 | | | 37 | 김주찬 | | 0 | 0 | 0 | 0 |
| 0 | 0 | 0 | 1 | 후17 | 이영재 | 28 | | | 47 | 김인균 | | 0 | 0 | 0 | 0 |
| 0 | 0 | 0 | 2(2) | 후17 | 박재용 | 16 | | | 39 | 이건희 | | 0 | 0 | 0 | 0 |
| 0 | 2 | 10 | 10(7) | | | 0 | | | 0 | | | 11(3) | 11 | 0 | 0 |

- 전반 5분 이승우 GAL 내 EL R-ST-G (득점: 이승우) 왼쪽
- 전반 29분 김진규 MF 정면 ~ 전진우 GA 정면 R-ST-G (득점: 전진우, 도움: 김진규) 왼쪽
- 전반 26분 티아고 PK 우측지점 H 자책골 (득점: 티아고) 왼쪽
- 후반 3분 송범근 GAL 내 EL 자책골 (득점: 송범근) 왼쪽
- 후반 26분 이동경 PAL FK L-ST-G (득점: 이동경) 왼쪽

10월 25일 14:00 맑음 광주 월드컵 2,228명
주심_ 신용준 부심_ 설귀선·구은석 대기심_ 설태환 경기감독관_ 이평재

**광주 1** — 1 전반 0 / 0 후반 0 — **0 안양**

| 퇴장 | 경고 | 파울 | ST(유) | 교체 | 선수명 | 배번 | 위치 | 위치 | 배번 | 선수명 | 교체 | ST(유) | 파울 | 경고 | 퇴장 |
|---|---|---|---|---|---|---|---|---|---|---|---|---|---|---|---|
| 0 | 1 | 0 | 0 | | 김경민 | 1 | GK | GK | 31 | 김다솔 | | 0 | 0 | 0 | 0 |
| 0 | 0 | 0 | 0 | 3 | 심상민 | 94 | DF | DF | 4 | 이창용 | | 0 | 1 | 1 | 0 |
| 0 | 0 | 1 | 0 | | 진시우 | 20 | DF | DF | 22 | 김동진 | | 0 | 4 | 0 | 0 |
| 0 | 0 | 0 | 1 | | 변준수 | 5 | DF | DF | 27 | 권경원 | | 3(2) | 2 | 0 | 0 |
| 0 | 0 | 1 | 0 | | 조성권 | 2 | DF | DF | 32 | 이태희 | 70 | 0 | 1 | 1 | 0 |
| 0 | 0 | 0 | 0 | 14 | 정지훈 | 16 | MF | MF | 16 | 최규현 | 14 | 0 | 1 | 0 | 0 |
| 0 | 0 | 2 | 0 | 88 | 최경록 | 10 | MF | MF | 17 | 강지훈 | | 0 | 4 | 1 | 0 |
| 0 | 0 | 0 | 0 | | 이강현 | 8 | MF | MF | 55 | 토마스 | | 0 | 1 | 0 | 0 |
| 0 | 0 | 1 | 1(1) | 11 | 박인혁 | 18 | MF | MF | 71 | 채현우 | 11 | 1 | 2 | 1 | 0 |
| 0 | 0 | 3 | 3(2) | | 헤이스 | 17 | FW | FW | 7 | 마테우스 | 3 | 1(1) | 0 | 0 | 0 |
| 0 | 0 | 0 | 1 | 70 | 신창무 | 40 | FW | FW | 9 | 모따 | | 4(2) | 2 | 0 | 0 |
| 0 | 0 | 0 | 0 | | 노희동 | 12 | | | 41 | 황병근 | | 0 | 0 | 0 | 0 |
| 0 | 0 | 0 | 0 | 후31 | 이민기 | 3 | | | 3 | 김지훈 | 후36 | 0 | 0 | 0 | 0 |
| 0 | 0 | 0 | 0 | | 안영규 | 6 | | | 5 | 김영찬 | | 0 | 0 | 0 | 0 |
| 0 | 0 | 0 | 0 | 후0 | 유제호 | 14 | | | 14 | 이민수 | 후0/24 | 0 | 2 | 0 | 0 |
| 0 | 0 | 0 | 0 | 후17 | 하승운 | 70 | 대기 | 대기 | 24 | 김보경 | 후29 | 0 | 0 | 0 | 0 |
| 0 | 0 | 0 | 0 | | 오후성 | 77 | | | 26 | 임민혁 | | 0 | 0 | 0 | 0 |
| 0 | 0 | 0 | 0 | | 주세종 | 80 | | | 11 | 최성범 | 후0 | 0 | 1 | 0 | 0 |
| 0 | 0 | 0 | 1(1) | 후31 | 문민서 | 88 | | | 19 | 김 운 | | 0 | 0 | 0 | 0 |
| 0 | 0 | 0 | 1(1) | 후21 | 프리드욘슨 | 11 | | | 70 | 유키치 | 후17 | 2(1) | 0 | 0 | 0 |
| 0 | 1 | 8 | 8(5) | | | 0 | | | 0 | | | 11(6) | 21 | 4 | 0 |

- 전반 19분 정지훈 PAL ↷ 박인혁 GAR H-ST-G (득점: 박인혁, 도움: 정지훈) 왼쪽

10월 25일 16:30 흐림 수원 종합 2,510명
주심_ 김우성 부심_ 박상준·방기열 대기심_ 김재홍 경기감독관_ 김성수

**수원FC 1** 1 전반 1 / 0 후반 1 **2 제주**

| 퇴장 | 경고 | 파울 | ST(유) | 교체 | 선수명 | 배번 | 위치 | 위치 | 배번 | 선수명 | 교체 | ST(유) | 파울 | 경고 | 퇴장 |
|---|---|---|---|---|---|---|---|---|---|---|---|---|---|---|---|
| 0 | 0 | 0 | 0 | 23 | 황재윤 | 1 | GK | GK | 21 | 안찬기 | | 0 | 0 | 0 | 0 |
| 0 | 1 | 2 | 0 | | 김태한 | 4 | DF | DF | 40 | 김륜성 | | 0 | 0 | 0 | 0 |
| 0 | 0 | 0 | 0 | | 이현용 | 5 | DF | DF | 4 | 송주훈 | | 0 | 0 | 0 | 0 |
| 0 | 0 | 1 | 0 | | 이지솔 | 20 | DF | DF | 26 | 임채민 | | 0 | 2 | 0 | 0 |
| 0 | 1 | 1 | 0 | | 이시영 | 72 | DF | DF | 23 | 임창우 | 22 | 0 | 2 | 0 | 0 |
| 0 | 0 | 1 | 1 | 19 | 이재원 | 7 | MF | MF | 17 | 유인수 | | 2(1) | 0 | 0 | 0 |
| 0 | 0 | 1 | 2 | 14 | 한찬희 | 18 | MF | MF | 18 | 오재혁 | 3 | 1 | 0 | 0 | 0 |
| 0 | 0 | 2 | 1 | 16 | 김도윤 | 40 | MF | MF | 8 | 이창민 | | 0 | 3 | 0 | 0 |
| 0 | 0 | 0 | 0 | 94 | 김경민 | 79 | MF | MF | 37 | 권순호 | 24 | 1 | 0 | 0 | 0 |
| 0 | 0 | 1 | 0 | | 루안 | 97 | MF | FW | 10 | 남태희 | | 2(2) | 1 | 0 | 0 |
| 0 | 0 | 2 | 3(2) | | 싸박 | 9 | FW | FW | 9 | 유리조나탄 | 19 | 4(2) | 2 | 1 | 0 |
| 0 | 0 | 0 | 0 | 후49 | 안준수 | 23 | 대기 | 대기 | 31 | 조성빈 | | 0 | 0 | 0 | 0 |
| 0 | 0 | 0 | 0 | | 이용 | 2 | | | 2 | 김재우 | 후54 | 0 | 0 | 0 | 0 |
| 0 | 0 | 0 | 0 | | 최규백 | 6 | | | 3 | 장민규 | 후20 | 0 | 2 | 0 | 0 |
| 0 | 0 | 0 | 0 | | 황인택 | 13 | | | 13 | 정운 | | 0 | 0 | 0 | 0 |
| 0 | 0 | 1 | 0 | 후18 | 안현범 | 94 | | | 22 | 안태현 | 후20 | 0 | 0 | 0 | 0 |
| 0 | 0 | 0 | 1(1) | 후27 | 윤빛가람 | 14 | | | 6 | 김정민 | | 0 | 0 | 0 | 0 |
| 0 | 0 | 0 | 0 | 후0/30 | 조준현 | 16 | | | 7 | 티아고 | | 0 | 0 | 0 | 0 |
| 0 | 0 | 0 | 1(1) | 후39 | 정승배 | 19 | | | 24 | 최병욱 | 후0 | 0 | 1 | 0 | 1 |
| 0 | 0 | 0 | 0 | 후39 | 최치웅 | 30 | | | 19 | 신상은 | 후36/2 | 1(1) | 0 | 0 | 0 |
| 0 | 2 | 12 | 9(4) | | | 0 | | | 0 | | | 11(6) | 13 | 1 | 1 |

- 전반 48분 김태한 PAR ↷ 싸박 GA 정면 H-ST-G (득점: 싸박, 도움: 김태한) 왼쪽
- 전반 30분 오재혁 GAL ↷ 유리 조나탄 GAR 내 H-ST-G (득점: 유리 조나탄, 도움: 오재혁) 가운데
- 후반 7분 유리 조나탄 PK-R-G (득점: 유리 조나탄) 오른쪽

10월 26일 14:00 흐림 서울 월드컵 12,177명
주심_ 고형진 부심_ 김계용·김지욱 대기심_ 박종명 경기감독관_ 양정환

**서울 4** 0 전반 1 / 4 후반 1 **2 강원**

| 퇴장 | 경고 | 파울 | ST(유) | 교체 | 선수명 | 배번 | 위치 | 위치 | 배번 | 선수명 | 교체 | ST(유) | 파울 | 경고 | 퇴장 |
|---|---|---|---|---|---|---|---|---|---|---|---|---|---|---|---|
| 0 | 0 | 0 | 0 | | 강현무 | 31 | GK | GK | 21 | 박청효 | | 0 | 0 | 0 | 0 |
| 0 | 0 | 1 | 1(1) | | 김진수 | 22 | DF | DF | 33 | 홍철 | 13 | 0 | 3 | 0 | 0 |
| 0 | 0 | 0 | 2 | | 야잔 | 5 | DF | DF | 47 | 신민하 | | 0 | 0 | 0 | 0 |
| 0 | 1 | 3 | 0 | | 박성훈 | 40 | DF | DF | 23 | 강투지 | | 0 | 0 | 0 | 0 |
| 0 | 0 | 1 | 0 | 29 | 박수일 | 63 | DF | DF | 99 | 강준혁 | | 1 | 1 | 0 | 0 |
| 0 | 0 | 1 | 2 | | 안데르손 | 70 | MF | MF | 7 | 김대원 | | 1 | 0 | 0 | 0 |
| 0 | 0 | 2 | 0 | | 최준 | 16 | MF | MF | 97 | 이유현 | 14 | 0 | 0 | 0 | 0 |
| 0 | 0 | 0 | 3 | 41 | 이승모 | 8 | MF | MF | 4 | 서민우 | | 0 | 1 | 0 | 0 |
| 0 | 0 | 0 | 0 | 27 | 정승원 | 7 | MF | MF | 42 | 모재현 | | 1(1) | 3 | 0 | 0 |
| 0 | 0 | 0 | 1 | 10 | 둑스 | 45 | FW | FW | 22 | 이상헌 | 73 | 1 | 0 | 0 | 0 |
| 0 | 0 | 0 | 2(1) | 11 | 조영욱 | 9 | FW | FW | 16 | 김건희 | 70 | 2(2) | 0 | 0 | 0 |
| 0 | 0 | 0 | 0 | | 최철원 | 21 | 대기 | 대기 | 1 | 이광연 | | 0 | 0 | 0 | 0 |
| 0 | 0 | 0 | 0 | | 정태욱 | 18 | | | 13 | 이기혁 | 후19/27 | 0 | 1 | 0 | 0 |
| 0 | 0 | 0 | 0 | | 이한도 | 20 | | | 24 | 박호영 | | 0 | 0 | 0 | 0 |
| 0 | 0 | 0 | 1(1) | 후19 | 류재문 | 29 | | | 27 | 김도현 | 후37 | 1 | 0 | 0 | 0 |
| 0 | 0 | 0 | 0 | 후0 | 황도윤 | 41 | | | 73 | 윤일록 | 후31 | 1 | 0 | 0 | 0 |
| 0 | 0 | 0 | 2(2) | 후19 | 문선민 | 27 | | | 14 | 김대우 | 후19 | 0 | 1 | 0 | 0 |
| 0 | 0 | 0 | 0 | | 루카스 | 77 | | | 70 | 구본철 | 후0 | 1(1) | 0 | 0 | 0 |
| 0 | 1 | 1 | 3(3) | 후19 | 린가드 | 10 | | | 39 | 이지호 | | 0 | 0 | 0 | 0 |
| 0 | 0 | 0 | 1(1) | 후40 | 천성훈 | 11 | | | 26 | 김민준 | | 0 | 0 | 0 | 0 |
| 0 | 2 | 9 | 18(9) | | | 0 | | | 0 | | | 9(4) | 10 | 0 | 0 |

- 후반 27분 문선민 PAR ↷ 린가드 GA 정면 H-ST-G (득점: 린가드, 도움: 문선민) 왼쪽
- 후반 32분 김진수 MFL ~ 린가드 PAL R-ST-G (득점: 린가드, 도움: 김진수) 오른쪽
- 후반 34분 류재문 AKR R-ST-G (득점: 류재문) 오른쪽
- 후반 54분 문선민 PAL 내 ~ 천성훈 PK지점 R-ST-G (득점: 천성훈, 도움: 문선민) 왼쪽
- 전반 11분 김대원 PAL ~ 김건희 GAL 내 R-ST-G (득점: 김건희, 도움: 김대원) 왼쪽
- 후반 7분 모재현 PK-R-G (득점: 모재현) 왼쪽

10월 26일 14:00 흐림 울산 문수 10,858명
주심_ 김종혁 부심_ 박균용·장종필 대기심_ 박정호 경기감독관_ 허태식

**울산 1** 0 전반 1 / 1 후반 0 **1 대구**

| 퇴장 | 경고 | 파울 | ST(유) | 교체 | 선수명 | 배번 | 위치 | 위치 | 배번 | 선수명 | 교체 | ST(유) | 파울 | 경고 | 퇴장 |
|---|---|---|---|---|---|---|---|---|---|---|---|---|---|---|---|
| 0 | 0 | 0 | 0 | | 조현우 | 21 | GK | GK | 31 | 한태희 | | 0 | 0 | 0 | 0 |
| 0 | 0 | 2 | 3(2) | | 정승현 | 15 | DF | DF | 27 | 정헌택 | 45 | 0 | 1 | 0 | 0 |
| 0 | 1 | 1 | 1 | | 서명관 | 4 | DF | DF | 4 | 카이오 | | 0 | 0 | 0 | 0 |
| 0 | 0 | 0 | 0 | | 박민서 | 26 | DF | DF | 55 | 우주성 | | 0 | 0 | 0 | 0 |
| 0 | 0 | 1 | 0 | | 강상우 | 13 | DF | DF | 2 | 황재원 | | 0 | 0 | 0 | 0 |
| 0 | 0 | 0 | 0 | 22 | 정우영 | 5 | MF | MF | 32 | 정치인 | 19 | 0 | 3 | 0 | 0 |
| 0 | 0 | 1 | 0 | 27 | 백인우 | 72 | MF | MF | 88 | 카를로스 | 26 | 1(1) | 0 | 0 | 0 |
| 0 | 0 | 1 | 1(1) | | 고승범 | 7 | MF | MF | 44 | 김정현 | | 0 | 1 | 0 | 0 |
| 0 | 0 | 0 | 4(3) | 6 | 루빅손 | 17 | FW | MF | 38 | 이림 | 10 | 1 | 0 | 0 | 0 |
| 0 | 0 | 0 | 0 | 18 | 윤재석 | 30 | FW | FW | 11 | 세징야 | | 0 | 0 | 0 | 0 |
| 0 | 0 | 0 | 0 | 11 | 에릭 | 97 | FW | FW | 77 | 김주공 | 6 | 1(1) | 2 | 0 | 0 |
| 0 | 0 | 0 | 0 | | 문정인 | 23 | 대기 | 대기 | 41 | 박상영 | | 0 | 0 | 0 | 0 |
| 0 | 0 | 0 | 0 | | 조현택 | 2 | | | 6 | 홍정운 | 후36 | 0 | 0 | 0 | 0 |
| 0 | 0 | 0 | 0 | | 트로야크 | 66 | | | 45 | 김현준 | 후0 | 0 | 0 | 0 | 0 |
| 0 | 0 | 0 | 1 | 후39 | 김민혁 | 22 | | | 66 | 조진우 | | 0 | 0 | 0 | 0 |
| 0 | 0 | 0 | 0 | 후24 | 보야니치 | 6 | | | 74 | 이용래 | | 0 | 0 | 0 | 0 |
| 0 | 0 | 0 | 0 | | 이진현 | 14 | | | 26 | 이진용 | 후31 | 0 | 0 | 0 | 0 |
| 0 | 0 | 0 | 1(1) | 후0 | 이청용 | 27 | | | 10 | 라마스 | 후12 | 3(3) | 0 | 0 | 0 |
| 0 | 0 | 0 | 2(1) | 전30 | 엄원상 | 11 | | | 5 | 지오바니 | | 0 | 0 | 0 | 0 |
| 0 | 0 | 4 | 2(2) | 전30 | 허율 | 18 | | | 19 | 박대훈 | 후31 | 0 | 0 | 0 | 0 |
| 0 | 1 | 10 | 15(10) | | | 0 | | | 0 | | | 6(5) | 7 | 0 | 0 |

- 후반 50분 엄원상 PK 우측지점 ~ 이청용 GAR R-ST-G (득점: 이청용, 도움: 엄원상) 가운데
- 전반 45분 카이오 AK 내 H→ 김주공 PK지점 R-ST-G (득점: 김주공, 도움: 카이오) 가운데

10월 26일 16:30 흐림 대전 월드컵 8,275명
주심_ 김대용 부심_ 윤재열·홍석찬 대기심_ 원명희 경기감독관_ 김성기

**대전 2** 2 전반 0 / 0 후반 0 **0 포항**

| 퇴장 | 경고 | 파울 | ST(유) | 교체 | 선수명 | 배번 | 위치 | 위치 | 배번 | 선수명 | 교체 | ST(유) | 파울 | 경고 | 퇴장 |
|---|---|---|---|---|---|---|---|---|---|---|---|---|---|---|---|
| 0 | 0 | 0 | 0 | | 이준서 | 25 | GK | GK | 21 | 황인재 | | 0 | 0 | 0 | 0 |
| 0 | 0 | 0 | 1(1) | | 이명재 | 16 | DF | DF | 14 | 박승욱 | | 0 | 2 | 1 | 0 |
| 0 | 0 | 1 | 0 | | 안톤 | 98 | DF | DF | 4 | 전민광 | | 2(1) | 4 | 1 | 0 |
| 0 | 1 | 1 | 0 | | 김민덕 | 26 | DF | DF | 17 | 신광훈 | 13 | 0 | 2 | 1 | 0 |
| 0 | 0 | 0 | 0 | | 김문환 | 33 | DF | MF | 2 | 어정원 | | 2 | 1 | 1 | 0 |
| 0 | 0 | 0 | 0 | | 김봉수 | 30 | MF | MF | 88 | 김동진 | 70 | 1 | 1 | 0 | 0 |
| 0 | 0 | 1 | 0 | | 이순민 | 44 | MF | MF | 40 | 기성용 | 99 | 1(1) | 2 | 1 | 0 |
| 0 | 0 | 1 | 1(1) | 12 | 주앙빅토르 | 77 | MF | MF | 66 | 이창우 | 6 | 0 | 1 | 0 | 0 |
| 0 | 0 | 0 | 0 | 76 | 김현오 | 90 | MF | FW | 37 | 홍윤상 | 7 | 1(1) | 3 | 0 | 0 |
| 0 | 0 | 1 | 1 | 19 | 마사 | 7 | FW | FW | 9 | 조르지 | | 3(2) | 0 | 0 | 0 |
| 0 | 0 | 3 | 5(2) | 29 | 주민규 | 10 | FW | FW | 11 | 주닝요 | | 3(1) | 2 | 0 | 0 |
| 0 | 0 | 0 | 0 | | 이창근 | 1 | 대기 | 대기 | 1 | 윤평국 | | 0 | 0 | 0 | 0 |
| 0 | 0 | 0 | 0 | | 임종은 | 5 | | | 3 | 이동희 | | 0 | 0 | 0 | 0 |
| 0 | 0 | 0 | 0 | | 강윤성 | 6 | | | 13 | 강민준 | 후39 | 0 | 1 | 0 | 0 |
| 0 | 0 | 0 | 0 | | 김한서 | 66 | | | 23 | 이동협 | | 0 | 0 | 0 | 0 |
| 0 | 0 | 1 | 1 | 후34 | 서진수 | 19 | | | 6 | 김종우 | 후27 | 1 | 0 | 0 | 0 |
| 0 | 0 | 0 | 0 | 후34 | 김승대 | 12 | | | 70 | 황서웅 | 후39 | 0 | 1 | 0 | 0 |
| 0 | 0 | 0 | 2 | 전17 | 에르난데스 | 76 | | | 7 | 김인성 | 후19 | 1 | 0 | 0 | 0 |
| 0 | 0 | 0 | 0 | | 김현욱 | 70 | | | 10 | 백성동 | | 0 | 0 | 0 | 0 |
| 0 | 0 | 0 | 0 | 후49 | 유강현 | 29 | | | 99 | 조상혁 | 후27 | 0 | 0 | 0 | 0 |
| 0 | 1 | 9 | 11(4) | | | 0 | | | 0 | | | 15(6) | 20 | 5 | 0 |

- 전반 26분 이명재 AKL FK L-ST-G (득점: 이명재) 오른쪽
- 전반 44분 주민규 PK-R-G (득점: 주민규) 왼쪽

11월 01일 14:00 맑음 강릉하이원아레나 6,424명
주심_ 신용준 부심_ 설귀선·이병주 대기심_ 김재홍 경기감독관_ 차상해

**강원 0** | 0 전반 0 / 0 후반 0 | **0 전북**

| 퇴장 | 경고 | 파울 | ST(유) | 교체 | 선수명 | 배번 | 위치 | 위치 | 배번 | 선수명 | 교체 | ST(유) | 파울 | 경고 | 퇴장 |
|---|---|---|---|---|---|---|---|---|---|---|---|---|---|---|---|
| 0 | 0 | 0 | 0 | | 이 광 연 | 1 | GK | GK | 31 | 송 범 근 | | 0 | 0 | 0 | 0 |
| 0 | 0 | 1 | 1 | | 이 기 혁 | 13 | DF | DF | 23 | 김 태 환 | | 0 | 0 | 0 | 0 |
| 0 | 0 | 0 | 0 | | 박 호 영 | 24 | DF | DF | 26 | 홍 정 호 | | 0 | 0 | 0 | 0 |
| 0 | 0 | 2 | 1(1) | 97 | 조 현 태 | 20 | DF | DF | 4 | 박 진 섭 | | 0 | 0 | 0 | 0 |
| 0 | 0 | 0 | 0 | 34 | 홍 철 | 33 | DF | DF | 77 | 김 태 현 | 3 | 0 | 1 | 1 | 0 |
| 0 | 1 | 3 | 0 | 99 | 김 도 현 | 27 | MF | MF | 5 | 감 보 아 | 6 | 0 | 0 | 0 | 0 |
| 0 | 0 | 0 | 0 | 4 | 김 강 국 | 18 | MF | MF | 13 | 강 상 윤 | 28 | 0 | 2 | 0 | 0 |
| 0 | 0 | 0 | 0 | 7 | 김 대 우 | 14 | MF | MF | 97 | 김 진 규 | | 0 | 1 | 0 | 0 |
| 0 | 0 | 1 | 1 | | 모 재 현 | 42 | MF | FW | 14 | 전 진 우 | 21 | 1 | 1 | 0 | 0 |
| 0 | 0 | 2 | 0 | | 이 상 헌 | 22 | FW | FW | 9 | 티 아 고 | | 0 | 2 | 1 | 0 |
| 0 | 0 | 4 | 2(2) | | 박 상 혁 | 19 | FW | FW | 10 | 송 민 규 | 7 | 0 | 0 | 0 | 0 |
| 0 | 0 | 0 | 0 | | 박 청 효 | 21 | 대기 | 대기 | 1 | 김 정 훈 | | 0 | 0 | 0 | 0 |
| 0 | 1 | 1 | 0 | 후8 | 송 준 석 | 34 | | | 3 | 최 우 진 | 후28 | 0 | 1 | 1 | 0 |
| 0 | 0 | 0 | 0 | | 신 민 하 | 47 | | | 6 | 맹 성 웅 | 후0 | 1 | 4 | 1 | 0 |
| 0 | 0 | 0 | 0 | 후39 | 강 준 혁 | 99 | | | 7 | 이 동 준 | 후0 | 2(1) | 3 | 0 | 0 |
| 0 | 0 | 0 | 0 | 후8 | 서 민 우 | 4 | | | 8 | 한 국 영 | | 0 | 0 | 0 | 0 |
| 0 | 0 | 0 | 0 | 후8 | 이 유 현 | 97 | | | 21 | 츄 마 시 | 후44 | 0 | 0 | 0 | 0 |
| 0 | 0 | 0 | 0 | | 이 지 호 | 39 | | | 22 | 권 창 훈 | | 0 | 0 | 0 | 0 |
| 0 | 0 | 0 | 0 | | 김 민 준 | 26 | | | 28 | 이 영 재 | 후28 | 1 | 0 | 0 | 0 |
| 0 | 0 | 0 | 1 | 후8 | 김 대 원 | 7 | | | 16 | 박 재 용 | | 0 | 0 | 0 | 0 |
| 0 | 2 | 14 | 6(3) | | | 0 | | | 0 | | | 5(1) | 15 | 4 | 0 |

11월 01일 16:30 맑음 김천 종합 2,147명
주심_ 김희곤 부심_ 구은석·성주경 대기심_ 안재훈 경기감독관_ 구상범

**김천 0** | 0 전반 0 / 0 후반 1 | **1 포항**

| 퇴장 | 경고 | 파울 | ST(유) | 교체 | 선수명 | 배번 | 위치 | 위치 | 배번 | 선수명 | 교체 | ST(유) | 파울 | 경고 | 퇴장 |
|---|---|---|---|---|---|---|---|---|---|---|---|---|---|---|---|
| 0 | 0 | 0 | 0 | | 백 종 범 | 31 | GK | GK | 21 | 황 인 재 | | 0 | 0 | 0 | 0 |
| 0 | 0 | 1 | 0 | | 박 철 우 | 34 | DF | DF | 14 | 박 승 욱 | | 1 | 0 | 0 | 0 |
| 0 | 0 | 0 | 0 | | 김 민 규 | 46 | DF | DF | 4 | 전 민 광 | | 0 | 0 | 0 | 0 |
| 0 | 0 | 1 | 0 | | 이 정 택 | 35 | DF | DF | 26 | 박 찬 용 | | 1(1) | 1 | 0 | 0 |
| 0 | 0 | 2 | 0 | 49 | 김 태 환 | 36 | DF | MF | 2 | 어 정 원 | 24 | 1(1) | 2 | 0 | 0 |
| 0 | 0 | 1 | 0 | 47 | 김 주 찬 | 37 | MF | MF | 40 | 기 성 용 | 6 | 1 | 0 | 0 | 0 |
| 0 | 1 | 1 | 0 | 45 | 박 태 준 | 51 | MF | MF | 8 | 오베르단 | | 0 | 1 | 0 | 0 |
| 0 | 1 | 1 | 0 | 44 | 이 찬 욱 | 38 | MF | MF | 66 | 이 창 우 | 17 | 0 | 1 | 0 | 0 |
| 0 | 0 | 0 | 0 | 43 | 전 병 관 | 40 | MF | FW | 10 | 백 성 동 | 11 | 0 | 1 | 0 | 0 |
| 0 | 0 | 1 | 2 | | 고 재 현 | 42 | FW | FW | 19 | 이 호 재 | | 3(2) | 2 | 0 | 0 |
| 0 | 0 | 0 | 3(1) | | 이 건 희 | 39 | FW | FW | 37 | 홍 윤 상 | 9 | 0 | 2 | 0 | 0 |
| 0 | 0 | 0 | 0 | | 문 현 호 | 41 | 대기 | 대기 | 1 | 윤 평 국 | | 0 | 0 | 0 | 0 |
| 0 | 0 | 0 | 0 | | 박 진 성 | 50 | | | 3 | 이 동 희 | | 0 | 0 | 0 | 0 |
| 0 | 0 | 0 | 0 | 후39 | 민 경 현 | 49 | | | 17 | 신 광 훈 | 후7 | 0 | 0 | 0 | 0 |
| 0 | 0 | 0 | 0 | | 김 현 우 | 48 | | | 24 | 한 현 서 | 후44 | 0 | 0 | 0 | 0 |
| 0 | 0 | 0 | 0 | 후22 | 이 수 빈 | 44 | | | 6 | 김 종 우 | 후31 | 0 | 2 | 0 | 0 |
| 0 | 0 | 0 | 1 | 후39 | 김 이 석 | 45 | | | 88 | 김 동 진 | | 0 | 0 | 0 | 0 |
| 0 | 0 | 0 | 0 | 후15 | 박 세 진 | 43 | | | 9 | 조 르 지 | 후0 | 0 | 0 | 0 | 0 |
| 0 | 0 | 2 | 1(1) | 후15 | 김 인 균 | 47 | | | 11 | 주 닝 요 | 후0 | 3(2) | 1 | 0 | 0 |
| 0 | 2 | 10 | 7(2) | | | 0 | | | 0 | | | 10(6) | 13 | 0 | 0 |

● 후반 25분 주닝요 AK 정면 FK L-ST-G (득점: 주닝요) 오른쪽

11월 01일 14:00 맑음 대전 월드컵 9,353명
주심_ 김종혁 부심_ 박균용·장종필 대기심_ 정회수 경기감독관_ 박철

**대전 3** | 0 전반 0 / 3 후반 1 | **1 서울**

| 퇴장 | 경고 | 파울 | ST(유) | 교체 | 선수명 | 배번 | 위치 | 위치 | 배번 | 선수명 | 교체 | ST(유) | 파울 | 경고 | 퇴장 |
|---|---|---|---|---|---|---|---|---|---|---|---|---|---|---|---|
| 0 | 0 | 0 | 0 | | 이 준 서 | 25 | GK | GK | 31 | 강 현 무 | | 0 | 0 | 0 | 0 |
| 0 | 0 | 1 | 1(1) | | 이 명 재 | 16 | DF | DF | 22 | 김 진 수 | | 1 | 1 | 0 | 0 |
| 0 | 0 | 0 | 3(1) | | 안 톤 | 98 | DF | DF | 5 | 야 잔 | | 0 | 1 | 0 | 0 |
| 0 | 0 | 0 | 1(1) | | 하 창 래 | 3 | DF | DF | 20 | 이 한 도 | 40 | 1 | 0 | 0 | 0 |
| 0 | 0 | 0 | 0 | | 김 문 환 | 33 | DF | DF | 63 | 박 수 일 | 8 | 0 | 0 | 0 | 0 |
| 0 | 1 | 0 | 1(1) | | 김 봉 수 | 30 | MF | MF | 77 | 루 카 스 | 70 | 0 | 2 | 0 | 0 |
| 0 | 0 | 2 | 1(1) | | 이 순 민 | 44 | MF | MF | 16 | 최 준 | | 0 | 4 | 0 | 0 |
| 0 | 0 | 0 | 4(3) | 12 | 주앙빅토르 | 77 | MF | MF | 41 | 황 도 윤 | 29 | 0 | 1 | 1 | 0 |
| 0 | 0 | 0 | 0 | 76 | 김 한 오 | 90 | MF | MF | 7 | 정 승 원 | 45 | 2 | 1 | 0 | 0 |
| 0 | 1 | 4 | 2(1) | 19 | 마 사 | 7 | FW | FW | 9 | 조 영 욱 | | 2(2) | 0 | 0 | 0 |
| 0 | 0 | 2 | 0 | 29 | 주 민 규 | 10 | FW | FW | 27 | 문 선 민 | | 0 | 1 | 0 | 0 |
| 0 | 0 | 0 | 0 | | 이 창 근 | 1 | 대기 | 대기 | 21 | 최 철 원 | | 0 | 0 | 0 | 0 |
| 0 | 0 | 0 | 0 | | 임 종 은 | 5 | | | 33 | 배 현 서 | | 0 | 0 | 0 | 0 |
| 0 | 0 | 0 | 0 | | 강 윤 성 | 6 | | | 40 | 박 성 훈 | 후36 | 0 | 0 | 0 | 0 |
| 0 | 0 | 0 | 0 | | 김 현 서 | 66 | | | 8 | 이 승 모 | 후36 | 0 | 0 | 0 | 0 |
| 0 | 0 | 0 | 0 | 후48 | 서 진 수 | 19 | | | 28 | 바 또 | | 0 | 0 | 0 | 0 |
| 0 | 0 | 0 | 3(1) | 전14 | 에르난데스 | 76 | | | 29 | 류 재 문 | 후0 | 0 | 0 | 0 | 0 |
| 0 | 0 | 0 | 0 | 후48 | 김 승 대 | 12 | | | 70 | 안데르손 | 후4 | 0 | 0 | 0 | 0 |
| 0 | 0 | 0 | 0 | | 김 현 욱 | 70 | | | 11 | 천 성 훈 | | 0 | 0 | 0 | 0 |
| 0 | 0 | 0 | 1(1) | 후12 | 유 강 현 | 29 | | | 45 | 둑 스 | 후27 | 0 | 0 | 0 | 0 |
| 0 | 2 | 9 | 17(11) | | | 0 | | | 0 | | | 6(2) | 11 | 1 | 0 |

● 후반 1분 안톤 GA 정면 H-ST-G (득점: 안톤) 왼쪽
● 후반 30분 이명재 PAL 내 ~ 마사 GAL L-ST-G (득점: 마사, 도움: 이명재) 오른쪽
● 후반 38분 안톤 GA 정면 H ↷ 유강현 GA 정면 내 R-ST-G (득점: 유강현, 도움: 안톤) 오른쪽

● 후반 8분 하창래 GAL 내 R 자책골 (득점: 하창래) 오른쪽

11월 01일 16:30 흐림 안양 종합 8,206명
주심_ 송민석 부심_ 송봉근·곽승순 대기심_ 고민국 경기감독관_ 허기태

**안양 3** | 1 전반 1 / 2 후반 0 | **1 울산**

| 퇴장 | 경고 | 파울 | ST(유) | 교체 | 선수명 | 배번 | 위치 | 위치 | 배번 | 선수명 | 교체 | ST(유) | 파울 | 경고 | 퇴장 |
|---|---|---|---|---|---|---|---|---|---|---|---|---|---|---|---|
| 0 | 0 | 0 | 0 | | 김 다 솔 | 31 | GK | GK | 21 | 조 현 우 | | 0 | 0 | 0 | 0 |
| 0 | 0 | 3 | 3(1) | 5 | 이 창 용 | 4 | DF | DF | 15 | 정 승 현 | | 0 | 3 | 1 | 0 |
| 0 | 0 | 1 | 0 | | 김 동 진 | 22 | DF | DF | 19 | 김 영 권 | | 0 | 0 | 0 | 0 |
| 0 | 0 | 0 | 0 | 14 | 권 경 원 | 27 | DF | DF | 26 | 박 민 서 | 2 | 0 | 1 | 1 | 0 |
| 0 | 0 | 2 | 0 | | 이 태 희 | 32 | DF | DF | 13 | 강 상 우 | 96 | 0 | 1 | 1 | 0 |
| 0 | 0 | 0 | 1(1) | 70 | 최 성 범 | 11 | MF | MF | 22 | 김 민 혁 | | 0 | 2 | 2 | 0 |
| 0 | 0 | 0 | 0 | 16 | 한 가 람 | 13 | MF | MF | 6 | 보야니치 | 11 | 0 | 0 | 0 | 0 |
| 0 | 0 | 3 | 1 | 71 | 문 성 우 | 28 | MF | MF | 72 | 백 인 우 | 66 | 0 | 1 | 0 | 0 |
| 0 | 0 | 1 | 2(2) | | 토 마 스 | 55 | MF | MF | 7 | 고 승 범 | | 1(1) | 4 | 0 | 0 |
| 0 | 0 | 0 | 6(5) | | 마테우스 | 7 | FW | MF | 16 | 이 희 균 | 9 | 1 | 0 | 0 | 0 |
| 0 | 0 | 0 | 2(2) | | 모 따 | 9 | FW | FW | 10 | 이 동 경 | | 3(3) | 1 | 0 | 0 |
| 0 | 0 | 0 | 0 | | 황 병 근 | 41 | 대기 | 대기 | 23 | 문 정 인 | | 0 | 0 | 0 | 0 |
| 0 | 0 | 0 | 0 | 후46 | 김 영 찬 | 5 | | | 2 | 조 현 택 | 후0 | 1(1) | 1 | 0 | 0 |
| 0 | 0 | 0 | 0 | | 강 지 훈 | 17 | | | 66 | 트로야크 | 후0 | 1 | 0 | 0 | 0 |
| 0 | 0 | 0 | 0 | 후46 | 이 민 수 | 14 | | | 96 | 최 석 현 | 후36 | 0 | 0 | 0 | 0 |
| 0 | 1 | 1 | 0 | 후15 | 최 규 현 | 16 | | | 4 | 서 명 관 | | 0 | 0 | 0 | 0 |
| 0 | 0 | 0 | 0 | | 김 보 경 | 24 | | | 14 | 이 진 현 | | 0 | 0 | 0 | 0 |
| 0 | 0 | 0 | 0 | | 김 운 | 19 | | | 27 | 이 청 용 | | 0 | 0 | 0 | 0 |
| 0 | 0 | 1 | 2(2) | 후0 | 유 키 치 | 70 | | | 11 | 엄 원 상 | 전35 | 1 | 0 | 0 | 0 |
| 0 | 0 | 1 | 2(2) | 후27 | 채 현 우 | 71 | | | 9 | 말 컹 | 후36 | 0 | 0 | 0 | 0 |
| 0 | 1 | 13 | 19(15) | | | 0 | | | 0 | | | 8(5) | 14 | 5 | 0 |

● 전반 38분 김동진 PAL ↷ 모따 GA 정면 H-ST-G (득점: 모따, 도움: 김동진) 오른쪽
● 후반 10분 마테우스 MFR ↷ 이창용 GA 정면 L-ST-G (득점: 이창용, 도움: 마테우스) 오른쪽
● 후반 31분 마테우스 PAL 내 ~ 채현우 GAR 내 R-ST-G (득점: 채현우, 도움: 마테우스) 오른쪽

● 전반 12분 이동경 PAR 내 ~ 고승범 GAR R-ST-G (득점: 고승범, 도움: 이동경) 오른쪽

11월 02일 14:00 맑음 광주 월드컵 2,485명
주심_ 채상협 부심_ 김계용·홍석찬 대기심_ 이경순 경기감독관_ 김성수

**광주 2** 0 전반 0 / 2 후반 0 **0 제주**

| 퇴장 | 경고 | 파울 | ST(유) | 교체 | 선수명 | 배번 | 위치 | 위치 | 배번 | 선수명 | 교체 | ST(유) | 파울 | 경고 | 퇴장 |
|---|---|---|---|---|---|---|---|---|---|---|---|---|---|---|---|
| 0 | 0 | 0 | 0 | | 김 경 민 | 1 | GK | GK | 21 | 안 찬 기 | | 0 | 0 | 0 | 0 |
| 0 | 0 | 0 | 0 | 94 | 이 민 기 | 3 | DF | DF | 40 | 김 륜 성 | 13 | 0 | 2 | 0 | 0 |
| 0 | 0 | 0 | 0 | | 진 시 우 | 20 | DF | DF | 4 | 송 주 훈 | | 0 | 1 | 0 | 0 |
| 0 | 0 | 0 | 0 | | 변 준 수 | 5 | DF | DF | 26 | 임 채 민 | | 1(1) | 1 | 0 | 0 |
| 0 | 0 | 1 | 0 | | 조 성 권 | 2 | DF | DF | 22 | 안 태 현 | 3 | 0 | 1 | 0 | 0 |
| 0 | 0 | 0 | 0 | 70 | 정 지 훈 | 16 | MF | MF | 27 | 김 준 하 | 77 | 1 | 0 | 0 | 0 |
| 0 | 1 | 2 | 0 | 88 | 유 제 호 | 14 | MF | MF | 8 | 이 창 민 | | 1(1) | 2 | 1 | 0 |
| 0 | 0 | 0 | 0 | | 이 강 현 | 8 | MF | MF | 18 | 오 재 혁 | 19 | 1(1) | 1 | 0 | 0 |
| 0 | 0 | 3 | 2(2) | 6 | 신 창 무 | 40 | MF | MF | 17 | 유 인 수 | | 0 | 1 | 0 | 0 |
| 0 | 0 | 0 | 0 | | 헤 이 스 | 17 | FW | FW | 10 | 남 태 희 | | 3(3) | 0 | 1 | 0 |
| 0 | 0 | 0 | 0 | 11 | 박 인 혁 | 18 | FW | FW | 9 | 유리조나탄 | | 2 | 2 | 0 | 0 |
| 0 | 0 | 0 | 0 | | 노 희 동 | 12 | | | 31 | 조 성 빈 | | 0 | 0 | 0 | 0 |
| 0 | 0 | 1 | 0 | 후47 | 안 영 규 | 6 | | | 2 | 김 재 우 | | 0 | 0 | 0 | 0 |
| 0 | 0 | 0 | 0 | 후26 | 심 상 민 | 94 | | | 3 | 장 민 규 | 후28 | 0 | 1 | 0 | 0 |
| 0 | 0 | 0 | 0 | | 최 경 록 | 10 | | | 13 | 정 운 | 후43 | 0 | 0 | 0 | 0 |
| 0 | 0 | 0 | 1 | 후0 | 하 승 운 | 70 | 대기 | 대기 | 37 | 권 순 호 | | 0 | 0 | 0 | 0 |
| 0 | 0 | 0 | 0 | | 오 후 성 | 77 | | | 6 | 김 정 민 | | 0 | 0 | 0 | 0 |
| 0 | 0 | 0 | 0 | | 주 세 종 | 80 | | | 7 | 티 아 고 | | 0 | 0 | 0 | 0 |
| 0 | 0 | 0 | 0 | 후37 | 문 민 서 | 88 | | | 77 | 김 승 섭 | 전32 | 2 | 0 | 0 | 0 |
| 0 | 0 | 0 | 1(1) | 후26 | 프리드욘슨 | 11 | | | 19 | 신 상 은 | 후28 | 0 | 0 | 0 | 0 |
| 0 | 1 | 7 | 4(3) | | | 0 | | | 0 | | | 11(6) | 12 | 2 | 0 |

● 후반 33분 헤이스 GAR H→ 신창무 GA 정면 R-ST-G (득점: 신창무, 도움: 헤이스) 오른쪽
● 후반 45분 조성권 PAR ↷ 프리드욘슨 GA 정면 R-ST-G (득점: 프리드욘슨, 도움: 조성권) 오른쪽

11월 08일 14:00 비 제주 월드컵 4,161명
주심_ 김종혁 부심_ 박균용·장종필 대기심_ 최광호 경기감독관_ 조성철

**제주 1** 0 전반 1 / 1 후반 1 **2 안양**

| 퇴장 | 경고 | 파울 | ST(유) | 교체 | 선수명 | 배번 | 위치 | 위치 | 배번 | 선수명 | 교체 | ST(유) | 파울 | 경고 | 퇴장 |
|---|---|---|---|---|---|---|---|---|---|---|---|---|---|---|---|
| 0 | 0 | 0 | 0 | | 김 동 준 | 1 | GK | GK | 31 | 김 다 솔 | | 0 | 0 | 1 | 0 |
| 0 | 0 | 0 | 1(1) | | 김 륜 성 | 40 | DF | DF | 4 | 이 창 용 | | 0 | 0 | 0 | 0 |
| 0 | 0 | 0 | 0 | | 송 주 훈 | 4 | DF | DF | 22 | 김 동 진 | | 1 | 1 | 0 | 0 |
| 0 | 0 | 0 | 1(1) | | 임 채 민 | 26 | DF | DF | 27 | 권 경 원 | | 0 | 1 | 0 | 0 |
| 0 | 0 | 1 | 0 | 19 | 임 창 우 | 23 | DF | DF | 32 | 이 태 희 | 10 | 0 | 0 | 0 | 0 |
| 0 | 0 | 0 | 0 | 22 | 김 승 섭 | 77 | MF | MF | 13 | 한 가 람 | | 0 | 0 | 0 | 0 |
| 0 | 1 | 2 | 2(1) | | 이 창 민 | 8 | MF | MF | 55 | 토 마 스 | | 0 | 1 | 0 | 0 |
| 0 | 0 | 1 | 1 | 6 | 오 재 혁 | 18 | MF | MF | 70 | 유 키 치 | 17 | 2(2) | 2 | 0 | 0 |
| 0 | 0 | 0 | 1(1) | 17 | 김 준 하 | 27 | MF | MF | 71 | 채 현 우 | 28 | 0 | 0 | 0 | 0 |
| 0 | 0 | 0 | 2 | | 남 태 희 | 10 | FW | FW | 7 | 마테우스 | 24 | 2(2) | 0 | 0 | 0 |
| 0 | 1 | 4 | 6(4) | | 유리조나탄 | 9 | FW | FW | 9 | 모 따 | 19 | 1(1) | 1 | 0 | 0 |
| 0 | 0 | 0 | 0 | | 안 찬 기 | 21 | | | 41 | 황 병 근 | | 0 | 0 | 0 | 0 |
| 0 | 0 | 0 | 0 | | 김 재 우 | 2 | | | 5 | 김 영 찬 | | 0 | 0 | 0 | 0 |
| 0 | 0 | 0 | 0 | | 장 민 규 | 3 | | | 17 | 강 지 훈 | 후31 | 0 | 0 | 0 | 0 |
| 0 | 0 | 0 | 0 | | 정 운 | 13 | | | 11 | 최 성 범 | | 0 | 0 | 0 | 0 |
| 0 | 1 | 2 | 1 | 후21 | 안 태 현 | 22 | 대기 | 대기 | 14 | 이 민 수 | | 0 | 0 | 0 | 0 |
| 0 | 0 | 2 | 0 | 후21 | 김 정 민 | 6 | | | 24 | 김 보 경 | 후42 | 0 | 1 | 0 | 0 |
| 0 | 0 | 0 | 1 | 후0 | 유 인 수 | 17 | | | 28 | 문 성 우 | 전31 | 1 | 2 | 0 | 0 |
| 0 | 0 | 0 | 0 | 후37 | 신 상 은 | 19 | | | 10 | 야 고 | 후42 | 0 | 0 | 0 | 0 |
| 0 | 0 | 0 | 0 | | 강 민 재 | 28 | | | 19 | 김 운 | 후42 | 0 | 1 | 0 | 0 |
| 0 | 3 | 12 | 16(8) | | | 0 | | | 0 | | | 7(5) | 10 | 1 | 0 |

● 후반 48분 김륜성 PAL ↷ 유리 조나탄 GA 정면 H-ST-G (득점: 유리 조나탄, 도움: 김륜성) 왼쪽
● 전반 32분 모따 AK 내 ~ 유키치 GA 정면 R-ST-G (득점: 유키치, 도움: 모따) 가운데
● 후반 14분 마테우스 PAR 내 ↷ 유키치 GA 정면 H-ST-G (득점: 유키치, 도움: 마테우스) 왼쪽

11월 02일 16:30 맑음 수원 종합 3,865명
주심_ 김용우 부심_ 윤재열·김지욱 대기심_ 최광호 경기감독관_ 김용세

**수원FC 1** 0 전반 0 / 1 후반 1 **1 대구**

| 퇴장 | 경고 | 파울 | ST(유) | 교체 | 선수명 | 배번 | 위치 | 위치 | 배번 | 선수명 | 교체 | ST(유) | 파울 | 경고 | 퇴장 |
|---|---|---|---|---|---|---|---|---|---|---|---|---|---|---|---|
| 0 | 0 | 0 | 0 | | 안 준 수 | 23 | GK | GK | 31 | 한 태 희 | | 0 | 0 | 0 | 0 |
| 0 | 0 | 1 | 0 | | 이 용 | 2 | DF | DF | 45 | 김 현 준 | 27 | 0 | 1 | 0 | 0 |
| 0 | 1 | 1 | 0 | | 이 현 용 | 5 | DF | DF | 4 | 카 이 오 | | 0 | 1 | 0 | 1 |
| 0 | 1 | 4 | 0 | | 최 규 백 | 6 | DF | DF | 55 | 우 주 성 | | 1 | 0 | 0 | 0 |
| 0 | 0 | 3 | 0 | 72 | 서 재 민 | 21 | DF | DF | 2 | 황 재 원 | | 1 | 0 | 0 | 0 |
| 0 | 0 | 0 | 2 | | 이 재 원 | 7 | MF | MF | 77 | 김 주 공 | | 2(2) | 1 | 0 | 0 |
| 0 | 0 | 0 | 1(1) | 8 | 윤빛가람 | 14 | MF | MF | 20 | 김 강 산 | | 1 | 0 | 0 | 0 |
| 0 | 0 | 4 | 1(1) | 94 | 한 찬 희 | 18 | MF | MF | 44 | 김 정 현 | | 0 | 2 | 0 | 0 |
| 0 | 0 | 5 | 5(2) | | 싸 박 | 9 | FW | FW | 32 | 정 치 인 | 9 | 0 | 3 | 0 | 0 |
| 0 | 0 | 1 | 3(2) | 20 | 김 경 민 | 79 | FW | FW | 11 | 세 징 야 | | 1 | 1 | 0 | 0 |
| 0 | 0 | 0 | 2(1) | | 루 안 | 97 | FW | FW | 5 | 지오바니 | 70 | 0 | 2 | 0 | 0 |
| 0 | 0 | 0 | 0 | | 주 호 연 | 41 | | | 41 | 박 상 영 | | 0 | 0 | 0 | 0 |
| 0 | 0 | 0 | 0 | | 황 인 택 | 13 | | | 6 | 홍 정 운 | | 0 | 0 | 0 | 0 |
| 0 | 1 | 0 | 0 | 후36 | 이 지 솔 | 20 | | | 27 | 정 헌 택 | 후34 | 0 | 0 | 0 | 0 |
| 0 | 0 | 0 | 0 | 후17 | 이 시 영 | 72 | | | 26 | 이 진 용 | | 0 | 0 | 0 | 0 |
| 0 | 0 | 0 | 0 | 후26 | 안 현 범 | 94 | 대기 | 대기 | 88 | 카를로스 | | 0 | 0 | 0 | 0 |
| 0 | 0 | 0 | 0 | 후36 | 노 경 호 | 8 | | | 10 | 라 마 스 | | 0 | 0 | 0 | 0 |
| 0 | 0 | 0 | 0 | | 안드리고 | 15 | | | 70 | 유 지 운 | 후34 | 0 | 0 | 0 | 0 |
| 0 | 0 | 0 | 0 | | 윌 리 안 | 44 | | | 19 | 박 대 훈 | | 0 | 0 | 0 | 0 |
| 0 | 0 | 0 | 0 | | 최 치 웅 | 30 | | | 9 | 에 드 가 | 후21 | 2(2) | 1 | 0 | 0 |
| 0 | 3 | 19 | 14(7) | | | 0 | | | 0 | | | 8(4) | 12 | 0 | 1 |

● 후반 9분 김경민 PAR 내 ↷ 싸박 GA 정면 H-ST-G (득점: 싸박, 도움: 김경민) 가운데
● 후반 53분 세징야 C.KR ↷ 에드가 GA 정면 H-ST-G (득점: 에드가, 도움: 세징야) 오른쪽

11월 08일 14:00 흐림 대구iM뱅크파크 9,372명
주심_ 이동준 부심_ 송봉근·구은석 대기심_ 정회수 경기감독관_ 나승화

**대구 1** 0 전반 0 / 1 후반 0 **0 광주**

| 퇴장 | 경고 | 파울 | ST(유) | 교체 | 선수명 | 배번 | 위치 | 위치 | 배번 | 선수명 | 교체 | ST(유) | 파울 | 경고 | 퇴장 |
|---|---|---|---|---|---|---|---|---|---|---|---|---|---|---|---|
| 0 | 0 | 0 | 0 | | 한 태 희 | 31 | GK | GK | 1 | 김 경 민 | | 0 | 0 | 0 | 0 |
| 0 | 0 | 2 | 1 | | 정 헌 택 | 27 | DF | DF | 94 | 심 상 민 | 39 | 0 | 1 | 0 | 0 |
| 0 | 0 | 0 | 3(1) | 6 | 김 강 산 | 20 | DF | DF | 20 | 진 시 우 | | 1 | 0 | 0 | 0 |
| 0 | 0 | 0 | 1 | | 우 주 성 | 55 | DF | DF | 5 | 변 준 수 | | 0 | 0 | 0 | 0 |
| 0 | 0 | 0 | 1(1) | 88 | 김 현 준 | 45 | DF | DF | 2 | 조 성 권 | | 0 | 1 | 0 | 0 |
| 0 | 0 | 0 | 0 | 9 | 정 치 인 | 32 | MF | MF | 30 | 안 혁 주 | 70 | 0 | 0 | 0 | 0 |
| 0 | 0 | 2 | 1 | | 김 정 현 | 44 | MF | MF | 14 | 유 제 호 | | 0 | 0 | 0 | 0 |
| 0 | 0 | 2 | 0 | | 황 재 원 | 2 | MF | MF | 80 | 주 세 종 | 8 | 0 | 0 | 0 | 0 |
| 0 | 0 | 0 | 0 | 10 | 지오바니 | 5 | MF | MF | 88 | 문 민 서 | 40 | 1(1) | 0 | 0 | 0 |
| 0 | 0 | 0 | 1 | | 김 주 공 | 77 | FW | FW | 10 | 최 경 록 | 11 | 0 | 0 | 0 | 0 |
| 0 | 0 | 0 | 0 | 19 | 정 재 상 | 18 | FW | FW | 17 | 헤 이 스 | | 0 | 0 | 0 | 0 |
| 0 | 0 | 0 | 0 | | 박 만 호 | 51 | | | 12 | 노 희 동 | | 0 | 0 | 0 | 0 |
| 0 | 0 | 0 | 0 | | 이 림 | 38 | | | 6 | 안 영 규 | | 0 | 0 | 0 | 0 |
| 0 | 0 | 0 | 0 | 후50 | 홍 정 운 | 6 | | | 22 | 김 한 길 | | 0 | 0 | 0 | 0 |
| 0 | 0 | 0 | 2(1) | 후13 | 라 마 스 | 10 | | | 39 | 민 상 기 | 후41 | 0 | 0 | 0 | 0 |
| 0 | 0 | 0 | 0 | | 이 진 용 | 26 | 대기 | 대기 | 8 | 이 강 현 | 후16 | 0 | 1 | 0 | 0 |
| 0 | 0 | 0 | 0 | 후51 | 카를로스 | 88 | | | 16 | 정 지 훈 | | 0 | 0 | 0 | 0 |
| 0 | 0 | 1 | 0 | 후0 | 박 대 훈 | 19 | | | 40 | 신 창 무 | 후0 | 0 | 2 | 0 | 0 |
| 0 | 0 | 0 | 0 | | 권 태 영 | 13 | | | 70 | 하 승 운 | 후0 | 0 | 3 | 0 | 0 |
| 0 | 1 | 1 | 2(1) | 후13 | 에 드 가 | 9 | | | 11 | 프리드욘슨 | 후13 | 1 | 1 | 0 | 0 |
| 0 | 1 | 8 | 12(4) | | | 0 | | | 0 | | | 3(1) | 9 | 0 | 0 |

● 후반 47분 정헌택 MFL ↷ 김현준 GAR 내 R-ST-G (득점: 김현준, 도움: 정헌택) 오른쪽

11월 08일 16:30 흐림 김천 종합 1,405명
주심_ 송민석 부심_ 윤재열·이양운 대기심_ 오현진 경기감독관_ 차상해

**김천 0** | 0 전반 1 / 0 후반 0 | **1 강원**

| 퇴장 | 경고 | 파울 | ST(유) | 교체 | 선수명 | 배번 | 위치 | 위치 | 배번 | 선수명 | 교체 | ST(유) | 파울 | 경고 | 퇴장 |
|---|---|---|---|---|---|---|---|---|---|---|---|---|---|---|---|
| 0 | 0 | 0 | 0 | | 문현호 | 41 | GK | GK | 21 | 박청효 | | 0 | 0 | 0 | 0 |
| 0 | 0 | 1 | 1 | | 박철우 | 34 | DF | DF | 34 | 송준석 | | 0 | 4 | 0 | 0 |
| 0 | 0 | 0 | 0 | 48 | 김민규 | 46 | DF | DF | 13 | 이기혁 | | 0 | 2 | 0 | 0 |
| 0 | 0 | 1 | 0 | | 이정택 | 35 | DF | DF | 23 | 강투지 | | 0 | 1 | 1 | 0 |
| 0 | 0 | 0 | 2(1) | | 김태환 | 36 | DF | DF | 27 | 김도현 | 99 | 0 | 1 | 1 | 0 |
| 0 | 0 | 1 | 0 | 40 | 김주찬 | 37 | MF | MF | 7 | 김대원 | 39 | 3 | 3 | 0 | 0 |
| 0 | 0 | 0 | 1(1) | | 박태준 | 51 | MF | MF | 4 | 서민우 | 28 | 0 | 3 | 0 | 0 |
| 0 | 0 | 1 | 0 | | 이찬욱 | 38 | MF | MF | 97 | 이유현 | 18 | 1(1) | 2 | 0 | 0 |
| 0 | 0 | 1 | 1 | 47 | 고재현 | 42 | MF | MF | 42 | 모재현 | | 0 | 1 | 0 | 0 |
| 0 | 0 | 1 | 0 | 44 | 박세진 | 43 | FW | FW | 22 | 이상헌 | 16 | 0 | 0 | 0 | 0 |
| 0 | 0 | 0 | 3(1) | 49 | 이건희 | 39 | FW | FW | 19 | 박상혁 | | 3(2) | 3 | 0 | 0 |
| 0 | 0 | 0 | 0 | | 백종범 | 31 | | | 1 | 이광연 | | 0 | 0 | 0 | 0 |
| 0 | 0 | 0 | 0 | | 박진성 | 50 | | | 33 | 홍철 | | 0 | 0 | 0 | 0 |
| 0 | 0 | 0 | 0 | 후36 | 민경현 | 49 | | | 47 | 신민하 | | 0 | 0 | 0 | 0 |
| 0 | 0 | 0 | 0 | 전34 | 김현우 | 48 | | | 99 | 강준혁 | 후26 | 0 | 0 | 0 | 0 |
| 0 | 0 | 0 | 0 | 후0 | 이수빈 | 44 | 대기 | 대기 | 28 | 이승원 | 후20 | 0 | 1 | 0 | 0 |
| 0 | 0 | 0 | 0 | | 김이석 | 45 | | | 18 | 김강국 | 후41 | 0 | 0 | 0 | 0 |
| 0 | 0 | 1 | 3(2) | 후0 | 전병관 | 40 | | | 39 | 이지호 | 후41 | 0 | 0 | 0 | 0 |
| 0 | 0 | 1 | 2(1) | 후28 | 김인균 | 47 | | | 26 | 김민준 | | 0 | 0 | 0 | 0 |
| 0 | 0 | 8 | 13(6) | | | 0 | | | 0 | | | 7(3) | 21 | 2 | 0 |

●전반 30분 이상헌 PAL EL ~ 박상혁 GAL 내 R-ST-G (득점: 박상혁, 도움: 이상헌) 가운데

11월 09일 14:00 맑음 포항 스틸야드 10,493명
주심_ 채상협 부심_ 박상준·곽승순 대기심_ 김재홍 경기감독관_ 허기태

**포항 0** | 0 전반 0 / 0 후반 0 | **0 서울**

| 퇴장 | 경고 | 파울 | ST(유) | 교체 | 선수명 | 배번 | 위치 | 위치 | 배번 | 선수명 | 교체 | ST(유) | 파울 | 경고 | 퇴장 |
|---|---|---|---|---|---|---|---|---|---|---|---|---|---|---|---|
| 0 | 0 | 0 | 0 | | 황인재 | 21 | GK | GK | 31 | 강현무 | | 0 | 0 | 0 | 0 |
| 0 | 0 | 0 | 1 | | 박찬용 | 26 | DF | DF | 22 | 김진수 | | 1(1) | 1 | 0 | 0 |
| 0 | 0 | 2 | 0 | | 신광훈 | 17 | DF | DF | 5 | 야잔 | | 1 | 0 | 0 | 0 |
| 0 | 0 | 0 | 0 | | 박승욱 | 14 | DF | DF | 40 | 박성훈 | | 0 | 1 | 0 | 0 |
| 0 | 0 | 1 | 0 | | 어정원 | 2 | MF | DF | 63 | 박수일 | | 1 | 1 | 0 | 0 |
| 0 | 0 | 0 | 0 | 88 | 김종우 | 6 | MF | MF | 70 | 안데르손 | | 0 | 2 | 0 | 0 |
| 0 | 0 | 0 | 0 | 70 | 기성용 | 40 | MF | MF | 16 | 최준 | | 1 | 1 | 0 | 0 |
| 0 | 0 | 1 | 0 | | 강민준 | 13 | MF | MF | 29 | 류재문 | 8 | 0 | 1 | 0 | 0 |
| 0 | 0 | 2 | 2(1) | | 조르지 | 9 | FW | MF | 27 | 문선민 | 7 | 2(1) | 0 | 0 | 0 |
| 0 | 0 | 0 | 0 | | 이호재 | 19 | FW | FW | 10 | 린가드 | | 1 | 3 | 0 | 0 |
| 0 | 0 | 1 | 1(1) | 11 | 홍윤상 | 37 | FW | FW | 9 | 조영욱 | 45 | 0 | 0 | 0 | 0 |
| 0 | 0 | 0 | 0 | | 윤평국 | 1 | | | 21 | 최철원 | | 0 | 0 | 0 | 0 |
| 0 | 0 | 0 | 0 | | 이동희 | 3 | | | 20 | 이한도 | | 0 | 0 | 0 | 0 |
| 0 | 0 | 0 | 0 | | 한현서 | 24 | | | 33 | 배현서 | | 0 | 0 | 0 | 0 |
| 0 | 0 | 0 | 0 | | 이창우 | 66 | | | 7 | 정승원 | 후22 | 0 | 0 | 0 | 0 |
| 0 | 0 | 0 | 0 | 후42 | 황서웅 | 70 | 대기 | 대기 | 8 | 이승모 | 후0 | 2(1) | 0 | 0 | 0 |
| 0 | 0 | 0 | 1(1) | 후17 | 김동진 | 88 | | | 41 | 황도윤 | | 0 | 0 | 0 | 0 |
| 0 | 0 | 0 | 0 | | 백성동 | 10 | | | 77 | 루카스 | | 0 | 0 | 0 | 0 |
| 0 | 0 | 1 | 3(2) | 후0 | 주닝요 | 11 | | | 11 | 천성훈 | | 0 | 0 | 0 | 0 |
| 0 | 0 | 0 | 0 | | 조상혁 | 99 | | | 45 | 둑스 | 후44 | 0 | 0 | 0 | 0 |
| 0 | 0 | 8 | 8(5) | | | 0 | | | 0 | | | 9(3) | 10 | 0 | 0 |

11월 08일 16:30 흐림 전주 월드컵 23,160명
주심_ 김우성 부심_ 김계용·김지욱 대기심_ 오현정 경기감독관_ 이평재

**전북 3** | 0 전반 0 / 3 후반 1 | **1 대전**

| 퇴장 | 경고 | 파울 | ST(유) | 교체 | 선수명 | 배번 | 위치 | 위치 | 배번 | 선수명 | 교체 | ST(유) | 파울 | 경고 | 퇴장 |
|---|---|---|---|---|---|---|---|---|---|---|---|---|---|---|---|
| 0 | 0 | 0 | 0 | | 송범근 | 31 | GK | GK | 25 | 이준서 | | 0 | 0 | 0 | 0 |
| 0 | 1 | 3 | 0 | | 김태환 | 23 | DF | DF | 16 | 이명재 | | 1(1) | 1 | 0 | 0 |
| 0 | 1 | 1 | 0 | | 홍정호 | 26 | DF | DF | 98 | 안톤 | | 1 | 0 | 0 | 0 |
| 0 | 0 | 2 | 0 | | 박진섭 | 4 | DF | DF | 3 | 하창래 | | 1 | 1 | 0 | 0 |
| 0 | 0 | 1 | 0 | 3 | 최철순 | 25 | DF | DF | 33 | 김문환 | | 0 | 1 | 1 | 0 |
| 0 | 0 | 0 | 0 | 5 | 맹성웅 | 6 | MF | MF | 30 | 김봉수 | | 1 | 1 | 0 | 0 |
| 0 | 0 | 3 | 1 | 28 | 강상윤 | 13 | MF | MF | 44 | 이순민 | | 2 | 1 | 0 | 0 |
| 0 | 0 | 0 | 1(1) | | 김진규 | 97 | MF | FW | 7 | 마사 | 14 | 1(1) | 1 | 0 | 0 |
| 0 | 0 | 0 | 3(2) | 7 | 전진우 | 14 | FW | MF | 77 | 주앙빅토르 | 27 | 1 | 1 | 0 | 0 |
| 0 | 1 | 1 | 3(2) | | 박재용 | 16 | FW | MF | 90 | 김현오 | 76 | 1(1) | 1 | 0 | 0 |
| 0 | 0 | 2 | 1(1) | 11 | 송민규 | 10 | FW | FW | 29 | 유강현 | 19 | 1 | 2 | 1 | 0 |
| 0 | 0 | 0 | 0 | | 김정훈 | 1 | | | 1 | 이창근 | | 0 | 0 | 0 | 0 |
| 0 | 0 | 0 | 0 | 후36 | 최우진 | 3 | | | 26 | 김민덕 | | 0 | 0 | 0 | 0 |
| 0 | 0 | 0 | 0 | 후0 | 감보아 | 5 | | | 6 | 강윤성 | | 0 | 0 | 0 | 0 |
| 0 | 0 | 0 | 1(1) | 후30 | 이동준 | 7 | | | 14 | 김준범 | 후17 | 1(1) | 0 | 0 | 0 |
| 0 | 0 | 0 | 0 | | 한국영 | 8 | 대기 | 대기 | 66 | 김한서 | | 0 | 0 | 0 | 0 |
| 0 | 1 | 0 | 1(1) | 후30 | 이승우 | 11 | | | 27 | 정재희 | 후50 | 0 | 0 | 0 | 0 |
| 0 | 0 | 0 | 0 | | 츄마시 | 21 | | | 76 | 에르난데스 | 전18 | 1(1) | 1 | 1 | 0 |
| 0 | 0 | 0 | 0 | | 권창훈 | 22 | | | 12 | 김승대 | | 0 | 0 | 0 | 0 |
| 0 | 0 | 0 | 1 | 후41 | 이영재 | 28 | | | 19 | 서진수 | 후0 | 2(1) | 0 | 0 | 0 |
| 0 | 4 | 13 | 12(8) | | | 0 | | | 0 | | | 14(6) | 11 | 3 | 0 |

●후반 11분 박진섭 MFR ↷ 송민규 GA 정면 H-ST-G (득점: 송민규, 도움: 박진섭) 오른쪽
●후반 44분 최우진 PAL ↷ 이동준 GAR 내 H-ST-G (득점: 이동준, 도움: 최우진) 가운데
●후반 51분 이승우 PK-R-G (득점: 이승우) 왼쪽
●후반 29분 에르난데스 PK-R-G (득점: 에르난데스) 왼쪽

11월 09일 16:30 맑음 울산 문수 10,187명
주심_ 김대용 부심_ 설귀선·홍석찬 대기심_ 정동식 경기감독관_ 김용세

**울산 1** | 0 전반 0 / 1 후반 0 | **0 수원FC**

| 퇴장 | 경고 | 파울 | ST(유) | 교체 | 선수명 | 배번 | 위치 | 위치 | 배번 | 선수명 | 교체 | ST(유) | 파울 | 경고 | 퇴장 |
|---|---|---|---|---|---|---|---|---|---|---|---|---|---|---|---|
| 0 | 0 | 0 | 0 | | 조현우 | 21 | GK | GK | 23 | 안준수 | | 0 | 0 | 0 | 0 |
| 0 | 0 | 1 | 1 | | 정승현 | 15 | DF | DF | 2 | 이용 | 13 | 0 | 1 | 1 | 0 |
| 0 | 0 | 0 | 0 | | 김영권 | 19 | DF | DF | 5 | 이현용 | | 2(2) | 2 | 0 | 0 |
| 0 | 0 | 0 | 0 | 26 | 조현택 | 2 | DF | DF | 6 | 최규백 | | 2(1) | 1 | 0 | 0 |
| 0 | 0 | 0 | 0 | 4 | 윤종규 | 24 | DF | DF | 72 | 이시영 | | 0 | 1 | 0 | 0 |
| 0 | 1 | 4 | 0 | 66 | 정우영 | 5 | MF | MF | 7 | 이재원 | | 0 | 1 | 0 | 0 |
| 0 | 0 | 2 | 4(2) | | 이동경 | 10 | MF | MF | 18 | 한찬희 | 14 | 1(1) | 0 | 0 | 0 |
| 0 | 0 | 0 | 0 | 11 | 백인우 | 72 | MF | MF | 79 | 김경민 | 15 | 1(1) | 0 | 0 | 0 |
| 0 | 0 | 0 | 1(1) | | 루빅손 | 17 | FW | MF | 94 | 안현범 | 44 | 2(2) | 0 | 0 | 0 |
| 0 | 0 | 0 | 0 | 27 | 윤재석 | 30 | FW | MF | 97 | 루안 | | 2(1) | 2 | 1 | 0 |
| 0 | 1 | 2 | 1(1) | | 허율 | 18 | FW | FW | 9 | 싸박 | | 2(2) | 1 | 1 | 0 |
| 0 | 0 | 0 | 0 | | 문정인 | 23 | | | 1 | 황재윤 | | 0 | 0 | 0 | 0 |
| 0 | 0 | 1 | 0 | 후19 | 박민서 | 26 | | | 4 | 김태한 | | 0 | 0 | 0 | 0 |
| 0 | 0 | 0 | 0 | 후32 | 트로야크 | 66 | | | 13 | 황인택 | 후32 | 0 | 0 | 0 | 0 |
| 0 | 0 | 0 | 0 | 후32 | 서명관 | 4 | | | 20 | 이지솔 | | 0 | 0 | 0 | 0 |
| 0 | 0 | 0 | 0 | | 라카바 | 36 | 대기 | 대기 | 8 | 노경호 | | 0 | 0 | 0 | 0 |
| 0 | 0 | 0 | 0 | | 이진현 | 14 | | | 14 | 윤빛가람 | 후19 | 3(2) | 0 | 0 | 0 |
| 0 | 0 | 0 | 0 | 전15 | 이청용 | 27 | | | 15 | 안드리고 | 후32 | 0 | 0 | 0 | 0 |
| 0 | 0 | 1 | 2(2) | 전15 | 엄원상 | 11 | | | 44 | 윌리안 | 후12 | 1(1) | 0 | 0 | 0 |
| 0 | 0 | 0 | 0 | | 말컹 | 9 | | | 11 | 이준석 | | 0 | 0 | 0 | 0 |
| 0 | 2 | 11 | 9(6) | | | 0 | | | 0 | | | 16(13) | 9 | 3 | 0 |

●후반 1분 이청용 PA 정면 ~ 루빅손 PAL 내 L-ST-G (득점: 루빅손, 도움: 이청용) 왼쪽

11월 22일 14:00 맑음 안양 종합 7,835명
주심_ 설태환 부심_ 김계용·구은석 대기심_ 박진호 경기감독관_ 김성기

**안양 0** 0 전반 1 / 0 후반 0 **1 수원FC**

| 퇴장 | 경고 | 파울 | ST(유) | 교체 | 선수명 | 배번 | 위치 | 위치 | 배번 | 선수명 | 교체 | ST(유) | 파울 | 경고 | 퇴장 |
|---|---|---|---|---|---|---|---|---|---|---|---|---|---|---|---|
| 0 | 0 | 0 | 0 | | 김다솔 | 31 | GK | GK | 23 | 안준수 | | 0 | 0 | 1 | 0 |
| 0 | 0 | 0 | 0 | 5 | 이창용 | 4 | DF | DF | 5 | 이현용 | | 0 | 2 | 1 | 0 |
| 0 | 0 | 0 | 0 | | 김동진 | 22 | DF | DF | 6 | 최규백 | | 0 | 1 | 0 | 0 |
| 0 | 0 | 0 | 2(1) | | 권경원 | 27 | DF | DF | 13 | 황인택 | 4 | 0 | 3 | 1 | 0 |
| 0 | 0 | 2 | 1 | | 이태희 | 32 | DF | DF | 72 | 이시영 | | 0 | 0 | 0 | 0 |
| 0 | 0 | 1 | 0 | 28 | 김민호 | 2 | MF | MF | 7 | 이재원 | | 2(2) | 1 | 0 | 0 |
| 0 | 0 | 1 | 0 | 24 | 한가람 | 13 | MF | MF | 8 | 노경호 | 11 | 1(1) | 0 | 0 | 0 |
| 0 | 0 | 1 | 1(1) | | 토마스 | 55 | MF | MF | 18 | 한찬희 | | 2(2) | 2 | 1 | 0 |
| 0 | 0 | 0 | 5(5) | 10 | 유키치 | 70 | MF | MF | 44 | 윌리안 | 94 | 0 | 4 | 0 | 0 |
| 0 | 0 | 0 | 1(1) | 8 | 마테우스 | 7 | FW | MF | 79 | 김경민 | 15 | 0 | 1 | 0 | 0 |
| 0 | 0 | 2 | 1 | | 모따 | 9 | FW | FW | 9 | 싸박 | 30 | 1(1) | 1 | 0 | 0 |
| 0 | 0 | 0 | 0 | | 황병근 | 41 | | | 1 | 황재윤 | | 0 | 0 | 0 | 0 |
| 0 | 0 | 1 | 2 | 후0 | 김영찬 | 5 | | | 4 | 김태한 | 후18 | 0 | 1 | 1 | 0 |
| 0 | 0 | 0 | 0 | | 강지훈 | 17 | | | 21 | 서재민 | | 0 | 0 | 0 | 0 |
| 0 | 0 | 0 | 0 | 후32 | 김정현 | 8 | | | 22 | 장영우 | | 0 | 0 | 0 | 0 |
| 0 | 0 | 1 | 0 | 후32 | 김보경 | 24 | 대기 | 대기 | 94 | 안현범 | 후29 | 0 | 0 | 0 | 0 |
| 0 | 0 | 0 | 0 | 후16 | 야고 | 10 | | | 15 | 안드리고 | 후18 | 2(2) | 1 | 0 | 0 |
| 0 | 0 | 0 | 0 | | 최규현 | 16 | | | 16 | 조준현 | | 0 | 0 | 0 | 0 |
| 0 | 0 | 0 | 0 | | 김운 | 19 | | | 11 | 이준석 | 후39 | 1(1) | 0 | 0 | 0 |
| 0 | 0 | 1 | 2(1) | 전31 | 문성우 | 28 | | | 30 | 최치웅 | 후39 | 0 | 1 | 0 | 0 |
| 0 | 0 | 10 | 15(9) | | | 0 | | | 0 | | | 9(9) | 18 | 5 | 0 |

●전반 19분 이재원 PAR R-ST-G (득점: 이재원) 오른쪽

11월 22일 14:00 맑음 대전 월드컵 9,102명
주심_ 김용우 부심_ 송봉근·성주경 대기심_ 고민국 경기감독관_ 박철

**대전 1** 1 전반 0 / 0 후반 1 **1 강원**

| 퇴장 | 경고 | 파울 | ST(유) | 교체 | 선수명 | 배번 | 위치 | 위치 | 배번 | 선수명 | 교체 | ST(유) | 파울 | 경고 | 퇴장 |
|---|---|---|---|---|---|---|---|---|---|---|---|---|---|---|---|
| 0 | 0 | 0 | 0 | | 이창근 | 1 | GK | GK | 21 | 박청효 | | 0 | 0 | 0 | 0 |
| 0 | 0 | 2 | 1(1) | | 강윤성 | 6 | DF | DF | 34 | 송준석 | | 0 | 1 | 1 | 0 |
| 0 | 1 | 1 | 0 | | 김민덕 | 26 | DF | DF | 13 | 이기혁 | | 0 | 2 | 0 | 0 |
| 0 | 1 | 0 | 0 | | 하창래 | 3 | DF | DF | 24 | 박호영 | 47 | 0 | 0 | 0 | 0 |
| 0 | 0 | 0 | 0 | | 김문환 | 33 | DF | DF | 99 | 강준혁 | | 2 | 0 | 0 | 0 |
| 0 | 0 | 0 | 0 | | 김봉수 | 30 | MF | MF | 7 | 김대원 | | 3 | 0 | 0 | 0 |
| 0 | 0 | 0 | 0 | | 이순민 | 44 | MF | MF | 18 | 김강국 | 8 | 0 | 0 | 0 | 0 |
| 0 | 0 | 2 | 1 | 98 | 주앙빅토르 | 77 | MF | MF | 97 | 이유현 | 14 | 2(1) | 0 | 0 | 0 |
| 0 | 0 | 1 | 0 | 76 | 김현오 | 90 | MF | MF | 42 | 모재현 | | 3(2) | 2 | 0 | 0 |
| 0 | 0 | 3 | 1 | 14 | 마사 | 7 | FW | FW | 28 | 이승원 | 70 | 1 | 1 | 0 | 0 |
| 0 | 0 | 0 | 2(2) | 19 | 유강현 | 29 | FW | FW | 16 | 김건희 | 19 | 1(1) | 2 | 0 | 0 |
| 0 | 0 | 0 | 0 | | 이준서 | 25 | | | 1 | 이광연 | | 0 | 0 | 0 | 0 |
| 0 | 0 | 0 | 0 | 후43 | 안톤 | 98 | | | 73 | 윤일록 | | 0 | 0 | 0 | 0 |
| 0 | 0 | 0 | 0 | | 오재석 | 22 | | | 47 | 신민하 | 후12 | 0 | 0 | 0 | 0 |
| 0 | 0 | 0 | 0 | | 임종은 | 5 | | | 27 | 김도현 | | 0 | 0 | 0 | 0 |
| 0 | 0 | 0 | 0 | | 김한서 | 66 | 대기 | 대기 | 36 | 황은총 | | 0 | 0 | 0 | 0 |
| 0 | 0 | 0 | 0 | | 김승대 | 12 | | | 14 | 김대우 | 후26 | 0 | 0 | 0 | 0 |
| 0 | 0 | 0 | 3(2) | 전18 | 에르난데스 | 76 | | | 70 | 구본철 | 후40 | 0 | 0 | 0 | 0 |
| 0 | 0 | 1 | 0 | 후23 | 김준범 | 14 | | | 8 | 강윤구 | 후12 | 0 | 0 | 0 | 0 |
| 0 | 0 | 2 | 1 | 후23 | 서진수 | 19 | | | 19 | 박상혁 | 후12 | 1(1) | 1 | 0 | 0 |
| 0 | 2 | 12 | 9(5) | | | 0 | | | 0 | | | 13(5) | 9 | 1 | 0 |

●전반 22분 에르난데스 PA 정면 내 ~ 강윤성 PAL 내 R-ST-G (득점: 강윤성, 도움: 에르난데스) 오른쪽

●후반 15분 모재현 PAR 내 EL ↷ 박상혁 GA 정면 내 H-ST-G (득점: 박상혁, 도움: 모재현) 가운데

11월 22일 14:00 맑음 서울 월드컵 13,247명
주심_ 신용준 부심_ 설귀선·김지욱 대기심_ 최광호 경기감독관_ 김성수

**서울 1** 1 전반 1 / 0 후반 2 **3 김천**

| 퇴장 | 경고 | 파울 | ST(유) | 교체 | 선수명 | 배번 | 위치 | 위치 | 배번 | 선수명 | 교체 | ST(유) | 파울 | 경고 | 퇴장 |
|---|---|---|---|---|---|---|---|---|---|---|---|---|---|---|---|
| 0 | 0 | 0 | 0 | | 강현무 | 31 | GK | GK | 31 | 백종범 | | 0 | 0 | 0 | 0 |
| 0 | 0 | 1 | 0 | | 김진수 | 22 | DF | DF | 34 | 박철우 | | 1 | 2 | 0 | 0 |
| 0 | 0 | 0 | 2 | | 야잔 | 5 | DF | DF | 46 | 김민규 | 38 | 0 | 1 | 0 | 0 |
| 0 | 0 | 0 | 0 | | 박성훈 | 40 | DF | DF | 35 | 이정택 | | 0 | 0 | 0 | 0 |
| 0 | 0 | 0 | 0 | 45 | 박수일 | 63 | DF | DF | 36 | 김태환 | 49 | 0 | 0 | 0 | 0 |
| 0 | 0 | 1 | 1 | | 안데르손 | 70 | MF | MF | 37 | 김주찬 | 47 | 2(2) | 0 | 0 | 0 |
| 0 | 2 | 4 | 1 | | 최준 | 16 | MF | MF | 51 | 박태준 | | 2(1) | 2 | 0 | 0 |
| 0 | 0 | 2 | 0 | 41 | 이승모 | 8 | MF | MF | 44 | 이수빈 | 50 | 1 | 2 | 0 | 0 |
| 0 | 0 | 0 | 0 | 27 | 정승원 | 7 | MF | MF | 42 | 고재현 | 40 | 3 | 2 | 0 | 0 |
| 0 | 0 | 0 | 2(1) | | 린가드 | 10 | FW | FW | 43 | 박세진 | | 1(1) | 0 | 0 | 0 |
| 0 | 0 | 0 | 2(2) | 11 | 조영욱 | 9 | FW | FW | 39 | 이건희 | | 0 | 0 | 0 | 0 |
| 0 | 0 | 0 | 0 | | 최철원 | 21 | | | 41 | 문현호 | | 0 | 0 | 0 | 0 |
| 0 | 0 | 0 | 0 | | 이한도 | 20 | | | 50 | 박진성 | 후35 | 0 | 0 | 0 | 0 |
| 0 | 0 | 0 | 0 | | 배현서 | 33 | | | 49 | 민경현 | 후35 | 0 | 0 | 0 | 0 |
| 0 | 0 | 0 | 0 | | 류재문 | 29 | | | 38 | 이찬욱 | 후20 | 0 | 0 | 0 | 0 |
| 0 | 0 | 1 | 0 | 후0 | 황도윤 | 41 | 대기 | 대기 | 47 | 김인균 | 후20 | 1 | 0 | 0 | 0 |
| 0 | 0 | 0 | 2(1) | 후15 | 문선민 | 27 | | | 45 | 김이석 | | 0 | 0 | 0 | 0 |
| 0 | 0 | 0 | 0 | | 루카스 | 77 | | | 40 | 전병관 | 후43 | 0 | 0 | 0 | 0 |
| 0 | 2 | 9 | 10(4) | | | 0 | | | 0 | | | 11(4) | 9 | 0 | 0 |

●전반 46분 정승원 PK지점 ~ 린가드 PAL 내 R-ST-G (득점: 린가드, 도움: 정승원) 오른쪽

●전반 33분 박태준 PA 정면 ~ 김주찬 AK 내 R-ST-G (득점: 김주찬, 도움: 박태준) 오른쪽
●후반 43분 전병관 PAR 내 EL ~ 박세진 GAR R-ST-G (득점: 박세진, 도움: 전병관) 오른쪽
●후반 49분 이건희 PAR ~ 박태준 PA 정면 내 L-ST-G (득점: 박태준, 도움: 이건희) 오른쪽

11월 22일 16:30 맑음 광주 월드컵 4,033명
주심_ 김종혁 부심_ 박균용·장종필 대기심_ 박정호 경기감독관_ 양정환

**광주 2** 1 전반 0 / 1 후반 0 **0 울산**

| 퇴장 | 경고 | 파울 | ST(유) | 교체 | 선수명 | 배번 | 위치 | 위치 | 배번 | 선수명 | 교체 | ST(유) | 파울 | 경고 | 퇴장 |
|---|---|---|---|---|---|---|---|---|---|---|---|---|---|---|---|
| 0 | 0 | 0 | 0 | | 김경민 | 1 | GK | GK | 21 | 조현우 | | 0 | 0 | 0 | 0 |
| 0 | 0 | 2 | 0 | | 심상민 | 94 | DF | DF | 15 | 정승현 | | 1 | 1 | 0 | 0 |
| 0 | 0 | 0 | 0 | | 진시우 | 20 | DF | DF | 19 | 김영권 | | 0 | 1 | 0 | 0 |
| 0 | 0 | 1 | 0 | | 변준수 | 5 | DF | DF | 2 | 조현택 | | 0 | 1 | 0 | 0 |
| 0 | 0 | 0 | 0 | | 조성권 | 2 | DF | DF | 24 | 윤종규 | | 0 | 0 | 0 | 0 |
| 0 | 0 | 2 | 0 | 70 | 안혁주 | 30 | MF | MF | 5 | 정우영 | 66 | 1 | 1 | 0 | 0 |
| 0 | 0 | 0 | 1 | 88 | 유제호 | 14 | MF | MF | 72 | 백인우 | 27 | 0 | 1 | 0 | 0 |
| 0 | 0 | 1 | 0 | 8 | 주세종 | 80 | MF | MF | 22 | 김민혁 | 16 | 1(1) | 3 | 0 | 0 |
| 0 | 0 | 1 | 0 | 10 | 신창무 | 40 | MF | MF | 17 | 루빅손 | | 1 | 0 | 0 | 0 |
| 0 | 0 | 2 | 1 | | 헤이스 | 17 | FW | MF | 30 | 윤재석 | 11 | 0 | 0 | 0 | 0 |
| 0 | 0 | 1 | 1(1) | 18 | 프리드욘슨 | 11 | FW | FW | 18 | 허율 | 9 | 1 | 2 | 0 | 0 |
| 0 | 0 | 0 | 0 | | 노희동 | 12 | | | 23 | 문정인 | | 0 | 0 | 0 | 0 |
| 0 | 0 | 0 | 0 | | 안영규 | 6 | | | 26 | 박민서 | | 0 | 0 | 0 | 0 |
| 0 | 0 | 0 | 0 | | 김진호 | 23 | | | 66 | 트로야크 | 후34 | 0 | 0 | 0 | 0 |
| 0 | 0 | 1 | 0 | 후14 | 이강현 | 8 | | | 4 | 서명관 | | 0 | 0 | 0 | 0 |
| 0 | 0 | 1 | 2(1) | 후24 | 최경록 | 10 | 대기 | 대기 | 16 | 이희균 | 후34 | 0 | 0 | 0 | 0 |
| 0 | 0 | 0 | 0 | 후0 | 하승운 | 70 | | | 14 | 이진현 | | 0 | 0 | 0 | 0 |
| 0 | 0 | 0 | 0 | | 오후성 | 77 | | | 27 | 이청용 | 전16 | 1 | 0 | 0 | 0 |
| 0 | 0 | 0 | 0 | 후47 | 문민서 | 88 | | | 11 | 엄원상 | 전16 | 0 | 2 | 0 | 0 |
| 0 | 0 | 1 | 2(1) | 후24 | 박인혁 | 18 | | | 9 | 말컹 | 후24 | 0 | 0 | 0 | 0 |
| 0 | 0 | 13 | 7(3) | | | 0 | | | 0 | | | 6(1) | 12 | 0 | 0 |

●전반 2분 안혁주 PAL ↷ 프리드욘슨 GAR H-ST-G (득점: 프리드욘슨, 도움: 안혁주) 오른쪽
●후반 29분 하승운 PAL ↷ 최경록 GAR 내 L-ST-G (득점: 최경록, 도움: 하승운) 가운데

11월22일 16:30 맑음 포항 스틸야드 10,572명
주심_ 박병진 부심_ 윤재열·홍석찬 대기심_ 최규현 경기감독관_ 구상범

**포항 0** | 0 전반 0 / 0 후반 0 | **0 전북**

| 퇴장 | 경고 | 파울 | ST(유) | 교체 | 선수명 | 배번 | 위치 | 위치 | 배번 | 선수명 | 교체 | ST(유) | 파울 | 경고 | 퇴장 |
|---|---|---|---|---|---|---|---|---|---|---|---|---|---|---|---|
| 0 | 0 | 0 | 0 | | 황 인 재 | 21 | GK | GK | 31 | 송 범 근 | | 0 | 0 | 0 | 0 |
| 0 | 0 | 1 | 0 | 4 | 한 현 서 | 24 | DF | DF | 23 | 김 태 환 | | 0 | 1 | 0 | 0 |
| 0 | 0 | 1 | 0 | | 박 승 욱 | 14 | DF | DF | 94 | 연 제 운 | | 0 | 0 | 0 | 0 |
| 0 | 0 | 1 | 1 | | 박 찬 용 | 26 | DF | DF | 4 | 박 진 섭 | | 0 | 2 | 0 | 0 |
| 0 | 0 | 1 | 0 | | 어 정 원 | 2 | MF | DF | 77 | 김 태 현 | | 1(1) | 1 | 0 | 0 |
| 0 | 0 | 2 | 1(1) | 7 | 이 창 우 | 66 | MF | MF | 6 | 맹 성 웅 | | 0 | 4 | 0 | 0 |
| 0 | 0 | 0 | 0 | | 기 성 용 | 40 | MF | MF | 13 | 강 상 윤 | 28 | 0 | 2 | 0 | 0 |
| 0 | 0 | 0 | 0 | | 신 광 훈 | 17 | MF | MF | 97 | 김 진 규 | 22 | 1 | 1 | 0 | 0 |
| 0 | 0 | 2 | 1 | | 조 르 지 | 9 | FW | FW | 7 | 이 동 준 | | 0 | 0 | 0 | 0 |
| 0 | 0 | 1 | 3(1) | 99 | 이 호 재 | 19 | FW | FW | 9 | 티 아 고 | 16 | 1 | 0 | 0 | 0 |
| 0 | 1 | 4 | 2(1) | | 주 닝 요 | 11 | FW | FW | 14 | 전 진 우 | 11 | 0 | 1 | 0 | 0 |
| 0 | 0 | 0 | 0 | | 윤 평 국 | 1 | | | 1 | 김 정 훈 | | 0 | 0 | 0 | 0 |
| 0 | 0 | 0 | 0 | 후22 | 전 민 광 | 4 | | | 3 | 최 우 진 | | 0 | 0 | 0 | 0 |
| 0 | 0 | 0 | 0 | | 강 민 준 | 13 | | | 26 | 홍 정 호 | | 0 | 0 | 0 | 0 |
| 0 | 0 | 0 | 0 | | 이 동 협 | 23 | | | 5 | 감 보 아 | | 0 | 0 | 0 | 0 |
| 0 | 0 | 0 | 0 | | 황 서 웅 | 70 | 대기 | 대기 | 10 | 송 민 규 | | 0 | 0 | 0 | 0 |
| 0 | 0 | 0 | 0 | | 김 동 진 | 88 | | | 11 | 이 승 우 | 후33 | 1 | 0 | 0 | 0 |
| 0 | 0 | 0 | 1(1) | 후22 | 김 인 성 | 7 | | | 22 | 권 창 훈 | 후33 | 0 | 0 | 0 | 0 |
| 0 | 0 | 0 | 0 | | 백 성 동 | 10 | | | 28 | 이 영 재 | 후17 | 0 | 0 | 0 | 0 |
| 0 | 0 | 0 | 0 | 후22 | 조 상 혁 | 99 | | | 16 | 박 재 용 | 후17 | 1 | 1 | 0 | 0 |
| 0 | 1 | 13 | 9(4) | | | 0 | | | 0 | | | 5(1) | 13 | 0 | 0 |

11월30일 14:00 맑음 대구iM뱅크파크 12,092명
주심_ 신용준 부심_ 윤재열·홍석찬 대기심_ 고민국 경기감독관_ 김용세

**대구 2** | 0 전반 2 / 2 후반 0 | **2 안양**

| 퇴장 | 경고 | 파울 | ST(유) | 교체 | 선수명 | 배번 | 위치 | 위치 | 배번 | 선수명 | 교체 | ST(유) | 파울 | 경고 | 퇴장 |
|---|---|---|---|---|---|---|---|---|---|---|---|---|---|---|---|
| 0 | 0 | 0 | 0 | | 한 태 희 | 31 | GK | GK | 31 | 김 다 솔 | 1 | 0 | 0 | 0 | 0 |
| 0 | 0 | 0 | 0 | 4 | 정 헌 택 | 27 | DF | DF | 4 | 이 창 용 | | 1(1) | 1 | 1 | 0 |
| 0 | 0 | 1 | 1(1) | | 김 강 산 | 20 | DF | DF | 5 | 김 영 찬 | | 0 | 3 | 0 | 0 |
| 0 | 0 | 2 | 3(1) | | 우 주 성 | 55 | DF | DF | 17 | 강 지 훈 | | 0 | 0 | 1 | 0 |
| 0 | 0 | 0 | 0 | | 김 현 준 | 45 | DF | DF | 22 | 김 동 진 | | 0 | 3 | 1 | 0 |
| 0 | 0 | 0 | 1 | 9 | 정 치 인 | 32 | MF | MF | 16 | 최 규 현 | | 0 | 2 | 0 | 0 |
| 0 | 0 | 1 | 0 | | 김 정 현 | 44 | MF | MF | 55 | 토 마 스 | | 0 | 2 | 0 | 0 |
| 0 | 1 | 2 | 2 | | 황 재 원 | 2 | MF | MF | 70 | 유 키 치 | 23 | 1 | 1 | 0 | 0 |
| 0 | 0 | 3 | 5(3) | 10 | 지오바니 | 5 | MF | MF | 71 | 채 현 우 | 11 | 1(1) | 1 | 0 | 0 |
| 0 | 0 | 0 | 2(2) | 38 | 김 주 공 | 77 | FW | FW | 7 | 마테우스 | 9 | 1(1) | 0 | 0 | 0 |
| 0 | 0 | 0 | 0 | 11 | 박 대 훈 | 19 | FW | FW | 19 | 김 운 | 77 | 2(1) | 2 | 1 | 0 |
| 0 | 0 | 0 | 0 | | 박 만 호 | 51 | | | 1 | 이 윤 오 | 후23 | 0 | 0 | 0 | 0 |
| 0 | 0 | 1 | 0 | 후8 | 카 이 오 | 4 | | | 3 | 김 지 훈 | | 0 | 0 | 0 | 0 |
| 0 | 0 | 0 | 0 | | 홍 정 운 | 6 | | | 32 | 이 태 희 | | 0 | 0 | 0 | 0 |
| 0 | 0 | 0 | 0 | 후50 | 이 림 | 38 | | | 77 | 임 승 겸 | 후37 | 0 | 0 | 0 | 0 |
| 0 | 0 | 1 | 0 | 후50 | 라 마 스 | 10 | 대기 | 대기 | 8 | 김 정 현 | | 0 | 0 | 0 | 0 |
| 0 | 0 | 0 | 0 | | 카를로스 | 88 | | | 23 | 장 정 우 | 후37 | 0 | 0 | 0 | 0 |
| 0 | 0 | 2 | 1 | 전28 | 에 드 가 | 9 | | | 28 | 문 성 우 | | 0 | 0 | 0 | 0 |
| 0 | 0 | 0 | 6(3) | 후0 | 세 징 야 | 11 | | | 9 | 모 따 | 후14 | 0 | 1 | 0 | 0 |
| 0 | 0 | 0 | 0 | | 정 재 상 | 18 | | | 11 | 최 성 범 | 후14 | 0 | 0 | 0 | 0 |
| 0 | 1 | 13 | 21(10) | | | 0 | | | 0 | | | 6(4) | 16 | 4 | 0 |

●후반 13분 지오바니 PAR L-ST-G (득점: 지오바니) 오른쪽
●후반 48분 에드가 GAR H→ 세징야 GAL 내 H-ST-G (득점: 세징야, 도움: 에드가) 가운데

●전반 1분 마테우스 AK 정면 L-ST-G (득점: 마테우스) 오른쪽
●전반 4분 이창용 GA 정면 내 R-ST-G (득점: 이창용) 가운데

11월23일 14:00 맑음 제주 월드컵 9,246명
주심_ 송민석 부심_ 박상준·이영운 대기심_ 김재홍 경기감독관_ 조성철

**제주 1** | 1 전반 0 / 0 후반 1 | **1 대구**

| 퇴장 | 경고 | 파울 | ST(유) | 교체 | 선수명 | 배번 | 위치 | 위치 | 배번 | 선수명 | 교체 | ST(유) | 파울 | 경고 | 퇴장 |
|---|---|---|---|---|---|---|---|---|---|---|---|---|---|---|---|
| 0 | 0 | 0 | 0 | | 김 동 준 | 1 | GK | GK | 31 | 한 태 희 | | 0 | 0 | 0 | 0 |
| 0 | 0 | 0 | 0 | 22 | 김 륜 성 | 40 | DF | DF | 27 | 정 헌 택 | | 0 | 3 | 1 | 0 |
| 0 | 0 | 1 | 0 | | 송 주 훈 | 4 | DF | DF | 20 | 김 강 산 | | 0 | 0 | 0 | 0 |
| 0 | 0 | 1 | 2(1) | | 임 채 민 | 26 | DF | DF | 55 | 우 주 성 | | 0 | 0 | 0 | 0 |
| 0 | 1 | 1 | 0 | 13 | 임 창 우 | 23 | DF | DF | 45 | 김 현 준 | 38 | 1 | 0 | 0 | 0 |
| 0 | 0 | 0 | 2 | 77 | 김 준 하 | 27 | MF | MF | 32 | 정 치 인 | 9 | 0 | 1 | 0 | 0 |
| 0 | 0 | 2 | 0 | | 이 탈 로 | 5 | MF | MF | 44 | 김 정 현 | | 0 | 2 | 0 | 0 |
| 0 | 0 | 2 | 0 | 3 | 김 정 민 | 6 | MF | MF | 2 | 황 재 원 | | 2(1) | 0 | 0 | 0 |
| 0 | 0 | 1 | 0 | 24 | 유 인 수 | 17 | MF | MF | 5 | 지오바니 | 26 | 5(2) | 3 | 0 | 0 |
| 0 | 0 | 1 | 0 | | 남 태 희 | 10 | FW | FW | 19 | 박 대 훈 | 10 | 1 | 0 | 0 | 0 |
| 0 | 0 | 3 | 1(1) | | 유리조나탄 | 9 | FW | FW | 77 | 김 주 공 | | 5 | 0 | 0 | 0 |
| 0 | 0 | 0 | 0 | | 안 찬 기 | 21 | | | 51 | 박 만 호 | | 0 | 0 | 0 | 0 |
| 0 | 0 | 0 | 0 | | 김 지 우 | 2 | | | 6 | 홍 정 운 | | 0 | 0 | 0 | 0 |
| 0 | 0 | 0 | 0 | 후0 | 장 민 규 | 3 | | | 38 | 이 림 | 후29 | 0 | 0 | 0 | 0 |
| 0 | 0 | 1 | 0 | 후46 | 정 운 | 13 | | | 10 | 라 마 스 | 후22 | 1 | 1 | 0 | 0 |
| 0 | 0 | 1 | 1(1) | 후22 | 안 태 현 | 22 | 대기 | 대기 | 26 | 이 진 용 | 후35 | 0 | 0 | 0 | 0 |
| 0 | 0 | 0 | 0 | | 오 재 혁 | 18 | | | 88 | 카를로스 | | 0 | 0 | 0 | 0 |
| 0 | 0 | 1 | 2 | 전30 | 김 승 섭 | 77 | | | 9 | 에 드 가 | 후0 | 1(1) | 1 | 0 | 0 |
| 0 | 0 | 0 | 0 | | 신 상 은 | 19 | | | 13 | 권 태 영 | | 0 | 0 | 0 | 0 |
| 0 | 0 | 0 | 0 | 후22 | 최 병 욱 | 24 | | | 18 | 정 재 상 | | 0 | 0 | 0 | 0 |
| 0 | 1 | 15 | 8(3) | | | 0 | | | 0 | | | 16(4) | 11 | 1 | 0 |

●전반 28분 김륜성 PAL TL ↷ 유리 조나탄 GA 정면 H-ST-G (득점: 유리 조나탄, 도움: 김륜성) 오른쪽

●후반 23분 황재원 PA 정면 ↷ 지오바니 GAR L-ST-G (득점: 지오바니, 도움: 황재원) 가운데

11월30일 14:00 맑음 수원 종합 6,064명
주심_ 송민석 부심_ 박상준·이영운 대기심_ 오현진 경기감독관_ 차상해

**수원FC 0** | 0 전반 0 / 0 후반 1 | **1 광주**

| 퇴장 | 경고 | 파울 | ST(유) | 교체 | 선수명 | 배번 | 위치 | 위치 | 배번 | 선수명 | 교체 | ST(유) | 파울 | 경고 | 퇴장 |
|---|---|---|---|---|---|---|---|---|---|---|---|---|---|---|---|
| 0 | 0 | 0 | 0 | | 안 준 수 | 23 | GK | GK | 12 | 노 희 동 | | 0 | 0 | 1 | 0 |
| 0 | 0 | 1 | 1 | | 이 현 용 | 5 | DF | DF | 2 | 조 성 권 | | 0 | 1 | 0 | 0 |
| 0 | 0 | 0 | 0 | | 최 규 백 | 6 | DF | DF | 20 | 진 시 우 | | 0 | 0 | 0 | 0 |
| 0 | 0 | 0 | 0 | 11 | 황 인 택 | 13 | DF | DF | 6 | 안 영 규 | 39 | 1 | 0 | 0 | 0 |
| 0 | 0 | 1 | 0 | 4 | 이 시 영 | 72 | DF | DF | 27 | 권 성 윤 | 94 | 1 | 1 | 0 | 0 |
| 0 | 0 | 1 | 0 | 30 | 이 재 원 | 7 | MF | MF | 30 | 안 혁 주 | 17 | 1(1) | 1 | 0 | 0 |
| 0 | 0 | 3 | 0 | 18 | 노 경 호 | 8 | MF | MF | 88 | 문 민 서 | 40 | 0 | 1 | 0 | 0 |
| 0 | 0 | 0 | 2(2) | | 루 안 | 97 | MF | MF | 8 | 이 강 현 | | 0 | 2 | 0 | 0 |
| 0 | 0 | 0 | 6(4) | | 싸 박 | 9 | FW | MF | 10 | 최 경 록 | 14 | 2 | 1 | 0 | 0 |
| 0 | 0 | 1 | 4(2) | | 윌 리 안 | 44 | FW | FW | 77 | 오 후 성 | | 0 | 1 | 0 | 0 |
| 0 | 0 | 2 | 0 | 15 | 김 경 민 | 79 | FW | FW | 18 | 박 인 혁 | | 3(1) | 5 | 1 | 0 |
| 0 | 0 | 0 | 0 | - | 황 재 윤 | 1 | | | 41 | 김 태 준 | | 0 | 0 | 0 | 0 |
| 0 | 0 | 1 | 0 | 후35 | 김 태 한 | 4 | | | 23 | 김 진 호 | | 0 | 0 | 0 | 0 |
| 0 | 0 | 0 | 0 | | 장 영 우 | 22 | | | 39 | 민 상 기 | 후17 | 0 | 0 | 0 | 0 |
| 0 | 0 | 0 | 0 | | 안 현 범 | 94 | | | 94 | 심 상 민 | 후17 | 0 | 0 | 0 | 0 |
| 0 | 0 | 1 | 2(1) | 후9 | 안드리고 | 15 | 대기 | 대기 | 14 | 유 제 호 | 후41 | 0 | 0 | 0 | 0 |
| 0 | 0 | 0 | 0 | | 조 준 현 | 16 | | | 40 | 신 창 무 | 후23 | 1(1) | 0 | 0 | 0 |
| 0 | 0 | 0 | 1 | 후9 | 한 찬 희 | 18 | | | 70 | 하 승 운 | | 0 | 0 | 0 | 0 |
| 0 | 0 | 1 | 1(1) | 후35 | 이 준 석 | 11 | | | 11 | 프리드욘슨 | | 0 | 0 | 0 | 0 |
| 0 | 0 | 1 | 1 | 후21 | 최 치 웅 | 30 | | | 17 | 헤 이 스 | 후0 | 2(2) | 1 | 0 | 0 |
| 0 | 0 | 13 | 18(10) | | | 0 | | | 0 | | | 11(5) | 14 | 2 | 0 |

●후반 4분 헤이스 GAR R-ST-G (득점: 헤이스) 왼쪽

11월 30일 14:00 맑음 울산 문수 11,928명
주심_ 고형진 부심_ 김계용·송봉근 대기심_ 조지음 경기감독관_ 허기태

**울산 0** | 0 전반 0 / 0 후반 1 | **1 제주**

| 퇴장 | 경고 | 파울 | ST(유) | 교체 | 선수명 | 배번 | 위치 | 위치 | 배번 | 선수명 | 교체 | ST(유) | 파울 | 경고 | 퇴장 |
|---|---|---|---|---|---|---|---|---|---|---|---|---|---|---|---|
| 0 | 0 | 0 | 0 | | 조현우 | 21 | GK | GK | 1 | 김동준 | | 0 | 0 | 0 | 0 |
| 0 | 0 | 2 | 0 | | 정승현 | 15 | DF | DF | 40 | 김륜성 | | 0 | 2 | 0 | 0 |
| 0 | 0 | 0 | 0 | | 김영권 | 19 | DF | DF | 4 | 송주훈 | 3 | 0 | 0 | 0 | 0 |
| 0 | 0 | 0 | 0 | 26 | 조현택 | 2 | DF | DF | 26 | 임채민 | | 0 | 0 | 0 | 0 |
| 0 | 1 | 1 | 0 | | 윤종규 | 24 | DF | DF | 22 | 안태현 | | 0 | 1 | 0 | 0 |
| 0 | 0 | 2 | 0 | 66 | 정우영 | 5 | MF | MF | 27 | 김준하 | 77 | 1(1) | 1 | 0 | 0 |
| 0 | 0 | 2 | 1(1) | | 고승범 | 7 | MF | MF | 5 | 이탈로 | | 0 | 4 | 1 | 0 |
| 0 | 0 | 0 | 0 | 27 | 백인우 | 72 | MF | MF | 8 | 이창민 | | 2(2) | 2 | 1 | 0 |
| 0 | 1 | 1 | 2(2) | | 루빅손 | 17 | MF | MF | 17 | 유인수 | 24 | 0 | 0 | 0 | 0 |
| 0 | 0 | 0 | 1 | 11 | 윤재석 | 30 | MF | FW | 10 | 남태희 | 18 | 0 | 0 | 0 | 0 |
| 0 | 1 | 4 | 0 | 6 | 허율 | 18 | FW | FW | 9 | 유리조나탄 | 19 | 0 | 2 | 1 | 0 |
| 0 | 0 | 0 | 0 | | 문정인 | 23 | | | 21 | 안찬기 | | 0 | 0 | 0 | 0 |
| 0 | 0 | 0 | 1(1) | 전36 | 박민서 | 26 | | | 2 | 김재우 | | 0 | 0 | 0 | 0 |
| 0 | 0 | 0 | 0 | 후47 | 트로야크 | 66 | | | 3 | 장민규 | 후47 | 0 | 0 | 0 | 0 |
| 0 | 0 | 0 | 0 | | 서명관 | 4 | | | 13 | 정운 | | 0 | 0 | 0 | 0 |
| 0 | 0 | 1 | 0 | 후31 | 이희균 | 16 | 대기 | 대기 | 6 | 김정민 | | 0 | 0 | 0 | 0 |
| 0 | 0 | 0 | 4(2) | 후0 | 보야니치 | 6 | | | 18 | 오재혁 | 후38 | 0 | 0 | 0 | 0 |
| 0 | 0 | 2 | 0 | 전21 | 이청용 | 27 | | | 77 | 김승섭 | 후13 | 1(1) | 0 | 0 | 0 |
| 0 | 0 | 0 | 2(2) | 전21/16 | 엄원상 | 11 | | | 19 | 신상은 | 후24 | 1(1) | 0 | 0 | 0 |
| 0 | 0 | 0 | 0 | | 말컹 | 9 | | | 24 | 최병욱 | 후13 | 0 | 0 | 0 | 0 |
| 0 | 3 | 15 | 11(8) | | | 0 | | | 0 | | | 5(5) | 12 | 3 | 0 |

- 후반 44분 신상은 MF 정면 ~ 김승섭 GAL L-ST-G (득점: 김승섭, 도움: 신상은) 오른쪽

11월 30일 16:30 맑음 김천 종합 2,804명
주심_ 이동준 부심_ 구은석·박남수 대기심_ 정회수 경기감독관_ 이경춘

**김천 0** | 0 전반 1 / 0 후반 2 | **3 대전**

| 퇴장 | 경고 | 파울 | ST(유) | 교체 | 선수명 | 배번 | 위치 | 위치 | 배번 | 선수명 | 교체 | ST(유) | 파울 | 경고 | 퇴장 |
|---|---|---|---|---|---|---|---|---|---|---|---|---|---|---|---|
| 0 | 0 | 0 | 0 | | 문현호 | 41 | GK | GK | 1 | 이창근 | | 0 | 0 | 0 | 0 |
| 0 | 0 | 1 | 0 | | 박철우 | 34 | DF | DF | 6 | 강윤성 | | 1 | 2 | 0 | 0 |
| 0 | 0 | 2 | 1 | 50 | 김민규 | 46 | DF | DF | 98 | 안톤 | | 0 | 0 | 0 | 0 |
| 0 | 0 | 0 | 0 | | 이정택 | 35 | DF | DF | 26 | 김민덕 | | 0 | 0 | 0 | 0 |
| 0 | 0 | 0 | 0 | 49 | 김태환 | 36 | DF | DF | 33 | 김문환 | 72 | 1 | 0 | 0 | 0 |
| 0 | 0 | 0 | 1 | 47 | 김주찬 | 37 | MF | MF | 30 | 김봉수 | | 0 | 0 | 0 | 0 |
| 0 | 0 | 1 | 1 | | 박태준 | 51 | MF | MF | 44 | 이순민 | | 0 | 3 | 1 | 0 |
| 0 | 0 | 0 | 0 | 38 | 이수빈 | 44 | MF | FW | 7 | 마사 | 14 | 1 | 0 | 0 | 0 |
| 0 | 0 | 0 | 4(1) | | 고재현 | 42 | MF | MF | 19 | 서진수 | 66 | 2(2) | 0 | 0 | 0 |
| 0 | 0 | 0 | 2 | | 박세진 | 43 | FW | MF | 90 | 김현오 | 77 | 0 | 1 | 0 | 0 |
| 0 | 0 | 0 | 3 | 40 | 이건희 | 39 | FW | FW | 76 | 에르난데스 | 27 | 2(2) | 1 | 0 | 0 |
| 0 | 0 | 0 | 0 | | 백종범 | 31 | | | 25 | 이준서 | | 0 | 0 | 0 | 0 |
| 0 | 0 | 0 | 0 | 후39 | 박진성 | 50 | | | 3 | 하창래 | | 0 | 0 | 0 | 0 |
| 0 | 0 | 0 | 2 | 후0 | 민경현 | 49 | | | 72 | 김진야 | 후38 | 0 | 0 | 0 | 0 |
| 0 | 0 | 0 | 0 | 후30 | 이찬욱 | 38 | | | 22 | 오재석 | | 0 | 0 | 0 | 0 |
| 0 | 0 | 0 | 4(3) | 후0 | 김인균 | 47 | 대기 | 대기 | 66 | 김한서 | 후38 | 0 | 1 | 0 | 0 |
| 0 | 0 | 0 | 0 | | 김이석 | 45 | | | 27 | 정재희 | 후25 | 1 | 0 | 0 | 0 |
| 0 | 0 | 1 | 0 | 후22 | 전병관 | 40 | | | 77 | 주앙빅토르 | 전27 | 1(1) | 1 | 1 | 0 |
| 0 | 0 | 5 | 18(4) | | | 0 | | | 0 | | | 9(5) | 9 | 2 | 0 |

- 전반 43분 마사 GAL → 서진수 GA 정면 R-ST-G (득점: 서진수, 도움: 마사) 오른쪽
- 후반 7분 서진수 GAL EL ~ 주앙 빅토르 GA 정면 L-ST-G (득점: 주앙 빅토르, 도움: 서진수) 가운데
- 후반 27분 김봉수 MFR ~ 서진수 AK 내 L-ST-G (득점: 서진수, 도움: 김봉수) 오른쪽

11월 30일 16:30 맑음 전주 월드컵 21,742명
주심_ 김종혁 부심_ 박균용·장종필 대기심_ 박진호 경기감독관_ 박철

**전북 2** | 0 전반 0 / 2 후반 1 | **1 서울**

| 퇴장 | 경고 | 파울 | ST(유) | 교체 | 선수명 | 배번 | 위치 | 위치 | 배번 | 선수명 | 교체 | ST(유) | 파울 | 경고 | 퇴장 |
|---|---|---|---|---|---|---|---|---|---|---|---|---|---|---|---|
| 0 | 0 | 0 | 0 | | 송범근 | 31 | GK | GK | 31 | 강현무 | 21 | 0 | 0 | 0 | 0 |
| 0 | 0 | 0 | 1 | 3 | 최철순 | 25 | DF | DF | 22 | 김진수 | | 3(1) | 0 | 0 | 0 |
| 0 | 0 | 0 | 1 | | 연제운 | 94 | DF | DF | 5 | 야잔 | 11 | 0 | 0 | 0 | 0 |
| 0 | 0 | 1 | 0 | | 홍정호 | 26 | DF | DF | 40 | 박성훈 | | 1 | 1 | 0 | 0 |
| 0 | 1 | 2 | 2(1) | | 김태현 | 77 | DF | DF | 63 | 박수일 | | 1(1) | 0 | 0 | 0 |
| 0 | 0 | 2 | 0 | | 맹성웅 | 6 | MF | MF | 77 | 루카스 | 70 | 2 | 3 | 0 | 0 |
| 0 | 0 | 1 | 0 | | 강상윤 | 13 | MF | MF | 41 | 황도윤 | | 1(1) | 2 | 0 | 0 |
| 0 | 0 | 0 | 1 | 97 | 이영재 | 28 | MF | MF | 8 | 이승모 | | 3 | 2 | 0 | 0 |
| 0 | 0 | 2 | 2(2) | 11 | 이동준 | 7 | FW | MF | 7 | 정승원 | 27 | 0 | 0 | 0 | 0 |
| 0 | 0 | 0 | 0 | 9 | 박재용 | 16 | FW | FW | 10 | 린가드 | | 4 | 1 | 1 | 0 |
| 0 | 0 | 0 | 1 | 14 | 송민규 | 10 | FW | FW | 45 | 둑스 | 9 | 2(2) | 3 | 0 | 0 |
| 0 | 0 | 0 | 0 | | 김정훈 | 1 | | | 21 | 최철원 | 후40 | 0 | 0 | 0 | 0 |
| 0 | 0 | 0 | 0 | 후28 | 최우진 | 3 | | | 18 | 정태욱 | | 0 | 0 | 0 | 0 |
| 0 | 0 | 0 | 0 | | 박진섭 | 4 | | | 20 | 이한도 | | 0 | 0 | 0 | 0 |
| 0 | 0 | 0 | 0 | | 감보아 | 5 | | | 33 | 배현서 | | 0 | 0 | 0 | 0 |
| 0 | 0 | 0 | 0 | 후31 | 이승우 | 11 | 대기 | 대기 | 27 | 문선민 | 후12 | 2(1) | 0 | 0 | 0 |
| 0 | 1 | 0 | 3(1) | 후15 | 전진우 | 14 | | | 29 | 류재문 | | 0 | 0 | 0 | 0 |
| 0 | 0 | 0 | 0 | | 권창훈 | 22 | | | 70 | 안데르손 | 후12 | 1 | 2 | 0 | 0 |
| 0 | 0 | 0 | 0 | 후15 | 김진규 | 97 | | | 9 | 조영욱 | 후12 | 3(3) | 0 | 0 | 0 |
| 0 | 0 | 0 | 0 | 후0 | 티아고 | 9 | | | 11 | 천성훈 | 후51 | 2(1) | 0 | 0 | 0 |
| 0 | 2 | 8 | 11(4) | | | 0 | | | 0 | | | 25(10) | 14 | 1 | 0 |

- 후반 10분 티아고 GAL H↷ 이동준 GAR 내 R-ST-G (득점: 이동준, 도움: 티아고) 왼쪽
- 후반 47분 전진우 PK-R-G (득점: 전진우) 오른쪽
- 후반 14분 린가드 GAL ~ 박수일 GAR R-ST-G (득점: 박수일, 도움: 린가드) 왼쪽

11월 30일 16:30 맑음 강릉하이원아레나 6,524명
주심_ 김우성 부심_ 김지욱·설귀선 대기심_ 정동식 경기감독관_ 나승화

**강원 1** | 0 전반 0 / 1 후반 0 | **0 포항**

| 퇴장 | 경고 | 파울 | ST(유) | 교체 | 선수명 | 배번 | 위치 | 위치 | 배번 | 선수명 | 교체 | ST(유) | 파울 | 경고 | 퇴장 |
|---|---|---|---|---|---|---|---|---|---|---|---|---|---|---|---|
| 0 | 1 | 0 | 0 | | 박청효 | 21 | GK | GK | 1 | 윤평국 | | 0 | 0 | 0 | 0 |
| 0 | 1 | 1 | 0 | 20 | 이기혁 | 13 | DF | DF | 26 | 박찬용 | | 0 | 1 | 1 | 0 |
| 0 | 0 | 1 | 1 | | 신민하 | 47 | DF | DF | 14 | 박승욱 | 17 | 0 | 3 | 0 | 0 |
| 0 | 0 | 0 | 0 | | 박호영 | 24 | DF | DF | 4 | 전민광 | | 0 | 2 | 0 | 0 |
| 0 | 0 | 0 | 1(1) | 73 | 강준혁 | 99 | DF | MF | 23 | 이동협 | 2 | 0 | 2 | 0 | 0 |
| 0 | 0 | 1 | 2 | 33 | 김도현 | 27 | MF | MF | 88 | 김동진 | | 1 | 2 | 0 | 0 |
| 0 | 0 | 0 | 0 | | 서민우 | 4 | MF | MF | 22 | 홍지우 | 40 | 0 | 1 | 0 | 0 |
| 0 | 0 | 0 | 2 | | 이승원 | 28 | MF | MF | 13 | 강민준 | | 0 | 3 | 1 | 0 |
| 0 | 0 | 0 | 1(1) | | 모재현 | 42 | MF | FW | 10 | 백성동 | 20 | 0 | 0 | 0 | 0 |
| 0 | 0 | 0 | 2 | 8 | 김대원 | 7 | FW | FW | 19 | 이호재 | | 4(4) | 0 | 0 | 0 |
| 0 | 0 | 2 | 1 | 19 | 김건희 | 16 | FW | FW | 7 | 김인성 | 27 | 0 | 1 | 0 | 0 |
| 0 | 0 | 0 | 0 | | 이광연 | 1 | | | 80 | 홍성민 | | 0 | 0 | 0 | 0 |
| 0 | 1 | 0 | 0 | 후49 | 홍철 | 33 | | | 17 | 신광훈 | 후29 | 0 | 0 | 0 | 0 |
| 0 | 0 | 0 | 0 | 후39 | 조현태 | 20 | | | 24 | 한현서 | | 0 | 0 | 0 | 0 |
| 0 | 0 | 0 | 0 | 후0 | 윤일록 | 73 | | | 66 | 이창우 | | 0 | 0 | 0 | 0 |
| 0 | 0 | 0 | 0 | | 황은총 | 36 | 대기 | 대기 | 2 | 어정원 | 후0 | 0 | 0 | 0 | 0 |
| 0 | 0 | 0 | 0 | | 김강국 | 18 | | | 40 | 기성용 | 후0 | 0 | 0 | 0 | 0 |
| 0 | 0 | 2 | 1 | 후15 | 강윤구 | 8 | | | 20 | 안재준 | 후24 | 0 | 0 | 0 | 0 |
| 0 | 0 | 0 | 1(1) | 후15 | 박상혁 | 19 | | | 27 | 박수빈 | 후24 | 0 | 0 | 0 | 0 |
| 0 | 0 | 0 | 0 | | 김민준 | 26 | | | 99 | 조상혁 | | 0 | 0 | 0 | 0 |
| 0 | 3 | 7 | 12(3) | | | 0 | | | 0 | | | 5(4) | 15 | 2 | 0 |

- 후반 16분 강윤구 PAR 내 ~ 모재현 GAR R-ST-G (득점: 모재현, 도움: 강윤구) 왼쪽

**제1조 (목적)_** 본 대회요강은 (사)한국프로축구연맹(이하 '연맹')이 K LEAGUE 2(이하 'K리그2') 대회 및 경기 운영에 관한 사항을 규정함을 목적으로 한다.

**제2조 (용어의 정의)_** 본 대회요강에서 '대회'라 함은 정규 라운드(39R) 및 K리그2 준플레이오프, K리그2 플레이오프를 말하며, '클럽'이라 함은 연맹의 회원단체인 축구단을, '팀'이라 함은 해당 클럽의 팀을, '홈 클럽'이라 함은 홈경기를 개최하는 클럽을 지칭한다.

**제3조 (명칭)_** 본 대회명은 '하나은행 K리그2 2025'로 한다.

**제4조 (주최, 주관)_** 본 대회는 연맹이 주최(대회를 총괄하여 책임지는 자)하고, 홈 클럽이 주관(주최자의 위임을 받아 대회를 운영하는 자)한다. 홈 클럽의 주관권은 제3자에게 양도할 수 없다.

**제5조 (참가 클럽)_** 본 대회 참가 클럽(팀)은 총 14팀(경남FC, 김포FC, 부산아이파크, 부천FC1995, 서울이랜드FC, 성남FC, 수원삼성, 안산그리너스FC, 인천유나이티드, 전남드래곤즈, 천안시티FC, 충남아산FC, 충북청주FC, 화성FC)이다.

**제6조 (일정)_** 본 대회는 2025.03.01.(금)~11.24(일)에 개최하며, 경기일정(대진)은 미리 정한 경기일정표에 의한다.

| 구분 | | 일정 | 방식 | Round | 팀수 | 경기수 | 장소 |
|---|---|---|---|---|---|---|---|
| 정규 라운드 | | 02.22(금)~11.09(토) | 3Round robin | 39R | 14팀 | 273경기 (팀당 36G) | 홈 클럽 경기장 |
| 플레이오프 | 준PO, PO | 11.21(목), 11.24(일) | 토너먼트 | 2R | 3팀(최종순위 3~5위) | 2경기 | |
| 계 | | | | | | 275경기 (팀당 36+@경기) | |

※대내외적 환경 변화에 따라 경기일정 변경 가능성 있음.

**제7조(대회방식)_**

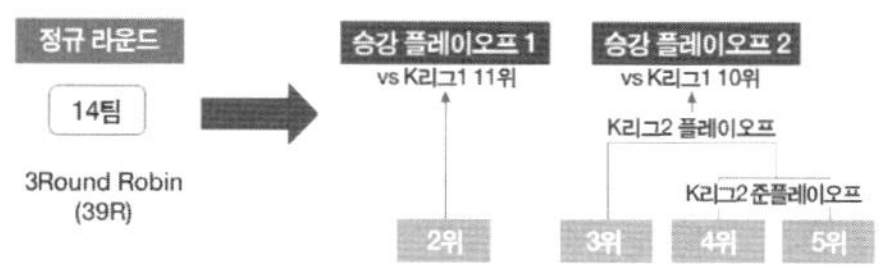


| 구분 | 대진 | 경기방식 | 경기장 | 다음 라운드 진출 |
|---|---|---|---|---|
| K리그2 준PO | 정규라운드 4위 vs 5위 | 90분 단판경기 | 4위팀 홈 | 승리팀 (무승부 시 4위팀) |
| K리그2 PO | 정규라운드 3위 vs K리그2 준PO 승리팀 | 90분 단판경기 | 3위팀 홈 | 승리팀 (무승부 시 3위팀) |

1. 14팀이 3Round robin(39라운드) 방식으로 정규 라운드를 진행한다.
2. 정규 라운드(1~39R) 성적을 기준으로 1위팀은 K리그1 자동승격, 2위팀은 K리그1의 11위팀과 승강 플레이오프1, 3위부터 5위까지는 K리그2 플레이오프를 실시한다. K리그2 준플레이오프, 플레이오프 및 승강 플레이오프 1, 2는 K리그1 및 K리그2가 대회성립요건을 충족했을 경우에만 개최하며, 어느 한 디비전이라도 대회가 성립되지 않을 경우의 승강방식은 제22조 3항에 따른다. 정규 라운드 순위결정은 제30조에 의한다.
3. K리그2 플레이오프 방식(준PO, PO)은 정규라운드 4위와 5위가 준PO(단판경기)를 실시하고, 90분 경기 무승부 시 정규리그 4위팀이 플레이오프에 진출한다. 플레이오프에 진출한 팀은 정규 라운드 3위와 PO(단판경기)를 실시하고, 90분 경기 무승부 시 정규리그 3위팀이 PO 승자로서 승강 플레이오프 2에 진출한다.
4. K리그2 플레이오프(준PO, PO) 홈경기 개최는 정규 라운드 상위팀의 홈경기장에서 개최한다.
5. 최종 순위 결정은 제30조에 의한다.

**제8조 (참가자격)_** 1. 본 대회를 참가하기 위해 클럽은 'K리그 클럽 라이선싱 규정'을 준수해야 하며, 그에 따라 라이선스를 부여받아야 한다.

**제9조 (경기장)_** 1. 모든 클럽은 최상의 상태에서 홈경기를 실시할 수 있도록 경기장을 유지 · 관리할 책임이 있다.

2. 본 대회는 원칙적으로 축구전용경기장에서 개최되어야 한다.
3. 경기장은 법령이 정하는 시설 안전 기준을 충족하여야 한다.
4. 홈 클럽은 경기장을 방문하는 관람객을 위해 관중상해보험에 가입해야 하며, 보험증권을 시즌 개막 7일 전까지 연맹에 제출하여야 한다. 홈 클럽이 연고지역 외, 기타 경기장에서 K리그 경기를 개최하고자 할 경우에는 연맹에 경기개최 승인 요청 시 보험증권을 첨부하여 제출하여야 한다.
5. 각 클럽은 경기장 시설(물)에 대해 연맹의 승인을 득하여야 한다.
6. 경기장은 연맹의 경기장 시설 기준을 준수하여야 하며, 다음 각 호의 조건을 충족하여야 한다.
   1) 그라운드는 천연잔디구장으로 길이 105m, 너비 68m를 권고하며, 천연잔디 또는 하이브리드 잔디여야 한다. 단 하이브리드 잔디를 사용할 경우 사전에 연맹의 승인을 득해야 하며, 아래 기준을 충족시켜야 한다.
      ① 기준 - 인조잔디 내 인체 유해성분이 검출되지 않을 것
      - 전체 그라운드 면적 대비 인조잔디 함유 비율 5% 미만
      - 최초 설치 시 아래 기준치를 상회하는 성능일 것

| 충격흡수성 | 수직방향변형 | 잔디길이 |
|---|---|---|
| (51~68)% | (4~10)mm | (21~25)mm |
| 회전저항 | 수직공반발 | 공구름 |
| (25~50)N/m | (0.6~1.0)m | (4~8)m |

      ② 제출서류 - 샘플(1m²), 제품규격서, 유해성 검출 시험 결과표, 설치/유지 관리 계획서
      ③ 승인절차 - 신청일로부터 60일 이내 승인
      - 필요시, 현장테스트 진행(최소 10m² 이상의 예비 포지 사전 마련)
      ④ 그라운드 관리 미흡으로 인한 문제 발생 소지 있을 경우, 사용이 제한될 수 있음
   2) 공식경기의 잔디 길이는 2~2.5cm로 유지되어야 하며, 전체에 걸쳐 동일한 길이여야 한다.
   3) 그라운드 외측 주변에는 원칙적으로 축구전용경기장의 경우 5m 이상, 육상경기겸용경기장의 경우 1.5m 이상의 잔디 부분이 확보되어야 한다.
   4) 골포스트 및 바는 흰색의 둥근 모양(직경12cm)의 철제 관으로 제작되고, 원칙적으로 고정식이어야 한다. 또한 볼의 반발력에 영향을 줄 수 있는 비철제 보강재 사용을 금한다.
   5) 골네트는 원칙적으로 흰색(연맹의 승인을 득한 경우는 제외)이어야 하며, 골네트는 골대 후방에 폴을 세워 안전한 방법으로 부착하여야 한다. 폴은 골대와 구별되는 어두운 색상이어야 한다.
   6) 코너 깃발은 연맹이 지정한 것을 사용하여야 한다.
   7) 각종 라인은 국제축구연맹(이하 'FIFA') 또는 아시아축구연맹(이하 'AFC')이 정한 규격에 따라야 하며, 라인 폭은 12cm로 선명하고 명료하게 그려야 한다(원칙적으로 페인트 방식으로 한다).
7. 필드(그라운드 및 그 주변 부분)에는 경기 운영에 영향을 주거나 선수에게 위험의 우려가 있는 것을 방치 또는 설치해서는 안 된다.
8. 공식경기에서 그라운드에 살수(撒水)를 하는 경우 다음 각 호에 따라 실시한다.
   1) 살수는 경기 킥오프 전 및 하프타임에 실시하며, 경기장에 걸쳐 균등하게 해야 한다.
   2) 경기감독관은 경기 시간 및 날씨, 그라운드 상태, 당일 경기장 행사 등을 고려하여 살수 횟수와 시간을 정하고 이를 홈 클럽 및 원정 클럽 관계자들에게 사전 통보한다.

3) 홈 클럽은 경기감독관이 정한 횟수와 시간에 따라 살수를 실시해야 하며, 이를 위반할 경우 상벌규정 유형별 징계기준 제5조 사.항에 의거 해당 클럽에 제재를 부과할 수 있다.

9. 경기장 관중석은 좌석수 5,000석 이상을 충족하여야 한다. 이에 미달할 경우, 연맹의 사전 승인을 득하여야 한다.

10. 홈 클럽은 상대 클럽(이하 원정 클럽)을 응원하는 관중을 위해 경기장 전체 좌석수의 5% 이상 좌석을 배분해야 하며, 원정 클럽이 경기 개최 일주일 전까지 추가 좌석 분배를 요청할 경우 홈 클럽과 협의하여 추가 좌석 분배를 결정할 수 있다. 또한, 원정 클럽 관중을 위한 전용출입문, 화장실, 매점 시설 등을 독립적으로 사용할 수 있도록 마련하여야 한다.

11. 경기장은 다음 항목의 부대시설을 갖추어야 하며, 세부사항은 K리그 경기장 시설기준을 따른다.

1) 운영 본부실
2) 양 팀 선수대기실(냉·난방 및 냉·온수 가능)
3) 심판대기실(냉·난방 및 냉·온수 가능)
4) 실내 워밍업 지역
5) 경기감독관석 및 심판평가관석, TSG 기술위원 좌석
6) 기록석 7) 의무실
8) 도핑검사실(냉·난방 및 냉·온수 가능)
9) 통제실, 경찰 대기실, 소방 대기실
10) 실내 기자회견장 11) 기자실 및 가진기자실
12) 중계방송사룸(TV중계스태프용) 13) VIP룸
14) 기자석(메인스탠드 중앙부로 경기장 전체가 관람 가능하고 지붕이 설치되어 있는 한편, 전원 및 노트북 등이 설치 가능한 테이블이 준비되어 있을 것)
15) 장내방송 시스템 및 장내방송실 16) TV중계 방송 부스
17) 전광판
18) 태극기, 대회 깃발, 리그 깃발, 양 팀 클럽 깃발 등을 게재할 수 있는 게양대
19) 입장권 판매소 20) 종합 안내소
21) 관중을 위한 응급실 22) 식음료 및 축구 관련 상품 판매소
23) TV카메라 설치 공간 24) TV 중계차 주차장 공간
25) 케이블 시설 공간 26) 전송용기자재 등 설치 공간
27) 경기감독관, 심판평가관, TSG기술위원 대기실
28) 믹스드 존(Mixed Zone)

**제10조 (조명장치)**_ 1. 경기장에는 그라운드 평균 1,200lux 이상 조도를 가진 조명 장치를 설치하여 조명의 밝음을 균일하게 유지하여야 한다. 또한 정전에 대비하여 1,000lux 이상의 조도를 갖춘 비상조명 장치를 구비하여야 한다.

2. 홈 클럽은 경기장 조명 장치의 이상 유·무를 사전에 확인하여 장애를 미연에 방지하는 한편, 고장 시 신속하게 수리할 수 있도록 모든 조치와 최선의 노력을 다하여야 한다.

**제11조 (벤치)**_ 1. 팀 벤치는 원칙적으로 다음의 요건을 충족하여야 한다.

1) FIFA가 정한 규격의 기술지역(테크니컬에어리어) 내에 설치하여야 한다.
2) 벤치 터치라인으로부터 5m 이상 떨어지는 한편 그 끝이 하프라인으로부터 8m 떨어지는 위치에 설치하여야 한다.
3) 최소 20인 이상 앉을 수 있는 좌석이 준비되어야 하며, 지붕을 설치할 경우 투명한 재질로 해야 한다.

2. 홈 팀 벤치는 본부석에서 그라운드를 향해 좌측에 설치하여야 한다. 단, 사전 승인 시 우측에 홈팀 벤치의 설치가 가능하다.

3. 홈, 원정 팀 벤치에는 팀명을 표기한 안내물을 부착하여야 한다.

4. 제4의 심판(대기심판) 벤치를 준비하여야 하며, 다음 요건을 충족하여야 한다.

1) 벤치 터치라인으로부터 5m 이상 떨어지는 그라운드 중앙에 설치하여야 한다. 단, 방송사의 요청 시에는 카메라 위치에 방해가 되지 않는 위치에 설치하여야 한다.
2) 지붕을 설치할 경우 투명한 재질로 해야 하며, 지붕이 관중의 시야를 방해해서는 안 된다.
3) 대기심판 벤치 내에는 최소 3인 이상 앉을 수 있는 좌석과 테이블이 준비되어야 한다.

**제12조 (의료시설)**_ 홈 클럽은 선수단, 관계자, 관중 등을 위해 경기개시 90분 전부터 경기종료 후 모든 관중 및 관계자가 퇴장할 때까지 의료진(의사, 간호사, 1급 응급구조사)과 1대의 특수구급차를 포함하여 최소 2대 이상의 구급차를 반드시 대기시켜야 한다. 이를 위반할 경우, 연맹 상벌 규정에 따라 제재할 수 있다.

**제13조 (경기장에서의 고지)**_ 1. 홈 클럽은 경기장에서 다음의 각 항목 사항을 전광판 및 장내 아나운서(멘트)를 통해 고지하여야 한다.

1) 선수, 심판 및 경기감독관, 심판평가관, TSG기술위원 소개
2) K리그 선수 입장곡(K리그 앤섬 'K League Entrance' BGM)
3) 선수 및 심판 교체
4) 득점자 및 득점시간(득점 직후에)
5) 추가시간(전·후반 전광판 고지 및 장내아나운서 멘트 동시 실시)
6) 공식 관중 수(유료 관중 합계, 후반전 15~30분 발표, 전광판 표출과 동시에 장내 아나운서 발표)
7) 경기 중, 경기정보 전광판 표출(양팀 출전선수명단, 경고, 퇴장, 득점)
8) 지진 등 비상상황 발생 시 대피방안
9) 경기 중, VAR 상황 시, VAR 영상판독 문구 전광판 표출
10) 상기 1~9호 이외 연맹이 지정하는 사항

2. 홈 클럽은 경기 전·후 및 하프타임에 다음의 각 항목 사항을 실시하는 것이 가능하다.

1) 다음 경기예정 및 안내 2) 연맹의 사전 승인을 얻은 광고 선전
3) 음악방송 4) 팀 또는 선수에 관한 정보 안내
5) 상기 1~4호 이외 연맹의 승인을 얻은 사항

**제14조 (홈 경기장에서의 경기개최)**_ 각 클럽은 홈경기의 과반 이상을 홈 경기장에서 실시하여야 한다. 다만, 이사회의 승인을 얻은 경우는 제외된다.

**제15조 (경기장 점검)**_ 1. 홈 클럽이 기타 경기장에서 경기를 개최하고자 할 경우 해당 경기개최 30일 전까지 연맹에 시설 점검을 요청하여 경기장 실사를 받아야 하며, 이때 제출하여야 하는 서류는 다음과 같다.

1) 경기장 시설 현황 2) 홈경기 안전계획서

2. 연맹의 보완 지시가 있을 경우 이에 대한 이행 결과를 경기개최 15일 전까지 서면 보고하여야 한다.

3. 연맹은 서면보고접수 후 재점검을 통해 문제점 보완이 미흡하다고 판단될 경우 경기 개최를 불허한다. 이 경우 홈 클럽은 연고지역 내에서 '법령', 'K리그 경기장 시설기준'에 부합하는 타 경기장(대체구장)을 선정하여 상기 1항, 2항의 절차에 따라 연맹의 승인을 받아야 한다.

4. 홈 클럽이 원하는 경기장에서 경기개최가 불가능하다고 판단될 경우, 본 대회요강 제18조 3항에 따른다(연맹 경기규정 31조 3항).

5. 상기 4항을 이행하지 않는 클럽은 본 대회요강 제21조 1항에 따른다(연맹 경기규정 33조 1항).

**제16조 (악천후의 경우 또는 경기장 시설 문제 발생시 조치)**_ 1. 홈 클럽은 강설, 강우, 폭염 등 악천후의 경우 또는 경기장에 시설 문제 등이 발생한 경우에도 홈경기를 개최할 수 있도록 최선의 노력을 해야 한다.

2. 제1항의 사유로 인하여 경기개최가 불가능할 것이 명백히 예상되는 경우, 경기감독관은 경기 개최 3시간 전까지 경기개최 중지를 결정하여야 한다.

3. 제1항의 사유로 인하여 경기 개최 시간을 연기할 필요가 있을 경우 경기감독관은 경기장 상황과 관계자 의견 등을 종합적으로 고려하여 경기 개최 시간을 각 30분씩 최대 2회 연기할 수 있다.

4. 경기 개최 시간을 2회 연기하였음에도 경기 개최가 불가능하다고 판단될 경우 경기감독관은 경기 개최 취소 결정을 할 수 있다.

5. 본 조에 따라 경기 개최가 취소된 경우 재경기 개최 절차는 제18조를 따른다.

**제17조 (경기중지 결정)_** 1. 경기 전 또는 경기 중 중대한 불상사 등으로 경기를 계속하기 어려운 사태가 발생하였을 경우, 주심은 경기 감독관에게 경기 중지를 요청할 수 있으며, 경기감독관은 동 요청에 의거하여 홈 클럽 및 원정 클럽 관계자의 의견을 참고한 후 경기 중지를 결정할 수 있다.

2. 상기 1항의 경우 또는 관중의 난동 등으로 경기장의 질서 유지가 어려운 경우, 경기감독관은 주심의 경기중지 요청이 없더라도 경기 중지를 결정할 수 있다.

3. 경기 개최 3시간 전부터 경기 종료 전까지 경기 개최 지역에 미세먼지, 초미세먼지, 황사 등에 관한 경보가 발령되었거나 경보 발령 기준농도를 초과하는 상태인 경우, 경기감독관은 경기의 취소 또는 연기를 결정할 수 있다.

4. 경기감독관은 경기중지 결정을 내린 후, 지체 없이 그 사유를 연맹에 보고하여야 한다.

**제18조 (불가항력으로 인한 경기 취소·중지 및 재경기)_** 1. 공식경기가 악천후, 천재지변, 기타 클럽의 통제범위를 벗어난 불가항력적 상황, 경기장 조건, 선수단과 관계자 및 관중의 안전이 우려되는 긴급한 상황 등 부득이한 사유로 취소·중지된 경우, 그 다음날 같은 경기장에서 재경기를 개최함을 원칙으로 한다.

2. 그다음 날 같은 경기장에서 재경기를 개최하기 어려운 사정이 있을 경우에는 연맹이 재경기의 일시 및 경기장을 정한다.

3. 경기장 준비부족, 시설미비 등 점검미비에 따른 홈 클럽의 귀책사유로 인하여 공식 경기가 취소·중지된 경우 원정 클럽은 그 시점으로부터 24시간 이내에 자신의 홈경기로 재경기를 개최할 것을 신청할 수 있으며, 이 경우 홈/원정의 변경 여부는 연맹이 결정한다.

4. 재경기 방식에 대해서는 다음 각 호에 의한다.

1) 이전 경기에서 양 클럽의 득실차가 없을 때는 90분간 재경기를 실시한다.

2) 이전 경기에서 양 클럽의 득실차가 있을 때는 중지 시점에서부터 잔여 시간만의 재경기를 실시한다.

5. 재경기 시, 상기 4항 1호의 경우 이전 경기에서 발생된 경고, 퇴장 기록만이 인정되며 선수교체는 팀당 최대 3명까지 가능하다. 상기 4항 2호의 경우 이전 경기에서 발생된 모든 기록이 인정되며 선수교체는 이전 경기를 포함하여 3명까지 할 수 있다.

6. 재경기 시, 이전 경기에서 발생된 경고 및 퇴장은 유효하며, 경고 및 퇴장에 대한 처벌(징계)은 경기순서대로 연계 적용한다.

**제19조 (그라운드 물량에 따른 경기장 변경)_** 연맹은 공식경기가 예정된 경기장의 그라운드 상태가 정상적인 경기를 치를 수 없을 정도로 명백히 불량하다고 판단될 경우 해당 경기 개최 장소를 원정 클럽의 홈 또는 제3의 경기장으로 변경할 수 있다. 이 경우, 경기장 변경에 대한 귀책사유는 홈 클럽에 있는 것으로 본다.

**제20조 (귀책사유가 있는 클럽의 비용 보상)_** 1. 홈 클럽의 귀책사유에 의해 공식경기가 개최불능 또는 중지(중단)되었을 경우, 홈 클럽은 원정 클럽에 교통비 및 숙식비를 보상하여야 한다.

2. 원정 클럽의 귀책사유에 의해 공식경기가 개최불능 또는 중지(중단)되었을 경우, 원정 클럽은 홈 클럽에 발생한 경기준비 비용 및 입장권 환불 수수료, 교통비 및 숙식비를 보상하여야 한다.

3. 상기 1항, 2항과 관련하여 천재지변 등 불가항력에 의한 경우는 제외한다.

**제21조 (패배로 간주되는 경우)_** 1. 공식경기 개최거부 또는 속행 거부 등(경기장 질서문란, 관중의 난동 포함) 어느 한 클럽의 귀책사유로 인하여 공식경기가 개최불능 또는 중지(중단)되었을 경우, 그 귀책사유가 있는 클럽이 0 : 3 패배한 것으로 간주한다.

2. 공식경기에 무자격선수가 출장한 것이 경기 중 또는 경기 후 발각되어 경기종료 후 48시간 이내에 상대 클럽으로부터 이의가 제기된 경우, 무자격선수가 출장한 클럽이 0 : 3 패배한 것으로 간주한다. 다만, 경기 중 무자격선수가 출장한 것이 발각되었을 경우, 해당 선수를 퇴장시키고 경기는 속행한다.

3. 상기 1항, 2항에 따라 어느 한 클럽의 0 : 3 패배를 결정한 경우에도 양 클럽 선수의 개인기록(출장, 경고, 퇴장, 득점, 도움 등)은 그대로 인정한다.

4. 상기 2항의 무자격 선수는 K리그 미등록 선수, 경고누적 또는 퇴장으로 인하여 출전이 정지된 선수, 상벌 위원회 징계, 외국인 출전제한 규정을 위반한 선수 등 위반한 시점에서 경기출전 자격이 없는 모든 선수를 의미한다.

**제22조 (대회 중 잔여경기 포기)_** 대회 중 잔여 경기를 포기하는 경우, 다음의 각 항에 의한다.

1. 대회 전체 경기수의 3분의 2 이상을 수행하였을 경우, 지난 경기 결과를 그대로 인정하고, 잔여 경기는 포기한 클럽이 0 : 3 패배한 것으로 간주한다.

2. 대회 전체 경기수의 3분의 2 이상을 수행하지 못했을 경우, 포기한 클럽과의 경기 결과를 모두 무효 처리한다. 단, 양 클럽 선수의 개인기록(출장, 경고, 퇴장, 득점, 도움 등)은 그대로 인정한다.

**제23조 (경기결과 보고)_** 모든 공식경기의 경기결과 보고는 경기감독관 보고서, 심판 보고서, 경기기록지에 의한다.

**제24조 (경기규칙)_** 본 대회의 경기는 FIFA 및 KFA의 경기규칙에 따라 실시되며, 특별한 사항이 발생 시에는 연맹이 결정한다.

**제25조 (Video Assistant Referee 시행)_** 1. VAR는 주심 등 해당 경기 심판진을 지원하고 경기 결과를 바꿀 수 있는 명백한 오심을 변경해 공정한 판정을 증대하기 위해 시행하며 본 대회에서는 아래의 4가지 상황에 대해서만 VAR를 적용한다.

1) 득점 상황　　　　2) PK(Penalty Kick) 상황

3) 퇴장 상황　　　　4) 징계조치 오류

2. VAR의 시행과 관련하여 선수, 코칭스태프, 구단 임직원의 준수사항은 다음과 같다.

1) 'TV' 신호(Signal)을 그리는 동작을 취하거나 구두로 VAR 확인을 요청할 수 없다. 이를 위반할 시 다음과 같은 제재가 내려진다.

① 선수 - 경고　　　　② 코칭스태프 및 구단 임직원 - 퇴장

2) 주심판독지역(Referee Review Area, 이하 'RRA')에는 오직 주심과 영상관리보조자(Review Assistant, 이하 'RA'), 심판진만이 진입할 수 있다. 이를 위반할 시 다음과 같은 제재가 내려진다.

① 선수 - 경고　　　　② 코칭스태프 및 구단 임직원 - 퇴장

3. VAR의 시행과 관련하여 홈 클럽의 준수사항은 다음과 같다.

1) 홈 클럽은 VAR가 공식심판진임을 인지하고 VAR 차량에 심판실과 동일한 안전계획을 수립해 안전관리를 제공해야 하며, 안전관리 미흡 등 홈 클럽의 귀책사유로 인한 차량 및 장비의 파손 등이 발생하는 경우 이에 따른 손해를 연맹에 배상하여야 한다.

2) 홈 클럽은 RRA에 심판진과 RA 외 다른 누구도 진입할 수 없도록 관리해야 하며, 관련 안전사고 예방의 의무와 책임이 있다.

3) 홈 클럽은 VAR 상황 발생 시 판독 중임을 뜻하는 이미지를 판독 종료 시점까지 전광판에 노출해야 하며, 관련 장면 영상을 전광판을 통해 리플레이할 수 없다.

4) 홈 클럽이 상기 제1호부터 제3호까지 명시된 준수사항을 위반하는 경우, 연맹 상벌 규정 유형별 징계 기준 11조에 따른 징계를 받을 수 있다.

4. 아래와 같은 사유로 경기 전 또는 경기 중 VAR 운영이 불가하여도 경기 진행에 영향을 미치지 않는다.

1) VAR 장비가 작동하지 않은 경우

2) VAR 판정에 오심이 발생하는 경우

3) VAR 판독을 진행하지 않겠다고 결정을 내린 경우(안전문제, 신변위협 등)

4) VAR 판독이 불가능한 경우(영상 앵글의 문제점, 노이즈 현상 등)

5. VAR의 시행과 관련해 VAR 및 RO 등 구성원에 관한 사항은 다음과 같다.

1) VAR, AVAR(Assistant VAR) 또는 RO(Replay Operator)가 경기 전 또는 경기 중에 정상적인 업무를 수행할 수 없는 경우, 대체인력은 반드시

그 역할 수행이 가능한 자격을 갖춰야만 한다.

2) VAR 또는 RO의 자격을 갖춘 인원 및 대체인력이 없을 경우, 해당 경기는 VAR의 운용 없이 경기를 시작 또는 재개하여야 한다.

3) AVAR의 자격을 갖춘 인원 및 대체 인력이 없을 경우, 해당 경기는 VAR의 운용 없이 경기를 시작 또는 재개하여야 한다. 단, 이례적인 상황하에서, 양 팀이 서면으로 VAR 및 RO만으로 VAR을 운용하기로 합의할 경우는 제외한다.

6. 이 외 사항에 대해서는 IFAB(국제축구평의회)와 FIFA(국제축구연맹)이 정한 바에 따른다.

**제26조 (전자장비 사용)_** 1. 웨어러블 전자 퍼포먼스 트래킹 시스템(EPTS) 사용을 원하는 경우, FIFA 품질 프로그램(FIFA Quality Programme) 기준에 부합하는 제품만 사용 가능하다.

2. 선수들(대기 선수/교체된 선수/퇴장 선수 포함)은 전자 장비를 일절 사용하거나 착용해서는 안 된다(단, 웨어러블 EPTS 장비는 예외).

3. 스태프는 선수의 복지와 안전 및 전술적/코칭의 직접 관련이 있는 경우에 한해 소형, 이동식, 휴대용 장비(마이크, 헤드폰, 이어폰, 스마트폰, 스마트워치, 태블릿PC, 노트북 등)를 사용할 수 있다.

4. 허가되지 않은 전자 장비를 사용하거나, 전자/통신 장비를 이용한 판정 항의 시 기술 지역에서 퇴장된다.

**제27조 (경기시간 준수)_** 1. 본 대회는 90분(전후반 각 45분) 경기를 실시한다.

2. 모든 클럽은 미리 정해진 경기시작시간(킥오프 타임)과 경기 중 휴식시간(하프타임)을 반드시 준수하여야 한다. 하프타임 휴식은 15분을 초과할 수 없으며, 양 팀 출전선수는 후반전 출전을 위해 후반전 개시 3분 전(하프타임 12분)까지 심판진과 함께 대기 장소에 집결하여야 한다.

3. 클럽이 경기시작시간 또는 하프타임 종료시간을 준수하지 않아 예정된 경기시작 또는 재개시간이 1분 이상 지연될 경우, 아래 각 호에 따라 해당 클럽에 제재금을 부과할 수 있다.

1) 1회 미준수 시 100만 원의 제재금

2) 2회 미준수 시 200만 원의 제재금

3) 3회 이상 미준수 시 400만 원의 제재금 및 상벌위원회 제소

4. 경기에 참가하는 팀(코칭스태프, 팀 스태프 포함)은 경기시작 100분 전에 경기장에 도착하여야 한다.

1) 어느 한 팀이 경기시작 40분 전까지 경기장에 도착하지 못할 경우, 해당 팀은 경기감독관에게 그 사유와 도착예정 시간을 통보하여야 하며, 경기감독관은 경기시간 변경 유무를 심판 및 양 팀 대표자와 협의를 통해 결정한 후, 연맹으로 통보한다.

2) 경기시간이 변경될 경우, 홈 클럽은 전광판 및 아나운서 멘트를 통해 변경된 경기시간과 변경사유에 대해 고지해야 한다.

3) 어느 한 팀이 경기시작 시각까지 경기장에 도착하지 않는 경우, 상대팀은 45분간 대기할 의무가 있다. 45분간 대기했음에도 불구하고 상대팀이 도착하지 않을 경우, 경기감독관은 17조 1항에 의한다.

4) 경기중지에 따라 발생되는 모든 비용에 대한 배상, 책임은 귀책사유가 있는 클럽에 있으며 19조에 따른다.

5) 홈/원정팀은 경기개최지로의 이동정보를 사전에 숙지할 책임이 있으며, 상황에 따른 추가 이동시간이 필요한지 확인해야 한다. 만일 팀의 도착 지연으로 킥오프가 지연될 경우, 연맹은 귀책사유가 있는 클럽에 연맹 상벌규정 제12조 제1항에 해당하는 재제를 부과할 수 있다.

**제28조 (승점)_** 본 대회의 승점은 승자 3점, 무승부 1점, 패자 0점을 부여한다.

**제29조 (워밍업 및 쿨다운)_** 1. 출전선수명단에 포함된 선수 및 스태프는 그 라운드에서 경기 시작 전또는 하프타임 중 몸풀기 운동(이하 '워밍업') 및 경기 종료 후 몸풀기 운동(이하 '쿨다운')을 할 수 있다.

2. 경기 시작 전 워밍업은 킥오프 50분 전에 시작하여 20분 전에 종료한다.

3. 홈 클럽은 워밍업으로 인한 잔디 훼손을 방지하기 위하여 경기감독관에게 이동식 골대 사용, 스프린트 연습 구역 지정, 워밍업 제한 구역 지정 등을 요청할 수 있다.

4. 경기감독관은 제3항이 요청이 있을 경우, 잔디 상태, 양 클럽 간 형평, 기타 조건을 고려하여 이를 승인하거나 일부를 변경하여 승인할 수 있고, 양 클럽은 경기감독관이 승인한 사항을 준수하여야 한다.

5. 홈 클럽은 양 클럽의 선수단에 하프타임 이벤트의 내용, 위치, 시간 등에 관하여 사전에 고지하여야 하고, 하프타임 중 워밍업을 하는 선수 및 스태프는 고지된 이벤트와 관련된 기물 또는 사람과 충돌하거나 이벤트 진행을 방해하지 않도록 주의하여야 한다.

6. 경기 종료 후 쿨다운은 시작한 시점으로부터 20분 이내에 종료하여야 한다.

7. 쿨 다운을 할 때에는 볼을 사용할 수 없고, 경기감독관이 워밍업 제한구역을 지정한 경우 해당 구역에서는 실시할 수 없다.

**제30조 (순위결정)_** 1. 정규 라운드(1~39R) 순위는 승점 → 다득점 → 득실차 → 다승 → 승자승 → 벌점 → 추첨 순으로 결정한다.

2. 최종순위 결정방식은 다음과 같다.

1) 최종순위는 정규라운드(1~39R) 성적에 따라 결정한다. 단, 정규라운드 2위~4위팀은 K리그2 플레이오프 결과에 따라 최종순위를 결정한다.

2) K리그2 플레이오프 승리(승강 플레이오프 진출) 팀을 3위로 한다.

3) K리그2 플레이오프에서 패한(승강 플레이오프 진출 실패) 팀을 4위로 한다.

4) K리그2 준플레이오프에서 패한(챌린지 플레이오프 진출 실패) 팀을 5위로 한다.

3. 벌점에 대한 기준은 다음과 같다.

1) 경고 및 퇴장 관련 벌점

① 경고: 1점 ② 경고 2회 퇴장: 2점

③ 직접 퇴장: 3점 ④ 경고 1회 후 퇴장: 4점

2) 상벌위원회 징계 관련 벌점

① 제재금 100만 원당: 3점 ② 출장정지 1경기당 : 3점

3) 코칭스태프 및 팀 스태프 퇴장, 클럽(임직원 포함)에 부과된 징계는 팀 벌점에 포함한다.

4) 사후징계 및 감면 결과는 팀 벌점에 포함한다.

4. 개인기록 순위결정

1) 개인기록순위 결정은 본 대회 정규라운드(1~39R) 성적으로 결정한다.

2) 득점(Goal) 개인기록순위 결정의 우선 순서는 다음과 같다.

①최다득점선수 ②출전경기가 적은 선수 ③출전시간이 적은 선수

3) 도움(Assist) 개인기록순위 결정의 우선 순서는 다음과 같다.

①최다도움선수 ②출전경기가 적은 선수 ③출전시간이 적은 선수

**제31조 (시상)_** 1. 본 대회의 단체상 및 개인상 시상내역은 다음과 같다.

| 구분 | | 시상내역 | 비고 |
|---|---|---|---|
| 단체상 | 우승 | 상금 100,000,000원 + 트로피 + 메달 | |
| 개인상 | 최다득점선수 | 상금 3,000,000원 + 상패 | 대회 개인기록 |
| | 최다도움선수 | 상금 1,500,000원 + 상패 | 대회 개인기록 |

2. 우승 트로피 및 각종 메달 수여는 다음과 같다.

1) 우승 클럽(팀)에 본 대회 우승 트로피가 수여되며, 해당 트로피는 클럽(팀)에 영구 귀속된다.

2) 연맹은 아래와 같이 메달을 수여한다.

① 대상: 클럽의 K리그에 등록된 선수 및 코칭스태프(우승 확정일 기준)

② 개수:: 인당 1개씩 수여

**제32조 (출전자격)_** 1. K리그 선수규정 5조에 의거하여 선수 등록을 완료한 선수만이 공식경기에 출전할 자격을 갖는다.

2. K리그 선수규정 6조에 의거하여 연맹에 등록을 완료한 코칭스태프 및 팀 스태프 중 출전선수명단에 등재된 자만이 공식경기 중 벤치에 착석할 수 있으며, 경기 중 기술지역에서의 선수지도행위는 1명만이 할 수 있다(통역 1명 대동 가능).

3. 제재 중인 지도자(코칭스태프, 팀 스태프 포함)는 다음 항목을 준수하여야 한다.

1) 출전정지제재 중이거나 경기 중 퇴장 조치된 코칭스태프는 공식경기에서 관중석을 제외한 지역에 대해 출입이 제한되며, 경기 전 훈련지도 및 경기 중 전자장비 사용을 포함한 어떠한 지도(지시)행위도 불가하다.

2) 징계 중인 지도자(원정팀 포함)가 경기를 관전하고자 할 경우, 홈 클럽은 본부석 쪽에 좌석을 제공하여야 하며, 해당 지도자의 안전을 위한 조치를 취해야 한다.

3) 상기 제1호를 위반할 경우, 연맹 상벌규정 제12조 제2항에 해당하는 제재를 부과할 수 있다.

4. 경고, 퇴장, 상벌위원회 징계 등에 따라 출전이 정지된 선수, 코칭스태프, 팀 스태프의 출전으로 인한 모든 책임은 해당 클럽에 있다.

5. 준프로 계약을 체결한 선수의 공식경기 출전은 선수규정 부칙 및 '유소년 클럽 소속 선수의 프로경기 출전을 위한 계약 세칙'을 따른다.

**제33조 (출전선수명단 제출의무)_** 1. 공식경기에 참가하는 홈 클럽과 원정 클럽은 경기개시 90분 전까지 경기감독관에게 출전선수명단을 제출하여 승인을 받아야 하며, 출전선수 스타팅 포메이션(Starting Formation)을 별지로 함께 제출하여야 한다.

2. 출전선수명단에는 출전 선수, 코칭스태프 및 팀 스태프 명단, 유니폼 색상이 포함되어야 하며, 제출된 인원만이 해당 공식경기 출전과 팀 벤치 착석 및 기술지역 출입, 선수 지도를 할 수 있다. 단, 출전선수명단에 등재할 수 있는 코칭스태프 및 팀 스태프의 수는 13명까지로 하며 스카우트, 전력분석관, 장비담당자는 벤치에 착석할 수 없다.

3. 출전선수명단 승인 후에는 선수명단 변경을 할 수 없다. 다만, 경기 개시 전에 선발 출전선수 중 부상 등의 불가피한 사유로 경기출전이 불가능한 선수가 발생한 경우에 그 선발 선수를 후보 선수와 교체할 수 있다.

4. 본 대회의 출전선수명단은 18명을 원칙으로 하며, 다음 사항을 반드시 준수하여야 한다.

1) 골키퍼(GK)는 반드시 국내 선수이어야 하며, 후보 골키퍼(GK)는 반드시 1명이 포함되어야 한다.

2) 외국 국적 선수의 경우, 출전선수명단에 최대 5명까지 등록할 수 있으며 경기 동시 출전은 최대 4명까지 가능하다. 단, AFC 가맹국 국적의 외국 국적 선수와 ASEAN 가맹국 국적의 외국 국적 선수 각각 1명에 한하여 추가 등록과 출전이 가능하다.

3) 국내 U22(2003.01.01 이후 출생자) 국내선수는 출전선수명단에 최소 2명 이상 포함(등록)되어야 한다. 만일 국내 U22 선수가 출전선수명단에 포함되어 있지 않을 경우, 해당 인원만큼 출전선수명단에서 제외한다(즉, 국내 U22 선수가 1명 포함될 경우 출전선수명단은 17명으로 하며, 전혀 포함되지 않을 경우 출전선수명단은 16명으로 한다).

4) 출전선수명단에 포함된 국내 U22 선수 1명은 반드시 의무선발출전을 해야 한다. 만일 국내 U22 선수가 의무선발출전을 하지 않을 경우, 선수교체 가능인원은 4명으로 제한한다.

5) 홈그로운 선수 중 2003.01.01. 이후 출생자는 국내 U22선수로 간주하여 의무선발출전 제도의 적용을 받는다.

6) 클럽에 등록된 국내 U22 선수가 KFA 각급 대표팀 선수로 소집(소집일 ~ 해산일)될 경우, 해당 클럽은 소집 기간 동안에는 의무선발출전 규정(상기 4호)과 차출된 수(인원)만큼 엔트리 등록 규정도 적용받지 않는다. 단, 소집된 선수가 경고누적, 퇴장, 징계 등으로 인하여 출장정지 중인 경우에는 이 규정을 적용하지 않는다.

| U22 선수 각급대표 소집 인원 | 출전선수명단(엔트리) | | U22선수 | | 선수교체 가능인원 |
|---|---|---|---|---|---|
| | U22선수 포함 인원 | 등록가능인원 | 의무 선발 | 교체 출전 | |
| 0명 | 0명 | 16명 | - | - | 2명 |
| | 1명 | 17명 | 0명 | 무관 | 2명 |
| | | | 1명 | - | 3명 |
| | 2명 이상 | 18명 | 0명 | 무관 | 2명 |
| | | | 1명 | - | 3명 |
| | | | | 1명 이상 | 5명 |
| | | | 2명 이상 | 무관 | 5명 |
| 1명 | 0명 | 17명 | - | - | 3명 |
| | 1명 이상 | 18명 | 0명 | 1명 이상 | 5명 |
| | | | 1명 이상 | 무관 | 5명 |
| 2명 이상 | 0명 | 18명 | 0명 | 무관 | 5명 |

5. 순연 경기 및 재경기(90분 재경기에 한함)의 출전선수명단은 다시 제출하여야 한다.

**제34조 (일반 선수교체)_** 1. 본 대회의 선수 교체는 경기감독관이 승인한 출전선수명단에 의해 후보선수명단 내에서만 가능하다.

2. 본 대회요강 제33조 4항 4호에 의거, 국내 U22 선수가 선발출전하지 않을 경우, 해당 클럽은 최대 2명만 선수교체가 가능하다. 이를 위반할 경우, 제20조 2항~4항에 따른다.

3. 상기 2항을 준수한 경우 선수 교체는 90분 경기에서 3명까지 가능하나, 후보 명단에 포함된 U22 선수가 교체출전하는 경우에 한하여 교체가능 인원은 최대 5명까지 가능하다. 단, 이 경우 반드시 4번째 교체명단 내에 U22 선수가 포함되어져야 하며, 만약 선발로 U22 선수가 2명 이상 출전 시에는 교체 출전 여부와 관계없이 최대 5명의 선수교체가 가능하다.

4. 선수 교체 횟수는 경기 중에 최대 3회 가능하며, 하프타임 종료 후 후반전 킥오프 전에 한 차례 추가로 선수교체가 가능하다.

5. 출전선수명단 승인(경기감독관 서명) 후, 선발출전선수 11명 중 경기출전이 불가한 선수가 발생할 경우, 전반전 킥오프 전까지 경기감독관의 승인하에 출전선수명단의 교체 대상선수 7명에 한하여 해당 선수와 교체할 수 있으며, 교체된 선수는 후보선수명단으로 포함되나 해당 경기에 출전할 수 없다.

1) 상기 5항의 경우 선수교체 인원으로 적용되지 않으며, 3명의 선수교체 가능 인원 수는 유효하다.

2) 선발출전선수 11명 중 국내 U22(2003.01.01 이후 출생자) 의무선발출전선수가 출전이 불가하여 후보 선수명단 내의 국내 U22 선수와 교체될 경우 선수교체 가능인원은 3명으로 유지되며, 이 경우 별도의 U22 선수가 출전선수명단에 없다면 상기 3항은 적용할 수 없다. 단, 국내 U22 선수가 아닌 선수와 교체될 경우 제33조 4항 4)호에 의하여 선수교체 가능인원은 2명으로 제한한다.

3) 출전선수명단 내 교체 대상선수 7명 중 경기출전이 불가한 선수가 발생하더라도 해당 선수는 명단 외 선수와 교체할 수 없다.

**제35조 (뇌진탕 교체)_** 1. 클럽은 경기 중인 선수가 뇌진탕 증세를 보일 경우, 이미 사용된 교체 횟수 및 선수 숫자와 무관하게 경기당 최대 1명의 선수교체(이하 '뇌진탕 교체')가 가능하다. 단, 클럽이 '뇌진탕 교체'와 동시에 '일반 교체'를 하는 경우, 이는 '일반 교체' 기회 중 하나를 사용한 것으로 간주한다.

2. 뇌진탕 또는 뇌진탕 증세로 의심되는 선수는 더 이상 경기에 참여할 수 없으며, 선수대기실 혹은 의료시설로 이동해야 한다.

3. 클럽이 '뇌진탕 교체'를 하는 경우, 상대 클럽은 사유와 상관없이 '추가 교체' 선수를 사용할 수 있고 '추가 교체' 기회를 받는다. 상대 클럽의 '추가 교체' 기회는 '추가 교체' 선수 1인에 대하여만 사용할 수 있고, '추가 교체' 기회를 사용하여 '일반 교체'를 진행할 수 없다.

4. '뇌진탕 교체'는 팀(의료진, 코칭스태프 등)이 결정하며 심판진은 '뇌진탕 교체' 여부를 결정하는 의사결정에 개입하지 않는다. '뇌진탕 교체'가 부적절하게 이루어진 것으로 판단되면 심판진은 경기 종료 후 대한축구협회에 제출하는 심판보고서에 기재하여야 한다.

5. '뇌진탕 교체'로 국내 U22선수(2003.01.01 이후 출생자)가 투입될 경우, 국내 U22선수 투입에 따른 교체 가능 인원 변동은 동일하게 적용된다. 클럽의 '뇌진탕 교체'에 따른 상대 클럽의 '추가 교체' 선수로 국내 U22선수

가 투입될 경우도 교체 가능 인원 변동은 동일하게 적용된다.

6. '뇌진탕 교체'의 경우라도 외국인 선수 출전 규정을 준수하여야 한다.
7. '뇌진탕 교체' 된 선수는 의료진에게 충분한 검사 및 치료를 받고 훈련 복귀 및 경기출전이 문제없다는 확인을 의사에게 진단받아야 한다. 또한, 해당 선수가 경기 출전을 위해서는 출전 대상 경기 1일 전까지 경기 출전이 가능함을 증명하는 진단서를 연맹에 제출하여야 한다.
8. '뇌진탕 교체'와 '추가 교체'는 연맹이 지정한 교체 용지를 사용하여 실시한다.
9. 본 조에 명시되지 않은 사항은 '2024/25 IFAB 경기규칙서'의 내용에 따른다.

**제36조 (주장만 심판에 접근 가능)_** 1. 각 팀에서 한 명의 선수(일반적인 경우 주장)만이 주심에게 접근할 수 있으며, 주장 이외의 선수가 주심에게 접근하거나 주심을 둘러싸는 경우 주심은 해당 선수에게 경고를 줄 수 있다.

2. 주장을 포함한 모든 선수는 주심에게 언어나 행동으로 과격하게 항의를 할 경우 경고를 받을 수 있다.
3. 주장 외의 선수라도 경기 중 사건에 직접적인 관련이 있는 선수(해당 선수가 반칙을 저지른 경우, 반칙을 당한 경우, 부상을 당한 경우 등)는 주심과 소통할 수 있다. 단, 일반적인 소통이 아닌 언어나 행동으로 과격하게 항의를 한 선수는 경고를 받을 수 있다.
4. 골키퍼가 주장인 경우, 코인 토스 전에 주심에게 골키퍼를 대신하여 주심에게 접근할 선수를 지정하여 알려야 하며, 지정된 선수가 교체되거나 퇴장당한 경우 다른 선수를 지정해야 한다.

**제37조 (출전정지)_** 1. 본 대회에서 경고누적에 의한 출전정지 및 퇴장(경고 2회 퇴장, 직접 퇴장, 경고 1회 후 직접 퇴장)에 의한 출전정지는 본 대회(K리그2 플레이오프 포함) 종료까지 연계 적용한다.

2. 선수는 처음 각 5회, 3회의 경고누적 시 다음 1경기가 출전정지 되며, 이후 매 2회 누적마다 다음 1경기 출전정지와 제재금 삼십만 원(300,000원)이 부과된다. 코칭스태프의 경우, 처음 각 3회, 2회의 경고누적 시 1경기의 출전정지 제재가 적용되며, 이후 매 경고 1회마다 다음 1경기 출전정지 된다.
3. 1경기 경고 2회 퇴장에 의한 출전정지는 다음 1경기가 출전 정지되며, 제재금은 오십만 원(500,000원)이 부과된다. 이 경고는 누적에 산입되지 않는다.
4. 직접 퇴장에 의한 출전정지는 다음 2경기가 출전 정지되며, 제재금은 칠십만 원(700,000원)이 부과된다.
5. 경고 1회 후 직접 퇴장에 의한 출전정지는 다음 2경기가 출전 정지되며, 제재금은 일백만 원(1,000,000원)이 부과된다. 경고 1회는 유효하며, 누적에 산입된다.
6. 제재금은 연맹이 지정한 기일까지 구단 혹은 해당자 명의로 납부하여야 한다. 이를 위반할 경우, 경기에 출전할 수 없다..
7. 상벌위원회 징계로 인한 출전정지는 시즌 및 대회에 관계없이 연계 적용한다.
8. 선수이면서 코칭스태프로 등록된 자가 선수로서 출장정지제재를 받은 경우 그 제재의 이행을 완료할 때까지 코칭스태프로서 경기에 출장할 수 없다. 코칭스태프로서 출장정지제재를 받은 경우에도 그 제재의 이행을 완료할 때까지 선수로서 경기에 출장할 수 없다.
9. 선수이면서 코칭스태프로 등록된 자의 경고누적으로 인한 출장정지 및 제재금 부과 기준은 코칭스태프의 예에 따르며, 누적에 산입되는 경고의 횟수는 선수로서 받은 경고와 코칭스태프로서 받은 경고를 모두 더한 것으로 한다.
10. 경고, 퇴장, 상벌위원회 징계 등에 따라 출전이 정지된 선수, 코칭스태프, 팀 스태프의 출전으로 인한 모든 책임은 해당 클럽에 있다.

**제38조 (유니폼)_** 1. 본 대회는 K리그 마케팅 규정상의 팀 색상 및 유니폼 규정에 따라 반드시 연맹이 승인하고 지정한 유니폼을 착용해야 한다.

2. 선수 번호(배번은 1번~99번으로 한정하며, 배번 1번은 GK에 한함)는 출전선수명단에 기재된 선수 번호와 일치하여야 하며, 배번의 식별이 가능하도록 명확하게 표시되어 있어야 한다. 단, 특별한 사유에 따라 연맹에 사전 승인을 득한 경우 1번~99번 이외 배번 사용이 가능하다.
3. 팀의 주장은 주장인 것을 명확하게 표시하는 완장(Armband)을 착용하여야 한다.
4. 공식경기에 참가하는 모든 클럽은 제1유니폼과 제2유니폼을 필히 지참함을 원칙으로 하며, 경기 전 연맹(경기감독관) 및 상대 클럽과 유니폼 착용색상과 관련하여 사전 조율하여야 한다. 조율이 되지 않을 경우, 연맹(경기감독관)이 최종 결정한다. 이를 따르지 않을 경우 위반한 클럽에 제재금 500만 원을 부과할 수 있다.
5. 유니폼 안에 착용하는 이너웨어의 색상은 아래 각 호에 따른다.
   1) 상의 이너웨어의 색상은 유니폼 상의 소매의 주색상과 일치해야 한다. 단,유니폼 상의 소매 부분의 주색상이 상대팀 유니폼의 주색상과 동일하거나 유사할 경우에는 유니폼 상의의 주색상으로 착용할 수 있다. 이를 위반할 경우 공식경기 출전이 불가하다.
   2) 하의 이너웨어의 색상은 반드시 하의 주 색상 또는 하의 끝부분의 색상과 동일해야 하고, 이를 위반할 경우 공식경기 출전이 불가하다.
6. 스타킹과 발목밴드(테이핑)는 동일 색상(계열)이어야 한다. 이를 위반할 경우 심판은 시정을 명할 수 있고, 이에 불응할 경우 경기출전을 금지시킬 수 있다.

**제39조 (사용구)_** 본 대회의 공식 사용구는 코넥스트 25 프로(CONEXT 25 PRO)로 한다.

**제40조 (경기관계자 미팅)_** 1. 경기 시작 60~50분 전(양 팀 감독 인터뷰 진행 전) 경기감독관실에서 실시한다.

2. 참석자는 해당 경기의 경기감독관, 심판평가관, 주심, 양 팀 감독, 양 팀 팀매니저, 홈경기 운영자(필요시)로 한다.
3. 주요내용은 아래와 같다.
   1) 경기와 관련한 리그의 주요방침
   2) 판정 가이드라인 등 심판판정에 관한 사항
   3) 기타 해당경기 특이사항 공유

**제41조 (경기 전·후 인터뷰 및 기자회견)_** 1. 홈 클럽은 공동취재구역인 믹스드 존(Mixed Zone)과 기자회견실을 반드시 마련하고, 양 클럽 홍보담당자는 경기 전 인터뷰, 경기 후 플래시인터뷰, 공식기자회견, 믹스드 존 인터뷰가 원활히 이뤄질 수 있도록 협조하여야 한다.

2. 취재기자는 경기 킥오프 90분 전부터 60분 전까지 홈 클럽이 지정한 장소(라커룸 출입구 인근 통로, 그라운드 진입 통로, 그라운드 주변 등)에서 양 클럽 선수단에게 질문할 수 있고, 선수의 동의하에 인터뷰를 할 수 있다.
3. 경기 중계방송사(HB)는 아래 각 호의 인터뷰를 실시할 수 있으며, 양 클럽은 인터뷰 실시에 적극 협조한다.
   1) 경기 킥오프 전 70분 내지 60분 전 양 클럽 감독 대상 인터뷰
   2) 경기 전반전 종료 직후 양 클럽 감독 또는 수훈선수 대상 인터뷰
   3) 경기 후반전 종료 직후 양 클럽 감독 또는 수훈선수 대상 인터뷰
4. 경기 당일 중계방송을 하지 않는 중계권 보유 방송사(RTV)는 경기 후반전 종료 후 양 팀의 감독 또는 수훈선수를 대상으로 하는 인터뷰를 실시할 수 있으며, 양 클럽은 인터뷰 실시에 적극 협조한다. 단, RTV의 인터뷰는 HB의 인터뷰가 종료된 후에 실시한다.
5. 홈 클럽은 경기 킥오프 50분 전부터 30분 전까지 라커룸 출입구 인근 통로에서 양 팀 감독과 취재기자가 참석하는 경기 전 인터뷰를 실시한다. 단, 위 장소에서 사전 인터뷰를 진행하기 어려운 사정이 있을 경우 구단은 다른 장소에서 인터뷰를 실시할 수 있다. 이 경우 사전에 취재기자들에게 인터뷰 장소를 공지하여야 한다.
6. 홈 클럽은 경기 종료 후 20분 이내에 경기장 내 기자회견실에서 양 클럽의 감독과 미디어가 요청하는 수훈선수가 참석하는 공식기자회견을 개최한

다. 단, 수훈선수는 경기에 참가한 선수에 한한다. 양 클럽 홍보담당자는 감독 및 미디어 요청 선수가 공식기자회견에 참석할 수 있도록 협조한다.

7. 공식 기자회견의 순서는 원정 - 홈 클럽 순으로 진행하는 것을 원칙으로 하되, 양 클럽 홍보담당자의 합의에 따라 변경할 수 있다.

8. 미디어 부재로 공식기자회견을 개최하지 않은 경우, 홈 클럽 홍보담당자는 양 클럽 감독의 코멘트를 경기 종료 1시간 이내에 각 언론사에 배포한다.

9. 출장정지제재 중이거나 경기 중 퇴장 조치된 코칭스태프는 공식경기 당일 위 제1항의 활동을 포함한 모든 미디어 인터뷰 활동을 해서는 안 되고, 업무대행자가 각 활동을 대신 수행해야 한다.

10. 홈 클럽은 경기 종료 후 양 팀 선수단이 라커룸에서 나와 차량에 탑승하기 위해 이동하는 동선에 믹스드 존을 설치한다. 양 클럽 선수단은 공식기자회견이 종료된 이후에 라커룸을 출발하여 믹스드 존을 통과해야 한다. 믹스드 존에서는 미디어가 선수에게 질문할 수 있다.

11. 모든 기자회견은 연맹이 지정한 인터뷰 배경막(백드롭)을 배경으로 실시하여야 한다.

12. 인터뷰를 실시하지 않거나 공식기자회견에 참석하지 않을 경우, 해당 클럽과 선수, 감독에게 제재금(50만 원 이상)을 부과할 수 있다.

13. 인터뷰에서는 경기의 판정이나 심판과 관련하여 일체의 부정적인 언급이나 표현을 할 수 없으며, 위반 시 다음 각 호에 의한다.

 1) 각 클럽 소속 선수, 코칭스태프, 팀 스태프, 임직원 등 모든 관계자에게 적용되며, 위반할 시 상벌규정 유형별 징계기준 제2조 가. 항 혹은 나. 항을 적용하여 제재를 부과한다.

 2) 공식 인터뷰뿐만 아니라 대중에게 공개될 수 있는 어떠한 경로를 통한 언급이나 표현에도 적용된다.

14. 그 밖의 사항은 '2025 K리그 미디어 가이드라인'을 준수하여야 한다.

15. '2025 K리그 미디어 가이드라인'을 준수하지 않을 경우, 해당시즌 팀 미디어 운영에 제한을 받을 수 있다.

**제42조 (중계방송협조)**_ 홈 클럽은 경기시작 4시간 전부터 경기종료 후 1시간까지 연맹, 심판, 선수, 스폰서, 중계제작사, 미디어를 포함한 모든 경기 관계자가 원활한 경기진행 및 중계방송을 위해 요청하는 시설 및 서비스를 반드시 제공해야 할 책임이 있다.

2. 홈경기 담당자는 중계제작사의 도착시간을 기점으로 TV컴파운드(TV Compound)에 중계제작에 필요한 전력(단상(220V) 또는 3상 4선식(380V), 배전함 메인 전원 최소 100A 이상, 배선차단기 및 백업 전압(UPS 또는 발전기) 모두 구비)을 공급해야 하며, OB밴 주차 및 설치를 위해 평지의 대형 중계차가 가능한 구역을 확보하고, OB밴의 밤샘 주차가 필요한 경우 이에 대한 관리 및 경비를 시행해야 한다. 홈경기 담당자는 중계제작사의 요청 시 중계제작사의 요구조건에 부합하는 조명을 제공해야 하며, 별도의 취소 요청이 있을 때까지 이를 유지해야 한다.

3. 홈 클럽은 중계방송의 원활한 제작과 송출을 위해 HB 전용 별도의 '중계방송사룸'(미디어룸과 별개)을 반드시 마련하여야 하며, 중계에 필요한 케이블 시설 공간, 각종 전송용 기자재를 반드시 제공해야 한다. 이 외, 기타 중계방송에 필요한 시설 또는 설비의 경우 HB에 우선 사용권을 부여한다.

4. 홈경기 담당자와 경기감독관 또는 대기심(매치 오피셜 - Match Officials)은 팀 벤치 앞 터치라인(Touchline) 및 대기심(4th official) 테이블 근처에 위치한 피치사이드 카메라(표준 카메라 플랜 기준 3, 4, 5번 카메라)와 골대 근처에 위치한 카메라(8, 9, 10번 카메라)에 대한 리뷰를 진행해야 한다. 만약 담당자들 간의 의견이 합의점을 찾지 못할 경우, 경기감독관이 최종 결정을 내린다. 단, 3번 피치사이드 카메라의 경우 일반 카메라일 시 3번 카메라의 위치는 팀 벤치 및 대기심 테이블과 동일 선상을 이루어야 하며, 하프라인을 기준으로 좌측에 위치한다(우측은 대기심 테이블 위치). 3번 피치사이드 카메라가 로보디 카메라인 경우, 카메라가 피치 중앙, 대기심이 카메라 뒤에 위치한다.

5. 홈 클럽은 사전에 연맹과 협의하에 지정한 표준 카메라 포지션은 반드시 고정하고 유지하여야 하며, 모든 카메라 포지션은 안전을 위한 안정적 플랫폼 및 우천시를 대비한 가림막 공간 또는 설비를 마련하여야 한다. 또한, 일부 경기에 한하여 기존 중계장비 이외의 특수 카메라 설치가 필요할 시 최대한 협조한다.

6. 중계제작사는 버스 도착 시 양 팀 감독과 인터뷰를 진행할 권리를 가지고 있으며, 인터뷰는 버스 도착지점과 드레싱룸 사이 공간에 K리그가 제공하는 인터뷰 백드롭 앞에서 진행해야 한다. 인터뷰는 킥오프 전 60분~20분 사이에 진행하며, 진행시간은 90초 이내로 최대 3개의 질문을 초과할 수 없다. 만약 감독 또는 감독대행이 외국인인 경우, 해당 팀은 통역 인원을 준비해야 한다.

7. 중계제작사는 경기종료 시 감독 또는 선수 중 양 팀 각각 1인과 인터뷰를 진행할 권리를 가지고 있으며, 인터뷰는 피치 또는 피치와 드레싱룸 사이 공간에 K리그가 제공하는 인터뷰 백드롭 앞에서 진행해야 한다. 중계제작사는 최소 경기 종료 15분 전까지, 양 클럽 홍보 담당자(Media Officer)에게 희망 인터뷰 선수를 전달한다. 양 클럽 홍보 담당자는 감독과 인터뷰 요청 선수를 경기종료 즉시 인터뷰 백드롭 앞으로 인계해야 한다. 만약 감독 또는 감독대행이 외국인인 경우, 해당 팀은 통역 인원을 준비해야 한다.

8. 백드롭은 2.5m × 2.5m 사이즈로 리그 로고와 스폰서 로고를 포함한 디자인으로 제작된다. 연맹에서 각 클럽에 제공하며, 홈 클럽에게 관리의 책임이 있다. 감독 도착 인터뷰 및 하프타임과 경기 종료 후 피치사이드[Pitchside]의 플래시 인터뷰 시 각 팀은 K리그 공식 백드롭을 필수로 사용해야 한다.

9. 그 밖의 중계방송 관련 사항은 'K리그 중계방송제작가이드라인'을 준수해야 한다.

**제43조 (경기장 안전과 질서유지)**_ 1. 홈 클럽은 경기개시 2시간 전부터 경기 종료 후 모든 관중 및 관계자가 퇴장할 때까지 선수, 팀 스태프, 심판을 비롯한 전 관계자와 관중의 안전 및 질서 유지에 대한 의무와 책임이 있다.

2. 홈 클럽은 상기 1항의 의무 실시를 위해 최선의 노력을 다해야 하며, 경기장 안전 및 질서를 어지럽히는 관중에 대해 그 입장을 제한하고 강제 퇴장시키는 등의 적정한 조치를 취할 수 있다.

3. 연맹, 클럽, 선수, 코칭스태프 및 팀 스태프, 관계자를 비방하는 사안이나, 경기진행 및 안전에 지장을 줄 수 있는 모든 사안에 대해 관련 클럽은 즉각 이를 시정 조치하여야 한다.

4. 경기감독관은 상기 3항에 해당하는 사안을 경기 중 또는 경기 전·후에 발견하였을 경우 관련 클럽에 시정 조치를 요구할 수 있으며, 관련 클럽은 경기감독관의 지시에 따라야 한다.

5. 상기, 3·4항의 사안이 시정 조치되지 않을 경우, 상벌규정 유형별 징계기준 제5조 마.항 및 바.항에 의거, 해당 클럽에 제재를 부과할 수 있다.

6. 관중의 소요, 난동으로 인해 경기 진행에 문제가 발생하거나, 선수, 심판, 코칭스태프 및 팀 스태프, 미디어를 비롯한 관중의 안전과 경기장 질서 유지에 문제가 발생할 경우에는 관련 클럽이 사유를 불문하고 그에 대한 일체의 책임을 부담한다.

7. 홈 클럽은 선수단 구역과 양 팀 선수대기실 출입구에 경호요원을 상시 배치하여야 한다, 또한 해당 구역을 확인할 수 있는 CCTV를 설치해야 하며, 관련 영상을 15일간 보관해야 한다.

8. 연맹에서 제정한 '안전 가이드라인'을 준수하지 않을 경우, 상벌규정 유형별 징계 기준 제5조 바 항 및 사 항에 의거 해당 클럽에 제재를 부과할 수 있다.

**제44조 (홈경기 관리책임자, 홈경기 안전책임자 선정 및 경기장 안전요강)**_ 모든 클럽은 경기장 안전 및 원활한 진행을 위해 홈경기 관리책임자 및 홈경기 안전책임자를 선정하여 연맹에 보고하여야 하며, 아래의 경기장 안전요강을 숙지하여 실행하고 관중에게 사전 공지 또는 고지하여야 한다. 또한 홈경기 관리책임자 및 홈경기 안전책임자는 경기감독관의 업무 및 지시 사항에 대해 최대한 협조하여야 한다.

1. 반입금지물: 경기장에 입장하려는 사람 또는 입장한 사람은 홈경기 관리책임자 및 홈경기 안전책임자가 특별히 필요 사항에 의해 허락했을 경우를 제외하고 다음의 각 호에 명시된 것을 가지고 입장할 수 없다.
   1) 경기장 관리자에 의해 반입을 금지하고 있는 것
   2) 정치적, 사상적, 종교적인 주의 또는 주장 또는 관념을 표시하거나 또는 연상시키고 혹은 대회의 운영에 지장을 미칠 우려가 있는 게시판, 간판, 현수막, 플래카드, 문서, 도면, 인쇄물 등
   3) 연맹의 승인을 득하지 않은 특정의 회사 또는 영리기업의 광고를 목적으로 하여 특정의 회사명, 제품명 등을 표시한 것(특정 회사, 제품 등을 연상시키는 것 포함)
   4) 그 외 경기운영 또는 진행을 방해하여 타인에게 불편을 주거나 또는 위험하게 하거나 혹은 그러한 우려가 있거나 또는 운영담당·보안담당, 경비종사원이 위험성을 인정하는 것
2. 금지행위: 경기장에 입장하려는 사람 또는 입장한 사람은 홈경기 관리책임자 및 홈경기 안전책임자가 특별히 필요 사항에 의해 허락했을 경우를 제외하고는 다음의 각 호에 명시되는 행위를 해서는 안 된다.
   1) 경기장 관리자에 의해 금지되고 있는 행위
   2) 정당한 입장권 또는 통행증을 소지하지 않고 입장하는 것
   3) 항의 집회, 데모 등 대회의 원활한 운영을 저해할 우려가 있는 행위
   4) 알코올, 약물 그 외 물질을 소유 및 복용한 상태로 경기장에 입장하는 행위 또는 경기장에 이러한 물질을 방치해 두어 이것들의 영향에 의해 경기운영 또는 타인의 행위 등을 저해하는 행위(알코올 등의 영향에 의해 정상적인 행위를 할 수 없는 우려가 있는 상태일 경우 입장 불가)
   5) 해당 경기장(시설) 및 관련 장소에서 권유, 연설, 집회, 포교 등의 행위
   6) 정해진 장소 외에서 차량을 운전하거나 주차하는 것
   7) 상행위, 기부금 모집, 광고물의 게시 등의 행위
   8) 정해진 장소 외에 쓰레기 및 오물을 폐기하는 것
   9) 연맹의 승인 없이 영리목적으로 경기장면, 식전행사, 관객 등을 사진 또는 비디오로 촬영하는 것
   10) 연맹의 승인 없이 대회의 음성, 영상의 전부 또는 일부를 인터넷 및 미디어를 통해 전달하는 것
   11) 경기운영 또는 진행을 방해하여 타인에게 폐를 끼치거나 또는 위험을 미치거나 혹은 그러한 우려가 있으면서 경비종사원이 위험성을 인정한 행위
3. 경기장 관련: 경기장에 입장하려는 사람 또는 입장한 사람은 다음의 각 호에 명시하는 사항을 준수하여야 한다.
   1) 입장권, 신분증, 통행증 등의 제시가 요구되었을 때는 이것을 제시해야 함
   2) 안전 확보를 위해 수화물, 소지품 등의 검사가 요구되었을 때는 이것에 따라야 함
   3) 사건·사고가 발생하거나 또는 발생 우려가 예상되는 경우, 경비 종사원 또는 치안 당국의 지시, 안내, 유도 등에 따라 행동할 것
4. 입장거부 또는 퇴장명령
   1) 홈경기 관리책임자 및 홈경기 안전책임자는 상기 3항의 경기장 안전요강을 위반한 사람의 입장을 거부하여 경기장으로부터의 퇴장을 명할 수 있으며, 상기 3항에 의거하여 반입금지물 몰수 등 필요한 조치를 취할 수 있다.
   2) 홈경기 관리책임자 및 홈경기 안전책임자는 상기 4항 1호에 해당하는 사람 중에서 특히 고의, 상습으로 확인된 사람에 대해서는 이후 개최되는 연맹 주최의 공식경기에 입장을 거부할 수 있다.
   3) 홈경기 관리책임자 및 홈경기 안전책임자에 의해 입장이 거부되거나 경기장에서 퇴장을 받았던 사람은 입장권 구입 대금의 환불을 요구할 수 없다.
5. 권한의 위임: 홈경기 관리책임자는 특정 시설에 대해 그 권한을 타인에게 위임할 수 있다.
6. 안전 가이드라인 준수: 모든 클럽은 연맹이 정한 'K리그 안전가이드라인'을 준수하여야 한다.

**제45조 (기타 유의사항)**_ 각 클럽은 아래의 사항을 숙지하고 준수하여야 한다.

1. 모든 취재 및 방송중계 활동을 위한 미디어 관련 입장자는 2025 K리그 미디어 가이드라인을 준수하여야 한다.
2. 경기에 참가하는 선수단(코칭스태프, 팀 스태프 포함)은 경기시작 100분 전에 경기장에 도착하여야 한다.
3. 오픈경기 및 축구클리닉 등 경기 진행에 영향을 미치는 행사는 본 경기 개최 1시간(60분) 전까지 반드시 종료되어야 하며, 연맹에 사전 승인을 받아야 한다.
4. 선수는 신체보호를 위해 반드시 정강이 보호대를 착용하고 경기에 임해야 한다.
5. 경기 중 클럽의 임원, 코칭스태프, 팀 스태프, 선수는 경기장 내에서 흡연을 할 수 없으며, 이를 위반할 경우 퇴장 조치한다.
6. 시상식에는 연맹이 지정한 클럽(팀)과 수상 후보자가 반드시 참석하여야 한다.
7. 체육진흥투표권(스포츠토토 등) 발매 이상 징후 대응경보 발생 시, 경기시작 90분 전 대응 미팅에 관계자(경기감독관, 매치코디네이터, 양 클럽 관계자 및 감독) 등이 참석하여야 한다.
8. 경기 중, 교체대상 선수의 워밍업은 연맹이 사전에 지정한 장소에서 실시해야 한다.
9. 경기감독관은 하절기(6~8월) 기간 중, 쿨링 브레이크 제도(워터 타임)의 실시 여부를 결정할 수 있다. 감독관은 경기시작 20분 전 기온을 측정해 32도(섭씨) 이상일 경우, 심판진과 협의해 실시할 수 있다.
10. 심판 판정에 대한 제소는 불가하다.
11. 클럽은 경기 중 전력분석용 팀 카메라 1대를 상층 카메라구역에 설치할 수 있다. 원정 클럽이 팀 카메라를 설치하는 경우 홈 클럽에 승인을 득해야 한다.

**제46조 (부칙)**_ 본 대회요강에 명시되지 않은 사항은 K리그 규정, FIFA 규정, K리그 이사회 결정을 준용한다.

2월 22일 14:00 맑음 인천 전용 9,363명
주심_ 정회수 부심_ 박남수·장민호 대기심_ 박정호 경기감독관_ 허기태

**인천 2** | 0 전반 0 / 2 후반 0 | **0 경남**

| 퇴장 | 경고 | 파울 | ST(유) | 교체 | 선수명 | 배번 | 위치 | 위치 | 배번 | 선수명 | 교체 | ST(유) | 파울 | 경고 | 퇴장 |
|---|---|---|---|---|---|---|---|---|---|---|---|---|---|---|---|
| 0 | 0 | 0 | 0 | | 민성준 | 1 | GK | GK | 51 | 류원우 | | 0 | 0 | 1 | 0 |
| 0 | 0 | 1 | 1(1) | | 이주용 | 32 | DF | DF | 37 | 김선호 | | 1 | 0 | 0 | 0 |
| 0 | 0 | 0 | 0 | | 박경섭 | 23 | DF | DF | 2 | 박재환 | | 0 | 0 | 0 | 0 |
| 0 | 0 | 0 | 1(1) | | 김건희 | 4 | DF | DF | 15 | 우주성 | | 0 | 1 | 0 | 0 |
| 0 | 1 | 1 | 0 | 28 | 최승구 | 13 | DF | DF | 17 | 이준재 | 90 | 0 | 0 | 0 | 0 |
| 0 | 0 | 0 | 1(1) | 14 | 김보섭 | 27 | MF | MF | 16 | 이강희 | | 0 | 1 | 1 | 0 |
| 0 | 0 | 0 | 0 | 6 | 김도혁 | 7 | MF | MF | 88 | 헤난 | | 0 | 2 | 1 | 0 |
| 0 | 0 | 1 | 2(1) | | 이명주 | 5 | MF | MF | 24 | 조영광 | 7 | 2(1) | 0 | 0 | 0 |
| 0 | 0 | 2 | 4(4) | 17 | 제르소 | 11 | MF | FW | 70 | 폰세카 | 11 | 1(1) | 0 | 0 | 0 |
| 0 | 0 | 0 | 2(2) | 10 | 박승호 | 77 | FW | FW | 9 | 카릴 | | 0 | 0 | 0 | 0 |
| 0 | 1 | 1 | 10(7) | | 무고사 | 9 | FW | FW | 19 | 정충근 | 33 | 1 | 0 | 0 | 0 |
| 0 | 0 | 0 | 0 | | 황성민 | 21 | | | 1 | 고동민 | | 0 | 0 | 0 | 0 |
| 0 | 0 | 0 | 0 | | 델브리지 | 20 | | | 5 | 김형진 | | 0 | 0 | 0 | 0 |
| 0 | 0 | 0 | 0 | 후29 | 민경현 | 28 | | | 33 | 박원재 | 후20 | 0 | 0 | 0 | 0 |
| 0 | 0 | 0 | 0 | 후19 | 문지환 | 6 | 대기 | 대기 | 6 | 박한빈 | | 0 | 0 | 0 | 0 |
| 0 | 0 | 0 | 0 | 후43 | 이동률 | 10 | | | 7 | 송시우 | 후12 | 0 | 0 | 0 | 0 |
| 0 | 0 | 0 | 0 | 후19 | 바로우 | 14 | | | 11 | 박민서 | 후0 | 0 | 0 | 0 | 0 |
| 0 | 0 | 0 | 1(1) | 후29 | 김성민 | 17 | | | 90 | 이중민 | 후40 | 0 | 0 | 0 | 0 |
| 0 | 2 | 6 | 22(18) | | | 0 | | | 0 | | | 5(2) | 4 | 3 | 0 |

- 후반 36분 김건희 MFR ↷ 무고사 PAR 내 R-ST-G (득점: 무고사, 도움: 김건희) 가운데
- 후반 47분 바로우 PAL 내 ~ 김성민 GA 정면 R-ST-G (득점: 김성민, 도움: 바로우) 오른쪽

2월 22일 16:30 맑음 부산 구덕 4,101명
주심_ 안재훈 부심_ 이영운·이상길 대기심_ 원명희 경기감독관_ 허태식

**부산 0** | 0 전반 0 / 0 후반 0 | **0 김포**

| 퇴장 | 경고 | 파울 | ST(유) | 교체 | 선수명 | 배번 | 위치 | 위치 | 배번 | 선수명 | 교체 | ST(유) | 파울 | 경고 | 퇴장 |
|---|---|---|---|---|---|---|---|---|---|---|---|---|---|---|---|
| 0 | 0 | 0 | 0 | | 구상민 | 1 | GK | GK | 31 | 손정현 | | 0 | 0 | 0 | 0 |
| 0 | 0 | 0 | 1 | 17 | 정호근 | 4 | DF | DF | 4 | 이인재 | 5 | 0 | 0 | 0 | 0 |
| 0 | 0 | 1 | 0 | | 조위제 | 20 | DF | DF | 77 | 채프먼 | | 0 | 0 | 0 | 0 |
| 0 | 0 | 0 | 0 | | 장호익 | 77 | DF | DF | 3 | 박경록 | | 1 | 1 | 0 | 0 |
| 0 | 1 | 1 | 0 | | 김진래 | 63 | MF | MF | 98 | 김민식 | | 1 | 1 | 1 | 0 |
| 0 | 0 | 1 | 0 | | 임민혁 | 8 | MF | MF | 7 | 이상민 | 13 | 0 | 2 | 0 | 0 |
| 0 | 0 | 1 | 0 | 6 | 사비에르 | 7 | MF | MF | 23 | 최재훈 | 72 | 1(1) | 2 | 0 | 0 |
| 0 | 0 | 0 | 0 | | 박창우 | 23 | MF | MF | 6 | 김지훈 | | 0 | 1 | 0 | 0 |
| 0 | 0 | 1 | 3(1) | | 빌레로 | 11 | FW | MF | 9 | 브루노 | 42 | 2 | 1 | 1 | 0 |
| 0 | 0 | 1 | 4(1) | | 곤잘로 | 9 | FW | FW | 24 | 루이스 | | 1 | 1 | 0 | 0 |
| 0 | 0 | 0 | 0 | 99 | 페신 | 10 | FW | FW | 10 | 플라나 | 8 | 0 | 2 | 0 | 0 |
| 0 | 0 | 0 | 0 | | 박대한 | 21 | | | 21 | 윤보상 | | 0 | 0 | 0 | 0 |
| 0 | 0 | 0 | 0 | 후24 | 전성진 | 17 | | | 5 | 이찬형 | 전19 | 0 | 0 | 0 | 0 |
| 0 | 0 | 0 | 0 | 후24 | 이동수 | 6 | | | 13 | 이종현 | 후0 | 1(1) | 1 | 0 | 0 |
| 0 | 0 | 0 | 0 | | 백가온 | 45 | 대기 | 대기 | 72 | 천지현 | 후36 | 0 | 0 | 0 | 0 |
| 0 | 0 | 0 | 0 | 후33 | 손석용 | 99 | | | 8 | 디자우마 | 후0 | 1 | 0 | 0 | 0 |
| 0 | 0 | 0 | 0 | | 윤민호 | 32 | | | 47 | 조성준 | | 0 | 0 | 0 | 0 |
| 0 | 0 | 0 | 0 | | 김현민 | 27 | | | 42 | 안창민 | 후41 | 0 | 0 | 0 | 0 |
| 0 | 1 | 6 | 8(2) | | | 0 | | | 0 | | | 8(2) | 12 | 2 | 0 |

2월 22일 14:00 맑음 천안 종합 2,764명
주심_ 오현진 부심_ 김종희·이화평 대기심_ 이경순 경기감독관_ 이경춘

**천안 0** | 0 전반 2 / 0 후반 0 | **2 전남**

| 퇴장 | 경고 | 파울 | ST(유) | 교체 | 선수명 | 배번 | 위치 | 위치 | 배번 | 선수명 | 교체 | ST(유) | 파울 | 경고 | 퇴장 |
|---|---|---|---|---|---|---|---|---|---|---|---|---|---|---|---|
| 0 | 0 | 0 | 0 | | 박주원 | 1 | GK | GK | 1 | 최봉진 | 33 | 0 | 0 | 0 | 0 |
| 1 | 0 | 0 | 0 | | 이웅희 | 3 | DF | DF | 13 | 김용환 | | 1(1) | 2 | 0 | 0 |
| 0 | 0 | 0 | 0 | | 강영훈 | 4 | DF | DF | 38 | 홍석현 | | 0 | 2 | 0 | 0 |
| 0 | 0 | 0 | 0 | | 김영선 | 26 | DF | DF | 23 | 김경재 | | 0 | 0 | 0 | 0 |
| 0 | 0 | 1 | 2(1) | | 이지훈 | 11 | DF | DF | 2 | 유지하 | | 0 | 1 | 0 | 0 |
| 0 | 0 | 0 | 1 | | 이종성 | 6 | MF | DF | 3 | 김예성 | | 1 | 2 | 0 | 0 |
| 0 | 0 | 1 | 0 | | 김원식 | 15 | MF | MF | 16 | 알베르띠 | | 2(1) | 0 | 0 | 0 |
| 0 | 0 | 0 | 0 | 5 | 이상준 | 7 | MF | MF | 14 | 윤민호 | 88 | 2(1) | 4 | 0 | 0 |
| 0 | 1 | 1 | 2(2) | 30 | 구종욱 | 14 | MF | MF | 10 | 발디비아 | | 4(1) | 0 | 0 | 0 |
| 0 | 0 | 1 | 1(1) | | 이정협 | 18 | FW | FW | 9 | 하남 | 17 | 2(1) | 2 | 0 | 0 |
| 0 | 1 | 2 | 1(1) | 16 | 명준재 | 17 | FW | FW | 99 | 정강민 | 70 | 2(2) | 0 | 0 | 0 |
| 0 | 0 | 0 | 0 | | 허자웅 | 31 | | | 33 | 성윤수 | 후48 | 0 | 0 | 0 | 0 |
| 0 | 0 | 0 | 0 | | 이해담 | 28 | | | 4 | 구현준 | | 0 | 0 | 0 | 0 |
| 0 | 0 | 0 | 0 | 후31 | 최진웅 | 5 | | | 20 | 장순혁 | | 0 | 0 | 0 | 0 |
| 0 | 0 | 0 | 0 | | 양준영 | 22 | 대기 | 대기 | 88 | 박태용 | 후13 | 1 | 0 | 0 | 0 |
| 0 | 0 | 0 | 0 | 후13 | 김성준 | 16 | | | 17 | 김도윤 | 후13/19 | 3(1) | 0 | 0 | 0 |
| 0 | 0 | 0 | 0 | | 이풍범 | 23 | | | 70 | 레안드로 | 후34 | 0 | 0 | 0 | 0 |
| 0 | 0 | 0 | 1 | 후31 | 문건호 | 30 | | | 19 | 호난 | 후48 | 0 | 0 | 0 | 0 |
| 1 | 2 | 6 | 8(5) | | | 0 | | | 0 | | | 18(8) | 13 | 0 | 0 |

- 전반 49초 하남 MF 정면 H↷ 정강민 PAR 내 R-ST-G (득점: 정강민, 도움: 하남) 왼쪽
- 전반 5분 김예성 PAL ↷ 김용환 GA 정면 내 H-ST-G (득점: 김용환, 도움: 김예성) 왼쪽

2월 22일 16:30 맑음 안산 와스타디움 10,956명
주심_ 조지음 부심_ 성주경·김수현 대기심_ 고민국 경기감독관_ 구상범

**안산 0** | 0 전반 0 / 0 후반 1 | **1 수원**

| 퇴장 | 경고 | 파울 | ST(유) | 교체 | 선수명 | 배번 | 위치 | 위치 | 배번 | 선수명 | 교체 | ST(유) | 파울 | 경고 | 퇴장 |
|---|---|---|---|---|---|---|---|---|---|---|---|---|---|---|---|
| 0 | 0 | 0 | 0 | | 이승빈 | 1 | GK | GK | 21 | 양형모 | | 0 | 0 | 0 | 0 |
| 0 | 0 | 1 | 0 | 6 | 정용희 | 16 | DF | DF | 23 | 이기제 | | 0 | 1 | 0 | 0 |
| 0 | 1 | 0 | 0 | | 조지훈 | 25 | DF | DF | 4 | 레오 | | 0 | 2 | 0 | 0 |
| 0 | 0 | 0 | 1 | | 이풍연 | 3 | DF | DF | 5 | 한호강 | | 0 | 0 | 0 | 0 |
| 0 | 1 | 1 | 2(1) | | 박시화 | 22 | MF | DF | 32 | 정동윤 | | 1(1) | 2 | 0 | 0 |
| 0 | 0 | 0 | 1 | | 라파 | 8 | MF | MF | 6 | 최영준 | | 0 | 3 | 0 | 0 |
| 0 | 0 | 0 | 0 | | 손준석 | 7 | MF | MF | 17 | 이민혁 | 14 | 1 | 2 | 0 | 0 |
| 0 | 0 | 0 | 0 | 66 | 박형우 | 11 | MF | MF | 10 | 강현묵 | 37 | 3(3) | 2 | 0 | 0 |
| 0 | 0 | 0 | 2(1) | 17 | 사라이바 | 10 | FW | FW | 74 | 브루노실바 | 9 | 5(4) | 0 | 0 | 0 |
| 0 | 0 | 0 | 1 | 27 | 정성호 | 18 | FW | FW | 70 | 세라핌 | 29 | 4(1) | 0 | 0 | 0 |
| 0 | 0 | 1 | 0 | 9 | 김우빈 | 99 | FW | FW | 77 | 김지현 | 7 | 7(3) | 0 | 0 | 0 |
| 0 | 0 | 0 | 0 | | 조성훈 | 21 | | | 1 | 김민준 | | 0 | 0 | 0 | 0 |
| 0 | 0 | 0 | 0 | | 김리관 | 13 | | | 12 | 권완규 | | 0 | 0 | 0 | 0 |
| 0 | 0 | 1 | 0 | 후32 | 김현태 | 6 | | | 29 | 이상민 | 후47 | 0 | 0 | 0 | 0 |
| 0 | 0 | 0 | 0 | 후41 | 배수민 | 66 | 대기 | 대기 | 14 | 홍원진 | 후22 | 0 | 1 | 0 | 0 |
| 0 | 0 | 0 | 0 | 후28 | 류승완 | 17 | | | 7 | 김현 | 후22 | 2(1) | 0 | 0 | 0 |
| 0 | 0 | 1 | 0 | 후28 | 박채준 | 27 | | | 9 | 일류첸코 | 후41 | 1(1) | 0 | 0 | 0 |
| 0 | 0 | 0 | 0 | 후41 | 루안 | 9 | | | 37 | 김주찬 | 후41 | 2(2) | 0 | 0 | 0 |
| 0 | 2 | 5 | 7(2) | | | 0 | | | 0 | | | 26(16) | 13 | 0 | 0 |

- 후반 21분 김지현 PK-R-G (득점: 김지현) 왼쪽

2월 23일 14:00 맑음 탄천 종합 3,314명
주심_ 오현정 부심_ 주현민·황보진현 대기심_ 박진호 경기감독관_ 박철

**성남 2** 1 전반 0 / 1 후반 0 **0 화성**

| 퇴장 | 경고 | 파울 | ST(유) | 교체 | 선수명 | 배번 | 위치 | 위치 | 배번 | 선수명 | 교체 | ST(유) | 파울 | 경고 | 퇴장 |
|---|---|---|---|---|---|---|---|---|---|---|---|---|---|---|---|
| 0 | 0 | 0 | 0 |  | 유상훈 | 1 | GK | GK | 1 | 김승건 |  | 0 | 0 | 0 | 0 |
| 0 | 0 | 1 | 0 | 91 | 정승용 | 22 | DF | DF | 33 | 조영진 |  | 0 | 0 | 0 | 0 |
| 0 | 0 | 0 | 1(1) |  | 김주원 | 66 | DF | DF | 5 | 우제욱 |  | 2(1) | 0 | 0 | 0 |
| 0 | 0 | 1 | 0 |  | 베니시오 | 4 | DF | DF | 4 | 연제민 |  | 0 | 0 | 0 | 0 |
| 0 | 0 | 0 | 0 |  | 신재원 | 7 | DF | DF | 17 | 임창석 | 11 | 0 | 1 | 0 | 0 |
| 0 | 0 | 1 | 1 | 11 | 박지원 | 77 | MF | MF | 25 | 김신리 |  | 0 | 2 | 1 | 0 |
| 0 | 0 | 2 | 0 |  | 박수빈 | 33 | MF | MF | 16 | 최명희 |  | 1(1) | 1 | 0 | 0 |
| 0 | 0 | 0 | 0 | 88 | 사무엘 | 74 | MF | MF | 27 | 백승우 | 53 | 2(1) | 0 | 0 | 0 |
| 0 | 0 | 1 | 2(1) | 30 | 이정빈 | 8 | MF | MF | 10 | 루안 |  | 0 | 1 | 1 | 0 |
| 0 | 0 | 1 | 0 | 6 | 장영기 | 15 | FW | MF | 8 | 전성진 |  | 0 | 2 | 1 | 0 |
| 0 | 0 | 2 | 2(2) |  | 후이즈 | 9 | FW | FW | 31 | 도미닉 |  | 3(2) | 1 | 0 | 0 |
| 0 | 0 | 0 | 0 |  | 박지민 | 34 |  |  | 18 | 김기훈 |  | 0 | 0 | 0 | 0 |
| 0 | 0 | 1 | 1(1) | 후0 | 홍창범 | 6 |  |  | 20 | 박준서 |  | 0 | 0 | 0 | 0 |
| 0 | 0 | 0 | 0 | 후21 | 김정환 | 11 |  |  | 2 | 김대환 |  | 0 | 0 | 0 | 0 |
| 0 | 0 | 0 | 0 |  | 조성욱 | 20 | 대기 | 대기 | 22 | 안지만 |  | 0 | 0 | 0 | 0 |
| 0 | 0 | 0 | 0 | 후45 | 박병규 | 30 |  |  | 53 | 리마 | 후30 | 0 | 0 | 0 | 0 |
| 0 | 0 | 0 | 0 | 후45 | 국관우 | 88 |  |  | 11 | 여홍규 | 후42 | 0 | 0 | 0 | 0 |
| 0 | 0 | 0 | 0 | 후48 | 박광일 | 91 |  |  | 98 | 이승재 |  | 0 | 0 | 0 | 0 |
| 0 | 0 | 10 | 7(5) |  |  | 0 |  |  | 0 |  |  | 8(5) | 8 | 3 | 0 |

● 전반 18분 신재원 PAR ↷ 후이즈 GAR H-ST-G (득점: 후이즈, 도움: 신재원) 가운데
● 후반 6분 이정빈 PAR ~ 홍창범 GA 정면 내 L-ST-G (득점: 홍창범, 도움: 이정빈) 가운데

2월 23일 16:30 맑음 부천 종합 3,590명
주심_ 최승환 부심_ 이병주·김태형 대기심_ 이경순 경기감독관_ 김성수

**부천 3** 2 전반 0 / 1 후반 1 **1 충북청주**

| 퇴장 | 경고 | 파울 | ST(유) | 교체 | 선수명 | 배번 | 위치 | 위치 | 배번 | 선수명 | 교체 | ST(유) | 파울 | 경고 | 퇴장 |
|---|---|---|---|---|---|---|---|---|---|---|---|---|---|---|---|
| 0 | 0 | 0 | 0 |  | 김형근 | 1 | GK | GK | 1 | 조수혁 |  | 0 | 0 | 0 | 0 |
| 0 | 0 | 0 | 0 |  | 이재원 | 15 | DF | DF | 4 | 반데아벨트 |  | 0 | 1 | 0 | 0 |
| 0 | 1 | 3 | 1 |  | 이상혁 | 5 | DF | DF | 15 | 홍준호 | 99 | 0 | 1 | 0 | 0 |
| 0 | 0 | 0 | 0 |  | 홍성욱 | 20 | DF | DF | 17 | 여승원 |  | 2(1) | 2 | 1 | 0 |
| 0 | 1 | 0 | 1(1) |  | 티아깅요 | 7 | MF | DF | 66 | 이강한 | 27 | 0 | 1 | 0 | 0 |
| 0 | 0 | 3 | 1(1) |  | 박현빈 | 16 | MF | MF | 2 | 서재원 | 98 | 0 | 1 | 0 | 0 |
| 0 | 0 | 1 | 1 | 4 | 카즈 | 23 | MF | MF | 5 | 김선민 |  | 1 | 2 | 0 | 0 |
| 0 | 0 | 2 | 1(1) |  | 박창준 | 11 | MF | MF | 14 | 김병오 |  | 0 | 0 | 0 | 0 |
| 0 | 0 | 0 | 4(2) |  | 바사니 | 10 | FW | MF | 28 | 이지승 | 13 | 0 | 2 | 0 | 0 |
| 0 | 0 | 1 | 2(2) | 41 | 몬타뇨 | 9 | FW | FW | 9 | 가브리엘 |  | 2(1) | 2 | 0 | 0 |
| 0 | 0 | 0 | 4(3) | 99 | 이의형 | 18 | FW | FW | 88 | 양영빈 | 10 | 0 | 1 | 0 | 0 |
| 0 | 0 | 0 | 0 |  | 설현빈 | 28 |  |  | 23 | 이승환 |  | 0 | 0 | 0 | 0 |
| 0 | 0 | 0 | 0 |  | 박형진 | 13 |  |  | 13 | 김영환 | 후0 | 1(1) | 1 | 1 | 0 |
| 0 | 0 | 0 | 0 |  | 전인규 | 30 |  |  | 10 | 페드로 | 후0 | 2(1) | 0 | 0 | 0 |
| 0 | 0 | 0 | 0 |  | 유승현 | 66 | 대기 | 대기 | 21 | 송창석 |  | 0 | 0 | 0 | 0 |
| 0 | 0 | 0 | 0 | 후43 | 최원철 | 4 |  |  | 27 | 지언학 | 후34 | 0 | 0 | 0 | 0 |
| 0 | 0 | 0 | 1(1) | 후17 | 갈레고 | 41 |  |  | 98 | 이형경 | 후0 | 5(1) | 0 | 0 | 0 |
| 0 | 0 | 0 | 1(1) | 후23 | 공민현 | 99 |  |  | 99 | 이창훈 | 후19 | 0 | 0 | 0 | 0 |
| 0 | 2 | 10 | 17(12) |  |  | 0 |  |  | 0 |  |  | 13(5) | 14 | 2 | 0 |

● 전반 38분 이의형 PAL 내 R-ST-G (득점: 이의형) 오른쪽
● 전반 43분 박창준 MFL TL ~ 이의형 PA 정면 내 R-ST-G (득점: 이의형, 도움: 박창준) 오른쪽
● 후반 51분 공민현 GAL R-ST-G (득점: 공민현) 오른쪽
● 후반 39분 이형경 AK 정면 백헤딩패스 ↷ 가브리엘 PA 정면 내 R-ST-G (득점: 가브리엘, 도움: 이형경) 왼쪽

2월 23일 16:30 맑음 목동 종합 3,592명
주심_ 정동식 부심_ 김유영·김태원 대기심_ 박세진 경기감독관_ 김용세

**서울E 2** 1 전반 0 / 1 후반 1 **1 충남아산**

| 퇴장 | 경고 | 파울 | ST(유) | 교체 | 선수명 | 배번 | 위치 | 위치 | 배번 | 선수명 | 교체 | ST(유) | 파울 | 경고 | 퇴장 |
|---|---|---|---|---|---|---|---|---|---|---|---|---|---|---|---|
| 0 | 0 | 0 | 0 |  | 노동건 | 1 | GK | GK | 18 | 신송훈 |  | 0 | 0 | 0 | 0 |
| 0 | 0 | 0 | 0 |  | 채광훈 | 6 | DF | DF | 22 | 김승호 | 17 | 0 | 0 | 0 | 0 |
| 0 | 1 | 1 | 0 |  | 오스마르 | 5 | DF | DF | 47 | 이은범 |  | 0 | 1 | 1 | 0 |
| 0 | 0 | 1 | 1(1) | 3 | 김오규 | 20 | DF | DF | 88 | 박병현 | 25 | 0 | 3 | 1 | 0 |
| 0 | 0 | 2 | 1(1) |  | 배진우 | 77 | DF | DF | 14 | 이학민 |  | 0 | 1 | 1 | 0 |
| 0 | 0 | 1 | 1(1) |  | 박창환 | 30 | MF | MF | 20 | 조주영 |  | 0 | 0 | 0 | 0 |
| 0 | 0 | 5 | 1(1) |  | 에울레르 | 7 | MF | MF | 33 | 이민혁 | 98 | 0 | 2 | 0 | 0 |
| 0 | 0 | 0 | 1 |  | 서재민 | 15 | MF | MF | 38 | 김정현 | 10 | 1(1) | 1 | 0 | 0 |
| 0 | 0 | 0 | 1(1) | 26 | 변경준 | 16 | MF | MF | 24 | 박세직 | 28 | 1 | 1 | 0 | 0 |
| 0 | 0 | 0 | 3(2) | 10 | 아이데일 | 9 | FW | MF | 7 | 데니손 |  | 1(1) | 0 | 0 | 0 |
| 0 | 0 | 1 | 1(1) | 18 | 페드링요 | 11 | FW | FW | 9 | 김종민 |  | 2(2) | 2 | 0 | 0 |
| 0 | 0 | 0 | 0 |  | 김민호 | 21 |  |  | 21 | 김진영 |  | 0 | 0 | 0 | 0 |
| 0 | 0 | 0 | 0 | 후40 | 김민규 | 3 |  |  | 17 | 김주성 | 후27 | 1 | 0 | 0 | 0 |
| 0 | 0 | 0 | 0 |  | 곽윤호 | 4 |  |  | 25 | 박종민 | 후27 | 0 | 0 | 0 | 0 |
| 0 | 0 | 0 | 0 |  | 김주환 | 19 | 대기 | 대기 | 10 | 김종석 | 후0 | 0 | 0 | 0 | 0 |
| 0 | 0 | 0 | 1 | 후26 | 박경배 | 26 |  |  | 28 | 손준호 | 후13 | 0 | 0 | 0 | 0 |
| 0 | 1 | 2 | 0 | 후34 | 정재민 | 18 |  |  | 98 | 강민규 | 전27 | 0 | 0 | 0 | 0 |
| 0 | 0 | 0 | 1(1) | 후40 | 이탈로 | 10 |  |  | 99 | 세미르 |  | 0 | 0 | 0 | 0 |
| 0 | 2 | 13 | 12(9) |  |  | 0 |  |  | 0 |  |  | 6(4) | 11 | 3 | 0 |

● 전반 19분 에울레르 MFL FK ↷ 변경준 GA 정면 R-ST-G (득점: 변경준, 도움: 에울레르) 오른쪽
● 후반 3분 에울레르 PK-L-G (득점: 에울레르) 왼쪽
● 후반 43분 손준호 MFL ↷ 김종민 GAR R-ST-G (득점: 김종민, 도움: 손준호) 가운데

3월 01일 14:00 흐림 인천 전용 18,173명
주심_ 박종명 부심_ 이병주·김태형 대기심_ 안재훈 경기감독관_ 김성수

**인천 2** 0 전반 0 / 2 후반 0 **0 수원**

| 퇴장 | 경고 | 파울 | ST(유) | 교체 | 선수명 | 배번 | 위치 | 위치 | 배번 | 선수명 | 교체 | ST(유) | 파울 | 경고 | 퇴장 |
|---|---|---|---|---|---|---|---|---|---|---|---|---|---|---|---|
| 0 | 0 | 0 | 0 |  | 민성준 | 1 | GK | GK | 1 | 김민준 |  | 0 | 0 | 0 | 0 |
| 0 | 1 | 3 | 0 |  | 이주용 | 32 | DF | DF | 23 | 이기제 |  | 0 | 2 | 0 | 1 |
| 0 | 0 | 0 | 1 |  | 박경섭 | 23 | DF | DF | 4 | 레오 |  | 0 | 0 | 0 | 0 |
| 0 | 0 | 0 | 0 |  | 김건희 | 4 | DF | DF | 12 | 권완규 |  | 0 | 2 | 2 | 0 |
| 0 | 0 | 0 | 0 | 28 | 최승구 | 13 | DF | DF | 32 | 정동윤 |  | 0 | 1 | 0 | 0 |
| 0 | 0 | 1 | 0 | 17 | 김보섭 | 27 | MF | MF | 6 | 최영준 | 14 | 0 | 1 | 1 | 0 |
| 1 | 0 | 1 | 0 |  | 문지환 | 6 | MF | MF | 17 | 이민혁 | 29 | 1 | 0 | 0 | 0 |
| 0 | 1 | 2 | 0 |  | 이명주 | 5 | MF | MF | 10 | 강현묵 | 5 | 0 | 0 | 0 | 0 |
| 0 | 0 | 1 | 2(2) | 14 | 제르소 | 11 | MF | FW | 37 | 김주찬 | 74 | 0 | 0 | 0 | 0 |
| 0 | 0 | 1 | 0 | 20 | 박승호 | 77 | FW | FW | 70 | 세라핌 |  | 3(2) | 0 | 0 | 0 |
| 0 | 0 | 0 | 4(2) |  | 무고사 | 9 | FW | FW | 77 | 김지현 | 9 | 0 | 0 | 0 | 0 |
| 0 | 0 | 0 | 0 |  | 황성민 | 21 |  |  | 13 | 김정훈 |  | 0 | 0 | 0 | 0 |
| 0 | 0 | 0 | 0 | 전31/7 | 델브리지 | 20 |  |  | 5 | 한호강 | 후0 | 0 | 1 | 0 | 0 |
| 0 | 0 | 0 | 1 | 후24 | 민경현 | 28 |  |  | 29 | 이상민 | 후0 | 0 | 2 | 1 | 0 |
| 0 | 0 | 0 | 0 | 후0 | 김도혁 | 7 | 대기 | 대기 | 8 | 박상혁 |  | 0 | 0 | 0 | 0 |
| 0 | 0 | 0 | 0 |  | 이동률 | 10 |  |  | 14 | 홍원진 | 후23 | 0 | 0 | 0 | 0 |
| 0 | 0 | 0 | 0 | 후13 | 바로우 | 14 |  |  | 9 | 일류첸코 | 후8 | 0 | 0 | 0 | 0 |
| 0 | 0 | 0 | 1(1) | 후13 | 김성민 | 17 |  |  | 74 | 브루노실바 | 전30 | 2(2) | 1 | 0 | 0 |
| 1 | 2 | 9 | 9(5) |  |  | 0 |  |  | 0 |  |  | 6(4) | 10 | 4 | 1 |

● 후반 5분 김보섭 PAL ↷ 무고사 PK지점 H-ST-G (득점: 무고사, 도움: 김보섭) 오른쪽
● 후반 22분 무고사 MF 정면 ~ 김성민 GAR L-ST-G (득점: 김성민, 도움: 무고사) 왼쪽

3월 01일 16:30 흐림 목동 종합 2,554명
주심_ 최규현 부심_ 김수현·주현민 대기심_ 최승환 경기감독관_ 나승화

**서울E 1** 0 전반 0 / 1 후반 1 **1 전남**

| 퇴장 | 경고 | 파울 | ST(유) | 교체 | 선수명 | 배번 | 위치 | 위치 | 배번 | 선수명 | 교체 | ST(유) | 파울 | 경고 | 퇴장 |
|---|---|---|---|---|---|---|---|---|---|---|---|---|---|---|---|
| 0 | 0 | 0 | 0 | | 노동건 | 1 | GK | GK | 1 | 최봉진 | 33 | 0 | 0 | 0 | 0 |
| 0 | 0 | 0 | 0 | 19 | 채광훈 | 6 | DF | DF | 2 | 유지하 | | 1(1) | 2 | 1 | 0 |
| 0 | 0 | 0 | 0 | 3 | 오스마르 | 5 | DF | DF | 23 | 김경재 | | 0 | 1 | 0 | 0 |
| 0 | 0 | 0 | 0 | | 김오규 | 20 | DF | DF | 38 | 홍석현 | 5 | 1 | 2 | 0 | 0 |
| 0 | 0 | 2 | 1 | | 배진우 | 77 | DF | DF | 3 | 김예성 | | 1 | 0 | 0 | 0 |
| 0 | 0 | 0 | 0 | 7 | 손혁찬 | 33 | MF | DF | 13 | 김용환 | | 1 | 1 | 0 | 0 |
| 0 | 1 | 3 | 2(1) | | 박창환 | 30 | MF | MF | 16 | 알베르띠 | | 2(1) | 0 | 0 | 0 |
| 0 | 0 | 1 | 0 | | 서재민 | 15 | MF | MF | 14 | 윤민호 | 88 | 0 | 2 | 0 | 0 |
| 0 | 0 | 2 | 1 | 99 | 변경준 | 16 | MF | MF | 10 | 발디비아 | | 0 | 0 | 0 | 0 |
| 0 | 0 | 1 | 3(3) | 18 | 아이데일 | 9 | FW | FW | 9 | 하남 | 19 | 2(1) | 1 | 0 | 0 |
| 0 | 0 | 0 | 3 | | 페드링요 | 11 | FW | FW | 99 | 정강민 | 8 | 0 | 0 | 0 | 0 |
| 0 | 0 | 0 | 0 | | 김민호 | 21 | | | 33 | 성윤수 | 후40 | 0 | 0 | 0 | 0 |
| 0 | 0 | 1 | 0 | 전26 | 김민규 | 3 | | | 5 | 고태원 | 후14 | 0 | 4 | 0 | 0 |
| 0 | 0 | 0 | 0 | | 곽윤호 | 4 | | | 4 | 구현준 | | 0 | 0 | 0 | 0 |
| 0 | 0 | 0 | 0 | 후0 | 김주환 | 19 | 대기 | 대기 | 88 | 박태용 | 후40 | 0 | 0 | 0 | 0 |
| 0 | 1 | 1 | 0 | 후0 | 조상준 | 99 | | | 8 | 노건우 | 후14 | 0 | 0 | 0 | 0 |
| 0 | 0 | 0 | 0 | 후24 | 정재민 | 18 | | | 70 | 레안드로 | | 0 | 0 | 0 | 0 |
| 0 | 0 | 1 | 2(2) | 전15 | 에울레르 | 7 | | | 19 | 호난 | 후25 | 0 | 0 | 0 | 0 |
| 0 | 2 | 12 | 12(6) | | | 0 | | | 0 | | | 8(3) | 13 | 1 | 0 |

● 후반 15분 에울레르 MFR ~ 아이데일 GA 정면 L-ST-G (득점: 아이데일, 도움: 에울레르) 왼쪽

● 후반 18분 하남 PA 정면 내 L-ST-G (득점: 하남) 오른쪽

3월 02일 14:00 흐림 화성 종합 3,731명
주심_ 고민국 부심_ 박남수·이현모 대기심_ 오현진 경기감독관_ 김성기

**화성 1** 0 전반 1 / 1 후반 0 **1 충남아산**

| 퇴장 | 경고 | 파울 | ST(유) | 교체 | 선수명 | 배번 | 위치 | 위치 | 배번 | 선수명 | 교체 | ST(유) | 파울 | 경고 | 퇴장 |
|---|---|---|---|---|---|---|---|---|---|---|---|---|---|---|---|
| 0 | 0 | 0 | 0 | | 김승건 | 1 | GK | GK | 18 | 신송훈 | | 0 | 0 | 0 | 0 |
| 0 | 0 | 1 | 1(1) | | 박준서 | 20 | DF | DF | 22 | 김승호 | 17 | 0 | 0 | 0 | 0 |
| 0 | 0 | 0 | 0 | | 우제욱 | 5 | DF | DF | 47 | 이은범 | | 1 | 1 | 0 | 0 |
| 0 | 0 | 1 | 1 | | 연제민 | 4 | DF | DF | 4 | 장준영 | 25 | 1(1) | 0 | 0 | 0 |
| 0 | 0 | 0 | 0 | | 임창석 | 17 | DF | DF | 14 | 이학민 | | 2(2) | 1 | 0 | 0 |
| 0 | 0 | 2 | 0 | 22 | 김신리 | 25 | MF | MF | 28 | 손준호 | 24 | 0 | 0 | 0 | 0 |
| 0 | 1 | 1 | 0 | | 최명희 | 16 | MF | MF | 13 | 김영남 | | 2(1) | 1 | 1 | 0 |
| 0 | 0 | 2 | 6(5) | | 백승우 | 27 | MF | MF | 98 | 강민규 | | 2(2) | 1 | 0 | 0 |
| 0 | 0 | 0 | 0 | 11 | 이승재 | 98 | MF | MF | 38 | 김정현 | | 2(2) | 1 | 0 | 0 |
| 0 | 0 | 0 | 1 | 7 | 전성진 | 8 | MF | MF | 33 | 이민혁 | 7 | 0 | 0 | 0 | 0 |
| 0 | 0 | 1 | 1 | 53 | 도미닉 | 31 | FW | FW | 9 | 김종민 | | 0 | 2 | 0 | 0 |
| 0 | 0 | 0 | 0 | | 김기훈 | 18 | | | 21 | 김진영 | | 0 | 0 | 0 | 0 |
| 0 | 0 | 0 | 0 | | 조영진 | 33 | | | 17 | 김주성 | 후23 | 0 | 0 | 0 | 0 |
| 0 | 0 | 0 | 0 | | 조동재 | 3 | | | 25 | 박종민 | 후41 | 0 | 0 | 0 | 0 |
| 0 | 1 | 1 | 0 | 후31 | 안지만 | 22 | 대기 | 대기 | 10 | 김종석 | | 0 | 0 | 0 | 0 |
| 0 | 0 | 0 | 0 | 후23 | 리마 | 53 | | | 24 | 박세직 | 후23 | 0 | 0 | 0 | 0 |
| 0 | 0 | 1 | 1(1) | 후0 | 여홍규 | 11 | | | 7 | 데니손 | 전20 | 4(3) | 0 | 0 | 0 |
| 0 | 0 | 2 | 0 | 후13 | 알뚤 | 7 | | | 11 | 아담 | | 0 | 0 | 0 | 0 |
| 0 | 2 | 12 | 11(7) | | | 0 | | | 0 | | | 14(11) | 7 | 1 | 0 |

● 후반 40분 리마 PAR EL ~ 백승우 GAR R-ST-G (득점: 백승우, 도움: 리마) 오른쪽

● 전반 47분 이학민 MFR ~ 김정현 AK 정면 L-ST-G (득점: 김정현, 도움: 이학민) 오른쪽

3월 01일 16:30 흐림 안산 와스타디움 1,444명
주심_ 최철준 부심_ 김종희·이화평 대기심_ 이경순 경기감독관_ 양정환

**안산 0** 0 전반 0 / 0 후반 2 **2 김포**

| 퇴장 | 경고 | 파울 | ST(유) | 교체 | 선수명 | 배번 | 위치 | 위치 | 배번 | 선수명 | 교체 | ST(유) | 파울 | 경고 | 퇴장 |
|---|---|---|---|---|---|---|---|---|---|---|---|---|---|---|---|
| 0 | 0 | 0 | 0 | | 이승빈 | 1 | GK | GK | 31 | 손정현 | | 0 | 0 | 0 | 0 |
| 0 | 0 | 1 | 0 | | 이등연 | 3 | DF | DF | 5 | 이찬형 | | 1 | 0 | 0 | 0 |
| 0 | 1 | 0 | 0 | | 조지훈 | 25 | DF | DF | 77 | 채프먼 | | 1(1) | 1 | 1 | 0 |
| 0 | 0 | 1 | 1(1) | | 정용희 | 16 | DF | DF | 3 | 박경록 | 47 | 0 | 0 | 0 | 0 |
| 0 | 0 | 0 | 0 | 19 | 박형우 | 11 | MF | MF | 98 | 김민식 | | 2 | 1 | 0 | 0 |
| 0 | 0 | 1 | 3(2) | | 손준석 | 7 | MF | MF | 72 | 천지현 | 23 | 0 | 2 | 1 | 0 |
| 0 | 0 | 0 | 0 | 6 | 라파 | 8 | MF | MF | 8 | 디자우마 | | 0 | 2 | 1 | 0 |
| 0 | 0 | 2 | 0 | | 박시화 | 22 | MF | MF | 6 | 김지훈 | | 1(1) | 0 | 0 | 0 |
| 0 | 0 | 1 | 0 | 27 | 김우빈 | 99 | FW | MF | 9 | 브루노 | 42 | 2 | 1 | 0 | 0 |
| 0 | 0 | 0 | 1(1) | 9 | 정성호 | 18 | FW | FW | 24 | 루이스 | | 4(2) | 0 | 0 | 0 |
| 0 | 0 | 0 | 1(1) | 17 | 사르이바 | 10 | FW | FW | 13 | 이종현 | 10 | 0 | 1 | 0 | 0 |
| 0 | 0 | 0 | 0 | | 조성훈 | 21 | | | 21 | 윤보상 | | 0 | 0 | 0 | 0 |
| 0 | 0 | 0 | 1 | 후12 | 김현태 | 6 | | | 20 | 김민호 | | 0 | 0 | 0 | 0 |
| 0 | 0 | 0 | 1(1) | 후23 | 양세영 | 19 | | | 42 | 안창민 | 후0 | 1 | 1 | 0 | 0 |
| 0 | 0 | 0 | 0 | | 배수민 | 66 | 대기 | 대기 | 32 | 장부성 | 후46 | 0 | 0 | 0 | 0 |
| 0 | 0 | 0 | 0 | 후31 | 루안 | 9 | | | 23 | 최재훈 | 후7/32 | 0 | 2 | 0 | 0 |
| 0 | 0 | 0 | 3(3) | 후23 | 류승완 | 17 | | | 47 | 조성준 | 후46 | 0 | 0 | 0 | 0 |
| 0 | 0 | 1 | 1 | 후12 | 박채준 | 27 | | | 10 | 플라나 | 후0 | 0 | 1 | 0 | 0 |
| 0 | 1 | 7 | 12(9) | | | 0 | | | 0 | | | 12(4) | 12 | 3 | 0 |

● 후반 2분 루이스 MFL FK R-ST-G (득점: 루이스) 오른쪽

● 후반 28분 플라나 AK 정면 ~ 루이스 PAL 내 L-ST-G (득점: 루이스, 도움: 플라나) 왼쪽

3월 02일 14:00 흐림 부산 구덕 2,610명
주심_ 원명희 부심_ 신재환·김현진 대기심_ 박세진 경기감독관_ 구상범

**부산 0** 0 전반 0 / 0 후반 1 **1 경남**

| 퇴장 | 경고 | 파울 | ST(유) | 교체 | 선수명 | 배번 | 위치 | 위치 | 배번 | 선수명 | 교체 | ST(유) | 파울 | 경고 | 퇴장 |
|---|---|---|---|---|---|---|---|---|---|---|---|---|---|---|---|
| 0 | 0 | 0 | 0 | | 구상민 | 1 | GK | GK | 51 | 류원우 | | 0 | 0 | 0 | 0 |
| 0 | 1 | 2 | 0 | | 정호근 | 4 | DF | DF | 33 | 박원재 | | 1 | 2 | 0 | 0 |
| 0 | 0 | 1 | 0 | 63 | 조위제 | 20 | DF | DF | 2 | 박재환 | | 0 | 0 | 0 | 0 |
| 0 | 0 | 2 | 0 | | 장호익 | 77 | DF | DF | 5 | 김형진 | 15 | 0 | 0 | 0 | 0 |
| 0 | 0 | 0 | 1(1) | 6 | 전성진 | 17 | MF | DF | 17 | 이준재 | | 0 | 0 | 0 | 0 |
| 0 | 1 | 2 | 0 | | 임민혁 | 8 | MF | MF | 16 | 이강희 | | 1(1) | 3 | 0 | 0 |
| 0 | 0 | 2 | 1 | | 사비에르 | 7 | MF | MF | 88 | 헤난 | | 0 | 0 | 0 | 0 |
| 0 | 0 | 1 | 1 | | 박창우 | 23 | MF | MF | 6 | 박한빈 | 8 | 3 | 0 | 0 | 0 |
| 0 | 0 | 1 | 1(1) | 11 | 김현민 | 27 | FW | MF | 24 | 조영광 | 11 | 0 | 1 | 0 | 0 |
| 0 | 0 | 1 | 1 | 32 | 곤잘로 | 9 | FW | FW | 9 | 카릴 | 90 | 1(1) | 1 | 0 | 0 |
| 0 | 0 | 0 | 0 | 10 | 손석용 | 99 | FW | FW | 19 | 정충근 | 29 | 0 | 1 | 0 | 0 |
| 0 | 0 | 0 | 0 | | 박대한 | 21 | | | 1 | 고동민 | | 0 | 0 | 0 | 0 |
| 0 | 0 | 0 | 0 | 후17 | 김진래 | 63 | | | 15 | 우주성 | 전6 | 0 | 1 | 1 | 0 |
| 0 | 0 | 1 | 0 | 후32 | 이동수 | 6 | | | 37 | 김선호 | | 0 | 0 | 0 | 0 |
| 0 | 0 | 0 | 0 | | 백가온 | 45 | 대기 | 대기 | 29 | 박기현 | 후15 | 0 | 0 | 0 | 0 |
| 0 | 0 | 2 | 1(1) | 후32 | 윤민호 | 32 | | | 8 | 도동현 | 후15 | 2(1) | 0 | 0 | 0 |
| 0 | 0 | 2 | 1 | 후0 | 빌레로 | 11 | | | 11 | 박민서 | 후0 | 1(1) | 0 | 0 | 0 |
| 0 | 0 | 0 | 1(1) | 후0 | 페신 | 10 | | | 90 | 이중민 | 후36 | 1 | 1 | 0 | 0 |
| 0 | 2 | 17 | 8(4) | | | 0 | | | 0 | | | 10(4) | 10 | 1 | 0 |

● 후반 35분 박기현 PAR 내 ~ 도동현 PA 정면 내 L-ST-G (득점: 도동현, 도움: 박기현) 오른쪽

3월 02일 16:30 흐리고 비 천안 종합 1,198명
주심_ 박정호 부심_ 김유영·이상길 대기심_ 정동식 경기감독관_ 허기태

**천안 1** 0 전반 0 / 1 후반 2 **2 부천**

| 퇴장 | 경고 | 파울 | ST(유) | 교체 | 선수명 | 배번 | 위치 | 위치 | 배번 | 선수명 | 교체 | ST(유) | 파울 | 경고 | 퇴장 |
|---|---|---|---|---|---|---|---|---|---|---|---|---|---|---|---|
| 0 | 0 | 0 | 0 | | 박 주 원 | 1 | GK | GK | 1 | 김 형 근 | | 0 | 0 | 0 | 0 |
| 0 | 1 | 3 | 0 | 90 | 이 광 진 | 8 | DF | DF | 15 | 이 재 원 | | 2 | 1 | 0 | 0 |
| 0 | 0 | 0 | 0 | | 이 상 명 | 24 | DF | DF | 5 | 이 상 혁 | | 0 | 1 | 0 | 0 |
| 0 | 0 | 1 | 1(1) | | 강 영 훈 | 4 | DF | DF | 20 | 홍 성 욱 | | 1(1) | 1 | 1 | 0 |
| 0 | 0 | 0 | 0 | | 김 서 진 | 13 | DF | MF | 7 | 티아깅요 | 18 | 0 | 0 | 0 | 0 |
| 0 | 1 | 4 | 0 | | 이 종 성 | 6 | MF | MF | 16 | 박 현 빈 | | 1(1) | 1 | 0 | 0 |
| 0 | 0 | 0 | 1 | 16 | 이 풍 범 | 23 | MF | MF | 4 | 최 원 철 | 99 | 0 | 1 | 0 | 0 |
| 0 | 1 | 1 | 4(1) | 9 | 이 상 준 | 7 | MF | MF | 11 | 박 창 준 | | 1 | 1 | 0 | 0 |
| 0 | 0 | 2 | 1(1) | | 구 종 욱 | 14 | MF | FW | 10 | 바 사 니 | 66 | 3(1) | 0 | 0 | 0 |
| 0 | 0 | 0 | 1 | 11 | 문 건 호 | 30 | FW | FW | 9 | 몬 타 뇨 | 23 | 1(1) | 1 | 0 | 0 |
| 0 | 0 | 1 | 1(1) | 10 | 이 정 협 | 18 | FW | FW | 41 | 갈 레 고 | | 7(3) | 2 | 0 | 0 |
| 0 | 0 | 0 | 0 | | 허 자 웅 | 31 | | | 28 | 설 현 빈 | | 0 | 0 | 0 | 0 |
| 0 | 0 | 0 | 0 | 후49 | 구 대 영 | 90 | | | 13 | 박 형 진 | | 0 | 0 | 0 | 0 |
| 0 | 0 | 0 | 0 | | 김 원 식 | 15 | | | 30 | 전 인 규 | | 0 | 0 | 0 | 0 |
| 0 | 0 | 0 | 0 | 후16 | 김 성 준 | 16 | 대기 | 대기 | 66 | 유 승 현 | 후45 | 0 | 0 | 0 | 0 |
| 1 | 0 | 1 | 0 | 후0 | 이 지 훈 | 11 | | | 23 | 카 즈 | 후23 | 0 | 0 | 0 | 0 |
| 0 | 0 | 1 | 1 | 후0 | 툰 가 라 | 10 | | | 18 | 이 의 형 | 후31 | 0 | 0 | 0 | 0 |
| 0 | 0 | 0 | 0 | 후41 | 파 브 레 | 9 | | | 99 | 공 민 현 | 후23 | 0 | 0 | 0 | 0 |
| 1 | 3 | 14 | 10(4) | | | 0 | | | 0 | | | 16(7) | 9 | 1 | 0 |

●후반 14분 이상명 PA 정면 내 ~ 강영훈 GAR R-ST-G (득점: 강영훈, 도움: 이상명) 왼쪽

●후반 39분 바사니 MFL FK ↷ 홍성욱 PK 우측지점 H-ST-G (득점: 홍성욱, 도움: 바사니) 오른쪽

●후반 42분 갈레고 PK 좌측지점 L-ST-G (득점: 갈레고) 왼쪽

3월 08일 14:00 맑음 부천 종합 3,277명
주심_ 정회수 부심_ 박남수·류시홍 대기심_ 최규현 경기감독관_ 나승화

**부천 0** 0 전반 2 / 0 후반 0 **2 부산**

| 퇴장 | 경고 | 파울 | ST(유) | 교체 | 선수명 | 배번 | 위치 | 위치 | 배번 | 선수명 | 교체 | ST(유) | 파울 | 경고 | 퇴장 |
|---|---|---|---|---|---|---|---|---|---|---|---|---|---|---|---|
| 0 | 0 | 0 | 0 | | 김 형 근 | 1 | GK | GK | 1 | 구 상 민 | | 0 | 0 | 0 | 0 |
| 0 | 0 | 1 | 0 | | 이 재 원 | 15 | DF | DF | 6 | 이 동 수 | | 1 | 1 | 0 | 0 |
| 0 | 0 | 0 | 1(1) | | 이 상 혁 | 5 | DF | DF | 4 | 정 호 근 | 33 | 0 | 1 | 0 | 0 |
| 0 | 0 | 0 | 0 | | 홍 성 욱 | 20 | DF | DF | 77 | 장 호 익 | | 0 | 0 | 0 | 0 |
| 0 | 0 | 0 | 0 | 41 | 티아깅요 | 7 | MF | MF | 17 | 전 성 진 | | 0 | 0 | 0 | 0 |
| 0 | 0 | 5 | 0 | | 박 현 빈 | 16 | MF | MF | 7 | 사비에르 | 32 | 2 | 4 | 1 | 0 |
| 0 | 0 | 1 | 0 | 4 | 카 즈 | 23 | MF | MF | 8 | 임 민 혁 | | 1 | 2 | 0 | 0 |
| 0 | 0 | 0 | 0 | | 박 창 준 | 11 | MF | MF | 23 | 박 창 우 | | 0 | 1 | 0 | 0 |
| 0 | 0 | 0 | 2(1) | | 바 사 니 | 10 | FW | FW | 11 | 빌 레 로 | 47 | 3(1) | 0 | 0 | 0 |
| 0 | 0 | 0 | 3(2) | 99 | 몬 타 뇨 | 9 | FW | FW | 9 | 곤 잘 로 | 45 | 0 | 2 | 1 | 0 |
| 0 | 0 | 0 | 0 | 17 | 한 지 호 | 22 | FW | FW | 10 | 페 신 | 99 | 1(1) | 0 | 0 | 0 |
| 0 | 0 | 0 | 0 | | 설 현 빈 | 28 | | | 21 | 박 대 한 | | 0 | 0 | 0 | 0 |
| 0 | 0 | 0 | 0 | | 전 인 규 | 30 | | | 33 | 홍 재 석 | 후13 | 0 | 0 | 0 | 0 |
| 0 | 0 | 0 | 0 | | 유 승 현 | 66 | | | 18 | 이 현 규 | | 0 | 0 | 0 | 0 |
| 0 | 0 | 0 | 0 | 후13 | 최 원 철 | 4 | 대기 | 대기 | 47 | 손 휘 | 후48 | 0 | 0 | 0 | 0 |
| 0 | 0 | 1 | 0 | 전33 | 김 규 민 | 17 | | | 45 | 백 가 온 | 전40 | 0 | 1 | 0 | 0 |
| 0 | 0 | 1 | 2 | 전33 | 갈 레 고 | 41 | | | 32 | 윤 민 호 | 후48 | 0 | 0 | 0 | 0 |
| 0 | 0 | 3 | 1 | 후24 | 공 민 현 | 99 | | | 99 | 손 석 용 | 후13 | 0 | 2 | 1 | 0 |
| 0 | 0 | 12 | 9(4) | | | 0 | | | 0 | | | 8(2) | 14 | 3 | 0 |

●전반 11분 곤잘로 HL 정면 H ↷ 페신 GAL L-ST-G (득점: 페신, 도움: 곤잘로) 왼쪽

●전반 22분 박창우 PAR ↷ 빌레로 GA 정면 R-ST-G (득점: 빌레로, 도움: 박창우) 오른쪽

3월 03일 14:00 맑음 탄천 종합 2,015명
주심_ 김희곤 부심_ 천진희·류시홍 대기심_ 안재훈 경기감독관_ 이경춘

**성남 1** 1 전반 1 / 0 후반 0 **1 충북청주**

| 퇴장 | 경고 | 파울 | ST(유) | 교체 | 선수명 | 배번 | 위치 | 위치 | 배번 | 선수명 | 교체 | ST(유) | 파울 | 경고 | 퇴장 |
|---|---|---|---|---|---|---|---|---|---|---|---|---|---|---|---|
| 0 | 0 | 0 | 0 | | 유 상 훈 | 1 | GK | GK | 23 | 이 승 환 | | 0 | 0 | 0 | 0 |
| 0 | 0 | 0 | 0 | 37 | 정 승 용 | 22 | DF | DF | 17 | 여 승 원 | | 1(1) | 0 | 0 | 0 |
| 0 | 0 | 2 | 0 | | 김 주 원 | 66 | DF | DF | 27 | 지 언 학 | | 0 | 0 | 0 | 0 |
| 0 | 0 | 0 | 0 | | 베니시오 | 4 | DF | DF | 50 | 정 성 우 | 3 | 0 | 1 | 0 | 0 |
| 0 | 0 | 0 | 0 | | 신 재 원 | 7 | DF | DF | 99 | 이 창 훈 | | 0 | 0 | 1 | 0 |
| 0 | 0 | 0 | 1(1) | 77 | 이 준 상 | 27 | MF | MF | 5 | 김 선 민 | | 2(1) | 1 | 0 | 0 |
| 0 | 0 | 0 | 2 | 17 | 박 수 빈 | 33 | MF | MF | 9 | 가브리엘 | | 3(2) | 1 | 0 | 0 |
| 0 | 1 | 2 | 0 | | 사 무 엘 | 74 | MF | MF | 10 | 페 드 로 | | 3(1) | 2 | 1 | 0 |
| 0 | 0 | 0 | 4(2) | 11 | 이 정 빈 | 8 | MF | MF | 20 | 김 승 우 | 7 | 2 | 0 | 0 | 0 |
| 0 | 0 | 1 | 2(1) | 16 | 홍 창 범 | 6 | FW | FW | 14 | 김 병 오 | 21 | 0 | 3 | 0 | 0 |
| 0 | 1 | 2 | 3(2) | | 후 이 즈 | 9 | FW | FW | 98 | 이 형 경 | 13 | 1 | 0 | 0 | 0 |
| 0 | 0 | 0 | 0 | | 박 지 민 | 34 | | | 1 | 조 수 혁 | | 0 | 0 | 0 | 0 |
| 0 | 0 | 0 | 0 | 후38 | 김 정 환 | 11 | | | 3 | 전 현 병 | 후47 | 0 | 0 | 0 | 0 |
| 0 | 0 | 0 | 0 | 후31 | 류 준 선 | 16 | | | 66 | 이 강 한 | | 0 | 0 | 0 | 0 |
| 0 | 0 | 1 | 1(1) | 후38 | 정 원 진 | 17 | 대기 | 대기 | 8 | 송 진 규 | | 0 | 0 | 0 | 0 |
| 0 | 0 | 0 | 0 | | 조 성 욱 | 20 | | | 13 | 김 영 환 | 후20 | 1(1) | 1 | 0 | 0 |
| 0 | 0 | 0 | 3(2) | 후10 | 하 정 우 | 37 | | | 7 | 마테우징요 | 후20 | 0 | 0 | 0 | 0 |
| 0 | 0 | 0 | 1 | 후10 | 박 지 원 | 77 | | | 21 | 송 창 석 | 후12 | 2(1) | 1 | 0 | 0 |
| 0 | 2 | 8 | 17(9) | | | 0 | | | 0 | | | 15(7) | 10 | 2 | 0 |

●전반 29분 정승용 PAL ↷ 후이즈 GA 정면 L-ST-G (득점: 후이즈, 도움: 정승용) 왼쪽

●전반 6분 김병오 GAR ~ 김선민 PA 정면 내 R-ST-G (득점: 김선민, 도움: 김병오) 왼쪽

3월 08일 14:00 맑음 화성 종합 1,425명
주심_ 정동식 부심_ 성주경·김태원 대기심_ 최승환 경기감독관_ 차상해

**화성 1** 0 전반 0 / 1 후반 1 **1 경남**

| 퇴장 | 경고 | 파울 | ST(유) | 교체 | 선수명 | 배번 | 위치 | 위치 | 배번 | 선수명 | 교체 | ST(유) | 파울 | 경고 | 퇴장 |
|---|---|---|---|---|---|---|---|---|---|---|---|---|---|---|---|
| 0 | 0 | 0 | 0 | | 김 승 건 | 1 | GK | GK | 51 | 류 원 우 | 1 | 0 | 0 | 0 | 0 |
| 0 | 0 | 1 | 0 | | 연 제 민 | 4 | DF | DF | 37 | 김 선 호 | | 0 | 2 | 1 | 0 |
| 0 | 0 | 0 | 0 | | 우 제 욱 | 5 | DF | DF | 2 | 박 재 환 | | 0 | 0 | 0 | 0 |
| 0 | 0 | 1 | 0 | | 임 창 석 | 17 | DF | DF | 15 | 우 주 성 | | 0 | 0 | 0 | 0 |
| 0 | 0 | 1 | 0 | | 박 준 서 | 20 | DF | DF | 17 | 이 준 재 | 33 | 0 | 1 | 1 | 0 |
| 0 | 0 | 0 | 1 | | 최 명 희 | 16 | MF | MF | 16 | 이 강 희 | | 2 | 0 | 0 | 0 |
| 0 | 0 | 2 | 1 | | 김 신 리 | 25 | MF | MF | 88 | 헤 난 | | 1(1) | 1 | 0 | 0 |
| 0 | 0 | 0 | 1(1) | 22 | 백 승 우 | 27 | MF | MF | 6 | 박 한 빈 | 8 | 0 | 0 | 0 | 0 |
| 0 | 0 | 0 | 1 | 8 | 리 마 | 53 | FW | MF | 21 | 이 시 헌 | 29 | 2(1) | 1 | 0 | 0 |
| 0 | 0 | 1 | 0 | 11 | 이 승 재 | 98 | FW | FW | 90 | 이 중 민 | 9 | 2(1) | 0 | 0 | 0 |
| 0 | 0 | 1 | 3(1) | 7 | 도 미 닉 | 31 | FW | FW | 19 | 정 충 근 | 11 | 0 | 0 | 0 | 0 |
| 0 | 0 | 0 | 0 | | 이 기 현 | 13 | | | 1 | 고 동 민 | 후23 | 0 | 0 | 0 | 0 |
| 0 | 0 | 0 | 0 | | 조 영 진 | 33 | | | 3 | 이 규 백 | | 0 | 0 | 0 | 0 |
| 0 | 0 | 0 | 0 | | 함 선 우 | 44 | | | 33 | 박 원 재 | 전10 | 1 | 1 | 0 | 0 |
| 0 | 0 | 0 | 1 | 후19 | 전 성 진 | 8 | 대기 | 대기 | 29 | 박 기 현 | 후15 | 0 | 0 | 0 | 0 |
| 0 | 0 | 1 | 0 | 후39 | 안 지 만 | 22 | | | 8 | 도 동 현 | 후0 | 2(2) | 0 | 0 | 0 |
| 0 | 0 | 0 | 1 | 후19 | 알 뚤 | 7 | | | 11 | 박 민 서 | 후0 | 1 | 1 | 0 | 0 |
| 0 | 0 | 1 | 0 | 후8 | 여 홍 규 | 11 | | | 9 | 카 릴 | 후0 | 1 | 0 | 0 | 0 |
| 0 | 0 | 9 | 9(2) | | | 0 | | | 0 | | | 12(5) | 7 | 2 | 0 |

●후반 32분 알뚤 PAR ↷ 백승우 GA 정면 내 H-ST-G (득점: 백승우, 도움: 알뚤) 왼쪽

●후반 4분 박민서 PAL ~ 도동현 GA 정면 L-ST-G (득점: 도동현, 도움: 박민서) 오른쪽

3월 08일 16:30 맑음 김포솔터축구장 4,017명
주심_ 박진호 부심_ 이병주·김현진 대기심_ 원명희 경기감독관_ 허기태

**김포 2** | 1 전반 2 / 1 후반 1 | **3 충북청주**

| 퇴장 | 경고 | 파울 | ST(유) | 교체 | 선수명 | 배번 | 위치 | 위치 | 배번 | 선수명 | 교체 | ST(유) | 파울 | 경고 | 퇴장 |
|---|---|---|---|---|---|---|---|---|---|---|---|---|---|---|---|
| 0 | 0 | 0 | 0 | | 손정현 | 31 | GK | GK | 23 | 이승환 | 1 | 0 | 0 | 0 | 0 |
| 0 | 0 | 0 | 1 | | 채프먼 | 77 | DF | DF | 17 | 여승원 | 3 | 0 | 1 | 1 | 0 |
| 0 | 0 | 1 | 0 | 20 | 박경록 | 3 | DF | DF | 50 | 정성우 | | 0 | 0 | 0 | 0 |
| 0 | 0 | 1 | 1 | | 이찬형 | 5 | DF | DF | 66 | 이강한 | | 0 | 1 | 0 | 0 |
| 0 | 0 | 1 | 1(1) | | 김민식 | 98 | MF | DF | 99 | 이창훈 | | 2(2) | 0 | 0 | 0 |
| 0 | 0 | 1 | 1 | 7 | 디자우마 | 8 | MF | MF | 5 | 김선민 | | 1 | 3 | 0 | 0 |
| 0 | 0 | 0 | 0 | 99 | 최재훈 | 23 | MF | MF | 8 | 송진규 | 71 | 1(1) | 0 | 0 | 0 |
| 0 | 0 | 0 | 1(1) | 42 | 김지훈 | 6 | MF | MF | 10 | 페드로 | 98 | 0 | 0 | 0 | 0 |
| 0 | 0 | 1 | 2(1) | | 브루노 | 9 | MF | MF | 13 | 김영환 | | 0 | 2 | 0 | 0 |
| 0 | 0 | 1 | 1 | 10 | 이종현 | 13 | FW | FW | 9 | 가브리엘 | | 2(1) | 1 | 0 | 0 |
| 0 | 0 | 1 | 4(4) | | 루이스 | 24 | FW | FW | 21 | 송창석 | 2 | 1(1) | 2 | 0 | 0 |
| 0 | 0 | 0 | 0 | | 윤보상 | 21 | | | 1 | 조수혁 | 후38 | 0 | 0 | 1 | 0 |
| 0 | 0 | 0 | 0 | 후13 | 김민호 | 20 | | | 3 | 전현병 | 후27 | 0 | 1 | 0 | 0 |
| 0 | 0 | 0 | 0 | 후42 | 안창민 | 42 | | | 20 | 김승우 | | 0 | 0 | 0 | 0 |
| 0 | 0 | 1 | 2(2) | 후13 | 이상민 | 7 | 대기 | 대기 | 71 | 이동원 | 후11 | 1 | 1 | 1 | 0 |
| 0 | 0 | 0 | 0 | | 조성준 | 47 | | | 2 | 서재원 | 후38 | 0 | 0 | 0 | 0 |
| 0 | 0 | 0 | 3(3) | 후13 | 플라나 | 10 | | | 27 | 지언학 | | 0 | 0 | 0 | 0 |
| 0 | 0 | 0 | 0 | 후42 | 김결 | 99 | | | 98 | 이형경 | 후11 | 1(1) | 1 | 0 | 0 |
| 0 | 0 | 8 | 17(12) | | | 0 | | | 0 | | | 9(6) | 13 | 3 | 0 |

- 전반 12분 브루노 PK 좌측지점 ~ 김지훈 PK 우측지점 R-ST-G (득점: 김지훈, 도움: 브루노) 오른쪽
- 후반 24분 플라나 AKR L-ST-G (득점: 플라나) 왼쪽
- 전반 16분 김영환 GA 정면 내 H~ 가브리엘 GAL 내 R-ST-G (득점: 가브리엘, 도움: 김영환) 가운데
- 전반 29분 여승원 MFR FK ↷ 송창석 GA 정면 H-ST-G (득점: 송창석, 도움: 여승원) 가운데
- 후반 10분 가브리엘 PAL 내 ~ 송진규 GAR R-ST-G (득점: 송진규, 도움: 가브리엘) 왼쪽

3월 09일 14:00 맑음 목동 종합 9,644명
주심_ 최현재 부심_ 이영운·장민호 대기심_ 박정호 경기감독관_ 김용세

**서울E 4** | 3 전반 1 / 1 후반 1 | **2 수원**

| 퇴장 | 경고 | 파울 | ST(유) | 교체 | 선수명 | 배번 | 위치 | 위치 | 배번 | 선수명 | 교체 | ST(유) | 파울 | 경고 | 퇴장 |
|---|---|---|---|---|---|---|---|---|---|---|---|---|---|---|---|
| 0 | 0 | 0 | 0 | | 노동건 | 1 | GK | GK | 13 | 김정훈 | | 0 | 0 | 0 | 0 |
| 0 | 0 | 1 | 1(1) | | 김민규 | 3 | DF | DF | 29 | 이상민 | 18 | 0 | 2 | 0 | 0 |
| 0 | 0 | 0 | 1(1) | | 김오규 | 20 | DF | DF | 4 | 레오 | 22 | 0 | 1 | 0 | 0 |
| 0 | 1 | 2 | 0 | | 곽윤호 | 4 | DF | DF | 5 | 한호강 | | 0 | 0 | 0 | 0 |
| 0 | 1 | 3 | 0 | 99 | 배진우 | 77 | MF | DF | 32 | 정동윤 | | 0 | 1 | 1 | 0 |
| 0 | 0 | 4 | 1(1) | | 박창환 | 30 | MF | MF | 6 | 최영준 | 14 | 1(1) | 1 | 1 | 0 |
| 0 | 0 | 1 | 0 | | 서재민 | 15 | MF | MF | 17 | 이민혁 | | 1(1) | 0 | 1 | 0 |
| 0 | 0 | 0 | 0 | 6 | 차승현 | 13 | MF | MF | 10 | 강현묵 | 77 | 2(2) | 0 | 0 | 0 |
| 0 | 0 | 1 | 0 | 11 | 신성학 | 24 | FW | FW | 74 | 브루노실바 | | 4(3) | 4 | 1 | 0 |
| 0 | 0 | 1 | 1(1) | 9 | 이탈로 | 10 | FW | FW | 70 | 세라핌 | 11 | 1(1) | 1 | 1 | 0 |
| 0 | 0 | 0 | 2(1) | 16 | 에울레르 | 7 | FW | FW | 9 | 일류첸코 | | 2(1) | 1 | 0 | 0 |
| 0 | 0 | 0 | 0 | | 김민호 | 21 | | | 1 | 김민준 | | 0 | 0 | 0 | 0 |
| 0 | 0 | 2 | 0 | 후20 | 채광훈 | 6 | | | 18 | 최지묵 | 후33 | 0 | 0 | 0 | 0 |
| 0 | 0 | 0 | 0 | | 박경배 | 26 | | | 14 | 홍원진 | 후23 | 0 | 0 | 0 | 0 |
| 0 | 0 | 0 | 0 | 후39 | 조상준 | 99 | 대기 | 대기 | 22 | 김상준 | 후0 | 0 | 1 | 1 | 0 |
| 0 | 0 | 1 | 0 | 후20 | 변경준 | 16 | | | 11 | 파울리뇨 | 후13 | 2(1) | 0 | 0 | 0 |
| 0 | 0 | 0 | 5(5) | 전20 | 페드링요 | 11 | | | 71 | 김지호 | | 0 | 0 | 0 | 0 |
| 0 | 0 | 1 | 3(3) | 후0 | 아이데일 | 9 | | | 77 | 김지현 | 후13 | 1 | 0 | 0 | 0 |
| 0 | 2 | 17 | 14(13) | | | 0 | | | 0 | | | 14(10) | 12 | 6 | 0 |

- 전반 11분 박창환 GA 정면 R-ST-G (득점: 박창환) 오른쪽
- 전반 36분 이탈로 GA 정면 R-ST-G (득점: 이탈로) 왼쪽
- 전반 47분 이탈로 PAR 내 ↷ 페드링요 AKR L-ST-G (득점: 페드링요, 도움: 이탈로) 왼쪽
- 후반 30분 아이데일 GA 정면 L-ST-G (득점: 아이데일) 오른쪽
- 전반 19분 브루노 실바 MFL ↷ 강현묵 PK 좌측지점 H-ST-G (득점: 강현묵, 도움: 브루노 실바) 오른쪽
- 후반 50분 이민혁 MFR ~ 일류첸코 PA 정면 내 R-ST-G (득점: 일류첸코, 도움: 이민혁) 왼쪽

3월 08일 16:30 맑음 안산 와스타디움 1,447명
주심_ 이경순 부심_ 황보진현·김태형 대기심_ 안재훈 경기감독관_ 김성수

**안산 0** | 0 전반 0 / 0 후반 1 | **1 전남**

| 퇴장 | 경고 | 파울 | ST(유) | 교체 | 선수명 | 배번 | 위치 | 위치 | 배번 | 선수명 | 교체 | ST(유) | 파울 | 경고 | 퇴장 |
|---|---|---|---|---|---|---|---|---|---|---|---|---|---|---|---|
| 0 | 0 | 0 | 0 | | 이승빈 | 1 | GK | GK | 1 | 최봉진 | 33 | 0 | 0 | 0 | 0 |
| 0 | 0 | 1 | 0 | | 박시화 | 22 | DF | DF | 2 | 유지하 | | 1(1) | 1 | 0 | 0 |
| 0 | 0 | 2 | 1 | 16 | 장민준 | 4 | DF | DF | 23 | 김경재 | | 0 | 2 | 0 | 0 |
| 0 | 0 | 1 | 0 | | 이흥연 | 3 | DF | DF | 38 | 홍석현 | 44 | 0 | 0 | 0 | 0 |
| 0 | 1 | 2 | 1 | 8 | 양세영 | 19 | DF | DF | 3 | 김예성 | | 0 | 0 | 0 | 0 |
| 0 | 0 | 0 | 0 | | 조지훈 | 25 | MF | DF | 13 | 김용환 | | 0 | 1 | 1 | 0 |
| 0 | 0 | 0 | 0 | 35 | 류승완 | 17 | MF | MF | 16 | 알베르띠 | | 1 | 0 | 1 | 0 |
| 0 | 1 | 2 | 2 | | 손준석 | 7 | MF | MF | 88 | 박태용 | 14 | 0 | 2 | 0 | 0 |
| 0 | 0 | 1 | 1(1) | | 김현태 | 6 | MF | MF | 10 | 발디비아 | | 0 | 0 | 0 | 0 |
| 0 | 0 | 0 | 1(1) | 11 | 박채준 | 27 | MF | FW | 9 | 하남 | 19 | 0 | 2 | 0 | 0 |
| 0 | 0 | 0 | 1(1) | 9 | 정성호 | 18 | FW | FW | 99 | 정강민 | 70 | 0 | 0 | 0 | 0 |
| 0 | 0 | 0 | 0 | | 조성훈 | 21 | | | 33 | 성윤수 | 후43 | 0 | 0 | 0 | 0 |
| 0 | 0 | 0 | 0 | 후21 | 정용희 | 16 | | | 4 | 구현준 | | 0 | 0 | 0 | 0 |
| 0 | 0 | 0 | 0 | | 임지민 | 26 | | | 44 | 노동건 | 후0 | 0 | 1 | 0 | 0 |
| 0 | 0 | 0 | 0 | 후38 | 라파 | 8 | 대기 | 대기 | 8 | 노건우 | | 0 | 0 | 0 | 0 |
| 0 | 0 | 0 | 0 | 후38 | 서경식 | 35 | | | 14 | 윤민호 | 후24 | 0 | 2 | 0 | 0 |
| 0 | 0 | 0 | 2 | 후19 | 박형우 | 11 | | | 19 | 호난 | 후43 | 0 | 0 | 0 | 0 |
| 0 | 0 | 0 | 0 | 후19 | 루안 | 9 | | | 70 | 레안드로 | 후0 | 0 | 0 | 0 | 0 |
| 0 | 2 | 9 | 9(3) | | | 0 | | | 0 | | | 2(1) | 11 | 2 | 0 |

- 후반 21분 노동건 GA 정면 내 H↷ 유지하 GAL 내 EL H-ST-G (득점: 유지하, 도움: 노동건) 왼쪽

3월 09일 14:00 맑음 천안 종합 3,163명
주심_ 박세진 부심_ 천진희·신재환 대기심_ 조지음 경기감독관_ 이평재

**천안 1** | 0 전반 0 / 1 후반 0 | **0 충남아산**

| 퇴장 | 경고 | 파울 | ST(유) | 교체 | 선수명 | 배번 | 위치 | 위치 | 배번 | 선수명 | 교체 | ST(유) | 파울 | 경고 | 퇴장 |
|---|---|---|---|---|---|---|---|---|---|---|---|---|---|---|---|
| 0 | 0 | 0 | 0 | | 박주원 | 1 | GK | GK | 18 | 신송훈 | | 0 | 0 | 0 | 0 |
| 0 | 0 | 0 | 0 | | 구대영 | 90 | DF | DF | 17 | 김주성 | 98 | 0 | 0 | 0 | 0 |
| 0 | 0 | 0 | 0 | | 이상명 | 24 | DF | DF | 47 | 이은범 | | 0 | 0 | 0 | 0 |
| 0 | 1 | 1 | 0 | | 강영훈 | 4 | DF | DF | 4 | 장준영 | | 0 | 0 | 0 | 0 |
| 0 | 0 | 3 | 0 | | 김서진 | 13 | DF | DF | 14 | 이학민 | 25 | 1 | 2 | 1 | 0 |
| 0 | 0 | 3 | 1(1) | | 이종성 | 6 | MF | MF | 13 | 김영남 | | 0 | 1 | 0 | 0 |
| 0 | 0 | 1 | 0 | 16 | 이광진 | 8 | MF | MF | 28 | 손준호 | 38 | 0 | 1 | 0 | 0 |
| 0 | 0 | 0 | 0 | 7 | 펠리페 | 91 | MF | MF | 22 | 김승호 | | 1 | 0 | 0 | 0 |
| 0 | 1 | 2 | 0 | 15 | 구종욱 | 14 | MF | MF | 10 | 김종석 | | 3(2) | 2 | 0 | 0 |
| 0 | 0 | 1 | 1 | 17 | 파브레 | 9 | FW | MF | 15 | 김택근 | 7 | 0 | 0 | 0 | 0 |
| 0 | 0 | 1 | 0 | 10 | 김륜도 | 99 | FW | FW | 9 | 김종민 | 11 | 2(1) | 3 | 0 | 0 |
| 0 | 0 | 0 | 0 | | 허자웅 | 31 | | | 21 | 김진영 | | 0 | 0 | 0 | 0 |
| 0 | 0 | 0 | 0 | | 김영선 | 26 | | | 19 | 유동규 | | 0 | 0 | 0 | 0 |
| 0 | 0 | 0 | 0 | 후44 | 김원식 | 15 | | | 25 | 박종민 | 후41 | 1 | 0 | 0 | 0 |
| 0 | 0 | 0 | 0 | 후33 | 김성준 | 16 | 대기 | 대기 | 38 | 김정현 | 후41 | 0 | 0 | 0 | 0 |
| 0 | 1 | 1 | 0 | 후16 | 명준재 | 17 | | | 7 | 데니손 | 전15 | 1(1) | 1 | 1 | 0 |
| 0 | 0 | 0 | 1(1) | 후0 | 툰가라 | 10 | | | 11 | 아담 | 후24 | 2(1) | 0 | 0 | 0 |
| 0 | 0 | 0 | 0 | 후16 | 이상준 | 7 | | | 98 | 강민규 | 후24 | 1 | 0 | 0 | 0 |
| 0 | 3 | 13 | 3(2) | | | 0 | | | 0 | | | 12(5) | 10 | 2 | 0 |

- 후반 32분 김서진 MFL TL ↷ 툰가라 GA 정면 H-ST-G (득점: 툰가라, 도움: 김서진) 가운데

3월 09일 16:30 맑음 탄천 종합 4,891명
주심_ 김재홍 부심_ 김종희·이현모 대기심_ 오현진 경기감독관_ 김성기

**성남 2** 0 전반 0 / 2 후반 1 **1 인천**

| 퇴장 | 경고 | 파울 | ST(유) | 교체 | 선수명 | 배번 | 위치 | 위치 | 배번 | 선수명 | 교체 | ST(유) | 파울 | 경고 | 퇴장 |
|---|---|---|---|---|---|---|---|---|---|---|---|---|---|---|---|
| 0 | 0 | 0 | 0 | | 박지민 | 34 | GK | GK | 1 | 민성준 | | 0 | 0 | 0 | 0 |
| 0 | 0 | 2 | 0 | | 정승용 | 22 | DF | DF | 32 | 이주용 | | 1 | 2 | 0 | 0 |
| 0 | 0 | 0 | 0 | | 김주원 | 66 | DF | DF | 23 | 박경섭 | | 0 | 0 | 0 | 0 |
| 0 | 1 | 0 | 1(1) | | 베니시오 | 4 | DF | DF | 4 | 김건희 | | 0 | 0 | 0 | 0 |
| 0 | 0 | 0 | 0 | | 신재원 | 7 | DF | DF | 13 | 최승구 | 28 | 0 | 0 | 0 | 0 |
| 0 | 0 | 0 | 0 | 77 | 이준상 | 27 | MF | MF | 27 | 김보섭 | 17 | 1 | 1 | 1 | 0 |
| 0 | 1 | 2 | 1(1) | | 박수빈 | 33 | MF | MF | 7 | 김도혁 | 10 | 0 | 1 | 0 | 0 |
| 0 | 0 | 0 | 0 | | 사무엘 | 74 | MF | MF | 5 | 이명주 | | 1(1) | 1 | 0 | 0 |
| 0 | 0 | 0 | 3(3) | 11 | 이정빈 | 8 | MF | MF | 11 | 제르소 | 66 | 1(1) | 1 | 1 | 0 |
| 0 | 0 | 0 | 0 | | 홍창범 | 6 | FW | FW | 77 | 박승호 | 14 | 0 | 0 | 0 | 0 |
| 0 | 0 | 1 | 2(1) | | 후이즈 | 9 | FW | FW | 9 | 무고사 | | 1(1) | 1 | 0 | 0 |
| 0 | 0 | 0 | 0 | | 유상훈 | 1 | | | 21 | 황성민 | | 0 | 0 | 0 | 0 |
| 0 | 0 | 0 | 0 | 후39 | 김정환 | 11 | | | 15 | 임형진 | | 0 | 0 | 0 | 0 |
| 0 | 0 | 0 | 0 | | 류준선 | 16 | | | 28 | 민경현 | 후0 | 1 | 2 | 1 | 0 |
| 0 | 0 | 0 | 0 | | 정원진 | 17 | 대기 | 대기 | 66 | 김세훈 | 후39 | 0 | 1 | 1 | 0 |
| 0 | 0 | 0 | 0 | | 조성욱 | 20 | | | 10 | 이동률 | 후42 | 0 | 0 | 0 | 0 |
| 0 | 0 | 0 | 0 | | 하정우 | 37 | | | 14 | 바로우 | 후27 | 0 | 0 | 0 | 0 |
| 0 | 0 | 1 | 1(1) | 전32 | 박지원 | 77 | | | 17 | 김성민 | 후27 | 0 | 1 | 0 | 0 |
| 0 | 2 | 6 | 8(7) | | | 0 | | | 0 | | | 6(3) | 11 | 4 | 0 |

●후반 34분 이정빈 PAR 내 L-ST-G (득점: 이정빈) 오른쪽

●후반 49분 후이즈 PAL 내 ~ 박지원 GAR R-ST-G (득점: 박지원, 도움: 후이즈) 왼쪽

●후반 25분 이주용 PAL 내 ~ 제르소 GA 정면 L-ST-G (득점: 제르소, 도움: 이주용) 오른쪽

3월 15일 14:00 맑음 화성 종합 1,735명
주심_ 최규현 부심_ 황보진현·김태형 대기심_ 이경순 경기감독관_ 박철

**화성 2** 0 전반 0 / 2 후반 1 **1 충북청주**

| 퇴장 | 경고 | 파울 | ST(유) | 교체 | 선수명 | 배번 | 위치 | 위치 | 배번 | 선수명 | 교체 | ST(유) | 파울 | 경고 | 퇴장 |
|---|---|---|---|---|---|---|---|---|---|---|---|---|---|---|---|
| 0 | 0 | 0 | 0 | | 김승건 | 1 | GK | GK | 23 | 이승환 | | 0 | 0 | 0 | 0 |
| 0 | 0 | 1 | 0 | | 연제민 | 4 | DF | DF | 17 | 여승원 | | 1 | 0 | 0 | 0 |
| 0 | 0 | 1 | 0 | | 우제욱 | 5 | DF | DF | 50 | 정성우 | 98 | 1 | 0 | 0 | 0 |
| 0 | 1 | 2 | 0 | | 박준서 | 20 | DF | DF | 66 | 이강한 | 3 | 1(1) | 0 | 0 | 0 |
| 0 | 0 | 0 | 0 | 6 | 조영진 | 33 | DF | DF | 99 | 이창훈 | | 0 | 0 | 0 | 0 |
| 0 | 0 | 1 | 1(1) | | 최명희 | 16 | MF | MF | 5 | 김선민 | | 0 | 2 | 0 | 0 |
| 0 | 0 | 4 | 1 | 44 | 김신리 | 25 | MF | MF | 9 | 가브리엘 | | 3(2) | 3 | 0 | 0 |
| 0 | 0 | 0 | 2 | | 백승우 | 27 | MF | MF | 10 | 페드로 | 27 | 2(2) | 0 | 0 | 0 |
| 0 | 0 | 0 | 1 | 53 | 전성진 | 8 | FW | MF | 13 | 김영환 | | 1 | 1 | 0 | 0 |
| 0 | 1 | 2 | 1(1) | 98 | 여홍규 | 11 | FW | FW | 8 | 송진규 | 71 | 1 | 0 | 0 | 0 |
| 0 | 0 | 4 | 3(2) | 7 | 도미닉 | 31 | FW | FW | 21 | 송창석 | 2 | 1(1) | 0 | 0 | 0 |
| 0 | 0 | 0 | 0 | | 이기현 | 13 | | | 1 | 조수혁 | | 0 | 0 | 0 | 0 |
| 0 | 0 | 0 | 0 | | 임창석 | 17 | | | 3 | 전현병 | 후31 | 0 | 0 | 0 | 0 |
| 0 | 0 | 0 | 0 | 후44 | 함선우 | 44 | | | 71 | 이동원 | 전35 | 1 | 2 | 0 | 0 |
| 0 | 0 | 0 | 0 | 후44 | 최준혁 | 6 | 대기 | 대기 | 2 | 서재원 | 후11 | 1 | 0 | 0 | 0 |
| 0 | 0 | 0 | 1(1) | 후30 | 알뚤 | 7 | | | 27 | 지언학 | 후11 | 1 | 0 | 0 | 0 |
| 0 | 0 | 0 | 1(1) | 후17 | 리마 | 53 | | | 88 | 양영빈 | | 0 | 0 | 0 | 0 |
| 0 | 0 | 0 | 0 | 후17 | 이승재 | 98 | | | 98 | 이형경 | 후31 | 0 | 1 | 0 | 0 |
| 0 | 2 | 15 | 11(6) | | | 0 | | | 0 | | | 14(6) | 9 | 0 | 0 |

●후반 20분 도미닉 GAL H↷ 리마 GA 정면 L-ST-G (득점: 리마, 도움: 도미닉) 오른쪽

●후반 32분 전현병 GAR 내 L 자책골 (득점: 전현병) 오른쪽

●후반 49분 가브리엘 PK-R-G (득점: 가브리엘) 왼쪽

3월 15일 14:00 맑음 인천 전용 9,695명
주심_ 조지음 부심_ 성주경·이화평 대기심_ 김희곤 경기감독관_ 구상범

**인천 1** 0 전반 0 / 1 후반 0 **0 서울E**

| 퇴장 | 경고 | 파울 | ST(유) | 교체 | 선수명 | 배번 | 위치 | 위치 | 배번 | 선수명 | 교체 | ST(유) | 파울 | 경고 | 퇴장 |
|---|---|---|---|---|---|---|---|---|---|---|---|---|---|---|---|
| 0 | 0 | 0 | 0 | | 민성준 | 1 | GK | GK | 1 | 노동건 | | 0 | 0 | 0 | 0 |
| 0 | 1 | 3 | 1 | | 이주용 | 32 | DF | DF | 4 | 곽윤호 | 3 | 0 | 0 | 0 | 0 |
| 0 | 1 | 1 | 1 | | 박경섭 | 23 | DF | DF | 20 | 김오규 | | 0 | 0 | 0 | 0 |
| 0 | 0 | 2 | 0 | | 김건희 | 4 | DF | DF | 77 | 배진우 | | 0 | 1 | 0 | 0 |
| 0 | 0 | 1 | 0 | 39 | 최승구 | 13 | DF | MF | 13 | 차승현 | 19 | 0 | 0 | 0 | 0 |
| 0 | 0 | 1 | 2 | 14 | 김보섭 | 27 | MF | MF | 15 | 서재민 | | 0 | 5 | 0 | 0 |
| 0 | 0 | 1 | 0 | 8 | 민경현 | 28 | MF | MF | 30 | 박창환 | | 0 | 2 | 0 | 0 |
| 0 | 0 | 4 | 0 | | 이명주 | 5 | MF | MF | 24 | 신성학 | 16 | 0 | 1 | 0 | 0 |
| 0 | 0 | 2 | 0 | 77 | 김성민 | 17 | MF | FW | 7 | 에울레르 | | 2(1) | 1 | 1 | 0 |
| 0 | 0 | 0 | 3(2) | 10 | 제르소 | 11 | FW | FW | 9 | 아이데일 | 10 | 0 | 1 | 0 | 0 |
| 0 | 0 | 0 | 2(1) | | 무고사 | 9 | FW | FW | 11 | 페드링요 | 8 | 0 | 0 | 0 | 0 |
| 0 | 0 | 0 | 0 | | 황성민 | 21 | | | 21 | 김민호 | | 0 | 0 | 0 | 0 |
| 0 | 0 | 0 | 0 | | 임형진 | 15 | | | 6 | 채광훈 | | 0 | 0 | 0 | 0 |
| 0 | 1 | 1 | 0 | 후12 | 김명순 | 39 | | | 3 | 김민규 | 전35 | 1 | 0 | 0 | 0 |
| 0 | 0 | 0 | 0 | 후36 | 신진호 | 8 | 대기 | 대기 | 19 | 김주환 | 후0 | 0 | 0 | 0 | 0 |
| 0 | 0 | 0 | 2(2) | 후36 | 이동률 | 10 | | | 8 | 윤석주 | 후43 | 0 | 0 | 0 | 0 |
| 0 | 0 | 0 | 1 | 후12 | 바로우 | 14 | | | 16 | 변경준 | 전16 | 1 | 1 | 0 | 0 |
| 0 | 0 | 1 | 1 | 전28 | 박승호 | 77 | | | 10 | 이탈로 | 후0 | 0 | 0 | 0 | 0 |
| 0 | 3 | 17 | 13(5) | | | 0 | | | 0 | | | 4(1) | 12 | 1 | 0 |

●후반 30분 무고사 PK-R-G (득점: 무고사) 가운데

3월 15일 16:30 맑음 김포솔터축구장 3,126명
주심_ 오현진 부심_ 박남수·이상길 대기심_ 정동식 경기감독관_ 차상해

**김포 0** 0 전반 0 / 0 후반 0 **0 성남**

| 퇴장 | 경고 | 파울 | ST(유) | 교체 | 선수명 | 배번 | 위치 | 위치 | 배번 | 선수명 | 교체 | ST(유) | 파울 | 경고 | 퇴장 |
|---|---|---|---|---|---|---|---|---|---|---|---|---|---|---|---|
| 0 | 0 | 0 | 0 | | 손정현 | 31 | GK | GK | 34 | 박지민 | | 0 | 0 | 0 | 0 |
| 0 | 0 | 0 | 0 | | 박경록 | 3 | DF | DF | 22 | 정승용 | | 0 | 1 | 0 | 0 |
| 0 | 0 | 0 | 2(1) | | 이찬형 | 5 | DF | DF | 66 | 김주원 | 20 | 0 | 0 | 0 | 0 |
| 0 | 0 | 1 | 0 | | 채프먼 | 77 | DF | DF | 4 | 베니시오 | | 0 | 1 | 0 | 0 |
| 0 | 0 | 1 | 1(1) | | 김민식 | 98 | MF | DF | 7 | 신재원 | 17 | 0 | 2 | 1 | 0 |
| 0 | 0 | 1 | 0 | | 이상민 | 7 | MF | MF | 77 | 박지원 | 37 | 1 | 1 | 1 | 0 |
| 0 | 0 | 2 | 1 | | 디자우마 | 8 | MF | MF | 33 | 박수빈 | | 1 | 1 | 0 | 0 |
| 0 | 0 | 0 | 2(1) | | 김지훈 | 6 | MF | MF | 74 | 사무엘 | | 0 | 3 | 0 | 0 |
| 0 | 0 | 1 | 0 | 10 | 브루노 | 9 | MF | MF | 30 | 박병규 | 11 | 0 | 1 | 1 | 0 |
| 0 | 0 | 0 | 0 | 42 | 조성준 | 47 | FW | FW | 6 | 홍창범 | 88 | 2(2) | 1 | 0 | 0 |
| 0 | 0 | 1 | 4(3) | 11 | 루이스 | 24 | FW | FW | 9 | 후이즈 | | 2(1) | 1 | 1 | 0 |
| 0 | 0 | 0 | 0 | | 윤보상 | 21 | | | 1 | 유상훈 | | 0 | 0 | 0 | 0 |
| 0 | 0 | 0 | 0 | | 김민호 | 20 | | | 11 | 김정환 | 전31 | 0 | 1 | 0 | 0 |
| 0 | 0 | 0 | 0 | | 장부성 | 32 | | | 16 | 류준선 | | 0 | 0 | 0 | 0 |
| 0 | 0 | 0 | 0 | 후43 | 윤재운 | 11 | 대기 | 대기 | 17 | 정원진 | 후43 | 0 | 1 | 0 | 0 |
| 0 | 0 | 0 | 0 | | 천지현 | 72 | | | 20 | 조성욱 | 후11 | 0 | 0 | 0 | 0 |
| 0 | 0 | 0 | 0 | 후26 | 플라나 | 10 | | | 37 | 하정우 | 후43 | 1(1) | 0 | 0 | 0 |
| 0 | 0 | 1 | 1(1) | 후26 | 안창민 | 42 | | | 88 | 국관우 | 후43 | 0 | 0 | 0 | 0 |
| 0 | 0 | 8 | 11(7) | | | 0 | | | 0 | | | 7(4) | 14 | 4 | 0 |

3월 15일 16:30 맑음 수원 월드컵 14,099명
주심_ 최승환 부심_ 주현민·류시흥 대기심_ 박진호 경기감독관_ 이경춘

**수원 0** | 0 전반 0 / 0 후반 0 | **0 충남아산**

| 퇴장 | 경고 | 파울 | ST(유) | 교체 | 선수명 | 배번 | 위치 | 위치 | 배번 | 선수명 | 교체 | ST(유) | 파울 | 경고 | 퇴장 |
|---|---|---|---|---|---|---|---|---|---|---|---|---|---|---|---|
| 0 | 0 | 0 | 0 | | 김정훈 | 13 | GK | GK | 18 | 신송훈 | | 0 | 0 | 0 | 0 |
| 0 | 0 | 0 | 0 | 29 | 최지묵 | 18 | DF | DF | 17 | 김주성 | | 0 | 0 | 0 | 0 |
| 0 | 0 | 0 | 0 | | 한호강 | 5 | DF | DF | 47 | 이은범 | | 2(1) | 0 | 0 | 0 |
| 0 | 0 | 1 | 0 | 3 | 권완규 | 12 | DF | DF | 4 | 장준영 | 20 | 0 | 0 | 0 | 0 |
| 0 | 1 | 2 | 0 | | 정동윤 | 32 | DF | DF | 25 | 박종민 | | 1 | 2 | 0 | 0 |
| 0 | 0 | 2 | 0 | | 최영준 | 6 | MF | MF | 24 | 박세직 | | 0 | 0 | 0 | 0 |
| 0 | 0 | 1 | 1 | 14 | 이민혁 | 17 | MF | MF | 13 | 김영남 | | 0 | 2 | 0 | 0 |
| 0 | 0 | 1 | 1 | 77 | 강현묵 | 10 | MF | MF | 28 | 손준호 | | 0 | 1 | 1 | 0 |
| 0 | 0 | 1 | 1(1) | | 브루노실바 | 74 | FW | FW | 22 | 김승호 | | 3(2) | 0 | 1 | 0 |
| 0 | 0 | 0 | 2(1) | 11 | 세라핌 | 70 | FW | FW | 98 | 강민규 | | 3(1) | 2 | 0 | 0 |
| 0 | 0 | 0 | 2 | | 일류첸코 | 9 | FW | FW | 33 | 이민혁 | 7 | 0 | 0 | 0 | 0 |
| 0 | 0 | 0 | 0 | | 양형모 | 21 | | | 21 | 김진영 | | 0 | 0 | 0 | 0 |
| 0 | 0 | 0 | 0 | 후28 | 고종현 | 3 | | | 20 | 조주영 | 전16 | 0 | 1 | 0 | 0 |
| 0 | 0 | 2 | 0 | 후2 | 이상민 | 29 | | | 45 | 미사키 | | 0 | 0 | 0 | 0 |
| 0 | 0 | 0 | 0 | 후28 | 홍원진 | 14 | 대기 | 대기 | 38 | 김정현 | | 0 | 0 | 0 | 0 |
| 0 | 0 | 0 | 0 | 후18 | 파울리뇨 | 11 | | | 7 | 데니손 | 전16 | 2(2) | 0 | 0 | 0 |
| 0 | 0 | 0 | 0 | | 김지호 | 71 | | | 9 | 김종민 | | 0 | 0 | 0 | 0 |
| 0 | 0 | 0 | 0 | 후18 | 김지현 | 77 | | | 11 | 아담 | | 0 | 0 | 0 | 0 |
| 0 | 1 | 10 | 7(2) | | | 0 | | | 0 | | | 11(6) | 8 | 2 | 0 |

3월 16일 14:00 흐림 창원 축구센터 5,969명
주심_ 오현정 부심_ 이영운·천진희 대기심_ 최철준 경기감독관_ 허태식

**경남 2** | 0 전반 1 / 2 후반 1 | **2 전남**

| 퇴장 | 경고 | 파울 | ST(유) | 교체 | 선수명 | 배번 | 위치 | 위치 | 배번 | 선수명 | 교체 | ST(유) | 파울 | 경고 | 퇴장 |
|---|---|---|---|---|---|---|---|---|---|---|---|---|---|---|---|
| 0 | 0 | 0 | 0 | | 류원우 | 51 | GK | GK | 1 | 최봉진 | 33 | 0 | 0 | 0 | 0 |
| 0 | 0 | 0 | 0 | | 박원재 | 33 | DF | DF | 2 | 유지하 | | 0 | 1 | 0 | 0 |
| 0 | 0 | 1 | 0 | | 박재환 | 2 | DF | DF | 23 | 김경재 | | 0 | 1 | 1 | 0 |
| 0 | 0 | 2 | 0 | | 이규백 | 3 | DF | DF | 44 | 노동건 | | 0 | 1 | 0 | 0 |
| 0 | 0 | 1 | 0 | | 이준재 | 17 | DF | DF | 3 | 김예성 | | 0 | 0 | 0 | 0 |
| 0 | 0 | 1 | 0 | | 이강희 | 16 | MF | DF | 13 | 김용환 | 4 | 0 | 0 | 0 | 0 |
| 0 | 0 | 2 | 0 | 37 | 헤난 | 88 | MF | MF | 16 | 알베르띠 | | 1(1) | 0 | 0 | 0 |
| 0 | 0 | 0 | 2(1) | 10 | 박민서 | 11 | MF | MF | 14 | 윤민호 | | 0 | 1 | 1 | 0 |
| 0 | 0 | 1 | 0 | 29 | 조영광 | 24 | MF | MF | 11 | 정지용 | 70 | 1 | 1 | 0 | 0 |
| 0 | 0 | 3 | 0 | 90 | 카릴 | 9 | FW | FW | 9 | 하남 | 17 | 6(3) | 0 | 0 | 0 |
| 0 | 0 | 2 | 0 | 8 | 송시우 | 7 | FW | FW | 99 | 정강민 | 8 | 1(1) | 0 | 0 | 0 |
| 0 | 0 | 0 | 0 | | 고동민 | 1 | | | 33 | 성윤수 | 후46 | 0 | 0 | 0 | 0 |
| 0 | 0 | 0 | 0 | | 우주성 | 15 | | | 4 | 구현준 | 후11 | 0 | 0 | 0 | 0 |
| 0 | 0 | 0 | 0 | 후53 | 김선호 | 37 | | | 5 | 고태원 | | 0 | 0 | 0 | 0 |
| 0 | 1 | 1 | 2(1) | 후0 | 박기현 | 29 | 대기 | 대기 | 8 | 노건우 | 후27 | 1(1) | 0 | 0 | 0 |
| 0 | 0 | 1 | 0 | 전38 | 도동현 | 8 | | | 10 | 발디비아 | | 0 | 0 | 0 | 0 |
| 0 | 0 | 0 | 0 | 후28 | 마테우스 | 10 | | | 17 | 김도윤 | 후46 | 0 | 0 | 0 | 0 |
| 0 | 0 | 0 | 0 | 후28 | 이중민 | 90 | | | 70 | 레안드로 | 후27 | 0 | 0 | 0 | 0 |
| 0 | 1 | 15 | 4(2) | | | 0 | | | 0 | | | 10(6) | 5 | 2 | 0 |

- 후반 10분 김경재 PK 좌측지점 R 자책골 (득점: 김경재) 오른쪽
- 후반 30분 도동현 AK 정면 ~ 박기현 AK 정면 L-ST-G (득점: 박기현, 도움: 도동현) 오른쪽
- 전반 2분 알베르띠 MFR FK ↷ 하남 PK지점 H-ST-G (득점: 하남, 도움: 알베르띠) 오른쪽
- 후반 26분 정강민 PAR TL ↷ 하남 GA 정면 H-ST-G (득점: 하남, 도움: 정강민) 오른쪽

3월 16일 14:00 비 부산 구덕 1,812명
주심_ 안재훈 부심_ 김유영·김태원 대기심_ 고민국 경기감독관_ 양정환

**부산 2** | 1 전반 1 / 1 후반 0 | **1 천안**

| 퇴장 | 경고 | 파울 | ST(유) | 교체 | 선수명 | 배번 | 위치 | 위치 | 배번 | 선수명 | 교체 | ST(유) | 파울 | 경고 | 퇴장 |
|---|---|---|---|---|---|---|---|---|---|---|---|---|---|---|---|
| 0 | 0 | 0 | 0 | | 구상민 | 1 | GK | GK | 1 | 박주원 | | 0 | 0 | 0 | 0 |
| 0 | 0 | 0 | 0 | | 이동수 | 6 | DF | DF | 90 | 구대영 | | 0 | 2 | 1 | 0 |
| 0 | 0 | 1 | 1(1) | | 조위제 | 20 | DF | DF | 3 | 이웅희 | | 1(1) | 1 | 0 | 0 |
| 0 | 0 | 0 | 0 | | 장호익 | 77 | DF | DF | 4 | 강영훈 | | 0 | 1 | 0 | 0 |
| 0 | 0 | 0 | 0 | 33 | 전성진 | 17 | MF | DF | 13 | 김서진 | 24 | 0 | 0 | 0 | 0 |
| 0 | 0 | 1 | 0 | 47 | 임민혁 | 8 | MF | MF | 6 | 이종성 | | 0 | 0 | 0 | 0 |
| 0 | 0 | 3 | 1 | | 사비에르 | 7 | MF | MF | 8 | 이광진 | | 0 | 2 | 0 | 0 |
| 0 | 0 | 0 | 1 | 9 | 박창우 | 23 | MF | MF | 91 | 펠리페 | 17 | 0 | 0 | 0 | 0 |
| 0 | 0 | 3 | 5(4) | | 빌레로 | 11 | FW | MF | 14 | 구종욱 | 7 | 0 | 2 | 1 | 0 |
| 0 | 0 | 0 | 0 | 99 | 백가온 | 45 | FW | FW | 9 | 파브레 | 16 | 0 | 2 | 0 | 0 |
| 0 | 0 | 0 | 2(2) | 63 | 페신 | 10 | FW | FW | 99 | 김륜도 | 10 | 0 | 1 | 0 | 0 |
| 0 | 0 | 0 | 0 | | 박대한 | 21 | | | 31 | 허자웅 | | 0 | 0 | 0 | 0 |
| 0 | 0 | 0 | 0 | 후49 | 홍지석 | 33 | | | 26 | 김영선 | | 0 | 0 | 0 | 0 |
| 0 | 0 | 0 | 1 | 후33 | 김진래 | 63 | | | 24 | 이상명 | 후46 | 0 | 0 | 0 | 0 |
| 0 | 0 | 0 | 0 | 후46 | 손휘 | 47 | 대기 | 대기 | 16 | 김성준 | 후28 | 0 | 0 | 0 | 0 |
| 0 | 0 | 0 | 0 | | 윤민호 | 32 | | | 17 | 명준재 | 후46 | 0 | 0 | 0 | 0 |
| 0 | 0 | 1 | 1(1) | 후33 | 곤잘로 | 9 | | | 10 | 툰가라 | 전38 | 0 | 3 | 0 | 0 |
| 0 | 0 | 0 | 0 | 후46 | 손석용 | 99 | | | 7 | 이상준 | 후0 | 0 | 2 | 1 | 0 |
| 0 | 0 | 9 | 12(8) | | | 0 | | | 0 | | | 1(1) | 16 | 3 | 0 |

- 전반 22분 빌레로 PAL ↷ 페신 GA 정면 H-ST-G (득점: 페신, 도움: 빌레로) 오른쪽
- 후반 45분 곤잘로 PK-R-G (득점: 곤잘로) 오른쪽
- 전반 43분 펠리페 PAL FK ↷ 이웅희 GAL 내 H-ST-G (득점: 이웅희, 도움: 펠리페) 왼쪽

3월 16일 16:30 맑음 부천 종합 2,462명
주심_ 박종명 부심_ 김수현·장민호 대기심_ 박세진 경기감독관_ 김성기

**부천 3** | 1 전반 1 / 2 후반 0 | **1 안산**

| 퇴장 | 경고 | 파울 | ST(유) | 교체 | 선수명 | 배번 | 위치 | 위치 | 배번 | 선수명 | 교체 | ST(유) | 파울 | 경고 | 퇴장 |
|---|---|---|---|---|---|---|---|---|---|---|---|---|---|---|---|
| 0 | 0 | 0 | 0 | | 김형근 | 1 | GK | GK | 1 | 이승빈 | | 0 | 0 | 0 | 0 |
| 0 | 1 | 2 | 1(1) | 55 | 이재원 | 15 | DF | DF | 22 | 박시화 | | 0 | 0 | 0 | 0 |
| 0 | 0 | 0 | 0 | | 이상혁 | 5 | DF | DF | 4 | 장민준 | | 2(2) | 1 | 0 | 0 |
| 0 | 0 | 1 | 0 | | 홍성욱 | 20 | DF | DF | 3 | 이풍연 | | 0 | 1 | 0 | 0 |
| 0 | 0 | 0 | 2(1) | 7 | 김규민 | 17 | MF | DF | 19 | 양세영 | 13 | 1 | 2 | 0 | 0 |
| 0 | 1 | 4 | 0 | | 박현빈 | 16 | MF | MF | 25 | 조지훈 | | 1 | 0 | 0 | 0 |
| 0 | 1 | 2 | 1 | 4 | 카즈 | 23 | MF | MF | 17 | 류승완 | 9 | 2(1) | 0 | 0 | 0 |
| 0 | 0 | 0 | 1(1) | 13 | 박창준 | 11 | MF | MF | 7 | 손준석 | | 1(1) | 2 | 2 | 0 |
| 0 | 0 | 1 | 4(1) | | 바사니 | 10 | FW | MF | 6 | 김현태 | | 2(1) | 0 | 0 | 0 |
| 0 | 0 | 0 | 2(2) | 99 | 몬타뇨 | 9 | FW | MF | 27 | 박채준 | 11 | 1(1) | 0 | 0 | 0 |
| 0 | 0 | 0 | 6(3) | | 갈레고 | 41 | FW | FW | 18 | 정성호 | 99 | 0 | 2 | 0 | 0 |
| 0 | 0 | 0 | 0 | | 설현빈 | 28 | | | 21 | 조성훈 | | 0 | 0 | 0 | 0 |
| 0 | 0 | 0 | 0 | 후31 | 티아깅요 | 7 | | | 13 | 김리관 | 후13/8 | 0 | 0 | 0 | 0 |
| 0 | 0 | 0 | 1(1) | 후42 | 박형진 | 13 | | | 66 | 배수민 | | 0 | 0 | 0 | 0 |
| 0 | 0 | 0 | 0 | 후42 | 구자룡 | 55 | 대기 | 대기 | 8 | 라파 | 후36 | 0 | 0 | 0 | 0 |
| 0 | 0 | 0 | 0 | 후22 | 최원철 | 4 | | | 99 | 김우빈 | 후13 | 0 | 0 | 0 | 0 |
| 0 | 0 | 0 | 0 | | 김동현 | 24 | | | 11 | 박형우 | 후22 | 1(1) | 0 | 0 | 0 |
| 0 | 0 | 0 | 1(1) | 후31 | 공민현 | 99 | | | 9 | 루안 | 후22 | 0 | 0 | 0 | 0 |
| 0 | 3 | 10 | 19(11) | | | 0 | | | 0 | | | 11(7) | 8 | 2 | 0 |

- 전반 3분 몬타뇨 GA 정면 R-ST-G (득점: 몬타뇨) 왼쪽
- 후반 9분 갈레고 AKL L-ST-G (득점: 갈레고) 오른쪽
- 후반 32분 박창준 GAR H-ST-G (득점: 박창준) 가운데
- 전반 11분 손준석 C,KL ↷ 장민준 GAL L-ST-G (득점: 장민준, 도움: 손준석) 오른쪽

3월 29일 14:00 흐림 안산 와스타디움 1,768명
주심_ 원명희 부심_ 성주경·이화평 대기심_ 박진호 경기감독관_ 김용세

**안산 3** 1 전반 2 / 2 후반 1 **3 화성**

| 퇴장 | 경고 | 파울 | ST(유) | 교체 | 선수명 | 배번 | 위치 | 위치 | 배번 | 선수명 | 교체 | ST(유) | 파울 | 경고 | 퇴장 |
|---|---|---|---|---|---|---|---|---|---|---|---|---|---|---|---|
| 0 | 0 | 0 | 0 | 21 | 이 승 빈 | 1 | GK | GK | 13 | 이 기 현 | | 0 | 0 | 1 | 0 |
| 0 | 0 | 0 | 0 | 26 | 양 세 영 | 19 | DF | DF | 2 | 김 대 환 | | 3(1) | 1 | 0 | 0 |
| 0 | 0 | 2 | 0 | | 이 풍 연 | 3 | DF | DF | 4 | 연 제 민 | | 0 | 1 | 0 | 0 |
| 0 | 1 | 3 | 1(1) | | 장 민 준 | 4 | DF | DF | 5 | 우 제 욱 | | 0 | 0 | 0 | 0 |
| 0 | 0 | 0 | 1 | 16 | 박 시 화 | 22 | DF | FW | 9 | 박 주 영 | | 1(1) | 2 | 0 | 0 |
| 0 | 0 | 0 | 0 | | 조 지 훈 | 25 | MF | MF | 15 | 보이노비치 | | 1 | 0 | 0 | 0 |
| 0 | 0 | 0 | 3(3) | | 김 현 태 | 6 | MF | MF | 16 | 최 명 희 | | 0 | 3 | 0 | 0 |
| 0 | 0 | 1 | 3(2) | | 라 파 | 8 | MF | DF | 20 | 박 준 서 | 17 | 0 | 3 | 1 | 0 |
| 0 | 0 | 0 | 1(1) | | 박 채 준 | 27 | MF | MF | 27 | 백 승 우 | 7 | 1 | 1 | 0 | 0 |
| 0 | 0 | 1 | 4(3) | 17 | 사라이바 | 10 | MF | FW | 31 | 도 미 닉 | 8 | 3(2) | 3 | 0 | 0 |
| 0 | 0 | 2 | 1(1) | 18 | 루 안 | 9 | FW | FW | 98 | 이 승 재 | 53 | 0 | 5 | 0 | 0 |
| 0 | 0 | 0 | 0 | 후0 | 조 성 훈 | 21 | | | 1 | 김 승 건 | | 0 | 0 | 0 | 0 |
| 0 | 0 | 0 | 0 | 후27 | 정 용 희 | 16 | | | 7 | 알 뚤 | 후10 | 2(2) | 0 | 0 | 0 |
| 0 | 0 | 0 | 0 | 후13 | 임 지 민 | 26 | | | 8 | 전 성 진 | 후10 | 0 | 3 | 0 | 0 |
| 0 | 0 | 0 | 0 | | 배 수 민 | 66 | 대기 | 대기 | 17 | 임 창 석 | 후34 | 0 | 0 | 0 | 0 |
| 0 | 0 | 0 | 0 | 후30 | 류 승 완 | 17 | | | 25 | 김 신 리 | | 0 | 0 | 0 | 0 |
| 0 | 0 | 0 | 0 | 후13 | 정 성 호 | 18 | | | 53 | 리 마 | 후19 | 0 | 1 | 0 | 0 |
| 0 | 0 | 0 | 0 | | 송 태 성 | 36 | | | 44 | 함 선 우 | | 0 | 0 | 0 | 0 |
| 0 | 1 | 9 | 14(11) | | | 0 | | | 0 | | | 11(6) | 23 | 2 | 0 |

- 전반 50분 사라이바 C,KL ↷ 김현태 GAL 내 H-ST-G (득점: 김현태, 도움: 사라이바) 왼쪽
- 후반 45분 조지훈 MFR FK ↷ 김현태 PA 정면 내 H-ST-G (득점: 김현태, 도움: 조지훈) 오른쪽
- 후반 49분 이풍연 PAR 내 ~ 김현태 GAR R-ST-G (득점: 김현태, 도움: 이풍연) 오른쪽
- 전반 9분 김대환 PAL FK R-ST-G (득점: 김대환) 왼쪽
- 전반 29분 이풍연 GAL EL 자책골 (득점: 이풍연) 왼쪽
- 후반 24분 전성진 PAL 내 ~ 알뚤 GAL L-ST-G (득점: 알뚤, 도움: 전성진) 왼쪽

3월 29일 16:30 흐림 창원 축구센터 2,696명
주심_ 이경순 부심_ 주현민·이상길 대기심_ 안재훈 경기감독관_ 허태식

**경남 3** 1 전반 0 / 2 후반 0 **0 충북청주**

| 퇴장 | 경고 | 파울 | ST(유) | 교체 | 선수명 | 배번 | 위치 | 위치 | 배번 | 선수명 | 교체 | ST(유) | 파울 | 경고 | 퇴장 |
|---|---|---|---|---|---|---|---|---|---|---|---|---|---|---|---|
| 0 | 0 | 0 | 0 | | 류 원 우 | 51 | GK | GK | 23 | 이 승 환 | | 0 | 0 | 0 | 0 |
| 0 | 0 | 1 | 1 | | 박 원 재 | 33 | DF | DF | 15 | 홍 준 호 | | 0 | 1 | 0 | 0 |
| 0 | 0 | 1 | 0 | | 박 재 환 | 2 | DF | DF | 17 | 여 승 원 | 27 | 0 | 0 | 0 | 0 |
| 0 | 0 | 0 | 1 | | 우 주 성 | 15 | DF | DF | 50 | 정 성 우 | 3 | 0 | 1 | 1 | 0 |
| 0 | 0 | 0 | 2(1) | | 이 준 재 | 17 | DF | DF | 66 | 이 강 한 | | 0 | 1 | 0 | 0 |
| 0 | 1 | 2 | 3(1) | | 이 강 희 | 16 | MF | MF | 2 | 서 재 원 | 88 | 1(1) | 1 | 0 | 0 |
| 0 | 0 | 0 | 2(1) | 37 | 헤 난 | 88 | MF | MF | 5 | 김 선 민 | | 0 | 1 | 0 | 0 |
| 0 | 0 | 1 | 2 | 24 | 도 동 현 | 8 | MF | MF | 10 | 페 드 로 | 99 | 0 | 0 | 0 | 0 |
| 0 | 0 | 0 | 1(1) | 29 | 폰 세 카 | 70 | MF | MF | 24 | 허 승 찬 | 16 | 0 | 0 | 0 | 0 |
| 0 | 0 | 4 | 3(2) | 90 | 카 릴 | 9 | FW | FW | 9 | 가브리엘 | | 3(1) | 0 | 0 | 0 |
| 0 | 0 | 0 | 1(1) | 11 | 설 현 진 | 14 | FW | FW | 21 | 송 창 석 | | 1 | 0 | 0 | 0 |
| 0 | 0 | 0 | 0 | | 최 필 수 | 91 | | | 1 | 조 수 혁 | | 0 | 0 | 0 | 0 |
| 0 | 0 | 0 | 0 | | 김 형 진 | 5 | | | 3 | 전 현 병 | 후40 | 0 | 0 | 0 | 0 |
| 0 | 0 | 0 | 0 | 후48 | 김 선 호 | 37 | | | 16 | 문 승 민 | 후17 | 0 | 1 | 0 | 0 |
| 0 | 0 | 0 | 1 | 후21 | 박 기 현 | 29 | 대기 | 대기 | 7 | 마테우징요 | | 0 | 0 | 0 | 0 |
| 0 | 0 | 0 | 0 | 후13 | 조 영 광 | 24 | | | 27 | 지 언 학 | 후0 | 0 | 2 | 1 | 0 |
| 0 | 0 | 0 | 0 | 후0 | 박 민 서 | 11 | | | 88 | 양 영 빈 | 후29 | 0 | 1 | 0 | 0 |
| 0 | 0 | 1 | 3(3) | 후21 | 이 중 민 | 90 | | | 99 | 이 창 훈 | 후0 | 2 | 3 | 1 | 0 |
| 0 | 1 | 10 | 20(10) | | | 0 | | | 0 | | | 7(2) | 12 | 3 | 0 |

- 전반 29분 폰세카 PAR ↷ 설현진 GAL 내 H-ST-G (득점: 설현진, 도움: 폰세카) 왼쪽
- 후반 35분 이강희 PK-R-G (득점: 이강희) 왼쪽
- 후반 44분 이중민 PK-R-G (득점: 이중민) 왼쪽

3월 29일 14:00 흐림 수원 월드컵 9,692명
주심_ 정회수 부심_ 황보진현·이현모 대기심_ 조지음 경기감독관_ 나승화

**수원 2** 0 전반 1 / 2 후반 0 **1 전남**

| 퇴장 | 경고 | 파울 | ST(유) | 교체 | 선수명 | 배번 | 위치 | 위치 | 배번 | 선수명 | 교체 | ST(유) | 파울 | 경고 | 퇴장 |
|---|---|---|---|---|---|---|---|---|---|---|---|---|---|---|---|
| 0 | 0 | 0 | 0 | | 양 형 모 | 21 | GK | GK | 1 | 최 봉 진 | | 0 | 0 | 0 | 0 |
| 0 | 0 | 0 | 0 | | 이 기 제 | 23 | DF | DF | 2 | 유 지 하 | 4 | 0 | 0 | 0 | 0 |
| 0 | 0 | 0 | 0 | 5 | 고 종 현 | 3 | DF | DF | 23 | 김 경 재 | | 0 | 1 | 1 | 0 |
| 0 | 0 | 0 | 0 | | 권 완 규 | 12 | DF | DF | 44 | 노 동 건 | | 1(1) | 1 | 0 | 0 |
| 0 | 0 | 0 | 1 | | 이 건 희 | 19 | DF | DF | 3 | 김 예 성 | | 0 | 2 | 1 | 0 |
| 0 | 0 | 1 | 0 | | 최 영 준 | 6 | MF | DF | 13 | 김 용 환 | 36 | 0 | 1 | 0 | 0 |
| 0 | 0 | 2 | 0 | 24 | 홍 원 진 | 14 | MF | MF | 16 | 알베르띠 | | 2(1) | 1 | 0 | 0 |
| 0 | 0 | 0 | 5(4) | | 파울리뇨 | 11 | MF | MF | 14 | 윤 민 호 | 88 | 2(1) | 1 | 1 | 0 |
| 0 | 1 | 1 | 2 | 47 | 세 라 핌 | 70 | FW | MF | 11 | 정 지 용 | | 2(1) | 2 | 0 | 0 |
| 0 | 0 | 0 | 0 | 74 | 김 지 호 | 71 | FW | FW | 9 | 하 남 | 17 | 2(1) | 1 | 0 | 0 |
| 0 | 0 | 2 | 3(1) | 77 | 일류첸코 | 9 | FW | FW | 99 | 정 강 민 | 8 | 1(1) | 1 | 0 | 0 |
| 0 | 0 | 0 | 0 | | 김 정 훈 | 13 | | | 33 | 성 윤 수 | | 0 | 0 | 0 | 0 |
| 0 | 0 | 1 | 0 | 후34 | 한 호 강 | 5 | | | 4 | 구 현 준 | 전18 | 0 | 0 | 0 | 0 |
| 0 | 0 | 0 | 0 | | 정 동 윤 | 32 | | | 36 | 안 재 민 | 후26 | 1(1) | 1 | 0 | 0 |
| 0 | 0 | 0 | 0 | 후16 | 이 규 성 | 24 | 대기 | 대기 | 8 | 노 건 우 | 후42 | 0 | 1 | 0 | 0 |
| 0 | 0 | 0 | 1(1) | 후16 | 박 승 수 | 47 | | | 88 | 박 태 용 | 후42 | 0 | 0 | 0 | 0 |
| 0 | 0 | 1 | 1 | 전25 | 브루노실바 | 74 | | | 17 | 김 도 윤 | 후26 | 1(1) | 0 | 0 | 0 |
| 0 | 0 | 0 | 2(2) | 후34 | 김 지 현 | 77 | | | 70 | 레안드로 | | 0 | 0 | 0 | 0 |
| 0 | 1 | 8 | 15(8) | | | 0 | | | 0 | | | 12(8) | 13 | 3 | 0 |

- 후반 19분 일류첸코 PK-R-G (득점: 일류첸코) 오른쪽
- 후반 46분 파울리뇨 AK 내 R-ST-G (득점: 파울리뇨) 왼쪽
- 전반 32분 김예성 PAL 내 ↷ 정강민 GAR 내 R-ST-G (득점: 정강민, 도움: 김예성) 가운데

3월 29일 16:30 맑음 인천 전용 8,507명
주심_ 정동식 부심_ 이병주·천진희 대기심_ 박정호 경기감독관_ 양정환

**인천 1** 0 전반 1 / 1 후반 0 **1 부산**

| 퇴장 | 경고 | 파울 | ST(유) | 교체 | 선수명 | 배번 | 위치 | 위치 | 배번 | 선수명 | 교체 | ST(유) | 파울 | 경고 | 퇴장 |
|---|---|---|---|---|---|---|---|---|---|---|---|---|---|---|---|
| 0 | 0 | 0 | 0 | | 민 성 준 | 1 | GK | GK | 1 | 구 상 민 | | 0 | 0 | 0 | 0 |
| 0 | 0 | 0 | 1(1) | | 이 주 용 | 32 | DF | DF | 6 | 이 동 수 | | 0 | 0 | 0 | 0 |
| 0 | 0 | 0 | 1(1) | | 박 경 섭 | 23 | DF | DF | 20 | 조 위 제 | | 0 | 1 | 0 | 0 |
| 0 | 0 | 0 | 0 | | 김 건 희 | 4 | DF | DF | 77 | 장 호 익 | 47 | 0 | 0 | 0 | 0 |
| 0 | 0 | 0 | 0 | 39 | 최 승 구 | 13 | DF | MF | 17 | 전 성 진 | | 1(1) | 0 | 0 | 0 |
| 0 | 0 | 0 | 0 | | 제 르 소 | 11 | MF | MF | 8 | 임 민 혁 | 3 | 0 | 3 | 1 | 0 |
| 0 | 0 | 1 | 0 | | 민 경 현 | 28 | MF | MF | 7 | 사비에르 | | 1(1) | 5 | 1 | 1 |
| 0 | 0 | 2 | 0 | 19 | 이 명 주 | 5 | MF | MF | 23 | 박 창 우 | | 0 | 0 | 0 | 0 |
| 0 | 0 | 0 | 0 | 14 | 김 보 섭 | 27 | MF | FW | 11 | 빌 레 로 | | 2(2) | 1 | 0 | 0 |
| 0 | 0 | 0 | 1(1) | 9 | 이 동 률 | 10 | FW | FW | 45 | 백 가 온 | 10 | 2(2) | 1 | 0 | 0 |
| 0 | 0 | 0 | 2(1) | 8 | 박 승 호 | 77 | FW | FW | 99 | 손 석 용 | 9 | 1(1) | 2 | 0 | 0 |
| 0 | 0 | 0 | 0 | | 황 성 민 | 21 | | | 21 | 박 대 한 | | 0 | 0 | 0 | 0 |
| 0 | 0 | 1 | 1(1) | 후19 | 김 명 순 | 39 | | | 3 | 오 반 석 | 후31 | 0 | 0 | 0 | 0 |
| 0 | 0 | 0 | 0 | | 문 지 환 | 6 | | | 18 | 이 현 규 | | 0 | 0 | 0 | 0 |
| 0 | 0 | 0 | 0 | 후19 | 신 진 호 | 8 | 대기 | 대기 | 47 | 손 휘 | 후41 | 0 | 0 | 0 | 0 |
| 0 | 0 | 0 | 5(3) | 후0 | 무 고 사 | 9 | | | 27 | 김 현 민 | | 0 | 0 | 0 | 0 |
| 0 | 1 | 1 | 0 | 후0 | 바 로 우 | 14 | | | 9 | 곤 잘 로 | 후16 | 0 | 1 | 0 | 0 |
| 0 | 0 | 0 | 0 | 후51 | 김 민 석 | 19 | | | 10 | 페 신 | 후41 | 0 | 0 | 0 | 0 |
| 0 | 1 | 5 | 11(8) | | | 0 | | | 0 | | | 7(7) | 14 | 2 | 1 |

- 후반 40분 무고사 PK-R-G (득점: 무고사) 오른쪽
- 전반 20분 사비에르 MF 정면 R-ST-G (득점: 사비에르) 오른쪽

3월 30일 14:00 흐림 목동 종합 3,140명
주심_ 고민국 부심_ 이영운·김태원 대기심_ 오현진 경기감독관_ 이평재

**서울E 3** (2 전반 0 / 1 후반 2) **2 부천**

| 퇴장 | 경고 | 파울 | ST(유) | 교체 | 선수명 | 배번 | 위치 | 위치 | 배번 | 선수명 | 교체 | ST(유) | 파울 | 경고 | 퇴장 |
|---|---|---|---|---|---|---|---|---|---|---|---|---|---|---|---|
| 0 | 1 | 0 | 0 | | 노동건 | 1 | GK | GK | 1 | 김형근 | | 0 | 0 | 0 | 0 |
| 0 | 0 | 1 | 1 | 13 | 채광훈 | 6 | DF | DF | 15 | 이재원 | 99 | 0 | 1 | 0 | 0 |
| 0 | 1 | 1 | 0 | | 김민규 | 3 | DF | DF | 5 | 이상혁 | | 0 | 1 | 0 | 0 |
| 0 | 0 | 1 | 0 | | 김오규 | 20 | DF | DF | 20 | 홍성욱 | | 0 | 0 | 0 | 0 |
| 0 | 0 | 3 | 0 | | 배진우 | 77 | DF | MF | 66 | 유승현 | 11 | 0 | 1 | 0 | 0 |
| 0 | 1 | 6 | 0 | 5 | 서재민 | 15 | MF | MF | 23 | 카즈 | 14 | 1 | 1 | 0 | 0 |
| 0 | 1 | 2 | 4(3) | | 박창환 | 30 | MF | MF | 16 | 박현빈 | | 0 | 1 | 1 | 0 |
| 0 | 0 | 2 | 3(1) | | 백지웅 | 66 | MF | MF | 17 | 김규민 | | 0 | 0 | 0 | 0 |
| 0 | 0 | 0 | 0 | 16 | 박경배 | 26 | FW | FW | 41 | 갈레고 | | 5(5) | 3 | 0 | 0 |
| 0 | 1 | 1 | 0 | 70 | 아이데일 | 9 | FW | FW | 22 | 한지호 | 10 | 0 | 0 | 0 | 0 |
| 0 | 0 | 1 | 3(3) | 11 | 에울레르 | 7 | FW | FW | 9 | 몬타뇨 | 13 | 1(1) | 3 | 0 | 0 |
| 0 | 0 | 0 | 0 | | 김민호 | 21 | | | 28 | 설현빈 | | 0 | 0 | 0 | 0 |
| 0 | 0 | 0 | 0 | 후15 | 오스마르 | 5 | | | 13 | 박형진 | 후40 | 0 | 0 | 0 | 0 |
| 0 | 0 | 0 | 0 | 후37 | 차승현 | 13 | | | 55 | 구자룡 | | 0 | 0 | 0 | 0 |
| 0 | 0 | 2 | 1(1) | 후26 | 허용준 | 70 | 대기 | 대기 | 14 | 최재영 | 후21 | 0 | 0 | 0 | 0 |
| 0 | 0 | 1 | 2(2) | 후0 | 변경준 | 16 | | | 10 | 바사니 | 후0 | 2(2) | 0 | 0 | 0 |
| 0 | 0 | 2 | 1(1) | 후15 | 페드링요 | 11 | | | 11 | 박창준 | 후0 | 0 | 1 | 0 | 0 |
| 0 | 0 | 0 | 0 | | 이탈로 | 10 | | | 99 | 공민현 | 후21 | 0 | 0 | 0 | 0 |
| 0 | 5 | 23 | 15(11) | | | 0 | | | 0 | | | 9(8) | 12 | 1 | 0 |

- 전반 23분 에울레르 MFR ↷ 백지웅 GAR H-ST-G (득점: 백지웅, 도움: 에울레르) 가운데
- 전반 41분 에울레르 PK-L-G (득점: 에울레르) 오른쪽
- 후반 13분 백지웅 MFL ↷ 박창환 GA 정면 H-ST-G (득점: 박창환, 도움: 백지웅) 왼쪽
- 후반 7분 갈레고 GAL R-ST-G (득점: 갈레고) 오른쪽
- 후반 49분 박형진 MFL ↷ 바사니 GAR 내 H-ST-G (득점: 바사니, 도움: 박형진) 가운데

3월 30일 16:30 맑음 아산 이순신 6,519명
주심_ 최철준 부심_ 신재환·김유영 대기심_ 설태환 경기감독관_ 이경춘

**충남아산 1** (0 전반 1 / 1 후반 0) **1 성남**

| 퇴장 | 경고 | 파울 | ST(유) | 교체 | 선수명 | 배번 | 위치 | 위치 | 배번 | 선수명 | 교체 | ST(유) | 파울 | 경고 | 퇴장 |
|---|---|---|---|---|---|---|---|---|---|---|---|---|---|---|---|
| 0 | 0 | 0 | 0 | | 신송훈 | 18 | GK | GK | 34 | 박지민 | | 0 | 0 | 0 | 0 |
| 0 | 0 | 1 | 0 | | 김주성 | 17 | DF | DF | 22 | 정승용 | | 1 | 0 | 0 | 0 |
| 0 | 0 | 0 | 1 | | 이은범 | 47 | DF | DF | 3 | 강의빈 | | 0 | 1 | 1 | 0 |
| 0 | 0 | 0 | 1 | | 조주영 | 20 | DF | DF | 4 | 베니시오 | | 0 | 1 | 1 | 0 |
| 0 | 0 | 1 | 0 | | 박종민 | 25 | DF | DF | 7 | 신재원 | | 1 | 0 | 1 | 0 |
| 0 | 0 | 1 | 0 | | 정마호 | 77 | MF | MF | 18 | 김범수 | 17 | 2(2) | 2 | 0 | 0 |
| 0 | 0 | 2 | 2(1) | | 김승호 | 22 | MF | MF | 33 | 박수빈 | | 0 | 2 | 2 | 0 |
| 0 | 0 | 1 | 0 | 9 | 손준호 | 28 | MF | MF | 74 | 사무엘 | | 0 | 3 | 0 | 0 |
| 0 | 0 | 2 | 1 | 38 | 박세직 | 24 | MF | MF | 11 | 김정환 | 77 | 0 | 1 | 0 | 0 |
| 0 | 0 | 1 | 2(2) | 45 | 데니손 | 7 | MF | FW | 16 | 류준선 | | 2(1) | 1 | 0 | 0 |
| 0 | 0 | 0 | 1 | 72 | 강민규 | 98 | FW | FW | 9 | 후이즈 | | 1 | 1 | 0 | 0 |
| 0 | 0 | 0 | 0 | | 김진영 | 21 | | | 13 | 안재민 | | 0 | 0 | 0 | 0 |
| 0 | 0 | 0 | 0 | | 변준영 | 5 | | | 5 | 양시후 | | 0 | 0 | 0 | 0 |
| 0 | 0 | 0 | 0 | | 이학민 | 14 | | | 15 | 장영기 | | 0 | 0 | 0 | 0 |
| 0 | 0 | 0 | 2 | 후33 | 김정현 | 38 | 대기 | 대기 | 17 | 정원진 | 후35 | 0 | 0 | 0 | 0 |
| 0 | 0 | 0 | 0 | 후16 | 김종민 | 9 | | | 37 | 하정우 | | 0 | 0 | 0 | 0 |
| 0 | 0 | 1 | 4(2) | 후33 | 미사키 | 45 | | | 77 | 박지원 | 후18 | 0 | 1 | 0 | 0 |
| 0 | 0 | 0 | 0 | 후48 | 한교원 | 72 | | | 91 | 박광일 | | 0 | 0 | 0 | 0 |
| 0 | 0 | 10 | 14(5) | | | 0 | | | 0 | | | 7(3) | 13 | 5 | 0 |

- 후반 43분 김승호 PAL 내 → 미사키 GA 정면 R-ST-G (득점: 미사키, 도움: 김승호) 오른쪽
- 전반 42분 사무엘 자기 측 센터서클 ↷ 김범수 PA 정면 내 R-ST-G (득점: 김범수, 도움: 사무엘) 가운데

3월 30일 14:00 흐림 천안 종합 1,283명
주심_ 김희곤 부심_ 김종희·김한진 대기심_ 박정호 경기감독관_ 박철

**천안 0** (0 전반 1 / 0 후반 1) **2 김포**

| 퇴장 | 경고 | 파울 | ST(유) | 교체 | 선수명 | 배번 | 위치 | 위치 | 배번 | 선수명 | 교체 | ST(유) | 파울 | 경고 | 퇴장 |
|---|---|---|---|---|---|---|---|---|---|---|---|---|---|---|---|
| 0 | 0 | 0 | 0 | | 박주원 | 1 | GK | GK | 31 | 손정현 | | 0 | 0 | 0 | 0 |
| 0 | 0 | 2 | 0 | | 구대영 | 90 | DF | DF | 3 | 박경록 | 20 | 0 | 0 | 0 | 0 |
| 0 | 0 | 0 | 0 | | 이웅희 | 3 | DF | DF | 77 | 채프먼 | | 0 | 0 | 0 | 0 |
| 0 | 0 | 0 | 0 | | 강영훈 | 4 | DF | DF | 5 | 이찬형 | | 1 | 0 | 0 | 0 |
| 0 | 1 | 1 | 0 | | 김서진 | 13 | DF | MF | 98 | 김민식 | | 1 | 1 | 1 | 0 |
| 0 | 0 | 2 | 1 | 16 | 이종성 | 6 | MF | MF | 8 | 디자우마 | | 1 | 1 | 0 | 0 |
| 0 | 1 | 4 | 0 | | 신형민 | 32 | MF | MF | 7 | 이상민 | 72 | 1 | 1 | 0 | 0 |
| 0 | 0 | 0 | 0 | 10 | 펠리페 | 91 | MF | MF | 6 | 김지훈 | 13 | 0 | 0 | 0 | 0 |
| 0 | 0 | 0 | 0 | 11 | 구종욱 | 14 | MF | MF | 9 | 브루노 | 10 | 3 | 2 | 0 | 0 |
| 1 | 0 | 1 | 0 | | 문건호 | 30 | FW | FW | 24 | 루이스 | | 5(1) | 3 | 0 | 0 |
| 0 | 1 | 1 | 1(1) | 88 | 이상준 | 7 | FW | FW | 47 | 조성준 | 99 | 1 | 0 | 0 | 0 |
| 0 | 0 | 0 | 0 | | 허자웅 | 31 | | | 21 | 윤보상 | | 0 | 0 | 0 | 0 |
| 0 | 0 | 0 | 0 | | 김은선 | 26 | | | 20 | 김민호 | 후40 | 0 | 1 | 0 | 0 |
| 0 | 0 | 0 | 0 | | 최진웅 | 5 | | | 13 | 이종현 | 후47 | 0 | 0 | 0 | 0 |
| 0 | 0 | 1 | 0 | 후21 | 김성준 | 16 | 대기 | 대기 | 72 | 천지현 | 후0 | 1 | 1 | 0 | 0 |
| 0 | 0 | 0 | 2(1) | 후8 | 이지훈 | 11 | | | 10 | 플라나 | 후13 | 2(1) | 1 | 1 | 0 |
| 0 | 0 | 1 | 2(1) | 후8 | 툰가라 | 10 | | | 18 | 김영준 | | 0 | 0 | 0 | 0 |
| 0 | 0 | 0 | 0 | 후43 | 정석화 | 88 | | | 99 | 김결 | 후13 | 1(1) | 0 | 0 | 0 |
| 1 | 3 | 13 | 6(3) | | | 0 | | | 0 | | | 17(3) | 11 | 2 | 0 |

- 전반 47분 브루노 AK 정면 H → 루이스 PAR 내 L-ST-G (득점: 루이스, 도움: 브루노) 오른쪽
- 후반 43분 김결 GAR 내 R-ST-G (득점: 김결) 오른쪽

4월 05일 14:00 비 목동 종합 2,136명
주심_ 최규현 부심_ 성주경·박남수 대기심_ 신용준 경기감독관_ 차상해

**서울E 3** (1 전반 0 / 2 후반 0) **0 천안**

| 퇴장 | 경고 | 파울 | ST(유) | 교체 | 선수명 | 배번 | 위치 | 위치 | 배번 | 선수명 | 교체 | ST(유) | 파울 | 경고 | 퇴장 |
|---|---|---|---|---|---|---|---|---|---|---|---|---|---|---|---|
| 0 | 0 | 0 | 0 | | 노동건 | 1 | GK | GK | 1 | 박주원 | | 0 | 0 | 0 | 0 |
| 0 | 0 | 0 | 0 | 13 | 채광훈 | 6 | DF | DF | 90 | 구대영 | | 0 | 1 | 0 | 0 |
| 0 | 0 | 1 | 0 | 5 | 김민규 | 3 | DF | DF | 3 | 이웅희 | 5 | 0 | 0 | 0 | 0 |
| 0 | 0 | 0 | 0 | | 김오규 | 20 | DF | DF | 4 | 강영훈 | | 0 | 1 | 0 | 0 |
| 0 | 0 | 3 | 0 | | 배진우 | 77 | DF | DF | 13 | 김서진 | | 1 | 0 | 0 | 0 |
| 0 | 0 | 0 | 0 | 11 | 서재민 | 15 | MF | MF | 16 | 김성준 | 6 | 0 | 0 | 0 | 0 |
| 0 | 0 | 4 | 1 | | 박창환 | 30 | MF | MF | 32 | 신형민 | | 0 | 0 | 0 | 0 |
| 0 | 0 | 1 | 1(1) | | 백지웅 | 66 | MF | MF | 91 | 펠리페 | 14 | 1 | 0 | 1 | 0 |
| 0 | 0 | 3 | 1(1) | 16 | 박경배 | 26 | FW | MF | 7 | 이상준 | 11 | 2 | 0 | 0 | 0 |
| 0 | 0 | 1 | 2(1) | 10 | 아이데일 | 9 | FW | FW | 10 | 툰가라 | | 3(1) | 1 | 0 | 0 |
| 0 | 0 | 2 | 4(2) | | 에울레르 | 7 | FW | FW | 18 | 이정협 | | 0 | 0 | 0 | 0 |
| 0 | 0 | 0 | 0 | | 엄예훈 | 22 | | | 21 | 제종현 | | 0 | 0 | 0 | 0 |
| 0 | 1 | 0 | 0 | 후28 | 오스마르 | 5 | | | 2 | 신한결 | | 0 | 0 | 0 | 0 |
| 0 | 0 | 0 | 0 | 후0 | 차승현 | 13 | | | 5 | 최진웅 | 후8 | 0 | 0 | 0 | 0 |
| 0 | 0 | 0 | 0 | | 윤석주 | 8 | 대기 | 대기 | 6 | 이종성 | 전14/88 | 0 | 2 | 1 | 0 |
| 0 | 0 | 0 | 1(1) | 후0 | 변경준 | 16 | | | 11 | 이지훈 | 후8 | 1 | 0 | 0 | 0 |
| 0 | 0 | 1 | 0 | 후36 | 페드링요 | 11 | | | 14 | 구종욱 | 후8 | 1 | 0 | 0 | 0 |
| 0 | 0 | 1 | 0 | 후22 | 이탈로 | 10 | | | 88 | 정석화 | 후25 | 1 | 0 | 0 | 0 |
| 0 | 1 | 17 | 10(6) | | | 0 | | | 0 | | | 10(1) | 5 | 2 | 0 |

- 전반 49분 아이데일 PAR 내 ~ 에울레르 PAR L-ST-G (득점: 에울레르, 도움: 아이데일) 왼쪽
- 후반 2분 변경준 PAL 내 ~ 아이데일 GA 정면 L-ST-G (득점: 아이데일, 도움: 변경준) 가운데
- 후반 35분 에울레르 PK-L-G (득점: 에울레르) 왼쪽

4월 05일 14:00 비 화성 종합 2,279명
주심_ 오현진 부심_ 신재환·류시홍 대기심_ 박세진 경기감독관_ 구상범

**화성 0** 　 0 전반 1 / 0 후반 0 　 **1 인천**

| 퇴장 | 경고 | 파울 | ST(유) | 교체 | 선수명 | 배번 | 위치 | 위치 | 배번 | 선수명 | 교체 | ST(유) | 파울 | 경고 | 퇴장 |
|---|---|---|---|---|---|---|---|---|---|---|---|---|---|---|---|
| 0 | 0 | 0 | 0 | | 이기현 | 13 | GK | GK | 1 | 민성준 | | 0 | 0 | 1 | 0 |
| 0 | 0 | 2 | 0 | | 조동재 | 3 | DF | DF | 32 | 이주용 | | 0 | 1 | 0 | 0 |
| 0 | 0 | 0 | 0 | 53 | 박주영 | 9 | FW | DF | 23 | 박경섭 | 15 | 0 | 0 | 0 | 0 |
| 0 | 0 | 0 | 1(1) | | 보이노비치 | 15 | DF | DF | 4 | 김건희 | | 0 | 0 | 0 | 0 |
| 0 | 0 | 0 | 1 | | 최명희 | 16 | MF | DF | 39 | 김명순 | 13 | 0 | 0 | 0 | 0 |
| 0 | 0 | 1 | 0 | | 박준서 | 20 | DF | MF | 14 | 바로우 | | 0 | 1 | 0 | 0 |
| 0 | 1 | 2 | 0 | 8 | 김신리 | 25 | MF | MF | 6 | 문지환 | 8 | 0 | 1 | 0 | 0 |
| 0 | 0 | 0 | 0 | 10 | 백승우 | 27 | MF | MF | 28 | 민경현 | | 0 | 0 | 0 | 1 |
| 0 | 0 | 0 | 0 | 7 | 도미닉 | 31 | FW | MF | 10 | 이동률 | 11 | 2(2) | 1 | 0 | 0 |
| 0 | 0 | 0 | 0 | | 함선우 | 44 | DF | FW | 77 | 박승호 | | 1(1) | 0 | 0 | 0 |
| 0 | 0 | 0 | 1 | 2 | 이승재 | 98 | FW | FW | 9 | 무고사 | | 4(3) | 0 | 0 | 0 |
| 0 | 0 | 0 | 0 | | 김승건 | 1 | | | 21 | 황성민 | | 0 | 0 | 0 | 0 |
| 0 | 0 | 1 | 1(1) | 후0 | 김대환 | 2 | | | 13 | 최승구 | 후11 | 0 | 1 | 0 | 0 |
| 0 | 0 | 0 | 0 | | 우제욱 | 5 | | | 15 | 임형진 | 후39 | 0 | 0 | 0 | 0 |
| 0 | 0 | 1 | 2(1) | 후0 | 알뚤 | 7 | 대기 | 대기 | 8 | 신진호 | 후28 | 0 | 1 | 0 | 0 |
| 0 | 0 | 1 | 0 | 후33 | 전성진 | 8 | | | 11 | 제르소 | 후11/19 | 0 | 0 | 0 | 0 |
| 0 | 0 | 1 | 0 | 후18 | 루안 | 10 | | | 19 | 김민석 | 후39 | 0 | 0 | 0 | 0 |
| 0 | 0 | 0 | 0 | 후18 | 리마 | 53 | | | 99 | 박호민 | | 0 | 0 | 0 | 0 |
| 0 | 1 | 9 | 6(3) | | | 0 | | | 0 | | | 7(6) | 6 | 1 | 1 |

● 전반 41분 이동률 PA 정면 내 L-ST-G (득점: 이동률) 오른쪽

4월 06일 14:00 맑음 수원 월드컵 11,343명
주심_ 박진호 부심_ 이병주·김유영 대기심_ 최규현 경기감독관_ 양정환

**수원 4** 　 4 전반 0 / 0 후반 0 　 **0 경남**

| 퇴장 | 경고 | 파울 | ST(유) | 교체 | 선수명 | 배번 | 위치 | 위치 | 배번 | 선수명 | 교체 | ST(유) | 파울 | 경고 | 퇴장 |
|---|---|---|---|---|---|---|---|---|---|---|---|---|---|---|---|
| 0 | 0 | 0 | 0 | | 양형모 | 21 | GK | GK | 51 | 류원우 | | 0 | 0 | 0 | 0 |
| 0 | 0 | 0 | 1(1) | | 이기제 | 23 | DF | DF | 37 | 김선호 | 5 | 0 | 1 | 0 | 0 |
| 0 | 0 | 0 | 0 | | 고종현 | 3 | DF | DF | 2 | 박재환 | | 0 | 0 | 0 | 0 |
| 0 | 0 | 0 | 0 | | 권완규 | 12 | DF | DF | 15 | 우주성 | | 1(1) | 0 | 0 | 0 |
| 0 | 0 | 4 | 1(1) | | 이건희 | 19 | DF | DF | 17 | 이준재 | | 0 | 0 | 0 | 0 |
| 0 | 0 | 0 | 0 | 24 | 최영준 | 6 | MF | MF | 16 | 이강희 | | 3(2) | 2 | 1 | 0 |
| 0 | 0 | 3 | 1 | | 홍원진 | 14 | MF | MF | 88 | 헤난 | 63 | 1(1) | 1 | 0 | 0 |
| 0 | 0 | 2 | 4(3) | 5 | 파울리뇨 | 11 | MF | MF | 8 | 도동현 | 24 | 2(2) | 0 | 0 | 0 |
| 0 | 0 | 0 | 2(1) | 47 | 세라핌 | 70 | FW | MF | 70 | 폰세카 | 11 | 0 | 0 | 0 | 0 |
| 0 | 0 | 1 | 3(3) | 71 | 브루노실바 | 74 | FW | FW | 90 | 이중민 | | 2(2) | 1 | 0 | 0 |
| 0 | 0 | 0 | 2(1) | 77 | 일류첸코 | 9 | FW | FW | 14 | 설현진 | 19 | 0 | 1 | 0 | 0 |
| 0 | 0 | 0 | 0 | | 김민준 | 1 | | | 91 | 최필수 | | 0 | 0 | 0 | 0 |
| 0 | 0 | 0 | 0 | 후39 | 한호강 | 5 | | | 5 | 김형진 | 후32 | 0 | 0 | 0 | 0 |
| 0 | 0 | 0 | 0 | | 정동윤 | 32 | | | 18 | 신승민 | | 0 | 0 | 0 | 0 |
| 0 | 0 | 0 | 0 | 후0 | 이규성 | 24 | 대기 | 대기 | 24 | 조영광 | 전41 | 0 | 1 | 0 | 0 |
| 0 | 0 | 1 | 1 | 후16 | 박승수 | 47 | | | 63 | 한석종 | 후25 | 0 | 0 | 0 | 0 |
| 0 | 0 | 0 | 1 | 후39 | 김지호 | 71 | | | 11 | 박민서 | 후0 | 1 | 1 | 0 | 0 |
| 0 | 0 | 2 | 1 | 후16 | 김지현 | 77 | | | 19 | 정충근 | 전41 | 0 | 1 | 0 | 0 |
| 0 | 0 | 13 | 17(10) | | | 0 | | | 0 | | | 10(8) | 9 | 1 | 0 |

● 전반 10분 브루노 실바 GAR R-ST-G (득점: 브루노 실바) 가운데
● 전반 22분 일류첸코 PAL 내 ~ 파울리뇨 PAL R-ST-G (득점: 파울리뇨, 도움: 일류첸코) 왼쪽
● 전반 35분 파울리뇨 GAR R-ST-G (득점: 파울리뇨) 왼쪽
● 전반 43분 파울리뇨 GAL ↷ 일류첸코 GA 정면 내 R-ST-G (득점: 일류첸코, 도움: 파울리뇨) 가운데

4월 05일 16:30 흐림 부산 구덕 2,081명
주심_ 최승환 부심_ 김수현·장민호 대기심_ 최철준 경기감독관_ 허태식

**부산 0** 　 0 전반 1 / 0 후반 0 　 **1 전남**

| 퇴장 | 경고 | 파울 | ST(유) | 교체 | 선수명 | 배번 | 위치 | 위치 | 배번 | 선수명 | 교체 | ST(유) | 파울 | 경고 | 퇴장 |
|---|---|---|---|---|---|---|---|---|---|---|---|---|---|---|---|
| 0 | 0 | 0 | 0 | | 구상민 | 1 | GK | GK | 1 | 최봉진 | | 0 | 0 | 1 | 0 |
| 0 | 0 | 0 | 0 | | 이동수 | 6 | DF | DF | 4 | 구현준 | 5 | 0 | 0 | 0 | 0 |
| 0 | 0 | 4 | 0 | | 조위제 | 20 | DF | DF | 23 | 김경재 | | 0 | 1 | 0 | 0 |
| 0 | 0 | 1 | 0 | 99 | 홍재석 | 33 | DF | DF | 44 | 노동건 | | 0 | 0 | 0 | 0 |
| 0 | 0 | 0 | 0 | | 전성진 | 17 | MF | DF | 3 | 김예성 | | 0 | 1 | 0 | 0 |
| 0 | 0 | 1 | 0 | 3 | 이현준 | 42 | MF | DF | 13 | 김용환 | 36 | 0 | 0 | 0 | 0 |
| 0 | 0 | 0 | 2(1) | 47 | 임민혁 | 8 | MF | MF | 16 | 알베르띠 | | 0 | 1 | 0 | 0 |
| 0 | 0 | 1 | 0 | | 박창우 | 23 | MF | MF | 14 | 윤민호 | | 2 | 0 | 0 | 0 |
| 0 | 0 | 1 | 1(1) | | 빌레로 | 11 | FW | MF | 11 | 정지용 | 70 | 1 | 0 | 0 | 0 |
| 0 | 1 | 2 | 6(2) | | 곤잘로 | 9 | FW | FW | 17 | 김도윤 | 9 | 5(2) | 0 | 0 | 0 |
| 0 | 0 | 0 | 1 | 45 | 페신 | 10 | FW | FW | 99 | 정강민 | 88 | 0 | 0 | 0 | 0 |
| 0 | 0 | 0 | 0 | | 박대한 | 21 | | | 33 | 성윤수 | | 0 | 0 | 0 | 0 |
| 0 | 0 | 0 | 0 | 후18 | 오반석 | 3 | | | 5 | 고태원 | 후32 | 0 | 1 | 0 | 0 |
| 0 | 0 | 0 | 0 | | 이현규 | 18 | | | 36 | 안재민 | 후0 | 0 | 0 | 0 | 0 |
| 0 | 0 | 0 | 0 | | 전승민 | 5 | 대기 | 대기 | 88 | 박태용 | 후35 | 0 | 0 | 0 | 0 |
| 0 | 0 | 0 | 0 | 후18 | 손휘 | 47 | | | 9 | 하남 | 후14 | 2(1) | 0 | 0 | 0 |
| 0 | 0 | 2 | 0 | 후18 | 백가온 | 45 | | | 19 | 호난 | | 0 | 0 | 0 | 0 |
| 0 | 0 | 0 | 2(1) | 후35 | 손석용 | 99 | | | 70 | 레안드로 | 후14 | 1(1) | 0 | 0 | 0 |
| 0 | 1 | 12 | 12(5) | | | 0 | | | 0 | | | 11(4) | 4 | 1 | 0 |

● 전반 23분 김도윤 GA 정면 R-ST-G (득점: 김도윤) 가운데

4월 06일 14:00 맑음 김포솔터축구장 3,176명
주심_ 박정호 부심_ 황보진현·김태형 대기심_ 이동준 경기감독관_ 김용세

**김포 1** 　 1 전반 1 / 0 후반 1 　 **2 부천**

| 퇴장 | 경고 | 파울 | ST(유) | 교체 | 선수명 | 배번 | 위치 | 위치 | 배번 | 선수명 | 교체 | ST(유) | 파울 | 경고 | 퇴장 |
|---|---|---|---|---|---|---|---|---|---|---|---|---|---|---|---|
| 0 | 0 | 0 | 0 | | 손정현 | 31 | GK | GK | 1 | 김형근 | | 0 | 0 | 0 | 0 |
| 0 | 0 | 0 | 0 | 20 | 박경록 | 3 | DF | DF | 55 | 구자룡 | | 0 | 1 | 1 | 0 |
| 0 | 0 | 1 | 0 | | 채프먼 | 77 | DF | DF | 30 | 전인규 | | 1 | 1 | 0 | 0 |
| 0 | 0 | 0 | 1(1) | | 이찬형 | 5 | DF | DF | 13 | 박형진 | | 0 | 0 | 0 | 0 |
| 0 | 0 | 1 | 0 | | 김민식 | 98 | MF | MF | 11 | 박창준 | 6 | 0 | 2 | 0 | 0 |
| 0 | 0 | 2 | 0 | | 디자우마 | 8 | MF | MF | 14 | 최재영 | 23 | 1 | 1 | 1 | 0 |
| 0 | 0 | 2 | 0 | 7 | 이강연 | 26 | MF | MF | 16 | 박현빈 | 48 | 0 | 6 | 1 | 0 |
| 0 | 0 | 0 | 0 | 13 | 김지훈 | 6 | MF | MF | 7 | 티아깅요 | 20 | 1(1) | 0 | 0 | 0 |
| 0 | 0 | 1 | 1 | 42 | 김결 | 99 | MF | FW | 41 | 갈레고 | | 6(2) | 1 | 1 | 0 |
| 0 | 0 | 0 | 2(1) | | 루이스 | 24 | FW | FW | 10 | 바사니 | | 3(3) | 0 | 0 | 0 |
| 0 | 0 | 1 | 0 | 10 | 조성준 | 47 | FW | FW | 99 | 공민현 | 9 | 0 | 4 | 0 | 0 |
| 0 | 0 | 0 | 0 | | 윤보상 | 21 | | | 21 | 김현엽 | | 0 | 0 | 0 | 0 |
| 0 | 0 | 0 | 0 | 후26 | 김민호 | 20 | | | 20 | 홍성욱 | 후37 | 0 | 0 | 0 | 0 |
| 0 | 0 | 0 | 0 | 후41 | 이종현 | 13 | | | 6 | 정호진 | 후26 | 0 | 0 | 0 | 0 |
| 0 | 0 | 2 | 1(1) | 후26 | 이상민 | 7 | 대기 | 대기 | 23 | 카즈 | 후10 | 0 | 2 | 1 | 0 |
| 0 | 0 | 0 | 0 | 후26 | 플라나 | 10 | | | 48 | 성신 | 후37 | 0 | 0 | 0 | 0 |
| 0 | 0 | 0 | 0 | | 김영준 | 18 | | | 9 | 몬타뇨 | 후37 | 1(1) | 0 | 0 | 0 |
| 0 | 0 | 2 | 1 | 후16 | 안창민 | 42 | | | 17 | 김규민 | | 0 | 0 | 0 | 0 |
| 0 | 0 | 12 | 6(3) | | | 0 | | | 0 | | | 13(7) | 18 | 5 | 0 |

● 전반 47분 루이스 PA 정면 FK R-ST-G (득점: 루이스) 오른쪽
● 전반 41분 갈레고 PA 정면 내 L-ST-G (득점: 갈레고) 왼쪽
● 후반 17분 바사니 GAR 내 EL L-ST-G (득점: 바사니) 왼쪽

4월 06일 16:30 맑음 아산 이순신 3,871명
주심_ 최현재 부심_ 김종희·이호평 대기심_ 원명희 경기감독관_ 박철

**충남아산 3** 　 2 전반 0 / 1 후반 1 　 **1 충북청주**

| 퇴장 | 경고 | 파울 | ST(유) | 교체 | 선수경 | 배번 | 위치 | 위치 | 배번 | 선수명 | 교체 | ST(유) | 파울 | 경고 | 퇴장 |
|---|---|---|---|---|---|---|---|---|---|---|---|---|---|---|---|
| 0 | 0 | 0 | 0 | | 신송훈 | 18 | GK | GK | 23 | 이승환 | | 0 | 0 | 0 | 0 |
| 0 | 0 | 4 | 0 | | 김주성 | 17 | DF | DF | 3 | 전현병 | 50 | 0 | 3 | 0 | 0 |
| 0 | 0 | 0 | 0 | | 이은범 | 47 | DF | DF | 15 | 홍준호 | | 0 | 0 | 0 | 0 |
| 0 | 0 | 2 | 1(1) | 5 | 조주영 | 20 | DF | DF | 27 | 지언학 | 71 | 0 | 1 | 0 | 0 |
| 0 | 0 | 2 | 1 | | 박종민 | 25 | DF | DF | 66 | 이강한 | | 0 | 2 | 1 | 0 |
| 0 | 0 | 0 | 0 | | 정마호 | 77 | MF | MF | 5 | 김선민 | | 3(2) | 1 | 0 | 0 |
| 0 | 0 | 0 | 1(1) | 38 | 김종석 | 10 | MF | MF | 9 | 가브리엘 | | 1 | 1 | 0 | 0 |
| 0 | 0 | 0 | 0 | 72 | 미사키 | 45 | MF | MF | 24 | 허승찬 | 17 | 0 | 2 | 0 | 0 |
| 0 | 1 | 2 | 0 | | 김승호 | 22 | MF | MF | 99 | 이창훈 | | 0 | 0 | 0 | 0 |
| 0 | 0 | 1 | 2(2) | 9 | 아담 | 11 | MF | FW | 2 | 서재원 | 7 | 1 | 2 | 0 | 0 |
| 0 | 0 | 0 | 2(1) | 7 | 강민규 | 98 | FW | FW | 21 | 송창석 | 98 | 1 | 3 | 1 | 0 |
| 0 | 0 | 0 | 0 | | 김진영 | 21 | | | 1 | 조수혁 | | 0 | 0 | 0 | 0 |
| 0 | 0 | 0 | 0 | 후37 | 변준영 | 5 | | | 17 | 여승원 | 후37 | 1(1) | 0 | 0 | 0 |
| 0 | 0 | 0 | 0 | | 이학민 | 14 | | | 39 | 임준영 | | 0 | 0 | 0 | 0 |
| 0 | 0 | 1 | 1(1) | 전30 | 김정현 | 38 | 대기 | 대기 | 50 | 정성우 | 후42 | 0 | 0 | 0 | 0 |
| 0 | 0 | 0 | 0 | 후37 | 데니손 | 7 | | | 71 | 이동원 | 후37 | 0 | 0 | 0 | 0 |
| 0 | 0 | 0 | 0 | 후20 | 김종민 | 9 | | | 7 | 마테우징요 | 후22 | 1(1) | 0 | 0 | 0 |
| 0 | 0 | 0 | 3(2) | 후20 | 한교원 | 72 | | | 98 | 이형경 | 후42 | 0 | 0 | 0 | 0 |
| 0 | 1 | 12 | 11(8) | | | 0 | | | 0 | | | 8(4) | 15 | 2 | 0 |

- 전반 20분 아담 PAR ~ 강민규 PAR 내 R-ST-G (득점: 강민규, 도움: 아담) 왼쪽
- 전반 22분 강민규 MFR ~ 아담 GAR R-ST-G (득점: 아담, 도움: 강민규) 왼쪽
- 후반 18분 미사키 MF 정면 ~ 아담 GAR R-ST-G (득점: 아담, 도움: 미사키) 왼쪽
- 후반 41분 여승원 PAR FK L-ST-G (득점: 여승원) 오른쪽

4월 12일 14:00 비 김포솔터축구장 1,494명
주심_ 김재홍 부심_ 김수현·김현진 대기심_ 최승환 경기감독관_ 허기태

**김포 1** 　 0 전반 0 / 1 후반 1 　 **1 충남아산**

| 퇴장 | 경고 | 파울 | ST(유) | 교체 | 선수명 | 배번 | 위치 | 위치 | 배번 | 선수명 | 교체 | ST(유) | 파울 | 경고 | 퇴장 |
|---|---|---|---|---|---|---|---|---|---|---|---|---|---|---|---|
| 0 | 0 | 0 | 0 | | 손정현 | 31 | GK | GK | 18 | 신송훈 | | 0 | 0 | 0 | 0 |
| 0 | 0 | 2 | 0 | | 김민호 | 20 | DF | DF | 14 | 이학민 | | 0 | 1 | 0 | 0 |
| 0 | 0 | 1 | 1 | | 채프먼 | 77 | DF | DF | 47 | 이은범 | | 0 | 0 | 0 | 0 |
| 0 | 0 | 0 | 0 | 42 | 이찬형 | 5 | DF | DF | 20 | 조주영 | | 0 | 0 | 0 | 0 |
| 0 | 0 | 0 | 2 | | 김민식 | 98 | MF | DF | 25 | 박종민 | | 1(1) | 2 | 0 | 0 |
| 0 | 0 | 1 | 2(2) | 13 | 디자우마 | 8 | MF | MF | 77 | 정마호 | 17 | 0 | 2 | 1 | 0 |
| 0 | 1 | 2 | 0 | 72 | 이강연 | 26 | MF | MF | 38 | 김정현 | 8 | 0 | 0 | 0 | 0 |
| 0 | 0 | 0 | 1 | | 김지훈 | 6 | MF | MF | 45 | 미사키 | 7 | 0 | 0 | 0 | 0 |
| 0 | 0 | 0 | 1 | 99 | 브루노 | 9 | MF | MF | 22 | 김승호 | | 0 | 0 | 0 | 0 |
| 0 | 0 | 1 | 5(4) | | 루이스 | 24 | FW | MF | 11 | 아담 | 9 | 1(1) | 0 | 0 | 0 |
| 0 | 0 | 0 | 0 | 10 | 조성준 | 47 | FW | FW | 98 | 강민규 | | 1(1) | 1 | 1 | 0 |
| 0 | 0 | 0 | 0 | | 윤보상 | 21 | | | 21 | 김진영 | | 0 | 0 | 0 | 0 |
| 0 | 0 | 0 | 0 | | 김종민 | 2 | | | 5 | 변준영 | | 0 | 0 | 0 | 0 |
| 0 | 0 | 1 | 0 | 후30 | 이종현 | 13 | | | 17 | 김주성 | 후17 | 0 | 1 | 0 | 0 |
| 0 | 0 | 2 | 0 | 후18 | 천지현 | 72 | 대기 | 대기 | 8 | 최치원 | 후27 | 0 | 0 | 0 | 0 |
| 0 | 0 | 3 | 2(2) | 후8 | 플라나 | 10 | | | 7 | 데니손 | 후0 | 2(2) | 2 | 0 | 0 |
| 0 | 1 | 2 | 1 | 후30 | 안창민 | 42 | | | 9 | 김종민 | 후0 | 1(1) | 0 | 0 | 0 |
| 0 | 0 | 0 | 1 | 후8 | 김결 | 99 | | | 72 | 한교원 | | 0 | 0 | 0 | 0 |
| 0 | 2 | 15 | 16(8) | | | 0 | | | 0 | | | 6(6) | 9 | 2 | 0 |

- 후반 45분 김결 PAR 내 ~ 플라나 GA 정면 내 L-ST-G (득점: 플라나, 도움: 김결) 가운데
- 후반 3분 데니손 GAL 내 R-ST-G (득점: 데니손) 왼쪽

4월 06일 16:30 맑음 탄천 종합 2,291명
주심_ 박세진 부심_ 이영운·김태원 대기심_ 이경순 경기감독관_ 김성기

**성남 1** 　 1 전반 0 / 0 후반 0 　 **0 안산**

| 퇴장 | 경고 | 파울 | ST(유) | 교체 | 선수명 | 배번 | 위치 | 위치 | 배번 | 선수명 | 교체 | ST(유) | 파울 | 경고 | 퇴장 |
|---|---|---|---|---|---|---|---|---|---|---|---|---|---|---|---|
| 0 | 0 | 0 | 0 | | 박지민 | 34 | GK | GK | 21 | 조성훈 | | 0 | 0 | 0 | 0 |
| 0 | 0 | 2 | 0 | | 정승용 | 22 | DF | DF | 22 | 박시화 | 16 | 0 | 1 | 0 | 0 |
| 0 | 1 | 1 | 0 | | 강의빈 | 3 | DF | DF | 4 | 장민준 | | 0 | 2 | 0 | 0 |
| 0 | 0 | 2 | 1 | | 베니시오 | 4 | DF | DF | 66 | 배수민 | | 0 | 1 | 0 | 0 |
| 0 | 0 | 0 | 0 | 17 | 신재원 | 7 | DF | DF | 7 | 손준석 | | 0 | 2 | 0 | 0 |
| 0 | 0 | 0 | 0 | 27 | 박지원 | 77 | MF | MF | 25 | 조지훈 | | 1 | 0 | 0 | 0 |
| 0 | 0 | 0 | 0 | 47 | 박광일 | 91 | MF | MF | 8 | 라파 | 3 | 1 | 0 | 0 | 0 |
| 0 | 0 | 1 | 1 | | 사무엘 | 74 | MF | MF | 6 | 김현태 | | 1(1) | 0 | 0 | 0 |
| 0 | 1 | 1 | 1(1) | 30 | 김범수 | 18 | MF | MF | 10 | 사라이바 | 17 | 0 | 1 | 0 | 0 |
| 0 | 1 | 1 | 1(1) | 93 | 류준선 | 16 | FW | MF | 19 | 양세영 | 27 | 1 | 0 | 0 | 0 |
| 0 | 1 | 2 | 0 | | 후이즈 | 9 | FW | FW | 18 | 정성호 | 28 | 0 | 1 | 0 | 0 |
| 0 | 0 | 0 | 0 | | 안재민 | 13 | | | 31 | 김종혁 | | 0 | 0 | 0 | 0 |
| 0 | 0 | 0 | 0 | | 양시후 | 5 | | | 3 | 이풍연 | 후32 | 0 | 2 | 0 | 0 |
| 0 | 0 | 0 | 0 | 후46 | 정원진 | 17 | | | 16 | 정용희 | 후26 | 0 | 0 | 0 | 0 |
| 0 | 0 | 0 | 1 | 후26 | 이준상 | 27 | 대기 | 대기 | 26 | 임지민 | | 0 | 0 | 0 | 0 |
| 0 | 0 | 0 | 0 | 후26 | 박병규 | 30 | | | 28 | 강수일 | 후10 | 1(1) | 0 | 0 | 0 |
| 0 | 0 | 0 | 0 | 후32 | 양태양 | 47 | | | 17 | 류승완 | 후0 | 1 | 0 | 0 | 0 |
| 0 | 0 | 1 | 2(1) | 후0 | 진성욱 | 93 | | | 27 | 박채준 | 후0 | 0 | 0 | 0 | 0 |
| 0 | 4 | 11 | 7(3) | | | 0 | | | 0 | | | 6(2) | 10 | 0 | 0 |

- 전반 42분 김범수 GA 정면 내 R-ST-G (득점: 김범수) 가운데

4월 12일 14:00 흐림 화성 종합 1,036명
주심_ 최현재 부심_ 김유영·황보진현 대기심_ 박진호 경기감독관_ 양정환

**화성 1** 　 0 전반 1 / 1 후반 1 　 **2 전남**

| 퇴장 | 경고 | 파울 | ST(유) | 교체 | 선수명 | 배번 | 위치 | 위치 | 배번 | 선수명 | 교체 | ST(유) | 파울 | 경고 | 퇴장 |
|---|---|---|---|---|---|---|---|---|---|---|---|---|---|---|---|
| 0 | 0 | 0 | 0 | | 이기현 | 13 | GK | GK | 1 | 최봉진 | | 0 | 0 | 0 | 0 |
| 0 | 0 | 0 | 0 | | 김대환 | 2 | DF | DF | 4 | 구현준 | | 0 | 1 | 0 | 0 |
| 0 | 0 | 0 | 0 | 33 | 조동재 | 3 | DF | DF | 23 | 김경재 | | 0 | 1 | 0 | 0 |
| 0 | 0 | 1 | 0 | 5 | 연제민 | 4 | DF | DF | 38 | 홍석현 | | 0 | 2 | 1 | 0 |
| 0 | 0 | 0 | 0 | | 전성진 | 8 | MF | DF | 3 | 김예성 | | 0 | 1 | 0 | 0 |
| 0 | 0 | 0 | 2(2) | | 보이노비치 | 15 | MF | DF | 13 | 김용환 | 70 | 0 | 1 | 0 | 0 |
| 0 | 0 | 0 | 0 | | 최명희 | 16 | MF | MF | 16 | 알베르띠 | | 2(1) | 1 | 0 | 0 |
| 0 | 0 | 0 | 1 | 7 | 백승우 | 27 | FW | MF | 14 | 윤민호 | 88 | 0 | 0 | 0 | 0 |
| 0 | 0 | 0 | 2(1) | 20 | 도미닉 | 31 | FW | MF | 11 | 정지용 | 36 | 2(1) | 1 | 0 | 0 |
| 0 | 0 | 0 | 0 | | 함선우 | 44 | DF | FW | 19 | 호난 | 9 | 3(1) | 1 | 0 | 0 |
| 0 | 0 | 1 | 0 | 9 | 리마 | 53 | FW | FW | 99 | 정강민 | 10 | 0 | 0 | 0 | 0 |
| 0 | 0 | 0 | 0 | | 김승건 | 1 | | | 96 | 강정묵 | | 0 | 0 | 0 | 0 |
| 0 | 0 | 0 | 2(1) | 후27 | 우제욱 | 5 | | | 5 | 고태원 | | 0 | 0 | 0 | 0 |
| 0 | 0 | 0 | 1 | 후12 | 알뚤 | 7 | | | 36 | 안재민 | 후21 | 0 | 1 | 0 | 0 |
| 0 | 0 | 1 | 0 | 후0 | 박주영 | 9 | 대기 | 대기 | 88 | 박태용 | 후33 | 0 | 1 | 0 | 0 |
| 0 | 0 | 0 | 0 | 후27 | 박준서 | 20 | | | 9 | 하남 | 후21 | 0 | 0 | 0 | 0 |
| 0 | 0 | 0 | 0 | 후0 | 조영진 | 33 | | | 10 | 발디비아 | 후12 | 1(1) | 1 | 0 | 0 |
| 0 | 0 | 0 | 0 | | 이지한 | 77 | | | 70 | 레안드로 | 후33 | 0 | 0 | 0 | 0 |
| 0 | 0 | 3 | 8(4) | | | 0 | | | 0 | | | 8(4) | 12 | 1 | 0 |

- 후반 46분 전성진 C.KR ↷ 보이노비치 GAR H-ST-G (득점: 보이노비치, 도움: 전성진) 왼쪽
- 전반 33분 호난 PK-R-G (득점: 호난) 왼쪽
- 후반 36분 알베르띠 PA 정면 내 R-ST-G (득점: 알베르띠) 왼쪽

4월 12일 16:30 비 부천 종합 5,936명
주심_ 조지음 부심_ 주현민·류시홍 대기심_ 최철준 경기감독관_ 차상해

**부천 1** | 0 전반 0 / 1 후반 1 | **1 수원**

| 퇴장 | 경고 | 파울 | ST(유) | 교체 | 선수명 | 배번 | 위치 | 위치 | 배번 | 선수명 | 교체 | ST(유) | 파울 | 경고 | 퇴장 |
|---|---|---|---|---|---|---|---|---|---|---|---|---|---|---|---|
| 0 | 0 | 0 | 0 | | 김형근 | 1 | GK | GK | 21 | 양형모 | | 0 | 0 | 0 | 0 |
| 0 | 0 | 2 | 2(1) | | 구자룡 | 55 | DF | DF | 23 | 이기제 | | 3(2) | 0 | 0 | 0 |
| 0 | 0 | 1 | 0 | | 전인규 | 30 | DF | DF | 3 | 고종현 | | 0 | 0 | 0 | 0 |
| 0 | 0 | 2 | 0 | | 정호진 | 6 | DF | DF | 12 | 권완규 | | 1 | 0 | 0 | 0 |
| 0 | 0 | 0 | 0 | 9 | 김규민 | 17 | MF | DF | 19 | 이건희 | | 0 | 2 | 0 | 0 |
| 0 | 0 | 4 | 0 | 14 | 카즈 | 23 | MF | MF | 14 | 홍원진 | 24 | 2(1) | 0 | 0 | 0 |
| 0 | 1 | 1 | 0 | | 박현빈 | 16 | MF | MF | 6 | 최영준 | 22 | 1(1) | 1 | 0 | 0 |
| 0 | 0 | 1 | 1(1) | | 티아깅요 | 7 | MF | MF | 11 | 파울리뇨 | | 2(1) | 1 | 0 | 0 |
| 0 | 0 | 1 | 5(4) | | 갈레고 | 41 | FW | FW | 70 | 세라핌 | 47 | 1(1) | 0 | 0 | 0 |
| 0 | 0 | 0 | 2(1) | | 바사니 | 10 | FW | FW | 74 | 브루노실바 | 32 | 0 | 1 | 0 | 0 |
| 0 | 0 | 1 | 0 | 11 | 공민현 | 99 | FW | FW | 9 | 일류첸코 | 77 | 2(2) | 0 | 0 | 0 |
| 0 | 0 | 0 | 0 | | 김현엽 | 21 | | | 1 | 김민준 | | 0 | 0 | 0 | 0 |
| 0 | 0 | 0 | 0 | | 이상혁 | 5 | | | 5 | 한호강 | | 0 | 0 | 0 | 0 |
| 0 | 0 | 0 | 0 | | 박형진 | 13 | | | 32 | 정동윤 | 후38 | 0 | 1 | 1 | 0 |
| 0 | 0 | 0 | 0 | | 홍성욱 | 20 | 대기 | 대기 | 22 | 김상준 | 후24 | 0 | 0 | 0 | 0 |
| 0 | 0 | 0 | 0 | 후23 | 최재영 | 14 | | | 24 | 이규성 | 후0 | 0 | 0 | 1 | 0 |
| 0 | 0 | 0 | 2(1) | 후23 | 몬타뇨 | 9 | | | 47 | 박승수 | 후29 | 0 | 0 | 0 | 0 |
| 0 | 0 | 0 | 0 | 후10 | 박창준 | 11 | | | 77 | 김지현 | 후38 | 1 | 0 | 0 | 0 |
| 0 | 1 | 13 | 12(8) | | | 0 | | | 0 | | | 13(8) | 6 | 2 | 0 |

- 후반 26분 갈레고 PAL ↷ 몬타뇨 GA 정면 H-ST-G (득점: 몬타뇨, 도움: 갈레고) 가운데
- 후반 1분 세라핌 GAR 내 R-ST-G (득점: 세라핌) 오른쪽

4월 13일 14:00 비 인천 전용 5,542명
주심_ 박세진 부심_ 이영운·김태형 대기심_ 안재훈 경기감독관_ 김성수

**인천 2** | 0 전반 1 / 2 후반 0 | **1 충북청주**

| 퇴장 | 경고 | 파울 | ST(유) | 교체 | 선수명 | 배번 | 위치 | 위치 | 배번 | 선수명 | 교체 | ST(유) | 파울 | 경고 | 퇴장 |
|---|---|---|---|---|---|---|---|---|---|---|---|---|---|---|---|
| 0 | 0 | 0 | 0 | | 민성준 | 1 | GK | GK | 23 | 이승환 | | 0 | 0 | 0 | 0 |
| 0 | 0 | 1 | 0 | | 이주용 | 32 | DF | DF | 3 | 전현병 | | 0 | 0 | 0 | 0 |
| 0 | 1 | 1 | 1 | 19 | 박경섭 | 23 | DF | DF | 15 | 홍준호 | 36 | 0 | 2 | 1 | 0 |
| 0 | 0 | 1 | 0 | | 김건희 | 4 | DF | DF | 17 | 여승원 | | 0 | 3 | 0 | 0 |
| 0 | 0 | 0 | 0 | 39 | 최승구 | 13 | DF | DF | 66 | 이강한 | | 2(2) | 2 | 1 | 0 |
| 0 | 0 | 0 | 0 | 20 | 바로우 | 14 | MF | MF | 5 | 김선민 | | 0 | 5 | 1 | 0 |
| 0 | 0 | 1 | 1(1) | | 이명주 | 5 | MF | MF | 9 | 가브리엘 | 21 | 2(1) | 0 | 0 | 0 |
| 0 | 0 | 1 | 0 | 8 | 문지환 | 6 | MF | MF | 10 | 페드로 | 16 | 3(1) | 0 | 0 | 0 |
| 0 | 0 | 0 | 1 | | 제르소 | 11 | MF | MF | 13 | 김영환 | | 0 | 0 | 0 | 0 |
| 0 | 0 | 0 | 3(2) | 10 | 박승호 | 77 | FW | FW | 14 | 김병오 | 27 | 1(1) | 2 | 0 | 0 |
| 0 | 0 | 1 | 6(3) | | 무고사 | 9 | FW | FW | 99 | 이창훈 | | 0 | 2 | 0 | 0 |
| 0 | 0 | 0 | 0 | | 황성민 | 21 | | | 1 | 조수혁 | | 0 | 0 | 0 | 0 |
| 0 | 0 | 0 | 0 | 후48 | 델브리지 | 20 | | | 36 | 윤석영 | 후37 | 0 | 1 | 0 | 0 |
| 0 | 0 | 2 | 1 | 전35 | 김명순 | 39 | | | 50 | 정성우 | | 0 | 0 | 0 | 0 |
| 0 | 0 | 3 | 0 | 후0 | 신진호 | 8 | 대기 | 대기 | 16 | 문승민 | 후37 | 0 | 0 | 0 | 0 |
| 0 | 0 | 1 | 3(3) | 후18 | 이동률 | 10 | | | 7 | 마테우징요 | | 0 | 0 | 0 | 0 |
| 0 | 0 | 0 | 0 | 후48 | 김민석 | 19 | | | 21 | 송창석 | 전43 | 3(2) | 3 | 0 | 0 |
| 0 | 0 | 0 | 0 | | 박호민 | 99 | | | 27 | 지언학 | 후22 | 0 | 0 | 0 | 0 |
| 0 | 1 | 12 | 16(9) | | | 0 | | | 0 | | | 11(7 | 20 | 3 | 0 |

- 후반 22분 김명순 MF 정면 H↷ 이동률 MFL L-ST-G (득점: 이동률, 도움: 김명순) 오른쪽
- 후반 38분 무고사 PK-R-G (득점: 무고사) 왼쪽
- 전반 6분 여승원 C.KL ↷ 가브리엘 GA 정면 H-ST-G (득점: 가브리엘, 도움: 여승원) 오른쪽

4월 12일 16:30 비 창원 축구센터 2,162명
주심_ 원명희 부심_ 신재환·이현모 대기심_ 최광호 경기감독관_ 이평재

**경남 0** | 0 전반 0 / 0 후반 1 | **1 성남**

| 퇴장 | 경고 | 파울 | ST(유) | 교체 | 선수명 | 배번 | 위치 | 위치 | 배번 | 선수명 | 교체 | ST(유) | 파울 | 경고 | 퇴장 |
|---|---|---|---|---|---|---|---|---|---|---|---|---|---|---|---|
| 0 | 0 | 0 | 0 | | 류원우 | 51 | GK | GK | 34 | 박지민 | | 0 | 0 | 0 | 0 |
| 0 | 0 | 2 | 1 | | 박원재 | 33 | DF | DF | 22 | 정승용 | | 0 | 3 | 1 | 0 |
| 0 | 1 | 1 | 1(1) | | 박재환 | 2 | DF | DF | 3 | 강의빈 | | 1 | 1 | 0 | 0 |
| 0 | 0 | 0 | 0 | | 우주성 | 15 | DF | DF | 4 | 베니시오 | | 2(1) | 1 | 0 | 0 |
| 0 | 0 | 0 | 0 | | 이준재 | 17 | DF | DF | 7 | 신재원 | | 0 | 0 | 0 | 0 |
| 0 | 1 | 3 | 3 | | 이강희 | 16 | MF | MF | 77 | 박지원 | 27 | 1 | 0 | 0 | 0 |
| 0 | 0 | 2 | 3 | 63 | 헤난 | 88 | MF | MF | 33 | 박수빈 | | 0 | 0 | 0 | 0 |
| 0 | 0 | 1 | 1 | 8 | 이시헌 | 21 | MF | MF | 74 | 사무엘 | | 0 | 1 | 0 | 0 |
| 0 | 0 | 1 | 0 | 11 | 폰세카 | 70 | MF | MF | 18 | 김범수 | 8 | 0 | 0 | 0 | 0 |
| 0 | 0 | 0 | 1 | 29 | 조영광 | 24 | MF | FW | 16 | 류준선 | 93 | 0 | 0 | 0 | 0 |
| 0 | 0 | 1 | 0 | 90 | 카릴 | 9 | FW | FW | 9 | 후이즈 | | 3(2) | 3 | 0 | 0 |
| 0 | 0 | 0 | 0 | | 최필수 | 91 | | | 13 | 안재민 | | 0 | 0 | 0 | 0 |
| 0 | 0 | 0 | 0 | | 김형진 | 5 | | | 5 | 양시후 | | 0 | 0 | 0 | 0 |
| 0 | 0 | 0 | 0 | 후36 | 한석종 | 63 | | | 8 | 이정빈 | 후16 | 0 | 0 | 0 | 0 |
| 0 | 0 | 0 | 0 | 후0 | 박기현 | 29 | 대기 | 대기 | 15 | 장영기 | | 0 | 0 | 0 | 0 |
| 0 | 0 | 1 | 2(1) | 후11 | 도동현 | 8 | | | 27 | 이준상 | 후47 | 0 | 0 | 0 | 0 |
| 0 | 0 | 0 | 1 | 후0 | 박민서 | 11 | | | 91 | 박광일 | | 0 | 0 | 0 | 0 |
| 0 | 0 | 0 | 2 | 후19 | 이중민 | 90 | | | 93 | 진성욱 | 후0 | 0 | 1 | 0 | 0 |
| 0 | 2 | 12 | 15(2) | | | 0 | | | 0 | | | 7(3) | 10 | 1 | 0 |

- 후반 1분 후이즈 GAL R-ST-G (득점: 후이즈) 오른쪽

4월 13일 16:30 맑음 부산 구덕 2,321명
주심_ 박종명 부심_ 이병주·이상길 대기심_ 오현진 경기감독관_ 김용세

**부산 2** | 0 전반 2 / 2 후반 0 | **2 서울E**

| 퇴장 | 경고 | 파울 | ST(유) | 교체 | 선수명 | 배번 | 위치 | 위치 | 배번 | 선수명 | 교체 | ST(유) | 파울 | 경고 | 퇴장 |
|---|---|---|---|---|---|---|---|---|---|---|---|---|---|---|---|
| 0 | 0 | 0 | 0 | | 구상민 | 1 | GK | GK | 1 | 노동건 | | 0 | 0 | 0 | 0 |
| 0 | 0 | 0 | 0 | | 오반석 | 3 | DF | DF | 77 | 배진우 | | 0 | 1 | 1 | 0 |
| 0 | 0 | 1 | 0 | 33 | 조위제 | 20 | DF | DF | 5 | 오스마르 | | 0 | 0 | 0 | 0 |
| 0 | 0 | 0 | 1(1) | | 장호익 | 77 | DF | DF | 20 | 김오규 | | 0 | 0 | 0 | 0 |
| 0 | 1 | 2 | 2(1) | | 전성진 | 17 | MF | DF | 13 | 차승현 | | 0 | 0 | 1 | 0 |
| 0 | 0 | 3 | 2(1) | | 이동수 | 6 | MF | MF | 30 | 박창환 | | 2(2) | 4 | 0 | 0 |
| 0 | 0 | 0 | 0 | 42 | 임민혁 | 8 | MF | FW | 66 | 백지웅 | | 1(1) | 1 | 0 | 0 |
| 0 | 0 | 1 | 0 | 10 | 박창우 | 23 | MF | MF | 15 | 서재민 | 4 | 0 | 1 | 0 | 0 |
| 0 | 0 | 1 | 0 | | 빌레로 | 11 | FW | MF | 16 | 변경준 | 26 | 3(3) | 1 | 0 | 0 |
| 0 | 0 | 1 | 4(3) | | 곤잘로 | 9 | FW | FW | 9 | 아이데일 | 10 | 2(1) | 0 | 0 | 0 |
| 0 | 0 | 1 | 0 | 99 | 백가온 | 45 | FW | MF | 7 | 에울레르 | 18 | 5(2) | 2 | 0 | 0 |
| 0 | 0 | 0 | 0 | | 박대한 | 21 | | | 21 | 김민호 | | 0 | 0 | 0 | 0 |
| 0 | 0 | 0 | 0 | 후39 | 홍재석 | 33 | | | 29 | 김현우 | | 0 | 0 | 0 | 0 |
| 0 | 0 | 0 | 0 | | 이현규 | 18 | | | 4 | 곽윤호 | 후20 | 0 | 0 | 0 | 0 |
| 0 | 0 | 0 | 0 | 후39 | 전승민 | 5 | 대기 | 대기 | 8 | 윤석주 | | 0 | 0 | 0 | 0 |
| 0 | 0 | 0 | 2 | 후0/5 | 이현준 | 42 | | | 26 | 박경배 | 후20 | 0 | 1 | 1 | 0 |
| 0 | 0 | 0 | 2(2) | 후0 | 페신 | 10 | | | 18 | 정재민 | 후27 | 1(1) | 1 | 0 | 0 |
| 0 | 0 | 1 | 1 | 후44 | 손석용 | 99 | | | 10 | 이탈로 | 후20 | 0 | 0 | 0 | 0 |
| 0 | 1 | 11 | 14(8) | | | 0 | | | 0 | | | 14(10 | 12 | 3 | 0 |

- 후반 42분 장호익 PAR L-ST-G (득점: 장호익) 가운데
- 후반 45분 전승민 AKL ~ 전성진 GAL L-ST-G (득점: 전성진, 도움: 전승민) 왼쪽
- 전반 5분 에울레르 PAR 내 ↷ 변경준 GAL L-ST-G (득점: 변경준, 도움: 에울레르) 왼쪽
- 전반 40분 박창환 MFL R-ST-G (득점: 박창환) 오른쪽

4월 13일 16:30 흐리고 비 천안 종합 1,021명

주심_ 이경순 부심_ 천진희 · 장면호 대기심_ 최현재 경기감독관_ 이경춘

**천안 0** — 0 전반 0 / 0 후반 1 — **1 안산**

| 퇴장 | 경고 | 파울 | ST(유) | 교체 | 선수명 | 배번 | 위치 | 위치 | 배번 | 선수명 | 교체 | ST(유) | 파울 | 경고 | 퇴장 |
|---|---|---|---|---|---|---|---|---|---|---|---|---|---|---|---|
| 0 | 0 | 0 | 0 | | 박 주 원 | 1 | GK | GK | 21 | 조 성 훈 | | 0 | 0 | 0 | 0 |
| 0 | 0 | 1 | 0 | | 김 영 선 | 26 | DF | DF | 22 | 박 시 화 | | 1(1) | 0 | 0 | 0 |
| 0 | 0 | 0 | 1(1) | | 이 상 명 | 24 | DF | DF | 4 | 장 민 준 | 16 | 0 | 2 | 0 | 0 |
| 0 | 0 | 1 | 0 | | 강 영 훈 | 4 | DF | DF | 66 | 배 수 민 | | 0 | 0 | 0 | 0 |
| 0 | 0 | 1 | 0 | 5 | 김 서 진 | 13 | DF | DF | 7 | 손 준 석 | | 0 | 1 | 1 | 0 |
| 0 | 0 | 0 | 1 | | 이 종 성 | 6 | MF | MF | 25 | 조 지 훈 | | 0 | 0 | 0 | 0 |
| 0 | 0 | 2 | 2(1) | 88 | 펠 리 페 | 91 | MF | MF | 10 | 사라이바 | 28 | 3(1) | 1 | 1 | 0 |
| 0 | 0 | 1 | 1 | 7 | 구 종 욱 | 14 | MF | MF | 8 | 라 파 | | 0 | 2 | 0 | 0 |
| 0 | 0 | 1 | 0 | | 이 지 훈 | 11 | MF | MF | 6 | 김 현 태 | | 2(1) | 2 | 0 | 0 |
| 0 | 0 | 2 | 2(1) | | 툰 가 라 | 10 | FW | MF | 17 | 류 승 완 | 19 | 1(1) | 0 | 1 | 0 |
| 0 | 0 | 0 | 2(1) | | 이 정 협 | 18 | FW | FW | 36 | 송 태 성 | 27 | 1 | 1 | 0 | 0 |
| 0 | 0 | 0 | 0 | | 제 종 현 | 21 | | | 31 | 김 종 혁 | | 0 | 0 | 0 | 0 |
| 0 | 0 | 0 | 0 | | 신 한 결 | 2 | | | 16 | 정 용 희 | 후24 | 0 | 1 | 0 | 0 |
| 0 | 0 | 3 | 0 | 후0 | 최 진 웅 | 5 | | | 26 | 임 지 민 | | 0 | 0 | 0 | 0 |
| 0 | 0 | 0 | 0 | | 신 형 민 | 32 | 대기 | 대기 | 27 | 박 채 준 | 후24 | 0 | 0 | 0 | 0 |
| 0 | 0 | 1 | 0 | 후16 | 정 석 화 | 88 | | | 28 | 강 수 일 | 후33 | 0 | 0 | 0 | 0 |
| 0 | 0 | 0 | 0 | 후16 | 이 상 준 | 7 | | | 19 | 양 세 영 | 후41 | 0 | 0 | 0 | 0 |
| 0 | 0 | 0 | 0 | | 명 준 재 | 17 | | | 9 | 루 안 | | 0 | 0 | 0 | 0 |
| 0 | 0 | 13 | 9(4) | | | 0 | | | 0 | | | 8(4) | 10 | 3 | 0 |

- 후반 16분 송태성 MFL ~ 박시화 PAL 내 L-ST-G (득점: 박시화, 도움: 송태성) 왼쪽

4월 19일 14:00 흐림 목동 종합 1,888명

주심_ 박정호 부심_ 성주경 · 김태원 대기심_ 이경순 경기감독관_ 나승화

**서울E 0** — 0 전반 1 / 0 후반 1 — **2 충북청주**

| 퇴장 | 경고 | 파울 | ST(유) | 교체 | 선수명 | 배번 | 위치 | 위치 | 배번 | 선수명 | 교체 | ST(유) | 파울 | 경고 | 퇴장 |
|---|---|---|---|---|---|---|---|---|---|---|---|---|---|---|---|
| 0 | 0 | 0 | 0 | | 노 동 건 | 1 | GK | GK | 23 | 이 승 환 | | 0 | 0 | 1 | 0 |
| 0 | 0 | 1 | 0 | | 차 승 현 | 13 | DF | DF | 3 | 전 현 병 | | 1(1) | 3 | 0 | 0 |
| 0 | 0 | 0 | 1 | | 오스마르 | 5 | DF | DF | 15 | 홍 준 호 | 50 | 0 | 1 | 0 | 0 |
| 0 | 0 | 2 | 0 | | 김 오 규 | 20 | DF | DF | 99 | 이 창 훈 | | 1(1) | 1 | 0 | 0 |
| 0 | 0 | 3 | 0 | 29 | 배 진 우 | 77 | DF | MF | 2 | 서 재 원 | 7 | 1(1) | 1 | 0 | 0 |
| 0 | 0 | 2 | 1 | 16 | 조 상 준 | 99 | MF | MF | 5 | 김 선 민 | | 1(1) | 6 | 1 | 0 |
| 0 | 0 | 2 | 2(1) | 88 | 박 창 환 | 30 | MF | MF | 13 | 김 영 환 | | 0 | 3 | 0 | 0 |
| 0 | 1 | 3 | 0 | 11 | 서 재 민 | 15 | MF | MF | 17 | 여 승 원 | 36 | 0 | 0 | 0 | 0 |
| 0 | 0 | 2 | 5(3) | | 에울레르 | 7 | MF | MF | 66 | 이 강 한 | | 0 | 2 | 0 | 0 |
| 0 | 1 | 2 | 0 | | 백 지 웅 | 66 | FW | FW | 10 | 페 드 로 | 71 | 2(2) | 0 | 0 | 0 |
| 0 | 0 | 3 | 2(1) | 18 | 아이데일 | 9 | FW | FW | 14 | 김 병 오 | 9 | 0 | 2 | 0 | 0 |
| 0 | 0 | 0 | 0 | | 김 민 호 | 21 | | | 1 | 조 수 혁 | | 0 | 0 | 0 | 0 |
| 0 | 0 | 1 | 0 | 후37 | 김 현 우 | 29 | | | 36 | 윤 석 영 | 후26 | 0 | 0 | 0 | 0 |
| 0 | 0 | 0 | 0 | | 윤 석 주 | 8 | | | 50 | 정 성 우 | 후40 | 0 | 0 | 0 | 0 |
| 0 | 0 | 0 | 0 | 후37 | 서 진 석 | 88 | 대기 | 대기 | 16 | 문 승 민 | | 0 | 0 | 0 | 0 |
| 0 | 0 | 1 | 2(2) | 후20 | 정 재 민 | 18 | | | 71 | 이 동 원 | 후40 | 1(1) | 1 | 0 | 0 |
| 0 | 0 | 0 | 0 | 후0 | 변 경 준 | 16 | | | 7 | 마테우징요 | 후12 | 1 | 0 | 0 | 0 |
| 0 | 0 | 1 | 2(1) | 후8 | 페드링요 | 11 | | | 9 | 가브리엘 | 후12 | 1(1) | 2 | 1 | 0 |
| 0 | 2 | 23 | 15(8) | | | 0 | | | 0 | | | 9(8) | 22 | 3 | 0 |

- 전반 23분 페드로 PK-L-G (득점: 페드로) 왼쪽
- 후반 19분 여승원 C,KR ↷ 전현병 GAL 내 H-ST-G (득점: 전현병, 도움: 여승원) 왼쪽

4월 19일 14:00 비 인천 전용 4,637명

주심_ 정회수 부심_ 김종희 · 류시홍 대기심_ 최철준 경기감독관_ 허기태

**인천 3** — 2 전반 0 / 1 후반 0 — **0 천안**

| 퇴장 | 경고 | 파울 | ST(유) | 교체 | 선수명 | 배번 | 위치 | 위치 | 배번 | 선수명 | 교체 | ST(유) | 파울 | 경고 | 퇴장 |
|---|---|---|---|---|---|---|---|---|---|---|---|---|---|---|---|
| 0 | 0 | 0 | 0 | | 민 성 준 | 1 | GK | GK | 1 | 박 주 원 | | 0 | 0 | 0 | 0 |
| 0 | 0 | 2 | 0 | | 이 주 용 | 32 | DF | DF | 15 | 김 원 식 | | 1 | 1 | 0 | 0 |
| 0 | 0 | 1 | 0 | | 박 경 섭 | 23 | DF | DF | 24 | 이 상 명 | | 0 | 2 | 1 | 0 |
| 0 | 0 | 1 | 0 | | 김 건 희 | 4 | DF | DF | 4 | 강 영 훈 | | 0 | 0 | 0 | 0 |
| 0 | 0 | 1 | 0 | 13 | 김 명 순 | 39 | DF | DF | 13 | 김 서 진 | 26 | 2 | 2 | 0 | 0 |
| 0 | 0 | 0 | 0 | 19 | 바 로 우 | 14 | MF | MF | 23 | 이 풍 범 | 32 | 3(1) | 0 | 0 | 0 |
| 0 | 0 | 2 | 0 | | 문 지 환 | 6 | MF | MF | 20 | 하 재 민 | 8 | 2(1) | 0 | 0 | 0 |
| 0 | 0 | 1 | 0 | | 이 명 주 | 5 | MF | MF | 14 | 구 종 욱 | 7 | 0 | 1 | 0 | 0 |
| 0 | 0 | 1 | 1(1) | 8 | 제 르 소 | 11 | MF | MF | 11 | 이 지 훈 | | 1(1) | 2 | 0 | 0 |
| 0 | 0 | 7 | 2(2) | 10 | 박 승 호 | 77 | FW | FW | 10 | 툰 가 라 | | 2(1) | 1 | 0 | 0 |
| 0 | 0 | 1 | 3(2) | 99 | 무 고 사 | 9 | FW | FW | 18 | 이 정 협 | 9 | 0 | 0 | 0 | 0 |
| 0 | 0 | 0 | 0 | | 황 성 민 | 21 | | | 21 | 제 종 현 | | 0 | 0 | 0 | 0 |
| 0 | 0 | 0 | 0 | 후18 | 최 승 구 | 13 | | | 26 | 김 영 선 | 후26 | 0 | 0 | 0 | 0 |
| 0 | 0 | 0 | 0 | | 델브리지 | 20 | | | 3 | 이 웅 희 | | 0 | 0 | 0 | 0 |
| 0 | 0 | 0 | 0 | 후36 | 신 진 호 | 8 | 대기 | 대기 | 32 | 신 형 민 | 후41 | 0 | 0 | 0 | 0 |
| 0 | 0 | 0 | 2(1) | 후36 | 이 동 률 | 10 | | | 8 | 이 광 진 | 후11 | 0 | 1 | 0 | 0 |
| 0 | 0 | 0 | 0 | 후26 | 김 민 석 | 19 | | | 7 | 이 상 준 | 후26 | 0 | 0 | 0 | 0 |
| 0 | 0 | 1 | 1(1) | 후26 | 박 호 민 | 99 | | | 9 | 파 브 레 | 후11 | 1(1) | 1 | 0 | 0 |
| 0 | 0 | 18 | 9(7) | | | 0 | | | 0 | | | 12(5) | 11 | 1 | 0 |

- 전반 8분 김명순 PAR 내 ↷ 무고사 GAR H-ST-G (득점: 무고사, 도움: 김명순) 왼쪽
- 전반 29분 제르소 GA 정면 내 ~ 무고사 GA 정면 내 L-ST-G (득점: 무고사, 도움: 제르소) 오른쪽
- 후반 47분 이동률 AKR R-ST-G (득점: 이동률) 오른쪽

4월 19일 16:30 비 수원 월드컵 9,238명

주심_ 김희곤 부심_ 천진희 · 김현진 대기심_ 김재홍 경기감독관_ 박철

**수원 3** — 3 전반 0 / 0 후반 1 — **1 화성**

| 퇴장 | 경고 | 파울 | ST(유) | 교체 | 선수명 | 배번 | 위치 | 위치 | 배번 | 선수명 | 교체 | ST(유) | 파울 | 경고 | 퇴장 |
|---|---|---|---|---|---|---|---|---|---|---|---|---|---|---|---|
| 0 | 0 | 0 | 0 | | 양 형 모 | 21 | GK | GK | 1 | 김 승 건 | | 0 | 0 | 0 | 0 |
| 0 | 0 | 0 | 0 | | 이 기 제 | 23 | DF | DF | 2 | 김 대 환 | | 1 | 3 | 1 | 0 |
| 0 | 0 | 0 | 0 | 20 | 고 종 현 | 3 | DF | DF | 3 | 조 동 재 | 4 | 0 | 0 | 0 | 0 |
| 0 | 0 | 0 | 0 | | 권 완 규 | 12 | DF | FW | 7 | 알 뚤 | | 3(3) | 0 | 0 | 0 |
| 0 | 0 | 0 | 0 | | 이 건 희 | 19 | DF | FW | 9 | 박 주 영 | 53 | 0 | 0 | 0 | 0 |
| 0 | 0 | 1 | 1(1) | | 이 규 성 | 24 | MF | MF | 15 | 보이노비치 | | 0 | 0 | 0 | 0 |
| 0 | 0 | 2 | 1 | | 최 영 준 | 6 | MF | MF | 16 | 최 명 희 | | 2(1) | 1 | 0 | 0 |
| 0 | 0 | 3 | 2 | | 파울리뇨 | 11 | MF | DF | 20 | 박 준 서 | | 1(1) | 0 | 0 | 0 |
| 0 | 0 | 1 | 4(2) | 47 | 브루노실바 | 74 | FW | MF | 25 | 김 신 리 | 8 | 0 | 0 | 0 | 0 |
| 0 | 0 | 0 | 2(1) | 77 | 세 라 핌 | 70 | FW | FW | 31 | 도 미 닉 | 27 | 2 | 2 | 0 | 0 |
| 0 | 0 | 0 | 2(2) | 7 | 일류첸코 | 9 | FW | DF | 44 | 함 선 우 | | 0 | 2 | 0 | 0 |
| 0 | 0 | 0 | 0 | | 김 민 준 | 1 | | | 18 | 김 기 훈 | | 0 | 0 | 0 | 0 |
| 0 | 0 | 0 | 0 | 후17 | 조 윤 성 | 20 | | | 4 | 연 제 민 | 후0/5 | 0 | 0 | 0 | 0 |
| 0 | 0 | 0 | 0 | | 정 동 윤 | 32 | | | 5 | 우 제 욱 | 후26 | 0 | 0 | 0 | 0 |
| 0 | 0 | 0 | 0 | | 박 우 진 | 15 | 대기 | 대기 | 8 | 전 성 진 | 후0 | 0 | 2 | 0 | 0 |
| 0 | 0 | 0 | 0 | 후30 | 김 현 | 7 | | | 11 | 여 홍 규 | | 0 | 0 | 0 | 0 |
| 0 | 0 | 0 | 1(1) | 후37 | 박 승 수 | 47 | | | 27 | 백 승 우 | 후7 | 0 | 0 | 0 | 0 |
| 0 | 0 | 0 | 2(2) | 후30 | 김 지 현 | 77 | | | 53 | 리 마 | 후33 | 1(1) | 0 | 0 | 0 |
| 0 | 0 | 7 | 15(9) | | | 0 | | | 0 | | | 10(6) | 10 | 1 | 0 |

- 전반 28분 이건희 PAR ↷ 일류첸코 GA 정면 H-ST-G (득점: 일류첸코, 도움: 이건희) 왼쪽
- 전반 35분 이기제 PAR ↷ 브루노 실바 GAL 내 H-ST-G (득점: 브루노 실바, 도움: 이기제) 왼쪽
- 전반 46분 브루노 실바 PAR ~ 세라핌 GAL 내 L-ST-G (득점: 세라핌, 도움: 브루노 실바) 왼쪽
- 후반 13분 김대환 PAR 내 EL ~ 박준서 PAL 내 R-ST-G (득점: 박준서, 도움: 김대환) 왼쪽

4월 19일 16:30 흐리고 비 탄천 종합 2,223명
주심_ 박진호 부심_ 이병주·장민호 대기심_ 박세진 경기감독관_ 구상범

**성남 0** | 0 전반 0 / 0 후반 0 | **0 부천**

| 퇴장 | 경고 | 파울 | ST(유) | 교체 | 선수명 | 배번 | 위치 | 위치 | 배번 | 선수명 | 교체 | ST(유) | 파울 | 경고 | 퇴장 |
|---|---|---|---|---|---|---|---|---|---|---|---|---|---|---|---|
| 0 | 0 | 0 | 0 | | 박 지 민 | 34 | GK | GK | 1 | 김 형 근 | | 0 | 0 | 0 | 0 |
| 0 | 0 | 2 | 0 | | 정 승 용 | 22 | DF | DF | 55 | 구 자 룡 | | 1 | 0 | 1 | 0 |
| 0 | 0 | 0 | 0 | | 강 의 빈 | 3 | DF | DF | 30 | 전 인 규 | | 1(1) | 0 | 1 | 0 |
| 0 | 1 | 1 | 3(3) | | 베니시오 | 4 | DF | DF | 6 | 정 호 진 | | 0 | 3 | 1 | 0 |
| 0 | 0 | 0 | 0 | | 신 재 원 | 7 | DF | MF | 17 | 김 규 민 | 13 | 1(1) | 2 | 0 | 0 |
| 0 | 0 | 1 | 2(1) | 77 | 이 준 상 | 27 | MF | MF | 16 | 박 현 빈 | | 2 | 2 | 0 | 0 |
| 0 | 0 | 2 | 0 | | 박 수 빈 | 33 | MF | MF | 23 | 카 즈 | 4 | 0 | 3 | 0 | 0 |
| 0 | 1 | 2 | 1 | | 사 무 엘 | 74 | MF | MF | 7 | 티아깅요 | 11 | 2(2) | 1 | 0 | 0 |
| 0 | 0 | 1 | 1(1) | 8 | 김 범 수 | 18 | MF | FW | 10 | 바 사 니 | 18 | 2 | 1 | 1 | 0 |
| 0 | 0 | 0 | 0 | 93 | 류 준 선 | 16 | FW | FW | 99 | 공 민 현 | 9 | 0 | 2 | 0 | 0 |
| 0 | 0 | 1 | 0 | | 후 이 즈 | 9 | FW | FW | 41 | 갈 레 고 | | 1(1) | 2 | 1 | 0 |
| 0 | 0 | 0 | 0 | | 안 재 민 | 13 | | | 21 | 김 현 엽 | | 0 | 0 | 0 | 0 |
| 0 | 0 | 0 | 0 | | 양 시 후 | 5 | | | 13 | 박 형 진 | 후44 | 0 | 1 | 1 | 0 |
| 0 | 1 | 1 | 0 | 후15 | 이 정 빈 | 8 | | | 20 | 홍 성 욱 | | 0 | 0 | 0 | 0 |
| 0 | 0 | 0 | 0 | | 박 병 규 | 30 | 대기 | 대기 | 4 | 최 원 철 | 후15 | 0 | 0 | 0 | 0 |
| 0 | 0 | 0 | 0 | 후0 | 박 지 원 | 77 | | | 9 | 몬 타 뇨 | 후15 | 0 | 0 | 0 | 0 |
| 0 | 0 | 0 | 0 | | 박 광 일 | 91 | | | 11 | 박 창 준 | 후15 | 0 | 0 | 0 | 0 |
| 0 | 0 | 2 | 1(1) | 후0 | 진 성 욱 | 93 | | | 18 | 이 의 형 | 후44 | 0 | 0 | 0 | 0 |
| 0 | 3 | 13 | 8(6) | | | 0 | | | 0 | | | 10(5) | 17 | 6 | 0 |

4월 20일 16:30 맑음 아산 이순신 3,131명
주심_ 원명희 부심_ 박남수·이상길 대기심_ 박세진 경기감독관_ 이평재

**충남아산 0** | 0 전반 0 / 0 후반 0 | **0 전남**

| 퇴장 | 경고 | 파울 | ST(유) | 교체 | 선수명 | 배번 | 위치 | 위치 | 배번 | 선수명 | 교체 | ST(유) | 파울 | 경고 | 퇴장 |
|---|---|---|---|---|---|---|---|---|---|---|---|---|---|---|---|
| 0 | 0 | 0 | 1 | | 신 송 훈 | 18 | GK | GK | 1 | 최 봉 진 | | 0 | 0 | 0 | 0 |
| 0 | 0 | 1 | 1 | 17 | 이 학 민 | 14 | DF | DF | 2 | 유 지 하 | | 0 | 2 | 0 | 0 |
| 0 | 1 | 2 | 0 | | 이 은 범 | 47 | DF | DF | 23 | 김 경 재 | | 0 | 0 | 0 | 0 |
| 0 | 0 | 0 | 1(1) | | 조 주 영 | 20 | DF | DF | 38 | 홍 석 현 | 5 | 0 | 0 | 0 | 0 |
| 0 | 0 | 1 | 3 | | 박 종 민 | 25 | DF | DF | 3 | 김 예 성 | | 0 | 0 | 0 | 0 |
| 0 | 0 | 0 | 0 | | 정 마 호 | 77 | MF | DF | 13 | 김 용 환 | 17 | 0 | 1 | 0 | 0 |
| 0 | 0 | 3 | 0 | 38 | 손 준 호 | 28 | MF | MF | 16 | 알베르띠 | | 0 | 1 | 0 | 0 |
| 0 | 0 | 0 | 2 | 9 | 한 교 원 | 72 | MF | MF | 14 | 윤 민 호 | | 1 | 0 | 0 | 0 |
| 0 | 0 | 1 | 1(1) | | 김 승 호 | 22 | MF | MF | 11 | 정 지 용 | 36 | 1(1) | 3 | 0 | 0 |
| 0 | 0 | 2 | 1(1) | 7 | 아 담 | 11 | MF | FW | 19 | 호 난 | 9 | 1(1) | 2 | 1 | 0 |
| 0 | 0 | 1 | 2(2) | | 강 민 규 | 98 | FW | FW | 99 | 정 강 민 | 10 | 1(1) | 1 | 0 | 0 |
| 0 | 0 | 0 | 0 | | 김 진 영 | 21 | | | 96 | 강 정 묵 | | 0 | 0 | 0 | 0 |
| 0 | 0 | 0 | 0 | | 최 희 원 | 6 | | | 5 | 고 태 원 | 후35 | 0 | 0 | 0 | 0 |
| 0 | 0 | 0 | 0 | 후28 | 김 주 성 | 17 | | | 36 | 안 재 민 | 후30 | 0 | 2 | 1 | 0 |
| 0 | 0 | 1 | 1 | 후42 | 김 정 현 | 38 | 대기 | 대기 | 7 | 임 찬 울 | | 0 | 0 | 0 | 0 |
| 0 | 0 | 1 | 2(2) | 후17 | 데 니 손 | 7 | | | 9 | 하 남 | 후0 | 1(1) | 2 | 1 | 0 |
| 0 | 0 | 0 | 3(1) | 후28 | 김 종 민 | 9 | | | 10 | 발디비아 | 후0 | 2(1) | 1 | 0 | 0 |
| 0 | 0 | 0 | 0 | | 미 사 키 | 45 | | | 17 | 김 도 윤 | 후42 | 0 | 0 | 0 | 0 |
| 0 | 1 | 13 | 18(8) | | | 0 | | | 0 | | | 7(5) | 15 | 3 | 0 |

4월 20일 14:00 맑음 안산 와스타디움 2,424명
주심_ 최철준 부심_ 김수현·이화평 대기심_ 박정호 경기감독관_ 김성기

**안산 1** | 0 전반 3 / 1 후반 0 | **3 부산**

| 퇴장 | 경고 | 파울 | ST(유) | 교체 | 선수명 | 배번 | 위치 | 위치 | 배번 | 선수명 | 교체 | ST(유) | 파울 | 경고 | 퇴장 |
|---|---|---|---|---|---|---|---|---|---|---|---|---|---|---|---|
| 0 | 0 | 0 | 0 | | 조 성 훈 | 21 | GK | GK | 1 | 구 상 민 | | 0 | 0 | 0 | 0 |
| 0 | 1 | 1 | 0 | | 장 민 준 | 4 | DF | DF | 6 | 이 동 수 | | 0 | 0 | 0 | 0 |
| 0 | 0 | 1 | 1(1) | | 조 지 훈 | 25 | DF | DF | 20 | 조 위 제 | | 2(2) | 2 | 0 | 0 |
| 0 | 0 | 1 | 0 | | 배 수 민 | 66 | DF | DF | 33 | 홍 재 석 | 3 | 0 | 2 | 0 | 0 |
| 0 | 0 | 1 | 0 | 16 | 박 시 화 | 22 | MF | MF | 17 | 전 성 진 | | 0 | 2 | 1 | 0 |
| 0 | 0 | 0 | 0 | 26 | 라 파 | 8 | MF | MF | 7 | 사비에르 | 99 | 1(1) | 3 | 1 | 0 |
| 0 | 0 | 2 | 4(2) | | 김 현 태 | 6 | MF | MF | 5 | 전 승 민 | 8 | 0 | 0 | 0 | 0 |
| 0 | 1 | 1 | 1(1) | | 손 준 석 | 7 | MF | MF | 77 | 장 호 익 | | 0 | 2 | 0 | 0 |
| 0 | 0 | 0 | 0 | 10 | 서 명 식 | 35 | FW | FW | 11 | 빌 레 로 | 27 | 1(1) | 1 | 0 | 0 |
| 0 | 0 | 0 | 1 | 28 | 송 태 성 | 36 | FW | FW | 9 | 곤 잘 로 | 32 | 5(1) | 0 | 0 | 0 |
| 0 | 0 | 0 | 1(1) | 17 | 박 채 준 | 27 | FW | FW | 10 | 페 신 | | 1(1) | 1 | 0 | 0 |
| 0 | 0 | 0 | 0 | | 김 종 혁 | 31 | | | 21 | 박 대 한 | | 0 | 0 | 0 | 0 |
| 0 | 0 | 0 | 0 | 후35 | 정 용 희 | 16 | | | 3 | 오 반 석 | 후27 | 0 | 0 | 0 | 0 |
| 0 | 0 | 1 | 1 | 후0 | 임 지 민 | 26 | | | 18 | 이 현 규 | | 0 | 0 | 0 | 0 |
| 0 | 0 | 0 | 0 | | 양 세 영 | 19 | 대기 | 대기 | 8 | 임 민 혁 | 후27 | 0 | 0 | 0 | 0 |
| 0 | 0 | 1 | 0 | 후10 | 류 승 완 | 17 | | | 27 | 김 현 민 | 후0 | 1 | 0 | 0 | 0 |
| 0 | 0 | 1 | 3(2) | 후10 | 사라이바 | 10 | | | 32 | 윤 민 호 | 후27 | 0 | 0 | 0 | 0 |
| 0 | 0 | 0 | 1 | 후10 | 강 수 일 | 28 | | | 99 | 손 석 용 | 후47 | 0 | 1 | 0 | 0 |
| 0 | 2 | 10 | 13(7) | | | 0 | | | 0 | | | 11(6) | 14 | 2 | 0 |

- 후반 19분 김현태 PK지점 R-ST-G (득점: 김현태) 가운데
- 전반 33초 전승민 PAR ↷ 곤잘로 GA 정면 H-ST-G (득점: 곤잘로, 도움: 전승민) 왼쪽
- 전반 29분 빌레로 PAR 내 ~ 사비에르 PK지점 R-ST-G (득점: 사비에르, 도움: 빌레로) 왼쪽
- 전반 34분 곤잘로 PAR ~ 페신 GA 정면 L-ST-G (득점: 페신, 도움: 곤잘로) 왼쪽

4월 20일 16:30 흐리고 비 창원 축구센터 2,318명
주심_ 안재훈 부심_ 주현민·김태형 대기심_ 오현진 경기감독관_ 허태식

**경남 2** | 0 전반 0 / 2 후반 1 | **1 김포**

| 퇴장 | 경고 | 파울 | ST(유) | 교체 | 선수명 | 배번 | 위치 | 위치 | 배번 | 선수명 | 교체 | ST(유) | 파울 | 경고 | 퇴장 |
|---|---|---|---|---|---|---|---|---|---|---|---|---|---|---|---|
| 0 | 0 | 0 | 0 | | 류 원 우 | 51 | GK | GK | 31 | 손 정 현 | | 0 | 0 | 0 | 0 |
| 0 | 0 | 0 | 0 | | 박 원 재 | 33 | DF | DF | 2 | 김 종 민 | 20 | 1(1) | 0 | 0 | 0 |
| 0 | 0 | 0 | 1(1) | | 박 재 환 | 2 | DF | DF | 77 | 채 프 먼 | | 0 | 2 | 2 | 0 |
| 0 | 0 | 1 | 1 | | 김 형 진 | 5 | DF | DF | 5 | 이 찬 형 | | 0 | 0 | 0 | 0 |
| 0 | 1 | 1 | 0 | 15 | 이 준 재 | 17 | DF | MF | 98 | 김 민 식 | 13 | 0 | 1 | 0 | 0 |
| 0 | 0 | 2 | 1(1) | | 이 강 희 | 16 | MF | MF | 8 | 디자우마 | | 1 | 0 | 0 | 0 |
| 0 | 0 | 2 | 1(1) | 63 | 헤 난 | 88 | MF | MF | 26 | 이 강 연 | 72 | 1 | 1 | 0 | 0 |
| 0 | 0 | 0 | 1(1) | 8 | 이 시 헌 | 21 | MF | MF | 6 | 김 지 훈 | | 0 | 1 | 0 | 0 |
| 0 | 1 | 2 | 4(1) | | 박 민 서 | 11 | MF | MF | 99 | 김 결 | 47 | 1(1) | 0 | 0 | 0 |
| 0 | 0 | 0 | 1 | 19 | 박 기 현 | 29 | MF | FW | 24 | 루 이 스 | | 4(2) | 1 | 0 | 0 |
| 0 | 0 | 1 | 1(1) | 24 | 이 중 민 | 90 | FW | FW | 10 | 플 라 나 | 9 | 0 | 1 | 0 | 0 |
| 0 | 0 | 0 | 0 | | 최 필 수 | 91 | | | 21 | 윤 보 상 | | 0 | 0 | 0 | 0 |
| 0 | 0 | 0 | 0 | 후19 | 우 주 성 | 15 | | | 20 | 김 민 호 | 후6 | 0 | 0 | 0 | 0 |
| 0 | 0 | 0 | 0 | | 이 규 백 | 3 | | | 42 | 안 창 민 | | 0 | 0 | 0 | 0 |
| 0 | 0 | 0 | 0 | 후24 | 한 석 종 | 63 | 대기 | 대기 | 13 | 이 종 현 | 후6 | 0 | 0 | 0 | 0 |
| 0 | 0 | 1 | 0 | 후41 | 조 영 광 | 24 | | | 72 | 천 지 현 | 후41 | 0 | 0 | 0 | 0 |
| 0 | 0 | 0 | 1(1) | 후41 | 도 동 현 | 8 | | | 47 | 조 성 준 | 후21 | 0 | 1 | 0 | 0 |
| 0 | 0 | 0 | 1(1) | 후24 | 정 충 근 | 19 | | | 9 | 브 루 노 | 후21 | 0 | 0 | 0 | 0 |
| 0 | 2 | 10 | 13(8) | | | 0 | | | 0 | | | 8(4) | 8 | 2 | 0 |

- 후반 11분 이중민 PK-R-G (득점: 이중민) 왼쪽
- 후반 13분 박기현 GAR → 헤난 GA 정면 R-ST-G (득점: 헤난, 도움: 박기현) 왼쪽
- 후반 7분 플라나 MFL TL FK ↷ 김결 GAL H-ST-G (득점: 김결, 도움: 플라나) 왼쪽

4월26일 14:00 맑음 목동 종합 3,383명
주심_ 박진호 부심_ 김유영·천진희 대기심_ 원명희 경기감독관_ 양정환

**서울E 2** 1 전반 1 / 1 후반 0 **1 경남**

| 퇴장 | 경고 | 파울 | ST(유) | 교체 | 선수명 | 배번 | 위치 | 위치 | 배번 | 선수명 | 교체 | ST(유) | 파울 | 경고 | 퇴장 |
|---|---|---|---|---|---|---|---|---|---|---|---|---|---|---|---|
| 0 | 0 | 0 | 0 | | 노동건 | 1 | GK | GK | 51 | 류원우 | | 0 | 0 | 0 | 0 |
| 0 | 0 | 0 | 0 | 6 | 김현우 | 29 | DF | DF | 15 | 우주성 | | 0 | 0 | 0 | 0 |
| 0 | 0 | 2 | 2 | | 오스마르 | 5 | DF | DF | 2 | 박재환 | | 1 | 1 | 0 | 0 |
| 0 | 0 | 1 | 0 | | 김오규 | 20 | DF | DF | 5 | 김형진 | | 0 | 0 | 0 | 0 |
| 0 | 0 | 1 | 0 | | 배진우 | 77 | DF | DF | 33 | 박원재 | | 0 | 2 | 0 | 0 |
| 0 | 0 | 0 | 0 | 26 | 변경준 | 16 | MF | MF | 16 | 이강희 | | 1(1) | 3 | 1 | 0 |
| 0 | 0 | 1 | 0 | 4 | 윤석주 | 8 | MF | MF | 63 | 한석종 | 3 | 0 | 2 | 0 | 0 |
| 0 | 0 | 4 | 0 | | 백지웅 | 66 | MF | MF | 29 | 박기현 | 17 | 0 | 1 | 1 | 0 |
| 0 | 0 | 1 | 2(1) | 88 | 에울레르 | 7 | MF | MF | 11 | 박민서 | 24 | 2(1) | 1 | 0 | 0 |
| 0 | 0 | 1 | 0 | 18 | 페드링요 | 11 | FW | MF | 21 | 이시헌 | 8 | 1 | 0 | 0 | 0 |
| 0 | 0 | 1 | 3(2) | | 아이데일 | 9 | FW | FW | 19 | 정충근 | 90 | 2(2) | 1 | 0 | 0 |
| 0 | 0 | 0 | 0 | | 김민호 | 21 | 대기 | 대기 | 91 | 최필수 | | 0 | 0 | 0 | 0 |
| 0 | 0 | 0 | 0 | 후15 | 채광훈 | 6 | | | 3 | 이규백 | 후42 | 0 | 1 | 0 | 0 |
| 0 | 0 | 0 | 0 | 후15 | 곽윤호 | 4 | | | 17 | 이준재 | 후13 | 0 | 0 | 0 | 0 |
| 0 | 0 | 0 | 0 | | 차승현 | 13 | | | 37 | 김선호 | | 0 | 0 | 0 | 0 |
| 0 | 0 | 0 | 1 | 후32 | 서진석 | 88 | | | 24 | 조영광 | 후42 | 0 | 0 | 0 | 0 |
| 0 | 0 | 0 | 0 | 후41 | 박경배 | 26 | | | 8 | 도동현 | 후29 | 0 | 0 | 0 | 0 |
| 0 | 0 | 0 | 0 | 후32 | 정재민 | 18 | | | 90 | 이중민 | 후13 | 1(1) | 1 | 0 | 0 |
| 0 | 0 | 12 | 8(3) | | | 0 | | | 0 | | | 8(5) | 13 | 2 | 0 |

- 전반 2분 김현우 PAL 내 ~ 아이데일 GA 정면 내 R-ST-G (득점: 아이데일, 도움: 김현우) 가운데
- 후반 47분 정재민 GAL H ↷ 아이데일 GA 정면 내 R-ST-G (득점: 아이데일, 도움: 정재민) 왼쪽
- 전반 43분 이시헌 PAL ↷ 이강희 GA 정면 H-ST-G (득점: 이강희, 도움: 이시헌) 오른쪽

4월26일 16:30 맑음 아산 이순신 2,043명
주심_ 최승환 부심_ 성주경·주현민 대기심_ 정회수 경기감독관_ 나승화

**충남아산 3** 1 전반 0 / 2 후반 0 **0 안산**

| 퇴장 | 경고 | 파울 | ST(유) | 교체 | 선수명 | 배번 | 위치 | 위치 | 배번 | 선수명 | 교체 | ST(유) | 파울 | 경고 | 퇴장 |
|---|---|---|---|---|---|---|---|---|---|---|---|---|---|---|---|
| 0 | 0 | 0 | 0 | | 신송훈 | 18 | GK | GK | 21 | 조성훈 | | 0 | 0 | 0 | 0 |
| 0 | 0 | 0 | 2(2) | 17 | 이학민 | 14 | DF | DF | 4 | 장민준 | | 1 | 1 | 0 | 0 |
| 0 | 0 | 2 | 0 | | 이은범 | 47 | DF | DF | 25 | 조지훈 | | 2 | 0 | 0 | 0 |
| 0 | 0 | 0 | 1 | | 조주영 | 20 | DF | DF | 66 | 배수민 | 3 | 1 | 2 | 0 | 0 |
| 0 | 0 | 0 | 1 | | 박종민 | 25 | DF | MF | 16 | 정용희 | | 1 | 2 | 0 | 0 |
| 0 | 0 | 0 | 1 | 6 | 정마호 | 77 | MF | MF | 7 | 손준석 | | 2(2) | 0 | 0 | 0 |
| 0 | 1 | 6 | 3(2) | | 손준호 | 28 | MF | MF | 6 | 김현태 | 8 | 0 | 1 | 0 | 0 |
| 0 | 0 | 0 | 0 | 45 | 강민규 | 98 | MF | MF | 26 | 임지민 | | 1 | 1 | 1 | 0 |
| 0 | 0 | 0 | 0 | | 김승호 | 22 | MF | FW | 99 | 김우빈 | 28 | 1 | 2 | 0 | 0 |
| 0 | 0 | 1 | 2(2) | 7 | 한교원 | 72 | MF | FW | 18 | 정성호 | 2 | 1(1) | 0 | 0 | 0 |
| 0 | 0 | 1 | 3(1) | | 김종민 | 9 | FW | FW | 17 | 류승완 | 27 | 1(1) | 1 | 0 | 0 |
| 0 | 0 | 0 | 0 | | 김진영 | 21 | 대기 | 대기 | 1 | 이승빈 | | 0 | 0 | 0 | 0 |
| 0 | 0 | 0 | 0 | 후0 | 최희원 | 6 | | | 3 | 이풍연 | 후13 | 0 | 1 | 0 | 0 |
| 0 | 0 | 0 | 0 | 후43 | 김주성 | 17 | | | 2 | 이규빈 | 후22 | 2(1) | 0 | 0 | 0 |
| 0 | 0 | 0 | 0 | | 최치원 | 8 | | | 8 | 라파 | 후22 | 0 | 0 | 0 | 0 |
| 0 | 0 | 1 | 0 | 후43 | 김정현 | 38 | | | 27 | 박채준 | 후13 | 0 | 0 | 0 | 0 |
| 0 | 0 | 0 | 1(1) | 후33 | 데니손 | 7 | | | 28 | 강수일 | 후31 | 0 | 0 | 0 | 0 |
| 0 | 0 | 3 | 0 | 전20/38 | 미사키 | 45 | | | 10 | 사라이바 | | 0 | 0 | 0 | 0 |
| 0 | 1 | 14 | 14(8) | | | 0 | | | 0 | | | 13(5) | 11 | 1 | 0 |

- 전반 16분 김종민 PAL 내 ~ 한교원 GAL R-ST-G (득점: 한교원, 도움: 김종민) 왼쪽
- 후반 7분 한교원 GA 정면 L-ST-G (득점: 한교원) 왼쪽
- 후반 48분 김승호 PAL 내 ~ 손준호 PA 정면 내 R-ST-G (득점: 손준호, 도움: 김승호) 오른쪽

4월26일 14:00 맑음 천안 종합 1,411명
주심_ 김희곤 부심_ 김수현·이현모 대기심_ 안재훈 경기감독관_ 이평재

**천안 0** 0 전반 1 / 0 후반 0 **1 충북청주**

| 퇴장 | 경고 | 파울 | ST(유) | 교체 | 선수명 | 배번 | 위치 | 위치 | 배번 | 선수명 | 교체 | ST(유) | 파울 | 경고 | 퇴장 |
|---|---|---|---|---|---|---|---|---|---|---|---|---|---|---|---|
| 0 | 0 | 0 | 0 | | 제종현 | 21 | GK | GK | 23 | 이승환 | | 0 | 0 | 0 | 0 |
| 0 | 0 | 0 | 0 | 5 | 이예찬 | 34 | DF | DF | 3 | 전현병 | | 0 | 1 | 1 | 0 |
| 0 | 0 | 0 | 2 | | 이웅희 | 3 | DF | DF | 15 | 홍준호 | | 0 | 2 | 0 | 0 |
| 0 | 0 | 0 | 1 | 24 | 강영훈 | 4 | DF | DF | 99 | 이창훈 | | 0 | 1 | 0 | 0 |
| 0 | 0 | 0 | 0 | | 양준영 | 22 | DF | MF | 5 | 김선민 | | 1 | 3 | 0 | 0 |
| 0 | 0 | 1 | 1(1) | | 이광진 | 8 | MF | MF | 13 | 김영환 | | 0 | 4 | 0 | 0 |
| 0 | 0 | 2 | 1(1) | | 이종성 | 6 | MF | MF | 17 | 여승원 | 36 | 0 | 0 | 0 | 0 |
| 0 | 0 | 1 | 5 | | 툰가라 | 10 | MF | MF | 66 | 이강한 | | 0 | 2 | 0 | 0 |
| 0 | 0 | 1 | 2(1) | 11 | 진의준 | 19 | MF | FW | 2 | 서재원 | 7 | 2 | 2 | 0 | 0 |
| 0 | 0 | 0 | 0 | 17 | 구종욱 | 14 | FW | FW | 9 | 가브리엘 | 71 | 2(1) | 2 | 0 | 0 |
| 0 | 0 | 0 | 2 | 9 | 이정협 | 18 | FW | FW | 10 | 페드로 | | 1(1) | 2 | 0 | 0 |
| 0 | 0 | 0 | 0 | | 박주원 | 1 | 대기 | 대기 | 1 | 조수혁 | | 0 | 0 | 0 | 0 |
| 0 | 0 | 0 | 0 | 후17 | 이상명 | 24 | | | 36 | 윤석영 | 후37 | 0 | 1 | 0 | 0 |
| 0 | 0 | 1 | 1 | 후30 | 최진웅 | 5 | | | 50 | 정성우 | | 0 | 0 | 0 | 0 |
| 0 | 0 | 0 | 0 | | 신형민 | 32 | | | 16 | 문승민 | | 0 | 0 | 0 | 0 |
| 0 | 0 | 0 | 0 | 후17 | 명주재 | 17 | | | 71 | 이동원 | 후29 | 1(1) | 1 | 0 | 0 |
| 0 | 0 | 0 | 0 | 후0 | 이지훈 | 11 | | | 7 | 마테우징요 | 후11 | 0 | 0 | 0 | 0 |
| 0 | 0 | 0 | 0 | 후30 | 파크레 | 9 | | | 98 | 이형경 | | 0 | 0 | 0 | 0 |
| 0 | 0 | 6 | 15(3) | | | 0 | | | 0 | | | 7(3) | 21 | 1 | 0 |

- 전반 24분 페드로 센타서클 ~ 가브리엘 GAR R-ST-G (득점: 가브리엘, 도움: 페드로) 오른쪽

4월26일 16:30 맑음 부천 종합 7,561명
주심_ 박종명 부심_ 신재환·이상길 대기심_ 이경순 경기감독관_ 허기태

**부천 1** 1 전반 3 / 0 후반 0 **3 인천**

| 퇴장 | 경고 | 파울 | ST(유) | 교체 | 선수명 | 배번 | 위치 | 위치 | 배번 | 선수명 | 교체 | ST(유) | 파울 | 경고 | 퇴장 |
|---|---|---|---|---|---|---|---|---|---|---|---|---|---|---|---|
| 0 | 0 | 0 | 0 | | 김형근 | 1 | GK | GK | 1 | 민성준 | | 0 | 0 | 0 | 0 |
| 0 | 0 | 0 | 0 | | 홍성욱 | 20 | DF | DF | 32 | 이주용 | | 0 | 3 | 0 | 0 |
| 0 | 0 | 0 | 0 | 13 | 전인규 | 30 | DF | DF | 23 | 박경섭 | | 0 | 0 | 0 | 0 |
| 0 | 0 | 0 | 1 | | 구자룡 | 55 | DF | DF | 4 | 김건희 | | 0 | 1 | 0 | 0 |
| 0 | 0 | 0 | 0 | 10 | 김규민 | 17 | MF | DF | 39 | 김명순 | 13 | 0 | 0 | 0 | 0 |
| 0 | 0 | 0 | 1 | 14 | 최원철 | 4 | MF | MF | 19 | 김민석 | 14 | 0 | 0 | 1 | 0 |
| 0 | 1 | 1 | 2(2) | | 박현빈 | 16 | MF | MF | 28 | 민경현 | | 1 | 1 | 0 | 0 |
| 0 | 0 | 0 | 0 | | 티아깅요 | 7 | MF | MF | 5 | 이명주 | 6 | 1(1) | 2 | 0 | 0 |
| 0 | 0 | 0 | 1(1) | | 박창준 | 11 | FW | MF | 11 | 제르소 | | 1 | 1 | 0 | 0 |
| 0 | 0 | 1 | 3(2) | 99 | 몬타뇨 | 9 | FW | FW | 77 | 박승호 | 10 | 1(1) | 2 | 0 | 0 |
| 0 | 0 | 0 | 0 | 41 | 이의형 | 18 | FW | FW | 9 | 무고사 | 99 | 1(1) | 1 | 0 | 0 |
| 0 | 0 | 0 | 0 | | 김현엽 | 21 | 대기 | 대기 | 21 | 황성민 | | 0 | 0 | 0 | 0 |
| 0 | 0 | 0 | 1 | 후29 | 박형진 | 13 | | | 13 | 최승구 | 후19 | 0 | 0 | 0 | 0 |
| 0 | 0 | 0 | 0 | | 정호진 | 6 | | | 6 | 문지환 | 후14 | 1(1) | 0 | 0 | 0 |
| 0 | 0 | 2 | 0 | 후29 | 최재영 | 14 | | | 8 | 신진호 | | 0 | 0 | 0 | 0 |
| 0 | 1 | 1 | 3(2) | 전42 | 바사니 | 10 | | | 10 | 이동률 | 후27 | 1(1) | 0 | 0 | 0 |
| 0 | 0 | 0 | 0 | 전42 | 갈레고 | 41 | | | 14 | 바로우 | 후0 | 0 | 0 | 0 | 0 |
| 0 | 0 | 0 | 0 | 후33 | 공민현 | 99 | | | 99 | 박호민 | 후0 | 0 | 3 | 0 | 0 |
| 0 | 2 | 5 | 12(7) | | | 0 | | | 0 | | | 7(5) | 14 | 1 | 0 |

- 전반 19분 박창준 GAL 내 R-ST-G (득점: 박창준) 왼쪽
- 전반 10초 무고사 MF 정면 ~ 박승호 PA 정면 내 R-ST-G (득점: 박승호, 도움: 무고사) 가운데
- 전반 29분 제르소 PAR 내 ~ 이명주 PA 정면 내 L-ST-G (득점: 이명주, 도움: 제르소) 왼쪽
- 전반 34분 제르소 GAR EL ~ 무고사 PK지점 R-ST-G (득점: 무고사, 도움: 제르소) 가운데

4월 27일 14:00 흐림 수원 월드컵 13,948명
주심_ 고민국 부심_ 이영운·이화평 대기심_ 이경순 경기감독관_ 구상범

**수원 3** 0 전반 0 / 3 후반 2 **2 성남**

| 퇴장 | 경고 | 파울 | ST(유) | 교체 | 선수명 | 배번 | 위치 | 위치 | 배번 | 선수명 | 교체 | ST(유) | 파울 | 경고 | 퇴장 |
|---|---|---|---|---|---|---|---|---|---|---|---|---|---|---|---|
| 0 | 0 | 0 | 0 | | 양 형 모 | 21 | GK | GK | 34 | 박 지 민 | 13 | 0 | 0 | 0 | 0 |
| 0 | 0 | 1 | 0 | | 이 기 제 | 23 | DF | DF | 22 | 정 승 용 | | 2(1) | 2 | 1 | 0 |
| 0 | 0 | 0 | 0 | | 권 완 규 | 12 | DF | DF | 3 | 강 의 빈 | | 0 | 1 | 0 | 0 |
| 0 | 0 | 0 | 1 | | 조 윤 성 | 20 | DF | DF | 4 | 베니시오 | | 0 | 1 | 0 | 1 |
| 0 | 0 | 3 | 0 | | 이 건 희 | 19 | DF | DF | 7 | 신 재 원 | | 0 | 0 | 0 | 0 |
| 0 | 0 | 2 | 2(2) | | 이 규 성 | 24 | MF | MF | 18 | 김 범 수 | 93 | 0 | 1 | 0 | 0 |
| 0 | 0 | 2 | 0 | 17 | 최 영 준 | 6 | MF | MF | 33 | 박 수 빈 | | 1(1) | 2 | 1 | 0 |
| 0 | 0 | 1 | 1(1) | 7 | 김 지 현 | 77 | MF | MF | 74 | 사 무 엘 | | 0 | 0 | 0 | 0 |
| 0 | 0 | 1 | 2(2) | | 브루노실바 | 74 | FW | MF | 77 | 박 지 원 | 8 | 0 | 0 | 0 | 0 |
| 0 | 0 | 1 | 1(1) | 47 | 세 라 핌 | 70 | FW | FW | 16 | 류 준 선 | | 2(2) | 1 | 0 | 0 |
| 0 | 1 | 2 | 4(4) | 14 | 일류첸코 | 9 | FW | FW | 9 | 후 이 즈 | | 5(4) | 2 | 0 | 0 |
| 0 | 0 | 0 | 0 | | 김 민 준 | 1 | | | 13 | 안 재 민 | 후42 | 0 | 0 | 0 | 0 |
| 0 | 0 | 0 | 0 | | 한 호 강 | 5 | | | 5 | 양 시 후 | 후36 | 0 | 0 | 0 | 0 |
| 0 | 0 | 0 | 0 | | 정 동 윤 | 32 | | | 8 | 이 정 빈 | 후25 | 1(1) | 0 | 0 | 0 |
| 0 | 0 | 0 | 0 | 후48 | 홍 원 진 | 14 | 대기 | 대기 | 17 | 정 원 진 | | 0 | 0 | 0 | 0 |
| 0 | 0 | 0 | 0 | 후21 | 이 민 혁 | 17 | | | 27 | 이 준 상 | | 0 | 0 | 0 | 0 |
| 0 | 0 | 0 | 3(2) | 후21 | 김 현 | 7 | | | 91 | 박 광 일 | | 0 | 0 | 0 | 0 |
| 0 | 0 | 0 | 0 | 후0 | 박 승 수 | 47 | | | 93 | 진 성 욱 | 후0/5 | 1 | 2 | 0 | 0 |
| 0 | 1 | 13 | 14(12) | | | 0 | | | 0 | | | 12(9) | 12 | 2 | 1 |

●후반 34초 브루노 실바 MFR H↷ 김지현 PA 정면 내 L-ST-G (득점: 김지현, 도움: 브루노 실바) 오른쪽
●후반 35분 일류첸코 PK-R-G (득점: 일류첸코) 왼쪽
●후반 45분 이규성 AKL R-ST-G (득점: 이규성) 왼쪽

●후반 8분 사무엘 PAR ↷ 후이즈 GAL 내 R-ST-G (득점: 후이즈, 도움: 사무엘) 왼쪽
●후반 10분 박지원 PAR ↷ 후이즈 GAL H-ST-G (득점: 후이즈, 도움: 박지원) 왼쪽

4월 27일 16:30 흐림 부산 구덕 2,769명
주심_ 김재홍 부심_ 박남수·황보진현 대기심_ 박세진 경기감독관_ 김성수

**부산 3** 2 전반 2 / 1 후반 0 **2 화성**

| 퇴장 | 경고 | 파울 | ST(유) | 교체 | 선수명 | 배번 | 위치 | 위치 | 배번 | 선수명 | 교체 | ST(유) | 파울 | 경고 | 퇴장 |
|---|---|---|---|---|---|---|---|---|---|---|---|---|---|---|---|
| 0 | 0 | 0 | 0 | | 구 상 민 | 1 | GK | GK | 1 | 김 승 건 | | 0 | 1 | 0 | 0 |
| 1 | 0 | 1 | 0 | | 이 동 수 | 6 | DF | DF | 2 | 김 대 환 | | 0 | 0 | 0 | 0 |
| 0 | 0 | 1 | 0 | | 조 위 제 | 20 | DF | DF | 5 | 우 제 욱 | | 0 | 1 | 0 | 0 |
| 0 | 0 | 0 | 0 | | 홍 재 석 | 33 | DF | FW | 7 | 알 뚤 | | 6(3) | 1 | 0 | 0 |
| 0 | 0 | 1 | 0 | | 전 성 진 | 17 | MF | FW | 8 | 전 성 진 | | 0 | 1 | 0 | 0 |
| 0 | 0 | 0 | 0 | | 사비에르 | 7 | MF | FW | 9 | 박 주 영 | 53 | 1(1) | 0 | 0 | 0 |
| 0 | 0 | 0 | 1(1) | 3 | 전 승 민 | 5 | MF | MF | 15 | 보이노비치 | | 1(1) | 2 | 0 | 0 |
| 0 | 1 | 1 | 1(1) | 18 | 장 호 익 | 77 | MF | MF | 16 | 최 명 희 | 25 | 0 | 1 | 0 | 0 |
| 0 | 0 | 0 | 1(1) | 27 | 빌 레 로 | 11 | FW | DF | 20 | 박 준 서 | 3 | 0 | 1 | 0 | 0 |
| 0 | 0 | 2 | 3(1) | 99 | 곤 잘 로 | 9 | FW | MF | 27 | 백 승 우 | 10 | 0 | 1 | 0 | 0 |
| 0 | 0 | 0 | 5(4) | 32 | 페 신 | 10 | FW | DF | 44 | 함 선 우 | | 0 | 1 | 0 | 0 |
| 0 | 0 | 0 | 0 | | 박 대 한 | 21 | | | 18 | 김 기 훈 | | 0 | 0 | 0 | 0 |
| 0 | 0 | 0 | 0 | 후10 | 오 반 석 | 3 | | | 3 | 조 동 재 | 후29 | 0 | 0 | 0 | 0 |
| 0 | 0 | 0 | 0 | 후53 | 이 현 규 | 18 | | | 10 | 루 안 | 후13 | 2(1) | 3 | 1 | 0 |
| 0 | 0 | 0 | 0 | | 임 민 혁 | 8 | 대기 | 대기 | 11 | 여 홍 규 | | 0 | 0 | 0 | 0 |
| 0 | 0 | 0 | 0 | 후53 | 김 현 민 | 27 | | | 17 | 임 창 석 | | 0 | 0 | 0 | 0 |
| 0 | 0 | 0 | 0 | 후53 | 윤 민 호 | 32 | | | 25 | 김 신 리 | 후24 | 0 | 1 | 0 | 0 |
| 0 | 0 | 0 | 1(1) | 후39 | 손 석 용 | 99 | | | 53 | 리 마 | 후13 | 0 | 1 | 0 | 0 |
| 1 | 1 | 6 | 12(9) | | | 0 | | | 0 | | | 10(6) | 15 | 1 | 0 |

●전반 19분 빌레로 PA 정면 내 ~ 페신 GA 정면 L-ST-G (득점: 페신, 도움: 빌레로) 가운데
●전반 43분 빌레로 PA 정면 내 ~ 곤잘로 PA 정면 내 R-ST-G (득점: 곤잘로, 도움: 빌레로) 가운데
●후반 4분 페신 AK 정면 FK L-ST-G (득점: 페신) 왼쪽

●전반 3분 박준서 PAR 내 → 알뚤 GA 정면 내 R-ST-G (득점: 알뚤, 도움: 박준서) 가운데
●전반 8분 함선우 GAL H↷ 박주영 GAR R-ST-G (득점: 박주영, 도움: 함선우) 왼쪽

4월 27일 14:00 흐림 김포솔터축구장 3,279명
주심_ 오현진 부심_ 김종희·김태원 대기심_ 정동식 경기감독관_ 차상해

**김포 0** 0 전반 0 / 0 후반 1 **1 전남**

| 퇴장 | 경고 | 파울 | ST(유) | 교체 | 선수명 | 배번 | 위치 | 위치 | 배번 | 선수명 | 교체 | ST(유) | 파울 | 경고 | 퇴장 |
|---|---|---|---|---|---|---|---|---|---|---|---|---|---|---|---|
| 0 | 0 | 0 | 0 | | 손 정 현 | 31 | GK | GK | 1 | 최 봉 진 | | 0 | 0 | 0 | 0 |
| 0 | 0 | 0 | 1 | | 이 찬 형 | 5 | DF | DF | 4 | 구 현 준 | 38 | 0 | 1 | 1 | 0 |
| 0 | 1 | 1 | 0 | | 김 민 호 | 20 | DF | DF | 23 | 김 경 재 | | 0 | 1 | 0 | 0 |
| 0 | 0 | 2 | 1 | | 안 창 민 | 42 | DF | DF | 2 | 유 지 하 | | 0 | 0 | 0 | 0 |
| 0 | 0 | 1 | 0 | | 김 민 식 | 98 | MF | DF | 3 | 김 예 성 | | 0 | 0 | 0 | 0 |
| 0 | 0 | 1 | 0 | 72 | 디자우마 | 8 | MF | DF | 13 | 김 용 환 | 36 | 0 | 0 | 0 | 0 |
| 0 | 0 | 1 | 3(2) | | 최 재 훈 | 23 | MF | MF | 16 | 알베르띠 | | 0 | 0 | 0 | 0 |
| 0 | 1 | 0 | 0 | | 김 지 훈 | 6 | MF | MF | 14 | 윤 민 호 | 70 | 0 | 0 | 0 | 0 |
| 0 | 0 | 2 | 2 | 17 | 김 결 | 99 | MF | MF | 11 | 정 지 용 | | 3(2) | 3 | 1 | 0 |
| 0 | 0 | 0 | 6(4) | | 루 이 스 | 24 | FW | FW | 19 | 호 난 | 7 | 1(1) | 0 | 0 | 0 |
| 0 | 0 | 0 | 0 | 9 | 플 라 나 | 10 | FW | FW | 99 | 정 강 민 | 17 | 0 | 2 | 0 | 0 |
| 0 | 0 | 0 | 0 | | 윤 보 상 | 21 | | | 96 | 강 정 묵 | | 0 | 0 | 0 | 0 |
| 0 | 0 | 0 | 0 | | 김 종 민 | 2 | | | 5 | 고 태 원 | | 0 | 0 | 0 | 0 |
| 0 | 0 | 0 | 0 | | 윤 재 운 | 11 | | | 36 | 안 재 민 | 후30 | 0 | 0 | 0 | 0 |
| 0 | 0 | 0 | 1(1) | 후21 | 천 지 현 | 72 | 대기 | 대기 | 38 | 홍 석 현 | 후30 | 0 | 1 | 0 | 0 |
| 0 | 0 | 1 | 2(1) | 후34 | 제갈재민 | 17 | | | 7 | 임 찬 울 | 후30 | 0 | 0 | 0 | 0 |
| 0 | 0 | 1 | 0 | 후34 | 브 루 노 | 9 | | | 17 | 김 도 윤 | 후7 | 0 | 2 | 0 | 0 |
| 0 | 0 | 0 | 0 | | 조 성 준 | 47 | | | 70 | 레안드로 | 후38 | 0 | 0 | 0 | 0 |
| 0 | 2 | 10 | 16(8) | | | 0 | | | 0 | | | 4(3) | 10 | 2 | 0 |

●후반 50분 정지용 GAL 내 L-ST-G (득점: 정지용) 왼쪽

5월 04일 14:00 맑음 탄천 종합 3,421명
주심_ 박세진 부심_ 주현민·이현모 대기심_ 정회수 경기감독관_ 김성기

**성남 1** 1 전반 1 / 0 후반 1 **2 서울E**

| 퇴장 | 경고 | 파울 | ST(유) | 교체 | 선수명 | 배번 | 위치 | 위치 | 배번 | 선수명 | 교체 | ST(유) | 파울 | 경고 | 퇴장 |
|---|---|---|---|---|---|---|---|---|---|---|---|---|---|---|---|
| 0 | 0 | 0 | 0 | | 유 상 훈 | 1 | GK | GK | 1 | 노 동 건 | | 0 | 0 | 0 | 0 |
| 0 | 1 | 0 | 0 | | 정 승 용 | 22 | DF | DF | 29 | 김 현 우 | 6 | 0 | 1 | 0 | 0 |
| 0 | 0 | 0 | 0 | 91 | 강 의 빈 | 3 | DF | DF | 4 | 곽 윤 호 | | 0 | 2 | 0 | 0 |
| 0 | 0 | 1 | 0 | | 양 시 후 | 5 | DF | DF | 20 | 김 오 규 | | 0 | 0 | 0 | 0 |
| 0 | 0 | 1 | 1(1) | | 신 재 원 | 7 | DF | DF | 77 | 배 진 우 | | 0 | 1 | 1 | 0 |
| 0 | 0 | 0 | 0 | 77 | 이 준 상 | 27 | MF | MF | 5 | 오스마르 | | 1 | 1 | 0 | 0 |
| 0 | 1 | 1 | 2(1) | | 박 수 빈 | 33 | MF | MF | 66 | 백 지 웅 | 3 | 1(1) | 2 | 0 | 0 |
| 0 | 0 | 0 | 0 | 66 | 정 원 진 | 17 | MF | MF | 70 | 허 용 준 | 18 | 1 | 1 | 0 | 0 |
| 0 | 0 | 0 | 0 | 15 | 김 범 수 | 18 | MF | FW | 11 | 페드링요 | 16 | 0 | 0 | 0 | 0 |
| 0 | 0 | 1 | 0 | | 류 준 선 | 16 | FW | FW | 9 | 아이데일 | | 3(2) | 1 | 0 | 0 |
| 0 | 0 | 6 | 2(2) | | 후 이 즈 | 9 | FW | MF | 7 | 에울레르 | 88 | 4(4) | 0 | 0 | 0 |
| 0 | 0 | 0 | 0 | | 안 재 민 | 13 | | | 21 | 김 민 호 | | 0 | 0 | 0 | 0 |
| 0 | 0 | 0 | 0 | 후42 | 장 영 기 | 15 | | | 3 | 김 민 규 | 후38 | 0 | 0 | 0 | 0 |
| 0 | 0 | 0 | 0 | | 하 정 우 | 37 | | | 6 | 채 광 훈 | 후0 | 1 | 1 | 0 | 0 |
| 0 | 0 | 0 | 0 | | 양 태 양 | 47 | 대기 | 대기 | 88 | 서 진 석 | 후18 | 0 | 1 | 1 | 0 |
| 0 | 0 | 0 | 0 | 후16 | 김 주 원 | 66 | | | 26 | 박 경 배 | | 0 | 0 | 0 | 0 |
| 0 | 0 | 1 | 1(1) | 후0 | 박 지 원 | 77 | | | 16 | 변 경 준 | 후0 | 1(1) | 1 | 0 | 0 |
| 0 | 0 | 0 | 0 | 후30 | 박 광 일 | 91 | | | 18 | 정 재 민 | 후30 | 1(1) | 0 | 0 | 0 |
| 0 | 2 | 11 | 6(5) | | | 0 | | | 0 | | | 13(9) | 12 | 2 | 0 |

●전반 7분 후이즈 GAL 내 H-ST-G (득점: 후이즈) 왼쪽

●전반 25분 에울레르 PA 정면 내 L-ST-G (득점: 에울레르) 왼쪽
●후반 49분 채광훈 C.KL ↷ 정재민 GA 정면 내 H-ST-G (득점: 정재민, 도움: 채광훈) 오른쪽

5월 04일 14:00 맑음 부천 종합 2,698명
주심_ 안재훈 부심_ 이영운·김우영 대기심_ 원명희 경기감독관_ 김성수

**부천 2** | 1 전반 0 / 1 후반 2 | **2 전남**

| 퇴장 | 경고 | 파울 | ST(유) | 교체 | 선수명 | 배번 | 위치 | 위치 | 배번 | 선수명 | 교체 | ST(유) | 파울 | 경고 | 퇴장 |
|---|---|---|---|---|---|---|---|---|---|---|---|---|---|---|---|
| 0 | 0 | 0 | 0 | | 김형근 | 1 | GK | GK | 1 | 최봉진 | | 0 | 0 | 0 | 0 |
| 0 | 0 | 2 | 0 | | 구자룡 | 55 | DF | DF | 4 | 구현준 | 38 | 1(1) | 0 | 0 | 0 |
| 1 | 0 | 1 | 0 | | 이예찬 | 2 | DF | DF | 5 | 고태원 | | 0 | 0 | 0 | 0 |
| 0 | 0 | 2 | 0 | | 정호진 | 6 | DF | DF | 2 | 유지하 | 17 | 0 | 0 | 0 | 0 |
| 0 | 0 | 1 | 2 | | 티아깅요 | 7 | MF | DF | 3 | 김예성 | | 2 | 0 | 0 | 0 |
| 0 | 0 | 0 | 0 | | 최원철 | 4 | MF | DF | 13 | 김용환 | 36 | 2 | 1 | 0 | 0 |
| 0 | 0 | 0 | 0 | 14 | 김동현 | 24 | MF | MF | 16 | 알베르띠 | 70 | 1(1) | 1 | 0 | 0 |
| 0 | 0 | 2 | 0 | 17 | 박창준 | 11 | MF | MF | 14 | 윤민호 | | 1 | 1 | 0 | 0 |
| 0 | 1 | 1 | 1(1) | 23 | 바사니 | 10 | FW | MF | 11 | 정지용 | | 3(2) | 1 | 1 | 0 |
| 0 | 0 | 2 | 0 | 20 | 몬타뇨 | 9 | FW | FW | 19 | 호난 | | 3(1) | 0 | 0 | 0 |
| 0 | 0 | 0 | 6(2) | 18 | 갈레고 | 41 | FW | FW | 99 | 정강민 | 7 | 0 | 0 | 0 | 0 |
| 0 | 0 | 0 | 0 | | 김현엽 | 21 | | | 96 | 강정묵 | | 0 | 0 | 0 | 0 |
| 0 | 0 | 0 | 0 | 후13 | 홍성욱 | 20 | | | 36 | 안재민 | 후23 | 0 | 0 | 0 | 0 |
| 0 | 0 | 0 | 0 | 후23 | 최지영 | 14 | | | 38 | 홍석현 | 후12 | 0 | 0 | 0 | 0 |
| 0 | 0 | 0 | 0 | 후23 | 카즈 | 23 | 대기 | 대기 | 95 | 최정원 | | 0 | 0 | 0 | 0 |
| 0 | 0 | 0 | 0 | 후31 | 김규민 | 17 | | | 7 | 임찬울 | 후0 | 3(1) | 0 | 0 | 0 |
| 0 | 0 | 1 | 0 | 후31 | 이의형 | 18 | | | 17 | 김도윤 | 후30 | 0 | 0 | 0 | 0 |
| 0 | 0 | 0 | 0 | | 한지호 | 22 | | | 70 | 레안드로 | 후23 | 0 | 0 | 0 | 0 |
| 1 | 1 | 12 | 9(3) | | | 0 | | | 0 | | | 16(6) | 4 | 1 | 0 |

● 전반 45분 갈레고 AKL L-ST-G (득점: 갈레고) 가운데
● 후반 6분 박창준 MFR → 바사니 PAR 내 L-ST-G (득점: 바사니, 도움: 박창준) 오른쪽
● 후반 37분 호난 PK-R-G (득점: 호난) 오른쪽
● 후반 50분 김도윤 PA 정면 내 ~ 정지용 GAL 내 L-ST-G (득점: 정지용, 도움: 김도윤) 왼쪽

5월 04일 16:30 맑음 인천 전용 11,792명
주심_ 고민국 부심_ 이병주·장민호 대기심_ 박진호 경기감독관_ 김용세

**인천 3** | 1 전반 0 / 2 후반 0 | **0 김포**

| 퇴장 | 경고 | 파울 | ST(유) | 교체 | 선수명 | 배번 | 위치 | 위치 | 배번 | 선수명 | 교체 | ST(유) | 파울 | 경고 | 퇴장 |
|---|---|---|---|---|---|---|---|---|---|---|---|---|---|---|---|
| 0 | 0 | 0 | 0 | | 민성준 | 1 | GK | GK | 21 | 윤보상 | | 0 | 0 | 0 | 0 |
| 0 | 0 | 0 | 1 | | 이주용 | 32 | DF | DF | 5 | 이찬형 | 7 | 0 | 2 | 1 | 0 |
| 0 | 0 | 0 | 1(1) | | 박경섭 | 23 | DF | DF | 77 | 채프먼 | | 0 | 1 | 1 | 0 |
| 0 | 0 | 0 | 0 | | 김건희 | 4 | DF | DF | 3 | 박경록 | | 0 | 1 | 0 | 0 |
| 0 | 0 | 0 | 1 | 17 | 김명순 | 39 | DF | MF | 98 | 김민식 | | 0 | 0 | 0 | 0 |
| 0 | 0 | 0 | 1(1) | 19 | 바로우 | 14 | MF | MF | 23 | 최재훈 | 17 | 0 | 1 | 1 | 0 |
| 0 | 0 | 1 | 2(1) | 99 | 민경현 | 28 | MF | MF | 72 | 천지현 | | 1(1) | 2 | 0 | 0 |
| 0 | 0 | 0 | 1 | 6 | 이명주 | 5 | MF | MF | 6 | 김지훈 | | 0 | 2 | 0 | 0 |
| 0 | 0 | 1 | 0 | | 제르소 | 11 | MF | MF | 99 | 김결 | 9 | 0 | 0 | 0 | 0 |
| 0 | 0 | 1 | 1 | 8 | 박승호 | 77 | FW | FW | 24 | 루이스 | 8 | 2(2) | 1 | 0 | 0 |
| 0 | 1 | 1 | 3(3) | | 무고사 | 9 | FW | FW | 47 | 조성준 | 10 | 4(1) | 1 | 0 | 0 |
| 0 | 0 | 0 | 0 | | 황성민 | 21 | | | 31 | 손정현 | | 0 | 0 | 0 | 0 |
| 0 | 0 | 0 | 0 | | 최승구 | 13 | | | 20 | 김민호 | | 0 | 0 | 0 | 0 |
| 0 | 0 | 0 | 0 | 후41 | 문지환 | 6 | | | 8 | 디자우마 | 후46 | 0 | 0 | 0 | 0 |
| 0 | 0 | 0 | 0 | 후20 | 신진호 | 8 | 대기 | 대기 | 7 | 이상민 | 후38 | 0 | 0 | 0 | 0 |
| 0 | 0 | 0 | 0 | 후41 | 김성민 | 17 | | | 17 | 제갈재민 | 후46 | 0 | 0 | 0 | 0 |
| 0 | 0 | 1 | 1(1) | 후20 | 김민석 | 19 | | | 9 | 브루노 | 후13 | 0 | 3 | 1 | 0 |
| 0 | 0 | 2 | 1 | 후43 | 박호민 | 99 | | | 10 | 플라나 | 후13 | 2 | 0 | 0 | 0 |
| 0 | 1 | 7 | 13(7) | | | 0 | | | 0 | | | 9(4) | 14 | 4 | 0 |

● 전반 45분 박경섭 GA 정면 L-ST-G (득점: 박경섭) 가운데
● 후반 37분 무고사 PK-R-G (득점: 무고사) 오른쪽
● 후반 39분 이주용 MFL ~ 김민석 PAL 내 R-ST-G (득점: 김민석, 도움: 이주용) 오른쪽

5월 04일 16:30 맑음 청주 종합 10,149명
주심_ 정동식 부심_ 황보진현·이상길 대기심_ 박정호 경기감독관_ 이평재

**충북청주 3** | 3 전반 1 / 0 후반 2 | **3 수원**

| 퇴장 | 경고 | 파울 | ST(유) | 교체 | 선수명 | 배번 | 위치 | 위치 | 배번 | 선수명 | 교체 | ST(유) | 파울 | 경고 | 퇴장 |
|---|---|---|---|---|---|---|---|---|---|---|---|---|---|---|---|
| 0 | 0 | 0 | 0 | | 이승환 | 23 | GK | GK | 21 | 양형모 | | 0 | 0 | 0 | 0 |
| 0 | 0 | 0 | 0 | 36 | 전현병 | 3 | DF | DF | 23 | 이기제 | | 1 | 0 | 0 | 0 |
| 0 | 0 | 1 | 0 | | 홍준호 | 15 | DF | DF | 3 | 고종현 | 20 | 1(1) | 1 | 0 | 0 |
| 0 | 0 | 1 | 2(1) | | 이창훈 | 99 | DF | DF | 12 | 권완규 | | 1(1) | 2 | 0 | 0 |
| 0 | 0 | 0 | 1 | 14 | 서재원 | 2 | MF | DF | 19 | 이건희 | 32 | 0 | 1 | 0 | 0 |
| 0 | 1 | 3 | 2 | | 김선민 | 5 | MF | MF | 24 | 이규성 | | 0 | 0 | 0 | 0 |
| 0 | 0 | 0 | 1 | | 김영환 | 13 | MF | MF | 6 | 최영준 | 17 | 0 | 0 | 0 | 0 |
| 0 | 1 | 1 | 0 | | 여승원 | 17 | MF | MF | 77 | 김지현 | 7 | 3(1) | 1 | 1 | 0 |
| 0 | 0 | 3 | 1(1) | | 이강한 | 66 | MF | FW | 70 | 세라핌 | 47 | 1 | 0 | 0 | 0 |
| 0 | 0 | 1 | 2(1) | | 가브리엘 | 9 | FW | FW | 74 | 브루노실바 | | 2(2) | 2 | 1 | 0 |
| 0 | 0 | 1 | 5(3) | | 페드로 | 10 | FW | FW | 9 | 일류첸코 | | 1(1) | 1 | 0 | 0 |
| 0 | 0 | 0 | 0 | | 조수혁 | 1 | | | 1 | 김민준 | | 0 | 0 | 0 | 0 |
| 0 | 0 | 0 | 0 | 전6 | 윤석영 | 36 | | | 20 | 조윤성 | 후34 | 0 | 1 | 0 | 0 |
| 0 | 0 | 0 | 0 | | 송진규 | 8 | | | 32 | 정동윤 | 후18 | 0 | 0 | 0 | 0 |
| 0 | 0 | 0 | 0 | | 이기승 | 28 | 대기 | 대기 | 17 | 이민혁 | 후28 | 1 | 1 | 1 | 0 |
| 0 | 0 | 0 | 0 | | 이등원 | 71 | | | 7 | 김현 | 후18 | 1 | 0 | 0 | 0 |
| 0 | 0 | 0 | 0 | | 마테우징요 | 7 | | | 47 | 박승수 | 후0 | 2(1) | 1 | 0 | 0 |
| 0 | 0 | 1 | 1 | 후0 | 김병오 | 14 | | | 71 | 김지호 | | 0 | 0 | 0 | 0 |
| 0 | 2 | 12 | 15(6) | | | 0 | | | 0 | | | 14(7) | 11 | 3 | 0 |

● 전반 18분 페드로 GA 정면 L-ST-G (득점: 페드로) 오른쪽
● 전반 25분 이창훈 GA 정면 내 R-ST-G (득점: 이창훈) 가운데
● 전반 38분 페드로 MFL ~ 가브리엘 GAL R-ST-G (득점: 가브리엘, 도움: 페드로) 오른쪽
● 전반 36분 이건희 PAR ~ 김지현 GAR R-ST-G (득점: 김지현, 도움: 이건희) 가운데
● 후반 3분 이건희 MFR ↷ 일류첸코 GA 정면 H-ST-G (득점: 일류첸코, 도움: 이건희) 가운데
● 후반 15분 이규성 C.KL ↷ 권완규 GA 정면 내 L-ST-G (득점: 권완규, 도움: 이규성) 가운데

5월 04일 16:30 맑음 안산 와스타디움 1,864명
주심_ 오현정 부심_ 박남수·김현진 대기심_ 김대용 경기감독관_ 양정환

**안산 1** | 0 전반 0 / 1 후반 0 | **0 경남**

| 퇴장 | 경고 | 파울 | ST(유) | 교체 | 선수명 | 배번 | 위치 | 위치 | 배번 | 선수명 | 교체 | ST(유) | 파울 | 경고 | 퇴장 |
|---|---|---|---|---|---|---|---|---|---|---|---|---|---|---|---|
| 0 | 1 | 0 | 0 | | 이승빈 | 1 | GK | GK | 51 | 류원우 | | 0 | 0 | 0 | 0 |
| 0 | 0 | 1 | 0 | | 장민준 | 4 | DF | DF | 37 | 김선호 | 25 | 1(1) | 0 | 0 | 0 |
| 0 | 0 | 0 | 2(1) | | 조지훈 | 25 | DF | DF | 2 | 박재환 | | 0 | 0 | 0 | 0 |
| 0 | 0 | 1 | 2 | | 김현태 | 6 | DF | DF | 5 | 김형진 | | 1 | 0 | 0 | 0 |
| 0 | 0 | 1 | 0 | 16 | 박시화 | 22 | MF | DF | 17 | 이준재 | 15 | 0 | 0 | 0 | 0 |
| 0 | 0 | 2 | 0 | | 손준석 | 7 | MF | MF | 21 | 이시헌 | 88 | 1(1) | 3 | 0 | 0 |
| 0 | 0 | 0 | 1 | | 배수민 | 66 | MF | MF | 63 | 한석종 | | 0 | 2 | 0 | 0 |
| 0 | 0 | 1 | 0 | | 임지민 | 26 | MF | MF | 8 | 도동현 | | 1(1) | 1 | 0 | 0 |
| 0 | 0 | 1 | 1(1) | 8 | 송태성 | 36 | MF | MF | 29 | 박기현 | | 0 | 0 | 0 | 0 |
| 0 | 0 | 0 | 0 | 17 | 이지성 | 38 | FW | FW | 19 | 정충근 | 11 | 0 | 1 | 0 | 0 |
| 0 | 0 | 2 | 2 | 2 | 김우빈 | 99 | FW | FW | 90 | 이중민 | 9 | 1 | 1 | 0 | 0 |
| 0 | 0 | 0 | 0 | | 조성훈 | 21 | | | 91 | 최필수 | | 0 | 0 | 0 | 0 |
| 0 | 0 | 1 | 0 | 후44 | 이규빈 | 2 | | | 15 | 우주성 | 후19 | 0 | 0 | 0 | 0 |
| 0 | 0 | 0 | 0 | | 이풍연 | 3 | | | 88 | 헤난 | 후19 | 1 | 0 | 0 | 0 |
| 0 | 0 | 2 | 0 | 후6 | 정용희 | 16 | 대기 | 대기 | 24 | 조영광 | | 0 | 0 | 0 | 0 |
| 0 | 0 | 1 | 0 | 후32 | 라파 | 8 | | | 25 | 이종언 | 후29 | 0 | 0 | 0 | 0 |
| 0 | 0 | 1 | 0 | 후6 | 류승완 | 17 | | | 11 | 박민서 | 후0 | 0 | 1 | 0 | 0 |
| 0 | 0 | 0 | 0 | | 정성호 | 18 | | | 9 | 카릴 | 후15 | 1(1) | 2 | 0 | 0 |
| 0 | 1 | 14 | 8(2) | | | 0 | | | 0 | | | 7(4) | 11 | 0 | 0 |

● 후반 16분 이준재 GAL H 자책골 (득점: 이준재) 오른쪽

5월 04일 19:00 맑음 부산 구덕 3,240명
주심_ 이경순 부심_ 김종희·김태원 대기심_ 김재홍 경기감독관_ 허태식

**부산 2** 1 전반 0 / 1 후반 0 **0 충남아산**

| 퇴장 | 경고 | 파울 | ST(유) | 교체 | 선수명 | 배번 | 위치 | 위치 | 배번 | 선수명 | 교체 | ST(유) | 파울 | 경고 | 퇴장 |
|---|---|---|---|---|---|---|---|---|---|---|---|---|---|---|---|
| 0 | 0 | 0 | 0 | | 구 상 민 | 1 | GK | GK | 18 | 신 송 훈 | | 0 | 0 | 0 | 0 |
| 0 | 0 | 0 | 0 | | 오 반 석 | 3 | DF | DF | 17 | 김 주 성 | 27 | 0 | 1 | 0 | 0 |
| 0 | 1 | 2 | 0 | | 조 위 제 | 20 | DF | DF | 47 | 이 은 범 | | 0 | 0 | 0 | 0 |
| 0 | 0 | 0 | 0 | | 장 호 익 | 77 | DF | DF | 6 | 최 희 원 | | 0 | 1 | 1 | 0 |
| 0 | 0 | 0 | 0 | 63 | 전 성 진 | 17 | MF | DF | 14 | 이 학 민 | 19 | 2(1) | 1 | 0 | 0 |
| 0 | 0 | 2 | 1 | | 사비에르 | 7 | MF | MF | 20 | 조 주 영 | 44 | 0 | 0 | 0 | 0 |
| 0 | 0 | 2 | 0 | 5 | 임 민 혁 | 8 | MF | MF | 28 | 손 준 호 | | 0 | 2 | 1 | 0 |
| 0 | 0 | 0 | 0 | | 박 창 우 | 23 | MF | MF | 38 | 김 정 현 | 7 | 0 | 0 | 0 | 0 |
| 0 | 1 | 1 | 4(3) | 27 | 빌 레 로 | 11 | FW | FW | 22 | 김 승 호 | | 2 | 0 | 0 | 0 |
| 0 | 0 | 4 | 1(1) | 45 | 곤 잘 로 | 9 | FW | FW | 9 | 김 종 민 | | 0 | 1 | 0 | 0 |
| 0 | 0 | 0 | 0 | 99 | 페 신 | 10 | FW | FW | 72 | 한 교 원 | 45 | 0 | 0 | 0 | 0 |
| 0 | 0 | 0 | 0 | | 박 대 한 | 21 | | | 21 | 김 진 영 | | 0 | 0 | 0 | 0 |
| 0 | 0 | 0 | 0 | | 김 동 욱 | 37 | | | 5 | 변 준 영 | | 0 | 0 | 0 | 0 |
| 0 | 0 | 0 | 0 | 후44 | 김 진 래 | 63 | | | 19 | 유 동 규 | 후39 | 0 | 1 | 0 | 0 |
| 0 | 0 | 0 | 0 | 후44 | 전 승 민 | 5 | 대기 | 대기 | 27 | 정 세 준 | 후35 | 0 | 0 | 0 | 0 |
| 0 | 0 | 0 | 0 | 후44 | 김 현 민 | 27 | | | 44 | 이 연 우 | 후39 | 0 | 0 | 0 | 0 |
| 0 | 0 | 0 | 0 | 후33 | 백 가 온 | 45 | | | 7 | 데 니 손 | 후0 | 1 | 1 | 0 | 0 |
| 0 | 0 | 0 | 1(1) | 전16 | 손 석 용 | 99 | | | 45 | 미 사 키 | 후25 | 0 | 2 | 0 | 0 |
| 0 | 2 | 11 | 7(5) | | | 0 | | | 0 | | | 5(1) | 10 | 2 | 0 |

●전반 37분 빌레로 GA 정면 내 오버헤드킥 L-ST-G (득점: 빌레로) 오른쪽
●후반 31분 빌레로 AKL → 손석용 PAR 내 R-ST-G (득점: 손석용, 도움: 빌레로) 왼쪽

5월 10일 16:30 흐림 김포솔터축구장 2,022명
주심_ 정회수 부심_ 주현민·이상길 대기심_ 박세진 경기감독관_ 허기태

**김포 1** 1 전반 0 / 0 후반 0 **0 화성**

| 퇴장 | 경고 | 파울 | ST(유) | 교체 | 선수명 | 배번 | 위치 | 위치 | 배번 | 선수명 | 교체 | ST(유) | 파울 | 경고 | 퇴장 |
|---|---|---|---|---|---|---|---|---|---|---|---|---|---|---|---|
| 0 | 0 | 0 | 0 | | 손 정 현 | 31 | GK | GK | 1 | 김 승 건 | | 0 | 0 | 0 | 0 |
| 0 | 0 | 3 | 1 | | 이 찬 형 | 5 | DF | DF | 2 | 김 대 환 | | 1 | 1 | 1 | 0 |
| 0 | 1 | 1 | 0 | | 채 프 먼 | 77 | DF | DF | 3 | 조 동 재 | 5 | 0 | 0 | 0 | 0 |
| 0 | 0 | 1 | 0 | | 박 경 록 | 3 | DF | FW | 7 | 알 뚤 | 9 | 0 | 0 | 0 | 0 |
| 0 | 0 | 1 | 2 | | 김 민 식 | 98 | MF | MF | 8 | 전 성 진 | | 1 | 0 | 0 | 0 |
| 0 | 0 | 5 | 0 | | 최 재 훈 | 23 | MF | FW | 10 | 루 안 | 11 | 0 | 1 | 0 | 0 |
| 0 | 0 | 0 | 1(1) | 8 | 천 지 현 | 72 | MF | MF | 16 | 최 명 희 | 53 | 0 | 0 | 0 | 0 |
| 0 | 0 | 1 | 0 | 6 | 이 종 현 | 13 | MF | MF | 17 | 임 창 석 | | 0 | 0 | 0 | 0 |
| 0 | 0 | 1 | 2 | 99 | 브 루 노 | 9 | MF | DF | 20 | 박 준 서 | | 0 | 1 | 0 | 0 |
| 0 | 0 | 0 | 1 | | 루 이 스 | 24 | FW | MF | 27 | 백 승 우 | 25 | 0 | 0 | 0 | 0 |
| 0 | 0 | 2 | 2 | 47 | 플 라 나 | 10 | FW | DF | 44 | 함 선 우 | | 0 | 2 | 0 | 0 |
| 0 | 0 | 0 | 0 | | 윤 보 상 | 21 | | | 18 | 김 기 훈 | | 0 | 0 | 0 | 0 |
| 0 | 0 | 0 | 0 | | 김 민 호 | 20 | | | 5 | 우 제 욱 | 후31 | 0 | 0 | 1 | 0 |
| 0 | 0 | 0 | 1(1) | 전23 | 김 지 훈 | 6 | | | 9 | 박 주 영 | 후10 | 0 | 0 | 0 | 0 |
| 0 | 0 | 0 | 1(1) | 후16 | 디자우마 | 8 | 대기 | 대기 | 11 | 여 홍 규 | 후31 | 0 | 0 | 0 | 0 |
| 0 | 0 | 0 | 0 | | 안 창 민 | 42 | | | 14 | 이 은 재 | | 0 | 0 | 0 | 0 |
| 0 | 0 | 0 | 0 | 후40 | 조 성 준 | 47 | | | 25 | 김 신 리 | 후10 | 0 | 0 | 0 | 0 |
| 0 | 0 | 0 | 0 | 후16 | 김 결 | 99 | | | 53 | 리 마 | 후23 | 0 | 0 | 0 | 0 |
| 0 | 1 | 15 | 11(3) | | | 0 | | | 0 | | | 2 | 5 | 2 | 0 |

●전반 6분 천지현 PAL FK R-ST-G (득점: 천지현) 오른쪽

5월 04일 19:00 맑음 화성 종합 1,712명
주심_ 조지음 부심_ 신재환·류시홍 대기심_ 오현진 경기감독관_ 구상범

**화성 2** 1 전반 1 / 1 후반 0 **1 천안**

| 퇴장 | 경고 | 파울 | ST(유) | 교체 | 선수명 | 배번 | 위치 | 위치 | 배번 | 선수명 | 교체 | ST(유) | 파울 | 경고 | 퇴장 |
|---|---|---|---|---|---|---|---|---|---|---|---|---|---|---|---|
| 0 | 0 | 0 | 0 | | 김 승 건 | 1 | GK | GK | 1 | 박 주 원 | | 0 | 0 | 0 | 0 |
| 0 | 1 | 5 | 2(1) | | 김 대 환 | 2 | DF | DF | 34 | 이 예 찬 | | 0 | 1 | 0 | 0 |
| 1 | 0 | 1 | 1 | | 최 준 혁 | 6 | MF | DF | 24 | 이 상 명 | | 0 | 1 | 0 | 0 |
| 0 | 0 | 0 | 1(1) | 9 | 알 뚤 | 7 | FW | DF | 5 | 최 진 웅 | | 0 | 0 | 0 | 0 |
| 0 | 0 | 0 | 0 | | 전 성 진 | 8 | MF | DF | 22 | 양 준 영 | 18 | 1 | 0 | 0 | 0 |
| 0 | 1 | 2 | 1(1) | 25 | 루 안 | 10 | FW | MF | 6 | 이 종 성 | | 0 | 3 | 0 | 0 |
| 0 | 0 | 1 | 0 | 3 | 보이노비치 | 15 | DF | MF | 8 | 이 광 진 | 13 | 0 | 1 | 0 | 0 |
| 0 | 1 | 1 | 0 | | 최 명 희 | 16 | MF | MF | 14 | 구 종 욱 | | 2(2) | 1 | 0 | 0 |
| 0 | 0 | 2 | 1 | 17 | 박 준 서 | 20 | DF | MF | 17 | 명 준 재 | | 2(1) | 2 | 0 | 0 |
| 0 | 0 | 1 | 1 | 53 | 백 승 우 | 27 | FW | MF | 11 | 이 지 훈 | 7 | 2 | 1 | 0 | 0 |
| 0 | 0 | 1 | 0 | | 함 선 우 | 44 | DF | FW | 10 | 툰 가 라 | | 2(1) | 1 | 0 | 0 |
| 0 | 0 | 0 | 0 | | 김 기 훈 | 18 | | | 31 | 허 자 웅 | | 0 | 0 | 0 | 0 |
| 0 | 0 | 0 | 0 | 후34 | 조 동 재 | 3 | | | 13 | 김 서 진 | 후24 | 0 | 0 | 0 | 0 |
| 0 | 0 | 0 | 0 | | 우 제 욱 | 5 | | | 2 | 신 한 결 | | 0 | 0 | 0 | 0 |
| 0 | 0 | 0 | 0 | 후18 | 박 주 영 | 9 | 대기 | 대기 | 4 | 강 영 훈 | | 0 | 0 | 0 | 0 |
| 0 | 0 | 0 | 0 | 후34 | 임 창 석 | 17 | | | 32 | 신 형 민 | | 0 | 0 | 0 | 0 |
| 0 | 0 | 0 | 0 | 후31 | 김 신 리 | 25 | | | 7 | 이 상 준 | 후34 | 2 | 0 | 0 | 0 |
| 0 | 0 | 2 | 1(1) | 후18 | 리 마 | 53 | | | 18 | 이 정 협 | 후34 | 0 | 0 | 0 | 0 |
| 1 | 3 | 16 | 8(4) | | | 0 | | | 0 | | | 11(4) | 11 | 0 | 0 |

●전반 34분 백승우 MFL ↷ 루안 GA 정면 H-ST-G (득점: 루안, 도움: 백승우) 오른쪽
●후반 3분 함선우 센타서클 ↷ 알뚤 PAL R-ST-G (득점: 알뚤, 도움: 함선우) 오른쪽

●전반 21분 이종성 AK 정면 ~ 구종욱 GAL R-ST-G (득점: 구종욱, 도움: 이종성) 오른쪽

5월 10일 16:30 흐림 창원 축구센터 2,604명
주심_ 박정호 부심_ 황보진현·김태원 대기심_ 정동식 경기감독관_ 허태식

**경남 0** 0 전반 2 / 0 후반 1 **3 부천**

| 퇴장 | 경고 | 파울 | ST(유) | 교체 | 선수명 | 배번 | 위치 | 위치 | 배번 | 선수명 | 교체 | ST(유) | 파울 | 경고 | 퇴장 |
|---|---|---|---|---|---|---|---|---|---|---|---|---|---|---|---|
| 0 | 0 | 0 | 0 | | 류 원 우 | 51 | GK | GK | 1 | 김 형 근 | | 0 | 0 | 1 | 0 |
| 0 | 1 | 2 | 1(1) | | 박 원 재 | 33 | DF | DF | 55 | 구 자 룡 | | 0 | 1 | 0 | 0 |
| 0 | 0 | 0 | 0 | | 박 재 환 | 2 | DF | DF | 5 | 이 상 혁 | | 0 | 0 | 1 | 0 |
| 0 | 0 | 0 | 0 | 22 | 김 형 진 | 5 | DF | DF | 20 | 홍 성 욱 | | 0 | 0 | 0 | 0 |
| 0 | 0 | 1 | 0 | 17 | 우 주 성 | 15 | DF | MF | 7 | 티아깅요 | 15 | 0 | 0 | 0 | 0 |
| 0 | 0 | 2 | 0 | | 이 강 희 | 16 | MF | MF | 10 | 바 사 니 | 24 | 2(2) | 1 | 0 | 0 |
| 0 | 0 | 2 | 2 | | 헤 난 | 88 | MF | MF | 4 | 최 원 철 | 23 | 1(1) | 0 | 0 | 0 |
| 0 | 0 | 0 | 1(1) | 9 | 이 시 헌 | 21 | MF | MF | 16 | 박 현 빈 | | 0 | 1 | 0 | 0 |
| 0 | 0 | 1 | 1 | 25 | 박 기 현 | 29 | MF | MF | 11 | 박 창 준 | | 0 | 0 | 0 | 0 |
| 0 | 0 | 1 | 1 | 24 | 박 민 서 | 11 | MF | FW | 9 | 몬 타 뇨 | 99 | 3(3) | 0 | 0 | 0 |
| 0 | 1 | 1 | 1 | | 이 중 민 | 90 | FW | FW | 41 | 갈 레 고 | 17 | 1(1) | 2 | 0 | 0 |
| 0 | 0 | 0 | 0 | | 최 필 수 | 91 | | | 28 | 설 현 빈 | | 0 | 0 | 0 | 0 |
| 0 | 0 | 0 | 0 | 후6 | 이 준 재 | 17 | | | 15 | 이 재 원 | 후42 | 0 | 0 | 0 | 0 |
| 0 | 1 | 1 | 0 | 후6 | 김 형 원 | 22 | | | 23 | 카 즈 | 후25 | 0 | 0 | 0 | 0 |
| 0 | 0 | 0 | 0 | | 한 석 종 | 63 | 대기 | 대기 | 24 | 김 동 현 | 후35 | 0 | 0 | 0 | 0 |
| 0 | 0 | 0 | 0 | 후38 | 조 영 광 | 24 | | | 17 | 김 규 민 | 후42 | 0 | 0 | 0 | 0 |
| 0 | 0 | 1 | 0 | 후15 | 이 종 언 | 25 | | | 22 | 한 지 호 | | 0 | 0 | 0 | 0 |
| 0 | 0 | 0 | 3(2) | 후6 | 카 릴 | 9 | | | 99 | 공 민 현 | 후25 | 2 | 2 | 1 | 0 |
| 0 | 3 | 12 | 10(4) | | | 0 | | | 0 | | | 9(7) | 7 | 3 | 0 |

●전반 37분 류원우 GAL 내 자책골 (득점: 류원우) 가운데
●전반 46분 바사니 PK-L-G (득점: 바사니) 왼쪽
●후반 2분 최원철 GAL 내 R-ST-G (득점: 최원철) 왼쪽

5월 10일 19:00 흐리고 비 아산 이순신 4,204명
주심_ 김재홍 부심_ 김유영·이헌모 대기심_ 오현진 경기감독관_ 이경춘

**충남아산 0** | 0 전반 1 / 0 후반 2 | **3 인천**

| 퇴장 | 경고 | 파울 | ST(유) | 교체 | 선수명 | 배번 | 위치 | 위치 | 배번 | 선수명 | 교체 | ST(유) | 파울 | 경고 | 퇴장 |
|---|---|---|---|---|---|---|---|---|---|---|---|---|---|---|---|
| 0 | 0 | 0 | 0 | | 신송훈 | 18 | GK | GK | 1 | 민성준 | | 0 | 0 | 0 | 0 |
| 0 | 0 | 1 | 0 | 17 | 이학민 | 14 | DF | DF | 32 | 이주용 | | 0 | 2 | 0 | 0 |
| 0 | 0 | 2 | 0 | | 이은범 | 47 | DF | DF | 23 | 박경섭 | | 0 | 1 | 0 | 0 |
| 0 | 0 | 0 | 0 | | 최희원 | 6 | DF | DF | 4 | 김건희 | | 0 | 0 | 0 | 0 |
| 0 | 0 | 2 | 2 | | 박종민 | 25 | DF | DF | 39 | 김명순 | 17 | 0 | 2 | 0 | 0 |
| 0 | 1 | 1 | 0 | 28 | 김정현 | 38 | MF | MF | 14 | 바로우 | 19 | 1(1) | 0 | 0 | 0 |
| 0 | 0 | 1 | 0 | 20 | 정마호 | 77 | MF | MF | 28 | 민경현 | | 0 | 1 | 0 | 0 |
| 0 | 1 | 4 | 0 | 7 | 정세준 | 27 | MF | MF | 5 | 이명주 | 6 | 0 | 0 | 0 | 0 |
| 0 | 0 | 0 | 2(2) | | 김승호 | 22 | MF | MF | 11 | 제르소 | 99 | 2(2) | 2 | 0 | 0 |
| 0 | 0 | 0 | 0 | 45 | 유동규 | 19 | MF | FW | 77 | 박승호 | 8 | 0 | 2 | 1 | 0 |
| 0 | 1 | 1 | 1(1) | | 김종민 | 9 | FW | FW | 9 | 무고사 | | 3(2) | 0 | 0 | 0 |
| 0 | 0 | 0 | 0 | | 김진영 | 21 | | | 21 | 황성민 | | 0 | 0 | 0 | 0 |
| 0 | 1 | 2 | 0 | 후25 | 김주성 | 17 | | | 20 | 델브리지 | | 0 | 0 | 0 | 0 |
| 0 | 0 | 1 | 0 | 후42 | 조주영 | 20 | | | 6 | 문지환 | 후42 | 1(1) | 0 | 0 | 0 |
| 0 | 0 | 0 | 0 | 후14 | 손준호 | 28 | 대기 | 대기 | 8 | 신진호 | 후17 | 0 | 1 | 0 | 0 |
| 0 | 0 | 0 | 1 | 후14 | 데니손 | 7 | | | 17 | 김성민 | 후42 | 0 | 0 | 0 | 0 |
| 0 | 0 | 0 | 0 | | 이연우 | 44 | | | 19 | 김민석 | 후30 | 0 | 0 | 0 | 0 |
| 0 | 0 | 0 | 0 | 후14 | 미사키 | 45 | | | 99 | 박호민 | 후42 | 0 | 0 | 0 | 0 |
| 0 | 4 | 15 | 6(3) | | | 0 | | | 0 | | | 7(6) | 11 | 1 | 0 |

- 전반 6분 이명주 PAR 내 ~ 제르소 GAR L-ST-G (득점: 제르소, 도움: 이명주) 가운데
- 후반 7분 무고사 PAR 내 ~ 바로우 GAL L-ST-G (득점: 바로우, 도움: 무고사) 가운데
- 후반 15분 바로우 MFL ~ 제르소 GAR L-ST-G (득점: 제르소, 도움: 바로우) 오른쪽

5월 11일 16:30 맑음 광양 전용 7,975명
주심_ 최규현 부심_ 김종희·류시홍 대기심_ 정동식 경기감독관_ 이평재

**전남 2** | 1 전반 0 / 1 후반 1 | **1 성남**

| 퇴장 | 경고 | 파울 | ST(유) | 교체 | 선수명 | 배번 | 위치 | 위치 | 배번 | 선수명 | 교체 | ST(유) | 파울 | 경고 | 퇴장 |
|---|---|---|---|---|---|---|---|---|---|---|---|---|---|---|---|
| 0 | 0 | 0 | 0 | | 최봉진 | 1 | GK | GK | 1 | 유상훈 | | 0 | 0 | 0 | 0 |
| 0 | 0 | 0 | 0 | 38 | 구현준 | 4 | DF | DF | 22 | 정승용 | | 0 | 2 | 0 | 0 |
| 0 | 0 | 0 | 0 | | 고태원 | 5 | DF | DF | 5 | 양시후 | | 0 | 1 | 0 | 0 |
| 0 | 0 | 1 | 0 | | 유지하 | 2 | DF | DF | 66 | 김주원 | | 0 | 1 | 0 | 0 |
| 0 | 0 | 0 | 0 | | 김예성 | 3 | DF | DF | 7 | 신재원 | | 0 | 1 | 0 | 0 |
| 0 | 0 | 0 | 1 | | 김용환 | 13 | DF | MF | 18 | 김범수 | 27 | 2(1) | 0 | 0 | 0 |
| 0 | 0 | 0 | 2(1) | | 알베르띠 | 16 | MF | MF | 33 | 박수빈 | | 0 | 0 | 0 | 0 |
| 0 | 0 | 1 | 0 | 88 | 윤민호 | 14 | MF | MF | 17 | 정원진 | 15 | 0 | 0 | 0 | 0 |
| 0 | 0 | 0 | 0 | 7 | 정지용 | 11 | MF | MF | 77 | 박지원 | 37 | 1(1) | 1 | 0 | 0 |
| 0 | 0 | 2 | 2(2) | 17 | 호난 | 19 | FW | FW | 16 | 류준선 | 6 | 0 | 1 | 0 | 0 |
| 0 | 0 | 3 | 0 | 36 | 정강민 | 99 | FW | FW | 9 | 후이즈 | | 1(1) | 2 | 1 | 0 |
| 0 | 0 | 0 | 0 | | 강정묵 | 96 | | | 41 | 최서준 | | 0 | 0 | 0 | 0 |
| 0 | 0 | 1 | 0 | 후16 | 안재민 | 36 | | | 6 | 홍창범 | 후10 | 0 | 0 | 0 | 0 |
| 0 | 0 | 0 | 0 | 후36 | 홍석현 | 38 | | | 15 | 장영기 | 후32 | 2(1) | 0 | 0 | 0 |
| 0 | 0 | 1 | 0 | 전27 | 임찬울 | 7 | 대기 | 대기 | 27 | 이준상 | 후10 | 0 | 0 | 0 | 0 |
| 0 | 0 | 0 | 0 | 후16 | 박태용 | 88 | | | 37 | 하정우 | 후38 | 0 | 1 | 0 | 0 |
| 0 | 0 | 0 | 0 | 후36 | 김도윤 | 17 | | | 36 | 유민준 | | 0 | 0 | 0 | 0 |
| 0 | 0 | 0 | 0 | | 레안드로 | 70 | | | 47 | 양태양 | | 0 | 0 | 0 | 0 |
| 0 | 0 | 9 | 5(3) | | | 0 | | | 0 | | | 6(4) | 10 | 1 | 0 |

- 전반 36분 알베르띠 AK 내 ~ 호난 PA 정면 내 L-ST-G (득점: 호난, 도움: 알베르띠) 왼쪽
- 후반 8분 알베르띠 PK 좌측지점 L-ST-G (득점: 알베르띠) 오른쪽
- 후반 45분 이준상 GA 정면 내 → 후이즈 GA 정면 내 R-ST-G (득점: 후이즈, 도움: 이준상) 가운데

5월 10일 19:00 흐림 목동 종합 2,408명
주심_ 원명희 부심_ 김수현·장민호 대기심_ 안재훈 경기감독관_ 김성기

**서울E 1** | 0 전반 0 / 1 후반 1 | **1 안산**

| 퇴장 | 경고 | 파울 | ST(유) | 교체 | 선수명 | 배번 | 위치 | 위치 | 배번 | 선수명 | 교체 | ST(유) | 파울 | 경고 | 퇴장 |
|---|---|---|---|---|---|---|---|---|---|---|---|---|---|---|---|
| 0 | 0 | 0 | 0 | | 노동건 | 1 | GK | GK | 1 | 이승빈 | | 0 | 0 | 0 | 0 |
| 0 | 0 | 0 | 0 | 13 | 채광훈 | 6 | DF | DF | 4 | 장민준 | | 0 | 2 | 1 | 0 |
| 0 | 0 | 0 | 4(2) | | 오스마르 | 5 | DF | DF | 25 | 조지훈 | | 0 | 1 | 1 | 0 |
| 0 | 0 | 0 | 0 | | 김민규 | 3 | DF | DF | 6 | 김현태 | | 0 | 1 | 0 | 0 |
| 0 | 0 | 2 | 0 | | 배진우 | 77 | DF | MF | 22 | 박시화 | | 0 | 0 | 0 | 0 |
| 0 | 0 | 2 | 0 | 16 | 박경배 | 26 | MF | MF | 66 | 배수민 | | 2 | 1 | 0 | 0 |
| 0 | 1 | 2 | 0 | 4 | 서재민 | 15 | MF | MF | 7 | 손준석 | | 1 | 1 | 0 | 0 |
| 0 | 0 | 2 | 1 | | 백지웅 | 66 | MF | MF | 26 | 임지민 | | 1(1) | 0 | 0 | 0 |
| 0 | 0 | 1 | 0 | 11 | 에울레르 | 7 | MF | MF | 36 | 송태성 | 8 | 1 | 2 | 1 | 0 |
| 0 | 0 | 0 | 2(1) | 88 | 허용준 | 70 | FW | FW | 99 | 김우빈 | 18 | 0 | 3 | 0 | 0 |
| 0 | 0 | 0 | 2(2) | | 정재민 | 18 | FW | FW | 17 | 류승완 | 11 | 2(1) | 0 | 0 | 0 |
| 0 | 0 | 0 | 0 | | 김민호 | 21 | | | 21 | 조성훈 | | 0 | 0 | 0 | 0 |
| 0 | 0 | 0 | 0 | 후39 | 차승현 | 13 | | | 2 | 이규빈 | | 0 | 0 | 0 | 0 |
| 0 | 0 | 0 | 0 | 후39 | 곽윤호 | 4 | | | 3 | 이풍연 | | 0 | 0 | 0 | 0 |
| 0 | 1 | 1 | 1(1) | 후34 | 서진석 | 88 | 대기 | 대기 | 16 | 정용희 | 후48 | 0 | 0 | 0 | 0 |
| 0 | 0 | 0 | 0 | 후0 | 변경준 | 16 | | | 8 | 라파 | 후27 | 0 | 1 | 0 | 0 |
| 0 | 0 | 0 | 1(1) | 후12 | 페드링요 | 11 | | | 11 | 박형우 | 후0/16 | 3(3) | 1 | 0 | 0 |
| 0 | 0 | 0 | 0 | | 조승준 | 99 | | | 18 | 정성호 | 후27 | 0 | 1 | 0 | 0 |
| 0 | 2 | 10 | 11(7) | | | 0 | | | 0 | | | 10(5) | 14 | 3 | 0 |

- 후반 17분 채광훈 MFL FK ↷ 오스마르 GA 정면 L-ST-G (득점: 오스마르, 도움: 채광훈) 왼쪽
- 후반 35분 오스마르 PK지점 H 자책골 (득점: 오스마르) 왼쪽

5월 11일 16:30 흐리고 비 청주 종합 2,321명
주심_ 최철준 부심_ 박남수·이화평 대기심_ 박종명 경기감독관_ 박철

**충북청주 0** | 0 전반 0 / 0 후반 2 | **2 부산**

| 퇴장 | 경고 | 파울 | ST(유) | 교체 | 선수명 | 배번 | 위치 | 위치 | 배번 | 선수명 | 교체 | ST(유) | 파울 | 경고 | 퇴장 |
|---|---|---|---|---|---|---|---|---|---|---|---|---|---|---|---|
| 0 | 0 | 0 | 0 | | 이승환 | 23 | GK | GK | 21 | 박대한 | | 0 | 0 | 0 | 0 |
| 0 | 0 | 1 | 0 | | 홍준호 | 15 | DF | DF | 3 | 오반석 | 37 | 0 | 1 | 0 | 0 |
| 0 | 0 | 0 | 0 | 50 | 윤석영 | 36 | DF | DF | 20 | 조위제 | | 1(1) | 0 | 0 | 0 |
| 0 | 0 | 1 | 0 | | 이창훈 | 99 | DF | DF | 77 | 장호익 | | 1 | 1 | 0 | 0 |
| 0 | 0 | 1 | 1 | 8 | 서재원 | 2 | MF | MF | 63 | 김진래 | | 0 | 1 | 1 | 0 |
| 0 | 0 | 1 | 0 | | 김선민 | 5 | MF | MF | 8 | 임민혁 | | 1 | 0 | 0 | 0 |
| 0 | 0 | 0 | 1 | 14 | 김영환 | 13 | MF | MF | 7 | 사비에르 | | 0 | 1 | 0 | 0 |
| 0 | 1 | 0 | 0 | 7 | 여승원 | 17 | MF | MF | 18 | 이현규 | 17 | 0 | 1 | 0 | 0 |
| 0 | 0 | 1 | 1(1) | | 이강한 | 66 | MF | FW | 99 | 손석용 | 27 | 3 | 1 | 0 | 0 |
| 0 | 1 | 3 | 3(1) | | 가브리엘 | 9 | FW | FW | 32 | 윤민호 | 9 | 0 | 3 | 0 | 0 |
| 0 | 0 | 0 | 3(3) | 28 | 페드로 | 10 | FW | FW | 45 | 백가온 | 11 | 0 | 2 | 1 | 0 |
| 0 | 0 | 0 | 0 | | 조수혁 | 1 | | | 1 | 구상민 | | 0 | 0 | 0 | 0 |
| 0 | 0 | 0 | 0 | 전4 | 정성우 | 50 | | | 37 | 김동욱 | 전32 | 0 | 0 | 0 | 0 |
| 0 | 0 | 0 | 0 | 후0 | 송진규 | 8 | | | 17 | 전성진 | 후44 | 0 | 0 | 0 | 0 |
| 0 | 0 | 0 | 0 | 후21 | 이지승 | 28 | 대기 | 대기 | 5 | 전승민 | | 0 | 0 | 0 | 0 |
| 0 | 0 | 0 | 0 | | 이동원 | 71 | | | 27 | 김현민 | 후31 | 1 | 0 | 0 | 0 |
| 0 | 0 | 0 | 0 | 후44 | 마테우징요 | 7 | | | 9 | 곤잘로 | 후0 | 4(4) | 0 | 0 | 0 |
| 0 | 1 | 2 | 0 | 후21 | 김병오 | 14 | | | 11 | 빌레로 | 후0 | 0 | 0 | 1 | 0 |
| 0 | 3 | 10 | 9(5) | | | 0 | | | 0 | | | 11(5) | 11 | 3 | 0 |

- 후반 29분 곤잘로 GA 정면 내 H-ST-G (득점: 곤잘로) 오른쪽
- 후반 35분 빌레로 PAL 내 EL ~ 곤잘로 GAL 내 L-ST-G (득점: 곤잘로, 도움: 빌레로) 왼쪽

5월 11일 19:00 맑음 수원 월드컵 10,664명
주심_ 박진호 부심_ 김태형·김현진 대기심_ 오현정 경기감독관_ 김용세

**수원 2** | 2 전반 0 / 0 후반 0 | **0 천안**

| 퇴장 | 경고 | 파울 | ST(유) | 교체 | 선수명 | 배번 | 위치 | 위치 | 배번 | 선수명 | 교체 | ST(유) | 파울 | 경고 | 퇴장 |
|---|---|---|---|---|---|---|---|---|---|---|---|---|---|---|---|
| 0 | 0 | 0 | 0 | | 양 형 모 | 21 | GK | GK | 1 | 박 주 원 | | 0 | 0 | 0 | 0 |
| 0 | 1 | 1 | 1(1) | | 이 기 제 | 23 | DF | DF | 24 | 이 상 명 | | 0 | 1 | 0 | 0 |
| 0 | 0 | 1 | 1 | | 고 종 현 | 3 | DF | DF | 3 | 이 웅 희 | | 0 | 0 | 0 | 0 |
| 0 | 0 | 1 | 2(1) | 4 | 권 완 규 | 12 | DF | DF | 4 | 강 영 훈 | | 3(1) | 1 | 0 | 0 |
| 0 | 0 | 0 | 0 | | 이 건 희 | 19 | DF | DF | 13 | 김 서 진 | | 0 | 4 | 0 | 0 |
| 0 | 0 | 0 | 0 | | 이 규 성 | 24 | MF | MF | 32 | 신 형 민 | | 0 | 3 | 0 | 0 |
| 0 | 0 | 1 | 1(1) | | 이 민 혁 | 17 | MF | MF | 8 | 이 광 진 | 22 | 0 | 2 | 0 | 0 |
| 0 | 0 | 1 | 4(4) | 7 | 김 지 현 | 77 | MF | MF | 14 | 구 종 욱 | 30 | 2(1) | 1 | 0 | 0 |
| 0 | 0 | 1 | 3(2) | 71 | 박 승 수 | 47 | FW | FW | 17 | 명 준 재 | 10 | 0 | 0 | 0 | 0 |
| 0 | 0 | 1 | 3(3) | 11 | 세 라 핌 | 70 | FW | FW | 11 | 이 지 훈 | 7 | 0 | 0 | 0 | 0 |
| 0 | 0 | 1 | 3(2) | 6 | 일류첸코 | 9 | FW | FW | 18 | 이 정 협 | 26 | 1 | 0 | 0 | 0 |
| 0 | 0 | 0 | 0 | | 김 민 준 | 1 | | | 31 | 허 자 웅 | | 0 | 0 | 0 | 0 |
| 0 | 0 | 0 | 0 | 후41 | 레 오 | 4 | | | 26 | 김 영 선 | 후27 | 1 | 0 | 0 | 0 |
| 0 | 0 | 0 | 0 | | 정 동 윤 | 32 | | | 5 | 최 진 웅 | | 0 | 0 | 0 | 0 |
| 0 | 0 | 0 | 0 | 후35 | 최 영 준 | 6 | 대기 | 대기 | 22 | 양 준 영 | 후0 | 1(1) | 0 | 0 | 0 |
| 0 | 0 | 0 | 0 | 후35 | 파울리뇨 | 11 | | | 30 | 문 건 호 | 후13 | 1(1) | 0 | 0 | 0 |
| 0 | 0 | 2 | 1 | 후24 | 김 현 | 7 | | | 7 | 이 상 준 | 후20 | 0 | 0 | 0 | 0 |
| 0 | 0 | 1 | 1 | 후24 | 김 지 호 | 71 | | | 10 | 툰 가 라 | 후0 | 3(3) | 1 | 0 | 0 |
| 0 | 1 | 11 | 20(14) | | | 0 | | | 0 | | | 12(7) | 13 | 0 | 0 |

● 전반 5분 이민혁 GAR ↷ 일류첸코 GA 정면 R-ST-G (득점: 일류첸코, 도움: 이민혁) 왼쪽
● 전반 24분 이기제 MF 정면 FK L-ST-G (득점: 이기제) 왼쪽

5월 17일 16:30 흐림 부천 종합 2,891명
주심_ 최현재 부심_ 신재환·김현진 대기심_ 김재홍 경기감독관_ 나승화

**부천 1** | 0 전반 0 / 1 후반 0 | **0 화성**

| 퇴장 | 경고 | 파울 | ST(유) | 교체 | 선수명 | 배번 | 위치 | 위치 | 배번 | 선수명 | 교체 | ST(유) | 파울 | 경고 | 퇴장 |
|---|---|---|---|---|---|---|---|---|---|---|---|---|---|---|---|
| 0 | 0 | 0 | 0 | | 김 형 근 | 1 | GK | GK | 1 | 김 승 건 | | 0 | 0 | 0 | 0 |
| 0 | 1 | 3 | 0 | 15 | 정 호 진 | 6 | DF | DF | 2 | 김 대 환 | | 0 | 2 | 0 | 0 |
| 0 | 0 | 0 | 0 | | 이 상 혁 | 5 | DF | DF | 3 | 조 동 재 | | 0 | 1 | 1 | 0 |
| 0 | 0 | 0 | 0 | | 홍 성 욱 | 20 | DF | MF | 8 | 전 성 진 | | 0 | 0 | 0 | 0 |
| 0 | 0 | 1 | 0 | | 박 창 준 | 11 | MF | FW | 10 | 루 안 | | 1(1) | 2 | 0 | 0 |
| 0 | 1 | 1 | 1(1) | 23 | 바 사 니 | 10 | FW | MF | 16 | 최 명 희 | 53 | 0 | 1 | 0 | 0 |
| 0 | 0 | 0 | 0 | 24 | 최 원 철 | 4 | MF | MF | 17 | 임 창 석 | | 1(1) | 1 | 0 | 0 |
| 0 | 0 | 2 | 1(1) | 14 | 박 현 빈 | 16 | MF | DF | 20 | 박 준 서 | | 0 | 0 | 0 | 0 |
| 0 | 0 | 2 | 1(1) | 66 | 티아깅요 | 7 | MF | MF | 26 | 박 창 호 | 27 | 0 | 2 | 0 | 0 |
| 0 | 0 | 2 | 3(3) | | 몬 타 뇨 | 9 | FW | FW | 31 | 도 미 닉 | 7 | 0 | 1 | 0 | 0 |
| 0 | 0 | 1 | 5(2) | | 갈 레 고 | 41 | FW | DF | 44 | 함 선 우 | | 0 | 1 | 1 | 0 |
| 0 | 0 | 0 | 0 | | 김 현 엽 | 21 | | | 18 | 김 기 훈 | | 0 | 0 | 0 | 0 |
| 0 | 0 | 0 | 0 | 후42 | 이 재 원 | 15 | | | 4 | 연 제 민 | | 0 | 0 | 0 | 0 |
| 0 | 0 | 0 | 0 | 후42 | 유 승 현 | 66 | | | 5 | 우 제 욱 | 후40 | 0 | 0 | 0 | 0 |
| 0 | 0 | 0 | 0 | 후38 | 최 재 영 | 14 | 대기 | 대기 | 7 | 알 뚤 | 후15/5 | 1(1) | 1 | 0 | 0 |
| 0 | 0 | 0 | 0 | 후30 | 카 즈 | 23 | | | 25 | 김 신 리 | | 0 | 0 | 0 | 0 |
| 0 | 0 | 0 | 0 | 후30 | 김 동 현 | 24 | | | 27 | 백 승 우 | 후15 | 1 | 0 | 0 | 0 |
| 0 | 0 | 0 | 0 | | 공 민 현 | 99 | | | 53 | 리 마 | 후21 | 1 | 0 | 0 | 0 |
| 0 | 2 | 12 | 11(8) | | | 0 | | | 0 | | | 5(3) | 12 | 2 | 0 |

● 후반 13분 몬타뇨 GAL 몸 맞고 골 (득점: 몬타뇨) 오른쪽

5월 17일 16:30 맑음 창원 축구센터 2,610명
주심_ 박종명 부심_ 이병주·이상길 대기심_ 최규현 경기감독관_ 차상해

**경남 1** | 0 전반 2 / 1 후반 1 | **3 충남아산**

| 퇴장 | 경고 | 파울 | ST(유) | 교체 | 선수명 | 배번 | 위치 | 위치 | 배번 | 선수명 | 교체 | ST(유) | 파울 | 경고 | 퇴장 |
|---|---|---|---|---|---|---|---|---|---|---|---|---|---|---|---|
| 0 | 1 | 0 | 0 | | 류 원 우 | 51 | GK | GK | 18 | 신 송 훈 | | 0 | 0 | 0 | 0 |
| 0 | 0 | 1 | 2 | | 박 원 재 | 33 | DF | DF | 17 | 김 주 성 | 14 | 0 | 1 | 0 | 0 |
| 0 | 0 | 2 | 0 | 22 | 박 재 환 | 2 | DF | DF | 47 | 이 은 범 | | 1(1) | 0 | 0 | 0 |
| 0 | 0 | 1 | 1 | | 우 주 성 | 15 | DF | DF | 5 | 변 준 영 | | 2(2) | 0 | 0 | 0 |
| 0 | 0 | 1 | 0 | | 이 준 재 | 17 | DF | DF | 25 | 박 종 민 | | 0 | 1 | 1 | 0 |
| 0 | 0 | 1 | 3(2) | | 이 강 희 | 16 | MF | MF | 28 | 손 준 호 | | 0 | 2 | 2 | 0 |
| 0 | 0 | 0 | 2 | 90 | 헤 난 | 88 | MF | MF | 77 | 정 마 호 | | 0 | 2 | 1 | 0 |
| 0 | 0 | 0 | 2(1) | 7 | 이 시 헌 | 21 | MF | MF | 7 | 데 니 손 | 16 | 4(4) | 0 | 0 | 0 |
| 0 | 0 | 3 | 2 | 11 | 도 동 현 | 8 | MF | MF | 22 | 김 승 호 | | 0 | 1 | 0 | 0 |
| 0 | 0 | 0 | 3(2) | | 이 종 언 | 25 | FW | MF | 45 | 미 사 키 | 72 | 0 | 1 | 0 | 0 |
| 0 | 0 | 0 | 2 | 29 | 카 릴 | 9 | FW | FW | 9 | 김 종 민 | | 1(1) | 0 | 0 | 0 |
| 0 | 0 | 0 | 0 | | 최 필 수 | 91 | | | 21 | 김 진 영 | | 0 | 0 | 0 | 0 |
| 0 | 0 | 1 | 0 | 후33 | 김 형 원 | 22 | | | 14 | 이 학 민 | 후17 | 1(1) | 0 | 0 | 0 |
| 0 | 0 | 0 | 0 | | 한 석 종 | 63 | | | 20 | 조 주 영 | | 0 | 0 | 0 | 0 |
| 0 | 0 | 0 | 1 | 후17 | 송 시 우 | 7 | 대기 | 대기 | 24 | 박 세 직 | | 0 | 0 | 0 | 0 |
| 0 | 0 | 2 | 3(1) | 후0 | 박 민 서 | 11 | | | 16 | 송 승 민 | 후33 | 0 | 0 | 0 | 0 |
| 0 | 0 | 0 | 2 | 후0 | 박 기 현 | 29 | | | 44 | 이 연 우 | | 0 | 0 | 0 | 0 |
| 0 | 0 | 0 | 0 | 후17 | 이 중 민 | 90 | | | 72 | 한 교 원 | 후17 | 2(2) | 0 | 0 | 0 |
| 0 | 1 | 12 | 23(6) | | | 0 | | | 0 | | | 11(11) | 8 | 4 | 0 |

● 후반 43분 이중민 GA 정면 내 ~ 이종언 GA 정면 내 R-ST-G (득점: 이종언, 도움: 이중민) 가운데

● 전반 22분 김승호 C,KR ↷ 데니손 GA 정면 내 H-ST-G (득점: 데니손, 도움: 김승호) 왼쪽
● 전반 42분 김승호 C,KR ↷ 변준영 GAL H-ST-G (득점: 변준영, 도움: 김승호) 왼쪽
● 후반 31분 김승호 자기 측 MF 정면 ~ 한교원 AKR R-ST-G (득점: 한교원, 도움: 김승호) 오른쪽

5월 17일 19:00 흐림 천안 종합 2,470명
주심_ 오현진 부심_ 박남수·이화평 대기심_ 박정호 경기감독관_ 이경춘

**천안 1** | 1 전반 1 / 0 후반 0 | **1 성남**

| 퇴장 | 경고 | 파울 | ST(유) | 교체 | 선수명 | 배번 | 위치 | 위치 | 배번 | 선수명 | 교체 | ST(유) | 파울 | 경고 | 퇴장 |
|---|---|---|---|---|---|---|---|---|---|---|---|---|---|---|---|
| 0 | 0 | 0 | 0 | | 박 주 원 | 1 | GK | GK | 1 | 유 상 훈 | | 0 | 0 | 0 | 0 |
| 0 | 0 | 2 | 0 | | 김 영 선 | 26 | DF | DF | 22 | 정 승 용 | | 1 | 0 | 0 | 0 |
| 0 | 0 | 1 | 1 | | 이 웅 희 | 3 | DF | DF | 66 | 김 주 원 | | 0 | 4 | 0 | 0 |
| 0 | 0 | 1 | 0 | 24 | 최 진 웅 | 5 | DF | DF | 4 | 베니시오 | | 1 | 1 | 0 | 0 |
| 0 | 0 | 2 | 0 | | 김 서 진 | 13 | DF | DF | 7 | 신 재 원 | | 0 | 2 | 1 | 0 |
| 0 | 0 | 1 | 1(1) | 32 | 이 종 성 | 6 | MF | MF | 18 | 김 범 수 | | 0 | 0 | 0 | 0 |
| 0 | 0 | 0 | 0 | 8 | 양 준 영 | 22 | MF | MF | 33 | 박 수 빈 | | 2(1) | 1 | 0 | 0 |
| 0 | 0 | 0 | 0 | | 구 종 욱 | 14 | FW | MF | 17 | 정 원 진 | 5 | 1(1) | 1 | 0 | 0 |
| 0 | 1 | 1 | 1 | 11 | 문 건 호 | 30 | FW | MF | 77 | 박 지 원 | | 4(1) | 1 | 0 | 0 |
| 0 | 0 | 0 | 1 | 47 | 이 상 준 | 7 | FW | FW | 16 | 류 준 선 | 6 | 1 | 0 | 0 | 0 |
| 0 | 0 | 2 | 2(2) | | 툰 가 라 | 10 | FW | FW | 9 | 후 이 즈 | | 3 | 1 | 0 | 0 |
| 0 | 0 | 0 | 0 | | 허 자 웅 | 31 | | | 41 | 최 서 준 | | 0 | 0 | 0 | 0 |
| 0 | 0 | 0 | 0 | | 신 한 결 | 2 | | | 5 | 양 시 후 | 후8 | 1 | 0 | 0 | 0 |
| 0 | 0 | 0 | 0 | 후47 | 이 상 명 | 24 | | | 6 | 홍 창 범 | 후8 | 1 | 2 | 0 | 0 |
| 0 | 0 | 0 | 0 | 후44 | 신 형 민 | 32 | 대기 | 대기 | 15 | 장 영 기 | | 0 | 0 | 0 | 0 |
| 0 | 1 | 1 | 1 | 후0 | 이 광 진 | 8 | | | 27 | 이 준 상 | | 0 | 0 | 0 | 0 |
| 0 | 0 | 3 | 1(1) | 후0 | 이 지 훈 | 11 | | | 37 | 하 정 우 | | 0 | 0 | 0 | 0 |
| 0 | 0 | 0 | 0 | 후29 | 우 정 연 | 47 | | | 47 | 양 태 양 | | 0 | 0 | 0 | 0 |
| 0 | 2 | 14 | 8(4) | | | 0 | | | 0 | | | 15(3) | 13 | 1 | 0 |

● 전반 46분 툰가라 GAL 내 R-ST-G (득점: 툰가라) 왼쪽

● 전반 30분 정원진 PAL 내 ~ 박지원 PAL 내 R-ST-G (득점: 박지원, 도움: 정원진) 오른쪽

5월 17일 19:00 맑음 부산 구덕 8,529명
주심_ 최승환 부심_ 성주경·이한모 대기심_ 정동식 경기감독관_ 김성수

**부산 1** 　 1 전반 3 / 0 후반 1 　 **4 수원**

| 퇴장 | 경고 | 파울 | ST(유) | 교체 | 선수명 | 배번 | 위치 | 위치 | 배번 | 선수명 | 교체 | ST(유) | 파울 | 경고 | 퇴장 |
|---|---|---|---|---|---|---|---|---|---|---|---|---|---|---|---|
| 0 | 0 | 0 | 0 | | 구상민 | 1 | GK | GK | 21 | 양형모 | | 0 | 0 | 0 | 0 |
| 0 | 0 | 0 | 0 | 5 | 이동수 | 6 | DF | DF | 23 | 이기제 | | 3(3) | 0 | 0 | 0 |
| 0 | 0 | 1 | 0 | | 조위제 | 20 | DF | DF | 3 | 고종현 | | 0 | 1 | 0 | 0 |
| 0 | 1 | 1 | 0 | | 장호익 | 77 | DF | DF | 12 | 권완규 | | 1 | 2 | 0 | 0 |
| 0 | 0 | 1 | 0 | 63 | 전성진 | 17 | MF | DF | 19 | 이건희 | | 1(1) | 0 | 0 | 0 |
| 0 | 0 | 0 | 0 | 27 | 임민혁 | 8 | MF | MF | 17 | 이민혁 | 14 | 0 | 0 | 0 | 0 |
| 0 | 1 | 1 | 0 | | 사비에르 | 7 | MF | MF | 6 | 최영준 | 32 | 0 | 2 | 0 | 0 |
| 0 | 0 | 1 | 0 | 45 | 박창우 | 23 | MF | MF | 77 | 김지현 | 11 | 2(2) | 1 | 1 | 0 |
| 0 | 0 | 3 | 3(2) | | 빌레로 | 11 | FW | FW | 47 | 박승수 | 71 | 0 | 2 | 0 | 0 |
| 0 | 0 | 0 | 6(4) | | 곤잘로 | 9 | FW | FW | 70 | 세라핌 | 4 | 1(1) | 1 | 0 | 0 |
| 1 | 0 | 1 | 1(1) | | 손석용 | 99 | FW | FW | 9 | 일류첸코 | | 3(1) | 3 | 1 | 0 |
| 0 | 0 | 0 | 0 | | 박대한 | 21 | | | 1 | 김민준 | | 0 | 0 | 0 | 0 |
| 0 | 0 | 0 | 0 | | 오반석 | 3 | | | 4 | 레오 | 후33 | 0 | 0 | 0 | 0 |
| 0 | 0 | 1 | 0 | 후23 | 김진래 | 63 | | | 32 | 정동윤 | 후23 | 1(1) | 1 | 1 | 0 |
| 0 | 0 | 0 | 0 | 후40 | 전승민 | 5 | 대기 | 대기 | 11 | 파울리뇨 | 후13 | 0 | 1 | 0 | 0 |
| 0 | 0 | 1 | 1(1) | 후13 | 김현민 | 27 | | | 14 | 홍원진 | 후13 | 0 | 0 | 0 | 0 |
| 0 | 0 | 0 | 0 | 후23 | 백기온 | 45 | | | 7 | 김현 | | 0 | 0 | 0 | 0 |
| 0 | 0 | 0 | 0 | | 윤민호 | 32 | | | 71 | 김지호 | 후13 | 0 | 0 | 0 | 0 |
| 1 | 2 | 11 | 11(8) | | | 0 | | | 0 | | | 12(9) | 14 | 3 | 0 |

- 전반 1분 손석용 GAL R-ST-G (득점: 손석용) 왼쪽
- 전반 11분 일류첸코 MFR ~ 세라핌 PAR 내 R-ST-G (득점: 세라핌, 도움: 일류첸코) 왼쪽
- 전반 32분 이기제 MFR FK L-ST-G (득점: 이기제) 왼쪽
- 전반 50분 이민혁 PAL 내 ~ 김지현 AK 내 R-ST-G (득점: 김지현, 도움: 이민혁) 왼쪽
- 후반 37분 정동윤 MFL ~ 이건희 AKR R-ST-G (득점: 이건희, 도움: 정동윤) 왼쪽

5월 18일 16:30 맑음 광양 전용 4,378명
주심_ 오현정 부심_ 김수현·장민호 대기심_ 조지음 경기감독관_ 이평재

**전남 4** 　 1 전반 0 / 3 후반 1 　 **1 충북청주**

| 퇴장 | 경고 | 파울 | ST(유) | 교체 | 선수명 | 배번 | 위치 | 위치 | 배번 | 선수명 | 교체 | ST(유) | 파울 | 경고 | 퇴장 |
|---|---|---|---|---|---|---|---|---|---|---|---|---|---|---|---|
| 0 | 0 | 0 | 0 | | 최봉진 | 1 | GK | GK | 23 | 이승환 | | 0 | 0 | 0 | 0 |
| 0 | 0 | 1 | 0 | 95 | 구현준 | 4 | DF | DF | 15 | 홍준호 | | 0 | 1 | 0 | 0 |
| 0 | 0 | 2 | 0 | | 고태원 | 5 | DF | DF | 50 | 정성우 | 39 | 0 | 0 | 0 | 0 |
| 0 | 0 | 2 | 0 | | 유지하 | 2 | DF | DF | 99 | 이창훈 | | 0 | 0 | 0 | 0 |
| 0 | 0 | 0 | 1(1) | | 김예성 | 3 | DF | MF | 5 | 김선민 | | 0 | 1 | 0 | 0 |
| 0 | 0 | 0 | 1 | 36 | 김용환 | 13 | DF | MF | 13 | 김영환 | 28 | 2 | 1 | 0 | 0 |
| 0 | 0 | 0 | 0 | | 알베르띠 | 16 | MF | MF | 17 | 여승원 | | 1(1) | 1 | 0 | 0 |
| 0 | 0 | 0 | 1(1) | 7 | 윤민호 | 14 | MF | MF | 66 | 이강한 | | 0 | 1 | 0 | 0 |
| 0 | 0 | 1 | 2(1) | | 발디비아 | 10 | MF | FW | 9 | 가브리엘 | | 6(2) | 0 | 0 | 0 |
| 0 | 0 | 0 | 5(3) | 17 | 호난 | 19 | FW | FW | 10 | 페드로 | 98 | 2 | 2 | 0 | 0 |
| 0 | 0 | 1 | 1 | 70 | 정강민 | 99 | FW | FW | 14 | 김병오 | | 0 | 2 | 0 | 0 |
| 0 | 0 | 0 | 0 | | 강정묵 | 96 | | | 1 | 조수혁 | | 0 | 0 | 0 | 0 |
| 0 | 0 | 0 | 0 | 후13 | 안재민 | 36 | | | 39 | 임준영 | 후32 | 0 | 0 | 0 | 0 |
| 0 | 0 | 1 | 0 | 후27 | 최정원 | 95 | | | 8 | 송진규 | | 0 | 0 | 0 | 0 |
| 0 | 0 | 0 | 2(1) | 후13 | 임찬울 | 7 | 대기 | 대기 | 28 | 이지승 | 후41 | 0 | 0 | 0 | 0 |
| 0 | 0 | 0 | 0 | | 박태용 | 88 | | | 71 | 이동원 | | 0 | 0 | 0 | 0 |
| 0 | 0 | 0 | 3(3) | 후37 | 김도윤 | 17 | | | 21 | 송창석 | | 0 | 0 | 0 | 0 |
| 0 | 0 | 0 | 1(1) | 후37 | 레안드로 | 70 | | | 98 | 이형경 | 후32 | 1(1) | 0 | 0 | 0 |
| 0 | 0 | 8 | 17(11) | | | 0 | | | 0 | | | 12(4) | 9 | 0 | 0 |

- 전반 29분 김예성 PAL 내 ~ 발디비아 PK 좌측지점 R-ST-G (득점: 발디비아, 도움: 김예성) 왼쪽
- 후반 24분 김예성 AK 내 R-ST-G (득점: 김예성) 오른쪽
- 후반 44분 발디비아 PA 정면 내 ~ 김도윤 GAR 내 R-ST-G (득점: 김도윤, 도움: 발디비아) 오른쪽
- 후반 47분 레안드로 PAL 내 ~ 김도윤 PAR 내 R-ST-G (득점: 김도윤, 도움: 레안드로) 왼쪽
- 후반 49분 여승원 MFL FK L-ST-G (득점: 여승원) 왼쪽

5월 18일 16:30 맑음 안산 오스타디움 6,282명
주심_ 박세진 부심_ 황보진현·루시홍 대기심_ 최규현 경기감독관_ 박철

**안산 0** 　 0 전반 1 / 0 후반 1 　 **2 인천**

| 퇴장 | 경고 | 파울 | ST(유) | 교체 | 선수명 | 배번 | 위치 | 위치 | 배번 | 선수명 | 교체 | ST(유) | 파울 | 경고 | 퇴장 |
|---|---|---|---|---|---|---|---|---|---|---|---|---|---|---|---|
| 0 | 0 | 0 | 0 | | 이승빈 | 1 | GK | GK | 1 | 민성준 | | 0 | 0 | 0 | 0 |
| 0 | 0 | 1 | 0 | | 장딘준 | 4 | DF | DF | 32 | 이주용 | | 0 | 0 | 0 | 0 |
| 0 | 0 | 0 | 0 | | 조지훈 | 25 | DF | DF | 23 | 박경섭 | 20 | 1 | 0 | 0 | 0 |
| 0 | 0 | 0 | 1(1) | | 김현태 | 6 | DF | DF | 4 | 김건희 | | 1 | 0 | 0 | 0 |
| 0 | 0 | 1 | 1 | | 박시화 | 22 | MF | DF | 39 | 김명순 | 17 | 0 | 1 | 0 | 0 |
| 0 | 0 | 0 | 0 | | 손준석 | 7 | MF | MF | 14 | 바로우 | 19 | 1 | 1 | 0 | 0 |
| 0 | 0 | 4 | 1(1) | 3 | 배수민 | 66 | MF | MF | 28 | 민경현 | | 0 | 1 | 0 | 0 |
| 0 | 0 | 0 | 1 | 16 | 임지민 | 26 | MF | MF | 5 | 이명주 | | 1(1) | 2 | 0 | 0 |
| 0 | 0 | 0 | 1 | 8 | 송태성 | 36 | MF | MF | 11 | 제르소 | 6 | 0 | 0 | 0 | 0 |
| 0 | 1 | 1 | 0 | 2 | 이지성 | 38 | FW | FW | 77 | 박승호 | 8 | 1(1) | 1 | 0 | 0 |
| 0 | 0 | 1 | 0 | 35 | 김구빈 | 99 | FW | FW | 9 | 무고사 | | 2(1) | 0 | 0 | 0 |
| 0 | 0 | 0 | 0 | | 조성훈 | 21 | | | 31 | 이상현 | | 0 | 0 | 0 | 0 |
| 0 | 0 | 0 | 0 | 후46 | 이국연 | 3 | | | 20 | 델브리지 | 후0 | 0 | 1 | 0 | 0 |
| 0 | 0 | 0 | 0 | 후39 | 정용희 | 16 | | | 6 | 문지환 | 후38 | 0 | 0 | 0 | 0 |
| 0 | 0 | 1 | 0 | 후20 | 라파 | 8 | 대기 | 대기 | 8 | 신진호 | 후23 | 0 | 1 | 0 | 0 |
| 0 | 0 | 1 | 1(1) | 후0 | 이규빈 | 2 | | | 17 | 김성민 | 후34 | 0 | 0 | 0 | 0 |
| 0 | 0 | 0 | 0 | | 박형우 | 11 | | | 19 | 김민석 | 후23 | 1(1) | 0 | 0 | 0 |
| 0 | 0 | 0 | 1 | 후20 | 서경식 | 35 | | | 99 | 박호민 | | 0 | 0 | 0 | 0 |
| 0 | 1 | 10 | 7(3) | | | 0 | | | 0 | | | 8(4) | 8 | 0 | 0 |

- 전반 29분 무고사 GA 정면 내 R-ST-G (득점: 무고사) 오른쪽
- 후반 7분 제르소 PAR ~ 박승호 GAR R-ST-G (득점: 박승호, 도움: 제르소) 가운데

5월 18일 19:00 맑음 김포솔터축구장 2,265명
주심_ 고민국 부심_ 이영운·김유영 대기심_ 원명희 경기감독관_ 김성기

**김포 1** 　 0 전반 1 / 1 후반 1 　 **2 서울E**

| 퇴장 | 경고 | 파울 | ST(유) | 교체 | 선수명 | 배번 | 위치 | 위치 | 배번 | 선수명 | 교체 | ST(유) | 파울 | 경고 | 퇴장 |
|---|---|---|---|---|---|---|---|---|---|---|---|---|---|---|---|
| 0 | 1 | 1 | 0 | | 손정현 | 31 | GK | GK | 1 | 노동건 | | 0 | 0 | 0 | 0 |
| 0 | 0 | 0 | 0 | 24 | 이찬형 | 5 | DF | DF | 77 | 배진우 | | 0 | 1 | 0 | 0 |
| 0 | 2 | 1 | 0 | | 채프먼 | 77 | DF | DF | 5 | 오스마르 | | 0 | 1 | 0 | 0 |
| 0 | 0 | 0 | 0 | | 박경록 | 3 | DF | DF | 20 | 김오규 | | 0 | 1 | 1 | 0 |
| 0 | 0 | 2 | 0 | | 윤재운 | 11 | MF | DF | 4 | 곽윤호 | 3 | 0 | 3 | 1 | 0 |
| 0 | 1 | 4 | 2(2) | | 최재훈 | 23 | MF | MF | 11 | 페드링요 | 16 | 0 | 0 | 0 | 0 |
| 0 | 0 | 4 | 1(1) | 7 | 디자우마 | 8 | MF | MF | 15 | 서재민 | 70 | 0 | 0 | 1 | 0 |
| 0 | 0 | 0 | 0 | | 김지훈 | 6 | MF | MF | 66 | 백지웅 | | 0 | 1 | 1 | 0 |
| 0 | 0 | 1 | 1(1) | 99 | 안창민 | 42 | MF | MF | 19 | 김주환 | 6 | 0 | 2 | 0 | 0 |
| 0 | 0 | 1 | 0 | 20 | 조성준 | 47 | FW | FW | 9 | 아이데일 | | 4(1) | 0 | 0 | 0 |
| 0 | 0 | 0 | 3(2) | 17 | 플라나 | 10 | FW | FW | 7 | 에울레르 | 88 | 3(3) | 2 | 0 | 0 |
| 0 | 0 | 0 | 0 | | 윤보상 | 21 | | | 21 | 김민호 | | 0 | 0 | 0 | 0 |
| 0 | 0 | 1 | 0 | 후13 | 김민호 | 20 | | | 6 | 채광훈 | 후16 | 0 | 0 | 0 | 0 |
| 0 | 0 | 0 | 0 | 후30 | 이상민 | 7 | | | 3 | 김민규 | 후35 | 0 | 1 | 1 | 0 |
| 0 | 0 | 0 | 0 | | 이환희 | 14 | 대기 | 대기 | 88 | 서진석 | 후38 | 0 | 0 | 0 | 0 |
| 0 | 0 | 1 | 0 | 후23 | 루이스 | 24 | | | 70 | 허용준 | 후16 | 0 | 0 | 1 | 0 |
| 0 | 0 | 0 | 0 | 후30 | 제갈재민 | 17 | | | 18 | 정재민 | | 0 | 0 | 0 | 0 |
| 0 | 0 | 0 | 0 | 후30 | 김결 | 99 | | | 16 | 변경준 | 후0 | 1(1) | 1 | 0 | 0 |
| 0 | 4 | 16 | 7(6) | | | 0 | | | 0 | | | 8(5) | 13 | 6 | 0 |

- 후반 5분 안창민 MFL ~ 최재훈 AK 정면 R-ST-G (득점: 최재훈, 도움: 안창민) 오른쪽
- 전반 34분 에울레르 PK-L-G (득점: 에울레르) 왼쪽
- 후반 17분 허용준 MF 정면 ~ 아이데일 GAR R-ST-G (득점: 아이데일, 도움: 허용준) 왼쪽

5월 24일 16:30 흐림 화성 종합 2,120명
주심_ 김희곤 부심_ 이병주·이현모 대기심_ 박정호 경기감독관_ 김성기

**화성 0** 0 전반 1 / 0 후반 0 **1 서울E**

| 퇴장 | 경고 | 파울 | ST(유) | 교체 | 선수명 | 배번 | 위치 | 위치 | 배번 | 선수명 | 교체 | ST(유) | 파울 | 경고 | 퇴장 |
|---|---|---|---|---|---|---|---|---|---|---|---|---|---|---|---|
| 0 | 0 | 0 | 0 | | 김 승 건 | 1 | GK | GK | 1 | 노 동 건 | | 0 | 0 | 0 | 0 |
| 0 | 1 | 1 | 1 | | 조 동 재 | 3 | DF | DF | 77 | 배 진 우 | | 1 | 2 | 0 | 0 |
| 0 | 0 | 1 | 0 | 16 | 최 준 혁 | 6 | MF | DF | 4 | 곽 윤 호 | 3 | 0 | 1 | 0 | 0 |
| 0 | 0 | 0 | 0 | 26 | 전 성 진 | 8 | MF | DF | 20 | 김 오 규 | | 0 | 0 | 0 | 0 |
| 0 | 0 | 1 | 2(1) | 5 | 루 안 | 10 | FW | DF | 13 | 차 승 현 | 6 | 0 | 1 | 0 | 0 |
| 0 | 0 | 0 | 0 | | 보이노비치 | 15 | DF | MF | 16 | 변 경 준 | 70 | 0 | 0 | 0 | 0 |
| 0 | 0 | 1 | 2(2) | 2 | 임 창 석 | 17 | DF | MF | 15 | 서 재 민 | | 0 | 2 | 0 | 0 |
| 0 | 0 | 0 | 1 | | 박 준 서 | 20 | MF | MF | 66 | 백 지 웅 | | 1(1) | 0 | 0 | 0 |
| 0 | 0 | 1 | 1(1) | 53 | 백 승 우 | 27 | MF | MF | 11 | 페드링요 | 5 | 2(2) | 0 | 0 | 0 |
| 0 | 0 | 2 | 3(2) | | 도 미 닉 | 31 | FW | FW | 7 | 에울레르 | 88 | 1 | 2 | 0 | 0 |
| 0 | 0 | 1 | 0 | | 함 선 우 | 44 | DF | FW | 9 | 아이데일 | | 1(1) | 1 | 0 | 0 |
| 0 | 0 | 0 | 0 | | 이 기 현 | 13 | | | 21 | 김 민 호 | | 0 | 0 | 0 | 0 |
| 0 | 0 | 0 | 0 | 후18 | 김 대 환 | 2 | | | 3 | 김 민 규 | 후32 | 0 | 0 | 0 | 0 |
| 0 | 0 | 0 | 0 | | 연 제 민 | 4 | | | 6 | 채 광 훈 | 후13 | 0 | 0 | 0 | 0 |
| 0 | 0 | 0 | 4(3) | 후31 | 우 제 욱 | 5 | 대기 | 대기 | 5 | 오스마르 | 후0 | 0 | 0 | 0 | 0 |
| 0 | 0 | 0 | 0 | 후45 | 최 명 희 | 16 | | | 88 | 서 진 석 | 후39 | 0 | 0 | 0 | 0 |
| 0 | 0 | 0 | 0 | 후45 | 박 창 호 | 26 | | | 70 | 허 용 준 | 후32 | 0 | 0 | 0 | 0 |
| 0 | 0 | 1 | 3 | 후18 | 리 마 | 53 | | | 18 | 정 재 민 | | 0 | 0 | 0 | 0 |
| 0 | 1 | 9 | 17(9) | | | 0 | | | 0 | | | 6(4) | 9 | 0 | 0 |

● 전반 12분 페드링요 GAR L-ST-G (득점: 페드링요) 가운데

5월 24일 19:00 흐림 탄천 종합 3,108명
주심_ 정회수 부심_ 김수현·이상길 대기심_ 원명희 경기감독관_ 박철

**성남 0** 0 전반 0 / 0 후반 0 **0 부산**

| 퇴장 | 경고 | 파울 | ST(유) | 교체 | 선수명 | 배번 | 위치 | 위치 | 배번 | 선수명 | 교체 | ST(유) | 파울 | 경고 | 퇴장 |
|---|---|---|---|---|---|---|---|---|---|---|---|---|---|---|---|
| 0 | 0 | 0 | 0 | | 유 상 훈 | 1 | GK | GK | 1 | 구 상 민 | | 0 | 0 | 0 | 0 |
| 0 | 0 | 1 | 0 | | 정 승 용 | 22 | DF | DF | 6 | 이 동 수 | | 0 | 0 | 0 | 0 |
| 0 | 0 | 2 | 0 | | 김 주 원 | 66 | DF | DF | 20 | 조 위 제 | | 0 | 0 | 0 | 0 |
| 0 | 0 | 0 | 2 | | 베니시오 | 4 | DF | DF | 77 | 장 호 익 | | 0 | 1 | 0 | 0 |
| 0 | 0 | 0 | 1(1) | | 신 재 원 | 7 | DF | MF | 63 | 김 진 래 | 17 | 1 | 1 | 0 | 0 |
| 0 | 0 | 1 | 1(1) | | 김 범 수 | 18 | MF | MF | 8 | 임 민 혁 | 5 | 0 | 0 | 0 | 0 |
| 0 | 0 | 1 | 2 | | 박 수 빈 | 33 | MF | MF | 7 | 사비에르 | | 1 | 2 | 1 | 0 |
| 0 | 0 | 0 | 2 | | 정 원 진 | 17 | MF | MF | 23 | 박 창 우 | 45 | 1 | 1 | 0 | 0 |
| 0 | 0 | 0 | 3(2) | | 박 지 원 | 77 | MF | FW | 11 | 빌 레 로 | | 4(3) | 1 | 0 | 0 |
| 0 | 0 | 0 | 3(2) | 6 | 류 준 선 | 16 | FW | FW | 9 | 곤 잘 로 | | 0 | 3 | 1 | 0 |
| 0 | 1 | 5 | 3(2) | | 후 이 즈 | 9 | FW | FW | 10 | 페 신 | 27 | 1(1) | 1 | 0 | 0 |
| 0 | 0 | 0 | 0 | | 최 서 준 | 41 | | | 21 | 박 대 한 | | 0 | 0 | 0 | 0 |
| 0 | 0 | 0 | 0 | | 강 의 빈 | 3 | | | 3 | 오 반 석 | | 0 | 0 | 0 | 0 |
| 0 | 0 | 0 | 0 | 후25 | 홍 창 범 | 6 | | | 17 | 전 성 진 | 후49 | 0 | 0 | 0 | 0 |
| 0 | 0 | 0 | 0 | | 이 준 상 | 27 | 대기 | 대기 | 5 | 전 승 민 | 후23 | 0 | 0 | 0 | 0 |
| 0 | 0 | 0 | 0 | | 박 병 규 | 30 | | | 27 | 김 현 민 | 후23 | 0 | 0 | 0 | 0 |
| 0 | 0 | 0 | 0 | | 하 정 우 | 37 | | | 45 | 백 가 온 | 후23 | 0 | 0 | 0 | 0 |
| 0 | 0 | 0 | 0 | | 양 태 양 | 47 | | | 32 | 윤 민 호 | | 0 | 0 | 0 | 0 |
| 0 | 1 | 10 | 17(8) | | | 0 | | | 0 | | | 8(4) | 10 | 2 | 0 |

5월 24일 16:30 흐림 청주 종합 1,539명
주심_ 오현진 부심_ 신재환·김현진 대기심_ 김재홍 경기감독관_ 나승화

**충북청주 0** 0 전반 0 / 0 후반 0 **0 안산**

| 퇴장 | 경고 | 파울 | ST(유) | 교체 | 선수명 | 배번 | 위치 | 위치 | 배번 | 선수명 | 교체 | ST(유) | 파울 | 경고 | 퇴장 |
|---|---|---|---|---|---|---|---|---|---|---|---|---|---|---|---|
| 0 | 0 | 0 | 0 | | 이 승 환 | 23 | GK | GK | 1 | 이 승 빈 | | 0 | 0 | 0 | 0 |
| 0 | 0 | 0 | 1(1) | | 홍 준 호 | 15 | DF | DF | 4 | 장 민 준 | | 1 | 1 | 1 | 0 |
| 0 | 0 | 0 | 0 | | 임 준 영 | 39 | DF | DF | 25 | 조 지 훈 | | 0 | 0 | 0 | 0 |
| 0 | 0 | 1 | 2 | | 이 창 훈 | 99 | DF | DF | 6 | 김 현 태 | | 0 | 2 | 0 | 0 |
| 0 | 0 | 1 | 2(1) | | 김 선 민 | 5 | MF | MF | 22 | 박 시 화 | | 2 | 1 | 0 | 0 |
| 1 | 0 | 4 | 1 | | 김 영 환 | 13 | MF | MF | 66 | 배 수 민 | | 1 | 3 | 0 | 0 |
| 0 | 0 | 0 | 0 | 71 | 여 승 원 | 17 | MF | MF | 7 | 손 준 석 | | 3(2) | 0 | 0 | 0 |
| 0 | 0 | 2 | 2(1) | | 이 강 한 | 66 | MF | MF | 26 | 임 지 민 | | 1 | 0 | 0 | 0 |
| 0 | 0 | 4 | 0 | 21 | 마테우징요 | 7 | FW | MF | 36 | 송 태 성 | 8 | 0 | 1 | 0 | 0 |
| 0 | 0 | 2 | 3 | | 가브리엘 | 9 | FW | FW | 99 | 김 우 빈 | 27 | 0 | 1 | 0 | 0 |
| 0 | 0 | 0 | 0 | 98 | 페 드 로 | 10 | FW | FW | 17 | 류 승 완 | 16 | 0 | 0 | 0 | 0 |
| 0 | 0 | 0 | 0 | | 조 수 혁 | 1 | | | 21 | 조 성 훈 | | 0 | 0 | 0 | 0 |
| 0 | 0 | 0 | 0 | | 정 성 우 | 50 | | | 2 | 이 규 빈 | | 0 | 0 | 0 | 0 |
| 0 | 0 | 0 | 0 | | 송 진 규 | 8 | | | 14 | 안 재 준 | | 0 | 0 | 0 | 0 |
| 0 | 0 | 0 | 0 | | 이 지 승 | 28 | 대기 | 대기 | 16 | 정 용 희 | 후20 | 0 | 0 | 0 | 0 |
| 0 | 0 | 0 | 0 | 후45 | 이 동 원 | 71 | | | 8 | 라 파 | 후0 | 2 | 0 | 0 | 0 |
| 0 | 0 | 0 | 0 | 후18 | 송 창 석 | 21 | | | 27 | 박 채 준 | 후10/35 | 0 | 1 | 0 | 0 |
| 0 | 0 | 0 | 0 | 후31 | 이 형 경 | 98 | | | 35 | 서 명 식 | 후49 | 0 | 0 | 0 | 0 |
| 1 | 0 | 14 | 11(3) | | | 0 | | | 0 | | | 10(2) | 10 | 1 | 0 |

5월 24일 19:00 흐림 창원 축구센터 2,434명
주심_ 이경순 부심_ 김종희·김태원 대기심_ 최승환 경기감독관_ 허태식

**경남 3** 3 전반 1 / 0 후반 0 **1 천안**

| 퇴장 | 경고 | 파울 | ST(유) | 교체 | 선수명 | 배번 | 위치 | 위치 | 배번 | 선수명 | 교체 | ST(유) | 파울 | 경고 | 퇴장 |
|---|---|---|---|---|---|---|---|---|---|---|---|---|---|---|---|
| 0 | 0 | 0 | 0 | | 최 필 수 | 91 | GK | GK | 1 | 박 주 원 | | 0 | 0 | 0 | 0 |
| 0 | 0 | 1 | 0 | 11 | 김 선 호 | 37 | DF | DF | 34 | 이 예 찬 | | 1 | 2 | 2 | 0 |
| 0 | 0 | 0 | 0 | | 박 재 환 | 2 | DF | DF | 3 | 이 웅 희 | | 2(2) | 0 | 0 | 0 |
| 0 | 1 | 1 | 1 | | 우 주 성 | 15 | DF | DF | 5 | 최 진 웅 | | 0 | 1 | 0 | 0 |
| 0 | 0 | 1 | 0 | | 박 원 재 | 33 | DF | DF | 13 | 김 서 진 | | 0 | 0 | 0 | 0 |
| 0 | 0 | 1 | 1 | | 이 강 희 | 16 | MF | MF | 32 | 신 형 민 | 6 | 0 | 0 | 0 | 0 |
| 0 | 1 | 5 | 1(1) | 63 | 헤 난 | 88 | MF | MF | 23 | 이 풍 범 | 7 | 2 | 1 | 0 | 0 |
| 0 | 0 | 1 | 2(1) | | 이 종 언 | 25 | MF | FW | 14 | 구 종 욱 | 91 | 0 | 1 | 0 | 0 |
| 0 | 0 | 1 | 2(2) | 7 | 이 시 헌 | 21 | MF | FW | 30 | 문 건 호 | | 2(2) | 0 | 0 | 0 |
| 0 | 0 | 0 | 3(1) | 3 | 박 기 현 | 29 | MF | FW | 17 | 명 준 재 | 47 | 1(1) | 0 | 0 | 0 |
| 0 | 0 | 0 | 2(2) | 90 | 카 릴 | 9 | FW | FW | 10 | 툰 가 라 | | 2(1) | 0 | 0 | 0 |
| 0 | 0 | 0 | 0 | | 류 원 우 | 51 | | | 31 | 허 자 웅 | | 0 | 0 | 0 | 0 |
| 0 | 0 | 0 | 0 | 후22 | 이 규 백 | 3 | | | 26 | 김 영 선 | | 0 | 0 | 0 | 0 |
| 0 | 0 | 0 | 0 | 후36 | 한 석 종 | 63 | | | 24 | 이 상 명 | | 0 | 0 | 0 | 0 |
| 0 | 1 | 3 | 1(1) | 후14 | 송 시 우 | 7 | 대기 | 대기 | 91 | 펠 리 페 | 후17 | 0 | 1 | 1 | 0 |
| 0 | 0 | 0 | 0 | 후22 | 박 민 서 | 11 | | | 6 | 이 종 성 | 후17 | 0 | 1 | 0 | 0 |
| 0 | 0 | 0 | 0 | | 도 동 현 | 8 | | | 7 | 이 상 준 | 후28 | 1 | 0 | 0 | 0 |
| 0 | 0 | 3 | 1 | 후14 | 이 중 민 | 90 | | | 47 | 우 정 연 | 후17 | 0 | 0 | 0 | 0 |
| 0 | 3 | 17 | 14(8) | | | 0 | | | 0 | | | 11(6) | 7 | 3 | 0 |

● 전반 5분 카릴 GA 정면 ~ 헤난 GAL R-ST-G (득점: 헤난, 도움: 카릴) 오른쪽
● 전반 28분 이강희 AK 정면 ~ 카릴 PK지점 R-ST-G (득점: 카릴, 도움: 이강희) 오른쪽
● 전반 31분 이강희 MF 정면 ~ 이종언 PAL R-ST-G (득점: 이종언, 도움: 이강희) 오른쪽
● 전반 41분 최진웅 자기 측 MFL ↷ 명준재 GAL R-ST-G (득점: 명준재, 도움: 최진웅) 오른쪽

5월 25일 16:30 맑음 아산 이순신 2,461명
주심_ 최규현 부심_ 주현민·이화평 대기심_ 박정호 경기감독관_ 김용세

**충남아산 2** 　 2 전반 1 / 0 후반 1 　 **2 부천**

| 퇴장 | 경고 | 파울 | ST(유) | 교체 | 선수명 | 배번 | 위치 | 위치 | 배번 | 선수명 | 교체 | ST(유) | 파울 | 경고 | 퇴장 |
|---|---|---|---|---|---|---|---|---|---|---|---|---|---|---|---|
| 0 | 0 | 0 | 0 | | 신 송 훈 | 18 | GK | GK | 1 | 김 형 근 | | 0 | 0 | 0 | 0 |
| 0 | 0 | 1 | 0 | | 김 주 성 | 17 | DF | DF | 15 | 이 재 원 | | 0 | 0 | 0 | 0 |
| 0 | 0 | 0 | 0 | | 이 은 범 | 47 | DF | DF | 30 | 전 인 규 | | 0 | 2 | 0 | 0 |
| 0 | 0 | 1 | 2(1) | | 변 준 영 | 5 | DF | DF | 5 | 이 상 혁 | | 0 | 0 | 0 | 0 |
| 0 | 0 | 2 | 2(1) | | 박 종 민 | 25 | DF | MF | 17 | 김 규 민 | 24 | 1(1) | 1 | 0 | 0 |
| 0 | 0 | 0 | 0 | 8 | 박 세 직 | 24 | MF | MF | 16 | 박 현 빈 | 99 | 2(1) | 1 | 0 | 0 |
| 0 | 0 | 0 | 0 | | 정 마 호 | 77 | MF | MF | 14 | 최 재 영 | 23 | 0 | 0 | 0 | 0 |
| 0 | 0 | 1 | 3(1) | | 데 니 손 | 7 | MF | MF | 11 | 박 창 준 | 13 | 1 | 1 | 0 | 0 |
| 0 | 0 | 0 | 1 | | 김 승 호 | 22 | MF | MF | 7 | 티아깅요 | | 3(2) | 2 | 0 | 0 |
| 0 | 0 | 3 | 3(1) | 16 | 한 교 원 | 72 | MF | FW | 10 | 바 사 니 | | 3(2) | 1 | 0 | 0 |
| 0 | 0 | 1 | 4(2) | | 김 종 민 | 9 | FW | FW | 9 | 몬 타 뇨 | 18 | 8(6) | 0 | 0 | 0 |
| 0 | 0 | 0 | 0 | | 김 진 영 | 21 | | | 21 | 김 현 엽 | | 0 | 0 | 0 | 0 |
| 0 | 0 | 0 | 0 | | 이 학 민 | 14 | | | 13 | 박 형 진 | 후24 | 0 | 0 | 0 | 0 |
| 0 | 0 | 0 | 0 | | 조 주 영 | 20 | | | 6 | 정 호 진 | | 0 | 0 | 0 | 0 |
| 0 | 0 | 0 | 2 | 후17 | 최 치 원 | 8 | 대기 | 대기 | 23 | 카 즈 | 후24 | 0 | 3 | 0 | 0 |
| 0 | 0 | 0 | 0 | | 이 연 우 | 44 | | | 24 | 김 동 현 | 전42 | 1(1) | 0 | 0 | 0 |
| 0 | 0 | 0 | 0 | | 미 사 키 | 45 | | | 18 | 이 의 형 | 후42 | 0 | 0 | 0 | 0 |
| 0 | 0 | 0 | 0 | 후26 | 송 승 민 | 16 | | | 99 | 공 민 현 | 후24 | 0 | 0 | 0 | 0 |
| 0 | 0 | 9 | 17(6) | | | 0 | | | 0 | | | 19(13) | 11 | 0 | 0 |

● 전반 37분 한교원 PAR ↷ 김종민 GA 정면 H-ST-G (득점: 김종민, 도움: 한교원) 오른쪽
● 전반 46분 박종민 PAR ↷ 김종민 GAR H-ST-G (득점: 김종민, 도움: 박종민) 왼쪽

● 전반 7분 몬타뇨 PAR 내 EL ~ 티아깅요 GAR R-ST-G (득점: 티아깅요, 도움: 몬타뇨) 가운데
● 후반 33분 바사니 C.KR ↷ 몬타뇨 GA 정면 내 몸 맞고 골 (득점: 몬타뇨, 도움: 바사니) 가운데

5월 25일 19:00 맑음 수원 월드컵 12,396명
주심_ 조지음 부심_ 황보진현·류시홍 대기심_ 최현재 경기감독관_ 허기태

**수원 1** 　 0 전반 1 / 1 후반 0 　 **1 김포**

| 퇴장 | 경고 | 파울 | ST(유) | 교체 | 선수명 | 배번 | 위치 | 위치 | 배번 | 선수명 | 교체 | ST(유) | 파울 | 경고 | 퇴장 |
|---|---|---|---|---|---|---|---|---|---|---|---|---|---|---|---|
| 0 | 0 | 0 | 0 | | 양 형 모 | 21 | GK | GK | 31 | 손 정 현 | | 0 | 0 | 1 | 0 |
| 0 | 0 | 1 | 0 | 32 | 이 기 제 | 23 | DF | DF | 3 | 박 경 록 | | 1(1) | 1 | 0 | 0 |
| 0 | 0 | 0 | 1 | | 고 종 현 | 3 | DF | DF | 20 | 김 민 호 | | 0 | 1 | 0 | 0 |
| 0 | 0 | 0 | 0 | | 권 완 규 | 12 | DF | DF | 5 | 이 찬 형 | | 0 | 2 | 1 | 0 |
| 0 | 0 | 1 | 1 | | 이 건 희 | 19 | DF | MF | 11 | 윤 재 운 | | 0 | 1 | 0 | 0 |
| 0 | 0 | 2 | 0 | | 이 규 성 | 24 | MF | MF | 23 | 최 재 훈 | | 2 | 1 | 0 | 0 |
| 0 | 1 | 1 | 0 | 17 | 최 영 준 | 6 | MF | MF | 72 | 천 지 현 | 9 | 0 | 4 | 0 | 0 |
| 0 | 0 | 2 | 0 | 7 | 김 지 현 | 77 | MF | MF | 6 | 김 지 훈 | 7 | 1(1) | 1 | 0 | 0 |
| 0 | 0 | 1 | 2(1) | 11 | 박 승 수 | 47 | FW | MF | 99 | 김 결 | 42 | 1(1) | 1 | 0 | 0 |
| 0 | 0 | 1 | 2(2) | | 세 라 핌 | 70 | FW | FW | 24 | 루 이 스 | 8 | 1(1) | 2 | 0 | 0 |
| 0 | 0 | 0 | 3(3) | 71 | 일류첸코 | 9 | FW | FW | 10 | 플 라 나 | 47 | 2(2) | 2 | 0 | 0 |
| 0 | 0 | 0 | 0 | | 김 민 준 | 1 | | | 21 | 윤 보 상 | | 0 | 0 | 0 | 0 |
| 0 | 0 | 0 | 0 | | 레 오 | 4 | | | 2 | 김 종 민 | | 0 | 0 | 0 | 0 |
| 0 | 0 | 0 | 0 | 후38 | 정 동 윤 | 32 | | | 7 | 이 상 민 | 후44 | 0 | 1 | 0 | 0 |
| 0 | 0 | 1 | 3(1) | 후0 | 파울리뇨 | 11 | 대기 | 대기 | 8 | 디자우마 | 후37 | 0 | 0 | 0 | 0 |
| 0 | 0 | 1 | 0 | 후15 | 이 민 혁 | 17 | | | 9 | 브 루 노 | 후37 | 0 | 0 | 0 | 0 |
| 0 | 0 | 0 | 1(1) | 후31 | 김 현 | 7 | | | 47 | 조 성 준 | 후18 | 0 | 0 | 0 | 0 |
| 0 | 0 | 0 | 0 | 후38 | 김 지 호 | 71 | | | 42 | 안 창 민 | 후18 | 4(4) | 0 | 0 | 0 |
| 0 | 1 | 11 | 13(8) | | | 0 | | | 0 | | | 12(10) | 17 | 2 | 0 |

● 후반 12분 이기제 C.KR ↷ 세라핌 GAR H-ST-G (득점: 세라핌, 도움: 이기제) 오른쪽

● 전반 41분 김지훈 PAR ↷ 루이스 GAL 내 H-ST-G (득점: 루이스, 도움: 김지훈) 오른쪽

5월 25일 16:30 맑음 인천 전용 12,052명
주심_ 정동식 부심_ 김태형·천진희 대기심_ 박진호 경기감독관_ 구상범

**인천 2** 　 1 전반 0 / 1 후반 0 　 **0 전남**

| 퇴장 | 경고 | 파울 | ST(유) | 교체 | 선수명 | 배번 | 위치 | 위치 | 배번 | 선수명 | 교체 | ST(유) | 파울 | 경고 | 퇴장 |
|---|---|---|---|---|---|---|---|---|---|---|---|---|---|---|---|
| 0 | 0 | 0 | 0 | | 민 성 준 | 1 | GK | GK | 1 | 최 봉 진 | | 0 | 0 | 0 | 0 |
| 0 | 0 | 1 | 1 | | 이 주 용 | 32 | DF | DF | 4 | 구 현 준 | | 0 | 1 | 0 | 1 |
| 0 | 1 | 1 | 0 | | 박 경 섭 | 23 | DF | DF | 5 | 고 태 원 | | 0 | 0 | 0 | 0 |
| 0 | 0 | 0 | 0 | | 김 건 희 | 4 | DF | DF | 2 | 유 지 하 | | 0 | 0 | 0 | 0 |
| 0 | 0 | 2 | 0 | 8 | 김 명 순 | 39 | DF | DF | 3 | 김 예 성 | | 0 | 1 | 0 | 0 |
| 0 | 0 | 0 | 2(1) | 19 | 바 로 우 | 14 | MF | DF | 13 | 김 용 환 | 36 | 0 | 1 | 0 | 0 |
| 0 | 0 | 1 | 2(1) | | 민 경 현 | 28 | MF | MF | 16 | 알베르띠 | | 0 | 2 | 0 | 0 |
| 0 | 0 | 1 | 1 | 6 | 이 명 주 | 5 | MF | MF | 14 | 윤 민 호 | 70 | 0 | 1 | 0 | 0 |
| 0 | 0 | 0 | 3(3) | 17 | 제 르 소 | 11 | MF | MF | 7 | 임 찬 울 | 88 | 0 | 0 | 0 | 0 |
| 0 | 0 | 1 | 2(1) | 99 | 박 승 호 | 77 | FW | FW | 19 | 호 난 | 17 | 2 | 0 | 0 | 0 |
| 0 | 0 | 1 | 10(3) | | 무 고 사 | 9 | FW | FW | 99 | 정 강 민 | 95 | 1(1) | 0 | 0 | 0 |
| 0 | 0 | 0 | 0 | | 황 성 민 | 21 | | | 96 | 강 정 묵 | | 0 | 0 | 0 | 0 |
| 0 | 0 | 0 | 0 | | 델브리지 | 20 | | | 36 | 안 재 민 | 후0 | 1(1) | 0 | 0 | 0 |
| 0 | 0 | 1 | 0 | 후29 | 문 지 환 | 6 | | | 20 | 장 순 혁 | | 0 | 0 | 0 | 0 |
| 0 | 0 | 1 | 0 | 후20 | 신 진 호 | 8 | 대기 | 대기 | 95 | 최 정 원 | 전13 | 0 | 0 | 0 | 0 |
| 0 | 0 | 0 | 0 | 후39 | 김 성 민 | 17 | | | 88 | 박 태 용 | 후13 | 0 | 0 | 0 | 0 |
| 0 | 0 | 0 | 0 | 후39 | 김 민 석 | 19 | | | 17 | 김 도 윤 | 후21 | 0 | 1 | 0 | 0 |
| 0 | 0 | 0 | 2(1) | 후20 | 박 호 민 | 99 | | | 70 | 레안드로 | 후21 | 0 | 0 | 0 | 0 |
| 0 | 1 | 10 | 23(10) | | | 0 | | | 0 | | | 4(2) | 7 | 0 | 1 |

● 전반 12분 무고사 PK-R-G (득점: 무고사) 가운데
● 후반 19분 무고사 PK-R-G (득점: 무고사) 오른쪽

5월 31일 16:30 맑음 광양 전용 3,784명
주심_ 원명희 부심_ 성주경·김유영 대기심_ 고민국 경기감독관_ 이경춘

**전남 3** 　 2 전반 1 / 1 후반 1 　 **2 화성**

| 퇴장 | 경고 | 파울 | ST(유) | 교체 | 선수명 | 배번 | 위치 | 위치 | 배번 | 선수명 | 교체 | ST(유) | 파울 | 경고 | 퇴장 |
|---|---|---|---|---|---|---|---|---|---|---|---|---|---|---|---|
| 0 | 0 | 0 | 0 | | 최 봉 진 | 1 | GK | GK | 1 | 김 승 건 | | 0 | 0 | 0 | 0 |
| 0 | 0 | 0 | 1 | | 최 정 원 | 95 | DF | MF | 2 | 김 대 환 | | 1(1) | 1 | 0 | 0 |
| 0 | 0 | 1 | 0 | | 고 태 원 | 5 | DF | DF | 3 | 조 동 재 | | 1(1) | 0 | 0 | 0 |
| 0 | 0 | 1 | 0 | | 유 지 하 | 2 | DF | MF | 6 | 최 준 혁 | | 0 | 5 | 1 | 0 |
| 0 | 0 | 0 | 0 | | 김 예 성 | 3 | DF | MF | 8 | 전 성 진 | 53 | 0 | 2 | 0 | 0 |
| 0 | 0 | 2 | 2(1) | | 안 재 민 | 36 | DF | FW | 10 | 루 안 | 5 | 1(1) | 0 | 0 | 0 |
| 0 | 0 | 2 | 1 | | 알베르띠 | 16 | MF | DF | 15 | 보이노비치 | | 1 | 1 | 0 | 0 |
| 0 | 1 | 2 | 0 | 88 | 윤 민 호 | 14 | MF | DF | 17 | 임 창 석 | 20 | 0 | 2 | 0 | 0 |
| 0 | 0 | 0 | 3(3) | 11 | 발디비아 | 10 | MF | MF | 27 | 백 승 우 | 16 | 3(2) | 0 | 0 | 0 |
| 0 | 0 | 1 | 2(1) | 17 | 호 난 | 19 | FW | FW | 31 | 도 미 닉 | 11 | 2 | 2 | 0 | 0 |
| 0 | 0 | 1 | 0 | 6 | 정 강 민 | 99 | FW | DF | 44 | 함 선 우 | | 0 | 2 | 0 | 0 |
| 0 | 0 | 0 | 0 | | 강 정 묵 | 96 | | | 18 | 김 기 훈 | | 0 | 0 | 0 | 0 |
| 0 | 0 | 0 | 0 | 후46 | 민 준 영 | 12 | | | 4 | 연 제 민 | | 0 | 0 | 0 | 0 |
| 0 | 0 | 0 | 0 | | 장 순 혁 | 20 | | | 5 | 우 제 욱 | 후14 | 0 | 2 | 0 | 0 |
| 0 | 0 | 0 | 1 | 후0/12 | 양 지 산 | 6 | 대기 | 대기 | 11 | 여 홍 규 | 후34 | 0 | 0 | 0 | 0 |
| 0 | 0 | 0 | 0 | 후23 | 박 태 용 | 88 | | | 16 | 최 명 희 | 후31 | 0 | 0 | 0 | 0 |
| 0 | 0 | 0 | 0 | 후34 | 정 지 용 | 11 | | | 20 | 박 준 서 | 후14 | 0 | 1 | 0 | 0 |
| 0 | 0 | 0 | 2(1) | 후23 | 김 도 윤 | 17 | | | 53 | 리 마 | 후14 | 0 | 0 | 0 | 0 |
| 0 | 1 | 10 | 12(6) | | | 0 | | | 0 | | | 9(5) | 18 | 1 | 0 |

● 전반 4분 발디비아 GAL ↷ 호난 GA 정면 H-ST-G (득점: 호난, 도움: 발디비아) 오른쪽
● 전반 34분 호난 PA 정면 ~ 발디비아 PA 정면 R-ST-G (득점: 발디비아, 도움: 호난) 왼쪽
● 후반 32분 알베르띠 AK 내 ~ 김도윤 GA 정면 몸 맞고 골 (득점: 김도윤, 도움: 알베르띠) 왼쪽

● 전반 10분 루안 PK지점 ~ 백승우 GA 정면 내 H-ST-G (득점: 백승우, 도움: 루안) 왼쪽
● 후반 25분 조동재 MF 정면 L-ST-G (득점: 조동재) 오른쪽

5월 31일 16:30 흐림 목동 종합 4,482명
주심_ 박정호 부심_ 천진희·김태원 대기심_ 최승환 경기감독관_ 나승화

**서울E 1** 0 전반 1 / 1 후반 3 **4 부산**

| 퇴장 | 경고 | 파울 | ST(유) | 교체 | 선수명 | 배번 | 위치 | 위치 | 배번 | 선수명 | 교체 | ST(유) | 파울 | 경고 | 퇴장 |
|---|---|---|---|---|---|---|---|---|---|---|---|---|---|---|---|
| 0 | 0 | 0 | 0 | | 노 동 건 | 1 | GK | GK | 1 | 구 상 민 | | 0 | 0 | 0 | 0 |
| 0 | 0 | 1 | 1 | 26 | 채 광 훈 | 6 | DF | DF | 3 | 오 반 석 | | 0 | 0 | 0 | 0 |
| 0 | 0 | 0 | 0 | 3 | 오스마르 | 5 | DF | DF | 20 | 조 위 제 | | 0 | 0 | 0 | 0 |
| 0 | 0 | 2 | 0 | | 김 오 규 | 20 | DF | DF | 77 | 장 호 익 | 33 | 0 | 1 | 0 | 0 |
| 0 | 0 | 3 | 1(1) | | 배 진 우 | 77 | DF | MF | 63 | 김 진 래 | 18 | 0 | 3 | 1 | 0 |
| 0 | 0 | 0 | 2(2) | 11 | 허 용 준 | 70 | MF | MF | 6 | 이 동 수 | | 0 | 1 | 0 | 0 |
| 0 | 0 | 0 | 0 | 16 | 서 진 석 | 88 | MF | MF | 8 | 임 민 혁 | 66 | 0 | 1 | 1 | 0 |
| 0 | 1 | 1 | 0 | | 서 재 민 | 15 | MF | MF | 23 | 박 창 우 | 27 | 0 | 2 | 0 | 0 |
| 0 | 1 | 1 | 1(1) | 18 | 에울레르 | 7 | MF | FW | 11 | 빌 레 로 | 47 | 1(1) | 1 | 0 | 0 |
| 0 | 0 | 1 | 1 | | 백 지 웅 | 66 | FW | FW | 45 | 백 가 온 | | 2(2) | 2 | 1 | 0 |
| 0 | 0 | 1 | 1(1) | | 아이데일 | 9 | FW | FW | 10 | 페 신 | | 1(1) | 1 | 0 | 0 |
| 0 | 0 | 0 | 0 | | 김 민 호 | 21 | | | 21 | 박 대 한 | | 0 | 0 | 0 | 0 |
| 0 | 0 | 1 | 0 | 후31 | 김 민 규 | 3 | | | 33 | 홍 재 석 | 후38 | 0 | 0 | 0 | 0 |
| 0 | 0 | 0 | 0 | | 곽 윤 호 | 4 | | | 18 | 이 현 규 | 후33 | 0 | 3 | 0 | 0 |
| 0 | 0 | 1 | 0 | 후0 | 박 경 배 | 26 | 대기 | 대기 | 66 | 이 수 아 | 후33 | 0 | 1 | 1 | 0 |
| 0 | 0 | 1 | 1(1) | 후10 | 변 경 준 | 16 | | | 27 | 김 현 민 | 후0 | 1(1) | 0 | 0 | 0 |
| 0 | 0 | 0 | 0 | 후31 | 정 재 민 | 18 | | | 47 | 손 휘 | 후43 | 0 | 0 | 0 | 0 |
| 0 | 1 | 0 | 0 | 후0 | 페드링요 | 11 | | | 9 | 곤 잘 로 | | 0 | 0 | 0 | 0 |
| 0 | 3 | 13 | 8(6) | | | 0 | | | 0 | | | 5(5) | 16 | 4 | 0 |

- 후반 29분 페드링요 MF 정면 ~ 아이데일 GAL L-ST-G (득점: 아이데일, 도움: 페드링요) 가운데
- 전반 42분 박창우 HLR TL → 백가온 PAR 내 R-ST-G (득점: 백가온, 도움: 박창우) 가운데
- 후반 19분 백가온 MFL ~ 빌레로 AKR R-ST-G (득점: 빌레로, 도움: 백가온) 왼쪽
- 후반 25분 백가온 GAL ~ 페신 PK지점 L-ST-G (득점: 페신, 도움: 백가온) 오른쪽
- 후반 30분 페신 HLR ~ 백가온 GAR R-ST-G (득점: 백가온, 도움: 페신) 가운데

5월 31일 19:00 흐림 안산 와스타디움 2,548명
주심_ 김재홍 부심_ 이병주·주현민 대기심_ 이경순 경기감독관_ 김성수

**안산 1** 1 전반 0 / 0 후반 0 **0 성남**

| 퇴장 | 경고 | 파울 | ST(유) | 교체 | 선수명 | 배번 | 위치 | 위치 | 배번 | 선수명 | 교체 | ST(유) | 파울 | 경고 | 퇴장 |
|---|---|---|---|---|---|---|---|---|---|---|---|---|---|---|---|
| 0 | 0 | 0 | 0 | | 이 승 빈 | 1 | GK | GK | 1 | 유 상 훈 | | 0 | 0 | 0 | 0 |
| 0 | 0 | 1 | 0 | | 장 민 준 | 4 | DF | DF | 22 | 정 승 용 | | 0 | 0 | 0 | 0 |
| 0 | 0 | 0 | 0 | | 조 지 훈 | 25 | DF | DF | 66 | 김 주 원 | | 0 | 0 | 0 | 0 |
| 0 | 0 | 0 | 0 | | 김 현 태 | 6 | DF | DF | 4 | 베니시오 | | 0 | 1 | 0 | 0 |
| 0 | 0 | 0 | 0 | 16 | 박 시 화 | 22 | MF | DF | 7 | 신 재 원 | | 4(4) | 2 | 0 | 0 |
| 0 | 0 | 2 | 1(1) | | 손 준 석 | 7 | MF | MF | 18 | 김 범 수 | 27 | 1 | 1 | 0 | 0 |
| 0 | 0 | 0 | 1(1) | | 배 수 민 | 66 | MF | MF | 33 | 박 수 빈 | | 0 | 1 | 0 | 0 |
| 0 | 1 | 3 | 2 | | 임 지 민 | 26 | MF | MF | 17 | 정 원 진 | | 2 | 0 | 0 | 0 |
| 0 | 0 | 0 | 1 | 8 | 송 태 성 | 36 | MF | MF | 77 | 박 지 원 | 30 | 0 | 1 | 0 | 0 |
| 0 | 0 | 0 | 1(1) | 27 | 류 승 완 | 17 | FW | FW | 16 | 류 준 선 | 6 | 0 | 2 | 0 | 0 |
| 0 | 0 | 4 | 2 | 11 | 김 우 빈 | 99 | FW | FW | 37 | 하 정 우 | | 3 | 1 | 1 | 0 |
| 0 | 0 | 0 | 0 | | 조 성 훈 | 21 | | | 41 | 최 서 준 | | 0 | 0 | 0 | 0 |
| 0 | 0 | 0 | 0 | 후47 | 정 용 희 | 16 | | | 3 | 강 의 빈 | | 0 | 0 | 0 | 0 |
| 0 | 0 | 0 | 1(1) | 후24 | 라 파 | 8 | | | 5 | 양 시 후 | | 0 | 0 | 0 | 0 |
| 0 | 0 | 0 | 0 | | 사라이바 | 10 | 대기 | 대기 | 6 | 홍 창 범 | 전32 | 1(1) | 2 | 1 | 0 |
| 0 | 0 | 0 | 0 | 후47 | 박 형 우 | 11 | | | 19 | 김 훈 민 | | 0 | 0 | 0 | 0 |
| 0 | 0 | 0 | 0 | 후5 | 박 채 준 | 27 | | | 27 | 이 준 상 | 후19 | 0 | 0 | 0 | 0 |
| 0 | 0 | 0 | 0 | | 서 명 식 | 35 | | | 30 | 박 병 규 | 후35 | 0 | 0 | 0 | 0 |
| 0 | 1 | 10 | 9(4) | | | 0 | | | 0 | | | 11(5) | 11 | 2 | 0 |

- 전반 5분 손준석 C.KL ↷ 류승완 GA 정면 내 H-ST-G (득점: 류승완, 도움: 손준석) 왼쪽

5월 31일 19:00 맑음 청주 종합 1,863명
주심_ 박세진 부심_ 박남수·류시홍 대기심_ 정동식 경기감독관_ 박철

**충북청주 1** 1 전반 0 / 0 후반 2 **2 경남**

| 퇴장 | 경고 | 파울 | ST(유) | 교체 | 선수명 | 배번 | 위치 | 위치 | 배번 | 선수명 | 교체 | ST(유) | 파울 | 경고 | 퇴장 |
|---|---|---|---|---|---|---|---|---|---|---|---|---|---|---|---|
| 0 | 0 | 0 | 0 | | 이 승 환 | 23 | GK | GK | 91 | 최 필 수 | | 0 | 0 | 0 | 0 |
| 0 | 0 | 0 | 0 | | 홍 준 호 | 15 | DF | DF | 33 | 박 원 재 | | 0 | 1 | 1 | 0 |
| 0 | 1 | 2 | 0 | | 임 준 영 | 39 | DF | DF | 2 | 박 재 환 | | 0 | 0 | 0 | 0 |
| 0 | 0 | 0 | 0 | | 이 창 훈 | 99 | DF | DF | 15 | 우 주 성 | | 2(1) | 2 | 1 | 0 |
| 0 | 0 | 2 | 2(1) | | 김 선 민 | 5 | MF | DF | 17 | 이 준 재 | | 0 | 1 | 0 | 0 |
| 0 | 0 | 0 | 0 | 98 | 송 진 규 | 8 | MF | MF | 16 | 이 강 희 | | 0 | 1 | 0 | 0 |
| 0 | 1 | 0 | 0 | 28 | 문 승 민 | 16 | MF | MF | 88 | 헤 난 | 63 | 0 | 1 | 0 | 0 |
| 0 | 0 | 1 | 2(1) | 71 | 여 승 원 | 17 | MF | MF | 21 | 이 시 헌 | 7 | 2 | 2 | 1 | 0 |
| 0 | 0 | 0 | 0 | 27 | 이 강 한 | 66 | MF | FW | 19 | 정 충 근 | 11 | 0 | 1 | 0 | 0 |
| 0 | 1 | 3 | 3(2) | | 가브리엘 | 9 | FW | FW | 29 | 박 기 현 | 8 | 1 | 2 | 0 | 0 |
| 0 | 0 | 1 | 2(2) | 21 | 페 드 로 | 10 | FW | FW | 9 | 카 릴 | 90 | 1(1) | 1 | 0 | 0 |
| 0 | 0 | 0 | 0 | | 정 진 욱 | 18 | | 대기 | 31 | 안 호 진 | | 0 | 0 | 0 | 0 |
| 0 | 0 | 0 | 0 | | 정 성 우 | 50 | | 대기 | 3 | 이 규 백 | | 0 | 0 | 0 | 0 |
| 0 | 0 | 1 | 0 | 후36 | 이 지 승 | 28 | | 대기 | 63 | 한 석 종 | 후37 | 0 | 0 | 0 | 0 |
| 0 | 0 | 0 | 0 | 후27 | 이 동 원 | 71 | 대기 | 대기 | 11 | 박 민 서 | 후0 | 1(1) | 1 | 0 | 0 |
| 0 | 0 | 0 | 0 | 후44 | 송 창 석 | 21 | | 대기 | 7 | 송 시 우 | 후0 | 0 | 1 | 0 | 0 |
| 0 | 0 | 0 | 0 | 후36 | 지 언 학 | 27 | | 대기 | 8 | 도 동 현 | 후22 | 0 | 2 | 1 | 0 |
| 0 | 0 | 1 | 0 | 후27 | 이 형 경 | 98 | | 대기 | 90 | 이 중 민 | 후40 | 0 | 0 | 0 | 0 |
| 0 | 3 | 11 | 9(6) | | | 0 | | | 0 | | | 7(3) | 16 | 4 | 0 |

- 전반 39분 송진규 센타서클 ~ 가브리엘 PAL 내 R-ST-G (득점: 가브리엘, 도움: 송진규) 오른쪽
- 후반 19분 우주성 AKL ~ 박민서 PAL 내 R-ST-G (득점: 박민서, 도움: 우주성) 오른쪽
- 후반 29분 카릴 GAL L-ST-G (득점: 카릴) 오른쪽

6월 01일 16:30 맑음 아산 이순신 2,149명
주심_ 박진호 부심_ 김태형·이현모 대기심_ 오현진 경기감독관_ 허기태

**충남아산 2** 1 전반 0 / 1 후반 0 **0 김포**

| 퇴장 | 경고 | 파울 | ST(유) | 교체 | 선수명 | 배번 | 위치 | 위치 | 배번 | 선수명 | 교체 | ST(유) | 파울 | 경고 | 퇴장 |
|---|---|---|---|---|---|---|---|---|---|---|---|---|---|---|---|
| 0 | 0 | 0 | 0 | | 신 송 훈 | 18 | GK | GK | 31 | 손 정 현 | | 0 | 0 | 0 | 0 |
| 0 | 0 | 0 | 0 | | 이 학 민 | 14 | DF | DF | 3 | 박 경 록 | | 0 | 0 | 0 | 0 |
| 0 | 0 | 2 | 0 | | 이 은 범 | 47 | DF | DF | 20 | 김 민 호 | | 0 | 1 | 1 | 0 |
| 0 | 0 | 1 | 0 | | 변 준 영 | 5 | DF | DF | 5 | 이 찬 형 | | 1(1) | 0 | 0 | 0 |
| 0 | 0 | 5 | 1(1) | | 박 종 민 | 25 | DF | MF | 11 | 윤 재 운 | | 1 | 0 | 0 | 0 |
| 0 | 0 | 0 | 0 | | 정 마 호 | 77 | MF | MF | 23 | 최 재 훈 | 47 | 0 | 1 | 0 | 0 |
| 0 | 0 | 0 | 1 | 8 | 손 준 호 | 28 | MF | MF | 72 | 천 지 현 | 8 | 1 | 0 | 0 | 0 |
| 0 | 0 | 1 | 2 | 45 | 데 니 손 | 7 | MF | MF | 7 | 이 상 민 | 77 | 0 | 1 | 0 | 0 |
| 0 | 0 | 0 | 1 | | 김 승 호 | 22 | MF | MF | 42 | 안 창 민 | 99 | 0 | 2 | 0 | 0 |
| 0 | 0 | 0 | 1(1) | 44 | 한 교 원 | 72 | MF | FW | 24 | 루 이 스 | | 4(1) | 3 | 0 | 0 |
| 0 | 0 | 1 | 3(3) | 20 | 김 종 민 | 9 | FW | FW | 10 | 플 라 나 | 9 | 1(1) | 1 | 0 | 0 |
| 0 | 0 | 0 | 0 | | 김 진 영 | 21 | | | 21 | 윤 보 상 | | 0 | 0 | 0 | 0 |
| 0 | 0 | 0 | 0 | | 김 주 성 | 17 | | | 2 | 김 종 민 | | 0 | 0 | 0 | 0 |
| 0 | 0 | 1 | 0 | 후51 | 조 주 영 | 20 | | | 77 | 채 프 먼 | 후39 | 0 | 0 | 0 | 0 |
| 0 | 0 | 0 | 0 | 후51 | 최 치 원 | 8 | 대기 | 대기 | 8 | 디자우마 | 후0 | 1 | 3 | 0 | 0 |
| 0 | 0 | 0 | 0 | | 유 동 규 | 19 | | | 47 | 조 성 준 | 후26 | 0 | 0 | 0 | 0 |
| 0 | 0 | 0 | 0 | 후48 | 이 연 우 | 44 | | | 99 | 김 결 | 후0 | 0 | 1 | 0 | 0 |
| 0 | 0 | 0 | 0 | 후26 | 미 사 키 | 45 | | | 9 | 브 루 노 | 후39 | 0 | 0 | 0 | 0 |
| 0 | 0 | 11 | 9(5) | | | 0 | | | 0 | | | 9(3) | 13 | 1 | 0 |

- 전반 30분 이은범 GAL ~ 박종민 GA 정면 L-ST-G (득점: 박종민, 도움: 이은범) 왼쪽
- 후반 42분 김종민 PK-R-G (득점: 김종민) 오른쪽

6월 01일 19:00 맑음 수원 월드컵 12,264명
주심_ 박종명 부심_ 이영운·김현진 대기심_ 최승환 경기감독관_ 차상해

**수원 4** | 0 전반 1 / 4 후반 0 | **1 부천**

| 퇴장 | 경고 | 파울 | ST(유) | 교체 | 선수명 | 배번 | 위치 | 위치 | 배번 | 선수명 | 교체 | ST(유) | 파울 | 경고 | 퇴장 |
|---|---|---|---|---|---|---|---|---|---|---|---|---|---|---|---|
| 0 | 0 | 0 | 0 | | 양형모 | 21 | GK | GK | 1 | 김형근 | | 0 | 0 | 0 | 0 |
| 0 | 0 | 1 | 1(1) | | 이기제 | 23 | DF | DF | 15 | 이재원 | | 0 | 1 | 0 | 0 |
| 0 | 0 | 0 | 0 | | 레오 | 4 | DF | DF | 5 | 이상혁 | 13 | 1(1) | 1 | 0 | 0 |
| 0 | 0 | 1 | 0 | | 권완규 | 12 | DF | DF | 20 | 홍성욱 | | 1 | 0 | 0 | 0 |
| 0 | 1 | 2 | 0 | 19 | 정동윤 | 32 | DF | MF | 66 | 유승현 | 24 | 0 | 0 | 0 | 0 |
| 0 | 1 | 1 | 0 | | 이규성 | 24 | MF | MF | 16 | 박현빈 | | 2(1) | 2 | 0 | 0 |
| 0 | 0 | 0 | 1 | 17 | 최영준 | 6 | MF | MF | 23 | 카즈 | 99 | 0 | 1 | 0 | 0 |
| 0 | 0 | 3 | 3(1) | | 파울리뇨 | 11 | MF | MF | 11 | 박창준 | | 1(1) | 0 | 0 | 0 |
| 0 | 0 | 0 | 0 | 9 | 김지호 | 71 | FW | MF | 7 | 티아깅요 | | 2 | 1 | 1 | 0 |
| 0 | 0 | 0 | 3(2) | 10 | 세라핌 | 70 | FW | FW | 10 | 바사니 | | 3 | 0 | 0 | 0 |
| 0 | 0 | 0 | 4(3) | 3 | 김지현 | 77 | FW | FW | 9 | 몬타뇨 | 18 | 2(2) | 0 | 0 | 0 |
| 0 | 0 | 0 | 0 | | 김민준 | 1 | | | 21 | 김현엽 | | 0 | 0 | 0 | 0 |
| 0 | 0 | 0 | 0 | 후30 | 고종현 | 3 | | | 13 | 박형진 | 후41 | 0 | 0 | 0 | 0 |
| 0 | 0 | 0 | 1 | 후39 | 이건희 | 19 | | | 4 | 최원철 | | 0 | 0 | 0 | 0 |
| 0 | 0 | 0 | 0 | 후39 | 강현묵 | 10 | 대기 | 대기 | 6 | 정호진 | | 0 | 0 | 0 | 0 |
| 0 | 0 | 1 | 0 | 후0 | 이민혁 | 17 | | | 24 | 김동현 | 후25 | 2 | 0 | 0 | 0 |
| 0 | 0 | 1 | 1(1) | 전33 | 일류첸코 | 9 | | | 18 | 이의형 | 후25 | 3 | 0 | 0 | 0 |
| 0 | 0 | 0 | 0 | | 박승수 | 47 | | | 99 | 공민현 | 후31 | 0 | 0 | 0 | 0 |
| 0 | 2 | 10 | 14(8) | | | 0 | | | 0 | | | 17(5) | 6 | 1 | 0 |

● 후반 6분 김지현 PAL 내 ↷ 세라핌 GAR 내 H-ST-G (득점: 세라핌, 도움: 김지현) 가운데
● 후반 14분 김지현 PK-R-G (득점: 김지현) 왼쪽
● 후반 23분 이재원 GA 정면 내 L 자책골 (득점: 이재원) 오른쪽
● 후반 42분 이기제 MFL ↷ 일류첸코 GAR 내 R-ST-G (득점: 일류첸코, 도움: 이기제) 오른쪽

● 전반 28분 바사니 C.KL ↷ 이상혁 GA 정면 H-ST-G (득점: 이상혁, 도움: 바사니) 오른쪽

6월 06일 19:00 맑음 청주 종합 2,793명
주심_ 고민국 부심_ 이영운·황보진현 대기심_ 박정호 경기감독관_ 나승화

**충북청주 0** | 0 전반 2 / 0 후반 0 | **2 충남아산**

| 퇴장 | 경고 | 파울 | ST(유) | 교체 | 선수명 | 배번 | 위치 | 위치 | 배번 | 선수명 | 교체 | ST(유) | 파울 | 경고 | 퇴장 |
|---|---|---|---|---|---|---|---|---|---|---|---|---|---|---|---|
| 0 | 0 | 0 | 0 | | 이승환 | 23 | GK | GK | 18 | 신송훈 | | 0 | 0 | 0 | 0 |
| 0 | 1 | 4 | 0 | | 홍준호 | 15 | DF | DF | 14 | 이학민 | | 1 | 0 | 0 | 0 |
| 0 | 1 | 2 | 1 | | 임준영 | 39 | DF | DF | 20 | 조주영 | | 0 | 1 | 0 | 0 |
| 0 | 0 | 0 | 0 | | 이창훈 | 99 | DF | DF | 5 | 변준영 | | 0 | 0 | 0 | 0 |
| 0 | 0 | 1 | 1 | | 김선민 | 5 | MF | DF | 25 | 박종민 | 17 | 0 | 2 | 1 | 0 |
| 0 | 0 | 2 | 1 | 17 | 송진규 | 8 | MF | MF | 13 | 김영남 | | 1 | 2 | 0 | 0 |
| 0 | 0 | 1 | 0 | | 문승민 | 16 | MF | MF | 28 | 손준호 | 8 | 0 | 1 | 0 | 0 |
| 0 | 0 | 1 | 0 | 71 | 이강한 | 66 | MF | MF | 7 | 데니손 | 19 | 5(4) | 0 | 0 | 0 |
| 0 | 0 | 0 | 2 | 27 | 최강민 | 70 | MF | MF | 22 | 김승호 | | 0 | 0 | 0 | 0 |
| 0 | 0 | 1 | 0 | | 가브리엘 | 9 | FW | MF | 72 | 한교원 | 45 | 1(1) | 1 | 0 | 0 |
| 0 | 0 | 0 | 1 | 21 | 페드로 | 10 | FW | FW | 9 | 김종민 | | 3(3) | 1 | 0 | 0 |
| 0 | 0 | 0 | 0 | | 정진욱 | 18 | | | 21 | 김진영 | | 0 | 0 | 0 | 0 |
| 0 | 0 | 0 | 0 | | 정성우 | 50 | | | 17 | 김주성 | 후31 | 2(2) | 0 | 0 | 0 |
| 0 | 0 | 0 | 0 | | 이지승 | 28 | | | 37 | 정도진 | | 0 | 0 | 0 | 0 |
| 0 | 0 | 0 | 0 | 후26 | 이동원 | 71 | 대기 | 대기 | 8 | 최치원 | 후48 | 0 | 0 | 0 | 0 |
| 0 | 0 | 1 | 0 | 후39 | 홍석준 | 17 | | | 19 | 유동규 | 후48 | 0 | 0 | 0 | 0 |
| 0 | 0 | 1 | 1 | 후19 | 송창석 | 21 | | | 44 | 이연우 | | 0 | 0 | 0 | 0 |
| 0 | 0 | 0 | 0 | 후39 | 지언학 | 27 | | | 45 | 미사키 | 후40 | 0 | 0 | 0 | 0 |
| 0 | 2 | 14 | 7 | | | 0 | | | 0 | | | 13(10) | 8 | 1 | 0 |

● 전반 14분 한교원 GA 정면 내 R-ST-G (득점: 한교원) 가운데
● 전반 25분 한교원 MF 정면 ↷ 김종민 PAL 내 R-ST-G (득점: 김종민, 도움: 한교원) 오른쪽

6월 01일 19:00 맑음 천안 종합 4,032명
주심_ 최철준 부심_ 김수현·장민호 대기심_ 오현정 경기감독관_ 양정환

**천안 3** | 1 전반 2 / 2 후반 1 | **3 인천**

| 퇴장 | 경고 | 파울 | ST(유) | 교체 | 선수명 | 배번 | 위치 | 위치 | 배번 | 선수명 | 교체 | ST(유) | 파울 | 경고 | 퇴장 |
|---|---|---|---|---|---|---|---|---|---|---|---|---|---|---|---|
| 0 | 0 | 0 | 0 | | 박주원 | 1 | GK | GK | 1 | 민성준 | | 0 | 0 | 0 | 0 |
| 0 | 1 | 5 | 0 | 5 | 이상명 | 24 | DF | DF | 32 | 이주용 | | 1 | 1 | 1 | 0 |
| 0 | 0 | 0 | 0 | | 이웅희 | 3 | DF | DF | 23 | 박경섭 | 20 | 0 | 1 | 1 | 0 |
| 0 | 0 | 0 | 0 | | 마상훈 | 25 | DF | DF | 4 | 김건희 | | 1(1) | 0 | 0 | 0 |
| 0 | 1 | 2 | 1(1) | | 김영선 | 26 | DF | DF | 39 | 김명순 | | 1 | 1 | 0 | 0 |
| 0 | 1 | 3 | 0 | 17 | 이종성 | 6 | MF | MF | 14 | 바로우 | 19 | 0 | 0 | 0 | 0 |
| 0 | 0 | 0 | 1 | | 이풍범 | 23 | MF | MF | 28 | 민경현 | | 2(2) | 0 | 0 | 0 |
| 0 | 0 | 0 | 0 | 10 | 이상준 | 7 | MF | MF | 5 | 이명주 | 6 | 0 | 1 | 0 | 0 |
| 0 | 0 | 1 | 0 | 13 | 신한결 | 2 | MF | MF | 11 | 제르소 | 17 | 1(1) | 1 | 0 | 0 |
| 0 | 0 | 0 | 1(1) | 18 | 우정연 | 47 | FW | FW | 77 | 박승호 | 8 | 2(1) | 1 | 1 | 0 |
| 0 | 0 | 2 | 1 | | 펠리페 | 91 | FW | FW | 9 | 무고사 | | 1(1) | 0 | 0 | 0 |
| 0 | 0 | 0 | 0 | | 허자웅 | 31 | | | 21 | 황성민 | | 0 | 0 | 0 | 0 |
| 0 | 0 | 1 | 0 | 후20 | 김서진 | 13 | | | 20 | 델브리지 | 후29 | 0 | 0 | 0 | 0 |
| 0 | 0 | 0 | 0 | 후41 | 최진웅 | 5 | | | 6 | 문지환 | 후29 | 0 | 0 | 0 | 0 |
| 0 | 0 | 0 | 0 | | 신형민 | 32 | 대기 | 대기 | 8 | 신진호 | 후29 | 0 | 0 | 0 | 0 |
| 0 | 1 | 0 | 2(2) | 후20 | 이정협 | 18 | | | 17 | 김성민 | 후40 | 0 | 1 | 1 | 0 |
| 0 | 0 | 0 | 0 | 후33 | 명준재 | 17 | | | 19 | 김민석 | 후40 | 0 | 1 | 0 | 0 |
| 0 | 0 | 3 | 3(1) | 후0 | 툰가라 | 10 | | | 99 | 박호민 | | 0 | 0 | 0 | 0 |
| 0 | 4 | 17 | 9(5) | | | 0 | | | 0 | | | 9(6) | 8 | 4 | 0 |

● 전반 20분 펠리페 MFR ↷ 우정연 GA 정면 H-ST-G (득점: 우정연, 도움: 펠리페) 오른쪽
● 후반 23분 김영선 PAR ↷ 이정협 GA 정면 H-ST-G (득점: 이정협, 도움: 김영선) 왼쪽
● 후반 49분 펠리페 MFL ↷ 이정협 GA 정면 H-ST-G (득점: 이정협, 도움: 펠리페) 왼쪽

● 전반 22분 마상훈 GAR 내 H 자책골 (득점: 마상훈) 왼쪽
● 전반 43분 무고사 PK-R-G (득점: 무고사) 왼쪽
● 후반 11분 제르소 GAR R-ST-G (득점: 제르소) 왼쪽

6월 06일 19:00 맑음 탄천 종합 8,843명
주심_ 최현재 부심_ 김수현·장민호 대기심_ 박진호 경기감독관_ 김용세

**성남 1** | 1 전반 1 / 0 후반 1 | **2 수원**

| 퇴장 | 경고 | 파울 | ST(유) | 교체 | 선수명 | 배번 | 위치 | 위치 | 배번 | 선수명 | 교체 | ST(유) | 파울 | 경고 | 퇴장 |
|---|---|---|---|---|---|---|---|---|---|---|---|---|---|---|---|
| 0 | 0 | 0 | 0 | | 양한빈 | 21 | GK | GK | 21 | 양형모 | | 0 | 0 | 0 | 0 |
| 0 | 0 | 1 | 1 | | 정승용 | 22 | DF | DF | 23 | 이기제 | | 1(1) | 0 | 0 | 0 |
| 0 | 0 | 1 | 0 | | 김주원 | 66 | DF | DF | 4 | 레오 | | 1 | 1 | 0 | 0 |
| 0 | 0 | 2 | 2(1) | | 베니시오 | 4 | DF | DF | 12 | 권완규 | 90 | 0 | 0 | 0 | 0 |
| 0 | 0 | 0 | 2 | | 신재원 | 7 | DF | DF | 19 | 이건희 | | 0 | 2 | 1 | 0 |
| 0 | 0 | 0 | 0 | 18 | 이준상 | 27 | MF | MF | 24 | 이규성 | | 1 | 0 | 0 | 0 |
| 0 | 0 | 2 | 0 | | 박수빈 | 33 | MF | MF | 6 | 최영준 | 17 | 2(1) | 2 | 0 | 0 |
| 0 | 0 | 0 | 0 | 16 | 이재욱 | 68 | MF | MF | 77 | 김지현 | 10 | 0 | 0 | 0 | 0 |
| 0 | 0 | 0 | 0 | | 박지원 | 77 | MF | FW | 11 | 파울리뇨 | | 4(2) | 0 | 0 | 0 |
| 0 | 0 | 1 | 1 | 17 | 홍창범 | 6 | FW | FW | 70 | 세라핌 | 47 | 1(1) | 1 | 0 | 0 |
| 0 | 0 | 3 | 3(3) | | 후이즈 | 9 | FW | FW | 9 | 일류첸코 | 74 | 0 | 1 | 0 | 0 |
| 0 | 0 | 0 | 0 | | 정명제 | 28 | | | 1 | 김민준 | | 0 | 0 | 0 | 0 |
| 0 | 0 | 0 | 0 | 후48 | 강의빈 | 3 | | | 2 | 장석환 | | 0 | 0 | 0 | 0 |
| 0 | 0 | 2 | 0 | 후17/3 | 류준선 | 16 | | | 90 | 황석호 | 후38 | 0 | 0 | 0 | 0 |
| 0 | 0 | 0 | 0 | 후21 | 정원진 | 17 | 대기 | 대기 | 10 | 강현묵 | 후38 | 0 | 0 | 0 | 0 |
| 0 | 0 | 0 | 1(1) | 후0 | 김범수 | 18 | | | 17 | 이민혁 | 후14 | 0 | 2 | 1 | 0 |
| 0 | 0 | 0 | 0 | | 김훈민 | 19 | | | 47 | 박승수 | 후24 | 1(1) | 2 | 0 | 0 |
| 0 | 0 | 0 | 0 | | 박병규 | 30 | | | 74 | 브루노실바 | 후14 | 0 | 1 | 0 | 0 |
| 0 | 0 | 12 | 10(5) | | | 0 | | | 0 | | | 11(6) | 12 | 2 | 0 |

● 전반 37분 후이즈 PK-R-G (득점: 후이즈) 오른쪽

● 전반 8분 파울리뇨 PA 정면 내 R-ST-G (득점: 파울리뇨) 오른쪽
● 후반 50분 이기제 AKR FK L-ST-G (득점: 이기제) 오른쪽

6월 06일 19:00 맑음 탄천 종합 8,843명
주심_ 최현재 부심_ 김수현·장민호 대기심_ 박진호 경기감독관_ 김용세

**성남 1** | 1 전반 1 / 0 후반 1 | **2 수원**

| 퇴장 | 경고 | 파울 | ST(유) | 교체 | 선수명 | 배번 | 위치 | 위치 | 배번 | 선수명 | 교체 | ST(유) | 파울 | 경고 | 퇴장 |
|---|---|---|---|---|---|---|---|---|---|---|---|---|---|---|---|
| 0 | 0 | 0 | 0 | | 양한빈 | 21 | GK | GK | 21 | 양형모 | | 0 | 0 | 0 | 0 |
| 0 | 0 | 1 | 1 | | 정승용 | 22 | DF | DF | 23 | 이기제 | | 1(1) | 0 | 0 | 0 |
| 0 | 0 | 1 | 0 | | 김주원 | 66 | DF | DF | 4 | 레오 | | 1 | 1 | 0 | 0 |
| 0 | 0 | 2 | 2(1) | | 베니시오 | 4 | DF | DF | 12 | 권완규 | 90 | 0 | 0 | 0 | 0 |
| 0 | 0 | 0 | 2 | | 신재원 | 7 | DF | DF | 19 | 이건희 | | 0 | 2 | 1 | 0 |
| 0 | 0 | 0 | 0 | 18 | 이준상 | 27 | MF | MF | 24 | 이규성 | | 1 | 0 | 0 | 0 |
| 0 | 0 | 2 | 0 | | 박수빈 | 33 | MF | MF | 6 | 최영준 | 17 | 2(1) | 2 | 0 | 0 |
| 0 | 0 | 0 | 0 | 16 | 이재욱 | 68 | MF | MF | 77 | 김지현 | 10 | 0 | 0 | 0 | 0 |
| 0 | 0 | 0 | 0 | | 박지원 | 77 | MF | FW | 11 | 파울리뇨 | | 4(2) | 0 | 0 | 0 |
| 0 | 0 | 1 | 1 | 17 | 홍창범 | 6 | FW | FW | 70 | 세라핌 | 47 | 1(1) | 1 | 0 | 0 |
| 0 | 0 | 3 | 3(3) | | 후이즈 | 9 | FW | FW | 9 | 일류첸코 | 74 | 0 | 1 | 0 | 0 |
| 0 | 0 | 0 | 0 | | 정명제 | 28 | | | 1 | 김민준 | | 0 | 0 | 0 | 0 |
| 0 | 0 | 0 | 0 | 후48 | 강의빈 | 3 | | | 2 | 장석환 | | 0 | 0 | 0 | 0 |
| 0 | 0 | 2 | 0 | 후17/3 | 류준선 | 16 | | | 90 | 황석호 | 후38 | 0 | 0 | 0 | 0 |
| 0 | 0 | 0 | 0 | 후21 | 정원진 | 17 | 대기 | 대기 | 10 | 강현묵 | 후38 | 0 | 0 | 0 | 0 |
| 0 | 0 | 0 | 1(1) | 후0 | 김범수 | 18 | | | 17 | 이민혁 | 후14 | 0 | 2 | 1 | 0 |
| 0 | 0 | 0 | 0 | | 김훈민 | 19 | | | 47 | 박승수 | 후24 | 1(1) | 2 | 0 | 0 |
| 0 | 0 | 0 | 0 | | 박병규 | 30 | | | 74 | 브루노실바 | 후14 | 0 | 1 | 0 | 0 |
| 0 | 0 | 12 | 10(5) | | | 0 | | | 0 | | | 11(6) | 12 | 2 | 0 |

- 전반 37분 후이즈 PK-R-G (득점: 후이즈) 오른쪽
- 전반 8분 파울리뇨 PA 정면 내 R-ST-G (득점: 파울리뇨) 오른쪽
- 후반 50분 이기제 AKR FK L-ST-G (득점: 이기제) 오른쪽

6월 07일 19:00 맑음 창원 축구센터 3,053명
주심_ 최승환 부심_ 신재환·이상길 대기심_ 원명희 경기감독관_ 김성기

**경남 0** | 0 전반 1 / 0 후반 0 | **1 화성**

| 퇴장 | 경고 | 파울 | ST(유) | 교체 | 선수명 | 배번 | 위치 | 위치 | 배번 | 선수명 | 교체 | ST(유) | 파울 | 경고 | 퇴장 |
|---|---|---|---|---|---|---|---|---|---|---|---|---|---|---|---|
| 0 | 0 | 0 | 0 | | 최필수 | 91 | GK | GK | 1 | 김승건 | | 0 | 0 | 0 | 0 |
| 0 | 0 | 0 | 0 | | 박원재 | 33 | DF | MF | 2 | 김대환 | | 1 | 0 | 1 | 0 |
| 0 | 0 | 0 | 0 | 90 | 박재환 | 2 | DF | DF | 3 | 조동재 | 20 | 0 | 2 | 1 | 0 |
| 0 | 0 | 0 | 1 | | 우주성 | 15 | DF | MF | 6 | 최준혁 | | 0 | 4 | 1 | 0 |
| 0 | 0 | 0 | 1 | | 이준재 | 17 | DF | MF | 8 | 전성진 | 16 | 2(1) | 1 | 1 | 0 |
| 0 | 0 | 1 | 0 | | 이강희 | 16 | MF | FW | 10 | 루안 | 5 | 0 | 1 | 0 | 0 |
| 0 | 1 | 3 | 0 | 8 | 헤난 | 88 | MF | DF | 15 | 보이노비치 | | 0 | 1 | 0 | 0 |
| 0 | 0 | 2 | 0 | 7 | 이시헌 | 21 | MF | DF | 17 | 임창석 | | 1(1) | 0 | 0 | 0 |
| 0 | 0 | 1 | 0 | 11 | 조영광 | 24 | FW | MF | 27 | 백승우 | 53 | 0 | 0 | 0 | 0 |
| 0 | 0 | 0 | 2(1) | 3 | 박기현 | 29 | FW | FW | 41 | 김병오 | 9 | 0 | 1 | 1 | 0 |
| 0 | 1 | 1 | 3(3) | | 카릴 | 9 | FW | DF | 44 | 함선우 | | 0 | 0 | 0 | 0 |
| 0 | 0 | 0 | 0 | | 류원우 | 51 | | | 13 | 이기현 | | 0 | 0 | 0 | 0 |
| 0 | 0 | 1 | 0 | 후35 | 이규백 | 3 | | | 4 | 연제민 | | 0 | 0 | 0 | 0 |
| 0 | 0 | 0 | 0 | | 한석종 | 63 | | | 5 | 우제욱 | 후35 | 0 | 0 | 0 | 0 |
| 0 | 0 | 1 | 0 | 후0 | 박민서 | 11 | 대기 | 대기 | 9 | 박주영 | 후28 | 0 | 0 | 0 | 0 |
| 0 | 0 | 0 | 1(1) | 후0 | 송시우 | 7 | | | 16 | 최명희 | 후35 | 0 | 1 | 0 | 0 |
| 0 | 0 | 1 | 0 | 후27 | 도동현 | 8 | | | 20 | 박준서 | 후22 | 1(1) | 1 | 0 | 0 |
| 0 | 0 | 0 | 0 | 후35 | 이중민 | 90 | | | 53 | 리마 | 후22 | 0 | 0 | 0 | 0 |
| 0 | 2 | 11 | 8(5) | | | 0 | | | 0 | | | 5(3) | 12 | 5 | 0 |

- 전반 39분 루안 GAR ~ 임창석 PAR 내 R-ST-G (득점: 임창석, 도움: 루안) 오른쪽

6월 07일 19:00 맑음 광양 전용 6,946명
주심_ 박종명 부심_ 김종희·이화평 대기심_ 최규현 경기감독관_ 이평재

**전남 1** | 1 전반 0 / 0 후반 1 | **1 서울E**

| 퇴장 | 경고 | 파울 | ST(유) | 교체 | 선수명 | 배번 | 위치 | 위치 | 배번 | 선수명 | 교체 | ST(유) | 파울 | 경고 | 퇴장 |
|---|---|---|---|---|---|---|---|---|---|---|---|---|---|---|---|
| 0 | 0 | 0 | 0 | | 최봉진 | 1 | GK | GK | 1 | 노동건 | | 0 | 0 | 0 | 0 |
| 0 | 0 | 1 | 0 | | 최정원 | 95 | DF | DF | 6 | 채광훈 | | 0 | 0 | 0 | 0 |
| 0 | 0 | 1 | 0 | | 고태원 | 5 | DF | DF | 4 | 곽윤호 | 5 | 0 | 0 | 0 | 0 |
| 0 | 0 | 0 | 0 | | 유지하 | 2 | DF | DF | 20 | 김오규 | | 0 | 1 | 1 | 0 |
| 0 | 0 | 0 | 0 | | 김예성 | 3 | DF | DF | 77 | 배진우 | 13 | 0 | 1 | 1 | 0 |
| 0 | 0 | 0 | 1(1) | 12 | 안재민 | 36 | DF | MF | 16 | 변경준 | 70 | 0 | 0 | 0 | 0 |
| 0 | 0 | 0 | 0 | | 알베르띠 | 16 | MF | MF | 8 | 윤석주 | | 0 | 4 | 0 | 0 |
| 0 | 0 | 1 | 0 | 14 | 박태용 | 88 | MF | MF | 66 | 백지웅 | | 1 | 1 | 0 | 0 |
| 0 | 0 | 0 | 1(1) | 17 | 발디비아 | 10 | MF | MF | 23 | 배서준 | 7 | 0 | 0 | 0 | 0 |
| 0 | 0 | 0 | 1 | | 호난 | 19 | FW | FW | 11 | 페드링요 | 18 | 3(2) | 0 | 0 | 0 |
| 0 | 0 | 1 | 0 | 71 | 유경민 | 27 | FW | FW | 9 | 아이데일 | | 1 | 0 | 0 | 0 |
| 0 | 0 | 0 | 0 | | 강정묵 | 96 | | | 21 | 김민호 | | 0 | 0 | 0 | 0 |
| 0 | 0 | 0 | 1 | 후30 | 민준영 | 12 | | | 5 | 오스마르 | 후43 | 0 | 0 | 0 | 0 |
| 0 | 0 | 0 | 1 | 전14/11 | 김주엽 | 71 | | | 13 | 차승현 | 후35 | 0 | 0 | 0 | 0 |
| 0 | 0 | 0 | 0 | | 양지산 | 6 | 대기 | 대기 | 88 | 서진석 | | 0 | 0 | 0 | 0 |
| 0 | 0 | 0 | 0 | 후0 | 윤민호 | 14 | | | 70 | 허용준 | 전30 | 2(1) | 0 | 0 | 0 |
| 0 | 0 | 2 | 2(2) | 후0 | 정지용 | 11 | | | 7 | 에울레르 | 전30 | 3(2) | 0 | 0 | 0 |
| 0 | 1 | 1 | 0 | 후22 | 김도윤 | 17 | | | 18 | 정재민 | 후0 | 0 | 3 | 0 | 0 |
| 0 | 1 | 7 | 7(4) | | | 0 | | | 0 | | | 10(5) | 10 | 2 | 0 |

- 전반 5분 호난 센타서클 ~ 발디비아 PAL 내 R-ST-G (득점: 발디비아, 도움: 호난) 오른쪽
- 후반 21분 배진우 PAR ~ 에울레르 PAR 내 R-ST-G (득점: 에울레르, 도움: 배진우) 왼쪽

6월 08일 19:00 맑음 인천 전용 11,007명
주심_ 오현진 부심_ 성주경·김태원 대기심_ 김재홍 경기감독관_ 김성수

**인천 1** | 0 전반 0 / 1 후반 0 | **0 부천**

| 퇴장 | 경고 | 파울 | ST(유) | 교체 | 선수명 | 배번 | 위치 | 위치 | 배번 | 선수명 | 교체 | ST(유) | 파울 | 경고 | 퇴장 |
|---|---|---|---|---|---|---|---|---|---|---|---|---|---|---|---|
| 0 | 0 | 0 | 0 | | 민성준 | 1 | GK | GK | 1 | 김형근 | | 0 | 0 | 0 | 0 |
| 0 | 0 | 2 | 1 | | 이주용 | 32 | DF | DF | 15 | 이재원 | | 0 | 1 | 0 | 0 |
| 0 | 0 | 0 | 0 | 20 | 박경섭 | 23 | DF | DF | 5 | 이상혁 | 4 | 0 | 0 | 0 | 0 |
| 0 | 1 | 2 | 0 | | 김건희 | 4 | DF | DF | 20 | 홍성욱 | | 0 | 2 | 0 | 0 |
| 0 | 0 | 1 | 0 | 3 | 김명순 | 39 | DF | MF | 7 | 티아깅요 | | 1(1) | 1 | 0 | 0 |
| 0 | 0 | 1 | 1(1) | 27 | 바로우 | 14 | MF | MF | 23 | 카즈 | 24 | 0 | 0 | 0 | 0 |
| 0 | 1 | 1 | 0 | | 문지환 | 6 | MF | MF | 16 | 박현빈 | | 0 | 1 | 0 | 0 |
| 0 | 1 | 4 | 1 | | 이명주 | 5 | MF | MF | 6 | 정호진 | 11 | 0 | 0 | 0 | 0 |
| 0 | 0 | 1 | 2(1) | | 제르소 | 11 | MF | FW | 10 | 바사니 | | 2(1) | 1 | 1 | 0 |
| 0 | 0 | 0 | 2(1) | 8 | 박승호 | 77 | FW | FW | 9 | 몬타뇨 | 41 | 0 | 0 | 0 | 0 |
| 0 | 0 | 2 | 2(2) | 9 | 박호민 | 99 | FW | FW | 18 | 이의형 | 99 | 1 | 2 | 1 | 0 |
| 0 | 0 | 0 | 0 | | 이범수 | 25 | | | 21 | 김현엽 | | 0 | 0 | 0 | 0 |
| 0 | 0 | 1 | 0 | 후19 | 이상기 | 3 | | | 30 | 전인규 | | 0 | 0 | 0 | 0 |
| 0 | 0 | 0 | 0 | 후33 | 델브리지 | 20 | | | 4 | 최원철 | 후36 | 0 | 0 | 0 | 0 |
| 0 | 0 | 0 | 0 | 후33 | 신진호 | 8 | 대기 | 대기 | 24 | 김동현 | 후27 | 0 | 1 | 0 | 0 |
| 0 | 0 | 0 | 0 | | 김성민 | 17 | | | 11 | 박창준 | 후19 | 0 | 0 | 0 | 0 |
| 0 | 0 | 0 | 1 | 후27 | 김보섭 | 27 | | | 41 | 갈레고 | 후19 | 0 | 1 | 1 | 0 |
| 0 | 0 | 1 | 1(1) | 후19 | 무고사 | 9 | | | 99 | 공민현 | 후27 | 0 | 0 | 0 | 0 |
| 0 | 3 | 16 | 11(6) | | | 0 | | | 0 | | | 4(2) | 10 | 3 | 0 |

- 후반 6분 제르소 GA 정면 내 L-ST-G (득점: 제르소) 가운데

6월 08일 19:00 맑음 김포솔터축구장 2,053명
주심_ 오현정 부심_ 주현민·천진희 대기심_ 이경순 경기감독관_ 구상범

**김포 1** (1 전반 0 / 0 후반 0) **0 천안**

| 퇴장 | 경고 | 파울 | ST(유) | 교체 | 선수명 | 배번 | 위치 | 위치 | 배번 | 선수명 | 교체 | ST(유) | 파울 | 경고 | 퇴장 |
|---|---|---|---|---|---|---|---|---|---|---|---|---|---|---|---|
| 0 | 0 | 0 | 0 | | 손정현 | 31 | GK | GK | 1 | 박주원 | 31 | 0 | 0 | 0 | 0 |
| 0 | 0 | 0 | 0 | | 김동민 | 97 | DF | DF | 24 | 이상명 | | 0 | 2 | 0 | 0 |
| 0 | 0 | 0 | 1(1) | | 채프먼 | 77 | DF | DF | 3 | 이웅희 | | 1 | 0 | 0 | 0 |
| 0 | 0 | 1 | 0 | | 박경록 | 3 | DF | DF | 25 | 마상훈 | | 0 | 1 | 0 | 0 |
| 0 | 0 | 0 | 0 | 6 | 윤재운 | 11 | MF | MF | 26 | 김영선 | | 0 | 1 | 0 | 0 |
| 0 | 0 | 1 | 2(1) | 33 | 천지현 | 72 | MF | MF | 16 | 김성준 | 6 | 0 | 1 | 0 | 0 |
| 0 | 1 | 3 | 3(2) | | 디자우마 | 8 | MF | MF | 91 | 펠리페 | | 1 | 3 | 0 | 0 |
| 0 | 0 | 2 | 0 | | 이상민 | 7 | MF | MF | 34 | 이예찬 | 11 | 0 | 0 | 0 | 0 |
| 0 | 0 | 0 | 1(1) | 47 | 안창민 | 42 | MF | FW | 14 | 구종욱 | 18 | 0 | 1 | 0 | 0 |
| 0 | 0 | 1 | 1(1) | | 루이스 | 24 | FW | FW | 47 | 우정연 | 17 | 0 | 0 | 0 | 0 |
| 0 | 0 | 2 | 3(2) | 17 | 플라나 | 10 | FW | FW | 10 | 툰가라 | | 1 | 0 | 0 | 0 |
| 0 | 0 | 0 | 0 | | 윤보상 | 21 | | | 31 | 허자웅 | 후3 | 0 | 0 | 0 | 0 |
| 0 | 0 | 0 | 0 | | 김민호 | 20 | | | 5 | 최진웅 | | 0 | 0 | 0 | 0 |
| 0 | 0 | 0 | 0 | 후41 | 김지훈 | 6 | | | 23 | 이풍범 | | 0 | 0 | 0 | 0 |
| 0 | 0 | 0 | 0 | | 최선규 | 22 | 대기 | 대기 | 6 | 이종성 | 후22 | 0 | 2 | 1 | 0 |
| 0 | 0 | 0 | 0 | 후41 | 연응빈 | 33 | | | 18 | 이정협 | 후0 | 0 | 0 | 0 | 0 |
| 0 | 0 | 1 | 1 | 후10 | 조성준 | 47 | | | 17 | 명준재 | 후34 | 0 | 0 | 0 | 0 |
| 0 | 0 | 1 | 1 | 후45 | 제갈재민 | 17 | | | 11 | 이지훈 | 후0 | 0 | 2 | 0 | 0 |
| 0 | 1 | 12 | 13(8) | | | 0 | | | 0 | | | 3 | 13 | 1 | 0 |

● 전반 18분 윤재운 GAL ~ 루이스 GAL L-ST-G (득점: 루이스, 도움: 윤재운) 왼쪽

6월 14일 19:00 맑음 부천 종합 3,440명
주심_ 최철준 부심_ 이병주·김수현 대기심_ 고민국 경기감독관_ 구상범

**부천 3** (1 전반 1 / 2 후반 0) **1 서울E**

| 퇴장 | 경고 | 파울 | ST(유) | 교체 | 선수명 | 배번 | 위치 | 위치 | 배번 | 선수명 | 교체 | ST(유) | 파울 | 경고 | 퇴장 |
|---|---|---|---|---|---|---|---|---|---|---|---|---|---|---|---|
| 0 | 1 | 0 | 0 | | 김형근 | 1 | GK | GK | 1 | 노동건 | | 0 | 0 | 0 | 0 |
| 0 | 0 | 0 | 0 | | 이재원 | 15 | DF | DF | 6 | 채광훈 | 13 | 0 | 0 | 0 | 0 |
| 0 | 0 | 1 | 0 | | 이상혁 | 5 | DF | DF | 4 | 곽윤호 | | 0 | 0 | 0 | 0 |
| 0 | 0 | 1 | 0 | | 홍성욱 | 20 | DF | DF | 20 | 김오규 | | 0 | 0 | 0 | 0 |
| 0 | 1 | 1 | 1 | 6 | 장시영 | 27 | FW | DF | 77 | 배진우 | | 0 | 2 | 1 | 0 |
| 0 | 0 | 0 | 0 | | 카즈 | 23 | MF | MF | 16 | 변경준 | 70 | 3(1) | 2 | 1 | 0 |
| 0 | 0 | 3 | 3(1) | 14 | 박현빈 | 16 | MF | MF | 8 | 윤석주 | 5 | 0 | 2 | 0 | 0 |
| 0 | 1 | 2 | 0 | 66 | 티아깅요 | 7 | MF | MF | 66 | 백지웅 | | 0 | 1 | 0 | 0 |
| 0 | 1 | 2 | 2(2) | 99 | 박창준 | 11 | MF | MF | 7 | 에울레르 | 15 | 0 | 1 | 0 | 0 |
| 0 | 1 | 2 | 3(1) | 24 | 갈레고 | 41 | FW | FW | 18 | 정재민 | 11 | 3(2) | 0 | 0 | 0 |
| 0 | 1 | 2 | 6(5) | 18 | 몬타뇨 | 9 | FW | FW | 9 | 아이데일 | | 3(3) | 1 | 0 | 0 |
| 0 | 0 | 0 | 0 | | 김현엽 | 21 | | | 21 | 김민호 | | 0 | 0 | 0 | 0 |
| 0 | 0 | 0 | 0 | 후50 | 유승현 | 66 | | | 5 | 오스마르 | 후34 | 0 | 0 | 0 | 0 |
| 0 | 0 | 0 | 1(1) | 후35 | 정호진 | 6 | | | 13 | 차승현 | 후0 | 0 | 0 | 0 | 0 |
| 0 | 0 | 1 | 0 | 후50 | 최재영 | 14 | 대기 | 대기 | 15 | 서재민 | 후26/88 | 0 | 2 | 0 | 0 |
| 0 | 0 | 0 | 0 | 후43 | 김동현 | 24 | | | 88 | 서진석 | 후40 | 0 | 0 | 0 | 0 |
| 0 | 0 | 1 | 0 | 후35 | 이의형 | 18 | | | 70 | 허용준 | 후15 | 0 | 1 | 1 | 0 |
| 0 | 0 | 0 | 0 | 후51 | 공민현 | 99 | | | 11 | 페드링요 | 후0 | 1 | 0 | 0 | 0 |
| 0 | 6 | 16 | 16(10) | | | 0 | | | 0 | | | 10(6) | 12 | 3 | 0 |

● 전반 46분 박창준 PAL ↷ 박현빈 GAR L-ST-G (득점: 박현빈, 도움: 박창준) 왼쪽
● 후반 18분 박창준 GAR R-ST-G (득점: 박창준) 오른쪽
● 후반 27분 박창준 GAR R-ST-G (득점: 박창준) 오른쪽

● 전반 16분 에울레르 MFR ↷ 정재민 GAL 내 R-ST-G (득점: 정재민, 도움: 에울레르) 왼쪽

6월 14일 19:00 맑음 아산 이순신 2,340명
주심_ 원명희 부심_ 박남수·김우영 대기심_ 최승환 경기감독관_ 이경춘

**충남아산 0** (0 전반 0 / 0 후반 1) **1 천안**

| 퇴장 | 경고 | 파울 | ST(유) | 교체 | 선수명 | 배번 | 위치 | 위치 | 배번 | 선수명 | 교체 | ST(유) | 파울 | 경고 | 퇴장 |
|---|---|---|---|---|---|---|---|---|---|---|---|---|---|---|---|
| 0 | 0 | 0 | 0 | | 신송훈 | 18 | GK | GK | 31 | 허자웅 | | 0 | 0 | 0 | 0 |
| 0 | 0 | 0 | 1 | 17 | 이흐민 | 14 | DF | DF | 5 | 최진웅 | | 0 | 2 | 1 | 0 |
| 0 | 0 | 2 | 0 | 77 | 조주영 | 20 | DF | DF | 3 | 이웅희 | | 0 | 0 | 0 | 0 |
| 0 | 0 | 0 | 0 | | 변준영 | 5 | DF | DF | 25 | 마상훈 | | 0 | 0 | 0 | 0 |
| 0 | 0 | 0 | 1 | | 박종민 | 25 | DF | MF | 26 | 김영선 | | 1 | 1 | 0 | 0 |
| 0 | 0 | 0 | 0 | | 김옹남 | 13 | MF | MF | 16 | 김성준 | 6 | 1(1) | 0 | 0 | 0 |
| 0 | 0 | 3 | 1(1) | | 손준호 | 28 | MF | MF | 91 | 펠리페 | 8 | 1 | 0 | 0 | 0 |
| 0 | 0 | 2 | 1 | 7 | 김정현 | 38 | MF | MF | 24 | 이상명 | | 0 | 4 | 0 | 0 |
| 0 | 0 | 0 | 2(1) | | 김승호 | 22 | MF | FW | 11 | 이지훈 | 7 | 1 | 0 | 0 | 0 |
| 0 | 0 | 1 | 1 | 45 | 한교원 | 72 | MF | FW | 47 | 우정연 | 18 | 0 | 2 | 0 | 0 |
| 0 | 0 | 2 | 5(2) | | 김종민 | 9 | FW | FW | 10 | 툰가라 | 17 | 3 | 4 | 1 | 0 |
| 0 | 0 | 0 | 0 | | 김진영 | 21 | | | 21 | 제종현 | | 0 | 0 | 0 | 0 |
| 0 | 0 | 1 | 0 | 후41 | 김주성 | 17 | | | 4 | 강영훈 | | 0 | 0 | 0 | 0 |
| 0 | 1 | 1 | 0 | 후36 | 정마호 | 77 | | | 8 | 이광진 | 후30 | 0 | 0 | 0 | 0 |
| 0 | 0 | 0 | 0 | | 최치원 | 8 | 대기 | 대기 | 6 | 이종성 | 후18 | 0 | 1 | 0 | 0 |
| 0 | 0 | 1 | 3(1) | 후0 | 데니손 | 7 | | | 18 | 이정협 | 후0 | 0 | 0 | 0 | 0 |
| 0 | 0 | 0 | 0 | | 유동규 | 19 | | | 17 | 명준재 | 후50 | 0 | 0 | 0 | 0 |
| 0 | 1 | 1 | 0 | 후41 | 미사키 | 45 | | | 7 | 이상준 | 후30 | 1(1) | 0 | 0 | 0 |
| 0 | 2 | 14 | 15(5) | | | 0 | | | 0 | | | 8(2) | 14 | 2 | 0 |

● 후반 47분 이웅희 HLL ~ 이상준 PAL 내 R-ST-G (득점: 이상준, 도움: 이웅희) 오른쪽

6월 14일 19:00 맑음 청주 종합 1,806명
주심_ 최규현 부심_ 김태형·김현진 대기심_ 오현진 경기감독관_ 김성수

**충북청주 0** (0 전반 0 / 0 후반 1) **1 성남**

| 퇴장 | 경고 | 파울 | ST(유) | 교체 | 선수명 | 배번 | 위치 | 위치 | 배번 | 선수명 | 교체 | ST(유) | 파울 | 경고 | 퇴장 |
|---|---|---|---|---|---|---|---|---|---|---|---|---|---|---|---|
| 0 | 0 | 0 | 0 | | 이승환 | 23 | GK | GK | 21 | 양한빈 | | 0 | 0 | 0 | 0 |
| 0 | 1 | 1 | 0 | | 허승찬 | 24 | DF | DF | 22 | 정승용 | | 0 | 0 | 0 | 0 |
| 0 | 0 | 0 | 0 | | 지언학 | 27 | DF | DF | 66 | 김주원 | | 0 | 1 | 0 | 0 |
| 0 | 0 | 1 | 2(1) | 66 | 이동원 | 71 | DF | DF | 4 | 베니시오 | | 0 | 0 | 0 | 0 |
| 0 | 1 | 1 | 0 | | 이창훈 | 99 | DF | DF | 7 | 신재원 | | 1 | 0 | 0 | 0 |
| 0 | 0 | 2 | 0 | | 김선민 | 5 | MF | MF | 27 | 이준상 | 77 | 1 | 0 | 0 | 0 |
| 0 | 0 | 0 | 0 | 50 | 김영환 | 13 | MF | MF | 33 | 박수빈 | | 1(1) | 0 | 0 | 0 |
| 0 | 0 | 0 | 1 | | 최강민 | 70 | MF | MF | 68 | 이재욱 | 16 | 1(1) | 0 | 0 | 0 |
| 0 | 0 | 0 | 2 | 10 | 송진규 | 8 | FW | MF | 18 | 김범수 | 30 | 3 | 1 | 0 | 0 |
| 0 | 0 | 3 | 1 | 9 | 이승재 | 11 | FW | FW | 17 | 정원진 | 6 | 0 | 0 | 0 | 0 |
| 0 | 0 | 5 | 0 | 16 | 홍석준 | 17 | FW | FW | 9 | 후이즈 | | 3(3) | 2 | 0 | 0 |
| 0 | 0 | 0 | 0 | | 정진욱 | 18 | | | 28 | 정명제 | | 0 | 0 | 0 | 0 |
| 0 | 0 | 0 | 0 | | 윤석영 | 36 | | | 3 | 강의빈 | | 0 | 0 | 0 | 0 |
| 0 | 0 | 0 | 0 | 후35 | 정성우 | 50 | | | 6 | 홍창범 | 전28 | 1(1) | 1 | 0 | 0 |
| 0 | 0 | 3 | 1(1) | 전44 | 이강한 | 66 | 대기 | 대기 | 16 | 류준선 | 후25 | 0 | 0 | 0 | 0 |
| 0 | 0 | 1 | 0 | 후35 | 문승민 | 16 | | | 19 | 김훈민 | | 0 | 0 | 0 | 0 |
| 0 | 0 | 2 | 0 | 후0 | 가브리엘 | 9 | | | 30 | 박병규 | 후25 | 0 | 1 | 1 | 0 |
| 0 | 0 | 1 | 2(1) | 후19 | 페드로 | 10 | | | 77 | 박지원 | 전28 | 2(1) | 0 | 0 | 0 |
| 0 | 2 | 20 | 9(3) | | | 0 | | | 0 | | | 13(7) | 6 | 1 | 0 |

● 후반 40분 신재원 PAR TL ↷ 후이즈 GAL 내 H-ST-G (득점: 후이즈, 도움: 신재원) 왼쪽

6월 15일 19:00 흐림 광양 전용 2,387명
주심_ 이경순 부심_ 신재환·류시홍 대기심_ 원명희 경기감독관_ 이평재

**전남 0** | 0 전반 1 / 0 후반 0 | **1 부산**

| 퇴장 | 경고 | 파울 | ST(유) | 교체 | 선수명 | 배번 | 위치 | 위치 | 배번 | 선수명 | 교체 | ST(유) | 파울 | 경고 | 퇴장 |
|---|---|---|---|---|---|---|---|---|---|---|---|---|---|---|---|
| 0 | 0 | 0 | 0 | | 최봉진 | 1 | GK | GK | 1 | 구상민 | | 0 | 0 | 0 | 0 |
| 0 | 0 | 1 | 1 | | 구현준 | 4 | DF | DF | 3 | 오반석 | | 0 | 1 | 1 | 0 |
| 0 | 0 | 2 | 0 | | 고태원 | 5 | DF | DF | 20 | 조위제 | | 0 | 1 | 1 | 0 |
| 0 | 0 | 0 | 1(1) | | 유지하 | 2 | DF | DF | 24 | 홍욱현 | 33 | 0 | 1 | 0 | 0 |
| 0 | 0 | 0 | 1 | | 김예성 | 3 | DF | MF | 17 | 전성진 | 27 | 1 | 0 | 0 | 0 |
| 0 | 0 | 0 | 0 | 36 | 김주엽 | 71 | DF | MF | 6 | 이동수 | | 0 | 2 | 1 | 0 |
| 0 | 0 | 0 | 2 | | 알베르띠 | 16 | MF | MF | 8 | 임민혁 | 47 | 0 | 0 | 0 | 0 |
| 0 | 0 | 1 | 2(1) | 88 | 윤민호 | 14 | MF | MF | 77 | 장호익 | | 1 | 1 | 0 | 0 |
| 0 | 1 | 0 | 3(2) | | 발디비아 | 10 | MF | FW | 11 | 빌레로 | | 3(1) | 2 | 1 | 0 |
| 0 | 0 | 0 | 2 | 19 | 김도윤 | 17 | FW | FW | 9 | 곤잘로 | 45 | 2(1) | 2 | 0 | 0 |
| 0 | 0 | 0 | 1 | 11 | 손건호 | 47 | FW | FW | 10 | 페신 | 99 | 1(1) | 0 | 0 | 0 |
| 0 | 0 | 0 | 0 | | 강정묵 | 96 | | | 21 | 박대한 | | 0 | 0 | 0 | 0 |
| 0 | 0 | 0 | 0 | 후25 | 안재민 | 36 | | | 33 | 홍재석 | 후16 | 0 | 0 | 0 | 0 |
| 0 | 0 | 0 | 0 | | 최정원 | 95 | | | 37 | 김동욱 | | 0 | 0 | 0 | 0 |
| 0 | 0 | 0 | 1(1) | 후30 | 양지산 | 6 | 대기 | 대기 | 47 | 손휘 | 후40 | 0 | 1 | 1 | 0 |
| 0 | 0 | 0 | 0 | 후25 | 박태용 | 88 | | | 27 | 김현민 | 후16 | 1 | 1 | 0 | 0 |
| 0 | 0 | 0 | 0 | 후0/6 | 정지용 | 11 | | | 45 | 백가온 | 후25 | 1 | 0 | 0 | 0 |
| 0 | 0 | 0 | 2(2) | 후12 | 호난 | 19 | | | 99 | 손석용 | 후40 | 1 | 0 | 0 | 0 |
| 0 | 1 | 4 | 16(7) | | | 0 | | | 0 | | | 11(3) | 12 | 5 | 0 |

● 전반 37분 이동수 PAR ~ 페신 AKR L-ST-G (득점: 페신, 도움: 이동수) 왼쪽

6월 15일 19:00 흐림 김포솔터축구장 1,762명
주심_ 김재홍 부심_ 성주경·황보진현 대기심_ 고민국 경기감독관_ 김용세

**김포 3** | 0 전반 0 / 3 후반 0 | **0 경남**

| 퇴장 | 경고 | 파울 | ST(유) | 교체 | 선수명 | 배번 | 위치 | 위치 | 배번 | 선수명 | 교체 | ST(유) | 파울 | 경고 | 퇴장 |
|---|---|---|---|---|---|---|---|---|---|---|---|---|---|---|---|
| 0 | 0 | 0 | 0 | | 손정현 | 31 | GK | GK | 91 | 최필수 | | 0 | 0 | 0 | 0 |
| 0 | 0 | 0 | 0 | | 이찬형 | 5 | DF | DF | 37 | 김선호 | 17 | 1(1) | 1 | 0 | 0 |
| 0 | 0 | 0 | 0 | | 채프먼 | 77 | DF | DF | 5 | 김형진 | | 0 | 0 | 0 | 0 |
| 0 | 0 | 1 | 1(1) | | 김동민 | 97 | DF | DF | 15 | 우주성 | | 3(2) | 2 | 2 | 0 |
| 0 | 0 | 2 | 0 | | 윤재운 | 11 | MF | DF | 33 | 박원재 | 2 | 0 | 0 | 0 | 0 |
| 0 | 0 | 1 | 1 | 99 | 천지현 | 72 | MF | MF | 16 | 이강희 | | 1 | 1 | 1 | 0 |
| 0 | 1 | 1 | 4(3) | 47 | 디자우마 | 8 | MF | MF | 11 | 박민서 | 7 | 0 | 2 | 0 | 0 |
| 0 | 0 | 0 | 0 | | 이상민 | 7 | MF | MF | 88 | 헤난 | | 0 | 1 | 0 | 0 |
| 0 | 1 | 3 | 5(4) | 6 | 최재훈 | 23 | MF | MF | 21 | 이시헌 | 24 | 0 | 0 | 0 | 0 |
| 0 | 0 | 1 | 4(2) | 42 | 루이스 | 24 | FW | MF | 29 | 박기현 | | 1 | 1 | 1 | 0 |
| 0 | 0 | 0 | 3(3) | 33 | 플라나 | 10 | FW | FW | 9 | 카릴 | 90 | 1 | 0 | 0 | 0 |
| 0 | 0 | 0 | 0 | | 윤보상 | 21 | | | 51 | 류원우 | | 0 | 0 | 0 | 0 |
| 0 | 0 | 0 | 0 | | 김종민 | 2 | | | 2 | 박재환 | 후24 | 0 | 0 | 0 | 0 |
| 0 | 0 | 0 | 0 | 후46 | 김지훈 | 6 | | | 17 | 이준재 | 후16 | 0 | 1 | 1 | 0 |
| 0 | 0 | 0 | 0 | 후42 | 연응빈 | 33 | 대기 | 대기 | 63 | 한석종 | | 0 | 0 | 0 | 0 |
| 0 | 0 | 0 | 0 | 후46 | 안창민 | 42 | | | 24 | 조영광 | 전39 | 0 | 3 | 0 | 0 |
| 0 | 0 | 0 | 0 | 후11 | 김결 | 99 | | | 7 | 송시우 | 후16 | 0 | 0 | 0 | 0 |
| 0 | 0 | 0 | 1 | 후42 | 조성준 | 47 | | | 90 | 이중민 | 후24 | 0 | 0 | 0 | 0 |
| 0 | 2 | 9 | 19(13) | | | 0 | | | 0 | | | 7(3) | 12 | 5 | 0 |

● 후반 27분 디자우마 PAR 내 L-ST-G (득점: 디자우마) 오른쪽
● 후반 34분 최재훈 AK 정면 → 플라나 PA 정면 내 L-ST-G (득점: 플라나, 도움: 최재훈) 왼쪽
● 후반 36분 플라나 PAR ~ 디자우마 GAR R-ST-G (득점: 디자우마, 도움: 플라나) 가운데

6월 15일 19:00 흐림 화성 종합 1,259명
주심_ 박정호 부심_ 이영운·이현모 대기심_ 오현진 경기감독관_ 김성기

**화성 0** | 0 전반 0 / 0 후반 0 | **0 안산**

| 퇴장 | 경고 | 파울 | ST(유) | 교체 | 선수명 | 배번 | 위치 | 위치 | 배번 | 선수명 | 교체 | ST(유) | 파울 | 경고 | 퇴장 |
|---|---|---|---|---|---|---|---|---|---|---|---|---|---|---|---|
| 0 | 0 | 0 | 0 | | 김승건 | 1 | GK | GK | 1 | 이승빈 | | 0 | 0 | 0 | 0 |
| 0 | 0 | 1 | 1 | | 김대환 | 2 | MF | DF | 4 | 장민준 | | 0 | 0 | 0 | 0 |
| 0 | 0 | 1 | 0 | | 조동재 | 3 | DF | DF | 25 | 조지훈 | | 1 | 1 | 1 | 0 |
| 0 | 1 | 2 | 0 | | 최준혁 | 6 | MF | DF | 6 | 김현태 | | 0 | 0 | 0 | 0 |
| 0 | 0 | 1 | 0 | 16 | 전성진 | 8 | MF | MF | 22 | 박시화 | | 0 | 1 | 0 | 0 |
| 0 | 0 | 0 | 0 | 27 | 루안 | 10 | FW | MF | 7 | 손준석 | | 1(1) | 2 | 0 | 0 |
| 0 | 0 | 1 | 0 | | 보이노비치 | 15 | DF | MF | 66 | 배수민 | | 1 | 1 | 0 | 0 |
| 0 | 0 | 0 | 1(1) | 20 | 임창석 | 17 | DF | MF | 26 | 임지민 | | 1 | 1 | 0 | 0 |
| 0 | 0 | 0 | 0 | 5 | 김병오 | 41 | FW | MF | 36 | 송태성 | 8 | 0 | 0 | 0 | 0 |
| 0 | 0 | 3 | 0 | | 함선우 | 44 | DF | FW | 27 | 박채준 | 37 | 1 | 0 | 0 | 0 |
| 0 | 0 | 0 | 0 | 9 | 리마 | 53 | MF | FW | 99 | 김우빈 | 77 | 1 | 3 | 1 | 0 |
| 0 | 0 | 0 | 0 | | 이기현 | 13 | | | 21 | 조성훈 | | 0 | 0 | 0 | 0 |
| 0 | 0 | 0 | 0 | | 연제민 | 4 | | | 16 | 정용희 | | 0 | 0 | 0 | 0 |
| 0 | 0 | 0 | 0 | 후17 | 우제욱 | 5 | | | 33 | 에두 | | 0 | 0 | 0 | 0 |
| 0 | 0 | 0 | 0 | 후17 | 박주영 | 9 | 대기 | 대기 | 8 | 라파 | 후20 | 0 | 0 | 0 | 0 |
| 0 | 0 | 1 | 0 | 후28 | 최명희 | 16 | | | 10 | 사라이바 | 후26 | 0 | 0 | 0 | 0 |
| 0 | 0 | 2 | 0 | 후21 | 박준서 | 20 | | | 37 | 박정우 | 후0/10 | 0 | 1 | 1 | 0 |
| 0 | 0 | 0 | 0 | 후28 | 백승우 | 27 | | | 77 | 제페르손 | 후20 | 0 | 1 | 0 | 0 |
| 0 | 1 | 12 | 2(1) | | | 0 | | | 0 | | | 6(1) | 11 | 3 | 0 |

6월 15일 19:00 흐림 수원 월드컵 22,625명
주심_ 정동식 부심_ 김종희·천진희 대기심_ 조지음 경기감독관_ 양정환

**수원 1** | 0 전반 1 / 1 후반 1 | **2 인천**

| 퇴장 | 경고 | 파울 | ST(유) | 교체 | 선수명 | 배번 | 위치 | 위치 | 배번 | 선수명 | 교체 | ST(유) | 파울 | 경고 | 퇴장 |
|---|---|---|---|---|---|---|---|---|---|---|---|---|---|---|---|
| 0 | 0 | 0 | 0 | | 양형모 | 21 | GK | GK | 1 | 민성준 | | 0 | 0 | 0 | 0 |
| 0 | 0 | 1 | 1(1) | 2 | 이기제 | 23 | DF | DF | 32 | 이주용 | | 0 | 0 | 0 | 0 |
| 0 | 0 | 0 | 2(1) | | 레오 | 4 | DF | DF | 23 | 박경섭 | | 0 | 0 | 0 | 0 |
| 0 | 0 | 1 | 0 | | 황석호 | 90 | DF | DF | 4 | 김건희 | | 0 | 2 | 0 | 0 |
| 0 | 0 | 1 | 0 | | 정동윤 | 32 | DF | DF | 39 | 김명순 | 3 | 0 | 1 | 1 | 0 |
| 0 | 0 | 0 | 2(2) | | 이규성 | 24 | MF | MF | 14 | 바로우 | 17 | 0 | 0 | 0 | 0 |
| 0 | 0 | 1 | 0 | 17 | 최영준 | 6 | MF | MF | 6 | 문지환 | | 1 | 0 | 0 | 0 |
| 0 | 1 | 1 | 3(2) | | 파울리뇨 | 11 | MF | MF | 5 | 이명주 | | 0 | 1 | 0 | 0 |
| 0 | 0 | 0 | 0 | 77 | 김지호 | 71 | FW | MF | 11 | 제르소 | 8 | 1(1) | 1 | 0 | 0 |
| 0 | 0 | 0 | 3(1) | 74 | 세라핌 | 70 | FW | FW | 77 | 박승호 | 27 | 2(2) | 1 | 0 | 0 |
| 0 | 0 | 0 | 1 | 7 | 일류첸코 | 9 | FW | FW | 9 | 무고사 | 99 | 1(1) | 0 | 0 | 0 |
| 0 | 0 | 0 | 0 | | 김민준 | 1 | | | 25 | 이범수 | | 0 | 0 | 0 | 0 |
| 0 | 0 | 0 | 0 | 후26 | 장석환 | 2 | | | 3 | 이상기 | 후38 | 0 | 0 | 0 | 0 |
| 0 | 0 | 0 | 0 | | 고종현 | 3 | | | 20 | 델브리지 | | 0 | 0 | 0 | 0 |
| 0 | 0 | 0 | 1 | 후0 | 이민혁 | 17 | 대기 | 대기 | 8 | 신진호 | 후38 | 0 | 0 | 0 | 0 |
| 0 | 0 | 0 | 2(1) | 후26 | 김현 | 7 | | | 17 | 김성민 | 후24 | 0 | 0 | 0 | 0 |
| 0 | 0 | 1 | 0 | 후8 | 브루노실바 | 74 | | | 27 | 김보섭 | 후15 | 0 | 1 | 1 | 0 |
| 0 | 0 | 0 | 4(3) | 전18 | 김지현 | 77 | | | 99 | 박호민 | 후24 | 0 | 1 | 1 | 0 |
| 0 | 1 | 6 | 19(11) | | | 0 | | | 0 | | | 5(4) | 8 | 3 | 0 |

● 후반 21분 김지현 GAL R-ST-G (득점: 김지현) 왼쪽

● 전반 14분 제르소 PAR 내 ~ 박승호 GA 정면 내 L-ST-G (득점: 박승호, 도움: 제르소) 오른쪽
● 후반 4분 바로우 PAL 내 ↷ 박승호 GAL H-ST-G (득점: 박승호, 도움: 바로우) 가운데

6월 21일 19:00 흐림 인천 전용 9,245명
주심_ 정회수 부심_ 주현민·김현진 대기심_ 이경순 경기감독관_ 차상해

**인천 2** 1 전반 0 / 1 후반 0 **0 화성**

| 퇴장 | 경고 | 파울 | ST(유) | 교체 | 선수명 | 배번 | 위치 | 위치 | 배번 | 선수명 | 교체 | ST(유) | 파울 | 경고 | 퇴장 |
|---|---|---|---|---|---|---|---|---|---|---|---|---|---|---|---|
| 0 | 0 | 0 | 0 | | 민성준 | 1 | GK | GK | 1 | 김승건 | | 0 | 0 | 0 | 0 |
| 0 | 0 | 1 | 0 | | 이주용 | 32 | DF | MF | 2 | 김대환 | | 0 | 0 | 0 | 0 |
| 0 | 0 | 0 | 0 | | 박경섭 | 23 | DF | DF | 3 | 조동재 | | 0 | 1 | 1 | 0 |
| 0 | 0 | 1 | 1 | | 김건희 | 4 | DF | MF | 6 | 최준혁 | 27 | 0 | 1 | 1 | 0 |
| 0 | 0 | 2 | 0 | 3 | 김명순 | 39 | DF | FW | 9 | 박주영 | 10 | 0 | 2 | 0 | 0 |
| 0 | 0 | 1 | 1(1) | 27 | 바로우 | 14 | MF | DF | 15 | 보이노비치 | | 0 | 1 | 1 | 0 |
| 0 | 0 | 0 | 1 | 8 | 최승구 | 13 | MF | MF | 16 | 최명희 | | 2(1) | 4 | 0 | 0 |
| 0 | 1 | 1 | 0 | | 문지환 | 6 | MF | DF | 17 | 임창석 | 20 | 1(1) | 0 | 0 | 0 |
| 0 | 0 | 0 | 1(1) | 17 | 제르소 | 11 | MF | FW | 41 | 김병오 | 5 | 1 | 0 | 0 | 0 |
| 0 | 0 | 3 | 1 | | 박승호 | 77 | FW | DF | 44 | 함선우 | | 0 | 0 | 0 | 0 |
| 0 | 0 | 1 | 3(3) | 99 | 무고사 | 9 | FW | MF | 53 | 리마 | 8 | 0 | 2 | 0 | 0 |
| 0 | 0 | 0 | 0 | | 김동헌 | 97 | | | 13 | 이기현 | | 0 | 0 | 0 | 0 |
| 0 | 0 | 0 | 0 | 후33 | 이상기 | 3 | | | 4 | 연제민 | | 0 | 0 | 0 | 0 |
| 0 | 0 | 0 | 0 | | 델브리지 | 20 | | | 5 | 우제욱 | 후26 | 0 | 0 | 0 | 0 |
| 0 | 0 | 0 | 0 | 후33 | 신진호 | 8 | 대기 | 대기 | 8 | 전성진 | 후16 | 0 | 3 | 0 | 0 |
| 0 | 0 | 1 | 0 | 후39 | 김성민 | 17 | | | 10 | 루안 | 후16 | 1(1) | 1 | 1 | 0 |
| 0 | 0 | 1 | 0 | 후14 | 김보섭 | 27 | | | 20 | 박준서 | 후11 | 1(1) | 0 | 0 | 0 |
| 0 | 0 | 1 | 0 | 후39 | 박호민 | 99 | | | 27 | 백승우 | 후26 | 0 | 1 | 0 | 0 |
| 0 | 1 | 13 | 8(5) | | | 0 | | | 0 | | | 6(4) | 16 | 4 | 0 |

- 전반 27분 제르소 GAR L-ST-G (득점: 제르소) 가운데
- 후반 19분 제르소 PAR ↷ 무고사 GA 정면 H-ST-G (득점: 무고사, 도움: 제르소) 오른쪽

6월 21일 19:00 흐림 안산 와스타디움 1,950명
주심_ 안재훈 부심_ 김유영·이상길 대기심_ 원명희 경기감독관_ 허기태

**안산 0** 0 전반 0 / 0 후반 1 **1 부천**

| 퇴장 | 경고 | 파울 | ST(유) | 교체 | 선수명 | 배번 | 위치 | 위치 | 배번 | 선수명 | 교체 | ST(유) | 파울 | 경고 | 퇴장 |
|---|---|---|---|---|---|---|---|---|---|---|---|---|---|---|---|
| 0 | 0 | 0 | 0 | | 이승빈 | 1 | GK | GK | 1 | 김형근 | | 0 | 0 | 0 | 0 |
| 0 | 0 | 1 | 0 | 33 | 장민준 | 4 | DF | DF | 5 | 이상혁 | | 0 | 1 | 0 | 0 |
| 0 | 0 | 0 | 0 | | 조지훈 | 25 | DF | DF | 29 | 백동규 | 15 | 0 | 2 | 1 | 0 |
| 0 | 0 | 0 | 0 | | 김현태 | 6 | DF | DF | 20 | 홍성욱 | | 1 | 0 | 0 | 0 |
| 0 | 0 | 1 | 1(1) | | 박시화 | 22 | MF | MF | 27 | 장시영 | 17 | 0 | 3 | 0 | 0 |
| 0 | 0 | 0 | 3(2) | | 손준석 | 7 | MF | MF | 23 | 카즈 | 9 | 0 | 1 | 0 | 0 |
| 0 | 0 | 1 | 0 | | 배수민 | 66 | MF | MF | 16 | 박현빈 | 24 | 1 | 0 | 0 | 0 |
| 0 | 0 | 1 | 1 | | 임지민 | 26 | MF | MF | 7 | 티아깅요 | | 0 | 1 | 0 | 0 |
| 0 | 0 | 0 | 1(1) | 8 | 송태성 | 36 | MF | FW | 10 | 바사니 | | 3(3) | 3 | 1 | 0 |
| 0 | 0 | 1 | 1(1) | 77 | 박채준 | 27 | FW | FW | 41 | 갈레고 | | 1 | 1 | 0 | 0 |
| 0 | 0 | 1 | 1(1) | 10 | 김우빈 | 99 | FW | FW | 11 | 박창준 | 4 | 1 | 0 | 0 | 0 |
| 0 | 0 | 0 | 0 | | 조성훈 | 21 | | | 21 | 김현엽 | | 0 | 0 | 0 | 0 |
| 0 | 0 | 0 | 0 | | 정용희 | 16 | | | 15 | 이재원 | 후30 | 0 | 0 | 0 | 0 |
| 0 | 0 | 0 | 0 | | 양세영 | 19 | | | 4 | 최원철 | 후23 | 0 | 0 | 0 | 0 |
| 0 | 0 | 1 | 0 | 후22 | 에두 | 33 | 대기 | 대기 | 14 | 최재영 | | 0 | 0 | 0 | 0 |
| 0 | 0 | 0 | 1 | 후0 | 라파 | 8 | | | 24 | 김동현 | 후38 | 0 | 0 | 0 | 0 |
| 0 | 0 | 0 | 1(1) | 후20 | 사라이바 | 10 | | | 9 | 몬타뇨 | 후23 | 0 | 1 | 1 | 0 |
| 0 | 0 | 0 | 0 | 후11 | 제페르손 | 77 | | | 17 | 김규민 | 후30 | 2(2) | 0 | 0 | 0 |
| 0 | 0 | 7 | 10(7) | | | 0 | | | 0 | | | 9(5) | 13 | 3 | 0 |

- 후반 40분 김규민 AK 내 R-ST-G (득점: 김규민) 왼쪽

6월 21일 19:00 흐림 천안 종합 2,777명
주심_ 고민국 부심_ 성주경·장민호 대기심_ 오현진 경기감독관_ 나승화

**천안 4** 1 전반 1 / 3 후반 1 **2 서울E**

| 퇴장 | 경고 | 파울 | ST(유) | 교체 | 선수명 | 배번 | 위치 | 위치 | 배번 | 선수명 | 교체 | ST(유) | 파울 | 경고 | 퇴장 |
|---|---|---|---|---|---|---|---|---|---|---|---|---|---|---|---|
| 0 | 0 | 0 | 0 | | 허지웅 | 31 | GK | GK | 1 | 노동건 | | 0 | 0 | 0 | 0 |
| 0 | 0 | 0 | 0 | 5 | 강영훈 | 4 | DF | DF | 29 | 김현우 | 23 | 0 | 3 | 0 | 0 |
| 0 | 1 | 2 | 0 | | 이웅희 | 3 | DF | DF | 5 | 오스마르 | | 0 | 3 | 0 | 0 |
| 0 | 0 | 2 | 1 | | 마상훈 | 25 | DF | DF | 20 | 김오규 | | 1 | 2 | 1 | 0 |
| 0 | 0 | 2 | 0 | | 김영선 | 26 | MF | DF | 4 | 곽윤호 | | 1 | 0 | 0 | 0 |
| 0 | 0 | 0 | 2(1) | 6 | 김성준 | 16 | MF | MF | 7 | 에울레르 | | 1 | 2 | 1 | 0 |
| 0 | 1 | 1 | 2(2) | | 펠리페 | 91 | MF | MF | 8 | 윤석주 | 70 | 1 | 3 | 0 | 0 |
| 0 | 0 | 0 | 0 | | 이상명 | 24 | MF | MF | 66 | 백지웅 | 6 | 0 | 1 | 1 | 0 |
| 0 | 0 | 1 | 2 | 7 | 명준재 | 17 | FW | MF | 19 | 김주환 | 13 | 1 | 3 | 1 | 0 |
| 0 | 0 | 1 | 0 | 18 | 우정연 | 47 | FW | FW | 18 | 정재민 | | 4(2) | 0 | 0 | 0 |
| 0 | 0 | 1 | 1 | 11 | 툰가라 | 10 | FW | FW | 11 | 페드링요 | 16 | 2(2) | 1 | 0 | 0 |
| 0 | 0 | 0 | 0 | | 제종현 | 21 | | | 21 | 김민호 | | 0 | 0 | 0 | 0 |
| 0 | 0 | 0 | 0 | 후47 | 최진웅 | 5 | | | 6 | 채광훈 | 후0 | 2(1) | 2 | 0 | 0 |
| 0 | 0 | 0 | 0 | | 김시진 | 13 | | | 13 | 차승현 | 후15 | 0 | 0 | 0 | 0 |
| 0 | 1 | 0 | 0 | 후23 | 이종성 | 6 | 대기 | 대기 | 88 | 서진석 | | 0 | 0 | 0 | 0 |
| 0 | 0 | 0 | 0 | 후42 | 이재훈 | 11 | | | 23 | 배서준 | 후0 | 0 | 0 | 0 | 0 |
| 0 | 0 | 0 | 3(2) | 후0 | 이정협 | 18 | | | 16 | 변경준 | 후19 | 1 | 0 | 0 | 0 |
| 0 | 0 | 0 | 1(1) | 후0 | 이상준 | 7 | | | 70 | 허용준 | 후31 | 3(2) | 0 | 0 | 0 |
| 0 | 3 | 10 | 12(6) | | | 0 | | | 0 | | | 17(7) | 20 | 4 | 0 |

- 전반 16분 김성준 AKL L-ST-G (득점: 김성준) 왼쪽
- 후반 13분 김영선 GAL ~ 이정협 GA 정면 R-ST-G (득점: 이정협, 도움: 김영선) 오른쪽
- 후반 17분 김성준 PAR TL ~ 펠리페 PAR TL L-ST-G (득점: 펠리페, 도움: 김성준) 왼쪽
- 후반 38분 김영선 MFR ~ 이상준 PK 우측지점 R-ST-G (득점: 이상준, 도움: 김영선) 왼쪽
- 전반 40분 에울레르 PAR ↷ 정재민 GAL 내 H-ST-G (득점: 정재민, 도움: 에울레르) 오른쪽
- 후반 11분 에울레르 PAR ↷ 정재민 GAL 내 H-ST-G (득점: 정재민, 도움: 에울레르) 왼쪽

6월 21일 19:00 흐림 탄천 종합 2,487명
주심_ 조지음 부심_ 천진희·황보진현 대기심_ 박정호 경기감독관_ 양정환

**성남 0** 0 전반 1 / 0 후반 1 **2 충남아산**

| 퇴장 | 경고 | 파울 | ST(유) | 교체 | 선수명 | 배번 | 위치 | 위치 | 배번 | 선수명 | 교체 | ST(유) | 파울 | 경고 | 퇴장 |
|---|---|---|---|---|---|---|---|---|---|---|---|---|---|---|---|
| 0 | 0 | 0 | 0 | | 양한빈 | 21 | GK | GK | 18 | 신송훈 | | 0 | 0 | 0 | 0 |
| 0 | 0 | 0 | 0 | | 정승용 | 22 | DF | DF | 14 | 이학민 | | 1(1) | 0 | 0 | 0 |
| 0 | 0 | 1 | 0 | | 김주원 | 66 | DF | DF | 77 | 정마호 | | 0 | 1 | 0 | 0 |
| 0 | 1 | 2 | 1(1) | | 베니시오 | 4 | DF | DF | 5 | 변준영 | | 0 | 1 | 0 | 0 |
| 0 | 0 | 0 | 0 | | 신재원 | 7 | DF | DF | 25 | 박종민 | 3 | 0 | 2 | 1 | 0 |
| 0 | 0 | 0 | 0 | 18 | 이준상 | 27 | MF | MF | 13 | 김영남 | | 0 | 2 | 1 | 0 |
| 0 | 0 | 0 | 1 | | 박수빈 | 33 | MF | MF | 28 | 손준호 | | 1(1) | 4 | 0 | 0 |
| 0 | 0 | 0 | 2(2) | 16 | 이재욱 | 68 | MF | MF | 7 | 데니손 | 11 | 3(3) | 2 | 0 | 0 |
| 0 | 0 | 0 | 1(1) | 91 | 박지원 | 77 | MF | MF | 22 | 김승호 | | 1(1) | 0 | 0 | 0 |
| 0 | 0 | 0 | 3(2) | 99 | 홍창범 | 6 | FW | MF | 72 | 한교원 | 45 | 2(2) | 0 | 0 | 0 |
| 0 | 0 | 2 | 0 | | 후이즈 | 9 | FW | FW | 9 | 김종민 | 98 | 0 | 2 | 0 | 0 |
| 0 | 0 | 0 | 0 | | 정명제 | 28 | | | 21 | 김진영 | | 0 | 0 | 0 | 0 |
| 0 | 0 | 0 | 0 | | 강의빈 | 3 | | | 3 | 백인환 | 후54 | 0 | 0 | 0 | 0 |
| 0 | 0 | 0 | 0 | 후37 | 류준선 | 16 | | | 20 | 조주영 | | 0 | 0 | 0 | 0 |
| 0 | 0 | 0 | 0 | | 정원진 | 17 | 대기 | 대기 | 8 | 최치원 | | 0 | 0 | 0 | 0 |
| 0 | 0 | 0 | 1(1) | 전31 | 김범수 | 18 | | | 11 | 아담 | 후54 | 0 | 1 | 1 | 0 |
| 0 | 0 | 0 | 0 | 후24 | 박광일 | 91 | | | 45 | 미사키 | 후27 | 1(1) | 1 | 0 | 0 |
| 0 | 0 | 0 | 0 | 후37 | 홍현승 | 99 | | | 98 | 강민규 | 후20 | 2(1) | 0 | 0 | 0 |
| 0 | 1 | 5 | 9(7) | | | 0 | | | 0 | | | 11(10) | 16 | 3 | 0 |

- 전반 4분 데니손 PAL 내 ~ 이학민 GAL R-ST-G (득점: 이학민, 도움: 데니손) 오른쪽
- 후반 31분 미사키 PAL 내 ~ 강민규 GA 정면 내 R-ST-G (득점: 강민규, 도움: 미사키) 왼쪽

6월 22일 19:00 맑음 광양 전용 2,662명
주심_ 박세진 부심_ 김태형·김태원 대기심_ 최규현 경기감독관_ 이경춘

**전남 0** | 0 전반 0 / 0 후반 0 | **0 김포**

| 퇴장 | 경고 | 파울 | ST(유) | 교체 | 선수명 | 배번 | 위치 | 위치 | 배번 | 선수명 | 교체 | ST(유) | 파울 | 경고 | 퇴장 |
|---|---|---|---|---|---|---|---|---|---|---|---|---|---|---|---|
| 0 | 0 | 0 | 0 | | 최봉진 | 1 | GK | GK | 31 | 손정현 | | 0 | 0 | 0 | 0 |
| 0 | 0 | 0 | 0 | | 최정원 | 95 | DF | DF | 5 | 이찬형 | | 0 | 1 | 0 | 0 |
| 0 | 0 | 0 | 0 | | 고태원 | 5 | DF | DF | 77 | 채프먼 | | 0 | 1 | 0 | 0 |
| 0 | 0 | 0 | 0 | | 유지하 | 2 | DF | DF | 97 | 김동민 | | 0 | 3 | 0 | 0 |
| 0 | 0 | 2 | 0 | 3 | 민준영 | 12 | DF | MF | 11 | 윤재운 | 6 | 0 | 0 | 0 | 0 |
| 0 | 0 | 1 | 2(2) | 36 | 김주엽 | 71 | DF | MF | 8 | 디자우마 | | 1 | 0 | 0 | 0 |
| 0 | 1 | 1 | 2 | | 알베르띠 | 16 | MF | MF | 72 | 천지현 | 17 | 0 | 1 | 1 | 0 |
| 0 | 0 | 0 | 0 | 6 | 윤민호 | 14 | MF | MF | 7 | 이상민 | | 0 | 1 | 0 | 0 |
| 0 | 0 | 0 | 1 | | 발디비아 | 10 | MF | MF | 23 | 최재훈 | 33 | 0 | 1 | 1 | 0 |
| 0 | 0 | 3 | 0 | 9 | 김도윤 | 17 | FW | FW | 24 | 루이스 | 99 | 1 | 3 | 0 | 0 |
| 0 | 0 | 0 | 0 | 11 | 손건호 | 47 | FW | FW | 10 | 플라나 | | 0 | 2 | 0 | 0 |
| 0 | 0 | 0 | 0 | | 강정묵 | 96 | | | 21 | 윤보상 | | 0 | 0 | 0 | 0 |
| 0 | 0 | 0 | 1 | 후0 | 김예성 | 3 | | | 2 | 김종민 | | 0 | 0 | 0 | 0 |
| 0 | 0 | 0 | 0 | | 구현준 | 4 | | | 6 | 김지훈 | 후16 | 0 | 0 | 0 | 0 |
| 0 | 0 | 0 | 0 | 후29 | 안재민 | 36 | 대기 | 대기 | 33 | 연응빈 | 후43 | 0 | 0 | 0 | 0 |
| 0 | 1 | 1 | 0 | 후13 | 양지산 | 6 | | | 47 | 조성준 | 후43 | 0 | 0 | 0 | 0 |
| 0 | 0 | 0 | 0 | 후29 | 하남 | 9 | | | 99 | 김결 | 후27 | 0 | 2 | 1 | 0 |
| 0 | 0 | 0 | 1(1) | 전28 | 정지용 | 11 | | | 17 | 제갈재민 | 후16/47 | 0 | 1 | 1 | 0 |
| 0 | 2 | 8 | 7(3) | | | 0 | | | 0 | | | 2 | 16 | 4 | 0 |

6월 22일 19:00 흐림 창원 축구센터 4,329명
주심_ 김희곤 부심_ 신재환·류시홍 대기심_ 박정호 경기감독관_ 허태식

**경남 1** | 0 전반 1 / 1 후반 2 | **3 수원**

| 퇴장 | 경고 | 파울 | ST(유) | 교체 | 선수명 | 배번 | 위치 | 위치 | 배번 | 선수명 | 교체 | ST(유) | 파울 | 경고 | 퇴장 |
|---|---|---|---|---|---|---|---|---|---|---|---|---|---|---|---|
| 0 | 0 | 0 | 0 | | 최필수 | 91 | GK | GK | 21 | 양형모 | | 0 | 0 | 0 | 0 |
| 0 | 0 | 0 | 0 | 17 | 이민기 | 66 | DF | DF | 23 | 이기제 | | 2 | 0 | 0 | 0 |
| 0 | 0 | 1 | 0 | | 박재환 | 2 | DF | DF | 4 | 레오 | | 0 | 0 | 0 | 0 |
| 0 | 0 | 3 | 0 | | 김형진 | 5 | DF | DF | 90 | 황석호 | | 0 | 1 | 0 | 0 |
| 0 | 0 | 0 | 0 | 14 | 박원재 | 33 | DF | DF | 19 | 이건희 | | 0 | 3 | 0 | 0 |
| 0 | 1 | 1 | 0 | 22 | 한석종 | 63 | MF | MF | 14 | 홍원진 | 32 | 0 | 2 | 0 | 0 |
| 0 | 0 | 0 | 2 | | 김하민 | 77 | MF | MF | 17 | 이민혁 | 24 | 1 | 0 | 0 | 0 |
| 0 | 0 | 1 | 2(1) | 24 | 도동현 | 8 | MF | MF | 77 | 김지현 | 10 | 1(1) | 0 | 0 | 0 |
| 0 | 0 | 0 | 1(1) | 11 | 정충근 | 19 | FW | FW | 70 | 세라핌 | | 2(1) | 0 | 0 | 0 |
| 0 | 0 | 1 | 1(1) | | 박기현 | 29 | FW | FW | 11 | 파울리뇨 | 7 | 2(1) | 0 | 0 | 0 |
| 0 | 0 | 0 | 1 | | 카릴 | 9 | FW | FW | 9 | 일류첸코 | 71 | 3(1) | 0 | 0 | 0 |
| 0 | 0 | 0 | 0 | | 류원우 | 51 | | | 1 | 김민준 | | 0 | 0 | 0 | 0 |
| 0 | 1 | 1 | 0 | 후32 | 김형원 | 22 | | | 5 | 한호강 | | 0 | 0 | 0 | 0 |
| 0 | 0 | 0 | 0 | 후0 | 이준재 | 17 | | | 32 | 정동윤 | 후30 | 0 | 1 | 1 | 0 |
| 0 | 0 | 0 | 0 | 후26 | 전민수 | 14 | 대기 | 대기 | 10 | 강현묵 | 후26 | 0 | 0 | 0 | 0 |
| 0 | 0 | 0 | 1 | 후10 | 조영광 | 24 | | | 24 | 이규성 | 후26 | 0 | 0 | 0 | 0 |
| 0 | 0 | 0 | 0 | 후10 | 박민서 | 11 | | | 7 | 김현 | 후41 | 0 | 0 | 0 | 0 |
| 0 | 0 | 0 | 0 | | 이중민 | 90 | | | 71 | 김지호 | 후41 | 0 | 0 | 0 | 0 |
| 0 | 2 | 8 | 8(3) | | | 0 | | | 0 | | | 11(4) | 7 | 1 | 0 |

- 후반 14분 황석호 GA 정면 R 자책골 (득점: 황석호) 왼쪽
- 전반 11분 이기제 C,KR ↷ 김지현 GA 정면 H-ST-G (득점: 김지현, 도움: 이기제) 오른쪽
- 후반 10분 김형진 GA 정면 내 L 자책골 (득점: 김형진) 오른쪽
- 후반 36분 세라핌 PAR ~ 일류첸코 GAL 내 R-ST-G (득점: 일류첸코, 도움: 세라핌) 오른쪽

6월 22일 19:00 맑음 부산 구덕 2,673명
주심_ 정동식 부심_ 이병주·이현모 대기심_ 안재훈 경기감독관_ 박철

**부산 2** | 1 전반 0 / 1 후반 2 | **2 충북청주**

| 퇴장 | 경고 | 파울 | ST(유) | 교체 | 선수명 | 배번 | 위치 | 위치 | 배번 | 선수명 | 교체 | ST(유) | 파울 | 경고 | 퇴장 |
|---|---|---|---|---|---|---|---|---|---|---|---|---|---|---|---|
| 0 | 0 | 0 | 0 | | 구상민 | 1 | GK | GK | 18 | 정진욱 | | 0 | 0 | 0 | 0 |
| 0 | 0 | 1 | 1(1) | | 홍욱현 | 24 | DF | DF | 4 | 반데아벌트 | 21 | 0 | 0 | 1 | 0 |
| 0 | 1 | 2 | 1(1) | | 조위제 | 20 | DF | DF | 24 | 허승찬 | | 0 | 0 | 0 | 0 |
| 0 | 0 | 1 | 0 | | 장호익 | 77 | DF | DF | 39 | 임준영 | | 0 | 1 | 1 | 0 |
| 0 | 0 | 1 | 1(1) | | 전성진 | 17 | MF | MF | 5 | 김선민 | | 0 | 0 | 0 | 0 |
| 0 | 0 | 1 | 1 | 33 | 이동수 | 6 | MF | MF | 6 | 박건우 | | 0 | 0 | 0 | 0 |
| 0 | 0 | 1 | 0 | 47 | 임민혁 | 8 | MF | MF | 13 | 김영환 | | 2(2) | 1 | 0 | 0 |
| 0 | 0 | 0 | 0 | 88 | 김현민 | 27 | MF | MF | 70 | 최강민 | 36 | 0 | 0 | 0 | 0 |
| 0 | 0 | 2 | 2(2) | 99 | 빌레로 | 11 | FW | FW | 11 | 이승재 | 99 | 1(1) | 0 | 0 | 0 |
| 0 | 0 | 0 | 2(1) | 45 | 곤잘로 | 9 | FW | FW | 17 | 홍석준 | 9 | 1 | 3 | 0 | 0 |
| 0 | 0 | 2 | 3(2) | | 페신 | 10 | FW | FW | 71 | 이동원 | 10 | 1(1) | 0 | 0 | 0 |
| 0 | 0 | 0 | 0 | | 박대한 | 21 | | | 1 | 조수혁 | | 0 | 0 | 0 | 0 |
| 0 | 0 | 0 | 0 | 후22 | 홍재석 | 33 | | | 36 | 윤석영 | 후38 | 0 | 0 | 0 | 0 |
| 0 | 0 | 0 | 0 | 후0 | 김세훈 | 88 | | | 99 | 이창훈 | 후16 | 0 | 1 | 0 | 0 |
| 0 | 0 | 0 | 0 | 후16 | 손휘 | 47 | 대기 | 대기 | 25 | 최성근 | | 0 | 0 | 0 | 0 |
| 0 | 0 | 0 | 0 | 후16 | 백가온 | 45 | | | 9 | 가브리엘 | 후16 | 0 | 2 | 1 | 0 |
| 0 | 0 | 0 | 0 | | 최기윤 | 29 | | | 10 | 페드로 | 후27 | 1(1) | 0 | 0 | 0 |
| 0 | 0 | 0 | 1 | 후44 | 손석용 | 99 | | | 21 | 송창석 | 후38 | 0 | 0 | 0 | 0 |
| 0 | 1 | 11 | 12(8) | | | 0 | | | 0 | | | 6(5) | 8 | 3 | 0 |

- 전반 5분 페신 PK-L-G (득점: 페신) 오른쪽
- 후반 26분 홍욱현 PAL R-ST-G (득점: 홍욱현) 오른쪽
- 후반 19분 김영환 AKL R-ST-G (득점: 김영환) 오른쪽
- 후반 46분 페드로 MFR L-ST-G (득점: 페드로) 왼쪽

6월 28일 19:00 흐림 아산 이순신 1,784명
주심_ 최규현 부심_ 김종희·이현모 대기심_ 정동식 경기감독관_ 이평재

**충남아산 1** | 1 전반 0 / 0 후반 1 | **1 서울E**

| 퇴장 | 경고 | 파울 | ST(유) | 교체 | 선수명 | 배번 | 위치 | 위치 | 배번 | 선수명 | 교체 | ST(유) | 파울 | 경고 | 퇴장 |
|---|---|---|---|---|---|---|---|---|---|---|---|---|---|---|---|
| 0 | 0 | 0 | 0 | | 신송훈 | 18 | GK | GK | 21 | 김민호 | | 0 | 0 | 0 | 0 |
| 0 | 0 | 2 | 1 | | 이학민 | 14 | DF | DF | 77 | 배진우 | | 0 | 1 | 0 | 0 |
| 0 | 0 | 0 | 0 | | 정마호 | 77 | DF | DF | 20 | 김오규 | | 0 | 0 | 0 | 0 |
| 0 | 0 | 1 | 0 | | 변준영 | 5 | DF | DF | 4 | 곽윤호 | | 0 | 0 | 0 | 0 |
| 0 | 0 | 1 | 0 | | 박종민 | 25 | DF | DF | 19 | 김주환 | 13 | 1 | 0 | 0 | 0 |
| 0 | 0 | 0 | 0 | | 김영남 | 13 | MF | MF | 23 | 배서준 | 70 | 1(1) | 1 | 0 | 0 |
| 0 | 0 | 6 | 0 | | 손준호 | 28 | MF | MF | 5 | 오스마르 | | 0 | 0 | 0 | 0 |
| 0 | 0 | 1 | 1(1) | 45 | 데니손 | 7 | MF | MF | 66 | 백지웅 | | 0 | 2 | 0 | 0 |
| 0 | 0 | 1 | 0 | | 김승호 | 22 | MF | MF | 7 | 에울레르 | 14 | 2 | 2 | 0 | 0 |
| 0 | 0 | 1 | 2(2) | 11 | 한교원 | 72 | MF | FW | 11 | 페드링요 | 9 | 2 | 1 | 0 | 0 |
| 0 | 0 | 0 | 2 | 98 | 김종민 | 9 | FW | FW | 18 | 정재민 | 16 | 0 | 2 | 0 | 0 |
| 0 | 0 | 0 | 0 | | 김진영 | 21 | | | 1 | 노동건 | | 0 | 0 | 0 | 0 |
| 0 | 0 | 0 | 0 | | 백인환 | 3 | | | 55 | 강민재 | | 0 | 0 | 0 | 0 |
| 0 | 0 | 0 | 0 | | 조주영 | 20 | | | 13 | 차승현 | 후22 | 0 | 0 | 0 | 0 |
| 0 | 0 | 0 | 0 | | 김종석 | 10 | 대기 | 대기 | 14 | 김영욱 | 후30 | 0 | 3 | 1 | 0 |
| 0 | 0 | 1 | 0 | 후28 | 아담 | 11 | | | 70 | 허용준 | 후0 | 0 | 1 | 1 | 0 |
| 0 | 1 | 2 | 1(1) | 후13 | 미사키 | 45 | | | 16 | 변경준 | 후17 | 0 | 0 | 0 | 0 |
| 0 | 0 | 0 | 0 | 후13 | 강민규 | 98 | | | 9 | 아이데일 | 후0 | 4(3) | 0 | 0 | 0 |
| 0 | 1 | 16 | 7(4) | | | 0 | | | 0 | | | 10(4) | 13 | 2 | 0 |

- 전반 26분 한교원 PAR 내 ~ 데니손 GAR 내 L-ST-G (득점: 데니손, 도움: 한교원) 오른쪽
- 후반 23분 차승현 PAR ↷ 아이데일 GA 정면 H-ST-G (득점: 아이데일, 도움: 차승현) 왼쪽

6월 28일 19:00 흐리고 비 부천 종합 2,429명
주심_ 이경순 부심_ 이병주·주현민 대기심_ 안재훈 경기감독관_ 김성수

**부천 2** (2 전반 0 / 0 후반 0) **0 경남**

| 퇴장 | 경고 | 파울 | ST(유) | 교체 | 선수명 | 배번 | 위치 | 위치 | 배번 | 선수명 | 교체 | ST(유) | 파울 | 경고 | 퇴장 |
|---|---|---|---|---|---|---|---|---|---|---|---|---|---|---|---|
| 0 | 0 | 0 | 0 | | 김형근 | 1 | GK | GK | 91 | 최필수 | | 0 | 0 | 0 | 0 |
| 0 | 0 | 1 | 1(1) | | 백등규 | 29 | DF | DF | 18 | 신승민 | | 0 | 1 | 1 | 0 |
| 0 | 1 | 2 | 2(1) | | 이상혁 | 5 | DF | DF | 2 | 박재환 | | 0 | 0 | 0 | 0 |
| 0 | 0 | 0 | 0 | | 홍성욱 | 20 | DF | DF | 3 | 이규백 | | 0 | 0 | 0 | 0 |
| 0 | 0 | 0 | 2 | 17 | 장시영 | 27 | MF | DF | 33 | 박원재 | | 0 | 0 | 0 | 0 |
| 0 | 0 | 0 | 0 | 4 | 카즈 | 23 | MF | MF | 77 | 김하민 | 63 | 0 | 0 | 0 | 0 |
| 0 | 0 | 3 | 1(1) | 14 | 박현빈 | 16 | MF | MF | 21 | 이시헌 | 11 | 0 | 0 | 0 | 0 |
| 0 | 0 | 0 | 0 | 41 | 티아깅요 | 7 | MF | MF | 42 | 박태용 | | 0 | 1 | 0 | 0 |
| 0 | 0 | 0 | 5(3) | | 바사니 | 10 | FW | FW | 25 | 이종언 | 24 | 0 | 1 | 1 | 0 |
| 0 | 0 | 1 | 4(2) | 18 | 몬타뇨 | 9 | FW | FW | 29 | 박기현 | 15 | 2(1) | 0 | 0 | 0 |
| 0 | 0 | 0 | 1(1) | | 박창준 | 11 | FW | FW | 9 | 카릴 | 90 | 2(2) | 0 | 0 | 0 |
| 0 | 0 | 0 | 0 | | 김현엽 | 21 | | | 51 | 류원우 | | 0 | 0 | 0 | 0 |
| 0 | 0 | 0 | 1 | 후38 | 최원철 | 4 | | | 15 | 우주성 | 후31 | 0 | 0 | 0 | 0 |
| 0 | 0 | 0 | 0 | | 정호진 | 6 | | | 14 | 전민수 | | 0 | 0 | 0 | 0 |
| 0 | 0 | 0 | 0 | 후38 | 최재영 | 14 | 대기 | 대기 | 63 | 한석종 | 후8 | 0 | 0 | 0 | 0 |
| 0 | 0 | 0 | 0 | 후38 | 김규민 | 17 | | | 24 | 조영광 | 후12 | 0 | 0 | 0 | 0 |
| 0 | 0 | 0 | 2(2) | 후28 | 이의형 | 18 | | | 11 | 박민서 | 후0 | 4(2) | 2 | 1 | 0 |
| 0 | 0 | 0 | 3(1) | 후12 | 갈레고 | 41 | | | 90 | 이중민 | 후0 | 0 | 0 | 0 | 0 |
| 0 | 1 | 7 | 22(12) | | | 0 | | | 0 | | | 8(5) | 5 | 3 | 0 |

- 전반 34분 카즈 HLR ↷ 박창준 PA 정면 내 R-ST-G (득점: 박창준, 도움: 카즈) 왼쪽
- 전반 44분 바사니 PK-L-G (득점: 바사니) 가운데

6월 28일 19:00 흐림 화성 종합 1,519명
주심_ 최철준 부심_ 박남수·김태원 대기심_ 고민국 경기감독관_ 이경춘

**화성 1** (0 전반 0 / 1 후반 0) **0 성남**

| 퇴장 | 경고 | 파울 | ST(유) | 교체 | 선수명 | 배번 | 위치 | 위치 | 배번 | 선수명 | 교체 | ST(유) | 파울 | 경고 | 퇴장 |
|---|---|---|---|---|---|---|---|---|---|---|---|---|---|---|---|
| 0 | 0 | 0 | 0 | | 김승건 | 1 | GK | GK | 21 | 양한빈 | | 0 | 0 | 0 | 0 |
| 0 | 0 | 1 | 0 | | 김대환 | 2 | MF | DF | 22 | 정승용 | | 0 | 3 | 0 | 0 |
| 0 | 1 | 1 | 0 | | 조동재 | 3 | DF | DF | 66 | 김주원 | | 1 | 0 | 0 | 0 |
| 0 | 0 | 1 | 0 | 47 | 최준혁 | 6 | MF | DF | 4 | 베니시오 | | 1 | 1 | 1 | 0 |
| 0 | 0 | 0 | 0 | 5 | 루안 | 10 | FW | DF | 7 | 신재원 | | 0 | 0 | 0 | 0 |
| 0 | 0 | 0 | 0 | | 보이노비치 | 15 | DF | MF | 18 | 김범수 | 27 | 0 | 3 | 0 | 0 |
| 0 | 1 | 4 | 1 | | 최명희 | 16 | MF | MF | 33 | 박수빈 | 91 | 0 | 1 | 0 | 0 |
| 0 | 0 | 0 | 2 | 20 | 임창석 | 17 | DF | MF | 68 | 이재욱 | 74 | 0 | 1 | 0 | 0 |
| 0 | 0 | 1 | 0 | 9 | 김병오 | 41 | FW | MF | 77 | 박지원 | 30 | 2(2) | 0 | 0 | 0 |
| 0 | 0 | 0 | 1 | | 함선우 | 44 | DF | FW | 16 | 류준선 | 6 | 0 | 1 | 0 | 0 |
| 0 | 0 | 2 | 0 | 8 | 리마 | 53 | MF | FW | 9 | 후이즈 | | 3(1) | 1 | 0 | 0 |
| 0 | 0 | 0 | 0 | | 이기현 | 13 | | | 28 | 정명제 | | 0 | 0 | 0 | 0 |
| 0 | 0 | 0 | 0 | | 연제민 | 4 | | | 3 | 강의빈 | | 0 | 0 | 0 | 0 |
| 0 | 0 | 1 | 1(1) | 후33 | 우제욱 | 5 | | | 6 | 홍창범 | 후9 | 0 | 0 | 0 | 0 |
| 0 | 0 | 0 | 0 | 후8 | 전성진 | 8 | 대기 | 대기 | 27 | 이준상 | 후33 | 0 | 0 | 0 | 0 |
| 0 | 0 | 0 | 0 | 후8 | 박주영 | 9 | | | 30 | 박병규 | 후40 | 0 | 1 | 0 | 0 |
| 0 | 0 | 0 | 0 | 후33 | 박준서 | 20 | | | 74 | 사무엘 | 후9 | 0 | 0 | 0 | 0 |
| 0 | 1 | 3 | 0 | 후16 | 박재성 | 47 | | | 91 | 박광일 | 후33 | 1 | 2 | 1 | 0 |
| 0 | 3 | 14 | 5(1) | | | 0 | | | 0 | | | 8(3) | 14 | 2 | 0 |

- 후반 49분 박주영 PAL ↷ 우제욱 GAR H-ST-G (득점: 우제욱, 도움: 박주영) 오른쪽

6월 28일 19:00 흐림 안산 와스타디움 1,854명
주심_ 최승환 부심_ 김수현·류시홍 대기심_ 김재홍 경기감독관_ 차상해

**안산 0** (0 전반 0 / 0 후반 0) **0 천안**

| 퇴장 | 경고 | 파울 | ST(유) | 교체 | 선수명 | 배번 | 위치 | 위치 | 배번 | 선수명 | 교체 | ST(유) | 파울 | 경고 | 퇴장 |
|---|---|---|---|---|---|---|---|---|---|---|---|---|---|---|---|
| 0 | 0 | 0 | 0 | | 이승빈 | 1 | GK | GK | 31 | 허자웅 | | 0 | 0 | 0 | 0 |
| 0 | 0 | 1 | 0 | | 에두 | 33 | DF | DF | 4 | 강영훈 | 5 | 0 | 0 | 0 | 0 |
| 0 | 1 | 0 | 0 | | 조지훈 | 25 | DF | DF | 3 | 이웅희 | | 1(1) | 0 | 0 | 0 |
| 0 | 0 | 0 | 1(1) | | 김현태 | 6 | DF | DF | 25 | 마상훈 | | 0 | 0 | 0 | 0 |
| 0 | 0 | 0 | 2(1) | | 박시화 | 22 | MF | MF | 26 | 김영선 | | 4 | 0 | 0 | 0 |
| 0 | 0 | 1 | 1(1) | | 손준석 | 7 | MF | MF | 91 | 펠리페 | 8 | 0 | 1 | 0 | 0 |
| 0 | 0 | 0 | 0 | 35 | 배스민 | 66 | MF | MF | 16 | 김성준 | 33 | 1(1) | 1 | 0 | 0 |
| 0 | 0 | 0 | 0 | 16 | 임지민 | 26 | MF | MF | 24 | 이상명 | | 1 | 3 | 0 | 0 |
| 0 | 0 | 0 | 1 | 8 | 송태성 | 36 | MF | FW | 17 | 명준재 | 7 | 0 | 1 | 0 | 0 |
| 0 | 0 | 0 | 0 | 77 | 박채준 | 27 | FW | FW | 47 | 우정연 | 18 | 0 | 0 | 0 | 0 |
| 0 | 0 | 0 | 1(1) | 10 | 김우빈 | 99 | FW | FW | 10 | 툰가라 | | 4(3) | 4 | 1 | 0 |
| 0 | 0 | 0 | 0 | | 조성훈 | 21 | | | 21 | 제종현 | | 0 | 0 | 0 | 0 |
| 0 | 0 | 0 | 0 | 후0 | 정용희 | 16 | | | 5 | 최진웅 | 후35 | 0 | 0 | 0 | 0 |
| 0 | 0 | 0 | 0 | | 양세영 | 19 | | | 8 | 이광진 | 후43 | 0 | 0 | 0 | 0 |
| 0 | 0 | 0 | 2(1) | 후10 | 라파 | 8 | 대기 | 대기 | 33 | 손정민 | 후43 | 0 | 1 | 1 | 0 |
| 0 | 0 | 1 | 2(2) | 후23 | 사리이바 | 10 | | | 30 | 문건호 | | 0 | 0 | 0 | 0 |
| 0 | 0 | 0 | 1 | 후38 | 서명식 | 35 | | | 7 | 이상준 | 후0 | 0 | 0 | 0 | 0 |
| 0 | 0 | 0 | 0 | 후10 | 제퍼르손 | 77 | | | 18 | 이정협 | 후0 | 0 | 1 | 0 | 0 |
| 0 | 1 | 3 | 11(7) | | | 0 | | | 0 | | | 11(5) | 12 | 2 | 0 |

6월 29일 19:00 맑음 수원 월드컵 11,467명
주심_ 오현진 부심_ 김유영·이화평 대기심_ 정회수 경기감독관_ 김용세

**수원 1** (1 전반 0 / 0 후반 1) **1 부산**

| 퇴장 | 경고 | 파울 | ST(유) | 교체 | 선수명 | 배번 | 위치 | 위치 | 배번 | 선수명 | 교체 | ST(유) | 파울 | 경고 | 퇴장 |
|---|---|---|---|---|---|---|---|---|---|---|---|---|---|---|---|
| 0 | 0 | 0 | 0 | | 양형모 | 21 | GK | GK | 1 | 구상민 | | 0 | 0 | 1 | 0 |
| 0 | 0 | 0 | 0 | | 이기제 | 23 | DF | DF | 24 | 홍욱현 | | 1(1) | 3 | 0 | 0 |
| 0 | 0 | 0 | 1 | | 레오 | 4 | DF | DF | 20 | 조위제 | | 3(1) | 0 | 0 | 0 |
| 0 | 0 | 0 | 0 | | 황석호 | 90 | DF | DF | 77 | 장호익 | | 1 | 3 | 0 | 0 |
| 0 | 0 | 1 | 1 | | 이건희 | 19 | DF | MF | 17 | 전성진 | | 0 | 0 | 0 | 0 |
| 0 | 0 | 0 | 2(2) | | 이규성 | 24 | MF | MF | 6 | 이동수 | 9 | 1 | 1 | 0 | 0 |
| 0 | 0 | 0 | 1(1) | 17 | 최영준 | 6 | MF | MF | 8 | 리영직 | 63 | 1(1) | 1 | 0 | 0 |
| 0 | 0 | 1 | 1(1) | 3 | 김지현 | 77 | MF | MF | 88 | 김세훈 | 47 | 0 | 1 | 0 | 0 |
| 0 | 0 | 2 | 2 | 74 | 파울리뇨 | 11 | FW | FW | 99 | 손석용 | 11 | 2(2) | 1 | 0 | 0 |
| 0 | 1 | 3 | 1 | 10 | 세라핌 | 70 | FW | FW | 45 | 백가온 | 29 | 1(1) | 1 | 0 | 0 |
| 0 | 0 | 1 | 3(1) | 7 | 일류첸코 | 9 | FW | FW | 10 | 페신 | | 4(4) | 0 | 0 | 0 |
| 0 | 0 | 0 | 0 | | 김민준 | 1 | | | 21 | 박대한 | | 0 | 0 | 0 | 0 |
| 0 | 0 | 0 | 0 | 후31 | 고종현 | 3 | | | 33 | 홍재석 | | 0 | 0 | 0 | 0 |
| 0 | 0 | 0 | 0 | | 정동윤 | 32 | | | 63 | 김진래 | 후41 | 0 | 0 | 0 | 0 |
| 0 | 0 | 1 | 1 | 후41 | 강현묵 | 10 | 대기 | 대기 | 47 | 손휘 | 후29 | 1(1) | 1 | 1 | 0 |
| 0 | 0 | 1 | 0 | 후18 | 이민혁 | 17 | | | 29 | 최기윤 | 후29 | 0 | 0 | 0 | 0 |
| 0 | 0 | 0 | 0 | 후41 | 김현 | 7 | | | 9 | 곤잘로 | 후18 | 3(2) | 0 | 0 | 0 |
| 0 | 0 | 0 | 1 | 후31 | 브루노실바 | 74 | | | 11 | 빌레로 | 후0 | 2(1) | 1 | 0 | 0 |
| 0 | 1 | 10 | 14(5) | | | 0 | | | 0 | | | 20(14) | 13 | 2 | 0 |

- 전반 18분 최영준 GA 정면 내 L-ST-G (득점: 최영준) 오른쪽
- 후반 45분 손휘 C,KL ↷ 곤잘로 GA 정면 H-ST-G (득점: 곤잘로, 도움: 손휘) 오른쪽

6월 29일 19:00 맑음 청주 종합 1,550명
주심_ 최현재 부심_ 이영운·이상길 대기심_ 조지음 경기감독관_ 허태식

**충북청주 2** 1 전반 0 / 1 후반 2 **2 전남**

| 퇴장 | 경고 | 파울 | ST(유) | 교체 | 선수명 | 배번 | 위치 | 위치 | 배번 | 선수명 | 교체 | ST(유) | 파울 | 경고 | 퇴장 |
|---|---|---|---|---|---|---|---|---|---|---|---|---|---|---|---|
| 0 | 0 | 0 | 0 | | 조수혁 | 1 | GK | GK | 33 | 성윤수 | | 0 | 0 | 0 | 0 |
| 0 | 0 | 0 | 0 | | 반데아벌트 | 4 | DF | DF | 2 | 유지하 | | 0 | 1 | 0 | 0 |
| 0 | 0 | 0 | 0 | | 허승찬 | 24 | DF | DF | 5 | 고태원 | | 1(1) | 2 | 1 | 0 |
| 0 | 1 | 2 | 0 | | 임준영 | 39 | DF | DF | 44 | 노동건 | 95 | 0 | 2 | 0 | 0 |
| 0 | 0 | 1 | 0 | | 김선민 | 5 | MF | DF | 3 | 김예성 | | 1 | 2 | 1 | 0 |
| 0 | 0 | 3 | 1(1) | | 박건우 | 6 | MF | DF | 13 | 김용환 | 36 | 0 | 2 | 1 | 0 |
| 0 | 0 | 0 | 0 | | 김영환 | 13 | MF | MF | 16 | 알베르띠 | | 0 | 0 | 0 | 0 |
| 0 | 0 | 1 | 3(2) | | 최강민 | 70 | MF | MF | 8 | 노건우 | 14 | 0 | 0 | 0 | 0 |
| 0 | 0 | 1 | 3(3) | 2 | 이승재 | 11 | FW | MF | 10 | 발디비아 | | 3(3) | 0 | 0 | 0 |
| 0 | 0 | 1 | 1(1) | 9 | 홍석준 | 17 | FW | FW | 17 | 김도윤 | 9 | 1(1) | 1 | 0 | 0 |
| 0 | 0 | 1 | 1(1) | 10 | 이동원 | 71 | FW | FW | 11 | 정지용 | 6 | 0 | 1 | 0 | 0 |
| 0 | 0 | 0 | 0 | | 정진욱 | 18 | | | 1 | 최봉진 | | 0 | 0 | 0 | 0 |
| 0 | 0 | 0 | 0 | 후41 | 윤석영 | 36 | | | 36 | 안재민 | 후20 | 0 | 1 | 1 | 0 |
| 0 | 0 | 0 | 0 | 후41 | 이창훈 | 99 | | | 95 | 최정원 | 후29 | 0 | 0 | 0 | 0 |
| 0 | 0 | 0 | 0 | | 최성근 | 25 | 대기 | 대기 | 6 | 양지산 | 후16 | 1 | 1 | 0 | 0 |
| 0 | 0 | 0 | 1 | 후3 | 서재원 | 2 | | | 14 | 윤민호 | 후0 | 0 | 2 | 0 | 0 |
| 0 | 0 | 1 | 1 | 후28/99 | 가브리엘 | 9 | | | 7 | 임찬울 | | 0 | 0 | 0 | 0 |
| 0 | 0 | 0 | 1 | 후28/36 | 페드로 | 10 | | | 9 | 하남 | 후0 | 2(1) | 1 | 0 | 0 |
| 0 | 1 | 11 | 12(8) | | | 0 | | | 0 | | | 9(6) | 16 | 4 | 0 |

- 전반 14분 홍석준 GA 정면 R-ST-G (득점: 홍석준) 가운데
- 후반 14분 최강민 PAL FK R-ST-G (득점: 최강민) 왼쪽
- 후반 25분 알베르띠 MFR ↷ 하남 GA 정면 H-ST-G (득점: 하남, 도움: 알베르띠) 왼쪽
- 후반 50분 발디비아 PAL ↷ 고태원 GAL H-ST-G (득점: 고태원, 도움: 발디비아) 오른쪽

7월 05일 19:00 맑음 아산 이순신 7,382명
주심_ 김재홍 부심_ 이영운·이병주 대기심_ 안재훈 경기감독관_ 박철

**충남아산 2** 0 전반 2 / 2 후반 1 **3 수원**

| 퇴장 | 경고 | 파울 | ST(유) | 교체 | 선수명 | 배번 | 위치 | 위치 | 배번 | 선수명 | 교체 | ST(유) | 파울 | 경고 | 퇴장 |
|---|---|---|---|---|---|---|---|---|---|---|---|---|---|---|---|
| 0 | 0 | 0 | 0 | | 신송훈 | 18 | GK | GK | 21 | 양형모 | | 0 | 0 | 0 | 0 |
| 0 | 0 | 0 | 0 | 3 | 이학민 | 14 | DF | DF | 23 | 이기제 | | 0 | 1 | 0 | 0 |
| 0 | 0 | 1 | 0 | | 최희원 | 6 | DF | DF | 90 | 황석호 | | 0 | 0 | 0 | 0 |
| 0 | 0 | 0 | 0 | | 변준영 | 5 | DF | DF | 12 | 권완규 | | 1 | 0 | 0 | 0 |
| 0 | 1 | 1 | 1(1) | | 박종민 | 25 | DF | DF | 32 | 정동윤 | 19 | 0 | 0 | 0 | 0 |
| 0 | 0 | 0 | 1 | | 김영남 | 13 | MF | MF | 17 | 이민혁 | 14 | 1(1) | 2 | 0 | 0 |
| 0 | 0 | 0 | 1(1) | 10 | 손준호 | 28 | MF | MF | 24 | 이규성 | | 0 | 0 | 0 | 0 |
| 0 | 0 | 0 | 3(1) | | 김승호 | 22 | MF | MF | 11 | 파울리뇨 | 10 | 1(1) | 1 | 0 | 0 |
| 0 | 0 | 1 | 1 | 7 | 정마호 | 77 | MF | FW | 71 | 김지호 | 77 | 0 | 0 | 0 | 0 |
| 0 | 0 | 0 | 1 | 72 | 아담 | 11 | MF | FW | 70 | 세라핌 | 74 | 2(1) | 0 | 0 | 0 |
| 0 | 1 | 2 | 4(3) | | 김종민 | 9 | FW | FW | 9 | 일류첸코 | | 2 | 1 | 0 | 0 |
| 0 | 0 | 0 | 0 | | 김진영 | 21 | | | 1 | 김민준 | | 0 | 0 | 0 | 0 |
| 0 | 0 | 0 | 0 | 후33 | 백인환 | 3 | | | 4 | 레오 | | 0 | 0 | 0 | 0 |
| 0 | 0 | 0 | 0 | | 조주영 | 20 | | | 19 | 이건희 | 후32 | 0 | 0 | 0 | 0 |
| 0 | 0 | 0 | 1(1) | 후53 | 김종석 | 10 | 대기 | 대기 | 10 | 강현묵 | 후32 | 0 | 0 | 0 | 0 |
| 0 | 0 | 1 | 3(2) | 후0 | 데니손 | 7 | | | 14 | 홍원진 | 후20 | 1 | 1 | 1 | 0 |
| 0 | 0 | 0 | 0 | | 미사키 | 45 | | | 74 | 브루노실바 | 후20 | 4(3) | 0 | 0 | 0 |
| 0 | 0 | 0 | 0 | 전42 | 한교원 | 72 | | | 77 | 김지현 | 전35 | 2(1) | 1 | 1 | 0 |
| 0 | 2 | 6 | 16(9) | | | 0 | | | 0 | | | 14(7) | 7 | 2 | 0 |

- 후반 2분 손준호 C.KL ↷ 김종민 GAR 내 H-ST-G (득점: 김종민, 도움: 손준호) 오른쪽
- 후반 22분 손준호 MF 정면 ↷ 김종민 GA 정면 R-ST-G (득점: 김종민, 도움: 손준호) 가운데
- 전반 33분 김지호 GAR ~ 세라핌 GAL R-ST-G (득점: 세라핌, 도움: 김지호) 왼쪽
- 전반 43분 이민혁 PA 정면 내 L-ST-G (득점: 이민혁) 오른쪽
- 후반 35분 일류첸코 GA 정면 H↷ 브루노 실바 GAL R-ST-G (득점: 브루노 실바, 도움: 일류첸코) 가운데

6월 29일 19:00 맑음 김포솔터축구장 5,298명
주심_ 원명희 부심_ 천진희·장민호 대기심_ 안재훈 경기감독관_ 양정환

**김포 1** 1 전반 0 / 0 후반 1 **1 인천**

| 퇴장 | 경고 | 파울 | ST(유) | 교체 | 선수명 | 배번 | 위치 | 위치 | 배번 | 선수명 | 교체 | ST(유) | 파울 | 경고 | 퇴장 |
|---|---|---|---|---|---|---|---|---|---|---|---|---|---|---|---|
| 0 | 0 | 0 | 0 | | 손정현 | 31 | GK | GK | 97 | 김동헌 | | 0 | 0 | 0 | 0 |
| 0 | 0 | 0 | 0 | 20 | 이찬형 | 5 | DF | DF | 32 | 이주용 | | 0 | 1 | 0 | 0 |
| 0 | 1 | 3 | 0 | | 채프먼 | 77 | DF | DF | 23 | 박경섭 | | 1 | 1 | 0 | 0 |
| 0 | 1 | 1 | 0 | | 박경록 | 3 | DF | DF | 4 | 김건희 | | 2(2) | 0 | 0 | 0 |
| 0 | 0 | 1 | 0 | | 윤재운 | 11 | MF | DF | 39 | 김명순 | 13 | 0 | 0 | 0 | 0 |
| 0 | 0 | 2 | 1(1) | | 최재훈 | 23 | MF | MF | 27 | 김보섭 | 19 | 1(1) | 2 | 0 | 0 |
| 0 | 0 | 1 | 0 | 72 | 디자우마 | 8 | MF | MF | 6 | 문지환 | | 1(1) | 1 | 0 | 0 |
| 0 | 0 | 1 | 0 | 6 | 이상민 | 7 | MF | MF | 5 | 이명주 | 3 | 1 | 0 | 0 | 0 |
| 0 | 1 | 2 | 2(1) | 17 | 박동진 | 50 | MF | MF | 11 | 제르소 | 17 | 0 | 0 | 0 | 0 |
| 0 | 0 | 2 | 3(2) | | 루이스 | 24 | FW | FW | 77 | 박승호 | 99 | 0 | 0 | 0 | 0 |
| 0 | 0 | 0 | 1(1) | 99 | 조성준 | 47 | FW | FW | 9 | 무고사 | | 4(1) | 1 | 0 | 0 |
| 0 | 0 | 0 | 0 | | 윤보상 | 21 | | | 1 | 민성준 | | 0 | 0 | 0 | 0 |
| 0 | 0 | 0 | 0 | 후47 | 김민호 | 20 | | | 3 | 이상기 | 후17 | 0 | 0 | 0 | 0 |
| 0 | 0 | 1 | 0 | 후28 | 김지훈 | 6 | | | 8 | 신진호 | | 0 | 0 | 0 | 0 |
| 0 | 0 | 0 | 0 | | 연응빈 | 33 | 대기 | 대기 | 13 | 최승구 | 후17 | 0 | 1 | 0 | 0 |
| 0 | 0 | 0 | 0 | 후47 | 천지현 | 72 | | | 17 | 김성민 | 후45 | 0 | 0 | 0 | 0 |
| 0 | 0 | 0 | 0 | 후28 | 김결 | 99 | | | 19 | 김민석 | 후30 | 0 | 1 | 0 | 0 |
| 0 | 0 | 0 | 0 | 후41 | 제갈재민 | 17 | | | 99 | 박호민 | 후17 | 0 | 2 | 0 | 0 |
| 0 | 3 | 14 | 7(5) | | | 0 | | | 0 | | | 10(5) | 10 | 0 | 0 |

- 전반 36분 조성준 GAL 내 EL R-ST-G (득점: 조성준) 왼쪽
- 후반 51분 문지환 GAL 내 EL R-ST-G (득점: 문지환) 가운데

7월 05일 19:00 맑음 광양 전용 5,149명
주심_ 정동식 부심_ 김수현·황보진현 대기심_ 오현진 경기감독관_ 이경춘

**전남 2** 1 전반 1 / 1 후반 0 **1 인천**

| 퇴장 | 경고 | 파울 | ST(유) | 교체 | 선수명 | 배번 | 위치 | 위치 | 배번 | 선수명 | 교체 | ST(유) | 파울 | 경고 | 퇴장 |
|---|---|---|---|---|---|---|---|---|---|---|---|---|---|---|---|
| 0 | 0 | 0 | 0 | | 최봉진 | 1 | GK | GK | 1 | 민성준 | | 0 | 0 | 0 | 0 |
| 0 | 0 | 1 | 0 | | 최정원 | 95 | DF | DF | 32 | 이주용 | 3 | 0 | 0 | 0 | 0 |
| 0 | 0 | 1 | 0 | | 고태원 | 5 | DF | DF | 23 | 박경섭 | | 0 | 0 | 0 | 0 |
| 0 | 1 | 0 | 0 | 44 | 유지하 | 2 | DF | DF | 4 | 김건희 | | 0 | 3 | 0 | 0 |
| 0 | 0 | 0 | 0 | | 김예성 | 3 | DF | DF | 39 | 김명순 | 17 | 1 | 0 | 0 | 0 |
| 0 | 0 | 2 | 0 | 36 | 김주엽 | 71 | DF | MF | 14 | 바로우 | 27 | 0 | 0 | 0 | 0 |
| 0 | 0 | 1 | 1(1) | | 알베르띠 | 16 | MF | MF | 5 | 이명주 | 8 | 0 | 1 | 0 | 0 |
| 0 | 0 | 1 | 0 | 77 | 박상준 | 24 | MF | MF | 28 | 김건웅 | | 1(1) | 4 | 1 | 0 |
| 0 | 0 | 0 | 0 | | 발디비아 | 10 | MF | MF | 11 | 제르소 | | 2 | 1 | 0 | 0 |
| 0 | 0 | 1 | 0 | 50 | 하남 | 9 | FW | FW | 77 | 박승호 | 99 | 4(2) | 2 | 0 | 0 |
| 0 | 0 | 0 | 1 | 11 | 임찬울 | 7 | FW | FW | 9 | 무고사 | | 4(3) | 0 | 0 | 0 |
| 0 | 0 | 0 | 0 | | 강정묵 | 96 | | | 25 | 이범수 | | 0 | 0 | 0 | 0 |
| 0 | 0 | 1 | 0 | 후11 | 안재민 | 36 | | | 3 | 이상기 | 후32 | 0 | 0 | 0 | 0 |
| 0 | 0 | 0 | 0 | 후22 | 노동건 | 44 | | | 8 | 신진호 | 후22 | 0 | 0 | 0 | 0 |
| 0 | 0 | 0 | 0 | | 양지산 | 6 | 대기 | 대기 | 17 | 김성민 | 후39 | 0 | 0 | 0 | 0 |
| 0 | 0 | 0 | 0 | 후11 | 최한솔 | 77 | | | 27 | 김보섭 | 후22 | 0 | 0 | 0 | 0 |
| 0 | 0 | 1 | 3(2) | 후5 | 정지용 | 11 | | | 88 | 정원진 | | 0 | 0 | 0 | 0 |
| 0 | 0 | 0 | 0 | 후22 | 르본 | 50 | | | 99 | 박호민 | 후39 | 0 | 0 | 0 | 0 |
| 0 | 1 | 9 | 5(3) | | | 0 | | | 0 | | | 12(6) | 11 | 1 | 0 |

- 전반 18분 임찬울 GAR ~ 알베르띠 AK 내 R-ST-G (득점: 알베르띠, 도움: 임찬울) 오른쪽
- 후반 41분 발디비아 PAR 내 ~ 정지용 PK 우측지점 R-ST-G (득점: 정지용, 도움: 발디비아) 왼쪽
- 전반 40분 김건희 자기 측 HLL ↷ 박승호 PA 정면 내 R-ST-G (득점: 박승호, 도움: 김건희) 오른쪽

7월05일 19:00 맑음 청주 종합 1,659명

주심_ 박진호 부심_ 천진희·이화평 대기심_ 이경순 경기감독관_ 나승화

**충북청주 2** 0 전반 1 / 2 후반 0 **1 서울E**

| 퇴장 | 경고 | 파울 | ST(유) | 교체 | 선수명 | 배번 | 위치 | 위치 | 배번 | 선수명 | 교체 | ST(유) | 파울 | 경고 | 퇴장 |
|---|---|---|---|---|---|---|---|---|---|---|---|---|---|---|---|
| 0 | 0 | 0 | 0 | | 정진욱 | 18 | GK | GK | 21 | 김민호 | | 0 | 0 | 0 | 0 |
| 0 | 0 | 1 | 0 | 71 | 반데이벌트 | 4 | DF | DF | 77 | 배진우 | | 0 | 4 | 0 | 0 |
| 0 | 0 | 0 | 0 | | 허승찬 | 24 | DF | DF | 20 | 김오규 | | 0 | 1 | 0 | 0 |
| 0 | 0 | 0 | 0 | | 임준영 | 39 | DF | DF | 4 | 곽윤호 | | 0 | 0 | 0 | 0 |
| 0 | 0 | 0 | 0 | | 김선민 | 5 | MF | DF | 19 | 김주환 | 13 | 1 | 1 | 0 | 0 |
| 0 | 0 | 0 | 0 | 66 | 박건우 | 6 | MF | MF | 23 | 배서준 | 55 | 0 | 0 | 0 | 0 |
| 0 | 0 | 2 | 3(1) | | 김영환 | 13 | MF | MF | 5 | 오스마르 | 14 | 1(1) | 1 | 0 | 0 |
| 0 | 0 | 0 | 2 | | 최강민 | 70 | MF | MF | 66 | 백지웅 | | 1 | 2 | 0 | 0 |
| 0 | 0 | 1 | 0 | 17 | 서자원 | 2 | FW | MF | 7 | 에울레르 | 70 | 0 | 4 | 0 | 0 |
| 0 | 0 | 2 | 5(2) | 99 | 가브리엘 | 9 | FW | FW | 18 | 정재민 | 10 | 2(1) | 1 | 0 | 0 |
| 0 | 0 | 0 | 2(1) | 11 | 페드로 | 10 | FW | FW | 9 | 아이데일 | | 3 | 2 | 0 | 0 |
| 0 | 0 | 0 | 0 | | 이승환 | 23 | | | 1 | 노동건 | | 0 | 0 | 0 | 0 |
| 0 | 0 | 0 | 0 | | 윤석영 | 36 | | | 55 | 강민재 | 후0 | 0 | 0 | 0 | 0 |
| 0 | 0 | 2 | 0 | 후13 | 이강한 | 66 | | | 13 | 차승현 | 후15 | 1 | 0 | 1 | 0 |
| 0 | 0 | 0 | 0 | 후43 | 이창훈 | 99 | 대기 | 대기 | 14 | 김영욱 | 후24 | 1 | 1 | 0 | 0 |
| 0 | 0 | 0 | 0 | 후43 | 이동원 | 71 | | | 70 | 허용준 | 후31 | 0 | 0 | 0 | 0 |
| 0 | 0 | 0 | 0 | 후29 | 이승재 | 11 | | | 47 | 이주혁 | | 0 | 0 | 0 | 0 |
| 0 | 0 | 0 | 0 | 후0 | 홍석준 | 17 | | | 10 | 까리우스 | 후24 | 0 | 0 | 0 | 0 |
| 0 | 0 | 8 | 12(4) | | | 0 | | | 0 | | | 10(2) | 17 | 1 | 0 |

● 후반 10분 가브리엘 PAL ↷ 페드로 GAR 내 H-ST-G (득점: 페드로, 도움: 가브리엘) 왼쪽

● 후반 32분 가브리엘 GA 정면 가슴패스 김영환 AK 내 L-ST-G (득점: 김영환, 도움: 가브리엘) 오른쪽

● 전반 8분 에울레르 PA 정면 ~ 정재민 GAR R-ST-G (득점: 정재민, 도움: 에울레르) 왼쪽

7월06일 19:00 맑음 탄천 종합 1,979명

주심_ 김희곤 부심_ 김태형·김현진 대기심_ 원명희 경기감독관_ 허기태

**성남 0** 0 전반 0 / 0 후반 0 **0 천안**

| 퇴장 | 경고 | 파울 | ST(유) | 교체 | 선수명 | 배번 | 위치 | 위치 | 배번 | 선수명 | 교체 | ST(유) | 파울 | 경고 | 퇴장 |
|---|---|---|---|---|---|---|---|---|---|---|---|---|---|---|---|
| 0 | 0 | 0 | 0 | | 양한빈 | 21 | GK | GK | 31 | 허자웅 | | 0 | 0 | 1 | 0 |
| 0 | 0 | 0 | 0 | 91 | 정승용 | 22 | DF | DF | 4 | 강영훈 | | 0 | 0 | 0 | 0 |
| 0 | 0 | 0 | 0 | | 이상민 | 20 | DF | DF | 3 | 이웅희 | | 0 | 0 | 0 | 0 |
| 0 | 1 | 2 | 0 | | 김주원 | 66 | DF | DF | 25 | 마상훈 | | 0 | 1 | 1 | 0 |
| 0 | 0 | 2 | 3(1) | | 신재원 | 7 | DF | MF | 26 | 김영선 | | 1 | 1 | 0 | 0 |
| 0 | 0 | 0 | 1(1) | 18 | 이준상 | 27 | MF | MF | 8 | 이광진 | | 1 | 1 | 0 | 0 |
| 0 | 0 | 2 | 1 | | 박수빈 | 33 | MF | MF | 16 | 김성준 | 91 | 0 | 3 | 0 | 0 |
| 0 | 0 | 1 | 0 | 14 | 사무엘 | 74 | MF | MF | 24 | 이상명 | 13 | 0 | 0 | 0 | 0 |
| 0 | 0 | 1 | 0 | 70 | 박지원 | 77 | MF | FW | 14 | 구종욱 | 7 | 0 | 1 | 0 | 0 |
| 0 | 0 | 1 | 1(1) | 16 | 홍창범 | 6 | FW | FW | 10 | 툰가라 | | 2 | 1 | 1 | 0 |
| 0 | 0 | 0 | 2(1) | | 후이즈 | 9 | FW | FW | 30 | 문건호 | 11 | 0 | 0 | 0 | 0 |
| 0 | 0 | 0 | 0 | | 박지민 | 34 | | | 21 | 제종현 | | 0 | 0 | 0 | 0 |
| 0 | 0 | 0 | 0 | | 강의빈 | 3 | | | 5 | 최진웅 | | 0 | 0 | 0 | 0 |
| 0 | 1 | 1 | 0 | 후10 | 프레이타스 | 14 | | | 13 | 김서진 | 후38 | 0 | 0 | 0 | 0 |
| 0 | 0 | 0 | 0 | 후44 | 류준선 | 16 | 대기 | 대기 | 6 | 이종성 | | 0 | 0 | 0 | 0 |
| 0 | 0 | 0 | 0 | 후0 | 김범수 | 18 | | | 91 | 펠리페 | 후38 | 0 | 0 | 0 | 0 |
| 0 | 0 | 0 | 0 | 후10 | 레안드로 | 70 | | | 7 | 이상준 | 후0 | 0 | 0 | 0 | 0 |
| 0 | 0 | 0 | 0 | 후44 | 박광일 | 91 | | | 11 | 이지훈 | 후27 | 0 | 1 | 0 | 0 |
| 0 | 2 | 10 | 8(4) | | | 0 | | | 0 | | | 4 | 9 | 3 | 0 |

7월05일 19:00 맑음 창원 축구센터 2,157명

주심_ 정회수 부심_ 김종희·장민호 대기심_ 박정호 경기감독관_ 허태식

**경남 1** 1 전반 1 / 0 후반 0 **1 안산**

| 퇴장 | 경고 | 파울 | ST(유) | 교체 | 선수경 | 배번 | 위치 | 위치 | 배번 | 선수명 | 교체 | ST(유) | 파울 | 경고 | 퇴장 |
|---|---|---|---|---|---|---|---|---|---|---|---|---|---|---|---|
| 0 | 0 | 0 | 0 | | 최필수 | 91 | GK | GK | 1 | 이승빈 | | 0 | 0 | 0 | 0 |
| 0 | 0 | 0 | 0 | 18 | 이민기 | 66 | DF | DF | 33 | 에두 | | 0 | 0 | 0 | 0 |
| 0 | 0 | 2 | 0 | | 김형진 | 5 | DF | DF | 6 | 김현태 | | 0 | 0 | 0 | 0 |
| 0 | 0 | 0 | 4(3) | | 우주성 | 15 | DF | DF | 4 | 장민준 | | 0 | 4 | 0 | 0 |
| 0 | 0 | 0 | 1(1) | | 이준재 | 17 | DF | MF | 22 | 박시화 | 16 | 0 | 0 | 0 | 0 |
| 0 | 0 | 2 | 0 | 29 | 한석종 | 63 | MF | MF | 7 | 손준석 | | 1(1) | 1 | 1 | 0 |
| 0 | 1 | 2 | 3(1) | 77 | 헤난 | 88 | MF | MF | 66 | 배수민 | | 0 | 0 | 0 | 0 |
| 0 | 0 | 0 | 3(3) | | 브루노코스타 | 10 | MF | MF | 19 | 양세영 | | 0 | 1 | 0 | 0 |
| 0 | 0 | 0 | 0 | 11 | 마세도 | 20 | FW | MF | 36 | 송태성 | 8 | 0 | 0 | 0 | 0 |
| 0 | 0 | 1 | 0 | 7 | 박태용 | 42 | FW | FW | 13 | 김건오 | 10 | 3 | 1 | 0 | 0 |
| 0 | 0 | 1 | 2(1) | | 카릴 | 9 | FW | FW | 99 | 김우빈 | 77 | 1(1) | 1 | 0 | 0 |
| 0 | 0 | 0 | 0 | | 류원우 | 51 | | | 21 | 조성훈 | | 0 | 0 | 0 | 0 |
| 0 | 0 | 0 | 0 | | 이규백 | 3 | | | 16 | 정용희 | 후0 | 0 | 1 | 0 | 0 |
| 0 | 0 | 0 | 0 | 후27 | 신승민 | 18 | | | 37 | 박정우 | | 0 | 0 | 0 | 0 |
| 0 | 1 | 3 | 0 | 후12 | 김하민 | 77 | 대기 | 대기 | 8 | 라파 | 후7 | 1(1) | 0 | 0 | 0 |
| 0 | 1 | 1 | 0 | 후0 | 박기현 | 29 | | | 10 | 사라이바 | 후12 | 0 | 1 | 0 | 0 |
| 0 | 0 | 0 | 0 | 후12 | 박민서 | 11 | | | 17 | 류승완 | | 0 | 0 | 0 | 0 |
| 0 | 1 | 2 | 0 | 후20 | 송시우 | 7 | | | 77 | 제페르손 | 후7 | 0 | 1 | 0 | 0 |
| 0 | 4 | 14 | 13(9) | | | 0 | | | 0 | | | 6(3) | 11 | 1 | 0 |

● 전반 50분 브루노 코스타 PK-R-G (득점: 브루노 코스타) 왼쪽

● 전반 13분 송태성 PAL 내 ~ 김우빈 GAL L-ST-G (득점: 김우빈, 도움: 송태성) 가운데

7월06일 19:00 맑음 화성 종합 2,013명

주심_ 조지음 부심_ 신재환·이상길 대기심_ 최현재 경기감독관_ 양정환

**화성 0** 0 전반 0 / 0 후반 1 **1 부천**

| 퇴장 | 경고 | 파울 | ST(유) | 교체 | 선수명 | 배번 | 위치 | 위치 | 배번 | 선수명 | 교체 | ST(유) | 파울 | 경고 | 퇴장 |
|---|---|---|---|---|---|---|---|---|---|---|---|---|---|---|---|
| 0 | 0 | 0 | 0 | | 김승건 | 1 | GK | GK | 1 | 김형근 | | 0 | 0 | 1 | 0 |
| 0 | 0 | 1 | 0 | | 김대환 | 2 | MF | DF | 6 | 정호진 | | 0 | 2 | 1 | 0 |
| 0 | 0 | 0 | 0 | 17 | 연제민 | 4 | DF | DF | 29 | 백동규 | | 0 | 0 | 0 | 0 |
| 0 | 0 | 4 | 0 | 27 | 최준혁 | 6 | MF | DF | 20 | 홍성욱 | 5 | 0 | 3 | 1 | 0 |
| 0 | 0 | 0 | 1 | | 전성진 | 8 | MF | MF | 7 | 티아깅요 | | 1 | 0 | 0 | 0 |
| 0 | 0 | 1 | 0 | 10 | 박주영 | 9 | FW | MF | 4 | 최원철 | 18 | 0 | 0 | 0 | 0 |
| 0 | 0 | 0 | 1(1) | 41 | 여홍규 | 11 | FW | MF | 16 | 박현빈 | | 2(1) | 1 | 0 | 0 |
| 0 | 0 | 2 | 0 | | 보이노비치 | 15 | DF | MF | 27 | 장시영 | 41 | 0 | 1 | 0 | 0 |
| 0 | 0 | 2 | 0 | | 박준서 | 20 | DF | FW | 10 | 바사니 | | 3(1) | 2 | 1 | 0 |
| 0 | 0 | 2 | 1(1) | | 함선우 | 44 | DF | FW | 9 | 몬타뇨 | 23 | 2(2) | 0 | 0 | 0 |
| 0 | 0 | 3 | 0 | 16 | 박재성 | 47 | MF | FW | 11 | 박창준 | 17 | 1(1) | 0 | 0 | 0 |
| 0 | 0 | 0 | 0 | | 이기현 | 13 | | | 21 | 김현엽 | | 0 | 0 | 0 | 0 |
| 0 | 0 | 0 | 0 | | 우제욱 | 5 | | | 5 | 이상혁 | 후29 | 0 | 0 | 0 | 0 |
| 0 | 0 | 0 | 2(1) | 후15 | 루안 | 10 | | | 14 | 최재영 | | 0 | 0 | 0 | 0 |
| 0 | 0 | 1 | 0 | 후0 | 최명희 | 16 | 대기 | 대기 | 23 | 카즈 | 후19 | 0 | 1 | 0 | 0 |
| 0 | 0 | 0 | 2(1) | 후8 | 임창석 | 17 | | | 17 | 김규민 | 후29 | 0 | 0 | 0 | 0 |
| 0 | 0 | 0 | 1 | 후27 | 백승우 | 27 | | | 18 | 이의형 | 후19 | 0 | 0 | 0 | 1 |
| 0 | 0 | 1 | 0 | 후15 | 김병오 | 41 | | | 41 | 갈레고 | 후13 | 3(2) | 1 | 0 | 0 |
| 0 | 0 | 17 | 8(4) | | | 0 | | | 0 | | | 12(7) | 11 | 4 | 1 |

● 후반 17분 함선우 GAL H 자책골 (득점: 함선우) 오른쪽

7월 06일 19:00 맑음 김포솔터축구장 1,821명
주심_ 고민국 부심_ 성주경·박남수 대기심_ 최승환 경기감독관_ 김용세

**김포 3** 1 전반 0 / 2 후반 0 **0 부산**

| 퇴장 | 경고 | 파울 | ST(유) | 교체 | 선수명 | 배번 | 위치 | 위치 | 배번 | 선수명 | 교체 | ST(유) | 파울 | 경고 | 퇴장 |
|---|---|---|---|---|---|---|---|---|---|---|---|---|---|---|---|
| 0 | 0 | 0 | 0 | | 윤보상 | 21 | GK | GK | 1 | 구상민 | | 0 | 0 | 0 | 0 |
| 0 | 0 | 0 | 1 | | 이찬형 | 5 | DF | DF | 3 | 오반석 | 45 | 0 | 0 | 0 | 0 |
| 0 | 0 | 0 | 0 | | 채프먼 | 77 | DF | DF | 20 | 조위제 | | 0 | 1 | 0 | 0 |
| 0 | 0 | 2 | 0 | | 김동민 | 97 | DF | DF | 77 | 장호익 | | 0 | 1 | 0 | 0 |
| 0 | 0 | 0 | 0 | 6 | 윤재운 | 11 | MF | MF | 17 | 전성진 | 63 | 0 | 2 | 1 | 0 |
| 0 | 0 | 0 | 1(1) | | 최재훈 | 23 | MF | MF | 6 | 이동수 | | 0 | 4 | 1 | 0 |
| 0 | 1 | 2 | 1(1) | 8 | 천지현 | 72 | MF | MF | 8 | 리영직 | 47 | 0 | 0 | 0 | 0 |
| 0 | 0 | 1 | 0 | | 이상민 | 7 | MF | MF | 88 | 김세훈 | | 2(1) | 0 | 0 | 0 |
| 0 | 0 | 2 | 0 | 50 | 김결 | 99 | MF | FW | 11 | 빌레로 | | 2 | 4 | 1 | 0 |
| 0 | 1 | 2 | 2(2) | 32 | 제갈재민 | 17 | FW | FW | 9 | 곤잘로 | 27 | 1(1) | 2 | 0 | 0 |
| 0 | 0 | 1 | 0 | 24 | 홍시후 | 37 | FW | FW | 10 | 페신 | 29 | 0 | 0 | 0 | 0 |
| 0 | 0 | 0 | 0 | | 조주영 | 1 | | | 21 | 박대한 | | 0 | 0 | 0 | 0 |
| 0 | 0 | 0 | 0 | | 박경록 | 3 | | | 24 | 홍욱현 | | 0 | 0 | 0 | 0 |
| 0 | 0 | 0 | 0 | 후41 | 장부성 | 32 | | | 63 | 김진래 | 후36 | 0 | 1 | 0 | 0 |
| 0 | 0 | 1 | 0 | 후12 | 김지훈 | 6 | 대기 | 대기 | 47 | 손휘 | 전31 | 0 | 2 | 0 | 0 |
| 0 | 0 | 0 | 0 | 후41 | 디자우마 | 8 | | | 27 | 김현민 | 후21 | 1 | 0 | 0 | 0 |
| 0 | 0 | 0 | 1(1) | 후12 | 박동진 | 50 | | | 45 | 백가온 | 후0 | 0 | 0 | 0 | 0 |
| 0 | 0 | 5 | 3(2) | 전30 | 루이스 | 24 | | | 29 | 최기윤 | 후21 | 0 | 1 | 1 | 0 |
| 0 | 2 | 16 | 9(7) | | | 0 | | | 0 | | | 6(2) | 18 | 4 | 0 |

- 전반 31분 제갈재민 PAL 내 ~ 최재훈 PA 정면 내 R-ST-G (득점: 최재훈, 도움: 제갈재민) 오른쪽
- 후반 17분 김지훈 MFL ~ 루이스 AKR R-ST-G (득점: 루이스, 도움: 김지훈) 오른쪽
- 후반 29분 박동진 PAR EL ↷ 루이스 GAR H-ST-G (득점: 루이스, 도움: 박동진) 오른쪽

7월 12일 19:00 맑음 부산 구덕 2,606명
주심_ 최현재 부심_ 황보진현·류시홍 대기심_ 정회수 경기감독관_ 이평재

**부산 0** 0 전반 0 / 0 후반 0 **0 성남**

| 퇴장 | 경고 | 파울 | ST(유) | 교체 | 선수명 | 배번 | 위치 | 위치 | 배번 | 선수명 | 교체 | ST(유) | 파울 | 경고 | 퇴장 |
|---|---|---|---|---|---|---|---|---|---|---|---|---|---|---|---|
| 0 | 0 | 0 | 0 | | 구상민 | 1 | GK | GK | 21 | 양한빈 | | 0 | 0 | 0 | 0 |
| 0 | 0 | 1 | 0 | 88 | 홍욱현 | 24 | DF | DF | 22 | 정승용 | | 0 | 1 | 0 | 0 |
| 0 | 0 | 3 | 1 | | 조위제 | 20 | DF | DF | 20 | 이상민 | | 1 | 0 | 0 | 0 |
| 0 | 0 | 1 | 1 | | 장호익 | 77 | DF | DF | 4 | 베니시오 | | 1 | 1 | 0 | 0 |
| 0 | 0 | 0 | 0 | 27 | 전성진 | 17 | MF | DF | 7 | 신재원 | | 2(1) | 0 | 0 | 0 |
| 0 | 0 | 2 | 1(1) | | 이동수 | 6 | MF | MF | 27 | 이준상 | 18 | 0 | 0 | 1 | 0 |
| 0 | 0 | 1 | 0 | 66 | 전승민 | 5 | MF | MF | 33 | 박수빈 | | 0 | 1 | 1 | 0 |
| 0 | 0 | 4 | 0 | | 박창우 | 23 | MF | MF | 14 | 프레이타스 | 74 | 0 | 0 | 0 | 0 |
| 0 | 0 | 0 | 1 | 11 | 손석용 | 99 | FW | MF | 8 | 이정빈 | 70 | 1(1) | 0 | 0 | 0 |
| 0 | 0 | 0 | 0 | 9 | 백가온 | 45 | FW | FW | 6 | 홍창범 | 16 | 0 | 1 | 0 | 0 |
| 0 | 0 | 0 | 3 | | 페신 | 10 | FW | FW | 9 | 후이즈 | | 1(1) | 2 | 0 | 0 |
| 0 | 0 | 0 | 0 | | 박대한 | 21 | | | 34 | 박지민 | | 0 | 0 | 0 | 0 |
| 0 | 0 | 0 | 0 | | 오반석 | 3 | | | 16 | 류준선 | 후36 | 0 | 0 | 0 | 0 |
| 0 | 0 | 0 | 1 | 후36 | 김세훈 | 88 | | | 18 | 김범수 | 후0 | 0 | 1 | 1 | 0 |
| 0 | 0 | 0 | 0 | 후36 | 이수아 | 66 | 대기 | 대기 | 66 | 김주원 | | 0 | 0 | 0 | 0 |
| 0 | 0 | 0 | 0 | 후45 | 김현민 | 27 | | | 70 | 레안드로 | 후8 | 0 | 1 | 0 | 0 |
| 0 | 0 | 1 | 2(1) | 후0 | 곤잘로 | 9 | | | 74 | 사무엘 | 후8 | 0 | 0 | 0 | 0 |
| 0 | 0 | 1 | 1 | 후0 | 빌레로 | 11 | | | 91 | 박광일 | | 0 | 0 | 0 | 0 |
| 0 | 0 | 14 | 11(2) | | | 0 | | | 0 | | | 6(3) | 8 | 3 | 0 |

7월 12일 19:00 맑음 광양 전용 2,851명
주심_ 안재훈 부심_ 김태형·김현진 대기심_ 김재홍 경기감독관_ 박철

**전남 1** 1 전반 0 / 0 후반 0 **0 경남**

| 퇴장 | 경고 | 파울 | ST(유) | 교체 | 선수명 | 배번 | 위치 | 위치 | 배번 | 선수명 | 교체 | ST(유) | 파울 | 경고 | 퇴장 |
|---|---|---|---|---|---|---|---|---|---|---|---|---|---|---|---|
| 0 | 0 | 0 | 0 | | 최봉진 | 1 | GK | GK | 91 | 최필수 | | 0 | 0 | 0 | 0 |
| 0 | 0 | 1 | 0 | | 최정원 | 95 | DF | DF | 66 | 이민기 | | 0 | 1 | 0 | 0 |
| 0 | 0 | 3 | 0 | | 고태원 | 5 | DF | DF | 2 | 박재환 | | 0 | 0 | 0 | 0 |
| 0 | 0 | 1 | 0 | | 유지하 | 2 | DF | DF | 3 | 이규백 | 5 | 0 | 3 | 1 | 0 |
| 0 | 0 | 0 | 0 | 36 | 김예성 | 3 | DF | DF | 33 | 박원재 | 90 | 0 | 0 | 0 | 0 |
| 0 | 0 | 2 | 1 | | 김주엽 | 71 | DF | MF | 40 | 이찬동 | 30 | 0 | 2 | 0 | 0 |
| 0 | 0 | 0 | 2(1) | | 알베르띠 | 16 | MF | MF | 42 | 박태용 | 88 | 0 | 0 | 0 | 0 |
| 0 | 0 | 2 | 0 | 77 | 박상준 | 24 | MF | MF | 10 | 브루노코스타 | | 0 | 0 | 0 | 0 |
| 0 | 0 | 0 | 0 | 14 | 발디비아 | 10 | MF | FW | 11 | 박민서 | | 1(1) | 2 | 0 | 0 |
| 0 | 0 | 0 | 2 | 11 | 하남 | 9 | FW | FW | 25 | 이종언 | 29 | 1 | 0 | 0 | 0 |
| 0 | 0 | 0 | 1(1) | 50 | 임찬울 | 7 | FW | FW | 89 | 단레이 | | 0 | 0 | 0 | 0 |
| 0 | 0 | 0 | 0 | | 강정묵 | 96 | | | 51 | 류원우 | | 0 | 0 | 0 | 0 |
| 0 | 0 | 0 | 0 | 후34 | 안재민 | 36 | | | 5 | 김형진 | 후20 | 0 | 0 | 0 | 0 |
| 0 | 0 | 0 | 0 | | 노동건 | 44 | | | 14 | 전민수 | | 0 | 0 | 0 | 0 |
| 0 | 1 | 1 | 0 | 후41 | 윤민호 | 14 | 대기 | 대기 | 30 | 천정욱 | 후40 | 0 | 0 | 0 | 0 |
| 0 | 0 | 0 | 1 | 후0 | 최한솔 | 77 | | | 88 | 헤난 | 후20 | 0 | 1 | 0 | 0 |
| 0 | 1 | 2 | 2(1) | 후0 | 정지용 | 11 | | | 29 | 박기현 | 전44 | 0 | 2 | 0 | 0 |
| 0 | 0 | 0 | 2(1) | 후22 | 르본 | 50 | | | 90 | 이중민 | 후40 | 1 | 1 | 1 | 0 |
| 0 | 2 | 12 | 11(4) | | | 0 | | | 0 | | | 3(1) | 12 | 2 | 0 |

- 전반 13분 알베르띠 PA 정면 ~ 임찬울 PAR 내 R-ST-G (득점: 임찬울, 도움: 알베르띠) 왼쪽

7월 12일 19:00 맑음 수원 월드컵 12,769명
주심_ 고민국 부심_ 김수현·이현모 대기심_ 원명희 경기감독관_ 나승화

**수원 1** 0 전반 0 / 1 후반 0 **0 충북청주**

| 퇴장 | 경고 | 파울 | ST(유) | 교체 | 선수명 | 배번 | 위치 | 위치 | 배번 | 선수명 | 교체 | ST(유) | 파울 | 경고 | 퇴장 |
|---|---|---|---|---|---|---|---|---|---|---|---|---|---|---|---|
| 0 | 0 | 0 | 0 | | 양형모 | 21 | GK | GK | 23 | 이승환 | | 0 | 0 | 1 | 0 |
| 0 | 0 | 0 | 0 | | 이기제 | 23 | DF | DF | 4 | 반데아벨트 | 99 | 0 | 0 | 0 | 0 |
| 0 | 0 | 3 | 0 | | 레오 | 4 | DF | DF | 24 | 허승찬 | | 0 | 0 | 0 | 0 |
| 0 | 0 | 0 | 0 | | 황석호 | 90 | DF | DF | 39 | 임준영 | | 0 | 1 | 1 | 0 |
| 0 | 0 | 0 | 0 | 32 | 이건희 | 19 | DF | MF | 5 | 김선민 | | 0 | 1 | 0 | 0 |
| 0 | 0 | 1 | 1 | | 이규성 | 24 | MF | MF | 13 | 김영환 | 25 | 2(1) | 0 | 0 | 0 |
| 0 | 0 | 1 | 1 | 6 | 이민혁 | 17 | MF | MF | 66 | 이강한 | | 1 | 4 | 0 | 0 |
| 0 | 0 | 0 | 1 | 47 | 김지현 | 77 | MF | MF | 70 | 최강민 | | 0 | 1 | 0 | 0 |
| 0 | 0 | 1 | 1 | 11 | 브루노실바 | 74 | FW | FW | 9 | 가브리엘 | 11 | 2 | 1 | 0 | 0 |
| 0 | 0 | 0 | 1 | 10 | 세라핌 | 70 | FW | FW | 10 | 페드로 | 71 | 3 | 2 | 1 | 0 |
| 0 | 0 | 0 | 0 | | 일류첸코 | 9 | FW | FW | 17 | 홍석준 | 2 | 0 | 1 | 0 | 0 |
| 0 | 0 | 0 | 0 | | 김민준 | 1 | | | 18 | 정진욱 | | 0 | 0 | 0 | 0 |
| 0 | 0 | 0 | 0 | | 권완규 | 12 | | | 36 | 윤석영 | | 0 | 0 | 0 | 0 |
| 0 | 0 | 0 | 0 | 후40 | 정동윤 | 32 | | | 99 | 이창훈 | 후29 | 0 | 1 | 1 | 0 |
| 0 | 1 | 1 | 0 | 후43 | 최영준 | 6 | 대기 | 대기 | 25 | 최성근 | 후43 | 0 | 1 | 0 | 0 |
| 0 | 0 | 1 | 0 | 후40 | 강현묵 | 10 | | | 71 | 이동원 | 후43 | 0 | 0 | 0 | 0 |
| 0 | 1 | 1 | 4(4) | 후0 | 파울리뇨 | 11 | | | 2 | 서재원 | 후29 | 0 | 0 | 0 | 0 |
| 0 | 0 | 0 | 0 | 후26 | 박승수 | 47 | | | 11 | 이승재 | 후16 | 0 | 0 | 0 | 0 |
| 0 | 2 | 9 | 9(4) | | | 0 | | | 0 | | | 8(1) | 13 | 4 | 0 |

- 후반 41분 일류첸코 MFL ~ 파울리뇨 MF 정면 R-ST-G (득점: 파울리뇨, 도움: 일류첸코) 오른쪽

7월 12일 19:00 맑음 천안 종합 2,218명
주심_ 박정호 부심_ 이병주·김유영 대기심_ 이경순 경기감독관_ 김성기

**천안 2** 0 전반 1 / 2 후반 2 **3 화성**

| 퇴장 | 경고 | 파울 | ST(유) | 교체 | 선수명 | 배번 | 위치 | 위치 | 배번 | 선수명 | 교체 | ST(유) | 파울 | 경고 | 퇴장 |
|---|---|---|---|---|---|---|---|---|---|---|---|---|---|---|---|
| 0 | 0 | 0 | 0 | | 허자웅 | 31 | GK | GK | 1 | 김승건 | | 0 | 0 | 1 | 0 |
| 0 | 1 | 1 | 1 | | 강영훈 | 4 | DF | MF | 2 | 김대환 | 20 | 0 | 1 | 0 | 0 |
| 0 | 0 | 1 | 0 | | 이웅희 | 3 | DF | DF | 3 | 조동재 | | 0 | 2 | 0 | 0 |
| 0 | 0 | 0 | 0 | 26 | 마상훈 | 25 | DF | MF | 6 | 최준혁 | 53 | 2(2) | 1 | 0 | 0 |
| 0 | 0 | 0 | 1 | 6 | 미사키 | 45 | MF | MF | 8 | 전성진 | 47 | 0 | 2 | 0 | 0 |
| 0 | 0 | 1 | 4(2) | | 김성준 | 16 | MF | FW | 9 | 박주영 | 5 | 1(1) | 0 | 0 | 0 |
| 0 | 1 | 1 | 0 | 8 | 펠리페 | 91 | MF | DF | 15 | 보이노비치 | | 0 | 2 | 0 | 0 |
| 0 | 1 | 1 | 0 | | 이상명 | 24 | MF | MF | 16 | 최명희 | | 1(1) | 1 | 1 | 0 |
| 0 | 0 | 1 | 1 | 7 | 문건호 | 30 | FW | DF | 17 | 임창석 | | 1 | 0 | 0 | 0 |
| 0 | 1 | 3 | 4(2) | | 툰가라 | 10 | FW | FW | 41 | 김병오 | 11 | 0 | 3 | 0 | 0 |
| 0 | 0 | 0 | 1(1) | 14 | 이지훈 | 11 | FW | DF | 44 | 함선우 | | 1(1) | 2 | 0 | 0 |
| 0 | 0 | 0 | 0 | | 제종현 | 21 | | | 13 | 이기현 | | 0 | 0 | 0 | 0 |
| 0 | 0 | 0 | 0 | | 최진웅 | 5 | | | 4 | 연제민 | | 0 | 0 | 0 | 0 |
| 0 | 0 | 0 | 1 | 후5 | 김영선 | 26 | | | 5 | 우제욱 | 후47 | 1 | 0 | 0 | 0 |
| 0 | 0 | 0 | 0 | 후28 | 이종성 | 6 | 대기 | 대기 | 11 | 여홍규 | 후17 | 0 | 2 | 0 | 0 |
| 0 | 0 | 0 | 0 | 후5 | 이광진 | 8 | | | 20 | 박준서 | 후37 | 0 | 1 | 0 | 0 |
| 0 | 0 | 1 | 1(1) | 후0 | 이상준 | 7 | | | 47 | 박재성 | 후17 | 0 | 1 | 1 | 0 |
| 0 | 0 | 0 | 1 | 후20 | 구종욱 | 14 | | | 53 | 리마 | 후37 | 0 | 0 | 0 | 0 |
| 0 | 4 | 10 | 15(6) | | | 0 | | | 0 | | | 7(5) | 18 | 3 | 0 |

● 후반 32분 김성준 MFR ~ 툰가라 PA 정면 내 R-ST-G (득점: 툰가라, 도움 김성준) 오른쪽
● 후반 45분 김성준 PK-R-G (득점: 김성준) 왼쪽

● 전반 23분 박주영 PAL TL ~ 최준혁 GAL R-ST-G (득점: 최준혁, 도움: 박주영) 왼쪽
● 후반 56초 박주영 GAL EL ~ 최명희 GAR 내 L-ST-G (득점: 최명희, 도움: 박주영) 가운데
● 후반 8분 함선우 MF 정면 R-ST-G (득점: 함선우) 오른쪽

7월 13일 19:00 흐림 부천 종합 2,544명
주심_ 박세진 부심_ 김종희·이화평 대기심_ 오현진 경기감독관_ 구상범

**부천 1** 1 전반 0 / 0 후반 1 **1 김포**

| 퇴장 | 경고 | 파울 | ST(유) | 교체 | 선수명 | 배번 | 위치 | 위치 | 배번 | 선수명 | 교체 | ST(유) | 파울 | 경고 | 퇴장 |
|---|---|---|---|---|---|---|---|---|---|---|---|---|---|---|---|
| 0 | 0 | 0 | 0 | | 김형근 | 1 | GK | GK | 31 | 손정현 | | 0 | 0 | 0 | 0 |
| 0 | 0 | 0 | 0 | | 정호진 | 6 | DF | DF | 5 | 이찬형 | | 1 | 2 | 0 | 0 |
| 0 | 0 | 1 | 1 | | 이상혁 | 5 | DF | DF | 77 | 채프먼 | | 1(1) | 2 | 1 | 0 |
| 0 | 0 | 3 | 0 | | 백동규 | 29 | DF | DF | 97 | 김동민 | | 0 | 0 | 0 | 0 |
| 0 | 0 | 0 | 1(1) | 17 | 티아깅요 | 7 | MF | MF | 11 | 윤재운 | | 0 | 0 | 0 | 0 |
| 0 | 0 | 0 | 0 | 9 | 카즈 | 23 | MF | MF | 23 | 최재훈 | | 1 | 1 | 0 | 0 |
| 0 | 0 | 0 | 0 | | 박현빈 | 16 | MF | MF | 8 | 디자우마 | 29 | 0 | 0 | 0 | 0 |
| 0 | 0 | 0 | 0 | 11 | 장시영 | 27 | MF | MF | 7 | 이상민 | | 0 | 1 | 0 | 0 |
| 0 | 0 | 0 | 1(1) | 24 | 바사니 | 10 | FW | MF | 99 | 김결 | 50 | 0 | 0 | 0 | 0 |
| 0 | 0 | 3 | 1 | 14 | 공민현 | 99 | FW | FW | 17 | 제갈재민 | 72 | 1(1) | 1 | 0 | 0 |
| 0 | 0 | 0 | 0 | | 갈레고 | 41 | FW | FW | 25 | 정우빈 | 24 | 1 | 1 | 0 | 0 |
| 0 | 0 | 0 | 0 | | 김현엽 | 21 | | | 21 | 윤보상 | | 0 | 0 | 0 | 0 |
| 0 | 0 | 0 | 0 | | 이재원 | 15 | | | 3 | 박경록 | | 0 | 0 | 0 | 0 |
| 0 | 0 | 2 | 1 | 후12 | 최재영 | 14 | | | 6 | 김지훈 | | 0 | 0 | 0 | 0 |
| 0 | 0 | 0 | 0 | 후47 | 김동현 | 24 | 대기 | 대기 | 72 | 천지현 | 후33 | 1 | 0 | 0 | 0 |
| 0 | 0 | 1 | 1 | 후12 | 몬타뇨 | 9 | | | 29 | 김민우 | 후0 | 0 | 0 | 0 | 0 |
| 0 | 1 | 1 | 0 | 후20 | 박창준 | 11 | | | 24 | 루이스 | 후0 | 3(3) | 0 | 0 | 0 |
| 0 | 0 | 0 | 0 | 후47 | 김규민 | 17 | | | 50 | 박동진 | 후0 | 2(1) | 3 | 0 | 0 |
| 0 | 1 | 11 | 6(2) | | | 0 | | | 0 | | | 11(6) | 11 | 1 | 0 |

● 전반 37분 박현빈 PAL 내 ~ 바사니 PAL 내 L-ST-G (득점: 바사니, 도움: 박현빈) 오른쪽

● 후반 6분 채프먼 GA 정면 R-ST-G (득점: 채프먼) 오른쪽

7월 13일 19:00 흐림 인천 전용 9,326명
주심_ 박진호 부심_ 성주경·장면호 대기심_ 최철준 경기감독관_ 차상해

**인천 2** 1 전반 1 / 1 후반 0 **1 충남아산**

| 퇴장 | 경고 | 파울 | ST(유) | 교체 | 선수명 | 배번 | 위치 | 위치 | 배번 | 선수명 | 교체 | ST(유) | 파울 | 경고 | 퇴장 |
|---|---|---|---|---|---|---|---|---|---|---|---|---|---|---|---|
| 0 | 0 | 0 | 0 | | 민성준 | 1 | GK | GK | 18 | 신송훈 | | 0 | 0 | 0 | 0 |
| 0 | 0 | 1 | 1 | | 이상기 | 3 | DF | DF | 14 | 이학민 | | 0 | 1 | 1 | 0 |
| 0 | 0 | 0 | 1 | 28 | 임형진 | 15 | DF | DF | 6 | 최희원 | | 0 | 1 | 0 | 0 |
| 0 | 0 | 1 | 1 | | 김건희 | 4 | DF | DF | 5 | 변준영 | | 0 | 1 | 1 | 0 |
| 0 | 0 | 1 | 0 | | 김명순 | 39 | DF | DF | 25 | 박종민 | | 0 | 3 | 1 | 0 |
| 0 | 0 | 1 | 2(2) | 19 | 바로우 | 14 | MF | MF | 77 | 정마호 | | 0 | 0 | 0 | 0 |
| 0 | 0 | 2 | 0 | 88 | 최승구 | 13 | MF | MF | 28 | 손준호 | | 0 | 3 | 1 | 0 |
| 0 | 1 | 2 | 0 | | 이명주 | 5 | MF | MF | 7 | 데니손 | | 0 | 1 | 1 | 0 |
| 0 | 0 | 1 | 2(2) | | 제르소 | 11 | MF | MF | 22 | 김승호 | | 1(1) | 0 | 0 | 0 |
| 0 | 0 | 2 | 0 | 9 | 신진호 | 8 | FW | MF | 72 | 한교원 | 8 | 0 | 0 | 0 | 0 |
| 0 | 0 | 1 | 4(2) | 99 | 박승호 | 77 | FW | FW | 10 | 김종석 | 9 | 4(2) | 2 | 0 | 0 |
| 0 | 0 | 0 | 0 | | 이범수 | 25 | | | 21 | 김진영 | | 0 | 0 | 0 | 0 |
| 0 | 0 | 0 | 0 | | 김성민 | 17 | | | 3 | 백인환 | | 0 | 0 | 0 | 0 |
| 0 | 0 | 0 | 0 | 후32 | 김건웅 | 28 | | | 20 | 조주영 | | 0 | 0 | 0 | 0 |
| 0 | 0 | 0 | 0 | 후44 | 김민석 | 19 | 대기 | 대기 | 8 | 최치원 | 후32 | 0 | 0 | 0 | 0 |
| 0 | 0 | 0 | 2(2) | 후14 | 정원진 | 88 | | | 42 | 황재환 | | 0 | 0 | 0 | 0 |
| 0 | 0 | 1 | 2(1) | 후14 | 무고사 | 9 | | | 9 | 김종민 | 후43 | 0 | 0 | 0 | 0 |
| 0 | 0 | 0 | 1 | 후44 | 박호민 | 99 | | | 11 | 아담 | | 0 | 0 | 0 | 0 |
| 0 | 1 | 13 | 16(9) | | | 0 | | | 0 | | | 5(3) | 12 | 5 | 0 |

● 전반 26분 제르소 GAR 내 → 바로우 GA 정면 내 H-ST-G (득점: 바로우, 도움: 제르소) 가운데
● 후반 43분 무고사 PK-R-G (득점: 무고사) 왼쪽

● 전반 33분 김종석 GAL L-ST-G (득점: 김종석) 왼쪽

7월 13일 19:00 흐림 안산 와스타디움 1,743명
주심_ 오현정 부심_ 이영운·신재환 대기심_ 정동식 경기감독관_ 허기태

**안산 2** 0 전반 0 / 2 후반 2 **2 서울E**

| 퇴장 | 경고 | 파울 | ST(유) | 교체 | 선수명 | 배번 | 위치 | 위치 | 배번 | 선수명 | 교체 | ST(유) | 파울 | 경고 | 퇴장 |
|---|---|---|---|---|---|---|---|---|---|---|---|---|---|---|---|
| 0 | 0 | 0 | 0 | | 이승빈 | 1 | GK | GK | 1 | 노동건 | | 0 | 0 | 0 | 0 |
| 0 | 0 | 0 | 1(1) | | 장민준 | 4 | DF | DF | 6 | 채광훈 | | 0 | 1 | 0 | 0 |
| 0 | 0 | 0 | 0 | | 조지훈 | 25 | DF | DF | 5 | 오스마르 | 20 | 0 | 1 | 1 | 0 |
| 0 | 0 | 0 | 2(1) | | 김현태 | 6 | DF | DF | 4 | 곽윤호 | | 0 | 0 | 0 | 0 |
| 0 | 0 | 1 | 0 | | 송태성 | 36 | MF | DF | 77 | 배진우 | 13 | 0 | 1 | 0 | 0 |
| 0 | 0 | 1 | 0 | | 배수민 | 66 | MF | MF | 47 | 이주혁 | 23 | 1(1) | 2 | 0 | 0 |
| 0 | 0 | 0 | 1(1) | | 라파 | 8 | MF | MF | 66 | 백지웅 | | 1(1) | 0 | 0 | 0 |
| 0 | 0 | 1 | 0 | | 에두 | 33 | MF | MF | 88 | 서진석 | | 1(1) | 1 | 0 | 0 |
| 0 | 0 | 1 | 0 | | 제페르손 | 77 | MF | MF | 17 | 김강호 | 7 | 0 | 2 | 0 | 0 |
| 0 | 0 | 0 | 0 | 99 | 김건오 | 13 | FW | FW | 70 | 허용준 | 18 | 2(2) | 0 | 0 | 0 |
| 0 | 0 | 0 | 0 | 10 | 류승완 | 17 | FW | FW | 9 | 아이데일 | | 6(4) | 1 | 0 | 0 |
| 0 | 0 | 0 | 0 | | 조성훈 | 21 | | | 21 | 김민호 | | 0 | 0 | 0 | 0 |
| 0 | 0 | 0 | 0 | | 정용희 | 16 | | | 20 | 김오규 | 후23 | 0 | 0 | 0 | 0 |
| 0 | 0 | 0 | 0 | | 양세영 | 19 | | | 55 | 강민재 | | 0 | 0 | 0 | 0 |
| 0 | 0 | 0 | 0 | | 서명식 | 35 | 대기 | 대기 | 13 | 차승현 | 후42 | 0 | 0 | 0 | 0 |
| 0 | 0 | 2 | 1(1) | 후0 | 사라이바 | 10 | | | 23 | 배서준 | 후27 | 0 | 0 | 0 | 0 |
| 0 | 0 | 0 | 0 | | 박정우 | 37 | | | 7 | 에울레르 | 후0 | 1 | 0 | 0 | 0 |
| 0 | 0 | 3 | 0 | 후18 | 김우빈 | 99 | | | 18 | 정재민 | 후0 | 1(1) | 0 | 0 | 0 |
| 0 | 0 | 9 | 5(4) | | | 0 | | | 0 | | | 13(10) | 9 | 1 | 0 |

● 후반 17분 사라이바 PAR 내 R-ST-G (득점: 사라이바) 왼쪽
● 후반 37분 사라이바 PAR 내 ~ 김현태 GA 정면 내 L-ST-G (득점: 김현태, 도움: 사라이바) 왼쪽

● 후반 26초 에울레르 PAR 내 ↷ 이주혁 GAL 발리슛 R-ST-G (득점: 이주혁, 도움: 에울레르) 오른쪽
● 후반 45분 정재민 PAR 내 H~ 아이데일 GA 정면 내 R-ST-G (득점: 아이데일, 도움: 정재민) 왼쪽

7월 19일 19:00 흐림 김포솔터축구장 2,779명
주심_ 박진호 부심_ 김태원·김현진 대기심_ 원명희 경기감독관_ 구상범

**김포 2** 1 전반 1 / 1 후반 1 **2 안산**

| 퇴장 | 경고 | 파울 | ST(유) | 교체 | 선수명 | 배번 | 위치 | 위치 | 배번 | 선수명 | 교체 | ST(유) | 파울 | 경고 | 퇴장 |
|---|---|---|---|---|---|---|---|---|---|---|---|---|---|---|---|
| 0 | 0 | 0 | 0 | | 손정현 | 31 | GK | GK | 1 | 이승빈 | | 0 | 0 | 0 | 0 |
| 0 | 0 | 1 | 1 | | 이찬형 | 5 | DF | DF | 4 | 장민준 | | 0 | 1 | 0 | 0 |
| 0 | 0 | 1 | 1(1) | | 김동민 | 97 | DF | DF | 25 | 조지훈 | | 0 | 1 | 1 | 0 |
| 0 | 0 | 1 | 0 | 6 | 박경록 | 3 | DF | DF | 6 | 김현태 | | 1 | 1 | 0 | 0 |
| 0 | 0 | 1 | 0 | | 윤재운 | 11 | MF | MF | 36 | 송태성 | 37 | 1(1) | 1 | 0 | 0 |
| 0 | 1 | 2 | 4(2) | | 디자우마 | 8 | MF | MF | 7 | 손준석 | | 1 | 2 | 0 | 0 |
| 0 | 0 | 1 | 0 | 25 | 최재훈 | 23 | MF | MF | 8 | 라파 | 10 | 0 | 0 | 0 | 0 |
| 0 | 0 | 0 | 0 | | 이상민 | 7 | MF | MF | 66 | 배수민 | 33 | 0 | 0 | 0 | 0 |
| 0 | 0 | 1 | 2(2) | 99 | 박동진 | 50 | MF | MF | 35 | 서명식 | 99 | 0 | 0 | 0 | 0 |
| 0 | 0 | 2 | 5(2) | 42 | 루이스 | 24 | FW | FW | 13 | 김건오 | | 0 | 0 | 0 | 0 |
| 0 | 0 | 1 | 1 | 29 | 제갈재민 | 17 | FW | FW | 77 | 제페르손 | | 5(3) | 1 | 0 | 0 |
| 0 | 0 | 0 | 0 | | 윤보상 | 21 | | | 21 | 조성훈 | | 0 | 0 | 0 | 0 |
| 0 | 0 | 0 | 1(1) | 후48 | 안창민 | 42 | | | 16 | 정용희 | | 0 | 0 | 0 | 0 |
| 0 | 1 | 1 | 0 | 후9 | 김지훈 | 6 | | | 33 | 에두 | 후26 | 0 | 0 | 0 | 0 |
| 0 | 1 | 1 | 0 | 후9 | 김민우 | 29 | 대기 | 대기 | 37 | 박정우 | 후35 | 0 | 0 | 0 | 0 |
| 0 | 0 | 0 | 0 | | 천지현 | 72 | | | 10 | 사라이바 | 후0 | 1 | 0 | 0 | 0 |
| 0 | 0 | 0 | 0 | 후32 | 김결 | 99 | | | 17 | 류승완 | 후35 | 1(1) | 0 | 0 | 0 |
| 0 | 0 | 1 | 0 | 후9 | 정우빈 | 25 | | | 99 | 김우빈 | 전28/17 | 0 | 3 | 0 | 0 |
| 0 | 3 | 14 | 15(8) | | | 0 | | | 0 | | | 10(5) | 10 | 1 | 0 |

- 전반 13분 루이스 PK-R-G (득점: 루이스) 가운데
- 후반 14분 디자우마 AK 내 ~ 박동진 PA 정면 내 R-ST-G (득점: 박동진, 도움: 디자우마) 왼쪽
- 전반 48분 손준석 MFR ~ 제페르손 MFR L-ST-G (득점: 제페르손, 도움: 손준석) 왼쪽
- 후반 45분 사라이바 PAR 내 EL ~ 제페르손 GAR 내 EL R-ST-G (득점: 제페르손, 도움: 사라이바) 오른쪽

7월 19일 19:00 흐리고 비 목동 종합 2,690명
주심_ 오현진 부심_ 이병주·이현모 대기심_ 안재훈 경기감독관_ 김성수

**서울E 0** 0 전반 1 / 0 후반 0 **1 성남**

| 퇴장 | 경고 | 파울 | ST(유) | 교체 | 선수명 | 배번 | 위치 | 위치 | 배번 | 선수명 | 교체 | ST(유) | 파울 | 경고 | 퇴장 |
|---|---|---|---|---|---|---|---|---|---|---|---|---|---|---|---|
| 0 | 0 | 0 | 0 | | 구성윤 | 25 | GK | GK | 21 | 양한빈 | | 0 | 0 | 0 | 0 |
| 0 | 0 | 0 | 0 | 5 | 김하준 | 44 | DF | DF | 22 | 정승용 | | 0 | 1 | 0 | 0 |
| 0 | 0 | 0 | 0 | 6 | 김오규 | 20 | DF | DF | 4 | 베니시오 | | 0 | 2 | 0 | 0 |
| 0 | 0 | 1 | 0 | | 곽윤호 | 4 | DF | DF | 20 | 이상민 | | 0 | 0 | 0 | 0 |
| 0 | 0 | 1 | 0 | | 서진석 | 88 | MF | DF | 7 | 신재원 | | 0 | 1 | 0 | 0 |
| 0 | 0 | 0 | 0 | | 서재민 | 15 | MF | MF | 27 | 이준상 | 18 | 1(1) | 1 | 0 | 0 |
| 0 | 1 | 0 | 3(1) | | 백지웅 | 66 | MF | MF | 74 | 사무엘 | | 0 | 2 | 0 | 0 |
| 0 | 0 | 0 | 0 | 77 | 차승현 | 13 | MF | MF | 14 | 프레이타스 | 33 | 0 | 0 | 0 | 0 |
| 0 | 0 | 2 | 1(1) | 23 | 이주혁 | 47 | FW | MF | 8 | 이정빈 | 70 | 2(1) | 0 | 0 | 0 |
| 0 | 0 | 1 | 4(3) | | 아이데일 | 9 | FW | FW | 6 | 홍창범 | | 0 | 2 | 0 | 0 |
| 0 | 0 | 3 | 2(1) | 18 | 에울레르 | 7 | FW | FW | 9 | 후이즈 | | 0 | 1 | 0 | 0 |
| 0 | 0 | 0 | 0 | | 노동건 | 1 | | | 34 | 박지민 | | 0 | 0 | 0 | 0 |
| 0 | 0 | 1 | 0 | 후31 | 오스마르 | 5 | | | 17 | 황석기 | | 0 | 0 | 0 | 0 |
| 0 | 0 | 0 | 1(1) | 후14 | 채광훈 | 6 | | | 18 | 김범수 | 후8 | 0 | 1 | 0 | 0 |
| 0 | 0 | 1 | 0 | 후0 | 배진우 | 77 | 대기 | 대기 | 33 | 박수빈 | 후8 | 0 | 0 | 0 | 0 |
| 0 | 0 | 0 | 0 | | 윤석주 | 8 | | | 66 | 김주원 | | 0 | 0 | 0 | 0 |
| 0 | 0 | 0 | 1(1) | 후14 | 배서준 | 23 | | | 68 | 이재욱 | | 0 | 0 | 0 | 0 |
| 0 | 0 | 0 | 0 | 후22 | 정재민 | 18 | | | 70 | 레안드로 | 후29 | 1(1) | 0 | 0 | 0 |
| 0 | 1 | 10 | 12(8) | | | 0 | | | 0 | | | 4(3) | 11 | 0 | 0 |

- 전반 42분 신재원 PAR ↷ 이정빈 GAR H-ST-G (득점: 이정빈, 도움: 신재원) 오른쪽

7월 19일 19:00 흐리고 비 광양 전용 5,945명
주심_ 정동식 부심_ 박남수·장민호 대기심_ 정회수 경기감독관_ 이평재

**전남 3** 0 전반 2 / 3 후반 2 **4 수원**

| 퇴장 | 경고 | 파울 | ST(유) | 교체 | 선수명 | 배번 | 위치 | 위치 | 배번 | 선수명 | 교체 | ST(유) | 파울 | 경고 | 퇴장 |
|---|---|---|---|---|---|---|---|---|---|---|---|---|---|---|---|
| 0 | 0 | 0 | 0 | | 최봉진 | 1 | GK | GK | 21 | 양형모 | | 0 | 0 | 0 | 0 |
| 0 | 0 | 0 | 0 | 14 | 노동건 | 44 | DF | DF | 23 | 이기제 | 2 | 0 | 0 | 0 | 0 |
| 0 | 0 | 0 | 0 | | 고태원 | 5 | DF | DF | 4 | 레오 | | 0 | 0 | 0 | 0 |
| 0 | 0 | 2 | 0 | 50 | 유지하 | 2 | DF | DF | 12 | 권완규 | | 0 | 1 | 0 | 0 |
| 0 | 0 | 0 | 0 | | 김예성 | 3 | DF | DF | 19 | 이건희 | | 0 | 0 | 0 | 0 |
| 0 | 0 | 2 | 0 | 77 | 김주엽 | 71 | DF | MF | 6 | 최영준 | 17 | 0 | 0 | 0 | 0 |
| 0 | 0 | 0 | 3(3) | | 알베르띠 | 16 | MF | MF | 24 | 이규성 | | 0 | 0 | 1 | 0 |
| 0 | 0 | 0 | 0 | 11 | 박상준 | 24 | MF | MF | 77 | 김지현 | 10 | 2(2) | 1 | 0 | 0 |
| 0 | 0 | 0 | 5(2) | | 발디비아 | 10 | MF | FW | 11 | 파울리뇨 | 91 | 3(2) | 1 | 0 | 0 |
| 0 | 0 | 2 | 6(3) | | 하남 | 9 | FW | FW | 70 | 세라핌 | 90 | 1(1) | 1 | 0 | 0 |
| 0 | 0 | 0 | 0 | 36 | 임찬울 | 7 | FW | FW | 9 | 일류첸코 | | 1 | 1 | 1 | 1 |
| 0 | 0 | 0 | 0 | | 강정묵 | 96 | | | 1 | 김민준 | | 0 | 0 | 0 | 0 |
| 0 | 0 | 0 | 1 | 후18 | 안재민 | 36 | | | 2 | 장석환 | 후37 | 0 | 1 | 0 | 0 |
| 0 | 0 | 0 | 0 | | 장순혁 | 20 | | | 32 | 정동윤 | | 0 | 0 | 0 | 0 |
| 0 | 0 | 0 | 0 | 후0 | 윤민호 | 14 | 대기 | 대기 | 90 | 황석호 | 후40 | 0 | 0 | 0 | 0 |
| 0 | 0 | 0 | 2(1) | 전33 | 최한솔 | 77 | | | 10 | 강현묵 | 후37 | 0 | 0 | 0 | 0 |
| 0 | 1 | 1 | 1(1) | 후0 | 정지용 | 11 | | | 17 | 이민혁 | 후27 | 0 | 0 | 0 | 0 |
| 0 | 0 | 0 | 0 | 후24 | 르본 | 50 | | | 91 | 박지원 | 후27 | 2(2) | 0 | 0 | 0 |
| 0 | 1 | 7 | 18(10) | | | 0 | | | 0 | | | 9(7) | 6 | 2 | 1 |

- 후반 23분 알베르띠 MFL ~ 하남 PA 정면 L-ST-G (득점: 하남, 도움: 알베르띠) 오른쪽
- 후반 31분 발디비아 GA 정면 ~ 하남 GA 정면 L-ST-G (득점: 하남, 도움: 발디비아) 가운데
- 후반 48분 발디비아 PK-R-G (득점: 발디비아) 왼쪽
- 전반 2분 일류첸코 GA 정면 내 ~ 김지현 GA 정면 내 R-ST-G (득점: 김지현, 도움: 일류첸코) 오른쪽
- 전반 28분 김지현 AK 내 ~ 파울리뇨 AK 내 R-ST-G (득점: 파울리뇨, 도움: 김지현) 오른쪽
- 후반 17분 김지현 PK-R-G (득점: 김지현) 가운데
- 후반 27분 김지현 PAR 내 ↷ 박지원 GAL R-ST-G (득점: 박지원, 도움: 김지현) 왼쪽

7월 19일 19:00 흐리고 비 화성 종합 1,293명
주심_ 오현정 부심_ 천진희·이화평 대기심_ 고민국 경기감독관_ 박철

**화성 1** 0 전반 0 / 1 후반 0 **0 부산**

| 퇴장 | 경고 | 파울 | ST(유) | 교체 | 선수명 | 배번 | 위치 | 위치 | 배번 | 선수명 | 교체 | ST(유) | 파울 | 경고 | 퇴장 |
|---|---|---|---|---|---|---|---|---|---|---|---|---|---|---|---|
| 0 | 0 | 0 | 0 | | 김승건 | 1 | GK | GK | 21 | 박대한 | | 0 | 0 | 0 | 0 |
| 0 | 0 | 0 | 2 | | 김대환 | 2 | MF | DF | 24 | 홍욱현 | | 0 | 2 | 0 | 0 |
| 0 | 0 | 0 | 0 | | 조동재 | 3 | DF | DF | 20 | 조위제 | | 1(1) | 0 | 1 | 0 |
| 0 | 0 | 0 | 1 | | 최준혁 | 6 | MF | DF | 77 | 장호익 | | 0 | 1 | 1 | 0 |
| 0 | 0 | 1 | 0 | 47 | 전성진 | 8 | MF | MF | 17 | 전성진 | | 2(1) | 0 | 0 | 0 |
| 0 | 0 | 0 | 1(1) | 11 | 박주영 | 9 | FW | MF | 6 | 이동수 | | 1(1) | 1 | 0 | 0 |
| 0 | 0 | 2 | 0 | | 보이노비치 | 15 | DF | MF | 5 | 전승민 | 66 | 1 | 1 | 0 | 0 |
| 0 | 0 | 0 | 2(1) | | 최명희 | 16 | MF | MF | 88 | 김세훈 | 99 | 1 | 0 | 0 | 0 |
| 0 | 0 | 0 | 0 | 20 | 임창석 | 17 | DF | FW | 27 | 김현민 | 19 | 1 | 1 | 0 | 0 |
| 0 | 1 | 0 | 1(1) | 7 | 김병오 | 41 | FW | FW | 9 | 곤잘로 | | 2(1) | 1 | 0 | 0 |
| 0 | 0 | 3 | 0 | | 함선우 | 44 | DF | FW | 29 | 최기윤 | 10 | 0 | 1 | 0 | 0 |
| 0 | 0 | 0 | 0 | | 이기현 | 13 | | | 1 | 구상민 | | 0 | 0 | 0 | 0 |
| 0 | 0 | 0 | 0 | | 연제민 | 4 | | | 33 | 홍재석 | 후40 | 0 | 0 | 0 | 0 |
| 0 | 0 | 2 | 0 | 후24 | 알뚤 | 7 | | | 23 | 박창우 | | 0 | 0 | 0 | 0 |
| 0 | 1 | 3 | 0 | 후32 | 여홍규 | 11 | 대기 | 대기 | 66 | 이수아 | 후9 | 1 | 0 | 0 | 0 |
| 0 | 0 | 1 | 0 | 후15 | 박준서 | 20 | | | 19 | 조민호 | 후19/33 | 1(1) | 0 | 0 | 0 |
| 0 | 0 | 0 | 0 | 후24 | 박재성 | 47 | | | 99 | 손석용 | 후40 | 0 | 0 | 0 | 0 |
| 0 | 0 | 0 | 0 | | 리마 | 53 | | | 10 | 페신 | 후0 | 0 | 0 | 0 | 0 |
| 0 | 2 | 12 | 7(3) | | | 0 | | | 0 | | | 11(5) | 8 | 2 | 0 |

- 후반 24분 박주영 PK 좌측지점 R-ST-G (득점: 박주영) 오른쪽

7월 20일 19:00 맑음 청주 종합 1,939명
주심_ 원명희 부심_ 성주경·이순길 대기심_ 박진호 경기감독관_ 이경춘

**충북청주 2** | 1 전반 1 / 1 후반 0 | **1 천안**

| 퇴장 | 경고 | 파울 | ST(유) | 교체 | 선수경 | 배번 | 위치 | 위치 | 배번 | 선수명 | 교체 | ST(유) | 파울 | 경고 | 퇴장 |
|---|---|---|---|---|---|---|---|---|---|---|---|---|---|---|---|
| 0 | 0 | 0 | 0 | | 이승환 | 23 | GK | GK | 31 | 허자웅 | | 0 | 0 | 0 | 0 |
| 0 | 0 | 1 | 0 | | 반데아벨트 | 4 | DF | DF | 4 | 강영훈 | | 0 | 1 | 1 | 0 |
| 0 | 0 | 1 | 1(1) | | 허승찬 | 24 | DF | DF | 3 | 이웅희 | | 0 | 1 | 0 | 0 |
| 0 | 0 | 1 | 0 | | 윤석영 | 36 | DF | DF | 24 | 이상명 | | 0 | 2 | 0 | 0 |
| 0 | 1 | 3 | 1 | | 김선민 | 5 | MF | DF | 26 | 김영선 | 90 | 0 | 1 | 0 | 0 |
| 0 | 0 | 0 | 1 | 25 | 김영환 | 13 | MF | MF | 16 | 김성준 | 14 | 0 | 2 | 0 | 0 |
| 0 | 1 | 1 | 0 | | 이강한 | 66 | MF | MF | 8 | 이광진 | 6 | 0 | 3 | 1 | 0 |
| 0 | 0 | 1 | 0 | | 최강민 | 70 | MF | MF | 91 | 펠리페 | 7 | 1 | 1 | 0 | 0 |
| 0 | 0 | 2 | 3(2) | 99 | 가브리엘 | 9 | FW | MF | 45 | 미사키 | | 2(2) | 1 | 0 | 0 |
| 0 | 0 | 2 | 0 | 2 | 페드로 | 10 | FW | FW | 10 | 툰가라 | | 4(2) | 2 | 1 | 0 |
| 0 | 0 | 0 | 1(1) | 71 | 이승재 | 11 | FW | FW | 17 | 명준재 | 11 | 1 | 0 | 0 | 0 |
| 0 | 0 | 0 | 0 | | 조수혁 | 1 | | | 21 | 제종현 | | 0 | 0 | 0 | 0 |
| 0 | 0 | 0 | 0 | | 홍준호 | 15 | | | 5 | 최진웅 | | 0 | 0 | 0 | 0 |
| 0 | 0 | 1 | 0 | 후39 | 이창훈 | 99 | | | 90 | 구대영 | 후38 | 0 | 0 | 0 | 0 |
| 0 | 0 | 0 | 0 | | 문승민 | 16 | 대기 | 대기 | 6 | 이종성 | 후17 | 0 | 1 | 0 | 0 |
| 0 | 0 | 0 | 0 | 후50 | 최성근 | 25 | | | 14 | 구종욱 | 후33 | 1(1) | 0 | 0 | 0 |
| 0 | 1 | 1 | 0 | 후21 | 이동원 | 71 | | | 7 | 이상준 | 후0 | 1(1) | 1 | 1 | 0 |
| 0 | 0 | 1 | 1 | 후21 | 서재원 | 2 | | | 11 | 이지훈 | 후17 | 0 | 2 | 1 | 0 |
| 0 | 3 | 15 | 8(4) | | | 0 | | | 0 | | | 10(6) | 18 | 5 | 0 |

- 전반 12분 이강한 자기 측 HLL ~ 이승재 AK 정면 R-ST-G (득점: 이승재, 도움: 이강한) 오른쪽
- 후반 22분 김영환 MF 정면 ~ 가브리엘 AKL R-ST-G (득점: 가브리엘, 도움: 김영환) 오른쪽
- 전반 19분 강영훈 PA 정면 내 → 툰가라 GAR H-ST-G (득점: 툰가라, 도움: 강영훈) 가운데

7월 20일 19:00 맑음 창원 축구센터 3,214명
주심_ 이경순 부심_ 이영운·김유영 대기심_ 박정호 경기감독관_ 차상해

**경남 0** | 0 전반 0 / 0 후반 2 | **2 인천**

| 퇴장 | 경고 | 파울 | ST(유) | 교체 | 선수명 | 배번 | 위치 | 위치 | 배번 | 선수명 | 교체 | ST(유) | 파울 | 경고 | 퇴장 |
|---|---|---|---|---|---|---|---|---|---|---|---|---|---|---|---|
| 0 | 0 | 0 | 0 | | 최필수 | 91 | GK | GK | 1 | 민성준 | | 0 | 0 | 0 | 0 |
| 0 | 0 | 0 | 0 | 14 | 이민기 | 66 | DF | DF | 3 | 이상기 | | 0 | 1 | 1 | 0 |
| 0 | 0 | 1 | 0 | | 이규백 | 3 | DF | DF | 28 | 김건웅 | | 0 | 0 | 0 | 0 |
| 0 | 0 | 0 | 1 | | 김형진 | 5 | DF | DF | 4 | 김건희 | | 0 | 0 | 0 | 0 |
| 0 | 0 | 0 | 2 | 20 | 박민서 | 11 | DF | DF | 39 | 김명순 | | 0 | 1 | 0 | 0 |
| 0 | 1 | 1 | 0 | | 이찬동 | 40 | MF | MF | 14 | 바로우 | 19 | 1 | 0 | 0 | 0 |
| 0 | 0 | 0 | 0 | 9 | 김하민 | 77 | MF | MF | 88 | 정원진 | 13 | 1 | 2 | 0 | 0 |
| 0 | 0 | 1 | 1(1) | | 브루노코스타 | 10 | MF | MF | 5 | 이명주 | | 0 | 1 | 0 | 0 |
| 0 | 0 | 0 | 1(1) | 42 | 헤난 | 88 | MF | MF | 11 | 제르소 | 17 | 0 | 3 | 1 | 0 |
| 0 | 0 | 2 | 0 | 33 | 박기현 | 29 | MF | FW | 77 | 박승호 | 99 | 2 | 0 | 0 | 0 |
| 0 | 0 | 1 | 3(2) | | 단레이 | 89 | FW | FW | 9 | 무고사 | 8 | 1 | 0 | 0 | 0 |
| 0 | 0 | 0 | 0 | | 류원우 | 51 | | | 97 | 김동헌 | | 0 | 0 | 0 | 0 |
| 0 | 0 | 0 | 0 | 후15 | 박원재 | 33 | | | 13 | 최승구 | 후12 | 0 | 0 | 0 | 0 |
| 0 | 0 | 0 | 0 | | 박재환 | 2 | | | 15 | 임형진 | | 0 | 0 | 0 | 0 |
| 0 | 0 | 0 | 0 | 후32 | 전민수 | 14 | 대기 | 대기 | 17 | 김성민 | 후49 | 0 | 0 | 0 | 0 |
| 0 | 1 | 0 | 1 | 후32 | 박태용 | 42 | | | 19 | 김민석 | 후35 | 0 | 0 | 0 | 0 |
| 0 | 0 | 0 | 1 | 후14 | 마세도 | 20 | | | 8 | 신진호 | 후12 | 2(2) | 1 | 0 | 0 |
| 0 | 0 | 0 | 0 | 후32 | 카릴 | 9 | | | 99 | 박호민 | 후35 | 1(1) | 0 | 0 | 0 |
| 0 | 2 | 6 | 10(4) | | | 0 | | | 0 | | | 8(3) | 9 | 2 | 0 |

- 후반 40분 최승구 MFL ↷ 박호민 GAR L-ST-G (득점: 박호민, 도움: 최승구) 왼쪽
- 후반 52분 신진호 PK 우측지점 R-ST-G (득점: 신진호) 오른쪽

7월 20일 19:00 맑음 부천 종합 2,297명
주심_ 최철준 부심_ 김태형·류시홍 대기심_ 김재홍 경기감독관_ 양정환

**부천 5** | 2 전반 1 / 3 후반 2 | **3 충남아산**

| 퇴장 | 경고 | 파울 | ST(유) | 교체 | 선수명 | 배번 | 위치 | 위치 | 배번 | 선수명 | 교체 | ST(유) | 파울 | 경고 | 퇴장 |
|---|---|---|---|---|---|---|---|---|---|---|---|---|---|---|---|
| 0 | 0 | 0 | 0 | | 김형근 | 1 | GK | GK | 21 | 김진영 | | 0 | 1 | 0 | 0 |
| 0 | 0 | 1 | 0 | | 정호진 | 6 | DF | DF | 3 | 백인환 | 10 | 0 | 0 | 0 | 0 |
| 0 | 1 | 1 | 0 | | 이상혁 | 5 | DF | DF | 6 | 최희원 | | 0 | 1 | 1 | 0 |
| 0 | 0 | 0 | 0 | | 백동규 | 29 | DF | DF | 5 | 변준영 | | 1(1) | 0 | 0 | 0 |
| 0 | 1 | 0 | 0 | | 티아깅요 | 7 | MF | DF | 14 | 이학민 | | 1 | 1 | 0 | 0 |
| 0 | 0 | 0 | 0 | 99 | 최재영 | 14 | MF | MF | 77 | 정마호 | 19 | 1(1) | 0 | 0 | 0 |
| 0 | 0 | 0 | 2 | 4 | 박현빈 | 16 | MF | MF | 28 | 손준호 | | 1(1) | 3 | 1 | 0 |
| 0 | 0 | 0 | 1(1) | 17 | 박창준 | 11 | MF | MF | 7 | 데니손 | 74 | 2(2) | 0 | 0 | 0 |
| 0 | 0 | 1 | 2(1) | 24 | 바사니 | 10 | FW | MF | 22 | 김승호 | | 1(1) | 0 | 0 | 0 |
| 0 | 0 | 0 | 5(4) | 23 | 몬타뇨 | 9 | FW | MF | 42 | 황재환 | 72 | 1(1) | 0 | 0 | 0 |
| 0 | 0 | 1 | 3 | | 갈레고 | 41 | FW | FW | 9 | 김종민 | 97 | 1 | 1 | 0 | 0 |
| 0 | 0 | 0 | 0 | | 김현엽 | 21 | | | 18 | 신송훈 | | 0 | 0 | 0 | 0 |
| 0 | 0 | 0 | 0 | | 이지원 | 15 | | | 19 | 유동규 | 후27 | 0 | 0 | 0 | 0 |
| 0 | 0 | 0 | 0 | 후44 | 최원철 | 4 | | | 20 | 조주영 | | 0 | 0 | 0 | 0 |
| 0 | 1 | 1 | 0 | 후25 | 카즈 | 23 | 대기 | 대기 | 10 | 김종석 | 후27 | 2 | 0 | 0 | 0 |
| 0 | 0 | 2 | 1 | 후38 | 김동현 | 24 | | | 72 | 한교원 | 후0 | 1 | 0 | 0 | 0 |
| 0 | 0 | 0 | 0 | 후44 | 김규민 | 17 | | | 74 | 박시후 | 후37 | 0 | 1 | 0 | 0 |
| 0 | 0 | 1 | 0 | 후25 | 공민현 | 99 | | | 97 | 은고이 | 후8 | 2 | 0 | 0 | 0 |
| 0 | 3 | 8 | 14(6) | | | 0 | | | 0 | | | 14(7) | 8 | 2 | 0 |

- 전반 12분 갈레고 PAL TL ↷ 바사니 GA 정면 H-ST-G (득점: 바사니, 도움: 갈레고) 오른쪽
- 전반 46분 갈레고 PAL 내 ~ 몬타뇨 GA 정면 R-ST-G (득점: 몬타뇨, 도움: 갈레고) 오른쪽
- 후반 1분 바사니 PAL ↷ 몬타뇨 GA 정면 H-ST-G (득점: 몬타뇨, 도움: 바사니) 가운데
- 후반 21분 박창준 PK-R-G (득점: 박창준) 가운데
- 후반 22분 몬타뇨 PAL 내 L-ST-G (득점: 몬타뇨) 오른쪽
- 전반 2분 데니손 GA 정면 내 → 정마호 GAL R-ST-G (득점: 정마호, 도움: 데니손) 왼쪽
- 후반 11분 한교원 PAR 내 ↷ 김승호 PA 정면 내 L-ST-G (득점: 김승호, 도움: 한교원) 왼쪽
- 후반 14분 은고이 GAR ~ 데니손 GA 정면 R-ST-G (득점: 데니손, 도움: 은고이) 가운데

7월 26일 19:00 맑음 부산 구덕 2,032명
주심_ 안재훈 부심_ 박남수·이상길 대기심_ 원명희 경기감독관_ 허태식

**부산 4** | 1 전반 0 / 3 후반 2 | **2 부천**

| 퇴장 | 경고 | 파울 | ST(유) | 교체 | 선수명 | 배번 | 위치 | 위치 | 배번 | 선수명 | 교체 | ST(유) | 파울 | 경고 | 퇴장 |
|---|---|---|---|---|---|---|---|---|---|---|---|---|---|---|---|
| 0 | 0 | 0 | 0 | | 구상민 | 1 | GK | GK | 1 | 김형근 | | 0 | 0 | 0 | 0 |
| 0 | 1 | 2 | 0 | 33 | 홍욱현 | 24 | DF | DF | 6 | 정호진 | 18 | 0 | 1 | 0 | 0 |
| 0 | 0 | 1 | 0 | | 조위제 | 20 | DF | DF | 5 | 이상혁 | | 1(1) | 1 | 0 | 0 |
| 0 | 0 | 0 | 0 | | 장호익 | 77 | DF | DF | 29 | 백동규 | | 0 | 3 | 0 | 0 |
| 0 | 0 | 0 | 0 | | 전성진 | 17 | MF | MF | 7 | 티아깅요 | | 2(1) | 1 | 0 | 0 |
| 0 | 0 | 0 | 0 | 42 | 이수아 | 66 | MF | MF | 14 | 최재영 | 23 | 0 | 2 | 0 | 0 |
| 0 | 0 | 0 | 1 | | 이동수 | 6 | MF | MF | 48 | 성신 | 24 | 0 | 0 | 0 | 0 |
| 0 | 0 | 0 | 0 | 27 | 김세훈 | 88 | MF | MF | 11 | 박창준 | 17 | 0 | 1 | 1 | 0 |
| 0 | 1 | 6 | 5(3) | | 빌레로 | 11 | FW | FW | 10 | 바사니 | | 2(2) | 2 | 0 | 0 |
| 0 | 0 | 1 | 1 | 45 | 곤잘로 | 9 | FW | FW | 9 | 몬타뇨 | | 3(1) | 1 | 0 | 0 |
| 0 | 0 | 2 | 3(2) | 29 | 페신 | 10 | FW | FW | 41 | 갈레고 | 16 | 0 | 2 | 0 | 0 |
| 0 | 0 | 0 | 0 | | 박대한 | 21 | | | 21 | 김현엽 | | 0 | 0 | 0 | 0 |
| 0 | 0 | 0 | 0 | 후22 | 홍재석 | 33 | | | 15 | 이재원 | | 0 | 0 | 0 | 0 |
| 0 | 0 | 3 | 1(1) | 후22 | 이현준 | 42 | | | 16 | 박현빈 | 전39 | 1 | 0 | 0 | 0 |
| 0 | 0 | 0 | 0 | | 사비에르 | 7 | 대기 | 대기 | 23 | 카즈 | 후15 | 0 | 1 | 0 | 0 |
| 0 | 0 | 0 | 0 | 후34 | 김현민 | 27 | | | 24 | 김동현 | 전39 | 1(1) | 0 | 0 | 0 |
| 0 | 0 | 2 | 1(1) | 후22 | 백가온 | 45 | | | 17 | 김규민 | 후15 | 0 | 1 | 0 | 0 |
| 0 | 0 | 0 | 0 | 후47 | 최기윤 | 29 | | | 18 | 이의형 | 후39 | 0 | 0 | 0 | 0 |
| 0 | 2 | 17 | 12(7) | | | 0 | | | 0 | | | 10(6) | 16 | 1 | 0 |

- 전반 27분 곤잘로 PA 정면 내 ~ 페신 GA 정면 L-ST-G (득점: 페신, 도움: 곤잘로) 오른쪽
- 후반 13분 빌레로 PAL 내 R-ST-G (득점: 빌레로) 가운데
- 후반 31분 백가온 GA 정면 R-ST-G (득점: 백가온) 가운데
- 후반 46분 백가온 센터서클 ~ 빌레로 AK 내 R-ST-G (득점: 빌레로, 도움: 백가온) 왼쪽
- 후반 5분 몬타뇨 PAR ~ 김동현 GA 정면 L-ST-G (득점: 김동현, 도움: 몬타뇨) 가운데
- 후반 50분 몬타뇨 PA 정면 내 L-ST-G (득점: 몬타뇨) 오른쪽

7월 26일 19:00 맑음 청주 종합 1,196명
주심_ 박정호 부심_ 천진희 · 류시홍 대기심_ 오현진 경기감독관_ 김용세

**충북청주 0** | 0 전반 0 / 0 후반 3 | **3 김포**

| 퇴장 | 경고 | 파울 | ST(유) | 교체 | 선수명 | 배번 | 위치 | 위치 | 배번 | 선수명 | 교체 | ST(유) | 파울 | 경고 | 퇴장 |
|---|---|---|---|---|---|---|---|---|---|---|---|---|---|---|---|
| 0 | 0 | 0 | 0 | | 이 승 환 | 23 | GK | GK | 31 | 손 정 현 | | 0 | 0 | 1 | 0 |
| 0 | 0 | 0 | 1 | | 반데아벨트 | 4 | DF | DF | 5 | 이 찬 형 | | 0 | 3 | 0 | 0 |
| 0 | 0 | 0 | 0 | | 허 승 찬 | 24 | DF | DF | 77 | 채 프 먼 | | 0 | 2 | 0 | 0 |
| 0 | 0 | 2 | 0 | | 윤 석 영 | 36 | DF | DF | 97 | 김 동 민 | | 0 | 0 | 0 | 0 |
| 0 | 0 | 2 | 1(1) | | 김 선 민 | 5 | MF | MF | 11 | 윤 재 운 | | 0 | 1 | 1 | 0 |
| 0 | 0 | 2 | 2(1) | | 김 영 환 | 13 | MF | MF | 23 | 최 재 훈 | 29 | 1(1) | 2 | 1 | 0 |
| 0 | 0 | 2 | 1 | 39 | 이 강 한 | 66 | MF | MF | 8 | 디자우마 | | 3(3) | 2 | 1 | 0 |
| 0 | 0 | 2 | 3(1) | | 최 강 민 | 70 | MF | MF | 6 | 김 지 훈 | 98 | 0 | 1 | 0 | 0 |
| 0 | 0 | 0 | 1 | 21 | 페 드 로 | 10 | FW | FW | 25 | 정 우 빈 | 50 | 1 | 1 | 0 | 0 |
| 0 | 0 | 0 | 1 | 71 | 이 승 재 | 11 | FW | FW | 17 | 제갈재민 | 10 | 1 | 0 | 0 | 0 |
| 0 | 0 | 0 | 0 | 2 | 홍 석 준 | 17 | FW | MF | 99 | 김 결 | 24 | 0 | 0 | 0 | 0 |
| 0 | 0 | 0 | 0 | | 정 진 욱 | 18 | | | 21 | 윤 보 상 | | 0 | 0 | 0 | 0 |
| 0 | 0 | 1 | 0 | 후18 | 임 준 영 | 39 | | | 3 | 박 경 록 | | 0 | 0 | 0 | 0 |
| 0 | 0 | 0 | 0 | | 최 성 근 | 25 | | | 98 | 김 민 식 | 후36 | 1(1) | 0 | 0 | 0 |
| 0 | 0 | 0 | 0 | 후39 | 이 동 원 | 71 | 대기 | 대기 | 50 | 박 동 진 | 전31 | 1(1) | 1 | 0 | 0 |
| 0 | 0 | 0 | 1(1) | 후6 | 서 재 원 | 2 | | | 29 | 김 민 우 | 후22 | 1(1) | 1 | 0 | 0 |
| 0 | 0 | 1 | 0 | 후6 | 송 창 석 | 21 | | | 10 | 플 라 나 | 후22 | 0 | 1 | 0 | 0 |
| 0 | 0 | 0 | 0 | | 이 창 훈 | 99 | | | 24 | 루 이 스 | 전31 | 2(1) | 1 | 0 | 0 |
| 0 | 0 | 12 | 11(4) | | | 0 | | | 0 | | | 11(8) | 16 | 4 | 0 |

● 후반 5분 박동진 AK 정면 백패스~ 디자우마 AKR L-ST-G (득점: 디자우마, 도움: 박동진) 왼쪽
● 후반 27분 김민우 AK 정면 L-ST-G (득점: 김민우) 가운데
● 후반 47분 박동진 GAL 내 H-ST-G (득점: 박동진) 오른쪽

7월 26일 19:00 맑음 아산 이순신 1,539명
주심_ 고민국 부심_ 김수현 · 김유영 대기심_ 박진호 경기감독관_ 김성기

**충남아산 1** | 0 전반 0 / 1 후반 1 | **1 화성**

| 퇴장 | 경고 | 파울 | ST(유) | 교체 | 선수명 | 배번 | 위치 | 위치 | 배번 | 선수명 | 교체 | ST(유) | 파울 | 경고 | 퇴장 |
|---|---|---|---|---|---|---|---|---|---|---|---|---|---|---|---|
| 0 | 0 | 0 | 0 | | 신 송 훈 | 18 | GK | GK | 1 | 김 승 건 | | 0 | 0 | 1 | 0 |
| 0 | 0 | 2 | 0 | 14 | 김 주 성 | 17 | DF | MF | 2 | 김 대 환 | | 0 | 1 | 1 | 0 |
| 0 | 0 | 1 | 1(1) | | 정 마 호 | 77 | DF | DF | 3 | 조 동 재 | 4 | 0 | 0 | 0 | 0 |
| 0 | 0 | 2 | 0 | | 변 준 영 | 5 | DF | MF | 6 | 최 준 혁 | | 1 | 0 | 0 | 0 |
| 0 | 0 | 2 | 1(1) | | 박 종 민 | 25 | DF | MF | 8 | 전 성 진 | 99 | 0 | 1 | 0 | 0 |
| 0 | 0 | 0 | 0 | | 김 영 남 | 13 | MF | FW | 9 | 박 주 영 | 11 | 0 | 0 | 0 | 0 |
| 0 | 0 | 0 | 3(1) | 38 | 김 종 석 | 10 | MF | DF | 15 | 보이노비치 | | 0 | 0 | 0 | 0 |
| 0 | 0 | 0 | 0 | 19 | 데 니 손 | 7 | MF | DF | 20 | 박 준 서 | | 1(1) | 3 | 0 | 0 |
| 0 | 0 | 0 | 0 | | 김 승 호 | 22 | MF | DF | 44 | 함 선 우 | | 0 | 1 | 1 | 0 |
| 0 | 0 | 2 | 3(2) | 11 | 한 교 원 | 72 | MF | MF | 47 | 박 재 성 | 16 | 0 | 1 | 0 | 0 |
| 0 | 0 | 2 | 1 | 9 | 은 고 이 | 97 | FW | FW | 53 | 리 마 | 41 | 2(1) | 2 | 0 | 0 |
| 0 | 0 | 0 | 0 | | 김 진 영 | 21 | | | 13 | 이 기 현 | | 0 | 0 | 0 | 0 |
| 0 | 0 | 1 | 0 | 후5 | 이 학 민 | 14 | | | 4 | 연 제 민 | 후39 | 0 | 0 | 0 | 0 |
| 0 | 0 | 0 | 0 | | 조 주 영 | 20 | | | 11 | 여 홍 규 | 후10 | 0 | 0 | 0 | 0 |
| 0 | 0 | 1 | 0 | 후33 | 김 정 현 | 38 | 대기 | 대기 | 16 | 최 명 희 | 후0 | 0 | 0 | 0 | 0 |
| 0 | 0 | 0 | 0 | 후33 | 김 종 민 | 9 | | | 17 | 임 창 석 | | 0 | 0 | 0 | 0 |
| 0 | 0 | 1 | 1 | 후23 | 아 담 | 11 | | | 41 | 김 병 오 | 후10 | 1(1) | 2 | 1 | 0 |
| 0 | 0 | 0 | 1 | 후23 | 유 동 규 | 19 | | | 99 | 데메트리우스 | 후30 | 0 | 0 | 0 | 0 |
| 0 | 0 | 14 | 11(5) | | | 0 | | | 0 | | | 5(3) | 11 | 4 | 0 |

● 후반 8분 변준영 HLR ↷ 한교원 PAR 내 R-ST-G (득점: 한교원, 도움: 변준영) 왼쪽
● 후반 17분 김병오 PK-R-G (득점: 김병오) 왼쪽

7월 26일 19:00 맑음 천안 종합 1,598명
주심_ 김재홍 부심_ 김태원 · 이현모 대기심_ 정동식 경기감독관_ 구상범

**천안 4** | 2 전반 0 / 2 후반 0 | **0 경남**

| 퇴장 | 경고 | 파울 | ST(유) | 교체 | 선수명 | 배번 | 위치 | 위치 | 배번 | 선수명 | 교체 | ST(유) | 파울 | 경고 | 퇴장 |
|---|---|---|---|---|---|---|---|---|---|---|---|---|---|---|---|
| 0 | 0 | 0 | 0 | | 허 자 웅 | 31 | GK | GK | 91 | 최 필 수 | | 0 | 0 | 0 | 0 |
| 0 | 0 | 3 | 2(2) | | 최 진 웅 | 5 | DF | DF | 66 | 이 민 기 | | 0 | 1 | 1 | 0 |
| 0 | 0 | 1 | 0 | | 김 성 주 | 35 | DF | DF | 3 | 이 규 백 | 2 | 0 | 0 | 0 | 0 |
| 0 | 0 | 2 | 1(1) | | 이 상 명 | 24 | DF | DF | 40 | 이 찬 동 | | 1 | 3 | 0 | 0 |
| 0 | 0 | 0 | 0 | 83 | 김 서 진 | 13 | MF | DF | 5 | 김 형 진 | | 0 | 0 | 0 | 0 |
| 0 | 1 | 3 | 1 | 6 | 이 광 진 | 8 | MF | DF | 29 | 박 기 현 | 33 | 0 | 0 | 0 | 0 |
| 0 | 0 | 1 | 0 | | 김 성 준 | 16 | MF | MF | 10 | 브루노코스타 | 9 | 1(1) | 1 | 0 | 0 |
| 0 | 0 | 0 | 0 | 3 | 구 대 영 | 90 | MF | MF | 88 | 헤 난 | 42 | 0 | 0 | 0 | 0 |
| 0 | 0 | 0 | 2(1) | | 미 사 키 | 45 | FW | MF | 77 | 김 하 민 | 20 | 0 | 0 | 0 | 0 |
| 0 | 0 | 0 | 1(1) | 18 | 우 정 연 | 47 | FW | FW | 89 | 단 레 이 | | 3(2) | 2 | 0 | 0 |
| 0 | 0 | 2 | 5(3) | 7 | 이 지 훈 | 11 | FW | FW | 11 | 박 민 서 | | 2(1) | 1 | 0 | 0 |
| 0 | 0 | 0 | 0 | | 제 종 현 | 21 | | | 51 | 류 원 우 | | 0 | 0 | 0 | 0 |
| 0 | 0 | 0 | 0 | 후30 | 이 웅 희 | 3 | | | 2 | 박 재 환 | 후0 | 0 | 1 | 0 | 0 |
| 0 | 1 | 2 | 1 | 후25 | 이 종 성 | 6 | | | 33 | 박 원 재 | 후31 | 0 | 0 | 0 | 0 |
| 0 | 0 | 0 | 0 | | 구 종 욱 | 14 | 대기 | 대기 | 37 | 김 선 호 | | 0 | 0 | 0 | 0 |
| 0 | 0 | 0 | 3(2) | 후19 | 이 상 준 | 7 | | | 42 | 박 태 용 | 후0 | 0 | 0 | 0 | 0 |
| 0 | 0 | 0 | 4(2) | 후30 | 브 루 노 | 83 | | | 20 | 마 세 도 | 후0 | 1 | 2 | 0 | 0 |
| 0 | 0 | 0 | 1(1) | 후19 | 이 정 협 | 18 | | | 9 | 카 릴 | 후20 | 0 | 1 | 1 | 0 |
| 0 | 2 | 14 | 21(13) | | | 0 | | | 0 | | | 8(4) | 12 | 2 | 0 |

● 전반 40분 김서진 MFL ↷ 최진웅 PAR 내 H-ST-G (득점: 최진웅, 도움: 김서진) 왼쪽
● 전반 45분 우정연 GAR ~ 이지훈 GAR R-ST-G (득점: 이지훈, 도움: 우정연) 왼쪽
● 후반 36분 이상준 PK 좌측지점 R-ST-G (득점: 이상준) 오른쪽
● 후반 45분 김성주 MFL ~ 이상준 PK지점 R-ST-G (득점: 이상준, 도움: 김성주) 오른쪽

7월 27일 19:00 맑음 인천 전용 7,392명
주심_ 최철준 부심_ 주현민 · 황보진현 대기심_ 정회수 경기감독관_ 허기태

**인천 4** | 2 전반 0 / 2 후반 2 | **2 안산**

| 퇴장 | 경고 | 파울 | ST(유) | 교체 | 선수명 | 배번 | 위치 | 위치 | 배번 | 선수명 | 교체 | ST(유) | 파울 | 경고 | 퇴장 |
|---|---|---|---|---|---|---|---|---|---|---|---|---|---|---|---|
| 0 | 0 | 0 | 0 | | 민 성 준 | 1 | GK | GK | 1 | 이 승 빈 | | 0 | 0 | 0 | 0 |
| 0 | 0 | 0 | 1 | | 이 주 용 | 32 | DF | DF | 4 | 장 민 준 | | 0 | 0 | 0 | 0 |
| 0 | 0 | 1 | 1(1) | | 김 건 웅 | 28 | DF | DF | 25 | 조 지 훈 | | 0 | 1 | 1 | 0 |
| 0 | 0 | 0 | 1 | | 김 건 희 | 4 | DF | DF | 6 | 김 현 태 | | 0 | 0 | 1 | 0 |
| 0 | 0 | 3 | 0 | | 김 명 순 | 39 | DF | MF | 22 | 박 시 화 | 99 | 0 | 0 | 0 | 0 |
| 0 | 0 | 1 | 0 | 14 | 김 민 석 | 19 | MF | MF | 13 | 김 건 오 | 8 | 1(1) | 1 | 0 | 0 |
| 0 | 0 | 1 | 1(1) | | 최 승 구 | 13 | MF | MF | 7 | 손 준 석 | | 1(1) | 0 | 0 | 0 |
| 0 | 1 | 1 | 0 | | 이 명 주 | 5 | MF | MF | 33 | 에 두 | 66 | 0 | 0 | 0 | 0 |
| 0 | 0 | 0 | 2(2) | 17 | 제 르 소 | 11 | MF | MF | 36 | 송 태 성 | 37 | 0 | 2 | 1 | 0 |
| 0 | 0 | 1 | 2(1) | 9 | 신 진 호 | 8 | FW | FW | 77 | 제페르손 | | 2(2) | 1 | 0 | 0 |
| 0 | 0 | 2 | 1(1) | 88 | 박 승 호 | 77 | FW | FW | 17 | 류 승 완 | 10 | 1 | 0 | 0 | 0 |
| 0 | 0 | 0 | 0 | | 김 동 헌 | 97 | | | 31 | 김 종 혁 | | 0 | 0 | 0 | 0 |
| 0 | 0 | 0 | 0 | | 이 상 기 | 3 | | | 16 | 정 용 희 | | 0 | 0 | 0 | 0 |
| 0 | 1 | 0 | 0 | 후13 | 바 로 우 | 14 | | | 37 | 박 정 우 | 후34 | 0 | 2 | 1 | 0 |
| 0 | 0 | 0 | 0 | 후37 | 김 성 민 | 17 | 대기 | 대기 | 8 | 라 파 | 후41 | 0 | 0 | 0 | 0 |
| 0 | 0 | 0 | 0 | 후37 | 정 원 진 | 88 | | | 66 | 배 수 민 | 후0 | 0 | 2 | 0 | 0 |
| 0 | 0 | 0 | 2(1) | 후13 | 무 고 사 | 9 | | | 10 | 사라이바 | 후0 | 3(2) | 1 | 0 | 0 |
| 0 | 0 | 0 | 0 | | 박 호 민 | 99 | | | 99 | 김 우 빈 | 후26 | 0 | 1 | 0 | 0 |
| 0 | 2 | 10 | 11(7) | | | 0 | | | 0 | | | 8(6) | 11 | 4 | 0 |

● 전반 33분 신진호 AK 정면 ~ 제르소 GAR L-ST-G (득점: 제르소, 도움: 신진호) 왼쪽
● 전반 47분 신진호 GA 정면 내 R-ST-G (득점: 신진호) 왼쪽
● 후반 6분 김명순 PAR ~ 제르소 GAR L-ST-G (득점: 제르소, 도움: 김명순) 왼쪽
● 후반 47분 무고사 PK-R-G (득점: 무고사) 가운데
● 후반 8분 김건오 AK 내 R-ST-G (득점: 김건오) 오른쪽
● 후반 16분 송태성 PAL ~ 제페르손 GAR 내 R-ST-G (득점: 제페르손, 도움: 송태성) 가운데

7월27일 19:00 맑음 수원 월드컵 11,929명
주심_ 최광호 부심_ 김종희·김현진 대기심_ 이경순 경기감독관_ 김성수

**수원 0** | 0 전반 1 / 0 후반 1 | **2 서울E**

| 퇴장 | 경고 | 파울 | ST(유) | 교체 | 선수경 | 배번 | 위치 | 위치 | 배번 | 선수명 | 교체 | ST(유) | 파울 | 경고 | 퇴장 |
|---|---|---|---|---|---|---|---|---|---|---|---|---|---|---|---|
| 0 | 0 | 0 | 0 | | 양형모 | 21 | GK | GK | 25 | 구성윤 | | 0 | 0 | 1 | 0 |
| 0 | 0 | 0 | 1 | 99 | 이기제 | 23 | DF | DF | 23 | 배서준 | 6 | 0 | 1 | 0 | 0 |
| 0 | 0 | 1 | 2(2) | | 레오 | 4 | DF | DF | 44 | 김하준 | | 0 | 1 | 0 | 0 |
| 0 | 0 | 1 | 1(1) | | 황석호 | 90 | DF | DF | 4 | 곽윤호 | | 0 | 1 | 0 | 0 |
| 0 | 0 | 0 | 0 | 32 | 이건희 | 19 | DF | DF | 19 | 김주환 | 20 | 1(1) | 0 | 0 | 0 |
| 0 | 0 | 0 | 0 | | 이규성 | 24 | MF | MF | 15 | 서재민 | | 0 | 5 | 1 | 0 |
| 0 | 0 | 1 | 0 | 17 | 최영준 | 6 | MF | MF | 5 | 오스마르 | | 1 | 0 | 0 | 0 |
| 0 | 0 | 1 | 0 | 91 | 강현묵 | 10 | MF | MF | 66 | 백지웅 | 88 | 0 | 1 | 0 | 0 |
| 0 | 0 | 0 | 4(3) | | 파울리뇨 | 11 | FW | FW | 90 | 가브리엘 | 9 | 1(1) | 0 | 0 | 0 |
| 0 | 0 | 2 | 2(1) | 30 | 세라핌 | 70 | FW | FW | 18 | 정재민 | | 1(1) | 2 | 0 | 0 |
| 0 | 0 | 1 | 0 | | 김지현 | 77 | FW | FW | 7 | 에울레르 | 26 | 1 | 0 | 1 | 0 |
| 0 | 0 | 0 | 0 | | 김민준 | 1 | | | 1 | 노동건 | | 0 | 0 | 0 | 0 |
| 0 | 0 | 0 | 0 | | 권완규 | 12 | | | 20 | 김오규 | 후33 | 0 | 0 | 0 | 0 |
| 0 | 0 | 0 | 2(2) | 후38 | 정동윤 | 32 | | | 6 | 채광훈 | 후33 | 0 | 1 | 0 | 0 |
| 0 | 0 | 0 | 2(2) | 후8 | 이민혁 | 17 | 대기 | 대기 | 88 | 서진석 | 후20 | 0 | 0 | 0 | 0 |
| 0 | 0 | 0 | 0 | 후20 | 김민우 | 99 | | | 26 | 박경배 | 후20 | 0 | 0 | 0 | 0 |
| 0 | 0 | 0 | 0 | 후20 | 강성진 | 30 | | | 47 | 이주혁 | | 0 | 0 | 0 | 0 |
| 0 | 0 | 0 | 1 | 후0 | 박지원 | 91 | | | 9 | 아이데일 | 후11 | 0 | 0 | 0 | 0 |
| 0 | 0 | 7 | 15(11) | | | 0 | | | 0 | | | 5(3) | 12 | 3 | 0 |

- ●전반 13분 가브리엘 GAR L-ST-G (득점: 가브리엘) 가운데
- ●후반 13분 서재민 PAL ~ 정재민 PA 정면 내 R-ST-G (득점: 정재민, 도움: 서재민) 오른쪽

8월02일 19:00 맑음 부천 종합 2,405명
주심_ 원명희 부심_ 주현민·이화평 대기심_ 최승환 경기감독관_ 차상해

**부천 2** | 0 전반 2 / 2 후반 1 | **3 성남**

| 퇴장 | 경고 | 파울 | ST(유) | 교체 | 선수명 | 배번 | 위치 | 위치 | 배번 | 선수명 | 교체 | ST(유) | 파울 | 경고 | 퇴장 |
|---|---|---|---|---|---|---|---|---|---|---|---|---|---|---|---|
| 0 | 0 | 0 | 0 | | 김형근 | 1 | GK | GK | 21 | 양한빈 | | 0 | 0 | 1 | 0 |
| 0 | 0 | 1 | 0 | 6 | 이재원 | 15 | DF | DF | 22 | 정승용 | | 1 | 0 | 0 | 0 |
| 0 | 0 | 0 | 0 | | 이상혁 | 5 | DF | DF | 4 | 베니시오 | | 0 | 2 | 0 | 0 |
| 0 | 0 | 3 | 0 | | 백동규 | 29 | DF | DF | 66 | 김주원 | 20 | 0 | 1 | 0 | 0 |
| 0 | 0 | 1 | 1 | | 티아깅요 | 7 | MF | DF | 7 | 신재원 | | 1(1) | 0 | 0 | 0 |
| 0 | 0 | 2 | 0 | 23 | 최재영 | 14 | MF | MF | 27 | 이준상 | 11 | 0 | 0 | 1 | 0 |
| 0 | 1 | 1 | 0 | | 박현빈 | 16 | MF | MF | 74 | 사무엘 | | 0 | 1 | 0 | 0 |
| 0 | 0 | 1 | 0 | 66 | 김규민 | 17 | MF | MF | 14 | 프레이타스 | 70 | 1(1) | 2 | 1 | 0 |
| 0 | 1 | 2 | 4(3) | | 바사니 | 10 | FW | MF | 30 | 박병규 | 8 | 0 | 1 | 0 | 0 |
| 0 | 0 | 0 | 4 | 18 | 몬타뇨 | 9 | FW | FW | 33 | 박수빈 | 68 | 3(3) | 1 | 0 | 0 |
| 0 | 0 | 1 | 1 | 11 | 김동현 | 24 | FW | FW | 9 | 후이즈 | | 2 | 3 | 0 | 0 |
| 0 | 0 | 0 | 0 | | 김현엽 | 21 | | | 34 | 박지민 | | 0 | 0 | 0 | 0 |
| 0 | 0 | 0 | 0 | 후28 | 유승현 | 66 | | | 8 | 이정빈 | 후0 | 4(3) | 1 | 0 | 0 |
| 0 | 0 | 0 | 0 | | 최원철 | 4 | | | 11 | 김정환 | 후28 | 0 | 0 | 0 | 0 |
| 0 | 0 | 0 | 0 | 후19 | 정호진 | 6 | 대기 | 대기 | 20 | 이상민 | 후0 | 0 | 0 | 0 | 0 |
| 0 | 0 | 1 | 0 | 후19 | 카즈 | 23 | | | 68 | 이재욱 | 후44 | 0 | 0 | 0 | 0 |
| 0 | 0 | 0 | 1(1) | 후19 | 박창준 | 11 | | | 70 | 레안드로 | 후15 | 0 | 1 | 0 | 0 |
| 0 | 0 | 0 | 0 | 후38 | 이의형 | 18 | | | 91 | 박광일 | | 0 | 0 | 0 | 0 |
| 0 | 2 | 13 | 11(4) | | | 0 | | | 0 | | | 12(8) | 13 | 3 | 0 |

- ●후반 27분 바사니 PK-L-G (득점: 바사니) 왼쪽
- ●후반 50분 바사니 PK-L-G (득점: 바사니) 오른쪽
- ●전반 1분 신재원 C.KL ↷ 프레이타스 GAL 내 H-ST-G (득점: 프레이타스, 도움: 신재원) 왼쪽
- ●전반 41분 후이즈 GA 정면 → 박수빈 GAL 내 EL L-ST-G (득점: 박수빈, 도움: 후이즈) 왼쪽
- ●후반 40분 레안드로 PAL 내 ~ 이정빈 PA 정면 내 L-ST-G (득점: 이정빈, 도움: 레안드로) 오른쪽

7월27일 19:00 맑음 탄천 종합 1,587명
주심_ 오현정 부심_ 이영운·신재환 대기심_ 고민국 경기감독관_ 차상해

**성남 2** | 0 전반 0 / 2 후반 2 | **2 전남**

| 퇴장 | 경고 | 파울 | ST(유) | 교체 | 선수명 | 배번 | 위치 | 위치 | 배번 | 선수명 | 교체 | ST(유) | 파울 | 경고 | 퇴장 |
|---|---|---|---|---|---|---|---|---|---|---|---|---|---|---|---|
| 0 | 0 | 0 | 0 | | 양한빈 | 21 | GK | GK | 96 | 강정묵 | | 0 | 0 | 0 | 0 |
| 0 | 0 | 0 | 0 | | 박수빈 | 33 | DF | DF | 95 | 최정원 | | 0 | 0 | 0 | 0 |
| 0 | 0 | 2 | 0 | | 김주원 | 66 | DF | DF | 5 | 고태원 | 77 | 0 | 0 | 1 | 0 |
| 0 | 0 | 0 | 1 | | 이상민 | 20 | DF | DF | 2 | 유지하 | | 1 | 2 | 0 | 0 |
| 0 | 0 | 2 | 1(1) | 68 | 신재원 | 7 | DF | DF | 3 | 김예성 | | 0 | 0 | 0 | 0 |
| 0 | 0 | 0 | 1 | 18 | 이준상 | 27 | MF | DF | 12 | 민준영 | 36 | 0 | 1 | 0 | 0 |
| 0 | 0 | 0 | 1(1) | | 사무엘 | 74 | MF | MF | 16 | 알베르띠 | | 0 | 2 | 0 | 0 |
| 0 | 0 | 0 | 2(1) | 16 | 프레이타스 | 14 | MF | MF | 14 | 윤민호 | 23 | 2 | 0 | 0 | 0 |
| 0 | 0 | 3 | 1 | 22 | 이정빈 | 8 | MF | MF | 7 | 임찬울 | 10 | 0 | 0 | 0 | 0 |
| 0 | 0 | 1 | 0 | 70 | 홍창범 | 6 | FW | FW | 9 | 하남 | | 2(2) | 2 | 1 | 0 |
| 0 | 0 | 0 | 1(1) | | 후이즈 | 9 | FW | FW | 99 | 정강민 | 50 | 0 | 1 | 0 | 0 |
| 0 | 0 | 0 | 0 | | 박지민 | 34 | | | 21 | 이준 | | 0 | 0 | 0 | 0 |
| 0 | 0 | 0 | 0 | | 베니시오 | 4 | | | 23 | 김경재 | 후30 | 0 | 1 | 0 | 0 |
| 0 | 0 | 0 | 0 | 후40 | 류준선 | 16 | | | 36 | 안재민 | 후18 | 0 | 1 | 1 | 0 |
| 0 | 0 | 2 | 0 | 후0 | 김범수 | 18 | 대기 | 대기 | 77 | 최한솔 | 후0 | 1(1) | 1 | 0 | 0 |
| 0 | 0 | 1 | 0 | 후11 | 정승용 | 22 | | | 10 | 발디비아 | 후0 | 2(1) | 0 | 0 | 0 |
| 0 | 0 | 0 | 1 | 후40 | 이재욱 | 68 | | | 19 | 호난 | | 0 | 0 | 0 | 0 |
| 0 | 0 | 0 | 1 | 후11 | 레안드로 | 70 | | | 50 | 르본 | 후11 | 2(2) | 0 | 0 | 0 |
| 0 | 0 | 11 | 10(4) | | | 0 | | | 0 | | | 10(6) | 11 | 3 | 0 |

- ●후반 13분 신재원 PAR ↷ 후이즈 GA 정면 H-ST-G (득점: 후이즈, 도움: 신재원) 가운데
- ●후반 31분 프레이타스 AKR R-ST-G (득점: 프레이타스) 왼쪽
- ●후반 23분 발디비아 PK-R-G (득점: 발디비아) 왼쪽
- ●후반 37분 르본 GAL R-ST-G (득점: 르본) 오른쪽

8월02일 19:00 맑음 목동 종합 6,612명
주심_ 오현정 부심_ 박남수·장민호 대기심_ 고민국 경기감독관_ 김성수

**서울E 0** | 0 전반 0 / 0 후반 0 | **0 인천**

| 퇴장 | 경고 | 파울 | ST(유) | 교체 | 선수명 | 배번 | 위치 | 위치 | 배번 | 선수명 | 교체 | ST(유) | 파울 | 경고 | 퇴장 |
|---|---|---|---|---|---|---|---|---|---|---|---|---|---|---|---|
| 0 | 0 | 0 | 0 | | 구성윤 | 25 | GK | GK | 97 | 김동헌 | | 0 | 0 | 0 | 0 |
| 0 | 0 | 0 | 0 | 6 | 배서준 | 23 | DF | DF | 32 | 이주용 | | 0 | 1 | 0 | 0 |
| 0 | 0 | 0 | 0 | | 김하준 | 44 | DF | DF | 20 | 델브리지 | | 0 | 0 | 0 | 0 |
| 0 | 0 | 2 | 0 | 20 | 곽윤호 | 4 | DF | DF | 4 | 김건희 | | 0 | 1 | 0 | 0 |
| 0 | 0 | 1 | 0 | 77 | 김주환 | 19 | DF | DF | 39 | 김명순 | 17 | 0 | 0 | 0 | 0 |
| 0 | 0 | 1 | 1(1) | | 서재민 | 15 | MF | MF | 14 | 바로우 | 19 | 0 | 0 | 0 | 0 |
| 0 | 0 | 0 | 1 | | 오스마르 | 5 | MF | MF | 13 | 최승구 | 28 | 0 | 0 | 0 | 0 |
| 0 | 0 | 0 | 0 | 30 | 백지웅 | 66 | MF | MF | 5 | 이명주 | 99 | 0 | 0 | 0 | 0 |
| 0 | 0 | 0 | 1(1) | 7 | 이주혁 | 47 | MF | MF | 11 | 제르소 | | 0 | 0 | 0 | 0 |
| 0 | 0 | 0 | 2(1) | 90 | 아이데일 | 9 | FW | FW | 8 | 신진호 | 27 | 0 | 0 | 0 | 0 |
| 0 | 0 | 0 | 4(3) | | 정재민 | 18 | FW | FW | 77 | 박승호 | 88 | 1 | 0 | 0 | 0 |
| 0 | 0 | 0 | 0 | | 노동건 | 1 | | | 1 | 민성준 | | 0 | 0 | 0 | 0 |
| 0 | 1 | 1 | 0 | 후39 | 김오규 | 20 | | | 28 | 김건웅 | 후30 | 0 | 0 | 0 | 0 |
| 0 | 0 | 0 | 0 | 후23 | 배진우 | 77 | | | 17 | 김성민 | 후16 | 0 | 0 | 0 | 0 |
| 0 | 0 | 0 | 0 | 후39 | 채광훈 | 6 | 대기 | 대기 | 19 | 김민석 | 후10 | 0 | 1 | 0 | 0 |
| 0 | 0 | 0 | 0 | 전1 | 박창환 | 30 | | | 27 | 김보섭 | 후10 | 0 | 1 | 0 | 0 |
| 0 | 0 | 0 | 0 | 후13 | 가브리엘 | 90 | | | 88 | 정원진 | 후30 | 0 | 1 | 0 | 0 |
| 0 | 0 | 0 | 0 | 후0 | 에울레르 | 7 | | | 99 | 박호민 | 후47 | 0 | 0 | 0 | 0 |
| 0 | 1 | 5 | 9(6) | | | 0 | | | 0 | | | 1 | 5 | 0 | 0 |

8월 02일 19:00 맑음 광양 전용 3,036명
주심_ 오현진 부심_ 황보진현·김태원 대기심_ 박정호 경기감독관_ 이평재

**전남 2** | 0 전반 0 / 2 후반 2 | **2 충남아산**

| 퇴장 | 경고 | 파울 | ST(유) | 교체 | 선수명 | 배번 | 위치 | 위치 | 배번 | 선수명 | 교체 | ST(유) | 파울 | 경고 | 퇴장 |
|---|---|---|---|---|---|---|---|---|---|---|---|---|---|---|---|
| 0 | 0 | 0 | 0 | | 강정묵 | 96 | GK | GK | 18 | 신송훈 | | 0 | 0 | 0 | 0 |
| 0 | 0 | 0 | 0 | | 최정원 | 95 | DF | DF | 14 | 이학민 | | 0 | 1 | 0 | 0 |
| 0 | 0 | 0 | 0 | 20 | 김경재 | 23 | DF | DF | 77 | 정마호 | | 1(1) | 1 | 0 | 0 |
| 0 | 0 | 2 | 0 | | 고태원 | 5 | DF | DF | 76 | 이호인 | | 0 | 0 | 0 | 0 |
| 0 | 0 | 1 | 0 | | 김용환 | 13 | DF | DF | 25 | 박종민 | 3 | 0 | 1 | 0 | 0 |
| 0 | 0 | 2 | 0 | 12 | 김예성 | 3 | DF | MF | 28 | 손준호 | | 0 | 1 | 0 | 0 |
| 0 | 0 | 1 | 0 | | 알베르띠 | 16 | MF | MF | 13 | 김영남 | 6 | 0 | 0 | 0 | 0 |
| 0 | 0 | 0 | 1 | 24 | 최한솔 | 77 | MF | MF | 22 | 김승호 | | 0 | 0 | 0 | 0 |
| 0 | 0 | 1 | 4(1) | | 발디비아 | 10 | MF | MF | 10 | 김종석 | 98 | 1 | 0 | 0 | 0 |
| 0 | 0 | 0 | 1 | 11 | 호난 | 19 | FW | MF | 16 | 송승민 | 72 | 1 | 0 | 0 | 0 |
| 0 | 0 | 0 | 0 | 50 | 정강민 | 99 | FW | FW | 9 | 김종민 | 97 | 2 | 1 | 0 | 0 |
| 0 | 0 | 0 | 0 | | 이준 | 21 | | | 21 | 김진영 | | 0 | 0 | 0 | 0 |
| 0 | 0 | 0 | 0 | 후32 | 민준영 | 12 | | | 3 | 백인환 | 후0 | 0 | 1 | 1 | 0 |
| 0 | 0 | 0 | 0 | 후44 | 장순혁 | 20 | | | 6 | 최희원 | 후44 | 0 | 0 | 0 | 0 |
| 0 | 0 | 0 | 0 | | 윤민호 | 14 | 대기 | 대기 | 24 | 박세직 | | 0 | 0 | 0 | 0 |
| 0 | 0 | 0 | 0 | 후32 | 박상준 | 24 | | | 72 | 한교원 | 후0 | 1(1) | 3 | 0 | 0 |
| 0 | 0 | 0 | 1(1) | 후7 | 정지용 | 11 | | | 97 | 은고이 | 후15 | 1(1) | 0 | 0 | 0 |
| 0 | 0 | 0 | 0 | 후0 | 르본 | 50 | | | 98 | 강민규 | 후15 | 1 | 0 | 0 | 0 |
| 0 | 0 | 7 | 7(2) | | | 0 | | | 0 | | | 8(3) | 9 | 1 | 0 |

● 후반 35분 민준영 PAL TL ↷ 발디비아 GA 정면 H-ST-G (득점: 발디비아, 도움: 민준영) 오른쪽
● 후반 49분 발디비아 C.KL ↷ 정지용 GAL 내 EL H-ST-G (득점: 정지용, 도움: 발디비아) 왼쪽
● 후반 33분 한교원 GAL 내 EL L-ST-G (득점: 한교원) 왼쪽
● 후반 40분 손준호 C.KL ↷ 정마호 GAR 내 R-ST-G (득점: 정마호, 도움: 손준호) 오른쪽

8월 02일 19:00 맑음 안산 와스타디움 1,403명
주심_ 이경순 부심_ 이병주·김현진 대기심_ 정동식 경기감독관_ 허기태

**안산 1** | 1 전반 1 / 0 후반 1 | **2 충북청주**

| 퇴장 | 경고 | 파울 | ST(유) | 교체 | 선수명 | 배번 | 위치 | 위치 | 배번 | 선수명 | 교체 | ST(유) | 파울 | 경고 | 퇴장 |
|---|---|---|---|---|---|---|---|---|---|---|---|---|---|---|---|
| 0 | 0 | 0 | 0 | | 이승빈 | 1 | GK | GK | 18 | 정진욱 | | 0 | 0 | 1 | 0 |
| 0 | 1 | 1 | 1(1) | | 장민준 | 4 | DF | DF | 4 | 반데아벨트 | | 0 | 0 | 0 | 0 |
| 0 | 0 | 0 | 0 | | 조지훈 | 25 | DF | DF | 24 | 허승찬 | | 0 | 0 | 0 | 0 |
| 0 | 0 | 4 | 3(3) | | 김현태 | 6 | DF | DF | 39 | 임준영 | | 0 | 0 | 0 | 0 |
| 0 | 0 | 0 | 0 | 35 | 박시화 | 22 | MF | MF | 5 | 김선민 | | 0 | 1 | 0 | 0 |
| 0 | 1 | 2 | 2(1) | 37 | 김건오 | 13 | MF | MF | 25 | 최성근 | | 0 | 2 | 2 | 0 |
| 0 | 0 | 1 | 1(1) | 38 | 손준석 | 7 | MF | MF | 36 | 윤석영 | 66 | 0 | 0 | 0 | 0 |
| 0 | 0 | 0 | 0 | 10 | 배수민 | 66 | MF | MF | 70 | 최강민 | | 1 | 1 | 0 | 0 |
| 0 | 1 | 1 | 0 | | 송태성 | 36 | MF | FW | 2 | 서재원 | 11 | 1 | 1 | 0 | 0 |
| 0 | 1 | 2 | 2(2) | | 제페르손 | 77 | FW | FW | 13 | 김영환 | 28 | 2(1) | 0 | 0 | 0 |
| 0 | 0 | 1 | 0 | 8 | 류승완 | 17 | FW | FW | 27 | 지언학 | 10 | 0 | 1 | 0 | 0 |
| 0 | 0 | 0 | 0 | | 조성훈 | 21 | | | 23 | 이승환 | | 0 | 0 | 0 | 0 |
| 0 | 0 | 0 | 0 | | 에두 | 33 | | | 66 | 이강한 | 후23 | 0 | 1 | 0 | 0 |
| 0 | 0 | 0 | 0 | 후49 | 박정우 | 37 | | | 28 | 이지승 | 후54 | 0 | 0 | 0 | 0 |
| 0 | 0 | 0 | 0 | 후16 | 라파 | 8 | 대기 | 대기 | 10 | 페드로 | 후9/99 | 1(1) | 0 | 0 | 0 |
| 0 | 0 | 0 | 1(1) | 후0 | 사라이바 | 10 | | | 11 | 이승재 | 후9 | 2(2) | 0 | 0 | 0 |
| 0 | 0 | 0 | 0 | 후49 | 서명식 | 35 | | | 98 | 이형경 | | 0 | 0 | 0 | 0 |
| 0 | 0 | 0 | 0 | 후33 | 이지성 | 38 | | | 99 | 이창훈 | 후54 | 0 | 0 | 0 | 0 |
| 0 | 4 | 12 | 10(9) | | | 0 | | | 0 | | | 7(4) | 7 | 3 | 0 |

● 전반 44분 제페르손 PK-R-G (득점: 제페르손) 왼쪽
● 전반 29분 지언학 PAR ↷ 김영환 GA 정면 H-ST-G (득점: 김영환, 도움: 지언학) 왼쪽
● 후반 40분 최강민 GAR ~ 이승재 GAR R-ST-G (득점: 이승재, 도움: 최강민) 오른쪽

8월 02일 19:00 맑음 화성 종합 1,522명
주심_ 정회수 부심_ 이영운·이현모 대기심_ 안재훈 경기감독관_ 김성기

**화성 0** | 0 전반 1 / 0 후반 0 | **1 김포**

| 퇴장 | 경고 | 파울 | ST(유) | 교체 | 선수명 | 배번 | 위치 | 위치 | 배번 | 선수명 | 교체 | ST(유) | 파울 | 경고 | 퇴장 |
|---|---|---|---|---|---|---|---|---|---|---|---|---|---|---|---|
| 0 | 0 | 0 | 0 | | 김승건 | 1 | GK | GK | 21 | 윤보상 | | 0 | 0 | 0 | 0 |
| 0 | 0 | 0 | 0 | | 조동재 | 3 | DF | DF | 5 | 이찬형 | | 1 | 1 | 0 | 0 |
| 0 | 0 | 0 | 1(1) | | 최준혁 | 6 | MF | DF | 77 | 채프먼 | | 0 | 1 | 0 | 0 |
| 0 | 0 | 2 | 0 | 5 | 박주영 | 9 | FW | DF | 97 | 김동민 | | 0 | 1 | 0 | 0 |
| 0 | 0 | 1 | 0 | | 보이노비치 | 15 | DF | MF | 32 | 장부성 | 11 | 0 | 1 | 0 | 0 |
| 0 | 0 | 1 | 0 | 29 | 최명희 | 16 | MF | MF | 6 | 김지훈 | 98 | 0 | 0 | 0 | 0 |
| 0 | 0 | 1 | 0 | | 임창석 | 17 | DF | MF | 29 | 김민우 | 3 | 0 | 0 | 0 | 0 |
| 0 | 0 | 1 | 1 | 47 | 박준서 | 20 | MF | MF | 72 | 천지현 | 7 | 1(1) | 1 | 1 | 0 |
| 0 | 0 | 2 | 0 | 8 | 김병오 | 41 | FW | FW | 24 | 루이스 | 10 | 3(1) | 0 | 1 | 0 |
| 0 | 0 | 0 | 1(1) | | 함선우 | 44 | DF | FW | 17 | 제갈재민 | | 2 | 2 | 0 | 0 |
| 0 | 0 | 0 | 2(1) | 11 | 데메트리우스 | 99 | MF | MF | 50 | 박동진 | | 2 | 0 | 0 | 0 |
| 0 | 0 | 0 | 0 | | 이기현 | 13 | | | 3 | 박경록 | 후50 | 0 | 0 | 0 | 0 |
| 0 | 0 | 0 | 0 | | 연제민 | 4 | | | 98 | 김민식 | 후35 | 0 | 0 | 0 | 0 |
| 0 | 1 | 2 | 1(1) | 후29 | 우제욱 | 5 | | | 11 | 윤재운 | 후5 | 0 | 1 | 1 | 0 |
| 0 | 0 | 0 | 0 | 후12 | 전성진 | 8 | 대기 | 대기 | 7 | 이상민 | 후5 | 0 | 3 | 0 | 0 |
| 0 | 0 | 0 | 0 | 후39 | 여홍규 | 11 | | | 42 | 안창민 | | 0 | 0 | 0 | 0 |
| 0 | 0 | 1 | 0 | 후39 | 김준영 | 29 | | | 10 | 플라나 | 후35 | 1(1) | 2 | 0 | 0 |
| 0 | 1 | 11 | 6(4) | | | 0 | | | 0 | | | 10(3) | 13 | 3 | 0 |

● 전반 44분 천지현 PA 정면 내 R-ST-G (득점: 천지현) 왼쪽

8월 02일 19:00 맑음 창원 축구센터 2,089명
주심_ 최현재 부심_ 성주경·류시홍 대기심_ 최광호 경기감독관_ 양정환

**경남 1** | 1 전반 0 / 0 후반 0 | **0 부산**

| 퇴장 | 경고 | 파울 | ST(유) | 교체 | 선수명 | 배번 | 위치 | 위치 | 배번 | 선수명 | 교체 | ST(유) | 파울 | 경고 | 퇴장 |
|---|---|---|---|---|---|---|---|---|---|---|---|---|---|---|---|
| 0 | 0 | 0 | 0 | | 최필수 | 91 | GK | GK | 1 | 구상민 | | 0 | 0 | 0 | 0 |
| 0 | 0 | 2 | 0 | 18 | 김선호 | 37 | DF | DF | 24 | 홍욱현 | 45 | 0 | 2 | 0 | 0 |
| 0 | 0 | 0 | 0 | | 박재환 | 2 | DF | DF | 20 | 조위제 | | 2 | 0 | 0 | 0 |
| 0 | 0 | 1 | 0 | | 김형진 | 5 | DF | DF | 77 | 장호익 | | 0 | 0 | 0 | 0 |
| 0 | 0 | 1 | 0 | 33 | 이준재 | 17 | DF | MF | 17 | 전성진 | 37 | 0 | 2 | 1 | 0 |
| 0 | 0 | 2 | 0 | | 헤난 | 88 | MF | MF | 7 | 사비에르 | 66 | 1 | 2 | 0 | 0 |
| 0 | 0 | 3 | 0 | | 이찬동 | 40 | MF | MF | 6 | 이동수 | | 2(1) | 2 | 0 | 0 |
| 0 | 1 | 1 | 0 | | 브루노코스타 | 10 | MF | MF | 88 | 김세훈 | | 0 | 2 | 0 | 0 |
| 0 | 0 | 2 | 0 | 63 | 박민서 | 11 | FW | FW | 27 | 김현민 | 19 | 1 | 1 | 0 | 0 |
| 0 | 1 | 3 | 1(1) | 20 | 이중민 | 90 | FW | FW | 9 | 곤잘로 | | 7(3) | 1 | 0 | 0 |
| 0 | 0 | 2 | 0 | | 이종언 | 25 | FW | FW | 10 | 페신 | 29 | 1 | 0 | 0 | 0 |
| 0 | 0 | 0 | 0 | | 류원우 | 51 | | | 21 | 박대한 | | 0 | 0 | 0 | 0 |
| 0 | 0 | 0 | 0 | 후30 | 박원재 | 33 | | | 3 | 오반석 | | 0 | 0 | 0 | 0 |
| 0 | 0 | 0 | 0 | | 이규백 | 3 | | | 37 | 김동욱 | 후41 | 0 | 0 | 0 | 0 |
| 0 | 0 | 0 | 0 | 후25 | 신승민 | 18 | 대기 | 대기 | 66 | 이수아 | 후21 | 0 | 0 | 0 | 0 |
| 0 | 0 | 1 | 0 | 후39 | 한석종 | 63 | | | 19 | 조민호 | 후10 | 0 | 0 | 0 | 0 |
| 0 | 0 | 0 | 1(1) | 후30 | 마세도 | 20 | | | 29 | 최기윤 | 후41 | 0 | 1 | 0 | 0 |
| 0 | 2 | 18 | 2(2) | | | 0 | | | 0 | | | 14(4) | 13 | 1 | 0 |

● 전반 18분 이중민 PA 정면 R-ST-G (득점: 이중민) 왼쪽

8월 02일 19:00 맑음 천안 종합 9,970명
주심_ 최철준 부심_ 김태형·이상길 대기심_ 박종명 경기감독관_ 이경춘

**천안 1** 0 전반 2 / 1 후반 0 **2 수원**

| 퇴장 | 경고 | 파울 | ST(유) | 교체 | 선수명 | 배번 | 위치 | 위치 | 배번 | 선수명 | 교체 | ST(유) | 파울 | 경고 | 퇴장 |
|---|---|---|---|---|---|---|---|---|---|---|---|---|---|---|---|
| 0 | 0 | 0 | 0 | | 허자웅 | 31 | GK | GK | 1 | 김민준 | | 0 | 0 | 1 | 0 |
| 0 | 0 | 0 | 0 | | 최진웅 | 5 | DF | DF | 23 | 이기제 | | 1(1) | 0 | 0 | 0 |
| 0 | 0 | 0 | 0 | | 김성주 | 35 | DF | DF | 4 | 레오 | | 0 | 2 | 0 | 0 |
| 0 | 0 | 1 | 0 | | 이상명 | 24 | DF | DF | 12 | 권완규 | | 0 | 0 | 0 | 0 |
| 0 | 0 | 0 | 0 | 7 | 김서진 | 13 | MF | DF | 19 | 이건희 | | 1 | 1 | 0 | 0 |
| 0 | 0 | 0 | 0 | 16 | 이종성 | 6 | MF | MF | 24 | 이규성 | | 3 | 0 | 0 | 0 |
| 0 | 2 | 5 | 1(1) | | 이광진 | 8 | MF | MF | 17 | 이민혁 | 6 | 0 | 0 | 0 | 0 |
| 0 | 0 | 0 | 3 | 83 | 구대영 | 90 | MF | MF | 11 | 파울리뇨 | 30 | 3 | 0 | 0 | 0 |
| 0 | 0 | 2 | 1(1) | 3 | 미사키 | 45 | FW | FW | 91 | 박지원 | 90 | 2(1) | 2 | 1 | 0 |
| 0 | 0 | 1 | 3(1) | 18 | 우정연 | 47 | FW | FW | 70 | 세라핌 | 99 | 3(2) | 1 | 0 | 0 |
| 0 | 0 | 3 | 5(2) | | 툰가라 | 10 | FW | FW | 77 | 김지현 | 22 | 0 | 0 | 0 | 0 |
| 0 | 0 | 0 | 0 | | 제종현 | 21 | | | 21 | 양형모 | | 0 | 0 | 0 | 0 |
| 0 | 1 | 1 | 0 | 후0 | 이웅희 | 3 | | | 32 | 정동윤 | | 0 | 0 | 0 | 0 |
| 0 | 1 | 1 | 0 | 후0 | 김성준 | 16 | | | 90 | 황석호 | 후24 | 0 | 0 | 0 | 0 |
| 0 | 0 | 0 | 0 | | 이지훈 | 11 | 대기 | 대기 | 99 | 김민우 | 후24 | 1 | 1 | 1 | 0 |
| 0 | 0 | 2 | 1(1) | 전24 | 이상준 | 7 | | | 6 | 최영준 | 후30 | 0 | 0 | 0 | 0 |
| 0 | 0 | 1 | 1(1) | 후30 | 브루노 | 83 | | | 22 | 김상준 | 후36 | 1 | 0 | 0 | 0 |
| 0 | 0 | 0 | 3(1) | 후10 | 이정협 | 18 | | | 30 | 강성진 | 후24 | 3(1) | 0 | 0 | 0 |
| 0 | 4 | 17 | 18(8) | | | 0 | | | 0 | | | 18(5) | 7 | 3 | 0 |

● 후반 34분 브루노 GAL 내 EL R-ST-G (득점: 브루노) 왼쪽

● 전반 2분 세라핌 GAR R-ST-G (득점: 세라핌) 오른쪽

● 전반 37분 박지원 GAL 내 L-ST-G (득점: 박지원) 오른쪽

8월 09일 19:00 흐리고 비 부산 구덕 3,852명
주심_ 최광호 부심_ 신재환·김현진 대기심_ 오현진 경기감독관_ 허태식

**부산 0** 0 전반 1 / 0 후반 1 **2 인천**

| 퇴장 | 경고 | 파울 | ST(유) | 교체 | 선수명 | 배번 | 위치 | 위치 | 배번 | 선수명 | 교체 | ST(유) | 파울 | 경고 | 퇴장 |
|---|---|---|---|---|---|---|---|---|---|---|---|---|---|---|---|
| 0 | 0 | 0 | 0 | | 구상민 | 1 | GK | GK | 97 | 김동헌 | | 0 | 0 | 0 | 0 |
| 0 | 1 | 1 | 1(1) | 9 | 홍욱현 | 24 | DF | DF | 32 | 이주용 | | 0 | 2 | 0 | 0 |
| 0 | 0 | 1 | 1(1) | | 조위제 | 20 | DF | DF | 20 | 델브리지 | | 0 | 0 | 0 | 0 |
| 0 | 0 | 0 | 1(1) | | 장호익 | 77 | DF | DF | 4 | 김건희 | | 0 | 0 | 0 | 0 |
| 0 | 0 | 0 | 0 | | 전성진 | 17 | MF | DF | 17 | 김성민 | | 0 | 1 | 0 | 0 |
| 0 | 0 | 0 | 2 | 66 | 사비에르 | 7 | MF | MF | 14 | 바로우 | 27 | 0 | 0 | 0 | 0 |
| 0 | 0 | 0 | 0 | 19 | 이동수 | 6 | MF | MF | 13 | 최승구 | | 0 | 0 | 0 | 0 |
| 0 | 0 | 0 | 1 | 23 | 김세훈 | 88 | MF | MF | 5 | 이명주 | 28 | 0 | 2 | 0 | 0 |
| 0 | 1 | 1 | 2 | | 빌레로 | 11 | FW | MF | 11 | 제르소 | 19 | 0 | 2 | 0 | 0 |
| 0 | 0 | 0 | 1 | 29 | 백가온 | 45 | FW | FW | 77 | 박승호 | 8 | 2(1) | 1 | 0 | 0 |
| 0 | 0 | 0 | 4(1) | | 페신 | 10 | FW | FW | 99 | 박호민 | 9 | 0 | 1 | 0 | 0 |
| 0 | 0 | 0 | 0 | | 박대한 | 21 | | | 1 | 민성준 | | 0 | 0 | 0 | 0 |
| 0 | 0 | 0 | 0 | | 오반석 | 3 | | | 3 | 이상기 | | 0 | 0 | 0 | 0 |
| 0 | 0 | 0 | 0 | 후39 | 박창우 | 23 | | | 28 | 김건웅 | 후28 | 0 | 1 | 0 | 0 |
| 0 | 0 | 0 | 0 | 후39 | 이수아 | 66 | 대기 | 대기 | 19 | 김민석 | 후31 | 1(1) | 0 | 0 | 0 |
| 0 | 0 | 0 | 0 | 후45 | 조민호 | 19 | | | 27 | 김보섭 | 전38 | 0 | 1 | 0 | 0 |
| 0 | 1 | 2 | 1(1) | 후17 | 곤잘로 | 9 | | | 8 | 신진호 | 후28 | 1(1) | 0 | 0 | 0 |
| 0 | 0 | 0 | 1(1) | 후39 | 최기윤 | 29 | | | 9 | 무고사 | 후0 | 0 | 1 | 0 | 0 |
| 0 | 3 | 5 | 15(6) | | | 0 | | | 0 | | | 4(3) | 12 | 0 | 0 |

● 전반 8분 제르소 MFR ↷ 박승호 GAR R-ST-G (득점: 박승호, 도움: 제르소) 왼쪽

● 후반 23분 김보섭 GAL EL ~ 신진호 GA 정면 R-ST-G (득점: 신진호, 도움: 김보섭) 왼쪽

8월 09일 19:00 흐리고 비 아산 이순신 1,211명
주심_ 최승환 부심_ 박남수·이화평 대기심_ 정회수 경기감독관_ 박철

**충남아산 2** 0 전반 1 / 2 후반 1 **2 경남**

| 퇴장 | 경고 | 파울 | ST(유) | 교체 | 선수명 | 배번 | 위치 | 위치 | 배번 | 선수명 | 교체 | ST(유) | 파울 | 경고 | 퇴장 |
|---|---|---|---|---|---|---|---|---|---|---|---|---|---|---|---|
| 0 | 0 | 0 | 0 | | 신송훈 | 18 | GK | GK | 91 | 최필수 | | 0 | 0 | 1 | 0 |
| 0 | 0 | 0 | 1(1) | 27 | 이학민 | 14 | DF | DF | 37 | 김선호 | 63 | 0 | 3 | 0 | 0 |
| 0 | 0 | 1 | 1 | | 조주영 | 20 | DF | DF | 2 | 박재환 | | 0 | 0 | 0 | 0 |
| 0 | 0 | 1 | 1 | 76 | 정마호 | 77 | DF | DF | 5 | 김형진 | | 1(1) | 1 | 1 | 0 |
| 0 | 2 | 2 | 0 | | 박종민 | 25 | DF | DF | 17 | 이준재 | 33 | 0 | 0 | 0 | 0 |
| 0 | 0 | 0 | 0 | | 김영남 | 13 | MF | MF | 40 | 이찬동 | | 0 | 0 | 0 | 0 |
| 0 | 0 | 2 | 5(2) | | 손준호 | 28 | MF | MF | 10 | 브루노코스타 | | 0 | 1 | 0 | 1 |
| 0 | 0 | 0 | 0 | 26 | 김승호 | 22 | MF | MF | 42 | 박태용 | 18 | 0 | 0 | 0 | 0 |
| 0 | 0 | 1 | 0 | 97 | 박세직 | 24 | MF | FW | 20 | 마세도 | 25 | 3(2) | 2 | 1 | 0 |
| 0 | 0 | 1 | 0 | 7 | 한교원 | 72 | MF | FW | 90 | 이중민 | 19 | 1 | 1 | 0 | 0 |
| 0 | 0 | 2 | 1(1) | | 김종민 | 9 | FW | FW | 11 | 박민서 | | 1(1) | 2 | 0 | 0 |
| 0 | 0 | 0 | 0 | | 김진영 | 21 | | | 51 | 류원우 | | 0 | 0 | 0 | 0 |
| 0 | 0 | 0 | 0 | 후55 | 정세준 | 27 | | | 3 | 이규백 | | 0 | 0 | 0 | 0 |
| 0 | 1 | 1 | 0 | 후7 | 이호인 | 76 | | | 33 | 박원재 | 후55 | 0 | 1 | 0 | 0 |
| 0 | 0 | 0 | 1(1) | 후55 | 여현준 | 26 | 대기 | 대기 | 18 | 신승민 | 후55 | 0 | 0 | 0 | 0 |
| 0 | 0 | 0 | 1(1) | 후25 | 데니손 | 7 | | | 63 | 한석종 | 후55 | 0 | 0 | 0 | 0 |
| 0 | 1 | 0 | 3(2) | 후25 | 은고이 | 97 | | | 19 | 정충근 | 후43 | 0 | 0 | 0 | 0 |
| 0 | 0 | 0 | 0 | | 강민규 | 98 | | | 25 | 이종언 | 후25 | 0 | 0 | 0 | 0 |
| 0 | 4 | 11 | 14(8) | | | 0 | | | 0 | | | 6(4) | 11 | 3 | 1 |

● 후반 10분 한교원 PAL 내 EL ↷ 이학민 GAL 내 R-ST-G (득점: 이학민, 도움: 한교원) 오른쪽

● 후반 39분 은고이 GAR 내 몸 맞고 골 (득점: 은고이) 오른쪽

● 전반 11분 마세도 PAR ~ 박민서 GA 정면 R-ST-G (득점: 박민서, 도움: 마세도) 오른쪽

● 후반 52분 김형진 GAL 내 R-ST-G (득점: 김형진) 오른쪽

8월 09일 19:00 맑음 수원 월드컵 11,348명
주심_ 고민국 부심_ 김종희·황보진현 대기심_ 원명희 경기감독관_ 차상해

**수원 3** 1 전반 0 / 2 후반 1 **1 안산**

| 퇴장 | 경고 | 파울 | ST(유) | 교체 | 선수명 | 배번 | 위치 | 위치 | 배번 | 선수명 | 교체 | ST(유) | 파울 | 경고 | 퇴장 |
|---|---|---|---|---|---|---|---|---|---|---|---|---|---|---|---|
| 0 | 0 | 0 | 0 | | 김민준 | 1 | GK | GK | 1 | 이승빈 | | 0 | 0 | 0 | 0 |
| 0 | 0 | 0 | 2(1) | | 이기제 | 23 | DF | DF | 66 | 배수민 | 17 | 1 | 0 | 0 | 0 |
| 0 | 0 | 0 | 1(1) | | 레오 | 4 | DF | DF | 25 | 조지훈 | | 1(1) | 1 | 1 | 0 |
| 0 | 0 | 1 | 0 | | 권완규 | 12 | DF | DF | 6 | 김현태 | | 0 | 0 | 0 | 0 |
| 0 | 0 | 1 | 1(1) | | 이건희 | 19 | DF | MF | 22 | 박시화 | | 0 | 4 | 1 | 0 |
| 0 | 0 | 1 | 1 | 24 | 최영준 | 6 | MF | MF | 13 | 김건오 | | 1 | 1 | 0 | 0 |
| 0 | 1 | 1 | 0 | 22 | 이민혁 | 17 | MF | MF | 7 | 손준석 | 18 | 0 | 1 | 0 | 0 |
| 0 | 0 | 1 | 1 | 10 | 김지현 | 77 | MF | MF | 33 | 에두 | 19 | 2 | 0 | 0 | 0 |
| 0 | 0 | 0 | 0 | 99 | 박지원 | 91 | FW | MF | 36 | 송태성 | 27 | 0 | 0 | 0 | 0 |
| 0 | 0 | 1 | 0 | 30 | 세라핌 | 70 | FW | FW | 77 | 제페르손 | 99 | 2(1) | 1 | 0 | 0 |
| 1 | 1 | 2 | 3(2) | | 일류첸코 | 9 | FW | FW | 10 | 사라이바 | | 3 | 1 | 0 | 0 |
| 0 | 0 | 0 | 0 | | 양형모 | 21 | | | 21 | 조성훈 | | 0 | 0 | 0 | 0 |
| 0 | 0 | 0 | 0 | | 황석호 | 90 | | | 16 | 정용희 | | 0 | 0 | 0 | 0 |
| 0 | 0 | 0 | 0 | 후29 | 김민우 | 99 | | | 18 | 정성호 | 전19 | 0 | 2 | 1 | 0 |
| 0 | 0 | 0 | 0 | 후36 | 강현묵 | 10 | 대기 | 대기 | 19 | 양세영 | 후31 | 0 | 1 | 1 | 0 |
| 0 | 0 | 0 | 0 | 후36 | 김상준 | 22 | | | 17 | 류승완 | 후31 | 0 | 0 | 0 | 0 |
| 0 | 0 | 0 | 0 | 후13 | 이규성 | 24 | | | 27 | 박채준 | 후36 | 1(1) | 0 | 0 | 0 |
| 0 | 0 | 0 | 1 | 후29 | 강성진 | 30 | | | 99 | 김우빈 | 후36 | 1 | 0 | 0 | 0 |
| 1 | 2 | 8 | 10(5) | | | 0 | | | 0 | | | 12(3) | 12 | 4 | 0 |

● 전반 7분 박지원 PAL ↷ 일류첸코 GAR H-ST-G (득점: 일류첸코, 도움: 박지원) 오른쪽

● 후반 12분 세라핌 PAL 내 → 일류첸코 GAL 내 R-ST-G (득점: 일류첸코, 도움: 세라핌) 오른쪽

● 후반 42분 김민우 C,KL ↷ 레오 PK 좌측지점 H-ST-G (득점: 레오, 도움: 김민우) 왼쪽

● 후반 48분 김건오 PAL ~ 박채준 PAL 내 R-ST-G (득점: 박채준, 도움: 김건오) 오른쪽

8월 09일 20:00 흐림 탄천 종합 1,939명
주심_ 정동식 부심_ 김유영·김태원 대기심_ 이경순 경기감독관_ 나승화

**성남 0** 0 전반 0 / 0 후반 0 **0 김포**

| 퇴장 | 경고 | 파울 | ST(유) | 교체 | 선수명 | 배번 | 위치 | 위치 | 배번 | 선수명 | 교체 | ST(유) | 파울 | 경고 | 퇴장 |
|---|---|---|---|---|---|---|---|---|---|---|---|---|---|---|---|
| 0 | 0 | 0 | 0 | | 양한빈 | 21 | GK | GK | 21 | 윤보상 | | 0 | 0 | 0 | 0 |
| 0 | 1 | 1 | 0 | | 정승용 | 22 | DF | DF | 5 | 이찬형 | | 0 | 0 | 0 | 0 |
| 0 | 0 | 1 | 0 | | 베니시오 | 4 | DF | DF | 77 | 채프먼 | | 0 | 2 | 1 | 0 |
| 0 | 1 | 1 | 0 | | 이상민 | 20 | DF | DF | 97 | 김동민 | | 2 | 4 | 0 | 0 |
| 0 | 0 | 0 | 1 | | 신재원 | 7 | DF | MF | 11 | 윤재운 | 7 | 0 | 0 | 0 | 0 |
| 0 | 0 | 0 | 2 | 18 | 이준상 | 27 | MF | MF | 32 | 장부성 | 98 | 0 | 1 | 0 | 0 |
| 0 | 0 | 0 | 0 | | 사무엘 | 74 | MF | MF | 8 | 디자우마 | | 2(1) | 2 | 0 | 0 |
| 0 | 1 | 1 | 0 | 70 | 프레이타스 | 14 | MF | MF | 23 | 최재훈 | 10 | 0 | 0 | 0 | 0 |
| 0 | 0 | 0 | 4 | 2 | 이정빈 | 8 | MF | MF | 50 | 박동진 | 47 | 1(1) | 1 | 1 | 0 |
| 0 | 0 | 0 | 0 | | 박수빈 | 33 | FW | FW | 17 | 제갈재민 | 29 | 1(1) | 2 | 0 | 0 |
| 0 | 0 | 2 | 3(2) | | 후이즈 | 9 | FW | FW | 24 | 루이스 | | 5(2) | 1 | 0 | 0 |
| 0 | 0 | 0 | 0 | | 박지민 | 34 | | | 1 | 조주영 | | 0 | 0 | 0 | 0 |
| 0 | 0 | 0 | 0 | 후29 | 박상혁 | 2 | | | 3 | 박경록 | | 0 | 0 | 0 | 0 |
| 0 | 0 | 0 | 0 | | 강의빈 | 3 | | | 98 | 김민식 | 후38 | 0 | 0 | 0 | 0 |
| 0 | 0 | 0 | 0 | | 류준선 | 16 | 대기 | 대기 | 7 | 이상민 | 전45 | 0 | 2 | 0 | 0 |
| 0 | 0 | 1 | 0 | 후7 | 김범수 | 18 | | | 29 | 김민우 | 후12 | 0 | 1 | 0 | 0 |
| 0 | 0 | 0 | 1(1) | 후7 | 레안드로 | 70 | | | 10 | 플라나 | 후12 | 1(1) | 0 | 0 | 0 |
| 0 | 0 | 0 | 0 | | 박광일 | 91 | | | 47 | 조성준 | 후38 | 0 | 0 | 0 | 0 |
| 0 | 3 | 7 | 11(3) | | | 0 | | | 0 | | | 12(6) | 16 | 2 | 0 |

8월 10일 19:00 흐림 광양 전용 2,439명
주심_ 박정호 부심_ 주현민·장민호 대기심_ 정회수 경기감독관_ 이평재

**전남 3** 0 전반 0 / 3 후반 4 **4 천안**

| 퇴장 | 경고 | 파울 | ST(유) | 교체 | 선수명 | 배번 | 위치 | 위치 | 배번 | 선수명 | 교체 | ST(유) | 파울 | 경고 | 퇴장 |
|---|---|---|---|---|---|---|---|---|---|---|---|---|---|---|---|
| 0 | 0 | 0 | 0 | | 최봉진 | 1 | GK | GK | 31 | 허자웅 | | 0 | 0 | 0 | 0 |
| 0 | 0 | 0 | 0 | | 최정원 | 95 | DF | DF | 5 | 최진웅 | | 0 | 1 | 0 | 0 |
| 0 | 0 | 1 | 0 | | 김경재 | 23 | DF | DF | 35 | 김성주 | | 0 | 0 | 0 | 0 |
| 0 | 0 | 1 | 0 | 20 | 유지하 | 2 | DF | DF | 3 | 이웅희 | | 0 | 0 | 0 | 0 |
| 0 | 0 | 1 | 1 | | 김용환 | 13 | DF | MF | 45 | 미사키 | 90 | 0 | 1 | 0 | 0 |
| 0 | 0 | 2 | 1 | 19 | 민준영 | 12 | DF | MF | 16 | 김성준 | | 2(2) | 2 | 1 | 0 |
| 0 | 0 | 1 | 2 | | 알베르띠 | 16 | MF | MF | 32 | 신형민 | 6 | 0 | 3 | 0 | 0 |
| 0 | 0 | 1 | 1(1) | 77 | 박상준 | 24 | MF | MF | 24 | 이상명 | | 0 | 1 | 0 | 0 |
| 0 | 0 | 0 | 5(4) | | 발디비아 | 10 | MF | FW | 47 | 우정연 | 7 | 1 | 1 | 0 | 0 |
| 0 | 0 | 0 | 1(1) | 11 | 하남 | 9 | FW | FW | 10 | 툰가라 | 22 | 0 | 0 | 0 | 0 |
| 0 | 0 | 0 | 0 | 50 | 정강민 | 99 | FW | FW | 18 | 이정협 | 83 | 0 | 1 | 0 | 0 |
| 0 | 0 | 0 | 0 | | 이준 | 21 | | | 21 | 제종현 | | 0 | 0 | 0 | 0 |
| 0 | 1 | 1 | 0 | 후33 | 장순혁 | 20 | | | 90 | 구대영 | 후21 | 0 | 0 | 0 | 0 |
| 0 | 0 | 1 | 2 | 후13 | 최한솔 | 77 | | | 6 | 이종성 | 후30 | 0 | 1 | 0 | 0 |
| 0 | 0 | 0 | 0 | | 임찬울 | 7 | 대기 | 대기 | 22 | 양준영 | 후55 | 0 | 0 | 0 | 0 |
| 0 | 0 | 1 | 2(2) | 후0 | 정지용 | 11 | | | 17 | 명준재 | | 0 | 0 | 0 | 0 |
| 0 | 0 | 0 | 2 | 후33 | 호난 | 19 | | | 7 | 이상준 | 후0 | 2(2) | 0 | 0 | 0 |
| 0 | 0 | 0 | 0 | 전28 | 르본 | 50 | | | 83 | 브루노 | 후21 | 2(1) | 0 | 0 | 0 |
| 0 | 1 | 10 | 17(8) | | | 0 | | | 0 | | | 7(5) | 11 | 1 | 0 |

- 후반 3분 발디비아 AK 정면 L-ST-G (득점: 발디비아) 오른쪽
- 후반 5분 정지용 PAR 내 ~ 발디비아 PK지점 L-ST-G (득점: 발디비아, 도움: 정지용) 왼쪽
- 후반 39분 호난 PA 정면 내 H ↷ 발디비아 GAL 내 L-ST-G (득점: 발디비아, 도움: 호난) 왼쪽
- 후반 11분 김성준 GA 정면 L-ST-G (득점: 김성준) 오른쪽
- 후반 19분 김성준 PAL ↷ 이상준 GAL 내 H-ST-G (득점: 이상준, 도움: 김성준) 오른쪽
- 후반 28분 툰가라 PAR 내 ~ 브루노 GAL L-ST-G (득점: 브루노, 도움: 툰가라) 왼쪽
- 후반 53분 김성준 PK-R-G (득점: 김성준) 오른쪽

8월 10일 19:00 맑음 목동 종합 2,607명
주심_ 김희곤 부심_ 이병주·이상길 대기심_ 원명희 경기감독관_ 구상범

**서울E 0** 0 전반 0 / 0 후반 0 **0 화성**

| 퇴장 | 경고 | 파울 | ST(유) | 교체 | 선수명 | 배번 | 위치 | 위치 | 배번 | 선수명 | 교체 | ST(유) | 파울 | 경고 | 퇴장 |
|---|---|---|---|---|---|---|---|---|---|---|---|---|---|---|---|
| 0 | 0 | 0 | 0 | | 구성윤 | 25 | GK | GK | 13 | 이기현 | | 0 | 0 | 0 | 0 |
| 0 | 0 | 0 | 2(2) | | 배서준 | 23 | DF | MF | 2 | 김대환 | | 1(1) | 2 | 1 | 0 |
| 0 | 0 | 1 | 0 | | 김하준 | 44 | DF | DF | 3 | 조동재 | | 1 | 1 | 0 | 0 |
| 0 | 1 | 1 | 0 | 20 | 곽윤호 | 4 | DF | DF | 4 | 연제민 | 16 | 1 | 0 | 0 | 0 |
| 0 | 0 | 1 | 1 | 77 | 김주환 | 19 | DF | MF | 6 | 최준혁 | 47 | 0 | 0 | 0 | 0 |
| 0 | 0 | 1 | 0 | | 서재민 | 15 | MF | MF | 8 | 전성진 | 27 | 0 | 1 | 0 | 0 |
| 0 | 0 | 1 | 1 | | 오스마르 | 5 | MF | FW | 9 | 박주영 | 7 | 0 | 1 | 0 | 0 |
| 0 | 0 | 1 | 0 | | 박창환 | 30 | MF | DF | 17 | 임창석 | | 0 | 1 | 0 | 0 |
| 0 | 0 | 2 | 1 | | 가브리엘 | 90 | FW | DF | 20 | 박준서 | | 0 | 1 | 0 | 0 |
| 0 | 0 | 0 | 0 | 18 | 아이데일 | 9 | FW | FW | 41 | 김병오 | 5 | 0 | 2 | 1 | 0 |
| 0 | 1 | 3 | 1 | 88 | 에울레르 | 7 | FW | MF | 99 | 데메트리우스 | | 4(2) | 0 | 0 | 0 |
| 0 | 0 | 0 | 0 | | 김민호 | 21 | | | 1 | 김승건 | | 0 | 0 | 0 | 0 |
| 0 | 0 | 0 | 0 | 후41 | 김오규 | 20 | | | 5 | 우제욱 | 후33 | 0 | 0 | 0 | 0 |
| 0 | 0 | 1 | 0 | 후31 | 배진우 | 77 | | | 7 | 알뚤 | 후27 | 0 | 1 | 0 | 0 |
| 0 | 0 | 3 | 0 | 후0/26 | 서진석 | 88 | 대기 | 대기 | 16 | 최명희 | 후27 | 0 | 0 | 0 | 0 |
| 0 | 0 | 0 | 0 | | 이주혁 | 47 | | | 27 | 백승우 | 후27 | 0 | 0 | 0 | 0 |
| 0 | 0 | 0 | 0 | 후41 | 박경배 | 26 | | | 29 | 김준영 | | 0 | 0 | 0 | 0 |
| 0 | 0 | 0 | 1 | 전8 | 정재민 | 18 | | | 47 | 박재성 | 후19 | 0 | 0 | 0 | 0 |
| 0 | 2 | 15 | 7(2) | | | 0 | | | 0 | | | 7(3) | 10 | 2 | 0 |

8월 10일 19:30 맑음 청주 종합 2,425명
주심_ 박종명 부심_ 성주경·김태형 대기심_ 최규현 경기감독관_ 김용세

**충북청주 0** 0 전반 0 / 0 후반 1 **1 부천**

| 퇴장 | 경고 | 파울 | ST(유) | 교체 | 선수명 | 배번 | 위치 | 위치 | 배번 | 선수명 | 교체 | ST(유) | 파울 | 경고 | 퇴장 |
|---|---|---|---|---|---|---|---|---|---|---|---|---|---|---|---|
| 0 | 0 | 0 | 0 | | 정진욱 | 18 | GK | GK | 1 | 김형근 | | 0 | 0 | 0 | 0 |
| 0 | 0 | 1 | 0 | | 반데아벌트 | 4 | DF | DF | 6 | 정호진 | | 0 | 1 | 0 | 0 |
| 0 | 0 | 0 | 0 | | 허승찬 | 24 | DF | DF | 2 | 이예찬 | 30 | 0 | 1 | 0 | 0 |
| 0 | 1 | 1 | 0 | 99 | 임준영 | 39 | DF | DF | 29 | 백동규 | | 1 | 1 | 0 | 0 |
| 0 | 0 | 3 | 0 | | 김선민 | 5 | MF | MF | 17 | 김규민 | 66 | 0 | 3 | 0 | 0 |
| 0 | 0 | 0 | 1 | 17 | 이지승 | 28 | MF | MF | 23 | 카즈 | | 0 | 1 | 1 | 0 |
| 0 | 0 | 0 | 1 | 98 | 윤석영 | 36 | MF | FW | 48 | 성신 | 24 | 1 | 1 | 0 | 0 |
| 0 | 0 | 0 | 1 | | 최강민 | 70 | MF | MF | 16 | 박현빈 | 4 | 1 | 3 | 1 | 0 |
| 0 | 0 | 2 | 4(2) | 2 | 페드로 | 10 | FW | MF | 7 | 티아깅요 | | 1 | 0 | 0 | 0 |
| 0 | 0 | 0 | 3 | | 김영환 | 13 | FW | FW | 9 | 몬타뇨 | | 2(1) | 1 | 0 | 0 |
| 0 | 0 | 0 | 1 | 66 | 지언학 | 27 | FW | FW | 18 | 이의형 | 99 | 0 | 1 | 1 | 0 |
| 0 | 0 | 0 | 0 | | 이승환 | 23 | | | 21 | 김현엽 | | 0 | 0 | 0 | 0 |
| 0 | 0 | 0 | 0 | 후18 | 이강한 | 66 | | | 30 | 전인규 | 후19 | 0 | 1 | 0 | 0 |
| 0 | 0 | 0 | 0 | 후18 | 서재원 | 2 | | | 66 | 유승현 | 후35 | 0 | 0 | 0 | 0 |
| 0 | 0 | 2 | 0 | 후18 | 홍석준 | 17 | 대기 | 대기 | 4 | 최원철 | 후23 | 1(1) | 0 | 0 | 0 |
| 0 | 0 | 0 | 0 | | 양영빈 | 88 | | | 14 | 최재영 | | 0 | 0 | 0 | 0 |
| 0 | 0 | 0 | 1(1) | 후39 | 이형경 | 98 | | | 24 | 김동현 | 후0 | 1(1) | 0 | 0 | 0 |
| 0 | 0 | 0 | 0 | 후39 | 이창훈 | 99 | | | 99 | 공민현 | 후35 | 0 | 0 | 0 | 0 |
| 0 | 1 | 9 | 12(3) | | | 0 | | | 0 | | | 8(3) | 14 | 3 | 0 |

- 후반 13분 몬타뇨 GAL 내 L-ST-G (득점: 몬타뇨) 가운데

8월 15일 19:00 맑음 광양 전용 3,266명
주심_ 정동식 부심_ 박남수·류시홍 대기심_ 최승환 경기감독관_ 이경춘

**전남 2** 　 0 전반 0 / 2 후반 1 　 **1 부천**

| 퇴장 | 경고 | 파울 | ST(유) | 교체 | 선수명 | 배번 | 위치 | 위치 | 배번 | 선수명 | 교체 | ST(유) | 파울 | 경고 | 퇴장 |
|---|---|---|---|---|---|---|---|---|---|---|---|---|---|---|---|
| 0 | 0 | 0 | 0 | | 최봉진 | 1 | GK | GK | 1 | 김형근 | | 0 | 0 | 0 | 0 |
| 0 | 0 | 1 | 1 | | 유지하 | 2 | DF | DF | 20 | 홍성욱 | 30 | 0 | 1 | 0 | 0 |
| 0 | 0 | 0 | 0 | | 김경재 | 23 | DF | DF | 29 | 백동규 | | 0 | 1 | 0 | 0 |
| 0 | 0 | 0 | 1 | | 고태원 | 5 | DF | DF | 6 | 정호진 | | 0 | 0 | 0 | 0 |
| 0 | 0 | 0 | 0 | 7 | 김예성 | 3 | DF | MF | 7 | 티아깅요 | 66 | 0 | 0 | 0 | 0 |
| 0 | 0 | 0 | 1 | | 민준영 | 12 | DF | MF | 23 | 카즈 | 4 | 0 | 1 | 1 | 0 |
| 0 | 0 | 1 | 0 | | 박상준 | 24 | MF | MF | 16 | 박현빈 | | 1 | 2 | 0 | 0 |
| 0 | 0 | 2 | 0 | 14 | 최한솔 | 77 | MF | MF | 17 | 김규민 | | 1 | 1 | 0 | 0 |
| 0 | 0 | 0 | 0 | 99 | 발디비아 | 10 | MF | MF | 10 | 바사니 | | 1(1) | 0 | 0 | 0 |
| 0 | 0 | 0 | 1 | 19 | 하남 | 9 | FW | FW | 99 | 공민현 | 9 | 0 | 0 | 0 | 0 |
| 0 | 0 | 2 | 0 | 50 | 정지용 | 11 | FW | FW | 18 | 이의형 | 24 | 0 | 1 | 0 | 0 |
| 0 | 0 | 0 | 0 | | 이준 | 21 | | | 21 | 김현엽 | | 0 | 0 | 0 | 0 |
| 0 | 0 | 0 | 0 | | 홍석현 | 38 | | | 30 | 전인규 | 후48 | 0 | 0 | 0 | 0 |
| 0 | 0 | 1 | 0 | 후34 | 윤민호 | 14 | | | 66 | 유승현 | 후38 | 1(1) | 2 | 1 | 0 |
| 0 | 0 | 0 | 0 | 후29 | 임찬울 | 7 | 대기 | 대기 | 4 | 최원철 | 후38 | 0 | 0 | 0 | 0 |
| 0 | 0 | 0 | 4(3) | 후9 | 호난 | 19 | | | 14 | 최재영 | | 0 | 0 | 0 | 0 |
| 0 | 0 | 0 | 0 | 후0 | 르본 | 50 | | | 24 | 김동현 | 후14 | 0 | 0 | 0 | 0 |
| 0 | 0 | 0 | 0 | 후34 | 정강민 | 99 | | | 9 | 몬타뇨 | 후0 | 1(1) | 2 | 0 | 0 |
| 0 | 0 | 7 | 8(3) | | | 0 | | | 0 | | | 5(3) | 11 | 2 | 0 |

● 후반 39분 르본 PAL 내 EL ↷ 호난 GA 정면 H-ST-G (득점: 호난, 도움: 르본) 왼쪽
● 후반 49분 호난 GA 정면 H-ST-G (득점: 호난) 오른쪽
● 후반 41분 최원철 PAL ~ 바사니 AK 내 L-ST-G (득점: 바사니, 도움: 최원철) 오른쪽

8월 16일 20:00 맑음 인천 전용 9,352명
주심_ 오현진 부심_ 김수현·이현모 대기심_ 원명희 경기감독관_ 양정환

**인천 1** 　 0 전반 2 / 1 후반 0 　 **2 성남**

| 퇴장 | 경고 | 파울 | ST(유) | 교체 | 선수명 | 배번 | 위치 | 위치 | 배번 | 선수명 | 교체 | ST(유) | 파울 | 경고 | 퇴장 |
|---|---|---|---|---|---|---|---|---|---|---|---|---|---|---|---|
| 0 | 0 | 0 | 0 | | 김동헌 | 97 | GK | GK | 21 | 양한빈 | | 0 | 0 | 0 | 0 |
| 0 | 0 | 0 | 1 | | 이주용 | 32 | DF | DF | 22 | 정승용 | | 0 | 1 | 0 | 0 |
| 0 | 0 | 2 | 0 | | 델브리지 | 20 | DF | DF | 4 | 베니시오 | | 0 | 2 | 1 | 0 |
| 0 | 0 | 1 | 0 | | 김건희 | 4 | DF | DF | 20 | 이상민 | 3 | 0 | 0 | 0 | 0 |
| 0 | 0 | 1 | 0 | 3 | 김성민 | 17 | DF | DF | 7 | 신재원 | | 1(1) | 2 | 0 | 0 |
| 0 | 0 | 0 | 0 | 27 | 김민석 | 19 | MF | MF | 27 | 이준상 | 11 | 0 | 1 | 0 | 0 |
| 0 | 1 | 3 | 0 | 88 | 최승구 | 13 | MF | MF | 33 | 박수빈 | 16 | 1 | 0 | 0 | 0 |
| 0 | 0 | 2 | 0 | | 이명주 | 5 | MF | MF | 14 | 프레이타스 | | 3(3) | 4 | 1 | 0 |
| 0 | 0 | 0 | 1(1) | 28 | 제르소 | 11 | MF | MF | 8 | 이정빈 | 2 | 1(1) | 1 | 1 | 0 |
| 0 | 0 | 2 | 0 | 8 | 박승호 | 77 | FW | FW | 70 | 레안드로 | 74 | 0 | 1 | 0 | 0 |
| 0 | 0 | 1 | 2 | | 무고사 | 9 | FW | FW | 9 | 후이즈 | | 1(1) | 1 | 0 | 0 |
| 0 | 0 | 0 | 0 | | 민성준 | 1 | | | 34 | 박지민 | | 0 | 0 | 0 | 0 |
| 0 | 0 | 1 | 0 | 후24 | 이상기 | 3 | | | 2 | 박상혁 | 후29 | 0 | 0 | 0 | 0 |
| 0 | 0 | 0 | 0 | 후33 | 김건웅 | 28 | | | 3 | 강의빈 | 후44 | 0 | 0 | 0 | 0 |
| 0 | 0 | 0 | 1(1) | 후0 | 김보섭 | 27 | 대기 | 대기 | 11 | 김정환 | 후9 | 1(1) | 0 | 0 | 0 |
| 0 | 1 | 2 | 3(3) | 후0 | 정원진 | 88 | | | 16 | 류준선 | 후44 | 0 | 1 | 0 | 0 |
| 0 | 0 | 0 | 0 | 후24 | 신진호 | 8 | | | 74 | 사무엘 | 후29 | 0 | 0 | 0 | 0 |
| 0 | 0 | 0 | 0 | | 박호민 | 99 | | | 91 | 박광일 | | 0 | 0 | 0 | 0 |
| 0 | 2 | 15 | 8(5) | | | 0 | | | 0 | | | 8(7) | 14 | 3 | 0 |

● 후반 5분 김보섭 PAL 내 ~ 정원진 PA 정면 R-ST-G (득점: 정원진, 도움: 김보섭) 가운데
● 전반 25분 이정빈 PA 정면 FK R-ST-G (득점: 이정빈) 왼쪽
● 전반 32분 레안드로 GAL ~ 프레이타스 PA 정면 내 R-ST-G (득점: 프레이타스, 도움: 레안드로) 왼쪽

8월 15일 19:00 맑음 안산 와스타디움 1,598명
주심_ 원명희 부심_ 신재환·김태원 대기심_ 박종명 경기감독관_ 김성기

**안산 0** 　 0 전반 2 / 0 후반 0 　 **2 충남아산**

| 퇴장 | 경고 | 파울 | ST(유) | 교체 | 선수명 | 배번 | 위치 | 위치 | 배번 | 선수명 | 교체 | ST(유) | 파울 | 경고 | 퇴장 |
|---|---|---|---|---|---|---|---|---|---|---|---|---|---|---|---|
| 0 | 0 | 0 | 0 | | 이승빈 | 1 | GK | GK | 18 | 신송훈 | | 0 | 0 | 0 | 0 |
| 0 | 0 | 0 | 0 | | 장민준 | 4 | DF | DF | 4 | 장준영 | | 1(1) | 0 | 0 | 0 |
| 0 | 0 | 0 | 0 | | 김현태 | 6 | DF | DF | 20 | 조주영 | 6 | 0 | 1 | 0 | 0 |
| 0 | 0 | 0 | 0 | 18 | 에두 | 33 | DF | DF | 76 | 이호인 | | 0 | 0 | 0 | 0 |
| 0 | 0 | 0 | 1 | | 송태성 | 36 | MF | MF | 3 | 백인환 | 40 | 0 | 0 | 0 | 0 |
| 0 | 0 | 0 | 0 | | 김진오 | 13 | MF | MF | 24 | 박세직 | 72 | 0 | 2 | 1 | 0 |
| 0 | 0 | 2 | 0 | 26 | 배수민 | 66 | MF | MF | 28 | 손준호 | | 2(1) | 3 | 0 | 0 |
| 0 | 0 | 0 | 0 | | 박시화 | 22 | MF | MF | 14 | 이학민 | | 0 | 0 | 0 | 0 |
| 0 | 1 | 1 | 1(1) | 8 | 양시영 | 19 | MF | FW | 22 | 김승호 | | 1 | 1 | 0 | 0 |
| 0 | 0 | 2 | 0 | 27 | 제페르손 | 77 | FW | FW | 97 | 은고이 | 98 | 2(2) | 0 | 0 | 0 |
| 0 | 0 | 0 | 0 | 10 | 박형우 | 11 | FW | FW | 39 | 김성현 | 9 | 1(1) | 0 | 0 | 0 |
| 0 | 0 | 0 | 0 | | 조성훈 | 21 | | | 21 | 김진영 | | 0 | 0 | 0 | 0 |
| 0 | 0 | 1 | 1 | 후10 | 정성호 | 18 | | | 6 | 최희원 | 후33 | 0 | 1 | 0 | 0 |
| 0 | 0 | 0 | 0 | 후10 | 임지민 | 26 | | | 40 | 최보경 | 후33 | 0 | 0 | 0 | 0 |
| 0 | 0 | 2 | 0 | 후29 | 라파 | 8 | 대기 | 대기 | 7 | 데니손 | | 0 | 0 | 0 | 0 |
| 0 | 0 | 0 | 6(4) | 전30 | 사라이바 | 10 | | | 9 | 김종민 | 전30 | 1 | 3 | 0 | 0 |
| 0 | 0 | 0 | 0 | | 류승완 | 17 | | | 72 | 한교원 | 후21 | 0 | 1 | 0 | 0 |
| 0 | 0 | 0 | 0 | 후10 | 박채준 | 27 | | | 98 | 강민규 | 후21 | 0 | 0 | 0 | 0 |
| 0 | 1 | 8 | 9(5) | | | 0 | | | 0 | | | 8(5) | 12 | 1 | 0 |

● 전반 9분 이학민 AK 내 ~ 은고이 PAR 내 L-ST-G (득점: 은고이, 도움: 이학민) 왼쪽
● 전반 42분 김종민 PK 좌측지점 ~ 손준호 GA 정면 R-ST-G (득점: 손준호, 도움: 김종민) 오른쪽

8월 16일 19:00 맑음 김포솔터축구장 6,275명
주심_ 김희곤 부심_ 이영운·장민호 대기심_ 최승환 경기감독관_ 허기태

**김포 3** 　 1 전반 0 / 2 후반 1 　 **1 수원**

| 퇴장 | 경고 | 파울 | ST(유) | 교체 | 선수명 | 배번 | 위치 | 위치 | 배번 | 선수명 | 교체 | ST(유) | 파울 | 경고 | 퇴장 |
|---|---|---|---|---|---|---|---|---|---|---|---|---|---|---|---|
| 0 | 0 | 0 | 0 | | 윤보상 | 21 | GK | GK | 21 | 양형모 | | 0 | 0 | 0 | 0 |
| 0 | 0 | 1 | 0 | 6 | 이찬형 | 5 | DF | DF | 23 | 이기제 | 99 | 1 | 0 | 0 | 0 |
| 0 | 0 | 0 | 0 | | 채프먼 | 77 | DF | DF | 4 | 레오 | | 0 | 1 | 0 | 0 |
| 0 | 0 | 0 | 1(1) | | 박경록 | 3 | DF | DF | 90 | 황석호 | | 0 | 1 | 0 | 0 |
| 0 | 0 | 2 | 2(1) | | 장부성 | 32 | MF | DF | 32 | 정동윤 | 19 | 0 | 1 | 0 | 0 |
| 0 | 0 | 0 | 0 | 2 | 이상민 | 7 | MF | MF | 91 | 박지원 | | 2(1) | 1 | 0 | 0 |
| 0 | 0 | 1 | 0 | | 최재훈 | 23 | MF | MF | 24 | 이규성 | | 0 | 0 | 0 | 0 |
| 0 | 1 | 3 | 2(2) | 29 | 디자우마 | 8 | MF | MF | 6 | 최영준 | 10 | 0 | 1 | 0 | 0 |
| 0 | 0 | 1 | 1 | 42 | 박동진 | 50 | MF | MF | 30 | 강성진 | 17 | 0 | 2 | 0 | 0 |
| 0 | 1 | 0 | 2(1) | | 루이스 | 24 | FW | FW | 77 | 김지현 | | 5(3) | 0 | 0 | 0 |
| 0 | 0 | 0 | 0 | 10 | 조성준 | 47 | FW | FW | 22 | 김상준 | 70 | 1(1) | 0 | 0 | 0 |
| 0 | 0 | 0 | 0 | | 조주영 | 1 | | | 1 | 김민준 | | 0 | 0 | 0 | 0 |
| 0 | 0 | 1 | 0 | 후21 | 김지훈 | 6 | | | 5 | 한호강 | | 0 | 0 | 0 | 0 |
| 0 | 0 | 0 | 0 | 후57 | 김종민 | 2 | | | 19 | 이건희 | 후11 | 0 | 1 | 0 | 0 |
| 0 | 0 | 0 | 0 | | 정우빈 | 25 | 대기 | 대기 | 99 | 김민우 | 후21 | 2(2) | 0 | 0 | 0 |
| 0 | 0 | 0 | 0 | 후40 | 김민우 | 29 | | | 10 | 강현묵 | 후21 | 1(1) | 0 | 0 | 0 |
| 0 | 1 | 1 | 0 | 후40 | 플라나 | 10 | | | 17 | 이민혁 | 후11 | 0 | 2 | 0 | 0 |
| 0 | 0 | 0 | 0 | 후40 | 안창민 | 42 | | | 70 | 세라핌 | 후0 | 2 | 1 | 0 | 0 |
| 0 | 3 | 10 | 8(5) | | | 0 | | | 0 | | | 14(8) | 11 | 0 | 0 |

● 전반 32분 박경록 MFR ↷ 디자우마 PAR 내 H-ST-G (득점: 디자우마, 도움: 박경록) 왼쪽
● 후반 14분 이상민 PAR TL ↷ 루이스 GA 정면 R-ST-G (득점: 루이스, 도움: 이상민) 가운데
● 후반 39분 장부성 PAL 내 ↷ 박경록 GA 정면 H-ST-G (득점: 박경록, 도움: 장부성) 오른쪽
● 후반 45분 김지현 PK-R-G (득점: 김지현) 왼쪽

8월 16일 19:00 맑음 청주 종합 1,517명
주심_ 최철준 부심_ 주현민·이화평 대기심_ 조지음 경기감독관_ 나승화

**충북청주 1** | 0 전반 0 / 1 후반 1 | **1 화성**

| 퇴장 | 경고 | 파울 | ST(유) | 교체 | 선수명 | 배번 | 위치 | 위치 | 배번 | 선수명 | 교체 | ST(유) | 파울 | 경고 | 퇴장 |
|---|---|---|---|---|---|---|---|---|---|---|---|---|---|---|---|
| 0 | 1 | 0 | 0 | | 이승환 | 23 | GK | GK | 1 | 김승건 | | 0 | 0 | 0 | 0 |
| 0 | 0 | 1 | 0 | 98 | 반데아벌트 | 4 | DF | MF | 2 | 김대환 | | 1 | 2 | 1 | 0 |
| 0 | 0 | 1 | 0 | | 허승찬 | 24 | DF | DF | 3 | 조동재 | 16 | 0 | 1 | 0 | 0 |
| 0 | 0 | 0 | 0 | | 윤석영 | 36 | DF | DF | 4 | 연제민 | 44 | 0 | 1 | 0 | 0 |
| 0 | 0 | 1 | 3(1) | | 김선민 | 5 | MF | MF | 6 | 최준혁 | | 0 | 1 | 0 | 0 |
| 0 | 0 | 0 | 1 | 2 | 최성근 | 25 | MF | FW | 8 | 전성진 | 47 | 3(1) | 1 | 0 | 0 |
| 0 | 0 | 0 | 0 | | 임준영 | 39 | MF | FW | 9 | 박주영 | | 0 | 0 | 0 | 0 |
| 0 | 0 | 0 | 1 | | 최강민 | 70 | MF | DF | 15 | 보이노비치 | 27 | 1 | 0 | 0 | 0 |
| 0 | 0 | 1 | 3(1) | 99 | 페드로 | 10 | FW | MF | 17 | 임창석 | | 2(1) | 0 | 0 | 0 |
| 0 | 0 | 1 | 2(1) | | 김영환 | 13 | FW | DF | 20 | 박준서 | | 0 | 3 | 1 | 0 |
| 0 | 0 | 1 | 1(1) | 17 | 이강한 | 66 | FW | MF | 99 | 데메트리우스 | 7 | 0 | 1 | 0 | 0 |
| 0 | 0 | 0 | 0 | | 조수혁 | 1 | | | 13 | 이기현 | | 0 | 0 | 0 | 0 |
| 0 | 0 | 0 | 0 | | 이지승 | 28 | | | 5 | 우제욱 | | 0 | 0 | 0 | 0 |
| 0 | 0 | 0 | 0 | | 이동원 | 71 | | | 7 | 알뚤 | 후14 | 2(1) | 1 | 0 | 0 |
| 0 | 0 | 1 | 0 | 후0 | 서재원 | 2 | 대기 | 대기 | 16 | 최명희 | 후14 | 0 | 1 | 1 | 0 |
| 0 | 0 | 1 | 0 | 후36 | 홍석준 | 17 | | | 27 | 백승우 | 후35 | 0 | 0 | 0 | 0 |
| 0 | 1 | 1 | 0 | 후51 | 이형경 | 98 | | | 44 | 함선우 | 후0 | 0 | 0 | 0 | 0 |
| 0 | 0 | 0 | 0 | 후48 | 이창훈 | 99 | | | 47 | 박재성 | 후26 | 0 | 1 | 0 | 0 |
| 0 | 2 | 9 | 11(4) | | | 0 | | | 0 | | | 9(3) | 13 | 3 | 0 |

● 후반 6분 최강민 AK 정면 → 이강한 GAR R-ST-G (득점: 이강한, 도움: 최강민) 왼쪽

● 후반 49분 박주영 GAL ↷ 임창석 GAR 내 H-ST-G (득점: 임창석, 도움: 박주영) 오른쪽

8월 17일 19:00 맑음 천안 종합 3,087명
주심_ 최규현 부심_ 이병주·김유영 대기심_ 이경순 경기감독관_ 구상범

**천안 0** | 0 전반 1 / 0 후반 0 | **1 부산**

| 퇴장 | 경고 | 파울 | ST(유) | 교체 | 선수명 | 배번 | 위치 | 위치 | 배번 | 선수명 | 교체 | ST(유) | 파울 | 경고 | 퇴장 |
|---|---|---|---|---|---|---|---|---|---|---|---|---|---|---|---|
| 0 | 0 | 0 | 0 | | 허자웅 | 31 | GK | GK | 1 | 구상민 | | 0 | 0 | 0 | 0 |
| 0 | 0 | 0 | 0 | 45 | 최진웅 | 5 | DF | DF | 3 | 오반석 | 37 | 0 | 1 | 0 | 0 |
| 0 | 0 | 0 | 0 | | 김성주 | 35 | DF | DF | 20 | 조위제 | | 0 | 0 | 0 | 0 |
| 0 | 1 | 2 | 0 | | 이웅희 | 3 | DF | DF | 77 | 장호익 | | 0 | 0 | 0 | 0 |
| 0 | 0 | 0 | 0 | | 구대영 | 90 | MF | MF | 17 | 전성진 | | 1(1) | 0 | 0 | 0 |
| 0 | 0 | 0 | 0 | 16 | 양준영 | 22 | MF | MF | 7 | 사비에르 | 66 | 0 | 1 | 0 | 0 |
| 0 | 0 | 0 | 1 | 8 | 신형민 | 32 | MF | MF | 6 | 이동수 | | 0 | 0 | 0 | 0 |
| 0 | 1 | 5 | 0 | | 이상명 | 24 | MF | MF | 88 | 김세훈 | 33 | 0 | 1 | 0 | 0 |
| 0 | 0 | 1 | 0 | 7 | 우정연 | 47 | FW | FW | 11 | 빌레로 | | 1(1) | 2 | 0 | 0 |
| 0 | 0 | 1 | 3(2) | | 툰가라 | 10 | FW | FW | 9 | 곤잘로 | 45 | 0 | 0 | 0 | 0 |
| 0 | 0 | 0 | 1(1) | 83 | 이정협 | 18 | FW | FW | 10 | 페신 | 29 | 0 | 1 | 0 | 0 |
| 0 | 0 | 0 | 0 | | 제종현 | 21 | | | 21 | 박대한 | | 0 | 0 | 0 | 0 |
| 0 | 0 | 0 | 0 | | 강영훈 | 4 | | | 33 | 홍재석 | 후44 | 0 | 0 | 0 | 0 |
| 0 | 0 | 0 | 2 | 후40 | 미사키 | 45 | | | 37 | 김동욱 | 후54 | 0 | 0 | 0 | 0 |
| 0 | 0 | 1 | 0 | 후0 | 김성준 | 16 | 대기 | 대기 | 66 | 이수아 | 후28 | 0 | 0 | 0 | 0 |
| 0 | 1 | 1 | 0 | 후0 | 이광진 | 8 | | | 27 | 김현민 | | 0 | 0 | 0 | 0 |
| 0 | 0 | 2 | 0 | 후0 | 이상준 | 7 | | | 29 | 최기윤 | 후28 | 1 | 1 | 0 | 0 |
| 0 | 0 | 0 | 0 | 후28 | 브루노 | 83 | | | 45 | 백가온 | 후0 | 0 | 1 | 0 | 0 |
| 0 | 3 | 13 | 7(3) | | | 0 | | | 0 | | | 3(2) | 8 | 0 | 0 |

● 전반 6분 페신 PAR 내 ~ 전성진 GA 정면 내 L-ST-G (득점: 전성진, 도움: 페신) 가운데

8월 16일 19:30 맑음 창원 축구센터 2,391명
주심_ 정회수 부심_ 김종희·황보진현 대기심_ 고민국 경기감독관_ 허태식

**경남 1** | 0 전반 0 / 1 후반 1 | **1 서울E**

| 퇴장 | 경고 | 파울 | ST(유) | 교체 | 선수명 | 배번 | 위치 | 위치 | 배번 | 선수명 | 교체 | ST(유) | 파울 | 경고 | 퇴장 |
|---|---|---|---|---|---|---|---|---|---|---|---|---|---|---|---|
| 0 | 0 | 0 | 0 | | 최필수 | 91 | GK | GK | 25 | 구성윤 | | 0 | 0 | 0 | 0 |
| 0 | 0 | 0 | 0 | | 김선호 | 37 | DF | DF | 44 | 김하준 | | 2(2) | 2 | 0 | 0 |
| 0 | 0 | 2 | 0 | | 박재환 | 2 | DF | DF | 5 | 오스마르 | | 2(1) | 0 | 0 | 0 |
| 0 | 0 | 0 | 0 | | 김형진 | 5 | DF | DF | 4 | 곽윤호 | 20 | 0 | 4 | 1 | 0 |
| 0 | 0 | 0 | 0 | 33 | 이준재 | 17 | DF | MF | 23 | 배서준 | | 1(1) | 0 | 0 | 0 |
| 0 | 0 | 0 | 0 | | 이찬동 | 40 | MF | MF | 30 | 박창환 | 16 | 1 | 4 | 1 | 0 |
| 0 | 0 | 0 | 0 | 77 | 박태용 | 42 | MF | MF | 66 | 백지웅 | | 0 | 0 | 0 | 0 |
| 0 | 0 | 1 | 0 | 63 | 헤난 | 88 | MF | MF | 15 | 서재민 | | 2(1) | 0 | 0 | 0 |
| 0 | 0 | 2 | 2(2) | | 마세도 | 20 | MF | MF | 19 | 김주환 | 77 | 0 | 2 | 1 | 0 |
| 0 | 0 | 0 | 0 | 19 | 박민서 | 11 | MF | FW | 90 | 가브리엘 | 47 | 2(1) | 2 | 0 | 0 |
| 0 | 0 | 0 | 0 | 21 | 이중민 | 90 | FW | FW | 70 | 허용준 | 18 | 1 | 1 | 1 | 0 |
| 0 | 0 | 0 | 0 | | 류원우 | 51 | | | 21 | 김민호 | | 0 | 0 | 0 | 0 |
| 0 | 0 | 0 | 0 | 후0 | 박원재 | 33 | | | 20 | 김오규 | 후16 | 0 | 1 | 0 | 0 |
| 0 | 0 | 0 | 0 | | 이규백 | 3 | | | 77 | 배진우 | 후0 | 0 | 0 | 0 | 0 |
| 0 | 0 | 1 | 0 | 후0 | 김하민 | 77 | 대기 | 대기 | 6 | 채광훈 | | 0 | 0 | 0 | 0 |
| 0 | 0 | 0 | 0 | 후50 | 한석종 | 63 | | | 47 | 이주혁 | 후34 | 0 | 0 | 0 | 0 |
| 0 | 0 | 0 | 1(1) | 후40 | 이시헌 | 21 | | | 16 | 변경준 | 후16 | 2(1) | 0 | 0 | 0 |
| 0 | 0 | 0 | 2(1) | 후36 | 정충근 | 19 | | | 18 | 정재민 | 후16 | 1 | 0 | 0 | 0 |
| 0 | 0 | 6 | 5(4) | | | 0 | | | 0 | | | 14(7) | 16 | 4 | 0 |

● 후반 48분 박재환 GA 정면 H↷ 정충근 GAL 내 H-ST-G (득점: 정충근, 도움: 박재환) 오른쪽

● 후반 19분 백지웅 GA 정면 가슴패스 김하준 GA 정면 L-ST-G (득점: 김하준, 도움: 백지웅) 오른쪽

8월 23일 19:00 맑음 광양 전용 3,121명
주심_ 정회수 부심_ 이영운·이상길 대기심_ 박정호 경기감독관_ 이평재

**전남 2** | 0 전반 0 / 2 후반 0 | **0 안산**

| 퇴장 | 경고 | 파울 | ST(유) | 교체 | 선수명 | 배번 | 위치 | 위치 | 배번 | 선수명 | 교체 | ST(유) | 파울 | 경고 | 퇴장 |
|---|---|---|---|---|---|---|---|---|---|---|---|---|---|---|---|
| 0 | 0 | 0 | 0 | | 최봉진 | 1 | GK | GK | 1 | 이승빈 | | 0 | 0 | 0 | 0 |
| 0 | 1 | 1 | 3 | | 민준영 | 12 | DF | DF | 4 | 장민준 | | 0 | 0 | 0 | 0 |
| 0 | 0 | 2 | 2(1) | | 고태원 | 5 | DF | DF | 25 | 조지훈 | | 0 | 0 | 0 | 0 |
| 0 | 0 | 1 | 0 | | 김경재 | 23 | DF | DF | 6 | 김현태 | | 2 | 0 | 0 | 0 |
| 0 | 0 | 2 | 1(1) | 38 | 노동건 | 44 | DF | MF | 22 | 박시화 | | 0 | 0 | 0 | 0 |
| 0 | 0 | 2 | 0 | | 김예성 | 3 | DF | MF | 13 | 김건오 | 37 | 0 | 2 | 0 | 0 |
| 0 | 0 | 0 | 0 | 77 | 박상준 | 24 | MF | MF | 66 | 배수민 | 8 | 1 | 0 | 0 | 0 |
| 0 | 0 | 0 | 0 | | 알베르띠 | 16 | MF | MF | 26 | 임지민 | | 1 | 1 | 0 | 0 |
| 0 | 0 | 1 | 2(1) | | 발디비아 | 10 | MF | MF | 19 | 양세영 | 33 | 0 | 0 | 0 | 0 |
| 0 | 0 | 0 | 1(1) | 19 | 르본 | 50 | FW | FW | 27 | 박채준 | 17 | 0 | 2 | 1 | 0 |
| 0 | 0 | 1 | 0 | 11 | 하남 | 9 | FW | FW | 99 | 김우빈 | 10 | 0 | 1 | 0 | 0 |
| 0 | 0 | 0 | 0 | | 이준 | 21 | | | 21 | 조성훈 | | 0 | 0 | 0 | 0 |
| 0 | 0 | 0 | 0 | 후41 | 홍석현 | 38 | | | 33 | 에두 | 후34 | 0 | 0 | 0 | 0 |
| 0 | 0 | 0 | 1(1) | 후0 | 최한솔 | 77 | | | 37 | 박정우 | 후45 | 0 | 0 | 0 | 0 |
| 0 | 0 | 0 | 0 | | 임찬울 | 7 | 대기 | 대기 | 36 | 송태성 | | 0 | 0 | 0 | 0 |
| 0 | 0 | 1 | 0 | 후0/99 | 정지용 | 11 | | | 8 | 라파 | 후45 | 1 | 0 | 0 | 0 |
| 0 | 0 | 0 | 1 | 후23 | 호난 | 19 | | | 10 | 사라이바 | 후15 | 1 | 0 | 0 | 0 |
| 0 | 0 | 0 | 0 | 후41 | 정강민 | 99 | | | 17 | 류승완 | 후15 | 1 | 0 | 0 | 0 |
| 0 | 1 | 11 | 11(5) | | | 0 | | | 0 | | | 7 | 6 | 1 | 0 |

● 후반 11분 르본 PK 좌측지점 R-ST-G (득점: 르본) 오른쪽

● 후반 46분 호난 AKL H↷ 발디비아 GAR R-ST-G (득점: 발디비아, 도움: 호난) 왼쪽

8월 23일 19:30 맑음 부천 종합 2,671명

주심_ 오현진 부심_ 김수현·신재환 대기심_ 조지음 경기감독관_ 김성수

**부천 0** 0 전반 0 / 0 후반 0 **0 천안**

| 퇴장 | 경고 | 파울 | ST(유) | 교체 | 선수명 | 배번 | 위치 | 위치 | 배번 | 선수명 | 교체 | ST(유) | 파울 | 경고 | 퇴장 |
|---|---|---|---|---|---|---|---|---|---|---|---|---|---|---|---|
| 0 | 0 | 0 | 0 | | 김형근 | 1 | GK | GK | 31 | 허자웅 | | 0 | 0 | 0 | 0 |
| 0 | 0 | 2 | 0 | | 정호진 | 6 | DF | DF | 4 | 강영훈 | | 0 | 0 | 0 | 0 |
| 0 | 0 | 2 | 0 | 5 | 백동규 | 29 | DF | DF | 35 | 김성주 | | 1(1) | 1 | 0 | 0 |
| 0 | 0 | 0 | 0 | | 홍성욱 | 20 | DF | DF | 3 | 이웅희 | | 0 | 0 | 0 | 0 |
| 0 | 0 | 0 | 4(2) | | 티아깅요 | 7 | MF | MF | 90 | 구대영 | 45 | 0 | 0 | 0 | 0 |
| 0 | 1 | 1 | 2(2) | | 최원철 | 4 | MF | MF | 16 | 김성준 | 6 | 1(1) | 1 | 1 | 0 |
| 0 | 0 | 2 | 2 | 24 | 박현빈 | 16 | MF | MF | 32 | 신형민 | | 0 | 0 | 0 | 0 |
| 0 | 0 | 0 | 3(1) | 27 | 김규민 | 17 | MF | MF | 24 | 이상명 | | 0 | 1 | 1 | 0 |
| 0 | 0 | 0 | 2(1) | 41 | 박창준 | 11 | FW | FW | 30 | 문건호 | 14 | 0 | 3 | 0 | 0 |
| 0 | 0 | 1 | 4 | 99 | 몬타뇨 | 9 | FW | FW | 47 | 우정연 | 18 | 0 | 0 | 0 | 0 |
| 0 | 0 | 1 | 5(4) | | 바사니 | 10 | FW | FW | 11 | 이지훈 | 7 | 1 | 1 | 0 | 0 |
| 0 | 0 | 0 | 0 | | 김현엽 | 21 | | | 21 | 제종현 | | 0 | 0 | 0 | 0 |
| 0 | 0 | 1 | 0 | 후41 | 이상혁 | 5 | | | 25 | 마상훈 | | 0 | 0 | 0 | 0 |
| 0 | 0 | 0 | 0 | | 최재영 | 14 | | | 45 | 미사키 | 전11 | 1(1) | 2 | 0 | 0 |
| 0 | 0 | 0 | 0 | 후41 | 김동현 | 24 | 대기 | 대기 | 14 | 구종욱 | 후0 | 1 | 1 | 0 | 0 |
| 0 | 0 | 0 | 0 | 후33 | 장시영 | 27 | | | 6 | 이종성 | 후33 | 0 | 0 | 0 | 0 |
| 0 | 0 | 0 | 2(1) | 후18 | 갈레고 | 41 | | | 7 | 이상준 | 후13 | 0 | 1 | 0 | 0 |
| 0 | 0 | 0 | 0 | 후33 | 공민현 | 99 | | | 18 | 이정협 | 후0 | 1 | 0 | 0 | 0 |
| 0 | 1 | 10 | 24(11) | | | 0 | | | 0 | | | 6(3) | 11 | 2 | 0 |

8월 23일 19:00 맑음 탄천 종합 2,119명

주심_ 박세진 부심_ 천진희·김현진 대기심_ 최광호 경기감독관_ 차상해

**성남 2** 1 전반 1 / 1 후반 0 **1 경남**

| 퇴장 | 경고 | 파울 | ST(유) | 교체 | 선수명 | 배번 | 위치 | 위치 | 배번 | 선수명 | 교체 | ST(유) | 파울 | 경고 | 퇴장 |
|---|---|---|---|---|---|---|---|---|---|---|---|---|---|---|---|
| 0 | 0 | 0 | 0 | | 양한빈 | 21 | GK | GK | 91 | 최필수 | | 0 | 0 | 0 | 0 |
| 0 | 1 | 0 | 0 | 3 | 정승용 | 22 | DF | DF | 37 | 김선호 | | 0 | 0 | 0 | 0 |
| 0 | 1 | 1 | 0 | | 베니시오 | 4 | DF | DF | 2 | 박재환 | | 0 | 0 | 0 | 0 |
| 0 | 1 | 2 | 1 | | 이상민 | 20 | DF | DF | 5 | 김형진 | | 0 | 1 | 0 | 0 |
| 0 | 0 | 1 | 1 | | 신재원 | 7 | DF | DF | 17 | 이준재 | 33 | 1 | 1 | 0 | 0 |
| 0 | 0 | 0 | 0 | 30 | 이준상 | 27 | MF | MF | 40 | 이찬동 | | 1(1) | 3 | 1 | 0 |
| 0 | 0 | 2 | 1 | 68 | 박수빈 | 33 | MF | MF | 88 | 헤난 | 77 | 0 | 1 | 1 | 0 |
| 0 | 0 | 0 | 0 | 14 | 사무엘 | 74 | MF | MF | 42 | 박태용 | 3 | 1(1) | 1 | 0 | 0 |
| 0 | 0 | 0 | 2(2) | 8 | 박상혁 | 2 | MF | FW | 11 | 박민서 | | 1 | 1 | 1 | 0 |
| 0 | 0 | 0 | 0 | | 레안드로 | 70 | FW | FW | 90 | 이중민 | 21 | 1(1) | 1 | 0 | 0 |
| 0 | 0 | 1 | 6(4) | | 후이즈 | 9 | FW | FW | 20 | 마세도 | 19 | 2 | 0 | 0 | 0 |
| 0 | 0 | 0 | 0 | | 박지민 | 34 | | | 51 | 류원우 | | 0 | 0 | 0 | 0 |
| 0 | 0 | 0 | 0 | 후48 | 강의빈 | 3 | | | 3 | 이규백 | 후44 | 0 | 0 | 0 | 0 |
| 0 | 0 | 0 | 0 | 후0 | 이정빈 | 8 | | | 33 | 박원재 | 후15 | 0 | 1 | 0 | 0 |
| 0 | 0 | 0 | 0 | 후15 | 프레이타스 | 14 | 대기 | 대기 | 63 | 한석종 | | 0 | 0 | 0 | 0 |
| 0 | 0 | 2 | 0 | 후15 | 박병규 | 30 | | | 21 | 이시헌 | 후27 | 1 | 1 | 1 | 0 |
| 0 | 0 | 1 | 0 | 후25 | 이재욱 | 68 | | | 77 | 김하민 | 후0 | 0 | 1 | 0 | 0 |
| 0 | 0 | 0 | 0 | | 박광일 | 91 | | | 19 | 정충근 | 후15 | 1 | 0 | 0 | 0 |
| 0 | 3 | 10 | 11(6) | | | 0 | | | 0 | | | 9(3) | 12 | 4 | 0 |

● 전반 44분 후이즈 GA 정면 R-ST-G (득점: 후이즈) 가운데

● 후반 3분 신재원 PAR ↷ 후이즈 GA 정면 내 H-ST-G (득점: 후이즈, 도움: 신재원) 가운데

● 전반 3분 이중민 자기 측 HLR ~ 박태용 자기 측 센터서클 R-ST-G (득점: 박태용, 도움: 이중민) 오른쪽

8월 23일 19:00 맑음 목동 종합 2,710명

주심_ 김우성 부심_ 성주경·김태원 대기심_ 임정수 경기감독관_ 김용세

**서울E 1** 0 전반 0 / 1 후반 1 **1 김포**

| 퇴장 | 경고 | 파울 | ST(유) | 교체 | 선수명 | 배번 | 위치 | 위치 | 배번 | 선수명 | 교체 | ST(유) | 파울 | 경고 | 퇴장 |
|---|---|---|---|---|---|---|---|---|---|---|---|---|---|---|---|
| 0 | 0 | 0 | 0 | | 구성윤 | 25 | GK | GK | 21 | 윤보상 | | 0 | 0 | 0 | 0 |
| 0 | 0 | 1 | 0 | 20 | 김하준 | 44 | DF | DF | 5 | 이찬형 | | 1 | 2 | 1 | 0 |
| 0 | 0 | 0 | 1(1) | | 오스마르 | 5 | DF | DF | 77 | 채프먼 | | 0 | 1 | 0 | 0 |
| 0 | 0 | 1 | 0 | | 곽윤호 | 4 | DF | DF | 3 | 박경록 | | 0 | 0 | 0 | 0 |
| 0 | 0 | 0 | 0 | 13 | 채광훈 | 6 | DF | MF | 32 | 장부성 | | 0 | 0 | 0 | 0 |
| 0 | 0 | 0 | 0 | 47 | 서재민 | 15 | MF | MF | 7 | 이상민 | 6 | 0 | 0 | 0 | 0 |
| 0 | 0 | 1 | 0 | 16 | 허용준 | 70 | MF | MF | 23 | 최재훈 | | 0 | 1 | 0 | 0 |
| 0 | 1 | 2 | 0 | | 박창환 | 30 | MF | MF | 29 | 김민우 | 72 | 0 | 2 | 0 | 0 |
| 0 | 1 | 2 | 1 | | 배서준 | 23 | FW | MF | 50 | 박동진 | 99 | 1 | 2 | 0 | 0 |
| 0 | 0 | 3 | 4(2) | | 가브리엘 | 90 | FW | FW | 24 | 루이스 | | 2(2) | 1 | 0 | 0 |
| 0 | 1 | 2 | 1(1) | 66 | 에울레르 | 7 | FW | FW | 47 | 조성준 | 10 | 0 | 0 | 0 | 0 |
| 0 | 0 | 0 | 0 | | 김민호 | 21 | | | 31 | 손정현 | | 0 | 0 | 0 | 0 |
| 0 | 0 | 2 | 0 | 후0 | 김오규 | 20 | | | 2 | 김종민 | | 0 | 0 | 0 | 0 |
| 0 | 0 | 0 | 0 | 후21 | 차승현 | 13 | | | 6 | 김지훈 | 후40 | 1(1) | 0 | 0 | 0 |
| 0 | 0 | 0 | 0 | | 서진석 | 88 | 대기 | 대기 | 14 | 이환희 | | 0 | 0 | 0 | 0 |
| 0 | 0 | 1 | 0 | 후21 | 백지웅 | 66 | | | 72 | 천지현 | 후13 | 0 | 0 | 1 | 0 |
| 0 | 0 | 0 | 0 | 후32 | 이주혁 | 47 | | | 10 | 플라나 | 후13 | 2(1) | 0 | 0 | 0 |
| 0 | 2 | 1 | 2(2) | 후0 | 변경준 | 16 | | | 99 | 김결 | 후40 | 1(1) | 2 | 0 | 0 |
| 0 | 5 | 16 | 9(6) | | | 0 | | | 0 | | | 8(5) | 11 | 2 | 0 |

● 후반 36분 오스마르 PK 우측지점 L-ST-G (득점: 오스마르) 왼쪽

● 후반 18분 루이스 MF 정면 ~ 플라나 PA 정면 L-ST-G (득점: 플라나, 도움: 루이스) 가운데

8월 24일 19:00 맑음 청주 종합 3,076명

주심_ 고민국 부심_ 김종희·류시홍 대기심_ 정동식 경기감독관_ 나승화

**충북청주 0** 0 전반 2 / 0 후반 2 **4 인천**

| 퇴장 | 경고 | 파울 | ST(유) | 교체 | 선수명 | 배번 | 위치 | 위치 | 배번 | 선수명 | 교체 | ST(유) | 파울 | 경고 | 퇴장 |
|---|---|---|---|---|---|---|---|---|---|---|---|---|---|---|---|
| 0 | 0 | 0 | 0 | | 이승환 | 23 | GK | GK | 1 | 민성준 | | 0 | 0 | 1 | 0 |
| 0 | 0 | 2 | 0 | | 반데아벌트 | 4 | DF | DF | 32 | 이주용 | | 0 | 1 | 0 | 0 |
| 0 | 0 | 0 | 2(1) | 25 | 허승찬 | 24 | DF | DF | 28 | 김건웅 | 20 | 0 | 0 | 0 | 0 |
| 0 | 0 | 0 | 0 | 11 | 임준영 | 39 | DF | DF | 4 | 김건희 | | 0 | 0 | 0 | 0 |
| 0 | 0 | 0 | 0 | | 김선민 | 5 | MF | DF | 39 | 김명순 | 3 | 0 | 0 | 0 | 0 |
| 0 | 0 | 1 | 2(1) | | 이지승 | 28 | MF | MF | 18 | 백민규 | 19 | 1(1) | 2 | 0 | 0 |
| 0 | 0 | 1 | 0 | 99 | 윤석영 | 36 | MF | MF | 88 | 정원진 | | 2(1) | 0 | 0 | 0 |
| 0 | 0 | 1 | 1 | | 최강민 | 70 | MF | MF | 5 | 이명주 | | 1 | 0 | 0 | 0 |
| 0 | 0 | 0 | 2 | 17 | 페드로 | 10 | FW | MF | 11 | 제르소 | 8 | 3(3) | 0 | 0 | 0 |
| 0 | 0 | 2 | 0 | 2 | 지언학 | 27 | FW | FW | 77 | 박승호 | | 2(2) | 2 | 0 | 0 |
| 0 | 0 | 0 | 1 | | 이강한 | 66 | FW | FW | 99 | 박호민 | 9 | 2(1) | 2 | 0 | 0 |
| 0 | 0 | 0 | 0 | | 조수혁 | 1 | | | 97 | 김동헌 | | 0 | 0 | 0 | 0 |
| 0 | 0 | 2 | 0 | 후35 | 최성근 | 25 | | | 3 | 이상기 | 후11 | 0 | 1 | 0 | 0 |
| 0 | 0 | 0 | 0 | 후0 | 서재원 | 2 | | | 20 | 델브리지 | 후23 | 0 | 0 | 0 | 0 |
| 0 | 0 | 0 | 2 | 후14 | 이승재 | 11 | 대기 | 대기 | 17 | 김성민 | | 0 | 0 | 0 | 0 |
| 0 | 0 | 0 | 0 | 후35 | 홍석준 | 17 | | | 19 | 김민석 | 후0 | 2 | 0 | 0 | 0 |
| 0 | 0 | 0 | 0 | | 이형경 | 98 | | | 8 | 신진호 | 후35 | 0 | 0 | 0 | 0 |
| 0 | 0 | 0 | 0 | 후14 | 이창훈 | 99 | | | 9 | 무고사 | 후11 | 0 | 0 | 0 | 0 |
| 0 | 0 | 9 | 10(2) | | | 0 | | | 0 | | | 13(8) | 8 | 1 | 0 |

● 전반 17분 제르소 GAR 내 L-ST-G (득점: 제르소) 가운데

● 전반 39분 제르소 PAR 내 ~ 박호민 PAR 내 R-ST-G (득점: 박호민, 도움: 제르소) 가운데

● 후반 9분 박승호 HL 정면 ~ 제르소 AKR L-ST-G (득점: 제르소, 도움: 박승호) 왼쪽

● 후반 42분 신진호 AK 정면 ~ 박승호 GAR R-ST-G (득점: 박승호, 도움: 신진호) 오른쪽

8월 24일 19:00 맑음 아산 이순신 1,621명
주심_ 박종명 부심_ 주현민·이현모 대기심_ 박정호 경기감독관_ 박철

**충남아산 0** 0 전반 0 / 0 후반 1 **1 부산**

| 퇴장 | 경고 | 파울 | ST(유) | 교체 | 선수명 | 배번 | 위치 | 위치 | 배번 | 선수명 | 교체 | ST(유) | 파울 | 경고 | 퇴장 |
|---|---|---|---|---|---|---|---|---|---|---|---|---|---|---|---|
| 0 | 0 | 0 | 0 | | 신 송 훈 | 18 | GK | GK | 1 | 구 상 민 | | 0 | 0 | 0 | 0 |
| 0 | 0 | 4 | 1(1) | | 장 준 영 | 4 | DF | DF | 3 | 오 반 석 | 24 | 0 | 1 | 0 | 0 |
| 0 | 0 | 0 | 1(1) | | 조 주 영 | 20 | DF | DF | 20 | 조 위 제 | | 0 | 2 | 1 | 0 |
| 0 | 0 | 0 | 0 | | 이 호 인 | 76 | DF | DF | 77 | 장 호 익 | | 0 | 0 | 0 | 0 |
| 0 | 0 | 0 | 0 | 25 | 백 인 환 | 3 | MF | MF | 17 | 전 성 진 | 37 | 1(1) | 2 | 0 | 0 |
| 0 | 0 | 1 | 0 | | 박 세 직 | 24 | MF | MF | 7 | 사비에르 | 66 | 0 | 3 | 0 | 0 |
| 0 | 1 | 3 | 1 | | 손 준 호 | 28 | MF | MF | 6 | 이 동 수 | | 1(1) | 0 | 0 | 0 |
| 0 | 0 | 0 | 0 | 6 | 이 학 민 | 14 | MF | MF | 88 | 김 세 훈 | | 0 | 1 | 0 | 0 |
| 0 | 0 | 0 | 1 | 72 | 김 승 호 | 22 | FW | FW | 11 | 빌 레 로 | | 4(2) | 1 | 0 | 0 |
| 0 | 0 | 1 | 2(1) | | 은 고 이 | 97 | FW | FW | 9 | 곤 잘 로 | 29 | 2(1) | 2 | 0 | 0 |
| 0 | 0 | 0 | 0 | 9 | 김 성 현 | 39 | FW | FW | 10 | 페 신 | 27 | 0 | 0 | 0 | 0 |
| 0 | 0 | 0 | 0 | | 김 진 영 | 21 | | | 21 | 박 대 한 | | 0 | 0 | 0 | 0 |
| 0 | 0 | 0 | 0 | 후21 | 최 희 원 | 6 | | | 24 | 홍 욱 현 | 후40 | 0 | 0 | 0 | 0 |
| 0 | 0 | 1 | 0 | 전32 | 박 종 민 | 25 | | | 37 | 김 동 욱 | 후51 | 0 | 0 | 0 | 0 |
| 0 | 0 | 0 | 0 | | 김 종 석 | 10 | 대기 | 대기 | 66 | 이 수 아 | 후40 | 0 | 0 | 0 | 0 |
| 0 | 0 | 1 | 1(1) | 후26 | 데 니 손 | 7 | | | 42 | 이 현 준 | | 0 | 0 | 0 | 0 |
| 0 | 1 | 1 | 1(1) | 전32/7 | 김 종 민 | 9 | | | 29 | 최 기 윤 | 후19 | 1(1) | 2 | 0 | 0 |
| 0 | 0 | 0 | 0 | 후21 | 한 교 원 | 72 | | | 27 | 김 현 민 | 후19 | 0 | 0 | 0 | 0 |
| 0 | 2 | 12 | 8(5) | | | 0 | | | 0 | | | 9(6) | 14 | 1 | 0 |

●후반 17분 곤잘로 GA 정면 L-ST-G (득점: 곤잘로) 가운데

8월 30일 19:00 맑음 인천 전용 8,441명
주심_ 최광호 부심_ 박남수·황보진현 대기심_ 원명희 경기감독관_ 허기태

**인천 1** 0 전반 0 / 1 후반 1 **1 충남아산**

| 퇴장 | 경고 | 파울 | ST(유) | 교체 | 선수명 | 배번 | 위치 | 위치 | 배번 | 선수명 | 교체 | ST(유) | 파울 | 경고 | 퇴장 |
|---|---|---|---|---|---|---|---|---|---|---|---|---|---|---|---|
| 0 | 0 | 0 | 0 | | 민 성 준 | 1 | GK | GK | 18 | 신 송 훈 | | 0 | 0 | 0 | 0 |
| 0 | 0 | 0 | 0 | | 이 주 용 | 32 | DF | DF | 6 | 최 희 원 | | 0 | 1 | 0 | 0 |
| 0 | 0 | 1 | 0 | | 김 건 웅 | 28 | DF | DF | 76 | 이 호 인 | | 0 | 0 | 0 | 0 |
| 0 | 0 | 0 | 1(1) | | 김 건 희 | 4 | DF | DF | 92 | 김 민 혁 | 4 | 0 | 1 | 1 | 0 |
| 0 | 0 | 1 | 1 | | 김 명 순 | 39 | DF | MF | 25 | 박 종 민 | | 0 | 2 | 1 | 0 |
| 0 | 0 | 1 | 2(2) | 14 | 백 민 규 | 18 | MF | MF | 22 | 김 승 호 | | 1(1) | 0 | 0 | 0 |
| 0 | 0 | 2 | 3 | 13 | 정 원 진 | 88 | MF | MF | 28 | 손 준 호 | 24 | 0 | 1 | 0 | 0 |
| 0 | 0 | 0 | 1(1) | | 이 명 주 | 5 | MF | MF | 10 | 김 종 석 | | 0 | 2 | 0 | 0 |
| 0 | 0 | 0 | 1 | 17 | 제 르 소 | 11 | MF | MF | 27 | 정 세 준 | 14 | 0 | 1 | 0 | 0 |
| 0 | 0 | 0 | 0 | 8 | 박 승 호 | 77 | FW | FW | 97 | 은 고 이 | 74 | 1 | 0 | 0 | 0 |
| 0 | 0 | 1 | 1 | 9 | 박 호 민 | 99 | FW | FW | 72 | 한 교 원 | 98 | 2(1) | 0 | 0 | 0 |
| 0 | 0 | 0 | 0 | | 이 범 수 | 25 | | | 21 | 김 진 영 | | 0 | 0 | 0 | 0 |
| 0 | 0 | 0 | 1 | 후29 | 김 성 민 | 17 | | | 4 | 장 준 영 | 후50 | 0 | 0 | 0 | 0 |
| 0 | 0 | 0 | 0 | | 델브리지 | 20 | | | 14 | 이 학 민 | 후14 | 0 | 0 | 0 | 0 |
| 0 | 0 | 0 | 0 | 후29 | 최 승 구 | 13 | 대기 | 대기 | 24 | 박 세 직 | 후43 | 1 | 0 | 0 | 0 |
| 0 | 0 | 1 | 0 | 후12 | 바 로 우 | 14 | | | 74 | 박 시 후 | 후50 | 0 | 0 | 0 | 0 |
| 0 | 0 | 0 | 0 | 후41 | 신 진 호 | 8 | | | 7 | 데 니 손 | | 0 | 0 | 0 | 0 |
| 0 | 0 | 0 | 1(1) | 후12 | 무 고 사 | 9 | | | 98 | 강 민 규 | 후43 | 0 | 1 | 1 | 0 |
| 0 | 0 | 7 | 12(5) | | | 0 | | | 0 | | | 5(2) | 9 | 3 | 0 |

●후반 38분 이주용 C.KL ↷ 이명주 GA 정면 H-ST-G (득점: 이명주, 도움: 이주용) 오른쪽

●후반 11분 손준호 PAL ↷ 한교원 GAL H-ST-G (득점: 한교원, 도움: 손준호) 왼쪽

8월 24일 19:00 맑음 화성 종합 9,307명
주심_ 조지음 부심_ 김태형·김유영 대기심_ 원명희 경기감독관_ 구상범

**화성 1** 1 전반 0 / 0 후반 1 **1 수원**

| 퇴장 | 경고 | 파울 | ST(유) | 교체 | 선수명 | 배번 | 위치 | 위치 | 배번 | 선수명 | 교체 | ST(유) | 파울 | 경고 | 퇴장 |
|---|---|---|---|---|---|---|---|---|---|---|---|---|---|---|---|
| 0 | 0 | 1 | 0 | | 김 승 건 | 1 | GK | GK | 21 | 양 형 모 | | 0 | 0 | 0 | 0 |
| 0 | 0 | 1 | 1 | | 김 대 환 | 2 | DF | DF | 99 | 김 민 우 | 2 | 0 | 0 | 0 | 0 |
| 0 | 0 | 1 | 0 | | 연 제 민 | 4 | DF | DF | 4 | 레 오 | | 2 | 1 | 0 | 0 |
| 0 | 1 | 4 | 0 | 7 | 우 제 욱 | 5 | FW | DF | 20 | 조 윤 성 | | 1 | 0 | 0 | 0 |
| 0 | 0 | 0 | 1(1) | 47 | 최 준 혁 | 6 | MF | DF | 19 | 이 건 희 | | 0 | 1 | 0 | 0 |
| 0 | 0 | 1 | 1(1) | | 전 성 진 | 8 | MF | MF | 91 | 박 지 원 | 30 | 0 | 2 | 1 | 0 |
| 0 | 0 | 0 | 0 | | 보이노비치 | 15 | MF | MF | 14 | 홍 원 진 | 6 | 2(1) | 2 | 0 | 0 |
| 0 | 0 | 2 | 2(1) | | 임 창 석 | 17 | DF | MF | 17 | 이 민 혁 | 10 | 3(2) | 1 | 0 | 0 |
| 0 | 0 | 1 | 1(1) | 27 | 김 병 오 | 41 | FW | MF | 70 | 세 라 핌 | | 4(4) | 0 | 0 | 0 |
| 0 | 0 | 4 | 0 | 3 | 함 선 우 | 44 | DF | FW | 77 | 김 지 현 | | 2(1) | 1 | 0 | 0 |
| 0 | 0 | 1 | 0 | 20 | 데메트리우스 | 99 | MF | FW | 24 | 이 규 성 | 15 | 0 | 0 | 0 | 0 |
| 0 | 0 | 0 | 0 | | 이 기 현 | 13 | | | 1 | 김 민 준 | | 0 | 0 | 0 | 0 |
| 0 | 0 | 0 | 0 | 후45 | 조 동 재 | 3 | | | 2 | 장 석 환 | 후27 | 0 | 0 | 0 | 0 |
| 0 | 0 | 2 | 2(2) | 후19 | 알 뚤 | 7 | | | 90 | 황 석 호 | | 0 | 0 | 0 | 0 |
| 0 | 1 | 2 | 0 | 후29 | 박 준 서 | 20 | 대기 | 대기 | 6 | 최 영 준 | 후27 | 0 | 0 | 0 | 0 |
| 0 | 0 | 0 | 0 | 후29 | 백 승 우 | 27 | | | 10 | 강 현 묵 | 후18 | 1 | 1 | 0 | 0 |
| 0 | 0 | 0 | 0 | 후19 | 박 재 성 | 47 | | | 15 | 박 우 진 | 후43 | 0 | 0 | 0 | 0 |
| 0 | 0 | 0 | 0 | | 리 마 | 53 | | | 30 | 강 성 진 | 후18 | 0 | 0 | 0 | 0 |
| 0 | 2 | 20 | 8(6) | | | 0 | | | 0 | | | 15(8) | 9 | 1 | 0 |

●전반 43분 전성진 PAR ↷ 최준혁 GAL H-ST-G (득점: 최준혁, 도움: 전성진) 왼쪽

●후반 36분 세라핌 PK-R-G (득점: 세라핌) 가운데

8월 30일 19:00 맑음 수원 월드컵 13,736명
주심_ 고민국 부심_ 주현민·류시홍 대기심_ 최일우 경기감독관_ 김성기

**수원 2** 0 전반 1 / 2 후반 1 **2 성남**

| 퇴장 | 경고 | 파울 | ST(유) | 교체 | 선수명 | 배번 | 위치 | 위치 | 배번 | 선수명 | 교체 | ST(유) | 파울 | 경고 | 퇴장 |
|---|---|---|---|---|---|---|---|---|---|---|---|---|---|---|---|
| 0 | 0 | 0 | 0 | | 양 형 모 | 21 | GK | GK | 21 | 양 한 빈 | | 0 | 0 | 1 | 0 |
| 0 | 0 | 1 | 1(1) | 99 | 이 기 제 | 23 | DF | DF | 33 | 박 수 빈 | | 0 | 2 | 1 | 0 |
| 0 | 1 | 1 | 1 | | 레 오 | 4 | DF | DF | 4 | 베니시오 | | 0 | 0 | 0 | 0 |
| 1 | 0 | 2 | 0 | | 조 윤 성 | 20 | DF | DF | 20 | 이 상 민 | | 2(2) | 1 | 1 | 0 |
| 0 | 0 | 1 | 1(1) | | 이 건 희 | 19 | DF | DF | 7 | 신 재 원 | | 1 | 0 | 0 | 0 |
| 0 | 0 | 0 | 0 | 17 | 파울리뇨 | 11 | MF | MF | 27 | 이 준 상 | 11 | 1(1) | 0 | 0 | 0 |
| 0 | 0 | 1 | 0 | 6 | 이 규 성 | 24 | MF | MF | 68 | 이 재 욱 | 91 | 0 | 0 | 0 | 0 |
| 0 | 0 | 3 | 2(1) | | 홍 원 진 | 14 | MF | MF | 14 | 프레이타스 | 74 | 1(1) | 1 | 0 | 0 |
| 0 | 0 | 0 | 0 | 30 | 세 라 핌 | 70 | MF | MF | 8 | 이 정 빈 | 16 | 2(1) | 0 | 1 | 0 |
| 0 | 0 | 1 | 1 | 7 | 김 지 현 | 77 | FW | FW | 70 | 레안드로 | 2 | 0 | 0 | 0 | 0 |
| 0 | 0 | 0 | 1 | | 일류첸코 | 9 | FW | FW | 9 | 후 이 즈 | | 2(1) | 2 | 0 | 0 |
| 0 | 0 | 0 | 0 | | 김 민 준 | 1 | | | 34 | 박 지 민 | | 0 | 0 | 0 | 0 |
| 0 | 0 | 0 | 0 | | 황 석 호 | 90 | | | 2 | 박 상 혁 | 후12 | 0 | 1 | 2 | 0 |
| 0 | 0 | 0 | 0 | 후36 | 김 민 우 | 99 | | | 3 | 강 의 빈 | | 0 | 0 | 0 | 0 |
| 0 | 1 | 1 | 0 | 후17 | 최 영 준 | 6 | 대기 | 대기 | 11 | 김 정 환 | 후0 | 0 | 0 | 1 | 0 |
| 0 | 1 | 2 | 0 | 후12 | 이 민 혁 | 17 | | | 16 | 류 준 선 | 후12 | 1(1) | 0 | 0 | 0 |
| 0 | 0 | 0 | 2(2) | 후36 | 김 현 | 7 | | | 74 | 사 무 엘 | 후25 | 0 | 1 | 0 | 0 |
| 0 | 0 | 0 | 2(1) | 후17 | 강 성 진 | 30 | | | 91 | 박 광 일 | 후0 | 0 | 1 | 1 | 0 |
| 1 | 3 | 13 | 11(6) | | | 0 | | | 0 | | | 10(7) | 9 | 8 | 0 |

●후반 50분 김민우 GAL ~ 강성진 GAL 내 L-ST-G (득점: 강성진, 도움: 김민우) 왼쪽

●후반 52분 김현 PA 정면 내 H↷ 홍원진 GAL L-ST-G (득점: 홍원진, 도움: 김현) 왼쪽

●전반 5분 이준상 GA 정면 내 L-ST-G (득점: 이준상) 왼쪽

●후반 44분 김정환 MF 정면 → 류준선 PA 정면 내 R-ST-G (득점: 류준선, 도움: 김정환) 오른쪽

8월 30일 19:00 맑음 안산 와~스타디움 2,013명
주심_ 오현진 부심_ 성주경·김태원 대기심_ 박정호 경기감독관_ 양정환

**안산 0**   0 전반 1 / 0 후반 0   **1 화성**

| 퇴장 | 경고 | 파울 | ST(유) | 교체 | 선수명 | 배번 | 위치 | 위치 | 배번 | 선수명 | 교체 | ST(유) | 파울 | 경고 | 퇴장 |
|---|---|---|---|---|---|---|---|---|---|---|---|---|---|---|---|
| 0 | 0 | 0 | 0 | | 이승빈 | 1 | GK | GK | 1 | 김승건 | | 0 | 0 | 0 | 0 |
| 0 | 1 | 2 | 0 | | 장민준 | 4 | DF | DF | 2 | 김대환 | | 2(1) | 0 | 0 | 0 |
| 0 | 0 | 0 | 1 | | 조지훈 | 25 | DF | DF | 4 | 연제민 | 3 | 0 | 1 | 0 | 0 |
| 0 | 0 | 0 | 1(1) | | 김현태 | 6 | DF | MF | 6 | 최준혁 | 16 | 0 | 2 | 0 | 0 |
| 0 | 0 | 1 | 0 | 16 | 박시화 | 22 | MF | FW | 7 | 알뚤 | 5 | 0 | 1 | 0 | 0 |
| 0 | 0 | 1 | 1 | | 김건오 | 13 | MF | MF | 8 | 전성진 | 47 | 1 | 2 | 1 | 0 |
| 0 | 0 | 0 | 0 | 66 | 양서영 | 19 | MF | MF | 15 | 보이노비치 | | 0 | 1 | 0 | 0 |
| 0 | 0 | 0 | 1(1) | | 임지민 | 26 | MF | DF | 17 | 임창석 | 20 | 0 | 1 | 0 | 0 |
| 0 | 1 | 2 | 2(1) | 28 | 김우빈 | 99 | MF | FW | 41 | 김병오 | | 0 | 2 | 0 | 0 |
| 0 | 0 | 0 | 3(2) | 17 | 사라이바 | 10 | FW | DF | 44 | 함선우 | | 0 | 3 | 0 | 0 |
| 0 | 0 | 2 | 1 | 77 | 박차준 | 27 | FW | MF | 99 | 데메트리우스 | | 2(1) | 0 | 0 | 0 |
| 0 | 0 | 0 | 0 | | 조성훈 | 21 | | | 13 | 이기현 | | 0 | 0 | 0 | 0 |
| 0 | 0 | 0 | 0 | 후44 | 정용희 | 16 | | | 3 | 조동재 | 후38 | 0 | 1 | 0 | 0 |
| 0 | 0 | 0 | 1(1) | 후29 | 배수민 | 66 | | | 5 | 우제욱 | 후26 | 0 | 1 | 0 | 0 |
| 0 | 0 | 0 | 1 | 후29 | 류승완 | 17 | 대기 | 대기 | 16 | 최명희 | 후26 | 0 | 1 | 0 | 0 |
| 0 | 0 | 0 | 0 | 후18 | 강수일 | 28 | | | 20 | 박준서 | 후14 | 0 | 2 | 1 | 0 |
| 0 | 0 | 0 | 0 | | 송태성 | 36 | | | 47 | 박재성 | 후14 | 0 | 0 | 0 | 0 |
| 0 | 0 | 0 | 2(1) | 후0 | 제페르손 | 77 | | | 53 | 리마 | | 0 | 0 | 0 | 0 |
| 0 | 2 | 8 | 14(7) | | | 0 | | | 0 | | | 5(2) | 18 | 2 | 0 |

● 전반 37분 데메트리우스 AK 내 FK R-ST-G (득점: 데메트리우스) 왼쪽

8월 31일 19:00 흐림 창원 축구센터 2,083명
주심_ 원명희 부심_ 이영운·이화평 대기심_ 최규현 경기감독관_ 허태식

**경남 1**   0 전반 1 / 1 후반 1   **2 부천**

| 퇴장 | 경고 | 파울 | ST(유) | 교체 | 선수명 | 배번 | 위치 | 위치 | 배번 | 선수명 | 교체 | ST(유) | 파울 | 경고 | 퇴장 |
|---|---|---|---|---|---|---|---|---|---|---|---|---|---|---|---|
| 0 | 0 | 0 | 0 | | 류원우 | 51 | GK | GK | 1 | 김형근 | | 0 | 1 | 1 | 0 |
| 0 | 1 | 2 | 1 | | 김선호 | 37 | DF | DF | 6 | 정호진 | 5 | 0 | 2 | 0 | 0 |
| 0 | 0 | 0 | 1 | | 박재환 | 2 | DF | DF | 29 | 백동규 | | 0 | 1 | 0 | 0 |
| 0 | 0 | 2 | 1 | | 김형진 | 5 | DF | DF | 20 | 홍성욱 | | 0 | 0 | 0 | 0 |
| 0 | 0 | 0 | 1(1) | | 이준재 | 17 | DF | MF | 7 | 티아깅요 | | 0 | 2 | 1 | 0 |
| 0 | 0 | 0 | 0 | 77 | 이찬동 | 40 | MF | MF | 16 | 박현빈 | | 2 | 4 | 1 | 0 |
| 0 | 1 | 2 | 2 | 9 | 박태용 | 42 | MF | MF | 4 | 최원철 | 23 | 0 | 4 | 1 | 0 |
| 0 | 0 | 0 | 4(1) | | 브루노코스타 | 10 | MF | MF | 11 | 박창준 | 24 | 1(1) | 0 | 0 | 0 |
| 0 | 0 | 3 | 0 | 8 | 마세도 | 20 | MF | FW | 10 | 바사니 | | 5(2) | 1 | 1 | 0 |
| 0 | 0 | 0 | 0 | 11 | 정충근 | 19 | MF | FW | 9 | 몬타뇨 | 18 | 3(2) | 3 | 0 | 0 |
| 0 | 0 | 0 | 0 | 22 | 이중민 | 90 | FW | FW | 17 | 김규민 | 27 | 0 | 0 | 0 | 0 |
| 0 | 0 | 0 | 0 | | 고동민 | 1 | | | 21 | 김현엽 | | 0 | 0 | 0 | 0 |
| 0 | 0 | 0 | 0 | | 박원재 | 33 | | | 5 | 이상혁 | 후39 | 0 | 0 | 0 | 0 |
| 0 | 0 | 0 | 0 | 후36 | 김형원 | 22 | | | 23 | 카즈 | 후29 | 1 | 2 | 0 | 0 |
| 0 | 0 | 1 | 0 | 후36 | 김하민 | 77 | 대기 | 대기 | 24 | 김동현 | 후20 | 1(1) | 0 | 0 | 0 |
| 0 | 0 | 0 | 1 | 후29 | 도동현 | 8 | | | 18 | 이의형 | 후39 | 0 | 0 | 0 | 0 |
| 0 | 0 | 0 | 1(1) | 후16 | 박민서 | 11 | | | 22 | 한지호 | | 0 | 0 | 0 | 0 |
| 0 | 0 | 1 | 2(1) | 후29 | 카릴 | 9 | | | 27 | 장시영 | 후20 | 0 | 0 | 0 | 0 |
| 0 | 2 | 11 | 14(4) | | | 0 | | | 0 | | | 13(6) | 20 | 5 | 0 |

● 후반 45분 브루노 코스타 PK-R-G (득점: 브루노 코스타) 가운데

● 전반 36분 최원철 PA 정면 ↷ 박창준 GA 정면 H-ST-G (득점: 박창준, 도움: 최원철) 오른쪽

● 후반 14분 바사니 PK-L-G (득점: 바사니) 왼쪽

8월 30일 19:00 맑음 김포솔터축구장 3,005명
주심_ 정동식 부심_ 김수현·장민호 대기심_ 임정수 경기감독관_ 김용세

**김포 2**   1 전반 0 / 1 후반 0   **0 전남**

| 퇴장 | 경고 | 파울 | ST(유) | 교체 | 선수명 | 배번 | 위치 | 위치 | 배번 | 선수명 | 교체 | ST(유) | 파울 | 경고 | 퇴장 |
|---|---|---|---|---|---|---|---|---|---|---|---|---|---|---|---|
| 0 | 0 | 0 | 0 | | 윤보상 | 21 | GK | GK | 1 | 최봉진 | | 0 | 0 | 0 | 0 |
| 0 | 0 | 1 | 0 | | 이찬형 | 5 | DF | DF | 38 | 홍석현 | | 0 | 1 | 0 | 0 |
| 0 | 0 | 0 | 0 | 2 | 채프먼 | 77 | DF | DF | 5 | 고태원 | | 0 | 1 | 0 | 0 |
| 0 | 1 | 1 | 0 | | 박경록 | 3 | DF | DF | 2 | 유지하 | 24 | 1 | 1 | 0 | 0 |
| 0 | 0 | 0 | 0 | | 장브성 | 32 | MF | DF | 3 | 김예성 | | 0 | 0 | 0 | 0 |
| 0 | 0 | 2 | 0 | | 이상민 | 7 | MF | DF | 12 | 민준영 | 4 | 0 | 1 | 1 | 0 |
| 0 | 0 | 0 | 1 | | 최재훈 | 23 | MF | MF | 16 | 알베르띠 | | 0 | 0 | 0 | 0 |
| 0 | 0 | 2 | 1(1) | 29 | 이강연 | 26 | MF | MF | 77 | 최한솔 | | 0 | 1 | 1 | 0 |
| 0 | 0 | 1 | 1 | 50 | 김결 | 99 | MF | MF | 10 | 발디비아 | 19 | 0 | 1 | 0 | 0 |
| 0 | 0 | 0 | 3(2) | | 루이스 | 24 | FW | FW | 9 | 하남 | 11 | 0 | 2 | 0 | 0 |
| 0 | 0 | 3 | 4 | 47 | 플라나 | 10 | FW | FW | 99 | 정강민 | 50 | 0 | 0 | 0 | 0 |
| 0 | 0 | 0 | 0 | | 손정현 | 31 | | | 21 | 이준 | | 0 | 0 | 0 | 0 |
| 0 | 1 | 3 | 0 | 후33 | 김종민 | 2 | | | 4 | 구현준 | 후12 | 1 | 0 | 0 | 0 |
| 0 | 0 | 0 | 0 | | 이환희 | 14 | | | 95 | 최정원 | | 0 | 0 | 0 | 0 |
| 0 | 1 | 0 | 1(1) | 후0 | 김민우 | 29 | 대기 | 대기 | 24 | 박상준 | 후22 | 2 | 0 | 0 | 0 |
| 0 | 0 | 0 | 0 | | 김지훈 | 6 | | | 11 | 정지용 | 후12 | 1 | 1 | 0 | 0 |
| 0 | 0 | 0 | 1 | 후28 | 조성준 | 47 | | | 19 | 호난 | 후28 | 0 | 2 | 1 | 0 |
| 0 | 1 | 2 | 2(2) | 후0 | 박동진 | 50 | | | 50 | 르본 | 후0 | 0 | 1 | 0 | 0 |
| 0 | 4 | 15 | 14(6) | | | 0 | | | 0 | | | 5 | 12 | 3 | 0 |

● 전반 43분 박경록 PK지점 H → 이강연 GA 정면 내 R-ST-G (득점: 이강연, 도움: 박경록) 가운데

● 후반 36분 이상민 HL 정면 ~ 루이스 PAL 내 L-ST-G (득점: 루이스, 도움: 이상민) 오른쪽

8월 30일 19:00 맑음 부산 구덕 2,559명
주심_ 박세진 부심_ 김태형·김유영 대기심_ 조지음 경기감독관_ 차상해

**부산 2**   1 전반 0 / 1 후반 2   **2 충북청주**

| 퇴장 | 경고 | 파울 | ST(유) | 교체 | 선수명 | 배번 | 위치 | 위치 | 배번 | 선수명 | 교체 | ST(유) | 파울 | 경고 | 퇴장 |
|---|---|---|---|---|---|---|---|---|---|---|---|---|---|---|---|
| 0 | 0 | 0 | 0 | | 구상민 | 1 | GK | GK | 1 | 조수혁 | | 0 | 0 | 0 | 0 |
| 0 | 0 | 1 | 2(2) | | 오반석 | 3 | DF | DF | 15 | 홍준호 | | 1(1) | 2 | 1 | 0 |
| 0 | 0 | 2 | 0 | | 홍욱현 | 24 | DF | DF | 39 | 임준영 | 16 | 0 | 1 | 0 | 0 |
| 0 | 0 | 0 | 0 | | 장호익 | 77 | DF | DF | 99 | 이창훈 | | 0 | 1 | 0 | 0 |
| 0 | 0 | 1 | 0 | 4 | 전성진 | 17 | MF | MF | 5 | 김선민 | | 1 | 0 | 0 | 0 |
| 0 | 1 | 3 | 2 | 47 | 사비에르 | 7 | MF | MF | 28 | 이지승 | 4 | 0 | 0 | 0 | 0 |
| 0 | 0 | 2 | 2(2) | | 이동수 | 6 | MF | MF | 66 | 이강한 | 36 | 2 | 0 | 0 | 0 |
| 0 | 0 | 1 | 1 | 37 | 박창우 | 23 | MF | MF | 70 | 최강민 | | 0 | 3 | 1 | 0 |
| 0 | 0 | 0 | 0 | | 빌레로 | 11 | FW | FW | 10 | 페드로 | | 2 | 1 | 0 | 0 |
| 0 | 0 | 1 | 3(1) | 29 | 곤잘로 | 9 | FW | FW | 11 | 이승재 | 17 | 1(1) | 0 | 0 | 0 |
| 0 | 0 | 1 | 1(1) | 42 | 페신 | 10 | FW | FW | 27 | 지언학 | 2 | 1(1) | 1 | 0 | 0 |
| 0 | 0 | 0 | 0 | | 박대한 | 21 | | | 23 | 이승환 | | 0 | 0 | 0 | 0 |
| 0 | 0 | 0 | 0 | 후48 | 정호근 | 4 | | | 4 | 반데아벨트 | 후18 | 0 | 0 | 0 | 0 |
| 0 | 0 | 0 | 0 | 후33 | 김동욱 | 37 | | | 36 | 윤석영 | 후37 | 0 | 0 | 0 | 0 |
| 0 | 0 | 0 | 0 | 후23 | 손휘 | 47 | 대기 | 대기 | 16 | 문승민 | 후18 | 0 | 0 | 0 | 0 |
| 0 | 0 | 1 | 0 | 후48 | 이현준 | 42 | | | 2 | 서재원 | 후0 | 1 | 0 | 0 | 0 |
| 0 | 0 | 0 | 0 | | 조민호 | 19 | | | 17 | 홍석준 | 후33 | 0 | 2 | 1 | 0 |
| 0 | 0 | 0 | 0 | 후23 | 최기윤 | 29 | | | 21 | 송창석 | | 0 | 0 | 0 | 0 |
| 0 | 1 | 13 | 11(6) | | | 0 | | | 0 | | | 9(3) | 11 | 3 | 0 |

● 전반 47분 페신 C,KR ↷ 오반석 GAL H-ST-G (득점: 오반석, 도움: 페신) 왼쪽

● 후반 15분 전성진 PAL ↷ 이동수 GAR 내 H-ST-G (득점: 이동수, 도움: 전성진) 오른쪽

● 후반 12분 최강민 PAL ~ 이승재 GAL R-ST-G (득점: 이승재, 도움: 최강민) 왼쪽

● 후반 22분 홍준호 GA 정면 R-ST-G (득점: 홍준호) 왼쪽

8월 31일 19:00 맑음 천안 종합 2,813명

주심_ 최현재 부심_ 김종희·천진희 대기심_ 정회수 경기감독관_ 이경춘

**천안 2** 0 전반 3 / 2 후반 2 **5 서울E**

| 퇴장 | 경고 | 파울 | ST(유) | 교체 | 선수명 | 배번 | 위치 | 위치 | 배번 | 선수명 | 교체 | ST(유) | 파울 | 경고 | 퇴장 |
|---|---|---|---|---|---|---|---|---|---|---|---|---|---|---|---|
| 0 | 0 | 0 | 0 | | 허자웅 | 31 | GK | GK | 25 | 구성윤 | | 0 | 0 | 0 | 0 |
| 0 | 0 | 1 | 0 | | 강영훈 | 4 | DF | DF | 20 | 김오규 | | 1 | 2 | 0 | 0 |
| 0 | 0 | 0 | 0 | | 김성주 | 35 | DF | DF | 5 | 오스마르 | 4 | 0 | 0 | 0 | 0 |
| 0 | 0 | 0 | 0 | 32 | 이웅희 | 3 | DF | DF | 28 | 아론 | 47 | 0 | 2 | 0 | 0 |
| 0 | 0 | 0 | 0 | 26 | 김서진 | 13 | MF | MF | 23 | 배서준 | | 1(1) | 1 | 1 | 0 |
| 0 | 0 | 0 | 1 | 6 | 김성준 | 16 | MF | MF | 30 | 박창환 | | 1 | 0 | 0 | 0 |
| 0 | 0 | 1 | 0 | | 이광진 | 8 | MF | MF | 15 | 서재민 | | 1(1) | 1 | 0 | 0 |
| 0 | 0 | 1 | 1 | | 미사키 | 45 | MF | MF | 19 | 김주환 | 6 | 0 | 1 | 0 | 0 |
| 0 | 0 | 0 | 1 | 11 | 구종욱 | 14 | FW | FW | 90 | 가브리엘 | 66 | 1 | 0 | 0 | 0 |
| 0 | 0 | 1 | 0 | 18 | 우정연 | 47 | FW | FW | 18 | 정재민 | | 2(2) | 1 | 0 | 0 |
| 0 | 1 | 1 | 2(2) | | 툰가라 | 10 | FW | FW | 7 | 에울레르 | 26 | 4(3) | 0 | 0 | 0 |
| 0 | 0 | 0 | 0 | | 제종현 | 21 | | | 21 | 김민호 | | 0 | 0 | 0 | 0 |
| 0 | 0 | 0 | 0 | | 마상훈 | 25 | | | 4 | 곽윤호 | 후19 | 0 | 0 | 0 | 0 |
| 0 | 0 | 0 | 0 | 후23 | 김영선 | 26 | | | 6 | 채광훈 | 후19 | 0 | 1 | 0 | 0 |
| 0 | 0 | 0 | 0 | 후39 | 신형민 | 32 | 대기 | 대기 | 26 | 박경배 | 후19 | 1(1) | 2 | 0 | 0 |
| 0 | 0 | 0 | 0 | 후36 | 이종성 | 6 | | | 47 | 이주혁 | 후36 | 1(1) | 0 | 0 | 0 |
| 0 | 0 | 2 | 2 | 후0 | 이지훈 | 11 | | | 88 | 서진석 | | 0 | 0 | 0 | 0 |
| 0 | 0 | 0 | 2(1) | 후0 | 이정협 | 18 | | | 66 | 백지웅 | 전35 | 1(1) | 3 | 0 | 0 |
| 0 | 1 | 7 | 9(3) | | | 0 | | | 0 | | | 14(10) | 14 | 1 | 0 |

- 후반 12분 툰가라 GAR R-ST-G (득점: 툰가라) 왼쪽
- 후반 34분 김영선 MFR ~ 이정협 GAR R-ST-G (득점: 이정협, 도움: 김영선) 가운데

- 전반 4분 정재민 MFR ~ 에울레르 MF 정면 L-ST-G (득점: 에울레르, 도움: 정재민) 왼쪽
- 전반 15분 배서준 PAL 내 EL ~ 정재민 GAL 내 R-ST-G (득점: 정재민, 도움: 배서준) 오른쪽
- 전반 43분 서재민 PK 좌측지점 H→ 에울레르 PK 우측지점 L-ST-G (득점: 에울레르, 도움: 서재민) 왼쪽
- 후반 38분 서재민 AK 내 R-ST-G (득점: 서재민) 오른쪽
- 후반 49분 이주혁 GAL 내 R-ST-G (득점: 이주혁) 가운데

9월 06일 19:00 흐림 광양 전용 3,106명

주심_ 최규현 부심_ 이영운·이화평 대기심_ 오현진 경기감독관_ 이평재

**전남 1** 1 전반 2 / 0 후반 0 **2 서울E**

| 퇴장 | 경고 | 파울 | ST(유) | 교체 | 선수명 | 배번 | 위치 | 위치 | 배번 | 선수명 | 교체 | ST(유) | 파울 | 경고 | 퇴장 |
|---|---|---|---|---|---|---|---|---|---|---|---|---|---|---|---|
| 0 | 0 | 0 | 0 | | 이준 | 21 | GK | GK | 25 | 구성윤 | | 0 | 0 | 0 | 0 |
| 0 | 0 | 0 | 0 | | 홍석현 | 38 | DF | DF | 44 | 김하준 | | 0 | 0 | 1 | 0 |
| 0 | 0 | 2 | 0 | 16 | 김경재 | 23 | DF | DF | 5 | 오스마르 | | 0 | 2 | 0 | 0 |
| 0 | 1 | 2 | 0 | | 고태원 | 5 | DF | DF | 20 | 김오규 | | 1(1) | 0 | 0 | 0 |
| 0 | 0 | 2 | 1 | 4 | 김주엽 | 71 | DF | MF | 23 | 배서준 | 4 | 0 | 1 | 0 | 0 |
| 0 | 0 | 0 | 0 | | 김예성 | 3 | DF | MF | 30 | 박창환 | | 1 | 3 | 1 | 0 |
| 0 | 0 | 0 | 2(2) | 9 | 윤민호 | 14 | MF | MF | 88 | 서진석 | 66 | 0 | 0 | 0 | 0 |
| 0 | 0 | 1 | 2 | | 최한솔 | 77 | MF | MF | 6 | 채광훈 | | 0 | 1 | 0 | 0 |
| 0 | 0 | 0 | 1 | | 발디비아 | 10 | MF | FW | 47 | 이주혁 | 16 | 0 | 1 | 1 | 0 |
| 0 | 0 | 0 | 2(1) | 50 | 호난 | 19 | FW | FW | 18 | 정재민 | 8 | 0 | 0 | 0 | 0 |
| 0 | 1 | 3 | 0 | 24 | 정지용 | 11 | FW | FW | 7 | 에울레르 | 19 | 1(1) | 1 | 0 | 0 |
| 0 | 0 | 0 | 0 | | 최봉진 | 1 | | | 21 | 김민호 | | 0 | 0 | 0 | 0 |
| 0 | 0 | 0 | 0 | 후0 | 구현준 | 4 | | | 4 | 곽윤호 | 후0 | 0 | 0 | 0 | 0 |
| 0 | 0 | 0 | 0 | | 최정원 | 95 | | | 13 | 차승현 | | 0 | 0 | 0 | 0 |
| 0 | 0 | 0 | 2(1) | 후21 | 박상준 | 24 | 대기 | 대기 | 19 | 김주환 | 후16 | 1 | 1 | 0 | 0 |
| 0 | 0 | 0 | 0 | 후16 | 알베르띠 | 16 | | | 8 | 윤석주 | 후37 | 0 | 0 | 0 | 0 |
| 0 | 0 | 1 | 1 | 후21 | 하남 | 9 | | | 66 | 백지웅 | 후0 | 0 | 0 | 0 | 0 |
| 0 | 0 | 0 | 1(1) | 후0 | 르본 | 50 | | | 16 | 변경준 | 후8 | 1(1) | 0 | 0 | 0 |
| 0 | 2 | 11 | 12(5) | | | 0 | | | 0 | | | 5(3) | 10 | 3 | 0 |

- 전반 49분 김경재 AK 정면 ~ 윤민호 AKL R-ST-G (득점: 윤민호, 도움: 김경재) 오른쪽

- 전반 3분 에울레르 MFL FK↷ 김오규 GAR H-ST-G (득점: 김오규, 도움: 에울레르) 왼쪽
- 전반 34분 에울레르 센타서클 L-ST-G (득점: 에울레르) 가운데

9월 06일 19:00 맑음 부산 구덕 9,819명

주심_ 송민석 부심_ 성주경·이상길 대기심_ 원명희 경기감독관_ 박철

**부산 1** 1 전반 0 / 0 후반 0 **0 수원**

| 퇴장 | 경고 | 파울 | ST(유) | 교체 | 선수명 | 배번 | 위치 | 위치 | 배번 | 선수명 | 교체 | ST(유) | 파울 | 경고 | 퇴장 |
|---|---|---|---|---|---|---|---|---|---|---|---|---|---|---|---|
| 0 | 1 | 0 | 0 | | 구상민 | 1 | GK | GK | 21 | 양형모 | | 0 | 0 | 0 | 0 |
| 0 | 0 | 0 | 0 | 37 | 오반석 | 3 | DF | DF | 23 | 이기제 | 99 | 0 | 0 | 0 | 0 |
| 0 | 0 | 0 | 0 | | 조위제 | 20 | DF | DF | 4 | 레오 | | 0 | 0 | 0 | 0 |
| 0 | 0 | 0 | 2 | | 장호익 | 77 | DF | DF | 5 | 한호강 | | 0 | 1 | 0 | 1 |
| 0 | 0 | 0 | 0 | 4 | 전성진 | 17 | MF | DF | 19 | 이건희 | | 1 | 0 | 1 | 0 |
| 0 | 0 | 1 | 0 | 47 | 사비에르 | 7 | MF | MF | 11 | 파울리뇨 | 7 | 0 | 1 | 0 | 0 |
| 0 | 1 | 3 | 1 | | 이동수 | 6 | MF | MF | 24 | 이규성 | 22 | 0 | 0 | 0 | 0 |
| 0 | 0 | 1 | 0 | | 박창우 | 23 | MF | MF | 14 | 홍원진 | 90 | 0 | 1 | 0 | 0 |
| 0 | 0 | 2 | 3(2) | | 빌레로 | 11 | FW | MF | 70 | 세라핌 | | 2(2) | 0 | 0 | 0 |
| 0 | 0 | 0 | 2(1) | 9 | 윤민호 | 32 | FW | FW | 77 | 김지현 | 10 | 2 | 0 | 0 | 0 |
| 0 | 0 | 0 | 3(1) | 29 | 페신 | 10 | FW | FW | 9 | 일류첸코 | | 0 | 0 | 0 | 0 |
| 0 | 0 | 0 | 0 | | 박대한 | 21 | | | 1 | 김민준 | | 0 | 0 | 0 | 0 |
| 0 | 1 | 1 | 0 | 후28 | 정호근 | 4 | | | 2 | 장석환 | | 0 | 0 | 0 | 0 |
| 0 | 0 | 0 | 0 | 후40 | 김동욱 | 37 | | | 90 | 황석호 | 후37 | 0 | 0 | 0 | 0 |
| 0 | 0 | 0 | 0 | | 김세훈 | 88 | 대기 | 대기 | 99 | 김민우 | 후28 | 0 | 0 | 0 | 0 |
| 0 | 0 | 0 | 0 | 후28 | 손휘 | 47 | | | 10 | 강현묵 | 후37 | 0 | 0 | 0 | 0 |
| 0 | 0 | 0 | 1 | 후28 | 곤잘로 | 9 | | | 22 | 김상준 | 후19 | 0 | 0 | 0 | 0 |
| 0 | 0 | 0 | 1 | 후43 | 최기윤 | 29 | | | 7 | 김현 | 후28 | 2 | 0 | 0 | 0 |
| 0 | 3 | 8 | 13(4) | | | 0 | | | 0 | | | 7(2) | 3 | 1 | 1 |

- 전반 22분 페신 PK-L-G (득점: 페신) 왼쪽

9월 06일 19:00 흐림 청주 종합 1,875명

주심_ 김용우 부심_ 김수현·이병주 대기심_ 박정호 경기감독관_ 양정환

**충북청주 0** 0 전반 0 / 0 후반 1 **1 경남**

| 퇴장 | 경고 | 파울 | ST(유) | 교체 | 선수명 | 배번 | 위치 | 위치 | 배번 | 선수명 | 교체 | ST(유) | 파울 | 경고 | 퇴장 |
|---|---|---|---|---|---|---|---|---|---|---|---|---|---|---|---|
| 0 | 0 | 0 | 0 | | 조수혁 | 1 | GK | GK | 51 | 류원우 | | 0 | 0 | 0 | 0 |
| 0 | 0 | 0 | 0 | | 반데아벨트 | 4 | DF | DF | 37 | 김선호 | | 0 | 2 | 0 | 0 |
| 0 | 0 | 0 | 1 | | 홍준호 | 15 | DF | DF | 2 | 박재환 | | 0 | 0 | 0 | 0 |
| 0 | 0 | 2 | 0 | | 윤석영 | 36 | DF | DF | 5 | 김형진 | | 0 | 3 | 1 | 0 |
| 0 | 0 | 3 | 2 | | 김선민 | 5 | MF | DF | 17 | 이준재 | 33 | 1 | 0 | 0 | 0 |
| 0 | 0 | 1 | 0 | 33 | 김영환 | 13 | MF | MF | 40 | 이찬동 | | 1(1) | 3 | 1 | 0 |
| 0 | 0 | 0 | 0 | 21 | 이강한 | 66 | MF | MF | 10 | 브루노코스타 | | 1 | 2 | 0 | 0 |
| 0 | 0 | 0 | 1 | | 최강민 | 70 | MF | MF | 88 | 헤난 | 22 | 1(1) | 1 | 0 | 0 |
| 0 | 0 | 0 | 2(1) | 2 | 페드로 | 10 | FW | FW | 11 | 박민서 | 77 | 0 | 1 | 0 | 0 |
| 0 | 0 | 0 | 1 | 99 | 이승재 | 11 | FW | FW | 90 | 이중민 | 9 | 5(1) | 0 | 0 | 0 |
| 0 | 0 | 0 | 0 | 16 | 홍석준 | 17 | FW | FW | 20 | 마세도 | 8 | 3(1) | 3 | 0 | 0 |
| 0 | 0 | 0 | 0 | | 이승환 | 23 | | | 91 | 최필수 | | 0 | 0 | 0 | 0 |
| 0 | 0 | 1 | 0 | 후28 | 문승민 | 16 | | | 22 | 김형원 | 후9 | 0 | 1 | 0 | 0 |
| 0 | 0 | 0 | 0 | | 이지승 | 28 | | | 33 | 박원재 | 후28 | 0 | 0 | 0 | 0 |
| 0 | 1 | 1 | 0 | 후28 | 여봉훈 | 33 | 대기 | 대기 | 77 | 김하민 | 후28 | 0 | 1 | 0 | 0 |
| 0 | 0 | 1 | 1 | 후9 | 서재원 | 2 | | | 42 | 박태용 | | 0 | 0 | 0 | 0 |
| 0 | 0 | 0 | 0 | 후36 | 송창석 | 21 | | | 8 | 도동현 | 후42 | 0 | 0 | 0 | 0 |
| 0 | 0 | 0 | 0 | 후36 | 이창훈 | 99 | | | 9 | 카릴 | 후42 | 0 | 0 | 0 | 0 |
| 0 | 1 | 9 | 8(1) | | | 0 | | | 0 | | | 12(4) | 17 | 2 | 0 |

- 후반 42분 브루노 코스타 PAL 내 ~ 이찬동 AKL L-ST-G (득점: 이찬동, 도움: 브루노 코스타) 오른쪽

9월 06일 19:00 비 탄천 종합 1,671명
주심_ 박세진 부심_ 박남수·김현진 대기심_ 정회수 경기감독관_ 나승화

**성남 4** 3 전반 0 / 1 후반 0 **0 안산**

| 퇴장 | 경고 | 파울 | ST(유) | 교체 | 선수명 | 배번 | 위치 | 위치 | 배번 | 선수명 | 교체 | ST(유) | 파울 | 경고 | 퇴장 |
|---|---|---|---|---|---|---|---|---|---|---|---|---|---|---|---|
| 0 | 0 | 0 | 0 | | 양 한 빈 | 21 | GK | GK | 1 | 이 승 빈 | | 0 | 0 | 0 | 0 |
| 0 | 0 | 1 | 0 | | 정 승 용 | 22 | DF | DF | 4 | 장 민 준 | | 1 | 1 | 1 | 0 |
| 0 | 0 | 2 | 3(1) | | 베니시오 | 4 | DF | DF | 25 | 조 지 훈 | | 1 | 0 | 0 | 0 |
| 0 | 0 | 1 | 0 | | 이 상 민 | 20 | DF | DF | 6 | 김 현 태 | 18 | 0 | 1 | 0 | 0 |
| 0 | 0 | 0 | 1(1) | | 신 재 원 | 7 | DF | MF | 22 | 박 시 화 | | 0 | 0 | 0 | 0 |
| 0 | 0 | 0 | 5(3) | 47 | 김 정 환 | 11 | MF | MF | 13 | 김 건 오 | | 1 | 2 | 0 | 0 |
| 0 | 1 | 1 | 2(1) | 68 | 프레이타스 | 14 | MF | MF | 19 | 양 세 영 | 99 | 1 | 1 | 0 | 0 |
| 0 | 0 | 0 | 0 | | 사 무 엘 | 74 | MF | MF | 26 | 임 지 민 | 16 | 0 | 1 | 0 | 0 |
| 0 | 0 | 1 | 2(1) | 8 | 김 범 수 | 18 | MF | MF | 77 | 제페르손 | | 2(1) | 0 | 0 | 0 |
| 0 | 0 | 0 | 2(2) | 91 | 류 준 선 | 16 | FW | FW | 10 | 사라이바 | 17 | 1 | 1 | 0 | 0 |
| 0 | 0 | 0 | 2(2) | 30 | 후 이 즈 | 9 | FW | FW | 27 | 박 채 준 | 66 | 0 | 0 | 0 | 0 |
| 0 | 0 | 0 | 0 | | 박 지 민 | 34 | 대기 | 대기 | 21 | 조 성 훈 | | 0 | 0 | 0 | 0 |
| 0 | 0 | 0 | 0 | | 강 의 빈 | 3 | | | 16 | 정 용 희 | 후0 | 0 | 0 | 0 | 0 |
| 0 | 0 | 0 | 1 | 후28 | 이 정 빈 | 8 | | | 18 | 정 성 호 | 후38 | 0 | 0 | 0 | 0 |
| 0 | 0 | 0 | 0 | 후44 | 박 병 규 | 30 | | | 66 | 배 수 민 | 후0 | 2(1) | 1 | 1 | 0 |
| 0 | 0 | 0 | 1 | 후36 | 양 태 양 | 47 | | | 17 | 류 승 완 | 후21 | 1 | 0 | 1 | 0 |
| 0 | 0 | 0 | 0 | 후28 | 이 지 욱 | 68 | | | 28 | 강 수 일 | | 0 | 0 | 0 | 0 |
| 0 | 0 | 0 | 0 | 후44 | 박 광 일 | 91 | | | 99 | 김 우 빈 | 후21 | 0 | 2 | 0 | 0 |
| 0 | 1 | 6 | 19(11) | | | 0 | | | 0 | | | 10(2) | 10 | 3 | 0 |

- 전반 5분 후이즈 PK-R-G (득점: 후이즈) 오른쪽
- 전반 18분 김정환 GAL 내 EL L-ST-G (득점: 김정환) 오른쪽
- 전반 42분 신재원 PAL ~ 류준선 AKL L-ST-G (득점: 류준선, 도움: 신재원) 오른쪽
- 후반 8분 신재원 C,KL ↷ 베니시오 GAR 내 H-ST-G (득점: 베니시오, 도움: 신재원) 오른쪽

9월 07일 19:00 흐림 김포솔터축구장 2,383명
주심_ 설태환 부심_ 주현민·김태원 대기심_ 고민국 경기감독관_ 김용세

**김포 1** 0 전반 1 / 1 후반 2 **3 천안**

| 퇴장 | 경고 | 파울 | ST(유) | 교체 | 선수명 | 배번 | 위치 | 위치 | 배번 | 선수명 | 교체 | ST(유) | 파울 | 경고 | 퇴장 |
|---|---|---|---|---|---|---|---|---|---|---|---|---|---|---|---|
| 0 | 0 | 0 | 0 | | 윤 보 상 | 21 | GK | GK | 31 | 허 자 웅 | | 0 | 0 | 1 | 0 |
| 0 | 0 | 1 | 1(1) | | 이 찬 형 | 5 | DF | DF | 4 | 강 영 훈 | | 0 | 3 | 1 | 0 |
| 0 | 0 | 1 | 0 | 2 | 이 강 연 | 26 | DF | DF | 35 | 김 성 주 | | 0 | 1 | 1 | 0 |
| 0 | 0 | 1 | 0 | | 박 경 록 | 3 | DF | DF | 25 | 마 상 훈 | | 0 | 2 | 0 | 0 |
| 0 | 0 | 0 | 0 | | 장 부 성 | 32 | MF | MF | 26 | 김 영 선 | | 2(2) | 1 | 0 | 0 |
| 0 | 0 | 0 | 0 | 6 | 이 상 민 | 7 | MF | MF | 16 | 김 성 준 | 88 | 0 | 0 | 0 | 0 |
| 0 | 0 | 1 | 0 | | 최 재 훈 | 23 | MF | MF | 20 | 하 재 민 | 8 | 0 | 1 | 0 | 0 |
| 0 | 0 | 0 | 0 | 29 | 천 지 현 | 72 | MF | MF | 24 | 이 상 명 | | 0 | 1 | 0 | 0 |
| 0 | 0 | 0 | 1(1) | 17 | 박 동 진 | 50 | MF | FW | 10 | 툰 가 라 | 45 | 6(6) | 0 | 0 | 0 |
| 0 | 0 | 0 | 6(4) | | 루 이 스 | 24 | FW | FW | 18 | 이 정 협 | 83 | 0 | 1 | 0 | 0 |
| 0 | 0 | 1 | 0 | 47 | 플 라 나 | 10 | FW | FW | 11 | 이 지 훈 | 3 | 4(4) | 7 | 0 | 0 |
| 0 | 0 | 0 | 0 | | 손 정 현 | 31 | 대기 | 대기 | 21 | 제 종 현 | | 0 | 0 | 0 | 0 |
| 0 | 0 | 0 | 1 | 후10 | 김 종 민 | 2 | | | 3 | 이 웅 희 | 후45 | 0 | 0 | 0 | 0 |
| 0 | 0 | 0 | 0 | 후0 | 김 지 훈 | 6 | | | 37 | 박 준 강 | | 0 | 0 | 0 | 0 |
| 0 | 0 | 2 | 1 | 후0 | 김 민 우 | 29 | | | 45 | 미 사 키 | 후45 | 0 | 1 | 0 | 0 |
| 0 | 0 | 0 | 1(1) | 후10 | 제갈재민 | 17 | | | 8 | 이 광 진 | 후12 | 0 | 0 | 0 | 0 |
| 0 | 0 | 1 | 0 | 후10 | 조 성 준 | 47 | | | 88 | 정 석 화 | 후28 | 0 | 1 | 0 | 0 |
| 0 | 0 | 0 | 0 | | 김 결 | 99 | | | 83 | 브 루 노 | 후28 | 3(2) | 0 | 0 | 0 |
| 0 | 0 | 8 | 11(7) | | | 0 | | | 0 | | | 15(14) | 19 | 3 | 0 |

- 후반 48분 제갈재민 AK 정면 R-ST-G (득점: 제갈재민) 가운데

- 전반 20분 이상명 PAR ↷ 툰가라 PK지점 오버헤드킥 R-ST-G (득점: 툰가라, 도움: 이상명) 왼쪽
- 후반 2분 김영선 자기 측 MFL TL H→ 이지훈 AK 정면 R-ST-G (득점: 이지훈, 도움: 김영선) 가운데
- 후반 6분 툰가라 PAR 내 R-ST-G (득점: 툰가라) 왼쪽

9월 07일 19:00 맑음 부천 종합 6,569명
주심_ 김종혁 부심_ 박균용·장종필 대기심_ 김재홍 경기감독관_ 김성수

**부천 1** 0 전반 0 / 1 후반 0 **0 인천**

| 퇴장 | 경고 | 파울 | ST(유) | 교체 | 선수명 | 배번 | 위치 | 위치 | 배번 | 선수명 | 교체 | ST(유) | 파울 | 경고 | 퇴장 |
|---|---|---|---|---|---|---|---|---|---|---|---|---|---|---|---|
| 0 | 0 | 0 | 0 | | 김 형 근 | 1 | GK | GK | 1 | 민 성 준 | | 0 | 0 | 0 | 0 |
| 0 | 0 | 1 | 0 | 5 | 이 재 원 | 15 | DF | DF | 32 | 이 주 용 | | 1 | 0 | 0 | 0 |
| 0 | 0 | 0 | 0 | | 백 동 규 | 29 | DF | DF | 28 | 김 건 웅 | | 0 | 0 | 0 | 0 |
| 0 | 0 | 2 | 0 | | 홍 성 욱 | 20 | DF | DF | 4 | 김 건 희 | | 0 | 0 | 0 | 0 |
| 0 | 0 | 0 | 0 | 6 | 장 시 영 | 27 | MF | DF | 39 | 김 명 순 | 17 | 0 | 0 | 0 | 0 |
| 0 | 0 | 1 | 0 | | 카 즈 | 23 | MF | MF | 14 | 바 로 우 | 19 | 0 | 0 | 0 | 0 |
| 0 | 0 | 1 | 0 | 14 | 최 원 철 | 4 | MF | MF | 88 | 정 원 진 | 7 | 0 | 1 | 0 | 0 |
| 0 | 0 | 0 | 2(2) | 24 | 박 창 준 | 11 | MF | MF | 5 | 이 명 주 | | 1(1) | 1 | 0 | 0 |
| 0 | 0 | 1 | 0 | | 김 규 민 | 17 | MF | MF | 11 | 제 르 소 | | 1(1) | 1 | 0 | 0 |
| 0 | 0 | 0 | 1 | 22 | 바 사 니 | 10 | FW | FW | 8 | 신 진 호 | 20 | 1 | 2 | 1 | 0 |
| 0 | 1 | 4 | 1(1) | | 몬 타 뇨 | 9 | FW | FW | 99 | 박 호 민 | 27 | 1 | 2 | 1 | 0 |
| 0 | 0 | 0 | 0 | | 김 현 엽 | 21 | 대기 | 대기 | 25 | 이 범 수 | | 0 | 0 | 0 | 0 |
| 0 | 0 | 1 | 0 | 후27 | 이 상 혁 | 5 | | | 3 | 이 상 기 | | 0 | 0 | 0 | 0 |
| 0 | 0 | 0 | 0 | 후27 | 정 호 진 | 6 | | | 20 | 델브리지 | 후43 | 1 | 0 | 0 | 0 |
| 0 | 0 | 2 | 0 | 후43 | 최 재 영 | 14 | | | 7 | 김 도 혁 | 후31 | 0 | 0 | 0 | 0 |
| 0 | 0 | 0 | 0 | 후34 | 김 동 현 | 24 | | | 17 | 김 성 민 | 후43 | 0 | 0 | 0 | 0 |
| 0 | 0 | 0 | 0 | 후43 | 한 지 호 | 22 | | | 19 | 김 민 석 | 후31 | 0 | 1 | 0 | 0 |
| 0 | 0 | 0 | 0 | | 공 민 현 | 99 | | | 27 | 김 보 섭 | 후12 | 1 | 0 | 0 | 0 |
| 0 | 1 | 13 | 4(3) | | | 0 | | | 0 | | | 7(2) | 8 | 2 | 0 |

- 후반 15분 바사니 MF 정면 ~ 박창준 PAR 내 L-ST-G (득점: 박창준, 도움: 바사니) 왼쪽

9월 07일 19:00 흐림 화성 종합 1,916명
주심_ 정회수 부심_ 김종희·이현모 대기심_ 박종명 경기감독관_ 차상해

**화성 1** 1 전반 1 / 0 후반 0 **1 충남아산**

| 퇴장 | 경고 | 파울 | ST(유) | 교체 | 선수명 | 배번 | 위치 | 위치 | 배번 | 선수명 | 교체 | ST(유) | 파울 | 경고 | 퇴장 |
|---|---|---|---|---|---|---|---|---|---|---|---|---|---|---|---|
| 0 | 0 | 0 | 0 | | 김 승 건 | 1 | GK | GK | 18 | 신 송 훈 | | 0 | 0 | 0 | 0 |
| 0 | 1 | 3 | 0 | | 김 대 환 | 2 | DF | DF | 6 | 최 희 원 | | 0 | 0 | 0 | 0 |
| 0 | 0 | 0 | 1 | | 조 동 재 | 3 | DF | DF | 76 | 이 호 인 | | 1 | 2 | 1 | 0 |
| 0 | 0 | 0 | 0 | | 연 제 민 | 4 | DF | DF | 92 | 김 민 혁 | | 0 | 1 | 0 | 0 |
| 0 | 1 | 3 | 0 | 47 | 최 준 혁 | 6 | MF | MF | 25 | 박 종 민 | | 1(1) | 2 | 1 | 0 |
| 0 | 1 | 3 | 4(1) | 53 | 전 성 진 | 8 | FW | MF | 24 | 박 세 직 | 10 | 0 | 0 | 0 | 0 |
| 0 | 1 | 1 | 2(1) | | 보이노비치 | 15 | MF | MF | 28 | 손 준 호 | | 2 | 2 | 0 | 0 |
| 0 | 0 | 1 | 1(1) | | 최 명 희 | 16 | MF | MF | 22 | 김 승 호 | | 0 | 1 | 0 | 0 |
| 0 | 0 | 1 | 0 | | 임 창 석 | 17 | DF | FW | 7 | 데 니 손 | 14 | 0 | 1 | 0 | 0 |
| 0 | 0 | 0 | 4(2) | 5 | 김 병 오 | 41 | FW | FW | 97 | 은 고 이 | 39 | 1(1) | 1 | 0 | 0 |
| 0 | 0 | 0 | 1(1) | 27 | 데메트리우스 | 99 | MF | FW | 72 | 한 교 원 | 12 | 1(1) | 0 | 0 | 0 |
| 0 | 0 | 0 | 0 | | 이 기 현 | 13 | 대기 | 대기 | 21 | 김 진 영 | | 0 | 0 | 0 | 0 |
| 0 | 0 | 0 | 1 | 후31 | 우 제 욱 | 5 | | | 4 | 장 준 영 | | 0 | 0 | 0 | 0 |
| 0 | 0 | 0 | 0 | | 안 지 만 | 22 | | | 14 | 이 학 민 | 후25 | 0 | 0 | 0 | 0 |
| 0 | 0 | 0 | 1(1) | 후45 | 백 승 우 | 27 | | | 10 | 김 종 석 | 후36 | 0 | 1 | 0 | 0 |
| 0 | 0 | 0 | 0 | | 김 준 영 | 29 | | | 12 | 최 성 진 | 후36 | 1 | 0 | 0 | 0 |
| 0 | 0 | 0 | 0 | 후45 | 박 재 성 | 47 | | | 39 | 김 성 현 | 후25 | 1 | 0 | 0 | 0 |
| 0 | 0 | 0 | 0 | 후39 | 리 마 | 53 | | | 74 | 박 시 후 | | 0 | 0 | 0 | 0 |
| 0 | 4 | 12 | 15(7) | | | 0 | | | 0 | | | 8(3) | 11 | 2 | 0 |

- 전반 26분 김병오 PK-R-G (득점: 김병오) 왼쪽

- 전반 37분 이호인 PAR TL ~ 은고이 GAR R-ST-G (득점: 은고이, 도움: 이호인) 가운데

9월 13일 16:30 흐림 아산 이순신 1,751명
주심_ 고민국 부심_ 천진희·이상길 대기심_ 원명희 경기감독관_ 김성기

**충남아산 3** (1 전반 0 / 2 후반 0) **0 부천**

| 퇴장 | 경고 | 파울 | ST(유) | 교체 | 선수명 | 배번 | 위치 | 위치 | 배번 | 선수명 | 교체 | ST(유) | 파울 | 경고 | 퇴장 |
|---|---|---|---|---|---|---|---|---|---|---|---|---|---|---|---|
| 0 | 0 | 0 | 0 | | 신송훈 | 18 | GK | GK | 1 | 김형근 | | 0 | 0 | 0 | 0 |
| 0 | 0 | 3 | 0 | | 최성진 | 12 | DF | DF | 15 | 이재원 | 5 | 0 | 2 | 1 | 0 |
| 0 | 1 | 1 | 0 | | 김영남 | 13 | DF | DF | 29 | 백동규 | | 1 | 3 | 1 | 0 |
| 0 | 1 | 1 | 0 | | 이호인 | 76 | DF | DF | 20 | 홍성욱 | | 0 | 1 | 0 | 0 |
| 0 | 0 | 1 | 0 | 17 | 이학민 | 14 | MF | MF | 27 | 장시영 | 22 | 0 | 0 | 0 | 0 |
| 0 | 1 | 5 | 3(1) | 22 | 김종석 | 10 | MF | MF | 23 | 카즈 | | 0 | 1 | 0 | 0 |
| 0 | 0 | 2 | 0 | 24 | 손준호 | 28 | MF | MF | 4 | 최원철 | 16 | 1(1) | 0 | 0 | 0 |
| 0 | 0 | 1 | 1 | | 박종민 | 25 | MF | MF | 17 | 김규민 | 99 | 0 | 2 | 0 | 0 |
| 0 | 0 | 0 | 4(3) | 8 | 데니손 | 7 | FW | FW | 10 | 바사니 | | 1(1) | 0 | 0 | 0 |
| 0 | 0 | 1 | 2 | 72 | 김성현 | 39 | FW | FW | 9 | 몬타뇨 | | 1 | 3 | 0 | 0 |
| 0 | 0 | 3 | 5(2) | | 은고이 | 97 | FW | FW | 24 | 김동현 | 7 | 0 | 0 | 0 | 0 |
| 0 | 0 | 0 | 0 | | 김진영 | 21 | | | 21 | 김현엽 | | 0 | 0 | 0 | 0 |
| 0 | 0 | 0 | 0 | | 최희원 | 6 | | | 5 | 이상혁 | 후0 | 0 | 1 | 1 | 0 |
| 0 | 0 | 0 | 0 | 후46 | 김주성 | 17 | | | 7 | 티아깅요 | 후0 | 0 | 1 | 0 | 0 |
| 0 | 0 | 0 | 0 | 후30 | 최치원 | 8 | 대기 | 대기 | 6 | 정호진 | | 0 | 0 | 0 | 0 |
| 0 | 0 | 0 | 0 | 후47 | 박세직 | 24 | | | 16 | 박현빈 | 후0 | 1 | 2 | 1 | 0 |
| 0 | 0 | 0 | 0 | 후30 | 김승호 | 22 | | | 22 | 한지호 | 후27 | 0 | 0 | 0 | 0 |
| 0 | 0 | 0 | 3(2) | 후0 | 한교원 | 72 | | | 99 | 공민현 | 후40 | 0 | 0 | 0 | 0 |
| 0 | 3 | 18 | 18(8) | | | 0 | | | 0 | | | 5(2) | 16 | 4 | 0 |

- 전반 27분 은고이 PK-R-G (득점: 은고이) 왼쪽
- 후반 21분 한교원 AKR ~ 데니손 GAL R-ST-G (득점: 데니손, 도움: 한교원) 오른쪽
- 후반 25분 데니손 PAL 내 ~ 김종석 AK 내 R-ST-G (득점: 김종석, 도움: 데니손) 오른쪽

9월 13일 19:00 흐림 목동 종합 8,299명
주심_ 최광호 부심_ 김태형·장민호 대기심_ 박정호 경기감독관_ 구상범

**서울E 0** (0 전반 1 / 0 후반 0) **1 수원**

| 퇴장 | 경고 | 파울 | ST(유) | 교체 | 선수명 | 배번 | 위치 | 위치 | 배번 | 선수명 | 교체 | ST(유) | 파울 | 경고 | 퇴장 |
|---|---|---|---|---|---|---|---|---|---|---|---|---|---|---|---|
| 0 | 0 | 0 | 0 | | 구성윤 | 25 | GK | GK | 21 | 양형모 | | 0 | 0 | 1 | 0 |
| 0 | 1 | 3 | 1 | | 김하준 | 44 | DF | DF | 2 | 장석환 | | 0 | 1 | 0 | 0 |
| 0 | 0 | 3 | 1 | | 김오규 | 20 | DF | DF | 4 | 레오 | | 0 | 0 | 0 | 0 |
| 0 | 0 | 1 | 0 | | 곽윤호 | 4 | DF | DF | 90 | 황석호 | | 0 | 0 | 0 | 0 |
| 0 | 0 | 0 | 0 | 16 | 배서준 | 23 | MF | DF | 32 | 정동윤 | | 1(1) | 1 | 0 | 0 |
| 0 | 0 | 2 | 1(1) | | 백지웅 | 66 | MF | MF | 99 | 김민우 | 91 | 0 | 2 | 0 | 0 |
| 0 | 0 | 1 | 1(1) | | 서재민 | 15 | MF | MF | 14 | 홍원진 | 6 | 0 | 3 | 0 | 0 |
| 0 | 0 | 2 | 0 | 5 | 윤석주 | 8 | MF | MF | 17 | 이민혁 | | 2(2) | 2 | 1 | 0 |
| 0 | 0 | 0 | 0 | 6 | 김주환 | 19 | MF | MF | 70 | 세라핌 | 30 | 1(1) | 0 | 0 | 0 |
| 0 | 0 | 0 | 1(1) | 99 | 정재민 | 18 | FW | FW | 11 | 파울리뇨 | 77 | 2(2) | 1 | 0 | 0 |
| 0 | 0 | 0 | 4(1) | 47 | 에울레르 | 7 | FW | FW | 9 | 일류첸코 | 7 | 2(1) | 0 | 0 | 0 |
| 0 | 0 | 0 | 0 | | 김민호 | 21 | | | 1 | 김민준 | | 0 | 0 | 0 | 0 |
| 0 | 0 | 0 | 2(1) | 후26 | 오스마르 | 5 | | | 6 | 최영준 | 후36 | 0 | 0 | 0 | 0 |
| 0 | 0 | 0 | 0 | 후15 | 채광훈 | 6 | | | 24 | 이규성 | | 0 | 0 | 0 | 0 |
| 0 | 0 | 0 | 0 | | 서진석 | 88 | 대기 | 대기 | 7 | 김현 | 후36 | 0 | 0 | 0 | 0 |
| 0 | 0 | 0 | 1 | 후36 | 이주혁 | 47 | | | 30 | 강성진 | 후23 | 0 | 0 | 0 | 0 |
| 0 | 0 | 0 | 0 | 후15 | 조상준 | 99 | | | 77 | 김지현 | 후15 | 0 | 0 | 0 | 0 |
| 0 | 1 | 2 | 1 | 후0 | 변경준 | 16 | | | 91 | 박지원 | 후23 | 0 | 0 | 0 | 0 |
| 0 | 2 | 14 | 13(5) | | | 0 | | | 0 | | | 8(7) | 10 | 2 | 0 |

- 전반 30분 일류첸코 GA 정면 내 R-ST-G (득점: 일류첸코) 가운데

9월 13일 19:00 흐림 창원 축구센터 2,411명
주심_ 김대용 부심_ 김종희·황보진현 대기심_ 오현진 경기감독관_ 김성수

**경남 0** (0 전반 0 / 0 후반 2) **2 김포**

| 퇴장 | 경고 | 파울 | ST(유) | 교체 | 선수명 | 배번 | 위치 | 위치 | 배번 | 선수명 | 교체 | ST(유) | 파울 | 경고 | 퇴장 |
|---|---|---|---|---|---|---|---|---|---|---|---|---|---|---|---|
| 0 | 0 | 0 | 0 | | 류원우 | 51 | GK | GK | 31 | 손정현 | | 0 | 0 | 0 | 0 |
| 0 | 0 | 2 | 0 | | 김선호 | 37 | DF | DF | 3 | 박경록 | | 1(1) | 0 | 0 | 0 |
| 0 | 0 | 1 | 0 | | 박재환 | 2 | DF | DF | 77 | 채프먼 | | 0 | 2 | 1 | 0 |
| 0 | 0 | 0 | 1 | | 한용수 | 4 | DF | DF | 5 | 이찬형 | | 1 | 0 | 0 | 0 |
| 0 | 0 | 1 | 0 | 29 | 김형진 | 5 | DF | MF | 11 | 윤재운 | | 2 | 1 | 0 | 0 |
| 0 | 0 | 1 | 0 | 22 | 이찬동 | 40 | MF | MF | 32 | 장부성 | 29 | 0 | 0 | 0 | 0 |
| 0 | 0 | 1 | 0 | 11 | 한석종 | 63 | MF | MF | 23 | 최재훈 | | 0 | 0 | 0 | 0 |
| 0 | 0 | 0 | 0 | | 정충근 | 19 | MF | MF | 26 | 이강연 | 7 | 0 | 0 | 0 | 0 |
| 0 | 0 | 0 | 2(2) | | 브루노코스타 | 10 | MF | MF | 50 | 박동진 | 99 | 3 | 0 | 0 | 0 |
| 0 | 0 | 1 | 0 | 88 | 이준재 | 17 | MF | FW | 47 | 조성준 | 37 | 1(1) | 1 | 0 | 0 |
| 0 | 0 | 1 | 1 | 20 | 카릴 | 9 | FW | FW | 17 | 제갈재민 | 10 | 0 | 0 | 0 | 0 |
| 0 | 0 | 0 | 0 | | 최필수 | 91 | | | 21 | 윤보상 | | 0 | 0 | 0 | 0 |
| 0 | 0 | 0 | 0 | 후39 | 김형원 | 22 | | | 2 | 김종민 | | 0 | 0 | 0 | 0 |
| 0 | 0 | 1 | 0 | 후0 | 헤난 | 88 | | | 7 | 이상민 | 후0 | 0 | 1 | 0 | 0 |
| 0 | 0 | 0 | 0 | | 김하민 | 77 | 대기 | 대기 | 29 | 김민우 | 후16 | 1(1) | 1 | 1 | 0 |
| 0 | 0 | 0 | 1 | 후0 | 박기현 | 29 | | | 37 | 홍시후 | 후45 | 0 | 0 | 0 | 0 |
| 0 | 0 | 1 | 3(2) | 후28 | 박민서 | 11 | | | 10 | 플라나 | 후16 | 0 | 2 | 0 | 0 |
| 0 | 0 | 1 | 1 | 후16 | 마세도 | 20 | | | 99 | 김결 | 후16 | 0 | 0 | 0 | 0 |
| 0 | 0 | 11 | 9(4) | | | 0 | | | 0 | | | 9(3) | 8 | 2 | 0 |

- 후반 37분 이상민 PAR ~ 김민우 AKR L-ST-G (득점: 김민우, 도움: 이상민) 오른쪽
- 후반 41분 김결 GA 정면 H↷ 박경록 GAL 내 EL L-ST-G (득점: 박경록, 도움: 김결) 왼쪽

9월 13일 19:00 흐림 천안 종합 3,850명
주심_ 정회수 부심_ 박남수·김유영 대기심_ 최승환 경기감독관_ 허기태

**천안 3** (0 전반 3 / 3 후반 1) **4 인천**

| 퇴장 | 경고 | 파울 | ST(유) | 교체 | 선수명 | 배번 | 위치 | 위치 | 배번 | 선수명 | 교체 | ST(유) | 파울 | 경고 | 퇴장 |
|---|---|---|---|---|---|---|---|---|---|---|---|---|---|---|---|
| 0 | 0 | 0 | 0 | | 허자웅 | 31 | GK | GK | 1 | 민성준 | | 0 | 0 | 0 | 0 |
| 0 | 0 | 1 | 0 | | 강영훈 | 4 | DF | DF | 32 | 이주용 | | 0 | 0 | 0 | 0 |
| 0 | 0 | 1 | 1 | 37 | 김성주 | 35 | DF | DF | 28 | 김건웅 | | 0 | 0 | 0 | 0 |
| 0 | 0 | 2 | 0 | 45 | 마상훈 | 25 | DF | DF | 4 | 김건희 | | 0 | 2 | 0 | 0 |
| 0 | 0 | 0 | 0 | | 김영선 | 26 | MF | DF | 39 | 김명순 | 3 | 0 | 0 | 0 | 0 |
| 0 | 0 | 0 | 0 | 8 | 김성준 | 16 | MF | MF | 14 | 바로우 | | 1(1) | 0 | 0 | 0 |
| 0 | 0 | 0 | 1(1) | 88 | 하재민 | 20 | MF | MF | 88 | 정원진 | 7 | 1 | 2 | 0 | 0 |
| 0 | 0 | 1 | 0 | | 이상명 | 24 | MF | MF | 5 | 이명주 | | 0 | 1 | 1 | 0 |
| 0 | 0 | 2 | 6(2) | | 툰가라 | 10 | FW | MF | 11 | 제르소 | 17 | 0 | 2 | 0 | 0 |
| 0 | 0 | 0 | 5(2) | 83 | 이정협 | 18 | FW | FW | 8 | 신진호 | 77 | 1(1) | 1 | 0 | 0 |
| 0 | 0 | 1 | 2(1) | 7 | 이지훈 | 11 | FW | FW | 99 | 박호민 | 9 | 4(3) | 1 | 0 | 0 |
| 0 | 0 | 0 | 0 | | 제종현 | 21 | | | 25 | 이범수 | | 0 | 0 | 0 | 0 |
| 0 | 0 | 0 | 0 | 후15 | 박준강 | 37 | | | 3 | 이상기 | 전27 | 0 | 2 | 0 | 0 |
| 0 | 0 | 0 | 0 | 후43 | 미사키 | 45 | | | 20 | 델브리지 | | 0 | 0 | 0 | 0 |
| 0 | 0 | 0 | 1 | 후0 | 이광진 | 8 | 대기 | 대기 | 7 | 김도혁 | 후24 | 1 | 0 | 0 | 0 |
| 0 | 0 | 3 | 0 | 후0 | 정석화 | 88 | | | 17 | 김성민 | 후37 | 0 | 0 | 0 | 0 |
| 0 | 0 | 0 | 0 | 후11 | 이상준 | 7 | | | 9 | 무고사 | 후6 | 4(3) | 0 | 0 | 0 |
| 0 | 0 | 0 | 2(2) | 후26 | 브루노 | 83 | | | 77 | 박승호 | 후6 | 1 | 2 | 0 | 0 |
| 0 | 0 | 11 | 18(8) | | | 0 | | | 0 | | | 13(8) | 13 | 1 | 0 |

- 후반 23분 툰가라 PAL 내 R-ST-G (득점: 툰가라) 오른쪽
- 후반 40분 이광진 PAL TL FK↷ 브루노 GAL 내 H-ST-G (득점: 브루노, 도움: 이광진) 왼쪽
- 후반 54분 브루노 PK-R-G (득점: 브루노) 오른쪽

- 전반 26분 신진호 C.KR ↷ 박호민 GA 정면 H-ST-G (득점: 박호민, 도움: 신진호) 오른쪽
- 전반 28분 박호민 GAL R-ST-G (득점: 박호민) 오른쪽
- 전반 30분 제르소 PAR TL ↷ 신진호 GA 정면 내 R-ST-G (득점: 신진호, 도움: 제르소) 왼쪽
- 후반 13분 이주용 MFL ↷ 무고사 GAR H-ST-G (득점: 무고사, 도움: 이주용) 왼쪽

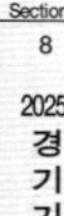

9월 14일 19:00 흐림 광양 전용 3,154명
주심_ 최철준 부심_ 주현민·신재환 대기심_ 박세진 경기감독관_ 이평재

**전남 1** | 0 전반 0 / 1 후반 2 | **2 화성**

| 퇴장 | 경고 | 파울 | ST(유) | 교체 | 선수명 | 배번 | 위치 | 위치 | 배번 | 선수명 | 교체 | ST(유) | 파울 | 경고 | 퇴장 |
|---|---|---|---|---|---|---|---|---|---|---|---|---|---|---|---|
| 0 | 0 | 0 | 0 |  | 최봉진 | 1 | GK | GK | 1 | 김승건 |  | 0 | 0 | 0 | 0 |
| 0 | 0 | 1 | 1 |  | 홍석현 | 38 | DF | DF | 3 | 조동재 |  | 0 | 0 | 0 | 0 |
| 0 | 0 | 1 | 1(1) |  | 최한솔 | 77 | DF | DF | 4 | 연제민 |  | 0 | 1 | 1 | 0 |
| 0 | 0 | 2 | 0 |  | 최정원 | 95 | DF | MF | 8 | 전성진 | 47 | 0 | 2 | 0 | 0 |
| 0 | 1 | 1 | 0 | 36 | 김동환 | 13 | DF | DF | 15 | 보이노비치 |  | 1 | 0 | 1 | 0 |
| 0 | 0 | 1 | 0 | 4 | 김예성 | 3 | DF | MF | 16 | 최명희 |  | 0 | 0 | 0 | 0 |
| 0 | 0 | 0 | 0 | 14 | 박상준 | 24 | MF | DF | 17 | 임창석 |  | 0 | 1 | 0 | 0 |
| 0 | 0 | 1 | 0 |  | 알베르띠 | 16 | MF | MF | 29 | 김준영 | 20 | 1 | 1 | 0 | 0 |
| 0 | 0 | 0 | 4(2) |  | 발디비아 | 10 | MF | FW | 41 | 김병오 | 5 | 2(2) | 2 | 0 | 0 |
| 0 | 0 | 3 | 0 | 19 | 하남 | 9 | FW | FW | 53 | 리마 | 7 | 1(1) | 1 | 0 | 0 |
| 0 | 0 | 0 | 1(1) | 50 | 임찬울 | 7 | FW | MF | 99 | 데메트리우스 |  | 3(2) | 2 | 1 | 0 |
| 0 | 0 | 0 | 0 |  | 이준 | 21 |  |  | 13 | 이기현 |  | 0 | 0 | 0 | 0 |
| 0 | 0 | 0 | 1(1) | 후26 | 구현준 | 4 |  |  | 5 | 우제욱 | 후19 | 1 | 0 | 1 | 0 |
| 0 | 0 | 0 | 0 |  | 김경재 | 23 |  |  | 7 | 알뚤 | 후14 | 1(1) | 0 | 0 | 0 |
| 0 | 0 | 0 | 0 | 후12 | 안재민 | 36 | 대기 | 대기 | 20 | 박준서 | 후26 | 0 | 0 | 0 | 0 |
| 0 | 1 | 1 | 0 | 후0 | 윤민호 | 14 |  |  | 26 | 박창호 |  | 0 | 0 | 0 | 0 |
| 0 | 0 | 0 | 3(3) | 후12 | 호난 | 19 |  |  | 27 | 백승우 |  | 0 | 0 | 0 | 0 |
| 0 | 0 | 0 | 2(1) | 후0 | 르본 | 50 |  |  | 47 | 박재성 | 후19 | 0 | 2 | 0 | 0 |
| 0 | 2 | 11 | 13(9) |  |  | 0 |  |  | 0 |  |  | 10(6) | 12 | 4 | 0 |

● 후반 46분 구현준 GAR 내 L-ST-G (득점: 구현준) 왼쪽

● 후반 9분 데메트리우스 C,KL ↷ 김병오 GAR L-ST-G (득점: 김병오, 도움: 데메트리우스) 오른쪽
● 후반 20분 알뚤 GA 정면 내 R-ST-G (득점: 알뚤) 가운데

9월 14일 19:00 맑음 안산 와스타디움 1,430명
주심_ 오현진 부심_ 이병주·류시홍 대기심_ 박정호 경기감독관_ 양정환

**안산 2** | 0 전반 1 / 2 후반 2 | **3 부산**

| 퇴장 | 경고 | 파울 | ST(유) | 교체 | 선수명 | 배번 | 위치 | 위치 | 배번 | 선수명 | 교체 | ST(유) | 파울 | 경고 | 퇴장 |
|---|---|---|---|---|---|---|---|---|---|---|---|---|---|---|---|
| 0 | 0 | 0 | 0 |  | 이승빈 | 1 | GK | GK | 1 | 구상민 |  | 0 | 0 | 0 | 0 |
| 0 | 0 | 2 | 0 |  | 장민준 | 4 | DF | DF | 24 | 홍욱현 |  | 0 | 1 | 0 | 0 |
| 0 | 0 | 0 | 2(1) |  | 조지훈 | 25 | DF | DF | 20 | 조위제 | 3 | 1(1) | 0 | 0 | 0 |
| 0 | 0 | 0 | 0 |  | 김현태 | 6 | DF | DF | 77 | 장호익 |  | 1 | 0 | 0 | 0 |
| 0 | 0 | 0 | 0 | 16 | 박시화 | 22 | MF | MF | 37 | 김동욱 |  | 0 | 1 | 0 | 0 |
| 0 | 0 | 0 | 0 | 33 | 손준석 | 7 | MF | MF | 7 | 사비에르 |  | 1(1) | 0 | 0 | 0 |
| 0 | 0 | 2 | 0 | 28 | 배수민 | 66 | MF | MF | 6 | 이동수 | 47 | 2(2) | 2 | 0 | 0 |
| 0 | 0 | 0 | 0 |  | 임지민 | 26 | MF | MF | 23 | 박창우 |  | 0 | 2 | 1 | 0 |
| 0 | 0 | 1 | 1 |  | 제페르손 | 77 | FW | FW | 11 | 빌레로 | 88 | 1(1) | 1 | 0 | 0 |
| 0 | 0 | 0 | 0 | 10 | 김건오 | 13 | FW | FW | 32 | 윤민호 | 9 | 2(2) | 2 | 0 | 0 |
| 0 | 0 | 0 | 0 | 8 | 박채준 | 27 | FW | FW | 29 | 최기윤 | 10 | 1(1) | 0 | 0 | 0 |
| 0 | 0 | 0 | 0 |  | 조성훈 | 21 |  |  | 31 | 이승규 |  | 0 | 0 | 0 | 0 |
| 0 | 0 | 1 | 0 | 후36 | 정용희 | 16 |  |  | 3 | 오반석 | 후40 | 0 | 0 | 0 | 0 |
| 0 | 0 | 0 | 1(1) | 후36 | 에두 | 33 |  |  | 17 | 전성진 |  | 0 | 0 | 0 | 0 |
| 0 | 0 | 0 | 0 | 후12 | 라파 | 8 | 대기 | 대기 | 88 | 김세훈 | 후49 | 0 | 0 | 0 | 0 |
| 0 | 0 | 1 | 2(1) | 후12 | 사라이바 | 10 |  |  | 47 | 손휘 | 후40 | 0 | 0 | 0 | 0 |
| 0 | 0 | 0 | 1(1) | 후22 | 강수일 | 28 |  |  | 9 | 곤잘로 | 후20 | 0 | 0 | 0 | 0 |
| 0 | 0 | 0 | 0 |  | 김우빈 | 99 |  |  | 10 | 페신 | 후20 | 0 | 2 | 0 | 0 |
| 0 | 0 | 7 | 7(4) |  |  | 0 |  |  | 0 |  |  | 9(8) | 11 | 1 | 0 |

● 후반 25분 조지훈 PAR FK R-ST-G (득점: 조지훈) 오른쪽
● 후반 43분 에두 GA 정면 H-ST-G (득점: 에두) 가운데

● 전반 1분 빌레로 AK 내 ~ 최기윤 PK 우측지점 L-ST-G (득점: 최기윤, 도움: 빌레로) 왼쪽
● 후반 11분 윤민호 GAL L-ST-G (득점: 윤민호) 가운데
● 후반 20분 사비에르 GA 정면 내 H-ST-G (득점: 사비에르) 오른쪽

9월 14일 19:00 흐림 청주 종합 6,862명
주심_ 최규현 부심_ 이영운·0 화평 대기심_ 김재홍 경기감독관_ 박철

**충북청주 0** | 0 전반 1 / 0 후반 0 | **1 성남**

| 퇴장 | 경고 | 파울 | ST(유) | 교체 | 선수명 | 배번 | 위치 | 위치 | 배번 | 선수명 | 교체 | ST(유) | 파울 | 경고 | 퇴장 |
|---|---|---|---|---|---|---|---|---|---|---|---|---|---|---|---|
| 0 | 0 | 0 | 0 |  | 정진욱 | 18 | GK | GK | 21 | 양한빈 |  | 0 | 0 | 0 | 0 |
| 0 | 0 | 0 | 0 |  | 홍주호 | 15 | DF | DF | 22 | 정승용 |  | 0 | 1 | 0 | 0 |
| 0 | 0 | 0 | 0 |  | 윤석영 | 36 | DF | DF | 4 | 베니시오 |  | 0 | 3 | 0 | 0 |
| 0 | 0 | 0 | 0 |  | 이창훈 | 99 | DF | DF | 20 | 이상민 |  | 0 | 0 | 0 | 0 |
| 0 | 0 | 1 | 2 |  | 김선민 | 5 | MF | DF | 7 | 신재원 | 91 | 0 | 0 | 0 | 0 |
| 0 | 0 | 0 | 1(1) | 2 | 문승민 | 16 | MF | MF | 47 | 양태양 | 11 | 0 | 1 | 0 | 0 |
| 0 | 0 | 2 | 1 | 33 | 이강한 | 66 | MF | MF | 33 | 박수빈 |  | 0 | 0 | 0 | 0 |
| 0 | 0 | 1 | 0 |  | 최강민 | 70 | MF | MF | 74 | 사무엘 |  | 1(1) | 1 | 0 | 0 |
| 0 | 0 | 3 | 4(1) |  | 김영환 | 13 | FW | MF | 8 | 이정빈 | 68 | 1 | 0 | 0 | 0 |
| 0 | 1 | 2 | 0 | 10 | 홍석준 | 17 | FW | FW | 16 | 류준선 | 2 | 0 | 2 | 0 | 0 |
| 0 | 0 | 0 | 0 | 11 | 이형경 | 98 | FW | FW | 9 | 후이즈 |  | 2(2) | 1 | 0 | 0 |
| 0 | 0 | 0 | 0 |  | 조수혁 | 1 |  |  | 34 | 박지민 |  | 0 | 0 | 0 | 0 |
| 0 | 0 | 0 | 0 |  | 반데아벨트 | 4 |  |  | 2 | 박상혁 | 후32 | 0 | 2 | 0 | 0 |
| 0 | 0 | 0 | 0 |  | 이지승 | 28 |  |  | 5 | 양시후 |  | 0 | 0 | 0 | 0 |
| 0 | 1 | 3 | 1(1) | 후14 | 여봉훈 | 33 | 대기 | 대기 | 11 | 김정환 | 후9/18 | 0 | 0 | 0 | 0 |
| 0 | 0 | 1 | 2 | 전35 | 서재원 | 2 |  |  | 18 | 김범수 | 후45 | 0 | 0 | 0 | 0 |
| 0 | 0 | 0 | 0 | 후14 | 페드로 | 10 |  |  | 68 | 이재욱 | 후45 | 0 | 0 | 0 | 0 |
| 0 | 0 | 0 | 1 | 전35 | 이승재 | 11 |  |  | 91 | 박광일 | 후32 | 0 | 0 | 0 | 0 |
| 0 | 2 | 13 | 12(3) |  |  | 0 |  |  | 0 |  |  | 4(3) | 11 | 0 | 0 |

● 전반 26분 후이즈 PK-R-G (득점: 후이즈) 오른쪽

9월 20일 16:30 흐림 수원 월드컵 11,318명
주심_ 박정호 부심_ 성주경·김태원 대기심_ 최현재 경기감독관_ 차상해

**수원 1** | 0 전반 1 / 1 후반 1 | **2 경남**

| 퇴장 | 경고 | 파울 | ST(유) | 교체 | 선수명 | 배번 | 위치 | 위치 | 배번 | 선수명 | 교체 | ST(유) | 파울 | 경고 | 퇴장 |
|---|---|---|---|---|---|---|---|---|---|---|---|---|---|---|---|
| 0 | 0 | 0 | 0 |  | 양형모 | 21 | GK | GK | 91 | 최필수 |  | 0 | 0 | 1 | 0 |
| 0 | 0 | 0 | 0 |  | 장석환 | 2 | DF | DF | 37 | 김선호 | 33 | 1 | 3 | 1 | 0 |
| 0 | 1 | 3 | 0 |  | 레오 | 4 | DF | DF | 2 | 박재환 |  | 0 | 2 | 0 | 0 |
| 0 | 0 | 0 | 0 | 7 | 황석호 | 90 | DF | DF | 4 | 한용수 |  | 1 | 1 | 0 | 0 |
| 0 | 1 | 1 | 0 | 30 | 정동윤 | 32 | DF | DF | 29 | 박기현 | 77 | 1(1) | 1 | 0 | 0 |
| 0 | 0 | 0 | 1(1) | 91 | 김민우 | 99 | MF | MF | 40 | 이찬동 |  | 1(1) | 1 | 0 | 0 |
| 0 | 0 | 1 | 3(2) |  | 홍원진 | 14 | MF | MF | 88 | 헤난 |  | 0 | 2 | 1 | 0 |
| 0 | 0 | 1 | 0 | 24 | 이민혁 | 17 | MF | MF | 10 | 브루노코스타 |  | 2(2) | 1 | 1 | 0 |
| 0 | 0 | 1 | 7(3) |  | 세라핌 | 70 | MF | FW | 11 | 박민서 | 22 | 3(3) | 1 | 1 | 0 |
| 0 | 0 | 0 | 0 | 11 | 김지현 | 77 | FW | FW | 9 | 카릴 | 89 | 1 | 0 | 0 | 0 |
| 0 | 0 | 0 | 3(3) |  | 일류첸코 | 9 | FW | FW | 20 | 마세도 | 19 | 2(2) | 2 | 0 | 0 |
| 0 | 0 | 0 | 0 |  | 김민준 | 1 |  |  | 51 | 류원우 |  | 0 | 0 | 0 | 0 |
| 0 | 0 | 0 | 0 |  | 최영준 | 6 |  |  | 33 | 박원재 | 후20 | 1(1) | 0 | 0 | 0 |
| 0 | 0 | 0 | 2(2) | 후0 | 파울리뇨 | 11 |  |  | 22 | 김형원 | 후28 | 0 | 0 | 0 | 0 |
| 0 | 0 | 0 | 0 | 후0 | 이규성 | 24 | 대기 | 대기 | 63 | 한석종 |  | 0 | 0 | 0 | 0 |
| 0 | 0 | 1 | 1 | 후36 | 김현 | 7 |  |  | 77 | 김하민 | 후20 | 0 | 0 | 0 | 0 |
| 0 | 0 | 0 | 1(1) | 후25 | 강성진 | 30 |  |  | 89 | 단레이 | 후28 | 1(1) | 0 | 1 | 0 |
| 0 | 0 | 1 | 0 | 후0 | 박지원 | 91 |  |  | 19 | 정충근 | 후13 | 0 | 0 | 0 | 0 |
| 0 | 2 | 9 | 18(12) |  |  | 0 |  |  | 0 |  |  | 14(11) | 14 | 6 | 0 |

● 후반 38분 이규성 C,KL ↷ 세라핌 GAL 내 H-ST-G (득점: 세라핌, 도움: 이규성) 오른쪽

● 전반 26분 박민서 GAR R-ST-G (득점: 박민서) 가운데
● 후반 31분 김형원 PAR 내 ~ 단레이 GA 정면 내 R-ST-G (득점: 단레이, 도움: 김형원) 오른쪽

9월 20일 16:30 맑음 부천 종합 3,033명
주심_ 정회수 부심_ 주현민·신재환 대기심_ 오현진 경기감독관_ 구상범

**부천 2** | 0 전반 1 / 2 후반 1 | **2 서울E**

| 퇴장 | 경고 | 파울 | ST(유) | 교체 | 선수명 | 배번 | 위치 | 위치 | 배번 | 선수명 | 교체 | ST(유) | 파울 | 경고 | 퇴장 |
|---|---|---|---|---|---|---|---|---|---|---|---|---|---|---|---|
| 0 | 0 | 0 | 0 | | 김형근 | 1 | GK | GK | 25 | 구성윤 | | 0 | 0 | 0 | 0 |
| 0 | 0 | 1 | 0 | 99 | 정호진 | 6 | DF | DF | 44 | 김하준 | | 0 | 1 | 1 | 0 |
| 0 | 0 | 0 | 1(1) | | 백동규 | 29 | DF | DF | 20 | 김오규 | | 1 | 0 | 1 | 0 |
| 0 | 0 | 2 | 0 | 14 | 전인규 | 30 | DF | DF | 4 | 곽윤호 | | 0 | 2 | 0 | 0 |
| 0 | 0 | 0 | 0 | 17 | 장시영 | 27 | MF | MF | 88 | 서진석 | 7 | 1(1) | 0 | 0 | 0 |
| 0 | 0 | 1 | 0 | 4 | 카즈 | 23 | MF | MF | 66 | 백지웅 | | 0 | 2 | 1 | 0 |
| 0 | 0 | 3 | 2(1) | | 박현빈 | 16 | MF | MF | 15 | 서재민 | | 0 | 2 | 0 | 0 |
| 0 | 0 | 1 | 0 | | 티아깅요 | 7 | MF | MF | 30 | 박창환 | | 0 | 6 | 2 | 0 |
| 0 | 0 | 0 | 5(4) | | 바사니 | 10 | FW | MF | 77 | 배진우 | 19 | 0 | 1 | 1 | 0 |
| 0 | 1 | 2 | 1(1) | | 몬타뇨 | 9 | FW | FW | 47 | 이주혁 | 16 | 2 | 2 | 0 | 0 |
| 0 | 0 | 1 | 0 | 24 | 박창준 | 11 | FW | FW | 70 | 허용준 | 5 | 0 | 1 | 0 | 0 |
| 0 | 0 | 0 | 0 | | 김현엽 | 21 | | | 21 | 김민호 | | 0 | 0 | 0 | 0 |
| 0 | 0 | 0 | 0 | | 이재원 | 15 | | | 5 | 오스마르 | 후21 | 0 | 0 | 0 | 0 |
| 0 | 0 | 0 | 0 | 후23 | 최원철 | 4 | | | 6 | 채광훈 | 후53 | 0 | 0 | 0 | 0 |
| 0 | 0 | 0 | 1(1) | 후37 | 최재영 | 14 | 대기 | 대기 | 19 | 김주환 | 후0 | 0 | 0 | 0 | 0 |
| 0 | 0 | 0 | 0 | 후37 | 김동현 | 24 | | | 16 | 변경준 | 후12 | 0 | 1 | 0 | 0 |
| 0 | 0 | 0 | 1 | 후4 | 김규민 | 17 | | | 18 | 정재민 | | 0 | 0 | 0 | 0 |
| 0 | 0 | 0 | 0 | 후23 | 공민현 | 99 | | | 7 | 에울레르 | 후0/6 | 2(2) | 0 | 1 | 0 |
| 0 | 1 | 11 | 11(8) | | | 0 | | | 0 | | | 6(3) | 18 | 7 | 0 |

- 후반 46분 김동현 GAL 내 → 몬타뇨 GAL R-ST-G (득점: 몬타뇨, 도움: 김동현) 오른쪽
- 후반 53분 바사니 AKR FK L-ST-G (득점: 바사니) 오른쪽
- 전반 15분 서진석 PAR FK L-ST-G (득점: 서진석) 오른쪽
- 후반 12분 에울레르 PK-L-G (득점: 에울레르) 오른쪽

9월 20일 19:00 흐림 탄천 종합 2,183명
주심_ 박진호 부심_ 이병주·류시홍 대기심_ 최광호 경기감독관_ 김성수

**성남 3** | 1 전반 0 / 2 후반 0 | **0 충남아산**

| 퇴장 | 경고 | 파울 | ST(유) | 교체 | 선수명 | 배번 | 위치 | 위치 | 배번 | 선수명 | 교체 | ST(유) | 파울 | 경고 | 퇴장 |
|---|---|---|---|---|---|---|---|---|---|---|---|---|---|---|---|
| 0 | 0 | 0 | 0 | | 양한빈 | 21 | GK | GK | 18 | 신송훈 | | 0 | 0 | 0 | 0 |
| 0 | 0 | 2 | 0 | | 정승용 | 22 | DF | DF | 76 | 이호인 | | 0 | 1 | 0 | 0 |
| 0 | 0 | 1 | 0 | 3 | 베니시오 | 4 | DF | DF | 13 | 김영남 | | 0 | 0 | 0 | 0 |
| 0 | 0 | 0 | 0 | | 이상민 | 20 | DF | DF | 12 | 최성진 | 6 | 0 | 1 | 0 | 0 |
| 0 | 0 | 0 | 0 | | 신재원 | 7 | DF | MF | 14 | 이학민 | | 2(1) | 2 | 0 | 0 |
| 0 | 0 | 2 | 0 | 30 | 김정환 | 11 | MF | MF | 10 | 김종석 | 8 | 1(1) | 1 | 0 | 0 |
| 0 | 0 | 3 | 1(1) | 74 | 프레이타스 | 14 | MF | MF | 28 | 손준호 | | 0 | 4 | 0 | 0 |
| 0 | 0 | 1 | 0 | 8 | 류준선 | 16 | MF | MF | 25 | 박종민 | 17 | 0 | 1 | 1 | 0 |
| 0 | 0 | 1 | 0 | | 박수빈 | 33 | MF | FW | 7 | 데니손 | 22 | 3 | 0 | 0 | 0 |
| 0 | 0 | 0 | 0 | 70 | 박상혁 | 2 | FW | FW | 39 | 김성현 | 72 | 1 | 0 | 0 | 0 |
| 0 | 0 | 1 | 1(1) | | 후이즈 | 9 | FW | FW | 97 | 은고이 | | 1 | 0 | 0 | 0 |
| 0 | 0 | 0 | 0 | | 박지민 | 34 | | | 21 | 김진영 | | 0 | 0 | 0 | 0 |
| 0 | 0 | 0 | 0 | 후43 | 강의빈 | 3 | | | 6 | 최희원 | 후24 | 0 | 0 | 0 | 0 |
| 0 | 0 | 1 | 1(1) | 후0 | 이정빈 | 8 | | | 17 | 김주성 | 후44 | 0 | 0 | 0 | 0 |
| 0 | 0 | 0 | 0 | 후43 | 박병규 | 30 | 대기 | 대기 | 8 | 최치원 | 후24 | 1 | 0 | 0 | 0 |
| 0 | 0 | 1 | 0 | 후12 | 레안드로 | 70 | | | 24 | 박세직 | | 0 | 0 | 0 | 0 |
| 0 | 0 | 0 | 0 | 후31 | 사무엘 | 74 | | | 22 | 김승호 | 후0 | 2 | 1 | 0 | 0 |
| 0 | 0 | 0 | 0 | | 박광일 | 91 | | | 72 | 한교원 | 전30 | 0 | 0 | 0 | 0 |
| 0 | 0 | 13 | 3(3) | | | 0 | | | 0 | | | 11(2) | 11 | 1 | 0 |

- 전반 39분 손준호 GA 정면 내 자책골 (득점: 손준호) 왼쪽
- 후반 18분 후이즈 GAR 내 R-ST-G (득점: 후이즈) 왼쪽
- 후반 20분 레안드로 PAR ~ 이정빈 GA 정면 R-ST-G (득점: 이정빈, 도움: 레안드로) 왼쪽

9월 20일 19:00 흐림 인천 전용 10,328명
주심_ 김희곤 부심_ 천진희·김현진 대기심_ 최규현 경기감독관_ 허기태

**인천 1** | 0 전반 0 / 1 후반 2 | **2 김포**

| 퇴장 | 경고 | ST(유) | 파울 | 교체 | 선수명 | 배번 | 위치 | 위치 | 배번 | 선수명 | 교체 | ST(유) | 파울 | 경고 | 퇴장 |
|---|---|---|---|---|---|---|---|---|---|---|---|---|---|---|---|
| 0 | 0 | 0 | 0 | | 민성준 | 1 | GK | GK | 31 | 손정현 | | 0 | 0 | 0 | 0 |
| 0 | 0 | 0 | 0 | | 이주용 | 32 | DF | DF | 3 | 박경록 | | 1 | 1 | 1 | 0 |
| 0 | 0 | 1(1) | 1 | 15 | 델브리지 | 20 | DF | DF | 77 | 채프먼 | | 0 | 1 | 0 | 0 |
| 0 | 0 | 4(1) | 0 | | 김건희 | 4 | DF | DF | 5 | 이찬형 | 2 | 0 | 0 | 0 | 0 |
| 0 | 0 | 0 | 0 | | 이상기 | 3 | DF | MF | 11 | 윤재운 | | 0 | 0 | 0 | 0 |
| 0 | 0 | 0 | 0 | 17 | 바로우 | 14 | MF | MF | 7 | 이상민 | | 1(1) | 2 | 0 | 0 |
| 0 | 0 | 2(2) | 0 | 8 | 정원진 | 88 | MF | MF | 23 | 최재훈 | | 0 | 3 | 1 | 0 |
| 0 | 0 | 1(1) | 2 | | 김건웅 | 28 | MF | MF | 98 | 김민식 | 8 | 1(1) | 1 | 0 | 0 |
| 0 | 0 | 4(3) | 0 | 27 | 제르소 | 11 | MF | MF | 50 | 박동진 | 99 | 2(2) | 0 | 0 | 0 |
| 0 | 0 | 3(2) | 1 | 99 | 박승호 | 77 | FW | FW | 47 | 조성준 | 17 | 0 | 1 | 1 | 0 |
| 0 | 0 | 4(4) | 0 | | 무고사 | 9 | FW | FW | 10 | 플라나 | 29 | 2(2) | 0 | 0 | 0 |
| 0 | 0 | 0 | 0 | | 이범수 | 25 | | | 21 | 윤보상 | | 0 | 0 | 0 | 0 |
| 0 | 0 | 0 | 0 | 후50 | 임형진 | 15 | | | 2 | 김종민 | 후46 | 0 | 0 | 0 | 0 |
| 0 | 1 | 0 | 1 | 후10 | 김성민 | 17 | | | 32 | 장부성 | | 0 | 0 | 0 | 0 |
| 0 | 0 | 0 | 0 | | 김도혁 | 7 | 대기 | 대기 | 29 | 김민우 | 후46 | 1(1) | 0 | 0 | 0 |
| 0 | 0 | 0 | 0 | 후50 | 김보섭 | 27 | | | 8 | 디자우마 | 후0 | 1 | 1 | 0 | 0 |
| 0 | 0 | 1(1) | 0 | 후22 | 신진호 | 8 | | | 17 | 제갈재민 | 후28 | 0 | 0 | 0 | 0 |
| 0 | 0 | 0 | 1 | 후22 | 박호민 | 99 | | | 99 | 김결 | 후28 | 0 | 0 | 0 | 0 |
| 0 | 1 | 20(15) | 6 | | | 0 | | | 0 | | | 9(7) | 10 | 3 | 0 |

- 후반 40분 무고사 GAL 내 H-ST-G (득점: 무고사) 가운데
- 후반 1분 박동진 PA 정면 내 R-ST-G (득점: 박동진) 왼쪽
- 후반 17분 윤재운 PAR ↷ 박동진 GA 정면 내 H-ST-G (득점: 박동진, 도움: 윤재운) 가운데

9월 21일 16:30 맑음 안산 와스타디움 1,933명
주심_ 김재홍 부심_ 박남수·김유영 대기심_ 박정호 경기감독관_ 김용세

**안산 0** | 0 전반 0 / 0 후반 0 | **0 충북청주**

| 퇴장 | 경고 | 파울 | ST(유) | 교체 | 선수명 | 배번 | 위치 | 위치 | 배번 | 선수명 | 교체 | ST(유) | 파울 | 경고 | 퇴장 |
|---|---|---|---|---|---|---|---|---|---|---|---|---|---|---|---|
| 0 | 0 | 0 | 0 | | 이승빈 | 1 | GK | GK | 18 | 정진욱 | | 0 | 0 | 0 | 0 |
| 0 | 0 | 0 | 1(1) | 33 | 장민준 | 4 | DF | DF | 4 | 반데아벌트 | 2 | 0 | 2 | 1 | 0 |
| 0 | 0 | 0 | 0 | | 조지훈 | 25 | DF | DF | 15 | 홍준호 | | 0 | 1 | 0 | 0 |
| 0 | 0 | 0 | 0 | | 김현태 | 6 | DF | DF | 99 | 이창훈 | | 0 | 0 | 0 | 0 |
| 0 | 0 | 0 | 0 | 26 | 정용희 | 16 | MF | MF | 5 | 김선민 | | 0 | 1 | 0 | 0 |
| 0 | 0 | 4 | 1(1) | 13 | 배수민 | 66 | MF | MF | 13 | 김영환 | 71 | 1 | 1 | 0 | 0 |
| 0 | 0 | 0 | 0 | 22 | 손준석 | 7 | MF | MF | 36 | 윤석영 | | 0 | 1 | 0 | 0 |
| 0 | 0 | 3 | 2(2) | | 라파 | 8 | MF | MF | 70 | 최강민 | | 0 | 1 | 0 | 0 |
| 0 | 0 | 0 | 3(3) | | 사라이바 | 10 | FW | FW | 10 | 페드로 | 16 | 0 | 1 | 1 | 0 |
| 0 | 0 | 2 | 4(3) | | 제페르손 | 77 | FW | FW | 11 | 이승재 | 17 | 0 | 0 | 0 | 0 |
| 0 | 0 | 0 | 0 | 28 | 김우빈 | 99 | FW | FW | 66 | 이강한 | | 0 | 2 | 1 | 0 |
| 0 | 0 | 0 | 0 | | 조성훈 | 21 | | | 1 | 조수혁 | | 0 | 0 | 0 | 0 |
| 0 | 0 | 0 | 0 | 후0 | 박시화 | 22 | | | 50 | 정성우 | | 0 | 0 | 0 | 0 |
| 0 | 0 | 0 | 0 | 후26 | 임지민 | 26 | | | 16 | 문승민 | 후0/28 | 0 | 2 | 1 | 0 |
| 0 | 0 | 0 | 0 | 후42 | 에두 | 33 | 대기 | 대기 | 28 | 이지승 | 후26 | 0 | 0 | 0 | 0 |
| 0 | 0 | 0 | 0 | 후26 | 김건오 | 13 | | | 71 | 이동원 | 후35 | 1 | 2 | 0 | 0 |
| 0 | 0 | 0 | 0 | | 류승완 | 17 | | | 2 | 서재원 | 전28 | 0 | 1 | 0 | 0 |
| 0 | 0 | 0 | 0 | 후35 | 강수일 | 28 | | | 17 | 홍석준 | 후26 | 0 | 2 | 0 | 0 |
| 0 | 0 | 9 | 11(10) | | | 0 | | | 0 | | | 2 | 17 | 4 | 0 |

9월 21일 16:30 맑음 천안 종합 1,851명
주심_ 안재훈 부심_ 이영운·장민호 대기심_ 고민국 경기감독관_ 김성기

**천안 2** 1 전반 1 / 1 후반 1 **2 화성**

| 퇴장 | 경고 | 파울 | ST(유) | 교체 | 선수명 | 배번 | 위치 | 위치 | 배번 | 선수명 | 교체 | ST(유) | 파울 | 경고 | 퇴장 |
|---|---|---|---|---|---|---|---|---|---|---|---|---|---|---|---|
| 0 | 0 | 0 | 0 | | 제종현 | 21 | GK | GK | 1 | 김승건 | | 0 | 0 | 0 | 0 |
| 0 | 0 | 0 | 1 | | 강영훈 | 4 | DF | DF | 3 | 조동재 | | 0 | 1 | 0 | 0 |
| 0 | 0 | 0 | 0 | | 마상훈 | 25 | DF | FW | 5 | 우제욱 | | 3(2) | 3 | 1 | 0 |
| 0 | 1 | 2 | 0 | | 이상명 | 24 | DF | MF | 6 | 최준혁 | 16 | 0 | 2 | 1 | 0 |
| 0 | 0 | 1 | 2(1) | | 김영선 | 26 | MF | MF | 8 | 전성진 | 47 | 0 | 1 | 0 | 0 |
| 0 | 1 | 1 | 0 | 88 | 신형민 | 32 | MF | DF | 15 | 보이노비치 | | 0 | 0 | 0 | 0 |
| 0 | 0 | 1 | 0 | 6 | 이광진 | 8 | MF | DF | 17 | 임창석 | | 1(1) | 0 | 0 | 0 |
| 0 | 0 | 0 | 0 | 35 | 이예찬 | 34 | MF | DF | 20 | 박준서 | 4 | 1 | 0 | 0 | 0 |
| 0 | 0 | 2 | 2 | | 툰가라 | 10 | FW | MF | 29 | 김준영 | 26 | 0 | 1 | 0 | 0 |
| 0 | 0 | 0 | 0 | 11 | 이정협 | 18 | FW | FW | 41 | 김병오 | 7 | 1 | 0 | 0 | 0 |
| 0 | 0 | 0 | 3(2) | 83 | 이상준 | 7 | FW | MF | 99 | 데메트리우스 | | 2(1) | 1 | 0 | 0 |
| 0 | 0 | 0 | 0 | | 허자웅 | 31 | | | 13 | 이기현 | | 0 | 0 | 0 | 0 |
| 0 | 0 | 0 | 0 | 후10 | 김성주 | 35 | | | 4 | 연제민 | 후12 | 0 | 1 | 0 | 1 |
| 0 | 0 | 1 | 1(1) | 후0 | 이종성 | 6 | | | 7 | 알뚤 | 후12 | 2 | 0 | 0 | 0 |
| 0 | 0 | 0 | 0 | | 구종욱 | 14 | 대기 | 대기 | 16 | 최명희 | 후20 | 0 | 0 | 0 | 0 |
| 0 | 0 | 1 | 0 | 후0 | 정석화 | 88 | | | 26 | 박창호 | 후43 | 0 | 1 | 0 | 0 |
| 0 | 0 | 1 | 0 | 후39 | 이지훈 | 11 | | | 47 | 박재성 | 후20 | 0 | 0 | 0 | 0 |
| 0 | 0 | 0 | 2(2) | 후15 | 브루노 | 83 | | | 53 | 리마 | | 0 | 0 | 0 | 0 |
| 0 | 2 | 10 | 11(6) | | | 0 | | | 0 | | | 10(4) | 11 | 2 | 1 |

- 전반 11분 이예찬 PAR ↷ 이상준 GA 정면 H-ST-G (득점: 이상준, 도움: 이예찬) 오른쪽
- 후반 25분 이종성 GA 정면 내 H-ST-G (득점: 이종성) 왼쪽
- 전반 39분 전성진 C.KR ↷ 우제욱 GA 정면 H-ST-G (득점: 우제욱, 도움: 전성진) 왼쪽
- 후반 47분 보이노비치 PAR 내 ~ 임창석 GAR 내 R-ST-G (득점: 임창석, 도움: 보이노비치) 오른쪽

9월 21일 19:00 흐림 부산 구덕 2,045명
주심_ 원명희 부심_ 김수현·이화평 대기심_ 최광호 경기감독관_ 허태식

**부산 1** 1 전반 1 / 0 후반 0 **1 전남**

| 퇴장 | 경고 | 파울 | ST(유) | 교체 | 선수명 | 배번 | 위치 | 위치 | 배번 | 선수명 | 교체 | ST(유) | 파울 | 경고 | 퇴장 |
|---|---|---|---|---|---|---|---|---|---|---|---|---|---|---|---|
| 0 | 0 | 0 | 0 | | 구상민 | 1 | GK | GK | 1 | 최봉진 | | 0 | 0 | 0 | 0 |
| 0 | 0 | 1 | 1 | | 오반석 | 3 | DF | DF | 2 | 유지하 | | 0 | 1 | 0 | 0 |
| 0 | 0 | 3 | 0 | | 조위제 | 20 | DF | DF | 23 | 김경재 | | 0 | 2 | 0 | 0 |
| 0 | 0 | 1 | 0 | | 장호익 | 77 | DF | DF | 95 | 최정원 | | 0 | 0 | 0 | 0 |
| 0 | 1 | 2 | 0 | 37 | 전성진 | 17 | MF | DF | 13 | 김용환 | 36 | 0 | 1 | 0 | 0 |
| 0 | 0 | 0 | 0 | | 사비에르 | 7 | MF | DF | 3 | 김예성 | | 0 | 0 | 0 | 0 |
| 0 | 0 | 1 | 0 | 47 | 이동수 | 6 | MF | MF | 24 | 박상준 | 77 | 1(1) | 1 | 0 | 0 |
| 0 | 0 | 1 | 1(1) | 23 | 김세훈 | 88 | MF | MF | 16 | 알베르띠 | | 0 | 0 | 1 | 0 |
| 0 | 0 | 0 | 2(1) | 29 | 빌레로 | 11 | FW | MF | 10 | 발디비아 | 6 | 1 | 0 | 0 | 0 |
| 0 | 0 | 0 | 1 | 32 | 곤잘로 | 9 | FW | FW | 19 | 호난 | 9 | 2(1) | 2 | 0 | 0 |
| 0 | 0 | 2 | 1 | | 페신 | 10 | FW | FW | 50 | 르본 | 11 | 0 | 1 | 0 | 0 |
| 0 | 0 | 0 | 0 | | 박대한 | 21 | | | 21 | 이준 | | 0 | 0 | 0 | 0 |
| 0 | 0 | 0 | 0 | | 정호근 | 4 | | | 4 | 구현준 | | 0 | 0 | 0 | 0 |
| 0 | 0 | 0 | 0 | 후46 | 김동욱 | 37 | | | 36 | 안재민 | 후25 | 0 | 0 | 0 | 0 |
| 0 | 0 | 0 | 1 | 후9 | 박창우 | 23 | 대기 | 대기 | 6 | 양지산 | 후41 | 0 | 0 | 0 | 0 |
| 0 | 0 | 0 | 0 | 후46 | 손휘 | 47 | | | 77 | 최한솔 | 후0 | 0 | 0 | 0 | 0 |
| 0 | 0 | 0 | 0 | 후39 | 최기윤 | 29 | | | 9 | 하남 | 후25 | 0 | 0 | 0 | 0 |
| 0 | 0 | 0 | 1(1) | 후9 | 윤민호 | 32 | | | 11 | 정지용 | 후28 | 0 | 1 | 0 | 0 |
| 0 | 1 | 11 | 8(3) | | | 0 | | | 0 | | | 4(2) | 9 | 1 | 0 |

- 전반 11분 김예성 GAR 내 자책골 (득점: 김예성) 가운데
- 전반 28분 발디비아 GAR ~ 호난 GA 정면 내 L-ST-G (득점: 호난, 도움: 발디비아) 가운데

9월 27일 14:00 맑음 순천 팔마 8,589명
주심_ 박진호 부심_ 박남수·김유영 대기심_ 박정호 경기감독관_ 이평재

**전남 3** 2 전반 1 / 1 후반 1 **2 부천**

| 퇴장 | 경고 | 파울 | ST(유) | 교체 | 선수명 | 배번 | 위치 | 위치 | 배번 | 선수명 | 교체 | ST(유) | 파울 | 경고 | 퇴장 |
|---|---|---|---|---|---|---|---|---|---|---|---|---|---|---|---|
| 0 | 0 | 0 | 0 | | 최봉진 | 1 | GK | GK | 1 | 김형근 | | 0 | 0 | 0 | 0 |
| 0 | 1 | 2 | 0 | | 유지하 | 2 | DF | DF | 6 | 정호진 | | 0 | 1 | 0 | 0 |
| 0 | 0 | 0 | 0 | 4 | 김경재 | 23 | DF | DF | 29 | 백동규 | | 0 | 0 | 0 | 0 |
| 0 | 0 | 4 | 0 | | 최정원 | 95 | DF | DF | 30 | 전인규 | | 0 | 2 | 1 | 0 |
| 0 | 0 | 1 | 0 | | 김예성 | 3 | DF | MF | 27 | 장시영 | | 0 | 0 | 0 | 0 |
| 0 | 0 | 0 | 1(1) | 36 | 김용환 | 13 | DF | MF | 4 | 최원철 | 23 | 0 | 0 | 0 | 0 |
| 0 | 0 | 0 | 2(2) | | 발디비아 | 10 | MF | MF | 16 | 박현빈 | 24 | 3(2) | 1 | 0 | 0 |
| 0 | 0 | 1 | 1(1) | | 알베르띠 | 16 | MF | MF | 7 | 티아깅요 | 17 | 0 | 0 | 0 | 0 |
| 0 | 1 | 2 | 0 | 14 | 박상준 | 24 | MF | FW | 10 | 바사니 | | 1(1) | 1 | 1 | 0 |
| 0 | 0 | 0 | 1 | 11 | 르본 | 50 | FW | FW | 9 | 몬타뇨 | 99 | 1(1) | 0 | 0 | 0 |
| 0 | 0 | 0 | 3(2) | 9 | 호난 | 19 | FW | FW | 11 | 박창준 | 14 | 0 | 0 | 0 | 0 |
| 0 | 0 | 0 | 0 | | 이준 | 21 | | | 21 | 김현엽 | | 0 | 0 | 0 | 0 |
| 0 | 0 | 0 | 0 | 후32 | 구현준 | 4 | | | 5 | 이상혁 | | 0 | 0 | 0 | 0 |
| 0 | 0 | 0 | 0 | 후44 | 안재민 | 36 | | | 14 | 최재영 | 후32 | 0 | 0 | 0 | 0 |
| 0 | 0 | 0 | 0 | | 양지산 | 6 | 대기 | 대기 | 23 | 카즈 | 후32 | 0 | 0 | 0 | 0 |
| 0 | 1 | 1 | 0 | 후22 | 윤민호 | 14 | | | 24 | 김동현 | 후19 | 0 | 0 | 0 | 0 |
| 0 | 0 | 0 | 0 | 후44 | 하남 | 9 | | | 17 | 김규민 | 후0 | 1 | 0 | 0 | 0 |
| 0 | 0 | 1 | 0 | 후22 | 정지용 | 11 | | | 99 | 공민현 | 후38 | 0 | 0 | 0 | 0 |
| 0 | 3 | 12 | 8(6) | | | 0 | | | 0 | | | 6(4) | 5 | 2 | 0 |

- 전반 30분 박상준 PAR ↷ 호난 GA 정면 H-ST-G (득점: 호난, 도움: 박상준) 왼쪽
- 전반 48분 발디비아 PK-R-G (득점: 발디비아) 오른쪽
- 후반 28분 정지용 AK 정면 ~ 호난 PK지점 R-ST-G (득점: 호난, 도움: 정지용) 왼쪽
- 전반 12분 몬타뇨 GAR 내 R-ST-G (득점: 몬타뇨) 왼쪽
- 후반 21분 김경재 GA 정면 내 H 자책골 (득점: 김경재) 왼쪽

9월 27일 16:30 흐림 아산 이순신 6,604명
주심_ 최철준 부심_ 주현민·김현진 대기심_ 최승환 경기감독관_ 나승화

**충남아산 1** 0 전반 1 / 1 후반 2 **3 수원**

| 퇴장 | 경고 | 파울 | ST(유) | 교체 | 선수명 | 배번 | 위치 | 위치 | 배번 | 선수명 | 교체 | ST(유) | 파울 | 경고 | 퇴장 |
|---|---|---|---|---|---|---|---|---|---|---|---|---|---|---|---|
| 0 | 0 | 0 | 0 | | 신송훈 | 18 | GK | GK | 1 | 김민준 | | 0 | 0 | 0 | 0 |
| 0 | 0 | 0 | 0 | | 이호인 | 76 | DF | DF | 23 | 이기제 | | 2 | 0 | 0 | 0 |
| 0 | 0 | 1 | 1 | | 김영남 | 13 | DF | DF | 4 | 레오 | | 0 | 3 | 1 | 0 |
| 0 | 0 | 2 | 0 | | 최희원 | 6 | DF | DF | 5 | 한호강 | | 0 | 2 | 0 | 0 |
| 0 | 1 | 2 | 0 | 27 | 김주성 | 17 | MF | DF | 32 | 정동윤 | | 1 | 1 | 0 | 0 |
| 0 | 0 | 3 | 4(1) | 24 | 김종석 | 10 | MF | MF | 11 | 파울리뇨 | 30 | 3(1) | 2 | 0 | 0 |
| 0 | 0 | 3 | 3(1) | 8 | 손준호 | 28 | MF | MF | 24 | 이규성 | 6 | 0 | 3 | 0 | 0 |
| 0 | 0 | 0 | 2(2) | | 이학민 | 14 | MF | MF | 14 | 홍원진 | | 0 | 2 | 1 | 0 |
| 0 | 1 | 1 | 2(1) | 7 | 김승호 | 22 | FW | MF | 70 | 세라핌 | 91 | 3(2) | 0 | 0 | 0 |
| 0 | 0 | 0 | 0 | 72 | 김성현 | 39 | FW | FW | 77 | 김지현 | 17 | 0 | 0 | 0 | 0 |
| 0 | 0 | 0 | 2(2) | | 은고이 | 97 | FW | FW | 9 | 일류첸코 | 7 | 2(1) | 0 | 0 | 0 |
| 0 | 0 | 0 | 0 | | 김진영 | 21 | | | 21 | 양형모 | | 0 | 0 | 0 | 0 |
| 0 | 0 | 0 | 0 | | 최성진 | 12 | | | 2 | 장석환 | | 0 | 0 | 0 | 0 |
| 0 | 0 | 2 | 0 | 후29 | 정세준 | 27 | | | 6 | 최영준 | 후50 | 0 | 0 | 0 | 0 |
| 0 | 0 | 0 | 0 | 후48 | 최치원 | 8 | 대기 | 대기 | 17 | 이민혁 | 후25 | 0 | 1 | 0 | 0 |
| 0 | 0 | 1 | 0 | 후48 | 박세직 | 24 | | | 7 | 김현 | 후35 | 1(1) | 0 | 0 | 0 |
| 0 | 0 | 0 | 0 | 후22 | 데니손 | 7 | | | 30 | 강성진 | 후25 | 0 | 1 | 0 | 0 |
| 0 | 0 | 0 | 0 | 후0 | 한교원 | 72 | | | 91 | 박지원 | 후25 | 1(1) | 0 | 0 | 0 |
| 0 | 2 | 15 | 14(7) | | | 0 | | | 0 | | | 13(6) | 15 | 2 | 0 |

- 후반 9분 김종석 PAR 내 ~ 이학민 GAR 내 R-ST-G (득점: 이학민, 도움: 김종석) 오른쪽
- 전반 27분 세라핌 PK-R-G (득점: 세라핌) 오른쪽
- 후반 46분 이규성 MF 정면 FK~ 김현 GA 정면 R-ST-G (득점: 김현, 도움: 이규성) 오른쪽
- 후반 48분 이규성 HL 정면 ~ 박지원 PAR 내 R-ST-G (득점: 박지원, 도움: 이규성) 가운데

9월 27일 19:00 흐림 청주 종합 1,768명
주심_ 최현재 부심_ 성주경·황보진현 대기심_ 원명희 경기감독관_ 이경춘

**충북청주 0** (0 전반 0 / 0 후반 1) **1 천안**

| 퇴장 | 경고 | 파울 | ST(유) | 교체 | 선수명 | 배번 | 위치 | 위치 | 배번 | 선수명 | 교체 | ST(유) | 파울 | 경고 | 퇴장 |
|---|---|---|---|---|---|---|---|---|---|---|---|---|---|---|---|
| 0 | 0 | 0 | 0 | | 정 진 욱 | 18 | GK | GK | 31 | 허 자 웅 | | 0 | 0 | 0 | 0 |
| 0 | 0 | 1 | 2(1) | | 홍 준 호 | 15 | DF | DF | 4 | 강 영 훈 | | 0 | 1 | 1 | 0 |
| 0 | 0 | 1 | 0 | | 윤 석 영 | 36 | DF | DF | 25 | 마 상 훈 | | 0 | 1 | 1 | 0 |
| 0 | 0 | 0 | 1 | | 이 창 훈 | 99 | DF | DF | 24 | 이 상 명 | | 0 | 1 | 0 | 0 |
| 0 | 0 | 1 | 0 | | 김 선 민 | 5 | MF | MF | 26 | 김 영 선 | | 0 | 0 | 0 | 0 |
| 0 | 0 | 2 | 1 | | 김 영 환 | 13 | MF | MF | 6 | 이 종 성 | 35 | 0 | 1 | 0 | 0 |
| 0 | 0 | 0 | 1 | 28 | 이 강 한 | 66 | MF | MF | 8 | 이 광 진 | | 1(1) | 8 | 0 | 0 |
| 0 | 0 | 1 | 0 | | 최 강 민 | 70 | MF | MF | 34 | 이 예 찬 | 20 | 0 | 1 | 0 | 0 |
| 0 | 1 | 2 | 1(1) | 10 | 이 승 재 | 11 | FW | FW | 14 | 구 종 욱 | 7 | 0 | 0 | 0 | 0 |
| 0 | 0 | 0 | 2(1) | 50 | 이 동 원 | 71 | FW | FW | 18 | 이 정 협 | 83 | 1 | 1 | 0 | 0 |
| 0 | 0 | 1 | 0 | 17 | 양 영 빈 | 88 | FW | FW | 10 | 툰 가 라 | 88 | 0 | 2 | 0 | 0 |
| 0 | 0 | 0 | 0 | | 이 승 환 | 23 | | | 21 | 제 종 현 | | 0 | 0 | 0 | 0 |
| 0 | 0 | 2 | 0 | 후35 | 정 성 우 | 50 | | | 35 | 김 성 주 | 후27 | 0 | 0 | 0 | 0 |
| 0 | 0 | 0 | 0 | | 최 성 근 | 25 | | | 45 | 미 사 키 | | 0 | 0 | 0 | 0 |
| 0 | 0 | 0 | 0 | 후35 | 이 지 승 | 28 | 대기 | 대기 | 20 | 하 재 민 | 후27 | 0 | 0 | 0 | 0 |
| 0 | 0 | 1 | 1 | 후23 | 페 드 로 | 10 | | | 88 | 정 석 화 | 후40 | 1(1) | 0 | 0 | 0 |
| 0 | 0 | 0 | 0 | 후23/22 | 홍 석 준 | 17 | | | 7 | 이 상 준 | 후0 | 1(1) | 1 | 0 | 0 |
| 0 | 0 | 0 | 0 | 후47 | 이 원 준 | 22 | | | 83 | 브 루 노 | 후16 | 0 | 1 | 0 | 0 |
| 0 | 1 | 12 | 9(3) | | | 0 | | | 0 | | | 4(3) | 18 | 2 | 0 |

● 후반 14분 이정협 MF 정면 ~ 이상준 PA 정면 내 L-ST-G (득점: 이상준, 도움: 이정협) 오른쪽

9월 28일 16:30 흐림 화성 종합 2,019명
주심_ 박정호 부심_ 김종희·천진희 대기심_ 김재홍 경기감독관_ 김용세

**화성 1** (1 전반 0 / 0 후반 1) **1 부산**

| 퇴장 | 경고 | 파울 | ST(유) | 교체 | 선수명 | 배번 | 위치 | 위치 | 배번 | 선수명 | 교체 | ST(유) | 파울 | 경고 | 퇴장 |
|---|---|---|---|---|---|---|---|---|---|---|---|---|---|---|---|
| 0 | 0 | 0 | 0 | | 김 승 건 | 1 | GK | GK | 1 | 구 상 민 | | 0 | 0 | 0 | 0 |
| 0 | 0 | 0 | 0 | | 조 동 재 | 3 | DF | DF | 24 | 홍 욱 현 | | 1 | 2 | 0 | 0 |
| 0 | 1 | 5 | 0 | | 최 준 혁 | 6 | MF | DF | 20 | 조 위 제 | | 0 | 0 | 0 | 0 |
| 0 | 0 | 1 | 2(2) | | 알 뚤 | 7 | FW | DF | 77 | 장 호 익 | | 0 | 0 | 0 | 0 |
| 0 | 0 | 2 | 1(1) | 16 | 전 성 진 | 8 | MF | MF | 37 | 김 동 욱 | | 0 | 0 | 0 | 0 |
| 0 | 0 | 1 | 0 | | 보이노비치 | 15 | DF | MF | 7 | 사비에르 | | 4(1) | 2 | 1 | 0 |
| 0 | 0 | 1 | 0 | | 임 창 석 | 17 | DF | MF | 6 | 이 동 수 | 9 | 0 | 0 | 0 | 0 |
| 0 | 1 | 0 | 0 | | 박 준 서 | 20 | DF | MF | 23 | 박 창 우 | 88 | 0 | 3 | 1 | 0 |
| 0 | 0 | 0 | 0 | 47 | 김 준 영 | 29 | MF | FW | 11 | 빌 레 로 | | 1(1) | 0 | 0 | 0 |
| 0 | 0 | 2 | 0 | 26 | 김 병 오 | 41 | FW | FW | 32 | 윤 민 호 | 47 | 4(3) | 0 | 0 | 0 |
| 0 | 0 | 1 | 0 | 11 | 데메트리우스 | 99 | MF | FW | 29 | 최 기 윤 | | 3(1) | 0 | 0 | 0 |
| 0 | 0 | 0 | 0 | | 이 기 현 | 13 | | | 21 | 박 대 한 | | 0 | 0 | 0 | 0 |
| 0 | 1 | 1 | 0 | 후39 | 여 홍 규 | 11 | | | 3 | 오 반 석 | | 0 | 0 | 0 | 0 |
| 0 | 0 | 0 | 0 | 후52 | 이 은 재 | 14 | | | 88 | 김 세 훈 | 후48 | 0 | 0 | 0 | 0 |
| 0 | 0 | 0 | 1 | 후24 | 최 명 희 | 16 | 대기 | 대기 | 5 | 전 승 민 | | 0 | 0 | 0 | 0 |
| 0 | 0 | 1 | 0 | 후39 | 박 창 호 | 26 | | | 47 | 손 휘 | 후36 | 2 | 0 | 0 | 0 |
| 0 | 0 | 0 | 0 | 후24/14 | 박 재 성 | 47 | | | 19 | 조 민 호 | | 0 | 0 | 0 | 0 |
| 0 | 0 | 0 | 0 | | 리 마 | 53 | | | 9 | 곤 잘 로 | 후9 | 2 | 2 | 0 | 0 |
| 0 | 3 | 15 | 4(3) | | | 0 | | | 0 | | | 17(6) | 9 | 2 | 0 |

● 전반 31분 김승건 자기 측 PA 정면 내 ↷ 알뚤 PAL 내 R-ST-G (득점: 알뚤, 도움: 김승건) 오른쪽
● 후반 23분 윤민호 PK-R-G (득점: 윤민호) 왼쪽

9월 28일 16:30 흐림 창원 축구센터 2,375명
주심_ 박종명 부심_ 김수현·신재환 대기심_ 안재훈 경기감독관_ 허태식

**경남 1** (0 전반 0 / 1 후반 0) **0 안산**

| 퇴장 | 경고 | 파울 | ST(유) | 교체 | 선수명 | 배번 | 위치 | 위치 | 배번 | 선수명 | 교체 | ST(유) | 파울 | 경고 | 퇴장 |
|---|---|---|---|---|---|---|---|---|---|---|---|---|---|---|---|
| 0 | 0 | 0 | 0 | | 최 필 수 | 91 | GK | GK | 1 | 이 승 빈 | | 0 | 0 | 0 | 0 |
| 0 | 0 | 0 | 2 | | 김 선 호 | 37 | DF | DF | 4 | 장 민 준 | 66 | 0 | 1 | 0 | 0 |
| 0 | 0 | 2 | 1(1) | | 박 재 환 | 2 | DF | DF | 25 | 조 지 훈 | | 0 | 1 | 0 | 0 |
| 0 | 0 | 0 | 0 | | 한 용 수 | 4 | DF | DF | 6 | 김 현 태 | | 0 | 2 | 1 | 0 |
| 0 | 0 | 1 | 0 | 5 | 박 기 현 | 29 | DF | MF | 22 | 박 시 화 | 26 | 0 | 0 | 0 | 0 |
| 0 | 1 | 2 | 1 | | 이 찬 동 | 40 | MF | MF | 16 | 정 용 희 | | 0 | 0 | 0 | 0 |
| 0 | 0 | 2 | 0 | 63 | 브루노코스타 | 10 | MF | MF | 7 | 손 준 석 | 13 | 2 | 2 | 0 | 0 |
| 0 | 0 | 1 | 1 | 77 | 헤 난 | 88 | MF | MF | 8 | 라 파 | | 1(1) | 1 | 0 | 0 |
| 0 | 0 | 1 | 2(1) | 22 | 마 세 도 | 20 | FW | FW | 10 | 사라이바 | | 2(1) | 0 | 0 | 0 |
| 0 | 0 | 0 | 2(2) | 19 | 박 민 서 | 11 | FW | FW | 77 | 제페르손 | 28 | 0 | 2 | 1 | 0 |
| 0 | 1 | 2 | 1(1) | 89 | 카 릴 | 9 | FW | FW | 99 | 김 우 빈 | 17 | 1(1) | 2 | 1 | 0 |
| 0 | 0 | 0 | 0 | | 류 원 우 | 51 | | | 21 | 조 성 훈 | | 0 | 0 | 0 | 0 |
| 0 | 0 | 0 | 1(1) | 후40 | 김 형 진 | 5 | | | 26 | 임 지 민 | 전37/33 | 0 | 0 | 0 | 0 |
| 0 | 0 | 0 | 0 | 후55 | 한 석 종 | 63 | | | 33 | 에 두 | 후42 | 1 | 1 | 0 | 0 |
| 0 | 0 | 0 | 0 | 후13 | 김 하 민 | 77 | 대기 | 대기 | 13 | 김 건 오 | 후34 | 0 | 0 | 0 | 0 |
| 0 | 0 | 0 | 0 | 후40 | 김 형 원 | 22 | | | 66 | 배 수 민 | 후34 | 0 | 1 | 1 | 0 |
| 0 | 0 | 0 | 0 | 후20 | 정 충 근 | 19 | | | 17 | 류 승 완 | 후12 | 0 | 0 | 0 | 0 |
| 0 | 0 | 0 | 0 | 후20 | 단 레 이 | 89 | | | 28 | 강 수 일 | 후34 | 0 | 0 | 0 | 0 |
| 0 | 2 | 11 | 11(6) | | | 0 | | | 0 | | | 7(3) | 13 | 4 | 0 |

● 후반 47분 단레이 PK 우측지점 H↷ 박재환 GAL 내 H-ST-G (득점: 박재환, 도움: 단레이) 왼쪽

9월 28일 19:00 흐림 김포솔터축구장 2,730명
주심_ 오현진 부심_ 김태형·이상길 대기심_ 정회수 경기감독관_ 구상범

**김포 0** (0 전반 0 / 0 후반 0) **0 성남**

| 퇴장 | 경고 | 파울 | ST(유) | 교체 | 선수명 | 배번 | 위치 | 위치 | 배번 | 선수명 | 교체 | ST(유) | 파울 | 경고 | 퇴장 |
|---|---|---|---|---|---|---|---|---|---|---|---|---|---|---|---|
| 0 | 0 | 0 | 0 | | 손 정 현 | 31 | GK | GK | 21 | 양 한 빈 | | 0 | 0 | 0 | 0 |
| 0 | 0 | 0 | 0 | | 박 경 록 | 3 | DF | DF | 22 | 정 승 용 | | 1 | 1 | 0 | 0 |
| 0 | 0 | 0 | 0 | | 채 프 먼 | 77 | DF | DF | 4 | 베니시오 | | 0 | 1 | 0 | 0 |
| 0 | 0 | 2 | 0 | | 김 동 민 | 97 | DF | DF | 20 | 이 상 민 | 3 | 0 | 0 | 0 | 0 |
| 0 | 1 | 2 | 1 | | 장 부 성 | 32 | MF | DF | 7 | 신 재 원 | | 0 | 2 | 0 | 0 |
| 0 | 0 | 0 | 1(1) | 7 | 윤 재 운 | 11 | MF | MF | 11 | 김 정 환 | 2 | 0 | 1 | 0 | 0 |
| 0 | 0 | 1 | 2(1) | 29 | 최 재 훈 | 23 | MF | MF | 14 | 프레이타스 | | 0 | 2 | 0 | 0 |
| 0 | 0 | 3 | 1(1) | | 디자우마 | 8 | MF | MF | 74 | 사 무 엘 | 70 | 0 | 0 | 0 | 0 |
| 0 | 0 | 3 | 1 | 99 | 박 동 진 | 50 | MF | MF | 8 | 이 정 빈 | 33 | 1 | 1 | 0 | 0 |
| 0 | 0 | 0 | 1(1) | 37 | 조 성 준 | 47 | FW | FW | 16 | 류 준 선 | 30 | 3(2) | 1 | 0 | 0 |
| 0 | 0 | 2 | 1 | 98 | 플 라 나 | 10 | FW | FW | 9 | 후 이 즈 | | 2(1) | 2 | 0 | 0 |
| 0 | 0 | 0 | 0 | | 윤 보 상 | 21 | | | 34 | 박 지 민 | | 0 | 0 | 0 | 0 |
| 0 | 0 | 0 | 2 | 후24 | 김 민 식 | 98 | | | 2 | 박 상 혁 | 후41 | 1(1) | 0 | 0 | 0 |
| 0 | 0 | 0 | 0 | | 이 찬 형 | 5 | | | 3 | 강 의 빈 | 후38 | 0 | 0 | 0 | 0 |
| 0 | 0 | 0 | 0 | 후38 | 김 민 우 | 29 | 대기 | 대기 | 30 | 박 병 규 | 후41 | 0 | 0 | 0 | 0 |
| 0 | 0 | 0 | 0 | 후24 | 이 상 민 | 7 | | | 33 | 박 수 빈 | 후0 | 3 | 0 | 0 | 0 |
| 0 | 0 | 0 | 1(1) | 후24 | 홍 시 후 | 37 | | | 70 | 레안드로 | 후12 | 2(2) | 0 | 0 | 0 |
| 0 | 0 | 0 | 2(1) | 전42 | 김 결 | 99 | | | 91 | 박 광 일 | | 0 | 0 | 0 | 0 |
| 0 | 1 | 13 | 13(6) | | | 0 | | | 0 | | | 13(6) | 11 | 0 | 0 |

9월 28일 19:00 흐림 목동 종합 6,226명
주심_ 정동식 부심_ 이영운·이병주 대기심_ 이경순 경기감독관_ 양정환

**서울E 0** — 0 전반 0 / 0 후반 0 — **0 인천**

| 퇴장 | 경고 | 파울 | ST(유) | 교체 | 선수명 | 배번 | 위치 | 위치 | 배번 | 선수명 | 교체 | ST(유) | 파울 | 경고 | 퇴장 |
|---|---|---|---|---|---|---|---|---|---|---|---|---|---|---|---|
| 0 | 0 | 0 | 0 | | 구 성 윤 | 25 | GK | GK | 1 | 민 성 준 | | 0 | 0 | 0 | 0 |
| 0 | 0 | 1 | 0 | | 김 하 준 | 44 | DF | DF | 32 | 이 주 용 | | 2(1) | 0 | 1 | 0 |
| 0 | 0 | 1 | 0 | | 오스마르 | 5 | DF | DF | 28 | 김 건 웅 | | 0 | 0 | 1 | 0 |
| 0 | 0 | 2 | 0 | | 곽 윤 호 | 4 | DF | DF | 4 | 김 건 희 | | 0 | 0 | 0 | 0 |
| 0 | 0 | 1 | 0 | 28 | 배 서 준 | 23 | MF | DF | 3 | 이 상 기 | | 0 | 3 | 1 | 0 |
| 0 | 0 | 2 | 0 | | 서 재 민 | 15 | MF | MF | 27 | 김 보 섭 | 19 | 3(3) | 3 | 1 | 0 |
| 0 | 0 | 0 | 1 | 8 | 서 진 석 | 88 | MF | MF | 88 | 정 원 진 | 26 | 1(1) | 1 | 0 | 0 |
| 0 | 0 | 0 | 0 | 6 | 김 주 환 | 19 | MF | MF | 5 | 이 명 주 | | 1(1) | 0 | 0 | 0 |
| 0 | 0 | 0 | 0 | 16 | 이 주 혁 | 47 | FW | MF | 14 | 바 로 우 | 17 | 1 | 0 | 0 | 0 |
| 0 | 0 | 1 | 2(1) | 26 | 허 용 준 | 70 | FW | FW | 77 | 박 승 호 | | 1 | 1 | 0 | 0 |
| 0 | 0 | 1 | 2(2) | | 에울레르 | 7 | FW | FW | 9 | 무 고 사 | 99 | 3(2) | 0 | 0 | 0 |
| 0 | 0 | 0 | 0 | | 김 민 호 | 21 | | | 25 | 이 범 수 | | 0 | 0 | 0 | 0 |
| 0 | 0 | 0 | 1 | 후39 | 아 론 | 28 | | | 20 | 델브리지 | | 0 | 0 | 0 | 0 |
| 0 | 0 | 0 | 0 | 후13 | 채 광 훈 | 6 | | | 26 | 강 윤 구 | 후48 | 0 | 0 | 0 | 0 |
| 0 | 0 | 0 | 0 | 후24 | 윤 석 주 | 8 | 대기 | 대기 | 17 | 김 성 민 | 후16 | 1 | 1 | 0 | 0 |
| 0 | 0 | 0 | 0 | 후39 | 박 경 배 | 26 | | | 19 | 김 민 석 | 후44 | 0 | 0 | 0 | 0 |
| 0 | 1 | 1 | 0 | 후13 | 변 경 준 | 16 | | | 8 | 신 진 호 | | 0 | 0 | 0 | 0 |
| 0 | 0 | 0 | 0 | | 정 재 민 | 18 | | | 99 | 박 호 민 | 후16 | 0 | 1 | 0 | 0 |
| 0 | 1 | 10 | 6(3) | | | 0 | | | 0 | | | 13(8) | 10 | 4 | 0 |

10월 04일 14:00 흐림 수원 월드컵 13,065명
주심_ 정동식 부심_ 김종희·이병주 대기심_ 안재훈 경기감독관_ 차상해

**수원 2** — 0 전반 1 / 2 후반 1 — **2 부천**

| 퇴장 | 경고 | 파울 | ST(유) | 교체 | 선수명 | 배번 | 위치 | 위치 | 배번 | 선수명 | 교체 | ST(유) | 파울 | 경고 | 퇴장 |
|---|---|---|---|---|---|---|---|---|---|---|---|---|---|---|---|
| 0 | 0 | 0 | 0 | | 김 민 준 | 1 | GK | GK | 1 | 김 형 근 | | 0 | 0 | 0 | 0 |
| 0 | 0 | 0 | 2(2) | | 이 기 제 | 23 | DF | DF | 6 | 정 호 진 | | 0 | 0 | 1 | 0 |
| 0 | 0 | 0 | 0 | 17 | 레 오 | 4 | DF | DF | 5 | 이 상 혁 | | 1 | 1 | 0 | 0 |
| 0 | 0 | 2 | 0 | | 한 호 강 | 5 | DF | DF | 29 | 백 동 규 | | 0 | 2 | 0 | 0 |
| 0 | 0 | 2 | 0 | | 정 동 윤 | 32 | DF | MF | 7 | 티아깅요 | | 1(1) | 3 | 0 | 0 |
| 0 | 0 | 2 | 1 | | 이 규 성 | 24 | MF | MF | 23 | 카 즈 | 4 | 1(1) | 2 | 1 | 0 |
| 0 | 0 | 2 | 0 | | 홍 원 진 | 14 | MF | MF | 16 | 박 현 빈 | 14 | 2(2) | 1 | 0 | 0 |
| 0 | 0 | 2 | 1(1) | 77 | 파울리뇨 | 11 | MF | MF | 27 | 장 시 영 | | 0 | 0 | 0 | 0 |
| 0 | 0 | 0 | 2(2) | 99 | 박 지 원 | 91 | FW | FW | 22 | 한 지 호 | 17 | 0 | 1 | 0 | 0 |
| 0 | 0 | 1 | 2(2) | 70 | 강 성 진 | 30 | FW | FW | 9 | 몬 타 뇨 | 99 | 4(4) | 2 | 0 | 0 |
| 0 | 0 | 0 | 2(1) | 9 | 김 현 | 7 | FW | FW | 11 | 박 창 준 | 24 | 1(1) | 0 | 0 | 0 |
| 0 | 0 | 0 | 0 | | 양 형 모 | 21 | | | 21 | 김 현 엽 | | 0 | 0 | 0 | 0 |
| 0 | 0 | 0 | 1 | 후32 | 김 민 우 | 99 | | | 15 | 이 재 원 | | 0 | 0 | 0 | 0 |
| 0 | 0 | 0 | 0 | | 최 영 준 | 6 | | | 4 | 최 원 철 | 후45 | 0 | 0 | 0 | 0 |
| 0 | 0 | 1 | 1(1) | 후18 | 이 민 혁 | 17 | 대기 | 대기 | 14 | 최 재 영 | 후35 | 0 | 0 | 0 | 0 |
| 0 | 0 | 1 | 2(1) | 후0 | 일류첸코 | 9 | | | 24 | 김 동 현 | 후36 | 1 | 0 | 0 | 0 |
| 0 | 0 | 0 | 1(1) | 후0 | 세 라 핌 | 70 | | | 17 | 김 규 민 | 후0 | 1 | 0 | 0 | 0 |
| 1 | 0 | 1 | 2 | 후0 | 김 지 현 | 77 | | | 99 | 공 민 현 | 후35 | 0 | 0 | 0 | 0 |
| 1 | 0 | 14 | 17(11) | | | 0 | | | 0 | | | 12(9) | 12 | 2 | 0 |

- 후반 9분 정동윤 MFR TL ↷ 박지원 GAL R-ST-G (득점: 박지원, 도움: 정동윤) 오른쪽
- 후반 49분 세라핌 GAR EL ~ 일류첸코 GA 정면 내 L-ST-G (득점: 일류첸코, 도움: 세라핌) 가운데
- 전반 29분 한지호 C,KR ~ 카즈 PA 정면 내 R-ST-G (득점: 카즈, 도움: 한지호) 왼쪽
- 후반 5분 박창준 MF 정면 ~ 몬타뇨 PA 정면 내 R-ST-G (득점: 몬타뇨, 도움: 박창준) 왼쪽

10월 03일 14:00 흐림 탄천 종합 2,781명
주심_ 설태환 부심_ 신재환·김태원 대기심_ 원명희 경기감독관_ 김성기

**성남 0** — 0 전반 0 / 0 후반 2 — **2 서울E**

| 퇴장 | 경고 | 파울 | ST(유) | 교체 | 선수명 | 배번 | 위치 | 위치 | 배번 | 선수명 | 교체 | ST(유) | 파울 | 경고 | 퇴장 |
|---|---|---|---|---|---|---|---|---|---|---|---|---|---|---|---|
| 0 | 0 | 0 | 0 | | 양 한 빈 | 21 | GK | GK | 25 | 구 성 윤 | | 0 | 0 | 0 | 0 |
| 0 | 0 | 0 | 0 | | 정 승 용 | 22 | DF | DF | 44 | 김 하 준 | | 0 | 2 | 1 | 0 |
| 0 | 0 | 0 | 0 | | 베니시오 | 4 | DF | DF | 4 | 곽 윤 호 | | 0 | 0 | 0 | 0 |
| 0 | 1 | 1 | 0 | | 이 상 민 | 20 | DF | DF | 20 | 김 오 규 | | 0 | 0 | 0 | 0 |
| 0 | 1 | 1 | 1 | | 신 재 원 | 7 | DF | DF | 6 | 채 광 훈 | 13 | 0 | 1 | 0 | 0 |
| 0 | 0 | 0 | 1(1) | 11 | 박 병 규 | 30 | MF | MF | 66 | 백 지 웅 | | 0 | 1 | 0 | 0 |
| 0 | 0 | 1 | 0 | 8 | 이 재 욱 | 68 | MF | MF | 5 | 오스마르 | 70 | 1 | 1 | 0 | 0 |
| 0 | 0 | 3 | 0 | 74 | 프레이타스 | 14 | MF | MF | 30 | 박 창 환 | | 1(1) | 1 | 1 | 0 |
| 0 | 0 | 2 | 1 | | 박 수 빈 | 33 | MF | FW | 26 | 박 경 배 | 16 | 1(1) | 1 | 0 | 0 |
| 0 | 0 | 0 | 0 | 70 | 류 준 선 | 16 | FW | FW | 18 | 정 재 민 | 15 | 0 | 0 | 0 | 0 |
| 0 | 0 | 0 | 4(2) | | 후 이 즈 | 9 | FW | FW | 7 | 에울레르 | 47 | 5(2) | 1 | 0 | 0 |
| 0 | 0 | 0 | 0 | | 박 지 민 | 34 | | | 21 | 김 민 호 | | 0 | 0 | 0 | 0 |
| 0 | 0 | 0 | 0 | | 강 의 빈 | 3 | | | 28 | 아 론 | | 0 | 0 | 0 | 0 |
| 0 | 0 | 0 | 1 | 후21 | 이 정 빈 | 8 | | | 13 | 차 승 현 | 후36 | 0 | 0 | 0 | 0 |
| 0 | 0 | 0 | 0 | 전18/91 | 김 정 환 | 11 | 대기 | 대기 | 15 | 서 재 민 | 후0 | 1(1) | 1 | 0 | 0 |
| 0 | 0 | 0 | 0 | 전18 | 레안드로 | 70 | | | 47 | 이 주 혁 | 후36 | 0 | 2 | 0 | 0 |
| 0 | 0 | 0 | 0 | 후42 | 사 무 엘 | 74 | | | 16 | 변 경 준 | 후27 | 2(2) | 0 | 0 | 0 |
| 0 | 1 | 1 | 0 | 후42 | 박 광 일 | 91 | | | 70 | 허 용 준 | 후27 | 1(1) | 0 | 0 | 0 |
| 0 | 3 | 9 | 8(3) | | | 0 | | | 0 | | | 12(8) | 11 | 2 | 0 |

- 후반 39분 허용준 PA 정면 ~ 변경준 AKR L-ST-G (득점: 변경준, 도움: 허용준) 왼쪽
- 후반 50분 허용준 GA 정면 R-ST-G (득점: 허용준) 가운데

10월 04일 14:00 맑음 김포솔터축구장 3,283명
주심_ 박진호 부심_ 이영운·이화평 대기심_ 최승환 경기감독관_ 허기태

**김포 1** — 1 전반 0 / 0 후반 1 — **1 안산**

| 퇴장 | 경고 | 파울 | ST(유) | 교체 | 선수명 | 배번 | 위치 | 위치 | 배번 | 선수명 | 교체 | ST(유) | 파울 | 경고 | 퇴장 |
|---|---|---|---|---|---|---|---|---|---|---|---|---|---|---|---|
| 0 | 0 | 0 | 0 | | 손 정 현 | 31 | GK | GK | 1 | 이 승 빈 | | 0 | 0 | 0 | 0 |
| 0 | 0 | 0 | 0 | 5 | 박 경 록 | 3 | DF | DF | 4 | 장 민 준 | | 0 | 0 | 0 | 0 |
| 0 | 0 | 1 | 0 | | 채 프 먼 | 77 | DF | DF | 25 | 조 지 훈 | | 1 | 0 | 0 | 0 |
| 0 | 0 | 3 | 1(1) | | 김 동 민 | 97 | DF | DF | 6 | 김 현 태 | | 0 | 1 | 0 | 0 |
| 0 | 0 | 0 | 0 | 7 | 장 부 성 | 32 | MF | MF | 36 | 송 태 성 | | 0 | 2 | 0 | 0 |
| 0 | 0 | 0 | 0 | | 윤 재 운 | 11 | MF | MF | 7 | 손 준 석 | 13 | 2(1) | 2 | 0 | 0 |
| 0 | 1 | 3 | 1(1) | | 김 민 우 | 29 | MF | MF | 8 | 라 파 | 39 | 1(1) | 4 | 1 | 0 |
| 0 | 0 | 4 | 1(1) | | 디자우마 | 8 | MF | MF | 16 | 정 용 희 | | 2(1) | 2 | 1 | 0 |
| 0 | 1 | 0 | 1(1) | | 박 동 진 | 50 | MF | FW | 27 | 박 채 준 | 10 | 0 | 0 | 0 | 0 |
| 0 | 0 | 0 | 0 | 37 | 조 성 준 | 47 | FW | FW | 19 | 양 세 영 | 17 | 0 | 1 | 0 | 0 |
| 0 | 0 | 0 | 1(1) | 17 | 플 라 나 | 10 | FW | FW | 99 | 김 우 빈 | 77 | 0 | 0 | 0 | 0 |
| 0 | 0 | 0 | 0 | | 윤 보 상 | 21 | | | 21 | 조 성 훈 | | 0 | 0 | 0 | 0 |
| 0 | 0 | 1 | 0 | 후30 | 이 찬 형 | 5 | | | 14 | 안 재 준 | | 0 | 0 | 0 | 0 |
| 0 | 0 | 0 | 0 | 후0 | 이 상 민 | 7 | | | 17 | 류 승 완 | 후36 | 0 | 0 | 0 | 0 |
| 0 | 0 | 0 | 0 | 후0/42 | 홍 시 후 | 37 | 대기 | 대기 | 13 | 김 건 오 | 후36 | 0 | 2 | 1 | 0 |
| 0 | 0 | 0 | 0 | | 최 재 훈 | 23 | | | 39 | 장 동 혁 | 후49 | 0 | 0 | 0 | 0 |
| 0 | 0 | 0 | 0 | 후24 | 제갈재민 | 17 | | | 10 | 사라이바 | 후0 | 1(1) | 0 | 0 | 0 |
| 0 | 0 | 0 | 2 | 후30 | 안 창 민 | 42 | | | 77 | 제페르손 | 후0 | 1(1) | 0 | 0 | 0 |
| 0 | 2 | 12 | 7(5) | | | 0 | | | 0 | | | 8(5) | 14 | 3 | 0 |

- 전반 27분 박동진 GAL 내 EL R-ST-G (득점: 박동진) 오른쪽
- 후반 24분 라파 PK-R-G (득점: 라파) 왼쪽

10월 04일 16:30 흐림 아산 이순신 1,206명
주심_ 박정호 부심_ 천진희 · 이현모 대기심_ 오현진 경기감독관_ 박철

**충남아산 0** 0 전반 0 / 0 후반 0 **0 충북청주**

| 퇴장 | 경고 | 파울 | ST(유) | 교체 | 선수명 | 배번 | 위치 | 위치 | 배번 | 선수명 | 교체 | ST(유) | 파울 | 경고 | 퇴장 |
|---|---|---|---|---|---|---|---|---|---|---|---|---|---|---|---|
| 0 | 0 | 0 | 0 | | 신 송 훈 | 18 | GK | GK | 18 | 정 진 욱 | | 0 | 0 | 0 | 0 |
| 0 | 0 | 0 | 0 | 6 | 장 준 영 | 4 | DF | DF | 15 | 홍 준 호 | | 1 | 1 | 0 | 0 |
| 0 | 0 | 0 | 0 | | 김 영 남 | 13 | DF | DF | 66 | 이 강 한 | | 1 | 1 | 0 | 0 |
| 0 | 0 | 0 | 0 | | 이 호 인 | 76 | DF | DF | 70 | 최 강 민 | 36 | 3(2) | 0 | 0 | 0 |
| 0 | 0 | 0 | 1 | 17 | 이 학 민 | 14 | MF | DF | 99 | 이 창 훈 | | 0 | 1 | 0 | 0 |
| 0 | 0 | 0 | 1 | 22 | 김 종 석 | 10 | MF | MF | 2 | 서 재 원 | 28 | 1(1) | 0 | 0 | 0 |
| 0 | 0 | 2 | 1 | | 손 준 호 | 28 | MF | MF | 5 | 김 선 민 | | 0 | 0 | 0 | 0 |
| 0 | 0 | 0 | 2(1) | | 박 종 민 | 25 | MF | MF | 13 | 김 영 환 | 25 | 1 | 2 | 0 | 0 |
| 0 | 0 | 2 | 0 | 11 | 데 니 손 | 7 | FW | MF | 88 | 양 영 빈 | 17 | 0 | 4 | 1 | 0 |
| 0 | 0 | 1 | 1 | | 은 고 이 | 97 | FW | FW | 10 | 페 드 로 | | 2 | 2 | 0 | 0 |
| 0 | 0 | 2 | 3(2) | 74 | 한 교 원 | 72 | FW | FW | 11 | 이 승 재 | 71 | 1 | 1 | 0 | 0 |
| 0 | 0 | 0 | 0 | | 김 진 영 | 21 | | | 23 | 이 승 환 | | 0 | 0 | 0 | 0 |
| 0 | 1 | 2 | 0 | 후20 | 최 희 원 | 6 | | | 36 | 윤 석 영 | 후25 | 0 | 1 | 0 | 0 |
| 0 | 0 | 1 | 0 | 후41 | 김 주 성 | 17 | | | 50 | 정 성 우 | | 0 | 0 | 0 | 0 |
| 0 | 0 | 1 | 0 | 후12 | 김 승 호 | 22 | 대기 | 대기 | 25 | 최 성 근 | 후47 | 0 | 0 | 0 | 0 |
| 0 | 0 | 0 | 0 | | 박 세 직 | 24 | | | 28 | 이 지 승 | 후25 | 0 | 0 | 0 | 0 |
| 0 | 0 | 0 | 3 | 후12 | 아 담 | 11 | | | 71 | 이 동 원 | 후13 | 0 | 1 | 0 | 0 |
| 0 | 0 | 0 | 0 | 후41 | 박 시 후 | 74 | | | 17 | 홍 석 준 | 후13 | 0 | 3 | 0 | 0 |
| 0 | 1 | 11 | 12(3) | | | 0 | | | 0 | | | 10(3) | 17 | 1 | 0 |

10월 05일 14:00 흐림 광양 전용 2,913명
주심_ 송민석 부심_ 김태형 · 장민호 대기심_ 김용우 경기감독관_ 이평재

**전남 4** 0 전반 1 / 4 후반 0 **1 천안**

| 퇴장 | 경고 | 파울 | ST(유) | 교체 | 선수명 | 배번 | 위치 | 위치 | 배번 | 선수명 | 교체 | ST(유) | 파울 | 경고 | 퇴장 |
|---|---|---|---|---|---|---|---|---|---|---|---|---|---|---|---|
| 0 | 0 | 0 | 0 | | 최 봉 진 | 1 | GK | GK | 31 | 허 자 웅 | | 0 | 0 | 0 | 0 |
| 0 | 1 | 2 | 0 | | 유 지 하 | 2 | DF | DF | 35 | 김 성 주 | | 0 | 0 | 0 | 0 |
| 0 | 0 | 2 | 1 | 77 | 김 경 재 | 23 | DF | DF | 15 | 김 원 식 | 5 | 0 | 2 | 1 | 0 |
| 0 | 0 | 0 | 0 | 4 | 최 정 원 | 95 | DF | DF | 24 | 이 상 명 | | 0 | 1 | 0 | 0 |
| 0 | 0 | 0 | 0 | | 김 예 성 | 3 | DF | MF | 26 | 김 영 선 | | 0 | 0 | 0 | 0 |
| 0 | 0 | 2 | 0 | 99 | 김 용 환 | 13 | DF | MF | 6 | 이 종 성 | 88 | 0 | 0 | 0 | 0 |
| 0 | 0 | 1 | 3(3) | | 발디비아 | 10 | MF | MF | 8 | 이 광 진 | | 1(1) | 0 | 0 | 0 |
| 0 | 0 | 0 | 3 | | 알베르띠 | 16 | MF | MF | 34 | 이 예 찬 | | 0 | 1 | 1 | 1 |
| 0 | 0 | 1 | 0 | 14 | 박 상 준 | 24 | MF | FW | 45 | 미 사 키 | 7 | 2(1) | 1 | 0 | 0 |
| 0 | 0 | 0 | 1 | 11 | 르 본 | 50 | FW | FW | 18 | 이 정 협 | 83 | 1(1) | 1 | 0 | 0 |
| 0 | 0 | 0 | 5(3) | | 호 난 | 19 | FW | FW | 14 | 구 종 욱 | 19 | 0 | 0 | 0 | 0 |
| 0 | 0 | 0 | 0 | | 이 준 | 21 | | | 21 | 제 종 현 | | 0 | 0 | 0 | 0 |
| 0 | 0 | 0 | 0 | 후42 | 구 현 준 | 4 | | | 5 | 최 진 웅 | 후28 | 0 | 0 | 0 | 0 |
| 0 | 0 | 1 | 2(1) | 전27 | 윤 민 호 | 14 | | | 25 | 마 상 훈 | | 0 | 0 | 0 | 0 |
| 0 | 0 | 0 | 0 | 후31 | 최 한 솔 | 77 | 대기 | 대기 | 19 | 진 의 준 | 후39 | 0 | 0 | 0 | 0 |
| 0 | 0 | 2 | 2(1) | 후0 | 정 지 용 | 11 | | | 88 | 정 석 화 | 후23 | 0 | 0 | 0 | 0 |
| 0 | 0 | 0 | 0 | | 김 도 윤 | 17 | | | 7 | 이 상 준 | 후0 | 1(1) | 1 | 0 | 0 |
| 0 | 0 | 0 | 2(1) | 후42 | 정 강 민 | 99 | | | 83 | 브 루 노 | 후23 | 2 | 0 | 0 | 0 |
| 0 | 1 | 11 | 19(9) | | | 0 | | | 0 | | | 7(4) | 7 | 2 | 1 |

● 후반 1분 발디비아 C.KR ↷ 호난 GA 정면 H-ST-G (득점: 호난, 도움: 발디비아) 오른쪽
● 후반 19분 발디비아 AKL FK R-ST-G (득점: 발디비아) 오른쪽
● 후반 38분 호난 PA 정면 ~ 정지용 PK지점 R-ST-G (득점: 정지용, 도움: 호난) 오른쪽
● 후반 48분 발디비아 MFR ~ 정강민 PA 정면 내 R-ST-G (득점: 정강민, 도움: 발디비아) 오른쪽

● 전반 20분 김성주 MF 정면 ~ 이정협 GAL R-ST-G (득점: 이정협, 도움: 김성주) 왼쪽

10월 04일 16:30 흐림 화성 종합 3,374명
주심_ 오현정 부심_ 박남수 · 류시홍 대기심_ 정회수 경기감독관_ 양정환

**화성 0** 0 전반 1 / 0 후반 0 **1 인천**

| 퇴장 | 경고 | 파울 | ST(유) | 교체 | 선수명 | 배번 | 위치 | 위치 | 배번 | 선수명 | 교체 | ST(유) | 파울 | 경고 | 퇴장 |
|---|---|---|---|---|---|---|---|---|---|---|---|---|---|---|---|
| 0 | 0 | 0 | 0 | | 김 승 건 | 1 | GK | GK | 1 | 민 성 준 | | 0 | 0 | 1 | 0 |
| 0 | 0 | 0 | 0 | 26 | 조 동 재 | 3 | DF | DF | 32 | 이 주 용 | | 0 | 1 | 0 | 0 |
| 0 | 0 | 0 | 2(1) | 7 | 우 제 욱 | 5 | FW | DF | 28 | 김 건 웅 | | 0 | 0 | 0 | 0 |
| 0 | 1 | 3 | 1 | | 최 준 혁 | 6 | MF | DF | 4 | 김 건 희 | | 1 | 2 | 0 | 0 |
| 0 | 0 | 1 | 0 | | 보이노비치 | 15 | DF | DF | 3 | 이 상 기 | 17 | 0 | 0 | 0 | 0 |
| 0 | 1 | 0 | 1(1) | 22 | 최 명 희 | 16 | MF | MF | 14 | 바 로 우 | 27 | 0 | 1 | 0 | 0 |
| 0 | 0 | 0 | 1 | | 임 창 석 | 17 | DF | MF | 88 | 정 원 진 | 20 | 1 | 0 | 0 | 0 |
| 0 | 0 | 0 | 0 | | 박 준 서 | 20 | DF | MF | 5 | 이 명 주 | | 0 | 1 | 0 | 0 |
| 0 | 0 | 0 | 1 | | 김 준 영 | 29 | MF | MF | 11 | 제 르 소 | 19 | 1 | 4 | 0 | 0 |
| 0 | 0 | 1 | 1 | 19 | 김 병 오 | 41 | FW | FW | 77 | 박 승 호 | | 1(1) | 1 | 0 | 0 |
| 0 | 0 | 1 | 0 | 8 | 데메트리우스 | 99 | MF | FW | 99 | 박 호 민 | 8 | 0 | 2 | 0 | 0 |
| 0 | 0 | 0 | 0 | | 이 기 현 | 13 | | | 25 | 이 범 수 | | 0 | 0 | 0 | 0 |
| 0 | 0 | 0 | 3(1) | 후19 | 알 뚤 | 7 | | | 20 | 델브리지 | 후46 | 0 | 0 | 0 | 0 |
| 0 | 0 | 0 | 0 | 후14 | 전 성 진 | 8 | | | 26 | 강 윤 구 | | 0 | 0 | 0 | 0 |
| 0 | 0 | 0 | 0 | | 이 은 재 | 14 | 대기 | 대기 | 17 | 김 성 민 | 후0 | 1 | 1 | 0 | 0 |
| 0 | 0 | 0 | 0 | 후35 | 유 병 수 | 19 | | | 19 | 김 민 석 | 후30 | 0 | 0 | 0 | 0 |
| 0 | 0 | 0 | 0 | 후35 | 안 지 만 | 22 | | | 27 | 김 보 섭 | 후0 | 0 | 3 | 1 | 0 |
| 0 | 0 | 0 | 0 | 후19 | 박 창 호 | 26 | | | 8 | 신 진 호 | 후27 | 0 | 0 | 0 | 0 |
| 0 | 2 | 6 | 10(3) | | | 0 | | | 0 | | | 5(1) | 16 | 2 | 0 |

● 전반 20분 박승호 PK-R-G (득점: 박승호) 왼쪽

10월 05일 16:30 흐림 부산 구덕 2,326명
주심_ 박세진 부심_ 성주경 · 황보진현 대기심_ 최규현 경기감독관_ 김성수

**부산 1** 1 전반 1 / 0 후반 0 **1 경남**

| 퇴장 | 경고 | 파울 | ST(유) | 교체 | 선수명 | 배번 | 위치 | 위치 | 배번 | 선수명 | 교체 | ST(유) | 파울 | 경고 | 퇴장 |
|---|---|---|---|---|---|---|---|---|---|---|---|---|---|---|---|
| 0 | 0 | 0 | 0 | | 구 상 민 | 1 | GK | GK | 91 | 최 필 수 | | 0 | 0 | 0 | 0 |
| 0 | 0 | 0 | 0 | 37 | 오 반 석 | 3 | DF | DF | 37 | 김 선 호 | | 0 | 0 | 0 | 0 |
| 0 | 0 | 0 | 1 | | 조 위 제 | 20 | DF | DF | 2 | 박 재 환 | | 1(1) | 1 | 1 | 0 |
| 0 | 0 | 3 | 0 | | 장 호 익 | 77 | DF | DF | 5 | 김 형 진 | | 0 | 1 | 0 | 0 |
| 0 | 0 | 1 | 0 | | 전 성 진 | 17 | MF | DF | 4 | 한 용 수 | | 0 | 0 | 0 | 0 |
| 0 | 0 | 0 | 3(1) | 47 | 사비에르 | 7 | MF | DF | 17 | 이 준 재 | 19 | 0 | 0 | 0 | 0 |
| 0 | 0 | 0 | 3 | | 이 동 수 | 6 | MF | MF | 40 | 이 찬 동 | 88 | 0 | 0 | 1 | 0 |
| 0 | 0 | 0 | 1 | 88 | 박 창 우 | 23 | MF | MF | 10 | 브루노코스타 | | 1 | 0 | 0 | 0 |
| 0 | 0 | 0 | 1(1) | 11 | 최 기 윤 | 29 | FW | FW | 29 | 박 기 현 | 22 | 0 | 0 | 0 | 0 |
| 0 | 0 | 2 | 1(1) | 32 | 곤 잘 로 | 9 | FW | FW | 9 | 카 릴 | 89 | 0 | 1 | 1 | 0 |
| 0 | 0 | 0 | 2(1) | | 페 신 | 10 | FW | FW | 20 | 마 세 도 | 11 | 0 | 1 | 0 | 0 |
| 0 | 0 | 0 | 0 | | 박 대 한 | 21 | | | 51 | 류 원 우 | | 0 | 0 | 0 | 0 |
| 0 | 0 | 0 | 0 | | 정 호 근 | 4 | | | 88 | 헤 난 | 후30 | 0 | 1 | 0 | 0 |
| 0 | 0 | 0 | 0 | 후42 | 김 동 욱 | 37 | | | 22 | 김 형 원 | 후30 | 0 | 2 | 0 | 0 |
| 0 | 0 | 0 | 0 | 후34 | 김 세 훈 | 88 | 대기 | 대기 | 77 | 김 하 민 | | 0 | 0 | 0 | 0 |
| 0 | 0 | 1 | 1 | 후42 | 손 휘 | 47 | | | 11 | 박 민 서 | 전25 | 1 | 1 | 0 | 0 |
| 0 | 0 | 0 | 2(1) | 후17 | 빌 레 로 | 11 | | | 89 | 단 레 이 | 후14 | 0 | 0 | 0 | 0 |
| 0 | 0 | 1 | 2(1) | 후17 | 윤 민 호 | 32 | | | 19 | 정 충 근 | 후0 | 0 | 0 | 0 | 0 |
| 0 | 0 | 8 | 17(6) | | | 0 | | | 0 | | | 3(1) | 8 | 3 | 0 |

● 전반 10분 페신 PA 정면 L-ST-G (득점: 페신) 왼쪽

● 전반 1분 브루노 코스타 C.KR ↷ 박재환 GA 정면 H-ST-G (득점: 박재환, 도움: 브루노 코스타) 가운데

10월 07일 14:00 흐림 목동 종합 2,344명
주심_ 김종혁 부심_ 박균용·장종필 대기심_ 박정호 경기감독관_ 김성기

**서울E 1** | 1 전반 1 / 0 후반 0 | **1 화성**

| 퇴장 | 경고 | 파울 | ST(유) | 교체 | 선수명 | 배번 | 위치 | 위치 | 배번 | 선수명 | 교체 | ST(유) | 파울 | 경고 | 퇴장 |
|---|---|---|---|---|---|---|---|---|---|---|---|---|---|---|---|
| 0 | 0 | 0 | 0 | | 구성윤 | 25 | GK | GK | 13 | 이기현 | | 0 | 0 | 0 | 0 |
| 0 | 0 | 0 | 0 | | 김하준 | 44 | DF | DF | 4 | 연제민 | 3 | 0 | 0 | 0 | 0 |
| 0 | 0 | 0 | 0 | | 곽윤호 | 4 | DF | FW | 5 | 우제욱 | 41 | 1(1) | 1 | 0 | 0 |
| 0 | 0 | 1 | 0 | 20 | 아론 | 28 | DF | FW | 7 | 알뚤 | 77 | 0 | 1 | 0 | 0 |
| 0 | 0 | 0 | 0 | 13 | 채광훈 | 6 | DF | MF | 8 | 전성진 | | 0 | 0 | 0 | 0 |
| 0 | 0 | 2 | 1 | | 박창환 | 30 | MF | DF | 15 | 보이노비치 | | 0 | 0 | 0 | 0 |
| 0 | 0 | 0 | 1 | | 서재민 | 15 | MF | MF | 16 | 최명희 | 26 | 0 | 0 | 0 | 0 |
| 0 | 0 | 1 | 1(1) | | 백지웅 | 66 | MF | DF | 17 | 임창석 | | 1(1) | 0 | 0 | 0 |
| 0 | 0 | 2 | 0 | 16 | 박경배 | 26 | FW | DF | 20 | 박준서 | | 0 | 0 | 0 | 0 |
| 0 | 0 | 2 | 1 | 90 | 허용준 | 70 | FW | MF | 29 | 김준영 | 2 | 0 | 1 | 0 | 0 |
| 0 | 0 | 1 | 1(1) | 7 | 서진석 | 88 | FW | MF | 99 | 데메트리우스 | | 2(1) | 1 | 0 | 0 |
| 0 | 0 | 0 | 0 | | 김민호 | 21 | | | 1 | 김승건 | | 0 | 0 | 0 | 0 |
| 0 | 0 | 0 | 0 | 후0 | 김오규 | 20 | | | 2 | 김대환 | 후13 | 0 | 1 | 0 | 0 |
| 0 | 0 | 0 | 0 | 후41 | 차승현 | 13 | | | 3 | 조동재 | 후13 | 0 | 2 | 0 | 0 |
| 0 | 0 | 0 | 0 | | 오스마르 | 5 | 대기 | 대기 | 22 | 안지만 | | 0 | 0 | 0 | 0 |
| 0 | 0 | 0 | 1 | 후15 | 가브리엘 | 90 | | | 26 | 박창호 | 후21 | 0 | 1 | 0 | 0 |
| 0 | 0 | 0 | 4(4) | 후0 | 에울레르 | 7 | | | 77 | 이지한 | 후33 | 0 | 0 | 0 | 0 |
| 0 | 0 | 0 | 0 | 후0 | 변경준 | 16 | | | 41 | 김병오 | 후21 | 1(1) | 0 | 0 | 0 |
| 0 | 0 | 9 | 10(6) | | | 0 | | | 0 | | | 5(4) | 8 | 0 | 0 |

●전반 12분 보이노비치 GA 정면 내 L 자책골 (득점: 보이노비치) 가운데

●전반 4분 데메트리우스 GA 정면 L-ST-G (득점: 데메트리우스) 가운데

10월 08일 14:00 맑음 인천 전용 18,134명
주심_ 송민석 부심_ 주현민·이상길 대기심_ 박진호 경기감독관_ 김용세

**인천 1** | 0 전반 0 / 1 후반 1 | **1 수원**

| 퇴장 | 경고 | 파울 | ST(유) | 교체 | 선수명 | 배번 | 위치 | 위치 | 배번 | 선수명 | 교체 | ST(유) | 파울 | 경고 | 퇴장 |
|---|---|---|---|---|---|---|---|---|---|---|---|---|---|---|---|
| 0 | 0 | 0 | 0 | | 민성준 | 1 | GK | GK | 1 | 김민준 | | 0 | 0 | 0 | 0 |
| 0 | 0 | 2 | 0 | | 이주용 | 32 | DF | DF | 2 | 장석환 | | 0 | 1 | 0 | 0 |
| 0 | 0 | 0 | 0 | | 김건웅 | 28 | DF | DF | 5 | 한호강 | | 0 | 1 | 0 | 0 |
| 0 | 1 | 1 | 0 | | 김건희 | 4 | DF | DF | 20 | 조윤성 | 17 | 0 | 0 | 0 | 0 |
| 0 | 0 | 0 | 0 | 3 | 김성민 | 17 | DF | MF | 23 | 이기제 | 7 | 2 | 1 | 0 | 0 |
| 0 | 0 | 2 | 0 | 27 | 바로우 | 14 | MF | MF | 24 | 이규성 | 6 | 1 | 1 | 0 | 0 |
| 0 | 0 | 0 | 2(1) | 20 | 정원진 | 88 | MF | MF | 14 | 홍원진 | | 0 | 0 | 0 | 0 |
| 0 | 0 | 1 | 0 | | 이명주 | 5 | MF | MF | 32 | 정동윤 | | 0 | 2 | 1 | 0 |
| 0 | 1 | 4 | 2(2) | | 제르소 | 11 | MF | FW | 11 | 파울리뇨 | 91 | 1(1) | 2 | 0 | 0 |
| 0 | 0 | 4 | 1(1) | 9 | 신진호 | 8 | FW | FW | 70 | 세라핌 | | 1(1) | 2 | 0 | 0 |
| 0 | 0 | 0 | 2(1) | 26 | 박승호 | 77 | FW | FW | 9 | 일류첸코 | | 2(1) | 0 | 0 | 0 |
| 0 | 0 | 0 | 0 | | 김동헌 | 97 | | | 21 | 양형모 | | 0 | 0 | 0 | 0 |
| 0 | 0 | 0 | 0 | 후43 | 이상기 | 3 | | | 99 | 김민우 | | 0 | 0 | 0 | 0 |
| 0 | 0 | 0 | 0 | 후27 | 델브리지 | 20 | | | 6 | 최영준 | 후42 | 0 | 1 | 0 | 0 |
| 0 | 0 | 0 | 0 | 후43 | 강윤구 | 26 | 대기 | 대기 | 17 | 이민혁 | 후23 | 2(2) | 1 | 0 | 0 |
| 0 | 0 | 1 | 0 | 후12 | 김보섭 | 27 | | | 7 | 김현 | 후23 | 2(2) | 0 | 0 | 0 |
| 0 | 0 | 0 | 1(1) | 후12 | 무고사 | 9 | | | 30 | 강성진 | | 0 | 0 | 0 | 0 |
| 0 | 0 | 0 | 0 | | 박호민 | 99 | | | 91 | 박지원 | 후12 | 1 | 0 | 0 | 0 |
| 0 | 2 | 15 | 8(6) | | | 0 | | | 0 | | | 12(7) | 12 | 1 | 0 |

●후반 19분 이명주 MFL ~ 무고사 PAL 내 R-ST-G (득점: 무고사, 도움: 이명주) 오른쪽

●후반 39분 이민혁 GAL L-ST-G (득점: 이민혁) 오른쪽

10월 07일 16:30 흐리고 비 청주 종합 1,255명
주심_ 김용우 부심_ 신재환·김현진 대기심_ 원명희 경기감독관_ 박철

**충북청주 0** | 0 전반 2 / 0 후반 0 | **2 김포**

| 퇴장 | 경고 | 파울 | ST(유) | 교체 | 선수명 | 배번 | 위치 | 위치 | 배번 | 선수명 | 교체 | ST(유) | 파울 | 경고 | 퇴장 |
|---|---|---|---|---|---|---|---|---|---|---|---|---|---|---|---|
| 0 | 0 | 0 | 0 | | 정진욱 | 18 | GK | GK | 31 | 손정현 | | 0 | 0 | 0 | 0 |
| 0 | 1 | 1 | 0 | | 홍준호 | 15 | DF | DF | 5 | 이찬형 | | 0 | 0 | 0 | 0 |
| 0 | 0 | 1 | 0 | | 이강한 | 66 | DF | DF | 77 | 채프먼 | | 0 | 1 | 0 | 0 |
| 0 | 0 | 0 | 0 | 28 | 최강민 | 70 | DF | DF | 97 | 김동민 | 2 | 0 | 0 | 0 | 0 |
| 0 | 0 | 0 | 0 | | 이창훈 | 99 | DF | MF | 98 | 김민식 | | 0 | 1 | 0 | 0 |
| 0 | 0 | 1 | 0 | 17 | 서재원 | 2 | MF | MF | 8 | 디자우마 | | 0 | 1 | 0 | 0 |
| 0 | 0 | 3 | 1 | | 김선민 | 5 | MF | MF | 23 | 최재훈 | | 0 | 2 | 0 | 0 |
| 0 | 0 | 1 | 1(1) | | 김영환 | 13 | MF | MF | 11 | 윤재운 | 7 | 1(1) | 1 | 0 | 0 |
| 0 | 0 | 4 | 1 | 36 | 양영빈 | 88 | MF | MF | 50 | 박동진 | 99 | 5(4) | 1 | 0 | 0 |
| 0 | 0 | 0 | 4(2) | 4 | 페드로 | 10 | FW | FW | 47 | 조성준 | 17 | 0 | 1 | 0 | 0 |
| 0 | 0 | 1 | 0 | 11 | 문승민 | 16 | FW | FW | 10 | 플라나 | 37 | 2(1) | 0 | 0 | 0 |
| 0 | 0 | 0 | 0 | | 이승환 | 23 | | | 1 | 조주영 | | 0 | 0 | 0 | 0 |
| 0 | 1 | 1 | 0 | 후33 | 반데아벨트 | 4 | | | 2 | 김종민 | 후49 | 0 | 0 | 0 | 0 |
| 0 | 0 | 0 | 0 | 후22 | 윤석영 | 36 | | | 7 | 이상민 | 후38 | 0 | 0 | 0 | 0 |
| 0 | 0 | 0 | 0 | | 최성근 | 25 | 대기 | 대기 | 37 | 홍시후 | 후38 | 1 | 0 | 0 | 0 |
| 0 | 0 | 3 | 0 | 후22 | 이지승 | 28 | | | 29 | 김민우 | | 0 | 0 | 0 | 0 |
| 0 | 0 | 1 | 1 | 후0 | 이승재 | 11 | | | 17 | 제갈재민 | 후12 | 3(3) | 2 | 0 | 0 |
| 0 | 0 | 0 | 1 | 후0 | 홍석준 | 17 | | | 99 | 김결 | 후38 | 0 | 0 | 0 | 0 |
| 0 | 2 | 17 | 9(3) | | | 0 | | | 0 | | | 12(9) | 10 | 0 | 0 |

●전반 11분 플라나 MF 정면 ~ 윤재운 GAR R-ST-G (득점: 윤재운, 도움: 플라나) 가운데

●전반 13분 조성준 AK 정면 H⌒ 박동진 GAL L-ST-G (득점: 박동진, 도움: 조성준) 오른쪽

10월 08일 14:00 흐림 천안 종합 2,004명
주심_ 설태환 부심_ 이영운·이화평 대기심_ 박종명 경기감독관_ 차상해

**천안 0** | 0 전반 0 / 0 후반 0 | **0 부산**

| 퇴장 | 경고 | 파울 | ST(유) | 교체 | 선수명 | 배번 | 위치 | 위치 | 배번 | 선수명 | 교체 | ST(유) | 파울 | 경고 | 퇴장 |
|---|---|---|---|---|---|---|---|---|---|---|---|---|---|---|---|
| 0 | 0 | 0 | 0 | | 허자웅 | 31 | GK | GK | 1 | 구상민 | | 0 | 0 | 0 | 0 |
| 0 | 0 | 0 | 1 | | 강영훈 | 4 | DF | DF | 24 | 홍욱현 | | 0 | 0 | 0 | 0 |
| 0 | 0 | 1 | 0 | | 김성주 | 35 | DF | DF | 20 | 조위제 | | 0 | 1 | 0 | 0 |
| 0 | 0 | 1 | 0 | | 이상명 | 24 | DF | DF | 77 | 장호익 | | 0 | 1 | 0 | 0 |
| 0 | 1 | 1 | 0 | 29 | 김서진 | 13 | MF | MF | 17 | 전성진 | | 0 | 2 | 1 | 0 |
| 0 | 0 | 2 | 0 | | 이광진 | 8 | MF | MF | 7 | 사비에르 | | 0 | 1 | 0 | 0 |
| 0 | 1 | 2 | 0 | | 이종성 | 6 | MF | MF | 6 | 이동수 | 47 | 0 | 0 | 0 | 0 |
| 0 | 1 | 3 | 0 | 37 | 김영선 | 26 | MF | MF | 23 | 박창우 | | 0 | 3 | 0 | 0 |
| 0 | 1 | 2 | 1 | 11 | 이상준 | 7 | FW | FW | 11 | 빌레로 | | 2(1) | 0 | 0 | 0 |
| 0 | 0 | 0 | 1(1) | 83 | 이정협 | 18 | FW | FW | 32 | 윤민호 | 9 | 1(1) | 4 | 0 | 0 |
| 0 | 0 | 0 | 0 | 14 | 명준재 | 17 | FW | FW | 10 | 페신 | 29 | 3(2) | 0 | 0 | 0 |
| 0 | 0 | 0 | 0 | | 제종현 | 21 | | | 21 | 박대한 | | 0 | 0 | 0 | 0 |
| 0 | 0 | 0 | 0 | 후26 | 유은상 | 29 | | | 4 | 정호근 | | 0 | 0 | 0 | 0 |
| 0 | 0 | 0 | 1 | 후0 | 박준강 | 37 | | | 88 | 김세훈 | | 0 | 0 | 0 | 0 |
| 0 | 0 | 0 | 0 | | 하재민 | 20 | 대기 | 대기 | 37 | 김동욱 | | 0 | 0 | 0 | 0 |
| 0 | 0 | 0 | 1 | 후0 | 구종욱 | 14 | | | 47 | 손휘 | 후27 | 2(1) | 1 | 1 | 0 |
| 0 | 0 | 0 | 0 | 후33 | 이지훈 | 11 | | | 29 | 최기윤 | 후27 | 2 | 0 | 0 | 0 |
| 0 | 0 | 1 | 1 | 후11 | 브루노 | 83 | | | 9 | 곤잘로 | 후9 | 2(2) | 2 | 0 | 0 |
| 0 | 4 | 13 | 6(1) | | | 0 | | | 0 | | | 12(7) | 15 | 2 | 0 |

10월 08일 14:00 흐림 창원 축구센터 2,981명
주심_ 최규현 부심_ 박남수·이현모 대기심_ 김재홍 경기감독관_ 허태식

**경남 2** 1 전반 0 / 1 후반 3 **3 전남**

| 퇴장 | 경고 | 파울 | ST(유) | 교체 | 선수명 | 배번 | 위치 | 위치 | 배번 | 선수명 | 교체 | ST(유) | 파울 | 경고 | 퇴장 |
|---|---|---|---|---|---|---|---|---|---|---|---|---|---|---|---|
| 0 | 0 | 0 | 0 | | 최필수 | 91 | GK | GK | 1 | 최봉진 | | 0 | 0 | 0 | 0 |
| 0 | 1 | 2 | 1 | | 박재환 | 2 | DF | DF | 2 | 유지하 | | 2 | 0 | 0 | 0 |
| 0 | 0 | 0 | 0 | | 한용수 | 4 | DF | DF | 23 | 김경재 | 77 | 0 | 1 | 0 | 0 |
| 0 | 1 | 2 | 0 | | 김형진 | 5 | DF | DF | 95 | 최정원 | | 1 | 1 | 0 | 0 |
| 0 | 0 | 0 | 0 | | 박원재 | 33 | MF | DF | 3 | 김예성 | | 0 | 0 | 0 | 0 |
| 0 | 0 | 0 | 0 | 19 | 김선호 | 37 | MF | DF | 12 | 민준영 | 36 | 1 | 2 | 0 | 0 |
| 0 | 0 | 1 | 1(1) | 77 | 헤난 | 88 | MF | MF | 10 | 발디비아 | | 6(4) | 0 | 0 | 0 |
| 0 | 0 | 0 | 0 | 89 | 박기현 | 29 | MF | MF | 16 | 알베르띠 | | 0 | 1 | 0 | 0 |
| 0 | 0 | 2 | 0 | | 브루노코스타 | 10 | FW | MF | 14 | 윤민호 | 24 | 1 | 2 | 0 | 0 |
| 0 | 0 | 0 | 2(1) | 22 | 박민서 | 11 | FW | FW | 99 | 정강민 | 11 | 0 | 0 | 0 | 0 |
| 0 | 0 | 0 | 1(1) | 9 | 이중민 | 90 | FW | FW | 19 | 호난 | 17 | 5(3) | 0 | 0 | 0 |
| 0 | 0 | 0 | 0 | | 류원우 | 51 | | | 21 | 이준 | | 0 | 0 | 0 | 0 |
| 0 | 0 | 1 | 0 | 후33 | 김형원 | 22 | | | 20 | 장순혁 | | 0 | 0 | 0 | 0 |
| 0 | 0 | 0 | 0 | | 한석종 | 63 | | | 36 | 안재민 | 후0 | 0 | 1 | 0 | 0 |
| 0 | 0 | 1 | 0 | 후33 | 김하민 | 77 | 대기 | 대기 | 24 | 박상준 | 후29 | 0 | 1 | 0 | 0 |
| 0 | 0 | 1 | 0 | 후21 | 카릴 | 9 | | | 77 | 최한솔 | 후8 | 0 | 1 | 0 | 0 |
| 0 | 0 | 0 | 0 | 후21 | 정충근 | 19 | | | 11 | 정지용 | 후0 | 0 | 1 | 0 | 0 |
| 0 | 0 | 1 | 1(1) | 후0 | 단레이 | 89 | | | 17 | 김도윤 | 후49 | 0 | 0 | 0 | 0 |
| 0 | 2 | 11 | 6(4) | | | 0 | | | 0 | | | 16(7) | 11 | 0 | 0 |

- ●전반 38분 이중민 GA 정면 내 R-ST-G (득점: 이중민) 왼쪽
- ●후반 3분 단레이 PK-R-G (득점: 단레이) 오른쪽
- ●후반 16분 호난 GAR 내 R-ST-G (득점: 호난) 가운데
- ●후반 45분 정지용 PAL EL ~ 발디비아 GA 정면 L-ST-G (득점: 발디비아, 도움: 정지용) 가운데
- ●후반 52분 알베르띠 PAR ~ 발디비아 PAR L-ST-G (득점: 발디비아, 도움: 알베르띠) 왼쪽

10월 08일 16:30 맑음 안산 와스타디움 1,610명
주심_ 조지음 부심_ 김태형·류시홍 대기심_ 정동식 경기감독관_ 양정환

**안산 0** 0 전반 1 / 0 후반 0 **1 충남아산**

| 퇴장 | 경고 | 파울 | ST(유) | 교체 | 선수명 | 배번 | 위치 | 위치 | 배번 | 선수명 | 교체 | ST(유) | 파울 | 경고 | 퇴장 |
|---|---|---|---|---|---|---|---|---|---|---|---|---|---|---|---|
| 0 | 0 | 0 | 0 | | 이승빈 | 1 | GK | GK | 18 | 신송훈 | | 0 | 0 | 0 | 0 |
| 0 | 0 | 0 | 2(1) | | 장민준 | 4 | DF | DF | 76 | 이호인 | | 0 | 1 | 0 | 0 |
| 0 | 0 | 0 | 1 | | 조지훈 | 25 | DF | DF | 13 | 김영남 | | 1(1) | 0 | 0 | 0 |
| 0 | 0 | 1 | 1(1) | | 김현태 | 6 | DF | DF | 5 | 변준영 | | 0 | 4 | 1 | 0 |
| 0 | 0 | 0 | 1 | 35 | 송태성 | 36 | MF | MF | 17 | 김주성 | | 0 | 1 | 0 | 0 |
| 0 | 0 | 0 | 1 | 66 | 김건오 | 13 | MF | MF | 22 | 김승호 | | 0 | 1 | 0 | 0 |
| 0 | 0 | 1 | 0 | | 라파 | 8 | MF | MF | 28 | 손준호 | 10 | 0 | 1 | 0 | 0 |
| 0 | 0 | 0 | 0 | 14 | 류승완 | 17 | MF | MF | 25 | 박종민 | | 0 | 0 | 0 | 0 |
| 0 | 0 | 1 | 1 | 77 | 김우빈 | 99 | FW | FW | 7 | 데니손 | 11 | 1 | 0 | 0 | 0 |
| 0 | 0 | 1 | 0 | | 양세영 | 19 | FW | FW | 39 | 김성현 | 72 | 0 | 1 | 0 | 0 |
| 0 | 0 | 0 | 1(1) | 10 | 박채준 | 27 | FW | FW | 97 | 은고이 | 24 | 1(1) | 0 | 0 | 0 |
| 0 | 0 | 0 | 0 | | 조성훈 | 21 | | | 21 | 김진영 | | 0 | 0 | 0 | 0 |
| 0 | 0 | 0 | 0 | 후31 | 안재준 | 14 | | | 4 | 장준영 | | 0 | 0 | 0 | 0 |
| 0 | 0 | 0 | 0 | | 에두 | 33 | | | 14 | 이학민 | | 0 | 0 | 0 | 0 |
| 0 | 1 | 1 | 0 | 후31 | 배수민 | 66 | 대기 | 대기 | 10 | 김종석 | 후20 | 1(1) | 0 | 0 | 0 |
| 0 | 0 | 1 | 3(2) | 후0 | 사라이바 | 10 | | | 24 | 박세직 | 후35 | 0 | 0 | 0 | 0 |
| 0 | 0 | 0 | 1 | 후41 | 서명식 | 35 | | | 11 | 아담 | 후0 | 1 | 0 | 0 | 0 |
| 0 | 0 | 0 | 2(1) | 후0 | 제페르손 | 77 | | | 72 | 한교원 | 후0 | 2(2) | 0 | 0 | 0 |
| 0 | 1 | 6 | 14(6) | | | 0 | | | 0 | | | 7(5) | 9 | 1 | 0 |

- ●전반 14분 은고이 PA 정면 내 R-ST-G (득점: 은고이) 오른쪽

10월 08일 16:30 맑음 부천 종합 4,233명
주심_ 신용준 부심_ 김수현·김유영 대기심_ 정회수 경기감독관_ 구상범

**부천 1** 1 전반 0 / 0 후반 0 **0 성남**

| 퇴장 | 경고 | 파울 | ST(유) | 교체 | 선수명 | 배번 | 위치 | 위치 | 배번 | 선수명 | 교체 | ST(유) | 파울 | 경고 | 퇴장 |
|---|---|---|---|---|---|---|---|---|---|---|---|---|---|---|---|
| 0 | 0 | 0 | 0 | | 김형근 | 1 | GK | GK | 21 | 양한빈 | | 0 | 0 | 0 | 0 |
| 0 | 0 | 2 | 0 | | 홍성욱 | 20 | DF | DF | 22 | 정승용 | | 1(1) | 1 | 1 | 0 |
| 0 | 0 | 1 | 1 | | 이상혁 | 5 | DF | DF | 4 | 베니시오 | | 0 | 1 | 0 | 0 |
| 0 | 0 | 2 | 0 | | 이재원 | 15 | DF | DF | 20 | 이상민 | | 0 | 0 | 0 | 0 |
| 0 | 1 | 2 | 1(1) | 27 | 김규민 | 17 | MF | DF | 7 | 신재원 | | 3(2) | 2 | 1 | 0 |
| 0 | 0 | 2 | 0 | | 카즈 | 23 | MF | MF | 11 | 김정환 | 91 | 0 | 0 | 0 | 0 |
| 0 | 0 | 4 | 0 | 14 | 박현빈 | 16 | MF | MF | 14 | 프레이타스 | 70 | 0 | 2 | 1 | 0 |
| 0 | 0 | 1 | 0 | | 티아깅요 | 7 | MF | MF | 74 | 사무엘 | | 1 | 3 | 1 | 0 |
| 0 | 0 | 1 | 2(2) | 6 | 바사니 | 10 | FW | MF | 8 | 이정빈 | 2 | 3 | 1 | 0 | 0 |
| 0 | 0 | 0 | 2 | 11 | 이의형 | 18 | FW | FW | 33 | 박수빈 | 16 | 1(1) | 0 | 0 | 0 |
| 0 | 1 | 1 | 1(1) | 9 | 한지호 | 22 | FW | FW | 37 | 하정우 | 9 | 0 | 1 | 1 | 0 |
| 0 | 0 | 0 | 0 | | 김현엽 | 21 | | | 34 | 박지민 | | 0 | 0 | 0 | 0 |
| 0 | 1 | 0 | 0 | 후44 | 정호진 | 6 | | | 2 | 박상혁 | 후31 | 0 | 0 | 0 | 0 |
| 0 | 0 | 0 | 0 | 후48 | 최재영 | 14 | | | 3 | 강의빈 | | 0 | 0 | 0 | 0 |
| 0 | 0 | 0 | 0 | | 김동현 | 24 | 대기 | 대기 | 9 | 후이즈 | 전28 | 1(1) | 4 | 1 | 0 |
| 1 | 0 | 1 | 0 | 후12 | 몬타뇨 | 9 | | | 16 | 류준선 | 후31 | 0 | 0 | 0 | 0 |
| 0 | 0 | 0 | 0 | 후44 | 박창준 | 11 | | | 70 | 레안드로 | 후10 | 0 | 0 | 0 | 0 |
| 0 | 0 | 0 | 0 | 후0 | 장시영 | 27 | | | 91 | 박광일 | 후10 | 0 | 0 | 0 | 0 |
| 1 | 3 | 17 | 7(4) | | | 0 | | | 0 | | | 10(5) | 15 | 6 | 0 |

- ●전반 44분 이상민 GAR 내 H 자책골 (득점: 이상민) 왼쪽

10월 11일 14:00 흐림 김포솔터축구장 2,135명
주심_ 김희곤 부심_ 성주경·이상길 대기심_ 고민국 경기감독관_ 허기태

**김포 0** 0 전반 0 / 0 후반 1 **1 서울E**

| 퇴장 | 경고 | 파울 | ST(유) | 교체 | 선수명 | 배번 | 위치 | 위치 | 배번 | 선수명 | 교체 | ST(유) | 파울 | 경고 | 퇴장 |
|---|---|---|---|---|---|---|---|---|---|---|---|---|---|---|---|
| 0 | 0 | 0 | 0 | 21 | 손정현 | 31 | GK | GK | 25 | 구성윤 | | 0 | 0 | 0 | 0 |
| 0 | 0 | 0 | 1 | | 이찬형 | 5 | DF | DF | 23 | 배서준 | 77 | 0 | 1 | 1 | 0 |
| 0 | 0 | 0 | 0 | | 채프먼 | 77 | DF | DF | 4 | 곽윤호 | 44 | 0 | 0 | 0 | 0 |
| 0 | 0 | 0 | 1 | | 김동민 | 97 | DF | DF | 20 | 김오규 | | 0 | 1 | 0 | 0 |
| 0 | 0 | 1 | 0 | | 김민식 | 98 | MF | DF | 6 | 채광훈 | | 0 | 0 | 0 | 0 |
| 0 | 0 | 1 | 1 | 7 | 윤재운 | 11 | MF | MF | 5 | 오스마르 | | 2(1) | 1 | 0 | 0 |
| 0 | 0 | 4 | 0 | | 최재훈 | 23 | MF | MF | 15 | 서재민 | 66 | 0 | 1 | 0 | 0 |
| 0 | 0 | 2 | 0 | | 디자우마 | 8 | MF | MF | 30 | 박창환 | | 2(1) | 3 | 0 | 0 |
| 0 | 0 | 0 | 0 | 99 | 박동진 | 50 | MF | FW | 90 | 가브리엘 | 70 | 2(2) | 0 | 0 | 0 |
| 0 | 0 | 0 | 0 | 17 | 조성준 | 47 | FW | FW | 9 | 아이데일 | 16 | 0 | 0 | 0 | 0 |
| 0 | 0 | 4 | 2 | 37 | 플라나 | 10 | FW | FW | 7 | 에울레르 | | 2 | 1 | 0 | 0 |
| 0 | 0 | 0 | 0 | 후24 | 윤보상 | 21 | | | 21 | 김민호 | | 0 | 0 | 0 | 0 |
| 0 | 0 | 0 | 0 | | 박경록 | 3 | | | 44 | 김하준 | 후29 | 0 | 0 | 0 | 0 |
| 0 | 0 | 0 | 0 | 전28 | 이상민 | 7 | | | 77 | 배진우 | 후0 | 0 | 0 | 0 | 0 |
| 0 | 0 | 0 | 0 | 후38 | 홍시후 | 37 | 대기 | 대기 | 66 | 백지웅 | 후19 | 1(1) | 0 | 0 | 0 |
| 0 | 0 | 0 | 0 | | 김민우 | 29 | | | 47 | 이주혁 | | 0 | 0 | 0 | 0 |
| 0 | 0 | 0 | 3(1) | 후24 | 제갈재민 | 17 | | | 16 | 변경준 | 후0 | 1(1) | 2 | 0 | 0 |
| 0 | 0 | 0 | 0 | 후38 | 김결 | 99 | | | 70 | 허용준 | 후19 | 1 | 2 | 0 | 0 |
| 0 | 0 | 12 | 8(1) | | | 0 | | | 0 | | | 11(6) | 12 | 1 | 0 |

- ●후반 48분 변경준 GAL L-ST-G (득점: 변경준) 가운데

10월 11일 16:30 흐림 화성 종합 1,761명
주심_ 김재홍 부심_ 주현민·장민호 대기심_ 최승환 경기감독관_ 이경춘

**화성 1** 0 전반 0 / 1 후반 0 **0 충북청주**

| 퇴장 | 경고 | 파울 | ST(유) | 교체 | 선수명 | 배번 | 위치 | 위치 | 배번 | 선수명 | 교체 | ST(유) | 파울 | 경고 | 퇴장 |
|---|---|---|---|---|---|---|---|---|---|---|---|---|---|---|---|
| 0 | 0 | 0 | 0 | | 김승건 | 1 | GK | GK | 18 | 정진욱 | | 0 | 0 | 0 | 0 |
| 0 | 0 | 1 | 0 | | 조동재 | 3 | DF | DF | 4 | 반데아벨트 | | 0 | 0 | 0 | 0 |
| 0 | 1 | 2 | 0 | 20 | 연지민 | 4 | DF | DF | 15 | 홍준호 | | 0 | 0 | 0 | 0 |
| 0 | 0 | 0 | 1(1) | 5 | 알뚤 | 7 | FW | DF | 99 | 이창훈 | | 0 | 1 | 0 | 0 |
| 0 | 0 | 1 | 0 | 26 | 전성진 | 8 | MF | MF | 5 | 김선민 | | 1 | 0 | 0 | 0 |
| 0 | 0 | 1 | 0 | | 보이노비치 | 15 | DF | MF | 13 | 김영환 | 2 | 1(1) | 0 | 0 | 0 |
| 0 | 0 | 0 | 1(1) | | 최준혁 | 16 | MF | MF | 66 | 이강한 | | 0 | 2 | 0 | 0 |
| 0 | 0 | 0 | 2(1) | | 임창석 | 17 | DF | MF | 70 | 최강민 | 6 | 1(1) | 0 | 0 | 0 |
| 0 | 0 | 0 | 1 | 2 | 김준영 | 29 | MF | FW | 10 | 페드로 | 16 | 2 | 1 | 0 | 0 |
| 0 | 0 | 0 | 1(1) | 53 | 김병오 | 41 | FW | FW | 21 | 송창석 | 11 | 2 | 1 | 1 | 0 |
| 0 | 0 | 1 | 4(2) | | 데메트리우스 | 99 | MF | FW | 88 | 양영빈 | 24 | 0 | 1 | 0 | 0 |
| 0 | 0 | 0 | 0 | | 이시현 | 13 | | | 23 | 이승환 | | 0 | 0 | 0 | 0 |
| 0 | 0 | 0 | 2 | 후15 | 김대환 | 2 | | | 6 | 박건우 | 후13 | 0 | 1 | 1 | 0 |
| 0 | 0 | 0 | 1 | 후15 | 우제욱 | 5 | | | 36 | 윤석영 | | 0 | 0 | 0 | 0 |
| 0 | 0 | 0 | 0 | 후25 | 박준서 | 20 | 대기 | 대기 | 16 | 문승민 | 후49 | 0 | 0 | 0 | 0 |
| 0 | 0 | 1 | 0 | 후33 | 박창호 | 26 | | | 24 | 허승찬 | 후33 | 0 | 0 | 0 | 0 |
| 0 | 0 | 0 | 0 | 후33 | 리마 | 53 | | | 2 | 서재원 | 후33 | 0 | 0 | 0 | 0 |
| 0 | 0 | 0 | 0 | | 이지한 | 77 | | | 11 | 이승재 | 후13 | 0 | 0 | 0 | 0 |
| 0 | 1 | 7 | 13(6) | | | 0 | | | 0 | | | 7(2) | 7 | 2 | 0 |

●후반 45분 임창석 GAR R-ST-G (득점: 임창석) 오른쪽

10월 12일 14:00 맑음 광양 전용 4,239명
주심_ 박종명 부심_ 이병주·황보진현 대기심_ 이경순 경기감독관_ 이평재

**전남 0** 0 전반 1 / 0 후반 0 **1 안산**

| 퇴장 | 경고 | 파울 | ST(유) | 교체 | 선수명 | 배번 | 위치 | 위치 | 배번 | 선수명 | 교체 | ST(유) | 파울 | 경고 | 퇴장 |
|---|---|---|---|---|---|---|---|---|---|---|---|---|---|---|---|
| 0 | 0 | 0 | 0 | | 최봉진 | 1 | GK | GK | 1 | 이승빈 | 21 | 0 | 0 | 0 | 0 |
| 0 | 0 | 0 | 2 | | 유지하 | 2 | DF | DF | 4 | 장민준 | 33 | 0 | 1 | 0 | 0 |
| 0 | 0 | 0 | 0 | 77 | 김경재 | 23 | DF | DF | 25 | 조지훈 | | 1 | 0 | 1 | 0 |
| 0 | 0 | 0 | 1(1) | | 최정원 | 95 | DF | DF | 6 | 김현태 | | 0 | 0 | 0 | 0 |
| 0 | 1 | 1 | 0 | 36 | 김용환 | 13 | DF | MF | 36 | 송태성 | 17 | 0 | 2 | 0 | 0 |
| 0 | 0 | 1 | 1 | | 김예성 | 3 | DF | MF | 13 | 김건오 | | 0 | 2 | 0 | 0 |
| 0 | 0 | 0 | 4(3) | | 발디비아 | 10 | MF | MF | 8 | 라파 | | 2 | 0 | 0 | 0 |
| 0 | 0 | 3 | 0 | | 알베르띠 | 16 | MF | MF | 14 | 안재준 | 16 | 0 | 0 | 0 | 0 |
| 0 | 1 | 2 | 0 | 14 | 박상준 | 24 | MF | FW | 77 | 제페르손 | | 0 | 2 | 1 | 0 |
| 0 | 0 | 0 | 0 | 11 | 르본 | 50 | FW | FW | 19 | 양세영 | | 1(1) | 1 | 0 | 0 |
| 0 | 0 | 0 | 4(1) | 17 | 호난 | 19 | FW | FW | 35 | 서명식 | 10 | 0 | 0 | 0 | 0 |
| 0 | 0 | 0 | 0 | | 이준 | 21 | | | 21 | 조성훈 | 후0 | 0 | 0 | 0 | 0 |
| 0 | 0 | 0 | 0 | | 구현준 | 4 | | | 16 | 정용희 | 후0 | 0 | 0 | 0 | 0 |
| 0 | 1 | 1 | 1 | 후10 | 안재민 | 36 | | | 17 | 류승완 | 후17 | 0 | 1 | 1 | 0 |
| 0 | 1 | 2 | 1 | 전32 | 윤민호 | 14 | 대기 | 대기 | 33 | 에두 | 후44 | 0 | 0 | 0 | 0 |
| 0 | 0 | 0 | 0 | 후0 | 최한솔 | 77 | | | 39 | 장동혁 | | 0 | 0 | 0 | 0 |
| 0 | 0 | 1 | 3(1) | 후0 | 정지용 | 11 | | | 10 | 사라이바 | 후10 | 0 | 3 | 1 | 0 |
| 0 | 0 | 0 | 1 | 후25 | 김도윤 | 17 | | | 99 | 김우빈 | | 0 | 0 | 0 | 0 |
| 0 | 4 | 11 | 18(6) | | | 0 | | | 0 | | | 4(1) | 12 | 4 | 0 |

●전반 41초 최정원 GAR 내 R 자책골 (득점: 최정원) 오른쪽

10월 12일 14:00 흐림 수원 월드컵 10,036명
주심_ 김용우 부심_ 김태형·곽유영 대기심_ 박정호 경기감독관_ 나승화

**수원 5** 4 전반 0 / 1 후반 0 **0 천안**

| 퇴장 | 경고 | 파울 | ST(유) | 교체 | 선수명 | 배번 | 위치 | 위치 | 배번 | 선수명 | 교체 | ST(유) | 파울 | 경고 | 퇴장 |
|---|---|---|---|---|---|---|---|---|---|---|---|---|---|---|---|
| 0 | 0 | 0 | 0 | | 양형모 | 21 | GK | GK | 31 | 허자웅 | | 0 | 0 | 0 | 0 |
| 0 | 0 | 1 | 0 | | 이기제 | 23 | DF | DF | 4 | 강영훈 | | 1 | 1 | 1 | 0 |
| 0 | 0 | 1 | 0 | | 레오 | 4 | DF | DF | 35 | 김성주 | | 0 | 1 | 0 | 0 |
| 0 | 0 | 2 | 0 | | 한호강 | 5 | DF | DF | 24 | 이상명 | | 0 | 0 | 0 | 0 |
| 0 | 0 | 1 | 0 | | 손호준 | 27 | DF | MF | 13 | 김서진 | 26 | 0 | 3 | 0 | 0 |
| 0 | 0 | 1 | 2(2) | 30 | 박지원 | 91 | MF | MF | 8 | 이광진 | 16 | 0 | 1 | 0 | 0 |
| 0 | 0 | 0 | 2(2) | 6 | 이규성 | 24 | MF | MF | 6 | 이종성 | | 2 | 4 | 0 | 0 |
| 0 | 0 | 1 | 2(1) | | 홍원진 | 14 | MF | MF | 37 | 박준강 | 3 | 0 | 1 | 0 | 0 |
| 0 | 0 | 0 | 3(2) | 99 | 세라핌 | 70 | MF | FW | 14 | 구종욱 | 83 | 0 | 0 | 0 | 0 |
| 0 | 0 | 2 | 5(5) | 17 | 파울리뇨 | 11 | FW | FW | 18 | 이정협 | 17 | 0 | 1 | 0 | 0 |
| 0 | 0 | 1 | 5(4) | 7 | 일류첸코 | 9 | FW | FW | 11 | 이지훈 | | 0 | 1 | 0 | 0 |
| 0 | 0 | 0 | 0 | | 김민준 | 1 | | | 21 | 제종현 | | 0 | 0 | 0 | 0 |
| 0 | 0 | 0 | 0 | | 장석환 | 2 | | | 3 | 이웅희 | 후0 | 0 | 0 | 0 | 0 |
| 0 | 0 | 1 | 0 | 후26 | 김민우 | 99 | | | 26 | 김영선 | 후32 | 0 | 0 | 0 | 0 |
| 0 | 0 | 0 | 0 | 후31 | 최영준 | 6 | 대기 | 대기 | 16 | 김성준 | 후0 | 1(1) | 0 | 0 | 0 |
| 0 | 0 | 0 | 0 | 후31 | 이민혁 | 17 | | | 17 | 명준재 | 후42 | 0 | 0 | 0 | 0 |
| 0 | 0 | 0 | 3(2) | 후26 | 김현 | 7 | | | 45 | 미사키 | | 0 | 0 | 0 | 0 |
| 0 | 0 | 1 | 0 | 후37 | 강성진 | 30 | | | 83 | 브루노 | 후0 | 2(2) | 0 | 0 | 0 |
| 0 | 0 | 12 | 22(18) | | | 0 | | | 0 | | | 6(3) | 13 | 1 | 0 |

●전반 19분 홍원진 AK 정면 R-ST-G (득점: 홍원진) 오른쪽
●전반 22분 파울리뇨 GA 정면 ~ 박지원 GAL 내 R-ST-G (득점: 박지원, 도움: 파울리뇨) 왼쪽
●전반 39분 세라핌 PAR ~ 파울리뇨 GAR R-ST-G (득점: 파울리뇨, 도움: 세라핌) 왼쪽
●전반 47분 홍원진 MFL ~ 세라핌 PAR R-ST-G (득점: 세라핌, 도움: 홍원진) 왼쪽
●후반 26분 이기제 PAL ↷ 김현 PA 정면 H-ST-G (득점: 김현, 도움: 이기제) 왼쪽

10월 12일 14:00 흐림 부산 구덕 2,054명
주심_ 채상협 부심_ 김종희·김태원 대기심_ 박진호 경기감독관_ 허태식

**부산 1** 0 전반 0 / 1 후반 2 **2 부천**

| 퇴장 | 경고 | 파울 | ST(유) | 교체 | 선수명 | 배번 | 위치 | 위치 | 배번 | 선수명 | 교체 | ST(유) | 파울 | 경고 | 퇴장 |
|---|---|---|---|---|---|---|---|---|---|---|---|---|---|---|---|
| 0 | 0 | 0 | 0 | | 구상민 | 1 | GK | GK | 1 | 김형근 | | 0 | 0 | 0 | 0 |
| 0 | 0 | 0 | 0 | 29 | 오반석 | 3 | DF | DF | 29 | 백동규 | | 0 | 3 | 0 | 0 |
| 0 | 0 | 1 | 2(1) | | 조위제 | 20 | DF | DF | 5 | 이상혁 | | 0 | 2 | 0 | 0 |
| 0 | 1 | 3 | 2(1) | | 장호익 | 77 | DF | DF | 20 | 홍성욱 | | 0 | 1 | 0 | 0 |
| 0 | 0 | 0 | 0 | 37 | 전성진 | 17 | MF | MF | 27 | 장시영 | | 0 | 0 | 0 | 0 |
| 0 | 0 | 1 | 0 | | 사비에르 | 7 | MF | MF | 4 | 최원철 | 23 | 0 | 1 | 0 | 0 |
| 0 | 0 | 1 | 0 | 32 | 이동수 | 6 | MF | MF | 16 | 박현빈 | 14 | 0 | 2 | 0 | 0 |
| 0 | 0 | 1 | 1 | 88 | 박창우 | 23 | MF | MF | 7 | 티아깅요 | | 0 | 0 | 0 | 0 |
| 0 | 0 | 2 | 1 | | 빌레로 | 11 | FW | FW | 10 | 바사니 | 15 | 2(2) | 1 | 0 | 0 |
| 0 | 0 | 1 | 4(1) | | 곤잘로 | 9 | FW | FW | 18 | 이의형 | 99 | 1 | 3 | 0 | 0 |
| 0 | 0 | 1 | 2(1) | | 페신 | 10 | FW | FW | 22 | 한지호 | 11 | 0 | 2 | 0 | 0 |
| 0 | 0 | 0 | 0 | | 박대한 | 21 | | | 21 | 김현엽 | | 0 | 0 | 0 | 0 |
| 0 | 0 | 0 | 0 | | 정호근 | 4 | | | 15 | 이재원 | 후43 | 0 | 0 | 0 | 0 |
| 0 | 0 | 0 | 0 | 후36 | 김동욱 | 37 | | | 14 | 최재영 | 후43 | 0 | 1 | 0 | 0 |
| 0 | 0 | 0 | 2(2) | 후0 | 김세훈 | 88 | 대기 | 대기 | 23 | 카즈 | 전40 | 0 | 1 | 1 | 0 |
| 0 | 0 | 0 | 0 | | 손휘 | 47 | | | 11 | 박창준 | 전40 | 1(1) | 1 | 1 | 0 |
| 0 | 0 | 0 | 1 | 후23 | 최기윤 | 29 | | | 17 | 김규민 | | 0 | 0 | 0 | 0 |
| 0 | 0 | 0 | 2(1) | 후16 | 윤민호 | 32 | | | 99 | 공민현 | 후36 | 0 | 1 | 1 | 0 |
| 0 | 1 | 11 | 17(7) | | | 0 | | | 0 | | | 4(3) | 19 | 3 | 0 |

●후반 52분 페신 PK-L-G (득점: 페신) 오른쪽
●후반 41초 박창준 AKL ~ 바사니 AK 내 L-ST-G (득점: 바사니, 도움: 박창준) 왼쪽
●후반 8분 박창준 PK-R-G (득점: 박창준) 가운데

10월 12일 16:30 흐림 탄천 종합 4,384명
주심_ 정동식 부심_ 이영운·김현진 대기심_ 최규현 경기감독관_ 김성수

**성남 2** — 0 전반 2 / 2 후반 0 — **2 인천**

| 퇴장 | 경고 | 파울 | ST(유) | 교체 | 선수명 | 배번 | 위치 | 위치 | 배번 | 선수명 | 교체 | ST(유) | 파울 | 경고 | 퇴장 |
|---|---|---|---|---|---|---|---|---|---|---|---|---|---|---|---|
| 0 | 1 | 1 | 0 |  | 양한빈 | 21 | GK | GK | 1 | 민성준 |  | 0 | 0 | 1 | 0 |
| 0 | 0 | 0 | 0 |  | 정승용 | 22 | DF | DF | 32 | 이주용 |  | 0 | 0 | 0 | 0 |
| 1 | 0 | 1 | 0 |  | 베니시오 | 4 | DF | DF | 28 | 김건웅 |  | 0 | 1 | 0 | 0 |
| 0 | 0 | 1 | 0 |  | 강의빈 | 3 | DF | DF | 4 | 김건희 |  | 1(1) | 0 | 0 | 0 |
| 0 | 0 | 0 | 0 | 23 | 박광일 | 91 | DF | DF | 17 | 김성민 |  | 0 | 3 | 1 | 0 |
| 0 | 0 | 1 | 0 | 18 | 김정환 | 11 | MF | MF | 19 | 김민석 | 14 | 0 | 1 | 0 | 0 |
| 0 | 0 | 0 | 0 | 30 | 박수빈 | 33 | MF | MF | 88 | 정원진 | 7 | 1 | 2 | 1 | 0 |
| 0 | 0 | 2 | 1 | 66 | 프레이타스 | 14 | MF | MF | 5 | 이명주 |  | 0 | 0 | 0 | 0 |
| 0 | 0 | 0 | 0 |  | 레안드로 | 70 | MF | MF | 11 | 제르소 | 26 | 2(1) | 3 | 0 | 0 |
| 0 | 0 | 0 | 1 | 8 | 류준선 | 16 | FW | FW | 77 | 박승호 | 8 | 1(1) | 0 | 0 | 0 |
| 0 | 0 | 3 | 2 |  | 후이즈 | 9 | FW | FW | 99 | 박호민 | 9 | 0 | 3 | 0 | 0 |
| 0 | 0 | 0 | 0 |  | 박지민 | 34 | 대기 | 대기 | 97 | 김동헌 |  | 0 | 0 | 0 | 0 |
| 0 | 0 | 0 | 1(1) | 후0 | 이정빈 | 8 |  |  | 20 | 델브리지 |  | 0 | 0 | 0 | 0 |
| 0 | 1 | 1 | 3(2) | 후13 | 김범수 | 18 |  |  | 26 | 강윤구 | 후39 | 0 | 0 | 0 | 0 |
| 0 | 0 | 0 | 0 | 후13 | 유주안 | 23 |  |  | 7 | 김도혁 | 후39 | 0 | 1 | 0 | 0 |
| 0 | 0 | 0 | 1 | 후44 | 박병규 | 30 |  |  | 14 | 바로우 | 후14 | 0 | 0 | 0 | 0 |
| 0 | 0 | 0 | 0 | 후44 | 김주원 | 66 |  |  | 8 | 신진호 | 후14 | 0 | 2 | 0 | 0 |
| 0 | 0 | 0 | 0 |  | 사무엘 | 74 |  |  | 9 | 무고사 | 후22 | 0 | 0 | 0 | 0 |
| 1 | 2 | 10 | 9(3) |  |  | 0 |  |  | 0 |  |  | 5(3) | 16 | 3 | 0 |

- 후반 4분 박광일 PAR ↷ 이정빈 GA 정면 H-ST-G (득점: 이정빈, 도움: 박광일) 왼쪽
- 후반 41분 이정빈 PK지점 ~ 김범수 AKR L-ST-G (득점: 김범수, 도움: 이정빈) 왼쪽
- 전반 1분 이주용 C.KL ↷ 김건희 GA 정면 H-ST-G (득점: 김건희, 도움: 이주용) 오른쪽
- 전반 21분 박승호 PK-R-G (득점: 박승호) 왼쪽

10월 19일 14:00 맑음 안산 와스타디움 3,950명
주심_ 고민국 부심_ 김종희·이현모 대기심_ 박진호 경기감독관_ 나승화

**안산 0** — 0 전반 1 / 0 후반 0 — **1 인천**

| 퇴장 | 경고 | 파울 | ST(유) | 교체 | 선수명 | 배번 | 위치 | 위치 | 배번 | 선수명 | 교체 | ST(유) | 파울 | 경고 | 퇴장 |
|---|---|---|---|---|---|---|---|---|---|---|---|---|---|---|---|
| 0 | 0 | 0 | 0 |  | 이승빈 | 1 | GK | GK | 97 | 김동헌 |  | 0 | 0 | 0 | 0 |
| 0 | 0 | 1 | 0 |  | 장민준 | 4 | DF | DF | 32 | 이주용 |  | 0 | 1 | 0 | 0 |
| 0 | 1 | 2 | 1 |  | 조지훈 | 25 | DF | DF | 28 | 김건웅 |  | 0 | 0 | 0 | 0 |
| 0 | 0 | 1 | 0 |  | 정용희 | 16 | DF | DF | 4 | 김건희 |  | 0 | 1 | 0 | 0 |
| 0 | 0 | 1 | 0 | 99 | 송태성 | 36 | MF | DF | 13 | 최승구 | 3 | 0 | 1 | 0 | 0 |
| 0 | 0 | 2 | 0 | 7 | 김건오 | 13 | MF | MF | 11 | 제르소 |  | 3(2) | 2 | 1 | 0 |
| 0 | 1 | 1 | 0 |  | 라파 | 8 | MF | MF | 88 | 정원진 |  | 0 | 1 | 0 | 0 |
| 0 | 1 | 1 | 0 |  | 류승완 | 17 | MF | MF | 5 | 이명주 |  | 1(1) | 3 | 0 | 0 |
| 0 | 0 | 0 | 2 | 10 | 제페르손 | 77 | FW | MF | 17 | 김성민 | 14 | 0 | 0 | 0 | 0 |
| 0 | 0 | 2 | 1(1) |  | 양세영 | 19 | FW | FW | 77 | 박승호 |  | 0 | 2 | 0 | 0 |
| 0 | 0 | 2 | 1(1) | 27 | 서명식 | 35 | FW | FW | 8 | 신진호 | 9 | 0 | 2 | 0 | 0 |
| 0 | 0 | 0 | 0 |  | 조성훈 | 21 | 대기 | 대기 | 1 | 민성준 |  | 0 | 0 | 0 | 0 |
| 0 | 0 | 0 | 0 |  | 에두 | 33 |  |  | 3 | 이상기 | 후17 | 0 | 2 | 1 | 0 |
| 0 | 0 | 0 | 0 |  | 배수민 | 66 |  |  | 20 | 델브리지 |  | 0 | 0 | 0 | 0 |
| 0 | 1 | 0 | 0 | 후23 | 손준석 | 7 |  |  | 14 | 바로우 | 후17 | 0 | 0 | 0 | 0 |
| 0 | 0 | 0 | 0 | 후27 | 사라이바 | 10 |  |  | 27 | 김보섭 |  | 0 | 0 | 0 | 0 |
| 0 | 0 | 1 | 1(1) | 후0 | 박채준 | 27 |  |  | 9 | 무고사 | 후28 | 0 | 1 | 0 | 0 |
| 0 | 0 | 0 | 0 | 후42 | 김우빈 | 99 |  |  | 99 | 박호민 |  | 0 | 0 | 0 | 0 |
| 0 | 4 | 14 | 6(3) |  |  | 0 |  |  | 0 |  |  | 4(3) | 16 | 2 | 0 |

- 전반 31분 신진호 자기 측 HLL TL ↷ 제르소 GAL L-ST-G (득점: 제르소, 도움: 신진호) 가운데

10월 12일 16:30 흐림 아산 이순신 1,705명
주심_ 최현재 부심_ 천진희·이화평 대기심_ 정회수 경기감독관_ 김용세

**충남아산 1** — 0 전반 0 / 1 후반 0 — **0 경남**

| 퇴장 | 경고 | 파울 | ST(유) | 교체 | 선수명 | 배번 | 위치 | 위치 | 배번 | 선수명 | 교체 | ST(유) | 파울 | 경고 | 퇴장 |
|---|---|---|---|---|---|---|---|---|---|---|---|---|---|---|---|
| 0 | 1 | 0 | 0 |  | 신송훈 | 18 | GK | GK | 91 | 최필수 |  | 0 | 0 | 0 | 0 |
| 0 | 0 | 1 | 0 |  | 이호인 | 76 | DF | DF | 2 | 박재환 |  | 1(1) | 1 | 0 | 0 |
| 0 | 0 | 0 | 0 |  | 장준영 | 4 | DF | DF | 40 | 이찬동 |  | 0 | 3 | 0 | 0 |
| 0 | 0 | 1 | 0 |  | 변준영 | 5 | DF | DF | 4 | 한용수 | 5 | 0 | 0 | 0 | 0 |
| 0 | 0 | 0 | 0 | 17 | 이학민 | 14 | MF | MF | 37 | 김선호 | 90 | 0 | 0 | 0 | 0 |
| 0 | 0 | 0 | 2 |  | 김승호 | 22 | MF | MF | 88 | 헤난 |  | 1 | 1 | 0 | 0 |
| 0 | 0 | 5 | 2 |  | 손준호 | 28 | MF | MF | 10 | 브루노코스타 |  | 1(1) | 1 | 0 | 0 |
| 0 | 0 | 0 | 1(1) |  | 박종민 | 25 | MF | MF | 29 | 박기현 | 33 | 0 | 1 | 1 | 0 |
| 0 | 0 | 3 | 5(3) | 11 | 박시후 | 74 | FW | FW | 89 | 단레이 |  | 1 | 0 | 0 | 0 |
| 0 | 0 | 1 | 2(2) |  | 은고이 | 97 | FW | FW | 9 | 카릴 | 11 | 1 | 0 | 0 | 0 |
| 0 | 0 | 1 | 2(1) | 10 | 한교원 | 72 | FW | FW | 24 | 조영광 | 19 | 0 | 2 | 0 | 0 |
| 0 | 0 | 0 | 0 |  | 김진영 | 21 | 대기 | 대기 | 51 | 류원우 |  | 0 | 0 | 0 | 0 |
| 0 | 0 | 0 | 0 |  | 최희원 | 6 |  |  | 33 | 박원재 | 후14 | 0 | 0 | 0 | 0 |
| 0 | 0 | 0 | 0 | 후30 | 김주성 | 17 |  |  | 5 | 김형진 | 후20 | 1(1) | 1 | 1 | 0 |
| 0 | 0 | 0 | 1 | 후30 | 김종석 | 10 |  |  | 63 | 한석종 |  | 0 | 0 | 0 | 0 |
| 0 | 0 | 0 | 0 |  | 박세직 | 24 |  |  | 11 | 박민서 | 후14 | 2(1) | 0 | 0 | 0 |
| 0 | 0 | 0 | 0 |  | 데니손 | 7 |  |  | 90 | 이중민 | 후35 | 0 | 0 | 0 | 0 |
| 0 | 0 | 0 | 0 | 후17 | 아담 | 11 |  |  | 19 | 정충근 | 후0 | 0 | 1 | 0 | 0 |
| 0 | 1 | 12 | 15(7) |  |  | 0 |  |  | 0 |  |  | 8(4) | 11 | 2 | 0 |

- 후반 11분 은고이 GA 정면 R-ST-G (득점: 은고이) 오른쪽

10월 19일 14:00 맑음 목동 종합 2,859명
주심_ 김대용 부심_ 박남수·김유영 대기심_ 원명희 경기감독관_ 김성수

**서울E 3** — 0 전반 0 / 3 후반 0 — **0 부산**

| 퇴장 | 경고 | 파울 | ST(유) | 교체 | 선수명 | 배번 | 위치 | 위치 | 배번 | 선수명 | 교체 | ST(유) | 파울 | 경고 | 퇴장 |
|---|---|---|---|---|---|---|---|---|---|---|---|---|---|---|---|
| 0 | 0 | 0 | 0 |  | 구성윤 | 25 | GK | GK | 1 | 구상민 |  | 0 | 0 | 0 | 0 |
| 0 | 0 | 1 | 0 |  | 채광훈 | 6 | DF | DF | 3 | 오반석 | 27 | 1 | 0 | 0 | 0 |
| 0 | 0 | 0 | 1(1) |  | 김하준 | 44 | DF | DF | 20 | 조위제 |  | 0 | 3 | 1 | 0 |
| 0 | 0 | 0 | 0 |  | 김오규 | 20 | DF | DF | 77 | 장호익 |  | 0 | 0 | 0 | 0 |
| 0 | 0 | 1 | 0 | 13 | 김주환 | 19 | DF | MF | 17 | 전성진 |  | 1 | 2 | 0 | 0 |
| 0 | 0 | 1 | 1 | 5 | 백지웅 | 66 | MF | MF | 7 | 사비에르 |  | 0 | 1 | 0 | 0 |
| 0 | 0 | 0 | 2(2) |  | 서재민 | 15 | MF | MF | 6 | 이동수 | 47 | 1 | 2 | 1 | 0 |
| 0 | 0 | 0 | 0 |  | 박창환 | 30 | MF | MF | 88 | 김세훈 | 37 | 2(1) | 2 | 1 | 0 |
| 0 | 0 | 0 | 0 | 18 | 가브리엘 | 90 | FW | FW | 11 | 빌레로 |  | 2(1) | 0 | 0 | 0 |
| 0 | 0 | 0 | 0 | 16 | 아이데일 | 9 | FW | FW | 32 | 윤민호 | 9 | 1(1) | 2 | 0 | 0 |
| 0 | 0 | 0 | 3(2) | 47 | 에울레르 | 7 | FW | FW | 10 | 페신 |  | 2(2) | 0 | 0 | 0 |
| 0 | 0 | 0 | 0 |  | 김민호 | 21 | 대기 | 대기 | 21 | 박대한 |  | 0 | 0 | 0 | 0 |
| 0 | 0 | 1 | 0 | 후29 | 오스마르 | 5 |  |  | 30 | 김희승 |  | 0 | 0 | 0 | 0 |
| 0 | 0 | 0 | 1(1) | 후41 | 차승현 | 13 |  |  | 37 | 김동욱 | 후42 | 1(1) | 0 | 0 | 0 |
| 0 | 0 | 1 | 2(1) | 후0 | 변경준 | 16 |  |  | 47 | 손휘 | 후29/29 | 0 | 0 | 0 | 0 |
| 0 | 0 | 1 | 0 | 후29 | 이주혁 | 47 |  |  | 27 | 김현민 | 후35 | 0 | 0 | 0 | 0 |
| 0 | 0 | 0 | 0 |  | 허용준 | 70 |  |  | 29 | 최기윤 | 후35 | 0 | 0 | 0 | 0 |
| 0 | 1 | 1 | 1(1) | 후11 | 정재민 | 18 |  |  | 9 | 곤잘로 | 후29 | 0 | 0 | 0 | 0 |
| 0 | 1 | 7 | 11(8) |  |  | 0 |  |  | 0 |  |  | 11(6) | 12 | 3 | 0 |

- 후반 30분 정재민 GAL ~ 서재민 AK 내 R-ST-G (득점: 서재민, 도움: 정재민) 오른쪽
- 후반 32분 채광훈 C.KR ↷ 정재민 GA 정면 내 H-ST-G (득점: 정재민, 도움: 채광훈) 왼쪽
- 후반 49분 박창환 AK 정면 ~ 차승현 GAR R-ST-G (득점: 차승현, 도움: 박창환) 왼쪽

10월 19일 14:00 맑음 아산 이순신 1,912명
주심_ 박정호 부심_ 이병주·김태원 대기심_ 정동식 경기감독관_ 이경춘

**충남아산 1** 　 0 전반 0 / 1 후반 0 　 **0 김포**

| 퇴장 | 경고 | 파울 | ST(유) | 교체 | 선수경 | 배번 | 위치 | 위치 | 배번 | 선수명 | 교체 | ST(유) | 파울 | 경고 | 퇴장 |
|---|---|---|---|---|---|---|---|---|---|---|---|---|---|---|---|
| 0 | 0 | 0 | 0 | | 신송훈 | 18 | GK | GK | 31 | 손정현 | | 0 | 0 | 0 | 0 |
| 0 | 1 | 2 | 0 | | 이호인 | 76 | DF | DF | 5 | 이찬형 | | 0 | 0 | 0 | 0 |
| 0 | 0 | 1 | 1 | 38 | 장준영 | 4 | DF | DF | 77 | 채프먼 | | 0 | 2 | 0 | 0 |
| 0 | 0 | 0 | 0 | | 변준영 | 5 | DF | DF | 97 | 김동민 | | 0 | 0 | 0 | 0 |
| 0 | 0 | 2 | 0 | 17 | 이학민 | 14 | MF | MF | 98 | 김민식 | | 1(1) | 3 | 0 | 0 |
| 0 | 1 | 1 | 3(2) | 7 | 김승호 | 22 | MF | MF | 11 | 윤재운 | 37 | 1 | 1 | 0 | 0 |
| 0 | 0 | 4 | 0 | | 손준호 | 28 | MF | MF | 23 | 최재훈 | 10 | 0 | 1 | 0 | 0 |
| 0 | 0 | 3 | 0 | | 박종민 | 25 | MF | MF | 8 | 디자우마 | | 0 | 1 | 0 | 0 |
| 0 | 0 | 0 | 0 | 11 | 박시후 | 74 | FW | FW | 50 | 박동진 | | 1(1) | 1 | 0 | 1 |
| 0 | 0 | 1 | 4(1) | | 은고이 | 97 | FW | FW | 47 | 조성준 | 24 | 0 | 0 | 0 | 0 |
| 0 | 0 | 0 | 0 | 10 | 한교원 | 72 | FW | MF | 29 | 김민우 | 99 | 2(1) | 2 | 0 | 0 |
| 0 | 0 | 0 | 0 | | 김진영 | 21 | | | 21 | 윤보상 | | 0 | 0 | 0 | 0 |
| 0 | 0 | 0 | 0 | | 최희원 | 6 | | | 3 | 박경록 | | 0 | 0 | 0 | 0 |
| 0 | 0 | 0 | 0 | 후26 | 김주성 | 17 | | | 37 | 홍시후 | 후31 | 0 | 0 | 0 | 0 |
| 0 | 0 | 0 | 1 | 후26 | 김종석 | 10 | 대기 | 대기 | 7 | 이상민 | | 0 | 0 | 0 | 0 |
| 0 | 0 | 1 | 1(1) | 후36 | 김정현 | 38 | | | 24 | 루이스 | 후24 | 0 | 0 | 0 | 0 |
| 0 | 0 | 0 | 0 | 후36 | 데니손 | 7 | | | 10 | 플라나 | 후48 | 0 | 0 | 0 | 0 |
| 0 | 0 | 1 | 1(1) | 후0 | 아담 | 11 | | | 99 | 김결 | 후48 | 0 | 0 | 0 | 0 |
| 0 | 2 | 16 | 11(5) | | | 0 | | | 0 | | | 5(3) | 11 | 0 | 1 |

● 후반 44분 아담 GA 정면 H-ST-G (득점: 아담) 가운데

10월 19일 16:30 흐림 청주 종합 1,687명
주심_ 정회수 부심_ 천진희·김현진 대기심_ 오현진 경기감독관_ 박철

**충북청주 0** 　 0 전반 2 / 0 후반 1 　 **3 전남**

| 퇴장 | 경고 | 파울 | ST(유) | 교체 | 선수명 | 배번 | 위치 | 위치 | 배번 | 선수명 | 교체 | ST(유) | 파울 | 경고 | 퇴장 |
|---|---|---|---|---|---|---|---|---|---|---|---|---|---|---|---|
| 0 | 0 | 0 | 0 | | 정진욱 | 18 | GK | GK | 1 | 최봉진 | | 0 | 0 | 0 | 0 |
| 0 | 0 | 2 | 1 | | 홍준호 | 15 | DF | DF | 2 | 유지하 | | 0 | 1 | 0 | 0 |
| 0 | 0 | 0 | 2(1) | | 윤석영 | 36 | DF | DF | 77 | 최한솔 | | 1 | 1 | 0 | 0 |
| 0 | 0 | 0 | 0 | | 이창훈 | 99 | DF | DF | 4 | 구현준 | 20 | 0 | 2 | 0 | 0 |
| 0 | 0 | 1 | 2(1) | | 김선민 | 5 | MF | DF | 13 | 김용환 | | 0 | 2 | 0 | 0 |
| 0 | 0 | 3 | 0 | 98 | 문승민 | 16 | MF | DF | 3 | 김예성 | | 0 | 3 | 0 | 0 |
| 0 | 0 | 1 | 1 | 13 | 이강한 | 66 | MF | MF | 10 | 발디비아 | 50 | 1(1) | 1 | 0 | 0 |
| 0 | 0 | 0 | 0 | 6 | 최강민 | 70 | MF | MF | 16 | 알베르띠 | | 0 | 0 | 0 | 0 |
| 0 | 0 | 1 | 0 | 2 | 페드로 | 10 | FW | MF | 14 | 윤민호 | 24 | 0 | 1 | 0 | 0 |
| 0 | 1 | 1 | 0 | 11 | 송창석 | 21 | FW | FW | 99 | 정강민 | 11 | 1(1) | 0 | 0 | 0 |
| 0 | 0 | 0 | 2 | | 양영빈 | 88 | FW | FW | 9 | 하남 | 19 | 1(1) | 2 | 1 | 0 |
| 0 | 0 | 0 | 0 | | 이승환 | 23 | | | 21 | 이준 | | 0 | 0 | 0 | 0 |
| 0 | 0 | 0 | 1(1) | 후0 | 박건우 | 6 | | | 20 | 장순혁 | 후36 | 0 | 2 | 0 | 0 |
| 0 | 0 | 0 | 0 | | 임준영 | 39 | | | 71 | 김주엽 | | 0 | 0 | 0 | 0 |
| 0 | 0 | 0 | 1(1) | 후30 | 김영환 | 13 | 대기 | 대기 | 24 | 박상준 | 후21 | 0 | 0 | 0 | 0 |
| 0 | 0 | 0 | 1 | 후0 | 서재원 | 2 | | | 11 | 정지용 | 후5 | 1(1) | 3 | 0 | 0 |
| 0 | 0 | 0 | 3(1) | 전35 | 이승재 | 11 | | | 19 | 호난 | 후21 | 1 | 2 | 0 | 0 |
| 0 | 0 | 0 | 0 | 후36 | 이형경 | 98 | | | 50 | 르본 | 후36 | 1(1) | 0 | 0 | 0 |
| 0 | 1 | 9 | 14(5) | | | 0 | | | 0 | | | 7(5) | 20 | 1 | 0 |

● 전반 25분 윤민호 MF 정면 ~ 정강민 GA 정면 L-ST-G (득점: 정강민, 도움: 윤민호) 오른쪽
● 전반 43분 알베르띠 자기 측 MFL TL ↷ 하남 GA 정면 R-ST-G (득점: 하남, 도움: 알베르띠) 오른쪽
● 후반 38분 호난 자기 측 MF 정면 ~ 정지용 AK 내 R-ST-G (득점: 정지용, 도움: 호난) 오른쪽

10월 19일 14:00 흐림 창원 축구센터 2,232명
주심_ 오현정 부심_ 김태형·이화평 대기심_ 박종명 경기감독관_ 허태식

**경남 0** 　 0 전반 0 / 0 후반 1 　 **1 성남**

| 퇴장 | 경고 | 파울 | ST(유) | 교체 | 선수명 | 배번 | 위치 | 위치 | 배번 | 선수명 | 교체 | ST(유) | 파울 | 경고 | 퇴장 |
|---|---|---|---|---|---|---|---|---|---|---|---|---|---|---|---|
| 0 | 0 | 0 | 0 | | 최필수 | 91 | GK | GK | 21 | 양한빈 | | 0 | 0 | 0 | 0 |
| 0 | 0 | 2 | 0 | | 박재환 | 2 | DF | DF | 22 | 정승용 | | 1 | 0 | 0 | 0 |
| 0 | 0 | 1 | 1 | | 이찬동 | 40 | DF | DF | 66 | 김주원 | | 1 | 0 | 0 | 0 |
| 0 | 0 | 0 | 0 | | 한용수 | 4 | DF | DF | 14 | 프레이타스 | | 1 | 0 | 0 | 0 |
| 0 | 0 | 1 | 2 | 90 | 김형원 | 22 | MF | DF | 7 | 신재원 | | 0 | 1 | 0 | 0 |
| 0 | 1 | 1 | 0 | 37 | 이민기 | 66 | MF | MF | 11 | 김정환 | 18 | 0 | 1 | 0 | 0 |
| 0 | 1 | 3 | 1 | | 김히민 | 77 | MF | MF | 74 | 사무엘 | | 1(1) | 1 | 0 | 0 |
| 0 | 1 | 1 | 0 | 42 | 헤난 | 88 | MF | MF | 68 | 이재욱 | 33 | 0 | 1 | 0 | 0 |
| 0 | 0 | 0 | 0 | 5 | 박원재 | 33 | MF | MF | 8 | 이정빈 | 47 | 1 | 0 | 0 | 0 |
| 0 | 0 | 2 | 0 | 11 | 조영광 | 24 | FW | FW | 16 | 류준선 | 70 | 1 | 0 | 0 | 0 |
| 0 | 0 | 2 | 1(1) | 89 | 이종언 | 25 | FW | FW | 9 | 후이즈 | | 4(3) | 0 | 0 | 0 |
| 0 | 0 | 0 | 0 | | 류원우 | 51 | | | 34 | 박지민 | | 0 | 0 | 0 | 0 |
| 0 | 0 | 2 | 1(1) | 후0 | 김형진 | 5 | | | 2 | 박상혁 | | 0 | 0 | 0 | 0 |
| 0 | 0 | 0 | 0 | 후36 | 김선호 | 37 | | | 18 | 김범수 | 후34 | 0 | 1 | 0 | 0 |
| 0 | 0 | 1 | 1 | 후27 | 박타용 | 42 | 대기 | 대기 | 33 | 박수빈 | 후9 | 1(1) | 0 | 0 | 0 |
| 0 | 0 | 0 | 2 | 후18 | 박민서 | 11 | | | 47 | 양태양 | 후42 | 0 | 1 | 0 | 0 |
| 0 | 0 | 0 | 0 | 후27 | 이준민 | 90 | | | 70 | 레안드로 | 후0 | 1(1) | 0 | 0 | 0 |
| 0 | 0 | 1 | 0 | 후18 | 단레이 | 89 | | | 91 | 박광일 | | 0 | 0 | 0 | 0 |
| 0 | 3 | 17 | 9(2) | | | 0 | | | 0 | | | 12(6) | 6 | 0 | 0 |

● 후반 14분 후이즈 GAL 내 L-ST-G (득점: 후이즈) 왼쪽

10월 19일 16:30 맑음 부천 종합 3,897명
주심_ 최규현 부심_ 신재환·류시홍 대기심_ 박병진 경기감독관_ 김용세

**부천 2** 　 0 전반 1 / 2 후반 0 　 **1 천안**

| 퇴장 | 경고 | 파울 | ST(유) | 교체 | 선수명 | 배번 | 위치 | 위치 | 배번 | 선수명 | 교체 | ST(유) | 파울 | 경고 | 퇴장 |
|---|---|---|---|---|---|---|---|---|---|---|---|---|---|---|---|
| 0 | 0 | 0 | 0 | | 김형근 | 1 | GK | GK | 31 | 허자웅 | | 0 | 0 | 0 | 0 |
| 0 | 1 | 2 | 1(1) | | 홍성욱 | 20 | DF | DF | 4 | 강영훈 | | 0 | 2 | 1 | 0 |
| 0 | 0 | 0 | 0 | | 이상혁 | 5 | DF | DF | 3 | 이웅희 | | 0 | 1 | 0 | 0 |
| 0 | 0 | 1 | 0 | | 정호진 | 6 | DF | DF | 24 | 이상명 | | 0 | 2 | 0 | 0 |
| 0 | 0 | 0 | 1(1) | | 장시영 | 27 | MF | MF | 26 | 김영선 | 29 | 1 | 2 | 0 | 0 |
| 0 | 0 | 0 | 1 | | 카즈 | 23 | MF | MF | 16 | 김성준 | 6 | 1 | 0 | 0 | 0 |
| 1 | 0 | 5 | 1 | | 박현빈 | 16 | MF | MF | 8 | 이광진 | | 0 | 2 | 0 | 0 |
| 0 | 0 | 1 | 0 | 17 | 티아깅요 | 7 | MF | MF | 34 | 이예찬 | | 1(1) | 2 | 0 | 0 |
| 0 | 0 | 1 | 5(4) | 29 | 바사니 | 10 | FW | FW | 10 | 툰가라 | 45 | 0 | 2 | 0 | 0 |
| 0 | 0 | 0 | 4(4) | 41 | 이의형 | 18 | FW | FW | 83 | 브루노 | 7 | 1 | 1 | 0 | 0 |
| 0 | 0 | 0 | 2(1) | 22 | 박창준 | 11 | FW | FW | 14 | 구종욱 | 18 | 1(1) | 1 | 0 | 0 |
| 0 | 0 | 0 | 0 | | 김현엽 | 21 | | | 21 | 제종현 | | 0 | 0 | 0 | 0 |
| 0 | 0 | 0 | 0 | 후50 | 백동규 | 29 | | | 29 | 유은상 | 후50 | 0 | 0 | 0 | 0 |
| 0 | 0 | 0 | 0 | | 최원철 | 4 | | | 35 | 김성주 | | 0 | 0 | 0 | 0 |
| 0 | 0 | 0 | 0 | | 김동현 | 24 | 대기 | 대기 | 6 | 이종성 | 후27 | 0 | 0 | 0 | 0 |
| 0 | 0 | 0 | 0 | 후23 | 김규민 | 17 | | | 7 | 이상준 | 후27 | 1 | 0 | 0 | 0 |
| 0 | 0 | 0 | 0 | 후39 | 한지호 | 22 | | | 45 | 미사키 | 후38 | 1(1) | 0 | 0 | 0 |
| 0 | 0 | 0 | 0 | 후50 | 갈레고 | 41 | | | 18 | 이정협 | 후27 | 0 | 0 | 0 | 0 |
| 1 | 1 | 10 | 15(11) | | | 0 | | | 0 | | | 7(3) | 15 | 1 | 0 |

● 후반 18분 티아깅요 PAR TL ↷ 이의형 GA 정면 H-ST-G (득점: 이의형, 도움: 티아깅요) 왼쪽
● 후반 24분 이상혁 GAL H↷ 이의형 GAR 내 H-ST-G (득점: 이의형, 도움: 이상혁) 오른쪽
● 전반 45분 브루노 MF 정면 ~ 구종욱 PA 정면 내 L-ST-G (득점: 구종욱, 도움: 브루노) 왼쪽

10월 19일 16:30 흐림 화성 종합 8,871명
주심_ 조지음 부심_ 이영운·황보진현 대기심_ 최광호 경기감독관_ 구상범

**화성 2** | 1 전반 0 / 1 후반 3 | **3 수원**

| 퇴장 | 경고 | 파울 | ST(유) | 교체 | 선수명 | 배번 | 위치 | 위치 | 배번 | 선수명 | 교체 | ST(유) | 파울 | 경고 | 퇴장 |
|---|---|---|---|---|---|---|---|---|---|---|---|---|---|---|---|
| 0 | 0 | 0 | 0 | | 김승건 | 1 | GK | GK | 21 | 양형모 | | 0 | 0 | 0 | 0 |
| 0 | 0 | 1 | 2 | | 김대환 | 2 | MF | DF | 23 | 이기제 | | 1 | 0 | 0 | 0 |
| 0 | 0 | 0 | 1 | | 조동재 | 3 | DF | DF | 4 | 레오 | | 1(1) | 1 | 0 | 0 |
| 0 | 0 | 0 | 0 | 8 | 최준혁 | 6 | MF | DF | 5 | 한호강 | | 0 | 1 | 0 | 0 |
| 0 | 0 | 0 | 0 | | 보이노비치 | 15 | DF | DF | 19 | 이건희 | | 0 | 2 | 1 | 0 |
| 0 | 0 | 3 | 0 | | 최명희 | 16 | MF | MF | 91 | 박지원 | 2 | 0 | 1 | 0 | 0 |
| 0 | 0 | 0 | 1(1) | 44 | 임창석 | 17 | DF | MF | 24 | 이규성 | 17 | 1(1) | 0 | 0 | 0 |
| 0 | 0 | 0 | 0 | | 박준서 | 20 | DF | MF | 14 | 홍원진 | | 4 | 2 | 0 | 0 |
| 0 | 1 | 1 | 1 | 5 | 김병오 | 41 | FW | MF | 70 | 세라핌 | 74 | 2(2) | 0 | 0 | 0 |
| 0 | 0 | 0 | 2(1) | 7 | 리마 | 53 | FW | FW | 11 | 파울리뇨 | 77 | 3(1) | 0 | 0 | 0 |
| 0 | 0 | 0 | 3(1) | | 데메트리우스 | 99 | MF | FW | 9 | 일류첸코 | 7 | 2(1) | 1 | 0 | 0 |
| 0 | 0 | 0 | 0 | | 이기현 | 13 | | | 1 | 김민준 | | 0 | 0 | 0 | 0 |
| 0 | 0 | 0 | 0 | | 연제민 | 4 | | | 2 | 장석환 | 후35 | 0 | 0 | 0 | 0 |
| 0 | 1 | 1 | 1(1) | 후12 | 우제욱 | 5 | | | 6 | 최영준 | | 0 | 0 | 0 | 0 |
| 0 | 0 | 0 | 3(1) | 후12 | 알뚤 | 7 | 대기 | 대기 | 17 | 이민혁 | 후29 | 0 | 0 | 0 | 0 |
| 0 | 0 | 0 | 0 | 후32 | 전성진 | 8 | | | 7 | 김현 | 후22 | 2(2) | 0 | 0 | 0 |
| 0 | 0 | 0 | 0 | | 김준영 | 29 | | | 74 | 브루노실바 | 후35 | 0 | 0 | 0 | 0 |
| 0 | 1 | 1 | 0 | 후42 | 함선우 | 44 | | | 77 | 김지현 | 후22 | 0 | 0 | 0 | 0 |
| 0 | 3 | 7 | 14(5) | | | 0 | | | 0 | | | 16(8) | 8 | 1 | 0 |

● 전반 34분 김대환 PAL TL ↷ 임창석 GA 정면 H-ST-G (득점: 임창석, 도움: 김대환) 가운데
● 후반 48분 보이노비치 MFR ~ 알뚤 GAL 내 L-ST-G (득점: 알뚤, 도움: 보이노비치) 왼쪽
● 후반 4분 레오 AK 내 R-ST-G (득점: 레오) 오른쪽
● 후반 31분 이기제 C.KR ↷ 세라핌 GAR H-ST-G (득점: 세라핌, 도움: 이기제) 왼쪽
● 후반 60분 김현 PK-R-G (득점: 김현) 가운데

10월 25일 14:00 맑음 탄천 종합 3,471명
주심_ 박진호 부심_ 천진희·김유영 대기심_ 박정호 경기감독관_ 김성기

**성남 1** | 0 전반 0 / 1 후반 0 | **0 화성**

| 퇴장 | 경고 | 파울 | ST(유) | 교체 | 선수명 | 배번 | 위치 | 위치 | 배번 | 선수명 | 교체 | ST(유) | 파울 | 경고 | 퇴장 |
|---|---|---|---|---|---|---|---|---|---|---|---|---|---|---|---|
| 0 | 0 | 0 | 0 | | 양한빈 | 21 | GK | GK | 18 | 김기훈 | | 0 | 0 | 0 | 0 |
| 0 | 0 | 0 | 2(1) | | 정승용 | 22 | DF | MF | 2 | 김대환 | | 1 | 0 | 0 | 0 |
| 0 | 0 | 1 | 1 | | 강의빈 | 3 | DF | DF | 3 | 조동재 | | 0 | 2 | 1 | 0 |
| 0 | 0 | 0 | 0 | 16 | 이상민 | 20 | DF | MF | 6 | 최준혁 | | 1 | 1 | 0 | 0 |
| 0 | 1 | 0 | 0 | | 신재원 | 7 | DF | FW | 7 | 알뚤 | 19 | 1(1) | 1 | 0 | 0 |
| 0 | 0 | 0 | 0 | 11 | 양태양 | 47 | MF | DF | 15 | 보이노비치 | | 0 | 0 | 0 | 0 |
| 0 | 0 | 0 | 0 | 74 | 박수빈 | 33 | MF | DF | 17 | 임창석 | | 0 | 0 | 0 | 0 |
| 0 | 0 | 2 | 0 | | 프레이타스 | 14 | MF | DF | 20 | 박준서 | | 0 | 2 | 0 | 0 |
| 0 | 1 | 3 | 1(1) | 2 | 이정빈 | 8 | MF | MF | 22 | 안지만 | 16 | 0 | 4 | 1 | 0 |
| 0 | 0 | 1 | 0 | 18 | 레안드로 | 70 | FW | FW | 53 | 리마 | 5 | 1(1) | 1 | 0 | 0 |
| 0 | 0 | 4 | 3 | | 후이즈 | 9 | FW | MF | 99 | 데메트리우스 | 8 | 0 | 2 | 1 | 0 |
| 0 | 0 | 0 | 0 | | 박지민 | 34 | | | 13 | 이기현 | | 0 | 0 | 0 | 0 |
| 0 | 0 | 1 | 0 | 후15 | 박상혁 | 2 | | | 4 | 연제민 | | 0 | 0 | 0 | 0 |
| 0 | 0 | 2 | 0 | 후0 | 김정환 | 11 | | | 5 | 우제욱 | 후0 | 1 | 0 | 0 | 0 |
| 0 | 0 | 0 | 0 | 후47 | 류준선 | 16 | 대기 | 대기 | 8 | 전성진 | 후11 | 1 | 0 | 0 | 0 |
| 0 | 0 | 0 | 0 | 후47 | 김범수 | 18 | | | 16 | 최명희 | 후0 | 1(1) | 0 | 0 | 0 |
| 0 | 0 | 0 | 0 | 후35 | 사무엘 | 74 | | | 19 | 유병수 | 후35 | 1(1) | 1 | 0 | 0 |
| 0 | 0 | 0 | 0 | | 박광일 | 91 | | | 29 | 김준영 | | 0 | 0 | 0 | 0 |
| 0 | 2 | 14 | 7(2) | | | 0 | | | 0 | | | 8(4) | 14 | 3 | 0 |

● 후반 4분 정승용 MF 정면 FK L-ST-G (득점: 정승용) 오른쪽

10월 25일 14:00 맑음 수원 월드컵 11,740명
주심_ 송민석 부심_ 성주경·김태원 대기심_ 안재훈 경기감독관_ 구상범

**수원 2** | 1 전반 1 / 1 후반 1 | **2 전남**

| 퇴장 | 경고 | 파울 | ST(유) | 교체 | 선수명 | 배번 | 위치 | 위치 | 배번 | 선수명 | 교체 | ST(유) | 파울 | 경고 | 퇴장 |
|---|---|---|---|---|---|---|---|---|---|---|---|---|---|---|---|
| 0 | 1 | 0 | 0 | | 양형모 | 21 | GK | GK | 1 | 최봉진 | | 0 | 0 | 0 | 0 |
| 0 | 0 | 0 | 3(2) | 2 | 이기제 | 23 | DF | DF | 2 | 유지하 | | 0 | 0 | 0 | 0 |
| 0 | 0 | 1 | 0 | | 레오 | 4 | DF | DF | 77 | 최한솔 | | 1(1) | 0 | 0 | 0 |
| 0 | 0 | 0 | 0 | | 한호강 | 5 | DF | DF | 4 | 구현준 | | 0 | 1 | 0 | 0 |
| 0 | 1 | 2 | 1 | | 이건희 | 19 | DF | DF | 13 | 김용환 | 71 | 0 | 0 | 0 | 0 |
| 0 | 0 | 0 | 2(1) | 74 | 박지원 | 91 | MF | DF | 36 | 안재민 | 99 | 0 | 0 | 0 | 0 |
| 0 | 0 | 1 | 0 | 6 | 이규성 | 24 | MF | MF | 10 | 발디비아 | 20 | 3(1) | 0 | 0 | 0 |
| 0 | 0 | 2 | 2(2) | | 홍원진 | 14 | MF | MF | 16 | 알베르띠 | | 3(2) | 1 | 1 | 0 |
| 0 | 0 | 0 | 0 | 77 | 세라핌 | 70 | MF | MF | 14 | 윤민호 | 24 | 1 | 3 | 0 | 0 |
| 0 | 0 | 2 | 5(2) | 7 | 파울리뇨 | 11 | FW | FW | 50 | 르본 | 11 | 0 | 0 | 0 | 0 |
| 0 | 0 | 1 | 2(2) | 17 | 일류첸코 | 9 | FW | FW | 9 | 하남 | 19 | 3(2) | 0 | 0 | 0 |
| 0 | 0 | 0 | 0 | | 김민준 | 1 | | | 21 | 이준 | | 0 | 0 | 0 | 0 |
| 0 | 0 | 0 | 0 | 후39 | 장석환 | 2 | | | 20 | 장순혁 | 후46 | 0 | 0 | 0 | 0 |
| 0 | 0 | 0 | 0 | 후42 | 최영준 | 6 | | | 71 | 김주엽 | 후5 | 0 | 1 | 1 | 0 |
| 0 | 0 | 0 | 0 | 후26 | 이민혁 | 17 | 대기 | 대기 | 24 | 박상준 | 후28 | 0 | 0 | 0 | 0 |
| 0 | 0 | 0 | 1(1) | 후26 | 김현 | 7 | | | 11 | 정지용 | 후5 | 1 | 1 | 1 | 0 |
| 0 | 0 | 0 | 0 | 후39 | 브루노실바 | 74 | | | 19 | 호난 | 후19 | 2(2) | 0 | 0 | 0 |
| 0 | 0 | 0 | 1(1) | 전23 | 김지현 | 77 | | | 99 | 정강민 | 후28 | 0 | 0 | 0 | 0 |
| 0 | 2 | 9 | 17(11) | | | 0 | | | 0 | | | 14(8) | 7 | 3 | 0 |

● 전반 8분 일류첸코 GA 정면 H↷ 박지원 PAL 내 R-ST-G (득점: 박지원, 도움: 일류첸코) 오른쪽
● 후반 16분 이기제 C.KR ↷ 김지현 GAR 내 H-ST-G (득점: 김지현, 도움: 이기제) 가운데
● 전반 24분 하남 GA 정면 L-ST-G (득점: 하남) 왼쪽
● 후반 48분 정지용 PAL ~ 호난 PK 우측지점 R-ST-G (득점: 호난, 도움: 정지용) 왼쪽

10월 25일 16:30 맑음 천안 종합 1,811명
주심_ 최승환 부심_ 박남수·김현진 대기심_ 원명희 경기감독관_ 나승화

**천안 0** | 0 전반 0 / 0 후반 0 | **0 안산**

| 퇴장 | 경고 | 파울 | ST(유) | 교체 | 선수명 | 배번 | 위치 | 위치 | 배번 | 선수명 | 교체 | ST(유) | 파울 | 경고 | 퇴장 |
|---|---|---|---|---|---|---|---|---|---|---|---|---|---|---|---|
| 0 | 0 | 0 | 0 | | 허자웅 | 31 | GK | GK | 1 | 이승빈 | | 0 | 0 | 0 | 0 |
| 0 | 0 | 1 | 0 | | 강영훈 | 4 | DF | DF | 4 | 장민준 | | 0 | 2 | 0 | 0 |
| 0 | 0 | 0 | 0 | | 이웅희 | 3 | DF | DF | 16 | 정용희 | | 1 | 1 | 0 | 0 |
| 0 | 0 | 1 | 0 | | 김성주 | 35 | DF | DF | 33 | 에두 | | 0 | 2 | 1 | 0 |
| 0 | 0 | 0 | 0 | | 최진웅 | 5 | MF | MF | 36 | 송태성 | | 0 | 0 | 0 | 0 |
| 0 | 0 | 1 | 0 | 8 | 김성준 | 16 | MF | MF | 13 | 김건오 | 35 | 0 | 2 | 0 | 0 |
| 0 | 1 | 3 | 0 | 29 | 이종성 | 6 | MF | MF | 8 | 라파 | | 1 | 1 | 0 | 0 |
| 0 | 0 | 2 | 0 | | 이예찬 | 34 | MF | MF | 17 | 류승완 | | 0 | 1 | 0 | 0 |
| 0 | 0 | 1 | 0 | 11 | 이상준 | 7 | FW | FW | 10 | 사라이바 | 99 | 2(2) | 1 | 0 | 0 |
| 0 | 0 | 0 | 2 | 83 | 이정협 | 18 | FW | FW | 19 | 양세영 | 27 | 1 | 2 | 0 | 0 |
| 0 | 0 | 1 | 1 | 10 | 구종욱 | 14 | FW | FW | 77 | 제페르손 | 7 | 0 | 2 | 0 | 0 |
| 0 | 0 | 0 | 0 | | 제종현 | 21 | | | 21 | 조성훈 | | 0 | 0 | 0 | 0 |
| 0 | 0 | 0 | 0 | 후41 | 유은상 | 29 | | | 18 | 정성호 | | 0 | 0 | 0 | 0 |
| 0 | 0 | 0 | 0 | | 박준강 | 37 | | | 7 | 손준석 | 전29 | 1 | 1 | 1 | 0 |
| 0 | 0 | 0 | 0 | 후29 | 이광진 | 8 | 대기 | 대기 | 39 | 장동혁 | | 0 | 0 | 0 | 0 |
| 0 | 0 | 1 | 1(1) | 후13 | 툰가라 | 10 | | | 27 | 박채준 | 후17 | 1 | 1 | 1 | 0 |
| 0 | 1 | 1 | 0 | 후41 | 이지훈 | 11 | | | 35 | 서명식 | 후36 | 0 | 0 | 0 | 0 |
| 0 | 0 | 1 | 3(1) | 후13 | 브루노 | 83 | | | 99 | 김우빈 | 후36 | 1 | 2 | 0 | 0 |
| 0 | 2 | 13 | 7(2) | | | 0 | | | 0 | | | 8(2) | 18 | 3 | 0 |

10월 25일 16:30 흐림 부산 구덕 1,932명
주심_ 고민국 부심_ 신재환·이화평 대기심_ 최규현 경기감독관_ 박철

**부산 4** 2 전반 0 / 2 후반 1 **1 김포**

| 퇴장 | 경고 | 파울 | ST(유) | 교체 | 선수명 | 배번 | 위치 | 위치 | 배번 | 선수명 | 교체 | ST(유) | 파울 | 경고 | 퇴장 |
|---|---|---|---|---|---|---|---|---|---|---|---|---|---|---|---|
| 0 | 0 | 0 | 0 | | 구상민 | 1 | GK | GK | 31 | 손정현 | | 0 | 0 | 1 | 0 |
| 0 | 0 | 1 | 0 | | 김희승 | 30 | DF | DF | 97 | 김동민 | | 1 | 2 | 1 | 0 |
| 0 | 1 | 2 | 1(1) | | 조위제 | 20 | DF | DF | 77 | 채프먼 | 5 | 0 | 1 | 1 | 0 |
| 0 | 0 | 1 | 0 | | 장호익 | 77 | DF | DF | 3 | 박경록 | 47 | 0 | 0 | 0 | 0 |
| 0 | 0 | 3 | 2(1) | 37 | 전성진 | 17 | MF | MF | 11 | 윤재운 | | 1 | 0 | 0 | 0 |
| 0 | 0 | 2 | 0 | | 사비에르 | 7 | MF | MF | 98 | 김민식 | | 0 | 0 | 0 | 0 |
| 0 | 0 | 2 | 0 | | 이동수 | 6 | MF | MF | 72 | 천지현 | 23 | 2 | 2 | 0 | 0 |
| 0 | 0 | 0 | 0 | 3 | 김세훈 | 88 | MF | MF | 8 | 디자우마 | | 0 | 0 | 0 | 0 |
| 0 | 0 | 0 | 0 | 10 | 김현민 | 27 | FW | MF | 99 | 김결 | 10 | 0 | 1 | 1 | 0 |
| 0 | 0 | 3 | 3(2) | 9 | 윤민호 | 32 | FW | FW | 24 | 루이스 | 42 | 0 | 2 | 0 | 0 |
| 0 | 0 | 1 | 1 | 11 | 최기윤 | 29 | FW | FW | 29 | 김민우 | | 3 | 0 | 0 | 0 |
| 0 | 0 | 0 | 0 | | 박대한 | 21 | | | 21 | 윤보상 | | 0 | 0 | 0 | 0 |
| 0 | 0 | 0 | 0 | 후27 | 오반석 | 3 | | | 5 | 이찬형 | 전33 | 0 | 1 | 0 | 0 |
| 0 | 0 | 0 | 0 | 후42 | 김동욱 | 37 | | | 7 | 이상민 | | 0 | 0 | 0 | 0 |
| 0 | 0 | 0 | 0 | | 손휘 | 47 | 대기 | 대기 | 23 | 최재훈 | 후22 | 0 | 0 | 0 | 0 |
| 0 | 0 | 0 | 1(1) | 후27 | 곤잘로 | 9 | | | 47 | 조성준 | 후0 | 0 | 0 | 0 | 0 |
| 0 | 0 | 1 | 0 | 후8 | 페신 | 10 | | | 10 | 플라나 | 후0 | 1(1) | 0 | 0 | 0 |
| 0 | 0 | 0 | 4(3) | 후8 | 빌레로 | 11 | | | 42 | 안창민 | 후22 | 1(1) | 1 | 0 | 0 |
| 0 | 1 | 16 | 12(8) | | | 0 | | | 0 | | | 9(2) | 10 | 4 | 0 |

- 전반 28분 윤민호 PK-R-G (득점: 윤민호) 오른쪽
- 전반 34분 김세훈 PAL TL FK ↷ 조위제 GA 정면 H-ST-G (득점: 조위제, 도움: 김세훈) 왼쪽
- 후반 34분 전성진 GAL L-ST-G (득점: 전성진) 오른쪽
- 후반 40분 전성진 PAL 내 ~ 빌레로 GAR 내 R-ST-G (득점: 빌레로, 도움: 전성진) 가운데
- 후반 45분 플라나 PK-L-G (득점: 플라나) 오른쪽

10월 26일 16:30 흐림 목동 종합 2,809명
주심_ 정동식 부심_ 김종희·장민호 대기심_ 정회수 경기감독관_ 이경춘

**서울E 4** 1 전반 0 / 3 후반 1 **1 충남아산**

| 퇴장 | 경고 | 파울 | ST(유) | 교체 | 선수명 | 배번 | 위치 | 위치 | 배번 | 선수명 | 교체 | ST(유) | 파울 | 경고 | 퇴장 |
|---|---|---|---|---|---|---|---|---|---|---|---|---|---|---|---|
| 0 | 0 | 0 | 0 | | 구성윤 | 25 | GK | GK | 18 | 신송훈 | | 0 | 0 | 0 | 0 |
| 0 | 0 | 0 | 1 | | 채광훈 | 6 | DF | DF | 6 | 최희원 | | 0 | 1 | 0 | 0 |
| 0 | 0 | 1 | 0 | | 김하준 | 44 | DF | DF | 76 | 이호인 | | 0 | 0 | 0 | 0 |
| 0 | 0 | 0 | 0 | | 김오규 | 20 | DF | DF | 5 | 변준영 | 38 | 0 | 1 | 0 | 0 |
| 0 | 0 | 0 | 0 | 13 | 김주환 | 19 | DF | MF | 17 | 김주성 | 14 | 0 | 2 | 0 | 0 |
| 0 | 0 | 1 | 1 | | 백지웅 | 66 | MF | MF | 10 | 김종석 | 11 | 0 | 0 | 0 | 0 |
| 0 | 0 | 0 | 0 | 5 | 서재민 | 15 | MF | MF | 28 | 손준호 | | 0 | 1 | 0 | 0 |
| 0 | 0 | 3 | 2(2) | | 박창환 | 30 | MF | MF | 25 | 박종민 | | 0 | 5 | 0 | 0 |
| 0 | 0 | 1 | 1(1) | 16 | 가브리엘 | 90 | FW | FW | 22 | 김승호 | 7 | 0 | 0 | 0 | 0 |
| 0 | 0 | 1 | 4(3) | 18 | 아이데일 | 9 | FW | FW | 97 | 은고이 | | 2(2) | 2 | 0 | 0 |
| 0 | 1 | 0 | 2(2) | 47 | 에울레르 | 7 | FW | FW | 74 | 박시후 | 72 | 1(1) | 0 | 0 | 0 |
| 0 | 0 | 0 | 0 | | 김민호 | 21 | | | 21 | 김진영 | | 0 | 0 | 0 | 0 |
| 0 | 0 | 0 | 0 | 후30 | 오스마르 | 5 | | | 14 | 이학민 | 후35 | 0 | 0 | 0 | 0 |
| 0 | 0 | 0 | 0 | 후35 | 차승현 | 13 | | | 92 | 김민혁 | | 0 | 0 | 0 | 0 |
| 0 | 0 | 0 | 2(2) | 후10 | 변경준 | 16 | 대기 | 대기 | 38 | 김정현 | 후26 | 0 | 0 | 0 | 0 |
| 0 | 0 | 0 | 0 | 후30 | 이주혁 | 47 | | | 7 | 데니손 | 후35 | 1(1) | 0 | 0 | 0 |
| 0 | 0 | 0 | 0 | | 허용준 | 70 | | | 11 | 아담 | 후0 | 1(1) | 0 | 0 | 0 |
| 0 | 0 | 0 | 1(1) | 후10 | 정재민 | 18 | | | 72 | 한교원 | 전40 | 4(3) | 1 | 0 | 0 |
| 0 | 1 | 7 | 14(11) | | | 0 | | | 0 | | | 9(8) | 13 | 0 | 0 |

- 전반 38분 김주환 PAR ↷ 박창환 GA 정면 내 R-ST-G (득점: 박창환, 도움: 김주환) 가운데
- 후반 14분 에울레르 PAR ↷ 변경준 GA 정면 내 H-ST-G (득점: 변경준, 도움: 에울레르) 오른쪽
- 후반 37분 변경준 GAL 내 H-ST-G (득점: 변경준) 오른쪽
- 후반 42분 변경준 GAR ~ 박창환 PK 우측지점 L-ST-G (득점: 박창환, 도움: 변경준) 왼쪽
- 후반 8분 김주성 PAL ~ 한교원 GA 정면 R-ST-G (득점: 한교원, 도움: 김주성) 왼쪽

10월 25일 16:30 맑음 청주 종합 1,113명
주심_ 이경순 부심_ 이병주·황보진현 대기심_ 조지음 경기감독관_ 허기태

**충북청주 0** 0 전반 0 / 0 후반 0 **0 부천**

| 퇴장 | 경고 | 파울 | ST(유) | 교체 | 선수명 | 배번 | 위치 | 위치 | 배번 | 선수명 | 교체 | ST(유) | 파울 | 경고 | 퇴장 |
|---|---|---|---|---|---|---|---|---|---|---|---|---|---|---|---|
| 0 | 0 | 0 | 0 | | 이승환 | 23 | GK | GK | 1 | 김형근 | | 0 | 0 | 0 | 0 |
| 0 | 0 | 1 | 0 | | 반데아벨트 | 4 | DF | DF | 20 | 홍성욱 | | 0 | 3 | 1 | 0 |
| 0 | 0 | 0 | 0 | | 허승찬 | 24 | DF | DF | 5 | 이상혁 | | 1 | 3 | 0 | 0 |
| 0 | 1 | 1 | 0 | 39 | 윤석영 | 36 | DF | DF | 6 | 정호진 | | 0 | 1 | 0 | 0 |
| 0 | 0 | 4 | 1 | | 김선민 | 5 | MF | MF | 17 | 김규민 | | 1 | 0 | 0 | 0 |
| 0 | 0 | 1 | 0 | 2 | 박건우 | 6 | MF | MF | 23 | 카즈 | | 0 | 2 | 0 | 0 |
| 0 | 1 | 2 | 0 | 28 | 문승민 | 16 | MF | MF | 14 | 최재영 | 48 | 2(2) | 1 | 0 | 0 |
| 0 | 0 | 0 | 2(1) | | 최강민 | 70 | MF | MF | 7 | 티아깅요 | 41 | 0 | 0 | 0 | 0 |
| 0 | 0 | 0 | 1(1) | | 김명환 | 13 | FW | FW | 10 | 바사니 | | 2(1) | 0 | 0 | 0 |
| 0 | 0 | 2 | 0 | 11 | 이원준 | 22 | FW | FW | 18 | 이의형 | 27 | 2(1) | 0 | 0 | 0 |
| 0 | 0 | 2 | 0 | | 이강훈 | 99 | FW | FW | 11 | 박창준 | 9 | 0 | 0 | 0 | 0 |
| 0 | 0 | 0 | 0 | | 정진욱 | 18 | | | 21 | 김현엽 | | 0 | 0 | 0 | 0 |
| 0 | 0 | 0 | 0 | 후36 | 임준영 | 39 | | | 29 | 백동규 | | 0 | 0 | 0 | 0 |
| 0 | 0 | 0 | 0 | | 정성우 | 50 | | | 4 | 최원철 | | 0 | 0 | 0 | 0 |
| 0 | 0 | 0 | 0 | 후29 | 이강한 | 66 | 대기 | 대기 | 48 | 성신 | 후47 | 0 | 0 | 0 | 0 |
| 0 | 0 | 1 | 1(1) | 후0/66 | 이지승 | 28 | | | 9 | 몬타뇨 | 후14 | 1(1) | 1 | 0 | 0 |
| 0 | 0 | 0 | 1(1) | 후29 | 서재원 | 2 | | | 27 | 장시영 | 후26 | 0 | 0 | 0 | 0 |
| 0 | 0 | 0 | 1(1) | 전38 | 이승재 | 11 | | | 41 | 갈레고 | 후26 | 2 | 0 | 0 | 0 |
| 0 | 2 | 14 | 7(5) | | | 0 | | | 0 | | | 11(5) | 11 | 1 | 0 |

10월 26일 14:00 흐림 인천 전용 11,156명
주심_ 김용우 부심_ 주현민·김수현 대기심_ 김재홍 경기감독관_ 차상해

**인천 3** 1 전반 0 / 2 후반 0 **0 경남**

| 퇴장 | 경고 | 파울 | ST(유) | 교체 | 선수명 | 배번 | 위치 | 위치 | 배번 | 선수명 | 교체 | ST(유) | 파울 | 경고 | 퇴장 |
|---|---|---|---|---|---|---|---|---|---|---|---|---|---|---|---|
| 0 | 0 | 0 | 0 | | 김동헌 | 97 | GK | GK | 91 | 최필수 | | 0 | 0 | 0 | 0 |
| 0 | 0 | 2 | 0 | | 이주용 | 32 | DF | DF | 2 | 박재환 | | 0 | 1 | 0 | 0 |
| 0 | 0 | 1 | 0 | | 김건웅 | 28 | DF | DF | 40 | 이찬동 | 22 | 1(1) | 2 | 0 | 0 |
| 0 | 0 | 1 | 0 | | 김건희 | 4 | DF | DF | 5 | 김형진 | | 0 | 0 | 0 | 0 |
| 0 | 0 | 0 | 1 | | 최승구 | 13 | DF | MF | 37 | 김선호 | | 0 | 2 | 0 | 0 |
| 0 | 0 | 0 | 1(1) | 17 | 바로우 | 14 | MF | MF | 77 | 김하민 | 20 | 1 | 0 | 1 | 0 |
| 0 | 0 | 1 | 0 | | 정원진 | 88 | MF | MF | 88 | 헤난 | 63 | 0 | 1 | 0 | 0 |
| 0 | 0 | 0 | 0 | 20 | 이명주 | 5 | MF | MF | 4 | 한용수 | | 0 | 1 | 0 | 0 |
| 0 | 0 | 0 | 2(1) | 27 | 제르소 | 11 | MF | FW | 9 | 카릴 | 11 | 0 | 1 | 0 | 0 |
| 0 | 0 | 1 | 0 | 8 | 박승호 | 77 | FW | FW | 89 | 단레이 | 24 | 1(1) | 0 | 0 | 0 |
| 0 | 0 | 0 | 2(2) | 99 | 무고사 | 9 | FW | FW | 29 | 박기현 | | 1(1) | 0 | 0 | 0 |
| 0 | 0 | 0 | 0 | | 민성준 | 1 | | | 51 | 류원우 | | 0 | 0 | 0 | 0 |
| 0 | 0 | 0 | 0 | | 이상기 | 3 | | | 33 | 박원재 | | 0 | 0 | 0 | 0 |
| 0 | 0 | 1 | 0 | 후39 | 델브리지 | 20 | | | 22 | 김형원 | 후39 | 0 | 0 | 0 | 0 |
| 0 | 0 | 0 | 0 | 후29 | 김성민 | 17 | 대기 | 대기 | 63 | 한석종 | 후17 | 0 | 0 | 0 | 0 |
| 0 | 0 | 0 | 0 | 후39 | 김보섭 | 27 | | | 11 | 박민서 | 후17 | 0 | 1 | 0 | 0 |
| 0 | 0 | 0 | 0 | 후29 | 신진호 | 8 | | | 24 | 조영광 | 후46 | 0 | 0 | 0 | 0 |
| 0 | 0 | 0 | 0 | 후42 | 박호민 | 99 | | | 20 | 마세도 | 후17 | 0 | 0 | 0 | 0 |
| 0 | 0 | 7 | 6(4) | | | 0 | | | 0 | | | 4(3) | 9 | 1 | 0 |

- 전반 34분 제르소 GAL L-ST-G (득점: 제르소) 왼쪽
- 후반 7분 이명주 PAR ↷ 무고사 GA 정면 H-ST-G (득점: 무고사, 도움: 이명주) 오른쪽
- 후반 14분 바로우 GAL 내 R-ST-G (득점: 바로우) 왼쪽

11월 01일 14:00 맑음 창원 축구센터 2,281명
주심_ 오현진 부심_ 이영운·류시홍 대기심_ 최승환 경기감독관_ 허태식

**경남 0** 　 0 전반 0 / 0 후반 0 　 **0 서울E**

| 퇴장 | 경고 | 파울 | ST(유) | 교체 | 선수명 | 배번 | 위치 | 위치 | 배번 | 선수명 | 교체 | ST(유) | 파울 | 경고 | 퇴장 |
|---|---|---|---|---|---|---|---|---|---|---|---|---|---|---|---|
| 0 | 0 | 0 | 0 | | 류원우 | 51 | GK | GK | 25 | 구성윤 | | 0 | 0 | 0 | 0 |
| 0 | 0 | 1 | 0 | | 김선호 | 37 | DF | DF | 6 | 채광훈 | | 1(1) | 4 | 1 | 0 |
| 0 | 1 | 4 | 0 | | 이찬동 | 40 | DF | DF | 44 | 김하준 | | 0 | 3 | 0 | 0 |
| 0 | 0 | 1 | 0 | | 한용수 | 4 | DF | DF | 20 | 김오규 | | 1 | 1 | 1 | 0 |
| 0 | 0 | 2 | 0 | 33 | 박기현 | 29 | DF | DF | 19 | 김주환 | 97 | 0 | 0 | 0 | 0 |
| 0 | 0 | 1 | 0 | 77 | 박태용 | 42 | MF | MF | 5 | 오스마르 | | 1(1) | 0 | 0 | 0 |
| 0 | 0 | 0 | 1 | | 브루노코스타 | 10 | MF | MF | 15 | 서재민 | 66 | 2 | 3 | 0 | 0 |
| 0 | 0 | 0 | 0 | 11 | 마세도 | 20 | MF | MF | 30 | 박창환 | | 2 | 1 | 0 | 0 |
| 0 | 0 | 0 | 1(1) | 90 | 단레이 | 89 | FW | FW | 90 | 가브리엘 | 18 | 4(4) | 1 | 0 | 0 |
| 0 | 0 | 2 | 0 | | 김형원 | 22 | FW | FW | 9 | 아이데일 | 47 | 3(1) | 0 | 0 | 0 |
| 0 | 0 | 0 | 0 | | 원기종 | 16 | MF | FW | 88 | 서진석 | 16 | 1 | 1 | 0 | 0 |
| 0 | 0 | 0 | 0 | | 최필수 | 91 | | | 21 | 김민호 | | 0 | 0 | 0 | 0 |
| 0 | 0 | 2 | 0 | 후0 | 박원재 | 33 | | | 66 | 백지웅 | 후35 | 0 | 0 | 0 | 0 |
| 0 | 0 | 0 | 0 | | 이민기 | 66 | | | 13 | 차승현 | | 0 | 0 | 0 | 0 |
| 0 | 0 | 0 | 0 | 후17 | 김하민 | 77 | 대기 | 대기 | 97 | 오인표 | 후24 | 0 | 0 | 0 | 0 |
| 0 | 0 | 1 | 0 | 후0 | 박민서 | 11 | | | 47 | 이주혁 | 후15 | 0 | 0 | 0 | 0 |
| 0 | 0 | 1 | 0 | 후43 | 이중민 | 90 | | | 16 | 변경준 | 후0 | 1(1) | 1 | 0 | 0 |
| 0 | 0 | 0 | 0 | | 이종언 | 25 | | | 18 | 정재민 | 후24 | 0 | 0 | 0 | 0 |
| 0 | 1 | 15 | 2(1) | | | 0 | | | 0 | | | 16(8) | 15 | 2 | 0 |

11월 01일 16:30 흐리고 비 부천 종합 3,522명
주심_ 정동식 부심_ 주현민·이상길 대기심_ 박정호 경기감독관_ 김성기

**부천 2** 　 1 전반 0 / 1 후반 0 　 **0 안산**

| 퇴장 | 경고 | 파울 | ST(유) | 교체 | 선수명 | 배번 | 위치 | 위치 | 배번 | 선수명 | 교체 | ST(유) | 파울 | 경고 | 퇴장 |
|---|---|---|---|---|---|---|---|---|---|---|---|---|---|---|---|
| 0 | 0 | 0 | 0 | | 김형근 | 1 | GK | GK | 1 | 이승빈 | | 0 | 0 | 0 | 0 |
| 0 | 0 | 1 | 0 | | 정호진 | 6 | DF | DF | 4 | 장민준 | | 0 | 2 | 0 | 0 |
| 0 | 0 | 1 | 1(1) | | 홍성욱 | 20 | DF | DF | 25 | 조지훈 | | 0 | 0 | 0 | 0 |
| 0 | 0 | 1 | 0 | | 백동규 | 29 | DF | DF | 16 | 정용희 | | 0 | 0 | 0 | 0 |
| 0 | 0 | 0 | 0 | 7 | 장시영 | 27 | MF | MF | 36 | 송태성 | | 2(1) | 0 | 0 | 0 |
| 0 | 0 | 1 | 0 | | 카즈 | 23 | MF | MF | 7 | 손준석 | 33 | 1 | 1 | 0 | 0 |
| 0 | 0 | 2 | 2(1) | 14 | 성신 | 48 | MF | MF | 8 | 라파 | 19 | 0 | 1 | 0 | 0 |
| 0 | 0 | 0 | 0 | | 김규민 | 17 | MF | MF | 17 | 류승완 | | 1(1) | 1 | 0 | 0 |
| 0 | 0 | 1 | 2(2) | 11 | 바사니 | 10 | FW | FW | 99 | 김우빈 | 27 | 1(1) | 0 | 0 | 0 |
| 0 | 0 | 1 | 1 | | 몬타뇨 | 9 | FW | FW | 13 | 김건오 | | 1(1) | 2 | 1 | 0 |
| 0 | 0 | 0 | 2(1) | 18 | 갈레고 | 41 | FW | FW | 10 | 사라이바 | | 4(2) | 1 | 0 | 0 |
| 0 | 0 | 0 | 0 | | 김현엽 | 21 | | | 21 | 조성훈 | | 0 | 0 | 0 | 0 |
| 0 | 0 | 0 | 0 | | 이상혁 | 5 | | | 33 | 에두 | 후36 | 0 | 0 | 0 | 0 |
| 0 | 0 | 0 | 0 | 후24 | 티아깅요 | 7 | | | 39 | 장동혁 | | 0 | 0 | 0 | 0 |
| 0 | 0 | 0 | 0 | | 최원철 | 4 | 대기 | 대기 | 19 | 양세영 | 후15 | 0 | 1 | 0 | 0 |
| 0 | 1 | 1 | 0 | 후17 | 최재영 | 14 | | | 27 | 박채준 | 후15 | 0 | 1 | 1 | 0 |
| 0 | 0 | 1 | 0 | 후40 | 박창준 | 11 | | | 28 | 강수일 | | 0 | 0 | 0 | 0 |
| 0 | 0 | 0 | 0 | 후17 | 이의형 | 18 | | | 35 | 서명식 | | 0 | 0 | 0 | 0 |
| 0 | 1 | 10 | 8(5) | | | 0 | | | 0 | | | 10(6) | 10 | 2 | 0 |

- 전반 31분 바사니 C.KR ↷ 홍성욱 GA 정면 H-ST-G (득점: 홍성욱, 도움: 바사니) 왼쪽
- 후반 5분 갈레고 PAL 내 ~ 성신 GAR 내 R-ST-G (득점: 성신, 도움: 갈레고) 오른쪽

11월 01일 14:00 맑음 수원 월드컵 9,012명
주심_ 박진호 부심_ 신재환·이화평 대기심_ 원명희 경기감독관_ 양정환

**수원 2** 　 0 전반 0 / 2 후반 0 　 **0 충북청주**

| 퇴장 | 경고 | 파울 | ST(유) | 교체 | 선수명 | 배번 | 위치 | 위치 | 배번 | 선수명 | 교체 | ST(유) | 파울 | 경고 | 퇴장 |
|---|---|---|---|---|---|---|---|---|---|---|---|---|---|---|---|
| 0 | 0 | 0 | 0 | | 양형모 | 21 | GK | GK | 23 | 이승환 | | 0 | 0 | 0 | 0 |
| 0 | 0 | 1 | 1(1) | | 이기제 | 23 | DF | DF | 4 | 반데이벨트 | 11 | 0 | 0 | 0 | 0 |
| 0 | 0 | 4 | 0 | | 레오 | 4 | DF | DF | 24 | 허승찬 | | 0 | 0 | 0 | 0 |
| 0 | 0 | 1 | 0 | | 한호강 | 5 | DF | DF | 36 | 윤석영 | | 0 | 0 | 0 | 0 |
| 0 | 0 | 1 | 0 | 11 | 정동윤 | 32 | DF | MF | 5 | 김선민 | | 2 | 1 | 0 | 0 |
| 0 | 0 | 1 | 2 | | 박지원 | 91 | MF | MF | 6 | 박건우 | | 0 | 0 | 0 | 0 |
| 0 | 0 | 1 | 0 | 6 | 이규성 | 24 | MF | MF | 13 | 김영환 | 16 | 1 | 0 | 0 | 0 |
| 0 | 0 | 5 | 2 | | 홍원진 | 14 | MF | MF | 70 | 최강민 | 28 | 2 | 0 | 0 | 0 |
| 0 | 0 | 0 | 0 | 74 | 강성진 | 30 | MF | FW | 2 | 서재원 | 10 | 1(1) | 1 | 0 | 0 |
| 0 | 0 | 0 | 4(3) | 19 | 김지현 | 77 | FW | FW | 66 | 이강한 | | 1(1) | 0 | 0 | 0 |
| 0 | 0 | 0 | 2(1) | 9 | 김현 | 7 | FW | FW | 99 | 이창훈 | | 1(1) | 0 | 0 | 0 |
| 0 | 0 | 0 | 0 | | 김민준 | 1 | | | 18 | 정진욱 | | 0 | 0 | 0 | 0 |
| 0 | 0 | 0 | 0 | | 권완규 | 12 | | | 50 | 정성우 | | 0 | 0 | 0 | 0 |
| 0 | 0 | 0 | 0 | 후28 | 이건희 | 19 | | | 16 | 문승민 | 후37 | 0 | 0 | 0 | 0 |
| 0 | 0 | 0 | 0 | 후20 | 최영준 | 6 | 대기 | 대기 | 28 | 이지승 | 후37 | 1 | 0 | 0 | 0 |
| 0 | 0 | 0 | 0 | 후0 | 일류첸코 | 9 | | | 10 | 페드로 | 후9 | 1 | 1 | 0 | 0 |
| 0 | 0 | 0 | 0 | 후28 | 파울리뇨 | 11 | | | 11 | 이승재 | 후22 | 2(1) | 1 | 0 | 0 |
| 0 | 0 | 0 | 1(1) | 후0 | 브루노실바 | 74 | | | 22 | 이원준 | | 0 | 0 | 0 | 0 |
| 0 | 0 | 14 | 12(6) | | | 0 | | | 0 | | | 12(4) | 4 | 0 | 0 |

- 후반 4분 김지현 PAL 내 R-ST-G (득점: 김지현) 오른쪽
- 후반 20분 김지현 AK 정면 ~ 브루노 실바 GAR R-ST-G (득점: 브루노 실바, 도움: 김지현) 왼쪽

11월 01일 16:30 흐림 김포솔터축구장 2,632명
주심_ 박종명 부심_ 박남수·김수현 대기심_ 이경순 경기감독관_ 나승화

**김포 5** 　 2 전반 0 / 3 후반 1 　 **1 화성**

| 퇴장 | 경고 | 파울 | ST(유) | 교체 | 선수명 | 배번 | 위치 | 위치 | 배번 | 선수명 | 교체 | ST(유) | 파울 | 경고 | 퇴장 |
|---|---|---|---|---|---|---|---|---|---|---|---|---|---|---|---|
| 0 | 0 | 0 | 0 | | 윤보상 | 21 | GK | GK | 1 | 김승건 | | 0 | 0 | 0 | 0 |
| 0 | 0 | 3 | 0 | | 이찬형 | 5 | DF | MF | 2 | 김대환 | | 0 | 1 | 0 | 0 |
| 0 | 0 | 1 | 0 | | 김동민 | 97 | DF | DF | 3 | 조동재 | | 0 | 1 | 0 | 0 |
| 0 | 1 | 1 | 0 | | 박경록 | 3 | DF | FW | 5 | 우제욱 | | 1(1) | 1 | 0 | 0 |
| 0 | 0 | 1 | 0 | | 장부성 | 32 | MF | MF | 6 | 최준혁 | | 2(1) | 2 | 0 | 0 |
| 0 | 0 | 1 | 1(1) | 7 | 윤재운 | 11 | MF | DF | 15 | 보이노비치 | | 2(1) | 2 | 0 | 0 |
| 0 | 1 | 3 | 0 | 10 | 최재훈 | 23 | MF | MF | 16 | 최명희 | 8 | 1 | 0 | 0 | 0 |
| 0 | 1 | 2 | 3(2) | | 디자우마 | 8 | MF | DF | 20 | 박준서 | | 0 | 1 | 0 | 0 |
| 0 | 1 | 3 | 2(1) | | 김민우 | 29 | MF | DF | 29 | 김준영 | 17 | 0 | 0 | 0 | 0 |
| 0 | 0 | 1 | 8(6) | 98 | 루이스 | 24 | FW | FW | 53 | 리마 | 7 | 1 | 0 | 0 | 0 |
| 0 | 0 | 1 | 2(1) | 42 | 김경준 | 9 | FW | MF | 99 | 데메트리우스 | 27 | 1 | 0 | 0 | 0 |
| 0 | 0 | 0 | 0 | | 손정현 | 31 | | | 13 | 이기현 | | 0 | 0 | 0 | 0 |
| 0 | 0 | 0 | 0 | | 김종민 | 2 | | | 4 | 연제민 | | 0 | 0 | 0 | 0 |
| 0 | 0 | 0 | 0 | 후39 | 김민식 | 98 | | | 7 | 알뚤 | 후10 | 3(2) | 0 | 0 | 0 |
| 0 | 0 | 1 | 0 | 후39 | 이상민 | 7 | 대기 | 대기 | 8 | 전성진 | 후10 | 1 | 0 | 0 | 0 |
| 0 | 0 | 1 | 1(1) | 후28 | 안창민 | 42 | | | 17 | 임창석 | 후15 | 0 | 0 | 0 | 0 |
| 0 | 0 | 0 | 2 | 후28 | 제갈재민 | 17 | | | 19 | 유병수 | | 0 | 0 | 0 | 0 |
| 0 | 1 | 1 | 0 | 후20/17 | 플라나 | 10 | | | 27 | 백승우 | 후30 | 1(1) | 0 | 0 | 0 |
| 0 | 5 | 20 | 19(12) | | | 0 | | | 0 | | | 13(6) | 8 | 0 | 0 |

- 전반 30분 김민우 C.KL ↷ 루이스 GAR 내 H-ST-G (득점: 루이스, 도움: 김민우) 오른쪽
- 전반 39분 루이스 PK-R-G (득점: 루이스) 왼쪽
- 후반 8분 디자우마 PK 우측지점 R-ST-G (득점: 디자우마) 오른쪽
- 후반 19분 루이스 PK-R-G (득점: 루이스) 왼쪽
- 후반 41분 장부성 PAL ↷ 안창민 GA 정면 H-ST-G (득점: 안창민, 도움: 장부성) 왼쪽
- 후반 46분 백승우 GAL 내 EL H-ST-G (득점: 백승우) 왼쪽

11월 02일 14:00 맑음 인천 전용 7,058명
주심_ 최철준 부심_ 김태형·김한진 대기심_ 정회수 경기감독관_ 허기태

**인천 0** | 0 전반 0 / 0 후반 0 | **0 부산**

| 퇴장 | 경고 | 파울 | ST(유) | 교체 | 선수경 | 배번 | 위치 | 위치 | 배번 | 선수명 | 교체 | ST(유) | 파울 | 경고 | 퇴장 |
|---|---|---|---|---|---|---|---|---|---|---|---|---|---|---|---|
| 0 | 0 | 0 | 0 | | 이범수 | 25 | GK | GK | 1 | 구상민 | | 0 | 0 | 0 | 0 |
| 0 | 1 | 2 | 0 | | 이주용 | 32 | DF | DF | 30 | 김희승 | | 1(1) | 4 | 1 | 0 |
| 0 | 0 | 0 | 0 | 20 | 김건웅 | 28 | DF | DF | 20 | 조위제 | | 0 | 1 | 1 | 0 |
| 0 | 1 | 0 | 0 | | 김건희 | 4 | DF | DF | 77 | 장호익 | | 1 | 3 | 1 | 0 |
| 0 | 0 | 0 | 0 | | 최승구 | 13 | DF | MF | 17 | 전성진 | 22 | 1 | 0 | 0 | 0 |
| 0 | 0 | 0 | 0 | 11 | 백민규 | 18 | MF | MF | 7 | 사비에르 | | 0 | 5 | 0 | 0 |
| 0 | 0 | 0 | 1(1) | | 정원진 | 88 | MF | MF | 6 | 이동수 | 37 | 1 | 0 | 0 | 0 |
| 0 | 1 | 2 | 0 | | 이명주 | 5 | MF | MF | 88 | 김세훈 | | 2(2) | 0 | 0 | 0 |
| 0 | 0 | 1 | 0 | 14 | 김성민 | 17 | MF | FW | 27 | 김현민 | 10 | 0 | 0 | 0 | 0 |
| 0 | 0 | 1 | 0 | 9 | 신진호 | 8 | FW | FW | 32 | 윤민호 | 9 | 1 | 1 | 0 | 0 |
| 0 | 0 | 1 | 1(1) | 99 | 박승호 | 77 | FW | FW | 29 | 최기윤 | 11 | 0 | 0 | 0 | 0 |
| 0 | 0 | 0 | 0 | | 김동헌 | 97 | 대기 | 대기 | 21 | 박대한 | | 0 | 0 | 0 | 0 |
| 0 | 0 | 0 | 0 | | 이상기 | 3 | | | 3 | 오반석 | | 0 | 0 | 0 | 0 |
| 0 | 1 | 2 | 0 | 후0 | 델브리지 | 20 | | | 37 | 김동욱 | 후40 | 0 | 0 | 0 | 0 |
| 0 | 0 | 1 | 0 | 후0 | 제르소 | 11 | | | 22 | 최예훈 | 후40 | 0 | 0 | 0 | 0 |
| 0 | 0 | 0 | 0 | 후15 | 바로우 | 14 | | | 9 | 곤잘로 | 후29 | 0 | 0 | 0 | 0 |
| 0 | 0 | 0 | 1(1) | 후10 | 무고사 | 9 | | | 10 | 페신 | 후0 | 5(4) | 2 | 0 | 0 |
| 0 | 0 | 0 | 0 | 후46 | 박호민 | 99 | | | 11 | 빌레로 | 후0 | 1(1) | 0 | 0 | 0 |
| 0 | 4 | 10 | 3(3) | | | 0 | | | 0 | | | 13(8) | 16 | 3 | 0 |

11월 02일 16:30 맑음 아산 이순신 2,772명
주심_ 김재홍 부심_ 김유영·황보진현 대기심_ 안재훈 경기감독관_ 박철

**충남아산 1** | 0 전반 1 / 1 후반 0 | **1 천안**

| 퇴장 | 경고 | 파울 | ST(유) | 교체 | 선수명 | 배번 | 위치 | 위치 | 배번 | 선수명 | 교체 | ST(유) | 파울 | 경고 | 퇴장 |
|---|---|---|---|---|---|---|---|---|---|---|---|---|---|---|---|
| 0 | 0 | 0 | 0 | | 신송훈 | 18 | GK | GK | 31 | 허자웅 | | 0 | 0 | 0 | 0 |
| 0 | 0 | 1 | 0 | | 이호인 | 76 | DF | DF | 3 | 이웅희 | | 1(1) | 1 | 0 | 0 |
| 0 | 0 | 0 | 0 | 10 | 김민혁 | 92 | DF | DF | 25 | 마상훈 | | 0 | 2 | 0 | 0 |
| 0 | 0 | 3 | 0 | | 변준영 | 5 | DF | DF | 24 | 이상명 | | 0 | 1 | 0 | 0 |
| 0 | 0 | 2 | 0 | 17 | 이학민 | 14 | MF | MF | 4 | 강영훈 | | 0 | 1 | 0 | 0 |
| 0 | 0 | 0 | 0 | 38 | 김승호 | 22 | MF | MF | 19 | 진의준 | 8 | 0 | 1 | 0 | 0 |
| 0 | 0 | 3 | 0 | | 손준호 | 28 | MF | MF | 16 | 김성준 | 88 | 1(1) | 0 | 0 | 0 |
| 0 | 0 | 0 | 1 | | 박종민 | 25 | MF | MF | 34 | 이예찬 | 35 | 0 | 2 | 0 | 0 |
| 0 | 0 | 0 | 3(2) | 7 | 박시후 | 74 | FW | FW | 10 | 툰가라 | | 3(2) | 2 | 0 | 0 |
| 0 | 0 | 1 | 3(1) | | 은고이 | 97 | FW | FW | 18 | 이정협 | 83 | 0 | 1 | 0 | 0 |
| 0 | 0 | 1 | 5(2) | 11 | 한교원 | 72 | FW | FW | 14 | 구종욱 | 7 | 0 | 0 | 0 | 0 |
| 0 | 0 | 0 | 0 | | 김진영 | 21 | 대기 | 대기 | 21 | 제종현 | | 0 | 0 | 0 | 0 |
| 0 | 0 | 0 | 0 | | 김영남 | 13 | | | 5 | 최진웅 | | 0 | 0 | 0 | 0 |
| 0 | 0 | 0 | 0 | 후38 | 김주성 | 17 | | | 35 | 김성주 | 후32 | 0 | 1 | 0 | 0 |
| 0 | 0 | 1 | 1(1) | 후22 | 김종석 | 10 | | | 8 | 이광진 | 후12 | 0 | 0 | 0 | 0 |
| 0 | 0 | 1 | 0 | 후38 | 김정현 | 38 | | | 7 | 이상준 | 후12 | 2(2) | 0 | 0 | 0 |
| 0 | 0 | 0 | 0 | 후29 | 데니손 | 7 | | | 88 | 정석화 | 후32 | 0 | 0 | 0 | 0 |
| 0 | 0 | 0 | 0 | 후22 | 아담 | 11 | | | 83 | 브루노 | 전41 | 1(1) | 2 | 1 | 0 |
| 0 | 0 | 13 | 13(6) | | | 0 | | | 0 | | | 8(7) | 14 | 1 | 0 |

●후반 14분 박시후 GA 정면 R-ST-G (득점: 박시후) 오른쪽

●전반 41분 김성준 PK-R-G (득점: 김성준) 가운데

11월 02일 14:00 흐림 광양 전용 4,828명
주심_ 고민국 부심_ 김종희·장단호 대기심_ 박세진 경기감독관_ 이경춘

**전남 0** | 0 전반 1 / 0 후반 1 | **2 성남**

| 퇴장 | 경고 | 파울 | ST(유) | 교체 | 선수명 | 배번 | 위치 | 위치 | 배번 | 선수명 | 교체 | ST(유) | 파울 | 경고 | 퇴장 |
|---|---|---|---|---|---|---|---|---|---|---|---|---|---|---|---|
| 0 | 0 | 0 | 0 | | 최봉진 | 1 | GK | GK | 21 | 양한빈 | | 0 | 0 | 0 | 0 |
| 0 | 0 | 2 | 0 | 9 | 유지하 | 2 | DF | DF | 22 | 정승용 | | 0 | 1 | 0 | 0 |
| 0 | 1 | 0 | 0 | | 최한솔 | 77 | DF | DF | 4 | 베니시오 | | 1(1) | 1 | 0 | 0 |
| 0 | 0 | 2 | 0 | | 구현준 | 4 | DF | DF | 20 | 이상민 | 66 | 0 | 0 | 0 | 0 |
| 0 | 0 | 1 | 0 | 20 | 김용환 | 13 | DF | DF | 7 | 신재원 | | 0 | 0 | 0 | 0 |
| 0 | 0 | 1 | 0 | 71 | 안지민 | 36 | DF | MF | 11 | 김정환 | 47 | 1 | 1 | 0 | 0 |
| 0 | 0 | 0 | 2(1) | | 발디비아 | 10 | MF | MF | 33 | 박수빈 | | 0 | 1 | 1 | 0 |
| 0 | 0 | 0 | 0 | | 알베르띠 | 16 | MF | MF | 14 | 프레이타스 | 74 | 1 | 1 | 0 | 0 |
| 0 | 1 | 2 | 1 | 24 | 윤민호 | 14 | MF | MF | 8 | 이정빈 | 70 | 4(2) | 3 | 0 | 0 |
| 0 | 0 | 0 | 0 | | 르본 | 50 | FW | FW | 16 | 류준선 | 2 | 1(1) | 0 | 0 | 0 |
| 0 | 1 | 1 | 2(2) | 11 | 호난 | 19 | FW | FW | 9 | 후이즈 | | 1(1) | 3 | 1 | 0 |
| 0 | 0 | 0 | 0 | | 이준 | 21 | 대기 | 대기 | 28 | 정명제 | | 0 | 0 | 0 | 0 |
| 0 | 0 | 0 | 0 | 후28 | 장순혁 | 20 | | | 2 | 박상혁 | 후26 | 2 | 0 | 0 | 0 |
| 0 | 0 | 0 | 0 | 후17 | 김주엽 | 71 | | | 18 | 김범수 | | 0 | 0 | 0 | 0 |
| 0 | 0 | 0 | 0 | | 최정원 | 95 | | | 47 | 양태양 | 후46 | 0 | 0 | 0 | 0 |
| 0 | 0 | 1 | 1 | 후10 | 박상준 | 24 | | | 66 | 김주원 | 후46 | 0 | 0 | 0 | 0 |
| 0 | 0 | 0 | 1 | 후17 | 하남 | 9 | | | 70 | 레안드로 | 후26 | 1(1) | 0 | 0 | 0 |
| 0 | 0 | 0 | 1 | 후10 | 정지용 | 11 | | | 74 | 사무엘 | 후39 | 0 | 0 | 0 | 0 |
| 0 | 3 | 10 | 8(3) | | | 0 | | | 0 | | | 12(6) | 11 | 2 | 0 |

●전반 44분 신재원 MFR FK↷베니시오 GA 정면 내 H-ST-G (득점: 베니시오, 도움: 신재원) 왼쪽
●후반 12분 후이즈 GAR L-ST-G (득점: 후이즈) 오른쪽

11월 08일 14:00 흐림 광양 전용 5,779명
주심_ 설태환 부심_ 박남수·신재환 대기심_ 박정호 경기감독관_ 이경춘

**전남 2** | 0 전반 0 / 2 후반 1 | **1 인천**

| 퇴장 | 경고 | 파울 | ST(유) | 교체 | 선수명 | 배번 | 위치 | 위치 | 배번 | 선수명 | 교체 | ST(유) | 파울 | 경고 | 퇴장 |
|---|---|---|---|---|---|---|---|---|---|---|---|---|---|---|---|
| 0 | 0 | 0 | 0 | | 이준 | 21 | GK | GK | 97 | 김동헌 | | 0 | 0 | 0 | 0 |
| 0 | 0 | 1 | 0 | 20 | 홍석현 | 38 | DF | DF | 26 | 강윤구 | | 0 | 1 | 0 | 0 |
| 0 | 0 | 0 | 0 | | 최한솔 | 77 | DF | DF | 20 | 델브리지 | | 0 | 1 | 0 | 0 |
| 0 | 0 | 1 | 0 | 95 | 구현준 | 4 | DF | DF | 4 | 김건희 | | 0 | 0 | 0 | 0 |
| 0 | 0 | 1 | 1 | | 김예성 | 3 | DF | DF | 3 | 이상기 | | 0 | 0 | 0 | 0 |
| 0 | 1 | 0 | 2(2) | 36 | 김용환 | 13 | DF | MF | 19 | 김민석 | 27 | 0 | 0 | 0 | 0 |
| 0 | 0 | 0 | 4(3) | | 발디비아 | 10 | MF | MF | 88 | 정원진 | | 3(1) | 0 | 0 | 0 |
| 0 | 0 | 0 | 1 | | 알베르띠 | 16 | MF | MF | 7 | 김도혁 | 13 | 0 | 0 | 0 | 0 |
| 0 | 0 | 0 | 1(1) | | 박상준 | 24 | MF | MF | 30 | 서동한 | 17 | 2(1) | 0 | 0 | 0 |
| 0 | 1 | 0 | 1 | 11 | 르본 | 50 | FW | FW | 22 | 성힘찬 | 99 | 0 | 0 | 0 | 0 |
| 0 | 0 | 0 | 1(1) | 19 | 하남 | 9 | FW | FW | 94 | 쇼타 | 77 | 2(1) | 1 | 0 | 0 |
| 0 | 0 | 0 | 0 | | 최봉진 | 1 | 대기 | 대기 | 1 | 민성준 | | 0 | 0 | 0 | 0 |
| 0 | 1 | 1 | 0 | 후27 | 장순혁 | 20 | | | 13 | 최승구 | 후39 | 0 | 0 | 0 | 0 |
| 0 | 0 | 0 | 0 | 후37 | 안재민 | 36 | | | 15 | 임형진 | | 0 | 0 | 0 | 0 |
| 0 | 0 | 0 | 0 | 후37 | 최정원 | 95 | | | 17 | 김성민 | 후39 | 1 | 0 | 0 | 0 |
| 0 | 0 | 0 | 0 | | 양지산 | 6 | | | 27 | 김보섭 | 후18 | 0 | 1 | 0 | 0 |
| 0 | 0 | 0 | 3(2) | 후8 | 정지용 | 11 | | | 77 | 박승호 | 후18 | 0 | 0 | 0 | 0 |
| 0 | 0 | 0 | 1 | 후8 | 호난 | 19 | | | 99 | 박호민 | 후0 | 1(1) | 0 | 0 | 0 |
| 0 | 3 | 4 | 15(9) | | | 0 | | | 0 | | | 9(4) | 4 | 0 | 0 |

●후반 18분 발디비아 PK-R-G (득점: 발디비아) 왼쪽
●후반 30분 발디비아 PAR 내 R-ST-G (득점: 발디비아) 왼쪽

●후반 55분 김보섭 PAL 내 ↷ 박호민 GAR 내 H-ST-G (득점: 박호민, 도움: 김보섭) 오른쪽

11월 08일 14:00 흐림 화성 종합 3,617명
주심_ 최승환 부심_ 이병주·장민호 대기심_ 원명희 경기감독관_ 박철

**화성 0** 　 0 전반 0 / 0 후반 1 　 **1 경남**

| 퇴장 | 경고 | 파울 | ST(유) | 교체 | 선수명 | 배번 | 위치 | 위치 | 배번 | 선수명 | 교체 | ST(유) | 파울 | 경고 | 퇴장 |
|---|---|---|---|---|---|---|---|---|---|---|---|---|---|---|---|
| 0 | 0 | 0 | 0 | | 김 승 건 | 1 | GK | GK | 51 | 류 원 우 | | 0 | 0 | 0 | 0 |
| 0 | 0 | 0 | 0 | | 김 대 환 | 2 | MF | DF | 18 | 신 승 민 | 77 | 0 | 1 | 0 | 0 |
| 0 | 0 | 2 | 0 | | 조 동 재 | 3 | DF | DF | 2 | 박 재 환 | | 0 | 1 | 0 | 0 |
| 0 | 0 | 1 | 1 | | 최 준 혁 | 6 | MF | DF | 22 | 김 형 원 | 5 | 0 | 0 | 0 | 0 |
| 0 | 0 | 0 | 1 | 5 | 알 뚤 | 7 | FW | DF | 33 | 박 원 재 | | 1 | 1 | 0 | 0 |
| 0 | 0 | 1 | 2 | | 전 성 진 | 8 | MF | MF | 40 | 이 찬 동 | | 1 | 1 | 1 | 0 |
| 0 | 0 | 0 | 1(1) | | 보이노비치 | 15 | DF | MF | 16 | 원 기 종 | | 3(1) | 0 | 1 | 0 |
| 0 | 0 | 1 | 1(1) | | 최 명 희 | 16 | MF | MF | 42 | 박 태 용 | 19 | 1(1) | 0 | 0 | 0 |
| 0 | 0 | 0 | 0 | 20 | 임 창 석 | 17 | DF | MF | 10 | 브루노코스타 | | 1 | 0 | 0 | 0 |
| 0 | 1 | 1 | 1 | 29 | 김 병 오 | 41 | FW | MF | 25 | 이 종 언 | 11 | 1(1) | 3 | 0 | 0 |
| 1 | 0 | 1 | 0 | | 함 선 우 | 44 | DF | FW | 90 | 이 중 민 | 21 | 0 | 2 | 0 | 0 |
| 0 | 0 | 0 | 0 | | 김 기 훈 | 18 | | | 91 | 최 필 수 | | 0 | 0 | 0 | 0 |
| 0 | 0 | 0 | 0 | | 연 제 민 | 4 | | | 5 | 김 형 진 | 후7 | 0 | 1 | 0 | 0 |
| 0 | 1 | 3 | 0 | 후32 | 우 제 욱 | 5 | | | 77 | 김 하 민 | 후44 | 0 | 0 | 0 | 0 |
| 0 | 0 | 0 | 0 | | 유 병 수 | 19 | 대기 | 대기 | 21 | 이 시 헌 | 후44 | 0 | 0 | 0 | 0 |
| 0 | 0 | 0 | 0 | 후32 | 박 준 서 | 20 | | | 19 | 정 충 근 | 후19 | 1 | 1 | 0 | 0 |
| 0 | 0 | 0 | 0 | | 백 승 우 | 27 | | | 11 | 박 민 서 | 후19 | 0 | 0 | 0 | 0 |
| 0 | 1 | 1 | 1(1) | 후25 | 김 준 영 | 29 | | | 9 | 카 릴 | | 0 | 0 | 0 | 0 |
| 1 | 3 | 11 | 8(3) | | | 0 | | | 0 | | | 9(3) | 11 | 2 | 0 |

● 후반 26분 브루노 코스타 AKR FK ↷ 원기종 GAR H-ST-G (득점: 원기종, 도움: 브루노 코스타) 가운데

11월 08일 16:30 흐림 천안 종합 2,891명
주심_ 김용우 부심_ 김태형·김태원 대기심_ 이경순 경기감독관_ 김성기

**천안 1** 　 1 전반 1 / 0 후반 2 　 **3 성남**

| 퇴장 | 경고 | 파울 | ST(유) | 교체 | 선수명 | 배번 | 위치 | 위치 | 배번 | 선수명 | 교체 | ST(유) | 파울 | 경고 | 퇴장 |
|---|---|---|---|---|---|---|---|---|---|---|---|---|---|---|---|
| 0 | 0 | 0 | 0 | | 허 자 웅 | 31 | GK | GK | 21 | 양 한 빈 | | 0 | 0 | 0 | 0 |
| 0 | 0 | 0 | 0 | 26 | 이 웅 희 | 3 | DF | DF | 22 | 정 승 용 | | 0 | 0 | 0 | 0 |
| 0 | 0 | 0 | 0 | | 마 상 훈 | 25 | DF | DF | 4 | 베니시오 | | 1(1) | 1 | 1 | 0 |
| 0 | 0 | 1 | 0 | 35 | 이 상 명 | 24 | DF | DF | 20 | 이 상 민 | | 2(1) | 1 | 0 | 0 |
| 0 | 0 | 0 | 0 | | 강 영 훈 | 4 | MF | DF | 7 | 신 재 원 | | 0 | 0 | 0 | 0 |
| 0 | 0 | 1 | 0 | | 진 의 준 | 19 | MF | MF | 11 | 김 정 환 | 18 | 0 | 0 | 0 | 0 |
| 0 | 1 | 1 | 1 | 6 | 김 성 준 | 16 | MF | MF | 33 | 박 수 빈 | 37 | 1 | 0 | 0 | 0 |
| 0 | 1 | 4 | 2 | | 이 예 찬 | 34 | MF | MF | 14 | 프레이타스 | 74 | 2(1) | 1 | 0 | 0 |
| 0 | 0 | 0 | 2 | 88 | 툰 가 라 | 10 | FW | MF | 2 | 박 상 혁 | 70 | 2(2) | 2 | 0 | 0 |
| 0 | 0 | 1 | 2(2) | | 브 루 노 | 83 | FW | FW | 16 | 류 준 선 | 8 | 0 | 1 | 0 | 0 |
| 0 | 0 | 0 | 0 | 7 | 구 종 욱 | 14 | FW | FW | 9 | 후 이 즈 | | 3(3) | 0 | 0 | 0 |
| 0 | 0 | 0 | 0 | | 제 종 현 | 21 | | | 28 | 정 명 제 | | 0 | 0 | 0 | 0 |
| 0 | 0 | 0 | 0 | 후30 | 김 성 주 | 35 | | | 8 | 이 정 빈 | 후0 | 4(1) | 0 | 0 | 0 |
| 0 | 0 | 0 | 0 | 후16 | 김 영 선 | 26 | | | 18 | 김 범 수 | 후46 | 0 | 0 | 0 | 0 |
| 0 | 0 | 0 | 0 | | 이 광 진 | 8 | 대기 | 대기 | 37 | 하 정 우 | 후46 | 0 | 0 | 0 | 0 |
| 0 | 0 | 1 | 0 | 후36 | 이 종 성 | 6 | | | 66 | 김 주 원 | | 0 | 0 | 0 | 0 |
| 0 | 0 | 0 | 1 | 후30 | 이 상 준 | 7 | | | 70 | 레안드로 | 후19 | 1 | 0 | 0 | 0 |
| 0 | 0 | 0 | 0 | 후36 | 정 석 화 | 88 | | | 74 | 사 무 엘 | 후19 | 1(1) | 3 | 0 | 0 |
| 0 | 2 | 9 | 8(2) | | | 0 | | | 0 | | | 17(10) | 9 | 1 | 0 |

● 전반 26분 브루노 PK-R-G (득점: 브루노) 오른쪽

● 전반 40분 박상혁 PA 정면 내 L-ST-G (득점: 박상혁) 오른쪽
● 후반 7분 프레이타스 GAR 내 EL L-ST-G (득점: 프레이타스) 오른쪽
● 후반 44분 이정빈 GAL 내 L-ST-G (득점: 이정빈) 왼쪽

11월 08일 16:30 흐림 부산 구덕 2,113명
주심_ 박병진 부심_ 주현민·이상길 대기심_ 박진호 경기감독관_ 양정환

**부산 0** 　 0 전반 2 / 0 후반 1 　 **3 충남아산**

| 퇴장 | 경고 | 파울 | ST(유) | 교체 | 선수명 | 배번 | 위치 | 위치 | 배번 | 선수명 | 교체 | ST(유) | 파울 | 경고 | 퇴장 |
|---|---|---|---|---|---|---|---|---|---|---|---|---|---|---|---|
| 0 | 0 | 0 | 0 | | 구 상 민 | 1 | GK | GK | 21 | 김 진 영 | | 0 | 0 | 0 | 0 |
| 0 | 0 | 0 | 0 | | 김 희 승 | 30 | DF | DF | 76 | 이 호 인 | | 0 | 1 | 0 | 0 |
| 0 | 0 | 3 | 0 | 29 | 정 호 근 | 4 | DF | DF | 92 | 김 민 혁 | 38 | 0 | 1 | 1 | 0 |
| 0 | 0 | 1 | 0 | | 오 반 석 | 3 | DF | DF | 5 | 변 준 영 | | 0 | 1 | 0 | 0 |
| 0 | 0 | 3 | 0 | 37 | 전 성 진 | 17 | MF | MF | 14 | 이 학 민 | | 0 | 1 | 0 | 0 |
| 0 | 0 | 2 | 0 | | 사비에르 | 7 | MF | MF | 22 | 김 승 호 | 24 | 0 | 1 | 1 | 0 |
| 0 | 1 | 3 | 0 | 27 | 이 동 수 | 6 | MF | MF | 28 | 손 준 호 | | 0 | 0 | 0 | 0 |
| 0 | 0 | 0 | 0 | | 김 세 훈 | 88 | MF | MF | 25 | 박 종 민 | 17 | 0 | 0 | 0 | 0 |
| 0 | 0 | 5 | 1 | | 빌 레 로 | 11 | FW | FW | 74 | 박 시 후 | 11 | 4(2) | 1 | 0 | 0 |
| 0 | 0 | 2 | 0 | 9 | 윤 민 호 | 32 | FW | FW | 97 | 은 고 이 | | 2(2) | 2 | 0 | 0 |
| 0 | 0 | 0 | 2 | | 페 신 | 10 | FW | FW | 7 | 데 니 손 | 72 | 2(1) | 1 | 0 | 0 |
| 0 | 0 | 0 | 0 | | 박 대 한 | 21 | | | 18 | 신 송 훈 | | 0 | 0 | 0 | 0 |
| 0 | 0 | 0 | 0 | | 김 민 기 | 15 | | | 13 | 김 영 남 | | 0 | 0 | 0 | 0 |
| 0 | 0 | 1 | 0 | 후40 | 김 동 욱 | 37 | | | 17 | 김 주 성 | 후32 | 0 | 0 | 0 | 0 |
| 0 | 0 | 0 | 0 | 후0 | 최 기 윤 | 29 | 대기 | 대기 | 24 | 박 세 직 | 후46 | 0 | 0 | 0 | 0 |
| 0 | 0 | 0 | 0 | | 백 가 온 | 45 | | | 38 | 김 정 현 | 후46 | 0 | 0 | 0 | 0 |
| 0 | 0 | 0 | 1 | 후25 | 김 현 민 | 27 | | | 11 | 아 담 | 후19 | 1(1) | 1 | 0 | 0 |
| 0 | 0 | 0 | 1(1) | 후25 | 곤 잘 로 | 9 | | | 72 | 한 교 원 | 후32 | 0 | 0 | 0 | 0 |
| 0 | 1 | 20 | 5(1) | | | 0 | | | 0 | | | 9(6) | 10 | 2 | 0 |

● 전반 14분 손준호 센타서클 ~ 은고이 PA 정면 내 R-ST-G (득점: 은고이, 도움: 손준호) 오른쪽
● 전반 45분 박시후 GA 정면 R-ST-G (득점: 박시후) 가운데
● 후반 24분 은고이 HL 정면 ~ 아담 PA 정면 내 R-ST-G (득점: 아담, 도움: 은고이) 왼쪽

11월 09일 14:00 맑음 청주 종합 5,406명
주심_ 김희곤 부심_ 김수현·이현모 대기심_ 고민국 경기감독관_ 나승화

**충북청주 0** 　 0 전반 0 / 0 후반 2 　 **2 서울E**

| 퇴장 | 경고 | 파울 | ST(유) | 교체 | 선수명 | 배번 | 위치 | 위치 | 배번 | 선수명 | 교체 | ST(유) | 파울 | 경고 | 퇴장 |
|---|---|---|---|---|---|---|---|---|---|---|---|---|---|---|---|
| 0 | 0 | 0 | 0 | | 정 진 욱 | 18 | GK | GK | 25 | 구 성 윤 | | 0 | 0 | 0 | 0 |
| 0 | 0 | 0 | 0 | 11 | 반데아벌트 | 4 | DF | DF | 6 | 채 광 훈 | 77 | 1(1) | 0 | 0 | 0 |
| 0 | 0 | 1 | 0 | | 허 승 찬 | 24 | DF | DF | 44 | 김 하 준 | | 0 | 2 | 0 | 0 |
| 0 | 0 | 0 | 0 | 50 | 윤 석 영 | 36 | DF | DF | 20 | 김 오 규 | | 0 | 0 | 0 | 0 |
| 0 | 0 | 1 | 0 | | 김 선 민 | 5 | MF | DF | 19 | 김 주 환 | 97 | 0 | 2 | 0 | 0 |
| 0 | 0 | 4 | 1(1) | | 박 건 우 | 6 | MF | MF | 30 | 박 창 환 | | 3(1) | 1 | 0 | 0 |
| 0 | 0 | 1 | 1 | 28 | 김 영 환 | 13 | MF | MF | 5 | 오스마르 | 66 | 0 | 2 | 0 | 0 |
| 0 | 1 | 1 | 2(2) | | 최 강 민 | 70 | MF | MF | 15 | 서 재 민 | | 0 | 2 | 0 | 0 |
| 0 | 1 | 1 | 1(1) | 71 | 서 재 원 | 2 | FW | FW | 90 | 가브리엘 | 70 | 0 | 1 | 1 | 0 |
| 0 | 0 | 0 | 2(2) | 8 | 이 강 한 | 66 | FW | FW | 18 | 정 재 민 | 16 | 0 | 0 | 0 | 0 |
| 0 | 0 | 1 | 0 | | 이 창 훈 | 99 | FW | FW | 7 | 에울레르 | | 5(2) | 2 | 1 | 0 |
| 0 | 0 | 0 | 0 | | 조 수 혁 | 1 | | | 21 | 김 민 호 | | 0 | 0 | 0 | 0 |
| 0 | 0 | 0 | 0 | 후39 | 정 성 우 | 50 | | | 77 | 배 진 우 | 후0 | 0 | 0 | 0 | 0 |
| 0 | 0 | 0 | 0 | 후25 | 송 진 규 | 8 | | | 97 | 오 인 표 | 후42 | 0 | 0 | 0 | 0 |
| 0 | 0 | 0 | 0 | | 문 승 민 | 16 | 대기 | 대기 | 66 | 백 지 웅 | 후16 | 0 | 1 | 0 | 0 |
| 0 | 0 | 0 | 0 | 후39 | 이 지 승 | 28 | | | 47 | 이 주 혁 | | 0 | 0 | 0 | 0 |
| 0 | 0 | 0 | 0 | 후14 | 이 동 원 | 71 | | | 16 | 변 경 준 | 후0 | 1(1) | 1 | 0 | 0 |
| 0 | 0 | 0 | 1(1) | 후0 | 이 승 재 | 11 | | | 70 | 허 용 준 | 후0 | 3(2) | 2 | 0 | 0 |
| 0 | 2 | 10 | 8(7) | | | 0 | | | 0 | | | 13(7) | 16 | 2 | 0 |

● 후반 29분 백지웅 PA 정면 내 H ↷ 허용준 GA 정면 H-ST-G (득점: 허용준, 도움: 백지웅) 왼쪽
● 후반 39분 변경준 MFR ~ 박창환 PAL 내 R-ST-G (득점: 박창환, 도움: 변경준) 가운데

11월 09일 14:00 맑음 안산 와스타디움 6,663명
주심_ 안재훈 부심_ 김종희·류시홍 대기심_ 박세진 경기감독관_ 구상범

**안산 1** | 1 전반 1 / 0 후반 0 | **1 수원**

| 퇴장 | 경고 | 파울 | ST(유) | 교체 | 선수명 | 배번 | 위치 | 위치 | 배번 | 선수명 | 교체 | ST(유) | 파울 | 경고 | 퇴장 |
|---|---|---|---|---|---|---|---|---|---|---|---|---|---|---|---|
| 0 | 0 | 0 | 0 | 31 | 조성훈 | 21 | GK | GK | 1 | 김민준 |  | 0 | 0 | 0 | 0 |
| 0 | 1 | 1 | 0 |  | 장민준 | 4 | DF | DF | 23 | 이기제 |  | 0 | 2 | 0 | 0 |
| 0 | 0 | 0 | 0 |  | 조지훈 | 25 | DF | DF | 4 | 레오 |  | 0 | 0 | 0 | 0 |
| 0 | 0 | 2 | 1(1) |  | 정용희 | 16 | DF | DF | 5 | 한호강 |  | 0 | 1 | 0 | 0 |
| 0 | 0 | 0 | 1 | 33 | 송태성 | 36 | MF | DF | 32 | 정동윤 |  | 0 | 0 | 0 | 0 |
| 0 | 0 | 1 | 3(2) | 8 | 손준석 | 7 | MF | MF | 74 | 브루노실바 |  | 1(1) | 1 | 0 | 0 |
| 0 | 0 | 2 | 2(2) |  | 김건오 | 13 | MF | MF | 6 | 최영준 | 24 | 1 | 1 | 0 | 0 |
| 0 | 0 | 3 | 0 |  | 류승완 | 17 | MF | MF | 14 | 홍원진 |  | 1(1) | 2 | 1 | 0 |
| 0 | 0 | 1 | 1(1) | 11 | 김우빈 | 99 | FW | MF | 30 | 강성진 | 91 | 2 | 1 | 1 | 0 |
| 0 | 0 | 1 | 1 | 10 | 서명식 | 35 | FW | FW | 11 | 파울리뇨 | 77 | 1(1) | 1 | 0 | 0 |
| 0 | 0 | 1 | 0 | 19 | 강수길 | 28 | FW | FW | 9 | 일류첸코 | 7 | 3(2) | 0 | 0 | 0 |
| 0 | 0 | 0 | 0 | 전37 | 김종혁 | 31 |  |  | 13 | 김정훈 |  | 0 | 0 | 0 | 0 |
| 0 | 0 | 0 | 0 | 후38 | 에두 | 33 |  |  | 2 | 장석환 |  | 0 | 0 | 0 | 0 |
| 0 | 0 | 0 | 0 | 후45 | 라파 | 8 |  |  | 99 | 김민우 |  | 0 | 0 | 0 | 0 |
| 0 | 0 | 0 | 0 |  | 배수민 | 66 | 대기 | 대기 | 24 | 이규성 | 후22 | 0 | 0 | 0 | 0 |
| 0 | 0 | 0 | 2(1) | 후19 | 사라이바 | 10 |  |  | 7 | 김현 | 후22 | 0 | 0 | 0 | 0 |
| 0 | 0 | 0 | 1 | 후38 | 박형우 | 11 |  |  | 77 | 김지현 | 후0 | 2(1) | 1 | 0 | 0 |
| 0 | 0 | 0 | 1(1) | 후0 | 양세경 | 19 |  |  | 91 | 박지원 | 후0 | 0 | 2 | 0 | 0 |
| 0 | 1 | 12 | 13(8) |  |  | 0 |  |  | 0 |  |  | 11(6) | 12 | 2 | 0 |

● 전반 49분 김건오 AK 정면 FK F-ST-G (득점: 김건오) 왼쪽

● 전반 11분 브루노 실바 GAR ~ 파울리뇨 GA 정면 L-ST-G (득점: 파울리뇨, 도움: 브루노 실바) 가운데

11월 23일 14:00 흐림 아산 이순신 4,463명
주심_ 김대용 부심_ 이병주·이화평 대기심_ 최승환 경기감독관_ 이경춘

**충남아산 2** | 1 전반 1 / 1 후반 0 | **1 전남**

| 퇴장 | 경고 | 파울 | ST(유) | 교체 | 선수명 | 배번 | 위치 | 위치 | 배번 | 선수명 | 교체 | ST(유) | 파울 | 경고 | 퇴장 |
|---|---|---|---|---|---|---|---|---|---|---|---|---|---|---|---|
| 0 | 0 | 0 | 0 |  | 김진영 | 21 | GK | GK | 1 | 최봉진 |  | 0 | 0 | 0 | 0 |
| 0 | 0 | 0 | 0 |  | 이호인 | 76 | DF | DF | 38 | 홍석현 |  | 0 | 2 | 0 | 0 |
| 0 | 0 | 1 | 1 |  | 김민혁 | 92 | DF | DF | 77 | 최한솔 |  | 0 | 2 | 0 | 0 |
| 0 | 1 | 0 | 0 |  | 변준영 | 5 | DF | DF | 5 | 고태원 | 20 | 0 | 2 | 0 | 0 |
| 0 | 0 | 1 | 0 | 17 | 이학민 | 14 | MF | DF | 36 | 안재민 | 4 | 1(1) | 0 | 0 | 0 |
| 0 | 0 | 0 | 0 | 24 | 김정현 | 38 | MF | DF | 3 | 김예성 |  | 0 | 0 | 0 | 0 |
| 0 | 0 | 1 | 0 |  | 손준호 | 28 | MF | MF | 10 | 발디비아 |  | 3(2) | 0 | 0 | 0 |
| 0 | 0 | 1 | 2(1) |  | 박종민 | 25 | MF | MF | 16 | 알베르띠 |  | 0 | 1 | 1 | 0 |
| 0 | 0 | 0 | 3(1) | 11 | 박시후 | 74 | FW | MF | 14 | 윤민호 | 24 | 0 | 0 | 0 | 0 |
| 0 | 0 | 3 | 6(5) |  | 은고이 | 97 | FW | FW | 99 | 정강민 | 17 | 1 | 1 | 0 | 0 |
| 0 | 0 | 1 | 2(2) | 7 | 한교원 | 72 | FW | FW | 9 | 하남 | 50 | 1 | 1 | 0 | 0 |
| 0 | 0 | 0 | 0 |  | 신송훈 | 18 |  |  | 33 | 성윤수 |  | 0 | 0 | 0 | 0 |
| 0 | 0 | 0 | 0 |  | 김영남 | 13 |  |  | 4 | 구현준 | 후27 | 1 | 0 | 0 | 0 |
| 0 | 0 | 0 | 0 | 후51 | 김주성 | 17 |  |  | 20 | 장순혁 | 후22 | 0 | 2 | 1 | 0 |
| 0 | 0 | 0 | 0 |  | 최치원 | 8 | 대기 | 대기 | 6 | 양지산 |  | 0 | 0 | 0 | 0 |
| 0 | 0 | 0 | 0 | 후0 | 박세직 | 24 |  |  | 24 | 박상준 | 후22 | 1 | 1 | 1 | 0 |
| 0 | 0 | 0 | 2(2) | 후22 | 데니손 | 7 |  |  | 17 | 김도윤 | 후0 | 1 | 1 | 1 | 0 |
| 0 | 1 | 2 | 1(1) | 후22 | 아담 | 11 |  |  | 50 | 르본 | 후0 | 0 | 0 | 0 | 0 |
| 0 | 2 | 10 | 17(12) |  |  | 0 |  |  | 0 |  |  | 9(3) | 13 | 4 | 0 |

● 전반 28분 이학민 MFL ~ 은고이 AKL R-ST-G (득점: 은고이, 도움: 이학민) 오른쪽

● 후반 51분 데니손 PK-R-G (득점: 데니손) 왼쪽

● 전반 11분 안재민 GA 정면 L-ST-G (득점: 안재민) 오른쪽

11월 09일 16:30 맑음 김포솔터축구장 3,368명
주심_ 신용준 부심_ 성주경·이화평 대기심_ 원명희 경기감독관_ 김성수

**김포 0** | 0 전반 0 / 0 후반 1 | **1 부천**

| 퇴장 | 경고 | 파울 | ST(유) | 교체 | 선수명 | 배번 | 위치 | 위치 | 배번 | 선수명 | 교체 | ST(유) | 파울 | 경고 | 퇴장 |
|---|---|---|---|---|---|---|---|---|---|---|---|---|---|---|---|
| 0 | 0 | 0 | 0 |  | 윤보상 | 21 | GK | GK | 1 | 김형근 |  | 0 | 0 | 0 | 0 |
| 0 | 1 | 3 | 1(1) |  | 이찬형 | 5 | DF | DF | 6 | 정호진 |  | 0 | 1 | 0 | 0 |
| 0 | 1 | 2 | 0 |  | 김동민 | 97 | DF | DF | 20 | 홍성욱 |  | 0 | 1 | 1 | 0 |
| 0 | 0 | 0 | 0 | 2 | 박경록 | 3 | DF | DF | 29 | 백동규 |  | 0 | 1 | 0 | 0 |
| 0 | 0 | 3 | 0 | 98 | 장부성 | 32 | MF | MF | 27 | 장시영 | 7 | 1(1) | 0 | 0 | 0 |
| 0 | 0 | 0 | 0 | 6 | 윤재운 | 11 | MF | MF | 23 | 카즈 |  | 0 | 1 | 0 | 0 |
| 0 | 0 | 2 | 0 |  | 이상민 | 7 | MF | MF | 16 | 박현빈 |  | 1 | 2 | 0 | 0 |
| 0 | 0 | 5 | 3(2) |  | 디자우마 | 8 | MF | MF | 17 | 김규민 |  | 1(1) | 4 | 1 | 0 |
| 0 | 1 | 4 | 2 | 42 | 박동진 | 50 | MF | FW | 10 | 바사니 |  | 4(3) | 0 | 0 | 0 |
| 0 | 1 | 3 | 5(4) |  | 루이스 | 24 | FW | FW | 9 | 몬타뇨 | 18 | 1 | 0 | 0 | 0 |
| 0 | 0 | 1 | 2(2) | 47 | 김경준 | 9 | FW | FW | 41 | 갈레고 | 11 | 0 | 1 | 1 | 0 |
| 0 | 0 | 0 | 0 |  | 손정현 | 31 |  |  | 21 | 김현엽 |  | 0 | 0 | 0 | 0 |
| 0 | 0 | 0 | 0 | 후29 | 김종민 | 2 |  |  | 5 | 이상혁 |  | 0 | 0 | 0 | 0 |
| 0 | 0 | 0 | 0 | 후33 | 김민식 | 98 |  |  | 7 | 티아깅요 | 후27 | 1 | 0 | 1 | 0 |
| 0 | 0 | 0 | 0 | 후40 | 김지훈 | 6 | 대기 | 대기 | 4 | 최원철 |  | 0 | 0 | 0 | 0 |
| 0 | 0 | 0 | 0 |  | 이환희 | 14 |  |  | 14 | 최재영 |  | 0 | 0 | 0 | 0 |
| 0 | 0 | 1 | 1(1) | 후29 | 안창민 | 42 |  |  | 11 | 박창준 | 후21 | 0 | 1 | 0 | 0 |
| 0 | 0 | 0 | 0 | 후29 | 조성준 | 47 |  |  | 18 | 이의형 | 후41 | 0 | 0 | 0 | 0 |
| 0 | 4 | 24 | 14(10) |  |  | 0 |  |  | 0 |  |  | 9(5) | 12 | 4 | 0 |

● 후반 11분 바사니 GAR R-ST-G (득점: 바사니) 왼쪽

11월 23일 14:00 흐림 인천 전용 12,102명
주심_ 오현정 부심_ 김종희·김유영 대기심_ 이경순 경기감독관_ 김용세

**인천 0** | 0 전반 1 / 0 후반 0 | **1 충북청주**

| 퇴장 | 경고 | 파울 | ST(유) | 교체 | 선수명 | 배번 | 위치 | 위치 | 배번 | 선수명 | 교체 | ST(유) | 파울 | 경고 | 퇴장 |
|---|---|---|---|---|---|---|---|---|---|---|---|---|---|---|---|
| 0 | 0 | 0 | 0 |  | 민성준 | 1 | GK | GK | 18 | 정진욱 |  | 0 | 0 | 1 | 0 |
| 0 | 1 | 2 | 1 |  | 이주용 | 32 | DF | DF | 24 | 허승찬 |  | 1(1) | 0 | 0 | 0 |
| 0 | 0 | 1 | 0 | 8 | 임형진 | 15 | DF | DF | 36 | 윤석영 |  | 0 | 1 | 0 | 0 |
| 0 | 0 | 0 | 1 |  | 김건희 | 4 | DF | DF | 99 | 이창훈 |  | 0 | 0 | 1 | 0 |
| 0 | 1 | 3 | 1 |  | 최승구 | 13 | DF | MF | 5 | 김선민 |  | 1 | 4 | 0 | 0 |
| 0 | 0 | 0 | 0 | 17 | 바로우 | 14 | MF | MF | 6 | 박건우 | 33 | 0 | 1 | 0 | 0 |
| 0 | 0 | 0 | 3(1) | 39 | 정원진 | 88 | MF | MF | 13 | 김영환 | 77 | 1(1) | 0 | 0 | 0 |
| 0 | 1 | 1 | 0 |  | 김건웅 | 28 | MF | MF | 25 | 최성근 | 28 | 1 | 1 | 0 | 0 |
| 0 | 0 | 2 | 2 |  | 제르소 | 11 | MF | MF | 70 | 최강민 |  | 0 | 0 | 0 | 0 |
| 0 | 0 | 0 | 7(1) | 10 | 박승호 | 77 | FW | FW | 21 | 송창석 | 66 | 2(1) | 1 | 0 | 0 |
| 0 | 0 | 0 | 4 | 99 | 무고사 | 9 | FW | FW | 27 | 지언학 | 2 | 0 | 0 | 0 | 0 |
| 0 | 0 | 0 | 0 |  | 김동헌 | 97 |  |  | 1 | 조수혁 |  | 0 | 0 | 0 | 0 |
| 0 | 0 | 0 | 0 |  | 델브리지 | 20 |  |  | 50 | 정성우 |  | 0 | 0 | 0 | 0 |
| 0 | 0 | 0 | 0 | 후41 | 김명순 | 39 |  |  | 66 | 이강한 | 후27 | 0 | 1 | 0 | 0 |
| 0 | 0 | 1 | 0 | 후27 | 신진호 | 8 | 대기 | 대기 | 77 | 김윤환 | 후50 | 0 | 0 | 0 | 0 |
| 0 | 0 | 0 | 1 | 후17 | 김성민 | 17 |  |  | 28 | 이지승 | 후27 | 0 | 1 | 0 | 0 |
| 0 | 0 | 0 | 0 | 후41 | 이동률 | 10 |  |  | 33 | 여봉훈 | 후27 | 0 | 1 | 0 | 0 |
| 0 | 0 | 0 | 1 | 후41 | 박호민 | 99 |  |  | 2 | 서재원 | 후12 | 1(1) | 0 | 0 | 0 |
| 0 | 3 | 10 | 21(2) |  |  | 0 |  |  | 0 |  |  | 7(4) | 11 | 2 | 0 |

● 전반 21분 송창석 PK-R-G (득점: 송창석) 왼쪽

11월 23일 14:00 흐림 수원 월드컵 8,278명
주심_ 조지음 부심_ 주현민·장민호 대기심_ 오현진 경기감독관_ 허기태

**수원 1** 0 전반 1 / 1 후반 0 **1 김포**

| 퇴장 | 경고 | 파울 | ST(유) | 교체 | 선수명 | 배번 | 위치 | 위치 | 배번 | 선수명 | 교체 | ST(유) | 파울 | 경고 | 퇴장 |
|---|---|---|---|---|---|---|---|---|---|---|---|---|---|---|---|
| 0 | 0 | 0 | 0 | | 김민준 | 1 | GK | GK | 31 | 손정현 | | 0 | 0 | 0 | 0 |
| 0 | 0 | 0 | 0 | | 이기제 | 23 | DF | DF | 5 | 이찬형 | | 2(2) | 2 | 1 | 0 |
| 0 | 0 | 0 | 0 | | 레오 | 4 | DF | DF | 97 | 김동민 | | 0 | 1 | 0 | 0 |
| 0 | 0 | 1 | 1(1) | 3 | 권완규 | 12 | DF | DF | 3 | 박경록 | | 0 | 0 | 0 | 0 |
| 0 | 0 | 0 | 1(1) | | 이건희 | 19 | DF | MF | 11 | 윤재운 | 6 | 1(1) | 0 | 0 | 0 |
| 0 | 0 | 0 | 0 | 70 | 박지원 | 91 | MF | MF | 32 | 장부성 | | 0 | 1 | 0 | 0 |
| 0 | 0 | 0 | 1(1) | 17 | 이규성 | 24 | MF | MF | 8 | 디자우마 | | 3(2) | 1 | 1 | 0 |
| 0 | 0 | 1 | 1(1) | | 홍원진 | 14 | MF | MF | 7 | 이상민 | | 0 | 2 | 1 | 0 |
| 0 | 0 | 2 | 0 | 99 | 브루노실바 | 74 | MF | MF | 29 | 김민우 | | 4(3) | 1 | 0 | 0 |
| 0 | 0 | 0 | 0 | | 김지현 | 77 | FW | FW | 9 | 김경준 | 99 | 3(3) | 0 | 0 | 0 |
| 0 | 0 | 1 | 2(1) | 11 | 일류첸코 | 9 | FW | FW | 24 | 루이스 | | 3(1) | 0 | 0 | 0 |
| 0 | 0 | 0 | 0 | | 김정훈 | 13 | | | 21 | 윤보상 | | 0 | 0 | 0 | 0 |
| 0 | 0 | 0 | 0 | 후24 | 고종현 | 3 | | | 6 | 김지훈 | 후34 | 0 | 0 | 0 | 0 |
| 0 | 0 | 0 | 0 | 후31 | 김민우 | 99 | | | 98 | 김민식 | | 0 | 0 | 0 | 0 |
| 0 | 0 | 0 | 0 | | 최영준 | 6 | 대기 | 대기 | 25 | 정우빈 | | 0 | 0 | 0 | 0 |
| 0 | 0 | 0 | 0 | 후24 | 파울리뇨 | 11 | | | 14 | 이환희 | | 0 | 0 | 0 | 0 |
| 0 | 0 | 0 | 0 | 전45 | 이민혁 | 17 | | | 42 | 안창민 | | 0 | 0 | 0 | 0 |
| 0 | 0 | 0 | 1(1) | 후0 | 세라핌 | 70 | | | 99 | 김결 | 후13 | 0 | 0 | 0 | 0 |
| 0 | 0 | 5 | 7(6) | | | 0 | | | 0 | | | 16(12) | 8 | 3 | 0 |

●후반 3분 김지현 MF 정면 H↷ 세라핌 GAL L-ST-G (득점: 세라핌, 도움: 김지현) 오른쪽

●전반 43분 윤재운 PAR ~ 김민우 MFR L-ST-G (득점: 김민우, 도움: 윤재운) 가운데

11월 23일 14:00 흐림 목동 종합 5,211명
주심_ 김우성 부심_ 이상길·김현진 대기심_ 원명희 경기감독관_ 나승화

**서울E 6** 3 전반 0 / 3 후반 0 **0 안산**

| 퇴장 | 경고 | 파울 | ST(유) | 교체 | 선수명 | 배번 | 위치 | 위치 | 배번 | 선수명 | 교체 | ST(유) | 파울 | 경고 | 퇴장 |
|---|---|---|---|---|---|---|---|---|---|---|---|---|---|---|---|
| 0 | 0 | 0 | 0 | | 구성윤 | 25 | GK | GK | 21 | 조성훈 | | 0 | 1 | 0 | 0 |
| 0 | 0 | 1 | 1(1) | 55 | 김하준 | 44 | DF | DF | 16 | 정용희 | | 0 | 1 | 0 | 0 |
| 0 | 0 | 1 | 1(1) | | 오스마르 | 5 | DF | DF | 25 | 조지훈 | | 1 | 1 | 0 | 0 |
| 0 | 1 | 2 | 2(2) | | 김오규 | 20 | DF | DF | 33 | 에두 | | 1(1) | 2 | 0 | 0 |
| 0 | 0 | 0 | 0 | | 오인표 | 97 | MF | MF | 36 | 송태성 | 22 | 0 | 0 | 0 | 0 |
| 0 | 0 | 1 | 1(1) | 66 | 서재민 | 15 | MF | MF | 7 | 손준석 | | 0 | 0 | 0 | 0 |
| 0 | 1 | 4 | 2 | 88 | 박창환 | 30 | MF | MF | 13 | 김건오 | 8 | 1(1) | 1 | 1 | 0 |
| 0 | 0 | 1 | 0 | | 김주환 | 19 | MF | MF | 17 | 류승완 | | 0 | 0 | 0 | 0 |
| 0 | 0 | 0 | 0 | | 이주혁 | 47 | FW | FW | 10 | 사라이바 | 99 | 0 | 1 | 0 | 0 |
| 0 | 0 | 0 | 5(4) | 18 | 아이데일 | 9 | FW | FW | 77 | 제페르손 | | 1 | 0 | 0 | 0 |
| 0 | 0 | 0 | 2(2) | 16 | 에울레르 | 7 | FW | FW | 19 | 양세영 | 35 | 0 | 0 | 0 | 0 |
| 0 | 0 | 0 | 0 | | 김민호 | 21 | | | 31 | 김종혁 | | 0 | 0 | 0 | 0 |
| 0 | 0 | 0 | 0 | 후35 | 강민재 | 55 | | | 22 | 박시화 | 후37 | 0 | 0 | 0 | 0 |
| 0 | 0 | 0 | 0 | | 배진우 | 77 | | | 8 | 라파 | 후8 | 1(1) | 1 | 0 | 0 |
| 0 | 0 | 1 | 3(2) | 후13 | 백지웅 | 66 | 대기 | 대기 | 39 | 장동혁 | | 0 | 0 | 0 | 0 |
| 0 | 0 | 1 | 0 | 후24 | 서진석 | 88 | | | 66 | 배수민 | | 0 | 0 | 0 | 0 |
| 0 | 0 | 0 | 5(3) | 후0 | 변경준 | 16 | | | 35 | 서명식 | 후0 | 0 | 0 | 0 | 0 |
| 0 | 0 | 1 | 1 | 후13 | 정재민 | 18 | | | 99 | 김우빈 | 후22 | 1(1) | 0 | 0 | 0 |
| 0 | 2 | 13 | 23(16) | | | 0 | | | 0 | | | 6(4) | 8 | 1 | 0 |

●전반 14분 김주환 GAR EL ~ 아이데일 GAR L-ST-G (득점: 아이데일, 도움: 김주환) 오른쪽
●전반 30분 오스마르 MFR ↷ 김오규 GAL 내 H-ST-G (득점: 김오규, 도움: 오스마르) 왼쪽
●전반 45분 에울레르 PA 정면 L-ST-G (득점: 에울레르) 왼쪽
●후반 13분 오스마르 PK-L-G (득점: 오스마르) 왼쪽
●후반 21분 김하준 GAR L-ST-G (득점: 김하준) 오른쪽
●후반 47분 백지웅 GAR 내 ~ 변경준 PA 정면 내 L-ST-G (득점: 변경준, 도움: 백지웅) 오른쪽

11월 23일 14:00 흐림 부천 종합 3,222명
주심_ 채상협 부심_ 김태형·김태원 대기심_ 안재훈 경기감독관_ 차상해

**부천 0** 0 전반 0 / 0 후반 0 **0 화성**

| 퇴장 | 경고 | 파울 | ST(유) | 교체 | 선수명 | 배번 | 위치 | 위치 | 배번 | 선수명 | 교체 | ST(유) | 파울 | 경고 | 퇴장 |
|---|---|---|---|---|---|---|---|---|---|---|---|---|---|---|---|
| 0 | 0 | 0 | 0 | | 김현엽 | 21 | GK | GK | 1 | 김승건 | | 0 | 0 | 0 | 0 |
| 1 | 0 | 1 | 0 | | 이재원 | 15 | DF | DF | 2 | 김대환 | | 2(1) | 1 | 1 | 0 |
| 0 | 0 | 0 | 1(1) | | 이상혁 | 5 | DF | DF | 3 | 조동재 | | 2(1) | 1 | 0 | 0 |
| 0 | 0 | 1 | 0 | 3 | 김원준 | 61 | DF | MF | 6 | 최준혁 | | 0 | 0 | 0 | 0 |
| 0 | 0 | 2 | 1 | | 유승현 | 66 | MF | FW | 7 | 알뚤 | 5 | 1(1) | 0 | 0 | 0 |
| 0 | 0 | 1 | 0 | | 최원철 | 4 | MF | MF | 8 | 전성진 | | 3(1) | 1 | 0 | 0 |
| 0 | 0 | 2 | 0 | 48 | 최재영 | 14 | MF | DF | 15 | 보이노비치 | | 1(1) | 1 | 0 | 0 |
| 0 | 0 | 0 | 0 | | 티아깅요 | 7 | MF | MF | 16 | 최명희 | | 0 | 2 | 0 | 0 |
| 0 | 0 | 1 | 0 | 2 | 김동현 | 24 | FW | MF | 27 | 백승우 | 14 | 2(1) | 0 | 0 | 0 |
| 0 | 1 | 1 | 0 | 99 | 이의형 | 18 | FW | DF | 29 | 김준영 | | 0 | 2 | 0 | 0 |
| 0 | 0 | 2 | 0 | 77 | 한지호 | 22 | FW | FW | 41 | 김병오 | 19 | 3(1) | 1 | 0 | 0 |
| 0 | 0 | 0 | 0 | | 이주현 | 31 | | | 18 | 김기훈 | | 0 | 0 | 0 | 0 |
| 0 | 0 | 1 | 0 | 전24 | 이예찬 | 2 | | | 5 | 우제욱 | 후31 | 1(1) | 0 | 0 | 0 |
| 0 | 1 | 1 | 0 | 후20 | 남현욱 | 3 | | | 14 | 이은재 | 후31 | 0 | 0 | 0 | 0 |
| 0 | 0 | 0 | 0 | | 박형진 | 13 | 대기 | 대기 | 17 | 임창석 | | 0 | 0 | 0 | 0 |
| 0 | 0 | 0 | 0 | 후20 | 성신 | 48 | | | 19 | 유병수 | 후18 | 1 | 2 | 0 | 0 |
| 0 | 0 | 0 | 0 | 후36 | 이충현 | 77 | | | 20 | 박준서 | | 0 | 0 | 0 | 0 |
| 0 | 0 | 1 | 0 | 후20 | 공민현 | 99 | | | 22 | 안지만 | | 0 | 0 | 0 | 0 |
| 1 | 2 | 14 | 2(1) | | | 0 | | | 0 | | | 16(8) | 11 | 1 | 0 |

11월 23일 14:00 맑음 창원 축구센터 3,007명
주심_ 정회수 부심_ 김수현·류시홍 대기심_ 박세진 경기감독관_ 허태식

**경남 2** 1 전반 0 / 1 후반 0 **0 천안**

| 퇴장 | 경고 | 파울 | ST(유) | 교체 | 선수명 | 배번 | 위치 | 위치 | 배번 | 선수명 | 교체 | ST(유) | 파울 | 경고 | 퇴장 |
|---|---|---|---|---|---|---|---|---|---|---|---|---|---|---|---|
| 0 | 0 | 0 | 0 | | 류원우 | 51 | GK | GK | 31 | 허자웅 | | 0 | 0 | 0 | 0 |
| 0 | 0 | 1 | 0 | | 박재환 | 2 | DF | DF | 5 | 최진웅 | 3 | 0 | 0 | 0 | 0 |
| 0 | 1 | 1 | 0 | | 이찬동 | 40 | DF | DF | 25 | 마상훈 | 35 | 1 | 1 | 0 | 0 |
| 0 | 0 | 2 | 0 | | 한용수 | 4 | DF | DF | 24 | 이상명 | | 1 | 0 | 0 | 0 |
| 0 | 0 | 0 | 2(1) | | 박원재 | 33 | MF | MF | 26 | 김영선 | 18 | 0 | 2 | 0 | 0 |
| 0 | 0 | 0 | 0 | 21 | 브루노코스타 | 10 | MF | MF | 19 | 진의준 | | 0 | 2 | 1 | 1 |
| 0 | 0 | 0 | 1(1) | 9 | 이종언 | 25 | MF | MF | 6 | 이종성 | 16 | 3 | 0 | 0 | 0 |
| 0 | 1 | 1 | 0 | 63 | 박기현 | 29 | MF | MF | 34 | 이예찬 | | 2(1) | 0 | 0 | 0 |
| 0 | 0 | 2 | 1(1) | 11 | 조영광 | 24 | FW | FW | 10 | 툰가라 | | 3(1) | 1 | 0 | 0 |
| 0 | 0 | 0 | 2 | 90 | 단레이 | 89 | FW | FW | 83 | 브루노 | | 2 | 1 | 1 | 0 |
| 0 | 0 | 1 | 4(1) | | 원기종 | 16 | FW | FW | 14 | 구종욱 | 7 | 1(1) | 1 | 0 | 0 |
| 0 | 0 | 0 | 0 | | 최필수 | 91 | | | 21 | 제종현 | | 0 | 0 | 0 | 0 |
| 0 | 0 | 0 | 0 | | 이민기 | 66 | | | 3 | 이웅희 | 후0 | 0 | 1 | 1 | 0 |
| 0 | 0 | 1 | 0 | 후30 | 한석종 | 63 | | | 35 | 김성주 | 후35 | 0 | 0 | 0 | 0 |
| 0 | 0 | 1 | 0 | 후43 | 이시헌 | 21 | 대기 | 대기 | 90 | 구대영 | | 0 | 0 | 0 | 0 |
| 0 | 0 | 0 | 1 | 후25 | 박민서 | 11 | | | 16 | 김성준 | 후21 | 0 | 1 | 0 | 0 |
| 0 | 0 | 0 | 1(1) | 후30 | 이중민 | 90 | | | 7 | 이상준 | 후0 | 0 | 1 | 0 | 1 |
| 0 | 0 | 0 | 0 | 후43 | 카릴 | 9 | | | 18 | 이정협 | 후21 | 0 | 0 | 0 | 0 |
| 0 | 2 | 10 | 12(5) | | | 0 | | | 0 | | | 13(3) | 11 | 3 | 2 |

●전반 10분 조영광 GA 정면 내 R-ST-G (득점: 조영광) 오른쪽
●후반 16분 박원재 PAL 내 R-ST-G (득점: 박원재) 오른쪽

11월 23일 14:00 맑음 탄천 종합 3,703명
주심_ 정동식 부심_ 박남수·황보진현 대기심_ 박종명 경기감독관_ 김성수

| 성남 2 | 1 전반 1<br>1 후반 0 | 1 부산 |
|---|---|---|

| 퇴장 | 경고 | 파울 | ST(유) | 교체 | 선수명 | 배번 | 위치 | 위치 | 배번 | 선수명 | 교체 | ST(유) | 파울 | 경고 | 퇴장 |
|---|---|---|---|---|---|---|---|---|---|---|---|---|---|---|---|
| 0 | 0 | 0 | 0 | | 양 한 빈 | 21 | GK | GK | 1 | 구 상 민 | | 0 | 0 | 0 | 0 |
| 0 | 0 | 2 | 2 | | 정 승 용 | 22 | DF | DF | 30 | 김 희 승 | | 0 | 2 | 0 | 0 |
| 0 | 0 | 1 | 0 | | 김 주 원 | 66 | DF | DF | 20 | 조 위 제 | | 0 | 0 | 1 | 0 |
| 0 | 0 | 0 | 1(1) | | 이 상 민 | 20 | DF | DF | 77 | 장 호 익 | | 0 | 2 | 0 | 0 |
| 0 | 0 | 0 | 1(1) | | 신 재 원 | 7 | DF | MF | 22 | 최 예 훈 | | 0 | 2 | 1 | 0 |
| 0 | 0 | 1 | 2(2) | 23 | 김 정 환 | 11 | MF | MF | 37 | 김 동 욱 | 47 | 1 | 3 | 0 | 0 |
| 0 | 0 | 1 | 1 | 33 | 프레이타스 | 14 | MF | MF | 7 | 사비에르 | | 0 | 1 | 0 | 1 |
| 0 | 1 | 1 | 0 | 16 | 사 무 엘 | 74 | MF | MF | 23 | 박 창 우 | 17 | 0 | 1 | 0 | 0 |
| 0 | 0 | 1 | 0 | 2 | 이 정 빈 | 8 | MF | FW | 27 | 김 현 민 | 88 | 0 | 0 | 0 | 0 |
| 0 | 0 | 0 | 0 | 70 | 하 정 우 | 37 | FW | FW | 55 | 김 찬 | 32 | 4(2) | 1 | 0 | 0 |
| 0 | 0 | 1 | 3(1) | | 후 이 즈 | 9 | FW | FW | 29 | 최 기 윤 | 45 | 1(1) | 0 | 0 | 0 |
| 0 | 0 | 0 | 0 | | 박 지 민 | 34 | 대기 | 대기 | 21 | 박 대 한 | | 0 | 0 | 0 | 0 |
| 0 | 0 | 0 | 1 | 후18 | 박 상 혁 | 2 | | | 3 | 오 반 석 | | 0 | 0 | 0 | 0 |
| 0 | 0 | 0 | 0 | 후31 | 류 준 선 | 16 | | | 17 | 전 성 진 | 후37 | 0 | 0 | 0 | 0 |
| 0 | 0 | 0 | 0 | 후31 | 유 주 안 | 23 | | | 88 | 김 세 훈 | 후15 | 0 | 1 | 0 | 0 |
| 0 | 1 | 1 | 0 | 후18 | 박 수 빈 | 33 | | | 47 | 손 휘 | 후49 | 0 | 0 | 0 | 0 |
| 0 | 0 | 0 | 0 | | 이 재 욱 | 68 | | | 45 | 백 가 온 | 후15 | 0 | 1 | 0 | 0 |
| 0 | 0 | 0 | 1 | 전17 | 레안드로 | 70 | | | 32 | 윤 민 호 | 후37 | 0 | 0 | 0 | 0 |
| 0 | 2 | 9 | 12(5) | | | 0 | | | 0 | | | 6(3) | 14 | 2 | 1 |

- ●전반 9분 이정빈 PAR ↷ 김정환 GAL H-ST-G (득점: 김정환, 도움: 이정빈) 왼쪽
- ●후반 35분 조위제 GA 정면 H 자책골 (득점: 조위제) 오른쪽
- ●전반 6분 김희승 자기 측 MFL ↷ 최기윤 GA 정면 내 R-ST-G (득점: 최기윤, 도움: 김희승) 가운데

## 하나은행 K리그 승강 플레이오프 2025 대회요강

**제1조 (목적)_** 본 대회요강은 K LEAGUE 1(이하 'K리그1') 11위 클럽과 K LEAGUE 2(이하 'K리그2') 2위 클럽, K리그1 10위 클럽과 K리그2 플레이오프 승자 클럽 간의 승강 플레이오프 대회 및 경기 운영에 관한 사항을 규정함을 목적으로 한다.

**제2조 (용어의 정의)_** 본 대회요강에서 '클럽'이라 함은 연맹의 회원단체인 축구단을, '팀'이라 함은 해당 클럽의 팀을, '홈 클럽'이라 함은 홈경기를 개최하는 클럽을 지칭한다.

**제3조 (명칭)_** 본 대회명은 '하나은행 K리그 승강 플레이오프 2025'로 한다.

**제4조 (주최, 주관)_** 본 대회는 연맹이 주최(대회를 총괄하여 책임지는 자)하고, 홈 클럽이 주관(주최자의 위임을 받아 대회를 운영하는 자)한다. 홈 클럽의 주관권은 제3자에게 양도할 수 없다.

**제5조 (승강 플레이오프)_** 승강 플레이오프 1은 K리그1 11위 클럽과 K리그2 2위 클럽, 승강 플레이오프 2는 K리그1 10위 클럽과 K리그2 플레이오프 승자 클럽이 실시하여 승자가 2026년 K리그1 리그에 참가하고 패자는 2026년 K리그2 리그에 참가한다. 단, 2026 K리그 클럽 라이선스를 부여받은 클럽에 한한다.

**제6조 (일정)_** 본 대회는 2025.11.28(목), 12.01(일) 양일간 개최하며, 경기 일정(대진)은 아래의 경기일정표에 의한다. 단, 'AFC 챔피언스리그' 대회 일정에 따라 일부 경기 일정 변경이 가능하다.

| 구분 | | 경기일 | 경기시간 | 대진 | 장소 |
|---|---|---|---|---|---|
| 승강 플레이오프 1 | 1차전 | 12.03 (수) | 미정 | K리그2 2위 vs K리그1 11위 | K리그2 2위 클럽 홈 경기장 |
| | 2차전 | 12.07 (일) | 미정 | K리그1 11위 vs K리그2 2위 | K리그1 11위 클럽 홈 경기장 |
| 승강 플레이오프 2 | 1차전 | 12.04 (목) | 미정 | K리그2 플레이오프 승자 vs K리그1 10위 | K리그2 플레이오프 승자 클럽 홈 경기장 |
| | 2차전 | 12.07 (일) | 미정 | K리그1 10위 vs K리그2 플레이오프 승자 | K리그1 10위 홈 경기장 |

**제7조 (경기 개시 시간)_** 경기시간은 사전에 연맹이 지정한 경기시간에 의한다.

**제8조 (대회방식)_** 1. 본 대회 방식은 K리그1 11위 클럽과 K리그2 2위 클럽, K리그1 10위 클럽과 K리그2 플레이오프 승자 클럽 간 Home & Away 방식으로 각각 2경기씩 실시되며, 1차전 홈 경기는 K리그2 클럽 홈에서 개최한다.

2. 승강 플레이오프는 1차전, 2차전 각 90분(전/후반 45분) 경기를 개최한다.
3. 1, 2차전이 종료된 시점에서 승리수가 많은 팀을 승자로 한다.
4. 1, 2차전이 종료된 시점에서 승리수가 같은 경우에는 다음 순서에 의해 승자를 결정한다.
   1) 1, 2차전 90분 경기 합산 득실차
   2) 합산 득실차가 동일한 경우, 연장전(전/후반 15분) 개최
   3) 연장전 무승부 시, 승부차기로 승리팀 최종 결정(PK방식 각 클럽 5명씩 승패가 결정되지 않을 경우, 6명 이후는 1명씩 승패가 결정 날 때까지)

**제9조 (경기장)_** 1. 모든 클럽은 최상의 상태에서 홈경기를 실시할 수 있도록 경기장을 유지·관리할 책임이 있다.

2. 본 대회는 원칙적으로 축구전용경기장에서 개최되어야 한다.
3. 경기장은 법령이 정하는 시설 안전 기준을 충족하여야 한다.
4. 홈 클럽은 경기장을 방문하는 관람객을 위해 관중상해보험에 가입해야 하며, 보험증권을 연맹에 경기 개최 전에 제출하여야 한다. 홈 클럽이 연고지역 외 기타 경기장에서 K리그 경기를 개최하고자 할 경우에는 연맹에 경기개최 승인 요청 시 보험증권을 첨부하여 제출하여야 한다.
5. 각 클럽은 경기장 시설(물)에 대해 연맹의 승인을 득하여야 한다.
6. 경기장은 연맹의 경기장 시설 기준을 준수하여야 하며, 다음 각 호의 조건을 충족하여야 한다.
   1) 그라운드는 천연잔디구장으로 길이 105m, 너비 68m를 권고하며, 천연잔디 또는 하이브리드 잔디여야 한다. 단 하이브리드 잔디를 사용할 경우 사전에 연맹의 승인을 득해야 하며, 아래 기준을 충족시켜야 한다.
   ① 기준 - 인조잔디 내 인체 유해성분이 검출되지 않을 것
   - 전체 그라운드 면적 대비 인조잔디 함유 비율 5% 미만
   - 최초 설치 시 아래 기준치를 상회하는 성능일 것

| 충격흡수성 | 수직방향변형 | 잔디길이 |
|---|---|---|
| (51~68)% | (4~10)mm | (21~25)mm |
| 회전저항 | 수직공반발 | 공구름 |
| (25~50)N/m | (0.6~1.0)m | (4~8)m |

   ② 제출서류: 샘플($1m^2$), 제품규격서, 유해성 검출 시험 결과표, 설치/유지 관리 계획서
   ③ 승인절차: 신청일로부터 60일 이내 승인
   - 필요시, 현장테스트 진행(최소 $10m^2$ 이상의 예비 포지 사전 마련)
   ④ 그라운드 관리 미흡으로 인한 문제 발생 소지 있을 경우, 사용이 제한될 수 있음
   2) 공식경기의 잔디 길이는 2~2.5cm로 유지되어야 하며, 전체에 걸쳐 동일한 길이여야 한다.
   3) 그라운드 외측 주변에는 원칙적으로 축구전용경기장의 경우는 5m 이상, 육상경기겸용경기장의 경우 1.5m 이상의 잔디 부분이 확보되어야 한다.
   4) 골포스트 및 바는 흰색의 둥근 모양(직경12cm)의 철제 관으로 제작되고, 원칙적으로 고정식이어야 한 다. 또한 볼의 반발력에 영향을 줄 수 있는 비철제 보강재 사용을 금한다.
   5) 골네트는 원칙적으로 흰색(연맹의 승인을 득한 경우는 제외)이어야 하며, 골네트는 골대 후방에 폴을 세워 안전한 방법으로 부착하여야 한다. 폴은 골대와 구별되는 어두운 색상이어야 한다.
   6) 코너 깃발은 연맹이 지정한 것을 사용하여야 한다.
   7) 각종 라인은 국제축구연맹(이하 'FIFA') 또는 아시아축구연맹(이하

'AFC')이 정한 규격에 따라야 하며, 라인 폭은 12cm로 선명하고 명료하게 그려야 한다.(원칙적으로 페인트 방식으로 한다.)

7. 필드(그라운드 및 그 주변 부분)에는 경기 운영에 영향을 주거나 선수에게 위험의 우려가 있는 것을 방치 또는 설치해서는 안 된다.

8. 공식경기에서 그라운드에 살수(撒水)를 하는 경우, 다음 각 호에 따라 실시한다.
   1) 살수는 경기 킥오프 전 및 하프타임에 실시하며, 경기장에 걸쳐 균등하게 해야 한다.
   2) 경기감독관은 경기 시간 및 날씨, 그라운드 상태, 당일 경기장 행사 등을 고려하여 살수 횟수와 시간을 정하고 이를 홈 클럽 및 원정 클럽 관계자들에게 사전 통보한다.
   3) 홈 클럽은 경기감독관이 정한 횟수와 시간에 따라 살수를 실시해야 하며, 이를 위반할 경우 상벌규정 유형별 징계기준 제5조 사.항에 의거 해당 클럽에 제재를 부과할 수 있다.

9. 경기장 관중석은 K리그1 클럽의 경우 좌석수 10,000석 이상, K리그2 클럽의 경우 좌석수 5,000명 이상을 충족하여야 한다. 이에 미달할 경우 연맹의 사전 승인을 득하여야 한다.

10. 홈 클럽은 상대 클럽(이하 원정 클럽)을 응원하는 관중을 위해 경기장 전체 좌석수의 5% 이상의 좌석을 배분해야 하며, 원정 클럽이 경기 개최 일주일 전까지 추가 좌석 분배를 요청할 경우 홈 클럽과 협의하여 추가 좌석 분배를 결정할 수 있다. 또한, 원정 클럽 관중을 위한 전용출입문, 화장실, 매점 시설 등을 독립적으로 사용할 수 있도록 마련해야 한다.

11. 경기장은 다음 항목의 부대시설을 갖추어야 하며, 세부사항은 K리그 경기장 시설기준을 따른다.
   1) 운영 본부실
   2) 양 팀 선수대기실(냉·난방 및 냉·온수 가능)
   3) 심판대기실(냉·난방 및 냉·온수 가능)
   4) 실내 워밍업 지역
   5) 경기감독관석 및 심판평가관석, TSG 기술위원 좌석
   6) 기록석 7) 의무실
   8) 도핑검사실(냉·난방 및 냉·온수 가능)
   9) 통제실, 경찰 대기실, 소방 대기실 10) 실내 기자회견장
   11) 기자실 및 가진기자실 12) 중계방송사룸(TV중계스태프룸)
   13) VIP룸 14) 기자석(메인스탠드 중앙부로 경기장 전체가 관람 가능하고 지붕이 설치되어 있는 한편, 전원 및 노트북 등이 설치 가능한 테이블이 준비되어 있을 것)
   15) 장내방송 시스템 및 장내방송실 16) TV중계 방송 부스
   17) 전광판 18) 출전선수명단 게시판
   19) 태극기, 대회 깃발, 리그 깃발, 양 팀 클럽 깃발 등을 게재할 수 있는 게양대 20) 입장권 판매소
   21) 종합 안내소 22) 관중을 위한 응급실
   23) 식음료 및 축구 관련 상품 판매소
   24) TV카메라 설치 공간 25) TV 중계차 주차장 공간
   26) 케이블 시설 공간 27) 전송용기자재 등 설치 공간
   28) 경기감독관 대기실

**제10조 (조명장치)**_ 1. 경기장에는 그라운드 평균 1,200lux 이상 조도를 가진 조명 장치를 설치하여 조명의 밝음을 균일하게 유지하여야 한다. 또한 정전에 대비하여 1,000lux 이상의 조도를 갖춘 비상조명 장치를 구비하여야 한다.

2. 홈 클럽은 경기장 조명 장치의 이상 유·무를 사전에 확인하여 장애를 미연에 방지하는 한편, 고장 시 신속하게 수리할 수 있도록 모든 조치와 최선의 노력을 다하여야 한다.

**제11조 (벤치)**_ 1. 팀 벤치는 원칙적으로 다음 요건을 충족하여야 한다.
   1) FIFA가 정한 규격의 기술지역(테크니컬에어리어) 내에 설치하여야 한다.
   2) 벤치 터치라인으로부터 5m 이상 떨어지는 한편 그 끝이 하프라인으로부터 8m 떨어지는 위치에 설치하여야 한다.
   3) 최소 20인 이상 앉을 수 있는 좌석이 준비되어야 하며, 지붕을 설치할 경우 투명한 재질로 해야 한다.

2. 홈 팀 벤치는 본부석에서 그라운드를 향해 좌측에 설치하여야 한다. 단 사전 승인 시 우측에 홈 팀 벤치의 설치가 가능하다.

3. 홈, 원정 팀 벤치에는 팀명을 표기한 안내물을 부착하여야 한다.

4. 제4의 심판(대기심판) 벤치를 준비하여야 하며, 다음의 요건을 충족하여야 한다.
   1) 벤치 터치라인으로부터 5m 이상 떨어지는 그라운드 중앙에 설치하여야 한다. 단, 방송사의 요청 시에는 카메라 위치에 방해가 되지 않는 위치에 설치하여야 한다.
   2) 지붕을 설치할 경우 투명한 재질로 해야 하며, 지붕이 관중의 시야를 방해해서는 안 된다.
   3) 대기심판 벤치 내에는 최소 3인 이상 앉을 수 있는 좌석과 테이블이 준비되어야 한다.

**제12조 (의료시설)**_ 홈 클럽은 선수단, 관계자, 관중 등을 위해 경기개시 90분 전부터 경기종료 후 모든 관중 및 관계자가 퇴장할 때까지 의료진(의사, 간호사, 1급 응급구조사)과 1대의 특수구급차를 포함하여 최소 2대 이상의 구급차를 반드시 대기시켜야 한다. 이를 위반할 경우, 연맹 상벌규정에 따라 제재할 수 있다.

**제13조 (경기장에서의 고지)**_ 1. 홈 클럽은 경기장에서 다음의 각 항목 사항을 전광판 및 장내 아나운서(멘트)를 통해 고지하여야 한다.
   1) 선수, 심판 및 경기감독관, 심판평가관, TSG기술위원 소개
   2) K리그 선수 입장곡(K리그 앤섬 'K League Entrance' BGM)
   3) 선수 및 심판 교체
   4) 득점자 및 득점시간(득점 직후에)
   5) 추가시간(전·후반 전광판 고지 및 장내아나운서 멘트 동시 실시)
   6) 공식 관중 수(유료 관중 합계, 후반전 15~30분 발표, 전광판 표출과 동시에 장내 아나운서 발표)
   7) 경기 중, 경기정보 전광판 표출(양팀 출전선수명단, 경고, 퇴장, 득점)
   8) 지진 등 비상상황 발생 시 대피방안
   9) 경기 중, VAR 상황 시, VAR 영상판독 문구 전광판 표출
   10) 상기 1~9호 이외 연맹이 지정하는 사항

2. 홈 클럽은 경기 전·후 및 하프타임에 다음의 각 항목 사항을 실시하는 것이 가능하다.
   1) 다음 경기예정 및 안내 2) 연맹의 사전 승인을 얻은 광고 선전
   3) 음악방송 4) 팀 또는 선수에 관한 정보 안내
   5) 상기 1~4호 이외 연맹의 승인을 얻은 사항

**제14조 (경기장 점검)**_ 1. 클럽이 기타 경기장에서 경기를 개최하고자 할 경우 해당 경기개최 14일 전까지 연맹에 시설 점검을 요청하여 경기장 실사를 받아야 하며, 이때 제출하여야 하는 서류는 다음과 같다.
   1) 경기장 시설 현황 2) 홈경기 안전계획서

2. 연맹의 보완 지시가 있을 경우 이에 대한 이행 결과를 경기개최 7일 전까지 서면 보고하여야 한다.

3. 연맹은 서면보고접수 후 재점검을 통해 문제점 보완이 미흡하다고 판단될 경우 경기 개최를 불허한다. 이 경우 홈 클럽은 연고지역 내에서 '법령', 'K리그 경기장 시설기준'에 부합하는 타 경기장(대체구장)을 선정하여 상기 1항, 2항의 절차에 따라 연맹의 승인을 받아야 한다.

4. 홈 클럽이 원하는 경기장에서 경기개최가 불가능하다고 판단될 경우, 본 대회요강 제17조 3항에 따른다. (연맹 경기규정 31조 3항)

5. 상기 4항을 이행하지 않는 클럽은 본 대회요강 제19조 1항에 따른다.(연맹 경기규정 33조 1항)

**제15조 (악천후의 경우 또는 경기장 시설 문제 발생 시 조치)**_ 1. 홈 클럽은

강설 또는 강우 등 악천후의 경우 또는 경기장에 시설 문제 등이 발생한 경우에도 홈경기를 개최할 수 있도록 최선의 노력을 해야 한다.

2. 제1항의 사유로 인하여 경기개최가 불가능할 것이 명백히 예상되는 경우, 경기감독관은 경기 개최 3시간 전까지 경기개최 중지를 결정하여야 한다.

3. 제1항의 사유로 인하여 경기 개최 시간을 연기할 필요가 있을 경우 경기감독관은 경기장 상황과 관계자 의견 등을 종합적으로 고려하여 경기 개최 시간을 각 30분씩 최대 2회 연기할 수 있다.

4. 경기 개최 시간을 2회 연기하였음에도 경기 개최가 불가능하다고 판단될 경우 경기감독관은 경기 개최 취소 결정을 할 수 있다.

5. 본 조에 따라 경기 개최가 취소된 경우 재경기 개최 절차는 제18조를 따른다.

**제16조 (경기중지 결정)**_ 1. 경기 전 또는 경기 중 중대한 불상사 등으로 경기를 계속하기 어려운 사태가 발생하였을 경우, 주심은 경기 감독관에게 경기 중지를 요청할 수 있으며, 경기감독관은 동 요청에 의거하여 홈 클럽 및 원정 클럽 관계자의 의견을 참고한 후 경기 중지를 결정할 수 있다.

2. 상기 1항의 경우 또는 관중의 난동 등으로 경기장의 질서 유지가 어려운 경우, 경기감독관은 주심의 경기중지 요청이 없더라도 경기 중지를 결정할 수 있다.

3. 경기 개최 3시간 전부터 경기 종료 시까지 경기 개최 지역에 미세먼지, 초미세먼지, 황사 등에 관한 경보가 발령되었거나 경보 발령 기준농도를 초과하는 상태인 경우, 경기감독관은 경기의 취소 또는 연기를 결정할 수 있다.

4. 경기감독관은 경기중지 결정을 내린 후, 지체 없이 그 사유를 연맹에 보고하여야 한다.

**제17조 (불가항력으로 인한 경기 취소·중지 및 재경기)**_ 1. 공식경기가 악천후, 천재지변, 기타 클럽의 통제범위를 벗어난 불가항력적 상황, 경기장 조건, 선수단과 관계자 및 관중의 안전이 우려되는 긴급한 상황 등 부득이한 사유로 취소·중지된 경우, 그다음 날 같은 경기장에서 재경기를 개최함을 원칙으로 한다.

2. 그다음 날 같은 경기장에서 재경기를 개최하기 어려운 사정이 있을 경우에는 연맹이 재경기의 일시 및 경기장을 정한다.

3. 경기장 준비부족, 시설미비, 관중의 소요 등 홈 클럽의 귀책사유로 인하여 공식경기가 취소·중지된 경우 원정 클럽은 그 시점으로부터 24시간 이내에 자신의 홈 경기로 재경기를 개최할 것을 신청할 수 있으며, 이 경우 홈/원정의 변경 여부는 연맹이 결정한다.

4. 재경기 방식에 대해서는 다음 각 호에 의한다.

1) 이전 경기에서 양 클럽의 득실차가 없을 때는 90분간 재경기를 실시한다.

2) 이전 경기에서 양 클럽의 득실차가 있을 때는 중지 시점에서부터 잔여 시간만의 재경기를 실시한다.

5. 재경기 시, 상기 4항 1호의 경우 이전 경기에서 발생된 경고, 퇴장 기록만이 인정되며 선수교체는 팀당 최대 5명까지 가능하다. 상기 4항 2호의 경우 이전 경기에서 발생된 모든 기록이 인정되며 선수교체는 이전 경기를 포함하여 3명까지 할 수 있다.

6. 재경기 시, 이전 경기에서 발생된 경고 및 퇴장은 유효하며, 경고 및 퇴장에 대한 처벌(징계)은 경기순서대로 연계 적용한다.

**제18조 (그라운드 불량에 따른 경기장 변경)**_ 연맹은 공식경기가 예정된 경기장의 그라운드 상태가 정상적인 경기를 치를 수 없을 정도로 명백히 불량하다고 판단될 경우 해당 경기 개최 장소를 원정 클럽의 홈 또는 제3의 경기장으로 변경할 수 있다. 이 경우, 경기장 변경에 대한 귀책사유는 홈 클럽에 있는 것으로 본다.

**제19조 (귀책사유가 있는 클럽의 비용 보상)**_ 1. 홈 클럽의 귀책사유에 의해 공식경기가 개최불능 또는 중지(중단)되었을 경우, 홈 클럽은 원정 클럽에 교통비 및 숙식비를 보상하여야 한다.

2. 원정 클럽의 귀책사유에 의해 공식경기가 개최불능 또는 중지(중단)되었을 경우, 원정 클럽은 홈 클럽에 발생한 경기준비 비용 및 입장권 환불 수수료, 교통비 및 숙식비를 보상하여야 한다.

3. 상기 1항, 2항과 관련하여 천재지변 등 불가항력에 의한 경우는 제외한다.

**제20조 (패배로 간주되는 경우)**_ 1. 공식경기 개최거부 또는 속행 거부 등(경기장 질서문란, 관중의 난동 포함) 어느 한 클럽의 귀책사유로 인하여 공식경기가 개최불능 또는 중지(중단)되었을 경우, 그 귀책사유가 있는 클럽이 0 : 3 패배한 것으로 간주한다.

2. 공식경기에 무자격선수가 출장한 것이 경기 중 또는 경기 후 발각되어 경기종료 후 48시간 이내에 상대 클럽으로부터 이의가 제기된 경우, 무자격 선수가 출장한 클럽이 0 : 3 패배한 것으로 간주한다. 다만 경기 중 무자격 선수가 출장한 것이 발각되었을 경우, 해당 선수를 퇴장시키고 경기는 속행한다.

3. 상기 1항, 2항에 따라 어느 한 클럽의 패배를 결정한 경우에도 양 클럽 선수의 개인기록(출장, 경고, 퇴장, 득점, 도움 등)은 그대로 인정한다.

4. 상기 2항의 무자격 선수는 K리그 미등록 선수, 경고누적 또는 퇴장으로 인하여 출전이 정지된 선수, 상벌 위원회 징계, 외국인 출전제한 규정을 위반한 선수 등 그 시점에서 경기출전 자격이 없는 모든 선수를 의미한다.

**제21조 (경기결과 보고)**_ 모든 공식경기의 경기결과 보고는 경기감독관 보고서, 심판 보고서, 경기기록지에 의한다.

**제22조 (경기규칙)**_ 본 대회의 경기는 FIFA 및 KFA의 경기규칙에 따라 실시되며, 특별한 사항이 발생 시에는 연맹이 결정한다.

**제23조 (Video Assistant Referee 시행)**_ 1. VAR는 주심 등 심판진을 지원하고 경기 결과를 바꿀 수 있는 명백한 오심을 변경해 공정한 판정을 증대하기 위해 시행하며 본 대회에서는 아래의 4가지 상황에 대해서만 VAR를 적용한다.

1) 득점 상황 2) PK(Penalty Kick) 상황 3) 퇴장 상황 4) 징계조치 오류

2. VAR의 시행과 관련하여 선수, 코칭스태프, 구단 임직원의 준수사항은 다음과 같다.

1) 'TV' 신호(Signal)를 그리는 동작을 취하거나 구두로 VAR 확인을 요청할 수 없다. 이를 위반할 시, 다음과 같은 제재가 내려진다.

① 선수 - 경고 ② 코칭스태프 및 구단 임직원 - 퇴장

2) 주심 판독 지역(Referee Review Area, 이하 'RRA')에는 오직 주심과 RA(Review Assistant), 심판진만이 진입할 수 있다. 이를 위반할 시 다음과 같은 제재가 내려진다.

① 선수 - 경고 ② 코칭스태프 및 구단 임직원 - 퇴장

3. VAR의 시행과 관련하여 홈 클럽의 준수사항은 다음과 같다.

1) 홈 클럽은 VAR가 공식심판진임을 인지하고 VAR 차량에 심판실과 동일한 안전계획을 수립해 안전관리를 제공해야 하며, 안전관리 미흡 등 홈 클럽의 귀책사유로 인한 차량 및 장비의 파손 등이 발생하는 경우 이에 따른 손해를 연맹에 배상하여야 한다.

2) 홈 클럽은 RRA에 심판진과 RA 외 다른 누구도 진입할 수 없도록 관리해야 하며, 관련 안전사고 예방의 의무와 책임이 있다.

3) 홈 클럽은 VAR 상황 발생 시 판독 중임을 뜻하는 이미지를 판독 종료 시점까지 전광판에 노출해야 하며, 관련 장면 영상을 전광판을 통해 리플레이할 수 없다.

4) 홈 클럽이 상기 제1호부터 제3호까지에서 정한 준수사항을 위반하는 경우, 연맹 상벌 규정 유형별 징계 기준 11조에 따른 징계를 받을 수 있다.

4. 아래와 같은 사유로 경기 전 또는 경기 중 VAR 운영이 불가하여도 경기 진행에 영향을 미치지 않는다.

1) VAR 장비가 작동하지 않은 경우

2) VAR 판정에 오심이 발생하는 경우

3) VAR 판독을 진행하지 않겠다고 결정을 내린 경우(안전문제, 신변위협 등)

4) VAR 판독이 불가능한 경우(영상 앵글의 문제점, 노이즈현상 등)

5. VAR의 시행과 관련해 VAR 및 RO 등 구성원에 관한 사항은 다음과 같다.

1) VAR, AVAR(Assistant VAR) 또는 RO(Replay Operator)가 경기 전 또는 경기 중에 정상적인 업무를 수행할 수 없는 경우, 대체인력은 반드시 그 역할 수행이 가능한 자격을 갖춰야만 한다.

2) VAR 또는 RO의 자격을 갖춘 인원 및 대체인력이 없을 경우, 해당 경기는 VAR의 운용 없이 경기를 시작 또는 재개하여야 한다.

3) AVAR의 자격을 갖춘 인원 및 대체 인력이 없을 경우, 해당 경기는 VAR의 운용 없이 경기를 시작 또는 재개하여야 한다. 단, 이례적인 상황 하에서, 양팀이 서면으로 VAR 및 RO만으로 VAR을 운용하기로 합의할 경우는 제외한다.

6. 이 외 사항에 대해서는 IFAB(국제축구평의회)와 FIFA(국제축구연맹)이 정한 바에 따른다.

**제24조 (전자장비 사용)**_ 1. 웨어러블 전자 퍼포먼스 트래킹 시스템(EPTS) 사용을 원하는 경우, FIFA 품질 프로그램(FIFA Quality Programme) 기준에 부합하는 제품만 사용 가능하다.

2. 선수들(대기 선수/교체된 선수/퇴장 선수 포함)은 전자 장비를 일절 사용하거나 착용해서는 안 된다(단, 웨어러블 EPTS 장비는 예외).

3. 스태프는 선수의 복지와 안전 및 전술적/코칭의 직접 관련이 있는 경우에 한해 소형, 이동식, 휴대용 장비(마이크, 헤드폰, 이어폰, 스마트폰, 스마트워치, 태블릿PC, 노트북 등)를 사용할 수 있다.

4. 허가되지 않은 전자 장비를 사용하거나, 전자/통신 장비를 이용한 판정 항의 시 기술 지역에서 퇴장된다.

**제25조 (경기시간 준수)**_ 1. 본 대회는 90분(전·후반 각 45분) 경기를 실시한다.

2. 모든 클럽은 미리 정해진 경기시작시간(킥오프 타임)과 경기 중 휴식시간(하프타임)을 반드시 준수하여야 한다. 하프타임 휴식은 15분을 초과할 수 없으며, 양 팀 출전선수는 후반전 출전을 위해 후반전 개시 3분 전(하프타임 12분)까지 심판진과 함께 대기 장소에 집결하여야 한다.

3. 클럽이 경기시작시간 또는 하프타임 종료시간을 준수하지 아니하여 예정된 경기시작 또는 재개시간이 1분 이상 지연될 경우, 아래 각 호에 따라 해당 클럽에 제재금을 부과할 수 있다.

1) 1회 미준수 시: 100만 원의 제재금 2) 2회 미준수 시: 200만 원의 제재금

3) 3회 이상 미준수 시: 400만 원의 제재금 및 상벌위원회 제소

4. 경기에 참가하는 팀(코칭스태프, 팀 스태프 포함)은 경기시작 100분 전에 경기장에 도착하여야 한다.

1) 어느 한 팀이 경기시작 40분 전까지 경기장에 도착하지 못할 경우, 해당 팀은 경기감독관에게 그 사유와 도착예정 시간을 통보하여야 하며, 경기감독관은 경기시간 변경 유무를 심판 및 양 팀 대표자와 협의를 통해 결정한 후, 연맹으로 통보한다.

2) 경기시간이 변경될 경우, 홈 클럽은 전광판 및 아나운서 멘트를 통해 변경된 경기시간과 변경사유에 대해 고지해야 한다.

3) 어느 한 팀이 경기시작 시각까지 경기장에 도착하지 않는 경우, 상대팀은 45분간 대기할 의무가 있다. 45분간 대기했음에도 불구하고 상대팀이 도착하지 않을 경우, 경기감독관은 16조 1항에 의한다.

4) 경기중지에 따라 발생되는 모든 비용에 대한 배상, 책임은 귀책사유가 있는 클럽에 있으며 18조에 따른다.

5) 홈/원정팀은 경기개최지로의 이동정보를 사전에 숙지할 책임이 있으며, 상황에 따른 추가 이동시간이 필요한지 확인해야 한다. 만일, 팀의 도착 지연으로 킥오프가 지연될 경우, 연맹은 귀책사유가 있는 클럽에 재제를 부과할 수 있다.

**제26조 (워밍업 및 쿨다운)**_ 1. 출전선수명단에 포함된 선수 및 스태프는 그라운드에서 경기 시작 전 또는 하프타임 중 몸풀기 운동(이하 '워밍업') 및 경기 종료 후 몸풀기 운동(이하 '쿨다운')을 할 수 있다.

2. 경기 시작 전 워밍업은 킥오프 50분 전에 시작하여 20분 전에 종료한다.

3. 홈 클럽은 워밍업으로 인한 잔디 훼손을 방지하기 위하여 경기감독관에게 이동식 골대 사용, 스프린트 연습 구역 지정, 워밍업 제한 구역 지정 등을 요청할 수 있다.

4. 경기감독관은 제3항에 대한 요청이 있을 경우, 잔디 상태, 양 클럽 간 형평, 기타 조건을 고려하여 이를 승인하거나 일부를 변경하여 승인할 수 있고, 양 클럽은 경기감독관이 승인한 사항을 준수하여야 한다.

5. 홈 클럽은 양 클럽의 선수단에 하프타임 이벤트의 내용, 위치, 시간 등에 관하여 사전에 고지하여야 하고, 하프타임 중 워밍업을 하는 선수 및 스태프는 고지된 이벤트와 관련된 기물 또는 사람과 충돌하거나 이벤트 진행을 방해하지 않도록 주의하여야 한다.

6. 경기 종료 후 쿨다운은 시작한 시점으로부터 20분 이내에 종료해야 한다.

7. 쿨 다운을 할 때에는 볼을 사용할 수 없고, 경기감독관이 워밍업 제한구역을 지정한 경우 해당 구역에서는 실시할 수 없다.

**제27조 (출전자격)**_ 1. K리그 선수규정 5조에 의거하여 선수 등록을 완료한 선수만이 공식경기에 출전할 자격을 갖는다.

2. K리그 선수규정 6조에 의거하여 연맹에 등록을 완료한 코칭스태프 및 팀 스태프 중 출전선수명단에 등재된 자만이 공식경기 중 벤치에 착석할 수 있으며, 경기 중 기술지역에서의 선수지도행위는 1명만이 할 수 있다.(통역 1명 대동 가능)

3. 제재 중인 지도자(코칭스태프, 팀 스태프 포함)는 다음 항목을 준수하여야 한다.

1) 출전정지제재 중이거나 경기 중 퇴장 조치된 지도자는 공식경기에서 관중석을 제외한 지역에 대해 출입이 제한되며, 그라운드에서 사전 훈련 및 경기 중 어떠한 지도(지시) 행위도 불가하다.

2) 징계 중인 지도자(원정팀 포함)가 경기를 관전하고자 할 경우, 홈 클럽은 본부석 쪽에 좌석을 제공하여야 하며, 해당 지도자의 안전을 위한 조치를 취해야 한다.

3) 상기 제1호를 위반할 경우, 연맹 상벌규정 제12조 제2항에 해당하는 제재를 부과할 수 있다.

4. 경고, 퇴장, 상벌위원회 징계 등에 따라 출전이 정지된 선수, 코칭스태프, 팀 스태프의 출전으로 인한 모든 책임은 해당 클럽에 있다.

5. 준프로 계약을 체결한 선수의 공식경기 출전은 선수규정 부칙 및 '유소년 클럽 소속 선수의 프로경기 출전을 위한 계약 세칙'을 따른다.

**제28조 (출전선수명단 제출의무)**_ 1. 공식경기에 참가하는 홈 클럽과 원정 클럽은 경기 개시 90분 전까지 경기감독관에게 출전선수명단을 제출하여 승인을 받아야 하며, 출전선수 스타팅 포메이션(Starting Formation)을 별지로 함께 제출하여야 한다.

2. 출전선수명단에는 출전 선수, 코칭스태프 및 팀 스태프 명단, 유니폼 색상이 포함되어야 하며, 제출된 인원만이 해당 공식경기 출전과 팀 벤치 착석 및 기술지역 출입, 선수 지도를 할 수 있다. 단, 출전선수명단 에 등재할 수 있는 코칭스태프 및 팀 스태프의 수는 13명까지로 하며 스카우트, 전력분석관, 장비담당자는 벤치에 착석할 수 없다.

3. 출전선수명단 승인 후에는 선수명단을 변경할 수 없다. 다만, 경기 개시 전에 선발 출전선수 중 부상 등의 불가피한 사유로 경기출전이 불가능한 선수가 발생한 경우에 그 선발 선수를 후보 선수와 교체할 수 있다.

4. 본 대회의 출전선수명단은 18명을 원칙으로 하며, 다음 사항을 반드시 준수하여야 한다.

1) 골키퍼(GK)는 반드시 국내 선수이어야 하며, 후보 골키퍼(GK)는 반드시 1명이 포함되어야 한다.

2) 외국 국적 선수의 경우 5명까지 등록할 수 있으며, 경기 동시 출전은 최대 4명까지 가능하다.

① 클럽은 각 경기의 출전선수명단에 포함될 외국 국적 선수(최대 5명)의 명단을 1차전 경기일의 하루 전까지 연맹에 제출하여야 한다.

② 제출한 명단은 이후 부상 등의 사유로 교체할 수 없다.

3) 국내 U22(2003.01.01 이후 출생자) 국내선수는 출전선수명단에 최소 2명 이상 포함(등록)되어야 한다. 만일 국내 U22 선수가 출전선수명단에 포함되어 있지 않을 경우, 해당 인원만큼 출전선수명단에서 제외한다(즉, 국내 U22 선수가 1명 포함될 경우 출전선수명단은 17명으로 하며, 전혀 포함되지 않을 경우 출전선수명단은 16명으로 한다).

4) 출전선수명단에 포함된 국내 U22 선수 1명은 반드시 의무선발출전을 해야 한다. 만일 국내 U22 선수가 의무선발출전을 하지 않을 경우, 선수교체 가능인원은 2명으로 제한한다.

5) 홈그로운 선수 중 2003.01.01. 이후 출생자는 국내 U22선수로 간주하여 의무선발출전 제도의 적용을 받는다.

6) 출전선수명단에 포함된 국내 U22 선수 1명은 반드시 의무선발출전을 해야 한다. 만일, 국내 U22 선수가 의무선발출전을 하지 않을 경우, 선수교체 가능인원은 2명으로 제한한다.(제29조 2항 참조)

| U22 선수 각급대표 소집 인원 | 출전선수명단(엔트리) | | U22선수 | | 선수교체 가능인원 | 비고 |
|---|---|---|---|---|---|---|
| | U22선수 포함 인원 | 등록가능 인원 | 의무 선발 | 교체 출전 | | |
| 0명 | 0명 | 16명 | - | - | 2명 | 연장전 진행 시 U22 선수 출전 여부와 관계없이 추가 1명 교체 가능 |
| | 1명 | 17명 | 0명 | 무관 | 2명 | |
| | | | 1명 | - | 3명 | |
| | 2명 이상 | 18명 | 0명 | 무관 | 2명 | |
| | | | 1명 | - | 3명 | |
| | | | | 1명 이상 | 5명 | |
| | | | 2명 | 무관 | 5명 | |
| 1명 | 0명 | 17명 | - | - | 3명 | |
| | 1명 이상 | 18명 | - | - | 3명 | |
| | | | 0명 | 1명 이상 | 5명 | |
| | | | 1명 이상 | 무관 | 5명 | |
| 2명 이상 | 0명 | 18명 | 0명 | 무관 | 5명 | |

5. 순연 경기 및 재경기(90분 재경기에 한함)의 출전선수명단은 다시 제출하여야 한다.

**제29조 (선수교체)**_ 1. 본 대회의 선수 교체는 경기감독관이 승인한 출전선수명단에 의해 후보선수명단 내에서만 가능하다.

2. 본 대회요강 제28조 4항 4호에 의거, 국내 U22 선수가 선발 출전하지 않을 경우, 해당 클럽은 90분 경기에서 2명까지 선수교체가 가능하며, 선발 출전할 경우에는 3명까지 가능하다. 90분 경기 내 승부가 결정되지 않아 연장전에 돌입하게 될 경우, 연장전 시작 전 또는 이후 최대 1명을 추가로 교체할 수 있다.

3. 상기 2항을 준수한 경우 선수 교체는 90분 경기에서 3명까지 가능하나, 후보 명단에 포함된 U22선수가 교체출전하는 경우에 한하여 교체가능 인원은 최대 5명까지 가능하다. 단, 이 경우 반드시 4번째 교체명단 내에 U22선수가 포함되어야 하며, 만약 선발로 U22선수가 2명 이상 출전 시에는 교체 출전여부와 관계없이 최대 5명의 선수교체가 가능하다.

4. 선수 교체 횟수는 경기 중에 최대 3회 가능하며, 하프타임 종료 후 후반전 킥오프 전에 한 차례 추가로 선수교체가 가능하다. 90분 경기 내 승부가 결정되지 않아 연장전에 돌입하게 될 경우, 90분 경기 중 U22 선수 출전 여부와 관계없이 1명을 추가로 교체할 수 있으며 선수 교체 횟수도 1회 추가된다. 단, 90분 경기 종료 후부터 연장전 시작 전과 연장전 하프타임의 교체는 교체 횟수에서 차감되지 않는다.

5. 승부차기는 선수 교체가 허용되지 않는다. 단, 연장전에 허용된 최대수(2명)의 교체를 다하지 못한 팀이 승부차기를 행할 때, 골키퍼(GK)가 부상을 이유로 임무를 계속할 수 없다면 교체할 수 있다.

6. 출전선수명단 승인(경기감독관 서명) 후, 선발출전선수 11명 중 킥오프 전에 경기출전이 불가한 선수가 발생할 경우, 전반전 킥오프 전까지 경기감독관의 승인하에 출전선수명단의 교체 대상선수 7명에 한하여 교체할 수 있으며, 교체된 선수는 후보선수명단으로 포함되나 해당 경기에 출전할 수 없다.

1) 상기 6항의 경우 선수교체 인원으로 적용되지 않으며, 선수교체 가능 인원 및 교체 횟수는 유효하다.

2) 선발 출전선수 11명 중 국내 U22(2002.01.01. 이후 출생자) 의무선발 출전선수가 출전이 불가하여 후보 선수명단 내의 국내 U22 선수와 교체될 경우 선수교체 가능인원은 3명으로 3명으로 유지되며, 이 경우 별도의 U22 선수가 출전선수명단에 없다면 상기 3항은 적용할 수 없다. 단, 국내 U22선수가 아닌 선수와 교체될 경우 제28조 4항 4)호에 따른다.

3) 출전선수명단 내 교체 대상선수 7명 중 경기출전이 불가한 선수가 발생하더라도 해당 선수는 명단 외 선수와 교체할 수 없다.

**제30조 (뇌진탕 교체)**_ 1. 클럽은 경기 중인 선수가 뇌진탕 증세를 보일 경우, 이미 사용된 교체 횟수 및 선수 숫자와 무관하게 경기당 최대 1명의 선수교체(이하 '뇌진탕 교체')가 가능하다. 단, 클럽이 '뇌진탕 교체'와 동시에 '일반 교체'를 하는 경우, 이는 '일반 교체' 기회 중 하나를 사용한 것으로 간주한다.

2. 뇌진탕 또는 뇌진탕 증세로 의심되는 선수는 더 이상 경기에 참여할 수 없으며, 선수대기실 혹은 의료시설로 이동해야 한다.

3. 클럽이 '뇌진탕 교체'를 하는 경우, 상대 클럽은 사유와 상관없이 '추가 교체' 선수를 사용할 수 있고 '추가 교체' 기회를 받는다. 상대 클럽의 '추가 교체' 기회는 '추가 교체' 선수 1인에 대하여만 사용할 수 있고, '추가 교체' 기회를 사용하여 '일반 교체'를 진행할 수 없다.

4. '뇌진탕 교체'는 팀(의료진, 코칭스태프 등)이 결정하며 심판진은 '뇌진탕 교체' 여부를 결정하는 의사결정에 개입하지 않는다. '뇌진탕 교체'가 부적절하게 이루어진 것으로 판단되면 심판진은 경기 종료 후 대한축구협회에 제출하는 심판보고서에 기재하여야 한다.

5. '뇌진탕 교체'로 국내 U22선수(2003.01.01 이후 출생자)가 투입될 경우, 국내 U22선수 투입에 따른 교체 가능 인원 변동은 동일하게 적용된다. 클럽의 '뇌진탕 교체'에 따른 상대 클럽의 '추가 교체' 선수로 국내 U22선수가 투입될 경우도 교체 가능 인원 변동은 동일하게 적용된다.

6. '뇌진탕 교체'의 경우라도 외국인 선수 출전 규정을 준수하여야 한다.

7. '뇌진탕 교체 된 선수는 의료진에게 충분한 검사 및 치료를 받고 훈련 복귀 및 경기출전이 문제없다는 확인을 의사에게 진단받아야 한다. 또한, 해당 선수가 경기 출전을 위해서는 출전 대상 경기 1일 전까지 경기 출전이 가능함을 증명하는 진단서를 연맹에 제출하여야 한다.

8. '뇌진탕 교체'와 '추가 교체'는 연맹이 지정한 교체 용지를 사용하여 실시한다.

9. 본 조에 명시되지 않은 사항은 '2024/25 IFAB 경기규칙서'의 내용에 따른다.

**제31조 (주장만 심판에 접근 가능)**_ 각 팀에서 한 명의 선수(일반적인 경우 주장)만이 주심에게 접근할 수 있으며, 주장 이외의 선수가 주심에게 접근하거나 주심을 둘러싸는 경우 주심은 해당 선수에게 경고를 줄 수 있다.

2. 주장을 포함한 모든 선수는 주심에게 언어나 행동으로 과격하게 항의를 할 경우 경고를 받을 수 있다.

3. 주장 외의 선수라도 경기 중 사건에 직접적인 관련이 있는 선수(해당 선수가 반칙을 저지른 경우, 반칙을 당한 경우, 부상을 당한 경우 등)는 주심과 소통할 수 있다. 단, 일반적인 소통이 아닌 언어나 행동으로 과격하게 항의를 한 선수는 경고를 받을 수 있다.

4. 골키퍼가 주장인 경우, 코인 토스 전에 주심에게 골키퍼를 대신하여 주심에게 접근할 선수를 지정하여 알려야 하며, 지정된 선수가 교체되거나 퇴장당한 경우 다른 선수를 지정해야 한다.

**제32조 (출전정지)_** 1. K리그1 및 K리그2에서 받은 경고, 퇴장에 의한 출전정지는 연계 적용하지 않으나, 승강 플레이오프 1차전에서 받은 퇴장(경고 2회 퇴장 포함)은 다음 경기(승강PO 2차전)에 출전정지가 적용된다.

2. 경고 2회 퇴장에 의한 출전정지는 다음 경기(승강PO 2차전)에 적용되며, 제재금은 일백만 원(1,000,000원)이 부과된다.

3. 직접 퇴장에 의한 출전정지는 다음 경기(승강PO 2차전)에 적용되며, 제재금은 일백이십만 원(1,200,000원)이 부과된다.

4. 경고 1회 후 직접 퇴장에 의한 출전정지는 다음 경기(승강PO 2차전)에 적용되며, 제재금은 일백오십만 원(1,500,000원)이 부과된다.

5. 제재금은 본 대회 종료 15일 이내에 구단 혹은 해당자 명의로 납부하여야 한다.

6. 상벌위원회 징계로 인한 출전정지 징계는 시즌 및 대회에 관계없이 연계 적용한다.

7. 선수이면서 코칭스태프로 등록된 자가 선수로서 출장정지제재를 받은 경우 그 제재의 이행을 완료할 때까지 코칭스태프로서 경기에 출장할 수 없다. 코칭스태프로서 출장정지제재를 받은 경우에도 그 제재의 이행을 완료할 때까지 선수로서 경기에 출장할 수 없다.

8. 선수이면서 코칭스태프로 등록된 자의 경고누적으로 인한 출장정지 및 제재금 부과 기준은 코칭스태프의 예에 따르며, 누적에 산입되는 경고의 횟수는 선수로서 받은 경고와 코칭스태프로서 받은 경고를 모두 더한 것으로 한다.

9. 경고, 퇴장, 상벌위원회 징계 등에 따라 출전이 정지된 선수, 코칭스태프, 팀 스태프의 출전으로 인한 모든 책임은 해당 클럽에 있다.

**제33조 (유니폼)_** 1. 본 대회는 K리그 마케팅 규정상의 팀 색상 및 유니폼 규정에 따라 반드시 연맹이 승인하고 지정한 유니폼을 착용해야 한다.

2. 선수 번호(배번은 1번~99번으로 한정하며, 배번 1번은 GK에 한함)는 출전선수명단에 기재된 선수 번호와 일치하여야 하며, 배번의 식별이 가능하도록 명확하게 표시되어 있어야 한다. 단, 특별한 사유에 따라 연맹에 사전 승인을 득한 경우 1번~99번 이외 배번 사용이 가능하다.

3. 팀의 주장은 주장인 것을 명확하게 표시하는 완장(Armband)을 착용하여야 한다.

4. 공식경기에 참가하는 모든 클럽은 제1유니폼과 제2유니폼을 필히 지참함을 원칙으로 하며, 경기 전 연맹(경기감독관) 및 상대 클럽과 유니폼 착용 색상과 관련하여 사전 조율하여야 한다. 조율이 되지 않을 경우, 연맹(경기감독관)이 최종 결정한다. 이를 따르지 않을 경우, 위반한 클럽에 제재금 500만 원을 부과할 수 있다.

5. 유니폼 안에 착용하는 이너웨어의 색상은 아래 각 호에 따른다.

1) 상의 이너웨어의 색상은 유니폼 상의 소매의 주색상과 일치해야 한다. 단,유니폼 상의 소매 부분의 주색상이 상대팀 유니폼의 주색상과 동일하거나 유사할 경우에는 유니폼 상의의 주색상으로 착용할 수 있다. 이를 위반할 경우 공식경기 출전이 불가하다.

2) 하의 이너웨어의 색상은 유니폼 하의 끝부분의 색상과 일치해야 한다. 단, 유니폼 하의 끝부분의 색상이 상대팀 유니폼의 주색상과 동일하거나 유사할 경우에는 유니폼 하의의 주색상으로 착용할 수 있다. 이를 위반할 경우 공식경기 출전이 불가하다.

6. 스타킹과 발목밴드(테이핑)는 동일 색상(계열)이어야 한다. 이를 위반할 경우 심판은 시정을 명할 수 있고, 이에 불응할 경우 경기출전을 금지시킬 수 있다.

**제34조 (사용구)_** 본 대회의 공식 사용구는 코넥스트 25 프로(CONEXT 25 PRO)로 한다.

**제35조 (경기관계자 미팅)_** 1. 경기시작 60~50분 전(양 팀 감독 인터뷰 진행 전) 경기감독관실에서 실시한다.

2. 참석자는 해당 경기의 경기감독관, 심판평가관, 주심, 양 팀 감독, 팀매니저, 홈경기 운영자(필요시)로 한다.

3. 주요내용은 아래와 같다.

1) 경기 관련 주요방침

2) 판정 가이드라인 등 심판판정에 관한 사항

3) 기타 해당경기 특이사항 공유

**제36조 (경기 전후 인터뷰 및 기자회견)_** 1. 홈 클럽은 공동취재구역인 믹스드 존(Mixed Zone)과 기자회견실을 반드시 마련하고, 양 클럽 홍보담당자는 경기 전 인터뷰, 경기 후 플래시인터뷰, 공식기자회견, 믹스드 존 인터뷰가 원활히 이뤄질 수 있도록 협조하여야 한다.

2. 취재기자는 경기 킥오프 90분 전부터 60분 전까지 홈 클럽이 지정한 장소(라커룸 출입구 인근 통로, 그라운드 진입 통로, 그라운드 주변 등)에서 양 클럽 선수단에게 질문할 수 있고, 선수의 동의하에 인터뷰를 할 수 있다.

3. 경기 중계방송사(HB)는 아래 각 호의 인터뷰를 실시할 수 있으며, 양 클럽은 인터뷰 실시에 적극 협조한다.

1) 경기 킥오프 전 70분 내지 60분 전 양 클럽 감독 대상 인터뷰

2) 경기 전반전 종료 직후 양 클럽 감독 또는 수훈선수 대상 인터뷰

3) 경기 후반전 종료 직후 양 클럽 감독 또는 수훈선수 대상 인터뷰

4. 경기 당일 중계방송을 하지 않는 중계권 보유 방송사(RTV)는 경기 후반전 종료 후 양 팀의 감독 또는 수훈선수를 대상으로 하는 인터뷰를 실시할 수 있으며, 양 클럽은 인터뷰 실시에 적극 협조한다. 단, RTV의 인터뷰는 HB의 인터뷰가 종료된 후에 실시한다.

5. 홈 클럽은 경기 킥오프 50분 전부터 30분 전까지 라커룸 출입구 인근 통로에서 양 팀 감독과 취재기자가 참석하는 경기 전 인터뷰를 실시한다. 단, 위 장소에서 사전 인터뷰를 진행하기 어려운 사정이 있을 경우 구단은 다른 장소에서 인터뷰를 실시할 수 있다. 이 경우 사전에 취재기자들에게 인터뷰 장소를 공지하여야 한다.

6. 홈 클럽은 경기 종료 후 20분 이내에 경기장 내 기자회견실에서 양 클럽의 감독과 미디어가 요청하는 수훈선수가 참석하는 공식기자회견을 개최한다. 단, 수훈선수는 경기에 참가한 선수에 한한다. 양 클럽 홍보담당자는 감독 및 미디어 요청 선수가 공식기자회견에 참석할 수 있도록 협조한다

7. 공식 기자회견의 순서는 원정 - 홈 클럽 순으로 진행하는 것을 원칙으로 하되, 양 클럽 홍보담당자의 합의에 따라 변경할 수 있다.

8. 미디어 부재로 공식기자회견을 개최하지 않은 경우, 홈 클럽 홍보담당자는 양 클럽 감독의 코멘트를 경기 종료 1시간 이내에 각 언론사에 배포한다.

9. 출장정지제재 중이거나 경기 중 퇴장 조치된 코칭스태프는 공식경기 당일 위 제1항의 활동을 포함한 모든 미디어 인터뷰 활동을 해서는 안 되고, 업무대행자가 각 활동을 대신 수행해야 한다.

10. 홈 클럽은 경기 종료 후 양 팀 선수단이 라커룸에서 나와 차량에 탑승하기 위해 이동하는 동선에 믹스드존을 설치한다. 양 클럽 선수단은 공식기자회견이 종료된 이후에 라커룸을 출발하여 믹스드 존을 통과해야 한다. 믹스드존에서는 취재기자가 선수에게 질문할 수 있다.

11. 모든 기자회견은 연맹이 지정한 인터뷰 배경막(백드롭)을 배경으로 실시하여야 한다.

12. 인터뷰를 실시하지 않거나 공식기자회견에 참석하지 않을 경우, 해당 클럽과 선수, 감독에게 제재금(50만 원 이상)을 부과할 수 있다.

13. 인터뷰에서는 경기의 판정이나 심판과 관련하여 일체의 부정적인 언급이나 표현을 할 수 없으며, 위반 시 다음 각 호에 의한다.

1) 각 클럽 소속 선수, 코칭스태프, 팀 스태프, 임직원 등 모든 관계자에게 적용되며, 위반할 시 상벌규정 유형별 징계기준 제2조 가, 항 혹은 나, 항을 적용하여 제재를 부과한다.

2) 공식 인터뷰뿐만 아니라 대중에게 공개될 수 있는 어떠한 경로를 통한 언급이나 표현에도 적용된다.

14. 그 밖의 사항은 '2025 K리그 미디어 가이드라인'을 준수하여야 한다.

15. '2025 K리그 미디어가이드라인'을 준수하지 않을 경우, 해당시즌 팀 미

디어 운영에 제한을 받을 수 있다.

**제37조 (중계방송협조)_** 1. 홈 클럽은 경기시작 4시간 전부터 경기종료 후 1시간까지 연맹, 심판 선수, 스폰서, 중계제작사, 미디어를 포함한 모든 경기관계자가 원활한 경기진행 및 중계방송을 위해 요청하는 시설 및 서비스를 반드시 제공해야 할 책임이 있다.

2. 홈경기 담당자는 중계제작사의 도착시간을 기점으로 TV컴파운드(TV Compound)에 중계제작에 필요한 전력(단상(220V) 또는 3상 4선식(380V), 배전함 메인 전원 최소 100A 이상, 배선차단기 및 백업 전압(UPS 또는 발전기) 모두 구비)을 공급해야 하며, OB밴 주차 및 설치를 위해 평지의 대형 중계차가 가능한 구역을 확보하고, OB밴의 밤샘 주차가 필요한 경우 이에 대한 관리 및 경비를 시행해야 한다. 홈경기 담당자는 중계제작사의 요청 시 중계제작사의 요구조건에 부합하는 조명을 제공해야 하며, 별도의 취소 요청이 있을 때까지 이를 유지해야 한다.

3. 홈 클럽은 중계방송의 원활한 제작과 송출을 위해 HB 전용 별도의 '중계방송사룸'(미디어룸과 별개)을 반드시 마련하여야 하며, 중계에 필요한 케이블 시설 공간, 각종 전송용 기자재를 반드시 제공해야 한다. 이 외, 기타 중계방송에 필요한 시설 또는 설비의 경우 HB에 우선 사용권을 부여한다.

4. 홈경기 담당자와 경기감독관 또는 대기심(매치 오피셜 - Match Officials)은 팀 벤치 앞 터치라인(Touchline) 및 대기심(4th official) 테이블 근처에 위치한 피치사이드 카메라(표준 카메라 플랜 기준 3,4,5번 카메라)와 골대 근처에 위치한 카메라(8,9,10번 카메라)에 대한 리뷰를 진행해야 한다. 만약 담당자들 간의 의견이 합의점을 찾지 못할 경우, 경기감독관이 최종 결정을 내린다. 단, 3번 피치사이드 카메라의 경우 일반 카메라일 시 3번 카메라의 위치는 팀 벤치 및 대기심 테이블과 동일 선상을 이루어야 하며, 하프라인을 기준으로 좌측에 위치한다. (우측은 대기심 테이블 위치) 3번 피치사이드 카메라가 로바디 카메라인 경우, 카메라가 피치 중앙, 대기심이 카메라 뒤에 위치한다.

5. 홈 클럽은 사전에 연맹과 협의 하에 지정한 표준 카메라 포지션은 반드시 고정하고 유지하여야 하며, 모든 카메라 포지션은 안전을 위한 안정적 플랫폼 및 우천시를 대비한 가림막 공간 또는 설비를 마련하여야 한다. 또한, 일부 경기에 한하여 기존 중계장비 이외의 특수 카메라 설치가 필요할 시, 최대한 협조한다.

6. 중계제작사는 버스 도착 시 양 팀 감독과 인터뷰를 진행할 권리를 가지고 있으며, 인터뷰는 버스 도착지점과 드레싱룸 사이 공간에 K리그가 제공하는 인터뷰 백드롭 앞에서 진행해야 한다. 인터뷰는 킥오프 전 60분~20분 사이에 진행하며, 진행시간은 90초 이내로 최대 3개의 질문을 초과할 수 없다. 만약 감독 또는 감독대행이 외국인인 경우, 해당 팀은 통역 인원을 준비해야 한다.

7. 중계제작사는 경기종료 시 감독 또는 선수 중 양 팀 각각 1인과 인터뷰를 진행할 권리를 가지고 있으며, 인터뷰는 피치 또는 피치와 드레싱룸 사이 공간에 K리그가 제공하는 인터뷰 백드롭 앞에서 진행해야 한다. 중계제작사는 최소 경기 종료 15분 전까지, 양 클럽 홍보 담당자(Media Officer)에게 희망 인터뷰 선수를 전달한다. 양 클럽 홍보 담당자는 감독과 인터뷰 요청 선수를 경기종료 즉시 인터뷰 백드롭 앞으로 인계해야 한다. 만약 감독 또는 감독대행이 외국인인 경우, 해당 팀은 통역 인원을 준비해야 한다.

8. 백드롭은 2.5m × 2.5m 사이즈로 리그 로고와 스폰서 로고를 포함한 디자인으로 제작된다. 연맹에서 각 클럽에 제공하며, 홈 클럽에게 관리의 책임이 있다. 감독 도착 인터뷰 및 하프타임과 경기 종료 후 피치사이드[Pitchside]의 플래시 인터뷰 시 각 팀은 K리그 공식 백드롭을 필수로 사용해야 한다.

9. 그 밖의 중계방송 관련 사항은 'K리그 중계방송제작가이드라인'을 준수해야 한다.

**제38조 (경기장 안전과 질서유지)_** 1. 홈 클럽은 경기개시 2시간 전부터 경기종료 후 모든 관중 및 관계자가 퇴장할 때까지 선수, 팀 스태프, 심판을 비롯한 전 관계자와 관중의 안전 및 질서 유지에 대한 의무와 책임이 있다.

2. 홈 클럽은 상기 1항의 의무 실시를 위해 최선의 노력을 다해야 하며, 경기장 안전 및 질서를 어지럽히는 관중에 대해 그 입장을 제한하고 강제 퇴장시키는 등의 적정한 조치를 취할 수 있다.

3. 연맹, 클럽, 선수, 코칭스태프 및 팀 스태프, 관계자를 비방하는 사안이나, 경기진행 및 안전에 지장을 줄 수 있는 모든 사안에 대해서 관련 클럽은 즉각 이를 시정 조치하여야 한다.

4. 경기감독관은 상기 3항에 해당하는 사안을 경기 중 또는 경기전후에 발견하였을 경우, 관련 클럽에 시정 조치를 요구할 수 있으며, 관련 클럽은 경기감독관의 지시에 따라야 한다.

5. 상기, 3, 4항의 사안이 시정 조치되지 않을 경우, 상벌규정 유형별 징계 기준 제5조 마 항 및 사.항에 의거, 해당 클럽에 제재를 부과할 수 있다.

6. 관중의 소요, 난동으로 인해 경기 진행에 문제가 발생하거나, 선수, 심판, 코칭스태프 및 팀 스태프, 미디어를 비롯한 관중의 안전과 경기장 질서 유지에 문제가 발생할 경우에는 관련 클럽이 사유를 불문하고 그에 대한 일체의 책임을 부담한다.

7. 홈 클럽은 선수단 구역과 양팀 선수대기실 출입구에 경호요원을 상시 배치하여야 한다. 또한 해당구역을 확인할 수 있는 CCTV를 설치해야 하며, 관련 영상을 15일간 보관해야 한다.

8. 연맹에서 제정한 '안전 가이드라인'을 준수하지 않을 경우, 상벌규정 유형별 징계 기준 제5조 바 항 및 사 항에 의거 해당 클럽에 제재를 부과할 수 있다.

**제39조 (홈경기 관리책임자, 홈경기 안전책임자 선정 및 경기장 안전요강)_** 모든 클럽은 경기장 안전 및 원활한 진행을 위해 홈경기 관리책임자 및 홈경기 안전책임자를 선정하여 연맹에 보고하여야 하며, 아래의 경기장 안전요강을 숙지하여 실행하고 관중에게 사전 공지 또는 고지하여야 한다. 또한 홈경기 관리책임자 및 홈경기 안전책임자는 경기감독관의 업무 및 지시 사항에 대해 최대한 협조하여야 한다.

1. 반입금지물: 경기장에 입장하려는 사람 또는 입장한 사람은 홈경기 관리책임자 및 홈경기 안전책임자가 특별히 필요 사항에 의해 허락했을 경우를 제외하고 다음의 각 호에 명시된 것을 가지고 입장할 수 없다.
   1) 경기장 관리자에 의해 반입을 금지하고 있는 것
   2) 정치적, 사상적, 종교적인 주의 또는 주장 또는 관념을 표시하거나 또는 연상시키고 혹은 대회의 운영 에 지장을 미칠 우려가 있는 게시판, 간판, 현수막, 플래카드, 문서, 도면, 인쇄물 등
   3) 연맹의 승인을 득하지 않은 특정의 회사 또는 영리기업의 광고를 목적으로 하여 특정의 회사명, 제품 명 등을 표시한 것(특정 회사, 제품 등을 연상시키는 것 포함)
   4) 그 외 경기운영 또는 진행을 방해하여 타인에게 불편을 주거나 또는 위험하게 하거나 혹은 그러한 우려가 있거나 또는 운영담당 · 보안담당, 경비종사원이 위험성을 인정하는 것

2. 금지행위: 경기장에 입장하려는 사람 또는 입장한 사람은 홈경기 관리책임자 및 홈경기 안전책임자가 특별히 필요 사항에 의해 허락했을 경우를 제외하고는 다음의 각 호에 명시되는 행위를 해서는 안 된다.
   1) 경기장 관리자에 의해 금지되고 있는 행위
   2) 정당한 입장권 또는 통행증을 소지하지 않고 입장하는 것
   3) 항의 집회, 데모 등 대회의 원활한 운영을 저해할 우려가 있는 행위
   4) 알코올, 약물 그 외 물질을 소유 및 복용한 상태로 경기장에 입장하는 행위 또는 경기장에 이러한 물질을 방치해 두어 이것들의 영향에 의해 경기운영 또는 타인의 행위 등을 저해하는 행위(알코올 등의 영향에 의해 정상적인 행위를 할 수 없는 우려가 있는 상태일 경우 입장 불가)

5) 해당 경기장(시설) 및 관련 장소에서 권유, 연설, 집회, 포교 등의 행위
6) 정해진 장소 외에서 차량을 운전하거나 주차하는 것
7) 상행위, 기부금 모집, 광고물의 게시 등의 행위
8) 정해진 장소 외에 쓰레기 및 오물을 폐기하는 것
9) 연맹의 승인 없이 영리목적으로 경기장면, 식전행사, 관객 등을 사진 또는 비디오로 촬영하는 것
10) 연맹의 승인 없이 대회의 음성, 영상의 전부 또는 일부를 인터넷 및 미디어를 통해 전달하는 것
11) 경기운영 또는 진행을 방해하여 타인에게 폐를 끼치거나 또는 위험을 미치거나 혹은 그러한 우려가 있으면서 경비종사원이 위험성을 인정한 행위

3. 경기장 관련: 경기장에 입장하려는 사람 또는 입장한 사람은 다음의 각 호에 명시하는 사항에 준수하여야 한다.
1) 입장권, 신분증, 통행증 등의 제시가 요구되었을 때는 이것을 제시해야 함
2) 안전 확보를 위해 수화물, 소지품 등의 검사가 요구되었을 때는 이것에 따라야 함
3) 사건 · 사고가 발생하거나 또는 발생 우려가 예상되는 경우, 경비 종사원 또는 치안 당국의 지시, 안내, 유도 등에 따라 행동할 것

4. 입장거부 또는 퇴장명령
1) 홈경기 관리책임자 및 홈경기 안전책임자는 상기 1항, 2항, 3항의 경기장 안전요강을 위반한 사람의 입장을 거부하여 경기장으로부터의 퇴장을 명할 수 있으며, 상기 1항에 의거하여 반입금지물 몰수 등 필요한 조치를 취할 수 있다.
2) 홈경기 관리책임자 및 홈경기 안전책임자는 전항에 해당하는 사람 중에서 특히 고의, 상습으로 확인된 사람에 대해서는 이후 개최되는 연맹 주최의 공식경기에 입장을 거부할 수 있다.
3) 홈경기 관리책임자 및 홈경기 안전책임자에 의해 입장이 거부되거나 경기장에서 퇴장을 받았던 사람은 입장권 구입 대금의 환불을 요구할 수 없다.

5. 권한의 위임: 홈경기 관리책임자는 특정 시설에 대해 그 권한을 타인에게 위임할 수 있다.

6. 안전 가이드라인 준수: 모든 클럽은 연맹이 정한 'K리그 안전가이드라인'을 준수하여야 한다.

**제40조 (기타 유의사항)_** 각 클럽은 아래의 사항을 숙지하고 준수하여야 한다.

1. 모든 취재 및 방송중계 활동을 위한 미디어 관련 입장자는 2025 미디어 가이드라인을 준수하여야 한다.
2. 경기에 참가하는 선수단(코칭스태프, 팀 스태프 포함)은 경기시작 100분 전에 경기장에 도착하여야 한다.
3. 오픈경기는 본 경기 개최 1시간(60분) 전까지 반드시 종료되어야 하며, 연맹에 사전 승인을 받아야 한다.
4. 선수는 신체보호를 위해 반드시 정강이 보호대를 착용하고 경기에 임해야 한다.
5. 경기 중 클럽의 임원, 코칭스태프, 팀 스태프, 선수는 경기장 내에서 흡연을 할 수 없으며, 이를 위반할 경우 퇴장 조치한다.
6. 체육진흥투표권(스포츠토토 등) 발매 이상 징후 대응경보 발생 시, 경기 시작 90분 전 대응 미팅에 관계자(경기감독관, 양 클럽 관계자 및 감독) 등이 참석하여야 한다.
7. 경기 중, 교체대상 선수의 워밍업은 연맹이 사전에 지정한 장소에서 실시해야 한다.
8. 심판 판정에 대한 제소는 불가하다.
9. 클럽은 경기 중 전력분석용 팀 카메라 1대를 상층 카메라구역에 설치할 수 있다. 원정 클럽이 팀 카메라를 설치하는 경우 홈 클럽에 승인을 득해야 한다.

**제41조 (부칙)_** 본 대회요강에 명시되지 않은 사항은 K리그 규정, FIFA 규정, K리그 이사회 결정에 의거하여 시행한다.

## 하나은행 K리그 승강플레이오프 2025 경기기록부

11월 27일 19:00 흐림 목동 종합 4,147명
주심_ 박병진 부심_ 김계용 · 김태형 대기심_ 박진호 경기감독관_ 이평재

**서울E 0** — 0 전반 0 / 0 후반 1 — **1 성남**

| 퇴장 | 경고 | 파울 | ST(유) | 교체 | 선수명 | 배번 | 위치 | 위치 | 배번 | 선수명 | 교체 | ST(유) | 파울 | 경고 | 퇴장 |
|---|---|---|---|---|---|---|---|---|---|---|---|---|---|---|---|
| 0 | 0 | 0 | 0 | | 구성윤 | 25 | GK | GK | 21 | 양한빈 | | 0 | 0 | 1 | 0 |
| 0 | 1 | 0 | 0 | | 김하준 | 44 | DF | DF | 22 | 정승용 | | 0 | 2 | 0 | 0 |
| 0 | 0 | 0 | 0 | | 오스마르 | 5 | DF | DF | 4 | 베니시오 | | 0 | 0 | 0 | 0 |
| 0 | 0 | 0 | 1 | | 김오규 | 20 | DF | DF | 20 | 이상민 | 2 | 0 | 1 | 0 | 0 |
| 0 | 0 | 0 | 1 | | 오인표 | 97 | MF | DF | 7 | 신재원 | 66 | 1 | 1 | 0 | 0 |
| 0 | 0 | 1 | 0 | 66 | 서재민 | 15 | MF | MF | 11 | 김정환 | 23 | 0 | 2 | 1 | 0 |
| 0 | 0 | 4 | 1(1) | | 박창환 | 30 | MF | MF | 14 | 프레이타스 | | 0 | 0 | 0 | 0 |
| 0 | 0 | 1 | 0 | 6 | 김주환 | 19 | MF | MF | 33 | 박수빈 | | 0 | 0 | 0 | 0 |
| 0 | 0 | 0 | 0 | 16 | 이주혁 | 47 | FW | MF | 8 | 이정빈 | 16 | 1 | 0 | 0 | 0 |
| 0 | 0 | 0 | 1 | 90 | 아이데일 | 9 | FW | FW | 30 | 박병규 | 70 | 0 | 0 | 0 | 0 |
| 0 | 0 | 0 | 2(1) | 18 | 에울레르 | 7 | FW | FW | 9 | 후이즈 | | 1(1) | 0 | 1 | 0 |
| 0 | 0 | 0 | 0 | | 김민호 | 21 | | | 34 | 박지민 | | 0 | 0 | 0 | 0 |
| 0 | 0 | 0 | 0 | | 강민재 | 55 | | | 2 | 박상혁 | 후42 | 0 | 0 | 1 | 0 |
| 0 | 0 | 0 | 0 | 후40 | 채광훈 | 6 | | | 16 | 류준선 | 후42 | 0 | 0 | 0 | 0 |
| 0 | 0 | 0 | 0 | 후0 | 백지웅 | 66 | 대기 | 대기 | 23 | 유주안 | 후22 | 0 | 0 | 0 | 0 |
| 0 | 1 | 2 | 1(1) | 후0 | 변경준 | 16 | | | 66 | 김주원 | 후42 | 0 | 0 | 0 | 0 |
| 0 | 0 | 2 | 0 | 후33 | 정재민 | 18 | | | 68 | 이재욱 | | 0 | 0 | 0 | 0 |
| 0 | 0 | 1 | 0 | 후12 | 가브리엘 | 90 | | | 70 | 레안드로 | 전17 | 1(1) | 0 | 0 | 0 |
| 0 | 2 | 11 | 7(3) | | | 0 | | | 0 | | | 4(2) | 6 | 4 | 0 |

●후반 38분 신재원 PAR ↷ 후이즈 GAR H-ST-G (득점: 후이즈, 도움: 신재원) 왼쪽

11월 30일 14:00 흐림 부천 종합 6,171명
주심_ 김용우 부심_ 주현민 · 이병주 대기심_ 박정호 경기감독관_ 김성기

**부천 0** — 0 전반 0 / 0 후반 0 — **0 성남**

| 퇴장 | 경고 | 파울 | ST(유) | 교체 | 선수명 | 배번 | 위치 | 위치 | 배번 | 선수명 | 교체 | ST(유) | 파울 | 경고 | 퇴장 |
|---|---|---|---|---|---|---|---|---|---|---|---|---|---|---|---|
| 0 | 0 | 0 | 0 | | 김형근 | 1 | GK | GK | 21 | 양한빈 | | 0 | 0 | 0 | 0 |
| 0 | 0 | 0 | 0 | | 정호진 | 6 | DF | DF | 22 | 정승용 | | 0 | 2 | 0 | 0 |
| 0 | 0 | 1 | 0 | | 백동규 | 29 | DF | DF | 4 | 베니시오 | | 0 | 0 | 0 | 0 |
| 0 | 1 | 1 | 0 | | 홍성욱 | 20 | DF | DF | 20 | 이상민 | | 1(1) | 0 | 0 | 0 |
| 0 | 0 | 1 | 1(1) | | 장시영 | 27 | MF | DF | 23 | 유주안 | 68 | 1 | 0 | 0 | 0 |
| 0 | 0 | 2 | 0 | | 카즈 | 23 | MF | MF | 11 | 김정환 | 18 | 0 | 0 | 0 | 0 |
| 0 | 0 | 2 | 1 | 16 | 최재영 | 14 | MF | MF | 14 | 프레이타스 | | 0 | 1 | 1 | 0 |
| 0 | 0 | 1 | 0 | 7 | 김규민 | 17 | MF | MF | 74 | 사무엘 | 2 | 0 | 0 | 0 | 0 |
| 0 | 0 | 0 | 2(1) | 5 | 바사니 | 10 | FW | MF | 33 | 박수빈 | | 3 | 1 | 0 | 0 |
| 0 | 0 | 1 | 1(1) | 18 | 몬타뇨 | 9 | FW | FW | 16 | 류준선 | 8 | 0 | 0 | 0 | 0 |
| 0 | 0 | 0 | 0 | 41 | 박창준 | 11 | FW | FW | 70 | 레안드로 | 37 | 1 | 0 | 0 | 0 |
| 0 | 0 | 0 | 0 | | 김현엽 | 21 | | | 34 | 박지민 | | 0 | 0 | 0 | 0 |
| 0 | 0 | 0 | 0 | 후46 | 이상혁 | 5 | | | 2 | 박상혁 | 후13 | 2 | 1 | 0 | 0 |
| 0 | 0 | 0 | 0 | 후16 | 티아깅요 | 7 | | | 8 | 이정빈 | 후0 | 1(1) | 1 | 0 | 0 |
| 0 | 0 | 0 | 0 | | 최원철 | 4 | 대기 | 대기 | 18 | 김범수 | 후13 | 0 | 1 | 0 | 0 |
| 0 | 0 | 2 | 0 | 후23 | 박현빈 | 16 | | | 37 | 하정우 | 후32 | 0 | 0 | 0 | 0 |
| 0 | 0 | 0 | 1(1) | 후16 | 이의형 | 18 | | | 66 | 김주원 | | 0 | 0 | 0 | 0 |
| 0 | 0 | 1 | 1 | 후16 | 갈레고 | 41 | | | 68 | 이재욱 | 후32 | 0 | 0 | 0 | 0 |
| 0 | 1 | 12 | 7(4) | | | 0 | | | 0 | | | 9(2) | 7 | 1 | 0 |

12월 03일 19:00 맑음 수원 월드컵 18,715명
주심_ 신용준 부심_ 윤재열·구은석 대기심_ 최광호 경기감독관_ 구상범

**수원 0** | 0 전반 0 / 0 후반 1 | **1 제주**

| 퇴장 | 경고 | 파울 | ST(유) | 교체 | 선수명 | 배번 | 위치 | 위치 | 배번 | 선수명 | 교체 | ST(유) | 파울 | 경고 | 퇴장 |
|---|---|---|---|---|---|---|---|---|---|---|---|---|---|---|---|
| 0 | 1 | 1 | 0 | | 김민준 | 1 | GK | GK | 1 | 김동준 | | 0 | 0 | 0 | 0 |
| 0 | 0 | 0 | 1(1) | | 이기제 | 23 | DF | DF | 40 | 김륜성 | | 0 | 3 | 1 | 0 |
| 0 | 1 | 2 | 1 | 2 | 레오 | 4 | DF | DF | 4 | 송주훈 | | 0 | 0 | 0 | 0 |
| 0 | 0 | 0 | 1 | | 권완규 | 12 | DF | DF | 26 | 임채민 | | 0 | 2 | 0 | 0 |
| 0 | 0 | 0 | 0 | | 이건희 | 19 | DF | DF | 23 | 임창우 | 19 | 0 | 1 | 0 | 0 |
| 0 | 0 | 3 | 2 | 91 | 브루노실바 | 74 | MF | MF | 77 | 김승섭 | 24 | 0 | 1 | 0 | 0 |
| 0 | 0 | 0 | 4(3) | | 이민혁 | 17 | MF | MF | 5 | 이탈로 | | 1 | 3 | 1 | 0 |
| 0 | 0 | 1 | 0 | | 홍원진 | 14 | MF | MF | 8 | 이창민 | 18 | 1 | 0 | 0 | 0 |
| 0 | 0 | 0 | 4(3) | | 세라핌 | 70 | MF | MF | 27 | 김준하 | 17 | 0 | 2 | 0 | 0 |
| 0 | 0 | 0 | 1 | 7 | 김지현 | 77 | FW | FW | 10 | 남태희 | | 1(1) | 0 | 0 | 0 |
| 0 | 0 | 1 | 1(1) | 11 | 일류첸코 | 9 | FW | FW | 9 | 유리조나탄 | 3 | 2(1) | 2 | 0 | 0 |
| 0 | 0 | 0 | 0 | | 김정훈 | 13 | | | 21 | 안찬기 | | 0 | 0 | 0 | 0 |
| 0 | 0 | 0 | 0 | 후36 | 장석환 | 2 | | | 3 | 장민규 | 후31 | 0 | 0 | 0 | 0 |
| 0 | 0 | 0 | 0 | | 고종현 | 3 | | | 13 | 정운 | | 0 | 0 | 0 | 0 |
| 0 | 0 | 0 | 0 | | 최영준 | 6 | 대기 | 대기 | 17 | 유인수 | 후0 | 0 | 1 | 0 | 0 |
| 0 | 0 | 0 | 0 | 후44 | 파울리뇨 | 11 | | | 18 | 오재혁 | 후47 | 0 | 0 | 0 | 0 |
| 0 | 1 | 1 | 1(1) | 후30 | 김현 | 7 | | | 19 | 신상은 | 후47 | 0 | 2 | 1 | 0 |
| 0 | 0 | 0 | 1(1) | 후36 | 박지원 | 91 | | | 24 | 최병욱 | 후37 | 0 | 1 | 1 | 0 |
| 0 | 3 | 9 | 17(10) | | | 0 | | | 0 | | | 5(2) | 18 | 4 | 0 |

- 후반 22분 유리 조나탄 PK-R-G (득점: 유리 조나탄) 왼쪽

12월 07일 14:00 맑음 제주 월드컵 18,912명
주심_ 송민석 부심_ 박상준·곽승순 대기심_ 김희곤 경기감독관_ 조성철

**제주 2** | 2 전반 0 / 0 후반 0 | **0 수원**

| 퇴장 | 경고 | 파울 | ST(유) | 교체 | 선수명 | 배번 | 위치 | 위치 | 배번 | 선수명 | 교체 | ST(유) | 파울 | 경고 | 퇴장 |
|---|---|---|---|---|---|---|---|---|---|---|---|---|---|---|---|
| 0 | 0 | 0 | 0 | | 김동준 | 1 | GK | GK | 1 | 김민준 | | 0 | 0 | 0 | 0 |
| 0 | 0 | 1 | 1 | | 김륜성 | 40 | DF | DF | 23 | 이기제 | | 0 | 2 | 0 | 1 |
| 0 | 0 | 0 | 0 | | 송주훈 | 4 | DF | DF | 4 | 레오 | | 0 | 0 | 0 | 0 |
| 0 | 0 | 2 | 0 | | 임채민 | 26 | DF | DF | 12 | 권완규 | | 1 | 0 | 0 | 0 |
| 0 | 0 | 1 | 1(1) | 18 | 임창우 | 23 | DF | DF | 19 | 이건희 | | 0 | 0 | 0 | 0 |
| 0 | 0 | 1 | 2(1) | 24 | 김승섭 | 77 | MF | MF | 91 | 박지원 | 17 | 1 | 0 | 0 | 0 |
| 0 | 0 | 1 | 1(1) | | 이탈로 | 5 | MF | MF | 24 | 이규성 | 7 | 0 | 1 | 0 | 0 |
| 0 | 0 | 1 | 2 | 3 | 이창민 | 8 | MF | MF | 14 | 홍원진 | 2 | 0 | 3 | 0 | 0 |
| 0 | 0 | 3 | 1 | 17 | 김준하 | 27 | MF | MF | 70 | 세라핌 | | 2(1) | 1 | 0 | 0 |
| 0 | 0 | 1 | 4(2) | | 남태희 | 10 | FW | FW | 11 | 파울리뇨 | 77 | 1 | 1 | 0 | 0 |
| 0 | 1 | 2 | 0 | 19 | 유리조나탄 | 9 | FW | FW | 9 | 일류첸코 | 74 | 1 | 0 | 0 | 0 |
| 0 | 0 | 0 | 0 | | 안찬기 | 21 | | | 13 | 김정훈 | | 0 | 0 | 0 | 0 |
| 0 | 0 | 0 | 0 | 후22 | 장민규 | 3 | | | 2 | 장석환 | 후0 | 0 | 0 | 0 | 0 |
| 0 | 0 | 0 | 0 | | 정운 | 13 | | | 6 | 최영준 | | 0 | 0 | 0 | 0 |
| 0 | 1 | 2 | 0 | 후0 | 유인수 | 17 | 대기 | 대기 | 17 | 이민혁 | 후0 | 1(1) | 2 | 0 | 0 |
| 0 | 0 | 0 | 0 | 후40 | 오재혁 | 18 | | | 7 | 김현 | 후23 | 0 | 1 | 0 | 0 |
| 0 | 0 | 1 | 0 | 후31 | 신상은 | 19 | | | 74 | 브루노실바 | 후0 | 0 | 1 | 1 | 0 |
| 0 | 1 | 2 | 2(2) | 후31 | 최병욱 | 24 | | | 77 | 김지현 | 후0 | 0 | 2 | 0 | 0 |
| 0 | 3 | 18 | 14(7) | | | 0 | | | 0 | | | 7(2) | 14 | 1 | 1 |

- 전반 55초 유리 조나탄 PAL 내 ~ 김승섭 GAL L-ST-G (득점: 김승섭, 도움: 유리 조나탄) 오른쪽
- 전반 48분 김준하 PAR ~ 이탈로 GA 정면 R-ST-G (득점: 이탈로, 도움: 김준하) 오른쪽

12월 05일 19:00 맑음 부천 종합 4,353명
주심_ 김종혁 부심_ 박균용·장종필 대기심_ 원명희 경기감독관_ 김용세

**부천 1** | 0 전반 0 / 1 후반 0 | **0 수원FC**

| 퇴장 | 경고 | 파울 | ST(유) | 교체 | 선수명 | 배번 | 위치 | 위치 | 배번 | 선수명 | 교체 | ST(유) | 파울 | 경고 | 퇴장 |
|---|---|---|---|---|---|---|---|---|---|---|---|---|---|---|---|
| 0 | 0 | 0 | 0 | | 김형근 | 1 | GK | GK | 23 | 안준수 | | 0 | 0 | 0 | 0 |
| 0 | 0 | 1 | 0 | | 정호진 | 6 | DF | DF | 4 | 김태한 | | 0 | 0 | 0 | 0 |
| 0 | 0 | 1 | 0 | | 백동규 | 29 | DF | DF | 5 | 이현용 | | 0 | 1 | 0 | 0 |
| 0 | 0 | 0 | 0 | | 홍성욱 | 20 | DF | DF | 13 | 황인택 | 22 | 0 | 1 | 0 | 0 |
| 0 | 0 | 0 | 0 | | 장시영 | 27 | MF | DF | 72 | 이시영 | | 0 | 0 | 0 | 0 |
| 0 | 1 | 2 | 0 | | 카즈 | 23 | MF | MF | 7 | 이재원 | 14 | 0 | 2 | 1 | 0 |
| 0 | 1 | 1 | 3 | 14 | 박현빈 | 16 | MF | MF | 8 | 노경호 | 97 | 2(1) | 3 | 0 | 0 |
| 0 | 0 | 1 | 1(1) | 41 | 티아깅요 | 7 | MF | MF | 18 | 한찬희 | | 2(2) | 1 | 1 | 0 |
| 0 | 0 | 0 | 3(3) | 5 | 바사니 | 10 | FW | FW | 9 | 싸박 | 79 | 2(1) | 0 | 0 | 0 |
| 0 | 0 | 1 | 0 | 9 | 이의형 | 18 | FW | FW | 15 | 안드리고 | 94 | 2(2) | 1 | 0 | 0 |
| 0 | 0 | 2 | 1 | 17 | 박창준 | 11 | FW | FW | 44 | 윌리안 | | 0 | 0 | 0 | 0 |
| 0 | 0 | 0 | 0 | | 김현엽 | 21 | | | 1 | 황재윤 | | 0 | 0 | 0 | 0 |
| 0 | 0 | 0 | 0 | 후43 | 이상혁 | 5 | | | 6 | 최규백 | | 0 | 0 | 0 | 0 |
| 0 | 0 | 0 | 0 | | 최원철 | 4 | | | 22 | 장영우 | 후25 | 1 | 1 | 0 | 0 |
| 0 | 0 | 0 | 0 | 후28 | 최재영 | 14 | 대기 | 대기 | 94 | 안현범 | 후21 | 1(1) | 0 | 0 | 0 |
| 0 | 0 | 0 | 0 | 후19 | 몬타뇨 | 9 | | | 14 | 윤빛가람 | 후21 | 0 | 0 | 0 | 0 |
| 0 | 0 | 0 | 0 | 후19 | 김규민 | 17 | | | 97 | 루안 | 후0 | 3(2) | 0 | 0 | 0 |
| 0 | 0 | 0 | 1(1) | 후19 | 갈레고 | 41 | | | 79 | 김경민 | 후25 | 1(1) | 0 | 0 | 0 |
| 0 | 2 | 9 | 9(5) | | | 0 | | | 0 | | | 14(10) | 10 | 2 | 0 |

- 후반 48초 바사니 PAR 내 L-ST-G (득점: 바사니) 오른쪽

12월 08일 19:00 맑음 수원 종합 4,180명
주심_ 설태환 부심_ 김지욱·김태형 대기심_ 박진호 경기감독관_ 이경춘

**수원FC 2** | 0 전반 2 / 2 후반 1 | **3 부천**

| 퇴장 | 경고 | 파울 | ST(유) | 교체 | 선수명 | 배번 | 위치 | 위치 | 배번 | 선수명 | 교체 | ST(유) | 파울 | 경고 | 퇴장 |
|---|---|---|---|---|---|---|---|---|---|---|---|---|---|---|---|
| 0 | 0 | 0 | 0 | | 황재윤 | 1 | GK | GK | 1 | 김형근 | | 0 | 0 | 0 | 0 |
| 0 | 0 | 1 | 0 | | 이용 | 2 | DF | DF | 6 | 정호진 | | 0 | 0 | 0 | 0 |
| 0 | 0 | 0 | 0 | 6 | 김태한 | 4 | DF | DF | 29 | 백동규 | | 0 | 1 | 0 | 0 |
| 0 | 1 | 0 | 1(1) | | 이현용 | 5 | DF | DF | 20 | 홍성욱 | | 0 | 0 | 1 | 0 |
| 0 | 0 | 0 | 0 | | 이시영 | 72 | DF | MF | 27 | 장시영 | | 0 | 0 | 1 | 0 |
| 0 | 0 | 2 | 1 | | 윤빛가람 | 14 | MF | MF | 23 | 카즈 | | 0 | 1 | 0 | 0 |
| 0 | 0 | 0 | 0 | 7 | 한찬희 | 18 | MF | MF | 16 | 박현빈 | 14 | 0 | 1 | 1 | 0 |
| 0 | 0 | 1 | 5(1) | | 루안 | 97 | MF | MF | 17 | 김규민 | 22 | 1(1) | 0 | 0 | 0 |
| 0 | 0 | 1 | 1(1) | 30 | 윌리안 | 44 | FW | FW | 10 | 바사니 | 5 | 1(1) | 0 | 0 | 0 |
| 0 | 0 | 0 | 2(1) | 9 | 김경민 | 79 | FW | FW | 9 | 몬타뇨 | 18 | 3(2) | 1 | 0 | 0 |
| 0 | 0 | 0 | 1 | 15 | 안현범 | 94 | FW | FW | 41 | 갈레고 | 11 | 6(2) | 0 | 0 | 0 |
| 0 | 0 | 0 | 0 | | 안준수 | 23 | | | 21 | 김현엽 | | 0 | 0 | 0 | 0 |
| 0 | 0 | 0 | 1(1) | 전30 | 최규백 | 6 | | | 5 | 이상혁 | 후32 | 0 | 0 | 0 | 0 |
| 0 | 0 | 0 | 0 | | 장영우 | 22 | | | 7 | 티아깅요 | | 0 | 0 | 0 | 0 |
| 0 | 0 | 0 | 0 | 후0 | 이재원 | 7 | 대기 | 대기 | 14 | 최재영 | 후32 | 0 | 1 | 0 | 0 |
| 0 | 0 | 0 | 1(1) | 후9 | 안드리고 | 15 | | | 11 | 박창준 | 후25 | 0 | 1 | 0 | 0 |
| 0 | 1 | 2 | 4(2) | 후0 | 싸박 | 9 | | | 18 | 이의형 | 후25 | 0 | 0 | 0 | 0 |
| 0 | 0 | 1 | 2(2) | 후15 | 최치웅 | 30 | | | 22 | 한지호 | 후43 | 0 | 1 | 1 | 0 |
| 0 | 2 | 8 | 19(10) | | | 0 | | | 0 | | | 11(6) | 7 | 4 | 0 |

- 후반 37분 최치웅 AK 정면 R-ST-G (득점: 최치웅) 오른쪽
- 후반 55분 싸박 PK-L-G (득점: 싸박) 오른쪽
- 전반 14분 바사니 GAR R-ST-G (득점: 바사니) 왼쪽
- 전반 23분 김규민 GAR EL R-ST-G (득점: 김규민) 왼쪽
- 후반 9초 바사니 자기 측 센터서클 ↷ 갈레고 GAL 내 L-ST-G (득점: 갈레고, 도움: 바사니) 가운데

**제1조 (대회명)_** 본 대회는 '2025 K리그 주니어 U18'이라 한다.

**제2조 (주최, 주관, 후원)_** 본 대회는 사단법인 대한축구협회(이하 '협회')와 사단법인 한국프로축구연맹(이하 '연맹')이 공동 주최하며, 해당 팀 프로 구단(이하 '구단')이 주관한다.

**제3조 (대회조직위원회 구성)_** 본 대회의 원활한 운영을 위해 주최 측은 대회운영본부(이하 '운영본부')를 별도로 구성한다.

**제4조 (대회기간, 일자, 장소, 대회방식)_** 1. 대회기간: 2025년 3월 8일 ~11월 15일(기간은 운영본부의 결정에 따라 변동 가능)

2. 본 대회는 토요일 개최를 원칙으로 하며, 최종 라운드의 모든 경기는 공정성 담보를 위하여 반드시 지정된 동일 일시에 실시한다.
3. 본 대회는 FIFA 경기규칙에 준하는 경기장으로 구단 연고지역 내에서 개최하는 것을 원칙으로 한다. 주최 측이 승인한 천연 잔디 또는 인조 잔디 구장에서 개최한다.
4. 경우에 따라 일정 및 장소는 변경될 수 있다. 단, 팀 사정으로 인한 일정 변경 시 양 구단 합의 후 경기 7일 전(경기시간 기준 '-168시간')까지 운영본부로 사전 통보를 해야 하며, 반드시 경기 5일 전(경기시간 기준 '-120시간')까지 운영본부의 최종 승인을 얻어야 한다. 또한 해당 지역의 미세먼지 경보 시, 경기 일정 연기를 적극 권장하며 해당 운영본부가 결정한다.

1) 환경부 기준(2018. 3.27)

| 등급 | 미세먼지(PM10) | 초미세먼지(PM2.5) | 운영지침 |
|---|---|---|---|
| 나쁨 | 81~150 | 36~75 | 당일 경기시간 조정 또는 경기일 연기 권장 |
| 매우 나쁨 | 150 이상 | 76 이상 | 당일 경기일 연기 권장 |

2) 환경부 안전기준(2시간 연속 기준)

| 등급 | 미세먼지(PM10) | 초미세먼지(PM2.5) | 운영지침 |
|---|---|---|---|
| 주의보 | 150 ㎍/㎥ 지속 | 75 ㎍/㎥ 지속 | 경기일 연기 적극 권장 |
| 경보 | 300 ㎍/㎥ 지속 | 150 ㎍/㎥ 지속 | 경기일 연기 (의무사항) |

5. 4항의 경기 일정변경을 비롯한 모든 대안을 강구함에도 불구하고, 홈 팀의 사정으로 홈 팀 경기장에서 경기 진행이 불가할 경우, 해당 경기의 장소 결정권은 원정팀에 귀속되며, 원정팀 역시 경기 개최가 불가할 경우 가능한 중립경기장에서 경기를 개최한다. 이 역시 여의치 않을 경우, 운영본부는 아래 19조에 따라 홈팀의 몰수패를 선언할 수 있다.
6. 본 대회의 참가팀 및 조편성은 아래와 같다.

| 참가팀수 | 참가팀명 (학교/클럽명) |
|---|---|
| 25팀 | **A조** 총 8팀: FC서울(FC서울U18서울오산고), 서울E(서울이랜드FCU18), 성남(경기성남FCU18풍생고), 수원FC(경기수원FC U-18), 안양(경기FC안양U18), 제주(제주SKU18), 천안(충남천안시티FCU18), 충남아산(충남아산FCU18)<br>**B조** 총 8팀: 강원(강원FCU18강릉제일고), 김포(경기김포FCU18), 대전(대전하나시티즌U18충남기계공고), 부천(경기부천FC1995 U-18), 수원삼성(경기수원삼성U18매탄고), 안산(경기안산그리너스U18), 인천(인천유나이티드U18대건고), 충북청주(충북청주FCU18운호고)<br>**C조** 총 9팀: 경남(경남FCU18진주고), 광주(광주FCU18금호고), 김천(경북김천상무FCU18경북미용예술고), 대구(대구FCU18현풍고), 부산(부산아이파크U18개성고), 울산(울산HDU18현대고), 전남(전남드래곤즈U18광양제철고), 전북(전북현대U18전주영생고), 포항(경북포항스틸러스U18포철고) |

7. 전기리그(1Round robin, 1~9라운드) 결과에 따라 A조와 B조의 1~4위, C조의 1~5위, 총 13개 팀이 상위그룹(A조)에 편성되고, 이 외 12팀이 하위그룹(B조)에 편성되어 후기리그(1Round robin, 1~13라운드)를 진행한다.

**제5조 (참가팀, 선수, 지도자의 자격)_**

1. 본 대회의 참가자격은 2025년도 협회에 등록을 필한 U18 클럽팀(고교팀 포함)과 선수, 임원, 지도자에 한한다. 단, 지도자의 경우 협회가 발급한 지도자 자격증 2급(AFC B급[감독], AFC C급[코치]) 이상을 취득한 자에 한해 참가가 가능하다. 팀은 감독에 해당하는 급의 자격증 소지자 1명 이상을 반드시 등록하여야 한다.

| 감독 | 코치 | GK코치 | 피지컬코치 |
|---|---|---|---|
| AFC B급 이상 | AFC C급 이상 | GK Lv 1 | 피트니스 Lv 1 |

2. 지도자와 임원(축구부장, 트레이너, 의무, 행정 등)은 시기에 상관없이 등록 승인을 받은 후 리그 참가 신청을 할 수 있다.
3. 징계 중인 지도자 및 임원은 리그 참가 신청이 가능하다. 단, 경기 중 벤치 착석과 선수 지도(지도자의 경우)는 징계 해제 이후부터 할 수 있다.
4. 지도자 및 임원은 중복으로 참가신청 할 수 없다(팀 단장의 중복 신청만 허용한다).

**제6조 (선수의 참가신청)_** 1. 선수의 참가신청은 정기 등록 기간(매년 1월 부터 3월 중) 및 추가 등록 기간(매월 5월, 7월, 8월 및 9월) 및 신규 등록 기간(매월 초 3일간 / 협회 근무일 기준)에 등록을 필한 자에 한하여 가능하다.

2. 참가팀은 출전선수 명단 제출(60분 전)까지 18명 이상 참가신청을 하여야 한다.
3. 선수의 리그 경기 출전은 리그 참가신청한 날로부터 가능하다.
4. 참가신청은 등록된 선수에 한하여 시기에 상관없이 할 수 있다.
5. 리그 참가 신청 시 유니폼 번호는 1번부터 99번까지 가능하며 중복되지 않아야 한다. 선수는 리그 첫 경기 이후 유니폼 번호를 변경할 수 없다. 단, 선수의 이적이나 탈퇴로 인해 유니폼 번호가 결번될 경우, 추가로 리그 참가 신청을 하는 선수는 비어 있는 번호를 사용할 수 있다. 본 규정은 왕중왕전까지 연계 적용한다.
6. 분쟁 조정(협회 선수위원회 결정) 등의 사유로 등록을 요청한 경우 신청일을 기준(등록기간 내)으로 등록 및 참가신청이 가능하다.

**제7조 (선수 활동의 개시)_** 1. 유급 선수로 등록한 자는 유급 연도에 최종출전한 경기일로부터 만 1년 동안 출전이 제한된다. 팀은 연령초과자를 2명까지 리그(왕중왕전 포함)에 참가 신청할 수 있다.

2. 해체된 팀의 선수는 참가 신청한 날로부터 경기에 출전할 수 있다. 해체된 팀의 선수가 다른 팀으로 이적할 경우, 시기에 상관없이 등록 승인을 받은 후 리그 참가 신청을 한 날로부터 경기에 출전할 수 있다.
3. 해외의 학교 또는 팀으로 그 소속을 옮긴 선수가 귀국하여 원래의 국내 소속팀으로 복귀할 경우, 등록 기간 내 국제 이적 절차를 거쳐 등록 승인을 받은 후 리그 참가 신청이 가능하며, 참가 신청한 날로부터 경기에 출전할 수 있다(국제이적확인서를 요청할 수 있는 기한은 협회가 정한 등록 마감일 업무 종료 시각까지이며, 국제이적확인서가 등록기간이 지나서 수신되더라도 수신일을 기점으로 등록이 유효하다).
4. 외국인 선수는 FIFA 규정 및 협회 등록규정에 의거하여 선수등록 후 리그 참가 신청이 가능하다.
5. 신규 등록(최초 등록) 선수는 리그 참가 신청을 한 날로부터 경기에 출전할 수 있다.
6. 위 1항에서 5항까지의 규정은 본 대회에만 해당되며, 방학 중 전국 대회를 포함한 다른 대회의 이적 선수 출전 규정은 해당 대회의 규정에 따른다.

**제8조 (경기규칙)_** 본 대회는 FIFA(국제축구연맹, 이하 'FIFA') 경기규칙에 준하여 실시하며, 명문화되지 않은 사항은 협회 초중고리그 운영 규정

및 운영본부의 결정에 따른다.

**제9조 (경기시간)**_ 본 대회의 경기 시간은 전·후반 각 45분으로 하고, 필요시 전·후반 각 15분의 연장전을 실시한다. 하프타임 휴식 시간은 '10분 전·후'로 하되 15분을 초과하지 않으며, 원활한 경기진행을 위해 운영본부의 통제에 따라야 한다.

**제10조 (공식 사용구)**_ 본 대회의 공식 사용구는 협회가 지정하는 5호 공인구로 한다.

**제11조 (순위결정 및 왕중왕전 진출)**_ 1. 본 대회 승점은 승 3점, 무 1점, 패 0점으로 한다.

2. 본 대회 순위결정은 리그 최종성적을 기준으로 승점을 우선으로 하되 승점이 같은 경우 골득실차 - 다득점 - 승자승(승점 → 골 득실차 순으로 비교) - 페어플레이 점수 - 추첨' 순으로 정한다. 단, 3개 팀 이상 다득점까지 동률일 경우 승자승을 적용하지 않고 '페어플레이 점수 - 추첨' 순으로 순위를 결정한다.

※ 페어플레이 점수 부여 방식은 대한축구협회 초중고 축구리그 운영규정에 따른다.

3. 왕중왕전 진출 팀 수, 개최 유무 및 방식 등은 협회가 통합 온라인 시스템(joinkfa.com) 등을 통해 별도 공지한다.

4. 코로나19를 비롯한 불가항력으로 리그 경기 진행이 불가할 경우, 순위결정 및 시상은 운영본부의 결정에 따른다.

**제12조 (선수의 출전 및 교체)**_ 1. 본 대회의 경기에 참가하는 팀은 경기 당일 리그 참가신청서를 대한축구협회 통합 온라인시스템(joinkfa.com)으로 접속하여 출력 후, 경기 개시 60분 전까지 출전 선수 18명(선발 출전 11명과 교체 대상 7명)의 명단과 KFA 등록증을 해당 리그운영경기감독관에게 제출해야 함을 원칙으로 한다.

1) 선발 출전선수 11명은 KFA 등록증을 소지하고 장비 검사를 받아야 한다.

2) 경기 중 교체 선수는 본인의 KFA 등록증을 직접 감독관 또는 대기심판에게 제출하여 교체 승인을 받은 후 교체하여야 한다.

3) KFA 등록증을 제출하지 않은 선수는 해당 경기에 출전할 수 없다.

4) KFA 등록증 발급은 KFA 등록증 발급 매뉴얼을 따른다.

2. 선수교체는 아래와 같이 실시한다.

1) 팀당 7명 이내로 하되, 경기 개시 전에 제출된 교체 대상 선수(7명)에 한한다.

2) 교체 횟수는 최대 3회로 제한한다. 단, 하프타임 교체는 교체 횟수에 포함되지 않는다.

3) 국제축구평의회(IFAB)의 '뇌진탕으로 인한 추가 영구교체 허용'으로 경기규칙이 개정됨에 따라 뇌진탕이 발생하거나, 의심될 경우 아래와 같이 교체제도를 운영한다.

① 『원칙』 - 각 팀은 경기당 최대 1명 '뇌진탕 교체 선수' 가능
- 뇌진탕 교체는 기존 교체된 선수 숫자와 무관
- 뇌진탕 교체 사용시 상대팀도 '추가 교체' 가능, 이때 교체 사유는 상관없음

② 『절차』 ※ 뇌진탕 교체는 다음과 같은 경우에 이루어진다.
* 뇌진탕이 발생하거나 의심되는 즉시
* 경기장(온필드) 에서 검사 / 또는 경기장 밖에서 검사한 이후
* 언제든지 뇌진탕이 발생하거나 의심될 시 (선수가 기존에 검사받고 경기장에 복귀한 경우 포함)
- 뇌진탕 교체 여부는 팀이 결정, 심판진 참여 불가능
- 뇌진탕 교체 시, 다른 색상의 교체용지 사용
- 뇌진탕 교체 즉시, 상대팀에게 추가교체 기회 알림

③ 『교체 기회 및 기타』 - 일반교체 횟수와 별개
- 뇌진탕 교체를 위해 일반 교체 사용할 수 있으며, 이 경우 상대팀은 추가 교체 기회 없음
- 뇌진탕 교체 악용시, 심판이 대회 주최측 보고 의무

④ 『뇌진탕 교체후 선수의 경기출전』 - 뇌진탕 교체 선수의 보호를 위하여 교체일 다음날부터 2일 동안 경기 출전을 제한한다 (Matchday +1, +2 출전 불가 / Matchday +3 출전 허용).
- FIFA 뇌진탕 프로토콜에 따라 팀의 책임 하에 의료진(병원)의 진단을 받아 이상 유·무를 확인해야 하며, 문제가 없을 경우 경기에 출전할 수 있다. (별도 제출 문서 없음)

* 참조 : (joinkfa.com) FIFA 뇌진탕 유소년 프로토콜

3. 팀이 출전선수 명단을 제출한 후 선수를 교체하고자 할 경우,

1) 기제출된 출전선수 11명과 교체 대상 선수 7명 간에만 허용하며, 경기 개시 전까지 리그운영감독관 승인하에 교체할 수 있다. 이와 같은 경우는 선수교체로 간주하지 않으며, 당초 선발 출전선수는 해당 경기 출전이 불가하다. 또한, 교체 대상 선수 수는 줄어든다. (해당 교체된 선수는 단순히 벤치에 착석할 수는 있다) 단, 해당 팀의 교체 가능 횟수는 이에 영향을 받지 않고 그대로 유지된다. (추가)

2) 경기 개시 전 선발 또는 기존 출전선수와 교체선수가 바뀐 것을 주심에게 알리지 않았을 경우 다음과 같이 조치하며, 보고된 사항은 공정소위원회에 회부한다.

**FIFA 경기규칙서 규칙 3. 선수 내 5. 위반과 처벌**

**선발선수와 교체선수가 통보 없이 바뀐 경우**
- ㅇ 주심은 그 명단의 교체 선수가 계속 플레이하는 것을 허용한다.
- ㅇ 그 명단의 교체선수에게 징계 조치를 내리지 않을 수 있다.
- ㅇ 선발출전하기로 했던 선수는 교체 선수가 될 수 있다.
- ㅇ 교체 허용 선수 숫자는 감소하지 않는다.
- ㅇ 주심은 이 상황에 대해 관련 기관에 보고한다.

**후반전 또는 연장전 시작 전 기존 출전선수와 교체선수가 통보 없이 바뀐 경우(교체 허용 수가 남아있는 경우에 한함)**
- ㅇ 주심은 교체 선수가 계속 플레이하는 것을 허용한다.
- ㅇ 교체선수에게 징계 조치를 내리지 않을 수 있다.
- ㅇ 기존 출전 선수는 교체선수가 될 수 없다.
- ㅇ 교체 허용 선수 숫자는 감소한다.
- ㅇ 주심은 이 상황에 대해 관련 기관에 보고한다. .

4. 다음과 같은 조건의 선수가 경기에 출전하였을 경우에는 즉시 퇴장조치한 후(교체 불가) 경기는 계속 진행하며, 해당 팀의 지도자에 대해서는 공정소위원회에 회부한다.

1) 이적 후 출전 제한 기간 미경과 선수

2) 징계기간 미경과 선수

3) 유급선수의 경우 유급 직전연도 리그 출전일이 미경과한 선수

5. 참가신청서에 기재된 선수 중 출전 선수명단(선발출전 선수, 교체 선수)에 포함되지 않는 선수가 출전한 경우, 해당 선수는 기존 출전 선수와 즉시 재교체하여 경기를 진행하며 교체 허용 수는 감소하지 않는다. 경기 종료 후 위의 사항이 발견되었을 경우 경기 결과는 그대로 인정하며, 해당 팀은 공정소위원회에 회부된다.

6. 동일일자에 2경기 이상(U18, U15리그 당일 고/저학년 경기) 개최되는 경우, 선수당 출전시간은 총 90분을 초과할 수 없으며, 출전시간 계산은 리그운영감독관이 작성한 기록지를 기준으로 한다. 이때 추가시간은 출전시간 계산에 포함하지 않는다.

1) 선수가 동일일자에 개최된 2경기에 90분 이상 출전한 경우, 해당 선수는 고학년 대회(U18, U15)의 다음 1경기(경기 번호의 변동에 관계없이 가장 가까운 일정의 경기)에 출전하지 못한다. 만약 출전 정지인 선수가 다음 경기에 출전하였을 경우 해당 선수 및 지도자는 공정소위원회에 회부되며, 징계 수위는 협회 운영규정 내 '유형별 긴급제재 징계 기준표'에 따른다.

2) GK는 부상, 대표팀 소집, 준프로 계약 체결(프로팀 소집), 기타 등의 사유가 인정되는 경우에 한해 90분을 초과하여 출전이 가능하다. 이 경우, 출전선수명단 제출 시 해당 사유를 명기하여 리그운영감독관에게 제출해야 한다.

**제13조 (벤치 착석 대상)_** 1. 경기 중 벤치에 앉을 수 있는 사람은 리그 참가신청서에 기재된 지도자 및 선수, 임원(축구부장, 트레이너, 의무, 행정 등)에 한한다.

2. 임원의 경우 벤치 착석은 가능하나 지도는 불가하다.
3. 지도자, 임원은 반드시 자격증 또는 KFA 등록증을 패용하고 팀 벤치에 착석하여야 한다.
4. 징계 중인 지도자, 임원, 선수는 징계 해제 이후부터 벤치에 착석할 수 있다.
5. 벤치 착석 인원 중 KFA 등록증 또는 자격증을 패용한 지도자에 한하여 지도행위가 가능하며, 비정상적인 지도행위(임원의 지도행위, 관중석에서의 지도행위 등)는 리그운영감독관 판단하에 경기장에서 퇴장 조치할 수 있다. 또한 해당 팀은 공정소위원회에 회부한다.
6. 지도자 및 팀 임원의 경우 선수의 복지와 안전, 전술적/코칭의 목적과 직접적으로 관련이 되어 있을 경우에 한하여 소형, 이동식, 손에 휴대할 수 있는 장비(즉 마이크, 헤드폰, 이어폰, 핸드폰/스마트폰, 스마트워치, 태블릿PC, 노트북)은 사용할 수 있다. 허가되지 않은 전자 장비를 사용하거나 또는 전자/통신 장비를 사용한 결과를 이용하여 부적절한 행동을 보인다면 기술지역에서 퇴장 조치한다.

**제14조 (경기 운영)_** 1. 홈 팀은 다음과 같은 경기 시설, 물품, 인력을 준비해야 할 의무가 있다.

1) 시설: 경기장 라인, 코너깃대 및 코너깃발, 팀 벤치, 본부석/심판석(의자, 책상, 텐트), 스코어보드(팀명, 점수판), 의료인석 대기석, 선수/심판대기실, 골대/골망, 화장실, 팀 연습장(워밍업 공간), 주차시설 등
2) 물품: 시합구, 볼펌프, 들것, 교체판, 스태프 조끼, 리그 현수막, 벤치팀명 부착물, 구급차, 구급 물품(의료백), 각종 대기실 부착물 등
3) 인력: 경기운영 보조요원, 안전/시설담당, 의료진, 볼보이, 들것요원 등
4) 기타: 각종 서류(경기보고서, 운영감독관 보고서, 사고/상황보고서, 심판 보고서, 출전선수 명단, 선수 교체표, 리그 참가신청서) 지정 병원

2. 홈 팀은 경기 중 또는 경기 전, 후에 선수, 코칭스태프, 심판을 비롯한 전 관계자와 관중의 안전 및 질서 유지에 대한 의무와 책임이 있다.

**제15조 (응급치료비 보조)_** 1. 경기 중 발생한 부상선수에 대한 치료비는 대한축구협회와 계약을 체결한 보험사에서 보장범위 내 지원한다.

2. 부상치료비 청구 시 발생하는 자기부담금은 선수 본인이 부담한다.
3. 세부 신청절차 및 절차는 별도 안내한다.

**제16조 (재경기 실시)_** 1. 불가항력적인 사유(필드상황, 날씨, 정전에 의한 조명 문제 등)로 인해 경기 중단 또는 진행이 불가능하게 된 경기를 '순연경기'라 하고, 순연된 경기의 개최를 '재경기'라 한다.

2. 재경기는 중앙 조직위원회 또는 운영본부가 결정하는 일시, 장소에서 실시한다.
3. 득점차가 있을 때는 중단 시점에서부터 잔여 시간만의 재경기를 갖는다.
   1) 출전선수 및 교체대상 선수의 명단은 순연경기 중단 시점과 동일하여야 한다.
   2) 선수교체는 순연경기를 포함하여 팀당 7명 이내로 한다.
   3) 순연경기에서 발생된 모든 기록(득점, 도움, 경고, 퇴장 등)은 유효하다.
4. 득점차가 없을 때는 전·후반 경기를 새로 시작한다.
   1) 출전선수 및 교체대상 선수의 명단은 순연경기와 동일하지 않아도 된다.
   2) 선수교체는 순연경기와 관계없이 팀당 7명 이내로 한다.
   3) 경기 기록은 순연경기에서 발생된 경고, 퇴장 기록만 인정한다.
5. 경고(2회 누적 포함), 퇴장, 징계 등 출전정지 대상자는 경기번호의 변동에 관계없이 가장 가까운 일정의 경기 순서대로 연계 적용한다.
6. 심판은 교체 배정할 수 있다.

**제17조 (경고)_** 1. 경기 중 경고 2회로 퇴장당한 선수, 지도자 또는 팀 임원은 다음 1경기(경기 번호의 변동에 관계없이 가장 가까운 일정의 경기)에 출전하지 못한다.

2. 경기 중 1회 경고를 받은 선수, 지도자 또는 팀 임원이 경고 없이 바로 퇴장을 당할 경우, 다음 1경기(경기 번호의 변동에 관계없이 가장 가까운 일정의 경기)에 출전하지 못하며, 당초에 받은 경고는 그대로 누적된다.
3. 경고를 1회 받은 선수, 지도자 또는 팀 임원이 다른 경기에서 경고 2회로 퇴장당했을 경우, 퇴장 당시 받은 경고 2회는 경고 누적 횟수에서 제외된다. 당초에 받은 경고는 그대로 누적된다.
4. 본 대회의 서로 다른 경기에서 각 1회씩 최초 3회 누적하여 경고를 받은 선수, 지도자 또는 팀 임원은 다음 1경기(경기 번호의 변동에 관계없이 가장 가까운 일정의 경기)에 출전할 수 없다.
5. 4항의 출전정지 이후에 추가로 서로 다른 경기에서 각 1회씩 2회 누적 경고를 받은 선수, 지도자 또는 팀 임원은 다음 1경기(경기 번호의 변동에 관계없이 가장 가까운 일정의 경기)에 출전할 수 없다.
6. 본 대회에서 받은 경고(누적 경고 포함)는 플레이오프전 및 왕중왕전에 연계되지 않는다. 플레이오프전에 받은 경고 또한 왕중왕전에 연계되지 않는다.
7. 선수, 지도자 또는 팀 임원이 본 리그 기간 중 이적하더라도 이미 받은 경고는 새로 이적한 팀에서 연계 적용된다.
8. 경고 누적으로 인한 출전정지 대상 경기가 몰수 또는 실격 처리된 경우, 출전정지 이행으로 간주한다.

**제18조 (퇴장)_** 1. 경기 도중 퇴장 당한 선수, 지도자, 임원은 다음 1경기(경기 번호의 변동에 관계없이 가장 가까운 일정의 경기)에 출전하지 못한다.

2. 퇴장 사유의 경중에 따라 공정소위원회 및 중앙 조직위원회는 잔여 경기의 출전금지 횟수를 결정할 수 있다.
3. 본 대회 최종 경기에서 당한 퇴장은 왕중왕전에 연계 적용된다.
4. 경기 도중 선수들을 터치라인 근처로 불러 모아 경기를 중단시키는 지도자 또는 임원은 즉시 퇴장 조치하고, 리그공정위원회에 회부한다.
5. 주심의 허락 없이 경기장에 무단 입장하거나, 시설 및 기물 파괴, 폭력 조장 및 선동, 오물투척 등 질서 위반행위를 한 지도자와 임원은 즉시 퇴장 조치하고 공정소위원회에 회부한다.
6. 경기 도중 퇴장당한 선수가 본 리그 기간 중 이적하더라도 본 리그에서는 퇴장의 효력이 그대로 연계 적용된다.
7. 퇴장으로 인한 출전정지 대상 경기가 몰수 또는 실격 처리된 경우, 출전정지 이행으로 간주한다.

**제19조 (몰수)_** 1. 몰수라 함은 경기 결과에 관계없이 해당 경기에 대한 팀의 자격 상실을 말한다.

2. 다음 경우에 해당하는 팀은 몰수 처리한다.
   1) 팀이 일정표상의 경기 개시 시각 15분 전까지 경기장에 도착하지 않을 경우. 단, 천재지변 등 불가피한 사유는 제외한다.
   2) 등록은 하였으나 리그 참가신청서 명단에 없는 선수가 출전했을 경우
   3) 경기 당일 일정표상에 명시된 경기 시간 15분 전까지 KFA 등록증 소지자가 7명 미만일 경우
   4) 경기 도중 심판 판정 또는 기타 사유로 팀이 경기를 지연하거나 집단으로 경기장을 이탈한 뒤 감독관 등으로부터 경기 재개 통보를 받은 후 3분 이내에 경기에 임하지 않을 경우
   5) 위 '4)'의 경기 지연 또는 경기장 이탈 행위를 한 팀이 3분 이내에 경기에 임했으나 경기 재개 후 재차 경기를 지연하거나 집단으로 경기장을 이탈한 뒤, 감독관 등으로부터 경기 재개 통보를 받은 후 주어진 3분 중에서 잔여 시간 내에 경기를 재개하지 않을 경우
   6) 등록하지 않은 선수가 경기에 출전한 경우
   7) 다른 선수의 KFA 등록증을 제출 후 경기에 참가시킨 경우

8) 그 외의 경기 출전 자격 위반 행위나 경기 포기 행위를 할 경우

3. 해당 경기 몰수 팀에 대해서는 패 처리하며, 상대팀에게는 스코어 3 : 0 승리로 처리한다. 또한 본 대회에서는 승점 3점을 준다. 단, 세 골 차 이상으로 승리했거나 이기고 있었을 경우에는 해당 스코어를 그대로 인정한다.

4. 몰수 처리 경기라 하더라도 득점, 경고, 퇴장 등 양 팀 선수 개인의 경기 기록 및 실적은 인정한다. 단, 몰수팀의 출전 자격이 없는 선수가 경기출전 시 해당 선수의 기록 및 실적은 인정하지 않는다.

**제20조 (실격)**_ 1. 실격이라 함은 본 대회 모든 경기에 대한 팀의 자격 상실을 말한다.

2. 다음 경우에 해당하는 팀은 실격으로 처리한다.

1) 참가 신청 후 본 대회 전체 일정에 대한 불참 의사를 밝힌 경우

2) 본 대회의 잔여 경기를 더 이상 치를 수 없는 상황이 발생한 경우

3) 본 대회에서 2회 몰수된 경우

3. 대회 전체경기 수의 1/2 이상을 수행하지 않았을 때, 실격된 경우에는 실격 팀과의 잔여 경기를 허용하지 않으며 대회에서 얻은 승점 및 스코어를 모두 무효 처리한다. 단, 대회 전체 경기수의 1/2 후에 실격 팀이 발생한 경우에는 이전 경기결과를 인정하고, 잔여경기는 3 : 0으로 처리한다.

4. 실격 팀과의 경기라 하더라도 득점, 경고, 퇴장 등 양 팀 선수 개인의 경기 기록 및 실적은 인정한다. 단, 실격 팀의 출전 자격이 없는 선수가 경기출전 시 해당 선수의 기록 및 실적은 인정하지 않는다.

5. 실격 또는 중도 하차를 하게 되는 팀은 리그 라이선스가 박탈되고 재참가를 원할 시에 리그 라이선스를 신규로 신청해야 한다. 단, 대한축구협회 및 시도협회는 필요시 별도 심의를 통해 라이선스 신규 신청 과정을 거치지 않고 해당 팀의 리그 참가 여부를 결정할 수 있다.

**제 21조 (징계 회부 사항)**_ 경기와 관련하여 아래 사항에 대해서는 공정소위원회에 회부하여 징계를 심의한다.

1. 징계기간 미경과 선수가 출전하였을 경우
2. 징계 중인 지도자가 팀 벤치 또는 공개된 장소에서 지도 행위를 했을 경우
3. 경기 중 지도자 또는 임원이 벤치 이외의 장소에서 팀을 지도했을 경우
4. 경기 중 앰프를 사용한 응원을 했을 경우
5. 몰수 또는 실격 행위를 했을 경우
6. 등록 또는 리그 참가 신청과 관련한 문제로 인해 징계 심의가 필요한 경우
7. 근거 없이 경기 진행에 지장을 주는 항의를 하였다고 판단될 경우
8. 기타 대회 중 발생한 경기장 질서문란 행위 및 경기 중 또는 경기 후에라도 심각한 반칙행위나 불법 행위가 적발되어 징계 심의가 필요하다고 인정되는 경우
9. 유급선수가 유급 직전 년도에 최종 출전한 경기일이 경과하지 않은 상태에서 출전하였을 경우
10. 경기 중 폭언, 폭설(욕설), 인격모독, 성희롱 행위를 한 지도자, 임원, 선수의 경우
11. 이적 후 출전 정지 기간 미경과 선수가 출전하였을 경우
12. 3명 이상의 연령초과선수를 출전시킨 경우 (조기입학으로 인하여 유급한 자는 제외)
13. KFA 등록증을 패용하지 않은 지도자, 선수, 임원이 팀 벤치에 착석하거나 지도행위를 할 수 없는 사람이 지도행위를 한 경우

**제22조 (시상)**_ 본 대회의 시상은 전반기(1~9R) 1회, 후반기(1~13R) 1회로 총 2회 진행하며, 내역은 다음과 같다.

1. 단체상 : 우승, 준우승, 3위, 페어플레이팀

※ 우승, 준우승 : 트로피, 상장 수여 / 3위, 페어플레이팀상 : 상장 수여

※ 후반기의 우승, 준우승, 3위는 상위그룹(A조)만 시상한다.

※ 후반기 페어플레이팀은 상하위 그룹(A, B조) 통합하여 시상한다.

2. 개인상 : 최우수선수상, 득점상, 수비상, GK상, 최우수지도자상, 득점상
3. 득점상의 경우 다득점 선수 - 출전경기수가 적은 선수 - 출전시간이 적은 선수 순으로 한다.
4. 득점상의 경우 3명 이상일 때는 시상을 취소한다.
5. 대회 중 퇴장조치 이상의 징계를 받은 선수 및 지도자는 경중에 따라 시상에서 제외될 수 있다.
6. 본 대회에서 몰수 이상(승점 감점 포함)의 팀 징계를 받을 경우 모든 시상 및 포상의 지급 대상에서 제외하고 환수조치한다.
7. 전체 경기수 중 30% 이상의 경기를 미실시한 구단과 그 소속 선수는 단체상 및 개인상 시상에서 제외한다.
8. 특별한 사유가 발생할 경우 시상 내역이 변경될 수 있으며, 시상에 관련한 사항은 운영본부 결정에 의한다.

**제23조 (도핑)**_ 1. 도핑방지규정은 선수의 건강보호와 공정한 경기운영을 위함이며, 협회에 등록된 선수 및 임원은 한국도핑방지위원회(www.kada-ad.or.kr)의 규정을 숙지하고 준수할 의무가 있다.

2. 본 대회 기간 중 한국도핑방지위원회(이하 'KADA')에서 불특정 지목되어진 선수는 KADA에서 시행하는 도핑검사 절차를 반드시 준수해야 한다.
3. 본 대회 전 또는 기간 중 치료를 위해 금지약물을 복용할 경우, KADA의 지침에 따라 해당 선수는 치료 목적 사용면책(이하 'TUE') 신청서를 작성/제출해야 한다.
4. 협회 등록 소속 선수 및 관계자 (감독, 코치, 트레이너, 팀의무, 기타임원 등 모든 관계자)는 항상 도핑을 방지할 의무가 있으며, 본 규정에 따라 KADA의 도핑검사 절차에 어떠한 방식으로도 관여할 수 없다.
5. 도핑검사 후 금지물질이 검출된 경우 KADA의 제재 조치를 따라야 한다.

**제24조 (기타)**_ 1. 경기에 참가하는 팀은 경기 당일 유니폼 2벌(스타킹 포함)을 필히 지참해야 한다. 경기에 참가하는 두 팀의 유니폼(스타킹 포함) 색상이 동일할 때는 원정팀이 보조 유니폼(스타킹 포함)을 착용한다. 이도 동일하거나 색상 구분이 명확하지 않을 경우에는 홈팀이 보조 유니폼을 착용한다(이 외의 상황은 리그운영감독관 및 심판진의 결정에 따른다).

2. 경기에 출전하는 선수의 상하 유니폼 번호는 반드시 리그 참가신청서에 기재된 것과 동일해야 하며, 번호 표기는 유니폼 색상과 명확히 판별할 수 있게 해야 한다. 번호가 동일하지 않을 경우 해당 선수는 참가 신청서에 기재된 번호가 새겨진 유니폼으로 갈아입은 후 출전해야 한다. 이를 위반하는 선수는 해당 경기에 출전할 수 없다.
3. 경기에 출전하는 모든 선수들(선발선수 11명 외 교체선수 포함)은 KFA 등록증을 지참하여 경기 시작 전 리그운영감독관에게 제출하여 확인을 받아야 한다. KFA 등록증을 지참하지 않았을 시, 해당 선수는 경기에 출전하지 못한다. 교체 선수는 본인의 KFA 등록증을 지참 후 리그운영감독관에게 직접 제출하여 교체 승인 후 교체되어야 한다.
4. 출전선수는 신체 보호를 위해 반드시 정강이 보호대(Shin Guard)를 착용하고 경기에 임해야 한다.
5. 기능성 의류를 입고 출전할 때는, 상·하 유니폼과 각각 동일한 색상을 입어야 한다.
6. 경기에 출전하는 팀의 주장 선수는 완장을 차고 경기에 출전하여야 한다.
7. 스타킹 위에 테이핑 또는 비슷한 재질의 색상은 스타킹의 주 색상과 같아야 한다.
8. 경기에 참가하는 팀은 팀과 무관한 국내외 다른 팀의 엠블럼이나 명칭을 사용할 수 없으며, 다른 선수의 이름이 부착된 유니폼을 착용해서는 안 된다.
9. 대회에 참가하는 모든 선수는 참가팀에서 반드시 심장, 호흡기관 등 신체 건강에 이상이 없는지 점검한 후 선수를 출전시켜야 하며, 이로 인한 사고가 발생할 경우 해당 팀에 그 책임이 있다.
10. 참가팀은 선수 부상을 비롯한 각종 사고에 대비하기 위해 보험 가입을 권장한다.
11. 경기와 관련한 제소는 육하원칙에 의해 팀 대표자 명의로 공문을 작성하여 경기 종료 후 48시간 이내에 하여야 한다. 경기 중 제소는 허용하지

않으며, 심판 판정에 대한 제소는 대상에서 제외한다.

12. 리그에 참가하는 팀은 반드시 리그운영규정을 확인하고 숙지해야 할 의무가 있다. 또한 경고, 퇴장, 공정(소)위원회 징계 등에 따라 출전이 정지된 선수, 지도자, 임원의 출전으로 인한 모든 책임 및 미확인(숙지)에 따른 불이익은 해당 팀이 감수하여야 한다.

13. 리그에 참가하는 팀은 반드시 대한축구협회 통합 온라인 시스템(joinkfa. com)을 통하여 리그 참가에 관한 일체의 정보(공문서, 안내문,공지사항 등)를 확인할 의무가 있으며, 미확인(숙지)에 따른 불이익은 참가팀이 감수하여야 한다.

14. 대회운영은 협회 국내대회승인 및 운영규정에 의거하여 실시한다.

15. 본 대회는 협회 및 운영본부로부터 기승인된 EPTS 시스템을 운영하며, 세부사항은 FIFA 경기규칙서(규칙 4.선수의 장비 내 4.기타 장비)에 따른다.

16. '코로나19' 관련 상황 발생 시, 연맹 및 협회에서 배포한 '코로나19' 대응 매뉴얼에 따른다.

**제25조 (마케팅 권리)**_ 1. 본 대회 마케팅과 관련된 모든 권리는 운영본부에 있으며, 미승인된 마케팅의 활동은 금지한다.

2. 참가팀은 운영본부의 상업적 권리 사용에 대해 적극 협조하여야 한다.

**제26조 (부칙)**_ 1. 본 대회규정에 명시되지 않은 사항은 운영본부의 결정 및 전국 초중고 축구리그 운영 규정에 따른다.

2. 대회 중 징계사항은 대회운영본부의 확인 후, 초중고 리그 공정위원회의 결정에 따른다.

## 2025 K리그 주니어 U18 경기일정표 및 결과

전반기_ 고등축구리그 A

| 경기일자 | 경기시간 | 홈팀 | 결과 | 원정팀 | 경기장 |
|---|---|---|---|---|---|
| 03.08(토) | 14:00 | 서울E | 1:7 | 성 남 | 설악생활체육공원 |
| 03.08(토) | 12:00 | 제 주 | 0:3 | 서 울 | 공천포A구장 |
| 03.14(금) | 16:00 | 수원FC | 1:1 | 충남아산 | 수원종합운동장 보조구장 |
| 03.15(토) | 14:00 | 천 안 | 1:3 | 제 주 | 천안축구센터인조3구장 |
| 03.21(금) | 12:00 | 충남아산 | 5:0 | 서울E | 아산선장축구장 2구장 |
| 03.22(토) | 14:00 | 제 주 | 3:2 | 수원FC | 공천포A구장 |
| 03.22(토) | 14:00 | 서 울 | 3:2 | 천 안 | GS챔피언스파크 |
| 03.27(목) | 14:00 | 안 양 | 3:1 | 충남아산 | 자유공원 |
| 03.28(금) | 16:00 | 수원FC | 1:1 | 서 울 | 수원종합운동장 보조구장 |
| 03.29(토) | 14:00 | 서울E | 1:3 | 제 주 | 설악생활체육공원 |
| 03.29(토) | 14:00 | 천 안 | 1:2 | 성 남 | 천안축구센터인조3구장 |
| 04.02(수) | 16:00 | 안 양 | 3:1 | 수원FC | 자유공원 |
| 04.05(토) | 14:00 | 서 울 | 1:0 | 성 남 | GS챔피언스파크 |
| 04.05(토) | 14:00 | 서울E | 1:0 | 안 양 | 설악생활체육공원 |
| 04.11(금) | 14:00 | 천 안 | 3:4 | 안 양 | 천안축구센터인조3구장 |
| 04.12(토) | 14:00 | 서 울 | 8:1 | 서울E | GS챔피언스파크 |
| 04.12(토) | 14:00 | 성 남 | 4:1 | 수원FC | 성남종합운동장 |
| 04.12(토) | 14:00 | 제 주 | 0:6 | 충남아산 | 공천포A구장 |
| 04.18(금) | 14:00 | 안 양 | 2:1 | 제 주 | 자유공원 |
| 04.18(금) | 16:00 | 수원FC | 1:2 | 천 안 | 수원종합운동장 보조구장 |
| 04.19(토) | 10:00 | 충남아산 | 0:2 | 서 울 | 아산선장축구장 2구장 |
| 04.25(금) | 14:00 | 충남아산 | 2:2 | 천 안 | 아산선장축구장 2구장 |
| 04.26(토) | 14:00 | 제 주 | 1:3 | 성 남 | 공천포A구장 |
| 05.02(금) | 14:00 | 성 남 | 0:1 | 안 양 | 탄천변A구장 |
| 05.03(토) | 14:00 | 서울E | 2:3 | 수원FC | 청평생활체육공원 |
| 05.10(토) | 14:00 | 천 안 | 2:1 | 서울E | 천안북부스포츠센터 |
| 05.10(토) | 14:00 | 서 울 | 3:1 | 안 양 | GS챔피언스파크 |
| 05.10(토) | 14:00 | 성 남 | 3:2 | 충남아산 | 성남종합운동장 |

전반기_ 고등축구리그 B

| 경기일자 | 경기시간 | 홈팀 | 결과 | 원정팀 | 경기장 |
|---|---|---|---|---|---|
| 03.08(토) | 10:30 | 김 포 | 0:3 | 강 원 | 양촌골든밸리 축구장 |
| 03.08(토) | 14:00 | 대 전 | 0:4 | 수 원 | 안영생활체육공원 |
| 03.14(금) | 17:00 | 대 전 | 2:2 | 김 포 | 안영생활체육공원 |
| 03.15(토) | 10:00 | 충북청주 | 3:2 | 강 원 | 청주흥덕축구공원1구장 |
| 03.22(토) | 10:00 | 인 천 | 2:2 | 대 전 | 인천유나이티드축구센터 |
| 03.22(토) | 14:00 | 부 천 | 4:4 | 충북청주 | 부천체육관 |
| 03.29(토) | 10:00 | 충북청주 | 1:3 | 인 천 | 청주흥덕축구공원1구장 |
| 03.29(토) | 12:00 | 강 원 | 4:0 | 안 산 | 강릉제일고 |
| 04.04(금) | 14:00 | 수 원 | 3:0 | 강 원 | 오산종합운동장 |
| 04.05(토) | 11:00 | 안 산 | 0:2 | 충북청주 | 안산 시낭운동장 |
| 04.05(토) | 10:00 | 인 천 | 5:2 | 김 포 | 인천유나이티드축구센터 |
| 04.05(토) | 14:00 | 대 전 | 3:2 | 부 천 | 안영생활체육공원 |
| 04.12(토) | 10:00 | 충북청주 | 1:3 | 수 원 | 청주흥덕축구공원1구장 |
| 04.12(토) | 11:00 | 안 산 | 1:2 | 김 포 | 안산 시낭운동장 |
| 04.12(토) | 14:00 | 부 천 | 1:0 | 인 천 | 부천체육관 |
| 04.18(금) | 14:00 | 수 원 | 4:1 | 안 산 | 오산종합운동장 |
| 04.19(토) | 10:30 | 김 포 | 0:4 | 부 천 | 양촌골든밸리 축구장 |
| 04.26(토) | 14:00 | 부 천 | 5:3 | 강 원 | 부천체육관 |
| 04.26(토) | 10:00 | 인 천 | 0:1 | 수 원 | 인천유나이티드축구센터 |
| 04.29(화) | 11:00 | 안 산 | 2:3 | 인 천 | 안산 시낭운동장 |
| 04.30(수) | 15:00 | 강 원 | 3:2 | 대 전 | 강릉제일고 |
| 05.02(금) | 14:00 | 부 천 | 3:0 | 안 산 | 부천체육관 |
| 05.03(토) | 10:30 | 김 포 | 0:10 | 수 원 | 양촌골든밸리 축구장 |
| 05.06(화) | 14:00 | 대 전 | 1:1 | 충북청주 | 안영생활체육공원 |
| 05.09(금) | 15:30 | 수 원 | 3:1 | 부 천 | 수원W 인조1 |
| 05.10(토) | 14:00 | 안 산 | 0:5 | 대 전 | 안산 시낭운동장 |
| 05.10(토) | 14:00 | 강 원 | 2:1 | 인 천 | 강릉제일고 |
| 05.10(토) | 14:00 | 충북청주 | 1:2 | 김 포 | 청주흥덕축구공원1구장 |

전반기_ 고등축구리그 C

| 경기일자 | 경기시간 | 홈팀 | 결과 | 원정팀 | 경기장 |
|---|---|---|---|---|---|
| 03.07(금) | 11:00 | 경 남 | 1:0 | 전 북 | 진주스포츠파크 |
| 03.08(토) | 11:00 | 김 천 | 1:2 | 광 주 | 경북보건대(인) |
| 03.08(토) | 10:00 | 울 산 | 1:1 | 대 구 | 현대고 |
| 03.15(토) | 14:00 | 부 산 | 7:1 | 김 천 | 개성고 |
| 03.15(토) | 11:00 | 대 구 | 0:2 | 경 남 | 현풍고 |
| 03.15(토) | 10:00 | 울 산 | 2:1 | 전 남 | 현대고 |
| 03.15(토) | 10:00 | 전 북 | 1:2 | 포 항 | 금산중 |
| 03.22(토) | 11:00 | 김 천 | 2:3 | 울 산 | 신음근린공원 축구장 |
| 03.22(토) | 11:00 | 경 남 | 0:0 | 부 산 | 진주스포츠파크 |
| 03.22(토) | 11:00 | 광 주 | 4:2 | 전 북 | 금호고 |
| 03.22(토) | 10:00 | 포 항 | 1:0 | 대 구 | 포철고 인조잔디구장 |
| 03.29(토) | 11:00 | 대 구 | 1:2 | 광 주 | 현풍고 |
| 03.29(토) | 10:00 | 전 남 | 1:3 | 김 천 | 광양중앙하수처리장 인조 |
| 03.29(토) | 14:00 | 부 산 | 6:1 | 포 항 | 개성고 |
| 03.29(토) | 11:00 | 울 산 | 1:1 | 경 남 | 현대고 |
| 04.04(금) | 11:00 | 전 북 | 1:3 | 부 산 | 봉동생강골축구장 |
| 04.04(금) | 11:00 | 경 남 | 1:0 | 전 남 | 진주스포츠파크 |
| 04.05(토) | 11:00 | 김 천 | 0:0 | 대 구 | 경북보건대(인) |
| 04.05(토) | 11:00 | 광 주 | 1:2 | 포 항 | 금호고 |
| 04.12(토) | 11:00 | 대 구 | 1:4 | 전 북 | 현풍고 |
| 04.12(토) | 11:00 | 포 항 | 2:2 | 경 남 | 포철고 인조잔디구장 |
| 04.12(토) | 11:00 | 전 남 | 0:1 | 광 주 | 광양중앙하수처리장 인조 |
| 04.12(토) | 14:00 | 부 산 | 2:4 | 울 산 | 개성고등학교 |
| 04.18(금) | 10:00 | 전 북 | 2:1 | 전 남 | 봉동생강골축구장 |

| | | | | | |
|---|---|---|---|---|---|
| 04.18(금) | 13:00 | 경남 | 1:1 | 김천 | 진주스포츠파크 |
| 04.19(토) | 11:00 | 광주 | 5:1 | 부산 | 금호고등학교 |
| 04.19(토) | 10:00 | 포항 | 2:2 | 울산 | 포철고 인조잔디구장 |
| 04.25(금) | 11:00 | 김천 | 1:6 | 전북 | 경북보건대학교(인) |
| 04.26(토) | 10:00 | 전남 | 1:9 | 포항 | 광양중앙하수처리장 인조 |
| 04.26(토) | 14:00 | 울산 | 1:5 | 광주 | 현대고등학교 |
| 04.26(토) | 14:00 | 부산 | 3:1 | 대구 | 개성고등학교 |
| 05.03(토) | 10:00 | 전남 | 1:3 | 부산 | 광양중앙하수처리장 인조 |
| 05.03(토) | 11:00 | 포항 | 3:2 | 김천 | 포철고 인조잔디구장 |
| 05.10(토) | 14:00 | 전북 | 5:3 | 울산 | 전북현대클럽하우스 |
| 05.10(토) | 14:00 | 광주 | 1:1 | 경남 | 금호고등학교 |
| 05.10(토) | 14:00 | 대구 | 1:0 | 전남 | 현풍고 |

후반기_ 상위스플릿

| 경기일자 | 경기시간 | 홈팀 | 결과 | 원정팀 | 경기장 |
|---|---|---|---|---|---|
| 06.13(금) | 11:00 | 경남 | 2:1 | 안양 | 진주스포츠파크 |
| 06.13(금) | 11:00 | 전북 | 2:3 | 인천 | 전북현대클럽하우스 |
| 06.14(토) | 11:00 | 서울 | 1:1 | 포항 | GS챔피언스파크 |
| 06.14(토) | 11:00 | 광주 | 5:1 | 부천 | 금호고등학교 |
| 06.18(수) | 14:00 | 안양 | 1:0 | 부천 | 부천체육관 |
| 06.20(금) | 11:00 | 인천 | 3:1 | 성남 | 인천유나이티드축구센터 |
| 06.20(금) | 16:00 | 강원 | 1:7 | 전북 | 강릉제일고 |
| 06.20(금) | 11:00 | 경남 | 1:1 | 광주 | 진주스포츠파크 |
| 06.26(목) | 14:00 | 제주 | 1:5 | 수원 | 걸매A구장 |
| 06.27(금) | 11:00 | 전북 | 3:1 | 안양 | 전북현대클럽하우스 |
| 06.27(금) | 18:00 | 서울 | 3:0 | 인천 | GS챔피언스파크 |
| 06.28(토) | 10:00 | 포항 | 3:0 | 성남 | 포철고 인조잔디구장 |
| 07.04(금) | 10:00 | 인천 | 3:3 | 광주 | 인천유나이티드축구센터 |
| 07.04(금) | 11:00 | 제주 | 0:3 | 경남 | 걸매A구장 |
| 08.09(토) | 16:00 | 제주 | 2:4 | 강원 | 효돈A구장 |
| 08.22(금) | 17:00 | 안양 | 1:2 | 제주 | 자유공원 |
| 08.30(토) | 11:00 | 경남 | 5:3 | 포항 | 진주스포츠파크 |
| 09.05(금) | 15:00 | 제주 | 1:4 | 부천 | 걸매B구장 |
| 09.05(금) | 10:00 | 포항 | 0:1 | 인천 | 포철고 인조잔디구장 |
| 09.05(금) | 11:00 | 경남 | 5:0 | 강원 | 진주스포츠파크 |
| 09.05(금) | 10:00 | 전북 | 0:1 | 성남 | 전북현대클럽하우스 |
| 09.06(토) | 11:00 | 광주 | 2:1 | 안양 | 금호고등학교 |
| 09.10(수) | 16:30 | 강원 | 1:2 | 수원 | 강릉제일고 |
| 09.12(금) | 16:00 | 인천 | 3:0 | 제주 | 인천유나이티드축구센터 |
| 09.12(금) | 15:00 | 전북 | 1:4 | 광주 | 전북현대클럽하우스 |
| 09.12(금) | 16:00 | 부천 | 0:5 | 수원 | 부천체육관 |
| 09.13(토) | 16:00 | 부산 | 1:5 | 경남 | 개성고등학교 |
| 09.13(토) | 17:00 | 성남 | 2:2 | 서울 | 성남종합운동장 |
| 09.13(토) | 17:00 | 안양 | 2:2 | 포항 | 자유공원 |
| 09.17(수) | 16:00 | 광주 | 3:0 | 강원 | 금호고등학교 |
| 09.19(금) | 11:00 | 인천 | 3:1 | 부천 | 인천유나이티드축구센터 |
| 09.20(토) | 11:00 | 포항 | 2:1 | 전북 | 포철고 인조잔디구장 |
| 09.20(토) | 12:00 | 강원 | 2:3 | 부산 | 강릉제일고 |
| 09.20(토) | 11:00 | 수원 | 2:1 | 안양 | 수원W 인조1 |
| 09.20(토) | 11:00 | 성남 | 2:0 | 경남 | 성남종합운동장 |
| 09.23(화) | 13:30 | 수원 | 1:3 | 서울 | 수원W 인조1 |
| 09.26(금) | 11:00 | 경남 | 3:2 | 인천 | 진주스포츠파크 |
| 09.26(금) | 14:00 | 전북 | 2:3 | 서울 | 전북현대클럽하우스 |
| 09.27(토) | 17:00 | 안양 | 0:4 | 성남 | 자유공원 |
| 09.27(토) | 12:00 | 제주 | 0:2 | 포항 | 걸매A구장 |
| 09.27(토) | 11:00 | 광주 | 4:1 | 수원 | 금호고등학교 |
| 10.01(수) | 11:00 | 부산 | 3:1 | 광주 | 개성고등학교 |
| 10.02(목) | 17:00 | 안양 | 3:6 | 서울 | 자유공원 |
| 10.02(목) | 13:30 | 수원 | 1:2 | 포항 | 수원W 인조1 |
| 10.03(금) | 11:00 | 전북 | 3:2 | 경남 | 전북현대클럽하우스 |
| 10.04(토) | 15:00 | 부산 | 3:1 | 제주 | 개성고등학교 |
| 10.18(토) | 11:00 | 포항 | 3:3 | 부천 | 포철고 인조잔디구장 |
| 10.18(토) | 12:00 | 강원 | 2:0 | 안양 | 강릉제일고 |
| 10.18(토) | 16:00 | 성남 | 2:3 | 수원 | 성남종합운동장 |
| 10.22(수) | 14:00 | 부천 | 0:2 | 강원 | 오정대공원 |
| 10.25(토) | 11:00 | 부산 | 1:0 | 인천 | 개성고등학교 |
| 10.25(토) | 12:00 | 강원 | 1:1 | 서울 | 강릉제일고 |
| 10.27(월) | 11:00 | 부산 | 1:4 | 전북 | 개성고등학교 |
| 10.29(수) | 14:00 | 부천 | 0:3 | 부산 | 오정대공원 |
| 10.31(금) | 14:00 | 제주 | 1:3 | 전북 | 걸매A구장 |
| 10.31(금) | 15:00 | 인천 | 1:1 | 안양 | 인천유나이티드축구센터 |
| 11.01(토) | 14:00 | 서울 | 3:1 | 광주 | GS챔피언스파크 |
| 11.01(토) | 11:00 | 포항 | 1:1 | 부산 | 포철고 인조잔디구장 |
| 11.01(토) | 10:00 | 성남 | 0:2 | 강원 | 성남종합운동장 |
| 11.04(화) | 14:00 | 부천 | 3:4 | 전북 | 부천체육관 |
| 11.04(화) | 15:00 | 경남 | 3:1 | 수원 | 진주스포츠파크 |
| 11.05(수) | 16:00 | 성남 | 2:1 | 제주 | 탄천변B구장 |
| 11.05(수) | 11:00 | 서울 | 0:1 | 부산 | GS챔피언스파크 |
| 11.08(토) | 14:00 | 부천 | 1:5 | 서울 | 부천체육관 |
| 11.08(토) | 15:00 | 광주 | 7:2 | 제주 | 금호고등학교 |
| 11.08(토) | 13:30 | 수원 | 5:2 | 인천 | 수원W 인조1 |
| 11.08(토) | 14:00 | 부산 | 3:0 | 성남 | 개성고등학교 |
| 11.08(토) | 12:00 | 강원 | 3:1 | 포항 | 강릉제일고 |
| 11.11(화) | 13:30 | 수원 | 1:4 | 부산 | 수원W 인조1 |
| 11.11(화) | 14:00 | 부천 | 2:3 | 경남 | 부천체육관 |
| 11.12(수) | 15:00 | 서울 | 4:1 | 제주 | GS챔피언스파크 |
| 11.12(수) | 11:00 | 광주 | 3:1 | 성남 | 옐로우시티스타디움보조구장 |
| 11.14(금) | 11:00 | 인천 | 1:0 | 강원 | 인천유나이티드축구센터 |
| 11.14(금) | 13:30 | 수원 | 3:0 | 전북 | 수원W 인조1 |
| 11.15(토) | 14:00 | 서울 | 0:0 | 경남 | GS챔피언스파크 |
| 11.15(토) | 14:00 | 성남 | 2:1 | 부천 | 성남종합운동장 |
| 11.15(토) | 14:00 | 포항 | 2:4 | 광주 | 포철고 인조잔디구장 |
| 11.15(토) | 14:00 | 안양 | 1:3 | 부산 | 자유공원 |

후반기_ 하위스플릿

| 경기일자 | 경기시간 | 홈팀 | 결과 | 원정팀 | 경기장 |
|---|---|---|---|---|---|
| 06.14(토) | 10:00 | 충북청주 | 0:4 | 전남 | 흥덕축구공원 |
| 06.14(토) | 11:00 | 대전 | 0:1 | 대구 | 안영생활체육공원 |
| 06.14(토) | 11:00 | 울산 | 2:3 | 수원FC | 현대고등학교 |
| 06.14(토) | 16:00 | 천안 | 1:2 | 충남아산 | 천안축구센터인조1구장 |
| 06.20(금) | 18:00 | 수원FC | 1:1 | 서울E | 수원종합운동장 보조구장 |
| 06.21(토) | 14:00 | 김포 | 2:1 | 안산 | 양촌골든밸리 축구장 |
| 06.21(토) | 11:00 | 김천 | 2:4 | 대전 | 경북보건대학교(인) |
| 06.27(금) | 16:00 | 천안 | 1:6 | 수원FC | 천안축구센터인조3구장 |
| 06.28(토) | 10:00 | 충북청주 | 3:2 | 김천 | 흥덕축구공원 |
| 06.28(토) | 14:00 | 전남 | 3:2 | 김포 | 광양중앙하수처리장 인조 |
| 06.28(토) | 11:00 | 충남아산 | 3:1 | 안산 | 아산선장축구장 2구장 |
| 08.29(금) | 18:30 | 김포 | 3:3 | 서울E | 양촌골든밸리 축구장 |
| 08.30(토) | 10:00 | 대전 | 5:2 | 천안 | 안영생활체육공원 |
| 08.30(토) | 11:00 | 울산 | 0:3 | 충북청주 | 현대고등학교 |
| 08.30(토) | 15:00 | 안산 | 0:2 | 대구 | 와동인조잔디구장 |
| 09.03(수) | 14:00 | 서울E | 0:5 | 울산 | 설악생활체육공원 |
| 09.05(금) | 14:00 | 천안 | 0:3 | 울산 | 천안축구센터인조3구장 |
| 09.06(토) | 10:00 | 충북청주 | 2:2 | 대전 | 흥덕축구공원 |

| | | | | | |
|---|---|---|---|---|---|
| 09.06(토) | 11:00 | 충남아산 | 2:3 | 수원FC | 아산선장축구장 2구장 |
| 09.06(토) | 11:00 | 김 천 | 2:3 | 김 포 | 경북보건대학교(인) |
| 09.12(금) | 18:00 | 수원FC | 6:1 | 충북청주 | 수원종합운동장 보조구장 |
| 09.12(금) | 19:00 | 김 포 | 3:2 | 천 안 | 양촌골든밸리 축구장 |
| 09.13(토) | 10:00 | 대 전 | 3:2 | 안 산 | 안영생활체육공원 |
| 09.13(토) | 12:00 | 서울E | 1:3 | 전 남 | 설악생활체육공원 |
| 09.13(토) | 10:00 | 대 구 | 2:2 | 충남아산 | 현풍고 |
| 09.17(수) | 14:00 | 울 산 | 2:2 | 김 천 | 현대고등학교 |
| 09.19(금) | 11:00 | 충남아산 | 1:2 | 대 전 | 아산선장축구장 2구장 |
| 09.20(토) | 12:00 | 안 산 | 0:3 | 수원FC | 와동인조잔디구장 |
| 09.20(토) | 14:00 | 충북청주 | 2:1 | 서울E | 흥덕축구공원 |
| 09.20(토) | 10:00 | 전 남 | 3:3 | 울 산 | 광양중앙하수처리장 인조 |
| 09.24(수) | 16:00 | 전 남 | 2:2 | 대 전 | 광양중앙하수처리장 인조 |
| 09.27(토) | 11:00 | 김 천 | 3:2 | 전 남 | 경북보건대학교(인) |
| 09.27(토) | 11:00 | 울 산 | 2:1 | 충남아산 | 현대고등학교 |
| 09.27(토) | 14:00 | 천 안 | 0:2 | 안 산 | 천안북부스포츠센터 |
| 09.27(토) | 10:00 | 대 전 | 4:2 | 서울E | 안영생활체육공원 |
| 10.01(수) | 15:00 | 대 구 | 4:1 | 천 안 | 현풍고 |
| 10.02(목) | 10:30 | 서울E | 1:3 | 김 천 | 효창운동장 |
| 10.02(목) | 18:00 | 수원FC | 2:0 | 전 남 | 수원종합운동장 보조구장 |
| 10.02(목) | 14:00 | 충남아산 | 1:0 | 김 포 | 아산선장축구장 2구장 |
| 10.18(토) | 11:00 | 김 포 | 3:2 | 충북청주 | 양촌골든밸리 축구장 |
| 10.18(토) | 15:00 | 안 산 | 2:1 | 김 천 | 안산풍경구장 |
| 10.24(금) | 14:00 | 서울E | 1:4 | 충남아산 | 청평생활체육공원 |
| 10.25(토) | 10:00 | 충북청주 | 1:2 | 대 구 | 흥덕축구공원 |
| 10.25(토) | 11:00 | 울 산 | 5:0 | 안 산 | 현대고등학교 |
| 10.25(토) | 10:00 | 전 남 | 3:2 | 천 안 | 광양중앙하수처리장 인조 |
| 10.28(화) | 10:30 | 대 구 | 1:1 | 서울E | 현풍고 |
| 10.30(목) | 14:00 | 대 구 | 4:4 | 울 산 | 현풍고 |
| 10.30(목) | 15:00 | 천 안 | 1:2 | 김 천 | 천안축구센터인조3구장 |
| 10.31(금) | 18:00 | 수원FC | 3:1 | 김 포 | 수원종합운동장 보조구장 |
| 11.01(토) | 11:00 | 충남아산 | 4:0 | 충북청주 | 아산선장축구장 2구장 |
| 11.01(토) | 12:00 | 안 산 | 1:1 | 전 남 | 와동인조잔디구장 |
| 11.01(토) | 12:00 | 대 전 | 2:1 | 울 산 | 안영생활체육공원 |
| 11.05(수) | 18:00 | 수원FC | 4:5 | 대 구 | 수원종합운동장 보조구장 |
| 11.07(금) | 16:00 | 김 포 | 1:3 | 대 전 | 양촌골든밸리 축구장 |
| 11.07(금) | 14:00 | 김 천 | 3:2 | 충남아산 | 경북보건대학교(인) |
| 11.08(토) | 10:00 | 전 남 | 1:3 | 대 구 | 광양중앙하수처리장 인조 |
| 11.08(토) | 10:00 | 충북청주 | 0:0 | 안 산 | 흥덕축구공원 |
| 11.08(토) | 11:30 | 서울E | 2:3 | 천 안 | 효창운동장 |
| 11.10(월) | 11:00 | 대 구 | 2:0 | 김 포 | 현풍고 |
| 11.12(수) | 11:00 | 김 천 | 6:3 | 수원FC | 경북보건대학교(인) |
| 11.12(수) | 14:00 | 울 산 | 4:3 | 김 포 | 간절곶스포츠파크A |
| 11.14(금) | 14:00 | 천 안 | 0:1 | 충북청주 | 천안축구센터인조3구장 |
| 11.14(금) | 14:00 | 안 산 | 0:1 | 서울E | 와동인조잔디구장 |
| 11.15(토) | 14:00 | 대 전 | 2:1 | 수원FC | 안영생활체육공원 |
| 11.15(토) | 14:00 | 충남아산 | 0:0 | 전 남 | 아산선장축구장 2구장 |
| 11.15(토) | 10:00 | 대 구 | 2:1 | 김 천 | 현풍고 |

## 2025 K리그 주니어 U18 팀 순위

전반기_ 고등축구리그 A

| 순위 | 팀명 | 승점 | 승 | 무 | 패 | 득점 | 실점 | 득실차 |
|---|---|---|---|---|---|---|---|---|
| 1 | 서 울 | 19 | 6 | 1 | 0 | 21 | 5 | 16 |
| 2 | 성 남 | 15 | 5 | 0 | 2 | 19 | 8 | 11 |
| 3 | 안 양 | 15 | 5 | 0 | 2 | 14 | 10 | 4 |
| 4 | 제 주 | 9 | 3 | 0 | 4 | 11 | 18 | -7 |
| 5 | 충남아산 | 8 | 2 | 2 | 3 | 17 | 11 | 6 |
| 6 | 천 안 | 7 | 2 | 1 | 4 | 13 | 16 | -3 |
| 7 | 수원FC | 5 | 1 | 2 | 4 | 10 | 16 | -6 |
| 8 | 서울E | 3 | 1 | 0 | 6 | 7 | 28 | -21 |

전반기_ 고등축구리그 B

| 순위 | 팀명 | 승점 | 승 | 무 | 패 | 득점 | 실점 | 득실차 |
|---|---|---|---|---|---|---|---|---|
| 1 | 수 원 | 21 | 7 | 0 | 0 | 28 | 3 | 25 |
| 2 | 부 천 | 13 | 4 | 1 | 2 | 20 | 13 | 7 |
| 3 | 강 원 | 12 | 4 | 0 | 3 | 17 | 14 | 3 |
| 4 | 인 천 | 10 | 3 | 1 | 3 | 14 | 11 | 3 |
| 5 | 대 전 | 9 | 2 | 3 | 2 | 15 | 14 | 1 |
| 6 | 충북청주 | 8 | 2 | 2 | 3 | 13 | 15 | -2 |
| 7 | 김 포 | 7 | 2 | 1 | 4 | 8 | 26 | -18 |
| 8 | 안 산 | 0 | 0 | 0 | 7 | 4 | 23 | -19 |

전반기_ 고등축구리그 C

| 순위 | 팀명 | 승점 | 승 | 무 | 패 | 득점 | 실점 | 득실차 |
|---|---|---|---|---|---|---|---|---|
| 1 | 광 주 | 19 | 6 | 1 | 1 | 21 | 9 | 12 |
| 2 | 포 항 | 17 | 5 | 2 | 1 | 22 | 15 | 7 |
| 3 | 부 산 | 16 | 5 | 1 | 2 | 25 | 14 | 11 |
| 4 | 경 남 | 14 | 3 | 5 | 0 | 9 | 5 | 4 |
| 5 | 전 북 | 12 | 4 | 0 | 4 | 21 | 16 | 5 |
| 6 | 울 산 | 12 | 3 | 3 | 2 | 17 | 19 | -2 |
| 7 | 대 구 | 5 | 1 | 2 | 5 | 5 | 13 | -8 |
| 8 | 김 천 | 5 | 1 | 2 | 5 | 11 | 23 | -12 |
| 9 | 전 남 | 0 | 0 | 0 | 8 | 5 | 22 | -17 |

후반기_ 상위스플릿

| 순위 | 팀명 | 승점 | 승 | 무 | 패 | 득점 | 실점 | 득실차 |
|---|---|---|---|---|---|---|---|---|
| 1 | 부 산 | 28 | 9 | 1 | 2 | 27 | 16 | 11 |
| 2 | 광 주 | 26 | 8 | 2 | 2 | 38 | 19 | 19 |
| 3 | 경 남 | 26 | 8 | 2 | 2 | 32 | 16 | 16 |
| 4 | 서 울 | 25 | 7 | 4 | 1 | 31 | 14 | 17 |
| 5 | 수 원 | 21 | 7 | 0 | 5 | 30 | 23 | 7 |
| 6 | 인 천 | 20 | 6 | 2 | 4 | 22 | 20 | 2 |
| 7 | 전 북 | 18 | 6 | 0 | 6 | 30 | 25 | 5 |
| 8 | 포 항 | 16 | 4 | 4 | 4 | 22 | 22 | 0 |
| 9 | 성 남 | 16 | 5 | 1 | 6 | 17 | 21 | -4 |
| 10 | 강 원 | 16 | 5 | 1 | 6 | 18 | 25 | -7 |
| 11 | 안 양 | 5 | 1 | 2 | 9 | 13 | 29 | -16 |
| 12 | 부 천 | 4 | 1 | 1 | 10 | 16 | 37 | -21 |
| 13 | 제 주 | 3 | 1 | 0 | 11 | 12 | 41 | -29 |

후반기_ 하위스플릿

| 순위 | 팀명 | 승점 | 승 | 무 | 패 | 득점 | 실점 | 득실차 |
|---|---|---|---|---|---|---|---|---|
| 1 | 대 구 | 27 | 8 | 3 | 0 | 28 | 15 | 13 |
| 2 | 대 전 | 26 | 8 | 2 | 1 | 29 | 17 | 12 |
| 3 | 수원FC | 22 | 7 | 1 | 3 | 35 | 21 | 14 |
| 4 | 울 산 | 18 | 5 | 3 | 3 | 31 | 21 | 10 |
| 5 | 충남아산 | 17 | 5 | 2 | 4 | 22 | 15 | 7 |
| 6 | 전 남 | 16 | 4 | 4 | 3 | 22 | 19 | 3 |
| 7 | 김 천 | 16 | 5 | 1 | 5 | 27 | 25 | 2 |
| 8 | 충북청주 | 14 | 4 | 2 | 5 | 15 | 24 | -9 |
| 9 | 김 포 | 13 | 4 | 1 | 6 | 21 | 26 | -5 |
| 10 | 안 산 | 8 | 2 | 2 | 7 | 9 | 21 | -12 |
| 11 | 서울E | 6 | 1 | 3 | 7 | 14 | 29 | -15 |
| 12 | 천 안 | 3 | 1 | 0 | 10 | 13 | 33 | -20 |

## AFC 챔피언스리그 엘리트 2024~2025

16강

| 일자 | 한국시각 | 홈팀 | 스코어 | 원정팀 |
|---|---|---|---|---|
| 03.04 | 19:00 | 비셀 고베 (JPN) | 2 : 0 | 광주FC (KOR) |
| 03.12 | 19:00 | 광주FC (KOR) | 3 : 0 | 비셀 고베 (JPN) |

8강

| 일자 | 한국시각 | 홈팀 | 스코어 | 원정팀 |
|---|---|---|---|---|
| 04.26 | 01:30 | 알 힐랄 (KSA) | 7 : 0 | 광주FC (KOR) |

## AFC 챔피언스리그 엘리트 2025~2026

EAST조 순위

| | EAST조 | 경기 | 승 | 무 | 패 | 득실 | 승점 |
|---|---|---|---|---|---|---|---|
| 1 | 마치다 젤비아 (JPN) | 6 | 5 | 2 | 1 | 8 | 17 |
| 2 | 비셀 고베 (JPN) | 6 | 5 | 1 | 2 | 7 | 16 |
| 3 | 산프레체 히로시마 (JPN) | 6 | 4 | 3 | 1 | 4 | 15 |
| 4 | 부리람 유나이티드 (THA) | 6 | 4 | 2 | 2 | 2 | 14 |
| 5 | 멜버른 시티 (AUS) | 6 | 4 | 2 | 2 | 2 | 14 |
| 6 | 조호르 다룰 탁짐 (MAS) | 6 | 3 | 2 | 3 | 1 | 11 |
| 7 | FC서울 (KOR) | 6 | 2 | 4 | 2 | 1 | 10 |
| 8 | 강원FC (KOR)) | 6 | 2 | 3 | 3 | -2 | 9 |
| 9 | 울산 HD (KOR) | 6 | 2 | 3 | 3 | -2 | 9 |
| 10 | 청두 룽청 (CHN) | 6 | 1 | 3 | 4 | -4 | 6 |
| 11 | 상하이 선화 (CHN) | 6 | 1 | 1 | 6 | -8 | 4 |
| 12 | 상하이 하이강 (CHN) | 6 | 0 | 4 | 4 | -9 | 4 |

EAST조_ 조별리그

| 일자 | 한국시각 | 홈팀 | 스코어 | 원정팀 |
|---|---|---|---|---|
| 09.16 | 19:00 | 마치다 젤비아 (JPN) | 1 : 1 | FC서울 (KOR) |
| 09.16 | 19:00 | 강원FC (KOR)) | 2 : 1 | 상하이 선화 (CHN) |
| 09.17 | 19:00 | 울산 HD (KOR) | 2 : 1 | 청두 룽청 (CHN) |
| 09.30 | 19:00 | FC서울 (KOR) | 3 : 0 | 부리람 유나이티드 (THA) |
| 09.30 | 21:15 | 청두 룽청 (CHN) | 1 : 0 | 강원FC (KOR)) |
| 10.01 | 21:15 | 상하이 선화 (CHN) | 1 : 1 | 울산 HD (KOR) |
| 10.21 | 19:00 | 울산 HD (KOR) | 1 : 0 | 산프레체 히로시마 (JPN) |
| 10.22 | 19:00 | 강원FC (KOR)) | 4 : 3 | 비셀 고베 (JPN) |
| 10.22 | 21:15 | 상하이 선화 (CHN) | 2 : 0 | FC서울 (KOR) |
| 11.04 | 19:00 | 산프레체 히로시마 (JPN) | 1 : 0 | 강원FC (KOR)) |
| 11.04 | 19:00 | FC서울 (KOR) | 0 : 0 | 청두 룽청 (CHN) |
| 11.05 | 19:00 | 비셀 고베 (JPN) | 1 : 0 | 울산 HD (KOR) |
| 11.25 | 19:00 | 강원FC (KOR)) | 1 : 3 | 마치다 젤비아 (JPN) |
| 11.25 | 19:00 | 상하이 하이강 (CHN) | 1 : 3 | FC서울 (KOR) |
| 11.26 | 19:00 | 울산 HD (KOR) | 0 : 0 | 부리람 유나이티드 (THA) |
| 12.09 | 19:00 | 마치다 젤비아 (JPN) | 3 : 1 | 울산 HD (KOR) |
| 12.09 | 19:00 | 부리람 유나이티드 (THA) | 2 : 2 | 강원FC (KOR)) |
| 12.10 | 19:00 | FC서울 (KOR) | 1 : 1 | 멜버른 시티 (AUS) |
| 02.10 | 19:00 | 비셀 고베 (JPN) | 2 : 0 | FC서울 (KOR) |
| 02.11 | 19:00 | 울산 HD (KOR) | 1 : 2 | 멜버른 시티 (AUS) |
| 02.11 | 19:00 | 강원FC (KOR)) | 0 : 0 | 상하이 하이강 (CHN) |
| 02.17 | 19:00 | FC서울 (KOR) | 2 : 2 | 산프레체 히로시마 (JPN) |
| 02.18 | 19:00 | 상하이 하이강 (CHN) | 0 : 0 | 울산 HD (KOR) |
| 02.18 | 19:00 | 멜버른 시티 (AUS) | 0 ; 0 | 강원FC (KOR)) |

## AFC 챔피언스리그 2 2024~2025

16강

| 일자 | 한국시각 | 홈팀 | 스코어 | 원정팀 |
|---|---|---|---|---|
| 02.13 | 21:00 | 포트FC (THA) | 0 : 4 | 전북 현대 모터스 (KOR) |
| 02.20 | 19:00 | 전북 현대 모터스 (KOR) | 1 : 0 | 포트FC (THA) |

8강

| 일자 | 한국시각 | 홈팀 | 스코어 | 원정팀 |
|---|---|---|---|---|
| 03.06 | 19:00 | 전북 현대 모터스 (KOR) | 0 : 2 | 시드니FC (AUS) |
| 03.13 | 17:00 | 시드니FC (AUS) | 3 : 2 | 전북 현대 모터스 (KOR) |

## AFC 챔피언스리그 2 2025~2026

H조 순위

| | J조 | 경기 | 승 | 무 | 패 | 득실 | 승점 |
|---|---|---|---|---|---|---|---|
| 1 | 탬피니스 로버스 (SIN) | 6 | 5 | 1 | 0 | 9 | 16 |
| 2 | 포항 스틸러스 (KOR) | 6 | 4 | 1 | 1 | 5 | 13 |
| 3 | BG 빠툼 유나이티드 (THA) | 6 | 2 | 0 | 4 | -3 | 6 |
| 4 | 카야 FC 일로일로 (PHI) | 6 | 0 | 0 | 6 | -11 | 0 |

H조_ 조별리그

| 일자 | 한국시각 | 홈팀 | 스코어 | 원정팀 |
|---|---|---|---|---|
| 09.18 | 21:15 | BG 빠툼 유나이티드 (THA) | 0 : 1 | 포항 스틸러스 (KOR) |
| 10.02 | 19:00 | 포항 스틸러스 (KOR) | 2 : 0 | 카야 FC 일로일로 (PHI) |
| 10.23 | 19:00 | 탬피니스 로버스 (SIN) | 1 : 0 | 포항 스틸러스 (KOR) |
| 11.06 | 19:00 | 포항 스틸러스 (KOR) | 1 : 1 | 탬피니스 로버스 (SIN) |
| 11.27 | 19:00 | 포항 스틸러스 (KOR) | 2 : 0 | BG 빠툼 유나이티드 (THA) |
| 12.11 | 21:15 | 카야 FC 일로일로 (PHI) | 0 : 1 | 포항 스틸러스 (KOR) |

16강

| 일자 | 한국시각 | 홈팀 | 스코어 | 원정팀 |
|---|---|---|---|---|
| 02.12 | 19:00 | 포항 스틸러스 (KOR) | 1 : 1 | 감바 오사카 (JPN) |
| 02.19 | 19:00 | 감바 오사카 (JPN) | 2 : 1 | 포항 스틸러스 (KOR) |

# Section 9

## 시 즌 별 기 타 기 록

## 역대 시즌별 팀 순위

| 연도 | 구분 | 대회명 | | 1위 | 2위 | 3위 | 4위 | 5위 | 6위 | 7위 |
|---|---|---|---|---|---|---|---|---|---|---|
| 1983 | 정규리그 | 83 수퍼리그 | | **할렐루야**<br>6승 8무 2패 | **대우**<br>6승 7무 3패 | **유공**<br>5승 7무 4패 | **포항제철**<br>6승 4무 6패 | **국민은행**<br>3승 2무 11패 | | |
| 1984 | 정규리그 | 84 축구대제전 수퍼리그 | 전기 | **유공**<br>9승 2무 3패 | **대우**<br>9승 2무 3패 | **현대**<br>6승 6무 2패 | **할렐루야**<br>5승 4무 5패 | **럭키금성**<br>5승 3무 6패 | **포항제철**<br>3승 5무 6패 | **한일은행**<br>3승 4무 7패 |
| | | | 후기 | **대우**<br>8승 4무 2패 | **현대**<br>7승 4무 3패 | **포항제철**<br>7승 2무 5패 | **할렐루야**<br>5승 5무 4패 | **유공**<br>4승 7무 3패 | **한일은행**<br>2승 7무 5패 | **럭키금성**<br>3승 3무 8패 |
| | | | 챔피언결정전 | **대우**<br>1승 1무 | **유공**<br>1무 1패 | | | | | |
| 1985 | 정규리그 | 85 축구대제전 수퍼리그 | | **럭키금성**<br>10승 7무 4패 | **포항제철**<br>9승 7무 5패 | **대우**<br>9승 7무 5패 | **현대**<br>10승 4무 7패 | **유공**<br>7승 5무 9패 | **상무**<br>6승 7무 8패 | **한일은행**<br>3승 10무 8패 |
| 1986 | 정규리그 | 86 축구대제전 | 춘계 | **포항제철**<br>3승 6무 1패 | **럭키금성**<br>3승 5무 2패 | **유공**<br>4승 2무 4패 | **대우**<br>4승 2무 4패 | **한일은행**<br>3승 3무 4패 | **현대**<br>2승 4무 4패 | |
| | | | 추계 | **럭키금성**<br>7승 2무 1패 | **현대**<br>5승 4무 1패 | **대우**<br>6승 4패 | **유공**<br>3승 3무 4패 | **포항제철**<br>2승 2무 6패 | **한일은행**<br>1승 1무 8패 | |
| | | | 챔피언결정전 | **포항제철**<br>1승 1무 | **럭키금성**<br>1무 1패 | | | | | |
| | 리그컵 | 86 프로축구 선수권대회 | | **현대**<br>10승 3무 3패 | **대우**<br>7승 2무 7패 | **유공**<br>4승 7무 5패 | **포항제철**<br>6승 1무 9패 | **럭키금성**<br>4승 5무 7패 | | |
| 1987 | 정규리그 | 87 한국프로축구대회 | | **대우**<br>16승 14무 2패 | **포항제철**<br>16승 8무 8패 | **유공**<br>9승 9무 14패 | **현대**<br>7승 12무 13패 | **럭키금성**<br>7승 7무 18패 | | |
| 1988 | 정규리그 | 88 한국프로축구대회 | | **포항제철**<br>9승 9무 6패 | **현대**<br>10승 5무 9패 | **유공**<br>8승 8무 8패 | **럭키금성**<br>6승 11무 7패 | **대우**<br>8승 5무 11패 | | |
| 1989 | 정규리그 | 89 한국프로축구대회 | | **유공**<br>17승 15무 8패 | **럭키금성**<br>15승 17무 8패 | **대우**<br>14승 14무 12패 | **포항제철**<br>13승 14무 13패 | **일화**<br>6승 21무 13패 | **현대**<br>7승 15무 18패 | |
| 1990 | 정규리그 | 90 한국프로축구대회 | | **럭키금성**<br>14승 11무 5패 | **대우**<br>12승 11무 7패 | **포항제철**<br>9승 10무 11패 | **유공**<br>8승 12무 10패 | **현대**<br>6승 14무 10패 | **일화**<br>7승 10무 13패 | |
| 1991 | 정규리그 | 91 한국프로축구대회 | | **대우**<br>17승 18무 5패 | **현대**<br>13승 16무 11패 | **포항제철**<br>12승 15무 13패 | **유공**<br>10승 17무 13패 | **일화**<br>13승 11무 16패 | **LG**<br>9승 15무 16패 | |
| 1992 | 정규리그 | 92 한국프로축구대회 | | **포항제철**<br>13승 9무 8패 | **일화**<br>10승 14무 6패 | **현대**<br>13승 6무 11패 | **LG**<br>8승 13무 9패 | **대우**<br>7승 14무 9패 | **유공**<br>7승 8무 15패 | |
| | 리그컵 | 92 아디다스컵 | | **일화**<br>7승 3패 | **LG**<br>5승 5패 | **포항제철**<br>5승 5패 | **유공**<br>6승 4패 | **현대**<br>4승 6패 | **대우**<br>3승 7패 | |
| 1993 | 정규리그 | 93 한국프로축구대회 | | **일화**<br>13승 11무 6패 | **LG**<br>10승 11무 9패 | **현대**<br>10승 10무 10패 | **포항제철**<br>8승 14무 8패 | **유공**<br>7승 13무 10패 | **대우**<br>5승 15무 10패 | |
| | 리그컵 | 93 아디다스컵 | | **포항제철**<br>4승 1패 | **현대**<br>4승 1패 | **대우**<br>3승 2패 | **LG**<br>2승 3패 | **일화**<br>2승 3패 | **유공**<br>5패 | |
| 1994 | 정규리그 | 94 하이트배 코리안리그 | | **일화**<br>15승 9무 6패 | **유공**<br>14승 9무 7패 | **포항제철**<br>13승 11무 6패 | **현대**<br>11승 13무 6패 | **LG**<br>12승 7무 11패 | **대우**<br>7승 6무 17패 | **전북버팔로**<br>3승 5무 22패 |
| | 리그컵 | 94 아디다스컵 | | **유공**<br>3승 2무 1패 | **LG**<br>3승 2무 1패 | **대우**<br>2승 3무 1패 | **일화**<br>2승 2무 2패 | **현대**<br>1승 3무 2패 | **전북버팔로**<br>2승 4패 | **포항제철**<br>1승 2무 3패 |
| 1995 | 정규리그 | 95 하이트배 코리안리그 | 전기 | **일화**<br>10승 3무 1패 | **현대**<br>7승 5무 2패 | **포항**<br>7승 5무 2패 | **대우**<br>5승 3무 6패 | **유공**<br>4승 4무 6패 | **전남**<br>4승 2무 8패 | **전북**<br>4승 10패 |
| | | | 후기 | **포항**<br>8승 5무 1패 | **유공**<br>5승 5무 4패 | **현대**<br>4승 7무 3패 | **전북**<br>5승 4무 5패 | **전남**<br>4승 5무 5패 | **LG**<br>3승 6무 5패 | **일화**<br>3승 6무 5패 |
| | | | 챔피온 | **일화**<br>1승 2무 | **포항**<br>2무 1패 | | | | | |
| | 리그컵 | 95 아디다스컵 | | **현대**<br>5승 2무 | **일화**<br>3승 4무 | **대우**<br>2승 3무 2패 | **전북**<br>2승 2무 3패 | **유공**<br>2승 2무 3패 | **LG**<br>1승 3무 3패 | **포항**<br>1승 3무 3패 |
| 1996 | 정규리그 | 96 라피도컵 프로축구대회 | 전기 | **울산**<br>11승 3무 2패 | **포항**<br>10승 5무 1패 | **수원**<br>9승 3무 4패 | **부천SK**<br>5승 5무 6패 | **전북**<br>5승 4무 7패 | **전남**<br>5승 3무 8패 | **부산**<br>4승 3무 9패 |
| | | | 후기 | **수원**<br>9승 6무 1패 | **부천SK**<br>8승 4무 4패 | **포항**<br>7승 5무 4패 | **부산**<br>5승 6무 5패 | **천안**<br>6승 3무 7패 | **전남**<br>4승 6무 6패 | **전북**<br>5승 3무 8패 |
| | | | 챔피온 | **울산**<br>1승 1패 | **수원**<br>1승 1패 | | | | | |
| | 리그컵 | 96 아디다스컵 | | **부천SK**<br>5승 2무 1패 | **포항**<br>3승 3무 2패 | **부산**<br>3승 3무 2패 | **울산**<br>3승 2무 3패 | **천안**<br>3승 2무 3패 | **수원**<br>3승 2무 3패 | **전북**<br>2승 3무 3패 |
| 1997 | 정규리그 | 97 라피도컵 프로축구대회 | | **부산**<br>11승 4무 3패 | **전남**<br>10승 6무 2패 | **울산**<br>8승 6무 4패 | **포항**<br>8승 6무 4패 | **수원**<br>7승 7무 4패 | **전북**<br>6승 8무 4패 | **대전**<br>3승 7무 8패 |
| | 리그컵 | 97 아디다스컵 | | **부산**<br>4승 4무 1패 | **전남**<br>3승 5무 1패 | **울산**<br>3승 5무 1패 | **천안**<br>3승 5무 1패 | **부천SK**<br>3승 4무 2패 | **수원**<br>2승 5무 2패 | **포항**<br>2승 4무 3패 |
| | | 97 프로스펙스컵 | A조 | **포항**<br>4승 4무 | **전남**<br>4승 4무 | **안양LG**<br>2승 4무 2패 | **울산**<br>2승 2무 4패 | **전북**<br>2무 6패 | | |
| | | | B조 | **부산**<br>5승 2무 1패 | **수원**<br>5승 1무 2패 | **부천SK**<br>3승 3무 2패 | **천안**<br>3승 1무 4패 | **대전**<br>1무 7패 | | |
| | | | 4강전 | **부산**<br>2승 1무 | **포항**<br>1승 1무 1패 | **전남**<br>1패 | **수원**<br>1패 | | | |

| 8위 | 9위 | 10위 | 11위 | 12위 | 13위 | 14위 | 15위 | 16위 |
|---|---|---|---|---|---|---|---|---|
| | | | | | | | | |
| **국민은행**<br>1승 4무 9패 | | | | | | | | |
| **국민은행**<br>2승 4무 8패 | | | | | | | | |
| | | | | | | | | |
| **할렐루야**<br>3승 7무 11패 | | | | | | | | |
| | | | | | | | | |
| | | | | | | | | |
| | | | | | | | | |
| | | | | | | | | |
| | | | | | | | | |
| | | | | | | | | |
| | | | | | | | | |
| | | | | | | | | |
| | | | | | | | | |
| | | | | | | | | |
| | | | | | | | | |
| | | | | | | | | |
| | | | | | | | | |
| | | | | | | | | |
| | | | | | | | | |
| **LG**<br>2승 4무 8패 | | | | | | | | |
| **대우**<br>4승 2무 8패 | | | | | | | | |
| | | | | | | | | |
| **전남**<br>1승 3무 3패 | | | | | | | | |
| **안양LG**<br>4승 3무 9패 | **천안**<br>2승 5무 9패 | | | | | | | |
| **안양LG**<br>4승 5무 7패 | **울산**<br>5승 11패 | | | | | | | |
| | | | | | | | | |
| **안양LG**<br>2승 3무 3패 | **전남**<br>1승 2무 5패 | | | | | | | |
| **천안**<br>2승 7무 9패 | **안양LG**<br>1승 8무 9패 | **부천SK**<br>2승 5무 11패 | | | | | | |
| **대전**<br>1승 4무 4패 | **전북**<br>1승 4무 4패 | **안양LG**<br>6무 3패 | | | | | | |
| | | | | | | | | |
| | | | | | | | | |
| | | | | | | | | |

| 연도 | 구분 | 대회명 | | 1위 | 2위 | 3위 | 4위 | 5위 | 6위 | 7위 |
|---|---|---|---|---|---|---|---|---|---|---|
| 1998 | 정규리그 | 98 현대컵 K-리그 | 일반 | **수원**<br>12승 6패 | **울산**<br>11승 7패 | **포항**<br>10승 8패 | **전남**<br>9승 9패 | **부산**<br>10승 8패 | **전북**<br>9승 9패 | **부천SK**<br>9승 9패 |
| | | | PO | **수원**<br>1승 1무 | **울산**<br>1승 1무 2패 | **포항**<br>2승 1패 | **전남**<br>1패 | | | |
| | 리그컵 | 98 필립모리스 코리아컵 | | **부산**<br>8승 1패 | **부천SK**<br>6승 3패 | **안양LG**<br>5승 4패 | **수원**<br>5승 4패 | **천안**<br>5승 4패 | **대전**<br>3승 6패 | **전북**<br>3승 6패 |
| | | 98 아디다스 코리아컵 | A조 | **울산**<br>5승 3패 | **안양LG**<br>4승 4패 | **수원**<br>6승 2패 | **대전**<br>3승 5패 | **부산**<br>2승 6패 | | |
| | | | B조 | **부천SK**<br>6승 2패 | **포항**<br>4승 4패 | **전남**<br>3승 5패 | **전북**<br>4승 4패 | **천안**<br>3승 5패 | | |
| | | | 4강전 | **울산**<br>2승 1무 | **부천SK**<br>1승 1무 1패 | **포항**<br>1패 | **안양LG**<br>1패 | | | |
| 1999 | 정규리그 | 99 바이코리아컵 K-리그 | 일반 | **수원**<br>21승 6패 | **부천SK**<br>18승 9패 | **전남**<br>17승 10패 | **부산**<br>14승 13패 | **포항**<br>12승 15패 | **울산**<br>12승 15패 | **전북**<br>12승 15패 |
| | | | PO | **수원**<br>2승 | **부산**<br>3승 2패 | **부천SK**<br>2패 | **전남**<br>1패 | | | |
| | 리그컵 | 99 아디다스컵 | | **수원**<br>3승 | **안양LG**<br>3승 1패 | **전남**<br>1승 1패 | **포항**<br>2승 1패 | **울산**<br>1패 | **천안**<br>1패 [공동6위] | **대전**<br>1패 [공동6위] |
| | | 99 대한화재컵 | A조 | **수원**<br>5승 3패 | **부산**<br>5승 3패 | **부천SK**<br>4승 4패 | **대전**<br>3승 5패 | **포항**<br>3승 5패 | | |
| | | | B조 | **울산**<br>5승 3패 | **천안**<br>5승 3패 | **전북**<br>4승 4패 | **안양LG**<br>4승 4패 | **전남**<br>2승 6패 | | |
| | | | 4강전 | **수원**<br>2승 1무 | **부산**<br>1승 1무 1패 | **천안**<br>1무[공동3위] | **울산**<br>1무[공동3위] | | | |
| 2000 | 정규리그 | 2000 삼성 디지털 K-리그 | 일반 | **안양LG**<br>19승 8패 | **성남일화**<br>18승 9패 | **전북**<br>15승 12패 | **부천SK**<br>16승 11패 | **수원**<br>14승 13패 | **부산**<br>11승 16패 | **전남**<br>12승 15패 |
| | | | PO | **안양LG**<br>2승 | **부천SK**<br>2승 3패 | **성남일화**<br>1승 1패 | **전북**<br>1패 | | | |
| | 리그컵 | 2000 아디다스컵 | | **수원**<br>3승 | **성남일화**<br>2승 1패 | **전남**<br>1승 1패 | **안양LG**<br>1승 1패 | **대전**<br>1패 | **울산**<br>1승 1패 | **부산**<br>1승 1패 |
| | | 2000 대한화재컵 | A조 | **부천SK**<br>6승 2패 | **포항**<br>4승 4패 | **전북**<br>3승 5패 | **수원**<br>4승 4패 | **안양LG**<br>3승 5패 | | |
| | | | B조 | **전남**<br>6승 2패 | **성남일화**<br>4승 4패 | **울산**<br>5승 3패 | **부산**<br>3승 5패 | **대전**<br>2승 6패 | | |
| | | | 4강전 | **부천SK**<br>2승 | **전남**<br>1승 1패 | **포항**<br>1패 | **성남일화**<br>1패 | | | |
| 2001 | 정규리그 | 2001 포스코 K-리그 | | **성남일화**<br>11승 12무 4패 | **안양LG**<br>11승 10무 6패 | **수원**<br>12승 5무 10패 | **부산**<br>10승 11무 6패 | **포항**<br>10승 8무 9패 | **울산**<br>10승 6무 11패 | **부천SK**<br>7승 14무 6패 |
| | 리그컵 | 아디다스컵 2001 | A조 | **수원**<br>5승 3패 | **성남일화**<br>5승 3패 | **포항**<br>4승 4패 | **안양LG**<br>3승 5패 | **전남**<br>3승 5패 | | |
| | | | B조 | **부산**<br>6승 2패 | **전북**<br>5승 3패 | **대전**<br>4승 4패 | **울산**<br>3승 5패 | **부천SK**<br>2승 6패 | | |
| | | | 4강전 | **수원**<br>2승 1무 | **부산**<br>1승 1무 1패 | **성남일화**<br>1무 | **전북**<br>1패 | | | |
| 2002 | 정규리그 | 2002 삼성 파브 K-리그 | | **성남일화**<br>14승 7무 6패 | **울산**<br>13승 8무 6패 | **수원**<br>12승 9무 6패 | **안양LG**<br>11승 7무 9패 | **전남**<br>9승 10무 8패 | **포항**<br>9승 9무 9패 | **전북**<br>8승 11무 8패 |
| | 리그컵 | 아디다스컵 2002 | A조 | **수원**<br>4승 4패 | **성남일화**<br>5승 3패 | **부천SK**<br>4승 4패 | **전북**<br>4승 4패 | **포항**<br>3승 5패 | | |
| | | | B조 | **안양LG**<br>7승 1패 | **울산**<br>5승 3패 | **전남**<br>3승 5패 | **대전**<br>3승 5패 | **부산**<br>2승 6패 | | |
| | | | 4강전 | **성남일화**<br>2승 1무 | **울산**<br>1승 1무 1패 | **수원**<br>1패 | **안양LG**<br>1패 | | | |
| 2003 | 정규리그 | 삼성 하우젠 K-리그 2003 | | **성남일화**<br>27승 10무 7패 | **울산**<br>20승 13무 11패 | **수원**<br>19승 15무 10패 | **전남**<br>17승 20무 7패 | **전북**<br>18승 15무 11패 | **대전**<br>18승 11무 15패 | **포항**<br>17승 13무 14패 |
| 2004 | 정규리그 | 삼성 하우젠 K-리그 2004 | 전기 | **포항**<br>6승 5무 1패 | **전북**<br>5승 5무 2패 | **울산**<br>5승 5무 2패 | **수원**<br>5승 3무 4패 | **서울**<br>3승 7무 2패 | **전남**<br>3승 6무 3패 | **광주상무**<br>3승 6무 3패 |
| | | | 후기 | **수원**<br>7승 2무 3패 | **전남**<br>6승 4무 2패 | **울산**<br>6승 3무 3패 | **인천**<br>4승 5무 3패 | **서울**<br>4승 5무 3패 | **부산**<br>4승 4무 4패 | **대구**<br>4승 4무 4패 |
| | | | PO | **수원**<br>2승 1무 | **포항**<br>1승 1무 1패 | **울산**<br>1패 | **전남**<br>1패 | | | |
| | 리그컵 | 삼성 하우젠컵 2004 | | **성남일화**<br>6승 4무 2패 | **대전**<br>5승 5무 2패 | **수원**<br>4승 7무 1패 | **전북**<br>5승 4무 3패 | **울산**<br>4승 5무 3패 | **전남**<br>5승 1무 6패 | **포항**<br>4승 3무 5패 |
| 2005 | 정규리그 | 삼성 하우젠 K-리그 2005 | 전기 | **부산**<br>7승 4무 1패 | **인천**<br>7승 3무 2패 | **울산**<br>7승 1무 4패 | **포항**<br>6승 3무 3패 | **서울**<br>5승 4무 3패 | **성남일화**<br>4승 4무 4패 | **부천SK**<br>4승 4무 4패 |
| | | | 후기 | **성남일화**<br>8승 3무 1패 | **부천SK**<br>8승 2무 2패 | **울산**<br>6승 3무 3패 | **대구**<br>6승 3무 3패 | **인천**<br>6승 3무 3패 | **포항**<br>5승 4무 3패 | **대전**<br>4승 4무 4패 |
| | | | PO | **울산**<br>2승 1패 | **인천**<br>2승 1패 | **성남일화**<br>1패 | **부산**<br>1패 | | | |
| | 리그컵 | 삼성 하우젠컵 2005 | | **수원**<br>7승 4무 1패 | **울산**<br>6승 5무 1패 | **포항**<br>4승 8무 | **부천SK**<br>5승 3무 4패 | **서울**<br>5승 2무 5패 | **인천**<br>4승 3무 5패 | **대구**<br>4승 3무 5패 |

| 8위 | 9위 | 10위 | 11위 | 12위 | 13위 | 14위 | 15위 | 16위 |
|---|---|---|---|---|---|---|---|---|
|  | **대전**<br>6승 12패 | **천안**<br>5승 13패 |  |  |  |  |  |  |
|  |  |  |  |  |  |  |  |  |
| **울산**<br>3승 6패 | **포항**<br>4승 5패 | **전남**<br>3승 6패 |  |  |  |  |  |  |
|  |  |  |  |  |  |  |  |  |
|  |  |  |  |  |  |  |  |  |
|  |  |  |  |  |  |  |  |  |
| **대전**<br>9승 18패 | **안양LG**<br>10승 17패 | **천안**<br>10승 17패 |  |  |  |  |  |  |
|  |  |  |  |  |  |  |  |  |
| **부천SK**<br>1패 | **전북**<br>1패 | **부산**<br>1패 |  |  |  |  |  |  |
|  |  |  |  |  |  |  |  |  |
|  |  |  |  |  |  |  |  |  |
|  |  |  |  |  |  |  |  |  |
| **대전**<br>10승 17패 | **포항**<br>12승 15패 | **울산**<br>8승 19패 |  |  |  |  |  |  |
|  |  |  |  |  |  |  |  |  |
| **포항**<br>1패 | **부천SK**<br>1패[공동9위] | **전북**<br>1패[공동9위] |  |  |  |  |  |  |
|  |  |  |  |  |  |  |  |  |
|  |  |  |  |  |  |  |  |  |
|  |  |  |  |  |  |  |  |  |
| **전남**<br>6승 10무 11패 | **전북**<br>5승 10무 12패 | **대전**<br>5승 10무 12패 |  |  |  |  |  |  |
|  |  |  |  |  |  |  |  |  |
|  |  |  |  |  |  |  |  |  |
|  |  |  |  |  |  |  |  |  |
| **부천SK**<br>8승 8무 11패 | **부산**<br>6승 8무 13패 | **대전**<br>1승 11무 15패 |  |  |  |  |  |  |
|  |  |  |  |  |  |  |  |  |
|  |  |  |  |  |  |  |  |  |
|  |  |  |  |  |  |  |  |  |
| **안양LG**<br>14승 14무 16패 | **부산**<br>13승 10무 21패 | **광주상무**<br>13승 7무 24패 | **대구**<br>7승 16무 21패 | **부천SK**<br>3승 12무 29패 |  |  |  |  |
| **성남일화**<br>4승 3무 5패 | **부산**<br>2승 8무 2패 | **대구**<br>3승 3무 6패 | **대전**<br>2승 6무 4패 | **부천SK**<br>1승 8무 3패 | **인천**<br>2승 3무 7패 |  |  |  |
| **광주상무**<br>3승 5무 4패 | **성남일화**<br>3승 5무 4패 | **부천SK**<br>3승 5무 4패 | **대전**<br>4승 2무 6패 | **전북**<br>3승 3무 6패 | **포항**<br>2승 3무 7패 |  |  |  |
|  |  |  |  |  |  |  |  |  |
| **대구**<br>2승 9무 1패 | **인천**<br>3승 6무 3패 | **광주상무**<br>4승 2무 6패 | **부천SK**<br>2승 6무 4패 | **서울**<br>2승 4무 6패 | **부산**<br>2승 4무 6패 |  |  |  |
| **대전**<br>2승 8무 2패 | **수원**<br>3승 5무 4패 | **전남**<br>3승 5무 4패 | **전북**<br>2승 3무 7패 | **대구**<br>2승 3무 7패 | **광주상무**<br>1승 3무 8패 |  |  |  |
| **수원**<br>3승 5무 4패 | **서울**<br>3승 4무 5패 | **전남**<br>4승 1무 7패 | **광주상무**<br>3승 2무 7패 | **전북**<br>2승 3무 7패 | **부산**<br>3무 9패 |  |  |  |
|  |  |  |  |  |  |  |  |  |
| **성남일화**<br>3승 5무 4패 | **전남**<br>3승 5무 4패 | **대전**<br>3승 4무 5패 | **광주상무**<br>3승 3무 6패 | **전북**<br>2승 5무 5패 | **부산**<br>2승 4무 6패 |  |  |  |

| 연도 | 구분 | 대회명 | | 1위 | 2위 | 3위 | 4위 | 5위 | 6위 | 7위 |
|---|---|---|---|---|---|---|---|---|---|---|
| 2006 | 정규리그 | 삼성 하우젠 K-리그 2006 | 전기 | 성남일화<br>10승 2무 1패 | 포항<br>6승 4무 3패 | 대전<br>4승 7무 2패 | 서울<br>3승 7무 3패 | 전남<br>2승 10무 1패 | 부산<br>4승 4무 5패 | 전북<br>3승 7무 3패 |
| | | | 후기 | 수원<br>8승 3무 2패 | 포항<br>7승 4무 2패 | 서울<br>6승 5무 2패 | 대구<br>6승 3무 4패 | 울산<br>5승 5무 3패 | 인천<br>5승 4무 4패 | 전남<br>5승 3무 5패 |
| | | | PO | 성남일화<br>3승 | 수원<br>1승 2패 | 포항<br>1패 | 서울<br>1패 | | | |
| | 리그컵 | 삼성 하우젠컵 2006 | | 서울<br>8승 3무 2패 | 성남일화<br>6승 4무 3패 | 경남<br>7승 1무 5패 | 대전<br>5승 6무 2패 | 울산<br>6승 3무 4패 | 전북<br>6승 2무 5패 | 전남<br>6승 2무 5패 |
| 2007 | 정규리그 | 삼성 하우젠 K-리그 2007 | 일반 | 성남일화<br>16승 7무 3패 | 수원<br>15승 6무 5패 | 울산<br>12승 9무 5패 | 경남<br>13승 5무 8패 | 포항<br>11승 6무 9패 | 대전<br>10승 7무 9패 | 서울<br>8승 13무 5패 |
| | | | PO | 포항<br>5승 | 성남일화<br>2패 | 수원<br>1패 | 울산<br>1승 1패 | 경남<br>1패 | 대전<br>1패 | |
| | 리그컵 | 삼성 하우젠컵 2007 | A조 | 울산<br>5승 4무 1패 | 인천<br>6승 1무 3패 | 대구<br>4승 1무 5패 | 전북<br>3승 3무 4패 | 포항<br>2승 5무 3패 | 제주<br>2승 2무 6패 | |
| | | | B조 | 서울<br>6승 3무 1패 | 수원<br>5승 2무 3패 | 광주상무<br>3승 3무 4패 | 부산<br>2승 5무 3패 | 대전<br>2승 5무 3패 | 경남<br>1승 4무 5패 | |
| | | | PO | 울산<br>2승 | 서울<br>1승 1패 | 수원<br>1승 1패 | 인천<br>1승 1패 | 전남<br>1패 | 성남일화<br>1패 | |
| 2008 | 정규리그 | 삼성 하우젠 K-리그 2008 | 일반 | 수원<br>17승 3무 6패 | 서울<br>15승 9무 2패 | 성남일화<br>15승 6무 5패 | 울산<br>14승 7무 5패 | 포항<br>13승 5무 8패 | 전북<br>11승 4무 11패 | 인천<br>9승 9무 8패 |
| | | | PO | 수원<br>1승 1무 | 서울<br>1승 1무 1패 | 울산<br>2승 1패 | 전북<br>1승 1패 | 성남일화<br>1패 | 포항<br>1패 | |
| | 리그컵 | 삼성 하우젠컵 2008 | A조 | 수원<br>6승 3무 1패 | 부산<br>5승 1무 4패 | 서울<br>4승 2무 4패 | 경남<br>3승 4무 3패 | 제주<br>2승 3무 5패 | 인천<br>2승 3무 5패 | |
| | | | B조 | 전북<br>5승 4무 1패 | 성남일화<br>6승 1무 3패 | 울산<br>4승 4무 2패 | 대전<br>4승 2무 4패 | 대구<br>3승 2무 5패 | 광주상무<br>3무 7패 | |
| | | | PO | 수원<br>2승 | 전남<br>2승 1패 | 포항<br>1승 1패 | 전북<br>1패 | 성남일화<br>1패 | 부산<br>1패 | |
| 2009 | 정규리그 | 2009 K-리그 | 일반 | 전북<br>17승 6무 5패 | 포항<br>14승 11무 3패 | 서울<br>16승 5무 7패 | 성남일화<br>13승 6무 9패 | 인천<br>11승 10무 7패 | 전남<br>11승 9무 8패 | 경남<br>10승 10무 8패 |
| | | | 챔피언십 | 전북<br>1승 1무 | 성남일화<br>3승 1무 1패 | 포항<br>1패 | 전남<br>1승 1패 | 서울<br>1패 | 인천<br>1패 | |
| | 리그컵 | 피스컵 코리아 2009 | A조 | 성남일화<br>3승 2무 | 인천<br>2승 2무 1패 | 대구<br>2승 1무 2패 | 전남<br>2승 1무 2패 | 대전<br>2승 3패 | 강원<br>1승 4패 | |
| | | | B조 | 제주<br>3승 1무 | 부산<br>2승 2무 | 전북<br>1승 1무 2패 | 경남<br>1승 1무 2패 | 광주상무<br>1무 3패 | | |
| | | | PO | 포항<br>4승 1무 1패 | 부산<br>3승 1무 2패 | 울산<br>2승 2패[공동3위] | 서울<br>2승 1무 1패[공동3위] | 성남일화<br>1승 1패[공동5위] | 인천<br>1무 1패[공동5위] | 제주<br>2패[공동5위] |
| 2010 | 정규리그 | 쏘나타 K리그 2010 | 일반 | 서울<br>20승 2무 6패 | 제주<br>17승 8무 3패 | 전북<br>15승 6무 7패 | 울산<br>15승 5무 8패 | 성남일화<br>13승 9무 6패 | 경남<br>13승 9무 6패 | 수원<br>12승5무11패 |
| | | | 챔피언십 | 서울<br>1승 1무 | 제주<br>1승 1무 1패 | 전북<br>2승 1패 | 성남일화<br>1승 1패 | 울산<br>1패 | 경남<br>1패 | |
| | 리그컵 | 포스코컵 2010 | A조 | 전북<br>3승 1무 | 경남<br>3승 1패 | 수원<br>2승 2패 | 전남<br>1승 1무 2패 | 강원<br>4패 | | |
| | | | B조 | 서울<br>2승 2무 | 제주<br>2승 1무 1패 | 울산<br>1승 2무 1패 | 성남일화<br>3무 1패 | 광주상무<br>2무 2패 | | |
| | | | C조 | 부산<br>3승 1패 | 대구<br>2승 2패 | 포항<br>1승 2무 1패 | 인천<br>1승 1무 2패 | 대전<br>1승 1무 2패 | | |
| | | | 본선토너먼트 | 서울<br>3승 | 전북<br>2승 1패 | 경남<br>1승 1패[공동3위] | 수원<br>1승 1패[공동3위] | 부산<br>1패 [공동5위] | 대구<br>1패 [공동5위] | 제주<br>1패 [공동5위] |
| 2011 | 정규리그 | 현대오일뱅크 K리그 2011 | 일반 | 전북<br>18승 9무 3패 | 포항<br>17승 8무 5패 | 서울<br>16승 7무 7패 | 수원<br>17승 4무 9패 | 부산<br>13승 7무 10패 | 울산<br>13승 7무 10패 | 전남<br>11승 10무 9패 |
| | | | 챔피언십 | 전북<br>2승 | 울산<br>2승 2패 | 포항<br>1패 | 수원<br>1승 1패 | 서울<br>1패 | 부산<br>1패 | |
| | 리그컵 | 러시앤캐시컵 2011 | A조 | 포항<br>4승 1패 | 경남<br>3승 1무 1패 | 성남일화<br>2승 2무 1패 | 인천<br>1승 2무 2패 | 대구<br>1승 2무 2패 | 대전<br>1무 4패 | |
| | | | B조 | 부산<br>4승 1패 | 울산<br>4승 1패 | 전남<br>3승 1무 1패 | 강원<br>1승 1무 3패 | 상주<br>1승 무 4패 | 광주<br>1승 4패 | |
| | | | 본선토너먼트 | 울산<br>3승 | 부산<br>2승 | 경남<br>1승 1패 [공동3위] | 수원<br>1패 [공동3위] | 제주<br>1패 [공동5위] | 포항<br>1패 [공동5위] | 서울<br>1패 [공동5위] |
| 2012 | 정규리그 | 현대오일뱅크 K리그 2012 | 일반 | 서울<br>19승 7무 4패 | 전북<br>17승 8무 5패 | 수원<br>15승 8무 7패 | 울산<br>15승 8무 7패 | 포항<br>15승 5무 10패 | 부산<br>12승 10무 8패 | 제주<br>11승 10무 9패 |
| | | | 그룹A | 서울<br>10승 2무 2패 | 포항<br>8승 3무 3패 | 전북<br>5승 5무 4패 | 제주<br>5승 5무 4패 | 수원<br>5승 5무 4패 | 울산<br>3승 6무 5패 | 경남<br>2승 4무 8패 |
| | | | 그룹B | | | | | | | |
| | | | 최종 | 서울<br>29승 9무 6패 | 전북<br>22승 13무 9패 | 포항<br>23승 8무 13패 | 수원<br>20승 13무 11패 | 울산<br>18승 14무 12패 | 제주<br>16승 15무 13패 | 부산<br>13승 14무 17패 |

| 8위 | 9위 | 10위 | 11위 | 12위 | 13위 | 14위 | 15위 | 16위 |
|---|---|---|---|---|---|---|---|---|
| **수원**<br>3승 7무 3패 | **울산**<br>3승 6무 4패 | **인천**<br>2승 8무 3패 | **대구**<br>2승 7무 4패 | **광주상무**<br>2승 7무 4패 | **경남**<br>3승 4무 6패 | **제주**<br>1승 6무 6패 | | |
| **부산**<br>5승 3무 5패 | **성남일화**<br>4승 5무 4패 | **제주**<br>4승 4무 5패 | **경남**<br>4승 1무 8패 | **대전**<br>3승 3무 7패 | **전북**<br>2승 4무 7패 | **광주상무**<br>3승 1무 9패 | | |
| | | | | | | | | |
| **제주**<br>6승 2무 5패 | **포항**<br>6승 1무 6패 | **부산**<br>4승 2무 7패 | **광주상무**<br>4승 2무 7패 | **수원**<br>2승 6무 5패 | **대구**<br>2승 6무 5패 | **인천**<br>1승 4무 8패 | | |
| **전북**<br>9승 9무 8패 | **인천**<br>8승 9무 9패 | **전남**<br>7승 9무 10패 | **제주**<br>8승 6무 12패 | **대구**<br>6승 6무 14패 | **부산**<br>4승 8무 14패 | **광주상무**<br>2승 6무 18패 | | |
| | | | | | | | | |
| | | | | | | | | |
| | | | | | | | | |
| | | | | | | | | |
| **경남**<br>10승 5무 11패 | **전남**<br>8승 5무 13패 | **제주**<br>7승 7무 12패 | **대구**<br>8승 2무 16패 | **부산**<br>5승 7무 14패 | **대전**<br>3승 12무 11패 | **광주상무**<br>3승 7무 16패 | | |
| | | | | | | | | |
| | | | | | | | | |
| | | | | | | | | |
| | | | | | | | | |
| **울산**<br>9승 9무 10패 | **대전**<br>8승 9무 11패 | **수원**<br>8승 8무 12패 | **광주상무**<br>9승 3무 16패 | **부산**<br>7승 8무 13패 | **강원**<br>7승 7무 14패 | **제주**<br>7승 7무 14패 | **대구**<br>5승 8무 15패 | |
| | | | | | | | | |
| | | | | | | | | |
| | | | | | | | | |
| **수원**<br>2패[공동5위] | | | | | | | | |
| **부산**<br>8승9무11패 | **포항**<br>8승9무11패 | **전남**<br>8승8무12패 | **인천**<br>8승7무13패 | **강원**<br>8승6무14패 | **대전**<br>5승7무16패 | **광주상무**<br>3승10무15패 | **대구**<br>5승4무19패 | |
| | | | | | | | | |
| | | | | | | | | |
| | | | | | | | | |
| | | | | | | | | |
| **울산**<br>1패 [공동5위] | | | | | | | | |
| **경남**<br>12승 6무 12패 | **저주**<br>10승 10무 10패 | **성남일화**<br>9승 8무 13패 | **광주**<br>9승 8무 13패 | **대구**<br>8승 9무 13패 | **인천**<br>6승 14무 10패 | **상주**<br>7승 8무 15패 | **대전**<br>6승 9무 15패 | **강원**<br>3승 6무 21패 |
| | | | | | | | | |
| | | | | | | | | |
| | | | | | | | | |
| **전북**<br>1패 [공동5위] | | | | | | | | |
| **경남**<br>12승 4무 14패 | **연천**<br>10승 10무 10패 | **대구**<br>10승 9무 11패 | **성남일화**<br>10승 7무 13패 | **전남**<br>7승 8무 15패 | **대전**<br>7승 7무 16패 | **광주**<br>6승 9무 15패 | **상주**<br>7승 6무 17패 | **강원**<br>7승 4무 19패 |
| **부산**<br>1승 4무 9패 | | | | | | | | |
| | **인천**<br>7승 6무 1패 | **강원**<br>7승 3무 4패 | **전남**<br>6승 6무 2패 | **대구**<br>6승 4무 4패 | **대전**<br>6승 4무 4패 | **광주**<br>4승 6무 4패 | **성남일화**<br>4승 3무 7패 | **상주**<br>14패 |
| **경남**<br>14승 8무 22패 | **인천**<br>17승 13무 11패 | **대구**<br>16승 13무 15패 | **전남**<br>13승 14무 17패 | **성남일화**<br>14승 10무 20패 | **대전**<br>13승 11무 20패 | **강원**<br>14승 7무 23패 | **광주**<br>10승 15무 19패 | **상주**<br>7승 6무 31패 |

| 연도 | 구분 | 대회명 | | 1위 | 2위 | 3위 | 4위 | 5위 | 6위 | 7위 |
|---|---|---|---|---|---|---|---|---|---|---|
| 2013 | K리그1 /정규 리그 | 현대오일뱅크 K리그 클래식 2013 | 일반 | **포항**<br>14승 7무 5패 | **울산**<br>14승 6무 6패 | **전북**<br>14승 6무 6패 | **서울**<br>13승 7무 6패 | **수원**<br>12승 5무 9패 | **인천**<br>11승 8무 7패 | **부산**<br>11승 8무 7패 |
| | | | 그룹A | **포항**<br>7승 4무 1패 | **울산**<br>8승 1무 3패 | **서울**<br>4승 4무 4패 | **전북**<br>4승 3무 5패 | **수원**<br>3승 3무 6패 | **부산**<br>3승 3무 6패 | **인천**<br>1승 6무 5패 |
| | | | 그룹B | | | | | | | |
| | | | 최종 | **포항**<br>21승 11무 6패 | **울산**<br>22승 7무 9패 | **전북**<br>18승 9무 11패 | **서울**<br>17승 11무 10패 | **수원**<br>15승 8무 15패 | **부산**<br>14승 10무 14패 | **인천**<br>12승 14무 12패 |
| | K리그2 정규리그 | 현대오일뱅크 K리그 챌린지 2013 | | **상주**<br>23승 8무 4패 | **경찰**<br>20승 4무 11패 | **광주**<br>16승 5무 14패 | **수원FC**<br>13승 8무 14패 | **안양**<br>12승 9무 14패 | **고양**<br>10승 11무 14패 | **부천**<br>8승 9무 18패 |
| | 승강 PO | 현대오일뱅크 K리그 승강 플레이오프 2013 | | **상주**<br>1승 1패 | **강원**<br>1승 1패 | | | | | |
| 2014 | K리그1 /정규 리그 | 현대오일뱅크 K리그 클래식 2014 | 일반 | **전북**<br>20승 8무 5패 | **수원**<br>16승 10무 7패 | **포항**<br>16승 7무 10패 | **서울**<br>13승 11무 9패 | **제주**<br>13승 11무 9패 | **울산**<br>13승 8무 12패 | **전남**<br>13승 6무 14패 |
| | | | 그룹A | **전북**<br>4승 1무 0패 | **수원**<br>3승 0무 1패 | **서울**<br>2승 2무 1패 | **제주**<br>1승 1무 3패 | **포항**<br>0승 3무 2패 | **울산**<br>0승 3무 2패 | |
| | | | 그룹B | | | | | | | **부산**<br>3승 1무 1패 |
| | | | 최종 | **전북**<br>24승 9무 5패 | **수원**<br>19승 10무 9패 | **서울**<br>15승 13무 10패 | **포항**<br>16승 10무 12패 | **제주**<br>14승 12무 12패 | **울산**<br>14승 9무 15패 | **전남**<br>13승 11무 14패 |
| | K리그2 /정규 리그 | 현대오일뱅크 K리그 챌린지 2014 | 일반 | **대전**<br>20승 10무 6패 | **안산경찰청**<br>16승 11무 9패 | **강원**<br>16승 6무 14패 | **광주**<br>13승 12무 11패 | **안양**<br>15승 6무 15패 | **수원FC**<br>12승 12무 12패 | **대구**<br>13승 8무 15패 |
| | | | PO | | **광주**<br>2승 | **안산경찰청**<br>1패 | **강원**<br>1패 | | | |
| | | | 최종 | **대전**<br>20승 10무 6패 | **광주**<br>15승 12무 11패 | **안산경찰청**<br>16승 11무 10패 | **강원**<br>16승 6무 15패 | **안양**<br>15승 6무 15패 | **수원FC**<br>12승 12무 12패 | **대구**<br>13승 8무 15패 |
| | 승강 PO | 현대오일뱅크 K리그 승강 플레이오프 2014 | | **광주**<br>1승 1무 | **경남**<br>1무 1패 | | | | | |
| 2015 | K리그1 /정규 리그 | 현대오일뱅크 K리그 클래식 2015 | 일반 | **전북**<br>21승 5무 7패 | **수원**<br>17승 9무 7패 | **포항**<br>15승 11무 7패 | **성남**<br>14승 12무 7패 | **서울**<br>15승 9무 9패 | **제주**<br>13승 7무 13패 | **인천**<br>12승 9무 12패 |
| | | | 그룹A | **포항**<br>3승 1무 1패 | **서울**<br>2승 2무 1패 | **수원**<br>2승 1무 2패 | **성남**<br>1승 3무 1패 | **전북**<br>1승 2무 2패 | **제주**<br>1승 1무 3패 | |
| | | | 그룹B | | | | | | | **울산**<br>4승 1무 0패 |
| | | | 최종 | **전북**<br>22승 7무 9패 | **수원**<br>19승 10무 9패 | **포항**<br>18승 12무 8패 | **서울**<br>17승 11무 10패 | **성남**<br>15승 15무 8패 | **제주**<br>14승 8무 16패 | **울산**<br>13승 14무 11패 |
| | K리그2 /정규 리그 | 현대오일뱅크 K리그 챌린지 2015 | 일반 | **상주**<br>20승 7무 13패 | **대구**<br>18승 13무 9패 | **수원FC**<br>18승 11무 11패 | **서울이랜드**<br>16승 13무 11패 | **부천**<br>15승 10무 15패 | **안양**<br>13승 15무 12패 | **강원**<br>13승 12무 15패 |
| | | | PO | | **수원FC**<br>1승 1무 0패 | **대구**<br>0승 0무 1패 | **서울이랜드**<br>0승 1무 1패 | | | |
| | | | 최종 | **상주**<br>20승 7무 13패 | **수원FC**<br>19승 12무 11패 | **대구**<br>18승 13무 10패 | **서울이랜드**<br>16승 14무 11패 | **부천**<br>15승 10무 15패 | **안양**<br>13승 15무 12패 | **강원**<br>13승 12무 15패 |
| | 승강 PO | 현대오일뱅크 K리그 승강 플레이오프 2015 | | **수원FC**<br>2승 0무 0패 | **부산**<br>0승 0무 2패 | | | | | |
| 2016 | K리그1 /정규 리그 | 현대오일뱅크 K리그 클래식 2016 | 일반 | **전북**<br>18승 15무 0패 | **서울**<br>17승 6무 10패 | **제주**<br>14승 7무 12패 | **울산**<br>13승 9무 11패 | **전남**<br>11승 10무 12패 | **상주**<br>12승 6무 15패 | **성남**<br>11승 8무 14패 |
| | | | 그룹A | **서울**<br>4승 1무 0패 | **제주**<br>3승 1무 1패 | **전북**<br>2승 1무 2패 | **울산**<br>1승 3무 1패 | **전남**<br>1승 1무 3패 | **상주**<br>0승 1무 4패 | |
| | | | 그룹B | | | | | | | **수원**<br>3승 2무 0패 |
| | | | 최종 | **서울**<br>21승 7무 10패 | **전북**<br>20승 16무 2패 | **제주**<br>17승 8무 13패 | **울산**<br>14승 12무 12패 | **전남**<br>12승 11무 15패 | **상주**<br>12승 7무 19패 | **수원**<br>10승 18무 10패 |
| | K리그2 /정규 리그 | 현대오일뱅크 K리그 챌린지 2016 | 일반 | **안산무궁화**<br>21승 7무 12패 | **대구**<br>19승 13무 8패 | **부천**<br>19승 10무 11패 | **강원**<br>19승 9무 12패 | **부산**<br>19승 7무 14패 | **서울이랜드**<br>17승 13무 10패 | **대전**<br>15승 10무 15패 |
| | | | PO | | | **강원**<br>2승 | **부천**<br>1패 | **부산**<br>1패 | | |
| | | | 최종 | **안산무궁화**<br>21승 7무 12패 | **대구**<br>19승 13무 8패 | **강원**<br>21승 9무 12패 | **부천**<br>19승 10무 12패 | **부산**<br>19승 7무 15패 | **서울이랜드**<br>17승 13무 10패 | **대전**<br>15승 10무 15패 |
| | 승강 PO | 현대오일뱅크 K리그 승강 플레이오프 2016 | | **강원**<br>2무 | **성남**<br>2무 | | | | | |

| 8위 | 9위 | 10위 | 11위 | 12위 | 13위 | 14위 | 15위 | 16위 |
|---|---|---|---|---|---|---|---|---|
| **성남일화**<br>11승 7무 8패 | **제주**<br>10승 9무 7패 | **전남**<br>6승 11무 9패 | **경남**<br>4승 10무 12패 | **대구**<br>4승 8무 14패 | **강원**<br>2승 9무 15패 | **대전**<br>2승 8무 16패 | | |
| | | | | | | | | |
| **강원**<br>6승 3무 3패 | **성남**<br>6승 2무 4패 | **제주**<br>6승 1무 5패 | **대전**<br>5승 3무 4패 | **경남**<br>4승 3무 5패 | **대구**<br>2승 6무 4패 | **전남**<br>3승 2무 7패 | | |
| **성남일화**<br>17승 9무 12패 | **제주**<br>16승 10무 12패 | **전남**<br>9승 13무 16패 | **경남**<br>8승 13무 17패 | **강원**<br>8승 12무 18패 | **대구**<br>6승 14무 18패 | **대전**<br>7승 11무 20패 | | |
| **충주**<br>7승 8무 20패 | | | | | | | | |
| | | | | | | | | |
| **인천**<br>8승 6무 14패 | **부산**<br>7승 12무 14패 | **성남**<br>7승 10무 16패 | **경남**<br>6승 13무 14패 | **상주**<br>6승 11무 16패 | | | | |
| | | | | | | | | |
| **성남**<br>2승 3무 0패 | **전남**<br>1승 3무 1패 | **상주**<br>1승 2ㅜ 2패 | **경남**<br>1승 2무 2패 | **인천**<br>0승 3무 2패 | | | | |
| **부산**<br>10승 13무 15 | **성남**<br>9승 13무 16패 | **인천**<br>8승 16무 14패 | **경남**<br>7승 15무 16패 | **상주**<br>7승 13무 18패 | | | | |
| **고양**<br>11승 14무 11패 | **충주**<br>6승 16무 14패 | **부천**<br>6승 9무 21패 | | | | | | |
| | | | | | | | | |
| **고양**<br>11승 14무 11패 | **충주**<br>6승 16무 14패 | **부천**<br>6승 9무 21패 | | | | | | |
| | | | | | | | | |
| **인천**<br>13승 12무 13패 | **전남**<br>12승 13무 13패 | **광주**<br>10승 12무 16패 | **부산**<br>5승 11무 22패 | **대전**<br>4승 7무 27패 | | | | |
| | | | | | | | | |
| **광주**<br>2승 1무 2패 | **전남**<br>2승 1무 2패 | **인천**<br>1승 3무 1패 | **대전**<br>2승 0무 3패 | **부산**<br>0승 2무 3패 | | | | |
| **인천**<br>13승 12무 13패 | **전남**<br>12승 13무 13패 | **광주**<br>10승 12무 16패 | **부산**<br>5승 11무 22패 | **대전**<br>4승 7무 27패 | | | | |
| **고양**<br>13승 10무 17패 | **경남**<br>10승 13무 17패 | **안산경찰청**<br>9승 15무 16패 | **충주**<br>10승 11무 19패 | | | | | |
| | | | | | | | | |
| **고양**<br>13승 10무 17패 | **경남**<br>10승 13무 17패 | **안산경찰청**<br>9승 15무 16패 | **충주**<br>10승 11무 19패 | | | | | |
| | | | | | | | | |
| **포항**<br>11승 8무 14패 | **광주**<br>10승 11무 12패 | **수원**<br>7승 16무 10패 | **인천**<br>8승 11무 14패 | **수원FC**<br>8승 9무 16패 | | | | |
| | | | | | | | | |
| **인천**<br>3승 1무 1패 | **수원FC**<br>2승 0무 3패 | **광주**<br>1승 3무 1패 | **포항**<br>1승 2무 2패 | **성남**<br>0승 2무 3패 | | | | |
| **광주**<br>11승 14무 13패 | **포항**<br>12승 10무 16패 | **인천**<br>11승 12무 15패 | **성남**<br>11승 10무 17패 | **수원FC**<br>10승 9무 19패 | | | | |
| **경남**<br>18승 6무 16패 | **안양**<br>11승 13무 16패 | **충주**<br>7승 8무 25패 | **고양**<br>2승 10무 28패 | | | | | |
| | | | | | | | | |
| **경남**<br>18승 6무 16패 | **안양**<br>11승 13무 16패 | **충주**<br>7승 8무 25패 | **고양**<br>2승 10무 28패 | | | | | |
| | | | | | | | | |

| 연도 | 구분 | 대회명 | | 1위 | 2위 | 3위 | 4위 | 5위 | 6위 | 7위 |
|---|---|---|---|---|---|---|---|---|---|---|
| 2017 | K리그1/정규리그 | KEB하나은행 K리그 클래식 2017 | 일반 | **전북**<br>19승 8무 6패 | **제주**<br>17승 8무 8패 | **울산**<br>16승 11무 6패 | **수원**<br>14승 11무 8패 | **서울**<br>14승 11무 8패 | **강원**<br>12승 10무 11패 | **포항**<br>11승 7무 15패 |
| | | | 그룹A | **수원**<br>3승 2무 0패 | **전북**<br>3승 1무 1패 | **서울**<br>2승 2무 1패 | **제주**<br>2승 1무 2패 | **강원**<br>1승 0무 4패 | **울산**<br>1승 0무 4패 | |
| | | | 그룹B | | | | | | | **포항**<br>4승 0무 1패 |
| | | | 최종 | **전북**<br>22승 9무 7패 | **제주**<br>19승 9무 10패 | **수원**<br>17승 13무 8패 | **울산**<br>17승 11무 10패 | **서울**<br>16승 13무 9패 | **강원**<br>13승 10무 15패 | **포항**<br>15승 7무 16패 |
| | K리그2/정규리그 | KEB하나은행 K리그 챌린지 2017 | 일반 | **경남**<br>24승 7무 5패 | **부산**<br>19승 11무 6패 | **아산**<br>15승 9무 12패 | **성남**<br>13승 14무 9패 | **부천**<br>15승 7무 14패 | **수원FC**<br>11승 12무 13패 | **안양**<br>10승 9무 17패 |
| | | | PO | | **부산**<br>1승 0패 | **아산**<br>1승 1패 | **성남**<br>1패 | | | |
| | | | 최종 | **경남**<br>24승 7무 5패 | **부산**<br>20승 11무 6패 | **아산**<br>16승 9무 13패 | **성남**<br>13승 14무 10패 | **부천**<br>15승 7무 14패 | **수원FC**<br>11승 12무 13패 | **안양**<br>10승 9무 17패 |
| | 승강 PO | KEB하나은행 K리그 승강 플레이오프 2017 | | **상주**<br>1승 1패<br>2차전 후 승부차기로 상주 잔류 | **부산**<br>1승 1패 | | | | | |
| 2018 | K리그1/정규리그 | KEB하나은행 K리그1 2018 | 일반 | **전북**<br>24승 5무 4패 | **경남**<br>16승 10무 7패 | **울산**<br>15승 11무 7패 | **수원**<br>13승 10무 10패 | **포항**<br>13승 8무 12패 | **제주**<br>11승 11무 11패 | **강원**<br>10승 9무 14패 |
| | | | 그룹A | **제주**<br>3승 1무 1패 | **전북**<br>2승 3무 | **울산**<br>2승 1무 2패 | **포항**<br>2승 1무 2패 | **경남**<br>2승 1무 2패 | **수원**<br>1무 4패 | |
| | | | 그룹B | | | | | | | **인천**<br>4승 1패 |
| | | | 최종 | **전북**<br>26승 8무 4패 | **경남**<br>18승 11무 9패 | **울산**<br>17승 12무 9패 | **포항**<br>15승 9무 14패 | **제주**<br>14승 12무 12패 | **수원**<br>13승 11무 14패 | **대구**<br>14승 8무 16패 |
| | K리그2/정규리그 | KEB하나은행 K리그2 2018 | 일반 | **아산**<br>21승 9무 6패 | **성남**<br>18승 11무 7패 | **부산**<br>14승 14무 8패 | **대전**<br>15승 8무 13패 | **광주**<br>11승 15무 10패 | **안양**<br>12승 8무 16패 | **수원FC**<br>13승 3무 20패 |
| | | | PO | | | **부산**<br>1승 | **대전**<br>1승 1패 | **광주**<br>1패 | | |
| | | | 최종 | **아산**<br>21승 9무 6패 | **성남**<br>18승 11무 7패 | **부산**<br>15승 14무 8패 | **대전**<br>16승 8무 14패 | **광주**<br>11승 15무 11패 | **안양**<br>12승 8무 16패 | **수원FC**<br>13승 3무 20패 |
| | 승강 PO | KEB하나은행 K리그 승강 플레이오프 2018 | | **서울**<br>1승 1무 | **부산**<br>1무 1패 | | | | | |
| 2019 | K리그1/정규리그 | 하나원큐 K리그1 2019 | 일반 | **울산**<br>20승 9무 4패 | **전북**<br>19승 11무 3패 | **서울**<br>15승 9무 9패 | **대구**<br>12승 14무 7패 | **포항**<br>14승 6무 13패 | **강원**<br>13승 7무 13패 | **상주**<br>13승 7무 13패 |
| | | | 파이널A | **전북**<br>3승 2무 | **울산**<br>3승 1무 1패 | **포항**<br>2승 2무 1패 | **대구**<br>1승 2무 2패 | **강원**<br>1승 1무 3패 | **서울**<br>2무 3패 | |
| | | | 파이널B | | | | | | | **상주**<br>3승 2패 |
| | | | 최종 | **전북**<br>22승 13무 3패 | **울산**<br>23승 10무 5패 | **서울**<br>15승 11무 12패 | **포항**<br>16승 8무 14패 | **대구**<br>13승 16무 9패 | **강원**<br>14승 8무 16패 | **상주**<br>16승 7무 15패 |
| | K리그2/정규리그 | 하나원큐 K리그2 2019 | 일반 | **광주**<br>21승 10무 5패 | **부산**<br>18승 13무 5패 | **안양**<br>15승 10무 11패 | **부천**<br>14승 9무 13패 | **안산**<br>14승 8무 14패 | **전남**<br>13승 9무 14패 | **아산**<br>12승 8무 16패 |
| | | | PO | | **부산**<br>1승 | **안양**<br>1무 1패 | **부천**<br>1무 | | | |
| | | | 최종 | **광주**<br>21승 10무 5패 | **부산**<br>19승 13무 5패 | **안양**<br>15승 11무 12패 | **부천**<br>14승 10무 13패 | **안산**<br>14승 8무 14패 | **전남**<br>13승 9무 14패 | **아산**<br>12승 8무 16패 |
| | 승강 PO | 하나원큐 K리그 2019 승강 플레이오프 | | **부산**<br>1승 1무 | **경남**<br>1무 1패 | | | | | |
| 2020 | K리그1/정규리그 | 하나원큐 K리그1 2020 | 일반 | **울산**<br>15승 5무 2패 | **전북**<br>15승 3무 4패 | **포항**<br>11승 5무 6패 | **상주**<br>11승 5무 6패 | **대구**<br>8승 7무 7패 | **광주**<br>6승 7무 9패 | **서울**<br>7승 4무 11패 |
| | | | 파이널A | **포항**<br>4승 1패 | **전북**<br>4승 1패 | **울산**<br>2승 1무 2패 | **대구**<br>2승 1무 2패 | **상주**<br>2승 3패 | **광주**<br>5패 | |
| | | | 파이널B | | | | | | | **강원**<br>3승 1무 1패 |
| | | | 최종 | **전북**<br>19승 3무 5패 | **울산**<br>17승 6무 4패 | **포항**<br>15승 5무 7패 | **상주**<br>13승 5무 9패 | **대구**<br>10승 8무 9패 | **광주**<br>6승 7무 14패 | **강원**<br>9승 7무 11패 |
| | K리그2/정규리그 | 하나원큐 K리그2 2020 | 일반 | **제주**<br>18승 6무 3패 | **수원FC**<br>17승 3무 7패 | **경남**<br>10승 9무 8패 | **대전하나**<br>11승 6무 10패 | **서울이랜드**<br>11승 6무 10패 | **전남**<br>8승 14무 5패 | **안산**<br>7승 7무 13패 |
| | | | PO | | **수원FC**<br>2무 | **경남**<br>1무 | **대전하나**<br>1무 | | | |
| | | | 최종 | **제주**<br>18승 6무 3패 | **수원FC**<br>17승 4무 7패 | **경남**<br>10승 11무 8패 | **대전하나**<br>11승 7무 10패 | **서울이랜드**<br>11승 6무 10패 | **전남**<br>8승 14무 5패 | **안산**<br>7승 7무 13패 |

| 8위 | 9위 | 10위 | 11위 | 12위 | 13위 | 14위 | 15위 | 16위 |
|---|---|---|---|---|---|---|---|---|
| **대구**<br>8승 12무 13패 | **전남**<br>8승 9무 16패 | **상주**<br>8승 9무 16패 | **인천**<br>6승 15무 12패 | **광주**<br>4승 11무 18패 | | | | |
| | | | | | | | | |
| **대구**<br>3승 2무 0패 | **광주**<br>2승 1무 2패 | **인천**<br>1승 3무 1패 | **상주**<br>0승 2무 3패 | **전남**<br>0승 2무 3패 | | | | |
| **대구**<br>11승 14무 13패 | **인천**<br>7승 18무 13패 | **전남**<br>8승 11무 19패 | **상주**<br>8승 11무 19패 | **광주**<br>6승 12무 20패 | | | | |
| **서울이랜드**<br>7승 14무 15패 | **안산**<br>7승 12무 17패 | **대전**<br>6승 11무 19패 | | | | | | |
| | | | | | | | | |
| **서울이랜드**<br>7승 14무 15패 | **안산**<br>7승 12무 17패 | **대전**<br>6승 11무 19패 | | | | | | |
| | | | | | | | | |
| **대구**<br>11승 6무 16패 | **서울**<br>8승 11무 14패 | **상주**<br>8승 9무 16패 | **전남**<br>8승 8무 17패 | **인천**<br>6승 12무 15패 | | | | |
| | | | | | | | | |
| **대구**<br>3승 2무 | **강원**<br>2승 1무 2패 | **상주**<br>2승 1무 2패 | **서울**<br>1승 2무 2패 | **전남**<br>5패 | | | | |
| | | | | | | | | |
| **부천**<br>10승 6무 19패 | **안산**<br>10승 9무 17패 | **서울이랜드**<br>10승 7무 19패 | | | | | | |
| | | | | | | | | |
| **부천**<br>10승 6무 19패 | **안산**<br>10승 9무 17패 | **서울이랜드**<br>10승 7무 19패 | | | | | | |
| | | | | | | | | |
| **수원**<br>10승 10무 13패 | **성남**<br>10승 8무 15패 | **경남**<br>5승 13무 15패 | **인천**<br>5승 11무 17패 | **제주**<br>4승 11무 18패 | | | | |
| | | | | | | | | |
| **수원**<br>2승 2무 1패 | **인천**<br>2승 2무 1패 | **성남**<br>2승 1무 2패 | **경남**<br>1승 2무 2패 | **제주**<br>1승 1무 3패 | | | | |
| **수원**<br>12승 12무 14패 | **성남**<br>12승 9무 17패 | **인천**<br>7승 13무 18패 | **경남**<br>6승 15무 17패 | **제주**<br>5승 12무 21패 | | | | |
| **수원FC**<br>11승 10무 15패 | **대전**<br>8승 11무 17패 | **서울이랜드**<br>5승 10무 21패 | | | | | | |
| | | | | | | | | |
| **수원FC**<br>11승 10무 15패 | **대전**<br>8승 11무 17패 | **서울이랜드**<br>5승 10무 21패 | | | | | | |
| | | | | | | | | |
| **강원**<br>6승 6무 10패 | **성남**<br>5승 7무 10패 | **부산**<br>4승 9무 9패 | **수원**<br>5승 6무 11패 | **인천**<br>4승 6무 12패 | | | | |
| | | | | | | | | |
| **수원**<br>3승 1무 1패 | **인천**<br>3승 2패 | **성남**<br>2승 3패 | **부산**<br>1승 1무 3패 | **서울**<br>1승 1무 3패 | | | | |
| **수원**<br>8승 7무 12패 | **서울**<br>8승 5무 14패 | **성남**<br>7승 7무 13패 | **인천**<br>7승 6무 14패 | **부산**<br>5승 10무 12패 | | | | |
| **부천**<br>7승 5무 15패 | **안양**<br>6승 7무 14패 | **충남아산**<br>5승 7무 15패 | | | | | | |
| | | | | | | | | |
| **부천**<br>7승 5무 15패 | **안양**<br>6승 7무 14패 | **충남아산**<br>5승 7무 15패 | | | | | | |

| 연도 | 구분 | 대회명 | | 1위 | 2위 | 3위 | 4위 | 5위 | 6위 | 7위 |
|---|---|---|---|---|---|---|---|---|---|---|
| 2021 | K리그1/정규리그 | 하나원큐 K리그1 2021 | 일반 | **전북**<br>18승 10무 5패 | **울산**<br>18승 10무 5패 | **대구**<br>13승 10무 10패 | **수원FC**<br>12승 9무 12패 | **제주**<br>10승 15무 8패 | **수원**<br>12승 9무 12패 | **포항**<br>11승 9무 13패 |
| | | | 파이널A | **전북**<br>4승 1패 | **울산**<br>3승 1무 1패 | **제주**<br>3승 2패 | **수원FC**<br>2승 3패 | **대구**<br>2승 3패 | **수원**<br>1무 4패 | |
| | | | 파이널B | | | | | | | **서울**<br>3승 1무 1패 |
| | | | 최종 | **전북**<br>22승 10무 6패 | **울산**<br>21승 11무 6패 | **대구**<br>15승 10무 13패 | **제주**<br>13승 15무 10패 | **수원FC**<br>14승 9무 15패 | **수원**<br>12승 10무 16패 | **서울**<br>12승 11무 15패 |
| | K리그2/정규리그 | 하나원큐 K리그2 2021 | 일반 | **김천**<br>20승 11무 5패 | **안양**<br>17승 11무 8패 | **대전하나**<br>17승 7무 12패 | **전남**<br>13승 13무 10패 | **부산**<br>12승 9무 15패 | **경남**<br>11승 10무 15패 | **안산**<br>11승 10무 15패 |
| | | | PO | | **대전하나**<br>1승 1무 | **안양**<br>1패 | **전남**<br>1무 | | | |
| | | | 최종 | **김천**<br>20승 11무 5패 | **대전하나**<br>18승 8무 12패 | **안양**<br>17승 11무 9패 | **전남**<br>13승 14무 10패 | **부산**<br>12승 9무 15패 | **경남**<br>11승 10무 15패 | **안산**<br>11승 10무 15패 |
| | 승강PO | 하나원큐 K리그 2021 승강 플레이오프 | | **강원**<br>1승 1패 | **대전하나**<br>1승 1패 | | | | | |
| 2022 | K리그1/정규리그 | 하나원큐 K리그1 2022 | 일반 | **울산**<br>19승 9무 5패 | **전북**<br>17승 10무 6패 | **포항**<br>15승 10무 8패 | **인천**<br>12승 13무 8패 | **제주**<br>12승 10무 11패 | **강원**<br>13승 6무 14패 | **수원FC**<br>12승 8무 13패 |
| | | | 파이널A | **전북**<br>4승 1패 | **울산**<br>3승 1무 1패 | **제주**<br>2승 3패 | **포항**<br>1승 2무 2패 | **인천**<br>1승 2무 2패 | **강원**<br>1승 1무 3패 | |
| | | | 파이널B | | | | | | | **대구**<br>3승 2무 |
| | | | 최종 | **울산**<br>22승 10무 6패 | **전북**<br>21승 10무 7패 | **포항**<br>16승 12무 10패 | **인천**<br>13승 15무 10패 | **제주**<br>14승 10무 14패 | **강원**<br>14승 7무 17패 | **수원FC**<br>13승 9무 16패 |
| | K리그2/정규리그 | 하나원큐 K리그2 2022 | 일반 | **광주**<br>25승 11무 4패 | **대전하나**<br>21승 11무 8패 | **안양**<br>19승 12무 9패 | **부천**<br>17승 10무 13패 | **경남**<br>16승 8무 16패 | **충남아산**<br>13승 13무 14패 | **서울이랜드**<br>11승 15무 14패 |
| | | | PO | | | **안양**<br>1무 | **경남**<br>1승 1무 | **부천**<br>1패 | | |
| | | | 최종 | **광주**<br>25승 11무 4패 | **대전하나**<br>21승 11무 8패 | **안양**<br>19승 13무 9패 | **경남**<br>17승 9무 16패 | **부천**<br>17승 10무 14패 | **충남아산**<br>13승 13무 14패 | **서울이랜드**<br>11승 15무 14패 |
| | 승강PO | 하나원큐 K리그 2022 승강 플레이오프 | | **대전하나**<br>2승 | **수원**<br>1승 1무 | **안양**<br>1무 1패 | **김천**<br>2패 | | | |
| 2023 | K리그1/정규리그 | 하나원큐 K리그1 2023 | 일반 | **울산HD**<br>20승 7무 6패 | **포항**<br>15승 13무 5패 | **광주**<br>15승 9무 9패 | **전북**<br>14승 7무 12패 | **대구**<br>12승 13무 8패 | **인천**<br>12승 12무 9패 | **서울**<br>12승 11무 10패 |
| | | | 파이널A | **울산HD**<br>3승 0무 2패 | **인천**<br>2승 2무 1패 | **전북**<br>2승 2무 1패 | **포항**<br>1승 3무 1패 | **광주**<br>1승 2무 2패 | **대구**<br>1승 1무 3패 | |
| | | | 파이널B | | | | | | | **서울**<br>2승 2무 1패 |
| | | | 최종 | **울산HD**<br>23승 7무 8패 | **포항**<br>16승 16무 6패 | **광주**<br>16승 11무 11패 | **전북**<br>16승 9무 13패 | **인천**<br>14승 14무 10패 | **대구**<br>13승 14무 11패 | **서울**<br>14승 13무 11패 |
| | K리그2/정규리그 | 하나원큐 K리그2 2023 | 일반 | **김천**<br>22승 5무 9패 | **부산**<br>20승 10무 6패 | **김포**<br>16승 12무 8패 | **경남**<br>15승 12무 9패 | **부천**<br>16승 9무 11패 | **안양**<br>15승 9무 12패 | **전남**<br>16승 5무 15패 |
| | | | PO | | | **김포**<br>1승 | **경남**<br>1무 1패 | **부천**<br>1무 | | |
| | | | 최종 | **김천**<br>22승 5무 9패 | **부산**<br>20승 10무 6패 | **김포**<br>17승 12무 8패 | **경남**<br>15승 13무 10패 | **부천**<br>16승 10무 11패 | **안양**<br>15승 9무 12패 | **전남**<br>16승 5무 15패 |
| | 승강PO | 하나원큐 K리그 2023 승강 플레이오프 | | **강원**<br>1승 1패 | **수원FC**<br>1승 1패 | **부산**<br>1승 1패 | **김포**<br>1무 1패 | | | |
| 2024 | K리그1/정규리그 | 하나은행 K리그1 2024 | 일반 | **울산HD**<br>18승 7무 8패 | **김천**<br>16승 8무 9패 | **강원**<br>16승 7무 10패 | **포항**<br>14승 9무 10패 | **서울**<br>14승 8무 11패 | **수원FC**<br>14승 7무 12패 | **광주**<br>14승 1무 18패 |
| | | | 파이널A | **울산HD**<br>3승 2무 | **강원**<br>3승 2패 | **서울**<br>2승 2무 1패 | **김천**<br>2승 1무 2패 | **수원FC**<br>1승 1무 3패 | **포항**<br>2무 3패 | |
| | | | 파이널B | | | | | | | **대전하나**<br>4승 1무 |
| | | | 최종 | **울산HD**<br>21승 9무 8패 | **강원**<br>19승 7무 12패 | **김천**<br>18승 9무 11패 | **서울**<br>16승 10무 12패 | **수원FC**<br>15승 8무 15패 | **포항**<br>14승 11무 13패 | **제주**<br>15승 4무 19패 |
| | K리그2/정규리그 | 하나은행 K리그2 2024 | 일반 | **안양**<br>18승 9무 9패 | **충남아산**<br>17승 9무 10패 | **서울이랜드**<br>17승 7무 12패 | **전남**<br>16승 9무 11패 | **부산**<br>16승 8무 12패 | **수원**<br>15승 11무 10패 | **김포**<br>14승 12무 10패 |
| | | | PO | | | **서울이랜드**<br>1무 | **전남**<br>2무 | **부산**<br>1무 | | |
| | | | 최종 | **안양**<br>18승 9무 9패 | **충남아산**<br>17승 9무 10패 | **서울이랜드**<br>17승 8무 12패 | **전남**<br>16승 11무 11패 | **부산**<br>16승 9무 12패 | **수원**<br>15승 11무 10패 | **김포**<br>14승 12무 10패 |
| | 승강PO | 하나은행 K리그 2024 승강 플레이오프 | | **전북**<br>2승 | **대구**<br>1승 1패 | **충남아산**<br>1승 1패 | **서울이랜드**<br>2패 | | | |

| 8위 | 9위 | 10위 | 11위 | 12위 | 13위 | 14위 | 15위 | 16위 |
|---|---|---|---|---|---|---|---|---|
| **인천**<br>11승 7무 15패 | **서울**<br>9승 10무 14패 | **강원**<br>9승 10무 14패 | **성남**<br>9승 10무 14패 | **광주**<br>9승 5무 19패 | | | | |
| | | | | | | | | |
| **인천**<br>1승 4무 | **성남**<br>2승 1무 2패 | **강원**<br>1승 3무 1패 | **광주**<br>1승 2무 2패 | **포항**<br>1승 1무 3패 | | | | |
| **인천**<br>12승 11무 15패 | **포항**<br>12승 10무 16패 | **성남**<br>11승 11무 16패 | **강원**<br>10승 13무 15패 | **광주**<br>10승 7무 21패 | | | | |
| **충남아산**<br>11승 8무 17패 | **서울이랜드**<br>8승 13무 15패 | **부천**<br>9승 10무 17패 | | | | | | |
| | | | | | | | | |
| **충남아산**<br>11승 8무 17패 | **서울이랜드**<br>8승 13무 15패 | **부천**<br>9승 10무 17패 | | | | | | |
| | | | | | | | | |
| **서울**<br>10승 11무 12패 | **대구**<br>7승 14무 12패 | **김천**<br>8승 10무 15패 | **수원**<br>8승 10무 15패 | **성남**<br>6승 7무 20패 | | | | |
| | | | | | | | | |
| **수원**<br>3승 1무 1패 | **성남**<br>1승 2무 2패 | **서울**<br>1승 2무 2패 | **김천**<br>4무 1패 | **수원FC**<br>1승 1무 3패 | | | | |
| **대구**<br>10승 16무 12패 | **서울**<br>11승 13무 14패 | **수원**<br>11승 11무 16패 | **김천**<br>8승 14무 16패 | **성남**<br>7승 9무 22패 | | | | |
| **김포**<br>10승 11무 19패 | **안산**<br>8승 13무 19패 | **부산**<br>9승 9무 22패 | **전남**<br>6승 17무 17패 | | | | | |
| | | | | | | | | |
| **김포**<br>10승 11무 19패 | **안산**<br>8승 13무 19패 | **부산**<br>9승 9무 22패 | **전남**<br>6승 17무 17패 | | | | | |
| | | | | | | | | |
| **대전하나**<br>11승 12무 10패 | **제주**<br>9승 8무 16패 | **수원FC**<br>8승 7무 18패 | **강원**<br>4승 14무 15패 | **수원**<br>6승 7무 20패 | | | | |
| | | | | | | | | |
| **수원**<br>2승 2무 1패 | **강원**<br>2승 2무 1패 | **대전하나**<br>1승 3무 1패 | **제주**<br>1승 3무 1패 | **수원FC**<br>0승 2무 3패 | | | | |
| **대전하나**<br>12승 15무 11패 | **제주**<br>10승 11무 17패 | **강원**<br>6승 16무 16패 | **수원FC**<br>8승 9무 21패 | **수원**<br>8승 9무 21패 | | | | |
| **충북청주**<br>13승 13무 10패 | **성남**<br>11승 11무 14패 | **충남아산**<br>12승 6무 18패 | **서울이랜드**<br>10승 5무 21패 | **안산**<br>6승 7무 23패 | **천안**<br>5승 10무 21패 | | | |
| | | | | | | | | |
| **충북청주**<br>13승 13무 10패 | **성남**<br>11승 11무 14패 | **충남아산**<br>12승 6무 18패 | **서울이랜드**<br>10승 5무 21패 | **안산**<br>6승 7무 23패 | **천안**<br>5승 10무 21패 | | | |
| | | | | | | | | |
| **제주**<br>13승 2무 18패 | **대구**<br>9승 11무 13패 | **전북**<br>9승 10무 14패 | **대전하나**<br>8승 11무 14패 | **인천**<br>7승 11무 15패 | | | | |
| | | | | | | | | |
| **제주**<br>2승 2무 1패 | **인천**<br>2승 1무 2패 | **전북**<br>1승 2무 2패 | **광주**<br>4무 1패 | **대구**<br>2무 3패 | | | | |
| **대전하나**<br>12승 12무 14패 | **광주**<br>14승 5무 19패 | **전북**<br>10승 12무 16패 | **대구**<br>9승 13무 16패 | **인천**<br>9승 12무 17패 | | | | |
| **부천**<br>12승 13무 11패 | **천안**<br>11승 10무 15패 | **충북청주**<br>8승 16무 12패 | **안산**<br>9승 10무 17패 | **경남**<br>6승 15무 15패 | **성남**<br>5승 11무 20패 | | | |
| | | | | | | | | |
| **부천**<br>12승 13무 11패 | **천안**<br>11승 10무 15패 | **충북청주**<br>8승 16무 12패 | **안산**<br>9승 10무 17패 | **경남**<br>6승 15무 15패 | **성남**<br>5승 11무 20패 | | | |
| | | | | | | | | |

| 연도 | 구분 | 대회명 | | 1위 | 2위 | 3위 | 4위 | 5위 | 6위 | 7위 |
|---|---|---|---|---|---|---|---|---|---|---|
| 2025 | K리그1 /정규 리그 | 하나은행 K 리그1 2025 | 일반 | **전북**<br>21승 8무 4패 | **김천**<br>16승 7무 10패 | **대전하나**<br>15승 10무 8패 | **포항**<br>15승 6무 12패 | **서울**<br>11승 12무 10패 | **강원**<br>11승 11무 11패 | **안양**<br>12승 6무 15패 |
| | | | 파이 널A | **대전하나**<br>3승 1무 1패 | **전북**<br>2승 2무 1패 | **강원**<br>2승 2무 1패 | **김천**<br>2승 0무 3패 | **포항**<br>1승 2무 2패 | **서울**<br>1승 1무 3패 | |
| | | | 파이 널B | | | | | | | **광주**<br>4승 0무 1패 |
| | | | 최종 | **전북**<br>23승 10무 5패 | **대전하나**<br>18승 11무 9패 | **김천**<br>18승 7무 13패 | **포항**<br>16승 8무 14패 | **강원**<br>13승 13무 12패 | **서울**<br>12승 13무 13패 | **광주**<br>15승 8무 9패 |
| | K리그2 /정규 리그 | 하나은행 K 리그2 2025 | 일반 | **인천**<br>23승 9무 7패 | **수원**<br>20승 12무 7패 | **부천**<br>19승 10무 10패 | **서울이랜드**<br>17승 14무 8패 | **성남**<br>17승 13무 9패 | **전남**<br>17승 11무 11패 | **김포**<br>14승 13무 12패 |
| | | | PO | | | **부천**<br>1무 | **성남**<br>1무 1패 | **서울이랜드**<br>1패 | | |
| | | | 최종 | **인천**<br>23승 9무 7패 | **수원**<br>20승 12무 7패 | **부천**<br>19승 11무 10패 | **서울이랜드**<br>17승 14무 9패 | **성남**<br>17승 14무 10패 | **전남**<br>17승 11무 11패 | **김포**<br>14승 13무 12패 |
| | 승강 PO | 하나은행 K리그 2025 승강 플레이오프 | | **부천**<br>2승 | **제주SK**<br>2승 | **수원FC**<br>2패 | **수원**<br>2패 | | | |

## 역대 대회방식 변천사

| 연도 | 정규리그 | | | 리그컵 | |
|---|---|---|---|---|---|
| | 대회명 | 방식 | 경기수(참가팀) | 대회명(방식) | 경기수(참가팀) |
| 1983 | 83 수퍼리그 | 단일리그 | 40경기 (5팀) | - | - |
| 1984 | 84 축구대제전 수퍼리그 | 전후기리그, 챔피언결정전 | 114경기 (8팀) | - | - |
| 1985 | 85 축구대제전 수퍼리그 | 단일리그 | 84경기 (8팀) | - | - |
| 1986 | 86 축구대제전 | 춘계리그, 추계리그, 챔피언결정전 | 62경기 (6팀) | 86 프로축구선수권대회 | 40경기 (5팀) |
| 1987 | 87 한국프로축구대회 | 단일리그 | 80경기 (5팀) | - | - |
| 1988 | 88 한국프로축구대회 | 단일리그 | 60경기 (5팀) | - | - |
| 1989 | 89 한국프로축구대회 | 단일리그 | 120경기 (6팀) | - | - |
| 1990 | 90 한국프로축구대회 | 단일리그 | 90경기 (6팀) | - | - |
| 1991 | 91 한국프로축구대회 | 단일리그 | 120경기 (6팀) | - | - |
| 1992 | 92 한국프로축구대회 | 단일리그 | 92경기 (6팀) | 92 아디다스컵(신설) | 30경기 (6팀) |
| 1993 | 93 한국프로축구대회 | 단일리그 | 90경기 (6팀) | 93 아디다스컵 | 15경기 (6팀) |
| 1994 | 94 하이트배 코리안리그 | 단일리그 | 105경기 (7팀) | 94 아디다스컵 | 21경기 (7팀) |
| 1995 | 95 하이트배 코리안리그 | 전후기리그, 챔피언결정전 | 115경기 (8팀) | 95 아디다스컵 | 28경기 (8팀) |
| 1996 | 96 라피도컵 프로축구대회 | 전후기리그, 챔피언결정전 | 146경기 (9팀) | 96 아디다스컵 | 36경기 (9팀) |
| 1997 | 97 라피도컵 프로축구대회 | 단일리그 | 90경기(10팀) | 97 아디다스컵 | 45경기(10팀) |
| | | | | 97 프로스펙스컵(조별리그) | 44경기(10팀) |
| 1998 | 98 현대컵 K-리그 | 단일리그, 4강결승(준플레이오프, 플레이오프, 챔피언결정전 등 5경기) | 95경기(10팀) | 98 필립모리스코리아컵 | 45경기(10팀) |
| | | | | 98 아디다스코리아컵(조별리그) | 44경기(10팀) |
| 1999 | 99 바이코리아컵 K-리그 | 단일리그, 4강결승(준플레이오프, 플레이오프, 챔피언결정전 등 5경기) | 140경기(10팀) | 99 대한화재컵(조별리그) | 44경기(10팀) |
| | | | | 99 아디다스컵(토너먼트) | 9경기(10팀) |
| 2000 | 2000 삼성 디지털 K-리그 | 단일리그, 4강결승(준플레이오프, 플레이오프, 챔피언결정전 등 5경기) | 140경기(10팀) | 2000 대한화재컵(조별리그) | 43경기(10팀) |
| | | | | 2000 아디다스컵(토너먼트) | 9경기(10팀) |
| 2001 | 2001 포스코 K-리그 | 단일리그(3라운드) | 135경기(10팀) | 아디다스컵 2001(조별리그) | 44경기(10팀) |
| 2002 | 2002 삼성 파브 K-리그 | 단일리그(3라운드) | 135경기(10팀) | 아디다스컵 2002(조별리그) | 44경기(10팀) |
| 2003 | 삼성 하우젠 K-리그 2003 | 단일리그(4라운드) | 264경기(12팀) | - | - |
| 2004 | 삼성 하우젠 K-리그 2004 | 전후기리그, 4강결승(전기우승 - 통합차상위전, 후기우승 - 통합최상위전, 챔피언결정전) | 160경기(13팀) | 삼성 하우젠컵 2004 | 78경기(13팀) |
| 2005 | 삼성 하우젠 K-리그 2005 | 전후기리그, 4강결승(전기우승 - 통합차상위전, 후기우승 - 통합최상위전, 챔피언결정전) | 160경기(13팀) | 삼성 하우젠컵 2005 | 78경기(13팀) |
| 2006 | 삼성 하우젠 K-리그 2006 | 전후기리그, 4강결승(전기우승 - 통합차상위전, 후기우승 - 통합최상위전, 챔피언결정전) | 186경기(14팀) | 삼성 하우젠컵 2006 | 91경기(14팀) |
| 2007 | 삼성 하우젠 K-리그 2007 | 6강플레이오프, 준플레이오프, 플레이오프, 챔피언결정전 | 188경기(14팀) | 삼성 하우젠컵 2007(조별리그) | 65경기(14팀) |

| 8위 | 9위 | 10위 | 11위 | 12위 | 13위 | 14위 | 15위 | 16위 |
|---|---|---|---|---|---|---|---|---|
| **광주**<br>11승 9무 13패 | **울산HD**<br>10승 10무 13패 | **수원FC**<br>10승 8무 15패 | **제주SK**<br>8승 8무 17패 | **대구**<br>6승 9무 18패 | | | | |
| | | | | | | | | |
| **안양**<br>2승 1무 2패 | **대구**<br>1승 4무 0패 | **제주SK**<br>2승 1무 2패 | **수원FC**<br>1승 1무 3패 | **울산HD**<br>1승 1무 3패 | | | | |
| **안양**<br>14승 7무 17패 | **울산HD**<br>11승 11무 16패 | **수원FC**<br>11승 9무 18패 | **제주SK**<br>10승 9무 19패 | **대구**<br>7승 13무 18패 | | | | |
| **부산**<br>14승 13무 12패 | **충남아산**<br>13승 14무 12패 | **화성**<br>9승 13무 17패 | **경남**<br>11승 7무 21패 | **충북청주**<br>7승 10무 22패 | **천안**<br>7승 9무 23패 | **안산**<br>5승 12무 22패 | | |
| | | | | | | | | |
| **부산**<br>14승 13무 12패 | **충남아산**<br>13승 14무 12패 | **화성**<br>9승 13무 17패 | **경남**<br>11승 7무 21패 | **충북청주**<br>7승 10무 22패 | **천안**<br>7승 9무 23패 | **안산**<br>5승 12무 22패 | | |
| | | | | | | | | |

| 연도 | 정규리그 | | | 리그컵 | |
|---|---|---|---|---|---|
| | 대회명 | 방식 | 경기수(참가팀) | 대회명(방식) | 경기수(참가팀) |
| 2008 | 삼성 하우젠 K-리그 2008 | 6강플레이오프, 준플레이오프, 플레이오프, 챔피언결정전 | 188경기(14팀) | 삼성 하우젠컵 2008(조별리그) | 65경기(14팀) |
| 2009 | 2009 K-리그 | 6강플레이오프, 준플레이오프, 플레이오프, 챔피언결정전 | 216경기(15팀) | 피스컵 코리아2009(조별리그) | 39경기(15팀) |
| 2010 | 쏘나타 K리그 2010 | 6강플레이오프, 준플레이오프, 플레이오프, 챔피언결정전 | 216경기(15팀) | 포스코컵 2010(조별리그) | 37경기(15팀) |
| 2011 | 현대오일뱅크 K리그 2011 | 6강플레이오프, 준플레이오프, 플레이오프, 챔피언결정전 | 246경기(16팀) | 러시앤캐시컵 2011(조별리그) | 37경기(16팀) |
| 2012 | 현대오일뱅크 K리그 2012 | 단일리그 / 상하위 스플릿리그(그룹A, 그룹B) | 352경기(16팀) | - | - |
| 2013 | 현대오일뱅크 K리그 클래식 2013 | 1부리그 단일리그 / 상하위 스플릿리그(그룹A, 그룹B) | 266경기(14팀) | - | - |
| | 현대오일뱅크 K리그 챌린지 2013 | 2부리그 단일리그 | 140경기 (8팀) | | |
| | 현대오일뱅크 K리그 승강 플레이오프 2013 | 승강 플레이오프 | 2경기 (2팀) | | |
| 2014 | 현대오일뱅크 K리그 클래식 2014 | 1부리그 단일리그 / 상하위 스플릿리그(그룹A, 그룹B) | 228경기(12팀) | - | - |
| | 현대오일뱅크 K리그 챌린지 2014 | 2부리그 단일리그 | 182경기(10팀) | - | - |
| | 현대오일뱅크 K리그 승강 플레이오프 2014 | 승강 플레이오프 | 2경기 (2팀) | | |
| 2015 | 현대오일뱅크 K리그 클래식 2015 | 1부리그 단일리그 / 상하위 스플릿리그(그룹A, 그룹B) | 228경기(12팀) | - | - |
| | 현대오일뱅크 K리그 챌린지 2015 | 2부리그 단일리그 | 222경기(11팀) | | |
| | 현대오일뱅크 K리그 승강 플레이오프 2015 | 승강 플레이오프 | 2경기 (2팀) | | |
| 2016 | 현대오일뱅크 K리그 클래식 2016 | 1부리그 단일리그 / 상하위 스플릿리그(그룹A, 그룹B) | 228경기(12팀) | - | - |
| | 현대오일뱅크 K리그 챌린지 2016 | 2부리그 단일리그 | 222경기(11팀) | | |
| | 현대오일뱅크 K리그 승강 플레이오프 2016 | 승강 플레이오프 | 2경기 (2팀) | | |
| 2017 | KEB하나은행 K리그 클래식 2017 | 1부리그 단일리그 / 상하위 스플릿리그(그룹A, 그룹B) | 228경기(12팀) | - | - |
| | KEB하나은행 K리그 챌린지 2017 | 2부리그 단일리그 | 182경기(10팀) | | |
| | KEB하나은행 K리그 승강 플레이오프 2017 | 승강 플레이오프 | 2경기 (2팀) | | |
| 2018 | KEB하나은행 K리그1 2018 | 1부리그 단일리그 / 상하위 스플릿리그(그룹A, 그룹B) | 228경기(12팀) | | |

| 연도 | 정규리그 | | | 리그컵 | |
|---|---|---|---|---|---|
| | 대회명 | 방식 | 경기수(참가팀) | 대회명(방식) | 경기수(참가팀) |
| | KEB하나은행 K리그2 2018 | 2부리그 단일리그 | 182경기(10팀) | - | - |
| | KEB하나은행 K리그 승강 플레이오프 2018 | 승강 플레이오프 | 2경기 (2팀) | | |
| 2019 | 하나원큐 K리그1 2019 | 1부리그 단일리그 / 상하위 파이널리그(파이널A, 파이널B) | 228경기(12팀) | | |
| | 하나원큐 K리그2 2019 | 2부리그 단일리그 | 182경기(10팀) | - | - |
| | 하나원큐 K리그 2019 승강 플레이오프 | 승강 플레이오프 | 2경기 (2팀) | | |
| 2020 | 하나원큐 K리그1 2020 | 1부리그 단일리그 / 상하위 파이널리그(파이널A, 파이널B) | 162경기(12팀) | | |
| | 하나원큐 K리그2 2020 | 2부리그 단일리그 | 137경기(10팀) | - | - |
| 2021 | 하나원큐 K리그1 2021 | 1부리그 단일리그 / 상하위 파이널리그(파이널A, 파이널B) | 228경기(12팀) | | |
| | 하나원큐 K리그2 2021 | 2부리그 단일리그 | 182경기(10팀) | - | - |
| | 하나원큐 K리그 2021 승강 플레이오프 | 승강 플레이오프 | 2경기 (2팀) | | |
| 2022 | 하나원큐 K리그1 2022 | 1부리그 단일리그 / 상하위 파이널리그(파이널A, 파이널B) | 228경기(12팀) | | |
| | 하나원큐 K리그2 2022 | 2부리그 단일리그 | 222경기(11팀) | - | - |
| | 하나원큐 K리그 2022 승강 플레이오프 | 승강 플레이오프 | 4경기 (4팀) | | |
| 2023 | 하나원큐 K리그1 2023 | 1부리그 단일리그 / 상하위 파이널리그(파이널A, 파이널B) | 228경기(12팀) | | |
| | 하나원큐 K리그2 2023 | 2부리그 단일리그 | 236경기(13팀) | - | - |
| | 하나원큐 K리그 2021 승강 플레이오프 | 승강 플레이오프 | 4경기 (4팀) | | |
| 2024 | 하나은행 K리그1 2024 | 1부리그 단일리그 / 상하위 파이널리그(파이널A, 파이널B) | 228경기(12팀) | | |
| | 하나은행 K리그2 2024 | 2부리그 단일리그 | 236경기(13팀) | - | - |
| | 하나은행 K리그 2024 승강 플레이오프 | 승강 플레이오프 | 4경기 (4팀) | | |
| 2025 | 하나은행 K리그1 2025 | 1부리그 단일리그 / 상하위 파이널리그(파이널A, 파이널B) | 228경기(12팀) | | |
| | 하나은행 K리그2 2025 | 2부리그 단일리그 | 275경기(14팀) | - | - |
| | 하나은행 K리그 2021 승강 플레이오프 | 승강 플레이오프 | 4경기 (4팀) | | |

* 2016년 이후 순위 결정 방식: 승점 - 다득점 - 득실차 - 다승 - 승자승 - 벌점 - 추천 순

### 역대 신인선수선발 제도 변천사

| 연도 | 방식 |
|---|---|
| 1983~1987 | 자유선발 |
| 1988~2001 | 드래프트 |
| 2002~2005 | 자유선발 |
| 2006~2012 | 드래프트 |
| 2013~2015 | 드래프트 +자유선발 |
| 2016~ | 자유선발 |

### 역대 외국인 선수 보유 및 출전한도 변천사

| 연도 | 등록인원 | 출전인원 | 비고 |
|---|---|---|---|
| 1983~1993 | 2 | 2 | |
| 1994 | 3 | 2 | 출전인원은 2명으로 하되 대표선수 차출에 비례하여 3명 이상 차출 시 3명 출전가능 |
| 1995 | 3 | 3 | |
| 1996~2000 | 5 | 3 | 1996년부터 외국인 GK 출전제한(1996년 전 경기 출전, 1997년 2/3 출전, 1998년 1/3 출전 가능), 1999년부터 외국인 GK 영입 금지 |
| 2001~2002 | 7 | 3 | 월드컵 지원으로 인한 대표선수 차출로 한시적 운영 |
| 2003~2004 | 5 | 3 | |
| 2005 | 4 | 3 | |
| 2006~2008 | 3 | 3 | |
| 2009~2019 | 3+1 | 3+1 | 아시아 쿼터(1명) 시행 |
| 2020~2022 | 3+1+1 | 3+1+1 | 아시아 쿼터(1명), 아세안(ASEAN) 쿼터(1명) 시행 |
| 2023~2024 | 5+1 | 3+1 | K리그1: 아시아 쿼터(1명) 시행 |
| | 3+1+1 | 3+1+1 | K리그2: 아시아 쿼터(1명), 아세안(ASEAN) 쿼터(1명) 시행 |
| 2025~ | 6 | 4 | K리그1: 아시아 쿼터, 아세안 쿼터 폐지 |
| | 5 | 4 | K리그2: 아시아 쿼터, 아세안 쿼터 폐지 |

## 역대 승점제도 변천사

| 연도 | 대회 | 승점현황 |
|---|---|---|
| 1983 | 수퍼리그 | 90분승 2점, 무승부 1점 |
| 1984 | 축구대제전 수퍼리그 | 90분승 3점, 득점무승부 2점,<br>무득점무승부 1점 |
| 1985 | 축구대제전 수퍼리그 | 90분승 2점, 무승부 1점 |
| 1986 | 축구대제전 | |
| | 프로축구선수권대회 | |
| 1987 | 한국프로축구대회 | |
| 1988 | 한국프로축구대회 | |
| 1989 | 한국프로축구대회 | |
| 1990 | 한국프로축구대회 | |
| 1991 | 한국프로축구대회 | |
| 1992 | 한국프로축구대회 | |
| | 아디다스컵 | 90분승 3점, 무승부 시 승부차기<br>(승 1.5점, 패 1점), 연장전 없음 |
| 1993 | 한국프로축구대회 | 90분승 4점, 무승부 시 승부차기<br>(승 2점, 패 1점), 연장전 없음 |
| | 아디다스컵 | 90분승 2점, 무승부 시 승부차기 승 2점 |
| 1994 | 하이트배 코리안리그 | 90분승 3점, 무승부 1점 |
| | 아디다스컵 | |
| 1995 | 하이트배 코리안리그 | |
| | 아디다스컵 | |
| 1996 | 라피도컵 프로축구대회 | |
| | 아디다스컵 | |
| 1997 | 라피도컵 프로축구대회 | |
| | 아디다스컵 | |
| | 프로스펙스컵(조별리그) | |
| 1998 | 현대컵 K-리그 | 90분승 3점, 연장승 2점,<br>승부차기 승 1점 |
| | 필립모리스코리아컵 | |
| | 아디다스코리아컵 조별리그) | |
| 1999 | 바이코리아컵 K-리그 | |
| | 대한화재컵(조별리그) | |
| | 아디다스컵(토너먼트) | |
| 2000 | 삼성 디지털 K-리그 | 90분승 3점, 연장승 2점,<br>승부차기 승 1점 |
| | 대한화재컵(조별리그) | |
| | 아디다스컵(토너먼트) | |
| 2001 | 포스코 K-리그 | |
| | 아디다스컵(조별리그) | 90분승 3점, 무승부 1점 |
| 2002 | 삼성 파브 K-리그 | 90분승 3점, 연장승 2점, 승부차기 승 1점 |
| | 아디다스컵(조별리그) | |
| 2003 | 삼성 하우젠 K-리그 | 90분승 3점, 무승부 1점 |
| 2004 | 삼성 하우젠 K-리그 | |
| | 삼성 하우젠컵 | |
| 2005 | 삼성 하우젠 K-리그 | |
| | 삼성 하우젠컵 | |
| 2006 | 삼성 하우젠 K-리그 | |
| | 삼성 하우젠컵 | |
| 2007 | 삼성 하우젠 K-리그 | |
| | 삼성 하우젠컵(조별리그) | |
| 2008 | 삼성 하우젠 K-리그 | |
| | 삼성 하우젠컵(조별리그) | |
| 2009 | K-리그 | |
| | 피스컵 코리아(조별리그) | |
| 2010 | 쏘나타 K리그 | |
| | 포스코컵(조별리그) | |
| 2011 | 현대오일뱅크 K리그 | |
| | 러시앤캐시컵(조별리그) | |

| 연도 | 대회 | 승점현황 |
|---|---|---|
| 2012 | 현대오일뱅크 K리그 | 90분승 3점, 무승부 1점 |
| 2013 | 현대오일뱅크 K리그 클래식 | |
| | 현대오일뱅크 K리그 챌린지 | |
| 2014 | 현대오일뱅크 K리그 클래식 | |
| | 현대오일뱅크 K리그 챌린지 | |
| 2015 | 현대오일뱅크 K리그 클래식 | |
| | 현대오일뱅크 K리그 챌린지 | |
| 2016 | 현대오일뱅크 K리그 클래식 | |
| | 현대오일뱅크 K리그 챌린지 | |
| 2017 | KEB하나은행 K리그 클래식 | |
| | KEB하나은행 K리그 챌린지 | |
| 2018 | KEB하나은행 K리그1 | |
| | KEB하나은행 K리그2 | |
| 2019 | 하나원큐 K리그1 | |
| | 하나원큐 K리그2 | |
| 2020 | 하나원큐 K리그1 | |
| | 하나원큐 K리그2 | |
| 2021 | 하나원큐 K리그1 | |
| | 하나원큐 K리그2 | |
| 2022 | 하나원큐 K리그1 | |
| | 하나원큐 K리그2 | |
| 2023 | 하나원큐 K리그1 | |
| | 하나원큐 K리그2 | |
| 2024 | 하나은행 K리그1 | |
| | 하나은행 K리그2 | |
| 2025 | 하나은행 K리그1 | |
| | 하나은행 K리그2 | |

## 역대 관중 기록 _ K리그 1

| 연도 | 관중수 | 경기수 | 평균 관중수 |
|---|---|---|---|
| 1983 | 838,956 | 40 | 20,974 |
| 1984 | 1,029,290 | 112 | 9,190 |
| 1985 | 452,972 | 84 | 5,393 |
| 1986 | 235,306 | 60 | 3,922 |
| 1987 | 341,330 | 80 | 4,267 |
| 1988 | 360,650 | 60 | 6,011 |
| 1989 | 778,000 | 120 | 6,483 |
| 1990 | 527,850 | 90 | 5,865 |
| 1991 | 1,470,127 | 120 | 12,251 |
| 1992 | 1,069,760 | 90 | 11,886 |
| 1993 | 809,000 | 90 | 8,989 |
| 1994 | 818,062 | 105 | 7,791 |
| 1995 | 1,035,571 | 112 | 9,246 |
| 1996 | 1,381,724 | 144 | 9,595 |
| 1997 | 642,736 | 90 | 7,142 |
| 1998 | 1,320,597 | 90 | 14,673 |
| 1999 | 1,793,209 | 135 | 13,283 |
| 2000 | 1,317,682 | 135 | 9,761 |
| 2001 | 1,599,289 | 135 | 11,847 |
| 2002 | 2,138,285 | 135 | 15,839 |
| 2003 | 2,392,994 | 264 | 9,064 |
| 2004 | 1,770,952 | 156 | 11,352 |
| 2005 | 1,755,225 | 156 | 11,251 |
| 2006 | 1,823,811 | 182 | 10,021 |

| 연도 | 관중수 | 경기수 | 평균 관중수 |
|---|---|---|---|
| 2007 | 2,160,537 | 182 | 11,871 |
| 2008 | 2,347,897 | 182 | 12,901 |
| 2009 | 2,357,487 | 210 | 11,226 |
| 2010 | 2,297,717 | 210 | 10,942 |
| 2011 | 2,711,369 | 240 | 11,297 |
| 2012 | 2,382,070 | 352 | 6,767 |
| 2013 | 2,036,413 | 266 | 7,656 |
| 2014 | 1,808,220 | 228 | 7,931 |
| 2015 | 1,760,238 | 228 | 7,720 |
| 2016 | 1,794,855 | 228 | 7,872 |
| 2017 | 1,247,465 | 228 | 5,471 |
| 2018 | 1,241,320 | 228 | 5,444 |
| 2019 | 1,827,061 | 228 | 8,013 |
| 2020 | 86,640 | 162 | 535 |
| 2021 | 444,473 | 228 | 1,949 |
| 2022 | 1,099,061 | 228 | 4,820 |
| 2023 | 2,447,147 | 228 | 10,733 |
| 2024 | 2,508,585 | 228 | 11,003 |
| 2025 | 2,298,557 | 228 | 10,081 |

- 2012년부터 실관중 집계
- 2018년부터 유료관중 집계
- 2020년 코로나19로 무관중 경기(K리그1 127경기 및 관중 제한 입장(K리그1 35경기) 실시
- 2021년 코로나19로 무관중 경기(K리그1 39경기) 및 관중 제한 입장(K리그1 189경기) 실시

### 역대 관중 기록 _K리그 2

| 연도 | 관중수 | 경기수 | 평균 관중수 |
|---|---|---|---|
| 2013 | 235,846 | 140 | 1,685 |
| 2014 | 217,967 | 180 | 1,211 |
| 2015 | 353,860 | 220 | 1,608 |
| 2016 | 331,338 | 220 | 1,506 |
| 2017 | 208,313 | 180 | 1,157 |
| 2018 | 299,374 | 180 | 1,663 |
| 2019 | 521,630 | 180 | 2,898 |
| 2020 | 26,732 | 135 | 198 |
| 2021 | 114,204 | 180 | 634 |
| 2022 | 295,387 | 220 | 1,343 |
| 2023 | 553,891 | 234 | 2,367 |
| 2024 | 889,125 | 234 | 3,800 |
| 2025 | 1,177,470 | 273 | 4,313 |

- 2018년부터 유료관중 집계
- 2020년 코로나19로 무관중 경기(K리그2 102경기) 및 관중 제한 입장(K리그2 35경기) 실시
- 2021년 코로나19로 무관중 경기(K리그2 39경기) 및 관중 제한 입장(K리그2 143경기) 실시

### 역대 관중 기록 _K리그 플레이오프

| 연도 | 관중수 | 경기수 | 평균 관중수 |
|---|---|---|---|
| 1984 | 10,000 | 2 | 5,000 |
| 1986 | - | 2 | - |
| 1995 | 73,000 | 3 | 24,333 |
| 1996 | 51,878 | 2 | 25,939 |
| 1998 | 131,871 | 5 | 26,374 |
| 1999 | 110,489 | 5 | 22,098 |
| 2000 | 63,366 | 5 | 12,673 |
| 2004 | 96,378 | 4 | 24,095 |
| 2005 | 95,910 | 4 | 23,978 |
| 2006 | 110,456 | 4 | 27,614 |
| 2007 | 138,207 | 6 | 23,035 |
| 2008 | 141,594 | 6 | 23,599 |
| 2009 | 110,816 | 6 | 18,469 |
| 2010 | 134,410 | 6 | 22,402 |
| 2011 | 150,810 | 6 | 25,135 |
| 2013 | 10,550 | 2 | 5,275 |
| 2014 | 8,468 | 4 | 2,117 |
| 2015 | 11,546 | 4 | 2,887 |
| 2016 | 13,633 | 4 | 3,408 |
| 2017 | 5,424 | 4 | 1,356 |
| 2018 | 29,934 | 4 | 7,484 |
| 2019 | 28,233 | 4 | 7,058 |
| 2020 | 985 | 2 | 493 |
| 2021 | 15,096 | 4 | 3,774 |
| 2022 | 34,928 | 6 | 5,821 |
| 2023 | 29,441 | 6 | 4,907 |
| 2024 | 65,674 | 6 | 10,946 |
| 2025 | 56,478 | 6 | 9,413 |

- 1986 챔피언 결정전 관중정보 미입력
- 2012년부터 실관중 집계
- 2018년부터 유료관중 집계
- 2020년 코로나19로 승강 플레이오프 미개최
- 2021년 코로나19로 관중 제한 입장 실시

### 역대 관중 기록 _K리그 리그컵

| 연도 | 관중수 | 경기수 | 평균 관중수 |
|---|---|---|---|
| 1986 | 82,722 | 40 | 2,068 |
| 1992 | 262,331 | 32 | 8,198 |
| 1993 | 42,190 | 15 | 2,813 |
| 1994 | 75,155 | 21 | 3,579 |
| 1995 | 382,943 | 28 | 13,677 |
| 1996 | 477,745 | 36 | 13,271 |
| 1997 | 562,058 | 89 | 6,315 |
| 1998 | 664,980 | 89 | 7,472 |
| 1999 | 768,306 | 53 | 14,496 |
| 2000 | 465,802 | 52 | 8,958 |
| 2001 | 655,476 | 44 | 14,897 |
| 2002 | 433,216 | 44 | 9,846 |
| 2004 | 527,104 | 78 | 6,758 |
| 2005 | 967,648 | 78 | 12,406 |
| 2006 | 480,299 | 91 | 5,278 |
| 2007 | 422,173 | 65 | 6,495 |
| 2008 | 455,909 | 65 | 7,014 |
| 2009 | 304,028 | 39 | 7,796 |
| 2010 | 271,196 | 37 | 7,330 |
| 2011 | 168,407 | 37 | 4,552 |

- 1992 리그컵 결승 2차전 관중정보 미입력

## 역대 시즌별 개인상 수상자

| 구분 | 감독상 | MVP | 득점상 | 도움상 | 감투상 | 모범상 | 베스트 11 | | | | 심판상 | 우수 GK상 | 수비상 | 신인 선수상 | 특별상 |
|---|---|---|---|---|---|---|---|---|---|---|---|---|---|---|---|
| | | | | | | | GK | DF | MF | FW | | | | | |
| 1983 | 함흥철<br>(할렐) | 박성화<br>(할렐) | 박윤기<br>(유공) | 박창선<br>(할렐) | 이강조<br>(유공) | 이춘석<br>(대우) | 조병득<br>(할렐) | 박성화(할렐)<br>김철수(포철)<br>장외룡(대우)<br>이강조(유공) | 조광래(대우)<br>박창선(할렐) | 박윤기(유공)<br>이길용(포철)<br>이춘석(대우)<br>김용세(유공) | | 조병득<br>(할렐) | | | * **인기상**:<br>조광래(대우)<br>* **응원상**:<br>국민은행 |
| 1984 | 장운수<br>(대우) | 박창선<br>(대우) | 백종철<br>(현대) | 렌스베르겐<br>(현대) | 정용환<br>(대우) | 조영증<br>(럭금) | 오연교<br>(유공) | 정용환(대우)<br>박경훈(포철)<br>박성화(할렐)<br>정종수(유공) | 박창선(대우)<br>허정무(현대)<br>조영증(럭금) | 최순호(포철)<br>이태호(대우)<br>백종철(현대) | 나윤식 | 오연교<br>(유공) | | | |
| 1985 | 박세학<br>(럭금) | 한문배<br>(럭금) | 피아퐁<br>(럭금) | 피아퐁<br>(럭금) | 김용세<br>(유공) | 최강희<br>(현대) | 김현태<br>(럭금) | 장외룡(대우)<br>한문배(럭금)<br>최강희(현대)<br>김철수(포철) | 박상인(할렐)<br>이흥실(포철)<br>박항서(럭금) | 김용세(유공)<br>피아퐁(럭금)<br>강득수(럭금) | 최길수 | 김현태<br>(럭금) | | 이흥실<br>(포철) | |
| 1986 | 최은택<br>(포철) | 이흥실<br>(포철)<br>최강희<br>(현대) | 정해원<br>(대우)<br>함현기<br>(현대) | 강득수<br>(럭금)<br>전영수<br>(현대) | 민진홍<br>(유공) | 박성화<br>(포철) | 김현태<br>(럭금) | 조영증(럭금)<br>김평석(현대)<br>최강희(현대)<br>박노봉(대우) | 조민국(럭금)<br>이흥실(포철)<br>윤성효(한일) | 김용세(유공)<br>정해원(대우)<br>함현기(현대) | 심건택 | 김현태<br>(럭금)<br>호성호<br>(현대) | | 함현기<br>(현대) | 정해원(대우) |
| 1987 | 이차만<br>(대우) | 정해원<br>(대우) | 최상국<br>(포철) | 최상국<br>(포철) | 최기봉<br>(유공) | 박노봉<br>(대우) | 김풍주<br>(대우) | 최기봉(유공)<br>정용환(대우)<br>박경훈(포철)<br>구상범(럭금) | 김삼수(현대)<br>노수진(유공)<br>이흥실(포철) | 최상국(포철)<br>정해원(대우)<br>김주성(대우) | 박경인 | 조병득<br>(포철) | | 김주성<br>(대우) | |
| 1988 | 이회택<br>(포철) | 박경훈<br>(포철) | 이기근<br>(포철) | 김종부<br>(포철) | 최진한<br>(럭금)<br>손형선<br>(대우) | 최강희<br>(현대) | 오연교<br>(현대) | 최강희(현대)<br>최태진(대우)<br>손형선(대우)<br>강태식(포철) | 최진한(럭금)<br>김상호(포철)<br>황보관(유공) | 이기근(포철)<br>함현기(현대)<br>신동철(유공) | 이도하 | 오연교<br>(현대) | | 황보관<br>(유공) | |
| 1989 | 김정남<br>(유공) | 노수진<br>(유공) | 조긍연<br>(포철) | 이흥실<br>(포철) | 조긍연<br>(포철) | 강재순<br>(현대) | 차상광<br>(럭금) | 임종헌(일화)<br>조윤환(유공)<br>최윤겸(유공)<br>이영익(럭금) | 이흥실(포철)<br>조덕제(대우)<br>강재순(현대) | 윤상철(럭금)<br>조긍연(포철)<br>노수진(유공) | | 차상광<br>(럭금) | | 고정운<br>(일화) | |
| 1990 | 고재욱<br>(럭금) | 최진한<br>(럭금) | 윤상철<br>(럭금) | 최대식<br>(럭금) | 최태진<br>(럭금) | 이태호<br>(대우) | 유대순<br>(유공) | 최영준(럭금)<br>이재희(대우)<br>최태진(럭금)<br>임종헌(일화) | 최진한(럭금)<br>이흥실(포철)<br>최대식(럭금) | 윤상철(럭금)<br>이태호(대우)<br>송주석(현대) | 길기철 | 유대순<br>(유공) | | 송주석<br>(현대) | |
| 1991 | 비츠케이<br>(대우) | 정용환<br>(대우) | 이기근<br>(포철) | 김준현<br>(유공) | 최진한<br>(유공) | 정용환<br>(대우) | 김풍주<br>(대우) | 정용환(대우)<br>박현용(대우)<br>테드(유공) | 김현석(현대)<br>이영진(LG)<br>김주성(대우)<br>최강희(현대)<br>이상윤(일화) | 이기근(포철)<br>고정운(일화) | 이상용 | | 박현용<br>(대우) | 조우석<br>(일화) | |
| 1992 | 이회택<br>(포철) | 홍명보<br>(포철) | 임근재<br>(LG) | 신동철<br>(유공) | 박창현<br>(포철) | 이태호<br>(대우) | 사리체프(일화) | 홍명보(포철)<br>이종화(일화)<br>박정배 (LG) | 신홍기(현대)<br>김현석(현대)<br>신태용(일화)<br>박태하(포철)<br>신동철(유공) | 박창현(포철)<br>임근재(LG) | 노병일 | | 사리체프<br>(일화) | 신태용<br>(일화) | |
| 1993 | 박종환<br>(일화) | 이상윤<br>(일화) | 차상해<br>(포철) | 윤상철<br>(LG) | 윤상철<br>(LG) | 최영일<br>(현대) | 사리체프(일화) | 최영일(현대)<br>이종화(일화)<br>유동관(포철) | 김판근(대우)<br>신태용(일화)<br>김동해 (LG)<br>이상윤(일화)<br>김봉길(유공) | 차상해(포철)<br>윤상철(LG) | 김광택 | | 이종화<br>(일화) | 정광석<br>(대우) | |
| 1994 | 박종환<br>(일화) | 고정운<br>(일화) | 윤상철<br>(LG) | 고정운<br>(일화) | 이광종<br>(유공) | 정종수<br>(현대) | 사리체프(일화) | 안익수(일화)<br>유상철(현대)<br>홍명보(포철)<br>허기태(유공) | 신태용(일화)<br>고정운(일화)<br>황보관(유공) | 윤상철 (LG)<br>라 데 (포철)<br>김경래(버팔) | 박해용 | | 사리체프<br>(일화) | 최용수<br>(LG) | |
| 1995 | 박종환<br>(일화) | 신태용<br>(일화) | 노상래<br>(전남) | 아미르<br>(대우) | | | 사리체프(일화) | 최영일(현대)<br>홍명보(포항)<br>허기태(유공) | 신태용(일화)<br>고정운(일화)<br>김현석(현대)<br>김판근(LG)<br>아미르(대우) | 황선홍(포항)<br>노상래(전남) | 김진옥 | | | 노상래<br>(전남) | |

| 구분 | 감독상 | MVP | 득점상 | 도움상 | 베스트 11 | | | | 최우수 주심상 | 최우수부심상 | 신인 선수상 | 특별상 |
|---|---|---|---|---|---|---|---|---|---|---|---|---|
| | | | | | GK | DF | MF | FW | | | | |
| 1996 | 고재욱<br>(울산) | 김현석<br>(울산) | 신태용<br>(천안) | 라데<br>(포항) | 김병지<br>(울산) | 윤성효(수원)<br>김주성(부산)<br>허기태(부천SK) | 신태용(천안) 바데아(수원)<br>홍명보(포항) 하석주(부산)<br>김현석(울산) | 라데(포항)<br>세르게이<br>(부천SK) | 김용대 | 김회성 | 박건하<br>(수원) | |
| 1997 | 이차만<br>(부산) | 김주성<br>(부산) | 김현석<br>(울산) | 데니스<br>(수원) | 신범철<br>(부산) | 김주성(부산)<br>마시엘(전남)<br>안익수(포항) | 김현석(울산) 신진원(대전)<br>김인완(전남) 이진행(수원)<br>정재권(부산) | 마니치(부산)<br>스카첸코(전남) | 이재성 | 곽경만 | 신진원<br>(대전) | |
| 1998 | 김호<br>(수원) | 고종수<br>(수원) | 유상철<br>(울산) | 정정수<br>(울산) | 김병지<br>(울산) | 안익수(포항)<br>마시엘(전남)<br>이임생(부천SK) | 고종수(수원) 유상철(울산)<br>백승철(포항) 안정환(부산)<br>정정수(울산) | 샤샤(수원)<br>김현석(울산) | 한병화 | 김회성 | 이동국<br>(포항) | 김병지(울산/<br>GK 필드골) |
| 1999 | 김호<br>(수원) | 안정환<br>(부산) | 샤샤<br>(수원) | 변재섭<br>(전북) | 이운재<br>(수원) | 신홍기(수원)<br>김주성(부산)<br>마시엘(전남)<br>강철(부천SK) | 서정원(수원) 고종수(수원)<br>데니스(수원) 고정운(포항) | 안정환(부산)<br>샤샤(수원) | 한병화 | 김용대 | 이성재<br>(부천SK) | 이용발(부천SK) |
| 2000 | 조광래<br>(안양LG) | 최용수<br>(안양LG) | 김도훈<br>(전북) | 안드레<br>(안양LG) | 신의손<br>(안양LG) | 강철(부천SK)<br>이임생(부천SK)<br>김현수(성남일)<br>마시엘(전남) | 안드레(안양LG)<br>신태용(성남)<br>전경준(부천SK)<br>데니스(수원) | 최용수(안양LG)<br>김도훈(전북) | 이상용 | 곽경만 | 양현정<br>(전북) | 이용발(부천SK)<br>조성환(부천SK) |
| 2001 | 차경복<br>(성남) | 신태용<br>(성남) | 산드로<br>(수원) | 우르모브<br>(부산) | 신의손<br>(안양LG) | 우르모브(부산)<br>김현수(성남일)<br>김용희(성남일)<br>이영표(안양LG) | 신태용(성남일)<br>서정원(수원)<br>송종국(부산)<br>남기일(부천SK) | 우성용(부산)<br>산드로(수원) | 김진옥 | 김계수 | 송종국<br>(부산) | 신의손(안양LG)<br>이용발(부천SK) |
| 2002 | 차경복<br>(성남일) | 김대의<br>(성남일) | 에드밀손<br>(전북) | 이천수<br>(울산) | 이운재<br>(수원) | 김현수(성남일)<br>김태영(전남)<br>최진철(전북)<br>홍명보(포항) | 신태용(성남일)<br>이천수(울산)<br>안드레(안양LG)<br>서정원(수원) | 김대의(성남일)<br>유상철(울산) | 권종철 | 원창호 | 이천수<br>(울산) | 김기동(부천SK)<br>이용발(전북) |
| 2003 | 차경복<br>(성남일) | 김도훈<br>(성남일) | 김도훈<br>(성남일) | 에드밀손<br>(전북) | 서동명<br>(울산) | 최진철(전북)<br>김태영(전남)<br>김현수(성남일)<br>산토스(포항) | 이관우(대전)<br>이성남(성남일)<br>신태용(성남일)<br>김남일(전남) | 김도훈(성남일)<br>마그노(전북) | 권종철 | 김선진 | 정조국<br>(안양LG) | |
| 2004 | 차범근<br>(수원) | 나드손<br>(수원) | 모따<br>(전남) | 홍순학<br>(대구) | 이운재<br>(수원) | 산토스(포항)<br>유경렬(울산)<br>무 사(수원)<br>곽희주(수원) | 김동진(서울)<br>따바레즈(포항)<br>김두현(수원)<br>김대의(수원) | 나드손(수원)<br>모따(전남) | 이상용 | 원창호 | 문민귀<br>(포항) | 김병지(포항)<br>조준호(부천SK)<br>신태용(성남일/최다<br>경기 출전) |
| 2005 | 장외룡<br>(인천) | 이천수<br>(울산) | 마차도<br>(울산) | 히칼도<br>(서울) | 김병지<br>(포항) | 조용형(부천SK)<br>김영철(성남일)<br>임중용(인천)<br>유경렬(울산) | 이천수(울산)<br>김두현(성남일)<br>이 호(울산)<br>조원희(수원) | 박주영(서울)<br>마차도(울산) | 이영철 | 원창호 | 박주영<br>(서울) | 조준호(부천SK)<br>김병지(포항) |
| 2006 | 김학범<br>(성남일) | 김두현<br>(성남일) | 우성용<br>(성남일) | 슈바<br>(대전) | 박호진<br>(수원) | 마 토(수원)<br>김영철(성남일)<br>장학영(성남일)<br>최진철(전북) | 김두현(성남일)<br>이관우(수원)<br>백지훈(수원)<br>뽀 뽀(부산) | 우성용(성남일)<br>김은중(서울) | 이영철 | 안상기 | 염기훈<br>(전북) | 김병지(서울)<br>최은성(대전)<br>이정래(경남) |
| 2007 | 파리아스<br>(포항) | 따바레즈<br>(포항) | 까보레<br>(경남) | 따바레즈<br>(포항) | 김병지<br>(서울) | 마 토(수원)<br>황재원(포항)<br>장학영(성남일)<br>아 디(서울) | 따바레즈(포항)<br>이관우(수원)<br>김기동(포항)<br>김두현(성남일) | 까보레(경남)<br>이근호(대구) | 이상용 | 강창구 | 하태균<br>(수원) | 김병지(서울)<br>김영철(성남일)<br>김용대(성남일)<br>장학영(성남일)<br>염동균(전남) |
| 2008 | 차범근<br>(수원) | 이운재<br>(수원) | 두 두<br>(성남일) | 브라질리<br>아(울산) | 이운재<br>(수원) | 아 디(서울)<br>마 토(수원)<br>박동혁(울산)<br>최효진(포항) | 기성용(서울)<br>이청용(서울)<br>조원희(수원)<br>김형범(전북) | 에두(수원)<br>이근호(대구) | 고금복 | 손재선 | 이승렬<br>(서울) | 백민철(대구) |
| 2009 | 최강희<br>(전북) | 이동국<br>(전북) | 이동국<br>(전북) | 루이스<br>(전북) | 신화용<br>(포항) | 김형일(포항)<br>황재원(포항)<br>최효진(포항)<br>김상식(전북) | 최태욱(전북)<br>기성용(서울)<br>에닝요(전북)<br>김정우(성남일) | 이동국(전북)<br>데닐손(포항) | 최광보 | 원창호 | 김영후<br>(강원) | 김영광(울산)<br>김병지(경남/통산<br>500경기 출전)<br>***판타스틱<br>플레이어상:**<br>이동국(전북) |

| 구분 | 감독상 | MVP | 득점상 | 도움상 | 베스트 11 GK | DF | MF | FW | 최우수 주심상 | 최우수 부심상 | 신인선수상 | 특별상 | 판타스틱 플레이어상 |
|---|---|---|---|---|---|---|---|---|---|---|---|---|---|
| 2010 | 박경훈<br>(제주) | 김은중<br>(제주) | 유병수<br>(인천) | 구자철<br>(제주) | 김용대<br>(서울) | 최효진(서울)<br>아디(서울)<br>사샤(성남일)<br>홍정호(제주) | 구자철(제주)<br>에닝요(전북)<br>몰리나(성남일)<br>윤빛가람(경남) | 김은중(제주)<br>데얀(서울) | 최명용 | 정해상 | 윤빛가람<br>(경남) | 김용대(서울)<br>김병지(경남)<br>백민철(대구) | 구자철<br>(제주) |
| 2011 | 최강희<br>(전북) | 이동국<br>(전북) | 데얀<br>(서울) | 이동국<br>(전북) | 김영광<br>(울산) | 박원재(전북)<br>곽태휘(울산)<br>조성환(전북)<br>최철순(전북) | 염기훈(수원)<br>윤빛가람(경남)<br>하대성(서울)<br>에닝요(전북) | 이동국(전북)<br>데얀(서울) | 최광보 | 김정식 | 이승기(광주) | | 이동국<br>(전북) |
| 2012 | 최용수<br>(서울) | 데얀<br>(서울) | 데얀<br>(서울) | 몰리나<br>(서울) | 김용대<br>(서울) | 아디(서울)<br>곽태휘(울산)<br>정인환(인천)<br>김창수(부산) | 몰리나(서울)<br>황진성(포항)<br>하대성(서울)<br>이근호(울산) | 데얀(서울)<br>이동국(전북) | 최명용 | 김용수 | 이명주(포항) | 김병지(경남/통산 600경기 출전)<br>김용대(서울) | 데얀<br>(서울) |
| 2013 K리그1 | 황선홍<br>(포항) | 김신욱<br>(울산) | 데얀<br>(서울) | 몰리나<br>(서울) | 김승규<br>(울산) | 아디(서울)<br>김치곤(울산)<br>김원일(포항)<br>이용(울산) | 고무열(포항)<br>이명주(포항)<br>하대성(서울)<br>레오나르도(전북) | 데얀(서울)<br>김신욱(울산) | 유선호 | 손재선 | 영플레이어상<br>고무열(포항) | 권정혁(인천) | 김신욱<br>(울산) |
| 2013 K리그2 | 박항서<br>(상주) | 이근호<br>(상주) | 이근호<br>(상주) | 염기훈<br>(경찰/수원)* | 김호준<br>(상주/제주)* | 최철순(상주)<br>김형일(상주/포항)*<br>이재성(상주)<br>오범석(경찰) | 염기훈(경찰/수원)*<br>이호(상주)<br>최진수(안양)<br>김영후(경찰/강원)* | 이근호(상주)<br>알렉스(고양) | | | | | |
| 2014 K리그1 | 최강희<br>(전북) | 이동국<br>(전북) | 산토스<br>(수원) | 이승기<br>(전북) | 권순태<br>(전북) | 홍철(수원)<br>김주영(서울)<br>윌킨슨(전북)<br>차두리(서울) | 임상협(부산)<br>고명진(서울)<br>이승기(전북)<br>한교원(전북) | 이동국(전북)<br>산토스(수원) | 최명용 | 노태식 | 김승대(포항) | 김병지(전남) | 이동국<br>(전북) |
| 2014 K리그2 | 조진호<br>(대전) | 아드리아노(대전) | 아드리아노(대전) | 최진호<br>(강원) | 박주원<br>(대전) | 이재권(안산경)<br>허재원(대구)<br>윤원일(대전)<br>임창우(대전) | 김호남(광주)<br>이용래(안산경)<br>최진수(안양)<br>최진호(강원) | 아드리아노<br>(대전)<br>알렉스(강원) | | | | | |
| 2015 K리그1 | 최강희<br>(전북) | 이동국<br>(전북) | 김신욱<br>(울산) | 염기훈<br>(수원) | 권순태<br>(전북) | 홍철(수원)<br>요니치(인천)<br>김기희(전북)<br>차두리(서울) | 염기훈(수원)<br>이재성(전북)<br>권창훈(수원)<br>송진형(제주) | 이동국(전북)<br>아드리아노<br>(서울) | | | 이재성(전북) | 신화용(포항)<br>오스마르(서울) | 이동국<br>(전북) |
| 2015 K리그2 | 조덕제<br>(수원FC) | 조나탄<br>(대구) | 조나탄<br>(대구) | 김재성<br>(서울E) | 조현우<br>(대구) | 박진포(상주)<br>신형민(안산경)<br>강민수(상주)<br>이용(상주) | 고경민(안양)<br>이승기(상주)<br>조원희(서울E)<br>김재성(서울E) | 조나탄(대구)<br>주민규(서울E) | | | | | |
| 2016 K리그1 | 황선홍<br>(서울) | 정조국<br>(광주) | 정조국<br>(광주) | 염기훈<br>(수원) | 권순태<br>(전북) | 고광민(서울)<br>오스마르(서울)<br>요니치(인천)<br>정운(제주) | 로페즈(전북)<br>레오나르도(전북)<br>이재성(전북)<br>권창훈(수원) | 정조국(광주)<br>아드리아노<br>(서울) | | | 안현범(제주) | | 레오나르도(전북) |
| 2016 K리그2 | 손현준<br>(대구) | 김동찬<br>(대전) | 김동찬<br>(대전) | 이호석<br>(경남) | 조현우<br>(대구) | 정승용(강원)<br>황재원(대구)<br>이한샘(강원)<br>정우재(대구) | 세징야(대구)<br>이현승(안산무)<br>황인범(대전)<br>바그닝요(부천) | 김동찬(대전)<br>포프(부산) | | | | 김한빈(충주) | |
| 2017 K리그1 | 최강희<br>(전북) | 이재성<br>⑰(전북) | 조나탄<br>(수원) | 손준호<br>(포항) | 조현우<br>(대구) | 김진수(전북)<br>김민재(전북)<br>오반석(제주)<br>최철순(전북) | 염기훈(수원)<br>이재성⑰(전북)<br>이창민(제주)<br>이승기(전북) | 이근호(강원)<br>조나탄(수원) | 김종혁 | 이정민 | 김민재(전북) | 이동국(전북/통산 200골 달성)<br>김영광(서울E) | 조나탄<br>(수원) |
| 2017 K리그2 | 김종부<br>(경남) | 말컹<br>(경남) | 말컹<br>(경남) | 장혁진<br>(안산) | 이범수<br>(경남) | 최재수(경남)<br>박지수(경남)<br>이반(경남)<br>우주성(경남) | 정원진(경남)<br>문기한(부천)<br>황인범(대전)<br>배기종(경남) | 말컹(경남)<br>이정협(부산) | | | | | |

* 시즌 중 전역.

| 구분 | | 감독상 | MVP | 득점상 | 도움상 | 베스트 11 | | | | 최우수 주심상 | 최우수 부심상 | 영플레이어상 | 특별상 | 아디다스 탱고 어워드 |
|---|---|---|---|---|---|---|---|---|---|---|---|---|---|---|
| | | | | | | GK | DF | MF | FW | | | | | |
| 2018 | K리그1 | 최강희<br>(전북) | 말컹<br>(경남) | 말컹<br>(경남) | 세징야<br>(대구) | 조현우<br>(대구) | 홍철(수원)<br>리차드(울산)<br>김민재(전북)<br>이용(전북) | 네게바(경남)<br>최영준(경남)<br>아길라르(인천)<br>로페즈(전북) | 말컹(경남)<br>주니오(울산) | 김대용 | 김계용 | 한승규(울산) | 강현무(포항)<br>김승대(포항) | 강현무(포항) |
| | K리그2 | 박동혁<br>(아산) | 나상호<br>(광주) | 나상호<br>(광주) | 호물로<br>(부산) | 김영광<br>(서울E) | 김문환(부산)<br>이한샘(아산)<br>윤영선(성남)<br>서보민(성남) | 황인범(대전)<br>호물로(부산)<br>이명주(아산)<br>안현범(아산) | 나상호(광주)<br>키쭈(대전) | | | | 김영광<br>(서울E) | |
| 2019 | K리그1 | 모라이스<br>(전북) | 김보경<br>(울산) | 타가트<br>(수원) | 문선민<br>(전북) | 조현우<br>(대구) | 김태환(울산)<br>홍정호(전북)<br>홍철(수원)<br>이용(전북) | 김보경(울산)<br>문선민(전북)<br>세징야(대구)<br>완델손(포항) | 주니오(울산)<br>타가트(수원) | 이동준 | 윤광열 | 김지현(강원) | 송범근(전북)<br>한국영(강원) | 김대원(대구) |
| | K리그2 | 박진섭<br>(광주) | 이동준<br>(부산) | 펠리페<br>(광주) | 정재희<br>(전남) | 윤평국<br>(광주) | 김문환(부산)<br>닐손주니어(부천)<br>이슬마토프(광주)<br>이으뜸(광주) | 김상원(안양)<br>알렉스(안양)<br>이동준(부산)<br>호물로(부산) | 조규성(안양)<br>치솜(수원FC) | | | | | |
| 2020 | K리그1 | 김기동<br>(포항) | 손준호<br>(전북) | 주니오<br>(울산) | 강상우<br>(포항) | 조현우<br>(울산) | 김태환(울산)<br>홍정호(전북)<br>권경원(상주)<br>강상우(포항) | 손준호(전북)<br>한교원(전북)<br>세징야(대구)<br>팔로세비치(포항) | 주니오(울산)<br>일류첸코(포항) | - | - | 송민규(포항) | 강현무(포항)<br>조현우(울산)<br>송범근(전북) | - |
| | K리그2 | 남기일<br>(제주) | 안병준<br>(수원FC) | 안병준<br>(수원FC) | 김영욱<br>(제주) | 오승훈<br>(제주) | 정우재(제주)<br>정운(제주)<br>조유민(수원FC)<br>안현범(제주) | 공민현(제주)<br>이창민(제주)<br>김영욱(제주)<br>백성동(경남) | 레안드로(서울E)<br>안병준(수원FC) | | | 이동률(제주) | | |
| 2021 | K리그1 | 김상식<br>(전북) | 홍정호<br>(전북) | 주민규<br>(제주) | 김보경<br>(전북) | 조현우<br>(울산) | 강상우(포항)<br>불투이스(울산)<br>홍정호(전북)<br>이기제(수원) | 임상협(포항)<br>바코(울산)<br>세징야(대구)<br>이동준(울산) | 라스(수원FC)<br>주민규(제주) | - | - | 설영우(울산) | 김영광(성남)<br>조현우(울산) | - |
| | K리그2 | 김태완<br>(김천) | 안병준<br>(부산) | 안병준<br>(부산) | 주현우<br>(안양) | 구성윤<br>(김천) | 서영재(대전)<br>주현우(안양)<br>정승현(김천)<br>최준(부산) | 김경중(안양)<br>박진섭(대전)<br>김현욱(전남)<br>마사(대전) | 안병준(부산)<br>조나탄(안양) | | | 김인균<br>(충남아산) | | |
| 2022 | K리그1 | 홍명보<br>(울산) | 이청용<br>(울산) | 조규성<br>(전북) | 이기제<br>(수원) | 조현우<br>(울산) | 김진수(전북)<br>김영권(울산)<br>박진섭(전북)<br>김태환(울산) | 김대원(강원)<br>세징야(대구)<br>신진호(포항)<br>이청용(울산) | 조규성(전북)<br>주민규(제주) | - | - | 양현준(강원) | | EA Most Selected Player<br>이범영(수원FC) |
| | K리그2 | 이정효<br>(광주) | 안영규<br>(광주) | 티아고<br>(경남) | 아코스티<br>(안양) | 김경민<br>(광주) | 조현택(부천)<br>조유민(대전)<br>안영규(광주)<br>두현석(광주) | 윌리안(대전)<br>박한빈(광주)<br>이순민(광주)<br>엄지성(광주) | 유강현(충남아산)<br>티아고(경남) | | | 엄지성(광주) | 정민기(안양) | |
| 2023 | K리그1 | 홍명보<br>(울산) | 김영권<br>(울산) | 주민규<br>(울산) | 백성동<br>(포항) | 조현우<br>(울산) | 완델손(포항)<br>김영권(울산)<br>그랜트(포항)<br>설영우(울산) | 제르소(인천)<br>오베르단(포항)<br>이순민(광주)<br>엄원상(울산) | 주민규(울산)<br>제카(포항) | - | - | 정호연(광주) | 이창근(대전)<br>황인재(포항) | - |
| | K리그2 | 고정운<br>(김포) | 발디비아(전남) | 루이스<br>(김포) | 발디비아<br>(전남) | 구상민<br>(부산) | 김동진(안양)<br>이한도(부산)<br>이상민(김천)<br>최준(부산) | 김진규(김천)<br>발디비아(전남)<br>원두재(김천)<br>모재현(경남) | 루이스(김포)<br>조르지(충북청주) | | | 안재준(부천) | 구상민(부산) | |
| 2024 | K리그1 | 윤정환<br>(강원) | 조현우<br>(울산) | 무고사<br>(인천) | 안데르손<br>(수원FC) | 조현우<br>(울산) | 이명재(울산)<br>김기희(울산)<br>박승욱(김천)<br>황문기(강원) | 안데르손(수원FC)<br>고승범(울산)<br>오베르단(포항)<br>양민혁(강원) | 이동경(김천)<br>이상헌(강원) | - | - | 양민혁(강원) | - | - |
| | K리그2 | 유병훈<br>(안양) | 마테우스<br>(안양) | 모따<br>(천안) | 마테우스<br>(안양) | 김다솔<br>(안양) | 김동진(안양)<br>오스마르(서울E)<br>이창용(안양)<br>이태희(안양) | 루이스(김포)<br>김정현(안양)<br>발디비아(전남)<br>주닝요(충남아산) | 마테우스(안양)<br>모따(천안) | | | 서재민<br>(서울E) | | |

| 구분 | | 감독상 | MVP | 득점상 | 도움상 | 베스트 11 | | | | 최우수 주심상 | 최우수 부심상 | 영플레이어상 | 특별상 | EA SPORTS FC 유저 선정 올해의 선수 |
|---|---|---|---|---|---|---|---|---|---|---|---|---|---|---|
| | | | | | | GK | DF | MF | FW | | | | | |
| 2025 | K리그1 | 거스 포옛<br>(전북) | 이동경<br>(울산) | 싸 박<br>(수원FC) | 세징야<br>(대구) | 송범근<br>(전북) | 이명재(대전)<br>홍정호(전북)<br>야 잔 (서울)<br>김문환(대전) | 송민규(전북)<br>박진섭(전북)<br>김진규(전북)<br>강상윤(전북) | 싸 박 (수원FC)<br>이동경(울산) | - | - | 이승원(강원) | 송범근(전북) | 기성용(포항)<br>아디다스 포인트 대상<br>이동경(울산) |
| | K리그2 | 윤정환<br>(인천) | 제르소<br>(인천) | 무고사<br>(인천) | 에울레르<br>(서울E) | 민성준<br>(인천) | 이주용(인천)<br>김건희(인천)<br>베니시오(성남)<br>신재원(성남) | 제르소(인천)<br>발디비아(전남)<br>이명주(인천)<br>에울레르(서울E) | 무고사(인천)<br>후이즈(성남) | | | 박승호(인천) | 김건희(인천)<br>김선민<br>(충북청주) | |

- 특별상 수상 내역: 별도표기 없는 수상자는 모두 전 경기 전 시간 출전자

K LEAGUE ANNUAL REPORT 2026

**2026 K리그 연감 : 1983~2025**



엮은이 | (사) 한국프로축구연맹
펴낸이 | 김종수
펴낸곳 | 한울엠플러스(주)

초판 1쇄 인쇄 | 2026년 3월 10일
초판 1쇄 발행 | 2026년 3월 20일

주소 | 10881 경기도 파주시 광인사길 153 한울시소빌딩 3층
전화 | 031-955-0655
팩스 | 031-955-0656
홈페이지 | www.hanulmplus.kr
등록번호 | 제406-2015-000143호

Printed in Korea.
ISBN 978-89-460-8440-7 03690
* 책값은 겉표지에 표시되어 있습니다.